Wimmer FK-InsO
Frankfurter Kommentar zur Insolvenzordnung
mit EuInsVO, InsVV und weiteren Nebengesetzen

Zitiervorschlag: FK-InsO/Bearb. § ... Rn. ...

Bibliografische Information der Deutschen Nationalbibliothek

Die Deutsche Nationalbibliothek verzeichnet diese Publikation in der Deutschen Nationalbibliografie; detaillierte bibliografische Daten sind im Internet über http://dnb.d-nb.de abrufbar.

ISBN 978-3-472-08985-8

www.wolterskluwer.de
www.luchterhand-fachverlag.de

Alle Rechte vorbehalten.

© 2018 Wolters Kluwer Deutschland GmbH, Luxemburger Straße 449, 50939 Köln.

Das Werk einschließlich aller seiner Teile ist urheberrechtlich geschützt. Jede Verwertung außerhalb der engen Grenzen des Urheberrechtsgesetzes ist ohne Zustimmung des Verlages unzulässig und strafbar. Das gilt insbesondere für Vervielfältigungen, Übersetzungen, Mikroverfilmungen und die Einspeicherung und Verarbeitung in elektronischen Systemen.

Verlag und Autor übernehmen keine Haftung für inhaltliche oder drucktechnische Fehler.

Umschlagkonzeption: Martina Busch, Grafikdesign, Homburg Kirrberg
Satz: Satz-Offizin Hümmer GmbH, Waldbüttelbrunn
Druck und Weiterverarbeitung: Williams Lea & Tag GmbH, München

Gedruckt auf säurefreiem, alterungsbeständigem und chlorfreiem Papier.

FK-InsO
Frankfurter Kommentar zur Insolvenzordnung
mit EuInsVO, InsVV und weiteren Nebengesetzen

9. Auflage

Herausgegeben von:
Dr. Klaus Wimmer,
Ministerialrat und Referatleiter Insolvenzrecht im Bundesministerium der Justiz und für Verbraucherschutz in Berlin a.D.

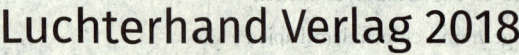

Luchterhand Verlag 2018

Die Autoren

Dr. Martin Ahrens, Professor an der Universität Göttingen

Dr. Kurt Bartenbach, Rechtsanwalt, Fachanwalt für Arbeitsrecht und Gewerblichen Rechtsschutz in Köln, Honorarprofessor an der Universität zu Köln

Dr. Georg Bernsau, Rechtsanwalt, Fachanwalt für Insolvenzrecht und Steuerrecht in Frankfurt am Main

Dr. Dennis B. Blank, Dipl.-Jur., Saarbrücken

Dr. Wolfgang Boochs, Pocesnogo Profesor, Steuerberater, Rechtsanwalt und Mediator, Regierungsdirektor a.D., Willich

Alexander Bornemann, Regierungsdirektor, Referatsleiter Insolvenzrecht im Bundesministerium der Justiz und für Verbraucherschutz in Berlin

Dr. Dörte Busch, Professorin an der Hochschule für Wirtschaft und Recht Berlin

Dr. Jörg Dauernheim, Rechtsanwalt, Fachanwalt für Steuerrecht und Insolvenzrecht, Insolvenzverwalter in Altenstadt

Ernst Eisenbeis, Rechtsanwalt, Fachanwalt für Arbeitsrecht in Köln

Dr. Richard Foltis, Rechtsanwalt, Fachanwalt für Insolvenzrecht in Kassel

Stefan Georg Griebeling, Rechtsanwalt, Fachanwalt für Arbeitsrecht in München

Dr. Hugo Grote, Professor am RheinAhrCampus in Remagen

Frank Imberger, Rechtsanwalt, Fachanwalt für Insolvenzrecht in Bochum

Dr. Katharina Jahntz, Richterin am Landgericht Berlin

Dr. Michael Jaffé, Rechtsanwalt, Fachanwalt für Insolvenzrecht und Steuerrecht in München

Dr. Ferdinand Kießner, Rechtsanwalt und Vereidigter Buchprüfer in Achern

Dr. Wolfhard Kohte, Professor an der Universität Halle-Wittenberg

Jens Kunzmann, Rechtsanwalt, Fachanwalt für Gewerblichen Rechtsschutz, Köln sowie Lehrbeauftragter an der Universität zu Köln

Frank Lackmann, Rechtsanwalt, Referent beim Fachzentrum Schuldenberatung Bremen e.V., Lehrbeauftragter an der Hochschule Bremen

Karl-Heinrich Lorenz, Rechtsanwalt, Fachanwalt für Steuerrecht in Mannheim

Werner M. Mues, Rechtsanwalt, Fachanwalt für Arbeitsrecht in Köln

Dr. Jörg R. Nickel, Rechtsanwalt, Steuerberater, Diplom-Finanzwirt in Köln

Parwäz Rafiqpoor, Rechtsanwalt, Leiter des Fachbereichs Restrukturierung, Sanierung und Insolvenz bei der BDO AG in Düsseldorf

Johannes Ristelhuber, Maître en Droit, Rechtsanwalt in Köln

Robert Schallenberg, Rechtsanwalt in Bonn

Ulrich Schmerbach, Richter am Amtsgericht Göttingen

Die Autoren

Frank Schmitt, Rechtsanwalt, Fachanwalt für Insolvenzrecht in Frankfurt am Main

Dr. Michael Schuster, Diplom-Kaufmann, Rechtsanwalt in München

Dr. Franz-Eugen Volz, Berlin

Burghard Wegener, Rechtsanwalt, Fachanwalt für Insolvenzrecht in Göttingen

Dr. Christian Wenner, Rechtsanwalt in Köln

Angelika Wimmer-Amend, Rechtsanwältin in Kronberg/Ts. und Berlin

Dr. Klaus Wimmer, Ministerialrat und Referatsleiter Insolvenzrecht im Bundesministerium der Justiz und für Verbraucherschutz in Berlin a.D.

Vorwort zur 9. Auflage

In den gut drei Jahren seit Erscheinen der 8. Auflage des Frankfurter Kommentars hat das Insolvenzrecht erneut erhebliche Änderungen erfahren. Nicht nur der deutsche Gesetzgeber war in diesem Bereich sehr aktiv, auch im Rahmen der EU wurde mit der Neufassung der EuInsVO das Europäische Internationale Insolvenzrecht in wesentlichen Bereichen neu gestaltet. Die vorliegende Neuauflage erläutert das neue Recht umfassend und gibt vertiefte Antworten auf Fragen, die insbesondere den Praktiker bewegen.

Von den rein nationalen insolvenzrechtlichen Änderungen ist zunächst die grundlegende Umgestaltung von § 104 InsO zu erwähnen, die – etwa im Vergleich zum Anfechtungsrecht und zum Konzerninsolvenzrecht – quasi in einem Husarenritt abgeschlossen werden konnten. Hintergrund dieses gesetzgeberischen Kraftakts war ein Urteil des BGH vom 9. Juni 2016, nach dem Vereinbarungen zur Abwicklung von Finanzmarktkontrakten unwirksam sein sollen, soweit sie für den Fall der Insolvenz einer Vertragspartei Rechtsfolgen vorsehen, die von dem damaligen § 104 InsO abweichen. Da für die Berechnung von Nichterfüllungsansprüchen die Vertragsmuster Verfahren vorsehen, die in § 104 Abs. 3 InsO nicht genannt sind, wurde in Fachkreisen die Befürchtung geäußert, durch die Entscheidung würden die Grundlagen des Liquidationsnettings infrage gestellt. Wie so häufig, wenn marktmächtige Wirtschaftskreise berührt sind, wurde das Untergangsszenario heraufbeschworen, die Stabilität des deutschen Finanzsystems könnte insgesamt in eine Schieflage geraten. In der Folge wurde § 104 InsO grundlegend umgestaltet, um auch die durch die Rechtsprechung begründeten Zweifel an der Wirksamkeit von Lösungsklauseln, zumindest für die Finanzmarktkontakte, endgültig auszuräumen. Das Gesetzgebungsverfahren zu § 104 InsO war ein beeindruckender Beleg, wie zügig ein solcher Prozess abgeschlossen werden kann, wenn erhebliche Wirtschaftsinteressen auf dem Spiel stehen. Während die Bundestagsdrucksache mit dem Regierungsentwurf vom 17. Oktober 2016 datiert, wurde das einschlägige Gesetz bereits am 22. Dezember 2016 im Bundesgesetzblatt veröffentlicht. Bezeichnend ist insofern auch, dass die wesentliche Änderung bereits rückwirkend zum 10. Juni 2016 in Kraft trat.

Deutlich mehr Zeit nahm sich der Gesetzgeber mit der Reform des Anfechtungsrechts. Die einschlägige Drucksache lag bereits am 18. Dezember 2015 den gesetzgebenden Körperschaften vor, das Gesetz wurde jedoch erst nach langen Geburtswehen am 16. Februar 2017 verabschiedet. Ausgangspunkt dieser Reformbestrebungen war die insbesondere von Kreisen der Wirtschaft vorgebrachte Kritik, das Anfechtungsrecht sei durch die Rechtsprechung des BGH so fein ziseliert, dass für die Rechtsunterworfenen kaum noch vorhersehbar sei, wie sie sich in der Krise des Unternehmens zu verhalten hätten, ohne der Gefahr ausgesetzt zu sein, nach Verfahrenseröffnung in Anspruch genommen zu werden. Die Kritik konzentrierte sich dabei insbesondere auf die Vorsatzanfechtung, da es für das von einer Anfechtung betroffene Unternehmen zu einer existenzgefährdenden Lage kommen könne, wenn es eine Gegenleistung für eine ordnungsgemäß erbrachte Leistung im Falle der Insolvenz des Geschäftspartners wieder herausgeben müsse. Kritisiert wurden insbesondere die vom Bundesgerichtshof entwickelten Beweisanzeichen. Der neue § 133 InsO sieht nun eine Trennung zwischen Deckungshandlungen einerseits und sonstigen Vermögensverschiebungen andererseits vor. Die Anfechtungsfrist des geltenden Rechts von zehn Jahren wird für Deckungshandlungen – und zwar unabhängig davon, ob diese kongruent oder inkongruent sind – auf vier Jahre zurückgenommen, um bei diesen für den Rechtsverkehr besonders bedeutsamen Rechtshandlungen für mehr Planungssicherheit zu sorgen. Eine völlige Umkehr erfolgt bei der Gewährung von Zahlungserleichterungen, wo die bisherige Rechtsprechung quasi auf den Kopf gestellt wird. Konnte bisher eine Zahlungserleichterung unter bestimmten Bedingungen als Beweisanzeichen gewertet werden, aus dem auf die Kenntnis des Vertragspartners von der Zahlungsunfähigkeit des Schuldners und von dessen Gläubigerbenachteiligungsabsicht geschlossen werden konnte, so soll nun eine solche Erleichterung die Vermutung begründen, dass der Anfechtungsgegner zur Zeit der Handlung die Zahlungsunfähigkeit des Schuldners nicht kannte. Ob dieser Ansatz der Lebenswirklichkeit entspricht, dürfte

Vorwort zur 9. Auflage

höchst fraglich sein, da die Einräumung einer Zahlungserleichterung häufig lediglich dem Zweck dient, den Betrieb des Schuldners noch so lange aufrecht zu erhalten, bis der Gläubiger seine Interessen hinreichend abgesichert hat. Neu gefasst wurde § 142 InsO und das Bargeschäftsprivileg ausgedehnt, so dass künftig eine Anfechtung nur möglich ist, wenn die Voraussetzungen für eine Vorsatzanfechtung nach dem neuen § 133 InsO vorliegen und der andere Teil erkannt hat, dass der Schuldner unlauter handelt. In Übereinstimmung mit der Rechtsprechung des BAG wird nun für Arbeitsverhältnisse bestimmt, dass ein enger zeitlicher Zusammenhang vorliegt, wenn der Zeitraum zwischen Arbeitsleistung und dem dafür gewährten Arbeitsentgelt drei Monate nicht übersteigt.

Noch mehr Zeit als beim Anfechtungsrecht ließ sich der Bundestag bei den Beratungen zu dem Gesetz zur Erleichterung der Bewältigung von Konzerninsolvenzen. Der aus der 17. Legislaturperiode stammende Gesetzentwurf wurde am 14. Februar 2014 in erster Lesung beraten und erst im März 2017 verabschiedet. Mit dem Gesetz soll verhindert werden, dass die wirtschaftliche Einheit von Unternehmen auseinandergerissen wird und damit die einzelnen Unternehmensteile ungeachtet ihrer operativen, betrieblichen oder finanziellen Aufgaben im Unternehmensverbund von unterschiedlichen Insolvenzverfahren erfasst werden. Ziel ist es somit, die Synergieeffekte, die in dem Unternehmensverbund angelegt sind, in den einzelnen Insolvenzverfahren nicht ungenutzt zu vergeuden, sondern sie im Interesse der Gesamtgläubigerschaft und der Arbeitnehmer fruchtbar zu machen. Das Gesetz soll möglichst verhindern, dass bei einem eng verflochtenen Konzern die Insolvenzverfahren über die einzelnen Gesellschaften an verschiedenen Gerichten durch unterschiedliche Insolvenzverwalter geführt werden. Unter dem neuen Recht ist es nun möglich, einen Gruppen-Gerichtsstand zu begründen, bei dem die Verfahren über alle oder mehrere konzernangehörige Gesellschaften bei einem Gericht gebündelt werden. Um möglichst eine Spezialisierung für Konzerninsolvenzen zu erreichen, werden die Länder ermächtigt, eine Konzentration für diese Verfahren auf der Ebene der Bezirke der Oberlandesgerichte zu schaffen. Für die Insolvenzverwalter werden die bereits nach dem geltenden Recht bestehenden Kooperationspflichten ausgeweitet. Neu ist die Pflicht zur Zusammenarbeit für die Insolvenzgerichte, die insbesondere zügig die für eine erfolgreiche Verfahrensbewältigung erforderlichen Informationen austauschen sollen. Um die Mitwirkungsmöglichkeiten der Gläubiger auch im Konzernkontext zu stärken, kann ein Gruppen-Gläubigerausschuss eingesetzt werden, der die Insolvenzverwalter und die anderen Gläubigerausschüsse unterstützt. Wie die neue EuInsVO so sieht auch das deutsche Konzerninsolvenzrecht ein Koordinationsverfahren vor, das mittels Verfahrenskoordinator und Koordinationsplan für eine noch engere Abstimmung der Einzelverfahren sorgen soll. Ein solcher Koordinationsplan ist geeignet, als Masterplan Vorgaben für die Insolvenzpläne in den einzelnen Verfahren zu machen. Das Konzerninsolvenzrecht stellt somit eine maßvolle Fortentwicklung der bisher schon möglichen Verfahrenskoordinierung dar und vermeidet Brüche mit den gesellschaftsrechtlichen Vorgaben.

Mit der Neufassung der EuInsVO (Verordnung (EU) 2015/848) wurde das gemeinschaftsrechtliche Internationale Insolvenzrecht erheblich umgestaltet und ergänzt, ohne allerdings eine völlige Neuausrichtung der Verordnung anzustreben. Hervorzuheben ist in diesem Zusammenhang etwa die Ausdehnung des Anwendungsbereichs, der nun auch Verfahren erfasst, bei denen nicht zwingend ein klassischer Insolvenzgrund gegeben sein muss. Insofern soll die Wahrscheinlichkeit einer Insolvenz ausreichend sein. Der COMI als zentraler Anknüpfungspunkt für die internationale Zuständigkeit wird beibehalten und an den einschlägigen Entscheidungen des EuGH neu ausgerichtet. Wie bisher soll hierdurch ein missbräuchliches Forum Shopping unterbunden werden. Die Festlegung des COMI wird transparenter ausgestaltet und soll einer gerichtlichen Überprüfung zugänglich sein. Für die insolvenznahen Annexverfahren wird die internationale Zuständigkeit nun ausdrücklich bestimmt. Für die Praxis von erheblicher Bedeutung dürfte die Einführung von öffentlich zugänglichen Insolvenzregistern sein, zu der die Mitgliedstaaten verpflichtet werden. Sekundärinsolvenzverfahren, die insbesondere eine grenzüberschreitende Sanierung gefährden können, sollen eingeschränkt werden. Eine wesentliche Aufgabe soll hierbei den synthetischen Sekundärverfahren zukommen. Gelingt es nicht, die Eröffnung von Sekundärverfahren zu unterbinden, so sollen die involvierten Verwalter und Gerichte so weit als möglich zusammenarbeiten. Da die bisherige EuInsVO die Insolvenz einer Unternehmensgruppe vollständig ausgeblendet hatte, ist es zu begrüßen, dass hierfür nun eigen-

Vorwort zur 9. Auflage

ständige Regelungen vorgesehen werden. Ebenso wie bei den Sekundärverfahren werden die Verwalter und die Insolvenzgerichte in die Zusammenarbeit eingebunden. Wie bereits erwähnt, wird ein fakultatives Gruppen-Koordinationsverfahren angeboten, dessen wesentliche Aufgabe es ist, in möglichst effizienter Weise eine abgestimmte Sanierung der Gruppe oder zumindest einzelner ihrer Mitglieder zu erreichen.

Obwohl die EuInsVO ohne Umsetzung unmittelbare Wirkungen im nationalen Recht entfaltet, bedürfen einzelne Bestimmungen der Verordnung ergänzender Regelungen im nationalen Verfahrensrecht, um sinnvoll angewendet werden zu können. Diese Anpassungen erfolgten durch das Gesetz zur Durchführung der VO (EU) 2015/848 über Insolvenzverfahren vom 5. Juni 2017 (BGBl. I S. 1476). In diesem Gesetz werden etwa ergänzende Regelungen für die gerichtlichen Entscheidungen und Rechtsbehelfe, die die EuInsVO nun vorsieht, getroffen. Ebenso war es notwendig, für die in der Verordnung mehr rudimentär geregelten synthetischen Sekundärverfahren Einpassung in das deutsche Recht vorzusehen. Auch für die Bestimmungen über die Insolvenz einer Unternehmensgruppe waren Regelungen im deutschen Recht erforderlich, wie etwa zu dem Gruppen-Koordinationsverfahren.

Die Hoffnung, mit den dargestellten Änderungen würde nun das Insolvenzrecht in eine Konsolidierungsphase eintreten, dürfte allerdings nicht gerechtfertigt sein, da in Brüssel Bestrebungen im Gange sind, auch das nationale Insolvenzrecht zumindest einer Teilharmonisierung zu unterziehen. Der Vorschlag für eine Richtlinie über präventive Restrukturierungsrahmen lässt erahnen, in welchem Umfang die Kommission gedenkt, den Mitgliedstaaten Vorgaben für die Ausgestaltung ihres nationalen Insolvenzrechts zu machen.

In der 9. Auflage des Frankfurter Kommentars findet der Leser erschöpfende Ausführungen zu den dargestellten Neuregelungen, zu denen naturgemäß noch keine Rechtsprechung, teilweise lediglich vereinzelt Stellungnahmen der Literatur vorliegen. Angesichts der Fülle des zu behandelnden Materials waren die Autoren und der Herausgeber bestrebt, Erläuterungen zu Bereichen zurückzuschneiden, die für die tägliche Insolvenzpraxis von nicht so herausragender Bedeutung sind. Diesem Umstand ist es geschuldet, dass etwa die Ausführungen zu den Arbeitnehmererfindungen in der Insolvenz gestrafft wurden. Ebenso wurde im Internationalen Insolvenzrecht von dem Abdruck einzelner Richtlinien abgesehen. Die Verweise auf Rechtsprechung und Literatur wurden auf ihre Praxisrelevanz überprüft. Mit dieser grundlegenden Überarbeitung wird der Frankfurter Kommentar auch weiterhin das nützliche Hilfsmittel für die Beantwortung insolvenzrechtlicher Fragestellungen bleiben und sowohl für Insolvenzverwalter als auch für Unternehmensberater bei der täglichen Arbeit gute Dienste leisten.

Berlin, im November 2017   Klaus Wimmer

Bearbeiterverzeichnis

Ahrens	§§ 286, 287–287b, 289–291, 294–297a, 299–303a
Bartenbach	Anhang I: Arbeitnehmererfindungen in der Insolvenz
Bernsau	§§ 94–96
Blank	§ 142
Boochs	§§ 155
Bornemann	§§ 35–46, 53–55, 104
Busch	Vor §§ 304 ff., §§ 304, 308, 310, 311–314
Dauernheim	§§ 129–147
Eisenbeis	Vor §§ 113 ff., §§ 113, 114, 120–128
Foltis	Vor §§ 270 ff., §§ 270–285
Griebeling	Anhang II: Betriebliche Altersversorgung
Grote	Vor §§ 286 ff., §§ 288, 292, 293, 298, 305–307, 309
Imberger	§§ 47–52
Jaffé	§§ 217–269
Jahntz	§§ 56–62
Kießner	§§ 174–216
Kohte	§§ 4a–4d, Vor §§ 286 ff., Vor §§ 304 ff., §§ 304, 308, 310–312
Kunzmann	Anhang I: Arbeitnehmererfindungen in der Insolvenz
Lackmann	Vor §§ 286 ff., §§ 288, 292, 293, 298, 305–307, 309
Lorenz	Insolvenzrechtliche Vergütungsverordnung (InsVV)
Mues	Vor §§ 113 ff., Anh. zu § 113: Vergütungsansprüche des Arbeitnehmers in der Insolvenz
Nickel	§ 155
Rafiqpoor	Vor §§ 315 ff., §§ 315–334, 359
Ristelhuber	Anhang nach § 15a: Organhaftung; Anh. nach §§ 173 ff.: Übertragende Sanierung und Fusionskontrolle
Schallenberg	Vor §§ 315 ff., §§ 315–334, 359
Schmerbach	Vor §§ 1 ff., §§ 1–4, 5–10, Vor §§ 11 ff., §§ 11–34
Schmitt	§§ 63–79
Schuster	Vor §§ 335 ff.; §§ 335–358; EuInsVO Vor Art. 1 ff., Art 1–92; Art. 102c EGInsO Vor §§ 1 ff., §§ 1–26
Volz	Anhang I: Arbeitnehmererfindungen in der Insolvenz
Wegener	§§ 103, 105–112, 115–119, 148–154, 156–173

Bearbeiterverzeichnis

Wenner Vor §§ 335 ff.; §§ 335–358; EuInsVO Vor Art. 1 ff., Art 1–92; Art. 102c EGInsO Vor §§ 1 ff., §§ 1–26

Wimmer §§ 3e, Vor §§ 269a ff., §§ 269a–269b, Vor §§ 269d–269i

Wimmer-Amend §§ 3a–3d, 13a, 56b, 80–93, 97–102, 269c, 270d

Inhaltsverzeichnis

Vorwort zur 9. Auflage VII
Bearbeiterverzeichnis XI
Literaturverzeichnis XXXIII
Abkürzungsverzeichnis XLIII

Insolvenzordnung Kommentar 1

Erster Teil: Allgemeine Vorschriften 3
Vorbemerkungen vor §§ 1 ff. InsO Die Reform des Insolvenzrechts durch die InsO 3
§ 1 Ziele des Insolvenzverfahrens 24
§ 2 Amtsgericht als Insolvenzgericht 27
§ 3 Örtliche Zuständigkeit 45
§ 3a Gruppen-Gerichtsstand 58
§ 3b Fortbestehen des Gruppen-Gerichtsstands 65
§ 3c Zuständigkeit für Gruppen-Folgeverfahren 68
§ 3d Verweisung an den Gruppen-Gerichtsstand 70
§ 3e Unternehmensgruppe 75
§ 4 Anwendbarkeit der Zivilprozessordnung 83
Vorbemerkungen vor §§ 4a ff. InsO 100
§ 4a Stundung der Kosten des Insolvenzverfahrens 106
§ 4b Rückzahlung und Anpassung der gestundeten Beträge 122
§ 4c Aufhebung der Stundung 131
§ 4d Rechtsmittel 143
§ 5 Verfahrensgrundsätze 150
§ 6 Sofortige Beschwerde 162
§ 7 Rechtsbeschwerde 189
§ 8 Zustellungen 204
§ 9 Öffentliche Bekanntmachung 212
§ 10 Anhörung des Schuldners 220

Zweiter Teil: Eröffnung des Insolvenzverfahrens. Erfaßtes Vermögen und Verfahrensbeteiligte 225

Erster Abschnitt: Eröffnungsvoraussetzungen und Eröffnungsverfahren 225

Vorbemerkungen vor §§ 11 ff. InsO 225
§ 11 Zulässigkeit des Insolvenzverfahrens 227
§ 12 Juristische Personen des öffentlichen Rechts 235
§ 13 Eröffnungsantrag 237
§ 13a Antrag zur Begründung eines Gruppen-Gerichtsstands 289
§ 14 Antrag eines Gläubigers 295
§ 15 Antragsrecht bei juristischen Personen und Gesellschaften ohne Rechtspersönlichkeit 336
§ 15a Antragspflicht bei juristischen Personen und Gesellschaften ohne Rechtspersönlichkeit 347
Anhang nach § 15a Organhaftung 357
§ 16 Eröffnungsgrund 371
§ 17 Zahlungsunfähigkeit 373
§ 18 Drohende Zahlungsunfähigkeit 384

Inhaltsverzeichnis

§ 19	Überschuldung	393
§ 20	Auskunftpflicht im Eröffnungsverfahren. Hinweis auf Restschuldbefreiung	402
§ 21	Anordnung vorläufiger Maßnahmen	412
§ 22	Rechtsstellung des vorläufigen Insolvenzverwalters	477
§ 22a	Bestellung eines vorläufigen Gläubigerausschusses	512
§ 23	Bekanntmachung der Verfügungsbeschränkungen	526
§ 24	Wirkungen der Verfügungsbeschränkungen	532
§ 25	Aufhebung der Sicherungsmaßnahmen	542
§ 26	Abweisung mangels Masse	549
§ 26a	Vergütung des vorläufigen Insolvenzverwalters	573
§ 27	Eröffnungsbeschluss	576
§ 28	Aufforderungen an die Gläubiger und die Schuldner	586
§ 29	Terminbestimmungen	590
§ 30	Bekanntmachung des Eröffnungsbeschlusses	593
§ 31	Handels-, Genossenschafts-, Partnerschafts- und Vereinsregister	602
§ 32	Grundbuch	604
§ 33	Register für Schiffe und Luftfahrzeuge	611
§ 34	Rechtsmittel	612

Zweiter Abschnitt: Insolvenzmasse. Einteilung der Gläubiger ... 624

§ 35	Begriff der Insolvenzmasse	624
§ 36	Unpfändbare Gegenstände	649
§ 37	Gesamtgut bei Gütergemeinschaft	671
§ 38	Begriff der Insolvenzgläubiger	674
§ 39	Nachrangige Insolvenzgläubiger	685
§ 40	Unterhaltsansprüche	716
§ 41	Nicht fällige Forderungen	719
§ 42	Auflösend bedingte Forderungen	723
§ 43	Haftung mehrerer Personen	723
§ 44	Rechte der Gesamtschuldner und Bürgen	728
§ 44a	Gesicherte Darlehen	729
§ 45	Umrechnung von Forderungen	740
§ 46	Wiederkehrende Leistungen	743
§ 47	Aussonderung	744
§ 48	Ersatzaussonderung	764
Vorbemerkungen vor §§ 49 bis 52		770
§ 49	Abgesonderte Befriedigung aus unbeweglichen Gegenständen	771
§ 50	Abgesonderte Befriedigung der Pfandgläubiger	783
§ 51	Sonstige Absonderungsberechtigte	794
§ 52	Ausfall der Absonderungsberechtigten	815
§ 53	Massegläubiger	819
§ 54	Kosten des Insolvenzverfahrens	825
§ 55	Sonstige Masseverbindlichkeiten	832

Dritter Abschnitt: Insolvenzverwalter. Organe der Gläubiger ... 855

§ 56	Bestellung des Insolvenzverwalters	855
§ 56a	Gläubigerbeteiligung bei der Verwalterbestellung	875
§ 56b	Verwalterbestellung bei Schuldnern derselben Unternehmensgruppe	886
§ 57	Wahl eines anderen Insolvenzverwalters	898
§ 58	Aufsicht des Insolvenzgerichts	903
§ 59	Entlassung des Insolvenzverwalters	909

§ 60	Haftung des Insolvenzverwalters	915
§ 61	Nichterfüllung von Masseverbindlichkeiten	929
§ 62	Verjährung	935
§ 63	Vergütung des Insolvenzverwalters	937
§ 64	Festsetzung durch das Gericht	956
§ 65	Verordnungsermächtigung	963
§ 66	Rechnungslegung	964
§ 67	Einsetzung des Gläubigerausschusses	972
§ 68	Wahl anderer Mitglieder	978
§ 69	Aufgaben des Gläubigerausschusses	981
§ 70	Entlassung	985
§ 71	Haftung der Mitglieder des Gläubigerausschusses	988
§ 72	Beschlüsse des Gläubigerausschusses	992
§ 73	Vergütung der Mitglieder des Gläubigerausschusses	996
§ 74	Einberufung der Gläubigerversammlung	1000
§ 75	Antrag auf Einberufung	1004
§ 76	Beschlüsse der Gläubigerversammlung	1008
§ 77	Feststellung des Stimmrechts	1012
§ 78	Aufhebung eines Beschlusses der Gläubigerversammlung	1017
§ 79	Unterrichtung der Gläubigerversammlung	1022

Dritter Teil: Wirkungen der Eröffnung des Insolvenzverfahrens 1025

Erster Abschnitt: Allgemeine Wirkungen 1025

§ 80	Übergang des Verwaltungs- und Verfügungsrechts	1025
§ 81	Verfügungen des Schuldners	1043
§ 82	Leistungen an den Schuldner	1055
§ 83	Erbschaft. Fortgesetzte Gütergemeinschaft	1067
§ 84	Auseinandersetzung einer Gesellschaft oder Gemeinschaft	1073
§ 85	Aufnahme von Aktivprozessen	1080
§ 86	Aufnahme bestimmter Passivprozesse	1092
§ 87	Forderungen der Insolvenzgläubiger	1097
§ 88	Vollstreckung vor Verfahrenseröffnung	1102
§ 89	Vollstreckungsverbot	1110
§ 90	Vollstreckungsverbot bei Masseverbindlichkeiten	1123
§ 91	Ausschluss sonstigen Rechtserwerbs	1128
§ 92	Gesamtschaden	1138
§ 93	Persönliche Haftung der Gesellschafter	1146
§ 94	Erhaltung einer Aufrechnungslage	1159
§ 95	Eintritt der Aufrechnungslage im Verfahren	1164
§ 96	Unzulässigkeit der Aufrechnung	1166
§ 97	Auskunfts- und Mitwirkungspflichten des Schuldners	1170
§ 98	Durchsetzung der Pflichten des Schuldners	1178
§ 99	Postsperre	1185
§ 100	Unterhalt aus der Insolvenzmasse	1191
§ 101	Organschaftliche Vertreter. Angestellte	1196
§ 102	Einschränkung eines Grundrechts	1199

Zweiter Abschnitt: Erfüllung der Rechtsgeschäfte. Mitwirkung des Betriebsrats 1201

| § 103 | Wahlrecht des Insolvenzverwalters | 1201 |
| § 104 | Fixgeschäfte, Finanzleistungen, vertragliches Liquidationsnetting | 1225 |

Inhaltsverzeichnis

§ 105	Teilbare Leistungen	1269
§ 106	Vormerkung	1275
§ 107	Eigentumsvorbehalt	1282
§ 108	Fortbestehen bestimmter Schuldverhältnisse	1290
§ 109	Schuldner als Mieter oder Pächter	1302
§ 110	Schuldner als Vermieter oder Verpächter	1312
§ 111	Veräußerung des Miet- oder Pachtobjekts	1316
§ 112	Kündigungssperre	1320

Vorbemerkungen vor §§ 113 ff. InsO ... 1325

§ 113	Kündigung eines Dienstverhältnisses	1346

Anhang zu § 113 InsO Vergütungsansprüche des Arbeitnehmers in der Insolvenz, Insolvenzgeld, Masseverbindlichkeiten und Insolvenzforderungen ... 1369

§ 114 a.F.	*Bezüge aus einem Dienstverhältnis*	1426
§ 115	Erlöschen von Aufträgen	1426
§ 116	Erlöschen von Geschäftsbesorgungsverträgen	1430
§ 117	Erlöschen von Vollmachten	1443
§ 118	Auflösung von Gesellschaften	1446
§ 119	Unwirksamkeit abweichender Vereinbarungen	1448
§ 120	Kündigung von Betriebsvereinbarungen	1452
§ 121	Betriebsänderungen und Vermittlungsverfahren	1457
§ 122	Gerichtliche Zustimmung zur Durchführung einer Betriebsänderung	1457
§ 123	Umfang des Sozialplans	1468
§ 124	Sozialplan vor Verfahrenseröffnung	1475
§ 125	Interessenausgleich und Kündigungsschutz	1482
§ 126	Beschlussverfahren zum Kündigungsschutz	1497
§ 127	Klage des Arbeitnehmers	1504
§ 128	Betriebsveräußerung	1506

Dritter Abschnitt: Insolvenzanfechtung ... 1510

§ 129	Grundsatz	1510
§ 130	Kongruente Deckung	1534
§ 131	Inkongruente Deckung	1558
§ 132	Unmittelbar nachteilige Rechtshandlungen	1571
§ 133	Vorsätzliche Benachteiligung	1574
§ 134	Unentgeltliche Leistung	1598
§ 135	Gesellschafterdarlehen	1609
§ 136	Stille Gesellschaft	1620
§ 137	Wechsel- und Scheckzahlungen	1623
§ 138	Nahestehende Personen	1626
§ 139	Berechnung der Fristen vor dem Eröffnungsantrag	1632
§ 140	Zeitpunkt der Vornahme einer Rechtshandlung	1633
§ 141	Vollstreckbarer Titel	1640
§ 142	Bargeschäft	1641
§ 143	Rechtsfolgen	1654
§ 144	Ansprüche des Anfechtungsgegners	1678
§ 145	Anfechtung gegen Rechtsnachfolger	1682
§ 146	Verjährung des Anfechtungsanspruchs	1687
§ 147	Rechtshandlungen nach Verfahrenseröffnung	1692

Vierter Teil: Verwaltung und Verwertung der Insolvenzmasse ... 1685

Erster Abschnitt: Sicherung der Insolvenzmasse ... 1685

§ 148	Übernahme der Insolvenzmasse	1685
§ 149	Wertgegenstände	1692
§ 150	Siegelung	1696
§ 151	Verzeichnis der Massegegenstände	1697
§ 152	Gläubigerverzeichnis	1705
§ 153	Vermögensübersicht	1708
§ 154	Niederlegung in der Geschäftsstelle	1713
§ 155	Handels- und steuerrechtliche Rechnungslegung	1714

Zweiter Abschnitt: Entscheidung über die Verwertung ... 1913

§ 156	Berichtstermin	1913
§ 157	Entscheidung über den Fortgang des Verfahrens	1919
§ 158	Maßnahmen vor der Entscheidung	1923
§ 159	Verwertung der Insolvenzmasse	1928
§ 160	Besonders bedeutsame Rechtshandlungen	1935
§ 161	Vorläufige Untersagung der Rechtshandlung	1943
§ 162	Betriebsveräußerung an besonders Interessierte	1946
§ 163	Betriebsveräußerung unter Wert	1948
§ 164	Wirksamkeit der Handlung	1951

Dritter Abschnitt: Gegenstände mit Absonderungsrechten ... 1953

§ 165	Verwertung unbeweglicher Gegenstände	1953
§ 166	Verwertung beweglicher Gegenstände	1960
§ 167	Unterrichtung des Gläubigers	1967
§ 168	Mitteilung der Veräußerungsabsicht	1969
§ 169	Schutz des Gläubigers vor einer Verzögerung der Verwertung	1973
§ 170	Verteilung des Erlöses	1976
§ 171	Berechnung des Kostenbeitrags	1977
§ 172	Sonstige Verwendung beweglicher Sachen	1983
§ 173	Verwertung durch den Gläubiger	1987
Anhang nach § 173 InsO	Übertragende Sanierung und Fusionskontrolle	1991

Fünfter Teil: Befriedigung der Insolvenzgläubiger. Einstellung des Verfahrens ... 2003

Erster Abschnitt: Feststellung der Forderungen ... 2003

Vorbemerkungen vor § 174 InsO		2003
§ 174	Anmeldung der Forderungen	2003
§ 175	Tabelle	2014
§ 176	Verlauf des Prüfungstermins	2018
§ 177	Nachträgliche Anmeldungen	2022
§ 178	Voraussetzungen und Wirkungen der Feststellung	2028
§ 179	Streitige Forderungen	2032
§ 180	Zuständigkeit für die Feststellung	2036
§ 181	Umfang der Feststellung	2038
§ 182	Streitwert	2039
§ 183	Wirkung der Entscheidung	2041

Inhaltsverzeichnis

§ 184	Klage gegen einen Widerspruch des Schuldners	2043
§ 185	Besondere Zuständigkeiten	2046
§ 186	Wiedereinsetzung in den vorigen Stand	2048

Zweiter Abschnitt: Verteilung ... 2050

Vorbemerkung ... 2050

§ 187	Befriedigung der Insolvenzgläubiger	2050
§ 188	Verteilungsverzeichnis	2052
§ 189	Berücksichtigung bestrittener Forderungen	2056
§ 190	Berücksichtigung absonderungsberechtigter Gläubiger	2060
§ 191	Berücksichtigung aufschiebend bedingter Forderungen	2063
§ 192	Nachträgliche Berücksichtigung	2064
§ 193	Änderung des Verteilungsverzeichnisses	2065
§ 194	Einwendungen gegen das Verteilungsverzeichnis	2066
§ 195	Festsetzung des Bruchteils	2069
§ 196	Schlussverteilung	2070
§ 197	Schlusstermin	2072
§ 198	Hinterlegung zurückbehaltener Beträge	2077
§ 199	Überschuss bei der Schlussverteilung	2078
§ 200	Aufhebung des Insolvenzverfahrens	2079
§ 201	Rechte der Insolvenzgläubiger nach Verfahrensaufhebung	2082
§ 202	Zuständigkeit bei der Vollstreckung	2086
§ 203	Anordnung der Nachtragsverteilung	2087
§ 204	Rechtsmittel	2093
§ 205	Vollzug der Nachtragsverteilung	2093
§ 206	Ausschluß von Massegläubigern	2094

Dritter Abschnitt: Einstellung des Verfahrens ... 2097

Vorbemerkung ... 2097

§ 207	Einstellung mangels Masse	2097
§ 208	Anzeige der Masseunzulänglichkeit	2105
§ 209	Befriedigung der Massegläubiger	2110
§ 210	Vollstreckungsverbot	2118
§ 210a	Insolvenzplan bei Masseunzulänglichkeit	2121
§ 211	Einstellung nach Anzeige der Masseunzulänglichkeit	2123
§ 212	Einstellung wegen Wegfalls des Eröffnungsgrunds	2128
§ 213	Einstellung mit Zustimmung der Gläubiger	2129
§ 214	Verfahren bei der Einstellung	2132
§ 215	Bekanntmachung und Wirkungen der Einstellung	2134
§ 216	Rechtsmittel	2136

Sechster Teil: Insolvenzplan ... 2147

Erster Abschnitt: Aufstellung des Plans ... 2147

§ 217	Grundsatz	2147
§ 218	Vorlage des Insolvenzplans	2174
§ 219	Gliederung des Plans	2183
§ 220	Darstellender Teil	2185
§ 221	Gestaltender Teil	2200
§ 222	Bildung von Gruppen	2204

§ 223	Rechte der Absonderungsberechtigten	2213
§ 224	Rechte der Insolvenzgläubiger	2215
§ 225	Rechte der nachrangigen Insolvenzgläubiger	2216
§ 225a	Rechte der Anteilsinhaber	2219
§ 226	Gleichbehandlung der Beteiligten	2231
§ 227	Haftung des Schuldners	2234
§ 228	Änderung sachenrechtlicher Verhältnisse	2237
§ 229	Vermögensübersicht. Ergebnis und Finanzplan	2239
§ 230	Weitere Anlagen	2242
§ 231	Zurückweisung des Plans	2246
§ 232	Stellungnahmen zum Plan	2253
§ 233	Aussetzung von Verwertung und Verteilung	2257
§ 234	Niederlegung des Plans	2261

Zweiter Abschnitt: Annahme und Bestätigung des Plans 2263

§ 235	Erörterungs- und Abstimmungstermin	2263
§ 236	Verbindung mit dem Prüfungstermin	2271
§ 237	Stimmrecht der Insolvenzgläubiger	2273
§ 238	Stimmrecht der absonderungsberechtigten Gläubiger	2277
§ 238a	Stimmrecht der Anteilsinhaber	2279
§ 239	Stimmliste	2281
§ 240	Änderung des Plans	2282
§ 241	Gesonderter Abstimmungstermin	2285
§ 242	Schriftliche Abstimmung	2287
§ 243	Abstimmung in Gruppen	2290
§ 244	Erforderliche Mehrheiten	2291
§ 245	Obstruktionsverbot	2298
§ 246	Zustimmung nachrangiger Insolvenzgläubiger	2309
§ 246a	Zustimmung der Anteilsinhaber	2312
§ 247	Zustimmung des Schuldners	2312
§ 248	Gerichtliche Bestätigung	2317
§ 248a	Gerichtliche Bestätigung einer Planberichtigung	2319
§ 249	Bedingter Plan	2321
§ 250	Verstoß gegen Verfahrensvorschriften	2323
§ 251	Minderheitenschutz	2326
§ 252	Bekanntgabe der Entscheidung	2333
§ 253	Rechtsmittel	2335

Dritter Abschnitt: Wirkungen des bestätigten Plans. Überwachung der Planerfüllung .. 2343

§ 254	Allgemeine Wirkungen des Plans	2343
§ 254a	Rechte an Gegenständen. Sonstige Wirkungen des Plans	2348
§ 254b	Wirkung für alle Beteiligten	2350
§ 255	Wiederauflebensklausel	2351
§ 256	Streitige Forderungen. Ausfallforderungen	2356
§ 257	Vollstreckung aus dem Plan	2359
§ 258	Aufhebung des Insolvenzverfahrens	2363
§ 259	Wirkungen der Aufhebung	2368
§ 259a	Vollstreckungsschutz	2374
§ 259b	Besondere Verjährungsfrist	2375
§ 260	Überwachung der Planerfüllung	2376
§ 261	Aufgaben und Befugnisse des Insolvenzverwalters	2378

Inhaltsverzeichnis

§ 262	Anzeigepflicht des Insolvenzverwalters	2381
§ 263	Zustimmungsbedürftige Geschäfte	2383
§ 264	Kreditrahmen	2385
§ 265	Nachrang von Neugläubigern	2389
§ 266	Berücksichtigung des Nachrangs	2391
§ 267	Bekanntmachung der Überwachung	2392
§ 268	Aufhebung der Überwachung	2394
§ 269	Kosten der Überwachung	2396

Siebter Teil: Koordinierung der Verfahren von Schuldnern, die derselben Unternehmensgruppe angehören ... 2399

Vorbemerkung vor §§ 269a ff. InsO ... 2399

Erster Abschnitt: Allgemeine Bestimmungen ... 2412

§ 269a	Zusammenarbeit der Insolvenzverwalter	2412
§ 269b	Zusammenarbeit der Gerichte	2418
§ 269c	Zusammenarbeit der Gläubigerausschüsse	2427

Zweiter Abschnitt: Koordinationsverfahren ... 2439

Vorbemerkung vor §§ 269d ff. InsO ... 2439

§ 269d	Koordinationsgericht	2441
§ 269e	Verfahrenskoordinator	2445
§ 269f	Aufgaben und Rechtsstellung des Verfahrenskoordinators	2451
§ 269g	Vergütung des Verfahrenskoordinators	2459
§ 269h	Koordinationsplan	2461
§ 269i	Abweichungen vom Koordinationsplan	2479

Achter Teil: Eigenverwaltung ... 2483

Vorbemerkungen vor §§ 270 ff. ... 2483

§ 270	Voraussetzungen	2490
§ 270a	Eröffnungsverfahren	2536
§ 270b	Vorbereitung einer Sanierung	2554
§ 270c	Bestellung des Sachwalters	2575
§ 270d	Eigenverwaltung bei gruppenangehörigen Schuldnern	2588
§ 271	Nachträgliche Anordnung	2591
§ 272	Aufhebung der Anordnung	2598
§ 273	Öffentliche Bekanntmachung	2613
§ 274	Rechtsstellung des Sachwalters	2614
§ 275	Mitwirkung des Sachwalters	2640
§ 276	Mitwirkung des Gläubigerausschusses	2652
§ 276a	Mitwirkung der Überwachungsorgane	2657
§ 277	Anordnung der Zustimmungsbedürftigkeit	2661
§ 278	Mittel zur Lebensführung des Schuldners	2667
§ 279	Gegenseitige Verträge	2674
§ 280	Haftung. Insolvenzanfechtung	2679
§ 281	Unterrichtung der Gläubiger	2688
§ 282	Verwertung von Sicherungsgut	2696
§ 283	Befriedigung der Insolvenzgläubiger	2704
§ 284	Insolvenzplan	2709
§ 285	Masseunzulänglichkeit	2713

Neunter Teil: Restschuldbefreiung ... 2715

Vorbemerkungen vor §§ 286 ff. InsO Rechtstatsächlicher Hintergrund der Reform. Internationale Erfahrungen und Konsequenzen ... 2715
§ 286   Grundsatz ... 2730
§ 287   Antrag des Schuldners ... 2771
§ 287a Entscheidung des Insolvenzgerichts ... 2835
§ 287b Erwerbsobliegenheit des Schuldners ... 2853
§ 288   Bestimmung des Treuhänders ... 2857
§ 289   Einstellung des Insolvenzverfahrens ... 2861
§ 290   Versagung der Restschuldbefreiung ... 2864
§ 291   (weggefallen) ... 2939
§ 292   Rechtsstellung des Treuhänders ... 2939
§ 293   Vergütung des Treuhänders ... 2954
§ 294   Gleichbehandlung der Gläubiger ... 2961
§ 295   Obliegenheiten des Schuldners ... 2981
§ 296   Verstoß gegen Obliegenheiten ... 3033
§ 297   Insolvenzstraftaten ... 3057
§ 297a Nachträglich bekannt gewordene Versagungsgründe ... 3064
§ 298   Deckung der Mindestvergütung des Treuhänders ... 3070
§ 299   Vorzeitige Beendigung ... 3075
§ 300   Entscheidung über die Restschuldbefreiung ... 3080
§ 300a Neuerwerb im laufenden Insolvenzverfahren ... 3099
§ 301   Wirkung der Restschuldbefreiung ... 3106
§ 302   Ausgenommene Forderungen ... 3124
§ 303   Widerruf der Restschuldbefreiung ... 3160
§ 303a Eintragung in das Schuldnerverzeichnis ... 3172

Zehnter Teil: Verbraucherinsolvenzverfahren ... 3175

Vorbemerkungen vor §§ 304 ff. InsO ... 3175
§ 304   Grundsatz ... 3183
§ 305   Eröffnungsantrag des Schuldners ... 3200
§ 305a Scheitern der außergerichtlichen Schuldenbereinigung ... 3222
§ 306   Ruhen des Verfahrens ... 3224
§ 307   Zustellung an die Gläubiger ... 3234
§ 308   Annahme des Schuldenbereinigungsplans ... 3241
§ 309   Ersetzung der Zustimmung ... 3250
§ 310   Kosten ... 3270
§ 311   Aufnahme des Verfahrens über den Eröffnungsantrag ... 3273
§§ 312 bis 314 (weggefallen) ... 3278

Elfter Teil: Besondere Arten des Insolvenzverfahrens ... 3279

Vorbemerkungen vor §§ 315 ff InsO ... 3279

Erster Abschnitt: Nachlaßinsolvenzverfahren ... 3287

§ 315   Örtliche Zuständigkeit ... 3287
§ 316   Zulässigkeit der Eröffnung ... 3289
§ 317   Antragsberechtigte ... 3292
§ 318   Antragsrecht beim Gesamtgut ... 3298
§ 319   Antragsfrist ... 3299
§ 320   Eröffnungsgründe ... 3300

Inhaltsverzeichnis

§ 321	Zwangsvollstreckung nach Erbfall	3305
§ 322	Anfechtbare Rechtshandlungen des Erben	3309
§ 323	Aufwendungen des Erben	3310
§ 324	Masseverbindlichkeiten	3311
§ 325	Nachlassverbindlichkeiten	3316
§ 326	Ansprüche des Erben	3318
§ 327	Nachrangige Verbindlichkeiten	3321
§ 328	Zurückgewährte Gegenstände	3324
§ 329	Nacherbfolge	3325
§ 330	Erbschaftskauf	3327
§ 331	Gleichzeitige Insolvenz des Erben	3329

Zweiter Abschnitt: Insolvenzverfahren über das Gesamtgut einer fortgesetzten Gütergemeinschaft 3334

§ 332	Verweisung auf das Nachlassinsolvenzverfahren	3334

Dritter Abschnitt: Insolvenzverfahren über das gemeinschaftlich verwaltete Gesamtgut einer Gütergemeinschaft 3347

§ 333	Antragsrecht. Eröffnungsgründe	3347
§ 334	Persönliche Haftung der Ehegatten	3353

Zwölfter Teil: Internationales Insolvenzrecht 3357

Vorbemerkungen vor §§ 335 ff. InsO 3357

Erster Abschnitt: Allgemeine Vorschriften 3369

§ 335	Grundsatz	3369
§ 336	Vertrag über einen unbeweglichen Gegenstand	3374
§ 337	Arbeitsverhältnis	3377
§ 338	Aufrechnung	3380
§ 339	Insolvenzanfechtung	3382
§ 340	Organisierte Märkte. Pensionsgeschäfte	3386
§ 341	Ausübung von Gläubigerrechten	3392
§ 342	Herausgabepflicht. Anrechnung	3395

Zweiter Abschnitt: Ausländisches Insolvenzverfahren 3398

§ 343	Anerkennung	3398
§ 344	Sicherungsmaßnahmen	3408
§ 345	Öffentliche Bekanntmachung	3410
§ 346	Grundbuch	3411
§ 347	Nachweis der Verwalterbestellung. Unterrichtung des Gerichts	3414
§ 348	Zuständiges Insolvenzgericht. Zusammenarbeit der Insolvenzgerichte	3415
§ 349	Verfügungen über unbewegliche Gegenstände	3418
§ 350	Leistung an den Schuldner	3420
§ 351	Dingliche Rechte	3421
§ 352	Unterbrechung und Aufnahme eines Rechtsstreits	3425
§ 353	Vollstreckbarkeit ausländischer Entscheidungen	3427

Dritter Abschnitt: Partikularverfahren über das Inlandsvermögen 3429

Vorbemerkungen vor §§ 354 ff. 3429
§ 354   Voraussetzungen des Partikularverfahrens 3431
§ 355   Restschuldbefreiung. Insolvenzplan 3434
§ 356   Sekundärinsolvenzverfahren 3438
§ 357   Zusammenarbeit der Insolvenzverwalter 3440
§ 358   Überschuss bei der Schlussverteilung 3443

Dreizehnter Teil: Inkrafttreten 3445

§ 359   Verweisung auf das Einführungsgesetz 3445

EuInsVO 2017
Verordnung (EU) 2015/848 des Europäischen Parlaments und des Rates vom
20. Mai 2015 über Insolvenzverfahren (ABl. Nr. L 141 S. 19) 3447

Vorbemerkungen 3460

Kapitel I   Allgemeine Bestimmungen 3465

Artikel 1   Anwendungsbereich 3465
Artikel 2   Definitionen 3469
Artikel 3   Internationale Zuständigkeit 3479
Artikel 4   Prüfung der Zuständigkeit 3492
Artikel 5   Gerichtliche Nachprüfung der Entscheidung zur Eröffnung des Hauptinsolvenzverfahrens 3494
Artikel 6   Zuständigkeit für Klagen, die unmittelbar aus dem Insolvenzverfahren hervorgehen und in engem Zusammenhang damit stehen 3495
Artikel 7   Anwendbares Recht 3500
Artikel 8   Dingliche Rechte Dritter 3509
Artikel 9   Aufrechnung 3512
Artikel 10   Eigentumsvorbehalt 3514
Artikel 11   Vertrag über einen unbeweglichen Gegenstand 3516
Artikel 12   Zahlungssysteme und Finanzmärkte 3518
Artikel 13   Arbeitsvertrag 3520
Artikel 14   Wirkung auf eintragungspflichtige Rechte 3522
Artikel 15   Europäische Patente mit einheitlicher Wirkung und Gemeinschaftsmarken . . 3523
Artikel 16   Benachteiligende Handlungen 3524
Artikel 17   Schutz des Dritterwerbers 3528
Artikel 18   Wirkungen des Insolvenzverfahrens auf anhängige Rechtsstreitigkeiten und Schiedsverfahren 3531

Kapitel II   Anerkennung der Insolvenzverfahren 3533

Artikel 19   Grundsatz 3533
Artikel 20   Wirkungen der Anerkennung 3536
Artikel 21   Befugnisse des Verwalters 3538
Artikel 22   Nachweis der Verwalterbestellung 3540
Artikel 23   Herausgabepflicht und Anrechnung 3541
Artikel 24   Einrichtung von Insolvenzregistern 3544
Artikel 25   Vernetzung von Insolvenzregistern 3546
Artikel 26   Kosten für die Einrichtung und Vernetzung der Insolvenzregister 3547
Artikel 27   Voraussetzungen für den Zugang zu Informationen über das System der Vernetzung 3547
Artikel 28   Öffentliche Bekanntmachung in einem anderen Mitgliedstaat 3548

Inhaltsverzeichnis

Artikel 29	Eintragung in öffentliche Register eines anderen Mitgliedstaats	3551
Artikel 30	Kosten	3553
Artikel 31	Leistung an den Schuldner	3553
Artikel 32	Anerkennung und Vollstreckbarkeit sonstiger Entscheidungen	3555
Artikel 33	Öffentliche Ordnung	3558
Kapitel III	Sekundärinsolvenzverfahren	3561
Artikel 34	Verfahrenseröffnung	3561
Artikel 35	Anwendbares Recht	3567
Artikel 36	Recht, zur Vermeidung eines Sekundärinsolvenzverfahrens eine Zusicherung zu geben	3568
Artikel 37	Antragsrecht	3578
Artikel 38	Entscheidung zur Eröffnung eines Sekundärinsolvenzverfahrens	3582
Artikel 39	Gerichtliche Nachprüfung der Entscheidung zur Eröffnung des Sekundärinsolvenzverfahrens	3586
Artikel 40	Kostenvorschuss	3587
Artikel 41	Zusammenarbeit und Kommunikation der Verwalter	3587
Artikel 42	Zusammenarbeit und Kommunikation der Gerichte	3593
Artikel 43	Zusammenarbeit und Kommunikation zwischen Verwaltern und Gerichten	3595
Artikel 44	Kosten der Zusammenarbeit und Kommunikation	3596
Artikel 45	Ausübung von Gläubigerrechten	3597
Artikel 46	Aussetzung der Verwertung der Masse	3599
Artikel 47	Recht des Verwalters, Sanierungspläne vorzuschlagen	3602
Artikel 48	Auswirkungen der Beendigung eines Insolvenzverfahrens	3603
Artikel 49	Überschuss im Sekundärinsolvenzverfahren	3604
Artikel 50	Nachträgliche Eröffnung des Hauptinsolvenzverfahrens	3605
Artikel 51	Umwandlung von Sekundärinsolvenzverfahren	3605
Artikel 52	Sicherungsmaßnahmen	3606
Kapitel IV	Unterrichtung der Gläubiger und Anmeldung ihrer Forderungen	3608
Artikel 53	Recht auf Forderungsanmeldung	3608
Artikel 54	Pflicht zur Unterrichtung der Gläubiger	3609
Artikel 55	Verfahren für die Forderungsanmeldung	3611
Kapitel V	Insolvenzverfahren über das Vermögen von Mitgliedern einer Unternehmensgruppe	3614
Abschnitt 1	Zusammenarbeit und Kommunikation	3614
Artikel 56	Zusammenarbeit und Kommunikation der Verwalter	3614
Artikel 57	Zusammenarbeit und Kommunikation der Gerichte	3618
Artikel 58	Zusammenarbeit und Kommunikation zwischen Verwaltern und Gerichten	3621
Artikel 59	Kosten der Zusammenarbeit und Kommunikation bei Verfahren über das Vermögen von Mitgliedern einer Unternehmensgruppe	3622
Artikel 60	Rechte des Verwalters bei Verfahren über das Vermögen von Mitgliedern einer Unternehmensgruppe	3623
Abschnitt 2	Koordinierung	3627
Unterabschn. 1	Verfahren	3627
Artikel 61	Antrag auf Eröffnung eines Gruppen-Koordinationsverfahrens	3627
Artikel 62	Prioritätsregel	3629
Artikel 63	Mitteilung durch das befasste Gericht	3630
Artikel 64	Einwände von Verwaltern	3633

Artikel 65	Folgen eines Einwands gegen die Einbeziehung in ein Gruppen-Koordinationsverfahren	3634
Artikel 66	Wahl des Gerichts für ein Gruppen-Koordinationsverfahren	3635
Artikel 67	Folgen von Einwänden gegen den vorgeschlagenen Koordinator	3637
Artikel 68	Entscheidung zur Eröffnung eines Gruppen-Koordinationsverfahrens	3638
Artikel 69	Nachträgliches Opt-in durch Verwalter	3640
Artikel 70	Empfehlungen und Gruppen-Koordinationsplan	3643
Unterabschn. 2 Allgemeine Vorschriften		3645
Artikel 71	Der Koordinator	3645
Artikel 72	Aufgaben und Rechte des Koordinators	3647
Artikel 73	Sprachen	3652
Artikel 74	Zusammenarbeit zwischen den Verwaltern und dem Koordinator	3653
Artikel 75	Abberufung des Koordinators	3654
Artikel 76	Schuldner in Eigenverwaltung	3656
Artikel 77	Kosten und Kostenaufteilung	3656
Kapitel VI	Datenschutz	3660
Artikel 78	Datenschutz	3660
Artikel 79	Aufgaben der Mitgliedstaaten hinsichtlich der Verarbeitung personenbezogener Daten in nationalen Insolvenzregistern	3660
Artikel 80	Aufgaben der Kommission im Zusammenhang mit der Verarbeitung personenbezogener Daten	3661
Artikel 81	Informationspflichten	3661
Artikel 82	Speicherung personenbezogener Daten	3662
Artikel 83	Zugang zu personenbezogenen Daten über das Europäische Justizportal	3662
Kapitel VII	Übergangs- und Schlussbestimmungen	3662
Artikel 84	Zeitlicher Geltungsbereich	3662
Artikel 85	Verhältnis zu Übereinkünften	3663
Artikel 86	Informationen zum Insolvenzrecht der Mitgliedstaaten und der Union	3666
Artikel 87	Einrichtung der Vernetzung der Register	3666
Artikel 88	Erstellung und spätere Änderung von Standardformularen	3666
Artikel 89	Ausschussverfahren	3667
Artikel 90	Überprüfungsklausel	3667
Artikel 91	Aufhebung	3667
Artikel 92	Inkrafttreten	3668
Anhang A	Insolvenzverfahren im Sinne von Artikel 2 Nummer 4	3669
Anhang B	Verwalter im Sinne von Artikel 2 Nummer 5	3673
Anhang C	Aufgehobene Verordnung mit Liste ihrer nachfolgenden Änderungen	3676
Anhang D	Entsprechungstabelle	3677

EGInsO Art. 102c
Durchführung der Verordnung (EU) 2015/848 über Insolvenzverfahren ... 3681

Vorbemerkungen		3681
Teil 1	Allgemeine Bestimmungen	3681
§ 1	Örtliche Zuständigkeit	3681
§ 2	Vermeidung von Kompetenzkonflikten	3684
§ 3	Einstellung des Insolvenzverfahrens zugunsten eines anderen Mitgliedstaats	3686
§ 4	Rechtsmittel nach Artikel 5 der Verordnung (EU) 2015/848	3690
§ 5	Zusätzliche Angaben im Eröffnungsantrag des Schuldners	3690

§ 6	Örtliche Zuständigkeit für Annexklagen	3691
§ 7	Öffentliche Bekanntmachung	3692
§ 8	Eintragung in öffentliche Bücher und Register	3695
§ 9	Rechtsmittel gegen eine Entscheidung nach § 7 oder § 8	3698
§ 10	Vollstreckung aus der Eröffnungsentscheidung	3699
Teil 2	Sekundärinsolvenzverfahren	3700

Abschnitt 1 Hauptinsolvenzverfahren in der Bundesrepublik Deutschland ... 3700

§ 11	Voraussetzungen für die Abgabe der Zusicherung	3700
§ 12	Öffentliche Bekanntmachung der Zusicherung	3701
§ 13	Benachrichtigung über die beabsichtigte Verteilung	3702
§ 14	Haftung des Insolvenzverwalters bei einer Zusicherung	3702

Abschnitt 2 Hauptinsolvenzverfahren in einem anderen Mitgliedstaat der Europäischen Union ... 3703

§ 15	Insolvenzplan	3703
§ 16	Aussetzung der Verwertung	3704
§ 17	Abstimmung über die Zusicherung	3706
§ 18	Stimmrecht bei der Abstimmung über die Zusicherung	3708
§ 19	Unterrichtung über das Ergebnis der Abstimmung	3708
§ 20	Rechtsbehelfe gegen Entscheidungen über die Eröffnung eines Sekundärinsolvenzverfahrens	3709

Abschnitt 3 Maßnahmen zur Einhaltung einer Zusicherung ... 3709

§ 21	Rechtsbehelfe und Anträge nach Artikel 36 der Verordnung (EU) 2015/848	3709
Teil 3	Insolvenzverfahren über das Vermögen von Mitgliedern einer Unternehmensgruppe	3711
§ 22	Eingeschränkte Anwendbarkeit des § 56b und der §§ 269a bis 269i der Insolvenzordnung	3711
§ 23	Beteiligung der Gläubiger	3712
§ 24	Aussetzung der Verwertung	3713
§ 25	Rechtsbehelf gegen die Entscheidung nach Artikel 69 Absatz 2 der Verordnung (EU) 2015/848	3713
§ 26	Rechtsmittel gegen die Kostenentscheidung nach Artikel 77 Absatz 4 der Verordnung (EU) 2015/848	3713

Insolvenzrechtliche Vergütungsordnung (InsVV) ... 3715

Vorbemerkungen vor § 1 InsVV ... 3715

Erster Abschnitt: Vergütung des Insolvenzverwalters ... 3749

§ 1	Berechnungsgrundlage	3749
§ 2	Regelsätze	3770
§ 3	Zu- und Abschläge	3785
§ 4	Geschäftskosten. Haftpflichtversicherung	3827
§ 5	Einsatz besonderer Sachkunde	3839
§ 6	Nachtragsverteilung. Überwachung der Erfüllung eines Insolvenzplans	3843
§ 7	Umsatzsteuer	3849
§ 8	Festsetzung von Vergütung und Auslagen	3850
§ 9	Vorschuss	3878

Zweiter Abschnitt: Vergütung des vorläufigen Insolvenzverwalters, des Sachwalters und des Insolvenzverwalters im Verbraucherinsolvenzverfahren 3883

§ 10	Grundsatz	3883
§ 11	Vergütung des vorläufigen Insolvenzverwalters	3884
§ 12	Vergütung des Sachwalters	3956
§ 13	Vergütung des Insolvenzverwalters im Verbraucherinsolvenzverfahren	3972

Dritter Abschnitt: Vergütung des Treuhänders nach § 293 der Insolvenzordnung 3975

Vorbemerkungen zum Treuhänder im Restschuldbefreiungsverfahren (§§ 14–16 InsVV) 3975

§ 14	Grundsatz	3977
§ 15	Überwachung der Obliegenheiten des Schuldners	3982
§ 16	Festsetzung der Vergütung. Vorschüsse	3986

Vierter Abschnitt: Vergütung der Mitglieder des Gläubigerausschusses 3992

§ 17	Berechnung der Vergütung	3992
§ 18	Auslagen. Umsatzsteuer	4001

Fünfter Abschnitt: Übergangs- und Schlußvorschriften 4004

§ 19	Übergangsregelung	4004
§ 20	Inkrafttreten	4008

Anhang I Arbeitnehmererfindungen in der Insolvenz (§ 27 ArbnErfG n.F.) 4009

Anhang II Gesetz zur Verbesserung der betrieblichen Altersversorgung (Betriebsrentengesetz – BetrAVG) 4047

Anhang III Gesetz über die Insolvenzstatistik (Insolvenzstatistikgesetz – InsStatG) .. 4081

Stichwortverzeichnis 4085

Literaturverzeichnis

Aderhold	Auslandskonkurs im Inland, 1992
Ahrens	Das neue Privatinsolvenzrecht – Reform und aktuelle Entwicklungen. Regelungen und Probleme des Gesetzes zur Verkürzung des Restschuldbefreiungsverfahrens und zur Stärkung der Gläubigerrechte. 2. Aufl. 2016
Ahrens/Gehrlein/Ringstmeier	Fachanwaltskommentar Insolvenzrecht, 3. Aufl. 2017 (zit.: A/G/R-*Bearbeiter* § . . . Rn. . . .)
App	Die Insolvenzordnung, 1995
ders.	Insolvenzrecht – Basiswissen für Praktiker in Kreisen, Städten und Gemeinden, 1. Aufl. 2010
Andres/Leithaus	Insolvenzordnung (InsO), Kommentar, 3. Aufl. München 2014 (zit.: *Andres/Leithaus* InsO, § . . . Rn. . . .)
Arbeitskreis für Insolvenz- und Schiedsgerichtswesen (Hrsg.)	Kölner Schrift zur Insolvenzordnung, 3. Aufl. 2009 (zit.: KS-InsO/*Bearbeiter* Jahr, Seite, Rn.)
Ascheid/Preis/Schmidt	Kündigungsrecht, Kommentar, 5. Aufl. 2017
Balz/Landfermann	Die neuen Insolvenzgesetze, 2. Aufl. 1999
Bartenbach/Volz	Arbeitnehmererfindervergütung, 4. Aufl. 2017
Baumbach/Hefermehl/Casper	Wechselgesetz, Scheckgesetz, Recht der kartengestützten Zahlungen: WG, ScheckG, Kartengestützte Zahlungen, 23. Aufl. 2008
Baumbach/Hopt	Handelsgesetzbuch, 37. Aufl. 2016
Baumbach/Hueck	GmbH-Gesetz, 21. Aufl. 2017
Baumbach/Lauterbach/Albers/Hartmann	Zivilprozessordnung, Kommentar, 75. Aufl. 2016 (zit.: *Baumbach/Bearbeiter* ZPO, § . . . Rn. . . .)
Bauer	Die Bewältigung von Massenschäden nach U.S.-amerikanischem und deutschem Insolvenzrecht, 2007
Baur/Stürner	Lehrbuch des Sachenrechts, 18. Aufl. 2009
Baur/Stürner	Insolvenzrecht, 12. Aufl. 1990
Beck/Depré	Praxis der Insolvenz, Ein Handbuch für die Beteiligten und ihre Berater, 3. Aufl. 2017 (zitiert: *Beck/Depré/Bearbeiter* Praxis der Insolvenz, § . . . Rn. . . .)
Beckmann/Matusche-Beckmann	Versicherungsrechts-Handbuch, 3. Aufl. 2015 (zit. VersR-Hdb/*Bearbeiter* § . . . Rn. . . .)
Bergerfurth/Rogner	Der Ehescheidungsprozess, 15. Auflage 2006
Bichlmeier/Wroblewski	Das Insolvenzhandbuch für die Praxis, 4. Aufl. 2015
Binz/Hess	Der Insolvenzverwalter, Rechtsstellung, Aufgabe, Haftung, 2004
ders.	Insolvenzrechtliche Vergütungstabellen 1999
Blersch/Goetsch/Haas (Hrsg.)	Berliner Kommentar Insolvenzrecht, Loseblatt, (zit.: BK-InsO/*Bearbeiter* § . . . Rn. . . .)
Bley/Mohrbutter	Vergleichsordnung VerglO, 4. Aufl., Bd. 1: 1979, Bd. 2: 1981
Bloching	Pluralität und Partikularinsolvenz, 2000
Blöse/Kihm	Unternehmenskrisen – Ursachen –Sanierungskonzepte –Krisenvorsorge – Steuern, 2006 (zit.: Blöse/Kihm/*Bearbeiter* Unternehmenskrisen S. . . .)
Böhle-Stammschräder/Kilger	Vergleichsordnung, VerglO, Kommentar, 11. Aufl. 1986
Boochs/Dauernheim	Steuerrecht in der Insolvenz, 3. Aufl. 2007
Bork	Einführung in das neue Insolvenzrecht, 7. Aufl. 2014
Bork/Gehrlein	Aktuelle Probleme der Insolvenzanfechtung RWS-Skript, 14. Aufl. 2017
Bork/Kübler	Insolvenzrecht 2000, 2001

Literaturverzeichnis

BPP Publishing Ltd	Financial Management and Control, ACCA Study Text June 2002, London 2002
Braun	Insolvenzordnung, Kommentar, 7. Aufl. 2017 (zit.: *Braun/Bearbeiter* InsO, § ... Rn. ...)
Braun/Riggert/Herzig	Schwerpunkte des Insolvenzverfahrens, 5. Aufl. 2012
Braun/Uhlenbruck	Muster eines Insolvenzplans, 1998
dies.	Unternehmensinsolvenz: Grundlagen, Gestaltungen, Sanierung mit der Insolvenzordnung, 1999
Breuer	Das neue Insolvenzrecht, 1998
ders.	Insolvenzrecht, 3. Aufl. 2011
ders.	Insolvenzrechts-Formularhandbuch mit Erläuterungen, 3. Aufl. 2007
Brox/Walker	Erbrecht, 27. Aufl. 2016
Brox/Walker	Zwangsvollstreckungsrecht, 10. Aufl. 2014
Brüning	Die berufsrechtliche Stellung des Rechtsanwalts als Insolvenzverwalter, 1998
Bühner	Betriebswirtschaftliche Organisationslehre, 10. Aufl. 2004
Büttner	Listing und De-Listing sowie Abwahl des Insolvenzverwalters im deutschen und österreichischen Recht, 2011
Canaris	Bankvertragsrecht, 3. Aufl. 1988
Caspers	Personalabbau und Betriebsänderung im Insolvenzverfahren, Beiträge zum Insolvenzrecht, Bd. 18, 1998
Däubler/Kittner/Klebe/ Wedde	BetrVG Betriebsverfassungsgesetz, Kommentar für die Praxis, 15. Aufl. 2016 (zit.: DKK/*Bearbeiter* § ... Rn. ...)
Dassler/Schiffhauer/ Hintzen/Engels/Rellermeyer	Gesetz über die Zwangsversteigerung und Zwangsverwaltung – einschließlich EGZVG und ZwVwV – Kommentar, 15. Aufl. 2016
Demharter	Grundbuchordnung, Kommentar, 30. Aufl. 2016
Derleder/Knops/Bamberger (Hrsg.),	Handbuch zum deutschen und europäischen Bankrecht, 2. Aufl. 2009
Deutsch/Ahrens	Deliktsrecht, 6. Aufl. 2014
Döbereiner	Die Restschuldbefreiung nach der Insolvenzordnung, 1997
Dörndorfer	Rechtspflegergesetz: RPflG, Kommentar, 2. Aufl. 2014
Dörner/Luczak/Wildschütz/Baeck/Hoß	Handbuch des Fachanwalts Arbeitsrecht, 13. Aufl. 2016 (zit.: DLW-*Bearbeiter* Kap. ..., Rn. ...)
Drukarczyk	Unternehmen und Insolvenz, 1987
ders.	Insolvenzplan und Obstruktionsverbot, Regensburger Diskussionsbeiträge zur Wirtschaftswissenschaft, Nr. 315, 1998
Dürbeck/Gottschalk	Prozesskostenhilfe und Beratungshilfe, 8. Aufl. 2016
Duursma-Kepplinger/Duursma/Chalupsky	Europäische Insolvenzordnung, Kommentar, 2002
Eckardt	Grundpfandrechte im Insolvenzverfahren, RWS-Skript Bd. 35, 14. Aufl. 2014
Ehlers/Drieling	Unternehmenssanierung nach dem neuen Insolvenzrecht, 1998
dies.	Unternehmenssanierung nach der Insolvenzordnung, 2. Aufl. 2000
Eicher/Schlegel (Hrsg.)	Sozialgesetzbuch III – Arbeitsförderung, Loseblatt
Eickmann	Konkurs und Vergleichsrecht, 2. Aufl. 1980
ders.	Aktuelle Probleme des Insolvenzverfahrens aus Verwalter- und Gläubigersicht, RWS-Skript Nr. 88, 3. Aufl. 1995
ders.	InsO, Vergütungsrecht, Kommentar zur InsVV, 2. Aufl. 2001

Literaturverzeichnis

ders.	VergVO, Kommentar zur Vergütung im Insolvenzverfahren, 2. Aufl. 1997
Eickmann/Mohn	Handbuch für das Konkursgericht, 5. Aufl. 1982
Eidenmüller	Der Insolvenzplan als Vertrag, Jahrbuch für Neue Politische Ökonomie 15 (1996), 164
ders.	Unternehmenssanierung zwischen Markt und Gesetz, 1999
Eisenbeis/Mues	Arbeitsrecht in der Insolvenz, 2000
Emmerich/Habersack	Aktien- und GmbH-Konzernrecht, Kommentar, 8. Aufl. 2016 (zit.: Emmerich/Habersack/*Bearbeiter* § ... Rn. ...)
dies.	Konzernrecht, 10. Aufl. 2013 (zit.: *Emmerich/Habersack* Konzernrecht, § ... Rn. ...)
Ensthaler	Gemeinschaftskommentar zum Handelsgesetzbuch, 8. Aufl. 2015 (zit.: GK-HGB/*Bearbeiter* § ... Rn. ...)
Erman/Westermann	BGB, Handkommentar, 2 Bde., 14. Aufl. 2014 (zit.: *Erman/Bearbeiter*)
Etzel/Bader/Fischermeier/ Friedrich/Gallner/Griebeling/Klose/Kreft/Link/ Lipke/Rachor/Rinck/Rost/ Spilger/Treber/Vogt/ Weigand	Gemeinschaftskommentar zum Kündigungsschutzgesetz und zu sonstigen kündigungsschutzrechtlichen Vorschriften, 11. Aufl. 2016 (zit.: KR-*Bearbeiter*)
Fechner/Kober	Praxis der Unternehmenssanierung, 2. Aufl. 2005
Feuerich/Weyland	Bundesrechtsanwaltsordnung, 9. Aufl. 2016
Fink	Maßnahmen des Verwalters zur Finanzierung in der Unternehmensinsolvenz, 1998
Fischer	Strafgesetzbuch, Kommentar, 64. Aufl. 2016
Fitting/Engels/Schmidt/ Trebinger/Linsenmaier	Betriebsverfassungsgesetz mit Wahlordnung, Handkommentar, 28. Aufl. 2016 (zit.: *Fitting/Bearbeiter* § ... Rn. ...)
Flöther (Hrsg.)	Handbuch zum Konzerninsolvenzrecht, 2015 (zit.: *Flöther/Bearbeiter* Handbuch, § ... Rn. ...)
Forsblad	Restschuldbefreiung und Verbraucherinsolvenz im künftigen deutschen Insolvenzrecht, 1997
Förschle/Grottel/Schmidt/ Schubert/Winkeljohann	Beck'scher Bilanz-Kommentar, 10. Aufl. 2016
Frege/Riedel	Schlussbericht und Schlussrechnung im Insolvenzverfahren, 4. Aufl. 2016
Frege/Keller/Riedel	Insolvenzrecht, Handbuch der Rechtspraxis, 8. Aufl. 2015 (zit.: *Frege/Keller/ Riedel* InsR, Rn. ...)
Frese/Graumann/Theuvsen	Grundlagen der Organisation, 10. Aufl. 2011
Frotscher	Steuern im Konkurs, 4. Aufl. 1997
ders.	Besteuerung bei Insolvenz, 8. Aufl. 2014
Gabler	Wirtschafts-Lexikon, 18. Aufl. 2014
Gaul/Schilken/Becker-Eberhard	Zwangsvollstreckungsrecht, 12. Aufl. 2010
Gebauer/Wiedmann	Zivilrecht unter europäischem Einfluss, 2. Aufl. 2010 (zit.: *Gebauer/Wiedmann/Bearbeiter* Kap. Rn.)
Geimer	Internationales Zivilprozessrecht, 7. Aufl. 2014
Gerhardt	Die systematische Einordnung der Gläubigeranfechtung, Göttinger Rechtswissenschaftliche Studien, Bd. 75, 1969
Gerkan von/Hommelhoff	Handbuch des Kapitalersatzrechts, 3. Aufl. 2008
Germelmann/Matthes/ Prütting	Kommentar zum Arbeitsgerichtsgesetz, 9. Aufl. 2017

Literaturverzeichnis

Gernhuber/Coester-Waltjen	Familienrecht, 6. Aufl. 2010
Gerold/Schmidt	Rechtsanwaltsvergütungsgesetz, 22. Aufl. 2015
Geroldinger	Verfahrenskoordination im Europäischen Insolvenzrecht – Die Abstimmung von Haupt- und Sekundärinsolvenzverfahren nach der EuInsVO, 2010
Gless	Unternehmenssanierung; Grundlagen, Strategien, Maßnahmen, 1996
Gottwald (Hrsg.)	Insolvenzrechts-Handbuch, 5. Aufl. 2015 (zit.: *Gottwald/Bearbeiter* HdbInsR, § … Rn. …)
Graeber	Die Vergütung des vorläufigen Insolvenzverwalters gem. § 11 InsVV – Eine Analyse der für die Vergütung des vorläufigen Insolvenzverwalters geltenden Regelungen und der Ausfüllung, 2003
ders.	Vergütung in Insolvenzverfahren von A-Z, 2005
Graf-Schlicker	Kommentar zur Insolvenzordnung, 4. Aufl. 2014 (zit.: *Graf-Schlicker/Bearbeiter* InsO, § … Rn. …)
Groß	Sanierung durch Fortführungsgesellschaften, 2. Aufl. 1988
Grunsky/Waas/Benecke/Greiner	Kommentar zum Arbeitsgerichtsgesetz, 8. Aufl. 2014
Haarmeyer/Huber/Schmittmann	Praxis der Insolvenzanfechtung, 2. Aufl. 2013
Haarmeyer/Wutzke/Förster (Hrsg.)	InsO, Praxiskommentar, 2. Aufl. 2012 (zit.: *Haarmeyer/Wutzke/Förster-Bearbeiter* InsO, § … Rn. …)
dies.	Handbuch zur Insolvenzordnung, InsO/EGInsO, 3. Aufl. 2001
dies.	Gesamtvollstreckungsordnung, Kommentar zur Gesamtvollstreckungsordnung (GesO) und zum Gesetz über die Unterbrechung von Gesamtvollstreckungsverfahren (GUG), 4. Aufl. 1998
Haarmeyer/Mock	Insolvenzrechtliche Vergütung (InsVV), Kommentar, 5. Aufl. 2014
Haarmeyer/Hintzen	Zwangsverwaltung, 6. Aufl. 2016
Hartmann	Kostengesetze, 47. Aufl. 2017
Häsemeyer	Insolvenzrecht, 4. Aufl. 2007 (zit.: *Häsemeyer* InsR)
Hauck/Helml/Biebl	Arbeitsgerichtsgesetz, Kommentar, 4. Aufl. 2011
Heiermann/Riedl/Rusam	Handkommentar zur VOB, Teile A und B, 13. Aufl. 2013
Henckel	Pflichten des Konkursverwalters gegenüber Aus- und Absonderungsberechtigten, RWS-Skript Nr. 25, 2. Aufl. 1979
Henssler	Das Berufsbild des Insolvenzverwalters, in: Aktuelle Probleme des neuen Insolvenzrechts, 2000
Henssler/Willemsen/Kalb	Arbeitsrechtskommentar, 7. Aufl. 2016
Hess	Kommentar zur Konkursordnung (KO), 6. Aufl. 1998
ders.	Kommentar zur Insolvenzordnung mit EGInsO, 1999
ders.	Kölner Kommentar zum Insolvenzrecht, Großkommentar, 5 Bände, 2016 ff. (zit.: KK-InsO/*Bearbeiter* § … Rn. …)
Hess/Binz/Wienberg	Gesamtvollstreckungsordnung (GesO), Kommentar, 4. Aufl. 1998
Hess	Sanierungshandbuch, 6. Aufl. 2013 (zit.: *Hess* Sanierungshandbuch, Kap. … Rn. …)
Hess/Kranemann/Pink	InsO 99 – Das neue Insolvenzrecht, 1998
Hess/Obermüller	Die Rechtsstellung der Verfahrensbeteiligten nach der Insolvenzordnung, 3. Aufl. 2002
dies.	Insolvenzplan, Restschuldbefreiung und Verbraucherinsolvenz, 3. Aufl. 2003
Hess/Pape, G.	InsO und EGInsO, Grundzüge des neuen Insolvenzrechts, RWS-Skript Nr. 278, 1995

Literaturverzeichnis

Hess/Weis	Anfechtungsrecht, 2. Aufl. 2000
dies.	Liquidation und Sanierung nach der Insolvenzordnung, 1999
Hess/Weis/Wienberg	Insolvenzordnung, Kommentar, 2. Aufl. 2001
Heymann/Bearbeiter	Handelsgesetzbuch, Kommentar, 2. Aufl. 1995 ff.
Hinterhuber	Strategische Unternehmensführung, 8. Aufl. 2011
Holzer	Entscheidungsträger im Insolvenzverfahren, 3. Aufl. 2004
Homann	Praxis und Recht der Schuldnerberatung, 2009
Hopt/Wiedemann	Großkommentar zum Aktiengesetz 4. Aufl. (zit.: Hopt/Wiedemann/*Bearbeiter* Großkommentar AktG, § … Rn. …)
v. Hoyningen-Huene/Linck	Kommentar zum Kündigungsschutzgesetz, 15. Aufl. 2013
Huber	Anfechtungsgesetz, 11. Aufl. 2016
Hübschmann/Hepp/ Spitaler	Kommentar zur Abgabenordnung und Finanzgerichtsordnung, Loseblattausgabe
Hüffer/Koch	Aktiengesetz: AktG, 12. Aufl. 2016 (zit.: *Hüffer/Koch* AktG, § … Rn. …)
IDW (Hrsg.)	WP-Handbuch, Band 2, 15. Aufl. 2017
Jaeger	Lehrbuch des Deutschen Konkursrechts, 8. Aufl. 1973
Jaeger/Henckel	Konkursordnung (KO), Großkommentar, 9. Aufl. 1997
Jaeger/Henckel/Gerhardt	Insolvenzordnung, Großkommentar, 2004 ff.
Jauernig/Berger	Zwangsvollstreckungs- und Insolvenzrecht, 23. Aufl. 2010
Jauernig/Bearbeiter	Bürgerliches Gesetzbuch, 16. Aufl. 2015
Kayser	Höchstrichterliche Rechtsprechung zum Insolvenzrecht, 6. Aufl. 2012
Keller	Vergütung und Kosten im Insolvenzverfahren, 4. Aufl. 2016
Kilger/Schmidt, K.	Konkursordnung (KO), Kurzkommentar, 16. Aufl. 1993
dies.	Insolvenzgesetze, KO/VglO/GesO, 17. Aufl. 1997 (zit.: *Schmidt* InsG) s. jetzt K. Schmidt Insolvenzordnung
Kirchhof/Stürner/Eidenmüller (Hrsg.)	Münchener Kommentar zur Insolvenzordnung, 3. Aufl. 2013 ff., Band I, II und Band III 3. Aufl. 2014 (zit.: MüKo-InsO/*Bearbeiter* § … Rn. …)
Kittner/Däubler/Zwanziger	Kündigungsschutzrecht, Kommentar, 10. Aufl. 2017 (zit.: KDZ-*Bearbeiter* § … Rn. …)
Klein	Abgabenordnung, 13. Aufl. 2016
Koch, A.	Die Eigenverwaltung nach der Insolvenzordnung, 1998
Köhler/Bornkamm	Gesetz gegen den unlauteren Wettbewerb, 35. Aufl. 2017 (zit.: *Köhler/Bornkamm* UWG, § … Rn. …)
Kohte/Ahrens/Grote/Busch	Verfahrenskostenstundung, Restschuldbefreiung und Verbraucherinsolvenzverfahren, 7. Aufl. 2015
Kolbe	Deliktische Forderungen und Restschuldbefreiung, 2009
Kommission für Insolvenzrecht	Erster Bericht 1985 und Zweiter Bericht 1986, Hrsg. Bundesministerium der Justiz
Kraemer	Das neue Insolvenzrecht – Gesetze, Begründungen, Materialien, 1995
Kayser/Thole (Hrsg.)	Heidelberger Kommentar zur Insolvenzordnung, 8. Aufl. 2016 (zit.: HK-InsO/*Bearbeiter* § … Rn. …)
Kruschwitz/Heintzen (Hrsg.)	Unternehmen in der Krise, 2004
Kübler	Neuordnung des Insolvenzrechts, 1989
ders.	Handbuch der Restrukturierung in der Insolvenz Eigenverwaltung und Insolvenzplan, 2. Aufl. 2015 (zit. Kübler/*Bearbeiter* HRI, § … Rn. …)
Kübler/Prütting/Bork	Das neue Insolvenzrecht, Bd. I: InsO, Bd. II: EGInsO, RWS-Dok. Bd. 18, 2. Aufl. 2009

Literaturverzeichnis

dies. (Hrsg.)	InsO, Kommentar zur Insolvenzordnung, Loseblatt (zit.: *Kübler/Prütting/Bork-Bearbeiter* InsO, § ... Rn. ...)
Kümpel/Wittig	Bank- und Kapitalmarktrecht, 4. Aufl. 2011
Langheid/Rixecker	Versicherungsvertragsgesetz: VVG, 5. Aufl. 2016
Laren/Wolf	Lehrbuch des Schuldrechts, Bd. I: Allgemeiner Teil, 9. Aufl. 2004
Laukemann	Die Unabhängigkeit des Insolvenzverwalters – eine rechtsvergleichende Untersuchung, Tübingen 2010
Leipold (Hrsg.)	Insolvenzrecht im Umbruch, Analysen und Alternativen, 1991
Leonhardt/Smid/Zeuner	Insolvenzordnung, 3. Aufl. 2010 (zit.: LSZ/*Bearbeiter* InsO, § ... Rn. ...)
Looschelders/Pohlmann	VVG, Taschenkommentar, 3. Aufl. 2016 (zit.: *Looschelders/Pohlmann-Bearbeiter* VVG, § ... Rn. ...)
Lorenz/Klanke	InsVV · RVG · GVG, Kommentar zu Vergütung und Kosten in der Insolvenz, 3. Aufl. 2017
Lutter/Hommelhoff	GmbH-Gesetz, 19. Aufl. 2016
Mansel/Budzikiewicz	Das neue Verjährungsrecht in der anwaltlichen Praxis, 2002
Marotzke	Gegenseitige Verträge im neuen Insolvenzrecht, 3. Aufl. 2001
ders.	Das Unternehmen in der Insolvenz, 2000
Meyer-Goßner	Kommentar zur StPO, 60. Aufl. 2017
Mohrbutter/Ringstmeier (Hrsg.)	Handbuch der Insolvenzverwaltung, 9. Aufl. 2015 (zit.: *Mohrbutter/Ringstmeier-Bearbeiter*)
Moldenhauer/Krystek	Handbuch Krisen- und Restrukturierungsmanagement, 2007
Musielak/Voit	Zivilprozessordnung, Kommentar, 14. Aufl. 2017
Müller-Glöge/Preis/Schmidt	Erfurter Kommentar zum Arbeitsrecht, 17. Aufl. 2017 (zit.: ErfK-*Bearbeiter*)
Müller-Gugenberger/Bieneck (Hrsg.)	Wirtschaftsstrafrecht, 5. Aufl. 2011
Münder/Armborst/Berlit/Bieritz-Harder/Birk/Brühl/ConradisHofmann/Krahmer/Roscher/Schoch	Sozialgesetzbuch XII, Kommentar, 10. Aufl. 2015 (zit.: LPK-BSHG/*Bearbeiter*)
Nerlich/Römermann	Insolvenzordnung InsO, Kommentar, Loseblatt, 25. Aufl. 2013
Neumann	Die Gläubigerautonomie in einem künftigen Insolvenzverfahren, Schriften zum Deutschen und Europäischen Zivil-, Handels- und Prozessrecht, Bd. 153, 1995
Niesel/Brand	SGB III, Sozialgesetzbuch Arbeitsförderung, Kommentar, 5. Aufl. 2010
Noack/Zöllner	Kölner Kommentar zum Aktiengesetz, 3. Aufl. 2009 (zit.: KölnKomm-AktG/*Bearbeiter* § ... Rn. ...)
Obermüller	Handbuch des Insolvenzrechts für die Kreditwirtschaft – HdbInsR, 4. Aufl. 1991 (zit.: *Obermüller* HdbInsR)
ders.	Insolvenzrecht in der Bankpraxis, 9. Aufl. 2016
Obermüller/Hess	InsO, Eine systematische Darstellung der Insolvenzordnung unter Berücksichtigung kreditwirtschaftlicher und arbeitsrechtlicher Aspekte, 4. Aufl. 2003
Oechsler/Paul	Personal und Arbeit, 10. Aufl. 2015
Onusseit	Umsatzsteuer im Konkurs, 1988
Onusseit/Kunz	Steuern in der Insolvenz, RWS-Skript Nr. 271, 2. Aufl. 1997
Palandt	Bürgerliches Gesetzbuch, Kurzkommentar, 76. Aufl. 2017 (zit.: *Palandt/Bearbeiter* § ... Rn. ...)
Pannen [Hrsg.]	Europäische Insolvenzverordnung, 2007 (zit.: *Pannen/Bearbeiter* Art. ... Rn. ...)
ders.	Krise und Insolvenz bei Kreditinstituten, 3. Aufl. 2010
Pape/Uhlenbruck/Voigt-Salus	Insolvenzrecht, 2. Aufl. 2010

Pape/Uhländer	NWB Kommentar zum Insolvenzrecht, Kommentar mit Schwerpunkt zum Steuerrecht, 2013 (zit.: Pape/Uhländer-*Bearbeiter* InsO, § ... Rn. ...)
Paulus	Europäische Insolvenzverordnung, 4. Aufl. 2013 (zit.: *Paulus* Art. ... Rn. ...)
Pohlmann	Befugnisse und Funktionen des vorläufigen Insolvenzverwalters, 1998
Porter	Wettbewerbsstrategie, 12. Aufl. 2013
Preuß	Verbraucherinsolvenzverfahren und Restschuldbefreiung, 2. Aufl. 2003
Prölss/Martin	Versicherungsvertragsgesetz, 29. Aufl. 2015
Prütting (Hrsg.)	Insolvenzrecht 1996, RWS-Forum 9, 1997
Prütting/Gehrlein (Hrsg.)	ZPO, Kommentar, 8. Aufl. 2016 (zit.: PG/*Bearbeiter* § ... Rn. ...)
Prütting/Wegen/Weinreich (Hrsg.)	BGB, Kommentar, 12. Aufl. 2017 (zit.: PWW/*Bearbeiter* § ... Rn. ...)
Rauscher/Wax/Wendel (Hrsg.)	Münchener Kommentar zur Zivilprozessordnung, 5. Aufl. 2016 ff. (zit.: MüKo-ZPO/*Bearbeiter* § ... Rn. ...)
Rebmann (Hrsg.)	Münchener Kommentar zum Bürgerlichen Gesetzbuch, 7. Aufl. 2015 ff. (zit.: MüKo-BGB/*Bearbeiter* § ... Rn. ...)
Reill-Ruppe	Anspruch und Wirklichkeit des Restschuldbefreiungsverfahrens, 2013
Reimer/Schade/Schippel	ArbEG, 8. Aufl. 2007
Reinhart	Sanierungsverfahren im internationalen Insolvenzrecht, 1995
Reithmann/Martiny	Internationales Vertragsrecht, 8. Aufl. 2015 (zit.: *Reithmann/Martiny-Bearbeiter* Int. Vertragsrecht, Rn. ...)
Reul/Heckschen/Wienberg	Insolvenzrecht in der Gestaltungspraxis, 2012
Richardi/Thüsing/Annuß	Betriebsverfassungsgesetz, mit Wahlordnungen, Kommentar, 15. Aufl. 2016
Richardi/Wlotzke/Wißmann/Oetker	Münchener Handbuch zum Arbeitsrecht, 3. Aufl. 2009 (zit.: *Bearbeiter* MünchArbR)
Röder/Glotzbach/Goldbach	ABC der pfändbaren und unpfändbaren beweglichen Sachen, Forderungen und anderen Vermögensrechte, Loseblattausgabe
Rückert	Einwirkung des Insolvenzverfahrens auf schwebende Prozesse, 2007
Runkel/Schmidt (Hrsg.)	Anwalts-Handbuch Insolvenzrecht, 3. Aufl. 2015
Schack	Internationales Zivilverfahrensrecht, 7. Aufl. 2017
Schaub	Arbeitsrechts-Handbuch, 17. Aufl. 2017
Schilken	Zivilprozessrecht, 7. Aufl. 2014
Schimansky/Bunte/Lwowski	Bankrechtshandbuch, 5. Aufl. 2017
Schlegelberger	Handelsgesetzbuch, Kommentar von Geßler/Hefermehl/Hildebrand/Martens/Schröder/K. Schmidt, 5. Aufl. 1973 ff. (zit.: *Schlegelberger/Bearbeiter* § ... Rn. ...)
Schlüter	BGB-Familienrecht, 14. Aufl. 2013
Schmidt, A. (Hrsg.)	Hamburger Kommentar zum Insolvenzrecht, 6. Aufl. 2017 (zit.: HambK-InsO/*Bearbeiter* § ... Rn. ...)
Schmidt, K.	Wege zum Insolvenzrecht der Unternehmen, 1990
ders. (Hrsg.)	Insolvenzordnung: InsO, 19. Aufl. 2016 (zit.: K. Schmidt/*Bearbeiter* § ... Rn. ...)
Schmidt, L.	Einkommensteuergesetz (EStG), Kommentar, 36. Aufl. 2017
Schmidt-Räntsch	Insolvenzordnung mit Einführungsgesetz, 1995
Schmidt/Uhlenbruck	Die GmbH in Krise, Sanierung und Insolvenz, 5. Aufl. 2016
Schmitz	Die Bauinsolvenz, 6. Aufl. 2015
Scholz	Kommentar zum GmbH-Gesetz, 11. Aufl. 2012/2015 (zit.: Scholz/*Bearbeiter* § ... Rn. ...)

Literaturverzeichnis

Schönke/Schröder	Strafgesetzbuch, 29. Aufl. 2014
Schrader/Uhlenbruck	Konkurs- und Vergleichsverfahren, 4. Aufl. 1977
Schwintowski/Brömmelmeyer	Praxiskommentar zum Versicherungsvertragsrecht: VVG, 2. Aufl. 2010 (zit.: *Schwintowski/Brömmelmeyer-Bearbeiter* VVG, § ... Rn. ...)
Serick	Eigentumsvorbehalt und Sicherungsübertragung, 2. Aufl. 1993
Sinz/Wegener/Hefermehl	Verbraucherinsolvenz und Insolvenz von Kleinunternehmern, 2. Aufl. 2009
Smid	Grundzüge des neuen Insolvenzrechts, 4. Aufl. 2002
ders.	Deutsches und Europäisches Internationales Insolvenzrecht, 2004 (zit.: *Smid* Dt. IIR, § ... Rn. ...)
ders.	Praxishandbuch Insolvenzrecht, 6. Aufl. 2012 (zit.: *Smid* Praxishandbuch)
ders. (Hrsg.)	Gesamtvollstreckungsordnung, Kommentar, Das Insolvenzrecht der fünf neuen Bundesländer und Ostberlins, 3. Aufl. 1997 (zit.: *Smid* GesO)
Smid/Rattunde/Martini	Der Insolvenzplan, Handbuch für das Sanierungsverfahren gemäß §§ 217 bis 269 InsO mit praktischen Beispielen und Musterverfügungen., 4. Aufl. 2015 (zit.: *Smid/Rattunde/Martini* Insolvenzplan)
Soergel/Siebert (Hrsg.)	Bürgerliches Gesetzbuch mit Einführungsgesetz und Nebengesetzen, 13. Aufl. 2010 ff. (zit.: *Soergel/Bearbeiter* § ... Rn. ...)
Spahlinger	Sekundäre Insolvenzverfahren bei grenzüberschreitenden Insolvenzen, 1998
Stahlhacke/Preis/Vossen	Kündigung und Kündigungsschutz im Arbeitsverhältnis, 11. Aufl. 2015
Staub	Großkommentar zum HGB, 5. Aufl. (zit.: *Staub/Bearbeiter* § ... Rn. ...)
Staudinger	Bürgerliches Gesetzbuch mit Einführungsgesetzen und Nebengesetzen, Großkommentar, 15. Aufl. 2008 (zit.: *Staudinger/Bearbeiter* § ... Rn. ...)
Stein/Jonas	Kommentar zur Zivilprozessordnung, 22. Aufl. 2002 ff. (zit.: *Stein/Jonas-Bearbeiter* ZPO, § ... Rn. ...)
Stöber	Forderungspfändung, 16. Aufl. 2013
ders.	Zwangsversteigerungsgesetz (ZVG), 21. Aufl. 2016
Stoll	Stellungnahmen und Gutachten zur Reform des deutschen Internationalen Insolvenzrechts, 1992
ders.	Vorschläge und Gutachten zur Umsetzung des EU-Übereinkommens über Insolvenzverfahren im deutschen Recht, 1997
Strehle	Die Stellung des Vollstreckungsgläubigers bei grenzüberschreitenden Insolvenzen in der EU, 2008
Theiselmann/Verhoeven	Praxishandbuch des Restrukturierungsrecht, 3. Aufl. 2016
Tiedemann	GmbH-Strafrecht, 5. Aufl. 2010
ders.	Insolvenz-Strafrecht, 2. Aufl. 1996
Theiselmann/Verhoeven	Praxishandbuch des Restrukturierungsrechts, 3. Aufl. 2017
Thomas/Putzo	Zivilprozessordnung, Kommentar, 38. Aufl. 2017
Tipke/Kruse	Abgabenordnung/Finanzgerichtsordnung, Kommentar zur AO 1977 und FGO ohne Strafrecht, Loseblatt
Trunk	Internationales Insolvenzrecht, 1998
Uhlenbruck	Die GmbH & Co. KG in Krise, Konkurs und Vergleich, 2. Aufl. 1988
ders.	Das neue Insolvenzrecht, Insolvenzordnung und Einführungsgesetz nebst Materialien, 1994
Uhlenbruck	Insolvenzordnung, Kommentar, 14. Aufl. 2015 (zit.: *Uhlenbruck/Bearbeiter* InsO, § ... Rn. ...)
Uhlenbruck/Delhaes	Konkurs und Vergleichsverfahren, Handbuch der Rechtspraxis, 5. Aufl. 1990
Ulmer/Habersack/Löbbe	GmbHG – Gesetz betreffend die Gesellschaften mit beschränkter Haftung, Großkommentar, 2. Aufl. 2013 ff.
Vallender/Undritz	Praxis des Insolvenzrechts, 2. Aufl. 2017

Wandt	Versicherungsrecht, 6. Aufl. 2016
Waza/Uhländer/Schmittmann	Insolvenzen und Steuern, 11. Aufl. 2015
Weinbörner	Das neue Insolvenzrecht mit EU-Übereinkommen, 1997
Weisemann/Smid	Handbuch Unternehmensinsolvenz, 1999
Werner/Pastor	Der Bauprozess, 15. Aufl. 2015
Weyand/Diversy	Insolvenzdelikte, 10. Aufl. 2016
Wiese/Kreutz/Oetker/Raab/Weber/Franzen/Gutzeit/Jacobs	Betriebsverfassungsgesetz, Gemeinschaftskommentar, 10. Aufl. 2014 (zit.: GK-BetrVG/*Bearbeiter* § ... Rn. ...)
Wimmer/Bornemann/Lienau	Die Neufassung der EuInsVO, 2016 (zit: Wimmer/Bornemann/Lienau/*Bearbeiter* Rn. ...
Wimmer/Dauernheim/Wagner/Gietl (Hrsg.)	Handbuch Fachanwalt Insolvenzrecht, 7. Aufl. 2015 (zit.: FA-InsR/*Bearbeiter* Kap. ... Rn. ...)
Wimmer/Stenner	Lexikon des Insolvenzrechts, 2. Aufl. 1999
Wöhe/Bilstein/Ernst/Häcker	Grundzüge der Unternehmensfinanzierung, 11. Aufl. 2013
Wolf/Lindacher/Pfeiffer	AGB-Recht, 6. Aufl. 2013
Wolf	Pfändbare Gegenstände von A – Z, 3. Aufl. 2011
Zöller	Zivilprozessordnung, Kommentar, 31. Aufl. 2016 (zit.: *Zöller/Bearbeiter* BGB, § ... Rn. ...)
Zöllner/Noack (Hrsg.)	Kölner Kommentar zum Aktiengesetz: Band 6: §§ 291–393 und §§ 15–22 AktG, 3. Aufl. 2004 (zit. KölnKomm-AktG/*Bearbeiter* § ... Rn. ...)
Zwanziger	Das Arbeitsrecht der Insolvenzordnung, 5. Aufl. 2015

Abürzungsverzeichnis

a.A.	anderer Ansicht, anderer Auffassung
AB	Ausführungsbestimmung
ABA	Zeitschrift »Arbeit, Beruf und Arbeitslosenhilfe«
AbgG	Gesetz über die Rechtsverhältnisse der Mitglieder des Deutschen Bundestages, Abgeordnetengesetz
ABl.	Amtsblatt
abl.	ablehnend
ABlEG	Amtsblatt der Europäischen Gemeinschaften
Abs.	Absatz
Abschn.	Abschnitt
abw.	abweichend
AcP	Archiv für die civilistische Praxis
a.E.	am Ende
a.F.	alte Fassung
AfA	Absetzung für Abnutzung
AFG	Arbeitsförderungsgesetz
AFKG	Arbeitsförderungs-Konsolidierungsgesetz
AFRG	Arbeitsförderungs-Reformgesetz
AG	Amtsgericht, Aktiengesellschaft, Die Aktiengesellschaft (Zeitschrift)
AGB	Allgemeine Geschäftsbedingungen
AGBE	Entscheidungssammlung zum AGB-Gesetz
AGBG	Gesetz zur Regelung des Rechts der Allgemeinen Geschäftsbedingungen
AGH	Anwaltsgerichtshof
AgrarR	Zeitschrift »Agrarrecht«
AIB	Allgemeine Versicherungsbedingungen für die Insolvenzsicherung der betrieblichen Altersversorgung
AJP/PJA	Aktuelle Juristische Praxis (Zeitschrift)
AktG	Aktiengesetz
Alg	Arbeitslosengeld
Alt.	Alternative
a. M.	anderer Meinung
amtl.	amtlich
amtl. Begr.	amtliche Begründung
ANBA	Amtliche Nachrichten der Bundesagentur für Arbeit
ÄndG	Änderungsgesetz
AnfG	Gesetz betr. die Anfechtung von Rechtshandlungen eines Schuldners außerhalb des Insolvenzverfahrens, Anfechtungsgesetz
AnfR	Anfechtungsrecht
AngKSchG	Gesetz über die Fristen für die Kündigung von Angestellten, Angestelltenkündigungsschutzgesetz
Anh.	Anhang
Anl.	Anlage
Anm.	Anmerkung
AnwBl.	Anwaltsblatt
AO	Abgabenordnung
AOK	Allgemeine Ortskrankenkasse
AP	Arbeitsrechtliche Praxis, Nachschlagewerk des Bundesarbeitsgerichts
ArbG	Arbeitsgericht
ArbGG	Arbeitsgerichtsgesetz
ArbnErfG	Gesetz über Arbeitnehmererfindungen
AR-Blattei	Arbeitsrecht-Blattei
ArbPlSchG	Gesetz über den Schutz des Arbeitsplatzes bei Einberufung zum Wehrdienst, Arbeitsplatzschutzgesetz
ArbRdG	Zeitschrift »Das Arbeitsrecht der Gegenwart«

Abkürzungsverzeichnis

ArbSG	Gesetz zur Sicherstellung von Arbeitsleistungen zum Zwecke der Verteidigung einschließlich des Schutzes der Zivilbevölkerung, Arbeitssicherstellungsgesetz
ArchBürgR	Archiv für bürgerliches Recht
ARGE	Arbeitsgemeinschaft
Art.	Artikel
ASiG	Gesetz über Betriebsärzte, Sicherheitsingenieure und andere Fachkräfte für Arbeitssicherheit, Arbeitssicherheitsgesetz
AT	Allgemeiner Teil
AuA	Zeitschrift »Arbeit und Arbeitsrecht«
AuB	Zeitschrift »Arbeit und Beruf«
AÜG	Gesetz zur Regelung der gewerbsmäßigen Arbeitnehmerüberlassung, Arbeitnehmerüberlassungsgesetz
Aufl.	Auflage
AuR	Zeitschrift »Arbeit und Recht«
ausf.	ausführlich
AVG	Angestelltenversicherungsgesetz
AVO	Ausführungsverordnung
AWD	Außenwirtschaftsdienst des Betriebs-Beraters
Az.	Aktenzeichen
BA	Bundesagentur für Arbeit
BAG	Bundesarbeitsgericht
BAGE	Entscheidungen des Bundesarbeitsgerichts
Banz.	Bundesanzeiger
BABl.	Bundesarbeitsblatt
BÄO	Bundesärzteordnung
BauFdgG	Gesetz über die Sicherung der Bauforderungen
BauR	Zeitschrift »Baurecht«
Ba-Wü.	Baden-Württemberg
BayNotV	Mitteilungen des Bayerischen Notarvereins
BayObLG	Bayerisches Oberstes Landesgericht
BayObLGZ	Entscheidungen des Bayerischen Obersten Landesgerichts in Zivilsachen
BB	Zeitschrift »Der Betriebs-Berater«
BBiG	Berufsbildungsgesetz
BC	Zeitschrift »Bilanzbuchhalter und Controller«
Bd.	Band
Bde.	Bände
BDSG	Bundesdatenschutzgesetz
BEEG	Gesetz zum Elterngeld und zur Elternzeit (Bundeselterngeld- und Elternzeitgesetz)
BEG NRW	Gesetz zur Entbürokratisierung der Beitreibung von Gebühren- und Auslagenrückständen bei der Zulassung von Fahrzeugen (Beitreibungserleichterungsgesetz/Kfz-Zulassung – BEG NRW)
Begr.	Begründung
Beil.	Beilage
Bek.	Bekanntmachung
BerHG	Beratungshilfegesetz
BEEG	Gesetz zum Elterngeld und zur Elternzeit – Bundeselterngeld und Elternzeitgesetz
Beschl.	Beschluss
BetrAV	Zeitschrift »Betriebliche Altersversorgung«
BetrAVG	Gesetz zur Verbesserung der betrieblichen Altersversorgung
BetrVG	Betriebsverfassungsgesetz
BeurkG	Beurkundungsgesetz
BewG	Bewertungsgesetz
BewHi	Bewährungshilfe
BezG	Bezirksgericht
BfA	Deutsche Rentenversicherung Bund
BFH	Bundesfinanzhof

BFHE	Entscheidungen des Bundesfinanzhofs
BFH/NV	Sammlung nicht veröffentlichter Entscheidungen des Bundesfinanzhofs
BFuP	Zeitschrift »Betriebswirtschaftliche Forschung und Praxis«
BGB	Bürgerliches Gesetzbuch
BGBl.	Bundesgesetzblatt
BGB-RGRK	BGB Kommentar, (Hrsg.) von Reichsgerichtsräten und Bundesrichtern
BGE	Amtl. Sammlung der Entscheidungen des Schweizerischen Bundesgerichts
BGH	Bundesgerichtshof
BGHSt	Entscheidungen des Bundesgerichtshofs in Strafsachen
BGHZ	Entscheidungen des Bundesgerichtshofs in Zivilsachen
BHO	Bundeshaushaltsordnung
BK-InsO	*Breutigam/Blersch/Goetsch* Berliner Praxiskommentar Insolvenzrecht
BKK	Zeitschrift »Die Betriebskrankenkasse«
BlPMZ	Blätter für Patent-, Muster- und Zeichenwesen
BlSchKG	Blätter für Schuldbetreibung und Konkurs Schweiz
BMF	Bundesminister(ium) für Finanzen
BMJ	Bundesminister(ium) der Justiz
BNotO	Bundesnotarordnung
BörsG	Börsengesetz
BR	Bundesrat
BRAGO	Bundesrechtsanwaltsgebührenordnung
BRAO	Bundesrechtsanwaltsordnung
BR-Drucks.	Bundesratsdrucksache
Breg.	Bundesregierung
Breith.	Sammlung von Entscheidungen aus dem Sozialrecht Breithaupt
BR-Prot.	Ständige Berichte des Bundesrates (zitiert nach Jahr, Seite)
BRRG	Beamtenrechtsrahmengesetz
BRTV-Bau	Bundesrahmentarifvertrag für das Baugewerbe
BSG	Bundessozialgericht
BSGE	Entscheidungen des Bundessozialgerichts
BSHG	Bundessozialhilfegesetz
Bsp.	Beispiel
BStBl.	Bundessteuerblatt
BT	Bundestag
BT-Drucks.	Bundestagsdrucksache
BtPrax	Betreuungsrechtliche Praxis (Zeitschrift)
Buchst.	Buchstabe
BUrlG	Bundesurlaubsgesetz
BuW	Zeitschrift »Betrieb und Wirtschaft«
BVerfG	Bundesverfassungsgericht
BVerfGE	Entscheidungen des Bundesverfassungsgerichts
BVerfGG	Gesetz über das Bundesverfassungsgericht, Bundesverfassungsgerichtsgesetz
BVerwG	Bundesverwaltungsgericht
BVerwGE	Entscheidungen des Bundesverwaltungsgerichts
BWA	Betriebswirtschaftliche Auswertung
BWNotZ	Zeitschrift für das Notariat in Baden-Württemberg
bzgl.	bezüglich
bzw.	beziehungsweise
ca.	circa
cic	culpa in contrahendo
COMI	centre of main interests
DA	Durchführungsanweisungen der Bundesagentur für Arbeit
DAV	Deutscher Anwaltsverein
DB	Zeitschrift »Der Betrieb«
DBW	Zeitschrift »Die Betriebswirtschaft«
ddZ	Zeitschrift »Der Deutsche Zollbeamte«
ders.	derselbe
dgl.	dergleichen

Abkürzungsverzeichnis

DGO	Deutsche Gemeindeordnung
DGVZ	Deutsche Gerichtsvollzieher-Zeitung
d.h.	das heißt
Die Beiträge	Zeitschrift »Die Beiträge zur Sozial- und Arbeitslosenversicherung«
DIAI	Deutsches Institut für angewandtes Insolvenzrecht e.V.
Die Justiz	Amtsblatt des Ministeriums für Justiz, Bundes- und Europaangelegenheiten Baden-Württemberg
dies.	dieselbe(n)
diff.	differenzierend
DiskE 2010	Diskussionsentwurf des BMJ für ein Gesetz zur weiteren Erleichterung der Sanierung von Unternehmen
Diss.	Dissertation
DKK	*Däubler/Kittner/Klebe* BetrVG Betriebsverfassungsgesetz, Kommentar für die Praxis
DNotZ	Deutsche Notar-Zeitschrift
DöKV	Deutsch-österreichischer Konkursvertrag
DöKVAG	Ausführungsgesetz zum Deutsch-österreichischen Konkursvertrag
Dok.	Dokumentation
DOK	Zeitschrift »Die Ortskrankenkasse«
DR	Zeitschrift »Deutsches Recht«
DRiZ	Deutsche Richterzeitung
Drucks.	Drucksache
DRZ	Deutsche Rechts-Zeitschrift
DStR	1. Deutsche Steuer-Rundschau bis 1961; 2. Deutsches Steuerrecht ab 1962
DStZ	Deutsche Steuer-Zeitung
DSWR	Zeitschrift »Datenverarbeitung, Steuer, Wirtschaft, Recht«
DtZ	Deutsch-Deutsche Rechts-Zeitschrift
DÜVO	Datenübermittlungs-Verordnung
DuR	Demokratie und Recht
DVO	Durchführungsverordnung
DVR	Deutsche Verkehrssteuer-Rundschau
DZWiR	Deutsche Zeitschrift für Wirtschaftsrecht (bis 1999)
DZWIR	Deutsche Zeitschrift für Wirtschafts- und Insolvenzrecht (ab 1999)
ECU	European Currency Unit
EFG	Entscheidungen der Finanzgerichte
EG	1. Einführungsgesetz; 2. Europäische Gemeinschaft
EGBGB	Einführungsgesetz zum Bürgerlichen Gesetzbuch
EGHGB	Einführungsgesetz zum Handelsgesetzbuch
EGInsO	Einführungsgesetz zur Insolvenzordnung
EGKO	Einführungsgesetz zur Konkursordnung
EGStGB	Einführungsgesetz zum Strafgesetzbuch
EheG	Ehegesetz
Einf.	Einführung
Einl.	Einleitung
einschl.	einschließlich
EInsO	Entwurf einer Insolvenzordnung
EKH	Eigenkapitalhilfeprogramm
ErbbauVO	Verordnung über das Erbbaurecht
ErbStG	Erbschaft- und Schenkungsteuergesetz
ErfK	*Müller-Glöge/Preis/Schmidt* Erfurter Kommentar zum Arbeitsrecht
ERP	European Recovery Program
ErsK	Zeitschrift »Die Ersatzkasse«
EStG	Einkommensteuergesetz
EStH	Einkommensteuerhandbuch/Einkommensteuerhinweise
EStR	Einkommensteuerrichtlinien
EStRG	Einkommensteuerreformgesetz
etc.	et cetera
EU	Europäische Union

Abkürzungsverzeichnis

EuGH	Europäischer Gerichtshof
EuGHE	Entscheidungen des Europäischen Gerichtshofes
EuGVÜ	Europäisches Übereinkommen über die gerichtliche Zuständigkeit und die Vollstreckung gerichtlicher Entscheidungen in Zivil- und Handelssachen
EuInsVO	Europäische Verordnung über Insolvenzverfahren
EuIÜ	Europäisches Übereinkommen über Insolvenzverfahren
EuZW	Europäische Zeitschrift für Wirtschaftsrecht
EV	Einigungsvertrag, Einführungsverordnung
e.V.	eingetragener Verein
evtl.	eventuell
EWiR	Zeitschrift »Entscheidungen zum Wirtschaftsrecht« ab 1985
EWIV	Europäische Wirtschaftliche Interessenvereinigung
EWIV-AG	EWIV-Ausführungsgesetz
EzA	Entscheidungssammlung zum Arbeitsrecht
EzAÜG	Entscheidungssammlung zum Arbeitnehmerüberlassungsgesetz
f./ff.	folgend/fortfolgende
FA-InsR	*Wimmer/Dauernheim/Wagner/Gietl* (Hrsg.), Handbuch Fachanwalt Insolvenzrecht
FamFG	Gesetz über das Verfahren in Familiensachen und in Angelegenheiten der freiwilligen Gerichtsbarkeit
FamRZ	Zeitschrift für das gesamte Familienrecht
FAZ	Frankfurter Allgemeine Zeitung
FEVS	Fürsorgerechtliche Entscheidungen der Verwaltungs- und Sozialgerichte
FG	Finanzgericht
FGO	Finanzgerichtsordnung
FK-InsO	*Wimmer* (Hrsg.), Frankfurter Kommentar zur Insolvenzordnung
FLF	Zeitschrift »Finanzierung, Leasing, Factoring«, vorher »Teilzahlungswirtschaft«
Fn.	Fußnote
FN-IDW	Fachnachrichten des Instituts der Wirtschaftsprüfer
FR	Finanz-Rundschau
FS	Festschrift
G	Gesetz
GAVI	Gesetz zur Vereinfachung der Aufsicht in Insolvenzverfahren
GBl.	Gesetzblatt
GBO	Grundbuchordnung
GbR	Gesellschaft bürgerlichen Rechts
GebrMG	Gebrauchsmustergesetz
gem.	gemäß
GenG	Gesetz betr. die Erwerbs- und Wirtschaftsgenossenschaften, Genossenschaftsgesetz
GeschmMG	Gesetz betr. das Urheberrecht an Mustern und Modellen, Geschmacksmustergesetz
GesO	Gesamtvollstreckungsordnung
GesRZ	Zeitschrift »Der Gesellschafter«
GewO	Gewerbeordnung
GewStDV	Gewerbesteuer-Durchführungsverordnung
GewStG	Gewerbesteuergesetz
GG	Grundgesetz
ggf.	gegebenenfalls
GK	Gemeinschaftskommentar
GK-BetrVG	*Wiese/Kreutz/Oetker/Raab/Weber/Franzen/Gutzeit/Jacobs* Betriebsverfassungsgesetz, Gemeinschaftskommentar
GK-AFG	Gemeinschaftskommentar zum Arbeitsförderungsgesetz, Loseblatt
GK-HGB	*Ensthaler* (Hrsg.), Gemeinschaftskommentar zum Handelsgesetzbuch
GK-SGB III	Gemeinschaftskommentar zum Arbeitsförderungsrecht, Loseblatt
GKG	Gerichtskostengesetz
GMBl.	Gemeinsames Ministerialblatt
GmbH	Gesellschaft mit beschränkter Haftung

Abkürzungsverzeichnis

GmbHG	Gesetz betr. die Gesellschaften mit beschränkter Haftung
GmbHR	Zeitschrift »GmbH-Rundschau« ab 1984
GmbH-Rdsch.	Zeitschrift »GmbH-Rundschau« bis 1983
grds.	grundsätzlich
Grdz.	Grundzüge
GrS	Großer Senat
GrEStG	Grunderwerbsteuergesetz
GrStG	Grundsteuergesetz
GRUR	Zeitschrift »Gewerblicher Rechtsschutz und Urheberrecht«
GS	Gedenkschrift
GuG	Zeitschrift »Grundstücksmarkt und Grundstückswert«
GVG	Gerichtsverfassungsgesetz
GVBl.	Gesetz und Verordnungsblatt
HAG	Heimarbeitsgesetz
HambK-InsO	*Schmidt, A.* (Hrsg.), Hamburger Kommentar zum Insolvenzrecht
hans.	hanseatisches
Haushaltsbegleitgesetz 2011	BMF-Entwurf eines Haushaltsbegleitgesetzes 2011
Hdb.	Handbuch
HdbInsR	Handbuch des Insolvenzrechts für die Kreditwirtschaft
HFR	Höchstrichterliche Finanzrechtsprechung
HK-InsO	*Eickmann/Flessner/Irschlinger/Kirchhof/Kreft/Landfermann/Marotzke/Stephan* Heidelberger Kommentar zur Insolvenzordnung
h.M.	herrschende Meinung
HGB	Handelsgesetzbuch
HöfeO	Höfeordnung
HOLG	Hanseatisches Oberlandesgericht
HRR	Zeitschrift »Höchstrichterliche Rechtsprechung«
(hrsg.)/(Hrsg.)	herausgegeben/Herausgeber
HS	Halbsatz
i.d.F.	in der Fassung
i.d.R.	in der Regel
IDW	Institut der Wirtschaftsprüfer
i.E.	im Einzelnen
i.e. S.	im engeren Sinne
i.H. v.	in Höhe von
IHK	Industrie- und Handelskammer
IIR	Internationales Insolvenzrecht
INF	Zeitschrift »Die Information über Steuer und Wirtschaft«
InsbürO	Zeitschrift für das Insolvenzbüro
InsO	Insolvenzordnung
HdbInsR	*Gottwald* Insolvenzrechts-Handbuch
InsVO	Verordnung über Insolvenzverfahren
InsVV	Insolvenzrechtliche Vergütungsverordnung
InVo	Zeitschrift »Insolvenz & Vollstreckung«
InvZulG	Investitionszulagengesetz
IPRax	Zeitschrift »Praxis des Internationalen Privat- und Verfahrensrechts«
IPRG	Gesetz zur Neuregelung des Internationalen Privatrechts
i.S.	im Sinne
i.S.d.	im Sinne des/der
i.S.v.	im Sinne von
i.V.m.	in Verbindung mit
i.w.S.	im weiteren Sinne
IZPR	Internationales Zivilprozessrecht
JA	Zeitschrift »Juristische Arbeitsblätter«
JFG	Jahrbuch für Entscheidungen in Angelegenheiten der freiwilligen Gerichtsbarkeit und des Grundbuchrechts
Jg.	Jahrgang

JMBl.	Justizministerialblatt
Jprax.	Zeitschrift »Juristische Praxis«
JR	Juristische Rundschau
JurBüro	Zeitschrift »Das juristische Büro«
JURA	Zeitschrift »Juristische Ausbildung«
JuS	Zeitschrift »Juristische Schulung«
JVEG	Justizvergütungs- und Entschädigungsgesetz
JW	Juristische Wochenschrift
JZ	Juristenzeitung
KAGG	Gesetz über Kapitalanlagegesellschaften
Kap.	Kapitel
KapAEG	Kapitalaufnahmeerleichterungsgesetz
KassArbR	Kasseler Handbuch zum Arbeitsrecht
KDZ	*Kittner/Däubler/Zwanziger* Kündigungsschutzrecht
KfzStG	Kraftfahrzeugsteuergesetz
KG	1. Kommanditgesellschaft
	2. Kammergericht
KGaA	Kommanditgesellschaft auf Aktien
KKZ	Kommunal-Kassen-Zeitschrift
KO	Konkursordnung
KölnKomm-AktG	*Noack/Zöllner* Kölner Kommentar zum Aktiengesetz
Komm.	1. Kommission, 2. Kommentar
KostO	Kostenordnung
KR	*Etzel/Bader/Fischermeier/Friedrich/Gallner/Griebeling/Klose/Kreft/Link/Lipke/ Rachor/Rinck/Rost/Spilger/Treber/Vogt/Weigand* Gemeinschaftskommentar zum Kündigungsschutzgesetz und sonstigen kündigungsschutzrechtlichen Vorschriften
krit.	kritisch
KS-InsO	Kölner Schrift zur Insolvenzordnung
KSchG	Kündigungsschutzgesetz
KStG	Körperschaftsteuergesetz
KStZ	Kommunale Steuer-Zeitschrift
KtoPfSchRefG	Kontopfändungsschutzreformgesetz
KTS	Zeitschrift für Insolvenzrecht
KündFG	Kündigungsfristengesetz
KuT	Zeitschrift »Konkurs- und Treuhandwesen«
KV	Kostenverzeichnis
KVStG	Kapitalverkehrsteuergesetz
KWG	Gesetz über das Kreditwesen, Kreditwesengesetz
LAG	Landesarbeitsgericht
LAGE	Entscheidungen der Landesarbeitsgerichte
LFZG	Lohnfortzahlungsgesetz
LG	Landgericht
lfd.	laufend
lit.	litera
LM	*Lindenmaier/Möhring* Nachschlagewerk des Bundesgerichtshofs
LohnFG	Gesetz über die Fortzahlung des Arbeitsentgelts im Krankheitsfall, Lohnfortzahlungsgesetz
LPK-BSHG	*Münder/Armborst/Berlit/Bieritz-Harder/Birk/Brühl/Conradis/Hofmann/Krahmer/Roscher/Schoch* Sozialgesetzbuch XII
LS	Leitsatz
LSG	Landessozialgericht
LStDV	Lohnsteuer-Durchführungsverordnung
LSZ	*Leonhardt/Smid/Zeuner*, Insolvenzordnung
LuftfzRG	Gesetz über Rechte an Luftfahrzeugen
LuftVG	Luftverkehrsgesetz
LZ	Leipziger Zeitschrift für Deutsches Recht
m.	mit

Abkürzungsverzeichnis

m.E.	meines Erachtens
MDR	Monatszeitschrift für Deutsches Recht
MHbeG	Gesetz zur Beschränkung der Haftung Minderjähriger
MinBlFin.	Ministerialblatt des Bundesministers der Finanzen
MitbestG	Gesetz über die Mitbestimmung der Arbeitnehmer, Mitbestimmungsgesetz
Mitt.	Mitteilungen
MiZi	Allgemeine Verfügung über Mitteilungen in Zivilsachen
MoMiG	Gesetz zur Modernisierung des GmbH-Rechts und zur Bekämpfung von Missbräuchen
MontanMitbestG	Gesetz über die Mitbestimmung der Arbeitnehmer in den Aufsichtsräten und Vorständen der Unternehmen des Bergbaus und der Eisen und Stahl erzeugenden Industrie
MS	Mitgliedstaat(en)
MünchArbR	*Richardi/Wlotzke* Münchener Handbuch zum Arbeitsrecht
MüKo-BGB	*Rebmann* (Hrsg.), Münchener Kommentar zum Bürgerlichen Gesetzbuch
MüKo-InsO	*Kirchhof/Lwowski/Stürner* (Hrsg.), Münchener Kommentar zur Insolvenzordnung
MüKo-ZPO	*Rauscher/Wax/Wendel* (Hrsg.), Münchener Kommentar zur Zivilprozessordnung
MuSchG	Gesetz zum Schutz der erwerbstätigen Mutter, Mutterschutzgesetz
m.w.H.	mit weiteren Hinweisen
m.w.N.	mit weiteren Nachweisen
Nachw.	Nachweise
NdsRpfl.	Niedersächsische Rechtspflege
n.F.	neue Fassung
NJW	Neue Juristische Wochenschrift
NJW-RR	NJW-Rechtsprechungs-Report
n.r.	nicht rechtskräftig
Nr./Nrn.	Nummer/Nummern
NRW	Nordrhein-Westfalen
NStZ	Neue Zeitschrift für Strafrecht
NVwZ	Neue Zeitschrift für Verwaltungsrecht
NWB	Neue Wirtschaftsbriefe
NZA	Neue Zeitschrift für Arbeits- und Sozialrecht
NZI	Neue Zeitschrift für das Recht der Insolvenz und Sanierung
NZM	Neue Zeitschrift für Mietrecht
NZS	Neue Zeitschrift für Sozialrecht
o.	oben
o. Ä.	oder Ähnliches
ÖBGBl.	Österreichisches Bundesgesetzblatt
OFD	Oberfinanzdirektion
OGH	Oberster Gerichtshof Österreich
OHG	Offene Handelsgesellschaft
OLG	Oberlandesgericht
OLGE	Entscheidungen der Oberlandesgerichte
OLGZ	Entscheidungen der Oberlandesgerichte in Zivilsachen
OVG	Oberverwaltungsgericht
OWiG	Gesetz über Ordnungswidrigkeiten
PatG	Patentgesetz
PersV	Personalvertretung
PersVG	Personalvertretungsgesetz
PG	*Prütting/Gehrlein* (Hrsg.), ZPO, Kommentar
PKH	Prozesskostenhilfe
PWW	*Prütting/Wegen/Weinreich* (Hrsg.), BGB, Kommentar
pp.	per prokura
Prot.	Protokoll
PSVaG	Pensions-Sicherungs-Verein auf Gegenseitigkeit
PublG	Gesetz über die Rechnungslegung von bestimmten Unternehmen und Konzernen

RabelsZ	Rabels Zeitschrift für ausländisches und internationales Privatrecht
RAG	Reichsarbeitsgericht
RAGE	Entscheidungen des Reichsarbeitsgerichts
RAO	Reichsabgabenordnung
rd.	rund
RdA	Zeitschrift »Recht der Arbeit«
RdErl.	Runderlass
RegE	Regierungsentwurf
RFH	Reichsfinanzhof
RFHE	Sammlung der Entscheidungen und Gutachten des Reichsfinanzhofs
RG	Reichsgericht
RGBl.	Reichsgesetzblatt
RGRK	Reichsgerichtsrätekommentar
RGSt	Entscheidungen des Reichsgerichts in Strafsachen
RGZ	Entscheidungen des Reichsgerichts in Zivilsachen
RiLi	Richtlinie
RIW	Recht der Internationalen Wirtschaft
RKG	Reichsknappschaftsgesetz
Rn./Rdn.	Randnummer
ROHG	Reichsoberhandelsgericht
Rpfleger	Zeitschrift »Der Deutsche Rechtspfleger«
RPflG	Rechtspflegergesetz
RRG	Rentenreformgesetz
RsDE	Beiträge zum Recht der sozialen Dienste und Einrichtungen
rsp.	respektive
Rspr.	Rechtsprechung
Rspr.-Dienst	Rechtsprechungsdienst der Sozialgerichtsbarkeit
RStBl.	Reichssteuerblatt
RTV	Rahmentarifvertrag
RV	Zeitschrift »Die Rentenversicherung«
RVG	Rechtsanwaltsvergütungsgesetz
RVO	Reichsversicherungsordnung
s.	siehe
S.	Seite
s.a.	siehe auch
SAE	Sammlung arbeitsrechtlicher Entscheidungen
ScheckG	Scheckgesetz
SchiffsRG	Gesetz über Rechte an eingetragenen Schiffen und Schiffsbauwerken
SchiffsRO	Schiffsregisterordnung
SchlHAnz.	Schleswig-Holsteinische Anzeigen
SchKG	Bundesgesetz über Schuldbetreibung und Konkurs Schweiz
SchVerschrG	Gesetz zur Neuregelung der Rechtsverhältnisse bei Schuldverschreibungen aus Gesamtemissionen und zur verbesserten Durchsetzbarkeit von Ansprüchen von Anlegern aus Falschberatung
SdL	Zeitschrift »Soziale Sicherheit in der Landwirtschaft«
SeemG	Seemannsgesetz
Sen.	Senat
SeuffArch	Seufferts Archiv für Entscheidungen der obersten Gerichte
SG	Sozialgericht
SGb	Zeitschrift »Die Sozialgerichtsbarkeit«
SGB	Sozialgesetzbuch
SGG	Sozialgerichtsgesetz
SJZ	1. Schweizerische Juristen-Zeitung 2. Süddeutsche Juristenzeitung
sog.	so genannt(e)
SozR	Sozialrecht – Entscheidungssammlung, bearbeitet von den Richtern des BSG, Loseblatt
SozSich.	Zeitschrift »Soziale Sicherheit«

Abkürzungsverzeichnis

Sp.	Spalte
SR	Systematische Sammlung des Bundesrechts Schweiz
st.	ständig (e/er)
StAnpG	Steueranpassungsgesetz
StBerG	Steuerberatungsgesetz
StBGebV	Steuerberatergebührenverordnung
StbJb	Steuerberater-Jahrbuch
StGB	Strafgesetzbuch
StPO	Strafprozessordnung
str.	streitig
StrÄndG	Strafrechtsänderungsgesetz
StrEG	Gesetz über die Entschädigung für Strafverfolgungsmaßnahmen
StRK	Höchstgerichtliche Entscheidungen in Steuersachen (Steuerrechtsprechung in Karteiform)
st.Rspr.	ständige Rechtsprechung
StuB	Zeitschrift »Steuern und Bilanzen«
StudKomm	Studienkommentar
StuW	Steuer und Wirtschaft
StVollzG	Strafvollzugsgesetz
StWa	Zeitschrift »Steuer-Warte«
SVR	Zeitschrift »Straßenverkehrsrecht«
teilw.	teilweise
TVG	Tarifvertragsgesetz
TzBfG	Gesetz über Teilzeitarbeit und befristete Arbeitsverträge
u.	unten/und
u.a.	unter anderem
u. Ä.	und Ähnliches
UÄndG	Gesetz zur Änderung des Unterhaltsrechts
UBGG	Unternehmensbeteiligungsgesetz
UmwG	Umwandlungsgesetz
UrhG, UrhRG	Gesetz über Urheberrecht und verwandte Schutzrechte, Urheberrechtsgesetz
UR	Umsatzsteuer-Rundschau
Urt.	Urteil
USK	Urteilssammlung für die gesetzliche Krankenversicherung
UStAE	Umsatzsteuer-Anwendungserlass
UStDV	Umsatzsteuer-Durchführungsverordnung
UStG	Umsatzsteuergesetz
usw.	und so weiter
u.U.	unter Umständen
UWG	Gesetz gegen den unlauteren Wettbewerb
v.	vom, von
VAG	Gesetz über die Beaufsichtigung der privaten Versicherungsunternehmungen und Bausparkassen, Versicherungsaufsichtsgesetz
VerbrKrG	Verbraucherkreditgesetz
VerglO	Vergleichsordnung
VergütVO/VergVO	Vergütungsverordnung
VerlG	Gesetz über das Verlagsrecht
VermBG	Gesetz zur Förderung der Vermögensbildung der Arbeitnehmer
VermG	Gesetz zur Regelung offener Vermögensfragen
VersR	Zeitschrift »Versicherungsrecht«
VersR-Hdb	*Beckmann/Matusche-Beckmann*, Versicherungsrechts-Handbuch
Vfg.	Verfügung
VG	Verwaltungsgericht
VGH	Verwaltungsgerichtshof
vgl.	vergleiche
VglO	Vergleichsordnung
v.H.	von Hundert
VIA	Verbraucherinsolvenz aktuell (Zeitschrift)

VIZ	Zeitschrift für Vermögens- und Investitionsrecht
VO	Verordnung
VOB	Verdingungsordnung für Bauleistungen
VRG	Vorruhestandsgesetz
VRTV	Vorruhestandstarifvertrag
VStG	Vermögensteuergesetz
VuR	Zeitschrift »Verbraucher und Recht«
VVaG	Versicherungsverein auf Gegenseitigkeit
VVG	Gesetz über den Versicherungsvertrag, Versicherungsvertragsgesetz
VW	Zeitschrift »Versicherungswirtschaft«
VwGO	Verwaltungsgerichtsordnung
VwVfG	Verwaltungsverfahrensgesetz
VwVG	Verwaltungsvollstreckungsgesetz
VZS	Vereinigte Zivilsenate
WahlO	Wahlordnung
WEG	Gesetz über das Wohnungseigentum und das Dauerwohnrecht, Wohnungseigentumsgesetz
WarnRspr.	Sammlung zivilrechtlicher Entscheidungen des Reichsgerichts, Warneyer-Rechtsprechung
WG	Wechselgesetz
WiB	Zeitschrift »Wirtschaftsrechtliche Beratung«
WiKG	Gesetz zur Bekämpfung der Wirtschaftskriminalität
WiRO	Wirtschaft und Recht in Osteuropa. **Zeitschrift** zur Rechts- und Wirtschaftsentwicklung in den Staaten Mittel- und Osteuropas.
WiSt	Zeitschrift »Wirtschaftswissenschaftliches Studium«
WiStG	Gesetz zur Vereinfachung des Wirtschaftsstrafrechts, Wirtschaftsstrafgesetz
WiStra	Zeitschrift für Wirtschaft, Steuer und Strafrecht
WM	Zeitschrift »Wertpapier-Mitteilungen«
WPflG	Wehrpflichtgesetz
WPg.	Zeitschrift »Die Wirtschaftsprüfung«
WPO	Wirtschaftsprüfungsordnung
WPrax	Wirtschaftsrecht und Praxis (Zeitschrift)
WRV	Weimarer Reichsverfassung
WuB	Entscheidungssammlung zum Wirtschafts- und Bankrecht
WuM	Zeitschrift »Wohnungswirtschaft und Mietrecht«
WuW	Zeitschrift »Wirtschaft und Wettbewerb«
WZG	Warenzeichengesetz
WzS	Zeitschrift »Wege zur Sozialversicherung«
ZAkDR	Zeitschrift der Akademie für Deutsches Recht
ZAP	Zeitschrift für die Anwaltspraxis
z.B.	zum Beispiel
ZBB	Zeitschrift für Bankrecht und Bankwirtschaft
ZBR	Zeitschrift für Beamtenrecht
ZB Reform	Zweitbericht der Kommission für Insolvenzrecht
ZDG	Gesetz über den Zivildienst der Kriegsdienstverweigerer, Zivildienstgesetz
ZEuP	Zeitschrift für Europäisches Privatrecht
ZEV	Zeitschrift für Erbrecht und Vermögensnachfolge
ZfA	Zeitschrift für Arbeitsrecht
ZfB	Zeitschrift für Betriebswirtschaft
zfbf	Zeitschrift für betriebswirtschaftliche Forschung
ZfG	Zeitschrift für das gesamte Genossenschaftswesen
zfo	Zeitschrift »Führung und Organisation«
ZfS	Zentralblatt für Sozialversicherung, Sozialhilfe und Versorgung
ZfSH	Zeitschrift für Sozialhilfe
ZfZ	Zeitschrift für Zölle und Verbrauchsteuern
ZGR	Zeitschrift für Unternehmens- und Gesellschaftsrecht
ZgS	Zeitschrift für die gesamte Staatswissenschaft
ZHR	Zeitschrift für das gesamte Handelsrecht und Wirtschaftsrecht

Abkürzungsverzeichnis

Ziff.	Ziffer
ZIP	Zeitschrift für Wirtschaftsrecht und Insolvenzpraxis
zit.	zitiert
ZInsO	Zeitschrift für das gesamte Insolvenzrecht
ZivildienstG	Zivildienstgesetz
ZKF	Zeitschrift für Kommunalfinanzen
ZKredW	Zeitschrift für das gesamte Kreditwesen
ZKW	Zeitschrift für Kreditwesen
ZMR	Zeitschrift für Miet- und Raumrecht
ZPO	Zivilprozessordnung
ZRP	Zeitschrift für Rechtspolitik
ZSHG	Zeugenschutzharmonisierungsgesetz
ZStW	Zeitschrift für die gesamte Strafrechtswissenschaft
z.T.	zum Teil
ZUR	Zeitschrift für Umweltrecht
ZuSEG	Gesetz über die Entschädigung von Zeugen und Sachverständigen
zust.	zustimmend
ZVersWiss	Zeitschrift für die gesamte Versicherungswissenschaft
ZVG	Gesetz über die Zwangsversteigerung und die Zwangsverwaltung, Zwangsversteigerungsgesetz
ZVglRWiss	Zeitschrift für vergleichende Rechtswissenschaft
ZVI	Zeitschrift für Verbraucher- und Privat-Insolvenzrecht
ZwVerwVO	Zwangsverwalterverordnung
ZZP	Zeitschrift für Zivilprozess

Insolvenzordnung
Kommentar

vom 5. Oktober 1994 (BGBl. I S. 2866),
zuletzt geändert durch Art. 24 Nr. 3 des Zweiten Finanzmarktnovellierungsgesetzes – 2. FiMaNoG vom 23. Juni 2017 (BGBl. I S. 1693, Inkrafttreten 3. Januar 2018), Art. 2 des Gesetzes zur Durchführung der Verordnung (EU) 2015/848 über Insolvenzverfahren vom 5. Juni 2017 (BGBl. I S. 1476) und das Gesetz zur Erleichterung der Konzerninsolvenzen vom 13. April 2017 (BGBl. I S. 866, Inkrafttreten 21. April 2018).

Erster Teil Allgemeine Vorschriften

Vorbemerkungen vor §§ 1 ff. InsO Die Reform des Insolvenzrechts durch die InsO

Übersicht

	Rdn.			Rdn.
A.	Übersicht	1	F. Die Entwicklung seit Inkrafttreten der InsO	48
B.	Geschichte der Reformbestrebungen	4	I. Änderungsgesetz zum 01.12.2001	49
C.	Reformbedarf	12	II. Entwicklung bis zum Vereinfachungsgesetz 2007	55
I.	Die Zahlen	13	III. Entwicklung bis 2011	64
II.	Funktionsverlust des Insolvenzrechts	17	IV. ESUG 01.03.2012	74
III.	Mangelnder rechtlicher Rahmen für die Sanierung	20	V. Gesetz zur Verkürzung des Restschuldbefreiungsverfahrens und zur Stärkung der Gläubigerrechte 01.07.2014	76
D.	Zielsetzungen der Reform	23		
I.	Ordnungsaufgabe des Insolvenzrechts	23		
II.	Die einzelnen Ziele	30	VI. Aktuelle Änderungen	81
E.	Grundzüge der Umsetzung der Reformziele	37	G. Wertung und Ausblick	88

Literatur:

BAKinso Entschließung der Jahrestagung 2013 »Stellungnahme zur Reform der InsVV«, ZInsO 2013, 2547; *ders.* Entschließung Jahrestagung 2013 »Die Neuordnung der Privatinsolvenz«, ZInsO 2013, 2548; *ders.* Entschließung Jahrestagung 2016 »Wir brauchen professionelle insolvenzgerichtliche Rechtsanwender«, ZInsO 2016, 2432; *Beth* Der Insolvenzrichter als Allround-Genie?, Wege zur Verbesserung der Insolvenzgerichte, ZInsO 2017, 152; *Blersch/Bremen* Entwurf des VID für ein Gesetz zur insolvenzrechtlichen Vergütung (E-InsVG), Beilage 1 zu ZIP 28/201; *Büttner* Eine eigene Insolvenzgerichtsbarkeit – zwischen Wunsch und Wirklichkeit, ZInsO 2017, 134; *Frind* Praxis-Prüfstand: Die Vorschläge zur Neuordnung des Insolvenzverfahrens natürlicher Personen – Teil 1, ZInsO 2012, 475; *ders.* Ein »schlankes« neues Privatinsolvenzverfahren, ZInsO 2012, 1455; *ders.* Gesetzgeberische Nicht- und Schlechtleistungen erfordern neue Kommission, INDat-Report 08/2016, S. 34; *Gläubigerforum* Aktualisierter Diskussionsentwurf des Gläubigerforums zur Neuordnung des insolvenzrechtlichen Vergütungsrechts (ReformDiskE-InsO/InsVV) Stand 28.03.2014, ZInsO 2014, 650; *Haarmeyer/Mock* Insolvenzrechtliche Vergütung und Inflation, ZInsO 2014, 573; *Hergenröder/Homann* Die Reform der Verbraucherentschuldung: Plädoyer für eine Neuorientierung, ZVI 2013, 129; *Hingerl* System der Restschuldbefreiung bei natürlichen Personen, ZInsO 2013, 21; *Holzer* Der Diskussionsentwurf eines Gesetzes zur insolvenzrechtlichen Vergütung, NZI 2015, 145; *Horstkotte/Laroche/Waltenberger/Frind* »Ich hab' noch ein bisschen InsO dabei«, ZInsO 2016, 2186; *Keller* Bedarf es wirklich einer Reform des insolvenzrechtlichen Vergütungsrechts?, ZIP 2014, 2014; *Schmerbach* Gesetz zur Verkürzung des Restschuldbefreiungsverfahrens und zur Stärkung der Gläubigerrechte verabschiedet – Ende gut, alles gut?, NZI 2013, 566; *ders.* Agenda 2020 – das große Insolvenzgericht, Editorial NZI 1-2/2017, V; *Siemon* Plädoyer zur Gründung einer überparteilichen und verbandsunabhängigen Expertenkommission zur Fortentwicklung des deutschen Insolvenz- und Konzerninsolvenzrechts, ZInsO 2014, 1318; *Vallender/Laroche* 13 Jahre sind genug! – Plädoyer für die Abschaffung eines (eigenständigen) Verbraucherinsolvenzverfahrens, VIA 2012, 9.

Gesetzesmaterialien zur ursprünglichen Fassung und den wesentlichen Änderungen
Ursprüngliche Fassung:

Gesetzentwurf der Bundesregierung – Entwurf einer Insolvenzordnung (InsO) 15.04.1992, BT-Drucks. 12/2443;

Gesetzentwurf der Bundesregierung – Entwurf eines Einführungsgesetzes zur Insolvenzordnung (EGInsO) 24.11.1992, BT-Drucks. 12/3803;

Bericht des Rechtsausschusses des Deutschen Bundestages zum Gesetzesentwurf der InsO 13.04.1994, BT-Drucks. 12/7302 (mit Berichtigung in BT-Drucks. 12/8506);

Bericht des Rechtsausschusses des Deutschen Bundestages zum Gesetzentwurf der EGInsO 13.04.1994, BT-Drucks. 12/7303 (mit Berichtigung in BT-Drucks. 12/8506.

vor §§ 1 ff. InsO Vorbemerkungen

Die Materialien sind (auszugsweise) abgedruckt bei: *Balz/Landfermann* Die neuen Insolvenzgesetze; *Schmidt-Räntsch* Insolvenzordnung mit Einführungsgesetz (jeweils mit Darstellung der Gesetzgebungsgeschichte auch nach Einbringen des Gesetzentwurfes der Bundesregierung und der nachträglichen Änderungen).

Eine Übersicht zur Reformliteratur befindet sich bei *Kübler/Prütting/Bork* InsO, Einl. Rn. 59 ff.

Änderungsgesetz 2001:

Gesetzentwurf der Bundesregierung – Entwurf eines Gesetzes zur Änderung der Insolvenzordnung und anderer Gesetze 20.12.2000, BT-Drucks. 14/5680 (abgedruckt NZI Beilage 1/2001); Stellungnahme des Bundesrates vom 16.02.2001 (BR-Drucks. 14/01); Gegenäußerung der Bundesregierung vom 28.03.2001 (ZInsO 2001, 310); Beschlussempfehlung und Bericht des Rechtsausschusses vom 27.06.2001 (BT-Drucks. 14/6468).

Gesetz zur Änderung des Internationalen Insolvenzrechts:

BGBl. I 2003 S. 345 (abgedruckt ZInsO 2003, 311).

Finanzdienstrichtlinie:

Entwurf eines Gesetzes zur Änderung der Insolvenzordnung, des Bürgerlichen Gesetzbuchs und anderer Gesetze – Diskussionsentwurf des Bundesministeriums der Justiz ZInsO 2003, 359; Gesetzentwurf der Bundesregierung, Stellungnahme des Bundesrates, Gegenäußerung der Bundesregierung, BT-Drucks. 15/1853; Beschlussempfehlung und Bericht des Rechtsausschusses, BT-Drucks. 15/2485.

Pfändungsschutz der Altersvorsorge:

Entwurf eines Gesetzes zum Pfändungsschutz der Altersvorsorge und zur Anpassung des Rechts der Insolvenzanfechtung, ZVI 2005, 516; Stellungnahme des Bundesrates vom 23.09.2005, BR-Drucks. 618/05; Gegenäußerung der Bundesregierung, ZInsO 2006, 314; Stellungnahme des Bundestags-Rechtsausschusses vom 13.12.2006, ZVI 2007, 38.

Vereinfachungsgesetz:

Entwurf eines Gesetzes zur Vereinfachung des Insolvenzverfahrens, ZInsO 2006, 199; Stellungnahme des Bundesrates vom 22.09.2006, BR-Drucks. 549/06.

Entwurf eines Gesetzes zur Modernisierung des GmbH-Rechts und zur Bekämpfung von Missbräuchen (MoMiG), BT-Drucks. 16/6140; Beschlussempfehlung des Rechtsausschusses BT-Drucks. 16/9737.

Kreditreorganisationsgesetz:

RefE eines Restrukturierungsgesetzes (Beilage zu NZI Heft 17/2010, S. 25 – 64);

RegE vom 27.09.2010 (BT-Drucks. 17/3024).

Umsetzung EU-DLR für ausländische Verwalterbewerber:

Entwurf eines Gesetzes zur Umsetzung der Dienstleistungsrichtlinie in der Justiz und zur Änderung weiterer Vorschriften vom 21.10.0201 (BT-Drucks. 17/3356);

Beschlussempfehlung und Bericht des Rechtsausschusses vom 01.12.2010 (BT-Drucks. 17/4064).

Haushaltsbegleitgesetz 2011:

ReGE des Haushaltsbegleitgesetzes 2011 vom 03.09.2010 (BT-Drucks. 17/3030) ZIP 2010, 1722;

Stellungnahme des BRat vom 15.10.2010 (BR-Drucks. 532/10) ZInsO 2010, 2086;

Beschlussempfehlung des Haushaltsausschusses vom 26.10.2010 (BT-Drucks. 17/3406).

ESUG:

Diskussionsentwurf für ein Gesetz zur weiteren Erleichterung der Sanierung von Unternehmen vom 30.06.2010 – Beilage 1 zu ZIP 28/2010 = Beilage zu NZI Heft 16/2010;

Referentenentwurf für ein Gesetz zur weiteren Erleichterung der Sanierung von Unternehmen (ESUG) – Bearbeitungsstand 25.01.2011, ZInsO 2011, 269 = Beilage 1 zu ZIP 6/2011;

Regierungsentwurf eines Gesetzes zur weiteren Erleichterung der Sanierung von Unternehmen vom 04.03.2011 (BT-Drucks. 17/5712 = BR-Drucks. 127/11);

Stellungnahme des Bundesrates vom 15.04.2011 (BT-Drucks. 17/5712, S. 50 ff.);

Gegenäußerung der Bundesregierung (BT-Drucks. 17/5712, S. 67 ff.);

Regierungsentwurf eines Gesetzes zur weiteren Erleichterung der Sanierung von Unternehmen vom 04.05.2011 (BT-Drucks. 17/5712);

Beschlussempfehlung und Bericht des Rechtsausschusses vom 26.10.2011 (BT-Drucks. 17/7511).

Entwurf eines Gesetzes zur Verkürzung des Restschuldbefreiungsverfahrens, zur Stärkung der Gläubigerrechte und zur Insolvenzfestigkeit von Lizenzen (RefE v. 18.01.2012; Beilage 1 zu ZVI 2012;

Entwurf eines Gesetzes zur Verkürzung des Restschuldbefreiungsverfahrens und zur Stärkung der Gläubigerrechte und zur Insolvenzfestigkeit von Lizenzen (RegE v. 18.07.2012, ZInsO 2012, 1461);

Stellungnahme des Bundesrates v. 21.09.2012 (BR-Drucks. 467/12);

Gegenäußerung der Bundesregierung v. 31.10.2012 (BT-Drucks. 17/11268);

Beschlussempfehlung und Bericht des Rechtsausschusses vom 15.05.2013, BT-Drucks. 17/13535 (Beilage 1 zu ZVI 5/2013).

Konzerninsolvenzen:

Diskussionsentwurf für ein Gesetz zur Erleichterung der Bewältigung von Konzerninsolvenzen (Beilage 1 zu ZIP 2/2013 = ZInsO 2013, 130);

Regierungsentwurf für ein Gesetz zur Erleichterung der Bewältigung der Konzerninsolvenzen (KIG), Beilage 4 zu ZIP 37/2013;

Regierungsentwurf eines Gesetzes zur Erleichterung der Bewältigung der Konzerninsolvenzen vom 30.01.2014 (BT-Drucks. 18/407, ZInsO 2014, 286) mit Stellungnahme des Bundesrates vom 11.10.2013;

Beschlussempfehlung und Bericht des Rechtsausschuss vom 08.03.2017 (BT-Drucks. 18/11436).

Anfechtungsrecht:

Diskussionsentwurf eines Gesetzes zur Verbesserung der Rechtssicherheit bei Anfechtungen nach der Insolvenzordnung und nach dem Anfechtungsgesetz vom 16.03.2015;

Regierungsentwurf eines Gesetzes zur Verbesserung der Rechtssicherheit bei Anfechtungen nach der Insolvenzordnung und nach dem Anfechtungsgesetz vom 16.10.2015 (BR-Drucks. 495/15);

Stellungnahme des Bundesrates vom 27.11.2015 (BR-Drucks. 495/15);

Gegenäußerung der Bundesregierung vom 16.12.2015 (BT-Drucks. 18/7054);

Beschlussempfehlung und Bericht des Rechtsauschuss (BT-Drucks. 18/11199, ZInsO 2017, 378).

EuInsVO/EGInsO:

Regierungsentwurf eines Gesetzes zur Durchführung der Verordnung vom 05.06.2015 (EU) 2015/848 über Insolvenzverfahren (BR-Drucks. 654/16);

Stellungnahme des Bundesrates vom 05.12.2016 (BR-Drucks. 654/16);

Gesetzentwurf der Bundesregierung eines Gesetzes zur Durchführung der Verordnung vom 05.06.2015 (EU) 2015/848 über Insolvenzverfahren vom 11.01.2017 (BT-Drucks. 18/10823).

Änderungsgesetze in Diskussion:

Gesetzesinitiative Bundesrat vom 10.03.2017 zur Einfügung eines § 3a EStG und § 3c Abs. 4 EStG (BR-Drucks. 59/17) – Sanierungserlass;

Vorschlag EU-Kommission vom 22.11.2016 für eine Richtlinie über einen präventiven Restrukturierungsrahmen, die zweite Chance und Maßnahmen zur Steigerung der Effizienz von Restrukturierungs-, Insolvenz- und Entschuldungsverfahren und zur Änderung der Richtlinie 2012/30/EU.

vor §§ 1 ff. InsO Vorbemerkungen

A. Übersicht

1   Die **ersten Reformbestrebungen** zur KO, eines der Reichsjustizgesetze aus dem Jahre 1877, stammen bereits aus der Zeit vor der Jahrhundertwende. Die Ursprünge der zur Schaffung der InsO führenden Reform reichen zurück bis in die Mitte der 70er Jahre. Die Zielsetzungen der Reform haben sich im Laufe des mehrjährigen Gesetzgebungsverfahrens – auch unter dem Einfluss des ausländischen Insolvenzrechts – teilweise geändert. Zur Durchsetzung der Reformziele hat der Gesetzgeber in der InsO und – durch Änderung einer Vielzahl anderer Gesetze – im EGInsO zahlreiche zum Teil neuartige Regelungen getroffen. Die wesentlichen Ziele des Insolvenzverfahrens werden in § 1 InsO aufzählt (die nachfolgende Darstellung orientiert sich im Wesentlichen an der allgemeinen Begründung zum RegEInsO, BT-Drucks. 12/2443 S. 72 ff.).

2   Ob und inwieweit sich in der Praxis die gesetzgeberischen **Zielsetzungen verwirklichen lassen**, ist jedoch zumindest in Teilbereichen **fraglich**. Insbesondere die unzureichende personelle Ausstattung der Insolvenzgerichte und die Vielzahl der masselosen, nur auf Stundungsbasis eröffneten Verfahren wirken sich belastend aus.

3   Die geschichtliche Entwicklung des Insolvenzrechts reicht zurück bis in das Dritte Jahrtausend vor Christus. Zu den Einzelheiten der Entwicklung s. *Kübler/Prütting/Bork* InsO, Einl. Rn. 4 ff. sowie *D. Graeber* Schulden: Die ersten 5000 Jahre, 2012.

B. Geschichte der Reformbestrebungen

4   Bereits im Jahre 1893 gab es einen Versuch zur Änderung der am 01.10.1879 in Kraft getretenen KO. Während der Gesetzgeber der KO die Notwendigkeit betont hatte, gescheiterte Schuldner aus dem Wirtschaftsverkehr auszuscheiden, stieß schon vor dem ersten Weltkrieg *Jaegers* Äußerung, der Konkurs sei ein »Wertvernichter schlimmster Art« auf Widerhall. Die vordringlichste Reformaufgabe wurde nun darin gesehen, den Konkurs abzuwenden. Gleich zu Beginn des ersten Weltkrieges sollte eine neuartige »Geschäftsaufsicht zur Abwendung des Konkursverfahrens« insolvente Geschäftsleute »vor dem Konkurs und den damit verbundenen Schädigungen bewahren und ihnen über die schlimme Zeit ohne Zusammenbruch hinweghelfen«. 1916 wurde die Geschäftsaufsicht um den Zwangsvergleich im Geschäftsaufsichtsverfahren ergänzt. Die erste **Vergleichsordnung** von 1927 war ein aus der Wirtschaftskrise hervorgegangenes Gesetz, mit dem man einer weithin beklagten »Gemeinschädlichkeit des Konkurses« begegnen wollte. Die Reformbestrebungen, im Interesse des »Volksganzen« und zur Vermeidung von Missbräuchen den Einfluss des Gerichts und des Vergleichsverwalters zu stärken, mündeten in die Vergleichsordnung von 1935. Bei einem nicht weiter verfolgten Entwurf zur Änderung der Konkursordnung aus dem Jahre 1937/38 ging es u.a. um die Stärkung der Stellung des Richters, die Verschärfung des Anfechtungsrechts zu Gunsten der Gläubiger, den Abbau von Privilegien sowie die bessere Abstimmung von Zwangsvergleich und Vergleich. Diskutiert wurde auch die Einschränkung oder Beseitigung des Fiskusvorrechts und die Zentralisierung der Konkursgerichte (*Paulus* NZI 2011, 657 [658]).

5   Nach dem zweiten Weltkrieg kehrten die Reformthemen der Vorkriegszeit wieder. Leitmotive waren die Forderungen nach einer stärkeren Gleichbehandlung der Gläubiger und dem Abbau nicht nur der Konkursvorrechte, sondern auch dinglicher Vorzugsstellungen, sowie die Klage über die angebliche Soziallastigkeit der Verfahren. Die Forderungen gingen in Richtung einer großen Insolvenzrechtsreform, insbesondere sollten Konkurs und Vergleich in einem **einheitlichen**, durchgängig am Gläubigerinteresse ausgerichteten **Verfahren** zusammengefasst werden.

6   In der letzten Phase vor Einleitung der Insolvenzrechtsreform fand die wachsende Überzeugung von der Reformbedürftigkeit des Insolvenzrechts ihre Verdichtung in dem von *Kilger* geprägten Schlagwort vom »**Konkurs des Konkurses**«. Dessen Ursachen sah man in einer übersteigerten Entwicklung der publizitätslosen Sicherungsrechte, insbesondere des Eigentumsvorbehalts und der Sicherungsübereignung, und in der zunehmenden Massebelastung durch Masseschulden und Massekosten. Der Funktionsverlust von Konkurs- und Vergleichsrecht dokumentierte sich vor allem in der sehr großen Anzahl von Abweisungen der Konkursanträge mangels Masse, den im Durchschnitt aus-

gesprochen niedrigen Konkursquoten sowie der fast völligen Bedeutungslosigkeit des Vergleichsverfahrens.

Eine vom Bundesministerium der Justiz im Jahre 1976 und 1977 durchgeführte Prüfung ergab, dass isolierte Einzelländerungen der KO und der Vergleichsordnung den Reformbedürfnissen insgesamt nicht gerecht werden würden. Nachdem 1978 Ergebnisse einer umfangreichen rechtstatsächlichen Untersuchung zur Praxis der Konkursabwicklung in der Bundesrepublik Deutschland vorlagen, berief der damalige Bundesminister der Justiz, Dr. Hans-Jochen Vogel, eine Sachverständigenkommission für Insolvenzrecht ein. Die Kommission arbeitete ein umfassendes Regelungsmodell aus und fasste die Ergebnisse als begründete Leitsätze in zwei Berichten zusammen, die 1985 und 1986 vom Bundesminister der Justiz herausgegeben wurden. Die zu den **Kommissionsberichten** ergangenen Stellungnahmen flossen ein in den Diskussionsentwurf eines Gesetzes zur Reform des Insolvenzrechts (August 1988, Ergänzungsentwurf Juni 1989) und des nahezu deckungsgleichen Referentenentwurfs eines Gesetzes zur Reform des Insolvenzrechts (November 1989). Die aufgrund des Einigungsvertrages ergangene und 1990 in Kraft getretene Gesamtvollstreckungsordnung (GesO) für die fünf neuen Bundesländer einschließlich Ost-Berlin wies bereits einige der auch in der InsO verwirklichten **Reformelemente** auf, so z.B.: Aufgabe der Zweispurigkeit von Konkurs- und Vergleichsverfahren, Wegfall des Erfordernisses der »Vergleichswürdigkeit des Schuldners« für das Zustandekommen eines Vergleichs, Einordnung der Lohnforderungen freigestellter Arbeitnehmer als nachrangige Masseschulden, Abschwächung der unbegrenzten Nachhaftung natürlicher Personen nach Durchführung des Insolvenzverfahrens durch Gewährung eines Vollstreckungsschutzes.

Die Reformbestrebungen mündeten im November 1991 in den **Regierungsentwurf** einer Insolvenzordnung (BT-Drucks. 12/2443) und nachfolgend eines Entwurfs eines Einführungsgesetzes zur Insolvenzordnung (BT-Drucks. 12/3803). Zahlreiche Vorschläge des Rechtsausschusses des Deutschen Bundestages zur InsO (BT-Drucks. 12/7302 mit Berichtigung in BT-Drucks. 12/8506) und zur EGInsO (BT-Drucks. 12/7303 mit Berichtigung in BT-Drucks. 12/8506) führten zu zum Teil weitreichenden Änderungen und Neuerungen, Letzteres z.B. durch Schaffung eines neuartigen Verbraucherinsolvenzverfahrens (§§ 304–314 InsO).

Das ursprünglich vorgesehene Datum des **Inkrafttretens** zum 01.01.1997 wurde aufgrund eines Vorschlages des Vermittlungsausschusses, der vom Bundesrat angerufen worden war, um zwei Jahre bis zum **01.01.1999** im Hinblick auf die zu erwartende Mehrbelastung der Justiz hinausgeschoben. Zugleich forderte der Bundesrat justizentlastende Maßnahmen außerhalb des Bereichs des Insolvenzrechts an, um auf diese Weise die durch die Insolvenzrechtsreform erwartete Mehrbelastung der Justiz auffangen zu können.

Im weiteren Verlauf wurde von den Bundesländern die »**Reform der Reform**« noch vor dem Inkrafttreten der InsO ins Gespräch gebracht. Die von der Justizministerkonferenz beschlossenen Änderungsvorschläge (ZIP 1997, 1207) fanden ihren Ausdruck im Entwurf Bayerns zur Änderung der Insolvenzordnung und anderer Gesetze (BR-Drucks. 783/97). Im Vordergrund stand die Einführung einer **Mindestquote** im Verbraucherinsolvenzverfahren nach österreichischem Vorbild durch Anfügung eines Satzes 2 in § 305 Abs. 1 Nr. 4 InsO, der lauten sollte: »Eine Schuldenbereinigung ist in der Regel nur dann als angemessen anzusehen, wenn den Gläubigern bei Durchführung des Plans mindestens zehn vom Hundert ihrer Forderungen gewährt werden«. Die Erteilung einer Restschuldbefreiung sollte auf Antrag eines Insolvenzgläubigers versagt werden können, wenn die Gläubiger während der Laufzeit der Abtretungserklärung nicht – von Ausnahmefällen abgesehen – zehn vom Hundert der Forderungen erhalten hatten (§ 300 Abs. 1 Satz 2, 3 Entwurf). Durch **Ausschluss** der Möglichkeit eines Verbraucherentschuldungsverfahrens auf der Grundlage eines sog. **Null-Planes** hofften die Länder die erwartete Verfahrenszahl von 170.000 Verfahren auf 50.000 Verfahren zu senken und dadurch Ausgaben für Personalkosten und – möglicherweise aus verfassungsrechtlichen Gründen zu gewährende – **Prozesskostenhilfe** von rund einer halben Milliarde DM **einzusparen**. Dieses Gesetzesvorhaben wurde jedoch nicht weiterverfolgt, ebenso nicht eine Länderinitiative, das Inkrafttreten auf das Jahr 2002 zu verschieben (BR-Drucks. 754/97). Durch die in der 2. Zwangsvollstreckungsnovelle vorgenommene Verlagerung der Abnahme eidesstattlicher Versicherungen auf die Gerichtsvollzieher sollten 2000 Rechtspflegerstellen frei werden, bei einem Mehrbedarf an 600 Gerichtsvollzieherstellen. Offen blieb, wie der geschätzte Mehrbedarf von ca. 500 Richtern abgedeckt werden sollte und der Bedarf von ca. 1.700 Mitarbeitern in den sog. Folgediensten.

11 Bereits vor dem Inkrafttreten der InsO zum 01.01.1999 kam es jedoch zu verschiedenen kleineren Änderungen aufgrund der von der Justizministerkonferenz beschlossenen (s. Rdn. 10) Änderungsvorschläge (ZIP 1997, 1207) im Gesetz vom 16.12.1998 (BGBl. I S. 3836, 3839; abgedruckt ZIP 1998, 2190 mit Beschlussempfehlung des Rechtsausschusses). Eingefügt wurde § 21 Abs. 2 Nr. 4 InsO (vorläufige Postsperre) und in § 21 Abs. 2 Nr. 1 InsO ein Verweis auf § 8 Abs. 3 InsO (Übertragung der Zustellungen auf den vorläufigen Verwalter).

C. Reformbedarf

12 Der Reformbedarf wurde aus einer Vielzahl von Gründen hergeleitet, die sich auf verschiedenen Ebenen widerspiegelten.

I. Die Zahlen

13 Die weitgehende Funktionsunfähigkeit des Konkursrechts wurde in der Gesetzesbegründung bereits aus der Entwicklung der statistischen Zahlen hergeleitet. Der Anteil der Verfahren, bei denen die Eröffnung mangels Masse abgewiesen wurde, ist im Laufe der Jahre ständig angestiegen. Der Anteil lag 1950 bei 27 %, 1960 bei 35 % und 1970 bei 47 %. Seit 1980 liegt der Anteil der Abweisungen bei durchschnittlich 75 % (Insolvenzstatistik 1996, ZIP 1997, 1766). Zu der **geringen Eröffnungsquote von 25 %** trat bei eröffneten Verfahren hinzu, dass wegen Zahl und Ausmaß der Vorrechtsforderungen nicht bevorrechtigte Gläubiger lediglich etwa 5 % auf ihre Forderungen erhielten, bevorrechtigte Gläubiger hingegen im Durchschnitt 20 %.

14 Darüber hinaus war das **Vergleichsverfahren** zur Bedeutungslosigkeit herabgesunken. Die Zahl der eröffneten Vergleichsverfahren betrug laut Insolvenzstatistik 1997 lediglich 35 Verfahren. Die Zahl der Zwangsvergleiche im eröffneten Konkursverfahren wird in der Gesetzesbegründung auf lediglich 8 % beziffert.

15 Die **Verluste** für die **Gläubiger** wurden für den Zeitraum 1950–1990 auf annähernd 200 Milliarden DM beziffert (*Doehring* KTS 1993, 197 [200]). Die letztmals in der Insolvenzstatistik für 1990 aufgeführten Insolvenzverluste wurden für das Jahr 1990 auf 9 Milliarden DM geschätzt (ZIP 1991, 411). Für den nachfolgenden Zeitraum wurden die Verluste von Privatgläubigern auf ca. 18 Milliarden DM und für die öffentliche Hand auf ca. 12 Milliarden DM im Jahr und der volkswirtschaftliche Schaden auf rund 70 Milliarden DM geschätzt (*Pick* NJW 1995, 992 [993 mit Fn. 10]).

16 Die **Ursachen** lagen u.a. in der geringen Eigenkapitalquote von unter 20 %, der Zunahme der nur mit dem Mindestkapital von 50.000 DM ausgestatteten GmbH's und der Belastung von durchschnittlich 80 % der Konkursmasse mit Aus- und Absonderungsrechten.

II. Funktionsverlust des Insolvenzrechts

17 Durch diesen Funktionsverlust des Insolvenzrechts sah der Gesetzgeber die Überzeugungskraft der Rechtsordnung infrage gestellt. Das Versagen der Konkursordnung führte zu **schweren Missständen**. Nahezu vermögenslose Schuldner, vor allem insolvente GmbHs, konnten am Rechtsverkehr teilnehmen und andere schädigen, ihr Marktaustritt konnte nicht erzwungen werden. Wegen der in 75 % der Fälle erfolgten Abweisung des Antrags mangels Masse konnten Haftungsansprüche gegen Gesellschafter/Geschäftsführer nicht geltend gemacht werden, Vermögensmanipulationen blieben unentdeckt und konnten nicht rückgängig gemacht werden. Gerade diejenigen Schuldner, deren Vermögen die Kosten eines Verfahrens nicht mehr deckte, wurden von den Folgen ihres illoyalen Verhaltens verschont.

Ressourceneinsatzes nicht beeinträchtigt und den Strukturwandel der Volkswirtschaft nicht behindert sehen. Die Reform will den wirtschaftlichen Sachverhalt der Insolvenz nicht abschaffen, sondern nur seine wirtschaftlich sinnvolle und gerechte Bewältigung erleichtern. Nach dem Willen des Gesetzgebers dient das gerichtliche Insolvenzverfahren auch nicht dazu, das Arbeitsplatzinteresse der Arbeitnehmer gegenüber Rentabilitätsgesichtspunkten durchzusetzen.

25 Die Reform vertraut darauf, dass **marktwirtschaftlich getroffene Entscheidungen** am ehesten ein Höchstmaß an Wohlfahrt herbeiführen und somit auch im gesamtwirtschaftlichen Interesse liegen. Ziel des Gesetzgebers ist es deshalb, die Entscheidungsstruktur im gerichtlichen Insolvenzverfahren marktkonform auszugestalten. Auch zukünftig vorkommene Fehlentscheidungen sind dann denen zuzurechnen, um deren Vermögenswerte es in dem Verfahren geht, nicht aber der Justiz.

26 Das Ziel des Insolvenzverfahrens, die Gläubiger eines Schuldners gemeinschaftlich zu befriedigen (§ 1 Satz 1 InsO), kann auf verschiedene Weise erreicht werden. Unter marktwirtschaftlichen Bedingungen kommt es zur **Liquidation**, wenn der Liquidationswert höher als der Fortführungswert ist. Ein Unternehmen wird **saniert**, wenn seine Fortführung – durch den bisherigen oder neuen Rechtsträger – für die Beteiligten oder für neue Geldgeber vorteilhafter ist als seine Liquidation. Über die Sanierungswürdigkeit zu entscheiden, ist nicht Aufgabe des Gerichts, sondern der Beteiligten.

27 Das Verfahren kann nach den gesetzlichen Vorschriften abgewickelt werden, aber auch durch eine Übereinkunft der Beteiligten in einem **Insolvenzplan** abweichend von den gesetzlichen Vorschriften vollzogen werden. Unter dem letztgenannten Gesichtspunkt soll das Verfahren den Beteiligten ein Höchstmaß an Flexibilität bieten, gegenüber dem alten Recht strebt der Gesetzgeber eine Deregulierung des Insolvenzrechts an. Aus diesem Ziel folgt zudem der starke Einfluss, der den Gläubigern auf den Beginn, den Ablauf und die Beendigung des Verfahrens eingeräumt ist.

28 Als Grundvoraussetzung chancenreicher Sanierungsverhandlungen hat der Gesetzgeber allerdings den Einzelzugriff von Sicherungsgläubigern unterbunden und diese gesicherten Gläubiger in das Gesamtverfahren einbezogen.

29 Für Schuldner, die natürliche Personen sind, hat der Gesetzgeber weiter die Möglichkeit geschaffen, sich von der Haftung auch für solche Verbindlichkeiten zu befreien, die aus seinem vorhandenen Vermögen nicht erfüllt werden können. Diese **Schuldbefreiung** kann für Verbraucher und ehemalige Kleingewerbetreibende durch das Verbraucherinsolvenzverfahren sowie für diese Personen und sämtliche anderen natürlichen Personen (falls dies bei letzteren nicht durch einen Insolvenzplan geschieht), durch die Restschuldbefreiung erfolgen.

II. Die einzelnen Ziele

30 a) Aus der bereits oben (s. Rdn. 23 ff.) erwähnten Marktkonformität der Insolvenzabwicklung folgt, dass Ziel des Verfahrens die **bestmögliche Verwertung** des Schuldnervermögens und die optimale Abwicklung oder Umgestaltung der Finanzstruktur des Schuldners ist. Liquidation, übertragende Sanierung und Sanierung des Schuldners sind gleichrangig. Welche Vorgehensweise am sinnvollsten ist, lässt sich nur im Einzelfall entscheiden. Sämtliche Verwertungsarten werden den Beteiligten gleichrangig angeboten. Durch die Herstellung marktkonformer Rahmenbedingungen für die Entscheidung über Liquidation oder Sanierung eines Unternehmens soll die dem alten Recht eigene Tendenz zur Zerschlagung beseitigt werden. Die Herbeiführung von Sanierung ist jedoch kein eigenständiges Reformziel.

31 Der Gesetzgeber sieht es als Ziel der Marktkonformität an, externe Wirkungen des Individualzugriffs auszuschalten und **gesicherte Gläubiger in das Insolvenzverfahren einzubinden**. Die Masseverwertung wird nämlich behindert, wenn einzelne Sicherungsgläubiger das ihnen haftende Sicherungsgut aus dem technisch-organisatorischen Verbund des Schuldnervermögens lösen und damit die Realisierung und Erhaltung des Verbundwertes verhindern können. Ansonsten soll den Beteiligten i.S. einer Deregulierung der Insolvenzabwicklung ein Höchstmaß an Flexibilität eingeräumt werden.

Durch die häufige **Nichteröffnung** des Verfahrens kam es **nicht zu einer geordneten gleichmäßigen Gläubigerbefriedigung**. Wer seine Interessen härter durchsetzen konnte oder gute Beziehungen zum Schuldner unterhielt, hatte bessere Befriedigungschancen. 18

Durch den **Zugriff der gesicherten Gläubiger** auf das Sicherungsgut wurde häufig das Betriebsvermögen zerschlagen, da annähernd 4/5 des bei insolventen Schuldnern vorhandenen Vermögens mit Aus- und Absonderungsrechten Dritter belastet war. Fortführung oder Veräußerung des Betriebes wurden dadurch unmöglich gemacht. Arbeitnehmer verloren ihren Arbeitsplatz, Lohnansprüche waren nur teilweise durch das Konkursausfallgeld (das heutige Insolvenzgeld) abgedeckt. 19

III. Mangelnder rechtlicher Rahmen für die Sanierung

Als folgenschwersten Mangel sah der Gesetzgeber an, dass den Beteiligten kein funktionsfähiger rechtlicher Rahmen für die **Sanierung** notwendiger Unternehmen zur Verfügung stand. Insbesondere die unter heutigen Eigenkapitalverhältnissen unrealistisch hohe Mindestquote von 35 % (§ 7 Abs. 1 VerglO) stellte für die Sanierung erhaltenswerter Unternehmen oft eine unüberwindliche Hürde dar. Es blieb nur der Weg der übertragenden Sanierung, d.h. Übertragung des Unternehmens aus der Insolvenzmasse auf einen neuen Unternehmensträger. Diese Möglichkeit schied aus, wenn mangels Masse ein Verfahren gar nicht eröffnet oder der Verbundwert des lebenden Unternehmens durch den Einzelzugriff der Sicherungsgläubiger zerschlagen wurde. Durch diese Mängel verlor auch der Schuldner die Chance einer endgültigen Schuldenbereinigung durch Vergleich oder Zwangsvergleich. 20

Die Sanierung von Unternehmen war abgesehen von spektakulären Fällen wie z.B. AEG oder Metallgesellschaft die **große Ausnahme**. Insbesondere kleinere und mittlere Unternehmen wurden liquidiert. 21

Schließlich wurde ein wesentlicher Mangel in dem **Nebeneinander** von Konkurs- und Vergleichsverfahren gesehen. Hinzu kam ab 1990 die Geltung der GesO im Beitrittsgebiet. Die starre Mindestquote von 35 % verhinderte eine Sanierung nach der Vergleichsordnung. Stattdessen wurde das Konkursverfahren als Sanierungsinstrument zweckentfremdet. Eine Veräußerung des Unternehmens zu seinem wirklichen Fortführungswert war nicht gewährleistet. Die Technik der übertragenden Sanierung führte dazu, dass die Gläubiger durch die Trennung von Aktiv- und Passivvermögen vom Sanierungserfolg, also von der Teilhabe am Fortführungsmehrwert des Unternehmens, ausgeschlossen wurden. In den Fällen der Selbstsanierungen wurden insbesondere GmbHs planmäßig in den Konkurs geführt, damit das Aktivvermögen auf eine Auffanggesellschaft übertragen werden konnte, die von den gleichen Gesellschaftern oder ihnen nahe stehenden Personen getragen wurde. 22

D. Zielsetzungen der Reform

I. Ordnungsaufgabe des Insolvenzrechts

Der Gesetzgeber misst dem Insolvenzrecht in der sozialen Marktwirtschaft eine **Ordnungsaufgabe** zu. Dies wirkt sich aus auf die i.E. mit der Reform verfolgten Ziele, die in den in § 1 InsO genannten Zielen des Insolvenzverfahrens zusammenfassend erwähnt sind, sowie in der konkreten Umsetzung in den nachfolgenden Vorschriften. 23

Das Insolvenzrecht soll, wie alles Recht in demokratischem und sozialem Rechtsstaat, einen **gerechten Ausgleich** schaffen, den Schwächeren schützen und Frieden stiften. Die Insolvenz stellt aber nicht lediglich einen Verteilungskonflikt dar. Das Insolvenzrecht ist vielmehr für die Funktion der Marktwirtschaft von grundlegender Bedeutung. Es geht um die richtige rechtliche Ordnung des Marktaustritts oder des finanziellen Umbaus am Markt versagender Wirtschaftseinheiten. Kommt es zur Insolvenz, hat nicht der Markt versagt. Eine wirtschaftspolitische Instrumentalisierung des Insolvenzrechts ist daher abzulehnen. Das Insolvenzverfahren soll Marktgesetze nicht außer Kraft setzen, Not leidende Unternehmen sollen nicht zwangsweise aus dem Vermögen der privaten Verfahrensbeteiligten subventioniert werden. Der Gesetzgeber will die Effizienz des volkswirtschaftlichen 24

Das Insolvenzgericht ist im Wesentlichen Hüter der Rechtmäßigkeit des Verfahrens. Aufgabe des Insolvenzverwalters ist es, die Interessen der Beteiligten, insbesondere der Gläubiger, zu wahren.

b) Die **Verfahrenseröffnung** soll zeitlich **früher** erfolgen und **erleichtert** werden. Dadurch soll in mehr Fällen als bisher eine geordnete Abwicklung der Insolvenz ermöglicht werden auf der Grundlage des den Beteiligten eingeräumten weiten Gestaltungsspielraumes (s. Rdn. 26 f.).

c) Mehr **Verteilungsgerechtigkeit** soll durch den Wegfall von Vorrechten erreicht werden. Die Einräumung eines Vorrechtes bedeutet nämlich häufig den Ausschluss der nicht privilegierten Gläubiger. Die einfachen Insolvenzgläubiger sollen deutlich höhere Quoten erwarten dürfen.

d) Durch eine **Verschärfung des Anfechtungsrechts** soll eine bessere Bekämpfung gläubigerschädigender Manipulationen erreicht werden. Oftmals werden im Vorfeld der Insolvenz erheblicher Vermögenswerte auf Dritte übertragen. Diese Manipulationen sind zu einem erheblichen Teil für die Masseamut verantwortlich. Die Rückabwicklung soll eine wesentliche Anreicherung der Insolvenzmasse und damit auch eine Erleichterung der Verfahrenseröffnung ermöglichen.

e) Durch die **Restschuldbefreiung** soll eine endgültige Schuldenbereinigung erleichtert werden. Festgestellte bzw. titulierte Forderungen verjähren in dreißig Jahren, Vollstreckungshandlungen unterbrechen die Verjährung mit der Folge, dass selbst junge Schuldner häufig bis an ihr Lebensende haften. Schattenwirtschaft und Schwarzarbeit sind häufig die Folge. Die Zahl der Verbraucherverschuldung nimmt zu. Inzwischen sind mehrere Millionen private Haushalte in der Bundesrepublik überschuldet. Das Konkurs- und Vergleichsverfahren bot den Betroffenen keine praktische Hilfe.

f) Mit dem Ziel der Erleichterung der Restschuldbefreiung eng verknüpft ist ein weiteres Reformziel, das allerdings erst während der parlamentarischen Beratung erkannt, formuliert und eingefügt wurde: Die Schaffung eines **für Verbraucher** und sonstige Kleininsolvenzen **zugeschnittenen Insolvenzverfahrens**.

E. Grundzüge der Umsetzung der Reformziele

Zur Umsetzung seiner Reformziele hat der Gesetzgeber eine Vielzahl von Neuregelungen getroffen, die nachfolgend in ihren **Grundzügen** aufgezeigt werden:

a) Schaffung eines **einheitlichen** Insolvenzverfahrens, das die Funktion von Konkurs und Vergleich in sich vereint aufgrund der Forderung nach Marktkonformität, die den Beteiligten alle Verwertungsarten gleichrangig zur Verfügung stellen soll.

b) Die **rechtzeitige und leichtere Eröffnung des Verfahrens** wird mit einer Reihe von Maßnahmen verfolgt, wie z.B.

- Einführung des Eröffnungsgrundes der drohenden Zahlungsunfähigkeit (§ 18 InsO).
- Eröffnung des Verfahrens bereits dann, wenn die Kosten (§ 54 InsO) voraussichtlich gedeckt sind (§ 26 Abs. 1 Satz 1 InsO), ohne dass es auf weitere Verbindlichkeiten ankommt.
- Verschärfung des Anfechtungsrechts (§§ 129 ff. InsO) mit dem Ziel der Anreicherung der Insolvenzmasse und Erleichterung der Verfahrenseröffnung.
- Anreize für den Schuldner zur rechtzeitigen Antragstellung, insbesondere bei drohender Zahlungsunfähigkeit im Hinblick auf die Möglichkeit der Restschuldbefreiung und der Eigenverwaltung.

c) Durch die **Einbeziehung der gesicherten Gläubiger** soll die Zerschlagungsautomatik des alten Insolvenzrechts beseitigt werden, die sich aus der fehlenden Abstimmung zwischen Kreditsicherungs- und Insolvenzrecht ergab. Im Eröffnungsverfahren können im Rahmen der Anordnung von Sicherungsmaßnahmen Zwangsvollstreckung und Zwangsversteigerung unterbunden werden (§ 21 Abs. 2 Nr. 3, § 30d Abs. 4 ZVG). Zum 01.07.2007 ist die Regelung des § 21 Abs. 2 Nr. 5 InsO eingefügt worden (Einzugsverbot für bei Aus- und Absonderungsrechten bzw. sicherungshalber abgetretenen Forderungen, Nutzungs- und Einzugsrecht für Schuldner/vorläufigen Insolvenzverwalter). Im eröffneten Verfahren sind Vollstreckungsmöglichkeiten eingeschränkt (§§ 88, 90, § 30d

Abs. 1 ZVG). Die Gläubiger sind an den Feststellungs- und Verwertungskosten beteiligt (z.B. § 170 Abs. 1 InsO).

41 d) Die **allgemeinen Konkursvorrechte** (§ 61 KO) werden **abgeschafft**. Dadurch soll sich die durchschnittliche Quote der einfachen Insolvenzgläubiger erhöhen und diese Gläubiger sollen verstärkt am Ablauf des Insolvenzverfahrens interessiert werden.

42 e) Der **Insolvenzplan** tritt an die Stelle von Vergleich und Zwangsvergleich und gestaltet diese grundlegend um. Die Beteiligten können von sämtlichen Vorschriften über die Zwangsverwertung und Verteilung abweichende Regelungen treffen. Deregulierung der Insolvenzabwicklung und Flexibilität soll es den Beteiligten gestatten, die für sie günstigste Art der Insolvenzabwicklung durchzusetzen.

43 f) Der Schutz der Arbeitnehmer bleibt dadurch gewahrt, dass der gesetzliche Kündigungsschutz auch bei Übertragung eines Betriebes oder Betriebsteiles gilt. **§ 613a BGB** gilt auch im Insolvenzverfahren.

44 g) Auf Wunsch der Gläubiger kann dem Schuldner die Fortführung oder die Abwicklung seines Betriebes und gegebenenfalls eine Sanierung in Form der **Eigenverwaltung** überlassen werden. Nach Auffassung des Gesetzgebers kann hierdurch in geeigneten Fällen eine kostengünstige und wirtschaftlich sinnvolle Abwicklung erreicht und ein Anreiz für einen frühzeitigen Eröffnungsantrag gegeben werden.

45 h) Hinsichtlich der **Restschuldbefreiung** schlägt die InsO zwischen dem geltenden Recht der freien Nachforderung und den recht schuldnerfreundlichen angelsächsischen Rechten einen **Mittelweg** ein. Anders als insbesondere im amerikanischen Recht soll die insolvenzmäßige Verwertung des Schuldnervermögens allein noch nicht zur Entschuldung führen, die Restschuldbefreiung ist vielmehr an eine Reihe weiterer Voraussetzungen geknüpft.

46 i) Für die Abwicklung von **Verbraucherinsolvenzen** und sonstigen Kleinverfahren sieht die InsO ein eigenes, von dem sog. Regelinsolvenzverfahren abweichendes Verfahren vor. Der gütlichen, außergerichtlichen Einigung zwischen Schuldnern und Gläubigern wird dabei Vorrang eingeräumt. Nur wenn diese Einigung scheitert, ist ein Gerichtsverfahren zulässig. In einem Schuldenbereinigungsplan, der den im Regelinsolvenzverfahren vorgesehenen Insolvenzplan ersetzt, kann nach Zustimmung der Gläubiger oder gerichtlicher Ersetzung der Zustimmung eine Regelung der Schulden erfolgen, wobei der Schuldenbereinigungsplan die Wirkung eines Vergleichs hat.

47 j) Schließlich sind benachbarte Rechtsgebiete angepasst worden. Zu nennen sind beispielhaft die Neufassung des Anfechtungsrechts außerhalb des Insolvenzverfahrens, die Aufhebung des § 419 BGB und der neu eingefügte § 30d ZVG mit der Möglichkeit der einstweiligen Einstellung der Zwangsvollstreckung in unbewegliches Vermögen.

F. Die Entwicklung seit Inkrafttreten der InsO

48 Nach Inkrafttreten ergaben sich schnell teilweise vorhergesehene und vorhersehbare Unklarheiten und gesetzgeberische Fehlentscheidungen. Die InsO hat zahlreiche Änderungen erfahren, der Begriff von der »**Dauerbaustelle InsO**« macht die Runde.

I. Änderungsgesetz zum 01.12.2001

49 Im Bereich der **Unternehmensinsolvenzen** zeigten sich Schwierigkeiten im **Eröffnungsverfahren**. Bei der Anordnung von Sicherungsmaßnahmen wurde nur in Ausnahmefällen ein »starker« vorläufiger Verwalter bestellt. Die Praxis bevorzugt(e) den »schwachen« vorläufigen Verwalter im Hinblick auf die Einstufung der auf die Bundesanstalt für Arbeit bei Vorfinanzierung des Insolvenzgeldes übergegangenen Lohnforderungen als Masseverbindlichkeiten und der auch damit verbundenen Haftungsgefahren gem. § 21 Abs. 2 Nr. 1 i.V.m. § 61 InsO für den »starken« vorläufigen Verwalter (s. § 22 Rdn. 113). Abhilfe sollte die Herabstufung der auf die Bundesanstalt für Arbeit übergegangenen Ansprüche von Masseverbindlichkeiten zu Insolvenzforderungen in § 55 Abs. 3 InsO bringen. In der Praxis ist der »schwache« vorläufige Verwalter weiterhin die Regel.

Im **eröffneten Verfahren** zeichnete sich eine missbräuchliche Abwahl des vom Gericht bestellten Verwalters durch Großgläubiger ab. Das neu eingefügte Erfordernis der Kopfmehrheit der abstimmenden Gläubiger für eine Abwahl (§ 57 Satz 2 InsO) soll dies verhindern. 50

Bei dem erst durch den Rechtsausschuss des Bundestages eingefügten **Verbraucherinsolvenzverfahren** (§§ 304–314 InsO) zeigten sich gravierende, nicht hinnehmbare Mängel, die auf Dauer geeignet waren, die Insolvenzrechtsreform insgesamt zu diskreditieren. Die **zentrale Frage des Zugangs mittelloser Schuldner zum Insolvenzverfahren** wurde von den einzelnen Insolvenzgerichten unterschiedlich gelöst. Der *BGH* ließ im Beschluss vom 16.03.2000 (ZIP 2000, 755 = ZInsO 2000, 280 m. abl. Anm. *Pape*) die Möglichkeit einer rechtsvereinheitlichenden Entscheidung zur Frage der Prozesskostenhilfe/Insolvenzkostenhilfe aus formalen Gründen ungenutzt verstreichen und stiftete zudem durch ein fragwürdiges obiter dictum zusätzliche Verwirrung. Dem vorliegenden Handlungsbedarf kam der Gesetzgeber nach durch das Gesetz zur Änderung der Insolvenzordnung und anderer Gesetze vom 26.10.2001 (BGBl. I S. 2710). 51

In Anlehnung an die Prozesskostenhilfevorschriften (§§ 114 ff. ZPO) wurde das **Stundungsmodell** in §§ 4a ff. InsO eingefügt. Zwischenzeitlich wurde die Verschlankung der masselosen Verfahren, als Folge eine deutliche Reduzierung der Kosten und in der Konsequenz die Abschaffung der Stundungsregelungen diskutiert (Rdn. 57 f., 78, 89). 52

Die Abgrenzung Verbraucherinsolvenz – Regelinsolvenz in § 304 InsO erwies sich als missglückt. Ehemals Selbstständige mit Hunderten von Gläubigern sorgten für unzumutbare Belastungen durch Fertigung von Fotokopien und Einzelzustellungen an die Gläubiger. Auch in aussichtslosen Fällen sahen sich Gerichte veranlasst, den gesetzlich vorgeschriebenen Einigungsversuch durchzuführen. Nunmehr ist der **Einigungsversuch fakultativ** ausgestaltet (§ 306 Abs. 1 Satz 3 InsO). Aus dem Anwendungsbereich sind aktiv selbstständige Personen ganz und ehemals selbstständige Personen weitgehend ausgeschlossen (§ 304 InsO). 53

Das Gesetz zur Reform des Zivilprozesses zum 01.01.2002 (BGBl. I 2001 S. 1887) brachte in § 7 InsO weitreichende Änderungen durch Abschaffung der Zulassungsrechtsbeschwerde zum OLG und Einführung der zulassungsfreien **Rechtsbeschwerde zum BGH**. Im Oktober 2011 erfolgte die Kehrtwende: Einführung einer Zulassungsrechtsbeschwerde zum BGH. 54

II. Entwicklung bis zum Vereinfachungsgesetz 2007

Nach dem InsO-Änderungsgesetz 2001 war die Reformdebatte nicht beendet, vielmehr wurden von verschiedenen Seiten **weitere Schwachstellen aufgezeigt und Änderungen angemahnt**, so: *Runkel* Reformvorschlag des Arbeitskreises der Insolvenzverwalter zur Änderung des Unternehmensinsolvenzrechtes (NZI 2002, 2); *Graf-Schlicker* Schwachstellenanalyse und Änderungsvorschläge zum Regelinsolvenzverfahren der Bund-Länder-Arbeitsgruppe »Insolvenzrecht« (ZIP 2002, 1166; ZInsO 2002, 563); *Ast* Klartext: Wie lange noch Null-Masse-Insolvenz? (ZInsO 2002, 416); *Aufruf deutscher Insolvenzrichter und -rechtspfleger* zur Wiederherstellung der Funktionsfähigkeit der Insolvenzgerichte und der Insolvenzordnung (ZInsO 2002, 949) mit Antwort des Parl. Staatssekr. *Hartenbach* ZInsO 2002, 1053. 55

In den Jahren 2003–2007 gab es eine **Vielzahl von Änderungsentwürfen** mit teilweise widersprechenden Konzeptionen sowie Änderungen der InsO. 56

Das Hauptaugenmerk der Praxis lag auf den **Verfahren natürlicher Personen**, die Restschuldbefreiung anstreben. 90 % der Verfahrenseröffnungen erfolgen bei natürlichen Personen auf Stundungsbasis gem. § 4a InsO, auf alle eröffneten Verfahren bezogen sind es immer noch 80 % (*Schmerbach* ZInsO 2004, 697). Im April 2003 legte das BMJ einen Diskussionsentwurf vor (Text ZInsO 2003, 359). Zeitnah umgesetzt wurde nur die aufgrund der EU-Richtlinie über Finanzsicherheiten erforderlichen Änderungen der InsO im Gesetz vom 05.04.2004 (BGBl. I S. 502; Text NZI 2004, 309). 57

58 Die insbesondere durch die Einführung des sog. **Stundungsmodells** hervorgetretenen Unzulänglichkeiten und Belastungen wurden trotz Zusagen der Politik zunächst nicht einer Lösung zugeführt. Der Druck auf den Gesetzgeber stieg durch die Beschlüsse des BGH vom 15.01.2004 (ZInsO 2004, 257), in denen die in der InsVV festgelegte Mindestvergütung des Insolvenzverwalters/Treuhänders in masselosen Verfahren von 500 Euro/250 Euro für die ab dem 01.01.2004 eröffneten Verfahren für verfassungswidrig erklärt und dem Verordnungsgeber eine Frist zur Nachbesserung bis zum 01.10.2004 gesetzt wurde. Die Änderung der InsVV vom 04.10.2004 (BGBl. I S. 2569) erhöht die Mindestvergütung auf 1.000 Euro (§ 2 Abs. 2 InsVV) bzw. 600 Euro (§ 13 Abs. 1 Satz 3 InsVV). Ein neuerlicher Diskussionsentwurf vom September 2004 (ZInsO 2004, 1016; vgl. *Stephan* ZVI 2004, 505 und NZI 2004, 521) enthielt nur marginale Änderungen gegenüber dem Entwurf 2003; er löste eine Vielzahl von Stellungnahmen aus (*Schmerbach* ZInsO 2004, 697; *Grote/Pape* ZInsO 2004, 993; *Frind* ZInsO 2004, 1064; *Ehricke* ZIP 2004, 2262; *I. Pape* NZI 2004, 601; *Ohle/Jäger* ZVI 2004, 714; *dies.* ZVI 2004, 767; *Vallender* InVo 2004, 478; *Stellungnahme des Deutschen Anwaltvereins* ZInsO 2005, 32; *Frind* ZInsO 2005, 66; *Schmerbach* ZInsO 2005, 77).

59 Das Bayerische Staatsministerium der Justiz stellte im Rahmen der Großen Justizreform eine Reform der Verbraucherentschuldung auf den Prüfstand mit der Option einer **Verjährungslösung** (*Wiedemann* ZVI 2004, 645; krit. auch *Klaas* ZInsO 2004, 577). Die Neukonzeption eines Entschuldungsverfahrens ist einmütig kritisiert und nach kurzer Zeit **aufgegeben** worden. In der Diskussion geblieben ist der Gedanke der Vereinfachung des Verfahrens durch Verzicht auf die Eröffnung bei fehlender Masse, Senkung der Kosten und Abschaffung der Stundungsregelungen in §§ 4a ff. InsO. Die Praxis hat ein **Alternativmodell** erarbeitet (*Heyer/Grote* ZInsO 2006, 1121). Der sich daran orientierende RegE vom 22.08.2007 (ZVI 2007 Beilage 2) wurde vom 16. Bundestag nicht umgesetzt.

60 Weitere Diskussionsschwerpunkte bildeten die Frage der **Auswahl der Insolvenzverwalter** sowie die geringe Bedeutung von **Insolvenzplan** und **Eigenverwaltung**. Die beiden letztgenannten Punkte und teilweise der erste Punkt sind durch umfangreiche Änderungen zum 01.03.2012 im ESUG aufgegriffen worden.

61 Das **Gesetz zur Vereinfachung** des Insolvenzverfahrens ist zum 01.07.2007 in Kraft getreten. Die Änderungen betreffen **im Wesentlichen das Regelinsolvenzverfahren** (Überblicke *Schmerbach/Wegener* ZInsO 2006, 400; *Schmerbach* InsbürO 2007, 202 [234]; *Sternal* NJW 2007, 1909; *Pape* NZI 2007, 425 und 481). Mit Ausnahme der §§ 8, 9 InsO gelten die Änderungen nur für die ab dem 01.07.2007 eröffneten Verfahren. Im Wesentlichen sind zu nennen die Einführung des schriftlichen Verfahrens auch in Regelinsolvenzverfahren (§ 5 Abs. 2 InsO), Veröffentlichung im Internet unter faktischem Verzicht auf Veröffentlichungen in Printmedien (§ 9 InsO), Regelung für Anordnung von Sicherungsmaßnahmen bei Aus- und Absonderungsrechten (§ 21 Abs. 2 Nr. 5 InsO), Regelung der Freigabe bei selbständiger Tätigkeit natürlicher Personen (§ 35 Abs. 2 InsO), Verkürzung der Kündigungsfrist für Miet- und Pachtverhältnisse auf drei Monate (§ 109 InsO), Regelung der Betriebsveräußerung vor dem Berichtstermin (§ 158 InsO) und Einführung einer Zustimmungsfiktion in gläubigerlosen Versammlungen (§ 160 InsO).

62 Eine im Zusammenhang mit dem schließlich verabschiedeten Pfändungsschutz der Altersvorsorge **geplante Änderung des Anfechtungsrechts** ist zunächst **nicht umgesetzt** worden. Die durch eine zum 01.01.2008 erfolgte Änderung des § 28e Abs. 1 Satz 2 SGB IV eingefügte Einschränkung der Anfechtungsmöglichkeit gegenüber Sozialversicherungsträgern hat der BGH verworfen (*BGH* ZInsO 2009, 2293).

63 Zunehmend gewinnt das **Internationale Insolvenzrecht** an Bedeutung.

Das Gesetz zur Neuregelung des Internationalen Insolvenzrechts vom 14.03.2003 (BGBl. I S. 3345; Text ZInsO 2003, 311) hat Art. 102 EGInsO neu gefasst und die §§ 335–358 InsO neu eingefügt. In den Mittelpunkt gerückt ist die Frage der (nationalen) Zuständigkeit der Gerichte bei grenzüberschreitenden Insolvenzverfahren (s. § 3 Rdn. 55 ff.). Inzwischen ist die EUInsVO zum 26.06.2017 erneut geändert worden (s. Rdn. 85). Regeln für Insolvenzverfahren überschuldeter Staaten sind in die Diskussion gebracht worden (*Paulus* ZRP 2002, 383). Das Fehlen jeglicher Regelungen hat sich ab 2011 spürbar bemerkbar gemacht mit der Schuldnerkrise in einigen EU-Staaten.

III. Entwicklung bis 2011

Das **MoMiG** ist zum 01.11.2008 in Kraft getreten. U.a. sind die bisher in Spezialgesetzen geregelten Insolvenzantragspflichten in § 15a InsO implantiert, bei Fehlen gesetzlicher Vertreter (sog. Führungslosigkeit gem. § 10 InsO) Gesellschafter/Aufsichtsratsmitglieder zur Antragstellung berechtigt und verpflichtet (§§ 15, 15a InsO), Voraussetzungen für eine Passivierungspflicht von Gesellschafterdarlehen bei der Überschuldung (§ 19 InsO) und der rangmäßigen Einordnung (§ 39 InsO) geregelt, die Sanktionen bei Verletzung der Auskunfts- und Mitwirkungspflicht um die Verpflichtung zur Kostentragung bei Abweisung mangels Masse verschärft (§ 101 InsO) und die Anfechtungsregeln geändert (§§ 135, 143 InsO). 64

Der Entwurf eines Gesetzes zur **Entschuldung mittelloser Personen** und zur Änderung des Verbraucherinsolvenzverfahrens aus dem Jahr 2007 verfolgte primär das Ziel, in masselosen Verfahren auf die Eröffnung zu verzichten, dadurch einen Großteil der bisherigen Kosten einzusparen, die zum 01.12. 2001 eingefügten Stundungsregelungen der §§ 4a ff. InsO wieder abzuschaffen und den Schuldner zur Finanzierung des Verfahrens heranzuziehen. 65

Der parallel zum Entwurf eines Gesetzes zur Entschuldung mittelloser Personen und zur Änderung des Verbraucherinsolvenzverfahrens vom Bundesrat eingebrachte Entwurf eines Gesetzes zur Verbesserung und Vereinfachung der Aufsicht in Insolvenzverfahren (**GAVI**) wollte Vorgaben für die Vermögensverwaltung durch die Insolvenzverwalter aufstellen, Veruntreuungen verhindern, unterschiedliche Verfahrensweisen bei den Insolvenzgerichten vereinheitlichen, den Insolvenzstandort Deutschland stärken und die Gläubigerbeteiligung fördern. Das Vorhaben wird nicht weiter verfolgt. 66

Die **internationale Finanzmarktkrise** hat im Oktober 2008 im Insolvenzrecht zu einer (ursprünglich befristeten) **Änderung des § 19 InsO** mit einer Rückkehr zum Überschuldungsbegriff der KO geführt. Alleine eine positive Fortführungsprognose lässt die Antragspflicht entfallen. 67

Auf dem 7. Deutschen Insolvenzrechtstag am 18. März 2010 (ZInsO 2010, 614) hat die **Bundesjustizministerin** eine **Reform in drei Stufen** angekündigt: 68
– (1) Schaffung eines Reorganisationsverfahrens für systemrelevante Kreditinstitute,
– (2) (a) Schaffung eines der Insolvenz vorgelagerten Sanierungsverfahrens,
     (b) Reform der Verbraucherinsolvenz mit Abkürzung der Wohlverhaltensperiode,
– (3) Regelungen für Konzerninsolvenzen und Insolvenzverwalter.

Stufe 1 und Stufe 2a sind erledigt (s. Rdn. 70, 76), ebenso Stufe 2b (s. Rdn. 76).
Stufe 3 **Konzerninsolvenz** ist am 02.04.2017 durch den Bundestag verabschiedet worden und tritt zum 21.04.2018 in Kraft (s. Rdn. 84).
Stufe 3 **Auswahl des Insolvenzverwalters** ist bislang nicht umgesetzt worden.

Zur Umsetzung der **EU-Dienstleistungsrichtlinie** ist mit Gesetz vom 22.12.2010 Art. 102a EGInsO zum 28.12.2010 eingefügt worden. Es regelt die Zulassung von Angehörigen eines anderen Mitgliedstaates der EU oder Vertragstaaten des Abkommens über den Europäischen Wirtschaftsraum und Personen, die in einem dieser Staaten ihre berufliche Niederlassung haben, zur Aufnahme in die von dem Insolvenzgericht geführte Vorauswahlliste für Insolvenzverwalter über eine einheitliche Stelle. 69

Das **Restrukturierungsgesetz** (Stufe 1, s. Rdn. 68) ist in kurzer Zeit geschaffen worden und zum 01.01.2011 in Kraft getreten (Gesetz zur Restrukturierung und geordneten Abwicklung von Kreditinstituten, zur Errichtung eines Restrukturierungsfonds für Kreditinstitute und zur Verlängerung der Verjährungsfrist der aktienrechtlichen Organhaftung vom 09.12.2010, BGBl. I S. 1900). Neu geschaffen sind das Gesetz zur Reorganisation von Kreditinstituten und das Gesetz zur Errichtung eines Restrukturierungsfonds für Kreditinstitute. 15 weitere Gesetze wurden geändert. Damit sollen geeignete Instrumente entwickelt werden, um Banken, die in Schwierigkeiten geraten sind, in einem 70 geordneten Verfahren entweder zu sanieren oder abzuwickeln. Die Schieflage einer systemrelevanten Bank soll ohne Gefahr für die Stabilität des Finanzsystems bewältigt werden, wobei Eigen- und Fremdkapitalgeber die Kosten der Insolvenzbewältigung so weit wie möglich selbst tragen sollen (Einzelheiten bei *Frind* ZInsO 2010, 1921).

71 Das **Haushaltsbegleitgesetz 2011** vom 09.12.2010 (BGBl. I S. 1885) ist zum 01.01.2011 in Kraft getreten. Durch Änderungen u.a. der InsO sollen Steuer- bzw. Beitragsmehreinnahmen im Jahr 2010 von 345 Mio. Euro, danach von jährlich 390 Mio. Euro erzielt werden.

72 Geplant waren Änderungen in drei Bereichen:

(1) Ermöglichung der Fortsetzung des Verfahrens nach Begleichung der dem Antrag zugrunde liegenden Forderung;

(2) Aufwertung von im Eröffnungsverfahren begründeten Steuerverbindlichkeiten zu Masseverbindlichkeiten nach Eröffnung auch bei Begründung durch den Schuldner mit Zustimmung des vorläufigen (»schwachen«) Insolvenzverwalters;

(3) Wegfall der Aufrechnungsverbote der §§ 96 Abs. 1, 95 Abs. 1 Satz 3 InsO für Ansprüche aus Steuerschuldverhältnissen durch Finanzbehörden des Bundes, der Länder oder der Gemeinden.

73 Änderungen sind umgesetzt worden in:

(1) § 14 Abs. 1 Satz 2, 3, Abs. 3 (erneut geändert 2017, s. Rdn. 84),

(2) § 55 Abs. 2.

Die Änderung zu (3) ist nach heftigen Protesten gestrichen worden. Die drohende Einführung weiterer Fiskusprivilegien (*Lenger/Müller* NZI 2011, 903) ist in der Folgezeit im Wesentlichen abgewehrt worden.

IV. ESUG 01.03.2012

74 Die ursprünglich vorgesehene Schaffung eines der Insolvenz vorgelagerten Sanierungsverfahrens (Stufe 2a, s. Rdn. 66) ist nach einem Kolloquium des BMWi/BMJ vom 08.06.2010 aufgegeben worden (*Frind* ZInsO 2010, 1161; INDAT-Report 2010, Heft 5, S. 6 ff.). Eine außergerichtliche Sanierung ohne gesetzlichen Rahmen ist aber möglich (s. § 13 Rdn. 87). Allerdings erarbeitet die EU-Kommission inzwischen einen in diese Richtung zielenden Richtlinienentwurf (s. Rdn. 86).

75 Im Vordergrund der Reform steht eine **Stärkung** der **Eigenverwaltung** (»Anspruch auf Eigenverwaltung bei drohender Zahlungsunfähigkeit ohne Vorverfahren«) **und eine Stärkung des Insolvenzplanverfahrens** (u.a. durch Einschränkung der Rechtsmittel).

Schwerpunkte der Änderungen sind:
– Anreize für eine frühere Stellung von Insolvenzanträgen u.a. durch Schaffung eines Schutzschirmverfahrens bei drohender Zahlungsunfähigkeit zur Sanierungsvorbereitung mit grds. bindendem Vorschlagsrecht des Schuldners für die Person des vorläufigen Sachwalters und Möglichkeit zur Ermächtigung des Schuldners durch das Insolvenzgericht zur Eingehung von Masseverbindlichkeiten (§ 270b InsO).
– Regelmäßige Einsetzung eines vorläufigen Sachwalters anstelle eines vorläufigen Insolvenzverwalters in Eigenverwaltungsverfahren (§ 270a InsO).
– Stärkere Gläubigerbeteiligung bereits im Eröffnungsverfahren durch in Großverfahren obligatorisch einzusetzenden vorläufigen Gläubigerausschuss (§ 22a Abs. 1 InsO),
– der sich zum Anforderungsprofil und zur Person schon des vorläufigen Insolvenzverwalters äußert (§ 56a Abs. 1 InsO),
– von dessen einstimmigem Vorschlag zur Person des insbesondere vorläufigen Insolvenzverwalters das Insolvenzgericht nur bei Ungeeignetheit (§ 56 Abs. 1 InsO) abweichen darf (§ 56a Abs. 2 InsO),

- vor der Anordnung der Eigenverwaltung anzuhören ist und bei dessen einstimmigen Beschluss eine Anordnung der Eigenverwaltung als nicht nachteilig für die Gläubiger gilt (§ 270a Abs. 3 InsO),
- auf dessen Antrag das Schutzschirmverfahren aufzuheben ist (§ 270b Abs. 4 Nr. 2 InsO).
- Stärkung des Insolvenzplanverfahrens u.a. durch:
- Möglichkeit des Eingriffs in die Rechte der am Schuldner beteiligten Personen – Dept-Equity-Swap (§ 225a Abs. 2 InsO),
- Einschränkung der Rechtsmittelmöglichkeiten bei Planbestätigung durch das Insolvenzgericht (§ 253 Abs. 2 InsO).

Nicht umgesetzt wurde aufgrund Widerstandes einiger (Flächen)Bundesländer die Abschaffung der Dekonzentrationsmöglichkeit in § 2 Abs. 2 InsO.

V. Gesetz zur Verkürzung des Restschuldbefreiungsverfahrens und zur Stärkung der Gläubigerrechte 01.07.2014

Der **Koalitionsvertrag** vom Oktober 2009 sah eine Halbierung der Restschuldbefreiungsphase von sechs auf drei Jahre für »Existenzgründer« vor. Die Einschränkung auf Existenzgründer und eine Verkürzung ohne Einführung einer Befriedigungsquote wurde rasch fallen gelassen.

Die Reform der Verbraucherinsolvenz mit Abkürzung der Wohlverhaltensperiode (Stufe 2b, s. Rdn. 68) ist noch vom 17. Deutschen Bundestag im Mai 2013 verabschiedet worden und gilt im Wesentlichen für die ab dem 01.07.2014 beantragten Verfahren. Im Januar 2012 wurde ein Referententenentwurf (RefE) veröffentlicht (Entwurf eines Gesetzes zur Verkürzung des Restschuldbefreiungsverfahrens, zur Stärkung der Gläubigerrechte und zur Insolvenzfestigkeit von Lizenzen vom 18.01.2012, Beil. 1 zu ZVI 2/2012). Genau ein halbes Jahr später ist der Regierungsentwurf für ein Gesetz zur Verkürzung des Restschuldbefreiungsverfahrens und zur Stärkung der Gläubigerrechte (RegE) vom 18.07.2012 (ZInsO 2012, 1461) vorgelegt worden. Das Reformvorhaben orientiert sich an dem nicht umgesetzten RegE 2007 (s. Rdn. 65). Nicht übernommen werden der Verzicht auf die Eröffnung in masselosen Verfahren und Abschaffung der Stundungsregelungen in § 4a InsO. Die Regelung der Insolvenzfestigkeit von Lizenzen (§ 108a RefE) wurde nicht weiter verfolgt, ebenso nicht die Vollübertragung des Verbraucherinsolvenz- und des Restschuldbefreiungsverfahrens auf den Rechtspfleger (s. § 2 Rdn. 69 ff.). Bei der Änderung der Verbraucherinsolvenzverfahren hat das Reformziel mehrfach gewechselt. Umgesetzt wurden schließlich nur marginale Änderungen.

Folgende **wesentliche Änderungen** sind erfolgt (*Frind* ZInsO 2012, 1455; *Schmerbach* NZI 2012, 689):
- Verbraucherinsolvenzverfahren: Möglichkeit des Insolvenzplans (§§ 217 ff. InsO) auch in Verbraucherinsolvenzverfahren – Aufhebung der §§ 311–314 InsO.
- Restschuldbefreiung Verfahrensvorschriften: Prüfung Zulässigkeit Antrag auf Restschuldbefreiung unter dem Gesichtspunkt der Sperrfrist wegen Erteilung oder vorheriger Versagung der Restschuldbefreiung (10 Jahre Erteilung Restschuldbefreiung, 5 Jahre Versagung gem. § 297 InsO, 3 Jahre bei Versagung gem. §§ 290 Abs. 1 Nr. 5–7, 296 InsO).
- Entscheidung darüber in einer öffentlich bekannt zu machenden Eingangsentscheidung gem. § 287a InsO, dafür Verzicht auf Aufhebung Insolvenzverfahren.
- Jederzeitige und schriftliche Geltendmachung von Versagungsgründen gem. § 290 InsO, Geltendmachung von nachträglich bekannt gewordenen Versagungsgründen gem. § 297a InsO.
- Restschuldbefreiung Verkürzung Dauer: Geltung für alle Schuldner, Abhängigkeit von Quoten (3 Jahre: Quote 35 % und Deckung Verfahrenskosten, 5 Jahre: Deckung Verfahrenskosten) und Aufhebung §§ 114, 292 Abs. 1 Satz 4 InsO.
- Restschuldbefreiung Erweiterung § 302 Nr. 1 InsO auf Unterhaltsrückstände schon, wenn »vorsätzlich pflichtwidrig« nicht gewährt und Einbeziehung von Verurteilungen gem. §§ 370, 373 und 374 AO.

vor §§ 1 ff. InsO Vorbemerkungen

79 Die Änderungen werden **überwiegend kritisch und teilweise als nicht weitgehend genug** beurteilt (Die Ergebnisse der Kommission zur Förderung und Optimierung der außergerichtlichen Einigung, ZVI 2013, 117; *Frind* ZInsO 2012, 475; *ders.* ZInsO 2012, 1455; *Grote/Pape* ZInsO 2013, 1433; *Harder* NZI 2003, 70; *Hergenröder/Homann* ZVI 2013, 129; *Hingerl* ZInsO 2013, 21; *Jaeger* ZVI 2012, 177; *Schmerbach* NZI 2012, 161; *ders.* NZI 2012, 364; *ders.* NZI 2012, 689; *ders.* NZI 2013, 566; *Vallender/Laroche* VIA 2012, 9).

80 Es fehlen insbesondere:
– die Schaffung eines einheitlichen Insolvenzverfahrens für alle natürlichen Personen mit einheitlichen Regelungen;
– einheitliche, im gesamten Verfahren geltende Versagungsgründe mit einheitlichen Fristen zur Geltendmachung und einheitlichen Verschuldensanforderungen;
– Möglichkeit Schuldenbereinigung auch in der Wohlverhaltensperiode in Form eines Insolvenzplanes und/oder eines an § 309 InsO angelehnten Zustimmungsersetzungsverfahrens;
– Ausschluss der Stundungsmöglichkeit gem. § 4a InsO bei Schuldnern, die in einem vorherigen Verfahren trotz Hinweises keinen Restschuldbefreiungsantrag gestellt haben;
– realistische Möglichkeit einer vorzeitigen Restschuldbefreiung mit einer Quote von unter 35 % (zu der noch erhebliche Verfahrenskosten treten können);
– Reduzierung der von der Restschuldbefreiung ausgenommenen Deliktsforderungen in § 302 Nr. 1 InsO statt Ausweitung insbesondere durch Schaffung neuer Privilegien für öffentliche Gläubiger;
– Nachhaltige Sicherstellung der Finanzierung von Schuldnerberatungsstellen zur Vermeidung des Drehtüreffektes.

VI. Aktuelle Änderungen

81 Der 18. Deutsche Bundestag hat eine Vielzahl von Änderungen verabschiedet, teilweise erst im Frühjahr 2017 kurz vor der Bundestagswahl im September 2017. Zu beachten ist auch der geplante Richtlinienentwurf der EU (s. Rdn. 86).

82 Der Entwurf eines Gesetzes zur Verbesserung der Rechtssicherheit bei **Anfechtungen** nach der Insolvenzordnung und nach dem Anfechtungsgesetz stammt vom 16.10.2015 (BR-Drucks. 495/15). Er sah ebenso wie der Referentenentwurf vom 16.03.2015 weitgehende Einschränkungen des Anfechtungsrechts vor. Der Bundesrat nahm am 27.11.2015 Stellung (BR-Drucks. 495/15), die Bundesregierung gab unter dem 16.12.2015 eine Gegenäußerung ab (BT-Drucks. 18/7054). Nach heftiger Kritik hat der Rechtsausschuss einen Teil der geplanten Änderungen gestrichen (BT-Drucks. 18/11199, ZInsO 2017, 378). Geblieben sind die Einschränkung der Vorsatzanfechtung gem. § 133 InsO, die Ausweitung des Bargeschäfts in § 142 InsO und Einschränkung des Beginns der Verzinsung gem. § 143 InsO.

83 Weiter ist die **Zweijahresgrenze** in **§ 14 Abs. 1 Satz 2, 3 InsO weggefallen**. Der Antrag wird nicht allein dadurch unzulässig, dass die dem Antrag zugrunde liegende Forderung erfüllt wird.

84 Auf dem 7. Deutschen Insolvenzrechtstag am 18. März 2010 (ZInsO 2010, 614) hat die damalige Bundesjustizministerin eine Reform des Insolvenzrechts angekündigt. Die Stufe 3 **Konzerninsolvenz** ist vom 17. Deutschen Bundestag nicht mehr behandelt worden. Aufbauend auf dem DiskE (Beilage 1 zu ZIP 2/13) und dem Gesetzesentwurf (BR-Drucks. 663/13) hat die Bundesregierung am 30.01.2014 den Entwurf eines Gesetzes zur Erleichterung und Bewältigung von Konzerninsolvenzen (ZInsO 2014, 286) beschlossen. Nach Änderungen durch den Rechtsausschuss (BT-Drucks. 18/11436) tritt das Gesetz, um der Rechtspraxis ausreichend Zeit für die Umstellung auf die neuen Regelungen zu ermöglichen, erst ein Jahr nach seiner Verkündung in Kraft. Geschaffen wird im Wesentlichen ein Gruppengerichtsstand (§§ 3a ff. InsO), ein Antragsrecht zur Begründung eines Gruppengerichtsstandes (§ 13a InsO), Koordinationsregeln (§§ 269a ff. InsO) und eine Ermächtigung zur Konzentration der Insolvenzgerichte in § 2 Abs. 3 InsO. Weitere Einzelheiten s. § 2 Rdn. 61 und § 3 Rdn. 50 ff.

Die Änderung der **EuInsVO** vom 05.06.2015 (VO 848/2015) tritt im Wesentlichen zum 26.06.2017 in Kraft (*Vallender* Europaparlament gibt den Weg frei für eine neue Europäische Insolvenzverordnung, ZIP 2015, 1513; *Albrecht* Die Reform der EuInsVO ist abgeschlossen – eine Übersicht, ZInsO 2015, 1077; *Parzinger* Die neue EuInsVO auf einen Blick, NZI 2016, 63). Dem Regierungsentwurf eines Gesetzes zur Durchführung der Verordnung vom 05.06.2015 (EU) 2015/848 über Insolvenzverfahren (BR-Drucks. 654/16) folgte die Stellungnahme des Bundesrates vom 05.12.2016 (BR-Drucks. 654/16) und mündete in den Gesetzentwurf der Bundesregierung eines Gesetzes zur Durchführung der Verordnung vom 05.06.2015 (EU) 2015/848 über Insolvenzverfahren vom 11.01.2017 (BT-Drucks. 18/10823). Er passt die Bestimmungen der Neufassung der EuInsVO in das deutsche Verfahrensrecht ein. Er sieht insbesondere die Einführung eines neuen **Art. 102c EGInsO** vor, der sich an den geltenden Bestimmungen des Art. 102 EGInsO orientiert. Daneben sind § 13 Abs. 3 InsO eingefügt und § 15a Abs. 4 InsO neu gefasst worden. 85

Die **EU-Kommission** plant im Rahmen der Politik der zweiten Chance ein gerichtsfernes **vorinsolvenzliches Restrukturierungsverfahren** mit der Möglichkeit der Restschuldbefreiung für Einzelunternehmer nach spätestens drei Jahren. Seit dem 22.11.2016 liegt ein Vorschlag für eine Richtlinie vor (*Jacobi* Das Präventive Restrukturierungsverfahren ZInsO 2017, 1; *Blankenburg* Umsetzungsbedarf aufgrund des Entwurfs zur Restrukturierungsrichtlinie, ZInsO 2017, 241; *Heyer* Die EU reformiert unser Entschuldungsrecht, ZVI 2017, 45; *Stephan* Der Kommissionsvorschlag für eine Richtlinie über präventive Restrukturierungsmaßnahmen, VIA 2017, 9; *Seagon/Riggert* Taugliche Sanierungsvorgaben aus Brüssel?, NZI 2017 Sonderbeil. 1/2017). Mit einer Umsetzung in nationales Recht ist nicht vor 2020 zu rechnen. 86

Mit Beschluss vom 28.11.2016 (2016 GrS 1/15) hat der BFH den **Sanierungserlass des BMF,** der eine Steuerbegünstigung von Sanierungsgewinnen vorsah, wegen Verstoßes gegen den Grundsatz der Gesetzmäßigkeit der Verwaltung verworfen. Damit wird die Sanierung erheblich eingeschränkt. Der Bundestag hat eine Einfügung eines § 3a EStG und Folgeregelungen in einem neuen § 3c Abs. 4 EStG beschlossen (Gesetzesmaterialien ZInsO 2017, 938). Derzeit fehlt noch die erforderliche Zustimmung der EU-Kommission. 87

G. Wertung und Ausblick

Dass der Gesetzgeber seine Reformziele nicht vollständig erreicht hat, zeigt sich teilweise an der Vielzahl der Änderungen. Ob und inwieweit die getroffenen und die geplanten Änderungen dazu geeignet sind, bleibt längerfristig abzuwarten. Folgendes ist aber an dieser Stelle anzumerken: 88

Dringender Handlungsbedarf zeigte sich in der **Verbraucherinsolvenz** in der Frage der Prozesskostenhilfe/Insolvenzkostenhilfe. Für die Rechtseinheit und die Gleichbehandlung der Schuldner bringt das neu geschaffene Stundungsmodell (§§ 4a ff. InsO) einen großen Fortschritt. Die Diskussion um die Abschaffung muss beendet werden. Solange die Frage der Rückflüsse nicht geklärt ist, verbietet sich eine Abschaffung des Stundungsmodells. Bei der geschätzten Deckungsquote von mindestens 50 % genügt bereits ein Verzicht auf die Eröffnung in masselosen Verfahren bei sofortigem Übergang in die Restschuldbefreiungsphase, um ein sich selbst tragendes System zu schaffen. Zumindest ein Verzicht auf die Forderungsanmeldung und -prüfung bietet sich an, so dass ein sich selbst tragendes Verfahren entsteht (*Schmerbach* Leitlinien einer Reform der Insolvenzverfahren natürlicher Personen, NZI 2011, 131 [133]). 89

Die angestrebte Marktkonformität des Insolvenzverfahrens wird sich auch in Zukunft nicht uneingeschränkt durchführen lassen. Bei drohendem Verlust von Arbeitsplätzen jedenfalls im größeren Umfang wird der **Ruf nach staatlichem Eingreifen** (Subventionen, Bürgschaften) immer wieder aufkommen. Dies hat sich bereits knapp ein Jahr nach Inkrafttreten der InsO am Fall der Philipp Holzmann AG exemplarisch gezeigt, das in dem »Krisenmanagement« des Bundeskanzlers persönlich gipfelte, die Insolvenz jedoch nur herauszögerte (krit. auch *Uhlenbruck* BB 2001, 1641 [1647 f.]). 90

Die Erwartung des Gesetzgebers auf eine **vermehrte Eröffnung** statt der Abweisung mangels Masse wird sich nur verwirklichen lassen, wenn im Eröffnungsverfahren sämtliche Ansprüche konsequent 91 aufgespürt werden, um eine Abweisung mangels Masse gem. § 26 InsO zu verhindern (s. § 26 Rdn. 75). Kontraproduktiv ist es, die Anfechtungsmöglichkeiten einzuschränken. Im Bereich der Unternehmensinsolvenzen ist mit grundlegenden Änderungen nur zu rechnen, wenn Schuldner bereits bei drohender Zahlungsunfähigkeit (§ 18 InsO) den Antrag stellen. Bei den wenigen auf § 18 InsO gestützten Anträgen (durchschnittlich 0,9 % der Anträge, *Kranzusch* ZInsO 2008, 1346 [1352]) handelt es sich jedoch regelmäßig um Kosmetik, um nach außen hin die bereits eingetretene oder innerhalb weniger Tage zu erwartende Zahlungsunfähigkeit zu verschleiern oder zu beschönigen (ähnlich *Kirchhof* ZInsO 2001, 1 [5]). Das durch das ESUG neu geschaffene Eigenverwaltungsverfahren gem. §§ 270, 270a InsO und das Schutzschirmverfahren gem. § 270b InsO zeigen positive Wirkungen.

92 Der **Insolvenzplan** (§§ 217–269 InsO) gewinnt an Bedeutung zunehmend auch in Verfahren natürlicher Personen. Die **Eigenverwaltung** (§§ 270–285 InsO) tritt nach der Änderung durch das ESUG vermehrt in Erscheinung. Großverfahren werden häufig als Eigenverwaltungsverfahren geführt. Allerdings bestehen formale Hürden in § 13 Abs. 1 InsO, die insbesondere bei nicht fachkundig begleiteten kleinen und mittleren Unternehmen zu Schwierigkeiten führen. Zu kritisieren ist die Regelung über den vorläufigen Gläubigerausschuss verstreut in sechs Paragrafen (ohne Berücksichtigung der Eigenverwaltung). Abzuwarten bleibt die im Rahmen des ESUG im Jahr 2017 vorgesehene Evaluation (BT-Drucks. 17/7511, S. 6), die Ende 2016 ausgeschrieben worden ist (ZInsO 2916, 2431).

93 Die Verfassungsmäßigkeit der **Restschuldbefreiung** kann ernstlich nicht bezweifelt werden. Inhaltlich ist allerdings noch viel Feinarbeit zu leisten. Die Abgrenzung zwischen § 290 InsO und § 295 InsO ist nicht abgestimmt. Die Praxis braucht **wenige**, dafür aber **überschaubare und leicht zu handhabende Versagungstatbestände**, die einheitlich **für die gesamte Dauer** der Wohlverhaltensperiode gelten und schriftlich gestellt werden können (*Schmerbach* ZInsO 2005, 77 [81]; Entschließung Jahrestagung 2013 *BAKinso* »Die Neuordnung der Privatinsolvenz«, ZInsO 2013, 2548). Erhebliche Probleme bestehen auch bei selbstständig tätigen Schuldnern, die in der Abwicklung nach Eröffnung des Verfahrens den Insolvenzverwaltern Schwierigkeiten bereiten, insbesondere bei kooperationsunwilligen Schuldnern.

94 Die durch § 5 Abs. 2 InsO eingeräumte Möglichkeit der schriftlichen Durchführung des Verfahrens ist ein Schritt in die richtige Richtung. Versagungsanträge können nach Änderung des § 290 InsO, wie schon bisher, bei den übrigen Versagungsgründen jederzeit schriftlich gestellt werden. Auch wenn damit für die Insolvenzgerichte Mehrarbeit verbunden ist, ist dies erforderlich zur effektiven Geltendmachung der Rechte der Gläubiger und zur Akzeptanz des Rechtsinstitutes der Restschuldbefreiung.

95 Ungelöst ist das **Strukturproblem**, das sich aus der Vielzahl der nur auf Stundungsbasis eröffneten **masselosen Verfahren natürlicher Personen** ergibt. Ist nichts zu verteilen, ist die Bestellung eines Insolvenzverwalters/Treuhänders überflüssig, auf den gem. § 80 InsO die Verwaltungs- und Verfügungsbefugnis übergeht. Auch stellt sich die Frage, ob auf Forderungsanmeldungen verzichtet wird und diese erst bei nachträglichem Vermögenszuwachs (Beispiel Erbschaft) erfolgen (*Schmerbach* ZInsO 2003, 253 und ZInsO 2004, 697 [701]). Die gegenwärtige Rechtslage und Praxis verursacht nicht nur überflüssige Kosten und Arbeit aller Verfahrensbeteiligten, sondern stellt die Funktionsfähigkeit des Systems und damit die Akzeptanz der Insolvenzordnung in Frage. Unverständlich bleibt, dass der seit Jahren bekannte Missstand noch nicht beseitigt ist. Solange die Frage der Rückflüsse nicht geklärt ist, verbietet sich eine Abschaffung des Stundungsmodells (s. Rdn. 89).

96 Die seit Jahren andauernde Diskussion über die **Auswahl der Insolvenzverwalter** (Einzelheiten Kommentierung zu § 56 InsO) wird sich fortsetzen. Eine Qualitätssicherung der Insolvenzverwalter erfordert auch eine Qualitätssicherung der Insolvenzrichter (vgl. *Uhlenbruck* ZInsO 2008, 396), -rechtspfleger und Serviceeinheiten. Voraussetzung dafür ist eine Stärkung der Insolvenzgerichte (Aufruf des *BAKinso*, ZInsO 2007, 489). Eine rein bürokratisch geregelte Zulassung löst keine Pro-

bleme. Erforderlich ist eine am Bedarf orientierte Zulassung (*Gemeinsamer Aufruf von Insolvenzrichtern, Insolvenzverwaltern, Gläubigervertretern und Wissenschaftlern*, ZInsO 2009, 2237).

Auf der Reformagenda steht auch die **Änderung der InsVV** (s. § 21 Rdn. 195 und 401). Nötig sind 97 überschaubare Regelungen ohne ein ausferndes System von Zuschlagstatbeständen, die die voraussichtlichen Verfahrenskosten kalkulierbar machen. Entwürfe fast aller Verbände liegen vor (*Gläubigerforum* ZInsO 2014, 650; *VID* Beilage 1 zu ZIP 28/14; *NIVD*), ebenso Stellungnahmen (*BAKinsO* Entschließung Jahrestagung 2013, ZInsO 2013, 2547; *Haarmeyer/Mock* ZInsO 2014, 573; *Keller* ZIP 2014, 2014; *Holzer* NZI 2015, 145).

Bei **Änderungen von Verfahrensvorschriften** sollte der Gesetzgeber überlegen, ob er eine **Rückwir-** 98 **kung** nicht zulässt nach dem Motto: Ein Gesetz – eine Verfahrensordnung. Die Praxis ist ansonsten gezwungen, über Jahre hinaus mit bis zu vier unterschiedlichen Fassungen zu arbeiten (*Schmerbach* ZInsO 2014, 132).

Die »Dauerbaustelle InsO« wird bleiben. Zu kritisieren ist, dass seit Jahren überfällige **Reformen auf-** 99 **geschoben** werden. Stattdessen tauchen neue Diskussionsfelder auf bzw. werden ins Spiel gebracht. Inzwischen greift die (resignierende) Überlegung Platz, alles beim Alten zu belassen (vgl. *Frind* ZInsO 2010, 511). In Anbetracht der Vielzahl der Neuerungen stellt die im Jahre 2011 vollzogene ersatzlose Streichung des § 7 InsO – zulassungsfreie Rechtsbeschwerde – einen gravierenden Nachteil dar. Der BGH kann der dringend gebotenen Rechtsvereinheitlichung infolge der restriktiven Zulassungspraxis der Rechtsbeschwerde durch die Landgerichte nur noch eingeschränkt nachkommen.

Bewahrheitet hat sich die Befürchtung, dass die **Insolvenzgerichte** von ihrer sächlichen und personel- 100 len Ausstattung her zur **Bewältigung der quantitativ und qualitativ gestiegenen Aufgaben nicht in der Lage** sind. Angekündigte Personalvermehrungen sind anfangs nur teilweise erfolgt und nach Ausbleiben der erwarteten Antragsflut rückgängig gemacht worden. Die Insolvenzgerichte sind zunächst nur durch die ungenügende Ausstattung der Schuldnerberatungsstellen und der Zurückhaltung der Anwaltschaft aufgrund der nicht kostendeckenden Gebühren vor einem Kollaps bewahrt worden. Die sodann eingetretene Vervielfachung der Verfahrenseröffnungen nach Einführung des sog. Stundungsmodells (§§ 4a ff. InsO) zum 01.12.2001 ist personell nur unzureichend abgedeckt worden. Eingeforderte Verfahrensvereinfachungen (vgl. den Aufruf deutscher Insolvenzrichter und -rechtspfleger zur Wiederherstellung der Funktionsfähigkeit der Insolvenzgerichte und der Insolvenzordnung ZInsO 2002, 949) sind nicht erfolgt.

Ein Übriges tut die zum 01.01.2005 in Kraft getretene und seitdem zweimal geänderte neue (bundes- 101 weit außer in Hamburg und im Saarland geltende) **Personalbedarfsberechnung PEBB§Y** (*Heyrath/ Schmerbach* ZInsO 2004, 372).

PEBB§Y 2005 hat die Pensen in Insolvenzsachen wie folgt erhöht:

PEBB§Y 01.01.2005	Regelinsolvenzen		Verbraucherinsolvenzen	
	alt	neu	alt	neu
Richter	570	1043	400	601
Rechtspfleger	35	142	100	465

Die **geänderten PEBB§Y-Zahlen zum 01.01.2010** bewerten zwar zutreffend IN-Verfahren höher als 102 IK-Verfahren. Da sie die Komplexität der Materie aber nicht abbilden, führen sie im Ergebnis jedenfalls im Richterbereich zu einer weiteren Verschlechterung. Bei Rechtspflegern und Servicekräften wird allerdings nicht mehr auf die (jährlichen) Eingangszahlen, sondern im Hinblick auf die regelmäßig mehrjährige Laufzeit auf den Bestand abgestellt.

vor §§ 1 ff. InsO Vorbemerkungen

PEBB§Y 01.01.2010	Regelinsolvenzen				Verbraucherinsolvenzen	
	alt	Neu – Natürliche Personen (ca. 2/3)	Neu – Juristische Personen usw. (ca. 1/3)	Neu – Durchschnitt	alt	neu
Richter	1043	929	568	808	601	1503
Rechtspfleger*	142	....	....	....	465	....

* Verlässliche Zahlen für den Rechtspflegerbereich sind noch nicht bekannt geworden.

Für die Service-Kräfte, für die eine Mischzahl gilt, tritt eine entsprechende Erhöhung ein. Diese aufgrund unzureichender tatsächlicher Basis willkürlich – offensichtlich vom Ergebnis her bestimmten Zahlen – werden der Komplexität der Materie auch unter Berücksichtigung einer Verfahrensdauer von bis zu 10 Jahren nicht annähernd gerecht.

103 **Den** traurigen Höhepunkt bilden die **PEBB§Y-Zahlen 2014**, die inzwischen angewandt werden. **Beim** Richterpensum ist jegliche Differenzierung aufgegeben.

PEBB§Y	2010 – Minuten	2014 – Minuten	Differenz
IK-Verfahren	68	74	+ 9 %
IN-Verfahren natürliche Personen	113	74	– 35 %
IN-Verfahren juristische Personen	174	74	– 43 %
Insolvenzplanverfahren	981	74	– 92 %

104 Die zweifelhafte Erhebung, die der neuen Berechnung zugrunde liegt, legt nicht einmal ansatzweise dar, wie sich die Zahl von 74 Minuten errechnet. Es fehlen jegliche Angaben zu den in Ansatz gebrachten Minuten in den einen höchst unterschiedlichen Aufwand verursachenden Verfahrensarten. Zusatzaufgabe wie Verwalterauswahl und Überwachung werden gar nicht berücksichtigt. Die im Ergebnis durch nichts gerechtfertigte Reduzierung um mindestens 20 % gefährdet den Wirtschaftsstandort Deutschland gerade auch im europäischen Vergleich (Entschließung Jahrestagung *BAKinso* 2016, ZInsO 2016, 2432).

105 Bei den meisten Insolvenzgerichten verbleiben nur noch Minidezernate fernab von einer Spezialisierung. Allenfalls noch Großstattgerichte werden auch unter Berücksichtigung der seit Jahren zurückgehenden Eingangszahlen eine Doppelbesetzung mit schwerpunktmäßig in Insolvenzsachen tätigen Richtern sicherstellen können. Eine Kommunikation auf Augenhöhe mit Insolvenzverwaltern ist nicht mehr möglich (*Horstkotte/Laroche/Waltenberger/Frind* ZInsO 2016, 2186 [2188 ff.]).

106 Das **ESUG** hat eine Vielzahl komplexer Regelungen eingefügt. In entscheidenden Punkten bleibt es **inkonsequent**:
– Keine Abschaffung der Dekonzentrationsmöglichkeit des § 2 Abs. 2 InsO;
– Ungenügende Aus- und Fortbildungsverpflichtung in § 18 Abs. 4 RPflG, § 22 Abs. 6 GVG. Die Vorschriften gestatten einen Einsatz in Insolvenzsachen nur, wenn ein alsbaldiger Erwerb der erforderlichen Kenntnisse zu erwarten ist, ohne konkrete, zwingend einzuhaltende Vorgaben. Ein Fachanwalt benötigt zum Erhalt seiner Lizenz mindestens 10 Stunden Fortbildung pro Jahr.

107 Die InsO ist in den knapp 20 Jahren ihres Bestehens vielfach (die Zahl 50 dürfte inzwischen erreicht sein) geändert worden. Die Insolvenzgerichte sind beschäftigt mit der Umsetzung umfangreicher Änderungen zuletzt durch das ESUG 2012 und das Gesetz zur Verkürzung des Restschuldbefreiungsverfahrens und zur Stärkung der Gläubigerrechte 2014. Weitere **Änderungen** sind daher zunächst **zurückzustellen**. Die Zeit sollte genutzt werden, um unter frühzeitiger Einbeziehung der Praktiker einen **Konsens über mögliche und erforderliche Änderungen** einschließlich deren Umsetzung zu

erzielen (vgl. *Frind* INDat-Report 08/2016, S. 34; *Siemon* ZInsO 2014, 1318). Die Verbände haben schon bei der Schaffung des ESUG eine konstruktive Rolle gespielt.

Ziel darf nicht die Schwächung der Insolvenzgerichte sein, sondern die Stärkung. Dazu ist qualifiziertes Personal nötig. Das ist nur zu erreichen in leistungsfähigen Einheiten mit genügend großem Personalbestand. Der Sachverstand der Insolvenzgerichte ist in allen das Insolvenzrecht berührenden Bereichen wie z.B. Anfechtungsklagen (dafür *Schmittmann* ZInsO 2011, 991) zu nutzen. Erfahrungen mit einem insolvenzrechtlichen Zivildezernat bei den Amtsgerichten (Zuständigkeit für alle Verfahren mit insolvenzrechtlichen Bezug wie z.B. Anfechtungen gem. §§ 129 ff. InsO) sind positiv (*Schmerbach* ZInsO 2010, 1640; *ders.* ZInsO 2011, 404). Abzulehnen ist eine Verlagerung zu den Landgerichten (so *Büttner* ZInsO 2017, 13). Bestehende Strukturen sind zu stärken, nicht zu zerschlagen. 108

Ziel muss zunächst die Schaffung eines »**Großen« Insolvenzgerichts** sein (s. § 2 Rdn. 67). Das Insolvenzgericht erhält die Zuständigkeit für alle dem Zivilrecht unterfallenden Streitigkeiten mit insolvenzrechtlichem Bezug in Anlehnung an die Zuständigkeitsregelung in Familiensachen (§§ 111, 112 FamFG) bzw. Arbeitsgerichtssachen (§§ 2 ff. ArbGG). Ein weiterer (zeitlich versetzter) Schritt ist die Einbeziehung von Verfahren aus der Arbeits-, Verwaltungs-, Sozial- und Finanzgerichtsbarkeit. Es entsteht ein **eigener Insolvenzgerichtszweig** für alle insolvenzrechtlich tangierten Streitigkeiten (*Frind* ZInsO Newsletter 7/2011, 2). Denkbar ist eine gemischte Besetzungen mit Insolvenzrichtern und Vertretern der jeweiligen Fachgerichtsbarkeit wie bei den Kammern für Baulandsachen, die gem. § 220 BauGB mit zwei Zivilrichtern und einem Verwaltungsrichter entscheiden. Einzig Insolvenzstrafsachen größeren Umfanges verblieben beim Landgericht (*Schmerbach* Agenda 2020 – Das Große Insolvenzgericht, NZI-Editorial Heft 01–02/2017, V). 109

Neue Impulse können ausgehen vom **Richtlinienvorschlag der Europäischen Kommission** vom 22.11.2016 zu vorgerichtlicher Sanierung und zweiter Chance. Die EU-Kommission plant ein gerichtsfernes vorinsolvenzliches Restrukturierungsverfahren mit der Möglichkeit der Restschuldbefreiung für Einzelunternehmer nach spätestens drei Jahren (s. Rdn. 86). 110

Art. 24 Richtlinienentwurf Justiz-und Verwaltungsbehörden lautet wie folgt:

»(1) Die Mitgliedstaaten stellen sicher, dass die Mitglieder der Justiz-und Verwaltungsbehörden, die mit Sachen im Bereich Restrukturierung, Insolvenz und zweite Chance befasst sind, eine Aus- und Weiterbildung auf einem Niveau erhalten, das ihren Verantwortlichkeiten entspricht.

(2) Werden Sachen im Bereich Restrukturierung, Insolvenz und zweite Chance von Justizbehörden bearbeitet, so stellen die Mitgliedstaaten unbeschadet der Unabhängigkeit der Justiz und der Unterschiede im Aufbau des Justizwesens in der Union sicher, dass diese Sachen in einer effizienten Weise bearbeitet werden, die eine zügige Behandlung der Verfahren gewährleistet, und dass die zuständigen Mitglieder der Justizbehörden über die nötige Sachkunde und Spezialisierung verfügen.«

Diskutiert wird, ob ein zukünftiges Sanierungsgericht bei den Insolvenzgerichten, den Landgerichten (KfH) oder dem OLG angesiedelt werden soll. Abzulehnen ist eine Verlagerung zu den Landgerichten (so *Büttner* ZInsO 2017, 13). Die Lösung liegt auf der Hand. Die bisherigen **Insolvenzgerichte** können parallel **als Sanierungsgericht** fungieren. Änderungen können in der bestehenden Gerichtsstruktur verwirklicht werden. Im Jahr 2003 hat die damalige Bundesregierung in der Agenda 2010 weitreichende Reformen des Sozialsystems und Arbeitsmarktes beschlossen, denen erheblicher Anteil an der europaweit einzigartig positiven wirtschaftlichen Lage in Deutschland beigemessen wird. Veränderungen sind notwendig (*Beth* ZInsO 2017, 152). Der Gesetzgeber ist aufgerufen, mit einer **Agenda 2020** ein funktionierendes und (unabhängig vom Ausgang des Brexit) europaweit wettbewerbsfähiges Insolvenzverfahren zu schaffen. 111

§ 1 Ziele des Insolvenzverfahrens

¹Das Insolvenzverfahren dient dazu, die Gläubiger eines Schuldners gemeinschaftlich zu befriedigen, indem das Vermögen des Schuldners verwertet und der Erlös verteilt oder in einem Insolvenzplan eine abweichende Regelung insbesondere zum Erhalt des Unternehmens getroffen wird. ²Dem redlichen Schuldner wird Gelegenheit gegeben, sich von seinen restlichen Verbindlichkeiten zu befreien.

Übersicht	Rdn.		Rdn.
A. Stellung des Insolvenzrechts	1	C. Ziele des Insolvenzrechts	10
B. Bedeutung des Insolvenzrechts	6	D. Aufbau der InsO	16

A. Stellung des Insolvenzrechts

1 Der Gläubiger einer titulierten Forderung wird deren zwangsweise Durchsetzung regelmäßig zunächst im Wege der **Einzelzwangsvollstreckung** (gem. §§ 704 ff. ZPO) versuchen. Häufig kommt es zu einem Wettlauf der Gläubiger, da bei mehrfacher Pfändung desselben Gegenstandes aufgrund des Prioritätsprinzips die Befriedigung nach der Reihenfolge des Zugriffes erfolgt.

2 Reicht das Vermögen des Schuldners zur vollen Befriedigung aller Gläubiger nicht mehr aus, tritt an die Stelle der Einzelzwangsvollstreckung eine **Gesamtvollstreckung**. Erforderlich ist dazu der Antrag des Schuldners oder eines Gläubigers. Das Schuldnervermögen wird zugunsten aller Gläubiger in Beschlag genommen. **Ziel des Insolvenzverfahrens** als Gesamtvollstreckungsverfahren ist die **gemeinschaftliche Befriedigung** aller Gläubiger eines Schuldners (par conditio creditorum). Tatsächlich dient der Insolvenzantrag eines Gläubigers häufig als Druckmittel, um Zahlungen zu erzwingen. Zu beachten ist auch der **Gedanke der Schuldenbereinigung** (§ 1 Satz 2 InsO; s. Rdn. 14). Die Gläubiger werden in einer festgelegten Reihenfolge befriedigt. Dingliche Rechte Dritter berechtigen zur Aussonderung oder Absonderung. Gläubiger der verbleibenden ungesicherten Forderungen werden regelmäßig nur anteilig mit einer Quote befriedigt. Durch die Gesamtvollstreckung werden die Gläubiger zwangsläufig zu einer »Art Gemeinschaft« verbunden, wobei allerdings unterschiedliche Interessenlagen vorliegen können (A/G/R-*Ahrens* § 1 InsO Rn. 5 ff.). Daneben tritt die im Gesetz nicht ausdrücklich erwähnte Ordnungsfunktion: Neben der ordnungsgemäßen Unternehmensabwicklung wie Erledigung Buchhaltungsarbeiten, Anfertigung von Steuererklärungen, Erstellen von Arbeitspapieren geht es auch um das Aufdecken von Vermögensverschiebungen. Das Insolvenzrecht bildet somit eine Ergänzung des im 8. Buch der Zivilprozessordnung geregelten Rechtes der Einzelzwangsvollstreckung (BT-Drucks. 12/2443 S. 108).

3 Beim Insolvenzrecht handelt es sich jedoch **nicht um reines Vollstreckungsrecht**, bei dem anstelle der Individualvollstreckung nur die Gesamtvollstreckung des schuldnerischen Vermögens tritt (*Hess/Pape* InsO/EGInsO Rn. 3 ff.). Antragsberechtigt ist nämlich nicht nur ein Gläubiger, sondern auch der Schuldner. Der Gläubiger kann unter Umständen auch eine nicht titulierte Forderung zum Gegenstand des Antrages machen (s. § 14 Rdn. 189 ff.). Statt Liquidation eines schuldnerischen Unternehmens können abweichende Regelungen, insbesondere zum Erhalt des Unternehmens, getroffen werden (§ 1 Satz 1 InsO). Natürlichen Personen wird im Rahmen eines globalen Vergleiches die Möglichkeit eingeräumt, sich von ihren restlichen Verbindlichkeiten zu befreien (§ 1 Satz 2 InsO). Diese Wirkungen gehen weit über den eigentlichen Vollstreckungszweck hinaus (*Hess/Pape* InsO/EGInsO Rn. 5). Schließlich erfolgt die Verteilung nicht durch staatliche Organe, sondern durch einen vom Insolvenzgericht bestellten, eigenverantwortlich handelnden Insolvenzverwalter (*Hess/Pape* InsO/EGInsO Rn. 8).

4 Das Insolvenzrecht zieht somit die **Grenze, bis zu der ein Unternehmen am Wirtschaftsleben teilnehmen kann**. Ist die Grenze überschritten, da ein Eröffnungsgrund (§ 16 InsO) vorliegt, bestimmt sich das weitere Schicksal nach der Insolvenzordnung.

Das Insolvenzverfahren wird überwiegend der **streitigen Gerichtsbarkeit** zugeordnet (s. § 4 Rdn. 2). 5
Der verfahrensmäßige Ablauf richtet sich – falls die InsO keine Sonderregeln enthält – demgemäß
nach den Vorschriften der ZPO (§ 4 InsO).

B. Bedeutung des Insolvenzrechts

Die **tatsächliche Bedeutung** des Insolvenzrechtes zeigt sich an der **Zahl von Insolvenzverfahren**. Ein 6
Überblick über die Statistik 1950–1996/1997 findet sich bei *Kübler/Prütting/Bork* InsO, Einl.
Rn. 106 ff. Im Jahr 2016 wurden 21.518 Unternehmensinsolvenzen gemeldet. Das waren 6,9 % weniger als 2015. Einen Anstieg – um 11,6 % – gab es zuletzt im Krisenjahr 2009. Die Zahl der Verbraucherinsolvenzen war 2016 mit 75.169 Fällen um 3,6 % niedriger als im Vorjahr. Damit wurden
nach den Jahren 2008, 2011 bis 2015 zum sechsten Mal seit Einführung der Insolvenzordnung 1999
weniger Verbraucherinsolvenzen registriert als im entsprechenden Vorjahr. Die Gesamtzahl aller Insolvenzen belief sich im Jahr 2016 auf 122.514 Fälle (– 3,8 % gegenüber 2015). Diese Zahl schließt
auch die 2.913 Nachlass- beziehungsweise Gesamtgutinsolvenzen und die 1.087 Insolvenzen von natürlichen Personen ein, die als Gesellschafter größerer Unternehmen von einer Insolvenz betroffen
waren.

Die Gerichte bezifferten die **voraussichtlichen Forderungen** der Gläubiger im Jahr 2013 auf rund
37,8 Milliarden Euro. Im Jahr 2012 hatten sie bei 51,7 Milliarden € gelegen.

Die durch die InsO eingeführte Möglichkeit für natürliche Personen, sich von sämtlichen Verbind- 7
lichkeiten zu befreien (§ 1 Satz 2 InsO), führt zu einer Vielzahl weiterer Insolvenzverfahren. Inzwischen ist **jeder zehnte Bundesbürger überschuldet** (Überblick bei *Wagner/Fricke* FRP 2006, 64). Mit
Einführung des Stundungsmodells (§§ 4a ff. InsO) zum 01.12.2001 nahmen die Zahlen zu. Die damit verbundenen Belastungen der Insolvenzgerichte und der Länderhaushalte haben eine zwischenzeitliche, inzwischen beendete Diskussion um eine Abschaffung der Stundung ausgelöst. Die Zahl
der Verbraucherinsolvenzverfahren stieg von 3.357 Verfahren im Jahre 1999 um 212 % auf 10.479
Verfahren im Jahre 2000. Im Jahr 2007 wurden 105.238 Verfahren registriert, seit 2011 besteht eine
fallende Tendenz auf aktuell 75.169 Verfahren im Jahr 2016.

Der **Zeitraum bis zur Aufhebung** des Insolvenzverfahrens ist regional unterschiedlich. Regelins- 8
olvenzverfahren dauern im Durchschnitt bei juristischen Personen vier Jahre, bei natürlichen Personen zwei Jahre (*Kranzusch* ZInsO 2010, 841 [845]). Bei natürlichen Personen schließt sich regelmäßig noch die Restschuldbefreiungsphase von sechs Jahren an, die aber bereits mit Eröffnung des
Verfahrens zu laufen beginnt.

Die **rechtliche** Bedeutung des Insolvenzrechts erstreckt sich auf fast alle Gebiete des Rechts. Im Zi- 9
vilrecht ergeben sich Eingriffe in bestehende Vertragsverhältnisse und deren Abwicklung. Das Kreditsicherungs- und Bankrecht sind vom Insolvenzrecht beeinflusst. Auf dem Gebiet des Arbeitsrechts
wirken sich die Kündigungen von Dienstverhältnissen aus. Nicht gezahlter Lohn kann als Insolvenzgeld nach den Vorschriften des SGB III ersetzt werden. Für Gesellschaften kann ein Insolvenzverfahren zur Auflösung und Abwicklung führen sowie in die Rechte der Anteilsinhaber eingreifen (§ 225a
InsO, »Debt-Equity-Swap«). Ordnungsrechtliche Verantwortlichkeiten können auf den Insolvenzverwalter übergehen, ebenso steuerliche Verpflichtungen nach der Abgabenordnung. Insolvenzspezifische Strafvorschriften existieren sowohl im StGB (§§ 283 ff. InsO) als auch früher in Sondergesetzen (z.B. § 84 GmbHG a.F. bei verspäteter Insolvenzanmeldung – inzwischen § 15a Abs. 4, 5 InsO).

C. Ziele des Insolvenzrechts

Beim Konkursverfahren unter Geltung der **KO** handelte es sich um ein **rein vermögensorientiertes** 10
Verfahren, bei dem es um die gemeinschaftliche Gläubigerbefriedigung ging. Die Verwertung des
schuldnerischen Vermögens erfolgte im Wege der Liquidation durch den Konkursverwalter (§ 117
Abs. 1 KO). Im Laufe der Zeit wurde zunehmend ein (Teil-) Erhalt schuldnerischer Unternehmen
durch Sanierung oder übertragene Sanierung versucht. Dies geschah unter Geltung der Verfahrensvorschriften der KO, da sich die Vergleichsordnung zunehmend als wirkungslos erwies.

§ 1 InsO   Ziele des Insolvenzverfahrens

11 Die ehemalige Zweispurigkeit des Insolvenzverfahrens mit Konkursverfahren und Vergleichsverfahren ist beseitigt, es besteht nur noch ein Insolvenzverfahren. Die **InsO** nimmt allerdings Abschied vom bisherigen Einheitsverfahren, das unabhängig von der Rechtsform des Schuldners sowie des Vorliegens und des Umfanges einer gewerblichen Tätigkeit galt. Für natürliche Personen und teilweise ehemalige Kleingewerbetreibende ist ein eigenständiges Verbraucherinsolvenzverfahren vorgesehen (§§ 304 ff. InsO).

12 Die Ziele des Insolvenzverfahrens sind in § 1 als Programmsatz aufgeführt. Nach der Gesetzesbegründung liegt dem neuen Verfahren ein **einheitliches Hauptziel** zugrunde, die **bestmögliche Befriedigung der Gläubiger** (BT-Drucks. 12/2443 S. 108). Die gemeinschaftliche Befriedigung der Gläubiger (§ 1 Satz 1 InsO) kann auf **drei** gleichrangigen **Wegen** der Verwertung erfolgen: Liquidation des Vermögens, (Teil-)Sanierung des schuldnerischen Unternehmens oder übertragende (Teil-)Sanierung durch Verkauf an einen anderen Rechtsträger. Das Verfahren kann nach den gesetzlichen Vorschriften oder durch eine Übereinkunft der Beteiligten im Rahmen eines sog. Insolvenzplanes abgewickelt werden, wobei die Entscheidung Aufgabe der Gläubiger (im Berichtstermin, § 157 InsO) ist. Der Gesetzgeber betont dabei, dass der Erhalt von Unternehmen oder Betrieben kein eigenständiges Ziel des Insolvenzverfahrens (BT-Drucks. 12/2443 S. 109), sondern dem übergeordneten Zweck bestmöglicher Gläubigerbefriedigung untergeordnet ist (HK-InsO/*Sternal* § 1 Rn. 3; **a.A.** HambK-InsO/*Schmidt* § 1 Rn. 26; vermittelnd MüKo-InsO/*Ganter/Lohmann* § 1 Rn. 85).

13 **Weiteres Ziel** des Insolvenzverfahrens ist es, dem redlichen **Schuldner** Gelegenheit zu geben, sich von seinen **restlichen Verbindlichkeiten zu befreien** (§ 1 Satz 2 InsO). In diesem Zusammenhang ist streitig, ob es sich um ein eigenständiges Verfahrensziel oder um ein dem Ziel der bestmöglichen Gläubigerbefriedigung nachgeordnetes Verfahrensziel handelt. Bedeutung kam dieser Fragestellung zu für die Zulässigkeit eines sog. »Null-Planes« im Schuldenbereinigungsverfahren (§§ 305 ff. InsO), bei der Restschuldbefreiung (§§ 286 ff. InsO) und der weiteren Frage, ob dem Schuldner Prozesskostenhilfe bewilligt werden konnte, um eine Abweisung mangels Masse (§ 26 InsO) zu verhindern und dem Schuldner damit den Weg zur Restschuldbefreiung (§§ 286 ff. InsO) zu eröffnen. Zutreffend wird die Zielsetzung in § 1 Satz 2 InsO als ergebnis- bzw. erfolgsorientiert bezeichnet und daraus die Verpflichtung abgeleitet, das Verfahren so auszugestalten, dass für den **Schuldner** die **reale Gelegenheit** besteht, sich **von seinen nicht erfüllten Verbindlichkeiten zu befreien** (*Ahrens* VuR 2000, 8 [12]). Durch die allgemeine Anerkennung der Zulässigkeit eines Nullplanes und die zum 01.12.2001 eingefügte Stundungsregelung in §§ 4a ff. InsO ist die praktische Auswirkung der Problematik weitgehend entfallen.

14 Die Gesetzesbegründung spricht lediglich die »Möglichkeit« des Schuldners an, sich von der Haftung auch für solche Verbindlichkeiten zu befreien, die aus seinem vorhandenen Vermögen nicht erfüllt werden können (BT-Drucks. 12/2443 S. 109). Auszugehen ist aber davon, dass es sich bei der Restschuldbefreiung um ein **eigenständiges Verfahrensziel** handelt (A/G/R-*Ahrens* § 1 InsO Rn. 8; HambK-InsO/*Schmidt* § 1 Rn. 3, 35; HK-InsO/*Sternal* § 1 Rn. 7; **a.A.** *Jaeger/Henckel* § 1 Rn. 20; vermittelnd MüKo-InsO/*Ganter/Lohmann* § 1 Rn. 97 f.). Es ist in § 1 gleichberechtigt mit dem Ziel der Gläubigerbefriedigung genannt. Dafür spricht auch die praktische Bedeutung: Die Mehrzahl der Insolvenzverfahren wird aufgrund von Eigenanträgen von Schuldnern durchgeführt, bei denen kein verteilungsfähiges Vermögen vorhanden und einziges Ziel die Restschuldbefreiung ist. Die Restschuldbefreiung bildet ein deutlich sichtbares Signal eines Strukturwandels und ist Kern eines Privatinsolvenzrechts (A/G/R-*Ahrens* § 1 InsO Rn. 43 f.).

15 Einigkeit besteht aber, dass die Regelung des § 1 InsO bei **Auslegung** von Einzelfragen **zu berücksichtigen** ist (HambK-InsO/*Schmidt* § 1 Rn. 56). Beispiel ist die Konkretisierung der Rechte und Pflichten des Insolvenzverwalters im Zusammenhang mit der Möglichkeit der Freigabe des Vermögens auch bei juristischen Personen (*BGH* ZInsO 2005, 594 [595]).

D. Aufbau der InsO

Die Ziele des Insolvenzverfahrens (s. Rdn. 13 ff.) sind in § 1 InsO als Programmsatz aufgeführt. Die InsO enthält **formelle und materielle Regelungen**. Die KO war unterteilt in Bestimmungen zum materiellen Konkursrecht (»Konkursrecht« §§ 1–70 KO) und formellen Konkursrecht (»Konkursverfahren« §§ 71–238 KO). Die InsO trennt nicht. Sie führt zunächst die allgemeinen Bestimmungen auf (§§ 1–80 InsO) und orientiert sich in den nachfolgenden Regelungen (§§ 80–216 InsO) an dem zeitlichen Ablauf. Danach werden spezielle Rechtsinstitute aufgeführt (§§ 217–303 InsO) und spezielle Verfahrensarten (§§ 304–334 InsO) sowie Vorschriften zum Internationalen Insolvenzrecht (§§ 335–358 InsO und Art. 102 EGInsO). 16

§ 2 Amtsgericht als Insolvenzgericht

(1) Für das Insolvenzverfahren ist das Amtsgericht, in dessen Bezirk ein Landgericht seinen Sitz hat, als Insolvenzgericht für den Bezirk dieses Landgerichts ausschließlich zuständig.

(2) ¹Die Landesregierungen werden ermächtigt, zur sachdienlichen Förderung oder schnelleren Erledigung der Verfahren durch Rechtsverordnung andere oder zusätzliche Amtsgerichte zu Insolvenzgerichten zu bestimmen und die Bezirke der Insolvenzgerichte abweichend festzulegen. ²Die Landesregierungen können die Ermächtigung auf die Landesjustizverwaltungen übertragen.

§ 2 Abs. 3 i.d.F. ab 21.04.2018:

»(3) Rechtsverordnungen nach Absatz 2 sollen je Bezirk eines Oberlandesgerichts ein Insolvenzgericht bestimmen, an dem ein Gruppen-Gerichtsstand nach § 3a begründet werden kann. Die Zuständigkeit des bestimmten Insolvenzgerichts kann innerhalb eines Landes auch über den Bezirk eines Oberlandesgerichts erstreckt werden.«

Übersicht	Rdn.		Rdn.
A. Überblick über Zuständigkeitsregelungen	1	II. Rechtspfleger	47
B. Zuständigkeitskonzentration in § 2 InsO	9	III. Vollübertragung auf den Rechtspfleger?	56
I. Zweck der Zuständigkeitskonzentration in Abs. 1	9	IV. Serviceeinheit/Urkundsbeamter der Geschäftsstelle	57
II. Umfang der Zuständigkeit	10	V. Festlegung der internen Zuständigkeit (»Binnenzuständigkeit«)	58
III. Abweichende Regelungen gem. Abs. 2	15	D. Insolvenzsachen mit Auslandsbezug	59
IV. Kriterien für die Entscheidung über Dekonzentration	20	E. Reformtendenzen	60
V. Rechtshilfe	22	F. Auflistung der Insolvenzgerichte	70
C. Funktionelle Zuständigkeit	23	G. Übersicht über die durchschnittliche Zuständigkeit eines Insolvenzgerichtes pro Bundesland nach Einwohnerzahl (* s. Rdn. 16)	71
I. Richter	23		

Literatur:
Büttner Eine eigene Insolvenzgerichtsbarkeit – zwischen Wunsch und Wirklichkeit, ZInsO 2017, 13; *Frind* Die »Vorverfügung« des Insolvenzrechtspflegers: Weder »Faustpfand« noch Lösung für insolvenzgerichtliche Zuständigkeitsregelungen, ZInsO 2012, 2093; *Horstkotte/Laroche/Waltenberger/Frind* »Ich hab' noch ein bischen InsO dabei«, ZInsO 2016, 2186; *Lisser* Die Vorverfügungspraxis im Insolvenzrecht – ein auslaufendes Modell?, ZInsO 2012, 1881; *ders.* Und täglich grüßt das Murmeltier – Vorverfügung »reloaded«, ZInsO 2013, 2419; *ders.* Gerichtliche Bestellung und Aufsicht des Insolvenzverwalters, RPfleger 2015, 241; *ders.* Die (Voll)Zuständigkeit des Rechtspflegers im (Verbraucher)Insolvenzverfahren, ZInsO 2016, 377; *Schmerbach* Das »große« Insolvenzgericht, ZInsO 2010, 1670; *ders.* Das »insolvenzgerichtliche« Zivildezernat – ein Erfahrungsbericht, ZInsO 2010, 1640; *ders.* Das »Große «Insolvenzgericht als Kompetenzzentrum, ZInsO 2011, 405; *ders.* Agenda 2020: Das Große Insolvenzgericht, NZI 2017 Heft 1–2, V.

§ 2 InsO   Amtsgericht als Insolvenzgericht

A. Überblick über Zuständigkeitsregelungen

1   1. § 2 regelt die **sachliche** Zuständigkeit.

§ 2 Abs. 1 InsO konzentriert die Verfahren bei dem Amtsgericht am Sitz des Landgerichtes, falls nicht gem. § 2 Abs. 2 InsO durch Rechtsverordnung Abweichendes bestimmt ist. Eine weitere Befugnis zur Zuständigkeitskonzentration enthalten für Insolvenzsachen mit Auslandsbezug Art. 102 § 1 Abs. 3 EGInsO, § 348 Abs. 2 InsO (s. Rdn. 59). Für Sanierungs- und Reorganisationsverfahren der Kreditinstitute ist gem. § 2 Abs. 3 Satz 2 KredReorgG das OLG Frankfurt zuständig. Insolvenzgericht sind die im richterlichen Geschäftsverteilungsplan gem. § 21e GVG für Insolvenzverfahren bestimmten Abteilungen des Amtsgerichtes bzw. die Rechtspfleger, denen Insolvenzsachen vom Gerichtsvorstand zugewiesen sind.

2   2. Die **funktionelle** Zuständigkeit von Richter, Rechtspfleger und Urkundsbeamten der Geschäftsstelle ist im Rechtspflegergesetz geregelt. § 2 Nr. 2e) RPflG überträgt grundsätzlich dem Rechtspfleger die Zuständigkeit in Insolvenzsachen. Abweichend davon ist gem. § 18 Abs. 1 RPflG der Richter zuständig für das Verfahren über einen Schuldenbereinigungsplan nach den §§ 305 bis 310 InsO, die Entscheidung über den Eröffnungsantrag und für die Entscheidungen im Rahmen der Restschuldbefreiung, wenn ein Insolvenzgläubiger die Versagung der Restschuldbefreiung bzw. deren Widerruf beantragt. In Insolvenzsachen mit Auslandsbezug bestehen Sondervorschriften (s. Rdn. 59). Bei ab dem 01.01.2013 beantragten Verfahren ist der Richter gem. § 18 Nr. 2 RPflG n.F. zusätzlich zuständig in Verfahren über einen Insolvenzplan nach den §§ 217 bis 269 der Insolvenzordnung (s. Rdn. 26).

3   Welcher Richter oder Rechtspfleger konkret innerhalb des Gerichtes zuständig ist, sog. Binnenzuständigkeit, bestimmt der **Geschäftsverteilungsplan**. Wichtig ist die Vorhersehbarkeit der Zuständigkeit bei Vorbesprechungen im Rahmen von ESUG-Verfahren (s. Rdn. 58).

4   Geschäfte in Insolvenzsachen dürfen im ersten Jahr nach ihrer Ernennung Richter auf Probe (§ 22 Abs. 6 GVG) bzw. Rechtspfleger (§ 18 Abs. 4 RPflG) nicht wahrnehmen.

5   Im Zusammenhang mit der gescheiterten Abschaffung der Dekonzentrationsmöglichkeit im Rahmen des ESUG (s. Rdn. 63) ist die Vorschrift des **§ 22 Abs. 6 GVG** eingefügt worden (MüKo-InsO/*Ganter/Lohmann* § 2 Rn. 4). Danach sollen Richter über belegbare **Kenntnisse** auf den Gebieten des Insolvenzrechts, des Handels- und Gesellschaftsrechts sowie über Grundkenntnisse der für das Insolvenzverfahren notwendigen Teile des Arbeits-, Sozial- und Steuerrechts und des Rechnungswesens verfügen. Sind die Kenntnisse nicht belegt, dürfen die Aufgaben eines Insolvenzrichters nur zugewiesen werden, wenn ein Erwerb alsbald zu erwarten ist. Entsprechendes gilt für Rechtspfleger gem. **§ 18 Abs. 4 RPflG**. Die Umsetzung in der Praxis bleibt abzuwarten (s. § 5 Rdn. 11).

6   3. Die **örtliche** Zuständigkeit ist in § 3 InsO geregelt. Für die **internationale** Zuständigkeit existiert nur teilweise eine ausdrückliche Regelung in Art. 3 EuInsVO (s. die Erl. dort), Art. 102 EGInsO § 1, ansonsten gilt die Regelung des § 3 InsO (s. § 3 Rdn. 57).

7   4. Eine **weitergehende Zuständigkeit des Insolvenzgerichts** für Streitigkeiten, die in engem Zusammenhang mit dem Insolvenzverfahren stehen (vis attractiva concursus), hat der Gesetzgeber **nicht** eingeführt. Feststellungsklagen zur Tabelle, Anfechtungsprozesse, Aus- und Absonderungsprozesse und sonstige Verfahren sind vor den ordentlichen Gerichten oder den Fachgerichten geltend zu machen. Zur geschäftsplanmäßigen Konzentration aller insolvenzrechtlichen Zivilsachen sowie weitergehenden Forderungen nach einem »Großen« Insolvenzgericht s. Rdn. 67.

8   § 19a ZPO erklärt allerdings für Klagen des Insolvenzverwalters das Gericht am Sitz des Insolvenzgerichtes für zuständig. Die **InsO** enthält **weitere Zuständigkeitsregelungen** in §§ 180, 202 InsO für Insolvenzfeststellungsklagen, in §§ 122, 126 InsO für Verfahren vor den Arbeitsgerichten und in §§ 89 Abs. 3, 148 Abs. 2 InsO für Erinnerungen im Rahmen der Zwangsvollstreckung. Zur Zuständigkeit des Insolvenzgerichtes bei Entscheidungen gem. §§ 850 ff. ZPO s. Rdn. 10 ff.

B. Zuständigkeitskonzentration in § 2 InsO

I. Zweck der Zuständigkeitskonzentration in Abs. 1

Grds. ist nur das Amtsgericht am Sitz des Landgerichts für Insolvenzsachen zuständig. Diese Konzentration soll dazu beitragen, dass die Richter und Rechtspfleger an den Insolvenzgerichten **besondere Erfahrung und Sachkunde** auf diesem Gebiet erwerben und damit auch den zum Teil erhöhten Anforderungen des Insolvenzverfahrens gewachsen sind; ferner sollen ihnen leichter die technischen Hilfsmittel zur Verfügung gestellt werden, die insbesondere für die Abwicklung großer Verfahren erforderlich sind (BT-Drucks. 12/2443 S. 109 f.). Die Möglichkeit der Dekonzentration in Abs. 2 erlaubt es den besonderen örtlichen Gegebenheiten Rechnung zu tragen, insbesondere bei mehreren, örtlich getrennten Wirtschaftsschwerpunkten. Die Konzentration bei dem Amtsgericht am Sitz des Landgerichtes soll jedoch die Regel und nicht wie bisher die Ausnahme sein (BT-Drucks. 12/2443 S. 109 f.).

II. Umfang der Zuständigkeit

Der **Begriff des Insolvenzverfahrens** ist **weit auszulegen**. Zwar hat der Gesetzgeber eine vis attractiva concursus nicht eingeführt (s. Rdn. 7). In den §§ 89 Abs. 3, 148 Abs. 2 InsO finden sich im eröffneten Verfahren jedoch Erweiterungen der Zuständigkeit des Insolvenzgerichtes für Zwangsvollstreckungssachen. Es lässt sich eine **allgemeine Entscheidungskompetenz** des Insolvenzgerichtes **in Zwangsvollstreckungssachen** feststellen. Dies ist inzwischen in § 36 Abs. 4 InsO für das Eröffnungsverfahren und das eröffnete Verfahren geregelt. Statt einer, auf Befriedigung einzelner Gläubiger gerichteter, Einzelzwangsvollstreckung findet in der Insolvenz eine auf gleichmäßige Befriedigung aller Gläubiger gerichtete Gesamtvollstreckung statt. Im nachfolgenden Restschuldbefreiungsverfahren gem. §§ 286 ff. InsO ist das Insolvenzverfahren aufgehoben (vgl. § 289 Abs. 2 Satz 2 InsO); hier ist das Vollstreckungsgericht zuständig (s. *Ahrens* § 294 Rdn. 51). Über einen während des Insolvenzverfahrens eingegangenen Antrag hat das Insolvenzgericht zu entscheiden, auch wenn das Verfahren zwischenzeitlich aufgehoben wurde (*AG Göttingen* ZInsO 2006, 1063 [1064]; A/G/R-*Ahrens* § 2 InsO Rn. 14). Tabellarische Übersicht bei *Schäferhoff* ZVI 2008, 331 [335].

§ 36 Abs. 1 Satz 2 InsO erklärt ausdrücklich die Vorschriften der §§ **850 ff. ZPO** überwiegend für anwendbar. Die Vorschriften der §§ 850 ff. ZPO gelten nicht nur im Falle der Pfändung, sondern auch bei einer Abtretung (*BGH* NZI 2009, 574 [575] Rn. 16 für § 850c Abs. 4 ZPO; *AG Göttingen* ZVI 2003, 365).

Zuständig ist das Insolvenzgericht:
– aus den o.g. Erwägungen für Entscheidungen gem. § 765a ZPO (*BGH* ZInsO 2014, 687; *AG Göttingen* ZInsO 2000, 275 [276]; HK-InsO/*Sternal* § 2 Rn. 5; MüKo-InsO/*Ganter/Lohmann* § 2 Rn. 6 – zur Anwendbarkeit s. § 4 Rdn. 22),
– im Rahmen des entsprechend anwendbaren § 850b ZPO bei Anträgen des Insolvenzverwalters auf Vollstreckbarkeitserklärung von bedingt pfändbaren Bezügen, nicht aber bei Streitigkeiten zwischen Insolvenzverwalter und Schuldner (*BGH* NZI 2010, 141 [142] Rn. 10 = EWiR 2010, 57 = InsbürO 2010, 274),
– bei Streit um die Massezugehörigkeit eines PkW zwischen schwerbehinderten Schuldner und Insolvenzverwalter (*LG Göttingen* ZVI 2013, 159; zust. A/G/R-*Ahrens* § 2 InsO Rn. 145),
– Entscheidung über die Erinnerung gem. § 766 ZPO wegen Verstoßes gegen § 88 InsO (*AG Hamburg* ZIP 2014, 1401),
– bei Antrag des Schuldners auf Aufhebung eines vor Eröffnung des Insolvenzverfahrens erlassenen Haftbefehles gem. § 89 Abs. 3 InsO (*AG Frankfurt/O.* ZInsO 2013, 496 m. Anm. *Laroche* VIA 2013, 21),
– für die Herausgabevollstreckung des Insolvenzverwalters aus dem Eröffnungsbeschluss gem. § 148 Abs. 2 InsO (*BGH* ZInsO 2012, 969).

§ 2 InsO Amtsgericht als Insolvenzgericht

13 **Nicht zuständig** ist das Insolvenzgericht für:
– Streitigkeiten zwischen Insolvenzverwalter/Treuhänder, ob ein Vermögensgegenstand zur Insolvenzmasse gehört (*BGH* ZInsO 2014, 687: Pfändungsschutzkonto; *BGH* ZInsO 2016, 1075; Mietkation),
– die Massezugehörigkeit von Lohnbestandteilen, wenn deutsche Gerichte für die Einzelzwangsvollstreckung nicht zuständig sind (*BGH* ZInsO 2012, 1260),
– Antrag des Schuldners auf Überprüfung der Zusammenrechnung von Geld- und Naturalleistungen bei der Berechnung des Arbeitseinkommens durch den Drittschuldner (*BGH* ZInsO 2013, 98 m. abl. Anm. *Grote* ZInsO 2013, 374).

14 Zuständig für Entscheidungen gem. § 36 InsO ist der **Rechtspfleger**, auch im Zeitraum vor Verfahrenseröffnung (s. Rdn. 51). In den übrigen Fällen (z.B. § 89 Abs. 3 InsO) ist der **Richter** zuständig (s. Rdn. 50). Zur **Antragstellung befugt** sind der (vorläufige) Insolvenzverwalter bzw. Treuhänder (in den bis zum 30.06.2014 beantragten Verfahren) und der Schuldner. Das Insolvenzgericht entscheidet nicht gem. § 6 Abs. 1 InsO abschließend. Vielmehr bestehen die Rechtsbehelfe der §§ 766, 793 ZPO, über die der Insolvenzrichter bzw. das Landgericht als Beschwerdegericht entscheidet (s. § 6 Rdn. 109, 133 f.).

III. Abweichende Regelungen gem. Abs. 2

15 I.E. sieht Abs. 2 mehrere, auch untereinander kombinierbare, Möglichkeiten der abweichenden Regelung der Zuständigkeit durch die Landesregierung bzw. die Landesjustizverwaltung vor. Die im ESUG vorgesehene Abschaffung der Dekonzentrationsmöglichkeit ist am Widerstand einiger Bundesländer gescheitert und steht in merkwürdigem Kontrast zum Ziel des ESUG, die InsO »europatauglich« zu machen.

16 a) Die Bestimmung **zusätzlicher Amtsgerichte zu Insolvenzgerichten** wird in Flächenstaaten mit dünn besiedelten Gebieten und weiten Entfernungen in Betracht kommen. Dies sollte aber die Ausnahme bleiben (s. Rdn. 9 und Rdn. 20). Von dieser Ermächtigung haben Gebrauch gemacht: Baden-Württemberg, Bayern, Bremen, Hessen, Niedersachsen, Rheinland-Pfalz und Schleswig-Holstein. Eindeutig überzogen ist die Bestimmung weiterer 22 Insolvenzgerichte in Niedersachsen mit der Folge, dass insgesamt 33 Insolvenzgerichte bestehen. In **Berlin** besteht die Besonderheit, dass die Unternehmensinsolvenzen bei dem AG Berlin-Charlottenburg konzentriert sind, während für die Verbraucherinsolvenz- und sonstigen Kleinverfahren bei Eigenanträgen die Zuständigkeit der übrigen Amtsgerichte besteht (*Holzer* ZIP 1998, 2183 [2184]). Den umgekehrten Weg hat Sachsen eingeschlagen: Für sechs Landgerichtsbezirke sind nur drei Insolvenzgerichte zuständig. Insgesamt sind nicht entsprechend der Zahl der Landgerichte 116, sondern 193 Insolvenzgerichte vorhanden (*Holzer* ZIP 1998, 2183). Die einzelnen Insolvenzgerichte sind in Rdn. 70 aufgeführt. In Rdn. 71 findet sich eine Übersicht darüber, für wie viele Einwohner in jedem Bundesland ein Insolvenzgericht durchschnittlich zuständig ist.

17 b) Befindet sich in einem Bezirk der Wirtschaftsschwerpunkt an einem anderen Ort als dem Sitz des Landgerichtes, so kann ein **anderes Amtsgericht** zum Insolvenzgericht bestimmt werden.

18 c) Befindet sich z.B. ein Amtsgerichtsbezirk weit entfernt vom Sitz des Landgerichtes und nahe an dem Sitz des Landgerichtes eines benachbarten Bezirkes, so kann – statt der Bestimmung des Amtsgerichtes als zusätzlichem Insolvenzgericht – der Bezirk des Amtsgerichtes auch dem **benachbarten Bezirk** zugeordnet werden (»Suprakonzentration«, A/G/R-*Ahrens* § 2 InsO Rn. 16).

19 d) Zur Möglichkeit der Konzentration in Insolvenzsachen mit Auslandsbezug s. Rdn. 59.

IV. Kriterien für die Entscheidung über Dekonzentration

20 Die Bestimmung zusätzlicher Amtsgerichte als Insolvenzgerichte sollte **möglichst nicht** erfolgen. Die Insolvenzordnung stellt erhöhte Anforderungen an die Bewältigung nach Gesetzesänderungen auftauchender neuer Rechtsfragen und an den wirtschaftlichen Sachverstand bei Richter und Rechts-

pfleger. Insbesondere die Vorschriften in §§ 286 ff. InsO (Restschuldbefreiung) und die Änderungen durch das ESUG im Eröffnungsverfahren (§ 21 Abs. 1 Nr. 1a, 22a, 270a, 270b InsO), Insolvenzplanverfahren (§§ 217 ff., insb. § 225a InsO) enthalten Regelungen von großer wirtschaftlicher Tragweite, die nach einer angemessenen Spezialisierung und sicheren Handhabung verlangen, die nur durch die Bearbeitung einer Vielzahl von Fällen möglich sein wird (Entschließung des 2. Deutschen Gläubigerkongresses v. 05.06.2013 zur notwendigen Fortentwicklung des Insolvenzrechts, ZInsO 2013, 1183). Hinzu kommt der Wegfall der zulassungsfreien Rechtsbeschwerde durch Streichung des § 7. Erforderlich ist, dass Richter und Rechtspfleger überwiegend und nicht nur mit einem geringen Teil ihrer Arbeitskraft (wie häufig unter Geltung der KO, vgl. *Kübler/Prütting/Bork* InsO, § 2 Rn. 8) in Insolvenzsachen tätig sind. Die Zuständigkeitskonzentration fördert eine überschaubare und einheitliche Rechtsprechung. Eine Dekonzentration bewirkt einen Verlust an Transparenz.

Umstritten, ob von der Ermächtigungsgrundlage des § 2 Abs. 2 InsO nicht gedeckt und daher gem. Art. 80 GG unwirksam ist die Konzentration der Unternehmensinsolvenzen auf ein Amtsgericht und die Dekonzentration der Verbraucherinsolvenzen auf die übrigen Amtsgerichte eines Bezirkes wie in Berlin geschehen (so *AG Neukölln* DZWIR 1999, 371; *Uhlenbruck/I. Pape* InsO, § 2 Rn. 9; kritisch MüKo-InsO/*Ganter/Lohmann* § 2 Rn. 18; HambK-InsO/*Rüther* § 2 Rn. 6a; **a.A.** *LG Berlin* DZWIR 1999, 517). 21

V. Rechtshilfe

Aus der Zuständigkeitsregelung in Abs. 1 folgt für die Rechtshilfe, dass andere Amtsgerichte innerhalb dieses erweiterten Bezirkes vom Insolvenzgericht nicht als Rechtshilfegericht in Anspruch genommen werden können (*OLG Brandenburg* ZInsO 2002, 372; BT-Drucks. 12/2443 S. 110; MüKo-InsO/*Ganter/Lohmann* § 2 Rn. 12). Allerdings ist ein nicht für Insolvenzsachen zuständiges Gericht zur Rechtshilfe verpflichtet (*LG Dortmund* NZI 2002, 556; *LG Hamburg* ZInsO 2006, 665), falls nicht durch Rechtsverordnung die Rechtshilfeersuchen in Insolvenzsachen bei den Insolvenzgerichten gem. § 157 Abs. 2 GVG konzentriert werden (s. § 5 Rdn. 44). 22

C. Funktionelle Zuständigkeit

I. Richter

§ 3 Nr. 2e) RPflG überträgt dem Rechtspfleger die Geschäfte im Verfahren nach der Insolvenzordnung vorbehaltlich der Ausnahme in **§ 18 RPflG**. Der Richter ist danach wie folgt zuständig: 23

a) Beim Verfahren über einen **Schuldenbereinigungsplan** nach §§ 305–310 InsO ist der Richter für das gesamte Verfahren zuständig mit Ausnahme der Entscheidung über Anträge gem. §§ 850 ff. InsO (s. Rdn. 51). Vor Eröffnung des Verfahrens hat der Richter über einen Stundungsantrag zu entscheiden, nicht erst der Rechtspfleger nach Eröffnung (*AG Göttingen* ZVI 2002, 69 [70] und ZInsO 2002, 686 [687]; s. *Kohte* § 4a Rdn. 31, 32; **a.A.** *AG Hamburg* ZIP 2001, 2241 und ZInsO 2002, 594). 24

b) Bei einem Antrag auf Erteilung der **Restschuldbefreiung** ist der Richter zuständig, soweit ein Insolvenzgläubiger die Versagung der Restschuldbefreiung oder deren Widerruf beantragt, § 18 Abs. 1 Nr. 3 RPflG (Nr. 4 nach Inkrafttreten des Gesetzes zur Erleichterung und Bewältigung von Konzerninsolvenzen, s. Vor §§ 1 ff. Rdn. 84), nicht aber im Falle des § 298 InsO. Die Versagung der Restschuldbefreiung aus sonstigen, formellen Gründen (z.B. Unvollständigkeit des Antrages, Antrag nach Fristablauf) ist in § 18 Abs. 1 Nr. 3 RPflG nicht erwähnt. Auch bei der Prüfung der Zulässigkeit können sich schwierige Rechtsfragen ergeben. Auch zur Vermeidung von Doppelarbeit ist der Richter zuständig (*LG Münster* NZI 2000, 551 m. zust. Anm. *Sabel* EWiR 2000, 449 und abl. Anm. *Lücke/Schmittmann* ZInsO 2000, 87; *AG Duisburg* ZInsO 2000, 628; **a.A.** *OLG Köln* ZInsO 2000, 608 = EWiR 2001, 127; *LG Göttingen* NZI 2001, 220; *LG Rostock* ZIP 2001, 660 = EWiR 2001, 383; A/G/R-*Ahrens* § 2 InsO Rn. 31). Unabhängig davon kann bei schwierigen Rechtsfragen der Rechtspfleger die Sache dem Richter vorlegen. Im Übrigen kann der Richter sich die Entschei- 25

§ 2 InsO Amtsgericht als Insolvenzgericht

dung vorbehalten bzw. sie an sich ziehen gem. § 18 Abs. 2 RPflG (*AG Köln* InVo 2000, 127; *AG Göttingen* ZVI 2002, 25 [26]; s. Rdn. 37). Kündigt der Rechtspfleger in Unkenntnis eines Versagungsantrages die Restschuldbefreiung an, ist zur weiteren Entscheidung der Richter zuständig (*AG Göttingen* ZInsO 2009, 201).

26 c) **Insolvenzplanverfahren** (ab dem 01.01.2013) gem. § 18 Abs. 1 Nr. 2 RPflG (Nr. 3 nach Inkrafttreten des Gesetzes zur Erleichterung und Bewältigung von Konzerninsolvenzen, Vor §§ 1 ff. Rdn. 84). Durch das ESUG ist das RPflG dahin geändert, dass der Richter zuständig ist für das Verfahren über einen Insolvenzplan nach den §§ 217 bis 256 und den §§ 258 bis 269 InsO. Unklar ist, ob ein Verfahren ein »Planverfahren« bereits ab Ankündigung des Schuldners zur Vorlage eines Planes/Auftrag der Gläubigerversammlung an den Insolvenzverwalter zur Vorlage eines Planes oder ab Vorlage des Planes ist. Für den Berichts- und Prüfungstermin bleibt der Rechtspfleger zuständig (a.A. *Lisser* ZInsO 2013, 2419 [2421]). Der Richter kann das Verfahren jedoch frühzeitig an sich ziehen gem. § 18 Abs. 2 RPflG (s. Rdn. 37). Der Richter ist auch zuständig für die nach Annahme des Insolvenzplanes liegenden Verfahrensabschnitte wie Vergütungsfestsetzung und Schlussrechnungsprüfung (*Lisser* ZInsO 2013, 2419 [2423]; a.A. *AG Ludwigshafen* ZInsO 2015, 855). Nach Scheitern eines Insolvenzplans ist der Rechtspfleger wieder zuständig. Wünschenswert ist jedenfalls eine eindeutige gesetzliche Regelung (Entschließung der Jahrestagung 2013 der BAKinso e.V.v. 2.12.2013 – 3.12.2013, ZInsO 2013, 2547).

27 d) Zur Zuständigkeit bei Insolvenzsachen mit Auslandsbezug s. Rdn. 59.

28 e) In den **übrigen Verfahrensabschnitten** ist der Richter zuständig **bis zur Entscheidung über** den **Eröffnungsantrag**. Im Einzelnen obliegen dem Richter folgende Entscheidungen:

29 (1) Anordnung von **Sicherungsmaßnahmen** (§§ 21 ff. InsO) einschließlich Ernennung eines Gläubigerausschusses im Eröffnungsverfahren (§§ 21 Nr. 1a, 22a InsO) und deren Aufhebung (§ 25 InsO) einschließlich der Aufsicht über vorläufigen Insolvenzverwalter/Sachverständigen; zur Festsetzung der Vergütung s. Rdn. 35;

30 (2) **Abweisung des Antrages** als unzulässig, unbegründet oder mangels Masse;

31 (3) Bei Rücknahme des Antrages oder **Erledigungserklärung** die Kosten(grund)entscheidung gem. § 4 i.V.m. §§ 269 Abs. 3, 91a, 91 ZPO; ebenso bei Kosten(last)entscheidungen gem. § 26a InsO (*AG Hamburg* ZInsO 2015, 422 = EWiR 2015, 325);

32 (4) Eröffnung des Insolvenzverfahrens gem. §§ 27 ff. InsO einschließlich der **Ernennung des Insolvenzverwalters** (Einzelheiten zur Abgrenzung zur Rechtspflegerzuständigkeit s. § 30 Rdn. 3 f.) und der Einsetzung eines **vorläufigen Gläubigerausschusses** gem. § 67 InsO (HambK-InsO/*Frind* § 67 Rn 9; HK-InsO/*Riedel* § 67 Rn 4; Uhlenbruck/*Mock* § 67 Rn 7; a.A. AGR-*Lind* § 67 Rn 4). Der Rechtspfleger ist zuständig bei späterer Einsetzung.

Der Richter ist weiter in folgenden Fällen zuständig:
– für die **Ernennung eines von der ersten Gläubigerversammlung neu gewählten Insolvenzverwalters** (*Nerlich/Römermann-Delhaes* § 57 Rn. 6; a.A. A/G/R-*Ahrens* § 2 InsO Rn. 26; BK-*Blersch* § 57 Rn. 6; HambK-InsO/*Rüther* § 2 Rn. 10; FK-InsO/*Jahntz* § 57 Rdn. 15; MüKo-InsO/*Schmahl* §§ 27–29 Rn. 139; Uhlenbruck/I. *Pape* InsO, § 2 Rn. 24; *Lisser* Gerichtliche Bestellung und Aufsicht des Insolvenzverwalters, RPfleger 2015, 241). Es ist nämlich die Eignung des Verwalters zu prüfen, die dem Richter obliegt (*Kübler/Prütting/Bork-Lüke* InsO, § 57 Rn. 9).
– für einen **Versagungsbeschluss gem. § 57 Satz 3 InsO** (*LG Hechingen* ZIP 2001, 1970 = EWiR 2002, 635; *LG Traunstein* ZInsO 2002, 1045; *AG Göttingen* ZIP 2003, 592 m. zust. Anm. *Lüke* EWiR 2003, 1039; a.A. A/G/R-*Ahrens* § 2 InsO Rn. 26; HambK-InsO/*Rüther* § 2 Rn. 10; MüKo-InsO/*Schmahl/Busch* §§ 27–29 Rn. 139: Rechtspfleger), denn auch in diesem Fall findet eine Eignungsprüfung statt.
– für die **Entlassung eines Insolvenzverwalters** gem. § 59 InsO (*AG Göttingen* ZInsO 2003, 289 [290] m. abl. Anm. *Graeber* Rpfleger 2003, 529 und *Keller* EWiR 2003, 935; *AG Ludwigshafen* ZInsO 2012, 93 bei amtswegiger Entlassung aus von bei der Eröffnungsentscheidung berücksich-

tigungsfähigen Gründen; HambK-InsO/*Frind* § 59 Rn. 7; **a.A.** *LG Stendahl* ZInsO 1999, 233 [234]; A/G/R-*Ahrens* § 2 InsO Rn. 26; FK-InsO/*Jahntz* § 59 Rn. 15; HambK-InsO/*Rüther* § 2 Rn. 10; MüKo-InsO/*Schmahl/Busch* §§ 27–29 Rn. 139; MüKo-InsO/*Graeber* § 59 Rn. 40; s. Rdn. 37).

– für die – auch nachträgliche – Ernennung des an Stelle des Insolvenzverwalters tretenden Treuhänders oder Sachverwalters (s. § 30 Rdn. 3).

– für die **Ernennung eines Sonderinsolvenzverwalters**, der bestellt wird, soweit der Insolvenzverwalter aus rechtlichen oder tatsächlichen Gründen (z.B. § 92 Satz 2 InsO) seine Aufgaben nicht wahrnehmen kann (s. § 27 Rdn. 31), auch wenn sich die Notwendigkeit erst im weiteren Verlauf des Verfahrens ergibt (so zu § 79 KO [Ernennung eines weiteren Verwalters] *BGH* ZIP 1986, 319 = NJW-RR 1986, 412 [413]; A/G/R-*Ahrens* § 2 InsO Rdn. 25; MüKo-InsO/*Schmahl/Busch* §§ 27–29 Rn. 137; *Lüke* ZIP 2004, 1693 [1697]; *Foltis* Grenzen des Gläubigerschutzes in der Sonderinsolvenzverwaltung, ZInsO 2010, 545 [556]; **a.A.** *AG Charlottenburg* ZInsO 2015, 582 = InsbürO 2015, 243; *Graeber/Pape* ZIP 2007, 991 [996]).

Die Zuständigkeitsregelung in § 18 RPflG enthält nämlich eine Zuständigkeitsverteilung entsprechend dem Verfahrensablauf und darf nicht als rein zeitliche Abgrenzung verstanden werden.

Zur näheren Abgrenzung der Entscheidung von Richter und Rechtspfleger im Rahmen der Eröffnung s. § 30 Rdn. 3 ff. Zur Richterzuständigkeit bei Entscheidung über einen Stundungsantrag des Schuldners gem. § 4a s. Rdn. 24. 33

(5) Prüfung der Schlussrechnung des vorläufigen Insolvenzverwalters, § 21 Abs. 2 Nr. 1 i.V.m. § 66 Abs. 2 Satz 1 InsO (str., s. § 21 Rdn. 236); 34

(6) Festsetzung der **Vergütung des vorläufigen Insolvenzverwalters** (str., s. § 21 Rdn. 197 ff.). Der BGH lässt mit Eröffnung des Verfahrens die Zuständigkeit auf den Rechtspfleger übergehen. War der vorläufige Insolvenzverwalter zugleich als Sachverständiger beauftragt (§ 22 Abs. 1 Satz 2 Nr. 3 InsO), so setzt der Richter – nach Vorprüfung durch den Kostenbeamten – zweckmäßigerweise zugleich die Sachverständigenentschädigung nach dem JVEG fest, sofern freie Masse vorhanden ist (s. § 22 Rdn. 187). 35

f) Zur Richterzuständigkeit bei Rechtsbehelfen gegen Entscheidungen des Rechtspflegers und bei Rechtsbehelfen gem. § 766 ZPO s. Rdn. 43 und § 6 Rdn. 94 ff., 114 ff. 36

g) § **18 Abs. 2 RPflG** räumt dem Richter die Möglichkeit ein, sich bei Eröffnung des Verfahrens die Bearbeitung ganz oder teilweise (*AG Duisburg* ZInsO 2002, 736 [737]: Entscheidung über unzulässige Anträge auf Restschuldbefreiung) vorzubehalten (MüKo-InsO/*Schmahl/Busch* §§ 27–29 Rn. 144 ff.). Der Richter kann das Verfahren bis zum Abschluss bearbeiten oder das Verfahren schon vorher dem Rechtspfleger übertragen. Auch nach Übertragung kann er das Verfahren wieder an sich ziehen (sog. **Evokationsrecht**). Ein vom Rechtspfleger nach Eröffnung bearbeitetes Verfahren kann der Richter in dessen Verlauf auch erstmals an sich ziehen (*AG Köln* NZI 2000, 331, bestätigt von *LG Köln* NZI 2000, 448; *AG Göttingen* ZInsO 2002, 1150; A/G/R-*Ahrens* § 2 InsO Rn. 33; HambK-InsO/*Rüther* § 2 Rn. 11; MüKo-InsO/*Ganter/Lohmann* § 2 Rn. 21; MüKo-InsO/*Schmahl/Busch* §§ 27–29 Rn. 147; *Uhlenbruck/I. Pape* InsO, § 2 Rn. 6; **a.A.** *Rellermeyer* Rpfleger 2002, 68 [69]). Die Ausübung des Vorbehaltes ist unanfechtbar und bedarf keines formellen Beschlusses; im Interesse der Rechtssicherheit ist es aber zweckmäßig und auch erwünscht, die Übertragung aktenkundig zu machen (*BGH* BGHZ 50, 258 [261]). Bei Unklarheiten über die Übertragung entscheidet der Richter durch unanfechtbaren Beschluss, § 7 RPflG. Hat der Richter das Verfahren gem. § 18 RPflG an sich gezogen, entfällt damit auch die Möglichkeit der Erinnerung gem. § 11 Abs. 2 RPflG (**a.A.** *Graeber* InsBürO 2006, 202 [204]). 37

Der **Richter** wird sich das **Verfahren vorbehalten**, wenn das eröffnete Verfahren besonders umfangreich, für die Wirtschaft oder den Kreis der Betroffenen (Arbeitsplätze) von besonderer Bedeutung oder die Verfahrensabwicklung mit besonderen rechtlichen Schwierigkeiten verbunden ist (*Uhlenbruck/I. Pape* InsO, § 2 Rn. 6). Weiter kommt ein (Teil-)Vorbehalt in Betracht, wenn bei streitigen 38

§ 2 InsO Amtsgericht als Insolvenzgericht

Rechtsfragen Bedürfnis nach einer einheitlichen Rechtsprechung besteht. Bei einem erfahrenen und qualifizierten Insolvenzrechtspfleger wird der Richter von dem Vorbehalt allenfalls in Ausnahmefällen und nach Rücksprache mit dem Rechtspfleger Gebrauch machen. Bei kooperativer Zusammenarbeit werden sich Richter und Rechtspfleger bei Schwierigkeiten in ihrem jeweiligen Aufgabengebiet beraten.

39 Weiter können widersprechende Entscheidungen – insbesondere bei neu auftretenden Rechtsfragen – mehrerer Rechtspfleger verhindert werden. Eine andere Frage ist es, ob der Richter das Evokationsrecht ausüben kann, um eine von der Richteransicht abweichende Entscheidung des Rechtspflegers zu verhindern (dagegen A/G/R-*Ahrens* § 2 InsO Rn. 33).

40 Widersprechende Entscheidungen können auch auftreten, wenn der Rechtspfleger über die Zulässigkeit der Rücknahme eines Restschuldbefreiungsantrages durch den Schuldner (§ 13 Rdn. 145) entscheidet und der Richter später über die Zulässigkeit eines erneut vom Schuldner gestellten erneuten Restschuldbefreiungsantrages (s. § 13 Rdn. 157). In diesen Fällen kann der Richter das Verfahren an sich ziehen (*AG Göttingen* Beschl. v. 13.03.2017 – 71 IN 89/13).

41 h) Aufgabe des Richters ist ferner die Anordnung oder Abnahme eines **Eides**, **§ 4 Abs. 2 Nr. 1 RPflG**. Die Abnahme der eidesstattlichen Versicherung gem. § 98 Abs. 1 Satz 1 obliegt dem Rechtspfleger, sofern er ansonsten für die Durchführung des Verfahrens zuständig ist (A/G/R-*Ahrens* § 2 InsO Rn 22). Aufgabe des Richters ist weiter die Androhung und Anordnung von **Freiheitsentziehung, § 4 Abs. 2 Nr. 2 RPflG**. Unter den Begriff der Freiheitsentziehung fällt nicht nur die Haft, sondern auch die zwangsweise Vorführung (*Dallmeyer/Eickmann* RPflG § 4 Rn. 20; a.A. A/G/R-*Ahrens* § 2 InsO Rn. 22).

42 i) Zur Möglichkeit der Übertragung von Richtertätigkeiten auf den Rechtspfleger s. Rdn. 50.

43 j) **Weiter** ist der **Richter zuständig** bei:
– Vorlage durch den Rechtspfleger (§ 5 RPflG; Einzelheiten bei MüKo-InsO/*Ganter/Lohmann* § 2 Rn. 22a),
– engem Zusammenhang zwischen Richter- und Rechtspflegergeschäft (§ 6 RPflG; Einzelheiten bei MüKo-InsO/*Ganter/Lohmann* § 2 Rn. 22b),
– Entscheidung über die Erinnerung gegen Entscheidungen des Rechtspflegers gem. § 11 Abs. 2 RPflG (s. § 6 Rn. 36, 106 ff.),
– Entscheidungen über Erinnerungen (§ 766 ZPO) gem. § 20 Nr. 17 Satz 2 RPflG (*BGH* ZInsO 2005, 708; *AG Hamburg* ZIP 2014, 1401; s. § 6 Rdn. 133),
– Antrag auf Neufestsetzung des Stimmrechts gem. § 18 Abs. 3 RPflG (*AG Duisburg* ZInsO 2002, 737),
– Ablehnungsgesuch gegen den Rechtspfleger (§ 10 Satz 2 RPflG, s. § 4 Rdn. 52).

44 Die Änderung einer Entscheidung des Urkundsbeamten der Geschäftsstelle ist mit Aufhebung des § 4 Abs. 2 Nr. 3 RPflG nicht mehr dem Richter vorbehalten.

45 l) Ein **Verstoß gegen Zuständigkeitsregelungen** berührt die Gültigkeit des richterlichen Geschäftes nicht. Im Verhältnis zur Zuständigkeit des Rechtspflegers bestimmt dies § 8 Abs. 1 RPflG (*OLG Köln* ZVI 2002, 16 [19]), im Vergleich zum Urkundsbeamten der Geschäftsstelle folgt dies aus der analogen Anwendung des § 8 Abs. 1 bzw. Abs. 5 RPflG.

46 m) Zur Zuständigkeit bei Anträgen auf **Akteneinsicht** s. § 4 Rn. 86 f.

II. Rechtspfleger

47 Der Rechtspfleger entscheidet weisungsfrei gem. § 9 RPflG und ist wie folgt zuständig:

48 a) Grds. **ab Eröffnung des Verfahrens**, sofern nicht der Richter zuständig ist (s. Rn. 21 ff.). Insbesondere ist der Rechtspfleger neben den bereits bei Erlass des Eröffnungsbeschlusses zu treffenden Anordnungen (§§ 28, 29 InsO; s. dazu § 30 Rn. 3 f.; Postsperre gem. § 99 InsO) insbesondere für **folgende Tätigkeiten** zuständig:

durch den Richter erfolgt ist, § 8 Abs. 4 RPflG. Eine innerdienstliche, den Beteiligten nicht bekannt gemachte Zuschreibung der Akte an den Rechtspfleger genügt nicht (*BGH* ZInsO 2005, 708). Eine nachfolgende Entscheidung des Richters im Beschwerdeverfahren führt nicht zu einer Heilung (*BGH* ZInsO 2005, 708; *LG Berlin* ZInsO 2004, 987 [988]; A/G/R-*Ahrens* § 2 InsO Rn. 38; MüKo-InsO/*Ganter/Lohmann* § 2 Rn. 22a). Im Rechtsmittelverfahren ist die Entscheidung des Rechtspflegers unabhängig von ihrer inhaltlichen Richtigkeit und ohne Erhebung einer Verfahrensrüge von Amts wegen aufzuheben (MüKo-InsO/*Ganter/Lohmann* § 2 Rn. 23).

III. Vollübertragung auf den Rechtspfleger?

56 Die Aufgabenverteilung zwischen Richter und Rechtspfleger hat sich bewährt. Die gelegentlich geforderte Vollübertragung auf den Rechtspfleger (Schreiben des *BDR* vom 08.04.2001 an das BMJ ZInsO 2001, 1097; zust. *Heyrath* ZInsO 2002, 216) ist aus praktischen und im Hinblick auf Art. 97 GG aus verfassungsrechtlichen Gründen **abzulehnen** (*Uhlenbruck* ZInsO 2001, 1129; Stellungnahme des *AG Hamburg* vom 03.12.2001, ZInsO 2002, 24; *Frind* NZI 2002, 138; *Keller* NZI aktuell 2002, Heft 3, VI; MüKo-InsO/*Ganter/Lohmann* § 2 Rn. 24; *Kübler/Prütting/Bork-Prütting* InsO, § 2 Rn. 26). Zum im RefE 2012 enthaltenen (im RegE nicht weiter verfolgten) Vorschlag der Vollübertragung des Verbraucherinsolvenzverfahrens und aller Entscheidungen im Restschuldbefreiungsverfahren s. Rdn. 69.

IV. Serviceeinheit/Urkundsbeamter der Geschäftsstelle

57 Die Geschäftsstelle des Insolvenzgerichtes (Serviceeinheit) ist mit Beamten des mittleren Justizdienstes oder Angestellten besetzt. Das Aufgabengebiet ist in der InsO teilweise ausdrücklich erwähnt in §§ 23 Abs. 2, 30 Abs. 1, 31, 150 Satz 2, 154, 175, 178 Abs. 2 Satz 3, 188 Satz 2, 194 Abs. 3 Satz 1, 214 Abs. 1 Satz 2, 234, 235 Abs. 2 Satz 2 InsO. Diese Aufzählung ist nicht abschließend. Beispielsweise obliegt der Geschäftsstelle auch die Zustellung von Amts wegen gem. § 8 Abs. 1 Satz 1 InsO. Als Kostenbeamter setzt der Geschäftsstellenbeamte die Sachverständigenentschädigung fest, ggf. in Vorarbeit für den Richter (s. Rn. 33). Für die Festsetzung des Vorschusses auf die Vergütung des Treuhänders in Stundungsverfahren ist der Urkundsbeamte der Geschäftsstelle zuständig (*AG Göttingen* ZInsO 2010, 1760). Weitere Zuständigkeiten und Abgrenzungen zur Rechtspflegertätigkeit ergeben sich aus § 26 RPflG.

V. Festlegung der internen Zuständigkeit (»Binnenzuständigkeit«)

58 Welcher Richter oder Rechtspfleger konkret innerhalb des Gerichtes zuständig ist, sog. Binnenzuständigkeit, bestimmt der **Geschäftsverteilungsplan**. Im Rahmen von ESUG-Verfahren ist es für die gebotenen Vorbesprechungen vor Antragstellung wichtig, den zuständigen Richter individuell vorab bestimmen zu können. Erfolgt die Verteilung nach Bezirken oder Anfangsbuchstaben des Schuldners, bereitet dies keine Schwierigkeiten. Anders verhält es sich beim sog. Turnusmodell, bei dem die Eingänge mit einer Ordnungsziffer versehen und danach auf den für die Ordnungsziffer vorab bestimmten Richter zugeteilt werden. In diesen Fällen bietet sich die sog. »AR-Lösung« an (*Horstkotte* ZInsO 2013, 2354 [2355]): Eintragung einer Anfrage als AR-Sache, für einen nachfolgenden Insolvenzantrag ist der auch für den AR-Antrag zuständige Richter berufen. Sicherzustellen ist in jedem Fall, dass für zusammengehörende Verfahren wie z.B. Muttergesellschaft als Holding und die das operative Geschäft betreibenden Töchter derselbe Richter zuständig ist. Der von der Bundesregierung am 28.08.2013 vorgelegte Gesetzentwurf zur Erleichterung der Bewältigung von Konzerninsolvenzen (Beil. 4 zu ZIP 37/2013) sieht in § 3c eine Zuständigkeit des Richters für die Folgeverfahren vor, der für das den Gruppengerichtsstand begründende Verfahren nach der Geschäftsverteilung zuständig ist.

D. Insolvenzsachen mit Auslandsbezug

59 Die internationale Zuständigkeit ist teilweise ausdrücklich geregelt. Es gilt Art. 3 EuInsVO (s. *Wenner/Schuster* Erl. Zur EuInsVO), Art. 102 § 1 EGInsO 31.05.2002/Art. 102c 26.06.2017, ansons-

- Beaufsichtigung des Insolvenzverwalters (§§ 58–66 InsO)
- Einsetzung eines vorläufigen Gläubigerausschusses (§ 67 InsO), sofern nicht der Richter dies zeitgleich mit dem Eröffnungsbeschluss vornimmt (s. Rdn. 32),
- Einberufung der Gläubigerversammlung (§ 74 InsO),
- Anordnung und Durchsetzung der Auskunfts- und Mitwirkungspflichten des Schuldners (§§ 97, 98 InsO) einschließlich der Abnahme der eidesstattlichen Versicherung (*Schmerbach* NZI 2002, 538),
- Prüfung und Feststellung der Insolvenzforderungen (§§ 176–195 InsO),
- Zustimmung zur Schlussverteilung und Bestimmung des Schlusstermins (§§ 196–201 InsO),
- Anordnung der Nachtragsverteilung gem. § 203 InsO (s. *Kießner* § 203 Rdn. 24),
- Einstellung des Insolvenzverfahrens (§§ 207–215 InsO),
- Entscheidungen im Rahmen der Restschuldbefreiung nach Maßgabe des § 18 Abs. 1 Nr. 2 RPflG sowie im vereinfachten (Verbraucher) Insolvenzverfahren gem. §§ 311 ff. InsO.

b) Zur Zuständigkeit in Insolvenzsachen mit Auslandsbezug s. Rdn. 59. 49

c) Für Entscheidungen in **Vollstreckungssachen** im Rahmen des Insolvenzverfahrens (z.B. gem. § 36 50 InsO) ist nicht der in Vollstreckungssachen tätige Rechtspfleger zuständig, sondern das Insolvenzgericht. Nur so werden unterschiedliche Entscheidungszuständigkeiten vermieden. Ansonsten drohen Verfahrensverzögerungen deshalb, weil wegen der Zuständigkeitskonzentration (§ 2 Abs. 1 InsO) sonst verschiedene Amtsgerichte für Vollstreckungssachen und Insolvenzsachen zuständig sein könnten. Zur Zuständigkeit allgemein in diesen Fällen s. Rdn. 10 ff., s.a. § 6 Rdn. 123 ff. und § 21 Rdn. 323. Funktionell zuständig für Entscheidungen gem. § 766 ZPO ist der Richter (s. Rdn. 43 und § 6 Rdn. 133).

Der Insolvenzrechtspfleger ist auch zuständig, wenn vor der Entscheidung über den Eröffnungsantrag 51 z.B. im Rahmen eines gerichtlichen Schuldenbereinigungsplanverfahrens (§§ 305–310 InsO) Anträge gem. §§ 850 ff. ZPO gestellt werden (*AG Kaiserslautern* ZVI 2003, 180; A/G/R-*Ahrens* § 2 InsO Rn. 32; a.A. *Keller* NZI 2002, 449 [452]; *Fuchs/Vallender* ZInsO 2001, 681 [684] und NZI 2001, 561 [562]). Dies folgt aus einer einschränkenden Auslegung des § 18 Abs. 1 Nr. 1 RPflG (*AG Göttingen* NZI 2000, 493 [494]). Bei der Bestimmung des pfändbaren Einkommens des Schuldners handelt es sich nicht um eine weitreichende Entscheidung, die aufgrund Art. 92 GG die Zuständigkeit des Richters zwingend erfordert (*AG Göttingen* NZI 2000, 493 [494]). Zudem ist der Rechtspfleger nach Verfahrenseröffnung zuständig, es wird so eine einheitliche Vorgehensweise gesichert.

d) Der inzwischen aufgehobene § 25 RPflG sah die Möglichkeit vor, dem Rechtspfleger die **Vor-** 52 **bereitung gerichtlicher Entscheidungen** zu übertragen, u.a. die Anhörung des Schuldners. Von der Übertragungsmöglichkeit hatten Gebrauch gemacht Nordrhein-Westfalen durch AV v. 26.05.1986 (JMBl. S. 153) und Hamburg durch AV v. 01.09.1990 (HmbJVBl. S. 105). Ob eine Übertragungsmöglichkeit weiterhin – gem. § 27 RPflG – besteht, ist streitig (vgl. *Rellermeyer* Rpfleger 1998, 309 [312]; verneinend *Jaeger/Gerhardt* InsO, § 2 Rn. 60; MüKo-InsO/*Ganter/Lohmann* § 2 Rn. 22; *Frind* ZInsO 2012, 2093; *Lisser* ZInsO 2012, 1881; *ders.* ZInsO 2012, 2282). Auch im Insolvenzplanverfahren ist eine Vorverfügung nicht mehr zulässig (*Lisser* ZInsO 2013, 2419 [2421]). Von der Übertragung der Anhörung auf den Rechtspfleger sollte der Richter keinen Gebrauch machen. Seine weitreichenden Entscheidungen im Insolvenzverfahren kann er nur dann sachgerecht treffen, wenn er das Eröffnungsverfahren persönlich bearbeitet.

d) § 24b RPflG ermächtigt die Landesregierungen, durch Rechtsverordnung dem Rechtspfleger die 53 Geschäfte der Amtshilfe zu übertragen.

e) Festsetzung der außergerichtlichen Kosten nach Kostengrundentscheidung des Richters (gem. 54 § 4 InsO i.V.m. §§ 269 Abs. 3, 91a, 91 ZPO; s. Rn. 28) gem. §§ 103 ff. ZPO.

f) Bei **Kompetenzüberschreitung** ist ein Rechtspflegergeschäft unwirksam, wenn der Rechtspfleger 55 *ein Geschäft des Richters* wahrgenommen hat, das ihm nach dem RPflG weder übertragen worden ist noch übertragen werden kann (s.z.B. § 21 Rdn. 202), falls nicht eine Zuweisung gem. § 7 RPflG

ten die Regelungen der ZPO (s. § 3 Rdn. 57 ff.). Bei Insolvenzsachen mit Auslandsbezug besteht die Möglichkeit, einem Insolvenzgericht die Zuständigkeit für die Bezirke mehrerer Insolvenzgerichte zuzuweisen, Art. 102 § 1 Abs. 3 Satz 2 EGInsO 31.05.2002/Art. 102c § 1 EGInsO 26.06.2017, § 348 Abs. 3 InsO (s. die dortige Kommentierung). Funktionell zuständig ist der Richter bei Internationalen Insolvenzverfahren für Entscheidungen gem. §§ 344–346 InsO (§ 18 Abs. 1 Nr. 4 5 RPflG) und gem. § 19a Abs. 1 und Abs. 2 RPflG für Verfahren im Bereich der EuInsVO (s. *Wenner/ Schuster* Erl. Zur EuInsVO) bei Entscheidungen über die Einstellung des Verfahrens (Art 102 § 4 EGInsO 31.05.2002/Art. 102c § 3 EGInsO 26.06.2017) und Anordnung von Sicherungsmaßnahmen (Art. 38 EuInsVO 31.05.2002/Art. 52 EuInsVO 26.06.2017). Im Übrigen ist der Rechtspfleger zuständig aufgrund der Zuweisung in § 3 Nr. 2g) RPflG (zur Altfassung bis zum 25.06.2017 s. *Rellermeyer* Rpfleger 2003, 391), § 19a Abs. 3 RPflG und § 18 Abs. 1 Nr. 3 RPflG nach Inkrafttreten des Gesetzes zur Erleichterung und Bewältigung von Konzerninsolvenzen (s. Vor §§ 1 ff. Rdn. 84).

E. Reformtendenzen

Bei der Reformdiskussion sind verschiedene, teilweise ineinander verwobene Komplexe zu **unter-** 60
scheiden:
- Regelung einer Konzernzuständigkeit bei Inlandsverfahren,
- Regelung einer (Konzern)Zuständigkeit bei Verfahren mit Auslandsbezug,
- Einrichtung von Sanierungsgerichten,
- Konzentration der Insolvenzgerichte,
- funktionelle Zuständigkeit zwischen Richter und Rechtspfleger.

§ 2 Abs. 3 InsO enthält eine Regelung für die **Konzernzuständigkeit bei Inlandsverfahren** nach In- 61
krafttreten des Gesetzes zur Erleichterung und Bewältigung von Konzerninsolvenzen (s. Vor §§ 1 ff. Rdn. 84). § 2 Abs. 3 InsO n.F. sieht die Möglichkeit vor, je Bezirk eines Oberlandesgerichts ein Insolvenzgericht zu bestimmen, an dem ein Gruppengerichtsstand gem. § 3a InsO n.F. begründet werden kann. Die Zuständigkeit innerhalb eines Landes kann sich auch über den Bezirk eines OLG hinaus erstrecken. § 13a InsO n.F. enthält Anforderungen an den Antrag, §§ 21 Abs. 1 Nr. 1, 56 InsO n.F. Regelungen für die Verwalterbestellung bei Antragstellung bei verschiedenen Gerichter, §§ 269a ff. InsO n.F. über die Koordination bei Bestellung verschiedener Insolvenzverwalter und die Möglichkeit eines Koordinationsverfahrens mit Bestellung eines Koordinationsverwalters und Vorlage eines Koordinationsplanes. Funktionell zuständig ist auch im eröffneten Verfahren der Richter (§ 18 Abs. 1 Nr. 3 RPflG n.F.). Zur Rechtslage bis zum Inkrafttreten der Änderung s. 8. Aufl. § 3 Rn. 80 ff.

Bei Insolvenzverfahren mit **Auslandsbezug** besteht gem. Art. 102c § 1 Abs. 3 Satz 2 EGInsO die 62
Zuständigkeit einem Insolvenzgericht für die Bezirke mehrerer Insolvenzgerichte zuzuweisen, unabhängig vom Vorliegen eines Konzerns.

Zur **Konzentration der Insolvenzgerichte** sah der RegE 2010 eine Abschaffung der Dekonzentra- 63
tionsmöglichkeit in § 2 Abs. 2 InsO vor. Die dafür angeführten Gründe bestehen fort (s. 6. Aufl. Rn. 58 ff.; zust. *Kübler/Prütting/Bork-Prütting* InsO, § 2 Rn. 7). Die Änderung ist am Widerstand einiger Bundesländer gescheitert (MüKo-InsO/*Ganter/Lohmann* § 2 Rn. 19a). Die im Rahmen der Beratungen zum ESUG angedachte Zuständigkeit der Kammern für Handelssachen ist abzulehnen (*Heyer* ZInsO 2011, 1495).

Die Insolvenzgerichte sehen sich seit Jahren mit einem mehrfachen Dilemma ausgesetzt: Die **Ein-** 64
gangszahlen sind in den letzten fünf Jahren kontinuierlich gesunken. Die zur Aktenbearbeitung zur Verfügung stehende **Arbeitszeit** ist durch die ab 2017 bundesweit (außer Hamburg und Saarland) geltenden PEBB§Y-Zahlen (s. Vor §§ 1 ff. Rdn. 101 ff.) um **über 20 % gesenkt** worden (*Horstkotte/Laroche/Waltenberger/Frind* ZInsO 2016, 2186 [2190]). Diese Absenkung ist rückgängig zu machen (Entschließung BAKinso Jahrestagung 2016, ZInsO 2016, 2432). Folge ist nämlich, dass bei den meisten Insolvenzgerichten nur noch **Minidezernate** verbleiben, die gleichsam im Nebenamt

§ 2 InsO Amtsgericht als Insolvenzgericht

(mit)bearbeitet werden. Nur noch Großstadt-, nein Millionenstadtgerichte können sich den »Luxus« eines oder gar mehrerer »Voll-Insolvenzrichter« leisten. Pläne, im Rahmen der ESUG-Reform wenigstens die Dekonzentrationsmöglichkeiten in § 2 Abs. 2 InsO abzuschaffen, sind gescheitert. Es gibt in Deutschland weiter 181 Insolvenzgerichte.

65 **Neue Impulse** liefert ein Richtlinienvorschlag der Europäischen Kommission vom November 2016 zu vorgerichtlicher Sanierung und zweiter Chance (s. Vor §§ 1 ff. Rdn. 86). Bis zur Umsetzung im nationalen Recht der einzelnen Mitgliedstaaten werden zwar noch einige Jahre vergehen. Heiß diskutiert wird bereits jetzt die Frage, ob ein zukünftiges **Sanierungsgericht** bei den Amtsgerichten, die Insolvenzabteilungen unterhalten, den Landgerichten (Kammer für Handelssachen) oder den Oberlandesgerichten (bei den Senaten zur Vollstreckbarkeitserklärung von Schiedssprüchen) angesiedelt werden soll. Gegenstand des Richtlinienentwurfes sind auch Qualitätsanforderungen an die Insolvenzgerichte.

66 Vor diesem Hintergrund stellt sich die Frage nach der **Zukunft der Insolvenzgerichte**. Erforderlich ist die Schaffung hinreichend großer Einheiten, um durch entsprechend großen Arbeitsanfall entsprechende Qualifikation schaffen zu können und – ganz praktisch gesehen – in Urlaubs- und Krankheitszeiten eine qualifizierte Vertretung sicherzustellen. Es bietet sich an, die vorhandenen Einheiten zu stärken und ihnen die erforderliche Anzahl von Verfahren zuzuweisen. Dies kann geschehen durch Streichung der Dekonzentrationsmöglichkeit und Zuweisung aller Verfahren mit insolvenzrechtlichem Bezug an das Insolvenzgericht. Abzulehnen ist eine Verlagerung zu den Landgerichten (so *Büttner* ZInsO 2017, 13). **Bestehende Strukturen** sind zu **stärken**, nicht zu zerschlagen. Die bisherigen Insolvenzgerichte – mit Ausnahme der zusätzlich gem. § 2 Abs. 2 InsO geschaffenen Einheiten – sind als »Kompetenzzentren« auszugestalten und können parallel als Sanierungsgericht agieren. Der dort vorhandene, in Jahrzehnten erarbeitete und erworbene Sachverstand darf nicht verloren gehen.

67 Weitergehende Reformansätze fordern eine **weitergehende Zuständigkeitskonzentration**. Die Insolvenzgerichte sollten gestärkt werden durch Schaffung eines »großen« Insolvenzgerichts, dessen Allzuständigkeit die Entscheidung aller Verfahren mit insolvenzrechtlichen Bezug (z.B. Anfechtung gem. §§ 129 ff. InsO) ohne Rücksicht auf den Streitwert umfasst. Als (einheitliche) Beschwerde-/Berufungsinstanz können die Oberlandesgerichte bestimmt werden (*Schmerbach* ZInsO 2010, 1670; für eine Spezialisierung auch *Zimmer* ZInsO 2011, 1689 [1695 f.] vor dem Hintergrund der Abschaffung der zulassungsfreien Rechtsbeschwerde gem. § 7 InsO). Bisherige Erfahrungen mit einem sog. »zivilrechtlichen« Insolvenzdezernat beim Amtsgericht sind positiv (*Schmerbach* ZInsO 2010, 1640; *ders.* ZInsO 2011, 404).

68 Weitgehende Änderungen können bereits **in der bestehenden Gerichtsstruktur verwirklicht** werden. Das beim Amtsgericht angesiedelte Insolvenzgericht erhält die Zuständigkeit für alle dem Zivilrecht unterfallenden Streitigkeiten mit insolvenzrechtlichem Bezug in Anlehnung an die Zuständigkeitsregelung in Familiensachen. Ein weiterer, möglicherweise zeitlich versetzter Schritt wäre die Erweiterung und Einbeziehung von Verfahren aus der Arbeitsgerichtsbarkeit, Verwaltungs-, Sozial- und Finanzgerichtsbarkeit. Denkbar sind in diesem Bereich **gemischte Besetzungen** mit Insolvenzrichtern und Vertretern der jeweiligen Fachgerichtsbarkeit. Beispiele gibt es in der Praxis z.B. in der Form der Kammer für Baulandsachen, die gem. § 220 BauGB mit zwei Zivilrichtern und einem Verwaltungsrichter besetzt ist (*Schmerbach* NZI 2017 Heft 1–2, V). Einzig Insolvenzstrafsachen größeren Umfanges verblieben beim Landgericht.

69 Der **RefE 2012** wollte alle Entscheidungen im Restschuldbefreiungsverfahren und das gesamte Verbraucherinsolvenzverfahren auf den **Rechtspfleger übertragen**. Der RefE 2012 führte drei Gründe an:
1. Steigerung der Verfahrenseffizienz und Vermeidung von Reibungs- und Zeitverlusten durch Verzicht auf Zuständigkeitswechsel.
2. Ausgleich für die Übertragung der Insolvenzplanverfahren durch das ESUG auf den Richter.
3. Einsparungen von Personalkosten bei den Gerichten.

Nach fast einhelliger Kritik (*Frind* ZInsO 2012, 475 ff.; *Grote/Pape* ZInsO 2012, 409 [418]; *Harder* NZI 2012, 113 [119]; *Heyer* ZVI 2011, 437 [438 f.]; *Jacobi* InsBürO 2012, 123 [124]; *Laroche* NZI aktuell 6/2012, V; *Laroche/Pruskowski/Schöttler/Siebert/Vallender* ZIP 2012, 558 [567]; *Schmerbach* NZI 2012, 161 [166 ff.]; *Stephan* ZVI 2012, 85 [92]; *Vallender/Laroche* VIA 2012, 9 [11]; Entschließungen der Herbsttagung 2011 des BAKinso am 15.11.2011 in Köln, ZInsO 2011, 2223 [2224]; a.A. *Lissner* ZVI 2012, 93 [95]; *ders.* ZInsO 2012, 681; *ders.* ZInsO 2012, 1164; *ders.* ZInsO 2012, 1881) verfolgte der RegE dieses Ziel nicht mehr. Die Begründung des RegE (S. 31) stellt dazu fest: »Die funktionelle Zuständigkeit des Richters nach Maßgabe von § 18 Absatz 1 Nummer 1 des Rechtspflegergesetzes, die sich in der Praxis bewährt hat, bleibt bestehen.« (Entwurf eines Gesetzes zur Verkürzung des Restschuldbefreiungsverfahrens und zur Stärkung der Gläubigerechte vom 18.07.2012, S. 31). Die Diskussion wird 2017 fortgesetzt werden (*Lisser* ZInsO 2016, 377). Im Rahmen der Evaluierung des ESUG ist die Aufgabenverteilung zwischen Richter und Rechtspfleger zu prüfen (BT-Drucks. 17/7511 S. 5; *Büttner* ZInsO 2012, 2019 [2020]).

F. Auflistung der Insolvenzgerichte

Übersichten mit Adressen und Telefon-/Faxnummern finden sich unter: www.insolvenzrecht.de/inhalte/adressen/insolvenzgerichte 70

Das zuständige Insolvenzgericht lässt sich ermitteln unter: www.insolvenzbekanntmachungen.de unter »Detailsuche« bzw. www.gerichtsverzeichnis.de

Bundesland	OLG-Bezirk	LG-Bezirk	Insolvenzgericht
Baden-Württemberg	OLG Karlsruhe	LG Baden-Baden	AG Baden-Baden
		LG Freiburg i. Br.	AG Freiburg i.Br.
			AG Lörrach
		LG Heidelberg	AG Heidelberg
		LG Karlsruhe	AG Karlsruhe
			AG Pforzheim
		LG Konstanz	AG Konstanz
			AG Villingen-Schwenningen
		LG Mannheim	AG Mannheim
		LG Mosbach	AG Mosbach
		LG Offenburg	AG Offenburg
		LG Waldshut-Tiengen	AG Waldshut-Tiengen
	OLG Stuttgart	LG Ellwangen (Jagst)	AG Aalen, AG Crailsheim
		LG Hechingen	AG Hechingen
		LG Heilbronn	AG Heilbronn
		LG Ravensburg	AG Ravensburg
		LG Rottweil	AG Rottweil
		LG Stuttgart	AG Esslingen
			AG Ludwigsburg
			AG Stuttgart
		LG Tübingen	AG Tübingen

§ 2 InsO Amtsgericht als Insolvenzgericht

Bundesland	OLG-Bezirk	LG-Bezirk	Insolvenzgericht
	LG Ulm	AG Göppingen	
	AG Ulm		
Bayern	OLG Bamberg	LG Aschaffenburg	AG Aschaffenburg
		LG Bamberg	AG Bamberg
		LG Bayreuth	AG Bayreuth
		LG Coburg	AG Coburg
		LG Hof	AG Hof
		LG Schweinfurt	AG Schweinfurt
		LG Würzburg	AG Würzburg
	OLG München	LG Augsburg	AG Augsburg
		AG Nördlingen	
		LG Deggendorf	AG Deggendorf
		LG Ingolstadt	
		LG Kempten (Allgäu)	AG Kempten (Allgäu)
		LG Landshut	AG Landshut
		LG Memmingen	AG Memmingen
		AG Neu-Ulm	
		LG München I	AG München
		LG München II	AG München
		AG Weilheim i. Ob.	
		AG Wolfratshausen	
		LG Passau	AG Passau
		LG Traunstein	AG Mühldorf a. Inn
		AG Rosenheim	
		AG Traunstein	
	OLG Nürnberg	LG Amberg	AG Amberg
		LG Ansbach	AG Ansbach
		LG Nürnberg-Fürth	AG Fürth
		AG Nürnberg-Fürth	
		LG Regensburg	AG Straubing
		AG Regensburg	
		LG Weiden i.d. Opf.	AG Weiden i.d. Opf.
Berlin	Kammergericht	LG Berlin	AG Berlin-Charlottenburg[1]

---

1 Alle Unternehmensinsolvenzen

Bundesland	OLG-Bezirk	LG-Bezirk	Insolvenzgericht
			AG Berlin-Hohenschönhausen
			AG Berlin-Köpenick
			AG Berlin-Lichtenberg
			AG Berlin-Mitte
			AG Berlin-Neukölln
			AG Berlin-Pankow/Weißensee
			AG Berlin-Schöneberg
			AG Berlin-Spandau
			AG Berlin-Tempelhof/Kreuzberg
			AG Berlin-Tiergarten
			AG Berlin-Wedding
Brandenburg	OLG Brandenburg	LG Cottbus	AG Cottbus
		LG Frankfurt/Oder	AG Frankfurt/Oder
		LG Neuruppin	AG Neuruppin
		LG Potsdam	AG Potsdam
Bremen	OLG Bremen	LG Bremen	AG Bremen
			AG Bremerhaven
Hamburg	OLG Hamburg	LG Hamburg	AG Hamburg
Hessen	OLG Frankfurt a. Main	LG Darmstadt	AG Darmstadt
			AG Offenbach a. Main
		LG Frankfurt a. Main	AG Bad Homburg v.d. Höhe
		AG Königstein im Taunus	
		AG Frankfurt a. Main	
		LG Fulda	AG Bad Hersfeld
		AG Fulda	
		LG Gießen	AG Friedberg (Hessen)
		AG Gießen	
		LG Hanau	AG Hanau
		LG Kassel	AG Eschwege, AG Fritzlar
		AG Kassel	
		AG Korbach	
		LG Limburg a.d. Lahn	AG Limburg a.d. Lahn
		AG Wetzlar	
		LG Marburg	AG Marburg

§ 2 InsO Amtsgericht als Insolvenzgericht

Bundesland	OLG-Bezirk	LG-Bezirk	Insolvenzgericht
		LG Wiesbaden	AG Wiesbaden
Mecklenburg-Vorpommern	OLG Rostock	LG Neubrandenburg	AG Neubrandenburg
		LG Rostock	AG Rostock
		LG Schwerin	AG Schwerin
		LG Stralsund	AG Stralsund
Niedersachsen	OLG Braunschweig	LG Braunschweig	AG Braunschweig
			AG Goslar
			AG Wolfsburg
		LG Göttingen	AG Göttingen
		AG Osterode am Harz	
	OLG Celle	LG Bückeburg	AG Bückeburg
		LG Hannover	AG Hameln
		AG Hannover	
		LG Hildesheim	AG Gifhorn
		AG Hildesheim	
		AG Holzminden	
		LG Lüneburg	AG Celle
		AG Lüneburg	
		AG Uelzen	
		LG Stade	AG Cuxhaven
		AG Stade	
		AG Torstedt	
		LG Verden (Aller)	AG Syke
		AG Verden (Aller)	
		AG Walsrode	
	OLG Oldenburg	LG Aurich	AG Aurich
		AG Leer (Ostfriesland)	
		LG Oldenburg	AG Cloppenburg
		AG Delmenhorst	
		AG Nordenham	
		AG Oldenburg	
		AG Vechta	
		AG Wilhelmshaven	
		LG Osnabrück	AG Bersenbrück
		AG Lingen (Ems)	
		AG Nordhorn	

Bundesland	OLG-Bezirk	LG-Bezirk	Insolvenzgericht
		AG Meppen	
		AG Osnabrück	
Nordrhein-Westfalen	OLG Düsseldorf	LG Düsseldorf	AG Düsseldorf
		LG Duisburg	AG Duisburg
		LG Kleve	AG Kleve
		LG Krefeld	AG Krefeld
		LG Mönchengladbach	AG Mönchengladbach
		LG Wuppertal	AG Wuppertal
	OLG Hamm	LG Arnsberg	AG Arnsberg
		LG Bielefeld	AG Bielefeld
		LG Bochum	AG Bochum
		LG Detmold	AG Detmold
		LG Dortmund	AG Dortmund
		LG Essen	AG Essen
		LG Hagen (Westf.)	AG Hagen (Westf.)
		LG Münster	AG Münster
		LG Paderborn	AG Paderborn
		LG Siegen	AG Siegen
	OLG Köln	LG Aachen	AG Aachen
		LG Bonn	AG Bonn
		LG Köln	AG Köln
Rheinland-Pfalz	OLG Koblenz	LG Bad Kreuznach	AG Bad Kreuznach
			AG Idar-Oberstein
		LG Koblenz	AG Bad Neuenahr-Ahrweiler
			AG Betzdorf
			AG Cochem
			AG Koblenz
			AG Mayen
			AG Montabaur
			AG Neuwied
		LG Mainz	AG Alzey
			AG Bingen am Rhein
			AG Mainz
			AG Worms
		LG Trier	AG Bitburg (Eifel)
			AG Trier

§ 2 InsO Amtsgericht als Insolvenzgericht

Bundesland	OLG-Bezirk	LG-Bezirk	Insolvenzgericht
		AG Wittlich	
	OLG Zweibrücken	LG Frankenthal (Pfalz)	AG Ludwigshafen am Rhein
		AG Neustadt an der Weinstraße	
	LG Kaiserslautern	AG Kaiserslautern	
	LG Landau in der Pfalz	AG Landau in der Pfalz	
	LG Zweibrücken	AG Zweibrücken	
	AG Pirmasens		
Saarland	OLG Saarbrücken	LG Saarbrücken	AG Saarbrücken (Außenstelle Sulzbach)
Sachsen	OLG Dresden	LG Chemnitz, LG Zwickau	AG Chemnitz
		LG Bautzen, LG Dresden, LG Görlitz	AG Dresden
		LG Leipzig	AG Leipzig
Sachsen-Anhalt	OLG Naumburg	LG Dessau	AG Dessau
		LG Halle	AG Halle-Saalkreis
		LG Magdeburg	AG Magdeburg
		LG Stendal	AG Stendal
Schleswig-Holstein	OLG Schleswig	LG Flensburg	AG Flensburg
			AG Husum
			AG Niebüll
		LG Itzehoe	AG Itzehoe
		AG Meldorf	
		AG Pinneberg	
		LG Kiel	AG Kiel
		AG Neumünster	
		AG Norderstedt	
		LG Lübeck	AG Eutin
		AG Lübeck	
		AG Reinbeck	
		AG Schwarzenbek	
Thüringen	OLG Jena	LG Erfurt	AG Erfurt
		LG Gera	AG Gera
		LG Meiningen	AG Meiningen
		LG Mühlhausen	AG Mühlhausen

G. Übersicht über die durchschnittliche Zuständigkeit eines Insolvenzgerichtes pro Bundesland nach Einwohnerzahl (* s. Rdn. 16)

	Einwohner in Mio.	Anzahl Insolvenzgerichte	Durchschnitt Mio. Einwohner
Nordrhein-Westfalen	17,9	19	0,94
Bayern	12,5	29	0,43
Baden-Württemberg	10,7	24	0,45
Niedersachsen	7,9	33	0,24
Hessen	6,0	18	0,33
Sachsen	4,1	3	1,37
Rheinland-Pfalz	4,0	22	0,18
Berlin IN-Sachen*	3,5	1	3,5
Berlin IK-Sachen*	3,5	11	0,32
Schleswig-Holstein	2,8	13	0,22
Brandenburg	2,5	4	0,63
Sachsen-Anhalt	2,3	4	0,58
Thüringen	2,2	4	0,55
Hamburg	1,8	1	1,8
Mecklenburg-Vorpommern	1,6	4	0,4
Saarland	1,0	1	1,0
Bremen	0,6	2	0,3

§ 3 Örtliche Zuständigkeit

(1) ¹Örtlich zuständig ist ausschließlich das Insolvenzgericht, in dessen Bezirk der Schuldner seinen allgemeinen Gerichtsstand hat. ²Liegt der Mittelpunkt einer selbstständigen wirtschaftlichen Tätigkeit des Schuldners an einem anderen Ort, so ist ausschließlich das Insolvenzgericht zuständig, in dessen Bezirk dieser Ort liegt.

(2) Sind mehrere Gerichte zuständig, so schließt das Gericht, bei dem zuerst die Eröffnung des Insolvenzverfahrens beantragt worden ist, die übrigen aus.

Übersicht

		Rdn.			Rdn.
A.	Überblick	1	3.	Gesellschafter einer Gesellschaft ohne Rechtspersönlichkeit	9
B.	Der Mittelpunkt der selbstständigen wirtschaftlichen Tätigkeit gemäß § 3 Abs. 1 Satz 2 InsO	4	4.	Beendigung des Geschäftsbetriebes	11
I.	Selbstständige wirtschaftliche Tätigkeit	4	C.	Die Zuständigkeit am allgemeinen Gerichtsstand gemäß § 3 Abs. 1 Satz 1 InsO	20
II.	Mittelpunkt der wirtschaftlichen Tätigkeit	5	D.	§ 3 Abs. 2 InsO	24
	1. Bestimmung des Mittelpunktes	5	E.	Amtsprüfung, Zeitpunkt für die Zulässigkeitsvoraussetzungen und Überprüfung im Instanzenzug	27
	2. Zweigniederlassung/Konzerninsolvenzverfahren	7	F.	Zuständigkeitserschleichung	31

§ 3 InsO Örtliche Zuständigkeit

	Rdn.		Rdn.
I. Rechtsprechung des BGH	31	I. Überblick	55
II. Kritik	34	II. Verfahrensrechtliche Aspekte	62
G. **Verweisung und Abgabe**	39	1. Amtsprüfung	62
I. Verweisung	39	2. Begründung der Eröffnungsentscheidung	63
II. Abgabe	47		
III. Rechtsbehelfe	48	3. Verweisung	64
H. **Zuständigkeitsbestimmung**	50	J. **Reformdiskussion**	65
I. **Internationale Zuständigkeit**	55		

Literatur:
Berner Stellungnahme der neuen Insolvenzverwaltervereinigung Deutschlands e.V. (NIVD e.V.) zum Diskussionsentwurf des BMJ für ein Gesetz zur Erleichterung der Bewältigung von Konzerninsolvenzen (DiskE Stand 03.01.2013), ZInsO 2013, 434; *Brinkmanns* Entwurf eines Gesetzes zur Erleichterung der Bewältigung von Konzerninsolvenzen: Kritische Analyse und Anregungen aus der Praxis, ZIP 2013, 193; *Fölsing* Konzerninsolvenz: Gruppen-Gerichtsstand, Kooperation und Koordination, ZInsO 2013, 413; *Frind* Die Überregulierung der »Konzern« Insolvenz, ZInsO 2013, 492; *Graeber* Das Konzerninsolvenzverfahren des Diskussionsentwurfs 2013, ZInsO 2013, 409; *Graf-Schlicker* Die Entwicklung des ISO und die Fortentwicklung des Insolvenzrechts, ZInsO 2013, 1765; *Greiner* Die örtliche Zuständigkeit des Insolvenzgerichtes bei Inhaftierung des Schuldners, ZInsO 2016, 1928; *Harder/Lojowski* Der Diskussionsentwurf für ein Gesetz zur Erleichterung der Bewältigung von Konzerninsolvenzen – Verfahrensoptimierung zur Sanierung von Unternehmensverbänden?, NZI 2013, 327; *Humbeck* Plädoyer für ein materielles Konzerninsolvenzrecht, NZI 2013, 957; *LoPucki* Courting Failure: Das Versagen der Kontrollinstanz in der Konzerninsolvenz, ZInsO 2013, 420; *Leutheusser-Schnarrenberger* 3. Stufe der Insolvenzrechtsreform – Entwurf eines Gesetzes zur Erleichterung der Bewältigung von Konzerninsolvenzen, ZIP 2013, 97; *Schmittmann* Kompetenz durch Konzentration, INDat-Report 06/2013, 8; *Siemon* Konzerninsolvenzverfahren – wird jetzt alles besser?, NZI 2014, 55; *Simon/Frind* Der Konzern in der Insolvenz, NZI 2013, 1; *Verhoeven* Konzerne in der Insolvenz nach dem Regierungsentwurf zur Erleichterung der Bewältigung von Konzerninsolvenzen (ReGE) – Ende gut, alles gut... und wenn es nicht gut ist, dann ist es noch nicht das Ende!, ZInsO 2014, 217; *Zipperer* Die einheitliche Verwalterbestellung nach dem Diskussionsentwurf für ein Gesetz zur Erleichterung der Bewältigung der Konzerninsolvenzen, ZIP 2013, 1007.

Reform der Konzerninsolvenzverfahren:

Diskussionsentwurf für ein Gesetz zur Erleichterung der Bewältigung von Konzerninsolvenzen (Beilage 1 zu ZIP 2/2013 = ZInsO 2013, 130);

Regierungsentwurf für ein Gesetz zur Erleichterung der Bewältigung der Konzerninsolvenzen (KIG), Beilage 4 zu ZIP 37/2013;

Regierungsentwurf eines Gesetzes zur Erleichterung der Bewältigung der Konzerninsolvenzen vom 30.01.2014 (BT-Drucks. 18/407 = ZInsO 2014, 286) mit Stellungnahme des Bundesrates vom 11.10.2013.

A. Überblick

1 § 3 InsO regelt die **örtliche Zuständigkeit** des Insolvenzgerichts im Insolvenzverfahren. Zur Zuständigkeit allgemein s. § 2 Rdn. 1 ff., zu weiteren Zuständigkeitsregelungen außerhalb des eigentlichen Insolvenzverfahrens s. § 2 Rdn. 7, 8, zur Rechtshilfe in Insolvenzsachen s. § 2 Rdn. 22. Die internationale Zuständigkeit ist teilweise ausdrücklich geregelt. Es gilt Art. 3 EuInsVO (Text Anh. I), Art. 102 EGInsO § 1, ansonsten die Regelungen des § 3 InsO (s. Rdn. 57 ff.). Bei Insolvenzsachen mit Auslandsbezug besteht die Möglichkeit, einem Insolvenzgericht die Zuständigkeit für die Bezirke mehrerer Insolvenzgerichte zuzuweisen, Art. 102 § 1 Abs. 3 Satz 2 EGInsO, § 348 Abs. 3 und 4 InsO (s. die dortige Kommentierung). Für Sanierungs- und Reorganisationsverfahren der Kreditinstitute ist gem. § 2 Abs. 3 Satz 2 KredReorgG das OLG Frankfurt zuständig.

2 **Ausschließlich zuständig** ist das Insolvenzgericht, in dessen Bezirk der Mittelpunkt einer selbstständigen wirtschaftlichen Tätigkeit des Schuldners liegt, ansonsten das Insolvenzgericht, in dessen Bezirk der Schuldner seinen allgemeinen Gerichtsstand (§ 4 InsO i.V.m. §§ 12–17 ZPO) hat. Für das Nachlassinsolvenzverfahren enthält § 315 InsO eine entsprechende Regelung.

Der ausschließliche Gerichtsstand des § 3 Abs. 1 InsO ist nicht abdingbar (§ 4 InsO i.V.m. § 40 Abs. 2 Satz 1 2. HS ZPO). Bei **selbstständiger wirtschaftlicher Tätigkeit geht** die Zuständigkeit des **Abs. 1 Satz 2 vor**; greift diese nicht ein, gilt Abs. 1 Satz 1. Bei Zuständigkeit mehrerer Gerichte – etwa bei einem Schuldner, der keine selbstständige wirtschaftliche Tätigkeit ausübt, aber mehrere Wohnsitze hat – ist das Gericht zuständig, bei dem zuerst die Eröffnung beantragt worden ist (§ 3 Abs. 2 InsO). Bei Unzuständigkeit kommt Verweisung in Betracht (§ 4 InsO i.V.m. § 281 ZPO), bei Zuständigkeitsstreitigkeiten zwischen verschiedenen Gerichten die Bestimmung des zuständigen Gerichtes gem. § 4 InsO i.V.m. § 36 ZPO.

B. Der Mittelpunkt der selbstständigen wirtschaftlichen Tätigkeit gemäß § 3 Abs. 1 Satz 2 InsO

I. Selbstständige wirtschaftliche Tätigkeit

Selbstständige wirtschaftliche Tätigkeit ist jede auf **Gewinnerzielung** gerichtete Tätigkeit (*OLG Hamm* ZInsO 1999, 533 [534]), die nicht in abhängiger Stellung erfolgt. Nicht erforderlich ist, dass tatsächlich Gewinn erzielt wird (*A/G/R-Ahrens* § 3 InsO Rn. 7). Arbeitnehmer i.S.d. § 5 ArbGG üben keine selbstständige wirtschaftliche Tätigkeit aus. Es genügt aber, dass bei abhängiger Beschäftigung eine daneben ausgeübte selbstständige Tätigkeit mehr als nur nebensächliche Bedeutung hat (*KG* ZInsO 2000, 44 [46] = EWiR 2000, 679; *Nerlich/Römermann-Becker* InsO, § 3 Rn. 34). Die Tätigkeit muss bereits aufgenommen sein (*BayObLG* Rpfleger 1980, 486) und darf noch nicht beendet sein (*OLG Hamm* ZInsO 1999, 533 [534]). – In § 304 Abs. 1 Satz 2 dient der Begriff nicht der Bestimmung der Zuständigkeit, sondern der Abgrenzung der Verfahrensart Verbraucherinsolvenz von der Regelinsolvenz.

II. Mittelpunkt der wirtschaftlichen Tätigkeit

1. Bestimmung des Mittelpunktes

Für die Bestimmung des Mittelpunktes der selbstständigen wirtschaftlichen Tätigkeit kommt es entscheidend auf die **tatsächlichen Verhältnisse** an. Die Vorschrift gilt auch im Nachlassinsolvenzverfahren (§ 315 Satz 2). Der Mittelpunkt befindet sich an dem Ort, wo die tatsächliche Willensbildung stattfindet, die Entscheidungen der Unternehmensleitung getroffen und umgesetzt werden (ebenso *OLG Brandenburg* NZI 2002, 438; *AG Münster* ZInsO 2000, 49; *A/G/R-Ahrens* § 3 InsO Rn. 17; krit. hinsichtlich des Merkmals des Umsetzens MüKo-InsO/*Ganter/Lohmann* § 3 Rn. 10). Dabei kann darauf abgestellt werden, wo sich die Geschäftsbücher und Unterlagen der Gesellschaft befinden (*LG Dessau* ZIP 1998, 1006 [1007] = EWiR 1998, 557; *AG Münster* ZInsO 2000, 49; s.a. Rdn. 8). Eine **Eintragung** in das **Handelsregister** ist weder erforderlich noch maßgebend (*LG Dessau* ZIP 1998, 1006 [1007] = EWiR 1998, 557; *AG Göttingen* ZIP 2001, 387). Die Eintragung ins Handelsregister begründet allenfalls eine – widerlegliche – Vermutung dafür (*AG Göttingen* ZVI 2007, 311 [312]; *Jaeger/Gerhardt* InsO, § 3 Rn. 22; *Uhlenbruck/I. Pape* InsO § 3 Rn. 5; **a.A.** MüKo-InsO/*Ganter/Lohmann* § 3 Rn. 10a, 13: Indiz). Abweichungen zwischen satzungsmäßigem Sitz und tatsächlichem Sitz sind in der Praxis nicht selten.

Für das Insolvenzverfahren über das Vermögen eines **Mehrheitsgesellschafters** einer GmbH ist zuständig das Insolvenzgericht, in dessen Bezirk sich der Mittelpunkt der selbständigen wirtschaftlichen Tätigkeit der GmbH befindet (*AG Hamburg* ZVI 2015, 140).

2. Zweigniederlassung/Konzerninsolvenzverfahren

Am Ort einer Zweigniederlassung ist **kein Gerichtsstand** begründet. Auch die Gesetzesmaterialien stellen klar, dass es bei mehreren Niederlassungen auf die Hauptniederlassung ankommt (BT-Drucks. 12/2443 S. 110). Wird die Zweigniederlassung allerdings **rechtlich selbstständig** (etwa in Form einer GmbH) geführt, findet ein **gesondertes Insolvenzverfahren** statt. Gehört die Schuldnerin einem Unternehmensverbund an, ist dadurch die Zuständigkeit am Sitz der Muttergesellschaft ohne Hinzutreten weiterer Umstände nicht begründet (*BGH* ZIP 1998, 477 [478]; *OLG Brandenburg* NZI 2002, 438; MüKo-InsO/*Ganter/Lohmann* § 3 Rn. 14).

8 Ein einheitlicher Gerichtsstand für **Konzerninsolvenzverfahren** existierte bislang nicht. **§ 2 Abs. 3 InsO** enthält eine Regelung für die **Konzernzuständigkeit bei Inlandsverfahren** nach Inkrafttreten des Gesetzes zur Erleichterung und Bewältigung von Konzerninsolvenzen (s. Vor §§ 1 ff. Rdn. 84). Gem. § 3a Abs. 3 InsO n.F. kann ein Gruppengerichtsstand begründet werden. Überblick s. § 2 Rdn. 61. Zur bisherigen Rechtslage 8. Aufl. Rn. 7.

3. Gesellschafter einer Gesellschaft ohne Rechtspersönlichkeit

9 Bei der Insolvenz des Gesellschafters einer Gesellschaft ohne Rechtspersönlichkeit (§ 11 Abs. 2 Nr. 1 InsO) können **unterschiedliche Gerichtsstände** für Gesellschafter- und Gesellschaftsinsolvenz begründet sein (*KG* ZInsO 2000, 44 [46] = EWiR 2000, 679; A/G/R-*Ahrens* § 3 InsO Rn. 11; **a.A.** *Uhlenbruck/I. Pape* InsO § 3 Rn. 10, die immer das Wohnsitzgericht für zuständig halten). Übt der Gesellschafter eine selbstständige wirtschaftliche Tätigkeit aus, so bestimmt sich die Zuständigkeit gem. § 3 Abs. 1 Satz 2 InsO. Liegt der Mittelpunkt am Geschäftszentrum (s. Rdn. 5) der Gesellschaft, so besteht ein einheitlicher Gerichtsstand, andernfalls existieren verschiedene Gerichtsstände (ebenso HK-InsO/*Sternal* § 3 Rn. 14; MüKo-InsO/*Ganter/Lohmann* § 3 Rn. 15).

10 Für die Annahme einer selbstständigen wirtschaftlichen Tätigkeit ist es beispielsweise bei dem Gesellschafter einer OHG erforderlich, dass der Gesellschafter tatsächlich Geschäftsführungsbefugnisse ausübt (*Kübler/Prütting/Bork-Prütting* InsO, § 3 Rn. 19; **a.A.** *Jaeger/Gerhardt* InsO, § 3 Rn. 30; *Uhlenbruck/I. Pape* InsO, § 3 Rn. 10). Gleiches gilt für den persönlich haftenden Gesellschafter einer GbR (*KG* ZInsO 2000, 44 [46] = EWiR 2000, 679).

4. Beendigung des Geschäftsbetriebes

11 Bei Beendigung des Geschäftsbetriebes gilt bei natürlichen Personen § 3 Abs. 1 Satz 1 InsO (s. Rdn. 21). Wie insbesondere bei juristischen Personen zu verfahren ist, ist streitig. Besteht die Betriebseinheit mit Willen des Schuldners fort, ist das Unternehmen auch dann nicht aufgelöst, wenn der Schuldner krankheitsbedingt nicht arbeiten kann (*OLG Schleswig* NZI 2010, 260).

12 a) Sind noch **Geschäftsräume vorhanden**, begründet dies die Zuständigkeit (*KG* NZI 1999, 499; *OLG Schleswig* ZInsO 2010, 574 [577]; **a.A.** HambK-InsO/*Rüther* § 3 Rn. 11).

13 b) Sind **sämtliche Aktivitäten eingestellt und die Geschäftsräume aufgegeben**, so kommt es auf den **satzungsmäßigen Sitz** (s. Rdn. 17) an (*OLG Celle* ZInsO 2006, 503 [504]; ZInsO 2006, 1106 [1107]; A/G/R-*Ahrens* § 3 InsO Rn. 15; HambK-InsO/*Rüther* § 3 Rn. 12; *Jaeger/Gerhardt* InsO, § 3 Rn. 11; *Kübler/Prütting/Bork-Prütting* InsO, § 3 Rn. 13; MüKo-InsO/*Ganter/Lohmann* § 3 Rn. 7b, 8; *Uhlenbruck/I. Pape* InsO, § 3 Rn. 11). Die **Gegenauffassung** stellt darauf ab, wo die **Geschäftsunterlagen** aufbewahrt werden. Befinden sie sich beim Geschäftsführer bzw. organschaftlichen Vertreter, so soll dort die Zuständigkeit begründet sein (*BayObLG* NZI 1999, 84; *KG* NZI 1999, 499; *OLG Schleswig* NZI 1999, 416; *LG Göttingen* Beschl. v. 16.12.1992 – 6 T 256/92; *LG Hamburg* ZInsO 2000, 118). Allein in der Mitnahme von Geschäftsunterlagen liegt jedoch keine wirtschaftliche Tätigkeit i.S.d. § 3 Abs. 1 Satz 2. Zu bedenken ist auch, dass häufig sog. Firmenbestatter versuchen, auf diese Weise die Zuständigkeit eines ansonsten unzuständigen Insolvenzgerichtes zu erschleichen (s. Rdn. 31 ff.).

14 **Abwicklungstätigkeiten** im Rahmen einer »gewerbsmäßigen Unternehmensbestattung« sind keine selbstständigen Tätigkeiten i.S.d. § 3 Abs. 1 Satz 2 InsO (*OLG Stuttgart* ZInsO 2010, 350 [351]). Auf den Verbleib der Geschäftsunterlagen kann nur abgestellt werden, wenn keine andere Zuständigkeit greift (*OLG Celle* ZInsO 2006, 503 [504]). Wird allerdings am Ort der Geschäftsunterlagen noch Abwicklungstätigkeit entfaltet wie z.B. Erstellen von Rechnungen, begründet dies eine Zuständigkeit; dabei wird es sich aber um Ausnahmefälle handeln (HambK-InsO/*Rüther* § 3 Rn. 12). Erforderlich sind Tätigkeiten von einigem Gewicht (*LG Bonn* ZInsO 2012, 938 [940]).

Für die Abwicklung eines **Finanzdienstleisters** nach dem KWG soll das Insolvenzgericht am Sitz des 15
Abwicklers zuständige sein, da die Abwicklung mehr als nur die Verwaltung der Geschäftsunterlagen
erfordert (*AG Hamburg* ZInsO 2005, 838 und ZIP 2005, 1748 [1749]; HambK-InsO/*Rüther* § 3
Rn. 12). Für Sanierungs- und Reorganisationsverfahren von Kreditinstituten ist gem. § 2 Abs. 3
Satz 2 KredReorgG das OLG Frankfurt zuständig.

Zur – teilweise abweichend zu beurteilenden – internationalen Zuständigkeit s. Rdn. 55 ff. 16

c) Der **Sitz der Gesellschaft** bestimmt sich gem. § 3 Abs. 1 Satz 1 InsO i.V.m. § 17 ZPO. Bei juris- 17
tischen Personen des Privatrechts wird der Sitz durch die Satzung (§ 5 AktG, § 278 Abs. 3 AktG,
§ 3 Abs. 1 GmbHG, § 6 Abs. 1 GenG, § 57 Abs. 1 BGB) bestimmt (*Kübler/Prütting/Bork-Prüt-*
ting InsO, § 3 Rn. 9; *Zöller/Vollkommer* ZPO, § 17 Rn. 9). Eine Sitzverlegung wird erst mit Eintragung im Register wirksam (z.B. § 54 Abs. 3 GmbHG; *OLG Hamm* ZInsO 1999, 533 [534]; *OLG*
Brandenburg ZIP 2003, 965 [966] = EWiR 2004, 859; *Uhlenbruck/I. Pape* InsO, § 3 Rn. 4; a.A.
MüKo-InsO/*Ganter/Lohmann* § 3 Rn. 10a). Bei Sitzverlegungen von nicht mehr werbend tätigen
Gesellschaften, namentlich GmbHs, kommt aber eine **Zuständigkeitserschleichung** in Betracht (s.
Rdn. 31 ff.).

Fehlt es an einem satzungsmäßigen Sitz, ist gem. § 17 Abs. 1 Satz 2 ZPO auf den **Ort der tatsäch-** 18
lichen Verwaltung abzustellen (*OLG Naumburg* InvO 2000, 12 [13]), so bei OHG, KG und GbR
(*Kübler/Prütting/Bork-Prütting* InsO, § 3 Rn. 9,10).

d) Bei der **Nachtragsverteilung** über eine gelöschte Gesellschaft ist das Amtsgericht zuständig, in 19
dessen Handelsregister die Gesellschaft zuletzt eingetragen war (HambK-InsO/*Rüther* § 3 Rn. 21).
Auf den Wohnsitz des letzten Geschäftsführers (s. Rdn. 13) kommt es nicht an, da dessen Vertretungsmacht im Falle einer nachträglichen Abwicklung nicht ohne Weiteres wieder auflebt (*OLG Ko-*
blenz Rpfleger 1989, 251).

C. Die Zuständigkeit am allgemeinen Gerichtsstand gemäß § 3 Abs. 1 Satz 1 InsO

Bei selbstständiger wirtschaftlicher Tätigkeit geht die Zuständigkeit gem. § 3 Abs. 1 Satz 2 InsO 20
vor. Eine Zuständigkeit gem. § 3 Abs. 1 Satz 1 InsO kommt nur in Betracht, wenn eine **selbststän-**
dige wirtschaftliche Tätigkeit nicht oder nicht mehr (s. Rdn. 4) ausgeübt wird. Bei einer werbend
tätigen Gesellschaft ist § 3 Abs. 1 Satz 1 InsO nicht anwendbar (*OLG Hamm* ZInsO 1999, 533
[534]; das übersieht *BayObLG* ZIP 1999, 1714 = NZI 1999, 457). Für **juristische Personen**, nicht
rechtsfähige Vereine und die in § 11 Abs. 2 Nr. 1 aufgeführten Gesellschaften ohne Rechtspersönlichkeit bestimmt sich der Gerichtsstand gem. § 17 ZPO. Infolge der Anerkennung der Insolvenzfähigkeit der BGB-Gesellschaft sowie der Partenreederei und der EWIV ist § 17 ZPO jedenfalls bei
der Zuständigkeitsbestimmung nach der InsO anwendbar (MüKo-InsO/*Ganter/Lohmann* § 3
Rn. 19).

Bei **natürlichen Personen**, die keine selbstständige wirtschaftliche Tätigkeit (mehr) ausüben, be- 21
stimmt sich der allgemeine Gerichtsstand nach § 13 ZPO i.V.m. §§ 7 bis 11 BGB nach dem **Wohn-**
sitz. Allein eine polizeiliche Anmeldung ist dafür kein ausreichendes Indiz (*OLG Naumburg* InVo
2000, 12). Eine nur gelegentlich genutzte Unterkunft begründet keinen Wohnsitz (*AG Köln* NZI
2008, 390), ebenso nicht Strafhaft (*BGH* NZI 2008, 212) und Klinikaufenthalt (A/G/R-*Ahrens*
§ 3 InsO Rn. 24).

Bei ständigem **Auslandsaufenthalt** jedenfalls im überseeischen Ausland besteht in Deutschland kein 22
Wohnsitz mehr (*AG Hamburg* ZInsO 2007, 503). Eine analoge Anwendung des § 15 ZPO (Gerichtsstand exterritorialer Deutscher) kommt nicht in Betracht (*OLG Köln* ZInsO 2001, 622 [623 f.]; Mü-
Ko-InsO/*Ganter/Lohmann* § 3 Rn. 23). Auch ein nur vorübergehender Aufenthalt genügt nicht
(*AG Düsseldorf* ZInsO 2016, 2491 [2492] = InsbürO 2017, 124): Bei **mehreren Wohnsitzen im In-**
land bestehen ebenso viele Gerichtsstände (A/G/R-*Ahrens* § 3 InsO Rn. 22); die Zuständigkeit bestimmt sich gem. § 3 Abs. 2 InsO. Allerdings ist zu prüfen, ob tatsächlich mehrere Wohnsitze bestehen, oder nicht ein Fall der Zuständigkeitserschleichung (s. Rdn. 31 ff., 36) vorliegt (*AG Göttingen*

InVo 2001, 411). Für Zeugen, die unter einem Zeugenschutzprogramm stehen, ist das Gericht am aktuellen (verdeckten) Wohnsitz zuständig, nicht das Gericht am ehemaligen Wohnsitz (*LG Hamburg* NZI 2006, 115; *AG Hamburg* ZInsO 2004, 561; *AG Hamburg* ZInsO 2005, 276; HambK-InsO/*Rüther* § 3 Rn. 18; *Frind* ZVI 2005, 57; a.A. noch *LG Hamburg* ZVI 2005, 82). Der Vollzug von **Haft** begründet zwar keinen Wohnsitz (*BGH* NZI 2008, 121). Jedoch wird häufig der frühere Wohnsitz aufgegeben. Gem. § 16 ZPO ist in diesen Fällen das Insolvenzgericht des Haftortes zuständig (*OLG München* ZInsO 2016, 1702 mit zust. Anm. *Greiner* ZInsO 2016, 1928 und *Schmerbach* InsbürO 2016, 463; a.A. *OLG Hamm* ZInsO 2017, 163 m. zust. Anm. *Siebert* VIA 2017, 13). Dafür sprechen auch praktische Gesichtspunkte.

23 Bei **wohnsitzlosen Personen** gilt § 16 ZPO (vgl. *LSG Schleswig-Holstein* ZIP 1988, 1140). Zum Nachweis genügt, dass ein Wohnsitz trotz ernstlich angestellter Ermittlungen nicht bekannt ist (*Zöller/Vollkommer* ZPO, § 16 Rn. 4). Eine öffentliche Zustellung erfolgt grds. nicht (s. § 8 Rdn. 28). § 16 ZPO gilt nicht, wenn der Schuldner einen Wohnsitz im Ausland hat (*BGH* ZInsO 2010, 348). Voraussetzung ist, dass der Schuldner seinen gewöhnlichen Aufenthalt im Ausland hat (s. Rdn. 62).

D. § 3 Abs. 2 InsO

24 Hat ein Schuldner **mehrere Wohnsitze**, können mehrere Gerichte gem. § 3 Abs. 1 Satz 1 InsO zuständig sein. Auf die Zulässigkeit des Antrags im Übrigen kommt es nicht an (A/G/R-*Ahrens* § 3 InsO Rn. 29). Ausnahmsweise besteht in diesem Fall ein Wahlrecht gem. § 4 i.V.m. § 35 ZPO (A/G/R-*Ahrens* § 3 InsO Rn. 29). In diesem Fall schließt gem. § 3 Abs. 2 InsO das Gericht, bei dem zuerst die Eröffnung des Verfahrens beantragt worden ist (Erstgericht), die übrigen Gerichte (Zweitgericht) aus (*LG Berlin* NZI 2008, 43; einschr. HambK-InsO/*Rüther* § 3 Rn. 24: ab Rechtskraft). Wird der **Sitz verlegt**, bleibt das Erstgericht auch zur Entscheidung über weitere vor einer Erledigungserklärung eingegangene Anträge zuständig, bis über den Erstantrag rechtskräftig entschieden ist (*BGH* ZInsO 2006, 431 [432]). Die Entscheidungen des Zweitgerichtes sind und bleiben aber wirksam, bis sie vom Erstgericht aufgehoben oder abgeändert werden (ebenso *Kübler/Prütting/Bork-Prütting* InsO, § 3 Rn. 18; *Uhlenbruck/I. Pape* InsO, § 3 Rn. 6; a.A. MüKo-InsO/*Ganter/Lohmann* § 3 Rn. 20, der eine Befugnis des Erstgerichtes verneint und A/G/R-*Ahrens* § 3 InsO Rn. 30, der eine Aufhebung durch das Zweitgericht oder das übergeordnete Gericht fordert); dies ist möglich bis zur Rechtskraft eines Eröffnungsbeschlusses des Zweitgerichts (s. Rdn. 26).

25 Ordnen **mehrere Insolvenzgerichte** im Eröffnungsverfahren **Sicherungsmaßnahmen** an (so der Sachverhalt in *OLG Hamburg* ZInsO 2004, 624 m. Anm. *Haertlein/Schmidt* ZInsO 2004, 603), gilt bei kollidierenden Beschlüssen der Rechtsgedanke des § 3 Abs. 2 InsO (s. Rdn. 24). Allerdings kann das Erstgericht nach Rücksprache mit dem Zweitgericht die Sicherungsmaßnahmen aufheben, wenn nur das Zweitgericht zuständig ist und Verweisung erfolgen soll (vgl. MüKo-InsO/*Ganter/Lohmann* § 3 Rn. 35, der eine interne Abklärung unter den Insolvenzgerichten empfiehlt). Zur Zuständigkeitsbestimmung gem. § 36 Abs. 1 Nr. 5 InsO s. Rdn. 52.

26 Bei **Entscheidungen** gilt Folgendes: Weist das Zweitgericht den Antrag rechtskräftig mangels Masse (§ 26 InsO) ab, so hindert dies nicht eine Verfahrenseröffnung durch das Erstgericht (A/G/R-*Ahrens* § 3 InsO Rn. 30), da auch das Zweitgericht an der Anordnung einer Nachtragsverteilung (§ 203 InsO) nicht gehindert wäre. Eröffnet das Erstgericht das Verfahren, kann dessen örtliche Unzuständigkeit nicht durch die Stellung eines Insolvenzantrags bei dem angeblich örtlich zuständigen Gericht verfolgt werden (*LG Berlin* NZI 2008, 43). Eröffnet das Zweitgericht das Verfahren und wird der Beschluss rechtskräftig, so kann das Erstgericht keine Entscheidung mehr (auch nicht gem. § 26 InsO) treffen, da der Beschluss des Zweitgerichtes nicht nichtig ist und durch die Rechtskraft die mangelnde Zuständigkeit geheilt wird (s. Rdn. 49; ebenso A/G/R-*Ahrens* § 3 InsO Rn. 30; *Uhlenbruck/I. Pape* InsO § 3 Rn. 6). Eröffnen beide Gerichte das Verfahren, so liegt ein Fall des § 36 Nr. 5 ZPO vor (s. Rdn. 52).

E. Amtsprüfung, Zeitpunkt für die Zulässigkeitsvoraussetzungen und Überprüfung im Instanzenzug

Das **Insolvenzgericht prüft** seine **Zuständigkeit** gem. § 5 Abs. 1 Satz 1 InsO **von Amts wegen** (*OLG Hamm* ZInsO 1999, 533 [534]; *OLG Celle* ZInsO 2004, 205 [206]). Eine Prüfung von Amts wegen bedeutet jedoch nicht eine Ermittlung von Amts wegen. Das Insolvenzgericht hat einen Beurteilungsspielraum. **Anlass für Ermittlungen** bieten gerichtsbekannte Umstände oder Angaben von Verfahrensbeteiligten. Zunächst muss der Antragsteller die die örtliche Zuständigkeit begründenden Umstände angeben (*BGH* ZInsO 2012, 143 [144] = EWiR 2012, 175). Bei Zweifeln hat das Insolvenzgericht zu ermitteln. Es existieren eine Vielzahl von Kriterien (MüKo-InsO/*Ganter/Lohmann* § 3 Rn. 10). Besonders bei konkreten Anhaltspunkten für eine missbräuchliche Zuständigkeitserschleichung besteht vor Verweisung eine umfassende Aufklärungspflicht (*OLG Celle* NZI 2012, 194; HK-InsO/*Sternal* § 3 Rn. 24). Mittel sind eine Anhörung des Schuldners (*LG Göttingen*, Beschluss vom 16.12.1992 – 6 T 256/92), Einnahme eines Augenscheines (so der Sachverhalt in *BGH* ZIP 1996, 847 und *OLG Köln* ZIP 2000, 462 [463]) und insbesondere Feststellungen eines Sachverständigen (vgl. *AG Münster* ZInsO 2000, 49). Zum Vorgehen des Sachverständigen bei Zweifeln an der Zuständigkeit s. FK-InsO/*Schmerbach* § 22 Rdn. 153. Das Insolvenzgericht muss gem. § 286 ZPO vom Vorliegen der Zulässigkeitsvoraussetzungen überzeugt sein (*BGH* ZInsO 2010, 1013). Die Angabe des Wohnsitzes bzw. der Niederlassung ist Zulässigkeitsvoraussetzung eines Insolvenzantrages (s. § 14 Rdn. 19). Bei fehlender Zuständigkeit regt das Gericht (gem. § 4 InsO i.V.m. § 139 Abs. 2 ZPO) Verweisung an, ansonsten wird der Antrag als unzulässig abgewiesen.

Entscheidend für die Zuständigkeit ist der **Zeitpunkt des Eingangs des Antrages** beim Insolvenzgericht (*BGH* ZInsO 2007, 440; *Jaeger/Gerhardt* InsO, § 3 Rn. 40; MüKo-InsO/*Ganter/Lohmann* § 3 Rn. 5; *Uhlenbruck/I. Pape* InsO, § 3 Rn. 3). Auf die Zustellung des Antrages kommt es nicht an (a.A. *OLG Düsseldorf* ZInsO 2004, 507). § 4 InsO ordnet nur die entsprechende Geltung der ZPO an. Auf die Zustellung gem. §§ 261 Abs. 1, 3, 253 Abs. 1 ZPO kann nicht abgestellt werden, da im häufigen Fall des Eigenantrages eine Zustellung nicht erfolgt. Ein Wohnsitzwechsel oder eine Verlegung des Geschäftsbetriebes nach diesem Zeitpunkt ist daher unbeachtlich (*OLG München* NJW-RR 1987, 382 *OLG Frankfurt* NZI 2002, 499; *AG Düsseldorf* NZI 2000, 555) gem. § 4 InsO i.V.m. § 261 Abs. 3 Nr. 2 ZPO (*OLG Naumburg* ZIP 2001, 753 [754] = EWiR 2001, 875). Dies gilt auch bei Sitzverlegung ins Ausland (s. Rdn. 62). Es genügt, wenn eine bei Antragseingang fehlende Zuständigkeit des Gerichts bis zur Entscheidung über den Antrag begründet wird (*AG Göttingen* ZInsO 2010, 254 [255]; HK-InsO/*Kirchhof* § 3 Rn. 5; *Kübler/Prütting/Bork-Prütting* InsO, § 3 Rn. 20).

Bei zweifelhaftem Gerichtsstand können **Sicherungsmaßnahmen** bei einem ansonsten zulässigen Antrag getroffen werden, bevor die Zuständigkeit zweifelsfrei feststeht (*BGH* ZInsO 2007, 440 = EWiR 2007, 599; s.a. § 21 Rdn. 33).

Die Beschwerde kann **nicht** darauf gestützt werden, dass das Amtsgericht seine **Zuständigkeit zu Unrecht angenommen** hat, § 571 Abs. 2 Satz 2 ZPO. Voraussetzung ist, dass dem Schuldner rechtliches Gehör gewährt wurde (A/G/R-*Ahrens* § 3 InsO Rn. 36). Die Frage der internationalen Zuständigkeit kann uneingeschränkt überprüft werden (MüKo-InsO/*Ganter/Lohmann* § 6 Rn. 43).

F. Zuständigkeitserschleichung

I. Rechtsprechung des BGH

Zunehmend kommt es vor, dass vor Stellung des Insolvenzantrages der Sitz geändert wird, um die Zuständigkeit des Insolvenzgerichtes am neuen Sitz zu begründen. Häufig sollen **nicht mehr werbend tätige GmbHs** durch Abweisung des Antrags mangels Masse (§ 26 Abs. 1 InsO) elegant »beerdigt« werden. Handelt es sich um eine bloße Briefkastenanschrift, wird eine Zuständigkeit nicht begründet (MüKo-InsO/*Ganter/Lohmann* § 3 Rn. 38; *Uhlenbruck/I. Pape* InsO, § 3 Rn. 11; offen *BGH* ZIP 1996, 847). Nach der Rspr. des *BGH* (ZIP 1996, 847 zu § 71 KO) setzt die Zuständigkeit des Insolvenzgerichts am neuen Sitz eine werbende Tätigkeit des Schuldners nicht voraus. Ist zwischen Sitzverlegung und Stellung des Insolvenzantrages die 3-Wochen-Frist des § 64 Abs. 1 GmbHG abgelaufen, so verneint der BGH eine Zuständigkeitserschleichung. Da bei nicht mehr werbend tätigen GmbHs eine wirtschaftliche Tätigkeit i.S.d. Abs. 1 Satz 2 nicht ausgeübt wird, bestimmt sich die Zuständigkeit nach dem allgemeinen Gerichtsstand gem. § 3 Abs. 1 Satz 1 InsO (s. Rdn. 20).

32 Unter Berücksichtigung der Rspr. des BGH ist zunächst zu prüfen, ob die Gesellschaft einen ordnungsgemäßen **satzungsändernden Beschluss** hinsichtlich der Sitzverlegung gefasst hat (z.B. Berücksichtigung der notariellen Form gem. § 53 Abs. 2 GmbHG, s. dazu *LG Magdeburg* ZIP 1996, 2027), und ob die erforderliche **Eintragung** (z.B. gem. § 54 Abs. 3 GmbHG) erfolgt ist (s. Rdn. 17). Vor der Eintragung besteht der alte Sitz fort. Eine nach vollständiger Einstellung des Geschäftsbetriebes erfolgte Sitzverlegung verstößt gegen § 4a Abs. 2 GmbHG und ist nichtig (*BayObLG* ZInsO 2003, 1045 = EWiR 2004, 663 und ZInsO 2003, 1142 [1143]; *AG München* ZIP 2005, 1052]; HambK-InsO/*Rüther* § 3 Rn. 20).

33 Erfolgt die **Stellung des Insolvenzantrages** innerhalb der **Drei-Wochen-Frist** des § 64 Abs. 1 GmbHG nach der notariellen Beurkundung des Beschlusses über die Sitzverlegung, so rechtfertigt dies die Vermutung, dass die Gesellschaft schon zum Zeitpunkt der Sitzverlegung zahlungsunfähig war (ebenso *Uhlenbruck/I. Pape* InsO, § 3 Rn. 12). Diese Vermutung hat die Gesellschaft zu widerlegen, andernfalls ist der Antrag als unzulässig abzuweisen, falls nicht die Gesellschaft auf richterlichen Hinweis einen Verweisungsantrag an das Insolvenzgericht an ihrem ursprünglichen Sitz stellt (*LG Magdeburg* ZIP 1996, 2027). Allenfalls in Extremsituationen wird die Stellung eines Insolvenzantrages innerhalb von drei Wochen nach Sitzverlegung nicht rechtsmissbräuchlich sein; in diesen Fällen wird die antragstellende GmbH immer in der Lage sein, die Ursachen der plötzlichen wirtschaftlichen Verschlechterung konkret und plausibel darzulegen (*Pape* EWiR 1997, 31 [32]).

II. Kritik

34 Wird der Sitz einer Gesellschaft **verlegt und** entfaltet sie **am neuen Sitz keine werbende Tätigkeit**, so spricht vielmehr eine **Vermutung** dafür, dass eine **Zuständigkeitserschleichung** vorliegt (*Pape* ZIP 2006, 877 [880, 882]; enger A/G/R-*Ahrens* § 3 InsO Rn. 39: Anhaltspunkt; MüKo-InsO/*Ganter/Lohmann* § 3 Rn. 42: bloßes Indiz – entfaltet aber die Gesellschaft am neuen Sitz keine nennenswerte werbende Tätigkeit, soll es beim alten Sitz verbleiben, MüKo-InsO/*Ganter* § 3 Rn. 38 Fn. 128; ähnlich *OLG Celle* ZInsO 2004, 205 [206]; *OLG Stuttgart* ZInsO 2004, 750; *OLG Schleswig* NZI 2004, 264; *OLG Stuttgart* ZInsO 2010, 350 [351]). Aufgabe der Gesellschaft ist es, diese Vermutung zu widerlegen. Ein deutliches **Indiz** für eine Zuständigkeitserschleichung ist das (im Rahmen eines Zwangsvollstreckungsversuches) festgestellte Vorhandensein von Geschäftsräumen am alten Firmensitz nach der Beurkundung der (angeblichen) Sitzverlegung (*LG Göttingen* ZIP 1997, 988 [989]). Der – für Insolvenzsachen zuständige – IX. Senat des BGH schränkt aber im Falle von Firmenbestattungen die Bindungswirkung eines Verweisungsbeschlusses an das Gericht des »Bestattungsortes« ein (*BGH* ZInsO 2006, 146; s. Rdn. 42, 43).

35 Inzwischen lassen sich Versuche von Zuständigkeitserschleichungen auch bei **(noch) werbend** tätigen Gesellschaften beobachten (*AG Göttingen* ZVI 2007, 311 [313]).

36 Gesellschaften ohne Antragspflicht (s. § 15 Rdn. 3, 40 f.) und natürliche Personen verwenden teilweise ähnliche Strategien. Sofern eine Sitzverlegung in Betracht kommt (§ 13h HGB), so ist wieder entscheidend, ob am neuen Sitz eine werbende Tätigkeit entfaltet wird. Gleiches gilt für **natürliche Personen**, die eine selbstständige wirtschaftliche Tätigkeit (§ 3 Abs. 1 Satz 2 InsO) ausüben. Bei sonstigen natürlichen Personen ist zu prüfen, ob der Lebensmittelpunkt tatsächlich verlegt worden ist oder es sich nur um einen Zweitwohnsitz oder eine Briefkastenadresse handelt (vgl. *AG Düsseldorf* NZI 2000, 555; *AG Göttingen* InVo 2001, 411). Eine besondere Ausprägung stellt der »**Restschuldbefreiungstourismus**« in Länder mit kürzerer Restschuldbefreiungsphase dar – derzeit England.

Darüber hinaus sollte die Praxis versuchen, **Anreize für Zuständigkeitserschleichungen abzumildern**. Sofern insbesondere bei mehreren Unternehmen versucht wird, durch Verlagerung des Sitzes bei einigen Unternehmen Vermögensverschiebungen zu verschleiern, können einheitliche (vorläufige) Insolvenzverwalter ernannt werden, ansonsten sollten sie ihre Informationen austauschen. Strafrechtliche Ermittlungsverfahren im Zusammenhang mit der Insolvenz können als Sammelverfahren an einem Ort zentral geführt werden. 37

Zu den **Indizien** für eine Firmenbestattung vgl. i.E. *Pape* ZIP 2006, 877, *Schmittmann/Gregor* InsbürO 2006, 410 (auch zu den Folgen) und *Mai* InsbürO 2008, 449 (auch zu Gegenstrategien). Zu Sitzverlegungen ins **Ausland** s. Rdn. 28. 38

G. Verweisung und Abgabe

I. Verweisung

Hält das Insolvenzgericht sich für unzuständig, weist es den Antragsteller darauf hin und regt ggf. die Stellung eines **Verweisungsantrages** an (§ 4 InsO i.V.m. § 139 ZPO). Der Verweisungsantrag kann noch im Beschwerdeverfahren gestellt werden (HK-InsO/*Kirchhof* § 3 Rn. 23). Erforderlich ist, dass bei mehreren zuständigen Gerichten der Antragsteller das Gericht bezeichnet, an das verwiesen werden soll; beantragt er lediglich Verweisung an das zuständige Insolvenzgericht, wird der Antrag als unzulässig abgewiesen (*AG Göttingen* ZIP 2001, 387; MüKo-InsO/*Ganter/Lohmann* § 3 Rn. 37; *Uhlenbruck/I. Pape* InsO § 3 Rn. 6). 39

Eine Verweisung wird nicht gehindert durch Mängel des Insolvenzantrages und ist auch nicht von dessen Zulassung abhängig. **Zeitlich möglich** ist die Verweisung bis zur rechtskräftigen Abweisung des Antrages, nicht aber nach Rechtskraft des Eröffnungsbeschlusses (*OLG Celle* NZI 2007, 465 [466]) oder nach einer übereinstimmenden Erledigungserklärung oder Antragsrücknahme lediglich zur Kostenentscheidung (*OLG Frankfurt* ZInsO 2005, 822 [823]). Auch nach einer einseitigen Erledigungserklärung ist eine Verweisung unstatthaft (HambK-InsO/*Rüther* § 3 Rn. 29; **a.A.** wohl *OLG Frankfurt* ZInsO 2005, 822 [823]; A/G/R-*Ahrens* § 3 InsO Rn. 33), da in der Sache nur noch über die Kosten zu entscheiden ist (s. § 13 Rdn. 269). 40

Die Verweisung erfolgt – ggf. nach Anhörung des Antragsgegners (s. Rdn. 45) – gem. § 281 ZPO durch **Beschluss**. Die dafür erforderliche **Begründung** muss nicht im Verweisungsbeschluss selbst enthalten sein, es genügt auch, dass die Erwägungen zur Zuständigkeit in einer Verfügung in den Gerichtsakten festgehalten sind (*BGH* DtZ 1992, 330 [331]; zu eng *BAG* NZI 2011, 117 [118], das einem Beschluss lediglich angeheftete, nicht unterzeichnete Gründe nicht genügen lässt). Wegen der grds. Unanfechtbarkeit genügt eine formlose Mitteilung des Beschlusses gem. § 4 InsO i.V.m. § 329 Abs. 2 Satz 1 ZPO. Die Akten werden sodann an das zuständige Gericht übersandt. § 281 Abs. 2 Satz 4 ZPO gilt nicht (s. *Dauernheim* § 139 Rdn. 3). 41

Eine **Bindungswirkung** des Beschlusses tritt **nicht** ein, wenn das rechtliche Gehör verletzt wurde oder der Verweisung jede rechtliche Grundlage fehlt, sie also auf **Willkür** beruht (*BGH* ZInsO 2006, 146; MüKo-InsO/*Ganter/Lohmann* § 3 Rn. 28 ff.; *Pape* ZIP 2006, 877 [881]; *Zöller/Greger* ZPO, § 281 Rn. 17). Bei der Annahme eines schweren Verfahrensverstoßes ist Zurückhaltung geboten (MüKo-InsO/*Ganter/Lohmann* § 3 Rn. 28b); das berücksichtigt die Rechtsprechung nicht immer. 42

Willkür wird von der Rspr. in folgenden Fällen **bejaht**: 43
– Verweisung ohne Antrag (*LG Rostock* ZInsO 2001, 914; *AG Göttingen* ZInsO 2010, 254 [255]).
– Verletzung des rechtlichen Gehörs des Schuldners (*OLG Frankfurt* NZI 2002, 499 [500]; *BayObLG* NZI 2003, 98; *OLG Celle* ZInsO 2011, 2004; s. aber Rdn. 45); dies soll auch vorliegen, wenn das Gericht nur auf die Unzuständigkeit hinweist, ohne darzulegen, welche weiteren Angaben erwartet werden (*OLG Frankfurt* ZInsO 2005, 822 [823]).
– Die Verweisung lässt mangels Begründung – weder im Beschluss noch sonst in den Akten (s. Rdn. 41) – nicht erkennen, ob sie auf gesetzlicher Grundlage beruht (*BGH* ZInsO 2006, 146;

§ 3 InsO Örtliche Zuständigkeit

  OLG Rostock ZInsO 2001, 1064 [1065]; *OLG Zweibrücken* InVo 2002, 367; *OLG Celle* ZInsO 2006, 503).
- Annahme einer die Zuständigkeit gem. § 3 Abs. 1 Satz 2 InsO begründenden Zuständigkeit nach Einstellung des Geschäftsbetriebes und Schließung des Ladenlokales ohne Vornahme der gem. § 5 Abs. 1 Satz 1 InsO gebotenen Prüfung (*BGH* ZInsO 2006, 146; *OLG Celle* ZInsO 2006, 503), ob überhaupt noch eine wirtschaftliche Tätigkeit ausgeübt wird (*OLG Celle* ZInsO 2005, 100 [101]; ZInsO 2006, 1106 [1107]) bzw. wo sich der Wohnsitz befindet (*OLG Schleswig* ZInsO 2016, 231 [233]; *OLG München* ZInsO 2016, 1702 [1703] mit zust. Anm. *Greiner* ZInsO 2016, 1928 und *Schmerbach* InsbürO 2016, 463; enger *OLG Hamm* ZInsO 2017, 163 m. zust. Anm. *Siebert* VIA 2017, 13).
- Offensichtlich unzureichende Erfassung des Sachverhaltes mit der Folge, dass die Zuständigkeit unzutreffend beurteilt wird (*KG* ZInsO 2000, 44 [45] = EWiR 2000, 679; *OLG Braunschweig* ZInsO 2000, 286 [287] = EWiR 2000, 1021; *OLG Naumburg* ZIP 2001, 753 = EWiR 2001, 875; *OLG Frankfurt* NZI 2002, 499 [500]; *OLG Stuttgart* ZInsO 2004, 750 [751]; *AG Göttingen* ZInsO 2010, 254 [255]; *OLG Celle* NZI 2010, 3194 [195]; *OLG Stuttgart* ZInsO 2010, 350; *OLG Schleswig* ZInsO 2010, 574 [576 f.]; *OLG Celle* ZInsO 2011, 2004). Insbesondere bei dem Verdacht der Zuständigkeitserschleichung im Rahmen der sog. »Firmenbestattung« (s. Rdn. 34) ist eine genaue Aufklärung des Sachverhaltes geboten.
- Irrige Annahme einer Zuständigkeit des Insolvenzgerichtes gem. § 89 Abs. 3 InsO (*OLG Düsseldorf* NZI 2002, 388).
- Verweisung nach Rechtskraft des Eröffnungsbeschlusses (*OLG Celle* NZI 2007, 465 [466] = EWiR 2008, 143).
- Verweisung bei Unklarheit darüber, ob eine zulässige Beschwerde vorliegt, aufgrund derer eine Verweisung erfolgte (*OLG Schleswig* ZInsO 2016, 231 [232]).

44 Willkür wird von der Rspr. in folgenden Fällen **verneint**:
- Bloßer Rechtsirrtum bei irriger Annahme der Zuständigkeit aufgrund polizeilicher Anmeldung (*OLG Naumburg* InVo 2000, 12 m. abl. Anm. *Stapper*).
- Bloßer Rechtsirrtum bei Annahme der Zuständigkeit nach Einstellung der werbenden Tätigkeit einer GmbH am Wohnsitz des Geschäftsführers (*OLG Naumburg* InVo 2000, 12 [13] m. abl. Anm. *Stapper; OLG Köln* ZIP 2000, 672 [673] m. zust. Anm. *v. Gerkan* EWiR 2000, 535; *OLG Celle* OLG-Report 2000, 205 [206 f.]; Vorlagebeschluss *OLG Karlsruhe* NZI 2005, 505; anders *BGH* ZInsO 2006, 146: s. Rdn. 43).
- Irrige Annahme der Zuständigkeit des Insolvenzgerichts durch das Arbeitsgericht (*BGH* ZInsO 2011, 1223).
- Bejahung der Zuständigkeit aufgrund einer in der Kommentarliteratur umstrittenen Rechtsansicht (*OLG Frankfurt* NZI 2000, 601 [602]).

45 Hat der Schuldner noch keine Kenntnis vom Insolvenzantrag und würde die erstmalige Unterrichtung im Rahmen der Zuständigkeitsprüfung zu einer Gefährdung des Verfahrens führen können, so kann die **Anhörung** zum Verweisungsantrag **unterbleiben**, ohne dass die Bindungswirkung des § 281 ZPO entfällt (*BGH* ZIP 1996, 1516 = EWiR 96, 957; *KG* ZInsO 2000, 44 [45]; HK-InsO/*Sternal* § 3 Rn. 24; *Jaeger/Gerhardt* InsO, § 3 Rn. 44). Das *Brandenburgische OLG* (DZWIR 1999, 293 m. abl. Anm. *Holzer*) überspannt die Anforderungen, wenn es konkrete Anhaltspunkte einer Gefährdung fordert, damit die Anhörung – ausnahmsweise – unterbleiben kann. Regelmäßig wird die abstrakte Gefahr, die aus der zeitweiligen Schutzlosigkeit der Masse folgt, genügen (*Holzer* Anm. DZWIR 1999, 293). Wurden innerhalb der letzten zwei Jahre mehrere Vollstreckungsversuche durchgeführt und die Stellung eines Insolvenzantrages angekündigt, soll eine Anhörung geboten sein (*OLG Celle* ZInsO 2011, 2004; zweifelhaft). Bei unklarem Gerichtsstand können Sicherungsmaßnahmen bei einem ansonsten zulässigen Antrag getroffen werden, bevor die Zuständigkeit zweifelsfrei feststeht (*BGH* ZInsO 2007, 440 = EWiR 2007, 599; s. § 21 Rdn. 33). Der Verweisungsbeschluss wird bei unterbliebener Anhörung vom ursprünglich angerufenen Gericht nur dem Antragsteller mitgeteilt. In den übrigen Fällen ist eine Anhörung des Schuldners erforderlich, damit die Verweisung bindende Wirkung entfaltet. Eine erforderliche Anhörung kann allerdings nach-

geholt werden, der Verweisungsbeschluss ist dann bindend (*OLG Dresden* ZIP 1998, 1595 [1596]). Beim Nachlassinsolvenzverfahren kommt eine Anhörung allerdings nur in Betracht in den Fällen des § 317 Abs. 2 und 3 InsO.

Hält das Insolvenzgericht, an das verwiesen wird, die Verweisung für unwirksam, so kann es sich 46
ebenfalls für unzuständig erklären oder die Akten unter Hinweis auf die fehlende Bindung dem Ursprungsgericht vorlegen mit dem Bemerken, dass die Übernahme abgelehnt wird; das Ursprungsgericht kann die Sache wieder übernehmen oder dem nächst höheren Gericht zur **Bestimmung der Zuständigkeit** vorlegen (s. Rdn. 53). Das Gericht, an das verwiesen wird, kann auch sogleich die Akte dem nächst höherem Gericht vorlegen. Zur Frage der Anhörung des Schuldners und der Mitteilung der Entscheidung des Zweitgerichtes an den Schuldner s. Rdn. 45 und Rdn. 53.

II. Abgabe

Neben der Verweisung ist auf Antrag des Antragstellers – ggf. nach telefonischer Anfrage oder im 47
Fax-Wege – eine formlose Abgabe möglich (**a.A.** A/G/R-*Ahrens* § 3 InsO Rn. 34), die **keine Bindungswirkung** entfaltet. In Betracht kommt sie bei Schuldnern, die häufig den Wohnsitz wechseln.

III. Rechtsbehelfe

Weist das Gericht auf seine Unzuständigkeit hin und stellt der Antragsteller **keinen** (wirksamen; s. 48
Rdn. 39) **Verweisungsantrag**, wird der Antrag als unzulässig abgewiesen. Der Antragsteller kann sofortige Beschwerde einlegen (§§ 6 Abs. 1, 34 Abs. 1 InsO), der das Amtsgericht abhelfen kann (s. § 6 Rdn. 63).

Hält der Schuldner das Insolvenzgericht für **unzuständig**, so kann er darauf hinweisen. Ein Rechts- 49
behelf steht dem Schuldner erst zu, wenn das Insolvenzgericht das Verfahren eröffnet (§ 34 Abs. 2 InsO) oder den Antrag mangels Masse nach § 26 InsO abweist (§ 34 Abs. 1 InsO). Hatte der Beschwerdeführer allerdings Gelegenheit, zur Frage der örtlichen Zuständigkeit Stellung zu nehmen, so ist die Beschwerde gem. § 571 Abs. 2 Satz 2 ZPO ausgeschlossen (*Kübler/Prütting/Bork* InsO, § 3 Rn. 14; *Uhlenbruck/I. Pape* InsO, § 3 Rn. 18; *Jaeger/Gerhardt* InsO, § 3 Rn. 45). Die Rechtskraft des Eröffnungsbeschlusses heilt Zuständigkeitsmängel (s. § 7 Rdn. 85, § 30 InsO Rdn. 12), eine Abänderung der Entscheidung von Amts wegen ist unzulässig (*Uhlenbruck/I. Pape* InsO, § 3 Rn. 18, 19). In einem nachfolgenden Zivilprozess kann sich eine Partei nicht darauf berufen, die Eröffnung des Insolvenzverfahrens sei durch ein örtlich nicht zuständiges Gericht erfolgt (*BGH* ZIP 1998, 477 [478]). Bedeutung hat das u.a. für die Frage der Insolvenzanfechtung (MüKo-InsO/*Ganter/Lohmann* § 3 Rn. 30).

H. Zuständigkeitsbestimmung

Eine Bestimmung des zuständigen Gerichts kann erfolgen gem. § 4 InsO i.V.m. § 36 ZPO. 50

Denkbar ist sie in **folgenden Fällen:**

a) § 36 Abs. 1 Nr. 1 ZPO hat wegen der Zuständigkeitskonzentration gem. § 2 Abs. 1 InsO keine Bedeutung und kann allenfalls im Falle des § 2 Abs. 2 InsO eintreten.

b) § 36 Abs. 1 Nr. 3 ZPO hatte Bedeutung für die Insolvenz mehrerer Gesellschafter einer BGB- 51
Gesellschaft, wenn ein gemeinschaftlicher Gerichtsstand wegen Fehlens einer gewerblichen Niederlassung nicht bestand (*BGH* NJW 1951, 312). Durch Anerkennung der Insolvenzfähigkeit der BGB-Gesellschaft (§ 11 Abs. 2 Nr. 1 InsO) ist diese Rspr. überholt (**a.A.** A/G/R-*Ahrens* § 3 InsO Rn. 37; MüKo-InsO/*Ganter/Lohmann* § 3 Rn. 28, 28a, der bei Insolvenz einiger, aber nicht aller Gesellschafter eine analoge Anwendung des § 36 Abs. 1 Nr. 3 ZPO befürwortet). Bei Einstellung des Geschäftsbetriebes gelten die Ausführungen in Rdn. 11, 17. Bei laufendem Geschäftsbetrieb können bei mehreren geschäftsführenden Gesellschaftern unterschiedliche Gerichtsstände vorliegen; in diesem Fall greift § 3 Abs. 2 InsO. Ist über das Vermögen einer Gesellschaft und ihrer Gesellschafter

von verschiedenen Gerichten ein Insolvenzverfahren eröffnet worden, so liegt kein Fall des § 36 Nr. 3 InsO vor, da die Insolvenzschuldner nicht identisch sind.

52 c) § 36 Abs. 1 Nr. 5 ZPO kann vorliegen, wenn verschiedene Gerichte das Insolvenzverfahren eröffnet haben (s. Rdn. 26). Nach rechtskräftiger Eröffnung des Verfahrens kann eine Zuständigkeitsbestimmung nicht mehr erfolgen (*OLG München* NZI 2014, 818 mit Anm. *I. Pape*). Ordnen mehrere Insolvenzgerichte im Eröffnungsverfahren Sicherungsmaßnahmen an, soll eine Zuständigkeitsbestimmung erst erfolgen können, wenn sich beide Gerichte in Zwischenentscheidungen (gem. § 4 InsO i.V.m. § 280 ZPO) für zuständig erklärt haben (*OLG Hamburg* ZInsO 2004, 624 m. Anm. *Haertlein/Schmidt* ZInsO 2004, 603; HambK-InsO/*Rüther* § 3 Rn. 24; MüKo-InsO/*Ganter/Lohmann* § 3 Rn. 35). Diesem zeitraubenden Weg ist eine interne Klärung über die Zuständigkeit unter den Gerichten vorzuziehen (s. Rdn. 25).

53 d) § 36 Abs. 1 Nr. 6 ZPO ist der **häufigste Anwendungsfall** einer Zuständigkeitsbestimmung im Insolvenzverfahren. Voraussetzung ist, dass sich zwei Insolvenzgerichte rechtskräftig für unzuständig erklärt haben (*BGH* ZIP 1996, 847). Es genügt aber auch, dass ein Insolvenzgericht das Verfahren nach § 281 ZPO verweist und das andere Insolvenzgericht die Übernahme ausdrücklich ablehnt (*OLG München* NJW-RR 1987, 382; *Kübler/Prütting/Bork-Prütting* InsO, § 3 Rn. 17; **a.A.** *OLG Schleswig* ZInsO 2010, 574 [576, 577], das eine Verfügung nicht genügen lässt). Die Ablehnung der Übernahme muss allerdings den Verfahrensbeteiligten mitgeteilt werden (*OLG Köln* ZIP 2000, 155 = EWiR 2000, 971; *OLG Schleswig* ZInsO 2010, 574 [576]). Würde die erstmalige Unterrichtung des Schuldners das Verfahren gefährden (s. Rdn. 45), erscheint es konsequent, auf eine Mitteilung oder Übersendung (im Falle der Unzuständigkeitserklärung) durch das Zweitgericht an den Schuldner zu verzichten, dem auch der erste Verweisungsbeschluss nicht mitgeteilt worden ist (s. Rdn. 45).

54 Eines Antrages der Parteien bedarf es nicht, es genügt die **Vorlage** durch eines der Gerichte (*OLG München* NJW-RR 1987, 382). Die Vorlage erfolgt an das nächst höhere Gericht. Dies kann das Landgericht sein, wenn gem. § 2 Abs. 2 InsO mehrere Insolvenzgerichte im Landgerichtsbezirk errichtet sind und sich diese um die Zuständigkeit streiten. Gehören die Gerichte zum selben OLG-Bezirk, erfolgt die Zuständigkeitsbestimmung durch das OLG. Gehören die Insolvenzgerichte verschiedenen Bundesländern an, so entscheidet das OLG, zu dessen Bezirk das zuerst mit der Sache befasste Insolvenzgericht gehört (§ 36 Abs. 2 ZPO), der BGH entscheidet nur in den Fällen des § 36 Abs. 3 ZPO. Haben zwei Gerichte unterschiedlicher Rechtswege ihre Zuständigkeit verneint, obliegt die Bestimmung der Zuständigkeit dem obersten Gericht des Bundes, der zuerst darum angegangen wird (*BGH* ZInsO 2011, 1223). Das übergeordnete Gericht bestimmt durch unanfechtbaren Beschluss nach § 37 Abs. 2 ZPO das zuständige Gericht. Wird ein entsprechender Antrag gestellt, kann nach Gewährung rechtlichen Gehörs auch ein drittes, am Kompetenzkonflikt nicht beteiligtes Gericht verwiesen werden (BGHZ 71, 69 [74 f.]; *OLG Braunschweig* OLG-Report 2000, 105 [107]; *Zöller/Vollkommer* ZPO § 36 Rn. 27), sofern dessen Zuständigkeit zweifelsfrei feststeht (*BayObLG* InVo 2000, 373 [374]).

I. Internationale Zuständigkeit

Vgl. hierzu eingehend die Ausführungen zu §§ 335 ff. InsO und Art. 102 EGInsO.

I. Überblick

55 Die internationale Zuständigkeit ist ein Teil des internationalen Insolvenzrechts. Der Regierungsentwurf der InsO enthielt ursprünglich in §§ 379 ff. InsO eine ausführliche Regelung zum Internationalen Insolvenzrecht (BT-Drucks. 12/2443 S. 78 ff.). Zunächst blieb nur eine rudimentäre Regelung in Art. 102 EGInsO a.F. für die Inlandswirkungen der Auslandsinsolvenz. Das Gesetz zur Neuregelung des Internationalen Insolvenzrechtes vom 14.03.2003 (BGBl. I S. 345) enthält eine umfassende Regelung für den Bereich außerhalb der EU. Im Bereich der EU gilt – mit Ausnahme

Dänemarks – die am 31.05.2002 in Kraft getretene EG-Verordnung über Insolvenzverfahren, die zum 26.06.2017 novelliert worden ist.

Verschiedene Bereiche sind zu unterscheiden: 56
- Internationale Zuständigkeit deutscher Gerichte (Rdn. 57);
- Auswirkungen und Anerkennung eines ausländischen Insolvenzverfahrens im Inland (Rdn. 58, 59);
- Zulässigkeit eines Insolvenzverfahrens im Inland trotz ausländischen Insolvenzverfahrens (Rdn. 59);
- Umsetzung eines ausländischen Insolvenzverfahrens in Deutschland (Rdn. 61).

Bei der **Internationalen Zuständigkeit deutscher Gerichte** ist zu unterscheiden: 57

Im Bereich der EU-Staaten gilt – mit Ausnahme Dänemarks – die am 31.05.2002 in Kraft getretene EG-Verordnung über Insolvenzverfahren (s. *Wenner/Schuster* Komm. der EuInsVO). Die EuInsVO enthält in Art. 3 eine Regelung der internationalen Zuständigkeit. Danach kommt es auf den Mittelpunkt der hauptsächlichen Interessen (**COMI**) des Schuldners an. Bei Gesellschaften und juristischen Personen wird bis zum Beweis des Gegenteiles vermutet, dass dies der Ort des satzungsmäßigen Sitzes ist. Bei natürlichen Personen, die selbständig wirtschaftlich tätig sind, ist auf die Hauptniederlassung abzustellen, ansonsten auf den gewöhnlichen Aufenthalt (s.a. *Wenner/Schuster* Art. 3 EuInsVO Rdn. 4 f.). Zur Vermeidung missbräuchlichen forum shoppings sind allerdings Begrenzungen eingefügt worden. Für die übrigen Staaten enthält die InsO in §§ 335 ff. keine Regelung über die Internationale Zuständigkeit. Es gilt der Grundsatz des Internationalen Privatrechtes, dass sich die Internationale Zuständigkeit nach der örtlichen Zuständigkeit richtet (s. *Wenner/Schuster* Art. 102 c EGInsO). Die deutschen Gerichtsstandsvorschriften wie § 3 InsO sind deswegen doppelfunktional (A/G/R-*Ahrens* § 3 InsO Rn. 48).

Ein deutsches Insolvenzverfahren umfasst das **gesamte** (§ 35 InsO), also auch im Ausland belegene **Vermögen** des Schuldners; auch Ausländer als Gläubiger sind vom Verfahren erfasst. Die Durchsetzung richtet sich nach dem Recht des ausländischen Staates, der Schuldner ist zur Mitwirkung verpflichtet (s. Rdn. 59 a.E.). 58

Seit der Entscheidung des *BGH* (BGHZ 95, 256) ist die Geltung des **Universalitätsprinzips** anerkannt: Die im Recht des Eröffnungsstaats vorgesehenen Wirkungen des Insolvenzverfahrens sind unter gewissen Voraussetzungen auch in Deutschland anzuerkennen. Diese Rechtsprechung ist in § 335 InsO und § 343 InsO aufgegriffen worden. Für den Bereich der EuInsVO enthält Art. 16 EuInsVO 31.05.2002/Art. 19 EuInsVO 26.06.2017 eine entsprechende Regelung. 59

§§ 354 ff. InsO ermöglichen ein Sonderinsolvenzverfahren, beschränkt auf das Inlandsvermögen des Schuldners, sog. Territorialinsolvenzverfahren, in Form eines **Sekundär- oder Partikularinsolvenzverfahrens** (s. *Wenner/Schuster* Art. 102c EGInsO). Eröffnet ein deutsches Insolvenzgericht ein Verfahren, so gehört im Ausland belegenes Vermögen des Schuldners zur Insolvenzmasse. Erkennt der ausländische Staat die Wirkungen (§§ 24 Abs. 1, 80 ff. InsO) nicht an, ist der Schuldner verpflichtet, dem (vorläufigen) Insolvenzverwalter Vollmacht zu erteilen (s. § 22 Rdn. 198, § 27 Rdn. 56 f.).

Bei Gerichtsstandserschleichung liegt ein die Anerkennung hindernder Verstoß gegen den ordre public regelmäßig nicht vor. Die Entscheidung ist bindend bis zur Grenze der Willkür (*BGH* NZI 2016,939). 60

Für die **Umsetzung ausländischer Insolvenzverfahren in Deutschland** gilt Folgendes: 61
- Die EuInsVO gilt in Deutschland gem. Art 249 EGV unmittelbar. Art 102 EGInsO 31.05.2002/Art. 102c EGInsO 26.06.2017 enthält Ausführungsbestimmungen dazu und passt das deutsche Recht an die EuInsVO an, die jedoch gegenüber den Ausführungsbestimmungen Vorrang hat.
- Die §§ 335 ff. InsO gelten außerhalb des Geltungsbereiches der EuInsVO sowie dann, wenn weder die EuInsVO noch Art 102 EGInsO 31.05.2002/Art. 102c EGInsO 26.06.2017 Sonderbestimmungen enthalten.

§ 3a InsO Gruppen-Gerichtsstand

— Geregelt werden unterschiedliche Bereiche wie z.B. die Öffentliche Bekanntmachung (Art 102 § 5 EGInsO 31.05.2002/Art. 102c § 7 EGInsO 26.06.2017, § 345 InsO).

II. Verfahrensrechtliche Aspekte

1. Amtsprüfung

62 Zur Amtsprüfung der Internationalen Zuständigkeit s. Rdn. 27. Im Bereich der **EuInsVO** darf das Gericht am satzungsmäßigen Sitz zunächst von seiner internationalen Zuständigkeit ausgehen, solange sich aus dem Vortrag des Antragstellers nicht etwas anderes ergibt. Wird ein Antrag gegen eine Gesellschaft mit ausländischem Sitz gestellt, muss die internationale Zuständigkeit substantiiert dargelegt werden (*BGH* ZInsO 2012, 143 [144] = EWiR 2012, 175). Lässt sich im Rahmen der Amtsermittlung der Mittelpunkt der hauptsächlichen Interessen (COMI) nicht ermitteln, trägt der Schuldner die Darlegungs- und Beweislast für seine Behauptung, zum Zeitpunkt der Antragstellung einen Geschäfts- bzw. Wohnsitz im Ausland begründet zu haben (*AG Köln* ZInsO 2012, 982).

2. Begründung der Eröffnungsentscheidung

63 Die eine Zuständigkeit des deutschen Insolvenzgerichtes begründenden **Erwägungen** sind kurz **darzustellen**; der Eröffnungsbeschluss kann auch nachträglich ergänzt werden (s. § 27 Rdn. 63).

3. Verweisung

64 Ob eine Verweisung in Betracht kommt, ist **strittig** (für eine Verweisungsmöglichkeit, allerdings ohne Bindungswirkung *AG Hamburg* ZInsO 2006, 559 m. abl. Anm. *Wagner* EWiR 2006, 433; zweifelnd A/G/R-*Ahrens* § 3 InsO Rn. 72; dagegen *Mankowski* NZI 2006, 487).

J. Reformdiskussion

65 Zur Reformdiskussion der Konzentration der Insolvenzgerichte s. § 2 Rdn. 63 ff., zu bereits bestehenden Konzentrationsmöglichkeiten s. § 2 Rdn. 61 f.

§ 3a Gruppen-Gerichtsstand

(1) Auf Antrag eines Schuldners, der einer Unternehmensgruppe im Sinne von § 3e angehört (gruppenangehöriger Schuldner), erklärt sich das angerufene Insolvenzgericht für die Insolvenzverfahren über die anderen gruppenangehörigen Schuldner (Gruppen-Folgeverfahren) für zuständig, wenn in Bezug auf den Schuldner ein zulässiger Eröffnungsantrag vorliegt und der Schuldner nicht offensichtlich von untergeordneter Bedeutung für die gesamte Unternehmensgruppe ist. Eine untergeordnete Bedeutung ist in der Regel nicht anzunehmen, wenn im vorangegangenen abgeschlossenen Geschäftsjahr die Zahl der vom Schuldner im Jahresdurchschnitt beschäftigten Arbeitnehmer mehr als 15 Prozent der in der Unternehmensgruppe im Jahresdurchschnitt beschäftigten Arbeitnehmer ausmachte und

1. die Bilanzsumme des Schuldners mehr als 15 Prozent der zusammengefassten Bilanzsumme der Unternehmensgruppe betrug oder
2. die Umsatzerlöse des Schuldners mehr als 15 Prozent der zusammengefassten Umsatzerlöse der Unternehmensgruppe betrugen.

Haben mehrere gruppenangehörige Schuldner zeitgleich einen Antrag nach Satz 1 gestellt oder ist bei mehreren Anträgen unklar, welcher Antrag zuerst gestellt worden ist, ist der Antrag des Schuldners maßgeblich, der im vergangenen abgeschlossenen Geschäftsjahr die meisten Arbeitnehmer beschäftigt hat; die anderen Anträge sind unzulässig. Erfüllt keiner der gruppenangehörigen Schuldner die Voraussetzungen des Satzes 2, kann der Gruppen-Gerichtsstand jedenfalls bei dem Gericht begründet werden, das für die Eröffnung des Verfahrens für den gruppenangehörigen Schuldner zuständig ist, der im vorangegangenen abgeschlossenen Geschäftsjahr im Jahresdurchschnitt die meisten Arbeitnehmer beschäftigt hat.

(2) Bestehen Zweifel daran, dass eine Verfahrenskonzentration am angerufenen Insolvenzgericht im gemeinsamen Interesse der Gläubiger liegt, kann das Gericht den Antrag nach Absatz 1 Satz 1 ablehnen.

(3) Das Antragsrecht des Schuldners geht mit der Eröffnung des Insolvenzverfahrens auf den Insolvenzverwalter und mit der Bestellung eines vorläufigen Insolvenzverwalters, auf den die Verwaltungs- und Verfügungsbefugnis über das Vermögen des Schuldners übergeht, auf diesen über.

Das Gesetz zur Erleichterung der Bewältigung von Konzerninsolvenzen (EKIG) vom 13.04.2017 (BGBl I 2017, S. 866) tritt am 21.04.2018 in Kraft.

Übersicht

		Rdn.			Rdn.
A.	Inhalt und Zweck der Vorschrift	1	V.	Gemeinsames Interesse der Gläubiger	22
B.	Voraussetzungen	5	VI.	Keine untergeordnete Bedeutung des Schuldners im Konzern	24
I.	Zulässiger Antrag auf Eröffnung eines Insolvenzverfahrens	6	VII.	Rechtsfolge: Begründung eines gemeinsamen Gruppen-Gerichtsstands für Gruppen-Folgeverfahren	30
II.	Zulässiger Antrag auf Begründung eines Gruppen-Gerichtsstandes	10			
III.	Antragsberechtigung	11	VIII.	Entscheidung und Rechtsmittel	32
IV.	Prioritätsprinzip	19			

Literatur
Eidenmüller Verfahrenskoordination bei Konzerninsolvenzen, ZHR 169, 528; *Eidenmüller/Frobenius* Ein Regulierungskonzept zur Bewältigung von Gruppeninsolvenzen: Verfahrenskonsolidierung im Kontext nationaler und internationaler Reformvorhaben, ZIP 2013, Beil. zu Heft 22, S. 1; *Flöther* (Hrsg.) Handbuch zum Konzerninsolvenzrecht, 2015; *Frind* Gefahren und Probleme bei der insolvenzgesetzlichen Regelung der Insolvenz der »Unternehmensgruppe«, ZInsO 2014, 927; *K. Schmidt* Konzern-Insolvenzrecht – Entwicklungsstand und Perspektiven, KTS 2010, 1; *ders.* Das »Gruppenbild« im Konzerninsolvenzrecht, FS für Bruno Kübler, S. 633; *Theiselmann/Verhoeven* Praxishandbuch des Restrukturierungsrecht, 3. Aufl. 2016; *Thole* Das neue Konzerninsolvenzrecht in Deutschland, KTS 2014, 351; *Vallender* Der Konzern, 2013; *Wimmer* Konzerninsolvenzen im Rahmen der EUInsVO, Ausblick auf die Schaffung eines deutschen Konzerninsolvenzrechts, DB 2013, 1343; *ders.* Das Gesetz zur Erleichterung der Bewältigung von Konzerninsolvenzen, jurisPR-InsR 8/2017; *Zipperer* Die einheitliche Verwalterbestellung nach dem Diskussionsentwurf für ein Gesetz zur Erleichterung der Bewältigung von Konzerninsolvenzen, ZIP 2013, 1007.

EUInsVO i.d.F. VO (EU) 2015/848.

A. Inhalt und Zweck der Vorschrift

Mit der Einführung des Konzerninsolvenzrechts sollten die gesetzlichen Grundlagen geschaffen werden, um die im Fall einer Konzerninsolvenz zu eröffnenden Einzelverfahren über die Vermögen konzernangehöriger Unternehmen in einem größeren Umfang aufeinander abstimmen zu können. 1

Je mehr Verfahren an einem Gericht geführt werden können, umso einfacher ist deren effektive Koordinierung. Die Einführung eines gemeinsamen Gerichtstands für alle zu einem Konzernverbund gehörenden Gesellschaften wurde im Schrifttum (vgl. *Eidenmüller* ZHR 169, 528 [537]; *K. Schmidt* KTS 2010, 1 [21 f.]) bereits früh gefordert. Damit sollten Abstimmungsschwierigkeiten zwischen den sonst involvierten Insolvenzgerichten entfallen und widersprüchliche Entscheidungen vermieden werden. 2

Vielfach hatte die Insolvenzpraxis in der Vergangenheit versucht, die Zuständigkeitsregelung des § 3 Abs. 1 Satz 2 InsO so extensiv auszulegen, um zu einer einheitlichen Zuständigkeit des Insolvenzgerichts am Ort der Konzernleitung zu gelangen (Begr. RegE BT-Drucks. 18/407, S. 16 m. Verweis auf *AG Köln* ZIP 2008, 423 (PIN); *AG Essen* ZIP 2009, 1826 (Arcandor/Quelle). Diese von der Gerichtspraxis erprobten Innovationen und Improvisationen waren aufgrund fehlender gesetzlicher Grundlage mit erheblichen rechtlichen Unsicherheiten behaftet. § 3a InsO wurde durch Gesetz zur Erleichterung der Bewältigung von Konzerninsolvenzen 2017 (BT-Drucks. 18/11436) eingeführt und schafft für Insolvenzverfahren über Vermögen von Unternehmensträgern, die derselben 3

Unternehmensgruppe i.S.d. § 3e InsO angehören, einen **zusätzlichen** Gerichtsstand. Diese Regelung soll es ermöglichen, dass mehrere oder alle Verfahren über gruppenangehörige Schuldner bei ein- und demselben Gericht geführt werden können. Damit soll eine einfachere und effektive Abstimmung zwischen den Verfahren erreicht werden.

4 Die allgemeine Zuständigkeitsreglung des § 3 InsO wird nicht verdrängt. Der Gruppen-Gerichtsstand ist kein ausschließlicher, er tritt vielmehr neben den § 3 InsO als ein weiterer Gerichtsstand (Begr. RegE BT-Drucks. 18/407, S. 19; *Eidenmüller/Frobenius* ZIP 2013, Beil. zu Heft 22, S. 9). Er ist als Wahlgerichtsstand ausgestaltet (vgl. *Wimmer* jurisPR-InsR 8/2017 Anm. 1; *Wimmer* DB 2013, 1343 [1347]). Dieses war vom Gesetzgeber auch ausdrücklich gewollt. Es wird Fälle geben, in denen kein besonderer Koordinierungsbedarf besteht, sei es, dass nur einzelne Konzerngesellschaften betroffen sind, sei es, dass eine Konzentration der Zuständigkeiten nicht erforderlich ist. Schließlich soll auch den handlungspflichtigen Geschäftsleitern die Möglichkeit erhalten bleiben, ihren strafbewehrten Antragspflichten nach §§ 15 ff. InsO ordnungsgemäß und rechtzeitig beim zuständigen Gericht nachzukommen.

B. Voraussetzungen

5 Der Antrag auf Begründung eines Gruppen-Gerichtsstandes ist ein selbstständiger Antrag, der von dem eigentlichen Antrag auf Eröffnung des Insolvenzverfahrens zu trennen ist. Es sind somit zwei Anträge zu stellen, die jeweils gesondert zu bescheiden sind (*Vallender* Der Konzern, S. 162, 165).

I. Zulässiger Antrag auf Eröffnung eines Insolvenzverfahrens

6 Voraussetzung gem. § 3a Abs. 1 Satz 1 InsO ist zunächst ein zulässiger Antrag auf Eröffnung eines Insolvenzverfahrens bei dem nach § 3 InsO zuständigen Gericht. Damit wird der Gruppen-Gerichtsstand auf ein Insolvenzgericht beschränkt, das seinerseits gem. § 3 Abs. 1 InsO für den antragstellenden Schuldner zuständig sein muss (*Zipperer* ZIP 2013, 1007 [1011]).

7 Nicht erforderlich ist aber, dass es sich um einen **Eigenantrag** des Schuldners handeln muss (vgl. *Wimmer* jurisPR-InsR 8/2017 Anm. 1; *Eidenmüller/Frobenius* ZIP 2013, Beil. zu Heft 22, S. 8). Insofern widersprüchlich ist die Begründung zum Regierungsentwurf auf S. 19, in dem es noch ausdrücklich heißt: »nach § 3a InsO-E soll es künftig einem **eigenantrag**stellenden Unternehmen ...« (Begr. RegE BT-Drucks. 18/407, S. 19). Verschiedene Vertreter in der Literatur leiten daraus ab, dass die Begründung eines Gruppen-Gerichtsstandes nur bei einem Eigeninsolvenzantrag zulässig sei (so *Theiselmann/Verhoeven* Praxishandbuch des Restrukturierungsrecht, D Rn. 70; unklar *Flöther/v. Wilcken* Handbuch, § 4 Rn. 50, 52). Insofern handelt es sich lediglich um ein Redaktionsversehen. In der Begründung zu § 3a wird dieses entsprechend klargestellt (Begr. RegE BT-Drucks. 18/407, S. 26: »Dies gilt auch dann, wenn der Eröffnungsantrag von einem Gläubiger gestellt wurde«). Andernfalls könnte stets ein zulässiger Insolvenzantrag eines Gläubigers zunächst die Begründung eines Gruppen-Gerichtsstandes und damit die Konzentration einer Konzerninsolvenz verhindern. Dieses war vom Gesetzgeber nicht gewollt. Stellt ein Gläubiger einen Insolvenzantrag kann der Schuldner bei diesem Gericht einen Antrag auf Begründung des Gruppen-Gerichtsstands stellen (Begr. RegE BT-Drucks. 18/407, S. 26). Stellt der Gläubiger den Insolvenzantrag bei einem an sich unzuständigen Gericht, kann der Schuldner einen Antrag auf Verweisung an das zuständige Gericht stellen, verbunden mit einem Antrag, dort einen Gruppen-Gerichtsstand zu begründen. Wurde ein Verfahren auf einen Gläubigerantrag hin eröffnet und es versäumt, eine Konzernzuständigkeit durch Eigenantrag zu begründen, kann der Insolvenzverwalter eine Konzernzuständigkeit nach § 3a InsO bei dem Gericht begründen, das ihn bestellt hat (vgl. Begr. RegE BT-Drucks. 18/407, S. 20).

8 Darüber hinaus müssen sämtliche weiteren Zulässigkeitsvoraussetzungen für einen Insolvenzantrag vorliegen, wie Insolvenzgrund, Glaubhaftmachung des Eröffnungsgrundes, rechtliches Interesse, Glaubhaftmachung der Forderung etc. (vgl. ausf. zu den einzelnen Zulässigkeitsvoraussetzungen differenziert nach Gläubiger- und Schuldnerantrag *Schmerbach* § 14 Rdn. 5 ff.).

Nicht erforderlich ist, dass der Insolvenzantrag begründet ist. Für die **Begründetheit** des Antrags sind zeit- und aufwandsintensive Ermittlungen tatsächlicher und rechtlicher Art erforderlich, die einer zeitnahen Festlegung eines Gruppen-Gerichtstandes entgegenstehen würden (Begr. RegE BT-Drucks. 18/407, S. 26). Wird später kein Verfahren eröffnet, kann das angerufene Gericht trotzdem die Zuständigkeit als Konzerngerichtsstand begründen, wenn die weiteren Zulässigkeitsvoraussetzungen des § 3a InsO erfüllt sind. 9

II. Zulässiger Antrag auf Begründung eines Gruppen-Gerichtsstandes

Der Antrag auf Begründung eines einzigen Gruppen-Gerichtsstandes für alle Folgeverfahren der gruppenangehörigen Schuldner ist als selbstständiger Antrag bei dem nach § 3 InsO zuständigen Gericht zu stellen. In dem Antrag sind die Pflichtangaben nach § 13a InsO zu machen und entsprechende Unterlagen und Nachweise beizufügen (vgl. dazu ausf. die Erl. zu § 13a InsO). Der Antrag ist schriftlich zu stellen. Das Gesetz erwähnt die Schriftlichkeit nicht ausdrücklich. Dieses ergibt sich aber schon aus der allgemeinen Vorschrift des § 13 Abs. 1 InsO, nach der Insolvenzanträge schriftlich zu stellen sind. 10

III. Antragsberechtigung

Antragsberechtigt ist der Schuldner, der einer Unternehmensgruppe i.S.d. § 3e InsO angehört. 11

Der Begriff der **Unternehmensgruppe** ist in § 3e InsO legal definiert (zur Unternehmensgruppe vgl. ausf. die Erl. zu § 3e InsO). Eine Unternehmensgruppe besteht aus den Unternehmensträgern mit **inländischem** Mittelpunkt der hauptsächlichen Interessen (Artikel 3 Absatz 1 der Verordnung (EG) Nr. 1346/2000 über Insolvenzverfahren), die über eines der beiden in der Vorschrift genannten Kriterien unmittelbar oder mittelbar miteinander verbunden sind. Damit können ausschließlich inländische Unternehmen Mitglieder einer Unternehmensgruppe sein. Ein Antrag eines konzernangehörigen Unternehmens, deren Mittelpunkt seiner hauptsächlichen Interessen sich im Ausland befindet, kann keinen Antrag auf die Begründung eines Gruppen-Gerichtsstandes stellen. Existiert ein ausländisches gruppenangehöriges Unternehmen, findet auch auf rein nationale Konzerninsolvenzen nach Art. 102 § 21 EGInsO die EUInsVO Anwendung, auch wenn das ausländische Unternehmen nicht insolvent ist. Dennoch sind auf die inländischen gruppenangehörigen Unternehmen die §§ 3a ff. InsO anwendbar, da nach Erwägungsgrund 61 VO (EU) 2015/848 die Mitgliedsstaaten nicht gehindert sind, ergänzende Vorschriften zum Konzerninsolvenzrecht zu erlassen, sofern sich diese auf das nationale Recht beschränken und nicht die Wirksamkeit der EUInsVO beeinträchtigen (vgl. weiter zur Abgrenzung nationales Recht zur EUInsVO *Wimmer* § 3e Rdn. 20). 12

Die Verbundenheit kann sich aus der Möglichkeit der Ausübung eines beherrschenden Einflusses der Muttergesellschaft auf Tochterunternehmen i.S.d. § 290 HGB oder aus einer Zusammenfassung unter einheitlicher Leitung (Gleichordnungskonzern) ergeben. Im Rahmen des Gesetzgebungsverfahrens wurde der Begriff der Unternehmesgruppe noch erweitert auf Gesellschaften und ihre persönlich haftenden Gesellschafter, wenn zu diesen weder eine Gesellschaft zählt, an der eine natürliche Person als persönlich haftender Gesellschafter unmittelbar oder mittelbar beteiligt ist. Klassisches Beispiel ist dafür die GmbH & Co KG (vgl. ausf. dazu *Wimmer* § 3e Rdn. 28). 13

Nicht notwendig muss der gesamte Konzern als Gruppe betroffen sein, ausreichend ist auch eine im Konzern kriselnde Teilgruppe. Das antragstellende Unternehmen bestimmt insofern den Umfang der gerichtsstandsrelevanten Gruppe (vgl. dazu *K. Schmidt* FS Kübler, S. 633, 642). Werden nachträglich weitere relevante Teile des Konzerns oder dieser dann als Ganzes erfasst, endet die vis attractiva des Gruppen-Gerichtsstands für die ursprünglich begründete Teilgruppe des Konzerns. Die anschließend beantragten Insolvenzverfahren sind nicht als Gruppen-Folgeverfahren anzusehen, vielmehr kann ein neuer Gruppen-Gerichtsstand für den Rest des Konzernes oder weiterer relevanter Teilgruppen begründet werden (so zu Recht *K. Schm*idt FS Kübler, S. 633, 642). Das Konzerninsolvenzrecht kann und soll nicht auf die Insolvenz der Gruppe als solcher beschränkt bleiben, es muss jede Insolvenz im Konzern zu erfassen bereit und nachträgliche Domino-Effekte zu bewäl- 14 tigen in der Lage sein, ganz gleich, ob aus der Insolvenz **im** Konzern eine Insolvenz **des** Konzern wird (*K. Schmidt* FS Kübler, S. 633, 642).

15 Gleichzeitig wird auch der Anwendungsbereich der Bestimmungen, die an den Begriff der Unternehmensgruppe anknüpfen, eingeschränkt (§§ 3a bis 3e, 13a, 56b, 269a–269i, 270d InsO).

16 Das Antragsrecht steht nicht dem Gläubiger zu. Der Gesetzgeber hat ausdrücklich davon abgesehen, Gläubigern eine Antragsbefugnis einzuräumen. Eine erfolgreiche Sanierung lasse sich kaum gegen den Willen der Unternehmensleitung planen. Gläubigeranträge könnten die Planbarkeit des Insolvenzbewältigungsprozesses aus Sicht der Konzernleitung und der jeweiligen Geschäftsleitungen beeinträchtigen (Begr. RegE BT-Drucks. 18/407, S. 20; zust. *Thole* KTS 2014, 351 [356]).

17 Im Falle der Eigenverwaltung verbleibt das Antragsrecht auch nach Bestellung eines Sachwalters während des vorläufigen Verfahrens weiter beim Schuldner. Es geht weder auf den Sachwalter über, noch hat dieser dem Antrag zuzustimmen. Dafür fehlt es an einer gesetzlichen Regelung.

18 Nach Verfahrenseröffnung ist der Insolvenzverwalter antragsbefugt. Wurde im vorläufigen Verfahren ein sog. starker vorläufiger Verwalter bestellt, auf den die Verwaltungs- und Verfügungsbefugnis nach § 22 Abs. 1 InsO übergegangen ist, geht auf diesen ebenfalls die Antragsbefugnis über. Wurde nach Verfahrenseröffnung die Eigenverwaltung angeordnet, verbleibt die Zuständigkeit weiter beim Schuldner. Sie geht nicht auf den Sachwalter über, § 270d Satz 2 InsO (vgl. § 270d Rdn. 10).

IV. Prioritätsprinzip

19 Wie sich aus Abs. 1 Satz 3 ergibt, gilt für die Antragstellung das **Prioritätsprinzip**. Maßgeblich ist der zuerst gestellte Antrag. Damit hat sich der Gesetzgeber bewusst gegen die ausschließliche Zuständigkeit des Gerichtes des Mutterunternehmens entschieden. Eine statische und ausnahmslose Anknüpfung an den Sitz der Muttergesellschaft sei in den Fällen unangemessen, wenn die Konzernmutter gar nicht in die Insolvenz gerate oder der Sitz des Mutterunternehmens sich im Ausland befinde (Begr. RegE BT-Drucks. 18/407, S. 19). Trotzdem kann der Gerichtsstand am Sitz der Muttergesellschaft dann begründet werden, wenn diese den ersten Insolvenzantrag stellt. Kritik erfolgte aus der Literatur, die diese Regelung als missbrauchsanfällig ansah und ein forum-shopping erst ermöglichen würde (*Frind* ZInsO 2014, 927). Das hatte der Gesetzgeber bewusst in Kauf genommen und wollte mit der Wahlmöglichkeit, die das Prioritätsprinzip eröffnet, der Konzernleitung Gestaltungsmöglichkeiten zur Vorausplanung des Insolvenzbewältigungsprozesses an die Hand geben. So lassen Gerichte, die eine größere und regelmäßigere Auslastung der Insolvenzdezernate aufweisen und damit über größere Sachkunde und Erfahrung verfügen, eine besonders gute Bearbeitung auch großer und komplexer Fälle erwarten. Die bessere Planbarkeit lasse solche Missbrauchsgefahren, anders als im grenzüberschreitenden Kontext, in der sich dann in Bezug auf das anwendbare Recht andere Folgen ergeben würden, in den Hintergrund treten (Begr. RegE BT-Drucks. 18/407, S. 19).

20 Haben mehrere gruppenangehörige Schuldner den Antrag zeitgleich gestellt oder lässt sich nicht mehr nachvollziehen, welcher Antrag zuerst gestellt wurde, ist der Antrag des Schuldners entscheidend, der im vergangenen Jahr die meisten Arbeitnehmer beschäftigt hat (Begr. RegE BT-Drucks. 18/11436, S. 24). Das gilt auch dann, wenn die nach Abs. 1 Satz 2 für die Begründung eines Konzerngerichtsstandes erforderlichen Schwellenwerte von keinem der Schuldner erreicht werden. Alle anderen Anträge sind unzulässig und als solche abzuweisen. Unzulässig bezieht sich nur auf den Antrag zur Begründung des Gruppen-Gerichtsstands, nicht auf den Insolvenzantrag (Begr. RegE BT-Drucks. 18/407, S. 26). Es empfiehlt sich daher in der nach § 13a InsO erforderlichen Begründung des Antrags sehr umfassend zu den Beschäftigungszahlen vorzutragen und diese nachzuweisen.

21 Offen hat der Gesetzgeber die Fälle gelassen, in denen Gläubigerantrag und Eigenantrag unterschiedlicher Gruppenmitglieder miteinander konkurrieren und der Fremdantrag als erstes gestellt wurde. Insofern sind Fälle vorstellbar, dass ein Gläubigerantrag für das Gruppenmitglied A vorliegt bei

dessen Satzungssitz C, das aber nach der Konzernstrategie erst zu einem späteren Zeitpunkt Antrag stellen sollte und dass das Gruppenmitglied B, das Pilotverfahren bei seinem wirtschaftlichen Mittelpunkt in D beantragen sollte und auch dort den Gruppen-Gerichtsstand für die noch zu beantragenden Folgeverfahren. Hier sollte man es der Unternehmensgruppe anheimstellen, ob der Antrag auf Begründung der Gruppenzuständigkeit an dem zuerst angerufenen Gericht in C oder B oder ggf. bei einem vom ihm gestellten Verweisungsantrag an dem dortigen Gericht gestellt wird. Dem lässt sich auch nicht entgegenhalten, dass der Gesetzgeber mit dem in § 3a InsO angelegten Prioritätsprinzip die gruppenangehörigen Schuldner zu einem möglichst frühzeitigen Insolvenzantrag leiten wollte. Allerdings sollte es auch nicht gegen des in § 1 InsO verankerte Prinzip der gleichmäßigen Gläubigerbefriedigung laufen.

V. Gemeinsames Interesse der Gläubiger

Der Antrag muss im **gemeinsamen** Interesse der Gläubiger sein. Nach Abs. 2 kann das Gericht den Antrag auf Begründung eines Gruppen-Gerichtsstands abweisen, wenn Zweifel daran bestehen, dass eine Konzentration der Verfahrensführung bei dem angerufenen Gericht im gemeinsamen Interesse der Gläubiger liegt (Begr. RegE BT-Drucks. 18/407, S. 27). Damit wird zunächst unterstellt, dass die Konzentration und damit der Erhalt der Konzernstruktur grds. im gemeinsamen Interesse der Gläubiger liegen (anders noch der DiskE für ein Gesetz zur Erleichterung der Bewältigung von Konzerninsolvenzen, ZIP 2013, Beil. zu Heft 2 S. 1 f., 8, der in § 3a Abs. 1 Satz 1 Nr. 2 noch von einem positiv festzustellenden gemeinsamen Interesse der Gläubiger ausging und in der Lit. zu Recht kritisiert wurde, vgl. nur *Eidenmüller/Frobenius* ZIP 2013, Beil. zu Heft 22, S. 8). Das gemeinsame Interesse der Gläubiger bezieht sich nicht nur auf das des antragstellenden Unternehmens, sondern auf die Interessen der Gläubiger sämtlicher gruppenangehöriger Schuldner. Es soll immer dann zu bejahen sein, wenn durch eine koordinierte Abwicklung der Einzelverfahren sich Koordinierungsgewinne erzielen lassen. Die Koordinierungsgewinne/Synergieeffekte müssen nicht bei allen Massen eintreten, sollen aber auch die übrigen Massen nicht benachteiligen. Es wird auf den jeweiligen Einzelfall ankommen. Vor- und Nachteile werden jeweils abzuwägen sein. Es gibt eine Vielzahl von Konzerngestaltungen (s. dazu schon ausf. *Wimmer* § 3e Rdn. 4 ff.). Nicht jede Konzerngestaltung erfordert eine konzentrierte Abwicklung. Mischkonzerne oder solche, die über eine Holding eine Vielzahl von unterschiedlichen, nicht miteinander verbundenen Beteiligungsgesellschaften verwalten, erfordern keine konzentrierte Abwicklung, sondern werden in der Regel bessere Verwertungsergebnisse in der Einzelverwertung erwarten lassen. 22

Das Gericht legt bei seiner Entscheidung die Angaben zugrunde, die der antragstellende Schuldner nach § 13a Abs. 1 Nr. 2 InsO zu machen hat. Dabei muss es nicht im Einzelnen positiv feststellen, welche Kooperationsvorteile eine Verfahrenskooperation erwarten lässt (Begr. RegE BT-Drucks. 18/407, S. 27). Im Zweifel kann das Gericht eine Kooperation ablehnen. 23

VI. Keine untergeordnete Bedeutung des Schuldners im Konzern

Die Begründung eines Konzerngerichtsstandes ist nur dann durch den antragstellenden Schuldner zulässig, wenn der Schuldner nicht von lediglich untergeordneter Bedeutung für die gesamte Unternehmensgruppe ist. Die Umstände sind jeweils anhand des Einzelfalls zu prüfen. Abs. 1 Satz 2 beinhaltet eine gesetzliche Vermutung (*Wimmer* DB 2013, 1343 [1347]; anders *Flöther/v. Wilcken* Handbuch, § 4 Rn. 57, der hierin lediglich eine quantitative Orientierungshilfe sieht), nach der eine untergeordnete Bedeutung i.d.R. dann nicht anzunehmen ist, wenn die Zahl der vom Schuldner im Jahresdurchschnitt beschäftigten Arbeitnehmer mehr als 15 % der im Jahresdurchschnitt in der Unternehmensgruppe Beschäftigten und der Anteil des Unternehmens mehr als 15 % am Gruppenumsatz oder an der zusammengefassten Bilanzsumme übersteigt. Die im Gesetzesentwurf ursprünglich noch vorgesehene Kumulation dieser drei Schwellenwerte wurde insofern gelockert, dass nunmehr nur noch zwei der drei Schwellen überschritten werden müssen, allerdings mit der Maßgabe, dass nunmehr die Überschreitung der auf die Arbeitnehmerzahlen bezogene Schwelle zwingend vorausgesetzt wird. Damit wird den Betriebsstandorten und den dort bestehenden Arbeitsplätzen ge- 24 genüber den rein rechnungslegungstechnischen Größen ein größeres Gewicht eingeräumt (Begr. EKIG BT-Drucks. 18/11436, S. 24).

25 Ist nicht der gesamte Konzern als Gruppe betroffen, sondern nur eine Teilgruppe, kann es sein, dass die Schwellenwerte von keinem gruppenangehörigen Schuldner erreicht werden. In dem Fall kann für jeden dieser Schuldner zweifelhaft werden, ob bei dem für ihn zuständigen Gericht der Gruppen-Gerichtsstand begründet werden kann. Nach Abs. 1 Satz 4 kann der Gruppen-Gerichtsstand jedenfalls bei dem Gericht begründet werden, das für den gruppenangehörigen Schuldner mit den meisten Arbeitsplätzen zuständig ist (Begr. EKIG BT-Drucks. 18/11436, S. 24).

26 Auf die quantitativen Schwellenwerte finden die §§ 290 ff. HGB Anwendung (Begr. RegE BT-Drucks. 18/407, S. 27). Sie werden in zwei Stufen ermittelt. Zunächst ist der jeweilige Wert in der Gesamtgruppe darzustellen (Konzernbilanzsumme, Konzernumsatz, Gesamtarbeitnehmeranzahl), in der zweiten Stufe der jeweilige Wert des antragstellenden Schuldners.

27 Die **Konzernbilanz**, wie auch die **Konzern-Gewinn- und Verlustrechnung**, ist Bestandteil der Konzernrechnungslegung, § 297 HGB, auf die weitgehend die allgemeinen Rechnungslegungsvorschriften Anwendung finden, 298 HGB. Die Bilanzsumme ist die Summe der Aktivseite der Bilanz (vgl. § 267 Abs. 4a HGB), nach Abzug eines auf der Aktivseite eventuell ausgewiesenen, nicht durch Eigenkapital gedeckten Fehlbetrags, § 268 Abs. 3 HGB (Baumbach/Hopt/*Merkt* HGB, § 267 Rn. 2). Der Umsatz ergibt sich aus der Gewinn- und Verlustrechnung (§§ 275 Abs. 2 und 3, 277 HGB), in der Konzernkonsolidierung ist § 305 HGB zu beachten.

28 Die im Jahresdurchschnitt beschäftigte Arbeitnehmerzahl bei der antragstellenden Schuldnerin bestimmt sich nach § 267 Abs. 5 HGB. Die im Konzern im Durchschnitt beschäftigte Arbeitnehmerzahl ist dem aus dem zum Konzernjahresabschluss gehörenden Konzernanhang gem. § 314 Abs. 1 Nr. 4 HGB zu entnehmen.

29 Liegen keine Konzernabschlüsse vor, sei es, dass das Unternehmen nicht dazu verpflichtet ist, sei es, dass es tatsächlich nicht der Fall ist, müssen die quantitativen Schwellen anhand untechnischer Zusammenfassungen der Abschlüsse nach freiem richterlichem Ermessen geschätzt werden.

VII. Rechtsfolge: Begründung eines gemeinsamen Gruppen-Gerichtsstands für Gruppen-Folgeverfahren

30 Liegen sämtliche Voraussetzungen für die Begründung des Gruppen-Gerichtsstandes vor, erklärt sich das Gericht für die Gruppen-Folgeverfahren für zuständig. Unter Gruppen-Folgeverfahren sind nach der Legaldefinition des § 3a Abs. 1 Satz 1 InsO alle Insolvenzverfahren zu verstehen, die zu einem späteren Zeitpunkt über andere gruppenangehörige Schuldner beantragt werden (vgl. *Wimmer* jurisPR-InsR 8/2017 Anm. 1). Wer gruppenangehöriger Schuldner ist, bestimmt sich nach der Legaldefinition in § 3e InsO. Es kann auch nur eine Teilgruppe im Konzern betroffen sein (vgl. dazu Rdn. 14).

Der Gruppen-Gerichtsstand ist kein ausschließlicher, wie § 3c Abs. 2 InsO ausdrücklich klarstellt. Er tritt neben die nach § 3 Abs. 1 InsO bestehenden Gerichtsstände, so dass er keinerlei Sperrwirkungen zulasten der nach § 3 Abs. 1 InsO jeweils gegebenen Gerichtsstände entfaltet (Begr. RegE BT-Drucks. 18/407, S. 19; *Eidenmüller/Frobenius* ZIP 2013, Beil. zu Heft 22, S. 9). Er ist als Wahlgerichtsstand ausgestaltet (vgl. *Wimmer* DB 2013, 1343 [1347]). Der Gesetzgeber hat sich ausdrücklich gegen eine verdrängende Zuständigkeit entschieden, da nicht in jedem Fall ein besonderer Koordinierungsbedarf besteht, so wenn nur einzelne Konzerngesellschaften betroffen sind oder eine Konzentration der Zuständigkeiten nicht erforderlich ist. Außerdem soll den handlungspflichtigen Geschäftsleitern die Möglichkeit erhalten bleiben, ihren strafbewehrten Antragspflichten nach §§ 15 ff. InsO ordnungsgemäß und rechtzeitig beim zuständigen Gericht nachzukommen (Begr. RegE BT-Drucks. 18/407, S. 20). Aber auch in diesen Fällen besteht für den Schuldner in einem Gruppen-Folgeverfahren nach § 3d InsO die Möglichkeit, eine Verweisung an den Gruppen-Gerichtsstand zu erwirken.

Begründet das Gericht einen Gruppen-Gerichtstand am Sitz eines Gruppen-Mitglieds, dass die Voraussetzungen nach § 3a InsO nicht erfüllt, sei es, dass es offensichtlich von untergeordneter Bedeutung ist, sei es, dass es entgegen dem Prioritätsgrundsatz nicht das erste Gericht war, an dem der Antrag nach § 3a InsO gestellt wurde, bleibt der Beschluss wirksam (perpetuatio fori) und ist nicht angreifbar (vgl. § 6 InsO). 31

VIII. Entscheidung und Rechtsmittel

Funktionelle Zuständigkeit: Die Entscheidung über die Begründung eines Gruppen-Gerichtsstands bleibt auch nach Verfahrenseröffnung dem Richter vorbehalten, § 18 Abs. 1 Nr. 3 RPflG. 32

Der Richter entscheidet per Beschluss über die Begründung eines Gruppen-Gerichtsstandes, indem er das Gericht und ggf. sich für alle Insolvenzverfahren der gruppenangehörigen Schuldner für zuständig erklärt. Ein Rechtsmittel gegen die Entscheidung gibt es nicht, vgl. § 6 Abs. 1 Satz 1 InsO. 33

§ 3b Fortbestehen des Gruppen-Gerichtsstands

Ein nach § 3a begründeter Gruppen-Gerichtsstand bleibt von der Nichteröffnung, Aufhebung oder Einstellung des Insolvenzverfahrens über den antragstellenden Schuldner unberührt, solange an diesem Gerichtsstand ein Verfahren über einen anderen gruppenangehörigen Schuldner anhängig ist.

Das Gesetz zur Erleichterung der Bewältigung von Konzerninsolvenzen (EKIG) vom 13.04.2017 (BGBl I 2017, S. 866) tritt am 21.04.2018 in Kraft.

Übersicht	Rdn.		Rdn.
A. Normzweck	1	2. Antragsrücknahme	5
B. Fortbestehen des Gruppen-Gerichtsstandes	3	3. Erledigungserklärung	9
I. Fortbestehen des Gruppen-Gerichtsstandes bei Beendigung im vorläufigen Verfahren (Nichteröffnung)	3	II. Fortbestehen des Gruppen-Gerichtsstandes bei Beendigung des eröffneten Verfahrens	10
1. Abweisung mangels Masse	4	1. Einstellung des Verfahrens	11
		2. Aufhebung	16

A. Normzweck

Ist ein Gruppen-Gerichtsstand begründet worden, wird es regelmäßig von Nutzen sein, dass dieser auch dann weiter besteht, wenn das Verfahren, in dem er begründet worden ist, frühzeitig beendet oder erst gar nicht eröffnet wird. § 3b InsO wurde durch Gesetz zur Erleichterung der Bewältigung von Konzerninsolvenzen 2017 (BT-Drucks. 18/11436) eingeführt. In § 3b InsO-E ist deshalb geregelt, dass ein einmal begründeter Gruppen-Gerichtsstand fortbesteht, solange an diesem noch mindestens ein Verfahren über einen gruppenangehörigen Schuldner anhängig ist (Begr. RegE BT-Drucks. 18/407, S. 20). 1

Für die Gruppen-Folgeverfahren, die bereits während des Eröffnungsverfahrens oder vor Beendigung des Verfahrens über den antragstellenden Schuldner anhängig geworden sind, ergibt sich das Fortbestehen der Zuständigkeit schon aus dem geltenden Recht. Nachträgliche Änderungen zuständigkeitsbegründender Umstände lassen eine einmal begründete Zuständigkeit nicht entfallen (§ 4 InsO, § 261 Abs. 3 Nr. 2 ZPO). § 3b InsO geht über diesen allgemeinen Grundsatz der perpetuatio fori hinaus, indem er den Gruppen-Gerichtsstand auch für weitere, noch nicht anhängig gemachte Gruppen-Folgeverfahren bestehen lässt, solange dort zumindest noch ein Verfahren über einen gruppenangehörigen Schuldner anhängig ist. Hierdurch wird vermieden, dass der Gruppen-Gerichtsstand erneut begründet werden muss, um im Interesse der Gläubiger eine einheitliche Verfahrensführung an diesem Gerichtsstand zu ermöglichen (Begr. RegE BT-Drucks. 18/407, S. 27). 2

B. Fortbestehen des Gruppen-Gerichtsstandes

I. Fortbestehen des Gruppen-Gerichtsstandes bei Beendigung im vorläufigen Verfahren (Nichteröffnung)

3 Ein Insolvenzantragsverfahren kann durch Abweisung mangels Masse, Antragsrücknahme und Erledigung beendet werden. Für diese Fälle stellt sich die Frage des Fortbestehens des Gruppen-Gerichtsstandes. Der einmal begründete Gruppen-Gerichtsstand soll solange fortbestehen bleiben, wie mindestens ein Verfahren über einen gruppenangehörigen Schuldner anhängig ist. Nur wenn das Verfahren, in dem der Gruppen-Gerichtsstand begründet worden ist, beendet wird und in diesem Zeitpunkt an diesem Gerichtsstand kein Gruppen-Folgeverfahren mehr anhängig ist, besteht für die Aufrechterhaltung dieses Gerichtsstands kein Bedürfnis. Unter den Voraussetzungen des § 3a InsO-E kann dann aber erneut ein Gruppen-Gerichtstand begründet werden.

1. Abweisung mangels Masse

4 Hierunter fallen zunächst einmal alle Fälle, in denen zunächst ein zulässiger Insolvenzantrag gestellt wird, die Verfahrenseröffnung am Fehlen einer die Verfahrenskosten deckenden Masse scheitert, § 26 InsO. Für die Begründung des Gruppen-Gerichtsstandes nach § 3a InsO ist lediglich die Zulässigkeit des Insolvenzantrages erforderlich, nicht jedoch dessen Begründetheit. Der Gesetzgeber wollte damit in einem sehr frühen Stadium für die Unternehmensgruppe die Möglichkeit schaffen, einen Gruppen-Gerichtsstand zu begründen. Dem würde die Prüfung der Begründetheit des Insolvenzantrages entgegenstehen, die zeit- und aufwandsintensive Ermittlungen tatsächlicher und rechtlicher Art erfordern (Begr. RegE BT-Drucks. 18/407, S. 26). Stellt sich nun im vorläufigen Verfahren heraus, dass eine Eröffnung des beantragten Insolvenzverfahrens wegen einer fehlenden Kostendeckung nicht in Betracht kommt, kann dieses Erstverfahren mangels Masse abgewiesen werden, ohne dass sich an dem neubegründeten Gruppen-Gerichtsstand für Gruppen-Folgeverfahren etwas ändert.

2. Antragsrücknahme

5 Nach § 13 Abs. 2 InsO kann der Insolvenzantrag vom Antragsteller zurückgenommen werden. Die Rücknahme kann bei einem Eigenantrag nur von dem Schuldner, bei einem Fremdantrag nur von dem antragstellenden Gläubiger erklärt werden. Nach Verfahrenseröffnung ist eine Antragsrücknahme nicht mehr möglich (s. *Schmerbach* § 13 Rdn. 59, § 30 Rdn. 8).

6 Ein Eigeninsolvenzantrag kann zurückgenommen werden, wenn der Insolvenzgrund entfallen ist oder nicht behebbare Zuständigkeitsmängel vorliegen, in den nach § 270a InsO beantragten Fällen der Eigenverwaltung, wenn die Voraussetzungen der Eigenverwaltung gerichtsseitig als nicht erfüllt angesehen werden. Problematisch erscheint, ob in allen diesen Fällen einer Rücknahme der einmal begründete Gruppen-Gerichtsstand für alle Folgeverfahren aufrecht erhalten bleibt. Entfällt nachträglich der Insolvenzgrund, sei es durch Forderungsverzicht, Stundung oder Zuführung neuen Kapitals und erfolgt danach eine Rücknahme des Insolvenzantrages, verbleibt die durch weiteren Antrag begründete Gruppenzuständigkeit, bei dem ursprünglich angerufenen Gericht.

7 Nach Auffasssung von *v. Wilcken* (in: *Flöther* Handbuch, § 4 Rn. 55) soll das auch für den Fall gelten, in dem eine Konzentration an dem Sitz bzw. wirtschaftlichen Mittelpunkt der Holdinggesellschaft geplant und für diese einen Insolvenzantrag gestellt wird mit dem Ziel, den Gruppen-Gerichtsstand hier zu begründen, obwohl bei dieser aber noch kein Insolvenzgrund vorliegt. In einem solchen Fall werden die Kritiker auf eine potentielle missbräuchliche Zuständigkeitserschleichung verweisen. Dagegen spricht, dass der Gesetzgeber mit der Eröffnung des Wahlgerichtsstandes und dem Verzicht auf den Sitz der Holding als den Gruppen-Gerichtsstand, sehr großzügig umgegangen ist und den konzernangehörigen Schuldnern viel Spielraum bei der Auswahl gelassen hat. Zudem wird in den meisten Fällen zumindest der Insolvenzgrund der drohenden Zahlungsunfähigkeit vorliegen. Gleichzeitig geht man bei einer solchen Konstruktion auch das Risiko ein, dass aufgrund des gestellten Insolvenzantrages ein anderer Gläubiger seine Forderung fällig stellt und spätestens dann der Insolvenzgrund der Zahlungsunfähigkeit eingetreten ist. Für die Zulässigkeit des Insolvenzantrages reicht es aus, dass das Vorliegen eines Eröffnungsgrundes schlüssig dargestellt wird (vgl. *Schmerbach* § 14 Rdn. 5).

Ist bei einem Fremd(insolvenz)antrag der Antrag auf Begründung eines Gruppen-Gerichtsstands von dem Schuldner gestellt worden (s. § 3a Rdn. 7 f.) und nimmt anschließend der antragstellende Gläubiger nach Befriedigung seiner Forderung den Insolvenzantrag zurück, verbleibt der einmal begründete Gruppen-Gerichtsstand für alle laufenden und zukünftigen Gruppen-Folgeverfahren bei dem angerufenen Gericht. 8

3. Erledigungserklärung

Eine Erledigungserklärung kommt nur bei einem Fremdantrag in Betracht. Der antragstellende Gläubiger kann den Insolvenzantrag für erledigt erklären (zu den Voraussetzungen einer Erledigungserklärung s. ausf. *Schmerbach* § 13 Rdn. 271 f.). Demgegenüber kann der Schuldner bei einem Eigenantrag keine Erledigung erklären. Nur ausnahmsweise kommt eine Erledigungserklärung des Schuldners im Eigenantragsverfahren in §§§ 270a, 270b InsO in Betracht (AG *Göttingen* ZInsO 2012, 2297 [2298]; *Schmerbach* § 13 Rdn. 270). Wird der Antrag auf Begründung eines Gruppen-Gerichtsstand bei einem Fremd(insolvenz)antrag von dem Schuldner gestellt (vgl. § 3a Rdn. 7 f.), verbleibt der einmal begründete Gruppen-Gerichtsstand für alle laufenden und zukünftigen Gruppen-Folgeverfahren bei dem angerufenen Gericht. 9

II. Fortbestehen des Gruppen-Gerichtsstandes bei Beendigung des eröffneten Verfahrens

Denkbar sind auch Fälle, die zunächst zu einer Eröffnung des Verfahrens geführt haben und das Verfahren selbst beendet wird. Eine Rücknahme des Insolvenzantrages ist nach Verfahrenseröffnung ohnehin nicht mehr zulässig. Wird das Insolvenzverfahren vollständig und ordnungsgemäß durchgeführt, wird es nach Verteilung der Masse oder Bestätigung des Insolvenzplanes aufgehoben. Wird es vorzeitig beendet, spricht das Gesetz von einer Einstellung des Verfahrens. In beiden Fällen soll es bei einem Fortbestehen des Gruppen-Gerichtsstandes bleiben, wenn zumindest noch ein Gruppen-Folgeverfahren an diesem Gerichtsstand anhängig ist. 10

1. Einstellung des Verfahrens

Das Insolvenzverfahren kann aus verschiedenen rechtlichen Gründen eingestellt werden. 11

Der weitaus häufigste Fall wird die Einstellung des Verfahrens gem. § 207 InsO mangels eine die Verfahrenskosten deckende Masse betreffen. In diesen Fällen erfolgt nicht einmal mehr eine weitere Masseverwertung. Das Verfahren wird nach § 207 Abs. 1 InsO eingestellt. 12

Das Verfahren findet auch dann ein Ende, wenn nach Anzeige der Masseunzulänglichkeit (§ 208 InsO) die noch vorhanden gewesene Masse verwertet und verteilt wurde. In dem Fall stellt das Gericht das Verfahren nach § 211 InsO ein. 13

Deutlich seltener sind die Fälle in denen das Gericht ein Verfahren auf Antrag des Schuldners nach § 212 InsO einstellt, wenn nachträglich der Eröffnungsgrund weggefallen ist. In dem Fall hat der Schuldner in dem Antrag glaubhaft zu machen, dass ein Insolvenzgrund nicht oder nicht mehr vorliegt. 14

Schließlich kann das Verfahren auf Antrag des Schuldners nach § 213 InsO eingestellt werden, wenn alle Gläubiger der Einstellung zustimmen. 15

2. Aufhebung

Nach Abhaltung des Schlusstermins und Vollziehung der Schlussverteilung ist das Insolvenzverfahren beendet. Danach beschließt das Gericht die Aufhebung des Verfahrens, § 200 Abs. 1 InsO. Mit Aufhebung des Verfahrens erhält der Schuldner die Verwaltungs- und Verfügungsbefugnis zurück. 16

§ 3c InsO Zuständigkeit für Gruppen-Folgeverfahren

17   Das Insolvenzverfahren kann auch durch einen Insolvenzplan beendet werden. Sobald der Insolvenzplan rechtskräftig geworden ist, hebt das Gericht durch formellen Hoheitsakt das Insolvenzverfahren auf, § 258 InsO.

§ 3c Zuständigkeit für Gruppen-Folgeverfahren

(1) Am Gericht des Gruppen-Gerichtsstands ist für Gruppen-Folgeverfahren der Richter zuständig, der für das Verfahren zuständig ist, in dem der Gruppen-Gerichtsstand begründet wurde.

(2) Der Antrag auf Eröffnung eines Gruppen-Folgeverfahrens kann auch bei dem nach § 3 Absatz 1 zuständigen Gericht gestellt werden.

Das Gesetz zur Erleichterung der Bewältigung von Konzerninsolvenzen (EKIG) vom 13.04.2017 (BGBl I 2017, S. 866) tritt am 21.04.2018 in Kraft.

Übersicht	Rdn.		Rdn.
A. Zweck und Inhalt der Vorschrift	1	I. Zuweisung der Gruppen-Folgeverfahren auf denselben Richter	3
B. Zuständigkeit für Gruppen-Folgeverfahren	3	II. Zuständigkeit nach Abs. 2	13

Literatur:
Eidenmüller/Frobenius Ein Regulierungskonzept zur Bewältigung von Gruppeninsolvenzen: Verfahrenskonsolidierung im Kontext nationaler und internationaler Reformvorhaben, ZIP 2013, Beil. zu Heft 22, S. 1; *Fölsing* Konzerninsolvenz: Gruppen-Gerichtsstand, Kooperation und Koordination, ZInsO 2013, 413; *Smid* Gerichtsverfassungsrechtliche Fragen zum künftigen Konzerninsolvenzrecht, ZInsO 2016, 1277; *Wimmer* Konzerninsolvenzen im Rahmen der EUInsVO, Ausblick auf die Schaffung eines deutschen Konzerninsolvenzrechts, DB 2013, 1343; *ders.* Das Gesetz zur Erleichterung der Bewältigung von Konzerninsolvenzen, jurisPR-InsR 8/2017.

A. Zweck und Inhalt der Vorschrift

1   § 3c InsO wurde durch Gesetz zur Erleichterung der Bewältigung von Konzerninsolvenzen 2017 (BT-Drucks. 18/11436) eingeführt. Ergänzend zu den in §§ 3a bis 3e InsO enthaltenen Regeln zu einer Zuständigkeitskonzentration sieht § 3c Abs. 1 InsO eine Zuständigkeit desselben Richters beim Gericht des Gruppen-Gerichtsstands vor. Ohne eine solche einheitliche Richterzuständigkeit könnten mit Reibungsverlusten verbundene Abstimmungsprozesse nach § 269b InsO bei dem Gericht des Gruppen-Gerichtsstands erforderlich werden. Die Vorteile einer Zuständigkeitskonzentration wären dann nur teilweise erreicht.

2   In Abs. 2 wird klargestellt, dass die Zuständigkeit nach § 3a InsO keine ausschließliche ist. Sie tritt vielmehr neben den auch weiterhin bestehenden Gerichtsstand nach § 3 Abs. 1 InsO.

B. Zuständigkeit für Gruppen-Folgeverfahren

I. Zuweisung der Gruppen-Folgeverfahren auf denselben Richter

3   Der Geschäftsverteilungsplan bestimmt, welcher Richter innerhalb des Gerichts bei Beantragung eines Insolvenzverfahrens für den konkreten Einzelfall zuständig ist.

4   Der Geschäftsverteilungsplan hat die Funktion, den gesetzlichen Richter für jeden Einzelfall, in dem der Richter nach den Zuständigkeitsregeln der Prozessordnung tätig zu werden hat, festzulegen (Zöller/*Lückemann* GVG, § 21e Rn. 33). Er wird im Voraus für die gesamte Dauer eines Geschäftsjahres bestimmt (§ 23 Abs. 1 Satz 2 GVG) und ist nur eingeschränkt während des Geschäftsjahres änderbar. In der Praxis enthalten die Geschäftsverteilungspläne für Insolvenzsachen alphabetische oder turnusmäßige Verteilungsregeln. Nicht jeder Geschäftsverteilungsplan enthält Regeln über Insolvenzverfahren, die in einem wirtschaftlichen Zusammenhang stehen, insbesondere dahingehend, dass der Richter, in dessen Zuständigkeit der erste Insolvenzantrag fällt, auch für alle weiteren in wirtschaftlichen Zusammenhang stehenden Verfahren zuständig wird. Ebenso können diese Pläne auch

anordnen, dass in solchen Fällen ein anderer Richter zuständig wird, um ggf. Interessenkollisionen zu vermeiden.

Damit wird allein mit der Begründung eines Gruppen-Gerichtsstandes das Ziel der Zuständigkeitskonzentration nicht erreicht, wenn nicht auch innerhalb des Insolvenzgerichts eine einheitliche Zuständigkeit festgelegt wird. Das hätte zur Folge, dass bei einer Zuständigkeit unterschiedlicher Personen für die einzelnen Gruppen-Folgeverfahren die Richter dieses Gerichts sich untereinander nach § 269b InsO in Bezug auf die koordinierte Verfahrensführung in gleicher Weise abzustimmen hätten, wie wenn unterschiedliche Gerichte befasst wären. 5

Abs. 1 ordnet an, dass der nach der Geschäftsverteilung für das Verfahren zuständige Richter, in dem der Gruppen-Gerichtsstand begründet worden ist, auch für die Gruppen-Folgeverfahren zuständig ist. Mit dieser Zuständigkeitsregelung greift das Gesetz in die grds. den Präsidien der Gerichte obliegende Gestaltungsfreiheit bei der richterlichen Geschäftsverteilung ein und ersetzt diese durch eine gesetzliche Zuständigkeitszuweisung. Der Bundesrat regte im Rahmen des Gesetzgebungsverfahrens an, diese zwingende Regelung in eine Sollvorschrift abzumildern, da den Gerichten damit jede Möglichkeit genommen werde, eine Geschäftsverteilung vorzunehmen, die sich an den besonderen Gegebenheiten und Umständen des Einzelfalls und der Situation vor Ort orientieren kann (BR-Drucks. 663/1/13, S. 2). Dem ist die Bundesregierung nicht gefolgt. Eine effektive Abwicklung der Verfahren am Gericht des Gruppen-Gerichtsstands wird nur dann erreicht, wenn bei diesem Gericht eine Zuständigkeit desselben Richters gewährleistet ist. Andernfalls würde sich der Abstimmungsaufwand lediglich von der Ebene der Gerichte auf die Ebene der am Gruppen-Gerichtsstand zuständigen Insolvenzrichter verlagern (Begr. RegE BT-Drucks. 18/407, S. 49). 6

Qua gesetzlicher Zuständigkeitszuweisung bleibt damit der **Richter**, der das erste Gruppen-Verfahren zugewiesen bekommen hat und den Gruppen-Gerichtsstand beschlossen hat, für alle Gruppen-Folgeverfahren zuständig. 7

Das gilt auch für die Zuständigkeit hinsichtlich der Bestellung eines Gruppen-Gläubigerausschusses nach § 269c InsO. Ausdrücklich erfolgt eine solche Zuweisung zwar nicht an diesen Richter. Es ist aber dem Sinn- und Zweck der Zuständigkeitszuweisung im Rahmen einer Gruppen-Insolvenz mit Gruppen-Gerichtsstand zu entnehmen (vgl. § 269c Rdn. 8). 8

Der gemeinsame Richter ist auch für die Anordnung des Koordinationsverfahrens und der Bestellung des Verfahrenskoordinators zuständig (vgl. ausf. *Wimmer* § 269d Rdn. 11). 9

Auch wenn gesetzlich bestimmt wird, dass für Gruppen-Folgeverfahren immer der Richter zuständig ist, in dessen Zuständigkeit das Verfahren fällt, in dem der Gruppen-Gerichtsstand begründet wurde, bleibt das Präsidium am Gericht des Gruppen-Gerichtsstands hinreichend flexibel. Es behält die Möglichkeit, eine Änderung der richterlichen Geschäftsverteilung zu beschließen, aufgrund der sich auch die Zuständigkeit für das Verfahren, in dem der Gruppen-Gerichtsstand begründet worden ist, ändert. Die Änderung der Zuständigkeit für das Ausgangsverfahren geht dann mit einer Änderung der Zuständigkeit für die Gruppen-Folgeverfahren einher (Begr. RegE BT-Drucks. 18/407, S. 49). 10

So kann der Geschäftsverteilungsplan eine Änderung der Zuständigkeit dahingehend vorsehen, dass ein Richterwechsel auf einen anderen Richter erfolgt, wenn ein Gruppen-Gerichtsstand für Gruppen-Folgeverfahren begründet werden soll. Dafür sprechen meist sachliche Gründe, so wenn ein anderer Richter, auf den die Zuständigkeit dann fällt, die größere Erfahrung mit der Betreuung von Konzern- und Großinsolvenzen hat. Einen Richterwechsel wollte der Gesetzgeber nicht ausschließen. Er wollte lediglich, dass alle Gruppen-Folgeverfahren mit dem Erst-Verfahren in einer Hand verbleiben und weiterer Koordinations- bzw. Abstimmungsbedarf auf Richterebene entfällt. 11

Das Gesetz zur Erleichterung der Bewältigung von Konzerninsolvenzen vom 13.04.2017 (BGBl. I 2017, S. 866) tritt erst am 21.04.2018 in Kraft, so dass ausreichend Zeit besteht, die Geschäftsverteilungspläne für das nächste Jahr der neuen gesetzlichen Regelung anzupassen. 12

II. Zuständigkeit nach Abs. 2

13 § 3c Abs. 2 InsO stellt klar, dass der Gruppen-Gerichtsstand nach § 3a InsO kein ausschließlicher Gerichtsstand ist. Er ist als Wahlgerichtsstand ausgestaltet (vgl. *Wimmer* jurisPR-InsR 8/2017; *ders.* DB 2013, 1343 [1347]). Damit tritt er neben die nach § 3 Abs. 1 InsO bestehenden Gerichtsstände. Er entfaltet keinerlei Sperrwirkungen zulasten der nach § 3 Abs. 1 InsO jeweils gegebenen Gerichtsstände (Begr. RegE BT-Drucks. 18/407, S. 19; *Eidenmüller/Frobenius* ZIP 2013, Beil. zu Heft 22, S. 9). Gruppenangehörige Schuldner wie auch Gläubiger können damit sowohl am Gerichtsstand nach § 3a InsO wie auch an dem nach § 3 InsO zuständigen Gericht einen Insolvenzantrag stellen. Der Gesetzgeber hat sich ausdrücklich gegen eine verdrängende Zuständigkeit entschieden. Nicht in jedem Fall besteht ein besonderer Koordinierungsbedarf. Sind nur einzelne Konzerngesellschaften betroffen oder ist eine Konzentration der Zuständigkeiten nicht erforderlich, können die Verfahren auch bei den nach § 3 InsO zuständigen Gerichten durchgeführt werden. Außerdem soll den handlungspflichtigen Geschäftsleitern die Möglichkeit erhalten bleiben, ihren strafbewehrten Antragspflichten nach §§ 15 ff. InsO ordnungsgemäß und rechtzeitig beim zuständigen Gericht nachzukommen (Begr. RegE BT-Drucks. 18/407, S. 20).

14 Im Einzelfall mag das Fehlen einer Sperrwirkung dazu führen, dass Anträge bei mehreren Gerichten anhängig werden. Der Gesetzgeber sieht darin ein Indiz dafür, dass die Antragstellungen nicht sorgfältig vorbereitet und koordiniert wurden und dass insoweit auch ungünstige Voraussetzungen für eine effektive Koordinierung in den Insolvenzverfahren bestehen (Begr. RegE BT-Drucks. 18/407, S. 20). Es sind Fälle denkbar, in den der Schuldner den Antrag bewusst bei dem nach § 3 InsO zuständigen Gericht stellt und sich gegen eine Verweisung an den Gruppen-Gerichtsstand ausspricht. Nach Ansicht von *Fölsing* (ZInsO 2013, 413 [416]) sei eine solche Loslösung aus dem Konzernverbund zu respektieren, wenn diese nicht von vornherein als undurchführbar oder für die Insolvenzgläubiger als nachteilig erscheinen. Es wird auf den jeweiligen Einzelfall ankommen, ob an den Gruppen-Gerichtsstand zu verweisen ist (vgl. ausf. dazu § 3d Rdn. 11).

15 War in Bezug auf andere gruppenangehörige Schuldner vor dem Beschluss des Gerichts, durch den der Gruppen-Gerichtsstand begründet wird, ein Eröffnungsantrag gestellt worden, so geht dieser Antrag etwaigen späteren Anträgen nach § 3 Abs. 2 InsO vor. Aber auch in diesen Fällen besteht für den Schuldner in einem Gruppen- Folgeverfahren nach § 3d InsO die Möglichkeit, eine Verweisung an den Gruppen-Gerichtsstand zu erwirken (Begr. RegE BT-Drucks. 18/407, S. 19).

§ 3d Verweisung an den Gruppen-Gerichtsstand

(1) Wird die Eröffnung eines Insolvenzverfahrens über das Vermögen eines gruppenangehörigen Schuldners bei einem anderen Insolvenzgericht als dem Gericht des Gruppen-Gerichtsstands beantragt, kann das angerufene Gericht das Verfahren an das Gericht des Gruppen-Gerichtsstands verweisen. Eine Verweisung hat auf Antrag zu erfolgen, wenn der Schuldner unverzüglich nachdem er Kenntnis von dem Eröffnungsantrag eines Gläubigers erlangt hat, einen zulässigen Eröffnungsantrag bei dem Gericht des Gruppen-Gerichtsstands stellt.

(2) Antragsberechtigt ist der Schuldner. § 3a Absatz 3 gilt entsprechend.

(3) Das Gericht des Gruppen-Gerichtsstands kann den vom Erstgericht bestellten vorläufigen Insolvenzverwalter entlassen, wenn dies erforderlich ist, um nach § 56b eine Person zum Insolvenzverwalter in mehreren oder allen Verfahren über die gruppenangehörigen Schuldner zu bestellen.

Das Gesetz zur Erleichterung der Bewältigung von Konzerninsolvenzen (EKIG) vom 13.04.2017 (BGBl. I 2017, S. 866) tritt am 21.04.2018 in Kraft.

Übersicht	Rdn.		Rdn.
A. Normzweck	1	I. Verweisung bei Eigenantrag	4
B. Verweisung an den Gruppen-Gerichtsstand	2	II. Verweisung bei Fremdantrag	13
		III. Verweisung bei mehreren Anträgen	15

		Rdn.			Rdn.
IV.	Antragsberechtigung	17	C.	Entlassung des Insolvenzverwalters	22
V.	Rechtsfolge	20			

Literatur:
Andres/Möhlenkamp Konzerne in der Insolvenz – Chance auf Sanierung?, BB 2013, 579; *Brünkmanns* Entwurf eines Gesetzes zur Erleichterung von Konzerninsolvenzen: Kritische Analyse und Anregungen aus der Praxis, ZIP 2013, 193; *Eidenmüller/Frobenius* Ein Regulierungskonzept zur Bewältigung von Gruppeninsolvenzen: Verfahrenskonsolidierung im Kontext nationaler und internationaler Reformvorhaben, ZIP 2013, Beil. zu Heft 22, S. 1; *Fölsing* Konzerninsolvenz: Gruppen-Gerichtsstand, Kooperation und Koordination, ZInsO 2013, 413; *Graeber* Das Konzerninsolvenzverfahren des Diskussionsentwurfes 2013, ZInsO 2013, 409; *Thole* Das neue Konzerninsolvenzrecht in Deutschland, KTS 2014, 351; *Wimmer* Konzerninsolvenzen im Rahmen der EUInsVO, Ausblick auf die Schaffung eines deutschen Konzerninsolvenzrechts, DB 2013, 1343; *ders.* Das Gesetz zur Erleichterung der Bewältigung von Konzerninsolvenzen, jurisPR-InsR 8/2017.

A. Normzweck

§ 3d InsO wurde durch Gesetz zur Erleichterung der Bewältigung von Konzerninsolvenzen 2017 (BT-Drucks. 18/11436) eingeführt und ermöglicht die Verweisung an das Gericht des Gruppen-Gerichtsstands, wenn gruppenangehörige Schuldner oder deren Gläubiger Anträge auf Eröffnung von Gruppen-Folgeverfahren bei anderen Gerichten als bei dem nach § 3a Abs. 1 InsO zuständigen Gericht stellen. Ein ggf. vom Erstgericht bereits bestellter vorläufiger Verwalter kann von dem Gericht des Gruppen-Gerichtsstands entlassen werden. 1

B. Verweisung an den Gruppen-Gerichtsstand

Der Gesetzgeber hat für gruppenangehörige Schuldner sowohl beim Eigenantrag wie auch beim Fremdantrag weiter die Möglichkeit belassen, einen Insolvenzantrag am Gerichtsstand ihres Sitzes oder ihres wirtschaftlichen Mittelpunktes nach § 3 InsO zu stellen. Machen Gläubiger oder Schuldner davon Gebrauch, kann das angerufene Gericht das Verfahren an das Gericht des Gruppen-Gerichtsstandes verweisen. 2

§ 3d InsO betrifft nur solche Fälle, in denen der Antrag auf Begründung eines Gruppen-Gerichtsstandes bereits gestellt ist und ein solcher auch schon begründet ist (vgl. *Thole* KTS 2014, 351 [357]). In der Literatur wird dieses als zu eng angesehen. Die Interessenlage sei keine andere, wenn der Fremdantrag vor Begründung eines Gruppen-Gerichtsstandes erfolgte. Deswegen sollte die Vorschrift dahingehend ausgelegt werden, dass eine Verweisung auch dann erfolgen sollte, wenn gleichzeitig ein zulässiger Antrag auf Begründung eines Gruppen-Gerichtsstandes gestellt wird (*Flöther/v. Wilcken* Handbuch, § 4 Rn. 62). Dem ist zu folgen. 3

I. Verweisung bei Eigenantrag

Die Verweisung erfolgt von Amts wegen. Ein Verweisungsantrag ist nicht notwendig (*Graeber* ZInsO 2013, 409 [410]). 4

Das Gericht hat den Schuldner vor einer Verweisung anzuhören. Grundsätzlich ist vor dem Erlass einer Entscheidung **rechtliches Gehör** (Art. 103 Abs. 1 GG) zu gewähren. § 3d InsO ordnet keine formale Anhörung an. Jedem Verfahrensbeteiligten ist rechtliches Gehör zu gewähren, bevor eine ihn beschwerende Entscheidung ergeht (s. *Schmerbach* § 5 Rdn. 58). Soll von Amtswegen eine Verweisung an ein anderes Gericht, als der Schuldner angerufen hat, erfolgen, ist darin eine beschwerende Entscheidung des Schuldners zu sehen. 5

Die **Anhörung** des Schuldners kann mündlich oder schriftlich erfolgen. Es kann ausreichen, wenn Gelegenheit zur Stellungnahme gegeben wird (vgl. *Schmerbach* § 5 Rdn. 60). 6

7 Es sind vielfältige Gründe denkbar, weshalb Geschäftsleiter im Falle einer Gruppeninsolvenz weiter einen Antrag am Gericht nach § 3 InsO stellen und nicht am Gericht des Gruppen-Gerichtsstandes nach § 3a InsO:
   – Sie handeln aus Unkenntnis, dass bereits ein Gruppen-Gerichtsstand begründet wurde.
   – Sie handeln vorschnell und unkoordiniert, aus Angst vor Haftung und Strafbarkeit wegen Insolvenzverschleppung.
   – Sie gehören zum Konzern aber nicht zu der Gruppe.
   – Sie gehören zum Konzern und der Gruppe, wollen aber im Insolvenzfahren sich nicht dem »Konzerndiktat« unterwerfen, weil sie Nachteile für ihre Gläubiger befürchten.

8 So kann es durchaus im Interesse des Schuldners liegen, weiter am Gerichtstand nach § 3 InsO zu verbleiben.

9 Die Entscheidung über die Verweisung steht im eigenen **Ermessen** des Gerichts (*Thole* KTS 2014, 351 [357]; *Brünkmanns* ZIP 2013, 193 [197]). Bei der Interessenabwägung hat das Gericht auch zu berücksichtigen, ob eine Verweisung unter Berücksichtigung des erreichten Verfahrensstands im Interesse der Gläubiger des Schuldners liegt. So kann es sein, dass von diesem Gericht bereits Sicherungsmaßnahmen angeordnet wurden, ein vorläufiger Verwalter bestellt wurde und der (vorl.) Verwalter zahlreiche Dispositionen getroffen hat, die es nicht mehr als opportun erscheinen lassen, das Verfahren zu verweisen.

10 Teilen der Literatur (*Eidenmüller/Frobenius* ZIP 2013, Beil. zu Heft 22 S. 1, 9; MüKo-InsO/*Brünkmanns* Konzerninsolvenzrecht Rn. 55; *Andres/Möhlenkamp* BB 2013, 579 [585]) geht die Ermessensregelung nicht weit genug. Gefordert wird eine generelle Verweisungspflicht der Gerichte an das Gruppen-Gericht. Nach Ansicht von *Brünkmanns* (in: MüKo-InsO, Konzerninsolvenzrecht Rn. 55) sollte zumindest auf Antrag des Schuldners eine Verweisung an den Gruppen-Gerichtsstand zu erfolgen haben, de lege ferrenda regt er an, eine Verweisungspflicht von Amtswegen einzuführen, solange dies nicht offensichtlich nachteilhaft für die Gläubiger der Gesellschaft ist.

11 Eine generelle Verweisungspflicht an das Gericht des Gruppen-Gerichtsstandes ist abzulehnen und so auch nicht aus der Vorschrift herzuleiten. Abgesehen davon erscheint es auch nicht sinnvoll, de lege ferrenda eine strikte Verweisungsregelung in das Gesetz aufzunehmen. Es gibt Fallgestaltungen, die gegen eine Konzentration am Gruppen-Gerichtsstand sprechen können. So kann der Schuldner zwar Mitglied im Konzernverbund sein, aber nicht zwangsläufig Mitglied dieser Gruppe, für die der Gruppen-Gerichtsstand gebildet wurde (vgl. zum Begriff der Gruppe *Wimmer* § 3e Rdn. 13). Weiter sind Fälle denkbar, in denen der Schuldner den Antrag bewusst bei dem nach § 3 InsO zuständigen Gericht stellt und sich gegen eine Verweisung an den Gruppen-Gerichtsstand ausspricht. Mit dem Insolvenzantrag trägt der Schuldner vor, dass der Konzernverbund in der Vergangenheit nachteilig für den Unternehmensträger und seine Gläubiger gewesen sei und dieses auch für die Zukunft zu befürchten sei. Eine solche Lösung aus dem Konzernverbund sollte weiter möglich bleiben (so auch *Fölsing* ZInsO 2013, 413 [416], wenn die Lösung aus dem Konzernverbund nicht von vornherein als undurchführbar oder für die Insolvenzgläubiger als nachteilig erscheint). Dabei wird es auf den jeweiligen Einzelfall ankommen. Wenn das Gericht nicht aus eigener Erkenntnis prüfen kann, ob die Beibehaltung des angerufenen Gerichts oder eine Verweisung an das Gruppen-Gericht im Interesse der Gläubiger liegt, kann es bei Erteilung des Gutachtenauftrags den Auftrag auch dahingehend erweitern, dass der Gutachter kurzfristig zu prüfen habe, welche nachteiligen Folgen für das Verbleiben im Konzernverbund für die Gläubiger des antragstellenden Schuldners zu erwarten seien.

12 Anders sind die Fälle zu beurteilen, in denen der Schuldner den Antrag, sei es aus Unkenntnis des Gruppen-Gerichtsstandes oder weil er nur eine eigene Haftung oder Strafbarkeit vermeiden wollte, zunächst am Gericht nach § 3 InsO gestellt hat und im Interesse der Gruppe, eine Verweisung an das Gruppen-Gericht anstrebt und zeitnah einen eigenen Antrag auf Verweisung an das Gericht des *Gruppen-Gerichtstandes* stellt. In solchen Fällen sollte das Eingangsgericht verpflichtet sein, an das Gruppen-Gericht zu verweisen (so auch MüKo-InsO/*Brünkmanns* Konzerninsolvenzrecht

Rn. 55). Es kann nicht sein, dass zunächst zur Vermeidung von Haftung und Strafbarkeit korrekt ein Insolvenzantrag gestellt wird und dieser erst zurückgenommen werden muss, um einen Antrag unter Auflebung der Haftungsfolgen und Strafbarkeit erneut am Gericht des Gruppen-Gerichtes zu stellen. Das kann der Gesetzgeber so nicht gewollt haben.

II. Verweisung bei Fremdantrag

Nach dem im Insolvenzrecht geltenden Prioritätsprinzip im Hinblick auf die Zuständigkeitsfrage ist das bei mehreren Zuständigkeiten erste angerufene Gericht zuständig i.S.v. § 3 Abs. 2 InsO. Hiervon macht § 3d Abs. 1 Satz 2 InsO eine Ausnahme. Das nach § 3 angerufene Gericht hat bei einem Gläubigerantrag das Insolvenzverfahren auf Antrag des Schuldners an das Gericht des Gruppen-Gerichtsstandes zu verweisen, wenn unverzüglich nach der Bekanntgabe des Gläubigerantrags ein Eigenantrag des Schuldners beim Gericht des Gruppen-Gerichtsstands gestellt wurde. Für das Gericht besteht insofern eine Verweisungspflicht. In diesem Fall ist durch das Erfordernis der unverzüglichen Eigenantragstellung gewährleistet, dass das Verfahren noch nicht in einer Weise gefördert wurde, die im Verweisungsfall Nachteile für die weitere Verfahrensführung erwarten lässt (Begr. RegE BT-Drucks. 18/407, S. 28). Dem Antrag auf Verweisung sollte zur Glaubhaftmachung eine Kopie des Insolvenzantrages und ggf. ein bereits erteiltes Aktenzeichen mitgeteilt werden.

13

Probleme werden sich in der Praxis ggf. aus der Zeitfrage ergeben, wann noch der Eigenantrag als »unverzüglich« i.S.d. § 3d InsO zu verstehen ist. Unverzüglich i.S.d. § 121 Abs. 1 Satz 1 BGB bedeutet ohne schuldhaftes Zögern. Das heißt, der Eigeninsolvenzantrag muss nicht sofort, aber ohne schuldhaftes Zögern innerhalb einer den Umständen des Einzelfalles zu bemessenden Prüfungs- und Überlegungsfrist gestellt werden (vgl. BGH NJW 2005, 1869). Dem Schuldner muss nach Bekanntgabe des Fremdantrages ausreichend Zeit zugestanden werden, um sich mit der Konzernobergesellschaft oder weiteren Gruppengesellschaften abzustimmen. Ein Zeitrahmen von 14 Tagen kann als durchaus angemessen betrachtet werden, begrenzt jedoch durch die eigene Insolvenzantragspflicht nach § 15a InsO.

14

III. Verweisung bei mehreren Anträgen

Auch Gläubigern ist die Zuständigkeit des Gerichts des Gruppen-Gerichtsstandes eröffnet (s. § 3a Rdn. 30).

15

Nicht von Abs. 1 erfasst ist der Fall, dass ein Gläubiger einen Fremdantrag am Gruppen-Gerichtsstand stellt und der Schuldner seinen Insolvenzantrag am Gerichtsstand nach § 3 InsO. Hier liegt es im Ermessen des Gerichts, den Eigenantrag an den Gruppen-Gerichtsstand zu verweisen, § 3d Abs. 1 InsO. Grundsätzlich hat bei mehreren zuständigen Gerichtsständen der Antragsteller (Schuldner oder Gläubiger) die Wahl, an welchem er den Antrag stellt, § 35 ZPO. In diesem Fall wird § 3 Abs. 2 InsO eingreifen, der nach dem Prioritätsprinzip zuerst gestellte Antrag begründet die Zuständigkeit. Wurde zunächst der Gläubigerantrag gestellt, verbleibt es bei der Zuständigkeit des Gruppen-Gerichtstands. Ist der Schuldnerantrag zeitlich vorher eingegangen, wird das nach § 3 InsO angerufene Gericht aus eigenem Ermessen eine Verweisung an das Gruppen-Gericht zu prüfen haben. In dem Fall spricht viel dafür, dass offensichtlich das Gläubigerinteresse an der Durchführung eines koordinierten Verfahrens am Gruppen-Gerichtsstand liegt, andernfalls wäre ein solcher Insolvenzantrag dort nicht gestellt worden, mit der Folge, dass das Ermessen des Gerichts sich eher an den Gläubigerinteressen und damit an den Gruppen-Gerichtsstand zu orientieren haben wird und den Eigenantrag an diesen zu verweisen haben wird.

16

IV. Antragsberechtigung

Antragsberechtigt ist zunächst der Schuldner. Die weitere Antragsberechtigung ergibt sich aus der Verweisung auf § 3a Abs. 3 InsO. Danach ist nach Verfahrenseröffnung der Insolvenzverwalter zuständig, im vorläufigen Verfahren der vorläufige Verwalter nur dann, wenn auf diesen die Verwaltungs- und Verfügungsbefugnis übergegangen ist.

17

18 Der sog. »schwache« vorläufige Verwalter ist nicht antragsbefugt. Er hat den Verweisungsantrag des Schuldners auch nicht zu genehmigen, selbst wenn die Handlungen und Verfügungen des Schuldners unter dem Zustimmungsvorbehalt des vorläufigen Verwalters stehen. Der Zustimmungsvorbehalt bezieht sich nur auf Verfügungen des Schuldners. Verfügung ist dabei i.S.d. allgemeinen Zivilrechts zu verstehen. Erfasst wird jedes Rechtsgeschäft, durch das der Verfügende auf ein Recht unmittelbar einwirkt, indem er es auf einen Dritten überträgt, das Recht aufhebt oder es mit einem Recht belastet oder in seinem Inhalt ändert (MüKo-InsO/*Haarmeyer* § 24 Rn. 12). Der Antrag auf Verweisung stellt keine Verfügung in diesem Sinne dar. Ebenso wenig, wie der vorläufige Insolvenzverwalter einer Rücknahme des Insolvenzantrages zustimmen muss, muss er einem Antrag auf Verweisung an das Gruppen-Gericht zustimmen. Das Insolvenzgericht kann auch nicht im Rahmen der Anordnung von weiteren Einzelmaßnahmen den Antrag auf Verweisung von einer Zustimmung des vorläufigen Insolvenzverwalters abhängig machen. Dieses ginge als Akt ultra vires über die Kompetenz des Insolvenzgerichts hinaus. Die Antragsbefugnis verbleibt allein beim Schuldner.

19 Nicht antragsberechtigt ist die Obergesellschaft, die im Rahmen ihrer Konzernweisungsrechte versucht, die Untergesellschaft anzuweisen, den Antrag am Gruppen-Gerichtsstand zu stellen. Im Insolvenzverfahren gehen Konzernweisungsrechte weitgehend ins Leere (vgl. *Wimmer* Vor § 269a Rdn. 24; anders *Brünkmans* ZIP 2013, 193 [197]: das allgemeine gesellschaftsrechtlich vermittelte Weisungsrecht erstreckt sich auch auf den Verweisungsantrag). Der Gesetzgeber hat im Interesse der Trennung von Insolvenzrecht und materiellen Konzernrecht, dem Insolvenzrecht hier den Vorrang eingeräumt.

V. Rechtsfolge

20 Das Gericht entscheidet durch Beschluss. Es erklärt sich für unzuständig und verweist das Verfahren an das Gericht des Gruppen-Gerichtsstandes. Der Verweisungsbeschluss ist unanfechtbar und für das Gruppen-Gericht bindend, §§ 281 Abs. 2 Satz 2 und 4 ZPO (Begr. RegE BT-Drucks. 18/407, S. 28; a.A. *Fölsing* ZInsO 2013, 413 [416], der zunächst die Geschäftsleitung des Schuldners durch das Gruppen-Gericht anhören will. Kommt dieses zu einer anderen Einschätzung als das nach § 3 InsO zuständige Gericht, kann es das Verfahren an dieses zurückverweisen. Erst dieser Beschluss sollte unanfechtbar sein). Im Interesse einer schnellen Verfahrenskonzentration und -abwicklung hat der Gesetzgeber zu Recht davon abgesehen, Rechtsmittel zuzulassen.

21 Die Entscheidung über den Antrag obliegt dem Richter (§ 18 Abs. 1 Nr. RPflG).

C. Entlassung des Insolvenzverwalters

22 Da alleine die Verweisung des Insolvenzantrages an das Gruppen-Gericht noch nicht zu den vom Gesetzgeber gewünschten synergetischen Effekten führen würde, sieht § 3d Abs. 3 InsO vor, dass der vom Eingangsgericht eingesetzte vorläufige Verwalter vom Gericht des Gruppen-Gerichtsstandes entlassen werden kann, um einen gemeinsamen Verwalter für alle Gruppen-(Folge)Verfahren einzusetzen (vgl. *Wimmer* jurisPR-InsR 8/2017 Anm. 1). Diese Person kann dann ohne tatsächlich und rechtlich aufwendige Abstimmungsprozesse mit anderen Verwaltern eine Gesamtstrategie zur optimalen Bewältigung der Konzerninsolvenz entwickeln und umsetzen (Begr. RegE BT-Drucks. 18/407, S. 30).

23 Eine Entlassung eines (vorläufigen) Insolvenzverwalters war bisher nur aus **wichtigem** Grund nach § 59 InsO von Amts wegen oder auf Antrag möglich. § 3d Abs. 3 InsO geht insofern darüber hinaus und stellt die Entlassung des vorläufigen Insolvenzverwalters in das Ermessen des Gerichts des Gruppen-Gerichtsstandes. Ein wichtiger Grund für die Entlassung ist per se so nicht mehr erforderlich. Ebenso ist ein **Antrag** des Verwalters, des Gläubigerausschusses oder der Gläubigerversammlung entbehrlich, letztere gibt es im vorläufigen Verfahren ohnehin noch nicht.

24 Die Abberufung liegt allein im **Ermessen des Gerichts**, welches zu prüfen hat, ob eine Abberufung auch bei Berücksichtigung des erreichten Verfahrensstands im Gläubigerinteresse liegt. Ist das Verfahren zu weit fortgeschritten oder haben die in die Wege geleiteten Maßnahmen einen Verfahrens-

stand erreicht, der es nicht mehr als ratsam erscheinen lassen würde, den Verwalter abzuberufen, wird das Gericht von einer Abberufung absehen. Das kann dann der Fall sein, wenn durch die Abberufung erhebliches Know-how verloren gehen würde und der neue Verwalter sich erst wieder einarbeiten müsste oder ein Massedarlehen von der Person des bestellten Verwalters abhängig gemacht wurde. In solchen Fällen wird das Gericht auf die bestehenden Kooperationspflichten der Verwalter untereinander nach § 269a InsO verweisen.

Wird das Verfahren an das Gericht des Gruppen-Gerichtsstandes verwiesen und der vorläufige Verwalter **nicht abberufen**, steht es diesem in den Grenzen des § 59 InsO frei, seinerseits eine Abberufung zu beantragen. Das kann schon deswegen geboten erscheinen, wenn er aufgrund der fehlenden Ortsnähe zum Insolvenzgericht oder wegen evtl. bestehender oder sich später ergebender Kooperationspflichten mit anderen Verwaltern von seiner Tätigkeit entbunden werden möchte. Andererseits ist auch zu bedenken, dass unkooperatives Verhalten der Verwalter untereinander, einen wichtigen Grund zur Entlassung nach § 59 InsO darstellen kann. 25

Die Vorschrift nennt ausdrücklich nur die Entlassung des **vorläufigen** Insolvenzverwalters. Erfolgt die Verweisung nach § 3d Abs. 1 InsO erst **nach Eröffnung** des Insolvenzverfahrens an das Gericht des Gruppen-Gerichtsstandes, ist eine Entlassung des vom Eingangsgericht bestellten Insolvenzverwalters nicht mehr nach § 3d Abs. 3 InsO zulässig. Eine Entlassung kann dann nur noch im Rahmen des § 59 InsO erfolgen oder durch Abwahl im Rahmen der ersten Gläubigerversammlung nach § 57 InsO. In einem solchen Fall ist der Verfahrensstand i.d.R. so weit fortgeschritten, dass eine Abberufung eher zu Nachteilen für die weitere Verfahrensführung und damit für die Gläubiger führen wird. Die vom eingesetzten Insolvenzverwalter getroffenen Maßnahmen werden in dem Verfahrensstadium weit gediehen sein, dass es dann, wenn kein anderer wichtiger Entlassungsgrund vorliegt, Sache der Gläubiger sein sollte, einen anderen Verwalter in der ersten Gläubigerversammlung zu wählen. In diesen Fällen hat der bestellte Verwalter die Kooperationspflichten nach § 269a InsO zu beachten. 26

Dem entlassenen vorläufigen Insolvenzverwalter steht für den Zeitraum seiner Tätigkeit ein **Vergütungsanspruch** zu (§ 63 Abs. 3 InsO). Der Vergütungsanspruch besteht nicht in voller Höhe sondern nur anteilig für die Dauer der Tätigkeit. Er ist von dem neu bestellten Verwalter aus der Masse zu erfüllen. 27

Das Gericht entscheidet durch Beschluss. Es beruft den bisherigen Verwalter ab und bestellt einen neuen Verwalter. Der Beschluss ist unanfechtbar. Dem abberufenen Verwalter steht –anders als im Falle der Abberufung aus wichtigem Grund nach § 59 InsO – nicht das Recht der sofortigen Beschwerde zu (§ 6 InsO). Dem abberufenen vorläufigen Verwalter steht auch nicht analog § 59 Abs. 2 InsO die sofortige Beschwerde zu. Voraussetzung einer Abberufung nach § 59 InsO ist das Vorliegen eines wichtigen Grundes, der in der Person des Verwalters zu liegen hat (vgl. *Jahrtz* § 59 Rdn. 7). Die Abberufung nach § 3d Abs. 3 InsO erfolgt dagegen aus rein verfahrensökonomischen Gründen, um bei einer Konzerninsolvenz im Interesse der Gläubiger eine Abwicklung durch einen Verwalter zu ermöglichen. 28

Die Entscheidung über den Antrag obliegt dem Richter (§ 18 Abs. 1 Nr. 3 n.F. RPflG). 29

§ 3e Unternehmensgruppe

(1) Eine Unternehmensgruppe im Sinne dieses Gesetzes besteht aus rechtlich selbstständigen Unternehmen, die den Mittelpunkt ihrer hauptsächlichen Interessen im Inland haben und die unmittelbar oder mittelbar miteinander verbunden sind durch
1. die Möglichkeit der Ausübung eines beherrschenden Einflusses oder
2. eine Zusammenfassung unter einheitlicher Leitung.

(2) Als Unternehmensgruppe im Sinne des Abs. 1 gelten auch eine Gesellschaft und ihre persönlich haftenden Gesellschafter, wenn zu diesen weder eine natürliche Person noch eine Gesellschaft zählt, an der eine natürliche Person als persönlich haftender Gesellschafter beteiligt ist, oder sich die Verbindung von Gesellschaften in dieser Art fortsetzt.

§ 3e InsO Unternehmensgruppe

Das Gesetz zur Erleichterung der Bewältigung von Konzerninsolvenzen (EKIG) vom 13.04.2017 (BGBl. I 2017, S. 866) tritt am 21.04.2018 in Kraft.

Übersicht

	Rdn.			Rdn.
A.	Normzweck	1	1. Beherrschender Einfluss	16
B.	Zu Abs. 1	3	2. Verbindung durch einheitliche Leitung	19
I.	Rechtlich selbstständiges Unternehmen	3	IV. COMI im Inland	20
	1. Konzernrechtlichen Unternehmensbegriff	3	1. Erkennbarkeit des Mittelpunkts	20
	2. Teleologische Ausrichtung des Unternehmensbegriffs	5	2. Beteiligung eines Unternehmens aus einem anderen Mitgliedstaat	21
II.	Abgrenzung der Unternehmensgruppe	12	C. Zu Abs. 2, Erfassung der GmbH & Co. KG	28
III.	Mittelbare oder unmittelbare Verbindung der Unternehmen	16		

Literatur:

Beck Das Konzernverständnis im Gesetzentwurf zum Konzerninsolvenzrecht, DStR 2013, 2468; *Brünkmanns* Entwurf eines Gesetzes zur Erleichterung der Bewältigung von Konzerninsolvenzen: Kritische Analyse und Anregungen aus der Praxis, ZIP 2013,193; *Emmerich/Habersack* Aktien- und GmbH-Konzernrecht, Kommentar, 8. Aufl. 2016; *Flöther* Die Kommune als Konzern im zukünftigen Konzerninsolvenzrecht, NVwZ 2014, 1497; *Leutheusser-Schnarrenberger* Dritte Stufe der Insolvenzrechtsreform – Entwurf eines Gesetzes zur Erleichterung der Bewältigung von Konzerninsolvenzen, ZIP 2013, 97; *Römermann* Die Konzerninsolvenz in der Agenda des Gesetzgebers, ZRP 2013, 201; *K. Schmidt*, Bemerkungen und Vorschläge zur Überarbeitung des Handelsgesetzbuches, DB 1994, 515; *ders.* Konsolidierte Insolvenzabwicklung? Vergleichende Überlegungen über GmbH-&-Co.-Insolvenzen und Konzerninsolvenzen, KTS 2011, 161; *ders.* Das »Gruppenbild« im Konzerninsolvenzrecht, FS für Bruno M. Kübler, S. 633; *Wimmer/Bornemann/Lienau* Die Neufassung der EuInsVO, 2016.

A. Normzweck

1 Auch wenn die Überschrift des EKIG von der »*Erleichterung der Bewältigung von Konzerninsolvenzen*« spricht, ist damit nicht der Konzern im strengen aktienrechtlichen Sinne des § 18 AktG gemeint, vielmehr ist der eigentliche Regelungsgegenstand die Unternehmensgruppe, wie sie in § 3e InsO legal definiert ist. Eine solche Gruppe besteht aus rechtlich selbstständigen Unternehmen, deren COMI im Inland belegen ist, und die entweder durch die Möglichkeit der Ausübung eines beherrschenden Einflusses oder durch die Zusammenfassung unter einer einheitlichen Leitung verbunden sind. Eine Unternehmensgruppe stellt nach Abs. 2 auch die GmbH & Co. KG dar.

2 Um zu verhindern, dass bereits bei Eingang eines Insolvenzantrags das Gericht mit der unter Umständen sehr aufwändigen Prüfung belastet wird, ob das Gebilde, dem das schuldnerische Unternehmen angehört, eine Unternehmensgruppe i.S.d. insolvenzrechtlichen Bestimmungen darstellt, soll es ausreichend sein, wenn die **Möglichkeit zur Ausübung beherrschenden Einflusses** auf die abhängigen Unternehmen besteht, unabhängig davon, ob hiervon tatsächlich Gebrauch gemacht wird (vgl. BT-Drucks. 18/407 S. 28 f.; *Beck* DStR 2013, 2468; *Brünkmans* ZIP 2013, 193 [195]; *Leutheusser-Schnarrenberger* ZIP 2013, 97 [100]; *Römermann* ZRP 2013, 201 [202]). Generell wird mit diesem weiten Ansatz die Leitlinie für die Interpretation der Unternehmensgruppe vorgegeben. Abweichend von anderen Bestimmungen, in denen verbundene Unternehmen angesprochen sind, und bei denen von ihrem Regelungsgegenstand her eine sehr strikte Interpretation geboten ist, kann bei dem Gruppenbegriff des Konzerninsolvenzrechts eher ein großzügiger Maßstab angelegt werden, der möglichst alle Fälle abdeckt, in denen eine Verfahrenskoordinierung sinnvoll ist. Dieser Ansatz wird auch bei den folgenden Erläuterungen zugrunde gelegt.

B. Zu Abs. 1

I. Rechtlich selbstständiges Unternehmen

1. Konzernrechtlichen Unternehmensbegriff

Die Unternehmensgruppe setzt sich nach Satz 1 aus rechtlich selbstständigen Unternehmen zusammen, so dass das Unternehmen quasi die Monade der gesamten konzerninsolvenzrechtlichen Regelungen bildet, was zunächst dafür spricht, diesen Begriff mit großem definitorischen Aufwand zu präzisieren. Allerdings stößt man dabei gleich auf die Schwierigkeit, dass das deutsche Recht **keinen allgemeinen für alle Rechtsgebiete gleich gültigen Unternehmensbegriff** kennt (*K. Schmidt* Gesellschaftsrecht, S. 494; *ders.* DB 1994, 515 [516]). Da § 3e InsO in einen konzernrechtlichen Kontext eingebettet ist, könnte man versucht sein, den **konzernrechtlichen Unternehmensbegriff** hier fruchtbar zu machen. Das aktienrechtliche Konzernrecht kennt nur zwei Kategorien von Aktionären: das Unternehmen und den Privatgesellschafter; tertium non datur (so ausdrücklich Emmerich/Habersack/*Emmerich* § 15 AktG Rn. 6). Jeder Aktionär, der nicht reiner Privatgesellschafter ist, ist folglich Unternehmen. Allerdings wird diese mehr formale Unterscheidung mehr und mehr mit teleologischen Überlegungen angereichert. Insofern soll die konzernrechtlichen Bestimmungen auf Gesellschafter beschränkt werden, die einer zusätzlichen unternehmerischen Tätigkeit nachgehen, und bei denen deshalb die Gefahr eines Interessenkonflikts und damit die Gefahr einer Schädigung der Gesellschaft besteht (Emmerich/Habersack/*Emmerich* § 15 AktG Rn. 9). Vor diesem Hintergrund wird der Unternehmensbegriff konzernrechtlichen so interpretiert, dass er geeignet sein muss, diese sog. **Konzerngefahr** zu vermeiden. 3

Es ist leicht einsichtig, dass dieser *rein* konzernrechtliche Ansatz dem insolvenzrechtlichen Bedürfnis nach einer stärkeren Koordinierung bei der Abwicklung der Insolvenz verbundener Unternehmen nur bedingt weiterhilft. Dies ist auch nicht verwunderlich, da die aktienrechtlichen Bestimmungen zum Konzern nicht darauf abzielen, einer irgend gearteten Unternehmensgruppe eine »*konsolidierte Gesamtgestalt*« zu geben (*K. Schmidt* FS Bruno M. Kübler, S. 633, 638). Allerdings spricht viel dafür, den methodischen Ansatz des Konzernrechts auch auf das Insolvenzrecht zu übertragen und den Begriff der Unternehmensgruppe des **§ 3e InsO an insolvenzrechtlichen Bedürfnissen auszurichten.** 4

2. Teleologische Ausrichtung des Unternehmensbegriffs

a) Vor diesem Hintergrund könnte erwogen werden, die **Kriterien** heranzuziehen, die im Rahmen des § 304 Abs. 1 Satz 1 InsO zur Bestimmung der »**selbstständigen wirtschaftlichen Tätigkeit**« genannt werden. Damit eine in diesem Sinne wirtschaftliche Tätigkeit vorliegt, wird ein **Auftreten am Markt** gefordert, so dass die Verwaltung eigenen Vermögens, wie etwa die Vermietung von Immobilien oder die *Anlage größerer Kapitalbeträge* noch nicht als unternehmerische Tätigkeit gewertet wird (vgl. *Busch* § 304 Rdn. 8 m.w.N.). Die Selbstständigkeit wird vornehmlich danach bestimmt, ob ein planmäßiges Auftreten am Markt vorliegt (*Busch* § 304 Rdn. 9). Zur weiteren Präzisierung wird verlangt, dass diese Tätigkeit im eigenen Namen, in eigener Verantwortung, für eigene Rechnung und auf eigenes Risiko ausgeübt wird, ohne dass es dabei darauf ankommt, ob eine gewerbliche Tätigkeit gegeben ist (*BGH* NZI 2005, 676; *Gottwald/Ahrens* HdbInsR § 81 Rn. 19 f.; K. Schmidt/*Stephan* InsO, § 304 Rn. 4). 5

In der ganz überwiegenden Zahl der Fälle wird man mit den genannten Kriterien, also insbesondere mit der Marktpräsenz und dem Tätigwerden im eigenen Namen, in eigener Verantwortung und für eigene Rechnung zu einer angemessenen Abschichtung kommen. 6

b) Nicht notwendig ist es, dass der Träger des Unternehmens selbst Rechtspersönlichkeit besitzt. Vielmehr muss es ausreichen, wenn ihm die **Insolvenzfähigkeit nach § 11 InsO** zukommt (Ausnahme öffentliche Hand, vgl. Rdn. 9). Angesichts der Vielzahl der dort erfassten Rechtsträger und Vermögensmassen ist es kaum vorstellbar, dass unternehmerische Aktivitäten, bei denen ein Koordinierungsbedarf besteht, nicht abgedeckt werden. Vor diesem Hintergrund dürfte in der Praxis nur bei zwei Rechtsträgern das Bedürfnis nach einer weiteren Konkretisierung bestehen. 7

8 c) Dies gilt zum einen für eine **natürliche Person**, die lediglich Anteilsrechte innehat, ohne irgendwelche weiteren unternehmerischen Aktivitäten zu entfalten. Damit ist allerdings nicht gemeint, dass die o.a Konzerngefahr vorliegen muss, die insolvenzrechtlich zunächst keine Bedeutung hat. Es stellt sich vielmehr die Frage, ob Konstellationen denkbar sind, in denen die Notwendigkeit besteht, dass auch das Insolvenzverfahren eines völlig passiven Anteilsinhabers, der etwa über einen Mehrheitsbesitz verfügt, mit dem Verfahren über die Gesellschaft harmonisiert wird. Das Argument, er würde keinerlei unternehmerische Aktivitäten entfalten und deshalb könnten hieran keine konzerninsolvenzrechtlichen Folgen geknüpft werden (so *Flöther/Thole* Handbuch, § 2 Rn. 40), vermag allein nicht zu überzeugen. Um ein möglichst breites Spektrum von Fallkonstellationen abzudecken, in denen eine Koordinierung sinnvoll ist, wird bei § 3e Abs. 1 Nr. 1 InsO nicht darauf abgestellt, ob tatsächlich ein beherrschender Einfluss ausgeübt wird, vielmehr soll die reine Möglichkeit hierfür ausreichen. Auch bei einer lediglich passiven natürlichen Person sollte deshalb ein **potentiell beherrschender Einfluss ausreichen**. Dies hat selbst dann zu gelten, wenn über das Vermögen der natürlichen Person ein Verbraucherinsolvenzverfahren zu eröffnen wäre. Die Koordinierung beider Verfahren könnte etwa dann nützlich sein, wenn im Verfahren der Gesellschaft ein Insolvenzplan beschlossen werden soll, der die Übertragung der Anteilsrechte nach § 225a Abs. 3 InsO vorsieht.

9 c) Die zweite Fallgruppe, bei der erheblicher Klärungsbedarf besteht, betrifft die Unternehmensgruppen, an denen die **öffentliche Hand** beteiligt ist. Im konzernrechtlichen Schrifttum wird überwiegend die Auffassung vertreten, bei einer mehrheitlichen Beteiligung der öffentlichen Hand an einer Gesellschaft in Privatrechtsform finde das allgemeine Gesellschaftsrecht einschließlich des Konzernrechts Anwendung. Dies hat zur Konsequenz, dass die öffentliche Hand im Falle einer Mehrheitsbeteiligung die Vorgaben des Gesellschaftsrechts und hierbei insbesondere des Aktienrechts zu beachten hat (Emmerich/Habersack/*Emmerich* § 15 AktG Rn. 26 ff., 29).

10 Fraglich ist, ob aus der mangelnden Insolvenzfähigkeit zahlreicher juristischer Personen des öffentlichen Rechts (vgl. *Schmerbach* § 12 Rdn. 2 ff.) sich etwas anderes ergibt. Insofern wird vertreten, dass eine Anwendung des Konzerninsolvenzrechts dann ausscheidet, wenn die öffentliche Hand die Funktion der Muttergesellschaft ausübt (so wohl *Flöther/Thole* Handbuch, § 2 Rn. 40). Insofern käme das Konzerninsolvenzrecht nur zur Anwendung, wenn mehrere privatrechtliche Unternehmen der öffentlichen Hand einen (faktischen) Gleichordnungskonzern bilden.

11 Allerdings ist es sinnvoll, eine Koordinierung bei einer Beteiligung der öffentlichen Hand nicht nur in den Fällen des Gleichordnungskonzerns zuzulassen, sondern sie auch bei einem hierarchisch gegliederten Konzern zur Anwendung zu bringen. Selbst wenn die Konzernspitze nicht insolvenzfähig sein sollte, kann doch ein Bedürfnis nach Koordinierung bei der Insolvenz der Tochter- und Enkelunternehmen bestehen. Insofern ist an das den § 290 Abs. 1 HGB prägende sog. **Tannenbaumprinzip** zu erinnern, nach dem jedes Mutterunternehmen grds. zur Aufstellung eines Konzernabschlusses verpflichtet ist, auch wenn es selbst Tochterunternehmen ist (MüKo-HGB/*Busse von Colbe* § 290 HGB Rn. 19 ff.). Für Beteiligungen der öffentlichen Hand bleibt somit festzuhalten, dass unabhängig davon, ob der Rechtsträger an der Konzernspitze selbst insolvenzfähig ist, ein Bedürfnis nach einer stärkeren Koordinierung bestehen kann, dem durch die Anwendung des Konzerninsolvenzrechts Rechnung getragen werden sollte (im Ergebnis ebenso *Flöther* NVwZ 2014, 1497 ff.).

II. Abgrenzung der Unternehmensgruppe

12 Wie aus dem erwähnten »*Tannenbaumprinzip*« folgt, sind auch Mutterunternehmen von Teilkonzernen zur Aufstellung eines Konzernabschlusses verpflichtet. Oftmals dürfte auch unter betriebswirtschaftlichen Gesichtspunkten eine dezentrale Leitung geboten sein, um einen Großkonzern angemessen führen zu können (MüKo-HGB/*Busse von Colbe* § 290 HGB Rn. 21). Auch in diesem Zusammenhang dürfte eine **teleologische Interpretation** des Gruppenbegriffs angemessen sein.

13 Der Gruppenbegriff des Konzerninsolvenzrechts muss so ausgestaltet sein, dass er nicht nur der In-*solvenz des* Konzerns, sondern auch der **Insolvenz *im* Konzern** Rechnung trägt (so *K. Schmidt*, FS Bruno M. Kübler, S. 633, 640). Insofern kann es auch nicht darauf ankommen, ob der gesamte Kon-

zern zu einem bestimmten Zeitpunkt insolvent wird, ob im Zuge des Dominoeffekts sukzessive die Unternehmen zusammenbrechen oder ob nur einzelne fallieren. Auch bei der Insolvenz nur einzelner Gesellschaften besteht ein Bedürfnis nach Abstimmung der Verfahren. Der Begriff der Unternehmensgruppe in § 3e Abs. 1 InsO ist *offen genug formuliert*, um auch diesen Bedürfnis Rechnung tragen zu können. Es müssen lediglich mindestens zwei rechtlich selbstständiger Unternehmen gegeben sein, die unmittelbar oder mittelbar miteinander verbunden sind. Ob diese Unternehmen die gesamte Unternehmensgruppe darstellen, ist zunächst nicht von ausschlaggebender Bedeutung.

Entscheidend ist vielmehr, dass die einbezogenen Unternehmen sich in wirtschaftlichen Schwierigkeiten befinden und entweder durch einen beherrschenden Einfluss oder durch eine einheitliche Leitung verbunden sind. Da nach § 13a Abs. 1 Nr. 1 InsO bestimmte Kennzahlen der anderen gruppenangehörigen Unternehmen in dem Antrag zur Begründung eines Gruppen-Gerichtsstands anzugeben sind, hat es also das **antragstellende Unternehmen in der Hand, die für die Koordinierung relevante Gruppe zu bestimmen** (*K. Schmidt* FS Bruno M. Kübler, S. 633, 642; *Wimmer-Amend* § 3a Rdn. 14). 14

Die Befürchtung, damit könnten der Hauptteil des Konzerns an den Gruppen-Gerichtsstand eines völlig untergeordneten Zweigs des Konzern gezogen werden, ist nicht begründet, da entsprechend § 3a Abs. 2 InsO das angegangene Insolvenzgericht zu prüfen hat, ob der Gruppen-Gerichtsstand für die neu hinzugekommen insolventen Unternehmen im gemeinsamen Interesse der Gläubiger liegt. Regelmäßig werden schon die antragstellenden Unternehmen darauf achten, dass die Eröffnungsanträge bei einem Gericht gestellt werden, bei dem der wirtschaftliche Mittelpunkt angesiedelt ist. In diesem Fall sind die anschließend beantragten Insolvenzverfahren nicht als Gruppen-Folgeverfahren zu werten, vielmehr kann ein neuer Gruppen-Gerichtsstand für den Rest des Konzerns oder für weitere Teilgruppen begründet werden (vgl. *Wimmer-Amend* § 3a Rdn. 14). 15

III. Mittelbare oder unmittelbare Verbindung der Unternehmen

1. Beherrschender Einfluss

a) Der Begriff der *unmittelbaren oder mittelbaren* Verbindung durch die Möglichkeit der Ausübung eines **beherrschenden Einflusses** ist an § 290 Abs. 1 Satz 1 HGB angelehnt, der seinerseits die Definition des Unterordnungskonzern in § 17 Abs. 1 AktG übernimmt (MüKo-HGB/*Busse von Colbe* § 290 HGB Rn. 7). Eine **unmittelbare Ausübung** eines beherrschenden Einflusses liegt dann vor, wenn das herrschende Unternehmen allein, d.h. ohne Mitwirkung Dritter, wobei insbesondere an die unmittelbare Beteiligung an der abhängigen Gesellschaft zu denken ist, einen beherrschenden Einfluss auf dieses ausüben kann. Demgegenüber liegt eine **mittelbare Ausübung** vor, wenn sich das herrschende Unternehmen hierzu der Mitwirkung Dritter bedienen muss, wobei dies auch in einem mehrstufigen Verhältnis (vgl. § 16 Abs. 4 AktG) erfolgen kann (Emmerich/Habersack/*Emmerich* § 17 AktG Rn. 26 f.). 16

b) Ein beherrschender Einfluss ist bereits dann anzunehmen, wenn das herrschende Unternehmen in der Lage ist, die **Finanz- und Geschäftspolitik** des anderen Unternehmens **zu bestimmen**, ohne dass hierfür erforderlich wäre, dass ihm Stimm-, Besetzungs- oder Beherrschungsrechte zukommen (MüKo-HGB/*Busse von Colbe* HGB § 290 Rn. 7). In **§ 290 Abs. 2 HGB** werden **beispielhaft Kriterien** genannt, bei denen stets ein beherrschender Einfluss vorliegt. In der Praxis von besonderer Bedeutung ist die Mehrheit der Stimmrechte oder der Abschluss eines Beherrschungsvertrages. Nur zur Klarstellung sei hier darauf hingewiesen, dass auch mit einer **Minderheitsbeteiligung** ein beherrschender Einfluss ausgeübt werden kann, wenn durch sonstige Umstände rechtlicher oder tatsächlicher Art das herrschende Unternehmen Einfluss auf die Personalpolitik der abhängigen Gesellschaft nehmen kann (Emmerich/Habersack/*Emmerich* § 17 AktG Rn. 18 mit zahlreichen Beispielen aus der Rspr.). Als nicht ausreichend wird es angesehen, wenn ein Unternehmen lediglich auf **schuldvertraglicher oder nur tatsächlicher Grundlage** in der Lage ist, Einfluss auf eine Gesellschaft auszuüben, selbst wenn dieser in seinen Auswirkungen und Intensität einer Mehrheitsbeteiligung gleichkommt (Emmerich/Habersack/*Emmerich* § 17 AktG Rn. 15). 17

18 c) Unter **Geschäftspolitik** sind die Grundsatzentscheidungen für die zentralen Unternehmensfunktionen, wie Forschung und Entwicklung, Investitionen, Produktion und Vertrieb zu verstehen (MüKo-HGB/*Busse von Colbe* § 290 Rn. 17). Die **Finanzpolitik** betrifft die lang- und kurzfristige Finanzierung durch Fremd- und Eigenkapital. Es kommt dabei entscheidend darauf an, dass das Mutterunternehmen in der Lage ist, die Budgetpolitik des abhängigen Unternehmens zu seinem Nutzen zu bestimmen (MüKo-HGB/*Busse von Colbe* § 290 Rn. 17).

2. Verbindung durch einheitliche Leitung

19 § 3e Abs. 1 Nr. 2 InsO ist an § 18 Abs. 2 AktG angelehnt, der den **Gleichordnungskonzern** behandelt. Danach bilden rechtlich selbstständige Unternehmen, einen Konzern, auch wenn kein Unternehmen von dem anderen abhängig ist, sofern sie unter einer einheitlichen Leitung zusammengefasst sind. Dabei soll im Rahmen des Gleichordnungskonzerns der Begriff »**einheitliche Leitung**« enger zu verstehen sein als bei § 18 Abs. 1 AktG. Um nicht auch bloße Unternehmenskooperationen zu erfassen, soll ein Gleichordnungskonzern nur dann vorliegen, wenn die einheitliche Leitung die Unternehmen in ihrer Gesamtheit erfasst und sich nicht lediglich auf die Koordinierung der Geschäftspolitik oder auf einzelne Betriebe beschränkt (Emmerich/Habersack/*Emmerich* § 18 AktG Rn. 27). Dabei wird der **vertragliche Gleichordnungskonzern** vom faktischen abgegrenzt. Ersterer soll dann vorliegen, wenn die einheitliche Leitung der verbundenen Unternehmen auf einem Vertrag beruht, durch den sich diese freiwillig einer einheitlichen Leitung unterstellen. Ein **faktischer Gleichordnungskonzern** liegt vor, wenn sich eine Gesellschaft rein tatsächlich auf Dauer zusammen mit einem anderen Unternehmen der gemeinsamen Leitung durch ein drittes Unternehmen unterstellt, sofern nicht zwischen den Beteiligten eine Abhängigkeit begründet wird oder der Abschluss eines Gesellschaftsvertrages anzunehmen ist (Emmerich/Habersack/*Emmerich* § 18 AktG Rn. 30).

IV. COMI im Inland

1. Erkennbarkeit des Mittelpunkts

20 Damit die konzerninsolvenzrechtlichen Bestimmungen der InsO eingreifen, müssen die involvierten Unternehmen den ***Mittelpunkt ihrer hauptsächlichen Interessen*** im Inland haben. § 3e Abs. 1 InsO übernimmt damit das maßgebende Kriterium von Art. 3 Abs. 1 EuInsVO (BT-Drucks. 18/407 S. 28). Darunter ist der Ort zu verstehen, an dem der Schuldner gewöhnlich der Verwaltung seiner Interessen nachgeht und der für Dritte feststellbar ist (Art. 3 Abs. 1 EuInsVO i.d.F. VO 2015/848 über Insolvenzverfahren = Neufassung der EuInsVO). Befindet sich der COMI des Schuldners nicht an seinem Sitz, und ist deshalb ein Ort außerhalb des Sitzstaates maßgebend, an dem der Schuldner nach objektiven Maßstäben gewöhnlich der Verwaltung seiner Interessen nachgeht, so wird entscheidend sein, ob dies für Dritte erkennbar ist (vgl. Erwägungsgrund 28 S. 1; Wimmer/Bornemann/Lienau/*Lienau* Rn. 220). Es reicht also nicht aus, den Ort zu ermitteln, an dem die wesentlichen unternehmerischen Entscheidungen getroffen werden, vielmehr muss dieser Ort auch für die Gläubiger feststellbar sein.

2. Beteiligung eines Unternehmens aus einem anderen Mitgliedstaat

21 a) Geklärt werden muss nun, wie zu verfahren ist, wenn einem **Konzern auch ausländische Unternehmen angehören** oder wenn gar die Muttergesellschaft einen ausländischen Sitz hat. Zu Recht hat *Thole* das Problem dahingehend konkretisiert, dass nicht so sehr die Bestimmung des COMI im Vordergrund steht, sondern es darauf ankommt, ob das Verfahren für die jeweilige Gesellschaft im Inland geführt wird *(Flöther/Thole* Handbuch, § 2 Rn. 32 ff.). Zunächst könnte man etwas salopp formulieren, »ein faules Ei verdirbt den Brei«; will sagen, bereits eine ausländische konzernangehörige Gesellschaft reicht aus, um die Anwendbarkeit des deutschen Konzerninsolvenzrechts auszuschließen und lediglich die EuInsVO zur Anwendung zu bringen.

22 b) *Eine Orientierung in dieser Frage könnte* **Erwägungsgrund 61 liefern**, nach dem die Bestimmungen der EuInsVO über die Zusammenarbeit und Koordinierung im Rahmen von Insolvenzverfahren

über das Vermögen von Mitgliedern einer Unternehmensgruppe nur dann zur Anwendung kommen, wenn *Verfahren über das Vermögen verschiedener Mitglieder dieser Unternehmensgruppe in mehr als einem Mitgliedstaat eröffnet* wurden. Werden von der Insolvenz also lediglich rein inländische Unternehmen betroffen, so widerstreitet die EuInsVO nicht einer Anwendbarkeit des deutschen Konzerninsolvenzrechts. Eine andere Frage ist, ob ein solches Verständnis die **Wirksamkeit der Verordnungsbestimmungen** beeinträchtigt, falls das zur Anwendung berufene Insolvenzstatut keine Koordination- und Kooperationspflichten für gruppenangehörige Unternehmen kennt (vgl. hierzu Wimmer/Bornemann/Lienau/*Bornemann* Rn. 552). Der deutsche Gesetzgeber hat es deshalb für notwendig befunden, in **Art. 102c § 22 Abs. 1 EGInsO** eine Regelung aufzunehmen, nach der insbesondere die Koordinationspflichten für Insolvenzverwalter und Gerichte sich ausschließlich nach der EuInsVO richten, selbst wenn über keines der ausländischen gruppenangehörigen Unternehmen ein Insolvenzverfahren eröffnet worden ist.

c) Im Grundsatz müssen **drei Fallgruppen** unterschieden werden. Sofern **kein ausländisches Gruppenmitglied** existiert, erschließt sich nach der hier vertretenen Auffassung die Lösung ohne Weiteres. Da es das antragstellende Unternehmen in der Hand hat, die gruppenangehörigen Unternehmen zu bestimmen, werden im Antrag nur die Unternehmen benannt, deren COMI zweifelsfrei im Inland belegen ist (vgl. Rdn. 14). 23

Gehört der Gruppe i.S.v. Art. 2 Nr. 13 EuInsVO n.F. **ein ausländisches Unternehmen** an, so gelten für die Kooperation und Koordinierung die Vorschriften der EuInsVO, also auch die erweiterten Kooperationspflichten für Verwalter und Gerichte über das eigene Verfahren hinaus nach Art. 58 Buchst. a EuInsVO n.F. Dies hat jedoch **keine Auswirkungen** auf die §§ 3a ff. InsO über die **örtliche Zuständigkeit**, da die EuInsVO insofern keine Vorschriften enthält und nach **Erwägungsgrund 61** die Mitgliedstaaten nicht gehindert sind, selbst nationale Vorschriften zur Kooperation und Koordination im Rahmen von Konzerninsolvenzen zu erlassen, sofern hierdurch nicht die Bestimmungen der EuInsVO beeinträchtigt werden. 24

d) Hat das **Mutterunternehmen seinen Sitz in einem anderen Mitgliedstaat**, so muss besonders sorgfältig geprüft werden, ob sich der COMI der inländischen gruppenangehörigen Unternehmen tatsächlich in Deutschland befindet. Bei dieser Prüfung ist jedoch zu beachten, dass auch die Neufassung der EuInsVO keinen »**Konzern-COMI**« kennt, sondern die Verordnung in Übereinstimmung mit der Rechtsprechung des EuGH daran festhält, dass es für jeden Schuldner, der eine rechtlich selbstständige Einheit darstellt, eine eigene gerichtliche Zuständigkeit gibt. Selbst wenn es zu einer Vermischung der Vermögensmassen zwischen dem Mutter- und einem Tochterunternehmen gekommen sein sollte, führt dies nicht zwangsläufig dazu, dass der satzungsmäßige Sitz der Tochtergesellschaft nicht mehr zuständigkeitsbegründend sein soll (vgl. nur die Entscheidungen des *EuGH* in RS Eurofood C-341/04, Interedil C-396/09 und Rastelli C-191/10). Über den früheren Erwägungsgrund 13 der EuInsVO a.F. hinausgehend wird nun in Art. 3 Abs. 1 Satz 2 EuInsVO n.F. die **Erkennbarkeit des Orts**, an dem der Schuldner gewöhnlich der Verwaltung seiner Interessen nachgeht, nun noch stärker betont und als eigenständiges Kriterium ausgestaltet (vgl. Wimmer/Bornemann/Lienau/*Lienau* Rn. 218 f.). Befindet sich der COMI der inländischen gruppenangehörigen Gesellschaften in Deutschland, so werden zwar die Bestimmungen des deutschen Konzerninsolvenzrechts hinsichtlich der Kommunikation und Kooperation durch die EuInsVO verdrängt, gleichwohl können auf die inländischen Insolvenzverfahren die Vorschriften über die örtliche Zuständigkeit angewendet werden. 25

e) Der hier vertretene Ansatz eines **insolvenzrechtlich determinierten Begriffs der Unternehmensgruppe** könnte zur Konsequenz haben, dass dieser Terminus in der InsO von dem der EuInsVO abweicht. Nach Art. 2 Nr. 13, 14 EuInsVO n.F. besteht eine Unternehmensgruppe aus dem Mutterunternehmen und *all seinen Tochterunternehmen*. Als Mutterunternehmen wird ein Unternehmen definiert, das ein oder mehrere Tochterunternehmen entweder unmittelbar oder mittelbar kontrolliert. Dabei wird ein Unternehmen, das einen konsolidierten Abschluss erstellt, als Mutterunternehmen angesehen. Da die **Begriffsbestimmung der EuInsVO** somit a prima vista ausschließlich auf den **beherrschenden Einfluss** abstellt, wären Gleichordnungskonzerne nicht erfasst. Eine andere Wer- 26 tung wäre jedoch dann gerechtfertigt, wenn man den Hinweis auf den konsolidierten Abschluss in Art. 2 Nr. 14 EuInsVO n.F. so versteht, dass alle Unternehmen der Unternehmensgruppe angehören, die in den Konsolidierungskreis einbezogen sind (vgl. hierzu Wimmer/Bornemann/Lienau/*Bornemann* Rn. 542 ff.). Blendet man zunächst die Frage aus, ob von der Definition der EuInsVO auch der Gleichordnungskonzern abgedeckt wird, so sind beide Definitionen eng verwandt. Während Art. 2 Nr. 13, 14 EuInsVO n.F. sich an Art. 22 **Bilanzrichtlinie (RL 2013/34/EU)** anlehnt, bildet § 290 HGB die entsprechende Regelung im deutschen Recht.

27 Selbst wenn der Begriff der Unternehmensgruppe nach der InsO und der EuInsVO **nicht deckungsgleich** sein sollte, wäre dies zumindest für den national sehr wichtigen Bereich der **örtlichen Zuständigkeit unschädlich**, da die Zusammensetzung der Unternehmensgruppe insbesondere Bedeutung für § 3a InsO hat, wo es darauf ankommt, ob der antragstellende Schuldner nicht offensichtlich von untergeordneter Bedeutung für die *gesamte Unternehmensgruppe* ist. Da die EuInsVO grds. nur Aussagen über die internationale und nicht auch zur örtlichen Zuständigkeit enthält, kann es im Bereich des §§ 3a ff. InsO nicht zu Friktionen zur EuInsVO kommen. Werden zunächst nur im Inland Insolvenzverfahren über gruppenangehörige Unternehmen eröffnet, und wird anschließend ein ausländisches Unternehmen insolvent, das nach der EuInsVO zur Unternehmensgruppe gehört, so hat dies zur Konsequenz, dass der Kreis der Verfahren, in denen eine Kommunikation und Kooperation zu erfolgen hat, ausgedehnt wird. Dies ist jedoch bei jeder Sukzessivinsolvenz der Fall, bei der die Abgrenzung der inländischen Unternehmensgruppe nach den o.a. Grundsätzen erfolgt (vgl. Rdn. 13).

C. Zu Abs. 2, Erfassung der GmbH & Co. KG

28 Bisher war es umstritten, ob die GmbH & Co. KG – oder allgemeiner eine Gesellschaft ohne Rechtspersönlichkeit, an der keine natürliche Person als persönlich haftender Gesellschafter beteiligt ist – als Konzern zu werten ist oder ob zumindest die Beziehungen zwischen der Komplementär-GmbH und der KG mit konzernrechtlichen Kategorien erfasst werden können. Zumindest wird das für den Fall bejaht, dass die Komplementär-GmbH zusätzlich noch die Leitung einer anderen Gesellschaft übernommen hat oder ihr geschäftsführender Gesellschafter noch weitere unternehmerische Interessen verfolgt (so etwa Emmerich/Habersack/*Emmerich* § 15 Rn. 23; **a.A.** die wohl h.M., vgl. nur in MüKo-HGB/*Mülbert* Konzernrecht Rn. 52 ff. m.w.N.).

29 Die Vertreter der h.M. verweisen insbesondere auf die Intentionen des Gesetzgebers, die konzernrechtlichen Vorschriften auf solche Gesellschafter zu beschränken, bei denen wegen ihrer **zusätzlichen unternehmerischen Betätigung** außerhalb der Gesellschaft die Gefahr eines Interessenkonfliktes und damit einer Schädigung der Gesellschaft im Interesse anderer Unternehmen besteht. Für den Bereich des Konzerninsolvenzrechts äußert sich etwa *Thole* zweifelnd, ob von der Definition der Unternehmensgruppe in § 3e InsO stets auch die GmbH & Co. KG abgedeckt wäre (Flöther/*Thole* Handbuch, § 2 Rn. 46; ebenso *Beck* DStr 2013, 2468 ff.). Allerdings sind Fälle vorstellbar, in denen die Komplementär-GmbH einen beherrschenden Einfluss ausübt, so dass die Definition in § 3e Abs. 1 InsO abgedeckt wäre. Dabei sollte allerdings nicht verkannt werden, dass in der typischen GmbH & Co. KG die GmbH nur um der Kommanditgesellschaft willen existiert (*K. Schmidt* KTS 2011, 161 [166]).

30 Die Übertragung der konzerninsolvenzrechtlichen Regelungen auf die GmbH & Co. KG ist auch von der Interessenlage her geboten, da unter insolvenzrechtlichen Gesichtspunkten zwischen einer Konzerninsolvenz und dem wirtschaftlichen Scheitern einer GmbH & Co. KG deutliche Parallelen bestehen. In beiden Fällen werden gesellschaftsrechtlich miteinander verbundene, jedoch rechtlich selbständige Rechtsträger tätig, und die enge Verbindung dieser Rechtsträger gebietet es im Insolvenzfall geradezu, ein konsolidiertes Insolvenzverfahren durchzuführen (eingehend hierzu *K. Schmidt* KTS 2011, 161 ff.). Angesichts der bestehenden Rechtsunsicherheit ist es zu begrüßen, dass im Gesetzgebungsverfahren der neue § 3e Abs. 2 InsO eingeführt wurde, der nun ausdrücklich die konzerninsolvenzrechtlichen Vorschriften auf die GmbH & Co. KG überträgt. Ob dies nun lediglich eine Klarstellung ist oder – wie der Bericht des BT-Rechtsausschusses (BT-

Drucks. 18/11436 S. 24) insinuiert – eine **Fiktion**, ist unerheblich, da die Praxis in erheblichem Umfang von Zweifelsfragen entlastet wird.

Die in § 3 Abs. 2 InsO umschriebenen Gesellschaften entsprechen den in **§ 39 Abs. 4 InsO** genannten, so dass zur näheren Präzisierung auf die dortigen Erläuterungen verwiesen wird (vgl. *Bornemann* § 39 Rdn. 41 ff.). 31

§ 4 Anwendbarkeit der Zivilprozessordnung

Für das Insolvenzverfahren gelten, soweit dieses Gesetz nichts anderes bestimmt, die Vorschriften der Zivilprozessordnung entsprechend.

Übersicht	Rdn.		Rdn.
A. Überblick	1	2. Recht auf informelle Selbstbestimmung und Einsichtsrecht	58
B. Vorschriften der ZPO	3	3. Einzelheiten	62
C. Vorschriften des GVG und sonstige Vorschriften	23	a) Eröffnungsverfahren	63
D. Anhang	31	b) Eröffnetes Verfahren	68
I. §§ 41 ff. ZPO Ausschluss und Ablehnung	31	c) Beendetes Verfahren	74
1. Überblick	31	d) Rechts- und Amtshilfe	87
2. Geltungsbereich	32	e) Auskunft aus dem Schuldnerverzeichnis/Negativatteste	38
3. § 41 ZPO	34	f) Zeitlicher Rahmen für Akteneinsicht	90
4. § 42 ZPO	35	4. Verfahren	91
a) Grundsätze	35	a) Technischer Ablauf	91
b) Antragsrecht	37	b) Rechtliches Gehör des Schuldners	97
c) Besorgnis der Befangenheit	40	c) Kosten	98
d) Einzelfälle	41	5. Zuständigkeit und Rechtsbehelfe	99
e) Verfahren	46	6. Sachverständiger/(vorläufiger) Verwalter	102
f) Unaufschiebbare Handlungen (§ 47 ZPO)	47	7. (Vorläufiger) Gläubigerausschuss/Gläubigerversammlung	109
g) Zuständigkeit und Rechtsbehelfe	51	8. Internet/Auskunfteien	111
II. § 299 ZPO Akteneinsicht und Informationsrechte	56		
1. Überblick	56		

Literatur:
Lisser Praxisprobleme des Insolvenzrechts, Rpfleger 2013, 126; *Schmidberger* Stellung öffentlicher Gläubiger im Insolvenzverfahren, NZI 2012, 953; *Thole* Gläubigerinformation im Insolvenzverfahren – Akteneinsicht und Auskunftsrecht, ZIP 2012, 1533; *Swierczok/Kontny* Das Akteneinsichtsrecht im Insolvenzverfahren nach § 4 InsO i.V.m. § 299 ZPO, NZI 2016, 566; *Zimmer* Praxisrelevante Auswirkungen des Gesetzes über den Rechtsschutz bei überlangen Gerichtsverfahren, InsbürO 2012, 342.

A. Überblick

§ 4 InsO ordnet die **subsidiäre Maßgeblichkeit der Zivilprozessordnung** an (BT-Drucks. 12/2443 1 S. 110). Zunächst ist zu prüfen, ob die InsO besondere Bestimmungen zur Verfahrensordnung (z.B. § 5 Abs. 3 InsO) enthält. Ist dies nicht der Fall, können die Vorschriften der ZPO, allerdings nur entsprechend, anwendbar sein. Dies bedeutet, dass die Bestimmungen der ZPO auf das Insolvenzverfahren nur übertragen werden können, wenn und soweit dies mit der besonderen Natur des Insolvenzverfahrens zu vereinbaren ist (*BGH* NJW 1961, 2016). Aus der Eilbedürftigkeit des Insolvenzverfahrens folgt z.B., dass die Vorschriften über das Ruhen des Verfahrens (§ 251 ZPO) nicht anwendbar sind. Dieses Konzept der offenen Rechtsfolgenanordnung lässt Raum für wertende Differenzierungen (A/G/R-*Ahrens* § 4 InsO Rn. 3 f.). Zu den Anwendungsfeldern und Auswirkungen auf die Verfahrensgrundsätze allgemein s. A/G/R-*Ahrens* § 4 InsO Rn. 5 ff.

§ 4 InsO Anwendbarkeit der Zivilprozessordnung

2 Das Insolvenzverfahren ist entsprechend seiner Funktion als Gesamtvollstreckungsverfahren der **streitigen Gerichtsbarkeit** zuzuordnen (*Blersch/Goetsch/Haas* § 4 Rn. 4; MüKo-InsO/*Ganter/Lohmann* § 4 Rn. 3; *Uhlenbruck/I. Pape* InsO, § 4 Rn. 2; zurückhaltender A/G/R-*Ahrens* § 4 InsO Rn. 2; in der Tendenz anders *Nerlich/Römermann-Becker* InsO, § 2 Rn. 8, die das Insolvenzverfahren in die Nähe der freiwilligen Gerichtsbarkeit rücken). Aus der Einbeziehung des Insolvenzverfahrens in die streitige Gerichtsbarkeit folgt, dass die Vorschriften des GVG entsprechend anwendbar sein können, soweit dies mit der besonderen Natur des Insolvenzverfahrens zu vereinbaren ist. Der *BGH* (ZVI 2007, 80) ordnet die Vorschriften über die Beaufsichtigung des Insolvenzverwalters der freiwilligen Gerichtsbarkeit zu.

B. Vorschriften der ZPO

3 Soweit die InsO keine Sonderregelungen enthält, können die Vorschriften der **ZPO entsprechend angewandt werden, wenn und soweit sie mit der besonderen Natur des Insolvenzverfahrens zu vereinbaren sind** (*BGH* NJW 1961, 2016; s. Rdn. 1). Zunächst ist zu prüfen, ob die InsO vorrangige Regelungen enthält oder Vorschriften der InsO analog anwendbar sind (*Nerlich/Römermann-Becker* § 4 Rn. 3 ff.). Die Verweisung bezieht sich auch auf die in der ZPO entwickelten Grundsätze (*OLG Köln* ZInsO 2001, 420 [422] für die einseitige Erledigungserklärung). Im Einzelnen gilt Folgendes (ja = entsprechend anwendbar, nein = unanwendbar).

4 * §§ 1–11 ZPO nein (Sonderregelung in § 2 Abs. 1).

5 * §§ 12–37 ZPO:
   §§ 12, 20–35a ZPO nein (§ 3 Abs. 1, § 315 InsO) mit Ausnahme des § 24 ZPO (*LG Stuttgart* Rpfleger 2000, 235, s. § 3 Rdn. 57).
   §§ 13–19 ZPO ja nach Maßgabe § 3 Abs. 1 InsO (zur internationalen Zuständigkeit s. § 3 Rdn. 55 ff.).
   §§ 36, 37 ZPO ja (s. § 3 Rdn. 50 ff.).

6 * §§ 38 ff. ZPO nein (s. § 3 Rdn. 3).
   §§ 41 ff. ZPO ja (s. Rdn. 31 ff.).

7 * §§ 50–58 ZPO:
   § 50 ZPO nein beim Schuldner (§§ 11, 12, 316, 332 Abs. 1, 333 Abs. 1 InsO); sonst ja (s. § 14 Rdn. 22).
   §§ 51 ff. ZPO ja (s. § 14 Rdn. 33) mit Sonderregel in § 15a InsO.
   Zur Prozessstandschaft s. § 24 Rdn. 38 ff.
   * §§ 59 ff. ZPO nein (s. § 13 Rdn. 98 ff.).

8 * §§ 78–90 ZPO:
   § 78 Abs. 1 ZPO grds. nein (s. § 6 Rdn. 76).
   §§ 79 f. ZPO ja (s. § 14 Rdn. 41).
   § 85 Abs. 2 ZPO ja (MüKo-InsO/*Ganter/Lohmann* § 4 Rn. 52).
   § 88 Abs. 2 ZPO ja (s. § 14 Rdn. 41).
   § 89 ZPO nein (s. § 14 Rdn. 41).

9 * §§ 91–101 ZPO:
   § 91, 92 ZPO ja (s. § 13 Rdn. 190).
   § 91a ZPO ja (s. § 13 Rdn. 261 ff.). Zur einseitigen Erledigungserklärung s. § 13 Rdn. 267 ff.
   § 97 ZPO ja (s. § 6 Rdn. 79).
   § 99 Abs. 1 ZPO ja (s. § 6 InsO Rdn. 87).
   §§ 103 ff. ZPO ja (s. § 2 Rdn. 54).
   §§ 108–113 ZPO nein (*Uhlenbruck/I. Pape* InsO, § 4 Rn. 16).

10 * §§ 114 ff. ZPO: Gläubiger ja (s. § 13 Rdn. 228, 232 ff.)
   Schuldner grundsätzlich nein (Sonderregeln in §§ 4a–4d, 309 Abs. 2 Satz 4 InsO; anders bei Gläubigerantrag und für Beschwerdeverfahren, s. § 13 Rdn. 229. Zur Beratungshilfe s. § 13 Rdn. 257, 259.
   vorläufiger Insolvenzverwalter ja (s. § 24 Rdn. 28, 49)
   (endgültiger) Insolvenzverwalter ja (s. § 26 Rdn. 46 ff.).

Anwendbarkeit der Zivilprozessordnung § 4 InsO

* §§ 128–165 ZPO: 11
  § 128 Abs. 1 ZPO nein (§ 5 Abs. 3 Satz 1 InsO).
  § 133 ZPO mit Einschränkungen (s. § 14 Rdn. 14)
  § 136 ZPO ja.
  § 139 ZPO ja (s. § 14 Rdn. 7).
  § 141 ZPO nein (§ 97 Abs. 3 Satz 1 InsO).
  § 142 ZPO ja (*OLG Saarbrücken* NZI 2008, 40; *LG Ingolstadt* NZI 2002, 990; s.a. Rdn. 19 a.E., 82).
  § 143 ZPO ja (*AG Göttingen* ZInsO 2015, 1016).
  § 144 ZPO nein (§ 5 Abs. 1 InsO).
  § 147 ZPO ja, aber nur nach Verfahrenseröffnung (s. § 13 Rdn. 98 f.).
  §§ 148 f. ZPO nein (s. § 14 Rdn. 55).
  § 157 ZPO ja (*BGH* ZVI 2004, 337; *AG Duisburg* NZI 2003, 455)
  §§ 159 ff. ZPO ja.
* §§ 166–213a ZPO ja unter Berücksichtigung der Sonderregeln in §§ 8, 307 Abs. 1 Satz 3 InsO. 12
  Die öffentliche Zustellung (§§ 185 ff. ZPO) erfolgt jedoch ohne Antrag von Amts wegen (s. § 8 Rdn. 28).
* §§ 214–229 ZPO ja mit folgenden Einschränkungen: 13
  § 217 ZPO gilt wegen des Eilcharakters nicht im Eröffnungsverfahren (s. § 5 Rdn. 39), wohl aber bei der Einberufung von Gläubigerversammlungen (s. § 29 Rdn. 17). Dabei sind die Sonderregeln der §§ 28, 29, 75 Abs. 2 InsO zu beachten.
  Bei der Fristberechnung ist § 9 InsO sowie § 139 InsO zu beachten.
  § 227 Abs. 1 ZPO ja (*AG Hohenschönhausen* ZInsO 2000, 168)
  § 227 Abs. 3 Satz 1 ZPO gilt nicht (§ 5 Abs. 3 Satz 2 InsO).
* §§ 230–238 ZPO Sonderregel in § 186 InsO; ja hinsichtlich der das Verfahrensrecht betreffen- 14
  den Fristen wie z.B. die Beschwerdefrist (zum letzteren *OLG Köln* ZIP 2000, 195f; *OLG Köln* NZI 2000, 435; *BayObLG* ZIP 2001, 970 [971]; *LG Münster* NZI 2001, 485 [486]); Frist zur Einlegung des Widerspruches gem. § 175 Abs. 2 InsO (*AG Duisburg* NZI 2008, 628 [629] unter Hinweis darauf, dass die Ausschlussfrist des § 234 Abs. 3 ZPO nicht gelten soll; *AG Göttingen* ZInsO 2016, 648; einschränkend *BGH* ZInsO 2016, 543); streitig hinsichtlich der Frist zur Stellung eines Restschuldbefreiungsantrages (s. § 20 Rdn. 64). Der BGH bejaht eine Wiedereinsetzungsmöglichkeit bei Versäumung der Frist zur Stellung von Versagungsanträgen im Restschuldbefreiungsverfahren (*BGH* ZInsO 2014, 88 Tz. 14 ff.).
* Zur Versäumung des Prüfungstermins s. die Regelung in § 186 InsO. 15
* §§ 239–252 ZPO: 16
  § 239 ZPO teilweise (s. § 11 Rdn. 39; § 14 Rdn. 22 ff.).
  § 240 ZPO ja/nein (s. § 24 Rdn. 28 ff., 42 f. für das Eröffnungsverfahren; s.a. *Wimmer-Amend* § 85 Rdn. 3 ff.).
  § 251 ZPO nein (s. § 14 Rdn. 55) mit Ausnahme in § 306 InsO.
* §§ 253–299a ZPO: 17
  § 253 ZPO ja im Hinblick auf die allgemeinen Zulässigkeitsvoraussetzungen (s. § 14 Rdn. 11, 12, 15, 19, 50) und der Darlegung eines Eröffnungsgrundes auch beim Eigenantrag (s. § 14 Rdn. 233 ff.).
  § 261 Abs. 1 ZPO nein (str., § 3 Rdn. 28).
  § 261 Abs. 3 Nr. 1 ZPO nein für Eröffnungsanträge verschiedener Gläubiger oder von Gläubiger und Schuldner (s. § 13 Rdn. 98).
  ja für mehrere Insolvenzanträge desselben Schuldners (s. § 13 Rdn. 167).
  ansonsten streitig bei sog. Zweitinsolvenzverfahren (s. § 13 Rdn. 113 ff.).
  § 261 Abs. 3 Nr. 2 ZPO ja (s. § 3 Rdn. 28).
  §§ 263 f. ZPO: Auswechseln bzw. Nachschieben einer Forderung ist zulässig.
  § 269 ZPO: Zur zeitlichen Grenze für die Rücknahmemöglichkeit s. *Schmerbach* zu § 13 Abs. 2 InsO (§ 3 Rdn. 49 ff.), zur Rücknahmefiktion s. § 305 Abs. 3, § 308 Abs. 2 InsO.
  § 269 Abs. 3 ZPO ja (s. § 13 Rdn. 69 ff.).

§ 278 ZPO: Eine Anwendbarkeit Im Eröffnungsverfahren als quasi-streitigen Parteiverfahren ist nicht grundsätzlich ausgeschlossen. Der Einsatz mediativer Techniken ist zudem im Schuldenbereinigungs- oder Insolvenzplanverfahren denkbar (A/G/R-*Ahrens* § 4 InsO Rn. 42).

§ 280 Abs. 2 ZPO ja (für den Fall der Feststellung der Unwirksamkeit einer Erledigungserklärung (*LGDuisburg* NZI 2009, 911 [912]; s.a. § 14 Rdn. 126).

§ 281 ZPO ja (s. § 3 Rdn. 39 ff.).

§ 284 ZPO: Der Grundsatz der Parteiherrschaft ist eingeschränkt durch den Amtsermittlungsgrundsatz des § 5 Abs. 1 Satz 1 (s. § 5 Rdn. 2; § 14 Rdn. 258 f.). Im Rahmen der Glaubhaftmachung (§ 294) ZPO kann allerdings die Substantiierungspflicht Bedeutung erlangen (s. § 14 Rdn. 176).

§ 286 ZPO ja.

§ 287 ZPO ja, z.B. bei der Festsetzung der Vergütung (HambK-InsO/*Rüther* § 4 Rn. 58).

§§ 288–290 ZPO nein wegen § 5 InsO (*OLG Köln* ZInsO 2000, 393 [396]).

§ 291 ZPO ja (*Nerlich/Römermann-Becker* § 5 Rn. 33).

§ 294 ZPO ja (s. § 14 Rdn. 174 ff.).

§ 299 ZPO ja (s. Rdn. 57 ff.).

18 * §§ 300–329 ZPO:
§ 303 ZPO ja (*LG Duisburg* NZI 2009, 911 [912], für den Fall der Feststellung der Unwirksamkeit einer Erledigungserklärung; Rechtsmittelmöglichkeit gem. § 280 Abs. 2 ZPO)
§ 318 ZPO: s. § 7 Rdn. 88.
§ 319 ZPO ja (s. § 7 Rdn. 89; § 30 Rdn. 46; § 31 Rdn. 4, 8).
§ 320 ZPO ja für Entscheidungen der Beschwerdegerichte im Hinblick auf die Möglichkeit einer Rechtsbeschwerde (*BGH* ZInsO 2010, 926 [927]).
§ 321 ZPO ja (*LG Göttingen*, Beschluss vom 17.12.2002 – 10 T 68/02 – für übersehene Kostenentscheidung; *AG Frankfurt/O.* ZInsO 2012, 1687; AGR-*Ahrens* § 4 Rn. 54); nein für Ergänzung der Zulassung der Rechtsbeschwerde (s. § 7 Rdn. 5, 89).
§ 321a ZPO ja (HambK-InsO/*Rüther* § 4 Rn. 59).
§ 322 ZPO teilweise; Sondervorschrift in § 183 Abs. 1 InsO.
§ 329 ZPO ja (s. § 5 Rdn. 63; § 8 Rdn. 16 ff.; § 23 Rdn. 19; § 30 Rdn. 6 f.).

19 * §§ 355–455, 478–484 ZPO:
Die Beweisaufnahme hinsichtlich der einzelnen Beweismittel (s. § 5 Rdn. 16, 19 ff., 27, 28) erfolgt von Amts wegen (§ 5 Abs. 1 InsO).
§ 383 ZPO ja (zu § 383 Abs. 1 Nr. 6 InsO s. *LG Hamburg* ZIP 1988, 590 [591 ff.]).
§ 384 ZPO ja, aber Sonderregelung in § 101 Abs. 1 Satz 2 InsO i.V.m. § 97 Abs. 1 Satz 2 InsO (s. § 5 Rdn. 21, § 20 Rdn. 36).
§ 385 Abs. 2 ZPO ja (s. § 5 Rdn. 21).
Schuldner und organschaftliche Vertreter sind zur Aussage verpflichtet (§ 97 Abs. 1, § 98, § 101 Abs. 1 InsO).
§ 404 Abs. 2 ZPO
§ 406 ZPO nein (s. § 22 Rdn. 157).
§§ 421 ff. ZPO ja (*AG Mönchengladbach* ZInsO 2003, 42; s.a. Rdn. 11, u. Rdn. 107).
§§ 445 ff. ZPO nein, verdrängt durch §§ 97, 101 InsO.

20 * §§ 495–510b ZPO: § 496 ZPO ja (Ausnahme § 305 Abs. 1 Satz 1 InsO).

21 * §§ 511–591 ZPO:
§§ 550, 551, 561, 563 ja (s. § 7 Abs. 1 Satz 2).
§§ 567–577a ZPO ja mit Sondervorschriften in §§ 6, 7 InsO.
§ 571 Abs. 2 Satz 2 ZPO ja (s. § 3 Rdn. 49).
§§ 574 ff. ZPO ja (s. § 7 Rdn. 6 ff.).
§§ 578–591 ZPO ja (s. § 7 Rdn. 91).

22 * §§ 704–945 ZPO:
Die Vorschriften über die Einzelzwangsvollstreckung sind im Rahmen der Insolvenzordnung, bei der es um eine Gesamtvollstreckung geht, nicht anwendbar, abgesehen von nachfolgenden Ausnahmen:

§ 704 ZPO ja s. § 201 Abs. 2 InsO (zur Frage, ob zur Glaubhaftmachung der Forderung ein rechtskräftig tituliertes Urteil erforderlich ist, s. § 14 Rdn. 189 ff.).
§ 705 ZPO ja (s. § 7 Rdn. 78–81).
§§ 724 ff. ZPO ja (s. § 23 Rdn. 33) sowie § 202 InsO.
§§ 758, 758a ZPO ja (s. § 23 Rdn. 33).
§ 764 ZPO nein (s. § 6 Rdn. 114, § 21 Rdn. 309); s.a. § 148 Abs. 2 Satz 2 InsO.
§ 765a ZPO ja bei natürlichen Personen, sonst nein (s. § 14 Rdn. 56).
§ 766 ZPO ja (s. § 6 Rdn. 114; § 21 Rdn. 310; § 23 Rdn. 35) sowie § 148 Abs. 2 InsO. Zur Zuständigkeit s. bei § 764 ZPO.
§ 775 Nr. 1, 2 ZPO ja (s. § 21 Rdn. 305).
§ 793 ZPO ja (s. § 6 Rdn. 114; § 21 Rdn. 305; § 23 Rdn. 35).
§ 794 Abs. 1 Nr. 1 ZPO: Ein Vergleichsschluss vor dem Insolvenzgericht ist möglich; Sonderregelung in § 308 Abs. 1 Satz 2 InsO.
§ 794 Abs. 1 Nr. 3 ZPO ja (s. § 23 Rdn. 32; § 34 Rdn. 70).
§ 807 ZPO ja (§ 98 Abs. 1 Satz 1 InsO). Zu den Auswirkungen von Sicherungsmaßnahmen auf die Verpflichtung zur Abgabe der eidesstattlichen Versicherung in der Einzelzwangsvollstreckung s. § 24 Rdn. 53 f.
§§ 811–811c, 850–850k (s. § 2 Rdn. 10 ff.), 851a, 851b ZPO ja mit Sonderregelungen in § 36, §§ 100, 278 InsO.
§§ 883 ff. ZPO ja (s. § 21 Rdn. 295; § 23 Rdn. 32); s.a. § 148 Abs. 2 Satz 1 InsO.
§§ 904–910, 913 ZPO ja (s. §§ 20, 98 Abs. 3 Satz 1 InsO).
§§ 915–915h ZPO ja (s. § 26 Rdn. 109 ff.);
§§ 916 ff. ZPO: Schutzschrift ja (s. § 14 Rdn. 254).

C. Vorschriften des GVG und sonstige Vorschriften

* §§ 156 ff. GVG (Rechtshilfe) ja (s. § 5 InsO Rdn. 40 f.). 23
* §§ 169 ff. GVG (Öffentlichkeit) 24
In Insolvenzsachen gibt es kein »erkennendes Gericht« i.S.d. § 169 Satz 1 GVG (*Zöller/Gummer* ZPO, § 169 GVG Rn. 9). Die Verhandlungen sind folglich **nichtöffentlich**. Zu Ausnahmen s. § 5 InsO Rdn. 38. Zu Gläubigerversammlungen kommt eine Zulassung insbesondere von Pressevertretern in Großverfahren mit überörtlicher Bedeutung gem. § 175 Abs. 2 Satz 1 GVG in Betracht (*Uhlenbruck/I. Pape* InsO, § 4 Rn. 40; *Schmittmann* ZInsO 2010, 2044 [2045]; einschränkend MüKo-InsO/*Ganter/Lohmann* § 4 Rn. 7, die Bedenken anmelden für den Fall des Widerspruchs eines Beteiligten oder bei der Erörterung eines für die Durchführung des Verfahrens wesentlichen Sachverhalts, der der Vertraulichkeit bedarf).
* §§ 176 ff. GVG (Sitzungspolizei) ja. 25
* §§ 184 ff. GVG (Gerichtssprache) ja. 26
* § 198 GVG (Rechtsschutz vor überlangen Gerichtsverfahren): 27
ja im Eröffnungsverfahren
nein im eröffneten Verfahren mit Ausnahme vom Gericht zu treffender Entscheidungen (z.B. Antrag auf Aufhebung eines Beschlusses der Gläubigerversammlung oder Entlassung eines Mitgliedes des Gläubigerausschusses, BT-Drucks. 17/3802, S. 23). Zur verspäteten Löschung einer Insolvenzbekanntmachung s. § 9 Rdn. 39. Einzelheiten *Zimmer* ZInsO 2011, 2302 und InsbürO 2012, 342.
* BerHG: Beratungshilfe ja (s. § 13 Rdn. 257 ff.). 28
* GG: Art. 103 Abs. 1 ja (s. § 10 Rdn. 1). 29
* §§ 22, 23 GKG ja (Kostenschuldner; s. § 13 Rdn. 183 ff.). 30

D. Anhang

I. §§ 41 ff. ZPO Ausschluss und Ablehnung

1. Überblick

31 Die Regelungen der §§ 41 ff. ZPO gelten für **Richter, Rechtspfleger, Urkundsbeamte der Geschäftsstelle und Sachverständige (mit Einschränkungen)**, nicht aber für den (vorläufigen und endgültigen) Insolvenzverwalter. Aufgrund der lediglich entsprechenden Anwendbarkeit (§ 4 InsO) der ZPO-Vorschriften können im Insolvenzverfahren andere Beurteilungsmaßstäbe als im zivilprozessualen Erkenntnisverfahren anzuwenden sein sowohl hinsichtlich der Besorgnis der Befangenheit (§ 42 Abs. 1 ZPO) als auch der Ablehnungsberechtigten (vgl. § 42 Abs. 2 ZPO).

2. Geltungsbereich

32 Die Regelung des § 41 ZPO gilt für Richter, Rechtspfleger (§ 10 RPflG), Urkundsbeamte (§ 49 ZPO) und Sachverständige (§ 406 Abs. 1 ZPO) mit Ausnahme der Regelung in § 41 Nr. 5 ZPO (vgl. *Zöller/Greger* ZPO, § 406 Rn. 7). Die Vorschrift des § 42 ZPO gilt für Richter, Rechtspfleger und Urkundsbeamte der Geschäftsstelle. Für den **Sachverständigen** gilt die Regelung nur, soweit er nicht gem. § 22 Abs. 1 Satz 2 Nr. 3 InsO beauftragt ist, z.B. außerhalb dieses Bereiches beispielsweise mit der Prüfung der Schlussrechnung (s. Rdn. 43 und § 22 Rdn. 157).

33 Für den vorläufigen Insolvenzverwalter, den (endgültigen) **Insolvenzverwalter**, den Sonderinsolvenzverwalter, den Sachwalter und den Treuhänder gelten die Regelungen der §§ 41 ff. ZPO **nicht** (*BGH* ZInsO 2007, 326 [327] = EWiR 2007, 341 für den Sonderinsolvenzverwalter; *LG Frankfurt* Rpfleger 1989, 474; HK-InsO/*Sternal* § 4 Rn. 5; *Jaeger/Gerhardt* InsO, § 4 Rn. 9; MüKo-InsO/*Ganter/Lohmann* § 4 Rn. 42; *Uhlenbruck/I. Pape* InsO, § 4 Rn. 12; **a.A.** *Nerlich/Römermann-Becker* § 4 Rn. 19). Bei der Bestellung wird das Insolvenzgericht die Regelungen der §§ 41, 42 ZPO beachten (ähnlich *BGH* NJW 1991, 982 [985]: *Lüke* ZIP 2003, 557 [560]) und ggf. von seinem Entlassungsrecht (§ 21 Abs. 2 Nr. 1, § 59 InsO) Gebrauch machen (*Uhlenbruck/I. Pape* InsO, § 4 Rn. 12; *Graeber* NZI 2002, 345 [351]; s.a. *Riggert* NZI 2002, 352; *Frind* ZInsO 2002, 745; *Prütting* ZIP 2002, 1965). Für den **Gerichtsvollzieher** gilt nur die dem § 41 ZPO nachgebildete Vorschrift des § 155 GVG, die §§ 42 ff. ZPO gelten nicht (*BGH* ZVI 2004, 669).

3. § 41 ZPO

34 Hinsichtlich der Ausschließung gem. § 41 ZPO wird auf die Kommentierung zu dieser Vorschrift in den ZPO-Kommentaren verwiesen. Daneben sind Stimmverbote zu beachten, die sich aus einer entsprechenden Anwendung des § 41 ZPO ergeben können, z.B. bei einer Abstimmung gem. § 160 InsO für betroffene Gläubigerausschussmitglieder (vgl. *Schmitt* § 72 Rdn. 7) oder Gläubiger (vgl. *Schmitt* § 77 Rdn. 21).

4. § 42 ZPO

a) Grundsätze

35 Wegen **Besorgnis der Befangenheit** findet die Ablehnung statt, wenn ein Grund vorliegt, der geeignet ist, Misstrauen gegen die Unparteilichkeit zu rechtfertigen (§ 42 Abs. 2 ZPO). In Betracht kommen nur objektive Gründe, die vom Standpunkt des Ablehnenden aus bei vernünftiger Betrachtung die Befürchtungen wecken können, der Abgelehnte stehe der Sache nicht unvoreingenommen und damit nicht unparteiisch gegenüber; rein subjektive, unvernünftige Vorstellungen des Ablehnenden scheiden aus. Nicht erforderlich ist, dass der Abgelehnte tatsächlich befangen ist (*Zöller/Vollkommer* ZPO, § 42 Rn. 9). Diese für den Zivilprozess entwickelten Grundsätze gelten auch im Insolvenzverfahren (*LG Düsseldorf* ZIP 1985, 631; *OLG Köln* ZIP 1990, 58 [60]).

36 Aus der lediglich entsprechenden Anwendbarkeit und der Eigenart des Insolvenzverfahrens folgt für § 42 ZPO allerdings, dass **andere Maßstäbe als im Zivilprozess** angelegt werden müssen (*OLG Köln*

ZIP 1988, 110; bestätigt vom *BVerfG* ZIP 1988, 174; *Jaeger/Gerhardt* InsO, § 4 Rn. 10; MüKo-InsO/*Ganter/Lohmann* § 4 Rn. 41). Insbesondere darf nicht das Aufsichtsrecht und die Aufsichtspflicht des Insolvenzgerichts (§ 58 InsO) unterlaufen werden (A/G/R-*Ahrens* § 4 InsO Rn. 17).

b) **Antragsrecht**

Das **Recht** auf Ablehnung steht dem Schuldner, dem Verwalter und jedem einzelnen Gläubiger zu (ebenso MüKo-InsO/*Ganter/Lohmann* § 4 Rn. 43). Beim Ablehnungsrecht des Insolvenzverwalters wird allerdings gefordert, dass die Befangenheit auch den Schuldner betreffen soll (s. Rdn. 45). Zur Ablehnung eines Sonderinsolvenzverwalters ist der Insolvenzverwalter nicht befugt (*BGH* NZI 2007, 284 Rn. 19 ff.; A/G/R-*Ahrens* § 4 InsO Rn. 20). Teilweise wird die Auffassung vertreten, dass das Recht auf Ablehnung nicht **auch einzelnen Gläubigern** zustehe (*AG Münster* NZI 2016, 239 und 240; *Uhlenbruck/I. Pape* InsO, § 4 Rn. 13). Begründet wird dies damit, das Ablehnungsgesuch sei nicht der geeignete Weg, Verfahrensmängel zu beanstanden und zu korrigieren. Dies ist sicher zutreffend. Soweit jedoch in der Verfahrensweise die Besorgnis der Befangenheit zum Ausdruck kommt, steht dem Gläubiger (wie in dem vom *LG Düsseldorf* ZIP 1985, 631 entschiedenen Fall) ein Ablehnungsrecht zu (*AG Göttingen* Rpfleger 1999, 289). Auch der weitergehende Einwand, der Richter oder Rechtspfleger müsse die Möglichkeit haben, auf einen zügigen Verfahrensablauf Einfluss zu nehmen und bestimmte Verfahrenstaktiken von Gläubigern zu unterbinden, trägt nicht. Die Gefahr einer **missbräuchlichen Benutzung** des Ablehnungsrechts besteht in jeder Verfahrensordnung. Ihr kann zudem durch die Regelung des § 47 ZPO begegnet werden (s. Rdn. 47). Soll durch die Ablehnung das Verfahren offensichtlich nur verschleppt werden oder werden verfahrensfremde Zwecke verfolgt, so ist das Ablehnungsgesuch als unzulässig vom Abgelehnten selbst zu verwerfen (*BVerfG* NJW-RR 2008, 512 [514]; HambK-InsO/*Rüther* § 4 Rn. 18). Der Abgelehnte kann nicht nur Eilentscheidungen gem. § 47 ZPO treffen, sondern alle Entscheidungen (s. Rdn. 50).

Eine **Einschränkung** ist allerdings vorzunehmen. § 42 Abs. 2 ZPO gesteht das Ablehnungsrecht beiden Parteien zu. Spätestens mit der Eröffnung des Insolvenzverfahrens ist aus dem Parteiverfahren aber ein Amtsverfahren geworden (s. § 34 Rdn. 41). Nach Eröffnung steht das Ablehnungsrecht dem betreffenden Gläubiger nur zu, wenn er – ähnlich der Beschwer (s. § 34 Rdn. 24) – glaubhaft macht, dass er durch eine Maßnahme des Abgelehnten **unmittelbar betroffen** ist und daraus die Besorgnis der Befangenheit folgt (*AG Göttingen* Rpfleger 1999, 289; HambK-InsO/*Rüther* § 4 Rn. 15). Unmutsäußerungen beispielsweise des Abgelehnten gegenüber einem einzelnen Gläubiger können ein Ablehnungsrecht anderer Gläubiger nur begründen, wenn dargelegt ist, dass auch aus der Sicht der anderen Gläubiger Besorgnis der Befangenheit besteht.

Weiter kann das Ablehnungsrecht gem. § 43 ZPO **verwirkt** sein (*AG Göttingen* Rpfleger 1999, 289).

c) **Besorgnis der Befangenheit**

Die Besorgnis der Befangenheit ist gegeben, wenn **objektiv ein vernünftiger Grund** vorliegt, der einen Verfahrensbeteiligten von seinem Standpunkt aus befürchten lässt, der Abgelehnte werde nicht unparteiisch in der Sache entscheiden. Besorgnis der Befangenheit folgt noch nicht daraus, dass der Abgelehnte mit den Beteiligten die Sach- und Rechtslage kritisch erörtert (*Uhlenbruck/I. Pape* InsO, § 4 Rn. 8) und seine Rechtsansicht äußert (vgl. *OLG Köln* NJW 1975, 788). Verfahrensfehler oder materiell fehlerhafte Entscheidungen stellen grds. keinen Ablehnungsgrund dar. Etwas anderes gilt nur, wenn Indizien vorhanden sind, dass die festgestellten Rechtsfehler auf einer unsachlichen Einstellung gegenüber der ablehnenden Partei oder auf Willkür beruhen (*OLG Köln* ZInsO 2001, 1015; HambK-InsO/*Rüther* § 4 Rn. 13).

d) **Einzelfälle**

In den veröffentlichten Entscheidungen ist die **Ablehnung eines Rechtspflegers** für **begründet** erklärt worden in folgenden Fällen:

§ 4 InsO Anwendbarkeit der Zivilprozessordnung

- Abhalten des Prüfungstermins vor der ersten Gläubigerversammlung (§ 110 Abs. 1 KO = § 156 InsO) und Anregung im Prüfungstermin, die Beschwerdeführerin möge einen Verzicht auf die Ausübung des Stimmrechts in der nachfolgenden Gläubigerversammlung bei der Neuwahl des Insolvenzverwalters überlegen (*LG Düsseldorf* ZIP 1985, 631).
- Mehrfache Vertagung eines Prüfungstermins in einem Konkursverfahren mit der Folge, dass über die Gläubigerstimmrechte und damit über die Abwahl des bisherigen Konkursverwalters nicht entschieden werden kann (*LG Göttingen* NZI 1999, 238 = Rpfleger 1999, 382 = ZInsO 1999, 300).

42 Für **unbegründet** erklärt worden ist die Ablehnung in folgenden Fällen:
- Beanstandung von Forderungsanmeldungen vor der Gläubigerversammlung (*AG Göttingen* Beschluss vom 02.09.1999 – 71 N 58/98; *LG Göttingen* Beschluss vom 01.10.1999 – 10 T 69/99).
- Ablehnung durch einen Verwalter, wenn sich die Spannungen nur zwischen Rechtspfleger und Verwalter, nicht aber zum Nachteil des Schuldners auswirken (*OLG Zweibrücken* ZIP 2000, 1400 [1401] = EWiR 2000, 1023; s.a. Rdn. 45).
- Unterlassen der Überprüfung der Amtsführung des Insolvenzverwalters trotz wiederholter konkreter und belegter Vorwürfe seitens eines Gläubigers (*LG Detmold* ZVI 2003, 176).

43 Die Ablehnung eines **Sachverständigen** wegen Besorgnis der Befangenheit findet **grds. nicht** statt (s. § 22 Rdn. 157). Anders verhält es sich beim Schlussrechnungsprüfer (s. § 21 Rdn. 256).

44 Das *OLG Köln* (ZIP 1990, 58 = EWiR 1991, 391; *LG München II* ZInsO 2013, 2023) hält die Besorgnis der Befangenheit regelmäßig dann für begründet, wenn mit der Prüfung der Schlussrechnung eines Insolvenzverwalters ein anderer im selben Amtsgerichtsbezirk tätiger Insolvenzverwalter als Sachverständiger beauftragt wird. Die Besorgnis, der mit der Prüfung der Schlussrechnung beauftragte Insolvenzverwalter könne die Gelegenheit nutzen, sich dem Insolvenzgericht zu empfehlen und seinen Konkurrenten in ein ungünstiges Licht zu setzen (*OLG Köln* ZIP 1990, 58 [60]), erscheint jedoch übertrieben (ebenso *LG Stendal* ZInsO 2003, 721 [722] und *Uhlenbruck/I. Pape* InsO, § 4 Rn. 14 für den Fall, dass die Konkurrenzsituation nicht am gleichen Insolvenzgericht besteht; a.A. *Madaus* NZI 2012, 119 [124 ff.]). Bei Sachverständigentätigkeit von Handwerksmeistern wird bei vergleichbarer Sachlage die Besorgnis der Befangenheit abgelehnt (*OLG München* MDR 1989, 828). Eine andere Frage ist es, ob der Prüfungsauftrag der Schlussrechnung an einen anderen Insolvenzverwalter als Sachverständigen eine geschickte und sachgerechte Auswahl des Insolvenzgerichts darstellt.

45 Bei der Ablehnung eines **Richters** ist wie folgt entschieden worden:
- Der Insolvenzverwalter wird ungeachtet seiner Stellung als Partei kraft Amtes zur Ablehnung nur als Bevollmächtigter des Schuldners angesehen, weil er als Verwalter der Masse im Insolvenzverfahren weder persönlich beteiligt ist noch mit eigenem Vermögen haftet (*OLG Köln* ZIP 1988, 110 = EWiR 1988, 98). Daraus wird abgeleitet, dass erhebliche persönliche Spannungen zwischen Richter und Insolvenzverwalter die Besorgnis der Befangenheit nur begründen können, wenn konkrete, verfahrensbezogene Umstände für eine negative Einstellung gegenüber der Partei selbst feststellbar sind (*OLG Köln* ZIP 1988, 110 f.; ebenso *OLG Zweibrücken* ZIP 2000, 1400 [1401] = EWiR 2000, 1023 für den Rechtspfleger). Die Entscheidung des *OLG Köln* ist vom *BVerfG* (ZIP 1988, 174 f.) gebilligt worden. Ergehen allerdings unmittelbar Maßnahmen des Insolvenzgerichts gegen den Verwalter z.B. gem. §§ 58, 59 InsO, gilt die obige Einschränkung nicht.
- Die Weitergabe einer Ablichtung der Beschwerdeschrift des Schuldners gegen die Eröffnung des Insolvenzverfahrens an den Insolvenzverwalter begründet nicht die Besorgnis der Befangenheit (*OLG Frankfurt* ZIP 1996, 600 [601]).
- Der Vorwurf, der Richter habe den Antrag auf Eröffnung des Insolvenzverfahrens zu Unrecht als unzulässig verworfen, begründet keine Besorgnis der Befangenheit (*OLG Karlsruhe* InVo 2000, 51).
- Die Mitautorenschaft an einem Kommentar von im selben Verfahren tätigen Insolvenzrichter und vorläufigen Insolvenzverwalter begründet keine Besorgnis der Befangenheit des Insolvenzrichters (*LG Göttingen* NJW 1999, 2826 = ZIP 1999, 1565 = EWiR 1999 1065).

– Die Mitwirkung eines Richters an einer ungünstigen Entscheidung begründet keine Besorgnis der Befangenheit. Das gilt auch bei Verfahrensfehlern oder materiell fehlerhaften Entscheidungen, falls sich nicht ausnahmsweise eine unsachgemäße Einstellung des Richters feststellen lässt (*OLG Köln* ZInsO 2001, 1015).
– Meinungsäußerungen eines Richters auf Seminaren begründen keine Besorgnis der Befangenheit (*BGH* NJW 2002, 2396)
– Die Erwägung, Handlungen des Insolvenzverwalters dienten lediglich seinem Vergütungsinteresse, kann die Besorgnis der Befangenheit begründen (*OLG Braunschweig* ZInsO 2012, 899)

e) Verfahren

In dem Ablehnungsgesuch (§ 44 Abs. 1 ZPO) ist der Ablehnungsgrund **glaubhaft** (§ 294 ZPO) zu machen (§ 44 Abs. 2 ZPO). Die dienstliche Äußerung des Abgelehnten (§ 44 Abs. 3 ZPO) ist den Beteiligten zur Kenntnis zu geben. Dies gilt nicht, falls sich die dienstliche Äußerung darin erschöpft, dass der Abgelehnte sich nicht für befangen hält (vgl. *Zöller/Vollkommer* ZPO, § 46 Rn. 3). Unklar ist, wie in Großverfahren mit einer Vielzahl von Gläubigern vorzugehen ist. Wird rechtliches Gehör zu einer dienstlichen Äußerung nur dem/den Ablehnenden gewährt und der Ablehnung stattgegeben, können sich die übrigen Gläubiger auf Verletzung rechtlichen Gehörs berufen, das wegen der Unanfechtbarkeit der Entscheidung (§ 46 Abs. 2 ZPO) nicht nachgeholt werden kann. Wird der Ablehnungsgrund aus dem Verhalten des Abgelehnten in einer Gläubigerversammlung hergeleitet, ist fraglich, ob die Anhörung auf die in der Gläubigerversammlung Anwesenden beschränkt werden kann. Es bleibt die Möglichkeit, über die Ablehnung mündlich zu verhandeln. **46**

Bei der Selbstablehnung (§ 48 ZPO) ist die Anzeige des Richters den Parteien zu Gehör zu bringen.

f) Unaufschiebbare Handlungen (§ 47 ZPO)

Entsprechend § 47 Abs. 1 ZPO darf der Abgelehnte vor rechtskräftiger Entscheidung über das Ablehnungsgesuch nur solche **Handlungen** vornehmen, die **keinen Aufschub** gestatten (MüKo-InsO/*Ganter/Lohmann* § 4 Rn. 44; *Uhlenbruck/I. Pape* InsO, § 4 Rn. 11). Wegen des Eilcharakters des Insolvenzverfahrens wird dies regelmäßig der Fall sein bei der Anordnung von Sicherungsmaßnahmen im Rahmen des Eröffnungsverfahrens (HambK-InsO/*Rüther* § 4 Rn. 17; *Frege/Keller/Riedel* Rn. 48) und möglicherweise auch für die Entscheidung über die (Nicht)Eröffnung. Auch kann der Abgelehnte einen Termin vertagen. Weitergehend gestattet § 47 Abs. 2 ZPO die Fortsetzung eines Termins, wenn die Entscheidung über die Ablehnung eine Vertagung der Verhandlung erfordern würde. Wird die Ablehnung für begründet erklärt, ist der nach Anbringung des Ablehnungsgesuches liegende Teil der Verhandlung zu wiederholen. **47**

Ein Verfahrensfehler wie Entscheidung über die Abhilfe einer Beschwerde vor Entscheidung über das Befangenheitsgesuch wird durch die spätere rechtskräftige Zurückweisung des Ablehnungsgesuchs geheilt (*BGH* ZVI 2004, 753).

Die übrigen Maßnahmen kann der geschäftsplanmäßige Vertreter treffen. **48**

In der **fehlerhaften Annahme der Voraussetzungen für eine Eilentscheidung** i.S.v. § 47 ZPO liegt noch nicht eine schlechthin unhaltbare Entscheidung. Jeder Richter (bzw. Rechtspfleger) ist nämlich verpflichtet, nach der von ihm für zutreffend erachteten Gesetzesauslegung zu entscheiden, aus der Beachtung dieser Pflicht folgt bei objektiver Beurteilung kein Grund zur Besorgnis der Befangenheit (*OLG Köln* ZIP 1988, 110 [111]; *BVerfG* ZIP 1988, 174 [175]; *Uhlenbruck/I. Pape* InsO, § 4 Rn. 11). **49**

Bei **rechtsmissbräuchlicher Ablehnung** zum Zwecke der Verschleppung oder Verfolgung verfahrensfremder Zwecke kann der Abgelehnte das Ablehnungsgesuch als unzulässig verwerfen (s. Rdn. 37). In diesem Fall kann er nicht nur solche Handlungen vornehmen, die keinen Aufschub gestatten (§ 47 ZPO), sondern alle sonstigen Handlungen auch (*Zöller/Vollkommer* ZPO, § 47 Rn. 3). **50**

g) Zuständigkeit und Rechtsbehelfe

51 Für die **Zuständigkeit zur Entscheidung** und Rechtsbehelfe gegen die Entscheidung gilt Folgendes:

(1) Bei einem **unzulässigen Ablehnungsgesuch** (s. Rdn. 50) entscheidet der Richter am Amtsgericht bzw. das Kollegialgericht in alter Besetzung unter Mitwirkung des abgelehnten Richters (*Zöller/Vollkommer* ZPO, § 45 Rn. 6, 4). Entsprechend diesen Grundsätzen ist zur Entscheidung über ein unzulässiges Ablehnungsgesuch – abweichend von § 10 Satz 2 RPflG – der Rechtspfleger berufen (*Frege/Keller/Riedel* Rn. 48). Gegen den Beschluss findet die sofortige Beschwerde (§ 46 Abs. 2 ZPO) bzw. – bei der Rechtspflegerablehnung – die Entscheidung des Richters (gem. § 10 Satz 2 RPflG) statt (*Frege/Keller/Riedel* Rn. 48).

52 (2) Über ein **zulässiges Ablehnungsgesuch** entscheidet beim Rechtspfleger (§ 10 Satz 2 RPflG), beim Urkundsbeamten der Geschäftsstelle und beim Sachverständigen der Richter. Über die Ablehnung eines Richters am Amtsgericht entscheidet ein anderer Richter des Amtsgerichtes (§ 45 Abs. 2 Satz 1 ZPO), ansonsten der Spruchkörper ohne Mitwirkung des Abgelehnten (§ 45 Abs. 1 ZPO). Hält der Richter beim Amtsgericht das Ablehnungsgesuch für begründet, entscheidet darüber nicht ein anderer Richter des Amtsgerichts, sondern der Abgelehnte legt – nach rechtlichem Gehör der Beteiligten – die Akten dem Stellvertreter vor (*Zöller/Vollkommer* ZPO, § 45 Rn. 5).

53 Gegen den Beschluss, durch den das Gesuch für unbegründet erklärt wird, findet die **sofortige Beschwerde** (§ 46 Abs. 2 ZPO) statt. Ansonsten ist kein Rechtsmittel gegeben (§ 46 Abs. 2 ZPO).

54 (3) Im Falle der **Selbstablehnung** entscheidet beim Mitglied eines Kollegialgerichts das Kollegialgericht ohne Mitwirkung des Selbstabgelehnten. Über die Selbstablehnung eines Richters am Amtsgericht entscheidet gem. § 45 Abs. 2 Satz 1 ZPO ein anderer Richter des Amtsgerichts (*Zöller/Vollkommer* ZPO, § 48 Rn. 8). Bei Selbstablehnung der übrigen Verfahrensbeteiligten entscheidet der Richter am Amtsgericht. Die Entscheidung ist nicht anfechtbar (*Zöller/Vollkommer* ZPO, § 48 Rn. 11).

55 Seit Änderung der ZPO zum 01.01.2002 ist gegen Beschwerdeentscheidungen (des Landgerichts, s. § 6 Rdn. 23) die **Rechtsbeschwerde zum BGH** möglich. Da es sich um eine Entscheidung außerhalb des Insolvenzverfahrens handelt (s. § 6 Rdn. 84), ist die Rechtsbeschwerde nicht gem. § 7 InsO zulässig, vielmehr richtet sich das Verfahren ausschließlich nach den §§ 574 ff. ZPO (s. § 7 Rdn. 5), so dass eine **Zulassung** durch das Beschwerdegericht gem. § 574 Abs. 1 Satz 2 ZPO **nötig** ist (*BGH* ZInsO 2011, 1032; *Uhlenbruck/I. Pape* InsO, § 4 Rn. 7).

II. § 299 ZPO Akteneinsicht und Informationsrechte

1. Überblick

56 Die **InsO** kennt **einige spezielle Regelungen** zur Einsicht in Bestandteile der Verfahrensakten (§§ 66, 153, 154, 175, 234, 188 InsO). Daneben besteht ein allgemeines Einsichtsrecht für Behörden (vgl. Art. 35 GG). In den übrigen Fällen folgt es aus § 4 InsO i.V.m. § 299 ZPO. Bei dem Recht auf Akteneinsicht spielt das seit dem Volkszählungsurteil (*BVerfG* BVerfGE 65, 1 ff. = NJW 1984, 419 ff.) anerkannte Recht auf informationelle Selbstbestimmung eine Rolle, das allerdings in seiner Bedeutung für die vorliegende Materie teilweise stark überschätzt wird.

57 Beim Akteneinsichtsrecht sind **verschiedene Bereiche** zu unterscheiden. **Formell** geht es darum, ob in Insolvenzakten eine Auskunft, eine Akteneinsicht oder die Erteilung von Ablichtungen begehrt wird, wer für die Entscheidung zuständig ist und welche Rechtsbehelfe gegeben sind. **Inhaltlich** geht es darum, in welchem Verfahrensstadium (Eröffnungsverfahren, eröffnetes Verfahren, beendetes Verfahren) den Verfahrensbeteiligten in welchem Umfang Rechte zustehen. Davon zu **unterscheiden** ist die Einsicht von Verfahrensbeteiligten des Insolvenzverfahrens, insb. Sachverständiger/ (vorläufiger) Insolvenzverwalter, in Akten anderer Verfahren. In Betracht kommen Zivilakten, Akten strafrechtlicher Ermittlungsverfahren, Akten der Finanzverwaltung und von Sozialversicherungsträgern sowie Einsicht in sonstige Urkunden wie z.B. Kontoauszüge. Dazu s. § 5 Rdn. 28 ff.

2. Recht auf informelle Selbstbestimmung und Einsichtsrecht

Aus dem Volkszählungsurteil des *Bundesverfassungsgerichts* (BVerfGE 65, 1 = NJW 1984, 419) folgt 58
das Recht auf informationelle Selbstbestimmung, das auf das Recht auf Einsicht in Insolvenzakten
nur geringe Bedeutung hat.

Weitgehende Einschränkungen sind **abzulehnen** (*OLG Celle* ZInsO 2002, 73; *AG Cuxhaven* 59
DZWIR 2000, 259; MüKo-InsO/*Ganter/Lohmann* § 4 Rn. 74; *Uhlenbruck/I. Pape* InsO, § 4
Rn. 25, 28, 29). Es muss den Gläubigern und Dritten die Möglichkeit offen stehen, in dem der
gleichmäßigen gemeinschaftlichen Befriedigung aller Gläubiger dienenden Insolvenzverfahren die
Möglichkeit einer Kontrolle über das Verfahren auszuüben (*Pape* ZIP 1997, 1367 [1369]).

Dem Recht auf informationelle Selbstbestimmung wird dadurch genügend Rechnung getragen, dass 60
bei Akteneinsicht dritter Personen ein **rechtliches Interesse glaubhaft** gemacht werden muss (§ 299
Abs. 2 ZPO). Eingriffe in Rechte des Schuldners erfolgen schon im Falle der Eröffnung (und nachfolgenden Einstellung) durch die öffentliche Bekanntmachung (§§ 30 Abs. 1, 200 Abs. 2, 214
Abs. 1, 215 InsO). Bei Abweisung mangels Masse (§ 26 InsO) erfolgt eine Eintragung in das Schuldnerverzeichnis (§ 26 Abs. 2 Satz 1 InsO) und eine öffentliche Bekanntmachung (s. § 26 Rdn. 100).
Aus der Entscheidung des Bundesverfassungsgerichts zur Eintragung ins Schuldnerverzeichnis
(*BVerfG* NJW 1988, 3009) ergibt sich, dass der Schutz des Rechtsverkehrs vor insolventen Schuldnern höher eingeschätzt wird als der Schutz des Schuldners auf informationelle Selbstbestimmung.
Zudem enthalten die Gutachten an persönlichen Daten regelmäßig nur die zum Verständnis unbedingt erforderlichen Informationen. Sofern darin bei natürlichen Personen Angaben zum Familien-
stand vorhanden sind, kann dies für die Durchsetzung von Haftungsansprüchen durchaus von Interesse sein.

Der Schuldner ist weiter geschützt dadurch, dass ihm in bestimmten Fällen vor der Gewährung von 61
Akteneinsicht **rechtliches Gehör** zu gewähren ist (s. Rdn. 97).

3. Einzelheiten

Zu **unterscheiden sind Akteneinsicht und Auskunft** in den **verschiedenen Verfahrensstadien**. Aus- 62
kunft erhalten Gläubiger vermehrt aus elektronischen Informationssystemen wie den Internetveröffentlichungen gem. § 9 Abs. 1 InsO und beim Insolvenzverwalter (s. Rdn. 96).

a) Eröffnungsverfahren

Im Eröffnungsverfahren kommen Anträge auf **Akteneinsicht** selten vor. Ein Anspruch besteht für 63
den antragstellenden Gläubiger (*AG Göttingen* NZI 2000, 89; *Swierczok/Kontny* NZI 2016, 566
[567]) einschließlich der Gesellschafter (*K. Schmidt/Stephan* InsO, § 4 Rn. 30). Beantragt ein nicht-
antragstellender Gläubiger Akteneinsicht, so muss er, da er nicht »Partei« des Eröffnungsverfahrens
ist, die Voraussetzungen des § 299 Abs. 2 ZPO glaubhaft machen (*AG Göttingen* NZI 2000, 89;
MüKo-InsO/*Ganter/Lohmann* § 4 Rn. 59; *Thole* ZIP 2012, 1533 [1536]). Bei einem Eigenantrag
des Schuldners besteht ein Akteneinsichtsrecht für Gläubiger nur gem. § 299 Abs. 2 ZPO
(*Swierczok/Kontny* NZI 2016, 566 [568]). Zum rechtlichen Interesse s. Rdn. 76 ff. Interesse besteht
regelmäßig nur an der **Einsichtnahme in das Gutachten**, nach dessen Vorlage aber auch alsbald über
die (Nicht)Eröffnung entschieden wird.

Das Interesse der nichtantragstellenden Gläubiger ist regelmäßig auf die **Auskunft** gerichtet, ob ein 64
Insolvenzverfahren anhängig ist. Anders als im eröffneten Verfahren (s. Rdn. 68) ist eine Auskunft
grds. zulässig. Dies folgt aus der Eilbedürftigkeit und der Tatsache, dass die Anhängigkeit eines Insolvenzverfahrens nicht in jedem Fall aus dem Internet ersichtlich ist (s. § 24 Rdn. 5). Bei der Beantwortung dieser Frage ist allerdings zu **differenzieren**:

(1) Beim **Eigenantrag** ist unbeschränkte Auskunft zulässig, da der Schuldner mit dem Antrag verlaut- 65
bart hat, dass ein Insolvenzgrund vorliegt (*Jaeger/Gerhardt* InsO, § 4 Rn. 22; *Uhlenbruck/I. Pape*
InsO, § 4 Rn. 26 f.). Dies gilt nicht, wenn von einer Veröffentlichung gem. § 23 InsO abgesehen

§ 4 InsO Anwendbarkeit der Zivilprozessordnung

wird (s. § 23 Rdn. 5) wie z.B. im Schutzschirmverfahren gem. § 270b InsO (*AG Göttingen* ZInsO 2012, 2297 [2298]).

66 (2) Beim **Gläubigerantrag** sind Parteien i.S.d. § 299 Abs. 1 ZPO nur Gläubiger und Schuldner. Ein rechtliches Interesse Dritter (§ 299 Abs. 2 ZPO) an einer Auskunft, ob ein Eröffnungsverfahren anhängig ist, besteht **grds. nicht** (*OLG Brandenburg* ZInsO 2001, 850 [851] = DZWIR 2001, 511 m. zust. Anm. *Flöther* S. 514; *Jaeger/Gerhardt* InsO, § 4 Rn. 41; **a.A.** HambK-InsO/*Rüther* § 4 Rn. 33; *Uhlenbruck/I. Pape* InsO, § 4 Rn. 26; *Pape* ZIP 2004, 598 [600], der vor einer Auskunft aber rechtliches Gehör des Schuldners verlangt). Sind allerdings Sicherungsmaßnahmen (§§ 21 f. InsO) angeordnet, werden diese regelmäßig öffentlich bekannt gemacht (s. § 23 Rdn. 1, 4). In diesen Fällen besteht ein Auskunftsanspruch (*Uhlenbruck/I. Pape* InsO, § 4 Rn. 27). Auf Verlangen wird auch eine Abschrift des Beschlusses, in dem Sicherungsmaßnahmen angeordnet sind, übersandt. Zum rechtlichen Interesse erg. s. Rdn. 78. Ein »starker« vorläufiger Insolvenzverwalter (§ 21 Abs. 2 Nr. 2, 1. Alt. InsO) hat ein Recht auf Akteneinsicht (*AG Göttingen* ZInsO 2007, 720; A/G/R-*Ahrens* § 4 InsO Rn. 46).

67 (3) Das Akteneinsichtsrecht aus § 299 Abs. 1 ZPO besteht auch für Mitglieder eines vorläufigen Gläubigerausschusses gem. §§ 21 Abs. 2 Nr. 1a, 22a InsO, selbst wenn sie keine Insolvenzgläubiger sind (so für den Gläubigerausschuss im eröffneten Verfahren A/G/R-*Ahrens* § 4 Rn. 47; *Swierczok/Kontny* NZI 2016, 566 [569]).

b) Eröffnetes Verfahren

Im **eröffneten Verfahren** gilt Folgendes:

68 (1) Zu **Auskünften** aus den Akten ist das Insolvenzgericht (anders als im Eröffnungsverfahren, s. Rdn. 64) nicht verpflichtet, vielmehr ist es Sache der Verfahrensbeteiligten, sich die Kenntnisse durch Einsicht in die Akten oder Teilnahme an Gläubigerversammlungen zu beschaffen (*AG Köln* ZInsO 2002, 595; *Jaeger/Gerhardt* InsO, § 4 Rn. 41; zweifelnd *Thole* ZIP 2012, 1533 [1538] beim Eigenantrag des Schuldners unter Hinweis auf IFG der Länder).

69 (2) Den Gläubigern steht hingegen ein **Akteneinsichtsrecht** zu. Dieses Recht folgt aus § 299 **Abs. 1** ZPO. Mit der Eröffnung des Verfahrens werden nämlich sämtliche Gläubiger kraft Gesetzes in das Verfahren einbezogen und sind damit als Partei i.S.d. § 299 Abs. 1 ZPO anzusehen (*OLG Celle* ZInsO 2004, 204). Dies gilt auch für nachrangige Insolvenzgläubiger gem. § 39 InsO (*LG Landshut* NZI 2015, 981 [982]).

70 Ein Einsichtsrecht gem. § 299 Abs. 1 InsO haben **Absonderungsgläubige**r (MüKo-InsO/*Ganter/Lohmann* § 4 Rn. 61), ebenso **Aussonderungsgläubiger** (MüKo-InsO/*Ganter/Lohmann* § 4 Rn. 61; krit. *Thole* ZIP 2012, 1533 [1538]). Ein Gläubiger, der seine **Forderung noch nicht angemeldet** hat, kann Akteneinsicht nur gem. § 299 Abs. 2 ZPO erhalten (*OLG Celle* ZIP 2004, 370 [371]; *OLG Frankfurt* ZInsO 2009, 740 [742]; **a.A.** *Swierczok/Kontny* NZI 2016, 566 [569]). Der Gläubiger einer **bestrittenen Forderung** muss entweder einen Titel vorlegen oder den Nachweis führen, dass er Feststellungsklage gem. § 179 InsO erhoben hat (*LG Karlsruhe* NZI 2003, 327; HambK-InsO/*Rüther* § 4 Rn. 34; **a.A.** *Thole* ZIP 2012, 1533 [1539]). Es kann aber unter den Voraussetzungen des § 299 Abs. 2 ZPO Akteneinsicht gewährt werden (A/G/R-*Ahrens* § 4 InsO Rn. 47; s.a. Rdn. 78. Ist über das Verfahren des Gläubigers ebenfalls ein Insolvenzverfahren eröffnet worden, besteht ein Akteneinsichtsrecht jedenfalls unter den Voraussetzungen des § 299 Abs. 2 ZPO (*OLG Celle* ZInsO 2006, 501 [502] = EWiR 2006, 703). **Massegläubiger** können nach Anzeige der Masseunzulänglichkeit Einsicht gem. § 299 Abs. 1 ZPO erhalten (A/G/R-*Ahrens* § 4 InsO Rn. 47), sonst nur gem. § 299 Abs. 2 ZPO (*OLG Frankfurt* ZInsO 2010, 1851 [1852] m. Anm. *Luckhoff/Vogel* ZInsO 2011, 1974; *LG Düsseldorf* ZIP 2007, 1388). Im Rahmen des rechtlichen Interesses genügt es, dass ein potentieller Insolvenzgläubiger sich informieren will, ob er am Verfahren teilnimmt (*OLG Frankfurt* ZInsO 2009, 740 [742]). Zum rechtlichen Interesse s. Rdn. 78.

Das Akteneinsichtsrecht aus § 299 Abs. 1 ZPO besteht auch für den **Schuldner einschließlich der** **Gesellschafter** (*K. Schmidt/Stephan* InsO, § 4 Rn. 30; *Swierczok/Kontny* NZI 2016, 566 [570]) und für Mitglieder des **Gläubigerausschusses**, die keine Insolvenzgläubiger sind (AGR-*Ahrens* § 4 Rn. 47; *Swierczok/Kontny* NZI 2016, 566 [569]). 71

Umgekehrt besteht kein Akteneinsichtsrecht in **Protokolle des (vorläufigen) Gläubigerausschusses** (*LG Landshut* NZI 2015, 981 [982]; *Uhlenbruck/Knof* § 73 Rn. 16; *Swierczok/Kontny* NZI 2016, 566 [567]). 72

(3) Darüber hinaus kann in begründeten Ausnahmefällen allerdings das den Gläubigern grds. zustehende Akteneinsichtsrecht für **bestimmte Teile der Insolvenzakten versagt** werden (*OLG Celle* ZInsO 2004, 204 [205]; *Schuster/Friedrich* ZIP 2009, 2418 [2420 ff.]; *Thole* ZIP 2012, 1533 [1534]). Dies ist der Fall, wenn im Gläubigerausschuss ein schwebender Rechtsstreit zwischen dem Gläubiger und dem Insolvenzverwalter sowie Geschäftsbeziehungen, in die der Gläubiger als ehemaliger Geschäftsführer der Schuldnerin verwickelt war, erörtert worden sind (*LG Darmstadt* ZIP 1990, 1424 [1425 f.] = EWiR 1990, 1111; *AG Dresden* ZInsO 2002, 146 [147] = EWiR 2002, 407, das aber zu weitgehend die Akteneinsicht insgesamt versagt). Diese Einschränkung lässt sich daraus begründen, dass die Vorschrift des § 299 ZPO lediglich entsprechend (§ 4 InsO) anwendbar ist (HK-InsO/*Sternal* § 4 Rn. 13). Unter Geltung der KO wurde die Einschränkung zudem auf eine Analogie zu § 120 Abs. 2 VerglO gestützt (*LG Darmstadt* ZIP 1990, 1424 [1425]; vgl. auch *Pape* ZIP 1997, 1367 [1368]; MüKo-InsO/*Ganter/Lohmann* § 4 Rn. 75). Sind im Gutachten Ausführungen zur Einzahlung des Stammkapitals und zu Anfechtungstatbeständen enthalten, besteht ein uneingeschränkter Anspruch auf Akteneinsicht (*LG Bad Kreuznach* NZI 2006, 111). 73

c) Beendetes Verfahren

Bei **beendeten Verfahren** ist zu **unterscheiden** je nach Art der **Verfahrensbeendigung**. 74

(1) Wird der Insolvenzantrag zurückgenommen, der Eröffnungsbeschluss aufgehoben oder das Verfahren für erledigt erklärt, so besteht ein **Auskunftsanspruch**. Zur zeitlichen Grenze s. Rdn. 90 und § 9 Rdn. 38. **Akteneinsicht** gem. § 299 Abs. 1 ZPO können antragstellender Gläubiger und Schuldner verlangen (*Jaeger/Gerhardt* InsO, § 4 Rn. 23). Sonstige Gläubiger können nur gem. § 299 Abs. 2 ZPO Akteneinsicht erlangen (dazu s. Rdn. 76 ff.). Dies gilt nicht, wenn von einer Veröffentlichung gem. § 23 InsO abgesehen wird (s. § 23 Rdn. 5) wie z.B. im Schutzschirmverfahren gem. § 270b InsO (*AG Göttingen* ZInsO 2012, 2297 [2298]).

(2) Die Mehrzahl der Akteneinsichtsgesuche betrifft die Fälle **der Abweisung mangels Masse** (§ 26 InsO). Parteien i.S.d. § 299 Abs. 1 ZPO sind nur Schuldner und antragstellender Gläubiger. 75

Die **übrigen Gläubiger** sind **Dritte i.S.d. § 299 Abs. 2 ZPO** (*BGH* ZInsO 2006, 597 [598] = EWiR 2006, 447; **a.A.** *Graf/Wunsch* ZIP 2001, 1800 [1801] und *Swierczok/Kontny* NZI 2016, 566 [570], die § 299 Abs. 1 ZPO für anwendbar halten). Ohne Einwilligung kann Akteneinsicht nur gestattet werden, wenn ein rechtliches Interesse glaubhaft gemacht wird. Ein **rechtliches Interesse** setzt voraus, dass Feststellungen zum Vorliegen eines Insolvenzgrundes gem. § 16 InsO getroffen wurden. Das ist der Fall bei Abweisung mangels Masse gem. § 26 InsO, **nicht** aber bei Erledigungserklärung, Antragsrücknahme und Abweisung des Antrages als unzulässig oder unbegründet (*AG Göttingen* ZInsO 2005, 952; *Kind/Heinrich* NZI 2006, 433 [435]; im Ergebnis zust. bei Abweisung als unzulässig und für den Fall, dass kein Insolvenzgrund vorlag HambK-InsO/*Rüther* § 4 Rn. 47; **a.A.** *OLG Schleswig* NZI 2008, 690; *Paulick* ZInsO 2009, 906 [907 f.]). 76

Im Rahmen des **rechtlichen Interesses** sind **abzuwägen** das Interesse der Parteien bzw. Beteiligten an der Geheimhaltung des Prozessstoffes und das Interesse des Antragstellers an der gewünschten Information (PG/*Deppenkemper* § 299 Rn. 9; *OLG Braunschweig* ZIP 1997, 894 f.). Dabei ist zu berücksichtigen, ob der Schuldner eine natürliche oder eine juristische Person ist (*OLG Schleswig* NZI 2008, 690). Geheimhaltungsbedürfnisse des Schuldners werden allerdings in den seltensten Fällen bestehen (**a.A.** *Paulick* ZInsO 2009, 906 [909]), insbesondere da persönliche Angaben nur in geringem 77

Umfang im Gutachten enthalten sind (s. Rdn. 60). Bei juristischen Personen scheidet daher eine Anhörung regelmäßig aus (s. Rdn. 97).

78 **Dritter** i.S.d. § 299 Abs. 2 ZPO, dem grds. ein **berechtigtes Interesse** auf Einsicht insbesondere in das Gutachten des Eröffnungsverfahren zusteht, sind **nicht nur Gläubiger titulierter Forderungen**. Vielmehr genügt es, dass der Dritte glaubhaft macht, dass er im Falle der Eröffnung Insolvenzgläubiger gewesen wäre (*OLG Köln* ZIP 1999, 1449 [1450] = EWiR 1999, 973; *OLG Celle* ZInsO 2004, 154 [155]; *Heeseler* ZInsO 2001, 873 [882]). Die Glaubhaftmachung (§ 294 ZPO) können Gläubiger nichttitulierter Forderungen beispielsweise durch Vorlegung von Rechnungen führen. Neugläubiger haben kein rechtliches Interesse an einer Akteneinsicht (*OLG Frankfurt* NZI 2008, 618).

79 Wer durch Akteneinsicht prüfen will, ob die Geschäftsführer einer GmbH rechtzeitig (gem. § 64 GmbHG) Insolvenzantrag gestellt oder sich (gem. § 823 Abs. 2 BGB) **schadensersatzpflichtig** gemacht haben, hat ein rechtliches Interesse (*BGH* ZInsO 2006, 597 [599] = EWiR 2006, 447; *Uhlenbruck/I. Pape* InsO, § 4 Rn. 28; unentschieden *OLG Hamburg* ZInsO 2002, 36 [38] = EWiR 2002, 267; *Graf/Wunsch* ZIP 2001, 1800 [1802]; **a.A.** *OLG Hamburg* ZInsO 2008, 863; *AG Hamburg* NZI 2002, 117; HambK-InsO/*Rüther* § 4 Rn. 34; MüKo-InsO/*Ganter/Lohmann* § 4 Rn. 64; *Zipperer* NZI 2002, 244 [252]). Das gilt auch bei Haftungsansprüchen gem. § 60 InsO gegen den Insolvenzverwalter (*BAG* ZInsO 2012, 32; *OLG Frankfurt* ZInsO 2010, 1851 [1852 f.] m. Anm. *Luckhoff/Vogel* ZInsO 2011, 1974 für einen Massegläubiger). Rechtliches Interesse kann auch ein Versicherer des Schuldners zur Verteidigung in einem anderen Rechtsstreit (*OLG Frankfurt* ZInsO 2009, 740 [742 f.]) oder ein für einen Insolvenzverwalter ein Treuhandkonto führendes Kreditinstitut haben (*OLG Naumburg* ZInsO 2010, 1804 [1805 f.] für Angaben gem. § 149 InsO). Werden bei Akteneinsicht zur Feststellung etwaigen Vermögens auch Informationen bekannt über Ersatzansprüche gegen Dritte wie z.B. Geschäftsführer, so ist dies hinzunehmen und kein Grund zur Versagung der Akteneinsicht (*OLG Hamburg* ZInsO 2002, 36 [38] = EWiR 2002, 267; *OLG Dresden* ZIP 2003, 39 [41 f.]); letztlich muss der Einsichtsantrag nur entsprechend formuliert sein (*Bork* EWiR 2002, 267 [268]).

80 **Kein Anspruch** besteht, wenn lediglich Informationen für ein Verfahren erlangt werden sollen, das keinen Bezug zum Insolvenzverfahren hat (*OLG Dresden* ZInsO 2003, 1148 [1149] für den Fall einer Klage auf Zugewinnausgleich).

81 Davon zu unterscheiden ist das Einsichtsrecht in **Akten anderer Verfahren** wie z.B. Zivilprozessen (*OLG Frankfurt* ZInsO 2016, 1698 m. Anm. *Fölsing* ZInsO 2016, 1734).

82 (3) Bei Einstellung mangels Masse (**§ 207 InsO**) besteht aus dem oben erwähnten (s. Rdn. 76) verfahrensökonomischen Erwägungen ein Anspruch auf Akteneinsicht (*OLG Köln* MDR 1988, 502 f.). Im Übrigen gelten die obigen Ausführungen (s. Rdn. 76 ff.).

83 (4) Ist ein eröffnetes Insolvenzverfahren ansonsten abgeschlossen worden z.B. durch Aufhebung gem. § 200 InsO), gelten die obigen (s. Rdn. 76 ff.) Ausführungen. Dies gilt auch bei Einstellung gem. §§ 212, 213 InsO (*Thole* ZIP 2012, 1533 [1541]).

84 (5) Auskunfts- und Akteneinsichtsansprüche stehen nach **Beendigung eines gerichtlichen Schuldenbereinigungsplanverfahrens** (§§ 305 ff. InsO) auch Dritten zu, die im Schuldenbereinigungsplan nicht aufgeführt sind, aber ihre Gläubigerstellung glaubhaft machen.

85 (6) Die Erteilung einer **Restschuldbefreiung** schließt das rechtliche Interesse an einer Akteneinsicht nicht aus (*KG* ZInsO 2016, 982).

86 (6) Neben Gläubigern, die nach den obigen Ausführungen als Dritte i.S.d. § 299 Abs. 2 ZPO angesehen werden können, kommen als sonstige Dritte in Betracht Personen, die zu **Forschungszwecken** Einsicht nehmen wollen (*Zöller/Greger* ZPO, § 299 Rn. 6).

d) Rechts- und Amtshilfe

Vom Akteneinsichtsrecht gem. § 299 ZPO ist zu unterscheiden die Einsichtsgewährung im Rahmen 87
der Rechts- und Amtshilfe an Behörden gem. Art. 35 GG (vgl. *Zöller/Greger* ZPO, § 299 Rn. 8;
Zipperer NZI 2002, 244; a.A. *Schmidberger* NZI 2012, 953 [955]). Das Akteneinsichtsrecht ist regelmäßig in **Spezialgesetzen** näher ausgestaltet, z.B. dem SGB X (§§ 3 ff., 69 Abs. 1 Nr. 1) oder in der
AO (§ 111). Für die Zuständigkeit gilt § 299 Abs. 2 ZPO (*Uhlenbruck* KTS 1989, 527 [533]). Eine
Interessenabwägung findet nicht statt (HambK-InsO/*Rüther* § 4 Rn. 39).

e) Auskunft aus dem Schuldnerverzeichnis/Negativatteste

Vom Akteneinsichtsrecht gem. § 299 ZPO ist zu unterscheiden die Auskunft aus dem **Schuldner-** 88
verzeichnis nach Abweisung eines Antrages mangels Masse (s. § 26 Rdn. 110 ff.).

Bei Verfahren zur Erteilung der Gewerbeerlaubnis (§§ 34c Abs. 2 Nr. 2, 34d Abs. 2 Nr. 2, 34e 89
Abs. 2 GewO), zur Vorlage bei ausländischen Auftraggebern oder in sonstigen Konstellationen werden häufig sog. »**Negativatteste**« verlangt. Die Bescheinigung geht dahin, dass »bis zum heutigen Tag
kein Insolvenzverfahren anhängig ist«. Für die Auskunft fällt eine Gebühr von 10 € an (Nr. 800 Anlage 2 zu § 2 Abs. 1 JVKostO).

f) Zeitlicher Rahmen für Akteneinsicht

Die Erteilung einer Restschuldbefreiung schließt das rechtliche Interesse an einer Akteneinsicht 90
nicht aus (*KG* ZInsO 2016, 982). Tatsächlich ausgeübt werden kann das Akteneinsichtsrecht mindestens fünf Jahre nach Beendigung des Verfahrens, da frühestens dann Teile der Akten – u.a. mit
Berichten des Sachverständigen/(vorläufigen) Insolvenzverwalters – vernichtet werden. 10 Jahre werden die Bände über das Restschuldbefreiungsverfahren, Insolvenz- und Schuldenbereinigungspläne
aufbewahrt, 30 Jahre die Bände mit Schriftstücken über die Verteilung, Tabellen, Insolvenzplänen,
Schuldenbereinigungsplänen, Entscheidungen über Gewährung oder Versagung der Restschuldbefreiung. **Fraglich** ist, ob **zeitliche Grenzen aus** der Verordnung zu öffentlichen Bekanntmachungen in
Insolvenzverfahren im Internet (**InsoBekV**) folgen (vgl. s. § 9 Rdn. 28 ff.). So wird die Erteilung der
Restschuldbefreiung gem. § 300 InsO nach sechs Monaten gelöscht. Das Insolvenzgericht Göttingen weist deshalb bei der Beantwortung von allgemeinen Auskunftsersuchen darauf hin, dass über
abgeschlossene Verfahren (§§ 26, 200 und 300 InsO) nach Ablauf der in § 3 Abs. 1 InsoBekV bestimmten Frist von 6 Monaten keine Auskunft erteilt wird. Danach wird Auskunft nur erteilt bei Angabe des Aktenzeichens.

4. Verfahren

a) Technischer Ablauf

Der **technische Ablauf** gestaltet sich wie folgt: Das Recht auf Akteneinsicht umfasst lediglich die In- 91
solvenzakten, nicht dagegen Beiakten oder ein PKH-Beiheft. Allerdings kann die Akteneinsicht in
Teile der Akten versagt werden (s. Rdn. 73).

Liegen Prozessakten als elektronische Dokumente vor, ist die Akteneinsicht auf Ausdrucke be- 92
schränkt, § 299 Abs. 3 Satz 1 ZPO. Mitgliedern einer Rechtsanwaltskammer kann elektronischer
Zugriff auf Akten gestattet werden, § 299 Abs. 3 Satz 2 ZPO.

Im **laufenden Verfahren** werden die Akten **nicht versandt**, eine Einsichtsmöglichkeit besteht viel- 93
mehr nur auf der Geschäftsstelle (*OLG Köln* Rpfleger 1983, 325; *OLG Celle* ZIP 2004, 370 [371 f.];
AG Göttingen ZInsO 2002, 385; *Uhlenbruck/I. Pape* InsO, § 4 Rn. 33). Im **abgeschlossenen Verfahren** können die Akten jedenfalls anderen Gerichten, Behörden oder Sozialversicherungsträgern **übersandt** werden (A/G/R-*Ahrens* § 4 InsO Rn. 50). Bei Versendung an auswärtige Rechtsanwälte
erfolgt die Versendung nach auswärts regelmäßig nur an das örtlich zuständige Amtsgericht zur Gewährung der Einsicht auf der dortigen Geschäftsstelle (*AG Göttingen* NZI 2002, 266; *Zöller/Greger*
ZPO, § 299 Rn. 4a). Häufig genügt aber auch eine Übersendung einer Abschrift des Gutachtens, so

bei Abweisung mangels Masse (§ 26 InsO). Für die Versendung der Akten wird ein Auslagenpauschbetrag von 12,50 € erhoben (*Uhlenbruck/I. Pape* InsO, § 4 Rn. 35).

94 Einen Anspruch auf Fertigung von **Abschriften** (**Ablichtungen**) räumt § 299 Abs. 1 ZPO den Parteien/Verfahrensbeteiligten ein. Auch Dritten, denen ein rechtliches Interesse an der Akteneinsicht zusteht (§ 299 Abs. 2 ZPO), können Abschriften erteilt werden (*OLG Celle* ZInsO 2007, 150 [151]; MüKo-ZPO/*Prütting* § 299 Rn. 25; **a.A.** *OLG Hamm* ZVI 2004, 466). Im eröffneten Verfahren haben Gläubiger grds. ein Recht auf Erteilung von Abschriften bzw. Kopien (*Uhlenbruck/I. Pape* InsO, § 4 Rn. 33). Eingeschränkt ist der Anspruch allenfalls dann, wenn die personellen und sachlichen Möglichkeiten des Insolvenzgerichtes überfordert sind (*OLG Celle* ZInsO 2004, 204; *LG Karlsruhe* ZInsO 2004, 690; *Lisser* Rpfleger 2013, 126 [131]). Allerdings besteht der Anspruch nur auf jeweils eine Ausfertigung (**a.A.** MüKo-ZPO/*Prütting* § 299 Rn. 12). Wer statt des Rechtes auf Akteneinsicht Ablichtungen fertigen lässt, schuldet die Dokumentenpauschale des § 28 Abs. 1 Satz 1 GKG, KV Nr. 9000 Nr. 1 (*AG Göttingen* ZInsO 2011, 1019). Daneben können bei Einsichtnahme Notizen gemacht werden. Auch **digitale Aufnahmen** sind zulässig (*KG* MDR 2011, 351; HambK-InsO/*Rüther* § 4 Rn. 43), eine Auslagenpauschale nach Nr. 9003 KV-GKG fällt nicht an.

95 Daneben sind **Veröffentlichungen** des **Insolvenzgerichtes** – wenn auch nur zeitlich beschränkt – über das **Internet** abrufbar (s. § 9 Rdn. 2, 32).

96 **Insolvenzverwalter** gehen zunehmend dazu über, ihre Berichte in das Internet einzustellen, auf die die Gläubiger mittels PIN zugreifen können. Die Kosten für derartige **Gläubiger-Informationssysteme** (**GIS**) sind nicht erstattungsfähig (*BGH* ZInsO 2016, 1647 m. zust. Anm. *Haarmeyer* und Anm. *Kluth* NZI 2016, 865).

b) Rechtliches Gehör des Schuldners

97 Fraglich ist, ob dem **Schuldner** vor der Entscheidung über die Gewährung von Akteneinsicht **rechtliches Gehör** gewährt werden muss.

- Soll der Antrag abgelehnt werden, ist dies nicht erforderlich.

- In den übrigen Fällen ist zu **differenzieren**:
  – Im Rahmen des § 299 **Abs.** 1 ZPO erfolgt keine Interessenabwägung, rechtliches Gehör ist nicht zu gewähren (*BGH* ZIP 1998, 961; HambK-InsO/*Rüther* § 4 Rn. 40).
  – Bei § 299 **Abs.** 2 ZPO wird dies bejaht (*OLG Brandenburg* ZIP 1998, 962 [963] = ZInsO 1998, 41 [42] m. abl. Anm. *Kutzer* ZIP 1998, 964; *OLG Brandenburg* NZI 1999, 503 = EWiR 1999, 87). Der BGH relativiert die Ansicht in der zu dem Vorlagebeschluss des *OLG Brandenburg* (ZIP 1998, 962 [963]) getroffenen Entscheidung dahin, dass eine ermessensfehlerfreie Abwägung voraussetzt, dass dem Schuldner Gelegenheit gegeben wird, »im Rahmen des Möglichen und Zumutbaren« sein Geheimhaltungsinteresse geltend zu machen (*BGH* ZIP 1998, 961 [962]). Bei **juristischen Personen** wie GmbHs wird eine Anhörung ausscheiden (vgl. *Kutzer* in der Anm. zu *OLG Brandenburg* ZIP 1998, 964; *Uhlenbruck/I. Pape* InsO, § 4 Rn. 32, 34; *Schuster/Friedrich* ZIP 2009, 2418 [2419]; **a.A.** HambK-InsO/*Rüther* § 4 Rn. 46), zumal häufig die Vertretungsfrage unklar und die Adresse unbekannt ist. Die obergerichtliche Praxis hingegen bejaht bei GmbHs eine Verpflichtung zur Anhörung (*OLG Brandenburg* DZWIR 1999, 80 = NZI 1999, 503 m. krit. Anm. *Pape* EWiR 1999, 87; *OLG Dresden* ZIP 2003, 39 [41]) bis zur Löschung, wobei bei Unauffindbarkeit des Geschäftsführers eine öffentliche Zustellung nicht erforderlich ist (*OLG Köln* ZIP 1999, 1449 [1451] = NZI 1999, 502 = ZInsO 1999, 542 = EWiR 1999, 973). Bei **natürlichen Personen** kommt nach der hier vertretenen Auffassung eine Anhörung nur in Betracht, wenn erkennbar Geheimhaltungsinteressen verletzt werden könnten. Das ist eine Frage des Einzelfalles (s. Rdn. 77).

c) Kosten

Für Kopien fällt eine Dokumentenpauschale gem. § 28 Abs. 1 Satz 1 GKG, FV Nr. 9000 Nr. 1 an (*AG Göttingen* ZInsO 2011, 1019). 98

5. Zuständigkeit und Rechtsbehelfe

Entscheidungen gem. § 299 Abs. 1 ZPO trifft regelmäßig der **Geschäftsstellenbeamte**, dem 99 bzw. die Richter/Rechtspfleger diese Befugnis übertragen können, ähnlich wie bei der Delegation von Entscheidungen durch den Vorstand des Gerichts im Rahmen des § 299 Abs. 2 ZPO (s. Rdn. 100) auf die Insolvenzabteilung (*Uhlenbruck* KTS 1989, 527 [531, 533, 537, 545]). In Zweifelsfällen legt der Geschäftsstellenbeamte die Akten dem – je nach Verfahrensstadium zuständigen (s. § 2 Rdn. 23 ff.) – Richter oder Rechtspfleger vor, so wenn z.B. die Versagung der Einsicht in bestimmte Teile der Akte (s. Rdn. 73) in Betracht kommt. Gegen Entscheidungen des **Geschäftsstellenbeamten**/Mitgliedes der Serviceeinheit ist der **Rechtsbehelf der** binnen zwei Wochen einzulegenden **Erinnerung** gem. § 573 Abs. 1 Satz 1 ZPO gegeben (*Graf/Wunsch* ZIP 2001, 1800 [1804]). Gegen die Entscheidung des **Richters** kann **sofortige Beschwerde** gem. §§ 567 ff. ZPO eingelegt werden (*Pape* ZIP 1997, 1367 [1368]; *Graf/Wunsch* ZIP 2001, 1800 [1804]). Gegen die Entscheidung des **Rechtspflegers** findet Erinnerung gem. § 11 Abs. 1 RPflG statt (vgl. *LG Karlsruhe* NZI 2003, 327; *Graf/Wunsch* ZIP 2001, 1800 [1804]). Die Rechtsbehelfe sind nicht gem. § 6 Abs. 1 Satz 1 InsO ausgeschlossen, da dieser nur für spezifisch insolvenzgerichtliche Entscheidungen gilt (*Thole* ZIP 2012, 1533 [1537]).

Für die **Entscheidung** nach § 299 Abs. 2 ZPO ist der Präsident/Direktor des Amtsgerichts zuständig. 100 Die **Delegation dieser Befugnis an die Insolvenzabteilung** ist zulässig und verbreitet (vgl. *OLG Dresden* ZIP 2003, 39 [40]). In einfachen Fällen entscheidet der Geschäftsstellenverwalter, in schwierigen Fällen der mit der Sache befasste Richter oder Rechtspfleger.

Die gem. § 299 Abs. 2 ZPO getroffene Entscheidung ist als Justizverwaltungsakt gem. § 23 101 **EGGVG anfechtbar** (*OLG Frankfurt* MDR 1996, 379; *OLG Braunschweig* ZIP 1997, 894; *OLG Naumburg* ZIP 1997, 895), auch wenn sie nicht vom Gerichtsvorstand, sondern vom Richter oder Rechtspfleger getroffen worden ist (*OLG Celle* ZInsO 2006, 501 = EWiR 2006, 703; *Pape* ZIP 2004, 598 [604]). Es handelt sich um eine Ermessensentscheidung, die nur auf Ermessensüberschreitung oder Ermessensfehlgebrauch hin überprüft werden kann; aus den Gründen der Entscheidung muss sich ergeben, dass die erforderliche Abwägung (s. Rdn. 77) erfolgte (*OLG Düsseldorf* ZIP 2000, 322).

6. Sachverständiger/(vorläufiger) Verwalter

Dem vorläufigen Insolvenzverwalter/Sachverständigen werden nach Bestellung die Akten zur Einsichtnahme 102 in sein Büro übersandt (s. § 23 Rdn. 28), ebenso dem Insolvenzverwalter nach Eröffnung, sofern er zuvor keine Akteneinsicht hatte, wie regelmäßig im Verbraucherinsolvenzverfahren gem. §§ 304 ff. InsO.

Hinsichtlich der Einsicht in **andere Akten** gilt Folgendes: Ein »starker« vorläufiger Insolvenzverwalter 103 (§ 21 Abs. 2 Nr. 2, 1. Alt. InsO) hat in einem anderen Insolvenzverfahren ein Recht auf Akteneinsicht (*AG Göttingen* ZInsO 2007, 720). Zum Anspruch des Insolvenzverwalters auf Einsicht in:
– Akten des Anwalts des Schuldners s. *BGH* ZIP 1990, 48 ff.,
– Akten von Finanzverwaltung und Sozialversicherungsträgern s. die Informationsfreiheitsgesetze des Bundes und der Länder,
– Kontounterlagen s. § 5 Rdn. 21,
– Ermittlungsakten der Staatsanwaltschaft s. § 5 Rdn. 32,
– sonstige Urkunden s. § 5 Rdn. 28 ff.

Umstritten ist, ob und unter welchen Voraussetzungen dem (vorläufigen) Insolvenzverwalter ein 104 **Auskunftsanspruch gegen Gläubiger** zur Vorbereitung einer Anfechtungsklage zusteht (vgl.

HambK-InsO/*Rüther* § 5 Rn. 30a) auch unter Berücksichtigung des Informationsfreiheitsgesetzes (IFG). Einzelheiten bei *Dauernheim* § 143 Rdn. 55.

105 Der Sachverständige/(vorläufige) Insolvenzverwalter hat einen **Auskunftsanspruch** unter Einschaltung des Gerichtsvollziehers **gem. § 802i ZPO** (*AG München* NZI 2016, 541 m. Anm. *Siebert* sowie *Schmerbach* InsbürO 2016, 425; *AG Rosenheim* ZInsO 2016, 1954 m. Anm. *Marcovic* ZInsO 2016, 1974).

106 Ein **Anspruch des Schuldners** gegen den Sachverständigen auf Erörterung des Inhalts des Gutachtens und auf Auskunftserteilung an sonstige Beteiligte gegenüber dem Sachverständigen besteht nicht (s. § 22 Rdn. 62 f.), ebenso nicht gegenüber dem (vorläufigen) Insolvenzverwalter (*ArbG Magdeburg* ZInsO 2001, 567; *AG Köln* ZInsO 2002, 595; *AG Hamburg* ZInsO 2011, 1039; allgemein zu Auskunftsrecht und Auskunftspflicht *Bruder* ZVI 2004, 332).

107 Zur **Verpflichtung des Insolvenzverwalters** zur Vorlage von Unterlagen in einem **Zivilprozess** gem. §§ 142, 421 ff. ZPO s. *OLG Saarbrücken* NZI 2008, 40; *LG Ingolstadt* ZInsO 2002, 990; *AG Mönchengladbach* ZInsO 2003, 42; *Lüpke/Müller* NZI 2002, 588; *Uhlenbruck* NZI 2002, 589.

108 Aufzeichnungen und gefertigte Fotokopien darf der Sachverständige/(vorläufige) **Insolvenzverwalter** auch **nach Verfahrensbeendigung** behalten (*Schulz* InVo 1999, 369 [371]). Zur **Weitergabe** von Informationen oder Unterlagen an **Dritte** ist er jedoch **nicht** befugt (krit. *Kübler/Prütting/Bork-Pape* InsO, § 26 Rn. 46 f.; a.A. *Schulz* InVo 1999, 369 [371 f.]). Nur das Insolvenzgericht ist im Rahmen des § 299 ZPO dazu berechtigt. Anders verhält es sich mit der Information durch den Insolvenzverwalter unter Vergabe einer PIN-Nummer an die Gläubiger. Zur Archivierung von Geschäftsunterlagen s. *Bucher* ZInsO 2007, 1031.

7. (Vorläufiger) Gläubigerausschuss/Gläubigerversammlung

109 Mitglieder des (vorläufigen, § 21 Abs. 1 Nr. 1a) Gläubigerausschusses haben Informationspflichten und -rechte. Wegen der Einzelheiten s. die Kommentierung zu § 69 InsO.

110 Zum Anspruch der Gläubigerversammlung s. § 79 InsO und die dortige Kommentierung.

8. Internet/Auskunfteien

111 Im **Internet** können Daten zeitlich begrenzt eingesehen werden, § 9 InsO (s. § 9 Rdn. 31 f.).

112 **Auskunfteien** dürfen Daten länger speichern (s. § 9 Rdn. 41 ff.). Inzwischen zeigen sich Missbrauchsfälle (s. § 9 Rdn. 41).

Vorbemerkungen vor §§ 4a ff. InsO

Literatur:
Ahrens Privatinsolvenzrecht – Umrisse eines Systems, ZZP 2009, 133; *ders.* Eckpunkte des Bundesjustizministeriums zur Reform der Verbraucherinsolvenz, NZI 2011, 425; *Blankenburg* Versagung der Stundung bei deliktischen Forderungen, ZVI 2015, 239; *Bruns* Die geplante Novellierung der Restschuldbefreiung mittelloser Personen – ein geglückter fresh start?, KTS 2008, 41; *Göbel* Bericht der Bund-Länder-Arbeitsgruppe – Anmerkungen aus der Sicht der Schuldnerberatung, ZInsO 2000, 383; *Graf-Schlicker* Analysen und Änderungsvorschläge zum neuen Insolvenzrecht, WM 2000, 1984; *dies.* Die Kostenhürde im Verbraucherinsolvenzverfahren, Festschrift für Uhlenbruck, 2000, S. 573; *Grote* Fresh start für natürliche Personen – materiellrechtliche oder insolvenzrechtliche Lösung, Festschrift für Kirchhof, 2003, S. 149; *Hergenröder/Alsmann* Das Privatinsolvenzrecht auf der britischen Insel, ZVI 2007, 337; *Heyer* Strafgefangene im Insolvenz- und Restschuldbefreiungsverfahren, NZI 2010, 81 ff.; *ders.* Verfahrenskostenstundung – wofür wir sie brauchen und benutzen, ZVI 2012, 130 ff.; *ders.* Dauerthema: Restschuldbefreiung für Strafgefangene, NZI 2015, 357; *Heyer/Grote* Alternativmodell zum Entschuldungsmodell bei Masselosigkeit, ZInsO 2006, 1160; *Homann* Der Schuldner als Spielball der Gerichte in Kostenstundungsfällen, ZVI 2014, 93; *ders.* Deckung der Verfahrenskosten und Ausschluss von der Restschuldbefreiung, in Hergenröder (Hrsg.), Schulden und ihre Bewältigung, 2014, S. 127; *Kohte* Der Sekun-

däranspruch des Insolvenzverwalters/Treuhänders, Rpfleger 2014, 169; *Limpert* Prozesskostenhilfe im Verbraucherinsolvenzverfahren, 2000; *Möhring* Die Rechtsprechung des BGH zu den Sperrfristen und § 287a Abs. 2 InsO, ZVI 2017, 289; *Pape* 10 Jahre Insolvenzordnung, ZInsO 2009, 1; *Pape, G.* Altbekanntes und Neues zur Entschuldung mitteloser Personen, NZI 2007, 681; *Pape, I./Pape, G.* Vorschläge zur Reform des Insolvenzverfahrens, insbesondere des Verbraucherinsolvenzverfahrens, ZIP 2000, 1553; *Reill-Ruppe* Anspruch und Wirklichkeit des Restschuldbefreiungsverfahrens, 2013; *Rüntz/Heßler/Wiedemann/Schwörer* Die Kosten des Stundungsmodells, ZVI 2006, 185; *Schmerbach* 10 Thesen zur Insolvenzreform in Verfahren natürlicher Personen, ZInsO 2009, 2388; *Springeneer* Nachbesserungsbedarf bei der Konzeption eines Entschuldungsverfahrens, ZVI 2008, 106; *Stephan* Nach der Reform ist vor der Reform, Festschrift Vallender, 2015, S. 639.

Die **Notwendigkeit einer Prozess- bzw. Insolvenzkostenhilfe** ist bereits in den ersten Entwürfen zur Ausgestaltung eines Restschuldbefreiungsverfahrens hervorgehoben worden (*Scholz* ZIP 1988, 1157 [1164]; *Reifner* VuR 1990, 132 [134]; *Leipold* in: *Leipold* (Hrsg.) Insolvenzrecht im Umbruch, 1991, S. 165, [180]). Gleichwohl enthielten weder der Diskussions- noch der Regierungsentwurf zur InsO eine ausdrückliche Regelung dieser Frage. Die Verweisung in § 4 InsO auf die Vorschriften der ZPO – und damit möglicherweise auch auf §§ 114 ff. ZPO – enthielt keine Präzisierung, ob damit die frühere Judikatur zu § 72 KO, die Prozesskostenhilfe für den Gemeinschuldner abgelehnt hatte (*LG Traunstein* NJW 1963, 959), bestätigt oder angesichts der neuen Zielsetzung des Insolvenzverfahrens abgeändert werden sollte (dazu *Kemper/Kohte* Blätter der Wohlfahrtspflege 1993, 81 [83]). Zur Forderung des Bundesrates nach der Möglichkeit einer Prozesskostenhilfe (BT-Drucks. 12/2443, S. 255) vertrat die damalige Bundesregierung 1992 die Ansicht, dass wegen der geringen Kosten des verwalterlosen Verfahrens eine ausdrückliche Regelung der Prozesskostenhilfe im Insolvenzrecht nicht erforderlich sei (BT-Drucks. 12/2443, S. 266). Dieses als kostengünstig qualifizierte verwalterlose Verfahren wurde in den Vorschlägen des Rechtsausschusses, die der endgültigen Gesetzesfassung zugrunde lagen, aufgegeben. Gleichwohl wurde eine ausdrückliche Kodifizierung der Prozesskostenhilfe bzw. eine Klarstellung, dass § 4 InsO auch auf §§ 114 ff. ZPO verweisen, nicht vorgenommen (zur Kritik *Kohte* ZIP 1994, 184 [186 f.]). Trotz dieser deutlichen Divergenzen **unterblieb eine ausdrückliche gesetzliche Regelung**, so dass von Anfang an eine divergente und lebhafte Gerichtspraxis zu erwarten war. 1

Obgleich die Insolvenzordnung bereits 1994 verabschiedet worden war, sollte sie erst 1999 in Kraft treten. In der Zwischenzeit sollten organisatorische und konzeptionelle Fragen geklärt werden. Folgerichtig gehörte das Problem der Prozesskostenhilfe zu den zentralen Fragen, die in der Bund-Länder-Arbeitsgruppe, die nach 1994 tätig war, erörtert wurden. Erwogen wurde ein ausdrücklicher Ausschluss der Prozesskostenhilfe, den man jedoch wegen verfassungsrechtlicher Bedenken nicht empfahl (*Beule* InVo 1997, 197 [203]). Daher ging man auch im politischen Raum davon aus, dass diese **Frage von den Gerichten zu beantworten sei** (anschaulich *Leeb* WM 1998, 1575; ähnlich bereits *Schumacher* ZEuP 1995, 576 [587]). Erwartungsgemäß entwickelte sich vom ersten Tag an eine vielfältige und mehrfach divergierende Gerichtspraxis (Überblick bei *König* NJW 2000, 2487). In den Zwischenbilanzen über die Erfahrungen der Verbraucherinsolvenzverfahren wurde regelmäßig hervorgehoben, dass die nicht explizit gelöste Frage der Prozesskostenhilfe und der Tragung der Prozesskosten zu den zentralen Problemen des Verbraucherinsolvenzverfahrens gehöre (*Pape* ZIP 1999, 2037 [2039] und VuR 2000, 13; *Vallender* DGVZ 2000, 97 [100]). 2

Im Juni 1999 beauftragte daher die 70. Konferenz der Justizminister eine Bund-Länder-Arbeitsgruppe, »die Probleme der praktischen Anwendungen und Schwachstellen des Insolvenzrechts, besonders des Verbraucherinsolvenzverfahrens« zu untersuchen und Änderungsmöglichkeiten aufzuzeigen. Dabei solle vor allem die Frage geklärt werden, ob und in welchem Umfang Insolvenzkostenhilfe gewährt werden könne. Die Arbeitsgruppe legte der 71. Justizministerkonferenz im Mai 2000 in Potsdam einen Zwischenbericht vor, der das Kostenproblem als zentrales Problem identifizierte und »**dringenden gesetzgeberischen Handlungsbedarf**« bejahte (dazu nur *Graf-Schlicker/Remmert* ZInsO 2000, 321 ff.). Für eine gesetzgeberische Lösung sei jedoch nicht die globale Übernahme der §§ 114 ff. ZPO, sondern ein eigenständiges Modell, das auf einer Verfahrenskostenstundung beruhe, vorzuziehen. Dieses Modell orientierte sich in erster Linie am österreichischen Recht, das in 3

§§ 183 ff. KO eine vergleichbare Regelung seit mehreren Jahren kennt (dazu *Mohr* ZInsO 1998, 311 ff.; vgl. *Kohte/Busch* vor § 286 Rdn. 28).

4 Dieses Modell solle geeignet sein, einen »dogmatischen Bruch« zu vermeiden, der dadurch entstehe, dass die Erfolgsaussicht des Verfahrens, die Voraussetzung der Prozesskostenhilfe sei, erst durch die Bewilligung der Kostenhilfe ermöglicht werde (dazu *Graf-Schlicker/Remmert* ZInsO 2000, 321 ff.). Diese aus der Literatur bekannte Argumentation war in Judikatur und Literatur auf nachhaltigen Widerspruch gestoßen, weil diese die Erfolgsaussicht am Maßstab plausibler Antragstellung beurteilten. Danach sei jeder Schritt förderungsfähig, der den Antragsteller der Möglichkeit der Restschuldbefreiung näher bringt (dazu nur *LG Trier* VuR 2000, 133 m. Anm. *Kohte*; *LG Koblenz* ZInsO 2000, 457; *Bruns* NJW 1999, 3445 [3449]). Dieser Teil der Argumentation der Arbeitsgruppe fand daher auch im Gesetzgebungsverfahren bei den Befürwortern der gesetzlichen Regelung keine ungeteilte Zustimmung (BT-Drucks. 11/6468 S. 16).

5 Im Wesentlichen berief sich die Arbeitsgruppe jedoch auf **fiskalische Argumente**; diese wurden im Gesetzgebungsverfahren teilweise harsch kritisiert (z.B. *v. Stetten* BT-Protokolle 14/17680: »Kostenlamentiererei der Länder«), fanden im Ergebnis jedoch auch im Bundestag die Zustimmung der Mehrheit. Als wesentlichen Vorteil qualifizierte die Arbeitsgruppe den Effekt, dass die pfändbaren Bezüge des Schuldners während des Insolvenzverfahrens und vor allem während der Treuhandperiode vorrangig der Staatskasse zur Deckung der Verfahrenskosten und erst danach den Gläubigern zufließen würde. Durch die Pflicht des Treuhänders/Insolvenzverwalters, die Verfahrenskosten vorweg zu befriedigen, käme eine etwaige Besserung der wirtschaftlichen Lage der Schuldner der Staatskasse unmittelbar zugute. Dies habe justizentlastende Wirkung, da die aufwendigen und wenig erfolgreichen Abänderungsverfahren nach § 120 ZPO in dieser Phase vermieden würden. Damit sei auch gegenüber den Schuldnern ein Signal gesetzt, dass in aller Regel die Restschuldbefreiung nicht ohne eigene Kostenbeteiligung erlangt werden könne. Dies habe eine zusätzliche justizentlastende Wirkung, da auf diese Weise Schuldneranträge ausgeschlossen werden könnten, die nicht von einer ernsthaften Absicht zu eigener Mitwirkung und einem eigenen Verfahrens- und Kostenbeitrag getragen würden (dazu *Graf-Schlicker* WM 2000, 1984 [1991 f.]; vgl. *Wimmer* Insolvenzrecht 2000, S. 181 [185]; BT-Drucks 14/5680, S. 20 f. und *Pick* BT-Prot. 14/16094 D).

6 Dieser Bericht wurde von der 71. Konferenz der Justizministerinnen und -minister im Mai 2000 in Potsdam zustimmend zur Kenntnis genommen. Noch im Sommer 2000 wurde vom Bundesministerium der Justiz ein entsprechender Diskussionsentwurf erarbeitet, der dieses Modell aufnahm und in die bisherige Insolvenzordnung einpasste (dokumentiert in ZIP 2000, 1688 ff.). Nach kurzer literarischer Diskussion, die dieses Modell trotz einzelner Kritikpunkte überwiegend positiv aufnahm, wurde bereits im Winter 2000 mit dem Entwurf der Bundesregierung (BR-Drucks. 14/01) das Gesetzgebungsverfahren eingeleitet. Dieser Entwurf wurde im Bundesrat überwiegend zustimmend aufgenommen und im März 2001 in das parlamentarische Verfahren eingebracht (BT-Drucks. 14/5680) und bereits im April 2001 in erster Lesung beraten (BT-Prot. 14/16090 ff.). In den Beratungen des Rechtsausschusses wurden zwar beachtliche Änderungen beschlossen; das **Modell der Verfahrenskostenstundung wurde jedoch unverändert übernommen** (BT-Drucks. 14/6468 S. 16 ff.) und in der abschließenden Beratung trotz deutlicher Kritik letztlich akzeptiert (BT-Prot. 14/17678 ff.). Schließlich stimmte auch der Bundesrat diesem Modell am 27.09.2001 zu.

7 Auch wenn es sich bei der Verfahrenskostenstundung um ein eigenständiges insolvenzrechtliches Modell handelt, so ist doch in systematischer Perspektive zu konstatieren, dass es sich in seiner Struktur und vor allem seinem Zweck an die Regeln der Prozesskostenhilfe anlehnt (so auch *Pape* ZInsO 2001, 587 [590]); es kann daher als **modifizierende Sonderregelung gegenüber den §§ 114 ff. ZPO** eingestuft werden (BT-Drucks. 14/5680, S. 12). Es soll der mittellosen Partei die Möglichkeit geben, mit geldwerter staatlicher Hilfe ein staatlich vorgesehenes justizförmiges Verfahren erfolgreich absolvieren zu können. Insoweit dient es denselben Zwecken, wie die allgemeine Prozesskostenhilfe und ist auch als eine Antwort der Gesetzgebung auf die Vorlageverfahren des *AG Duisburg* (ZIP

2000, 1399 ff.) und des *AG Bonn* (ZIP 2000, 367) zu verstehen, die nachhaltig die Verfassungswidrigkeit des 1994 geschaffenen Rechtes reklamiert hatten.

Daher lassen sich bei der Analyse des Modells der Verfahrenskostenstundung die allgemeinen Elemente des Rechts der Prozesskostenhilfe gut nachweisen, die jeweils in spezifischer Weise an die Situation der Insolvenz angepasst worden sind. Dies betrifft: **8**
– eine spezielle Ausgestaltung der wirtschaftlichen Voraussetzungen der Verfahrenskostenstundung (s. § 4a Rdn. 7 ff.),
– eine eigenständige Definition der hinreichenden Erfolgsaussicht (s. § 4a Rdn. 17 ff.),
– eine insolvenzspezifische Ausgestaltung der Kosten, auf die sich die staatliche Hilfe erstreckt (s. § 4a Rdn. 27 f.),
– eine spezielle Entscheidung nach Verfahrensabschnitten, mit der der Grundsatz des § 119 ZPO insolvenzspezifisch konkretisiert wird (s. § 4a Rdn. 31 ff.),
– einen Sekundäranspruch von Treuhänder und Insolvenzverwalter gegen die Staatskasse bei mangelnder Kostendeckung durch die Insolvenzmasse (s. § 4a Rdn. 29) und
– ein summarisches Verfahren, mit dem zeitnah und ohne umfassende Ermittlungen der Zugang zum Insolvenzverfahren gesichert werden soll (s. § 4a Rdn. 52 ff.).

Weniger intensiv ist im Gesetzgebungsverfahren diskutiert worden, dass dieses Modell der Verfahrenskostenstundung in § 4b InsO mit einem klassischen Baustein aus der Prozesskostenhilfe kombiniert worden ist, mit dem die staatliche Kostendeckung zusätzlich gesichert werden soll (dazu BT-Drucks. 14/5680, S. 22). Diese **weitere Stundungsstufe führt zu einer problematischen Verlängerung des gesamten Entschuldungsverfahrens** (dazu nur *Grote* Rpfleger 2000, 521 [522]; *Schmerbach/Stephan* ZInsO 2000, 541 [544]) und ist in rechtsvergleichender Perspektive insoweit ein Spezifikum des deutschen Insolvenzrechts (zutr. Kritik bei *Hergenröder/Alsmann* ZVI 2007, 337 [347]; vgl. *Schönen* ZVI 2010, 81 [95]). Die europäischen Anstöße zu einer Restrukturierungsempfehlung geben die Chance, diese Fehlentwicklung zu korrigieren (*Stephan* FS Vallender, 2015, 639 [652 ff.]). **9**

Da im Stundungsverfahren systematisch zutreffend die Prüfung der Erfolgsaussicht auf Evidenzfälle beschränkt worden ist, hat man als weiteres Element des Modells ein Verfahren zum Widerruf der Stundung nach § 4c InsO installiert, das sich in wesentlichen Grundzügen an der Norm des § 124 ZPO orientiert. Ebenso ist im Lauf des Gesetzgebungsverfahrens ein Beschwerdeverfahren in § 4d InsO eingeführt worden, das sich grds. an § 127 ZPO orientiert. Damit ist anerkannt worden, dass die Entscheidung über eine Verfahrenskostenstundung der gerichtlichen Kontrolle bedarf, weil sie **für den Schuldner typischerweise von »existenzieller Bedeutung«** ist (so BGH NZI 2008, 47 = VuR 2008, 154 m. Anm. *Kohte;* zust. A/G/R-*Ahrens* § 4a Rn. 2). Anschaulich beschreibt *Homann* die Entscheidung über die Kostenstundung als eine »Operation am offenen Herzen der Restschuldbefreiung« (ZVI 2014, 93 [95]). **10**

Das Stundungsverfahren hat sich inzwischen etabliert; nach der Klärung des Normzwecks und wesentlicher Rechtsfragen durch den *BGH* (grundlegend BGHZ 156, 92) stellt es zumindest in den Verbraucherinsolvenzverfahren den Regelfall dar und wird ohne größere rechtliche Probleme realisiert, auch wenn nicht zu verkennen ist, dass der BGH regelmäßig die Anforderungen an die Evidenzprüfung nachzeichnen und bekräftigen muss (*BGH* ZInsO 2014, 450 = VuR 2014, 192 m. Anm. *Kohte; BGH* ZVI 2017, 299 = VuR 2017, 311 m. Anm. *Kohte*). Aus der Sicht der Administration der Bundesländer wurden die Zahlen der Stundungsverfahren als zu hoch kritisiert (*Wiedemann* ZVI 2004, 645 [647]; diff. dagegen *Rüntz/Heßler/Wiedemann/Schwörer* ZVI 2006, 185 ff.). Die differenzierten Zahlen zeigen nicht nur, wie groß und wie umfangreich die Kostenbarrieren waren, die bis 2001 einen problemadäquaten Zugang zum Restschuldbefreiungsverfahren verhindert haben (dazu ausf. *Reill-Ruppe* S. 114 ff., 172 ff., 209 f.), sondern auch, welche Kosten im gerichtlichen Verfahren generiert wurden. Will man – wofür vieles spricht – Kosten reduzieren, dann muss man die Problematik in größere Zusammenhänge stellen (dazu bereits *Graf-Schlicker* FS Uhlenbruck, S. 573 [577]). **11**

12 Die Bundesregierung hatte mit dem **Entwurf eines Gesetzes zur Entschuldung mittelloser Personen vom 22.08.2007** (BT-Drucks. 16/7416; dazu *Pape* NZI 2007, 681; vgl. VuR 2007, 456 und *Schmerbach* vor § 1 Rdn. 65) eingeräumt, dass es für eine Entlastung der öffentlichen Haushalte von Stundungskosten vorrangig geboten ist, das Verbraucherinsolvenzverfahren und das Restschuldverfahren zu vereinfachen. Sie konnte dazu auf Vorschläge zur Vereinfachung des Insolvenzverfahrens (*Heyer* ZInsO 2003, 201; *Kohte* ZVI 2005, 9; *Hofmeister/Jaeger* ZVI 2005, 180; *Schmerbach* ZInsO 2005, 77; zusammenfassend *Heyer/Grote* ZInsO 2006, 1121) sowie zur Kostenkontrolle gegenüber Vergütungsentscheidungen der Insolvenzgerichte (dazu *I. Pape* NZI 2004, 601 [602]) zurückgreifen. Zutreffend hatte sie an einer insolvenzrechtlichen Lösung festgehalten und Vorstellungen zurückgewiesen, das Phänomen der Entschuldung ausschließlich in das materielle Recht und in die Einzelzwangsvollstreckung zurückzuverlagern (dazu bereits zutr. *Ahrens* ZVI 2005, 1 [7]; vgl. *Reill-Ruppe* S. 222 ff.). Stattdessen sollte den Schuldnern anstelle der Verfahrenskostenstundung eine Eigenbeteiligung auferlegt werden, die die Eigenverantwortung des Schuldners verdeutliche (BT-Drucks. 16/7416, S. 20). In der weiteren politischen Diskussion waren im Bundesrat Forderungen zur deutlichen Erhöhung des Schuldnerbeitrags formuliert worden, die von der Bundesregierung abgelehnt worden waren (BT-Drucks. 16/7416 S. 58 f., 68; vgl. VuR 2008, 17).

13 In einer im April 2008 vom **Rechtsausschuss des Bundestags** durchgeführten Anhörung überwog insgesamt die Skepsis, ob die ersatzlose Abschaffung der Verfahrenskostenstundung sachgerecht sei (VuR 2008, 221). Auch in den Verbandsstellungnahmen dokumentierte sich diese Skepsis. In der fachwissenschaftlichen Diskussion wird diese Kritik durch zwei sich ergänzende Argumentationslinien dokumentiert. Wenn eine wirkungsvolle Vereinfachung und Kostenentlastung normiert wird, werden rechtsstaatliche Verfahrensdefizite moniert, so dass aus dieser Perspektive das Stundungsmodell präferiert wird (z.B. *Bruns* KTS 2008, 41 [56]). Zum andern wird kritisiert, dass für Schuldner, denen kein pfändbares Einkommen und Vermögen zur Verfügung steht, auch die vorgesehenen Beträge eine unzulässige Kostenbarriere darstellen, so dass die ersatzlose Aufhebung der Verfahrenskostenstundung nicht akzeptabel sei (*Pape* NZI 2007, 681 [682 f.]; *Springeneer* ZVI 2008, 106 [109 f.]).

14 Nachdem der Regierungsentwurf im Rechtsauschuss keine Unterstützung gefunden hatte, hat sich seit 2009 das Meinungsbild deutlich geändert. Die Stimmen überwogen, die für eine **Beibehaltung der Verfahrenskostenstundung** plädierten, zumal die Länder nicht in der Lage waren, die Rückflüsse aus den zugeflossenen Vermögenswerten der Masse zu beziffern (dazu *Pape* ZInsO 2009, 1 [7]; *Ahrens* ZZP 2009, 133 [144]; *Schmerbach* ZInsO 2009, 2388 [2389]). Inzwischen gilt die Verfahrenskostenstundung als **fester Eckpunkt für Privatinsolvenzverfahren** (*Ahrens* NZI 2011, 425, 428; K. *Schmidt/Stephan* InsO, § 4a Rn. 3). Im Rahmen der Novellierung 2013 wurde die Verfahrenskostenstundung nicht mehr in Frage gestellt und nur noch minimal modifiziert (*Grote/Pape* ZInsO 2013, 1433 [1440]; *Schmerbach* NZI 2013, 566 [568]). Dieser Entwicklung ist nicht nur aus verfahrensökonomischen sondern auch aus grundsätzlichen Erwägungen zuzustimmen.

15 Bei einer Abschaffung der Verfahrenskostenstundung und der Einführung einer fühlbaren Selbstbeteiligung der Schuldner würde sich wieder die vor 2001 diskutierte und überwiegend befürwortete **Beteiligung der Träger der Sozialhilfe** (zur damaligen Praxis *Grote* VuR 2000, 3 [6]; *Berlit* info also 2000, 109 [110]) stellen, die jetzt nicht mehr auf § 27 BSHG (dazu damals *Grote* FK-InsO, 2. Aufl., § 298 Rn. 7; vgl. *Pape* VuR 2000, 13 [22]), sondern auf § 73 SGB XII zu stützen wäre. Prozesskosten werden von dieser Norm grds. erfasst, doch gehen die Bestimmungen der Prozesskostenhilfe regelmäßig vor (*OVG Hamburg* NJW 1995, 2309; LPK-*Berlit* SGB XII, § 73 Rn. 4). Werden aber Prozesskostenhilfe und Verfahrenskostenstundung umfassend zurückgenommen, dann kann § 73 SGB XII als lückenschließende Norm eingreifen, so dass wieder die Bedeutung des Gesetzes der kommunizierenden Röhren für das Kostenrecht beobachtet werden könnte (zur Bedeutung von § 73 SGB XII bei der Leistungsrücknahme durch das SGB II: *BSG* FamRZ 2007, 465; LPK-*Berlit* SGB XII, § 73 Rn. 9 m.w.N.). Die Reduzierung der Kosten durch Vereinfachung der Verfahren ist auch aus dieser Perspektive ein besser geeignetes Mittel als die Verlagerung der Kosten (dazu

auch *Grote* FS Kirchhof, S. 149, 162 mit Hinweisen zu Möglichkeiten und Grenzen der Selbstbeteiligung der Schuldner).

Die funktionale Vergleichbarkeit der Verfahrenskostenstundung mit der Prozesskostenhilfe zeigt sich schließlich in der vergleichbaren **verfassungsrechtlichen Fundierung**. In ständiger Rechtsprechung hat das Bundesverfassungsgericht verdeutlicht, dass Art. 3 Abs. 1 GG i.V.m. dem Rechtsstaatsprinzip eine weitgehende Angleichung der Situation von Bemittelten und Unbemittelten bei der Verwirklichung des Rechtsschutzes gebietet (*BVerfG* NJW 1991, 413; FamRZ 2013, 685). Mit dem Institut der Prozesskostenhilfe wird daher auch armen Parteien der weitgehend gleiche Zugang zu gerichtlichen Verfahren ermöglicht (*BVerfG* VuR 2011, 303 [305]; *BVerfG* FamRZ 2016, 1241; *BVerfG* NJW 2016, 3228). Es geht letztlich um »**Rechtswahrnehmungsgleichheit**« (*Kohte* VuR 2011, 305 f.). Für die Verfahrenskostenstundung sind diese Kategorien ebenfalls maßgeblich (*BVerfG* NJW 2003, 2668). Zutreffend hat der BGH in ständiger Rechtsprechung diese Parallelen betont und die Verfahrenskostenstundung als ein eigenständiges Instrument definiert, das mittellosen Personen den zügigen und effektiven Zugang zum gerichtlichen Insolvenzverfahren unter zumutbaren Bedingungen vermitteln soll (*BGH* NZI 2006, 712 [714] = VuR 2007, 34 [36] m. Anm. *Kohte*). Mögliche Einwendungen, die dem Ziel der Restschuldbefreiung entgegenstehen könnten, sind nur beachtlich, soweit sie »zweifelsfrei« bestehen (*BGH* NZI 2014, 231); der Zugang zur Stundung darf nicht durch »übersteigerte Informationsauflagen« erschwert werden (*BGH* VuR 2011, 306 [307]). Diese Kategorien entsprechen den Anforderungen an die Prüfung der hinreichenden Erfolgsaussicht, die in der verfassungsgerichtlichen Judikatur ebenfalls zugangshindernde Ermittlungen als Verletzung des effektiven Rechtsschutzes markiert haben (*BVerfG* NJW 1991, 413; FamRZ 2006, 469; NJW 2013, 1727). Zutreffend hat daher der BGH eine pauschale insolvenzgerichtliche Ablehnung von Kostenstundung wegen mangelnden Rechtsschutzbedürfnisses korrigiert, wenn der Schuldner die Restschuldbefreiung erreichen kann. Insoweit müsse der Zugang zum Insolvenzverfahren mit Hilfe der Kostenstundung ermöglicht werden (*BGH* ZVI 2017, 299 = VuR 2017, 311 m. Anm. *Kohte*; ausf. *Möhring* ZVI 2017, 289 [293]).

Das Instrument der Verfahrenskostenstundung, das mittellosen Personen den zügigen und effektiven Zugang zum Insolvenzverfahren sichern soll, ist daher ebenfalls durch das Prinzip der Rechtswahrnehmungsgleichheit und die Garantie des gleichen und effektiven Rechtsschutzes (*BVerfG* NVwZ 2005, 1418) verfassungsrechtlich fundiert (A/G/R-*Ahrens* § 4a InsO Rn. 3; vgl. *Ahrens* NZI 2008, 86 [87]; vgl. *Kübler/Prütting/Bork-Wenzel* InsO, § 4a Rn. 5). Die Rechtsprechung des BGH zur Auslegung von § 4a InsO entspricht im Wesentlichen auch diesen Kategorien (zuletzt *BGH* NZI 2014, 231 und ZVI 2017, 299). In der insolvenzgerichtlichen Judikatur werden diese Maßstäbe nicht immer beachtet (dazu die Beispiele bei *Homann* ZVI 2014, 93 ff.). In Fällen, in denen nach der Aufhebung von § 7 InsO die Rechtsbeschwerde nicht statthaft ist, kommt die Verfassungsbeschwerde in Betracht (s. § 4d Rdn. 23). Es wird dann zu prüfen sein, ob das Beschwerdegericht die Anforderungen an den Grundsatz des gleichen und effektiven Rechtsschutzes grundsätzlich verkannt hat (*BVerfG* 03.03.2014 – 1 BvR 1617/13).

Damit ist eine Insolvenzkostenhilfe – sei es in Form der Verfahrenskostenstundung oder der Prozesskostenstundung legitimiert und geboten durch die im Rechtsstaatsprinzip wurzelnde **Garantie des effektiven Rechtsschutzes** (dazu *BVerfG* NJW 1997, 2103; NJW 2003, 2668), denn es ist rechtsstaatlich nicht hinnehmbar, dass Verfahrensrechte allein aus wirtschaftlichen Gründen nicht wahrgenommen werden können. Bereits 1979 ist aus dieser in Art. 19 Abs. 4 GG enthaltenen Grundentscheidung abgeleitet worden, dass eine Regelung nicht so gestaltet sein dürfe, dass sie in ihrer tatsächlichen Auswirkung tendenziell dazu führe, diesen Rechtsschutz vornehmlich nach Maßgabe der wirtschaftlichen Leistungsfähigkeit zu eröffnen (*BVerfG* BVerfGE 50, 217 [231] = NJW 1979, 1345 [1346]). Diese rechtsstaatliche Garantie ist nicht an die Frage geknüpft, ob subjektive Rechte wahrgenommen werden. Vielmehr ist diese rechtsstaatliche Garantie allen Verfahrensbeteiligten zu gewähren, die von einer Entscheidung unmittelbar betroffen sind (beispielhaft für diese rechtsstaatliche Anforderung die Judikatur zur PKH-Gewährung an Äußerungsbefugte im Normenkontrollverfahren *BVerfG* BVerfGE 25, 295 [296]; NJW 1995, 1415). Da die Erlangung der Restschuldbefreiung durch die InsO ein zwingend vorgeschaltetes Insolvenzverfahren voraussetzt, besteht damit bereits aus dem Grundsatz des effektiven Rechtsschutzes die Notwendigkeit, in dem hier bezeichneten Umfang Insolvenzkostenhilfe zu gewähren (vgl. bereits *Heinze* DZWIR 2000, 183 [187]).

19 Ein Ausschluss armer Verbraucherinsolvenzschuldner von der Möglichkeit einer Insolvenzkostenhilfe ist aber **auch unter dem Gesichtspunkt des Art. 3 GG unwirksam** (dazu *AG Duisburg* ZIP 1999, 1399 [1407 ff.]); obgleich die verfassungsrechtliche Judikatur bei sozialrechtlicher Leistungsgewährung dem Gesetzgeber eine größere Gestaltungsfreiheit zuerkennt, würde ein Totalausschluss selbst an diesen Grenzen scheitern. Anschaulich ist der Vergleich mit der Verfassungswidrigkeit des Ausschlusses des Arbeitsrechts von der Beratungshilfe (*BVerfG* BVerfGE 88, 5 = ZIP 1993, 286; dazu *Kohte* FS Remmers, 1995, S. 479 [486]). Ein solcher Ausschluss ist daran zu messen, ob sich die Insolvenzschuldner in einer grundlegend anderen Situation als die sonstigen Prozessbeteiligten befinden und ob von ihnen ein Alternativverhalten erwartet werden kann. Den armen Insolvenzschuldnern stehen andere gleichwertige Rechtsschutzmöglichkeiten nicht zur Verfügung; unzulässig wäre es, ihnen bereits die Tatsache der Verschuldung selbst anzulasten. Diese ist vielmehr vom Gesetzgeber als soziales Datum vorausgesetzt worden, auf das mit rechtlichen Mitteln geantwortet werden soll. Es geht also nicht darum, dass die Insolvenzkostenhilfe oder Beratungshilfe als solche von der Verfassung gefordert würde, sondern darum, dass die einmal gewählte rechtliche Lösung auch in sich widerspruchs- und willkürfrei konstruiert und abgegrenzt wird (dazu *BVerfG* NStZ-RR 1997, 69 [70]; *AG Dortmund* ZInsO 1999, 417 [418]; *AG Duisburg* ZIP 1999, 1399 [1410]). Insoweit kann auch auf die reichhaltige verfassungsrechtliche Judikatur zurückgegriffen werden, wonach zwar die Existenz eines Rechtsmittels in aller Regel verfassungsrechtlich nicht gefordert ist, der Zugang zu dem einfachrechtlich geschaffenen Rechtsmittel jedoch nicht unzumutbar erschwert werden darf (dazu nur *BVerfG* NJW 1987, 2067). Gerade im Kostenrecht dürfen Differenzierungen, die den Rechtsschutz der armen Partei gefährden, nicht allein fiskalisch begründet werden (so z.B. *BVerfG* NJW 1999, 3186).

§ 4a Stundung der Kosten des Insolvenzverfahrens

(1) ¹Ist der Schuldner eine natürliche Person und hat er einen Antrag auf Restschuldbefreiung gestellt, so werden ihm auf Antrag die Kosten des Insolvenzverfahrens bis zur Erteilung der Restschuldbefreiung gestundet, soweit sein Vermögen voraussichtlich nicht ausreichen wird, um diese Kosten zu decken. ²Die Stundung nach Satz 1 umfasst auch die Kosten des Verfahrens über den Schuldenbereinigungsplan und des Verfahrens zur Restschuldbefreiung. ³Der Schuldner hat dem Antrag eine Erklärung beizufügen, ob ein Versagungsgrund des § 290 Absatz 1 Nr. 1 vorliegt. ⁴Liegt ein solcher Grund vor, ist eine Stundung ausgeschlossen.

(2) ¹Werden dem Schuldner die Verfahrenskosten gestundet, so wird ihm auf Antrag ein zur Vertretung bereiter Rechtsanwalt seiner Wahl beigeordnet, wenn die Vertretung durch einen Rechtsanwalt trotz der dem Gericht obliegenden Fürsorge erforderlich erscheint. ²§ 121 Absatz 3 bis 5 der Zivilprozessordnung gilt entsprechend.

(3) ¹Die Stundung bewirkt, dass
1. die Bundes- oder Landeskasse
   a) die rückständigen und die entstehenden Gerichtskosten,
   b) die auf sie übergegangenen Ansprüche des beigeordneten Rechtsanwalts
   nur nach den Bestimmungen, die das Gericht trifft, gegen den Schuldner geltend machen kann,
2. der beigeordnete Rechtsanwalt Ansprüche auf Vergütung gegen den Schuldner nicht geltend machen kann.

²Die Stundung erfolgt für jeden Verfahrensabschnitt besonders. ³Bis zur Entscheidung über die Stundung treten die in Satz 1 genannten Wirkungen einstweilig ein. ⁴§ 4b Absatz 2 gilt entsprechend.

§ 4a Abs. 1 i.d.F. für die bis zum 30.06.2014 beantragten Verfahren s. 8. Auflage.

Übersicht

		Rdn.			Rdn.
A.	Normzweck	1	E.	Verfahrenskostenstundung in weiteren Verfahrensabschnitten	31
B.	Gesetzliche Systematik	2	I.	Verfahrenskostenstundung im eröffneten Verfahren	34
C.	Voraussetzungen der Verfahrenskostenstundung im Eröffnungsverfahren	6	II.	Verfahrenskostenstundung in der Treuhandperiode	37
I.	Subjektive Voraussetzungen	6	III.	Verfahrenskostenstundung im Schuldenbereinigungs- und Insolvenzplanverfahren	41
	1. Antrag auf Restschuldbefreiung	6			
	2. Wirtschaftliche Voraussetzungen	7			
II.	Objektive Voraussetzungen	17			
D.	Die Rechtsfolgen der Verfahrenskostenstundung im Eröffnungsverfahren	27	F.	Anwaltliche Beiordnung	46
			G.	Verfahrensrechtliches	52

A. Normzweck

§ 4a InsO enthält die zentrale Vorschrift der neuen Bestimmungen zur Verfahrenskostenstundung. Sowohl die tatbestandlichen Voraussetzungen, als auch die Rechtsfolgen dieser Stundung werden hier geregelt. Ebenso werden die weiteren zentralen Fragen wie zum Beispiel die Beiordnung von Rechtsanwälten, der Grundsatz der Bewilligung nach Verfahrenskostenabschnitten und die Verweisung der Anwälte auf einen Sekundäranspruch nach dem Vorbild des § 122 ZPO aufgenommen. Damit verdeutlicht diese Norm das zentrale Anliegen des Änderungsgesetzes, durch eine eigenständige Regelung die bis 2001 bestehenden Unklarheiten zu beseitigen und öffentliche Gelder für die Durchführung eines Insolvenzverfahrens bereit zu stellen, damit auf diesem Weg völlig mittellosen Schuldnern der Weg zu einem wirtschaftlichen Neuanfang geebnet werden kann (BT-Drucks. 14/5680 S. 12). Zutreffend orientiert sich der BGH bei der Auslegung der Norm an dem **Ziel, mittellosen Personen den raschen und unkomplizierten Zugang zum Insolvenzverfahren unter zumutbaren Bedingungen zu ermöglichen** (*BGH* NJW 2003, 3780; ZVI 2005, 120 [121] = VuR 2005, 269 [270] m. Anm. *Kohte;* ZInsO 2014, 450 = VuR 2014, 192 m. Anm. *Kohte;* *BGH* NZI 2017, 627 = VuR 2017, 311 m. Anm. *Kohte*). 1

B. Gesetzliche Systematik

Die Möglichkeit der Verfahrenskostenstundung steht allen Schuldnern zu, die eine natürliche Person sind und einen Antrag auf Restschuldbefreiung gestellt haben. Mit diesem umfassenden Ansatz wird verdeutlicht, dass § 4a InsO keine spezielle Norm des Verbraucherinsolvenzverfahrens ist, sondern zum Allgemeinen Teil des heutigen Insolvenzrechts zählt. Obgleich in der Öffentlichkeit das Problem der fehlenden Prozesskostenhilfe bisher überwiegend als ein Problem der Verbraucherinsolvenzverfahren wahrgenommen worden ist, hat sich der Gesetzentwurf nicht an dieser vordergründigen Einordnung orientiert. Er folgte vielmehr der Judikatur, die den Schuldnern auch im Regelinsolvenzverfahren Prozesskostenhilfe gewährt hat (dazu nur *AG Göttingen* ZInsO 2000, 342 [344]). Sie beschränkt den Anwendungsbereich jedoch auf diejenigen Schuldner, die einen Antrag auf Restschuldbefreiung gestellt haben, da nur in einem solchen Fall die Kosten mit Hilfe öffentlicher Mittel vorfinanziert werden sollen. Zugleich wird damit verdeutlicht, dass der in § 1 Satz 2 InsO genannte Zweck der Restschuldbefreiung ein grundlegender und eigenständiger Zweck (so auch *K. Schmidt*/*K. Schmidt* InsO, § 1 Rn. 10) im Insolvenzverfahren ist (*BGH* ZInsO 2001, 1009; ZInsO 2004, 976 [977] = NJW 2004, 3260 [3261 f.] mit Anerkennung der Restschuldbefreiung als Verfahrensziel) und nicht, wie manche Autoren meinen, als Neben- oder Sekundärzweck einzustufen ist (ausf. s. *Ahrens* § 286 Rdn. 1 ff.; A/G/R-*Ahrens* § 1 Rn. 5 ff.). 2

Natürlichen Personen steht ein Rechtsanspruch auf Verfahrenskostenstundung zu, wenn diese sowohl die subjektiven (dazu s. Rdn. 6 ff.) als auch die objektiven (dazu s. Rdn. 17 ff.) Voraussetzungen für eine solche Stundung erfüllen und einen entsprechenden Antrag gestellt haben. Die tatbestandlichen Voraussetzungen für eine solche Stundung werden damit abschließend durch § 4a InsO definiert. Konsequent wird der Rechtsanspruch verneint, wenn das Insolvenzverfahren bereits vor dem 01.12.2001 eröffnet worden ist (*BGH* ZVI 2004, 753). 3

4 Weiter regelt § 4a InsO auch die Rechtsfolgen einer solchen Verfahrenskostenstundung. Zu diesem Zweck werden die verschiedenen Kostenarten, auf die sich diese Stundung bezieht, definiert (dazu s. Rdn. 27 ff.). Ebenso wird geregelt, wann und unter welchen Umständen den Schuldnern eine anwaltliche Beiordnung zu bewilligen ist (dazu s. Rdn. 46 ff.). Zusätzlich werden die flankierenden Maßnahmen zur Beschränkung der Forderungen der Rechtsanwälte und Treuhänder auf einen zeitweiligen Sekundäranspruch gegen die Staatskasse (dazu s. Rdn. 29 f.) durch diese Norm bestimmt.

5 Schließlich wird die gesetzliche Systematik der Verfahrenskostenstundung dadurch geprägt, dass nach § 4a Abs. 3 Satz 2 InsO die **Stundung für jeden Verfahrensabschnitt besonders erfolgt**. Damit wird an den allgemein in § 119 ZPO normierten Grundsatz der instanzbezogenen Bewilligung angeknüpft. Dieser allgemeine Grundsatz wirft allerdings spezifische Fragen auf, auf die unten einzugehen ist (s. Rdn. 31 ff.).

C. Voraussetzungen der Verfahrenskostenstundung im Eröffnungsverfahren

I. Subjektive Voraussetzungen

1. Antrag auf Restschuldbefreiung

6 Die Verfahrenskostenstundung kann von **jeder verschuldeten natürlichen Person** in Anspruch genommen werden. Damit wird in Übereinstimmung mit der neueren Judikatur (s. Rdn. 1) klargestellt, dass diese Stundung einheitlich sowohl im Regel- als auch im Verbraucherinsolvenzverfahren anwendbar ist. Da die Stundung den Weg zum wirtschaftlichen Neuanfang öffnen soll, ist jedoch als weitere Voraussetzung normiert worden, dass der Schuldner bereits einen Antrag auf Restschuldbefreiung gestellt hat. Damit war es als Folgeänderung geboten, den bisherigen gerichtlichen Hinweis auf die Möglichkeit einer Restschuldbefreiung, der nach § 30 InsO zusammen mit dem Eröffnungsbeschluss zu geben war, vorzuziehen. Nunmehr wird in § 20 Abs. 2 InsO eine solche Information bereits als Antwort auf den Schuldnerantrag vorgeschrieben (s. *Schmerbach* § 20 Rdn. 51 ff. sowie *Ahrens* § 287 Rdn. 11 ff.; zu den Rechtsfolgen unterlassener bzw. unvollständiger gerichtlicher Hinweise: *BGH* NZI 2004, 593 = DZWIR 2005, 71 m. Anm. *Kohte/Busch*; NJW 2005, 1433 [1434]; *BGH* NZI 2015, 899).

2. Wirtschaftliche Voraussetzungen

7 Als wirtschaftliche Voraussetzung der Verfahrenskostenstundung wird verlangt, dass das Vermögen des Schuldners voraussichtlich nicht ausreichen wird, um die Kosten des Insolvenzverfahrens zu decken. Diese Begriffsbildung lehnt sich – anders als in § 4b Abs. 1 InsO – bewusst nicht an die in § 115 ZPO normierten wirtschaftlichen Voraussetzungen der Prozesskostenhilfe an, sondern orientiert sich an der insolvenzrechtlichen Vermögensprüfung in § 26 InsO (so auch *BGH* ZInsO 2004, 1307 [1308] = ZVI 2004, 745 [746]; ZInsO 2010, 1224). Dies zeigt, dass sowohl die Bund-Länder-Arbeitsgruppe als auch der Regierungsentwurf als vorrangige Aufgabe der Verfahrenskostenstundung die **Überwindung der Kostenhürde in § 26 InsO** angesehen haben (dazu nur *Graf-Schlicker/Remmert* ZInsO 2000, 321 [326]; BT-Drucks. 14/5680 S. 20). In der Kommentierung werden daher zunächst die Voraussetzungen und Folgen der Verfahrenskostenstundung für das Eröffnungsverfahren erörtert, bevor die jeweiligen Modifizierungen für die anderen Verfahrensabschnitte dargestellt werden.

8 Methodisch besteht die Vermögensprüfung in § 26 Abs. 1 InsO, die im wesentlichen (*BGH* NJW 2003, 3780; ZVI 2005, 120 [121] = VuR 2005, 269 [270] m. Anm. *Kohte*; *Ahrens* NZI 2003, 558 [559]) für § 4a Abs. 1 Satz 1 InsO übernommen worden ist, in einer Differenzbewertung. Es sind sowohl die voraussichtlichen Kosten des Verfahrens als auch das Vermögen des Schuldners zu ermitteln; wenn die Kosten das Vermögen übersteigen, dann war bisher der Antrag mangels Masse abzuweisen. Solche Abweisungen unterbleiben nach § 26 Abs. 1 Satz 2 InsO, wenn eine Verfahrenskostenstundung bewilligt ist. Weiter ergibt sich aus der Formulierung des § 26 Abs. 1 Satz 2 InsO, dass die Verfahrenskostenstundung gegenüber einer Deckung der Kosten aus dem Vermögen des Schuldners bzw. durch dritte Personen nachrangig ist und jeweils nur subsidiär als »ultima ratio« eingreifen

soll (dazu BT-Drucks. 14/5680 S. 20). Schließlich ist zu beachten, dass die in diesem Zusammenhang vorzunehmenden Berechnungen jeweils auf Prognosen beruhen und durch typisierende Schätzungen zu konkretisieren sind (vgl. auch *Nerlich/Römermann-Mönning/Zimmermann* InsO, § 25 Rn. 16 ff.; *Jaeger/Eckardt* InsO, § 4a Rn. 21; K. Schmidt/*Stephan* InsO, § 4a Rn. 8; HK-InsO/ *Sternal* § 4a Rn. 10; *LG Berlin* ZInsO 2001, 718).

Bei der Bestimmung der Kosten ist das Grundprinzip des neuen Insolvenzrechts zu beachten, dass 9 weniger Abweisungen mangels Masse erfolgen und mehr Insolvenzverfahren eröffnet werden sollen. Daher ist durch § 54 InsO der Begriff der Verfahrenskosten gegenüber dem früheren Konkursrecht eingeschränkt worden. Gegen anfänglichen Widerstand einzelner Gerichte und verschiedener Stimmen in der Literatur hat sich inzwischen diese Beschränkung der Verfahrenskosten auf die in § 54 InsO genannten Kategorien durchgesetzt (s. *Schmerbach* § 26 Rdn. 12; *Jaeger/Schilken* InsO, § 26 Rn. 19; *Kübler/Prütting/Bork-Pape* InsO, § 26 Rn. 9e). Bereits das InsOÄndG hatte weitere Kostensenkungen durch verschiedene Verfahrens- und Zustellungsvereinfachungen vorgenommen (BT-Drucks. 14/5680 S. 17; *Graf-Schlicker* WM 2000, 1984 [1988 ff.]); gleichwohl kann wegen der Wertbestimmung in § 58 GKG n.F. der Umfang der Kosten im Eröffnungsverfahren nur geschätzt werden (s. FK-InsO/*Schmerbach* § 26 Rdn. 26; *Jaeger/Schilken* InsO, § 26 Rn. 27). In der gerichtlichen Praxis hatten sich in den ersten Jahren – vor allem im Verbraucherinsolvenzverfahren (ausf. *Reill-Ruppe* Anspruch und Wirklichkeit des Restschuldbefreiungsverfahrens, 2013, S. 190 ff.) – Tendenzen durchgehalten, durch hohe bzw. überhöhte Kostenansätze prohibitiv Verfahren abzuwehren (*Kübler/Prütting/Bork-Pape* InsO, § 26 Rn. 14). Dies ist teilweise in den Beschwerdeverfahren korrigiert worden (dazu nur *LG Traunstein* NZI 2000, 439; *LG Berlin* ZInsO 2001, 718). Nach der Einführung der Verfahrenskostenstundung und der Änderung von § 9 InsO sind sie kaum noch zu beobachten, doch ist auch weiterhin darauf zu achten ist, dass die Höhe des Vorschusses nicht der Zugangsverhinderung dient (dazu *Jaeger/Schilken* InsO, § 26 Rn. 63).

Den so **durch eine summarische Schätzung ermittelten Kosten** sind etwaige Vermögenswerte des 10 Schuldners gegenüberzustellen. Als Vermögen anzusetzen sind zunächst die Forderungen des Schuldners und sonstige Vermögenswerte, die durch den Insolvenzverwalter/Treuhänder zügig verwertet werden können. Da beim heutigen Insolvenzrecht auch der Neuerwerb zur Masse gezogen wird, sind bei dieser Prüfung auch Vermögenswerte zu berücksichtigen, die erst nach der Eröffnung des Verfahrens realisiert werden können. Hier ist allerdings zu differenzieren: für die Prüfung nach § 26 InsO ist auch künftiges Vermögen heranzuziehen, wenn es in absehbarer Zeit realisiert werden kann (*BGH* NZI 2004, 30; A/G/R-*Sander* § 26 Rn. 9). Dies betrifft z.B. die für das Verbraucherinsolvenzverfahren wichtigen Fälle des laufenden Arbeitseinkommens, dessen pfändbarer Teil zumindest für ein halbes Jahr in die Prognose aufzunehmen ist (so *LG Kaiserslautern* ZInsO 2001, 628 = VuR 2001, 327 m. Anm. *Kohte*; *Köhler* ZInsO 2001, 747; *Kübler/Prütting/Bork-Pape* InsO, § 26 Rn. 9h). Bei der Verwertung von Immobilien oder der Realisierung von Ersatzansprüchen gegen bisherige Gesellschafter bzw. Organmitglieder kann diese Frist noch deutlich überschritten werden, da in solchen Fällen auch ein zügig organisiertes Insolvenzverfahren einen längeren Zeitraum einnehmen kann (s. *Schmerbach* § 26 Rdn. 29; *Haarmeyer* ZInsO 2001, 306; *AG Hamburg* NZI 2000, 140; *LG Kleve* NZI 2011, 332; HK-InsO/*Sternal* § 4a Rn. 18). Dagegen kann der Stundungsantrag nicht mit dieser Begründung zurückgewiesen werden. Die **Stundung soll kurzfristig nach summarischer Prüfung** den Zugang vermitteln, so dass Ratenzahlungen erst in der zweiten Stufe nach § 4b InsO vorgesehen sind. Wenn der Schuldner die Kosten nicht in einer kurzfristigen Einmalzahlung, sondern **nur in Raten** aufbringen kann, ist ihm die **Stundung zu gewähren** (*BGH* NJW 2003, 3780; ZVI 2006, 285 = VuR 2006, 405; NZI 2006, 712 = VuR 2007, 34; NZI 2007, 298 = VuR 2007, 155; VuR 2012, 158; *LG Bochum* ZInsO 2009, 735 = VuR 2009, 395; s. *Schmerbach* § 26 Rdn. 32; a.A. *Jaeger/Eckardt* InsO, § 4a Rn. 25). Eine Verweisung auf Ansprüche gegen Dritte ist nur möglich, wenn diese kurzfristig zu realisieren sind (*BGH* ZVI 2007, 609, 610; ZInsO 2010, 1224 [1225]). Wird der Antrag auf Verfahrenskostenstundung wegen liquiden bzw. realisierbaren Vermögens zurückgewiesen, so kann eine Abweisung des Eröffnungsantrags nach § 26 Abs. 1 Satz 1 InsO nicht erfolgen; vielmehr ist das Insolvenzverfahren unverzüglich zu eröffnen.

11 Ebenso wie im Recht der Prozesskostenhilfe (*Jaeger/Eckardt* InsO, § 4a Rn. 28 m.w.N.; *OLG Bremen* FamRZ 1984, 919; *Stein/Jonas-Bork* ZPO, 23 . Aufl., § 115 Rn. 146 ff.; *Kohte* DB 1981, 1174 [1178]) hat ein **Anspruch auf Prozesskostenvorschuss Vorrang vor der Stundung der Verfahrenskosten** (*BGH* NJW 2003, 2910 = ZVI 2003, 405 = NZI 2003, 556 m. Anm. *Ahrens*; dazu ausführlich *Vallender* ZVI 2003, 505; *AG Hamburg* ZVI 2002, 211 [212]; *Jaeger/Eckardt* InsO, § 4a Rn. 28). Er schließt den Anspruch auf Verfahrenskostenstundung gem. § 4a InsO jedoch nur aus, wenn der Unterhaltsverpflichtete leistungsfähig ist und der Anspruch zeitnah realisiert werden kann (*BGH* NZI 2007, 298 = VuR 2007, 155 m. Anm. *Kohte*; *Jaeger/Eckardt* InsO, § 4a Rn. 29 ff.; *Vallender* ZVI 2003, 505 [506]).

12 Die Verpflichtung, dem anderen Ehegatten gem. **§ 1360a Abs. 4 BGB einen Prozesskostenvorschuss** für Rechtsstreitigkeiten in persönlichen Angelegenheiten zu leisten, wird als spezielle familiäre Solidaritätspflicht qualifiziert und enthält daher eine abschließende Regelung (*BGHZ* 41, 104 [110] = NJW 1964, 1129 [1131]; *Palandt/Brudermüller* BGB, 76. Aufl., § 1360a Rn. 7). Ausdrücklich sind auch getrennt lebende Ehegatten zur Vorschussleistung verpflichtet (§ 1361 Abs. 4 Satz 4 BGB; *Saarländisches OLG* FamRZ 2010, 749; *AG Hamburg* ZVI 2002, 211) sowie Partner einer eingetragenen Lebenspartnerschaft nach §§ 5 Satz 2, 12 Abs. 2 LPartG, dagegen **nicht** nichteheliche Partner oder geschiedene Ehegatten (*BGH* NJW 1984, 291; FamRZ 1990, 280 [282]; *OLG Zweibrücken* FamRZ 2000, 757]). Das Insolvenzverfahren mit dem Ziel der Restschuldbefreiung wird von der Judikatur als ein Rechtsstreit i.S.d. § 1360a Abs. 4 BGB qualifiziert (*AG Koblenz* FamRZ 2007, 571; *BGH* NJW 2003, 2910 [2912] = ZVI 2003, 405 [407]; *LG Düsseldorf* ZVI 2002, 321 [322]). Eine persönliche Angelegenheit liegt jedoch nur dann vor, wenn das **Insolvenzverfahren** mit den aus der **Ehe** erwachsenen persönlichen oder wirtschaftlichen Bindungen und Beziehungen **im hinreichenden Zusammenhang** steht (*BGH* NJW 2003, 2910 [2912] = ZVI 2003, 405 [407]; MüKo-InsO/*Ganter/Lohmann* § 4a Rn. 13). Verbindlichkeiten weisen dann keinen familienrechtlich relevanten Bezug auf, wenn sie im Wesentlichen vom Schuldner vor der Ehe begründet worden sind oder wenn sie weder zum Aufbau oder zur Erhaltung einer wirtschaftlichen Existenz der Eheleute eingegangen wurden noch aus sonstigen Gründen mit der gemeinsamen Lebensführung im hinreichenden Zusammenhang stehen (vgl. auch *LG Gera* ZInsO 2005, 385; *LG Düsseldorf* ZVI 2002, 321 [322]; *LG Köln* NZI 2002, 504; *LG Koblenz* FamRZ 2009, 1086; *Vallender* ZVI 2003, 505 [506]; *Grote* ZInsO 2002, 179 [180 f.]; *Kübler/Prütting/Bork/Wenzel* InsO, § 4a Rn. 33; A/G/R-*Ahrens* § 4a Rn. 43; a.A. *LG Köln* ZVI 2017, 101).

13 Der Unterhaltsverpflichtete ist nur zur Vorschussleistung verpflichtet, wenn sie **ihm zumutbar** (zur Problematik der Zumutbarkeit bei getrennt lebenden Ehepartnern *AG Duisburg* ZVI 2008, 477) und er **leistungsfähig** ist (*AG Koblenz* NZI 2003, 509; *LG Düsseldorf* ZVI 2002, 321 [322]; *Bayer* Stundungsmodell, S. 52). Ebenso wie im Recht der Prozesskostenhilfe (dazu *Zöller/Geimer* ZPO, § 115 Rn. 67; *OLG München* FamRZ 2006, 791; *BAG* NZA 2006, 694, 695; *Kohte* DB 1981, 1174 [1178]) entfällt die Leistungsfähigkeit bereits dann, wenn der eigene angemessene – nicht nur der notwendige – Unterhalt des Ehegatten/Lebenspartners durch den Vorschuss gefährdet wird (*LG Bochum* ZVI 2003, 33, 34; *Vallender* ZVI 2003, 505 [506]). Der **Vorschussanspruch muss alsbald realisiert werden können** (*BGH* FamRZ 2008, 1842; *BAG* NZA 2006, 694, 695). Dies folgt aus dem Zweck der Verfahrenskostenstundung, die dem Schuldner den zeitnahen Zugang zum Insolvenzverfahren mit anschließender Restschuldbefreiung ermöglichen soll (*AG Hamburg* ZVI 2002, 211 [212]). Der Zweck wird verfehlt, wenn der Anspruch zweifelhaft und in der Zwangsvollstreckung nicht sicher durchsetzbar ist (*Zöller/Geimer* ZPO, § 115 Rn. 71; vgl. auch *OLG Brandenburg* FamRZ 2002, 1414 [1415]; *BGH* NZI 2007, 298 = VuR 2007, 155 stimmt diesen Grundsätzen zu, erwartet aber im Regelfall vom Schuldner einen Antrag nach § 621 ZPO). Ebenso ist ein zwar grundsätzlich bestehender Anspruch gegen den getrennt lebenden Ehegatten irrelevant, wenn dieser alle Angaben zu seinen Einkünften verweigert, weil ein Auskunftsanspruch regelmäßig nicht im Wege des einstweiligen Rechtsschutzes befriedigt werden kann (*AG Dresden* ZVI 2008, 120). Während der Prozesskostenvorschuss grds. auch in Raten geleistet werden kann (*Palandt/Brudermüller* BGB, § 1360a Rn. 12), kann im Stundungsverfahren eine solche Verweisung nicht erfolgen, da im Rahmen des § 4a eine Verweisung auf Ratenzahlungen nicht statthaft ist (s. Rdn. 10; *BGH*

NJW 2003, 3780), so dass zum Entscheidungszeitpunkt **zweifelsfrei feststehen muss, dass der Ehepartner den Vorschuss kurzfristig in einer Summe zahlen kann** (*BGH* NZI 2007, 298 = VuR 2007, 155 m. Anm. *Kohte; LG Duisburg* VuR 2012, 37 m. Anm. *Kohte*; *Uhlenbruck/Mock* InsO, § 4a Rn. 13; *K. Schmidt/Stephan* InsO, § 4a Rn. 11; *A/G/R-Ahrens* § 4a InsO Rn. 42). Der Ehepartner ist nicht verpflichtet, seine eigene Lebensversicherung zur Finanzierung des Insolvenzverfahrens des Partners aufzulösen (*LG Köln* ZVI 2017, 43 m. Anm. *Buschmann*).

In der neueren Judikatur wird eine Kostenvorschusspflicht im Verhältnis der **Eltern zu ihren Kindern** im Rahmen einer analogen Anwendung von § 1360a Abs. 4 BGB **nur in speziellen Konstellationen** bejaht. Dies gilt zum einen für die selten im Insolvenzverfahren als Antragsteller beteiligten minderjährigen unverheirateten Kinder (*BGH* FamRZ 2004, 1633; *OLG Schleswig-Holstein* FamRZ 2009, 897), zum anderen für diejenigen volljährigen Kinder, die sich noch in der Ausbildung befinden und keine wirtschaftlich selbstständige Lebensstellung erreicht haben (*BGH* NJW 2005, 1722 [1723]; *Zöller/Geimer* § 115 ZPO Rn. 67c). Wenn jedoch eine solche Stellung einmal erreicht ist, scheidet ein Prozesskostenvorschuss aus (*OLG Zweibrücken* NJW-RR 2005, 306). Ebenso kann **von Kindern kein Vorschuss gegenüber den Eltern** verlangt werden (*LG Duisburg* NJW 2004, 299). Besteht ein Anspruch auf Prozesskostenvorschuss auch nach der Billigkeitsprüfung dem Grunde nach, kann der Stundungsantrag ebenso wie der Antrag auf Prozesskostenhilfe nur zurückgewiesen werden, wenn der Vorschussanspruch kurzfristig »zweifelsfrei« realisiert werden kann (*BGH* NJW 2005, 1722 [1723]). Die Verweisung auf Leistungen der Eltern kommt daher im Stundungsverfahren in aller Regel nicht in Betracht (vgl. *LG Duisburg* NJW 2004, 299; ähnlich HK-InsO/*Sternal* § 4a Rn. 20: »seltene Ausnahmefälle«). 14

Bei Massearmut ist dem Schuldner durch § 26 Abs. 1 Satz 2 InsO ausdrücklich die Möglichkeit eingeräumt worden, die Eröffnung des Verfahrens durch einen **Kostenvorschuss einer dritten Person** zu ermöglichen. Solche Vorschussleistungen können sowohl durch Familienangehörige als auch durch karitative Organisationen und Einrichtungen, wie z.B. Bürgschaftsfonds, ermöglicht werden. Die ausdrückliche Hervorhebung solcher Möglichkeiten in § 302 InsO dokumentiert die wichtige Rolle, die nach dem InsOÄndG solchen Möglichkeiten eingeräumt wird (BT-Drucks. 14/5680 S. 29; s. *Ahrens* § 302 Rdn. 125; *Vallender* NZI 2001, 561 [568]). Damit ist es sachlich geboten, dass dem Schuldner in jedem Fall mit einer insolvenztypisch knappen Frist, die auf Verlangen des Schuldners verlängert werden kann, die Gelegenheit gegeben wird, einen solchen Vorschuss realisieren zu können (s. Rdn. 54; MüKo-InsO/*Haarmeyer* § 26 Rn. 26; *Vallender* InVo 1998, 169 [175]). 15

Die Subsidiarität der Verfahrenskostenstundung zeigt sich anschaulich in der Treuhandperiode. Nach der Rechtsprechung des BGH ist der Treuhänder/Insolvenzverwalter in analoger Anwendung von § 292 Abs. 1 Satz 2 InsO gehalten, während des Insolvenzverfahrens aus eingehenden Beträgen Rückstellungen für die in der Treuhandperiode anfallenden Verfahrenskosten zu bilden (*BGH* NZI 2014,727 = VuR 2015, 193 m. Anm. *Reill-Ruppe*). Dies ist eine Konsequenz des Grundsatzes, dass die Kosten des Insolvenzverfahrens vorrangig aus der Insolvenzmasse getragen werden sollen, wie die §§ 53 InsO dokumentieren (so auch *Grote/Lackmann* § 292 Rdn. 14; HK-InsO/*Sternal* § 4a Rn. 18; *K. Schmidt/Stephan* InsO, § 4a Rn. 9; *A/G/R-Ahrens* § 4a InsO Rn. 35; **a.A.** *Kübler/Prütting/Bork-Wenzel* InsO, § 4a Rn. 37a; *Reck* ZVI 2015, 161 [163]). 16

II. Objektive Voraussetzungen

Nach § 4a Abs. 1 Satz 4 war bisher die **Stundung ausgeschlossen**, wenn einer der beiden **Versagungsgründe des § 290 Abs. 1 Nr. 1 oder Nr. 3 InsO** vorlag. Die Materialien weisen aus, dass diese Anforderungen der Prüfung der hinreichenden Erfolgsaussicht bei der klassischen Prozesskostenhilfe nach § 114 ZPO entsprechen sollen (BT-Drucks. 14/5680 S. 20). Die Frage, wie die hinreichende Erfolgsaussicht eines Schuldners zu bestimmen ist, der einen Antrag auf Restschuldbefreiung gestellt hat, war in der früheren instanzgerichtlichen Judikatur nachhaltig umstritten. Während ein kleinerer Teil der Gerichte z.B. im Schuldenbereinigungsplanverfahren eine solche Erfolgsaussicht nur bejahen wollte, wenn die Zustimmung der Gläubiger bzw. die Zustimmungsersetzung wahrscheinlich war (so z.B. *LG Lüneburg* NJW 1999, 2287), setzte sich mehrheitlich die in diesem 17

Kommentar von Anfang an vertretene Position durch, dass die Möglichkeit der Restschuldbefreiung für die Erfolgsaussicht ausreiche (dazu nur *LG Trier* JurBüro 2000, 380 [381] = VuR 2000, 133 [135] m. Anm. *Kohte*; *Bruns* NJW 1999, 3445 [3449]). Konsequent wurde Prozesskostenhilfe nicht mehr bewilligt, wenn ein Versagungsgrund nach § 290 InsO wahrscheinlich war (dazu *AG Göttingen* ZInsO 2000, 342). Mit der Norm des § 4 Abs. 1 Satz 4 ist anerkannt worden, dass die **Aussicht auf Restschuldbefreiung** nicht nur ein Nebenzweck, sondern **ein eindeutiges »Verfahrensziel«** sein kann (*BGH* NJW 2004, 3260 [3261 f.]; vgl. bereits *Kocher* DZWIR 2002, 45 [47]).

18 Die Bund-Länder-Arbeitsgruppe Insolvenzrecht hatte erwogen, ob die Stundung von einer Prüfung des »Wohlverhaltens« des Schuldners abhängig gemacht werden sollte. In der Literatur stießen diese Überlegungen auf nachhaltige Kritik, da eine allgemeine Überprüfung von »Wohlverhalten« nicht akzeptabel sei und im Übrigen die Versagungsgründe in §§ 290, 296 InsO nicht von Amts wegen, sondern ausschließlich auf substantiierten Antrag eines Gläubigers zu prüfen seien (dazu *Göbel* ZInsO 2000, 383 [385]). Letztlich nahm man aus pragmatischen Gründen davon Abstand, da nicht erkennbar war, wie eine solche Prüfung ohne erhebliche Verfahrensverzögerungen mit vertretbarem Arbeitsaufwand von den Gerichten bewältigt werden könnte (dazu *Graf-Schlicker* WM 2000, 1974 [1981]; *dies.* FS für Uhlenbruck, 2000, S. 573, 582).

19 Im Gesetzentwurf der Bundesregierung wurde dann die 2001 kodifizierte Lösung gefunden, die die Prüfung der Erfolgsaussicht auf die beiden damaligen Versagungsgründe in § 290 Abs. 1 Nr. 1 und 3 InsO beschränkt, die urkundlich belegt und i.d.R. ohne größeren Wertungsspielraum feststellbar sind, nämlich die frühere Verurteilung wegen einer Insolvenzstraftat (dazu *Ahrens* § 290 Rdn. 50 ff.; *OLG Celle* NZI 2001, 314; *Hergenröder* DZWIR 2001, 338 [344]) sowie die Bewilligung einer Restschuldbefreiung in den letzten zehn Jahren. Die anderen Versagungsgründe wurden als ungeeignet für ein Stundungsverfahren qualifiziert; zum einen sind die Versagungsgründe in § 290 Abs. 1 Nr. 5 und 6 sowie in § 296 InsO auf verfahrensbegleitende Mitwirkungspflichten zentriert, so dass sie im Eröffnungsverfahren keine Rolle spielen können. Zum anderen gilt vor allem für die wichtigen Versagungsgründe in § 290 Abs. 1 Nr. 2 und 4 InsO, dass deren Feststellung i.d.R. schwierige Abwägungen voraussetzt, über die nicht selten nachhaltiger Streit bestehen dürfte (BT-Drucks. 14/5680 S. 20). Daher seien sie für ein summarisches Stundungsverfahren ungeeignet und sollten erst und nur dann berücksichtigt werden, wenn ein entsprechender gerichtlicher Versagungsbeschluss vorliegt.

20 Diese Einordnung wird sowohl der Rechtsnatur des Bewilligungsverfahrens als auch dem doppelten Beschleunigungsgebot, das hier zu beachten ist, gerecht. Das Bewilligungsverfahren nach § 4a InsO ist infolge seiner parallelen Ausgestaltung zum Bewilligungsverfahren nach § 118 ZPO (zu diesem nur *Dürbeck/Gottschalk* Prozesskostenhilfe und Beratungshilfe, 8. Aufl., Rn. 212 ff.) ebenso wie dieses als ein **summarisches und kursorisches Verfahren** ausgestaltet, in dem ein **spezifisches Beschleunigungsgebot** zu beachten ist und das den **zügigen Zugang zum gerichtlichen Verfahren** sichern soll. Dementsprechend ist anerkannt, dass schwierige rechtliche und tatsächliche Fragen in diesem Verfahren nicht zu klären sind (zum Recht der Prozesskostenhilfe *BVerfG* NJW 1991, 413; NJW 1992, 889; NJW 2003, 1857; NJW 2010, 1129; *BGH* NJW 1998, 82; FamRZ 2003, 671). Eine Vernehmung von Zeugen ist nach § 118 Abs. 2 Satz 3 ZPO i.d.R. ausgeschlossen, so dass auch eine vorweggenommene Beweiswürdigung solcher Beweisangebote im Regelfall nicht in Betracht kommt. Soweit Beweismittel im Bewilligungsverfahren zu erörtern sind, ist eine Beschränkung auf Urkunden geboten (vgl. dazu *BGH* NJW 1988, 266 [267]; *Stein/Jonas-Bork* ZPO, § 118 Rn. 5, 25; anschaulich *OLG Hamm* VersR 1990, 1393 [1394] und VersR 1991, 219 [220]). Insoweit ist die Konzentration auf die urkundlich dokumentierten Versagungsgründe in § 290 Abs. 1 Nr. 1 und – bis 2014 – Nr. 3 InsO sachgerecht (vgl. MüKo-InsO/*Ganter/Lohmann* § 4a Rn. 15; *Andres/Leithaus* InsO, § 4a Rn. 4). Diese Beschleunigungsfunktion ist durch die seit 2014 geltende Beschränkung auf den Versagungsgrund des § 290 Abs. 1 Nr. 1 InsO und die Normierung eines zügig klärbaren Zulässigkeitsverfahrens in § 287a InsO n.F. verdeutlicht worden.

21 Weiter darf nicht verkannt werden, dass das Stundungsverfahren Teil des Insolvenzverfahrens ist; für Insolvenzverfahren gilt wiederum ein **spezifisches Beschleunigungsgebot**, das sich aus § 5 Abs. 2 Satz 2 InsO deutlich ergibt. Die Verfahrenskostenstundung erstreckt sich nicht nur auf das Verbrau-

cher-, sondern auch auf das Regelinsolvenzverfahren, in dem z.B. Sanierungsentscheidungen in großer Zügigkeit zu treffen sind. Ungeachtet der spezifischen Stundungsregelung für die Vergütung der Treuhänder in § 4a Abs. 3 Satz 3 InsO ergibt sich hier regelmäßig ein beachtlicher Zeitdruck, so dass die Konzentration auf die beiden in § 4a Abs. 1 Satz 4 InsO genannten Ablehnungsgründe auch aus diesem Grund geboten ist. Dabei darf vor allem nicht übersehen werden, dass im weiteren Verlauf des Verfahrens die Versagungsgründe aufgrund der 1994 nachhaltig diskutierten Entscheidung als Einwendungen ausgestaltet worden sind, die von zumindest einem Gläubiger im Schlusstermin (dazu anschaulich *LG Krefeld* ZInsO 2001, 767) in substantiierter Weise geltend zu machen sind (s. *Ahrens* § 290 Rdn. 212 ff. m. Hinw. auf *BGH* NZI 2008, 48).

Es ist daher zutreffend, dass auch für die späteren Verfahrensabschnitte kein anderer Maßstab für die hinreichende Erfolgsaussicht bestimmt worden ist. Ein erfolgreicher Versagungsantrag nach § 290 Abs. 1 Nr. 2 oder 4–6 InsO ist allerdings für das weitere Verfahren nicht ohne Bedeutung, denn er legitimiert einen möglichen Widerruf der Stundung nach § 4c Nr. 5 InsO (s. § 4c Rdn. 30 ff.). Diese Konstruktion vermeidet aufwendige Doppelprüfungen (dazu *Graf-Schlicker* FS für Uhlenbruck, S. 573, 582) und verdeutlicht die Bedeutung des Gläubigerantrags im Versagungsverfahren (dazu BT-Drucks. 14/5680 S. 23; *Göbel* ZInsO 2000, 383 [385]). Damit ist auch unter systematischen Aspekten der Prüfungsmaßstab der Erfolgsaussicht in § 4a Abs. 1 Satz 4 InsO zutreffend normiert. 22

Eine im Dezember 2004 ergangene Entscheidung des BGH (*BGH* ZVI 2005, 124) erweckte in der Literatur den Eindruck, dass der Senat von dieser Struktur abrücken und eine generelle Redlichkeitsprüfung in analoger Anwendung von § 290 InsO in das Stundungsverfahren verlagern wolle (*Pape* EWiR § 4a InsO 1/2005, 491; *Fischer/Hempler* ZInsO 2005, 351). Zwei weitere Beschlüsse, die wenige Wochen später ergangen waren (*BGH* ZVI 2005, 119 und 2005, 120 = VuR 2005, 269 m. Anm. *Kohte*) haben diesen Eindruck jedoch modifiziert. Danach hat der Schuldner in seinem Antrag alle Angaben zu machen, die das Gericht für die Beurteilung benötigt, ob das Schuldnervermögen zur Kostendeckung nicht ausreicht (*BGH* ZInsO 2010, 1224). Wenn trotz präziser gerichtlicher Hinweise der Antrag lückenhaft bleibt, ist er nicht in analoger Anwendung von § 290 Abs. 1 Nr. 6 InsO, sondern wegen mangelnder Begründung abzuweisen (dazu bereits *Jaeger/Eckardt* InsO, § 4a Rn. 37; s.a. Rdn. 52). Die Vorlage zusätzlicher Unterlagen kann allerdings nur bei konkreten Anhaltspunkten für Unstimmigkeiten erfolgen, grds. haben die Gerichte von der Redlichkeit der Antragsteller auszugehen (*BGH* ZInsO 2011, 931 = VuR 2011, 306; A/G/R-*Ahrens* § 4a InsO Rn. 71; vgl. bereits *Grote* ZInsO 2005, 266). Daneben verbleibt eine kleine Anzahl von Fällen, in denen das Gericht nach dem Vorbild der teleologischen Reduktion des § 119 Abs. 1 Satz 2 ZPO den Antrag ablehnen kann, wenn zum Zeitpunkt der Entscheidung die **weitere Rechtsverfolgung eindeutig aussichtslos** ist (dazu *Ganter* NZI 2005, 241 [250]; *Pape* ZInsO 2005, 617 [619]). Mit dieser Orientierung an einer bekannten Rechtsfigur aus dem Recht der Prozesskostenhilfe ist zugleich eine klare Grenze für diese teleologische Reduktion gesetzt (*Kohte* VuR 2005, 271 m. Hinw. auf *BVerfG* NJW 1987, 1619 und NJW 2005, 409 sowie zuletzt *Kohte* VuR 2014, 193 f. und 2017, 314 f.). 23

In der Zwischenzeit hat der IX. Senat diese Judikatur fortgesetzt und präzisiert. Danach sind im Stundungsverfahren **die nicht in § 4a Abs. 1 Satz 3 genannten Versagungsgründe** nur dann beachtlich, **wenn sie bei der ohne weitere Ermittlungen zu treffenden Stundungsentscheidung zweifelsfrei vorliegen** (*BGH* NZI 2006, 712 = VuR 2007, 34 m. Anm. *Kohte* ZVI 2008, 185 = VuR 2008, 195 m. Anm. *Kohte*; ZInsO 2008, 860; NZI 2010, 948, 949; VuR 2011, 306; ZInsO 2014, 450 = VuR 2014, 192; NZI 2017, 627 = VuR 2017, 311; ebenso MüKo-InsO/*Ganter/Lohmann* § 4a Rn. 16 und *Ganter* NZI 2009, 265 [283]). In der Literatur wird betont, dass diese Judikatur daher allenfalls Evidenzfälle erfassen kann (*Graf-Schlicker/Kexel* § 4a Rn. 17; *Kübler/Prütting/Bork-Wenzel* InsO, § 4a Rn. 45; *Kohte* VuR 2007, 36; *Heyer* ZVI 2012, 130 [131]). Gleichwohl ist festzustellen, dass in der instanzgerichtlichen Praxis diese zutreffend engen Grenzen immer wieder in methodisch und sachlich fehlerhafter Weise überspielt werden (dazu *Kohte* VuR 2008, 198), so dass auch weiterhin Vorsicht geboten ist. So war mehrfach zu beobachten, dass Stundungsanträge wegen angeblicher Vermögensverschwendung zurückgewiesen worden waren, obgleich deren Vor- 24 aussetzungen eindeutig nicht vorlagen (*Hackenberg/Hohler* ZVI 2008, 229; *Pieper* ZVI 2009, 393 [396]; *Kiesbye* jurisPR-InsR 14/2009 Anm. 4 zu BGH VuR 2009, 309). Zu dem in § 290 Abs. 1 Nr. 3 InsO a.F. genannten Versagungsgrund aus einem früheren Verfahren wurde zutreffend eine eng am Wortlaut orientierte Auslegung vertreten (*BGH* ZVI 2008, 185 = VuR 2008, 195; *AG Göttingen* Rpfleger 2008, 527). Ebenso wird in der neueren Judikatur auch für § 290 Abs. 1 Nr. 1 InsO zutreffend eine formelle Auslegung favorisiert (*BGH* NZI 2010, 349 = VuR 2010, 231; *AG Dresden* ZVI 2009, 330; *BGH* ZVI 2014, 390 = VuR 2014, 433 m. Anm. *Kohte*).

25 In der Judikatur wird der Ausschluss des § 4 Abs. 1 Satz 4 InsO auf **andere Hindernisse der Restschuldbefreiung** übertragen. Das ist problematisch (dazu *Jaeger/Eckardt* § 4a Rn. 36), weil solche Hindernisse nur selten bereits zum Zeitpunkt des Stundungsantrags eindeutig vorliegen, so dass auch hier allenfalls »**offensichtliche Hindernisse**« Beachtung finden können (*Graf-Schlicker/Kexel* § 4a Rn. 18). Ein solcher Ausschluss ist bei deliktischen Forderungen z.B. allenfalls akzeptabel, wenn mindestens 90 % der Forderungen als deliktische Forderungen nach § 302 InsO von der Restschuldbefreiung ausgeschlossen sind (*K. Schmidt/Stephan* § 4a Rn. 14; *A/G/R-Ahrens* § 4a Rn. 56; *Blankenburg* ZVI 2015, 239; für 75 % *Pape/Pape* ZInsO 2017, 793 [802]; zu eng *LG Düsseldorf* NZI 2008, 253). Diese Rechtsprechung darf daher nicht genutzt werden, um Strafgefangenen pauschal die Möglichkeit der Restschuldbefreiung zu entziehen (*LG Koblenz* VuR 2008, 348; ausführlich *Zimmermann* VuR 2009, 150; *Heyer* NZI 2010, 81 ff.; *Els* VuR 2013, 208 ff.; *Heyer* ZVI 2015, 357; *AG Hamburg* ZVI 2015, 397). Weiter ist zu fordern, dass diese nicht von der Restschuldbefreiung erfassten Forderungen tatsächlich und eindeutig durchsetzbar sind (*BGH* ZInsO 2014, 450 = VuR 2014, 192 m. Anm. *Kohte*). Bei der Anwendung von § 302 Nr. 2 InsO ist zwischen Geldstrafen und Verfahrenskosten zu differenzieren (*AG Göttingen* ZVI 2017, 103).

26 Seit 2009 stellte der IX. Senat des BGH in analoger Anwendung von § 290 Abs. 1 Nr. 3 InsO zusätzliche Anforderungen an die Zulässigkeit eines Antrags auf Restschuldbefreiung in einem Zweitinsolvenzverfahren (*BGH* NZI 2009, 691). Der Senat meinte, auch in weiteren Fällen eine dreijährige Sperrfrist rechtsfortbildend etablieren zu können und wies in diesen Fällen auch den Antrag auf Verfahrenskostenstundung im Zweitinsolvenzverfahren ab (*BGH* ZInsO 2010, 491; NZI 2010, 445). Teile der Literatur haben diese Entscheidungen nachhaltig kritisiert (*Schmerbach* ZInsO 2010, 647; *Stephan* Verbraucherinsolvenz aktuell 2009, 3; *Homann* VuR 2011, 169; vgl. *AG Göttingen* ZInsO 2010, 686). Seit dem 1. Juli 2014 ist die Sperrfristrechtsprechung für einzelne Versagungsgründe normiert, dagegen für andere Konstellationen nicht mehr anwendbar (zu weiteren Einzelheiten *Schmerbach* § 13 Rdn. 138 und NZI 2013, 566 [569]); diese Sperre soll jetzt im Rahmen der **Zulässigkeitsprüfung nach § 287a InsO n.F.** geklärt werden. Ist danach ein Antrag auf Restschuldbefreiung unzulässig, ist auch der Antrag auf Verfahrenskostenstundung zurückzuweisen (*Frind* ZInsO 2013, 1448 [1450]; *BGH* NZI 2017, 627 = VuR 2017, 311 m. Anm. *Kohte*). Außerhalb der Voraussetzungen des § 287a Abs. 2 InsO n.F. kann ein Stundungsantrag nicht zurückgewiesen werden, weil ein früheres Insolvenzverfahren gescheitert ist (*A/G/R-Ahrens* § 4a InsO n.F. Rn. 5; *Kübler/Prütting/Bork/Wenzel* InsO, § 4a Rn. 46). In einem Teil der Judikatur ist für diese Konstellation eine Unzulässigkeit des Stundungsantrags wegen fehlenden Rechtsschutzbedürfnisses angenommen worden (z.B. *AG Aachen* ZVI 2017, 193; *AG Ludwigshafen* NZI 2016, 782). Dies ist abzulehnen, denn so würde die frühere Sperrfristrechtsprechung, die der Bundestag korrigiert hat, »durch die Hintertür« aufgenommen werden (so zutr. *AG Göttingen* ZVI 2017, 68). Folgerichtig hat der BGH inzwischen entschieden, dass ein Schuldner, dessen Insolvenzantrag nach § 287a Abs. 2 InsO zulässig ist, Kostenstundung erhalten muss, wenn das Ziel der Restschuldbefreiung für ihn erreichbar ist (*BGH* NZI 2017, 627 = VuR 2017, 311 m. Anm. *Kohte*, so auch A/G/R-*Ahrens* § 4a Rn. 55 und *Ahrens* NZI 2017, 630).

D. Die Rechtsfolgen der Verfahrenskostenstundung im Eröffnungsverfahren

27 Liegen die Voraussetzungen des § 4a Abs. 1 Satz 1 InsO vor, so hat das Gericht die beantragte Verfahrenskostenstundung zumindest für das Eröffnungsverfahren durch Beschluss auszusprechen. Insoweit besteht – ebenso wie bei § 119 ZPO – **kein Ermessensspielraum**. Für den Schuldner hat die-

ser Beschluss weiter den Effekt, dass nunmehr eine Abweisung seines Antrages mangels Masse nach § 26 Abs. 1 Satz 2 InsO nicht erfolgen darf. Damit wird gesichert, dass dem Schuldner das eröffnete Insolvenzverfahren als notwendiger Teilschritt auf dem Weg zum wirtschaftlichen Neuanfang zur Verfügung gestellt wird, so dass i.d.R. die Bewilligung der Verfahrenskostenstundung und die Eröffnung des Insolvenzverfahrens zeitnah erfolgen werden.

Kostenrechtlich bedeutet diese Entscheidung weiter, dass die Staatskasse die Gerichtskosten und Auslagen nur nach den vom Insolvenzgericht festgesetzten Bestimmungen geltend machen kann. Die Norm des § 4a Abs. 3 Satz 1 InsO orientiert sich hierzu am **Vorbild des § 122 ZPO**. Diese Kosten sind allerdings nicht erlassen, sondern ausschließlich gestundet. Die Begründung des Entwurfs ging davon aus, dass die Staatskasse von einer Geltendmachung dieser Kosten bis zur Erteilung der Restschuldbefreiung abzusehen hat (BT-Drucks. 14/5680 S. 21). Da diese Kosten jedoch andererseits erfüllbar sind und zu den Verbindlichkeiten des Schuldners gehören, sind sie nach § 53 InsO vom Insolvenzverwalter bzw. nach § 292 InsO vom Treuhänder vorab zu befriedigen. Gerade in diesem vor allem vom Bundesrat geforderten Mechanismus liegt ein wichtiges Strukturelement der neuen Verfahrenskostenstundung (*Wimmer* Insolvenzrecht 2000, S. 181, 185; *Graf-Schlicker* FS für Uhlenbruck, S. 573, 582). 28

Die Verfahrenskostenstundung bewirkt weiter, dass dem **Insolvenzverwalter nach § 63 Abs. 2 InsO ein Anspruch auf Zahlung seiner Vergütung und seiner Auslagen** (zur Problematik erforderlicher Kosten für die Beauftragung eines Steuerberaters *BGH* NJW 2004, 2976 [2978]; NZI 2014, 21 [22]) **gegen die Staatskasse** zusteht (zur Höhe der Vergütung in massearmen Verfahren *BGH* NZI 2013, 351 m. Anm. *Keller*; vgl. *Kohte* Rpfleger 2014, 169 [172]). Dieser Anspruch ist wiederum davon abhängig, dass die Insolvenzmasse zur Zahlung dieser Vergütung nicht ausreicht; wiederum ist damit ein Element der Subsidiarität in diese Konstruktion eingebaut worden. Ein direkter Anspruch des Insolvenzverwalters/Treuhänders gegen den Schuldner, dass dieser aus seinem massefreien Vermögen Zahlungen erbringt, besteht nicht. Stattdessen geht der Anspruch des Treuhänders gegen die Insolvenzmasse auf die Staatskasse über. Diese kann ihn wiederum nach der Anlage KV 9017 als Auslagenanspruch gegen den Schuldner geltend machen. Dieser Auslagenanspruch gehört jedoch zu den nach § 4a Abs. 3 Satz 1 InsO gestundeten Gerichtskosten, so dass ein direkter Zugriff gegen den Schuldner nicht möglich ist. Der Zugriff wird nach § 4a Abs. 3 Satz 3 InsO bereits kurzfristig allein durch die Stellung eines Antrags zumindest einstweilen gehindert, so dass selbst ein spät gestellter Antrag auf Verfahrenskostenstundung die Belastung des Schuldners mit Vorschussanforderungen vorerst bremst (BT-Drucks. 14/5680 S. 21). Einer gesonderten gerichtlichen Entscheidung bedarf es nicht (*BGH* ZVI 2007, 615; *AG Hamburg* ZVI 2009, 268). Wird die Verfahrenskostenstundung nach § 4c InsO aufgehoben, steht dem Insolvenzverwalter ein Sekundäranspruch für die Tätigkeit vor der Aufhebung nach § 63 Abs. 2 InsO analog zu (*BGH* ZInsO 2008, 111 [112]; s.a. § 4c Rdn. 39); zu den Problemen in der Treuhandphase Rdn. 39. 29

Eine vergleichbare Regelung, die sich wiederum an die Forderungssperre in § 122 ZPO (*BGH* FamRZ 2008, 982) anlehnt, betrifft die Ansprüche nach § 4a Abs. 2 InsO beigeordneter Rechtsanwälte. Diesen ist es nicht gestattet, ihre Ansprüche gegen ihren Mandanten geltend zu machen. Sie erhalten stattdessen mit der Bewilligung der Verfahrenskostenstundung gem. §§ 12, 45 RVG einen **Sekundäranspruch gegen die Staatskasse auf Zahlung der entsprechenden Vergütung**. Mit der Zahlung dieser Vergütung geht nach § 59 RVG der Vergütungsanspruch auf die Staatskasse über und kann von dieser wiederum nur nach den Bestimmungen, die das Insolvenzgericht festgelegt hat, realisiert werden. Genau wie bei § 122 ZPO (vgl. dazu *Musielak/Voit/Fischer* § 122 ZPO Rn. 7) ergibt sich daraus eine Forderungssperre gegen den Mandanten in Höhe der gesetzlichen Gebühren. Die Vereinbarung höherer als der gesetzlichen Vergütungen für beigeordnete Rechtsanwälte ist nach § **3a Abs. 3 S. 1 RVG** nichtig. Eine Rückforderung überzahlter Vergütungen durch den Mandanten ist nur unter der Voraussetzung des § 814 BGB ausgeschlossen (BT-Drucks. 16/8916, S. 14). 30

E. Verfahrenskostenstundung in weiteren Verfahrensabschnitten

31 § 4a Abs. 3 Satz 2 InsO ordnet ausdrücklich an, dass **für jeden Verfahrensabschnitt gesondert über die Verfahrenskostenstundung zu entscheiden** ist. Damit wird der Rechtsgrundsatz des § 119 Abs. 1 ZPO aufgenommen und für das Insolvenzverfahren konkretisiert. Der Diskussionsentwurf knüpfte an die Gerichtspraxis der letzten Jahre an, die mehrheitlich eine abschnittsbezogene Entscheidung über Prozesskostenhilfe im Insolvenzverfahren vorgenommen hatte. Wegen der in der Literatur zutreffend gerügten Missverständlichkeit des noch im Diskussionsentwurfs verwandten Begriffs des »Rechtszugs« (dazu *Schmerbach/Stephan* ZInsO 2000, 541 [543]) ist im Regierungsentwurf der neutrale Begriff des »Verfahrensabschnitts« gewählt worden, mit dem eine gewisse Abkehr von einer rein kostenrechtlichen Betrachtungsweise markiert worden ist.

32 In Anlehnung an die frühere Judikatur (*LG Düsseldorf* NZI 1999, 237) und die Gesetzesbegründung sind als eigenständige Verfahrensabschnitte das Schuldenbereinigungsplanverfahren, das Eröffnungsverfahren, das eröffnete Verfahren und das Restschuldbefreiungsverfahren zu qualifizieren (ebenso MüKo-InsO/*Ganter/Lohmann* § 4a Rn. 30). Judikatur (*BGH* NJW 2003, 3780 [3781]) und Literatur (*Uhlenbruck/Mock* InsO, § 4a Rn. 28; *Jaeger/Eckardt* InsO, § 4a Rn. 65; A/G/R-*Ahrens* InsO, § 4a Rn. 71) haben dieser Position zugestimmt. Trotz dieser Differenzierung ist es dem Schuldner unbenommen, den Antrag bereits für mehrere Verfahrensabschnitte in dem ersten Antrag zu stellen. Dagegen ist ein Antrag auf anwaltliche Beiordnung zweckmäßig nur für den jeweiligen Verfahrensabschnitt zu stellen (*BGH* NJW 2004, 3260 [3261]).

33 Trotz der jeweils **abschnittsbezogenen Bewilligung** ist die »hinreichende Erfolgsaussicht« nicht abschnittsweise zu beurteilen. In der anfänglichen Judikatur hatte ein Teil der Gerichte die hinreichende Erfolgsaussicht im Schuldenbereinigungsplanverfahren nur bejahen wollen, wenn eine Annahme des Plans bzw. Zustimmungsersetzung wahrscheinlich sei (so z.B. *LG Lüneburg* NJW 1999, 2287). Diese Judikatur war von Anfang an verfehlt, da es nach den eindeutigen Maßstäben des Verfassungsgerichts nur darauf ankommt, dass ein vernünftig abwägender Antragsteller ein solches Verfahren betreibt (dazu *BVerfG* NJW 1992, 889; *Kohte* VuR 2000, 139; *Bruns* NJW 1999, 3445 [3449]). Daher war es bereits nach dem seit 1999 geltenden Recht im Schuldenbereinigungsplanverfahren ausreichend, dass das angestrebte Ziel der Restschuldbefreiung möglich erschien (dazu *LG Mühlhausen* ZInsO 1999, 649 [651]). Mit der Präzisierung der Erfolgsaussicht in § 4a Abs. 1 Satz 4 InsO (dazu s. Rdn. 17 ff.) ist diese Position aufgenommen und bestätigt worden. Eine weitergehende Prüfung der Erfolgsaussicht ist daneben ausgeschlossen.

I. Verfahrenskostenstundung im eröffneten Verfahren

34 Im eröffneten Verfahren zielt die Verfahrenskostenstundung aus der Sicht des Antragstellers vor allem darauf ab, eine **Einstellung des Verfahrens mangels Masse nach § 207 InsO zu vermeiden**, denn eine solche Einstellung würde dem Schuldner den Weg zum Restschuldbefreiungsverfahren versperren. Nach § 289 Abs. 3 InsO a.F. und § 289 InsO n.F. ist eine Einstellung nach § 207 InsO abschließend, während eine Einstellung wegen Masseunzulänglichkeit nach §§ 208, 211 InsO den weiteren Weg zur Restschuldbefreiung nicht blockiert (*BGH* ZVI 2009, 346; A/G/R-*Fischer* § 289 InsO a.F. Rn. 20). Dies beruht auf der Wertung, dass zumindest die Verfahrenskosten gedeckt sein müssen, während die Masseverbindlichkeiten, die auch nach neuem Recht einen beachtlichen Umfang einnehmen können, die Restschuldbefreiung nicht blockieren dürfen (s. *Ahrens* § 289 Rdn. 6; *OLG Köln* NZI 2000, 217 [218]). Da die Gerichtskosten im eröffneten Verfahren deutlich höher sind als im Eröffnungsverfahren, kann auch in Fällen, in denen für das Eröffnungsverfahren die Stundung abgelehnt worden ist, der Stundungsantrag für das eröffnete Verfahren erfolgreich sein (*LG Bochum* VuR 2009, 395, 396 = ZInsO 2009, 735, 736 m. instruktiver Berechnung).

35 Sofern die Kosten auch des eröffneten Verfahrens nicht bereits durch einen Beschluss im Eröffnungsverfahren gestundet sind, dürfte regelmäßig bei den ersten Anzeichen für fehlende Massekostendeckung ein Hinweis des Insolvenzverwalters/Treuhänders geboten sein, so dass vom Schuldner Verfahrenskostenstundung beantragt und eine Einstellung nach § 207 InsO vermieden werden kann. In

der Praxis dürfte es sich dabei in erster Linie um Verfahren handeln, in denen im Eröffnungsverfahren der Umfang der Masse als ausreichend eingestuft worden war (dazu s. Rdn. 10) und später nach der Eröffnung diese Prognose korrigiert werden muss, weil z.B. ein Vermögenswert nicht in der geschätzten Weise verwertbar ist bzw. ein Anfechtungsverfahren nicht den erwarteten Erfolg erbracht hat. Ebenso können auch Prognosekorrekturen bei den Kosten des Insolvenzverwalters eintreten, die sich anders als erwartet entwickelt haben. Diese können z.B. im Insolvenzplanverfahren ins Gewicht fallen, wenn eine anwaltliche Beiordnung nach § 4a Abs. 2 InsO geboten ist.

Dagegen ist bei Bewilligung der Verfahrenskostenstundung im Eröffnungsverfahren eine umgekehrte **Prognosekorrektur im eröffneten Verfahren in aller Regel systemwidrig**. War bereits im Eröffnungsverfahren eine Verfahrenskostenstundung beschlossen worden, dann würde selbst bei einer günstigeren Entwicklung der Insolvenzmasse bzw. bei einer Verringerung der Verfahrenskosten kein Grund bestehen, von der Stundung abzuweichen, da in einem solchen Fall bereits das Befriedigungsgebot nach § 53 InsO die vorrangige Deckung der Verfahrenskosten sicherstellt und eine vorzeitige Ausschüttung der Masse an die Gläubiger bzw. den Schuldner untersagt. Wenn dagegen sämtliche Gläubigerforderungen befriedigt sind, ist das Insolvenzverfahren nach § 212 InsO einzustellen; damit entfällt auch die Notwendigkeit gerichtlicher Restschuldbefreiung (*Kübler/Prütting/Bork-Pape* InsO, § 212 Rn. 20; zu den Risiken bei unbekannten Gläubigern A/G/R-*Henning* § 212 Rn. 21), so dass aus diesem Grund die Verfahrenskostenstundung hinfällig wäre. 36

II. Verfahrenskostenstundung in der Treuhandperiode

Die Treuhandperiode wird nach allgemeiner Ansicht als ein eigenständiger Verfahrensabschnitt i.S d. § 4a Abs. 3 Satz 2 InsO eingestuft. Nach § 4a Abs. 1 Satz 1 InsO wird nunmehr auch eindeutig die Treuhändervergütung zu den Kosten des Verfahrens i.S.d. § 4a Abs. 1 Satz 1 InsO gerechnet. Damit hat das InsOÄndG die auch in diesem Kommentar geübte Kritik an der bisherigen Sanktionsmöglichkeit des § 298 InsO aufgenommen (s. *Grote/Lackmann* § 298 Rdn. 4 ff.). Mit der zutreffenden Begründung, dass es wenig Sinn mache, durch den Einsatz öffentlicher Mittel ein aufwendiges Verfahren zur Erlangung der Restschuldbefreiung zu finanzieren, um dann kurz vor der Erreichung dieses Ziels das Verfahren an der vergleichsweise unbedeutenden Mindestvergütung scheitern zu lassen (BT-Drucks. 14/5680 S. 12; so auch *Graf-Schlicker* FS für Uhlenbruck, S. 573, 576 f.) ist die Treuhändervergütung richtigerweise in das System der Verfahrenskostenstundung integriert worden (s. *Grote/Lackmann* § 298 Rdn. 6). 37

Die Regierungsbegründung geht davon aus, dass sich im Regelfall die im Eröffnungsverfahren bewilligte Stundung bis zur Erteilung der Restschuldbefreiung erstreckt (BT-Drucks. 14/5680 S. 20; zur Erstreckung bis zur Aufhebung des Verfahrens in asymmetrischen Verfahren A/G/R-*Ahrens* § 4a InsO Rn. 87; zur vorzeitigen Erteilung zutr. *BGH* NZI 2005, 399 m. Anm. *Ahrens* = VuR 2005, 310 m. Anm. *Kohte*), so dass die nunmehr in § 298 Abs. 2 Satz 2 InsO eröffnete Möglichkeit, erstmals in der Treuhandperiode einen Antrag auf Verfahrenskostenstundung zu stellen, offenkundig auf – wahrscheinlich seltene – Fallgestaltungen abzielte, in denen eine zusätzliche Verschlechterung der wirtschaftlichen Lage des Schuldners eingetreten war. Die Regierungsbegründung nannte dazu den Fall, dass der Schuldner zwar die in § 54 InsO genannten Kosten berichtigen konnte, jedoch wegen eines Arbeitsplatzverlustes in der Treuhandperiode die Mindestvergütung nach §§ 298 Abs. 1 InsO, 13 ff. InsVV nicht mehr aufbringen konnte (BT-Drucks. 14/5680 S. 29; ebenso *jaeger/Eckardt* InsO, § 4a Rn. 72). 38

In einem solchen Fall wird das Insolvenzgericht zu prüfen haben, ob aus dem Vermögen des Schuldners, soweit dieses nach § 292 InsO der Deckung der Verfahrenskosten dient, aus dem sonstigen pfändbaren und verwertbaren Vermögen des Schuldners bzw. aus der vom Insolvenzverwalter gebildeten Rückstellung (s. Rdn. 16) die Verfahrenskosten aufgebracht werden können. Neben der Fallgruppe der wirtschaftlichen Verschlechterung der Lage des Schuldners wird diese Möglichkeit vor allem relevant sein, wenn zusätzliche Verfahrenskosten durch Beiordnung eines Rechtsanwaltes in der Treuhandphase entstehen. In solchen Fällen trifft sowohl den Treuhänder als auch das Insolvenzgericht eine **Hinweispflicht an den Schuldner**, dass die Rechtsfolge der Versagung (*BGH* ZVI 2010, 39

204) durch einen vor Rechtskraft der Versagungsentscheidung gestellten Stundungsantrag vermieden werden kann (s. *Grote/Lackmann* § 298 Rdn. 12; *Uhlenbruck/Sternal* InsO, § 298 Rn. 3; A/G/R-*Weinland* § 298 Rn. 19).

40 Eine **besondere Hinweispflicht** ist in einer weiteren Konstellation gegeben, die in der Praxis gelegentlich zu finden ist (markant das Insolvenzgericht im Fall *BGH* NZI 2013, 305): Der Schuldner hatte für alle Abschnitte die Stundung beantragt, doch ist der Antrag für die Treuhandphase nicht beschieden worden. Mit dem Beginn der Treuhandphase, die bisher durch die Ankündigung nach § 291 InsO a.F. eingeleitet wurde, war der Antrag zu bescheiden bzw. zu stellen. Unterblieb dies, dann konnte die Restschuldbefreiung scheitern, wenn die Treuhandvergütung nicht gezahlt werden konnte (dazu die Falldarstellung bei *Homann* ZVI 2014, 93 [95 f.]). Dem Treuhänder soll in dieser Konstellation auch kein Sekundäranspruch zustehen (*BGH* NZI 2013, 305; zur Kritik *Kohte* Rpfleger 2014, 169 [171 f.]; s. *Grote/Lackmann* § 293 Rdn. 28, § 298 Rdn. 13). Dies ist verfehlt, weil der Treuhänder mit der Bestellung seine Tätigkeit ordnungsgemäß zu verrichten hat und ihm keine verfahrensrechtlichen Instrumente zur Verfügung stehen eine Stellung bzw. Bescheidung des Antrags zu erreichen und weil das Einkommen des Schuldners angesichts der Abtretung nach § 287 Abs. 2 InsO i.d.R. die Stundung rechtfertigt (dazu anschaulich *LG Koblenz* ZVI 2014, 115 [116]).

III. Verfahrenskostenstundung im Schuldenbereinigungs- und Insolvenzplanverfahren

41 In den Beratungen der Bund-Länder-Arbeitsgruppe war die Diskussion um die Verfahrenskostenstundung auf die Entscheidung um die Eröffnung des Insolvenzverfahrens und das Problem der Kostenhürde nach § 26 InsO zentriert worden. Daher standen die Fragen einer Stundung im Schuldenbereinigungsplanverfahren nicht im Vordergrund des Interesses. Man ging vielmehr davon aus, dass der wichtigste Schritt zur Problemlösung in der Streichung des Auslagenvorschusses nach § 68 GKG a.F. (jetzt § 17 Abs. 4 Satz 3 GKG n.F.) für das Schuldenbereinigungsplanverfahren liege. Der Diskussionsentwurf des BMJ übernahm diese Sichtweise und ordnete daher eine entsprechende Anwendung von § 4a Abs. 2 InsO im Zustimmungsersetzungsverfahren nach § 309 InsO mit der Begründung an, dass im Schuldenbereinigungsplanverfahren wegen der Stundung der Auslagen, die sich nunmehr aus dem GKG ergebe, eine Entscheidung über eine Verfahrenskostenstundung ohne anwaltliche Beiordnung nicht erforderlich sei (ZIP 2000, 1688 [1705]). Andererseits wurde in der Begründung zur abschnittsbezogenen Bewilligung das Schuldenbereinigungsplanverfahren als ein gesonderter Abschnitt für eine Entscheidung zur Verfahrenskostenstundung aufgeführt (ZIP 2000, 1688 [1696]).

42 In der Literatur wurde diese geringe Aufmerksamkeit, die dem Schuldenbereinigungsplanverfahren gewidmet worden war, zutreffend kritisiert. Es wurde darauf hingewiesen, dass bei einem Erfolg des Schuldenbereinigungsplanverfahrens die Gerichtskosten und Auslagen sofort fällig würden, da mangels Verfahrenskostenstundung auch die Norm des § 4b InsO nicht eingreife. Dies könne jedoch für den Schuldner und die Realisierbarkeit des Schuldenbereinigungsplans erhebliche Auswirkungen haben (so *Schmerbach/Stephan* ZInsO 2000, 541 [543]). Diese Kritik wurde aufgenommen, denn im Regierungsentwurf wurden nunmehr in § 4a Abs. 1 Satz 2 InsO die **Kosten des Schuldenbereinigungsplanverfahrens ausdrücklich den Kosten des Insolvenzverfahrens gleichgestellt**. In der Begründung wurde darauf hingewiesen, dass damit auch die im Schuldenbereinigungsplanverfahren entstandenen Auslagen von der Verfahrenskostenstundung erfasst seien (BT-Drucks. 14/5680 S. 12). Eine umfassende Klärung der Bedeutung des § 4a Abs. 1 Satz 2 InsO erfolgte jedoch nicht, denn in der Begründung zu § 309 InsO wurde weiterhin die Ansicht vertreten, dass im Schuldenbereinigungsplanverfahren eine Entscheidung über die Stundung nicht erfolge (BT-Drucks. 14/5680 S. 32). Hier handelt es sich offenkundig um ein Redaktionsversehen, denn die Einfügung des § 4a Abs. 1 Satz 2 InsO sowie die Erwähnung des Schuldenbereinigungsplanverfahrens als eines möglicherweise eigenständigen Verfahrensabschnitts i.S.d. § 4a Abs. 3 Satz 2 InsO zeigen, dass im Schuldenbereinigungsplanverfahren eine eigenständige Entscheidung über die Verfahrenskostenstundung möglich ist.

Eine solche Entscheidung entspricht dem Zweck der Verfahrenskostenstundung, völlig mittellosen 43
Schuldnern den Weg zu einem wirtschaftlichen Neuanfang zu ebnen. Im erfolgreichen Schuldenbereinigungsplanverfahren bestünde ohne eine solche Entscheidung die Gefahr, dass der erfolgreiche Verfahrensabschluss die wirtschaftliche Bedrängnis der Schuldner nicht löst, wenn zu diesem Zeitpunkt die Gerichtskosten und Auslagen fällig würden und der sorgsam ausbalancierte Schuldenbereinigungsplan durch das Auftreten eines neuen, nicht in den Plan einbezogenen Gläubigers nachträglich scheitern könnte (dazu auch *Andres/Leithaus* InsO, § 4a Rn. 21). Dies wäre zweckwidrig; eine Einbeziehung der Staatskasse in den Kreis der Gläubiger, die im Schuldenbereinigungsplan zu berücksichtigen sind, wäre systemwidrig, da das Schuldenbereinigungsplanverfahren – auch im Interesse der Abstimmung mit der Zugangsnorm des § 304 InsO – nur diejenigen Gläubiger einbeziehen kann, die bei Antragstellung eine bereits entstandene Forderung gegen den Schuldner aufweisen können. Damit kann der **wirtschaftliche Erfolg des Schuldenbereinigungsplanverfahrens** ausschließlich dadurch gesichert werden, dass die Schuldner auch in den Geltungsbereich des § 4b InsO einbezogen werden. Dies ist jedoch nur für den Fall vorgesehen, dass ihnen bereits eine Verfahrenskostenstundung bewilligt worden war (dazu s. § 4b Rdn. 20), so dass notwendigerweise eine Entscheidung über eine Verfahrenskostenstundung auch im Schuldenbereinigungsplanverfahren zu treffen ist, falls diese vom Schuldner beantragt wird (ebenso *Jaeger/Eckardt* InsO, § 4a Rn. 69; vgl. *Kübler/Prütting/Bork-Wenzel* InsO, § 4a Rn. 28). Angesichts der in bestimmten Konstellationen relativ geringen Kosten dieses Verfahrens ist es im Einzelfall denkbar, dass Schuldner im Interesse einer zügigen Durchführung des Schuldenbereinigungsplanverfahrens auf einen solchen Antrag verzichten.

Wenn ein solcher Antrag gestellt wird, dann ist der Entscheidungsmaßstab der Grundnorm des § 4a 44
Abs. 1 Satz 1 InsO zu entnehmen (*AG Hamburg* ZVI 2009, 268; vgl. dazu *BGH* NZI 2011, 683, 684). Angesichts der Möglichkeit, dass das Schuldenbereinigungsplanverfahren scheitert, ist keine gesonderte, auf das Schuldenbereinigungsplanverfahren beschränkte Vermögensprüfung durchzuführen; vielmehr ist bereits im Schuldenbereinigungsplanverfahren nach dem allgemeinen Maßstab zu entscheiden, ob die wirtschaftlichen Voraussetzungen für eine Verfahrenskostenstundung vorliegen. Da zu diesem Zeitpunkt möglicherweise noch nicht alle Informationen vorliegen, kann das Gericht die Stundung bis zum Abschluss des Schuldenbereinigungsplanverfahrens befristen. Wird der Schuldenbereinigungsplan angenommen, dann beginnt mit der gerichtlichen Feststellung der Annahme die vierjährige § 4b-Phase (*AG Hamburg* ZVI 2009, 268 = VuR 2010, 119; dazu auch § 4b Rdn. 9).

Eine vergleichbare Konstellation wie im Schuldenbereinigungsplanverfahren kann sich im **Insolvenzplanverfahren** ergeben, so dass, wenn im Eröffnungsverfahren eine Stundung unterblieben 45
ist, in diesem Verfahrensabschnitt eine Stundung geboten sein kann (so auch *Kübler/Prütting/Bork-Prütting/Wenzel* InsO, § 4a Rn. 26). Nach der Bestätigung des Insolvenzplans und Aufhebung des Insolvenzverfahrens kommt nach Ansicht des BGH eine weitere Stundung nicht in Betracht (*BGH* NZI 2011, 683; zur Diskussion der heutigen Rechtslage s. § 4b Rdn. 11).

F. Anwaltliche Beiordnung

§ 4a Abs. 2 InsO ordnet als weitere Rechtsfolge der Verfahrenskostenstundung die Möglichkeit 46
einer **Beiordnung eines Rechtsanwalts** an. Im Unterschied zur allgemeinen Formulierung in § 121 ZPO, wonach eine solche Beiordnung zu erfolgen hat, wenn der Gegner durch einen Rechtsanwalt vertreten wird (dazu *Musielak/Voit/Fischer* ZPO § 121 Rn. 10), wird in § 4a Abs. 2 eine individuelle Prüfung der Erforderlichkeit verlangt. Dabei soll der Charakter des Insolvenzverfahrens als eines Offizialverfahrens mit gerichtlicher Fürsorge berücksichtigt werden (BT-Drucks. 14/5680 S. 21). In der insolvenzrechtlichen Diskussion vor 2001 war teilweise aus dem Charakter des Insolvenzverfahrens als eines Offizialverfahrens der weitergehende Schluss gezogen worden, dass Prozesskostenhilfe und anwaltliche Vertretung systemwidrig seien (dazu nur *Busch/Graf-Schlicker* InVo 1998, 269 [272] sowie *LG Köln* NZI 1999, 158). Diese strenge Position ist der Norm des § 4a Abs. 2 InsO nicht zugrunde gelegt worden. Damit folgt das InsOÄndG der **verfassungsgerichtlichen Judikatur**, die mit

großem Nachdruck hervorgehoben hat, dass aus dem Charakter der Offizialmaxime nicht abgeleitet werden dürfe, dass einem Verfahrensbeteiligten bei Vorliegen der sonstigen Voraussetzungen Prozesskostenhilfe und anwaltliche Beiordnung nicht bewilligt werden könnten (*BVerfG* NJW 1997, 2103; FamRZ 2002, 531; NJW-RR 2007, 1713; *Heinze* DZWIR 2000, 183 [187]; ebenso die familienrechtliche Judikatur: z.B. *OLG Hamm* FamRZ 1995, 747 Nr. 460; *OLG Nürnberg* FamRZ 1997, 215, die auch eine Beiordnung zur Sicherung eines fairen Verfahrens kennt – *OLG Celle* NJW 2011, 1460). Es ist daher in Übereinstimmung mit dem *BVerfG* (NJW 2003, 2668) in jedem Einzelfall zu prüfen, inwieweit eine anwaltliche Beiordnung erforderlich ist. Dabei ist nach der neueren verfassungsrechtlichen Judikatur (*BVerfG* NJW 2011, 2039 und VuR 2011, 303 m. Anm. *Kohte*) auch zu berücksichtigen, ob eine »deutliche Unterlegenheit« des Antragstellers eine Beiordnung erforderlich macht. Nach der Struktur des Stundungsverfahrens ist auch die Frage der Beiordnung für jeden Verfahrensabschnitt gesondert zu entscheiden (*BGH* NJW 2004, 3260 [3261]).

47 Die Gesetzesbegründung nennt als **typische Beispiele** der Erforderlichkeit die **Beiordnung in den quasikontradiktorischen Verfahren**, in denen der Schuldner nach § 290 InsO oder § 296 InsO für seine Restschuldbefreiung kämpft (BT-Drucks. 14/5680 S. 21; zustimmend MüKo-InsO/*Ganter/Lohmann* § 4a Rn. 22; K. Schmidt/*Stephan* InsO, § 4a Rn. 33; *Uhlenbruck/Mock* InsO, § 4a Rn. 35; A/G/R-*Ahrens* § 4a InsO Rn. 91). In vergleichbarer Weise hat die Judikatur in den letzten beiden Jahren vor allem im Zusammenhang mit den Zustimmungsersetzungsverfahren nach § 309 InsO die Notwendigkeit anwaltlicher Beiordnung betont (*LG Konstanz* ZIP 1999, 1643 [1646]; dazu auch der Hinweis in *BVerfG* NJW 2003, 2668 sowie *AG Göttingen* ZVI 2003, 132 [133]; *LG Göttingen* ZVI 2003, 226 [227]; *LG Leipzig* ZVI 2003, 474 [475]; *Uhlenbruck/Vallender* InsO, § 309 Rn. 113; enger *Bayer* Stundungsmodell, S. 70 ff.). Daraus ergibt sich eine erste Fallgruppe, in der die anwaltliche Beiordnung eng an die allgemeinen Grundlagen des Zivilprozessrechts angelehnt ist. In diesen Fällen wird sie regelmäßig in Betracht kommen, wenn der Gläubiger, der einen entsprechenden Versagungsantrag stellt, anwaltlich vertreten ist.

48 Als eine zweite Fallgruppe lassen sich diejenigen Verfahren bestimmen, in denen vom Schuldner **zusätzliche Mitwirkungshandlungen** erwartet werden. Dazu können z.B. diejenigen Schuldenbereinigungsplanverfahren gehören, in denen vom Schuldner nach § 307 InsO eine weitere Ergänzung oder/und Nachbesserung seines Schuldenbereinigungsplanes verlangt wird (dazu *LG Göttingen* ZIP 1999, 1017 [1018]; *LG Göttingen* ZInsO 2001, 627; *Busch* § 310 Rdn. 16). Dasselbe gilt im Insolvenzplanverfahren; hier wird angesichts der Komplexität dieser Verfahren regelmäßig eine anwaltliche Beiordnung geboten sein, wenn nach der Vorlage des Plans zusätzliche Gestaltungsfragen zu beantworten sind (vgl. *Jaeger/Eckardt* InsO, § 4a Rn. 90; enger *LG Bochum* ZVI 2003, 23 [25]). Wird die Stellung des Insolvenzplans weiter gestärkt, dann müsste auch in allen Verfahren um das **Obstruktionsverbot nach § 245 InsO** eine Beiordnung erfolgen.

49 Im Übrigen ist eine anwaltliche Beiordnung weiter geboten, wenn die **Rechtslage schwierig durchschaubar** ist und dem Schuldner die Möglichkeit entsprechender Stellungnahmen eröffnet werden soll, für die er ohne anwaltliche Hilfe konkret überfordert ist (so grds. *AG Mannheim* NZI 2004, 46; *LG Bonn* VuR 2010, 75 = NZI 2009, 445). Dazu gehören z.B. die Fälle, in denen deliktische Ansprüche nach §§ 174, 302 InsO geltend gemacht bzw. erörtert werden (*BGH* NZI 2004, 39 [40]; *Kübler/Prütting/Bork/Wenzel* InsO, § 4a Rn. 66; MüKo-InsO/*Ganter/Lohmann* § 4a Rn. 22). Ebenso wird eine anwaltliche Vertretung geboten sein, wenn sich die Frage nach der Wirksamkeit von Entgeltabtretungen (*Graf-Schlicker/Kexel* § 4a Rn. 51), der Abgrenzung von Insolvenz- und Masseforderungen (*AG Darmstadt* VuR 2010, 188) oder der Möglichkeit zusätzlicher Anfechtungsverfahren gegenüber Gläubigern, die durch Zwangsvollstreckung bzw. Verrechnung vorgehen, stellt. In jedem Fall ist zu beachten, dass die Gerichtspraxis eine konkrete Darlegung der individuellen Erforderlichkeit der Beiordnung verlangt (*BGH* NZI 2004, 39 [40] = ZVI 2003, 601 m. Anm. *Mäusezahl*).

50 Die Gesetzesbegründung geht davon aus, dass im Eröffnungsverfahren regelmäßig eine anwaltliche Beiordnung nicht geboten ist (so auch *BGH* ZVI 2003, 225). Dieser Aussage ist allenfalls dann zuzustimmen, wenn das Verfahren zügig und ohne zusätzliche Kostenhürden vorbereitet und betrieben wird, da nur in einer solchen Fallgestaltung eine kostengünstige Eröffnung in zumutbarer Weise und

Zeit möglich ist. Wenn dagegen nachhaltiger Streit um den Eröffnungsgrund oder die Auslegung des § 26 InsO besteht, kann sich auch hier die Notwendigkeit einer Beiordnung ergeben. Dagegen richtet sich im **Beschwerde- oder Rechtsbeschwerdeverfahren** die **Beiordnung nach § 121 ZPO**, weil nicht die Regeln der Verfahrenskostenstundung, sondern der Prozesskostenhilfe eingreifen (*BGH* NJW 2003, 3780; *Jaeger/Eckardt* InsO, § 4a Rn. 94; s.a. Rdn. 57).

Sprachliche Schwierigkeiten werden von der insolvenzrechtlichen Judikatur als kein hinreichender 51 Grund für die Beiordnung eines Anwalts angesehen; erforderlich, aber auch ausreichend sei es, in solchen Fällen einen Dolmetscher zur Verfügung zu stellen (*BGH* NJW 2003, 2910 [2912]). Auch bei Sprachschwierigkeiten kommt die anwaltliche Beiordnung nur bei zusätzlicher Schwierigkeit der Sach- oder Rechtslage in Betracht (*BVerfG* NJW 2003, 2668), doch darf nicht übersehen werden, dass die typisch anwaltliche Aufgabe einer Beratung über die Nutzung prozessualer Möglichkeiten (*BGH* ZVI 2003, 601 m. Anm. *Mäusezahl*) in solchen Fällen einen größeren Raum einnehmen kann. Die Beratung bei der Stellung eines Insolvenz- und Stundungsantrags wird nach der Judikatur dem **Recht der Beratungshilfe** zugeordnet (*BGH* VuR 2007, 273 m. Anm. *Kohte*; *BGH* VuR 2008, 154; ausf. *Busch* vor § 304 Rdn. 14 ff.).

G. Verfahrensrechtliches

Die Verfahrenskostenstundung kann nur bewilligt werden, wenn der Schuldner einen entsprechenden 52 Antrag gestellt hat (zur Möglichkeit eines bedingten Antrags *BGH* ZIP 2012, 582). Für diesen Antrag sind **keine Formvorschriften** normiert worden. Insbesondere sind die in § 117 Abs. 2 ZPO vorgeschriebene Erklärung und der entsprechende Vordruck nach § 117 Abs. 4 ZPO nicht übernommen worden (*BGH* NJW 2002, 2793 [2794]; 2003, 2910; *Uhlenbruck/Mock* § 4a Rn. 16). Dies ist konsequent, denn der Maßstab in § 4a Abs. 1 Satz 1 InsO ist mit dem Maßstab des § 115 ZPO nicht identisch; im Übrigen ergeben sich in aller Regel die Daten für die wirtschaftlichen Voraussetzungen des Antrages bereits aus dem Insolvenzantrag bzw. den nach § 305 Abs. 1 Nr. 3 InsO beigefügten Verzeichnissen, so dass gesonderte Formulare verfehlt wären und dem Ziel der Verfahrensvereinfachung entgegenwirken würden. Obgleich über den Antrag nach Maßgabe der Verfahrensabschnitte i.S.d. § 4a Abs. 3 Satz 2 InsO zu entscheiden ist, kann der Schuldner von Anfang an eine umfassende Stundung beantragen.

Der Antrag muss dem Insolvenzgericht in substantiierter, nachvollziehbarer Form darlegen, dass das 53 schuldnerische **Vermögen voraussichtlich zur Deckung der anfallenden Kosten nicht ausreicht** (*BGH* ZVI 2005, 119 = ZInsO 2005, 264). Dazu ist es möglich, auf gerichtsbekannte bzw. mit dem Antrag vorgelegte Urkunden, z.B. Sachverständigengutachten, Bezug zu nehmen (*BGH* ZVI 2004, 745 = ZInsO 2004, 1307). Kommt bei bestehender Ehe ein Prozesskostenvorschuss in Betracht, dann hat der Schuldner von sich aus bzw. auf Anforderung durch das Gericht Auskunft zu erteilen über die Leistungsfähigkeit des Ehegatten oder über den fehlenden Zusammenhang der Schulden zu den ehelichen Lebensverhältnissen (*BGH* NJW 2003, 2910 [2912]; vgl. *BGH* VuR 2007, 155 m. Anm. *Kohte*; *Jaeger/Eckardt* InsO, § 4a Rn. 32); im Übrigen hat der Schuldner keine Auskünfte über die Ursachen der Verschuldung zu erteilen (*BGH* VuR 2005, 269 m. Anm. *Kohte* = ZInsO 2005, 265 m. Anm. *Grote*; *BGH* VuR 2011, 306 [307]). Wenn die Masse für die Kosten nicht ausreicht, dann sind präzise Angaben über die Höhe aller Schulden i.d.R. nicht erforderlich (*BGH* ZInsO 2008, 860). Ist der Antrag lückenhaft, dann hat das Gericht den Schuldner auf die Mängel konkret aufmerksam zu machen und ihm eine angemessene Frist zur Behebung der Mängel zu setzen. Erst nach konkretem Hinweis und erfolglosem Verstreichen einer angemessenen Frist kann der Antrag als unzulässig zurückgewiesen werden (zum Eröffnungsantrag *BGH* NJW 2003, 1187 = ZVI 2003, 64; zum Stundungsantrag *BGH* ZVI 2005, 119 = ZInsO 2005, 264).

Ist ein zulässiger Antrag gestellt, hat das Insolvenzgericht nach § 5 InsO den **Sachverhalt von Amts** 54 **wegen zu ermitteln**, wobei der Schuldner nach § 20 InsO der wichtigste Adressat für weitere Auskunftspflichten ist. Die Berechnung der Verfahrenskosten ist Sache des Gerichts (*Jaeger/Eckardt* InsO, § 4a Rn. 55). Eine Anhörung der Gläubiger erfolgt bei einem Eigenantrag des Schuldners und fehlender Durchführung eines Schuldenbereinigungsplanverfahrens vor der Bewilligung der

Verfahrenskostenstundung und der Eröffnung des Insolvenzverfahrens i.d.R. nicht. Dagegen bedarf es der speziellen Anhörung des Schuldners, wenn der Antrag abgewiesen werden soll; ebenfalls ist ihm Gelegenheit zu geben, den vom Gericht bezifferten Prozesskostenvorschuss durch Dritte zu realisieren (s. Rdn. 15; so auch *Kübler/Prütting/Bork-Pape* InsO, § 26 Rn. 11; *Nerlich/Römermann-Mönning/Zimmermann* InsO, § 26 Rn. 126, 131; MüKo-InsO/*Haarmeyer* § 26 Rn. 27).

55 Für die Entscheidung über den Antrag ist zumindest im Schuldenbereinigungsplanverfahren und Eröffnungsverfahren der **Richter nach § 18 Abs. 1 Nr. 1 RPflG zuständig**. Wird dem Antrag stattgegeben, dann kann im Schuldenbereinigungsplanverfahren angesichts der summarischen Prüfung ohne umfassende Informationen möglicherweise die Stundung auf den ersten Abschnitt befristet werden. Dagegen ist bei einer Bewilligung im Eröffnungsverfahren i.d.R. auszusprechen, dass sich die Stundung der Verfahrenskosten bis zur Erteilung der Restschuldbefreiung erstreckt (so BT-Drucks. 14/5680 S. 20; ebenso *Kübler/Prütting/Bork-Wenzel* InsO, § 4a Rn. 61; *Graf-Schlicker/Kexel* InsO, § 4a Rn. 38). Die oben (Rdn. 34 ff.) erläuterten Fallgestaltungen haben demonstriert, dass bei nicht ausreichendem Schuldnervermögen im Eröffnungsverfahren eine günstigere Prognose, die eine Beschränkung der Bewilligung legitimieren kann, in aller Regel ausgeschlossen ist. Wird der Antrag für das Eröffnungsverfahren abgewiesen, kann gleichwohl der Antrag für das eröffnete Verfahren begründet sein (z.B. *BGH* NJW 2003, 3780 [3781]). Dagegen wird die anwaltliche Beiordnung nach § 4a Abs. 2 InsO typischerweise auf den jeweiligen Verfahrensabschnitt beschränkt (*BGH* NJW 2004, 3260 [3261]).

56 Der Grundsatz der **Bewilligung nach Verfahrensabschnitten** erleichtert die gebotene **zügige Entscheidung** (*BGH* NZI 2010, 948; MüKo-InsO/*Ganter/Lohmann* § 4a Rn. 41) sowie spätere Anträge, die ausschließlich im eröffneten Verfahren – einschließlich des Insolvenzplanverfahrens – oder gar erst in der Treuhandperiode gestellt werden (*LG Koblenz* ZVI 2014, 115). In diesen Fällen ist nach § 3 Nr. 2e RPflG der Rechtspfleger zuständig. Im Interesse einer effektiven Koordinierung zwischen den Abschnitten kann sich der Richter nach § 18 Abs. 2 RPflG diese Entscheidung vorbehalten bzw. an sich ziehen. Die Rechtsmittel gegen die Entscheidung ergeben sich einheitlich aus § 4d InsO und sind nicht davon abhängig, ob der Richter oder der Rechtspfleger den Beschluss erlassen hat (s. § 4d Rdn. 11). Ist ein Antrag zurückgewiesen, kann der Schuldner auch einen neuen Antrag mit verbessertem Sachvortrag stellen (K. Schmidt/*Stephan* InsO, § 4a Rn. 26; *LG Berlin* ZVI 2004, 123).

57 Ein Teil der Judikatur (*LG Bochum* ZVI 2002, 470; 2003, 23) hatte den Anwendungsbereich der §§ 4a ff. InsO auch auf etwaige Beschwerdeverfahren erstreckt, die als gesonderte Verfahrensabschnitte qualifiziert wurden. Dies war systematisch verfehlt, denn die besonderen Mechanismen der Verfahrenskostenstundung passen nicht für klassische kontradiktorische Beschwerdeverfahren, in denen keine Massemehrung und Kostenbefriedigung nach § 53 InsO erfolgen kann. Zutreffend wird daher inzwischen von der Judikatur (*BGH* NJW 2003, 2910 [2911]) und Literatur (s. *Schmerbach* § 13 Rdn. 229; HK-InsO/*Sternal* § 4a Rn. 15; *Jaeger/Eckardt* InsO, § 4a Rn. 74 ff.; MüKo-InsO/*Ganter/Lohmann* § 4d Rn. 13) für die **Beschwerde- und Rechtsbeschwerdeverfahren** auf die allgemeine Regelung der §§ 4 InsO, 114 ZPO zurückgegriffen (s. § 4d Rdn. 30; A/G/R-*Ahrens* § 4a InsO Rn. 14).

§ 4b Rückzahlung und Anpassung der gestundeten Beträge

(1) ¹Ist der Schuldner nach Erteilung der Restschuldbefreiung nicht in der Lage, den gestundeten Betrag aus seinem Einkommen und seinem Vermögen zu zahlen, so kann das Gericht die Stundung verlängern und die zu zahlenden Monatsraten festsetzen. ²§ 115 Absatz 1 bis 3 sowie § 120 Absatz 2 der Zivilprozessordnung gelten entsprechend.

(2) ¹Das Gericht kann die Entscheidung über die Stundung und die Monatsraten jederzeit ändern, soweit sich die für sie maßgebenden persönlichen oder wirtschaftlichen Verhältnisse wesentlich geändert haben. ²Der Schuldner ist verpflichtet, dem Gericht eine wesentliche Änderung dieser Verhältnisse unverzüglich anzuzeigen. ³§ 120a Absatz 1 Satz 2 und 3 der Zivilprozessordnung

gilt entsprechend. ⁴Eine Änderung zum Nachteil des Schuldners ist ausgeschlossen, wenn seit der Beendigung des Verfahrens vier Jahre vergangen sind.

Übersicht

		Rdn.			Rdn.
A.	Normzweck	1	D.	Nachhaftung und Schulden-	
B.	Nachhaftung des Schuldners	2		bereinigungsplan/Insolvenzplan	9
C.	Voraussetzungen und Verfahren der		E.	Veränderungen der Verhältnisse	12
	weiteren Stundung	5	F.	Verfahrensrechtliches	18

Literatur:
Bayer Stundungsmodell der Insolvenzordnung und die Regelungen der Prozesskostenhilfe, 2005; *Erdmann* Vorzeitige Restschuldbefreiung trotz noch offener Massekosten in Stundungsfällen?, ZInsO 2007, 837; *Greger* Verfahrenskostenstundung nach gerichtlichem Schuldenbereinigungsplan, RPfleger 2017, 131; *Hergenröder* (Hrsg.), Schulden und ihre Bewältigung, 2014; *Homann* Verlängerung der Stundung der Verfahrenskosten nach Erteilung der Restschuldbefreiung, ZVI 2009, 431; *Huhnstock* Abänderung und Aufhebung der Prozesskostenhilfebewilligung, 1995; *Hulsmann* Die Rückzahlung gestundeter Beträge nach Erteilung der Restschuldbefreiung, ZVI 2006, 198; *Mäusezahl* Aufhebung der Verfahrenskostenstundung im eröffneten Verfahren, ZVI 2006, 105; *Stephan* Nach der Reform ist vor der Reform, in Festschrift Vallender, 2015, S. 639; *Timme* »Entschärfte« Änderungen im Prozesskosten- und Beratungshilferecht, NJW 2013, 3057; *Wegener* Die Aufhebung der Verfahrenskostenstundung, VIA 2012, 33; *Zimmermann* Neue Einkommensgrenzen für die Beratungs- und Prozesskostenhilfe, ZVI 2005, 63; *ders.* Verschärfte Einkommensgrenzen für die Beratungs- und Prozesskostenhilfe, ZVI 2005, 168; *ders.* Neuigkeiten zur Beratungs- und Prozesskostenhilfe, ZVI 2011, 160; *Zimmermann/Freeman* Die Gewährleistung des Existenzminimums bei der Forderungspfändung, ZVI 2008, 374.

A. Normzweck

Nach der Erteilung der Restschuldbefreiung endet nach § 4a InsO die Stundung der Verfahrenskosten. Damit würde der wirtschaftliche Neuanfang des ehemaligen Schuldners (zur Bedeutung dieses Ziels BT-Drucks. 14/5680 S. 21) direkt mit einer neuen Schuldenlast, nämlich den im Lauf des Verfahrens möglicherweise nicht vollständig gedeckten Verfahrenskosten, beginnen. Um diese paradoxe Folge einzuschränken, ist in § 4b InsO eine **zweite Stundungsstufe** eingeführt worden, **die sich am Vorbild der Prozesskostenhilfe orientiert** und zu einer weiteren Stundung oder einer Ratenzahlung führen kann, die noch bis zu 48 Monate dauern kann. Die Ausgestaltung dieser weiteren Stundungsstufe erfolgt in § 4b InsO. 1

B. Nachhaftung des Schuldners

Im früheren Konkursrecht war die Haftung des Gemeinschuldners für die Kosten des Insolvenzverfahrens gegenständlich begrenzt auf den Umfang der Insolvenzmasse. War diese Insolvenzmasse verteilt, dann war zugleich die Haftung des Schuldners für die Verfahrenskosten und vor allem für die im Verfahren begründeten Masseverbindlichkeiten erledigt, so dass eine kostenrechtliche Nachhaftung nicht in Betracht kam (dazu *Kübler/Prütting/Bork-Pape/Schaltke* InsO, § 53 Rn. 44 m.w.N.). Die Haftung des Gemeinschuldners beschränkte sich nach § 164 KO auf die noch nicht erledigten Schulden gegenüber den Konkursgläubigern. In der Literatur sind daher Bedenken geäußert worden, ob für eine solche Nachhaftung, die § 4b InsO notwendigerweise voraussetzt, hinreichende rechtliche Grundlagen vorliegen (*Pape/Pape* ZIP 2000, 1553 [1560]; *Jaeger/Eckardt* InsO, § 4b Rn. 4). 2

Im Gesetzgebungsverfahren ist als Anspruchsgrundlage für die Nachhaftung des Schuldners auf die damalige Fassung des § 50 GKG verwiesen worden, wonach der Schuldner regelmäßig die Kosten des Insolvenzverfahrens trägt (BT-Drucks. 14/5680 S. 20). Hinsichtlich der Auslagen ist zusätzlich die Anlage 1 zum GKG geändert worden. In der Nummer 9017 sind die Beträge zusammengefasst, die die Staatskasse an den vorläufigen Insolvenzverwalter, den Insolvenzverwalter oder den Treuhänder aufgrund einer Stundung nach § 4a InsO zu zahlen hat. In Zusammenhang mit der geänderten Fassung des § 50 Abs. 1 Satz 2 GKG a.F. – jetzt § 23 Abs. 1 Satz 3 GKG n.F. – bildet dieser neue Auslagentatbestand nunmehr nach Ansicht der Bundesregierung die Anspruchsgrundlage für die Erhebung dieser Aufwendungen als Auslagen des gerichtlichen Verfahrens und soll gerade nach Been- 3 digung des Insolvenzverfahrens zur Geltung kommen (BT-Drucks. 14/5680 S. 34). Zu beachten ist vor allem, dass diese Haftung ausschließlich als Kostenhaftung ausgestaltet ist und die in der bisherigen Judikatur und Literatur (MüKo-InsO/*Ott/Vuia* InsO 2013, § 80 Rn. 9) intensiv diskutierten Masseverbindlichkeiten nicht umfasst.

4 Mit diesen deutlicher gefassten kostenrechtlichen Vorschriften soll der Korrektur der bisherigen Rollenverteilung in der Insolvenz Rechnung getragen werden. Die bisherige Beschränkung der Kostenhaftung des Schuldners auf den Bestand der Masse ging davon aus, dass das Insolvenzverfahren regelmäßig von einem Gläubiger beantragt und zur Eröffnung gebracht wurde. Die Durchführung des Verfahrens lag ebenfalls im Interesse der Gläubiger, so dass eine Beschränkung der Kostenhaftung des Schuldners auf den Bestand der Masse folgerichtig war. Nunmehr ist in den Insolvenzverfahren, in denen der Schuldner einen Antrag auf Restschuldbefreiung gestellt hat und daher notwendigerweise nach § 306 InsO auch einen Insolvenzantrag stellen muss, der Schuldner bereits in der Rolle als aktiver Antragsteller Kostenschuldner. Dies ist jedoch die typische Legitimation einer Kostenschuld in Verfahren, in denen eine Kostenentscheidung nicht erfolgt. Damit ist diese Haftung systematisch plausibel, wenn in der gesamten Verfahrensgestaltung diese Zäsur der Rollenverteilung im Insolvenzrecht akzeptiert und realisiert wird. Das **soziale Problem** liegt daher **nicht in der Nachhaftung an sich**, sondern in der **Addition der Sechs-Jahres-Frist** nach § 287 Abs. 2 InsO **und der zusätzlichen Vier-Jahres-Frist** nach § 4b Abs. 2 Satz 4 InsO, die **weiterhin unzumutbar lang** sind (so schon zum früheren Recht *Kohte* ZIP 1994, 184 [186] und *Grote* Rpfleger 2000, 521 [524]); ebenso *Hergenröder* DZWIR 2001, 397 [408]; A/G/R-*Ahrens* § 4b InsO Rn. 6; *Stephan* FS Vallender, 2015, S. 639, 652 ff.) und im internationalen Vergleich deutlich aus dem Rahmen fallen (s.a. *Busch* vor § 286 Rdn. 33; *Hergenröder/Alsmann* ZVI 2007, 337 [347]; *Schönen* ZVI 2010; 81 [95]; *Hergenröder* Schulden und ihre Bewältigung, 2014, S. 75 ff.). Eine Beschränkung auf die Frist des § 287 Abs. 2 InsO ohne Nachhaftung kann in der Praxis in einer Reihe von Verfahren Erfolg haben, wenn von den **Möglichkeiten der Kostenreduktion**, die das InsOÄndG und das Vereinfachungsgesetz eröffnet haben, nachhaltig Gebrauch gemacht wird. Dies kann auch für die Fünf-Jahres-Frist nach § 300 Abs. 1 Satz 2 Nr. 3 InsO n.F. gelten, während die Drei-Jahres-Frist nach Bewältigung einer Mindestbefriedigungsquote von 35 % wenig realitätsnah sein dürfte (*Schmerbach* NZI 2013, 566 [571]). Die Anpassung von § 4b InsO in Art. 6 des Gesetzes zur Änderung des PKH-Rechts (BGBl. I 2013, 3533 [3537]) macht deutlich, dass die Parlamentsmehrheit ebenfalls die längere Frist des § 4b InsO auch weiterhin als eine relevante Größe einkalkuliert.

C. Voraussetzungen und Verfahren der weiteren Stundung

5 Die weitere Stundung setzt voraus, dass der Schuldner nicht in der Lage ist, den geschuldeten Betrag aus seinem Einkommen und seinem Vermögen zu zahlen. Diese Wortwahl und die weitere Verweisung auf § 115 Abs. 1 bis Abs. 3 ZPO zeigen, dass das Gericht sich nunmehr an den **wirtschaftlichen Voraussetzungen der allgemeinen Prozesskostenhilfe** zu orientieren hat und dass – anders als bei § 4a InsO (s. § 4a Rdn. 7) – sowohl die **Einsetzbarkeit von Einkommen** als auch die **Verwertbarkeit von Vermögen** zu klären ist. Es ist daher die übliche Prüfung erforderlich, die aus den PKH-Verfahren bekannt ist. Maßgeblich sind nach § 40 EGZPO für die Mehrzahl der Verfahren (A/G/R-*Ahrens* § 4b InsO Rn. 4) die Bestimmungen des Prozesskostenhilfeänderungsgesetzes vom 31.08.2013 (BGBl. I S. 3533). Die Reihenfolge der Prüfung wird durch die Struktur des aktuellen § 115 ZPO vorgegeben (*Dürbeck/Gottschalk* 8. Aufl. Rn. 243). Danach ist zunächst das jeweilige Bruttoeinkommen zu ermitteln (vgl. bereits *Kohte* DB 1981, 1173 ff.); weiter sind die in § 115 Abs. 1 ZPO vorgeschriebenen Abzüge der in § 82 Abs. 2 und 3 SGB XII genannten Beträge sowie der Kosten der Unterkunft und der besonderen Belastungen vorzunehmen. Für die Abzugsfähigkeit von Fahrtkosten zieht der BGH die Pauschalen aus § 3 Abs. 6 der VO zu § 82 SGB XII heran – 5,20 Euro je Tag für jeden gefahrenen Kilometer – (*BGH* FamRZ 2012, 1364), wendet allerdings folgerichtig die Obergrenze von 40 km nicht an (*BGH* FamRZ 2012, 1629). Weitere Einzelheiten werden erläutert bei *Dürbeck/Gottschalk* 8. Aufl. 2016, Rn. 244 ff., 252 ff. Aus den vor 2014 veröffentlichten Materialien ist hier auf *Zimmermann* ZVI 2005, 63 ff und 168 ff.; zu den besonderen Belastungen ist auch auf das Formular ZVI 2008, 408, die Ausführungen von *Zimmermann/Freeman* ZVI

2008, 374 ff. und ZVI 2011, 153 ff. sowie insbesondere auf den ungedeckten Bedarf von Schulkindern bis zum 18. Lebensjahr als auch auf den Mehraufwand für die gemeinsame Mittagsverpflegung in der Kita/Schule, die notwendigen Fahrtkosten zur nächstgelegenen Schule oder auf Aufwendungen für Nachhilfe und außerschulische Lernförderung (*Zimmermann* ZVI 2011, 160 ff. zu verweisen. Weiter sind die in der **Prozesskostenhilfebekanntmachung** (zuletzt BGBl. I 2016 S. 2869) publizierten Beträge – derzeit 473 € für die nicht erwerbstätige Partei sowie den Ehegatten/Lebenspartner, 215 € bei Erwerbstätigkeit und schließlich für jede weitere Person, der die Partei auf Grund gesetzlicher Pflicht Unterhalt leistet, in Abhängigkeit von ihrem Alter (Erwachsene 377 €, Jugendliche vom Beginn des 15. bis zur Vollendung des 18. Lebensjahres 359 €, Kinder vom Beginn des siebten bis zur Vollendung des 14. Lebensjahres 333 € und Kinder bis zur Vollendung des sechsten Lebensjahres 272 €) abzusetzen. Der sich daraus ergebende Nettobetrag wurde vor 2014 anhand der durch das Zivilprozessreformgesetz neu gefassten PKH-Tabelle (BGBl. I 2001 S. 1887 [1889]) darauf überprüft, ob bzw. in welcher Höhe Raten einzusetzen sind. Inzwischen ergibt sich die Ratenhöhe aus den in § 115 Abs. 2 ZPO normierten Berechnungsschritten (*Musielak/Voit/Fischer* ZPO 2017, § 115 Rn. 32 ff.; anschaulich HK-ZPO/*Kießling* 7. Aufl. 2017, § 115 Rn. 46 ff.).

Neben dem Einkommen ist auch **Vermögen gem. § 115 Abs. 3 ZPO zu verwerten**. Das Gesetz hatte vor 2014 auf § 115 Abs. 2 ZPO verwiesen; dies war jedoch ein Redaktionsfehler: maßgeblich waren und sind die Grenzen für das Schonvermögen, die sich aus § 90 SGB XII ergeben (*LG Dresden* ZVI 2010, 67 [68] = VuR 2010, 187 [188]; A/G/R-*Ahrens* § 4b InsO n.F. Rn. 3; *Kübler/Prütting/Bork-Wenzel* InsO, § 4b Rn. 15a). Allerdings darf nicht unberücksichtigt bleiben, dass diese Grenzen nicht identisch sind mit dem nach § 295 InsO während der Treuhandperiode einsetzbaren Vermögen, so dass in Einzelfällen nach der Beendigung des Verfahrens ein höherer Einsatz des Vermögens erfolgen kann als während des Verfahrens. In aller Regel wird es jedoch dem Schuldner nicht möglich gewesen sein, nach Abschluss des Insolvenzverfahrens während der Treuhandperiode neues Vermögen zu erwerben (ebenso MüKo-InsO/*Ganter/Lohmann* § 4b Rn. 4). Denkbar sind allerdings etwaige zum Vermögen rechnende Abfindungsforderungen bei Beendigung eines Arbeitsverhältnisses (zur bisherigen Berechnung des Schonvermögens bei Abfindungen *BAG* NZA 2006, 751). Ab dem 01.04.2017 ist als kleiner Barbetrag i.S.d. § 90 Abs. 2 Nr. 9 SGB XII ein Betrag von wenigstens 5 000 € anzusehen (BGBl. I 2017, 519). 6

Nach dem Normtext »kann« das Insolvenzgericht die Stundung verlängern und die zu zahlenden Monatsraten festsetzen. Damit ist bewusst die **Parallele zu § 120 Abs. 4 ZPO** a.F. gewählt worden (BT-Drucks. 14/5680, S. 22). Die hier zu treffende Entscheidung ist keine Erstbewilligung von Prozesskostenhilfe, so dass **der Vordruckzwang nach § 117 ZPO** nicht eingreift (so auch *Jaeger/Eckardt* InsO, § 4b Rn. 24; zu § 120 ZPO: *OLG Naumburg* FamRZ 2000, 761; *LG Mainz* FamRZ 2001, 1157 [1158]; *Stein/Jonas-Bork* ZPO, § 120 Rn. 34; *OLG Koblenz* Rpfleger 2009, 576). Falls aber dem Gericht aus der Schlussabrechnung des Treuhänders (s. FK-InsO/*Grote/Lackmann* § 292 Rdn. 40) bekannt ist, dass der Schuldner zur Zahlung der noch offenen Verfahrenskosten nicht in der Lage ist, hat es diesen auf die Möglichkeit eines Antrags zur Verlängerung der Stundung hinzuweisen (vgl. *BGH* NZI 2011, 683 [684]; HK-InsO/*Sternal* § 4b Rn. 8; *Homann* in Hergenröder, Schulden und ihre Bewältigung, 2014, S. 127, 138). In der Regel dürfte allerdings der Schuldner die Initiative ergreifen und ausdrücklich eine Verlängerung der Stundung beantragen. Der BGH geht in seiner aktuellen Rechtsprechung von einem strikten Antragserfordernis aus (*BGH* ZVI 2011, 458 [459]), so dass es in der Beratung geboten ist, auf die Verlängerung der Stundung hinzuwirken und sicherzustellen, dass die entsprechenden Informationen dem Gericht zur Verfügung zu stellen und nachzuweisen sind. Für diesen Antrag gibt es allerdings keine förmliche Ausschlussfrist; er kann sowohl kurz vor der förmlichen Erteilung der Restschuldbefreiung als auch mit größerem Abstand nach diesem Beschluss gestellt werden (*LG Trier* ZVI 2010, 381; *LG Hagen* VuR 2014, 194; *LG München* I VuR 2017, 196; *Uhlenbruck/Mock* InsO, § 4b Rn. 4; *Andres/Leithaus* InsO, § 4b Rn. 5). Einer Anhörung der bisherigen Insolvenzgläubiger bedarf es nach der Beendigung des Insolvenzverfahrens nicht mehr; eine vorherige **Anhörung der Staatskasse** (Bezirksrevisor) ist – ebenso wie im Verfahren nach § 120a ZPO (vgl. *Stein/Jonas-Bork* ZPO, § 120a Rn. 17) – **nicht geboten** (ebenso HK-InsO/*Sternal* § 4b Rn. 8; *Jaeger/Eckardt* InsO, § 4b Rn. 28). 7

8 Zuständig für das gesamte Abänderungsverfahren ist nach §§ 3 Abs. 2e, 18 RPflG der Rechtspfleger des Insolvenzgerichts. Die früheren Kontroversen im Recht der Prozesskostenhilfe über eine mögliche Zuständigkeit der Justizverwaltung sind inzwischen ausgeräumt, so dass auch unter diesem Gesichtspunkt die Rechtspflegerzuständigkeit für diese Entscheidung über die Verlängerung der Stundung sowie eine mögliche Ratenfestsetzung eindeutig ist (MüKo-ZPO/*Wache* § 120 Rn. 8). Während des Verfahrens ist § 4a Abs. 3 Satz 3 InsO entsprechend anzuwenden (*Jaeger/Eckardt* InsO, § 4b Rn. 26; A/G/R-*Ahrens* § 4b InsO Rn. 29).

D. Nachhaftung und Schuldenbereinigungsplan/Insolvenzplan

9 Grundsätzlich endet die Stundung mit der Erteilung der Restschuldbefreiung. Mit der Erteilung nach § 300 InsO ist jedoch nur der aus der Sicht der Gesetzgebung typisierte Normalfall umschrieben; ebenso wie für den Fristbeginn nach § 5 GKG der Abschluss eines Vergleichs dem Eintritt der Rechtskraft gleichgesetzt wird (dazu MüKo-ZPO/*Wache* § 120a Rn. 7), kann ein Schuldner das Ziel der Restschuldbefreiung auch erlangen, wenn der **Schuldenbereinigungsplan** von den Gläubigern angenommen und vom Gericht nach § 308 InsO bestätigt wird. Da diese Bestätigung funktional der Erteilung der Restschuldbefreiung entspricht, stellt sich mit dem Beschluss des Insolvenzgerichts auch hier die Frage, ob die bisherige Stundung nach § 4a InsO zu verlängern ist (s. *Busch* § 308 Rdn. 19). Das Insolvenzgericht hat daher auch bei dieser Konstellation nach § 4b InsO in entsprechender Anwendung von § 115 Abs. 1 ZPO über die Verlängerung der Stundung zu entscheiden (ebenso *Nerlich/Römermann-Becker* InsO, § 4b Rn. 4; *Greger* RPfleger 2017, 131; *Jaeger/Eckardt* InsO, § 4b Rn. 16; HambK-InsO/*Dawe* § 4b Rn. 3; A/G/R-*Ahrens* § 4b InsO Rn. 9; *Kübler/Prütting/Bork-Wenzel* § 4b Rn. 2b; *Homann* ZVI 2009, 431, [432]; HK-InsO/*Sternal* § 4b Rn. 3; MK-InsO/*Ganter/Lohmann* § 4b Rn. 3 und BGH NZI 2011, 683 [684]). Dabei ist wiederum das Einkommen und Vermögen des Schuldners zu berücksichtigen. Für die Bestimmung des Vermögens gelten gegenüber § 115 Abs. 3 ZPO keine wesentlichen Besonderheiten; in aller Regel dürfte ein Schuldenbereinigungsplan von den Gläubigern nur dann angenommen sein, wenn der Schuldner sein Vermögen zur Schuldentilgung einsetzt, so dass eine Vermögensverwertung zugunsten der Staatskasse in aller Regel nicht in Betracht kommen wird. Bei der **vorzeitigen Erteilung der Restschuldbefreiung nach § 299 InsO a.F.** hat zeitweilig die Position deutlichen Zuspruch gefunden, dass nach einer Einigung mit allen Insolvenzgläubigern eine Fortführung des Verfahrens allein wegen der Kostenstundung sinnwidrig wäre (*Pape* ZInsO 2007, 1289, 1305; *Erdmann* ZInsO 2007, 837 [839]; HK-InsO/*Landfermann* § 299 Rn. 6; LSZ-*Kiesbye* § 299 Rn. 8; *Winter* ZVI 2010, 137 [139]). In dieser Konstellation ist die Restschuldbefreiung zu erteilen und die **Stundung/Ratenzahlung nach § 4b geboten** (so zu Recht aus der instanzgerichtlichen Praxis AG Göttingen ZVI 2008, 358 [359]; AG Essen VuR 2012, 196 m. Anm. *Kohte*). Gleichwohl hat der BGH in enger Anlehnung an den Wortlaut des § 300 InsO entschieden, dass die vollständige Tilgung der Verfahrenskosten Voraussetzung für die vorzeitige Erteilung der Restschuldbefreiung ist (BGH NZI 2016, 1006), obgleich eine teleologische Reduktion möglich war (dazu *Schmerbach* NZI 2016, 1007, AG Aurich NZI 2017, 37 m. Anm. *Lackmann*; AG Göttingen ZVI 2017, 327). Letztlich geht es bei dieser Kontroverse um den Zweck der Verfahrenskostenstundung, die nicht zugunsten der Staatskasse eingeführt worden ist (*Kohte* VuR 2015, 437).

10 Beim Einsatz des Einkommens wird in einem solchen Fall regelmäßig der **Abzug besonderer Belastungen** nach § 115 Abs. 1 Satz 3 ZPO eine besondere Rolle spielen. Nach der ständigen Rechtsprechung zu § 115 ZPO sind auch Schuldverbindlichkeiten als besondere Belastungen abzuziehen. Dabei hat sich überwiegend die Ansicht durchgesetzt, dass es – mit Ausnahme von Missbrauchsfällen – entscheidend ist, dass das verfügbare Einkommen tatsächlich und dauerhaft vermindert wird; eine Prüfung der Angemessenheit der Schuldaufnahme ist im Rahmen von § 115 ZPO nicht geboten, sondern zweckwidrig (dazu OLG Köln MDR 1983, 635; OLG Hamm MDR 1987, 1031; OLG Jena FamRZ 1997, 622; *Musielak/Voit/Fischer* § 115 ZPO Rn. 29). Nicht zu berücksichtigen sind Verbindlichkeiten, die in einem deutlichen Missverhältnis zum Einkommen der Schuldner stehen (*Dürbeck/Gottschalk* Rn. 339). Nach diesen Kriterien sind **Raten, die zur Erfüllung des Schuldenbereinigungsplans zu zahlen sind**, als besondere Belastungen abzuziehen (ebenso *Kübler/Prüt-*

ting/Bork/Wenzel InsO, § 4b Rn. 10a; *Uhlenbruck/Mock* InsO, § 4b Rn. 11; A/G/R-*Ahrens* § 4b InsO Rn. 22). Dieses Ergebnis entspricht der Systematik des Verbraucherinsolvenzrechts, denn der erfolgreiche und vom Gericht bestätigte Schuldenbereinigungsplan soll nicht durch gerichtliche Kostenforderungen aus dem Schuldenbereinigungsplanverfahren in Frage gestellt werden (zur praktischen Konkordanz *Greger* RPfleger 2017, 131 [133]). Nach der Logik des InsOÄndG liegt für die Gläubiger der wesentliche Anreiz in der Zustimmung zu einem Schuldenbereinigungsplan nunmehr in der Aussicht, dass ihnen bei vertraglicher Einigung Raten aus dem Einkommen und Vermögen des Schuldners zufließen können, die bei fehlender Einigung in erster Linie durch die Erstattungsansprüche der Staatskasse absorbiert werden (dazu *Kirchhof* ZInsO 2001, 1 [13]). Im Ergebnis ist daher bei einem gerichtlich bestätigten Schuldenbereinigungsplan, der in Ratenzahlungen erfüllt werden soll, regelmäßig eine Stundung der Kosten des Schuldenbereinigungsplanverfahrens nach § 4b InsO zu verlängern (*AG Hamburg* ZVI 2009, 268).

Eine analoge Anwendung von § 4b InsO wird diskutiert, wenn das eröffnete Insolvenzverfahren 11 durch die **Bestätigung eines Insolvenzplans** beendet wird. Auch in diesem Fall schließt sich keine Treuhandperiode an, so dass eine Kostenregulierung nach § 292 InsO nicht erfolgt. Im Interesse einer gesicherten Erfüllung des Insolvenzplans wurde in der 6. Aufl. auch in diesem Fall eine Stundung nach § 4b InsO befürwortet (ebenso damals HambK-InsO/*Nies* § 4b Rn. 6; **a.A.** MüKo-InsO/*Ganter/Lohmann* § 4b Rn. 3; HK-InsO/*Sternal* § 4b Rn. 3). Der BGH hat eine solche Analogie inzwischen abgelehnt (*BGH* NZI 2011, 683 [684]) und die Sorge artikuliert, dass Gläubiger und Schuldner Gelder aus der Masse zu Lasten der Staatskasse verteilen. Zeitlich nach dieser Entscheidung ist durch das ESUG mit § 258 Abs. 2 Satz 2 InsO ein Finanzplan für Masseforderungen eingeführt worden (A/G/R-*Silcher* § 258 InsO Rn. 10, 14), so dass eine Ratenzahlung nach § 4b InsO in analoger Anwendung dem Gesetzeszweck der Förderung des Insolvenzplans für Verbraucher durchaus entsprechen würde (**a.A.** die h.M., z.B. K. Schmidt/*Stephan* InsO, § 4b Rn. 3; A/G/R/*Ahrens* § 4b InsO Rn. 10).

E. Veränderungen der Verhältnisse

Die Stundung der Verfahrenskosten basiert auf einer Prognoseentscheidung über die vermutete Entwicklung der Einkommens- und Vermögensverhältnisse des Schuldners. Da diese sich ändern können, ist nach dem Vorbild der Regelungen zur Prozesskostenhilfe ein **Verfahren der Prognosekorrektur** (dazu *Büttner* Rpfleger 1997, 347) installiert worden. Dies enthält eigenständige Regelungen zum gerichtlichen Verfahren; im Übrigen wird eine **entsprechende Geltung von § 120a Abs. 1 Satz 2 und 3 ZPO n.F.** angeordnet. In Übereinstimmung mit den allgemeinen Grundsätzen der Methodenlehre verlangt eine solche Verweisungsnorm keine schematische Übernahme der verwiesenen Norm – hier § 120a ZPO –, sondern ordnet die entsprechende Anwendung an, so dass jeweils Systematik und Zweck des heutigen Insolvenzverfahrens bei der Übernahme der jeweiligen PKH-Vorschrift zu beachten sind (dazu allgemein *Larenz/Canaris* Methodenlehre der Rechtswissenschaft, 3. Aufl. 1995, S. 81 f.). 12

Voraussetzung einer neuen gerichtlichen Entscheidung ist die wesentliche **Änderung der maßgebenden Verhältnisse**. Damit wird – ebenso wie in der bisherigen Judikatur zu § 120 Abs. 4 ZPO (*OLG Hamm* FamRZ 1994, 1268) – eine tatsächliche Änderung vorausgesetzt; Änderungen der rechtlichen Beurteilung werden zumindest in den Fällen, die zu einer Anordnung beziehungsweise Erhöhung von Zahlungen des Schuldners führen können, nicht zu berücksichtigen sein (ebenso zu § 120 ZPO: *BAG* NZA-RR 2009, 158). Dagegen ist eine Berücksichtigung von Tatsachen, die zu einer Verminderung beziehungsweise Befreiung von Zahlungsverpflichtungen des Schuldners führen, auch dann geboten, wenn sie im bisherigen Gerichtsbeschluss nicht beachtet worden sind (*OLG Köln* MDR 1994, 1045; *Zöller/Geimer* ZPO, 2016, § 120a Rn. 25). 13

Nach überwiegender Ansicht ist die **Wesentlichkeit der Änderung der Verhältnisse differenziert zu beurteilen**: Während bei der Verbesserung der wirtschaftlichen Verhältnisse des Schuldners eine den Lebensstandard prägende Änderung verlangt wird, wurde bei der Verschlechterung der wirtschaftlichen Verhältnisse jede Änderung als wesentlich qualifiziert, die zu einer Verminderung 14 der Ratenhöhe anhand des Maßstabes der bisherigen Tabelle zu § 115 ZPO führte (vgl. dazu nur MüKo-InsO/*Ganter/Lohmann* § 4b Rn. 9; A/G/R-*Ahrens* § 4b InsO Rn. 42; *Kübler/Prütting/ Bork-Prütting/Wenzel* InsO, § 4b Rn. 23; ebenso im PKH-Recht MüKo-ZPO/*Wache* § 120a Rn. 4). Nach der Aufhebung der Tabelle kann nicht mehr mit einem Tabellensprung argumentiert werden (*Groß* BerH/PKH § 120a Rn. 16), dies spricht dafür, die neue Mindestrate von 10 € nach § 115 Abs. 2 Satz 2 ZPO n.F. als Voraussetzung einer Änderung heranzuziehen.

15 **Verschlechterungen der wirtschaftlichen Lage der Schuldner** nach Abschluss eines Insolvenzverfahrens werden in aller Regel das Arbeitseinkommen betreffen. Nach den bisherigen Erfahrungen dominieren Fälle des Arbeitsplatzverlustes (z.B. *OLG Köln* FamRZ 1987, 1167) beziehungsweise der Einkommensminderung durch Kurzarbeit. Auch Einkommensverlust durch Inhaftierung ist zu berücksichtigen (A/G/R-*Ahrens* § 4b InsO Rn. 38, da auch dieser Personengruppe die Chance der Restschuldbefreiung eröffnet sein muss (*Zimmermann* VuR 2009, 150) und Straftaten weder in der Restschuldbefreiungsphase (*BGH* NZI 2011, 911) noch in der Nachhaftungsphase per se der Restschuldbefreiung entgegenstehen. Verschlechterungen der Vermögensverhältnisse können beachtlich sein, wenn das Gericht in der Entscheidung nach § 4b Abs. 1 InsO eine einzuziehende Forderung als werthaltig qualifiziert hat, die sich nachträglich als nicht beziehungsweise nicht vollständig durchsetzbar erwies. Insgesamt dürfte diese Fallgruppe nach Beendigung des Insolvenzverfahrens jedoch von geringer Bedeutung sein.

16 **Verbesserungen der Einkommensverhältnisse des Schuldners** sind »wesentlich«, wenn sie den Lebensstandard des Schuldners nachhaltig prägen (so *Zöller/Geimer* ZPO, § 120a Rn. 12). Die Gerichtspraxis hat sich in der bisherigen Rechtsprechung zu § 120 ZPO zutreffend nicht allein an der geänderten Einstufung in der Tabelle orientiert, sondern diejenigen Fälle ausgenommen, mit denen das Einkommen der Schuldner an die allgemeine Einkommensentwicklung angepasst worden ist. Daher werden in aller Regel die üblichen Änderungen von Sozialleistungen, insbes. von Renten, mit denen die jeweiligen Preissteigerungen ausgeglichen werden sollen, nicht als wesentliche Änderungen, die zu einer Neufestsetzung der Raten führen können (vgl. dazu *OLG Nürnberg* JurBüro 1993, 434), zu qualifizieren sein. Dies gilt erst recht bei Änderungen der Pfändungsfreigrenzen, die wiederum nicht das Ziel haben, den Zugriff der Staatskasse zu erleichtern (dazu *LAG Bremen* MDR 1993, 695 = Rpfleger 1993, 453; *ArbG Bremen* FamRZ 1993, 79; vgl. *Uhlenbruck/Mock* InsO, § 4b Rn. 15; *Musielak/Voit/Fischer* ZPO § 120a Rn. 10; zur Neuregelung des Pfändungsschutzes für Abfindungen *LG Essen* VuR 2011, 429). Ebenso führen Erhöhungen der Sozialhilfesätze nicht dazu, dass Schuldner aus Mitteln der allgemeinen Sozialhilfe Zahlungen an die Gerichtskasse zu leisten haben (*OLG München* FamRZ 1996, 42). In der gerichtlichen Praxis hatte man sich daher für eine wesentliche Änderung der Einkommensverhältnisse in Übereinstimmung mit der Judikatur zu § 323 ZPO, die ebenfalls der Prognosekorrektur dient, an einer **Verbesserung des Nettoeinkommens um wenigstens 10 %** orientiert; jetzt gibt § 120a Abs. 2 Satz 2 ZPO mit einer monatlichen Verbesserung von wenigstens 100 € einen wichtigen Anhaltspunkt (dazu/*Groß* § 120a ZPO Rn. 8; *Dürbeck/Gottschalk* Rn. 971), ohne dass damit jedoch eine schematische Grenze verbunden wäre (so auch *Musielak/Voit/Fischer* ZPO, § 120a Rn. 10; *Kübler/Prütting/Bork-Wenzel* InsO, § 4b Rn. 23; HK-InsO/*Sternal* § 4b Rn. 18). Eine wichtige Fallgruppe der Verbesserung der wirtschaftlichen Verhältnisse besteht in der Beendigung der Arbeitslosigkeit und der Aufnahme einer neuen Arbeit. Dabei können besondere Kosten der Arbeitsaufnahme entstehen, so dass in der Gerichtspraxis mehrmals §§ 36, 292 InsO i.V.m. § 850f Abs. 1 ZPO angewandt worden ist (*AG Braunschweig* VuR 2007, 353 m. Anm. *Kohte*; *AG Wiesbaden* ZVI 2008, 122; vgl. *AG Münster* NZI 2017, 357).

17 **Verbesserungen des Vermögens** betreffen i.d.R. den Erwerb neuer Vermögenswerte. In der Judikatur zu § 120 ZPO bezog sich diese Möglichkeit auch auf Sachverhalte, in denen Schonvermögen, das bisher die Grenzen nach § 90 SGB XII nicht überschritten hatte oder dessen Verwertung unzumutbar war, nunmehr verwertbar geworden ist (z.B. Bausparguthaben nach Verbesserung der Zuteilungsmöglichkeiten: *OLG Koblenz* JurBüro 1999, 253; **a.A.** *OLG Koblenz* FamRZ 2011, 397). Solche Sachverhalte werden nach dem Abschluss eines Insolvenzverfahrens relativ selten sein, so dass in erster Linie der Erwerb neuen Vermögens, zum Beispiel durch arbeitsrechtliche Abfindungen (*BAG*

NZA 2006, 751; *LAG Rheinland-Pfalz* 19.10.2015 – 2 Ta 141/15) oder einen Erbfall, in Betracht kommen wird. Die in der Judikatur zu §§ 120, 120 a ZPO intensiv diskutierten Fragen des Vermögenserwerbs durch Veräußerung von Grundeigentum (z.B. *OLG München* FamRZ 2017, 1143) oder durch den Erhalt namhafter Summen zum Ausgleich des Zugewinns (*OLG Köln* Rpfleger 1999, 402; *BGH* FamRZ 2007, 1720) werden nach Abschluss eines Insolvenzverfahrens wohl nur selten realisierbar sein.

F. Verfahrensrechtliches

Im Unterschied zur Rechtslage bei § 120 ZPO a.F. ist den Schuldner in § 4b Abs. 2 Satz 2 InsO eine **ausdrückliche Auskunftspflicht** auferlegt worden, wonach dem Gericht eine wesentliche Änderung der maßgebenden Einkommens- und Vermögensverhältnisse unverzüglich anzuzeigen ist. Nach den Gesetzesmaterialien soll auf diese Weise die Beteiligung der Schuldner am Entschuldungsverfahren und an der Kostentragung verdeutlicht werden (BT-Drucks. 14/5680 S. 22); eine unmittelbare Sanktion bei Verletzungen dieser Mitteilungspflicht ist nicht vorgesehen. Gleichwohl bleibt die Pflichtverletzung nicht folgenlos, denn sie kann sowohl bei Änderungsbeschlüssen nach § 4b Abs. 2 (dazu s. Rdn. 24) als auch bei einer Aufhebung der Stundung nach § 4c (s. § 4c Rdn. 13) von Bedeutung sein. 18

Ein Abänderungsverfahren kann, sofern keine ausdrückliche Änderungsmitteilung der Partei ergangen ist, nach § 4b Abs. 2 Satz 3 InsO i.V.m. § 120a Abs. 1 Satz 3 ZPO n.F. eingeleitet werden durch eine **Aufforderung des Gerichts an den Schuldner**, seine Einkommens- und Vermögensverhältnisse mitzuteilen. Solche Aufforderungen können vor allem erfolgen, wenn sich für das Gericht ein konkreter Anlass für eine Nachfrage ergeben hat, sind aber nicht auf solche Anlässe beschränkt (*BGH* ZInsO 2009, 2405 [2406]). Bei gleich bleibenden Einkommensverhältnissen – z.B. bei Renteneinkommen – wird angesichts der geringen Wahrscheinlichkeit eines kurzfristigen Erwerbs neuen Vermögens eine kurzfristige und rein schematische Anfrage nach Wiedervorlage kaum in Betracht kommen (vgl. zu § 120 ZPO *Stein/Jonas-Bork* ZPO, § 120a Rn. 15; anschaulich die Aufforderung eines Bezirksrevisors in *OLG Köln* Rpfleger 2000, 398; ebenso anschaulich *LSG NRW* 07.12.2009 – L 19 B 41/09 u. L 19 B 33/09; gegen eine routinemäßige Überprüfung *LSG Baden-Württemberg* NZS 2011, 369). 19

In diesem Auskunftsverfahren konnte – ebenso wie im bisherigen PKH-Recht – eine Ausfüllung des amtlichen Vordrucks nach § 117 ZPO nicht verlangt werden (dazu MüKo-ZPO/*Motzer* 4. Aufl. § 120 Rn. 19; *OLG Naumburg* FamRZ 2000, 761; *LG Mainz* FamRZ 2001, 1157, zuletzt *OLG Stuttgart* FamRZ 2011, 300). Stattdessen hatte das Gericht ein **hinreichend konkretisiertes Auskunftsverlangen** zu stellen, das der Partei die zu leistenden Angaben verdeutlicht (*OLG Nürnberg* FamRZ 1995, 750; *OLG Karlsruhe* FamRZ 2005, 48), wobei das allgemeine Übermaßverbot zu beachten ist, das einer unverhältnismäßigen Ausforschung der persönlichen und wirtschaftlichen Verhältnisse des Schuldners entgegensteht (*LAG Rheinland-Pfalz* 07.03.2012 – 1 Ta 4/12). Auf der anderen Seite ist es ausreichend, wenn die Partei dem Gericht zum Beispiel einen aktuellen Bescheid über die Zahlung von Arbeitslosengeld oder Sozialhilfe zuleitet (*LG Mühlhausen* VuR 2009, 30 zu § 120 ZPO *OLG Dresden* FamRZ 1998, 250; *OLG Koblenz* FamRZ 2000, 104). Dies gilt weiter für die Erklärungen nach § 120a Abs. 2 ZPO und die vergleichbare Auskunftspflicht nach § 4b Abs. 2 Satz 2 InsO. Dagegen verlangt inzwischen § 120a Abs. 4 ZPO für die Erklärung nach § 120a Abs. 1 Satz 3 ZPO, auf die in § 4b Abs. 2 Satz 3 InsO verwiesen wird, die Verwendung der Vordrucke nach § 117 ZPO; die Partei ist darüber entsprechend zu belehren (*Musielak/Voit/Fischer* ZPO, § 120a Rn. 5, 18). 20

Beabsichtigt das Insolvenzgericht eine Abänderung, so ist der Schuldner dazu anzuhören, während eine Anhörung der Staatskasse nicht vorgesehen ist (vgl. die parallele Wertung zu § 120 ZPO bei *Huhnstock* Rn. 10). In den Entscheidungen zum allgemeinen PKH-Recht war umstritten, ob bei der **Anhörung des Schuldners** der Prozessbevollmächtigte zu informieren ist (so z.B. *LAG Niedersachsen* JurBüro 1998, 593; a.A. *OLG München* FamRZ 1993, 580; *LAG Düsseldorf* Rpfleger 2003, 138). Nunmehr hat der BGH entschieden, dass auch nach formellem Abschluss des Hauptsachever- 21 fahrens Zustellungen im nachinstanzlichen PKH-Verfahren gem. § 172 Abs. 1 S. 2 ZPO an den Prozessbevollmächtigten zu erfolgen haben, wenn dieser die Partei im Prozesskostenhilfebewilligungsverfahren vertreten hat (*BGH* MDR 2011, 183 m. Anm. *Kohte* VuR 2012, 74 f.; vgl. *Zöller/Geimer* ZPO, § 120a Rn. 21). Auch in Insolvenzverfahren mit Restschuldbefreiung ist die Verfahrenskostenstundung jeweils ein integraler Teil des Verfahrens, so dass sich typischerweise auch die Vollmacht auf dieses Verfahren erstrecken wird (so zur PKH bereits *BAG* NZA 2006, 1128). Im Zweifel sollte das Gericht daher sowohl den Schuldner als auch dessen Prozessbevollmächtigte anhören. Dies gilt erst recht, wenn ein Schuldner das Verfahren im Beistand einer Schuldnerberatungsstelle geführt hat, da auch das Schicksal der Ratenzahlungen zum typischen Aufgabenbereich einer Schuldnerberatung gerechnet wird (vgl. § 4c Rdn. 14).

22 Der Beschluss des Insolvenzgerichts nach § 4b Abs. 2 Satz 3 InsO i.V.m. § 120 Abs. 4 Satz 1 ZPO ist vom **Rechtspfleger** zu erlassen. Er bedarf der Schriftform und einer kurzen Begründung und ist der Partei zuzustellen. War bereits im Rahmen der Verfahrenskostenstundung ein Prozessbevollmächtigter beteiligt, so ist an ihn auch im Nachprüfungsverfahren nach § 172 ZPO zuzustellen (*BAG* NZA 2006, 1128; *LAG Rheinland-Pfalz* 12.01.2010 – 1 Ta 299/09; *OLG Brandenburg* FamRZ 2008, 72; **a.A.** *OLG Dresden* FamRZ 2010, 1098; *OLG Koblenz* FamRZ 2009, 898; *OLG Brandenburg* FamRZ 2010, 578). Sein wesentlicher Inhalt besteht in der Änderung der Zahlungspflichten; Ratenzahlungen können erhöht, herabgesetzt oder ausgesetzt werden. Aus dem Vermögen können Zahlungspflichten angeordnet werden; dagegen ist eine **Aufhebung der Stundung im Verfahren nach § 4b InsO** – ebenso wie im Verfahren nach § 120 ZPO (dazu *OLG Nürnberg* Rpfleger 1994, 421) und nach § 120a ZPO (MüKo-ZPO/*Wache* § 120a Rn. 1) – **ausgeschlossen**.

23 Die gesetzliche Regelung billigt – wie bisher bei § 120 ZPO (dazu *Zimmermann* JurBüro 1993, 646 [647]) – dem Gericht einen eigenständigen **Ermessensspielraum** zu, so dass der Beschluss erkennen lassen muss, dass das Gericht sein Ermessen ausgeübt hat und von welchen Kriterien es sich dabei hat leiten lassen (vgl. *OLG Brandenburg* Rpfleger 2001, 503). Bei der Konkretisierung sind in Anlehnung an die bisherige Judikatur zu § 120 ZPO die Fallgruppen der Verschlechterung und Verbesserung der wirtschaftlichen Lage des Schuldners zu unterscheiden. Bei einer Verschlechterung der Einkommensverhältnisse des Schuldners sind in aller Regel die Ratenzahlungen mit Rückwirkung (vgl. *OLG Köln* FamRZ 1987, 1167) herabzusetzen (ebenso HK-InsO/*Sternal* § 4b Rn. 22). Solche Entscheidungen können vor allem im Rahmen eines Aufhebungsverfahrens nach § 4c Nr. 3 InsO ergehen, wenn sich z.B. im Rahmen der Anhörung herausstellt, dass sich die Einkommensverhältnisse des Schuldners in sichtbarer Weise verschlechtert hatten (s. § 4c Rdn. 23; vgl. zu § 124 ZPO *OLG Brandenburg* FamRZ 2001, 633).

24 Bei einer Verbesserung der wirtschaftlichen Lage des Schuldners wird zu differenzieren sein. Bei einer Verbesserung der Einkommensverhältnisse wird die Auferlegung bzw. Erhöhung von Ratenzahlungen in der Regel für die Zukunft angeordnet werden. Bei der Anordnung von Zahlungen aus dem Vermögen wird sich der Schuldner nicht ohne weiteres auf den Verbrauch des Vermögens berufen können. Während in der Judikatur zu § 120 ZPO das Fehlen einer Auskunftspflicht des Schuldners als wichtiges Argument zu dessen Gunsten herangezogen worden ist (z.B. *OLG Bamberg* FamRZ 1995, 374), wird bei Entscheidungen nach § 4b InsO eine schuldhafte Verletzung der Auskunftspflicht zum Nachteil des Schuldners berücksichtigt werden können.

25 Bei der Ermessensausübung nach § 4b InsO ist auch der Zweck des § 1 Satz 2 InsO als allgemeiner Grundsatz zu beachten. Bereits in der Judikatur zu § 120 Abs. 4 ZPO sind **Grundsätze des »fresh start« berücksichtigt** worden. So sind besondere Belastungen beim Erhalt eines neuen Arbeitsplatzes und beim Aufbau einer neuen beruflichen oder persönlichen Existenz berücksichtigt worden (dazu nur *OLG Düsseldorf* JurBüro 1993, 233 [234]; *OLG Brandenburg* FamRZ 1997, 1543, [1544]). Solche Gesichtspunkte können z.B. in der Weise Berücksichtigung finden, dass der Beginn von Ratenzahlungen zeitlich verschoben bzw. die ersten Raten niedriger angesetzt werden. Insoweit ist zu beachten, dass diese Entscheidung keine allgemeine PKH-Entscheidung, sondern eine Nebenentscheidung in einem Insolvenz- und Restschuldbefreiungsverfahren darstellt, das einen wirtschaftlichen Neuanfang ermöglichen soll (BT-Drucks. 14/5680 S. 21 f.).

§ 4b Abs. 2 Satz 4 InsO ordnet als strikte Grenze die **Vier-Jahres-Frist** seit der Beendigung des Insolvenzverfahrens an. Damit ist zugleich für die Stundungsstufe, die mit der Entscheidung nach § 4b Abs. 1 InsO eröffnet wird, eine **klare zeitliche Grenze** bestimmt, so dass die kontroverse Diskussion zu § 115 ZPO, ob Nullraten in die Obergrenze der 48-Monatsraten nicht eingerechnet werden können, die auf die typische zeitliche Divergenz zwischen PKH-Bewilligung und Beendigung des Verfahrens gestützt wird (*Huhnstock* Rn. 13; *Zöller/Geimer* ZPO, § 115 Rn. 45; *OLG Karlsruhe* FamRZ 1995, 1505; **a.A.** *LAG Rheinland-Pfalz* 01.03.2010 – 1 Ta 6/10; *OLG Karlsruhe* FamRZ 1992, 1449), wegen der eigenständigen insolvenzrechtlichen Konstruktion hier nicht übernommen werden kann (so auch *LG Dresden* ZVI 2005, 553; *Uhlenbruck/Mock* InsO, § 4b Rn. 4; HK-InsO/ *Sternal* § 4b Rn. 10; MüKo-InsO/*Ganter/Lohmann* § 4b Rn. 6; *Jaeger/Eckardt* InsO, § 4b Rn. 32; *K. Schmidt/Stephan* InsO, § 4b Rn. 12; *Graf-Schlicker* WM 2000, 1984 [1991]; *Grote* Rpfleger 2000, 521 [522]; *Pape* ZInsO 2001, 587 [588]; *Hulsmann* ZVI 2006, 198 [201]; **a.A.** *Kübler/Prütting/Bork-Wenzel* InsO, § 4b Rn. 14; *Bayer* Stundungsmodell, S. 97 ff., der jedoch Zahlungen im Verfahren anrechnen will). Dies wird durch die Beratungen zur Änderung des PKH-Rechts bestätigt, bei denen die geplante, letztlich nicht vollzogene Verlängerung (*Timme* NJW 2013, 3057) auf 72 Monate für § 4b InsO von Anfang an nicht übernommen werden sollte (BT-Drucks. 17/11472, S. 46). Dies zeigt, dass diese Nachhaftung, die sich an das Insolvenzverfahren anschließt, zeitlich klar limitiert sein soll (*Graf-Schlicker/Kexel* InsO, § 4b Rn. 7).

Mit der Vier-Jahres-Frist ist eine **Ausschlussfrist** normiert, so dass die Änderungsentscheidung des Insolvenzgerichts vor Fristablauf ergehen muss (vgl. zu § 120 ZPO *OLG Naumburg* FamRZ 1996, 1425, bestätigt FamRZ 2011, 130; *Stein/Jonas-Bork* ZPO, § 120 Rn. 30; MüKo-ZPO/*Wache* § 120a Rn. 7; *Baumbach/Hartmann* ZPO, § 120 Rn. 30). Für das Insolvenzverfahren ist keine abweichende Auslegung geboten (so auch HK-InsO/*Sternal* § 4b Rn. 19; *Braun/Buck* InsO, § 4b Rn. 9). In Einzelfällen kann die Berufung des Schuldners auf die Ausschlussfrist missbräuchlich sein, wenn dieser ein Verfahren in unzulässiger Weise verzögert hat (vgl. *OLG Naumburg* FamRZ 1996, 1425; *OLG Koblenz* FamRZ 2002, 692).

Die Anordnungen des Rechtspflegers (s. Rdn. 22) zur Festsetzung von Raten sowie zur Anpassung der gestundeten Beträge können mit dem Rechtsbehelf der **Erinnerung** nach § 11 Abs. 2 RPflG überprüft werden (ausf. s. § 4d Rdn. 21; ebenso *LG Hannover* ZVI 2012, 279 [280]; *AG Köln* NZI 2014, 229; vgl. MüKo-InsO/*Ganter/Lohmann* § 4d Rn. 4; A/G/R-*Ahrens* § 4d Rn. 21).

§ 4c Aufhebung der Stundung

Das Gericht kann die Stundung aufheben, wenn
1. der Schuldner vorsätzlich oder grob fahrlässig unrichtige Angaben über Umstände gemacht hat, die für die Eröffnung des Insolvenzverfahrens oder die Stundung maßgebend sind, oder eine vom Gericht verlangte Erklärung über seine Verhältnisse nicht abgegeben hat;
2. die persönlichen oder wirtschaftlichen Voraussetzungen für die Stundung nicht vorgelegen haben; in diesem Fall ist die Aufhebung ausgeschlossen, wenn seit der Beendigung des Verfahrens vier Jahre vergangen sind;
3. der Schuldner länger als drei Monate mit der Zahlung einer Monatsrate oder mit der Zahlung eines sonstigen Betrages schuldhaft in Rückstand ist;
4. der Schuldner keine angemessene Erwerbstätigkeit ausübt und, wenn er ohne Beschäftigung ist, sich nicht um eine solche bemüht oder eine zumutbare Tätigkeit ablehnt und dadurch die Befriedigung der Insolvenzgläubiger beeinträchtigt; dies gilt nicht, wenn den Schuldner kein Verschulden trifft; § 296 Absatz 2 Satz 2 und 3 gilt entsprechend;
5. die Restschuldbefreiung versagt oder widerrufen wird.

§ 4c Nr. 4 a.F. i.d.F. für die bis zum 30.06.2014 beantragten Verfahren siehe Vorauflage.

§ 4c InsO Aufhebung der Stundung

Übersicht

		Rdn.			Rdn.
A.	Normzweck	1	II.	Fehlende Voraussetzungen	17
B.	Gesetzliche Systematik	3	III.	Schuldhafter Zahlungsrückstand	21
C.	Die einzelnen Aufhebungsgründe	5	IV.	Angemessene Erwerbstätigkeit	25
I.	Verletzung von Mitteilungspflichten	5	V.	Versagung der Restschuldbefreiung	30
	1. Unrichtige Angaben	5	D.	Verfahrensrechtliches	34
	2. Fehlende Angaben	13			

A. Normzweck

1 Die Verfahrenskostenstundung nach § 4a InsO wird auf der Basis prognostischer Schätzungen in einem notwendigerweise summarischen Verfahren beschlossen. Deshalb dürfen dem Schuldner keine übersteigerten Informationsauflagen zur Ermittlung der Stundungsvoraussetzungen erteilt werden. Der Aufklärungsbedarf im Stundungsverfahren ist mithin geringer als im Insolvenzantragsverfahren zur Ermittlung der Verfahrenseröffnungsvoraussetzungen. Angaben des Schuldners können für die Verfahrenskostenstundung ausreichen, während sie für eine Verfahrenseröffnung noch zu ergänzen sind (*BGH* NZI 2005, 273 [274]). Damit ist es zugleich erforderlich, **Korrekturmöglichkeiten** zu schaffen, wenn sich die **Prognosen als fehlerhaft erwiesen** haben. Dieser Korrekturbedarf kann z.B. für Umstände in Betracht kommen, die in der summarischen Prüfung nach § 4a InsO nicht aufzuklären waren, die aber den Anspruch des Schuldners auf Verfahrenskostenstundung ausschließen (*BGH* NZI 2005, 273 [274]). Ebenso bedarf es einer gerichtlichen Reaktionsmöglichkeit, wenn Mitwirkungspflichten durch den Schuldner in nachhaltiger und schwerwiegender Weise verletzt werden. Diesem Ziel dient die Möglichkeit der Aufhebung der Stundung nach § 4c InsO, die sich an das **Vorbild des § 124 ZPO** anlehnt (BT-Drucks. 14/5680, S. 22). Diese Norm bewirkt zugleich einen gewissen **Bestandsschutz**, da das Gericht die einmal bewilligte Hilfe nicht ohne Weiteres, sondern nur unter den in dieser Norm genannten Voraussetzungen entziehen kann (*Jaeger/Eckardt* InsO, § 4c Rn. 1; dazu auch *Musielak/Voit/Fischer* § 124 ZPO Rn. 1; *OLG Bamberg* FamRZ 1989, 884).

2 Dieser **Zweck des Bestandsschutzes** ist im Insolvenzverfahren von besonderer Bedeutung (vgl. *Jaeger/Eckardt* InsO, § 4c Rn. 1; *Graf-Schlicker/Kexel* InsO, § 4c Rn. 1). Zutreffend ist in der Regierungsbegründung hervorgehoben worden, dass die Stundung von existentieller Bedeutung für einen Schuldner ist, so dass aus diesem Grund gravierende Unsicherheiten über den Bestand der Stundung nicht akzeptabel sind (so BT-Drucks. 14/5680, S. 23). Dies ist bei der Formulierung der Versagungsgründe in Nr. 1 und Nr. 3 ausdrücklich berücksichtigt worden, prägt jedoch als generelle Maxime die Auslegung von § 4c InsO. Es dürfen daher im Aufhebungsverfahren an den Schuldner keine weitergehenden Anforderungen gestellt werden als im Restschuldbefreiungsverfahren (*BGH* NZI 2009, 899; ZVI 2011, 92 = VuR 2011, 102 m. Anm. *Kohte*; NZI 2012, 852). Diese gefestigte Rechtsprechung ist durch die klarstellende Neufassung in § 4c Nr. 4 InsO verdeutlicht und bekräftigt worden (BT-Drucks. 17/11268, S. 20; *Kübler/Prütting/Bork-Wenzel* InsO, 2017, § 4c Rn. 3a, 36, 36a).

B. Gesetzliche Systematik

3 Die Norm des § 4c InsO definiert **fünf Fallgruppen**, die das Insolvenzgericht zur Aufhebung der Stundung berechtigen. Diese betreffen einerseits die Korrektur von Prognosefehlern (Nr. 2 und Nr. 5) sowie zum anderen die Reaktion auf schwerwiegende und nachhaltige Verletzungen der verfahrensbezogenen Mitwirkungspflichten (Nr. 1, 3 und 4). Dieser Katalog ist – ebenso wie im Vorbild des § 124 ZPO (MüKo-ZPO/*Wache* § 124 Rn. 1; *OLG Düsseldorf* FamRZ 1998, 837) – **abschließend konzipiert** (BT-Drucks. 14/5680, S. 22; *BGH* NZI 2009, 188 [189] = VuR 2009, 186 [187] m. Anm. *Kohte*; *Kübler/Prütting/Bork-Wenzel* InsO, § 4c Rn. 3; *Uhlenbruck/Mock* InsO, § 4c Rn. 1; *Jaeger/Eckardt* InsO, § 4c Rn. 1, 71; *Mäusezahl* ZVI 2006, 105 [106]). Zwischen Bestandsschutz und Aufhebung besteht daher ein **Regel-Ausnahme-Verhältnis**, so dass die Norm des § 4c InsO wiederum in Anlehnung an § 124 ZPO (*Stein/Jonas-Bork* § 124 Rn. 1; *Baumbach/*

Lauterbach/Albers/Hartmann ZPO, § 124 Rn. 2; *OLG Frankfurt* Rpfleger 1991, 65) **eng auszulegen** ist (ebenso A/G/R-*Ahrens* § 4c InsO Rn. 1; HambK-InsO/*Dawe* § 4c Rn. 3). Dies schließt eine Aufhebung für nicht im Gesetz berücksichtigte Fälle, wie z.B. die Rücknahme des Restschuldbefreiungsantrags, nicht prinzipiell aus (*Jaeger/Eckardt* InsO, § 4c Rn. 75).

Wiederum in Anlehnung an das Vorbild des § 124 ZPO ist die **Aufhebung in das Ermessen des Gerichts** gestellt (*LG Dessau-Roßlau* VIA 2012, 54; *LG Stuttgart* VuR 2013, 267; zust. *Stephan* VIA 2013, 78 und *Sternal* NZI 2014, 289 [290]; ebenso *Bayerisches LSG* 22.11.2010 – L 7 AS 486/10 B: PKH bei einer Aufhebungsentscheidung nach § 124 ZPO). Prognosefehler bzw. Pflichtverletzungen des Schuldners führen nicht automatisch zur Aufhebung der Stundung, sondern bedürfen jeweils einer **Ermessensausübung im Einzelfall**, bei der der Grad der Pflichtverletzung, die jeweilige Risikosphäre, der Vertrauensschutz des Schuldners sowie die möglichen wirtschaftlichen Folgen der Entscheidung abgewogen werden. Indem § 4c InsO nicht an die strengere Ermessensbindung in § 124 ZPO n.F. angepasst worden ist, ist die Ermessensausübung hier weiter von großer praktischer Bedeutung (ausf. s. Rdn. 37 ff.). 4

C. Die einzelnen Aufhebungsgründe

I. Verletzung von Mitteilungspflichten

1. Unrichtige Angaben

Unrichtige Angaben stellen nach § 124 Abs. 1 Nr. 2 ZPO eine wichtige Fallgruppe möglicher Aufhebungsgründe dar. Bei der Umsetzung dieser Fallgruppe in das Insolvenzrecht in § 4c Abs. 1 Nr. 1 InsO ist zunächst der mögliche Inhalt solcher Angaben konkretisiert worden: zu dieser Fallgruppe rechnen Angaben, die für die Eröffnung des Insolvenzverfahrens oder die Stundung **maßgebend** sind. Damit ist dieser Aufhebungsgrund präziser gefasst als im Prozesskostenhilferecht, in dem er wesentlich umfangreicher formuliert ist (*Zöller/Geimer* ZPO, § 124 Rn. 7 ff.). Vor allem wird im Insolvenzrecht verlangt, dass es sich um Angaben handelt, die für die Eröffnung des Insolvenzverfahrens bzw. die Stundung maßgebend sind. Damit ist eine Kontroverse zur Auslegung des § 124 ZPO in bemerkenswerter Weise entschieden worden. Im Prozesskostenhilferecht sieht ein Teil der Gerichte als maßgeblichen Aufhebungsgrund allein die Unrichtigkeit der Angaben an und verwirft mit der Begründung, § 124 ZPO stelle eine Sanktionsnorm dar, die **Frage nach der Kausalität der Falschangabe** für die PKH-Entscheidung (so z.B. *OLG Köln* FamRZ 1987, 1169 und *BGH* NJW 2013, 68 sowie *OLG Bamberg* FamRZ 2014, 569). Dagegen wird von anderen diese Sichtweise abgelehnt und in jedem Einzelfall eine eindeutige Kausalitätsprüfung verlangt, da § 124 Abs. 1 Nr. 2 ZPO keine Sanktionsnorm sei (so z.B. *OLG Brandenburg* FamRZ 2006, 213; *LAG Düsseldorf* JurBüro 1986, 1097; *OLG Hamm* FamRZ 2006, 1133; MüKo-ZPO/*Wache* § 124 Rn. 8; *Kroppenberg* NJW 2013, 71; *Maul-Sartori* JurisPR-ArbR 48/2013 Anm. 3). Nachdem im Gesetzgebungsverfahren zur InsO in § 4c Abs. 1 Nr. 1 InsO eine solche Kausalitätsprüfung angeordnet wird, kann eine Aufhebung nicht auf unrichtige Angaben gestützt werden, die für die Eröffnung des Insolvenzverfahrens und Fortschritt des Restschuldbefreiungsverfahrens nicht »maßgebend« waren (ausführlich *Jaeger/Eckardt* InsO, § 4c Rn. 17;; *Braun/Buck* InsO, § 4c Rn. 3; *Graf-Schlicker/Kexel* InsO, § 4c Rn. 4; K. *Schmidt/Stephan* InsO, § 4c Rn. 17; HambK-InsO/*Dawe* § 4c Rn. 8; **a.A.** *AG Göttingen* ZVI 2003, 672; *Bayer* Stundungsmodell der Insolvenzordnung, 2005, S. 115 ff.; *Nerlich/Römermann-Becker* InsO, § 4c Rn. 18, die die fehlende Ursächlichkeit nur bei der Ausübung des pflichtgemäßen Ermessens berücksichtigen wollen). Für das Stundungsrecht ist verdeutlicht worden, dass § 4c InsO keine Sanktionsnorm enthält, denn der BGH verlangt inzwischen für eine Aufhebung der Verfahrenskostenstundung wegen fehlerhafter oder unvollständiger Angaben ebenfalls, dass diese für die Stundungsbewilligung ursächlich waren (*BGH* NZI 2009, 188 [189]; dazu auch *Kohte* VuR 2009, 187 [188]; *Kübler/Prütting/Bork-Wenzel* InsO, § 4c Rn. 10; HK-InsO/*Sternal* § 4c Rn. 5; A/G/R-*Ahrens* § 4c Rn. 15; so auch *LG Dessau-Roßlau* 20.07.2011 – 1 T 174/11; differenzierend MüKo-InsO/*Ganter/Lohmann* § 4c Rn. 7). 5

6   **Unrichtig** sind Angaben, die von der Wirklichkeit abweichen. Nach der Rechtsprechung des BGH können auch lückenhafte Erklärungen im Einzelfall als »unrichtig« zu qualifizieren sein (*BGH* NZI 2009, 188 [189]; *Kübler/Prütting/Bork-Wenzel* InsO, § 4c Rn. 8); dies setzt allerdings eine »**qualifizierte Unvollständigkeit**« (*Kohte* VuR 2009, 187 [188]; zust. A/G/R-*Ahrens* § 4c Rn. 13) voraus, die ein solches Gewicht hat, dass sie zu einem falschen Gesamtbild der Information führt (ähnlich *Uhlenbruck/Mock* InsO, § 4c Rn. 7: »**Weglassen wesentlicher Angaben**«).

7   Zunächst handelt es sich um Angaben, die für die Eröffnung des Insolvenzverfahrens maßgebend sind. Hierzu gehören vor allem **unzutreffende Angaben über den Eröffnungsgrund**, also über Zahlungsunfähigkeit bzw. drohende Zahlungsunfähigkeit (BT-Drucks. 14/5680, S. 22). Diese sind allerdings nur dann kausal für die Eröffnung, wenn ein zahlungsfähiger Schuldner sich als zahlungsunfähig dargestellt hat, um auf diese Weise ein Insolvenzverfahren mit Restschuldbefreiung erlangen zu können. Auch unzutreffende Angaben über den Wohnsitz, die sich auf die Zuständigkeit des Insolvenzgerichts auswirken, sind hier zuzuordnen (*AG Göttingen* ZVI 2016, 128).

8   Angaben zur Abgrenzung des Regel- oder Verbraucherinsolvenzverfahrens rechnen dagegen nicht zu den Angaben, die für die Eröffnung maßgebend sind (*Kübler/Prütting/Bork-Wenzel* § 4c Rn. 5). Für die Eröffnung ist letztlich der Eröffnungsgrund nach §§ 17, 18 InsO maßgeblich; diese Kategorie gilt jedoch in gleicher Weise für beide Verfahrensarten (s. FK-InsO/*Kohte* 8. Aufl., § 312 Rn. 9 ff.), so dass diese schwierige Abgrenzung für die Eröffnung nicht kausal ist.

9   Angaben, die für die Stundung von Bedeutung sind, betreffen in erster Linie die **hinreichende Erfolgsaussicht des Insolvenzverfahrens** und damit den Ausschluss von Versagungsgründen nach § 290 Abs. 1 Nr. 1 InsO und von Zulässigkeitsgründen nach § 287b Abs. 2 InsO n.F. Es geht damit z.B. um die relativ einfach überprüfbaren Angaben, ob in den letzten 10 Jahren bereits Restschuldbefreiung bewilligt worden ist oder ob in nicht verjährter Zeit eine Verurteilung wegen eines Bankrottdelikts erfolgt ist (vgl. *AG Göttingen* NZI 2016, 586; HK-InsO/*Sternal* § 4c Rn. 5).

10 Zu den weiteren Angaben, die für die Stundung von Bedeutung sein können, gehören die Tatsachen zu den wirtschaftlichen Voraussetzungen der Verfahrenskostenstundung. Danach ist es erforderlich, dass das Vermögen des Schuldners voraussichtlich nicht ausreichen wird, um die Verfahrenskosten zu decken (s. § 4a Rdn. 6 ff.). Wiederum ist es erforderlich, dass Falschangaben ein solches Gewicht hatten, dass sie sich auf die Entscheidung des Gerichts ausgewirkt hätten. Falsche Angaben haben sich auf das weitere Verfahren auch dann nicht ausgewirkt, wenn etwaiges Vermögen des Schuldners zur Insolvenzmasse gezogen und nach § 53 InsO an die Staatskasse übertragen worden ist. In der Literatur wird dem Schuldner zutreffend die Möglichkeit eingeräumt, unrichtige Angaben im Stundungsverfahren und auch im Beschwerdeverfahren zu **berichtigen** (A/G/R-*Ahrens* § 4c Rn. 14; K. *Schmidt/Stephan* § 4c Rn. 10; *Jaeger/Eckardt* § 4c Rn. 16).

11 Zu den Angaben, die für die Stundung von Bedeutung sind, gehören auch die Angaben, die für die **Fortsetzung der Stundung nach § 4b InsO** verlangt worden sind. Auch hier ist zu prüfen, ob bei zutreffender Information ebenfalls eine Fortsetzung der Stundung – gegebenenfalls unter Zahlung von Raten – hätte erfolgen müssen. Bei entsprechendem Vortrag des Schuldners ist es auch geboten, zu prüfen, ob sich nach dieser Entscheidung die wirtschaftlichen Verhältnisse verschlechtert haben, so dass nunmehr der Schuldner nicht mehr im Stande ist, die Prozesskosten zu zahlen (*OLG Düsseldorf* Rpfleger 1987, 35 [36]).

12 Verlangt wird weiter, dass die Angaben nicht nur unrichtig, sondern dass sie in qualifizierter Weise, nämlich **vorsätzlich oder grob fahrlässig**, erfolgt sind. Während im PKH-Recht die Kategorie der »groben Nachlässigkeit« verwandt wird, nimmt § 4c InsO einen Rückbezug zu den klassischen Kategorien des Vorsatzes und der groben Fahrlässigkeit vor, die auch in § 290 InsO verwandt werden. Zur näheren Bestimmung kann daher auf die dort herausgearbeiteten Definitionen verwiesen werden (s. *Ahrens* § 290 Rdn. 85 ff.; *Dick* VuR 2007, 473 [475]). Danach wird verlangt, dass der Schuldner die erforderliche Sorgfalt in ungewöhnlich hohem Maß verletzt hat und dass sein Verhalten subjektiv schlechthin unentschuldbar gewesen sei (*BGH* NZI 2007, 733 = VuR 2008, 193 m. Anm. *Kohte*; *BGH* ZVI 2008, 395 [396]; *BGH* ZInsO 2010, 1151; *BGH* NZI 2011, 330). Bei Angaben

zum Vermögen wird auch bei § 4c InsO berücksichtigt werden müssen, dass nicht wenige insolvente Schuldner den Überblick über ihre Vermögenslage verloren haben (dazu auch *LG Hamburg* NZI 2001, 46 [47]; *Andres/Leithaus* InsO, § 4c Rn. 4; *A/G/R-Ahrens* § 4c InsO Rn. 17; *Kübler/Prütting/Bork-Wenzel* InsO, § 4c Rn. 12; *Wegener* VIA 2012, 33 [34]). Ebenso muss beachtet werden, dass ein Rechtsirrtum sowohl Vorsatz als auch grobe Fahrlässigkeit ausschließen kann (zu § 290 InsO: *BGH* ZVI 2008, 83 [84] = VuR 2008, 194 [195] m. Anm. *Kohte*; *BGH* NZI 2010, 911; zu § 124 ZPO: *OLG Köln* FamRZ 1988, 740; *LAG Hamburg* Rpfleger 1997, 442 [443]). Dies gilt erst recht für einen Tatsachenirrtum, wenn z.B. ein Schuldner davon ausgeht, dass mit der Ummeldung beim Einwohnermeldeamt automatisch auch das Insolvenzgericht von der neuen Wohnanschrift Kenntnis erlangt (*LG Dessau-Roßlau* VuR 2012, 411 = VIA 2012, 54). Bei den Voraussetzungen der Stundung wird ein Rechtsirrtum nur selten eingreifen können; denkbar sind die Berechnungen nach §§ 46, 51 BZRG zur Verwertbarkeit von Bankrottdelikten (vgl. zur Berechnung *OLG Celle* NZI 2001, 314 [316] = ZInsO 2001, 757; *Ahrens* § 290 Rdn. 50 ff.). Eine Zurechnung des Verschuldens eines Vertreters nach § 85 Abs. 2 ZPO wird überwiegend abgelehnt (HK-InsO/*Sternal* § 4c Rn. 10; MüKo-InsO/*Ganter/Lohmann* § 4c Rn. 6; *Jaeger/Eckardt* InsO, § 4c Rn. 22). Grobe Fahrlässigkeit des Schuldners wurde in einem Fall angenommen, in dem ein deutlich gestaltetes, vom Vertreter falsch ausgefülltes Formular ungeprüft unterschrieben worden war (*BGH* NZI 2010, 655).

2. Fehlende Angaben

Als weitere Fallgruppe wird in § 4c Nr. 1 InsO die **vorsätzlich oder grob fahrlässig** (*LG Mühlhausen* VuR 2012, 447 [448]) **unterlassene Abgabe einer Erklärung** des Schuldners über seine Verhältnisse als Grund für eine Aufhebung qualifiziert. Wiederum ist die bisherige Formulierung für das Insolvenzrecht konkretisiert worden. Im Rahmen von § 124 ZPO wurde ausschließlich davon ausgegangen, dass eine Erklärung nach § 120 Abs. 4 Satz 2 ZPO nicht abgegeben worden ist. Eine solche Erklärung setzt ein Verlangen des Gerichts voraus, das nach der neueren Judikatur mit einem besonderen Hinweis an den Schuldner zu verbinden ist, damit den Betroffenen diese Erklärungslast hinreichend verdeutlicht wird (*OLG Zweibrücken* JurBüro 1999, 198 [199]). Nunmehr ist bereits das Verlangen des Gerichts ausdrücklich als unverzichtbares Tatbestandsmerkmal in § 4c Abs. 1 Nr. 1 – 2. Alt. – herausgestellt worden. Damit wird hier die Bedeutung der **Verletzung einer Mitwirkungspflicht im Dialog mit dem Gericht** verdeutlicht. Zugleich ist mit dieser Konkretisierung wiederum verdeutlicht, dass es nicht um eine allgemeine Sanktion geht. Daher gilt auch für diese Alternative, dass es um Angaben gehen muss, die für die Stundung von unmittelbarer Bedeutung sind; Defizite bei der Erfüllung der allgemeinen Mitwirkungspflichten nach §§ 20, 97 InsO reichen nicht aus (*LG München I* ZVI 2006, 505 [506]; *LG Mühlhausen* VuR 2012, 447 [449]). In der Praxis wird es hier vor allem um die nach § 4b Abs. 2 Satz 2 und 3 InsO geforderten Erklärungen gehen (*Kübler/Prütting/Bork-Wenzel* § 4c Rn. 18; *A/G/R-Ahrens* § 4c InsO Rn. 18; *Mäusezahl* ZVI 2006, 105 [106]). 13

Obgleich nach § 4b Abs. 2 InsO Schuldner Änderungen von sich aus anzuzeigen haben, kann eine Aufhebung nach § 4c Nr. 1, 2. Alt. nur erfolgen, wenn ein **ausdrückliches Verlangen des Gerichts** zur Abgabe einer Erklärung erfolgt ist (so auch *Smid* InsO, § 4c Rn. 3). Wegen der Schlüsselrolle dieser gerichtlichen Aufforderung sind auch für § 4c die Anforderungen zu übernehmen, die im Prozesskostenhilferecht entwickelt worden sind. Danach ist es erforderlich, dass **das Verlangen hinreichend konkret ist und auch auf die Rechtsfolgen einer Fristversäumung hinweist** (ebenso *LG Mühlhausen* VuR 2012, 447 [449]; *AG Göttingen* ZVI 2003, 672 [673]; *LG München I* ZVI 2006, 505; *Jaeger/Eckardt* InsO, § 4c Rn. 26; *Mäusezahl* ZVI 2006, 105 [106]; *Wolff* jurisPR-InsR 10/2012 Anm. 2). In Zukunft geht es hier vor allem um die Erklärung nach § 4b Abs. 2 Satz 3 InsO i.V m. § 120a Abs. 1 Satz 3 InsO, die mit der Belehrungspflicht nach § 120a Abs. 2 Satz 4 ZPO verbunden ist (*BGH* 14.02.2013 – IX ZB 13/11; vgl. *Musielak/Voit/Fischer* ZPO, 2014, § 120a Rn. 5, 6). Im Rahmen der Antragstellung nach § 4a InsO verlangt der BGH eine konkrete Aufforderung des Gerichts zur Mängelbeseitigung (*BGH* ZInsO 2004, 1307 [1308]; ZVI 2005, 119 [120]); im Rahmen des Aufhebungsverfahrens können daher keine geringeren Anforderungen gestellt werden. Im Prozesskostenhilferecht hat der XII. Senat des BGH entschieden, dass dieses Verlangen wegen der 14

Zugehörigkeit des Überprüfungsverfahrens zum Rechtszug i.S.d. § 172 Abs. 1 S. 1 ZPO sowie wegen der Garantie des effektiven Rechtsschutzes direkt an den Prozessbevollmächtigten zu richten ist (*BGH* FamRZ 2011, 463 = VuR 2012, 71 m. Anm. *Kohte*). Angesichts der existenziellen Bedeutung, die die Verfahrenskostenstundung für Schuldner haben kann (dazu BT-Drucks. 14/5680, S. 23; *BGH* NZI 2008, 47 = VuR 2008, 154 m. Anm. *Kohte*) wird sich ein anwaltliches Mandat regelmäßig auch auf Verfahren nach § 4c InsO beziehen; dies wird man erst recht annehmen können, wenn Verbraucher nach § 305 Abs. 4 InsO im Beistand einer Schuldnerberatungsstelle tätig werden. Es ist daher regelmäßig geboten, das Verlangen sowohl an die Partei als auch an die Schuldnerberatungsstelle bzw. den Prozessbevollmächtigten zu richten (vgl. *LG München I* ZVI 2006, 505; K. *Schmidt/Stephan* InsO, § 4c Rn. 11; diff. *Jaeger/Eckardt* InsO, § 4c Rn. 26). Das Aufhebungsverfahren kann erst durchgeführt werden, wenn der Zugang dieses Verlangens und der Ablauf der dem Schuldner gesetzten Frist festgestellt worden sind (so auch für § 124 ZPO *Dürrbeck/Gottschalk* Rn. 1010).

15 Damit ist auch eine weitere Streitfrage, die sich bei der Auslegung des § 124 ZPO gestellt hat, eindeutig zu beantworten. Im Prozesskostenhilferecht ist umstritten, ob die fehlende Abgabe der Erklärung bis zu dem vom Gericht gesetzten Termin direkt zur Aufhebung der Prozesskostenhilfeentscheidung führt oder ob es für den Antragsteller möglich ist, diese Erklärung noch während des Beschwerdeverfahrens abzugeben. Die überwiegende Meinung bejaht eine solche **Nachholmöglichkeit** (dazu *OLG Saarbrücken* FamRZ 2011, 662; *OLG Nürnberg* Rpfleger 2005, 268; *OLG Hamm* MDR 2014, 798; *LAG Rheinland-Pfalz* 28.05.2010 – 1 Ta 54/10; *Zöller/Geimer* ZPO, § 124 Rn. 10a m.w.N.). Dem gegenüber wird von einer Mindermeinung eine solche verspätete Erklärung bzw. Erklärungsergänzung als nicht abgegeben qualifiziert bzw. eine besondere Rechtfertigung verlangt, dass die Verspätung weder auf Absicht noch auf grober Fahrlässigkeit beruhe (z.B. *OLG Koblenz* FamRZ 1996, 1425; *OLG Brandenburg* FamRZ 1998, 837).

16 Die Position der Mindermeinung ist systematisch nicht gerechtfertigt, da die Aufhebung der Verfahrenskostenstundung nicht eine Bestrafung des Schuldners darstellen, sondern funktionswidriges Verhalten beantworten soll. Maßgeblich für die Aufhebung ist die Einschränkung im Tatbestand der Norm, dass nämlich nicht jede Nichterklärung nach § 4b InsO ausreicht, obgleich nach dieser Norm Schuldner ohne Weiteres zur Abgabe von Erklärungen verpflichtet sind, sondern nur die Fälle, in denen ein ausdrückliches und konkretes Verlangen des Gerichts vorliegt. Damit ist in dieser Fallgruppe die **Aufhebung der Stundung eine Reaktion auf fehlende Kommunikation**. Es ist daher davon auszugehen, dass diese **Erklärung noch im Beschwerdeverfahren nachgeholt werden kann** (so *LG Göttingen* NZI 2011, 909; *LG Mühlhausen* VuR 2009, 30 [31]; ebenso *Jaeger/Eckardt* InsO, § 4c Rn. 28; K. *Schmidt/Stephan* § 4c Rn. 13; MüKo-InsO/*Ganter/Lohmann* § 4c Rn. 5; *Braun/Buck* InsO, § 4c Rn. 4). Zu berücksichtigen ist allerdings, dass nach dem neuen Zivilprozessrecht im Beschwerdeverfahren nach § 571 ZPO n.F. den Beteiligten Ausschlussfristen gesetzt werden können.

II. Fehlende Voraussetzungen

17 In Anlehnung an den Aufhebungsgrund nach § 124 Abs. 1 Nr. 3 ZPO gestattet § 4c Nr. 2 InsO die Aufhebung der Stundung, wenn die persönlichen oder wirtschaftlichen Voraussetzungen für die Stundung nicht vorgelegen haben. Diese Aufhebungsmöglichkeit soll daher **anfänglich fehlerhafte Entscheidungen korrigieren**; nachträgliche Entwicklungen, wie z.B. eine Verbesserung der wirtschaftlichen Verhältnisse im Nachhaftungszeitraum des § 4b Abs. 2 InsO, sind ebenso wie bei § 124 Nr. 3 ZPO (dazu nur *OLG Stuttgart* FamRZ 1986, 1124) nach dieser Norm nicht abänderbar. Maßgeblich ist daher, ob zum Zeitpunkt der letzten Tatsachenentscheidung über die Stundung deren Voraussetzungen nicht vorgelegen haben (*BGH* NZI 2008, 46 = VuR 2008, 117; NZI 2010, 948 = ZVI 2011, 212).

18 Nach dem Wortlaut des § 4c Nr. 2 InsO wäre es denkbar, dass Fallgestaltungen erfasst werden, in denen das Gericht die vom Schuldner beigebrachten Tatsachen nachträglich anders würdigt. Sowohl eine rechtliche Fehlbeurteilung als auch eine Änderung der Rechtspositionen des Gerichts fallen jedoch nicht in die Risikosphäre des Schuldners (so auch *Jaeger/Eckardt* InsO, § 4c Rn. 35; *Uhlenbruck/Mock* InsO, § 4c Rn. 14; A/G/R-*Ahrens* § 4c InsO Rn. 22; **a.A.** *Bayer* Stundungsmodell,

S. 123). Es wäre mit der in der Regierungsbegründung hervorgehobenen existentiellen Bedeutung der Verfahrenskostenstundung nicht vereinbar, wenn diese dem Schuldner aus Gründen entzogen werden könnte, die in der **Risikosphäre des Gerichts** liegen. Daher ist die herrschende Meinung in Judikatur und Literatur zu § 124 Abs. 1 Nr. 3 ZPO zu übernehmen, wonach ein Rechtsirrtum oder Versehen des Gerichts oder eine andere rechtliche Würdigung nicht zur Aufhebung der Prozesskostenhilfe nach § 124 Nr. 3 ZPO berechtigt (dazu nur *OLG Brandenburg* FamRZ 2000, 1229; *OLG Köln* FamRZ 2001, 1534; *OLG Saarbrücken* MDR 2009, 1304 [1305]; *Stein/Jonas-Bork* ZPO, § 124 Rn. 20; *Musielak/Voit/Fischer* ZPO, § 124 Rn. 7).

Damit betrifft § 4c Nr. 2 InsO ausschließlich Fälle, in denen Angaben des Schuldners, die dem Gericht im Zeitpunkt der Bewilligung vorlagen, objektiv unzutreffend waren. Ebenso wie bei § 124 Abs. 1 Nr. 3 ZPO ergibt sich aus der systematischen Auslegung, dass ein solcher Fehler für die Entscheidung des Gerichts kausal gewesen sein muss. Wenn auch bei zutreffenden Angaben eine Verfahrenskostenstundung hätte erfolgen müssen, kann § 4c Nr. 2 InsO nicht eingreifen (s. nur *Jaeger/Eckardt* InsO, § 4c Rn. 41; vgl. MüKo-ZPO/*Wache* § 124 Rn. 16; zu § 4c Nr. 1 InsO: *BGH* NZI 2009, 188 = VuR 2009, 186 m. Anm. *Kohte*). 19

Selbst wenn die persönlichen und wirtschaftlichen Voraussetzungen für die Verfahrenskostenstundung nicht vorgelegen haben, ist die Aufhebung nach § 4c Nr. 2 InsO gleichwohl ausgeschlossen, wenn seit der Beendigung des Verfahrens **vier Jahre vergangen** sind. Da § 4c Nr. 2 InsO auch Sachverhalte erfasst, in denen die Schuldner – anders als bei § 4c Nr. 1 InsO – kein qualifiziertes Verschulden trifft, bedarf es einer weitergehenden Begrenzung dieser Aufhebungsmöglichkeit. Die Regierungsbegründung hat insoweit auf die Frist des damaligen § 10 GKG verwiesen, die bereits Vorbild für die Begrenzungen im früheren § 124 Nr. 3 ZPO sowie in § 4b Abs. 2 Satz 4 InsO war (BT-Drucks. 14/5680, S. 23). Für die Berechnung der Frist gelten daher die selben Grundsätze wie bei § 4b Abs. 2 Satz 4 InsO (dazu s. § 4b Rdn. 26 f.; so auch *Jaeger/Eckardt* InsO, § 4c Rn. 39; *Nerlich/Römermann-Becker* InsO, § 4c Rn. 22; HK-InsO/*Sternal* § 4c Rn. 13; **a.A.** *Uhlenbruck/Mock* InsO, § 4c Rn. 19; *Kübler/Prütting/Bork-Wenzel* InsO, § 4c Rn. 26, A/G/R-*Ahrens* § 4c Rn. 24, wonach die Frist jeweils mit der Beendigung jedes einzelnen Verfahrensabschnittes beginnt, für den die Verfahrenskostenstundung bewilligt wurde). 20

III. Schuldhafter Zahlungsrückstand

Nach § 4c Nr. 3 InsO kann die Verfahrenskostenstundung aufgehoben werden, wenn der Schuldner länger als drei Monate mit der Zahlung einer Monatsrate **schuldhaft im Rückstand** ist (*LG Berlin* VuR 2007, 394). Damit wird typischerweise die Situation im Nachhaftungszeitraum nach § 4b Abs. 1 InsO erfasst, in dem eine Anordnung von Ratenzahlung regelmäßig erfolgen kann. Eine Aufhebung ist ebenfalls möglich, wenn der Schuldner mit der Zahlung eines »sonstigen Betrages« schuldhaft im Rückstand ist. Dieser auch in § 124 Abs. 1 Nr. 5 ZPO n.F. verwandte Begriff bezieht sich auf Zahlungen aus dem Vermögen, die im Prozesskostenhilferecht nach § 115 (dazu MüKo-ZPO/*Wache* § 124 Rn. 20) und dem Insolvenzrecht nach § 4b Abs. 1 InsO angeordnet werden können. 21

Im PKH-Recht wird in § 124 Abs. 1 Nr. 5 ZPO n.F. (früher Nr. 4) als Aufhebungsgrund der schlichte Zahlungsrückstand genannt. Gleichwohl ist die überwiegende Literatur und Judikatur vom BGH 1997 in der Weise zusammengefasst worden, dass ein Widerruf nach dem damaligen § 124 Nr. 4 ZPO auf jeden Fall unzulässig ist, wenn die Nichtzahlung der Raten nicht auf einem Verschulden des Bedürftigen beruht (*BGH* NJW 1997, 1077 = LM Nr. 2 zu § 124 ZPO m. Anm. *Wax*; MüKo-ZPO/*Wache* § 124 Rn. 22; *LAG Hamm* 03.03.2010 – 14 Ta 649/09; *Musielak/Voit/Fischer* ZPO, § 124 Rn. 9; *Prütting/Gehrlein/Zempel/Völker* ZPO, § 124 Rn. 19; **a.A.** *Zöller/Geimer* ZPO, § 124 Rn. 18; *Groß* BerH/PKH, § 124 ZPO Rn. 24 wonach mangelndes Verschulden aber im Rahmen der Ermessensentscheidung zu berücksichtigen ist). Diese Auslegung entspricht der systematischen Interpretation, wonach auch § 124 ZPO sicherstellen soll, dass Prozesskostenhilfe nur den wirtschaftlich Bedürftigen zukomme. Damit ist zugleich verdeutlicht worden, dass dieser Norm kein Straf- oder Sanktionscharakter für verspätete Erklärungen zukommen könne (so auch *Wax* LM Nr. 2 zu § 124 ZPO; ebenso *Saarländisches OLG* 16.02.2010 – 5 W 5/10; *LSG Baden-* 22

Württemberg Breith 2010, 294). Der Wortlaut des § 4c Nr. 3 InsO, der von vornherein nur den schuldhaften Rückstand einbezieht, bestätigt auch hier, dass § 4c InsO nicht als Sanktionsnorm ausgelegt werden darf (ebenso zu § 4c Nr. 1 InsO: *BGH* NZI 2009, 188 = VuR 2009, 186 m. Anm. *Kohte*).

23 Das Verschulden der Partei bestimmt sich nach allgemeinen schuldrechtlichen Grundsätzen, so dass §§ 276, 286 Abs. 4 BGB heranzuziehen sind (so *Stein/Jonas-Bork* ZPO, 22. Aufl., § 124 Rn. 25). Die wichtigste Fallgruppe des fehlenden Verschuldens betrifft in diesem Zusammenhang die **fehlende wirtschaftliche Leistungsfähigkeit**. Zutreffend wird ein Verschulden i.S.d. § 124 Abs. 1 Nr. 5 ZPO verneint, wenn die Partei hilfsbedürftig ist und Raten nicht bzw. nicht in dieser Höhe verlangt werden dürfen (dazu *LAG Nürnberg* JurBüro 2007, 211; *LAG Berlin-Brandenburg* NZA-RR 2017, 40; *OLG Karlsruhe* FamRZ 1999, 1145; allgemein: *Ahrens* Der mittellose Geldschuldner, 1994, S. 228 ff.). Ergeben sich daher im Aufhebungsverfahren Anhaltspunkte dafür, dass Hilfsbedürftigkeit vorliegt und die Raten niedriger festgesetzt werden müssten, so ist das Insolvenzgericht nach dem Vorbild der Auslegung des § 124 ZPO (MüKo-ZPO/*Wache* § 124 Rn. 21; *OLG Bremen* FamRZ 1984, 411; *OLG Hamm* FamRZ 1986, 1127; *OLG Koblenz* FamRZ 2001, 635) gehalten, eine – möglicherweise auch rückwirkende – Anpassung der Ratenzahlungen i.S.d. § 4b Abs. 2 InsO vorzunehmen (so BT-Drucks. 14/5680, S. 23; *Jaeger/Eckardt* InsO, § 4c Rn. 46; A/G/R-*Ahrens* § 4c InsO, Rn. 29; *Uhlenbruck/Mock* InsO, § 4 Rn. 21; *Wegener* VIA 2012, 33 [34]; vgl. aus dem PKH-Recht *OLG Nürnberg* Rpfleger 2005, 268; *LAG Hamm* 03.03.2010 – 14 Ta 649/09).

24 Stellt sich im Anhörungs- und Aufhebungsverfahren heraus, dass die Raten- oder Zahlungsanordnung von Anfang an zu hoch festgesetzt war, so ist wiederum diese Anordnung zu korrigieren (A/G/R-*Ahrens* § 4c InsO Rn. 29; HK-InsO/*Sternal* § 4c Rn. 15; zum PKH-Recht *BGH* NJW 1997, 1077 [1078]; *OLG Brandenburg* FamRZ 2015, 949), so dass sich regelmäßig kein schuldhafter Zahlungsrückstand ergeben wird (*Andres/Leithaus* InsO, § 4c Rn. 7). In jedem Fall bedarf es daher bei Aufhebungsverfahren nach § 4c Nr. 3 InsO sowohl einer sorgfältigen Verschuldens- als auch einer eingehenden Kausalitätsprüfung. Hinweise einer Partei auf die Verschlechterung ihrer wirtschaftlichen Verhältnisse sind als Antrag auf Neufestsetzung der Raten zu verstehen (so auch die überwiegende PKH-Judikatur, vgl. z.B. *OLG Saarbrücken* FamRZ 2009, 1616; *LAG Bremen* MDR 1988, 81). Eine ungeschriebene Präklusion der Schuldner mit neuem Vortrag zu ihrer wirtschaftlichen Lage wäre auch unter verfassungsrechtlichen Aspekten nicht akzeptabel (dazu nur *LAG Köln* MDR 2001, 236 mit Hinweis auf *BVerfG* NJW 1982, 1635). Da die Präklusionsvorschriften auch nicht analog im Beschwerdeverfahren anwendbar sind, ist eine nachträgliche Zahlung der rückständigen Raten noch im Beschwerdeverfahren möglich, mit der Folge, dass der Aufhebungsbeschluss aufzuheben ist (K. Schmidt/*Stephan* InsO, § 4c Rn. 25; zum PKH-Recht: *OLG Karlsruhe* FamRZ 2002, 1199; *LAG Köln* 09.03.2010 – 4 Ta 26/10; *LAG Rheinland-Pfalz* MDR 2012, 934; *Zöller/Geimer* ZPO, § 124 Rn. 18 f.).

IV. Angemessene Erwerbstätigkeit

25 Als neues Element, das in § 124 ZPO nicht vorgesehen ist, übernimmt § 4c Nr. 4 InsO als weiteren Aufhebungsgrund die Verletzung der Anforderungen an die Ausübung einer angemessenen Erwerbstätigkeit. Während im Konkursrecht generell eine Erwerbspflicht des Gemeinschuldners verneint worden war (*RGZ* 70, 226 [230]; *Ahrens* § 290 Rdn. 151), wurde erstmals für die Treuhandphase eine solche Obliegenheit in § 295 InsO kodifiziert. Mit § 4c Nr. 4 InsO wird nunmehr erstmals eine solche Obliegenheit des Schuldners im laufenden Insolvenzverfahren vorausgesetzt. Die Begründung dieser weitreichenden Entscheidung wird darauf gestützt, dass das ernsthafte Bemühen des Schuldners um eine angemessene Erwerbstätigkeit ein wesentliches Indiz für seine Motivation sei, das mehrjährige Verfahren auch durchzustehen (BT-Drucks. 14/5680, S. 23). Inzwischen ist durch § 287b InsO n.F. ab 2014 die Erwerbsobliegenheit des Schuldners auch außerhalb der Stundungsverfahren normiert worden. Die **Erwerbsobliegenheit des § 4c Nr. 4 InsO** wird für den Schuldner frühestens **mit der Stundung der Verfahrenskosten** begründet (*LG Berlin* ZInsO 2002, 680 [681];

BGH NZI 2009, 899 = VuR 2010, 149; *LG Düsseldorf* ZVI 2016, 39 = VuR 2016, 276 m. Anm. *Kohte*; A/G/R-*Ahrens* § 4c InsO Rn. 32; *Uhlenbruck/Mock* InsO, § 4c Rn. 23), geht aber nicht über die Anforderungen der §§ 295, 296 InsO hinaus, weil der Obliegenheit **kein »erzieherischer Selbstzweck«** zugrunde liegt (*BGH* NZI 2009, 899 [900]; *Kohte* VuR 2010, 150 [151]). In der Rechtsprechung wird folgerichtig auch bei einer Verletzung der Obliegenheit nach § 296 Abs. 2 Satz 3 InsO von der Widerrufsmöglichkeit nach § 4c Nr. 4 InsO Gebrauch gemacht (*BGH* NZI 2008, 507). Durch die Verweisung auf § 296 Abs. 2 Satz 2 und 3 ergibt sich inzwischen daraus ein weiterer eigenständiger Aufhebungsgrund (HK-InsO/*Sternal* § 4c Rn. 18; HambK-InsO/*Dawe* § 4c Rn. 23).

Rechtsprechung und Literatur zu § 295 Abs. 1 Nr. 1 InsO haben sich schrittweise vorgearbeitet, um eine hinreichende Klarheit des unbestimmten Rechtsbegriffes »angemessene Erwerbstätigkeit« vermitteln zu können. Deutlich sind die verschiedenen Fallgruppen der Ausübung einer angemessenen Erwerbstätigkeit, der zulässigen Fälle der Beendigung einer solchen Erwerbstätigkeit und der Bemühungen um die Übernahme einer anderen Erwerbstätigkeit (vgl. *Ahrens* § 295 Rdn. 20 ff.). In historischer Perspektive ist zunächst zu beachten, dass sich dieser Begriff anlehnt an den Begriff des »angemessenen Einkommens« in § 18 Abs. 2 Satz 3 GesO, der in Anlehnung an das Schweizer Insolvenzrecht dem Schuldner einen wirtschaftlichen Neubeginn ermöglichen soll, der über dem Existenzminimum liegt, wenn der Schuldner in seiner bisherigen Erwerbstätigkeit ein solches Einkommen erzielt hat (dazu *Smid* GesO, 3. Aufl., § 18 Rn. 38). Zutreffend ist daher in der Literatur als Bezugspunkt nicht in erster Linie die zumutbare Beschäftigung nach §§ 140, 159 SGB III (§§ 121, 144 SGB III a.F.) oder gar § 10 SGB II (krit. dazu *Kohte* SozSich 2005, 146), sondern die angemessene Erwerbsobliegenheit nach § 1574 BGB hergezogen worden (vgl. FK-InsO/*Ahrens* § 295 Rdn. 20 ff.; *Kübler/Prütting/Bork-Bork/Wenzel* InsO, § 295 Rn. 3; HK-InsO/*Waltenberger* § 295 Rn. 10). Inzwischen hat die Judikatur des BGH ebenfalls auf die privatrechtlichen Wertungen des Familienrechts zurückgegriffen (*BGH* ZInsO 2010, 105 [106] = ZVI 2010, 110 [111]). Für die vom IX. Senat zunächst herangezogene familienrechtliche Judikatur und Literatur zu § 1574 BGB ist jedoch kennzeichnend, dass diese Pauschalierungen vermeidet und eine Einzelfallprüfung anhand der Situation des jeweiligen Arbeitsmarktes und des Profils der jeweiligen Person vornimmt (dazu nur *BGH* FamRZ 1986, 244 [246]; zu § 4c *LG Hannover* ZVI 2009, 382; *BGH* ZVI 2011, 92 = VuR 2011, 102 m. Anm. *Kohte*; *Diehl* ZVI 2010, 98; *LG Stuttgart* VuR 2013, 267). Im Rahmen der Einzelfallprüfung darf der Schuldner nicht auf eine bloß theoretische, tatsächlich aber unrealistische Möglichkeit, einen angemessenen Arbeitsplatz zu erlangen, verwiesen werden (*BGH* NZI 2009, 899 [900]; ZInsO 2010, 1153 [1154] mit realistischen Hinweisen auf Probleme von Müttern am Arbeitsmarkt). Inzwischen verlangt der IX. Senat eine eigenständige Prüfung der Angemessenheit, die sich nicht schematisch am Unterhaltsrecht orientiert (*BGH* NZI 2012, 852). Die so verlangte konkret-individuelle Prüfung gibt damit auch die Möglichkeit, die bereits im obiter dictum *BGH* ZVI 2004, 735 [738] verlangte Beteiligung von Strafgefangenen am Restschuldbefreiungsverfahren zu realisieren (dazu *BGH* ZVI 2011, 482 = VuR 2011, 351; *AG Hamburg* ZVI 2015, 397; *Heyer* NZI 2010, 81 und ZVI 2015, 357; *Zimmermann* ZVI 2004, 740 und VuR 2009, 150; *Kohte* EWiR 2002, 491; *LG Koblenz* VuR 2008, 348; *BGH* NJW 2002, 1799; *Wegener* VIA 2012, 33 [35]; anders *AG Hannover* ZVI 2004, 501).

Angesichts dieser notwendigen Unschärfe des Rechtsbegriffs der angemessenen Erwerbstätigkeit kann der mit § 4c InsO verfolgte Zweck des Bestandsschutzes (s. Rdn. 2) nur erreicht werden, wenn die in § 296 InsO angeordnete **Verschuldensprüfung** hier ebenfalls vorgenommen wird. Dies entspricht auch der systematischen Auslegung, denn nach der Judikatur des BGH ist der Grundsatz des Verschuldens bei Obliegenheitsverletzungen ein allgemeiner Grundsatz, der die gesamte Rechtsordnung durchzieht und daher auch in Fällen Anwendung findet, in denen eine Verschuldensprüfung nicht ausdrücklich angeordnet ist (dazu *BGH* NJW-RR 1993, 590; ebenso *Larenz/Wolf* Allgemeiner Teil des Bürgerlichen Rechts, § 13 Rn. 36). Für eine Abweichung von diesem Grundsatz finden sich keine Anhaltspunkte, so dass auch im Rahmen des § 4c InsO eine Verletzung der Erwerbsobliegenheit nur dann von Bedeutung ist, wenn ein Verschulden festgestellt worden ist (so auch *Jaeger/Eckardt* InsO, § 4c Rn. 54; A/G/R-*Ahrens* § 4c InsO Rn. 45). Folgerichtig hat der BGH bei der Anwendung von § 4c Nr. 4 InsO verlangt, dass dem Schuldner ein Verschulden bei der Verletzung der Erwerbsobliegenheit zur Last fällt (*BGH* NZI 2012, 852). Daher ist ihm auch ein hinreichend deutlicher Hinweis auf seine Mitwirkungspflichten zu geben (*BGH* NZI 2008, 507).

28 Wegen dieser Offenheit dieses Rechtsbegriffs der angemessenen Erwerbstätigkeit ist das Gericht nicht von sich aus verpflichtet, die Erwerbstätigkeit des Schuldners zu überwachen (so BT-Drucks. 14/5680, S. 23); das Gericht hat allerdings tätig zu werden, wenn tatsächliche Anhaltspunkte, etwa der Hinweis eines Gläubigers, eine Obliegenheitsverletzung des Schuldners nahe legen (BT-Drucks. 14/5680, S. 23; auch HK-InsO/*Sternal* § 4c Rn. 4; MüKo-InsO/*Ganter/Lohmann* § 4c Rn. 18; *Uhlenbruck/Mock* InsO, § 4c Rn. 31; *Nerlich/Römermann-Becker* InsO, § 4c Rn. 37; *Mäusezahl* ZVI 2006, 105 [107]; **a.A.** *Kübler/Prütting/Bork-Wenzel* InsO, § 4c Rn. 38; diff. *Jaeger/Eckardt* InsO, § 4c Rn. 62; offen gelassen in *BGH* NZI 2008, 507 [508]). In Anlehnung an das bisherige Verfahren zu § 124 ZPO ist zunächst eine Anhörung des Schuldners erforderlich, in der das Gericht zu verdeutlichen hat, wie es die angemessene Erwerbstätigkeit bestimmt und welche konkreten Anforderungen es an einen Schuldner stellt. Dementsprechend kann auch hier keine Präklusion eintreten, so dass ein Schuldner – hinreichend gewarnt durch eine Aufhebungsentscheidung – auch im Beschwerdeverfahren noch Tatsachen einbringen kann, dass er sich hinreichend um eine angemessene Erwerbstätigkeit bemüht (zust. *LG Hamburg* ZVI 2013, 165 [166]; ausf. zu diesen Anforderungen s. *Ahrens* § 295 Rdn. 62 ff.). Letzlich geht es in diesem Verfahren um eine am Sachverhalt orientierte Einzelfallentscheidung (*LG Hamburg* ZVI 2016, 328).

29 Darüber hinaus setzt eine Aufhebung der Stundung wegen einer Verletzung der Obliegenheit zu angemessener Erwerbstätigkeit voraus, dass der Schuldner die **Befriedigung seiner Gläubiger durch die Verletzung der Obliegenheit tatsächlich beeinträchtigt**; eine abstrakte Gefährdung der Interessen der Gläubiger reicht nicht aus (*BGH* ZInsO 2010, 105 [106]; ZVI 2010, 203 [204]; ausführlich FK-InsO/*Ahrens* § 296 Rdn. 14 ff.). Dieser Grundsatz ist durch die Klarstellung in § 4c Nr. 4 InsO ausdrücklich bekräftigt worden (BT-Drucks. 17/11268, S. 20; *Kübler/Prütting/Bork-Wenzel* InsO, 2017, § 4c Rn. 3a, 36, 36a; HambK-InsO/*Dawe* § 4c Rn. 22). Gibt der Schuldner eine Erwerbstätigkeit auf, mit der keine pfändbaren Beträge erzielt werden oder lehnt er eine solche Beschäftigung ab oder zeigt er die Aufnahme einer Erwerbstätigkeit nicht an, die ihm insgesamt nur unpfändbare Einkünfte verschafft, kann damit weder eine Versagung der Restschuldbefreiung nach §§ 295, 296 InsO noch eine Aufhebung der Stundung nach § 4c Nr. 4 InsO legitimiert werden (*BGH* NZI 2009, 899 [900], dazu *Kohte* VuR 2010, 150 [151]; *BGH* ZInsO 2010, 1153 [1154] = VuR 2011, 101; *LG Hannover* ZVI 2009, 382; *Löhning* KTS 2010, 488; *Gottwald/Ahrens* HdbInsR, § 85 Rn. 15; HK-InsO/*Sternal* § 4c Rn. 19). In den vergangenen Jahren hatte der BGH daher mehrfach Entscheidungen der Vorinstanzen korrigieren müssen, die bei möglichen Obliegenheitsverletzungen der »working poor« nicht erkannt hatten, dass diese am Arbeitsmarkt keine realistische Chance hatten, pfändbares Einkommen zu erwirtschaften (*BGH* ZVI 2011, 92 = VuR 2011, 102 m. Anm. *Kohte*; anschaulich auch *LG Stuttgart* VuR 2013, 267).

Letzlich genügt die Feststellung des Vorliegens der objektiven Voraussetzungen für die Annahme einer Obliegenheitsverletzung des Schuldners für sich allein noch nicht, um die bereits bewilligte Stundung der Verfahrenskosten nachträglich aufzuheben. Erforderlich ist vielmehr – spiegelbildlich zur Restriktion bei § 4a InsO –, dass zweifelsfrei feststeht, dass es zur Versagung der Restschuldbefreiung kommen wird, so dass auch eine Beeinträchtigung der Befriedigung der Gläubiger zu erwarten sein muss (*LG Dessau-Roßlau* VuR 2011, 393 m. Anm. *Kohte*).

V. Versagung der Restschuldbefreiung

30 Als weiteren insolvenzspezifischen Aufhebungsgrund nennt § 4c Nr. 5 InsO die Versagung oder den Widerruf der Restschuldbefreiung. Sowohl in der bisherigen Judikatur zur Prozesskostenhilfe im Verbraucherinsolvenzverfahren als auch in den Beratungen der Bund-Länder-Kommission war nachhaltig diskutiert worden, ob die Möglichkeit einer Versagung einer Restschuldbefreiung als Beispiel für eine fehlende Erfolgsaussicht einer Bewilligung der Verfahrenskostenstundung entgegenstehen. Dies ist aus sachlichen und prozessrechtlichen Erwägungen zutreffend abgelehnt worden; die Prüfung der

Erfolgsaussicht ist ausschließlich auf die summarisch prüfbaren und urkundlich i.d.R. belegbaren Versagungsgründe der §§ 290 Nr. 1 und des früheren Nr. 3 InsO beschränkt worden. Falsche Angaben, die sich auf diese Prüfung beziehen, können unter den weiteren Voraussetzungen des § 4c Nr. 1 InsO zur Aufhebung der Verfahrenskostenstundung führen. Dagegen ist eine **umfassende Ermittlung der anderen Versagungsgründe nicht dem summarischen Verfahren der Verfahrenskostenstundung, sondern dem umfassenden Versagungsverfahren nach §§ 290, 296 InsO zugeordnet** worden (dazu BT-Drucks. 14/5680 S. 23; ebenso *BGH* VuR 2005, 269 m. Anm. *Kohte*). Ebenso ist der Streit um Ansprüche der Masse gegen den Schuldner nicht im summarischen Stundungsverfahren auszutragen (*LG Dessau-Roßlau* VuR 2013, 191 m. Anm. *Kohte*).

Eine Aufhebungsentscheidung kann bei den Versagungsgründen nach § 290 Abs. 1 Nr. 2, 4–6 danach nur dann zur Aufhebung führen, wenn im Versagungsverfahren nach § 290 InsO ein Versagungsgrund festgestellt worden ist (*AG Göttingen* ZVI 2004, 424 [426], bestätigt durch *LG Göttingen* ZVI 2005, 48 [49]). Zutreffend hebt die Gesetzesbegründung hervor, dass diese Versagungsgründe regelmäßig von den sachnäheren Gläubigern darzulegen und in das Insolvenzverfahren einzuführen sind. Nur wenn ein **formell zulässiger und materiell begründeter Antrag eines Gläubigers** gestellt worden ist (dazu i.E. *Ahrens* § 290 Rdn. 212 ff.), kann eine Versagung erfolgen und dementsprechend eine darauf gestützte Aufhebung beschlossen werden. Solange die Beschwerdefrist gegen den Versagungsbeschluss noch nicht abgelaufen oder die Beschwerde noch nicht rechtskräftig zurückgewiesen worden ist, kommt bis auf die Fälle der Evidenz (s. Rdn. 33) eine Aufhebung der Stundung nicht in Betracht (*LG Koblenz* ZVI 2014, 115).   31

Damit ist zugleich verdeutlicht worden, dass dem **Insolvenzgericht keine allgemeine Überwachungspflicht** hinsichtlich der verschiedenen Versagungsgründe zukommt. Die bereits im Gesetzgebungsverfahren 1994 hervorgehobene Bedeutung der Gläubigerautonomie führt damit systematisch folgerichtig dazu, dass die Aufhebungsmöglichkeit im § 4c Nr. 5 als Annex zum Versagungsbzw. Widerrufsverfahren ausgestaltet ist. Sie kommt daher auch erst in Betracht, wenn dieses Verfahren rechtskräftig abgeschlossen ist.   32

In Anlehnung an die Judikatur zu § 4a InsO (s. § 4a Rdn. 23) wird von der Aufhebung der Stundung nach § 4c Nr. 5 InsO auch vor einem rechtskräftigen Versagungsbeschluss Gebrauch gemacht, wenn ein Versagungsgrund **zweifelsfrei** feststeht (*BGH* ZInsO 2008, 111 [112]; dazu auch *Pape* ZInsO 2008, 143; *Heyer* ZVI 2012, 130; daran festhaltend *BGH* NZI 2009, 615; *LG Dessau-Roßlau* VuR 2011, 393 m. Anm. *Kohte*; A/G/R-*Ahrens* § 4c InsO Rn. 47). Eine so begründete Aufhebung kann – wie auch bei § 4a InsO (*BGH* ZInsO 2014, 450 = VuR 2014, 192 m. Anm. *Kohte*) – nur erfolgen, wenn alle **tatbestandlichen Voraussetzungen evident** sind (ebenso K. Schmidt/*Stephan* InsO, § 4c Rn. 30; *LG Dessau-Roßlau* VuR 2013, 191 m. Anm. *Kohte*). Angesichts des durch § 4c InsO vermittelten Bestandsschutzes (s. Rdn. 2) bedarf es in diesen Fällen einer besonders sorgfältigen Ermessensausübung und -begründung (nicht unproblematisch daher *BGH* ZInsO 2008, 976). Solange nicht ohne jede gerichtliche Ermittlung zweifelsfrei feststeht, dass es zu einer Versagung kommen wird, kann vor einem Versagungsbeschluss keine Aufhebung der Stundung nach § 4c Nr. 5 InsO erfolgen (*LG Mönchengladbach* ZVI 2006, 521 [522] = ZInsO 2006, 781 [782]; zust. *Braun/Buck* InsO, § 4c Rn. 9). Erst recht kann § 4c Nr. 5 InsO nicht auf die Fälle ausgedehnt werden, in denen es um eine Erwerbsobliegenheit vor Stundung bzw. Eröffnung geht (*LG Düsseldorf* ZVI 2016, 39 = VuR 2016, 276 m. Anm. *Kohte*).   33

D. Verfahrensrechtliches

Zuständig für die Aufhebungsentscheidung ist in aller Regel nach § 3 Abs. 2e RPflG **der Rechtspfleger des Insolvenzgerichts**; eine unmittelbare Zuständigkeit des Richters kann sich allenfalls bei einer Aufhebung im Schuldenbereinigungsplanverfahren vor Eröffnung des Insolvenzverfahrens ergeben. Gleichwohl kann sich **der Richter nach § 18 Abs. 2 RPflG bestimmte Entscheidungen vorbehalten**. Dies wird vor allem nahe liegen bei Aufhebungsentscheidungen nach § 4c Nr. 4 oder 5 InsO, die nicht selten akzessorisch zu Versagungsverfahren nach §§ 290, 296 InsO sein können, die dem Richter nach § 18 Abs. 1 Nr. 2 RPflG vorbehalten sind. Hier kann es sachgerecht sein, beide Ent-   34

§ 4c InsO Aufhebung der Stundung

scheidungen von derselben Person treffen zu lassen (so auch *Jaeger/Eckardt* InsO, § 4c Rn. 84; *Nerlich/Römermann-Becker* InsO, § 4c Rn. 9; *AG Göttingen* ZVI 2003, 295 [297]; s. *Schmerbach* § 2 Rdn. 37; *Andres/Leithaus* InsO, § 4c Rn. 14).

35 Angesichts der unbestimmten Rechtsbegriffe, die bei dieser Norm zur Anwendung kommen, ist die Gestaltung des Verfahrens von besonderer Bedeutung. In Anlehnung an die Judikatur zu § 124 ZPO wird es bei mehreren Fallgruppen – z.B. fehlende Angaben oder schuldhafter Ratenrückstand – zunächst erforderlich sein, durch ein **konkretes Verlangen des Gerichts** den Schuldner präzise auf die Situation hinzuweisen und die Möglichkeit zur Verhaltenskorrektur zu geben (*Mäusezahl* ZVI 2006, 105 [107]; A/G/R-*Ahrens* § 4c InsO Rn. 49; vgl. die Parallelwertung aus dem PKH-Recht *OLG Nürnberg* FamRZ 1995, 750; *OLG Karlsruhe* FamRZ 2005, 48).

36 Für sämtliche Fallgruppen schließt sich danach obligatorisch **das Erfordernis einer Anhörung** an, mit der dem Schuldner bzw. den Anwälten, sofern eine entsprechende Vertretung erfolgte (zur Anhörung eines Anwalts vgl. zu §§ 120, 124 ZPO *BGH* VuR 2012, 71 m. Anm. *Kohte*) bzw. der Schuldnerberatungsstelle – nicht jedoch der Staatskasse (zu § 124 ZPO *Musielak/Voit/Fischer* ZPO, § 124 Rn. 3) – die Möglichkeit gegeben wird, auf eine mögliche Aufhebungsentscheidung Einfluss zu nehmen (*Zöller/Geimer* ZPO, § 124 Rn. 21; *LG Marburg* Rpfleger 1994, 469; *LG Darmstadt* 12.04.2013 – 5 T 65/13; *Andres/Leithaus* InsO, § 4c Rn. 13). Diese Anhörung wird in aller Regel im schriftlichen Verfahren stattfinden. Ergeben sich aus den Informationen im Anhörungsverfahren Anhaltspunkte für eine Verschlechterung der wirtschaftlichen Lage des Schuldners, dann ist eine Abänderung der zu zahlenden Beträge – z.B. nach § 4b Abs. 2 InsO – geboten (vgl. zu § 124 ZPO *LAG Bremen* MDR 1988, 81; *Zöller/Geimer* ZPO, § 124 Rn. 19).

37 Die vom Insolvenzgericht zu treffende Entscheidung ist eine **Ermessenentscheidung**, so dass aus der Existenz eines Aufhebungsgrunds nicht automatisch die Aufhebung folgt (*LG Dessau-Roßlau* VuR 2012, 411 = VIA 2012, 54; so auch *Jaeger/Eckardt* InsO, § 4c Rn. 78). Dies macht es erforderlich, dass in einem solchen Beschluss in der gebotenen Kürze zunächst die tatbestandlichen Voraussetzungen der Aufhebung ausdrücklich festgestellt werden. Zu diesem obligatorischen Teil der Entscheidungsbegründung gehört in aller Regel die Prüfung, ob das Verhalten der Partei für die Stundung kausal ist (vgl. zu § 124 ZPO *OLG Düsseldorf* MDR 1991, 791), weil diese Kausalität typische Voraussetzung einer Aufhebungsentscheidung ist (jetzt auch *BGH* NZI 2009, 188 [189]).

38 In Übereinstimmung sowohl mit der Judikatur zur bisherigen Fassung § 124 ZPO als auch den allgemeinen Lehren zu Ermessensentscheidungen ist es weiter geboten, dass eine **Ermessensabwägung** folgt; in der Begründung des Beschlusses muss erkennbar sein, dass und wie das eingeräumte Ermessen ausgeübt worden ist (*LG Mühlhausen* VuR 2009, 30 [31]; HK-InsO/*Sternal* § 4c Rn. 24; *Andres/Leithaus* InsO, § 4c Rn. 16; K. Schmidt/*Stephan* InsO, § 4c Rn. 35). Auch nach der Neufassung von § 124 ZPO ist eine eingeschränkte Ermessensprüfung vorzunehmen (dazu *Maul-Sartori* jurisPR-ArbR 38/2015 Anm. 6). In der Regel wird sich die Frage stellen, wie schwer ein Fehlverhalten des Schuldners wiegt (dazu besonders deutlich *OLG Brandenburg* Rpfleger 2001, 503; *Jaeger/Eckardt* InsO, § 4c Rn. 79); weiter sind die existentiellen Folgen der Aufhebungsentscheidung (dazu BT-Drucks. 14/5680, S. 22; *LG Dessau-Rosslau* VuR 2012, 411 = VIA 2012, 54; *LG Stuttgart* VuR 2013, 267 [268]) und die seit der Bewilligung verstrichene Zeit zu beachten (*LG Berlin* VuR 2007, 394; HK-InsO/*Sternal* § 4c Rn. 24; *Braun/Buck* InsO, § 4c Rn. 2), daher ist das mit dem Zeitablauf zunehmend schützenswerte Vertrauen des Schuldners zu beachten (HambK-InsO/*Dawe* § 4c Rn. 31), so dass sich z.B. bei weniger schwer wiegendem Zahlungsrückstand eine Aufhebungsentscheidung als unverhältnismäßig erweisen kann (*OLG Hamm* FamRZ 1986, 1015). Da nach § 4d InsO im Stundungsverfahren sämtliche Aufhebungsentscheidungen rechtsmittelfähig sind, ist eine so dokumentierte Entscheidungsbegründung (dazu nur *AG Göttingen* ZVI 2003, 672 [673]) unverzichtbar.

39 Wird die Verfahrenskostenstundung aufgehoben, so entfallen damit für die Zukunft (dazu A/G/R-*Ahrens* § 4c InsO Rn. 53) die Wirkungen der Stundung nach § 4a Abs. 3 InsO, so dass die Staatskasse die bisher gestundeten Kostenforderungen gegen den Schuldner geltend machen

kann. Dasselbe gilt für beigeordnete Anwälte, die ihre Vergütungsansprüche nunmehr geltend machen können, soweit diese noch nicht auf die Staatskasse übergegangen sind. Reicht die Masse zur Tilgung der Vergütung und Auslagen des Insolvenzverwalters/Treuhänders nicht aus, steht diesem in entsprechender Anwendung von § 63 Abs. 2 InsO ein Anspruch gegen die Staatskasse zu (*BGH* ZInsO 2008, 111 [112]; parallele Wertung auch im Restschuldbefreiungsverfahren: s. *Grote/Lackmann* § 293 Rdn. 28 f., § 298 Rdn. 13 zu *LG Göttingen* ZInsO 2011, 397; vgl. *Kohte* Rpfleger 2014, 169 [170] zu *BGH* NZI 2013, 350). Dagegen erlischt das anwaltliche Mandat nicht automatisch mit der Aufhebung der Beiordnung (*Zöller/Geimer* ZPO, § 124 Rn. 25, so auch *Nerlich/Römermann-Becker* InsO, § 4c Rn. 6; HK-InsO/*Sternal* § 4c Rn. 25). Die Auswirkungen einer Aufhebung treffen die Partei im Eröffnungsverfahren besonders hart, weil dann regelmäßig die Abweisung mangels Masse droht (BT-Drucks. 14/5680, S. 22), so dass hier die Verhältnismäßigkeit einer Aufhebung besonders eingehend zu prüfen ist (vgl. zu § 124 ZPO *OLG Bamberg* FamRZ 1989, 1204).

§ 4d Rechtsmittel

(1) Gegen die Ablehnung der Stundung oder deren Aufhebung sowie gegen die Ablehnung der Beiordnung eines Rechtsanwalts steht dem Schuldner die sofortige Beschwerde zu.

(2) ¹Wird die Stundung bewilligt, so steht der Staatskasse die sofortige Beschwerde zu. ²Diese kann nur darauf gestützt werden, dass nach den persönlichen oder wirtschaftlichen Verhältnissen des Schuldners die Stundung hätte abgelehnt werden müssen.

Übersicht

	Rdn.			Rdn.
A. Normzweck	1	D.	Beschwerden der Staatskasse	14
B. Gesetzliche Systematik	3	E.	Sonstige Rechtsbehelfe	17
C. Beschwerdemöglichkeiten des Schuldners	6	I.	Außerordentliche Beschwerde/Gegenvorstellung/Verfassungsbeschwerde	17
I. Ablehnung der Stundung	6	II.	Erinnerung	21
II. Aufhebung der Stundung	10	F.	Verfahrensrechtliches	23
III. Ablehnung der Beiordnung eines Rechtsanwaltes	12			

A. Normzweck

Mit der Zusicherung eigenständiger Rechtsschutzmöglichkeiten bei Versagung der Verfahrenskostenstundung und vergleichbar gewichtigen Entscheidungen ist noch einmal bekräftigt worden, dass die Verfahrenskostenstundung für Schuldner typischerweise von existenzieller Bedeutung ist (zust. *BGH* NZI 2008, 47 [48] = VuR 2008, 154 m. Anm. *Kohte*; Uhlenbruck/*Mock* InsO, § 4d Rn. 2), so dass eine Versagung dieser Stundung unbedingt einer effektiven gerichtlichen Kontrolle bedarf (BT-Drucks. 14/5680, S. 13). Diese Kontrolle wird durch § 4d InsO strukturiert; diese Norm ermöglicht einerseits Rechtsbehelfe, kanalisiert sie jedoch in insolvenzspezifischer Weise, wie ein Vergleich mit der Norm des § 127 ZPO zeigt (s. Rdn. 3). 1

Im Diskussionsentwurf des Justizministeriums war die Möglichkeit einer eigenständigen Beschwerde bei ablehnenden Entscheidungen zur Verfahrenskostenstundung noch verworfen worden. Man hielt es für ausreichend, dass die Ablehnung der Stundung als Vorfrage im Rahmen von Beschwerden nach § 34 InsO gegen die Abweisung des Eröffnungsantrages geprüft werden sollten (ZIP 2000, 1688 [1689]). Eine solche Verfahrensgestaltung, bei der wichtige Fragen erst im Rahmen der Beschwerde nach § 34 InsO überprüft werden können, ist bereits aus allgemeinen Erwägungen wenig überzeugend; sie konnte für Beschwerden im Bereich der Verfahrenskostenstundung auf keinen Fall ausreichen, da das Eröffnungsverfahren zwar ein zentrales Entscheidungsfeld für die Verfahrenskostenstundung darstellt, diese jedoch auch in den anderen Verfahrensabschnitten ebenfalls von wesentlicher Bedeutung ist. In Übereinstimmung mit der Einfügung des im Diskussionsentwurf 2 ebenfalls noch nicht enthaltenen § 4a Abs. 1 Satz 2 InsO zur Bedeutung der Verfahrenskostenstundung im Schuldenbereinigungsplanverfahren und in der Treuhandphase war es daher auch für die Beschwerdemöglichkeiten erforderlich, sich vom Modell des § 34 InsO zu lösen und eine eigenständige, an § 127 ZPO angelehnte Rechtsbehelfsmöglichkeit zu schaffen.

B. Gesetzliche Systematik

3 § 4d Abs. 1 InsO bestimmt die **drei Entscheidungstypen**, die den Weg zur sofortigen Beschwerde eröffnen. Dies sind die **Ablehnung der Stundung**, die **Aufhebung der Stundung** sowie die **Ablehnung der Beiordnung eines Rechtsanwaltes**. Im Vergleich zu § 127 Abs. 2 Satz 2 ZPO, der die Beschwerde gegen alle dem jeweiligen Antragsteller ungünstigen Beschlüsse eröffnet (vgl. nur *OLG Hamm* FamRZ 1989, 412; *Thomas/Putzo-Reichold* ZPO, § 127 Rn. 2), ist hier die Beschwerdemöglichkeit sichtbar eingeschränkt. Dies wird legitimiert mit der Einbindung der Verfahrenskostenstundung in das Insolvenzverfahren, das – wie die Grundnorm des § 6 InsO zeigt – als Gesamtverfahren zügig durchgeführt und nur in schwerwiegenden Fällen mit zusätzlichen Beschwerdeverfahren ergänzt werden soll. Außerdem darf bei der Bewertung nicht übersehen werden, dass neben der Beschwerde nach § 4d InsO in Einzelfällen noch andere Rechtsbehelfe (dazu s. Rdn. 17 ff.) zur Verfügung stehen.

4 Der Staatskasse ist in Anlehnung an § 127 Abs. 3 ZPO (so auch *Nerlich/Römermann-Becker* InsO, § 4d Rn. 6) nur für eine mögliche Konstellation der Beschwerdeweg eröffnet worden. Wenn die Verfahrenskostenstundung bewilligt worden ist, kann die Staatskasse geltend machen, dass nach den persönlichen oder wirtschaftlichen Verhältnissen des Schuldners die Stundung hätte abgelehnt werden müssen. Damit ist eine **bewusste Asymmetrie bei den Rechtsbehelfen**, die den Beteiligten zur Verfügung stehen, gewählt worden (so auch *Jaeger/Eckardt* InsO, § 4d Rn. 5). Die Materialien weisen zutreffend auf den **eingeschränkten Anwendungsbereich der sofortigen Beschwerde der Staatskasse** hin (BT-Drucks. 14/5680, S. 24).

5 **Weiteren Beteiligten** wird der Rechtsbehelf der **Beschwerde nicht zur Verfügung gestellt**. Weder der Insolvenzverwalter/Treuhänder noch Rechtsanwälte, die beigeordnet wurden bzw. deren Beiordnung abgelehnt wurde, können sich auf die in § 4d InsO statuierten Rechtsbehelfe stützen (*Kübler/Prütting/Bork-Wenzel* InsO, § 4d Rn. 5). Insoweit lehnt sich die Norm wiederum an § 127 ZPO an; die dort in Judikatur und Literatur anerkannte Beschränkung der Beschwerdeberechtigten (*Zöller/Geimer* ZPO, § 127 Rn. 15; *MüKo-ZPO/Wache* § 127 Rn. 26; *OLG Hamm* FamRZ 2011, 1163) gilt erst recht im Insolvenzrecht. Die im PKH-Recht den Rechtsanwälten eröffneten Beschwerdemöglichkeiten zur Sicherung der Deckung der Differenzgebühr (vgl. *OLG Düsseldorf* MDR 1993, 90) können im Insolvenzverfahren nicht eingreifen, weil die Kostenhaftung der Schuldner nur die nach §§ 4a Abs. 3 Nr. 1b InsO, 59 RVG übergegangenen Beträge erfasst und eine § 120 Abs. 3 ZPO entsprechende Norm fehlt (s. § 4b Rdn. 3). Als außerinsolvenzrechtliche Beschwerde verbleibt damit allein die berufsrechtlich begründete analoge Anwendung der Beschwerde nach § 78c Abs. 3 ZPO, wenn ein Entpflichtungsantrag des Rechtsanwalts nach § 48 Abs. 2 BRAO abgelehnt worden ist (so auch *Jaeger/Eckardt* InsO, § 4d Rn. 23; vgl. *OLG Köln* JurBüro 1995, 534; *OLG Brandenburg* FamRZ 2009, 898; *Zöller/Vollkommer* ZPO, § 78c Rn. 9; *Zöller/Geimer* ZPO, § 127 Rn. 19a; *Musielak/Voit/Weth* ZPO, § 78c Rn. 8; zum Rechtsschutz des Schuldners s. Rdn. 13).

C. Beschwerdemöglichkeiten des Schuldners

I. Ablehnung der Stundung

6 Die zentrale Beschwerdemöglichkeit betrifft die Ablehnung eines Stundungsantrages nach § 4a Abs. 1 Satz 1 InsO. Eine Stundung wird abgelehnt, wenn das Gericht einen entsprechenden Antrag des Schuldners vollständig oder teilweise abgelehnt hat (*LG Kleve* ZVI 2006, 286; zur weitergehenden Korrektur dieser Entscheidung *BGH* ZVI 2006, 285 = VuR 2006, 405). Es bedarf dazu einer *ausdrücklichen* Entscheidung des Gerichts (*BGH* NZI 2008, 47 und NZI 2010, 948). Für die Beschwerdemöglichkeit des Schuldners ist es – anders als bei der Staatskasse – unerheblich, mit welcher

Begründung das Gericht die Stundung abgelehnt hat. Die Beschwerde ist sowohl in den Fällen eröffnet, in denen das Gericht die objektiven oder subjektiven Voraussetzungen der Verfahrenskostenstundung verneint hat, als auch in den Fällen, in denen das Gericht aus verfahrensrechtlichen Erwägungen einen Stundungsantrag zurückweist. Ebenfalls ist es nicht von Bedeutung, in welchem Verfahrensabschnitt der Antrag gestellt worden ist, denn die Gesetzesbegründung geht zutreffend davon aus, dass die Ablehnung einer Stundung in jedem Fall für den Schuldner gravierende Auswirkungen haben kann (BT-Drucks. 14/5680, S. 24; MüKo-InsO/*Ganter/Lohmann* § 4d Rn. 2).

In der Judikatur zu § 127 ZPO wird der ausdrücklichen Ablehnung der Bewilligung der Fall gleichgestellt, in dem eine **Entscheidung so verzögert wird, dass dies der Ablehnung gleichkommt** (dazu nur *OLG Stuttgart* AnwBl 1993, 299; *OLG Nürnberg* FamRZ 2003, 1020; *OLG Zweibrücken* NJW-RR 2003, 1653; *Zöller/Geimer* ZPO, § 127 Rn. 11; *Groß* BerH/PKH, 2015, § 127 ZPO Rn. 4; *E. Schneider* MDR 1998, 252 [255] und MDR 2005, 430). Obgleich durch die stundungsähnliche Wirkung des Antrages nach § 4a Abs. 3 Satz 3 InsO dem Schuldner ein gewisser vorläufiger Rechtsschutz garantiert ist, ist doch im zügig abzuwickelnden Insolvenzverfahren die Interessenlage mit derjenigen im allgemeinen PKH-Verfahren vergleichbar. Daher ist auch bei verfahrenswidriger Verzögerung der Anträge nach § 4a InsO der Rechtsbehelf der sofortigen Beschwerde gegeben (zurückhaltend *Jaeger/Eckardt* InsO, § 4d Rn. 16 und A/G/R-*Ahrens* § 4d InsO Rn. 13; a.A. HK-InsO/*Sternal* § 4d Rn. 5). Diese Beschwerdemöglichkeit darf nicht mit der im Insolvenzrecht überwiegend abgelehnten allgemeinen Untätigkeitsbeschwerde (dazu *Schmerbach* § 6 Rdn. 92; *OLG Zweibrücken* NZI 2001, 471; *BGH* NZI 2010, 577) verwechselt werden, denn hier geht es darum, dass das Gericht verpflichtet ist, einen Antrag auf Verfahrenskostenstundung zügig zu bescheiden, so dass die verfahrenswidrige Verzögerung einer Ablehnung gleichzustellen ist (so deutlich im PKH-Recht *OLG Köln* NJW-RR 1999, 580) und nur durch eine entsprechende Beschwerde effektiver Rechtsschutz gewährt wird (*OLG Jena* FamRZ 2003, 1673).

Entscheidungen zur Ablehnung der Verlängerung der Stundung nach § 4b Abs. 1 (*LG Trier* ZVI 2010, 381; vgl. *LG Hagen* VuR 2014, 194; *LG München I* VuR 2017, 196) oder zur Abänderung nach § 4b Abs. 2 InsO können als Ablehnung einer Stundung verstanden werden, wenn sie zur Fälligkeit des gesamten Betrags der gestundeten Beträge führen und insoweit mit der aus dem PKH-Recht bekannten Anordnung der sofortigen Zahlung aller angefallenen Kosten (s. § 4b Rdn. 7) vergleichbar sind (vgl. *Jaeger/Eckardt* § 4d Rn. 14; *Graf-Schlicker/Kexel* § 4d Rn. 2; *Nerlich/Römermann-Becker* § 4d Rn. 8; *K. Schmidt/Stephan* InsO, § 4d Rn. 2; A/G/R-*Ahrens* § 4d Rn. 12).

Entscheidungen nach § 4b Abs. 1 InsO zur Auferlegung von Ratenzahlungen sowie Entscheidungen nach § 4b Abs. 2 InsO zur Abänderung von Stundungsbeschlüssen stehen der Ablehnung einer Bewilligung nicht gleich. Angesichts des strikten Rechtsmittelsystems im Insolvenzrechts sind solche Entscheidungen nicht der Beschwerde nach § 4d InsO unterworfen. Dagegen kann hier die Möglichkeit einer Erinnerung in Betracht kommen (dazu s. Rdn. 21).

II. Aufhebung der Stundung

Entscheidungen nach § 4c InsO, mit denen eine Aufhebung der Stundung angeordnet wird, sind ebenfalls mit der sofortigen Beschwerde angreifbar, weil eine Aufhebung so nachhaltig die Lage des Schuldners verändert, dass ihm ein Rechtsmittel eröffnet werden muss (BT-Drucks. 14/5680, S. 13). Wiederum ist es für den Rechtsbehelf des Schuldners ohne weitere Bedeutung, wie die Aufhebung begründet worden ist; sämtliche Aufhebungsmöglichkeiten nach § 4c Nr. 1–5 InsO eröffnen den Weg zur sofortigen Beschwerde.

Für die Beschwerdemöglichkeit ist es nicht von Bedeutung, ob ein solcher Beschluss vom Richter oder vom Rechtspfleger erlassen worden ist (so auch *Jaeger/Eckardt* InsO, § 4d Rn. 7). Nachdem durch das 3. RPflG generell für den Rechtsschutz gegen Entscheidungen des Rechtspflegers zwischen der Möglichkeit der Erinnerung und der Möglichkeit der Beschwerde differenziert worden ist (s. *Schmerbach* § 6 Rdn. 95 ff.), ist auch im Insolvenzrecht bei existenziell wichtigen Entscheidungen des Rechtspflegers die sofortige Beschwerde der gesetzlich vorgesehene Rechtsbehelf.

III. Ablehnung der Beiordnung eines Rechtsanwaltes

12 Als dritte bedeutsame Fallgruppe, die dem Schuldner eine Beschwerdemöglichkeit eröffnet, ist die Ablehnung der Beiordnung eines Rechtsanwaltes statuiert worden. Diese Entscheidung ist zutreffend, denn die komplexe Gestaltung des heutigen Insolvenzverfahrens kann dazu führen, dass gerade rechtsunkundige Schuldner im Verfahren ihre Rechte nicht mehr hinreichend geltend machen können (so BT-Drucks. 14/5680, S. 24). Gerade angesichts der immer noch auffindbaren Tendenzen, aus dem Charakter des Offizialverfahrens ableiten zu wollen, dass generell Kostenhilfe und anwaltliche Beiordnung nicht geboten seien (zur Kritik zutreffend bereits *Bruns* NJW 1999, 3445 [3449]) ist diese gesetzgeberische Entscheidung, die sich im Einklang mit der verfassungsgerichtlichen Judikatur (*BVerfG* NJW 1997, 2103 [2104]; ebenso *BSG* MDR 1998, 1367 [1368]), der überwiegenden insolvenzgerichtlichen Praxis (s. *Busch* § 310 Rdn. 16) und der prozessrechtlichen Literatur (*Zöller/Geimer* ZPO, § 121 Rn. 4 m.w.N.) befindet, zu begrüßen (ebenso A/G/R-*Ahrens* § 4d InsO Rn. 11).

13 Als Ablehnung der Beiordnung eines Rechtsanwalts sind zunächst die Fälle einzustufen, in denen ein Gericht eine anwaltliche Beiordnung als nicht erforderlich gem. § 4a Abs. 2 InsO qualifiziert. Diesen gleichzustellen sind in Übereinstimmung mit der Judikatur zu § 127 ZPO die Sachverhalte, in denen ein Gericht trotz eines konkreten Schuldnerantrages einen anderen Rechtsanwalt beiordnet (*OLG Celle* Nds. Rpfl. 1995, 46), da mit einer solchen Entscheidung die Ablehnung der Beiordnung des beantragten Rechtsanwalts verbunden ist. Hat dagegen der Schuldner keinen konkreten Antrag gestellt, dann kann nachträglich keine Beschwerde erhoben werden, dass dieser Anwalt nicht beigeordnet werden solle, es sei denn, dass ein wichtiger Grund zur Aufhebung vorliegt (ebenso *K. Schmidt/Stephan* InsO, § 4d Rn. 3; BeckOK-InsO/*Madaus* § 4d Rn. 3). Ein solcher Sachverhalt steht wiederum der Ablehnung einer Beiordnung gleich, so dass der Schuldner auch beschwerdeberechtigt ist, wenn die von ihm beantragte Entpflichtung des beigeordneten Rechtsanwalts nach § 48 Abs. 2 BRAO abgelehnt worden ist (so auch *Jaeger/Eckardt* InsO, § 4d Rn. 12; vgl. *OLG Köln* FamRZ 1992, 966; *OLG Düsseldorf* FamRZ 1995, 241; *Zöller/Vollkommer* ZPO, § 78c Rn. 9; zum Rechtsschutz des Rechtsanwalts s. Rdn. 5).

D. Beschwerden der Staatskasse

14 Der Staatskasse wird nach § 4d Abs. 2 InsO ein Beschwerderecht gegen die Bewilligung der Stundung eingeräumt. Allerdings ist die Staatskasse nur beschwerdeberechtigt, wenn das Insolvenzgericht bei der Gewährung der Stundung von unzutreffenden persönlichen und wirtschaftlichen Verhältnissen des Schuldners ausgegangen ist und bei richtiger Ermittlung die Stundung hätte abgelehnt werden müssen (BT-Drucks. 14/5680, S. 24; vgl. *LG Berlin* ZInsO 2003, 130 f.; *Jaeger/Eckardt* InsO, § 4d Rn. 21; *Kübler/Prütting/Bork-Wenzel* InsO, § 4d Rn. 4). Damit wird noch deutlicher als bei dem legislativen Vorbild des § 127 Abs. 3 ZPO der **Ausnahmecharakter dieser Beschwerdebefugnis** betont (zu § 127 ZPO *BGH* FamRZ 2013, 213). Der Staatskasse soll nicht die Befugnis zur umfassenden Überprüfung der gerichtlichen Entscheidungen zukommen; die Beschwerdemöglichkeit soll ausschließlich im haushaltsrechtlichen Interesse die nachträgliche Durchsetzung einer zu Unrecht unterbliebenen Zahlungsanordnung ermöglichen (vgl. *BGH* NJW 1993, 135 = BGHZ 119, 372 [375]; NJW-RR 2009, 494; dazu auch *Uhlenbruck/Mock* InsO, § 4d Rn. 6). Um diesem Prüfungszweck gerecht zu werden, muss das Beschwerderecht auch ausübt werden dürfen, wenn sich die Gewährung der Stundung aus dem Akteninhalt zwar grundsätzlich rechtfertigt, aber die Inhalte evident unvollständig und lückenhaft sind (*LG Bochum* JurBüro 2007, 610).

15 Damit steht der **Staatskasse kein Beschwerderecht zu hinsichtlich der sachlichen Voraussetzungen der Verfahrenskostenstundung**. Ebenso wie es ihr in den Verfahren nach § 127 ZPO (dazu nur *OLG Oldenburg* FamRZ 1996, 1428; *OLG Brandenburg* FamRZ 2002, 1714) verwehrt ist, hinreichende Erfolgsaussicht oder Mutwilligkeit der Rechtsverfolgung zu überprüfen, kann sie die nach § 4a Abs. 1 Satz 3 InsO relevante Existenz von Versagungsgründen nach § 290 InsO kontrollieren bzw. das Fehlen (*Kübler/Prütting/Bork-Prütting-Wenzel* InsO, § 4d Rn. 4) oder die Mangelhaftigkeit dieser Erklärung geltend machen (*Jaeger/Eckardt* InsO, § 4d Rn. 22). Genauso ist die Staats-

kasse nicht befugt, gegen die Beiordnung eines Rechtsanwalts und die Bedingungen der Beiordnung – ungeachtet der finanziellen Auswirkungen auf die Staatskasse – Beschwerde zu erheben (*Kübler/ Prütting/Bork-Wenzel* InsO, § 4d Rn. 4; ebenso K. Schmidt/*Stephan* InsO, § 4d Rn. 5 und *Andres/ Leithaus* InsO, 2014, § 4d Rn. 7; vgl. zu § 127 ZPO *OLG Düsseldorf* MDR 1989, 827; *Zöller/Geimer* ZPO, § 127 Rn. 17).

Die Beschwerdebefugnis der Staatskasse beschränkt sich ausschließlich auf die Fälle, in denen eine 16
Stundung bewilligt worden ist und die Staatskasse geltend macht, dass wegen vorhandenen Vermögens des Antragstellers eine solche Bewilligung nach § 4a Abs. 1 Satz 1 InsO hätte unterbleiben müssen (dazu s. § 4a Rdn. 7 ff.). Damit sind – ähnlich wie bei § 127 ZPO – Streitigkeiten um die richtige Ermittlung und Berechnung der Kosten (*LG Berlin* ZInsO 2003, 130 [131]) sowie um die Höhe möglicher Zahlungen, die ein Schuldner aus seinem Vermögen leisten müsste, nicht erfasst (vgl. dazu nur *OLG Bamberg* JurBüro 1990, 1642). Vor allem aber sind damit die **Entscheidungen nach § 4b InsO**, die die Höhe von Ratenzahlungen und die Abänderungen von Ratenzahlungsanordnungen betreffend, im Regelfall nicht erfasst (zur Problematik einer Anordnung der sofortigen Zahlung aller gestundeten Beträge s. Rdn. 8 und Rdn. 22). Die kontroverse Diskussion im PKH-Recht, ob sich das Beschwerderecht der Staatskasse auch auf Nachzahlungsanordnungen nach § 120 Abs. 4 ZPO a.F. – jetzt § 120a ZPO n.F. beziehen kann, kann angesichts der restriktiveren Normstruktur nicht auf § 4d InsO übertragen werden. Eine Beschwerdebefugnis steht der Staatskasse auch im **Aufhebungsverfahren nach § 4c InsO** nicht zu (*Uhlenbruck/Mock* InsO, § 4d Rn. 6). Soweit der Staatskasse keine Beschwerdebefugnis zusteht, ist auch eine Anschlussbeschwerde unzulässig (HK-InsO/ *Sternal* § 4d Rn. 6).

E. Sonstige Rechtsbehelfe

I. Außerordentliche Beschwerde/Gegenvorstellung/Verfassungsbeschwerde

In der gerichtlichen Praxis zu § 127 ZPO war nicht selten festzustellen, dass die Vertreter der Staats- 17
kasse in Fällen, die einer Beschwerde nach § 127 Abs. 3 ZPO nicht zugänglich waren, sich darauf berufen hatten, dass die gerichtliche Entscheidung »greifbar gesetzwidrig« sei und aus diesem Grund eine außerordentliche Beschwerde statthaft sein müsse (dazu die Übersicht bei *Wax* FS Lüke, S. 941, 950 ff.). In der instanzgerichtlichen Praxis waren solche Beschwerden zunächst in bedenklichem Umfang akzeptiert worden (dazu nur *OLG Hamm* JurBüro 1993, 28), während sie später entweder grds. als unzulässig zurückgewiesen (dazu nur *OLG Oldenburg* RPfl 1994, 116) oder zumindest mangels evidenter Greifbarkeit der Gesetzwidrigkeit abgelehnt wurden (*OLG Düsseldorf* Rpfleger 1993, 251; *KG* FamRZ 2000, 838). Nachdem durch das ZPO-RG mit § 321a ZPO ein spezifisches Instrument der Selbstkorrektur eingeführt worden war, wurde die bisherige Praxis durch den *BGH* (NJW 2002, 1577) und das *BVerfG* (NJW 2003, 1924) als unvereinbar mit dem Prinzip der Rechtsmittelklarheit kritisiert. Gleichwohl wird in Einzelfällen noch auf die Möglichkeit einer solchen außerordentlichen Beschwerde zurückgegriffen (*LG Bonn* NZI 2016, 845 m. Anm. *Laroche* = VuR 2017, 236 m. Anm. *Kohte*).

Aufgrund der Beschränkung der Beschwerdemöglichkeiten durch § 6 InsO hatte die insolvenzge- 18
richtliche Judikatur zunächst die **Möglichkeit einer Gegenvorstellung zur Selbstkorrektur** des Insolvenzgerichts akzeptiert (*OLG Karlsruhe* ZInsO 2000, 171; *OLG Celle* NZI 2001, 147 [148]; ausf. *Pape* NZI 2003, 12 ff.; vgl. MüKo-InsO/*Ganter/Lohmann* § 6 Rn. 89). Nachdem das Bundesverfassungsgericht mit dem Plenarbeschluss vom 30.04.2003 eine weiterführende Korrektur zum 31.12.2004 verlangt hatte, ist am 14.12.2004 das Anhörungsrügengesetz (BGBl. I 2004 S. 3220) verkündet worden. Mit diesem Gesetz ist die **Gehörsrüge nach § 321a ZPO** in umfassender Weise als eigenständige Selbstkorrektur des Ausgangsgerichts bei Verletzungen des rechtlichen Gehörs ausgestaltet worden. Die Gegenvorstellung ist daher auch gegenüber unanfechtbaren Beschlüssen eröffnet; durch die Verweisung in § 4 InsO ist die Gegenvorstellung nunmehr auch im Insolvenzverfahren statthaft (dazu *Schmerbach* § 6 Rdn. 90; *Stephan* NZI 2004, 521 [522]). Damit ist die Gegenvorstellung nach Maßgabe von § 321a ZPO jetzt auch bei Gehörsverletzungen im Stundungsverfah-

ren anwendbar (*Laroche* NZI 2016, 846; *Kohte* VuR 2017, 237 f.; vgl. zum PKH-Verfahren *OLG Naumburg* FamRZ 2007, 917).

19 Diese Gegenvorstellung ist allerdings **beschränkt auf Verletzungen des rechtlichen Gehörs** (dazu *Treber* NJW 2005, 97 [100]); eine umfassende Rüge anderer Gesetzwidrigkeiten bzw. von Grundrechtsverletzungen wird überwiegend abgelehnt (dazu nur *Rensen* MDR 2005, 181 [183]), so dass kein Weg zur früheren außerordentlichen Beschwerde wegen »greifbarer Gesetzwidrigkeit« eröffnet ist. In der insolvenzrechtlichen Judikatur des BGH wird angesichts des Enumerationsprinzips in § 6 InsO eine außerordentliche Beschwerde nur für solche gerichtlichen Maßnahmen eröffnet, die von vornherein außerhalb der Befugnisse liegen, die dem Insolvenzgericht von Gesetzes wegen verliehen sind (*BGH* ZInsO 2004, 550 [551]; 19.03.2009 – IX ZB 57/08; vgl. *Schmerbach* § 6 Rdn. 91 f.; *Uhlenbruck/Pape* InsO, § 6 Rn. 9). Für eine außerordentliche Beschwerde der Staatskasse jenseits der Grenzen des § 4d Abs. 2 InsO besteht angesichts der jüngsten Gesetzgebung und Judikatur kein Raum.

20 Angesichts der strengen Beschränkung der Rechtsmittel und Rechtsbehelfe ist es möglich, dass in bestimmten Fällen die **Verfassungsbeschwerde** eingelegt werden kann. Die zur Sicherung der Rechtswahrnehmungsgleichheit auf Art. 2, 3 GG gestützten Verfassungsbeschwerden im Recht der Beratungshilfe (dazu nur *BVerfG* VuR 2009, 391 und VuR 2011, 68 m. Anm. *Kohte*) und der Prozesskostenhilfe (dazu *BVerfG* NJW 1991, 413; VuR 2011, 303 m. Anm. *Kohte*) können als Vorbild dienen. Angesichts der existentiellen Bedeutung der Verfahrenskostenstundung kann auch die eindeutig unwirksame Ablehnung der Stundung (Beispiele bei *Homann* ZVI 2014, 93 ff.) nach der Einschränkung der Rechtsbeschwerde einen anderen Weg nach Karlsruhe öffnen bzw. erforderlich machen.

II. Erinnerung

21 Soweit Rechtspfleger Entscheidungen treffen, gegen die der Rechtsbehelf der Beschwerde nicht gegeben ist, ist nach § 11 Abs. 2 RPflG die Erinnerung zum Insolvenzgericht eröffnet, da auf jeden Fall eine richterliche Entscheidung ermöglicht werden soll (dazu bereits BR-Drucks. 1/92, S. 110). Diese Rechtsschutzmöglichkeit ist inzwischen in der insolvenzgerichtlichen Praxis aufgenommen und präzisiert worden (dazu z.B. *AG Göttingen* ZInsO 2001, 275; 2001, 815). Im Zusammenhang mit der Verfahrenskostenstundung betrifft dieser Rechtsbehelf vor allem **die in dem Verfahren nach § 4b InsO zu treffenden Entscheidungen** über die Dauer der Verlängerung der Stundung, die Anordnung von Ratenzahlungen (*LG Hannover* ZVI 2012, 279) sowie über die Abänderung entsprechender Beschlüsse (MüKo-InsO/*Ganter/Lohmann* § 4d Rn. 4; jetzt auch *AG Köln* NZI 2014, 229). Damit ist der **Schuldner** in jedem Fall beteiligt und ist befugt, **Erinnerung** einzulegen und auf diese Weise eine richterliche Entscheidung zu erreichen (A/G/R-*Ahrens* § 4d Rn. 21; K. *Schmidt/Stephan* InsO, § 4d Rn. 4; *Andres/Leithaus* InsO, § 4d Rn. 2).

22 Eine **Erinnerungsbefugnis der Staatskasse** kann sich ebenfalls aus § 11 Abs. 2 RPflG ergeben. Wegen der Verweisung auf das Beschwerdeverfahren in § 11 Abs. 2 Satz 4 RPflG gilt hier auch die Begrenzung des § 127 Abs. 3 ZPO (dazu auch *Huhnstock* Abänderung und Aufhebung der Prozesskostenbewilligung, Rn. 16 m.w.N.), zumal die Staatskasse nicht von Amts wegen am Änderungsverfahren beteiligt und damit nicht bereits in dieser Funktion erinnerungsbefugt ist. Daher steht der Staatskasse die Möglichkeit der sofortigen Erinnerung bei Abänderungsentscheidungen nur dann zu, wenn sie mit der Erinnerung die Befugnis geltend macht, dass eine **Anordnung der gesamten Restzahlung** (vgl. im PKH-Recht *OLG Nürnberg* Rpfleger 1994, 421) – z.B. wegen durch einen Erbfall neu erlangten Vermögens – nach § 4b zu erfolgen habe (generell gegen die Erinnerungsbefugnis der Staatskasse *Jaeger/Eckardt* InsO, § 4d Rn. 38; A/G/R-*Ahrens* § 4d InsO Rn. 21; HK-InsO/*Sternal* § 4d Rn. 6).

F. Verfahrensrechtliches

Die **Einzelheiten des Beschwerdeverfahrens** ergeben sich neben den speziellen Voraussetzungen der §§ 4d, 6 InsO vor allem gem. § 4 InsO aus den **allgemeinen Regelungen der §§ 567 ff. ZPO** (so *Schmerbach* § 6 Rdn. 35 ff.). Seit dem 01.01.2014 ist über die Möglichkeit der Beschwerde nach §§ 4 InsO, 232 ZPO n.F. zu belehren (*Zipperer* NZI 2013, 865). 23

Die Beschwerde wird nach § 569 Abs. 2 Satz 1 ZPO durch Einreichung einer Beschwerdeschrift eingelegt; nach § 569 Abs. 3 Nr. 2 ZPO kann sie hier auch durch Erklärung zu Protokoll der Geschäftsstelle eingelegt werden, da insoweit die Verfahrenskostenstundung der Prozesskostenhilfe gleichzustellen ist. Seit dem 01.03.2012 ist zu beachten, dass sie nach § 6 Abs. 1 Satz 2 nur bei dem Insolvenzgericht eingelegt werden kann (s. *Schmerbach* § 6 Rdn. 47). 24

Die **maßgebliche Beschwerdefrist** ergibt sich hier nicht aus § 127 Abs. 2 Satz 3 ZPO, sondern aus **§ 569 Abs. 1 Satz 1 ZPO** (*Jaeger/Eckardt* InsO, § 4d Rn. 26; HK-InsO/*Sternal* § 4d Rn. 9), denn die durch das ZPO-RG vorgenommene Anpassung des § 127 ZPO an die Berufungsfrist (BT-Drucks. 14/4722, S. 76) kann nicht in das Insolvenzrecht transferiert werden. Der 2003 veröffentlichte Diskussionsentwurf des BMJ zur Änderung der InsO machte deutlich, dass auch für die Staatskasse die Frist des § 569 Abs. 1 Satz 1 ZPO gilt (*Jaeger/Eckardt* InsO, § 4d Rn. 27). Da die damals geplanten Ergänzungen (dazu *Stephan* ZVI 2003, 145 [152]) nicht kodifiziert wurden, ergibt sich bei fehlender Zustellung des Beschlusses an die Staatskasse eine Fristbegrenzung nur aus analoger Anwendung von § 569 Abs. 1 Satz 2 ZPO (so K. Schmidt/*Stephan* § 4d Rn. 9; MüKo-InsO/*Ganter/Lohmann* § 4d Rn. 11; HK-InsO/*Sternal* § 4d Rn. 8). 25

Die Beschwerde soll nach § 571 Abs. 1 ZPO begründet werden. Fehlt eine Begründung, ergibt sich daraus allerdings keine Unzulässigkeit der Beschwerde; der Vorsitzende oder das Beschwerdegericht können dem Beschwerdeführer jedoch nach § 571 Abs. 3 Satz 1 für das Vorbringen von Angriffs- und Verteidigungsmitteln eine Frist setzen. Wird diese schuldhaft versäumt, kann eine Präklusion der Partei eintreten. Damit hat die Gesetzgebung auf die bisherige verfassungsgerichtliche Judikatur (*BVerfG* NJW 1982, 1635), wonach eine **allgemeine Präklusion im Beschwerdeverfahren unzulässig** ist, geantwortet und einen Rahmen für eine mögliche Präklusion gesetzt (BT-Drucks. 14/4722, S. 113). Zugleich ist damit noch einmal verdeutlicht worden, dass bei Beschwerden gegen die Aufhebung einer Stundung nach § 4c InsO dem Beschwerdeführer im Rahmen der Fristen nach § 571 ZPO neues Vorbringen gestattet ist und damit auch z.B. die fehlende Erklärung nach § 4c Nr. 1, 2. Alt. InsO abgegeben bzw. die verschlechterte wirtschaftliche Lage bei Widerruf wegen Zahlungsrückstand nach § 4c Nr. 3 InsO eingebracht werden kann (vgl. *LG Mühlhausen* VuR 2009, 30). Dies bestätigt diejenigen Entscheidungen, die bereits bisher die verfassungsgerichtliche Judikatur zur fehlenden Präklusion im Beschwerdeverfahren beachtet hatten (z.B. *LAG Köln* MDR 2001, 236; vgl. § 4c Rdn. 24) und setzt nunmehr für die zügige Erledigung des Verfahrens einen klaren verfahrensrechtlichen Rahmen. 26

Auf den Eingang einer Beschwerde hat das Insolvenzgericht nach § 572 Abs. 1 Satz 1 ZPO zu überprüfen, ob der Beschwerde abzuhelfen ist. Falls eine Abhilfe nicht erfolgt, so ist diese Entscheidung regelmäßig zu begründen (vgl. nur *Zöller/Heßler* ZPO, § 572 Rn. 11; *OLG München* MDR 2004, 291); die Beschwerde ist danach unverzüglich dem Beschwerdegericht vorzulegen. Diese Möglichkeit der Selbstkontrolle ist sowohl dem Richter als auch dem Rechtspfleger eröffnet, so dass sie in den verschiedenen Verfahren nach § 4d InsO eingreift. 27

Das Beschwerdegericht entscheidet in den hier genannten Verfahren nach § 568 Abs. 1 Satz 1 ZPO regelmäßig durch eines seiner Mitglieder als Einzelrichter. Angesichts der neuen Fragen, die das Recht der Verfahrenskostenstundung aufweist, wird es sich jedoch anbieten, dass regelmäßig die Möglichkeit der Übertragung an das Beschwerdegericht nach § 568 Abs. 1 Satz 2 ZPO geprüft wird. Wenn das Beschwerdegericht die Beschwerde für begründet hält, so wird es vor allem bei den komplexen Aufhebungsverfahren nach § 4c InsO nicht selten geboten sein, nach § 572 Abs. 3 ZPO von der Möglichkeit der Zurückverweisung Gebrauch zu machen. Die Entscheidung über die Beschwerde erfolgt durch Beschluss. In dringlichen Fällen kann das Gericht **einstweilige Regelun-** 28 gen nach § 4 InsO i.V.m. § 570 ZPO treffen (*Nerlich/Römermann-Becker* § 4d Rn. 12 f.). Hat der Schuldner in der Treuhandperiode Beschwerde gegen die Ablehnung der Stundung erhoben, ist das Insolvenzgericht vor Abschluss des Beschwerdeverfahrens gehindert, eine Versagung nach § 298 InsO vorzunehmen (*LG Koblenz* VuR 2014, 270).

29 Mit der Einfügung der Beschwerdemöglichkeit in das Rechtsmittelsystem der InsO ist die vor 2001 umstrittene (zum damaligen Streitstand s. *Schmerbach* § 7 Rdn. 4) und vom *BGH* (NJW 2000, 1869) verneinte Frage nach der Möglichkeit einer weiteren Beschwerde ebenfalls entschieden worden. Unter den Voraussetzungen des § 7 InsO war die **Rechtsbeschwerde gegen Entscheidungen der Beschwerdegerichte** zulässig, so dass zentrale Fragen der Verfahrenskostenstundung zügig einer umfassenden höchstrichterlichen Klärung zugeführt werden können. Die entsprechenden Erwartungen (vgl. dazu *Pape* ZInsO 2001, 587 [589]) sind in der Praxis des BGH nachhaltig aufgegriffen worden (z.B. *BGH* ZInsO 2005, 265 m. Anm. *Grote* = VuR 2005, 269 m. Anm. *Kohte*; *BGH* NZI 2006, 712 = VuR 2007, 34 m. Anm. *Kohte*). Seit 2011 ist die Rechtsbeschwerde nur noch gem. § 574 Abs. 1 Nr. 2 ZPO statthaft (*BGH* NZI 2014, 334; Einzelheiten bei A/G/R-*Ahrens* § 6 InsO Rn. 94 ff.).

30 Im Übrigen gelten für das Beschwerdeverfahren gem. § 4 InsO die allgemeinen zivilprozessrechtlichen Regeln. Dem Schuldner ist daher, sofern die persönlichen Voraussetzungen vorliegen, **für das Beschwerdeverfahren bzw. das Rechtsbeschwerdeverfahren Prozesskostenhilfe nach §§ 114 ff. ZPO zu bewilligen** (*BGH* NJW 2002, 2793 [2794]; 2003, 2910 [2911]; s.a. *Schmerbach* § 13 Rdn. 229; MüKo-InsO/*Ganter/Lohmann* § 4d Rn. 13; *Uhlenbruck/Pape* InsO, § 6 Rn. 10; K. Schmidt/*Stephan* InsO, § 4d Rn. 11). Damit ist sichergestellt, dass der Rechtsschutz des Schuldners in den existenziellen Fragen, ob ihm Verfahrenskostenstundung bewilligt bzw. die Bewilligung aufrechterhalten wird, nicht an fehlenden finanziellen Mitteln scheitert.

§ 5 Verfahrensgrundsätze

(1) ¹Das Insolvenzgericht hat von Amts wegen alle Umstände zu ermitteln, die für das Insolvenzverfahren von Bedeutung sind. ²Es kann zu diesem Zweck insbesondere Zeugen und Sachverständige vernehmen.

(2) ¹Sind die Vermögensverhältnisse des Schuldners überschaubar und die Zahl der Gläubiger oder die Höhe der Verbindlichkeiten gering, wird das Verfahren schriftlich durchgeführt. ²Das Insolvenzgericht kann anordnen, dass das Verfahren oder einzelne seiner Teile mündlich durchgeführt werden, wenn dies zur Förderung des Verfahrensablaufs angezeigt ist. ³Es kann diese Anordnung jederzeit aufheben oder abändern. ⁴Die Anordnung, ihre Aufhebung oder Abänderung sind öffentlich bekannt zu machen.

(3) ¹Die Entscheidungen des Gerichts können ohne mündliche Verhandlung ergehen. ²Findet eine mündliche Verhandlung statt, so ist § 227 Abs. 3 Satz 1 der Zivilprozessordnung nicht anzuwenden.

(4) ¹Tabellen und Verzeichnisse können maschinell hergestellt und bearbeitet werden. ²Die Landesregierungen werden ermächtigt, durch Rechtsverordnung nähere Bestimmungen über die Führung der Tabellen und Verzeichnisse, ihre elektronische Einreichung sowie die elektronische Einreichung der dazugehörigen Dokumente und deren Aufbewahrung zu treffen. ³Dabei können sie auch Vorgaben für die Datenformate der elektronischen Einreichung machen. ⁴Die Landesregierungen können die Ermächtigung auf die Landesjustizverwaltungen übertragen.

(§ 5 Abs. 2 a.F. i.d.F. für die bis zum 30.06.2014 beantragten Verfahren s. 8. Auflage)

Übersicht	Rdn.		Rdn.
A. Überblick	1	I. Bedeutung des Amtsermittlungsgrundsatzes	2
B. Der Amtsermittlungsgrundsatz des § 5 Abs. 1 Satz 1 InsO	2		

		Rdn.			Rdn.
II.	Anforderungen an den Insolvenzrichter und Insolvenzrechtspfleger	6	III.	Die Durchführung des Termins	38
C.	Die einzelnen Ermittlungsmöglichkeiten/Beweismittel	12	IV.	Rechtshilfe	40
			E.	Schriftliches Verfahren gem. Abs. 2	45
I.	Schuldner	13	F.	Absehen von mündlicher Verhandlung (Abs. 3)	57
II.	Gläubiger	18	I.	Mündliche Verhandlung und rechtliches Gehör	57
III.	Zeugen	19			
IV.	Sachverständiger	27	II.	Entscheidungen in Beschlussform	61
V.	Urkunden	28	III.	Wirksamwerden und Bekanntgabe von Beschlüssen	63
D.	Verfahrensmäßiger Ablauf	34			
I.	Kostenvorschuss	34	G.	Rechtsbehelf	66
II.	Umfang der Beweisaufnahme	36	H.	§ 5 Abs. 4 InsO	67

Literatur:
Cranshaw/Knöpnadel Unternehmenssanierung zwischen Ökonomie und Recht – Teil 2, ZInsO 2016, 432; *Dettmer/Bausch* Hospitation – ein geeignetes Instrument zur Qualitätssicherung für insolvenzgerichtliche Rechtsanwender?, ZInsO 2012, 1553; *Frind* Praxis-Prüfstand: Die Vorschläge zur Neuordnung des Insolvenzverfahrens natürlicher Personen – Teil 2, ZInsO 2012, 668; *Lisser* Werden Rechtspfleger angemessen bezahlt? – die Bewertung des Insolvenzrechtspflegers, ZInsO 2015, 191; *Schmerbach* Der Regierungsentwurf vom 18.07.2012 – Änderungen in Insolvenzverfahren natürlicher Personen, NZI 2012, 689; *ders.* Gesetz zur Verkürzung des Restschuldbefreiungsverfahrens und zur Stärkung der Gläubigerrecht verabschiedet – Ende gut, alles gut?, NZI 2013, 566; *Weigelt* Das Gesetz zur Reform der Sachaufklärung in der Zwangsvollstreckung, InsbürO 2012, 412.

A. Überblick

Die – mehrfach – geänderte Vorschrift regelt die Tatsachenermittlung durch das Gericht (Abs. 1), die Durchführung der Termine (Abs. 2, 3) und die Erstellung von Tabellen und Verzeichnissen (Abs. 4). Die wichtigste Regelung ist der in § 5 Abs. 1 Satz 1 InsO enthaltene Amtsermittlungsgrundsatz. Als weitere Grundsätze sind in der InsO vorhanden der Grundsatz des Amtsbetriebes (z.B. § 8 Abs. 1 Satz 1, § 9, §§ 32, 33 InsO) und – eingeschränkt – der Dispositionsgrundsatz (§§ 13 Abs. 2, 212, 213 InsO). Von dem ansonsten gem. § 4 Abs. 1 InsO i.V.m. § 128 Abs. 1 ZPO geltenden Grundsatz der mündlichen Verhandlung weicht Abs. 2 zur Verfahrensvereinfachung und Abs. 3 im Beschleunigungsinteresse ab. In **Absatz 2** ist zum 01.07.2007 die früher in § 312 Abs. 2 InsO enthaltene Möglichkeit der Anordnung des schriftlichen Verfahrens übernommen worden. Für die ab dem 01.07.2014 beantragten Verfahren entfällt das Ermessen, das schriftliche Verfahren wird zum Regelfall, ohne dass es einer besonderen Anordnung des Insolvenzgerichtes bedarf. Darin erschöpft sich die Änderung (A/G/R-*Ahrens* § 5 n.F. Rn. 1). 1

B. Der Amtsermittlungsgrundsatz des § 5 Abs. 1 Satz 1 InsO

I. Bedeutung des Amtsermittlungsgrundsatzes

Abweichend vom Beibringungsgrundsatz der ZPO hat das Insolvenzgericht von Amts wegen alle Umstände zu ermitteln, die für das Insolvenzverfahren von Bedeutung sind, § 5 Abs. 1 Satz 1 InsO (*BGH* ZInsO 2009, 1030 [1031]). Dabei handelt es sich um eine Amtspflicht i.S.d. § 839 BGB (zur Haftung s. Rdn. 8). Die einzelnen Ermittlungen stehen im **pflichtgemäßen Ermessen** des Insolvenzgerichts (A/G/R-*Ahrens* § 5 InsO Rn. 12). Zweifel am Vorliegen einer Tatsache gehen zu Lasten der betroffenen Partei (A/G/R-*Ahrens* § 5 InsO Rn. 34). 2

Bei **antragsabhängigen Entscheidungen** wie §§ 78 Abs. 1, 173 Abs. 1, 212, 213, 270 Abs. 2, 270a Abs. 1, 270b, 277, 290, 296–298, 303 InsO setzt die Ermittlungstätigkeit erst ein, wenn ein zulässiger Antrag vorliegt (AGR-*Ahrens* § 5 Rn. 10). 3

Bei dem **Eröffnungsverfahren** handelt es sich allerdings um ein »quasi-streitiges« **Parteiverfahren** (s. § 13 Rdn. 6). Einschränkungen erfährt der Amtsermittlungsgrundsatz daher bei der Prüfung der 4

Zulässigkeit des Antrages (*BGH* ZInsO 2003, 217 [218]; *LG Köln* NZI 2003, 501 [502]; i.E. s. § 14 Rdn. 7). Auch im gerichtlichen Schuldenbereinigungsplanverfahren (§§ 305–310 InsO) gilt der Amtsermittlungsgrundsatz nicht, wie § 309 Abs. 2 Satz 2, Abs. 3 InsO belegen (*LG Berlin* ZInsO 2000, 404; A/G/R-*Ahrens* § 5 InsO Rn. 21). Zum Amtsermittlungsgrundsatz bei der Prüfung der örtlichen bzw. internationalen Zuständigkeit s. Rdn. 35.

5 Nach **Zulassung des Antrages** erlangt der Amtsermittlungsgrundsatz dann im Eröffnungsverfahren besondere Bedeutung. Unabhängig von der Einzahlung eines Kostenvorschusses und ohne an Anträge gebunden zu sein, hat das Insolvenzgericht festzustellen, ob einer der Eröffnungsgründe der Zahlungsunfähigkeit, drohenden Zahlungsunfähigkeit oder Überschuldung (§§ 16 bis 19 InsO) vorliegt und eine die Kosten des Verfahrens deckende Masse vorhanden ist (§ 26 Abs. 1 Satz 1 InsO). Zur Aufklärung sind notfalls **Zwangsmittel** gegen den Schuldner/Vertreter anzuwenden, bevor ein Antrag zurückgewiesen wird (s. § 20 Rdn. 24). Zur zwangsweisen Durchsetzung gegen Dritte s. § 20 Rdn. 36 ff. Häufig ordnet das Insolvenzgericht Sicherungsmaßnahmen (§ 21 InsO) an und lässt durch einen Sachverständigen oder einen vorläufigen Insolvenzverwalter prüfen, ob ein Eröffnungsgrund vorliegt (§ 22 Abs. 1 Satz 2 Nr. 3 InsO).

II. Anforderungen an den Insolvenzrichter und Insolvenzrechtspfleger

6 Der **Insolvenzrichter** muss sich seiner Verantwortung und »Macht« bewusst sein. Jede Entscheidung über eine Insolvenzeröffnung stellt sich als eine Entscheidung über die Existenz des Schuldners dar (so schon zur KO *Kuhn/Uhlenbruck* KO, § 75 Rn. 1a). Dem Schuldnerinteresse am Erhalt seiner Verfügungsmacht stehen häufig die Interessen der Gläubiger gegenüber. Auch innerhalb der Gläubigerschaft können **widerstreitende Interessen** bestehen, je nach dem Grad der Absicherung der Forderung (Sicherungsübereignungen, Eigentumsvorbehalte, Forderungsabtretungen). Bei Unternehmensinsolvenzen spielen die Interessen der Arbeitnehmer am Erhalt ihres Arbeitsplatzes herein. Die Gefahr der missbräuchlichen Nutzung des Antragsrechtes durch Schuldner besteht häufig bei GmbHs, die einen Eigenantrag auf Eröffnung des Insolvenzverfahrens stellen, tatsächlich aber bereits im Vorfeld durch Vermögensverschiebungen auf eine Abweisung mangels Masse hingearbeitet haben, damit das Unternehmen ohne Verwalter unter Aufsicht des Gerichtes abgewickelt werden kann und Rückgriffsansprüche gegen Geschäftsführer und/oder Gesellschafter (gem. §§ 9a, 31, 43, 64 GmbHG, § 135 InsO) nicht geltend gemacht werden.

7 Insbesondere bei der Entscheidung über die Zulassung eines Antrages und bei der erst nach Antragszulassung möglichen Anordnung von Sicherungsmaßnahmen (§ 21 InsO) ist häufig eine schnelle Entscheidung geboten. Der **Insolvenzrichter** sollte sich andererseits nicht von Gläubigern unter (Zeit-)Druck setzen lassen insbesondere in Verfahren mit vorläufigem Gläubigerausschuss gem. § 22a InsO, in Schutzschirmverfahren gem. § 270b InsO und sonstigen vorläufigen Eigenverwaltungsverfahren gem. § 270 InsO. Die **Einräumung eines entsprechenden Status ist notwendig**, ebenso die Bereitstellung eines geeigneten Mitarbeiterstabes (in den USA sind Insolvenzrichter Bundesrichter, vgl. *Uhlenbruck* ZIP 2004, 1 [2]; eine höhere Besoldung für Richter und Rechtspfleger fordert das Gründungsdokument der Gläubigerschutzvereinigung Deutschland e.V., ZInsO 2009, 1153 [1155]). Dadurch würde die Tätigkeit des Insolvenzrichters effektiviert. Ansehen und Qualifikation der Insolvenzrichter befinden sich aus unterschiedlichen Gründen auf einem niedrigen Niveau (*Bitter/Röder* ZInsO 2009,1283 [1291]). Die Handlungsmöglichkeiten der Mitarbeiter der Insolvenzgerichte werden aber im Gegenteil drastisch eingeschränkt durch die Erhöhung der Fallzahlen durch PEBB§Y (s. Vor § 1 Rdn. 100; *Heyrath/Schmerbach* ZInsO 2004, 372; Aufruf des BAKinso ZInsO 2007, 489 [490]). Parallel zur Diskussion über die Qualitätssicherung bei Insolvenzverwaltern wird auch eine Qualitätssicherung bei Insolvenzrichtern angemahnt (*Uhlenbruck* ZInsO 2008, 396). Geboten ist eine jährliche Fortbildungsverpflichtung im gleichen Umfang wie bei Fachanwälten für Insolvenzrecht (Entschließung *BAKinso* Jahrestagung 2016, ZInsO 2016, 2432).

8 Der Insolvenzrichter muss neben rechtlichen Kenntnissen (Insolvenzrecht, Gesellschaftsrecht u.a.) auch über wirtschaftliche Kenntnisse verfügen und sich des Spannungsfeldes widerstreitender Inte-

ressen bewusst sein, in dem er sich bewegt. Daneben benötigt er Menschenkenntnis. Gefragt ist nicht nur beim Insolvenzverwalter (*Paulus/Hörmann* NZI 2013, 623), sondern auch beim Richter/Rechtspfleger emotionale Kompetenz. Besondere Verantwortung kommt dem Insolvenzrichter zu bei der **Auswahl des vorläufigen Verwalters**, des vorläufigen Sachwalters gem. § 270a InsO und der Überprüfung des mitgebrachten vorläufigen Sachwalters im Schutzschirmverfahren gem. § 270b InsO, die bei der Eröffnung regelmäßig zum endgültigen Verwalter/Sachwalter bestellt werden. Die Auswahl eines ungeeigneten Verwalters kann die erfolgreiche Durchführung eines Insolvenzverfahrens vereiteln, wenn z.B. Rückgriffsansprüche gegen Gesellschafter oder Geschäftsführer einer GmbH übersehen und die Eröffnung des Verfahrens mangels Masse abgewiesen wird. Der Insolvenzrichter darf die Ergebnisse des vorläufigen Insolvenzverwalters/Sachverständigen nicht ungeprüft übernehmen. Vielmehr muss er aufgrund eigener Würdigung vom (Nicht-)Vorliegen des Eröffnungsgrundes und (Nicht-)Vorliegen einer die Kosten des Verfahrens deckenden Masse überzeugt sein. Ansonsten kommen Amtshaftungsansprüche (§ 839 BGB, Art. 34 GG) in Betracht (*BGH* NJW-RR 1992, 919 = ZIP 1992, 947; *OLG Frankfurt* NJW 2001, 3270), die im Übrigen schon bei vermeidbaren Verzögerungen wegen ungenügender Ausstattung der Gerichte entstehen können (*BGH* ZInsO 2007, 209). Das Spruchrichterprivileg des § 839 Abs. 2 BGB gilt für die Tätigkeit des Insolvenzrichters nicht (*BGH* NJW 1959, 1085); eine Haftung besteht aber nur bei Vorsatz und grober Fahrlässigkeit (vgl. *BGH* NJW 2003, 3052 [3053]) gegenüber der Anstellungskörperschaft im Regresswege (*Cranshaw/Knöpnadel* ZInsO 2016, 432). Deshalb sollte der Insolvenzrichter seine Überlegungen oder Entscheidungen in den gebotenen Fällen dokumentieren. Der Abschluss einer Haftpflichtversicherung für Verwalter (vgl. *Heyrath* ZInsO 2002, 1023), Insolvenzrichter und Insolvenzrechtspfleger (im Hinblick auf die weitreichenden Entscheidungen im eröffneten Verfahren) versteht sich von selbst.

Der **Insolvenzrechtspfleger** rückt in schwierigen Verfahren im Berichtstermin in den Blickpunkt. Insbesondere bei der Festsetzung von Stimmrechten kann es zu vielfältigen Problemen kommen, die in den Bereich des BGB, Gesellschaftsrechts, Arbeits- und Sozialrechts hineinreichen. In Großverfahren sieht er sich häufig einer Vielzahl von Volljuristen gegenüber. Tauchen trotz guter Vorbereitung unerwartet Probleme auf, dürfen Entscheidungen nicht unter Druck getroffen werden. Der Insolvenzrechtspfleger hat die Verfahrensleitung inne und wird die Sitzung – auch mehrfach – unterbrechen oder vertagen. Sinnvoll ist auch ein Austausch mit Rechtspfleger- und Richterkollegen. 9

Ein anderes Problem liegt in der nicht nach Tätigkeitsfeld, sondern **Beförderungsstruktur** und (damit zusammenhängend) Lebensalter erfolgenden Besoldung, die der Komplexität, der Bedeutung und der hohen Verantwortung nicht angemessen ist (*Lisser* ZInsO 2015, 191). Junge, befähigte Rechtspfleger ziehen häufig die wesentlich schnellere Aufstiegschancen bietende Verwaltungstätigkeit vor. 10

Inzwischen sind für in Insolvenzsachen tätige Richter (§ 22 Abs. 6 GVG) und Rechtspfleger (§ 18 Abs. 4 RPflG) durch das ESUG »weiche« **Fortbildungsklauseln** eingeführt worden (s. § 2 Rdn. 4). Danach sollen sie »über belegbare Kenntnisse auf den Gebieten des Insolvenzrechts, des Handels- und Gesellschaftsrechts sowie über Grundkenntnisse der für das Insolvenzverfahren notwendigen Teile des Arbeits-, Sozial- und Steuerrechts und des Rechnungswesens verfügen«. Sind die Kenntnisse nicht belegt, dürfen Aufgaben in Insolvenzsachen nur zugewiesen werden, »wenn der Erwerb der Kenntnisse alsbald zu erwarten ist«. Der Bundesrat versuchte bis zuletzt, die Einführung zu verhindern. Ausreichende Fortbildungsangebote sind nicht zu erwarten, es wird weiter der Grundsatz learning by doing gelten (*Römermann* NJW 2012, 641 [642]). Dabei müssten die die Aufsicht (gem. §§ 21 Abs. 1 Nr. 1, 58 InsO) führenden Gerichtsorgane den (vorläufigen) Insolvenzverwaltern, die eigene Qualitätsanforderungen verabschiedet haben, auf Augenhöhe entgegentreten können. Geboten ist eine jährliche Fortbildungsverpflichtung im gleichen Umfang wie bei Fachanwälten für Insolvenzrecht (Entschließung *BAKinso* Jahrestagung 2016, ZInsO 2016, 2432). In Betracht kommt weiter die Einführung sog. Qualitätszirkel (*Riedel* INDAT-Report 02/2012, 18 [19]). Hospitationen von Gerichtsangehörigen in Verwalterkanzleien werden erprobt (*Lehmberg* INDAT-Report 02/2012, 40; *Dettmer/Bausch* ZInsO 2012,1553). 11

C. Die einzelnen Ermittlungsmöglichkeiten/Beweismittel

12 Die **Aufzählung** der Beweismittel, Zeugen und Sachverständige, in § 5 Abs. 1 Satz 2 InsO ist **nicht abschließend**. Es gilt der Freibeweis (A/G/R-*Ahrens* § 5 InsO Rn. 26). Daher können auch schriftliche Auskünfte eingeholt werden (*AG Duisburg* NZI 2002, 502). Im Einzelnen bestehen folgende Ermittlungsmöglichkeiten:

I. Schuldner

13 Die Insolvenzordnung erwähnt das wichtigste Beweismittel, nämlich die **Anhörung des Schuldners**, im Rahmen des § 4 InsO nicht. Der Gesetzgeber hat darauf verzichtet, weil § 20 und §§ 97, 98 InsO detailliert die Auskunftspflichten des Schuldners u.a. gegenüber dem Insolvenzgericht regeln (BT-Drucks. 12/7302 S. 155). Von dieser Verpflichtung des Schuldners zur Auskunftserteilung ist zu unterscheiden der Anspruch des Schuldners auf rechtliches Gehör z.B. gem. §§ 10, 14 Abs. 2 InsO.

14 Die Verpflichtung des Schuldners zur Auskunftserteilung besteht sowohl beim Gläubigerantrag als auch beim Eigenantrag. Zur **Auskunft verpflichtet** sind der Schuldner bzw. seine organschaftlichen Vertreter einschließlich der in den letzten zwei Jahren vor Antragstellung ausgeschiedenen organschaftlichen Vertreter (§§ 20, 97 Abs. 1, 100 Abs. 1 InsO). Die Auskunftspflicht gilt auch für Liquidatoren und Notgeschäftsführer. Weiter sind verpflichtet (frühere) faktische Geschäftsführer (zum Begriff s. § 15 Rdn. 18). Im Hinblick auf die Gefahr einer Verfolgung wegen einer Straftat oder Ordnungswidrigkeit besteht zwar kein Auskunftsverweigerungsrecht, jedoch ein Verwendungsverbot (§ 97 Abs. 1 Satz 2 und 3 InsO).

15 Umstritten ist, ob ein Geschäftsführer der Schuldnerin im Hinblick auf mögliche Schadensersatzansprüche gegen ihn (z.B. gem. § 64 Abs. 2 GmbHG) auch seine persönlichen wirtschaftlichen Verhältnisse zur Beurteilung der Werthaltigkeit der Forderung offenbaren muss. Der BGH (*BGH* NZI 2015, 380 m. zust. Anm. *Kluth*; a.A. die Vorinstanz *LG Münster* ZInsO 2015, 411 m. zust. Anm. *Neuner* EWiR 2015, 321) lehnt eine derartige Verpflichtung ab, ebenso ein Teil der instanzgerichtlichen Rechtsprechung (*AG Köln* ZInsO 2015, 1409).

16 Der Schuldner wird als Partei vernommen. Dies ist untechnisch zu verstehen, eine Parteivernehmung gem. §§ 445 ZPO erfolgt nicht (BK-InsO/*Humberg* § 5 Rn. 11). Die Vernehmung erfolgt von Amts wegen. Der Schuldner ist zur Auskunft verpflichtet gem. §§ 20, 97 InsO. Die Aussage des Schuldners kann gem. § 98 InsO **erzwungen** werden (zu den Grenzen bei Eigenanträgen nicht antragspflichtiger Schuldner s. § 20 Rdn. 25). Bei Verletzung von Auskunfts- und Mitwirkungspflichten kann die Restschuldbefreiung versagt werden (§ 290 Abs. 1 Nr. 5, 6 InsO).

17 Von der Vernehmung des Schuldners im Insolvenz(eröffnungs)verfahren ist zu unterscheiden die Vernehmung des Schuldners in einem Rechtsstreit **außerhalb des Insolvenzverfahrens**. Nimmt der Insolvenzverwalter einen Rechtsstreit auf (§§ 85 f. InsO), so ist der Schuldner **als Zeuge** zu vernehmen (*BFH* ZIP 1997, 797 [798] = EWiR 1997, 609). Dasselbe gilt bei Aufnahme eines Rechtsstreites durch den vorläufigen »starken« Insolvenzverwalter gem. §§ 24 Abs. 2, 85, 86 InsO (s. § 24 Rdn. 28).

II. Gläubiger

18 Der Gläubiger hat Anspruch auf rechtliches Gehör zu dem Ergebnis der Ermittlungen, bevor eine seinem Antrag nicht entsprechende Entscheidung getroffen wird. Vernommen wird er als **Partei** (*LG Braunschweig* MDR 1969, 674); im Gegensatz zum Schuldner kann er die Aussage verweigern (*OLG Düsseldorf* NJW 64, 2357; *Jaeger/Gerhardt* InsO, § 5 Rn. 27).

III. Zeugen

19 Zeugen werden vernommen, um beispielsweise den Verbleib von Vermögensgegenständen oder Geschäftsunterlagen zu klären. Als **Zeugen** werden auch die in § 101 Abs. 2 InsO aufgeführten Personen vernommen. Zur Vernehmung eines Steuerberaters s. § 20 Rdn. 14, zur Auskunftseinholung

bei Dritten sogleich Rdn. 21. Sofern erforderlich, wird das Insolvenzgericht auf Anregung des (vorläufigen) Insolvenzverwalters Zeugen vernehmen (s. Rdn. 37).

Ein förmlicher Beweisbeschluss ist nicht nötig (*Jaeger/Gerhardt* InsO, § 5 Rn. 18; *Uhlenbruck/I. Pape* InsO, § 5 Rn. 5). Dem Zeugen sollte aber ein **Beweisthema** mitgeteilt werden, damit er sich vorbereiten kann und Ordnungsmittel gem. § 380 ZPO festgesetzt werden können (*Zöller/Greger* ZPO, § 273 Rn. 10). Neben einer förmlichen Ladung (wegen des Nachweises des Zuganges bei Verhängung von Ordnungsmitteln) kommt auch eine formlose Ladung in Betracht (tatsächliche Kenntnis des Zeugen im Falle der Niederlegung gem. § 181 ZPO bei förmlicher Ladung). 20

Für Ordnungsmittel und Zeugnisverweigerungsrechte gelten nicht § 97 Abs. 1 Satz 2, Satz 3, § 98, sondern § 380 und §§ 383–385 ZPO. Der Insolvenzverwalter kann einen Zeugen gem. § 383 Abs. 1 Nr. 4 und 6 InsO von der **Verschwiegenheitspflicht entbinden** (*LG Hamburg* ZIP 1988, 590 = EWiR 88, 497; *OLG Düsseldorf* ZIP 1993, 807; *LG Hamburg* ZInsO 2002, 289; *Uhlenbruck/I. Pape* InsO, § 5 Rn. 20). Auch im Eröffnungsverfahren ist die Befreiung von der Verschwiegenheitspflicht möglich im Hinblick auf die Befugnisse jedenfalls beim vorläufigen »starken« Insolvenzverwalter (§ 22 Abs. 1 InsO; *Uhlenbruck/I.Pape* InsO, § 5 Rn. 20; einschränkend *Huber* ZInsO 2001, 289 [291 ff.]). Dem »schwachen« vorläufigen Insolvenzverwalter kann durch Einzelermächtigung (vgl. § 22 Rdn. 118) die Befugnis verliehen werden, Auskünfte über die Vermögenslage des Schuldners bei Dritten einzuholen (MüKo-InsO/*Ganter/Lohmann* § 5 Rn. 29). 21

Das Insolvenzgericht kann den **Sachverständigen** nicht ermächtigen, Auskünfte u.a. bei **Kreditinstituten** einzuholen (*LG Göttingen* ZInsO 2002, 1093 mit abl. Anm. *Mitlehner* EWiR 2003, 279; *AG Hannover* ZInsO 2015, 418; A/G/R-*Ahrens* § 5 InsO Rn. 29; HambK-InsO/*Rüther* § 5 Rn. 15; *Uhlenbruck/I. Pape* InsO, § 5 Rn. 13, 15; **a.A.** *AG Göttingen* ZInsO 2002, 943 und *Verf.* bis zur 8. Aufl.). Der Schuldner muss notfalls mit den Zwangsmitteln der §§ 20, 97 ff. InsO gezwungen werden, die Mitarbeiter der Kreditinstitute von der Verschwiegenheitspflicht zu befreien (*Uhlenbruck/I. Pape* InsO, § 5 Rn. 15). Es bietet sich an, dass der Sachverständige beim Erstkontakt den Schuldner eine **Befreiungserklärung unterzeichnen lässt** (Muster bei *Schmerbach* Insbüro 2005, 204 [206]). Nicht ermächtigt werden kann der Sachverständige, die Wohn- und Geschäftsräume des Schuldners zu betreten (*BGH* ZInsO 2004, 550 [551 f.]; HambK-InsO/*Rüther* § 5 Rn. 16; **a.A.** *AG Duisburg* NZI 2004, 388). 22

Weitergehend wird sogar das **Bankgeheimnis** als durch §§ 20, 97 Abs. 1 InsO als außer Kraft gesetzt angesehen (*AG Duisburg* NZI 2000, 606; MüKo-InsO/*Ganter/Lohmann* § 5 Rn. 30). 23

Dem »schwachen« vorläufigen Insolvenzverwalter kann durch Einzelermächtigung (vgl. § 22 Rdn. 118) die Befugnis verliehen werden, das Finanzamt von dem **Steuergeheimnis** des § 30 AO zu entbinden (*LG Hamburg* ZInsO 2015, 45 = Insbüro 2015, 106; *AG Hannover* ZInsO 2016, 287). Zum Steuergeheimnis s. weiter § 22 Rdn. 195, zur Auskunftspflicht über ausländisches Vermögen s. § 22 Rdn. 198. 24

Bei der Vernehmung von Zeugen greift das **Zeugnisverweigerungsrecht des § 384 ZPO** schon dann ein, wenn nicht auszuschließen ist, dass die verlangten Auskünfte die Durchsetzung zivilrechtlicher Ansprüche gegen den Zeugen erleichtern (*LG Ingolstadt* ZIP 2005, 275). 25

Umstritten ist, ob und unter welchen Voraussetzungen dem (vorläufigen) Insolvenzverwalter ein **Auskunftsanspruch gegen Gläubiger** zur Vorbereitung einer Anfechtungsklage zusteht (vgl. HambK-InsO/*Rüther* § 5 Rn. 30a) auch unter Berücksichtigung des Informationsfreiheitsgesetzes (IFG). Einzelheiten bei *Dauernheim* § 143 Rdn. 55. 26

IV. Sachverständiger

Die Frage, ob ein **Eröffnungsgrund** (§§ 16–19 InsO) vorliegt, wird das Gericht regelmäßig nur durch Beauftragung eines Sachverständigen feststellen können (s. § 16 Rdn. 12). Ist ein vorläufiger Insolvenzverwalter bestellt, wird dieser zugleich als Sachverständiger beauftragt. Bei noch tätigen Unternehmen wird er als Sachverständiger auch bestellt werden, um die Aussichten einer Unterneh- 27 mensfortführung beurteilen zu können und gem. § 22 Abs. 1 Satz 2 Nr. 3 InsO zu prüfen, ob eine die Kosten des Verfahrens deckende **Masse** (§ 26 InsO) vorhanden ist. Häufig werden Sachverständige auch bei der **Prüfung der Rechnungslegung** des (vorläufigen) Insolvenzverwalters eingesetzt (s. § 21 Rdn. 246 ff.). Ob und inwieweit im Rahmen von ESUG-Verfahren zur Prüfung der Voraussetzungen oder verfahrensbegleitend im Eröffnungsverfahren Sachverständige eingesetzt werden können und sollen, ist umstritten und bedarf noch praktischer Erprobung (s. § 22 Rdn. 164 und § 22a Rdn. 45, 47).

V. Urkunden

28 Als Urkunden können verwertet werden **Pfändungsprotokolle des Gerichtsvollziehers** und eine eidesstattliche Versicherung des Schuldners nach den §§ 807, 899 ff. ZPO. Häufig werden sie vom antragstellenden Gläubiger beigefügt. Ansonsten kommt eine Anfrage des Insolvenzgerichts an die Vollstreckungsabteilung bzw. den zuständigen Gerichtsvollzieher in Betracht. Seit dem 01.07.2013 besteht gem. § 802k Abs. 2 Satz 3 ZPO für die Insolvenzgerichte die Möglichkeit zur Einsicht in die landesweit bei den zentralen Vollstreckungsgerichten in elektronischer Form hinterlegten Vermögensverzeichnisse (*Weigelt* InsbürO 2012, 412 [414]).

29 Beim **Nachlassinsolvenzverfahren** können die Nachlassakten beigezogen werden.

30 Der Insolvenzverwalter hat Anspruch auf Akteneinsicht in **Prozessakten** z.B. bei einer vor Eröffnung des Insolvenzverfahrens eingereichten Klage des Schuldners auf Lohnzahlung (*LAG Hamm* ZInsO 2014, 799).

31 Für den vorläufigen Insolvenzverwalter/Sachverständigen sind für die Erstattung seines Gutachtens von Bedeutung die Geschäftsunterlagen, die häufig unvollständig sind und deren Herausgabe ggf. gem. § 98 InsO durchgesetzt werden muss. Eine Verpflichtung zur Vorlage von Urkunden ergibt sich auch für **Dritte** aus § 4 InsO i.V.m. § 142 ZPO (*Pape* ZInsO 2001, 1074 [1075]). Gem. § 142 ZPO muss ggf. **nach Entbindung von der Schweigepflicht** (HambK-InsO/*Rüther* § 5 Rn. 22):
- der Steuerberater Geschäftsunterlagen des Schuldners herausgeben (§ 20 Rdn. 14), ohne sich auf Gegenansprüche wegen offener Honorarforderungen berufen zu können (*LG Köln* ZVI 2005, 79 [80 f.]; *Frind* NZI 2010, 749 [756]), nicht aber seine Arbeitsergebnisse;
- ein Kreditinstitut die Kontoauszüge (s. Rdn. 21);
- ein Rechtsanwalt, Steuerberater oder Arzt als Schuldner seine Geschäftsunterlagen, ohne sich auf die Schweigepflicht berufen zu können (*BGH* ZInsO 2005, 436 [437]; *LG Berlin* ZInsO 2004, 817).

32 Sind Unterlagen von der **Staatsanwaltschaft** sichergestellt worden, stellt sich die Frage des Akteneinsichtsrechts des (vorläufigen) Insolvenzverwalters. Akteneinsicht ist schon dem Sachverständigen im Eröffnungsverfahren zu gewähren gem. § 475 Abs. 1 S. 1 StPO auch in ansonsten Dritten nicht zugängliche Teile (*OLG Braunschweig* NZI 2016, 597 m. Anm. *Köllner/Mück*; *LG Hildesheim* NJW 2009, 3799 [3801]; ebenso *OLG Dresden* ZInsO 2014, 242 für die Beurteilung der Frage, ob Schadensersatzansprüche gegen den Geschäftsführer werthaltig sind), wobei die Verschwiegenheitspflicht des § 203 Abs. 2 Nr. 5 StPO zu beachten ist. Das Akteneinsichtsrecht setzt aber voraus, dass das Verfahren, in dessen Akten Einsicht begehrt wird, Straftaten zum Nachteil des von ihm vertretenen Unternehmens zum Gegenstand hat (*OLG Köln* NZI 2014, 1059). Von der Steuerfahndung in der Wohnung des Schuldners aufgefundene Unterlagen unterliegen keinem Beweisverwertungsverbot (*AG Köln* NZI 2009, 133 [135]). Zum Akteneinsichtsrecht nach dem **Informationsfreiheitsgesetz (IFG)** s. Rdn. 26.

33 In Betracht kommt weiter die Anordnung einer **Postsperre** (§ 99 InsO), die auch schon im Eröffnungsverfahren zulässig ist (§ 21 Abs. 2 Nr. 4, § 99 InsO).

D. Verfahrensmäßiger Ablauf

I. Kostenvorschuss

Die Ermittlungen sind **nicht abhängig** von der Einzahlung eines **Vorschusses**. Ein Vorschuss für Auslagen darf zwar eingefordert werden gem. § 17 Abs. 3 GKG mit Ausnahme bei Verfahren über den Schuldenbereinigungsplan, § 17 Abs. 4 Satz 3 GKG. Die Ermittlungen dürfen von ihm aber nicht abhängig gemacht werden (*BGH* MDR 1976, 396). Anfallende Kosten sind im Falle der Eröffnung Kosten des Insolvenzverfahrens gem. § 54 Nr. 1 InsO. Sie sind aus der Masse vorrangig zu befriedigen (§ 209 Abs. 1 Nr. 1 InsO). 34

Sofern der Antrag zurückgewiesen wird, haftet der Antragsteller für die Kosten. Bei Abweisung mangels Masse kommt eine **Haftung des Antragstellers** grds. nicht in Betracht (s. § 26 Rdn. 95 ff.). Wegen der teilweise verbreiteten Praxis, auch bei Abweisung mangels Masse dem Antragsteller die Kosten aufzuerlegen, beantragen Antragsteller, vor Einschaltung eines vorläufigen Insolvenzverwalters/Sachverständigen, Rücksprache zu nehmen. Dieser Antrag ist für das Gericht wegen des Amtsermittlungsgrundsatzes unbeachtlich, worauf der Antragsteller hingewiesen werden sollte (s. § 13 Rdn. 83). Werden die Kosten bei Abweisung mangels Masse – richtigerweise – dem Antragsgegner auferlegt (s. § 26 Rdn. 95), bedarf es dieser Einschränkung des Gläubigerantrages nicht. Eine Zweitschuldnerhaftung des Antragstellers für die Gerichtskosten, insbesondere die Sachverständigenkosten, kommt bei einer Erledigungserklärung nicht in Betracht; offen ist, was bei Abweisung mangels Masse gem. § 26 InsO gilt (s. § 13 Rdn. 194). 35

II. Umfang der Beweisaufnahme

Das Insolvenzgericht ist auch befugt, auf Anregung des (vorläufigen) Insolvenzverwalters/Sachverständigen eine Beweisaufnahme (Zeugenvernehmung) durchzuführen, die neben einer Arbeitserleichterung für den (vorläufigen) Insolvenzverwalter/Sachverständigen bei der Erfassung der Insolvenzmasse zugleich verlässliche Prognosen über den weiteren Verlauf des Insolvenzverfahrens erbringen kann (*LG Hamburg* ZIP 1988, 590 für die Vernehmung von Zeugen zur Frage, ob Rückgriffsansprüche gem. §§ 32a, b GmbHG a.F. bestehen; ebenso *LG Hildesheim* ZIP 1983, 598; *AG Duisburg* KTS 1992, 135 [136]). Entgegen einer in der Literatur geäußerten Auffassung (MüKo-InsO/*Ganter/Lohmann* § 5 Rn. 19; *Uhlenbruck/I. Pape* InsO, § 5 Rn. 22), ist dieser Rspr. zuzustimmen (HambK-InsO/*Rüther* § 5 Rn. 27; *Jaeger/Gerhardt* InsO, § 5 Rn. 7). Es entspricht einem praktischen Bedürfnis, Prozesse des Insolvenzverwalters durch Ermittlungen des Insolvenzgerichts vorzubereiten (*Brehm* EWiR 1988, 497 [498]). Die **Ermittlungsmaßnahmen** sind **von** dem Wortlaut des § 5 Abs. 1 Satz 1 InsO gedeckt, da die Umstände für das Insolvenzverfahren von Bedeutung sind. In die Kompetenz des Prozessgerichts wird durch die (vorweggenommene) Beweisaufnahme nicht eingegriffen, seine Entscheidungsfreiheit nicht berührt. Eine Beweisaufnahme durch das Insolvenzgericht kommt darüber hinaus bereits im Eröffnungsverfahren in Betracht, wenn geklärt werden soll, ob trotz fehlender Masse das Verfahren eröffnet werden soll, da sich Rückgriffsansprüche gegen Gesellschafter/Geschäftsführer oder Anfechtungsansprüche durchsetzen lassen (s. § 26 Rdn. 4, 20, 24). 36

Eine andere Frage ist es, ob das Insolvenzgericht auf Antrag des Verwalters zur Zeugenvernehmung **verpflichtet** ist (*LG Hildesheim* ZIP 1983, 598; **a.A.** *Kuhn/Uhlenbruck* KO, § 75 Rn. 3b). Nach der obigen Auffassung sollte ein Insolvenzgericht einem Antrag des Insolvenzverwalters nachkommen; jedenfalls ist es zur Beweisaufnahme im Rahmen der Amtsermittlungspflicht verpflichtet. Eine gerichtliche Überprüfungsmöglichkeit im Beschwerdeweg besteht gem. § 6 Abs. 1 InsO aber nicht mehr. 37

III. Die Durchführung des Termins

Von der Terminsanberaumung werden der vorläufige Insolvenzverwalter/Sachverständige (ggf. nach vorheriger telefonischer Absprache) und der antragstellende Gläubiger/Vertreter benachrichtigt. Der Termin ist zwar **nichtöffentlich** (s. § 4 Rdn. 24). Dem Gläubiger/Vertreter ist die Anwesenheit 38 gestattet gem. § 4 InsO i.V.m. § 357 Abs. 1. Bei der Vernehmung von Zeugen wird auch der Schuldner/Vertreter benachrichtigt; sein Anwesenheitsrecht folgt aus § 4 InsO i.V.m. § 357 Abs. 1 ZPO. Ein Zeuge ist möglichst förmlich mit Angabe des Beweisthemas zu laden (s. Rdn. 20). Ein Schuldner/Vertreter ist im Hinblick auf mögliche Zwangsmittel gem. § 98 Abs. 2 InsO förmlich (daneben ggf. noch formlos) zu laden. Damit bei Nichterscheinen Zwangsmaßnahmen angeordnet werden können, ist ebenso wie beim Zeugen (s. Rdn. 20) zu fordern, dass ihm das Beweisthema mit der Ladung mitgeteilt (ggf. in Form des Anschreiben des vorläufigen Verwalters/Sachverständigen mit den zu beantwortenden Fragen) worden ist.

39 Termine können uneingeschränkt auch in der Zeit vom 1. Juli bis 31. August stattfinden, da gem. § 5 Abs. 3 Satz 2 InsO die Vorschrift des § 227 Abs. 3 Satz 1 ZPO nicht gilt. Anders als im eröffneten Verfahren (s. § 29 Rdn. 17) gilt die **Ladungsfrist** von drei Tagen (§ 217 ZPO) im Eröffnungsverfahren wegen des Eilcharakters nicht, wird aber in der Praxis selten unterschritten. Der Termin ist nichtöffentlich. Über den Inhalt wird ein Protokoll gefertigt, die Beteiligten erhalten Abschriften. Zur Abnahme von Eiden ist nur der Insolvenzrichter befugt (§ 4 Abs. 3 Nr. 1 RPflG). Der Insolvenzrichter entscheidet von Amts wegen über die Beeidigung, ein Verzicht gem. §§ 391, 402 ZPO ist unbeachtlich. Gegen nicht erschienene Zeugen können Zwangsmittel gem. § 380 ZPO angeordnet werden, gegen nicht erschienene Schuldner/Vertreter gem. §§ 98 Abs. 2 Nr. 1, 101 Abs. 1 InsO.

IV. Rechtshilfe

40 Auf Vernehmungen im Wege der **Rechtshilfe** sollte das Insolvenzgericht insbesondere im Eröffnungsverfahren wegen des Zeitverlustes (A/G/R-*Ahrens* § 5 InsO Rn. 28) und des eingeschränkten Erkenntniswertes **verzichten**. Einem Schuldner/Vertreter wird es im Übrigen regelmäßig zumutbar sein, vor dem Insolvenzgericht zu erscheinen. Ist dies nicht der Fall, sollte versucht werden, sowohl einen Schuldner/Vertreter als auch einen Zeugen (§ 4 InsO i.V.m. § 377 Abs. 3 ZPO) schriftlich zu befragen.

41 Bei der Vernehmung des Schuldners/Vertreters ist zudem zu bedenken, dass Zwangsmittel vom Insolvenzgericht anzuordnen sind. Das Insolvenzgericht kann für den Fall des Nichterscheinens einen Vorführungsbefehl beifügen (*OLG Köln* ZIP 1999, 1604 [1605] = NZI 1999, 459 =ZInsO 1999, 600). Auch über die Anordnung von Haft hat das Insolvenzgericht zu entscheiden (*OLG Köln* ZIP 1999, 1604 [1605]), da diese nur nach vorheriger Anhörung zulässig ist (§ 98 Abs. 2 InsO). Dadurch wird die Verhaftung auswärtiger Schuldner/Vertreter beträchtlich erschwert, da eine Vorführung durch einen auswärtigen Gerichtsvollzieher zum Ort des Insolvenzgerichts regelmäßig nicht erfolgen wird. Es bleibt nur, dem Schuldner/Vertreter schriftlich Gelegenheit zur Stellungnahme einzuräumen, Haftbefehl zu erlassen und diesen vom auswärtigen (Rechtshilfe)Gericht vollstrecken zu lassen. Dieses kann unter Hinweis auf den Haftbefehl auch zunächst Termin anberaumen und den Vollzug der Verhaftung bei Nichterscheinen ankündigen.

42 Das Rechtshilfegericht ist nicht berechtigt, statt einer mündlichen Anhörung eine schriftliche Anhörung anzuordnen (*Uhlenbruck/I. Pape* InsO, § 10 Rn. 9). Das Rechtshilfeersuchen darf nach § 158 GVG grds. nicht abgelehnt werden. Das Ersuchen muss hinreichend bestimmt sein, eine Zweckmäßigkeitsprüfung durch das ersuchte Gericht findet aber nicht statt (*OLG Köln* ZIP 1999, 1604 = NZI 1999, 459 = ZInsO 1999, 600).

43 **Nicht zulässig** ist Rechtshilfe **im Bezirk des Insolvenzgerichts** (s. § 2 Rdn. 22).

44 Sinnvoll erscheint es, wenn durch Rechtsverordnung die Rechtshilfeersuchen gem. § 157 Abs. 2 GVG beim Insolvenzgericht konzentriert und vom Insolvenzrichter bearbeitet werden (z.B. gem. § 16a Abs. 2 ZuständigkeitsVO in Niedersachsen, Nds. GVBl. 2002, 350). Ansonsten ist auch ein nicht für Insolvenzsachen zuständiges Gericht zur Rechtshilfe verpflichtet (*LG Dortmund* NZI 2002, 556; *LG Hamburg* ZInsO 2006, 665).

E. Schriftliches Verfahren gem. Abs. 2

Abs. 2 ist durch das Vereinfachungsgesetz zum 01.07.2007 eingefügt worden. Im Verbraucherinsolvenzverfahren war gem. § 312 Abs. 2 InsO a.F. (unter den jetzt in Abs. 2 Satz 1 aufgeführten Voraussetzungen) die schriftliche Durchführung des Verfahrens oder von Teilen möglich. In Verbraucherinsolvenzverfahren können die Gläubiger selten eine Quote erwarten, die Termine fanden weitgehend ohne Gläubiger statt. Die schriftliche Durchführung des Verfahrens trug zur Entlastung der Insolvenzgerichte und der Treuhänder bei. 45

Der Gesetzgeber ermöglicht aufgrund der positiven Erfahrungen auch in Regelinsolvenzverfahren die schriftliche Durchführung des **gesamten Verfahrens oder einzelner Teile** (Satz 1). Die Anordnung kann bei veränderter Sachlage jederzeit wieder aufgehoben werden (Satz 2). Neu ist die öffentliche Bekanntmachung (Satz 3). Geblieben sind die in § 312 Abs. 2 InsO a.F. aufgeführten (einschränkenden) Voraussetzungen. 46

Für die **ab dem 01.07.2014 beantragten Verfahren** entfällt das in § 5 Abs. 2 InsO a.F. eingeräumte Ermessen, das schriftliche Verfahren wird zum Regelfall, ohne dass es einer besonderen Anordnung des Insolvenzgerichts bedarf. Darin erschöpft sich die Änderung (A/G/R-*Ahrens* § 5 n.F. Rn. 1). 47

Voraussetzungen sind für die bis zum 30.06.2014 beantragten »Alt-«Verfahren und die ab dem 01.07.2014 beantragten »Neu-«Verfahren gleichermaßen:
– die Überschaubarkeit der Vermögensverhältnisse des Schuldners und
– geringe Anzahl der Gläubiger oder geringe Höhe der Verbindlichkeiten. 48

Die **Überschaubarkeit** der Vermögensverhältnisse kann nicht in Anlehnung an § 304 Abs. 2 InsO bestimmt werden (MüKo-InsO/*Ganter/Lohmann* § 5 Rn. 64b). Die geringe Anzahl der Gläubiger ist nämlich ausdrücklich als ein weiteres Erfordernis in Abs. 2 Satz 1 genannt. Es verbleibt ein Anwendungsgebiet nur, wenn bei geringer Gläubigeranzahl dennoch die Vermögensverhältnisse unüberschaubar sind. Überschaubar sind die Vermögensverhältnisse, wenn sich bereits aus den bisherigen Ermittlungen ein zuverlässiger Eindruck über das Vermögen und die Verbindlichkeiten ergibt (MüKo-InsO/*Ganter/Lohmann* § 5 Rn. 64b). Daran kann es fehlen, wenn z.B. komplexe Anfechtungstatbestände zu erörtern sind. Dies wird höchst selten der Fall sein, eine wesentliche Bedeutung kommt der Voraussetzung nicht zu. 49

Die **geringe Anzahl der Gläubiger** wird in Anlehnung an § 304 Abs. 2 InsO häufig danach bestimmt, ob der Schuldner weniger als 20 Gläubiger hat (HambK-InsO/*Rüther* § 5 Rn. 34). Diese Auffassung ist abzulehnen (MüKo-InsO/*Ganter/Lohmann* § 5 Rn. 64b). Die **Zahl von weniger als 20 Gläubigern** in § 304 Abs. 2 InsO bei ehemals selbständiger wirtschaftlicher Tätigkeit als Abgrenzungskriterium zum Regelinsolvenzverfahren ist **ungeeignet** (A/G/R-*Ahrens* § 5 InsO Rn. 36; HK-InsO/*Sternal* § 5 Rn. 27), es handelt sich um eine gegriffene, durch keinerlei empirische Untersuchungen belegte Zahl. Auch bei einer wesentlich höheren Zahl von Gläubigern können die Vermögensverhältnisse durchaus überschaubar sein. Bei natürlichen Personen werden die Verfahren regelmäßig auf Stundungsbasis gem. § 4a InsO eröffnet, ist Vermögen vorhanden, wird es zur Deckung der Verfahrenskosten verwandt. Einen festen Schwellenwert gibt es nicht (A/G/R-*Ahrens* § 5 InsO Rn. 40). Auch Regelinsolvenzverfahren bei nicht mehr werbend tätigen juristischen Personen und Gesellschaften können schriftlich durchgeführt werden. 50

Auch die **geringe Höhe der Verbindlichkeiten** ist nicht nach den zu § 312 Abs. 2 InsO entwickelten Grundsätzen zu bestimmen (MüKo-InsO/*Ganter/Lohmann* § 5 Rn. 64b). Ein Betrag von 10.000 € (HambK-InsO/*Rüther* § 5 Rn. 34) ist zu niedrig, schon Verbraucher haben häufig deutlich höhere Schulden. Einen feste Grenze gibt es nicht (A/G/R-*Ahrens* § 5 InsO Rn. 41). 51

Auch bei juristischen Personen kann das Verfahren schriftlich durchgeführt werden (BK-InsO/*Humberg* § 5 Rn. 15a). Die **Anordnung** kann bereits im Eröffnungsbeschluss erfolgen aufgrund der Prognose des Sachverständigen in seinem Gutachten (*Schmerbach/Wegener* ZInsO 2006, 400 [405]). An Stelle des Termins zur Gläubigerversammlung tritt ein Kalenderdatum als Stichtag, bis zu dem die Beteiligten schriftliche Erklärungen abgeben können. 52

53 Die Anordnung gilt fort, auch wenn die funktionelle Zuständigkeit wechselt (A/G/R-*Ahrens* § 5 InsO Rn. 45).

54 Eine **Aufhebung oder Änderung der Anordnung** ist möglich gem. Abs. 2 Satz 3. Der Rechtspfleger kann eine vom Richter getroffene Anordnung aufheben (A/G/R-*Ahrens* § 5 InsO Rn. 48). Eine mündliche Erörterung zur Förderung der Verfahrensabwickelung kann angezeigt sein (MüKo-InsO/*Ganter* § 5 Rn. 64c):
– bei Streit über Bestand und Höhe einer angemeldeten Forderung;
– bei Bedarf der Erörterung, wenn ein Schuldner einer Anmeldung einer Forderung aus vorsätzlich begangener unerlaubter Handlung (§ 174 Abs. 2 InsO) widersprochen hat (§ 175 Abs. 2 InsO);
– zwingend bei Antrag auf Einberufung einer Gläubigerversammlung gem. § 75 InsO.

Die Aufhebung muss nicht für das gesamte Verfahren erfolgen, sondern kann sich auf einen einzelnen Teil beschränken. Zu Rechtsbehelfen s. Rdn. 66.

55 Die Kommunikation zwischen Gericht und Beteiligten erfolgt **schriftlich**. Termine für die Gläubigerversammlungen finden nicht statt, Forderungsprüfung und sonstige in den Gläubigerversammlungen vorgesehenen Abstimmungen und Entscheidungen erfolgen schriftlich, die in §§ 29, 75, 160 Abs. 1 Satz 2, 176, 197, 235 vorgesehenen Termine entfallen (AGR-*Ahrens* § 5 Rn. 47). Dies gilt auch für die Neuwahl eines Insolvenzverwalters nach § 57 Satz 1, wenn sie in der ersten Frist zur Stellungnahme im schriftlichen Verfahren beantragt ist (BGH ZInsO 2013, 1307). Allerdings kann das Insolvenzgericht jederzeit einen Termin anberaumen gem. § 5 Abs. 2 Satz 3. Im schriftlichen Verfahren ist die Zustimmungsfiktion des **§ 160 Abs. 1 Satz 2 InsO nicht anwendbar** (*Schmerbach* Insbüro 2007, 202 [213]; *Deppe* Insbüro 2007, 288 [289]).

56 Die **Gesetzesänderung** für die **ab dem 01.07.2014 beantragten Verfahren** ist halbherzig und **skeptisch** zu bewerten (*Frind* ZInsO 2012, 668 [675]; *Schmerbach* NZI 2012, 689 [690 f.]; *ders.* NZI 2013, 566 [572]). Die Praxis wickelt Verbraucherinsolvenzverfahren inzwischen fast ausnahmslos und vermehrt auch Regelinsolvenzverfahren bei eingestelltem Geschäftsbetrieb schriftlich ab.

F. Absehen von mündlicher Verhandlung (Abs. 3)

I. Mündliche Verhandlung und rechtliches Gehör

57 Entscheidungen des Insolvenzgerichtes müssen häufig binnen kurzer Frist ergehen, damit sie – wie insbesondere die Anordnung von Sicherungsmaßnahmen gem. § 21 InsO – Wirkung entfalten. Dies ermöglicht § 5 Abs. 3 InsO, wonach – in Anlehnung an § 764 Abs. 3 ZPO – **Entscheidungen ohne mündliche Verhandlung** getroffen werden können. Auch im eröffneten Verfahren hat die Vorschrift Bedeutung. Während ein Teil des Verfahrens zwingend mündlich abläuft (z.B. Gläubigerversammlung, § 74 InsO), kann ein anderer Teil schriftlich erfolgen (z.B. §§ 59, 64 InsO). Weitergehend ermöglicht § 5 Abs. 2 InsO, dass das Insolvenzverfahren ganz oder teilweise schriftlich durchgeführt wird; es kann jederzeit wieder in das mündliche Verfahren übergegangen werden (Abs. 2 S. 32).

58 Grds. ist vor Erlass einer Entscheidung rechtliches Gehör (Art. 103 Abs. 1 GG) zu gewähren. Eine **Anhörung** ist vorgeschrieben in §§ 10, 14 Abs. 2, 15 Abs. 2 Satz 2, 59, 70 Satz 3, 98 Abs. 2, 99 Abs. 1 Satz 3, 161, 173 Abs. 2, 207 Abs. 2, 214 Abs. 2, 248 Abs. 2, 272 Abs. 2 Satz 2, 289 Abs. 1 Satz 1, 296 Abs. 2 Satz 1, 298 Abs. 2 Satz 1, 303 Abs. 3 Satz 1, 309 Abs. 2 Satz 1, 314 Abs. 2, 317 Abs. 2 Satz 2, 318 Abs. 2 Satz 2, 333 Abs. 2 Satz 2 InsO. Darüber hinaus ist jedem Verfahrensbeteiligten rechtliches Gehör zu gewähren, bevor eine ihn beschwerende Entscheidung ergeht. Das Gericht verletzt den Grundsatz des rechtlichen Gehörs, wenn es einen nach Beschlussfassung, aber vor Herausgabe des nicht verkündeten Beschlusses eingegangenen Schriftsatz unberücksichtigt lässt (*BGH* NZI 2012, 721).

59 Ergehen **Sicherungsmaßnahmen** ohne vorherige Anhörung, um den Sicherungszweck nicht zu gefährden, ist nachträglich rechtliches Gehör zu gewähren (so ausdrücklich § 99 Abs. 1 Satz 3 InsO; s. § 10 Rdn. 13 und § 21 Rdn. 45 ff.).

Eine Anhörung kann sowohl **mündlich als auch schriftlich** erfolgen (MüKo-InsO/*Ganter* § 5 **60**
Rn. 81). Es genügt, dass die Gelegenheit zur Stellungnahme gegeben wird, z.B. beim Gläubigerantrag durch Übersendung eines Fragebogens an den Schuldner (s. § 14 Rdn. 245).

II. Entscheidungen in Beschlussform

Die Entscheidungen des Gerichts ergehen, auch wenn eine mündliche Verhandlung stattgefunden **61**
hat, in Beschlussform und werden begründet, wenn ein Antrag abgelehnt oder ein Rechtsmittel statthaft ist (*Hess* InsO, § 5 Rn. 35). Im Hinblick auf die Abhilfemöglichkeit gem. § 4 InsO i.V.m. § 572 Abs. 1 Satz 1 ZPO kann die **Begründung im Rahmen des Beschwerdeverfahrens nachgeholt** werden (s. § 10 Rdn. 20). Neben Beschlüssen kann das Gericht Verfügungen treffen wie die Ladung von Zeugen, die Aufforderung des Schuldners zu Erklärungen, die Gelegenheit der Beteiligten zur Stellungnahme usw.

Die früher teilweise streitige Frage, ob eine vorbereitende richterliche Tätigkeit oder eine Entschei- **62**
dung vorlag (*Hess* KO, § 73 Rn. 1), war von Bedeutung für die Frage, ob gem. § 73 Abs. 3 KO die sofortige Beschwerde statthaft war. Sie ist bei richterlicher Tätigkeit überholt, seitdem § 6 Abs. 1 eine Beschwerde nur noch in den gesetzlich ausdrücklich geregelten Fällen zulässt (s. § 6 Rdn. 9); anders beim Rechtspfleger (s. § 6 Rdn. 94).

III. Wirksamwerden und Bekanntgabe von Beschlüssen

Ergeht eine Entscheidung nach mündlicher Verhandlung, so ist sie gem. § 4 InsO i.V.m. § 329 **63**
Abs. 1 ZPO zu verkünden. Mit **Verkündung** ist die Entscheidung zugleich wirksam geworden.

Bei **nicht verkündeten Entscheidungen** ist zu **differenzieren.** Nach dem BGH richtet sich das bei **64**
Beschlüssen, deren öffentliche Bekanntmachung zu erfolgen hat, nach dem jeweiligen Regelungszusammenhang der Entscheidung (*BGH* ZInsO 2010, 1496). Wirksamkeit kann eintreten:

(1) mit Beschlussfassung (*BGH* ZInsO 2010, 1496 für die Aufhebung des Insolvenzverfahrens gem. § 200 InsO). Für den Zeitpunkt gilt bei fehlender Angabe § 27 Abs. 3 InsO analog,

(2) wenn Entscheidungen aus dem Bereich des Gerichts in den Geschäftsgang gelangt sind, in dem ein Mitarbeiter der Service-Einheit den Beschluss in den Abtrag gelegt hat (*BGH* NZI 2012, 721 Rn. 8; MüKo-InsO/*Schmahl/Vuja* § 13 Rn. 119), so z.B. die Anordnung von Sicherungsmaßnahmen gem. § 21 InsO (s. § 23 Rdn. 19) und der Eröffnungsbeschluss gem. § 27 InsO (Einzelheiten s. § 30 Rdn. 7). Ein zuvor eingegangener Schriftsatz muss bei der Entscheidung noch berücksichtigt werden (s. Rdn. 58),

(3) mit der Zustellung. Die Zustellung kann ebenfalls geboten sein, um Rechtsmittelfristen in Lauf zu setzen (s. § 8 Rdn. 13 ff.). Die Bekanntgabe erfolgt an sämtliche Beteiligte, bei Antragsablehnung ohne Anhörung eines anderen Beteiligten jedoch nur an den Antragsteller.

Vom **Wirksamwerden** an ist das Gericht an seine **Entscheidung gebunden.** Es existieren aber fol- **65**
gende **Ausnahmen** einer Aufhebungs- und Abänderungsbefugnis bei
– Sicherungsmaßnahmen, § 25 InsO,
– sofortiger Beschwerde, § 6 Abs. 2 Satz 2 InsO,
– noch laufender Beschwerdefrist, auch wenn kein Rechtsmittel eingelegt ist (*AG Ludwigshafen* EzInsR, InsO § 34 Nr. 2; s.a. § 7 Rdn. 88).

G. Rechtsbehelf

Maßnahmen gem. **§ 5 Abs. 1 InsO** bereiten die Entscheidung des Insolvenzgerichts nur vor und **66**
sind, da keine Entscheidung des Insolvenzgerichtes vorliegt, schon deshalb nicht beschwerdefähig (*BGH* ZInsO 2003, 1099). Ausnahmen gelten:
– bei Entscheidungen des Rechtspflegers, § 11 Abs. 2 RPflG (s. § 6 Rdn. 107),

§ 6 InsO Sofortige Beschwerde

- auch gegenüber vollzogenen Maßnahmen bei tiefgreifenden Grundrechtseingriffen (s. § 6 Rdn. 20 ff.),
- außerhalb der InsO getroffenen Maßnahmen wie Verhängung von Ordnungsgeldern gegen Zeugen (s. § 6 Rdn. 84 ff.).

Anordnungen gem. **Abs. 2** sind gem. § 6 Abs. 1 nicht beschwerdefähig, wenn sie der Richter trifft. Gegen Entscheidungen des Rechtspflegers ist die sofortige Erinnerung gem. § 11 Abs. 2 RPflG gegeben (HK-InsO/*Sternal* § 5 Rn. 28).

H. § 5 Abs. 4 InsO

67 Durch Abs. 4 Satz 1 wird klargestellt, dass die Tabelle der Insolvenzforderungen (§ 175 InsO) und die Stimmliste (§ 239 InsO) im Wege der **elektronischen Datenverarbeitung** oder mit anderen maschinellen Einrichtungen erstellt werden können. Die ZPO enthält vergleichbare Regelungen (§§ 641l Abs. 4, 642a Abs. 5 Satz 1, 689 Abs. 1 Satz 2 ZPO). Auch ohne ausdrückliche Erwähnung ist der Insolvenzverwalter berechtigt, das Verzeichnis der Massegegenstände, das Gläubigerverzeichnis und die Vermögensübersicht (§§ 151–153 InsO) sowie das Verteilungsverzeichnis (§ 188 InsO) maschinell zu erstellen (BT-Drucks. 12/2443 S. 110).

68 Die Sätze 2–4 sind durch das Vereinfachungsgesetz zum 01.07.2007 eingefügt worden. Ähnlich wie im Handelsrecht (§ 8a HGB) wird den Ländern zur Effektivierung des Verfahrens die Möglichkeit einer elektronischen Abwicklung eröffnet. Entsprechende Rechtsverordnungen sind jedoch noch nicht erlassen worden (diese einfordernd: Beschluss des BAKinso NZI 2009, 42).

69 Inzwischen wird der Elektronische Rechtsverkehr schrittweise eingeführt, so in Niedersachsen ab dem 01.04.2012 (AV d. MJ v. 21.10.2011, Nds. RPfl. 2011, 372: EGVP). Eine Zäsur wird die obligatorische Einführung des elektronischen Rechtsverkehrs zum 01.01.2022 bringen.

§ 6 Sofortige Beschwerde

(1) ¹Die Entscheidungen des Insolvenzgerichts unterliegen nur in den Fällen einem Rechtsmittel, in denen dieses Gesetz die sofortige Beschwerde vorsieht. ²Die sofortige Beschwerde ist bei dem Insolvenzgericht einzulegen.

(2) Die Beschwerdefrist beginnt mit der Verkündung der Entscheidung oder, wenn diese nicht verkündet wird, mit deren Zustellung.

(3) ¹Die Entscheidung über die Beschwerde wird erst mit der Rechtskraft wirksam. ²Das Beschwerdegericht kann jedoch die sofortige Wirksamkeit der Entscheidung anordnen.

Übersicht

		Rdn.			Rdn.
A.	Überblick	1	I.	Überblick	35
B.	Spezielle Zulässigkeitsvoraussetzungen nach der InsO	8	II.	Beschwerdeschrift	36
			III.	Beschwerdesumme	38
I.	Entscheidung Insolvenzgericht	9	IV.	Beschwerdefrist/Belehrung	40
II.	Insolvenzspezifische Entscheidung	11	V.	Anschlussbeschwerde	45
III.	Beschwerdeberechtigung	12	VI.	Zuständiges Gericht für die Einlegung der Beschwerde	46
IV.	Beschwer/Rechtsschutzinteresse	14			
V.	Beschwerdefähige Entscheidungen kraft Gesetzes	23	VII.	Beschwerdeantrag	52
			D.	Wirkungen der Beschwerde	54
VI.	Von der Rechtsprechung bejahte Fälle	25	E.	Das Verfahren vor dem Insolvenzgericht (Amtsgericht)	56
VII.	Nicht beschwerdefähige Entscheidungen	27	I.	Zulässigkeitsprüfung	56
VIII.	Verbraucherinsolvenzverfahren	30	II.	Verfahrensablauf bei Prüfung der Begründetheit	59
IX.	Auswahl des Insolvenzverwalters	34			
C.	Allgemeine Zulässigkeitsvoraussetzungen der sofortigen Beschwerde	35	III.	Entscheidungsmöglichkeiten	63

		Rdn.			Rdn.
F.	Das Verfahren vor dem Beschwerdegericht/§ 6 Abs. 3	64	I.	Überblick	93
G.	Reichweite des § 6 InsO und sonstige Beschwerdemöglichkeiten gegen Entscheidungen des Richters	82	II.	Zulässigkeitsvoraussetzungen	94
			III.	Weiterer Verfahrensablauf	101
				1. § 11 Abs. 1 RPflG	102
I.	Anwendungsbereich § 6 Abs. 1 InsO	82		2. § 11 Abs. 2 RPflG	107
II.	Entscheidungen außerhalb der InsO	84		3. § 11 Abs. 3 RPflG	117
	1. Anwendungsbereich	84	IV.	Entscheidungen außerhalb der InsO	120
	2. Einschränkungen	85	J.	Entscheidungen gem. § 766 ZPO	123
	3. Verfahren	88	K.	Entscheidungen des Urkundsbeamten der Geschäftsstelle	137
	4. Zulassung der Rechtsbeschwerde	89	L.	Entscheidungen des Gerichtsvollziehers	138
H.	Gegenvorstellung und Beschwerdemöglichkeit infolge greifbarer Gesetzwidrigkeit	90	M.	Rechtskraft und Wiederaufnahme	139
			N.	Internationales Insolvenzrecht	140
I.	Entscheidungen des Rechtspflegers	93			

Literatur:
Schmerbach Auswirkungen der Änderungen von Verfahrensvorschriften der InsO, ZInsO 2014, 132; *Zipperer* Das Gesetz zur Einführung einer Rechtsbehelfsbelehrung im Zivilprozess und zur Änderung anderer Vorschriften vom 5.12.2012 und seine Auswirkungen auf die Insolvenzrechtspraxis, NZI 2013, 865.

A. Überblick

Ein Beschwerderecht sahen die GesO uneingeschränkt vor, die KO, falls es nicht ausdrücklich ausgeschlossen war, die VerglO nur in den gesetzlich bestimmten Fällen. Die letztgenannte Regelung übernimmt § 6 Abs. 1 InsO; die sofortige Beschwerde ist nur in den gesetzlich ausdrücklich zugelassenen Fällen zulässig (**Enumerationsprinzip**). Nach dem Willen des Gesetzgebers soll so der zügige Ablauf des Insolvenzverfahrens gewährleistet werden (BT-Drucks. 12/2443 S. 110). Auch die Regelung des § 6 Abs. 2 InsO ist aus der VerglO übernommen. Die Regelung in § 6 Abs. 3 InsO entspricht § 74 KO. Das Verfahren richtet sich gem. § 4 InsO nach den §§ 567 ff. ZPO, sofern die InsO keine Sondervorschriften enthält. Abweichend von § 569 Abs. 1 Satz 1 ZPO kann die Beschwerde inzwischen nur beim Insolvenzgericht als **Eingangsgericht** und nicht auch beim Landgericht als Beschwerdegericht eingelegt werden. Dabei sind **zwei Einschränkungen** zu beachten: Die Einschränkung gilt nicht für Beschwerden außerhalb der InsO wie z.B. Entscheidungen gem. § 36 Abs. 4 InsO (s. Rdn. 84 ff., 120 f.) und für vor dem 01.03.2012 beantragte Verfahren, Art. 103g EGInsO. 1

Gem. § 7 InsO war abweichend von § 574 Abs. 1 Nr. 2 ZPO die Rechtsbeschwerde ohne Zulassung durch das Beschwerdegericht statthaft. Nach Aufhebung des § 7 InsO bedarf es der ausdrücklichen Zulassung (Einzelheiten s. § 7 Rdn. 6). 2

Die InsO enthält **weitere Regelungen** über Rechtsbehelfe, nämlich §§ 122, 126 InsO zum Arbeitsgerichtsverfahren, §§ 189, 194 Abs. 1 InsO (Einwendung gegen das Verteilungsverzeichnis) und § 214 InsO (Widerspruch gegen die Einstellung des Insolvenzverfahrens). 3

Darüber hinaus bestehen **weitere Rechtsbehelfe**. Entscheidungen, die **nicht unmittelbar das Insolvenzverfahren betreffen**, z.B. Kostengrundentscheidung gem. §§ 269 Abs. 3, 91a ZPO bzw. § 91 ZPO (s. § 13 Rdn. 75, 280), Streitwertfestsetzung, Festsetzung der Sachverständigenentschädigung sind mit den dafür vorgesehenen Rechtsbehelfen anzufechten. Die ZPO sieht dafür die sofortige Beschwerde gem. §§ 574 ff. ZPO vor, der der Insolvenzrichter gem. § 572 Abs. 1 Satz 1 ZPO abhelfen kann. Bei Beschlüssen besteht darüber hinaus die Möglichkeit der Berichtigung gem. §§ 319, 320 ZPO (z.B. bei unrichtiger Bezeichnung des Insolvenzschuldners). Entscheidungen gem. §§ 36 Abs. 1 und 4, 89 Abs. 3 InsO sind nach der Rechtsprechung des BGH gem. §§ 766, 793 ZPO anfechtbar; § 6 Abs. 1 InsO gilt nicht (s. Rdn. 134). 4

§ 6 InsO Sofortige Beschwerde

5 Gegen **Entscheidungen des Rechtspflegers** kann sofortige Erinnerung (§ 11 Abs. 1, 2 RPflG) erhoben werden; daneben kann der Richter gem. § 18 Abs. 3 RPflG das Stimmrecht neu festsetzen.

6 Über Erinnerungen auf Änderung einer Entscheidung des **Urkundsbeamten der Geschäftsstelle** entscheidet nach Aufhebung des § 4 Abs. 2 Nr. 3 RPflG nicht mehr ausschließlich der Richter.

7 **Tabellarischer Überblick** über Rechtsmittel und Rechtsbelfe bei *Heyn* InsbürO 2010, 362 [402, 442].

B. Spezielle Zulässigkeitsvoraussetzungen nach der InsO

8 Bei der Prüfung von Beschwerden sind neben den Allgemeinen Zulässigkeitsvoraussetzungen der Beschwerde (s. Rdn. 12 ff.) **spezielle Zulässigkeitsvoraussetzungen** zu beachten (Überblick bei *Graeber* InsbürO 2006, 202; Schaubild InsbürO 2006, 153):
 – Entscheidung des Insolvenzgerichts (s. Rdn. 9 f.; beim Rechtspfleger zusätzlich: Entscheidung oder nur vorbereitende Tätigkeit des Insolvenzgerichts (s. Rdn. 94 ff.);
 – Vorliegen einer insolvenzspezifischen Entscheidung (s. Rdn. 11, 71 ff.);
 – Beschwerdeberechtigung (s. Rdn. 12 f.);
 – Beschwer (s. Rdn. 14 ff.);
 – Rechtsschutzinteresse (s. Rdn. 17 ff.);
 – Einräumung der Beschwerdemöglichkeit in der InsO (s. Rdn. 23 ff.).

I. Entscheidung Insolvenzgericht

9 Die früher streitige Frage, ob eine (beschwerdefähige) **Entscheidung oder** eine (nichtbeschwerdefähige) bloß **vorbereitende Tätigkeit** vorlag (*Kuhn/Uhlenbruck* KO, § 73 Rn. 11), hat im richterlichen Bereich (anders beim Rechtspfleger, s. Rdn. 94) ihre Bedeutung weitgehend verloren, da eine Beschwerdemöglichkeit nur in den ausdrücklich zugelassenen Fällen besteht (*Jaeger/Gerhardt* InsO, § 6 Rn. 16). Unerheblich ist es, ob die Entscheidung (wie regelmäßig) in **Beschlussform** ergeht oder in Form einer **Verfügung** (*LG Hagen* ZVI 2014, 300). Auch wenn das Insolvenzgericht eine förmliche Entscheidung in Beschlussform trifft, liegt keine Entscheidung vor. Eine Maßnahme, die keine Entscheidung darstellt, wird auch nicht dadurch anfechtbar, dass sie in Form eines Beschlusses ergeht (str.; s. Rdn. 95). Gegen bloße Untätigkeit des Gerichts kann nur im Wege der Dienstaufsicht (§ 26 Deutsches Richtergesetz) vorgegangen werden. Zur Anfechtungsmöglichkeit im Rahmen der Gewährung eines Vergütungsvorschusses gem. § 9 InsVV s. § 21 Rdn. 218.

10 Gegen Handlungen des **(vorläufigen) Insolvenzverwalters** bzw. **Sachverständigen** besteht **keine Beschwerdemöglichkeit**; das Insolvenzgericht kann nur Maßnahmen nach §§ 58, 59 InsO ergreifen (*LG Gera* ZIP 2002, 1737).

II. Insolvenzspezifische Entscheidung

11 Ferner muss es sich um eine Entscheidung handeln, die **unmittelbar** das Insolvenzverfahren betrifft. Nicht darunter fallen z.B. Beschwerden gegen Entscheidungen über Kosten, Ordnungsmittel, Ablehnungsgesuche, Akteneinsicht (Einzelheiten s. Rdn. 82 ff.).

III. Beschwerdeberechtigung

12 Wer **beschwerdeberechtigt** ist, ist in der InsO i.E. geregelt (z.B. § 59 Abs. 2, § 64 Abs. 3 InsO). Die Aufzählung ist abschließend (A/G/R-*Ahrens* § 6 InsO Rn. 53; *Jaeger/Gerhardt* InsO, § 6 Rn. 27). In Betracht kommen insbesondere Schuldner, Gläubiger und (vorläufiger) Insolvenzverwalter. Es genügt, dass ein Gläubiger eine Forderung zur Tabelle angemeldet hat; auf das Bestehen der Forderung kommt es nicht an (*BGH* ZInsO 2007, 259; ZInsO 2004, 1312; MüKo-InsO/ *Ganter/Lohmann* § 6 Rn. 26). **Gesellschafter** der Insolvenzschuldnerin sind zur Beschwerde gegen die Festsetzung der Vergütung des Insolvenzverwalters befugt, wenn die Höhe der Festsetzung ihr Recht auf eine Teilhabe an einem Überschuss beeinträchtigen kann (*BGH* NZI 2014 383 mit krit. Anm. *Mock*). Der **vorläufige**

Insolvenzverwalter kann gegen seine Entlassung Rechtsmittel nur im eigenen Namen, nicht aber für die Masse einlegen (*BGH* ZInsO 2010, 2093 für die Prüfung der Voraussetzungen für die Bewilligung von Prozesskostenhilfe). Erinnerung gem. § 11 Abs. 2 RPflG kann ein Sonderinsolvenzverwalter, dem die Kassenführung übertragen worden ist, einlegen gegen die Genehmigung der Entnahme der Haftpflichtversicherungsprämie des Insolvenzverwalters (*AG Göttingen* ZInsO 2012, 147). Hat sich ein **Dritter** für den Fall (partieller) Masseunzulänglichkeit gegenüber der Masse zur (anteiligen) Begleichung der Kosten verpflichtet, ist er hinsichtlich der Festsetzung der Vergütung des (vorläufigen) Insolvenzverwalters beschwerdebefugt (*BGH* ZInsO 2013, 238 = EWiR 2013, 245). Weitere Einzelheiten bei Rdn. 25 ff. und den einzelnen Vorschriften.

Nicht beschwerdeberechtigt ist, wer an dem Verfahren **nicht beteiligt** ist (*LG München* ZInsO 2001, 13 424; MüKo-InsO/*Ganter/Lohmann* § 6 Rn. 22). Davon zu unterscheiden ist die Frage, wer bei einem Schuldner, der nicht eine natürliche Person ist, zur Einlegung der Beschwerde berechtigt ist (s. § 34 Rdn. 15 ff.).

IV. Beschwer/Rechtsschutzinteresse

Auch auf das Erfordernis der **Beschwer** kann unter Geltung der InsO aufgrund der gem. § 4 InsO 14 anwendbaren Vorschrift des § 567 Abs. 1 ZPO nicht verzichtet werden (*OLG Brandenburg* NZI 2000, 206 [208]; *OLG Celle* ZInsO 2001, 418). Die Entscheidung muss unmittelbar in die Rechte des Beschwerdeführers eingreifen (A/G/R-*Ahrens* § 6 InsO Rn. 56 f.). Dies gilt z.B. bei der Frage, ob eine GmbH nach Stellung eines Eigenantrages gegen die Eröffnung des Insolvenzverfahrens Beschwerde einlegen kann mit der Begründung, es habe eine Abweisung mangels Masse erfolgen müssen (s. § 34 Rdn. 34 ff.). Zur Beschwer eines Beteiligten durch die Beschwerdeentscheidung s. Rdn. 61.

Für die Beschwerdeberechtigung des **Antragstellers** ist grundsätzlich eine **formelle Beschwer** erfor- 15 derlich (s. § 34 Rdn. 24). Diese liegt vor, wenn die Entscheidung von dem gestellten Antrag zu seinem Nachteil abweicht (*BGH* ZInsO 2007, 373 = EWiR 2007, 565). Ausnahmen sind denkbar, obgleich der Antragsteller im Einzelfall nur materiell beschwert ist (*BGH* ZInsO 2007, 373 = EWiR 2007, 56; s.a. § 34 Rdn. 24 ff.). Für den **Antragsgegner** genügt eine **materielle Beschwer** (*BGH* ZInsO 2007, 373 = EWiR 2007, 56), d.h. jede für ihn nachteilige Entscheidung. Weitere Einzelheiten bei Rdn. 25 ff. und den einzelnen Vorschriften.

Auf den **Wert** der Beschwer kommt es grds. nicht an. Etwas anderes gilt nur bei Kostenentscheidun- 16 gen (s. Rdn. 38, 85).

Weiter muss das **Rechtsschutzinteresse** vorliegen. Trotz Beschwer fehlt das Rechtsschutzinteresse 17 dann, wenn bereits im Zeitpunkt der Einlegung der Beschwerde mit Sicherheit feststeht, dass der beschwerdeführende Gläubiger keine auch nur teilweise Befriedigung seiner Forderung erwarten kann (*BGH* ZInsO 2007, 259). In Verfahren über das Vermögen natürlicher Personen mit Antrag auf Restschuldbefreiung ist aber die Möglichkeit von Einkünften in den nachfolgenden Jahren zu berücksichtigen (*BGH* NZI 2006, 250).

Das Rechtsschutzinteresse fehlt auch, wenn die nachzuprüfende **Entscheidung verfahrensmäßig** 18 **überholt** ist (*Zöller/Gummer* ZPO, § 567 Rn. 12). Grundsätzlich muss die Beschwer im Zeitpunkt der Entscheidung noch gegeben sein (*BGH* NZI 2007, 34). Wird das Insolvenzverfahren beendet, so ist ein schwebendes Beschwerdeverfahren in der Hauptsache erledigt, es wird nur noch über die Kosten entschieden (HK-InsO/*Sternal* § 6 Rn. 26; s.a. § 13 Rdn. 265). Gleiches gilt bei Eröffnung des Insolvenzverfahrens aufgrund Gläubigerantrages für eine gegen die Abweisung eines anderen Eröffnungsantrages eingelegte Beschwerde (*BGH* Beschl. v. 20.09.2007 – IX ZB 241/06; HK-InsO/*Rüntz* § 34 Rn. 7). Etwas anderes gilt nur, wenn die Beschwerde dem Gegenstand nach von der Fortdauer des Insolvenzverfahrens unabhängig ist wie die Festsetzung von Vergütungen (HK-InsO/ *Sternal* 6 Rn. 26). Sicherungsmaßnahmen erledigen sich mit der Eröffnung des Verfahrens, so dass Rechtsbehelfe grundsätzlich unzulässig sind oder werden (*BGH* NZI 2007, 231 [232]; a.A. *Zip-*

§ 6 InsO   Sofortige Beschwerde

perer NZI 2006, 688). Der Beschwerdeführer hat den Rechtsbehelf für erledigt zu erklären, um eine Zurückweisung zu vermeiden.

19 Allerdings sind auch **Ausnahmen** denkbar. Die Anfechtbarkeit einer Entscheidung der Gläubigerversammlung nach § 78 InsO soll nicht deshalb entfallen, weil die in dem Beschluss genehmigte Betriebsveräußerung bereits vollzogen ist. Das *KG* (ZInsO 2001, 411 [412]) bejaht die Anfechtbarkeit einer Entscheidung der Gläubigerversammlung nach § 78 InsO trotz Vollzuges der in dem Beschluss genehmigten Betriebsveräußerung im Hinblick auf eine mögliche Haftung des Verwalters gem. § 60 InsO.

20 Fraglich ist, ob und inwieweit unter dem **Gesichtspunkt eines tiefgreifenden Grundrechtseingriffes** (*Kübler/Prütting/Bork-Pape* InsO, § 21 Rn. 40) der Rechtsbehelf zulässig bleiben kann, weil sich die Tragweite der Entscheidung nach dem typischen Verfahrensablauf auf eine Zeitspanne beschränkt, in der eine Überprüfung der Entscheidung regelmäßig nicht erfolgen kann (MüKo-InsO/*Ganter/Lohmann* § 6 Rn. 36). Im Anschluss an die Judikatur des *BVerfG* bejaht der *BGH* grundsätzlich die Möglichkeit, wenn das Interesse des Betroffenen an der Feststellung der Rechtslage in besonderer Weise schutzwürdig ist, etwa um einer Wiederholungsgefahr zu begegnen, eine fortwirkende Beeinträchtigung durch einen an sich beendeten Eingriff zu beseitigen, oder in Fällen tiefgreifender Grundrechtseingriffe (*BGH* NZI 2007, 34).

21 **Ausnahmen** aus verfassungsrechtlichen Gründen **bejaht die Rechtsprechung** in folgenden Fällen:
– Der *BGH* (ZInsO 2004, 550 [551]) anerkennt bei prozessualer Überholung ein Rechtsschutzbedürfnis bei **Eingriffen in Grundrechte** (Art. 13 GG). Im entschiedenen Fall hat der BGH eine Beschwerdeberechtigung des Schuldners entgegen § 6 InsO anerkannt gegen eine dem Gesetz fremde, in den grundrechtlich geschützten Bereich eingreifenden Maßnahme, nämlich Ermächtigung eines Sachverständigen zur Betretung der Wohn- und Geschäftsräume – Verstoß gegen Art. 13 GG (zust. MüKo-InsO/*Ganter/Lohmann* § 6 Rn. 71b; **abl.** HK-InsO/*Sternal* § 6 Rn. 16, 26, der darin eine unzulässige außerordentliche Beschwerde sieht und auf die Möglichkeit der Gehörsrüge gem. § 321a ZPO verweist);
– Ermächtigung des Insolvenzgerichtes zur Durchsuchung der Wohnung eines Dritten (*BGH* NZI 2009, 766 m. abl. Anm. *Frind* EWiR 2010, 21; *LG Göttingen* ZInsO 2005, 1280);
– Ermächtigung des Insolvenzgerichtes zur Durchsuchung der Geschäftsräume und Wohnung des Geschäftsführers bei Verstoß gegen den Grundsatz der Verhältnismäßigkeit (*LG Göttingen* ZInsO 2007, 499 [500]; zweifelhaft).

22 Die **Rechtsprechung verneint** diese Voraussetzungen hingegen:
– bei Anordnung einer vorläufigen Postsperre § 21 Abs. 2 Nr. 4 InsO. Der *BGH* (NZI 2007, 33 [34] m. abl. Anm. *Zipperer*) begründet dies damit, dass eine vorläufige Postsperre nicht typischerweise gegenstandslos wird, ehe eine Entscheidung des Beschwerdegerichtes eingeholt werden kann (ebenso *OLG Köln* ZIP 2000, 1221 [1222] = EWiR 2000, 829 = DZWIR 2000, 203 m. krit. Anm. *Thiemann*; MüKo-InsO/*Ganter/Lohmann* § 6 Rn. 36; *Uhlenbruck/I. Pape* InsO, § 6 Rn. 12; krit. *Kübler/Prütting/Bork-Pape* InsO, § 21 Rn. 40);
– bei Betretungsverboten und Eingriffen in die organschaftliche Stellung der Vertreter (*BGH* NZI 2007, 231 [232] m. zust. Anm. *Gundlach/Frenzel* = EWiR 2007, 209);
– bei Durchsuchungsanordnungen der Wohn- und Geschäftsräume des Schuldners, wenn davon Mitbewohner des Schuldners betroffen sind (*BGH* NZI 2008, 179 m. zust. Anm. *Schmerbach* NZI 2008, 228 = EWiR 2008, 351);
– bei Anordnung eines Sachverständigengutachtens im Eröffnungsverfahren zur Zulässigkeit eines Insolvenzantrages (*BGH* ZInsO 2011, 1499 [1500]);
– bei Anordnung der Einstellung von Zwangsvollstreckungsmaßnahmen in ein im Ausland belegenes Seeschiff (*LG Bremen* ZIP 2012, 1189 [1190], m. abl. Anm. *Stahlschmidt* EWiR 2012, 355);
– bei Beschluss über die Bildung einer Sonderinsolvenzmasse (*LG Stendahl* ZInsO 2013, 1914);
– bei Bestellung eines Sachverständigen zur Beurteilung der Voraussetzungen einer Eröffnung (*BGH* ZInsO 2013, 1472 – Klärung der internationalen Zuständigkeit).

V. Beschwerdefähige Entscheidungen kraft Gesetzes

Die **InsO** erklärt in folgenden Fällen Entscheidungen für **beschwerdefähig**: 23
- § 4d
- § 20 Abs. 1 Satz 2 i.V.m. § 98 Abs. 3 Satz 3
- § 21 Abs. 2 Nr. 4 i.V.m. § 99 Abs. 3
- § 21 Abs. 1 Satz 2
- §§ 21 Abs. 3 Satz 3 i.V.m. § 98 Abs. 3 Satz 3
- §§ 22 Abs. 3 Satz 3 i.V.m. § 98 Abs. 3 Satz 3
- § 26a Abs. 2
- § 34
- § 57 Satz 4
- § 58 Abs. 2 Satz 3, Abs. 3
- § 59 Abs. 2 Satz 1 und Satz 2
- § 64 Abs. 3
- § 70 Satz 3
- § 73 Abs. 2 i.V.m. § 64 Abs. 3
- § 75 Abs. 3
- § 78 Abs. 2 Satz 2 und 3
- § 98 Abs. 3 Satz 3
- § 99 Abs. 3
- § 101 i.V.m. § 98 Abs. 3 Satz 3
- § 122 Abs. 3, § 126 Abs. 2 Satz 2
- § 153 i.V.m. § 98 Abs. 3 Satz. 3, § 101
- § 194 Abs. 2 Satz 2
- § 194 Abs. 3
- § 197 Abs. 3 i.V.m. § 194 Abs. 2 und 3
- § 204
- § 216
- § 231 Abs. 3
- § 248a Abs. 4
- § 253
- § 272 Abs. 2
- § 274 Abs. 1 i.V.m. § 57 Satz 3, § 58 Abs. 2 Satz 3, Abs. 3, § 59 Abs. 2 Satz 1 und Satz 2, § 64 Abs. 3
- § 274 Abs. 2 Satz 2 i.V.m. §§ 22 Abs. 3, 98 Abs. 3
- § 281 i.V.m. §§ 153, 98 Abs. 3
- § 289 Abs. 2
- § 292 Abs. 3 i.V.m. §§ 58 Abs. 2 Satz 3, Abs. 3, 59 Abs. 2 Satz 1 und 2
- § 293 Abs. 2 i.V.m. § 64 Abs. 3
- § 296 Abs. 3
- § 297 Abs. 2 i.V.m. § 296 Abs. 3
- § 298 i.V.m. § 296 Abs. 3
- § 300 Abs. 3 Satz 3
- § 303 Abs. 3
- § 309 Abs. 2 Satz 3
- § 313 Abs. 1 Satz 3 i.V.m. §§ 57 Satz 3, 58 Abs. 2, Abs. 3, 59 Abs. 2, 64 Abs. 3
- § 344 Abs. 2
- § 345 Abs. 3 Satz 3
- § 346 Abs. 2 Satz 2 und Abs. 3
- Art. 102 § 3 Abs. 1 Satz 2 EGInsO
- Art. 102 § 4 Abs. 1 Satz 3 EGInsO
- Art. 102 § 7 EGInsO

24 **Inhaltlich zusammengefasste Entscheidungen** sind nur anfechtbar mit dem Teil, gegen den die sofortige Beschwerde ausdrücklich zugelassen ist (*BGH* ZInsO 2007, 207 [208]; A/G/R-*Ahrens* § 6 InsO Rn. 9; HK-InsO/*Sternal* § 6 Rn. 5).

Trifft der **Rechtspfleger** eine Entscheidung (s. Rdn. 94), besteht bei in der InsO nicht eingeräumter Beschwerdefähigkeit die Möglichkeit der **sofortigen Erinnerung** gem. § 11 Abs. 2 RPflG (s. Rdn. 107). Eine sofortige Beschwerde gegen die Erinnerungsentscheidung ist ausgeschlossen (*LG Hannover* ZVI 2012, 279).

VI. Von der Rechtsprechung bejahte Fälle

25 Die Rechtsprechung erklärt **weitere Entscheidungen** für beschwerdefähig. So soll ein Rechtsmittel möglich sein, wenn es sich gegen eine dem Gesetz fremde, in den grundrechtlich geschützten Bereich des Schuldners eingreifende Maßnahme richtet (*BGH* ZInsO 2004, 550 [551] = EWiR 2004, 499; MüKo-InsO/*Ganter/Lohmann* § 6 Rn. 14a; Einzelheiten s. Rdn. 19 ff.). Ergeht eine Entscheidung, die in der InsO keine Grundlage findet, ist die sofortige Beschwerde nach dem Grundsatz der Meistbegünstigung zulässig (*LG Berlin* ZInsO 2004, 987 [988]).

26 In folgenden Fällen **bejaht** die Rechtsprechung eine Beschwerdemöglichkeit:
- Ermächtigung eines Sachverständigen zum Betreten der Wohn- und Geschäftsräume (*BGH* ZInsO 2004, 550; s. Rdn. 21);
- Ablehnung eines Schuldnerantrages auf Aufhebung von Sicherungsmaßnahmen im Eröffnungsverfahren (*LG Frankenthal* ZInsO 2013, 2013 [2014]);
- Ermächtigung des Insolvenzgerichtes zur Durchsuchung der Wohnung eines Dritten (*BGH* NZI 2009, 766 m. abl. Anm. *Frind* EWiR 2010, 21; *LG Göttingen* ZInsO 2005, 1289; s. Rdn. 21);
- Ermächtigung des Insolvenzgerichtes zur Durchsuchung der Geschäftsräume und Wohnung des Geschäftsführers bei Verstoß gegen den Grundsatz der Verhältnismäßigkeit (*LG Göttingen* ZInsO 2007, 499 [500]; zweifelhaft s. Rdn. 21);
- Ablehnung der Eröffnung eines Eigenverwaltungsverfahrens gem. § 270 InsO (*AG Freiburg* ZInsO 2015, 1167; str.);
- Eröffnung des Insolvenzverfahrens ohne vorherige Entscheidung in einem noch laufenden gerichtlichen Schuldenbereinigungsplanverfahren (*LG Gera* ZVI 2016, 58);
- Abweisung eines Eröffnungsantrages in der falschen Verfahrensart (*AG Hamburg* ZInsO 2016, 1018: Regelinsolvenzverfahren statt Verbraucherinsolvenzverfahren);
- Festsetzung der Vergütung eines früheren (vorläufigen) Insolvenzverwalters für den nunmehrigen Insolvenzverwalter (*BGH* ZInsO 2012, 2099 unter Hinweis auf eine Geltung auch gegenüber einem Sonderinsolvenzverwalter; a.A. *AG Göttingen* ZInsO 2009, 688);
- Festsetzung eines nicht beantragten Vorschusses bei Antrag des vorläufigen Insolvenzverwalters auf Festsetzung der Vergütung (*BGH* NZI 2016, 889 m. Anm. *Graeber*);
- Verbot, die festgesetzte Vergütung der Masse zu entnehmen (*BGH* ZInsO 2011, 1566);
- Feststellung der Unwirksamkeit einer Erledigungserklärung durch das Insolvenzgericht in einer Zwischenentscheidung (*LG Duisburg* NZI 2009, 911 [912]; *LG Frankenthal* ZInsO 2013, 2013 [2014]);
- Beschwerdeberechtigung des PSV im Fall der Abweisung mangels Masse gem. § 26 InsO (*LG Duisburg* ZIP 2006, 1507);
- Anweisung des Insolvenzverwalters zur Auszahlung von einbehaltenen Zahlungen Dritter (*LG Mönchengladbach* ZInsO 2009, 1356);
- Ablehnung des Antrages auf Bestellung eines Sonderinsolvenzverwalters (*BGH* NZI 2006, 474 [475]; *AG Göttingen* ZInsO 2006, 50 [51]);
- Festsetzung der Vergütung des Sonderinsolvenzverwalters für den Insolvenzverwalter (*LG Braunschweig* ZInsO 2011, 506);
- Verbot der Entnahme der Vergütung der vorläufigen Verwaltung (*BGH* ZInsO 2010, 2103 Rn. 14);

- Ablehnung der Einberufung einer Gläubigerversammlung für einen Gläubiger (*BGH* NZI 2007, 723, wenn der Rechtsbehelf auch darauf gestützt ist, das Quorum sei erreicht);
- Bestätigungsbeschluss eines Insolvenzplanes für einen Gläubiger, der gem. § 251 InsO widersprochen hat (*BGH* ZInsO 2011, 780);
- Verwerfung eines Antrages auf Erteilung der Restschuldbefreiung als unzulässig (*LG Hannover* ZInsO 2009, 207 [208]);
- Zurückweisung eines Antrages auf vorzeitige Erteilung der Restschuldbefreiung (*LG Berlin* ZInsO 2009, 443 [444]).

Weitere Einzelheiten s. § 34 Rdn. 24 ff. sowie bei der Kommentierung der entsprechenden Paragrafen.

VII. Nicht beschwerdefähige Entscheidungen

Die **übrigen**, oben nicht aufgeführten **Entscheidungen** sind **nicht** (bzw. nicht für den nachfolgend aufgeführten Personenkreis) **beschwerdefähig. Ausdrücklich entschieden** ist dies in folgenden Fällen: 27
- Gutachterbestellung gem. § 5 InsO (*BGH* ZInsO 2013, 1472);
- Anordnung von Sicherungsmaßnahmen gem. § 21 Abs. 1 InsO (*LG Göttingen* ZInsO 2004, 1046), § 21 Abs. 2 Nr. 1, Nr. 2 InsO (*OLG Brandenburg* ZIP 2001, 207) oder § 21 Abs. 2 Nr. 3 InsO (*LG Göttingen* NZI 2000, 383); überholt durch § 21 Abs. 1 Satz 2 InsO für den Schuldner;
- Ermächtigung des vorläufigen »schwachen« Insolvenzverwalters zur Einsicht in Akten der Finanzverwaltung (*LG Hamburg* ZInsO 2015, 45 = InsbürO 2015, 106);
- Ablehnung der Anordnung von Sicherungsmaßnahmen (*BGH* ZInsO 2013, 460 = EWiR 2013, 253; *LG München I* NZI 2003, 215);
- Beweisanordnungen im Eröffnungsverfahren (*BGH* ZInsO 2003, 1099);
- Auswahl des vorläufigen Insolvenzverwalters (*OLG Frankfurt* ZInsO 2009, 242 [244 ff.]) oder vorläufigen Sachwalters (*OLG Düsseldorf* ZInsO 2016, 225);
- Anforderung eines Vorschusses gem. § 26 Abs. 1 Satz 2 InsO (*LG Göttingen* NZI 2000, 438);
- Aufhebung des allgemeinen Verfügungsverbotes nach Abweisung mangels Masse für den vorläufigen Insolvenzverwalter (*BGH* ZInsO 2007, 34);
- Beschwerde des Schuldners gegen Eröffnung aufgrund Eigenantrages auch bei gleichzeitigem Fremdantrag (*BGH* ZInsO 2012, 504 = EWiR 2012, 355);
- Zurückweisung des Antrages auf Eigenverwaltung (*BGH* ZIP 2007, 394), auch wenn die Entscheidung im Eröffnungsbeschluss erfolgt (*BGH* ZInsO 2007, 207; *LG Mönchengladbach* ZInsO 2003, 95 m. abl. Anm. *Bärenz* EWiR 2003, 483; *LG Frankfurt* ZIP 2014, 742; **a.A.** *AG Freiburg* ZInsO 2015, 1167);
- Eröffnung des Verfahrens aufgrund Eigenantrages für den Schuldner (*BGH* ZInsO 2007, 206 = EWiR 2007, 375), und zwar auch dann, wenn sie auf die Rüge gestützt wird, gem. § 26 InsO seien die Verfahrenskosten nicht gedeckt (*BGH* ZInsO 2008, 859);
- Anordnung der Eigenverwaltung (*AG Köln* ZInsO 2005, 1006 = EWiR 2006, 153);
- Aufhebung des Eröffnungsbeschlusses für den Insolvenzverwalter (*BGH* ZInsO 2007, 373 = EWiR 2007, 565);
- Auswahl des Treuhänders für den Schuldner (*LG Münster* NZI 2002, 445);
- Bestellung eines Insolvenzverwalters für Mitkonkurrenten (s. Rdn. 34);
- Bestellung einer anderen Person zum Insolvenzverwalter für den vorläufigen Insolvenzverwalter (*LG Potsdam* ZInsO 2005, 501);
- Bestellung eines von den Gläubigern gewählten Insolvenzverwalters gem. § 57 InsO durch das Insolvenzgericht (*BGH* NZI 2009, 246);
- Wahl eines anderen Insolvenzverwalters gem. § 57 InsO für den bisherigen Insolvenzverwalter (*BGH* ZIP 2004, 2341 [2342]; *BVerfG* ZIP 2005, 537 m. krit. Anm. *Lüke* = EWiR 2005, 507);
- Ablehnung des Antrages des Schuldners auf der Entlassung des Insolvenzverwalters (*BGH* NZI 2006, 474 [475]);

§ 6 InsO Sofortige Beschwerde

- Bestellung eines Sonderinsolvenzverwalters für den Insolvenzverwalter (*BGH* ZIP 2007, 547 = EWiR 2007, 373; ZInsO 2014, 601) auch bei Ausweitung des Wirkungskreises eines bereits bestellten Sonderinsolvenzverwalters (*BGH* ZInsO 2010, 186);
- Bestellung eines Sonderinsolvenzverwalters und Ablehnung der Entlassung für den Schuldner (*LG Stendal* ZIP 2013, 1389);
- Übertragung der Kassenführung auf einen Sonderinsolvenzverwalter für den Insolvenzverwalter (*BGH* ZInsO 2010, 187);
- Beschluss über die Bildung einer Sonderinsolvenzmasse für Schuldner und Gläubigerausschuss (*LG Stendahl* ZInsO 2013, 1914; trifft der Rechtspfleger den Beschluss, besteht die Möglichkeit der sofortigen Erinnerung gem. § 11 Abs. 2 RPflG);
- Ermächtigung des Sonderinsolvenzverwalters zur Entbindung von der Schweigepflicht der den Insolvenzverwalter in einem Zivilprozess vertretenden Rechtsanwälte für den Insolvenzverwalter (*LG Göttingen* ZInsO 2012, 225);
- Ablehnung des Antrages eines Insolvenzgläubigers auf Bestellung eines Sonderinsolvenzverwalters (*BGH* ZInsO 2009, 476 [477 f.] = EWiR 2009, 389; ZInsO 2010, 2088; *LG Cottbus* ZInsO 2009, 2108);
- Ablehnung des Antrages des Insolvenzverwalters auf Entlassung eines Sonderinsolvenzverwalters wegen Befangenheit (*BGH* ZInsO 2007, 326 = EWiR 2007, 341);
- Ablehnung des Antrages, einem Insolvenzverwalter Weisungen gem. § 58 InsO zu erteilen (*BGH* NZI 2006, 593; *LG Göttingen* NZI 2000, 491 = EWiR 2000, 827);
- bloße Androhung eines Zwangsgeldes gem. § 58 Abs. 2 InsO (*BGH* ZInsO 2011, 917 = EWiR 2011, 429);
- Bewilligung eines Vorschusses gem. § 9 InsVV, falls nicht der Rechtspfleger entscheidet (s. § 21 Rdn. 218);
- Festsetzung der Vergütung des Insolvenzverwalters in masselosen Verfahren für die in § 64 Abs. 3 InsO nicht erwähnten Landeskassen (*AG Nürnberg* ZVI 2004, 314; *AG Dresden* ZVI 2003, 414);
- Genehmigung der Entnahme der Haftpflichtversicherungsprämie des Insolvenzverwalters für den Sonderinsolvenzverwalter (*LG Göttingen* ZInsO 2011, 50);
- Vertagung einer Gläubigerversammlung (*LG Göttingen* ZIP 2000, 1945 m. krit. Anm. *Alter* EWiR 2001, 235 im Hinblick auf die übersehene Vorschrift des § 11 Abs. 2 RPflG; s. Rdn. 29);
- Ablehnung des Antrages des Schuldners auf Einsetzung eines Gläubigerausschusses oder Einberufung einer Gläubigerversammlung (*BGH* Beschl. v. 05.07.2011 – IX ZA 42/11, JurionRS 2011, 20302 Rn. 14);
- Ablehnung eines Antrages auf Vertagung der Gläubigerversammlung (*BGH* ZInsO 2006, 547);
- Ablehnung eines Antrages auf Unwirksamkeitserklärung von, von der Gläubigerversammlung, gefassten Beschlüssen (*LG Göttingen* ZIP 2000, 1501);
- Wahl eines anderen Insolvenzverwalters durch die Gläubigerversammlung (*OLG Zweibrücken* NZI 2001, 35) bzw. gegen die, die Wahl eines anderen Insolvenzverwalters, bestätigende Entscheidung (*OLG Zweibrücken* NZI 2001, 204);
- Ablehnen der Einberufung einer Gläubigerversammlung auf Antrag einzelner oder mehrerer Gläubiger, die nicht das Quorum des § 75 Abs. 1 Nr. 3 InsO erfüllen (*BGH* ZInsO 2011, 727 = EWiR 2011, 391; ZInsO 2013, 1307 Rn. 5);
- Antrag gem. § 78 Abs. 1 InsO gegen Beschluss der Gläubigerversammlung, die Aufhebung der Eigenverwaltung zu beantragen (*BGH* ZInsO 2011, 1548 [1549] = EWiR 2011, 651);
- Antrag gem. § 78 Abs. 1 InsO gegen nichtigen Beschluss der Gläubigerversammlung (*BGH* ZInsO 2011, 1598 [1600] – jederzeitige Geltendmachung der Nichtigkeit möglich);
- Anordnung einer Aufenthaltspflicht gegenüber dem Schuldner (*LG Göttingen* ZIP 2000, 2174);
- Androhung der zwangsweisen Vorführung (*LG Düsseldorf* NZI 2004, 96);
- Erlass eines Vorführungsbefehles gem. § 98 Abs. 2 InsO (*LG Göttingen* Beschl. v. 13.06.2016 – 10 T 34/16);
- Androhung der Verhaftung (*LG Hamburg* NZI 2000, 236);
- Anordnung der Versicherung der Angaben eines Insolvenzverwalters an Eides statt auf Antrag eines Sonderinsolvenzverwalters (*BGH* ZInsO 2010, 188; *LG Göttingen* ZInsO 2008, 1144);

Sofortige Beschwerde § 6 InsO

- Aufhebung eines Haftbefehls gegen den Insolvenzverwalter für den Sonderinsolvenzverwalter (*BGH* ZInsO 2010, 132);
- Zustimmung zur Genehmigung besonders bedeutsamer Rechtshandlungen gem. § 160 InsO (*BGH* ZInsO 2013, 1307 Rn. 5);
- Entscheidung über einen Wiedereinsetzungsantrag gem. § 186 InsO (*BGH* NZI 2014, 724: nur § 11 Abs. 2 RPflG);
- Zwischenurteil über die Rechtmäßigkeit einer Zeugnisverweigerung für den Schuldner (*AG Göttingen* Beschl. v. 02.07.2010 – 74 IN 270/04);
- Versagung der Einstellung gem. § 207 InsO für den Insolvenzverwalter (*BGH* ZInsO 2007, 541);
- Einstellung des Verfahrens gem. § 211 InsO (*BGH* ZInsO 2007, 263);
- Versagung der Bestätigung eines vom Insolvenzverwalter vorgelegten Insolvenzplans für den Insolvenzverwalter (*BGH* ZInsO 2009, 478 [479 f.] = EWiR 2002, 251);
- Entscheidungen des Insolvenzgerichtes im Rahmen des Eröffnungs- und Schutzschirmverfahrens gem. §§ 270a, 270b InsO (*BGH* ZInsO 2013, 460 m. abl. Anm. *Römermann/Praß* ZInsO 2013, 482, krit. Anm. *Siemon* EWiR 2013, 253 = NZI 2013, 342 m. zust. Anm. *Vallender* und abl. Anm. *Wissinger* – Ablehnung der Ermächtigung zur Begründung von Masseverbindlichkeiten);
- Bestellung eines anderen vorläufigen Sachwalters statt des vorgeschlagenen vorläufigen Sachwalters gem. § 270b Abs. 2 Satz 2 InsO (*AG Hamburg* ZInsO 2013, 1533);
- Nach dem Schlusstermin beantragte und abgelehnte Versagung der Restschuldbefreiung (*LG München* ZInsO 2000, 519);
- Ernennung des Treuhänders gem. § 291 Abs. 1 InsO durch den Richter (*AG Göttingen* ZInsO 2004, 1323 [1324]);
- deklaratorischer Beschluss gem. § 299 InsO, wonach das Verfahren nach rechtskräftiger Versagung der Restschuldbefreiung beendet ist (*LG Göttingen* Beschl. v. 08.01.2010 – 10 T 1/10);
- Weigerung des Insolvenzgerichts auf Anberaumung eines Termins zur Entscheidung über den Antrag des Schuldners auf Erteilung der Restschuldbefreiung gem. § 300 InsO (*BGH* ZInsO 2010, 1011);
- Erteilung der Restschuldbefreiung gem. § 300 InsO für den Treuhänder, sofern er nicht gem. § 298 InsO Versagung beantragt hat (*AG Göttingen* ZInsO 2009, 736);
- Absehen von einem Schuldenbereinigungsplanverfahren gem. § 306 Abs. 1 Satz 3 InsO (*LG Berlin* ZInsO 2003, 188);
- Möglichkeit der Änderung/Ergänzung eines Schuldenbereinigungsplanes gem. § 307 Abs 3 Satz 1 InsO (*OLG Köln* NZI 2001, 593);
- Weigerung des Insolvenzgerichtes, dem Schuldner gem. § 307 Abs. 3 InsO Gelegenheit zur Änderung des Schuldenbereinigungsplanes zu geben (*LG Duisburg* NZI 2001, 102; **a.A.** *OLG Celle* ZInsO 2001, 1062 [1063]; *LG Hannover* EWiR 2001, 773);
- Aufhebung der Verlängerung der Stundung (*AG Köln* NZI 2014, 229: nur § 11 Abs. 2 RPflG);
- Bewilligung von Prozesskostenhilfe für eine Klage des Insolvenzverwalters für die Landeskasse (*BGH* ZInsO 2016, 542).

Weitere Einzelheiten zum Verbraucherinsolvenzverfahren s. Rdn. 30 ff., § 34 Rdn. 24 ff. sowie bei der Kommentierung der entsprechenden Paragrafen.

Nicht anfechtbar ist die Entscheidung über eine Gehörsrüge (s. Rdn. 90) gem. **§ 321a ZPO** (*LG Göttingen* Beschl. v. 30.03.2009 – 10 T 22/09). 28

Ist die Entscheidung vom **Rechtspfleger** getroffen worden, besteht aber der **Rechtsbehelf** gem. **§ 11 Abs. 2 bzw. Abs. 3 RPflG** (s. Rdn. 107 ff., 117 ff.). Hat der Richter das Verfahren gem. § 18 RPflG an sich gezogen (vgl. § 2 Rdn. 37), entfällt damit auch die Möglichkeit der Erinnerung gem. § 11 Abs. 2 RPflG (*BGH* ZInsO 2011, 2278 Rn. 7; A/G/R-*Ahrens* § 6 InsO Rn. 157; **a.A.** *Graeber* InsbürO 2006, 202 [204]). 29

VIII. Verbraucherinsolvenzverfahren

30 In einer Reihe von Fällen wird die Statthaftigkeit der Beschwerde trotz fehlender Einräumung einer Beschwerdemöglichkeit in der InsO diskutiert. Die Fälle betreffen im Wesentlichen das Verbraucherinsolvenzverfahren.

31 Ob gegen die Aufforderung gem. § 305 Abs. 3 Satz 1 InsO dem Schuldner die Beschwerdemöglichkeit des § 34 InsO offen steht, ist umstritten (s. *Grote/Lackmann* § 305 Rdn. 63 ff.).

32 Für das **Verhältnis Regelinsolvenz – Verbraucherinsolvenz** ist anerkannt, dass bei Eröffnung in einer anderen als der beantragten Verfahrensart der Schuldner beschwerdebefugt ist (*BGH* ZInsO 2013, 1100 Rn. 8 = EWiR 2013, 385). Im Übrigen s. die Kommentierung bei *Kohte/Busch* § 304 Rdn. 50 ff. Zur Frage der (ausnahmsweisen) Beschwerdemöglichkeit bei der **Rücknahmefiktion des § 305 Abs. 3 Satz 2** InsO s. *Grote/Lackmann* § 305 Rdn. 63 ff.

33 Für einen deklaratorischen Beschluss gem. **§ 308 Abs. 1 Satz 1 InsO** s. *Kohte/Busch* § 308 Rdn. 19 ff.

IX. Auswahl des Insolvenzverwalters

34 Bei der Entscheidung über die **Bestellung eines Insolvenzverwalters** ist zu unterscheiden. Das BVerfG differenziert zwischen der Vorauswahl der Bewerber, die generell als Insolvenzverwalter im Bezirk des Insolvenzgerichtes in Betracht kommen, und der Bestellung im konkreten Einzelfall. Die Vorauswahl ist gem. § 23 EGGVG überprüfbar (*BVerfG* ZInsO 2004, 913). Die Auswahl im konkreten Einzelfall ist aber ein Akt der rechtsprechenden Gewalt, der nur mit den in der InsO vorgesehenen Rechtsbehelfen überprüft werden kann. Mitbewerbern steht ein Rechtsbehelf nicht zur Verfügung (*BVerfG* ZInsO 2006, 765). Es bleibt die Möglichkeit der Fortsetzungsfeststellungsklage, die im Extremfall zu Amtshaftungsansprüchen führen kann. Zu den Einzelheiten s. *Jahntz* § 56 Rdn. 3 ff.

C. Allgemeine Zulässigkeitsvoraussetzungen der sofortigen Beschwerde

I. Überblick

35 Es gelten die speziellen Voraussetzungen der InsO (s. Rdn. 8 ff.) und gem. § 4 InsO die **allgemeinen Regelungen der §§ 567 ff. ZPO**.

II. Beschwerdeschrift

36 Die Beschwerde wird durch Einreichung einer **Beschwerdeschrift** eingelegt (§ 569 Abs. 2 Satz 1 ZPO). Sie kann schriftlich, telegrafisch oder per Telefax eingelegt werden (*Uhlenbruck/I. Pape* InsO, § 6 Rn. 13) oder auch zu Protokoll der Geschäftsstelle abgegeben werden (§ 569 Abs. 3 ZPO; zu den Einzelheiten s. § 14 Rdn. 12). Eine Mail genügt nur, wenn sie den Anforderungen des § 130a ZPO entspricht (MüKo-InsO/*Ganter/Lohmann* § 6 Rn. 40; vgl. *BGH* ZInsO 2015, 1232). Eine schriftlich eingereichte Beschwerdeschrift muss unterschrieben sein (*OLG Köln* NZI 2000, 435; **a.A.** A/G/R-*Ahrens* § 6 InsO Rn. 50). Ausnahmsweise kann eine nicht unterzeichnete Rechtsmittelschrift genügen, wenn keine Zweifel an der Urheberschaft des betroffenen Rechtsmittelführers oder keine Anhaltspunkte für eine nicht ernsthafte Entäußerung bestehen (*OLG Schleswig* ZInsO 2016, 231 [232 f.]). Es kommt aber Wiedereinsetzung gem. § 233 ZPO in Betracht (s. § 4 Rdn. 14). Die angefochtene Entscheidung ist zu bezeichnen; ferner muss die Erklärung enthalten sein, dass Beschwerde eingelegt wird (§ 569 Abs. 2 Satz 2 ZPO). Eine großzügige Auslegung ist angebracht. Eine zur Vorbereitung einer Entscheidung eingereichte Stellungnahme kann nicht in eine sofortige Beschwerde gegen diese Entscheidung umgedeutet werden (*BGH* ZInsO 2004, 89). Ein Anwaltszwang besteht auch bei mündlicher Verhandlung vor dem Beschwerdegericht nicht (str., s. Rdn. 76).

Die sofortige Beschwerde ist unzulässig, wenn sie von einem Bevollmächtigten eingelegt wird, dessen **Bevollmächtigung** – z.B. wegen Verstoßes gegen das Vertretungsverbot des § 43a Abs. 4 BRAO – **nichtig** ist (*AG Hamburg* ZInsO 2007, 277 [278]; vgl. auch *AG Duisburg* NZI 2076, 728 [730]). 37

III. Beschwerdesumme

Die **Beschwerdesumme** des § 567 Abs. 2 ZPO gilt bei Beschwerden im Rahmen der InsO grds. nicht, wie die gesonderte Erwähnung in § 64 Abs. 3 Satz 2 InsO zeigt. Bei Teilabhilfe ist auf die verbleibende Beschwerdesumme abzustellen, so dass eine ursprünglich zulässige Beschwerde unzulässig werden kann (A/G/R-*Ahrens* § 6 InsO Rn. 61). Bedeutung hat die Beschwerdesumme bei Beschwerden nach anderen Verfahrensordnungen (s. Rdn. 85). 38

Eine »**isolierte Kostenbeschwerde**«, die sich nur gegen die Kostenentscheidung, nicht aber die Hauptsacheentscheidung wendet, ist **unzulässig** (s. Rdn. 87). 39

IV. Beschwerdefrist/Belehrung

Die zweiwöchige **Beschwerdefrist** (§ 569 Abs. 1 Satz 1 ZPO) ist eine Notfrist, die gem. § 224 Abs. 2 ZPO nicht verlängert werden kann. Sie beginnt mit der Verkündung der Entscheidung – unabhängig von der Anwesenheit der Beteiligten (*AG Duisburg* NZI 2000, 607 [608]; *AG Göttingen* ZInsO 2001, 275 [278]; BK-InsO/*Humberg* § 6 Rn. 11). Bei **nichtverkündeten Entscheidungen** beginnt die Frist mit der Zustellung, § 6 Abs. 2 InsO. Einzelheiten s. § 8 InsO und § 9 InsO. Erforderlich ist eine ordnungsgemäße Zustellung (*LG Arnsberg* ZInsO 2010 bejaht für Zustellung an 17 Jahre und 10 Monate alte Tochter). Die Beschwerde kann bereits vor Zustellung eingelegt werden, sobald die Entscheidung wirksam (s. § 5 Rdn. 63) geworden ist (A/G/R-*Ahrens* § 6 InsO Rn. 36; MüKo-InsO/*Ganter/Lohmann* § 6 Rn. 39; *Uhlenbruck/I. Pape* InsO, § 6 Rn. 13, 14). Ist zweifelhaft, ob die Beschwerde rechtzeitig bei Gericht eingegangen ist, muss das Gericht den Beschwerdeführer auf das Erfordernis eines geeigneten Beweisantrittes hinweisen und ggf. Beweis erheben. Verbleibende Zweifel gehen zu Lasten desjenigen, der sich auf Fristwahrung beruft (*BGH* ZInsO 2012, 751 Rn. 10). 40

Ab dem 01.01.2014 ist eine **Belehrung über die Beschwerdemöglichkeit** zwingend vorgeschrieben. Im Rahmen der Veröffentlichung gem. § 9 InsO wird eine Rechtsmittelbelehrung nicht für erforderlich gehalten (*LG Duisburg* Beschl. v. 22.02.2016 – 7 T 203/15, VIA 2016, 45; **a.A.** *Autor* § 9 Rdn. 22, 45). Eine Unvollständigkeit der Rechtsbehelfsbelehrung hat keinen Einfluss auf den Lauf der Beschwerdefrist; sie kann allenfalls einen Anspruch auf Wiedereinsetzung in den vorigen Stand begründen (*BGH* BZInsO 2016, 867 [868 f.]) und eine sofortige Beschwerde nachgeholt werden, § 4 InsO i.V.m. §§ 232, 233 ZPO. Die Belehrungspflicht erfasst alle Entscheidungen, die mit der sofortigen Beschwerde (§ 6 InsO), Rechtsbeschwerde (§ 4 InsO, § 574 ZPO) oder befristeten Erinnerung gem. § 11 Abs. 2 RPflG angefochten werden können (*Zipperer* NZI 2013, 865 [866]). Zeitliche Grenze für einen Wiedereinsetzungsantrag bildet die Jahresfrist des § 234 Abs. 3 ZPO. Unklarheiten können sich bei einzelnen Vorschriften ergeben (*Zipperer* NZI 2013, 865 [866 f.] zu § 78 InsO). Einzelheiten siehe die Kommentierung bei den einzelnen Vorschriften. Um einen nachweisbaren Zugang zu ermöglichen, empfiehlt sich die Zustellung durch Aufgabe zur Post (s. § 8 Rdn. 8). Bei öffentlicher Bekanntmachung gem. § 9 InsO muss in der Veröffentlichung auf die gem. § 9 Abs. 1 Satz 3 InsO zu berechnende Beschwerdefrist (s. § 9 Rdn. 45) hingewiesen werden. 41

Bei **unterbliebener oder fehlerhafter Zustellung** gilt Folgendes (PG/*Lohmann* ZPO, § 567 Rn. 3): Bei **verkündeten** Entscheidungen beginnt die Beschwerdefrist spätestens **fünf Monate** nach der Verkündung der Entscheidung gem. § 569 Abs. 1 Satz 2 ZPO (*BGH* ZInsO 2012, 50 [51]). Im Regelfall der **nichtverkündeten** Entscheidung wird die Vorschrift analog angewandt. Streitig ist, ob die Frist mit dem Erlass bzw. der Absendung des Beschlusses oder auf den tatsächlichen Erhalt ankommt. Bei öffentlich bekanntzumachenden Beschlüssen wie Vergütungsfestsetzungsbeschlüssen gem. § 63 InsO kann eine wirksame **öffentliche Bekanntmachung** gem. § 9 InsO den Lauf der Beschwerdefrist in Gang setzen. Sie beginnt am 3. Tag nach der Veröffentlichung zu laufen, §§ 9 42

Abs. 3 i.V.m. § 9 Abs. 1 Satz 3 InsO (*LG Göttingen* ZInsO 2007, 1160; s.a. § 9 Rdn. 10, 18 f.). Ist die öffentliche Bekanntmachung aber fehlerhaft, beginnt die Beschwerdefrist mangels Zustellungswirkung nicht zu laufen (*BGH* ZInsO 2012, 49 Rn. 14).

Eine Sonderregelung enthält § 194 Abs. 3 Satz 3 InsO. Ist die öffentliche Bekanntmachung **fehlerhaft** und damit wirkungslos (s. § 9 Rdn. 12), greift die Fünfmonatsfrist nur, wenn die Entscheidung den Beteiligten individuell mitgeteilt wurde (*BGH* ZInsO 2012, 50 [52]). In größeren Fällen ist dem (vorläufigen) Insolvenzverwalter zu empfehlen, die Ordnungsgemäßheit der Internet-Veröffentlichung zu überprüfen. Die Beschwerdefrist läuft auch, wenn dem (die Eröffnung mangels Masse abweisenden) Beschluss nicht das Abschlussgutachten beigefügt war (*LG Göttingen* Beschluss vom 24.02.1998 – 10 T 12/98).

43 Nach Ablauf der zweiwöchigen Beschwerdefrist kann die Beschwerde erhoben werden, wenn (gem. § 569 Abs. 1 Satz 3 ZPO) die Erfordernisse der **Nichtigkeits- oder Restitutionsklage** vorliegen (*LG Frankfurt* ZIP 1995, 1836 = EWiR 1996, 79; *OLG Frankfurt* ZIP 1996, 556 ff. = EWiR 1996, 519).

44 Bei Fristversäumung kommt **Wiedereinsetzung** in Betracht (s. § 4 Rdn. 14), auch von Amts wegen gem. § 236 Abs. 2 ZPO (*OLG Köln* ZIP 2000, 195 [196]). Ab dem 01.01.2014 ist eine Belehrung über die Beschwerdemöglichkeit zwingend vorgeschrieben, bei Verstößen kommt Wiedereinsetzung in Betracht (s. Rdn. 41). Über einen Wiedereinsetzungsantrag ist spätestens mit der Entscheidung über die Zulässigkeit der Beschwerde zu entscheiden (s. Rdn. 56).

V. Anschlussbeschwerde

45 Gem. § 567 Abs. 3 ZPO ist eine **Anschlussbeschwerde** auch nach Fristablauf zulässig. Beschränkt ist sie allerdings auf die gem. § 6 Abs. 1 InsO anfechtbaren Entscheidungen (HK-InsO/*Sternal* § 6 Rn. 14), falls nicht nach sonstigen Vorschriften die Beschwerde zulässig ist (s. Rdn. 84 ff.). Anschließen kann sich nur der Beschwerdegegner, nicht aber ein anderer Insolvenzgläubiger (A/G/R-*Ahrens* § 6 InsO Rn. 33).

VI. Zuständiges Gericht für die Einlegung der Beschwerde

46 Bei der Frage, **bei welchem Gericht** eine sofortige Beschwerde **eingelegt** werden kann, ist zu **differenzieren**:
– nach Zeitpunkt der Beantragung des Insolvenzverfahrens,
– danach, ob es sich um eine Beschwerde in Insolvenzsachen handelt.

Der Grundsatz der ZPO, dass die Beschwerde sowohl beim Ausgangsgericht als auch beim Beschwerdegericht (§ 569 Abs. 1 Satz 1 ZPO) eingelegt werden kann, ist in § 6 Abs. 1 Satz 2 InsO für Beschwerden in Insolvenzsachen modifiziert.

47 Die sofortige Beschwerde kann für die **ab dem 01.03.2012 beantragten Verfahren** nur noch beim **Amtsgericht eingelegt** werden (Abs. 1 Satz 2). Dadurch soll das Verfahren beschleunigt werden, es soll die Übersendung der Beschwerdeschrift vom Landgericht an das Amtsgericht zur (Nicht)Abhilfeentscheidung vermieden werden. Der Entlastungseffekt ist gering. Sofortige Beschwerden werden fast ausnahmslos beim Amtsgericht eingelegt. Die Rechtslage wird wegen der Übergangsvorschrift des Art. 103g EGInsO unübersichtlich: In (vor dem 01.03.2012 beantragten) Altverfahren kann die Beschwerde auch beim Landgericht eingelegt werden. Dieser Zustand gilt bis mindestens 2018 bzw. in Fällen des § 4d InsO bis mindestens 2022 (*Schmerbach* ZInsO 2014, 132 [136]).

48 Weitere Verwirrung entsteht dadurch, dass die Neuregelung **nur für Beschwerden in Insolvenzsachen** gilt (A/G/R-*Ahrens* § 6 InsO Rn. 44), nicht aber bei Entscheidungen außerhalb der InsO (s. Rdn. 84 ff.).

49 Wird die Beschwerde beim **Landgericht eingelegt**, erfolgt formlose Abgabe an das Amtsgericht. Die Beschwerdefrist ist allerdings erst mit Eingang beim Amtsgericht gewahrt (A/G/R-*Ahrens* § 6 InsO Rn. 47).

Ist das Verfahren bereits beim **Beschwerdegericht anhängig**, wird man unter Berücksichtigung des 50
Gesetzeszwecks der Beschleunigung das Beschwerdegericht als zuständig ansehen können
(A/G/R-*Ahrens* § 6 InsO Rn. 46 mit Ausnahme voneinander nicht abhängiger Verfahren). Aus Vorsichtigkeitsgründen empfiehlt sich zugleich eine Einlegung beim Ausgangsgericht.

Bei vor dem 01.03.2012 beantragten Verfahren und bei allen Beschwerden in »Nicht«Insolvenzsa- 51
chen kann die sofortige Beschwerde weiter sowohl beim **Amtsgericht als auch beim Beschwerdegericht** eingelegt werden gem. §§ 569 Abs. 1 Satz 1 ZPO. Die Einlegung erfolgt durch Einreichung
einer Beschwerdeschrift oder zu Protokoll der Geschäftsstelle. Eine beim Gerichtsvollzieher eingelegte Beschwerde ist wirkungslos, da dieser nicht gem. § 153 GVG Urkundsbeamter der Geschäftsstelle ist (*BGH* Beschl. v. 12.10.2007 – IX ZB 6/05). Wegen der Abhilfemöglichkeit in § 572 Abs. 1
Satz 1 ZPO empfiehlt sich die Einlegung beim Amtsgericht. Gem. § 4 InsO i.V.m. § 129a Abs. 1
ZPO kann die Beschwerde auch bei jedem beliebigen Amtsgericht eingelegt werden (A/G/R-*Ahrens*
§ 6 InsO Rn. 52); das Risiko des rechtzeitigen Eingangs beim Insolvenz-/Beschwerdegericht trägt
aber der Beschwerdeführer (MüKo-InsO/*Ganter/Lohmann* § 6 Rn. 40).

VII. Beschwerdeantrag

Nicht erforderlich ist ein Beschwerde**antrag** (A/G/R-*Ahrens* § 6 InsO Rn. 49). Ein Zwang zur **Be-** 52
gründung der sofortigen Beschwerde besteht nicht (§ 571 Abs. 1 ZPO). Kündigt der Beschwerdeführer eine Begründung bis zu einem gewissen Zeitpunkt an, muss das Gericht entweder diese Frist
abwarten (*LG Dessau-Roßlau* BeckRS 2012, 09661) oder eine angemessene kürzere Frist setzen
(*BVerfG* ZIP 1986, 1336 [1338]; *BGH* ZInsO 2010, 147). Eine Verpflichtung, den Beschwerdeführer zur Begründung aufzufordern, besteht nicht (BT-Drucks. 14/4722 S. 112; **a.A.** *LG Erfurt* ZIP
2003, 1955 [1956] mit zust. Anm. *Johlke/Schröder* EWiR 2004, 561 [562]). Ein Abwarten von zwei
Wochen ist ausreichend (vgl. *OLG Celle* ZInsO 2001, 1014 [1015]; großzügiger A/G/R-*Ahrens* § 6
InsO Rn. 61: Mindestfrist zwei Wochen). Wird eine Frist gesetzt, sollte sie zwei Wochen nicht übersteigen (*AG Göttingen* ZInsO 2001, 385 [386]), kann bei Eilfällen aber auch darunter liegen. Eine
Frist von drei Tagen ist insbesondere in Verfahren, an denen ein Rechtsanwalt als Bevollmächtigter
teilnimmt, zu kurz (*LG Frankfurt* ZIP 1986, 1483). Als Frist kann ein bestimmter Zeitpunkt (Tag)
gesetzt werden, da ansonsten (bei Setzen einer Frist von zehn Tagen z.B.) zur sicheren Berechnung
des Fristablaufs eine förmliche Zustellung (§ 329 Abs. 2 Satz 2 ZPO) nötig wäre (vgl. *BVerfG*
ZIP 1988, 1409 [1410]).

Die Beschwerde kann auf **neue Angriffs- und Verteidigungsmittel** gestützt werden gem. § 571 53
Abs. 2 Satz 1 ZPO (*BGH* ZInsO 2009, 872). Zum Antrag auf Versagung der Restschuldbefreiung
gem. § 290 InsO s. Rdn. 59. Über diese hat das Beschwerdegericht zu entscheiden; bei Nichtberücksichtigung ist die Sache an das Beschwerdegericht zurückzuverweisen (*BGH* ZInsO 2007, 86 [88]).
Nicht vor dem Insolvenzgericht, wohl aber vor dem Beschwerdegericht vorgebrachte Angriffs- und
Verteidigungsmittel können präkludiert sein gem. § 571 Abs. 3 Satz 2 ZPO (s. Rdn. 67). Die erstmalige Geltendmachung bekannter Beschwerdegründe im Beschwerdeverfahren kann rechtsmissbräuchlich sein und zur Unzulässigkeit der Beschwerde führen (*AG Göttingen* ZInsO 2002, 974
[975]).

D. Wirkungen der Beschwerde

Die Einlegung der sofortigen Beschwerde hat **keine aufschiebende Wirkung**, § 570 Abs. 1 ZPO. 54
Dies gilt entgegen § 570 Abs. 1 ZPO n.F. auch für die Haftanordnung gegen den Schuldner (*LG
Göttingen* NZI 2005, 339 m. zust. Anm. *Ahrens* NZI 2005, 299; A/G/R-*Ahrens* § 6 InsO Rn. 76).
Der Gesetzgeber beabsichtigte durch die Neuregelung der ZPO-Vorschriften keine Einschränkung
des bis dahin im Insolvenzverfahren geltenden § 572 ZPO a.F. (HK-InsO/*Sternal* § 6 Rn. 32). Angeordnete Sicherungsmaßnahmen werden vollzogen (*Uhlenbruck/I. Pape* InsO, § 6 Rn. 17). Das Insolvenzgericht (gem. § 570 Abs. 2 ZPO), das Beschwerdegericht (gem. § 570 Abs. 3 ZPO; *LG
Münster* ZInsO 2015, 411 [412]) und das Rechtsbeschwerdegericht gem. § 575 Abs. 5 ZPO
(*BGH* ZInsO 2007, 939 [942]; ZInsO 2009, 432) können die Vollziehung der angefochtenen Ent-

scheidung aussetzen (*Kübler/Prütting/Bork* InsO, § 6 Rn. 31; MüKo-InsO/*Ganter/Lohmann* § 6 Rn. 51). Voraussetzung ist, dass dem Beschwerdeführer durch die weitere Vollziehung größere Nachteile drohen als den anderen Beteiligten im Falle der Aussetzung (*BGH* ZInsO 2011, 1614). Die Entscheidung des Beschwerdegerichts über einen Aussetzungsantrag gem. § 570 Abs. 3 ZPO ist unanfechtbar (*BGH* Beschl. v. 12.10.2006 – IX ZB 33/05).

55 **Sicherungsmaßnahmen** gem. § 21 InsO können erstmalig vom Beschwerdegericht angeordnet werden (**a.A.** *BGH* ZInsO 2005, 1321 [1322]; A/G/R-*Ahrens* § 6 InsO Rn. 78) Ist nach Erlass der letzten tatrichterlichen Entscheidung das Verfahren vor dem BGH als Rechtsbeschwerdegericht anhängig, kann dieses keine Sicherungsmaßnahmen treffen; dafür ist das Insolvenzgericht zuständig (*BGH* ZInsO 2005, 1321 [1322]). Da Sicherungsmaßnahmen mit Eröffnung des Verfahrens automatisch außer Kraft treten (s. § 21 Rdn. 56), andererseits die Entscheidung des Beschwerdegerichts regelmäßig erst mit Rechtskraft wirksam wird (s. Rdn. 81), ist es bei Aufhebung eines Eröffnungsbeschlusses wichtig, dass das Insolvenzgericht Sicherungsmaßnahmen erneut anordnet, falls nicht innerhalb der Monatsfrist zur Einlegung der Rechtsbeschwerde gem. § 7 InsO erneut über die Eröffnung entschieden wird.

E. Das Verfahren vor dem Insolvenzgericht (Amtsgericht)

I. Zulässigkeitsprüfung

56 Das Insolvenzgericht prüft zunächst die **Zulässigkeit** der Beschwerde (vgl. § 572 Abs. 2 ZPO) unter Berücksichtigung der Regelungen der InsO (s. Rdn. 8 ff.). Das Insolvenzgericht ist befugt, einem **Wiedereinsetzungsgesuch** stattzugeben (A/G/R-*Ahrens* § 6 InsO Rn. 42). Die Ablehnung steht aber nur dem Beschwerdegericht ungeachtet der in § 572 Abs. 1 Satz 1 ZPO eröffneten Abhilfemöglichkeit zu (*BGH* ZInsO 2010, 631 [633]; zur Zulässigkeit der Rechtsbeschwerde in diesen Fällen s. § 7 Rdn. 31).

57 Zulässigkeitsfragen können aber aus prozessökonomischen Gründen **offen gelassen** werden, jedenfalls dann, wenn die Beschwerde **offensichtlich unbegründet** ist (*BGH* ZInsO 2006, 649 Rn. 4; *AG Göttingen* Beschl. v. 30.06.2015 – 74 IN 31/15, BeckRS 2015, 20031; A/G/R-*Ahrens* § 6 InsO Rn. 80; HK-InsO/*Sternal* § 6 Rn. 34). Dies gilt nicht, wenn die Rechtsbeschwerde gem. § 574 Abs. 1 Nr. 2 ZPO zugelassen werden soll (A/G/R-*Ahrens* § 6 InsO Rn. 80). Bei einer unzulässigen Beschwerde muss das Insolvenzgericht nicht in die Prüfung der Begründetheit eintreten (**a.A.** wohl *LG Rostock* ZInsO 2004, 283), kann aber dazu im Rahmen einer Hilfserwägung Stellung nehmen (A/G/R-*Ahrens* § 6 InsO Rn. 79). Eine Abhilfebefugnis soll bei einer unzulässigen Beschwerde bestehen, wenn die angegriffene Entscheidung nicht der materiellen Rechtskraft fähig ist (*AG Düsseldorf* ZInsO 2016, 1951 für § 298 InsO).

58 Nimmt der Beschwerdeführer trotz gerichtlichen Hinweises auf die Unzulässigkeit die Beschwerde nicht zurück, so trifft das Insolvenzgericht eine Nichtabhilfeentscheidung und legt die Akten unter Benachrichtigung der Parteien dem Landgericht vor. Einer vorherigen Anhörung des Gegners bedarf es nicht. Die Nichtabhilfeentscheidung kann in Form eines Beschlusses oder auch in Form eines Vermerkes ergehen.

II. Verfahrensablauf bei Prüfung der Begründetheit

59 Andernfalls prüft das Insolvenzgericht die **Begründetheit** der Beschwerde. Neues Vorbringen ist zu berücksichtigen gem. § 571 Abs. 2 ZPO (*BGH* ZInsO 2009, 432; *LG Hamburg* ZVI 2013, 165 unter Hinw. auf § 572 Abs. 1 Satz 1 ZPO). Die Präklusionsmöglichkeit gem. § 571 Abs. 3 ZPO besteht nicht, sie gilt vor dem Beschwerdegericht. Bei einem Antrag auf Versagung der Restschuldbefreiung gem. § 290 InsO ist nach dem Schlusstermin oder Ablauf der Frist zur Geltendmachung von Versagungsanträgen im schriftlichen Verfahren gem. § 5 Abs. 2 InsO ein Nachschieben von Gründen unzulässig (*BGH* ZInsO 2011, 1126). Zur Stellungnahme des Schuldners s. *BGH* ZInsO 2011, 837.

Hält das Insolvenzgericht die Beschwerde für **unbegründet**, entscheidet es sofort **ohne Anhörung** des 60
Beschwerdegegners. **Ansonsten** erhält dieser **rechtliches Gehör**. Beschwerdegegner ist jeder, der
durch eine auch nur teilweise abändernde Entscheidung beschwert wäre. Regelmäßig wird über
die Beschwerde ohne mündliche Verhandlung entschieden; etwas anderes gilt beispielsweise bei einer
Beweisaufnahme durch Vernehmung von Zeugen. Es gilt das Verbot der reformatio in peius (s.
Rdn. 77) auch nach Aufhebung und Zurückverweisung (A/G/R-*Ahrens* § 6 InsO Rn. 71). Die Verpflichtung zur unverzüglichen Vorlage (§ 572 Abs. 1 Satz 1, 2. HS ZPO) beginnt, sofern rechtliches
Gehör gewährt wird, erst danach zu laufen (*Zöller/Gummer* ZPO, § 572 Rn. 3). Dasselbe gilt bei
weiterer Sachaufklärung durch das Insolvenzgericht.

Abzustellen ist auf den **Zeitpunkt** der (Nicht-) Abhilfeentscheidung. Für das Vorliegen des Eröff- 61
nungsgrundes kommt es aber auf den Zeitpunkt der Eröffnung an (s. § 16 Rdn. 9).

Über einen erst in der Beschwerdeschrift gestellten **Hilfsantrag** kann das Insolvenzgericht im Rah- 62
men der Abhilfe nicht entscheiden (*BGH* ZInsO 2007, 86; HambK-InsO/*Rüther* § 6 Rn. 25). Vielmehr hat darüber das Beschwerdegericht zu entscheiden (*BGH* ZInsO 2007, 86; HambK-InsO/*Rüther* § 6 Rn. 21).

III. Entscheidungsmöglichkeiten

Die Entscheidung ergeht durch Beschluss (§ 572 Abs. 4 ZPO). Für das Insolvenzgericht bestehen 63
folgende Entscheidungsmöglichkeiten:

a) Es kann der sofortigen Beschwerde **abhelfen** (§ 572 Abs. 1 Satz 1, 1. Hs. ZPO) nach rechtlichem
Gehör des Beschwerdegegners. Innerhalb der Beschwerdefrist ist auch eine Abänderung von
Amts wegen möglich (*BGH* ZIP 2006, 1651; s.a. § 7 Rdn. 88).
Die Abhilfe erfolgt in einem zu begründenden Beschluss. Ergeht die Entscheidung **(teilweise)
zum Nachteil des bisherigen Beschwerdegegners**, ist sie diesem förmlich zuzustellen. Dem (bisherigen) Beschwerdegegner steht seinerseits gegen den Abhilfebeschluss des Insolvenzgerichtes
das Recht der sofortigen Beschwerde zu (*BGH* ZInsO 2013, 1100 Rn. 5 = EWiR 2013, 385
für den Fall der Rechtsbeschwerde). Es handelt sich nämlich um eine Entscheidung des Insolvenzgerichtes, die gem. § 6 Abs. 1 InsO beschwerdefähig ist (*AG Göttingen* ZInsO 2002, 1150 [1151];
MüKo-InsO/*Ganter/Lohmann* § 6 Rn. 48; *Nerlich/Römermann-Becker* InsO, § 6 Rn. 56).
Auch ein durch die Entscheidung erstmals beschwerter Dritter kann sofortige Beschwerde einlegen (*BGH* ZInsO 2009, 478 [480] = EWiR 2002, 251; *OLG Köln* ZVI 2002, 16 [17];
A/G/R-*Ahrens* § 6 InsO Rn. 67; MüKo-InsO/*Ganter/Lohmann* § 6 Rn. 56 und § 7 Rn. 29;
a.A. wohl *Nerlich/Römermann-Becker* InsO, § 6 Anh. Rn. 22).

b) Das Insolvenzgericht **hilft nicht ab** und legt dem Beschwerdegericht vor (§ 572 Abs. 1 Satz 1, 2.
HS ZPO). Dies gilt auch bei einer nicht statthaften oder sonst unzulässigen Beschwerde
(A/G/R-*Ahrens* § 6 InsO Rn. 68). Die Nichtabhilfeentscheidung erfolgt zweckmäßigerweise
in Beschlussform, kann jedoch auch in Form eines Vermerkes erfolgen. Eine Begründung ist notwendig, wenn der Beschwerdeführer neue Tatsachen vorgebracht hat, deren Erheblichkeit verneint wird (*OLG Celle* ZInsO 2001, 757 [760]; *LG München* ZInsO 2001, 425; A/G/R-*Ahrens*
§ 6 InsO Rn. 68) oder falls der angefochtene Beschluss keine Gründe aufweist (*BVerfG* ZIP
2004, 1762 [1763]). Eine fehlende Begründung kann im Rahmen des Abhilfeverfahrens vom
Insolvenzgericht nachgeholt werden (s. § 5 Rdn. 61). Enthält die Beschwerdebegründung rechtliche Ausführungen, so sollte das Insolvenzgericht darauf – ggf. mit der gebotenen Kürze – ebenfalls eingehen. Die Vorlage der Akten an das Beschwerdegericht muss den Beteiligten nicht
mitgeteilt werden (MüKo-InsO/*Ganter/Lohmann* § 6 Rn. 49). Ergeht ein förmlicher Nichtabhilfebeschluss, kann er den Beteiligten formlos übersandt werden. Bei fehlender Nichtabhilfeentscheidung gibt das Beschwerdegericht häufig die Akte an das Amtsgericht zurück; teilweise
entscheidet aber auch das Beschwerdegericht (*LG Berlin* ZInsO 2008, 462).

c) Will das Insolvenzgericht an seiner Entscheidung festhalten, aber die **Begründung ergänzen**, ist
die ergänzende Begründung in den Nichtabhilfebeschluss aufzunehmen (A/G/R-*Ahrens* § 6
InsO Rn. 68). Die Abhilfe durch Erlass eines neuen Beschlusses würde nämlich regelmäßig zu

einer unnötigen zeitlichen Verzögerung führen (*Baumbach/Lauterbach/Albers* ZPO, § 572 Rn. 4), da regelmäßig auch gegen den erneuten Beschluss Beschwerde eingelegt werden wird, und läuft somit dem durch § 572 Abs. 1 Satz 1 ZPO (§ 6 Abs. 2 Satz 2. InsO a.F.) bezweckten zügigen Ablauf des Insolvenzverfahrens entgegen.

d) Hält das Insolvenzgericht die Beschwerde **teilweise für begründet**, dann hilft es ihr insoweit ab und legt die Akten wegen der unerledigten Beschwerde dem Beschwerdegericht vor (A/G/R-*Ahrens* § 6 InsO Rn. 68).

e) Zur Kostenentscheidung s. Rdn. 79.

F. Das Verfahren vor dem Beschwerdegericht/§ 6 Abs. 3

64 Beschwerdegericht ist das **Landgericht** (§ 72 GVG). Es entscheidet grds. der **Einzelrichter** (§ 568 Abs. 1 Satz 1 ZPO) durch Beschluss (§ 572 Abs. 4 ZPO). Er hat die Entscheidung auf die **Kammer** zu übertragen, wenn die Sache Schwierigkeiten tatsächlicher oder rechtlicher Art aufweist oder grundsätzliche Bedeutung hat; auf die (nicht) erfolgte Übertragung kann ein Rechtsmittel nicht gestützt werden (§ 568 Satz 2, 3 ZPO). Die Zulassung einer Rechtsbeschwerde kann wirksam nur durch die Kammer erfolgen (s. Rdn. 89, 109).

65 Das Beschwerdegericht kann eine einstweilige Anordnung erlassen, insbesondere die **Vollziehung** der angefochtenen Entscheidung gem. § 570 Abs. 3 ZPO **aussetzen**, die mit der Entscheidung über die Beschwerde außer Kraft tritt (A/G/R-*Ahrens* § 6 InsO Rn. 78). Das Amtsgericht hat diese Befugnis nicht (**a.A.** A/G/R-*Ahrens* § 6 InsO Rn. 77). Zur Anordnung von Sicherungsmaßnahmen s. Rdn. 55.

66 Über einen erst in der Beschwerdeschrift gestellten **Hilfsantrag** hat nicht das Insolvenzgericht im Rahmen der Abhilfe, sondern das Beschwerdegericht zu entscheiden (*BGH* ZInsO 2007, 86; HambK-InsO/*Rüther* § 6 Rn. 21). Eine **Rücknahme** ist möglich bis zur Entscheidung des Beschwerdegerichts (MüKo-InsO/*Ganter/Lohmann* § 6 Rn. 52a).

67 Auch hier gilt der **Amtsermittlungsgrundsatz** (A/G/R-*Ahrens* § 6 InsO Rn. 69). Die Beschwerdeinstanz ist eine vollwertige zweite Tatsacheninstanz (A/G/R-*Ahrens* § 6 InsO Rn. 69). Die Beschwerde kann auf neue Angriffs- und Verteidigungsmittel gestützt werden (§ 571 Abs. 2 Satz 1 ZPO). So ist neues Vorbringen des Schuldners zu einem Stundungsverlängerungsantrag gem. § 4b InsO möglich (*LG Trier* VIA 2011, 5; *LG Hamburg* ZVI 2013, 165). Nach Fristsetzung durch das Beschwerdegericht vorgebrachte Angriffs- und Verteidigungsmittel können aber präkludiert sein gem. § 571 Abs. 3 Satz 2 ZPO. Wegen der Einzelheiten siehe die Kommentierung zu der Parallelvorschrift des § 296 Abs. 1, Abs. 4 ZPO. Zum Antrag auf Versagung der Restschuldbefreiung gem. § 290 InsO s. Rdn. 59. Ermessensentscheidungen des Insolvenzgerichtes prüft das Beschwerdegericht in vollem Umfang nach (*BGH* ZInsO 2012, 928 Rn. 7; *Uhlenbruck/I. Pape* InsO, § 6 Rn. 18).

68 Die Beschwerde kann **nicht** darauf gestützt werden, dass das Amtsgericht seine **Zuständigkeit zu Unrecht angenommen** hat, § 571 Abs. 2 Satz 2 ZPO (*LG München* ZInsO 2010, 1009 [1010]). Voraussetzung ist, dass dem Schuldner rechtliches Gehör gewährt wurde (A/G/R-*Ahrens* § 3 InsO Rn. 36). Die Frage der **internationalen Zuständigkeit** kann **uneingeschränkt** überprüft werden (MüKo-InsO/*Ganter/Lohmann* § 6 Rn. 43).

69 Ist die Beschwerde **unzulässig** (§ 572 Abs. 2 ZPO), wird sie verworfen. Über einen Antrag auf Wiedereinsetzung muss zumindest zeitgleich mit der Entscheidung über die Zulässigkeit entschieden werden (*OLG Köln* ZIP 2000, 195 [197]).

70 Zulässigkeitsfragen können aber aus prozessökonomischen Gründen **offen gelassen** werden, jedenfalls dann, wenn die Beschwerde **offensichtlich unbegründet** ist (*OLG Köln* Rpfleger 1975, 29; HK-InsO/*Sternal* § 6 Rn. 34; *Zöller/Gummer* ZPO, § 572 Rn. 20).

71 Ist die Beschwerde **unbegründet**, wird sie zurückgewiesen. Seinen Anspruch auf **rechtliches Gehör** konnte der Beschwerdeführer schon vor dem Amtsgericht geltend machen. Eine Verletzung rechtlichen Gehörs wird regelmäßig durch die Möglichkeit der Nachholung im Beschwerdeverfahren ge-

heilt sein (s. Rdn. 73). Sofern der Beschwerdeführer die Beschwerde dem Amtsgericht gegenüber begründet hatte oder eine Frist zur Begründung der Beschwerde ungenutzt verstreichen ließ (s. Rdn. 52), bedarf es keines rechtlichen Gehörs durch das Beschwerdegericht. Dies dient auch dem vom Gesetzgeber beabsichtigten zügigen Ablauf des Insolvenzverfahrens.

Rechtliches Gehör **vor Entscheidung** des Beschwerdegerichtes ist dem Beschwerdeführer nur einzuräumen, wenn das Amtsgericht die Entscheidung **mit anderer Begründung** aufrechterhalten hatte (s. Rdn. 63). Will das Beschwerdegericht den Beschluss mit anderer rechtlicher Begründung aufrechterhalten, ist es eine Frage des Einzelfalls, ob dem Beschwerdeführer vorher rechtliches Gehör gewährt wird. Erforderlich ist dies, wenn die Parteien zu dem neuen rechtlichen Gesichtspunkt sich bislang nicht geäußert haben (*KG* ZInsO 2001, 409 [410]). Wird die Beschwerde verworfen oder zurückgewiesen, muss dem Beschwerdegegner kein rechtliches Gehör gewährt werden; auch dies dient der Beschleunigung. Wird der Beschwerde auch nur teilweise abgeholfen, so ist dem Beschwerdegegner rechtliches Gehör zu gewähren. Etwas anderes gilt, wenn die Entscheidung aufgrund bekannten Akteninhaltes ergeht, zu der der Beschwerdegegner bereits gehört wurde (*LG Dresden* ZIP 2004, 1062 [1064] = EWiR 2004, 1135). 72

In diesem Zusammenhang ist zu beachten, dass eine Beschwerde wegen **Verletzung des Grundsatzes des rechtlichen Gehörs** nur Erfolg haben kann, wenn der Beschwerdeführer die ihm zur Verfügung stehenden Möglichkeiten, sich Gehör zu verschaffen, ausgeschöpft hat (*BGH* ZInsO 2010, 1156 Rn. 7 f.) und wenn die angegriffene Entscheidung auf der Verletzung beruht oder beruhen kann (*Uhlenbruck/I. Pape* InsO, § 6 Rn. 18). Das rechtliche Gehör kann im Beschwerdeverfahren gem. § 6 InsO nachgeholt werden (s. § 10 Rdn. 20; HambK-InsO/*Rüther* § 6 Rn. 28), nicht aber im Rechtsbeschwerdeverfahren gem. § 7 InsO (*OLG Celle* ZInsO 2001, 711 [712]). Zum Vorgehen bei einem auf die Beschwerde hin zu eröffnenden Verfahren s. § 34 Rdn. 56. 73

In der Sache muss das Beschwerdegericht nicht selbst entscheiden. Vielmehr kann es gem. § 572 Abs. 3 ZPO die **Sache zurückverweisen** (*OLG Frankfurt* NZI 2000, 219 [220]; *LG Dresden* ZIP 2004, 1062 [1064] = EWiR 2004, 1135) einschließlich der Kosten des Beschwerdeverfahrens (*OLG Köln* ZIP 2000, 195 [198]). Entsprechend §§ 577 Abs. 4 Satz 4, 563 Abs. 2 ZPO ist das Insolvenzgericht an die Entscheidung des Beschwerdegerichtes gebunden (*AG Dresden* ZInsO 2000, 48) hinsichtlich der tragenden Gründe (HK-InsO/*Sternal* § 6 Rn. 34). Eine Zurückverweisung kommt in Betracht, wenn noch weitere Ermittlungen erforderlich sind (*OLG Köln* ZInsO 2001, 378 [379]) oder bei schweren Verfahrensverstößen (A/G/R-*Ahrens* § 6 InsO Rn. 82) wie z.B. fehlender Begründung der angefochtenen Entscheidung (*OLG Celle* ZInsO 2001, 757 [760]; *LG Koblenz* NZI 2001, 265; *LG München* ZInsO 2001, 813 [815]), sofortigem Nichtabhilfebeschluss ohne Abwarten einer Beschwerdebegründung (*LG Erfurt* ZIP 2003, 1955 [1956] m. zust. Anm. *Johlke/Schröder* EWiR 2004, 561 [562]; s. Rdn. 52). Hat ein Rechtspfleger trotz Zuständigkeit des Richters entschieden, ist die Sache aufzuheben und zurückzuverweisen, auch wenn die Entscheidung inhaltlich zutreffend ist (*BGH* ZInsO 2005, 708). 74

Maßgeblich ist gem. § 571 Abs. 2 ZPO grundsätzlich der **Zeitpunkt der Beschwerdeentscheidung** (HambK-InsO/*Rüther* § 6 Rn. 28; *BGH* ZIP 2007, 144 [145] Rn. 16; NZI 2004, 587 [588]). Für das Vorliegen des Eröffnungsgrundes dagegen ist abzustellen auf den Zeitpunkt der Eröffnung (s. § 16 Rdn. 9). 75

Die Entscheidung ergeht in **Beschlussform** aufgrund freigestellter mündlicher Verhandlung (§ 572 Abs. 4 ZPO i.V.m. § 128 Abs. 4 ZPO). **Anwaltszwang** gem. § 78 Abs. 1 ZPO besteht – anders als unter Geltung der ZPO a.F. (*OLG Schleswig* NZI 2000, 165) – auch **nicht** im Falle der mündlichen Verhandlung, § 78 Abs. 3 ZPO i.V.m. §§ 571 Abs. 4, 569 Abs. 3 Nr. 1 ZPO (A/G/R-*Ahrens* § 6 InsO Rn. 75; a.A. HambK-InsO/*Rüther* § 6 Rn. 28). Der Beschluss ist zu begründen, sofern die Rechtsbeschwerde gem. § 574 Abs. 1 Nr. 2 ZPO zugelassen wird (Einzelheiten s. § 7 Rdn. 56) und dem Unterlegenen zuzustellen. Hinsichtlich der Kostenentscheidung und Wertfestsetzung s. Rdn. 79. 76

77 Entsprechend §§ 528 Satz 2, 557 Abs. 1 ZPO gilt das **Verschlechterungsverbot** (*BGH* ZInsO 2006, 1162 [1163]; *LG Göttingen* ZInsO 2004, 497; *Uhlenbruck/I. Pape* InsO, § 6 Rn. 18; s.a. Rdn. 59) auch nach Aufhebung und Zurückverweisung (A/G/R-*Ahrens* § 6 InsO Rn. 71). In Vergütungssachen können Zu- und Abschläge anders bemessen werden, soweit nicht der Vergütungssatz insgesamt verschlechtert wird (*BGH* NZI 2005, 559 [560]; 2006, 235 [237]; MüKo-InsO/*Ganter/Lohmann* § 6 Rn. 72).

78 Hat an der angefochtenen Entscheidung ein **abgelehnter Richter** mitgewirkt, wird der Verfahrensverstoß dadurch geheilt, dass später das Ablehnungsgesuch rechtskräftig zurückgewiesen wird (*BGH* ZVI 2004, 753 [754]; HK-InsO/*Sternal* § 6 Rn. 33).

79 e) Weiter ist über die **Kosten** zu entscheiden. Hilft das Insolvenzgericht der Beschwerde in vollem Umfang ab, hat es auch über die Beschwerdekosten zu entscheiden (MüKo-InsO/*Ganter* § 6 Rn. 83); ansonsten entscheidet das Beschwerdegericht. Eine Kostenentscheidung erfolgt gem. §§ 97, 91, 92 ZPO bzw. § 91a ZPO (s. Rdn. 10), sofern ein Beschwerdegegner vorhanden ist (*OLG Celle* ZInsO 2001, 711 [713]; *LG Cottbus* ZIP 2001, 2188; HK-InsO/*Sternal* § 6 Rn. 35). Bei Zurückverweisung hat die Vorinstanz auch über die Kosten der Beschwerde zu entscheiden, wenn der endgültige Erfolg der Beschwerde noch nicht feststeht (HK-InsO/*Sternal* § 6 Rn. 35). Gerichtsgebühren können anfallen gem. KV Nr. 2360, 2361. Der **Gegenstandswert** für die Gerichtskosten berechnet sich nach §§ 47, 58 GKG. Von der Erhebung der Gerichtskosten kann gem. § 21 GKG abgesehen werden (*OLG Celle* ZInsO 2001, 757 [760]; s.a. § 34 Rdn. 55). Der Gegenstandswert für die Anwaltsgebühren richtet sich nach § 28 RVG, die Höhe der Gebühr (0,5) ergibt sich aus § 18 Nr. 5 RVG, KV Nr. 3500 (s.a. § 13 Rdn. 204 ff., 218 ff.). Beim Schuldner stellt sich die Problematik der Finanzierung. Zur Anwendbarkeit der PKH-Regelungen s. § 13 Rdn. 256.

80 Weiter muss das Beschwerdegericht über die Zulassung der Rechtsbeschwerde entscheiden. Bei naheliegender Zulassung ist eine Begründung für die Nichtzulassung erforderlich (s. § 7 Rdn. 6). Einzelheiten zu den **Rechtsbehelfsmöglichkeiten** s. die **Kommentierung bei § 7 InsO**, zur Anwendbarkeit der §§ 319 ff. ZPO s. § 7 Rdn. 89. Da das Rechtsbeschwerdegericht an die tatsächlichen Feststellungen gebunden ist, ist bei unrichtigen Feststellungen innerhalb der **Zweiwochenfrist des § 320 ZPO** ein **Berichtigungsantrag** zu stellen (*BGH* ZInsO 2010, 926 [927]).

81 Die Entscheidung des Beschwerdegerichts wird **erst mit der Rechtskraft wirksam** (§ 6 Abs. 3 Satz 1 InsO), um unterschiedliche Entscheidungen zu verhindern (HK-InsO/*Sternal* § 6 Rn. 36). Die Vorschrift will verhüten, dass eine Entscheidung des Insolvenzgerichts bei mehrfacher Abänderung im Instanzenzug zunächst unwirksam wird und dann von neuem wieder getroffen werden muss (*Uhlenbruck/I. Pape* InsO, § 6 Rn. 19). Die Anordnung der sofortigen Wirksamkeit der Beschwerdeentscheidung (§ 6 Abs. 3 Satz 2 InsO) kann nur gleichzeitig mit der Beschwerdeentscheidung ergehen (*Kübler/Prütting/Bork* InsO, § 6 Rn. 36; MüKo-InsO/*Ganter/Lohmann* § 6 Rn. 75). Eine derartige Anordnung kommt nur in Ausnahmefällen in Betracht, so z.B. im Rahmen des § 34 InsO (s. § 34 Rdn. 56) oder bei der Bestätigung eines Insolvenzplanes im Rahmen des § 253 InsO. Die Anordnung kann nicht isoliert angefochten werden, sondern nur gemeinsam mit dem zugrunde liegenden Beschluss. Gem. § 575 Abs. 5 ZPO i.V.m. § 570 Abs. 3 ZPO kann, sofern die Rechtsbeschwerde gem. § 574 Abs. 1 Nr. 2 ZPO zugelassen worden ist, das Rechtsbeschwerdegericht sie außer Kraft setzen (vgl. *Kübler/Prütting/Bork* InsO, § 6 Rn. 36).

G. Reichweite des § 6 InsO und sonstige Beschwerdemöglichkeiten gegen Entscheidungen des Richters

I. Anwendungsbereich § 6 Abs. 1 InsO

82 Die Vorschrift des § 6 Abs. 1 InsO gilt nur für Entscheidungen, die unmittelbar das Insolvenzverfahren betreffen. Nur in diesen Fällen muss die Beschwerdemöglichkeit ausdrücklich durch die InsO eingeräumt sein. Die sofortige Beschwerde kann für die ab dem 01.03.2012 beantragten Verfahren nur noch beim Amtsgericht eingelegt werden (Rdn. 47). Bei Entscheidungen **außerhalb** der InsO regelt sich die Statthaftigkeit einer Beschwerde nach den **entsprechenden Vorschriften**, z.B. der

ZPO (*Jaeger/Gerhardt* InsO, § 6 Rn. 11; *Schmerbach* ZInsO 2001, 1087 [1088]) wie z.B. bei Zwangsmitteln gegen Zeugen gem. § 380 Abs. 3, § 390 Abs. 3 ZPO.

Für **Stundung**santräge von Schuldnern enthält § 4d InsO eine Sonderregelung. Gem. § 127 Abs. 2 Satz 2 ZPO findet bei **Prozesskostenhilfe**anträgen (zum Anwendungsbereich s. § 13 Rdn. 227 ff.) die sofortige Beschwerde statt mit der Besonderheit, dass die Beschwerdefrist einen Monat beträgt (§ 127 Abs. 2 Satz 3 ZPO). 83

II. Entscheidungen außerhalb der InsO

1. Anwendungsbereich

Gegen Beschlüsse des Insolvenzgerichts, die nicht unmittelbar das Insolvenzverfahren betreffen, findet nach Maßgabe des § 567 Abs. 1 ZPO die **sofortige Beschwerde** statt. Sie kann sowohl beim Amtsgericht als auch beim Beschwerdegericht eingelegt werden (Rdn. 51). Sie kommt wie bisher in Betracht bei Kostengrundentscheidungen des Insolvenzgerichts gem. §§ 269 Abs. 3, 91a, 91 ZPO nach Rücknahme des Antrages (*LG Memmingen* NZI 2000, 278; *LG Berlin* ZInsO 2002, 884) und übereinstimmender bzw. einseitiger Erledigungserklärung (s. § 13 Rdn. 75, 300 f.). Weiter findet sie statt z.B. gegen die Festsetzung von Gebühren von Zeugen und Sachverständigen oder von Ordnungsmitteln. Gegen den Kostenansatz findet gem. § 66 GKG die Erinnerung statt (s. Rdn. 137). Bei vollstreckungsrechtlichen Entscheidungen z.B. gem. §§ 36 Abs. 4, 89 Abs. 3 ZPO gelten die allgemeinen vollstreckungsrechtlichen Rechtsbehelfe der §§ 766, 793 ZPO (s. Rdn. 123 ff.). Zur Beschwerdemöglichkeit im Rahmen des § 299 ZPO (Akteneinsicht) s. § 4 Rdn. 99 ff., zu Beschwerdemöglichkeiten bei Ablehnungen gem. §§ 42 ff. ZPO s. § 4 Rdn. 51 ff. Bei Entscheidungen nach dem BerHG besteht nur die Möglichkeit der Erinnerung (s. § 13 Rdn. 260). 84

2. Einschränkungen

Bei **Kostenbeschwerden** sind Vorschriften der §§ 567 Abs. 2 ZPO, § 4 JVEG zu beachten. Danach ist eine Entscheidung über Kosten nur zulässig, wenn der **Wert** des Beschwerdegegenstandes **200 €** übersteigt (a.A. A/G/R-*Ahrens* § 6 InsO Rn. 11, der zusätzlich fordert, dass der Wert der Hauptsache 600 € übersteigt). Die Vorschrift des § 511 ZPO gilt nur im Urteils-, nicht aber im Beschlussverfahren. Bei Teilabhilfe ist auf die verbleibende Beschwerdesumme abzustellen, so dass eine ursprünglich zulässige Beschwerde unzulässig werden kann (A/G/R-*Ahrens* § 6 InsO Rn. 61). Anders als im Geltungsbereich der ZPO kann gem. § 4 Abs. 3 JVEG die Beschwerde zugelassen werden (s. § 22 Rdn. 70). Der Ausschluss von Rechtsmitteln wie im Falle der §§ 66 Abs. 2, 68 Abs. 1 GKG ist zu beachten (*BGH* ZInsO 2002, 432 und 1083; *OLG Köln* ZInsO 2001, 44 = EWiR 2001, 629); ggf. kommt eine Änderung gem. § 63 Abs. 3 GKG in Betracht (*OLG Celle* ZInsO 2001, 266 [268]). Ebenso wie gem. § 4 Abs. 3 JVEG kann hier die Beschwerde bei einem Wert von unter 200 € zugelassen werden. Bei Entscheidungen über Prozesskostenhilfe gem. §§ 114 ff. ZPO (zum Anwendungsbereich s. § 13 Rdn. 228 ff.) muss gem. § 127 Abs. 2 Satz 1 ZPO grundsätzlich der Wert von 600 € überschritten sein. Wegen der weiteren Einzelheiten s. § 127 ZPO. 85

Gegen die Festsetzung der **Vergütung des Sachverständigen** können gem. § 4 Abs. 2 JVEG nur der Berechtigte und die Staatskasse Beschwerde einlegen, nicht aber Antragsteller (*LG Göttingen* Beschl. v. 19.09.2006 – 10 T 94/06) oder Schuldner. 86

Bei Zurückweisung des Antrages als unzulässig oder unbegründet ist eine isolierte Anfechtung der **Kostenentscheidung** gem. § 99 Abs. 1 ZPO **nicht** möglich (BGH ZInsO 2008, 1206 [1207] für die einseitige Erledigungserklärung; *OLG Köln* ZIP 2000, 1168 [1169] = EWiR 2000, 973; *OLG Brandenburg* NZI 2001, 483). Dies gilt nicht, wenn ein am Verfahren nicht beteiligter Dritter sich gegen eine belastende Kostenentscheidung wehrt (*OLG Köln* ZInsO 2001, 469; HK-InsO/*Sternal* § 6 Rn. 13). 87

3. Verfahren

88 **Aufschiebende Wirkung** hat die Beschwerde nur bei Festsetzung eines Ordnungs- oder Zwangsgeldes gem. § 570 Abs. 1 ZPO. Zum weiteren Verfahrensablauf s. Rdn. 35 ff.

4. Zulassung der Rechtsbeschwerde

89 Auch bei Entscheidungen des Insolvenzgerichts außerhalb des Insolvenzverfahrens kommt eine Rechtsbeschwerde nur im Fall der Zulassung gem. § 574 Abs. 1 Nr. 2 ZPO in Betracht. Im Hinblick auf § 568 Abs. 2 Satz 2 ZPO muss der Einzelrichter den Fall an die Kammer übertragen (*BGH* NJW-RR 2012, 125, ständige Rechtsprechung; A/G/R-*Ahrens* § 6 Rn. 99). Da das Rechtsbeschwerdegericht an die tatsächlichen Feststellungen gebunden ist, ist bei unrichtigen Feststellungen innerhalb der **Zweiwochenfrist** des § 320 ZPO ein **Berichtigungsantrag** zu stellen (vgl. *BGH* ZInsO 2010, 926 [927]).

H. Gegenvorstellung und Beschwerdemöglichkeit infolge greifbarer Gesetzwidrigkeit

90 Ist eine Entscheidung nicht oder nicht mehr anfechtbar, so kann eine Abänderung von Entscheidungen, die nicht in materielle Rechtskraft erwachsen sind (s. FK-InsO/*Schmerbach* § 7 Rdn. 82), im Wege der **Gegenvorstellung** beantragt werden (*Thomas/Putzo-Reichhold* ZPO, Vor § 567 Rn. 13 ff.; *Zöller/Heßler* ZPO, § 567 Rn. 22 ff.) analog § 321a ZPO (*BGH* ZInsO 2002, 371 [372]; HambK-InsO/*Rüther* § 6 Rn. 14; MüKo-InsO/*Ganter/Lohmann* § 6 Rn. 90) innerhalb der Notfrist von zwei Wochen (*OLG Dresden* NZI 2006, 851; *Pape* NZI 2003, 12 [14 f.]). Dies ist nunmehr ab dem 01.01.2005 in § 321a ZPO ausdrücklich normiert. Damit wird dem Ausgangsgericht die Gelegenheit zu einer Selbstkorrektur gegeben (*LG Göttingen* ZInsO 2016, 60; *Uhlenbruck/I. Pape* InsO, § 6 Rn. 15). Ergeht eine Entscheidung gem. § 321a ZPO, ist sie unanfechtbar (*LG Göttingen* Beschl. v. 30.03.2009 – 10 T 22/09). Eine vergleichbare Regelung enthält § 4a JVEG (*AG Hamburg* ZInsO 200, 1342) bzw. § 69a GKG (s. § 13 Rdn. 224 f.).

91 Nach früherer Auffassung konnte ein nicht anfechtbarer oder nicht mehr anfechtbarer Beschluss mit der sog. **außerordentlichen Beschwerde** ausnahmsweise in der nächsten Instanz infolge **greifbarer Gesetzwidrigkeit** angefochten werden, wenn die Entscheidung jeder gesetzlichen Grundlage entbehrte und inhaltlich dem Gesetz fremd war (*BGH* ZIP 1992, 1644 [1645]; *Zöller/Gummer* ZPO, 22. Aufl. 2001, § 567 Rn. 18 ff.). Diese Möglichkeit besteht infolge der vorrangigen Möglichkeit der Selbstkorrektur gem. § 321a ZPO (s. Rdn. 90) **grds. nicht** mehr (*BGH* ZVI 2002, 122; ZInsO 2002, 432; EWiR 2007, 511; ebenso *BVerfG* NJW 2002, 3387; **a.A.** *LG Bonn* NZI 2016, 845 m. abl. Anm. *Laroche;* HK-InsO/*Sternal* § 6 Rn. 16).

92 Für **Teilbereiche** wird die Beschwerde wegen greifbarer Gesetzwidrigkeit weiter für anwendbar gehalten, so für den Fall der Untätigkeitsbeschwerde (*Zöller/Gummer* ZPO, § 567 Rn. 21b; *OLG Düsseldorf* NJW 2009, 2388; *AG Duisburg* NZI 2009, 452). Weiter soll ein Rechtsmittel möglich sein, wenn es sich gegen eine dem Gesetz fremde, in den grundrechtlich geschützten Bereich des Schuldners eingreifende Maßnahme richtet (*BGH* ZInsO 2004, 550 [551] = EWiR 2004, 499; Beschl. v. 19.03.2009 – IX ZB 57/08; zust. MüKo-InsO/*Ganter/Lohmann* § 6 Rn. 71b; **abl.** HK-InsO/*Sternal* § 6 Rn. 16, der darin eine unzulässige außerordentliche Beschwerde sieht und auf die Möglichkeit der Gehörsrüge gem. § 321a ZPO verweist; s. Rdn. 21 ff.).

I. Entscheidungen des Rechtspflegers

I. Überblick

93 Es ist wie folgt zu **differenzieren**: Voraussetzung ist zunächst, dass eine Entscheidung und nicht eine bloß vorbereitende Tätigkeit des Rechtspflegers vorliegt. Sieht die InsO das Rechtsmittel der sofortigen Beschwerde ausdrücklich vor (vgl. § 6 Abs. 1 InsO), so ist gegen die Entscheidung des Rechtspflegers die sofortige Beschwerde gegeben. Der Rechtsmittelzug führt vom Rechtspfleger direkt zum Beschwerdegericht (§ 11 Abs. 1 RPflG). Räumt die InsO nicht ausdrücklich eine sofortige Be-

schwerdemöglichkeit ein, ist gegen die Entscheidung des Rechtspflegers die Erinnerung möglich, über die abschließend der Richter beim Amtsgericht entscheidet gem. § 11 Abs. 2 RPflG (A/G/R-*Ahrens* § 6 InsO Rn. 155). Für Entscheidungen des Rechtspflegers über die Gewährung des Stimmrechtes (§§ 77, 237, 238 InsO) gelten Sondervorschriften (s. Rdn. 117). Zu Entscheidungen des Rechtspflegers außerhalb der Verfahrensvorschriften nach der InsO s. Rdn. 120 ff.

II. Zulässigkeitsvoraussetzungen

Voraussetzung für jeden Rechtsbehelf ist, dass eine **Entscheidung** des Rechtspflegers vorliegt. Auf die bei Entscheidungen des Richters wegen § 6 Abs. 1 InsO nicht mehr relevante Frage, ob eine Entscheidung oder bloß vorbereitende Tätigkeit vorliegt (s. Rdn. 9), kommt es hier an (*Jaeger/Gerhardt* InsO, § 6 Rn. 16). Zur Anfechtungsmöglichkeit im Rahmen der Gewährung eines Vergütungsvorschusses gem. § 9 InsVV s. § 21 Rdn. 218. 94

Keine Entscheidungen sind Anordnungen des Rechtspflegers, die lediglich dazu dienen, eine Entscheidung des Gerichts vorzubereiten (A/G/R-*Ahrens* § 6 InsO Rn. 154). Darunter fallen beispielsweise die Anordnung, ein Gutachten zur Ermittlung der einem abgelösten Insolvenzverwalter zustehenden Gebühren einzuholen (*OLG Hamm* ZIP 1986, 724). Weiter sind keine Entscheidungen die Beauftragung eines Gutachters, die Vernehmung von Zeugen, die Einholung von Auskünften, die Äußerung einer bestimmten Rechtsansicht (*AG Göttingen* ZInsO 2015, 709) und verfahrensleitende Maßnahmen sowie die Anberaumung von Terminen mit Ausnahme der Regelung des § 75 Abs. 3 InsO (*AG Göttingen* Beschl. v. 15.07.2000 – 71 N 59/98). Eine Maßnahme, die keine Entscheidung darstellt, wird auch nicht dadurch anfechtbar, dass sie in Form eines Beschlusses ergeht (*OLG Karlsruhe* NJW-RR 1988, 1336; **a.A.** *LG Göttingen* Nds. Rpfl. 2000, 253; s. Rdn. 9). Anders verhält es sich, wenn der Beschluss mit einer Rechtsbehelfsbelehrung versehen ist (*AG Göttingen* ZInsO 2015, 709, **a.A.** *BGH* NJW-RR 2011, 1569 [1570]). Ebenso wenig ist schlichtes Untätigbleiben anfechtbar (*BGH* ZInsO 2010, 1011 [1012]; A/G/R-*Ahrens* § 6 InsO Rn. 14; HK-InsO/*Sternal* § 6 Rn. 15). Es verbleiben nur dienstaufsichtsrechtliche Maßnahmen oder Rechtsschutz bei überlangen Gerichtsverfahren gem. § 198 GVG (vgl. § 4 Rdn. 26; Einzelheiten *Zimmer* ZInsO 2011, 2302). 95

Von einer **Entscheidung** mit sachlichem Inhalt und nicht einer lediglich (unanfechtbaren) prozessleitenden Maßnahme ist aber in folgenden Fällen auszugehen: 96
– Anberaumung des Prüfungstermins durch den Rechtspfleger vor der Gläubigerversammlung, dem heutigen Berichtstermin gem. § 29 Abs. 1 Nr. 1 InsO (*LG Düsseldorf* ZIP 1985, 628);
– Einberufung einer Gläubigerversammlung (*OLG Köln* ZInsO 2001, 1112);
– Vertagung einer Gläubigerversammlung (*Alten* EWiR 2001, 235 [236]);
– Ablehnung der Abstimmung über einen Antrag auf nachträgliche Anordnung der Eigenverwaltung (*AG Dresden* ZInsO 2000, 48; *Uhlenbruck/I. Pape* InsO, § 6 Rn. 10),
– Entscheidung über die Gewährung eines Vorschusses gem. § 9 InsVV (s. § 21 Rdn. 218).

Im Fall des § 36 Abs. 4 InsO handelt es sich um eine **Entscheidung außerhalb des Insolvenzverfahrens**, für das die sofortige Beschwerde gem. § 793 ZPO gegeben ist (MüKo-InsO/*Ganter/Lohmann* § 6 Rn. 15; s.a. Rdn. 134). Bei Entscheidungen nach dem BerHG besteht nur die Möglichkeit der Erinnerung (s. § 13 Rdn. 260). 97

Weiter müssen die **Beschwerdeberechtigung** und die **Beschwer** vorliegen (s. Rdn. 12 ff.; *AG Göttingen* ZVI 2006, 523). 98

Der Rechtsbehelf ist im Falle des § 11 Abs. 2 RPflG beim **Amtsgericht** einzulegen, dessen Entscheidung angefochten wird. Wegen der Abhilfemöglichkeit in § 572 Abs. 1 Satz 1 ZPO empfiehlt sich auch in vor dem 01.03.2012 beantragten Verfahren im Falle des § 11 Abs. 1 RPflG die Einlegung der Beschwerde beim Amtsgericht (s. Rdn. 46). Wegen der übrigen Voraussetzungen gelten die obigen Ausführungen (Rdn. 35 ff.). 99

Der Rechtsbehelf ist in jedem Fall innerhalb der **Frist** von zwei Wochen einzulegen. Dies folgt aus § 11 Abs. 2 RPflG bzw. § 11 Abs. 1 RPflG i.V.m. § 6 Abs. 1 InsO. Zur Berechnung der Frist s. 100

Rdn. 40. Allerdings steht dem Gericht des ersten Rechtszuges bei einem unzulässigen Rechtsbehelf eine Abhilfebefugnis zu (*AG Hamburg* NZI 2000, 96; *Zöller/Gummer* ZPO, § 572 Rn. 14). Abzulehnen ist die Auffassung, wonach eine sofortige Erinnerung gem. § 11 Abs. 2 RPflG nur bis zur Beendigung des Berichtstermins eingelegt werden kann (*AG Dresden* ZInsO 2000, 48). Die Regelung des § 18 Abs. 3 Satz 2 RPflG betrifft einen Ausnahmefall und ist einer Analogie nicht zugänglich.

III. Weiterer Verfahrensablauf

101 Hinsichtlich des weiteren Verfahrensablaufes ist zu **differenzieren**.

1. § 11 Abs. 1 RPflG

102 Sieht die InsO ausdrücklich das Rechtsmittel der sofortigen Beschwerde vor (§ 6 Abs. 1 InsO), gilt § 11 Abs. 1 RPflG. Aufgrund der Regelung des § 572 Abs. 1 Satz 1 ZPO, dessen Geltung nicht ausgeschlossen ist (BT-Drucks. 14/4722, S. 114), hat der **Rechtspfleger** zunächst zu prüfen, ob er der Beschwerde **abhelfen** will (HK-InsO/*Sternal* § 6 Rn. 31; *Jaeger/Gerhardt* InsO, § 6 Rn. 36).

103 Für den Verfahrensablauf gelten die obigen Ausführungen zu Rdn. 56 und 59 f., für die Kosten Rdn. 79. Für die Entscheidungen des Rechtspflegers ergeben sich folgende **Konstellationen**:
(1) Einer zulässigen und begründeten sofortigen Beschwerde hilft der Rechtspfleger ab. Zu einem Sonderfall – Übersehen eines zulässigen Antrages auf Restschuldbefreiung – s. *AG Göttingen* ZInsO 2002, 1150 [1151]. Wegen des Ablaufes s. Rdn. 63.
(2) Der Rechtspfleger hält die Beschwerde für **unzulässig**. Er verfährt entsprechend den Ausführungen oben Rdn. 56. Ist allerdings der Beschwerdewert nicht erreicht, werden aus verfahrensökonomischen Gründen die Akten nicht dem Landgericht vorgelegt, sondern vielmehr dem Richter zur Entscheidung gem. § 11 Abs. 2 RPflG (*AG Leipzig* ZInsO 2012, 2165 für den Fall, dass der Beschwerdewert von 200 € gem. § 567 Abs. 2 ZPO nicht erreicht ist).
(3) Der Rechtspfleger hält die Beschwerde für **unbegründet**. In diesem Fall verfährt der Rechtspfleger entsprechend den Ausführungen oben Rdn. 56, 63. Da eine Abhilfemöglichkeit gem. § 572 Abs. 1 Satz 1 ZPO besteht (s. Rdn. 102), kann eine Begründung der Nichtabhilfeentscheidung geboten sein (s. Rdn. 63).
(4) Der Rechtspfleger hält die sofortige Beschwerde **teilweise** für begründet. Soweit der Rechtspfleger die Beschwerde für begründet hält, hört er den Gegner an und erlässt einen Abhilfebeschluss. Wegen der unerledigten Beschwerde legt er die Akten dem Beschwerdegericht vor (s. Rdn. 63; ebenso zur vergleichbaren Fallkonstellation bei der früheren Durchgriffserinnerung *OLG Hamm* MDR 1971, 402).

104 Nach Vorlage der Akten an das **Landgericht** richtet sich das Verfahren nach den obigen Ausführungen (Rdn. 64 ff.).

105 Trifft der Rechtspfleger über eine sofortige Beschwerde gegen einen von ihm erlassenen Beschluss **ohne Vorlage** an das Landgericht selbst die Beschwerdeentscheidung, so ist diese **unwirksam**. In diesem Fall ist Gegenstand der ursprünglichen Beschwerde auch die über eine Abhilfeentscheidung hinausgehende vermeintliche Endentscheidung des Rechtspflegers (*BGH* ZInsO 2009, 255).

106 Gegen die Entscheidung des Beschwerdegerichts ist die **Rechtsbeschwerde** bei Zulassung durch das Beschwerdegericht gem. § 574 Abs. 1 Nr. 2 ZPO möglich.

2. § 11 Abs. 2 RPflG

107 Räumt die InsO **keine ausdrückliche Beschwerdebefugnis** (z.B. im Falle des § 211 Abs. 1 InsO) ein (vgl. § 6 Abs. 1 InsO), gilt § 11 Abs. 2 RPflG (*BGH* ZIP 2002, 2223; *Alter* EWiR 2001, 235 [236]). Dies gilt auch bei

- Entscheidung über die Bestellung eines Sonderinsolvenzverwalters, sofern darüber der Rechtspfleger entscheidet (*AG Charlottenburg* ZInsO 2015, 582 = InsbürO 2015, 243 für den Fall der Bestellung; zur funktionellen Zuständigkeit s. § 2 Rdn. 32);
- Genehmigung der Entnahme der Haftpflichtversicherungsprämie des Insolvenzverwalters für den Sonderinsolvenzverwalter (*LG Göttingen* ZInsO 2011, 50; *AG Göttingen* ZInsO 2011, 147);
- Versagung der Gewährung eines Vorschusses gem. § 9 InsVV durch den Rechtspfleger (*BGH* ZInsO 2004, 970 = EWiR 2004, 1037; s. § 21 Rdn. 218);
- Zurückweisung des Widerspruches eines Schuldners gegen die Verpflichtung zur Abgabe der Eidesstattlichen Versicherung gem. § 153 Abs. 2 InsO (*LG Göttingen* Beschl. v. 20.01.2009 – 10 T 7/09);
- Ablehnung eines Antrages durch den Rechtspfleger auf nachträgliche Eintragung in die Tabelle (*AG Hamburg* ZVI 2005, 41) oder Berichtigung der Tabelle (*BGH* ZInsO 2011, 2278);
- Entscheidung über einen Wiedereinsetzungsantrag gem. § 186 InsO (*BGH* NZI 2014, 724);
- Ernennung des Treuhänders (§ 291 Abs. 1 InsO a.F. = § 288 Satz 2 InsO n.F.) durch den Rechtspfleger (*AG Göttingen* ZInsO 2004, 1323 [1324]);
- Aufhebung der Verlängerung der Stundung der Verfahrenskosten durch den Rechtspfleger (*AG Köln* NZI 2014, 22).

Zweifelhaft ist, ob bei Versäumung einer Frist der Rechtsbehelf des § 11 Abs. 2 RPflG zur Verfügung steht (so *LG München I* ZInsO 2000, 519 für den Fall der Beantragung der Versagung der Restschuldbefreiung gem. § 289 InsO nach dem Schlusstermin). 108

Für Entscheidungen über **Anträge gem. §§ 850 ff. ZPO** ist das Insolvenzgericht zuständig. Die früher streitige Frage ist nunmehr in § 36 Abs. 4 InsO geregelt. Nach der Rechtsprechung des *BGH* (ZInsO 2004, 391 [392]; ZIP 2004, 1379 = EWiR 2004, 1003) eröffnet § 793 ZPO die Möglichkeit der sofortigen Beschwerde, bei Zulassung durch das Beschwerdegericht gem. § 574 Abs. 1 Nr. 2 ZPO kann Rechtsbeschwerde zum BGH eingelegt werden (s. § 7 Rdn. 5). Im Hinblick auf § 568 Abs. 2 Satz 2 ZPO muss der Einzelrichter den Fall an die Kammer übertragen (*BGH* NJW-RR 2012, 125, st. Rspr.; A/G/R-*Ahrens* § 6 Rn. 99). Eine Erinnerung gem. § 11 Abs. 2 RPflG scheidet daher aus. 109

Fehlt es aber an der **Beschwerdeberechtigung** (s. Rdn. 12), gilt auch der Rechtsbehelf des § 11 Abs. 2 RPflG nicht (a.A. *LG Wuppertal* ZInsO 2002, 486 für die Landeskasse im Falle des § 64 Abs. 3 InsO). 110

Da es sich um eine sofortige Erinnerung handelt (§ 11 Abs. 2 Satz 1 RPflG), ist der Rechtsbehelf fristgebunden innerhalb der zweiwöchigen **Frist** des § 569 Abs. 1 Satz 1 ZPO einzulegen (s. Rdn. 40). Einzulegen ist die Erinnerung beim Amtsgericht. Eine Einlegung beim Beschwerdegericht scheidet aus, da der Richter beim Amtsgericht abschließend entscheidet. 111

Der Rechtspfleger hat zu prüfen, ob er der Erinnerung abhilft (§ 11 Abs. 2 Satz 2 RPflG). Andernfalls legt er die Akten – ggf. mit einer **Nichtabhilfebegründung** – dem Richter zur Entscheidung vor (§ 11 Abs. 2 Satz 3 RPflG). Wegen der Einzelheiten gelten sinngemäß auch die obigen Ausführungen (s. Rdn. 103 ff.). 112

Legt der Rechtspfleger die Akten **irrig dem Beschwerdegericht** vor, so gibt es diese dem Amtsgericht zur eigenen Entscheidung zurück (MüKo-InsO/*Ganter* § 6 Rn. 59). 113

Der **Richter entscheidet** in jedem Fall **abschließend** über die Erinnerung (s. Rdn. 116). Hält der Richter die Erinnerung (zumindest teilweise) für begründet, so hilft er ihr ab. Dabei ist zu beachten, dass zuvor dem Gegner rechtliches Gehör zu gewähren ist, da für diesen keine Beschwerdemöglichkeit besteht (MüKo-InsO/*Ganter/Lohmann* § 6 Rn. 61). Ansonsten wird die Erinnerung zurückgewiesen. 114

Das Erinnerungsverfahren vor dem Amtsgericht ist gebührenfrei (§ 11 Abs. 4 RPflG). Auslagen sind jedoch zu erstatten. Der Gegenstandswert für die Anwaltsgebühren richtet sich nach § 28 RVG, die Gebührenhöhe (0, 5) ergibt sich aus § 18 Nr. 5 RVG, VV Nr. 3500. 115

116 Die Entscheidung des Richters ist unanfechtbar (*Kübler/Prütting/Bork* InsO, § 6 Rn. 34; *Uhlenbruck/I. Pape* InsO, § 6 Rn. 10). Es bleiben nur die Möglichkeiten der Gegenvorstellung und ggf. eine Beschwerdemöglichkeit infolge greifbarer Gesetzwidrigkeit (s. Rdn. 90 ff.).

3. § 11 Abs. 3 RPflG

117 Entscheidungen über die Gewährung des Stimmrechts (§§ 77, 237, 238 InsO) können mit der Erinnerung nicht angefochten werden (§ 11 Abs. 3 Satz 2, 2. HS RPflG). Der Richter kann allerdings auf Antrag des Gläubigers oder des Insolvenzverwalters das **Stimmrecht neu festsetzen und die Wiederholung der Abstimmung anordnen** (§ 18 Abs. 3 Satz 2 RPflG). Eine Erinnerung des Insolvenzverwalters im Termin kann als Antrag gem. § 18 Abs. 3 Satz 2 RPflG ausgelegt werden (*AG Göttingen* ZInsO 2009 1821 [1822]). Zuvor kann der Rechtspfleger seine Entscheidung ändern (§ 77 Abs. 2 Satz 3 InsO). Kommt es zur Vorlage an den Insolvenzrichter, wird die Sitzung unterbrochen oder vertagt werden (Beispiel aus der Praxis bei *Moser* InsbürO 2011, 170). Bei weitreichenden Maßnahmen – wie z.B. geplanter Grundstücksveräußerung – wird der Insolvenzverwalter im Regelfall die Entscheidung des Richters abwarten. Voraussetzung für die Neufestsetzung des Stimmrechtes ist eine Beschwer des Gläubigers; eine **Wiederholung** der Abstimmung kommt **nicht** in Betracht, wenn bei **Zugrundelegung abgeänderter Stimmrechte die Mehrheiten bestehen bleiben** (*AG Mönchengladbach* NZI 2001, 48; *AG Dresden* ZInsO 2006, 888 [890]). Die Neufeststellung eines (gegenteiligen) Beschlussergebnisses auf der Grundlage der Neufestsetzung der Stimmrechte scheidet dagegen auf Grund des eindeutigen Wortlautes des § 18 Abs. 3 Satz 2 RPflG aus (*AG Frankfurt* NZI 2009, 441).

118 Der Richter ist an **Stimmrechtsfeststellungen** durch eine Einigung der Beteiligten oder durch eine gerichtliche Entscheidung gem. § 77 Abs. 2 Satz 2, 3 InsO, § 18 Abs. 3 Satz 2 RPflG **gebunden**; eine aufgrund nichtiger Vollmacht abgegebene Stimmabgabe ist aber nichtig (*AG Duisburg* NZI 2007, 728 [730]). Ist bereits einmal über das Stimmrecht entschieden worden, so kann eine Ablehnung einer Stimmrechtsänderung durch den Rechtspfleger nicht vom Insolvenzrichter überprüft werden (vgl. *LG Göttingen* ZInsO 2000, 50 [51]). § 11 Abs. 3 RPflG gilt auch, wenn im Prüfungstermin die Anmeldung einer nachrangigen Forderung (gem. § 39 Abs. 1 Nr. 3 InsO) als unzulässig zurückgewiesen wird mangels erfolgter Aufforderung des Insolvenzgerichtes zur Forderungsanmeldung (*LG München* ZInsO 2000, 410).

119 Der Beschluss des Richters ist **nicht anfechtbar** gem. § 6 InsO (*BGH* ZIP 2008, 2428 [2429] = EWiR 2009, 117; s.a. *Schmitt* § 77 Rn. 26). Das ist verfassungskonform (*BVerfG* ZInsO 2010, 34). Versagt der Rechtspfleger einem Gläubiger das Stimmrecht ohne Begründung, muss die richterliche Entscheidung eine ausreichende Begründung enthalten (*BVerfG* ZIP 2004, 1762 [1763]).

IV. Entscheidungen außerhalb der InsO

120 Für Entscheidungen des Rechtspflegers außerhalb der InsO (s.a. Rdn. 82 ff., 109) gilt Folgendes: Sieht das Gesetz die **Möglichkeit einer sofortigen Beschwerde** gem. § 567 Abs. 1 Nr. 1 ZPO vor (z.B. Kostenfestsetzung gem. § 104 ZPO), gilt die Regelung des **§ 11 Abs. 1 RPflG**. Aufgrund der Regelung in § 572 Abs. 1 Satz 1 ZPO besteht eine Abhilfemöglichkeit des Rechtspflegers (s. Rdn. 102). Bei Entscheidungen außerhalb des Insolvenzverfahrens sind allerdings die Wertgrenzen (z.B. § 567 Abs. 2 ZPO, § 4 JVEG) zu beachten (s. Rdn. 85). Sind die Wertgrenzen nicht erreicht, richtet sich das Verfahren nach § 11 Abs. 2 RPflG.

121 § 11 Abs. 2 RPflG gilt, wenn die Entscheidung im Gesetz **nicht** für **anfechtbar** erklärt ist (§ 567 Abs. 1 ZPO) oder Wertgrenzen eingreifen (s. Rdn. 85). Statthaft ist die sofortige Erinnerung. Der Rechtspfleger kann abhelfen (§ 11 Abs. 2 Satz 2 RPflG).

122 Zur Beschwerdemöglichkeit im Rahmen des § 299 ZPO (Akteneinsicht) s. § 4 Rdn. 99 ff.

J. Entscheidungen gem. § 766 ZPO

Das Insolvenzgericht hat eine weitreichende Entscheidungskompetenz in Zwangsvollstreckungssachen (s. § 2 Rdn. 10 ff.). Es ist auch zuständig zur Entscheidung über Rechtsbehelfe gem. § 766 ZPO. Ausdrücklich geregelt ist dies für das **eröffnete Verfahren** in §§ 89 Abs. 3, 148 Abs. 2 InsO. Auch im **Eröffnungsverfahren** kommt eine Zuständigkeit in Betracht. Tabellarische Übersicht bei *Schäferhoff* ZVI 2008, 331 [335]. 123

Über Anträge, Einwendungen und Erinnerungen, die die Art und Weise der Zwangsvollstreckung betreffen, entscheidet das Vollstreckungsgericht (§ 766 Abs. 1 Satz 1 ZPO). **§ 766 ZPO verdrängt** als Spezialvorschrift den **§ 11 RPflG**, wenn der Rechtspfleger im Rahmen der Zwangsvollstreckung eine Vollstreckungsmaßnahme ohne vorherige Anhörung des Schuldners getroffen hat. Lehnt er dagegen einen Antrag des Gläubigers (ganz oder teilweise) ab oder gewährt er dem Schuldner, Drittschuldner bzw. Gläubiger rechtliches Gehör, liegt eine Entscheidung gem. § 11 RPflG vor und nicht eine Vollstreckungsmaßnahme gem. 766 ZPO (*BGH* ZIP 2004, 1379 = EWiR 2004, 1003; *Zöller/Stöber* ZPO, § 766 Rn. 3). 124

Pfändungs- und Überweisungsbeschlüsse (§§ 829, 835 ZPO) ergehen ohne rechtliches Gehör des Schuldners (§ 834 ZPO). Denkbar ist, dass trotz eines Vollstreckungsverbotes durch das Insolvenzgericht gem. § 21 Abs. 2 Nr. 3 InsO (s. § 21 Rdn. 273 ff.) vom Vollstreckungsgericht Pfändungs- und Überweisungsbeschlüsse erlassen werden (zur Pfändung durch den Gerichtsvollzieher s. Rdn. 138). Nach den Vorschriften der ZPO ist örtlich zuständig zur Entscheidung über die Vollstreckungserinnerung ausschließlich das Gericht, das den Beschluss erlassen hat (§§ 764, 802, 828 ZPO). Der Rechtspfleger ist abhilfebefugt (entsprechend § 572 Abs. 1 ZPO), bevor er die Akten dem (Vollstreckungs-) Richter vorlegt (vgl. *Zöller/Stöber* ZPO, § 766 Rn. 24). 125

Während der Dauer des Insolvenzverfahrens ist allein der Insolvenzverwalter bzw. Treuhänder im Vereinfachten Insolvenzverfahren (§ 313 Abs. 1 InsO) **befugt, Rechtsbehelfe einzulegen**. Ist jedoch insolvenzfreies Vermögen betroffen, steht dem Schuldner diese Befugnis zu (*AG Dortmund* NZI 2005, 463). 126

Gem. **§ 89 Abs. 3 InsO** entscheidet über Einwendungen wegen Verstoßes gegen Vollstreckungsverbote allerdings das Insolvenzgericht. Diese Vorschrift ist nach ihrer systematischen Stellung erst im eröffneten Verfahren anwendbar. Die Gesetzesbegründung (BT-Drucks. 12/2443, S. 138) führt aus, über Erinnerungen gem. § 766 ZPO solle nicht das Vollstreckungsgericht, sondern das Insolvenzgericht entscheiden, das die Voraussetzungen von Vollstreckungsverboten besser beurteilen kann. Diese Überlegung trifft ebenso zu auf das **Eröffnungsverfahren**. Bereits in diesem Stadium ist das **Insolvenzgericht zuständig** (*AG Göttingen* ZInsO 2003, 770 [771]; *AG Duisburg* ZVI 2004, 622 [623]; s.a. Rdn. 63 und § 21 Rdn. 309; MüKo-InsO/*Ganter/Lohmann* § 6 Rn. 63; ähnlich *AG Köln* NZI 2004, 592 für den Fall des § 210 InsO; a.A. *AG Köln* ZInsO 1999, 419 = NZI 1999, 381). 127

Die **analoge Geltung des § 89 Abs. 3 InsO** wird weiter bejaht bei Einwendungen gem. § 88 InsO (*AG Duisburg* NZI 2011, 944), Vollstreckung entgegen § 90 InsO (*BGH* ZInsO 2006, 1049 [1050]), entgegen § 210 InsO (*LG Trier* ZInsO 2005, 221) und bei Masseamut gem. § 207 InsO (*BGH* ZInsO 2006, 1049 [1050]). Bei Vollstreckungen eines Neumassegläubigers soll nur die Vollstreckungsabwehrklage gem. § 767 ZPO zulässig sein (*AG Hamburg* ZInsO 2007, 830). 128

Nach Aufhebung des Verfahrens gem. § 289 Abs. 2 Satz 2 InsO in der **Wohlverhaltensperiode** ist das **Vollstreckungsgericht** zuständig (*LG Saarbrücken* ZInsO 2012, 1136). Geht allerdings der Rechtsbehelf noch vor Aufhebung des Verfahrens ein, bleibt aus verfahrensökonomischen Gründen das Insolvenzgericht zuständig (*AG Göttingen* ZInsO 2007, 1063 [1064]). 129

Das Insolvenzgericht ist nicht nur befugt zur Überprüfung der Einhaltung der insolvenzrechtlichen Vollstreckungsverbote (z.B. gem. § 21 Abs. 2 Nr. 3 InsO). Vielmehr sind **alle Vollstreckungsvoraussetzungen zu prüfen** (*AG Göttingen* ZVI 2002, 25 [26]; ZVI 2007, 573; a.A. MüKo-InsO/*Ganter/Lohmann* § 6 Rn. 63). Eine aufgespaltete Zuständigkeit zwischen Vollstreckungsgericht (hinsicht- 130 lich der allgemeinen Vollstreckungsvoraussetzungen) und dem Insolvenzgericht (hinsichtlich eines Vollstreckungsverbotes) wäre unpraktikabel und würde der beabsichtigten Zuständigkeitskonzentration im § 89 Abs. 3 InsO beim Insolvenzgericht zuwiderlaufen.

131 Die Zuständigkeit umfasst **auch** die Anwendbarkeit des **§ 765a ZPO** (*BGH* ZInsO 2008, 40 [41]; *BGH* ZIP 2008, 2441 [2442] m. abl. Anm. *Stefan Schmidt* EWiR 2009, 223) sowie die Entscheidung, in welchem Umfang das Arbeitseinkommen des Schuldners nach Feststellung eines Schuldenbereinigungsplanes gem. § 308 InsO Pfändungsschutz genießt (*BGH* NZI 2008, 384 [386]). Für den im Rahmen des § 36 Abs. 1 InsO entsprechend anwendbaren **§ 850b ZPO** hat der BGH entschieden, dass bei Anträgen des Insolvenzverwalters auf Vollstreckbarkeitserklärung von bedingt pfändbaren Bezügen das Insolvenzgericht zuständig ist, bei Streitigkeiten zwischen Insolvenzverwalter und Schuldner das Prozessgericht (*BGH* NZI 2010, 141 [142] Rn. 10 = EWiR 2010, 331).

132 Fraglich ist, ob mit der Zuständigkeitskonzentration die **Abhilfebefugnis des Rechtspflegers** beim Vollstreckungsgericht entfällt (verneinend *AG Dortmund* NZI 2005, 463; *AG Köln* Beschl. v. 04.11.2010 – 73 IN 206/10, LNR 2010, 35057; *Hintzen* ZInsO 1998, 174 [176]) bzw. ob der Rechtspfleger beim Insolvenzgericht, der den Beschluss nicht erlassen hat, abhelfen kann (verneinend *Hintzen* ZInsO 1998, 174 [176]). Jedenfalls eine Abhilfemöglichkeit des Rechtspflegers beim Insolvenzgericht, bei dem die Zuständigkeit kraft Gesetzes (s. Rdn. 127) konzentriert ist, ist zu bejahen (*Uhlenbruck/I. Pape* InsO, § 6 Rn. 17).

133 Der Richter am Insolvenzgericht entscheidet gem. § 766 ZPO (s.a. § 2 Rdn. 50). Die **Richterzuständigkeit** ergibt sich aus § 20 Nr. 17 Satz 2 RPflG (*BGH* ZInsO 2005, 708; MüKo-InsO/*Ganter/Lohmann* § 6 Rn. 63; **a.A.** *AG Hamburg* NZI 2000, 96: Rechtspfleger).

134 Gegen die Entscheidung besteht die **Möglichkeit der sofortigen Beschwerde gem. § 793 ZPO**, die als Spezialvorschrift dem § 6 Abs. 1 InsO vorgeht (*BGH* ZInsO 2004, 391 [392] und ZInsO 2007, 496 [497]; MüKo-InsO/*Ganter/Lohmann* § 6 Rn. 64; jetzt auch *AG Hamburg* ZIP 2014, 1401: **a.A.** noch *AG Hamburg* NZI 2006, 646; *Uhlenbruck/I. Pape* InsO, § 6 Rn. 6).

135 Hat anstelle des Richters der **funktionell unzuständige Rechtspfleger** entschieden, ist die Sache aufzuheben und an das Amtsgericht zurückzuverweisen (*BGH* ZInsO 2005, 708).

136 **§ 148 Abs. 2 InsO** gilt nur bei Maßnahmen des Vollstreckungsgerichtes oder des Gerichtsvollziehers, nicht aber gegen Maßnahmen des Insolvenzverwalters oder Treuhänders (*AG Regensburg* ZVI 2004, 178 [179]). Das *AG Hamburg* (ZInsO 2008, 1150) wendet die Vorschrift auch an, wenn der Schuldner außerhalb des Anwendungsbereiches der §§ 850c ff. ZPO die Beeinträchtigung eines seiner Ansicht nach unpfändbaren Rechtes durch den Insolvenzverwalter/Treuhänder rügt.

K. Entscheidungen des Urkundsbeamten der Geschäftsstelle

137 Gegen Entscheidungen des Urkundsbeamten der Geschäftsstelle ist aufgrund der allgemeinen Regelung gem. § 573 Abs. 1 ZPO oder aufgrund spezieller Regelungen (z.B. § 66 GKG) die **sofortige Erinnerung** gegeben (*Uhlenbruck/I. Pape* InsO, § 6 Rn. 11). Ein Richtervorbehalt für die Entscheidung besteht nicht mehr (s. § 2 Rdn. 44). Das Insolvenzgericht muss zunächst über die Erinnerung entscheiden. Gegen die Erinnerungsentscheidung ist gem. § 573 Abs. 2 ZPO **sofortige Beschwerde** möglich (z.B. § 66 Abs. 2–6 GKG).

L. Entscheidungen des Gerichtsvollziehers

138 Werden Verfahrensverstöße des Gerichtsvollziehers beispielsweise im Rahmen der Herausgabevollstreckung nach §§ 883 ff. ZPO durch den Schuldner gerügt, so ist die Vollstreckungserinnerung nach § 766 ZPO statthaft, über die nicht das Vollstreckungsgericht, sondern das Insolvenzgericht zu entscheiden hat (s. Rdn. 123 ff.; § 21 Rdn. 309; ebenso unter Geltung der KO *BGH* NJW 1962, 1392; *Kuhn/Uhlenbruck* KO, § 117 Rn. 6e; **a.A.** *AG Dresden* ZVI 2005, 322; *Lohkemper* ZIP 1995, 1641 [1644]). Für Teilbereiche ist dies nunmehr ausdrücklich geregelt in § 89 Abs. 3 InsO und § 148 Abs. 2 Satz 2 InsO. Zum Anwendungsgebiet der Vorschrift s. Rdn. 127, 136. Die vom Rich-

ter zu treffende Entscheidung kann mit der sofortigen Beschwerde gem. § 793 ZPO angefochten werden (s. Rdn. 134).

M. Rechtskraft und Wiederaufnahme

Siehe § 7 Rdn. 78 ff. 139

N. Internationales Insolvenzrecht

Zum Internationalen Insolvenzrecht: 140
- Art. 102 § 3 Abs. 1 Satz 3 EGInsO – Beschwerderecht Verwalter ausländisches Hauptinsolvenzverfahren gegen Eröffnung inländisches Insolvenzverfahren
- Art. 102 § 4 Abs. 1 Satz 3 EGInsO – Beschwerderecht Gläubiger gegen Einstellung inländisches Insolvenzverfahren wegen zuvor eröffneten ausländischen Insolvenzverfahrens
- Art. 102 § 7 EGInsO – Rechtsmittel gegen öffentliche Bekanntmachung und Eintragung in öffentliche Bücher und Register aufgrund ausländischen Insolvenzverfahrens
- § 344 Abs. 2 InsO – Beschwerderecht Verwalter ausländisches Hauptinsolvenzverfahren gegen Anordnung Sicherungsmaßnahmen gem. § 21 InsO im inländischen Sekundärinsolvenzverfahren
- §§ 345 Abs. 3 Satz 3, 346 Abs. 2 Satz 2 InsO – Rechtsmittel ausländischer Verwalter bei öffentlicher Bekanntmachung und Eintragung in öffentliche Bücher und Register aufgrund ausländischen Insolvenzverfahrens.

Ergänzend zur Beschwerdebefugnis und Abänderung der Zuständigkeitsentscheidung nach Beschwerde *Reinhardt* NZI 2000, 73 (76 ff.).

§ 7 Rechtsbeschwerde
(weggefallen)

»*§ 7 InsO aF: Gegen die Entscheidung über die sofortige Beschwerde findet die Rechtsbeschwerde statt.*«

(Die Kommentierung der Rechtsbeschwerde erfolgt weiter hier – auch in der Erwartung, dass der Gesetzgeber nach den vielfachen, ständigen und umfangreichen Änderungen der InsO nach Aufhebung des § 7 InsO die zulassungsfreie Rechtsbeschwerde wieder einführt)

Übersicht	Rdn.			Rdn.
A. Überblick	1		5. Wirkungen	32
B. Zulässigkeit der Rechtsbeschwerde	6	II.	Frist	34
I. Statthaftigkeit	6	III.	Form	36
1. Zulassung	6	IV.	Ergänzende Zulässigkeitsvoraussetzungen	39
2. Zulassungsgründe	9			
a) Allgemein	9	V.	Begründung gemäß § 575 Abs. 3 ZPO	40
b) Verhältnis der Zulässigkeitsgründe untereinander	12		1. Rechtsbeschwerdeanträge (§ 575 Abs. 3 Nr. 1 ZPO)	41
c) Grundsätzliche Bedeutung der Rechtssache (§ 574 Abs. 2 Nr. 1 ZPO)	13		2. Angabe der Beschwerdegründe (§ 575 Abs. 3 Nr. 3 ZPO)	43
d) Fortbildung des Rechts (§ 574 Abs. 2 Nr. 2, 1. Alt. ZPO)	14		a) Nr. 3a	44
			b) Nr. 3b	45
			c) Sonderfälle	47
e) Sicherung einer einheitlichen Rechtsprechung (§ 574 Abs. 2 Nr. 2, 2. Alt. ZPO)	16	VI.	Verfahren bei Unzulässigkeit	48
		C.	Begründetheit der Rechtsbeschwerde (§ 576 ZPO)	49
f) Ausschluss der Rechtsbeschwerde	23	I.	Allgemeines	49
3. Verfahren	24	II.	Verletzung von Bundesrecht	51
4. Weitere Voraussetzungen	27	III.	Verletzung sonstiger Vorschriften	58

		Rdn.			Rdn.
D.	**Verfahren vor dem Rechtsbeschwerdegericht (§ 577 ZPO)**	59	E.	**Rechtskraft und Wiederaufnahme** . . .	78
I.	Verfahrensablauf	59	I.	Formelle Rechtskraft	78
II.	Entscheidungsmöglichkeiten	70	II.	Materielle Rechtskraft	82
III.	Umfang der Bindungswirkung	76	III.	Wiederaufnahme	91
			F.	**Internationales Insolvenzrecht**	93

Literatur:
Schmerbach Aufhebung von Beschlüssen von Amts wegen, ZInsO 2016, 1462; *Zimmer* Gesetz zur Änderung des § 522 ZPO (und des § 7 InsO!) – Das neue Beschwerderecht in Insolvenzsachen, ZInsO 2011, 1689.

A. Überblick

1 Die Geschichte des § 7 InsO spiegelt die **Konzeptionslosigkeit** und **Sprunghaftigkeit** des Gesetzgebers wider rund belegt zugleich den mangelnden Stellenwert des Insolvenzrechts, allen Beteuerungen zum Trotz.

2 Die sofortige weitere Beschwerde war **bis zum Inkrafttreten der InsO** zulässig, sofern die Entscheidung des Beschwerdegerichts einen neuen selbstständigen Beschwerdegrund enthielt (§ 568 Abs. 2 Satz 2 a.F. ZPO, sog. Difformitätsprinzip); unabhängig davon war sie weiter zulässig bei Verfahrensverstößen (*Thomas/Putzo* ZPO, 22. Aufl. 1999, § 568 Rn. 13). § 7 Abs. 1 in der Ursprungsfassung schränkte die Möglichkeit der weiteren Beschwerde dadurch ein, dass eine Zulassung durch das Oberlandesgericht erforderlich war, die neben einer Gesetzesverletzung zur Voraussetzung hatte, dass die Nachprüfung der Entscheidung zur Sicherung einer einheitlichen Rspr. geboten war. Nach dem Willen des Gesetzgebers sollte durch die Verminderung der Rechtsmittel die Entlastung der Gerichte, aber auch die Straffung des Insolvenzverfahrens erfolgen (BT-Drucks. 12/7302 S. 155). Andererseits sollten durch die Regelung in § 7 Abs. 2 a.F. InsO die bislang fehlenden Voraussetzungen für eine einheitliche Rspr. in Insolvenzsachen geschaffen werden (BT-Drucks. 12/2443 S. 110).

3 Durch die ZPO-Änderung zum 01.01.**2002** (BGBl. I 2001, S. 1887) war in § 7 InsO lediglich noch geregelt, das gegen Beschwerdeentscheidungen die Rechtsbeschwerde statthaft war. Die Einzelheiten richteten sich nach den §§ 574–577 ZPO. Die **Rechtsbeschwerde in Insolvenzsachen** war **ohne Zulassung** statthaft gem. § 574 Abs. 1 Nr. 1 ZPO i.V.m. § 7 InsO. Über die Rechtsbeschwerde entschied der BGH, § 133 GVG. Dies bedeutete eine erhebliche Mehrarbeit für den BGH. Allerdings war der Zugang für die Parteien ist durch den beim BGH bestehenden Anwaltszwang (s. Rdn. 37) erschwert (*Uhlenbruck/I. Pape* InsO, § 7 Rn. 3). Es entfielen die Vielzahl von häufig im Ergebnis gleich lautenden OLG-Entscheidungen, die Übersichtlichkeit wurde gefördert (MüKo-InsO/*Ganter* § 7 Rn. 13). Die Singularität der zulassungsfreien Rechtsbeschwerde in § 7 InsO hat der Gesetzgeber entgegen ursprünglichen Planungen im Vereinfachungsgesetz 2007 nicht abgeschafft (*Schmerbach/Wegener* ZInsO 2006, 400 [401]).

4 Das Gesetz vom 21.10.2011 (BGBl. I S. 2082) hat die Nichtzulassungsbeschwerde eingeführt in Zivilverfahren, in denen die Berufung wegen offensichtlicher Unbegründetheit durch einstimmigen Beschluss zurückgewiesen wird. Im Gegenzug ist die **Rechtsbeschwerde** in Insolvenzsachen in nach dem 27.10.2011 erlassenen Beschwerdeentscheidungen (*BGH* ZInsO 2012, 218) nur **noch nach Zulassung** durch das Beschwerdegericht **statthaft**; die Möglichkeit der **Nichtzulassungsbeschwerde** gibt es **nicht** (*BGH* Beschl. v. 13.02.2012 – IX ZA 111/11, BeckRS 2012, 04742). Im Ergebnis werden Rechtsbeschwerden in Insolvenzsachen gleich behandelt mit Rechtsbeschwerden in Nichtinsolvenzsachen, in denen bereits eine Zulassung durch das Beschwerdegericht Voraussetzung für eine Rechtsbeschwerde war (s. Rdn. 5). Die **Konsequenzen** sind verheerend:
– Die vom InsO-Gesetzgeber angestrebte **einheitliche Rechtsprechung** in Insolvenzsachen (s. Rdn. 1) ist wieder in weite Ferne gerückt (*Pape/Pape* ZInsO 2012, 1 [2]). Die Entscheidungen über die Zulassung der Rechtsbeschwerde sind auf über 90 Landgerichte verteilt, bei denen häufig Kammern mit einem deutlich unter 50 % liegenden Anteil in Insolvenzsachen zuständig sind.

- Die Lehre aus dem Ausschluss der Nichtzulassungsbeschwerde in Verfahren gem. § 522 ZPO hat der Gesetzgeber nicht auf die Rechtsbeschwerde in Insolvenzsachen zu übertragen vermocht.
- Auch mehr als 17 Jahre nach In-Kraft-Treten der InsO tauchen häufig **neue, einer schnellen höchstrichterlichen Klärung bedürfende Rechtsfragen** auf (*Buchholz* NZI 2011, 584). Dazu tragen die Vielzahl der **Gesetzesänderungen** bei wie die Regelung der Freigabe in § 35 Abs. 2 InsO und den daraus folgenden Problemen der Zweitinsolvenzverfahren (s. § 13 Rdn. 113 ff.). Durch das ESUG sollte die InsO »europatauglich« gemacht werden. Bei den Insolvenzverfahren natürlicher Personen ergeben sich zum 01.07.2014 weitreichende Änderungen durch das Gesetz zur Verkürzung des Restschuldbefreiungsverfahrens und zur Stärkung der Gläubigerrechte. Eine schnelle Abklärung der durch die zahlreichen Neuregelungen zu erwartenden Probleme ist gefährdet (krit. auch *Kübler/Prütting/Bork/Prütting* § 7 Rn. 6; *Pape/Pape* ZInsO 2012, 1 [2]; *Zimmer* ZInsO 2011, 1689 [1694]; befürwortend noch *Pape* ZInsO 2010, 2030).
- Zu befürchten ist eine **Zersplitterung** der Rechtsprechung und Rechtsanwendung z.B. in Stundungsverfahren mit aus der Anfangszeit der InsO (Streit um die Bewilligung von Prozesskostenhilfe) bekannten Insolvenztourismus (*Zimmer* ZInsO 2011, 1689 [1693]). Das gilt ebenso für ein zentrales Ziel der Insolvenzrechtsreform, die Restschuldbefreiung.
- Statt (nicht überprüfbare) Zulassung der Rechtsbeschwerde hätten dem Gesetzgeber andere, **schonendere Mittel** zur Verfügung gestanden wie ein vereinfachtes Verwerfungsverfahren (A/G/R-*Ahrens* § 6 InsO Rn. 3) insbesondere bei Vergütungsbeschwerden, die den Schwerpunkt der Rechtsbeschwerden bildeten (*Zimmer* ZInsO 2011, 1689 [1695]).

Bei **Entscheidungen** des Insolvenzgerichts **außerhalb des Insolvenzverfahrens** (s. § 6 Rdn. 84 ff., 109, 120 ff., 134) kommt eine Rechtsbeschwerde nach Maßgabe der §§ 574 ff. ZPO in Betracht. Im Hinblick auf § 568 Abs. 2 Satz 2 ZPO muss der Einzelrichter den Fall an die Kammer übertragen (s. § 6 Rdn. 89, 109). Die **Zulassung** gem. § 574 Abs. 1 Nr. 2 ZPO ist **nunmehr notwendig auch bei Entscheidungen in Insolvenzverfahren**. Beide Fallgruppen werden einheitlich behandelt. Voraussetzung für eine wirksame Zulassung ist jeweils, dass die sofortige Beschwerde statthaft war. Hat das Beschwerdegericht fälschlich eine unanfechtbare Entscheidung auf die sofortige Beschwerde hin geändert, ist eine Rechtsbeschwerde auch bei Zulassung unstatthaft (*BGH* NZI 2009, 553 m. Anm. *Ganter*). Eine **unterbliebene Zulassung** kann das Beschwerdegericht **nicht nachholen** (*BGH* ZInsO 2009, 885 [886]). Allerdings kann eine Berichtigung gem. § 319 ZPO erfolgen (*BGH* ZInsO 2009, 885 [886]). Gegen die Nichtzulassung der Beschwerde gibt es keine Nichtzulassungsbeschwerde (MüKo-InsO/*Ganter/Lohmann* § 7 Rn. 23).

B. Zulässigkeit der Rechtsbeschwerde

I. Statthaftigkeit

1. Zulassung

Die Rechtsbeschwerde ist statthaft nur nach **Zulassung** durch das Beschwerdegericht gem. § 574 Abs. 1 Nr. 2 ZPO. Einzelheiten s. Rdn. 24. Eine Sprungrechtsbeschwerde ist ausgeschlossen (A/G/R-*Ahrens* § 6 InsO Rn. 98). Es bestehen weitere Zulässigkeitserfordernisse (Rdn. 27 ff.) insb. gem. § 575 Abs. 3 ZPO (s. Rdn. 40 ff.).

Ein Antrag ist nicht erforderlich, kann aber sinnvoll und geboten sein, um im Beschwerdeverfahren die Frage der Zulassung zu erörtern. Das Beschwerdegericht besitzt kein Ermessen, muss vielmehr bei Vorliegen der Voraussetzungen des § 574 Abs. 2 ZPO die Rechtsbeschwerde zulassen.

Hätte die Zulassung nahe gelegen, muss bei unterlassener Zulassung das Beschwerdegericht eine nachvollziehbare Begründung geben, damit das BVerfG überprüfen kann, ob ein verfahrensrechtlich grundsätzlich eröffnetes Rechtsmittel durch das Beschwerdegericht ineffektiv gemacht wurde (*BVerfG* NJW 2012, 1715 Rn. 19). Bleibt eine Anhörungsrüge erfolglos, kommt eine Verfassungsbeschwerde in Betracht (A/G/R-*Ahrens* § 6 InsO Rn. 152a).

2. Zulassungsgründe

a) Allgemein

9 Der zum 27.10.2011 aufgehobene § 7 InsO sah die Möglichkeit der zulassungsfreien Rechtsbeschwerde vor. Gem. § 574 Abs. 2 ZPO mussten die Zulässigkeitsvoraussetzungen des § 574 Abs. 2 ZPO gem. § 575 Abs. 3 Nr. 2 ZPO dargelegt werden. Nach Einführung der Zulassungsrechtsbeschwerde gem. § 574 Abs. 1 Nr. 2 ZPO ist das Erfordernis entfallen. Vielmehr muss das **Beschwerdegericht prüfen**, ob es unter Berücksichtigung der nachfolgenden Kriterien **die Rechtsbeschwerde zulässt** gem. §§ 574 Abs. 3 Satz 1, Abs. 2 ZPO. Die Regelung ist nachgebildet der Vorschrift des § 543 Abs. 2 ZPO.

Voraussetzungen sind:
– grundsätzliche Bedeutung der Rechtssache gem. § 574 Abs. 2 Nr. 1 ZPO (s. Rdn. 10),
– Fortbildung des Rechtes gem. § 574 Abs. 2 Nr. 2, 1. Alt. ZPO (s. Rdn. 11 f.),
– Sicherung einer einheitlichen Rechtsprechung gem. § 574 Abs. 2 Nr. 2, 2. Alt. ZPO (Rdn. 12 ff.).

10 Die Rechtsfrage muss sich **nicht** auf das Gebiet des **Insolvenzrecht**s beziehen (*Jaeger/Gerhardt* InsO, § 7 Rn. 11; MüKo-InsO/*Ganter/Lohmann* § 7 Rn. 34; *Uhlenbruck/I. Pape* InsO, § 7 Rn. 6).

11 Die Entscheidung muss allerdings von der Rechtsfrage abhängen, also entscheidungserheblich sein (s. Rdn. 22).

b) Verhältnis der Zulässigkeitsgründe untereinander

12 Die Gesetzesbegründung zu § 574 Abs. 2 ZPO (BT-Drucks. 14/4722 S. 116) verweist auf die Parallelvorschrift des § 543 Abs. 2 ZPO. Der Begriff der grundsätzlichen Bedeutung soll nicht auf die Elemente der Rechtsfortbildung und der Rechtsvereinheitlichung beschränkt werden. Es sollen die Fälle einer Entscheidung zugeführt werden, in denen **über den Einzelfall hinaus** ein allgemeines Interesse an einer **Entscheidung** des **Rechtsbeschwerdegerichts** besteht. Dem Rechtsbeschwerdegericht sollen außerdem **Leitentscheidungen** zu Rechtsstreitigkeiten von allgemeiner Bedeutung möglich sein, so in Fällen der Verletzung von Verfahrensgrundsätzen und offensichtlicher Unrichtigkeit der Beschwerdeentscheidung (BT-Drucks. 14/4722 S. 104). Insbesondere bei § 574 Abs. 2 Nr. 2 ZPO wird eine scharfe Trennung nicht möglich sein (vgl. *Jaeger/Gerhardt* InsO, § 7 Rn. 6, 7).

c) Grundsätzliche Bedeutung der Rechtssache (§ 574 Abs. 2 Nr. 1 ZPO)

13 Die Vorschrift dient der **Wahrung der Rechtseinheit und Fortbildung des Rechts**. Nach der Gesetzesbegründung zur Parallelvorschrift des § 543 Abs. 2 Nr. 1 ZPO muss eine klärungsbedürftige Rechtsfrage vorliegen, deren Auftreten in einer unbestimmten Vielzahl von Fällen denkbar ist (*BGH* ZInsO 2002, 896; NJW 2004, 2222 [2223]; MüKo-InsO/*Ganter/Lohmann* § 6 Rn. 97; *Kirchhof* ZInsO 2012, 16 [17]). Als klärungsbedürftig wird auch eine Rechtsfrage bezeichnet, wenn entweder **die Instanzgerichte dem Bundesgerichtshof weitgehend nicht folgen** oder im **Schrifttum ernst zu nehmende Bedenken** gegen die höchstrichterliche Rspr. geäußert werden, um dadurch der Gefahr einer Rechtserstarrung entgegenzuwirken (BT-Drucks. 14/4722 S. 104). Auch das tatsächliche und wirtschaftliche Gewicht der Sache für die beteiligten Rechtskreise ist zu berücksichtigen (BT-Drucks. 14/4722 S. 105; *Kirchhof* ZInsO 2012, 16 [17]).

d) Fortbildung des Rechts (§ 574 Abs. 2 Nr. 2, 1. Alt. ZPO)

14 Nach der Gesetzesbegründung zur Parallelvorschrift in § 543 Abs. 2 Nr. 2 ZPO kann ein Einzelfall Veranlassung geben, **Leitsätze** für die Auslegung von Gesetzesbestimmungen des materiellen oder des Verfahrensrechts **aufzustellen oder Gesetzeslücken auszufüllen** (BT-Drucks. 14/4722, S. 104; *BGH* NJW 2004, 2222 [2223]; krit. MüKo-InsO/*Ganter/Lohmann* § 6 Rn. 98). Der Begriff der Fortbildung des Rechts findet sich § 80 Abs. 1 Nr. 1 OWiG, ferner in § 74 Abs. 2 Nr. 2 GWB und § 116 Abs. 1 StVollzG.

Bei höchstrichterlich noch nicht entschiedenen Rechtsfragen kann eine höchstrichterliche Entscheidung von vornherein verhindern, dass sich bei den unteren Gerichten eine unterschiedliche Rspr. entwickelt (ebenso *Uhlenbruck/I.Pape* InsO, § 7 Rn. 8). Bei **ungeklärten Rechtsfragen** ist eine Nachprüfung geboten (*OLG Celle* ZIP 2000, 706 [708] = EWiR 2000, 681; *OLG Köln* ZIP 2000, 760 [762]; ZInsO 2000, 334 [335]; ZIP 2000, 2312 [2313]; ähnlich *BGH* ZInsO 2002, 896; HK-InsO/ *Sternal* § 6 Rn. 42; a.A. nur *OLG Braunschweig* NZI 2001, 259). Es genügt die **Abweichung** zweier landgerichtlicher Entscheidungen voneinander (*OLG Zweibrücken* ZIP 2000, 1400 [1401]; krit. *Uhlenbruck/I. Pape* InsO, § 7 Rn. 7). **Umstritten** sind die sonstigen Konstellationen. Die Abweichung einer landgerichtlichen Entscheidung von der eines Amtsgerichtes auch aus einem anderen Landgerichtsbezirk soll nicht genügen (*Kirchhof* ZInsO 2012, 16 [17]). Weitergehend wird vertreten, dass abweichende Entscheidungen von Land- und Amtsgerichten, ernstzunehmende abweichende Ansichten in Rspr. und Schrifttum (*OLG Zweibrücken* NZI 2000, 373; NZI 2000, 535) oder unterschiedliche Auffassungen in der Literatur (*OLG Frankfurt* NZI 2000, 531) genügen, solange sich noch keine gefestigte obergerichtliche Rspr. entwickelt hat (*OLG Jena* InVo 2000, 378 [379]). Es reicht das Bedürfnis nach vorbeugender Klärung zur Vermeidung künftiger Differenzen (*OLG Dresden* NZI 2001, 261; *KG* ZInsO 2001, 411 [412]; ähnlich MüKo-InsO/*Ganter/Lohmann* § 7 Rn. 35c). Eine vereinzelt gebliebene, möglicherweise nur missverständlich formulierte Kommentarstelle (*BGH* ZInsO 2009, 2405) genügt nicht.

15

e) **Sicherung einer einheitlichen Rechtsprechung (§ 574 Abs. 2 Nr. 2, 2. Alt. ZPO)**

Nach der Gesetzesbegründung zur Parallelvorschrift in § 543 Abs. 2 Nr. 2 ZPO soll vermieden werden, dass **schwer erträgliche Unterschiede in der Rspr. entstehen oder fortbestehen**, wobei es darauf ankommt, welche Bedeutung die Rspr. im Ganzen hat.

16

Der **Begriff** der Sicherung einer einheitlichen Rspr. findet sich in § 80 Abs. 1 Nr. 1 OWiG, § 74 Abs. 2 Nr. 2 GWB und § 116 Abs. 1 StVollzG. Die von der Rspr. zu § 80 OWiG entwickelten Kriterien können verwandt werden (*Jaeger/Gerhardt* InsO, § 7 Rn. 9).

17

Die Anforderungen an den Zulassungsgrund der Sicherung einer einheitlichen Rspr. würden überspannt, wenn man generell eine grds. Bedeutung i.S.v. § 137 GVG a.F. fordern würde (KK-OWiG/ *Steindorf* § 80 Rn. 11). Es sind **verschiedene Fallgruppen** zu unterscheiden:

18

(1) Befindet sich die Entscheidung des Beschwerdegerichts im **Einklang mit der höchstrichterlichen Rspr.**, so besteht kein Bedürfnis für eine Sachentscheidung des Rechtsbeschwerdegerichts.

19

(2) **Weicht das Beschwerdegericht** bewusst von der höchstrichterlichen Rspr. **ab**, liegt das Sicherungsbedürfnis vor, weil auch in Zukunft mit Abweichungen zu rechnen ist.

20

Die **Rechtsprechung** hat folgende **Grundsätze** entwickelt:

21

– Geht es nicht um grds. Fragen, sondern um die Beurteilung eines **Einzelfalles**, ist eine Nachprüfung nicht geboten (*BGH* ZInsO 2002, 896; *OLG Köln* ZIP 2000, 760 [762]; *OLG Zweibrücken* NZI 2000, 373 [374] = EWiR 2001, 169; *OLG Brandenburg* ZInsO 2001, 75 [76]; *Uhlenbruck/I. Pape* InsO, § 7 Rn. 8; krit. dazu *Kluth* ZInsO 2001, 446).
– Auch bei der Gewichtung von **Tatsachen** handelt es sich um eine Entscheidung, für die die Rechtsbeschwerde nicht zur Verfügung steht (vgl. *BGH* ZIP 2002, 1459 [1460]; *OLG Zweibrücken* ZInsO 2000, 398; *OLG Köln* ZIP 2000, 1900 [1902]; s. aber Rdn. 53). Dies gilt insbesondere in Vergütungssachen wie bei der Höhe des Bruchteiles der Vergütung und Höhe von Zu- und Abschlägen (*Kirchhof* ZInsO 2012, 16 f.).
– Die Anwendung eines **unbestimmten Rechtsbegriffes** ist voll nachprüfbar (*OLG Celle* ZInsO 2000, 456).
– Eine **Ermessensausübung** ist nur eingeschränkt nachprüfbar dahin, ob die rechtlichen Voraussetzungen für den Ermessensgebrauch verkannt worden sind oder das Ermessen sonst rechtsfehlerhaft ausgeübt worden ist (*OLG Celle* ZInsO 2000, 456; *OLG Naumburg* ZInsO 2000, 562).

Bei Zweifeln ist ein Sicherungsbedürfnis zu bejahen (KK-OWiG/*Steindorf* § 80 Rn. 20).

22 Weiter wird gefordert, dass die Rechtsfrage **in dem früheren Verfahren entscheidungserheblich** war und im vorliegenden Verfahren ist (*OLG Naumburg* MDR 2000, 1131; a.A. *Pape* ZInsO 2001, 691 [693]). Ein obiter dictum genügt nicht (*Jaeger/Gerhardt* InsO, § 7 Rn. 10). Bei dem früheren Verfahren muss es sich nicht um ein Rechtsbeschwerdeverfahren gehandelt haben, die Entscheidung muss nicht einmal veröffentlicht worden sein.

f) Ausschluss der Rechtsbeschwerde

23 Vorrangige Regelungen können Rechtsmittel und damit die Rechtsbeschwerde ausschließen:
– z.B. § 238 Abs. 3 ZPO.
– § 253 Abs. 4 InsO (*BGH* ZInsO 2014, 2109 m. Anm. *Smid* S. 2078).
– Für Kostenbeschwerden gilt der Beschwerdewert von 200 € gem. § 567 Abs. 2 BGB nicht.
– Gem. § 576 Abs. 2 ZPO kann eine Rechtsbeschwerde nicht darauf gestützt werden, das Amtsgericht habe seine Zuständigkeit fälschlich angenommen oder verneint (*BGH* ZInsO 2007, 1226 [1227]; MüKo-InsO/*Ganter/Lohmann* § 6 Rn. 123).
– In Prozesskostenhilfeverfahren kann die Rechtsbeschwerde nur zugelassen werden, wenn es um Verfahrensfragen oder die persönlichen oder wirtschaftlichen Voraussetzungen der Bewilligung geht (A/G/R-*Ahrens* § 6 InsO Rn. 103).

Zum Umfang der Bindungswirkung in diesen Fällen s. Rdn. 32.

3. Verfahren

24 Will der **Einzelrichter** die Rechtsbeschwerde zulassen, muss er das Verfahren gem. § 568 Abs. 2 Nr. 2 ZPO auf die **Kammer übertragen** (*BGH* ZInsO 2012, 1439). Ansonsten wird der Beschluss vom Rechtsbeschwerdegericht aufgehoben (A/G/R-*Ahrens* § 6 InsO Rn. 98). Gleiches gilt, wenn der Beschluss keine subsumtionsfähige Sachverhaltsdarstellung enthält (s. Rdn. 56).

25 Die Zulassung kann im Tenor oder in den Gründen erfolgen (A/G/R-*Ahrens* § 6 InsO Rn. 99). Eine **nachträgliche Zulassung** ist **nicht möglich**, eine in einer gesonderten Entscheidung erfolgte Zulassung bindet das Rechtsbeschwerdegericht nicht (*BGH* BeckRS 2012, 11163 und 16760; A/G/R-*Ahrens* § 6 InsO Rn. 99). Ausnahmsweise kann die Zulassung nachgeholt werden unter den Voraussetzungen des § 319 ZPO (*BGH* ZInsO 2014, 517; A/G/R-*Ahrens* § 6 InsO Rn. 100) oder analog § 321a ZPO (*BGH* NJW-RR 2013, 256 = EWiR 2013, 191). Das gilt auch, wenn die unterbliebene Zulassung Verfahrensgrundsätze verletzt, so bei Entscheidung des Einzelrichters über die Zulassung der Rechtsbeschwerde (A/G/R-*Ahrens* § 6 InsO Rn. 101).

26 Eine Rechtmittelbelehrung, die fälschlicherweise darauf hinweist, dass gegen den Beschluss das Rechtsmittel der Rechtsbeschwerde stattfinde, stellt **keine** Entscheidung über die **Zulassung** der Rechtsbeschwerde dar (*BGH* NJW-RR 2011, 1569). Das gilt auch bei bloßer Beifügung einer Rechtsmittelbelehrung (*BGH* ZInsO 2014, 797) und Zustellung einer falschen Ausfertigung der gerichtlichen Entscheidung, nach der die Rechtsbeschwerde zugelassen ist (*BGH* ZInsO 2016, 2320).

4. Weitere Voraussetzungen

27 Antragsberechtigt ist nur, wer durch die Entscheidung des Beschwerdegerichts **beschwert** ist (A/G/R-*Ahrens* § 6 InsO Rn. 134; s. § 6 Rdn. 14 ff. sowie § 34 Rdn. 24 ff.).

28 Es muss das **Rechtsschutzbedürfnis** vorliegen, das fehlt, wenn die nachzuprüfende Entscheidung verfahrensmäßig überholt ist (s. § 6 Rdn. 18). Etwas anderes gilt bei Grundrechtseingriffen (s. § 6 Rdn. 21).

29 Weiter ist Voraussetzung, dass die **Erstbeschwerde gem. § 6 Abs. 1 InsO statthaft** war (*BGH* ZInsO 2014, 1961; A/G/R-*Ahrens* § 6 InsO Rn. 96). Das Rechtsbeschwerdegericht überprüft dies von Amts wegen (*BGH* ZInsO 2004, 89).

Wer durch die **Beschwerdeentscheidung erstmals beschwert** ist, kann **Rechtsbeschwerde** einlegen, 30
wenn er gegen eine entsprechende erstinstanzliche Entscheidung gem. § 6 InsO beschwerdeberechtigt gewesen wäre (*BGH* ZInsO 2013, 1100 Rn. 5 = EWiR 2013, 385). Voraussetzung ist, dass die Rechtsbeschwerde zugelassen worden ist.

Zum Umfang der Bindungswirkung in diesen Fällen s. Rdn. 32. 31

5. Wirkungen

Das Rechtsbeschwerdegericht ist an die **Zulassung** durch das Beschwerdegericht **gebunden** gem. 32
§ 574 Abs. 3 Satz 2 ZPO. Das Rechtsbeschwerdegericht darf nicht nachprüfen, ob ein Zulassungsgrund gem. § 574 Abs. 2 ZPO vorliegt (A/G/R-*Ahrens* § 6 InsO Rn. 119). Keine Bindung (A/G/R-*Ahrens* § 6 InsO Rn. 120) besteht, wenn das Gesetz eine Anfechtung ausschließt (s. Rdn. 23).

Die Möglichkeit einer **Nichtzulassungsbeschwerde** besteht **nicht** (*BGH* Beschl. v. 13.02.2012 – IX 33
ZA 111/11, BeckRS 2012, 04742). Deshalb sollte der (potentielle) Rechtsbeschwerdeführer in der Beschwerdeinstanz auf die Zulassung der Rechtsbeschwerde hinarbeiten (s. Rdn. 6). Eine **außerordentliche Rechtsbeschwerdemöglichkeit** besteht **nicht** (HambK-InsO/*Rüther* § 7 Rn. 5). Vielmehr besteht nur die Gehörsrüge in analoger Anwendung des § 321a ZPO, über die das Beschwerdegericht entscheidet (*Zimmer* ZInsO 2011, 1689 [1692]; s. § 6 Rdn. 91). Als letzte Möglichkeit bleibt eine Verfassungsbeschwerde mit der Begründung, die Sache sei ihrem gesetzlichen Richter entzogen worden (*Pape* ZInsO 2012, 1 [2]).

II. Frist

Die Rechtsbeschwerde ist, sofern sie zugelassen ist, binnen einer **Notfrist von einem Monat** seit Zustellung der Beschwerdeentscheidung **einzulegen** (§ 575 Abs. 1 Satz 1 ZPO) **und auch** (*Uhlenbruck/I. Pape* InsO, § 7 Rn. 16) **zu begründen** (§ 575 Abs. 2 Satz 1 ZPO), und zwar bei dem Rechtsbeschwerdegericht (§ 575 Abs. 1 Satz 1 ZPO). Zum Beginn des Laufes der Frist s. § 6 Rdn. 42. Die Frist kann gem. § 575 Abs. 2 Satz 3 i.V.m. § 551 Abs. 2 Satz 5, Satz 6 ZPO verlängert werden. Stellt der Beschwerdeführer einen Prozesskostenhilfeantrag, so ist ihm auf Antrag wegen Versäumung der Rechtsbeschwerdefrist Wiedereinsetzung gem. § 233 ZPO zu bewilligen (*BGH* ZVI 2003, 611). Die Frist zur Wiedereinsetzung, Einlegung und Begründung gem. § 234 Abs. 2 ZPO beträgt abweichend von § 234 Abs. 1 Satz 1 ZPO nicht zwei Wochen, sondern gem. § 234 Abs. 1 Satz 2 ZPO einen Monat. Durch die Neuregelung in § 234 Abs. 1 Satz 2 ZPO ist die bisherige Streitfrage (vgl. *BGH* ZVI 2003, 611) überholt, welche Frist gilt. Die Frist für die Begründung der Rechtsbeschwerde beginnt bereits mit der Bekanntgabe der Gewährung von Prozesskostenhilfe zu laufen und nicht erst ab Bekanntgabe der Bewilligung von Wiedereinsetzung gegen die Versäumung der Einlegungsfrist (*BGH* NJW 2008, 3500). Wiedereinsetzung kann auch bei fehlerhafter Belehrung über die Rechtsmittelfrist bewilligt werden (*BGH* ZInsO 2003, 100). 34

Eine **Rücknahme** ist möglich bis zur Entscheidung über die Rechtsbeschwerde (MüKo-InsO/*Ganter* § 7 Rn. 77a). Eine **Anschlussrechtsbeschwerde** ist nach Maßgabe des § 574 Abs. 4 ZPO zulässig (A/G/R-*Ahrens* § 6 InsO Rn. 121; MüKo-InsO/*Ganter/Lohmann* § 6 Rn. 118; *Uhlenbruck/I. Pape* InsO, § 7 Rn. 10). Im Übrigen finden die Vorschriften über die vorbereitenden Schriftsätze (§§ 129–133 ZPO) Anwendung, § 575 Abs. 4 Satz 1 ZPO. 35

III. Form

Die **Rechtsbeschwerdeschrift** muss enthalten die Bezeichnung der Entscheidung, gegen die Rechts- 36
beschwerde eingelegt wird (§ 575 Abs. 1 Satz 2 Nr. 1 ZPO), und die Erklärung, dass gegen diese Entscheidung Rechtsbeschwerde eingelegt wird (§ 575 Abs. 1 Satz 2 Nr. 2 ZPO). Die Vorschrift entspricht §§ 519 Abs. 2, 549 Abs. Abs. 1 Satz 2 ZPO. Weiter soll eine Ausfertigung oder beglaubigte Ablichtung der angefochtenen Entscheidung vorgelegt werden (§ 575 Abs. 1 Satz 3 ZPO).

§ 7 InsO Rechtsbeschwerde

Das Rechtsbeschwerdegericht soll frühzeitig bereits vor Eintreffen der Akten (s. Rdn. 59) über den Rechtsmittelinhalt in Kenntnis gesetzt werden (BT-Drucks. 14/4772 S. 117).

37 § 575 Abs. 1 Satz 1 ZPO bestimmt, dass die Rechtsbeschwerde bei dem Rechtsbeschwerdegericht einzulegen ist. Beim BGH besteht **Anwaltszwang**, folglich ist nur ein beim BGH zugelassener Rechtsanwalt zur Einlegung der Rechtsbeschwerde befugt (*BGH* ZInsO 2002, 425; *Uhlenbruck/I. Pape* InsO, § 7 Rn. 13). Es genügt, dass Prozesskostenhilfe für die Beiordnung eines beim BGH zugelassenen Rechtsanwaltes während der laufenden Rechtsbeschwerdefrist beantragt wird (MüKo-InsO/*Ganter/Lohmann* § 6 Rn. 105; zur Möglichkeit s. § 13 Rdn. 229). Wird nach Abschluss des Rechtsbeschwerdeverfahrens eine Anhörungsrüge gem. § 321a ZPO (vgl. § 6 Rdn. 90) erhoben, gilt der Anwaltszwang.

38 Für die Landeskasse besteht allerdings kein Anwaltszwang (*BGH* NJW-RR 2005, 1237; HK-InsO/ *Kirchhof* § 7 Rn. 29).

IV. Ergänzende Zulässigkeitsvoraussetzungen

39 Es bestehen weitere, oben (Rdn. 27 ff.) aufgezeigten Zulässigkeitsvoraussetzungen.

V. Begründung gemäß § 575 Abs. 3 ZPO

40 **Weitere Zulässigkeitsvoraussetzungen** ergeben sich aus § 575 Abs. 3 ZPO. Die Begründung der Rechtsbeschwerde (zur Frist s. Rdn. 34) muss enthalten:
– Rechtsbeschwerdeanträge (§ 575 Abs. 3 Nr. 1 ZPO),
– Angabe der Beschwerdegründe (§ 575 Abs. 3 Nr. 3 ZPO).

Nach Abschaffung der zulassungsfreien Rechtsbeschwerde durch Streichung des § 7 InsO ist die Darlegung der Zulässigkeitsvoraussetzungen des § 574 Abs. 2 ZPO (§ 575 Abs. 3 Nr. 2 ZPO) nicht mehr erforderlich. Diese Prüfung trifft das Beschwerdegericht im Rahmen seiner Zulassungsentscheidung (s. Rdn. 6 ff.).

1. Rechtsbeschwerdeanträge (§ 575 Abs. 3 Nr. 1 ZPO)

41 Die Vorschrift ist nachgebildet § 551 Abs. 3 Nr. 1 ZPO. Die Anträge müssen in der Rechtsbeschwerdeschrift (§ 575 Abs. 1 ZPO) oder in der Rechtsbeschwerdebegründung (§ 575 Abs. 2 ZPO) enthalten sein. Das Rechtsbeschwerdegericht **prüft nur die gestellten Anträge**, § 577 Abs. 2 Satz 1 ZPO.

42 Der Antrag muss erkennen lassen, ob der Beschluss im Ganzen oder zum Teil angegriffen und **welche Abänderung erstrebt** wird. Es genügt, dass sich dies klar aus der Rechtsbeschwerdebegründung (§ 575 Abs. 2 Satz 1 ZPO) ergibt (vgl. *Zöller/Gummer* ZPO, § 551 Rn. 6; *Uhlenbruck/I. Pape* InsO, § 7 Rn. 16). Nach Ablauf der Begründungsfrist sind die Anträge nicht bindend, können also geändert werden, ohne dass allerdings ein außerhalb der bisherigen Rechtsbeschwerdebegründung liegender Anspruch erhoben werden kann (vgl. *Zöller/Gummer* ZPO, § 551 Rn. 7 f.).

2. Angabe der Beschwerdegründe (§ 575 Abs. 3 Nr. 3 ZPO)

43 Die Vorschrift ist nachgebildet § 551 Abs. 3 Nr. 2 ZPO. Die Gesetzesbegründung stellt klar, dass die **strengen Anforderungen** den Vorgaben an eine Revisionsbegründungsschrift gem. § 551 Abs. 3 ZPO entsprechen (BT-Drucks. 14/4722, S. 117). Das Rechtsbeschwerdegericht ist an die geltend gemachten Gründe nicht gebunden (§ 577 Abs. 2 Satz 1 ZPO), allerdings greift bei Verfahrensrügen die Vorschrift des § 577 Abs. 2 Satz 3 ZPO ein (s. Rdn. 46).

a) Nr. 3a

44 Erforderlich ist die bestimmte **Bezeichnung der Umstände**, aus denen sich die Rechtsverletzung ergibt. Die Begründung muss sich mit den tragenden Gründen der angefochtenen Entscheidung aus-

einandersetzen. Nicht genügend ist die Rüge, das materielle Recht sei verletzt. Die Nennung eines Paragrafen ist genügend, aber nicht notwendig. Als genügend wird angesehen eine Bezeichnung des Rechtssatzes seinem Gegenstand nach, z.B. Auslegungsgrundsatz. Bei zulässiger Rüge muss gem. § 577 Abs. 2 Satz 2 ZPO die gesamte materielle Rechtsanwendung im Rahmen der Anträge von Amts wegen nachgeprüft werden.

b) Nr. 3b

Bei **Verfahrensrügen** sind die **Einzeltatsachen** anzugeben, in denen die Gesetzesverletzung gesehen wird einschließlich der möglichen Kausalität für den Beschluss (vgl. *Thomas/Putzo-Reichold* ZPO, § 551 Rn. 7). Wird die **Verletzung rechtlichen Gehörs** gem. Art. 103 GG gerügt, muss dargelegt werden, was der Rechtsbeschwerdeführer bei Gewährung rechtlichen Gehörs vorgetragen hätte (HK-InsO/*Kirchhof* § 7 Rn. 40). Ist danach nicht auszuschließen, dass eine für den Beschwerdeführer günstigere Entscheidung ergangen wäre, ist die Rechtsbeschwerde auch begründet. 45

Wird eine Rechtsbeschwerde nur auf **Verfahrensrügen** gestützt, führt ein Verstoß zur Verwerfung als unzulässig gem. § 577 Abs. 1 ZPO. Ansonsten werden Verfahrensrügen nur eingeschränkt nach § 577 Abs. 2 Satz 3 ZPO berücksichtigt. Gem. § 576 ZPO kann eine Rechtsbeschwerde nicht darauf gestützt werden, das Amtsgericht habe sein Zuständigkeit fälschlich angenommen oder verneint (*BGH* ZInsO 2007, 1226 [1227]; MüKo-InsO/*Ganter* § 6 Rn. 123). 46

c) Sonderfälle

Wird die Rechtsbeschwerde auf mehrere Gründe gestützt, ist sie insgesamt zulässig, wenn auch nur einer der Gründe die Zulässigkeitsvoraussetzungen des § 574 ZPO erfüllt (*BGH* ZInsO 2004, 265 [266]). 47

VI. Verfahren bei Unzulässigkeit

Ist die Rechtsbeschwerde nicht zugelassen (s. Rdn. 6) oder sind die sonstigen Zulässigkeitsvoraussetzungen nicht erfüllt (s. Rdn. 23, 27 ff.), wird die Rechtsbeschwerde verworfen (Einzelheiten s. Rdn. 59 ff.). 48

C. Begründetheit der Rechtsbeschwerde (§ 576 ZPO)

I. Allgemeines

Die Rechtsbeschwerde kann **nur** darauf **gestützt** werden, dass die Entscheidung auf einer Verletzung des Bundesrechtes (s. Rdn. 38 ff.) beruht oder einer Vorschrift, deren Geltungsbereich sich über den Bezirk eines Oberlandesgerichtes hinaus erstreckt (s. Rdn. 39). Es handelt sich um eine Frage der Begründetheit (*Schmerbach* ZInsO 2001, 1087 [1092]). Nur wenn nicht geltend gemacht wird, dass das Gesetz verletzt sei, ist die Rechtsbeschwerde bereits unzulässig (MüKo-InsO/*Ganter* § 7 Rn. 69). 49

Zu beachten ist der **Verlust des Rügerechtes** gem. § 576 Abs. 3 i.V.m. § 556 ZPO. Wegen der Einzelheiten s. § 295 ZPO. 50

II. Verletzung von Bundesrecht

Eines der beiden Erfordernisse für die Begründetheit der Rechtsbeschwerde ist, dass die Entscheidung des Beschwerdegerichts auf einer Verletzung von Bundesrecht beruht (§ 576 Abs. 1 ZPO). Die Vorschrift ist nachgebildet § 545 Abs. 1 ZPO. **Zuständigkeitsrügen** sind allerdings aus Gründen der Prozessökonomie (BT-Drucks. 14/4722 S. 118) **ausgeschlossen**, § 576 Abs. 2 ZPO. Für die Prüfung der Verletzung des Gesetzes gelten die §§ 546, 547, 556 und 560 ZPO. Eine entsprechende Regelung findet sich in § 27 Abs. 1 FGG; eine ähnliche Regelung enthielt § 10 Abs. 2 Satz 6 BRAGO. 51

§ 7 InsO Rechtsbeschwerde

52 **a)** Eine **Verletzung** des Gesetzes liegt vor, wenn eine Rechtsnorm (§ 12 EGZPO) nicht oder nicht richtig angewendet worden ist (§ 546 ZPO). **Nicht** erforderlich ist, dass es sich um eine Vorschrift der InsO handelt (MüKo-InsO/*Ganter/Lohmann* § 6 Rn. 136; *Uhlenbruck/I. Pape* InsO, § 7 Rn. 19; a.A. *OLG Dresden* ZIP 2000, 1303 [1306] = DZWIR 2000, 464 m. abl. Anm. *Becker* S. 470). Eine Verletzung der Rechtsnorm liegt vor, wenn die abstrakten Tatbestandsmerkmale oder Rechtsnormen nicht richtig erkannt sind, das Recht also unrichtig aufgefasst oder ausgelegt wird, die Norm, der das Rechtsverhältnis untersteht, überhaupt nicht berücksichtigt ist oder der festgestellte Sachverhalt die abstrakten Tatbestandsmerkmale der Norm nicht ausfüllt (Subsumtionsfehler).

53 Der BGH als Rechtsbeschwerdegericht geht grds. von dem **Sachverhalt** aus, den das **Beschwerdegericht festgestellt** hat, § 577 Abs. 2 Satz 3, Satz 4 i.V.m. § 559 ZPO (so zu § 561 ZPO a.F. *OLG Köln* NZI 2000, 317 [318 f.]; ZInsO 2000, 393; *OLG Celle* ZIP 2001, 1597 [1599]). Da das Rechtsbeschwerdegericht an die tatsächlichen Feststellungen gebunden ist, ist bei unrichtigen Feststellungen innerhalb der **Zweiwochenfrist des § 320 ZPO** ein **Berichtigungsantrag** beim Beschwerdegericht zu stellen (*BGH* ZInsO 2010, 926 [927]). **Neue Tatsachen** werden nur ausnahmsweise berücksichtigt, die Tatsachenfeststellung des Beschwerdegerichts ist nur eingeschränkt überprüfbar. Ausnahmsweise ist der BGH in der Feststellung von Tatsachen frei, soweit diese die allgemeinen Verfahrensvoraussetzungen für die Zulässigkeit der Rechtsbeschwerde betreffen (vgl. *OLG Celle* ZInsO 2000, 556; ZInsO 2000, 667 [668]; *OLG Zweibrücken* ZIP 2000, 2260 [2262]; HK-InsO/*Kirchhof* § 7 Rn. 47). Die **Tatsachenfeststellung des Beschwerdegerichts** wird nur daraufhin überprüft, ob sie unter Verletzung des Gesetzes zustande gekommen ist. Das ist der Fall, wenn Formvorschriften für die Beweisaufnahme nicht beachtet worden sind, bei der Beweiswürdigung gegen gesetzliche Beweisregeln, gegen Denkgesetze oder feststehende Erfahrungssätze verstoßen wurde oder wenn die Beweiswürdigung auf einer rechtlichen Voraussetzung beruht, die mit dem Gesetz nicht in Einklang steht (ähnlich *OLG Köln* NZI 2000, 78 = ZInsO 2000, 43; *OLG Naumburg* NZI 2000, 263 [264]). Soweit die Vorschrift des § 570 ZPO a.F. für anwendbar erklärt wurde (*OLG Köln* ZIP 2000, 151 [152]), betrifft diese Entscheidung noch die Rechtslage unter Geltung der KO und ist für die InsO nur unter den obigen Einschränkungen zutreffend. Ansonsten werden neue Tatsachen nur berücksichtigt, wenn sie im Falle der Rechtskraft der Entscheidung eine Wiederaufnahme rechtfertigen würden.

54 **b)** Die Entscheidung **beruht** nur dann auf einer Gesetzesverletzung, wenn sie sich nicht aus anderen Gründen im Ergebnis als richtig darstellt, § 577 Abs. 3 ZPO (*OLG Naumburg* MDR 2000, 1153; *OLG Schleswig* NZI 2001, 251; *OLG Celle* ZInsO 2001, 468; ZIP 2001, 1597 [1599] = EWiR 2001, 1153; MüKo-InsO/*Ganter/Lohmann* § 6 Rn. 141). Der ursächliche Zusammenhang zwischen Gesetzesverletzung und Entscheidung besteht bei Verfahrensverstößen, wenn sie so schwer wiegen, dass die Möglichkeit einer anderen Entscheidung bei ordnungsgemäßer Durchführung des Verfahrens nicht ausgeschlossen werden kann (*Thomas/Putzo-Reichold* ZPO, § 545 Rn. 12).

55 Die Kausalität der Gesetzesverletzung wird allerdings **unwiderlegbar vermutet** in den Fällen des § 547 ZPO; auf die Frage, ob sich die Entscheidung aus anderen Gründen als richtig darstellt, kommt es in diesen Fällen nicht an. Die Prüfung der örtlichen Zuständigkeit ist dem Rechtsbeschwerdegericht entzogen, § 576 Abs. 2 ZPO. § 547 Nr. 5 ZPO kommt nicht zur Anwendung (a.A. *Uhlenbruck/I. Pape* InsO, § 7 Rn. 19), weil die Vorschriften des GVG über die Öffentlichkeit nicht anwendbar sind (s. § 4 Rdn. 24).

56 Enthält die Entscheidung des Beschwerdegerichtes **keine subsumtionsfähige Sachverhaltsdarstellung**, liegt eine Verletzung des Gesetzes (§ 547 Nr. 6 ZPO) vor, die zu einer Aufhebung und Zurückverweisung an das Beschwerdegericht führt (*BGH* ZInsO 2014, 741; *Pape* ZInsO 2000, 548). Das gilt aber nicht, wenn schon die sofortige Beschwerde unzulässig z.B. wegen Verspätung war (*OLG Celle* ZInsO 2000, 557). Zulässig ist eine Bezugnahme nur auf bestimmte Teile der Akte; in jedem Fall muss das Beschwerdegericht das Beschwerdevorbringen mitteilen (vgl. *OLG Celle* ZInsO 2000, 667 [668]; *OLG Köln* ZIP 2000, 1900 [1901]; *Pape* ZInsO 2000, 548 [549]). Liegt kein Beschwerdevorbringen vor, wird man ausnahmsweise eine Bezugnahme auf die Entscheidung des AG als zulässig

ansehen können (*OLG Zweibrücken* NZI 2001, 201 [210]). Die fehlende Darstellung muss nicht ausdrücklich gerügt werden, sondern ist von Amts wegen zu berücksichtigen (*Pape* ZInsO 2000, 548 [549]).

Vergleichbar dem Fehlen einer Sachverhaltsdarstellung wird die **Verletzung rechtlichen Gehörs** bewertet. Die grundsätzlich mögliche Nachholung rechtlichen Gehörs im Beschwerdeverfahren (s. § 10 Rdn. 20) ist im Rechtsbeschwerdeverfahren nicht möglich (*OLG Celle* ZInsO 2001, 711 [712]; *OLG Brandenburg* ZInsO 2001, 1155 [1156]; *OLG Köln* ZInsO 2002, 236 [237]; HK-InsO/ *Kirchhof* § 7 Rn. 51). Auch bei Zulassung einer Rechtsbeschwerde durch den **Einzelrichter** statt durch die Kammer (s. Rdn. 24) wird der Beschluss vom Rechtsbeschwerdegericht aufgehoben. 57

III. Verletzung sonstiger Vorschriften

Auf einer Vorschrift, deren **Geltungsbereich sich über den Bezirk eines OLG hinaus erstreckt**, wird in Insolvenzsachen die Entscheidung **nicht beruhen**. Zu beachten sind gem. § 576 Abs. 3 ZPO weiter die §§ 560, 545 ZPO. Die Vorschrift ist im Zusammenhang mit § 576 Abs. 1 ZPO zu lesen. Danach kann eine Rechtsbeschwerde insbesondere nicht gestützt werden auf lokales, nur in einem OLG-Bezirk geltendes Recht und ausländisches Recht (*Thomas/Putzo-Reichold* ZPO, § 545 Rn. 8 ff.; *Zöller/Gummer* ZPO, § 545 Rn. 3 ff.). Aus § 560 ZPO folgt, dass das Rechtsbeschwerdegericht an die tatsächlichen Feststellungen der Vorinstanz über das Bestehen und Inhalt lokalen (nur im Bezirk eines OLG geltenden) und ausländischen Rechtes gebunden ist (BT-Drucks. 14/4722 S. 118). 58

D. Verfahren vor dem Rechtsbeschwerdegericht (§ 577 ZPO)

I. Verfahrensablauf

Nach Eingang der Rechtsbeschwerde werden die Akten vom Beschwerdegericht angefordert, § 575 Abs. 5 i.V.m. § 541 ZPO. Eine Abhilfebefugnis des Beschwerdegerichts besteht nicht (BT-Drucks. 14/4722 S. 117). Das Rechtsbeschwerdegericht prüft zunächst die **Zulässigkeit** der Rechtsbeschwerde gem. § 577 Abs. 1 ZPO (s. Rdn. 3, 5, 34 ff.). Der BGH prüft die Voraussetzungen selbständig. An eine – entgegen dem Gesetz ergangene – Zulassungsentscheidung des Beschwerdegerichts ist er nicht gebunden (*BGH* ZInsO 2005, 597 [598]). Die Prüfung der Zulässigkeit der Erstbeschwerde erfolgt von Amts wegen. Der BGH kann die Rechtsbeschwerde **auch nur als teilweise zulässig** ansehen, wenn der angefochtene Beschluss mehrere Verfahrensgegenstände betrifft. 59

Ist der Antrag nicht fristgerecht eingelegt, so wird er als **unzulässig verworfen**. Über einen Antrag auf Wiedereinsetzung muss zumindest zeitgleich mit der Entscheidung über die Zulässigkeit entschieden werden (*OLG Köln* ZIP 2000, 195 [197] = EWiR 2000, 181). Sind die Voraussetzungen der Rechtsbeschwerde gem. § 575 Abs. 3 ZPO nicht dargelegt, wird sie ebenfalls als unzulässig ohne vorherige Anhörung des Gegners (*Jaeger/Gerhardt* InsO, § 7 Rn. 27) verworfen gem. § 577 Abs. 1 ZPO. 60

Bei **zulässiger** Rechtsbeschwerde wird sowohl die Beschwerde- als auch die Begründungsschrift dem Gegner zugestellt (§ 575 Abs. 4 Satz 2 ZPO). Eine förmliche Zustellung ist erforderlich, um den Lauf der Ausschließungsfrist gem. § 574 Abs. 4 Satz 1 ZPO auszulösen. Sodann wird über die Rechtsbeschwerde inhaltlich entschieden. 61

Der **Prüfungsumfang** ist **eingeschränkt**, § 577 Abs. 2 ZPO. Die Vorschrift ist nachgebildet § 557 ZPO. Es gilt gem. § 577 Abs. 2 Satz 4 ZPO die Vorschrift des § 559 ZPO (s. Rdn. 53). Die angefochtene Entscheidung wird nur in rechtlicher Hinsicht überprüft, das Rechtsbeschwerdegericht ist an die tatsächlichen Feststellungen der Vorinstanz gebunden (BT-Drucks. 14/4722 S. 118), falls nicht eine verfahrensfehlerhafte Tatsachenfeststellung gerügt wird (s. Rdn. 53). 62

Der Prüfung unterliegen gem. § 577 Abs. 2 Satz 1 ZPO nur die von den Parteien gestellten **Anträge** (s. Rdn. 23). Allerdings ist das Rechtsbeschwerdegericht an die geltend gemachten Rechtsbeschwerdegründe gem. § 577 Abs. 2 Satz 2 ZPO nicht gebunden (s. Rdn. 33). 63

64 **Von Amts wegen zu berücksichtigende Verfahrensmängel** werden auch ohne – ordnungsgemäße – Rüge (s. Rdn. 45, 46) geprüft. Darunter fallen neben fehlender Sachverhaltsdarstellung (s. Rdn. 56) z.B. mangelnde Partei- oder Prozessfähigkeit (*Zöller/Gummer* ZPO, § 557 Rn. 8 mit weiteren Beispielen). Die übrigen Verfahrensmängel werden nur geprüft, wenn die Mängel nach § 575 Abs. 3 ZPO und § 574 Abs. 4 Satz 2 ZPO gerügt worden sind (s. Rdn. 45 f.).

65 Die Entscheidung ergeht durch **Beschluss**, § 577 Abs. 6 Satz 1 ZPO. Eine Begründungspflicht besteht gem. § 577 Abs. 6 Satz 2 i.V.m. § 564 ZPO nicht bei Rügen von Verfahrensmängeln, ausgenommen § 547 ZPO. Eine Zustellung erfolgt nur, wenn die Entscheidung einen Vollstreckungstitel bildet (*Uhlenbruck/I. Pape* InsO, § 7 Rn. 25).

66 Die Hauptsache kann für **erledigt erklärt** werden, sofern die Rechtsbeschwerde zulässig ist (*BGH* ZInsO 2005, 39 [40]). Bedeutung hat dies in den Fällen prozessualer Überholung (s. § 6 Rdn. 18). § 7 gilt daher auch, wenn das Beschwerdegericht bei einer zulässigen sofortigen Beschwerde gem. § 91a ZPO nur noch über die Verfahrenskosten entschieden hat (HambK-InsO/*Rüther* § 7 Rn. 3).

67 Ist der **Zulassungsgrund** durch eine inzwischen ergangene **Entscheidung des BGH entfallen**, ist die Entscheidung dennoch geboten, wenn das Rechtsmittel ansonsten begründet gewesen wäre (vgl. *BGH* NJW 2004, 3188 f.); einer Erledigung bedarf es nicht.

68 **Aufschiebende Wirkung** hat die Rechtsbeschwerde nur bei Festsetzung eines Ordnungs- oder Zwangsmittels, § 575 Abs. 5 i.V.m. § 570 Abs. 1 ZPO. In den übrigen Fällen kommt eine einstweilige Anordnung gem. § 575 Abs. 5 i.V.m. § 570 Abs. 3 ZPO in Betracht. Diese ergeht nur ausnahmsweise, wenn durch die weitere Vollziehung dem Rechtsbeschwerdeführer größere Nachteile drohen als den anderen Beteiligten, die Rechtslage zumindest zweifelhaft ist und die Rechtsbeschwerde zulässig erscheint (*BGH* ZInsO 2011, 1614; Aussetzung der Vollziehung eines Eröffnungsbeschlusses z.B.: *BGH* ZInsO 2009, 432; ZInsO 2009, 872).

69 **Einstweilige Anordnungen** können nur im Hinblick auf die angefochtene Entscheidung des Beschwerdegerichts getroffen werden. Der BGH kann daher nicht Sicherungsmaßnahmen gem. § 21 InsO anordnen, wenn er die Abweisung eines Insolvenzantrags im Wege der Rechtsbeschwerde überprüft (*BGH* ZInsO 2006, 267; MüKo-InsO/*Ganter/Lohmann* § 6 Rn. 109). Zuständig ist das Amtsgericht (s. § 6 Rdn. 55).

II. Entscheidungsmöglichkeiten

70 Der BGH kann wie folgt entscheiden:

a) Eine Verwerfung als **unzulässig** kommt in Betracht gem. § 577 Abs. 1 ZPO, wenn die Rechtsbeschwerde nicht in der gesetzlichen Frist und Form eingelegt und begründet (§ 575 Abs. 1 bis 3 ZPO) ist (BT-Drucks. 14/4722 S. 118; s. Rdn. 60).

71 b) Die Beschwerde ist als **unbegründet** zurückzuweisen, wenn die Entscheidung des Beschwerdegerichts nicht auf einer Verletzung des Gesetzes beruht oder sich aus anderen Gründen als richtig darstellt (§ 577 Abs. 3 ZPO, der allerdings im Fall des § 547 ZPO nicht gilt, s. Rdn. 55).

72 c) Eine **sachliche Änderung** der Beschwerdeentscheidung nimmt der BGH vor, wenn ein Gesetzesverstoß vorliegt und der Sachverhalt genügend geklärt ist, § 577 Abs. 5 ZPO (vgl. zum alten Rechtszustand *OLG* Celle ZInsO 2001, 374 [377]; *BayObLG* ZInsO 2002, 489 [490]). § 577 Abs. 5 Satz 2 ZPO ordnet die entsprechende Geltung des § 563 Abs. 4 ZPO an. Es gilt das Verschlechterungsverbot (s.a. § 6 Rdn. 77; HK-InsO/*Sternal* § 6 Rn. 48).

73 d) Eine **Aufhebung und Zurückverweisung** zur anderweitigen Verhandlung und Entscheidung ordnet der BGH an, wenn ein Gesetzesverstoß vorliegt und weitere tatsächliche Ermittlungen notwendig sind, § 577 Abs. 4 ZPO (so zum alten Rechtszustand *OLG Schleswig* NZI 2001, 251; *OLG Köln* ZInsO 2001, 378 [379]; MüKo-InsO/*Ganter* § 7 Rn. 104). Gem. § 577 Abs. 4 Satz 2 ZPO gilt § 562 Abs. 2 ZPO entsprechend. Das ist auch der Fall, wenn die Entscheidung des Beschwerdegerichts keine subsumtionsfähige Sachdarstellung enthält (*OLG Köln* NZI 2000, 80; s. Rdn. 56)

oder Tatsachenfeststellungen zur Frage des Vorliegens von Wiedereinsetzungsgründen zu treffen sind (*OLG Köln* ZIP 2000, 195 [198] = EWiR 2000, 181).

Die Zurückverweisung erfolgt an das **Beschwerdegericht** (*OLG Köln* ZInsO 2000, 393 [395]), ggf. an eine andere Kammer gem. § 577 Abs. 4 Satz 3 ZPO (MüKo-InsO/*Ganter/Lohmann* § 6 Rn. 149; *Uhlenbruck/I. Pape* InsO, § 7 Rn. 31). Auch eine Zurückverweisung an das **Amtsgericht** kann erfolgen (*BGH* ZIP 2004, 1555 [1557]; ZInsO 2004, 970 [972 f.]; MüKo-InsO/*Ganter/Lohmann* § 6 Rn. 150; *Uhlenbruck/I. Pape* InsO, § 7 Rn. 25). Bedarf die Beschwerdeentscheidung einer Vollziehung, ist dies regelmäßig dem Insolvenzgericht zu übertragen (MüKo-InsO/*Ganter/Lohmann* § 6 Rn. 146). Wie bei der Beschwerdeentscheidung des Beschwerdegerichts (s. § 6 Rdn. 74) ist das Gericht, an das zurückverwiesen wird, an die Entscheidung des BGH gebunden gem. § 577 Abs. 4 Satz 4 ZPO (HK-InsO/*Sternal* § 6 Rn. 48; zum alten Recht *OLG Köln* NZI 2000, 78 [79]). Das Verschlechterungsverbot (s. Rdn. 72) gilt weiter (HK-InsO/*Kirchhof* § 7 Rn. 56). Über die Kosten der Rechtsbeschwerde entscheidet das Gericht, an das zurückverwiesen wurde (vgl. *OLG Köln* ZIP 2000, 195 [198]; NZI 2000, 78 [79]).

e) Die **Kostenentscheidung** folgt allgemeinen Grundsätzen (s. § 6 Rdn. 79). Der Gegenstandswert 75 berechnet sich gem. § 58 GKG, die Gebühren bestimmen sich gem. KV Nr. 2362–2364. Die Höhe der Rechtsanwaltsgebühr (1,0) richtet sich nach § 18 Nr. 5 RVG, VV Nr. 3502, der Gegenstandswert nach § 28 RVG (vgl. *Uhlenbruck/I. Pape* InsO, § 7 Rn. 27).

III. Umfang der Bindungswirkung

Die **Bindungswirkung** einer Entscheidung des BGH gem. § 577 Abs. 4 Satz 3 ZPO bezieht sich 76 zunächst **nur** auf das **konkrete Verfahren** (s. Rdn. 74). Die Bindung der Vorinstanz an eine zurückverweisende Entscheidung ist grds. analog. §§ 563 Abs. 2, 577 Abs. 4 Satz 4 ZPO auf die der Aufhebung zugrunde gelegte rechtliche Beurteilung beschränkt, falls nicht seiner Entscheidung im Hinblick auf § 572 Abs. 3 ZPO eine erweiterte Bindungswirkung zukommt (*BGH* ZInsO 2011, 1566). Keine Bindungswirkung besteht, wenn neue Tatsachen festgestellt werden (MüKo-InsO/*Ganter/Lohmann* § 7 Rn. 110) oder bei einer Vergütungsfestsetzung die Berechnungsgrundlage oder einzelne Zu- oder Abschläge geändert werden, der zuerkannte Betrag aber gleich bleibt (*BGH* ZInsO 2006, 1162).

Eine Bindung für die Insolvenz(Amts-) und Beschwerdegerichte in **anderen Verfahren** besteht **nicht** 77 (*AG Göttingen* NZI 2006, 644 [646]; *AG Leipzig* ZVI 2007, 280 [281]; MüKo-InsO/*Ganter/Lohmann* § 6 Rn. 155; *Uhlenbruck/I. Pape* InsO, § 7 Rn. 26; **a.A.** *LG Göttingen* ZIP 2001, 625 zu § 7 Abs. 2 InsO a.F.). Hält ein Amts- oder Beschwerdegericht eine Entscheidung des BGH für falsch, ist es berechtigt, anders zu entscheiden, muss aber mit einer Abänderung der Entscheidung im Instanzenzug rechnen.

E. Rechtskraft und Wiederaufnahme

I. Formelle Rechtskraft

Die formelle Rechtskraft (äußere Rechtskraft) von Entscheidungen nach der InsO tritt wie folgt ein: 78

a) Beim **Rechtspfleger** am Amtsgericht:

(1) mit Auflauf der zweiwöchigen Frist zur Einlegung der sofortigen Beschwerde (§ 11 Abs. 1 RPflG) bzw. der sofortigen Erinnerung (§ 11 Abs. 2 RPflG),

(2) im Falle des § 11 Abs. 1 RPflG mit Rechtskraft der Beschwerdeentscheidung,

(3) im Falle des § 11 Abs. 2 RPflG mit der Entscheidung des Richters (s. § 6 Rdn. 116).

b) Beim **Insolvenzrichter** am Amtsgericht: 79

(1) bei Unanfechtbarkeit der Entscheidung (§ 6 Abs. 1 InsO),

(2) bei Ablauf der zweiwöchigen Frist zur Einlegung der sofortigen Beschwerde, sofern diese in der InsO vorgesehen ist (§ 6 Abs. 1 InsO); andernfalls nach Ablauf der ansonsten vorgesehen Frist (z.B. § 127 Abs. 2 Satz 3 ZPO: ein Monat für Einlegung sofortige Beschwerde gegen PKH-Beschluss),

(3) bei Einlegung der sofortigen Beschwerde mit Rechtskraft der Beschwerdeentscheidung.

80 c) Bei Entscheidungen des **Beschwerdegerichts** mit Rechtskraft (§ 6 Abs. 3 Satz 1 InsO), also Erlass der Entscheidung oder bei Zulassung der Rechtsbeschwerde mit Ablauf der Monatsfrist zur Einlegung der Rechtsbeschwerde (s. Rdn. 34).

81 d) Beim **BGH** mit Erlass der Entscheidung über die Rechtsbeschwerde.

Ein Antrag auf Versagung der Restschuldbefreiung kann bis zur Entscheidung über die Rechtsbeschwerde zurückgenommen werden (*BGH* NZI 2010, 780 m. Anm. *Schmerbach* VIA 2010, 77).

II. Materielle Rechtskraft

82 Die InsO trifft keine Bestimmung darüber, ob Entscheidungen des Insolvenzgerichts infolge formeller Rechtskraft auch in materielle (innere) Rechtskraft (Bindung für den Richter eines anderen Verfahrens) erwachsen. Beschlüsse, die bürgerlich-rechtliche Beziehungen unter bestimmten Verfahrensbeteiligten festlegen, entfalten Rechtskraftwirkung. Dies gilt für **Beschlüsse** über die **Vergütung und Auslagen** des (vorläufigen) Insolvenzverwalters gem. § 64 Abs. 1 InsO (*Jaeger/Gerhardt* InsO, § 6 Rn. 52; *Kübler/Prütting/Bork* InsO, § 7 Rn. 38; BK-InsO/*Blersch* § 8 InsVV Rn. 51; **a.A.** *AG Potsdam* ZIP 2000, 630 m. abl. Anm. *Grub* EWiR 2000, 587 = ZInsO 2000, 113 m. zust. Anm. *Haarmeyer*), der Mitglieder des Gläubigerausschusses (§ 73 Abs. 1 InsO), des Sachwalters (§ 274 Abs. 1 InsO) und des Treuhänders (§ 293 Abs. 1 InsO). Etwas anderes gilt nur, wenn nachträglich neue Tatsachen (z.B. Masseanreicherung) auftreten (*BGH* ZInsO 2006, 203 [204]; *LG Halle* ZInsO 2000, 410; *LG Magdeburg* ZIP 2004, 1915; *Graeber/Graeber* InsbürO 2010, 305). Die Berechnungsgrundlage und der Vergütungssatz einschließlich der bejahten oder verneinten Abschläge nehmen als Vorfragen an der Rechtskraft nicht teil (*BGH* ZInsO 2010, 1407 m. Anm. *Graeber/Graeber* InsbürO 2010, 305 = EWiR 2010, 651).

83 Eine **partielle Durchbrechung der Rechtskraft** ist angeordnet in **§ 11 Abs. 2 InsVV** (s. § 21 Rdn. 165). Das Insolvenzgericht darf bis zur Entscheidung über die Rechtskraft der Entscheidung über die Vergütung des Insolvenzverwalters bei einer Wertdifferenz von mehr als 20 % die Berechnungsgrundlage der Vergütung des vorläufigen Insolvenzverwalters nachträglich anpassen.

84 **Bejahung und Verneinung des Insolvenzgrundes** entfalten keine Rechtskraft (*AG Göttingen* ZIP 2000, 1679 [1680]; ZInsO 2002, 43 [44]), ebenso nicht die Aufhebung und Einstellung des Insolvenzverfahrens. Nach Abweisung eines Antrages kann ein neuer Antrag gestellt werden (s. § 13 Rdn. 78), nach Abweisung mangels Masse (§ 26 InsO) aber nur bei Glaubhaftmachung des Vorhandenseins von Vermögenswerten (Einzelheiten str., § 26 Rdn. 135). Nach Abweisung eines Antrages auf Regelinsolvenzverfahren kann der Schuldner einen Antrag gem. § 304 InsO stellen und umgekehrt. Eine Entscheidung gem. § 298 InsO soll nicht in materille Rechtskraft erwachsen (*AG Düsseldorf* ZInsO 2016, 1951; s. § 6 Rdn. 57).

85 Ist der **Eröffnungsbeschluss** formell rechtskräftig geworden, können die Zulässigkeit der Insolvenzeröffnung und die Wirksamkeit der zur Insolvenzdurchführung dienenden Maßnahmen (u.a. Ernennung des Insolvenzverwalters) aber nicht mehr in Frage gestellt werden (*OLG Köln* NZI 2011, 812 [813]; MüKo-InsO/*Schmahl/Busch* § 34 Rn. 110 ff.); niemand kann also mit der Behauptung gehört werden, der Verwalter sei zu Unrecht bestellt worden und die von ihm getroffenen Verfügungen seien Maßnahmen eines Nichtberechtigten. Durch formell rechtskräftigen Eröffnungsbeschluss werden grds. alle **Mängel** der Eröffnungsvoraussetzungen **geheilt** (s. § 30 Rdn. 13 ff.), z.B. auch ein Mangel der Insolvenzfähigkeit (*BGH* NJW 1991, 922 = ZIP 1991, 233 für die BGB-Gesellschaft; durch § 11 InsO ist die Bedeutung der Entscheidung hinsichtlich der Insolvenzfähigkeit gemindert).

Zur Möglichkeit der **Gegenvorstellung** nach Wegfall der Möglichkeit der sog. außerordentlichen 86
Beschwerde wegen greifbarer Gesetzwidrigkeit s. § 6 Rdn. 90 f.

Nicht in materielle Rechtskraft erwachsende Beschlüsse können **abgeändert** werden auf eine Gegen- 87
vorstellung hin (§ 6 Rdn. 90).

Während des Laufes der Beschwerdefrist ist das Insolvenzgericht berechtigt, einen Beschluss **von** 88
Amts wegen aufzuheben und abzuändern, da die für Urteile geltende Bindungswirkung des § 318
ZPO nicht eingreift (*BGH* ZInsO 2006, 871; *AG Göttingen* ZInsO 2015, 323 m. zust. Anm. *Siebert*
VIA 2015, 29; *AG Göttingen* ZVI 2016, 128; ZInsO 2016, 1074; *AG Köln* ZInsO 2016, 1334 m. zust.
Anm. *Schmerbach* ZInsO 2016, 1462). Ob dies auch für den Eröffnungsbeschluss gilt, ist streitig (s.
§ 30 Rdn. 7).

Zu beachten ist, dass das Insolvenzgericht offenbare Fehler wie z.B. unrichtige Bezeichnung des 89
Schuldners gem. §§ **319 ZPO berichtigen** kann (*BGH* ZInsO 2009, 885 [886]; *OLG Köln* ZIP
2000, 627 [628]; ZIP 2000, 1168 [1170]; *AG Marburg* ZInsO 2010, 1806). Eine Berichtigung
gem. § 320 ZPO ist nur möglich, wenn ausnahmsweise ein Beschluss aufgrund mündlicher Verhandlung erging (*LG Göttingen* Beschl. v. 22.04.2009 – 10 T 19/09). Ist ein Antrag einer Partei nicht
beschieden worden, ist der Beschluss nachträglich gem. § 321 Abs. 1 ZPO zu ergänzen (*LG Göttingen* Beschl. v. 17.12.2002 – 10 T 68/02). Bei irrtümlicher Abweisung des Antrages mangels Masse
kann der Beschluss aber nicht dahin geändert werden, dass die Abweisung als unzulässig bzw. unbegründet erfolgt (s. § 26 Rdn. 118).

Die **Vollstreckungsabwehrklage** nach § 767 ZPO ist gem. § 794 Abs. 1 Nr. 3, § 795 Satz 1 ZPO 90
möglich, z.B. gegen Vergütungsfestsetzungsbeschlüsse gem. § 64 InsO (vgl. *BGH* ZInsO 2004, 669
[670]).

III. Wiederaufnahme

Die Wiederaufnahmevorschriften der §§ **578 ff. ZPO** gelten **analog** für Beschlüsse im Insolvenzver- 91
fahren (*BGH* ZInsO 2004, 669 [670]; *Zöller/Greger* ZPO, vor § 578 Rn. 14; s.a. § 6 Rdn. 45). Die
Wiederaufnahme geschieht nicht durch Klage, sondern durch Wiederaufnahmegesuch, über das im
Beschlussverfahren entschieden wird (*BGH* ZInsO 2006, 259 [260]). Bei Versäumnis der Beschwerdefrist kann Beschwerde erhoben werden, wenn die Erfordernisse der Nichtigkeits- oder Restitutionsklage vorliegen (s. § 6 Rdn. 45).

Die veröffentlichte **Rechtsprechung** hat bisher folgende Fälle entschieden: 92
– Unzulässigkeit wegen Fristversäumung (*BGH* ZInsO 2006, 259 [260]; *LG Göttingen* ZInsO 2007,
   47),
– Wiederaufnahme wegen Fehlens eines gesetzlichen Vertreters der Insolvenzschuldnerin (*BGH*
   ZInsO 2007, 97 [98]; *Beth* ZInsO 2012, 316 [318[).

F. Internationales Insolvenzrecht

Zum Internationalen Insolvenzrecht: 93
– Art. 102 § 3 Abs. 1 Satz 3 EGInsO – Beschwerderecht Verwalter ausländisches Hauptinsolvenz-
   verfahren gegen Eröffnung inländisches Insolvenzverfahren,
– Art. 102 § 4 Abs. 1 Satz 3 EGInsO – Beschwerderecht Gläubiger gegen Einstellung inländisches
   Insolvenzverfahren wegen zuvor eröffneten ausländischen Insolvenzverfahrens,
– Art. 102 § 7 EGInsO – Rechtsmittel gegen öffentliche Bekanntmachung und Eintragung in öf-
   fentliche Bücher und Register aufgrund ausländischen Insolvenzverfahrens,
– § 344 Abs. 2 InsO – Beschwerderecht Verwalter ausländisches Hauptinsolvenzverfahren gegen
   Anordnung Sicherungsmaßnahmen gem. § 21 InsO im inländischen Sekundärinsolvenzverfahren,

§ 8 InsO Zustellungen

- §§ 345 Abs. 3 Satz 3, 346 Abs. 2 Satz 2 InsO – Rechtsmittel ausländischer Verwalter bei öffentlicher Bekanntmachung und Eintragung in öffentliche Bücher und Register aufgrund ausländischen Insolvenzverfahrens.

§ 8 Zustellungen

(1) ¹Die Zustellungen geschehen von Amts wegen, ohne dass es einer Beglaubigung des zuzustellenden Schriftstücks bedarf. ²Sie können dadurch bewirkt werden, dass das Schriftstück unter der Anschrift des Zustellungsadressaten zur Post gegeben wird; § 184 Abs. 2 Satz 1, 2 und 4 der Zivilprozessordnung gilt entsprechend. ³Soll die Zustellung im Inland bewirkt werden, gilt das Schriftstück drei Tage nach Aufgabe zur Post als zugestellt.

(2) ¹An Personen, deren Aufenthalt unbekannt ist, wird nicht zugestellt. ²Haben sie einen zur Entgegennahme von Zustellungen berechtigten Vertreter, so wird dem Vertreter zugestellt.

(3) ¹Das Insolvenzgericht kann den Insolvenzverwalter beauftragen, die Zustellungen nach Absatz 1 durchzuführen. ²Zur Durchführung der Zustellung und zur Erfassung in den Akten kann er sich Dritter, insbesondere auch eigenen Personals, bedienen. ³Der Insolvenzverwalter hat die von ihm nach § 184 Abs. 2 Satz 4 der Zivilprozessordnung angefertigten Vermerke unverzüglich zu den Gerichtsakten zu reichen.

Übersicht

		Rdn.			Rdn.
A.	**Überblick §§ 8, 9**	1	V.	**Weitere Zustellungsfragen**	27
B.	**Zustellungen**	2	C.	**Zustellung durch den Insolvenzverwalter**	33
I.	Überblick und Anwendungsbereich	2	I.	Verfahrensablauf	33
II.	Zustellungsarten	4	II.	Zustellung	35
	1. Übersicht	4	III.	Vergütung	37
	2. Einzelheiten	5	IV.	Weitere Übertragungsmöglichkeiten	38
	3. Auswahl der Zustellungsart	13	D.	**Verbraucherinsolvenzverfahren**	40
III.	Fälle der förmlichen Zustellung	15	E.	**Internationales Insolvenzrecht**	45
IV.	Zustellungsadressat	24			

A. Überblick §§ 8, 9

1 § 8 InsO regelt die Einzelzustellung von Entscheidungen an Verfahrensbeteiligte, § 9 InsO stellt durch öffentliche Bekanntmachung die Unterrichtung der Vielzahl der Verfahrensbeteiligten und den Lauf von Rechtsbehelfsfristen sicher. Durch das Vereinfachungsgesetz vom 13.04.2007 mit Wirkung zum 01.07.2007 sind in § 8 InsO **zwei wichtige Verfahrensvereinfachungen** eingefügt worden: Der Gesetzgeber hat klargestellt, dass der Insolvenzverwalter, auf den die Zustellungen jedenfalls im eröffneten Verfahren regelmäßig übertragen wird, auch Zustellungen durch Aufgabe zur Post vornehmen und sich dabei seiner Mitarbeiter bedienen kann. Die kostengünstige Aufgabe zur Post gilt in Abweichung der Vorschriften der ZPO nicht erst nach zwei Wochen bewirkt, sondern bereits nach drei Tagen. Gem. § 9 InsO ist das Internet das alleinige Bekanntmachungsorgan. Die Fristen, nach denen die Zustellung durch Aufgabe zur Post und die öffentliche Bekanntmachung als bewirkt gelten, werden einheitlich berechnet (§ 9 Rdn. 18).

B. Zustellungen

I. Überblick und Anwendungsbereich

2 § 8 InsO regelt die Zustellung teilweise in Abweichung von §§ 166 ff. ZPO, die lediglich ergänzend heranzuziehen sind (A/G/R-*Ahrens* § 8 InsO Rn. 3). Abweichend von §§ 169 Abs. 2, 317 Abs. 4 ZPO bedarf es einer Beglaubigung des zuzustellenden Dokumentes nicht. Die Zustellungen geschehen von Amts wegen. Die Kann-Bestimmung eröffnet im Einzelfall auch die Möglichkeit einer förmlichen Zustellung und stellt die Auswahl der gebotenen Art der Zustellung in das pflichtgemäße

Ermessen des Gerichts (BT-Drucks. 12/7302 S. 155). Förmliche Zustellungen erfolgen fast ausnahmslos durch die kostengünstige Aufgabe zur Post, seitdem die Zustellung bereits nach drei Tagen als bewirkt gilt. Die **Aufgabe zur Post** ist der **Regelfall der Zustellung** (*BGH* ZInsO 2003, 216; *Pape* NZI 2007, 425 [427]). Wird durch die Entscheidung keine Rechtsbehelfsfrist in Gang gesetzt, genügt regelmäßig eine formlose Übersendung.

In **Verbraucherinsolvenzverfahren** (§ 304 InsO) ist auf Zustellungen gem. § 307 Abs. 1 Satz 1, § 8 InsO – mit Ausnahme von Abs. 1 Satz 1 – **nicht** anzuwenden gem. § 307 Abs. 1 Satz 3 InsO. Zustellung durch Aufgabe zur Post oder Übertragung auf einen vorläufigen Treuhänder ist nicht möglich, auf Zustellung bei Personen mit unbekanntem Aufenthalt kann nicht verzichtet werden. Wegen der Einzelheiten s. Rdn. 40 ff. 3

II. Zustellungsarten

1. Übersicht

Es bestehen folgende **Möglichkeiten** einer förmlichen Zustellung: 4
– Postzustellungsurkunde,
– Empfangsbekenntnis, Telekopie oder als elektronisches Dokument,
– Aushändigung an der Amtsstelle,
– Zustellung durch Gerichtswachtmeister,
– Einschreiben gegen Rückschein,
– Aufgabe zur Post.

Regelmäßig wird an Rechtsanwälte gegen Empfangsbekenntnis und ansonsten durch Aufgabe zur Post zugestellt.

2. Einzelheiten

a) Eine **förmliche Zustellung** kann zunächst erfolgen durch **Postzustellungsurkunde** (§§ 168 Abs. 1 5
Satz 3, 176 i.V.m. § 182 ZPO) oder bei anwaltlicher Vertretung (§ 174 ZPO) bzw. an Personen mit erhöhter Zuverlässigkeit gegen **Empfangsbekenntnis, Telekopie oder als elektronisches Dokument** (MüKo-InsO/*Ganter/Lohmann* § 8 Rn. 25). Auch eine **Aushändigung an der Amtsstelle** (§ 173 ZPO) ist möglich (HK-InsO/*Sternal* § 8 Rn. 6), die nicht nur durch den Urkundsbeamtem der Geschäftsstelle, sondern auch durch den Richter oder Rechtspfleger erfolgen kann (*Thomas/Putzo* ZPO, § 173 Rn. 2). Eine Zustellung durch den **Gerichtswachtmeister** (§ 168 Abs. 1 ZPO) empfiehlt sich, wenn der Schuldner die Unzustellbarkeit herbeizuführen versucht. Verfügt der Schuldner über keinen Briefkasten (mehr), so kann bei feststehendem Aufenthaltsort eine Ersatzzustellung durch Niederlegung unter gleichzeitiger Befestigung einer entsprechenden Mitteilung an der Tür erfolgen (§ 181 Abs. 1 Satz 2 ZPO). Zur Zustellung durch den **Gerichtsvollzieher** oder durch eine andere Behörde (z.B. Polizei) s. § 168 Abs. 2 ZPO. Durch die Zustellungsfiktion bei der Aufgabe zur Post (s. Rdn. 10) sind diese Möglichkeiten nur noch von Bedeutung, wenn eine tatsächliche Kenntnisnahme des Empfängers für die Durchführung des weiteren Verfahrens erforderlich ist, z.B. Ladung des Schuldners zu einem Anhörungstermin im Eröffnungsverfahren gem. §§ 20 Abs. 1 Satz 2, 23 Abs. 3 Satz 3, 98 InsO.

Bei **verweigerter Annahme** fingiert § 179 ZPO die Zustellung. Bei Abwesenheit des Adressaten 6
kommen Ersatzzustellung durch Übergabe an einen Dritten gem. § 178 ZPO (*LG Arnsberg* ZInsO 2010, 1160), Einlegen in den Briefkasten (§ 180 ZPO) und durch Niederlegung (§ 181 ZPO) in Betracht.

b) Auch durch **Einschreiben gegen Rückschein** (§ 175 ZPO) kann ein Zustellungsnachweis geführt 7
werden, nicht aber durch das sog. Einwurf-Einschreiben (MüKo-InsO/*Ganter/Lohmann* § 8 Rn. 23). Allerdings gilt bei verweigerter Annahme die Zustellungsfiktion des § 179 ZPO nicht (*Thomas/Putzo* ZPO, § 179 Rn. 5; *Keller* NZI 2002, 581 [584]).

§ 8 InsO   Zustellungen

8   c) Die – ebenfalls förmliche (A/G/R-*Ahrens* § 8 InsO Rn. 17) – Zustellung durch **Aufgabe zur Post** erfolgt gem. § 8 Abs. 1 Satz 2 InsO. Im Gegensatz zu § 184 ZPO ist sie **nicht nur bei Zustellungen im Ausland** zulässig. Aufgrund der zum 01.07.2007 eingefügten Regelung des § 8 Abs. 1 Satz 3 InsO gelten Zustellungen im Inland nicht mehr erst nach zwei Wochen (so die alte Rechtslage, *BGH* ZInsO 2008, 320) bewirkt, sondern bereits nach **drei Tagen**: Dabei sind drei Tage als drei Werktage zu lesen (HambK-InsO/*Rüther* § 8 Rn. 8; **a.A.** A/G/R-*Ahrens* § 8 InsO Rn. 21, HK-InsO/*Sternal* § 8 Rn. 7). Andernfalls könnte bei Aufgabe am Donnerstag, den 24.12. die Zustellung bereits nach Ablauf des nächsten Werktages als bewirkt gelten, obgleich ein tatsächlicher Zugang eher unwahrscheinlich ist. Fällt das Fristende auf einen Sonntag, allgemeinen Feiertag oder Sonnabend, endet die Frist gem. § 222 Abs. 2 ZPO mit Ablauf des nächsten Werktages. Bei Zustellungen im **Ausland** verbleibt es bei der Frist von **zwei Wochen**. Gem. § 184 Abs. 2 Satz 2 ZPO kann das Gericht auch eine längere Frist bestimmen (MüKo-InsO/*Ganter/Lohmann* § 8 Rn. 19). Auf § 184 Abs. 2 Satz 3 ZPO verweist § 8 Abs. 1 Satz 2 InsO nicht. Eine Belehrung des Empfängers über die Zustellungswirkungen ist nicht erforderlich, in der Praxis aber üblich und im Falle einer vom Gericht gem. § 184 Abs. 2 Satz 2 ZPO verlängerten Frist geboten (Muster bei *Deppe* Eröffnungsbeschluss neu ab 01.07.2007, InsbürO 2007, 288 [290]).

9   Der Urkundsbeamte der Geschäftsstelle übergibt das **Schriftstück** dem Gerichtswachtmeister, der es **beim Postamt aufgibt**. Betraut werden kann auch jedes andere Unternehmen, das Briefe befördert, also auch Kurierdienste (MüKo-InsO/*Ganter/Lohmann* § 8 Rn. 16a, 23a; *Nerlich/Römermann-Becker* InsO, § 8 Rn. 13; *Uhlenbruck/I. Pape* InsO, § 8 Rn. 3). An die Stelle der Zustellungsurkunde tritt der Aktenvermerk (ausgefüllter Vordruck) des Urkundsbeamten. Der Urkundsbeamte hält fest, in welchen Verfahren er welche(s) Schriftstück(e) ggf. mit näher bezeichnetem Inhalt (z.B. Ladung zum ... mit Antragsabschrift und Vordruck für Vermögensübersicht) an welchen Empfänger mit genauer Adresse dem Wachtmeister übergeben hat. Er unterschreibt mit Datumsangabe. Der Wachtmeister bestätigt durch Unterschrift mit Datumsangabe die Aufgabe bei dem näher bezeichneten Postamt. Der Aktenvermerk gem. § 184 Abs. 2 Satz 4 ZPO kann durch Bezugnahmen z.B. auf eine Zustellungsverfügung und die Anlage des Zustellungsvermerkes ergänzt werden (*BGH* ZInsO 2010, 397 [398]).

10 Mit der Aufgabe zur Post gilt die **Zustellung** als **bewirkt**, auch wenn die Sendung als **unzustellbar** zurückkommt (vgl. *Zöller/Geimer* ZPO § 184 Rn. 8). Der Empfänger kann jedoch gem. § 270 Satz 2 ZPO glaubhaft machen, dass er die Sendung nicht erhalten hat (vgl. HK-InsO/*Sternal* § 8 Rn. 7). Beruft er sich darauf, verzogen zu sein (*LG Chemnitz* Beschl. v. 17.09.2014 – 3 T 570/14 und 3 T 403714, BeckRS 2014, 23639), gilt ebenfalls die Zustellungsfiktion. Wiedereinsetzung gem. § 233 ZPO kommt nur in Betracht, wenn der Wohnsitzwechsel ordnungsgemäß angezeigt wurde (*Siebert* VIA 2015, 47). Streitig ist, ob es auf den Einwurf im Briefkasten (MüKo-InsO/*Ganter/Lohmann* § 8 Rn. 19a; *Musielak/Wolst* ZPO, § 175 a.F. Rn. 5) oder auf die Leerung (*Zöller/Geimer* ZPO § 184 Rn. 8) ankommt (offen gelassen von *OLG Oldenburg* OLG-Report 2001, 354).

11 d) Die **formlose Übersendung** erfolgt durch gewöhnlichen Brief. Ein Zustellungsnachweis kann nicht geführt werden (A/G/R-*Ahrens* § 8 InsO Rn. 17). Eine formlose Übersendung bietet sich an bei nicht beschwerdefähigen Entscheidungen (z.B. Verweisungsbeschluss, s. § 3 Rdn. 41), § 4 InsO i.V.m. § 329 Abs. 2 Satz 1 ZPO. Die Mitteilung gilt am folgenden bzw. übernächsten Werktag nach der Übergabe an das Versandunternehmen (s. Rdn. 9) als bewirkt gem. § 4 InsO i.V.m. § 270 Satz 2 ZPO (vgl. *Nerlich/Römermann-Becker* InsO, § 8 Rn. 19).

12 e) Davon zu unterscheiden sind die **Übermittlung von Beschlüssen** an das Registergericht (z.B. §§ 23 Abs. 2, 31 InsO), das Eintragungsersuchen an das Grundbuchamt (§ 32 Abs. 2 InsO), die Übersendung im Insolvenzplanverfahren (§ 252 Abs. 2 InsO) sowie die – vom Verwalter vorzunehmende – Unterrichtung (§§ 158 Abs. 2, 161 InsO), Mitteilung (§ 195 InsO) und öffentliche Bekanntmachung (§ 188 InsO).

3. Auswahl der Zustellungsart

a) Bei der Entscheidung ist zu **bedenken**, ob bei der Zustellung einer Entscheidung eine **Beschwerdefrist zu laufen beginnt** (§ 6 Abs. 2 Satz 1 InsO). Zur früheren Zustellung s. § 9 Rdn. 18 f.). 13

b) Nach dem Bericht des Rechtsausschusses obliegt die Auswahl der gebotenen Art der Zustellung dem **pflichtgemäßen Ermessen des Gerichts** (BT-Drucks. 12/7302 S. 155). Die Aufgabe zur Post ist der Regelfall der Zustellung (*BGH* ZInsO 2003, 216; *Pape* NZI 2007, 425 [427]). Förmliche Zustellungen erfolgen fast ausnahmslos durch die kostengünstige **Aufgabe zur Post**, seitdem die Zustellung bereits nach drei Tagen als bewirkt gilt. Wird durch die Entscheidung keine Rechtsbehelfsfrist in Gang gesetzt, genügt regelmäßig eine formlose Übersendung. 14

III. Fälle der förmlichen Zustellung

a) Eine förmliche Zustellung ist nötig in den Fällen, in denen die **InsO** eine **besondere Zustellung fordert** (§§ 23 Abs. 1 Satz 2, 30 Abs. 2, 64 Abs. 2, 186 Abs. 2, 194 Abs. 2, 194 Abs. 3, 204 Abs. 1, 204 Abs. 2, 208 Abs. 2, 308 Abs. 1 InsO). 15

b) Die Notwendigkeit der förmlichen Zustellung kann sich **weiter** aus § 4 InsO i.V.m. § 329 Abs. 2, Abs. 3 ZPO ergeben. Eine förmliche Zustellung kommt insbesondere in Betracht, wenn die Entscheidung eine **(Rechtsmittel)Frist in Lauf setzt** oder eine **Terminsbestimmung** enthält (*Nerlich/Römermann-Becker* InsO, § 5 Rn. 52). Weiter kann von Bedeutung sein, ob Beschlüsse zu ihrer Wirksamkeit noch der Zustellung bedürfen. Im Einzelnen ist wie folgt **zu differenzieren**: 16

(1) **Verkündete Beschlüsse** werden mit Verkündung zugleich existent und wirksam. Für verkündete Beschlüsse wird im Geltungsbereich der ZPO die Zustellung gem. § 329 Abs. 3 ZPO gefordert, um die Rechtsmittelfristen in Lauf zu setzen (*Thomas/Putzo* ZPO, § 329 Rn. 4). § 6 Abs. 2 Satz 1 InsO bestimmt jedoch abweichend von § 577 Abs. 2 Satz 1 ZPO, dass die Beschwerdefrist mit der Verkündung der Entscheidung beginnt (s. § 6 Rdn. 40). Einer Zustellung bedarf es daher weder bei verkündeten anfechtbaren noch bei verkündeten nicht anfechtbaren Entscheidungen (*Kübler/Prütting/Bork* InsO, § 8 Rn. 7; **a.A.** A/G/R-*Ahrens* § 6 InsO Rn. 36 und § 8 InsO Rn. 7; MüKo-InsO/*Ganter/Lohmann* § 8 Rn. 9 für anfechtbare Entscheidungen; *Keller* NZI 2002, 581 [585]). 17

(2) **Nichtverkündete Entscheidungen**, die **beschwerdefähig** sind oder eine Frist in Gang setzen (*BayObLG* ZInsO 2001, 1013 [1014]), sind **förmlich zuzustellen** (A/G/R-*Ahrens* § 8 InsO Rn. 8; **a.A.** MüKo-InsO/*Ganter/Lohmann* § 8 Rn. 9). Dies gilt für alle Entscheidungen des Rechtspflegers, die der sofortigen Beschwerde (§ 11 Abs. 1 RPflG) oder sofortigen Erinnerung (§ 11 Abs. 2 RPflG) unterliegen (s. § 6 Rdn. 102, 107), sowie für Entscheidungen des Insolvenzrichters, sofern sie ausnahmsweise (§ 6 Abs. 1 InsO) beschwerdefähig sind und für alle Beschwerdeentscheidungen des Landgerichts, falls sie nicht jeweils verkündet worden sind. Erfolgt eine **öffentliche Bekanntmachung** der Entscheidung, richtet sich der Lauf der Rechtsmittelfristen nach der ersten Zustellung (s. § 9 Rdn. 18 f.). Im Hinblick auf die nachfolgenden Ausführungen (s. Rdn. 20) erfolgt **auch** in diesen Fällen grds. eine **förmliche Zustellung** (a.A. MüKo-InsO/*Ganter/Lohmann* § 8 Rn. 9, der jede Art der Zustellung genügen lässt). Diese kann durch Aufgabe zur Post erfolgen (*BGH* ZInsO 2003, 216; enger MüKo-InsO/*Ganter/Lohmann* § 8 Rn. 18 für Zustellungen verfahrenseinleitender Beschlüsse an den Schuldner aufgrund eines Gläubigerantrags). 18

(3) Eine Zustellung ist auch nötig, wenn die InsO eine **besondere Ladung** (§§ 177 Abs. 3 Satz 2, 235 Abs. 3 Satz 1, 241 Abs. 1 Satz 2, 296 Abs. 2 Satz 3) vorschreibt (MüKo-InsO/*Ganter/Lohmann* § 8 Rn. 8). 19

(4) Eine Einzelzustellung kann auch im Hinblick auf die **Außenwirkungen** (z.B. §§ 81, 82 InsO; s. § 9 Rdn. 14) in Betracht kommen, wenn sie schneller als die öffentliche Bekanntmachung bewirkt werden kann und beim Zustellungsempfänger eine frühere Kenntnis bewirkt (HK-InsO/*Sternal* § 8 Rn. 4; HambK-InsO/*Rüther* § 8 Rn. 2). Auch bei sofortiger Bekanntmachung eines Beschlusses im Internet gilt die öffentliche Bekanntmachung gem. § 9 Abs. 1 Satz 3 InsO erst am dritten Tag nach der Veröffentlichung als bewirkt (s. § 9 Rdn. 44). Zur Möglichkeit der Unterrichtung von Kredit- 20

§ 8 InsO Zustellungen

instituten und Drittschuldnern durch Faxschreiben des vorläufigen Verwalters s. § 23 Rdn. 28. In diesen Fällen kann auch die im Gesetz geforderte besondere Zustellung gem. § 23 Abs. 1 Satz 2 InsO unterbleiben.

21 (5) Eine Zustellung nicht verkündeter Beschlüsse ist darüber hinaus erforderlich, sofern von **der Zustellung die Wirksamkeit des Beschlusses abhängig** ist. Während ein Beschluss existent geworden ist und damit »erlassen« ist, wenn er aus dem inneren Bereich des Gerichts herausgelangt ist, ist für das Wirksamwerden des Beschlusses darüber hinaus i.d.R. erforderlich, dass er den Parteien zugegangen ist (*Zöller/Vollkommer* ZPO, § 329 Rn. 6 und 7). Bei Anordnung von Sicherungsmaßnahmen (§ 21 InsO) ist die Zustellung des nicht verkündeten Beschlusses entgegen der früheren Rspr. des BGH kein Wirksamkeitserfordernis mehr (*BGH* ZIP 1996, 1909 = EWiR 1996, 1077; *OLG Köln* ZIP 1995, 1684 = EWiR 1995, 1205, s. i.E. § 23 Rdn. 19). Da auch der Eröffnungsbeschluss zu seiner Wirksamkeit nicht der Zustellung bedarf (s. § 30 Rdn. 7), hat die Frage an praktischer Bedeutung verloren.

22 (6) Über die aufgezählten Fälle bedarf es **ansonsten keiner förmlichen Zustellung** (ebenso MüKo-InsO/*Ganter/Lohmann* § 8 Rn. 6). Dies gilt insbesondere für die **Übersendung eines Insolvenzantrages** mit Aufforderung zur Stellungnahme bzw. die Ladung zu einem Anhörungstermin. Es genügt eine Zustellung durch Aufgabe zur Post (A/G/R-*Ahrens* § 8 InsO Rn. 19; a.A. MüKo-InsO/*Ganter/Lohmann* § 8 Rn. 18 für Zustellung verfahrenseinleitender Beschlüsse an den Schuldner aufgrund Gläubigerantrages).

23 c) Ist eine förmliche Zustellung nicht vorgeschrieben, kann sie dennoch vom Insolvenzgericht angeordnet werden (MüKo-InsO/*Ganter/Lohmann* § 8 Rn. 7). Auch eine **Kombination** von förmlicher Zustellung und formloser Übersendung kann sinnvoll sein (z.B. bei Zeugenladung, s. § 5 Rdn. 38).

IV. Zustellungsadressat

24 Die Zustellung hat zu erfolgen **an die in der InsO aufgeführten Personen** (s.z.B. § 23 Abs. 1 Satz 2, § 30 Abs. 2, § 64 Abs. 2 InsO) sowie an **jeden**, der durch eine **Entscheidung** beschwert sein kann (HambK-InsO/*Rüther* § 8 Rn. 4). Bei juristischen Personen erfolgt die Zustellung an das Vertretungsorgan, bei Gesellschaften ohne Rechtspersönlichkeit an jeden persönlich haftenden Gesellschafter (MüKo-InsO/*Ganter/Lohmann* § 8 Rn. 10a; vgl. die Übersicht bei § 15 Rdn. 3 »Antragsrecht«). Bei Sonderinsolvenzen (§§ 315 ff. InsO) wird an jeden Miterben/Ehegatten zugestellt. Bei Personen, die unbekannten Aufenthaltes sind, wird an einen etwaigen zur Entgegennahme von Zustellungen berechtigten Vertreter zugestellt (§ 8 Abs. 2 InsO), eine öffentliche Zustellung erfolgt nur ausnahmsweise (s. Rdn. 28 f.). Bei unter Betreuung stehenden Personen erfolgt die Zustellung an den Betreuer (*Beth* ZInsO 2012, 316 [319]).

25 An **gewillkürte Vertreter** (s. § 14 Rdn. 41) erfolgt eine Zustellung nur, wenn deren Vertretungsbefugnis feststeht (MüKo-InsO/*Ganter/Lohmann* § 8 Rn. 10a), etwa durch Anzeige zu den Akten (§ 4 InsO i.V.m. § 172 ZPO). Benennt der Schuldner einen Vertreter des Gläubigers, kann eine wirksame Zustellung nur bei Vorliegen der eben genannten Voraussetzungen erfolgen (a.A. *OLG Köln* ZIP 2000, 2312 [2314]). In Verbraucherinsolvenzverfahren ist daher bei Zustellungen an Personen, die die Gläubiger im außergerichtlichen Einigungsverfahren (vgl. § 305 Abs. 1 Nr. 1 InsO) vertreten haben, Vorsicht geboten. An Inkassofirmen kann gem. §§ 305 Abs. 4 Satz 2, 174 Abs. 1 Satz 3 InsO eine Zustellung erfolgen. Ist ein Verfahrensbevollmächtigter benannt, ist an diesen zuzustellen; andernfalls kommt Wiedereinsetzung (§§ 233 ff. ZPO) in Betracht (*AG Göttingen* ZInsO 2016, 648). Steht die Vertretungsbefugnis nicht fest, kann – wie im Zivilverfahren – eine formlose Nachricht übersandt werden. Lässt sich der Schuldner zulässigerweise (§ 305 Abs. 4 InsO) von einer Schuldnerberatungsstelle vertreten, sind rechtsmittelfähige Beschlüsse an diese zuzustellen (*LG München* ZInsO 2000, 506 [507]).

26 Eine an den Schuldner vorzunehmende Zustellung kann selbst bei Anordnung einer vorläufigen Postsperre nicht durch Zugang bei dem vorläufigen Insolvenzverwalter als bewirkt angesehen werden gem. § 8 ZVG i.V.m. § 187 ZPO a.F.; erforderlich ist die Zustellung an den Schuldner selbst

(*OLG Braunschweig* InVo 2001, 193 = ZInsO 2001, 627 [unter unrichtiger Angabe LG Göttingen]). Zu beachten ist nunmehr die Heilungsmöglichkeit in § 189 ZPO (s. Rdn. 32).

V. Weitere Zustellungsfragen

a) Zur Zustellung im **Ausland** s. Rdn. 46. 27

b) Eine Zustellung erfolgt nicht, wenn der Aufenthalt der betreffenden Person **unbekannt** ist (zu den 28 Voraussetzungen vgl. *Zöller/Geimer* ZPO § 185 Rn. 2). Ist der Schuldner unbekannten Aufenthaltes, sind wegen der diesem obliegenden Anforderungen aus § 295 Abs. 1 Nr. 3 keine Amtsermittlungsmaßnahmen erforderlich (*BGH* ZInsO 2013, 1310 Rn. 12). Das gilt auch im Eröffnungsverfahren und im eröffneten Insolvenzverfahren (A/G/R-*Ahrens* InsO § 8 Rn. 24). Maßgebend ist dann die **öffentliche Bekanntmachung** (§ 9 InsO). Es kann auch die nicht zwingend gebotene öffentliche Bekanntmachung z.B. der Aufhebung der Stundung gem. § 4c InsO oder des Abweisungsbeschlusses gem. § 26 InsO erfolgen (s. § 26 Rdn. 100), um die Zustellungsfiktion des § 9 Abs. 3 InsO und damit die Rechtskraft des Beschlusses herbeizuführen (*LG Göttingen* ZInsO 2007, 1160; HK-InsO/*Sternal* § 8 Rn. 4; ähnlich MüKo-InsO/*Ganter/Lohmann* § 9 Rn. 8; *Nerlich/Römermann-Becker* InsO, § 8 Rn. 28). Ist ein zustellungsbevollmächtigter Vertreter vorhanden und dem Insolvenzgericht bekannt, wird an diesen zugestellt (Abs. 2). Schwierigkeiten können sich jedoch bei der Feststellung des Insolvenzgrundes ergeben, da der Schuldner als Auskunftsperson nicht zur Verfügung steht (zum Vorgehen s. § 26 Rdn. 75).

Abweichend davon kommt gem. § 307 Abs. 1 Satz 3 InsO im gerichtlichen Schuldenbereinigungs- 29 planverfahren eine **öffentliche Zustellung** (§§ 185 ff. ZPO) in Betracht (*AG Saarbrücken* ZInsO 2002, 247). Die öffentliche Zustellung erfolgt von Amts wegen ohne Parteiantrag (§ 186 Abs. 1 ZPO). Erforderlich ist die Vorlage von Auskünften der für den letzten Wohnort zuständigen Einwohnermelde- und Postämter (*BGH* ZInsO 2003, 271 [272]; HK-InsO/*Sternal* § 8 Rn. 6).

c) Hat der Geschäftsführer einer GmbH sein Amt niedergelegt oder ist abberufen worden und ist dies 30 infolge Eintragung im Handelsregister vom Insolvenzgericht zu beachten (s. § 15 Rdn. 24), liegt kein Fall des § 8 Abs. 2 Satz 1 InsO vor (*AG Hamburg* ZInsO 2008, 1331). In diesem Fall der **Führungslosigkeit** (s. § 10 Rdn. 15 ff.) erfolgt die Zustellung bei der GmbH (gem. § 35 Abs. 1 Satz 2 GmbHG) an einen Gesellschafter, bei der AG und Genossenschaft (gem. § 78 Abs. 1 Satz 2 AktG bzw. § 24 Abs. 1 Satz 2 GenG) an ein Aufsichtsratsmitglied (HambK-InsO/*Rüther* § 8 Rn. 4). In den vor dem 01.11.2008 eröffneten Verfahren kommt bei der GmbH die Zustellung an einen vom Registergericht zu bestellenden Verfahrenspfleger oder Notgeschäftsführer in Betracht (s. § 14 InsO Rdn. 36).

d) Soll eine Zustellung an eine im Handelsregister gelöschte GmbH oder AG erfolgen, so muss zu- 31 nächst ein **Nachtragsliquidator** bestellt werden, an den dann die Zustellung erfolgen kann (MüKo-InsO/*Ganter/Lohmann* § 8 Rn. 10a).

e) Eine **Heilung** von Zustellungsmängeln kommt gem. § 4 InsO i.V.m. § 189 ZPO in Betracht, 32 auch soweit durch die Zustellung eine Notfrist in Gang gesetzt werden soll. Darüber hinaus heilt eine öffentliche Bekanntmachung gem. § 9 Abs. 3 InsO jeden Mangel der Einzelzustellung (*BayObLG* ZInsO 2002, 129 [130]; s. § 9 Rdn. 24), allerdings nicht mit rückwirkender Kraft (MüKo-InsO/*Ganter/Lohmann* § 8 Rn. 38a). Weiter kann eine Heilung eintreten durch rückwirkende Genehmigung und Rügeverzicht (*Thomas/Putzo* ZPO, Vorbem. § 166 Rn. 20, 22).

C. Zustellung durch den Insolvenzverwalter

I. Verfahrensablauf

Für den Gesetzgeber war Vorbild § 6 Abs. 3 GesO und die mit dieser Regelung gemachten positiven 33 Erfahrungen für eine weitreichende Aufgabenverlagerung vom Insolvenzgericht auf den Insolvenzverwalter (BT-Drucks. 12/3207 S. 155). Im Fall des § 252 Abs. 2 gilt die Vorschrift nicht (FK-InsO/*Jaffé* § 252 Rdn. 13). Das **Insolvenzgericht** (nicht aber das Beschwerdegericht, HK-InsO/

Sternal § 8 Rn. 14; MüKo-InsO/*Ganter/Lohmann* § 8 Rn. 38; **a.A.** *Nerlich/Römermann-Becker* InsO, § 8 Rn. 21) kann nach pflichtgemäßem Ermessen dem Insolvenzverwalter alle oder einen Teil der Zustellungen übertragen. Ein förmlicher Beschluss ist nicht erforderlich (A/G/R-*Ahrens* § 8 InsO Rn. 28; HambK-InsO/*Rüther* § 8 Rn. 14; HK-InsO/*Sternal* § 8 Rn. 10; **a.A.** *Jaeger/Gerhardt* InsO, § 8 Rn. 12; MüKo-InsO/*Ganter/Lohmann* § 8 Rn. 32). Ein Beschwerderecht steht dem (vorläufigen) Insolvenzverwalter nicht zu (HK-InsO/*Sternal* § 8 Rn. 10; MüKo-InsO/*Ganter/Lohmann* § 8 Rn. 37; **a.A.** *Kübler/Prütting/Bork* InsO, § 8 Rn. 10).

34 Zuständig für die Anordnung ist im Eröffnungsverfahren der Richter. Eine vom Richter getroffene Anordnung gilt für das eröffnete Verfahren fort (*Uhlenbruck/I. Pape* InsO, § 8 Rn. 8) anders als eine im Eröffnungsverfahren getroffene Sicherungsmaßnahme, die ihre Wirksamkeit mit der Eröffnung verliert. Der Rechtspfleger kann die Anordnung jederzeit aufheben, was in der Praxis nie erfolgt. Die Entscheidung in Form eines Beschlusses und öffentliche Bekanntmachung ist nicht erforderlich (HambK-InsO/*Rüther* § 8 Rn. 14). Eine getroffene Anordnung gilt für das gesamte restliche Verfahren bis zum Abschluss fort.

II. Zustellung

35 Für den (**vorläufigen**) **Insolvenzverwalter** gelten **dieselben Auswahlkriterien** der Zustellungsart wie für das Insolvenzgericht. Die frühere Streitfrage, ob er auch Zustellungen durch Aufgabe zur Post auch unter Einschaltung seiner Mitarbeiter vornehmen kann, ist durch die Klarstellung in § 8 Abs. 3 Satz 2 InsO nunmehr positiv beantwortet. Über die Aufgabe zur Post sind entsprechende Vermerke zu fertigen. Die Vermerke sind gem. Abs. 3 Satz 3 »unverzüglich« zu den Gerichtsakten zu reichen. Es genügt aber auch eine Übergabe nach Abschluss des Verfahrens (MüKo-InsO/*Ganter/Lohmann* § 8 Rn. 33 unter Hinweis auf die Gesetzesbegründung).

36 Die grds. mögliche **Übertragung auf Dritte** (§§ 8 Abs. 3 Satz 2 InsO, § 4 Abs. 1 Satz 3 InsVV) hat zu unterbleiben, wenn es dem Verwalter möglich und zumutbar ist, die Zustellung selbst durchzuführen, und wenn dies die Masse weniger belastet (*BGH* ZInsO 2012, 928 Rn. 21). Die Beauftragung eines Drittunternehmens ist unverzüglich dem Insolvenzgericht anzuzeigen, wenn die ernstliche Besorgnis besteht, dass der Insolvenzverwalter in seiner Amtsführung befangen ist, etwa weil seine Ehefrau im Vorstand des beauftragten Drittunternehmens ist (*BGH* ZInsO 2012, 1125 Rn. 17). Bei Verstößen droht eine Entlassung gem. § 59 InsO.

III. Vergütung

37 Der **Mehraufwand des Verwalters** ist angemessen zu berücksichtigen. Unter Aufgabe der früheren Rechtsprechung des BGH (*BGH* ZInsO 2007, 86 m. Anm. *Graeber* ZInsO 2007, 82) ist für jede Zustellung für Sach- und Personalaufwand ein angemessener Betrag zu ersetzen, der nach dem tatsächlichen Aufwand geschätzt werden kann (*BGH* ZInsO 2013, 894 = NZI 2013, 487 m. Anm. *Stoffler* = EWiR 2013, 383). Legt man mit dem BGH Personalkosten von 2,70 € bis 2,80 € je Zustellung zu Grunde (*BGH* ZInsO 2012, 753 Rn. 21 ff.), ergibt sich bei Sachkosten von 1,00 € (*Amberger* InsbürO 2007, 91 [95]) ein **Gesamtbetrag von 3,70 bis 3,80 € je Zustellung** (*Schmerbach* InsbürO 2013, 493 [495]). Ein Zuschlagstatbestand gem. § 3 Abs. 1 InsVV kann bei Vorliegen der Voraussetzungen weiter geltend gemacht werden (*Keller* EWiR 2013, 383 [384]).

IV. Weitere Übertragungsmöglichkeiten

38 Eine Übertragung kommt auch auf den **Sachwalter** in Betracht (A/G/R-*Ahrens* § 8 InsO Rn. 26, HambK-InsO/*Rüther* § 8 Rn. 17; HK-InsO/*Sternal* § 8 Rn. 12; *Kübler/Prütting/Bork* InsO, § 8 Rn. 11; MüKo-InsO/*Ganter/Lohmann* § 8 Rn. 35; **a.A.** BK-InsO/*Humberg* § 8 Rn. 26).

39 Auch eine Übertragung auf den **vorläufigen** Verwalter bzw. vorläufigen Sachwalter (§ 270a Abs. 1 InsO) ist möglich, nicht aber auf einen Sachverständigen (MüKo-InsO/*Ganter/Lohmann* § 8 Rn. 35). Die allgemeine Vorschrift des § 8 InsO gilt auch für das Eröffnungsverfahren gem. § 21 Abs. 2 Nr. 1 InsO. Ein Entlastungsbedürfnis der Gerichte kann auch schon im Eröffnungsverfahren

bestehen, wenn nach Anordnung von Sicherungsmaßnahmen nachträglich Drittschuldner (§ 23 Abs. 1 Satz 2 InsO) bekannt werden. Frühester Zeitpunkt für die Übertragung ist die Zulassung des Insolvenzantrags, da erst dann ein vorläufiger Insolvenzverwalter eingesetzt werden kann (HK-InsO/*Sternal* § 8 Rn. 12). Da § 23 Abs. 1 Satz 2 InsO eine Zustellung an den vorläufigen Insolvenzverwalter fordert, sollte das Gericht die Zustellung an den Schuldner und den Drittschuldner zunächst vornehmen (a.A. MüKo-InsO/*Ganter/Lohmann* § 8 Rn. 34), dem vorläufigen Insolvenzverwalter aber die Zustellung an später namhaft werdende Drittschuldner überlassen. Bei masselosen Verfahren, bei denen auch eine Ausfallhaftung der Landeskasse nicht in Betracht kommt (s. § 13 Rdn. 196 ff., 202 f.), droht dem vorläufigen Verwalter aber, dass er die Kosten für die Zustellungen zu tragen hat (MüKo-InsO/*Ganter/Lohmann* § 8 Rn. 36).

D. Verbraucherinsolvenzverfahren

In **Verbraucherinsolvenzverfahren** (§ 304 InsO) ist auf Zustellungen gem. § 307 Abs. 1 Satz 1 InsO die Vorschrift des § 8 InsO – mit Ausnahme von Abs. 1 Satz 1 – **nicht** anzuwenden gem. § 307 Abs. 1 Satz 3 InsO. Zustellung durch Aufgabe zur Post oder Übertragung auf einen vorläufigen Insolvenzverwalter scheiden aus, auf Zustellung bei Personen mit unbekanntem Aufenthalt kann nicht verzichtet werden. Die Gläubiger im Verbraucherinsolvenzverfahren erhalten nur den Schuldenbereinigungsplan und eine Vermögensübersicht; das ausführliche Vermögensverzeichnis können sie beim Insolvenzgericht einsehen (§ 305 Abs. 1 Nr. 3, § 307 Abs. 1 Satz 1 InsO). Die Auswirkungen für die Praxis sind gering geblieben, da regelmäßig gem. § 306 Abs. 1 Satz 3 InsO von einem gerichtlichen Einigungsversuch abgesehen wird. 40

Bei **unbekanntem Aufenthalt** gilt § 8 Abs. 2 InsO nicht. Es muss eine öffentliche Bekanntmachung gem. § 4 InsO i.V.m. § 185 ZPO durch Aushang an der Gerichtstafel erfolgen. Ob die schnelle und kostengünstige Bekanntmachung im Internet gem. § 9 InsO zulässig ist, ist streitig (*Späth* ZInsO 2000, 483 [484]; **a.A.** HambK-InsO/*Streck* § 307 Rn. 4). 41

§ 306 Abs. 2 Satz 2 InsO bestimmt, dass der **Schuldner** auf Anforderung des Insolvenzgerichts die **erforderliche Zahl der Abschriften** des Schuldenbereinigungsplanes und der Vermögensübersicht dem Insolvenzgericht vorlegen muss. Dadurch tritt eine Entlastung von Kopierarbeiten ein. Die vom Schuldner eingereichten Unterlagen müssen jedoch beglaubigt werden. Ob persönliche Unterschriften des Schuldners genügen, ist streitig (s. *Grote/Lackmann* § 307 Rdn. 11). Problematisch ist, dass eine Überprüfung der Übereinstimmung von Original und Abschriften nicht stattfindet. Als Ausweg bietet sich an, dass das Insolvenzgericht von anwaltlich nicht vertretenen Schuldnern keine Abschriften anfordert, sondern die Ablichtungen selbst fertigt. Die Belastungen halten sich in Grenzen, da sich die Zahl der Schuldenbereinigungsplanverfahren häufig im einstelligen Bereich bewegt. 42

Fraglich ist aber, ob **Beglaubigungen erforderlich** sind. § 307 Abs. 1 Satz 3 InsO erklärte § 8 Abs. 1 Satz 3 InsO i.d.F. vom 01.01.1999 für nicht anwendbar. Zum 01.07.2007 ist § 8 Abs. 1 InsO aber geändert worden. Die Regelung des § 8 Abs. 1 Satz 3 InsO (»Einer Beglaubigung des zuzustellenden Schriftstückes bedarf es nicht«) ist als 2. Halbsatz in Satz 1 gewandert, § 8 Abs. 1 Satz 3 enthält nunmehr die Abkürzung der Zustellungsfiktion bei Aufgabe zur Post auf drei Tage. Bei einer am Wortlaut orientierten Auslegung könnte ab dem 01.07.2007 auf eine Beglaubigung von Vermögensverzeichnis und Schuldenbereinigungsplan verzichtet werden. 43

Die Begründung der Änderung des § 8 InsO setzt sich mit dieser Konsequenz allerdings an keiner Stelle auseinander. Es werden nur die Aufgabe zur Post und die Einräumung dieser Möglichkeit auch bei Übertragung der Zustellung auf den (vorläufigen, § 21 Abs. 2 Nr. 1 InsO) Insolvenzverwalter bzw. Treuhänder (§ 313 Abs. 1 Satz 1 InsO) thematisiert (s. Rdn. 1), die Vorschrift des § 307 Abs. 1 Satz 3 InsO wird an keiner Stelle erwähnt. Auszugehen ist von einem Redaktionsversehen. § 307 Abs. 1 Satz 3 InsO muss wie folgt gelesen werden: »Auf die Zustellung nach Satz 1 ist § 8 Abs. 1 Satz 1, 2. HS, Satz 2, 3, Abs. 2 und 3 nicht anzuwenden.« Beglaubigungen sind weiter **erforderlich** (A/G/R-*Ahrens* § 8 InsO Rn. 5; *Schmerbach*, InsbürO 2010, 283). 44

§ 9 InsO Öffentliche Bekanntmachung

E. Internationales Insolvenzrecht

45 Im internationalen Insolvenzrecht ist § 8 InsO in Bezug genommen in Art. 102 § 11 Satz 2 EGInsO.

46 Hat die Zustellung im **Ausland** zu erfolgen, ist Zustellung durch Aufgabe zur Post zulässig (BT-Drucks. 12/2443 S. 111). Dies gilt auch für Zustellungen durch den (vorläufigen) Insolvenzverwalter (*Oberer* ZVI 2009, 49 [53]). Die Einzelheiten ergeben sich aus §§ 183, 184 ZPO (vgl. *Uhlenbruck/I. Pape* InsO, § 8 Rn. 7). Daneben ist innerhalb der EU die VO 1348/00 zu beachten (dazu *Heß* Neues deutsches und europäisches Zustellungsrecht, NJW 2002, 2417 [2421 ff.]; HambK-InsO/*Rüther* § 8 Rn. 9; MüKo-InsO/*Ganter/Lohmann* § 8 Rn. 29 ff.). Erfolgt eine öffentliche Bekanntmachung, genügt dies zum Nachweis der Zustellung, § 9 Abs. 3 InsO.

§ 9 Öffentliche Bekanntmachung

(1) ¹Die öffentliche Bekanntmachung erfolgt durch eine zentrale und länderübergreifende Veröffentlichung im Internet; diese kann auszugsweise geschehen. ²Dabei ist der Schuldner genau zu bezeichnen, insbesondere sind seine Anschrift und sein Geschäftszweig anzugeben. ³Die Bekanntmachung gilt als bewirkt, sobald nach dem Tag der Veröffentlichung zwei weitere Tage verstrichen sind.

(2) ¹Das Insolvenzgericht kann weitere Veröffentlichungen veranlassen, soweit dies landesrechtlich bestimmt ist. ²Das Bundesministerium der Justiz und für Verbraucherschutz wird ermächtigt, durch Rechtsverordnung mit Zustimmung des Bundesrates die Einzelheiten der zentralen und länderübergreifenden Veröffentlichung im Internet zu regeln. ³Dabei sind insbesondere Löschungsfristen vorzusehen sowie Vorschriften, die sicherstellen, dass die Veröffentlichungen
1. unversehrt, vollständig und aktuell bleiben,
2. jederzeit ihrem Ursprung nach zugeordnet werden können.

(3) Die öffentliche Bekanntmachung genügt zum Nachweis der Zustellung an alle Beteiligten, auch wenn dieses Gesetz neben ihr eine besondere Zustellung vorschreibt.

Übersicht	Rdn.		Rdn.
A. Übersicht	1	machungen in Insolvenzverfahren im Internet	28
B. Anwendungsfälle	7	IV. Anordnung und Kosten	43
C. Wirkungen	10	V. Wirksamkeitszeitpunkt	45
I. Zustellungsfiktion	10	E. Internationales Insolvenzrecht	47
II. Publizitätswirkung	14	F. Anhang: Verordnung zu öffentlichen Bekanntmachungen in Insolvenzverfahren im Internet vom 12.02.2002 (BGBl. I S. 677), zuletzt geändert durch Art. 2 des Gesetzes zur Vereinfachung des Insolvenzverfahrens vom 13.04.2007 (BGBl. I S. 509).	48
III. Lauf von Rechtsmittelfristen	18		
IV. Auswirkungen auf die Einzelzustellung	24		
D. Verfahrensmäßiger Ablauf	25		
I. Ort der Veröffentlichung	25		
II. Inhalt	27		
III. Verordnung zu öffentlichen Bekannt-			

Literatur:
Hafemeister Nutzerfreundliche Gestaltung der Suchmaske für Insolvenzbekanntmachungen im Internet, NZI 2014, 61; *Heyer* Insolvenzbekanntmachungen und Datenschutz, ZVI 2015, 45; *ders.* Löschung von Schuldnerdaten über eine erteilte Restschuldbefreiung im Datenbestand eines Dritten, NZI 2016, 158, *ders.* »Achtung Pleite« – Anmerkungen zu einer App, ZVI 2016, 379; *Reck* Rechtsbehelfsbelehrung im Internet nach § 9 Abs. 1 InsO?, ZVI 2014, 405.

A. Übersicht

1 In der InsO ist vorgesehen, dass die Eröffnung und die Einstellung oder Aufhebung des Verfahrens sowie wichtige verfahrensleitende Entscheidungen des Gerichts wie z.B. Terminsbestimmungen öf-

fentlich bekannt gemacht werden. Häufig erfolgen sowohl Einzelzustellung als auch öffentliche Bekanntmachung (z.B. § 30 Abs. 1 InsO). Die **öffentliche Bekanntmachung** hat die Aufgabe, der Entscheidung nach außen hin Geltung zu verschaffen und die Publizitätswirkungen (s. Rdn. 4) auch gegenüber solchen Personen eintreten zu lassen, an die eine Einzelzustellung nicht erfolgt (A/G/R-*Ahrens* § 9 InsO Rn. 1). Mängel der Einzelzustellung werden durch die öffentliche Bekanntmachung geheilt. Zu beachten ist, dass eine öffentliche Bekanntmachung auch neben den im Gesetz geregelten Fällen in Betracht kommt. Hinter dem Interesse der Allgemeinheit an der Unterrichtung tritt das Persönlichkeitsrecht zurück (*Nerlich/Römermann-Becker* InsO, § 9 Rn. 2). Insgesamt wird eine **Entlastung der Gerichte** erreicht.

Seit 2001 waren Veröffentlichungen im Internet fakultativ möglich. Ab dem 01.01.2009 ist **alleiniges Veröffentlichungsorgan** das **Internet** unter www.insolvenzbekanntmachungen.de. Von der Ermächtigung des Abs. 2 Satz 1 (Einzelheiten bei MüKo-InsO/*Ganter/Lohmann* § 9 Rn. 16a) hat kein Bundesland Gebrauch gemacht und wird es unter Kostengesichtspunkten auch nicht tun. Veröffentlichungen im Internet sind konkurrenzlos billig (das GKG berechnet in KV Nr. 9004 den eher symbolischen Betrag von 1 €), durch mehrfache tägliche Aktualisierung schneller als Veröffentlichungen in Printmedien und erreichen einen höheren Verbreitungsgrad auch im Hinblick auf grenzüberschreitende Insolvenzen. 2

Gem. § 8b Abs. 2 Nr. 11, Abs. 3 HGB ist ab dem 01.01.2007 auch eine Einsicht über das **Unternehmensregister** möglich (www.unternehmensregister.de). Ausgenommen sind Verfahren gem. § 304 InsO. In diesem Zusammenhang kommt der genauen registerrechtlichen Bezeichnung eines Insolvenzschuldners und dessen genauer Schreibweise besondere Bedeutung zu. 3

Der Gesetzgeber hat durch eine Ergänzung des Art. 103 EGInsO klargestellt, dass die durch das Gesetz zur Vereinfachung des Insolvenzverfahrens zum 01.07.2007 eingefügte Änderung der Bekanntmachungsvorschriften sich ausnahmslos auf **alle Veröffentlichungen auch in zuvor eröffneten Altverfahren** bezieht (*Holzer* ZIP 2008, 391 [392]; ebenso *AG Duisburg* ZIP 2007, 1672 [1673]; *Schmerbach* InsbürO 2007, 202 [204]). 4

Keine vollständige Übersicht liefert das Internet in den **vor dem 01.07.2007 erfolgten Veröffentlichungen**, weil: 5
- die Bundesländer Internetveröffentlichungen zuvor zeitlich gestaffelt einführten (zuerst NRW, zuletzt Sachsen-Anhalt),
- Veröffentlichungen in vor dem 01.12.2001 eröffneten Verfahren nicht ins Internet gestellt wurden.

Bekanntmachungen in **Gesamtvollstreckungsverfahren** erfolgen gem. § 6 GesO in einer Tageszeitung und im elektronischen Bundesanzeiger. Bekanntmachungen nach der **Konkurs- und Vergleichsordnung** erfolgen weiterhin in dem durch das Konkurs- oder Vergleichsgericht festgelegten Publikationsorgan (Einzelheiten bei *Holzer* ZIP 2008, 391 [393]). 6

B. Anwendungsfälle

Vorgeschrieben ist die öffentliche Bekanntmachung in **folgenden Vorschriften**: § 5 Abs. 2 Satz 3 InsO, § 23 Abs. 1, § 25 Abs. 1 i.V.m. § 23, § 26 Abs. 1 Satz 3; § 30 Abs. 1, § 34 Abs. 3, § 64 Abs. 2, § 73 Abs. 2 i.V.m. § 64 Abs. 2, § 74 Abs. 2, § 78 Abs. 2, § 188 Satz 3 (durch den Insolvenzverwalter!), § 197 Abs. 2, § 200 Abs. 2, § 208 Abs. 2, § 214 Abs. 1, § 215, § 235 Abs. 2, § 252 Abs. 1 Satz 2 i.V.m. § 74 Abs. 2 Satz 2, § 258 Abs. 3, § 267, § 268 Abs. 2, § 273, § 277 Abs. 3, § 289 Abs. 2, § 289 Abs. 3, 293 Abs. 2, § 296 Abs. 3, § 297 Abs. 2, § 298 Abs. 3, § 300 Abs. 3, § 303 Abs. 3, § 345 InsO. 7

Die **Anordnung** erfolgt durch das Insolvenzgericht und ausnahmsweise durch den Insolvenzverwalter (§ 188 Satz 3 InsO). Eine Vorabmitteilung vor der öffentlichen Bekanntmachung erfolgt in den Fällen der §§ 215 Abs. 1 Satz 2, 258 Abs. 3 Satz 2 InsO.

8 Das Insolvenzgericht kann die öffentliche Bekanntmachung im Hinblick auf die Publizitätswirkungen (s. Rdn. 4) in **weiteren Fällen** anordnen (s. § 8 Rdn. 28), wie z.B. bei Entscheidungen gegenüber einem Schuldner, der unbekannten Aufenthaltes ist (*LG Göttingen* ZInsO 2007, 1160). Ein Anspruch eines Antragstellers auf öffentliche Bekanntmachung soll nicht bestehen (*LG Hamburg* ZInsO 2016, 2206 [2207]). Auch in diesen Fällen treten die Rechtswirkungen der öffentlichen Bekanntmachung ein (BK-InsO/*Humberg* § 9 Rn. 9. Zur Veröffentlichung der Einsetzung eines Sonderinsolvenzverwalters s. § 30 Rdn. 18.

9 Zur streitigen Frage der Veröffentlichung von Anordnungen gem. **§ 270a, 270b InsO** im Rahmen des Eröffnungsverfahrens s. § 23 Rdn. 5.

C. Wirkungen

I. Zustellungsfiktion

10 Sobald nach dem Tag der Veröffentlichung zwei weitere Tage verstrichen sind, gilt die Bekanntmachung als bewirkt. Die Zustellung wird fingiert. Erfolgt zusätzlich eine Zustellung durch Aufgabe zur Post gem. § 8 Abs. 1 Satz 3 InsO, werden beide Fristen häufig am gleichen Tag ablaufen. Diese Art der Zustellung ist in Massenverfahren wie dem Insolvenzverfahren sachgerecht, in denen der Kreis der Betroffenen groß ist und sich nicht immer von vornherein überschauen lässt. Insolvenzverfahren weisen regelmäßig eine hohe Zahl der Beteiligten auf, deren Person und Wohnort nicht immer bekannt sind. Darin findet die Zustellungsfiktion auch ihre **verfassungsrechtliche Rechtfertigung** (*BVerfG* NJW 1988, 1255 [1256] zu § 119 Abs. 4 VerglO; *BGH* ZInsO 2012, 1640 Rn. 7; *Jaeger/ Gerhardt* InsO, § 9 Rn. 7). In einer jüngeren Entscheidung zur Vergütungsfestsetzung bejaht der BGH dies jedenfalls, wenn eine derartige Entscheidung von Rechts wegen erfolgen durfte und dem Schuldner rechtliches Gehör gewährt wurde (*BGH* ZInsO 2013, 2577 Rn. 5).

11 Wirksamkeit nicht verkündeter Beschlüsse, deren öffentliche Bekanntmachung vorgeschrieben ist, kann aber bereits mit Beschlussfassung eintreten (s. § 5 Rdn. 64).

12 Eine bloße Mitteilung, dass die Vergütung festgesetzt wurde, entfaltet keine Wirkungen (*BGH* ZInsO 2012, 49 [50]). Eine **unrichtige** Bekanntmachung ist wirkungslos. Ob wie bei der Individualzustellung weniger bedeutsame Fehler unschädlich sind, lässt der *BGH* (ZInsO 2012, 50 [51]) offen. Voraussetzung ist in jedem Fall, dass die Entscheidung in der öffentlichen Bekanntmachung zutreffend bezeichnet ist. Daran fehlt es, wenn in der Veröffentlichung statt der Vergütung des vorläufigen Insolvenzverwalters die Vergütung des (endgültigen) Insolvenzverwalters erwähnt wird (*BGH* ZInsO 2012, 50 [51]) oder vorläufige Gläubigerausschussmitglieder statt Mitglieder vorläufiger Gläubigerausschuss (*BGH* Beschl. v. 10.11.2011 – IX ZB 166/10, BeckRS 2011, 29534). Zum Lauf der Rechtsmittelfrist in diesen Fällen s. § 6 Rdn. 42.

13 Eine **unvollständige Bekanntmachung** ist im Umfang der tatsächlichen Bekanntmachung wirksam, wenn das Insolvenzgericht, die Person des Schuldners und der bekannt zu machende Vorgang erkennbar sind (MüKo-InsO/*Ganter/Lohmann* § 9 Rn. 17; *Nerlich/Römermann-Becker* InsO, § 9 Rn. 19; *Uhlenbruck/I. Pape* InsO, § 9 Rn. 4). Ggf. erfolgt eine ergänzende oder auch vollständig neue Veröffentlichung (A/G/R-*Ahrens* § 9 InsO Rn. 14). Unwirksame Beschlüsse (vgl. § 29 Rdn. 18 und § 30 Rdn. 6 ff.) können durch eine öffentliche Bekanntmachung allerdings nicht geheilt werden (MüKo-InsO/*Ganter/Lohmann* § 9 Rn. 29).

II. Publizitätswirkung

14 Die öffentliche Bekanntmachung verschafft dem Insolvenzverfahren und den getroffenen Entscheidungen nach außen hin unbeschränkt gegenüber jedermann Wirkung unabhängig von der Frage einer (wirksamen) Einzelzustellung.

15 Ausgeschlossen werden u.a.:
– gutgläubiger Erwerb (§ 81, § 24 Abs. 1 InsO) mit Ausnahme der in § 81 Abs. 1 Satz 2 InsO aufgeführten Fälle;

– wirksame Leistungen an den Schuldner (§ 82, § 24 Abs. 1 InsO);
– wirksame Vornahme von Auszahlungen oder Überweisungen durch Banken. Zum Ausschluss von Verrechnungsmöglichkeiten von Zahlungseingängen mit einem Debetsaldo s. § 24 Rdn. 14.

Die Fiktion der Kenntnis gilt auch über das Insolvenzrecht hinaus wie bei (unterlassener) Einsichtnahme vor Beantragung eines Arrestes gem. §§ 916 ff. ZPO (a.A. *OLG Düsseldorf* NZI 2009, 407 m. abl. Anm. *Buntenbroich* S. 370). Allerdings hindert alleine die Möglichkeit, Informationen durch Einzelabfrage aus dem Internet zu gewinnen, nicht die Berufung auf Unkenntnis i.S.d. § 82 InsO (*BGH* ZInsO 2010, 912 [913] = EWiR 2010, 613; *OLG Bremen* NZI 2014, 403 m. Anm. *Geiger*; *OLG Düsseldorf* ZInsO 2015, 1057). Es sind entsprechende organisatorische Vorkehrungen zu treffen (MüKo-InsO/*Ganter/Lohmann* § 9 Rn. 27). Eine Pflicht zur flächendeckenden Beobachtung besteht allerdings nicht (MüKo-InsO/*Ganter/Lohmann* § 9 Rn. 26).

Für nach **materiellem Recht** vorausgesetzte Kenntnis wie bei § 130 Abs. 1 Nr. 2 InsO besteht nur eine Indizfunktion (*BGH* ZInsO 2010, 2296 Rn. 22; HK-InsO/*Sternal* § 9 Rn. 11; MüKo-InsO/ *Ganter/Lohmann* § 9 Rn. 28a; *Wegener* NJW 2010, 3607 [3608]). 16

Ob bei Anordnung einer vorläufigen Insolvenzverwaltung eine öffentliche Bekanntmachung der Verfügungsbeschränkungen eine wirksame Erfüllung der dem Antrag zu Grunde liegenden Forderung durch Zahlung des Schuldners ausschließt, ist **offen** (*AG Göttingen* ZInsO 2012, 237). 17

III. Lauf von Rechtsmittelfristen

Die **öffentliche Bekanntmachung** ersetzt die Einzelzustellung (§ 9 Abs. 3 InsO) und macht damit auch eine öffentliche Zustellung gem. §§ 185 ff. ZPO überflüssig (s. § 8 Rdn. 17). 18

Unter Geltung der KO berechnete sich die Beschwerdefrist nach der öffentlichen Bekanntmachung. Eine frühere Individualzustellung war bedeutungslos (*OLG Frankfurt* ZIP 1996, 556 = EWiR 1996, 519). Dies wurde teilweise auch für die InsO bejaht (*LG München* ZInsO 2000, 684; *Jaeger/Gerhardt* InsO, § 9 Rn. 6; MüKo-InsO/*Haarmeyer* § 23 Rn. 14; *Nerlich/Römermann-Becker* InsO, § 6 Rn. 43 und § 9 Rn. 23; *Keller* ZIP 2003, 149 [158]). 19

Der BGH und die überwiegende Literatur vertreten die **gegenteilige Auffassung** (*BGH* ZVI 2003, 165 m. abl. Anm. *Keller* EWiR 2003, 977; ZIP 2014, 1133; *OLG Köln* ZIP 2000, 195 [196 f.] = EWiR 2000, 181 m. zust. Anm. *Bork*; A/G/R-*Ahrens* § 9 InsO Rn. 16; HambK-InsO/*Rüther* § 6 Rn. 24; HK-InsO/*Sternal* § 9 Rn. 9; *Kübler/Prütting/Bork-Pape* InsO, § 34 Rn. 16; MüKo-InsO/*Ganter/Lohmann* § 9 Rn. 24; MüKo-InsO/*Schmahl/Busch* § 34 Rn. 12; *Uhlenbruck/I. Pape* InsO, § 6 Rn. 14). Allerdings ist in der **Praxis** zur Vermeidung von Regressen der **Auffassung des BGH** zu folgen. Im Ergebnis beginnt die Rechtsmittelfrist mit der jeweils früheren Zustellung zu laufen (A/G/R-*Ahrens* § 9 Rn. 16). Zur Berechnung der Frist s. Rdn. 45. 20

Die Anknüpfung der Frist zur Einlegung der sofortigen Beschwerde an die öffentliche Bekanntmachung der **Vergütungsfestsetzung** begegnet im Verhältnis zu einem Schuldner, der zuvor zum Vergütungsantrag gehört wurde, und zum (vorläufigen) Insolvenzverwalter keinen verfassungsrechtlichen Bedenken (*BGH* ZInsO 2012, 800 Rn. 6; *BGH* ZInsO 2013, 2577 Tz. 5). Für das Verhältnis zum Gläubiger lässt der *BGH* (ZInsO 2012, 800) dies offen. 21

Ab dem 01.01.2014 ist eine **Belehrung über die Beschwerdemöglichkeit** zwingend vorgeschrieben, bei Verstoß kann Wiedereinsetzung in den vorherigen Stand bewilligt und eine sofortige Beschwerde nachgeholt werden, § 4 InsO i.V.m. §§ 232, 233 ZPO (Einzelheiten § 6 Rdn. 41). Bei öffentlicher Bekanntmachung gem. § 9 InsO muss in der Veröffentlichung auf die gem. § 9 Abs. 1 Satz 3 InsO zu berechnende Beschwerdefrist (s. § 9 Rdn. 45) hingewiesen werden (*K. Schmidt/Stephan* InsO, § 9 Rn. 5; HambK-InsO/*Rüther* § 9 Rn. 12; **a.A.** *LG Duisburg* Beschl. v. 22.02.2016 – 7 T 203715 BeckRS 2016, 05975; *Reck* ZVI 2014, 405). Wiedereinsetzung kann erfolgen, wenn der Betroffene schuldlos eine durch die öffentliche Bekanntmachung in Gang gesetzte Frist versäumt (*BGH* ZInsO 867 [869]). 22

23 Die Veröffentlichung erfolgt unter www.insolvenzbekanntmachungen.de. Der BGH hat beanstandet, dass in der **Suchmaske** im länderübergreifenden Justizportal der Hinweis fehlt, dass bei einer Suche der Vorname des Schuldners nicht eingegeben werden darf. Insgesamt ist der Internetauftritt stark verbesserungsbedürftig (*Hafemeister* NZI 2014, 61). Macht der Gläubiger glaubhaft, dass er wegen des fehlenden Hinweises eine Aufforderung zur Geltendmachung von Versagungsgründen nicht entdeckt hat, ist ihm **Wiedereinsetzung** zu gewähren und erneut über die Erteilung der Restschuldbefreiung zu entscheiden (*BGH* ZInsO 2014, 88).

IV. Auswirkungen auf die Einzelzustellung

24 Auch wenn die öffentliche Bekanntmachung die Einzelzustellung ersetzt, darf die **Einzelzustellung nicht unterbleiben**, zumal wenn sie schneller bewirkt werden kann als die öffentliche Bekanntmachung (HK-InsO/*Sternal* § 8 Rn. 4; s. § 8 Rdn. 20). Die Veröffentlichung heilt darüber hinaus Mängel der Einzelzustellung, allerdings nicht mit rückwirkender Kraft (MüKo-InsO/*Ganter/Lohmann* § 9 Rn. 28; s. § 8 Rdn. 32). Die Unwirksamkeit von Beschlüssen z.B. mangels Unterschrift wird aber nicht geheilt (MüKo-InsO/*Ganter/Lohmann* § 9 Rn. 29).

D. Verfahrensmäßiger Ablauf

I. Ort der Veröffentlichung

25 a) Seit dem 01.01.2009 erfolgt die Veröffentlichung nur noch im Internet unter www.insolvenzbekanntmachungen.de. Dadurch werden Druckkosten vermieden (BR-Drucks. 14/01, S. 49). Die Auslage beträgt pauschal je Veröffentlichung 1 € gem. KV GKG 9004. Die Kosteneinsparungen sind beträchtlich. Die Insolvenzgerichte werden dadurch auch von einer Vielzahl von Anfragen entlastet (vgl. § 4 Rdn. 63 ff.).

26 b) Von der in Abs. 2 Satz 1 eingeräumten Möglichkeit, die **Veröffentlichung in Printmedien zuzulassen**, hat **kein** Bundesland **Gebrauch** gemacht. Die Weitergabe von Daten an Printmedien zur kostenlosen Veröffentlichung als Leserservice ähnlich der Veröffentlichung von Handelsregistermitteilungen ist datenschutzrechtlich unzulässig.

II. Inhalt

27 Die Veröffentlichung kann **auszugsweise** geschehen (§ 9 Abs. 1 Satz 1 2. HS InsO). Davon wird regelmäßig Gebrauch gemacht (A/G/R-*Ahrens* § 9 InsO Rn. 7). Der Antragsteller des Verfahrens wird z.B. nie genannt. In jedem Fall ist der Schuldner genau zu bezeichnen (§ 9 Abs. 1 Satz 2 InsO), wobei Spezialregelungen (§ 27 Abs. 2 InsO) zu beachten sind. Die in § 27 InsO aufgestellten Erfordernisse sind bei allen Veröffentlichungen heranzuziehen (*Kübler/Prütting/Bork* InsO, § 9 Rn. 14). Zum notwendigen Inhalt des Eröffnungsbeschlusses s. § 30 Rdn. 19.

III. Verordnung zu öffentlichen Bekanntmachungen in Insolvenzverfahren im Internet

28 Aufgrund der Ermächtigung in § 9 Abs. 2 Satz 2 hat das Bundesministerium der Justiz die zum 01.03.2002 in Kraft getretene »**Verordnung zu öffentlichen Bekanntmachungen in Insolvenzverfahren im Internet**« erlassen, abgedruckt im Anhang zu § 9 (s. Rdn. 48). Zentrales Ziel ist der Schutz personenbezogener Daten, § 1 Satz 2 VO. Aufgrund der Verweisung in § 4a VO gelten die §§ 2–4 VO auch bei Datenabruf über das Unternehmensregister gem. § 8b HGB.

29 § 1 VO bestimmt, dass die Veröffentlichung nur **Daten** enthalten, die nach der InsO oder anderen Gesetzen (§ 8b HGB) bekannt zu machen sind. Für amtliche Bekanntmachungen sind keine anderen Internetpräsentationen erlaubt. Private Präsentationen sind weiter zulässig unter Beachtung datenschutzrechtlicher Vorgaben (BR-Drucks. 1082/01, Begr. zu § 1; s. Rdn. 41).

30 § 2 VO regelt die **Datensicherheit** und den Schutz vor Missbrauch. Danach müssen die Daten u.a. während der Veröffentlichung unversehrt, vollständig und aktuell bleiben. Die in der Ursprungsfassung enthaltene Anforderung, dass Daten durch Dritte möglichst nicht kopiert werden können, ist

zum 01.07.2007 im Gesetz zur Vereinfachung des Insolvenzverfahrens gestrichen worden. Der Verordnungsgeber begründet dies damit, dass ein vollständiger, sicherer Kopierschutz gegenwärtig nicht zu realisieren sei (krit. HambK-InsO/*Rüther* § 9 Rn. 4a). Spätestens nach dem Ablauf von zwei Wochen dürfen sie nur noch abgerufen werden können, wenn die Abfrage den Sitz des Insolvenzgerichts und entweder den Familiennamen, die Firma, den (Wohn)sitz des Schuldners, das Aktenzeichen des Insolvenzgerichts oder Registernummer und Sitz des Registergerichts enthält (*Mäusezahl* InsbürO 2004, 53 [59]). Darin liegt jedenfalls bei nicht sicher identifizierbaren Schuldnern eine Einschränkung gegenüber der in Printmedien zeitlich uneingeschränkten, wenn auch mühevolleren Einsichtsmöglichkeit (*Keller* ZIP 2003, 149 [154]).

§ 3 VO stellt sicher, dass Daten regelmäßig spätestens sechs Monate nach Aufhebung oder Rechtskraft der Einstellung des Verfahrens bzw. bei Nichteröffnung nach Aufhebung der Sicherungsmaßnahmen **gelöscht** werden. Im Falle des Abs. 3 gilt weiter die (ursprüngliche) Frist von einem Monat wie z.B. Vergütung des (vorläufigen) Insolvenzverwalters gem. § 64 Abs. 2 InsO (i.V.m. § 21 Abs. 2 Nr. 1 InsO). 31

Bei Entscheidungen im Rahmen der **Restschuldbefreiung** beginnt die Frist mit der Rechtskraft der Entscheidung zu laufen, bei sonstigen Veröffentlichungen einen Monat nach dem ersten Tag der Veröffentlichung. Bei der Restschuldbefreiung gilt Folgendes: 32

In bis zum 30.06.2014 beantragten Verfahren wird nach Rechtskraft des zugleich die Ankündigung der Restschuldbefreiung ankündigenden Beschlusses über die Aufhebung des Insolvenzverfahrens (§ 289 Abs. 2 InsO) die Veröffentlichung über die Ankündigung (§ 291 InsO) im Internet nicht gelöscht, bis über die Erteilung gem. § 300 InsO entschieden oder die vorzeitige Beendigung gem. § 299 InsO erfolgt. 33

In ab dem 01.07.2014 beantragten Verfahren erfolgt die Ankündigung der Restschuldbefreiung nach Aushebung des § 291 InsO nicht mehr im Zusammenhang mit der Aufhebung des Verfahrens, sondern gem. § 287a Abs. 1 InsO im Zusammenhang mit der Eröffnung. Eröffnungsbeschluss gem. § 27 InsO und Ankündigungsbeschluss gem. § 287a Abs. 1 InsO werden getrennt veröffentlicht. Die Löschung des Ankündigungsbeschlusses erfolgt wie in Altverfahren erst, wenn über die Erteilung gem. § 300 InsO entschieden oder die vorzeitige Beendigung gem. §§ 299 f. InsO erfolgt ist. 34

Eine **Abweisung mangels Masse** ist gem. § 26 Abs. 1 Satz 3 InsO in der ab dem 01.07.2007 geltenden Fassung – wie zuvor schon von Teilen der Praxis geübt – im Internet zu veröffentlichen. Auch wenn keine Sicherungsmaßnahmen angeordnet waren, ist nach dem Rechtsgedanken des § 3 Abs. 1 Satz 2 VO von einer Löschungsfrist von sechs Monaten (vgl. *Pianowski* ZInsO 2008, 308 [313]) auszugehen und nicht von der Monatsfrist des § 3 Abs. 3 VO. 35

Ein Änderungsvorhaben mit Ziel einer einheitlichen Löschungsfrist von 6 Monaten aus dem Jahr 2011 ist nicht umgesetzt worden. 36

§ 4 VO bestimmt, dass bei ausschließlicher Veröffentlichung im Internet die Insolvenzgerichte sicherzustellen haben, dass **jedermann** in die Bekanntmachungen Einsicht nehmen kann. Die Serviceeinheit muss – nach der in Niedersachsen gültigen Benutzeranleitung (AV d. Nds. Ministers der Justiz vom 21.11.2003, Nds.Rpfl. 2003, 377) – bei Bedarf im Internet recherchieren, Auskunft geben und auf Wunsch einen Abdruck aushändigen. Aus der Praxis sind derartige Ersuchen bisher nicht bekannt geworden. 37

Die Nutzung des Internet bietet eine Vielzahl von Vorteilen. Nicht übersehen werden darf, dass **nach Löschung** einer Eintragung nach spätestens sechs Monaten **Feststellungen nur** möglich sind **durch Einsichtnahme in nichtamtliche Datenbanken**. Ob ein Restschuldbefreiungsverfahren läuft, ist allerdings feststellbar (Rdn. 32). 38

Erfolgt die Löschung einer öffentlichen Bekanntmachung erst acht Monate nach Ablauf der Sechsmonatsfrist (§ 3 InsOBeKV), stellt dies eine unangemessene Verfahrensverzögerung i.S.d. § 198 GVG dar, für die Entschädigung zu leisten ist (*OLG Koblenz* NZI 2016, 972). 39

§ 9 InsO Öffentliche Bekanntmachung

40 Die Bundesregierung unterrichtet den Bundestag über Daten- und Persönlichkeitsschutz bei der Veröffentlichung insolvenzrechtlicher Daten über das Internet (BT-Drucks. 15/181, ZVI 2003, 45).

41 Weiter existieren **private Datenbanken** (Nachw. bei *Heeseler* ZInsO 2001, 873 [887 Fn. 174]; *Keller* ZIP 2003, 149 [154] und ZVI-Dokumentation ZVI 2003, 45 [46]). Deren Zulässigkeit bestimmt sich nach § 28 BDSG. Die Eintragung und Zugänglichmachung von Schuldnerdaten über eine App ist ohne Zustimmung des Schuldners unzulässig (*AG Rockenhausen* ZVI 2016, 475 m. krit. Anm. *Schmidtmann* VIA 2016, 87; *Heyer* ZVI 2016, 379). Unklar ist, ob in entsprechender Anwendung des § 3 Abs. 1 VO sechs Monate nach Aufhebung oder Einstellung des Insolvenzverfahrens die Daten zu löschen sind. Zweifelhaft ist, ob längere Fristen gerechtfertigt sein könnten im Hinblick auf die Zwei-Jahres-Frist des § 14 Abs. 1 Satz 2 InsO und die Frist in § 287a Abs. 2 InsO.

42 Bei der **SCHUFA** existieren folgende Löschungsfristen, die jeweils ab Jahresende laufen:
 – Erfolgreicher gerichtlicher Schuldenbereinigungsplan: 3 Jahre,
 – Abweisung gem. § 26 InsO: 5 Jahre,
 – Eröffnung des Insolvenzverfahrens: 3 Jahre,
 – Ankündigung der Restschuldbefreiung: 6 Jahre,
 – Versagung der Restschuldbefreiung: 3 Jahre,
 – Erteilung der Restschuldbefreiung: 3 Jahre.

Die Rspr. (*OLG Frankfurt* NZI 2016, 188 m. Anm. *Heyer* NZI 2016, 158; *OLG Karlsruhe* ZInsO 2016, 975 = InsbürO 2016, 341) hält die Speicherung der Erteilung der Restschuldbefreiung für drei Jahre durch die SCHUFA für zulässig. Die Löschungsfristen für das Insolvenzportal und die Fristen nach dem BDSG sind zu **harmonisieren** (*Heyer* ZVI 2015, 45 [48]).

IV. Anordnung und Kosten

43 Die **Anordnung** erfolgt nur ausnahmsweise durch den Verwalter (§ 188 Satz 3 InsO), ansonsten durch das Insolvenzgericht, also den Richter oder Rechtspfleger.

44 Die **Kosten** der Veröffentlichung trägt im Falle der Eröffnung die Masse, ansonsten derjenige, dem die Kosten auferlegt werden. Sie betragen bei Internetveröffentlichungen **1 €** (KV Nr. 9004).

V. Wirksamkeitszeitpunkt

45 Die Bekanntmachung gilt als bewirkt, sobald nach dem Tag der Veröffentlichung **zwei weitere Tage verstrichen** sind (§ 9 Abs. 1 Satz 3 InsO). Der Tag der Veröffentlichung wird gem. §§ 222 Abs. 1 ZPO, 187 Abs. 1 BGB nicht in die Frist mit eingerechnet (*BGH* ZInsO 2013, 2577 Rn. 10; A/G/R-*Ahrens* § 9 InsO Rn. 13; HambK-InsO/*Rüther* § 9 Rn. 12; a.A. *OLG Rostock* ZInsO 2006, 884). Fällt der letzte Tag der Frist auf einen Sonnabend, Sonntag oder gesetzlichen Feiertag, endet die Frist am folgenden Werktag gem. § 4 InsO i.V.m. § 222 Abs. 2 ZPO. Erfolgt die Veröffentlichung am Montag, den 07.10.2013, so gilt die Bekanntmachung bewirkt am Donnerstag, den 10.10.2013, 00.00 Uhr (MüKo-InsO/*Ganter/Lohmann* § 9 Rn. 20). An diesem Tag beginnt die zweiwöchige Frist der sofortigen Beschwerde zu laufen.

46 Bei der ab dem 01.01.2014 zwingend vorgeschriebenen **Belehrung über die Beschwerdemöglichkeit** muss in der Veröffentlichung auf die gem. § 9 Abs. 1 Satz 3 InsO zu berechnende Beschwerdefrist hingewiesen werden; bei Verstoß kann Wiedereinsetzung in den vorherigen Stand bewilligt und eine sofortige Beschwerde nachgeholt werden, § 4 InsO i.V.m. §§ 232, 233 ZPO (Rdn. 22; Einzelheiten s. § 6 Rdn. 41).

E. Internationales Insolvenzrecht

47 Die Erkenntnismöglichkeiten der Insolvenzgerichte anderer Staaten sind bei Bekanntmachung nur in der Landessprache eingeschränkt (vgl. *AG Hamburg* ZInsO 2009, 539 [540] = EWiR 2009, 441). Im Geltungsbereich der EUInsVO erfolgt gem. Art. 21 auf Antrag des Verwalters oder bei entsprechender gesetzlicher Regelung obligatorisch die **Bekanntmachung** der Eröffnung in dem **jeweiligen**

Mitgliedsstaat (vgl. *Oberer* Der deutsche Insolvenzschuldner im Ausland, ZVI 2009, 49 [53 f.]). Der vorläufige Insolvenzverwalter kann gem. Art. 38 EUInsVO die Bekanntmachung von Sicherungsmaßnahmen veranlassen. Bei grenzüberschreitenden Insolvenzverfahren können auch Rundschreiben an sämtliche ausländischen, zur eventuellen Eröffnung eines (Sekundär)Insolvenzverfahrens zuständigen Gerichte versandt werden. Seit 2014 existiert das **Europäische Insolvenzportal** (*Heyer* ZVI 2015, 45). Die **Gläubiger** sind über die **Verfahrenseröffnung zu unterrichten** (Art. 40), weiter ist ihnen ein Formblatt zur Forderungsanmeldung zu übersenden gem. Art. 42 (*Nerlich/Römermann-Becker* InsO, § 9 Rn. 1). Im Übrigen ist § 9 in Bezug genommen in Art. 102 § 5 EGInsO und § 345 InsO.

F. Anhang: Verordnung zu öffentlichen Bekanntmachungen in Insolvenzverfahren im Internet vom 12.02.2002 (BGBl. I S. 677), zuletzt geändert durch Art. 2 des Gesetzes zur Vereinfachung des Insolvenzverfahrens vom 13.04.2007 (BGBl. I S. 509).

Auf Grund des § 9 Abs. 2 Satz 2 in Verbindung mit Satz 3 der Insolvenzordnung vom 5. Oktober 1994 (BGBl. I S. 2866), der durch Artikel 1 Nr. 2 des Gesetzes vom 26. Oktober 2001 (BGBl. I S. 2710) eingefügt worden ist, verordnet das Bundesministerium der Justiz: 48

§ 1 Grundsatz

Öffentliche Bekanntmachungen in Insolvenzverfahren im Internet haben den Anforderungen dieser Verordnung zu entsprechen. Die Veröffentlichung darf nur die personenbezogenen Daten enthalten, die nach der Insolvenzordnung oder nach anderen Gesetzen, die eine öffentliche Bekanntmachung in Insolvenzverfahren vorsehen, bekannt zu machen sind.

§ 2 Datensicherheit, Schutz vor Missbrauch

(1) Durch geeignete technische und organisatorische Maßnahmen ist sicherzustellen, dass die Daten
1. bei der elektronischen Übermittlung von dem Insolvenzgericht oder dem Insolvenzverwalter an die für die Veröffentlichung zuständige Stelle mindestens fortgeschritten elektronisch signiert werden,
2. während der Veröffentlichung unversehrt, vollständig und aktuell bleiben,
3. spätestens nach dem Ablauf von zwei Wochen nach dem ersten Tag der Veröffentlichung nur noch abgerufen werden können, wenn die Abfrage den Sitz des Insolvenzgerichts und mindestens eine der folgenden Angaben enthält:
   a) den Familiennamen,
   b) die Firma,
   c) den Sitz oder Wohnsitz des Schuldners,
   d) das Aktenzeichen des Insolvenzgerichts oder
   e) Registernummer und Sitz des Registergerichts.

Die Angaben nach Satz 1 Nr. 3 Buchstabe a bis e können unvollständig sein, sofern sie Unterscheidungskraft besitzen.

(2) Als Ergebnis der Abfrage nach Absatz 1 Satz 2 darf zunächst nur eine Übersicht über die ermittelten Datensätze übermittelt werden, die nur die vollständigen Daten nach Absatz 1 Satz 1 Nr. 3 Buchstabe a bis e enthalten darf. Die übrigen nach der Insolvenzordnung zu veröffentlichenden Daten dürfen erst übermittelt werden, wenn der Nutzer den entsprechenden Datensatz aus der Übersicht ausgewählt hat.

§ 3 Löschungsfristen

(1) Die in einem elektronischen Informations- und Kommunikationssystem erfolgte Veröffentlichung von Daten aus einem Insolvenzverfahren einschließlich des Eröffnungsverfahrens wird spätestens sechs Monate nach der Aufhebung oder der Rechtskraft der Einstellung des Insolvenzverfahrens gelöscht. Wird das Verfahren nicht eröffnet, beginnt die Frist mit der Aufhebung der veröffentlichten Sicherungsmaßnahmen.

(2) Für die Veröffentlichungen im Restschuldbefreiungsverfahren einschließlich des Beschlusses nach § 289 der Insolvenzordnung gilt Absatz 1 Satz 1 mit der Maßgabe, dass die Frist mit Rechtskraft der Entscheidung über die Restschuldbefreiung zu laufen beginnt.

(3) Sonstige Veröffentlichungen nach der Insolvenzordnung werden einen Monat nach dem ersten Tag der Veröffentlichung gelöscht.

§ 4 Einsichtsrecht

Die Insolvenzgerichte haben sicherzustellen, dass jedermann von den öffentlichen Bekanntmachungen in angemessenem Umfang unentgeltlich Kenntnis nehmen kann.

§ 4a Anwendbares Recht

Die §§ 2 bis 4 gelten entsprechend für den Datenabruf über das Unternehmensregister (§ 8b des Handelsgesetzbuches).

§ 5 Inkrafttreten

Diese Verordnung tritt am Tage nach der Verkündung in Kraft.

§ 10 Anhörung des Schuldners

(1) ¹Soweit in diesem Gesetz eine Anhörung des Schuldners vorgeschrieben ist, kann sie unterbleiben, wenn sich der Schuldner im Ausland aufhält und die Anhörung das Verfahren übermäßig verzögern würde oder wenn der Aufenthalt des Schuldners unbekannt ist. ²In diesem Fall soll ein Vertreter oder Angehöriger des Schuldners gehört werden.

(2) ¹Ist der Schuldner keine natürliche Person, so gilt Absatz 1 entsprechend für die Anhörung von Personen, die zur Vertretung des Schuldners berechtigt oder an ihm beteiligt sind. ²Ist der Schuldner eine juristische Person und hat diese keinen organschaftlichen Vertreter (Führungslosigkeit), so können die an ihm beteiligten Personen gehört werden; Absatz 1 Satz 1 gilt entsprechend.

Übersicht	Rdn.			Rdn.
A. Überblick	1	D.	Führungslosigkeit gemäß § 10 Abs. 2 Satz 2 InsO	15
B. Anhörungspflichten und Anhörungsverfahren	4	E.	Folgen der unterlassenen Anhörung des Schuldners	20
C. Anhörungsberechtigte gemäß § 10 Abs. 2 Satz 1 InsO	14	F.	Pflicht des Schuldners zur Auskunftserteilung	21

A. Überblick

1 Bei § 10 Abs. 1 InsO handelt es sich um eine Ausprägung des **Anspruchs auf rechtliches Gehör (Art. 103 Abs. 1 GG)**. Art. 103 Abs. 1 GG fordert eine Anhörung auch in den Fällen, in denen die InsO eine Anhörung nicht zwingend vorschreibt, aber eine für die Beteiligten nachteilige Entscheidung erfolgen soll (A/G/R-*Ahrens* § 10 InsO Rn. 5; *Uhlenbruck/I. Pape* InsO, § 10 Rn. 3). Will das Gericht beispielsweise einen Insolvenzantrag mangels Masse abweisen, so sind vorher sowohl der Schuldner und – beim Gläubigerantrag – auch dieser zu hören, falls dieser nicht ausdrücklich oder konkludent (durch Erklärung, zur Zahlung eines Kostenvorschusses nicht bereit zu sein, s. § 26 Rdn. 84 ff.) darauf verzichtet hat. Ein weiteres Beispiel bildet ein auf § 297 InsO gestützter Antrag auf Versagung der Restschuldbefreiung (A/G/R-*Ahrens* § 10 InsO Rn. 6). Andererseits kann die Anhörung unterbleiben, wenn dadurch der Sicherungszweck einer Maßnahme gefährdet wäre. Dies ist häufig bei Sicherungsmaßnahmen (§ 21 InsO) der Fall. Die Anhörung muss dann nachgeholt werden (s. § 21 Rdn. 45 ff.). Der (potentielle) Schuldner kann aber eine Schutzschrift einreichen (s. § 14 Rdn. 254 f.).

2 Von dem Recht des Schuldners auf Anhörung zu **unterscheiden** ist die Verpflichtung des Schuldners, **Auskünfte zu erteilen** gem. §§ 20, 97 ff. InsO (HambK-InsO/*Rüther* § 10 Rn. 5).

3 Durch das MoMiG ist zum 01.11.2008 Abs. 2 Satz 2 eingefügt worden. Bei Fehlen eines gesetzlichen Vertreters (insb. GmbH-Geschäftsführer) will der Gesetzgeber im Falle der sog. **Führungslosigkeit** eine Verfahrensbeschleunigung erreichen, indem die Gesellschafter angehört werden können.

B. Anhörungspflichten und Anhörungsverfahren

1. Vorgeschrieben ist die Anhörung des Schuldners in folgenden Vorschriften: § 14 Abs. 2, § 15 Abs. 2 Satz 2, § 21 Abs. 3, § 98 Abs. 2 und 3, § 99 Abs. 1 Satz 2 und 3, ggf. § 214 Abs. 2 Satz 1, § 232 Abs. 1 Nr. 2, § 248 Abs. 2, § 272 Abs. 2, § 296 Abs. 2, § 298 Abs. 2, § 300 Abs. 1, § 303 Abs. 3., § 314 Abs. 3 Satz 3, § 317 Abs. 2 Satz 2, Abs. 3, § 318 Abs. 2 Satz 2, § 333 Abs. 2 Satz 2, 2. HS InsO; zu § 10 Abs. 2 InsO s. Rdn. 14.

2. Die Anhörung kann **mündlich oder schriftlich** erfolgen (HK-InsO/*Sternal* § 5 Rn. 22 f.; MüKo-InsO/*Ganter/Lohmann* § 10 Rn. 22; *Uhlenbruck/I. Pape* InsO, § 5 Rn. 29). Dem Schuldner kann daher im Eröffnungsverfahren der Antrag mit einem Fragebogen übersandt werden, in dem er aufgefordert wird, Auskunft über seine Vermögensverhältnisse zu geben. Die Entscheidung trifft das Gericht nach seinem pflichtgemäßen **Ermessen** (*Nerlich/Römermann-Becker* InsO, § 10 Rn. 7). Regelmäßig ist eine mündliche Anhörung angezeigt (A/G/R-*Ahrens* § 10 InsO Rn. 22; *Kübler/Prütting/Bork-Pape* InsO, § 20 Rn. 5a; *Nerlich/Römermann-Mönning* InsO, § 20 Rn. 21; **a.A.** *Uhlenbruck/I. Pape* InsO, § 10 Rn. 6), bei geschäftsungewandten Schuldnern ist sie zwingend geboten. Mit der Möglichkeit für den Schuldner, sich zu äußern, ist dem Anspruch auf rechtliches Gehör genügt. Nicht erforderlich ist, dass er sich tatsächlich geäußert hat (*Nerlich/Römermann-Becker* InsO, § 10 Rn. 4).

Ist allerdings eine Anhörung in einem Termin vorgeschrieben (z.B. § 289 Abs. 1 Satz 1 InsO), muss eigentlich die Möglichkeit zu einer **mündlichen Anhörung** gewährt werden. Allerdings lässt § 5 Abs. 2 InsO in weitem Umfang die schriftliche Durchführung des Verfahrens zu (s. § 5 Rdn. 45 ff.). Allein aus der Formulierung »Hören« in §§ 314 Abs. 2, 59, 99 Abs. 1, 214 Abs. 2, 248 Abs. 2, 317 Abs. 3, 318 Abs. 2 InsO folgt im Übrigen nicht, dass zwingend eine Möglichkeit zur mündlichen Äußerung zu geben ist (A/G/R-*Ahrens* § 10 InsO Rn. 22; HK-InsO/*Sternal* § 5 Rn. 22; MüKo-InsO/*Ganter/Lohmann* § 5 Rn. 81).

Entscheidet sich das Gericht für eine **schriftliche Anhörung**, ist zugleich eine angemessene Frist zur Stellungnahme zu setzen. Im Hinblick auf die Eilbedürftigkeit insbesondere des Eröffnungsverfahrens ist die Festlegung kurzer Fristen nicht nur zulässig, sondern auch geboten (BK-InsO/*Humberg* § 10 Rn. 9). Beraumt das Gericht einen **Termin** an, so sollte auch der Antragsteller bzw. sein Vertreter zur Ermöglichung einer vollständigen Sachaufklärung zugelassen werden (*Uhlenbruck/I. Pape* InsO, § 10 Rn. 9; s. § 5 Rdn. 38). Steht der Erlass von Sicherungsmaßnahmen (§ 21 InsO) im Raum, kann es sich empfehlen, den (voraussichtlichen) vorläufigen Insolvenzverwalter zuzuziehen. Dies empfiehlt sich insbesondere, wenn eine Unternehmensfortführung (§ 22 Abs. 1 Satz 2 Nr. 2 InsO) in Betracht kommt (s. § 21 Rdn. 50). Schuldner und ggf. Gläubiger/Vertreter sowie vorläufiger Insolvenzverwalter/Sachverständiger erhalten eine Protokollabschrift über die Anhörung.

Die in einigen Bundesländern gem. § 27 RPflG praktizierte **Übertragung** der Anhörung auf den **Rechtspfleger** ist **unzulässig** (s. § 2 Rdn. 50). Auch eine Anhörung im Wege der Rechtshilfe sollte vermieden werden (s. § 5 Rdn. 40).

Zu den **Einzelheiten** s. § 5 Rdn. 57 ff.

3. Die **Anhörung kann** in folgenden Fällen **unterbleiben**:

a) Aufenthalt des Schuldners im **Ausland und übermäßige Verfahrensverzögerung** (§ 10 Abs. 1 Satz 1, **1. Alt.** InsO). Es handelt sich um eine Ermessensentscheidung des Gerichts (A/G/R-*Ahrens* § 10 InsO Rn. 9), die aktenkundig gemacht werden kann. Ob eine übermäßige Verzögerung vorliegt, entscheidet das Gericht im Einzelfall aufgrund der konkreten Anhaltspunkte unter Berücksichtigung des Aufenthaltsortes des Schuldners, und der Kommunikationsmöglichkeiten und des Verfahrensstadiums einschließlich etwa dort vorgegebenen Fristen (*Jaeger/Gerhardt* InsO, § 10 Rn. 2). Eine Frist von vier Wochen ist ausreichend, im Eröffnungsverfahren von zwei Wochen (*Uhlenbruck/I. Pape* InsO, § 10 Rn. 4). Durch das Unterbleiben der Anhörung kann z.B. systematischen Sitzverlagerungen der Gesellschaft ins Ausland oder Bestellung von Geschäftsführern im Ausland begegnet werden. Die Anhörung einer Ersatzperson (§ 10 Abs. 1 Satz 2 InsO) wird regelmäßig nicht

Erfolg versprechend sein, da diese Personen häufig keinen Einblick in die Vermögensverhältnisse des Schuldners haben.

11 **b) Unbekannter Aufenthalt** des Schuldners (§ 10 Abs. 1 Satz 1, **2. Alt.** InsO). Dass die Anhörung das Verfahren verzögern würde, ist hier – anders als bei Abs. 1 Satz 1 1. Alt. – nicht erforderlich (HK-InsO/*Sternal* § 10 Rn. 7; *Jaeger/Gerhardt* InsO, § 10 Rn. 3). Unbekannt ist der Aufenthalt, wenn er allgemein nach Durchführung der gem. § 5 Abs. 1 Satz 1 InsO gebotenen Amtsermittlung (HK-InsO/*Sternal* § 10 Rn. 7) und nicht nur der antragstellenden Partei unbekannt ist. Im Eröffnungsverfahren ist aber die Angabe der letzten bekannten Anschrift erforderlich, damit das Insolvenzgericht seine Zuständigkeit prüfen kann (s. § 14 Rdn. 19). Die Vorschrift ist auch anwendbar im Rahmen einer Versagung gem. § 296 Abs. 2 Satz 2 InsO (*AG Hamburg* ZInsO 2010, 444). Wegen der Einzelheiten kann auf die Kommentierung zu §§ 185 ff. ZPO verwiesen werden. Eine öffentliche Zustellung erfolgt nicht (s. § 8 Rdn. 28). In Betracht kommt aber eine Bekanntmachung im Internet, wenn eine Rechtsmittelfrist in Lauf gesetzt werden soll (s. § 8 Rdn. 28; § 9 Rdn. 25 ff.). Die Anhörung einer Ersatzperson ist auch in diesem Fall häufig untunlich (s. Rdn. 10).

12 **c)** Eine Anhörung eines Schuldners kann auch unterbleiben, wenn ein dem Auslandsaufenthalt **vergleichbares Hindernis** vorliegt, wie z.B. lang andauernde Erkrankung (MüKo-InsO/*Ganter* § 10 Rn. 15; *Uhlenbruck/I. Pape* InsO, § 10 Rn. 7).

13 **d) Sicherungsmaßnahmen** können ohne Anhörung ergehen, wenn ansonsten der Sicherungszweck vereitelt oder gefährdet würde (*OLG Brandenburg* ZIP 2001, 207 [208]; HK-InsO/*Sternal* § 4 Rn. 22; *Uhlenbruck/I. Pape* InsO, § 10 Rn. 3). Dass vorläufige Maßnahmen zur einstweiligen Sicherung ohne vorherige Anhörung ergehen können, ist auch in der Rspr. des *BVerfG* anerkannt (BVerfGE 9, 89 [97]). Für den Fall der Anordnung der Postsperre ist dies in der InsO geregelt (§ 99 Abs. 1 Satz 2 InsO). Bei Sicherungsmaßnahmen gem. § 21 InsO verbietet sich häufig die vorherige Gewährung rechtlichen Gehörs, damit der Schuldner nicht vorzeitig gewarnt wird und Vermögen beiseiteschaffen kann. In diesen Fällen ist nachträglich rechtliches Gehör zu gewähren. Für die Postsperre ist dies geregelt in § 99 Abs. 1 Satz 3 InsO. Auch in den übrigen Fällen ist das rechtliche Gehör nachzuholen (s. i.E. § 21 Rdn. 45 ff.).

C. Anhörungsberechtigte gemäß § 10 Abs. 2 Satz 1 InsO

14 Ist der Schuldner **keine natürliche Person**, so steht das Anhörungsrecht **allen Personen** zu, die zur **Vertretung** des Schuldners **berechtigt oder** an ihm **beteiligt** sind (§ 10 Abs. 2 InsO). Es handelt sich dabei um die in § 11 InsO neben der natürlichen Person aufgezählten insolvenzfähigen Vermögensmassen. Wer i.E. zu hören ist, ergibt sich aus den gesetzlichen Regelungen des § 15 Abs. 2 Satz 2, § 15 Abs. 3 Satz 1, § 317 Abs. 2 Satz 2, § 318 Abs. 2 Satz 2, § 333 Abs. 3 Satz 2 InsO (BT-Drucks. 12/2443 S. 111). Beim Gläubigerantrag sind also z.B. alle Geschäftsführer einer GmbH und bei der OHG alle persönlich haftenden Gesellschafter einer OHG zu hören, also nicht nur die geschäftsführenden Gesellschafter (*Uhlenbruck/I. Pape* InsO, § 10 Rn. 8; a.A. BK-InsO/*Humberg* § 10 Rn. 27). Bei der BGB-Gesellschaft kann bei sog. Publikumsgesellschaften die Anhörung der geschäftsführenden Gesellschafter genügen (*Uhlenbruck/I. Pape* InsO, § 10 Rn. 8; ähnlich MüKo-InsO/*Schmahl* § 14 Rn. 113). Sieht der Gesellschaftsvertrag eine gegenseitige Vertretung vor, genügt die Anhörung eines Vertretungsorgans (*Uhlenbruck/I. Pape* InsO, § 10 Rn. 8). Bei Fehlen eines Vertretungsorgans z.B. wegen Amtsniederlegung kann von einer Anhörung zunächst abgesehen werden, es ist aber ein Notgeschäftsführer oder Verfahrenspfleger zu bestellen (s. § 14 Rdn. 33). Wird ein Eigenantrag nicht von allen vertretungsberechtigten oder beteiligten Personen gestellt, so sind diejenigen zu hören, die den Antrag nicht gestellt haben.

D. Führungslosigkeit gemäß § 10 Abs. 2 Satz 2 InsO

15 Abs. 2 Satz 2 ist durch das MoMiG zum 01.11.2008 eingefügt worden. Betroffen sind die Fälle der »Führungslosigkeit«, des Fehlens eines gesetzlichen Vertreters. Verzögerungen bei der Eröffnung des Insolvenzverfahrens, die sich erheblich zu Lasten der Gläubiger auswirken können, sollen vermieden

werden. Dem Gericht wird ein **Ermessen** eingeräumt, ob die Gesellschafter angehört werden (BT-Drucks. 16/6140 S. 125 f.).

Führungslosigkeit liegt vor, wenn die juristische Person **keinen Vertreter** hat. Dies bestimmt sich 16 nach spezialgesetzlicher Regelung. Die GmbH wird durch Geschäftsführer vertreten (§ 35 Abs. 1 Satz 1 GmbHG), die AG durch den Vorstand (§ 78 Abs. 1 Satz 1 AktG), ebenso die Genossenschaft (§ 24 Abs. 1 Satz 1 GenG). Führungslosigkeit kann **eintreten** durch Abberufung, Amtsniederlegung, Verlust der Amtsfähigkeit (z.B. wegen strafgerichtlicher Verurteilung oder Berufsuntersagung, § 6 Abs. 2 Satz 3, 4 GmbHG) oder Tod. Eine Eintragung im Handelsregister hat lediglich deklaratorische Bedeutung (*Horstkotte* ZInsO 2009, 209 [210 f.]). Bei der Abberufung ist zu prüfen, ob sie wirksam erfolgt ist (FK-InsO/*Schmerbach* § 15 Rdn. 27). Eine Amtsniederlegung kann unwirksam sein (s. § 15 Rdn. 24). In diesen Fällen und bei unwirksamer Bestellung kann die Gesellschaft aber durch einen faktischen Geschäftsführer bzw. Vorstand (s. § 15 Rdn. 18 ff.) vertreten sein (*Schmahl* NZI 2008, 6 [7]), der angehört werden sollte (HK-InsO/*Sternal* § 10 Rn. 13). Entgegen dem RefE wird der Fall der bloßen **Unerreichbarkeit des Geschäftsführers nicht** mehr zur Führungslosigkeit gerechnet (*AG Hamburg* ZInsO 2008, 1331 = EWiR 2009, 245; *AG Potsdam* ZInsO 2013, 515; MüKo-InsO/*Ganter/Lohmann* § 10 Rn. 21; *Uhlenbruck/I. Pape* § 10 Rn. 8a; **a.A.** *Passarge/Roth* ZInsO 2010, 1293 [1299]).

Die Anhörung der Vertreter kann nach § 10 Abs. 2 nur unterbleiben, wenn einer der in § 10 17 Abs. 1 genannten Hinderungsgründe vorliegt. Eine übermäßige Verzögerung i.S.v. § 10 Abs. 1 Satz 1 kann dabei auch dann gegeben sein, wenn eine GmbH den oder die Geschäftsführer abberufen hat oder diese ihr Amt niedergelegt haben und kein neuer Geschäftsführer bestellt worden ist. Aufgrund der vorgelegten Ergänzung des § 10 Abs. 2 kann das Gericht die Gesellschafter im Fall der Führungslosigkeit anhören. Dem Gericht wird diesbezüglich ein **Ermessen** eingeräumt (BT- Drucks. 16/6140 S. 125 f.; *Kind* NZI 2008, 475; *Hirte* ZInsO 2008, 689 [701]). Bei überschaubarer Gesellschafterzahl kommt eine Anhörung aller Gesellschafter in Betracht, bei einer Publikumsgesellschaft genügt die Anhörung einzelner Gesellschafter (HambK-InsO/*Rüther* § 10 Rn. 12; *Berger* ZInsO 2009, 1977 [1984]). Bei einer AG oder eG können entsprechend dem Gedanken des § 15a Abs. 3 die Mitglieder des Aufsichtsorgans angehört werden (A/G/R-*Ahrens* § 10 InsO Rn. 21).

Es bleibt die **Problematik**, dass eine führungslose juristische Person ohne gesetzlichen Vertreter **pro-** 18 **zessunfähig** ist. Eine aktive Verfahrensfähigkeit für die Stellung eines Eröffnungsantrages besteht aufgrund der Regelung in § 15a Abs. 3 InsO (HambK-InsO/*Wehr* § 13 Rn. 14c). Bei einem Fremdantrag ist insbesondere bei Fehlen eines faktischen Geschäftsführers (s. § 15 Rdn. 18 ff.) zumindest ein Verfahrenspfleger zu bestellen (**str.**, s. § 14 Rdn. 36).

Die **Bedeutung** der Änderung liegt daher in der Legaldefinition der Führungslosigkeit und den für 19 diesen Fall den Gesellschaftern/Mitgliedern des Aufsichtsrates eingeräumten Rechten und Pflichten (§ 15 Abs. 1 Satz 1, § 15a Abs. 3 InsO). Ob die Vorschrift eine nennenswerte praktische Bedeutung erlangt, bleibt abzuwarten.

E. Folgen der unterlassenen Anhörung des Schuldners

Ein Rechtsbehelf kann auf die Verletzung rechtlichen Gehörs gestützt werden. Häufig wird sich 20 nicht ausschließen lassen, dass das Gericht anders entschieden hätte, wenn rechtliches Gehör gewährt worden wäre (*BVerfG* BVerfGE 67, 96 [100]). Dazu muss der Beschwerdeführer allerdings nicht nur die Verletzung rechtlichen Gehöres rügen, sondern auch die Tatsachen vorbringen, die er bei ordnungsgemäßer Anhörung vorgebracht hätte (MüKo-InsO/*Schmahl* § 14 Rn. 131). Hat sich der Verfahrensfehler auf die Entscheidung **nicht ausgewirkt**, scheidet eine ansonsten mögliche Aufhebung und Zurückverweisung aus (*LG Göttingen* ZInsO 2002, 682 [683]). Nicht zu folgen ist der Meinung, wonach eine **versäumte Anhörung** des Schuldners im Beschwerdeverfahren nicht **nachgeholt** werden kann und der angefochtene Beschluss in jedem Fall aufzuheben ist (so aber *LG Baden-Baden* ZIP 1983, 205; *Uhlenbruck/I. Pape* InsO, § 10 Rn. 10; **a.A.** zu Recht *BVerfG*

NZI 2002, 30; *BGH* ZInsO 2011, 724 = EWiR 2011, 389; *KG* NZI 2001, 379 [380]; *LG Berlin* ZInsO 2001, 269; *LG Karlsruhe* NZI 2002, 608 [609]; HK-InsO/*Sternal* § 6 Rn. 33; MüKo-InsO/*Schmahl/Busch* § 34 Rn. 76; *Nerlich/Römermann-Becker* InsO, § 10 Rn. 22; *Uhlenbruck/I. Pape* InsO, § 6 Rn. 18). Bei der Aufhebung eines Eröffnungsbeschlusses können sich im Hinblick auf die Vergütung des Verwalters und die von ihm abgeschlossenen Verträge weitreichende Haftungsprobleme ergeben. Jedenfalls dem Insolvenzgericht sollte im Beschwerdeverfahren die Nachholung einer versäumten Anhörung des Schuldners möglich sein (ebenso *LG München I* ZInsO 2001, 813 [814]; MüKo-InsO/*Schmahl* § 14 Rn. 131; *Uhlenbruck/I. Pape* InsO, § 10 Rn. 10), damit es von seiner Abhilfebefugnis (§ 6 Abs. 2 Satz 2 InsO) wirksam Gebrauch machen kann. Ausgeschlossen ist eine Nachholung rechtlichen Gehöres hingegen im Rechtsbeschwerdeverfahren gem. § 574 ZPO (*OLG Celle* ZInsO 2001, 711 [712]; s. § 7 Rdn. 57). Ist ein Rechtsmittel nicht eröffnet, besteht nur die Möglichkeit der Anhörungsrüge gem. § 321a ZPO (s. § 6 Rdn. 90) oder notfalls einer Verfassungsbeschwerde (A/G/R-*Ahrens* § 10 InsO Rn. 24).

F. Pflicht des Schuldners zur Auskunftserteilung

21 Zum Anspruch des Schuldners auf rechtliches Gehör (§ 10 InsO) ist zu unterscheiden die **Verpflichtung** des Schuldners, sowohl im Eröffnungsverfahren (§ 20 InsO) als auch im eröffneten Verfahren (§ 97 InsO) Auskünfte zu erteilen. Diese Verpflichtung kann zwangsweise durchgesetzt werden (§ 20 Satz 2, § 98 InsO). Die Verpflichtung gilt auch für (frühere) organschaftliche Vertreter und (frühere) Angestellte des Schuldners (§ 101 InsO).

Zweiter Teil Eröffnung des Insolvenzverfahrens. Erfaßtes Vermögen und Verfahrensbeteiligte

Erster Abschnitt Eröffnungsvoraussetzungen und Eröffnungsverfahren

Vorbemerkungen vor §§ 11 ff. InsO

Der Erste Abschnitt des Zweiten Teils (§§ 11–34 InsO) regelt die formellen und materiellen Voraussetzungen der Eröffnung des Insolvenzverfahrens sowie das bei der Eröffnung einzuhaltende Verfahren. Teilweise abweichende Sonderregelungen bestehen bei den Besonderen Arten des Insolvenzverfahrens (§§ 315 ff. InsO). Ist der Schuldner eine natürliche Person, die keine selbstständige wirtschaftliche Tätigkeit ausübt oder ausgeübt hat, sind die §§ 304 ff. InsO zu beachten. 1

Die §§ 11–15a InsO enthalten **spezielle Zulässigkeitsvoraussetzungen**. §§ 11 und 12 InsO regeln die Insolvenzfähigkeit. § 13 InsO bestimmt, dass das Insolvenzverfahren nur auf Antrag eröffnet wird und dass die Gläubiger und der Schuldner antragsberechtigt sind. Bei juristischen Personen und Gesellschaften ohne Rechtspersönlichkeit gestaltet § 15 InsO das Antragsrecht näher aus. Die früher in Spezialgesetzen geregelte Antragspflicht (z.B. § 64 Abs. 1 GmbHG a.F.) ist nunmehr (durch das MoMiG) einheitlich in § 15a InsO normiert. Für die Zulässigkeit eines Gläubigerantrages ist ein rechtliches Interesse an der Eröffnung des Insolvenzverfahrens und Glaubhaftmachung von Forderung und Eröffnungsgrund erforderlich (§ 14 InsO). Daneben treten Voraussetzungen wie z.B. die örtliche Zuständigkeit (§ 3 InsO) und allgemeine, sich aus der ZPO ergebende Voraussetzungen. 2

§§ 16–19 InsO enthalten die **Eröffnungsgründe**. Damit ein Gläubigerantrag zulässig ist, muss der Eröffnungsgrund glaubhaft (§ 4 InsO i.V.m. § 294 ZPO) gemacht werden. Für die Eröffnung muss der Eröffnungsgrund zur vollen Überzeugung des Insolvenzgerichtes nachgewiesen sein. Der Eröffnungsgrund der Überschuldung (§ 19 InsO) spielt für die insolvenzgerichtliche Praxis nur eine geringe Rolle. Gleiches gilt für die drohende Zahlungsunfähigkeit (§ 18 InsO). Klassischer Eröffnungsgrund bleibt die Zahlungsunfähigkeit, regelmäßig zu Tage tretend in Form der Zahlungseinstellung (§ 17 InsO). 3

Wird der Antrag nicht als unzulässig abgewiesen, richtet sich der **Ablauf des Eröffnungsverfahrens** nach §§ 20–25 InsO. Es geht um die Feststellung, ob ein Eröffnungsgrund (§§ 16–19 InsO) und eine die Kosten des Verfahrens deckende Masse (§ 26 Abs. 1 InsO) vorliegt. Der Schuldner/Vertreter ist zur Auskunft verpflichtet (§ 20 InsO). Um nachteilige Veränderungen des Schuldnervermögens zu verhüten, kann das Gericht sowohl beim Schuldner- wie auch beim Gläubigerantrag Sicherungsmaßnahmen (§ 21 InsO) anordnen. Bei noch laufendem Geschäftsbetrieb wird häufig ein vorläufiger Insolvenzverwalter bestellt, dessen Rechtsstellung in § 22 InsO geregelt ist, und es werden dem Schuldner Verfügungsbeschränkungen auferlegt. Die Bestellung eines vorläufigen Gläubigerausschusses im Eröffnungsverfahren ist in §§ 21 Abs. 2 Nr. 1a, 22a InsO geregelt; diesem steht ein Mitbestimmungsrecht bei der Auswahl des vorläufigen Insolvenzverwalters (56a InsO) zu bzw. der Anordnung der Eigenverwaltung (§ 270 Abs. 3 InsO). Sicherungsmaßnahmen sind öffentlich bekanntzumachen (§ 23 InsO) und verhindern grds. gutgläubigen Erwerb und befreiende Leistung an den Schuldner (§ 24 Abs. 1 i.V.m. §§ 81, 82 InsO). Bei der Anordnung einer vorläufigen Eigenverwaltung steht dem Insolvenzgericht ein Ermessen zu. Die Aufhebung von Sicherungsmaßnahmen ist entsprechend bekanntzumachen (§ 25 InsO). Bei laufendem Geschäftsbetrieb ist die Fortführung des schuldnerischen Unternehmens die zentrale Aufgabe (*Nerlich/Römermann-Mönning* InsO, vor § 11 Rn. 9). Im Rahmen der Eigenverwaltung kann auch ein vorläufiger Sachwalter einen Sanierungsversuch durchführen (§ 270b Abs. 2 InsO). 4

Die **Feststellung**, ob das Vermögen des Schuldners die Kosten des Verfahrens decken wird und ein Eröffnungsgrund vorliegt, trifft das Gericht regelmäßig mit Hilfe des vorläufigen Insolvenzverwal- 5

vor §§ 11 ff. InsO Vorbemerkungen

ters (§ 22 InsO) bzw. vorläufigen Sachwalters (§ 270a Abs. 1 InsO), zugleich beauftragt als Sachverständiger (§ 22 Abs. 1 Nr. 3 InsO) oder – sofern kein vorläufiger Insolvenzverwalter/Sachwalter bestellt ist – mit Hilfe eines »isolierten« Sachverständigen (§ 4 InsO i.V.m. §§ 402 ff. ZPO).

6 Das Eröffnungsverfahren wird beendet durch die verfahrensabschließende Entscheidung des Insolvenzgerichts. Sind die Kosten des Verfahrens (§ 54 InsO) voraussichtlich nicht gedeckt, wird der Antrag **mangels Masse abgewiesen (§ 26 InsO)**, falls nicht bei natürlichen Personen die Verfahrenskosten gem. § 4a InsO gestundet werden. Natürliche Personen werden ins Schuldnerverzeichnis eingetragen (§ 26 Abs. 2 InsO). Juristische Personen sowie OHG und KG, bei denen keine natürliche Person als unbeschränkt haftender Gesellschafter vorhanden ist, werden mit Rechtskraft des Beschlusses über die Abweisung mangels Masse aufgelöst.

7 Liegt kein Eröffnungsgrund (§§ 17–19 InsO) vor, wird der Antrag als unbegründet zurückgewiesen. Begleicht der Schuldner während des Eröffnungsverfahrens die Forderung des Gläubigers, so kommen übereinstimmende (§ 91a ZPO) oder einseitige **Erledigungserklärung** in Betracht.

8 Die **Eröffnung** des Insolvenzverfahrens hat – neben der Zulässigkeit des Antrags – folgende Voraussetzungen:

(1) eine die Kosten des Verfahrens deckende Masse oder Stundung der Kosten (vgl. § 26 Abs. 1 InsO);

(2) Vorliegen eines der Eröffnungsgründe der §§ 17–19 InsO, von denen die Zahlungsunfähigkeit der wichtigste Eröffnungsgrund ist;

(3) beim Gläubigerantrag zusätzlich (Fort) Bestehen der Forderung (vgl. § 14 Abs. 1 Satz 1 InsO) bzw. nach Erfüllung zulässigen Fortsetzungsantrag (§ 14 Abs. 1 Satz 2 InsO).

9 Das Gericht ernennt einen Insolvenzverwalter (§ 27 Abs. 1 InsO), der regelmäßig mit dem vorläufigen Insolvenzverwalter identisch ist und auf den das Verwaltungs- und Verfügungsrecht des Schuldners übergeht (§ 80 InsO), falls nicht ein Sachwalter (§ 270 InsO) ernannt wird. Ansonsten enthalten die **§§ 27–33 InsO** Regelungen über den verfahrensmäßigen Ablauf bei Eröffnung, nämlich:
– Nennung von Schuldner, Insolvenzverwalter und Stunde der Eröffnung;
– Aufforderung an die Gläubiger zur Forderungsanmeldung und Mitteilung etwaiger Sicherungsrechte;
– Bestimmung des Berichtstermins und des Prüfungstermins;
– Bekanntmachung des Eröffnungsbeschlusses mit dem obigen Inhalt;
– Mitteilung an die verschiedenen Register zum Zwecke der Eintragung des Eröffnungsbeschlusses (§§ 31–33 InsO).

10 In den **ab dem 01.07.2014** beantragten Verfahren über das Vermögen natürlicher Personen gilt gem. § 287a InsO Folgendes: Ist der Antrag auf Restschuldbefreiung zulässig, so stellt das Insolvenzgericht durch Beschluss fest, dass der Schuldner Restschuldbefreiung erlangt, wenn er den Obliegenheiten nach § 295 nachkommt und die Voraussetzungen für eine Versagung nach den §§ 290, 297 bis 298 nicht vorliegen. Der Beschluss ist öffentlich bekannt zu machen.

11 **Mit** der **Eröffnung** des Verfahrens geht die **Zuständigkeit** vom Richter auf den **Rechtspfleger** über vorbehaltlich der Regelung in § 18 RPflG.

12 § 34 InsO regelt, in welchen Fällen ein Rechtsmittel zulässig ist.

§ 11 Zulässigkeit des Insolvenzverfahrens

(1) ¹Ein Insolvenzverfahren kann über das Vermögen jeder natürlichen und jeder juristischen Person eröffnet werden. ²Der nicht rechtsfähige Verein steht insoweit einer juristischen Person gleich.

(2) Ein Insolvenzverfahren kann ferner eröffnet werden:
1. über das Vermögen einer Gesellschaft ohne Rechtspersönlichkeit (offene Handelsgesellschaft, Kommanditgesellschaft, Partnerschaftsgesellschaft, Gesellschaft des Bürgerlichen Rechts, Partenreederei, Europäische wirtschaftliche Interessenvereinigung);
2. nach Maßgabe der §§ 315 bis 334 über einen Nachlass, über das Gesamtgut einer fortgesetzten Gütergemeinschaft oder über das Gesamtgut einer Gütergemeinschaft, das von den Ehegatten oder Lebenspartnern gemeinschaftlich verwaltet wird.

(3) Nach Auflösung einer juristischen Person oder einer Gesellschaft ohne Rechtspersönlichkeit ist die Eröffnung des Insolvenzverfahrens zulässig, solange die Verteilung des Vermögens nicht vollzogen ist.

Übersicht

		Rdn.
A.	Überblick	1
B.	**Insolvenzfähigkeit**	6
I.	Fälle des § 11 Abs. 1 InsO	6
II.	Freigegebener Geschäftsbetrieb (§ 35 Abs. 2 InsO) und vergleichbare Fälle	17
III.	Fälle des § 11 Abs. 2 Nr. 1 InsO	18
IV.	Fälle des § 11 Abs. 2 Nr. 2 InsO	27
V.	Faktische Gesellschaft	28
VI.	Fehlerhafte Gesellschaft	29
VII.	Scheingesellschaften	30
VIII.	Ausländische Gesellschaft	31
C.	**Insolvenzunfähigkeit**	32
D.	Beginn und Ende der Insolvenzfähigkeit	39
I.	Natürliche Personen	39
II.	Juristische Personen	40
III.	Gesellschaften ohne Rechtspersönlichkeit	46
IV.	Sondervermögen gemäß § 11 Abs. 2 Nr. 2 InsO	51
V.	Verschmelzung und Umwandlung	52
E.	**Fehlen und Wegfall der Insolvenzfähigkeit**	53
I.	Wegfall	53
II.	Fehlen/Heilung	54
F.	**Internationales Insolvenzrecht**	55

A. Überblick

Entgegen der irreführenden Überschrift regelt § 11 InsO nicht die Zulässigkeit des Insolvenzverfahrens insgesamt, sondern die Frage, welche Rechtsträger und Vermögensmassen **Gegenstand eines Insolvenzverfahrens** sein können. Die Insolvenzrechtsfähigkeit tritt an die Stelle der Parteifähigkeit des § 50 ZPO. Der **zeitliche Rahmen der Insolvenzfähigkeit** ist wie folgt ausgestaltet: Vorgründungs- und Vorgesellschaft sind insolvenzfähig, auch wenn sie in Form einer BGB-Gesellschaft betrieben werden. Auf die Abgrenzung, ob eine OHG oder eine BGB-Gesellschaft vorlag, kommt es nicht an. § 11 Abs. 3 InsO stellt klar, dass ein Insolvenzverfahren nach Auflösung einer juristischen Person oder einer Gesellschaft ohne Rechtspersönlichkeit zulässig ist, solange noch Vermögen vorhanden ist. Insolvenzfähig sind auch die Partnergesellschaft und fehlerhafte Gesellschaft, bei faktischer Gesellschaft und Scheingesellschaft ist dies strittig. 1

Von dem Grundsatz der Haftung des gesamten Vermögens (Gesamt- oder Universalinsolvenz) macht § 11 Abs. 2 Nr. 2 InsO eine Ausnahme. In diesen Fällen der **Sonder- oder Partikularinsolvenz** haftet nur das Sondervermögen. Bei den Gesellschaften ohne Rechtspersönlichkeit ist die **Trennung von Gesellschafts- und Gesellschafterinsolvenz** zu beachten. Ein Insolvenzverfahren über die Gesellschaft erstreckt sich nur auf das Gesellschaftsvermögen, nicht aber auf das sonstige Vermögen der Gesellschafter; andererseits wird das Gesellschaftsvermögen von der Insolvenz über das Vermögen eines Gesellschafters nicht erfasst. Zu beachten ist aber die Vorschrift des § 93 InsO, wonach bei Eröffnung des Verfahrens nur der Insolvenzverwalter die persönliche Haftung der Gesellschafter geltend machen kann. 2

3 Wird allerdings über das **Vermögen sämtlicher GbR-Gesellschafter** das **Verfahren eröffnet**, sollte nach der älteren Rspr. nicht nur das Anteilsrecht an der Gesellschaft, sondern auch das Gesellschaftsvermögen in die Insolvenzmasse fallen (*BFH* ZIP 1996, 1617 = EWiR 1996, 949). Diese Rspr. ist überholt im Hinblick auf die nunmehr anerkannte Insolvenzfähigkeit der GbR (s. *Wimmer-Amend* § 84 Rdn. 18; HK-InsO/*Sternal* § 11 Rn. 17; offen gelassen von *OLG Zweibrücken* ZIP 2001, 1207 [1208]). Richtet sich das Insolvenzverfahren gegen einen Gesellschafter, kann dieser in den Genuss der Restschuldbefreiung (§§ 286 ff. InsO) kommen.

4 Bei der **GmbH & CoKG** ist streng zu trennen zwischen der Insolvenz der KG und der der Komplementär-GmbH. Auch wenn regelmäßig beide Insolvenzen zusammentreffen, handelt es sich um jeweils eigenständige Insolvenzverfahren, in denen insbesondere der Eröffnungsgrund (§ 16 InsO) jeweils gesondert festzustellen ist.

5 Bei der **eingetragenen Genossenschaft** kann das Statut gem. § 6 Nr. 3 GenG eine **Nachschusspflicht** (§§ 105, 119, 121 GenG) der einzelnen Genossen bestimmen, falls die Gläubiger bei der Insolvenz der Genossenschaft nicht (voll) befriedigt werden.

B. Insolvenzfähigkeit
I. Fälle des § 11 Abs. 1 InsO

6 Insolvenzfähig sind gem. § 11 **Abs. 1** InsO:

a) **Natürliche Personen.** Jeder Mensch ist von der Geburt bis zum Tode insolvenzfähig, er braucht weder Kaufmann zu sein noch ein Gewerbe zu betreiben. Ausländische Personen sind – unabhängig von Regelungen in ihrem Heimatland – insolvenzfähig, sofern gem. § 3 InsO ein deutsches Insolvenzgericht zuständig ist (HK-InsO/*Sternal* § 11 Rn. 5). Natürliche Personen haften mit ihrem gesamten Vermögen, falls kein Fall der Sonderinsolvenz (s. Rdn. 2) vorliegt. Für Personen, die keine selbstständige wirtschaftliche Tätigkeit ausüben oder ausgeübt haben, ist in den §§ 304 ff. InsO eine besondere Regelung getroffen. Die Möglichkeit der Restschuldbefreiung (§§ 286 ff. InsO) steht jeder natürlichen Person offen.

7 Bei der **Restschuldbefreiung** ist zu beachten, dass das Insolvenzverfahren über das Vermögen einer natürlichen Person eröffnet worden sein muss. Der persönlich haftende Gesellschafter einer OHG z.B. kann keine Befreiung von seiner Mithaftung für die Schulden der Gesellschaft erlangen, wenn nur über das Vermögen der OHG das Insolvenzverfahren eröffnet ist. Der mitschuldende oder bürgende Ehegatte (oder sonstige Familienangehörige) kann Befreiung nur erhalten, wenn auch über sein Vermögen das Insolvenzverfahren eröffnet und Restschuldbefreiung gewährt wird. Gemäß § 301 Abs. 2 Satz 1 InsO bleiben bei der Restschuldbefreiung (nur) des Hauptschuldners Ansprüche gegen Mitschuldner und Bürgen bestehen. Diese Überlegungen sind auch beim Schuldenbereinigungsplan (§§ 304 ff. InsO) zu beachten.

8 **Juristische Personen** wie:

b) Aktiengesellschaften (§ 1 Abs. 1 Satz 1 AktG) einschließlich der Societas Europaea (Europäische Aktiengesellschaft, SE);

9 c) Kommanditgesellschaften auf Aktien (§ 278 Abs. 1 AktG);

10 d) GmbH's (§ 13 Abs. 1, 2 GmbHG) einschließlich der Unternehmergesellschaft (UG, § 5a GmbHG);

11 e) Genossenschaften (§ 17 Abs. 1 GenG) einschließlich der Societas Cooperative Europaea (Europäische Genossenschaft, SCE). Zum Haftungsumfang der einzelnen Genossen s. Rdn. 2 a.E.;

12 f) Eingetragene Vereine (§§ 21, 22 BGB) einschließlich VVaG (§ 15 VVaG);

13 g) Nicht rechtsfähige Vereine (§ 54 BGB) gem. § 11 Abs. 1 Satz 2 InsO. Insolvenzfähig kann daher auch der als Wirtschaftsunternehmen geführte Sportverein sein. Regelmäßig ist die Haftung der Mit-

glieder kraft Satzung oder stillschweigend auf den Anteil am Vereinsvermögen beschränkt (*Nerlich/ Römermann-Mönning* InsO, § 11 Rn. 65);

h) Stiftungen (§ 80 BGB; Einzelheiten bei *Bach/Knof* ZInsO 2005, 729 ff.); **14**

i) Kraft Landesrechts körperschaftliche bergrechtliche Gewerkschaften gem. § 96 PrABG; **15**

j) Zur Insolvenzfähigkeit von Krankenkassen s. § 12 Rdn. 9. **16**

II. Freigegebener Geschäftsbetrieb (§ 35 Abs. 2 InsO) und vergleichbare Fälle

Bei natürlichen Personen kann der Insolvenzverwalter die Freigabe des Geschäftsbetriebes gem. § 35 **17** Abs. 2 InsO erklären. Die freigegebene Vermögensmasse bildet ein **insolvenzfähiges Sondervermögen**. Auch während eines laufenden Insolvenzverfahrens kann darüber ein Insolvenzverfahren eröffnet werden (s. § 13 Rdn. 119). Vergleichbares gilt, wenn nach Aufhebung des Verfahrens gem. § 200 Abs. 1 InsO (§ 289 Abs. 2 Satz 2 InsO a.F.) sich der Schuldner in der sog. Wohlverhaltensperiode befindet und Vermögen z.B. durch Erbschaft (vgl. § 295 Abs. 1 Nr. 2 InsO) oder selbstständige Tätigkeit (vgl. § 295 Abs. 2 InsO) erhält (Einzelheiten s. § 13 Rdn. 124, 125).

III. Fälle des § 11 Abs. 2 Nr. 1 InsO

Insolvenzfähig sind ferner die in § 11 **Abs. 2 Nr. 1** InsO aufgeführten gesamthänderisch gebunde- **18** nen Sondervermögensmassen, nämlich:

a) OHG (§ 105 HGB);

b) **KG** (§ 161 HGB). Bei der Insolvenz der GmbH & Co KG ist zu unterscheiden zwischen der KG **19** und der GmbH (s. Rdn. 2);

c) **BGB-Gesellschaft** (§ 705 BGB). Über das Vermögen einer GbR konnte nach früherem Recht **20** kein selbstständiges Insolvenzverfahren eröffnet werden, es musste vielmehr stets die Insolvenz über das Vermögen der Gesellschafter stattfinden. Die Regelung in § 11 InsO verfolgt das Ziel, die GbR, die als Träger eines Unternehmens am Geschäftsverkehr teilnehmen, im Grundsatz den gleichen insolvenzrechtlichen Regelungen zu unterwerfen wie die OHG, ohne dass damit allerdings der GbR die passive Parteifähigkeit zuerkannt ist (BT-Drucks. 12/7302 S. 156). Inzwischen bejaht der *BGH* (ZIP 2001, 330) die Rechts- und Parteifähigkeit. Da für Gesellschaftsverträge kein Formzwang besteht, kann sich die Ermittlung der tatsächlichen und rechtlichen Verhältnisse als schwierig herausstellen. Die Abgrenzung zwischen Privatvermögen und Gesellschaftsvermögen kann sich schwierig gestalten. Regelmäßig empfiehlt sich sowohl ein **Antrag gegen die GbR als auch die einzelnen Gesellschafter** (s. Rdn. 2) schon im Hinblick auf den Erlass von Sicherungsmaßnahmen gem. § 21 InsO. Zur Bezeichnung der Gesellschaft im Antrag s. § 14 Rdn. 15.

Reine **Innengesellschaften**, die keine Rechtsbeziehungen zu Dritten begründen, können außer Be- **21** tracht bleiben (*AG Köln* NZI 2003, 614; HK-InsO/*Sternal* § 11 Rn. 20; *Uhlenbruck/Hirte* InsO. § 11 Rn. 374; *Gundlach/Frenzel/Schmidt* NZI 2000, 561 [564]; ähnlich MüKo-InsO/*Ott/Vuia* § 11 Rz 53; **a.A.** *Wellkamp* KTS 2000, 331), da bei ihnen ein Grund für die Eröffnung eines Insolvenzverfahrens nicht eintreten kann (BT-Drucks. 12/2443 S. 112). **Sondervermögen der öffentlichen Hand** ist i.d.R. nicht insolvenzfähig (*Gundlach/Frenzel/Schmidt* NZI 2000, 561 [564 ff.]; s. § 12 Rdn. 6). Akzeptiert ein Gläubiger eine **Haftungsbeschränkung** dahingehend, dass nur ein bestimmter Gesellschafter haftet, ändert dies nichts an der Insolvenzfähigkeit der Gesellschaft, der Gläubiger ist lediglich an einer Teilnahme im Insolvenzverfahren über das Vermögen der Gesellschaft gehindert (*Hess/Obermüller* Rn. 24).

d) Eine **Bruchteilsgemeinschaft gem. §§ 741 ff. BGB** nimmt häufig ähnlich einer BGB-Gesellschaft **22** am Geschäftsverkehr teil. Hält sie Grundvermögen, lässt sich der Vermögensbestand anhand der Grundbücher mindestens so sicher feststellen wie bei einer BGB-Gesellschaft. In diesen Fällen ist eine die Insolvenzfähigkeit bejahende erweiternde Auslegung zu erwägen (*AG Göttingen* ZIP 2001, 580 = ZInsO 2001, 45 [46] m. abl. Anm. *Holzer* EWiR 2001, 589; Haarmeyer/Wutzke/Förster-

Mitter Präsenzkommentar § 11 InsO Rn. 7; **a.A.** A/G/R-*Kadenbach* § 11 InsO Rn. 23; HK-InsO/ *Sternal* § 11 Rn. 22; *Kübler/Prütting/Bork* InsO, § 11 Rn. 53; MüKo-InsO/*Ott/Vuia* § 11 Rn. 63a; *Uhlenbruck/Hirte* InsO, § 11 Rn. 420; *Bork* ZIP 2001, 545).

23 Eine besondere Form der Bruchteilsgemeinschaft stellt die **Wohnungseigentümergemeinschaft** dar, die gem. § 11 Abs. 3 WEG insolvenzunfähig ist (s. Rdn. 35).

24 e) **Partnergesellschaft** gem. Gesetz über Partnergesellschaften Angehöriger freier Berufe. Bei dieser Gesellschaftsform schließen sich Angehörige freier Berufe zur Ausübung zusammen, ohne ein Handelsgewerbe zu betreiben (§ 1 Abs. 1 PartGG). Die gem. § 8 Abs. 2 PartGG mögliche Haftungsbeschränkung auf einen Partner ändert nichts an der Insolvenzfähigkeit, ebenso wie bei der GbR (i.E. s. Rdn. 20).

25 f) **Partenreederei** (§ 489 HGB). Eine Partenreederei liegt vor, wenn mehrere Personen ein ihnen gemeinschaftlich gehörendes Schiff zum Erwerb durch die Seefahrt auf gemeinsame Rechnung verwenden (Einzelheiten MüKo-InsO/*Ott/Vuia* § 11 Rn. 62 f.).

26 g) Europäische Wirtschaftliche Interessenvereinigung (**EWIV**). Die EWIV soll nicht selbst eine wirtschaftliche Tätigkeit ausüben, sondern vielmehr Möglichkeiten für die internationale Zusammenarbeit ihrer Mitglieder eröffnen (*Wegener* Die Europäische Wirtschaftliche Interessenvereinigung, S. 3). Das EWIV-Ausführungsgesetz vom 14.04.1988 (BGBl. I 1988 S. 514 ff.) enthält die nationalen deutschen Ausführungsregelungen und erklärt die Vorschriften über die OHG für anwendbar (Einzelheiten bei MüKo-InsO/*Ott/Vuia* § 11 Rn. 60 f.; *Wegener* Die Europäische Wirtschaftliche Interessenvereinigung, S. 3).

IV. Fälle des § 11 Abs. 2 Nr. 2 InsO

27 Bei Insolvenzverfahren über einen Nachlass, über das Gesamtgut einer fortgesetzten Gütergemeinschaft oder über ein von Ehegatten gemeinsam verwaltetes Gesamtgut gem. §§ 315 ff. InsO handelt es sich um ein **Sonderinsolvenzverfahren**, bei dem die Haftung auf das entsprechende Sondervermögen beschränkt ist. Zur Insolvenzfähigkeit einer unternehmerisch tätigen Erbengemeinschaft s. Rdn. 37.

V. Faktische Gesellschaft

28 Erfüllt eine Personengesellschaft die Merkmale des § 105 HGB, so liegt eine OHG vor, unabhängig davon, ob die Gesellschafter dies wollten oder nicht; diese OHG ist dann insolvenzfähig (**a.A.** *Jaeger/ Ehricke* InsO, § 11 Rn. 64; MüKo-InsO/*Ott/Vuia* § 11 Rn. 47).

VI. Fehlerhafte Gesellschaft

29 Ist der Vertrag einer Gesellschaft **mangelhaft**, so wird sie gleichwohl als wirksam und auch insolvenzfähig angesehen, sobald sie aufgrund des Gesellschaftsvertrages **in Vollzug gesetzt** worden ist, Sondervermögen gebildet hat und darüber hinaus die Anerkennung der Gesellschaft nicht mit gewichtigen Interessen der Allgemeinheit in Widerspruch steht (MüKo-InsO/*Ott/Vuia* § 11 Rn. 47). Dies gilt auch, wenn eine juristische Person für nichtig erklärt (§§ 275 AktG, 75 GmbHG, 94 GenG) worden ist (*Uhlenbruck/Hirte* InsO, § 11 Rn. 49). Sie ist insolvenzfähig (*BGH* ZInsO 2006, 1208).

VII. Scheingesellschaften

30 **Geriert** sich eine Personenmehrheit **als offene Handelsgesellschaft**, ohne dass ein Gesellschaftsvertrag vorliegt oder auch nur ein vollkaufmännisches Gewerbe beabsichtigt oder betrieben wird, so handelt es sich um eine Scheingesellschaft. Diese wurde unter Geltung der KO als nicht insolvenzfähig angesehen (*Hess* KO, § 209 Rn. 6). Dies soll auch nach der InsO gelten (HambK-InsO/*Rüther* § 11 Rn. 25; HK-InsO/*Sternal* § 11 Rn. 15; *Nerlich/Römermann-Mönning* InsO, § 11 Rn. 103). Fraglich ist jedoch, ob sie insolvenzfähig als BGB-Gesellschaft anzusehen ist, um so einen Zugriff

auf etwaiges Vermögen zu ermöglichen (A/G/R-*Kadenbach* § 11 InsO Rn. 17; MüKo-InsO/*Ott/Vuia* § 11 Rn. 47; *Uhlenbruck/Hirte* InsO, § 11 Rn. 239).

Bei einer nicht in das Handelsregister eingetragenen und damit nicht entstandenen **UG** (ebenso **GmbH**) kann der Antragsteller das Verfahren auf den Alleingesellschafter umstellen.

VIII. Ausländische Gesellschaft

Dazu s. Rdn. 56. 31

C. Insolvenzunfähigkeit

Die Insolvenzfähigkeit **fehlt** (kann jedoch durch rechtskräftigen Eröffnungsbeschluss **geheilt** werden, s. Rdn. 54) bei: 32
1. den in § **12 InsO** erwähnten juristischen Personen einschließlich der Kirchen (s. i.E. § 12 InsO);
2. **BGB-Innengesellschaften:** (s. Rdn. 20); 33
3. **Stillen Gesellschaften:** (§ 230 HGB). Bei der stillen Gesellschaft wird kein Gesellschaftsvermögen gebildet, die stille Gesellschaft hat keine eigene Rechtsfähigkeit und ist deshalb nicht insolvenzfähig (HK-InsO/*Sternal* § 11 Rn. 20); es handelt sich nur um eine Innengesellschaft (*Kübler/Prütting/Bork* InsO, § 11 Rn. 54). Zulässig ist nur das Insolvenzverfahren über das Vermögen des Inhabers der stillen Gesellschaft. 34
4. Der *BGH* (ZIP 2005, 1233) hat die **Wohnungseigentümergemeinschaft**: als teilrechtsfähig angesehen (HambK-InsO/*Wehr* § 11 Rn. 18). Den darauf entbrannten Streit um die Insolvenzfähigkeit hat der Gesetzgeber zum 01.07.2007 beendet und in § 11 Abs. 3 WEG die Insolvenzunfähigkeit festgeschrieben (Einzelheiten *Uhlenbruck/Hirte* InsO, § 11 Rn. 421 ff.). 35
5. **Unselbstständigen Stiftungen**: bei denen ein Dritter treuhänderisch das Vermögen hält (MüKo-InsO/*Ott/Vuia* § 11 Rn. 19; *Bach/Knof* ZInsO 2005, 729 [733 ff.]). 36
6. **Unternehmerisch tätigen Erbengemeinschaften**: Nicht insolvenzfähig ist ein von einer ungeteilten Erbengemeinschaft fortgeführtes Unternehmen (*LG Osnabrück* KTS 1962, 126; HK-InsO/*Sternal* § 11 Rn. 23) falls es sich nur um eine stille Gesellschaft handelt; anders, sofern die Fortführung zumindest in Form einer BGB-Gesellschaft erfolgt (**a.A.** *AG Duisburg* NZI 2004, 97; HK-InsO/*Sternal* § 11 Rn. 23). 37
7. Beim **Konzern**: sind nur die einzelnen rechtlich selbstständigen Gesellschaften insolvenzfähig (HK-InsO/*Sternal* § 11 Rn. 9; *Uhlenbruck/Hirte* InsO, § 11 Rn. 394 ff.). Daher existiert auch ein einheitlicher Gerichtsstand für Konzerninsolvenzverfahren nicht (zur Zuständigkeit s. § 3 Rdn. 8). Inzwischen gibt es Überlegungen zu einem Konzerninsolvenzrecht vor dem Hintergrund zunehmender rechtlicher Verselbständigungen von Unternehmensteilen, der Gefahr der Zerschlagung eines Konzern im Insolvenzverfahren (ABC des Insolvenzrechtes – Konzerninsolvenzverfahren, InsbürO 2007, 39) und der dadurch bedingten Sitzverlagerung in das Ausland zur dortigen Durchführung eines einheitlichen Konzerninsolvenzverfahrens (s. *Paulus* ZIP 2005, 1948; *ders.* NZI 2007, 265; *Graeber* NZI 2007, 265, jeweils mit instruktiven Lösungen auch unter der gegenwärtigen Rechtslage). 38

D. Beginn und Ende der Insolvenzfähigkeit

I. Natürliche Personen

Die Insolvenzfähigkeit natürlicher Personen beginnt mit der Geburt (§ 1 BGB) und endet mit dem Tod. Nach dem Tod kommt ein Nachlassinsolvenzverfahren (§§ 315 ff. InsO) in Betracht. Bei **Versterben des Schuldners** ist zu **differenzieren** (s. § 14 Rdn. 22 ff.). Das Verfahren kann als Nachlassinsolvenzverfahren fortgesetzt werden während des Insolvenzeröffnungsverfahrens (*BGH* ZVI 2004, 188 [189]; Einzelheiten *Köke/Schmerbach* ZVI 2007, 497 [502 ff.]). Im eröffneten Verfahren werden massereiche Verfahren fortgesetzt, Stundungsverfahren hingegen eingestellt (Einzelheiten *Köke/Schmerbach* ZVI 2007, 497 ff.). Ein Restschuldbefreiungsverfahren endet analog § 299 InsO (Einzelheiten *Köke/Schmerbach* ZVI 2007, 497 [504 ff.]). Ist die Wohlverhaltensperiode schon abgelau- 39 fen, kann allerdings über die Erteilung der Restschuldbefreiung gem. § 300 InsO entschieden werden (*Köke/Schmerbach* ZVI 2007, 497 [505]). Eröffnet das Insolvenzgericht in Unkenntnis des Todes eines Schuldners, so ist dieser Mangel mit Rechtskraft des Eröffnungsbeschlusses geheilt, das Verfahren ist allerdings als Nachlassinsolvenzverfahren fortzusetzen und dies durch einen Berichtigungsbeschluss klarzustellen (*Köke/Schmerbach* ZVI 2007, 497 [503]). Wird ein eröffnetes Insolvenzverfahren als Nachlassinsolvenzverfahren fortgeführt, ergeht ein Überleitungsbeschluss (*Köke/Schmerbach* ZVI 2007, 497 [501]).

II. Juristische Personen

40 a) Juristische Personen werden existent mit der Eintragung in das Register (§§ 41 Abs. 1, 278 Abs. 3 AktG; 11 Abs. 1 GmbHG; § 13 GenG; § 21 BGB). Hat eine Gesellschaft vor Eintragung in das Handelsregister ihre Tätigkeit bereits aufgenommen und Gesellschaftsvermögen als Sondervermögen gebildet, liegt eine **Vorgesellschaft** vor (*Uhlenbruck/Hirte* InsO, § 11 Rn. 241). Diese Gesellschaft ist insolvenzfähig (*BGH* ZInsO 2003, 990; MüKo-InsO/*Ott/Vuia* § 11 Rn. 14). Nicht (mehr) für die Insolvenzfähigkeit ist erforderlich, dass die Vorgesellschaft eine OHG bildet, da auch die BGB-Gesellschaft insolvenzfähig ist. Grds. **nicht** insolvenzfähig ist die **Vorgründungsgesellschaft** als Personenvereinigung mit dem Zweck, die Gründung einer Gesellschaft vorzubereiten und herbeizuführen. Es handelt sich um eine nicht insolvenzfähige BGB-Innengesellschaft (s. Rdn. 20; MüKo-InsO/*Ott/Vuia* § 11 Rn. 15; *Uhlenbruck/Hirte* InsO, § 11 Rn. 241).

41 Eine **Stiftung** wird existent mit der Anerkennung durch die zuständige Landesbehörde (§ 80 BGB). Die Vorstiftung ist nicht insolvenzfähig (A/G/R-*Kadenbach* § 11 InsO Rn. 8; HambK-InsO/*Rüther* § 11 Rn. 17; *Bach/Knof* ZInsO 2005, 729 [730]).

42 b) Befinden sich juristische Personen im Stadium der Abwicklung, sind auch diese **Liquidationsgesellschaften** insolvenzfähig. Die Insolvenzfähigkeit dauert gem. **§ 11 Abs. 3 InsO** fort, solange die Verteilung des Vermögens nicht vollzogen ist (*BGH* ZInsO 2005, 144; *LG Zweibrücken* NZI 2005, 397; *AG Potsdam* ZIP 2001, 346 und ZIP 2001, 797 [798] zur GbR; s.a. Rdn. 48). Vollbeendigung tritt erst mit Vermögenslosigkeit ein. Unerheblich ist es, wenn die Gesellschaft im Register bereits gelöscht ist (*BGH* ZInsO 2005, 144; HK-InsO/*Sternal* § 11 Rn. 26; *Nerlich/Römermann-Mönning* InsO, § 11 Rn. 97 ff.).

43 Taucht nach Abschluss eines eröffneten Insolvenzverfahrens nachträglich Vermögen auf, handelt es sich um einen Fall der Nachtragsverteilung (§ 203 Abs. 1 Nr. 3, § 211 Abs. 3 InsO). Dasselbe gilt bei Einstellung mangels Masse gem. § 207 InsO (s. *Kießner* § 207 Rdn. 39; **a.A.** *LG Marburg* NZI 2003, 101; *Verf.* in der 6. Aufl.). Ein Nachtragsliquidator muss nicht bestellt werden, da sich das Verfahren nicht nach § 264 Abs. 3 AktG richtet, sondern nach § 203 InsO (*OLG Hamm* NZI 2011, 766 [767]).

44 War das Verfahren **nicht zur Eröffnung** gelangt, z.B. wegen Abweisung mangels Masse, kommt eine **Nachtragsverteilung** allerdings **nicht** in Betracht, da in diesen Fällen kein Schlusstermin bzw. Schlussverteilung stattgefunden hat. Vielmehr ist ein neues Insolvenzverfahren durchzuführen (*BGH* ZInsO 2005, 144; *AG Göttingen* DZWIR 1999, 439; HK-InsO/*Sternal* § 11 Rn. 26). In diesen Fällen muss der Antragsteller beim zuständigen Registergericht die Bestellung eines Nachtragsliquidators beantragen, damit die juristische Person ordnungsgemäß vertreten ist, und für dessen Kosten aufkommen (*BayObLG* EWiR 1994, 83).

45 Nach **Abweisung mangels Masse** setzt ein neues Insolvenzverfahren voraus, dass glaubhaft gemacht wird, dass die gelöschte Gesellschaft noch verteilbares Vermögen besitzt oder ein Vorschuss gem. § 26 Abs. 1 Satz 2 InsO geleistet wird (*BGH* ZInsO 2005, 144; s. § 26 Rdn. 135); ebenso in den übrigen Fällen.

III. Gesellschaften ohne Rechtspersönlichkeit

Gesellschaften ohne Rechtspersönlichkeit sind insolvenzfähig von dem Zeitpunkt an, an dem sie ihre 46
Tätigkeit aufnehmen und **Sondervermögen** bilden. Auf die Eintragung gem. §§ 123 Abs. 1, 161
Abs. 2 HGB kommt es bei OHG und KG nicht mehr entscheidend an, da auch die BGB-Gesellschaft insolvenzfähig ist. Wird das Handelsgeschäft der OHG/KG während des Eröffnungsverfahrens (mit Zustimmung des vorläufigen Insolvenzverwalters) veräußert, ändert dies nichts an der Insolvenzfähigkeit der – nunmehr zur GbR gewordenen – Gesellschaft.

Auch nach **Auflösung** einer Gesellschaft ohne Rechtspersönlichkeit ist die Eröffnung des Insolvenz- 47
verfahrens zulässig, solange die Verteilung des Vermögens nicht vollzogen ist (§ 11 Abs. 3 InsO; s.
Rdn. 42; *AG Lübeck* DZWIR 2001, 308).

Vereinigen sich **sämtliche Anteile einer Personengesellschaft in der Hand eines Gesellschafters**, 48
bleibt das Vermögen als Sondervermögen erhalten; die Eröffnung eines Sonderinsolvenzverfahrens
kann in der Person des letzten Gesellschafters erfolgen (*AG Hamburg* ZInsO 2009, 2404; HambK-InsO/*Rüther* § 11 Rn. 50; HK-InsO/*Sternal* § 11 Rn. 16; **a.A.** *AG Potsdam* ZIP 2001, 346 = EWiR
2001, 573; MüKo-InsO/*Ott/Vuia* § 11 Rn. 71b; differenzierend A/G/R-*Kadenbach* § 11 InsO
Rn. 20; *Kruth* NZI 2011, 844). Die entgegenstehende Auffassung des für Gesellschaftsrecht zuständigen II. Senates des BGH (*BGH* NZI 2008, 612 m. abl. Anm. *Keller* NZI 2009, 29 = ZInsO 2008,
973 m. abl. Anm. *Marotzke* ZInsO 2009, 590; zust. A/G/R-*Sander* § 27 InsO Rn. 29) ist abzulehnen (s.a. Rdn. 54).

Scheidet der einzige Komplementär aus einer KG aus, so ist ein Partikularinsolvenzverfahren analog 49
§§ 315 ff. InsO über das Vermögen des Kommanditisten statthaft, beschränkt auf das im Wege der
Gesamtrechtsnachfolge übergegangene Vermögen der KG (*LG Dresden* ZIP 2005, 955 [956]; *AG
Hamburg* ZInsO 2005, 838 [839 f.] unter Hinweis auf *BGH* ZInsO 2004, 615 m. Anm. *Albertus/
Fischer* ZInsO 2005, 246; *AG Hamburg* ZIP 2006, 390 [391]; HK-InsO/*Sternal* § 11 Rn. 15;
HambK-InsO *Rüther* § 11 Rn. 51). Scheiden sämtliche Kommanditisten aus einer **GmbH & Co.
KG** aus, setzt sich das Insolvenzverfahren als Partikularinsolvenzverfahren über das Sondervermögen
fort (*AG Köln* NZI 2009, 621; HK-InsO/*Sternal* § 11 Rn. 8; differenzierend *Kruth* NZI 2011, 844).

Geraten beide Mitglieder einer ARGE in Insolvenz, wächst das der ARGE bis zu diesem Zeitpunkt 50
zustehende Vermögen der Gesellschaft zu, die als zweite insolvent wird (*OLG Hamm* ZInsO 2013,
2558). Zur Doppelinsolvenz von OHG und Gesellschafter *Reiswich* ZInsO 2010, 1809.

IV. Sondervermögen gemäß § 11 Abs. 2 Nr. 2 InsO

Beim Sondervermögen gem. § 11 Abs. 2 Nr. 2 InsO beginnt die Insolvenzfähigkeit mit Entstehen 51
des Sondervermögens. Die Eröffnung ist zulässig, bis das Vermögen verteilt ist (§ 11 Abs. 3 InsO).

V. Verschmelzung und Umwandlung

Zur Insolvenzfähigkeit bei Verschmelzung und Umwandlung vgl. HK-InsO/*Sternal* § 11 Rn. 28; 52
MüKo-InsO/*Ott/Vuia* § 11 Rn. 17, 31 ff.; *Uhlenbruck/Hirte* InsO, § 11 Rn. 50 f., 153 ff.; *Pfeifer*
Umwandlung und Insolvenz: Zur Insolvenzfähigkeit sich umwandelnder Rechtsträger und zur Umwandlungsfähigkeit insolventer Rechtsträger nach dem UmwG 1995, ZInsO 1999, 547 ff. Zu beachten ist, dass der Eintragung im Handelsregister konstitutive Bedeutung zukommt (§§ 19 Abs. 1–3,
20 Abs. 1 Nr. 2 UmwG), zuvor existiert der neue Rechtsträger nicht.

E. Fehlen und Wegfall der Insolvenzfähigkeit

I. Wegfall

Fällt die Insolvenzfähigkeit des Schuldners während des **Eröffnungsverfahrens** weg, wird der Antrag 53
unzulässig. Um der mit einer Antragsrücknahme oder Abweisung als unzulässig verbundenen Kos-

tentragungspflicht zu entgehen, kann der Antragsteller auch für erledigt erklären (A/G/R-*Kadenbach* § 11 InsO Rn. 32; s.a. § 13 Rdn. 261 ff.). Zum Tod des Schuldners s. Rdn. 39.

II. Fehlen/Heilung

54 Nimmt bei fehlender Insolvenzfähigkeit der Antragsteller den Antrag nicht zurück, wird der Antrag als unzulässig abgewiesen. Wird das Verfahren allerdings durch das Gericht eröffnet, so **heilt** die Rechtskraft des Eröffnungsbeschlusses grds. die fehlende Insolvenzfähigkeit (*BGH* BGHZ 113, 216 = ZIP 1991, 233 = EWiR 1991, 481; *OLG Frankfurt* ZIP 1996, 556 = EWiR 1996, 519) oder die fehlende örtliche Zuständigkeit des Insolvenzgerichtes (*BGH* ZIP 1998, 477 [478]). Das Insolvenzverfahren ist durchzuführen (*OLG Hamburg* ZIP 1984, 348; HK-InsO/*Rüntz* § 27 Rn. 39; **a.A.** *Holzer* EWiR 2001, 589 [590], der im Falle fehlender Insolvenzfähigkeit eine Verfahrenseinstellung analog § 212 InsO befürwortet). Die entgegenstehende Auffassung des für Gesellschaftsrecht zuständigen II. Senates des BGH (*BGH* NZI 2008, 612 m. abl. Anm. *Keller* NZI 2009, 29 = ZInsO 2008, 973 m. abl. Anm. *Marotzke* ZInsO 2009, 590) ist abzulehnen (s.a. Rdn. 48).

F. Internationales Insolvenzrecht

55 Ausländische **Personen** sind – unabhängig von Regelungen in ihrem Heimatland – insolvenzfähig, sofern gem. § 3 InsO ein deutsches Insolvenzgericht zuständig (HK-InsO/*Sternal* § 11 Rn. 5) ist (s. § 3 Rdn. 55 ff.).

56 Ausländische **Personenvereinigungen oder Vermögensmassen** sind als insolvenzfähig anzusehen, wenn sie Rechtsfähigkeit oder eine (unabhängig von der Rechtsfähigkeit verliehene) passive Parteifähigkeit nach dem Recht des Eröffnungsstaates besitzen. Für den Anwendungsbereich der EUInsVO (s. § 3 Rdn. 55 ff.) ist dies ausdrücklich in Art. 4 Abs. 2 Satz 2 lit. a) EUInsVO geregelt. Der EuGH hat allerdings die Geltung der sog. **Gründungstheorie** für Gesellschaften bestätigt, die nach dem Recht eines Mitgliedsstaates der Europäischen Gemeinschaft, in dessen Hoheitsgebiet sie ihren Sitz hat, wirksam gegründet wurde (*EuGH* ZIP 2002, 2037). Bei in Mitgliedstaaten der EU gegründeten Gesellschaften bleibt danach trotz Sitzverlegung nach Deutschland das Recht des Gründungsstaates zu beachten (*BGH* ZIP 2003, 719; HK-InsO/*Sternal* § 11 Rn. 10; *Köke* ZInsO 2005, 354 [355 f.]). Ausländische Gesellschaften sind rechts- und parteifähig und damit auch insolvenzfähig (*Mock/Schildt* ZInsO 2003, 396 [398 f.]). Die Geltung der Gründungstheorie wird zwar für Gesellschaften aus nicht EU-Ländern abgelehnt (*BGH* NJW 2009, 289 [290] für die Schweiz; **a.A.** *AG Ludwigsburg* ZIP 2006, 1505 für eine serbische Kapitalgesellschaft). Jedoch kann die ausländische Gesellschaft nach allgemeinen Regeln des deutschen Privatrechts z.B. als OHG oder GbR insolvenzfähig sein (vgl. *BGH* NJW 2009, 289 [291] für eine Schweizer Aktiengesellschaft). Auch ausländische Stiftungen sind insolvenzfähig (*Bach/Knof* ZInsO 2005, 729 [735]). Die internationale Zuständigkeit der Deutschen Gerichtsbarkeit richtet sich in solchen Fällen nach § 3 InsO (s. § 3 Rdn. 55 ff.).

57 Eine **englische Limited** ist in Deutschland insolvenzfähig (*AG Nürnberg* ZIP 2007, 83; *AG Hamburg* NZI 2003, 442 m. Anm. *Mock/Schildt* = EWiR 2003, 925; *LG Hannover* NZI 2003, 608) bis zu ihrer Auflösung nach dem Recht des Heimatstaates (*LG Duisburg* ZVI 2007, 276 = EWiR 2007, 335; MüKo-InsO/*Ott/Vuia* § 11 Rn. 17a). Auch nach Löschung kommt ein Insolvenzverfahren in Betracht, sofern noch zu verteilendes Vermögen vorhanden ist (*OLG Düsseldorf* ZIP 2010, 1852; *OLG Jena* ZVI 2008, 56 [57]; *LG Potsdam* ZInsO 2008, 1145; *Nerlich/Römermann-Mönning* InsO, § 11 Rn. 102; *J. Schmidt* ZIP 2008, 2400; *Schmittmann/Bischoff* ZInsO 2009, 1561 [1562 ff.]; s. Rdn. 42). Da infolge der Auflösung die gesetzlichen Regeln über die sog. Führungslosigkeit (s. § 10 Rdn. 15 ff.) nicht anwendbar sind, dürfte die Bestellung eines Nachtragsliquidators durch das Registergericht erforderlich sein (entsprechend § 66 Abs. 5 GmbHG, § 273 Abs. 4 AktG). Die Voraussetzungen für eine **persönliche Haftung** der Gesellschafter sind ungeklärt (*BGH* ZInsO 2005, 541; MüKo-InsO/*Ott/Vuia* § 11 Rn. 17b; *Nerlich/Römermann-Mönning* InsO, § 11 Rn. 51 ff.; *Köke* ZInsO 2005, 354 [356 f.]; *Schmittmann/Bischoff* ZInsO 2009, 1561 [1564 ff.]).

Zur EWIV s. Rdn. 26. 58

§ 12 Juristische Personen des öffentlichen Rechts

(1) Unzulässig ist das Insolvenzverfahren über das Vermögen
1. des Bundes oder eines Landes;
2. einer juristischen Person des öffentlichen Rechts, die der Aufsicht eines Landes untersteht, wenn das Landesrecht dies bestimmt.

(2) Hat ein Land nach Absatz 1 Nr. 2 das Insolvenzverfahren über das Vermögen einer juristischen Person für unzulässig erklärt, so können im Falle der Zahlungsunfähigkeit oder der Überschuldung dieser juristischen Person deren Arbeitnehmer von dem Land die Leistungen verlangen, die sie im Falle der Eröffnung eines Insolvenzverfahrens nach den Vorschriften des Dritten Buches Sozialgesetzbuch über das Insolvenzgeld von der Agentur für Arbeit und nach den Vorschriften des Gesetzes zur Verbesserung der betrieblichen Altersversorgung vom Träger der Insolvenzsicherung beanspruchen könnten.

Übersicht	Rdn.		Rdn.
A. Bund und Länder	1	C. Kirchen	10
B. Juristische Personen des öffentlichen Rechts	2	D. Ausländische Staaten	11

Literatur:
Kropf Insolvenzunfähigkeit der Gemeinden und Kommunalkreditgeschäft im Lichte von Basel III, ZInsO 2012, 1667; *Langen* Zur Entwicklung eines Staatsinsolvenzrechts, ZInsO 2014, 1894; *Lundberg/Sänger* Die Insolvenz von Krankenkassen – gesetzliche Regelung trifft Wirklichkeit, ZInsO 2012, 1556; *Mears* Kommunale Insolvenzen und das Chapter 9-Verfahren des United States Bankruptcy Codes, Die Geschichte des Chapter 9-Verfahrens und dessen Wirkungen im Restrukturierungsverfahren der Stadt Detroit, ZInsO 2015, 1813; *Paulus* Staatspleite, Anleihenprozess, UN-Vollversammlung, ZInsO 2014, 2315; *ders.* Gemeinden und Insolvenzrecht: eine nützliche Allianz, ZInsO 2014, 2465; *Siegmund* Insolvenz(un)fähigkeit juristischer Personen des öffentlichen Rechts und ihrer rechtlich nicht selbständigen Einrichtungen (Sondervermögen), ZInsO 2012, 2324.

A. Bund und Länder

Für das alte Recht war allgemein anerkannt, dass Bund und Länder schon mit Rücksicht auf ihren 1 öffentlich-rechtlichen Aufgabenbereich und das Fehlen einer übergeordneten Zwangsgewalt nicht insolvenzfähig sind (*Kilger/Karsten Schmidt* KO, § 213 Rn. 1). Dies ist nunmehr in § 12 Abs. 1 Nr. 1 InsO ausdrücklich geregelt. Auch wird das Insolvenzverfahren als ungeeignet zur Abwicklung eines Staatsbankrotts angesehen (MüKo-InsO/*Ott/Vuia* § 12 Rn. 10). Ausländische Staaten und Völkerrechtssubjekte sind einem inländischen Insolvenzverfahren nicht unterworfen (*Kübler/Prütting/Bork-Prütting* InsO, § 12 Rn. 3). Einzelheiten s. Rdn. 11 f.

B. Juristische Personen des öffentlichen Rechts

Durch Abs. 1 Nr. 2 wird der Vorbehalt in Art. IV des Einführungsgesetzes zu dem Gesetze betref- 2 fend Änderungen der Konkursordnung vom 17.05.1898 (BGBl. III 311–3) inhaltlich übernommen. Die Länder sollen weiter die Möglichkeit haben, für juristische Personen des öffentlichen Rechts die Zulässigkeit des Verfahrens auszuschließen. Nach der Gesetzesbegründung dient die Regelung dazu, **die Funktionsfähigkeit der öffentlichen Verwaltung aufrechtzuerhalten**; ihre Gegenstücke in der Einzelzwangsvollstreckung bilden § 882a ZPO und § 15 Nr. 3 EGZPO (BT-Drucks. 12/2443 S. 113). Von der Ermächtigung haben die Länder Gebrauch gemacht. Im Ergebnis kann bereits das Vollstreckungsverbot in § 882a Abs. 2 ZPO einer Insolvenzsperre nahe kommen (MüKo-InsO/ *Ott/Vuia* § 12 Rn. 8).

Ausgeschlossen ist ein Insolvenzverfahren über das Vermögen der **Gemeinden und Landkreise** auf- 3 grund der jeweiligen Gemeinde- und Landkreisordnungen bzw. der allgemeinen landesrechtlichen

Regelungen (vgl. die Übersichten bei *Kübler/Prütting/Bork* InsO, § 12 Rn. 6; HK-InsO/*Sternal* § 12 Rn. 3, 4; MüKo-InsO/*Ott/Vuia* § 12 Rn. 23 ff.; *Siegmund* ZInsO 2012, 2324). Kritisch dazu *Fink* (ZInsO 1999, 127), der eine Garantiehaftung der Länder fordert. Die finanzielle Lage vieler Kommunen verschlechtert sich (*Kropf* ZInsO 2012, 1667). Es wird in der Literatur eine Insolvenzfähigkeit von Gemeinden gefordert (*Paulus* ZInsO 2003, 869; vgl. auch *Meier/Arts* NZI 2007, 698 [699]; *Schwarz* ZFK 2010, 49; *Paulus* ZInsO 2014, 2465; zur Insolvenz der Stadt Detroit *Mears* ZInsO 2015, 1813; abl. *Kropf* ZInsO 2012, 1667 [1671 ff.]).

4 **Körperschaften, Stiftungen und Anstalten des öffentlichen Rechts** sind nur insolvenzunfähig, wenn dies landesrechtlich bestimmt ist (vgl. HK-InsO/*Sternal* § 12 Rn. 4; Übersicht bei *Becker* KTS 2000, 157 [166 ff.]; MüKo-InsO/*Ott/Vuia* § 12 Rn. 12 f., 17, 22 ff.; krit. dazu *Gundlach/Frenzel/Schmidt* NZI 2000, 561 [567 f.]). Das Niedersächsische Gesetz über die Insolvenzunfähigkeit juristischer Personen des öffentlichen Rechts vom 27. März 1987 (Nieders. GVBl. S. 67 i.d.F.v. 17.12.1998, GVBl. S. 710) z.B. nimmt von der Insolvenzunfähigkeit nur öffentlich-rechtliche Versicherungsunternehmen und öffentlich-rechtliche Bank- und Kreditinstitute aus, für die nicht die unbeschränkte Haftung einer Gebietskörperschaft oder eines kommunalen Zweckverbandes als Gewährträger besteht. Berufsständische Körperschaften sind auf Landesebene überwiegend für insolvenzunfähig erklärt (s. Rdn. 8), nicht aber auf Bundesebene (A/G/R-*Kadenbach* § 12 InsO Rn. 10).

5 **Politische Parteien und Gewerkschaften** sind hingegen insolvenzfähig (A/G/R-*Kadenbach* § 12 InsO Rn. 11; *Kübler/Prütting/Bork-Prütting* InsO, § 12 Rn. 12; krit. für politische Parteien MüKo-InsO/*Ott/Vuia* § 12 Rn. 11).

6 Insolvenzfähig sind aber Gesellschaften gem. § 11 Abs. 2 Nr. 1 InsO, an denen juristische Personen des öffentlichen Rechts beteiligt sind (HK-InsO/*Kirchhof* § 12 Rn. 6 unter Hinweis auf § 882a Abs. 2, 3 ZPO i.V.m. § 36 InsO) und die in Form von juristischen Personen des Privatrechtes geführten **kommunalen Eigenbetriebe** (HK-InsO/*Sternal* § 12 Rn. 7; MüKo-InsO/*Ott/Vuia* § 12 Rn. 16; s. § 11 Rdn. 20, nicht aber die früher häufig vorhandenen, rechtlich nicht verselbstständigten kommunalen Eigenbetriebe (MüKo-InsO/*Ott/Vuia* § 12 Rn. 16). Auch die Frage der Durchgriffshaftung wird diskutiert (MüKo-InsO/*Ott/Vuia* § 12 Rn. 10, 19 f.; s.a. *Parmentier* DZWIR 2002, 500).

7 Die nach Maßgabe des Abs. 1 Nr. 2 insolvenzunfähigen Personen des öffentlichen Rechts unterliegen nicht den **Beitrags- und Umlagepflichten** nach dem SGB III – Arbeitsförderung – und dem Betriebsrentengesetz (§ 361 SGB III; § 17 Abs. 2 BetrAVG). Bei Insolvenz sind die Arbeitnehmer weder durch **Insolvenzgeld** noch durch einen Eintritt des Pensions-Sicherungs-Vereins geschützt. Der Gesetzgeber hat deshalb die Ansprüche auf Arbeitsentgelt und Betriebsrenten durch die Regelung in Abs. 2 sichergestellt (BT-Drucks. 12/2443 S. 113). Danach ist ein Land, das die Durchführung eines Insolvenzverfahrens bei juristischen Personen für unzulässig erklärt hat, im Insolvenzfall verpflichtet, den Arbeitnehmern die Leistungen zu erbringen, die im Falle der Zulässigkeit eines Insolvenzverfahrens von der Agentur für Arbeit und vom Pensions-Sicherungs-Verein erbracht worden wären (Einzelheiten für Gemeinden bei *Meier/Arts* NZI 2007, 698).

8 Die bislang zur Frage der Insolvenz(un)fähigkeit juristischer Personen des öffentlichen Rechts **ergangenen Entscheidungen** betrafen die Frage der Beitragspflicht zur Insolvenzsicherung. Soweit der Landesgesetzgeber nichts anderes bestimmt hat, sind **insolvenzfähig** Ersatzkassen (*BSG* MDR 1978, 962), Rechtsanwaltskammern (*BVerwG* BB 1982, 372), Industrie- und Handelskammern (*BVerwG* NJW 1983, 60), Allgemeine Ortskrankenkassen (*BVerwG* NJW 1987, 793). Als **nichtinsolvenzfähig** sind angesehen worden aufgrund landesgesetzlicher Regelung eine Landesärztekammer (*BVerfG* ZIP 1984, 344). Eine öffentliche Sparkasse ist als nichtinsolvenzfähig angesehen worden (*BGH* NJW 1984, 1681 [1684]), nicht aber andere Kreditanstalten (*VG Schleswig-Holstein* ZIP 1985, 46; *BVerwG* ZIP 1987, 521). Entgegen der Rspr. des *BVerwG* (ZIP 1987, 381 = NJW 1987, 317) hat das *BVerfG* (NJW 1994, 1466) ein Insolvenzverfahren über das Vermögen einer öffentlich-rechtlichen Rundfunkanstalt als durch Art. 5 Abs. 1 Satz 2 GG ausgeschlossen angesehen (ebenso

BVerfG NJW 1994, 1466; *BSG* ZIP 1994, 1544; *Kübler/Prütting/Bork-Prütting* InsO, § 12 Rn. 14; HK-InsO/*Sternal* § 12 Rn. 4; MüKo-InsO/*Ott/Vuia* § 12 Rn. 5).

Gem. § 171b Abs. 1 Satz 1 SBG V findet § 12 Abs. 1 Satz 1 InsO vom 1. Januar 2010 an auf Krankenkassen keine Anwendung mehr. **Krankenkassen** sind damit **insolvenzfähig** (*Kübler/Prütting/Bork-Prütting* InsO, § 12 Rn. 9 ff.; *Holzer* InsbürO 2009, 11 [12]; *Heeg/Kebbel* ZIP 2009, 302 [304]; krit. *Siegmund* ZInsO 2012, 2324), ebenso Krankenkassenverbände gem. § 171f SGB V (A/G/R-*Kadenbach* § 12 InsO Rn. 6). 9

C. Kirchen

Nach dem Willen des Gesetzgebers findet das **Insolvenzrecht** jedenfalls auf solche Religionsgemeinschaften, die als Körperschaften des öffentlichen Rechts organisiert sind, **keine Anwendung** (BT-Drucks. 12/7302 S. 156). Veranlassung zu einer Regelung der Insolvenzunfähigkeit über das Vermögen der Kirchen hat der Gesetzgeber nicht gesehen, da nach der Rspr. des BVerfG aus Art. 140 GG i.V.m. Art. 137 Abs. 3 der Weimarer Verfassung die Unanwendbarkeit insolvenzrechtlicher Vorschriften auf Religionsgemeinschaften folgt, die als öffentlich-rechtliche Körperschaften organisiert sind. Die mit der Eröffnung des Insolvenzverfahrens verbundene Einschränkung der Verfügungs- und Verwaltungsbefugnis und der Übergang der Rechte auf den Insolvenzverwalter würde die Verwirklichung des kirchlichen Auftrages nahezu unmöglich machen (BT-Drucks. 12/7302 S. 156; krit. *Uhlenbruck/Hirte* InsO, § 12 Rn. 15). In der in der Gesetzesbegründung in Bezug genommenen Entscheidung des *BVerfG* (BVerfGE 66, 1 ff. = NJW 1984, 2401) wurde die Pflicht zur Zahlung der Umlage für das Insolvenzgeld demgemäß verneint. Eine Körperschaft des öffentlichen Rechtes in Form einer Religionsgemeinschaft ist nicht insolvenzfähig (*AG Potsdam* DZWIR 2001, 526; HK-InsO/*Sternal* § 12 Rn. 8; *Jaeger/Ehricke* InsO, § 12 Rn. 53). Insolvenzfähig sind aber kirchliche Einrichtungen in Form des Privatrechtes (*Uhlenbruck/Hirte* InsO, § 12 Rn. 15). 10

D. Ausländische Staaten

Ausländische Staaten und Völkerrechtssubjekte sind einem inländischen Insolvenzverfahren nicht unterworfen (*Kübler/Prütting/Bork-Prütting* InsO, § 12 Rn. 3). Allerdings gibt es Überlegungen zur Einführung eines **Insolvenzverfahrens für überschuldete Staaten** (*Paulus* ZRP 2002, 383; *Mayer* ZInsO 2005, 454; *Uhlenbruck/Hirte* InsO § 12 Rn. 2). Aktuelle Anlässe liefer(te)n Island, Griechenland und andere Staaten der EU (Irland, Spanien, Portugal, Italien). Staatsbankrotte sind in der Vergangenheit häufig als »Währungsreform« abgewickelt worden. Eine allgemeine Regel des Völkerrechtes, dass ein Staat die Erfüllung privat-rechtlicher Zahlungsansprüche unter Berufung auf einen erklärten Staatsnotstand wegen Zahlungsunfähigkeit verweigern kann, existiert nicht (*BVerfG* NJW 2007, 2610 m. Anm. *Kleinlein* NJW 2007, 2591 auch zur Entscheidung *BVerfG* NJW 2007, 2605 zur Einzelzwangsvollstreckung in Botschaftsvermögen, *BGH* ZInsO 2015, 1152 = EWiR 2015, 431). Zur Insolvenzunfähigkeit von Völkerrechtssubjekten und ausländischen Staaten s. *Uhlenbruck/Hirte* InsO, § 12 Rn. 5. Im Rahmen der internationalen Schuldenkrise wird die Schaffung von Instrumentarien auf europa- oder völkerrechtlicher Ebene diskutiert (A/G/R-*Kadenbach* § 11 InsO Rn. 17; *Gartz* ZInsO 2011, 1541; *Paulus* ZInsO 2010, 2034; *ders.* ZIP 2011, 2433; *Zenker* INDAT-Report 01/2012, 34; *Langen* ZInsO 2014, 1894; *Paulus* ZInsO 2014, 2315). 11

§ 13 Eröffnungsantrag

(1) ¹Das Insolvenzverfahren wird nur auf schriftlichen Antrag eröffnet. ²Antragsberechtigt sind die Gläubiger und der Schuldner. ³Dem Antrag des Schuldners ist ein Verzeichnis der Gläubiger und ihrer Forderungen beizufügen. ⁴Wenn der Schuldner einen Geschäftsbetrieb hat, der nicht eingestellt ist, sollen in dem Verzeichnis besonders kenntlich gemacht werden
1. die höchsten Forderungen,
2. die höchsten gesicherten Forderungen,
3. die Forderungen der Finanzverwaltung,

4. die Forderungen der Sozialversicherungsträger sowie
5. die Forderungen aus betrieblicher Altersversorgung.

⁵Der Schuldner hat in diesem Fall auch Angaben zur Bilanzsumme, zu den Umsatzerlösen und zur durchschnittlichen Zahl der Arbeitnehmer des vorangegangenen Geschäftsjahres zu machen. ⁶Die Angaben nach Satz 4 sind verpflichtend, wenn
1. der Schuldner Eigenverwaltung beantragt,
2. der Schuldner die Merkmale des § 22a Absatz 1 erfüllt oder
3. die Einsetzung eines vorläufigen Gläubigerausschusses beantragt wurde.

⁷Dem Verzeichnis nach Satz 3 und den Angaben nach den Sätzen 4 und 5 ist die Erklärung beizufügen, dass die enthaltenen Angaben richtig und vollständig sind.

(2) Der Antrag kann zurückgenommen werden, bis das Insolvenzverfahren eröffnet oder der Antrag rechtskräftig abgewiesen ist.

(3) ¹Ist der Eröffnungsantrag unvollständig, so fordert das Insolvenzgericht den Antragsteller unverzüglich auf, den Mangel zu beheben, und räumt ihm hierzu eine angemessene Frist ein.

(4) ¹Das Bundesministerium der Justiz und Verbraucherschutz wird ermächtigt, durch Rechtsverordnung mit Zustimmung des Bundesrates für die Antragstellung durch den Schuldner ein Formular einzuführen. ²Soweit nach Satz 1 ein Formular eingeführt ist, muss der Schuldner dieses benutzen. ³Für Verfahren, die von den Gerichten maschinell bearbeitet, und für solche, die nicht maschinell bearbeitet werden, können unterschiedliche Formulare eingeführt werden.

Übersicht	Rdn.		Rdn.
A. Überblick §§ 13–15a InsO	1	6. Versicherung der Richtigkeit und Vollständigkeit (Abs. 1 Satz 7)	45
B. **Antragsgrundsatz und Antragsrecht (Abs. 1)**	8	7. Konzerninsolvenzen	46
I. Antragsgrundsatz	8	8. Verfahren des Gerichtes (Abs. 3)	47
II. Einzelfälle zum Antragsrecht	9	9. Folge von Verstößen	54
III. Weitere Regelungen zum Antragsrecht	11	10. Bewertung	55
IV. Antragspflicht	12	IV. Formularzwang (Abs. 4)	56
C. **Schriftformzwang (Abs. 1 Satz 1), Ergänzende Angaben (Abs. 1 Sätze 3–7) und Formularzwang (Abs. 3)**	13	D. **Antragsrücknahme (Abs. 2)**	59
		I. Rücknahmemöglichkeit	59
I. Überblick	13	II. Rücknahmeberechtigung	66
II. Schriftformzwang (Abs. 1 Satz 1)	17	III. Rücknahmeerklärung	68
III. Ergänzende Angaben (Abs. 1 Satz 3–7)	22	IV. Folgen der Rücknahme	69
1. Überblick	22	V. Erneute Antragstellung	78
2. Gläubiger- und Forderungsverzeichnis (Abs. 1 Satz 3)	26	VI. Rücknahmefiktion	79
		E. **Gläubiger-Kalkül und Schuldner-Kalkül bei Antragstellung und Antragsrücknahme**	80
a) Gesetzeszweck	26		
b) Anwendungsbereich	27	I. Gläubiger-Kalkül	81
c) Inhalt	28	II. Schuldner-Kalkül	87
d) Praktische Umsetzung	29	F. **Verfahrensmäßiger Ablauf/Einzelfragen**	95
3. Fakultative Angaben bei laufendem Geschäftsbetrieb über Gläubigerstruktur (Abs. 1 Satz 4)	30	I. Vorschusspflicht	95
		II. Vorprüfung und Hauptprüfung	96
a) Gesetzeszweck	30	III. Prozesskostenhilfeantrag	97
b) Anwendungsbereich	31	IV. Mehrere Eröffnungsanträge	98
c) Einzelheiten	33	V. Zweitinsolvenzverfahren	111
4. Zwingende Angaben bei laufendem Geschäftsbetrieb über Kriterien des § 22a Abs. 1 InsO (Abs. 1 Satz 5)	37	VI. Mitteilungspflichten	112
		G. **Zweitinsolvenzverfahren**	113
		I. Übersicht	113
5. Zwingende Angaben über Gläubigerstruktur (Abs. 1 Satz 6)	40	II. Gläubigeranträge	117
		1. Laufendes Antragsverfahren	117
		2. Eröffnetes Verfahren	119

	Rdn.			Rdn.
3. Wohlverhaltensperiode	124		3. GesO/KO	178
4. Umsetzung in der Praxis	128	H.	**Kosten**	179
5. Anordnung der Nachtragsverteilung in einem früheren Verfahren	131	I.	»Kosten« im Insolvenzeröffnungsverfahren	179
III. Schuldneranträge	132	II.	Kostenvorschuss	181
1. Beendetes Insolvenzverfahren	132	III.	Kostenfreiheit	182
a) Vorherige Abweisung mangels Masse (§ 26 InsO)	132	IV.	Kostenschuldner	183
b) Vorherige Zurückweisung eines Stundungsantrags	133	V.	Umfang der Kostentragungspflicht, insbesondere des vorläufigen Insolvenzverwalters	196
c) Unwirksamer/nicht gestellter Restschuldbefreiungsantrag	134	VI.	Gerichtskosten und Wertberechnung	203
d) Vorherige Versagung der Restschuldbefreiung	136	VII.	Höhe der Entschädigung des Sachverständigen und des vorläufigen Insolvenzverwalters	216
e) Ungeklärte Fallgruppen	143	VIII.	Rechtsanwaltskosten	218
aa) Fallgruppe 1: Rücknahme Restschuldbefreiungsantrag nach Versagungsantrag Insolvenzgläubiger (taktische Antragsrücknahme)	144	IX.	Rechtsbehelfe	224
		I.	**Prozesskostenhilfe**	227
		I.	Überblick	227
		II.	Allgemeine Voraussetzungen beim Gläubigerantrag	232
bb) Fallgruppe 2: Erneuter Restschuldbefreiungsantrag nach Rücknahme im Erstverfahren wegen Neuschulden	156	III.	Einzelheiten und Wirkung der Bewilligung	238
		IV.	Verfahrensmäßiger Ablauf	248
		V.	PHK-Antrag Schuldner	252
cc) Fallgruppe 3: Erneuter (paralleler) Restschuldbefreiungsantrag im Zweitverfahren	161	VI.	Beratungshilfe	257
		VII.	Rechtsbehelfe	260
		J.	**Erledigung**	261
		I.	Überblick	261
dd) Handlungsoptionen des Schuldners	163	II.	Übereinstimmende Erledigungserklärung	264
2. Laufendes Insolvenzverfahren	167	III.	Einseitige Erledigungserklärung	267
a) Eröffnungsverfahren/Eröffnetes Verfahren	167	IV.	Verfahrensmäßiger Ablauf	271
		V.	Kriterien für die Kostenentscheidung	284
b) Eigenantrag Schuldner nach Eröffnung Gläubigerantrag	169	VI.	Wirkungen	299
		VII.	Rechtsbehelfe	300
c) Wohlverhaltensperiode	173	**K.**	**Schadensersatz bei unberechtigtem Insolvenzantrag**	303
d) Zweiter Insolvenzantrag/zweiter Restschuldbefreiungsantrag	174	**L.**	**Internationales Insolvenzrecht**	309
e) Ausweg: Rücknahme RSB-Antrag im Erstverfahren	176	**M.**	**Reformtendenzen**	310

Literatur:

Ahrens Schranken einer Rücknahme des Restschuldbefreiungsantrags, ZInsO 2017, 193; *Blankenburg* Das Gläubiger- und Forderungsverzeichnis gem. § 13 Abs. 1 S. 3 InsO – Paradebeispiel für eine verunglückte Gesetzgebung?, ZInsO 2013, 2196; *ders.* Anwendbarkeit des Gesetzes zur Verkürzung des Restschuldbefreiungsverfahrens und zur Stärkung der Gläubigerrechte gem. Art. 103h EGInsO bei Anträgen vor und nach dem Stichtag, ZInsO 2015, 293; *Büttner* Gegenvorstellung und beschränkte Restschuldbefreiung – Probleme im Zusammenhang mit sogenannten Zweitinsolvenzverfahren, ZInsO 2017, 1957; *Busching/Klersy* »Das ewige Insolvenzverfahren« – das Sonderinsolvenzmasseverfahren als Perpetuum mobile des Insolvenzrechts?, ZInsO 2015, 1601; *Dawe* Gläubigerautonomie im (neuen) Recht der Verfahrenskostenstundung, ZVI 2014, 433; *Frind* Nach- und Umbesetzungen des (vorläufigen) Gläubigerausschusses, ZIP 2013, 2244; *ders.* Gefährdung des Eröffnungsverfahrens durch unnötige Regelungen der Nachbesserungsauflagen beim unzulässigen Antrag?, ZInsO 2016, 2376; *Frind/Köchling* Die misslungene Sanierung im Insolvenzverfahren, ZInsO 2013, 1666; *Guttmann/Laubereau* Schuldner und Bescheiniger im Schutzschirmverfahren, ZInsO 2012, 1861; *Henning* Die Änderungen in den Verfahren der natürlichen Personen durch die Reform 2014, ZVI 2014, 7, 10; *Heyer* Vorwirkung oder nicht? Gegenmeinung., ZVI 2016, 129; *Jacobi* Die Rückkehr der Sperrfristrechtsprechung: Zur Unzulässigkeit der Rücknahme eines Restschuldbefreiungsantrages, NZI 2017, 254; *Laroche/Siebert* Neuerungen bei Versagungsunterteilung der Restschuldbefreiung, NZI 2014, 541; *Mock* Kostentragung und Finanzierung von Rechtsmitteln des Schuldners im Insolvenzverfahren, NZI 2015, 633; *Montag* Wenn der Verwalter zweimal klingelt, ZVI 2013, 453; *Müller/Rautmann* Die Unzulässigkeit des Antrags als Folge des neuen § 13 InsO, ZInsO 2012, 918; *dies.* Die Antragsberechtigung des Massegläubigers, ZInsO 2015, 2365; *Pape* Rücknahme des Antrages auf Restschuldbefreiung durch den Schuldner bei drohender Versagung – alte und neue Probleme, ZInsO 2017, 565; *Rauscher* Etwas mehr Bescheidenheit täte gut, ZInsO 2013, 869; *Reck* Verfahrensverbindung bei Fremd- und Eigenantrag und der Stichtag 1.7.2014, ZVI 2014, 253; *Richter* Strafbarkeitsbeschränkung beim Insolvenzantrag?, ZInsO 2016, 2372; *Schmerbach* Der Regierungsentwurf vom 18.7.2012 – Änderungen in Insolvenzverfahren natürlicher Personen, NZI 2012, 689; *ders.* Überblick über die Änderungen in Insolvenzverfahren natürlicher Personen, VIA 2013, 41; *ders.* Gesetz zur Verkürzung des Restschuldbefreiungsverfahrens und zur Stärkung der Gläubigerrechte verabschiedet – Ende gut, alles gut?, NZI 2013, 566; *Schmerbach/Semmelbeck* Zwölf offene Fragen zur Reform der Privatinsolvenzen, NZI 2014, 547; *Schmidt* Vorwirkung – Nachwirkung: Ein Plädoyer für eine Neuausrichtung, ZVI 2016, 45; *Sessig/Fischer* Zulässigkeitsgrenzen von erneuten Insolvenz- oder Restschuldbefreiungsanträgen im Insolvenzverfahren über das Vermögen natürlicher Personen, ZInsO 2013, 760; *Streck* Die Eingangsentscheidung gemäß § 287a InsO – Mehrarbeit für Gerichte und Verwalter?, ZVI 2014, 205; *von Gleichenstein* »Freigabe der selbständigen Tätigkeit« und Zahlungspflichten des Schuldners gem. § 35 Abs. 2, § 295 Abs. 2, ZVI 2013, 409; *Waltenberger* Die neue Zulässigkeitsentscheidung des Restschuldbefreiungsantrags und die von der Restschuldbefreiung ausgenommenen Forderungen, ZInsO 2013, 1458; *Weber* PKH für den eigenverwaltenden Schuldner, ZInsO 2014, 2151

Gesetzesmaterialien:

ESUG

Diskussionsentwurf für ein Gesetz zur weiteren Erleichterung der Sanierung von Unternehmen – Beilage 1 zu ZIP 28/2010 = Beilage zu NZI Heft 16/2010.

Referentenentwurf für ein Gesetz zur weiteren Erleichterung der Sanierung von Unternehmen (ESUG) – Bearbeitungsstand 25.01.2011, ZInsO 2011, 269 = Beilage 1 zu ZIP 6/2011.

Entwurf eines Gesetzes zur weiteren Erleichterung der Sanierung von Unternehmen vom 04.05.2011 (BT-Drucks. 17/5712).

Stellungnahme des Bundesrates vom 15.04.2011 (BR-Drucks. 127/11).

Gegenäußerung der Bundesregierung (*Wimer* Das neue Insolvenzrecht nach der ESUG-Reform, S 160 ff.).

Beschlussempfehlung und Bericht des Rechtsausschusses vom 26.10.2011 (BT-Drucks. 17/7511).

Regierungsentwurf eines Gesetzes zur Durchführung der Verordnung vom 05.06.2015 (EU) 2015/848 über Insolvenzverfahren (BRats-Drucks. 654/16);

Stellungnahme des Bundesrates vom 05.12.2016 (BR-Drucks. 654/16);

Gesetzentwurf der Bundesregierung eines Gesetzes zur Durchführung der Verordnung vom 05.06.2015 (EU) 2015/848 über Insolvenzverfahren vom 11.01.2017 (BT-Drucks. 18/10823).

A. Überblick §§ 13–15a InsO

1 Die §§ 13–15a InsO enthalten Regelungen über die Antragsberechtigten, die Verpflichtung zur Antragstellung und spezielle Voraussetzungen. Es gilt der Antragsgrundsatz. Antragsberechtigt ist neben dem Schuldner jeder Gläubiger. Zu beachten ist aber, dass beispielsweise beim Antrag eines Aussonderungsberechtigten (§ 47 InsO) das nunmehr ausdrücklich erwähnte Erfordernis des rechtlichen Interesses (§ 14 Abs. 1 InsO) fehlen kann (BT-Drucks. 12/2443 S. 113). Durch das MoMiG sind die bisher in Spezialgesetzen (z.B. § 64 GmbHG a.F.) enthaltenen **Antragpflichten** im Wesentlichen in die InsO (§ 15a) implementiert worden. Das ESUG erhöht die Anforderungen an einen Schuldnerantrag in § 13 Abs. 1 Sätze 3–7.

2 Das Eröffnungsverfahren ist weiterhin zweigeteilt in die **Vorprüfung** und die **Hauptprüfung**. In der **Vorprüfung** wird die **Zulässigkeit** des Antrages geprüft. Für den **Antrag eines Gläubigers** ist erforderlich, dass dieser ein rechtliches Interesse an der Eröffnung hat und seine Forderung und den Eröffnungsgrund glaubhaft macht (§ 14 Abs. 1 InsO). Durch die Vorprüfung soll verhindert werden, dass der Schuldner aufgrund eines unzulässigen Gläubigerantrages irreparable Nachteile erleidet, ins-

besondere durch die Anordnung von Sicherungsmaßnahmen (§ 21 InsO) und die damit einhergehende Publizität (§ 23 InsO). Im vorläufigen Eigenverwaltungsverfahren gem. § 270a InsO und im Schutzschirmverfahren gem. § 270b InsO ist die Publizität eingeschränkt (s. § 23 Rdn. 5). Im Rahmen der Vorprüfung obliegt es dem antragstellenden Gläubiger, die Zulässigkeitsvoraussetzungen glaubhaft zu machen (§ 4 InsO i.V.m. § 294 ZPO). Eine Ermittlungspflicht des Gerichtes gem. § 5 InsO besteht noch nicht (*K. Schmidt/Gundlach* InsO, § 13 Rn. 33). Beim **Schuldnerantrag** ist der Eröffnungsgrund nur in den Fällen des § 15 Abs. 2, 3 InsO und teilweise bei Sonderinsolvenzverfahren (§§ 315 ff. InsO) glaubhaft zu machen. In den übrigen Fällen ist erforderlich, dass der Schuldner den Eröffnungsgrund (§§ 16–19 InsO) schlüssig darlegt.

Weitere Zulässigkeitsvoraussetzungen wie örtliche Zuständigkeit (§ 3 InsO) und Insolvenzfähigkeit (§§ 11, 12 InsO) ergeben sich aus der InsO. Darüber hinaus muss die gewählte Verfahrensart zulässig sein. Für sog. Verbraucherinsolvenzen und sonstige Kleinverfahren enthalten die §§ 304 ff. InsO, für besondere Arten des Insolvenzverfahrens wie Nachlassinsolvenzverfahren enthalten die §§ 315 ff. InsO Spezialregelungen. Weitere Zulässigkeitsvoraussetzungen ergeben sich aus den gem. § 4 InsO anwendbaren Vorschriften der ZPO (s. § 14 Rdn. 7 ff.). 3

Das **Vorverfahren** kann **enden** mit einer Rücknahme des Antrags, mit einer Verweisung, mit einer Abweisung des Antrags als unzulässig oder bei Begleichung der Forderung mit einer Erledigungserklärung des Gläubigers bzw. einem Fortsetzungsverlangen gem. § 14 Abs. 1 Satz 2 InsO. Ist dies nicht der Fall, wird der Schuldnerantrag weiter bearbeitet. Der Gläubigerantrag wird zugelassen, der Schuldner ist zu hören (§ 14 Abs. 2 InsO). 4

Im anschließenden **Hauptprüfungsverfahren** prüft das Insolvenzgericht **von Amts wegen**, ob ein Eröffnungsgrund (§§ 16–19 InsO) besteht. Dies geschieht durch eine Beweisaufnahme, insbesondere durch Einholung von Sachverständigengutachten. Ebenso wie im Rahmen des § 14 Abs. 1 InsO genügt es grundsätzlich, dass die Forderung glaubhaft gemacht bleibt. Erschüttern kann sie der Schuldner durch eine so genannte Gegenglaubhaftmachung. Vom Bestand der Forderung muss das Insolvenzgericht nur dann überzeugt sein, wenn von der Existenz der Forderung das Vorliegen eines Insolvenzgrundes abhängig ist. Für den Eröffnungsgrund (§ 16 InsO) genügt anders als für die Zulassung nicht mehr Glaubhaftmachung, es ist voller Beweis erforderlich. 5

Das Hauptprüfungsverfahren – nach Zulassung des Insolvenzantrages – wird häufig auch als »**quasi-streitiges**« **Parteiverfahren** bezeichnet. Anders als im eröffneten Insolvenzverfahren stehen sich die Parteien nach Zulassung des Eröffnungsantrages quasi als Parteien des Rechtsstreites gegenüber (*BGH* ZInsO 2007, 206 Rn. 8; NJW 1962, 2016). Auch beim Eigenantrag kann das Eröffnungsverfahren zu einem quasi-streitigen Parteiverfahren werden, wenn mehrere Antragsberechtigte um das Vorliegen eines Eröffnungsgrundes streiten, so mehrere organschaftliche Vertreter (vgl. § 15 Abs. 2 InsO) oder Miterben (vgl. § 317 Abs. 2 InsO) untereinander. Der Charakter als quasi-streitiges Parteiverfahren zeigt sich in der Möglichkeit der Gegenglaubhaftmachung von Forderung (s. Rdn. 5) oder Insolvenzgrund durch den Schuldner, die Möglichkeit der Antragsrücknahme (§ 13 Abs. 2 InsO) und der Erledigungserklärung (s. Rdn. 261 ff.). Das – nachfolgende – eröffnete Verfahren ist dagegen ein reines Amtsverfahren, das wegen des hoheitlichen Charakters der Parteidisposition entzogen ist. Eine Rücknahme des Antrags kommt beispielsweise nicht mehr in Betracht (§ 13 Abs. 2 InsO). 6

Als **Ergebnis** des Hauptprüfungsverfahrens kommen in Betracht: Rücknahme des Antrags, Verweisung, Abweisung als unzulässig (Fehlen oder Wegfall der Zulässigkeitsvoraussetzungen), Abweisung als unbegründet (fehlender Eröffnungsgrund), Abweisung mangels Masse bei zulässigem und begründetem Antrag, wenn die Kosten des Verfahrens nicht gedeckt sind (§ 26 InsO), oder Eröffnung (§§ 27 ff. InsO). 7

B. Antragsgrundsatz und Antragsrecht (Abs. 1)

I. Antragsgrundsatz

8 Es gilt der Grundsatz, dass ein Insolvenzverfahren **nur auf Antrag eröffnet** werden kann. Zu den Anforderungen an einen Antrag s. § 14 Rdn. 11 ff., zum Antragsrecht von juristischen Personen § 15 Rdn. 3 ff. Die Möglichkeit, den Antrag zurückzunehmen, ist durch die Regelung des § 13 Abs. 2 InsO eingeschränkt. Für den Zeitraum nach Eröffnung gelten die §§ 212, 213 InsO.

II. Einzelfälle zum Antragsrecht

9 Neben dem Schuldner gewährt Abs. 1 Satz 2 jedem Gläubiger ein Antragsrecht. Wer **Gläubiger** ist, ergibt sich aus §§ 38, 39 InsO. Eine Einschränkung ergibt sich allerdings aus dem beim Gläubigerantrag erforderlichen rechtlichen Interesse gem. § 14 Abs. 1 InsO (BT-Drucks. 12/2443 S. 113). Weiter ist zu beachten, dass Ansprüche gegen persönlich haftende Gesellschafter für Verbindlichkeiten der Gesellschaft während der Dauer eines Insolvenzverfahrens gem. § 93 InsO nur vom Insolvenzverwalter geltend gemacht werden können.

10 **Antragsberechtigt** sind:
   a) **Aus- und Absonderungsberechtigte** (HK-InsO/*Sternal* § 13 Rn. 9). Allerdings kann das rechtliche Interesse fehlen (s. § 14 Rdn. 111).
   b) **Gesellschafter**, die einen Anspruch auf Rückgewähr eines Gesellschafterdarlehens oder aus Forderungen aus Rechtshandlungen geltend machen, die einem solchen Darlehen wirtschaftlich entsprechen, § 39 Abs. 1 Nr. 5 InsO. Zu beachten ist, dass es am rechtlichen Interesse fehlen kann (s. § 14 Rdn. 143).
   c) Ein ausgeschiedener Gesellschafter, sofern er Insolvenzgläubiger ist und auf diese Weise seinen Anspruch auf Auszahlung des Abfindungsguthabens verfolgt.
   d) Bei einer verpfändeten oder gepfändeten Forderung sind antragsberechtigt sowohl der Pfandgläubiger als auch der Pfandschuldner, falls nicht die Einziehungsbefugnis ausschließlich dem Pfandgläubiger zusteht (HK-InsO/*Sternal* § 13 Rn. 10).
   e) Bei **Kreditinstituten, Versicherungen und Bausparkassen** sowie sonstigen gleichgestellten Instituten (§§ 1, 2 KWG) besteht für die Organe eine unverzügliche Anzeigepflicht an die Bundesanstalt für Finanzdienstleistungsaufsicht (BaFin), das alleine antragsberechtigt gem. § 46b Abs. 1 Satz 4 KWG ist (MüKo-InsO/*Schmahl/Vuja* § 13 Rn. 61 ff.; HambK-InsO/*Linker* § 13 Rn. 37 ff.; *Uhlenbruck/Wegener* InsO, § 13 Rn. 35 ff. jeweils m.w.N.) bzw. § 3 Abs. 1 BspKG, § 88 Abs. 1 VVG (A/G/R-*Kadenbach* § 13 InsO Rn. 12); zur Antragsbefugnis des Abwicklers s. *BGH* ZIP 2003, 1641. Der Eröffnungsantrag der Aufsichtsbehörde ist für den Schuldner nicht mehr anfechtbar, vielmehr ist es erst der Eröffnungsbeschluss des – sachnäheren – Insolvenzgerichts (BT-Drucks. 12/3803 S. 105). Drohende Zahlungsunfähigkeit (§ 18 InsO) berechtigt im Anwendungsbereich des KWG zur Antragstellung gem. § 46b Abs. 1 Satz 5 KWG.
   f) Bei **Krankenkassen** ist gem. § 171b Abs. 2 SGB V antragsberechtigt allein die Aufsichtsbehörde (HambK-InsO/*Linker* § 13 Rn. 40; MüKo-InsO/*Schmahl/Vuja* § 13 Rn. 62; *Heeg/Kebbel* ZIP 2009, 302 [306]; *Holzer* InsbürO 2009, 11 [13]; *Lundberg/Sänger* ZInsO 2012, 1556). Gleiches gilt für Krankenkassenverbände gem. § 171f SGB V. Auch drohende Zahlungsfähigkeit berechtigt zur Antragstellung gem. § 171b Abs. 2 Satz 1 SGB V.
   g) Der **Pensionssicherungsverein** ist nicht antragsberechtigt, da er erst mit Insolvenzeröffnung Gläubiger wird (MüKo-InsO/*Schmahl/Vuja* § 13 Rn. 48; **a.A.** *Jaeger/Gerhardt* InsO, § 13 Rn. 5). Nur bei vollständiger Beendigung der Betriebstätigkeit (§ 7 Abs. 1 Satz 4 Nr. 3 BetrAVG) besteht ein Antragsrecht (HambK-InsO/*Linker* § 13 Rn. 42; MüKo-InsO/*Schmahl/Vuja* § 13 Rn. 47).
   h) **Arbeitnehmer** sind nach Beantragung von Insolvenzgeld wegen des Übergangs der Ansprüche auf die Agentur für Arbeit nicht mehr antragsbefugt (HambK-InsO/*Linker* § 13 Rn. 41; **a.A.** *K. Schmidt/Gundlach* § 13 Rn. 28).
   i) Zum Antragsrecht nach **Ausscheiden eines Gesellschafters aus einer zweigliedrigen Personengesellschaft** s. *Kruth* NZI 2011, 844 [848].

j) **Massegläubiger** (*Uhlenbruck/Wegener* § 13 Rn. 23; *Müller/Rautmann* ZInsO 2015, 2365, **a.A.** MüKo-InsO/*Schmahl/Vuja* § 13 Rn. 27).

III. Weitere Regelungen zum Antragsrecht

Die InsO enthält weitere Regelungen zum Antragsrecht in § 15 InsO (s. § 15 Rdn. 3 ff.) und § 18 Abs. 3 InsO (s. § 18 Rdn. 32 ff.) für juristische Personen und Gesellschaften ohne Rechtspersönlichkeit. Einzelheiten zur Frage der Vertretung usw. s. § 14 Rdn. 33 ff. **Sonderregelungen** bestehen für das Nachlassinsolvenzverfahren (§§ 317, 318 InsO) und das Gesamtgut (§ 332 Abs. 2, Abs. 3, § 333 InsO). Zur Antragspflicht in diesen Fällen s. § 15a Rdn. 8 ff. und *Schallenberg/Rafiqpoor* § 317 Rdn. 26 ff. Beim Verbraucherinsolvenzverfahren enthalten für den Schuldnerantrag die §§ 304 ff. InsO Spezialregelungen. Bei einem Gläubigerantrag hat das Gericht dem Schuldner Gelegenheit zu geben, ebenfalls einen Antrag zu stellen (§ 306 Abs. 3 Satz 1 InsO). Siehe i.E. § 14 Rdn. 8 und *Busch* § 304.

11

IV. Antragspflicht

Eine Antragspflicht besteht nur bei Vermögensmassen, bei denen eine **natürliche Person nicht unbeschränkt haftet** (Einzelheiten s. § 15a Rdn. 8 ff.). Bei natürlichen Personen gibt es allerdings Fälle mittelbarer Antragspflicht in sog. **Unterhaltsmangelfällen**. Stellt ein Unterhaltsschuldner keinen Insolvenzantrag mit Restschuldbefreiungsantrag gem. § 287 InsO, obgleich ihm dies zumutbar ist, kann er sich nicht auf andere Verbindlichkeiten berufen (*BGH* ZInsO 2005, 433; *Ahrens* § 287 Rdn. 73; *Melchers* NJW 2008, 806). Die Verpflichtung besteht nicht zur Verbesserung des Unterhalts an eine unverheiratete Mutter oder des Trennungsunterhalts eines Ehegatten (*BGH* NZI 2008, 193 m. Anm. *Ahrens* NZI 2008, 159).

12

C. Schriftformzwang (Abs. 1 Satz 1), Ergänzende Angaben (Abs. 1 Sätze 3–7) und Formularzwang (Abs. 3)

I. Überblick

Die InsO in der Ursprungsfassung zum 01.01.1999 sah einen Schriftformzwang für den Eröffnungsantrag des Schuldners in **Verbraucherinsolvenzverfahren** vor (§ 305 Abs. 1 InsO). Als Reaktion auf unterschiedlich verwandte Formulare fügte der Gesetzgeber die Ermächtigung in § 305 Abs. 5 InsO ein, die mit der Verbraucherinsolvenzvordruckverordnung vom 17.02 2002, in Kraft seit dem 01.03.2002, umgesetzt wurde.

13

In **Regelinsolvenzverfahren** werden Gläubigeranträge ausnahmslos schriftlich gestellt (Muster für den Gläubigerantrag bei *Schmerbach* NZI 2003, 421). Für Eigenanträge natürlicher Personen bei eingestelltem Geschäftsbetrieb verwendet die Praxis Formulare in Anlehnung an den zum Verbraucherinsolvenzantrag geltenden amtlichen Vordruck (z.B. das Muster zum Regelinsolvenzantrag ehemals Selbständiger bei *Schmerbach* ZVI 2002, 38 und ZInsO 2002, 119). Für Eigenanträge bei laufendem Geschäftsbetrieb existieren unterschiedliche Vordrucke. Zum 01.07.2007 ist durch Einfügung des Wortes schriftlich in Abs. 1 Satz 1 ein **Schriftformzwang** eingeführt worden (s. Rdn. 22 ff.) und **Abs. 3** in Anlehnung an § 305 Abs. 5 InsO die Möglichkeit geschaffen worden, bei Eigenanträgen des Schuldners einen Formularzwang einzuführen. Dies ist bislang nicht geschehen. Allerdings hat das BMJ im Januar 2012 an die Praxis Entwürfe zur Stellungnahme versandt. Diese werden in der Praxis teilweise schon genutzt. Der durch das ESUG eingefügte Abs. 3 Satz 3 erlaubt schließlich die Verwendung unterschiedlicher Formulare für maschinell und nichtmaschinell bearbeitete Verfahren.

14

Durch das zum 01.03.2012 in Kraft getretene **ESUG** soll die Stellung der Gläubiger gestärkt werden durch die Bestellung eines vorläufigen Gläubigerausschusses im Eröffnungsverfahren gem. §§§ 21 Abs. 2 Nr. 1a, 22 InsO. Dieser ist bei der Auswahl des (endgültigen) Insolvenzverwalters und insbesondere bei der Auswahl des vorläufigen Insolvenzverwalters gem. § 56a InsO sowie bei Anord-

15

nung der Eigenverwaltung gem. § 270 Abs. 3 InsO anzuhören und hat weitgehende Mitbestimmungsrechte gem. § 56a InsO.

16 Um diese Entscheidung vorzubereiten und zu ermöglichen, hat der Schuldner die in § 13 Abs. 1 **Sätze 3–7** InsO aufgeführten Angaben zu machen. Die Angaben gem. Abs. 1 Satz 5 beziehen sich aber nur auf das vorangegangene Geschäftsjahr zur Prüfung, ob ein vorläufigen Gläubigerausschuss (§ 22a InsO) einzusetzen ist. Nicht vorgeschrieben sind nicht wichtige aktuelle Angaben wie offene Löhne im Hinblick auf das Insolvenzgeld oder zur Auftragslage. Die **Einzelheiten** sind in der Praxis **teilweise noch ungeklärt**. Zugleich wird die Auswahl eines für den Schuldner geeigneten (vorläufigen) Insolvenzverwalters erleichtert (*Römermann* NJW 2012, 641 [642]) gem. §§ 22a, 56a InsO. Weitere Bedeutung erlangen die Angaben im Rahmen des § 15a Abs. 4 InsO.

II. Schriftformzwang (Abs. 1 Satz 1)

17 **Gläubigeranträge** werden **ausnahmslos schriftlich** gestellt.

18 Für die häufigen **Schuldneranträge natürlicher Personen bei eingestelltem Geschäftsbetrieb** verwendet die Praxis ein an das Formular in Verbraucherinsolvenzverfahren angelehntes Formular (s. Rdn. 14) und erzielt damit die zum 01.07.2007 durch das Schriftformerfordernis in Abs. 1 Satz 1 sowie die Möglichkeit der Einführung eines Formularzwanges Abs. 3 beabsichtigten Wirkungen. Der in Abs. 3 ermöglichte Formularzwang ist bislang nicht umgesetzt worden. Allerdings hat das BMJ im Januar 2012 an die Praxis Entwürfe zur Stellungnahme versandt. Diese werden in der Praxis teilweise schon genutzt.

19 Bei Schuldneranträgen bei **laufendem Geschäftsbetrieb** hat die Praxis gezeigt, dass häufig rasches Handeln geboten ist und der Schuldner/Vertreter **nicht mit dem Ausfüllen eines Formulars belastet** werden sollte. Es genügt, die wichtigsten Daten abzufragen (Kontoverbindungen, liquide Zahlungsmittel, Sicherungsrechte, Überblick über Außenstände, Lohnrückstände im Hinblick auf Insolvenzgeldzeitraum) und schnell einen vorläufigen Insolvenzverwalter einzusetzen, der die Einzelheiten mit dem Schuldner/Vertreter abklärt. Dies gilt auch und insbesondere nach der Änderung durch das ESUG zum 01.03.2012. Die nach Abs. 1 Sätze 3–7 InsO geforderten Angaben werden schon die wenigsten mittelständischen Unternehmen machen können. Erst recht gilt dies für Kleinunternehmer in Form einer Limited oder UG. Das Ziel des ESUG, die Erleichterung der Sanierung, würde konterkariert. Die rechtzeitige Insolvenzantragstellung muss gefördert und unterstützt werden. Insolvenzanträge werden durchschnittlich 11 Monate nach Eintritt der materiellen Insolvenz gestellt (s. § 26 Rdn. 75).

20 Insolvenzgerichte tun gut daran, bei **laufendem Geschäftsbetrieb Anträge weiterhin zu Protokoll** aufzunehmen und so die oben (Rdn. 19) genannten relevanten Daten aufzunehmen, damit verzögernde Nachfragen vermieden werden (*Schmerbach/Wegener* ZInsO 2006, 400 [403]; zweifelnd *Kübler/Prütting/Bork-Pape* InsO, § 14 Rn. 16). Der Aufwand für die Service-Einheiten hält sich in Grenzen. Fordert man einen schriftlichen Antrag und verweist auf die Klärung von offenen Fragen im Rahmen der Anhörung durch den Insolvenzrichter (so *Pape* NZI 2007, 425 [428]), wird damit die Schreibtätigkeit auf den Insolvenzrichter verlagert. Weiter treten Verfahrensverzögerungen ein bis hin zu Abweisungen von Anträgen als unzulässig, weil die geforderten Daten nicht (fristgerecht) vorgelegt werden.

21 Zu den **formalen Anforderung** an die Schriftform s. § 14 Rdn. 13.

III. Ergänzende Angaben (Abs. 1 Satz 3–7)

1. Überblick

22 Anders als beim Gläubigerantrag muss ein **Eigenantrag** eines Schuldners nicht schlüssig sein, es genügt vielmehr, dass die Tatsachen die **wesentlichen Merkmale eines Eröffnungsgrundes** gem. §§ 17 ff. InsO erkennen lassen (s. § 14 Rdn. 233).

Eröffnungsantrag § 13 InsO

23 Diese Anforderungen modifiziert die Änderung durch das ESUG, die zum 01.03.2012 eingefügt worden sind. Der Schuldner hat die **Angaben** zu machen, um die **Entscheidungen über die Bestellung eines vorläufigen Gläubigerausschusses im Eröffnungsverfahren** gem. §§ 21 Abs. 2 Nr. 1a, 22a InsO zu ermöglichen. Dieser ist bei der Auswahl des (endgültigen) und insbesondere der Auswahl des vorläufigen Insolvenzverwalters gem. § 56a InsO sowie bei Anordnung der vorläufigen Eigenverwaltung gem. §§ 270 Abs. 3, 270a, 270b InsO anzuhören und hat weitgehende Mitbestimmungsrechte gem. § 56a InsO.

24 Die Vorschriften gelten **auch**, wenn zuvor der **Gläubiger** einen **Antrag** gestellt hat. Welche Angaben des Schuldners noch erforderlich sind, um von einem zulässigen und die Strafbarkeit gem. § 15a Abs. 4, 5 InsO ausschließenden Antrag auszugehen, ist eine Frage des Einzelfalles, s. Rdn. 44.

25 Bei einem **Gläubigerantrag** gelten die Vorschriften **nicht**. Das Insolvenzgericht bzw. der Sachverständige/vorläufige Insolvenzverwalter muss Angaben, sofern (noch) erforderlich, auf andere Weise beschaffen. Insbesondere bei der Frage nach der Einsetzung eines vorläufigen Gläubigerausschusses können (zeitliche) Probleme entstehen.

2. Gläubiger- und Forderungsverzeichnis (Abs. 1 Satz 3)

a) Gesetzeszweck

26 Wie bei einem Verbraucherinsolvenzantrag (§ 305 Abs. 1 Nr. 3 InsO) ist ein Verzeichnis der Gläubiger und der Forderungen beizufügen. Abs. 1 Satz 3 ist an § 104 KO angelehnt. Der Gesetzgeber will einen ordnungsgemäßen Ablauf des Insolvenzverfahrens gewährleisten Dem Gericht soll erleichtert werden, die **Gläubiger bereits in einem frühen Verfahrensstadium einzubeziehen**. Zugleich werden die gesetzlichen Anforderungen an einen richtigen Eröffnungsantrag i.S.v. § 15a Abs. 4 InsO konkretisiert.

b) Anwendungsbereich

27 Die Regelung gilt – anders als Abs. 1 Sätze 4–7 – bei **jedem Schuldnerantrag**. Dies gilt auch bei Antrag eines Gesellschafters bei Führungslosigkeit gem. § 10 Abs. 2 Satz 2 InsO (*AG Mönchengladbach* ZInsO 2012, 2299). Daneben bestehen die allgemeinen Auskunfts- und Mitwirkungspflichten des Schuldners bei Eigen- wie bei Gläubigeranträgen nach § 20 Abs. 1 InsO.

c) Inhalt

28 Anzugeben sind alle Gläubiger und die Höhe ihrer (auch der bestrittenen) Forderungen, die ggf. der Höhe nach zu schätzen sind (*Kübler/Prütting/Bork-Pape* InsO, § 13 Rn. 120). Die Gläubiger sind identifizierbar zu bezeichnen, ansonsten ist der Antrag unzulässig (*LG Potsdam* ZInsO 2013, 2501; *AG Hannover* ZInsO 2015, 1693 [1694]). Das Fehlen einzelner Gläubiger und Forderungen macht einen Antrag nicht unzulässig (*AG Mönchengladbach* ZInsO 2012, 2299; HambK-InsO/*Linker* § 13 Rn. 28; *Kübler/Prütting/Bork-Pape* InsO, § 13 Rn. 122; *Uhlenbruck/Wegener* § 13 Rn. 134; krit. MüKo-InsO/*Schmahl/Vuja* § 13 Rn. 110; a.A. *Obermüller* ZInsO 2012, 18 [19]); *Blankenburg* ZInsO 2013, 2196 [2198]); zudem wird dies für das Insolvenzgericht i.d.R. nicht ersichtlich sein (s. Rdn. 47). Die Unzulässigkeit soll nach dem Willen des Gesetzgebers die Ausnahme bilden (*Müller/Rautmann* ZInsO 2012, 918). Im Übrigen muss der antragstellende Schuldner jedenfalls gebührende Anstrengungen zur Erstellung eines vollständigen Verzeichnisses unternehmen (*AG Mönchengladbach* ZInsO 2012, 2299; *AG Hannover* ZInsO 2016, 236). Wird glaubhaft gemacht, dass die »gebührenden Anstrengungen« erfolglos bleiben, wird der Antrag zulässig (*Frind* ZIP 2013, 2244 [2245]). **Fehlt** das Verzeichnis **vollständig**, ist der Antrag **unzulässig**. Zum Vorgehen in diesem Fall s. Rdn. 47.

d) Praktische Umsetzung

29 **Viele Schuldner** werden gerade bei laufendem Geschäftsbetrieb **überfordert** sein (krit. auch *Blankenburg* ZInsO 2013, 2196 [2199 f.] unter Hinweis darauf, dass nach Inkrafttreten des ESUG 80 % der Anträge zu beanstanden waren). Das Szenario sieht regelmäßig so aus, das bis zum letzten Moment das Prinzip Hoffnung regierte, die Hausbank die Erhöhung der Kredite ablehnt oder sie fällig stellt und zu einem Eigenantrag rät. Zudem besteht die Verpflichtung des Abs. 1 Satz 4 Nr. 7. Kleine und mittlere Unternehmen sind häufig überfordert (s. Rdn. 19) und werden sich auf die Angabe der Hauptgläubiger beschränken, was nicht zu einer Unzulässigkeit des Antrages führt (s. Rdn. 28). Bei laufendem Geschäftsbetrieb sind die Angaben gem. Abs. 1 Satz 4 und 5 i.d.R. fakultativ; eine Ausnahme besteht nur im Fall des Abs. 1 Satz 6.

3. Fakultative Angaben bei laufendem Geschäftsbetrieb über Gläubigerstruktur (Abs. 1 Satz 4)

a) Gesetzeszweck

30 Bei laufendem Geschäftsbetrieb soll der Schuldner in dem Verzeichnis nach Abs. 1 Satz 3 bestimmte Forderungen nach Maßgabe der Nr. 1–5 kenntlich machen; verpflichtend sind die Angaben nur im Fall des Abs. 1 Satz 6. Es sollen die Gläubigergruppen kenntlich gemacht werden, aus deren Mitte das Gericht **Mitglieder für den vorläufigen Gläubigerausschuss** gem. §§ 21 Abs. 2 Nr. 1a, 22a InsO **auswählen** kann.

b) Anwendungsbereich

31 Bei **eingestelltem** Geschäftsbetrieb sind die Angaben nicht erforderlich, da eine Verpflichtung zur Einsetzung eines vorläufigen Gläubigerausschusses gem. § 22a Abs. 3 InsO nicht besteht (*AG Hamburg* ZIP 2013, 1135 [1136]; **a.A.** *AG Hannover* ZInsO 2015, 1693 [1695]).

32 Der Gesetzestext spricht von einem nicht eingestellten Geschäftsbetrieb. Verpflichtend sind die Angaben nur im Fall des Abs. 1 Nr. 6. Wann noch ein **laufender Geschäftsbetrieb** vorliegt, hat besondere Bedeutung im Anwendungsbereich des § 22a InsO (s. § 22a Rdn. 37). Zur Feststellung der Zahlen s. § 22a Rdn. 18.

c) Einzelheiten

33 Bei den Forderungen nach **Nr. 1 und Nr. 2** hat der Schuldner ein Ermessen. Die Konkretisierung muss sich orientieren an der Vorschrift des Abs. 1 Satz 6, wo die Angaben zwingend sind. Sie dienen der Überprüfung, ob und in welcher Zusammensetzung ein vorläufiger Gläubigerausschuss gem. § 22a InsO einzusetzen ist (s. § 22a Rdn. 69). Dabei ist zu bedenken, dass dem Insolvenzgericht auch die sachgemäße Zusammensetzung eines vorläufigen Gläubigerausschusses und die Überprüfung der vorgeschlagenen Mitglieder ermöglicht werden muss (s. § 22a Rdn. 67).

34 Bei den Angaben nach Nr. 1 und Nr. 2 wird es regelmäßig zu **Überschneidungen** kommen. Forderungen mit Rangrücktritt (s. § 19 Rdn. 31) sollten als solche gekennzeichnet werden. Zur Frage der Berücksichtigung dieser Gläubiger bei der Zusammensetzung des vorläufigen Gläubigerausschusses s. § 22a Rdn. 69. Die **Kenntlichmachung** kann durch Fettdruck oder Auflistung beginnend mit den höchsten Forderungen erfolgen. Ein vollständiges Forderungsverzeichnis ist gem. Abs. 1 Satz 3 vorgeschrieben.

35 Bei auf § 18 InsO gestützten Anträgen ist auf den Forderungsbestand bei Antragstellung abzustellen. Fraglich ist, ob **zukünftige Gläubiger** aufzuführen (und zu berücksichtigen) sind. Dafür spricht ein argumentum a majore ad minus aus § 21 Abs. 2 Nr. 1a, 2. HS InsO.

36 Die Forderungen gem. **Nr. 3–5** lassen sich leicht bestimmen. Es empfiehlt sich, Mitglieder eines etwaigen Betriebsrates zu benennen.

4. Zwingende Angaben bei laufendem Geschäftsbetrieb über Kriterien des § 22a Abs. 1 InsO (Abs. 1 Satz 5)

Liegt ein laufender Geschäftsbetrieb (Abs. 1 Satz 4) vor, soll der Schuldner Angaben zur Gläubigerstruktur machen. Entgegen dem Regierungsentwurf ist die Vorschrift nicht als Mussvorschrift, sondern als Sollvorschrift ausgestaltet. Damit soll verhindert werden, dass der Antrag bei Fehlen entsprechender Angaben als unzulässig verworfen wird (*Pape* ZInsO 2011, 2154 [2155]). Macht der Schuldner diese **Angaben**, folgt daraus eine **zwingende Selbstverpflichtung** zu den in Abs. 1 Satz 5 aufgeführten, dem § 22a Abs. 1 InsO entsprechenden Angaben (AGR/*Kadenbach* § 13 Rn. 35; *Pape* ZInsO 2011, 2154 [2155]; *Römermann/Praß* GmbH-Rundschau 2012, 425 [428]; *Guttmann/ Laubereau* ZInsO 2012, 1861; **a.A.** *Frind* ZInsO 2011, 2249 [2252 f.]; *ders.* ZInsO 2012, 386). Wenn zwei der drei Kennziffern des § 22a Abs. 1 InsO nicht vorliegen (können), bedarf es für die Zulässigkeit des Antrages nicht der Mitteilung der dritten Größe gem. § 13 Abs. 1 Satz 6 InsO (*AG Ludwigshafen* ZInsO 2012, 2057). Zu Abs. 1 Satz 6 s. Rdn. 40. 37

Die Angaben müssen sich auf das **vorausgegangene Geschäftsjahr** beziehen. Zwischenzeitliche Änderungen sind unbeachtlich (*Frind* ZInsO 2011, 2249 [2252]; *Guttmann/Laubereau* ZInsO 2012, 1861). Bei erheblicher Reduzierung, aber noch laufendem Geschäftsbetrieb kann von der Einsetzung eines vorläufigen Gläubigerausschusses allenfalls gem. § 22a Abs. 3. 2. Alt InsO abgesehen werden. Zu kritisieren ist ferner, dass **nur Angaben zur Bilanzsumme** gefordert sind, während zur Entscheidung über die Pflicht zur Bestellung eines vorläufigen Gläubigerausschusses nach § 22a Abs. 1 Nr. 1 InsO n.F. eine Bilanzierung nach den Anforderungen des § 286 Abs. 3 HGB erforderlich ist (*Haarmeyer/Wutzke/Förster-Mitter* PräsenzKommentar, § 13 InsO Rn. 5a). 38

Stehen verlässliche Zahlen nicht zur Verfügung, sind **Schätzungen** abzugeben, wobei die Grundlagen der Schätzung darzulegen und zu erläutern sind (*AG Essen* ZInsO 2015, 75 HambK-InsO/*Linker* § 13 Rn. 28;). Hinsichtlich der **Einzelheiten** zu den Angaben wird verwiesen auf § 22a Rdn. 12 ff. 39

5. Zwingende Angaben über Gläubigerstruktur (Abs. 1 Satz 6)

Bei laufendem Geschäftsbetrieb (s. Rdn. 31) wird die Sollvorschrift des Satzes 4 in eine **Mussvorschrift** umgewandelt in den in Nr. 1–3 aufgeführten Fällen (**str.**, s. Rdn. 37). Ermöglicht werden soll die Überprüfung für das Gericht, ob ein zwingender (§ 22a Abs. 1) oder fakultativer (§§ 22a Abs. 2, 21 Abs. 2 Nr. 1a InsO) vorläufiger Gläubigerausschuss eingesetzt wird. Die gegenteilige Ansicht (HambK-InsO/*Frind* § 22a Rn. 5; *Frind* ZInsO 2011, 2249 [2252 f.]; *ders.* ZInsO 2012, 386) ist abzulehnen (A/G/R-*Kadenbach* § 13 InsO Rn. 35; *Kübler/Prütting/Bork-Pape* InsO, § 13 Rn. 141; *Römermann/Praß* GmbHR 2012, 425 [428]). Abzustellen ist nicht auf den Wortlaut, sondern auf den Gesetzeszweck. 40

Bestehen **Zweifel** an der Richtigkeit oder Vollständigkeit der Angaben des Schuldners, ist fraglich, ob die Einholung eines Sachverständigengutachtens in Betracht kommt. Bei fehlenden/unvollständigen Angaben bei Antrag gemäß § 13 Abs. 1 Satz 6 Nr. 1 und 3 ist nicht der Eröffnungsantrag insgesamt als unzulässig abzuweisen. Vielmehr der Antrag auf Eigenverwaltung oder Einsetzung eines vorläufigen Gläubigerausschusses zurückzuweisen (unklar *Kübler/Prütting/Bork-Pape* InsO, § 13 Rn. 139, 141), was mit einer sofortigen Beschwerde zudem nicht überprüfbar ist (s. § 6 Rdn. 27). 41

Fehlen Angaben, ob der Schuldner die Merkmale des § 22a Abs. 1 InsO erfüllt (§ 13 Abs. 1 Satz 6 Nr. 2 InsO), ist der Antrag nicht als unzulässig abzuweisen (so *Kübler/Prütting/Bork-Pape* InsO, § 13 Rn. 139 ff.), vielmehr sind Sicherungsmaßnahmen anzuordnen und nachträglich darüber zu befinden, ob ein vorläufiger Gläubigerausschuss eingesetzt wird. Dies gebietet der Zweck des Insolvenzverfahrens der gemeinschaftlichen Gläubigerbefriedigung und bei juristischen Personen zudem die gem. § 15a InsO bestehende Antragspflicht. 42

Die Anforderungen gelten nicht, wenn unzweifelhaft kein vorläufiger Gläubigerausschuss einzusetzen ist (Rdn. 31). 43

44 Bei **nachfolgenden Antragstellungen** gilt Folgendes:
- Stellt bei einem **bereits vorliegenden Gläubigerantrag** der Schuldner Antrag, ist es eine Frage des Einzelfalles anhängig von den bereits getätigten Ermittlungen und dabei gewonnenen Erkenntnissen, inwieweit der Schuldner noch Angaben machen muss (HambK-InsO/*Linker* § 13 Rn. 30; *Kübler/Prütting/Bork-Pape* InsO, § 13 Rn. 131; *Uhlenbruck/Wegener* § 13 Rn. 128).
- Wird ein Antrag gem. **§ 22a Abs. 2 InsO nach dem Eröffnungsantrag** des Schuldners gestellt, wird der Antrag nicht automatisch nachträglich unzulässig (*Kübler/Prütting/Bork-Pape* InsO, § 13 Rn. 135; *Römermann/Praß* GmbHR 2012, 425 [428]; **a.A.** *Frind* ZInsO 2011, 2249 [2254]). Kommt der Schuldner einer Aufforderung des Gerichtes nicht nach, ist fraglich, ob Unzulässigkeit eintritt. Der Regelungszweck des ESUG einer Verbesserung der Sanierungschancen spricht dagegen (**a.A.** MüKo-InsO/*Schmahl/Vuja* § 13 Rn. 110; *Frind* ZInsO 2011, 2249 [2254]). Die Aufklärung kann mit anderen Mitteln erreicht werden. Eine zeitweilige Ungewissheit über die Nichteinsetzung eines vorläufigen Gläubigerausschusses ist hinnehmbar. Hat der Schuldner selber nachträglich Antrag auf Einsetzung eines vorläufigen Gläubigerausschusses gestellt, ist es nahe liegend, den Antrag zurückzuweisen (*Kübler/Prütting/Bork-Pape* InsO, § 13 Rn. 135).

6. Versicherung der Richtigkeit und Vollständigkeit (Abs. 1 Satz 7)

45 Die Richtigkeit und Vollständigkeit der Angaben nach Satz 3–5 hat der **Schuldner** in einer beizufügenden Erklärung **zu versichern.**]). Es handelt sich um eine höchstpersönliche Wissenserklärung, die der Schuldner persönlich abgeben muss (*AG Essen* ZInsO 2015, 418; *LG Hannover* ZInsO 2016, 1162 [1163]). Gefordert ist keine Versicherung an Eides statt. Eine Unterschrift des Schuldners alleine genügt nicht (HambK-InsO/*Linker* § 13 Rn. 28; **a.A.** *LG Hannover* ZInsO 2016, 1162 f. m. abl. Anm. *Blankenburg*). Vermieden werden soll, dass der Schuldner wichtige Informationen zurückhält. Das Fehlen führt zur Unzulässigkeit des Antrages (*LG Potsdam* ZInsO 2013, 2501; *AG Essen* ZInsO 2015, 418; MüKo-InsO/*Schmahl/Vuja* § 13 Rn. 110; **a.A.** *K. Schmidt/Gundlach* § 13 Rn. 19; *Müller/Rautmann* ZInsO 2012, 918 [920]. Im Rahmen des § 15 Abs. 2 InsO kann zusätzlich eine Glaubhaftmachung von Eröffnungsgrund und ggf. Führungslosigkeit erforderlich sein. Zu Folgen bei Verstößen s. Rdn. 54.

7. Konzerninsolvenzen

46 Durch das Gesetzes zur Erleichterung und Bewältigung von Konzerninsolvenzen (Vor §§ 1 ff. Rdn. 84) ist § 13a InsO eingefügt worden, der die Voraussetzungen für einen Antrag zur Begründung eines Gruppengerichtsstandes gem. § 3a Abs. 1 InsO regelt. Weiter sind im Wesentlichen geschaffen Koordinationsregeln (§§ 269a ff. InsO) und eine Ermächtigung zur Konzentration der Insolvenzgerichte in § 2 Abs. 3 InsO. Die Änderung tritt zum 21.04. 2018 in Kraft.

8. Verfahren des Gerichtes (Abs. 3)

47 Bei **fehlenden Unterlagen bzw. Angaben** wird das Insolvenzgericht den Schuldner zur (vollständigen) Vorlage auffordern. Bei laufendem Geschäftsbetrieb kommen auch Telefonanfragen oder Auflagen per Fax oder Mail in Betracht unter Setzung einer Frist. Der zum 26.06.2017 neu eingefügte Abs. 3 Satz 1 enthält dazu nähere Vorgaben. Eine Höchstfrist für Nachbesserungen ist nicht – wie ursprünglich geplant – vorgesehen. Die Gesetzesbegründung führt zusammengefasst Folgendes aus: »Damit wird die bisherige Praxis der Insolvenzgerichte kodifiziert, bei unzulässigen Eröffnungsanträgen im Wege der Zwischenverfügung auf einen ordnungsgemäßen Antrag hinzuwirken (*BGH* Beschl. v. 12.12.2002 – IX ZB 426/02, Rn. 8 ff.). Erfasst sind die Fälle, in denen der Mangel des Antrags dessen Zulässigkeit berührt und daher noch keine Amtsermittlungspflicht gem. § 5 InsO besteht (vgl. *BGH* Beschl. v. 12.07.2007 – IX ZB 82/04, Rn. 8). Die fehlenden Angaben oder Unterlagen sind genau zu bezeichnen. ... Unterbleibt die geforderte Ergänzung, ist der Eröffnungsantrag als unzulässig zurückweisen. Zwangsmittel gem. § 20 InsO kommen nicht in Betracht, da dies einen zulässigen Antrag voraussetzt.« (BT-Drucks. 18/10823, S. 26).

48 Für die Strafbarkeit enthält § 15a Abs. 4 Nr. 2, Abs. 6 InsO Regelungen.

Bei laufendem Geschäftsbetrieb kann auch (zunächst) von der Einsetzung eines vorläufigen Gläubi- 49
gerausschusses gem. § 22a Abs. 3 InsO abgesehen werden mit der Folge, dass das Beteiligungsrecht
des § 56a InsO entfällt. Später nachgeholt werden muss es nicht (**str.**, s. § 22a Rdn. 55).

Sicherungsmaßnahmen sind **zulässig** (*Frind* ZInsO 2012, 386 [387]; **a.A.** *Blankenburg* ZInsO 50
2013, 2196, [2198]). So ist anerkannt, dass bei zweifelhaftem Gerichtsstand Sicherungsmaßnahmen
getroffen werden können, bevor die Zulässigkeit zweifelsfrei feststeht (s. § 3 Rdn. 29 und § 21
Rdn. 33). Bei Betriebsfortführung wird der vorläufige Insolvenzverwalter zudem fehlende Angaben
ermitteln und so den Antrag zulässig machen.

Nach erfolglosem Fristablauf wird der Antrag als **unzulässig** zurückgewiesen, sofern Angaben gänz- 51
lich fehlen (*AG Hamburg* NZI 2012, 850; *AG Hannover* ZInsO 20115, 1693 [1695]; A/G/R-*Kadenbach* § 13 InsO Rn. 39; *Blankenburg* ZInsO 2013, 2196 [2198]). Das Fehlen einzelner Gläubiger
oder Forderungen führt nicht zur Unzulässigkeit (s. Rdn. 28). Im Zweifel ist von einer Zulässigkeit
auszugehen (*Uhlenbruck/Wegener* § 13 Rn. 133; **a.A.** *Kübler/Prütting/Bork-Pape* InsO, § 13
Rn. 123). Die Grenze ist überschritten, wenn Angaben zu typischerweise vorhandenen Gläubigergruppen wie Finanzämtern, Sozialversicherungsträgern, Kreditinstituten, fehlen (*Kübler/Prütting/
Bork-Pape* InsO, § 13 Rn. 123). Zwangsmittel gem. §§ 20, 98 InsO (bei zur Antragstellung verpflichteten Schuldnern, vgl. § 20 Rdn. 23 ff.) kommen nicht in Betracht, solange der Antrag unzulässig ist.

Auch nach der Gesetzesänderung gilt diese Rechtsprechung fort. Häufig sind die Schuldner nicht 52
(mehr) im Besitz der erforderlichen Unterlagen und/oder mit der Antragstellung schlicht überfordert. Oftmals ist den Schuldnern mit Hilfe eines zu bestellenden Sachverständigen die Vervollständigung der Angaben möglich und es kann zeitnah eine sachkundige Person agieren (Stellungnahme
VID 16.02.2017 S. 1). Kooperiert der Schuldner nicht mit dem Sachverständigen, kann der Eröffnungsantrag als inzwischen unzulässig geworden zurückgewiesen werden, da dem Schuldner offensichtlich das Interesse an der weiteren Durchführung des Verfahrens fehlt.

Ein **Sachverständiger** kann bei Unklarheiten beauftragt werden (*Uhlenbruck/Wegener* § 13 Rn. 132; 53
Frind ZInsO 2011, 2249 [2253]) mit dem Ziel zu prüfen, ob die Anforderungen des § 13 Abs. 1
InsO erfüllt sind (*Stapper/Jacobi* ZInsO 2012, 628 [629]). Muster bei *Frind* ZInsO 2012, 386. In
dringenden Fällen kommen daneben Sicherungsmaßnahmen gem. § 21 Abs. 2 Nr. 1–3 InsO in Betracht (s. Rdn. 48).

9. Folge von Verstößen

Neben der **Abweisung mangels Unzulässigkeit** (s. Rdn. 47) droht eine **Strafbarkeit** gem. § 15a 54
Abs. 4, 5 InsO (s. § 15a Rdn. 47). In Betracht kommen auch sonstige Strafvorschriften. Bei natürlichen Personen droht weiter die Versagung der Restschuldbefreiung gem. § 290 Abs. 1 Nr. 5 InsO
(*Kübler/Prütting/Bork-Pape* InsO, § 13 Rn. 128; *Blankenburg* ZInsO 2013, 2196 [2199]). Ein zunächst fehlendes Gläubiger- und Forderungsverzeichnis gem. § 13 Abs. 1 Satz 3 InsO kann im Rahmen des § 270 Abs. 2 Nr. 2 InsO berücksichtigt werden (*AG Hamburg* ZIP 2013, 1684 = EWiR
2013, 591). Zu Verwertungsverboten von Angaben gem. § 97 Abs. 1 Satz 3 InsO s. § 20 Rdn. 21.

10. Bewertung

Bereits die Einführung des Schriftformerfordernisses zum 01.07.2007 ist zu kritisieren (s. Rdn. 19). 55
Die Neuregelung durch das ESUG in Abs. 1 Sätze 4–7 ist auf Großunternehmen zugeschnitten. Die
meisten Schuldner werden von der Sanierungsmöglichkeit des ESUG keinen Gebrauch machen wol-
len und können. Die ohnehin erst verspätet (durchschnittlich 11 Monate nach Eintritt der materiel-
len Insolvenz, s. § 26 Rdn. 75) erfolgende **Antragstellung wird erschwert** (ebenso *Kübler/Prütting/
Bork-Pape* InsO, § 13 Rn. 129). Die Sanierungsmöglichkeit wird in diesen Fällen nicht erhöht, der
Gesetzeszweck konterkariert (*Pape* ZInsO 2011, 2154 [2156]; ähnlich *Kübler/Prütting/Bork-Pape*
InsO, § 13 Rn. 128).

IV. Formularzwang (Abs. 4)

56 Durch das ESUG ist zum 1.3.2012 Abs. 3 (jetzt Abs. 4) Satz 3 eingefügt und die Vorschrift dem für das Verbraucherinsolvenzverfahren geltenden § 305 Abs. 3 Satz 3 InsO angepasst worden.

57 Für Anträge **natürlicher Personen** bietet sich bei **eingestelltem** Geschäftsbetrieb ein dem Vordruck in Verbraucherinsolvenzverfahren angeglichener Vordruck an (s. Rdn. 14). Für die Praxis bietet der Vordruck bei eingestelltem Geschäftsbetrieb eine wesentliche Arbeitserleichterung für Gericht und Sachverständigen/Insolvenzverwalter. Es ist unverständlich, weshalb noch kein Vordruck geschaffen wurde (*Pianowski* ZInsO 2008, 308 [309]).

58 Für **laufenden** Geschäftsbetrieb kann ein gesondertes Formular entwickelt werden (MüKo-InsO/*Schmahl/Vuja* § 13 Rn. 16), ein Formularzwang aus den obigen Gründen (s. Rdn. 12) ist aber skeptisch zu sehen. Erforderlich sind überschaubare Formulare, **differenziert** nach eingestelltem/laufenden Geschäftsbetrieb und den Kriterien des Abs. 1 Satz 6 Nr. 1–3. Dem genügt der vom BMJ vorgelegte, letztlich nicht umgesetzte Entwurf eines einheitlichen Vordruckes nicht (*Stellungnahme BAKInso* ZInsO 2014, 592), der auch gestrafft werden muss.

D. Antragsrücknahme (Abs. 2)

I. Rücknahmemöglichkeit

59 Die dem Antragsgrundsatz des Abs. 1 entsprechende **Möglichkeit der Antragsrücknahme** wird **in Abs. 2 eingeschränkt**. Nach Eröffnung des Verfahrens soll nach dem Willen des Gesetzgebers im Interesse der Rechtssicherheit eine **Verfahrenseröffnung** mit ihren Wirkungen gegenüber Dritten durch eine Rücknahme des Antrages nicht mehr in Frage gestellt werden können; nicht erforderlich ist, dass der Beschluss über die Verfahrenseröffnung rechtskräftig ist (BT-Drucks. 12/2443 S. 113). Bei Verfahrenseröffnung entfällt die Rücknahmemöglichkeit mit dem Wirksamwerden des Eröffnungsbeschlusses (s. § 30 Rdn. 7; *OLG Celle* ZIP 2000, 673 [675]; *LG Karlsruhe* NZI 2002, 608 [609]). Ordnet erst das Beschwerdegericht die Eröffnung an, wird diese Entscheidung gem. § 6 Abs. 3 Satz 1 InsO (Ausnahme in Satz 2) erst mit Rechtskraft des Beschlusses wirksam. Bis dahin kann eine Rücknahme erfolgen, falls nicht gem. § 6 Abs. 3 Satz 2 InsO die sofortige Wirksamkeit der Entscheidung angeordnet worden ist (HK-InsO/*Sternal* § 13 Rn. 28; *Uhlenbruck/Wegener* InsO, § 13 Rn. 165).

60 **Anlass für eine Rücknahme** sowohl durch den Schuldner als auch durch den Gläubiger können nicht behebbare Zulässigkeitsmängel des Antrags, beim Gläubigerantrag Erfüllung, fehlende Begründetheit des Antrags oder mangelnde Masse (§ 26 InsO) sein. Eine Teilrücknahme bei Teilbefriedigung des Gläubigers kommt nicht in Betracht, da dadurch die Zahlungsunfähigkeit nicht entfällt. Als Prozesshandlung ist der Rücknahmeantrag bedingungsfeindlich (HK-InsO/*Sternal* § 13 Rn. 30).

61 Sieht das Insolvenzgericht die Voraussetzungen für eine vom Schuldner gem. § 270 InsO beantragte Eigenverwaltung als nicht erfüllt an, so hat es gem. **§ 270a Abs. 2 InsO** den Schuldner auf seine **Bedenken hinzuweisen** und Gelegenheit zur Zurücknahme des Antrages zu geben. Ist allerdings inzwischen Zahlungsunfähigkeit (§ 17 InsO) oder Überschuldung (§ 19 InsO) eingetreten, ist die Antragspflicht gem. § 15a InsO zu bedenken (vgl. *Römermann* NJW 2012, 641 [649]).

62 Die Rücknahme erfolgt durch Erklärung gegenüber dem Gericht. Beim Gläubigerantrag bedarf es nicht einer Zustimmung des Schuldners, da eine mündliche Verhandlung i.S.d. ZPO (§ 269 Abs. 1 ZPO) im Eröffnungsverfahren nicht stattfindet (ebenso HK-InsO/*Sternal* § 13 Rn. 30). Nach Eröffnung des Insolvenzverfahrens kann bis zur Rechtskraft des Beschlusses eine sofortige Beschwerde – etwa mit der Begründung, dass der antragstellende Gläubiger befriedigt worden ist (*OLG Celle* KTS 1972, 264) – unter Geltung der InsO nicht eingelegt werden (s. § 34 Rdn. 41 ff.).

63 Wird der Antrag auf Eröffnung des Insolvenzverfahrens **mangels Masse** abgewiesen, so kann der Antrag auch nach *Erlass des Beschlusses* solange zurückgenommen werden, bis der Beschluss rechtskräftig geworden ist. Eine natürliche Person kann dadurch im Falle der Abweisung mangels Masse die

Eintragung in das Schuldnerverzeichnis (§ 26 Abs. 2 InsO) verhindern. Bei juristischen Personen kann die mit Rechtskraft des Beschlusses, durch den die Eröffnung des Insolvenzverfahrens mangels Masse abgelehnt worden ist, eintretende Auflösung (z.B. § 60 Abs. 1 Nr. 5 GmbHG) abgewendet werden.

Zur Rücknahmemöglichkeit eines **Antrages auf Restschuldbefreiung** s. *Ahrens* § 287 Rdn. 104 ff. 64

Gläubiger können sich zur **Rücknahme** ihres Antrages **verpflichten** (HK-InsO/*Sternal* § 13 Rn. 29). 65
Im Streitfall muss der Schuldner dies beweisen (*AG Göttingen* ZInsO 2001, 722 [724]; HK-InsO/ *Sternal* § 13 Rn. 29). Zum **Verzicht** s. § 14 Rdn. 57.

II. Rücknahmeberechtigung

Zur Rücknahme berechtigt ist der jeweilige Antragsteller. Im Todesfall geht die Rücknahmeberech- 66
tigung auf den/die Rechtsnachfolger über (*Uhlenbruck/Wegener* InsO, § 13 Rn. 159). Zur Rücknahmeberechtigung beim Nachlassinsolvenzverfahren und der Gütergemeinschaft s. die dortige Kommentierung.

Bei **juristischen Personen und Gesellschaften ohne Rechtspersönlichkeit** können sich Probleme hin- 67
sichtlich der Rücknahmeberechtigung ergeben (s. § 15 Rdn. 25 ff.). In den übrigen Fällen kann der Antragsteller einen Eigenantrag uneingeschränkt zurücknehmen. Dies gilt auch dann, wenn ein allgemeines Verfügungsverbot gem. § 21 Abs. 2 Nr. 2, 1. Alt. angeordnet worden ist (HK-InsO/*Sternal* § 13 Rn. 28; **a.A.** *Nerlich/Römermann-Mönning* InsO, § 13 Rn. 97). Die Rücknahmemöglichkeit ist davon nicht umfasst.

III. Rücknahmeerklärung

Bei Rücknahme eines Insolvenzantrages unter Protest gegen die Kostenlast darf nicht ohne weiteres 68
von einer Antragsrücknahme (§ 4 InsO i.V.m. § 269 ZPO) ausgegangen werden; das Gericht hat vielmehr durch weitere Aufklärung und Auslegung zu ermitteln, ob nicht **tatsächlich eine Erledigungserklärung gemeint ist** (s. Rdn. 271).

IV. Folgen der Rücknahme

Der Antragsteller, der den Antrag zurücknimmt, trägt die **Kosten des Verfahrens** (§ 4 InsO i.V.m. 69
§ 269 Abs. 3 ZPO). Stellt ein Vertretungsorgan gem. § 15 InsO den Antrag, haftet der schuldnerische Rechtsträger (*LG Berlin* ZInsO 2002, 884 [885]); interne Schadensersatzansprüche bleiben unberührt (MüKo-InsO/*Schmahl/Vuja* § 15 Rn. 84). Eine persönliche Haftung kommt nur bei einem vollmachtlosen Vertreter in Betracht (MüKo-InsO/*Schmahl* § 15 Rn. 89).

Nimmt ein Gläubiger **nach Befriedigung der Forderung** den Antrag zurück, können auf ihn erheb- 70
liche Kosten zukommen (insb. Sachverständigenkosten und Kosten eines vom Schuldner beauftragten Rechtsanwalts, nicht aber Kosten des vorläufigen Insolvenzverwalters, s. Rdn. 200; **a.A.** *AG Hamburg* ZInsO 2007, 1167). Der Gläubiger kann stattdessen das Verfahren aber auch für erledigt erklären (s. Rdn. 261). Unter Geltung des § 269 Abs. 3 ZPO a.F. wurde die Auffassung vertreten, dass dem Schuldner die Kosten nicht auferlegt werden konnten (**a.A.** *AG Köln* NZI 2000, 384 [385]). Aufgrund der eindeutigen Regelung in § 269 Abs. 3 ZPO sollte die Regelung des § 93 ZPO nicht analog anwendbar sein (*Nerlich/Römermann-Mönning* InsO, § 13 Rn. 108 f. m.w.N. auch zur Gegenansicht).

Nunmehr eröffnet § 269 Abs. 3 Satz 3 ZPO die Möglichkeit, auch dem **Schuldner die Kosten** bei 71
Rücknahme der Klage **aufzuerlegen**. Wendet man die Vorschrift sinngemäß auf das Insolvenzverfahren an, können dem Schuldner die Kosten nach billigem Ermessen unter Berücksichtigung des bisherigen Sach- und Streitstandes auferlegt werden, wenn der Anlass zur Einreichung des Antrags vor Rechtshängigkeit weggefallen ist und der Antrag daraufhin zurückgenommen wird (**a.A.** *AG Köln* NZI 2016, 130). An die Stelle der Rechtshängigkeit tritt im Insolvenzverfahren der Zeitpunkt des

Einganges des Antrags (*AG Köln* NZI 2016, 130; HK-InsO/*Sternal* § 13 Rn. 32; s. § 14 Rdn. 45). Es gelten dieselben Grundsätze wie bei der Erledigungserklärung (s. Rdn. 261 ff.).

72 Die **Praxis** verhält sich allerdings **zurückhaltend**; Verfahren werden weiterhin für erledigt erklärt. Dies erklärt sich aus dem eingeschränkten Anwendungsbereich, der nur den seltenen Fall der Zahlung vor Anhängigkeit erfasst (*AG Duisburg* NZI 2003, 161; *AG Köln* NZI 2003, 269 [270]). Weiter ist die in § 23 Abs. 1 Satz 2 GKG angeordnete Zweitschuldnerhaftung (s. Rdn. 187) zu bedenken. Steht der Durchführung eines Insolvenzverfahren lediglich entgegen, dass bereits ein noch nicht abgeschlossenes Insolvenzverfahren läuft (s. Rdn. 119), können dem Schuldner nach Antragsrücknahme die Kosten auferlegt werden (*AG Göttingen* ZInsO 2005, 157 [158]).

73 Ergibt sich aus dem vom Insolvenzgericht eingeholten Gutachten, dass keine Zahlungsunfähigkeit, sondern nur Zahlungsstockung (§ 17 Rdn. 25 ff.) vorliegt, soll eine Kostenentscheidung zu Lasten des Schuldners nicht in Betracht kommen (*AG Hamburg* NZI 2015, 31). Allerdings genügt es bei der Kostenentscheidung zu Lasten des Schuldners im Rahmen der Erledigungserklärung, dass der Antrag zulässig war, also eine Glaubhaftmachung der Zahlungsunfähigkeit vorlag; auf die Begründetheit kommt es nicht an (Rdn. 284).

74 **Vereinbarungen** über die Kostentragung sind aber bei der Entscheidung zu berücksichtigen (*LG Memmingen* NZI 2000, 278 [279]; HK-InsO/*Sternal* § 13 Rn. 32; *Kübler/Prütting/Bork-Pape* InsO, § 13 Rn. 230). Ob es sich bei der Rücknahmeerklärung um eine Erledigungserklärung handelt, ist durch Auslegung zu entscheiden (s. Rdn. 271). Wegen der Möglichkeit, auch im Falle der Rücknahme dem Schuldner die Kosten aufzuerlegen (s. Rdn. 69), hat diese Problematik aber an Bedeutung verloren. Erforderlich ist es aber, wenn der Gläubiger die für die Anwendbarkeit des § 269 Abs. 3 Satz 3 ZPO erforderlichen Tatsachen vorträgt.

75 Bei Rücknahme eines Gläubigerantrages spricht das Insolvenzgericht auf Antrag des Schuldners nach Anhörung des Gläubigers aus, dass der **Gläubiger** die **Kosten** des Verfahrens **zu tragen** hat (§ 4 InsO i.V.m. § 269 Abs. 3 ZPO), falls nicht gem. § 269 Abs. 3 Satz 3 ZPO der **Schuldner** die Kosten zu tragen hat (s. Rdn. 69). Dies kann der Gläubiger im Rahmen des rechtlichen Gehörs zum Antrag des Schuldners darlegen. Diese **Kostengrundentscheidung** trifft der Insolvenzrichter, dagegen ist sofortige Beschwerde möglich (§ 269 Abs. 3 Satz 5 ZPO; s. § 6 Rdn. 84).

76 Für die Festsetzung der **Höhe** nach ist für die Gerichtskosten der Urkundsbeamte der Geschäftsstelle (s. § 2 Rdn. 57), für die außergerichtlichen Kosten (insbesondere Rechtsanwaltskosten) der Rechtspfleger zuständig (s. § 2 Rdn. 54). Über den Vergütungsanspruch eines vorläufigen Insolvenzverwalters entscheidet gem. § 26a InsO das Insolvenzgericht jedenfalls in den ab dem 01.03.2012 beantragten Verfahren (Einzelheiten s. § 26a Rdn. 3 ff.). Vorrangig ist aber § 25 Abs. 2 InsO zu beachten (s. § 26a Rdn. 14).

77 Wird der Antrag wirksam zurückgenommen, so sind bis dahin **ergangene Entscheidungen wirkungslos** geworden, ohne dass es eines ausdrücklichen Ausspruchs bedarf (§ 4 InsO i.V.m. § 269 Abs. 3 Satz 1 ZPO). Auf Antrag des Schuldners ist die Wirkungslosigkeit deklaratorisch (gem. § 4 InsO i.V.m. § 269 Abs. 3 Satz 3 ZPO) auszusprechen (*OLG Köln* ZIP 1993, 936 = EWiR 1993, 801; MüKo-InsO/*Schmahl/Vuja* § 13 Rn. 123). Zuständig ist das Insolvenzgericht (Amtsgericht), auch wenn das Verfahren in der Beschwerdeinstanz anhängig ist (*Mohrbutter* EWiR 1993, 801 [802]; a.A. *OLG Köln* ZIP 1993, 936; ZIP 1993, 1483 [1484]). Das Insolvenzgericht veranlasst weiter die erforderlichen Mitteilungen. Zu Auswirkungen auf die Berechnung der Anfechtungsfrist bei nachfolgenden Insolvenzanträgen gem. § 139 Abs. 2 InsO s. *Dauernheim* § 139 Rdn. 4 ff.

V. Erneute Antragstellung

78 Nimmt ein Gläubiger nach Befriedigung den Antrag zurück, so sollen bei nochmaliger Antragstellung wegen weiterer Forderungen an die Glaubhaftmachung des Insolvenzgrundes der Zahlungsfähigkeit **strengere Anforderungen** zu stellen sein (*LG Bonn* ZIP 1985, 1342 [1343]; *LG Hamburg*

NZI 2002, 164 m. zust. Anm. *Hess* EWiR 2002, 349). Diese Auffassung ist **abzulehnen**. Häufig erfolgt eine Antragsrücknahme nach Teilzahlung durch den Schuldner und Abschluss einer Ratenzahlungsvereinbarung. Wird wegen Nichteinhaltung der Ratenzahlungsvereinbarung erneut Insolvenzantrag gestellt, so liegt kein Grund vor, an die Glaubhaftmachung der Zahlungsunfähigkeit erhöhte Anforderungen zu stellen. Nichts anderes gilt, wenn die ursprüngliche Forderung vom Schuldner freiwillig oder durch vom Gläubiger erfolgte Pfändungen (so im Falle des *LG Bonn* ZIP 1985, 1342) ausgeglichen wurde und wegen erneuter Forderungen Insolvenzantrag gestellt wird. Regelmäßig ist der antragstellende Gläubiger nicht der einzige Gläubiger. Aus der Tatsache, dass die ursprüngliche Forderung aus dem Schuldnervermögen beglichen werden konnte, lassen sich weder Rückschlüsse auf die gegenwärtige Zahlungsfähigkeit des Schuldners ziehen noch darauf, dass er seine Zahlungspflichten im Wesentlichen noch begleichen kann (s. § 17 Rdn. 32 ff.).

VI. Rücknahmefiktion

In den Fällen der §§ 305 Abs. 3, 308 Abs. 2 InsO **fingiert** das Gesetz die Rücknahme. 79

E. Gläubiger-Kalkül und Schuldner-Kalkül bei Antragsstellung und Antragsrücknahme

Unter betriebswirtschaftlichen Aspekten wurde das Konkursverfahren als Wertvernichter schlimmster Sorte und zugleich als teuerstes Schuldentilgungsverfahren bezeichnet. Dem versucht die InsO bei Unternehmen dadurch Rechnung zu tragen, dass ein Erhalt des Unternehmens ermöglicht wird. Gefördert werden soll das Ziel durch das ESUG (s. Vor § 1 Rdn. 74 ff.). **Natürlichen Personen** wird Gelegenheit gegeben, sich von ihren **restlichen Verbindlichkeiten zu befreien** (§ 1 Satz 2 InsO). Die Gläubiger sollen gemeinschaftlich befriedigt werden (§ 1 Satz 1 InsO). Für **Gläubiger** bietet das Insolvenzverfahren nach erfolgloser Einzelzwangsvollstreckung häufig die einzige und letzte Möglichkeit, ihre **Forderungen (wenigstens teilweise) zu befriedigen**. Auch können zur Konfliktlösung mediative Elemente eingesetzt werden (*Wipperfürth* InsbürO 2014,28). 80

I. Gläubiger-Kalkül

Gläubiger, die in der Einzelzwangsvollstreckung erfolglos waren, erreichen im Insolvenzverfahren häufig eine Zahlung oder Teilzahlung. Durch den Insolvenzantrag wird auf den **Schuldner Druck** ausgeübt. Er fürchtet die mit dem Insolvenzverfahren verbundene Publizität, insbesondere durch Bekanntmachungen (§§ 23, 30 InsO). Weiter besteht die Gefahr, dass bei Überprüfung durch einen vorläufigen Insolvenzverwalter/Sachverständigen Verhaltensweisen aufgedeckt werden, die bei juristischen Personen zu einer persönlichen Haftung der Gesellschafter und Geschäftsführer führen können (z.B. gem. § 9a GmbHG wegen falscher Versicherung, dass die Stammeinlage geleistet sei). Schließlich können der Entzug der Gewerbeerlaubnis nach § 35 GewO drohen sowie strafrechtliche Sanktionen (vgl. *Schmerbach* NZI 2003, 421 [422]). Häufig stellt das Finanzamt zugleich mit dem Eröffnungsantrag einen Antrag auf Gewerbeuntersagung. Die Entscheidung der Verwaltungsbehörde ruht bis zur Entscheidung über den Antrag auf Eröffnung des Insolvenzverfahrens. 81

Es kann erreicht werden, dass der Schuldner nicht einzelne Gläubiger, die ihm persönlich näher stehen, bevorzugt befriedigt oder dass konkurrierende Gläubiger, die eine bessere Übersicht über die Vermögensverhältnisse des Schuldners haben, sich in der Einzelzwangsvollstreckung zu Lasten der übrigen Gläubiger befriedigen. Insbesondere für nicht abgesicherte Gläubiger bietet der Insolvenzantrag häufig die **letzte Möglichkeit**, zu einer **(Teil)befriedigung** zu gelangen. Die »Erfolgsquote« ist verhältnismäßig groß. Der Schuldner mobilisiert häufig »versteckte Reserven« bzw. verwertet Gegenstände, auf die im Wege der Einzelzwangsvollstreckung aus den unterschiedlichsten Gründen ein Zugriff nicht möglich war. Aus der Sicht des betroffenen Gläubigers kommt es aber auch darauf an, den Antrag rechtzeitig zu stellen, bevor eine Vielzahl anderer Gläubiger Befriedigung erlangt hat. Wird allerdings erneut einen Antrag gleich von welchem Gläubiger gestellt und das Verfahren eröffnet, besteht allerdings die **Gefahr**, dass der befriedigte Gläubiger die Leistung wegen **Insolvenzanfechtung** (§§ 129 ff. InsO) **zurückgewähren** muss. Zu beachten ist, dass durch die Antragstellung die Verjährung nicht unterbrochen wird (*LG Göttingen* NZI 2005, 395 [396]). 82

83 Das Risiko, sich schadensersatzpflichtig zu machen, ist für den antragstellenden Gläubiger gering. Ein nur fahrlässig gestellter, unbegründeter Insolvenzantrag verpflichtet nicht zum Schadensersatz (s. Rdn. 303). Die eigentliche Gefahr liegt für den Gläubiger im **Kostenrisiko** (vgl. *Schmerbach* NZI 2003, 421 [422 f.]), auf das das Insolvenzgericht nicht ausdrücklich hinweisen muss (*LG Gera* ZIP 2002, 1735 [1737]). Als Antragsteller haftet er bei Abweisung des Antrags als unzulässig oder unbegründet insb. für die Kosten eines Sachverständigen sowie ggf. die Kosten eines vom Schuldner beauftragten Rechtsanwalts. Zur Haftung als Zweitschuldner bei Erledigungserklärung und Abweisung mangels Masse (§ 26 InsO) s. Rdn. 191. **Kostenauslösende Maßnahmen** kann der **Gläubiger nicht verhindern**, da sie nicht von der Einzahlung eines Vorschusses abhängig sind, ein Antrag unter der Bedingung, dass keine kostenauslösenden Maßnahmen getroffen werden, unzulässig ist und das Insolvenzgericht nicht verpflichtet ist, den Gläubiger vor kostenauslösenden Maßnahmen anzuhören, damit dieser ggf. seinen Antrag zurücknehmen kann. Wird vorläufige Insolvenzverwaltung angeordnet, scheidet eine Haftung des Gläubigers nach zutreffender Ansicht aus (s. Rdn. 196 ff.).

84 Ist der **Gläubiger** vollständig **befriedigt** worden auch hinsichtlich der (voraussichtlichen) Kosten, kann er den **Antrag zurücknehmen**, evtl. nach vorheriger Zusicherung des Schuldners, keinen Kostenantrag zu stellen. Kommt mit dem Schuldner eine Ratenzahlungsvereinbarung zustande, kann der Gläubiger ebenfalls den Antrag zurücknehmen und mit dem Schuldner eine Vereinbarung treffen, dass er auch die Kosten des Verfahrens trägt. Hält der Schuldner die Ratenzahlungsvereinbarung nicht ein, wird der Gläubiger regelmäßig einen neuen Insolvenzantrag stellen, bei dem er auch die bislang entstandenen Kosten einberechnen kann. Vorteil für den Schuldner ist, dass angeordnete Sicherungsmaßnahmen wie beispielsweise ein allgemeines Verfügungsverbot (§ 21 Abs. 2 Nr. 2 InsO) sofort ihre Wirkung verlieren.

85 Erklärt der Gläubiger hingegen den **Antrag für erledigt**, muss der Schuldner damit rechnen, dass Sicherungsmaßnahmen erst aufgehoben werden, wenn Ansprüche eines vorläufigen »starken« Insolvenzverwalters und von diesem begründete Verbindlichkeiten erfüllt sind (§ 25 Abs. 2 Satz 1 InsO). Diese Vorgehensweise kommt auch in Betracht, wenn ein vorläufiger Verwalter bestellt und lediglich ein Zustimmungsvorbehalt (§ 21 Abs. 2 Nr. 1, Nr. 2 2. Alt. InsO) angeordnet worden ist (s. § 25 Rdn. 19).

86 Der Gläubiger kann aber gem. § 14 Abs. 1 Satz 2 InsO unter den dortigen Voraussetzungen auch die **Fortsetzung des Verfahrens beantragen** (Einzelheiten s. § 14 Rdn. 150 ff.).

II. Schuldner-Kalkül

87 Werden nach Antragstellung – wie regelmäßig – Sicherungsmaßnahmen angeordnet, kann sich der Schuldner zumindest eine Atempause verschaffen. Der vorläufige Insolvenzverwalter kann die für die Unternehmensfortführung erforderliche **Liquidität** durch Kreditaufnahme oder Vorfinanzierung auf das den Arbeitnehmern für die letzten drei Monate vor Eröffnung/Ablehnung der Eröffnung mangels Masse zustehende Insolvenzgeld **schöpfen** (s. § 22 Rdn. 106 ff.). Durch (teilweise) Befriedigung der Arbeitnehmer kann deren Ausscheiden verhindert werden. Die Verrechnung von Zahlungseingängen mit einem Debet-Saldo auf Kosten des Schuldners bei Kreditinstituten kann verhindert werden (s. § 21 Rdn. 380, § 24 Rdn. 14 f.).

88 Bei Untersagung oder einstweiliger Einstellung der Zwangsvollstreckung in das bewegliche Vermögen (§ 21 Abs. 2 Nr. 3 InsO) und einstweiliger Einstellung von Zwangsversteigerungsmaßnahmen in das unbewegliche Vermögen (§ 30g Abs. 4 ZVG) kann (zunächst) eine **Zerschlagung des Unternehmens verhindert und eine Fortführung ermöglicht** werden. Weiter können mit Aus- und Absonderungsrechten belegte Gegenstände und sicherungshalber abgetretene Forderungen gem. § 21 Abs. 2 Nr. 5 InsO genutzt und für die zukünftige Insolvenzmasse gesichert werden. Bei Miet- und Pachtverhältnissen greift die Kündigungssperre des § 112 InsO.

89 Auch eine **Sanierung** kommt in Betracht (*Bischoff* ZInsO 2005, 1090) insbesondere nach den Änderungen durch das ESUG zum 01.03.2012 (s. Vor § 1 Rdn. 74 ff.). Vorgerichtlich besteht die Mög-

lichkeit einer (privaten) Sanierungsmediation (*Neuhof* NZI 2011, 667) oder der Einschaltung einer (staatlichen) »Koordinierungsstelle Restrukturierung« wie in Niedersachsen (ZInsO 2012 Heft 3 III; INDAT-Report 09/2012, 38).

Im Fall der **Eröffnung** können in den Grenzen des § 88 InsO **Zwangsvollstreckungen rückgängig** 90 gemacht und **Arbeitsverhältnisse und Mietverhältnisse unter Einhaltung einer kurzen Frist gekündigt** werden, eine (angedrohte) Gewerbeuntersagung entfällt gem. § 12 GewO. Durch Aufstellung eines Insolvenzplanes (§ 217 ff. InsO) kann eine (Teil)sanierung versucht werden. Im Falle der Eigenverwaltung kann der Schuldner die Geschäftsführung unter Aufsicht eines Sachwalters behalten (§ 270 InsO). Voraussetzung ist, dass der Antrag rechtzeitig gestellt wird, insbesondere auch schon bei drohender Zahlungsunfähigkeit (§ 18 InsO). Die Erfahrungen zeigen, dass weniger als 1 % der Anträge auf drohende Zahlungsunfähigkeit gestützt sind (*Ehlers* ZInsO 2005, 169 [171]). Informationen bieten inzwischen im Internet Sanierungsportale (*Kranzusch* ZInsO 2007, 1135).

Insbesondere bei GmbH's besteht aber die **Gefahr**, dass nach entsprechender Vorarbeit **auf eine Ab-** 91 **weisung** des Antrages **mangels Masse** (§ 26 InsO) **hingearbeitet** wird und insbesondere Haftungsansprüche gegen Geschäftsführer/Gesellschafter nicht realisiert werden sollen (s. § 5 Rdn. 6).

Natürliche Personen können eine »**Totalsanierung**« durch Schuldenbereinigungsplan oder Rest- 92 schuldbefreiung anstreben mit der Folge, dass sie zumindest durch teilweise Begleichung der Forderungen von ihren Schulden im Wesentlichen befreit werden und einen **wirtschaftlichen Neuanfang** machen können, statt lebenslang im »modernen Schuldturm« verharren zu müssen.

Zu den Handlungsoptionen eines **Nachlasspflegers** s. *du Carrois* Rpfleger 2009, 197. 93

Bei der **Zurücknahme** eines Antrages **durch den Schuldner** kann es darum gehen, einer Eintragung 94 ins Schuldnerverzeichnis (§ 26 Abs. 2 InsO) bei Abweisung mangels Masse oder bei juristischen Personen deren Auflösung bei Abweisung mangels Masse zu verhindern (s. Rdn. 63 und § 26 Rdn. 122 ff.).

F. Verfahrensmäßiger Ablauf/Einzelfragen

I. Vorschusspflicht

Die Einleitung des Verfahrens ist **nicht abhängig** von der Zahlung eines Gerichtsgebührenvorschus- 95 ses. § 1 Abs. 1 Nr. 2 GKG bestimmt, dass für Verfahren u.a. nach der Insolvenzordnung Kosten nur erhoben werde, soweit dies ausdrücklich im GKG bestimmt ist. Eine Vorauszahlungsverpflichtung ist in §§ 10 ff. GKG für Gerichtsgebühren nicht bestimmt. Ein Vorschuss zur Deckung der Auslagen kann zwar angefordert werden (§ 17 Abs. 3 GKG). Wegen des Amtsermittlungsgrundsatzes (§ 5 Abs. 1 InsO) sind jedoch der vorläufige Insolvenzverwalter/Sachverständiger unabhängig von der Zahlung des Vorschusses zu beauftragen (*LG Gera* ZIP 2002, 1735 [1736]). Dies birgt für den antragstellenden Gläubiger ein Kostenrisiko (s. Rdn. 83). Im Schuldenbereinigungsverfahren gem. § 306 Abs. 1 InsO stellt § 17 Abs. 4 Satz 3 GKG klar, dass ein Auslagenvorschuss nicht gefordert werden darf. Zu den Einzelheiten der Kostenfragen s. Rdn. 180 ff.

II. Vorprüfung und Hauptprüfung

Zur Unterteilung in Vorprüfungsverfahren und Hauptprüfungsverfahren s. Rdn. 2 ff. 96

III. Prozesskostenhilfeantrag

Zum verfahrensmäßigen Ablauf beim PKH-Antrag s. Rdn. 248 ff. 97

IV. Mehrere Eröffnungsanträge

a) Werden mehrere Anträge gestellt, so wird für jedes Verfahren eine gesonderte Akte angelegt. Jeder 98 Antrag wird **gesondert geprüft** und später **kostenmäßig grds. getrennt abgerechnet**. Eine Verbindung im Eröffnungsverfahren kommt nicht in Betracht (*K. Schmidt/Gundlach* § 13 Rn. 13; *Uhlen-*

bruck/Wegener InsO, § 13 Rn. 90; **a.A.** *Holzer* NZI 2007, 432 [435 f.]), auch nicht eine Verbindung eines neuen Eröffnungsverfahrens mit einem bereits eröffneten Verfahren (*AG Duisburg* NZI 2003, 159). Zur Problematik bei neuen Anträgen nach Eröffnung s. Rdn. 111 ff. Zur Kostenhaftung mehrerer Antragsteller bei – entgegen obiger Auffassung erfolgter – Verbindung und nachfolgender Abweisung mangels Masse s. *LG Gießen* JurBüro 1996, 486. Wird einer der Anträge zurückgenommen oder erledigt er sich durch Begleichung der Forderung, würde die kostenmäßige Abrechnung sich kompliziert gestalten. Ausreichend ist es, wenn bei **mehreren Verfahren einmal Sicherungsmaßnahmen angeordnet** bzw. einmal ein Sachverständiger beauftragt wird (*Schmerbach* InsbürO 2004, 362 [364]). Wird der Antrag in diesem Verfahren beispielsweise zurückgenommen, bleiben die Maßnahmen aufrechterhalten, bis über alle Anträge auf Verfahrenseröffnung entschieden ist.

99 Wird das **Verfahren eröffnet**, können alle zulässigen Anträge verbunden werden (*OLG Köln* ZInsO 2000, 393 [395]; *Kübler/Prütting/Bork-Pape* InsO, § 13 Rn. 152; einschr. *Holzer* NZI 2007, 432 [434 f.]). Die **Verbindung** erfolgt durch unanfechtbaren gerichtlichen Beschluss (*LG Frankfurt* ZIP 1995, 1836 [1837]), in dem das Aktenzeichen des führenden Verfahrens festzulegen ist. Sind verschiedene Antragsverfahren über das Vermögen eines Insolvenzschuldners nicht zur gemeinsamen Entscheidung verbunden worden, so gehören die Kosten eines erledigten Antragsverfahrens nicht zu den nach §§ 54, 55 InsO zu begleichenden Kosten des auf einen anderen Antrag hin eröffneten Insolvenzverfahrens (*BGH* ZInsO 2015, 1846).

100 Rechtlich unbedenklich ist es aber auch, ein Verfahren zu eröffnen. Die übrigen anhängigen Verfahren werden durch **die Eröffnung erledigt**, die Antragsteller haben ihre Ansprüche zur Insolvenztabelle anzumelden (*Jaeger/Gerhardt* InsO, § 13 Rn. 36). Der BGH vertritt die Auffassung, dass die übrigen Anträge für erledigt zu erklären sind und Anträge, über die mangels Verbindung nicht entschieden worden ist, unzulässig werden (*BGH* ZInsO 2010, 828 Rn. 8; *Kübler/Prütting/Bork-Pape* InsO, § 14 Rn. 152). Diese Auffassung verkompliziert die Verfahren unnötig und ist wenig praxisgerecht.

101 Eine **nachträgliche Verbindung** eines bereits auf Schuldnerantrag hin eröffneten Verfahrens mit einem noch nicht eröffneten Antragsverfahren eines Gläubigers soll bei Unkenntnis von dem Zweitantrag bei Eröffnung des Erstverfahrens möglich sein (*AG Köln* Beschl. v. 06.12.2010 – 73 IN 595/10, LNR 2010, 35058).

102 Eine Verbindung von Verfahren gegen **verschiedene Schuldner** kommt **nicht** in Betracht, selbst wenn die Gläubiger im Wesentlichen identisch sind (*AG Göttingen* ZInsO 2002, 498; *Kübler/Prütting/Bork-Pape* InsO, § 13 Rn. 157; *Holzer* NZI 2007, 432 [433]).

103 **b)** Bei Eröffnung des Verfahrens sind die **Sachverständigenkosten** Masseschulden (§ 54 Nr. 1 InsO). In diesem Fall kommt eine Aufteilung der Kosten auf die verschiedenen Verfahren nicht in Betracht.

104 Kommt es **nicht zur Eröffnung**, sind die Gutachterkosten auf die verschiedenen Verfahren **aufzuteilen** (*Jaeger/Gerhardt* InsO, § 13 Rn. 65; MüKo-InsO/*Schmahl/Vuja* § 13 Rn. 166). Unabhängig vom Stand der Vorarbeiten des Gutachtens bei Eingang späterer Anträge erfolgt eine Aufteilung nach Kopfteilen, da eine genaue arbeitsanteilige Aufteilung nicht möglich ist (*Kübler/Prütting/Bork-Pape* InsO, § 13 Rn. 156). Nicht erforderlich ist es, dass in jedem Verfahren durch entsprechenden Beschluss eine Gutachterbestellung erfolgt ist (HambK-InsO/*Linker* § 13 Rn. 22; *Schmerbach* InsbürO 2004, 362 [364]; **a.A.** *Jaeger/Gerhardt* InsO, § 13 Rn. 65; *Kübler/Prütting/Bork-Pape* InsO, § 13 Rn. 155). Jeder Antragsteller muss damit rechnen, dass das Gericht im Rahmen der Amtsermittlungspflicht (§ 5 InsO) einen Gutachter bestellt. In der Praxis erhält der spätere Antragsteller eine Abschrift des bereits in dem früheren Verfahren ergangenen Beschlusses; das genügt (ebenso *AG Duisburg* und *LG Duisburg* Rpfleger 1990, 434 [435]). Lassen sich Ansprüche gegen einen Antragsteller nicht durchsetzen, müssen wegen der grds. bestehenden gesamtschuldnerischen Haftung (§ 31 Abs. 1 GKG) die übrigen Antragsteller dafür aufkommen (MüKo-InsO/*Schmahl/Vuja* § 13 Rn. 166).

Ist das Gutachten allerdings bei Eingang des späteren Antrages schon zu den Akten gereicht, kommt eine Kostenaufteilung nicht mehr in Betracht. Der spätere Antragsteller hat Anspruch auf Abschrift des Gutachtens gegen Erstattung der entsprechenden Kosten (*Kübler/Prütting/Bork-Pape* InsO, § 13 Rn. 156). 105

c) Wird das Verfahren eröffnet, sind die **Ansprüche des vorläufigen Insolvenzverwalters** auf Vergütung und Auslagen Massekosten (§ 54 Nr. 2 InsO). Wird das Verfahren nicht eröffnet, ist zunächst die Vorschrift des § 25 Abs. 2 InsO zu beachten. Eine Aufteilung der Vergütungsansprüche des vorläufigen Insolvenzverwalters auf die Antragsteller kommt nur in Betracht, wenn man – unzutreffend – einen direkten Anspruch gegen die Antragsteller oder einen Anspruch auf Ausfallhaftung gegen die Staatskasse bejaht mit der Folge, dass diese bei den Antragstellern Rückgriff nehmen kann (s. Rdn. 197 ff.; abl. auch *Kübler/Prütting/Bork-Pape* InsO, § 13 Rn. 251). 106

d) Zur Berechnung der Anfechtungsfrist bei mehreren Anträgen gem. § 139 Abs. 2 s. § 139 Rdn. 4 ff. 107

e) Unklar ist die Rechtslage bei einem Fremdantrag vor dem 01.07.2014 und Eigenantrag einer natürlichen Person ab dem 01.07.2014. In der Praxis werden beide Verfahren eröffnet und verbunden, wobei i.d.R. das Eigenantragsverfahren führt. Es handelt sich nicht um eine temporäre, durch Zeitablauf überholte Konstellation. Vielmehr stellt sich die Frage, ob das Verfahren dem alten (für Anträge bis 30.06.2014) oder neuen (für Anträge ab dem 01.07.2014) geltenden Recht unterfällt. 108

Das hat beträchtliche Auswirkungen: 109
– Geltung des § 287a statt § 290 Abs. 1 Nr. 3 InsO,
– Geltung des § 287b InsO,
– Geltung des § 290 Abs. 2 InsO (jederzeitige und schriftliche Stellung),
– Geltung des § 297a InsO,
– Geltung des § 302 Nr. 1 InsO n.F.,
– Wegfall des § 313 Abs. 2 InsO,
– Wegfall des § 114 InsO.

Art. 103h EGInsO ist nicht eindeutig. Abzustellen ist nicht auf den Fremdantrag als Erstantrag (so *Blankenburg* ZInsO 2015, 293), sondern auf den Eigenantrag (*Reck* ZVI 2014, 253; *Ahrens* Das neue Privatinsolvenzrecht, Rn. 1195). Der Eigenantrag ist nämlich Voraussetzung für einen wirksamen Restschuldbefreiungsantrag. Zudem besteht eine Parallele zu § 306 Abs. 3 InsO. Schließlich erwächst der auf den Eigenantrag abstellende Eröffnungsbeschluss in Rechtskraft. 110

V. Zweitinsolvenzverfahren

Zu den weiteren Konstellationen mehrerer Insolvenzverfahren s. Rdn. 113 ff. 111

VI. Mitteilungspflichten

Bestehen Anhaltspunkte dafür, dass der **Schuldner Elternteil eines minderjährigen Kindes** ist (und handelt es sich nicht um ein Nachlassinsolvenzverfahren), hat der Urkundsbeamte der Geschäftsstelle bei einem Eigenantrag des Schuldners eine Mitteilung über den Antrag auf Eröffnung des Insolvenzverfahrens an das Familiengericht zu richten (**Anordnung über Mitteilung in Zivilsachen – MiZi XII. 1**). Bei Anträgen auf Eröffnung des Insolvenzverfahrens über das Vermögen von **Rechtsanwälten, Notaren, Notarassessoren und Patentanwälten** teilt der Urkundsbeamte der Geschäftsstelle auf Anweisung des Insolvenzrichters den Sachverhalt an die entsprechenden Kammern und die Landesjustizverwaltung mit. Die Mitteilung unterbleibt, wenn der mitzuteilende Sachverhalt für Maßnahmen nach der entsprechenden Berufsordnung offensichtlich ohne Bedeutung ist oder wenn besondere gesetzliche Verwendungsregelungen entgegenstehen. Die relativ geringe Höhe einer Verbindlichkeit hindert die Mitteilung nicht (vgl. AV d. MJ v. 05.12.1991 Nds. Rpfleger 1991 S. 291 und die inhaltlich übereinstimmenden AV der übrigen Bundesländer). Danach unterbleibt eine Mitteilung nur bei einem offensichtlich unzulässigen (z.B. querulatorischen) Antrag. Eine Mitteilung an 112

§ 13 InsO Eröffnungsantrag

die **Steuerberaterkammer** ist nicht vorgeschrieben, wird aber von der Praxis vorgenommen. Zu Mitteilungspflichten bei Abweisung mangels Masse s. § 26 Rdn. 101, bei Eröffnung s. § 30 Rdn. 30.

G. Zweitinsolvenzverfahren

I. Übersicht

113 Unter Geltung der KO waren Zweitinsolvenzverfahren durchaus denkbar, da Neuerwerb nicht in die Konkursmasse fiel. Anders verhält es sich in der InsO (§ 35 Abs. 1 InsO). **Motivation** für eine Antragstellung trotz Insolvenzverfahrens kann auf **Gläubiger**seite sein, dass die nicht dem eröffneten laufenden Insolvenzverfahren unterfallenden Neuforderungen realisiert werden sollen. Der **Schuldner** kann während eines Fremdantragsverfahrens versäumt haben, selbst Insolvenzantrag mit Antrag auf Restschuldbefreiung zu stellen. Auch kann die Restschuldbefreiung in einem früheren Verfahren gem. §§ 290 ff. InsO versagt worden sein. Manche Schuldner wollen nach Eröffnung des Erstverfahrens entstandene neue Schulden beseitigen, die aus wirtschaftlicher Unvernunft entstanden sind, teilweise aber auch unvermeidbar sind, z.B. Unterhaltsschulden, gescheiterte Selbständigkeit, Belastungen aus freigegebenem Grundbesitz (*Pape* ZInsO 2008, 465 [472]).

114 Zweitinsolvenzverfahren (erstmals thematisiert von *Bremen* ZInsO 2002, 1) bilden inzwischen eine eigene Verfahrenskategorie (*Frind* ZInsO 2009, 1135 [1138]). Es sind **im Wesentlichen folgende Fragestellungen** zu unterscheiden:
1. Kann ein **Neugläubiger** während eines laufenden Insolvenzverfahrens insbesondere nach Freigabe gem. § 35 Abs. 2 InsO oder in der Wohlverhaltensperiode Antrag auf Eröffnung eines weiteren Insolvenzverfahrens stellen (Rdn. 119–125)?
2. Kann ein Schuldner in einem Zweitinsolvenzverfahren nach Freigabe gemäß § 35 Abs. 2 InsO Insolvenzantrag stellen (Rdn. 174)?
3. Kann ein **Insolvenz(Alt)gläubiger** während eines laufenden Insolvenzverfahrens (Rdn. 122) oder in der Wohlverhaltensperiode Antrag auf Eröffnung eines weiteren Insolvenzverfahrens stellen (Rdn. 127)?
4. Kann ein **Schuldner** einen **Antrag auf Restschuldbefreiung** stellen:
4.1 Nach (nicht) wirksam gestelltem oder zurückgewiesenen Antrag auf Restschuldbefreiung in einem vorherigen Verfahren (Rdn. 134–136)?
4.2 Nach Eröffnung des Verfahrens aufgrund eines Gläubigerantrages (Rdn. 169–172)?
4.3 In der Wohlverhaltensperiode zusätzlich zu einem bereits in einem vorherigen Verfahren gestellten Antrag auf Restschuldbefreiung (Rdn. 173)?
4.4 In einem Zweitinsolvenzverfahren nach Freigabe gemäß § 35 Abs. 2 InsO (Rdn. 175)?
4.5 Nach Rücknahme eines Antrages auf Restschuldbefreiung im Erstverfahren (Rdn. 176)?

Teilweise handelt es sich um eine Frage des **rechtlichen Interesses** i.S.d. § 14 Abs. 1 InsO. Aus Gründen der Übersichtlichkeit wird die Problematik an dieser Stelle umfassend behandelt.

115 Es handelt sich um
– **parallele** Insolvenzverfahren bei 1.) bis 3.), 4.2 bis 4.4,
– **nachgeschaltete** Insolvenzverfahren bei 4.1, 4.5.

116 Bei bis zum 30.06.2014 beantragten war die sog. Sperrfristrechtsprechung des BGH zu beachten (s. Rdn. 135). Diese Rechtsprechung ist jedoch im Wesentlichen überholt und nicht mehr anzuwenden (s. Rdn. 138). Zu Zweifelsfällen s. Rdn. 139 ff.

II. Gläubigeranträge

1. Laufendes Antragsverfahren

117 Hat ein Gläubiger Insolvenzantrag gestellt und ist über die Eröffnung noch nicht entschieden, können **andere Gläubiger Insolvenzantrag stellen**. Wegen der Einzelheiten s. Rdn. 98 ff. Ein nach Eröffnung gestellter Antrag eines Insolvenzgläubigers (§ 38 InsO) ist unzulässig (Rdn. 122, 127). Anders verhält es sich bei einem Neugläubiger (Rdn. 119).

Unter den Voraussetzungen des § 14 Abs. 1 Satz 2, 3 InsO kann der antragstellende Gläubiger nach 118
Erfüllung seiner Forderung eine **Fortsetzung des Verfahrens** beantragen (s. § 14 Rdn. 150 ff.). Das
Verfahren weist Parallelen zum Zweitinsolvenzverfahren auf (vgl. § 14 Rdn. 163).

2. Eröffnetes Verfahren

Die Rechtskraft eines Eröffnungsbeschlusses steht einem erneuten Antrag eines **Neugläubigers** nicht 119
entgegen, weil dieser nicht am früheren Insolvenzverfahren teilnimmt. Dies anerkennt auch der
BGH für **freigegebenen Geschäftsbetrieb** gem. § 35 Abs. 2 InsO (*BGH* ZInsO 2008, 924 Rn. 10;
BGH ZInsO 2011, 1349). Die freigegebene Vermögensmasse bildet ein **insolvenzfähiges Sondervermögen**. Darüber findet ein gesondertes zweites Insolvenzverfahren statt, das nur der Befriedigung
der Neugläubiger dient. Es ist auch **nicht erforderlich**, dass der antragstellende Gläubiger **neues,
freies Vermögen dargelegt**, wie vom BGH früher gefordert, hat (*BGH* ZInsO 2004, 739). Ansonsten
würden unerfüllbare Anforderungen gestellt (*BGH* ZInsO 2011, 1349; *AG Göttingen* NZI 2008, 313
[314]; *AG Hamburg* ZInsO 2008, 680; *Schmerbach* ZInsO 2009, 2078 [2086 f.]).

Voraussetzung für eine Eröffnung ist die **Deckung der Verfahrenskosten** (*BGH* ZInsO 2011, 1349 120
Rn. 12). Dies gilt nicht nur, wenn das Erstverfahren noch nicht aufgehoben ist (*AG Göttingen* NZI
2011, 861), sondern auch, wenn es sich bereits in der Wohlverhaltensperiode befindet (*AG Göttingen*
NZI 2012, 198; Einzelheiten Rdn. 125). Eine Eröffnung auf Stundungsbasis gem. § 4a InsO scheidet damit aus (*AG Göttingen* NZI 2011, 861; NZI 2012, 198; ZInsO 2017, 884; *AG Wetzlar* ZInsO
2014, 47 m. zust. Anm. *Brands*) ebenso wie in der Wohlverhaltensperiode (s. Rdn. 126).

Öffentlich-rechtliche Gläubiger wie das Finanzamt zielen teilweise auf eine **Gewerbeuntersagung** 121
wegen Unzuverlässigkeit hin. Nach überwiegender Auffassung steht § 12 GewO jedenfalls wegen
nach Freigabe entstandener neuer Steuerschulden nicht entgegen (*Frind* Privatinsolvenz Teil II
Rn. 126, Teil III Rn. 627 ff.).

Der Antrag eines **Insolvenz(Alt)gläubigers** während eines laufenden Insolvenzverfahrens ist hin- 122
gegen unzulässig, ebenso in der Wohlverhaltensperiode (s. Rdn. 127).

Wird die **Freigabe** durch den Insolvenzverwalter später gem. § 35 Abs. 2 Satz 3 InsO **aufgehoben**, 123
wird der Antrag unzulässig, der Gläubiger hat das Verfahren für erledigt zu erklären (MüKo-InsO/
Schmahl/Vuja § 13 Rn. 87). Unklar ist, wie nach einer Eröffnung zu verfahren ist. Es bietet sich eine
Einstellung analog § 207 InsO an.

3. Wohlverhaltensperiode

Ist das Verfahren aufgehoben und befindet sich der Schuldner in der sog. Wohlverhaltensperiode, 124
kommt ebenfalls ein Zweitinsolvenzverfahren in Betracht (**a.A.** *Frind* Privatinsolvenz Teil II
Rn. 123).

Dies kann insbesondere der **Fall** sein:
– bei einer Erbschaft (vgl. § 295 Abs. 1 Nr. 2 InsO),
– bei selbständiger Tätigkeit des Schuldners (vgl. § 295 Abs. 2 InsO).

Die Bejahung des rechtlichen Interesses erfordert es **nicht**, dass der Gläubiger **vollstreckbare Ver-** 125
mögenswerte darlegt (so *AG Oldenburg* ZVI 2009, 195 und 196; MüKo-InsO/*Schmahl/Vuja*
§ 13 Rn. 87; *Pape* InsbürO 2006, 212 [222]). Dies ergibt sich aus der auch **hier anwendbaren Rechtsprechung des BGH** (s. Rdn. 119) zu Zweitinsolvenzverfahren bei laufendem Erstverfahren (*Kübler/
Prütting/Bork-Pape* InsO, § 14 Rn. 52). Verlangt man vom Gläubiger eine entsprechende Darlegung, stellt man an ihn unerfüllbare Anforderungen (*AG Göttingen* ZInsO 2007, 1164 f. = ZVI 2007,
534; *Schmerbach* ZInsO 2009, 2078 [2086 f.]).

Voraussetzung für eine Eröffnung ist die **Deckung der Verfahrenskosten** (*BGH* ZInsO 2011, 1349 126
Rn. 12). Dies gilt nicht nur, wenn das Erstverfahren noch nicht aufgehoben ist (*AG Göttingen* NZI
2011, 861), sondern auch, wenn es sich bereits in der Wohlverhaltensperiode befindet (*AG Göttingen*

NZI 2012, 198; *Kübler/Prütting/Bork-Pape* InsO, § 14 Rn. 52). Eine Eröffnung auf Stundungsbasis gem. § 4a InsO **scheidet** damit **aus** (*AG Göttingen* NZI 2011, 861; NZI 2012, 198) ebenso wie bei Eröffnung (Rdn. 120).

127 Davon zu **unterscheiden** ist der Fall, dass ein **Insolvenzgläubiger** (§ 38 InsO) nach Aufhebung des Verfahrens in der Wohlverhaltensperiode – z.B. nach unterlassener Anmeldung einer Forderung aus vorsätzlich begangener unerlaubter Handlung – einen Insolvenzantrag stellt. Ein solcher Antrag ist unzulässig (*AG Göttingen* ZInsO 2011, 347; ebenso *Kübler/Prütting/Bork-Pape* InsO, § 14 Rn. 48; *Pape* ZVI 2011, 353; *Frind* Privatinsolvenz Teil II Rn. 123).

4. Umsetzung in der Praxis

128 In der Praxis ist eine **Eröffnung** die **Ausnahme**. Die Mehrzahl der Anträge endet durch Erledigungserklärung nach Begleichung der Forderung (s. Rdn. 260 ff.) oder Abweisung mangels Masse gem. § 26 InsO. Inzwischen gibt es bereits **Drittinsolvenzverfahren**, da eine erneute Freigabe im Zweitinsolvenzverfahren zulässig ist (*Montag* ZVI 2013, 453 [459]). Hingewiesen wird darauf, dass misslungene Sanierungen oder vorschnelle Freigaben Folge-/Zweitinsolvenzverfahren auslösen können (*Ehlers* ZInsO 2014, 53; *Frind/Köchling* ZInsO 2013, 1666).

129 Im **Rubrum** des Beschlusses ist insbesondere im Falle der Eröffnung **klarzustellen**, dass es sich um ein Zweitinsolvenzverfahren handelt, das nur der Befriedigung der Neugläubiger dient. So können unbegründete Anmeldungen von Altgläubigern vermieden werden. Das kann durch folgende Formulierung geschehen: »In dem Insolvenzverfahren über das am 30.01.2017 in dem Verfahren 74 IN 333/16 freigegebene Vermögen des ...«.

130 Es verbleiben **ungeklärte Fragen:**
  – **Unklar** ist, ob im Falle der Eröffnung im Zweitinsolvenzverfahren **nur Neugläubiger Forderungen anmelden** können, da Insolvenzgläubiger an einer Vollstreckung gem. §§ 89 Abs. 1, 294 Abs. 1 InsO gehindert sind (vgl. *AG Göttingen* NZI 2008, 313 [314]; MüKo-InsO/*Schmahl/Vuja* § 13 Rn. 88) oder ob die Forderungen der Altgläubiger nur für den Ausfall festzustellen sind (*Pape/Wenzel* ZInsO 2008, 287 [288]).
  – Fällt ein Erwerb (z.B. durch **Erbschaft**) nur in die Insolvenzmasse des Erstverfahrens (dagegen *Wischemeyer* ZInsO 2009, 2121 [2129])?
  – Wie kann die **Abführungspflicht im Erstverfahren** sichergestellt werden (*Schmerbach* ZInsO 2009, 2078 [2088]; *Kübler/Prütting/Bork-Pape* InsO, § 14 Rn. 53)? Da es sich um selbständige Tätigkeit des Schuldners handelt, greift die Abtretungserklärung des § 287 Abs. 2 InsO nicht. Im Ergebnis ist sicherzustellen, dass der Schuldner im Erstverfahren seiner Abführungspflicht gem. §§ 35 Abs. 2, 295 Abs. 2 InsO nachkommen kann (*AG Göttingen* ZInsO 2007, 1164 = ZVI 2007, 534; *Zipperer* ZVI 2007, 541 [544] schlägt die Anwendung des § 51 Nr. 1 InsO vor, ebenso *AG Hamburg* ZInsO 2008, 680 [681]; *Schmerbach* ZInsO 2009, 2078 [2088]; für eine Anwendung der § 36 Abs. 1 Satz 2 InsO, §§ 850 Abs. 2, 850i ZPO *Montag* ZVI 2013, 453 [456]; abw. *von Gleichenstein* ZVI 2013, 409 [423], der den Ansprüchen aus Erst- und Zweitinsolvenzverfahren gleichen Rang beimisst).

5. Anordnung der Nachtragsverteilung in einem früheren Verfahren

131 Die Anordnung der Nachtragsverteilung in einem früheren Konkurs- oder Insolvenzverfahren lässt **i.d.R.** das **Rechtsschutzinteresse** für einen Insolvenzantrag **unberührt** (*BGH* ZInsO 2011, 94 = EWiR 2011, 121). Die Nachtragsverteilung hat eine nur beschränkte Beschlagwirkung (HK-InsO/*Kirchhof* § 14 Rn. 25), falls nicht der Gegenstand der Nachtragsverteilung das gesamte verwertbare Vermögen darstellt (*Kübler/Prütting/Bork-Pape* InsO, § 14 Rn. 60).

III. Schuldneranträge

1. Beendetes Insolvenzverfahren

a) Vorherige Abweisung mangels Masse (§ 26 InsO)

Ist ein Erstantrag mangels Masse abgewiesen worden, kann eine natürliche Person einen **Antrag** auf 132 Eröffnung, Stundung und Restschuldbefreiung gem. § 4a InsO **stellen** (*BGH* ZInsO 2014, 1758).

b) Vorherige Zurückweisung eines Stundungsantrags

Nach Zurückweisung eines Stundungsantrags ist ein **erneuter Stundungsantrag** in einem nachfol- 133 genden Verfahren nicht wegen Rechtsmissbrauchs ausgeschlossen (*LG Berlin* ZInsO 2003, 718). Etwas **anderes** gilt auch nicht, wenn die Zurückweisung des Stundungsantrages gem. § 4a Abs. 1 InsO erfolgte, weil dem Schuldner die Restschuldbefreiung gem. §§ 290, 295 ff., 300 InsO versagt wurde (Einzelheiten str., s. Rdn. 136). Ein erneuter Stundungsantrag im selben Verfahren ist unzulässig (*BGH* NZI 2009, 615).

c) Unwirksamer/nicht gestellter Restschuldbefreiungsantrag

Nach Beendigung eines Insolvenzverfahrens kann der Schuldner erneut einen Eröffnungsantrag stel- 134 len. Dies bietet sich an, wenn der Antrag auf Restschuldbefreiung nicht (wirksam) gestellt wurde. Ursprünglich forderte die Rechtsprechung, dass **zusätzliche Verbindlichkeiten** entstanden waren (*BGH* ZInsO 2006, 821; ZInsO 2007, 1223; ebenso *LG Duisburg* ZInsO 2009, 110, anders aber *BGH* ZInsO 2008, 319; *Schmerbach* NZI 2009, 677 f.). Diesen und ähnlichen Anforderungen (vgl. *Schmerbach* ZInsO 2010, 647 [648]) hat der **BGH eine klare Absage erteilt** (*BGH* ZInsO 2009, 1777 [1778] Rn. 9, 10 = NZI 2009, 691 m. abl. Anm. *Schmerbach* NZI 2009, 677).

Die – umstrittene – Rechtsprechung des BGH wandte jedoch die Vorschrift des **§ 290 Abs. 1 Nr. 3** 135 **InsO analog** an mit einer **auf drei Jahre verkürzten Sperrfrist**, wenn eine ordnungsgemäße Belehrung des Schuldners durch das Insolvenzgericht (s. § 20 Rdn. 62 ff.) erfolgt war. **Ausgangspunkt** war die Rechtsprechung des BGH, nach der im Falle einer Versagung der Restschuldbefreiung gem. § 290 Abs. 1 Nr. 5 InsO aufgrund einer Regelungslücke in § 290 Abs. 1 Nr. 3 InsO eine analoge Anwendung der Vorschrift geboten sei, allerdings mit einer auf drei Jahre verkürzten Sperrfrist (grundlegend *BGH* ZInsO 2009, 1777 = NZI 2009, 691 m. abl. Anm. *Schmerbach* NZI 2009, 677). Diese Rechtsprechung ist jedoch im Wesentlichen überholt und in der vorliegenden Fallkonstellation nicht mehr anwendbar (Rdn. 138).

d) Vorherige Versagung der Restschuldbefreiung

War eine Restschuldbefreiung gem. §§ 296, 297 InsO versagt worden, stellte für einen erneuten An- 136 trag auf Restschuldbefreiung § 290 Abs. 1 Nr. 3 InsO (für die bis zum 30.06.2014 beantragten Verfahren) eine Sperrfrist von zehn Jahren auf. Die **Versagung gem. § 290 InsO** war in § 290 Abs. 1 Nr. 3 InsO a.F. nicht aufgeführt. Der BGH wandte die Vorschrift des **§ 290 Abs. 1 Nr. 3 InsO analog** an (*BGH* ZInsO 2009, 1777 = NZI 2009, 691 m. abl. Anm. *Schmerbach* NZI 2009, 677) . Dies galt auch in den Fällen, dass ein Stundungsantrag gem. § 4a InsO zurückgewiesen wurde wegen zweifelsfreien Vorliegens eines Versagungsgrundes gem. § 290 InsO (*BGH* ZInsO 2010, 490 [491]; *LG Duisburg* ZInsO 2009, 2407).

Die Anwendbarkeit der Sperrfristrechtsprechung auf weitere Fallkonstellationen wurde von der 137 Rechtsprechung
– in einer Vielzahl von Fällen bejaht (Einzelheiten Rn. 103 in der 8. Aufl.),
– in einigen Fällen abgelehnt (Einzelheiten Rn. 104 in der 8. Aufl.),
– in wenigen Fällen noch nicht entschieden (Einzelheiten Rdn. 138 in der 8. Aufl.).

Im Gesetz zur Verkürzung des Restschuldbefreiungsverfahrens und zur Stärkung der Gläubiger- 138 rechte vom 15.07.2013, das für die ab dem 01.07.2014 beantragten Verfahren gilt, ist die Vorschrift

§ 13 InsO   Eröffnungsantrag

des § 290 Abs. 1 Nr. 3 InsO gestrichen und die Sperrfrist als Zulässigkeitsvoraussetzung für einen Restschuldbefreiungsantrag gem. § 287a InsO ausgestaltet. Die Fristen sind differenziert und teilweise abweichend von der jetzigen Rechtslage geregelt:
- 10 Jahre nach Erteilung der Restschuldbefreiung (wie bisher);
- 5 Jahre nach Versagung gem. § 297 InsO (Halbierung der bisherigen Frist);
- 3 Jahre nach Versagung gem. §§ 290 Abs. 1 Nr. 5 bis 7, 296 oder § 297a InsO.

Im Ergebnis wird die **Sperrfrist** nach Versagungen gem. § 290 und gem. § 296 InsO **vereinheitlicht**.

139 Die **bisherige Rechtsprechung des BGH** zur analogen Anwendung des § 290 Abs. 1 Nr. 3 InsO mit auf drei Jahre verkürzter Sperrfrist wird:
- übernommen hinsichtlich Versagungen gem. § 290 Abs. 1 Nr. 5 und 6 InsO (in § 290 Abs. 1 Nr. 4 InsO wird die Jahresfrist auf drei Jahre wie in Nr. 2 ausgeweitet, in Nr. 1 ist eine Fünfjahresfrist eingeführt);
- erweitert auf den neu geschaffenen Versagungsgrund des § 290 Abs. 1 Nr. 7 InsO (Verstoß gegen Erwerbsobliegenheit im eröffneten Verfahren)
- abgelehnt hinsichtlich der übrigen »Sperrfristrechtsprechung« des BGH und des überwiegenden Teils der Instanzgerichte.

Der übrigen **Sperrfristrechtsprechung** ist **durch die Gesetzesänderung der Boden entzogen** (*AG Hannover* ZInsO 2015, 368; *AG Göttingen* ZInsO 2014, 1531; ZInsO 2015, 2341; ZInsO 2016, 1385; ZInsO 2016, 1491; s.a. *Ahrens* § 287a Rn. 51; wohl auch *Kübler/Prütting/Bork-Pape* InsO, § 13 Rn. 172; *Ahrens* Das neue Privatinsolvenzrecht, Rn. 670 ff.; *Grote/Pape* ZInsO 2013, 1433 [1439]; *Frind* ZInsO 2013, 1448 [1450]; *Waltenberger* ZInsO 2013, 1458 [1460]; *Henning* ZVI 2014, 7 [10]; *Schmidt* ZVI 2016, 45; *Laroche* Insbüro 2016, 264, 265). Eindeutig ist dies in der Gesetzesbegründung ausgeführt (BT-Drucks. 17/11268 S. 25). Danach besteht keine Sperrfrist für bloß nachlässigen Schuldner, da er die Gläubigerinteressen nicht beeinträchtigt. Es besteht die Möglichkeit eines (sofortiges) Neuverfahrens.

140 Auch der **BGH** deutet **Aufgabe** seiner bisherigen Rechtsprechung in ab dem 01.07.2014 beantragten Verfahren an (*BGH* ZInsO 2014, 2177 Rn. 19 für § 305 Abs. 3 Satz 2 InsO). Für den Fall der Aufhebung der Kostenstundung gem. § 4c InsO wegen Verletzung von Mitwirkungspflichten hat der BGH dies nunmehr bestätigt (*BGH* NZI 2017, 627 m. zust. Anm. *Ahrens*).

141 Anerkannt ist der Wegfall der Sperrfristrechtsprechung für den in den Gesetzesmaterialien (BT-Drucks. 17/11268 S. 25) ausdrücklich erwähnten Fall des **§ 298 InsO** (*LG Baden-Baden* NZI 2016 m. zust. Anm. *Siebert* VIA 2016, 21 und *Schmerbach* InsbürO 2016, 248).

142 Die überholte Sperrfristrechtsprechung kann auch **nicht** im Rahmen der Entscheidung über die Stundung der Verfahrenskosten **gem. § 4a InsO** weiter angewandt werden. Auszugehen ist zwar davon, dass die sog. Vorwirkungsrechtsprechung des BGH (*BGH* NZI 2005, 232) weiter anwendbar ist (*AG Hamburg* ZInsO 2015, 2043; *AG Göttingen* NZI 2015, 946; *Heyer* ZVI 2016, 129; **a.A.** *AG Hamburg* ZVI 2016, 79; *Schmidt* ZVI 2016, 45; offen *BGH* NZI 2017, 627 m. Anm. *Ahrens*). Danach sind bei der Entscheidung gem. § 4a InsO nicht nur der dort noch aufgeführte Versagungsgrund des § 290 Abs. 1 Nr. 1 InsO zu berücksichtigen, sondern auch die übrigen Versagungsgründe des § 290 Abs. 1 InsO, sofern sie zweifelsfrei vorliegen (*AG Göttingen* NZI 2015, 946). Eine mittelbare Fortgeltung der davon zu unterscheidenden Sperrfristrechtsprechung scheidet hingegen aus in Anbetracht der eindeutigen Wertentscheidung des Gesetzgebers (*AG Göttingen* ZInsO 2016, 2268 [2269]; *Ahrens* Das neue Privatinsolvenzrecht, Rn. 259 f.; **a.A.** *AG Ludwigshafen* ZInsO 2016, 1335 m. abl. Anm. *Schmerbach* VIA 2016, 78; *AG Aachen* ZInsO 2017, 401; *AG Montabaur* ZVI 2017, 193). Zudem führt die vom AG Ludwigshafen angenommene Sperrfirst von maximal drei Jahren zur Rechtsunsicherheit und bei wiederholter Antragstellung zur Mehrarbeit für die Insolvenzgerichte. Dieser Auffassung hat sich der BGH für den Fall der Aufhebung der Kostenstundung gem. § 4c InsO wegen Verletzung von Mitwirkungspflichten angeschlossen (*BGH* NZI 2017, 627 m. zust. Anm. *Ahrens*).

Eröffnungsantrag § 13 InsO

e) Ungeklärte Fallgruppen

Es verbleiben **drei Fallgruppen**, bei denen **Unklarheit über die Fortgeltung** der Sperrfristrechtsprechung besteht: 143
1. **Rücknahme** eines Restschuldbefreiungsantrages nach Versagungsantrag eines Insolvenzgläubigers, sog. taktische Antragsrücknahme (Rdn. 145 ff.).
2. Stellung eines **erneuten** Eröffnungs- und Restschuldbefreiungsantrages **nach Rücknahme** des Restschuldbefreiungsantrages im Erstverfahren **wegen** nach Verfahrenseröffnung entstandener **Neuschulden** (Rdn. 157 ff.).
3. Stellung eines (erneuten) Restschuldbefreiungsantrages in einem nach **Freigabe gem. § 35 Abs. 2 InsO** eröffneten (parallelen) Zweitinsolvenzverfahren (Rdn. 139. 24 f.).

Schließlich stellt sich die Frage nach den Handlungsoptionen des Schuldners (Rdn. 18 ff.). In allen drei Fallgruppen ist die Sperrfristrechtsprechung **nicht mehr anwendbar**. Praktikable Ergebnisse lassen sich auf anderen Wegen erzielen.

aa) Fallgruppe 1: Rücknahme Restschuldbefreiungsantrag nach Versagungsantrag Insolvenzgläubiger (taktische Antragsrücknahme)

Der BGH hat sich bereits im Jahr 2011 mit der Problematik beschäftigt (*BGH* ZInsO 2011, 1127). 144 Im Erstverfahren war der Antrag auf Restschuldbefreiung zurückgenommen und das Verfahren aufgehoben worden. Eine Überprüfungsmöglichkeit bestand für den BGH nicht mehr. Er hat allerdings die Sperrfristrechtsprechung angewandt mit der Folge, dass erst nach Ablauf von 3 Jahren ein erneuter Antrag auf Restschuldbefreiung als zulässig angesehen wurde.

Die Literatur hat einen anderen Lösungsweg vorgeschlagen. Es bietet sich an ein **Verbot der Rücknahme des Restschuldbefreiungsantrages** (*Schmerbach/Semmelbeck* NZI 2014, 547 [549]; *Laroche/Siebert* NZI 2014, 541[542]; **a.A.** *Streck* ZVI 2014, 205 [208]; *Dawe* ZVI 2014, 433 [439]). Abzuklären ist noch der Zeitpunkt, ab dem genau in Anlehnung an § 269 Abs. 1 ZPO eine Rücknahme unzulässig ist. In Betracht kommen das Bekanntwerden von Versagungsgründen, der Eingang eines Versagungsantrages beim zuständigen Insolvenzgericht oder (mündliche) Erörterung mit Antragstellung. 145

Diese Lösung entspricht der Rechtsprechung des **BGH** in einem **vor dem 01.07.2014 beantragten Insolvenzverfahren** (*BGH* ZInsO 2016, 2343). Der BGH bejaht grds. eine Rücknahmemöglichkeit. Bei Streit über die Wirksamkeit einer Rücknahme ergeht eine Entscheidung durch Beschluss, § 4 InsO i.V.m. § 269 Abs. 4 ZPO mit Beschwerdemöglichkeit (Abs. 5). Unzulässig ist die Rücknahme jedenfalls, wenn ein Versagungsantrag gestellt und eine Versagung durch das Gericht erfolgt ist. Begründet wird dies mit dem Rechtsgedanken des § 269 Abs. 1 ZPO und einer Parallele zu § 13 Abs. 2 InsO. 146

Offen gelassen hat der BGH eine Unzulässigkeit der Zurücknahme schon nach Stellung eines zulässigen Versagungsantrages und die Geltung in ab dem 1.7.2014 beantragten Neuverfahren. 147

Als maßgeblicher Zeitpunkt kommen in Betracht: 148
– das Bekanntwerden von Versagungsgründen,
– der Eingang eines Versagungsantrages beim zuständigen Insolvenzgericht,
– die (mündliche) Erörterung mit Antragstellung.

Abzustellen ist **nicht** auf das **Bekanntwerden** von Versagungsgründen (so *Laroche* ZInsO 2016, 292 Urteilsanm. zu *AG Fürth* ZInsO 2016, 290). Der maßgebliche Zeitpunkt muss für das Insolvenzgericht zuverlässig und ohne großen Aufwand ohne Beweisaufnahme feststellbar sein. 149

Maßgeblich ist auch **nicht** die (mündliche) **Erörterung mit Antragstellung** über den Versagungsantrag (so *Ahrens* ZInsO 2017, 193 [198 f.]). Im Zivilprozess ist zwar gem. § 269 Abs. 1 ZPO eine Klagerücknahme ohne Einmischung des Beklagten möglich, bis eine Erörterung stattgefunden und der Klageantrag gestellt ist. Die Vorschrift des § 269 Abs. 1 ZPO ist gem. § 4 InsO nur entspre- 150 chend anwendbar. Es bestehen entscheidende Unterschiede zwischen beiden Verfahren. Der in § 269 Abs. 1 ZPO erwähnte Beginn der mündlichen Verhandlung entspricht im Insolvenzverfahren der Antragstellung. Findet – ausnahmsweise – ein mündlicher Schlusstermin statt, findet eine inhaltliche Erörterung über den Versagungsantrag nicht statt. Dies erklärt sich daraus, dass für Entscheidungen über den Versagungsantrag der Richter zuständig ist, während den Schlusstermin der Rechtspfleger abhält. Im Übrigen gilt der Mündlichkeitsgrundsatz des § 128 Abs. 1 ZPO im Insolvenzverfahren nicht, § 5 Abs. 2 und Abs. 3 InsO. Entscheidungen ergehen fast ausnahmslos im schriftlichen Verfahren. Hält der Insolvenzrichter den Antrag für zulässig und schlüssig, wird dem Schuldner rechtliches Gehör gewährt. Es bleibt unklar, auf welchen Zeitpunkt genau abzustellen wäre.

151 **Entscheidender Zeitpunkt** ist vielmehr der **Eingang des Antrags beim zuständigen Insolvenzgericht**. Der Verweis des BGH auf § 13 Abs. 2, 2. Alt. InsO führt zwar nicht weiter, da er die rechtskräftige Abweisung betrifft. Allerdings kann man den Rechtsgedanken des § 13 Abs. 2 1. Alt. InsO fruchtbar machen. Anstelle der Eröffnung des Insolvenzverfahrens tritt die »Eröffnung« des Versagungsverfahrens. Dies geschieht mit Eingang des (zulässigen) Versagungsantrages beim Insolvenzgericht (*AG Göttingen* ZInsO 2017, 885). Dafür sprechen die Ausführungen zur Berücksichtigung der Interessen aller Insolvenzgläubiger (*BGH* ZInsO 2016, 2343 Rn. 12; vgl. *Pape* ZInsO 2017, 565 [571]).

152 Es bleibt die Frage, in welchem zeitlichen und sachlichen Umfang diese Grundsätze gelten.

153 Es ist davon auszugehen, dass diese **Grundsätze auch in** (ab dem 01.07.2014 beantragten) **Neuverfahren gelten**. Die Vorschriften der ZPO sind unverändert geblieben. Die Möglichkeit der schriftlichen Geltendmachung von Versagungsgründen gem. § 290 InsO ist durch die Neufassung der Vorschrift sogar erweitert worden. Die Frage der Fortgeltung der Sperrfristrechtsprechung stellt sich unmittelbar nicht, da es um die zeitliche Grenze der Rücknahmemöglichkeit eines Versagungsantrages geht.

154 Erforderliches allerdings, dass der über die Zulässigkeit einer Rücknahme eines Restschuldbefreiungsantrages entscheidende Rechtspfleger die Rechtsprechung des BGH beachtet. Problematisch ist, dass der genaue Zeitpunkt, ab dem eine Rücknahme unzulässig ist, noch ungeklärt ist (Rdn. 139. 13 ff.). Es ist geboten, dass **Richter und Rechtspfleger sich abstimmen**, damit nicht der Rechtspfleger eine Antragsrücknahme als zulässig ansieht und das Erstinsolvenzverfahren beendet, während der Insolvenzrichter im nachfolgenden Zweitinsolvenzverfahren von einer Unzulässigkeit der Rücknahme des Restschuldbefreiungsantrages ausgeht, aber gleichwohl an die Entscheidung des Rechtspflegers gebunden ist. es bietet sich an, dass der Richter (nach Rücksprache mit dem Rechtspfleger) das Verfahren gem. 18 Abs. 2 RPflG an sich zieht (§ 2 Rdn. 37; *AG Göttingen* ZInsO 2017, 885).

155 Bei dieser Konstellation würde sich dann die Frage nach der Fortgeltung der **Sperrfristrechtsprechung** zur Unzulässigkeit eines Restschuldbefreiungsantrages innerhalb von drei Jahren nach Rücknahme eines vorherigen Restschuldbefreiungsantrages nach Versagungsantragstellung stellen (*BGH* ZInsO 2011, 1127 = InsbürO 2011, 315). Dazu nimmt der Senat nicht ausdrücklich Stellung. Diese Rechtsprechung gilt in den ab dem 1.7.2014 beantragten Verfahren nicht fort (Rdn. 139). Sie ist auch in den zuvor beantragten Verfahren nicht anzuwenden. Die Frage dürfte sich durch Zeitablauf überholt haben. Keinesfalls könnte sie generell angewandt werden. Die Sperrfristrechtsprechung des BGH galt neben Versagungen gem. § 290 Abs. 1 Nr. 5 und 6 InsO auch im Falle der Nr. 4 (*BGH* ZInsO 2010, 347 = InsbürO 2010, 155), nicht aber bei Nr. 2 (*BGH* ZInsO 2013,262); zu Nr. 1 existiert keine Entscheidung.

bb) **Fallgruppe 2: Erneuter Restschuldbefreiungsantrag nach Rücknahme im Erstverfahren wegen Neuschulden**

156 Nach der bisherigen Rechtsprechung des BGH (*BGH* ZInsO 2014, 795 = NZI 2014, 416 m. Anm. *Heicke* und abl. Anm. *Laroche* VIA 2014, 41) galt die Sperrfristrechtsprechung bei einem erneuten

Restschuldbefreiungsantrag nach Rücknahme des Erstantrages wegen nach Verfahrenseröffnung entstandener Neuschulden.

In ab dem 01.07.2014 beantragten Verfahren wenden die Instanzgerichte diese Rechtsprechung teilweise weiter an. Das *AG Fürth* (ZInsO 2016, 290 m. Anm. *Laroche* und Anm. *Schmerbach* InsbürO 2016, 207) sieht darin eine **unredliche Umgehung der Sperrfrist des § 287a Abs. 2 InsO**. Der Fall sei in den Gesetzesmaterialien nicht explizit geregelt, die Regelungslücke sei durch Anwendung der Sperrfristrechtsprechung zu schließen. Der Antrag wurde als unzulässig abgewiesen. Die Entscheidung betrifft in erster Linie das Bekanntwerden eines möglichen Versagungssachverhaltes (Mitteilung des Treuhänders in der Wohlverhaltensperiode, dass der Schuldner keine Angaben zum Lebensunterhalt machte). Insoweit dürfte die Entscheidung durch die später ergangene Entscheidung des BGH (Rdn. 146) überholt sein. Sie lässt sich aber auf die vorliegende Fallkonstellation übertragen. 157

Das *AG Dortmund* (NZI 2016, 745 m. zust. Anm. *Hebbinghaus;* im Ergebnis ebenso *Jacobi* NZI 2017, 254) wendet ebenfalls die **Sperrfristrechtsprechung** weiter an. Im entschiedenen Fall erfolgte nach Eröffnung des Erstverfahrens eine Freigabe. Als ein Zweitinsolvenzantrag gestellt wurde, nahm der Schuldner den Restschuldbefreiungsantrag im Erstverfahren zurück und stellte danach Eigenantrag auf Eröffnung mit Restschuldbefreiungsantrag. Der Restschuldbefreiungsantrag wurde als unzulässig abgewiesen. 158

Anders entscheidet das *AG Göttingen* (ZInsO 2016, 1385; ZInsO 2017, 847). Es begründet seine Auffassung wie folgt: In den Gesetzesmaterialien findet sich keine ausdrückliche Stellungnahme. § 287a Abs. 2 InsO sei als Ausnahmevorschrift eng auslegen. Bei Rücknahme des Erstantrages wegen Neuschulden liege auch keine Unredlichkeit vor, die Voraussetzung für eine Anwendung des § 287a InsO sei. 159

Dieser Auffassung ist **zu folgen** (*Busching/Klersy* ZInsO 2015, 1601; anders *Dawe* ZIV 2014, 433 [439]: § 162 BGB). Bei Änderung der Restschuldbefreiungsregelungen zum 01.07.2014 existierte bereits eine die Zulässigkeit bejahende Rechtsprechung (*AG Göttingen* ZInsO 2008, 1148 [1149]; ebenso *Verf.* 6. bzw. 7. Aufl. § 13 Rn. 74). Der Gesetzgeber hat keine Veranlassung gesehen, in § 287a InsO eine (abweichende) Regelung zu treffen. Für die Zurücknahme eines Restschuldbefreiungsantrages und Einleitung eines neuen Insolvenzverfahrens gibt es vielfache und nachvollziehbare Gründe wie Todesfall oder unerwarteter Verlust des Arbeitsplatzes. Ein solcher Schuldner handelt nicht unredlich, sondern eher ökonomisch rational und nachvollziehbar (*Laroche* ZInsO 2016, 292 Urteilsanm. zu *AG Fürth* ZInsO 2016, 290). Dafür spricht auch die Rechtsprechung des BGH wonach bei Aufhebung der Kostenstundung gem. § 4c InsO wegen Verletzung von Mitwirkungspflichten keine Sperrfrist eingreift und auch ein erneuter Stundungsantrag nicht wegen Rechtsmissbrauches unzulässig ist (*BGH* ZInsO 2017, 1444: s. Rdn. 140 und 142). 160

cc) Fallgruppe 3: Erneuter (paralleler) Restschuldbefreiungsantrag im Zweitverfahren

Der **BGH** hat in einem vor dem 01.07.2014 nach Freigabe gem. § 35 Abs. 2 InsO im Erstverfahren beantragten Zweitinsolvenzverfahren einen erneuten Restschuldbefreiungsantrag analog § 290 Abs. 1 Nr. 3 InsO a.F. in Anwendung der **Sperrfristrechtsprechung** als unzulässig angesehen nach Freigabe gem. § 35 Abs. 2 InsO im Erstverfahren (*BGH* ZInsO 2015, 499). Zur Begründung hat er ausgeführt, es liege eine planwidrige Regelungslücke in § 290 Abs. 1 Nr. 3 (a.F.) vor, wenn über den Erstantrag auf Erteilung der Restschuldbefreiung noch nicht entschieden sei. Die Möglichkeit eines Zweitinsolvenzverfahrens sei im Sonderfall § 35 Abs. 2 InsO erst seit 2011 (in der Rspr. des BGH) anerkannt. Es könnten nicht gleichzeitig zwei Restschuldbefreiungsverfahren durchgeführt werden. Es kollidierten zwei Abtretungserklärungen, zudem könnten sich Verteilungsprobleme bei § 295 Abs. 1 Nr. 2 InsO ergeben. Daher bestehe eine Sperre bis zum Abschluss des Erstverfahrens. 161

Diese Rechtsprechung ist **überholt** und zudem nicht notwendig in ab dem 01.07.2014 beantragten Verfahren (*AG Göttingen* ZInsO 2016, 1491). Die Unzulässigkeit lässt sich ohne Rückgriff auf die Sperrfristrechtsprechung begründen. Ein Zweitinsolvenzverfahren nach Freigabe des Geschäfts- 162 betriebes gem. § 35 Abs. 2 InsO dient nämlich nur der Haftungsrealisierung der Neugläubiger, nicht aber den Interessen des Schuldners, dem folglich auch keine Stundung bewilligt werden kann, um eine Abweisung gem. § 26 InsO zu verhindern (*BGH* ZInsO 2011, 1349 Rn. 12; s. § 13 Rdn. 119). Ebenso ist ein Restschuldbefreiungsantrag des Schuldners nur bezogen auf das freigegebene Vermögen unzulässig, selbst wenn im Erstverfahren kein Restschuldbefreiungsantrag gestellt (oder er zulässig zurückgenommen) ist (**a.A.** *Büttner* ZInsO 2017, 1057). Der Schuldner kann allerdings den Restschuldbefreiungsantrag im Erstverfahren zurücknehmen (vgl. Rdn. 147 ff.) und einen neuen Eröffnungsantrag mit Restschuldbefreiungsantrag stellen.

dd) Handlungsoptionen des Schuldners

163 Schließlich stellt sich die Frage nach den Handlungsoptionen des Schuldners.

164 **Fallgruppe 1: Taktische Antragsrücknahme**

Ist eine Zurücknahme des Restschuldbefreiungsantrages gem. § 4 InsO i.V.m. § 269 Abs. 1 ZPO nicht mehr möglich, besteht die Möglichkeit der **Einwilligung** des Versagungsantragstellers. Eine Einwilligung der übrigen Insolvenzgläubigers ist nicht erforderlich (*Ahrens* ZInsO 2017, 193 [200]). Schließlich bleibt die **Rücknahme** des Versagungsantrages durch den antragstellenden Insolvenzgläubiger. Dies ist möglich bis zur Rechtskraft der Versagungsentscheidung (*AG Göttingen* ZInsO 2015, 715) auch noch in der Rechtsbeschwerdeinstanz (*BGH* ZInsO 2010, 1495). Dazu wird der Versagungsantragsteller i.d.R. nur gegen eine finanzielle Gegenleistung aus dem unpfändbaren Vermögen oder von dritter Seite bereit sein.

165 **Fallgruppe 2: Neuschulden**

In jedem Fall muss der Schuldner die **Erteilung der Restschuldbefreiung verhindern** wegen der Sperrfrist von 10 Jahren gem. § 287a Abs. 2 Nr. 1 InsO für einen erneuten Antrag. Er kann eine Versagung der Restschuldbefreiung »provozieren« (Sperrfrist 3 Jahre, § 287a Abs. 2 Nr. 2 InsO). Am günstigsten ist eine Rücknahme des Antrages auf Erteilung der Restschuldbefreiung, sofern noch kein (zulässiger) Versagungsantrag gestellt ist. Folge ist eine Sperrfrist von drei Jahren (Rdn. 157 f.) oder die Möglichkeit der sofortigen erneuten Antragstellung (Rdn. 159 f.).

166 **Fallgruppe 3: Zweitverfahren**

Sieht man einen Restschuldbefreiungsantrag im Zweitverfahren als unzulässig an (Rdn. 162), ist zu überlegen, ob sich eine **Restschuldbefreiung** im Erstverfahren mit der Folge einer 10-jährigen Sperre für einen erneuten Restschuldbefreiungsantrag gem. § 287a Abs. 1 Nr. 1 InsO »**lohnt**« unter Berücksichtigung des Verhältnisses Altschulden/Neuschulden. Diese Überlegung gilt auch bei einer Sperrfrist (Rdn. 161). Wird der Restschuldbefreiungsantrag im Erstverfahren zurückgenommen, kann nach Abschluss des Zweitverfahrens ein Restschuldbefreiungsantrag gestellt werden, der dann Alt- und Neuschulden erfasst. Zu beachten sind die möglicherweise wie bei Fallgruppe 2 bestehenden Einschränkungen (Rdn. 164).

2. Laufendes Insolvenzverfahren

a) Eröffnungsverfahren/Eröffnetes Verfahren

167 Die Anhängigkeit eines vom **Schuldner gestellten Erstantrags** hindert die Stellung eines Zweitantrags durch den Schuldner (*AG Potsdam* ZInsO 2002, 340 [341]; s.a. § 14 Rdn. 45). Werden parallel an verschiedenen Gerichten Anträge gestellt, entfällt nach Verfahrenseröffnung aufgrund eines Gläubigerantrags das rechtliche Interesse für einen Eigenantrag (*LG Berlin* NZI 2008, 43).

168 Stellt ein **Gläubiger** einen Insolvenzantrag, kann sich der Schuldner dem während des Eröffnungsverfahrens jederzeit anschließen und insbesondere auch einen Antrag auf Restschuldbefreiung stellen. Unzulässig ist es aber, wenn der Schuldner sich gegen den Antrag verteidigt und nur hilfsweise einen Insolvenzantrag, verbunden mit einem Antrag auf Restschuldbefreiung, stellt (*BGH* ZInsO 2010 = EWiR 2010, 493).

b) Eigenantrag Schuldner nach Eröffnung Gläubigerantrag

Besondere Probleme ergeben sich, wenn eine natürliche Person nach Eröffnung des Verfahrens aufgrund eines Gläubigerantrags einen Eigenantrag mit Antrag auf Restschuldbefreiung stellt. Nach der Rechtsprechung des *BGH* (ZInsO 2004, 974) ist ein Eigenantrag Zulässigkeitsvoraussetzung für einen Antrag auf Restschuldbefreiung. Die zweiwöchige Frist zur Stellung eines Antrags auf Restschuldbefreiung läuft aber nicht bei einem Gläubigerantrag (*BGH* ZInsO 2004, 974). Beim **Fremdantrag** fordert der *BGH* (ZInsO 2005, 310 = EWiR 2005, 311), dem **Schuldner** neben dem Hinweis auf die Möglichkeit eines Eigenantrags und der Restschuldbefreiung **auch eine richterliche Frist zur Stellung** dieser **Anträge zu setzen**. Ist der Schuldner nicht ordnungsgemäß belehrt worden (s. § 20 Rdn. 62 ff.), ist der Antrag weiter zulässig (s. Rdn. 171). 169

In den übrigen Fällen sind die **Folgen** der **Fristversäumung umstritten**. Die Vorschrift des § 287 Abs. 1 Satz 2 InsO gilt nur, wenn der Schuldner einen Eröffnungsantrag gestellt hat. Eine Präklusion setzt eine gesetzliche Ermächtigung voraus (*Schmerbach/Wegener* ZInsO 2006, 400 [405]; ähnlich *Högner* ZVI 2006, 267; *Kübler/Prütting/Bork-Pape* InsO, § 14 Rn. 55; **a.A.** noch *Pape* InsbürO 2006, 212 [217]). Daher ist der Schuldner nach Fristablauf bei einem Fremdantrag nicht präkludiert (*LG Dresden* ZVI 2006, 154; *Schmerbach* ZInsO 2009, 2078 [2090]; ähnlich *BGH* ZInsO 2008, 924 [925] und ZInsO 2008, 1138 mit zeitlicher Beschränkung bis zur Eröffnung des Verfahrens, s. Rdn. 172; **a.A.** *AG Dresden* ZVI 2005, 490; *AG Leipzig* ZVI 2007, 282; HambK-InsO/*Herchen* § 20 Rn. 16; HK-InsO/*Waltenberger* § 287 Rn. 27). Zu erwägen ist in diesen Fällen eine gesonderte öffentliche Bekanntmachung über den Restschuldbefreiungsantrag analog § 287 Abs. 1 Satz 2 InsO. 170

Nicht erforderlich ist, dass der Schuldner noch einen eigenen Eröffnungsantrag stellt; es **genügt** ein **isolierter Restschuldbefreiungsantrag** (*BGH* ZInsO 2005, 311). Dies gilt bei nicht ordnungsgemäßer Belehrung des Schuldners (s. § 20 Rdn. 62 ff.), ebenso in den übrigen Fällen, in denen keine Präklusion eintritt (s. Rdn. 169). 171

Der Gesetzeszweck, zügig Klarheit zu erlangen, ob der Schuldner Restschuldbefreiung erlangen will, wird damit in sein Gegenteil verkehrt (*Pape* NZI 2004, 543). Der Schuldner kann **entgegen der Auffassung des BGH** (*BGH* ZInsO 2008, 924 [925 Rn. 14] und ZInsO 2008, 1138: bis zur Eröffnung – ohne nähere Begründung; *Kübler/Prütting/Bork-Pape* InsO, § 14 Rn. 55).den **Antrag nicht nur bei Belehrungsmängeln nachholen bis zum Schlusstermin gem. § 197 InsO** (vgl. HambK-InsO/*Streck* § 287 Rn. 9; *Schmerbach* InsbürO 2004, 362 [364] und ZInsO 2009, 2078 [2090 f.]), nicht aber bis zur Aufhebung des Verfahrens gem. § 200 Abs. 1 InsO (so *AG Düsseldorf* ZInsO 2010, 1803 für den Fall, dass trotz durchgeführten Schlusstermins mangels Ausschüttung eine Verfahrensaufhebung noch nicht erfolgt ist; MüKo-InsO/*Schmahl/Vuja* § 20 Rn. 102; MüKo-InsO/*Stephan* § 287 Rn. 15). Gläubiger müssen Versagungsgründe geltend machen können; dies geschieht aber im Schlusstermin, § 290 InsO, bzw. bei schriftlichem Verfahren gem. § 5 Abs. 2 InsO innerhalb der festgesetzten Frist. 172

c) Wohlverhaltensperiode

Begründet der Schuldner nach Verfahrenseröffnung neue Verbindlichkeiten, kann er nach Aufhebung des Verfahrens (§ 200 Abs. 1 InsO) einen neuen Insolvenzantrag stellen. Er kann auch einen weiteren Antrag auf (erneute) Restschuldbefreiung stellen. Häufig wird die (erneute) **Abtretung** an den Treuhänder (§ 287 Abs. 2 Satz 1 InsO) allerdings **mit der ersten Abtretung kollidieren**. Die Zulässigkeit eines weiteren Restschuldbefreiungsantrages ist umstritten (Rdn. 175). 173

d) Zweiter Insolvenzantrag/zweiter Restschuldbefreiungsantrag

Ist das Verfahren noch nicht aufgehoben, ist der Antrag eines **Neugläubigers** zulässig (s. Rdn. 119), ebenso in der Wohlverhaltensperiode (s. Rdn. 125). Entsprechend ist auch der Antrag des Schuldners zulässig (*Schmerbach* ZInsO 2009, 2078 [2091]). Für den Schuldner wird allerdings die Restschuldbefreiung im Vordergrund stehen. Der BGH hat entschieden, dass eine Eröffnung nur erfolgt, 174 wenn die **Verfahrenskosten gedeckt** sind (*BGH* ZInsO 2011, 1349 Rn. 12). Eine Eröffnung auf Stundungsbasis gem. § 4a InsO scheidet aus (s. Rdn. 119, 125). Eine Eröffnung nur aufgrund Schuldnerantrages wird daher selten erfolgen.

175 Hat der Schuldner bereits im Erstverfahren Antrag auf Restschuldbefreiung gestellt, ist **streitig**, ob ein **weiterer Restschuldbefreiungsantrag** im Zweitverfahren **zulässig** ist. Überwiegend wird dies verneint unter Hinweis auf § 290 Abs. 1 Nr. 3 InsO (*AG Göttingen* Beschl. v. 06.03.2008 – 74 IN 34/08; *AG Bremen* NZI 2011, 146; *AG Wetzlar* ZInsO 2014, 47 m. zust. Anm. *Brands*; *Frind* Privatinsolvenz Teil II Rn. 130; *Montag* ZVI 2013, 453 [459]; zweifelnd *Schmerbach* ZInsO 2009, 2078 [2094 f.]; abl. *Hackländer* ZInsO 2008, 1308 [1310]). Denkbar ist dies, wenn nach Freigabe gem. § 35 Abs. 2 InsO ein Zweitinsolvenzverfahren eröffnet wird. Ein Restschuldbefreiungsantrag ist unzulässig (Rdn. 162).

e) Ausweg: Rücknahme RSB-Antrag im Erstverfahren

176 Der Schuldner kann allerdings seinen Antrag auf Restschuldbefreiung im Erstverfahren zurücknehmen (*BGH* ZInsO 2010, 1496 [1498]; *AG Göttingen* ZInsO 2008, 1148 [1149]; *Schmerbach* ZInsO 2009, 2078 [2095]; a.A. *Hackländer* ZInsO 2008, 1308 [1314]) und einen erneuten Insolvenzantrag, gekoppelt mit einem Restschuldbefreiungsantrag, stellen. Eine Versagung der Stundung gem. § 4a Abs. 1 InsO scheidet aus, da der Versagungstatbestand des § 290 Abs. 1 Nr. 3 (für die bis zum 30.06.2014 beantragten Verfahren) InsO nicht eingreift (*AG Göttingen* NZI 2008, 447). Alt- und Neugläubiger werden gemeinschaftlich befriedigt (Einzelheiten bei *Schmerbach* ZInsO 2009, 2078 [2095 f.]). Die Kosten des Erstantragsverfahrens sind Insolvenzforderungen. Es besteht die Möglichkeit/Gefahr eines »**immerwährenden**« Insolvenzverfahrens.

177 Es empfiehlt sich ein **Hinweis an die Altgläubiger** mit dem Eröffnungsbeschluss im Rahmen des § 287a Abs. 1 Satz 2 InsO mit folgendem Inhalt: »Über das Vermögen des Schuldners ist bereits am 10.10.2015 ein Insolvenzverfahren eröffnet worden (74 IN 444/15). Dort hat der Schuldner Antrag auf Restschuldbefreiung gestellt, den Antrag aber am 17.05.2017 zurückgenommen. Im neuen Verfahren hat der Schuldner wiederum Antrag auf Restschuldbefreiung gestellt. Die Gläubiger aus dem ersten Verfahren werden darauf hingewiesen, dass sie ihre Forderungen erneut anmelden und ggf. gem. § 174 Abs. 2 InsO auch Tatsachen angeben müssen, aus denen sich ergibt, dass der Forderung eine vorsätzlich begangene unerlaubte Handlung des Schuldners zugrunde liegt.«

3. GesO/KO

178 Ein Rechtsschutzinteresse besteht auch während/nach abgeschlossen GesO/KO-Verfahren (*Pape/Wenzel* ZInsO 2008, 287 [290]).

H. Kosten

I. »Kosten« im Insolvenzeröffnungsverfahren

179 Das Kostenrecht ist zuletzt durch das zum 01.08.2013 in Kraft getretene 2. Kostenrechtsmodernisierungsgesetz geändert worden (*Heyn* InsbürO 2013, 342; allg. zu Kosten im Insolvenzverfahren *Lissner* InsbürO 2013, 19).

180 Im **Eröffnungsverfahren** können **folgende** erstattungsfähige **Kosten** anfallen:

a) Gerichtskosten (Gebühren und Auslagen) gem. § 1 Abs. 1 GKG. Darunter fallen:
– **Gerichtsgebühren** gem. KV Nr. 2310 ff. Für das Eröffnungsverfahren fällt eine halbe der in §§ 34 Abs. 1, 34 GKG vorgesehenen Gebühren an, beim Gläubigerantrag mindestens 180 Euro (KV Nr. 2310, 2311). Fällig wird die Gebühr mit Einreichung des Antrages (§ 6 GKG). Die Bearbeitung des Antrages darf jedoch von der Zahlung der Gebühr nicht abhängig gemacht werden, da die §§ 10 ff. GKG dies nicht vorsehen;
– **Auslagen** gem. KV Nr. 9000 ff. In Betracht kommen Zustellungskosten (KV Nr. 9002, allerdings erst ab mehr als 10 Zustellungen, KV Nr. 9002), Kosten für das Anfertigen von Ablichtungen (KV Nr. 9000), Kosten der öffentlichen Bekanntmachungen i.d.R. nicht (KV Nr. 9004),

Kosten für die Entschädigung von Zeugen und Sachverständigen nach dem JVEG (KV Nr. 9005, insbesondere Kosten für die Erstellung eines Sachverständigengutachtens).

b) Vergütung und Auslagen des **vorläufigen Insolvenzverwalters** (§ 21 Abs. 2 Nr. 1, § 63 InsO). Ein Anspruch des vorläufigen Insolvenzverwalters gegen den Antragsteller oder die Landeskasse besteht mit der Möglichkeit, dass diese beim Antragsteller Rückgriff nimmt, ist abzulehnen (s. Rdn. 197 ff.);

c) Vergütung (Gebühren und Auslagen) eines vom Schuldner oder Gläubiger beauftragten **Rechtsanwaltes** (§ 1 Abs. 1, § 28 RVG, VV Nr. 3313 ff.).

d) Die einem Gläubiger im Zusammenhang mit einem Schuldenbereinigungsplan entstehenden Kosten sind nicht erstattungsfähig (**§ 310 InsO**).

II. Kostenvorschuss

Fällig wird die Gerichtsgebühr (gem. KV Nr. 2310, 2311) bei Einreichung des Antrags (§ 6 Abs. 1 Nr. 2 GKG). Von der Zahlung der Gebühr darf die **Bearbeitung** jedoch **nicht abhängig** gemacht werden, da die §§ 10 ff. GKG dies nicht vorsehen. Für den Auslagenvorschuss kann anderes gelten (s. Rdn. 95).

181

III. Kostenfreiheit

Von der Zahlung der Kosten, nämlich der Gebühren und Auslagen, sind befreit die in **§ 2 GKG** aufgeführten Rechtssubjekte. Nicht darunter fallen die – im Insolvenzverfahren häufig als Antragsteller auftretenden – Träger der Sozialversicherungen wie Allgemeine Ortskrankenkasse, Berufsgenossenschaften usw. (weitere Einzelheiten bei den Kommentierungen zu Kostengesetze, § 2 GKG).

182

IV. Kostenschuldner

Die §§ 22 f. GKG bestimmen, wer Schuldner der Gerichtskosten ist und in welcher Reihenfolge mehrere Schuldner haften.

183

a) Schuldner für die Gebühr des Eröffnungsverfahrens (KV Nr. 2310, 2311) ist der Antragsteller (§ 23 Abs. 1 Satz 1 GKG). Die Kosten eines Koordinationsverfahrens gem. § 269a InsO im Rahmen einer Konzerninsolvenz (Vor § 1 Rdn. 84) trägt gem. § 23 Abs. 3 GKG n.F. der Schuldner, auch wenn der Antrag vom (vorläufigen) Insolvenzverwalter oder (vorläufigen) Gläubigerausschuss gestellt wird. Die Änderung tritt zum 21.04.2018 in Kraft.

184

Gesetzliche Vertreter wie ein GmbH-Geschäftsführer sind nur dann persönliche Kostenschuldner, wenn sie den Antrag auch ausdrücklich in eigenem Namen erhoben haben (*BGH* ZInsO 2004, 441) oder ihnen die Kosten etwa wegen unterlassener Auskunftserteilung auferlegt werden (*AG Göttingen* Beschl. v. 18.07.2006 – 74 IN 212/06).

185

Bei Stellung eines Insolvenzantrages in den Fällen der **Führungslosigkeit** (s. § 10 Rdn. 15 ff.) bestehen Besonderheiten (*Horstkotte* ZInsO 2009, 209 [216 f.]).

186

Bei **Abweisung** als unzulässig, unbegründet, Abweisung mangels Masse oder **Zurücknahme** des Antrages ist der **Antragsteller** auch Schuldner der in dem Verfahren entstandenen Auslagen (§ 23 Abs. 1 Satz 2 GKG). Der Gesetzgeber ist dabei davon ausgegangen, dass der Antragsteller **nicht für die Vergütung eines vorläufigen Insolvenzverwalters haftet**, da diese Vergütung nicht unter den Begriff der Auslagen fällt und das Kostenverzeichnis keinen derartigen Auslagentatbestand enthält (BT-Drucks. 12/3803 S. 72; s. Rdn. 198 ff.). Im Falle der Stundung der Verfahrenskosten (§ 4a InsO) ist dies in § 23 Abs. 1 Satz 3 GKG, KV Nr. 9018 klargestellt. Eine Stundung kommt nur in Betracht, wenn der Schuldner einen eigenen Eröffnungsantrag gestellt hat, so dass die Haftung eines ebenfalls einen Eröffnungsantrag stellenden Gläubigers ausscheidet (BR-Drucks. 14/01, S. 72). Dagegen besteht für die Tätigkeit des vorläufigen Insolvenzverwalters als Sachverständiger (vgl. § 22 Rdn. 148) eine Zweitschuldnerhaftung (*OLG Düsseldorf* ZIP 2009, 1172), da dessen Kosten in KV Nr. 9005 aufgeführt sind.

187

§ 13 InsO Eröffnungsantrag

188 Beantragt ein Insolvenzgläubiger Versagung oder Widerruf der **Restschuldbefreiung**, so entsteht dafür in den Fällen der §§ 296, 297, 300, 303 InsO eine Gerichtsgebühr (in Höhe von 30 Euro gem. KV Nr. 2350). In den Fällen der §§ 290, 298 InsO entsteht keine Gebühr. Kostenschuldner ist der Insolvenzgläubiger; es soll gewährleistet sein, dass der Gläubiger nur in aussichtsreichen Fällen den Antrag stellt (BT-Drucks. 12/3803 S. 72).

189 In den **übrigen Fällen** verbleibt es bei dem hergebrachten Grundsatz, dass Schuldner der Gebühren und Auslagen der **Schuldner** des Insolvenzverfahrens ist (§ 23 Abs. 3 GKG).

190 b) Schuldner der Kosten (also der Gebühren und Auslagen) ist ferner derjenige, dem durch gerichtliche Entscheidung die **Kosten** des Verfahrens **auferlegt** sind (§ 29 Nr. 1 GKG). Dies ist der **Antragsteller**, wenn er den Antrag zurücknimmt (§ 4 InsO i.V.m. § 296 Abs. 3 ZPO), sein Antrag als unzulässig oder unbegründet abgewiesen wird (§ 4 InsO i.V.m. § 91 ZPO, *LG Bielefeld* ZInsO 2000, 118) oder ihm – ausnahmsweise – bei Erledigungserklärung die Kosten auferlegt werden. Bei **Abweisung mangels Masse** sind die Kosten dem **Schuldner** aufzuerlegen (s. § 26 Rdn. 95 f.).

191 c) **Mehrere Kostenschuldner** haften als Gesamtschuldner (§ 31 Abs. 1 GKG). Zur Haftung mehrerer Antragsteller untereinander s. Rdn. 104 ff. Die Reihenfolge der Inanspruchnahme regelt § 31 Abs. 2 GKG. Vorrangig haftet als Erstschuldner der Schuldner, dem gem. § 29 Nr. 1 GKG die Kosten des Verfahrens auferlegt worden sind. Die Haftung des **antragstellenden Gläubigers** als **Zweitschuldner** gem. § 23 GKG kommt nur unter den in § 31 Abs. 2 GKG näher beschriebenen Voraussetzungen in Betracht, wenn nämlich die Zwangsvollstreckung in das bewegliche Vermögen des Erstschuldners erfolglos geblieben ist oder aussichtslos erscheint.

192 Bei **Abweisung mangels Masse** (§ 26 InsO) liegt i.d.R. Zahlungsunfähigkeit vor. War dem aufgrund von § 29 Nr. 1 GKG haftenden Kostenschuldner Prozesskostenhilfe/Insolvenzkostenhilfe bewilligt worden, darf die Haftung des Zweitschuldners nicht geltend gemacht werden gem. § 31 Abs. 3 GKG (im Gegensatz zu § 58 Abs. 2 Satz 2 GKG a.F., der nur eine entsprechende Sollvorschrift enthielt). Im Übrigen haftet der Zweitschuldner nur, wenn eine Zwangsvollstreckung in das bewegliche Vermögen des Erstschuldners erfolglos geblieben ist oder aussichtslos erscheint (§ 31 Abs. 2 Satz 1 GKG). Aussichtslos erscheint die Zwangsvollstreckung insbesondere dann, wenn die Eröffnung des Verfahrens mangels Masse (§ 26 InsO) abgewiesen worden ist (*OLG München* ZIP 1987, 48 [49]; krit. *Kübler/Prütting/Bork-Pape* InsO, § 26 Rn. 30). Beim abgewiesenen Eigenantrag mangels Masse werden die Kosten häufig gem. § 10 KostVfg. außer Ansatz bleiben (vgl. AV Nds.MJ v. 23.03.2006, Nds. Rpfl. 2006, 112).

193 Für ab dem 01.01.2011 beantragte Insolvenzverfahren (zur zeitlichen Geltung s. Art. 103e EGInsO) schließt § 23 Abs. 1 Satz 3 GKG die Anwendung der Sätze 1 und 2 aus in den Fällen des ebenfalls zum 01.01.2011 neu eingefügten § 14 **Abs. 3 InsO**.

194 Eine Haftung als Zweitschuldner für Auslagen, insbesondere **Sachverständigenkosten**, kommt jedoch bei **Erledigungserklärung nicht** in Betracht (*OLG Dresden* ZVI 2010, 205; *LG Koblenz* ZInsO 2007, 1056; *AG Göttingen* ZVI 2004, 294 m. zust. Anm. *Gundlach/Schirrmeister* EWiR 2004, 849; *Schmerbach* NZI 2003, 421 [423]; *Kübler/Prütting/Bork-Pape* InsO, § 13 Rn. 245; **a.A.** *LG Dresden* ZVI 2005, 329; *AG Frankfurt* ZVI 2003, 615; *AG Düsseldorf* ZInsO 2006, 1116; HambK-InsO/*Linker* 13 Rn. 81; MüKo-InsO/*Schmahl/Vuja* § 13 Rn. 161). Dies folgt aus § 23 Abs. 1 Satz 2 GKG. Danach greift die Zweitschuldnerhaftung für Auslagen nur bei Abweisung oder Zurücknahme des Antrages ein (*Schmerbach* NZI 2003, 421 [423]).

195 Bei **Abweisung mangels Masse** gem. § 26 InsO ist die Rechtslage **streitig** (offen *AG Göttingen* ZInsO 2004, 632). Dafür spricht, dass der Antrag begründet ist und in der Sache Erfolg hat (s. § 26 Rdn. 9), lediglich mangels Kostendeckung das Verfahren nicht eröffnet werden kann. Überwiegend wird eine Zweitschuldnerhaftung bejaht (*LG Göttingen* ZInsO 2009, 1926 unter Abänderung von *AG Göttingen* ZInsO 2009, 981; *AG Dresden* ZInsO 2009, 1173; *AG Bremen* NZI 2009, 855; *OLG Köln* ZInsO 2010, 539 unter Bestätigung von *LG Bonn* NZI 2009, 897).

V. Umfang der Kostentragungspflicht, insbesondere des vorläufigen Insolvenzverwalters

Zu den vom Kostenschuldner zu erstattenden Kosten gehören die Gerichtsgebühren, die Auslagen (insbesondere die Entschädigung eines Sachverständigen) und ggf. außergerichtliche Kosten (insbesondere eines Verfahrensbevollmächtigten). Fraglich ist, wer Kostenschuldner für die **Vergütung und Auslagen** des vom Insolvenzgericht bestellten **vorläufigen Insolvenzverwalters** ist. In Betracht kommen der Schuldner, der antragstellende Gläubiger und die Landeskasse. Festgesetzt wird die Vergütung vom Insolvenzgericht (§ 64 Abs. 1 InsO). Im Falle der Eröffnung des Verfahrens handelt es sich um Massekosten (§ 54 Nr. 2 InsO). Wird der Antrag zurückgenommen, in der Hauptsache für erledigt erklärt, als unzulässig, unbegründet oder mangels Masse abgewiesen, stellt sich die Frage, gegen wen der vorläufige Insolvenzverwalter seinen Vergütungsanspruch geltend machen kann. 196

Die **Streitfrage** ist durch die Rechtsprechung eindeutig beantwortet und **geklärt** worden. 197

Sind die Verfahrenskosten gem. § 4a InsO gestundet, haftet gem. §§ 21 Abs. 2 Nr. 1, 63 Abs. 2 InsO subsidiär die Staatskasse. Folglich haftet bei Abweisung mangels Masse (§ 26 InsO) für die Vergütung des vorläufigen Verwalters **nur der Schuldner**, nicht aber der Gläubiger (*OLG Celle* ZIP 2000, 706 [710]; BK-InsO/*Blersch* § 63 Rn. 10; HK-InsO/*Sternal* § 14 Rn. 64; *Kübler/Prütting/ Bork-Pape* InsO, § 13 Rn. 260 und § 26 Rn. 36 ff.; MüKo-InsO/*Schmahl/Vuja* § 13 Rn. 168; *Nerlich/Römermann-Mönning* InsO, § 26 Rn. 157). Auch der antragstellende Alleinerbe haftet nach Rücknahme des Antrages für die Vergütung. Etwas anderes kann gelten, wenn sich der Erbe wirksam die beschränkte Haftung auf das Erbe vorbehalten hat (*AG Göttingen* Beschl. v. 02.02.2007 – 74 IN 362/04). 198

Ebenso wenig haftet die **Staatskasse** (*BGH* NZI 2004, 245 m. zust. Anm. *Bernsau* = EWiR 2004, 609; *OLG Celle* ZIP 2000, 706 [709] = EWiR 2000, 681; *LG Fulda* NZI 2002, 61; HK-InsO/*Kirchhof* § 14 Rn. 56; *Kübler/Prütting/Bork-Pape* InsO, § 26 Rn. 37; MüKo-InsO/*Schmahl/Vuja* § 13 Rn. 168; *BVerfG* ZInsO 2004, 383 m. Anm. *Haarmeyer* für den Sequester im Rahmen eines Zivilverfahrens). 199

Auch in den übrigen Fällen, in denen es nicht zur Eröffnung des Verfahrens kommt, haftet der **Gläubiger nicht** (*BGH* ZInsO 2006, 204; *OLG Celle* ZIP 2000, 706 [709] = EWiR 2000, 681; *Kübler/ Prütting/Bork-Pape* InsO, § 13 Rn. 260; a.A. *AG Hamburg* ZInsO 2004, 458 [460]; ZInsO 2007, 1167; *Frind/Schmidt* ZInsO 2002, 8 [11] für den Fall des sog. Druckantrages, s. Rdn. 291). 200

Dies gilt **auch** dann, wenn dem Gläubiger – wie etwa bei Antragsrücknahme – die **Kosten des Verfahrens auferlegt** worden sind, da es sich bei der Vergütung des vorläufigen Verwalters nicht um Verfahrenskosten i.S.d. KV Nr. 9007 handelt (*BGH* ZInsO 2008, 151; *OLG Celle* ZIP 2000, 706 [709]; *Kübler/Prütting/Bork-Pape* InsO, § 13 Rn. 251; a.A. wohl HambK-InsO/*Linker* § 13 Rn. 79). **Abweichendes** gilt nur, wenn in dem Beschluss dem Gläubiger ausdrücklich auch die Kosten der vorläufigen Insolvenzverwaltung auferlegt sind (vgl. *LG Hamburg* ZInsO 2008, 1092 unter ausdrücklicher Einbeziehung der gem. § 2 GKG von den Kosten befreiten Rechtssubjekten). 201

Ist nämlich ein vorläufiger Insolvenzverwalter bestellt und ein allgemeines Verfügungsverbot (§ 21 Abs. 2 Nr. 1, Nr. 2 1. Alt. InsO) angeordnet worden, darf das Verfügungsverbot erst aufgehoben werden, wenn der vorläufige Insolvenzverwalter zuvor die entstandenen Kosten beglichen hat (§ 25 Abs. 2 Satz 1 InsO), also auch seine Vergütung und Auslagen (§ 54 Nr. 2 InsO). Damit ist klargestellt, dass die **Kosten der vorläufigen Insolvenzverwaltung in jedem Fall aus dem Vermögen des Schuldners** zu decken sind. Damit stimmt überein die Gesetzesbegründung zu § 50 Abs. 1 Satz 2 GKG a.F. (BT-Drucks. 12/3803 S. 72) = § 23 Abs. 1 Satz 2 GKG n.F. Dort wird ausgeführt, dass nach Abweisung oder Rücknahme des Eröffnungsantrages der Antragsteller nicht für die Vergütung eines vorläufigen Insolvenzverwalters haftet, da die Vergütung nicht unter den Begriff der Auslagen fällt und das Kostenverzeichnis keinen derartigen Auslagentatbestand enthält. Auch bei Bestellung eines vorläufigen Insolvenzverwalters und Anordnung eines Zustimmungsvorbehaltes (§ 21 Abs. 2 Nr. 1, Nr. 2 2. Alt. InsO) sind die Kosten also aus dem Vermögen des Schuldners zu decken. Sofern dem Schuldner Schadensersatzansprüche gegen den Gläubiger wegen un- 202 rechtmäßiger Insolvenzantragstellung zustehen können (s. Rdn. 303), kann er Rückgriffsansprüche gegen den Gläubiger wegen zu Unrecht verursachter Kosten der vorläufigen Insolvenzverwaltung geltend machen (*LG Stuttgart* NZI 2004, 630 [631]), allerdings nicht im Insolvenzverfahren, sondern im ordentlichen Verfahren (*OLG Celle* ZIP 2000, 706 [710]).

VI. Gerichtskosten und Wertberechnung

203 Zu differenzieren ist nach Gläubiger- und Schuldnerantrag sowie den verschiedenen Verfahrensstadien (vgl. *Schmerbach* ZInsO 2003, 882).

204 a) Im **Eröffnungsverfahren** fällt eine halbe **Gebühr** des Streitwertes bzw. Gegenstandswertes nach § 34 GKG an, beim **Gläubigerantrag** beträgt die **Mindestgebühr 180 Euro** (KV Nr. 2111). Bei **Eröffnung** des Insolvenzverfahrens auf Antrag des Schuldners fällt eine 2 1/2fache Gebühr an (KV Nr. 2320), bei Eröffnung auf Antrag eines Gläubigers eine dreifache Gebühr (KV Nr. 2330). Diese Gebühren entfallen, falls der Eröffnungsbeschluss auf die Beschwerde hin aufgehoben wird (KV Nr. 2320, 2330). Im **Beschwerdeverfahren** gegen den Beschluss über die Eröffnung des Insolvenzverfahrens (§ 34 InsO) entsteht eine Gebühr (KV Nr. 2360). Eine Gebühr von 50 Euro entsteht, wenn eine Beschwerde verworfen oder zurückgewiesen wird, falls das Verfahren nicht nach anderen Vorschriften gebührenfrei ist (KV Nr. 2361). Im Verfahren über eine **Rechtsbeschwerde** gegen den Eröffnungsbeschluss entstehen 2 Gebühren (KV Nr. 2362), bei Rücknahme eine Gebühr (KV Nr. 2363), ansonsten eine Gebühr von 50 Euro, wenn die Rechtsbeschwerde verworfen oder zurückgewiesen wird, falls das Verfahren nicht nach anderen Vorschriften gebührenfrei ist (KV Nr. 2364).

205 b) § 58 Abs. 1 GKG bestimmt, dass die Gebühren für den Antrag auf Eröffnung des Insolvenzverfahrens und auf die Durchführung des Insolvenzverfahrens einheitlich nach dem **Wert der Insolvenzmasse** zur Zeit der Beendigung des Verfahrens erhoben werden. Dies korrespondiert mit der Regelung für die Wertfestsetzung der Vergütung des Insolvenzverwalters (§ 63 Satz 2 InsO). Neuerwerb des Schuldners während des Verfahrens erhöht den maßgeblichen Wert (BT-Drucks. 12/3803 S. 72), da gemäß § 35 InsO das Insolvenzverfahren auch das Vermögen erfasst, das der Schuldner während des Verfahrens erlangt. Werterhöhend sind auch die laufenden Bezüge des Schuldners, deren pfändbarer Teil während der gesamten Laufzeit des Verfahrens in die Insolvenzmasse fließt (BT-Drucks. 12/3803 S. 72).

206 Gegenstände, die mit **Absonderungsrechten** belastet sind, werden nur in Höhe des die Belastung übersteigenden Wertes berücksichtigt (*KG* ZInsO 2013, 1541). Auch **Kosten der Betriebsfortführung** sind **abzusetzen**, es ist der wirtschaftliche Wert nach Beendigung des Insolvenzverfahrens zu Grunde zu legen (*OLG Düsseldorf* ZInsO 2015, 1581; *OLG Düsseldorf* ZInsO 2013, 1706; *Kübler/Prütting/Bork-Pape* InsO, § 13 Rn. 250; *Grub* NZI 2012, 949; Stellungnahme DIAI ZInsO 2013, 25; a.A. *LG Konstanz* NZI 2013, 494). Dies gilt auch im Fall der Antragsrücknahme (*LG Itzehoe* ZInsO 2013, 1534). Abwicklungsbedingte Massekosten und Masseschulden sind dagegen nicht abzusetzen (*OLG Hamm* ZInsO 2013, 444 = EWiR 2013, 277). Bei Beendigung eines **Schutzschirmverfahrens** gem. § 270b InsO kann der Gegenstandswert nach dem Einnahmenüberschuss bestimmt werden (*AG Göttingen* ZInsO 2012, 2297 [2298]).

207 Die Gegenstandswerte für die Gerichtskosten und für die Vergütung des Insolvenzverwalters sind **einheitlich** nach dem **Wert der Insolvenzmasse zur Zeit der Beendigung** des Verfahrens zu berechnen (*OLG Stuttgart* ZInsO 2014, 1177; *LG Duisburg* ZInsO 2016, 2452).

208 c) Beim **Gläubigerantrag** wird die Gebühr für das Verfahren über den **Eröffnungsantrag** nach dem Wert der Insolvenzmasse nur berechnet, wenn diese geringer ist als der Betrag der Forderung (§ 58 Abs. 2 GKG). Der Wert der Insolvenzmasse (gem. § 58 Abs. 1 GKG) kann im Rahmen des § 58 Abs. 2 GKG der Wertberechnung nicht nur dann zugrunde gelegt werden, wenn die Aktivmasse tatsächlich festgestellt ist (a.A. *LG Krefeld* ZIP 1984, 92 m. abl. Anm. *Eickmann* = Rpfleger 1983, 332; *LG Mainz* Rpfleger 1986, 110). Vielmehr ist das Gericht gehalten, den **Betrag der Aktivmasse** (gem. § 35 GKG a.F. i.V.m. § 26 GKG a.F., § 3 ZPO) anhand von Angaben des Schuldners oder der Fest-

stellungen des zur Überprüfung der Massekostendeckung eingesetzten Gutachters, ggf. auch des Berichts des vorläufigen Insolvenzverwalters, **zu schätzen**.

Eine allein am Betrag der Forderung orientierte Festsetzung kommt erst dann in Betracht, wenn das 209
Gericht keine Erkenntnisse über die Aktivmasse hat, etwa weil der Gläubiger seinen Insolvenzantrag wegen Befriedigung seiner Forderung zurückgenommen oder das Verfahren für erledigt erklärt hat (*AG Göttingen* ZIP 1992, 790 = EWiR 1992, 677 m. zust. Anm. *Pape*; *AG Göttingen* ZIP 2001, 793 [801]). Weitere Ermittlungen des Gerichtes sind nicht erforderlich, da der Amtsermittlungsgrundsatz (§ 5 InsO) für die Wertfestsetzung keine Anwendung findet (*AG Göttingen* und *LG Göttingen* ZInsO 1998, 142; *AG Göttingen* ZIP 2001, 798 [801]). War der Schuldner praktisch vermögenslos, ist die Mindestgebühr von 150 Euro (KV Nr. 2311) anzusetzen (*LG Frankenthal* NZI 2009, 576). Zur Bemessung der Vergütung des vorläufigen Insolvenzverwalters s. § 21 Rdn. 145 ff.

Die **Wertgrenze** des § 39 Abs. 2 GKG, wonach der Gebührenstreitwert **höchstens 30 Mio. €** beträgt, gilt auch im Insolvenzverfahren (*OLG Frankfurt* ZInsO 2014, 959; *Grub* ZInsO 2013,313; *Rauscher* ZInsO 2013, 869; **a.A** *Kübler/Prütting/Bork-Pape* InsO, § 13 Rn. 250; *Nicht/Schildt* NZI 2013, 64). 210

Macht der Gläubiger eine **Teilforderung** geltend, ist im Rahmen des § 58 Abs. 2 GKG nicht der 211
Teilbetrag zugrunde zu legen, sondern die gesamte Forderung. Im Einzelfall kann nämlich die Prüfung notwendig werden, ob nicht die dem Insolvenzantrag zugrunde liegende Forderung den wesentlichen Teil der Verbindlichkeiten nach Maßgabe des § 17 InsO darstellt. Anders als im Zivilprozess muss daher die volle Forderung zugrunde gelegt werden (**a.A.** *LG Freiburg* Rpfleger 1992, 312). Regelmäßig wird aber das rechtliche Interesse (§ 14 Abs. 1 InsO) fehlen (s. § 14 Rdn. 131 i.V.m. Rdn. 69).

Nebenforderungen wie Zinsen oder Kosten werden bei der Wertberechnung nicht berücksichtigt 212
(§ 43 Abs. 1 GKG) anders als bei der Wertfestsetzung für die Rechtsanwaltsgebühren (s. Rdn. 220).

d) Beim **Schuldnerantrag** ist gem. § 58 Abs. 1 GKG nur vom Wert der Insolvenzmasse zur Zeit der 213
Beendigung des Verfahrens auszugehen nach den Grundsätzen s. Rdn. 208. Existieren keine greifbaren Anhaltspunkte für den Wert, ist der Mindestwert von 300 Euro festzusetzen (*AG Göttingen* Beschl. v. 22.04.2001 – 74 IN 60/01).

e) Bei **Beschwerden** des Schuldners gegen die Eröffnung des Insolvenzverfahrens oder gegen die Abweisung des Eröffnungsantrags mangels Masse bestimmt sich der Wert gem. § 58 Abs. 1 GKG, bei der Beschwerde eines sonstigen Antragstellers gegen die Abweisung des Eröffnungsantrages gem. § 58 Abs. 2 GKG (§ 58 Abs. 3 GKG). 214

f) Die Wertfestsetzung erfolgt durch das Insolvenzgericht (§§ 63 GKG). Wird das Verfahren nicht 215
eröffnet, ist der Richter **zuständig**, ansonsten der Rechtspfleger.

VII. Höhe der Entschädigung des Sachverständigen und des vorläufigen Insolvenzverwalters

a) Die Entschädigung des Sachverständigen beträgt pro Stunde 65 bis 125 Euro (s. § 22 Rdn. 175). 216
Die Entschädigung des im Eröffnungsverfahren beauftragten Sachverständigen setzt der Urkundsbeamte der Geschäftsstelle fest (s. § 2 Rdn. 57) bzw. Richter in massehaltigen Verfahren mit gleichzeitiger Gestattung der Entnahme aus der Masse.

b) Die Vergütung des **vorläufigen Insolvenzverwalters** bestimmt sich gem. § 21 Abs. 2 Nr. 1 i.V.m. 217
§ 63 Satz 2, 3 InsO (s. § 21 Rdn. 140 ff.). Die Einzelheiten sind geregelt in der aufgrund von § 65 InsO erlassenen insolvenzrechtlichen Vergütungsverordnung (InsVV) vom 19.08.1998 (s. FK-InsO/ *Lorenz* Kommentierung der InsVV). Die Vergütung und die zu erstattenden Auslagen des vorläufigen Insolvenzverwalters setzt das Insolvenzgericht fest (§ 21 Abs. 2 Nr. 1, § 64 Abs. 1 InsO). Zur Zuständigkeit des Insolvenzgerichts s. § 26a, zur funktionellen Zuständigkeit s. § 21 Rdn. 199.

VIII. Rechtsanwaltskosten

218 Zu **differenzieren** ist nach Vertretung des Schuldners oder Gläubigers und den verschiedenen Verfahrensstadien (vgl. *Schmerbach* ZInsO 2003, 882; *Schmidt* ZInsO 2004, 302; *Riedel* ZVI 2004, 274; *Fischer* InsbürO 2004, 162 und 206).

219 a) Für die Vertretung eines Schuldners im **Eröffnungsverfahren** erhält der Rechtsanwalt eine volle Gebühr (VV Nr. 3313), bei Vertretung des Gläubigers 5/10 der vollen Gebühr (VV Nr. 3314). Wird das **Verfahren eröffnet**, erhält der Rechtsanwalt für seine Tätigkeit eine volle Gebühr (VV Nr. 3317). Beide Gebühren können nebeneinander geltend gemacht werden. Im **Beschwerdeverfahren** erhält der Rechtsanwalt eine 5/10 Gebühr (VV Nr. 3500) und ggf. eine 0,5 Terminsgebühr VV Nr. 3313), im Rechtsbeschwerdeverfahren eine volle Gebühr (VV Nr. 3502), die bei vorzeitiger Beendigung des Auftrags sich halbiert (VV Nr. 3503). **Sonderregelungen** existieren für die Vertretung im Verfahren über einen Schuldenbereinigungsplan (Erhöhung beim Schuldner-Vertretung auf 1,5fache Gebühr gem. VV Nr. 3315, bei Gläubiger-Vertretung auf 1,0 gem. VV Nr. 3316) sowie Insolvenzplan (VV Nr. 3318, 3319) sowie Antrag auf Versagung und Widerruf der Restschuldbefreiung (VV Nr. 3321: 0,5).

220 b) Bei Beauftragung durch den **Schuldner** bestimmt sich der **Gegenstandswert** für die Vertretung im Eröffnungsverfahren (VV Nr. 3313), im Insolvenzverfahren (VV Nr. 3317) und im Beschwerdeverfahren (VV Nr. 3500, 3513) nach dem Wert der Insolvenzmasse nach Maßgabe des § 58 Abs. 1 GKG (§ 28 Abs. 1 Satz 1 RVG). Bei Vertretung des Schuldners im Eröffnungsverfahren (VV Nr. 3313) beträgt der Gegenstandswert jedoch mindestens 4.000 Euro (§ 28 Abs. 1 Satz 2 RVG).

221 Bei Beauftragung durch einen **Gläubiger** werden für die Vertretung im Eröffnungsverfahren (VV Nr. 3314), im Insolvenzverfahren (VV Nr. 3317) und im Falle der Beschwerde gegen den Beschluss über die Eröffnung des Insolvenzverfahrens (VV Nr. 3500, 3513) die Gebühren nach dem Nennwert der Forderungen berechnet, § 28 Abs. 2 Satz 1 RVG. Anders als bei der Berechnung der Gerichtsgebühren (s. Rdn. 211) werden Nebenforderungen mitgerechnet (§ 28 Abs. 2 Satz 2 RVG). Im Übrigen ist der Gegenstandswert unter Berücksichtigung der wirtschaftlichen Interessen des Auftraggebers nach § 23 Abs. 3 Satz 2 RVG zu bestimmen (§ 28 Abs. 3 RVG).

222 c) Eine **gerichtliche Wertfestsetzung** ist auch für die Gebühren des Rechtsanwalts maßgebend (§ 32 Abs. 1 RVG). Berechnen sich die Gebühren nicht nach dem für die Gerichtsgebühren maßgeblichen Wert oder fehlt es an einem solchen Wert, setzt das Gericht den Wert auf Antrag des Rechtsanwalts durch Beschluss fest (§ 33 Abs. 1 RVG).

223 Zu den Kosten bei **Beratungshilfe** (s. Rdn. 257 ff.) insb. beim außergerichtlichen Schuldenbereinigungsversuch gem. § 305 Abs. 1 Nr. 1 InsO s. RVG Nr. 2600 ff.

IX. Rechtsbehelfe

224 a) Die Wertfestsetzung der Gerichtsgebühren kann **von Amts wegen** innerhalb einer Frist von 6 Monaten geändert werden, nachdem die Entscheidung in der Hauptsache Rechtskraft erlangt oder das Verfahren sich anderweitig erledigt hat (§ 63 Abs. 3 GKG). Gegen den Kostenansatz (die Höhe der Kosten) kann Erinnerung und danach Beschwerde eingelegt werden (§ 66 GKG). Die Rechtsbehelfe sind nicht fristgebunden (*LG Gera* ZIP 2002, 1735 [1736]). Weiter besteht in Anlehnung an § 321a ZPO gem. § 69a GKG die Möglichkeit der Abhilfe bei Verletzung des Anspruches auf rechtliches Gehör.

225 b) Gegen die Festsetzung der Sachverständigenvergütung können der Sachverständige und die Staatskasse **Beschwerde** einlegen (§ 4 Abs. 3 JVEG). Schuldner oder Gläubiger, dem die Kosten des Verfahrens auferlegt sind, können gegen die Höhe der vom Insolvenzgericht festgesetzten Vergütung des Sachverständigen Erinnerung und danach Beschwerde (§ 66 GKG) einlegen. Die Rechtsbehelfe sind nicht fristgebunden. Weiter besteht in Anlehnung an § 321a ZPO gem. § 4a JVEG bzw. § 69a GKG die Möglichkeit der Abhilfe bei Verletzung des Anspruches auf rechtliches Gehör. Gegen die Festsetzung der Vergütung und Auslagen des vorläufigen Insolvenzverwalters können der vorläufige

Verwalter, der Schuldner und jeder Insolvenzgläubiger sofortige Beschwerde einlegen (§ 21 Abs. 2 Nr. 1 i.V.m. § 64 InsO).

c) Der **Rechtsanwalt** kann nicht nur aus eigenem Recht Festsetzung des auch für seine Gebühren maßgebenden Wertes beantragen, sondern gegen die Festsetzung auch Rechtsmittel einlegen (§ 32 Abs. 2 Satz 1 RVG). Gegen die gesonderte Festsetzung des Gegenstandswertes für die Tätigkeit des Rechtsanwalts ist sofortige Beschwerde möglich (§ 33 Abs. 3 RVG). Weiter besteht in Anlehnung an § 321a ZPO gem. § 12a RVG die Möglichkeit der Abhilfe bei Verletzung des Anspruches auf rechtliches Gehör. 226

I. Prozesskostenhilfe

I. Überblick

Bei der Bewilligung von Prozesskostenhilfe (PKH) ist zu **differenzieren**, für welchen Verfahrensbeteiligten und in welchem Verfahrensstadium Prozesskostenhilfe bewilligt werden soll. Daneben kommt die Bewilligung von Beratungshilfe in Betracht. 227

a) Für das Eröffnungsverfahren kann dem **Gläubiger** als Antragsteller PKH bewilligt werden (*BGH* ZInsO 2004, 976; *AG Göttingen* ZIP 2003, 1100; HK-InsO/*Sternal* § 4 Rn. 10; *Jaeger/Gerhardt/ Lohmann* InsO, § 13 Rn. 74; *Uhlenbruck/I. Pape* InsO, § 4 Rn. 18; **a.A.** MüKo-InsO/*Ganter* § 4 Rn. 23). Im eröffneten Verfahren kommt dies sowohl für den Gläubiger, der der den Insolvenzantrag gestellt hat, als auch in den übrigen Fällen nur ausnahmsweise (z.B. Stellung von Anträgen gem. §§ 290 ff. InsO) in Betracht. 228

b) Dem **Schuldner** kann bei einem **Gläubigerantrag** im Eröffnungsverfahren PKH bewilligt werden, im eröffneten Verfahren nur ausnahmsweise. Beim **Eigenantrag** des Schuldners kann Stundung gem. §§ 4a–4d, 309 Abs. 2 Satz 4 InsO bewilligt werden. PKH kommt insoweit nicht in Betracht. Neben dem o.g. Fall der Verteidigung gegen einen Gläubigerantrag geht es um PKH-Anträge zur **Durchführung von Beschwerdeverfahren** (*BGH* NZI 2002, 574; ZInsO 2003, 703 [704]; *LG Hamburg* ZInsO 2003, 241; **a.A.** *LG Bochum* ZInsO 2003, 237 [239]; *AG Mannheim* NZI 2004, 46). Zum Lauf der Rechtsbeschwerdefrist in diesen Fällen s. § 7 Rdn. 34. 229

c) Dem **Insolvenzverwalter**, der als Partei kraft Amtes anzusehen ist, kann im eröffneten Verfahren PKH bewilligt werden (§ 116 Nr. 1 ZPO), um außerhalb des eigentlichen Insolvenzverfahrens im Zivilprozess Ansprüche geltend zu machen (z.B. Rückgriffsansprüche gegen Geschäftsführer und Gesellschafter einer GmbH gem. §§ 9a, § 43 Abs. 2, 64 GmbHG). Über die Bewilligung entscheidet das Prozessgericht. Das Insolvenzgericht hat jedoch bei der Entscheidung, ob der Antrag auf Eröffnung mangels Masse abgewiesen wird (§ 26 InsO), die Möglichkeit zu berücksichtigen, dass der (spätere) Insolvenzverwalter nach Eröffnung und nach Bewilligung von PKH Ansprüche für die Masse durchsetzt. Unter diesen Voraussetzungen kommt sogar eine Eröffnung in Betracht, wenn kein Vermögen vorhanden ist (s.i.E. § 26 Rdn. 46 ff.). Die Möglichkeit der Bewilligung von PKH für den eigenverwaltenden Schuldner ist umstritten (bej. *Weber* ZInsO 2014, 2151; abl. *LAG Baden-Württemberg* ZInsO 2014, 1719). 230

Wird ein allgemeines Verfügungsverbot verhängt und ein **vorläufiger Insolvenzverwalter** bestellt, so kann diesem PKH bewilligt werden, sofern er anhängige Rechtsstreitigkeiten des Schuldners aufnimmt (§ 24 Abs. 2 InsO; s. § 24 Rdn. 28), da er insoweit dem (endgültigen) Verwalter gleichgestellt ist. PKH kann auch bewilligt werden, wenn im Eröffnungsverfahren der vorläufige Insolvenzverwalter Ansprüche geltend macht oder in Anspruch genommen wird (s. § 24 Rdn. 49, 50). Zuständig ist jeweils das Prozessgericht. 231

II. Allgemeine Voraussetzungen beim Gläubigerantrag

a) Erste Voraussetzung ist, dass ein Gläubiger nach seinen **persönlichen und wirtschaftlichen Verhältnissen** nicht in der Lage ist, die Kosten des Verfahrens sofort insgesamt aufbringen zu können (§ 114 Satz 1 ZPO). Die Einzelheiten ergeben sich aus § 115 ZPO (einschließlich der Einschrän- 232

§ 13 InsO Eröffnungsantrag

kung des Abs. 4, *LG Göttingen* Beschl. v. 13.07.2010 – 10 T 58/10) und den dort in Bezug genommenen Vorschriften. Unter die Kosten des Verfahrens fallen die Gerichtsgebühr(en), Auslagen des Gerichts (insbesondere Kosten des Sachverständigen und bei Veröffentlichung im Internet in geringem Umfang Veröffentlichungskosten) und Kosten eines Rechtsanwalts (unter den Voraussetzungen des § 121 Abs. 2 ZPO), nicht aber die Vergütung und Auslagen eines vorläufigen Insolvenzverwalters (s. Rdn. 201).

233 b) Weiter muss die beabsichtigte Rechtsverfolgung des Gläubigers **hinreichende Aussicht auf Erfolg** bieten (§ 114 Satz 1 ZPO). Eröffnungsgrund und die dem Antrag zugrunde liegende Forderung sind glaubhaft zu machen (Einzelheiten s. § 14 Rdn. 174 ff.). Weiter muss der antragstellende Gläubiger **Aussicht zumindest auf teilweise Befriedigung** haben. Selbst bei einer zu erwartenden Quote von nur wenigen Prozent kann PKH mangels Erfolgsaussicht nicht versagt werden (*BGH* ZInsO 2004, 976 [977] = EWiR 2005, 81; *AG Göttingen* ZIP 2003, 1100 f.; *Jaeger/Gerhardt* InsO, § 13 Rn. 74; *Uhlenbruck/Wegener* InsO, § 13 Rn. 184).

234 Mangelnde Erfolgsaussicht ergibt sich **nicht automatisch** aus der **Fruchtlosigkeitsbescheinigung** des zuständigen Gerichtsvollziehers, der eidesstattlichen Versicherung des Antragsgegners (§ 807 ZPO) oder einer bereits erfolgten Abweisung mangels Masse (a.A. *Kübler/Prütting/Bork-Pape* InsO, § 13 Rn. 186; *Uhlenbruck/Wegener* InsO, § 13 Rn. 184). Eidesstattliche Versicherungen des Antragsgegners können unvollständig sein, die Fruchtlosigkeitsbescheinigung des Gerichtsvollziehers kommt aufgrund einer kursorischen Prüfung unter Berücksichtigung der Angaben des Schuldners zustande. Die Ermittlungen eines vorläufigen Insolvenzverwalters/Sachverständigen decken häufig weitere Vermögensgegenstände oder Ansprüche auf, die Eröffnung des Verfahrens kann sogar trotz (zunächst) fehlender Kostendeckung aus dem Vermögen des Schuldners erfolgen (s. § 26 Rdn. 48). Daher kann vom Gläubiger **keine substantiierte Darlegung einer Quotenaussicht** verlangt werden (**a.A.** *LG Hamburg* ZInsO 2011, 1256 [1257]; *Kübler/Prütting/Bork-Pape* InsO, § 13 Rn. 186). Bei bereits erfolgter Abweisung eines Antrages mangels Masse ist allerdings genau zu prüfen, ob neue Vermögensgegenstände aufgetaucht sind oder sich bislang übersehene Forderungen realisieren lassen (s. § 26 Rdn. 135).

235 Beim Antrag eines **Arbeitnehmers**, der Anspruch auf Zahlung von Insolvenzgeld haben kann, ist hinreichende Erfolgsaussicht dann zu bejahen, wenn der Antrag dazu dient, durch einen Abweisungsbeschluss gem. § 26 InsO den Zeitpunkt für das Insolvenzereignis festzulegen und die Auszahlung des Insolvenzgeldes zu ermöglichen (*Kübler/Prütting/Bork-Pape* InsO, § 13 Rn. 187; *Jaeger/Gerhardt* InsO, § 13 Rn. 74; **a.A.** *LG Freiburg* ZInsO 2003, 945 [955]; HambK-InsO/*Rüther* § 4 Rn. 29).

236 Mangels hinreichender Erfolgsaussicht darf jedenfalls die untere Instanz Prozesskostenhilfe **nicht versagen**, wenn die Entscheidung von der Beantwortung einer schwierigen, bislang in der höchstrichterlichen Rspr. und im Schrifttum **nicht geklärten Rechtsfrage** abhängt (*BGH* ZIP 1997, 1757; *Zöller/Philippi* ZPO, § 114 Rn. 21).

237 c) Schließlich darf der Antrag nicht **mutwillig** erscheinen (§ 114 Satz 1 ZPO). Der Gesichtspunkt der Mutwilligkeit erlangt im Eröffnungsverfahren keine große Bedeutung, weil das Insolvenzgericht das rechtliche Interesse des Gläubigers (§ 14 Abs. 1 InsO) zu prüfen hat (vgl. *Uhlenbruck* ZIP 1982, 288).

III. Einzelheiten und Wirkung der Bewilligung

238 a) Die Bewilligung von PKH **bewirkt**, dass der antragstellende Gläubiger von der Zahlung der Gerichtskosten befreit ist und ein beigeordneter Rechtsanwalt Ansprüche auf Vergütung nicht gegen den Gläubiger geltend machen kann (§ 122 Abs. 1 Nr. 3 ZPO), sondern nur gegen die Landeskasse (nach Maßgabe der §§ 45 ff. RVG). Allerdings kann das Gericht Ratenzahlung anordnen (§ 120 ZPO). Die dem Schuldner entstehenden Kosten muss der Gläubiger jedoch erstatten (§ 123 ZPO). Nicht erstatten muss der Gläubiger die Kosten eines Sachverständigen (da es sich um Gerichtskosten handelt) und eines vorläufigen Insolvenzverwalters, da er dafür nicht haftet (s. Rdn. 201).

Zeitlich begrenzt ist die Bewilligung von PKH durch die Abweisung mangels Masse (§ 26 InsO), die 239
Abweisung des Antrages aus sonstigen Gründen oder die Verfahrenseröffnung. Im letztgenannten
Fall sind die angefallenen Kosten Kosten des Insolvenzverfahrens (§ 54 Nr. 1 InsO). Trotz Bewilligung von PKH kann eine Abweisung mangels Masse erfolgen, da der erforderliche Vorschuss (vgl.
§ 26 Abs. 1 Satz 2 InsO) durch die PKH nicht abgedeckt ist (*LG Frankenthal* Rpfleger 1985, 504
[505]; *LG Koblenz* NJW-RR 1998, 339; *Kübler/Prütting/Bork-Pape* InsO, § 13 Rn. 186). Unter den
Voraussetzungen des § 124 InsO kann die Bewilligung von PKH aufgehoben werden.

b) Für einen Antrag auf Eröffnung des **Nachlassinsolvenzverfahrens** kann keine PKH bewilligt werden (*LG Fulda* ZVI 2007, 129 [130]; *AG Hildesheim* ZInsO 2004, 1154; *LG Kassel* ZInsO 2014, 240
1623; *LG Coburg* NZI 2016, 1001 = InsbürO 2017, 163 HambK-InsO/*Rüther* § 4 Rn. 28; **a.A.**
Kübler/Prütting/Bork-Pape InsO, § 13 Rn. 178 f.; *LG Göttingen* ZInsO 2000, 619). Die Dürftigkeitseinrede des § 1990 BGB steht den Erben bereits bei Abweisung des Antrages mangels Masse
gem. § 26 InsO offen (*AG Bielefeld* ZIP 1999, 1223 [1224]). Aufgrund des Amtsermittlungsgrundsatzes stellt das Insolvenzgericht die erforderlichen Ermittlungen an (*AG Flensburg* ZInsO 1999),
ohne zuvor einen Kostenvorschuss anzufordern (s. Rdn. 95). Die Zweitschuldnerhaftung (s
Rdn. 191) droht nicht. Die Erben sind ebenso wie die zur Antragstellung berechtigten Nachlassverwalter, Nachlasspfleger oder Testamentsvollstrecker (§ 317 Abs. 1 InsO) nicht antragstellende Gläubiger im kostenrechtlichen Sinne. Nur den antragstellenden Nachlassgläubiger, dessen Antrag sich
gegen den Nachlass auf (Teil)Befriedigung seiner Forderung richtet, trifft die Zweitschuldnerhaftung.

c) Nach Eröffnung kommt für die Forderungsanmeldung und die allgemeine Teilnahme am Verfahren PKH grds. nicht in Betracht (im Ergebnis ebenso *AG Duisburg* NZI 2000, 237). Anmeldung und 241
Mitwirkung sind grds. kostenfrei (Ausnahmen KV Nr. 2340: besonderer Prüfungstermin gem.
§ 177: 13 Euro; KV Nr. 2350. Zur Anwaltsbeiordnung s. Rdn. 245 f. Entscheidung über den Antrag auf Versagung oder Widerruf der Restschuldbefreiung: 30 Euro).

d) Die **Beiordnung eines Rechtsanwalts** kommt unter den Voraussetzungen des § 121 Abs. 2 ZPO 242
in Betracht. Dies ist für **jeden Verfahrensabschnitt**, der besondere Kosten verursacht, **gesondert zu
prüfen** (*BGH* ZInsO 2004, 976 [977]). Dabei soll eine Beiordnung nach § 121 Abs. 2 Satz 1 2. Alt.
ZPO ausscheiden, da sich die Beteiligten nicht als Gegner gegenüberstehen (*BVerfG* ZIP 1989, 719
[720]; MüKo-ZPO/*Wax* § 121 Rn. 27 a.E.). Ob diese Auffassung für das **Eröffnungsverfahren** zutrifft, in dem sich Gläubiger und Schuldner gegenüberstehen und das als quasistreitiges Parteiverfahren bezeichnet wird (s. Rdn. 6 und u. § 14 Rdn. 7, 258), muss bezweifelt werden. Letztlich kann die
Frage aber dahinstehen.

Der Grundsatz der prozessualen Waffengleichheit gebietet es nämlich, im Rahmen der Erforderlichkeitsprüfung des § 121 Abs. 2 Satz 1 1. Alt. ZPO dem antragstellenden Gläubiger einen Rechts- 243
anwalt beizuordnen, wenn der Schuldner anwaltlich vertreten ist (*BGH* ZInsO 2006, 546; *AG Göttingen* ZIP 1992, 637 = EWiR 1992, 513 m. zust. Anm. *Pape*; *Pape* ZIP 1989, 692 [695]; *LG Göttingen* ZInsO 2000, 619 [620]).

Ansonsten kommt für den **Antrag auf Eröffnung** des Verfahrens eine Anwaltsbeiordnung bei einfach 244
gelagerter Sach- und Rechtslage nicht in Betracht, da die Rechtsantragstelle des Amtsgerichts in Anspruch genommen werden kann (im Ergebnis ebenso *LG Göttingen* Beschl. v. 13.07.2010 – 10 T
58/10). Etwas anderes gilt nur, wenn sich Schwierigkeiten insbesondere bei der Glaubhaftmachung
des Insolvenzgrundes ergeben (*AG Göttingen* ZIP 1992, 637 = EWiR 1992, 513 m. zust. Anm. *Pape*;
LG Duisburg NZI 2000, 237; *AG Göttingen* ZIP 2003, 1100 [1101]). Zur Rechtslage im Verbraucherinsolvenzverfahren beim PKH-Antrag des Schuldners s. Rdn. 253.

Auch im **eröffneten Verfahren** kommt die Beiordnung eines Rechtsanwalts (für die Forderungsanmeldung) regelmäßig nicht in Betracht (*BGH* ZInsO 2004, 976 [977]; *LG Oldenburg* ZIP 1991, 245
115 = EWiR 1991, 199; *AG Frankfurt/O.* Rpfleger 2003, 144; *Stein/Jonas/Bork* ZPO, § 116 Rn. 5).
Die Gegenmeinung (*LG Hannover* AnwBl. 1985, 596; MüKo-ZPO/*Wax* § 121 Rn. 33; *Zöller/Philippi* ZPO, § 121 Rn. 8a) führt zu einer ausufernden Rechtsanwaltsbeiordnung (ähnlich *Pape* ZIP

1989, 692 [694]). Das *BVerfG* (ZIP 1989, 719 = NJW 1989, 3271) hat die Ablehnung der Anwaltsbeiordnung für die Anmeldung einer Insolvenzforderung einer im Ausland lebenden Gläubigerin verfassungsrechtlich nicht beanstandet. Eine Beiordnung kann nur gem. § 121 Abs. 2 Satz 1 1. Alt. ZPO erfolgen. Für Forderungsanmeldungen stehen Formulare und Merkblätter zur Verfügung, regelmäßig kann die Rechtsantragsstelle beim Ausfüllen helfen.

246 Ungeklärt ist, ob für die Prüfung und Anmeldung einer Forderung aus **Deliktseigenschaft** (§§ 174 Abs. 2, 302 Nr. 1 InsO) eine Anwaltsbeiordnung erfolgen kann entsprechend der Beiordnung für die Prüfung und Einlegung eines Widerspruches durch den Schuldner gem. § 175 Abs. 2 InsO (s. Rdn. 255).

247 e) Für das **PKH-Verfahren selbst** kann PKH nicht bewilligt werden, die Bewilligung der PKH wirkt grds. nicht zurück. Erledigt sich das PKH-Verfahren beispielsweise durch Begleichung der dem Antrag zugrunde liegenden Forderung durch den Schuldner, müssen durch das PKH-Verfahren entstandene Kosten gesondert außerhalb des Insolvenzverfahrens geltend gemacht werden.

IV. Verfahrensmäßiger Ablauf

248 a) Dem PKH-Antrag ist der ausgefüllte **amtliche Vordruck** über die persönlichen und wirtschaftlichen Verhältnisse nebst entsprechender Belege beizufügen, § 117 Abs. 2 ZPO (*BGH* NZI 2002, 574). Beizufügen ist auch ein Entwurf des Insolvenzantrages; dabei ist klarzustellen, ob die Stellung des Antrages von der Bewilligung von PKH abhängig gemacht wird. Bei Unklarheiten teilt das Gericht dem Antragsteller mit, dass es davon ausgeht, dass es sich um einen Antrag unter der Bedingung der Bewilligung von PKH handelt, falls nicht innerhalb einer gesetzten Frist eine gegenteilige Mitteilung eingeht. Beizufügen sind Unterlagen, die die Forderung und den Insolvenzgrund belegen. Die Unterlagen über die persönlichen und wirtschaftlichen Verhältnisse nebst Anlagen werden in ein Sonderheft genommen.

249 b) Ist der Antrag erkennbar unzulässig, z.B. mangels rechtlichen Interesses (§ 14 Abs. 2 InsO) oder unbegründet, wird der Antrag durch **Beschluss zurückgewiesen**, ohne dass der Schuldner angehört wird. **Ansonsten** erhält der Schuldner den Antrag übersandt mit der **Gelegenheit zur Stellungnahme** in angemessener Frist, falls nicht das Gericht aus besonderen Gründen davon absieht (§ 118 Abs. 1 Satz 1 ZPO). Bei Unklarheiten hat das Gericht den Antragsteller zu vollständigen Angaben zu veranlassen (§ 139 ZPO). Weiter kann das Gericht dem Antragsteller eine Frist setzen, die Angaben zu den persönlichen und wirtschaftlichen Verhältnissen glaubhaft zu machen oder zu erläutern und nach fruchtlosem Fristablauf den Antrag ablehnen (§ 118 Abs. 2 Satz 4 ZPO). Das Gericht kann bereits mit Eingang des Antrages Amtsermittlungen (§ 5 InsO) anordnen (*Uhlenbruck/Wegener* InsO, § 13 Rn. 185). Insbesondere Auch kann es den Schuldner mit Übersendung des PKH-Antrages zur Anhörung laden und einen Fragebogen hinsichtlich der Vermögensverhältnisse beifügen (*Uhlenbruck* ZIP 1982, 288 [289]). Ohne Anhörung des Schuldners PKH zu bewilligen (§ 118 Abs. 1 Satz 1 ZPO), sollte die Ausnahme bleiben. Die Anhörung des Schuldners kann nämlich ergeben, dass es am rechtlichen Interesse (§ 14 Abs. 2 InsO) fehlt oder keine hinreichende Erfolgsaussicht besteht.

250 Liegen die Voraussetzungen vor, bewilligt das Gericht durch **Beschluss** PKH, ggf. mit Festsetzung von Raten (§ 120 ZPO). Eine Begründung ist nicht erforderlich, sie kann sich jedoch bei im Bewilligungsverfahren aufgetauchten Streitfragen empfehlen. Andernfalls lehnt das Gericht durch zu begründenden Beschluss den Antrag ab. Nach rechtskräftiger Ablehnung eines Antrages kann ein erneuter Antrag gestellt werden, der bei Nachholung des erforderlichen Sachvortrages zu einer erneuten Sachprüfung führt (*OLG Zweibrücken* ZInsO 2003, 716 [717]).

251 c) **Sicherungsmaßnahmen** (§ 21 InsO) darf das Gericht im PKH-Prüfungsverfahren **nicht** anordnen (*Uhlenbruck/Wegener* InsO, § 13 Rn. 185), da die Anordnung einen zugelassenen Antrag voraussetzt.

V. PHK-Antrag Schuldner

a) Dem Schuldner kann Prozesskostenhilfe bewilligt werden, sofern er sich gegen einen **Gläubiger-** 252 **antrag** wendet (*Jaeger/Gerhardt* InsO, § 13 Rn. 76).

b) Unter der Geltung der KO wurde bei einem **Eigenantrag** des Schuldners die Bewilligung von 253 PKH abgelehnt (Einzelheiten 3. Aufl., Rn. 95). Durch die Neuregelung in §§ 4a – 4d, 309 Abs. 2 Satz 4 InsO ist die Streitfrage weitgehend geklärt (s. aber Rdn. 229 zu Fällen der PKH-Bewilligung für den Schuldner bei Beschwerdeverfahren).

c) Da der Schuldner weder bei der Verwaltung noch der Verwertung des zur Masse gehörenden Ver- 254 mögens beteiligt ist, kann ihm im Übrigen im **eröffneten Verfahren PKH nicht** bewilligt werden (*AG Göttingen* NZI 2002, 449; *Uhlenbruck/I. Pape* InsO, § 4 Rn. 20).

Die Beiordnung eines Anwalts ist möglich für die Prüfung, ob **Widerspruch gem. § 175 Abs. 2 InsO** 255 gegen die **Anmeldung** einer Forderung aus vorsätzlich begangener unerlaubter Handlung (§ 174 Abs. 2 InsO) eingelegt wird (*BGH* ZInsO 2003, 1044 = ZVI 2003, 601 m. Anm. *Mäusezahl* – im entschiedenen Fall verneint; a.A. *AG Göttingen* ZInsO 2003, 241 und ZVI 2003, 167; *LG Verden* ZInsO 2016, 2490 [2491]) m. abl. Anm. *Schmerbach* InsbürO 2017, 123; *Verf.* in der Voraufl.). Anzugeben sind zwar nur die Tatsachen, aus denen der Gläubiger eine vorsätzlich begangene unerlaubte Handlung herleitet. Eine Schlüssigkeitsprüfung durch Insolvenzverwalter/Gläubiger oder eine inhaltliche Überprüfung durch das Insolvenzgericht erfolgt nicht (*Kehe/Meyer/Schmerbach* ZInsO 2002, 615 [616 f.]). Allerdings können sich einer fachkundigen Beratung benötigende Fragestellungen ergeben wie in dem vom *LG Verden* entschiedenen Fall (Anmeldung einer Forderung aus Steuerstraftat als Deliktsforderung in einem vor dem 01.07.2014 beantragten Insolvenzverfahren mit der Folge, dass die Voraussetzungen des § 302 Nr. 1 InsO a.F. nicht vorlagen).

Während die Bewilligung von PKH bei natürlichen Personen möglich ist, ergeben sich bei **Gesell-** 256 **schaften ohne Rechtspersönlichkeit und juristischen Personen** Probleme aufgrund der Voraussetzungen gem. § 116 Abs. 1 Nr. 2 ZPO. Regelmäßig wird PKH nicht bewilligt werden. Eine analoge Anwendung des § 54 Nr. 1 InsO für die (entscheidenden) außergerichtlichen Kosten scheidet aus (a.A. *Mock* NZI 2015, 633 [637 f.])

VI. Beratungshilfe

Beratungshilfe nach dem **Beratungshilfegesetz** kann im Vorfeld eines Insolvenzeröffnungsverfah- 257 rens dem Schuldner zur Vorbereitung eines Eigenantrages oder dem Gläubiger gewährt werden (*AG Schwerte* ZInsO 2004, 1215; HK-InsO/*Sternal* § 4 Rn. 9; *Kübler/Prütting/Bork-Pape* InsO, § 13 Rn. 214; *Uhlenbruck/I. Pape* InsO, § 4 Rn. 20; a.A. *AG Schwelm* ZInsO 2000, 173; für nur ausnahmsweise Bewilligung *Lissner* ZInsO 2012, 104 [109]). Bei Vorliegen der der Bewilligung von PKH ähnelnden Voraussetzungen (§ 1 BerHG) bewilligt der Rechtspfleger Beratungshilfe (§ 24a Abs. 1 Nr. 1 RPflG). Kann dem Anliegen u.a. durch eine sofortige Auskunft oder einem Hinweis entsprochen werden (§ 3 Abs. 2 BerHG), so erteilt ihn der Rechtspfleger beim Insolvenzgericht (§ 24a Abs. 1 Nr. 2 RPflG).

Der Schuldner hat Anspruch auf **anwaltliche Vertretung** (*AG Schwerte* ZInsO 2004, 1215; *AG* 258 *Hamm* ZVI 2005, 628; a.A. *AG Emmerich* ZVI 2006, 296). Der Anspruch besteht auch bei Vertretung durch eine nicht durch Zuschüsse finanzierte Schuldnerberatungsstelle (*AG Landau* ZInsO 2005, 386; *Beicht* ZVI 2005, 71; a.A. *OLG Düsseldorf* ZInsO 2006, 775; *LG Landau* NZI 2005, 639; *AG Duisburg-Ruhrort* ZVI 2005, 629; *AG Lüdenscheid* ZVI 2006, 296). Dem Schuldner ist ein Wahlrecht zuzubilligen (*Beicht/Schmitz-Winnenthal* ZVI 2006, 265, 275). Allerdings kann der Schuldner nach der Rechtsprechung des BVerfG (ZInsO 2006, 1207 Rn. 7 ff.) zunächst an eine Schuldnerberatungsstelle verwiesen werden und Beratungshilfe erst bewilligt werden, wenn diese wegen Überlastung keine Hilfe leisten könne (ebenso *AG Mannheim* ZInsO 2011, 348). Aus der Entscheidung des BVerfG folgt aber kein zwingender Vorrang der Inanspruchnahme von Schuldnerberatungsstellen (*AG Stendal* ZInsO 2007, 1284, das darauf hinweist, dass das BVerfG die entgegenstehende Auffassung lediglich als nicht verfassungswidrig bezeichnet hat; a.A. *AG Darmstadt* Beschl. v. 14.11.2012 – 3 UR 3869/12, BeckRS 2012, 23624). Ist eine rechtliche Beratung erforderlich, kann nicht pauschal auf Schuldnerberatungsstellen verwiesen werden (*AG Kaiserslautern* ZInsO 2007, 896). Auch der *BGH* (ZInsO 2007, 492 [493]) geht von der Möglichkeit einer Anwaltsbeiordnung im Wege der Beratungshilfe aus.

259 Wird die Angelegenheit nicht durch das Amtsgericht erledigt, erhält der Rechtsuchende einen **Berechtigungsschein zur Beratungshilfe** und kann sich durch einen Rechtsanwalt seiner Wahl beraten lassen (§ 6 Abs. 1 BerHG). Dem Rechtsanwalt steht ein Vergütungsanspruch gegen die Landeskasse zu (§ 44 RVG) und gegen den Rechtsuchenden eine Gebühr von 10 Euro (VV Nr. 2600), die er erlassen kann (§ 8 Abs. 1 BerHG). Die Höhe der Gebühr gegen die Landeskasse ist geregelt in VV Nr. 2602 ff. Dabei ist zu beachten, dass die erhöhten Gebührensätze nach Nr. 2604 ff. VV nur bei Vertretung des Schuldners gelten (*Fischer* InsbürO 2004, 206 [210]).

VII. Rechtsbehelfe

260 Gegen den Beschluss, der den Antrag auf Beratungshilfe zurückweist, ist nur die **Erinnerung** statthaft (§ 6 Abs. 2 BerHG), über die der Richter beim Amtsgericht abschließend entscheidet. Für Entscheidungen über Stundungsanträge enthält § **4d InsO** eine **Sonderregel**, die die sofortige Beschwerde ermöglicht. Gegen die Bewilligung von PKH kann nach Maßgabe des § 127 Abs. 3 Satz 1 ZPO die Landeskasse Beschwerde einlegen. Gegen die **Ablehnung von PKH** ist die binnen einer Notfrist von einem Monat einzulegende **sofortige Beschwerde** uneingeschränkt zulässig (§ 127 Abs. 2 Satz 2 ZPO). Zu den Einzelheiten der Beschwerdemöglichkeiten bei PKH-Ablehnung s. § 6 Rdn. 83 und § 7 Rdn. 5. Nach Ausschöpfung des Rechtsweges verbleibt die Möglichkeit der Gegenvorstellung; eine außerordentliche Beschwerde wegen greifbarer Gesetzwidrigkeit besteht nicht mehr (s. § 6 Rdn. 90 ff.).

J. Erledigung

I. Überblick

261 **Begleicht der Schuldner** während des Eröffnungsverfahrens die dem Antrag zugrunde liegende **Forderung**, wird der **Antrag unzulässig** (*LG Düsseldorf* NZI 2003, 501). Verfolgt der Gläubiger – trotz gerichtlichen Hinweises – seinen Antrag weiter, wird dieser auf seine Kosten abgewiesen (§ 4 InsO i.V.m. § 91 ZPO). Nimmt der Gläubiger den Antrag zurück, trägt er ggf. die Kosten (§ 4 InsO i.V.m. § 269 Abs. 3 ZPO, s. Rdn. 69). In beiden Fällen hat der Gläubiger die Gerichtskosten (insb. Gebühren und Sachverständigenkosten) zu tragen und die außergerichtlichen Kosten des Schuldners (u.a. Rechtsanwaltskosten). Dem Gläubiger bleibt nur die Möglichkeit, diese Kosten gegen den Schuldner geltend zu machen, gerichtlich titulieren zu lassen, im Wege der Einzelzwangsvollstreckung beizutreiben zu versuchen und erforderlichenfalls erneut ein Insolvenzverfahren zu beantragen. Dieses Vorgehen ist nicht prozessökonomisch.

262 Im zivilprozessualen Erkenntnisverfahren kann in vergleichbarer Lage der Kläger den Rechtsstreit in der Hauptsache für **erledigt erklären**. Schließt sich der Beklagte an oder widerspricht er nicht, handelt es sich um eine übereinstimmende Erledigungserklärung, über die Kosten wird gem. § 91a ZPO entschieden. Verweigert der Beklagte ausdrücklich seine Zustimmung, handelt es sich um eine einseitige Erledigungserklärung. War die Klage bis zum zulässigen Ereignis zulässig und begründet, wird festgestellt, dass der Rechtsstreit in der Hauptsache erledigt ist, der Beklagte hat i.d.R. die Kosten zu tragen (§ 91 ZPO). Die Gefahr, dass der Gläubiger als Zweitschuldner haftet, besteht nur für die Gerichtsgebühren, nicht aber für die Auslagen (s. Rdn. 184, 191). Diese Grundsätze sind im Ergebnis auch auf das Insolvenzverfahren zu übertragen.

263 Zur Erledigung eines schwebenden **Beschwerdeverfahren**s durch Beendigung des Insolvenzverfahrens s. § 6 Rdn. 18 ff.

II. Übereinstimmende Erledigungserklärung

Eine **übereinstimmende Erledigungserklärung**, bei der über die Kosten gem. § 91a ZPO entschieden wird, ist **möglich** (*BGH* ZInsO 2002, 29; HK-InsO/*Linker* § 14 Rn. 67a; MüKo-*Schmahl/Vuja* InsO, § 13 Rn. 128). Dies ist auch in der Rspr. zur InsO weitgehend anerkannt (s. Rdn. 265, 268; a.A. *AG Kleve* DZWIR 2000, 215). 264

Eine Erledigung des Insolvenzantragsverfahrens ist deshalb sowohl dann möglich, wenn der Schuldner den antragstellenden Gläubiger befriedigt, als auch in allen übrigen Fällen, in denen das Interesse des Gläubigers an der Antragstellung entfällt. Dies ist unter Geltung der InsO weitgehend anerkannt (*LG Koblenz* NZI 2001, 44). Eine Erledigung kommt in **folgenden Fällen** in Betracht: 265
- Begleichung der Forderung,
- Hinterlegung der dem Antrag zugrunde liegenden (vom Schuldner bestrittenen) Forderung,
- Tod des Schuldners (s.a. § 14 Rdn. 22 ff.),
- Feststellung im Gutachten, dass ein Eröffnungsgrund vorliegt, aber keine die Kosten des Verfahrens deckende Masse (*LG Koblenz* NZI 2001, 44; **a.A.** *AG Köln* NZI 2012, 194; Einzelheiten § 26 Rdn. 91; zur Kostenentscheidung s. Rdn. 290,
- Feststellung im Gutachten, dass das Insolvenzgericht unzuständig ist (*AG Göttingen* Beschl. v. 23.06.2006 – 74 IN 315/05); s. Rdn. 290,
- Abweisung des Antrages in einem Parallelverfahren mangels Masse (*LG Göttingen* ZIP 1992, 572) s. Rdn. 297,
- Abweisung mangels Masse in einem anderen Verfahren bereits vor Antragstellung (*Kübler/Prütting/Bork-Pape* InsO, § 26 Rn. 32),
- Übereinkunft zwischen Antragsteller und Nachlasspfleger nach Versterben des Schuldners (*AG Göttingen* ZVI 2012, 192).
- Ebenso verhält es sich, wenn der Schuldner gegen die dem Antrag zugrunde liegende Forderung Vollstreckungsgegenklage erhebt, das Prozessgericht die Zwangsvollstreckung ohne Sicherheitsleistung gem. § 769 ZPO einstellt und damit das rechtliche Interesse (s. § 17 Rdn. 18, § 14 Rdn. 118) entfällt (*AG Göttingen* EzInsR ZPO § 91a Nr. 1; A/G/R-*Kadenbach* § 13 InsO Rn. 54).

Begleicht der Schuldner nur die dem Antrag zugrunde liegende Hauptforderung, nicht aber Zinsen und Kosten, kann der **Antrag wegen der offen stehenden Forderung weiterverfolgt** werden, einer (teilweisen) Erledigungserklärung bedarf es nicht. Auch für die Verfolgung einer (geringfügigen) Restforderung fehlt es nicht am Rechtsschutzbedürfnis (vgl. § 14 Rdn. 110, 120). Soweit der Gläubiger anwaltlich vertreten ist und die Rechtsanwaltsgebühren bei Antragstellung in die Forderung nicht mit einberechnet waren, können sie dennoch im anhängigen Verfahren nachgeschoben werden (vgl. *LG Göttingen* ZIP 1993, 446 [447], das das Nachschieben einer weiteren Hauptforderung zulässt). 266

III. Einseitige Erledigungserklärung

a) Schließt sich im Zivilprozess der Beklagte der Erledigungserklärung des Klägers nicht an, werden die Grundsätze der **einseitigen Erledigungserklärung** angewandt. Nach der zum 01.09.2004 erfolgten Änderung des § 91a ZPO ist die einseitige Erledigung die Ausnahme: Widerspricht der Gegner der Erledigungserklärung nicht, gilt das Schweigen als Zustimmung (s. Rdn. 276), es liegt eine übereinstimmende Erledigungserklärung vor. 267

b) In den übrigen Fällen werden die Grundsätze der einseitigen Erledigungserklärung angewandt von der h.M. in Rechtsprechung (*BGH* ZInsO 2002, 29; *OLG Celle* ZInsO 2001, 42 [43]; *LG Bonn* ZIP 2001, 342; *AG Göttingen* ZIP 2001, 798 [799]) und Literatur (*Kübler/Prütting/Bork-Pape* InsO, § 13 Rn. 236; *Nerlich/Römermann-Mönning* InsO, § 13 Rn. 112 ff.; *Uhlenbruck/Wegener* InsO, § 14 Rn. 194). 268

269 c) Ebenso wie bei der übereinstimmenden Erledigungserklärung kommt eine Beweisaufnahme nicht mehr in Betracht, da Amtsermittlungen nicht mehr veranlasst sind, wenn feststeht, dass eine Eröffnung des Insolvenzverfahrens nicht mehr erfolgen kann (*BGH* ZInsO 2008, 1206 [1207]).

270 d) Ausnahmsweise kommt eine Erledigungserklärung im **Eigenantragsverfahren** gem. §§ 270a, 270b InsO in Betracht (*AG Göttingen* ZInsO 2012, 2297 [2298]).

IV. Verfahrensmäßiger Ablauf

271 a) Ebenso wie im Zivilprozess kann nur der Gläubiger/Antragsteller für erledigt erklären. Bei einem Eigenantrag des Schuldners scheidet eine Erledigungserklärung aus (*LG Berlin* ZInsO 2002, 884 [885]). Bei Rücknahme eines Insolvenzantrages unter Protest gegen die Kostenlast darf nicht ohne weiteres von einer Antragsrücknahme (§ 4 InsO i.V.m. § 269 ZPO) ausgegangen werden; das Gericht hat vielmehr durch weitere Aufklärung und Auslegung zu ermitteln, ob nicht **tatsächlich eine Erledigungserklärung gemeint ist** (*AG Köln* NZI 2003, 269). Bei einem rechtskundigen Gläubiger wie einem Sozialversicherungsträger ist für eine Auslegung (§§ 133, 157 BGB) bzw. Umdeutung (§ 140 BGB) allerdings kein Raum (*AG Hamburg* NZI 2015, 319). Ansonsten besteht die Aufklärungspflicht weiter trotz der in § 269 Abs. 3 Satz 3 ZPO vorgesehenen Möglichkeit, auch bei Antragsrücknahme die Kosten dem Schuldner aufzuerlegen. Der Anwendungsbereich dieser Vorschrift ist nämlich zeitlich beschränkt auf Zahlungen vor Anhängigkeit des Antrages beim Insolvenzgericht (s. Rdn. 69).

272 Die Erledigungserklärung kann auch in der **Rechtsmittelinstanz** abgegeben werden (*LG Meiningen* ZIP 2000, 1451 [1452] = EWiR 2000, 1063; *LG Karlsruhe* NZI 2004, 330). Auf Antrag des Schuldners ist die Wirkungslosigkeit bis dahin ergangener Entscheidungen – wie bei der Antragsrücknahme – anzusprechen (s. Rdn. 77).

273 b) Zu den **zeitlichen Grenzen** gilt Folgendes: Das erledigende Ereignis kann bei der **übereinstimmenden Erledigungserklärung** auch schon **vor Anhängigkeit** des Insolvenzantrages liegen. Für die zivilprozessuale Erledigung gem. § 91a ZPO ist dies überwiegend anerkannt (*Zöller/Herget* ZPO, § 91a Rn. 16). Bei der **einseitigen Erledigung** wird überwiegend gefordert, dass das erledigende Ereignis nach Rechtshängigkeit liegt (vgl. *Zöller/Herget* ZPO, § 91a Rn. 40 ff.). Eine Rechtshängigkeit gibt es im Insolvenzverfahren jedoch nicht, da der Antrag dem Schuldner nicht förmlich zugestellt wird (s. § 8 Rdn. 22; *AG Köln* ZIP 1999, 1889 [1890] = NZI 2000, 89). Es genügt, dass das erledigende Ereignis nach Anhängigkeit eingetreten ist. Aus Gründen der Prozessökonomie sollte – ebenso wie bei der übereinstimmenden Erledigungserklärung – auch der Zeitraum **vor Anhängigkeit** einbezogen werden (a.A. *AG Köln* ZIP 1999, 1889 [1890, 1892]). Die Erledigungserklärung kann widerrufen werden, bis sich der Schuldner ihr angeschlossen und das Gericht noch keine Entscheidung getroffen hat (vgl. *BGH* NJW 2002, 442).

274 Andererseits darf das Insolvenzverfahren **noch nicht eröffnet** sein (*BGH* ZInsO 2005, 39 [40]; *LG Potsdam* ZInsO 2002, 778 [779]); die Rücknahmemöglichkeit entfällt mit dem Wirksamwerden des Eröffnungsbeschlusses (s. § 30 Rdn. 7). Unerheblich ist es, ob der Eröffnungsbeschluss rechtskräftig ist (*OLG Brandenburg* ZIP 1998, 1967 [1970] = NZI 1998, 138 = ZInsO 1998, 138 [139]; *OLG Celle* ZIP 2000, 673 [675]; *Kübler/Prütting/Bork-Pape* InsO, § 13 Rn. 240). Der Schuldner kann eine Verfahrensbeendigung nur noch gem. §§ 212 f. InsO erreichen. Wird aufgrund eines weiteren Antrags ein Insolvenzverfahren eröffnet, ist fraglich, ob eine Erledigung noch festgestellt oder auch dieses Verfahren eröffnet wird.

275 c) Im Gegensatz zur einseitigen Erledigungserklärung (*AG Köln* ZIP 1999, 1889 [1891] = NZI 2000, 89; *AG Köln* NZI 2012, 194; offen *AG Göttingen* ZIP 2001, 798 [799]) hat bei der übereinstimmenden Erledigungserklärung hat das Gericht das **Vorliegen eines erledigenden Ereignisses** nicht nachzuprüfen (*LG Hamburg* ZInsO 2002, 144 [145]; a.A. *AG Hamburg* ZInsO 2001, 1121 [1122]; *AG Hamburg* ZInsO 2002, 1100 m. abl. Anm. *Ferslav* EWiR 2003, 605; s.a. Rdn. 291).

d) Eine ohne Zustimmung eines vorläufigen Insolvenzverwalters vorgenommene Zahlung ist unwirksam (s. § 24 Rdn. 23). Folglich ist eine **ohne Zustimmung des vorläufigen Verwalters** (s. dazu § 22 Rdn. 64) vom Schuldner abgegebene Erledigungserklärung **unwirksam** (*AG Göttingen* ZVI 2007, 311 [313] und ZInsO 2011, 1515; *AG Duisburg* ZVI 2005, 129 [130 f.]; *AG Hamburg* ZInsO 2004, 458 [459] für den »starken« vorläufigen Verwalter; MüKo-InsO/*Schmahl/Vuja* § 13 Rn. 141 ff.; **a.A.** *Gerke* ZInsO 2003, 873 [881]). Einer einseitigen Erledigungserklärung steht entgegen, dass das Gericht zu überprüfen hat, ob ein erledigendes Ereignis eingetreten ist (s. Rdn. 275). 276

Widerspricht der vorläufige Verwalter jedoch nicht der Erledigungserklärung des Schuldners, werden in der Praxis die Sicherungsmaßnahmen aufgehoben. Damit **entfällt** entsprechend § 185 Abs. 2 BGB jedoch mit Aufhebung der Sicherungsmaßnahmen (§ 25 InsO) **die Unwirksamkeit** für die Zukunft (s. § 24 Rdn. 22). Wird nach Stellung eines neuen Insolvenzantrages das Verfahren eröffnet, läuft der Gläubiger Gefahr, das Empfangene nach den Anfechtungsvorschriften gem. §§ 129 ff. InsO herausgeben zu müssen. 277

e) Dem Schuldner ist innerhalb einer vom Gericht zu setzenden Frist **rechtliches Gehör** zum Antrag des Gläubigers zu gewähren und auf die Rechtsfolgen seines Schweigens hinzuweisen. Widerspricht er nicht innerhalb einer Notfrist von zwei Wochen, gilt sein **Schweigen als Zustimmung**, § 91a Abs. 1 Satz 3 ZPO. Eine Verpflichtung des Gerichtes, den Schuldner gem. § 91a Abs. 1 Satz 2 ZPO zu belehren und so eine Zustimmung herbeizuführen, soll nicht bestehen (*LG Hamburg* ZInsO 2008, 678 [680] m. abl. Anm. *Brenner* EWiR 2008, 349). Da es sich um eine Notfrist handelt, ist Wiedereinsetzung gem. §§ 233 ff. ZPO möglich. Durch diese Neufassung zum 01.09.2004 hat die alte Streitfrage an Relevanz verloren, ob die Zustimmung auch konkludent erfolgen kann (dafür *AG Hamburg* ZInsO 2001, 69 und 138 m. abl. Anm. *Huber* EWiR 2001, 679 [680]; *Ferslav* EWiR 2003, 605; *AG Duisburg* NZI 2002, 669; MüKo-InsO/*Schmahl/Vuja* § 13 Rn. 132; **a.A.** BGH ZInsO 2005, 39 [40]). Von den regelmäßig anwaltlich nicht vertretenen Schuldnern ging eine entsprechende Erklärung praktisch nicht ein. 278

Teilweise verzichtet die Praxis in diesem Bereich auf rechtliches Gehör und legt sogleich dem Antragsgegner die Kosten im die Erledigung aussprechenden Beschluss auf. Die Erklärung liegt darin, dass gegen die Entscheidung nur vereinzelt sofortige Beschwerde eingelegt wird und das rechtliche Gehör im Abhilfeverfahren nachgeholt werden kann (s. § 10 Rdn. 20). 279

f) Das Insolvenzgericht entscheidet durch **Beschluss**, der zu begründen ist und förmlich zugestellt wird. Bei der übereinstimmenden Erledigungserklärung werden im Tenor – ohne dass es eines ausdrücklichen Antrages hinsichtlich der Kostentragungspflicht bedarf – die Kosten des Verfahrens dem Gläubiger oder Schuldner auferlegt; eine Quotelung oder Aufhebung kommt nicht in Betracht (s. Rdn. 284). Bei der einseitigen Erledigungserklärung wird festgestellt, dass das Verfahren in der Hauptsache erledigt ist und dass der Gläubiger/Schuldner die Kosten des Verfahrens trägt (*LG Bonn* ZIP 2001, 342 [346]; *AG Köln* ZIP 1999, 1889 = NZI 2000, 89; *AG Göttingen* ZIP 2001, 798 [800]). Der Tenor lautet hingegen nicht auf Zurückweisung des Antrags (so *Nerlich/Römermann-Mönning* InsO, § 13 Rn. 116). Eine Quotelung kommt ebenfalls nicht in Betracht (s. Rdn. 284). 280

In jedem Fall wird der **Wert** des Verfahrens festgesetzt. Ist keine der Parteien anwaltlich vertreten, erfolgt die Wertfestsetzung nach Maßgabe des § 58 Abs. 2 GKG. Regelmäßig ist das der Wert der Insolvenzmasse (s. Rdn. 205 ff.). Der Gegenstandswert wird nicht unterteilt nach dem Wert vor und nach Erledigung. An Gerichtsgebühren entsteht im Eröffnungsverfahren eine halbe Gebühr, eine Ermäßigung infolge Erledigungserklärung kommt nicht in Betracht. Beim **Gläubigerantrag** beträgt die **Mindestgebühr 180 €** (KV Nr. 2311). Bei Rechtsanwälten entsteht eine Gebühr (VV Nr. 3313, 3314). Bei anwaltlicher Beteiligung ist allerdings zu beachten, dass der Gegenstandswert für die Gerichtskosten unter dem Wert für die Berechnung der Rechtsanwaltskosten liegen kann, da für letztere Nebenforderungen mit eingerechnet werden (s. Rdn. 212, 220). Sofern sich ein Gebührensprung ergibt, können im Wertbeschluss die Gebühren getrennt festgesetzt werden. 281

282 g) War ein **vorläufiger Insolvenzverwalter** bestellt und dem Schuldner ein allgemeines Verfügungsverbot auferlegt worden, so ist zu beachten, dass der vorläufige Insolvenzverwalter vor der Aufhebung seiner Bestellung aus dem von ihm **verwalteten Vermögen u.a. die entstandenen Kosten zu berichtigen** hat (§ **25 Abs. 2 Satz 1 InsO**). Der vorläufige Insolvenzverwalter sollte in diesen Fällen dem Gericht umgehend die Berechnung seiner Vergütung und (regelmäßig) Sachverständigenentschädigung mitteilen. Der Insolvenzrichter setzt die Kosten (die Sachverständigenkosten nach Vorprüfung durch den Kostenbeamten, s. § 2 Rdn. 35, 57) in dem Beschluss fest. Weiter wird der Schuldner darauf hingewiesen, dass die Aufhebung der Sicherungsmaßnahmen erst nach Begleichung dieser Kosten erfolgt. Diese Vorgehensweise kommt **auch** in Betracht, wenn ein vorläufiger Verwalter bestellt und **lediglich ein Zustimmungsvorbehalt** (§ 21 Abs. 2 Nr. 1, Nr. 2 2. Alt. InsO) angeordnet worden ist (s. § 25 Rdn. 19). Der antragstellende Gläubiger haftet für die Vergütung und Auslagen des vorläufigen Insolvenzverwalters nicht (s. Rdn. 200).

283 Auch für die Auslagen haftet der antragstellende Gläubiger nicht als Zweitschuldner (s. Rdn. 191).

V. Kriterien für die Kostenentscheidung

284 a) Im Rahmen sowohl der übereinstimmenden als auch einseitigen Erledigungserklärung prüft das Gericht, ob der **Antrag ursprünglich** (bis zum erledigenden Ereignis) **zulässig** war. Es genügt, dass der Antrag erst im Verlauf des Verfahrens zulässig geworden ist (*AG Göttingen* ZIP 2001, 798 [800]). Nicht prüft das Gericht, ob der Antrag auch begründet war, da es auf den Sach- und Streitstand im Eröffnungsverfahren ankommt (*AG Göttingen* ZInsO 2006, 48; ähnlich *LG Duisburg* NZI 2004, 150 [151]; *AG Köln* NZI 2000, 94 [95]; A/G/R-*Kadenbach* § 13 InsO Rn. 53; MüKo-InsO/ *Schmahl/Vuja* § 13 Rn. 137; *Uhlenbruck/Wegener* InsO, § 14 Rn. 193; einschr. HK-InsO/*Sternal* § 14 Rn. 58, der die Begründetheit dann einfließen lässt, wenn Sachverhalt bereits ausermittelt ist; **a.A.** *OLG Köln* ZInsO 2001, 421 [422]; *LG Koblenz* NZI 2001, 265; *LG Bonn* ZIP 2001, 342 [345]; wohl auch *AG Köln* ZIP 1999, 1889 [1890 f.]. = NZI 2000, 89; *Jaeger/Gerhardt* InsO, § 13 Rn. 68). Es genügt, dass der Insolvenzgrund und die Forderung **glaubhaft** gemacht worden war (s.a. Rdn. 295, 296). Eine Beweisaufnahme findet in keinem Fall statt (s. Rdn. 269; *AG Köln* NZI 2000, 94 [95]).

285 Eine **Quotelung scheidet** daher – anders als bei der zivilprozessualen Erledigung – **aus**, da nicht mit dem ungewissen Ausgang der ohne das erledigende Ereignis erforderlichen Beweisaufnahme argumentiert werden kann (*OLG Köln* ZInsO 2002, 138 [139]; **a.A.** *AG Lübeck* DZWIR 2001, 308; *LG Karlsruhe* NZI 2004, 330 [331]). Eine Quotelung scheidet auch aus, wenn der Antragsteller die Forderung reduziert (so *AG Köln* ZIP 1999, 1889 [1892] = NZI 2000, 89) oder die dem Antrag zugrunde liegende Forderung auswechselt (so *AG Köln* NZI 2000, 94; zur Zulässigkeit des Auswechselns der Forderung s. § 14 Rdn. 48). Anders als im Zivilverfahren gibt es im Insolvenzeröffnungsverfahren kein teilweises Obsiegen/Unterliegen. Für die Eröffnung ist nicht entscheidend, in welcher Höhe dem Gläubiger eine Forderung zusteht. Es kommt darauf an, dass der Schuldner eine ggf. auch nur (noch) teilweise dem Gläubiger zustehende Forderung nicht begleichen kann. Abzustellen dafür ist nicht auf den Zeitpunkt des Einganges des Antrages, sondern der gerichtlichen Entscheidung über die (Nicht-)Eröffnung. Ist die Forderung des Gläubigers streitig und hängt davon das Bestehen des Insolvenzgrundes ab, kann eine Eröffnung ohnehin nicht erfolgen, da diese Forderung dann zur vollen Überzeugung des Gerichtes nachgewiesen sein muss (s. § 27 Rdn. 9, § 14 Rdn. 198). Im häufigsten Fall der Begleichung der Forderung trägt regelmäßig der Schuldner die Kosten des Verfahrens.

286 Im Rahmen des § 91a ZPO erfolgt lediglich eine **summarische Prüfung**. Zweck ist es nicht, Rechtsfragen von grundsätzlicher Bedeutung zu klären oder das Recht fortzubilden (*BGH* ZInsO 2009, 1113).

287 b) Im Rahmen der **übereinstimmenden Erledigungserklärung** hat das Gericht davon **auszugehen**, dass ein **erledigendes Ereignis eingetreten** ist.

Bei der **einseitigen Erledigungserklärung** soll eine Erledigung nur bei vollständiger Befriedigung 288 durch Erfüllung der dem Antrag zugrunde liegenden Forderungen eintreten, nicht aber bei Zahlung eines Teilbetrages und Verpflichtung des Schuldners zur späteren Zahlung des Restbetrages. Auch eine teilweise Erledigung soll nicht in Betracht kommen, vielmehr soll das Rechtsschutzbedürfnis für den Antrag entfallen mit der Folge, dass der Gläubiger den Antrag zurücknehmen muss, damit er nicht auf seine Kosten als unzulässig abgewiesen wird (*OLG Oldenburg* OLG Report 1997, 178 f; *AG Duisburg* NZI 2003, 161). Richtig ist zwar, dass eine teilweise Erledigungserklärung nicht in Betracht kommt (*Nerlich/Römermann-Mönning* InsO, § 13 Rn. 116). Die Auffassung des OLG Oldenburg übersieht jedoch die Besonderheit des Insolvenzverfahrens und ist abzulehnen. Auch bei der Antragsrücknahme trägt der Gläubiger regelmäßig gem. § 4 InsO i.V.m. § 269 Abs. 3 ZPO die Kosten des Verfahrens einschließlich eventueller Anwaltskosten des Schuldners. Der Gläubiger kann zwar versuchen, die Kosten gesondert als Verzugsschaden gegen den Schuldner geltend zu machen. Sachgerecht und verfahrensökonomisch ist es jedoch, dass über die Kosten das mit dem Insolvenzeröffnungsverfahren befasste Insolvenzgericht entscheidet (s. Rdn. 269). Die Auffassung des OLG Oldenburg kann zudem die Bereitschaft der Gläubiger zur Beendigung des Insolvenzverfahrens in der oben genannten Weise herabsetzen und führt im Ergebnis zu einer Mehrbelastung der Gerichte.

Nicht möglich ist eine Teilerledigungserklärung wegen Begleichung eines Teiles der dem Antrag zu- 289 grunde liegenden Forderung.

c) Ein **(ursprünglich) zulässiger Antrag** des Gläubigers setzt voraus, dass die allgemeinen Zulässig- 290 keitsvoraussetzungen vorlagen (s. § 14 Rdn. 7 ff.) und dass der Gläubiger entsprechend § 14 Abs. 1 InsO das rechtliche Interesse, seine Forderung und den Eröffnungsgrund glaubhaft gemacht hatte. Im Zweifel ergeht die Kostenentscheidung zu Lasten des Schuldners (*MüKo-InsO/Schmahl/Vuja* § 13 Rn. 134), insbesondere wenn er die Forderung beglichen hat (*MüKo-InsO/Schmahl/Vuja* § 13 Rn. 134; *Uhlenbruck* EWiR 1997, 271 [272]; s. aber Rdn. 291). War bei Anhängigkeit des Insolvenzantrages die Forderung schon gutgeschrieben, soll der Gläubiger die Kosten tragen, auch wenn der Sachbearbeiter bei Stellung des Antrages noch keine Kenntnis davon hatte (*LG Göttingen* Beschl. v. 09.08.2010 – 10 T 64/10). Der **Schuldner** trägt auch dann die Kosten, wenn die Erledigungserklärung erfolgt, weil zwar ein Eröffnungsgrund vorliegt, aber keine die Kosten des Verfahrens deckende Masse (*LG Koblenz* NZI 2001, 44; **str.**, s. § 26 Rdn. 91); ebenso, wenn sich aufgrund eines Gutachtens in einem Parallelverfahren ergibt, dass es an einer die Kosten des Verfahrens deckenden Masse fehlt (s. Rdn. 297). Hat der Schuldner seinen Wohnsitz bereits vor Antragstellung verlegt, können ihm unter Anwendung des Rechtsgedankens des § 269 Abs. 3 Satz 3 ZPO die Kosten auferlegt werden (*AG Göttingen* Beschl. v. 23.06.2006 – 74 IN 315/05).

d) Am gem. § 14 Abs. 1 InsO erforderlichen **rechtlichen Interesse** kann es fehlen, wenn der Antrag 291 **rechtsmissbräuchlich** nur deshalb gestellt wurde, um den Schuldner unter **Druck** zu setzen und zur Zahlung zu bewegen (*LG Münster* ZIP 1993, 1103; s. § 14 Rdn. 126). Davon ist **nicht** auszugehen, wenn der Schuldner an den Gläubiger ohne Zustimmung des vorläufigen Insolvenzverwalters eine Zahlung leistet (*AG Göttingen* ZIP 2001, 798 [800]; *Pape* NJW 2002, 1165 [1168]; *LG Frankenthal* ZInsO 2013, 2013 [2014]; **a.A.** *AG Hamburg* ZInsO 2004, 458 [459]; *LG Duisburg* NZI 2009, 911 [912]; MüKo-InsO/*Schmahl/Vuja* § 13 Rn. 135; *Frind/Schmidt* ZInsO 2002, 8 [10]; *Schmahl* NZI 2002, 177 [184]) und/oder eine Zahlungsvereinbarung trifft (*AG Göttingen* ZIP 2001, 798 [800]; *Kübler/Prütting/Bork-Pape* InsO, § 13 Rn. 244; *Pape* NJW 2002, 1165 [1168]; **a.A.** *LG Hamburg* ZInsO 2002, 144 [145]; *AG Hamburg* ZInsO 2002, 1100 m. abl. Anm. *Ferslav* EWiR 2003, 605; MüKo-InsO/*Schmahl/Vuja* § 13 Rn. 135; *Frind/Schmidt* ZInsO 2002, 8 [10]; *Schmahl* NZI 2002, 177 [184]; auch *Zipperer* NZI 2010, 281 [283 ff.]).

Allein aus der **Entgegennahme einer Zahlung** kann noch **nicht** ein **unzulässiger Druckantrag** gefol- 292 gert werden. Die Erkenntnismöglichkeiten eines Gläubigers vor Antragstellung im Hinblick auf den Umfang des schuldnerischen Vermögens sind zudem begrenzt, einer eidesstattlichen Versicherung im Rahmen einer Zwangsvollstreckung kommt nur ein begrenzter Aussagewert zu. Wird aufgrund eines späteren Antrages das Verfahren eröffnet, bieten die **Anfechtungsmöglichkeiten genügenden**

Schutz. Über Anfechtungen hat aber nicht das Insolvenzgericht, sondern das Prozessgericht zu entscheiden (*Pape* NJW 2002, 1165 [1167]).

293 Die oben zitierte abweichende Rechtsprechung, die nur Anträge von Sozialversicherungsträgern betrifft, übersieht zudem folgendes: Sozialversicherungsträger können die »Geschäftsbeziehung« mit insolventen Schuldnern nicht beenden. Zudem erhalten sie auch bei Abweisung mangels Masse (§ 26 InsO) ihren Ausfall bis zu drei Monatsbeträgen ersetzt (§§ 208, 183 Abs. 1 SGB III). Schließlich wird verhindert, dass insolvenzreife Unternehmen aus dem Geschäftsverkehr ausscheiden (*Pape* NJW 2002, 1165 [1167]). Unter Berücksichtigung der oben zitierten abweichenden Rechtsprechung treffen Gläubiger inzwischen Vereinbarungen, dass der Schuldner bei Rücknahme des Antrages die Kosten zu tragen hat und Teilzahlungen zuerst auf Kosten verrechnet werden. Weiter lassen sie sich vom Schuldner versichern, dass er die Zahlungen wieder aufgenommen hat und keine Zahlungsunfähigkeit vorliegt.

294 Wird trotz Vorliegen der formellen Voraussetzungen entgegen § 14 Abs. 1 Satz 2 InsO **kein Fortsetzungsverlangen** gestellt (s. § 14 Rdn. 159), folgt daraus nicht ein starker Anhaltspunkt für einen Druckantrag (a.A. *AG Hamburg* ZInsO 2011, 2092; *LG Köln* ZInsO 2016, 1997 m. zust. Anm. *Frind* ZInsO 2016, 2337).

295 e) Zur **Glaubhaftmachung der Forderung** ist es nicht erforderlich, dass sie tituliert ist (s. § 14 Rdn. 189 ff.). Ein Bestreiten des Schuldners ist – entsprechend zivilprozessualen Grundsätzen – nur beachtlich, wenn es sich um ein ernsthaftes und substantiiertes Bestreiten handelt (*LG Göttingen* ZIP 1992, 572 [573]). Der Antrag kann auch nachträglich unzulässig werden durch eine noch vor Zahlung durch den Schuldner eingegangene Gegenglaubhaftmachung des Schuldners (*OLG Köln* ZIP 1993, 1483 [1484]). Zu weiteren Fällen s. Rdn. 265.

296 f) Der **Eröffnungsgrund** ist nicht **glaubhaft** gemacht, wenn der Antragsteller nicht vorträgt, dass, wann und wie oft er den Schuldner zur Zahlung aufgefordert hat oder woraus sich sonst die Zahlungsunfähigkeit ergeben soll (*LG Münster* ZIP 1993, 1103). Anders verhält es sich bei erfolglosen vorherigen Zahlungsaufforderungen und insbesondere einer erfolglosen Einzelzwangsvollstreckung. Eine alsbaldige Begleichung der Forderung spricht nicht gegen das Vorliegen eines Eröffnungsgrundes (MüKo-InsO/*Schmahl/Vuja* § 13 Rn. 134; a.A. *LG Bonn* ZIP 2001, 342 [345]); regelmäßig sind noch weitere, eine Zahlungsunfähigkeit nicht ausschließende Verbindlichkeiten vorhanden.

297 g) Ergibt sich – aufgrund eines Gutachtens in einem Parallelverfahren gegen denselben Schuldner – dass es an einer die Kosten des Verfahrens deckenden Masse fehlt (§ 26 InsO), so trägt der Schuldner die Kosten, da er sie auch bei Abweisung des Antrages mangels Masse hätte tragen müssen (*LG Göttingen* ZIP 1992, 572 [573]; s. § 26 Rdn. 95); ebenso, wenn sich die Masselosigkeit aus einem im vorliegenden Verfahren eingeholten Gutachten ergibt (s. Rdn. 290).

298 Beruft sich der Schuldner auf eine Vereinbarung mit dem Antragsteller, dass dieser den Antrag zurücknehmen solle – und damit die Kosten zu tragen hat, muss der Schuldner seinen Vortrag bei Bestreiten glaubhaft machen (*AG Göttingen* ZIP 2001, 798 [800]).

VI. Wirkungen

299 Wie im Falle der **Antragsrücknahme** (s. Rdn. 77) werden nicht rechtskräftige Entscheidungen wirkungslos (MüKo-InsO/*Schmahl/Vuja* § 13 Rn. 133). Zur Kostentragungspflicht s. Rdn. 284 ff. Eine Zweitschuldnerhaftung des Gläubigers besteht nur für die Gebühren, nicht aber für die Auslagen, s. Rdn. 191. Eine Fortsetzung des Verfahrens und Eröffnung ist nicht möglich (*BGH* NZI 2006, 364; a.A. *AG Hamburg* NZI 2003, 104; MüKo-InsO/*Schmahl/Vuja* § 13 Rn. 141 ff. bei missbräuchlicher Erledigungserklärung). Sind verschiedene Antragsverfahren über das Vermögen eines Insolvenzschuldners nicht zur gemeinsamen Entscheidung verbunden worden, so gehören die Kosten eines erledigten Antragsverfahrens nicht zu den nach §§ 54, 55 InsO zu begleichenden Kosten des auf einen anderen Antrag hin eröffneten Insolvenzverfahrens (*BGH* ZInsO 2015, 1846). Zu Aus-

wirkungen auf die Berechnung der Anfechtungsfrist bei nachfolgenden Insolvenzanträgen gem. § 139 Abs. 2 s. *Dauernheim* § 139 Rdn. 4 ff.

VII. Rechtsbehelfe

Gegen den Beschluss, in dem aufgrund **übereinstimmender Erledigungserklärung** über die Kosten 300 entschieden wird, findet die sofortige Beschwerde gem. § 91a Abs. 2 ZPO statt (*BGH* ZInsO 2009, 536). Die Regelung des § 6 Abs. 1 InsO, wonach Entscheidungen des Insolvenzgerichts nur aufgrund ausdrücklicher gesetzlicher Zulassung der sofortigen Beschwerde unterliegen, greift nicht. Es handelt sich nicht um eine spezifisch insolvenzrechtliche Entscheidung (s. § 6 Rdn. 82, 84), auch der Beschleunigungszweck erfordert keinen Ausschluss der Beschwerde. Das Insolvenzgericht ist abhilfebefugt. Die Wertgrenze des § 567 Abs. 2 ZPO von 200 Euro ist nur von Bedeutung, wenn zu einer Mindestgebühr beim Gläubigerantrag von 180 Euro (KV Nr. 2311) keine weiteren Kosten hinzukommen.

Bei **einseitiger Erledigungserklärung** im Zivilprozess ergeht ein Urteil, das grds. mit der Berufung 301 angefochten werden kann. Im Insolvenzverfahren wird stets durch Beschluss entschieden (§ 5 Abs. 2 InsO; s. § 5 Rdn. 61). Die Entscheidung ergeht nach ähnlichen Grundsätzen wie bei der übereinstimmenden Erledigungserklärung gem. § 91a ZPO (s. Rdn. 284). Rechtsbehelf ist allerdings nicht entsprechend § 91a Abs. 2 ZPO die sofortige Beschwerde, sondern die sofortige Beschwerde gem. 6, 34 Abs. 2 InsO (*BGH* ZInsO 2008, 1206 [1207]) mit der Folge, dass eine isolierte Kostenbeschwerde gem. § 99 ZPO nicht möglich ist (s. § 6 Rdn. 87). Für die Wertgrenze des § 567 Abs. 2 ZPO gelten die obigen Ausführungen (s. Rdn. 300).

Stellt das Insolvenzgericht die Unwirksamkeit einer Erledigungserklärung in einer Zwischenentscheidung fest, ist dagegen analog §§ 4 InsO, 303, 280 Abs. 2 ZPO die sofortige Beschwerde statthaft (*LG Duisburg* NZI 2009, 911 [912]). 302

K. Schadensersatz bei unberechtigtem Insolvenzantrag

Erweist sich der Insolvenzantrag als unzulässig oder unbegründet, kommt ein Schadensersatzanspruch des Schuldners gegen den Gläubiger **nur ausnahmsweise** in Betracht. Nach der grundlegenden Entscheidung des *BGH* (BGHZ 36, 18 = NJW 1961, 2254) bestehen Ansprüche nur, sofern der Schuldner nachweist, dass der Gläubiger das Insolvenzverfahren rechtsmissbräuchlich gewählt hat, um den Schuldner zu schädigen. Daran hält der BGH trotz der geäußerten Kritik fest (*BGH* BGHZ 74, 9 [15 f.] = NJW 1979, 1351; ZIP 1990, 805 = EWiR 1990, 681). Die Gegenmeinungen reichen von einer Garantiehaftung über eine Haftung bei einfacher Fahrlässigkeit bis zu einer Haftung bei grober Fahrlässigkeit (vgl. die Nachweise bei *Pape* ZIP 1995, 623 [625]). 303

Zutreffend weist jedoch der BGH darauf hin, dass es ein Widerspruch ist, von demjenigen, der ein gesetzliches Verfahren in Anspruch nimmt, zusätzlich zu der Einhaltung der Verfahrensvorschriften noch die Beachtung weiterer Sorgfaltspflichten zu verlangen (*BGH* BGHZ 36, 18 [21]). Weiteren Schutz erfährt der Schuldner dadurch, dass bei Gläubigerantrag weiteres Zulässigkeitserfordernis das inzwischen festgeschriebene rechtliche Interesse (§ 14 Abs. 1 InsO) ist. Der Gläubiger hat häufig keinen genauen Einblick in die Vermögensverhältnisse des Schuldners. Das Gesetz sieht ausdrücklich vor, dass es genügt, dass er seine Angaben glaubhaft macht (§ 14 Abs. 1 InsO). Begleicht der Schuldner die Forderung, lässt dies nicht zwingend den Schluss zu, dass er nicht zahlungsfähig ist und war. Die Mittel können von dritter Seite zur Verfügung gestellt worden sein, im Hinblick auf weitere Ansprüche übriger Gläubiger kann trotz Tilgung der Forderung immer noch Zahlungsunfähigkeit vorliegen. 304

Ließe man grobe Fahrlässigkeit genügen, würden zudem kaum lösbare Abgrenzungsschwierigkeiten zur einfachen Fahrlässigkeit auftauchen (*Pape* ZIP 1995, 623 [626]). Jede **andere Auffassung** würde Gläubigeranträge zu einem **kaum kalkulierbaren Risiko** machen (*Kübler/Prütting/Bork-Pape* InsO, § 13 Rn. 216). Bei fehlerhafter Stellung eines Insolvenzantrages durch einen Amtsträger können 305 dem Schuldner aber Amtshaftungsansprüche aus § 839 BGB zustehen, ebenso bei fehlerhafter Bearbeitung eines Insolvenzverfahrens durch das Insolvenzgericht.

306 Auf der Grundlage der zutreffenden **Rspr.** des BGH hat das *OLG Düsseldorf* (ZIP 1994, 479) **entschieden**, dass ein Schadensersatzanspruch ausscheidet, wenn ein Schuldner den Pachtzins für zwei Monate nicht gezahlt hat und der Rechtsvertreter des Schuldners zudem erklärt, eine fristlose Kündigung könne möglicherweise das Insolvenzverfahren der Gesellschaft beschleunigen. Das *LAG Sachsen-Anhalt* (EWiR 1994, 459) hat einen Schadensersatzanspruch gegen eine ehemalige Arbeitnehmerin verneint, die wegen offener Lohn- und Gehaltsansprüche und rückständiger Krankenversicherungsanträge einen Insolvenzantrag gestellt hatte. Das *OLG Celle* (ZIP 1998, 1444 [1445]) verneint eine Verpflichtung von Arbeitnehmern zur Rücknahme des Insolvenzantrags als Gegenleistung für die in Aussicht gestellte Zahlung rückständiger Löhne. Das *OLG Koblenz* (ZInsO 2005, 1338) lehnt den Erlass einer einstweiligen Verfügung auf Unterlassung der Stellung eines Insolvenzantrages ab. Die Entscheidung des *OLG Düsseldorf* (ZIP 1984, 1499), die vor Stellung eines Insolvenzantrages nach vergeblicher Zwangsvollstreckung den Weg des § 807 ZPO (eidesstattliche Versicherung) für erforderlich hält, betraf den Fall eines Anwaltsregresses und ist auf das eigentliche Insolvenzverfahren nicht übertragbar. Der Gläubiger ist nicht verpflichtet, alle Möglichkeiten der Einzelzwangsvollstreckung auszuschöpfen (*Kübler/Prütting/Bork-Pape* InsO, § 13 Rn. 218).

307 Im Gegensatz dazu kommt bei **fahrlässig gestelltem Eigenantrag** eine **Schadensersatzpflicht** der Handelnden in Betracht, z.B. wegen Verletzung des Anstellungsvertrages durch Organe juristischer Personen (s. § 15a Rdn. 43).

308 In der wahrheitswidrigen Behauptung, ein Schuldner sei zahlungsunfähig, kann allerdings eine falsche Verdächtigung gem. § 164 Abs. 2 StGB liegen (*OLG Koblenz* ZInsO 2012, 2152 = EWiR 2012, 805).

L. Internationales Insolvenzrecht

309 Gem. § 354 ff. InsO kann über das inländische Vermögen eines Schuldners ein Partikularinsolvenzverfahren eröffnet werden. Kostenschuldner für öffentliche Bekanntmachungen ausländischer Insolvenzverfahren ist der Antragsteller, § 24 GKG. Für die Vertretung des ausländischen Insolvenzverwalters in Sekundärinsolvenzverfahren entstehen die gleichen Gebühren wie für die Vertretung des Schuldners, Vorbemerkung 3.3.5. (3) vor VV-RVG Nr. 3313 ff.

M. Reformtendenzen

310 Geplant ist die Entschärfung der Strafbarkeit wegen Stellens eines »nicht richtigen« Antrages durch Einfügung eines neuen § 13 Abs. 3 InsO und Änderung des § 15a Abs. 4 Nr. 2 InsO (RegE zur Änderung der InsO (BR-Drucks. 654716 v. 04.11.2016, ZInsO 2016, 2376; krit. dazu *Richter* ZInsO 2016, 2372; *Frind* ZInsO 2016, 2376).

311 Geplant ist weiter im Rahmen der Reform der strafrechtlichen Vermögensabschöpfung (RefE v. 09.03.2016, RegE v. 13.07.2016) ein Antragsrecht für die Staatsanwaltschaft. **§ 111i StPO soll lauten:**

»§ 111i Insolvenzverfahren

(1) Ist einem Verletzten aus der Tat ein Anspruch auf Ersatz des Wertes des Erlangten erwachsen und wird das Insolvenzverfahren über das Vermögen des Arrestschuldners eröffnet, so erlischt das Sicherungsrecht an dem Gegenstand oder an dem durch dessen Verwertung erzielten Erlös, sobald dieser vom Insolvenzbeschlag erfasst wird. Das Sicherungsrecht erlischt nicht an Gegenständen, die in einem Staat belegen sind, in dem die Eröffnung des Insolvenzverfahrens nicht anerkannt wird.

(2) Gibt es mehrere Verletzte und stellt die Staatsanwaltschaft fest, dass der Wert des in Vollziehung des Vermögensarrestes gesicherten Gegenstandes oder des durch dessen Verwertung erzielten Erlöses nicht ausreicht, um die Ansprüche auf Ersatz des Wertes des Erlangten, die den Verletzten aus der Tat

erwachsen sind und von ihnen geltend gemacht werden, zu befriedigen, so gilt die Staatsanwaltschaft als von den Verletzten ermächtigt, den Antrag auf Eröffnung des Insolvenzverfahrens über das Vermögen des Arrestschuldners zu stellen. Eröffnet das Insolvenzgericht das Insolvenzverfahren, gilt Absatz 1 entsprechend.

(3) Steht dem Arrestschuldner aus einer Kostenentscheidung des Insolvenzgerichts ein Anspruch auf Erstattung von Kosten gegen einen Verletzten zu, ist, soweit die Kosten durch einen Antrag der Staatsanwaltschaft nach Satz 1 Absatz 2 entstanden sind, Schuldner dieses Anspruchs nur die Staatskasse.

(4) Verbleibt bei der Schlussverteilung ein Überschuss, so erwirbt der Staat bis zur Höhe des Vermögensarrestes ein Pfandrecht am Anspruch des Schuldners auf Herausgabe des Überschusses. In diesem Umfang hat der Insolvenzverwalter den Überschuss an die Staatsanwaltschaft herauszugeben.«

§ 13a Antrag zur Begründung eines Gruppen-Gerichtsstands

(1) In einem Antrag nach § 3a Absatz 1 sind anzugeben:
1. Name, Sitz, Unternehmensgegenstand sowie Bilanzsumme, Umsatzerlöse und die durchschnittliche Zahl der Arbeitnehmer des letzten Geschäftsjahres der anderen gruppenangehörigen Unternehmen, die nicht lediglich von untergeordneter Bedeutung für die Unternehmensgruppe sind; für die übrigen gruppenangehörigen Unternehmen sollen entsprechende Angaben gemacht werden,
2. aus welchen Gründen eine Verfahrenskonzentration am angerufenen Insolvenzgericht im gemeinsamen Interesse der Gläubiger liegt,
3. ob eine Fortführung oder Sanierung der Unternehmensgruppe oder eines Teils davon angestrebt wird,
4. welche gruppenangehörigen Unternehmen Institute im Sinne des § 1 Absatz 1b des Kreditwesengesetzes, Finanzholding-Gesellschaften im Sinne des § 1 Absatz 3a des Kreditwesengesetzes, Kapitalverwaltungsgesellschaften im Sinne des § 17 Absatz 1 des Kapitalanlagegesetzbuches, Zahlungsdienstleister im Sinne des § 1 Absatz 1 des Zahlungsdiensteaufsichtsgesetzes oder Versicherungsunternehmen im Sinne des § 7 Nummer 33 des Versicherungsaufsichtsgesetzes sind, und
5. die gruppenangehörigen Schuldner, über deren Vermögen die Eröffnung eines Insolvenzverfahrens beantragt oder ein Verfahren eröffnet wurde, einschließlich des zuständigen Insolvenzgerichts und des Aktenzeichens.

(2) Dem Antrag nach § 3a Absatz 1 ist der letzte konsolidierte Abschluss der Unternehmensgruppe beizufügen. Liegt ein solcher nicht vor, sind die letzten Jahresabschlüsse der gruppenangehörigen Unternehmen beizufügen, die nicht lediglich von untergeordneter Bedeutung für die Unternehmensgruppe sind. Die Jahresabschlüsse der übrigen gruppenangehörigen Unternehmen sollen beigefügt werden.

Das Gesetz zur Erleichterung der Bewältigung von Konzerninsolvenzen (EKIG) vom 13.04.2017 (BGBl. I 2017, S. 866) tritt am 21.04.2018 in Kraft.

Übersicht	Rdn.		Rdn.
A. Normzweck	1	II. Verfahrenskonzentration im Gläubigerinteresse (Abs. 1 Nr. 2)	14
B. Angaben	2		
I. Pflichtangaben (Abs. 1 Nr. 1)	5	III. Fortführung und Sanierung der Gruppe oder in Teilen (Abs. 1 Nr. 3)	18
1. Name des Unternehmens	9		
2. Sitz	10	IV. Angaben zu gruppenangehörigen beaufsichtigten Finanzinstituten (Abs. 1 Nr. 4)	20
3. Unternehmensgegenstand	12		
4. Bilanzangaben und durchschnittliche Zahl der Arbeitnehmer	13		

§ 13a InsO   Antrag zur Begründung eines Gruppen-Gerichtsstands

		Rdn.			Rdn.
V.	Angaben über Verfahren gruppenangehöriger Unternehmen (Abs. 1 Nr. 5)	23	VI.	Beizufügende Unterlagen (Abs. 2)	25
			VII.	Folgen bei Fehlen der Unterlagen	30

A. Normzweck

1   § 13a InsO wurde durch das Gesetz zur Erleichterung der Bewältigung von Konzerninsolvenzen 2017 (BT-Drucks. 18/11436) eingefügt. Die nach Abs. 1 zu machenden Angaben sollen dem Gericht die Prüfung ermöglichen, ob dem Antrag nach § 3a InsO zu entsprechen ist. Dafür muss der antragstellende Schuldner weitere, über § 13 InsO hinausgehende Angaben zu seinem und den übrigen gruppenangehörigen Unternehmen machen und Unterlagen beifügen. Darüber hinaus hat er mitzuteilen, ob in Bezug auf andere gruppenangehörige Unternehmen Insolvenzverfahren anhängig oder eröffnet sind. Diese Angaben bilden die Grundlage zur zwischengerichtlichen Zusammenarbeit (§ 269b InsO), insbesondere im Hinblick auf die Insolvenzverwalterbestellung (§ 56b InsO) und die Anordnung sonstiger Sicherungsmaßnahmen (§ 269b Satz 2 Nr. 1 InsO).

B. Angaben

2   Über die nach § 13 InsO im Insolvenzantrag zu machenden Pflichtangaben hat der antragstellende Schuldner für seinen Antrag auf Begründung des Gruppen-Gerichtsstandes weitere notwendige Angaben zu machen. Damit soll dem Gericht die Prüfung ermöglicht werden, ob die materiellen Voraussetzungen für die Begründung eines Gruppen-Gerichtsstandes nach § 3a InsO gegeben sind. Insbesondere muss das Gericht ausschließen können, dass der antragstellende Schuldner offensichtlich von untergeordneter Bedeutung für die Unternehmensgruppe ist. Der Gesetzgeber hatte im DiskE des § 13a InsO (DiskE für ein Gesetz zur Erleichterung der Bewältigung von Konzerninsolvenzen, ZIP 2013, Beil. zu Heft 2 S. 1 f., 9) zunächst die Formulierung gewählt, »sollen angegeben werden«. Im Regierungsentwurf wurden die Anforderungen weiter verschärft (»sind anzugeben«). Jetzt handelt es sich somit um Pflichtangaben. Damit wollte der Gesetzgeber einer missbräuchlichen Zuständigkeitserschleichung vorbeugen.

3   Diese Angaben und Unterlagen bilden die Entscheidungsgrundlage für die Entscheidung des Gerichts über die Begründung des Gruppen-Gerichtsstandes.

4   Die Angaben sind schriftlich zu machen. § 13a InsO sieht nicht ausdrücklich ein Schriftformerfordernis vor. Das Schriftformerfordernis ergibt sich bereits aus § 13 Abs. 1 InsO.

I. Pflichtangaben (Abs. 1 Nr. 1)

5   Der Antragsteller muss in seinem Antrag zunächst konkret die Gruppe benennen, also alle konzernangehörigen Unternehmen, die zu dieser Gruppe gehören, für die der Gruppen-Gerichtsstand gebildet wird. Dabei muss es sich nicht zwangsläufig um alle konzernangehörigen Unternehmen handeln, es kann auch nur eine Teilgruppe im Konzern betroffen sein (s. § 3a Rdn. 14). Aus diesem Kreis sind die gruppenangehörigen Unternehmen zu ermitteln, die **nicht nur von untergeordneter** Bedeutung sind. Damit soll sichergestellt werden, dass der Antragsteller selbst nicht von untergeordneter Bedeutung ist und hier missbräuchlich versucht, einen Gruppen-Gerichtsstand auch für alle übrigen Gruppenmitglieder zu bilden. Werden die in der Regelvermutung nach § 3a InsO genannten Größen (15 % der Bilanzsumme oder 15 % der Umsatzerlöse der Gruppe) erreicht, liegt schon per se keine untergeordnete Bedeutung des antragstellenden Unternehmens vor.

6   Die Bedeutung des einzelnen Unternehmens kann sich aber auch aus ganz anderen unterschiedlichen Gründen für die Gruppe ergeben und orientiert sich nicht ausschließlich an der Bilanzsumme, den Umsatzerlösen oder der Arbeitnehmeranzahl. So kann ein im Verhältnis zu den Bilanzzahlen kleines Konzernunternehmen von immenser Bedeutung sein, wie, wenn beispielsweise die Lizenzen, Patente und sonstige gewerbliche Schutzrechte in einer Gesellschaft gepoolt sind, oder bestimmte Vorprodukte hergestellt werden, ohne die das Hauptprodukt nicht produziert werden kann oder

die Maintenance und Ersatzteillieferung sicherstellen. Die Konstellationen können insofern vielfältig sein.

Weiter sind auch die übrigen gruppenangehörigen Unternehmen zu benennen. Das werden i.d.R. die Unternehmen sein, die in der Gruppe eher von untergeordneter Bedeutung sein werden. Auch für diese sollen entsprechende Angaben nach Abs. 1 gemacht werden. Der Gesetzgeber belässt es bei diesen Unternehmen bei reinen Sollangaben. Es empfiehlt sich im eigenen Interesse des Antragstellers, bereits im Antrag auch für diese Unternehmen die erforderlichen Angaben zu machen. Damit können weitere Nachfragen und Prüfungen des Gerichts bereits im Vorfeld deutlich verringert werden, um möglichst schnell eine Entscheidung über den Gruppen-Gerichtsstand herbeizuführen. Zudem werden diese Angaben in der Konzernzentrale i.d.R. vorgehalten werden, da sie auch im Zusammenhang mit der Konzernrechnungslegung- und -prüfung regelmäßig abgefragt werden. 7

Bei der Art der Darstellung hinsichtlich der einzelnen Gruppenmitglieder im Antrag wird es letztendlich auf die Größe der Gruppe ankommen. Besteht die Gruppe aus nur wenigen Mitgliedern, kann man sich auf eine bloße Auflistung im Antrag selbst beschränken. Anders jedoch, wenn die Gruppe aus mehr als 10 Gesellschaften besteht. Auch über 100 Konzerngesellschaften sind durchaus keine Seltenheit. Hier wird es sich anbieten, eine tabellarische Aufstellung der einzelnen Gruppenmitglieder anzufertigen, die nach Bedeutung für den Konzern geordnet sind. Auf eine klare Übersichtlichkeit sollte der Antragsteller schon aus eigenem Interesse achten. Besonders wichtige Unternehmen sollten gekennzeichnet werden und genau umschrieben werden, weshalb ihnen für die Gruppe eine besondere Bedeutung zukommt. Je besser die Unterlagen aufbereitet und aus sich selbstverständlich sind, umso einfacher und schneller wird die Prüfung für den Richter sein und die Entscheidung. Das Gericht kann sich durch entsprechende Vergleiche mit den übrigen Gruppenmitgliedern so leichter ein Bild von der Bedeutung des antragstellenden Schuldners im Konzernverbund machen und zügig den Gruppen-Gerichtsstand festlegen. So wird das Gericht schon aus der Aufstellung und Gegenüberstellung der einzelnen Kennzahlen der Unternehmen erkennen können, ob das antragstellende Unternehmen bereits aufgrund dieser angegebenen Zahlen nicht von untergeordneter Bedeutung innerhalb der Unternehmensgruppe ist. 8

1. Name des Unternehmens

In der Aufstellung ist der **Name** des Unternehmens anzugeben. Bereits für die Zulässigkeit des Antrags auf Eröffnung des Insolvenzverfahrens ist nach der allgemeinen Regel des § 13 Abs. 1 Satz 1 InsO Voraussetzung, dass der Schuldner im Interesse der Individualisierung genau bezeichnet wird. Es muss feststehen, über welche Vermögensmasse das Insolvenzverfahren geführt werden soll (AG *Hamburg* ZInsO 2007, 501). Bei natürlichen Personen ist es der Vor- und Nachname. Bei Personengesellschaften (§ 19 HGB) und juristischen Personen sind deren Firmierung, also die im Handelsregister eingetragene Firma und ihre Rechtsform zu nennen (*K. Schmidt/Gundlach* InsO, § 13 Rn. 3). Auch Namenszusätze, unter der es im Rechtsverkehr auftritt, sollten angegeben werden. Oftmals ist diese Bezeichnung die im Rechtsverkehr deutlich bekanntere als deren eingetragene Firma. 9

2. Sitz

Weiter anzugeben ist der jeweilige **Sitz** der Gruppenmitglieder. Die Angabe des Sitzes ist schon deshalb von besonderer Bedeutung, da sich daraus auch eine mögliche Zuständigkeit nach § 3 InsO für das einzelne Gruppenmitglied ergibt. Sollte später ein Insolvenzantrag des Gruppenmitgliedes dort gestellt werden, so sind diese Angaben für mögliche Kooperationspflichten in den Verfahren untereinander von besonderer Bedeutung. 10

Der Sitz der Gesellschaft ist der Ort, den der Gesellschaftsvertrag (zwingend für Kapitalgesellschaften) bestimmt. Nach dem Gesetz zur Modernisierung des GmbH-Rechts und zur Bekämpfung von Missbräuchen (MoMiG) können Aktiengesellschaften und GmbHs nun einen Verwaltungssitz haben (anders Personengesellschaften, die nur einen Sitz, ihren tatsächlichen Verwaltungssitz haben, 11 vgl. Baumbach/*Hopt* HGB, § 106 Rn. 8), der nicht notwendig mit dem Satzungssitz übereinstimmen muss. Im Zweifel sollten beide angegeben werden.

3. Unternehmensgegenstand

12 Der **Unternehmensgegenstand** lässt den Rechtsverkehr erkennen, womit sich ein Unternehmen befasst. Er ist vom Gesellschaftszweck zu unterscheiden. Der Unternehmensgegenstand soll vor allem nach außen den Schwerpunkt der Geschäftstätigkeit für die beteiligten Wirtschaftskreise hinreichend erkennbar machen (*BGH* DB 1981, 466; Baumbach/Hueck/*Fastrich* GmbHG, 21. Aufl. 2017 § 1 Rn. 5). Bei Kapitalgesellschaften ist er notwendiger Bestandteil der Satzung bzw. des Gesellschaftsvertrages (§ 3 Abs. 1 Nr. 2 GmbHG, § 23 Abs. 3 Nr. 2 AktG) eines Unternehmens und in das Handelsregister einzutragen (§ 10 Abs. 1 Satz 1 GmbHG; § 39 AktG). Anderes gilt für Personengesellschaften, die oftmals noch nicht einmal eine schriftliche Satzung haben. Bei diesen ist der Unternehmensgegenstand nicht eintragungsfähig.

4. Bilanzangaben und durchschnittliche Zahl der Arbeitnehmer

13 Die **Bilanzsumme** ist die Summe der Aktivseite der Bilanz (vgl. § 267 Abs. 4a HGB), nach Abzug eines auf der Aktivseite eventuell ausgewiesenen, nicht durch Eigenkapital gedeckten Fehlbetrags (§ 268 Abs. 3 HGB; Baumbach/Hopt/*Merkt* HGB, § 267 Rn. 2). Der **Umsatz** ergibt sich aus der Gewinn- und Verlustrechnung (§§ 275 Abs. 2 und 3, 277 HGB), in der Konzernkonsolidierung ist § 305 HGB zu beachten. Die im Jahresdurchschnitt **beschäftigte Arbeitnehmerzahl** bei der antragstellenden Schuldnerin bestimmt sich nach § 267 Abs. 5 HGB. Die im Konzern im Durchschnitt beschäftigte Arbeitnehmerzahl ist dem aus dem zum Konzernjahresabschluss gehörenden Konzernanhang gem. § 314 Abs. 1 Nr. 4 HGB zu entnehmen.

II. Verfahrenskonzentration im Gläubigerinteresse (Abs. 1 Nr. 2)

14 Der Schuldner muss in seinem Antrag darlegen, weshalb eine Konzentration der gruppenangehörigen Verfahren an diesem Gericht im **gemeinsamen Interesse** der Gläubiger liegt. Dabei geht es zunächst um das **gemeinsame** Interesse der Gläubiger an einer Verfahrenskonzentration und im nächsten Schritt um die Konzentration an diesem konkret angerufenen Gericht. Anders als noch im DiskE (DiskE für ein Gesetz zur Erleichterung der Bewältigung von Konzerninsolvenzen, ZIP 2013, Beil. zu Heft 2 S. 1 f., 8) muss das Gericht nicht mehr positiv feststellen, dass die Verfahrenskonzentration im Interesse der Gläubiger liegt. Ausreichend ist, dass ein solches Interesse nicht zweifelhaft ist (§ 3a Abs. 2 InsO). Damit wurden vom Gesetzgeber die Darlegungslasten für den Antragsteller im Gesetzgebungsverfahren etwas gelockert. Bei hinreichender Darlegung wird zunächst unterstellt, dass die Konzentration und damit der Erhalt der Konzernstruktur grds. im gemeinsamen Interesse der Gläubiger liegen. Das erspart dem Gericht auch eine langwierige und schwierige Prüfung der Voraussetzungen. Zudem würde sich das Gericht vielfach auch die Frage stellen müssen, ob bei schwierigen wirtschaftlichen Fragen nicht externer Sachverstand in Form von Gutachtern beigezogen werden müsste, was konträr zu einem schnell im Interesse der Verfahrenskoordination zu begründenden Gruppen-Gerichtsstand gestanden hätte. Das Risiko einer nicht mehr koordinierbar zu steuernden Konzerninsolvenz wäre immens und die Absicht des Gesetzgebers, Konzerninsolvenzen koordiniert abwickeln zu können, ginge ins Leere.

15 Weiter hat der Antragsteller darzulegen, warum die Verfahrenskonzentration am **Sitz** des beantragten Gruppen-Gerichtsstandes im Interesse der Gläubiger liegt. Auch hierfür bieten die nach Abs. 1 Nr. 1 zu machenden Angaben eine wesentliche Grundlage für die Beurteilung des Gerichts. Dabei kann es sich um den wirtschaftlichen Mittelpunkt des Konzerns handeln, den Ort, an dem die meisten Mitarbeiter beschäftigt sind, voraussichtlich auch die meisten Gläubiger betroffen sind, oder der für den überwiegenden Teil der Gläubiger gut zu erreichen ist, oder der Konzernteil, der saniert und erhalten werden soll. Die Gründe können vielfältig sein und werden sicher immer einzelfallbezogen darzulegen sein.

Das gemeinsame Interesse der Gläubiger bezieht sich nicht nur auf die Gläubiger des antragstellenden Unternehmens. Es ist wesentlich weiter zu fassen. Gemeint sind die Interessen der Gläubiger sämtlicher gruppenangehöriger Schuldner. Es wird immer dann zu bejahen sein, wenn durch eine koordinierte Abwicklung der Einzelverfahren sich Koordinierungsgewinne erzielen lassen. Dabei ist es nicht erforderlich, dass die Koordinierungsgewinne/Synergieeffekte bei allen Massen eintreten müssen. Der Antragsteller wird aber darlegen müssen, dass den übrigen Massen durch eine Konzentration zumindest kein Nachteil zugefügt wird.

Bezieht sich der Antrag zur Bildung einer Gruppenzuständigkeit nur auf einen Teilkonzern, so ist vorzutragen, weshalb nur für diesen Teil es im gemeinsamen Interesse der Gläubiger liegt.

III. Fortführung und Sanierung der Gruppe oder in Teilen (Abs. 1 Nr. 3)

Der Antragsteller hat Angaben darüber zu machen, ob eine Fortführung oder Sanierung der Unternehmensgruppe oder eines Teils davon angestrebt wird. Hierin kann insbesondere auch ein gemeinsames Interesse der Gläubiger zu sehen sein. Eine Betriebsfortführung im Insolvenzverfahren wird häufig im Interesse der Gläubiger liegen, so wenn Werte im Unternehmen gesichert werden und dadurch zusätzliche Masse geschaffen wird. Zudem liegen Erlöse aus einer Fortführung i.d.R. über den Liquidationserlösen. Werden die Unternehmensträger im Konzern durch den Abschluss von Insolvenzplänen saniert und erhalten, können sich die Befriedigungschancen der Gläubiger durch eine Quotenerhöhung verbessern. Auch Lieferbeziehungen und Abnahmemärkte bleiben weitgehend erhalten.

Diese Angaben sind auch gerichtsseitig für die Auswahl des geeigneten Insolvenzverwalters wichtig. Das Gericht hat in solchen Fällen einen Insolvenzverwalter auszuwählen, der hinreichende Erfahrung in der Sanierung und Fortführung hat. Zudem sollte er auch den Anforderungen großer Konzerninsolvenzen gewachsen sein (zur Auswahl und Bestellung s. § 56b Rdn. 3 ff.). Weiter werden diese Angaben für die Entscheidung, ob ein Verwalter oder mehrere Verwalter in der Gruppe zu bestellen sind, von Interesse sein. Gerade wenn die Wahrscheinlichkeit hoch ist, eine Gruppe oder Teilgruppe erhalten zu können, spricht viel dafür, nur einen Verwalter zu bestellen. Sollten dennoch an verschiedenen Gerichten Verfahren dieser Gruppe anhängig werden oder unterschiedliche Verwalter bestellt werden, können mit diesen Informationen die Gerichte und Verwalter zur Kooperation angehalten und verpflichtet werden.

IV. Angaben zu gruppenangehörigen beaufsichtigten Finanzinstituten (Abs. 1 Nr. 4)

In dem Antrag sind Angaben zu machen,
– welche gruppenangehörigen Unternehmen Institute i.S.d. § 1 Abs. 1b KWG,
– Finanzholding-Gesellschaften i.S.d. § 1 Abs. 3a KWG,
– Kapitalverwaltungsgesellschaften i.S.d. § 17 Abs. 1 KAGB,
– Zahlungsdienstleister i.S.d. § 1 Abs. 1 ZAG oder
– Versicherungsunternehmen i.S.d. § 7 Nr. 33 VAG sind.

Viele große Konzerngesellschaften haben eigene Finanzinstitute oder Banken, über die sie Kundengeschäfte abwickeln oder Kundenfinanzierungen vermitteln, oder auch ihr eigenes Cash-Management steuern oder Kapitalanlage betreiben.

Allen diesen Gesellschaften ist es gemeinsam, dass sie einer besonderen Aufsicht unterliegen. In diesen Fällen steht das Recht, ein Insolvenzverfahren zu beantragen, der jeweiligen Aufsichtsbehörde zu (§ 46b KWG, § 312 Abs. 1 VAG). Deshalb ist es in diesem Verfahrensstadium für das Gericht auch von Bedeutung zu erfahren, ob Unternehmen, die der Gruppe angehören, diesem besonderen Regime unterliegen (Begr. RegE BT-Drucks. 18/407, S. 29).

In diesen Fällen empfiehlt es sich für das Insolvenzgericht, frühzeitig die Aufsichtsbehörden mit einzubeziehen, um eine Verfahrenskonzentration zu erreichen. Auch im Hinblick auf die Auswahl des geeigneten Insolvenzverwalters sollten die Aufsichtsbehörden von Beginn an einbezogen werden, da für diese Fälle eine besondere Expertise erforderlich ist und nicht jeder potentielle Verwalter geeignet ist, eine solche Verwaltung zu übernehmen. Hier kann es durchaus angezeigt sein, vom Grundsatz der Einheitlichkeit der Verwalter im Konzern abzuweichen und unterschiedliche Verwalter zu bestellen. Zudem ist die Wahrscheinlichkeit äußerst gering, dass die Aufsichtsbehörden im Insolvenzverfahren einen uneingeschränkten Geschäftsverkehr genehmigen werden.

V. Angaben über Verfahren gruppenangehöriger Unternehmen (Abs. 1 Nr. 5)

23   Weiter muss der Antrag Angaben darüber enthalten, ob in Bezug auf andere gruppenangehörige Unternehmen Insolvenzverfahren anhängig oder eröffnet sind. Anzugeben hat der Antragsteller die zuständigen Insolvenzgerichte und die betreffenden Aktenzeichen.

24   Diese Angaben sind für das Gericht deshalb wichtig, um feststellen zu können, ob es im Verhältnis zu anderen Gerichten zur zwischengerichtlichen Zusammenarbeit (§ 269b InsO), insbesondere im Hinblick auf die Insolvenzverwalterbestellung (§ 56b InsO) und die Anordnung sonstiger Sicherungsmaßnahmen (§ 269b Satz 2 Nr. 1 InsO) verpflichtet ist (Begr. RegE BT-Drucks. 18/407, S. 29). Weiter wird sich für das angerufene Gericht auch die Frage stellen, ob die bereits anhängigen Verfahren an den zu bildenden Gruppen-Gerichtsstand von den zuerst angerufenen Gerichten verwiesen werden und wie man mit bereits bestellten Insolvenzverwaltern umzugehen hat (§ 3d Abs. 3 InsO). Hier wird das Gericht schnell mit dem bereits angerufenen Gericht Kontakt aufzunehmen haben, um das weitere unmittelbare Procedere untereinander abzuklären.

VI. Beizufügende Unterlagen (Abs. 2)

25   Der Antragsteller hat dem Antrag den letzten konsolidierten Jahresabschluss der Unternehmensgruppe beizufügen. Die Beifügung des letzten Konzernabschlusses dient dem Zweck, das Gericht so gut wie möglich über die Unternehmensgruppe sowie deren Tätigkeit und Zusammensetzung zu informieren (Begr. RegE BT-Drucks. 18/407, S. 29). Der Konzernabschluss enthält wesentliche Angaben über die Konzerngruppe. Im Konzernabschluss wird die Vermögens-, Finanz- und Ertragslage der einbezogenen Unternehmen so dargestellt, als es sich um ein einziges Unternehmen handeln würde.

26   Ist die gesamte Konzerngruppe betroffen, so ist der letzte Konzernabschluss beizufügen. Der Konzernabschluss besteht aus der Konzernbilanz, der Konzern-Gewinn- und Verlustrechnung, dem Konzernanhang, der Kapitalflussrechnung und dem Eigenkapitalspiegel (§ 297 Abs. 1 HGB). Zumeist wird es sich dabei um den Vorjahresabschluss handeln. Grundsätzlich sollen geprüfte Abschlüsse vorgelegt werden. Zu Beginn eines Geschäftsjahres werden häufig die Abschlüsse aufgestellt, aber noch nicht testiert sein. In diesen Fällen empfiehlt es sich, den aufgestellten Abschlüssen auch die testierten Vorjahresabschlüsse beizufügen. Liegen unterjährig Quartals- oder Halbjahresabschlüsse vor, sollten auch diese mit eingereicht werden (Begr. RegE BT-Drucks. 18/407, S. 29).

27   Wesentliche Änderungen nach dem letzten Konzernabschluss sollten von dem Antragsteller im Einzelnen erläutert werden. So können maßgebliche Beteiligungen, die sich noch aus dem Konzernabschluss ergeben, bereits veräußert worden sein und nicht mehr Bestandteil der Gruppe. Ohne entsprechenden Hinweis würde das Gericht insofern bei der Beurteilung der Größe der Gruppe und der der einzelnen Unternehmen von falschen Voraussetzungen ausgehen.

28   Einem Insolvenzantrag werden in der Vergangenheit oftmals entsprechende Sanierungsmaßnahmen im Konzern vorausgegangen sein. Das kann einzelne Konzerngesellschaften betreffen oder auch nur die Obergesellschaft. Sollten sich diese Auswirkungen noch nicht im Konzernabschluss widerspiegeln, so sollte der Antragsteller auch hier gesondert darauf hinweisen und entsprechende Erläuterungen zu den einzelnen Auswirkungen geben. So können nach dem letzten Konzernjahresabschluss Kapitalschnitte stattgefunden haben, die die sich aus dem Konzernabschluss ergebenden Kapitalverhältnisse anders darstellen. Auch ein Arbeitsplatzabbau in den letzten Monaten kann die im Konzernabschluss angegeben Angaben unzutreffend darstellen und die notwendig nach § 3a InsO vom Gericht zu beurteilenden Größenangaben verfälschen.

Liegen keine Konzernabschlüsse vor, so sollen zumindest die Jahresabschlüsse derjenigen gruppen- 29
angehörigen Unternehmen beigefügt werden, die für die Unternehmensgruppe nicht von untergeordneter Bedeutung sind. Dabei wird es sich um die Abschlüsse von den Unternehmen handeln, die bereits in der einzureichenden Aufstellung als solche gekennzeichnet worden sind. Auch hier sind testierte Abschlüsse einzureichen. Auf tatsächliche wesentliche Abweichungen zu den eingereichten Abschlüssen ist wie beim Konzernabschluss hinzuweisen (s. Rdn. 27). Unterjährige Halbjahres- und Quartalsabschlüsse sind ebenfalls einzureichen. Insofern gilt nichts anderes wie zum Konzernabschluss. Von allen anderen gruppenangehörigen Unternehmen sollen die Einzelabschlüsse ebenfalls beigefügt werden. In diesem Fall handelt es sich lediglich um eine Soll-Vorschrift, eine Pflicht hierzu besteht nicht. Der Antragsteller wird abzuwägen haben, ob er auf die Einreichung dieser Abschlüsse verzichtet. So kann er seinem Antrag bei Fehlen eines aktuellen Konzernabschlusses einen älteren beifügen, aus dem sich die weiteren Gruppenangehörigen Schuldner ergeben. Er kann dem Gericht anbieten, bei Bedarf diese Einzelabschlüsse nachzureichen. Zumeist werden auch Praktikabilitätsgesichtspunkte eine entscheidende Rolle spielen. Besteht die Unternehmensgruppe aus einer Vielzahl von Unternehmen, so werden für das Gericht ohnehin zunächst nur die maßgeblichen Gruppenmitglieder eine entscheidende Rolle spielen. Werden vom Antragsteller 50 weitere Jahresabschlüsse von kleineren Gruppenmitgliedern eingereicht, wird der an sich vom Gesetzgeber gewollt schnell zu beurteilende Antrag aufgrund des unüberschaubaren Anlagenkonvoluts kaum in angemessener Zeit zu bearbeiten sein. In diesen Fällen sollte man dem Gericht anbieten, weitere Unterlagen auf Verlangen nachzureichen.

VII. Folgen bei Fehlen der Unterlagen

Die zu machenden Angaben und beizufügenden Unterlagen sollen dem Gericht die Prüfung ermöglichen, ob dem Antrag nach § 3a InsO zu entsprechen ist. Es handelt sich aber nicht um eine über 30
§ 13 InsO hinausgehende Zulässigkeitsvoraussetzung. Die Unvollständigkeit oder das Fehlen dieser Angaben macht allerdings weder den Insolvenzeröffnungsantrag unzulässig noch schließt er aus, dass auf seiner Grundlage der zusätzliche Gerichtsstand für Gruppen-Folgeverfahren geschaffen wird (Begr. RegE BT-Drucks. 18/407, S. 29).

Bleiben bei unvollständigen Angaben Zweifel daran, ob die Begründung des Gruppen-Gerichts- 31
stands im gemeinsamen Interesse der Gläubiger liegt, können diese nach § 3a Abs. 2 InsO zur Abweisung des Antrags führen. So wird es immer im eigenen Interesse des antragstellenden Gruppenmitglieds liegen, seinen Antrag so sorgfältig wie möglich zu begründen und Unterlagen beizufügen.

§ 14 Antrag eines Gläubigers

(1) ¹Der Antrag eines Gläubigers ist zulässig, wenn der Gläubiger ein rechtliches Interesse an der Eröffnung des Insolvenzverfahrens hat und seine Forderung und den Eröffnungsgrund glaubhaft macht. ²Der Antrag nicht allein dadurch unzulässig, dass die Forderung erfüllt wird.

(2) Ist der Antrag zulässig, so hat das Insolvenzgericht den Schuldner zu hören.

(3) Wird die Forderung des Gläubigers nach Antragstellung erfüllt, so hat der Schuldner die Kosten des Verfahrens zu tragen, wenn der Antrag als unbegründet abgewiesen wird.

(§ 14 Abs. 1 Satz 2, 3 a.F. i.d.F. bis 04.04.2017 s. 8. Aufl.)

Übersicht		Rdn.			Rdn.
A.	Übersicht	1	IV.	Ordnungsgemäßer Antrag	11
B.	Allgemeine Zulässigkeitsvoraussetzungen	6	V.	Schriftformzwang (§ 13 Abs. 1) und Formularzwang (§ 13 Abs. 3 InsO; § 305 Abs. 5 InsO)	18
I.	Sondervorschriften des Neunten und Zehnten Teils (§§ 304 ff., §§ 315 ff.)	7	VI.	Ladungsfähige Anschrift	19
II.	Kostenvorschuss	9	VII.	Parteifähigkeit/Tod des Schuldners	22
III.	Zuständigkeit	10	VIII.	Prozessfähigkeit	33

		Rdn.				Rdn.
IX.	Antragsrecht des Antragstellers in Sonderfällen	39		6.	Sperrwirkung des § 93 InsO	114
X.	Vertretung	41		7.	Bestehen der Forderung	115
XI.	Rechtshängigkeit und Rechtskraft	45		8.	Höhe der Forderung	120
XII.	Teilbetrag	47		9.	Anzahl der Gläubiger	122
XIII.	Auswechseln/Nachschieben einer Forderung	48		10.	Missbrauchsfälle	123
				11.	Erneuter Antrag während eines laufenden Verfahrens	149
XIV.	Auswechseln Schuldner	49	IV.		Fortsetzungsverlangen (Abs. 1 Satz 2 n.F. und Abs. 3)	150
XV.	Bedingung/Befristung	50				
XVI.	Ruhen und Aussetzung	55		1.	Überblick	150
XVII.	Verhältnismäßigkeit/§ 765a ZPO	56		2.	Fortsetzungsverlangen	159
XVIII.	Anfechtung und Verzicht	57		3.	Glaubhaftmachung (Fort)Bestehen Zahlungsunfähigkeit?	162
XIX.	Heilung	58				
C.	**Gläubigerantrag (Abs. 1)**	59		4.	Verfahrensablauf	164
I.	Allgemeines	59		5.	Entscheidung des Gerichtes	167
II.	Antragsrecht der Staatsanwaltschaft	61		6.	Kosten (Abs. 3)/Ausschluss Zweitschuldnerhaftung Gläubiger	168
	1. Überblick	61				
	2. Voraussetzungen § 111i Abs. 2 StPO	69		7.	Bewertung	172
			V.		Glaubhaftmachung: Übersicht	174
	a) Eigenes Antragsrecht Staatsanwaltschaft	69		1.	Allgemeines	174
				2.	Überwiegende Wahrscheinlichkeit	176
	b) Mehrere Verletzte	70		3.	Glaubhaftmachung	177
	c) Geltendmachung gegenüber der Staatsanwaltschaft	72		4.	Gegenglaubhaftmachung	181
				5.	Sonderfälle	183
	d) Mangelfall	73	VI.		Glaubhaftmachung der Forderung	189
	e) Voraussichtliche Eröffnung Insolvenzverfahren	76		1.	Finanzämter, Sozialversicherungsträger	189
	f) Funktionelle Zuständigkeit	77		2.	Nicht titulierte Forderung	196
	g) Mitteilungs- und Hinweispflichten	78		3.	Rechtskräftig durch Urteil titulierte Forderung	200
	h) Keine Überprüfung durch Insolvenzgericht	80		4.	Nicht rechtskräftig (nur vorläufig vollstreckbar) titulierte Forderung	205
	i) Kein Rechtsschutz vor dem Verwaltungsgericht	81		5.	Versäumnisurteil/Vollstreckungsbescheid	207
	3. Voraussetzungen Insolvenzantrag (Zulässigkeitsprüfung)	82		6.	Vorbehaltsurteil	208
				7.	Vollstreckungsgegenklage gegen notarielle Urkunde	209
	4. Voraussetzungen Eröffnung Insolvenzverfahren (Begründetheitsprüfung)	89	VII.		Glaubhaftmachung Eröffnungsgrund	210
				1.	Überblick	210
	5. Vorgehen der Staatsanwaltschaft/Zeitpunkt Antragstellung	95		2.	Voraussetzungen der Zahlungsunfähigkeit	213
				3.	Indizien	216
	a) Verpflichtung zur Antragstellung	95		4.	Voraussetzungen Überschuldung	231
	b) Zeitpunkt der Antragstellung	96	D.		**Schuldnerantrag**	232
	6. Weiterer Verfahrensgang	99	I.		Inhaltliche Anforderungen	232
	7. Bewertung	100	II.		Einzelheiten	234
III.	Rechtliches Interesse (Abs. 1 Satz 1)	101	E.		**Anhörung des Schuldners (Abs. 2)**	242
	1. Bedeutung	101	I.		Anwendungsbereich	242
	2. Einfachere Vollstreckungsmöglichkeit	107	II.		Entbehrlichkeit	243
			III.		Art und Weise der Anhörung	245
	3. Aus- und Absonderungsberechtigte	111	IV.		Funktionen der Anhörung	251
			V.		Schutzschrift	254
	4. Nachrangige Gläubiger	112	F.		**Weiterer Verfahrensgang**	258
	5. Partikularinsolvenzverfahren (Art. 102 Abs. 3 EGInsO)	113	G.		**Internationales Insolvenzrecht**	262

Literatur:
Beth die Entscheidung des BGH zur Notwendigkeit der Glaubhaftmachung der fortbestehenden Zahlungsunfähigkeit nach Erfüllung der Forderung, ZInsO 2013, 1680; *ders.* Neues zur Glaubhaftmachung des Eröffnungsgrundes im Rahmen der Fortsetzung des Eröffnungsverfahrens nach Erfüllung der Antragsforderung, ZInsO 2014, 1702, *Blankenburg* Reform der strafrechtlichen Vermögensabschöpfung – neue Möglichkeiten der Staatsanwaltschaft im Insolvenzverfahren, ZInsO 2017, 1453; *Frind* Die »Scharfschaltung« des § 14 Abs. 1 InsO – endlich, ZInsO 2015, 2049; *ders.* Neuregelungen von Vermögenssicherungen im strafrechtlichen Bereich zu Lasten der insolvenzrechtlichen Gläubigergemeinschaft?, NZI 2016, 674; *ders.* Hinweise zur praxisgerechten Anwendung des neugefassten § 14 Abs. 1 InsO, NZI 2017, 417; *Gundlach/Rautmann* Das Rechtsschutzinteresse im Fall des Eigenantrages, ZInsO 2015, 889; *ders.* Wer nicht fortsetzen will, muss zahlen – zum »Unwillen« von Gläubigern, von der Möglichkeit des § 14 Abs. 1 Satz 2 InsO Gebrauch zu machen, ZInsO 2016, 2337; *Kampf* Tod des Insolvenzschuldners während des eröffneten Verfahrens, ZVI 2016, 343; *Klages/Pape* Die Neuregelung des § 14 InsO – eine Bestandsaufnahme unter besonderer Berücksichtigung der Rechtsprechung des BGH, NZI 2013, 561; *Laroche/Meier/Pruskowski/Schöttler/Siebert/Vallender* Unsicherheitsquelle § 14 Abs. 1 S. 2 und 3 InsO – Anwendungsprobleme nach Zahlung der Insolvenzforderung und Aufrechterhaltung des Insolvenzantrages, ZIP 2013, 1465; *Laroche* Der forderungslose Insolvenzantrag, ZInsO 2015, 2511; *ders.* das Insolvenzantragsrecht der Staatsanwaltschaft in der Praxis, ZInsO 2017, 1245; *Madaus* Schutzschirme für streitende Gesellschafter? Die Lehren aus dem Suhrkamp-Verfahren für die Auslegung des neuen Insolvenzrechts, ZIP 2014, 500; *Marotzke* Insolvenzrechtsreform a la 007: Finanzbehörden mit der Lizenz zum Töten, ZInsO 2015, 2397; *Müller/Rautmann* Das Rechtsschutzinteresse des Gläubigers bei der Insolvenzantragstellung gemäß § 14 Abs. 1 Satz 2 InsO, ZInsO 2013, 378; *dies.* Die teleologische Reduktion des § 14 InsO – am Beispiel der Entscheidung des LG München I v. 10.1.2014 – 14 T 375/14, ZInsO 2014, 362, ZInsO 2014, 888; *dies.* § 14 Abs. 1 Satz 2 InsO – ein Sonderecht für die öffentliche Hand?, ZInsO 2014, 2211; *Schmidber*ger Stellung der öffentlichen Gläubiger im Insolvenzverfahren, NZI 2012, 953; *Schmittmann* Einstweiliger Rechtsschutz gegen Insolvenzanträge der Finanzverwaltung unter besonderer Berücksichtigung des Rechtsweges, ZInsO 2013, 1992; *Siebert* Anforderungen an Gläubigeranträge unter Berücksichtigung der Besonderheiten der Finanzverwaltung, VIA 2015,17; *Weyand* Das neue Recht der Vermögensabschöpfung, ZInsO 2017, 1199.

A. Übersicht

§ 14 Abs. 1 InsO knüpft an die Allgemeinen Zulässigkeitsvoraussetzungen in § 13 InsO an. Das **1** geforderte rechtliche Interesse beim **Gläubigerantrag** deckt sich im Wesentlichen mit dem Erfordernis des Rechtsschutzbedürfnisses. Neben die in Abs. 1 aufgeführten speziellen Zulässigkeitsvoraussetzungen für den Gläubigerantrag, nämlich Glaubhaftmachung Forderung und Eröffnungsgrund, treten weitere Zulässigkeitsvoraussetzungen. Diese ergeben sich aus der InsO (z.B. § 3, § 11 InsO) und aus den Vorschriften der gem. § 4 InsO anwendbaren ZPO (z.B. ordnungsgemäße Antragstellung).

Durch das Haushaltsbegleitgesetz **2011** sind in Absatz 1 ein **neuer Satz 2 und 3** sowie Abs. 3 einge- **2** fügt worden. Insbesondere »Zwangsgläubigern« wie Sozialversicherungsträgern und Finanzämtern soll durch die Möglichkeit eines Fortsetzungsverlangens auch nach Begleichung der dem Antrag zugrunde liegenden Forderung die Möglichkeit geschaffen werden, die wirtschaftliche Tätigkeit insolventer Unternehmen einzuschränken und die Zahlungsunfähigkeit möglichst frühzeitig abzuklären (Einzelheiten s. Rdn. 150 ff.). Das Gesetz zur Verbesserung der Rechtssicherheit bei Anfechtungen nach der Insolvenzordnung und nach dem Anfechtungsgesetz hat im Jahr **2017** die bisherige »**Zweijahresschranke**« des Abs. 1 Satz 2, 3 aufgehoben seit dem 05.04.2017. Vorliegen muss nach Begleichung der Forderung (nur noch) ein rechtliches Interesse an der Fortsetzung des Verfahrens.

Zum 01.07.2017 ist das Gesetz zur Reform der strafrechtlichen Vermögensabschöpfung in Kraft ge- **3** treten. § 111i Abs. 2 StPO räumt der Staatsanwaltschaft ein eigenes Antragsrecht ein. Einzelheiten s. Rdn. 61 ff.

Beim **Schuldnerantrag** müssen ebenfalls die allgemeinen Zulässigkeitsvoraussetzungen (nach der **4** InsO und der ZPO) vorliegen. Spezielle Zulässigkeitsvoraussetzungen – wie § 14 Abs. 1 InsO für den Gläubigerantrag – enthält die InsO für den Schuldnerantrag nicht. Der Schuldner ist jedoch verpflichtet, den Eröffnungsgrund (§ 16 InsO) **nachvollziehbar** darzulegen (s. Rdn. 232 ff.). Bei juristischen Personen und Gesellschaften ohne Rechtspersönlichkeit ist der Eröffnungsgrund im Falle des

§ 15 Abs. 2 Satz 1 InsO allerdings glaubhaft zu machen, ebenso wie teilweise bei Sonderinsolvenzen gem. §§ 315 ff. InsO (s. Rdn. 5). Ist der Gläubigerantrag zulässig, ist der Schuldner anzuhören (§ 14 Abs. 2 InsO). Beim Schuldnerantrag besteht eine Anhörungspflicht in den Fällen des § 15 Abs. 2 Satz 2 InsO.

5 Es ergibt sich folgende **Gegenüberstellung der Zulässigkeitsvoraussetzungen** (bei Sonderinsolvenzen gem. §§ 304 ff. InsO; s. ergänzend Rdn. 8 f.):

Gläubiger-Antrag		Schuldner-Antrag
ja	Allgemeine Zulässigkeitsvoraussetzungen	ja
	Spezielle Zulässigkeitsvoraussetzungen	
Ja	– Rechtliches Interesse	ja (aber selten von Bedeutung)
Ja	– Glaubhaftmachung Forderung	nein
Ja	– Glaubhaftmachung Eröffnungsgrund	grds. genügt schlüssige Darstellung (Vorlegung Unterlagen); Glaubhaftmachung aber gem. – § 15 Abs. 2 Satz 1, Abs. 3 InsO – § 317 Abs. 2, § 318 Abs. 2, § 332 Abs. 1, § 333 Abs. 2 Satz 2 InsO
ja (§ 14 Abs. 2 InsO)	Anhörung Schuldner	erforderlich in den Fällen des – § 15 Abs. 2 Satz 2, Abs. 3 InsO – § 317 Abs. 2 Satz 2 InsO – § 318 Abs. 2 Satz 2 InsO – § 332 Abs. 1, Abs. 3 Satz 2 InsO – § 333 Abs. 2 Satz 2 InsO

B. Allgemeine Zulässigkeitsvoraussetzungen

6 Die allgemeinen Zulässigkeitsvoraussetzungen, die sich aus der InsO und der ZPO ergeben, müssen sowohl beim Gläubigerantrag als auch beim Schuldnerantrag vorliegen. Glaubhaftmachung genügt nicht, es ist **voller Beweis** erforderlich (*LG Köln* NZI 2003, 501) gem. § 286 ZPO (*BGH* ZInsO 2010, 1013 [1014]). Auf Bedenken weist das Gericht hin (§ 4 InsO i.V.m. § 139 ZPO). Die Darlegung der allgemeinen Zulässigkeitsvoraussetzungen ist Sache des Antragstellers. Die **Amtsermittlungspflicht (§ 5 InsO) besteht noch nicht im Vorprüfungsverfahren** (*BGH* ZInsO 2003, 217 [218] = EWiR 2003, 589; *OLG Zweibrücken* ZIP 2000, 2172 [2173] = EWiR 2001, 233; *AG Göttingen* ZIP 2001, 387), sondern erst nach Zulassung des Gläubigerantrages bzw. schlüssiger Darlegung des Schuldnerantrages im anschließenden Hauptprüfungsverfahren (zum Ablauf des Hauptprüfungsverfahrens s. § 13 Rdn. 5, 6 und hier Rdn. 249). Ein zulässiger Antrag eines Gläubigers kann durch Gegenglaubhaftmachung des Schuldners nachträglich unzulässig werden (s. Rdn. 176). Werden Mängel nicht behoben, weist das Gericht den Antrag als unzulässig ab. Dagegen steht dem Antragsteller die sofortige Beschwerde zu (§ 34 Abs. 1 InsO).

I. Sondervorschriften des Neunten und Zehnten Teils (§§ 304 ff., §§ 315 ff.)

Für bestimmte Schuldner- und Vermögensgruppen sieht die InsO im Neunten und Zehnten Teil Sonderverfahren vor. Deren Vorschriften sind bereits im Eröffnungsverfahren zu beachten. Ist der Schuldner eine natürliche Person, die keine selbstständige wirtschaftliche Tätigkeit ausübt oder bei früherer selbstständiger wirtschaftlicher Tätigkeit überschaubare Vermögensverhältnisse aufweist und gegen die keine Forderungen aus Arbeitsverhältnis bestehen (§ 304 InsO; sog. **Verbraucherinsolvenz**), so ist ein Eigenantrag des Schuldners nur zulässig, wenn zuvor eine außergerichtliche Einigung mit den Gläubigern erfolglos versucht worden ist (§ 305 Abs. 1 Nr. 1 InsO). Stellt der Gläubiger den Antrag, so hat das Insolvenzgericht dem Schuldner Gelegenheit zu geben, ebenfalls einen Antrag zu stellen (§ 306 Abs. 3 Satz 1 InsO); auch in diesem Fall ist ein außergerichtlicher Einigungsversuch erforderlich gem. § 306 Abs. 3 Satz 3 InsO. Der **Schuldner** ist verpflichtet, zu Antragstellung die **amtlichen Formulare** zu benutzen (s. Formulare unter www.fk-inso.de). Beim Antrag eines **Gläubigers** stellen sich diese Probleme nicht, da von ihm nicht Kenntnis der die Voraussetzungen des § 304 InsO begründenden Tatsachen erwartet werden kann. Im Zweifel ist beim Fremdantrag von einem Regelinsolvenzantrag auszugehen (*LG Hamburg* NZI 2012, 29). Das Gericht prüft im Rahmen der Ermittlungen von Amts wegen, ob das Verfahren als Regel- oder Verbraucherinsolvenzverfahren eröffnet wird (*Uhlenbruck* InsO, § 13 Rn. 17; *Henckel* ZIP 2000, 2045 [2052]). Siehe i.E. *Busch* § 304 Rdn. 50 ff. 7

Bei den Sonderinsolvenzverfahren des Zehnten Teiles bestehen **Spezialregelungen** u.a. für die Antragsfrist und die Antragsberechtigung (§ 319, §§ 316–318, § 332, § 333 InsO). 8

II. Kostenvorschuss

Von der Einzahlung eines Kostenvorschusses darf die Einleitung des Verfahrens nicht abhängig gemacht werden (s. § 13 Rdn. 95, 180 f.), jedoch kann für den Auslagenvorschuss Abweichendes gelten (s. § 13 Rdn. 95). 9

III. Zuständigkeit

Sachliche und örtliche **Zuständigkeit** ergeben sich aus §§ 2, 3 InsO (zur internationalen Zuständigkeit s. Rdn. 262 und § 3 Rdn. 55 ff.). Eine Sonderregelung für die örtliche Zuständigkeit enthält § 315 InsO. 10

IV. Ordnungsgemäßer Antrag

a) Aus dem Antrag muss sich **klar** ergeben, dass ein **Antrag** auf Eröffnung des Insolvenzverfahrens gestellt wird. Bei einem Gläubigerantrag ist im Zweifel von einem Regelinsolvenzantrag auszugehen (*LG Hamburg* NZI 2012, 29). Die Anmeldung einer Forderung schon im Eröffnungsverfahren ist kein (weiterer) Insolvenzantrag, sondern eine in diesem Verfahrensstadium unzulässige Forderungsanmeldung, die erst nach Eröffnung beim Insolvenzverwalter erfolgen kann (vgl. § 174 Abs. 1 InsO). 11

b) Zum **Schriftformzwang** (§ 13 Abs. 1) und **Formularzwang** (§ 13 Abs. 3 InsO; § 305 Abs. 5 InsO) s. § 13 Rdn. 13 ff. 12

Ebenso wie bei Schriftsätzen im Zivilprozess genügt auch die fernmeldetechnische Übermittlung insbesondere durch **Telefax** (*Kübler/Prütting/Bork/-Pape* InsO, § 13 Rn. 103 und § 14 Rn. 16; vgl. auch *Zöller/Greger* ZPO, § 130 Rn. 9 ff.) oder Computerfax mit eingescannter Unterschrift (*GmS-OGB* ZIP 2000, 1356 [1357]; HK-InsO/*Sternal* § 6 Rn. 21). Gem. § 130a ZPO genügt inzwischen die Aufzeichnung als elektronisches Dokument; allerdings müssen noch die entsprechenden Ausführungsbestimmungen gem. § 130a Abs. 2 ZPO ergehen, so dass eine E-Mail die Schriftform nicht wahrt (*Kübler/Prütting/Bork-Pape* InsO, § 13 Rn. 106). Anhängigkeit tritt bereits mit Eingang des Telefaxes und nicht erst des Originales bei Gericht ein (*Jaeger/Gerhardt* InsO, § 13 Rn. 30; Mü-Ko-InsO/*Schmahl/Vuja* § 13 Rn. 90). Das kann im Rahmen des § 88 InsO und der §§ 129 ff. InsO von Bedeutung sein. Der Antrag muss eine lesbare Unterschrift enthalten, damit z.B. ein Vergleich 13 mit den im Handelsregister eingetragenen Namen des organschaftlichen Vertreters möglich ist. Die Unterschrift eines bevollmächtigten Rechtsanwaltes braucht nicht unbedingt lesbar zu sein. Es genügt, wenn sie erkennbar individuelle Züge aufweist, die über eine wahllose »Schlangenlinie« hinausgehen (*Zöller/Greger* ZPO, § 130 Rn. 7).

14 Fehlt die erforderliche Anzahl von **Durchschriften** (§ 4 InsO i.V.m. § 133 ZPO) beim Gläubigerantrag oder beim Schuldnerantrag (falls weitere Anhörungsberechtigte vorhanden sind), so wird das Gericht wegen des Eilcharakters des Verfahrens nicht die erforderlichen Durchschriften anfordern, sondern sie auf Kosten des Antragstellers (§ 28 Abs. 1 Satz 2 GKG i.V.m. KV Nr. 9000 1) anfertigen (*OLG Köln* NZI 2000, 80 [81]; *AG Gießen* ZInsO 2001, 184; A/G/R-*Kadenbach* § 14 InsO Rn. 3; **a.A.** MüKo-InsO/*Schmahl/Vuja* § 13 Rn. 90). Für das Verbraucherinsolvenzverfahren enthält § 306 Abs. 2 Satz 2 InsO eine Sondervorschrift, die den Schuldner zur Vorlage der erforderlichen Anzahl der Abschriften binnen zwei Wochen unter Androhung der Rücknahmefiktion des § 305 Abs. 2 Satz 2 InsO zwingt (krit. dazu § 8 Rdn. 42).

15 c) Antragsteller und Antragsgegner müssen genau bezeichnet werden (§ 4 InsO i.V.m. § 253 Abs. 2 Nr. 1 ZPO), so dass keine Zweifel an ihrer **Identität** bestehen. Dies ist ggf. durch Auslegung zu ermitteln (*AG Göttingen* ZInsO 2001, 45; *Kübler/Prütting/Bork-Pape* InsO, § 13 Rn. 98; zu weitgehend *AG Potsdam* NZI 2003, 159, das eine Übereinstimmung der Adressen in Vollstreckungsunterlagen und im Antrag fordert). Anzugeben sind Vor- und Zuname, bei Einzelhandelsfirmen die Bezeichnung des Inhabers. Bei einem Antrag auf Eröffnung eines Zweitinsolvenzverfahrens über einen freigegebenen Geschäftsbetrieb einer natürlichen Person (s. § 13 Rdn. 119) genügt es, dass sich aus dem Antrag ergibt, dass das Verfahren nur über das freigegebene Vermögen eröffnet werden soll (*AG Hamburg* ZInsO 2008, 680 [681]). Nicht zulässig ist es, einen gegen eine gelöschte Handelsgesellschaft gerichteten Insolvenzantrag dahin umzudeuten, dass er gegen den Rechtsnachfolger gerichtet ist (*Kübler/Prütting/Bork-Pape* InsO, § 14 Rn. 19). Angaben zum Insolvenzgrund gelten nicht notwendigerweise für den Rechtsnachfolger (*BGH* WM 2008, 2128 Rn. 7).

16 Bei einer Eintragung des Schuldners im **Handelsregister** ist die Angabe des zuständigen Registergerichtes nicht erforderlich (**a.A.** MüKo-InsO/*Schmahl/Vuja* § 13 Rn. 94), auch nicht die Vorlage des Registerauszuges. Bei juristischen Personen ist die Firmierung anzugeben. Weiter wird teilweise die Angabe von Namen und ladungsfähiger Anschriften sämtlicher **vertretungsberechtigter Organe**, bei Gesellschaften ohne Rechtspersönlichkeit (§ 11 Abs. 2 Nr. 1 InsO) die Namen und ladungsfähigen Anschriften sämtlicher Gesellschafter gefordert (*AG Potsdam* ZIP 2001, 797 [798]; **a.A.** HK-InsO/*Sternal* § 14 Rn. 3; *Wellkamp* KTS 2000, 331 [336]) im Hinblick auf die Verpflichtung zu deren Anhörung (§ 15 Abs. 2 Satz 2 InsO). Die **Praxis** verfährt zutreffend **großzügiger** und lässt z.B. die Angabe »vertreten durch die Geschäftsführer« genügen, da sich die Daten unschwer aus dem entsprechenden Register feststellen lassen (HK-InsO/*Sternal* § 11 Rn. 18, der die Bezeichnung mit einem Namen genügen lässt, wenn ein solcher in identifizierbarer Form geführt wird). Wegen weiterer Einzelheiten s. § 15 Rdn. 3 ff., 18 ff. Die dortigen Ausführungen zum Antragsrecht gelten entsprechend für die Vertretungsbefugnis. Weiter muss klargestellt sein, ob es sich um eine Gesellschaftsschuld oder um eine Privatschuld eines Gesellschafters handelt, denn letztere berechtigt nicht zur Eröffnung der Gesellschaftsinsolvenz.

17 Bei **geschäftsunfähigen Personen** ist der Name des gesetzlichen Vertreters anzugeben (s.a. Rdn. 33). Stehen Personen unter **Betreuung** und ist dies bekannt, so empfiehlt es sich, den Namen des Betreuers mitzuteilen. Bei den **Sonderinsolvenzen** des Zehnten Teiles sind Namen und ladungsfähige Anschriften der übrigen Anhörungsberechtigten (§ 317 Abs. 2, Abs. 3; § 318 Abs. 2; § 332 Abs. 1, Abs. 3 Satz 2; § 333 InsO) mitzuteilen. Wird ein Antrag gegen mehrere Personen gemeinschaftlich – wie Eheleute – gestellt, sind zwei selbstständige Verfahren einzuleiten (HK-InsO/*Sternal* § 13 Rn. 3).

V. Schriftformzwang (§ 13 Abs. 1) und Formularzwang (§ 13 Abs. 3 InsO; § 305 Abs. 5 InsO)

18 Es wird verwiesen auf die Kommentierung § 13 Rdn. 13 ff.

VI. Ladungsfähige Anschrift

Auch die **Angabe** des (ggf. letzten bekannten – vgl. FK-InsO/*Schmerbach* § 3 Rdn. 21) **Wohnsitzes** 19 **bzw. des Mittelpunktes der selbstständigen wirtschaftlichen Tätigkeit** gehört zu den unverzichtbaren Zulässigkeitsvoraussetzungen (*AG Potsdam* NZI 2001, 604), damit das Gericht seine örtliche Zuständigkeit prüfen kann. Eine Ausnahme gilt nur, wenn der Schuldner unbekannten Aufenthaltes ist (*LG Hamburg* ZInsO 2010, 1560). Dies ist anhand der Kriterien des § 185 ZPO darzulegen (*AG Hamburg* ZInsO 2007, 501 [502]. Eine Anhörung unterbleibt gem. § 10 Abs. 1 InsO, eine öffentliche Zustellung erfolgt nicht (s. sogleich).

Für Zeugen, die unter einem **Zeugenschutzprogramm** stehen, ist die aktuelle Wohnadresse anzugeben (*AG Hamburg* ZInsO 2005, 276), damit die örtliche Zuständigkeit überprüft werden kann (s. 20 § 3 Rdn. 21; *LG Hamburg* NZI 2006, 115; HambK-InsO/*Rüther* § 3 Rn. 18; *Frind* ZVI 2005, 57; a.A. noch *LG Hamburg* ZVI 2005, 82).

Ist die Adresse des Schuldners **unbekannt** und kommt bei juristischen Personen eine Zustellung gem. 21 §§ 178 ff. ZPO (s. § 8 Rdn. 6) nicht in Betracht, erfolgt eine Zustellung nicht (s. § 8 Rdn. 28). Ist eine juristische Person **nicht im Handelsregister im Zuständigkeitsbereich des Insolvenzgerichtes eingetragen**, ist es nicht erforderlich, die Existenz durch Vorlage eines Registerauszuges nachzuweisen (a.A. *AG Potsdam* NZI 2001, 607).

VII. Parteifähigkeit/Tod des Schuldners

Der Parteifähigkeit im Zivilprozess entspricht für den Schuldner die Insolvenzfähigkeit gem. §§ 11, 22 12 InsO. Es wird verwiesen auf die dortige Kommentierung. Zum Tod des Schuldners s. Rdn. 23 ff.

Verstirbt der **Schuldner**, kann das Verfahren nicht in jedem Fall fortgesetzt werden. Vielmehr **ist zu** 23 **differenzieren** nach Verfahrensstadium und Antragsteller (*Köke/Schmerbach* ZVI 2007, 497 ff.).

a) Im **Eröffnungsverfahren** tritt beim **Schuldnerantrag** zunächst eine Unterbrechung gem. § 4 InsO 24 i.V.m. § 239 ZPO ein (*Köke/Schmerbach* ZVI 2007, 497 [503, 506]; *Heyrath/Jahnke/Kühn* ZInsO 2007, 1202 [1203]; **a.A.** *Busch* ZVI 2011, 77 [78], der das Verfahren als Nachlassinsolvenzverfahren fortsetzen will, den Erben allerdings bis zur Eröffnung eine Rücknahmemöglichkeit zugesteht).

Im Eröffnungsverfahren tritt beim **Gläubigerantrag** keine Unterbrechung gem. § 4 InsO i.V.m. 25 § 779 ZPO ein (*AG Göttingen* ZVI 2012, 192; *Köke/Schmerbach* ZVI 2007, 497 [503]; *Heyrath/Jahnke/Kühn* ZInsO 2007, 1202 [1203]; s.a. *BGH* ZVI 2004, 188 [189]; **a.A.** *Busch* ZVI 2011, 77 [78]). Der Gläubiger hat das Recht, den Antrag auf Eröffnung eines Nachlassinsolvenzverfahrens umzustellen, wobei er die Voraussetzungen für ein Nachlassinsolvenzverfahren glaubhaft zu machen hat (*LG Hamburg* NZI 2016, 743 m. Anm. *Fridgen* und Anm. *Köke* InsbürO 2016, 61).

b) Im **eröffneten Verfahren** werden **massereiche Verfahren** in ein Nachlassinsolvenzverfahren über- 26 geleitet (*BGH* NZI 2008, 382 für das massereiche Verfahren, m. Anm. *Schmerbach* NZI 2008, 353; *Köke/Schmerbach* ZVI 2007, 497 [500]; *Heyrath/Jahnke/Kühn* ZInsO 2007, 1202 [1204]). Streit besteht über die Einbeziehung bisher insolvenzfreien Vermögens, von Neugläubigern und von Masseverbindlichkeiten gem. § 324 Abs. 1 Nr. 2, 3, 4 1. Alt. InsO (*Schmerbach* InsbürO 2009, 251 [253 f.]; *Busch* ZVI 2011, 77 [79]). Geklärt ist, dass nur das zwischen Eröffnung und Erbfall erworbene pfändbare Vermögen des Erblassers zur Masse gehört, so dass sich Neugläubiger des Erblassers an das bisher nicht pfändbare Restvermögen des Schuldners halten müssen (*BGH* ZInsO 2014, 40 Rn. 13 ff.; *Köke/Schmerbach* ZVI 2007, 497 [499]). Sind beim Tod des Schuldners bereits zwei Insolvenzverfahren anhängig, werden diese jeweils unmittelbar in selbständige Nachlassinsolvenzverfahren übergeleitet; auch hier scheidet eine Zusammenführung beider Vermögensmassen aus (*BGH* ZInsO 2014, 40 Rn. 17).

c) Ist **Eigenverwaltung** angeordnet, ist zu prüfen, ob ein Insolvenzverwalter zu bestellen oder unter 27 den Voraussetzungen der §§ 270, 271 InsO dem Erben die Eigenverwaltung übertragen werden kann (*Kuleisa* ZVI 2013, 173 [177]; **a.A.** *Kampf* ZVI 2016, 343 [347 f.]). Ein **Insolvenzplan** (§ 217 InsO) ist möglich (*Kampf* ZVI 2016, 343 [346 f.]).

28 Zum Nebeneinander von **Testamentsvollstreckung** und Insolvenzverwaltung s. *Kuleisa* ZVI 2013, 173 [177 ff.].

29 **d) Masselose**, nur auf Stundungsbasis gem. §§ 4a ff. InsO eröffnete **Verfahren** werden gem. § 207 InsO **eingestellt**, falls kein Verfahrenskostenvorschuss geleistet wird (*Köke/Schmerbach* ZVI 2007, 497 [500 f.]; **a.A.** *Heyrath/Jahnke/Kühn* ZInsO 2007, 1202 [1204 f.]). Es können bei Überleitung in ein Nachlassinsolvenzverfahren nämlich zusätzliche Kosten entstehen (*Schmerbach* NZI 2008, 353 [354]), *Graeber/Graber* InsbürO 2012, 23, wie die Entscheidung des *BGH* (NZI 2008, 382; s. Rdn. 26) zeigt.

30 **e)** Ist bei natürlichen Personen das Insolvenzverfahren aufgehoben worden(§ 200 Abs. 1 InsO), endet das **Restschuldbefreiungsverfahren** analog § 299 InsO (*BGH* NZI 2005, 399 [400] m. insoweit abl. Anm. *Ahrens* NZI 2005, 402; Einzelheiten *Köke/Schmerbach* ZVI 2007, 497 [504 ff.]; *Heyrath/Jahnke/Kühn* ZInsO 2007, 1202 [1205 f.]). Die Kostenstundung entfällt mit dem Tod des Schuldners; der Erbe haftet nicht für offene Gerichtskosten (*OLG Jena* NZI 2012, 197). Ist die **Wohlverhaltensperiode schon abgelaufen**, kann allerdings über die Erteilung der Restschuldbefreiung gem. § 300 InsO entschieden werden (*AG Duisburg* NZI 2009, 659; *AG Leipzig* ZInsO 2014, 823 = InsbürO 2014, 36; *Köke/Schmerbach* ZVI 2007, 497 [505.]; zweifelnd *Schmerbach* InsbürO 2009, 251 [254 f.]; abl. *AG Leipzig* ZInsO 2013, 615; *Busch* ZVI 2011, 77 [84]; *Büttner* ZInsO 2013, 588).

31 **f)** Eröffnet das Insolvenzgericht in Unkenntnis des Todes eines Schuldners, so ist dieser **Mangel** mit Rechtskraft des Eröffnungsbeschlusses **geheilt**, das Verfahren ist allerdings als Nachlassinsolvenzverfahren fortzusetzen und dies durch einen Berichtigungsbeschluss klarzustellen (*Kübler/Prütting/Bork-Prütting* InsO, § 11 Rn. 11; *Köke/Schmerbach* ZVI 2007, 497 [503]). Wird ein eröffnetes Insolvenzverfahren als Nachlassinsolvenzverfahren fortgeführt, ergeht ein **Überleitungsbeschluss** (*Köke/Schmerbach* ZVI 2007, 497 [501]).

g) Übersicht Verfahrensfortgang bei Tod Schuldner

32

Verfahrensstadium	Fremdantrag	Eigenantrag	
IN – Eröffnungsverfahren	Keine Unterbrechung	Unterbrechung*	
IK – Schuldenbereinigungsplanverfahren	Nicht möglich	Unterbrechung * (a.A. BGH)	
IK – Eröffnungsverfahren	Wie IN – Eröffnungsverfahren	Unterbrechung* (a.A. BGH)	
Verfahrensstadium		Eigenantrag, keine Stundung	Eigenantrag, Stundung
Eröffnetes Verfahren (einschl. Ankündigung RSB) bis zur Aufhebung	Überleitung Nachlassinsolvenz	Überleitung Nachlassinsolvenz	Einstellung gem. § 207 InsO, falls kein Verfahrenskostenvorschuss (h.M.)
RSB – Wohlverhaltensperiode	Beendigung (§ 299 InsO analog)		
RSB – nach Ablauf Wohlverhaltensperiode	• Erteilung gem. 300 InsO • Widerruf gem. § 303 InsO • Nachhaftung Erben gem. § 4b InsO		

* Möglichkeit der Fortsetzung als Nachlassinsolvenzverfahren

VIII. Prozessfähigkeit

Wirksamkeitsvoraussetzung für den Insolvenzantrag ist die Prozessfähigkeit des Antragstellers (§ 4 InsO i.V.m. §§ 51 ff. ZPO). Ist der **Antragsteller** nur beschränkt geschäftsfähig und daher nicht prozessfähig (§ 52 ZPO), muss der gesetzliche Vertreter den Insolvenzantrag stellen. Bei Zweifeln an der Geschäftsfähigkeit kann das Insolvenzgericht beim Vormundschaftsgericht die Bestellung eines Betreuers anregen (*Ley* ZVI 2003, 101 [105]). Einer vormundschaftlichen Genehmigung nach § 1822 BGB bedarf es nicht HK-InsO/*Sternal* § 13 Rn. 5). Nachträgliche Genehmigung eines durch einen Prozessunfähigen gestellten Antrages durch den gesetzlichen Vertreter ist möglich bis zur rechtskräftigen Abweisung des Antrages (*Uhlenbruck/Wegener* InsO, § 13 Rn. 61) bzw. nach Eröffnung (*BGH* ZIP 2003, 1007; *Kübler/Prütting/Bork-Pape* InsO, § 13 Rn. 72) durch eine rückwirkende Heilung (*Beth* ZInsO 2012, 316 [318]). Ist der **Antragsgegner** nicht voll geschäftsfähig, ist der gesetzliche Vertreter anzugeben (vgl. *KG* KTS 1962, 111 [112]), an den auch die Zustellungen erfolgen müssen (§ 4 InsO i.V.m. § 171 ZPO). 33

Bei **Betreuung** liegt nicht automatisch eine beschränkte Geschäftsfähigkeit vor. Umfasst der Aufgabenkreis die gesamte Vermögenssorge, ist der Betreuer antragsberechtigt (MüKo-InsO/*Schmahl/Vuja* § 13 Rn. 16). Steht dem Betreuten ein Antragsrecht gem. § 15 InsO zu, kann der Betreuer das Antragsrecht ausüben, wenn es auf einer persönlichen Haftung des Betreuten beruht, nicht aber wenn es sich nur aus einer organschaftlichen Stellung wie etwa Geschäftsführer einer GmbH ergibt (*AG Göttingen* NZI 2004, 38; *Beth* ZInsO 2012, 316 [318]). In den übrigen Fällen liefert ein Einwilligungsvorbehalt ein Indiz. Häufig lässt sich die Frage durch Beiziehung der Betreuungsakte und Auswertung des dort erstatteten Gutachtens beantworten. **Vorsichtshalber** kann eine **Vollmacht bzw. Genehmigung** des Betreuers des Antragstellers oder eine Genehmigung des Betreuten angefordert werden. Bei Eintritt des Betreuers in das Verfahren gelten gem. § 53 ZPO nur die Erklärungen des Betreuers (*Beth* ZInsO 2012, 316 [318]). Zur Vergütung des Berufsbetreuers *KG* ZInsO 2011, 2151. Eine Berechtigung zur Vertretung kann sich auch aus einer Vorsorgevollmacht gem. § 51 Abs. 3 ZPO ergeben (A/G/R-*Kadenbach* § 13 InsO Rn. 18). 34

Eine **Genehmigung des Vormundschaftsgerichts** gem. §§ 1822 Nr. 12, 1908i Abs. 1, 1915 Abs. 1 BGB ist auch bei Vorlage eines Schuldenbereinigungsplanes im Verbraucherinsolvenzverfahren (§ 305 Abs. 1 Nr. 4 InsO) **nicht erforderlich** (a.A. MüKo-InsO/*Schmahl/Vuja* § 13 Rn. 17). Zwar hat ein angenommener Schuldenbereinigungsplan gem. § 308 Abs. 1 Satz 2 InsO die Wirkung eines gerichtlichen Vergleiches. Allerdings stellt der Schuldner nicht einem Gläubiger zur Abgeltung einer einzelnen Forderung eine bestimmte Geldsumme zur Verfügung, sondern der Gesamtheit der Gläubiger (im Wesentlichen) den jeweils pfändbaren Betrag seines Einkommens. Im Übrigen fragt es sich, wie praktisch eine Überprüfung durch das Vormundschaftsgericht erfolgen könnte. 35

Ein Insolvenzantrag gegen eine **juristische Person**, die **keinen gesetzlichen Vertreter** hat, ist unzulässig (*BGH* ZInsO 2007, 97 [98]). Dies gilt gem. § 4 InsO i.V.m. §§ 86, 246 ZPO nicht, wenn sie anwaltlich vertreten ist (*AG Hamburg* ZInsO 2006, 1120). Weiter ist zu prüfen, ob die Amtsniederlegung wegen Rechtsmissbrauches unwirksam ist (s. § 15 Rdn. 28) oder ein faktischer Geschäftsführer (str., s. § 15 Rdn. 18) vorhanden ist. Das Insolvenzgericht kann gem. § 4 InsO i.V.m. § 57 ZPO einen **Verfahrenspfleger** als besonderen Vertreter bestellen (*OLG Zweibrücken* ZInsO 2001, 472 = EWiR 2002, 223; *LG Berlin* NZI 2002, 163; *AG Duisburg* NZI 2008, 621; *Helmschrott* ZIP 2001, 636 [637]) auch zur Stellung eines Eigenantrages (*AG Göttingen* NZI 2004, 38). Die Bestellung hat **Vorrang** (*OLG Dresden* ZInsO 2003, 855 [866]; ähnlich HK-InsO/*Sternal* § 14 Rn. 4; *Kübler/Prütting/Bork/Bork-Pape* InsO, § 14 Rn. 24) **vor** der auf Antrag eines Gläubigers möglichen Bestellung eines **Notgeschäftsführers** entsprechend § 29 BGB (*OLG Köln* ZIP 2000, 280 [282 f.] = EWiR 2000, 399; *OLG Dresden* NZI 2000, 136 [137]; *OLG Zweibrücken* ZInsO 2001, 472; *Helmschrott* ZIP 2001, 636 ff.) Bei einer Gesellschaft bürgerlichen Rechts ist grds. kein Notgeschäftsführer zu bestellen (*BGH* ZInsO 2014, 2284). In jedem Fall ist aber, sofern erforderlich, zunächst die Anordnung von Sicherungsmaßnahmen möglich mit nachfolgender Bestellung eines Notorganes (*Henckel* ZIP 2000, 2045 [2046 f.]). 36

37 Im Falle der **Führungslosigkeit** (s. § 10 Rdn. 15) können zunächst Zustellungen an die Gesellschafter erfolgen (*Horstkotte* ZInsO 2009, 209 [213]). Eine aktive Verfahrensfähigkeit für die Stellung eines Eröffnungsantrages besteht aufgrund der Regelung in § 15a Abs. 3 InsO (HambK-InsO/*Wehr* § 13 Rn. 14c). Es bleibt aber die Problematik, dass eine führungslose juristische Person ohne gesetzlichen Vertreter **prozessunfähig** ist. Dies gilt allerdings nicht im Insolvenzverfahren bei Führungslosigkeit sowohl für die passive als auch die aktive Parteifähigkeit (HambK-InsO/*Linker* § 13 Rn. 17 f.; **a.A.** *AG Oldenburg* ZInsO 2016, 1712 m. abl. Anm. *Schmerbach* InsBürO 2016, 510 = NZI 2016, 926 m. abl. Anm. *Laroche*; *Verf.* in der 8. Aufl.). Ein Verfahrenspfleger muss nicht bestellt werden (A/G/R-*Kadenbach* § 13 InsO Rn. 26; HambK-InsO/*Rüther* § 4 Rn. 20a; *Kübler/Prütting/Bork-Pape* InsO, § 14 Rn. 25; wohl auch *Horstkotte* ZInsO 2009, 209 [213]; **a.A.** *Berger* ZInsO 2009, 1977 [1979]).

38 Zum Antragsrecht und möglichen Vertreterbestellung nach **Ausscheiden eines Gesellschafters aus einer zweigliedrigen Personengesellschaft** s. *Kruth* NZI 2011, 844 [848], zur **Nachtragsverteilung** bei gelöschten Gesellschaften s. § 11 Rdn. 42).

IX. Antragsrecht des Antragstellers in Sonderfällen

39 Zur Stellung eines Gläubigerantrages auf Eröffnung des Insolvenzverfahrens über das Vermögen des Schuldners ist bei **Insolvenz des antragstellenden Gläubigers** nur der Insolvenzverwalter befugt (*Kübler/Prütting/Bork-Pape* InsO, § 14 Rn. 29). Einem vorläufigen Insolvenzverwalter steht das Antragsrecht im Falle des § 22 Abs. 1 Nr. 1 InsO zu (HK-InsO/*Sternal* § 13 Rn. 10); ansonsten gilt § 22 Abs. 2.

40 **Sonderregeln** gelten für die Antragsberechtigung bei juristischen Personen und Gesellschaften ohne Rechtspersönlichkeit (§ 15, § 18 Abs. 3 InsO), Sonderinsolvenzen nach dem Zehnten Teil (§ 317, § 318, § 332, § 333 InsO), ferner bei Kreditinstituten, Versicherungen und Bausparkassen sowie sonstigen gleichgestellten Instituten (§§ 1, 2 KWG) und Sozialversicherungsträgern (s. § 13 Rdn. 10).

X. Vertretung

41 **Gewillkürte Stellvertretung** ist bei Erteilung einer entsprechenden Vollmacht möglich. Bei Vorliegen einer Generalvollmacht deckt diese auch die Stellung eines Insolvenzantrages ab (vgl. *Palandt/Heinrichs* BGB, § 167 Rn. 7; einschränkend HK-InsO/*Sternal* § 13 Rn. 5). Eine vom Schuldner erteilte Vollmacht zur Vertretung im Insolvenzverfahren erlischt nicht durch die Eröffnung des Verfahrens (*OLG Dresden* ZIP 2002, 2000). Stellvertreter haben eine Vollmachtsurkunde vorzulegen. Ein Rechtsanwalt muss eine Vollmachtsurkunde nur auf Rüge des Gegners vorlegen (§ 4 InsO i.V.m. § 88 Abs. 2 ZPO). Das Rügerecht steht auch einem Mitantragsberechtigten wie Mitgeschäftsführer oder Miterben zu. Eine einstweilige Zulassung bis zur Vorlage der Vollmacht (§ 89 ZPO) kommt nicht in Betracht im Hinblick auf die erheblichen wirtschaftlichen Folgen und die Unmöglichkeit, die Höhe einer Sicherheitsleistung einzuschätzen (MüKo-InsO/*Ganter/Lohmann* § 4 Rn. 46). Eine rückwirkende Genehmigung ist möglich (*Kübler/Prütting/Bork-Pape* InsO, § 14 Rn. 9), bei fristgebundenen Erklärungen muss die Genehmigung aber innerhalb der Frist erfolgen (*LG Gießen* ZInsO 2003, 719). Für das Verbraucherinsolvenzverfahren enthält § 305 Abs. 4 InsO eine Sonderregelung.

42 **Zustellungen** erfolgen an den Vertreter **erst, wenn** er seine **Vertretung dem Gericht gegenüber angezeigt** hat ebenso wie im Zivilprozess (s. § 8 Rdn. 25; MüKo-ZPO/*v. Feldmann* § 176 Rn. 5; **a.A.** *Zöller/Stöber* ZPO, § 172 Rn. 6). Das gilt auch bei Beteiligung von Inkassoinstituten. Der als Vertreter Benannte kann aber über Termine informiert werden und Abschriften erhalten. Von besonderer Bedeutung ist dies im Rahmen des § 307 Abs. 1 Satz 1 InsO.

43 Zur Vertretungsbefugnis bei Führungslosigkeit s. Rdn. 37.

Der **Abwickler** gem. § 55 BRAO ist nicht zur Antragstellung befugt (*AG Köln* InVo 1999, 82 und 82 f.). 44

XI. Rechtshängigkeit und Rechtskraft

Der Vorschrift des § 261 Abs. 3 Nr. 1 ZPO geht die Regelung des § 3 Abs. 2 InsO vor (s. § 3 45 Rdn. 24). Da es keine Rechtshängigkeit i.S.d. ZPO gibt, kommt es für die Zuständigkeit auf den Zeitpunkt des Einganges des Antrages (**Anhängigkeit**) an (s. § 3 Rdn. 28). Die Rechtskraft eines einen früheren Antrag abweisenden Beschlusses hindert nicht die Stellung eines erneuten Antrages (s. Rdn. 125, § 7 Rdn. 84, § 26 Rdn. 135). Auch steht die Rechtskraft eines Eröffnungsbeschlusses nicht einem erneuten Antrag eines Neugläubigers entgegen, weil dieser nicht am früheren Insolvenzverfahren teilnimmt.

Allerdings kann das **rechtliche Interesse fehlen**. Einzelheiten s. § 13 Rdn. 113 ff. 46

XII. Teilbetrag

Die Geltendmachung nur eines Teilbetrages ist **nicht zulässig**. Zum einen tritt eine Kostenersparnis 47 nicht ein, da der volle Wert der Forderung zugrunde zu legen ist (s. § 13 Rdn. 208). Zudem kann die Prüfung erforderlich werden, ob die dem Antrag zugrunde liegende Forderung den wesentlichen Teil der Verbindlichkeiten des Schuldners nach Maßgabe des § 17 InsO (s. § 17 Rdn. 32 ff.) darstellt. Schließlich liefe der Schuldner ansonsten Gefahr, wegen Teilbeträgen mit mehreren Insolvenzanträgen überzogen zu werden. Die Geltendmachung einer Teilforderung ist unzulässig, es fehlt jedenfalls am Rechtsschutzinteresse (**a.A.** HK-InsO/*Sternal* § 14 Rn. 11; *Jaeger/Gerhardt* InsO, § 13 Rn. 9 und § 14 Rn. 6; *Kübler/Prütting/Bork-Pape* InsO, § 14 Rn. 73). Dagegen ist der Antragsteller berechtigt, den Antrag wegen eines Teilbetrages weiter zu verfolgen, wenn der Schuldner die Forderung im Übrigen beglichen hat. Es genügt aber, wenn der Schuldner lediglich einen Teilbetrag glaubhaft macht (s. Rdn. 184; *BGH* ZVI 2004, 408 [409]).

XIII. Auswechseln/Nachschieben einer Forderung

Es besteht kein Grundsatz, dass eine Forderung im Insolvenzantragsverfahren nicht **ausgewechselt** 48 **oder nachgeschoben** werden kann (*BGH* ZInsO 2012, 593 [594]; **a.A.** *AG Duisburg* NZI 2002, 211 unter dem Gesichtspunkt des Rechtsmissbrauches, dazu s. Rdn. 126). Auch die Literatur sieht dies überwiegend als zulässig an (HK-InsO/*Sternal* § 14 Rn. 10; *Jaeger/Gerhardt* InsO, § 13 Rn. 52; *Kübler/Prütting/Bork-Pape* InsO, § 14 Rn. 74; MüKo-InsO/*Schmahl/Vuja* § 13 Rn. 145 und § 14 Rn. 33). Ist die Forderung des antragstellenden Gläubigers vollständig erfüllt, kann er unter den Voraussetzungen des § 14 Abs. 1 Satz 2, 3 InsO die Fortsetzung des Verfahrens verlangen (s. Rdn. 150 ff.).

XIV. Auswechseln Schuldner

Stellt sich im Eröffnungsverfahren heraus, dass aus einer GbR einer von zwei Gesellschaftern aus- 49 geschieden ist, kann das Eröffnungsverfahren mit dem verbliebenen Gesellschafter als Schuldner fortgeführt werden.

XV. Bedingung/Befristung

Ein bedingter oder befristeter Insolvenzantrag ist **unzulässig**. Das ist der Fall bei einem rein vorsorg- 50 lich gestellten Antrag (*AG Köln* NZI 2000, 284) oder einem Antrag unter der Bedingung der Anordnung einer Eigenverwaltung gem. §§ 270 ff. InsO (HK-InsO/*Sternal* § 13 Rn. 4; *Kübler/Prütting/ Bork-Pape* InsO, § 13 Rn. 107). Allerdings kann bereits der Eröffnungsantrag mit einem Antrag auf Anordnung der Eigenverwaltung verbunden werden, § 270 Abs. 2 Nr. 1 InsO. Allerdings statuiert § 270a Abs. 2 InsO unter den dort genannten Voraussetzungen eine Hinweispflicht des Insolvenzgerichts und eine Rücknahmemöglichkeit des Schuldners.

51 Zulässig ist aber ein Eröffnungsantrag des Schuldners unter der Bedingung, dass das Insolvenzgericht die vom Schuldner bestrittene (internationale und örtliche) Zuständigkeit eines Gläubigerantrages bejaht (*BGH* ZVI 2012, 340).

52 Der Antragsteller kann **keinen Antrag** mit der Bedingung stellen, dass er mögliche Gutachterkosten nicht begleiche, bevor er nicht über das Ergebnis einer Anhörung des Schuldners informiert worden sei (*AG Göttingen* ZVI 2012,12 m. zust. Anm. *Siebert* VIA 2012, 16; MüKo-InsO/*Schmahl/Vuja* § 13 Rn. 72), oder **Sicherungsmaßnahmen erst nach Rückfrage** mit ihm oder gar nicht angeordnet werden (*AG Gummersbach* KTS 1962, 61; HK-InsO/*Sternal* § 13 Rn. 4). Über den Erlass von Sicherungsmaßnahmen – wie Beauftragung eines vorläufigen Insolvenzverwalters – oder die Beauftragung eines Sachverständigen entscheidet das Gericht von Amts wegen. Es steht im Ermessen des Gerichts, ob es dem Antragsteller nach einer Anhörung des Schuldners vor weiteren kostenauslösenden Maßnahmen Gelegenheit zur Stellungnahme gibt. Der antragstellende Gläubiger haftet regelmäßig nicht als Kostenschuldner der Vergütung des vorläufigen Insolvenzverwalters, sondern nur ausnahmsweise, wenn ihm ausdrücklich die Kosten auch der vorläufigen Insolvenzverwaltung auferlegt werden (s. § 13 Rdn. 201). Bei der Beauftragung eines Sachverständigen besteht eine (Zweitschuldner)haftung des Antragstellers nur bei Abweisung oder Zurücknahme des Antrages und nach h.M. bei Abweisung mangels Masse, nicht aber bei Erledigungserklärung (s. § 13 Rdn. 194).

53 Einen **kurzfristigen Aufschub einer Entscheidung** wird man jedoch als zulässig ansehen können (HK-InsO/*Sternal* § 13 Rn. 4), so wenn z.B. der Antragsteller mitteilt, der Schuldner habe kurzfristig Zahlung zugesagt oder der vorgelegte Scheck müsse nur noch eingelöst werden. In den übrigen Fällen erteilt das Gericht einen Hinweis (gem. § 3 InsO i.V.m. § 139 ZPO) und weist nach Fristablauf den Antrag als unzulässig auf Kosten des Antragstellers ab (*AG Göttingen* ZInsO 1999, 659).

54 **Zulässig** ist es, wenn der Gläubiger die Stellung des Antrages von der Bewilligung von **Prozesskostenhilfe** (a.A. A/G/R-*Kadenbach* § 13 InsO Rn. 37) oder der Schuldner von der **Stundung** der Verfahrenskosten gem. § 4a InsO abhängig macht (HK-InsO/*Sternal* § 13 Rn. 4; s. § 13 Rdn. 248). Auch Hilfsanträge sind zulässig (*OLG Köln* ZIP 2000, 2031 [2033]; HK-InsO/*Sternal* § 13 Rn. 4). Zulässig ist es auch, dass ein Schuldner bei einem Gläubigerantrag einen eigenen Eröffnungsantrag nebst Antrag auf Stundung der Verfahrenskosten und Restschuldbefreiung unter der Bedingung stellt, dass das Insolvenzgericht seine – vom Schuldner – bestrittene internationale Zuständigkeit bejaht (*BGH* ZInsO 2012, 545). **Unzulässig** ist es aber, wenn der Schuldner sich gegen den Antrag verteidigt und nur hilfsweise einen Insolvenzantrag, verbunden mit einem Antrag auf Restschuldbefreiung, stellt (*BGH* ZInsO 2010 = EWiR 2010, 493).

XVI. Ruhen und Aussetzung

55 Beim Insolvenzverfahren handelt es sich um ein Eilverfahren. Die Vorschriften über das Ruhen und Aussetzung finden **keine Anwendung** (*BGH* ZInsO 2007, 604 [605]; *OLG Köln* ZInsO 2002, 772 [774]; *Kübler/Prütting/Bork-Pape* InsO, § 14 Rn. 1; s. aber Rdn. 50). Trifft der Schuldner mit dem Gläubiger eine Ratenzahlungsvereinbarung, so bleibt die Möglichkeit, den Antrag zurückzunehmen oder für erledigt zu erklären. Hält der Schuldner das Zahlungsversprechen nicht ein, kann der Gläubiger einen neuen Antrag gegen den Schuldner stellen (s. § 13 Rdn. 78). Eine Ausnahme gilt im Falle des § 306 (Ruhen bis zur Entscheidung über den Schuldenbereinigungsplan).

XVII. Verhältnismäßigkeit/§ 765a ZPO

56 Im Insolvenzantragsverfahren ist für eine Beachtung des Grundsatzes der Verhältnismäßigkeit (Ausnahme bei der Anordnung von Sicherungsmaßnahmen, s. § 21 Rdn. 39 ff.) nur eingeschränkt Raum. Einschränkungen gelten zunächst für das Finanzamt und Sozialversicherungsträger (s. Rdn. 135). Die Rechtsprechung bejaht eine Anwendbarkeit der auf die Einzelzwangsvollstreckung zugeschnittenen Vorschrift des § **765a ZPO** für den Zeitraum nach Insolvenzeröffnung in Einzelfällen (*BGH* ZInsO 2008, 2241 = EWiR 2009, 223; ZInsO 2009, 254; ZInsO 2009, 1029 jeweils bei Suizidgefahr; *BGH* ZInsO 2014, 687 m. Anm. *Strüder* VIA 2014, 35: Pfändungsschutzkonto). Die

Vorschrift des § 765a ZPO kann auch im Eröffnungsverfahren anwendbar sein (MüKo-InsO/ *Schmahl/Vuja* § 14 Rn. 41; *Uhlenbruck/I. Pape* InsO, § 4 Rn. 38; **a.A.** *Kübler/Prütting/Bork-Pape* InsO, § 14 Rn. 145; MüKo-InsO/*Ganter/Lohmann* InsO, § 4 Rn. 34); allerdings wird sich die Anwendbarkeit auf besonders gelagerte Ausnahmefälle beschränken (*BGH* Rpfleger 1977, 359 [360]; *AG Göttingen* ZInsO 1999, 476 [477]; ZInsO 2001, 275 [276]; HK-InsO/*Sternal* § 4 Rn. 19; MüKo-InsO/*Schmahl/Vuja* § 14 Rn. 40 ff.; offen gelassen von *OLG Köln* ZInsO 2000, 104 [107] = ZIP 2000, 552).

XVIII. Anfechtung und Verzicht

Als Prozesshandlung kann der Insolvenzantrag **nicht angefochten** werden (*Schlesw.-Holst. OLG* MDR 1951, 49; *LG Düsseldorf* NZI 2002, 60 [61]). Der Schuldner kann seinen Antrag nur zurücknehmen oder nach Eröffnung sofortige Beschwerde einlegen (s. § 34 Rdn. 30). Der Gläubiger kann auf das **Recht zur Antragstellung verzichten** und sich dazu auch schuldrechtlich verpflichten (*Kübler/Prütting/Bork-Pape* InsO, § 13 Rn. 221; HK-InsO/*Sternal* § 14 Rn. 44). Soweit eine Verpflichtung zur Antragstellung (s. § 15 Rdn. 56 f.) besteht, ist ein Verzicht unwirksam (HK-InsO/*Sternal* § 14 Rn. 44). Ein von einer natürlichen Person erklärter Verzicht auf die Stellung eines Eigenantrages dürfte im Hinblick auf § 138 BGB nichtig sein (ähnlich *Kübler/Prütting/Bork-Pape* InsO, § 13 Rn. 222; MüKo-InsO/*Schmahl/Vuja* § 13 Rn. 19), da dadurch die Möglichkeit einer endgültigen Schuldbefreiung (§ 1 Satz 2, §§ 286 ff., §§ 305 ff. InsO) verhindert werden kann. 57

XIX. Heilung

Lässt das Insolvenzgericht einen unzulässigen Antrag zu und **eröffnet** es das Insolvenzverfahren, so werden die **Zulässigkeitsmängel grds. geheilt** (s. § 11 Rdn. 54). Eine Partei kann sich im nachfolgenden Zivilprozess folglich nicht darauf berufen, die Eröffnung des Verfahrens sei – z.B. mangels örtlicher Zuständigkeit des Insolvenzgerichtes – unzulässig gewesen (*BGH* ZIP 1998, 477 [478]; s.a. § 3 Rdn. 49). Auch die Frist des § 88 InsO beginnt bereits mit der Einreichung eines unzulässigen Antrages zu laufen (*BayObLG* ZIP 2000, 1263 [1264]; s. *Wimmer-Amend* § 88 Rdn. 20). 58

C. Gläubigerantrag (Abs. 1)

I. Allgemeines

Ein Insolvenzverfahren kann eröffnet werden aufgrund (Eigen)Antrages eines Schuldners oder (Fremd)Antrages eines (Insolvenz)Gläubigers. Der **antragstellende Gläubiger** muss: 59
– ein rechtliches Interesse an der Eröffnung des Insolvenzverfahrens haben (Rdn. 101 ff.),
– seine Forderung glaubhaft machen (Rdn. 196),
– einen Eröffnungsgrund glaubhaft machen (Rdn. 210 ff.).

Der **Insolvenzgläubiger** ist gem. § 38 InsO ein persönlicher Gläubiger, der einen begründeten Vermögensanspruch gegen den Schuldner hat. Auch nachrangige Insolvenzgläubiger gem. § 39 InsO sind zur Antragstellung berechtigt, jedoch kann das rechtliche Interesse fehlen (§ 14 Rdn. 143 ff.). 60

II. Antragsrecht der Staatsanwaltschaft

1. Überblick

Zum 01.07.2017 ist das Gesetz zur Reform der strafrechtlichen Vermögensabschöpfung in Kraft getreten. **§ 111i StPO** enthält **Regelungen** zum **Recht der Staatsanwaltschaft** zur Stellung eines (eigenen) Insolvenzantrages. Zu den Einzelheiten der strafrechtlichen Vermögensabschöpfung s. *Blankenburg* ZInsO 2017, 1453 ff. 61

Anlass ist die Umsetzung der Richtlinie 2014/42/EU des Europäischen Parlaments und des Rates vom 3. April 2014 über die Sicherstellung und Einziehung von Tatwerkzeugen und Erträgen aus Straftaten in der Europäischen Union (ABlEU L 127 v. 29.04.2014, S. 39; ABlEU L 138 v. 13.05.2014, S. 114) in innerstaatliches Recht. 62

63 Mit der Neuregelung soll bereits im Strafprozess über die Einziehung von Verbrechensgewinnen sowie die **Rückerstattung an das Verbrechensopfer** entschieden werden können. Damit soll das »Einziehen von Tatererträgen« deutlich einfacher und umfassender möglich werden (BT-Drucks. 18/11640 S. 85 ff.).

64 Die Staatsanwaltschaft stellt den Antrag aus **eigenem Recht**. § 111i Abs. 2 StPO schafft daher kein eigenes Antragsrecht der Staatsanwaltschaft, sondern begrenzt es (s. Rdn. 69).

65 **§ 111i Abs. 2 StPO** lautet wie folgt:

»(2) Gibt es mehrere Verletzte und reicht der Wert des in Vollziehung des Vermögensarrestes gesicherten Gegenstandes oder des durch dessen Verwertung erzielten Erlöses nicht aus, um die Ansprüche der Verletzten auf Ersatz des Wertes des Erlangten, die ihnen aus der Tat erwachsen sind und von ihnen gegenüber der Staatsanwaltschaft geltend gemacht werden, zu befriedigen, stellt die Staatsanwaltschaft einen Antrag auf Eröffnung des Insolvenzverfahrens über das Vermögen des Arrestschuldners. Die Staatsanwaltschaft sieht von der Stellung eines Eröffnungsantrags ab, wenn begründete Zweifel daran bestehen, dass das Insolvenzverfahren auf Grund des Antrags eröffnet wird.«

66 **Gegenstand der Regelung** ist ein Mangelfall bei mehreren Verletzten. Der Antrag soll nur gestellt werden, wenn Ansprüche der Verletzen den Wert der gesicherten Gegenstände übersteigt. Nicht gestellt werden soll ein Antrag, wenn eine Abweisung gem. § 26 InsO zu erwarten ist. Eine sichere Beurteilung wird selten möglich sein.

67 Zu beachten ist, dass § 111i Abs. 2 StPO einerseits und die Vorschriften der **InsO** andererseits **unterschiedliche Voraussetzungen** aufweisen. Das Insolvenzgericht überprüft nur das Vorliegen der Eröffnungsvoraussetzungen nach der InsO, nicht aber (zusätzlich) die Voraussetzungen des § 111i StPO (*Laroche* ZInsO 2017, 1245 [1254]). Die Staatsanwaltschaft hingegen prüft bei der Antragstellung die insolvenzrechtlichen Voraussetzungen.

68 Zu beachten ist, dass in beiden Regelungsbereichen folgende **Begrifflichkeiten** mit **unterschiedlichem Inhalt** existieren:

§ 111i Abs. 2 StPO	InsO
Verletzter (Geschädigter)	Insolvenzgläubiger
Anspruch Verletzter auf Wertersatz	Insolvenzforderung
Geltendmachung ggü. Staatsanwaltschaft	Insolvenzantrag
Wert gesicherter Gegenstand/Erlös	Insolvenzmasse
Mangelfall	

2. Voraussetzungen § 111i Abs. 2 StPO

a) Eigenes Antragsrecht Staatsanwaltschaft

69 Es handelt sich nicht – wie ursprünglich vorgesehen – um einen Antrag für den Verletzten. Vielmehr stellt die Staatsanwaltschaft den Antrag aus **eigenem Recht** gem. §§ 73,73c StGB (*Laroche* ZInsO 2017, 1245 [1250]; *Blankenburg* ZInsO 2017, 1453 [1457 f.]). Damit besteht kein Kostenrisiko für den Verletzten. Dieser kann daneben auch aus eigenem Recht einen Antrag stellen. § 111i Abs. 2 StPO schafft daher kein eigenes Antragsrecht der Staatsanwaltschaft, sondern begrenzt es (*Laroche* ZInsO 2017, 1245).

b) Mehrere Verletzte

Voraussetzung ist zunächst, dass mehrere Verletzte vorhanden sind. Verletzter ist nur derjenige Geschädigte, der den Anspruch gegenüber der Staatsanwaltschaft geltend gemacht hat und dem ein Anspruch (auf Rückgewähr des Erlangten oder auf Ersatz des Wertes des Erlangten) aus einer Tat zusteht. Bei Steuerstraftaten ist auch der Fiskus Verletzter (*Laroche* ZInsO 2017, 1245). Erforderlich ist nach dem eindeutigen Gesetzeswortlaut, dass **mehrere Verletzte** vorhanden sind (krit. *Laroche* ZInsO 2017, 1245 [1247]; *Blankenburg* ZInsO 2017, 1453 [1458]). 70

Der Kreis der Verletzten ist nicht statisch, sondern **dynamisch**. Er kann sich im Laufe eines strafrechtlichen Verfahrens ändern durch Einstellung mangels Tatverdachts oder gem. §§ 154, 154a StPO bzw. Ermittlung weiterer Verletzter. 71

c) Geltendmachung gegenüber der Staatsanwaltschaft

Mehrere Verletzte müssen ihre Ansprüche gegenüber der Staatsanwaltschaft geltend gemacht haben. Darunter ist die **Erklärung gem. § 111l Abs. 3 StPO** zu verstehen (*Blankenburg* ZInsO 2017, 1453 [1458 f.]). Zu Hinweis- und Mitteilungspflichten der Staatsanwaltschaft s. Rdn. 78. 72

d) Mangelfall

Ferner darf der Wert des in Vollziehung des Vermögensarrestes gesicherten Gegenstandes oder des durch dessen Verwertung erzielten Erlöses nicht ausreichen, um die Ansprüche der Verletzten, die ihre Ansprüche gegenüber der Staatsanwaltschaft geltend gemacht haben, zu befriedigen. Es muss ein sog. **Mangelfall** vorliegen. Erforderlich ist eine Gegenüberstellung des Wertes der in Vollziehung des Vermögensarrestes gesicherten Gegenstände und der von den Verletzten geltend gemachten Ansprüche, soweit diese Gegenstand des Vermögensarrestes sind (*Laroche* ZInsO 2017, 1245 [1246]). 73

Die Staatsanwaltschaft muss eine **Prognose** treffen. Der Zeitpunkt der Bewertung ist offen. Erforderlich ist, dass die Staatsanwaltschaft sämtliche Vermögensermittlungsmöglichkeiten ausgeschöpft hat (*Blankenburg* ZInsO 2017, 1453 [1459]). 74

Der **Maßstab** unterscheidet sich damit von der Prüfung der Eröffnungsvoraussetzungen für ein Insolvenzverfahren. Dort ist abzustellen im Regelfall auf die Zahlungsunfähigkeit i.S.d. § 17 InsO. Zu berücksichtigen sind dort sämtliche fälligen Verbindlichkeiten und auch sämtliche weiteren nicht attestierten Vermögenswerte des Schuldners, wie zum Beispiel Auslandsvermögen. Denkbar ist, dass ein Mangelfall vorliegt, aber keine Zahlungsunfähigkeit; ebenso kann Zahlungsunfähigkeit vorliegen, aber kein Mangelfall (*Laroche* ZInsO 2017, 1245 [1246]). Bei der vom Insolvenzgericht vorzunehmenden Prüfung der Eröffnungsvoraussetzungen ist abzustellen auf die Zahlungsunfähigkeit. 75

e) Voraussichtliche Eröffnung Insolvenzverfahren

Erforderlich ist schließlich, dass das Insolvenzverfahren voraussichtlich eröffnet werden wird, § 111i Abs. 2 Satz 2 StPO. Dazu sind sämtliche Voraussetzungen der Insolvenzeröffnung zu prüfen (*Laroche* ZInsO 2017, 1245 [1247]). Begründete Zweifel an einer Eröffnung bestehen insbesondere dann, wenn eine **Abweisung mangels Masse gem. § 26 InsO** zu erwarten ist. Weitere Einzelheiten s. Rdn. 58. 24 ff. 76

f) Funktionelle Zuständigkeit

Zuständig ist bei der Staatsanwaltschaft der Rechtspfleger gem. § 31 Abs. 1 Nr. 3 RPflG. 77

g) Mitteilungs- und Hinweispflichten

Gem. **§ 111l StPO** teilt die Staatsanwaltschaft die Vollziehung der Beschlagnahme oder des Vermögensarrestes den Verletzten individuell oder durch einmalige Bekanntmachung im Bundesanzeiger mit und fordert ihn bei Verzug eines Vermögensarrestes zur Erklärung auf, ob und in welcher 78

Höhe er den Anspruch auf Ersatz des Wertes des Erlangten, der ihm aus der Tat erwachsen ist, geltend machen will. Daneben erfolgt ein Hinweis u.a. auf das Verfahren nach § 111i Abs. 2, § 459h Abs. 2 StPO. Damit wird den Verletzten die Möglichkeit gegeben, ihre Ansprüche gegenüber der Staatsanwaltschaft geltend zu machen (s. Rdn. 72).

79 Eine ergänzende Regelung enthält § **111i Abs. 3 StPO**: Der Verletzte soll darauf hingewiesen werden, dass bei Eröffnung eine Forderungsanmeldung beim Insolvenzverwalter zu erfolgen hat.

h) Keine Überprüfung durch Insolvenzgericht

80 Zur Klarstellung ist nochmals darauf hinzuweisen, dass das Insolvenzgericht bei seiner Entscheidung nicht die Voraussetzungen des § 111i Abs. 2 StPO zu überprüfen hat (Rdn. 67).

i) Kein Rechtsschutz vor dem Verwaltungsgericht

81 Die Vorschrift des § 111i Abs. 2 StPO ähnelt den Beschränkungen, denen Finanzbehörden bei Stellung eines Insolvenzantrages aus abgabenordnungsrechtlicher Sicht unterworfen sind. Dort wird teilweise die Auffassung vertreten, dass die Antragstellung des Finanzamtes (eingeschränkt) durch die Finanzgerichtsbarkeit überprüfbar sei. Es stellt sich die Frage, ob analog dazu eine Überprüfbarkeit beispielsweise durch das Verwaltungsgericht in Betracht kommt (dafür *Blankenburg* ZInsO 2017, 1453 [1459 f.]). Eine **Überprüfungsmöglichkeit** durch die Finanzgerichte wird jedoch zu Recht **abgelehnt** (s. Rdn. 135 f.). Im Ergebnis gilt dies auch für das Antragsrecht der Staatsanwaltschaft. Eine Überprüfung (durch eine fachfremde Gerichtsbarkeit) stellte einen unzulässigen Eingriff in die Kompetenz der Staatsanwaltschaft dar.

3. Voraussetzungen Insolvenzantrag (Zulässigkeitsprüfung)

82 Die **Zulässigkeit des Insolvenzantrages** hat die Staatsanwaltschaft **inzident** im Rahmen der Antragstellung zu prüfen (*Laroche* ZInsO 2017, 1245 [1247]). Unabhängig davon prüft das Insolvenzgericht das Vorliegen der insolvenzrechtlichen Voraussetzungen. Es gelten die allgemeinen Zulässigkeitsvoraussetzungen (s. § 14 Rdn. 6 ff.). Ferner muss das rechtliche Interesse vorliegen (s. § 14 Rdn. 101 ff.) sowie Forderung und der Öffnung und der Eröffnungsgrund (i.d.R. Zahlungsunfähigkeit) glaubhaft gemacht sein.

83 Auf **folgende Punkte** im Rahmen eines Antrages der Staatsanwaltschaft (Muster bei *Laroche* ZInsO 2017, 1245 [1249]) ist besonders hinzuweisen:

84 Die **Zuständigkeit des Insolvenzgerichtes** wird nicht immer mit der Zuständigkeit der Staatsanwaltschaft übereinstimmen, insbesondere in den Fällen, in denen **Schwerpunktstaatsanwaltschaften** tätig sind (*Laroche* ZInsO 2017, 1245 [1250]). Die Anordnung der U-Haft und selbst Strafhaft begründen regelmäßig keinen Wohnsitz und damit allgemeinen Gerichtsstand i.S.d. § 3 Abs. 1 InsO (*Laroche* ZInsO 2017, 1245 [1249]; s. § 3 Rdn. 22).

85 Ferner sind die **Forderung und der Insolvenzgrund**, regelmäßig Zahlungsunfähigkeit, **glaubhaft** zu machen (Einzelheiten s. § 14 Rdn. 174 ff., 189 ff., 210 ff.).

86 Die Staatsanwaltschaft macht eine **eigene Forderung** geltend, nämlich den Wertsatz-/Einziehungsanspruch aus §§ 73, 73c StGB (*Laroche* ZInsO 2017, 1245 [1250]; *Blankenburg* ZInsO 2017, 1453 [1460]). Die **Glaubhaftmachung** kann erfolgen durch Vorlage
 – eines rechtskräftigen Strafurteils, das die Einziehungsforderung tituliert,
 – einer Anklageschrift unter Aufführung der Beweismittel,
 – und i.d.R. eines Arrestbeschlusses (*Laroche* ZInsO 2017, 1245 [1250]; *Blankenburg* ZInsO 2017, 1453 [1460]).

87 Für den Schuldner besteht die Möglichkeit der **Gegenglaubhaftmachung**. Im ersten Fall wird sie nur selten gelingen (*Laroche* ZInsO 2017, 1245 [1250]).

Für die **Glaubhaftmachung des Insolvenzgrundes**, regelmäßig die Zahlungsunfähigkeit gem. § 17 InsO, kommt nach der amtlichen Begründung eine Fruchtlosigkeitsbescheinigung des Gerichtsvollziehers in Betracht (*Laroche* ZInsO 2017, 1245 [1252]; *Blankenburg* ZInsO 2017, 1453 [1463]). Die Staatsanwaltschaft wird aber aufgrund der Ermittlungen häufig einen genauen Einblick in die Vermögenslage des Schuldners haben. Daher ist eine Glaubhaftmachung auch durch Indizien möglich (*Weyand* ZInsO 2017, 1199 [1200]). 88

4. Voraussetzungen Eröffnung Insolvenzverfahren (Begründetheitsprüfung)

Ist der Antrag zulässig, setzt die **Amtsermittlungspflicht** des Insolvenzgerichtes gem. § 5 Abs. 1 InsO ein. Das Insolvenzgericht wird regelmäßig einen Sachverständigen mit der Prüfung beauftragen (vgl. *Laroche* ZInsO 2017, 1245 [1252]). 89

Der **Insolvenzgrund** (regelmäßig Zahlungsunfähigkeit) muss zur **vollen Überzeugung** des Insolvenzgerichtes feststehen (*Laroche* ZInsO 2017, 1245 [1252]). Vom **Bestehen der Antragsforderung** muss das Insolvenzgericht nur dann überzeugt sein, wenn aus der streitigen Forderung der Insolvenzgrund abgeleitet wird. Sind noch weitere (unstreitige) Forderungen vorhanden, aus denen sich der Insolvenzgrund ableitet, genügt die (bereits erfolgte) Glaubhaftmachung (*Laroche* ZInsO 2017, 1245 [1253]). 90

Schwierigkeiten können sich bei der Prognose ergeben, ob das **Vermögen** des Schuldners voraussichtlich ausreichen wird, die **Kosten des Verfahrens** voraussichtlich decken wird oder ob eine Abweisung mangels Masse gem. § 26 Abs. 1 Satz 1 InsO erfolgt. 91

Auszugehen ist regelmäßig von **Kosten** in Höhe von jedenfalls rund 4.000 € (*Laroche* ZInsO 2017, 1245 [1252]). Diese müssen aus dem Vermögen des Schuldners gedeckt sein. Das Vermögen des Schuldners besteht gem. §§ 35, 36 InsO aus dem pfändbaren Vermögen des Schuldners. 92

Zu bedenken ist, dass es durch die Neuregelung der Vermögensabschöpfung zu einer **erheblichen Schmälerung der Insolvenzmasse** kommen wird (*Frind* NZI 2016, 674 [675]). Die Beschlagnahme ist nunmehr insolvenzfest, ebenso ein durch Arrest vor der Eröffnung erlangtes Pfändungspfandrecht vorbehaltlich Eingreifens der Rückschlagsperre gem. § 88 Abs. 1 InsO oder der Anfechtung gem. §§ 129 ff. InsO (*Blankenburg* ZInsO 2017, 1453 [1456]). Allerdings erlöschen durch Vermögensarrest erlangte Sicherungsrechte, wenn es mehrere individuell Verletzte gibt (*Blankenburg* ZInsO 2017, 1453 [1464]). 93

Weiter wird die Staatsanwaltschaft keine Kenntnis haben vom **Vorliegen weiterer Ansprüche** aus Anfechtung gem. §§ 129 ff. InsO und Ansprüchen wegen Pflichtverletzungen gegen Gesellschafter und Geschäftsführer (z.B. §§ 43, 64 GmbHG), möglicherweise auch vom Vorliegen von Auslandsvermögen. 94

5. Vorgehen der Staatsanwaltschaft/Zeitpunkt Antragstellung

a) Verpflichtung zur Antragstellung

Die Insolvenzordnung kennt keine Verpflichtung eines Gläubigers zur Stellung eines Insolvenzantrages. § 111i Abs. 2 StPO enthält seinem Wortlaut nach eine **Verpflichtung** für die Staatsanwaltschaft, falls nicht begründete Zweifel an der Eröffnung des Insolvenzverfahrens bestehen (*Blankenburg* ZInsO 2017, 1453 [1464]). Ein Ermessen besteht nicht (einschr. *Laroche* ZInsO 2017, 1245). Dies gilt auch hinsichtlich der Eröffnungsprognose, bei der der Staatsanwaltschaft ein Beurteilungsspielraum zusteht. 95

b) Zeitpunkt der Antragstellung

§ 111i StPO regelt die Antragstellung im Ermittlungsverfahren, gilt aber gem. § 459h Abs. 2 Satz 2 StPO auch nach dem rechtskräftigen Abschluss eines Strafverfahrens. Je **früher** im Verfahren der Antrag gestellt wird, desto **unsicherer** ist die **Erkenntnisbasis** für die Staatsanwaltschaft (*Blankenburg* 96

ZInsO 2017, 1453 [1460]). Nach dem Willen des Gesetzgebers soll der Antrag möglichst frühzeitig gestellt werden. Regelmäßig wird dies mit Anklageerhebung erfolgen (*Blankenburg* ZInsO 2017, 1453 [1460]).

97 Eine **frühzeitige Antragstellung** schon im Ermittlungsverfahren wird insbesondere sinnvoll in folgenden Fällen diskutiert (vgl. *Laroche* ZInsO 2017, 1245 [1254]):
– Mögliches Bestehen von Anfechtungsansprüchen gem. §§ 129 ff. InsO,
– Ansprüche wegen Pflichtverletzungen gegen Gesellschafter und Geschäftsführer (z.B. §§ 43, 64 GmbHG),
– Vorliegen von Auslandsvermögen.

98 **Andererseits** sind die im Insolvenzverfahren gem. §§ 20, 97 Abs. 1 InsO den Schuldner treffenden umfassenden Aussagen und Mitwirkungspflichten zu bedenken, die ein strafrechtliches **Verwendungsverbot** gem. § 97 Abs. 1 Satz 3 InsO begründen (*Laroche* ZInsO 2017, 1245 [1254]; *Weyand* ZInsO 2017, 1199 [1201]).

6. Weiterer Verfahrensgang

99 Zu den Rechten und Pflichten der Staatsanwaltschaft im eröffneten Verfahren s. *Blankenburg* ZInsO 2017, 1453 [1464 ff.]).

7. Bewertung

100 Es bleibt abzuwarten, ob die Regelung praktische Bedeutung erlangt.

III. Rechtliches Interesse (Abs. 1 Satz 1)

1. Bedeutung

101 Das Insolvenzverfahren stellt einen weitreichenden Eingriff dar, bei dem z.B. schon wegen geringer Forderungen die wirtschaftliche Existenz zerschlagen und eine juristische Person liquidiert werden kann. Unter Geltung der KO war allgemein anerkannt, dass Insolvenzanträge von Gläubigern mangels Rechtsschutzbedürfnisses bzw. Rechtsschutzinteresses unzulässig sein können. Dieses Erfordernis ist in § 14 Abs. 1 InsO festgeschrieben. Der Gläubiger muss ein **rechtliches Interesse** an der Eröffnung des Insolvenzverfahrens haben. Auch bei Schuldneranträgen sind Fälle denkbar, in denen es am rechtlichen Interesse fehlt (s. § 13 Rdn. 113 ff.).

102 Nach den Vorstellungen des Gesetzgebers sollen zunächst die Fälle ausgeschieden werden, in denen **Gläubiger** im Falle der Eröffnung des Insolvenzverfahrens **nicht an dem Verfahren beteiligt** sind. Dies gilt etwa für Gläubiger, die als Aussonderungsberechtigte (§ 47 InsO) ihre Rechte innerhalb wie außerhalb des Verfahrens in gleicher Weise geltend machen können (BT-Drucks. 12/2443 S. 113). Das erforderliche rechtliche Interesse dient als **Korrektiv für das auf jeden Gläubiger erweiterte Antragsrecht** (s. § 13 Rdn. 1, 10). Dies gilt aber nicht, falls der Gläubiger einen schuldrechtlichen Anspruch aus einem Kaufvertrag wie Zahlung einer Kaufpreisrate geltend macht; das rechtliche Interesse entfällt auch nicht im Hinblick auf das Wahlrecht eines künftigen Insolvenzverwalters gem. § 103 InsO (*BGH* ZInsO 2006, 824 [825] = EWiR 2006, 595).

103 Die Eigenschaft als **künftiger Gläubiger** kann im Rahmen des § 14 Abs. 1 Satz 2 Bedeutung haben, indem daraus das rechtliche Interesse an der Fortsetzung des Eröffnungsverfahrens nach Begleichung der Antragsforderung abgeleitet wird (A/G/R-*Kadenbach* § 13 InsO Rn. 8).

104 Nach dem Willen des Gesetzgebers soll durch das Erfordernis des rechtlichen Interesses weiter einem Missbrauch des Insolvenzantrages – etwa zu dem Zweck, Zahlungen solventer Schuldner zu erzwingen – vorgebeugt werden (BT-Drucks. 12/2443 S. 113). Es handelt sich um die auch unter Geltung der KO und GesO diskutierten »**Missbrauchsfälle**«. Es geht u.a. um die Frage, ob der Gläubiger sich auf einfacherem Wege befriedigen kann, ob die Forderung eine Mindesthöhe aufweisen muss und wann unzulässige insolvenzfremde Zwecke verfolgt werden. Die dazu bestehende weit gefächerte Ka-

suistik gilt fort (s. Rdn. 123 ff.). Infolge der Einbeziehung des Neuerwerbes in die Insolvenzmasse (§ 35 InsO) stellt sich die Frage, ob während eines laufenden Insolvenzverfahrens ein weiterer Antrag gestellt werden kann (Einzelheiten § 13 Rdn. 113 ff.).

Das Erfordernis des rechtlichen Interesses ist **von Amts wegen** zu beachten. Hat das Gericht Bedenken oder äußert der Schuldner sie, ist der Gläubiger dazu zu hören. Räumt der Gläubiger die Bedenken nicht aus, ist der Antrag als unzulässig abzuweisen (a.A. MüKo-InsO/*Schmahl/Vuja* § 14 Rn. 39, der bei Zweifeln von der Zulässigkeit ausgeht). 105

Stellt der Gläubiger vorsätzlich rechtsmissbräuchlich einen Insolvenzantrag, um den Schuldner zu schädigen, kann er sich **schadensersatzpflichtig** machen (s. § 13 Rdn. 303). Amtshaftungsansprüche (§ 839 BGB, Art. 34 GG) kommen hingegen schon bei einfacher Fahrlässigkeit in Betracht. Für den Schaden hat das betreffende Land als Dienstherr des Richters einzustehen. 106

2. Einfachere Vollstreckungsmöglichkeit

Ein Rechtsschutzbedürfnis kann fehlen, wenn der Gläubiger aufgrund anderer Möglichkeiten in der Lage ist, auf einfachere, schnellere, leichtere oder billigere Weise Ausgleich seiner Forderung zu erlangen. 107

a) Es ist **nicht erforderlich**, dass der Gläubiger **zuvor** versucht hat, eine titulierte Forderung im Wege der **Einzelzwangsvollstreckung** beizutreiben (*BGH* ZVI 2004, 408 [410]; *LG Bonn* ZIP 2001, 342 [345]; HK-InsO/*Sternal* § 14 Rn. 39; MüKo-InsO/*Schmahl/Vuja* § 14 Rn. 28; **a.A.** *AG Potsdam* ZInsO 2003, 135 [136] = NZI 2003, 155 m. abl. Anm. *Sternal* – aufgehoben durch *LG Potsdam* ZInsO 2003, 434). 108

b) Der Gläubiger muss sich auch nicht darauf verweisen lassen, eine Einzelzwangsvollstreckung durch Pfändung und Einziehung einer Forderung (so *LG Hamburg* ZInsO 2011, 1256 [1257]) oder mittels Eintragung einer Sicherungshypothek zu betreiben (so *LG Magdeburg* ZIP 1995, 579 = EWiR 1995, 665). Das Ausschöpfen aller Möglichkeiten der Singularzwangsvollstreckung ist nicht Voraussetzung für einen Antrag (*LG Göttingen/AG Göttingen* ZInsO 1998, 190). Es besteht keine Veranlassung, den Gläubiger auf den hindernisreichen und langwierigen Weg beispielsweise einer **Immobiliarzwangsvollstreckung** zu verweisen (*AG Göttingen* ZInsO 2007, 48) und damit die Verfahrenseröffnung hinauszuziehen. Vielmehr kommt es entscheidend darauf an, ob der Gläubiger die Zahlungsunfähigkeit des Schuldners glaubhaft machen kann. Dies kann insbesondere bei nicht rechtskräftig titulierten Einzelforderungen problematisch sein (s. Rdn. 196 ff.). Eine **Ausnahme** gilt nur dann, wenn der Gläubiger im Schuldnervermögen oder im Vermögen eines Dritten ausreichend abgesichert ist (s. Rdn. 111). 109

c) Erbringt der Schuldner **Teilzahlungen**, lässt dies das Rechtsschutzinteresse nicht entfallen (HK-InsO/*Sternal* § 14 Rn. 35), selbst wenn die Forderung bis auf Kosten und Zinsen beglichen ist. 110

3. Aus- und Absonderungsberechtigte

Aussonderungsberechtigte (§ 47 InsO), die ihre Rechte innerhalb wie außerhalb des Verfahrens in gleicher Weise geltend machen können, haben kein rechtliches Interesse an der Durchführung des Insolvenzverfahrens (s. Rdn. 102). **Ab**sonderungsberechtigte (§ 49 ff. InsO) haben ein rechtliches Interesse an der Antragstellung, sofern sie Insolvenzgläubiger sind, ihnen der Schuldner also auch persönlich – wie es § 52 Satz 1 InsO fordert – haftet. Das rechtliche Interesse fehlt bei solchen Absonderungsberechtigten, die wegen ihrer Forderung zweifelsfrei vollständig gesichert sind (*BGH* ZInsO 2008, 103 m. krit. Anm. *Hölzle* EWiR 2008, 407; *BGH* ZInsO 2011, 1216; HK-InsO/*Sternal* § 14 Rn. 30; MüKo-InsO/*Schmahl/Vuja* § 14 Rn. 27). Darlegungspflichtig für eine ausreichende dingliche Sicherung ist der Schuldner (*BGH* ZInsO 2016, 1575 Rn. 17). 111

4. Nachrangige Gläubiger

Zu nachrangigen Gläubigern s. Rdn. 143, 144. 112

5. Partikularinsolvenzverfahren (Art. 102 Abs. 3 EGInsO)

113 Zum rechtlichen Interesse für die Durchführung eines Partikularverfahrens in Deutschland s. Rdn. 264.

6. Sperrwirkung des § 93 InsO

114 Wird über das Vermögen einer Gesellschaft ohne Rechtspersönlichkeit das Insolvenzverfahren eröffnet, wird der Insolvenzantrag eines Gesellschaftsgläubigers gegen den haftenden Gesellschafter aufgrund der Sperrwirkung des § 93 InsO **unwirksam** (*AG Dresden* ZInsO 2009, 2056).

7. Bestehen der Forderung

115 **a) Nicht** erforderlich ist, dass die Forderung **rechtskräftig tituliert** ist. Auch bei einer vorläufig vollstreckbar titulierten Forderung besteht ein rechtliches Interesse. Auch der *BGH* (ZIP 1992, 947 [948] = EWiR 1992, 805) prüft die Frage, ob bei vorläufig vollstreckbaren Forderungen ein Insolvenzverfahren eröffnet werden kann, unter dem Gesichtspunkt der Zahlungsunfähigkeit bzw. des Bestehens und der Fälligkeit der Forderung (s. Rdn. 205). Es ist **nicht** einmal nötig, dass die Forderung **tituliert** ist (*AG Göttingen* ZInsO 2002, 592 [593]; HK-InsO/*Sternal* § 14 Rn. 14; HambK-InsO/*Linker* § 14 Rn. 14; *Schmerbach* EWiR 2000, 1063 [1064]). Auch den Ausgang einer Klage muss der Gläubiger nicht abwarten (*Schmerbach* EWiR 2000, 1063; **a.A.** *LG Meiningen* ZIP 2000, 1451 [1452]). Wird die Forderung vom Schuldner bestritten und hängt das Vorliegen eines Insolvenzgrundes vom Bestand der Forderung ab, so beseitigt dies nicht das rechtliche Interesse. Vielmehr geht es darum, ob es dem Gläubiger gelingt, bei substantiiertem Bestreiten durch den Schuldner und entsprechende Gegenglaubhaftmachung die erforderliche Glaubhaftmachung zu führen (s. Rdn. 196 f.). Erst für die Eröffnung ist in diesem Fall der Vollbeweis nötig (s. § 27 Rdn. 9). Die Klärung dieser Frage muss auf dem ordentlichen Rechtsweg erfolgen (s. Rdn. 198).

116 Das rechtliche Interesse **fehlt nicht**, wenn die Forderung auf einem Vertrag beruht, der nach Eröffnung dem Wahlrecht des § **103 InsO** unterfällt (*BGH* ZIP 2006, 1452; HK-InsO/*Sternal* § 14 Rn. 36).

117 Das rechtliche Interesse soll allerdings fehlen, wenn **ernstliche Zweifel** am Bestand einer Steuerforderung bestehen (*FG Köln* ZInsO 2009, 1296 [1299] unter Berufung auf den Grundsatz der Unverhältnismäßigkeit, zur Prüfungskompetenz s. Rdn. 135).

118 **b)** Das rechtliche Interesse **fehlt** jedoch bei der Geltendmachung **verjährter** Forderungen und **gestundeter Forderungen** (*AG Göttingen* ZInsO 2001, 915; HK-InsO/*Kirchhof* § 14 Rn. 32; HambK-InsO/*Linker* § 14 Rn. 10). Voraussetzung ist allerdings, dass die Verjährungseinrede erhoben ist (**a.A.** MüKo-InsO/*Schmahl/Vuja* § 14 Rn. 25). Der Schuldner kann sich auch auf eine im Eröffnungsverfahren eintretende Verjährung berufen; eine Hemmung tritt durch die Antragstellung nicht ein (*LG Göttingen* ZInsO 2005, 832). Auch bei **nicht fälligen Forderungen** fehlt das rechtliche Interesse (**a.A.** MüKo-InsO/*Schmahl/Vuja* § 13 Rn. 42 – enger § 14 Rn. 26). Gläubiger **aufschiebend bedingter und auflösend bedingter Forderungen** sind antragsberechtigt, doch kann im Einzelfall das rechtliche Interesse fehlen (MüKo-InsO/*Schmahl/Vuja* § 13 Rn. 35, 36 – enger § 14 Rn. 26). Die **Bundesagentur für Arbeit** ist antragsberechtigt, wenn ein Arbeitnehmer Insolvenzgeld beantragt hat; das Antragsrecht des Arbeitnehmers bleibt allerdings bestehen (MüKo-InsO/*Schmahl/Vuja* § 13 Rn. 46; s.a. Rdn. 133). Weitere Einzelheiten s. § 13 Rdn. 10 ff.

119 **c)** Wird die Anfechtungsklage eines Gläubigers gegen den Erwerber eines Grundstücks des Schuldners in einem Vorprozess rechtskräftig abgewiesen, fehlt ihm nicht das Rechtsschutzinteresse für einen Insolvenzantrag gegen den Schuldner (*BGH* NZI 2016, 950 m. zust. Anm. *Leithaus*).

8. Höhe der Forderung

120 Das rechtliche Interesse hängt **nicht** ab von der **Höhe** der dem Insolvenzantrag zugrunde liegenden Forderung (*BGH* NJW-RR 1986, 1188). Deshalb ist auch die Stellung eines Insolvenzantrages aus-

schließlich wegen ausstehender Zinsen nicht rechtsmissbräuchlich (**a.A.** *Freiherr von Dörnberg* ZInsO 2013,1466). Dies gilt sowohl beim Gläubigerantrag (s. Rdn. 121) wie auch beim Schuldnerantrag (dazu s. Rdn. 147).

Vielmehr kann die Tatsache, dass der Schuldner selbst eine geringe Forderung nicht erfüllen kann, seine Zahlungsunfähigkeit beweisen. Allein die **Höhe** der Forderung ist somit für das rechtliche Interesse **irrelevant** (*OLG Köln* ZInsO 2000, 43 [44]; HK-InsO/*Sternal* § 14 Rn. 38; *Kübler/Prütting/Bork-Pape* InsO, § 14 Rn. 100). 121

9. Anzahl der Gläubiger

Ein Rechtsschutzbedürfnis besteht auch, wenn **nur ein Gläubiger** vorhanden ist (*BGH* Beschl. v. 17.06.2010 – IX ZB 250/09, Rn. 5; *AG Göttingen* ZInsO 2012, 1324; HK-InsO/*Sternal* § 14 Rn. 35; *Kübler/Prütting/Bork-Pape* InsO, § 14 Rn. 44; **a.A.** *Jansen/Biebinger* ZInsO 2006, 126). Im Übrigen wäre es ein Leichtes für einen Schuldner, sich einen weiteren Gläubiger zu besorgen, indem er z.B. den Antrag unbedingt, also nicht auf Stundungsbasis, stellt und dann – nach Abweisung – der Landeskasse für die Kosten haftet. 122

10. Missbrauchsfälle

a) Hat der Schuldner die **eidesstattliche Versicherung** (§ 807 ZPO) bereits abgegeben, fehlt es nicht am rechtlichen Interesse (*OLG Frankfurt* KTS 1971, 285; HK-InsO/*Sternal* § 14 Rn. 40; *Kübler/Prütting/Bork-Pape* InsO, § 14 Rn. 107). Es ist keineswegs gewährleistet, dass die eidesstattliche Versicherung eines Schuldners richtig und vollständig ist. Die Praxis lehrt, dass durchaus realisierbare Ansprüche des Schuldners bestehen können. Durch eine eidesstattliche Versicherung wird nicht gewährleistet, dass diese Ansprüche in vollem Umfang aufgedeckt werden (wie z.B. Ansprüche gem. §§ 9a, 31, 43, 64 GmbHG, § 135 InsO). 123

b) Aus den o.g. genannten Gründen kann der Antrag auch nicht deshalb abgelehnt werden, da der Schuldner **vermögenslos** sei (HK-InsO/*Sternal* § 14 Rn. 40; **a.A.** *AG St. Ingbert* KTS 1983, 648). 124

Nach Abweisung eines Antrages mangels Masse gem. **§ 26 InsO** besteht **keine Sperrfrist** für die Stellung eines neuen Antrages. Ob der Antragsteller das Vorhandensein von Vermögen glaubhaft machen muss, ist zweifelhaft (s. § 26 Rdn. 135). 125

c) Unzulässig ist ein Insolvenzantrag, den der Gläubiger als **Druckmittel** auf den Schuldner zur Erbringung von Ratenzahlungen benutzt (*LG Münster* ZIP 1993, 1103; HK-InsO/*Kirchhof* § 14 Rn. 29; *Kübler/Prütting/Bork-Pape* InsO, § 14 Rn. 92; MüKo-InsO/*Schmahl/Vuja* § 14 Rn. 30; *Uhlenbruck* InsO, § 14 Rn. 42). Bei Sozialversicherungsträgern ist zu bedenken, dass sie gem. § 76 SGB IV verpflichtet sind, Einnahmen rechtzeitig und vollständig zu erheben und Einnahmen auch für Rentenversicherungen und andere Versicherungsträger einziehen. Dafür müssen aber **konkrete Anhaltspunkte** vorliegen (HK-InsO/*Kirchhof* § 14 Rn. 30, einschränkend Rn. 36; *Kübler/Prütting/Bork-Pape* InsO, § 14 Rn. 103). Ob das allein daraus gefolgert werden kann, dass der Schuldner die in einem früheren Insolvenzverfahren getroffene Ratenzahlungsvereinbarung nicht einhält (*LG Koblenz* Rpfleger 1975, 318), ist zweifelhaft; ebenso, wenn nach Abweisung eines vorherigen Antrages gem. § 26 InsO nach knapp zwei Jahren wegen eines geringfügigen Betrages (140 €) ein anderer Gläubiger Insolvenzantrag stellt (so *LG Kassel* ZVI 2005, 435). 126

Legt der Antragsteller jedoch lediglich ein Urteil und eine Ablichtung einer eidesstattlichen Versicherung vor, **ohne vorzutragen**, dass und wie oft er den Schuldner **zur Zahlung aufgefordert** hat (*LG Münster* ZIP 1993, 1103), kann das rechtliche Interesse fehlen. Der **Ausgang eines Zivilprozesses** muss **nicht abgewartet** werden (**a.A.** *LG Meiningen* ZIP 2000, 1451 [1452] m. abl. Anm. *Schmerbach* EWiR 2000, 1063 [1064]). 127

Erfolgt eine (Teil-)Zahlung, so können bei Eröffnung aufgrund eines späteren Antrages Anfechtungsansprüche (§§ 129 ff. InsO) bestehen. Aus einer **Teilzahlung** folgt aber **nicht** die **Unzulässigkeit** des Antrages (*AG Göttingen* ZIP 2001, 798 [800]; einschränkend *LG Hamburg* NZI 2002, 164 128

= EWiR 2002, 349; **a.A.** *LG Hamburg* ZInsO 2002, 144 [145]; *AG Hamburg* ZInsO 2002, 1100 m. abl. Anm. *Ferslav* EWiR 2003, 605; *AG Potsdam* ZInsO 2003, 135 [136] = NZI 2003, 155 m. abl. Anm. *Sternal* = EWiR 2003, 531 – aufgehoben durch *LG Potsdam* ZInsO 2003, 434; *LG Duisburg* NZI 2009, 911; i.E. s. § 13 Rdn. 291).

129 d) Rechtsmissbräuchlich kann es sein, einen Insolvenzantrag zu stellen, nur um **pfändbare Vermögenswerte zu ermitteln** (*BGH* ZInsO 2006, 320; *AG Gummersbach* KTS 1964, 61).

130 Das rechtliche Interesse **entfällt nicht**, wenn der antragstellende Gläubiger:
– der einzige Gläubiger ist (Rdn. 122),
– keine Auskunft über die tatsächlichen Voraussetzungen eines Anfechtungsanspruches gegen ihn erteilt (*BGH* ZInsO 2008, 320 = EWiR 2008, 369),

wohl aber,
– wenn der Gläubiger auf wiederholte Aufforderungen des Schuldners keine Bankverbindung zur Begleichung der Forderung mitteilt (*AG Leipzig* ZInsO 2010, 1239 [1243]).

131 e) Für die Geltendmachung einer **Teilforderung** fehlt jedenfalls das rechtliche Interesse (s. Rdn. 47). Bei **Teilzahlungen** entfällt das rechtliche Interesse nicht (s. Rdn. 110). Zum **Auswechseln/Nachschieben** einer Forderung s. Rdn. 48.

132 Einigt sich der Schuldner allerdings mit dem Gläubiger über **Ratenzahlungen**, ist die Forderung gestundet, solange der Schuldner die Raten zahlt. Es fehlt unabhängig von der Frage der Zahlungsunfähigkeit bereits am rechtlichen Interesse (s. Rdn. 118 und § 17 Rdn. 18).

133 f) Ein **Arbeitnehmer** ist berechtigt, wegen seines Anspruchs auf **Insolvenzgeld** für die letzten drei Monate vor Eröffnung oder Ablehnung der Eröffnung Insolvenzantrag zu stellen (*LG Duisburg* ZInsO 2002, 988 [990]; *Kübler/Prütting/Bork-Pape* InsO, § 14 Rn. 105). Zu beachten ist, dass bereits mit Stellung des Antrages auf Insolvenzgeldzahlung sämtliche Ansprüche gem. § 187 SGB III auf die Bundesanstalt für Arbeit übergehen (vgl. *LAG Hamm* ZInsO 2001, 480). Zweifelhaft ist, ob bereits die bloße Absicherung durch Insolvenzgeld das Rechtsschutzinteresse entfallen lässt (so *Kübler/Prütting/Bork-Pape* InsO, § 14 Rn. 36, aber auch Rn. 96).

134 Das rechtliche Interesse fehlt ebenfalls nicht, wenn ein **Sozialversicherungsträger** mit dem Antrag das wesentliche Ziel verfolgt, eine Beitragszahlung der Bundesanstalt für Arbeit gem. §§ 208, 183 Abs. 1 SGB III zu erlangen (*OLG Köln* ZInsO 2002, 728 [730]; MüKo-InsO/*Schmahl/Vuja* § 14 Rn. 115; s.a. § 13 Rdn. 291). Erstattet werden die Pflichtbeiträge für die letzten drei Monate vor der Entscheidung des Insolvenzgerichtes einschließlich aller Gerichtskosten (*Schmahl* NZI 2002, 177 [179]). Zur Frage des rechtlichen Interesses s. Rdn. 126. Nimmt der Sozialversicherungsträger den Antrag zurück, sind bei erneuter Antragstellung an die Glaubhaftmachung des Insolvenzgrundes keine erhöhten Anforderungen zu stellen (s. § 13 Rdn. 78).

135 g) Auch bei Insolvenzanträgen des **Finanzamtes** ist Rechtsmissbrauch denkbar. Die veröffentlichten Entscheidungen ergingen überwiegend im Rahmen des einstweiligen Rechtsschutzes oder von Feststellungsklagen vor dem Finanzgericht (*BFH* ZIP 1989, 247 = EWiR 1989, 189; ZIP 1991, 457 = EWiR 1991, 395; ZIP 1991, 458; ZInsO 2006, 603; ZIP 2011, 724; *FG Köln* ZInsO 2009, 1296; *FG München* ZInsO 2009, 2348; *FG Hamburg* Beschl. v. 25.02.2011 – 2 V 8/11, EFG 2011, 1400 = JurionRS 2011, 13890; *FG Niedersachsen* ZInsO 2011, 587 m. abl. Anm. *Schmerbach* ZInsO 2011, 895 – aufgehoben durch *BFH* ZInsO 2011, 975; *FG Hamburg* ZInsO 2015, 101; *VG Ansbach* ZInsO 2016, 112 für Antrag kommune wegen Gewerbesteuer; *FG Sachsen-Anhalt* ZInsO 2016, 798; *Schmittmann* InsbürO 2006, 341 [342]). Allerdings verschärfen die Fachgerichte die Anforderungen (*FG Hamburg* ZInsO 2015, 1019 oder schließen von der Überprüfung die Voraussetzungen für einen Insolvenzantrag nach der InsO aus (*VG Ansbach* ZInsO 2016, 112 [114]). Daneben existieren Entscheidungen der Zivilgerichte (*BGH* ZIP 1990, 805 = EWiR 1990, 681; *OLG Hamm* ZIP 1980, 258; *LG Hildesheim* ZIP 2008, 325; *AG Burgwedel* ZIP 1984, 475 – dazu s. Rdn. 141). Das Insolvenzgericht ist allerdings nicht verpflichtet, die Entscheidung des Finanzgerichtes abzuwarten. Dem steht der Charakter des Insolvenzverfahrens als Eilverfahren entgegen. Das Rechtsschutzinte-

resse entfällt mit der Eröffnung des Insolvenzverfahrens, der Abweisung des Antrages gem. § 26 InsO oder mit Erledigungserklärung gem. § 4 InsO i.V.m. § 91a ZPO. Im Übrigen ist eine Prüfungskompetenz der Finanzgerichte abzulehnen (s. Rdn. 136).

Nach der Rechtsprechung der Finanzgerichte kann die Ermessensausübung der Finanzbehörde bei Stellung eines Insolvenzantrages darauf überprüft werden, ob die gesetzlichen Grenzen des Ermessens überschritten sind oder ein Ermessensfehlgebrauch vorliegt (*BFH* ZInsO 2006, 603 m. Anm. *Schmittmann* S. 605). **Einstweiliger Rechtsschutz** durch die **Finanzgerichte** – ebenso wie durch die Sozialgerichte – stellt aber einen **unzulässigen Eingriff in die Prüfungskompetenz der Insolvenzgerichte** dar (*AG Göttingen* ZInsO 2011, 1258 [1259 f.]; *Kübler/Prütting/Bork-Pape* InsO, § 14 Rn. 143; *Fu* DStR 2010, 1411 [1415]; *Schmerbach* ZInsO 2011, 895 [899]; wohl auch *Bruns/ Schaake* ZInsO 2011, 1581 [1589]; **a.A.** HK-InsO/*Sternal* § 14 Rn. 43; MüKo-InsO/*Schmahl/Vuja* § 13 Rn. 115; *Schmidber*ger NZI 2012, 953 [954]; *Schmittmann* ZInsO 2013, 1992). Mit der Entscheidung des Insolvenzgerichts (Rdn. 135 a.E.) ist die Entscheidung der Fachgerichtsbarkeit überholt. 136

Das **Insolvenzgericht prüft** den Antrag **umfassend**, und zwar auch gem. § 14 Abs. 1 Satz 2 InsO unter dem Gesichtspunkt des rechtlichen Interesses z.B. auf Rechtsmissbrauch (s. Rdn. 141). Die Überprüfung ist allerdings nicht auf eindeutige Fälle des Rechtsmissbrauchs beschränkt (*AG Göttingen* ZInsO 2011, 1258 [1260]; *Schmerbach* ZInsO 2011, 895 [899]; so noch *AG Göttingen* ZInsO 1998, 190; ähnlich *OLG Stuttgart* NZI 1999, 491[493]). 137

h) **Insolvenzfremder Zweck** ist auch die schnelle und günstige Abwicklung bzw. Beendigung eines lästigen Vertragsverhältnisses (*BGH* ZInsO 2006, 824 [825]; *BGH* NZI 2008, 121 [122]; *OLG Oldenburg* MDR 1955, 175 [176]). Dasselbe gilt, wenn der Gläubiger einen Schuldner als Konkurrenten aus dem Wettbewerb ausschalten will (*BGH* ZInsO 2011, 1063 = EWiR 2011, 467). 138

Denkbar sind auch Fälle **kollusiven Zusammenwirkens** (im konkreten Fall verneint von *AG Mönchengladbach* ZInsO 2011, 1752 [1754] m. Anm. *Haarmeyer* ZInsO 2011, 1722 [1725], der das rechtliche Interesse wegen unterlassener Offenlegung einer Interessenkollision des vorläufigen Insolvenzverwalters verneint). 139

Im Zusammenhang mit dem Suhrkamp-Verfahren wird diskutiert, ob und unter welchen Voraussetzungen die **Stellung eines Eigenantrages rechtsmissbräuchlich** und damit unzulässig ist (*LG Frankfurt* NZI 2013, 981 und ZIP 2013, 1831; *Göb* NZI 2013, 967; *Lang/Muschhalle* NZI 2013, 953; *Meyer* ZInsO 2013, 2361; *Brinkmann* ZIP 2014, 197; *Brünkmanns/Uebele* ZInsO 2014, 265; *Madaus* ZIP 2014, 500; *Gundlach/Rautmann* ZInsO 2015, 889). Rechtsmissbrauch wird man bejahen können, wenn vor Stellung des Antrages noch keine Antragspflicht bestand und mit der Einleitung des Insolvenzverfahrens verfahrensfremde Zwecke verfolgt werden. Eine Zurückweisung als unzulässig durch das Insolvenzgericht kommt nur in Betracht, wenn die Gesellschaft im Zeitpunkt der Entscheidung über den Antrag weder überschuldet noch zahlungsunfähig ist (*Brinkmann* ZIP 2014, 197 [206]). 140

i) **Sonstige insolvenzfremde Zwecke** liegen beispielsweise vor, wenn das Finanzamt den Insolvenzantrag stellt, um durch die Abweisung mangels Masse zu erreichen, dass eine unangenehme Entscheidung des BFH in einem dort mit dem Schuldner anhängigen Rechtsstreit ergeht (*AG Burgwedel* ZIP 1984, 475 [476]). Ebenso fehlt das rechtliche Interesse, wenn das Ziel eines Insolvenzantrages in der Löschung der Schuldnerin im Handelsregister liegt, um von der Verpflichtung zur steuerlichen Veranlagung befreit zu werden (*AG Magdeburg* ZInsO 1999, 358 [359]), oder um Jahressteuererklärungen zu erlangen (*AG Kaiserslautern* ZInsO 2006, 111). Zulässig ist ein Antrag zur Vermeidung weiterer Steuerrückstände (*FG München* ZInsO 2009, 2348). 141

j) Ein Insolvenzantrag gegen einen Insolvenzverwalter **nach Anzeige der Masseunzulänglichkeit** ist im Hinblick auf das Vollstreckungsverbot des § 210 InsO unzulässig (*AG Göttingen* Beschluss vom 08.08.2000 – 74 IN 42/00). 142

143 k) Bei **kapitalersetzenden Darlehen** (§ 32a GmbHG, §§ 129a, 172a HGB a.F.) war durch § 39 Abs. 1 Nr. 5 InsO die Antragsberechtigung klargestellt (s. § 13 Rdn. 10). Diese Rechtslage gilt fort. Es kann jedoch das rechtliche Interesse fehlen (HK-InsO/*Sternal* § 14 Rn. 7; zweifelnd *LG Dortmund* ZIP 1986, 855 [857]). Der Antragsteller hat darzulegen, dass kein Rangrücktritt (s. § 19 Rdn. 30, 31) vorliegt und er somit nicht nachrangiger Insolvenzgläubiger gem. § 39 Abs. 1 Nr. 5 InsO ist.

144 **Nachrangige Gläubiger** (§ 39 Abs. 1 Nr. 5 InsO) haben ein rechtliches Interesse trotz der Regelung in § 174 Abs. 3 InsO auch dann, wenn sie eine konkrete Befriedigungsmöglichkeit ihrer Forderung im eröffneten Verfahren nicht erwarten können (BGH ZInsO 2010, 2091 [2092 f.] = EWiR 2010, 819; *Kübler/Prütting/Bork-Pape* InsO, § 13 Rn. 32; ähnlich *ders.* § 14 Rn. 63; **a.A.** HK-InsO/*Sternal* § 14 Rn. 31; *Jaeger/Gerhardt* InsO, § 14 Rn. 13).

145 Das rechtliche Interesse fehlt aber, wenn der Gläubiger für seine Forderung eine **qualifizierte Rangrücktrittserklärung** (s. § 19 InsO Rdn. 29) abgegeben hat (*Uhlenbruck/Wegener* InsO, § 14 Rn. 88; **a.A.** A/G/R-*Kadenbach* § 14 InsO Rn. 22; *Gundlach/Müller* ZInsO 2011, 84 [87]), falls nicht eine Antragspflicht gem. § 15a Abs. 3 InsO besteht.

146 l) Bei **Anträgen des Schuldners** fehlt das rechtliche Interesse, wenn der Antrag nur gestellt wird, um einstweiligen Vollstreckungsschutz (§ 21 Abs. 2 Nr. 3 InsO) zu erhalten (HK-InsO/*Sternal* § 13 Rn. 24). Der Nachweis wird allenfalls gelingen, wenn der Schuldner in der Folgezeit seinen Auskunftspflichten nicht nachkommt (vgl. dazu § 20 Rdn. 23 ff.).

147 m) Eine **Untergrenze** der Verschuldung zur Stellung eines **Eigenantrag**es gibt es – ebenso wie beim Gläubigerantrag (s. Rdn. 120) **nicht**. Ein Rechtsschutzbedürfnis besteht auch, wenn der Schuldner Befreiung von unerheblichen Verbindlichkeiten, etwa unterhalb der Verfahrenskosten, erstrebt (*LG Göttingen* NZI 2006, 603; *LG Dresden* ZVI 2005, 553; **a.A.** *AG Dresden* ZVI 2005, 384).

148 n) Unzulässig soll der Eröffnungsantrag einer Kapitalgesellschaft sein, der unter **Vortäuschen der Vermögenslosigkeit** eine Abweisung mangels Masse gem. § 26 InsO anstrebt (*AG Duisburg* NZI 2007, 354 m. Anm. *Schmittmann*). Bei gewerblicher Firmenbestattung wird dadurch aber eine Prüfung der Eröffnungsvoraussetzungen sowie Aufdeckung von Vermögensverschiebungen und Realisierung von Haftungsansprüchen verhindert (*Kübler/Prütting/Bork-Pape* InsO, § 13 Rn. 107).

11. Erneuter Antrag während eines laufenden Verfahrens

149 Zum rechtlichen Interesse bei erneuter Antragstellung nach Zurückweisung eines Erstantrages und bei laufendem Insolvenzverfahren s. § 13 Rdn. 113 ff.

IV. Fortsetzungsverlangen (Abs. 1 Satz 2 n.F. und Abs. 3)

1. Überblick

150 Voraussetzung für einen wirksamen Gläubigerantrag ist u.a. das Bestehen einer Forderung. Häufig **erfüllt** der Schuldner unter dem Druck des Insolvenzeröffnungsverfahrens die Forderung. Damit wird der Antrag unzulässig. Um eine Abweisung mit nachteiliger Kostenentscheidung zu vermeiden, erklärt der Gläubiger den Antrag regelmäßig für **erledigt**. In der Praxis kann der Schuldner häufig auch weitere Forderungen nicht begleichen. Insbesondere »Zwangsgläubiger« wie Finanzamt und Sozialversicherungsträger können nicht frei entscheiden über die Aufnahme oder Fortsetzung von »Geschäftsbeziehungen« mit dem Schuldner. Nach jahrelanger Diskussion hat der Gesetzgeber mit Wirkung zum 01.01.2011 Abs. 1 Satz 2, 3 und Abs. 3 eingefügt. Das Verfahren wird in solchen Fällen fortgesetzt, sofern der Gläubiger dies beantragt.

151 Die wirtschaftliche Tätigkeit insolventer Unternehmen sollte so unterbunden, Finanzamt und Sozialversicherungsträger vor Einnahmeverlusten geschützt und insbesondere sog. Kettenanträge vermieden werden. Es sollten frühzeitige Verfahrenseröffnungen mit werthaltigen Massen ermöglicht werden.

Der Antrag wird nicht allein durch die **Erfüllung** der Forderung unzulässig. Der antragstellende 152
Gläubiger kann die **Fortsetzung** des Verfahrens verlangen. Voraussetzung war **ursprünglich**, dass
binnen zwei Jahren vor Stellung des aktuellen Antrags bereits ein Antrag gestellt worden war (»**Zweijahresschranke**«). Damit sollten Unternehmen vom Anwendungsbereich der Regelung ausgenommen werden, die aufgrund einer lediglich temporären Liquiditätslücke ihre Verbindlichkeiten, insbesondere die Sozialversicherungsbeiträge oder Steuerforderungen, nicht bedienen konnten, obwohl
sie aus eigener Kraft noch sanierungsfähig waren (BT-Drucks. 17/3452, S. 6).

Das Gesetz zur Verbesserung der Rechtssicherheit bei Anfechtungen nach der Insolvenzordnung 153
und nach dem Anfechtungsgesetz hat im Jahr **2017** die bisherige »**Zweijahresschranke**« des Abs. 1
Satz 2, 3 aufgehoben **mit Wirkung zum 05.04.2017.** Vorliegen muss nach Begleichung der Forderung aber weiter ein rechtliches Interesse an der Fortsetzung des Verfahrens.

Im **Ergebnis** steht den Gläubigern ein **Wahlrecht** zu, eine Verpflichtung zur Fortführung des Verfah- 154
rens besteht nicht (*Laroche/Meier/Pruskowski/Schöttler/Siebert/Vallender* ZIP 2013,1456 [1457])
Ziel ist nicht die Gläubigerbefriedigung, vielmehr ist ein Popularverfahren (*Pape* ZInsO 2011.
2154 [2158]) geschaffen worden.

Die **bisherige Rechtsprechung gilt fort** und kann übernommen werden. Die **Begründung der Ände-** 155
rung 2017 (BT-Drucks. 18/7054 S. 14, 16) führt zusammengefasst Folgendes aus: Die Anforderungen an einen zulässigen Gläubigerantrag würden durch Verzicht auf einen Vorantrag herabgesetzt.
Dadurch solle das Antragsrecht insbesondere der Sozialversicherungsträger effektiver ausgestaltet,
die Fortsetzung wirtschaftlicher Aktivitäten insolvenzreifer Unternehmen rechtzeitig unterbunden
und verhindert werden, dass Gläubiger zu einem späteren Zeitpunkt insolvenzanfechtungsrechtlich
in Anspruch genommen würden. Das Erfordernis eines »Erstantrags« habe Unternehmen vom Anwendungsbereich der Regelung auszunehmen versucht, die aufgrund einer lediglich temporären
Liquiditätslücke ihre Verbindlichkeiten, insbesondere die Sozialversicherungsbeiträge oder Steuerforderungen, nicht bedienen konnten, obwohl sie aus eigener Kraft noch sanierungsfähig waren (BT-
Drucks. 17/3452, S. 6). Dieses Ziel werde durch Wegfall der Zweijahresschranke nicht aufgegeben.
An das Vorliegen des rechtlichen Interesses nach § 14 Abs. 1 Satz 1 InsO seien bei Erfüllung der
Forderung nach Antragstellung strenge Anforderungen zu stellen (*BGH* Beschl. V. 12.07.2012 –
IX ZB 18/12, Rn. 7; Beschl. V. 18.12.2014 – IX ZB 34/14, Rn. 13). Ein rechtliches Interesse sei
regelmäßig nur bei Finanzbehörden und Sozialversicherungsträgern anzuerkennen, weil diese öffent-
lichen Gläubiger nicht verhindern können, dass sie weitere Forderungen gegen den Schuldner erwerben (*BGH* Beschl. V. 12.07.2012 – IX ZB 18/12, Rn. 7). Ob eine überwiegende Wahrscheinlichkeit
für einen Eröffnungsgrund vorliege, habe das Insolvenzgericht im Einzelfall unter Berücksichtigung
des gesamten Sachvortrags des Gläubigers, der indiziellen Bedeutung bestimmter Tatsachen für das
Bestehen eines Eröffnungsgrundes und der Wirkung gesetzlicher Vermutungen vorzunehmen (*BGH*
Beschl. V. 18.12.2014 – IX ZB 34/14, Rn. 10).

Stellt der Gläubiger ein Fortsetzungsverlangen und wird der Antrag als unbegründet abgewiesen, 156
trägt nicht der Gläubiger, sondern gem. Abs. 3 ausnahmsweise der **Schuldner** die **Kosten.** Schließlich trifft den Gläubiger nicht die Zweitschuldnerhaftung gem. § 23 Abs. 1 Satz 3 GKG.

Die praktische **Bedeutung** der Vorschrift ist **gering** (Hambk-InsO/*Linker* § 14 Rn. 95a) und wird es 157
vermutlich auch nach der Streichung der Zweijahresschranke bleiben (Hambk-InsO/*Linker* § 14
Rn. 95b). Zur Neuregelung neuestens nun *Frind* NZI 2017, 417.

Zur Entstehungsgeschichte ausführlich 8. Aufl. Rn. 90. 158

2. Fortsetzungsverlangen

Abs. 1 Satz 2 formuliert, dass der Antrag nicht allein dadurch unzulässig wird, dass die Forderung 159
erfüllt wird. Der Gläubiger ist nicht mehr darauf beschränkt, das Verfahren für erledigt zu erklären.
Er kann vielmehr auch die Fortsetzung des Verfahrens verlangen. Das **Wahlrecht** übt ein Gläubiger
in der Praxis nach Zahlung und – sofern noch nicht vorhanden – Kenntnis von einem vorherigen

Verfahren aus. Der Gläubiger kann sein Fortsetzungsverlangen später zurücknehmen und den Antrag für erledigt erklären. Dies wird im Rahmen der Kostenentscheidung besonders zu würdigen sein (*AG Hamburg* ZInsO 2011, 2092).

160 Ein **rechtliches Interesse** kann nicht nur bei Finanzbehörden und Sozialversicherungsträgern vorliegen (so *AG Charlottenburg* ZInsO 2012, 2348; A/G/R-*Kadenbach* § 14 InsO Rn. 23), Nach der Gesetzesbegründung sind besonders strenge Anforderungen an Rechtsschutzinteresse und Glaubhaftmachung des Insolvenzgrundes zu stellen. Der BGH geht davon aus, dass ein rechtliches Interesse »regelmäßig« nur bei Finanzbehörden und Sozialversicherungsträgern anzuerkennen sein wird (*BGH* ZInsO 2012, 1565). Es ist aber auch denkbar bei Gläubigern von zivilrechtlichen Dauerschuldverhältnissen wie Miete, Pacht, Leasing. Auch hier besteht die Gefahr der Begründung neuer Verbindlichkeiten (*Kübler/Prütting/Bork-Pape* InsO, § 14 Rn. 115 und 131; *Gundlach/Rautmann* ZInsO 2014, 2211; *Pape* ZInsO 2011, 2154 [2160]; *Frind* ZInsO 2015, 2049; enger *Marotzke* ZInsO 2011, 841 [848]; *Hackländer/Schur* ZInsO 2012, 901 [907]). Allerdings soll das Rechtsschutzbedürfnis besonders zu prüfen sein (*Laroche/Meier/Pruskowski/Schöttler/Siebert/Vallender* ZIP 2013,1456 [1459]).

161 **Ausgeschlossen** mangels Rechtsschutzbedürfnisses ist ein **Fortsetzungsantrag**, wenn der Schuldner seine **Geschäftstätigkeit** inzwischen **vollständig aufgegeben** hat (*BGH* ZInsO 2012, 1565 = EWiR 2012, 763 m. abl. Anm. *Müller/Rautmann* ZInsO 2013, 378; *BGH* ZInsO 2013, 1087 Rn. 15 = EWiR 2013, 515; *LG Freiburg* ZInsO 2012, 1232 [1233]; *Kübler/Prütting/Bork-Pape* § 14 Rn. 129). Feststellungen werden sich mit der erforderlichen Sicherheit aber selten treffen lassen. Insbesondere bei natürlichen Personen besteht die Möglichkeit der jederzeitigen Wiederaufnahme. Im Zweifel ist von einem fortbestehenden Rechtsschutzinteresse auszugehen (*Hackländer/Schur* ZInsO 2012, 901 [909]).

3. Glaubhaftmachung (Fort)Bestehen Zahlungsunfähigkeit?

162 Heftig umstritten war die Frage, ob der Gläubiger unter Geltung von Abs. 1 Satz 2,3 InsO a.F. neben der vorherigen Antragstellung auch das (Fort)Bestehen der Zahlungsunfähigkeit glaubhaft machen muss.

163 Der ***BGH*** hat die Streitfrage (Nachw. 8. Aufl. Rn. 99) dahin entschieden, dass der Gläubiger das Vorliegen eines Eröffnungsgrundes weiter glaubhaft machen muss. Der BGH hat allerdings darauf hingewiesen, dass eine einmal nach außen in Erscheinung getretene Zahlungsunfähigkeit nur dadurch beseitigt werden kann, dass der Schuldner seine Zahlungen insgesamt wieder aufgenommen hat. Zudem kommt der Nichtabführung von Sozialversicherungsbeiträgen eine Indizwirkung für die Zahlungsunfähigkeit (s. Rdn. 218) zu (*BGH* ZInsO 2013, 1087 = EWiR 2013, 515 m. krit. Anm. *Beth* ZInsO 2013, 1680; A/G/R-*Kadenbach* § 14 InsO Rn. 17). Abzustellen ist auf die konkreten Umstände des Einzelfalles (*BGH* ZInsO 2015, 301 m. Anm. *Laroche* EWiR 2015, 185; krit. *Laroche* ZInsO 2015, 2337 [2338 f.]). Eine erneute Glaubhaftmachung ist dann nicht erforderlich (*Klages/Pape* NZI 2013,561 [562]). Die entgegenstehende instanzgerichtliche Rechtsprechung (*LG Berlin* NZI 2014, 1003 m. Anm. *Heyer und Beth* ZInsO 2014, 1702; *AG Ludwigshafen* ZInsO 2015, 1229; *LG Frankenthal* ZInsO 2014, 2279) ist damit überholt. Kann allerdings positiv nachgewiesen werden, dass der Insolvenzgrund zwischenzeitlich entfallen ist, ist das Fortsetzungsverlangen unbegründet (*LG München I* ZInsO 2014, 362 m. Anm. *Müller/Rautmann* ZInsO 2014, 888).

4. Verfahrensablauf

164 Wird ein Fortsetzungsverlangen gestellt, **prüft** das **Insolvenzgericht zunächst**, ob:
– der Gläubiger zur Stellung eines Fortsetzungsverlangens berechtigt ist (s. Rdn. 159),
– das Fortbestehen der Zahlungsunfähigkeit (s. Rdn. 162 f.).

165 Eine **erneute Anhörung** des Schuldners vor Fortsetzung des Verfahrens ist **nicht zwingend erforderlich** (*AG Göttingen* ZInsO 2011, 2090; a.A. *Laroche/Meier/Pruskowski/Schöttler/Siebert/Vallender* ZIP 2013,1456 [1461]). Ermittlungsmaßnahmen werden fortgesetzt oder angeordnet. Der Schuld-

ner kann sich im weiteren Verlauf des Verfahrens äußern. Etwas anderes kann vor Anordnung von Sicherungsmaßnahmen gelten (Rdn. 166).

Bei der **Anordnung von Sicherungsmaßnahmen** gilt Folgendes: 166
- Sind bereits Sicherungsmaßnahmen angeordnet, wird das Verfahren fortgesetzt. Eine faktische Unterbrechung einer vorläufigen Insolvenzverwaltung verbietet sich bei laufendem Geschäftsbetrieb (*AG Göttingen* ZInsO 2011, 2090).
- Sind Sicherungsmaßnahmen noch nicht angeordnet, ist im Hinblick auf die dem Schuldner mögliche Gegenglaubhaftmachung (s. Rdn. 32) bei der Anordnung einer vorläufigen Insolvenzverwaltung zunächst Zurückhaltung geboten (*AG Göttingen* ZInsO 2011, 2090; *Laroche/Meier/Pruskowski/Schöttler/Siebert/Vallender* ZIP 2013,1456 [1462]). Ist noch keine vorläufige Insolvenzverwaltung angeordnet, kommt ihre Anordnung regelmäßig erst nach Feststellung fortbestehender Zahlungsunfähigkeit durch den Sachverständigen in Betracht.

5. Entscheidung des Gerichtes

Das Insolvenzgericht kann: 167
- das Verfahren eröffnen,
- den Antrag mangels Masse abweisen (falls der an den Gläubiger gezahlte Forderungsbetrag unter den voraussichtlichen Verfahrenskosten liegt und keine weiteren Vermögenswerte vorhanden sind),
- das Verfahren bei natürlichen Personen auf Stundungsbasis eröffnen (§ 4a InsO),
- den Antrag als unbegründet abweisen wegen wiedererlangter Zahlungsfähigkeit (*AG Göttingen* ZInsO 2011, 2090). Zur Kostenentscheidung in diesem Fall s. Rdn. 168.

Im Fall der Eröffnung wird bei natürlichen Personen der Insolvenzverwalter den Geschäftsbetrieb häufig gem. § 35 Abs. 2 InsO **freigeben**. Im Ergebnis wird eine Fortsetzung der Geschäftstätigkeit nicht verhindert. Vielmehr können Probleme im Rahmen von nachfolgenden **Zweitinsolvenzverfahren** entstehen (s. § 13 Rdn. 119 ff.).

6. Kosten (Abs. 3)/Ausschluss Zweitschuldnerhaftung Gläubiger

Wird ein Antrag als unbegründet abgewiesen, trägt grds. der antragstellende Gläubiger die Kosten 168 des Verfahrens (s. § 13 Rdn. 190). Wird die **Forderung erfüllt** und reagiert der Gläubiger nicht, wird der Antrag auf seine Kosten abgewiesen. Eine analoge Anwendung bei Begleichung der Forderung kommt nicht in Betracht (*LG Bonn* ZIP 2012, 1362). Regelmäßig erklärt der Gläubiger den Antrag allerdings für erledigt mit der Folge, dass dem Schuldner die Kosten auferlegt werden (s. § 13 Rdn. 261).

Stellt der Gläubiger allerdings ein Fortsetzungsverlangen und stellt sich heraus, dass der Schuldner 169 wieder zahlungsfähig ist, ist der Antrag als unbegründet abzuweisen. In diesen Fällen hat gem. § 14 Abs. 3 InsO der **Schuldner** die **Kosten** des Verfahrens zu tragen (*AG Göttingen* ZInsO 2011, 2090; *Kübler/Prütting/Bork-Pape* § 14 Rn. 166; *Kollbach* ZInsO 2011, 1822 [1825]). Die Zweitschuldnerhaftung gem. § 23 Abs. 1 und 2 GKG (s. § 13 Rdn. 191 ff.) greift nicht ein aufgrund § 23 Abs. 1 Satz 3 GKG. § 14 Abs. 3 InsO gilt **nicht**, wenn der ursprünglich zulässige Antrag nachträglich unzulässig geworden ist (*LG Düsseldorf* NZI 2013, 94 m. Anm. *Meier*), wenn etwa eine Glaubhaftmachung des (Fort)Bestehens der Zahlungsunfähigkeit für erforderlich gehalten (s. Rdn. 163) und nicht erbracht wird.

Ob das **Ziel** des Gesetzgebers, eine **frühzeitige Antragstellung** zu fördern, **erreicht** wird, ist mehr als 170 **zweifelhaft**. Bereits nach alter Rechtslage bestand für den Gläubiger in dieser Konstellation kein Kostenrisiko. Zu den vom Schuldner zu tragenden Kosten zählt nicht die Vergütung eines vorläufigen Insolvenzverwalters (§ 13 Rdn. 198 ff.). Die Regelung ist verfassungsgemäß (**a.A.** Vorlagebeschl. *AG Deggendorf* ZInsO 2011, 1801, m. abl. Anm. *Kollbach* ZInsO 2011, 1822 [1826]; Vorlage vom *BVerfG* NZI 2013, 1000 als unzulässig zurückgewiesen; krit. aber *Kübler/Prütting/Bork-Pape* InsO, § 14 Rn. 10 und Rn. 170 f.; *Pape* ZInsO 2011, 2154 [2164]).

171 Nach Streichung der Zweijahresschranke in Abs. 1 Satz 2, 3 a.F. wird kritisiert, dass der Schuldner, der die Forderung bis zum Ende des Antragsverfahrens nicht begleicht, unzulässiger Weise gegenüber dem zahlenden Schuldner, der durch seine Zahlung seine Vertragstreue zum Ausdruck bringe, privilegiert werde (HambK-InsO/*Linker* § 14 Rn. 95b; *Laroche* ZInsO 2015, 2511 [2514 f.]; *Marotzke* ZInsO 2015, 2397 [2398 f.]).

7. Bewertung

172 Die Neuregelung enthält eine Vielzahl von Unklarheiten und führt in der Praxis ein »**Mauerblümchendasein**« (s. Rdn. 157). Fortsetzungsverlangen werden von Trägern der Finanzverwaltung nicht und von Sozialversicherungsträgern nur vereinzelt gestellt. Die Aufhebung der »Zweijahresschranke« wird vermutlich folgenlos bleiben.

173 Schuldner werden nach einer Abweisung mangels Masse (§ 26 InsO) **Ausweichstrategien** entwickeln. Juristische Personen können den Geschäftsbetrieb wie bisher mit einem neuen Rechtsträger wie einer UG oder als Einzelhandelsfirma fortführen. Natürliche Personen können weiter am Geschäftsleben teilnehmen, falls nicht eine Gewerbeuntersagung erfolgt (s. § 26 Rdn. 132). In diesem Fall kann der Geschäftsbetrieb über eine »Strohfrau« fortgeführt werden. Erfolgt bei natürlichen Personen eine Eröffnung auf Stundungsbasis, scheidet eine Gewerbeuntersagung aus. Der Insolvenzverwalter wird den Geschäftsbetrieb regelmäßig freigeben (§ 35 Abs. 2 InsO). Häufig entstehen neue Verbindlichkeiten, es schließt sich ein **Zweitinsolvenzverfahren** an (s. § 13 Rdn. 119, 124).

V. Glaubhaftmachung: Übersicht

1. Allgemeines

174 Stellt der **Gläubiger** Insolvenzantrag, hat er seine **Forderung** (Einzelheiten Rdn. 189 ff.) **und den Eröffnungsgrund** (Einzelheiten Rdn. 210 ff.) **glaubhaft** zu machen. Alle anderen Zulässigkeitsvoraussetzungen einschließlich des rechtlichen Interesses muss der Gläubiger dagegen zur vollen Überzeugung des Gerichts – wie auch im zivilprozessualen Verfahren – darlegen. Die Glaubhaftmachung von Forderung und Eröffnungsgrund im Rahmen der Vorprüfung soll verhindern, dass der Schuldner aufgrund eines fahrlässig gestellten Gläubigerantrages irreparable Nachteile erleidet, die insbesondere durch die Anordnung von Sicherungsmaßnahmen (§ 21 InsO) eintreten können.

175 Zunächst muss der Gläubiger nur eine überwiegende Wahrscheinlichkeit darlegen (Rdn. 176). Erst bei substantiiertem Bestreiten des Schuldners entsteht die Pflicht zur Glaubhaftmachung nach § 4 InsO i.V.m. § 294 ZPO (s. Rdn. 177). Der Schuldner kann eine Gegenglaubhaftmachung führen (Rdn. 181). Schließlich sind Sonderfälle zu beachten (Rdn. 183 ff.).

2. Überwiegende Wahrscheinlichkeit

176 Zur Glaubhaftmachung der Behauptungen des Gläubigers (§ 4 InsO i.V.m. § 294 ZPO) bedarf es nicht des vollen Beweises. Vielmehr genügt die **überwiegende Wahrscheinlichkeit**, dass die Behauptung zutrifft (*BGH* ZInsO 2002, 818). Bestreitet der Schuldner die Forderung und/oder den Eröffnungsgrund nicht, kann man die **schlüssige Darlegung** durch den Gläubiger **genügen** lassen (*BGH* ZInsO 2009, 1533; *LG Duisburg* ZInsO 2002, 988 [989]; *LG München II* ZInsO 2001, 720 [721]; HK-InsO/*Sternal* § 14 Rn. 14; einschränkend MüKo-InsO/*Schmahl/Vuja* § 14 Rn. 67 fordert einen vorherigen Hinweis des Gerichtes, der in der Praxis mit der Übersendung eines Anhörungsbogens/einer Ladung zu einem Anhörungstermin erfolgen kann; **a.A.** HambK-InsO/*Linker* § 14 Rn. 15). **Sicherungsmaßnahmen** (§ 21 InsO) **ohne vorherige Anhörung des Schuldners** können allerdings **nur im Falle der Glaubhaftmachung** von Forderung und Eröffnungsgrund angeordnet werden.

3. Glaubhaftmachung

Legt der Gläubiger eine überwiegende Wahrscheinlichkeit seiner Forderung und eines Eröffnungsgrundes dar, hängt der weitere Verfahrensablauf von der Reaktion des Schuldners ab. Bestreitet der Schuldner nur unsubstantiiert, ist dieses Bestreiten unbeachtlich (*LG Göttingen* ZIP 1992, 572 [573]; *LG Dresden* ZIP 2004, 1062 = EWiR 2004, 1135; HK-InsO/*Sternal* § 14 Rn. 15). Bestreitet der Schuldner substantiiert, muss der Gläubiger die überwiegende Wahrscheinlichkeit des Bestehens von Forderung und/oder Eröffnungsgrund nachweisen. Dies geschieht durch **Glaubhaftmachung**. Die Anforderungen an die Glaubhaftmachung (ebenso an die Gegenglaubhaftmachung) hängen – ähnlich wie die Substantiierungspflicht im Zivilprozess – von dem Verhalten der anderen Seite ab. 177

Die Glaubhaftmachung kann nur durch präsente Beweismittel erfolgen (§ 4 InsO i.V.m. § 294 ZPO). Als **Mittel der Glaubhaftmachung** kommen in Betracht: Versicherung an Eides Statt (§ 294 ZPO), Urteile, Wechsel, Schuldscheine, Rechnungen, Protokolle einer eidesstattlichen Versicherung, Protokolle über eine Zwangsvollstreckung, schriftliche Erklärungen von Zeugen, schriftliche Bestätigung des Schuldners über das Bestehen der Schuld, ggf. in Form eines Ratenzahlungsvergleiches. Urkunden müssen nicht unbedingt im Original vorgelegt werden, es genügt auch die Vorlage einer anwaltlich beglaubigten Ablichtung (*AG Göttingen* ZIP 1999, 1566 [1567] = ZInsO 1999, 476) oder eine einfache Abschrift einer Urkunde (*BGH* ZVI 2003, 538 [539]). 178

Auch **gerichtskundige Tatsachen** wie die Existenz einer Vielzahl von Arrestbeschlüssen können gem. § 4 InsO i.V.m. § 291 ZPO als offenkundige Tatsachen berücksichtigt werden (*LG Dresden* ZIP 2004, 1062 = EWiR 2004, 1135; *Nerlich/Römermann-Becker* InsO, § 5 Rn. 33). 179

Erforderlichenfalls hat das Gericht den Gläubiger aufzufordern, die **Glaubhaftmachung nachzuholen** oder eine ungenügende Glaubhaftmachung zu ergänzen. Von Amts wegen ermittelt das Gericht nicht (*BGH* ZIP 2003, 1005). Kommt der Gläubiger einer Aufforderung nach Fristsetzung nicht nach, ist der Insolvenzantrag als unzulässig (*LG Göttingen* DZWIR 2000, 342; HK-InsO/*Sternal* § 14 Rn. 47) auf Kosten des Gläubigers abzuweisen, der dagegen sofortige Beschwerde (§ 34 InsO) einlegen kann. 180

4. Gegenglaubhaftmachung

Da es sich bei dem Eröffnungsverfahren um ein quasistreitiges Parteiverfahren § 13 Rdn. 6) handelt, steht dem Schuldner steht die Möglichkeit der **Gegenglaubhaftmachung** offen (*OLG Köln* ZIP 1988, 664 [665]; *LG Göttingen* DZWIR 2000, 342 [343]; *AG Göttingen* ZIP 2001, 798 [800]). Die Anforderungen an die Gegenglaubhaftmachung hängen ebenso wie bei der Glaubhaftmachung und ähnlich wie die Substantiierungspflicht im Zivilprozess von dem Verhalten der anderen Seite ab. Gelingt sie, wird der Antrag nachträglich unzulässig und ist abzuweisen (HambK-InsO/*Linker* § 14 Rn. 62). Bei der Entscheidung sind auch die von einem Sachverständigen/vorläufigen Insolvenzverwalter festgestellten Erkenntnisse zu berücksichtigen (HambK-InsO/*Linker* § 14 Rn. 62), da nach Zulassung des Antrags der Amtsermittlungsgrundsatz gem. § 5 Abs. 1 gilt. Gelingt die Gegenglaubhaftmachung nicht, ist vom Bestand der Forderung des Gläubigers auszugehen (*LG Göttingen* ZInsO 2004, 1265 [1266]). Die **Beweislast** für das Vorliegen von Einwendungen des Schuldners trägt nach allg. Grundsätzen der Schuldner (**a.A.** HK-InsO/*Sternal* § 14 Rn. 16: Gläubiger). Die Regeln über das Geständnis (§§ 288 ff. ZPO) sind nicht anwendbar (s. § 4 Rdn. 17). 181

Erhebt der **Schuldner Einwendungen**, gilt der Rechtsgedanke des § 179 Abs. 2 InsO. Einwendungen gegen eine titulierte Forderung muss der Schuldner bei Bestreiten des Gläubigers grundsätzlich in dem für den jeweiligen Einwand zulässigen Verfahren geltend machen. Das Insolvenzverfahren dient nicht dazu, den Bestand rechtlich zweifelhafter Forderung zu klären. Hängt das Vorliegen des Insolvenzgrundes vom Bestehen der Forderung ab, muss der Gläubiger den vollen Beweis der Forderung erbringen und ist auf den Prozessweg zu verweisen (s. Rdn. 196, 198). Gleiches gilt, wenn sich der Schuldner auf Aufrechnung oder Erfüllung beruft (s. Rdn. 185, 201). Bei einem deklaratorischen Schuldanerkenntnis ist der Schuldner auch im Insolvenzverfahren mit allen Einwän- 182 den tatsächlicher oder rechtlicher Natur ausgeschlossen, die er im Zeitpunkt seiner Erklärung kannte oder mit denen er zumindest rechnete (*BGH* ZInsO 2009, 767).

5. Sonderfälle

183 Bei (**vermuteten**) **Druckanträgen** von Gläubigern bestehen keine verschärften Anforderungen an die Glaubhaftmachung (*Kübler/Prütting/Bork-Pape* InsO, § 14 Rn. 45), vielmehr ist das rechtliche Interesse zu prüfen (s. Rdn. 126).

184 Es genügt, dass der Gläubiger einen **Teil der Forderung glaubhaft** macht, da die Antragsberechtigung nicht an einen Mindestbetrag (s. Rdn. 120) geknüpft ist (*BGH* ZVI 2004, 408 [409]; *OLG Naumburg* NZI 2000, 263 [264]; *AG Göttingen* ZInsO 2002, 592 [593]; HK-InsO/*Sternal* § 14 Rn. 11).

185 Stellt der Schuldner eine Gegenforderung zur **Aufrechnung**, ist Voraussetzung ein substantiierter Vortrag (*BGH* ZIP 2003, 1005; HK-InsO/*Sternal* § 14 Rn. 52). Greift die Aufrechnung durch, wird der Antrag unzulässig. Eine titulierte Forderung kann der Schuldner nicht erschüttern durch behauptete aufrechenbare Gegenansprüche (*LG Göttingen* ZVI 2005, 540 [541]; ebenso *BGH* ZInsO 2009, 2072 bei Steuerforderungen). Im Übrigen gelten die Ausführungen zu Rdn. 176 spiegelbildlich.

186 Bei **Steuerschätzungen** genügt zur Gegenglaubhaftmachung die Darlegung, dass für den Veranlagungszeitraum die Steuererklärung eingereicht ist und sich keine Steuerschuld ergibt (*AG Hamburg* ZInsO 2007, 951; *Henkel* ZInsO 2011, 1237 [1240]).

187 Durch die Stellung eines Insolvenzantrages wird die **Verjährung** der Forderung nicht unterbrochen, der Schuldner kann sich auf eine im Laufe des Eröffnungsverfahrens eintretende Verjährung berufen (*LG Göttingen* NZI 2005, 395).

188 Die Glaubhaftmachung der Forderung soll allerdings nicht genügen, wenn der Schuldner sie (substantiiert) bestreitet und die dem Antrag zugrunde liegende **Forderung die einzige ist, die für den Fall ihres Bestehens den Insolvenzgrund ausmachen würde**. Nach der – abzulehnenden – herrschenden Meinung ist der Vollbeweis erforderlich. Die Einzelheiten sind streitig (s. Rdn. 196 ff.).

VI. Glaubhaftmachung der Forderung

1. Finanzämter, Sozialversicherungsträger

189 Finanzämter und Sozialversicherungsträger können ihre Forderungen durch **Vorlage eines Kontoauszuges** darlegen. Die Forderungen sind **allerdings zu spezifizieren**, so dass das Insolvenzgericht ohne Schwierigkeiten prüfen kann, für welche Zeit und für welche Höhe Ansprüche geltend gemacht werden. Säumniszuschläge, Zinsen, Mahngebühren und bisherige Vollstreckungskosten sind kenntlich zu machen (*BGH* NZI 2004, 587 [588] m. Anm. *Gundlach/Frenzel* ZVI 2004, 408 [409] für Sozialversicherungsträger; *BGH* ZInsO 2006, 97 [98] für Finanzämter; HK-InsO/*Sternal* § 14 Rn. 13, 9; MüKo-InsO/*Schmahl/Vuja* § 14 Rn. 102). Zunächst genügt diese »**vereinfachte**« **Glaubhaftmachung** durch Vorlage einer Liste der in der Vollstreckung befindlichen Rückstände (*BGH* ZInsO 2012, 1418 Rn. 7). Bei Anträgen von Sozialversicherungsträgern sind die Beiträge im Bestreitensfall aufzuschlüsseln nach Monaten, nicht aber auch nach Arbeitnehmern (*BGH* ZInsO 2015, 1566 Rn. 7; ebenso *LG Frankenthal* NZI 2012, 960 unter Hinweis auf § 28f Abs. 3 Satz 3 SGB IV und die Gesetzesmaterialien, a.A. noch *LG Hamburg* ZInsO 2010, 1842 und *Verf.* in der 8. Aufl.). Es genügt auch die Vorlage von vom Schuldner gefertigten Datensätzen, sog. softcopys (*BGH* ZInsO 2015, 1566 Rn. 12).

190 **Bestreitet** der **Schuldner** die Forderung, ist eine Glaubhaftmachung erforderlich (*BGH* ZInsO 2007, 440 [442]). Durch einen Kontoauszug kann eine Glaubhaftmachung zwar nicht erfolgen (*BGH* NZI 2004, 587 [588] für Sozialversicherungsträger und *BGH* NZI 2006, 590 [591] für Finanzämter). Erforderlich ist die Vorlage der Steuerbescheide und Steueranmeldungen (*BGH* ZInsO 2006, 97

[98]). Die Vorlage von Steuerbescheiden zur Glaubhaftmachung ist aber entbehrlich, wenn der Schuldner sich lediglich auf Erlassanträge und Gegenansprüche beruft (*BGH* ZInsO 2011, 1614).

Zu beachten ist weiter, dass in der Praxis **Einwendungen von Schuldnern regelmäßig nur gegen die Höhe** der Forderung erhoben werden; dies ist im Rahmen des Insolvenzverfahrens unbeachtlich. Zur Gegenglaubhaftmachung s. Rdn. 186. 191

Der **Steuerfeststellungsbescheid** muss **nicht rechtskräftig** sein (*OLG Stuttgart* NZI 1999, 491 [492 f.]; MüKo-InsO/*Schmahl/Vuja* § 14 Rn. 105; *Uhlenbruck/Wegener* InsO, § 14 Rn. 60). Es genügt, dass die Vollstreckungsvoraussetzungen der §§ 251, 254 AO vorliegen (*Viertelhausen* InVo 2002, 45 [46]). Auch anfechtbar festgesetzte Steueransprüche sind nämlich grds. vollstreckbar (§§ 251, 254 AO; HK-InsO/*Sternal* § 14 Rn. 13). 192

Beruft sich der Schuldner gegenüber einem bestandskräftigen Haftungsbescheid auf **bestrittene Einwendungen** wie Verrechnung, muss der Ausgang eines finanzgerichtlichen Verfahrens nicht abgewartet werden (*BGH* ZInsO 2010, 1091; *Henkel* ZInsO 2011, 1237 [1239]). 193

Anerkannt ist im Ergebnis auch, dass das **Steuergeheimnis** (§ 30 AO) der Stellung eines Insolvenzantrages **nicht entgegensteht** (*OFD Hannover* Verfügung vom 07.09.1998, KTS 1999, 67; *OFD Koblenz* Verfügung vom 30.06.1999, ZInsO 1999, 566; *AG Stendal* ZInsO 2000, 172; s. *Boochs/Nickel* § 155 Rdn. 1182; HK-InsO/*Sternal* § 14 Rn. 43). Für die **Gewährung des Rechtsschutzes** sind insoweit allerdings **nicht** die **Finanzgerichte zuständig** (MüKo-InsO/*Schmahl* § 14 Rn. 100), sondern nur das Insolvenzgericht (s. Rdn. 137). Die Niederschlagung der Forderung (§ 261 AO) hat lediglich verwaltungsinterne Wirkung (MüKo-InsO/*Schmahl/Vuja* § 14 Rn. 98) und steht einem Antrag nicht entgegen. Von der Steuerfahndung erlangte Beweismittel unterliegen nicht einem Verwertungsverbot (*AG Köln* NZI 2009, 133 [135]). 194

Häufig stellt das Finanzamt zugleich einen **Antrag auf Gewerbeuntersagung**. Die Entscheidung der Verwaltungsbehörde ruht bis zur Entscheidung über den Antrag auf Eröffnung des Insolvenzverfahrens. 195

2. Nicht titulierte Forderung

Bei **nicht** (auch nicht vorläufig vollstreckbar) **titulierten Forderungen** hat der Gläubiger die Forderung zunächst schlüssig darzulegen (*LG Duisburg* ZInsO 2002, 988 [989]; *AG Göttingen* ZIP 1999, 1566 [1567] = EWiR 1999, 897 = ZInsO 1999, 476; a.A. HambK-InsO/*Linker* § 14 Rn. 15: Glaubhaftmachung). Auch eine nicht titulierte Forderung kann Grundlage eines Insolvenzantrages sein (*OLG Celle* NZI 2000, 214 [216]; *OLG Frankfurt* ZInsO 2002, 75 [76]; *LG Dresden* ZIP 2004, 1062 = EWiR 2004, 1135; *AG Göttingen* ZIP 1999, 1566 [1567] = EWiR 1999, 897 = ZInsO 1999, 476; ZIP 2001, 798 [800]; HK-InsO/*Sternal* § 14 Rn. 14; *Kübler/Prütting/Bork-Pape* InsO, § 14 Rn. 76, 85; *Uhlenbruck/Wegener* InsO, § 14 Rn. 34; *Pape* NJW 1993, 297 [299]). 196

Bestreitet der Schuldner die substantiiert dargelegte Forderung des Gläubigers nicht nur (unzulässigerweise) pauschal, sondern substantiiert (vgl. *LG Göttingen* ZIP 1992, 572 [573]; ZIP 1994, 1376 [1377]), hat der Gläubiger die Forderung gem. § 294 ZPO glaubhaft zu machen (s. Rdn. 176. 1 ff.), dem Schuldner steht sodann die Gegenglaubhaftmachung offen. Die Glaubhaftmachung kann geschehen durch Vorlage von Zahlungsvereinbarungen, offen Posten Listen, Zahlungsaufforderungen (*LG Berlin* ZInsO 2005, 499 [500]), deklaratorisches Schuldanerkenntnis (*BGH* ZInsO 2009, 767). Es ist allerdings i.d.R. nicht **Aufgabe** des Insolvenzgerichts, sondern **des Prozessgerichts**, über den Bestand der Forderung zu entscheiden (*BGH* ZInsO 2007, 604 [605]). **Sicherungsmaßnahmen** dürfen allerdings ohne vorheriges rechtliches Gehör des Schuldners nur erlassen werden, wenn der Gläubiger den Anspruch nicht nur schlüssig darlegt, sondern glaubhaft gemacht hat (*AG Göttingen* ZInsO 1998, 143; ZIP 1999, 1566 [1567] = EWiR 1999, 897 = ZInsO 1999, 476). 197

Ist das Vorliegen des **Insolvenzgrundes** der Zahlungsunfähigkeit oder Überschuldung **vom Bestehen der Forderung abhängig**, wird gefordert, dass der Gläubiger den vollen Beweis der Forderung erbringt. Da das Insolvenzgericht im Eröffnungsverfahren insoweit zu einer Beweisaufnahme nicht be- 198 fugt ist (a.A. nur *Stürner* EWiR 1988, 603 [604]; *Baur/Stürner* Zwangsvollstreckungs-, Konkurs- und Vergleichsrecht Band II, Rn. 7.21), ist der Gläubiger auf den ordentlichen Rechtsweg zu verweisen (*BGH* ZInsO 2002, 818 [819]; ZInsO 2007, 604 [605]; *AG Göttingen* ZInsO 2013, 303; *Jaeger/ Gerhardt* InsO, § 14 Rn. 28). Das Gleiche gilt, wenn das Bestehen der Forderung von der Klärung schwieriger rechtlicher Fragen abhängt (*AG Köln* NZI 2007, 666). Wegen des Charakters des Insolvenzverfahrens als Eilverfahren kommt eine Aussetzung nicht in Betracht (s. Rdn. 55).

199 Dies ist allerdings **nicht eine Frage der Zulässigkeit, sondern der Begründetheit** (*OLG Köln* ZInsO 2002, 772 [774]; *AG Göttingen* ZIP 1999, 1566 [1567] = EWiR 1999, 897 m. abl. Anm. *Eckardt* = ZInsO 1999, 476; *Kübler/Prütting/Bork-Pape* InsO, § 14 Rn. 76. Nur wenn man in diesen Fällen den Antrag zulässt, hat das Gericht die **Möglichkeit, Sicherungsmaßnahmen (§ 21 InsO) anzuordnen** (*AG Göttingen* ZInsO 2002, 592 [594]; *Schmerbach* EWiR 2000, 1063 [1064]). Dem Schuldner bleibt die Möglichkeit der Gegenglaubhaftmachung (s. Rdn. 181 ff.).

3. Rechtskräftig durch Urteil titulierte Forderung

200 Ist die **Forderung rechtskräftig in** einem **Urteil tituliert**, bedarf es keiner schlüssigen Darlegung und Glaubhaftmachung durch den Gläubiger. Ein rechtskräftiges Arresturteil genügt (*OLG Köln* ZIP 2000, 154; HK-InsO/*Sternal* § 14 Rn. 13). Einwendungen des Schuldners gegen titulierte Forderungen sind im Eröffnungsverfahren nicht vom Insolvenzgericht zu prüfen (*BGH* ZInsO 2016, 1575 Rn. 14 für notarielle Urkunde). Die **Gegenglaubhaftmachung** ist für den Schuldner so gut wie ausgeschlossen. Zudem ist die Gegenglaubhaftmachung gegen einen titulierten Anspruch von vornherein unerheblich, wenn die dem Antrag zugrunde liegende Forderung nicht den Insolvenzgrund ausmacht. Ansonsten kommt es entscheidend darauf an, ob dem Schuldner die Gegenglaubhaftmachung gelingt. Ist dies nicht der Fall, ist im Rahmen der Begründetheitsprüfung das (Fort)bestehen der Forderung zu prüfen (s. Rdn. 198).

201 In der Praxis kann sich der Schuldner im Wesentlichen darauf berufen, dass die Forderung **beglichen oder durch** wirksame **Aufrechnung erloschen** ist. Eine titulierte Forderung kann der Schuldner nicht erschüttern durch behauptete aufrechenbare Gegenansprüche (*LG Göttingen* ZVI 2005, 540 [541]). Bei Bestreiten des Gläubigers kann der Schuldner die Gegenglaubhaftmachung nicht durch den bloßen Nachweis führen, dass er Vollstreckungsabwehrklage nach § 767 ZPO erhoben (vgl. *BGH* ZInsO 2010, 331 [332]; a.A. *OLG Celle* ZIP 2001, 619 [620] = EWiR 2002, 631) und Antrag auf einstweilige Einstellung der Zwangsvollstreckung aus dem Titel beim Prozessgericht gestellt hat (a.A. *Nerlich/Römermann-Mönning* InsO, § 14 Rn. 64). Damit wäre Verfahrensverschleppungen von Schuldnern Tür und Tor geöffnet.

202 Trifft das **Prozessgericht** eine **einstweilige Anordnung** gem. § 769 ZPO, wird eine Einstellung ohne Sicherheitsleistung nur in Ausnahmefällen in Betracht kommen. Erfolgt die Einstellung nur gegen Sicherheitsleistung, ist die Anordnung des Prozessgerichts für das Insolvenzgericht erst dann beachtlich, wenn die Sicherheitsleistung erbracht ist (*BGH* ZInsO 2010, 331). In diesen Fällen erledigt sich das Insolvenzverfahren.

203 Geht ein Schuldner gegen ein **rechtskräftiges Versäumnisurteil/Vollstreckungsbescheid** an, ist Mindestvoraussetzung für die Berücksichtigung seiner Einwendungen die Vorlage eines Beschlusses des Prozessgerichts über die einstweilige Einstellung der Zwangsvollstreckung im Rahmen des Einspruchs- und Wiedereinsetzungsverfahrens gem. §§ 707, 719 ZPO (*AG Göttingen* EWiR 1997, 181 [182]; a.A. *AG Hamburg* ZInsO 2007, 504). Eine Einstellung ohne Sicherheitsleistung kommt nur in Betracht, wenn das Versäumnisurteil nicht in gesetzlicher Weise ergangen war oder die säumige Partei dem Prozessgericht gegenüber glaubhaft gemacht hat, dass ihre Säumnis unverschuldet war. Ansonsten wird einstweilige Einstellung nur gegen Sicherheitsleistung gewährt. Solange der Schuldner die Sicherheitsleistung nicht erbracht hat, ist die einstweilige Einstellung durch das Prozessgericht für das Insolvenzgericht unbeachtlich. Ist die Sicherheitsleistung erbracht, erledigt sich das Insolvenzverfahren.

Zur Rechtslage bei 204
- nicht rechtskräftigem Versäumnisurteil bzw. Vollstreckungsbescheid,
- Vorbehaltsurteil,
- Vollstreckungsklage gegen notarielle Urkunde s. Rdn. 207–209.

4. Nicht rechtskräftig (nur vorläufig vollstreckbar) titulierte Forderung

Ist die Forderung in **einer nicht rechtskräftigen Entscheidung vorläufig vollstreckbar tituliert**, be- 205
darf es (zunächst) keiner schlüssigen Darlegung und Glaubhaftmachung der Forderung durch
den Gläubiger (ebenso HK-InsO/*Sternal* § 14 Rn. 14). Der Antrag kann auf das noch nicht rechtskräftige Urteil gestützt werden (*OLG Köln* ZInsO 2000, 393 [396]; *LG Duisburg* ZVI 2004, 396
[397]; *AG Köln* NZI 2015, 552; HambK-InsO/*Linker* § 14 Rn. 20). Handelt es sich um eine **Forderung, von deren Bestehen** der **Insolvenzgrund abhängt**, sollte nach früherer Auffassung bereits im
Rahmen der Zulassung des Antrages der volle Nachweis des Bestehens der Forderung erforderlich
sein (*BGH* ZIP 1992, 947 [948] = EWiR 1992, 805). Diese Auffassung hat der BGH inzwischen
aufgegeben. Im Rahmen der Eröffnung des Verfahrens ist anerkannt, dass bei titulierten Forderungen Einwendungen des Schuldners solange nicht zu berücksichtigen sind, wie die Vollstreckbarkeit
nicht beseitigt ist (*BGH* ZInsO 2010, 1091). bzw. der Schuldner eine zur Einstellung der Zwangsvollstreckung erforderliche Sicherheitsleistung nicht erbracht hat (*BGH* ZInsO 2010, 331 [332]).

Im Rahmen der Zulässigkeitsprüfung **genügt** es folglich, wenn die **Forderung** durch Vorlage eines 206
vorläufig vollstreckbaren Urteils **glaubhaft** gemacht wird. Des vollen Beweises bedarf es auch
dann nicht, wenn von der Existenz der Forderung das Vorliegen des Insolvenzgrundes abhängt.
Die dem Schuldner mögliche **Gegenglaubhaftmachung** dürfte nur in den wenigsten Fällen zum Erfolg führen. Nicht genügend für eine Gegenglaubhaftmachung ist der Nachweis, dass der Schuldner
gegen das Urteil Rechtsmittel eingelegt hat (**a.A.** *Nerlich/Römermann-Mönning* InsO, § 14
Rn. 101). Das Insolvenzgericht wird auch nicht zu einer Überprüfung in der Lage sein, dass die angegriffene Entscheidung offensichtlich fehlerhaft ist und sein Rechtsmittel mit großer Sicherheit erfolgreich sein wird (*Pape* NJW 1993, 297 [301]; weiter *OLG Köln* ZInsO 2000, 393 [396]: freies
Ermessen des Insolvenzgerichtes). Dafür spricht auch die neuere Rechtsprechung des BGH, die Einwendungen des Schuldners gegen titulierte Ansprüche nur berücksichtigt, wenn die Vollstreckbarkeit beseitigt ist (s. Rdn. 205). Der Schuldner muss sich vielmehr darauf verweisen lassen, die Vollstreckung seinerseits durch Sicherheitsleistung abzuwenden (§§ 712, 719, 707, 720a Abs. 3 ZPO).
Wird die Sicherheitsleistung erbracht oder erfolgt eine Einstellung ohne Sicherheitsleistung, erledigt
sich das Insolvenzverfahren (HambK-InsO/*Linker* § 14 Rn. 22; *Henkel* ZInsO 2011, 1237 [1239]).
So bleibt dem Insolvenzgericht i.d.R. auch die **Möglichkeit** erhalten, **Sicherungsmaßnahmen (§ 21
InsO) anzuordnen**. Zur Bewertung von streitigen Verbindlichkeiten im Rahmen der Eröffnungsentscheidung s. § 17 Rdn. 9 ff. und § 19 Rdn. 25.

5. Versäumnisurteil/Vollstreckungsbescheid

Die Forderung kann auch durch ein **Versäumnisurteil** glaubhaft gemacht werden (*LG Duisburg* ZVI 207
2004, 396 [397]; HambK-InsO/*Linker* § 14 Rn. 20; MüKo-InsO/*Schmahl/Vuja* § 14 Rn. 68; a A.
LG Leipzig ZIP 1996, 880 m. abl. Anm. *Holzer* EWiR 1996, 601) oder durch einen **Vollstreckungs-
bescheid** (Graf-Schlicker/*Fuchs* § 14 Rn. 20; MüKo-InsO/*Schmahl/Vuja* § 14 Rn. 68; **a.A.** *AG
Potsdam* NZI 2000, 233; *AG Dresden* EWiR 2001, 535; *AG Hamburg* ZInsO 2007, 504; HambK-
InsO/*Linker* § 14 Rn. 21). Zur Rechtslage bei einem rechtskräftigen Versäumnisurteil s. Rdn. 203.

6. Vorbehaltsurteil

Ergeht ein rechtskräftiges **Vorbehaltsurteil**, bei dem ein Nachverfahren anhängig ist, genügt dies re- 208
gelmäßig nach den o.g. Grundsätzen zur Glaubhaftmachung (*Uhlenbruck/Wegener* InsO, § 14
Rn. 39; **a.A.** *OLG Frankfurt* KTS 1983, 148; HK-InsO/*Sternal* § 14 Rn. 14). Liegt ein durch
das Prozessgericht bestätigtes aber noch nicht rechtskräftiges Vorbehaltsurteil vor, so kommt es nicht
darauf an, ob das Insolvenzgericht die Aussicht des Rechtsmittels als äußerst gering beurteilt. Diese

Prüfung obliegt nicht dem Insolvenzgericht und dürfte es zumindest in zeitlicher Hinsicht überfordern (s. Rdn. 206).

7. Vollstreckungsgegenklage gegen notarielle Urkunde

209 Wird gegen eine **notarielle Urkunde Vollstreckungsgegenklage** erhoben, muss der Abschluss des Klageverfahrens nicht abgewartet werden (*BGH* ZInsO 2006, 824 [825] = EWiR 2006, 595; *Uhlenbruck/Wegener* InsO, § 14 Rn. 40; *Henkel* ZInsO 2011, 1237 [1238]). Einwendungen des Schuldners gegen titulierte Forderungen sind im Eröffnungsverfahren nicht vom Insolvenzgericht zu prüfen (*BGH* ZInsO 2016, 1575 Rn. 14).

VII. Glaubhaftmachung Eröffnungsgrund

1. Überblick

210 a) Eröffnungsgründe beim Gläubigerantrag sind die Zahlungsunfähigkeit (§ 17 InsO) und die Überschuldung (§ 19 InsO). Der Gläubiger hat selten einen genauen Einblick in die Vermögensverhältnisse des Schuldners. Die Glaubhaftmachung der Überschuldung gelingt in den wenigsten Fällen. **Regelmäßig** werden Anträge auf **Zahlungsunfähigkeit** gestützt. Auch hier ist das Problem, dass der Gläubiger selten über genaue Kenntnisse der internen Verhältnisse des Schuldners verfügt. Der Gläubiger wird regelmäßig **nur äußere Anzeichen** für die Zahlungseinstellung vortragen können, aus denen i.d.R. auch die Zahlungsunfähigkeit geschlossen werden kann (§ 17 Abs. 2 Satz 2 InsO). Wie im Rahmen der Glaubhaftmachung der Forderung genügt zunächst die **schlüssige Darlegung** (s. Rdn. 196). **Glaubhaftmachung** durch den antragstellenden Gläubiger ist nur erforderlich, wenn der **Schuldner** den schlüssigen Vertrag **substantiiert bestreitet** (*AG Göttingen* ZInsO 1998, 143). Sollen **Sicherungsmaßnahmen** ohne vorheriges rechtliches Gehör des Schuldners angeordnet werden, ist Glaubhaftmachung erforderlich (*AG Göttingen* ZInsO 1998, 143; ZIP 1999, 1566 [1567] = EWiR 1999, 897). Da es nur um die Zulassung eines Antrages geht, dürfen keine allzu strengen Anforderungen an die Glaubhaftmachung gestellt werden.

211 b) Bei Anträgen auf Eröffnung des Insolvenzverfahrens über **Versicherungsunternehmen, Kreditinstitute und Bausparkassen** darf das Insolvenzgericht nunmehr prüfen, ob ein Insolvenzgrund vorliegt (§ 46b KWG; s. § 13 Rdn. 10).

212 c) Anders als bei der Glaubhaftmachung der Forderung (s. Rdn. 189) gibt es bei Anträgen des **Finanzamtes** und der **Sozialversicherungsträger keine Erleichterungen** hinsichtlich des Eröffnungsgrundes (*LG Hamburg* ZVI 2015, 420). Den Eröffnungsgrund der Zahlungsunfähigkeit machen sie regelmäßig glaubhaft durch Vorlage eines Protokolls über einen erfolglosen Vollstreckungsversuch.

2. Voraussetzungen der Zahlungsunfähigkeit

213 Der Schuldner ist **zahlungsunfähig**, wenn er nicht in der Lage ist, die fälligen Zahlungspflichten zu erfüllen (§ 17 Abs. 2 Satz 1 InsO). Ganz geringfügige Liquiditätslücken bleiben ebenso außer Betracht wie eine vorübergehende Zahlungsstockung (vgl. § 17 Rdn. 25 ff.). Hat der Schuldner seine **Zahlungen eingestellt**, so begründet dies eine widerlegliche Vermutung für den Eintritt der Zahlungsunfähigkeit (§ 17 Abs. 2 Satz 2 InsO). Die Nichtzahlung gegenüber einem einzigen Gläubiger genügt, wenn diese Forderung von nicht unerheblicher Höhe (vgl. § 17 Rdn. 32 ff.) ist (*BGH* ZInsO 2008, 1019). Der Gläubiger wird die Zahlungsunfähigkeit regelmäßig nur durch Glaubhaftmachung der Zahlungseinstellung darlegen können. Dem Schuldner steht die Möglichkeit offen, durch eine Gegenglaubhaftmachung dies zu widerlegen. An die Glaubhaftmachung des Gläubigers dürfen keine allzu strengen Anforderungen angelegt werden. Es geht nur um die Zulassung des Antrages, der die Anhörungen des Schuldners und Amtsermittlungen folgen.

Zu beachten ist, dass eine einmal **nach außen in Erscheinung getretene Zahlungsunfähigkeit** nur 214
dadurch beseitigt werden kann, dass der Schuldner seine **Zahlungen insgesamt wieder aufnimmt**
(*BGH* ZInsO 2013, 1087 Rn. 10 = EWiR 2013, 515).

Es steht im Belieben des Gläubigers, auf welche Art und Weise er den Bestand glaubhaft macht. Es 215
geht nur um die Zulassung des Antrages, es dürfen keine allzu strengen Anforderungen gestellt werden (*LG Duisburg* ZInsO 2002, 988 [989 f.]). Ein **bestimmtes Vorgehen** wie Vorlage einer Fruchtlosigkeitsbescheinigung eines Gerichtsvollziehers kann **nicht verlangt** werden (*BGH* NZI 2006, 34;
OLG Celle NZI 2000, 214 [216]; *Kübler/Prütting/Bork-Pape* InsO, § 14 Rn. 86).

3. Indizien

Vorzunehmen ist jeweils eine **Würdigung des Einzelfalles** (*OLG Celle* NZI 2000, 214 [217]). Als 216
äußere Anzeichen (**Indizien**) **zur Zahlungsunfähigkeit**, die alleine oder in einer Gesamtschau genügen (*BGH* ZInsO 2011, 1410 [1411]), kommen insbesondere in Betracht (weitere Indizien bei HK-InsO/*Rüntz* § 17 Rn. 31 ff.; *Siebert* VIA 2015,17 ff.):

(1) Die kommentarlose Nichtbegleichung einer **unbestrittenen Forderung** stellt eine ausreichende 217
Glaubhaftmachung dar (*BGH* ZInsO 2012, 1418; *LG Duisburg* ZInsO 2002, 988 [990]). Die Gegenmeinung (*AG Leipzig* ZInsO 2010, 1239 [1242]; HK-InsO/*Sternal* § 14 Rn. 24; HambK-InsO/
Linker § 14 Rn. 25; *Uhlenbruck/Wegener* InsO, § 14 Rn. 53; *Frind/Schmidt* ZInsO 2001, 1133
[1136 f.]; *Jacobi* ZInsO 2011, 1094 [1096]) verkennt, dass bei der gegebenen Sachlage eine Zahlungsunwilligkeit die absolute Ausnahme ist. Dies gilt auch und gerade bei der Nichtbegleichung
von Sozialversicherungsbeiträgen (s. Rdn. 218). Sozialversicherungsträger und Finanzämter stellen
einen Insolvenzantrag erst nach erfolglosen Vollstreckungsversuchen.

(2) Die **Nichtabführung von Sozialversicherungsbeiträgen** ist deshalb ein starkes Indiz, weil diese 218
Forderungen i.d.R. wegen der drohenden Strafbarkeit gem. § 266a StGB bis zuletzt bedient werden
(*BGH* ZInsO 2013, 1087 Rn. 10 = EWiR 2013, 515; HambK-InsO/*Linker* § 14 Rn. 40; *Kübler/
Prütting/Bork-Pape* InsO, § 14 Rn. 51 ff.; **a.A.** *LG Hamburg* ZInsO 2012, 225 m. zust. Anm. *Meier*
EWiR 2012, 487 das noch weitere Umstände fordert; *LG Hamburg* ZVI 2015, 420). In der Praxis
stellen Sozialversicherungsträger relativ schnell Insolvenzantrag spätestens nach Ablauf der 3-Monats-Frist, für die ihnen eine Beitragszahlung der Bundesagentur für Arbeit gem. §§ 208, 183 Abs. 1
SGB III gewährt wird (s. Rdn. 133).

Auf den von der Rspr. teilweise geforderten **Mindestzeitraum** von sechs Monaten (*BGH* ZInsO 219
2006, 827; *LG Potsdam* ZInsO 2002, 1195 [1196]; HambK-InsO/*Linker* § 14 Rn. 40; *Uhlenbruck/
Wegener* InsO, § 14 Rn. 66; grds. ablehnend *LG Hamburg* ZVI 2015, 420) wird es in den seltensten
Fällen ankommen. Regelmäßig liegen weitere Indizien vor wie nachhaltige Mahnungen und Fristsetzungen, so dass auch zu einem wesentlich früheren Zeitpunkt die Zahlungsunfähigkeit glaubhaft gemacht ist (*OLG Celle* NZI 2000, 214 [216 f.]; *OLG Dresden* NZI 2001, 472 [473]).

Eine vorherige **erfolglose Vollstreckung** ist **nicht** erforderlich (s. Rdn. 217; **a.A.** *AG Potsdam* ZInsO 220
2003, 135 [137] = NZI 2003, 155 m. abl. Anm. *Sternal* – aufgehoben von *LG Potsdam* ZInsO 2003,
434; *Frind/Schmidt* ZInsO 2001, 1133 [1136 f.]). Auch Löhne, Gehälter (*BGH* ZInsO 2008, 378
[380]) und Forderungen von Energielieferanten werden relativ lange bedient, ihre Nichtzahlung
ist ein starkes Indiz.

Auch bei Anträgen des **Finanzamtes** ist eine **vorherige erfolglose Zwangsvollstreckung nicht zwin-** 221
gend erforderlich (a.A. *AG Potsdam* DZWIR 2001, 262; NZI 2001, 604 [605]).

(3) Indizien können sich aus dem **Verhalten des Schuldners** ergeben. In Betracht kommen entspre- 222
chende Erklärungen des Schuldners (HK-InsO/*Rüntz* § 17 Rn. 32), wie der Erklärung, zur Zahlung
nicht in der Lage zu sein (*LG Berlin* ZInsO 2004, 875), »man sei am Ende« oder habe die Zahlungen
eingestellt. Die Vorschriften über das Geständnis (§§ 288–290 ZPO) sind aber nicht anwendbar (s.
§ 4 Rdn. 17). Auch Angaben aus einem früheren, zurückgenommenen Eigenantragsverfahren sind
verwertbar (*AG Mönchengladbach* ZInsO 2011, 1752 [1753], m. abl. Anm. *Haarmeyer* ZInsO 2011,

1722 [1725] aufgrund der Umstände des konkreten Falles). Indizien sind weiter außergerichtliche Vergleichsbemühungen des Schuldners mit völlig unzureichender Tilgungsquote oder Stundungsgesuche mit völlig unzumutbarer Laufzeit, insbesondere wenn sie in Form eines Rundschreibens in einer Vielzahl an Gläubiger erfolgt (*App* JurBüro 1996, 177). Dem stehen gleich mehrfach nicht eingehaltene Zahlungszusagen. Ein starkes Indiz ist die Einstellung des Geschäftsbetriebes (HK-InsO/*Rüntz* § 17 Rn. 33).

223 (4) Haftbefehle zur Erzwingung der eidesstattlichen Versicherung.

224 (5) Abgabe der **eidesstattlichen Versicherung** (§§ 899 ff. ZPO).

225 (6) In Betracht kommt die Bescheinigung eines Gerichtsvollziehers oder eines Vollstreckungsbeamten, dass der Schuldner pfändbare bewegliche Habe nicht besitzt (**Fruchtlosigkeitszeugnis** gem. § 63 GVGA) oder das **Protokoll über einen fruchtlosen Pfändungsversuch**. Es genügt die Erklärung des Finanzamtes, dass Maßnahmen zur Beitreibung der Steuerschuld erfolglos blieben; eine weitere Konkretisierung ist nicht erforderlich (*BayObLG* NZI 2000, 320; *LG Chemnitz* ZInsO 2011, 889; Uhlenbruck/*Wegener* InsO, § 14 Rn. 65; **a.A.** HambK-InsO/*Linker* § 14 Rn. 42; *Jacobi* ZInsO 2011, 1094 [1097]).

226 Die **Bescheinigung des Gerichtsvollziehers** sollte nicht länger als **sechs Monate** alt sein bzw. der entsprechende Pfändungsversuch nicht länger als sechs Monate zurückliegen (*LG Koblenz* NZI 2001, 265; *AG Köln* ZIP 1999, 1889 [1891]; HK-InsO/*Sternal* § 14 Rn. 24). Regelmäßig ist dann von Zahlungsunfähigkeit auszugehen (*BGH* ZInsO 2006, 827; **a.A.** *LG Hamburg* ZInsO 2015, 1348; *AG Leipzig* ZInsO 2011, 2097). Teilweise wird sogar ein längerer Zeitraum von einem Jahr bejaht (MüKo-InsO/*Schmahl/Vuja* § 14 Rn. 76). Bei einer **länger als sechs Monate** zurückliegenden Bescheinigung kann jedenfalls das Hinzutreten weiterer Indizien die Zahlungsunfähigkeit glaubhaft machen (HK-InsO/*Sternal* § 14 Rn. 24).

227 Zur Glaubhaftmachung der **Zahlungsunfähigkeit einer BGB-Gesellschaft** genügt ein vergeblicher Zwangsvollstreckungsversuch in das gesamthänderische Vermögen der Gesellschaft (HambK-InsO/*Linker* § 14 Rn. 33). Ein Vollstreckungsversuch in das Privatvermögen der Gesellschafter ist nicht erforderlich (HK-InsO/*Sternal* § 14 Rn. 27), da es sich bei dem Vermögen der BGB-Gesellschaft um ein gesamthänderisch gebundenes Sondervermögen handelt (*LG Frankfurt/O.* ZIP 1995, 1211 [1213]) und das Privatvermögen ein vom Gesellschaftsvermögen getrenntes Vermögen bildet (s. § 11 Rdn. 2). Handelt es sich bei dem Schuldner um einen **Einzelkaufmann**, kann die Vorlage eines Fruchtlosigkeitszeugnisses oder eines Protokolls über eine erfolglose Zwangsvollstreckung sowohl bezüglich der Geschäftsräume als auch des Privatvermögens sinnvoll sein. Zwingend erforderlich ist dies aber nicht (HambK-InsO/*Linker* § 14 Rn. 29; **a.A.** HK-InsO/*Sternal* § 14 Rn. 27; Uhlenbruck/*Wegener* InsO, § 14 Rn. 50). Bei mehreren Geschäftslokalen muss nicht in allen vollstreckt worden sein (HambK-InsO/*Linker* § 14 Rn. 28; **a.A.** HK-InsO/*Sternal* § 14 Rn. 27; Uhlenbruck/*Wegener* InsO, § 14 Rn. 50). Auch die erfolglose Pfändung eines einzigen Bankkontos genügt (**a.A.** *AG Potsdam* DZWIR 2001, 262; NZI 2001, 604 [605]; ZInsO 2003, 135 [136]; HK-InsO/*Sternal* § 14 Rn. 25). Die Tatsache einer erfolglosen Zwangsvollstreckung genügt regelmäßig zur Glaubhaftmachung. Häufig werden zudem noch weitere Indizien hinzutreten.

228 (7) Bei Wechselprotesten ist zu beachten, dass diese auch auf Bestreiten der Forderung beruhen können. Bei Scheckrückgaben oder Wechselprotesten kann es vorkommen, dass der Schuldner über sein Geschäftskonto dennoch Zahlungen leistet; bei gehäuftem Auftreten liegt allerdings ein starkes Indiz für Zahlungsunfähigkeit vor.

229 (8) Holen **Lieferanten** unter Eigentumsvorbehalt gelieferte Waren zurück und bedient der Schuldner nur noch neue Schulden, spricht dies für die Zahlungseinstellung des Schuldners (*OLG Stuttgart* ZIP 1997, 652 = EWiR 1997, 469).

230 (9) Eine **Formularklausel**, nach der ein Schuldner eine vereinbarte Ratenzahlung nur bei absoluter Zahlungsunfähigkeit einstellen werde, ist zur Glaubhaftmachung nicht geeignet (*LG Cottbus* ZIP

1995, 234 [235] = EWiR 1995, 255; HambK-InsO/*Linker* § 14 Rn. 25). Eine Formularklausel kann auch nicht einer ausdrücklichen Erklärung des Schuldners (s. Rdn. 218) gleichgestellt werden.

4. Voraussetzungen Überschuldung

Soweit **Überschuldung** als Insolvenzgrund in Betracht kommt (§ 19 InsO), ist die Glaubhaftmachung für den Gläubiger kaum möglich, der regelmäßig keinen Zugang zu den Unterlagen des Schuldners hat. Da die Überschuldungsprüfung nach Liquidationswerten den Regelfall darstellt, ist nur die Überschuldung nach Liquidationswerten glaubhaft zu machen (*BGH* NZI 2007, 44). Nach Zulassung eines auf Zahlungsunfähigkeit gestützten Antrages wird sich im Rahmen der Amtsermittlungen jedoch häufig (auch) eine Überschuldung ergeben. Weist die Schuldnerin selbst in ihren Bilanzen jahrelang eine Überschuldung aus, kann dies zur Glaubhaftmachung genügen. 231

D. Schuldnerantrag

I. Inhaltliche Anforderungen

Zur Stellung des Eröffnungsantrages sind berechtigt die Gläubiger und der Schuldner (§ 13 Abs. 1 Satz 2 InsO). Der Gläubiger hat seine Forderung und den Eröffnungsgrund glaubhaft zu machen (§ 14 Abs. 1 InsO). Beim Schuldnerantrag müssen zunächst die allgemeinen Zulässigkeitsvoraussetzungen (s. Rdn. 7 ff.) vorliegen. **Spezielle Zulässigkeitsvoraussetzungen** sieht die InsO **nur in Sonderfällen** vor. Wird der Antrag bei juristischen Personen und Gesellschaften ohne Rechtspersönlichkeit nicht von allen Mitgliedern des Vertretungsorganes, allen persönlich haftenden Gesellschaftern oder allen Abwicklern gestellt, ist der Eröffnungsgrund glaubhaft zu machen (§ 15 Abs. 2 Satz 1, Abs. 3 InsO). Das dem Schuldner sonst nur beim Gläubigerantrag zustehende Recht auf Anhörung (§ 14 Abs. 2 InsO) steht in diesen Fällen den übrigen Mitgliedern des Vertretungsorgans, persönlich haftenden Gesellschaftern oder Abwicklern zu (§ 15 Abs. 2 Satz 2 InsO; s. § 15 Rdn. 45). Vergleichbare Regelungen enthält der Zehnte Teil (§ 317 Abs. 2, § 318 Abs. 2, § 332, § 333 Abs. 2 InsO). 232

In den übrigen Fällen sieht das Gesetz spezielle Zulässigkeitsvoraussetzungen nicht vor. Dies bedeutet aber nicht, dass das Gericht im Vorprüfungsverfahren das Vorliegen eines Eröffnungsgrundes (§ 16 InsO) nicht zu prüfen hat. Erforderlich ist vielmehr, dass der **Schuldner konkrete Tatsachen** darlegt, aus denen sich der Eröffnungsgrund ergibt und ihn – jedenfalls auf Anfordern des Gerichts – durch Unterlagen belegt (Einzelheiten s. Rdn. 234 ff.). Kein Schuldner hat ansonsten Anspruch darauf, dass ein Insolvenzverfahren eingeleitet und auch seinem Schutz dienende Sicherungsmaßnahmen wie beispielsweise Untersagung oder einstweilige Einstellung der Zwangsvollstreckung (§ 21 Abs. 2 Nr. 3 InsO) erfolgen. Im Ergebnis bedarf auch der Eigenantrag der Zulassung, es handelt sich lediglich um ein vereinfachtes Zulassungsverfahren. 233

II. Einzelheiten

a) **Streitig** ist, ob ebenso wie beim Gläubigerantrag eine schlüssige Darlegung nötig ist (*LG Potsdam* NZI 2002, 555; *AG und LG Duisburg* ZInsO 2002, 783) oder eine Darlegung in substantiierter, nachvollziehbarer Form genügt (*BGH* ZInsO 2003, 217 [218] = EWiR 2003, 589; *BGH* ZInsO 2007, 887 [888] = EWiR 2008, 111 und *LG Stuttgart* ZInsO 2011, 1799 für das Nachlassinsolvenzverfahren; *LG Göttingen* ZInsO 2004, 215 [216]; *Kübler/Prütting/Bork-Pape* InsO, § 13 Rn. 44). Im **Ergebnis unterscheiden sich beide Auffassungen kaum**. 234

b) **Jedenfalls ist durch Angaben zu belegen**, dass die Summe der mitgeteilten Forderungen das angegebene Vermögen übersteigt (*BGH* ZInsO 2003, 217 [218]; *LG Göttingen* ZInsO 2004, 215 [216]). Zudem hat der Schuldner inzwischen auch im Regelinsolvenzverfahren gem. § 13 Abs. 1 Satz 3 InsO – wie bei einem Verbraucherinsolvenzantrag gem. § 305 Abs. 1 Nr. 3 InsO – ein Verzeichnis der Gläubiger und ihrer Forderungen beizufügen und die Richtigkeit und Vollständigkeit gem. § 13 Abs. 1 Satz 7 InsO zu versichern (s. § 13 Rdn. 26 ff., 63). 235

236 c) Liegen die erforderlichen Unterlagen nicht oder nicht vollständig vor, setzt das Insolvenzgericht dem Schuldner eine angemessene **Frist**, die zwei Wochen nicht überschreiten sollte. Kommt der Schuldner seinen Verpflichtungen nicht nach, ist hinsichtlich des weiteren Vorgehens zu differenzieren. Besteht eine Antragspflicht, ist vor einer Zurückweisung des Antrages Anhörung des Schuldners gem. **§ 20 InsO** zu erzwingen, wenn dies den einzigen Weg darstellt, um die Eröffnungsvoraussetzungen zu ermitteln (s. § 20 Rdn. 24). Dies gilt nicht, falls es sich um den Eigenantrag eines nicht antragspflichtigen Schuldners handelt (s. § 20 Rdn. 25).

237 d) Das Insolvenzgericht kann vom Schuldner weiter Mitteilung von Namen und ladungsfähigen Anschriften verlangen, sofern dies zur Anhörung weiterer Beteiligter erforderlich ist (§ 15 Abs. 2, § 317 Abs. 2, § 318 Abs. 2, § 332, § 333 Abs. 3 InsO).

238 e) Kommt der Eröffnungsgrund der drohenden Zahlungsunfähigkeit (**§ 18 InsO**) in Betracht, hat der Schuldner zusätzlich einen **Liquiditätsplan** einzureichen (**a.A.** wohl die in Rdn. 234 aufgeführte Ansicht, die eine Darlegung in substantiierter, nachvollziehbarer Form genügen lässt). Darin hat er die gesamte Entwicklung seiner Finanzlage für einen bestimmten Zeitraum darzulegen und neben den zu erwartenden Einnahmen auch die künftigen, noch nicht unbedingt begründeten oder fälligen Zahlungspflichten einzubeziehen. Eine genaue Prüfung ist auch deshalb geboten, weil manche Schuldner auf die Untersagung bzw. einstweilige Einstellung von Zwangsvollstreckungsmaßnahmen (§ 21 Abs. 2 Nr. 3 InsO) und auf den damit verbundenen Zeitgewinn spekulieren.

239 f) Natürliche Personen, die keine selbstständige wirtschaftliche Tätigkeit ausgeübt haben (gem. **§ 304 Abs. 1 InsO**), sind verpflichtet, die in § 305 Abs. 1 InsO aufgezählten **Unterlagen** vorzulegen oder unverzüglich nachzureichen. Kommt der Schuldner einer entsprechenden Aufforderung nicht binnen eines Monats (oder drei Monaten bei einem Fremdantrag) nach, gilt sein Antrag auf Eröffnung des Insolvenzverfahrens als zurückgenommen (§ 305 Abs. 3 Satz 2, 3 InsO).

240 g) Kommt der Schuldner seinen Auskunfts- und Mitwirkungspflichten vorsätzlich oder grob fahrlässig nicht oder nicht ordnungsgemäß nach, kann dies zur **Versagung der Restschuldbefreiung** führen (§ 290 Abs. 1 Nr. 5, 6 InsO). Besteht eine Pflicht zur Stellung eines Insolvenzantrages gem. § 15a InsO, droht eine **Strafbarkeit** gem. § 15a Abs. 4, 5 InsO (s. § 15a Rdn. 45 ff.).

241 h) Weiter kann der Schuldner, für den die Vorschriften der Verbraucherinsolvenz (§§ 304 ff. InsO) nicht gelten, mit Antragstellung in Form eines »**pre-packed-Planes**« einen Insolvenzplan (§§ 217 ff. InsO) und/oder einen Antrag auf Eigenverwaltung (§§ 270 ff. InsO) vorlegen. Nach der vereinfachten Zulassung des Schuldnerantrages sind die Sicherungsmaßnahmen, das Vorgehen des vorläufigen Insolvenzverwalters und der Umfang der Tätigkeit eines Sachverständigen darauf abzustimmen.

E. Anhörung des Schuldners (Abs. 2)

I. Anwendungsbereich

242 Wird der Gläubigerantrag vom Insolvenzgericht zugelassen, hat es den Schuldner zu hören (§ 14 Abs. 2 InsO). Die Zulassung geschieht nicht durch Beschluss, sondern konkludent dadurch, dass das Insolvenzgericht den Antrag nicht als unzulässig abweist, sondern das Verfahren weiterbetreibt. Die Anhörung kann aber auch bereits nach Antragstellung und vor der Entscheidung über die Zulassung durchgeführt werden. Dies kann sich empfehlen z.B. bei Zweifeln über die Zuständigkeit. Beim Schuldnerantrag kann rechtliches Gehör in Betracht kommen bei Fällen mehrköpfiger Vertretung usw. (§ 15 Abs. 2 Satz 2 InsO) und bei Verfahren nach dem Zehnten Teil (§ 317 Abs. 2, Abs. 3, § 318 Abs. 2, § 332, § 333 Abs. 2 InsO).

II. Entbehrlichkeit

243 Die Anhörung des Schuldners kann **unterbleiben** in den in § 10 InsO aufgeführten Fällen (s. § 10 Rdn. 10 ff.). Auch die Anhörung einer Ersatzperson ist in diesen Fällen regelmäßig nicht sinnvoll (s. § 10 Rdn. 10 ff.). Eine unterlassene Anhörung führt nicht automatisch zur Aufhebung und Zurückverweisung durch das Beschwerdegericht (s. § 10 Rdn. 20).

Hat eine Anhörung zum Insolvenzantrag stattgefunden, ist eine **nochmalige Anhörung** vor der An- 244
ordnung von Sicherungsmaßnahmen entbehrlich (*OLG Düsseldorf* NJW-RR 1994, 1126 = Rpfleger
1994, 475). Es genügt auch eine Anhörung im Rahmen eines PKH-Verfahrens. Sicherungsmaßnahmen (§ 21 InsO) können aber regelmäßig auch ohne vorherige Anhörung wegen der Eilbedürftigkeit
angeordnet werden, allerdings ist dann die Anhörung unverzüglich nachzuholen (s. § 10 Rdn. 13).

III. Art und Weise der Anhörung

Die Anhörung des Schuldners erfolgt unverzüglich nach Zulassung des Insolvenzantrages, falls sie 245
nicht bereits schon zuvor erfolgt ist (s. Rdn. 242, 244). Die Anhörung kann mündlich oder schriftlich erfolgen, ein Recht auf mündliche Anhörung besteht nicht (*Uhlenbruck/Wegener* InsO, § 14
Rn. 175). Eine Anhörung durch den Sachverständigen/vorläufigen Insolvenzverwalter genügt nicht
(HK-InsO/*Sternal* § 14 Rn. 50). Die **Art** der Anhörung bestimmt das Insolvenzgericht nach
pflichtgemäßem Ermessen (s. § 10 Rdn. 5). Eine förmliche Zustellung des Antrags ist nicht erforderlich (*Uhlenbruck/Wegener* InsO, § 14 Rn. 176; **a.A.** MüKo-InsO/*Schmahl/Vuja* § 14 Rn. 132).

Die **schriftliche Anhörung** kann erfolgen durch Übersendung der Antragsschrift und eines Fragebo- 246
gens mit Fristsetzung (*AG Duisburg* Rpfleger 1994, 268; MüKo-InsO/*Schmahl/Vuja* § 14 Rn. 122;
Uhlenbruck/Wegener InsO, § 14 Rn. 176). Zugleich ist eine angemessene Frist zur Stellungnahme
zu setzen, die regelmäßig nicht unter einer Woche liegen soll (MüKo-InsO/*Schmahl/Vuja* § 14
Rn. 135).

Der Schuldner kann auch zu einer **mündlichen Anhörung** geladen werden. Der Ladung wird bei- 247
gefügt der Antrag und ggf. ein Fragebogen mit der Bitte, ihn ausgefüllt zum Termin mitzubringen.
In diesem Fall genügt eine **Frist** von drei Tagen unter Einschluss des Sonntages (*AG Göttingen* Beschl.
v. 30.03.1998 – 71 N 27/98) bzw. zwei Werktagen (*LG Göttingen* Beschl. v. 06.04.1998 – 10 T
20/98), um den Anspruch des Schuldners auf rechtliches Gehör zu wahren. Dem Gläubiger sollte
die Anwesenheit im Termin gestattet werden (s. § 5 Rdn. 38). Wegen der Einzelheiten des Termins
s. § 5 Rdn. 38 f. Die Erklärungen des Schuldners sollten im Termin ausführlich protokolliert werden. Häufig macht der Schuldner/Vertreter Angaben, die für das weitere Verfahren von Bedeutung
sind (Anfechtungsprozesse, Schadensersatzansprüche gegen Gesellschafter/Geschäftsführer). Die
Anhörung sollte nicht dem Rechtspfleger übertragen werden (s. § 2 Rdn. 50).

Erfolgt die Anhörung im Wege der **Rechtshilfe** (s. § 5 Rdn. 40), so bestimmt das ersuchende Gericht 248
die Art der Anhörung. Das Rechtshilfegericht kann nicht von sich aus statt mündlicher Anhörung
eine schriftliche Anhörung anordnen (*Uhlenbruck*/Wegener InsO, § 14 Rn. 175).

Bei **mehrköpfiger Vertretung** ist das Gericht nicht verpflichtet, jeden Vertretungsberechtigten anzu- 249
hören (s. § 10 Rdn. 14). Bei passiver Vertretung genügt die Abgabe einer Erklärung gegenüber
einem Vertreter; gleiches gilt für die Anhörung (MüKo-InsO/*Schmahl* § 14 Rn. 112; *BGH* NZI
2002, 97 [98] für den Fall der Niederlegung des Geschäftsführeramtes). Etwas anders gilt in den Fällen des § 15 Abs. 2 InsO (s. § 15 Rdn. 45 f.).

Nicht erforderlich ist, dass der Schuldner sich tatsächlich äußert. Eine Verpflichtung zu einer **erneu-** 250
ten Anhörung vor Entscheidung über den Eröffnungsantrag besteht grundsätzlich **nicht**. Dies gilt
auch, wenn der Schuldner Einwendungen gegen den Antrag erhoben hat (*Uhlenbruck/Wegener* InsO,
§ 14 Rn. 177); anders nur, wenn insoweit neue Tatsachen vom Gläubiger glaubhaft gemacht worden
sind. Zu den Folgen einer unterlassenen Anhörung s. § 10 Rdn. 20.

IV. Funktionen der Anhörung

a) Die Anhörung des Schuldners hat eine **Doppelfunktion**. Zum einen gewährt sie ihm das erforder- 251
liche **rechtliche Gehör** (Art. 103 Abs. 1 GG). Der Schuldner erhält die Möglichkeit, zunächst zu allen Zulässigkeitsfragen Stellung zu nehmen. Selbst wenn das Insolvenzgericht den Antrag zugelassen
hat und sich bei einer Anhörung des Schuldners seine Unzuständigkeit herausstellt, ist der Antrag als
unzulässig abzuweisen, falls der Gläubiger keinen Verweisungsantrag stellt. Neben den allgemeinen

Zulässigkeitsvoraussetzungen kann der Schuldner das rechtliche Interesse bestreiten. Er kann weiter versuchen, die glaubhaft gemachte Forderung und den glaubhaft gemachten Eröffnungsgrund durch eine sog. Gegenglaubhaftmachung zu erschüttern. Gelingt ihm die Gegenglaubhaftmachung und erbringen die – sofern der Antrag zugelassen ist – erforderlichen Ermittlungen von Amts wegen kein Ergebnis oder sind sie von vornherein aussichtslos, ist der Antrag abzuweisen.

252 Den **Angaben des Schuldners** ist mit großer **Vorsicht zu begegnen**. Häufig versucht er, durch unrichtige oder unvollständige Angaben einen Aufschub zu erreichen. Insbesondere kann dem Schuldner daran gelegen sein, den Erlass von Sicherungsmaßnahmen zu verhindern oder ihre Aufhebung (§ 25 Abs. 1 InsO) zu erreichen.

253 b) Regelmäßig geht es bei der Anhörung nicht nur darum, das Recht des Schuldners durchzusetzen. Vielmehr erfolgt die Anhörung – jedenfalls wenn der Antrag zugelassen ist – auch, um die **Auskunftspflicht** des Schuldners (§ 20 InsO) durchzusetzen. Vor diesem Hintergrund erklärt sich die lediglich zur Gewährung des rechtlichen Gehörs nicht erforderliche Übersendung eines umfangreichen Fragebogens an den Schuldner bei einer schriftlichen Anhörung. Erfolgt eine mündliche Anhörung und wird danach ein Sachverständiger/vorläufiger Insolvenzverwalter eingesetzt, erfragt dieser die entsprechenden Daten. Der Schuldner wird nicht nur befragt, ob er die Forderung und den Eröffnungsgrund bestreitet. Vielmehr hat der Schuldner u.a. seine Aktiva und Passiva i.E. anzugeben und ein Gläubiger- und Schuldnerverzeichnis zu erstellen. Im Hinblick auf die bestehende Auskunftspflicht (§ 20 InsO) kann in dem Anschreiben zur Übersendung des Fragebogens der Schuldner auch darauf hingewiesen werden, dass er bei Nichterscheinen zum Termin oder Nichtausfüllen des Fragebogens bis zu einem bestimmten Termin vorgeführt werden kann.

V. Schutzschrift

254 Droht im **Zivilverfahren** der Erlass eines Arrestes oder insbesondere einer einstweiligen Verfügung, kann eine Schutzschrift bei Gericht eingereicht werden (*Zöller/Vollkommer* ZPO, § 937 Rn. 4, § 921 Rn. 1). Durch die Einreichung der Schutzschrift als **vorbeugendes Verteidigungsmittel** soll verhindert werden, dass bei Erlass einer einstweiligen Verfügung ohne mündliche Verhandlung die Rechte des Einreichers beeinträchtigt werden. Die Schutzschrift zielt nicht nur darauf ab, eine mündliche Verhandlung zu erreichen, sie kann vielmehr auch zu Verfügungsanspruch und Verfügungsgrund Stellung nehmen und die Glaubhaftmachung des Antragstellers im einstweiligen Verfügungsverfahren erschüttern (*Zöller/Vollkommer* ZPO, § 937 Rn. 4).

255 Auch im Insolvenzverfahren muss es einem Schuldner möglich sein, bei erwartetem Antrag eine Schutzschrift einzureichen und insbesondere eine Art Gegenglaubhaftmachung hinsichtlich Forderung und/oder Insolvenzgrund vorzulegen. Nur so kann der Schuldner häufig den Erlass der einschneidenden Sicherungsmaßnahmen (§ 21 InsO) verhindern, die oft ohne rechtliches Gehör ergehen (s. § 10 Rdn. 13, § 21 Rdn. 45 ff.). Die gebotene unverzügliche Anhörung kann zwar zur Aufhebung der Sicherungsmaßnahmen führen (§ 25 InsO). Die häufig einschneidenden Folgen für den Schuldner können aber bestehen bleiben. Eine **Schutzschrift** ist **zulässig** (ebenso *Kübler/Prütting/Bork-Pape* § 14 Rn. 157; MüKo-InsO/*Schmahl/Vuja* § 14 Rn. 135; *Uhlenbruck/Wegener* InsO, § 14 Rn. 201; *Bichlmeier* DZWIR 2000, 62 ff. mit Muster einer Schutzschrift). Sie macht allerdings eine gem. § 14 Abs. 2 InsO gebotene Anhörung nicht entbehrlich (A/G/R-*Kadenbach* § 14 InsO Rn. 30).

256 Eine Schutzschrift ist auch möglich, wenn Insolvenzgläubiger bei einem erwarteten Antrag des Schuldners auf Eigenverwaltung Nachteile i.S.d. § 270 Abs. 2 Nr. 2 InsO darlegen wollen. Weiter kann sie eingereicht werden, wenn unberechtigte Eigenanträge gem. § 18 InsO (Rdn. 140; s.a. § 15a Rdn. 43) befürchtet werden (*Meyer* ZInsO 2013, 2361 [2368]; *Brünkmanns/Uebele* ZInsO 2014, 265 [270]).

257 Seit dem 01.01.2016 besteht ein länderübergreifendes elektronisches **Schutzschriftenregister**, § 945a ZPO.

F. Weiterer Verfahrensgang

Ist der Antrag **unzulässig** und werden auf richterlichen Hinweis die Mängel nicht behoben, wird der Antrag auf Kosten des Antragstellers (dazu s. § 13 Rdn. 190) als unzulässig abgewiesen. Der Antragsteller kann dagegen sofortige Beschwerde (§ 34 InsO) einlegen. Beim Gläubigerantrag kann die Abweisung ohne vorherige Anhörung des Schuldners erfolgen. 258

Mit der **Zulassung** des Antrages, der keines besonderen Beschlusses bedarf, tritt das Verfahren in das **Hauptprüfungsverfahren** ein, das häufig als sog. »quasi-streitiges« Verfahren bezeichnet wird (s. § 13 Rdn. 6). Beim Gläubigerantrag ist den in § 304 InsO genannten natürlichen Personen die Möglichkeit zur Stellung eines Eigenantrages zu geben (§ 306 Abs. 3 InsO). Die Zulassung ist lediglich eine vorbereitende richterliche Tätigkeit und daher unanfechtbar. 259

Nunmehr ist auch der **Erlass von Sicherungsmaßnahmen (§ 21 InsO) möglich:** diese sind für den Schuldner anfechtbar (§ 21 Abs. 1 Satz 2 InsO). Nach Antragszulassung kann sich der Schuldner seiner Mitwirkung nicht mehr mit der Begründung entziehen, gar nicht Schuldner der Antragsforderung zu sein, falls das Insolvenzgericht noch andere Forderungen ermittelt (*OLG Celle* ZIP 2001, 619 [620]). Das bloße Bestreiten der Forderung durch den Schuldner ist unerheblich. Vielmehr bleibt ihm nur der Weg der Gegenglaubhaftmachung mit der Folge, dass bei erfolgreicher Gegenglaubhaftmachung der Antrag als unzulässig abgewiesen wird (s. Rdn. 189 ff.). Die unabhängig von der Einzahlung eines Vorschusses erfolgenden Amtsermittlungen des Insolvenzgerichts beziehen sich im Wesentlichen darauf, ob ein Eröffnungsgrund (§ 16 InsO) und eine die Kosten des Verfahrens deckende Masse (§ 26 Abs. 1 InsO) vorliegt. Die Prüfungspflicht entfällt wegen der weitreichenden wirtschaftlichen Konsequenzen nicht deshalb, weil der Schuldner den Insolvenzgrund einräumt oder sich nicht äußert. 260

Das Insolvenzgericht muss vom Vorliegen des Insolvenzgrundes überzeugt sein aufgrund **eigener Ermittlungen**, die regelmäßig mit Hilfe eines Sachverständigen erfolgen. Steht der Insolvenzgrund nicht zur Überzeugung des Gerichts fest, ist der Antrag als unbegründet abzuweisen. Vor einer Zurückweisung des Antrages ist aber die Anhörung des Schuldners zu erzwingen, wenn dies den einzigen Weg darstellt, um die Eröffnungsvoraussetzungen zu ermitteln, falls es sich nicht um den Eigenantrag eines nicht antragspflichtigen Schuldners handelt (s. § 20 Rdn. 5, 25). Trotz rechtskräftiger Abweisung eines Eröffnungsantrages kann ein neuer Antrag gestellt werden, da der Beschluss nicht in Rechtskraft erwächst (s. § 7 Rdn. 84). 261

G. Internationales Insolvenzrecht

Sachliche und örtliche Zuständigkeit ergeben sich aus §§ 2, 3 InsO (zur internationalen Zuständigkeit s. § 3 Rdn. 55 ff.). Eine Sonderregelung für die örtliche Zuständigkeit enthält § 315 InsO. Die Zulässigkeitsvoraussetzungen sind vom Antragsteller darzulegen (*AG Köln* ZIP 2006, 628 m. teilw. abl. Anm. *Mankowski* EWiR 2006, 109). 262

Im Geltungsbereich der zum 31.05.2002 in Kraft getretenen EU-Verordnung über Insolvenzverfahren ist gem. Art. 29 der Verwalter des Hauptinsolvenzverfahrens zur Antragstellung auf Eröffnung eines **Sekundärinsolvenzverfahrens** befugt (*Wimmer* ZInsO 2001, 97 [102]). In der zum 26.06.2017 geänderten EuInsVO findet sich die Regelung in Art. 37. Eine entsprechende Regelung enthält § 356 Abs. 2 InsO. Auch der Schuldner soll zur Antragstellung befugt sein (*AG Köln* ZInsO 2004, 216 [217 f.] = EWiR 2004, 601). 263

Für die Zulässigkeit eines **Partikularinsolvenzverfahrens** ist gem. § 354 Abs. 2 InsO ein besonderes Interesse des Gläubigers an der Verfahrenseröffnung nötig; dies liegt insbesondere vor, wenn der Gläubiger in einem ausländischen Verfahren voraussichtlich erheblich schlechter stehen wird als in einem inländischen Verfahren. Das rechtliche Interesse für die Durchführung eines Partikularverfahrens in Deutschland wird weiter bejaht, wenn der Erblasser weder Wohnsitz noch Mittelpunkt seiner wirtschaftlichen Tätigkeit in Deutschland hatte, sich jedoch hier ein wesentlicher Vermögensgegenstand befindet (*LG Stuttgart* Rpfleger 2000, 235 [236] = EWiR 2000, 523). 264

265 Ist ein Hauptinsolvenzverfahren in einem anderen Mitgliedsstaat der Europäischen Union eröffnet, ist gem. Art. 102 § 3 Abs. 1 EGInsO ein **weiteres Hauptinsolvenzverfahren unzulässig**. Ein in Deutschland zeitlich später eröffnetes Hauptinsolvenzverfahren ist gem. Art 102 § 4 Abs. 1 Satz 1 EGInsO einzustellen (*AG Düsseldorf* NZI 2004, 269 m. Anm. *Liersch* = EWiR 2004, 495; *AG Düsseldorf* ZIP 2004, 866).

266 Zur Antragspflicht s. § 15a Rdn. 55.

§ 15 Antragsrecht bei juristischen Personen und Gesellschaften ohne Rechtspersönlichkeit

(1) ¹Zum Antrag auf Eröffnung eines Insolvenzverfahrens über das Vermögen einer juristischen Person oder einer Gesellschaft ohne Rechtspersönlichkeit ist außer den Gläubigern jedes Mitglied des Vertretungsorgans, bei einer Gesellschaft ohne Rechtspersönlichkeit oder bei einer Kommanditgesellschaft auf Aktien jeder persönliche haftende Gesellschafter, sowie jeder Abwickler berechtigt. ²Bei einer juristischen Person ist im Fall der Führungslosigkeit auch jeder Gesellschafter, bei einer Aktiengesellschaft oder einer Genossenschaft zudem auch jedes Mitglied des Aufsichtsrats zur Antragstellung berechtigt.

(2) ¹Wird der Antrag nicht von allen Mitgliedern des Vertretungsorgans, allen persönlich haftenden Gesellschaftern, allen Gesellschaftern der juristischen Person, allen Mitgliedern des Aufsichtsrats oder allen Abwicklern gestellt, so ist er zulässig, wenn der Eröffnungsgrund glaubhaft gemacht wird. ²Zusätzlich ist bei Antragstellung durch Gesellschafter einer juristischen Person oder Mitglieder des Aufsichtsrats auch die Führungslosigkeit glaubhaft zu machen. ³Das Insolvenzgericht hat die übrigen Mitglieder des Vertretungsorgans, persönlich haftenden Gesellschafter oder Abwickler zu hören.

(3) ¹Ist bei einer Gesellschaft ohne Rechtspersönlichkeit kein persönlich haftender Gesellschafter eine natürliche Person, so gelten die Absätze 1 und 2 entsprechend für die organschaftlichen Vertreter und die Abwickler der zur Vertretung der Gesellschaft ermächtigten Gesellschafter, Gesellschafter der juristischen Person, Mitglieder des Aufsichtsrats. ²Entsprechendes gilt, wenn sich die Verbindung von Gesellschaften in dieser Art fortsetzt.

Übersicht

	Rdn.			Rdn.
A. Überblick §§ 15, 15a	1	III.	Vor(gründungs)Gesellschaft	40
B. Antragsberechtigte	3	IV.	Gelöschte Gesellschaft	44
C. Einzelfragen	18	D.	§ 15 Abs. 2 Satz 1, 3 InsO	45
I. Faktischer Geschäftsführer	18	E.	Führungslosigkeit (§ 15 Abs. 1 Satz 2, Abs. 2 Satz 2 InsO)	49
II. Amtsniederlegung/Abberufung	24			
1. Amtsniederlegung	24	F.	Pflicht zur Beobachtung und Antragspflicht	56
2. Abberufung	27			
3. Unwirksamkeit	28	G.	Internationales Insolvenzrecht	58
4. Folgen	29			

Literatur:
Geißler Rechtsfragen zum Insolvenzantrag eines Gesellschafters gegen seine GmbH, ZInsO 2014, 1201; *Guttmann/Laubereau* Schuldner und Bescheiniger im Schutzschirmverfahren, ZInsO 2012, 1861; *Horstkotte* Die Rücknahme eines Insolvenzantrages durch nicht antragstellende Geschäftsführer einer Gesellschaft mit beschränkter Haftung, ZInsO 2017, 146; *Schmidt* Die Rücknahme des Eigenantrages durch ein Mitglied des Vertretungsorganes einer juristischen Person, ZInsO 2015, 2168; *Wertenbruch* Gesellschafterbeschluss für Insolvenzantrag bei drohender Zahlungsunfähigkeit?, DB 2013, 1592; *Weyand* Faktische Geschäftsführung – eine aktuelle Bestandsaufnahme, ZInsO 2015, 1773.

A. Überblick §§ 15, 15a

§ 15 InsO regelt das Antragsrecht bei juristischen Personen und Gesellschaften ohne Rechtspersönlichkeit. **Sonderregeln** sind im **Zehnten Teil** enthalten (§§ 317, 318, 332, 333 InsO). Mit dem **Antragsrecht korrespondiert** häufig eine **Antragspflicht**. Diese war bis zum 31.10.2008 in Spezialgesetzen (z.B. 64 Abs. 1 GmbHG a.F.) geregelt. Das MoMiG hat ab dem 01.11.2008 für juristische Personen und Gesellschaften ohne Rechtspersönlichkeit, bei der keine natürliche Person persönlich haftet, die Antragspflicht in § 15a InsO verankert. Geblieben ist die Regelung in Spezialgesetzen in den übrigen Fällen (z.B. § 42 Abs. 2 Satz 1 BGB). Eine Verletzung kann zivilrechtliche Schadensersatzverpflichtungen auslösen aufgrund spezieller Regelung (z.B. § 42 Abs. 2 Satz 2 BGB) oder aufgrund der allgemeinen Regelungen (§§ 823 ff. BGB). Ferner kommen Erstattungsansprüche aufgrund der Regelung des § 26 Abs. 3 und Abs. 4 InsO in Betracht (s. Rdn. 17). Schließlich können sich die betreffenden Personen auch strafbar machen. Durch das MoMiG eingefügt ist im Fall der Führungslosigkeit (§ 10 Abs. 2 Satz 2 InsO) das Antragsrecht (§ 15 Abs. 1 Satz 2 InsO) und die Antragspflicht (§ 15a Abs. 3 InsO) für jeden Gesellschafter, bei einer Aktiengesellschaft oder einer Genossenschaft zudem auch für jedes Mitglied des Aufsichtsrats. 1

Der **Kreis der Antragsberechtigten** ist in § 15 Abs. 1, 3 InsO umschrieben. Wird der Antrag nicht von allen Antragsberechtigten gestellt, muss der Eröffnungsgrund glaubhaft gemacht werden und es sind die übrigen Antragsberechtigten anzuhören (§ 15 Abs. 2 InsO). Weitere Einschränkungen enthält § 18 Abs. 3 InsO bei Antragstellung bei drohender Zahlungsunfähigkeit. 2

B. Antragsberechtigte

Antragsrecht und Antragspflicht für die jeweilige Vermögensmasse ergeben sich aus der nachfolgenden **Übersicht**. Die **Erläuterungen** zu denen mit * gekennzeichneten Stellen befinden sich nach der Übersicht (s. **Rdn. 12 ff.**). 3

Vermögensmasse	Antragsrecht	Antragspflicht
AG	§ 15 Abs. 1 Satz 1 InsO: Vorstand (§§ 76, 78 AktG) Führungslosigkeit § 15 Abs. 1 Satz 2 InsO	§ 15a Abs. 1 InsO (§ 92 Abs. 2 AktG a.F.) Führungslosigkeit § 15a Abs. 3 InsO
GmbH	§ 15 Abs. 1 Satz 1 InsO: Geschäftsführer (§ 35 GmbHG) Führungslosigkeit § 15 Abs. 1 Satz 2 InsO	§ 15a Abs. 1 InsO (§ 64 Abs. 1 GmbHG a.F.) Führungslosigkeit § 15a Abs. 3 InsO
Genossenschaft	Vorstand (§ 24 GenG)* Führungslosigkeit § 15 Abs. 1 Satz 2 InsO	§ 99 GenG Führungslosigkeit § 15a Abs. 3 InsO
e.V.	Vorstand (§ 26 BGB)	§ 42 Abs. 2 BGB
nicht e.V.	wie e.V.*	wie e.V.*
Stiftung	wie e.V. (§ 86 BGB)	wie e.V. (§ 86 BGB)
Versicherungsunternehmen, Kreditinstitute, Bausparkassen und gleichgestellte Institute sowie Krankenkassen	Aufsichtsbehörde*	
Gesellschaften ohne Rechtspersönlichkeit (§ 11 Abs. 2 Nr. 1 InsO)	§ 15 Abs. 1 Satz 1 InsO: jeder persönlich haftende Gesellschafter*	nur gem. §§ 15a Abs. 1 Satz 2, Abs. 2, Abs. 3 InsO (§ 130a Abs. 1 Satz 1 HGB, § 177a Satz 1 HGB a.F.)*

§ 15 InsO   Antragsrecht bei juristischen Personen und Gesellschaften ohne Rechtspersönlichkeit

Vermögensmasse	Antragsrecht	Antragspflicht
GmbH & Co KG	KG: persönlich haftender Gesellschafter (i.d.R. GmbH, vertreten durch Geschäftsführer)* GmbH: Geschäftsführer	s. bei KG und GmbH
KGaA	jeder persönlich haftende Gesellschafter (§ 278 Abs. 2 AktG)	wie AG (§ 278 Abs. 3, § 283 Nr. 12 AktG)
Sonderinsolvenzverfahren (Zehnter Teil)	§ 317, § 318, § 332, § 333 InsO	§§ 1489 Abs. 1, 1980, 1985 BGB*
Körperschaften des öffentlichen Rechtes, sofern insolvenzfähig (vgl. § 12 InsO)	wie e.V. (vgl. § 89 Abs. 2 BGB)	wie e.V. (§ 89 Abs. 2 BGB)*
Partnergesellschaft	Jeder phG und jeder Partner (§ 7 Abs. 3 PartGG i.V.m. § 125 Abs. 1 HGB)	
Wohnungseigentümergemeinschaft	Insolvenzunfähig gem. § 11 Abs. 3 WEG	

4 **Nicht antragsberechtigte Personen** wie Kommanditisten können nur einen Antrag als Gläubiger stellen (s. § 13 Rdn. 10), falls sie nicht gem. § 176 Abs. 1, 2 HGB unbeschränkt haften (MüKo-InsO/ *Schmahl/Klöhn* § 15 Rn. 49; **a.A.** HambK-InsO/*Linker* § 15 Rn. 5). Auch antragsberechtigte Gesellschafter können (zusätzlich) als Gläubiger zur Antragstellung berechtigt sein, z.B. aus Anstellungsvertrag, Kauf, Miete oder Darlehen (*Geißler* ZInsO 2014, 1201 [1202]); anders bei Abgabe einer qualifizierten Rangrücktrittserklärung (s. § 14 Rdn. 145).

5 Zu beachten ist weiter, dass bei **Fehlen eines organschaftlichen Vertreters** bei juristischen Personen (**Führungslosigkeit** i.S.d. § 10 Abs. 2 Satz 2 InsO, vgl. § 10 Rdn. 16) auch die in § 15 Abs. 1 Satz 2 InsO aufgeführten Gesellschafter/Mitglieder des Aufsichtsrats zur Antragstellung berechtigt sind, wenn sie die Führungslosigkeit gem. § 15 Abs. 2 Satz 2 InsO glaubhaft machen (Einzelheiten s. Rdn. 49 ff. und § 15a Rdn. 20 ff.). Ob durch die im Rahmen des MoMiG eingefügte Ergänzung der beabsichtigte Gläubigerschutz verstärkt wird, ist zweifelhaft (s. § 10 Rdn. 18).

6 Zur Antragstellung ist auch ein **Notvorstandsmitglied oder Notgeschäftsführer** befugt (§ 85 AktG, § 29 BGB). Befindet sich die Gesellschaft in **Liquidation**, so ist anstelle der oben aufgeführten Personen jeder Abwickler zur Antragstellung berechtigt gem. § 15 Abs. 1, Abs. 3 InsO (*AG Hamburg* ZIP 2005, 1748 [1750]) und ggf. auch verpflichtet.

Bei einer Verurteilung gem. § 6 Abs. 2 Satz 2 Nr. 3 GmbHG wird der Geschäftsführer mit Rechtskraft des Urteiles amtsunfähig und verliert sein Antragsrecht (*AG Dresden* ZInsO 2007, 501).

Zum Antragsrecht und zur Antragspflicht des **faktischen Geschäftsführers** s. Rdn. 18, bei der Vor(gründungs)Gesellschaft Rdn. 40 ff.

7 Ist ein Insolvenzverfahren über **juristische Personen des öffentlichen Rechtes** zulässig (s. dazu § 12 Rdn. 2 ff.), besteht unabhängig von Einschränkungen der Handlungsbefugnis der Organe im Außenverhältnis ein Antragsrecht gem. § 15 InsO (*Uhlenbruck/Hirte* InsO, § 12 Rn. 17).

8 Zum Antragsrecht bei Bestellung eines **Betreuers** s. § 14 Rdn. 33.

9 Zum Antragsrecht bei **Insolvenz des Antragstellers** s. FK-InsO/*Schmerbach* § 14 Rdn. 39. Ist über das Vermögen des persönlich haftenden Gesellschafters (z.B. Komplementär-KG) das Insolvenzverfahren eröffnet, soll der dortige Insolvenzverwalters nicht zur Stellung eines Antrages über das Vermögen der Gesellschaft ohne Rechtspersönlichkeit (z.B. KG) berechtigt sein (*AG Dresden* ZIP 2003,

1264 [1265]; HK-InsO/*Sternal* § 15 Rn. 13; *Kübler/Prütting/Bork/Bork-Pape* InsO, § 15 Rn. 19; MüKo-InsO/*Schmahl/Klöhn* § 15 Rn. 46; **a.A.** *Gundlach/Müller* ZInsO 2011, 900; *Uhlenbruck/Hirte* InsO, § 15 Rn. 14).

Die **Überprüfung des Antragsrechtes** erfolgt durch Einblick in das entsprechende Register (s. Rdn. 27 für den Fall der Abberufung). Existieren keine öffentlichen Register, hat der Antragsteller den vollen Nachweis zu führen, bloße Glaubhaftmachung genügt nicht (MüKo-InsO/*Schmahl/Klöhn* § 15 Rn. 71). 10

Ein **nicht antragsbefugter Antragsteller** hat nach Rücknahme des Antrages oder Anweisung als unzulässig die **Kosten** des Verfahrens zu tragen (A/G/R-*Kadenbach* § 15 InsO Rn. 33; § 13 Rdn. 69). 11

Zu der obigen Übersicht ergeben sich folgende **Erläuterungen** zu *: 12

Bei der eingetragenen **Genossenschaft** ist streitig, ob einem unbeschränkt zum Nachschuss verpflichteten Genossen (§ 105 GenG) ein Antragsrecht analog § 15 Abs. 1 InsO zusteht (so MüKo-InsO/*Schmahl/Klöhn* § 15 Rn. 22; *Beuthin/Titze* ZIP 2002, 1116; **a.A.** A/G/R-*Kadenbach* § 15 InsO Rn. 11; HambK-InsO/*Linker* § 15 Rn. 5; *Uhlenbruck/Hirte* InsO, § 15 Rn. 2).

§ 54 Satz 1 BGB verweist für **nichtrechtsfähige Vereine** auf die Vorschriften über die Gesellschaft. Wegen der Gleichsetzung des nicht rechtsfähigen Vereins mit einer juristischen Person (§ 11 Abs. 1 Satz 2 InsO) und der passiven Parteifähigkeit (§ 50 Abs. 2 ZPO) ist der nicht rechtsfähige Verein jedoch insoweit dem rechtsfähigen Verein gleichzustellen. Nicht nur der Vorstand, sondern alle Mitglieder sind antragsberechtigt beim wirtschaftlichen Verein (§ 22 BGB), da neben dem Vereinsvermögen auch alle Mitglieder persönlich haften (A/G/R-*Kadenbach* § 15 InsO Rn. 9). Kein Antragsrecht besteht im Fall der persönlichen Haftung gem. § 54 Satz 2 BGB (A/G/R-*Kadenbach* § 15 InsO Rn. 9). 13

Bei **Versicherungsunternehmen, Kreditinstituten, Bausparkassen** sowie gleichgestellten Instituten **und Krankenkassen** steht das Antragsrecht nur der **Aufsichtsbehörde** zu (s. § 13 Rdn. 10). Eine bestehende Antragspflicht entfällt, die Geschäftsleiter/Inhaber haben allerdings Zahlungsunfähigkeit oder Überschuldung unverzüglich der Aufsichtsbehörde anzuzeigen (§ 46b KWG). Zum Verfahren bei Krankenkassen s. § 13 Rdn. 10. 14

Bei **Gesellschaften ohne Rechtspersönlichkeit** steht das Antragsrecht jedem einzelnen persönlich haftenden Gesellschafter (bzw. bei der BGB-Gesellschaft jedem Gesellschafter) zu, auch wenn er ansonsten von der Vertretung ausgeschlossen ist (*Wertenbruch* DB 2013, 1592 [1593]). Bei der Partnergesellschaft steht die Antragsbefugnis gem. § 7 Abs. 3 PartGG i.V.m. § 125 HGB jedem Partner zu, bei der EWIV gem. Art 20 EWIV-VO jedem Geschäftsführer, bei der Partenreederei gem. § 491 HGB jedem Reeder (HK-InsO/*Linker* § 15 Rn. 11). Eine Antragspflicht besteht nur bei einer OHG und KG, bei der kein Gesellschafter eine natürliche Person ist (§ 15 Abs. 1 Satz 1 InsO; §§ 130a Abs. 1 Satz 1, 177a Satz 1 HGB a.F.). 15

Bei der **GmbH & Co KG** ist zwischen der Insolvenz der GmbH und der KG streng zu unterscheiden (s. § 11 Rdn. 2). Persönlich haftender Gesellschafter ist i.d.R. die GmbH, antragsberechtigt ist der Geschäftsführer. Dieser ist es auch bei der Insolvenz der GmbH selbst. 16

Bei **Verletzung der Antragspflicht** kommen neben Ansprüchen nach § 26 Abs. 3 und Abs. 4 InsO und §§ 823 ff. BGB teilweise auch Schadensersatzansprüche aufgrund spezieller Regelungen im Zusammenhang mit der Antragspflicht in Betracht. Entsprechende Regelungen enthalten § 42 Abs. 2 BGB, §§ 130a Abs. 1 Satz 1, 177a Satz 1 HGB, §§ 1980, 1984 Abs. 2, 1985 Abs. 2 BGB (vgl. Rdn. 1). 17

C. Einzelfragen

I. Faktischer Geschäftsführer

18 Faktischer Geschäftsführer ist zunächst, wer eine Gesellschaft **wie ein vertretungsberechtigtes Organ** (insbesondere bei der GmbH wie ein Geschäftsführer) **führt**, ohne dazu förmlich bestellt worden zu sein (HambK-InsO/*Linker* § 15 Rn. 12; *Haas* NZI 2006, 494). Möglich ist dies auch bei einem wirtschaftlichen Verein (*AG Göttingen* NZI 2012, 144). Abgestellt wird auf das **Gesamterscheinungsbild des Handelnden nach außen** (*OLG München* ZInsO 2010, 1891 [1895]; *LG Augsburg* ZInsO 2014, 2579) anhand von acht Merkmalen (*Weyand* ZInsO 2015, 1773 [1775 f.]).

19 Der *BGH* (NZI 2015, 186 m. Anm. *Floeth*) bejaht eine **Verpflichtung zur Antragstellung** und weist darauf hin, dass eine völlige Verdrängung des gesetzlichen Geschäftsführers nicht erforderlich ist (ebenso *LG Hannover* ZInsO 2016, 806 [807]). Dem stimmt die übrige Rspr. (*OLG Brandenburg* ZInsO 2001, 76) und Literatur teilweise zu (A/G/R-*Kadenbach* § 15 InsO Rn. 20; HK-InsO/ *Kleindiek* § 15a Rn. 10; *Brand/Brand* NZI 2010, 712 [715 f.]; **a.A.** BK-InsO/*Haas* § 15a Rn. 15; *Kübler/Prütting/Bork-Pape* InsO, § 14 Rn. 23; MüKo-InsO/*Schmahl/Klöhn* § 15 Rn. 11 der eine Einwirkungspflicht auf den nominellen Vertreter annimmt; Scholz-*Karsten Schmidt/Bitter* Vor § 64 GmbHG Rn. 66). Denkbar ist auch, die eine Antragstellung, etwa durch Abberufung der Vertretungsorgane oder Nichtbestellung von Nachfolgern bei Amtsniederlegung, verhindernde Anteilseigner als faktisches Organ anzusehen. Soweit der *BGH* (ZInsO 2007, 97 [98] Rn. 11) einen faktischen Geschäftsführer nicht als gesetzlichen Vertreter einer GmbH angesehen hat, handelt es sich um eine nicht näher begründete Einzelfallentscheidung. Im Übrigen ist die Entscheidung durch die Rechtsentwicklung im Zusammenhang mit dem MoMiG überholt. Mit der Verwendung des Wortes »auch« in § 15a Abs. 3 InsO soll die Rechtsprechung und weitere Rechtsentwicklung zur faktischen Geschäftsführung ausweislich der Gesetzesbegründung unberührt bleiben (*BGH* NZI 2015, 186 m. Anm. *Floeth*; vgl. HambK-InsO/*Linker* § 15 Rn. 16). Auch der Gesetzgeber anerkennt die Antragspflicht (Begr. des RegE zum MoMiG, BT-Drucks. 16/6140, S. 135).

20 Der faktische Geschäftsführer hat allerdings seine **Stellung** als faktischer Geschäftsführer und den Insolvenzgrund gem. § 15 Abs. 2 Satz 2 InsO **glaubhaft** zu machen, da immer noch andere Personen zur Antragstellung berechtigt sind (*Gundlach/Müller* ZInsO 2011, 1055 [1057]). Weiter ist der faktische Geschäftsführer auch beschwerdeberechtigt (§ 34 Rdn. 16).

21 Der **Antragspflicht** entspricht zwangsläufig ein **Antragsrecht**, weil der Antragspflichtige ansonsten seiner Pflicht nicht nachkommen könnte. Überwiegend wird das Antragsrecht des faktischen Organs aber zutreffend bejaht (*AG Göttingen* NZI 2012, 144; *Kübler/Prütting/Bork/Bork-Pape* InsO, § 15 Rn. 4, 5; einschränkend HK-InsO/*Sternal* § 15 Rn. 10; *Jaeger/Müller* InsO, § 15 Rn. 37 f.; *Gundlach/Müller* ZInsO 2011, 1055; **a.A.** HambK-InsO/*Linker* § 15 Rn. 16, nur falls ein förmlicher Bestellungsakt fehlt; s. Rdn. 23).

22 Im Ergebnis kann für die Fälle der **drohenden Zahlungsunfähigkeit** (§ 18 InsO), bei der keine Antragspflicht besteht, nichts anderes gelten (**a.A.** A/G/R-*Kadenbach* § 15 InsO Rn. 20). Der faktische Geschäftsführer verfügt häufig als einziger über die Informationen, die eine Antragstellung ermöglichen. Die Gesellschaft wird nicht unbillig belastet. Sie muss sich das Handeln des faktischen Organs zurechnen lassen. Die anderen Mitglieder des Vertretungsorgans sind anzuhören und die drohende Zahlungsunfähigkeit glaubhaft zu machen (§ 15 Abs. 2 InsO). Die Intention der InsO, durch rechtzeitige Antragstellung eine Abweisung mangels Masse zu verhindern, spricht ebenfalls dafür.

23 Ebenso wie beim faktischen Vorstand oder Geschäftsführer beseitigen rechtliche und formelle Mängel einer Bestellung die gesetzliche Antragspflicht nicht (*Berger* ZInsO 2009, 1977 [1981]). Da mit der Antragspflicht ein Recht zur Antragstellung korrespondiert (s. Rdn. 18), besteht für ein **fehlerhaft bestelltes Organ** auch ein Antragsrecht.

II. Amtsniederlegung/Abberufung

1. Amtsniederlegung

a) Die Amtsniederlegung erfolgt durch empfangsbedürftige Willenserklärung und ist dem Organ gegenüber abzugeben, das auch für die Bestellung zuständig ist. Bei der GmbH lässt die Rechtsprechung analog § 35 Abs. 2 Satz 2 GmbHG wegen des Vertrauensverhältnisses der Gesellschafter und dem Grundsatz der Gesamtvertretung die Erklärung gegenüber einem Gesellschafter genügen (*BGH* NZI 2002, 97). 24

b) Bei einer Amtsniederlegung ist zunächst zu prüfen, ob die **Niederlegung wirksam** erfolgt ist. Unwirksamkeit kann bejaht werden, wenn der einzige Geschäftsführer und Mehrheitsgesellschafter sein Amt niederlegt, ohne zugleich einen neuen Geschäftsführer zu bestellen (*OLG Köln* ZInsO 2008, 332). Ein Geschäftsführerwechsel zum Zweck der »Firmenbestattung« (dazu *OLG Karlsruhe* NZI 2013, 653 [654]; § 3 Rdn. 31 ff.) kann gem. § 134 BGB unwirksam sein (**a.A.** *OLG Karlsruhe* NZI 2013, 653 [654] m. abl. Anm. *Weng*) mit der Folge, dass die Eintragung im Handelsregister abzulehnen ist (*OLG Zweibrücken* NZI 2013, 909). 25

Ist dies der Fall, kann das Registergericht einen **Notgeschäftsführer** bestellen, der sodann einen Antrag stellen kann, oder einen Verfahrenspfleger bestellen (s. § 14 Rdn. 33). Problematisch ist, wer nach Amtsniederlegung oder Abberufung eines Organs einen von diesem gestellten Insolvenzantrag zurücknehmen kann (Rdn. 31 ff.). 26

2. Abberufung

Für die **Abberufung** ist erforderlich, dass der Beschluss dem Organ/Geschäftsführer bekannt gegeben wird (*AG Göttingen* Beschl. v. 06.08.1996 – 71 N 30/96). Das Insolvenzgericht überprüft die Antragsbefugnis anhand eines **Registerauszuges**. Bis zur Löschung der entsprechenden Eintragung im Register kann sich das Insolvenzgericht auf die Richtigkeit der Eintragung und damit die Antragsberechtigung des Organs verlassen (*Jaeger/Müller* InsO, § 15 Rn. 45; MüKo-InsO/*Schmahl/Klöhn* § 13 Rn. 66; **a.A.** HambK-InsO/*Linker* § 13 Rn. 12). Es gilt die **Vermutung** des § 15 Abs. 1 HGB (*Helmschrott* ZIP 2001, 636 [637]). Die Vermutung **entfällt bei Kenntnis des Insolvenzgerichts**. Im Streitfall ist derjenige darlegungs- und beweispflichtig gegenüber dem Insolvenzgericht, der sich auf die bislang nicht eingetragene und bekannt gemachte Tatsache beruft. Ein **neu bestellter Geschäftsführer** hat seine Antragsberechtigung durch Vorlage des ihn bestellenden Gesellschafterbeschlusses nachzuweisen. 27

3. Unwirksamkeit

Zu beachten ist, dass eine Amtsniederlegung/Abberufung wegen **Rechtsmissbrauchs unwirksam** sein kann. Eine Amtsniederlegung in der Krise wird wegen Rechtsmissbrauchs als unwirksam angesehen (*BayObLG* ZInsO 1999, 600; enger *OLG Düsseldorf* NZI 2001, 97; *Helmschrott* ZIP 2001, 636 [637]; **a.A.** HK-InsO/*Kleindiek* § 15a Rn. 38; *Kübler/Prütting/Bork/Bork-Pape* InsO, § 15 Rn. 8) oder nach Eröffnung des Insolvenzverfahrens (*OLG Frankfurt* ZInsO 2015, 704). Bei einer Ein-Mann-GmbH gelten auch außerhalb der Krise erhöhte Anforderungen (*OLG Düsseldorf* ZInsO 2015, 1578), nicht aber bei einem unter Betreuung stehenden Geschäftsführer (*OLG Dresden* ZInsO 2015, 702). Diese Rechtsprechung gilt auch nach den Änderungen zum 01.11.2008 durch das MoMiG (s. Rdn. 1) fort (*OLG München* ZInsO 2012, 1850). Auch das Antragsrecht und die Antragspflicht der Gesellschafter im Falle der Führungslosigkeit (s. Rdn. 49) ändert daran nichts (**a.A.** A/G/R-*Kadenbach* § 15a InsO Rn. 29; *Berger* ZInsO 2009, 1977 [1981 f.]; *Römermann* NZI 2010, 241 [243]). Durch die Antragspflicht sollen die Antragsrechte und -pflichten ausgedehnt, nicht aber eingeschränkt werden. Zudem ist eine führungslose juristische Person ohne gesetzlichen Vertreter prozessunfähig (str., s. § 14 Rdn. 36). Auch für die Abberufung wird Rechtsmissbrauch bejaht, wenn die Anteilseigner die Krise kennen und kein weiterer organschaftlicher Vertreter vorhanden ist. 28

4. Folgen

29 **a)** Wer sein Amt wirksam niedergelegt hat oder wirksam abberufen worden ist, kann keinen wirksamen Insolvenzantrag stellen. Ein **vor dem Ausscheiden gestellter Antrag** bleibt allerdings **wirksam** (HK-InsO/*Sternal* § 15 Rn. 15; *Jaeger/Müller* InsO, § 15 Rn. 8). Lag zum Zeitpunkt der Amtsniederlegung/Abberufung schon Insolvenzreife vor, können Schadensersatzansprüche entstehen, falls die bis zum Ausscheiden unterlassene Antragstellung ein schuldhaftes Zögern darstellt (s. § 15a Rdn. 36 ff.).

30 **b)** Werden **der einzige oder sämtliche organschaftlichen Vertreter abberufen**, fragt es sich, wer zur Stellung eines Insolvenzantrages befugt ist. Wer die Geschäfte der Gesellschaft in diesem Fall weiter führt, kann faktischer Geschäftsführer/Organ sein (s. Rdn. 18) und ist zur Antragstellung berechtigt. Ansonsten kann bei der Aktiengesellschaft auf Antrag eines Beteiligten das Gericht (Rechtspfleger) ein Vorstandsmitglied bestellen (§ 85 Abs. 1 Satz 1 AktG). Bei der GmbH fordert das Registergericht zunächst die Gesellschafter auf, einen Geschäftsführer zu bestellen. Danach kommt auf Antrag eines Antragsberechtigten die Bestellung eines Notgeschäftsführers in Betracht nicht in Analogie zu § 85 AktG, sondern zu § 29 BGB (*OLG Hamm* Rpfleger 1996, 251; *AG Göttingen* ZIP 1993, 1175; *Jaeger/Müller* InsO, § 15 Rn. 18). Stattdessen kann das Insolvenzgericht auch einen Verfahrenspfleger bestellen (s. § 14 Rdn. 33).

31 **c) Streitig** ist, ob der **Insolvenzantrag** bei einer Alleinvertretung durch den neuen Geschäftsführer oder bei mehrfacher Vertretung durch sämtliche neuen Geschäftsführer **zurückgenommen** werden kann. Parallel dazu wird diskutiert, ob bei mehrköpfiger Vertretung der von einem Geschäftsführer gestellte Insolvenzantrag von einem anderen zurückgenommen werden kann. Die Rspr. lässt überwiegend eine Rücknahme durch einen neuen oder anderen Geschäftsführer nicht zu, die Literatur ist uneinheitlich und differenziert teilweise.

32 Das *LG Tübingen* (KTS 1961, 158; ebenso *AG Magdeburg* ZInsO 1998, 43; *AG Potsdam* NZI 2000, 328) lässt bei **mehrköpfiger Vertretung** die Rücknahme nur durch den Antragsteller zu. Das *LG Berlin* (KTS 1974, 182 [184]) vertritt die entgegengesetzte Ansicht. Für den Fall des **Wechsels** lässt die veröffentlichte Rspr. – im Anschluss an die Entscheidung des LG Tübingen – überwiegend die Rücknahme durch einen neuen Geschäftsführer nicht zu (*LG Dortmund* ZIP 1985, 1341 [1342] = EWiR 1985, 993; *AG Duisburg* ZIP 1995, 582 [583]; a.A. *OLG Brandenburg* ZInsO 2001, 1155 [1159] in einem obiter dictum). Die Literatur lässt die Rücknahme entweder unbeschränkt zu (*Uhlenbruck/Hirte* InsO, § 15 Rn. 6 für juristische Personen; *Fenski* BB 1988, 2265; *Uhlenbruck* KTS 1994, 169 [172]; KS-*Delhaes* Rn. 36 ff.; *Schmidt* ZInsO 2015, 2168; *Horstkotte* ZInsO 2017, 146), lehnt sie insgesamt ab (vgl. *Kübler/Prütting/Bork-Pape* InsO, § 13 Rn. 233) oder differenziert mit folgendem Ergebnis: Rücknahmerecht des Nachfolgers (HambK-InsO/*Linker* § 13 Rn. 66; HK-InsO/*Sternal* § 13 Rn. 29; *Uhlenbruck/Wegener* InsO, § 13 Rn. 160), bei mehrköpfiger Vertretung Rücknahme nur durch den Antragsteller (A/G/R-*Kadenbach* § 15 InsO Rn. 34; HK-InsO/*Sternal* § 13 Rn. 29; *Wortberg* ZInsO 2004, 707 [711]), solange er noch Gesellschafter oder Mitglied des Vertretungsorgans ist (*Nerlich/Römermann-Mönning* InsO, § 15 Rn. 47), oder Rücknahmerecht aller Antragsberechtigten (MüKo-InsO/*Schmahl/Klöhn* § 15 Rn. 83; *Wortberg* ZInsO 2004, 707 [711]; *Uhlenbruck/Wegener* InsO, § 13 Rn. 160; *Uhlenbruck/Hirte* InsO, § 15 Rn. 6 für Gesellschaften ohne Rechtspersönlichkeit).

d) Im Ergebnis gelten folgende **Grundsätze**:

33 **aa)** Bei **mehrköpfiger Vertretung** ist zur Rücknahme nur der Antragsteller berechtigt. Der Dispositionsgrundsatz (§ 13 Abs. 2 InsO) muss in den Fällen mehrköpfiger Vertretung eine Einschränkung erfahren. Rechtssicherheit und Rechtsklarheit erfordern es, dass nicht ein Antrag gestellt, zurückgenommen und möglicherweise erneut gestellt wird. Die übrigen Geschäftsführer werden nicht übergangen, Meinungsverschiedenheiten (oder interne Machtkämpfe) können auch nicht zu Lasten der Gesellschaft ausgetragen werden. Das Gesetz sieht nämlich einen **doppelten Schutz** vor: Der (Allein)Antragsteller hat den Eröffnungsgrund glaubhaft zu machen (§ 15 Abs. 2 Satz 1 InsO), die übrigen Mitglieder sind zu hören (§ 15 Abs. 2 Satz 2 InsO). Sicherungsmaßnahmen sind frühestens

nach der erforderlichen Glaubhaftmachung zulässig (s. § 14 Rdn. 196). Im Rahmen der Anhörung können die übrigen Geschäftsführer den Eröffnungsgrund durch eine Gegenglaubhaftmachung ausräumen (*AG Magdeburg* ZInsO 1998, 43). Wird das Verfahren dennoch eröffnet, kann jeder der Geschäftsführer sofortige Beschwerde einlegen (*LG Tübingen* KTS 1961, 158 [159]).

bb) Beim **Wechsel des Geschäftsführers** liegt die Gefahr auf der Hand, dass die Bestellung des neuen Geschäftsführers erfolgt, um das (weitere) Bekanntwerden der Insolvenz zu verhindern. In den Fällen, in denen der Geschäftsführer zur Stellung des Insolvenzantrags verpflichtet ist (§§ 17, 19 InsO), würde seine Weisungsfreiheit und die Unbeachtlichkeit selbst entgegenstehender Weisungen ausgehöhlt und der durch die Verpflichtung zur Antragstellung angestrebte Zweck gefährdet (*LG Dortmund* ZIP 1985, 1341 [1342]; ähnlich *AG Duisburg* ZIP 1995, 582 [583]). 34

In den Fällen der **drohenden Zahlungsunfähigkeit** (§ 18 InsO), bei denen keine Pflicht zur Antragstellung besteht, findet das Verbot der Antragsrücknahme (**a.A.** *Jaeger/Müller* InsO, § 15 Rn. 60; *Uhlenbruck/Mock* InsO, § 18 Rn. 76) nach Geschäftsführerwechsel seine Rechtfertigung darin, dass durch die Einführung des § 18 InsO eine rechtzeitige Sanierung (anstelle der regelmäßigen Abweisung mangels Masse) ermöglicht werden soll. Dieser Zweck, an dem die (übrigen) Gesellschafter/Geschäftsführer möglicherweise kein Interesse haben, würde unterlaufen. Das Bestehen und die Durchsetzbarkeit von Schadensersatzansprüchen sind zudem zweifelhaft. Im Übrigen sieht § 18 Abs. 3 InsO über § 15 Abs. 2 InsO hinaus eine weitere Sicherung dahin vor, dass der Antragsteller zur Vertretung der juristischen Person oder Gesellschaft berechtigt sein muss (s. i.E. § 18 Rdn. 32 ff.). 35

Die **Gesellschaft** ist auch **nicht unbillig** dadurch **benachteiligt**, dass weder der alte noch der neue Geschäftsführer den Antrag zurücknehmen können (vgl. *AG Duisburg* ZIP 1995, 582). Der neue Geschäftsführer kann nämlich darlegen, dass die Eröffnungsvoraussetzungen nicht gegeben sind (*LG Dortmund* ZIP 1985, 1341 [1342]; *Kübler/Prütting/Bork-Pape* InsO, § 13 Rn. 234). Dadurch kann er insbesondere die Aufhebung von Sicherungsmaßnahmen (§ 25 InsO) erreichen wie in dem vom AG Duisburg entschiedenen Fall, in dem lediglich die Bestellung des Sachverständigen aufrechterhalten wurde. Wird das Verfahren eröffnet, kann der neue Geschäftsführer sofortige Beschwerde einlegen (*Uhlenbruck/I. Pape* InsO, § 34 Rn. 3). 36

Abweichend davon lässt der **BGH** nach Ausscheiden des Geschäftsführers, der den Antrag stellte, die Rücknahme durch den verbliebenen Geschäftsführer zu, falls sich die Antragsrücknahme nicht als rechtsmissbräuchlich darstellt (*BGH* ZInsO 2008, 922 ff. = EWiR 2008, 753; HambK-InsO/*Linker* § 13 Rn. 61; *Zipperer* NZI 2010, 281 [282]). Beim Ausscheiden eines Alleingeschäftsführers und Bestellung eines neuen Geschäftsführers dürfte das Gleiche gelten. Unklar bleibt, an welche Voraussetzungen ein Rechtsmissbrauch geknüpft ist. 37

e) Zur Rücknahmebefugnis bei **Führungslosigkeit** s. Rdn. 54. 38

f) Zur **Kostentragungspflicht** bei Zurücknahme des Antrages s. § 13 Rdn. 69. Dieselben Grundsätze gelten auch bei Abweisung eines Eigenantrages (vgl. MüKo-InsO/*Schmahl* § 15 Rn. 87). 39

III. Vor(gründungs)Gesellschaft

Es ist zu **unterscheiden** zwischen Vorgründungsgesellschaft und Vorgesellschaft einerseits und andererseits zwischen Antragsrecht und Antragspflicht. 40

a) Bei der **Vorgründungsgesellschaft** (s. dazu § 11 Rdn. 40) ist antragsberechtigt jeder Gesellschafter (MüKo-InsO/*Schmahl/Klöhn* § 15 Rn. 29). Wegen der unbeschränkten persönlichen Haftung der Gesellschafter besteht eine Antragspflicht nicht. 41

b) Nimmt die **Vorgesellschaft** bereits am Rechtsverkehr teil, hat sie Sondervermögen gebildet und organschaftliche Vertreter bestellt, sind bei der Vor-Aktiengesellschaft die Vorstandsmitglieder und bei der Vor-GmbH der/die Geschäftsführer zur Antragstellung berechtigt sowie die persönlich Handelnden im Hinblick auf die Haftungsvorschriften in § 41 Abs. 1 Satz 2 AktG, § 11 Abs. 2 GmbHG (vgl. MüKo-InsO/*Schmahl/Klöhn* § 15 Rn. 32 ff.; *Nerlich/Römermann-Mönning* InsO, 42

§ 15 Rn. 15, 19, 20; zur Beschwerdeberechtigung s. § 34 Rdn. 18). Bei der Vor-GmbH ist allerdings zu beachten, dass wegen der (zunächst) bestehenden persönlichen Haftung (§ 11 Abs. 2 GmbHG) nicht der Insolvenzgrund der Überschuldung, sondern nur der der Zahlungsunfähigkeit in Betracht kommt (**a.A.** A/G/R-*Kadenbach* § 15a InsO Rn. 8). Aus diesem Grund besteht auch keine Antragspflicht (BK-InsO/*Haas* § 15a Rn. 17; *Altmeppen* ZIP 1997, 273 [274 f.]; **a.A.** *Kübler/Prütting/Bork/Bork-Pape* InsO, § 15a Rn. 15; MüKo-InsO/*Schmahl/Vuja* § 11 Rn. 25; *Geißler* DZWIR 2009, 52 [53 f.]). Bei der aufgelösten Einmann-Vorgesellschaft ist nur der Alleingesellschafter antragsberechtigt (MüKo-InsO/*Schmahl/Klöhn* § 15 Rn. 34).

43   c) Bei der **Vor-GmbH & Co KG** sind die Gründer der Vorgesellschaft nicht antragsberechtigt. Ist die KG bereits nach außen hin werbend tätig geworden und hat sie Sondervermögen gebildet, ist der Geschäftsführer einer bereits errichteten GmbH antragsbefugt. Da auch die Vor-GmbH komplementärfähig ist, ist deren Geschäftsführer zur Antragstellung (auch) über das Vermögen der werbenden GmbH & Co KG berechtigt. In den übrigen Fällen ist jeder Gesellschafter zum Insolvenzantrag berechtigt.

IV. Gelöschte Gesellschaft

44   Bei einer im Handelsregister wegen Vermögenslosigkeit gem. § 394 FamFG gelöschten Gesellschaft kann ein Insolvenzverfahren auf Antrag eines Gläubigers in Betracht kommen, wenn **nachträglich neues Vermögen** auftaucht (HambK-InsO/*Linker* § 15 Rn. 12). Ist kein organschaftlicher Vertreter mehr vorhanden, kann das Registergericht einen Nachtragsliquidator oder Notliquidator bei der AG (entsprechend §§ 85, 265 Abs. 1 AktG) und der GmbH (entsprechend §§ 29, 28 Abs. 1 BGB) bestellen (*OLG Hamm* NZI 2001, 483 [484]; MüKo-InsO/*Schmahl/Klöhn* § 15 Rn. 35). Das Registergericht sollte den Nachtragsliquidator auf seine Insolvenzantragspflicht hinweisen und das Insolvenzgericht durch Übersendung einer Beschlussabschrift informieren.

D. § 15 Abs. 2 Satz 1, 3 InsO

45   Wird der Antrag nicht von allen Mitgliedern des Vertretungsorgans, allen persönlich haftenden Gesellschaftern oder allen Abwicklern gestellt, stellt § 15 Abs. 2 InsO **erschwerte Zulassungsvoraussetzungen** auf. Auch bei Gesamtvertretung ist jedes Mitglied des Vertretungsorgans allein zur Stellung eines Insolvenzantrages berechtigt (*AG Göttingen* ZInsO 2011, 1114). Zu beachten ist, dass interne Regelungen das jeweilige Antragsrecht nicht einschränken können. Anders als beim Eigenantrag muss der Eröffnungsgrund nicht nur dargelegt werden, sondern – wie beim Gläubigerantrag – glaubhaft gemacht werden (§ 15 Abs. 2 Satz 1 InsO).

46   Das gilt auch bei Anträgen gem. **§§ 270a, 270b InsO**. Stellt allerdings ein anderer Vertreter einen Regelinsolvenzantrag ohne Eigenverwaltungsantrag, gilt Folgendes: Ein Schutzschirmverfahren ist wegen offensichtlicher Aussichtslosigkeit der Sanierung gem. § 270b Abs. 1 Satz 1 InsO ausgeschlossen (*Guttmann/Laubereau* ZInsO 2012, 1861 [1863]). Das dürfte im Ergebnis auch für das vorläufige Eigenverwaltungsverfahren gelten, da das Insolvenzgericht in diesem Fall von der Bestellung eines vorläufigen Insolvenzverwalters gem. § 270a Abs. 1 Satz 1 InsO nicht absehen wird. Ein solcher Dissens ist nicht vom Insolvenzgericht zu lösen. Ob ein klärendes Gespräch mit den verschiedenen Vertretungsberechtigten angezeigt ist, ist eine Frage des Einzelfalles.

47   Wird der Antrag auf **drohende Zahlungsunfähigkeit** gestützt, ist zudem die Regelung des § 18 Abs. 3 InsO zu beachten (s. § 18 Rdn. 37). Weiter wird die in § 14 Abs. 2 InsO nur für den Gläubigerantrag vorgesehene Anhörungspflicht ausgedehnt auf die Nichtantragsteller (§ 15 Abs. 2 Satz 2 InsO). Diese können dann u.a. den insbesondere im Rahmen des § 18 InsO möglichen Einwand rechtsmissbräuchlicher Antragstellung erheben. Einwendungen haben sie glaubhaft zu machen (HK-InsO/*Sternal* § 15 Rn. 16). Einen Eröffnungsbeschluss können sie gem. § 34 Abs. 2 InsO anfechten (A/G/R-*Kadenbach* § 15 InsO Rn. 32), ebenso einen Beschluss gem. § 26 InsO (s. § 34 Rdn. 15).

Die nichtantragstellenden Mitglieder können allerdings ein zur Antragstellung berechtigtes Mitglied 48
oder einen Dritten schriftlich **zur Antragstellung bevollmächtigen**. Wird die erforderliche Vollmachtsurkunde (s. § 14 Rdn. 41) vorgelegt, müssen der Eröffnungsgrund nicht glaubhaft und die übrigen Antragsberechtigten nicht angehört werden. Tritt als Bevollmächtigter ein Rechtsanwalt auf, ist die Vorlage einer Vollmacht nicht erforderlich (s. § 14 Rdn. 41). Aus den Angaben muss sich allerdings klar und eindeutig ergeben, dass der Rechtsanwalt als Bevollmächtigter sämtlicher der im Einzelnen namentlich aufgeführten Antragsberechtigten auftritt.

E. Führungslosigkeit (§ 15 Abs. 1 Satz 2, Abs. 2 Satz 2 InsO)

Bei **Fehlen eines organschaftlichen Vertreters** bei juristischen Personen (**Führungslosigkeit** i.S.d. 49
§ 10 Abs. 2 Satz 2 InsO, vgl. § 10 Rdn. 16) sind auch die in § 15 Abs. 1 Satz 2 InsO aufgeführten Gesellschafter/Mitglieder des Aufsichtsrats zur Antragstellung berechtigt, wenn sie die Führungslosigkeit gem. § 15 Abs. 2 Satz 2 InsO glaubhaft machen. Eine Antragspflicht besteht gem. § 15a Abs. 3 InsO (s. § 15a Rdn. 20 ff.). Ob durch die im Rahmen des MoMiG eingefügte Ergänzung der beabsichtigte Gläubigerschutz verstärkt wird, ist zweifelhaft (s. § 10 Rdn. 18).

Führungslosigkeit liegt in folgenden Fällen vor: 50
– Amtsunfähigkeit des Geschäftsführers gem. § 6 Abs. 2 Satz 2 Nr. 3a GmbHG nach Verurteilung wegen Insolvenzverschleppung (*OLG Celle* NZI 2013, 852 m. Anm. *Floeth*);
– Fehlen eines vertretungsberechtigten Organs sowohl bei der insolventen Schuldnerin als auch bei deren Muttergesellschaft (*LG München* ZIP 2013, 1739).

Führungslosigkeit liegt in folgenden Fällen **nicht** vor: 51
– bei Nichterreichbarkeit/Unbekanntem Aufenthalt des gesetzlichen Vertreters (*AG Hamburg* ZInsO 2008, 1331 = EWiR 2009, 245);
– bei längerer Ortsabwesenheit des gesetzlichen Vertreters wegen einer Forschungsreise (*AG Potsdam* ZInsO 2013, 515);
– bei Vorhandensein eines faktischen Geschäftsführers (s. Rdn. 18; **a.A.** A/G/R-*Kadenbach* § 15 InsO Rn. 22; HambK-InsO/*Linker* § 15 Rn. 13; HK-InsO/*Kleindiek* § 15a Rn. 20; *Berger* ZInsO 2009, 1977 [1981]);
– bei Vorhandensein eines fehlerhaft bestellten Organs (s. Rdn. 23; *Berger* ZInsO 2009, 1977 [1981]);
– bei Unwirksamkeit einer Amtsniederlegung (**str.**, s. Rdn. 25);
– bei Unwirksamkeit einer Abberufung (**str.**, s. Rdn. 28).

Nur so kann die zügige Stellung eines Insolvenzantrages erreicht werden. Regelmäßig ist bei einem Gesellschafter keine genaue Kenntnis über die wirtschaftliche Lage vorhanden (*Kübler/Prütting/Bork-Pape* InsO, § 15a Rn. 26).

Unter den **Begriff des Gesellschafters** fallen entgegen der missverständlichen Formulierung nur 52
GmbH-Gesellschafter, nicht aber Aktionäre und Mitglieder einer eG (HambK-InsO/*Linker* § 15 Rn. 5, *Schmahl* NZI 2008, 6 [8]; *Berger* ZInsO 2009, 1977 [1983 f.]; **a.A.** *Barthel* ZInsO 2010, 1776 [1779 f.]). Ansonsten bestünde ein Widerspruch zu dem Kreis der in § 15a Abs. 3 InsO aufgeführten Antragsverpflichteten. Zudem würde der Kreis der Antragberechtigten unüberschaubar. Bei einer **GmbH & Co. KG** ist bei **Führungslosigkeit** der Komplementär-GmbH jeder Gesellschafter der GmbH befugt (BK-InsO/*Haas* § 15a Rn. 35), für die KG Insolvenzantrag zu stellen. Ist eine ebenfalls führungslose GmbH Gesellschafterin, ist jeder Gesellschafter zur Antragstellung berechtigt und verpflichtet (*LG München* ZInsO 2014, 1166). Bei einem Verein ist das Antragsrecht nicht geregelt; in Betracht kommt ein Antrag eines faktischen Organs (*AG Göttingen* NZI 2012, 144; s. Rdn. 18). Zum Insolvenzantragsrecht für Erben von Gesellschaftsanteilen s. *du Carrois* ZInsO 2009, 373.

Glaubhaftmachung ist in mehrfacher Hinsicht erforderlich. Die **Führungslosigkeit** kann glaubhaft 53
gemacht werden durch Vorlage entsprechender Unterlagen wie einem aktuellen Auszug aus dem Handelsregister, sofern sich daraus – ausnahmsweise – die Führungslosigkeit ergibt (HambK-InsO/

Linker § 15 Rn. 20). Die **Gesellschafterstellung** ergibt sich aus der gem. § 40 GmbHG zum Handelsregister eingereichten Gesellschafterliste (*Kübler/Prütting/Bork-Pape* InsO, § 15a Rn. 37; *Horstkotte* ZInsO 2009, 209 [215]), die bei ab dem 01.01.2007 erfolgten Neueintragungen oder Veränderungen über das Internet (www.handelsregister.de) abrufbar ist (*Horstkotte* ZInsO 2009, 209 [2143 f.]). **Streitig** ist, ob für die Feststellung der Gesellschafterstellung die Gesellschafterliste gilt (HK-InsO/*Sternal* § 15 Rn. 6; *Horstkotte* ZInsO 2009, 209 [214]; *Römermann* NZI 2010, 241 [243]) oder die materielle Inhaberschaft des Gesellschaftsanteiles (*Berger* ZInsO 2009, 1977 [1982]). Wie bei der Stellung als Geschäftsführer (s. Rdn. 27) kann sich das Insolvenzgericht auf die (Nicht)Eintragung verlassen, falls es nicht positive Kenntnis des Gegenteiles hat (str., s. Rdn. 27). Wird der Antrag nicht von allen Gesellschaftern der juristischen Person oder allen Mitgliedern des Aufsichtsrats gestellt, ist zusätzlich der **Eröffnungsgrund** glaubhaft zu machen (*Hirte* ZInsO 2008, 689 [701]).

54 Hat der organschaftliche Vertreter bereits Insolvenzantrag gestellt und tritt danach Führungslosigkeit ein (s. § 10 Rdn. 15 ff., § 15a Rdn. 20 ff.), sind Gesellschafter/Aufsichtsrat nicht zur **Rücknahme** befugt (A/G/R-*Kadenbach* § 15 InsO Rn. 34; HambK-InsO/*Linker* § 13 Rn. 68). Ein von einem Gesellschafter gestellter Antrag kann nur von diesem zurückgenommen werden (*Berger* ZInsO 2009, 1977 [1984]). Das gilt auch nach seinem Ausscheiden und bei Behebung der Führungslosigkeit durch Neubestellung eines Geschäftsführers (s. Rdn. 34; **a.A.** *BGH* ZInsO 2008, 922 ff.; *Berger* ZInsO 2009, 1977 [1984]).

55 Zur Form gerichtlicher Entscheidungen *Horstkotte* 2009, 209 [217 f.], zu **Auslandsgesellschaften** s. § 15a Rdn. 57.

F. Pflicht zur Beobachtung und Antragspflicht

56 Eine Antragspflicht besteht **nur** bei Vermögensmassen, bei denen eine **natürliche Person nicht unbeschränkt haftet**, und nur bei den Insolvenzgründen der §§ 17, 19 InsO. Bei Verletzung der Antragspflicht kommen zivil- und strafrechtliche Sanktionen in Betracht. Natürliche Personen laufen zudem Gefahr, dass ihnen die Restschuldbefreiung versagt wird (§ 290 Abs. 1 Nr. 4 InsO).

57 Die Pflicht zur Antragstellung ist vereinzelt in **Spezialgesetzen** geregelt (z.B. § 42 Abs. 2 Satz 1 BGB), im Wesentlichen in § 15a InsO. Für die Antragsverpflichteten besteht die Pflicht, auf die Zahlungsfähigkeit und finanzielle Deckung zu achten. Wegen der Fälle der Antragspflicht, den Antragspflichtigen, den Antragsfristen und der persönlichen Haftung s. § 15a.

G. Internationales Insolvenzrecht

58 Das Antragsrecht richtet sich nach dem Recht des Staates, in dem der Antrag gestellt wird, Art. 4 Abs. 2 Satz 1 EuInsVO 31.05.2002/Art. 7 EuInsVO 26.06.2017, § 355 InsO. Im Geltungsbereich der zum 31.05.2002 in Kraft getretenen EU-Verordnung über Insolvenzverfahren ist gem. Art. 29 31.05.2002/Art. 37 EuInsVO 26.06.2017 der Verwalter des Hauptinsolvenzverfahrens zur Antragstellung auf Eröffnung eines Sekundärinsolvenzverfahrens befugt (*Wimmer* ZInsO 2001, 97 [102]). Eine entsprechende Regelung enthält § 356 Abs. 2 InsO. Auch der Schuldner soll zur Antragstellung befugt sein (*AG Köln* ZInsO 2004, 216 [217 f.] = EWiR 2004, 601).

59 Eine ausländische Kapitalgesellschaft, die in Deutschland eine Zweigniederlassung errichtet, ist verpflichtet, diese gem. §§ 13d Abs. 1, 13e Abs. 2 HGB in das örtlich zuständige inländische Handelsregister eintragen zu lassen. Unterbleibt dies, so gilt als vertretungsberechtigt, wer in der gewerberechtlichen Anmeldung der Niederlassung gem. § 14 GewO als Vertretungsberechtigter aufgeführt ist (*AG Duisburg* NZI 2003, 610).

60 Zum Antragsrecht bei der Societas Europaea (Europäische Aktiengesellschaft, SE) und Societas Cooperative Europaea (Europäische Genossenschaft, SCE) s. A/G/R-*Kadenbach* § 15 InsO Rn. 12, 14 und MüKo-InsO/*Schmahl/Klöhn* § 15 Rn. 23 ff., zur Führungslosigkeit s. A/G/R-*Kadenbach* § 15 InsO Rn. 23.

Bei **Führungslosigkeit** besteht ein Antragsrecht gem. § 15 Abs. 1 Satz 2 InsO für alle Gesellschafter 61
(HambK-InsO/*Linker* § 15 Rn. 12; **a.A.** A/G/R-*Kadenbach* § 15 InsO Rn. 35). Eine Antragspflicht gem. § 15a Abs. 3 InsO besteht aufgrund des eingeschränkten Wortlautes der Vorschrift im Vergleich zu § 15 Abs. 1 Satz 2 InsO nicht (HambK-InsO/*Linker* § 15 Rn. 12).

§ 15a Antragspflicht bei juristischen Personen und Gesellschaften ohne Rechtspersönlichkeit

(1) ¹Wird eine juristische Person zahlungsunfähig oder überschuldet, haben die Mitglieder des Vertretungsorgans oder Abwickler ohne schuldhaftes Zögern, spätestens aber drei Wochen nach Eintritt der Zahlungsunfähigkeit oder Überschuldung, einen Eröffnungsantrag zu stellen. ²Das Gleiche gilt für die organschaftlichen Vertreter der zur Vertretung der Gesellschaft ermächtigten Gesellschafter oder die Abwickler bei einer Gesellschaft ohne Rechtspersönlichkeit, bei der kein persönlich haftender Gesellschafter eine natürliche Person ist; dies gilt nicht, wenn zu den persönlich haftenden Gesellschaftern eine andere Gesellschaft gehört, bei der ein persönlich haftender Gesellschafter eine natürliche Person ist.

(2) Bei einer Gesellschaft im Sinne des Absatz 1 Satz 2 gilt Absatz 1 sinngemäß, wenn die organschaftlichen Vertreter der zur Vertretung der Gesellschaft ermächtigten Gesellschafter ihrerseits Gesellschaften sind, bei denen kein persönlich haftender Gesellschafter eine natürliche Person ist, oder sich die Verbindung von Gesellschaften in dieser Art fortsetzt.

(3) Im Fall der Führungslosigkeit einer Gesellschaft mit beschränkter Haftung ist auch jeder Gesellschafter, im Fall der Führungslosigkeit einer Aktiengesellschaft oder einer Genossenschaft ist auch jedes Mitglied des Aufsichtsrats zur Stellung des Antrags verpflichtet, es sei denn, diese Person hat von der Zahlungsunfähigkeit und der Überschuldung oder der Führungslosigkeit keine Kenntnis.

(4) Mit Freiheitsstrafe bis zu drei Jahren oder mit Geldstrafe wird bestraft, wer entgegen Absatz 1 Satz 1, auch in Verbindung mit Satz 2 oder Absatz 2 oder Absatz 3, einen Eröffnungsantrag
1. nicht oder nicht rechtzeitig stellt oder
2. nicht richtig stellt.

(5) Handelt der Täter in den Fällen des Absatzes 4 fahrlässig, ist die Strafe Freiheitsstrafe bis zu einem Jahr oder Geldstrafe.

(6) Im Falle des Absatzes 4 Nummer 2, auch in Verbindung mit Absatz 5, ist die Tat nur strafbar, wenn der Eröffnungsantrag rechtskräftig als unzulässig zurückgewiesen wurde.

(7) Auf Vereine und Stiftungen, für die § 42 Absatz 2 des Bürgerlichen Gesetzbuchs gilt, sind die Absätze 1 bis 5 nicht anzuwenden.

(§ 15a a.F. i.d.F. für die bis zum 30.06.2014 beantragten Verfahren s. 8. Auflage)

Übersicht	Rdn.			Rdn.
A. Überblick	1		pflicht/Ausscheiden des Antragspflichtigen	35
B. Pflicht zur Beobachtung und Antragspflicht	8	C.	Zivilrechtliche Haftung	36
I. Fälle der Antragspflicht	8	D.	Strafbarkeit	45
II. Antragspflichtige	13	E.	Vereins- und Stiftungsvorstände	
III. Führungslosigkeit	20		(Abs. 7)	52
IV. Antragsfristen	27	F.	Internationales Insolvenzrecht	54
V. Beobachtungspflicht und Beginn des Laufes der Antragsfristen	31	G.	Vorübergehende Aussetzung der Antragspflicht bei hochwasserbedingter Insolvenz	60
VI. Entfallen der Antrags-				

§ 15a InsO Antragspflicht bei juristischen Personen und Gesellschaften ohne Rechtspersönlichkeit

Literatur:
Frind Gefährdung des Eröffnungsverfahrens durch unnötige Regelungen der Nachbesserungsauflagen beim unzulässigen Antrag?, ZInsO 2016, 2376; *Geißler* Verlängerung der Dreiwochenfrist des § 15a Abs. 1 InsO Insolvenz der GmbH?, ZInsO 2013, 167; *Haarmeyer* Eigenverwaltung mit Selbstbelastungszwang und die insolvenzrechtlichen Folgen, ZInsO 2016, 545; *Lenger/Finsterer* Die Insolvenzantragspflicht von Stiftungen und Vereinen – Schlechterstellung durch Privilegierung?!,NZI 2016, 571; *Poerzgen* (K)Eine »neue« Insolvenzverschleppungshaftung für Vereinsvorstände?, ZInsO 2012, 1697; *ders.* Die systematische Berechtigung der Insolvenz Antragspflicht (§ 15a InsO), ZInsO 2014, 165; *Richter* Strafbarkeitsbeschränkung beim Insolvenzantrag?, ZInsO 2016, 2372; *Römermann* Die zweite Stufe der Insolvenzrechtsreform: Geplante Änderungen und praktische Folgen der Referentenentwurfs, GWR 2012, 56; *Rönnau/Wegner* Wann ist ein Eröffnungsantrag »nicht richtig« gestellt i.S.v. § 15a Abs. 4, 2. Var. InsO? – Eine strafrechtliche Analyse nach dem ESUG, ZInsO 2014, 1025; *Schmidt* Die Folgen der fehlenden Vollständigkeitserklärung gem. § 13 Abs. 1 Satz 7 InsO, ZInsO 2014, 2352; *Wertenbruch* Gesellschafterbeschluss für Insolvenzantrag bei drohender Zahlungsunfähigkeit?, DB 2013, 1592.

Gesetzesmaterialien:

Regierungsentwurf eines Gesetzes zur Durchführung der Verordnung vom 05.06.2015 (EU) 2015/848 über Insolvenzverfahren (BR-Drucks. 654/16);

Stellungnahme des Bundesrates vom 05.12.2016 (BR-Drucks. 654/16);

Gesetzentwurf der Bundesregierung eines Gesetzes zur Durchführung der Verordnung vom 05.06.2015 (EU) 2015/848 über Insolvenzverfahren vom 11.01.2017 (BT-Drucks. 18/10823).

A. Überblick

1 § 15a InsO ist eingefügt durch das MoMiG zum 01.11.2008. Der Gesetzgeber hat die in Spezialgesetzen verstreut geregelten **Antragspflichten im Wesentlichen** in die **InsO implantiert**, da mit ihnen kein gesellschaftsrechtlicher, sondern ein insolvenzrechtlicher Zweck verfolgt wird und zudem eine enge Verbindung mit dem bereits in § 15 InsO geregelten Insolvenzantragsrecht besteht. Für eine insolvenzrechtliche Einordnung spricht auch der Vergleich mit anderen Rechtsordnungen wie Frankreich und England, deren Insolvenzverschleppungshaftungen als insolvenzrechtlich angesehen werden. Der Gesetzgeber will bei (Schein)Auslandsgesellschaften, die ihren Sitz im Inland haben, statt ausländischer Haftungsvorschriften die häufig weitergehenden deutschen Regelungen anwenden (BT-Drucks. 16/6140 S. 126 f.).

2 Bei **Führungslosigkeit** der Gesellschaft (s. § 10 Rdn. 16) ist korrespondierend zur Änderung des § 15 InsO in Absatz 3 eine Antragspflicht eingeführt worden. Dadurch soll eine Stärkung des Gläubigerschutzes erzielt werden, indem die Gesellschafter im Wege einer Ersatzzuständigkeit selbst in die Pflicht genommen werden, bei Zahlungsunfähigkeit bzw. Überschuldung einen Insolvenzantrag zu stellen. Es soll ein mittelbarer Anreiz geschaffen werden, wieder ordnungsgemäß aktionsfähige Vertreter für die juristische Person zu bestellen, da die Verpflichtung zur Antragstellung für die Gesellschafter lediglich subsidiärer Natur ist. Sobald für die Gesellschaft wieder ein Geschäftsführer wirksam bestellt worden ist, geht die Antragspflicht auf diesen über. Voraussetzung für die Antragspflicht ist Kenntnis von dem Eröffnungsgrund gem. § 16 InsO und von der Führungslosigkeit. Unberührt bleibt von der Neuregelung die Rechtsprechung zum faktischen Geschäftsführer und die weitere Rechtsentwicklung hierzu (BT-Drucks. 16/6140 S. 127 f.).

3 In den Absätzen 4 und 5 werden die bisherigen **strafrechtlichen Vorschriften** zusammengefasst und auf den neu geschaffenen Fall der Ersatzantragspflicht durch Gesellschafter und Aufsichtsratsmitglieder erstreckt.

4 Durch das **ESUG** zum 01.03.2012 ist die Regelung an zwei Stellen ergänzt worden. In Abs. 1 und Abs. 4 ist aus redaktionellen Gründen das Wort Insolvenzantrag durch den Begriff Eröffnungsantrag ersetzt worden. Weiter ist in § 15a Abs. 2 klargestellt worden, dass die Pflicht zur Stellung eines Insolvenzantrages nur entfällt, wenn eine Person persönlich haftet.

Durch das Gesetz zur Verkürzung des Restschuldbefreiungsverfahrens und zur Stärkung der Gläubigerrechte vom 15. Juli 2013 ist für die ab dem 01.07.2014 beantragten Verfahren Abs. 6 eingefügt worden, um Vereins- und Stiftungsvorstände vor einer Verfolgung nach § 15a Abs. 4 und 5 InsO zu bewahren.

Das Gesetz zur Durchführung der Verordnung (EU 2015/848) über Insolvenzverfahren hat Abs. 4, 5 zum 26.06.2017 neu gefasst und Abs. 6 neu eingefügt.

Eine **Antragsobliegenheit** besteht für **natürliche Personen**, die den für minderjährige Kinder zu leistenden Unterhalt nicht aufbringen können (s. § 13 Rdn. 12).

B. Pflicht zur Beobachtung und Antragspflicht

I. Fälle der Antragspflicht

Eine Antragspflicht besteht nur bei Vermögensmassen, bei denen eine **natürliche Person nicht unbeschränkt haftet**, und nur bei den Insolvenzgründen der §§ 17, 19 InsO. Die Antragspflicht gilt auch für Gesellschaften in Liquidation (*Kübler/Prütting/Bork-Pape* InsO, § 15 Rn. 13). Bei Verletzung der Antragspflicht kommen zivil- und strafrechtliche Sanktionen in Betracht. Für die in Abs. 2 erfassten zwei- oder mehrstöckigen Gesellschaftskonstruktionen ist klargestellt, dass die Pflicht zur Stellung eines Insolvenzantrages nur entfällt, wenn eine Person persönlich haftet.

Die Pflicht zur Antragstellung ist durch das MoMiG im Wesentlichen in der InsO (§ 15a Abs. 1–3) geregelt. Zum Nachlass s. die Kommentierung bei § 317.

Streitig ist das Bestehen einer Antragspflicht in folgenden Fällen:
- Vorgesellschaft (bejahend *Kübler/Prütting/Bork-Pape* InsO, § 15 Rn. 15; a.A. *Poerzgen* ZInsO 2014, 165 [169]),
- KGaA (*Poerzgen* ZInsO 2014, 165 [169 f.]: Antragspflicht nur, wenn keiner der persönlich haftenden Gesellschafter eine natürliche Person ist).

Unabhängig davon haben Vorstand einer AG und Geschäftsführer einer GmbH die Hauptversammlung bzw. Gesellschafterversammlung einzuberufen, wenn ein **Verlust in der Hälfte des Grundkapitals** bzw. Stammkapitals eingetreten ist (§ 92 Abs. 1 AktG, § 49 Abs. 3 GmbHG).

Spezialgesetzliche Regelungen befinden sich in:
- § 42 Abs. 2 BGB (dazu *Rugullis* NZI 2007, 323), §§ 48 Abs. 2, 86, 89 Abs. 2 BGB (e.V., Stiftung, Körperschaften des öffentl. Rechts; ebenso beim nicht e.V.),
- §§ 1489 Abs. 2, 1980, 1985 Abs. 2 BGB (fortgesetzte Gütergemeinschaft, Erben, Nachlassverwalter),
- §§ 11 Satz 2, § 1 EWIV.
- Bei Versicherungsunternehmen, Kreditinstituten und Bausparkassen, gleichgestellten Instituten sowie Krankenkassen besteht anstelle der Antragspflicht eine Anzeigepflicht an die Aufsichtsbehörde (s. § 15 Rdn. 14).

II. Antragspflichtige

Zur Antragstellung verpflichtet sind die in § 15a **Abs. 1–3 InsO aufgeführten Personen**. Es handelt sich um:
- Mitglieder des Vertretungsorgans wie GmbH-Geschäftsführer oder Vorstandsmitglieder (Abs. 1 Satz 1),
- die organschaftlichen Vertreter einer Gesellschaft ohne Rechtspersönlichkeit, wenn keine natürliche Person unbeschränkt haftet (Abs. 1 Satz 2, Abs. 2),
- die Abwickler der in Abs. 1, 2 aufgeführten Gesellschaften,
- bei Führungslosigkeit gem. § 10 Abs. 2 Satz 2 InsO jeder GmbH-Gesellschafter, bei der Aktiengesellschaft und Genossenschaft jedes Mitglied des Aufsichtsrats.

14 Zur Antragspflicht:
    – bei der Vor(gründungs)Gesellschaft s. § 15 Rdn. 40 ff.,
    – bei gelöschter Gesellschaft s. § 15 Rdn. 44,
    – beim Nachlasspfleger *du Carrois* Rpfleger 2009, 197.

15 **Entgegenstehende Weisungen** von Gesellschaftern sind **unbeachtlich** (*BGH* DStR 2001, 1537; MüKo-InsO/*Schmahl/Klöhn* § 15 Rn. 68; *Henssler* ZInsO 1999, 121 [125]; vgl. *OLG Naumburg* ZIP 1999, 1362 [1363] = NZI 1999, 317). Eine **interne Geschäftsaufteilung** z.B. mit dem Mitgeschäftsführer einer GmbH entbindet andere Geschäftsführer nicht von ihrer eigenen Verantwortung zur rechtzeitigen Stellung des Insolvenzantrags (*BGH* ZIP 1994, 891 [892]; *LG Dessau* ZIP 1998, 1006 [1007] = EWiR 1998, 557; *Kübler/Prütting/Bork-Pape* InsO, § 15 Rn. 4). Entsprechend steht das Beschwerderecht (§ 34 InsO) unabhängig von der internen Regelung der Vertretungsbefugnis, jedem organschaftlichen Vertreter zu (s. § 34 Rdn. 15 ff.). Stellt ein anderes Organmitglied Insolvenzantrag, entfällt allerdings für die übrigen Organmitglieder die Verpflichtung zur Antragstellung (MüKo-InsO/*Schmahl/Klöhn* § 15a Rn. 136). Zur Rücknahmeberechtigung in diesen Fällen s. § 15 Rdn. 31 ff.

16 Antragspflicht besteht auch, wenn der Antrag **voraussichtlich mangels Masse** (§ 26 InsO) **abgewiesen** wird (*Kübler/Prütting/Bork-Pape* InsO, § 15a Rn. 23; MüKo-InsO/*Schmahl/Klöhn* § 15a Rn. 116). Nur so kann dem Schutzzweck der jeweiligen Antragspflichten genügt werden, dass insolvente Vermögensmassen, bei denen keine natürliche Person unbeschränkt haftet, rechtzeitig aus dem Rechtsverkehr entfernt werden. Tauchen nach rechtskräftiger Abweisung mangels Masse (§ 26 InsO) neue Vermögensgegenstände auf und ist die Gesellschaft noch nicht gelöscht, entsteht keine neue Antragspflicht für den Liquidator oder die organschaftlichen Vertreter (**a.A.** BK-InsO/*Haas* § 15a Rn. 30), da der Schutzzweck des Antragsrechts nicht mehr eingreift. Die Antragspflicht entfällt **nicht**, wenn ein **Gläubiger bereits Antrag gestellt hat** (*BGH* NZI 2009, 124 [125 f.] m. Anm. *Poerzgen*; *OLG Dresden* ZInsO 1998, 236 = NZI 1999, 117; *Kübler/Prütting/Bork-Pape* InsO, § 15a Rn. 24; **a.A.** BK-InsO/*Haas* § 15a Rn. 29). Es ist durchaus denkbar, dass der Gläubiger nach Befriedigung den Antrag zurücknimmt, der Insolvenzgrund aber trotzdem weiter fortbesteht (MüKo-InsO/*Schmahl/Klöhn* § 15a Rn. 137).

17 Zur Antragstellung verpflichtet sind auch der **faktische Geschäftsführer** oder faktische Vorstand (s. § 15 Rdn. 18) und das **fehlerhaft bestellte Organ** (s. § 15 Rdn. 23). Die Antragspflicht besteht auch bei Streit zwischen mehreren Vertretern über das Vorliegen eines Insolvenzgrundes.

18 Sieht das Insolvenzgericht die Voraussetzungen für eine vom Schuldner gem. § 270 InsO beantragte **Eigenverwaltung** als nicht erfüllt an, so hat es gem. § 270a Abs. 2 InsO den Schuldner auf seine Bedenken hinzuweisen und Gelegenheit zur Zurücknahme des Antrages zu geben. Ist allerdings inzwischen Zahlungsunfähigkeit (§ 17 InsO) oder Überschuldung (§ 19 InsO) eingetreten, ist die Antragspflicht gem. § 15a InsO zu bedenken (vgl. *Römermann* NJW 2012, 641 [649]).

19 Die Antragspflicht gem. **Abs. 2** entspricht § 130a Abs. 4 HGB a.F. und will verhindern, dass bei »mehrstöckigen« Gesellschaften die Antragspflicht umgangen wird (*Poerzgen* ZInsO 2007, 574 [576]).

III. Führungslosigkeit

20 Die (Ersatz)Antragspflicht gem. **Abs. 3** besteht nur, wenn die Gesellschaft keinen Geschäftsführer hat, sog. **Führungslosigkeit** (s. § 10 Rdn. 16). Die Bestimmung trägt dem Gedanken Rechnung, dass die Gesellschafter einer GmbH zwar grundsätzlich als Kapitalgeber die Geschäftsleitung an angestellte Geschäftsführer delegieren können, dass sie aber auch die Verpflichtung haben, die Gesellschaft nicht zum Schaden des Rechtsverkehrs führungslos zu lassen (BT-Drucks. 16/6140 S. 128).

21 Zu Einzelheiten s. zunächst hinsichtlich:
    – Voraussetzungen § 15 Rdn. 49 ff.,
    – Antragspflichtigen § 15 Rdn. 52,

- Glaubhaftmachung § 15 Rdn. 53,
- Rücknahme § 15 Rdn. 54.

Zur Antragstellung **verpflichtet** sind jeder GmbH-Gesellschafter, bei der Aktiengesellschaft und Genossenschaft jedes Mitglied des Aufsichtsrats. Die Mitglieder eines GmbH-Aufsichtsrats werden von der Vorschrift nicht erfasst (BK-InsO/*Haas* § 15a Rn. 44; *Poerzgen* ZInsO 2007, 574 [577]; *Berger* ZInsO 2009, 1977 [1982]). Bei einer GmbH & Co. KG ist bei Führungslosigkeit der Komplementär-GmbH jeder Gesellschafter der GmbH befugt (HambK-InsO/*Linker* § 15 Rn. 12) und verpflichtet (*Löser* ZInsO 2010, 799 [801]), für die KG Insolvenzantrag zu stellen. In der Insolvenz des Gesellschafters trifft die Pflicht den Insolvenzverwalter (BK-InsO/*Haas* § 15a Rn. 42; *Göcke* ZInsO 2008, 1305; *Berger* ZInsO 2009, 1977 [1982]; a.A. *Uhlenbruck/Hirte* InsO § 15a Rn. 62: Gesellschafter). Zur Insolvenzantragspflicht für Erben von Gesellschaftsanteilen s. *du Carrois* ZInsO 2009, 373 und *Busch* ZVI 2011, 77 [85]. Mit der Verpflichtung zur Antragstellung korrespondiert ein **Beschwerderecht** der Antragsverpflichteten (s. § 34 Rdn. 17). 22

Die Antragspflicht der in Abs. 3 aufgeführten Personen **beginnt** mit Erwerb und **endet** mit der Beendigung der Gesellschafterstellung (*Berger* ZInsO 2009, 1977 [1982]). Die Antragspflicht **entfällt** mit Stellung eines Insolvenzantrages durch einen anderen Gesellschafter/Aufsichtsratsmitglied (BK-InsO/*Haas* § 15a Rn. 47; *Berger* ZInsO 2009, 1977 [1983]) und mit Bestellung eines Vertretungsorgans, da dieses nunmehr antragspflichtig ist (BK-InsO/*Haas* § 15a Rn. 47). Bei Bestellung eines neuen Vertretungsorgans beginnt die Dreiwochenfrist des § 15 Abs. 1 Satz 1 InsO zur Stellung eines Eröffnungsantrages nicht erneut zu laufen (*Berger* ZInsO 2009, 1977 [1983]). Das gilt auch für die subsidiär gem. § 15 Abs. 3 InsO Verantwortlichen (**a.A.** HK-InsO/*Kleindiek* § 15a Rn. 22). Dabei sind allerdings die möglicherweise eingeschränkten Erkenntnismöglichkeiten zu berücksichtigen. Allein das objektive Vorliegen der Insolvenzantragsfristen genügt nicht (str., s. Rdn. 32). 23

Die Antragspflicht besteht **nicht**, wenn der Antragspflichtige von der Zahlungsunfähigkeit und der Überschuldung oder der Führungslosigkeit **keine Kenntnis** hat (*Kübler/Prütting/Bork-Pape* InsO, § 15a Rn. 39 ff.; *Hirte* ZInsO 2008, 689 [701 f.]). Ausufernde Nachforschungspflichten sind damit nicht verbunden. Bei Kenntnis vom Insolvenzgrund besteht Anlass zur Nachforschung, falls kein Insolvenzantrag gestellt wird; dies wird meist die Führungslosigkeit erkennbar machen. Bei Kenntnis der Führungslosigkeit besteht Anlass zur Nachforschung über die Vermögenslage (BT-Drucks. 16/6140 S. 128). Teilweise wird die Auffassung vertreten, »Kennenmüssen« genüge (*Konu/Topoglu/Calcagno* NZI 2010, 244 [246]). Differenziert man die Anforderungen an die Kenntnis nach Stellung des Antragspflichtigen und lässt die Kenntnis der Tatsachen genügen, wird im Ergebnis kein Unterschied bestehen. 24

Zur **Prozessfähigkeit** s. § 14 Rdn. 36 f., zur Kostentragungspflicht s. *Horstkotte* ZInsO 2009, 209 [216 f.]. 25

Im **Streitfall** muss der beweisbelastete Antragspflichtige darlegen, dass er die Umstände nicht kannte, die auf die Zahlungsunfähigkeit, die Überschuldung und die Geschäftsführerlosigkeit schließen lassen (*Berger* ZInsO 2009, 1977 [1985 f.]). Erforderlich ist positive Kenntnis; Kennenmüssen genügt grundsätzlich nicht. Es genügt aber das bewusste Verschließen vor der Kenntnis. Bei der Entlastungsmöglichkeit ist auch der Umfang der Beteiligung von Bedeutung. Die Gesetzesbegründung führt aus, dass kleinbeteiligte Gesellschafter (10 %) weniger oder keinen Anlass zu solchen Überlegungen haben, weshalb ihnen die Entlastung regelmäßig und ohne Schwierigkeiten gelingen wird (BT-Drucks. 16/6140 S. 128). 26

IV. Antragsfristen

a) § 15a Abs. 1 Satz 1 InsO fordert eine Antragstellung ohne schuldhaftes Zögern, **spätestens** aber **drei Wochen** nach Eintritt der Zahlungsunfähigkeit oder Überschuldung. 27

Die **Dreiwochenfrist** für die Antragstellung ermöglicht die Prüfung außergerichtlicher Sanierungsmöglichkeiten (*BGH* BGHZ 75, 96 [108] = NJW 1979, 1823 [1829]. Die Antragstellung ist nicht 28 erforderlich, solange nicht Zahlungsunfähigkeit, sondern nur eine Zahlungsstockung (s. § 17 Rdn. 27) vorliegt (*BGH* NZI 2005, 547 [548 f.] m. zust. Anm. *Thonfeld* S. 552 im Rahmen der Haftung gem. § 64 Abs. 2 GmbHG a.F.; *Knolle/Tetzlaff* ZInsO 2005, 897 [901]). Eine Antragspflicht besteht auch nicht, solange noch objektive Aussicht besteht, die Insolvenzreife vor Ablauf der Frist zu beseitigen (*Scholz/Karsten Schmidt* GmbHG, § 64 Rn. 16). Sobald sich eine Sanierung als nicht nachhaltig oder aussichtslos erweist, ist **unverzüglich Insolvenzantrag** zu stellen (*BGH* DStR 2001, 1537; BK-InsO/*Haas* § 15a Rn. 21). Sanierungschancen nach Ablauf der Dreiwochenfrist beseitigen die Antragsfrist nicht (*Poerzgen* ZInsO 2008, 944 [946]). Dies auch deshalb, weil ein Ziel der InsO die rechtzeitige Verfahrenseröffnung ist. Eine Verlängerung der Dreiwochenfrist kommt nicht in Betracht (*Geißler* ZInsO 2013, 167).

29 b) In den Fällen, in denen das Gesetz **keine Frist** vorsieht, ist der Antrag **unverzüglich** zu stellen, also ohne schuldhaftes Zögern. Die Antragspflichtigen haben das Recht, sich fachkundig beraten zu lassen und erst dann die Entscheidung zu treffen, ohne sich schadensersatzpflichtig zu machen. Bei wirtschaftlichen Vereinen (s. § 11 Rdn. 13) wird man wegen ihrer Nähe zu den nachfolgend aufgeführten Fällen (GmbH usw.) auch Sanierungsbemühungen bis zu einer Frist von drei Wochen zulassen müssen.

30 Zum Beginn des Laufes der Antragspflicht s. Rdn. 32.

V. Beobachtungspflicht und Beginn des Laufes der Antragsfristen

31 Für die Antragsverpflichteten besteht die Pflicht, auf die **Zahlungsfähigkeit** und finanzielle Deckung **zu achten**. Diese Verpflichtung verschärft sich bei Vorliegen bestimmter Krisensymptome wie z.B. nachhaltigen Liquiditätsproblemen, erheblichen Forderungsausfällen, schwerer Verkäuflichkeit des Warenbestandes, nicht nur vorübergehender negativer Ertragslage (*OLG Düsseldorf* NZI 1999, 156 f.; *Lutter* ZIP 2000, 641 [643]). Bei Verdacht einer Überschuldung ist eine gesonderte Überschuldungsbilanz (Überschuldungsstatus) zu erstellen (*Kübler/Prütting/Bork-Pape* InsO, § 15 Rn. 3); Einzelheiten s. § 19 Rdn. 17 ff. Zum Erkennen der Insolvenzgefährdung mit Hilfe von Kennzahlen s. *Wehrheim* NZI 2008, 726. Verfügt ein Geschäftsführer nicht über ausreichende Kenntnisse, muss er sich bei Anzeichen einer Krise unverzüglich von einer unabhängigen, fachlich qualifizierten Person beraten lassen (*BGH* ZInsO 2012, 1177).

32 Die **Dreiwochenfrist** beginnt **nicht schon zu laufen** beim objektiven Vorliegen der Insolvenzantragspflichten (*Poerzgen* ZInsO 2008 944 [947]; a.A. A/G/R-*Kadenbach* § 15a InsO Rn. 23; *Kübler/Prütting/Bork-Pape* InsO, § 15 Rn. 7). Diese Auffassung wäre sanierungsfeindlich, weil nach ihr die 3-Wochen-Frist bei der Überschuldung vielfach schon abgelaufen wäre, bevor diese mit hinreichender Gewissheit feststellbar ist. Verlangt man hingegen positive Kenntnis (*BGH* BGHZ 75, 96 [111] = NJW 1979, 1823 [1827]), würde die Frist viel zu spät zu laufen beginnen und die potentielle Insolvenzmasse weiter geschmälert werden (*Kuhn/Uhlenbruck* KO, § 103 Rn. 11).

33 Abzustellen ist daher auf die positive **Kenntnis** des Antragsverpflichteten von den die Überschuldung begründenden **Fakten und Zahlen** (*Kuhn/Uhlenbruck* KO, § 103 Rn. 11; so wohl auch im Ergebnis *BGH* BGHZ 75, 96 [111] = NJW 1979, 1823 [1827]; *Kübler/Prütting/Bork-Pape* InsO, § 15a Rn. 55). Teilweise wird auch grobe Fahrlässigkeit für ausreichend gehalten (*Uhlenbruck/Hirte* InsO, § 15a Rn. 14; *Poerzgen* ZInsO 2008 944 [948]) bzw. eine Erkennbarkeit, wenn eine pflichtgemäße Prüfung der objektiv erkennbaren Anzeichen zu dem Schluss geführt hätte, dass ein Insolvenzgrund verwirklicht ist (HK-InsO/*Kleindiek* § 15a Rn. 13).

34 Im Ergebnis wird zwischen beiden letztgenannten Auffassungen kein gravierender Unterschied bestehen (ebenso BK-InsO/*Haas* § 15a Rn. 22). Den Antragspflichtigen ist ein gewisser **Beurteilungsspielraum** zuzubilligen (*BGH* ZInsO 2007, 375 [376]). Bei fehlender eigener Sachkunde kann der Antragspflichtige den Rat eines unabhängigen, fachlich qualifizierten Berufsträgers einholen und sich bei vollständiger Information und eigener Plausibilitätskontrolle auf dessen Ergebnis verlassen (*BGH* ZInsO 2007, 660 [662]; BK-InsO/*Haas* § 15a Rn. 26). Zur Führungslosigkeit s. Rdn. 23.

VI. Entfallen der Antragspflicht/Ausscheiden des Antragspflichtigen

Die Pflicht zur Antragstellung entfällt nur, wenn der **Insolvenzgrund** im Zeitpunkt der Erlangung der Kenntnis **behoben** ist oder vor Ablauf der 3-Wochen-Frist behoben wird. Im Falle der Überschuldung muss sich der Antragspflichtige aber durch Aufstellung eines Vermögensstatus über die gegenwärtige Vermögenslage Gewissheit verschaffen. Wird die Zahlungsunfähigkeit beseitigt, entfällt die Antragspflicht nur, falls nicht Überschuldung besteht. Scheidet der Antragsverpflichtete infolge Amtsniederlegung vor Ablauf der Dreiwochenfrist aus, hat er den Antrag noch vor seinem Ausscheiden zu stellen oder dahin zu wirken, dass die übrigen vertretungsberechtigten Organe oder das neue vertretungsberechtigte Organ den Antrag innerhalb der Frist stellen (BK-InsO/*Haas* § 15a Rn. 11; vgl. *BGH* BGHZ 2, 53 = NJW 1952, 554). Zur Führungslosigkeit s. Rdn. 24 f. 35

C. Zivilrechtliche Haftung

Rechtstatsächliche Untersuchungen belegen, dass der **Insolvenzeintritt** durchschnittlich **10,28 Monate vor Antragstellung** liegt (*Kirstein* ZInsO 2006, 966 [967]). Der Eintritt der Zahlungsunfähigkeit liegt 3–6 Monate vor den besonderen Anfechtungszeiträumen der §§ 130–132 InsO, der Eintritt der Überschuldung 1–2 Jahre davor (*Kirstein* ZInsO 2008, 131 [132]). Der **BGH** formuliert wie folgt: »Bei strikter Befolgung der schon ab Überschuldung eingreifenden Insolvenzantragspflicht dürfte es regelmäßig nicht zu einer masselosen Insolvenz kommen« (*BGH* NZI 2009, 557 [558] Rn. 11). Es kommt eine zivilrechtliche Haftung unter mehreren Gesichtspunkten in Betracht (*Kübler/Prütting/Bork-Pape* InsO, § 15a Rn. 84 ff.; *Uhlenbruck/Hirte* InsO, § 15a Rn. 19 ff.; *Poerzgen* ZInsO 2008, 1196). 36

Die unterlassene oder verspätete Antragstellung kann zunächst eine sog. **Innenhaftung** nach sich ziehen. Die Gesellschaft kann Schadensersatzansprüche aufgrund spezialgesetzlicher Regelungen geltend machen wie z.B. gem. § 64 GmbHG (*Uhlenbruck/Hirte* InsO, § 11 Rn. 72 ff.; *Schmiat/Kuleisa* InsBürO 2009, 174; *Bitter* ZInsO 2010, 1505; *Brünkmans* ZInsO 2011, 2167) oder gem. § 43 GmbHG. Ein zur Antragstellung verpflichteter Insolvenzverwalter (s. Rdn. 22) kann gem. § 60 InsO haften (*Göcke* ZInsO 2008, 1305 [1307 f.]). Gem. § 31a BGB haftet ein Vorstand, der unentgeltlich tätig ist oder eine Vergütung unterhalb von 500 € jährlich erhält, gegenüber dem Verein nur für Vorsatz und grobe Fahrlässigkeit. 37

Bei der **Außenhaftung** gegenüber Gläubigern kommen deliktische Ansprüche gem. § 823 Abs. 2 BGB i.V.m. § 15a InsO in Betracht (*Uhlenbruck/Hirte* InsO, § 11 Rn. 77 ff.; *Bitter* ZInsO 2010, 1561) oder gem. § 42 Abs. 2 Satz 2 BGB (*AG Bergisch-Gladbach* NZI 2001, 493; einschr. *OLG Hamburg* ZInsO 2009, 835; bestätigt durch *BGH* ZInsO 2010, 915; *Koza* DZWIR 2008, 98). Sieht man § 13 Abs. 1 Nr. 3–5 InsO als Schutzgesetz i.S.d. § 823 Abs. 2 BGB an, werden Schadensersatzansprüche wegen »nicht richtiger« Antragstellung regelmäßig an der Kausalität (*Blöse* GmbHR 2012, 471 [472 f.]) und einem Schaden scheitern. 38

Weiter besteht eine persönliche Haftung für **Steuerschulden** gem. §§ 69, 34 Abs. 1 AO und **Arbeitnehmeranteile der Sozialversicherungsbeiträge** gem. § 823 Abs. 2 BGB i.V.m. § 266a StGB. Wegen Insolvenzgeldzahlung steht der Bundesagentur für Arbeit ein Schadensersatzanspruch gem. § 826 BGB zu (A/G/R-*Kadenbach* § 15a InsO Rn. 37). Bei der Außenhaftung ist zu unterscheiden zwischen Altgläubigern und Neugläubigern. 39

Altgläubiger sind solche Gläubiger, die schon **vor** Eintritt der Eröffnungsvoraussetzungen ihren Anspruch gegen die Gesellschaft begründet hatten. Diese können regelmäßig nur dadurch geschädigt sein, dass sich ihre Insolvenzquote verkürzt hat. Während des Insolvenzverfahrens können ihre Ansprüche nur als sog. »Gesamtschaden« durch den Verwalter geltend gemacht werden (*Kübler/Prütting/Bork-Pape* InsO, § 15 Rn. 10). 40

Neugläubiger sind solche Gläubiger, die erst **nach** Eintritt der Eröffnungsvoraussetzungen in geschäftlichen Kontakt mit der Gesellschaft getreten sind. Diese sind nicht mehr auf einen i.d.R. gar nicht nachweisbaren Quotenschaden beschränkt, vielmehr geht ihr Ersatzanspruch grundsätz- 41

§ 15a InsO   Antragspflicht bei juristischen Personen und Gesellschaften ohne Rechtspersönlichkeit

lich auf das **negative Interesse**. Dies steht seit der Grundsatzentscheidung des BGH fest (*BGH* ZIP 1994, 1103 = NJW 1994, 2220 = EWiR 1994, 791). Der Neugläubiger kann den Anspruch trotz § 92 InsO auch während des Insolvenzverfahrens selbst geltend machen, da kein Gesamtschaden vorliegt (zu Einzelheiten der Schadensberechnung *Poerzgen* ZInsO 2009, 1833). Steht die objektive Pflichtwidrigkeit fest, wird ein Verschulden des Antragspflichtigen vermutet (MüKo-InsO/ *Schmahl/Klöhn* § 15 Rn. 119). Die Haftung besteht auch dann, wenn nach Ablauf der Antragsfrist der Insolvenzgrund beseitigt worden ist.

42 Alt- und Neugläubiger können daneben unter den Voraussetzungen des **§ 26 Abs. 3 InsO** Ansprüche geltend machen (s. § 26 Rdn. 139 ff.). Bei Verstoß gegen die Mitwirkungspflichten können weiter gem. **§ 101 Abs. 3 InsO** den dort genannten Personen, unter Umständen auch den Gesellschaftern, bei Ablehnung des Eröffnungsantrages die Verfahrenskosten auferlegt werden (*Hirte* ZInsO 2008, 689 [702]).

43 Umgekehrt können bei Stellung eines Antrages wegen drohender Zahlungsunfähigkeit gem. **§ 18 InsO zivilrechtlich Schadensersatzansprüche** entstehen, wenn die gebotene Einbeziehung der Anteilseigner unterbleibt (*OLG München* NZI 2013, 542 [545]; *Wortberg* ZInsO 2004, 707 [711 f.]; *Tetzlaff* ZInsO 2008, 137 [140]; *Leinekugel/Skauradszun* GmbHR 2011, 1121 [1126 ff.]; *Fölsing* ZInsO 2013, 1325 [1331 ff.]; *Pape* ZInsO 2013, 2129 [2136 f.]; *Brinkmann* ZIP 2014, 197 [205 f.]). Einzelheiten zur Einbeziehung der Anteilseigner s. § 18 Rdn. 39. Zur Rechtsmissbräuchlichkeit eines Eigenantrages und zu dessen Zurückweisungsmöglichkeit s. § 14 Rdn. 140.

44 Ein treuwidriger Insolvenzantrag eines Gesellschafters kann zum Schadensersatz verpflichten (*OLG München* ZInsO 2015, 756).

D. Strafbarkeit

45 Schließlich kommen **strafrechtliche Sanktionen** (HK-InsO/*Kleindiek* § 15a Rn. 39 ff.; *Kübler/ Prütting/Bork-Pape* InsO, § 15a Rn. 61 ff.; *Weyand* ZInsO 2008, 702) in Betracht gem. §§ 283 ff., 266, 266a StGB sowie gem. § 15a Abs. 4 und Abs. 5 (*BGH* ZInsO 2015, 2021 ff.). Einzelheiten sind streitig (*Rönnau/Wegner* ZInsO 2014, 1025; *Schmidt* ZInsO 2014, 2352) einschließlich eines möglichen Verwertungsverbotes gem. §§ 20, 97 Abs. 1 Satz 3 InsO (*Haarmeyer* ZInsO 2016, 545). Sie umfassen auch den Fall der Ersatzantragspflicht durch Gesellschafter und Aufsichtsratsmitglieder (Abs. 3) und den Fall der »nicht richtigen« Stellung eines Insolvenzantrages (*Weyand* ZInsO 2008, 702 [705]).

46 Erfasst sind die:
   – unterlassene Stellung eines Eröffnungsantrages (trotz Verpflichtung zur Antragstellung gem. § 15a Abs. 1–3 InsO),
   – verspätete Stellung eines Eröffnungsantrages (unter Verstoß gegen § 15a Abs. 1 Satz 1 InsO),
   – die nicht richtige Stellung eines Eröffnungsantrages.

47 Die in Abs. 4 Nr. 2 InsO unter Strafbarkeit gestellte nicht richtige Stellung eines Eröffnungsantrages ist seit dem 26.06.2017 eingeschränkt durch die objektive Bestimmung der Strafbarkeit in Abs. 6.

48 Voraussetzung ist eine rechtskräftige Abweisung des Antrags als unzulässig. Straffreiheit tritt daher ein bei nachträglicher Zulassung eines zunächst unzulässigen Antrags.

49 Ein zur **Antragstellung verpflichteter Insolvenzverwalter** (s. Rdn. 22) kann sich strafbar machen (*Göcke* ZInsO 2008, 1305 [1308]), ebenso ein faktisches Organ (A/G/R-*Kadenbach* § 15a InsO Rn. 32; a.A. HK-InsO/*Kleindiek* § 15a Rn. 40). Zur Strafbarkeit eines Liquidators s. *BGH* NZI 2009, 124 m. Anm. *Poerzgen*. Die Insolvenzantragspflicht gem. § 42 Abs. 2 beim **e.V.** ist **nicht strafbewehrt** (A/G/R-*Kadenbach* § 15a InsO Rn. 32; *Brand/Reschke* NJW 2009, 2343). Für ab dem 01.07.2014 beantragte Verfahren stellt dies nunmehr Abs. 6 klar (Rdn. 52).

Wird ein Geschäftsführer wegen nicht rechtzeitiger Stellung eines Antrages auf Eröffnung des Insolvenzverfahrens wegen Insolvenzverschleppung verurteilt, führt dies zu einer Amtsunfähigkeit gem. § 6 Abs. 2 Satz 2 Nr. 3a GmbHG (*OLG Celle* NZI 2013, 852 m. Anm. *Floeth*). 50

Der Verstoß gegen Strafvorschriften kann i.V.m. § 823 Abs. 2 BGB **auch zu** einer **zivilrechtlichen Haftung** führen. 51

E. Vereins- und Stiftungsvorstände (Abs. 7)

Durch das Gesetz zur Verkürzung des Restschuldbefreiungsverfahrens und zur Stärkung der Gläubigerrechte vom 15.07.2013 ist für die ab dem 01.07.2014 beantragten Verfahren Absatz 6 eingefügt worden, um Vereins- und Stiftungsvorstände vor einer Verfolgung nach § 15a Abs. 4 und 5 InsO zu bewahren. Die Gesetzesbegründung (Entwurf eines Gesetzes zur Verkürzung des Restschuldbefreiungsverfahrens und zur Stärkung der Gläubigerrechte v. 18.07.2012 BT-Drucks. 17/11268 S. 34) führt aus: »Eine Verfolgung von Vereins- und Stiftungsvorständen nach § 15a Absatz 4 und 5 InsO ist auch deshalb zu beanstanden, weil die Verhältnisse zumal bei nicht wirtschaftlichen Vereinen und Stiftungen nicht mit den Verhältnissen bei werbenden Handelsgesellschaften vergleichbar sind. Insbesondere erscheint aus Sicht eines ehrenamtlich tätigen Vereinsvorstands die strafrechtliche Sanktion für eine Insolvenzverschleppung übermäßig.« 52

Die Änderung wird überwiegend kritisiert (*Roth* ZInsO 2012, 678; *Römermann* GWR 2012, 56; *Lenger/Finsterer* NZI 2016, 571; zust. *Poerzgen* ZInsO 2012, 1697). Die Änderung erfasst auch die in der Gesetzesbegründung nicht erwähnten Abs. 1 bis 3. Häufig verfolgen Vereine wirtschaftliche Zwecke. Einen zivilrechtlichen Schutz ehrenamtlich tätiger Vereinsvorstände stellt § 31a BGB sicher. 53

F. Internationales Insolvenzrecht

Das Antragsrecht richtet sich nach dem Recht des Staates, in dem der **Antrag gestellt** wird, Art. 4 Abs. 2 Satz 1 EuInsVO 31.05.2002/Art. 7 EuInsVO 26.06.2017, § 355 InsO. 54

Für die Insolvenzantragspflicht und insbesondere die zivilrechtlichen Sanktionen war streitig, ob das Gesellschaftsstatut (Recht des Gründungsstaates) galt (*Mock/Schildt* ZInsO 2003, 396 [400]; *Köke* ZInsO 2005, 354 [358]) oder das Insolvenzstatut, also das Recht am Ort der Antragstellung (*KG* ZInsO 2010, 2010; *Holzer* ZVI 2005, 457 [464]). Argumentiert wurde damit, dass die Insolvenzantragspflicht dem Gesellschaftsrecht zuzuordnen sei. Dies ist überholt, die Insolvenzantragspflicht ergibt sich (im Wesentlichen) aus dem Insolvenzrecht, nämlich § 15a InsO. Es gilt das **Insolvenzstatut**. Damit greifen insbesondere bei sog. Scheinauslandsgesellschaften auch die Haftungsnormen des deutschen Rechts ein (*Poertzgen* NZI 2008, 9 [10 f.], zweifelnd *Hirte* ZInsO 2008, 689 [699]; so schon zur alten Rechtslage *LG Kiel* NZI 2006, 482 m. Anm. *Mock*). Allerdings wird dadurch ein Anreiz zum Forum Shopping geschaffen. Verlegungen des tatsächlichen Verwaltungssitzes (COMI gem. Art. 3 EuInsVO) werden aber nur wenige Großgesellschaften vornehmen können. 55

Es besteht eine **Antragspflicht** (HambK-InsO/*Linker* § 15a Rn. 9; *Römermann* NZI 2010, 241 [242]). Bei Verletzung der Antragspflicht drohen insb. directors bei der Limited eine **Bestrafung** (*Bischoff* ZInsO 2009, 164 [169]) wegen Verletzung der Insolvenzantragspflicht (s. Rdn. 45), die bisher nicht möglich waren (*Gross/Schork* NZI 2006, 10 [14]). Daneben treten **zivilrechtliche Ansprüche** (*Schmittmann/Bischoff* ZInsO 2009, 1561 [1564 ff.]) wie z.B. eine Haftung gem. § 64 Satz 1 GmbHG (*BGH* ZInsO 2016, 847). 56

Bei **Führungslosigkeit** besteht zwar ein Antragsrecht gem. § 15 Abs. 1 Satz 2 InsO für alle Gesellschafter (HambK-InsO/*Linker* § 15 Rn. 12). Eine Antragspflicht gem. § 15a Abs. 3 InsO besteht aufgrund des eingeschränkten Wortlautes der Vorschrift im Vergleich zu § 15 Abs. 1 Satz 2 InsO nicht (HambK-InsO/*Linker* § 15 Rn. 12, § 15a Rn. 25). 57

Zur Antragspflicht bei der Societas Europaea (Europäische Aktiengesellschaft, SE) und Societas Cooperativa Europaea (Europäische Genossenschaft, SCE) s. *Schmidt* NZI 2006, 627. 58

59 **Unklar** ist, ob eine bestehende Antragspflicht bereits mit der Beantragung/Eröffnung eines Hauptinsolvenzverfahrens erfüllt ist (dafür *AG Köln* ZIP 2005, 1566 m. abl. Anm. *Mock* NZI 2006, 24 und *Wagner* ZIP 2006, 1934; *Meyer-Löwy/Poerzgen* ZInsO 2004, 195 [197]; *Vallender/Fuchs* ZIP 2004, 829 [835]; *Leithaus/Riewe* NZI 2008, 598 [600]), oder ob es ein eigener Antrag auf Durchführung eines Sekundärinsolvenzverfahrens gestellt werden muss.

G. Vorübergehende Aussetzung der Antragspflicht bei hochwasserbedingter Insolvenz

60 Das Gesetz über die vorübergehende Aussetzung der Insolvenzantragspflicht bei hochwasserbedingter Insolvenz v. 15.07.2013 (BGBl. I S. 2401) enthält eine Sonderregelung. Beruht der Eintritt der Zahlungsunfähigkeit oder Überschuldung auf der Hochwasserkatastrophe vom Mai/Juni 2013, ist die Insolvenzantragspflicht vorübergehend ausgesetzt, solange die Antragspflichtigen ernsthafte Finanzierungs- oder Sanierungsverhandlungen führen und dadurch begründete Aussichten auf Sanierung bestehen (*Schmidt* ZInsO 2013, 1463). Die Aussetzung dauert längstens bis zum 31.12.2013 bzw. 31.3.2014, sofern das BMJ eine entsprechende Rechtsverordnung erlässt (A/G/R-*Kadenbach* § 15a InsO Rn. 30a). Entsprechendes gilt für die Auswirkungen der Starkregenfälle und Hochwasser im Mai/Juni 2016 (BGBl. I 2016, S. 1824, 1838) für den Zeitraum bis 31.12.2016.

Anhang nach § 15a Organhaftung

Übersicht

		Rdn.
A.	Die GmbH-Geschäftsführerhaftung aus § 64 GmbHG	1
B.	**Anwendungsbereich**	5
I.	Normzweck	6
II.	Normstruktur	7
III.	Haftung für Masseschmälerungen bzw. Die Ersatzpflicht für Zahlungen in der Krise nach § 64 S. 1, 2 GmbHG	9
	1. Haftungsschuldner/Adressaten der Norm	9
	a) Geschäftsführer	9
	b) Liquidator bzw. Abwickler	11
	c) Faktische Geschäftsführer	12
	d) Gesellschafter	13
	e) Aufsichts- und Beiräte	14
	2. Anspruchsvoraussetzungen	15
	a) Zahlungsunfähigkeit und drohende Zahlungsunfähigkeit	16
	b) Überschuldung	18
	c) Zahlungen	19
	d) Maßgeblicher Zeitpunkt und Beweislast	24
	e) Zulässige Zahlungen	26
	f) Verschulden	30
	g) Eröffnung des Insolvenzverfahrens und masselose Insolvenz	31
	h) Inhalt des Anspruchs	32
	i) Gesellschafterbeschluss, Verzicht und Vergleich	33
	j) Verjährung	34
	k) Anspruchsberechtigte	35
IV.	Insolvenzverursachungshaftung bzw. Die Haftung für Zahlungen in der Krise nach § 64 Satz 3 GmbHG	36
	1. Gesellschafter als Zahlungsempfänger	38
	2. Privilegierte Zahlung nach § 64 Satz 2 GmbHG	39
	3. Zahlungsunfähigkeit	40
	4. Zurechnungszusammenhang zwischen Zahlung und Zahlungsunfähigkeit	42
	a) Kausalität	43
	b) Prognoseerfordernis	44
	aa) Darlegungs- und Beweislast	45
	bb) Verschulden	46
	cc) Rechtsfolgen	47
V.	Haftung für die Verletzung der Insolvenzantragspflicht bzw. die Haftung gegenüber den Gesellschaftsgläubigern nach §§ 823 Abs. 2 BGB i.V.m. § 15a Abs. 1 InsO	49
VI.	Haftung gegenüber den Gesellschaftsgläubigern nach § 823 Abs. 2 i.V.m. § 64 GmbHG	50
VII.	Weitere Haftungstatbestände	51
	1. Haftung aus §§ 280, 311 Abs. 2 und 3, 241 Abs. 2 BGB (culpa in contrahendo)	51
	2. Haftung nach § 43 Abs. 2 GmbHG	57
	3. Haftung nach § 26 Abs. 3 InsO	58
	4. Haftung nach § 34, 69 AO	59
	5. Haftung nach §§ 823 Abs. 2 BGB i.V.m. §§ 263 StGB	60
	6. Haftung nach §§ 823 Abs. 2 BGB i.V.m. § 265b StGB	61
	7. Haftung nach § 823 Abs. 2 BGB i.V.m. § 266a Abs. 1 StGB	62
	8. Haftung nach § 823 Abs. 2 BGB i.V.m. § 82 Abs. 2 Nr. 2 GmbHG	63
	9. Haftung nach § 823 Abs. 2 BGB i.V.m. § 41 GmbHG, § 823 Abs. 2 BGB i.V.m. §§ 283–283b StGB	64
	10. Haftung nach § 826 BGB	65
VIII.	Weitere Haftungstatbestände der Gesellschafter	66
C.	**§ 92 AktG**	68
D.	**§ 130a HGB**	72

Literatur:
zu § 64 GmbHG

Altmeppen Insolvenzverschleppungshaftung Stand 2001, ZIP 2001, 2201; *Baumbach/Hueck* Kommentar zum GmbHG, 21. Aufl. 2017; *Bayer/Graff* Das neue Eigenkapitalersatzrecht nach dem MoMiG, DStR 2006, 1654; *Dahl/Schmitz* Probleme von Überschuldung und Zahlungsunfähigkeit nach FMStG und MoMiG, NZG 2009, 567; *Fleischer/Goette* Münchener Kommentar zum GmbHG, Bd. 3, 2. Aufl. 2016; *Greulich/Rau* Zur partiellen Insolvenzverursachungshaftung des GmbH-Geschäftsführers nach § 64 S. 3 GmbHG-RegE, NZG 2008, 284; *Haas* Die Rechtsfigur des »faktischen GmbH-Geschäftsführer«, NZI 2006, 494; *Heeg* Der GmbH-Geschäftsführer in der Vor-Insolvenz – Höchstrichterlich geklärt? Masseerhaltung, Lohnsteuerhaftung und Strafbarkeit wegen Nichtabführung von Sozialversicherungsbeiträgen, DStR 2007, 2134; *Henssler/Strohn* Gesellschaftsrecht, 3. Aufl. 2016; *Holzborn/v. Vietinghoff* Haftung und Insolvenz im GmbH-Recht, 2013; *Hölzle* Gesellschafterfremdfinanzierung und Kapitalerhaltung im Regierungsentwurf des MoMiG, GmbHR 2007, 729; *Knof* Die neue Insolvenzverursachungshaftung nach § 64 Satz 3 RegE-GmbHG (Teil I), DStR 2007, 1536; *Michalski*

GmbHG, 2. Aufl. 2010; *Niesert/Hohler* Die Haftung des Geschäftsführers für die Rückzahlung von Gesellschafterdarlehen und ähnliche Leistungen – Zugleich ein Beitrag zur Auslegung des § 64 S. 3 GmbHG, NZI 2009, 345; *Poertzgen* Die künftige Insolvenzverschleppungshaftung nach dem MoMiG, GmbHR 2007, 1258; *Roth/Altmeppen* GmbHG, 8. Aufl. 2015; *Säcker/Rixecker* Münchener Kommentar zum BGB, Bd. II, 6. Aufl. 2012; *Saenger/Inhester* Handkommentar zum GmbHG, 3. Aufl. 2016; *Scholz* GmbHG, 11. Aufl. 2012/2015; *Schmidt* Verbotene Zahlungen in der Krise von Handelsgesellschaften und die daraus resultierenden Ersatzpflichten, ZHR 2004, 637; *ders.* GmbH-Reform auf Kosten der Geschäftsführer? Zum (Un-)Gleichgewicht zwischen Gesellschaftsrisiko und Geschäftsführerrisiko im Entwurf eines MoMiG und in der BGH-Rechtsprechung, GmbHR 2008, 449; *Schulze* BGB, 7. Aufl. 2012; *Spliedt* MoMiG in der Insolvenz – ein Sanierungsversuch, ZIP 2009, 149; *Wicke* Kommentar zum GmbHG, 3. Aufl. 2016; *Ziemons/Jäger* Beck'scher Online-Kommentar GmbHG, 30. Edition Stand 01.11.2016.

zu § 92 AktG

Heidel Aktienrecht und Kapitalmarktrecht, 4. Aufl. 2014; *Henssler/Strohn* Gesellschaftsrecht, 3. Aufl. 2016; *Hölters* Aktiengesetz, 2. Aufl. 2014; *Hüffe/Kochr* Aktiengesetz, 12. Aufl. 2016; *Spindler/Stilz* Kommentar zum Aktiengesetz, Bd. I, 3. Aufl. 2015.

zu § 130a HGB

Heidel/Schall Handelsgesetzbuch, 2. Aufl. 2015; *Ebenroth/Boujong/Joost/Strohn* Handelsgesetzbuch, 3. Aufl. 2014.

A. Die GmbH-Geschäftsführerhaftung aus § 64 GmbHG

1   Die Norm wurde zuletzt durch das Gesetz zur Modernisierung des GmbH-Rechts und zur Bekämpfung von Missbräuchen (MoMiG; BGBl. I 2008, S. 2026 ff.) vom 23.10.2008 mit Wirkung zum 01.11.2008 geändert. Die Fassung der Vorschrift, die bis zum 01.01.1999 galt, ging auf das Reichsgesetz vom 25.03.1930 (RGBl. I S. 93) zurück.

2   Wesentliche Neuerungen durch das Inkrafttreten des MoMiG zum 01.11.2008 war die Verpflichtung der Gesellschafter aus § 15a InsO im Wege der Ersatzzuständigkeit bei Führungslosigkeit und Insolvenzreife der Gesellschaft den Insolvenzantrag zu stellen. Die Pflicht zur Insolvenzantragsstellung wurde nunmehr in den neu eingefügten § 15a InsO verlagert. Sinn und Zweck der Vorschrift ist es eine rechtsformneutrale einheitliche Regelung der Insolvenzantragspflicht zu gewährleisten (vgl. *Schmerbach* § 15a InsO; Gesetzesbegr. MoMiG, BT-Drucks. 16/6140, S. 55), u.a. um Gläubigerinteressen zu stärken.

3   Durch den neu eingefügten § 64 Satz 3 GmbHG sollen die Geschäftsführer einer GmbH der Gesellschaft gegenüber zum Ersatz von Zahlungen verpflichtet sein, die an Gesellschafter geleistet worden sind, falls dies die Zahlungsunfähigkeit der Gesellschaft hervorgerufen hat. Dies gilt nach § 64 Satz 2 GmbHG nicht, wenn aus Sicht eines sorgfältigen Geschäftsführers ein solches nicht erkennbar war. Die Neuregelung führt zu einem erhöhten Schutz der Gesellschaftsgläubiger gegen Vermögensverschiebungen zwischen Gesellschaft und Gesellschaftern. Ferner geht § 64 Satz 1, 3 GmbHG über die Anfechtungsregelungen der § 129 ff. InsO hinaus und gewährt daher einen umfassenden Gläubigerschutz.

4   Der neu geregelte § 64 GmbHG richtet sich gegen den Abzug von Vermögenswerten, welche die Gesellschaft bei objektiver Betrachtung zur Erfüllung ihrer Verbindlichkeiten benötigt. Damit regelt die Norm einen Teilbereich der Haftung, welche unter dem Stichwort »existenzvernichtender Eingriff« anerkannt ist. Die Fallgruppe erfasst Fälle, in denen der Gesellschafter auf die Zweckbindung des Gesellschaftsvermögens keine Rücksicht nimmt und der Gesellschaft ohne angemessenen Ausgleich – offen oder verdeckt – Vermögenswerte entzieht, die sie zur Erfüllung ihrer Verbindlichkeit benötigt (*BGH* NZI 2007, 603 [604 f.], NJW 2001, 3622 [3623]). Außerdem zeigt die Norm vergleichbare Züge zu dem sog. solvency test auf. Dieser etabliert eine Ausschüttungssperre für den Fall, dass der Gesellschaft bei einer Ausschüttung nicht mehr ausreichend Liquidität zur Verfügung steht, um innerhalb eines bestimmten Prognosezeitraums ihre Verbindlichkeiten bei Fälligkeit zu erfüllen (MüKo-GmbHG/*Ekkenga* § 30 Rn. 40). § 64 GmbHG zielt nicht auf den Gesellschafter als Emp-

fänger der existenzbedrohenden Vermögensverschiebung, sondern auf den Geschäftsführer der Gesellschaft als deren Auslöser oder Gehilfen, ab. Eine abschließende Regelung der Existenzvernichtungshaftung ist jedoch nicht bezweckt. Aufgrund des starken insolvenzrechtlichen Bezugs von § 64 GmbHG, verfolgt die Norm ein insolvenzrechtliches Regelungsziel (vgl. *Mätzig* Beck'scher OK GmbHG, § 64 Rn. 4). Auf Ebene des internationalen Privatrechts gehört die Norm daher zum Insolvenzstatut nach Art. 4 EuInsVO bzw. § 335 InsO, demnach nicht zum Gesellschaftsstatut (*EuGH* ZIP 2015, 2468; *BGH* ZIP 2016, 821 Baumbach/Hueck-*Haas*, GmbHG, § 64 Rn. 49 m.w.N. auch zur Gegenansicht, die das Gesellschaftsstatut für einschlägig hält).

B. Anwendungsbereich

Die Norm erfasst jede GmbH (einschließlich UG), die nach § 71 Abs. 4 GmbHG aufgelöste oder nichtig erklärte GmbH bis zum Abschluss der Liquidation nach §§ 77 Abs. 1, 71 Abs. 4, 75 GmbHG, sowie für Gesellschaften, bei denen nach Löschung gem. § 66 Abs. 5 GmbHG noch Vermögen festgestellt wird (*Mätzig* Beck'scher OK GmbHG, § 64 Rn. 18). Ferner findet die Norm auch Anwendung auf die Vor-GmbH (str.), für die nach analog § 19 InsO der Eröffnungsgrund der Überschuldung gilt (Baumbach/Hueck-*Haas* GmbHG, § 64 Rn. 44; Saenger/Inhester-*Kohlmann* GmbHG, § 64 Rn. 12 ff.). Die Vorgründungsgesellschaft stellt hingegen eine GbR oder oHG dar und tritt noch nicht als GmbH im Rechtsverkehr auf, so dass auf die Vorgründungsgesellschaft § 64 GmbHG keine Anwendung findet (*Mätzig* Beck'scher OK GmbHG, § 64 Rn. 18). 5

I. Normzweck

§ 64 Satz 1 GmbHG begründet eine Ersatzpflicht der Geschäftsführer gegenüber der Gesellschaft. Dennoch dient § 64 GmbHG dem Schutz der Gesellschaftsgläubiger. Sinn und Zweck der Vorschrift ist durch eine präventive Haftungsandrohung etwaige Zahlungen zu verhindern oder einen wertmäßigen Ausgleich bei ihrer Verletzung zu ermöglichen (*BGH* NJW 1974, 1088 [1089]; NJW 2009, 2454 [2455]). 6

II. Normstruktur

§ 64 GmbHG normiert ein von der Insolvenzantragspflicht zu differenzierendes Zahlungsverbot (*BGH* BGHZ 126, 181 [195 ff.]; MüKo-GmbHG/*Müller* § 64 Rn. 1). Die Ersatzpflicht der Geschäftsführer ist nicht Bestandteil des Schadensersatzes wegen Insolvenzverschleppung, sondern eine Sanktion für die Verletzung der Masseerhaltungspflicht, die von der Insolvenzantragspflicht unabhängig ist. Nach dem Verständnis der höchstrichterlichen Rechtsprechung und wohl auch h.L. begründet § 64 GmbHG einen Anspruch der Gesellschaft sui generis, ohne Verbindung zur Insolvenzantragspflicht nach § 15a InsO und zur Insolvenzverschleppung (*BGH* BGHZ 146, 264 [278]; NJW-RR 2008, 1066 [1067]; Saenger/Inhester-*Kolmann* GmbHG, § 64 Rn. 5 m.w.N.). 7

§ 64 GmbHG ist kein Verbotsgesetz i.S.v. § 134 BGB, so dass keine Ansprüche aus §§ 812 ff. entstehen (MüKo-GmbHG/*Müller* § 64 Rn. 137). Teilnehmerhaftung nach § 830 BGB ist ebenfalls nicht möglich. Jedoch ist nach höchstrichterlicher Rechtsprechung § 64 GmbHG aufgrund der gläubigerschützenden Funktion i.S.v. § 823 Abs. 2 BGB (*BGH* NJW 1959, 623 [624]; str. a.A. MüKo-GmbHG/*Müller* § 64 Rn. 137 m.w.N.). 8

III. Haftung für Masseschmälerungen bzw. Die Ersatzpflicht für Zahlungen in der Krise nach § 64 S. 1, 2 GmbHG

1. Haftungsschuldner/Adressaten der Norm

a) Geschäftsführer

Nach der Verlagerung der Insolvenzantragspflicht in den § 15a InsO, der sich an die Mitglieder des Vertretungsorgans (also die Geschäftsführer), die Abwickler und an die Gesellschafter wendet, adressiert § 64 GmbHG ausschließlich die Geschäftsführer. 9

10 Das Zahlungsverbot bzw. die Verpflichtung, die Masse zu bewahren, richtet sich vorrangig an jeden einzelnen Geschäftsführer bzw. Liquidator nach § 71 Abs. 4 GmbHG, unabhängig von interner Ressortaufteilung oder von Vertretungsbestimmungen (Baumbach/Hueck-*Haas* GmbHG, § 64 Rn. 13). Bei mehreren Geschäftsführern ist von einer Gesamtverantwortung aller Mitgeschäftsführer für die Zahlung eines Geschäftsführers auszugehen (*OLG München* GmbHR 2008, 457 [459]). Die Amtsniederlegung beseitigt eine bereits eingetretene Haftung nicht. Weisungen von Gesellschaftern wirken nicht haftungsausschließend; § 64 GmbHG dient dem Schutz der Gläubiger der Gesellschaft und der Öffentlichkeit vor insolventen Gesellschaften, daher kann ein zu stellender Antrag nicht zur Disposition der Gesellschafter stehen (*Mätzig* Beck'scher OK GmbHG, § 64 Rn. 10). Zu einem anderen Ergebnis kann der Entschluss der Gesellschafter zu Sanierungsmaßnahmen innerhalb der drei Wochen führen. Eine teleologische Extension auf Prokuristen ist abzulehnen (*OLG Düsseldorf* GmbHR 1993, 159; Saenger/Inhester-*Kolmann* GmbHG, § 64 Rn. 19).

b) Liquidator bzw. Abwickler

11 § 15a InsO erfasst ausdrücklich die Abwickler der Gesellschaft. Während der Liquidation der Gesellschaft nach § 60 ff. GmbHG bis zu ihrem Abschluss nach § 74 GmbHG werden von § 64 Satz 1, 2 GmbHG nach § 71 Abs. 4 GmbHG auch die Liquidatoren der Gesellschaft erfasst.

c) Faktische Geschäftsführer

12 Die sog. faktischen Geschäftsführer gehören ebenfalls zu dem Adressatenkreis des § 64 GmbHG. Faktischen Geschäftsführern liegt kein Bestellungsakt zugrunde, jedoch führen sie die Geschäfte der Gesellschaft wie ein Geschäftsführer (sog. »Shadow director«). Gleiches gilt bei fehlerhaft bestellten Geschäftsführern, bei denen die Bestellung unwirksam ist (*BGH* NJW 1988 1789 [1789]; Baumbach/Hueck-*Haas* GmbHG, § 64 Rn. 16). Eine völlige Verdrängung des bestellten Geschäftsleiters ist nicht notwendig (Roth/Altmeppen-*Altmeppen* GmbHG, Vor § 64 Rn. 57). Für eine Anwendbarkeit des § 64 GmbHG müssen hinsichtlich der faktischen Geschäftsführer drei Voraussetzungen vorliegen: Das Tätigwerden muss auf dem Einverständnis zumindest der Mehrheit der Gesellschafter beruhen (*OLG Karlsruhe* NJW 2006, 1364 [1364]). Dabei müssen sie nach wirtschaftlichen Maßstäben mit einer bestimmten Nachhaltigkeit auf die Geschäftsführung Einfluss nehmen, entscheidend ist dabei das Gesamterscheinungsbild des Auftretens der handelnden Person (*BGH* NJW 1988, 1789 [1790]; *OLG München* BeckRS 2010, 23061). Darüber hinaus müssen sie durch eigenes Handeln im Außenverhältnis in Bereichen tätig sein, die üblicherweise zur Geschäftsführertätigkeit einzuordnen sind und dieses müsste für Dritte erkennbar sein (*BGH* NJW-RR 2008, 1066 [1067]; DStR 2005, 1455 [1455]; DStR 2002, 1010 [1012]; DNotZ 1988, 793 [794]).

d) Gesellschafter

13 Die Gesellschafter trifft bei Führungslosigkeit der Gesellschaft nach § 15a Abs. 3 InsO die Antragspflicht. Sie gehören aber nicht zum Adressatenkreis des § 64 GmbHG.

e) Aufsichts- und Beiräte

14 Mitglieder eines fakultativen oder obligatorischen Aufsichtsrats oder Beirats einer GmbH sind von § 64 GmbHG nicht erfasst. Eine Haftung für Zahlungen in der Krise kann sich für die betreffenden Mitglieder aber aus der schuldhaften Verletzung der allgemeinen Informations-, Beratungs- und Überwachungspflichten (*BGH* DStR 2009, 1157 [1158]), welche auch die rechtzeitige Antragstellung nach § 15a InsO und das Unterlassen der Zahlungen gem. § 64 GmbHG betrifft, nach § 52 GmbHG i.V.m. §§ 116, 93 Abs. 2 AktG ergeben (*Wicke* GmbHG, § 64 Rn. 19; Saenger/Inhester-*Kolmann* GmbHG, § 64 Rn. 21). Dabei haften die betreffenden Mitglieder lediglich dann, wenn die pflichtwidrige Zahlung einen Schaden der Gesellschaft herbeiführt, folglich nicht bei erfolgsneutralen Zahlungen, die zur Erfüllung einer Verbindlichkeit geleistet werden und darüber hinaus nicht, wenn die Zahlung lediglich zu einer Masseverkürzung bzw. zu einem Schaden der Gläubiger der Gesellschaft führt (*BGH* DStR 2010, 2090 [2091]).

2. Anspruchsvoraussetzungen

Der Ersatzanspruch nach § 64 Satz 1 GmbHG wird begründet, wenn der Geschäftsführer nach Eintritt der Zahlungsunfähigkeit der Gesellschaft oder nach Feststellung der Überschuldung Zahlungen leistet, die sich mit der Sorgfalt eines ordentlichen Geschäftsmannes nicht vereinbaren lassen. 15

a) Zahlungsunfähigkeit und drohende Zahlungsunfähigkeit

Die Zahlungsunfähigkeit tritt ein, wenn ein nicht nur vorübergehender Mangel an Zahlungsmitteln vorhanden ist, sodass wesentliche Teile der Verbindlichkeiten nicht erfüllt werden können (*BGH* NJW 1991, 980 [981]; NJW 1992, 1960 [1960]; s.a. *Schmerbach* § 17 InsO, bzgl. drohender Zahlungsunfähigkeit § 18 InsO). 16

Bei der Zahlungsunfähigkeitsprüfung sind lediglich Zahlungspflichten der GmbH zu berücksichtigen. 17

b) Überschuldung

Überschuldung liegt vor, wenn das Vermögen der Gesellschaft die bestehenden Verbindlichkeiten nicht mehr deckt, wobei eine von dem Geschäftsführer zu beweisende positive Fortführungsprognose zum Stichtag eine Überschuldung entfallen lässt (MüKo-GmbHG/*Müller* § 64 Rn. 23 ff., s.a. *Schmerbach* § 19 InsO). 18

c) Zahlungen

§ 64 Satz 1 GmbHG geht von einem weiten Verständnis des Zahlungsbegriffes aus, dabei sind nicht lediglich reine Geldleistungen, sondern auch sonstige vergleichbare Leistungen zu Lasten des Vermögens der Gesellschaft, durch die der Gesellschaft Liquidität entzogen wird, erfasst (Scholz/ *Schmidt* GmbHG, § 64 Rn. 28; Michalski/*Nerlich* GmbHG, § 64 Rn. 41). Jedoch muss die der Zahlung gegenüberstehende Leistung, die der Masse zugeführt wird, auch berücksichtigt werden (vgl. Gesetzesbegr. MoMiG, BT-Drucks. 16/6140 S. 46; *BGH* NJW 2003, 2316 [2317]). Der Geschäftsführer muss die Zahlung nicht selbst vorgenommen oder angeordnet haben, vielmehr reicht es aus, wenn er diese hätte verhindern können (*BGH* NJW 2009, 1598 [1599]). Ein derartiges weites Verständnis lässt sich durch die umfassenden Überwachungs- und Kontrollpflichten des Geschäftsführers gegenüber seinen Mitgeschäftsführern als auch gegenüber den Angestellten der Gesellschaft bei dem ersten Anzeichen der Krise rechtfertigen. 19

Zahlungen sind Barzahlungen aus dem Kassenbestand, des Weiteren Auszahlungen und Überweisungen von einem kreditorisch geführten Konto (Baumbach/Hueck-*Haas* GmbHG, § 64 Rn. 65). Auch eine Abbuchung aufgrund einer Einzugsermächtigung der Geschäftsführer und die Einlösung von Schecks, die von Geschäftsführern ausgestellt wurden, fallen unter den Begriff (*BGH* NZG 2000, 370 [370]; Baumbach/Hueck-*Haas* GmbHG, § 64 Rn. 65). Abbuchungen, die auf einer Kontopfändung beruhen werden nicht erfasst. Keine masseschmälernde Zahlung liegt vor, wenn eine Zahlung an einen absonderungsberechtigten, durch eine Gesellschaftssicherheit besicherten Gläubiger geleistet wird. Hier nimmt der BGH einen Aktivtausch an, wenn infolge der Zahlung die Gesellschaftssicherheit frei wird und der Verwertung zugunsten aller Gläubiger zur Verfügung steht. Bei einem solchen Aktivtausch entfällt im wirtschaftlichen Ergebnis die Masseschädlichkeit der Zahlung (*BGH* NZI 2016, 588 [591]). 20

Überweisungen und Abbuchungen von einem debitorischen Konto fallen nicht unter den Begriff der Zahlung i.S.v. § 64 GmbHG, diese gehen zu Lasten der Bank, falls keine Sicherheiten von der Gesellschaft gestellt worden sind (*BGH* NZG 2010, 346 [347]). Wenn mit den Kreditmitteln Verbindlichkeiten der Gesellschaft getilgt werden, dann liegt lediglich ein Gläubigerwechsel vor, welcher aber nicht zu einer Haftung der Geschäftsführer führt (*BGH* NZG 2010, 346 [347]). Gleiches gilt für den Einzug von Forderungen, die an die kontoführende Bank zur Sicherheit abgetreten waren, auf einem debitorischen Konto der GmbH und die anschließende Verrechnung mit dem Sollsaldo, 21 wenn vor Insolvenzreife die Sicherungsabtretung vereinbart und die Forderung der Gesellschaft entstanden und werthaltig geworden ist (*BGH* 03.05.2016 JurionRS 2016, 17618; ebenso *BGH* ZIP 2016, 364 für den Fall, dass die gelieferte Ware im Sicherungseigentum der Bank stand). Im Übrigen ist grds. davon auszugehen, dass Eingänge, die das Debetsaldo mindern als masseschmälernde Zahlungen in dem vorliegenden Sinne zu verstehen sind, da sie die bestehende Darlehensverbindlichkeit verringern (*BGH* NJW 2000, 668 [668]). Nach der derzeitigen Rechtsprechung des zuständigen II. Zivilsenats findet keine Saldierung von Eingängen und Verfügungen des debitorisch geführten Kontos statt.

22 Zahlungen i.S.v. § 64 GmbHG sind bei einer extensiven Auslegung auch die Aufrechnung oder Verrechnung mit einer Gegenforderung der Gesellschaft, Lieferung von Waren, Leistung von Diensten oder Übertragung von Rechten (Scholz/*Schmidt* GmbHG, § 64 Rn. 28). Die Begründung von Verbindlichkeiten ist jedoch aus dem Anwendungsbereich herauszunehmen (*BGH* BGHZ 138, 211 [216 f.]).

23 Die geleisteten Zahlungen müssen einen Bezug zum Aktivvermögen der Gesellschaft haben. Dies ist ausgeschlossen, wenn ein Gesellschafter oder ein außenstehender Dritter die Leistung erbringt (Scholz/*Schmidt* GmbHG, § 64 Rn. 33). Eine Haftung wird jedoch ausgelöst, wenn der Geschäftsführer veranlasst, dass der Schuldner einer Forderung der Gesellschaft, die Forderung gegenüber einem ihrer Gläubiger begleicht, anstelle an die Gesellschaft zu leisten (*OLG Schleswig* BeckRS 2007, 05981). Eine Zahlung kann auch darin liegen, dass der Geschäftsführer Mittel erhält, die bestimmt sind, eine bestimmte Schuld zu tilgen und diese entsprechend verwendet (*BGH* NJW 2008, 2504 [2505]). Die vorherige Abrede über den Zweck der Mittel schließt die Eigenschaft als verbotene Zahlung nicht aus, da dennoch eine Masseschmälerung erfolgt. Eine solche Haftung kann vermieden werden, wenn die Geschäftsführer die entgegen genommenen Mittel auf Treuhandkonten überweisen lassen und in der Weise Aussonderungsrechte nach § 47 InsO für die Treugeber schaffen (*BGH* NJW 2008, 2504 [2505]; NJW-RR 1993, 301 [301]).

d) Maßgeblicher Zeitpunkt und Beweislast

24 Das Zahlungsverbot wird mit dem Eintritt der Insolvenzreife, folglich mit Zahlungsunfähigkeit oder der Überschuldung, begründet (*BGH* NJW 2000, 668 [668]; Baumbach/Hueck-*Haas* GmbHG, § 64 Rn. 84). Zahlungen innerhalb der dreiwöchigen Insolvenzantragspflicht des § 15a InsO und im Zeitraum danach bis zur Eröffnung des Insolvenzverfahrens sind erfasst.

25 Darlegungs- und beweisbelastet für das Merkmal der Zahlungsunfähigkeit und Überschuldung bei Vornahme der Leistung ist die Gesellschaft bzw. der Insolvenzverwalter. Für den Fall, dass zu einem bestimmten Zeitpunkt ein Insolvenzgrund vorlag und deswegen das Verfahren eröffnet worden ist, gilt die tatsächliche Vermutung, dass die Gesellschaft in der betreffenden Zeit insolvent war. Hingegen ist der Geschäftsführer darlegungs- und beweisbelastet für die Behauptung, dass Zahlungen in der Zeit einer Erholung der Gesellschaft vorgenommen worden sind (Saenger/Inhester-*Kolmann* GmbHG, § 64 Rn. 79 f.; zur Darlegungs- und Beweislast vgl. *BGH* NZI 2008, 126 [126]).

e) Zulässige Zahlungen

26 Nach § 64 Satz 2 GmbHG wird die Haftung ausgeschlossen, wenn die Zahlungen trotz Insolvenzreife mit der Sorgfalt eines ordentlichen Geschäftsmannes vereinbar sind. Die Norm ist eng auszulegen (Roth/Altmeppen-*Altmeppen* GmbHG, § 64 Rn. 21). § 64 Satz 2 GmbHG ist ein Exkulpationstatbestand vergleichbar mit der Exkulpationsregelung des § 831 Abs. 1 Satz 2 BGB, der bei Vorliegen das Verschulden entfallen lässt (*BGH* NJW 2001, 1280 [1282]). Nach anderer Ansicht tritt eine objektive Rechtfertigung ein, so dass der Tatbestand nicht vorliegt, weil die Pflichtwidrigkeit entfällt (Scholz/*Schmidt* GmbHG, § 64 Rn. 38; MüKo-GmbHG/*Müller* § 64 Rn. 153). Die Vorschrift dient dem Zweck, Ausgaben zur Fortführung des Unternehmens weiterhin zu ermöglichen. Ferner soll berücksichtigt werden, dass die Masseerhaltungspflicht mit in anderen Gesetzen geregelten Pflichten des Geschäftsführers kollidieren kann (*BGH* NJW 2007, 2118 [2119 f.]; MüKo-

GmbHG/*Müller* § 64 Rn. 153). Maßstab des § 64 Satz 2 GmbHG ist, ob die Zahlung im wohlverstandenen Interesse der Gläubiger der Gesellschaft liegt (*BGH* NZI 2008, 126 [126]; Baumbach/Hueck-*Haas* GmbHG, § 64 Rn. 89).

Zahlungen, welche kraft Gesetzes geleistet werden müssen (steuerliche Pflichten etc.; *BGH* DStR 2007, 1174 [1175 f.]), sind vom Verbot auszunehmen. Gleiches gilt nach höchstrichterlicher Rechtsprechung (*BGH* NJW 2007, 2118 [2119 f.]), wenn sie zu einem mit § 15a InsO in Einklang stehenden Sanierungsversuch beitragen sowie für Zahlungen, die auch im Insolvenzfall als Masseschulden beglichen werden müssten (Scholz/*Schmidt* GmbHG, § 64 Rn. 38 ff.). Zu den Zahlungen zur Erhaltung der Sanierungschancen können Löhne, Gehälter, Mieten, Wasser-, Strom-, Heizungskosten etc. zählen (Baumbach/Hueck-*Haas* GmbHG, § 64 Rn. 91; MüKo-GmbHG/*Müller* § 64 Rn. 154 m.w.N.). 27

Eine Haftung nach § 64 Satz 1 GmbHG wird nicht ausgelöst, wenn durch die Zahlung seitens des Geschäftsführers eine Verletzung höherrangiger Pflichten vermieden wird. Insbesondere wenn sich der Geschäftsführer durch Nichtzahlung der Gefahr der strafrechtlichen Verfolgung aussetzen würde (*BGH* NJW 2008, 2504 [2505]; DStR 2007, 1174 [1175]; MüKo-GmbHG/*Müller* § 64 Rn. 155 ff.). 28

Die Darlegungs- und Beweislast für das Merkmal der zulässigen Zahlung trägt der Geschäftsführer (*BGH* NJW 2001, 1280 [1282]). 29

f) Verschulden

In subjektiver Hinsicht setzt die Haftung nach Satz 1 ein Verschulden des Geschäftsführers voraus, dabei genügt einfache Fahrlässigkeit (Saenger/Inhester-*Kolmann* GmbHG, § 64 Rn. 45). Positive Kenntnis von der Insolvenzreife ist nicht erforderlich (*BGH* BGHZ 143, 184 [185 f.]). 30

g) Eröffnung des Insolvenzverfahrens und masselose Insolvenz

§ 64 GmbHG dient dazu, das Gesellschaftsvermögen im Interesse der Gesamtheit der Insolvenzgläubiger zu erhalten, folglich ist die Eröffnung des Insolvenzverfahrens erforderlich (*BGH* NJW 2000, 304 [305]). Dies gilt auch, wenn der Eröffnungsantrag mangels Masse abgelehnt wird, da keine Grundlage besteht, den Geschäftsführer in einem derart gelagerten schwerwiegenden Fall der Vermögensverschlechterung von der Haftung freizustellen (*BGH* NJW 2000, 304 [305]). 31

h) Inhalt des Anspruchs

Der Geschäftsführer muss der Gesellschaft den objektiven Wert der betreffenden Zahlungen ersetzen, gemindert um die erhaltene Gegenleistung. Die Insolvenzquote, die der Leistungsempfänger ohne die Zahlung hätte beanspruchen können, ist nicht abzuziehen. Allerdings ist der Geschäftsführer berechtigt, diesen Betrag nach Rang und Höhe im Insolvenzverfahren geltend zu machen; dies ist ihm im Urteil vorzubehalten (*BGH* NZI 2008, 126 [126]; MüKo-GmbHG/*Müller* § 64 Rn. 168). Falls eine Erstattung durch den Geschäftsführer erfolgt ist, müsste ihm im Urteil des Haftungsprozesses vorzubehalten sein, ebenfalls eine Erstattung des Betrages, den der Gesellschaftsgläubiger im Insolvenzverfahren erlangt hätte, von dem Insolvenzverwalter zu verlangen (*BGH* NJW 2001, 1280 [1283]; *OLG München* BeckRS 2008, 4920; *Wicke* GmbHG, § 64 Rn. 23). Gleiches gilt hinsichtlich etwaiger Anfechtungsrechte des Insolvenzverwalters. Diese stehen der Zahlungspflicht des Geschäftsführers nicht entgegen, da ansonsten die Geschäftsführerhaftung schlechterdings erschwert werden würde (*BGH* NZI 2008, 126; MüKo-GmbHG/*Müller* § 64 Rn. 169). Daher steht es zur Disposition des Insolvenzverwalters, ob er gegen den Geschäftsführer oder den Anfechtungsschuldner vorgeht. Ersteres hätte den Vorteil, dass der Insolvenzverwalter lediglich einen Rechtsstreit gegen nur einen Prozessgegner führen müsste (*BGH* NJW 1996, 850 [851]). Der Geschäftsführer kann in entsprechender Anwendung von § 255 BGB Abtretung der anfechtungsrechtlichen Rückgewähransprüche verlangen (*BGH* NJW 2001, 1280; MüKo-GmbHG/*Müller* § 64 Rn. 169; Saenger/Inhester-*Kolmann* GmbHG, § 64 Rn. 69). Bei Fristablauf der Anfechtung nach § 146 InsO, bleibt der 32

Geschäftsführer ersatzpflichtig (*BGH* NJW 1996, 850 [850]; Roth/Altmeppen-*Altmeppen* GmbHG, § 64 Rn. 20; *BGH* BGHZ 131, 325 [328]). Das Versäumnis des Insolvenzverwalters begründet einen Schadensersatzanspruch der Masse gegen den Verwalter nach § 60 InsO, der neben den gleichlaufenden Ersatzanspruch aus § 64 Satz 1 GmbHG tritt. Der leistende Geschäftsführer ist jedoch berechtigt, diesen Anspruch zu verfolgen (*BGH* NJW 1996, 850 [851]; MüKo-GmbHG/*Müller* § 64 Rn. 170).

i) Gesellschafterbeschluss, Verzicht und Vergleich

33 Die Haftung des Geschäftsführers wird gem. § 64 Satz 4 i.V.m. § 43 Abs. 3 Satz 3 GmbHG nicht durch Handeln aufgrund eines Gesellschafterbeschlusses ausgeschlossen, sofern der Ersatz zur Befriedigung der Gesellschaftsgläubiger erforderlich ist. Dies gilt ebenfalls für einen Verzicht der Gesellschaft oder einen Vergleich über die Forderung zu Lasten der Gläubiger gem. § 64 Satz 4 i.V.m. § 43 Abs. 3 Satz 2 i.V.m. § 9b Abs. 1 Satz 1 GmbHG. Ausgenommen ist der Vergleich, der der Abwendung der Insolvenz des Zahlungspflichtigen oder im Rahmen eines Insolvenzplans gem. § 64 Satz 4 i.V.m. § 43 Abs. 3 Satz 2 i.V.m. § 9b Abs. 1 Satz 1 GmbHG erfolgt. Der Insolvenzverwalter ist nicht an die Beschränkungen gebunden; ein vollständiger Verzicht durch ihn wird jedoch nur ausnahmsweise möglich sein, da dies offensichtlich dem Insolvenzzweck zuwiderläuft (*Mätzig* Beck'scher OK GmbHG, § 64 Rn. 93).

j) Verjährung

34 Die Verjährungsfrist bemisst sich gem. § 64 Satz 4 i.V.m. § 43 Abs. 4 GmbHG auf fünf Jahre. Sie beginnt entsprechend § 200 Satz 1 BGB mit der Entstehung des Anspruchs, folglich mit der Eröffnung des Insolvenzverfahrens (*BGH* NJW 2009, 1598 [1599 f.]). Eine Verkürzung der Verjährungsfrist ist entsprechend § 64 Satz 4 i.V.m. § 43 Abs. 3 Satz 2 i.V.m. § 9b Abs. 1 Satz 1 GmbHG unwirksam, hingegen ist eine Verlängerung auf dreißig Jahre nach § 202 Abs. 2 BGB möglich (MüKo-GmbHG/*Müller* § 64 Rn. 172).

k) Anspruchsberechtigte

35 Anspruchsberechtigte ist die Gesellschaft, bei Insolvenz der Insolvenzverwalter.

IV. Insolvenzverursachungshaftung bzw. Die Haftung für Zahlungen in der Krise nach § 64 Satz 3 GmbHG

36 § 64 Satz 3 GmbHG erfasst die Erstattungspflicht auf Zahlungen an Gesellschafter, die erkennbar zur Zahlungsunfähigkeit der Gesellschaft führen mussten. Solcherart erfolgt durch § 64 Satz 3 GmbHG eine zeitliche Vorverlagerung des Zahlungsverbots. § 64 Satz 3 GmbHG begründet anders als Satz 1 keine Insolvenzvertiefungs-, sondern eine partielle Insolvenzverursachungshaftung (*Greulich* NZG 2008, 284; *Knof* DStR 2007, 1536 [1537]). In Ergänzung zu § 30 Abs. 1 GmbHG, der eine Sperre für Zahlungen an Gesellschafter, die das Stammkapital antasten, normiert, dient der durch die MoMiG eingeführte Satz 3 dem Schutz der Gesellschaftsgläubiger vor »Ausplünderung« im Vorfeld der Insolvenz (Roth/Altmeppen-*Altmeppen* GmbHG, § 64 Rn. 65). Anspruchskonkurrenz zu § 64 Satz 1 GmbHG besteht in den Fällen, in denen die Geschäftsführer Zahlungen an Gesellschafter betätigen, zu dem die Überschuldung bereits eingetreten ist und die vorgenommenen Zahlungen dann zur Insolvenz führen (MüKo-GmbHG/*Müller* § 64 Rn. 177).

37 Hinsichtlich des Zahlungsbegriffs gilt das zu § 64 Satz 1 GmbHG Ausgeführte entsprechend.

1. Gesellschafter als Zahlungsempfänger

38 § 64 Satz 3 GmbHG erfasst lediglich die Gesellschafter als Zahlungsempfänger, anders als § 64 Satz 1 GmbHG, welche sich an jedwede Gesellschaftsgläubiger richtet. Die Eigenschaft als Gesellschafter muss zum Zeitpunkt der Auszahlung vorliegen. Bei zukünftigen Gesellschaftern gilt § 64 Satz 3 GmbHG, wenn zwischen der Leistung und dem Erwerb der Anteile ein enger zeitlicher

und sachlicher Zusammenhang besteht (MüKo-GmbHG/*Müller* § 64 Rn. 186). Leistungen an einen Vertreter des Gesellschafters oder auf eine Forderung des Gesellschafters gegenüber einem Dritten fallen ebenfalls unter § 64 Satz 3 GmbHG. Dies gilt entsprechend für Zahlungen an nahe Angehörige und verbundene Unternehmen, wenn ein persönliches oder rechtliches Näheverhältnis zu dem Gesellschafter besteht (*Knof* DStR 2007, 1536 [1538]; MüKo-GmbHG/*Müller* § 64 Rn. 187).

2. Privilegierte Zahlung nach § 64 Satz 2 GmbHG

§ 64 Satz 3 GmbHG verweist lediglich hinsichtlich der Erkennbarkeit der bevorstehenden Illiquidität auf § 64 Satz 2 GmbHG, jedoch ist es dem Geschäftsführer trotzdem erlaubt Zahlungen an Gesellschafter vorzunehmen, obwohl die Illiquidität sich bereits aufdrängt, wenn die Zahlung mit der Sorgfalt eines ordentlichen Kaufmannes vereinbar ist (MüKo-GmbHG/*Müller* § 64 Rn. 188). Wenn es dem Geschäftsführer möglich ist, nach Eintritt der Zahlungsunfähigkeit und Überschuldung, noch Zahlungen vorzunehmen, die mit der Sorgfalt eines ordentlichen Kaufmannes vereinbar sind, so müsste eine etwaige Zahlung unter diesen Voraussetzungen auch im Vorfeld der Insolvenz zulässig sein. Jedoch trägt der Geschäftsführer für das Vorliegen des Ausnahmetatbestandes des § 64 Satz 2 GmbHG die Darlegungs- und Beweislast. 39

3. Zahlungsunfähigkeit

Aufgrund der Leistung der Zahlung muss die Zahlungsunfähigkeit i.S.v. § 17 InsO eingetreten sein. Der Wortlaut des § 64 Satz 3 GmbHG lässt ausdrücklich eine Überschuldung nicht ausreichen. Die Norm schützt die Gesellschaft nur vor drohendem Liquiditätsentzug. Nach höchstrichterlicher Rechtsprechung sind die Gesellschafterforderungen bei der Prüfung der Zahlungsunfähigkeit zu berücksichtigen, da eine Zahlung an einen Gesellschafter ebenfalls die Zahlungsunfähigkeit herbeiführen kann (*BGH* DStR 2012, 2608 [2609]; a.A. *Spliedt* ZIP 2009, 149 [159 f.]; *Dahl/Schmitz* NZG 2009, 567 [569]). 40

Wenn die Zahlungsfähigkeit wiederhergestellt werden kann, greift die Haftung des Geschäftsführers aus § 64 Satz 3 GmbHG nicht. Ein Anspruch kann lediglich dann auf § 64 Satz 3 GmbHG gestützt werden, wenn die Zahlungsunfähigkeit zur Eröffnung eines Insolvenzverfahrens oder zur Ablehnung der Verfahrenseröffnung mangels Masse geführt hat (MüKo-GmbHG/*Müller* § 64 Rn. 191). 41

4. Zurechnungszusammenhang zwischen Zahlung und Zahlungsunfähigkeit

§ 64 Satz 3 GmbHG erfasst nur solche Zahlungen, die die »Zahlungsunfähigkeit herbeiführen müssen«. Die Norm verlangt einen engen Zusammenhang zwischen geleisteter Zahlung und Zahlungsunfähigkeit. 42

a) Kausalität

§ 63 Satz 3 GmbHG erstreckt sich nur auf solche Zahlungen, die »ohne Hinzutreten weiterer Kausalbeiträge zur Zahlungsunfähigkeit der Gesellschaft führen« (Gesetzesbegr. MoMiG, BT-Drucks. 16/6140 S. 106). Daher ist eine Kausalität i.S.d. Äquivalenztheorie notwendig. Des Weiteren wird durch das Merkmal »führen müssen« indiziert, dass nicht jede Leistung, die zur Illiquidität der Gesellschaft beigetragen hat, erfasst wird. Vielmehr muss sich im Zeitpunkt der Zahlung klar abzeichnen, dass die Gesellschaft bei normalem Verlauf nicht mehr in der Lage sein wird, ihre Verbindlichkeiten zu erfüllen (Gesetzesbegr. MoMiG, BT-Drucks. 16/6140 S. 107). Folglich muss ein objektiver Betrachter den Verlust der Zahlungsunfähigkeit somit ex ante mit an Sicherheit grenzender Wahrscheinlichkeit voraussagen können (MüKo-GmbHG/*Müller* § 64 Rn. 193). 43

b) Prognoseerfordernis

44 Bei Anzeichen bzw. Zweifel an einer nachhaltigen Liquidität der Gesellschaft, muss der Geschäftsführer eine wirtschaftliche Selbstkontrolle bzw. eine Prognose über die künftigen Zahlungsströme im laufenden und kommenden Geschäftsjahr anstellen (*Hölzle* GmbHR 2007, 729 [731]).

aa) Darlegungs- und Beweislast

45 Die Darlegungs- und Beweislast trifft die Gesellschaft bzw. nach Eröffnung des Insolvenzverfahrens den Insolvenzverwalter (Saenger/Inhester-*Kolmann* GmbHG, § 64 Rn. 97).

bb) Verschulden

46 Wie § 64 Satz 1 GmbHG setzt Satz 3 Verschulden voraus. Die oben dargelegten Grundsätze gelten entsprechend.

cc) Rechtsfolgen

47 Im Gegensatz zu § 64 Satz 1 GmbHG steht dem Geschäftsführer eine materiell-rechtliche Einwendung in Form des Leistungsverweigerungsrechts nach Satz 3 den Gesellschaftern gegenüber zu (*BGH* DStR 2012, 2608 [2610 f.]; *Bayer/Graff* DStR 2006, 1654 [1656]).

48 Der Anspruch aus § 64 Satz 3 GmbHG ist wie Satz 1 auf Erstattung der geleisteten Zahlung gerichtet. Es gelten die gleichen Grundsätze wie zu Satz 1.

V. Haftung für die Verletzung der Insolvenzantragspflicht bzw. die Haftung gegenüber den Gesellschaftsgläubigern nach §§ 823 Abs. 2 BGB i.V.m. § 15a Abs. 1 InsO

49 Vgl. *Schmerbach* § 15a InsO.

VI. Haftung gegenüber den Gesellschaftsgläubigern nach § 823 Abs. 2 i.V.m. § 64 GmbHG

50 § 64 GmbHG ist Schutzgesetz i.S.v. § 823 Abs. 2 BGB (str. s. Rdn. 8). Zusätzlich müssen zu den aufgeführten Voraussetzungen, der Tatbestand des § 823 Abs. 1 BGB vorliegen.

VII. Weitere Haftungstatbestände

1. Haftung aus §§ 280, 311 Abs. 2 und 3, 241 Abs. 2 BGB (culpa in contrahendo)

51 Eine Haftung aus §§ 280, 311 Abs. 2 und 3, 241 Abs. 2 BGB wird grds. gegenüber der Gesellschaft begründet, wenn ihr Geschäftsführer als Vertretungsorgan handelt (MüKo-BGB/*Emmerich* § 311 Rn. 72 ff.). Ausnahmen sind in Fällen, in denen der Geschäftsführer in eigener Sache handelt oder den Rahmen der Vertretung überschreitet, anzusetzen. Dabei wird unterschieden zwischen dem wirtschaftlichen Eigeninteresse des Vertreters und der Inanspruchnahme besonderen persönlichen Vertrauens (*Palandt* BGB, § 311 Rn. 60).

52 Aufgrund von Wertungswidersprüchen zu § 13 Abs. 2 GmbHG kann ein wirtschaftliches Eigeninteresse nicht angenommen werden, wenn der Geschäftsführer zugleich Allein- bzw. Mehrheitsgesellschafter ist. § 13 Abs. 2 GmbHG normiert, dass eine persönliche Haftung des Geschäftsführers ausgeschlossen ist (*BGH* NJW 1986, 586 [587 f.]; NJW-RR 1991, 1312 [1313]). Daher knüpft die Haftung nicht an eine persönliche, sondern an eine aus der Vertreterstellung resultierende Pflichtverletzung an, so dass eine Durchgriffshaftung angenommen wird, obwohl die Durchgriffsvoraussetzungen nicht vorliegen (vgl. *BGH* NJW 1994, 2220 [2220] m.w.N.; Michalski/*Nerlich* GmbHG, § 64 Rn. 88). Ein wirtschaftliches Eigeninteresse kann ebenfalls für den Fall, dass durch den Geschäftsführer Sicherheiten gestellt werden nicht angenommen werden (*BGH* NJW 1994, 2220 [2220]; anders noch *BGH* NJW 1988, 2234 [2235]). Daher verbleiben für die Fallgruppe des wirtschaftlichen Eigeninteresses lediglich einige Ausnahmekonstellation, in denen der Geschäftsführer

in eigener Sache auftritt und der Quasipartner des Rechtsgeschäfts werden soll (vgl. *Palandt* BGB, § 311 Rn. 61).

Jedenfalls kann eine Haftung aus §§ 280, 311 Abs. 3, 241 Abs. 2 BGB bei der Inanspruchnahme 53 besonderen persönlichen Vertrauens angenommen werden. Dabei muss der Geschäftsführer über das normale Verhandlungsvertrauen hinaus beim Vertragspartner ein zusätzliches, von ihm selbst ausgehendes Vertrauen auf die Vollständigkeit und Richtigkeit seiner Erklärungen hervorgerufen haben, das den Vertragspartner in der Verhandlung beeinflusst hat (*Schulze* BGB, § 311 Rn. 19). In Betracht kommen Garantieversprechen durch den Geschäftsführer (*BGH* NJW 2001, 1611 [1612]).

Eine Unterlassung der Aufklärung bei besonderer Vertrauenslage über die wirtschaftlichen Verhältnisse der Gesellschaft löst keinen Schadensersatzanspruch aus, da diese Konstellation bereits durch §§ 823 Abs. 2 BGB i.V.m. 15a InsO erfasst wird (*BGH* NJW 1994, 2220 [2222], NJW 1993, 2934 [2935]). Eine vorvertragliche Warnpflicht ist neben der Insolvenzantragspflicht nicht notwendig. Eine Repräsentantenhaftung, die den Geschäftsführer als Repräsentant der Gesellschaft stets als Vertrauensträger für Verletzung von Informationspflichten haften lässt, ist nicht ersichtlich (*BGH* NJW 1994, 2220 [2222]). 54

Für den Anspruch aus §§ 280, 311 Abs. 2 und 3, 241 Abs. 2 BGB greift die Verschuldensvermutung 55 des § 280 Abs. 1 Satz 2.

Der Inhalt des Schadensersatzanspruches ist gerichtet auf das negative Interesse, eine Begrenzung 56 durch den Quotenschaden findet nicht statt (*Michalski/Nerlich* GmbHG, § 64 Rn. 96).

2. Haftung nach § 43 Abs. 2 GmbHG

Bei pflichtwidriger verspäteter oder fehlender Insolvenzantragstellung durch den Geschäftsführer 57 werden auch seine organschaftlichen Pflichten gegenüber der Gesellschaft verletzt, so dass der Gesellschaft der entstandene Schaden zu ersetzen ist (*BGH* NJW 1974, 1088 [1089]). Eine Haftung wird nicht begründet, wenn der Geschäftsführer aufgrund einer Weisung der Gesellschafter gehandelt hat und soweit die Inanspruchnahme zur Befriedigung der Gläubiger notwendig ist (*BGH* NJW 1974, 1088 [1089]). Wenn der Geschäftsführer den Antrag verfrüht stellt, kann auch eine Schadensersatzpflicht begründet werden (*Haas* DStR 1998, 1359 [1362 f.]). Ein verfrühter Antrag kann z.B. vorliegen, wenn die dreiwöchige Sanierungsfrist des § 15a InsO nicht eingehalten wird. Dies ist kritisch zu betrachten, da der Geschäftsführer sich auf einer schmalen Gratwanderung bewegt, weil er sich sowohl bei verfrühter als auch bei verspäteter Insolvenzantragstellung schadensersatzpflichtig machen kann.

3. Haftung nach § 26 Abs. 3 InsO

Nach § 26 Abs. 3 InsO kann dem Gläubiger, der einen Massenkostenvorschuss im Rechtssinne zur 58 Eröffnung des Verfahrens geleistet hat, dieser Betrag in voller Höhe erstattet werden (vgl. Ausführungen zu § 26 InsO). Pflichtwidrigkeit und Verschulden werden vermutet. Die Haftung nach § 26 Abs. 3 InsO hat deliktsähnlichen Charakter, ist aber ein Erstattungsanspruch sui generis (*Scholz/Schmidt* GmbHG, § 64 Rn. 228).

4. Haftung nach §§ 34, 69 AO

Für schuldhaft nichterfüllte Steuerschulden, haften die Geschäftsführer aus §§ 34, 69 AO (*MüKo-* 59 *GmbHG/Müller* § 64 Rn. 229). Der Anspruch bleibt von einer etwaigen Anfechtungsmöglichkeit des Insolvenzverwalters unberührt (*BFH* GmbHR 2007, 1114 [1115 f.]).

5. Haftung nach §§ 823 Abs. 2 BGB i.V.m. §§ 263 StGB

Ein Schadensersatzanspruch aus §§ 823 Abs. 2 BGB i.V.m. §§ 263 BGB kann begründet sein, wenn 60 der Geschäftsführer oder ein anderer Beteiligter einen Dritten über die finanzielle Lage der Gesellschaft täuscht und diesen dann zu einer Vermögensverfügung, die als Ergebnis einen Vermögenschaden hat, bewegt. Auf Ebene des subjektiven Tatbestands ist neben der Bereicherungsabsicht auch Vorsatz bezüglich des etwaigen Forderungsausfalls notwendig, wobei dolus eventualis ausreicht (Scholz/*Schmidt* GmbHG, § 64 Rn. 221).

6. Haftung nach §§ 823 Abs. 2 BGB i.V.m. § 265b StGB

61 Der Tatbestand des Kreditbetruges ist ebenfalls als Schutzgesetz i.S.v. § 823 Abs. 2 BGB anzusehen, dieser löst einen Schadensersatzanspruch aus, wenn unrichtige oder unvollständige Angaben über die wirtschaftlichen Verhältnisse gemacht werden oder Verschlechterungen der in den Unterlagen oder Angaben dargestellten Verhältnisse nicht mitgeteilt werden, um die Erschleichung von Kreditmitteln zu ermöglichen (Scholz/*Schmidt* GmbHG, § 64 Rn. 222).

7. Haftung nach § 823 Abs. 2 BGB i.V.m. § 266a Abs. 1 StGB

62 Wenn der Geschäftsführer die Pflicht zur Abführung von Arbeitnehmeranteilen an die Sozialversicherungen verletzt, führt das zu einem Schadensersatzanspruch aus § 823 Abs. 2 BGB i.V.m. § 266a Abs. 1 StGB (vgl. MüKo-GmbHG/*Müller* § 64 Rn. 205). Unter bestimmten Voraussetzungen gilt Gleiches bei Nichtabführung von Arbeitgeberbeiträgen nach § 266a Abs. 2 StGB.

8. Haftung nach § 823 Abs. 2 BGB i.V.m. § 82 Abs. 2 Nr. 2 GmbHG

63 Ein Schadensersatzanspruch aus § 823 Abs. 2 BGB i.V.m. 82 Abs. 2 Nr. 2 GmbHG könnte sich ergeben, wenn vorsätzlich eine unrichtige öffentliche Mitteilung über die Vermögenslage der GmbH erfolgt (Scholz/*Schmidt* GmbHG, § 64 Rn. 223).

9. Haftung nach § 823 Abs. 2 BGB i.V.m. § 41 GmbHG, § 823 Abs. 2 BGB i.V.m. §§ 283–283b StGB

64 Schutzgesetze sind ebenfalls die Buchführungspflicht aus § 41 GmbHG und die Bankrotttatbestände der §§ 283 Abs. 1, 283b StGB (*BGH* NJW 1994, 1801 [1804]; Scholz/*Schmidt* GmbHG, § 64 Rn. 224). Die höchstrichterliche Rechtsprechung geht bei letzterem lediglich dann von einer Haftung aus, »wenn das geschützte Interesse, die Art seiner Verletzung und der Kreis der geschützten Personen hinreichend bestimmt sind« (*BGH* NJW 1994, 1801 [1804]).

10. Haftung nach § 826 BGB

65 Schadensersatzansprüche aus § 826 BGB können sich bei vorsätzlicher sittenwidriger Schädigung eines Gläubigers ergeben, wenn die Geschäftsführer oder die Gesellschafter die Gläubiger in der Insolvenzsituation zugunsten der Gesellschaft bzw. aus Eigennutz schädigen (*BGH* NJW 1989, 3277 [3279]). Die Sittenwidrigkeit kann bereits in einer Risikoverlagerung auf die Gläubiger liegen (*BGH* NJW-RR 1992, 1061 [1062]). Bei ernsthafter Aussicht auf Überwindung der Krise bzw. Sanierung entfällt die Sittenwidrigkeit (*BGH* NJW 1989, 3277 [3279]). Vorsatz ist notwendig, Fahrlässigkeit reicht ebenfalls aus, wobei jedoch die bewusste Fahrlässigkeit nicht ausreicht (Michalski/*Nerlich* GmbHG, § 64 Rn. 82). Letztere umfasst, dass der Geschäftsführer die Möglichkeit des Scheiterns des Sanierungsversuches erkennt und ernsthaft darauf vertraut, dass der Sanierungsversuch Erfolg haben wird.

VIII. Weitere Haftungstatbestände der Gesellschafter

66 Die Gesellschafter haften ebenfalls aus § 823 Abs. 2 i.V.m. § 15a Abs. 3 InsO. Falls eine unmittelbare Haftung ausscheidet, könnten sie deliktisch als Teilnehmer im Rahmen des § 830 Abs. 2 BGB berücksichtigt werden (*BGH* NJW 1979, 1823 [1826]). Die Gesellschafter können einer Haftung nach § 830 Abs. 2 BGB ausgesetzt sein, wenn sie den Geschäftsführer, obwohl sie die Insolvenzreife erkannt haben, nicht durch Weisungen oder auf sonstiger Weise davon abgehalten haben, den Antrag auf Eröffnung der Insolvenz zu stellen. Dabei bilden die Gesellschafter und der Geschäftsführer eine Gesamtschuld und haften aus §§ 830 Abs. 2, 840 BGB (*Ehlers* DStR 1998 1756 [1757]).

Die Gesellschafter können ebenfalls unter bestimmten Voraussetzungen aus den ausgeführten weiteren Tatbeständen haften. Die höchstrichterliche Rechtsprechung verneint jedoch eine Durchgriffshaftung wegen Unterkapitalisierung (*BGH* NJW 1977 1449 [1449 f.]). 67

C. § 92 AktG

Eine dem § 64 GmbHG gleichgeartete Vorschrift für die Aktiengesellschaft ist in § 92 Abs. 2 Satz 1, 2 AktG normiert. § 92 Abs. 2 Satz 1 stellt ein dem § 64 Satz 1 GmbHG vergleichbares Zahlungsverbot auf. Die höchstrichterliche Rechtsprechung erblickt in § 92 Abs. 2 Satz 1 AktG ebenfalls einen Anspruch sui generis, dessen Schutzrichtung an die Wiederauffüllung des Gesellschaftsvermögens zur gleichmäßigen Befriedigung aller Gesellschaftsgläubiger anknüpft (*BGH* NJW 2003, 2316 [2317]). § 92 AktG wurde ebenfalls durch das MoMiG entscheidend reformiert, indem die Insolvenzantragspflicht aus § 91 Abs. 2 AktG a.F. in den allgemeinen § 15a InsO verlegt wurde. § 92 Abs. 2 Satz 1 AktG verbietet dem Vorstand die Leistung von Zahlungen. Die oben aufgeführten Grundsätze zum Zahlungsbegriff und den subjektiven Erfordernissen bzw. der Erkennbarkeit gelten entsprechend (vgl. Heidel/*Oltmanns* Aktienrecht und Kapitalmarktrecht, § 92 Rn. 8 ff.). Eine dem § 64 Satz 2 GmbHG vergleichbare Regelung enthält § 94 Abs. 2 Satz 2 AktG, welche die betreffenden Zahlungen dann von dem Verbot ausnimmt, wenn sie mit der Sorgfalt eines ordentlichen und gewissenhaften Geschäftsleiters vereinbar ist. 68

Bei einem Verstoß gegen das Zahlungsverbot des § 92 Abs. 2 Satz 1 AktG sind die Vorstandsmitglieder der Gesellschaft nach § 93 Abs. 3 Nr. 6 AktG zum Ersatz der Masseschmälerung verpflichtet. Grundsätzlich handelt es sich um eine Haftung gegenüber der Gläubigergesamtheit, die durch eine Masseschmälerung benachteiligt wird, während die Gesellschaft selbst keinen Schaden verzeichnet, da lediglich ihre Schulden ausgeglichen werden (*BGH* NJW 1974, 2088 [2089]; vgl. Henssler/Strohn-*Dauner-Lieb* Gesellschaftsrecht, § 92 Rn. 15; *Hüffer* AktG, § 92 Rn. 41). Adressat der Vorschrift sind Vorstandsmitglieder, wobei auch die fehlerhaft bestellten und die faktischen Vorstandsmitglieder, bei denen ein Wirksamkeitsmangel bei der Bestellung bzw. keine förmliche Bestellung vorliegt, erfasst werden (Spindler/Stilz-*Fleischer* AktG, § 92 Rn. 62). Schadensersatzansprüche können sich auch gegen Aufsichtsratsmitglieder nach §§ 116 Satz 1, 93 Abs. 3 Nr. 6 AktG begründen, wenn sie es schuldhaft unterlassen haben, Verstöße des Vorstands gegen das Zahlungsverbot zu verhindern (*BGH* NZG 2009, 550 [551]; Hölters/*Müller-Michaels* AktG, § 92 Rn. 24). Aufsichtsratsmitglieder trifft ferner die Insolvenzantragspflicht aus § 15a InsO bei Führungslosigkeit der Gesellschaft. 69

§ 92 Abs. 2 Satz 3 AktG ist eine dem § 64 Satz 3 GmbHG vergleichbare Vorschrift, die es dem Vorstand untersagt Zahlungen an Aktionäre zu leisten, ausgenommen sie waren nach der in § 93 Abs. 1 Satz 1 AktG bezeichneten Sorgfalt nicht erkennbar. § 93 Abs. 1 Satz 1 AktG enthält eine Legaldefinition unter welchen Umständen die erforderliche Sorgfalt vorliegt. Dabei knüpft § 93 Abs. 1 Satz 1 AktG an ausreichend vorhandene Informationen und an das Handeln zum Wohle der Gesellschaft an. Leistungsempfänger müssen Aktionäre sein, wobei die Höhe der Beteiligung außer Betracht bleibt. 70

Zu den weiteren Haftungstatbeständen, insbesondere § 823 Abs. 2 i.V.m. § 15a InsO gelten die obigen Grundsätze entsprechend, eine Haftung aus culpa in contrahendo kommt ebenfalls in den genannten Konstellationen in Betracht (Spindler/Stilz-*Fleischer* AktG, § 92 Rn. 73, 83). 71

D. § 130a HGB

§ 130a HGB entspricht den Regelungen der §§ 64 GmbHG, 92 AktG. § 130a Abs. 1 Satz 1 HGB normiert ebenfalls ein Zahlungsverbot bei Eintritt der Insolvenzreife, während § 130a Abs. 1 Satz 2 HGB den Ausnahmetatbestand der Vereinbarkeit der Zahlung mit der Sorgfalt eines ordentlichen und gewissenhaften Geschäftsleiters enthält. § 130a Abs. 1 Satz 3 HGB stellt ein Zahlungsverbot der Geschäftsleiter an die Gesellschafter auf, soweit die Zahlungen zu einer Zahlungsunfähigkeit führen und verweist auf die geregelte Ausnahme in § 130a Abs. 1 Satz 2 HGB. § 130a HGB gilt für die 72 atypische OHG und für die atypische Kommanditgesellschaft, folglich auch für die GmbH & Co. KG, über die Verweisung in § 177a HGB. Für die atypische GbR gilt § 130a HGB entsprechend (Heidel/Schall-*Freitag* HGB, § 130a Rn. 7). Dabei darf kein persönlich haftender Gesellschafter der Gesellschaft eine natürliche Person sein (vgl. Ebenroth/Boujong/Josst/Strohn-*Hillmann* HGB, § 130a Rn. 4 f.). Die dargelegten Grundsätze sind entsprechend auf die Personengesellschaften anzuwenden. Als Adressat des § 130a Abs. 1 Satz 1 HGB sind die organschaftlichen Vertreter erfasst. Des Weiteren richtet sich die Vorschrift wie in den §§ 64 GmbHG, 92 AktG an die fehlerhaft bestellten und faktischen Organwalter.

73 § 130a Abs. 2 Satz 1 HGB normiert, dass Vereinbarungen zwischen Gesellschaftern und dem Geschäftsführer nicht haftungsausschließend wirken. Eine zu den §§ 64 Satz 4 i.V.m. § 43 Abs. 3 i.V.m. § 9b Abs. 1 Satz 1 GmbHG vergleichbare Regelung enthält § 130a Abs. 2 HGB der ebenfalls eine Einflussnahme auf die Haftung des Geschäftsführers durch einen Verzicht oder Vergleich verbietet.

74 Hinsichtlich sonstiger Haftungstatbestände gelten die bereits dargestellten Ausführungen, wobei ebenfalls eine Haftung aus § 823 Abs. 2 BGB i.V.m. §§ 130a HGB, 15a InsO und auch u.a. aus culpa in contrahendo in Frage kommt (vgl. Ebenroth/Boujong/Josst/Strohn-*Hillmann* HGB, § 130a Rn. 36, 41 ff.).

§ 16 Eröffnungsgrund

Die Eröffnung des Insolvenzverfahrens setzt voraus, dass ein Eröffnungsgrund gegeben ist.

Literatur:
Baumert Widerlegung der Vermutung der Zahlungsunfähigkeit bei Zahlungseinstellung – offene Prozessfragen und IDW S 11; NZI 2015, 589; *Frystazki* Die Beurteilung des Vorliegens von Insolvenzeröffnungsgründen, NZI 2014, 840; *Lenger/Nachtsheim* Insolvenzeröffnungsgründe – praxisrelevante Aspekte des neuen IDW ES 11, NZI 2014, 992; *Steffan/Solmecke* Die Beurteilung der Insolvenzeröffnungsgründe, ZInsO 2015, 1365.

Die **Eröffnungsgründe** sind im Wesentlichen in §§ 16–19 InsO zusammengefasst. Sonderregelungen enthält das Zehnte Buch (§§ 320, 332 Abs. 1, 333 Abs. 2 Satz 3 InsO). **Weitere Voraussetzung** für die Verfahrenseröffnung sind ein zulässiger Antrag (§§ 11 ff. InsO) und die voraussichtliche Deckung der Verfahrenskosten (§ 26 InsO). Der Eröffnungsgrund muss nicht – wie für die Zulassung des Antrags – nur glaubhaft gemacht sein, vielmehr muss er zur vollen Überzeugung des Insolvenzgerichts feststehen. 1

Ein Ziel der Insolvenzreform ist die **zeitliche Vorverlagerung der Insolvenzauslösung**. Durch eine frühzeitige Antragstellung soll erreicht werden, dass genügend Masse vorhanden ist, damit nicht mehr – wie unter Geltung der KO – die Abweisung mangels Masse den Regelfall (in ca. 75 % der Verfahren) darstellt. Bei Vermögensmassen, bei denen eine natürliche Person nicht unbeschränkt haftet, besteht gem. § 15a InsO eine Antragspflicht bei Zahlungsunfähigkeit (§ 17 InsO) und Überschuldung (§ 19 InsO). Rechtstatsächliche Untersuchungen belegen, dass der Insolvenzeintritt durchschnittlich 10,28 Monate vor Antragstellung liegt (*Kirstein* ZInsO 2006, 966 [967]). Der Eintritt der Zahlungsunfähigkeit liegt 3–6 Monate vor den besonderen Anfechtungszeiträumen der §§ 130–132 InsO, der Eintritt der Überschuldung 1–2 Jahre davor (*Kirstein* ZInsO 2008, 131 [132]). 2

Unter Geltung der KO wurde die **Zahlungsunfähigkeit** definiert als das auf den Mangel an Zahlungsmitteln beruhende, voraussichtlich dauernde Unvermögen des Schuldners, seine sofort zu erfüllenden Geldschulden noch im Wesentlichen zu berichtigen. In der Legaldefinition des § 17 Abs. 2 Satz 1 InsO verzichtet der Gesetzgeber auf das Element der Dauer und der Wesentlichkeit. Nach der Rspr. des BGH sind sie aber weiter zu berücksichtigen. Verbindlichkeiten, die nur einen ganz unwesentlichen Teil ausmachen, bleiben ebenso wie ein nur kurzfristiges Unvermögen zur Zahlung, bei dem es sich nur um eine Zahlungsstockung handelt, außer Betracht. In einer Grundsatzentscheidung hat der **BGH** (ZInsO 2005, 807) im Jahr 2005 **Leitlinien** aufgestellt. Nach der widerleglichen Vermutung in § 17 Abs. 2 Satz 2 InsO ist Zahlungsunfähigkeit anzunehmen, wenn der Schuldner seine Zahlungen eingestellt hat. 3

Überschuldung ist wie bisher nur bei juristischen Personen (und bei den Sonderinsolvenzverfahren des Zehnten Teiles) Eröffnungsgrund. Der Gesetzgeber hat bei Einführung der InsO jedoch die auch vom BGH vertretene sog. zweistufige modifizierte Überschuldungsprüfung nicht übernommen, nach der ein Überschuldungsstatus nach Liquidationswerten nicht mehr aufgestellt zu werden brauchte, wenn die Überlebensprognose des Unternehmens gesichert erschien. Vielmehr war zunächst die rechnerische Überschuldung des Vermögens nach Liquidationswerten zu prüfen. Fiel die Fortführungsprognose positiv aus, durften in der Bilanz nicht Liquidationswerte, sondern Fortführungswerte angesetzt werden, wodurch die rein rechnerische Überschuldung entfallen kann. Mit dem Finanzmarktstabilisierungsgesetz ist der Gesetzgeber 2008 zu dem vor Inkrafttreten der InsO geltenden zweistufigen modifizierten Überschuldungsbegriff zurückgekehrt. 4

Neu geschaffen durch die InsO ist der nur beim Schuldnerantrag beachtliche Eröffnungsgrund der **drohenden Zahlungsunfähigkeit** (§ 18 InsO). Auch in diesem Fall ist eine Prognose erforderlich, nämlich dahingehend, ob der Schuldner voraussichtlich nicht in der Lage sein wird, die bestehenden Zahlungspflichten zum Zeitpunkt der Fälligkeit zu erfüllen. Als Anreiz zur rechtzeitigen Antragstellung bietet die InsO u.a. die Möglichkeit des Einzelvollstreckungsschutzes (§ 21 Abs. 2 Nr. 3 InsO, ggf. auch § 30d Abs. 4 ZVG), die Eigenverwaltung (§§ 270 ff. InsO) insbesondere in Form des scg. Schutzschirmverfahrens gem. § 270b InsO und die Möglichkeit für einen wirtschaftlichen Neu- 5

§ 16 InsO   Eröffnungsgrund

anfang durch Gewährung der Restschuldbefreiung (§§ 286 ff. InsO) oder mit Hilfe eines Insolvenzplanes (§§ 217 ff. InsO). Eine Antragspflicht besteht bei diesem Eröffnungsgrund nicht.

6 Eine einheitliche und generalisierende Betrachtungsweise der drei Eröffnungsgründe der §§ 17–19 InsO versucht der **IDW-Standard** im Entwurf 2014 (ZInsO 2014, 1840; dazu *Frystazki* NZI 2014, 840; *Lenger/Nachtsheim* NZI 2014, 992). Die Endfassung IDW S 11 datiert vom 29.01.2015 (ZInsO 2015, 1136; dazu *Steffan/Solmecke* ZInsO 2015, 1365; *Baumert* NZI 2015, 589).

7 Der **wichtigste Eröffnungsgrund** war und bleibt die **Zahlungsunfähigkeit**. Ein Gläubiger kann i.d.R. nur die Zahlungsunfähigkeit in Form der Zahlungseinstellung darlegen, nicht aber – mangels Kenntnis des Rechnungswesens des Schuldners – die Überschuldung (*Kübler/Prütting/Bork-Pape/Radtke* InsO, § 16 Rn. 6). I.d.R. wird bei Überschuldung auch Zahlungsunfähigkeit vorliegen. Eine eigenständige Bedeutung erlangt der Eröffnungsgrund der Überschuldung im Rahmen des Insolvenzverfahrens regelmäßig nur bei der Komplementär-GmbH einer GmbH & Co. KG. Der Eröffnungsgrund der drohenden Zahlungsunfähigkeit hat in der Praxis bislang kaum Bedeutung erlangt.

8 Für die Zulassung des Gläubigerantrags (§ 14 Abs. 1 InsO) bzw. des nicht von allen Mitgliedern des Vertretungsorgans, allen persönlich haftenden Gesellschaftern oder allen Abwicklern gestellten Antrags (§ 15 Abs. 2 InsO) ist es erforderlich, dass der **Eröffnungsgrund glaubhaft** gemacht wird (s. § 14 Rdn. 174, 232). In den übrigen Fällen ist er zumindest in substantiierter, nachvollziehbarer Form darzulegen (s. § 14 Rdn. 234). Im Zeitpunkt der Entscheidung über die Eröffnung des Verfahrens muss er dagegen zur **vollen Überzeugung** des Gerichts feststehen (s. § 27 Rdn. 6). Im Gegensatz zum Eröffnungsgrund muss die dem Antrag zugrunde liegende **Forderung** nur glaubhaft gemacht sein; zur vollen Überzeugung des Insolvenzgerichts muss sie nur feststehen, wenn der Eröffnungsgrund vom Bestehen der Forderung abhängig ist (s. § 27 Rdn. 9).

9 Es genügt, dass der Eröffnungsgrund nach Antragstellung entstanden ist (HK-InsO/*Rüntz* § 16 Rn. 16). Allerdings ist der ansonsten geltende Grundsatz, dass auf den Zeitpunkt der letzten Tatsachenentscheidung durch das Beschwerdegericht abzustellen ist (vgl. § 571 Abs. 2 ZPO), eingeschränkt. Der BGH stellt ab auf den **Zeitpunkt der Eröffnung**, da nur so für den Schuldner effektiver Rechtsschutz gegen einen ursprünglich ungerechtfertigten Insolvenzantrag bestehe (*BGH* NZI 2006, 693 [695] m. zust. Anm. *Frenzel/Schirrmeister* EWiR 2007, 17; *BGH* ZInsO 2009, 872; krit. *Kübler/Prütting/Bork-Pape/Radtke* InsO, § 16 Rn. 36; **abl.** *Nöll* ZInsO 2007, 249 [253]). Lässt sich im Beschwerdeverfahren feststellen, dass im Zeitpunkt der Eröffnung kein Eröffnungsgrund vorlag, ist der Eröffnungsbeschluss aufzuheben und der Antrag abzuweisen. Neues Vorbringen des Schuldners, das sich auf den Zeitpunkt der Eröffnungsentscheidung bezieht, ist allerdings zu berücksichtigen (*BGH* ZInsO 2009, 872 Rn. 7). Das gilt auch für Erkenntnisse des Insolvenzgerichts, z.B. nachträglich bekannt gewordene Zahlungsverpflichtungen (*AG Göttingen* ZVI 2012, 237 [238]). Nach Abweisung eines Antrages kann ein neuer Antrag gestellt werden (HK-InsO/*Sternal* § 13 Rn. 31).

10 In den **übrigen Fällen** gilt der **Zeitpunkt der letzten Tatsachenentscheidung** (*BGH* ZIP 2007 144 [145] Rn. 16; NZI 2008, 391). Die Abweisung mangels Masse (§ 26 InsO) oder die Abweisung als unzulässig oder unbegründet sind nicht so schwerwiegend wie bei einer Verfahrenseröffnung; ein vergleichbares Schutzbedürfnis des Schuldners besteht nicht (MüKo-InsO/*Schmahl/Vuja* § 16 Rn. 44). Allerdings berücksichtigt der BGH eine nach Abweisung eines Gläubigerantrages gem. § 26 InsO erfolgte Begleichung der Forderung durch den Schuldner nicht (*BGH* ZInsO 2011, 92 = EWiR 2011, 155). Auch eine Zahlung des Schuldners nach Eröffnung ist unbeachtlich (s. § 34 Rdn. 41 f.).

11 Fällt der **Eröffnungsgrund erst nach** der **Eröffnungsentscheidung** des Insolvenzgerichts **weg**, kommt nur eine Einstellung gem. §§ 212, 213 InsO in Betracht. Teilweise wird die Auffassung vertreten, der Wegfall des Eröffnungsgrundes – etwa bei Befriedigung des/der Gläubiger – sei von der Beschwerdeinstanz zu beachten und führe zur Aufhebung des Eröffnungsbeschlusses (HK-InsO/*Kirchhof* § 16 Rn. 17; *Jaeger/Müller* § 16 InsO Rn. 16; *Nerlich/Römermann-Mönning* InsO, § 16 Rn. 11; HK-InsO/*Rüntz* § 16 Rn. 16: Erledigungserklärung). Diese Auffassung ist abzulehnen (s. § 34 Rdn. 41, 42; ebenso MüKo-InsO/*Schmahl/Vuja* § 16 Rn. 43 unter Hinw. auf die Entscheidung *BGH* NZI 2006, 693 [695] Rn. 19 – s. hier Rdn. 9).

Das Insolvenzgericht hat den Eröffnungsgrund aufgrund der Amtsermittlungspflicht (§ 5 InsO) 12
festzustellen. Diese Verpflichtung besteht auch für das Beschwerdegericht (*BGH* ZIP 2006, 1056
[1057] Rn. 7). Zur **Feststellung** bedient sich das Gericht regelmäßig eines Sachverständigen; bei
der Anordnung von Sicherungsmaßnahmen wird damit zugleich der vorläufige Insolvenzverwalter
beauftragt. Die Beauftragung ist von einer Vorschusszahlung nicht abhängig (s. § 5 Rdn. 34).

Der Sachverständige prüft, ob ein Eröffnungsgrund (§ 16 InsO) vorliegt und die Kosten des Verfah- 13
rens gem. §§ 26, 54 InsO gedeckt sind (s. § 27 Rdn. 12). Die Prüfungspflicht besteht auch, wenn
der Schuldner einen Eigenantrag gestellt hat oder bei einem Gläubigerantrag den Insolvenzgrund
einräumt (*Kübler/Prütting/Bork-Pape/Radtke* InsO, § 16 Rn. 24). Sofern erforderlich, findet eine
Beweisaufnahme vor dem Insolvenzgericht statt (s. § 5 Rdn. 12 ff.). Im Verbraucherinsolvenzverfahren
genügen regelmäßig die vom Schuldner eingereichten Unterlagen (*AG Göttingen* NZI 2000, 34
[35] = EWiR 2000, 299; HK-InsO/*Rüntz* § 16 Rn. 11). Das Insolvenzgericht kann unabhängig von
dem bei Antragstellung angegebenen und ggf. glaubhaft gemachten Grund auch aus einem **anderen
Grund eröffnen** (HK-InsO/*Rüntz* § 16 Rn. 7; *Uhlenbruck/Mock* InsO, § 16 Rn. 6). Wegen drohender
Zahlungsunfähigkeit (§ 18 InsO) darf allerdings nur eröffnet werden, wenn der Schuldner einen
Eigenantrag gestellt hat.

Bei der **Verbraucherinsolvenz** (§ 304 ff. InsO) ist offen, ob der Eröffnungsgrund erst bei Verfahrens- 14
eröffnung (§ 311 InsO) vorliegen oder bereits im Rahmen einer Zustimmungsersetzung gem. § 309
InsO geprüft werden muss (s. *AG Göttingen* ZInsO 1999, 477; HambK-InsO/*Schröder* § 16 Rn. 17;
Jaeger/Müller § 16 InsO Rn. 18 f.; *Pape* WM 1998, 2125 ff.; *Uhlenbruck* InsO, § 16 Rn. 19; *ders*.
NZI 2000, 15 ff.). Praktische Bedeutung hat der Streit bislang nicht erlangt.

Für die Eröffnung des Verfahrens gilt das **Recht des Staates**, in dem das **Verfahren eröffnet** wird 15
(Art. 4 Abs. 2 Satz 1 EuInsVO, § 335 InsO), es gelten also alle nationalen Eröffnungsgründe (*Köke*
ZInsO 2005, 354 [357]). Bei der Eröffnung eines **Sekundärinsolvenzverfahrens** (Art. 27 EuInsVO,
§ 356 Abs. 3 InsO) kann das Verfahren eröffnet werden, ohne dass der Eröffnungsgrund festgestellt
werden muss (MüKo-InsO/*Schmahl* § 16 Rn. 4; *Duursma-Kepplinger* NZI 2003, 87 [89]), da ein
Eröffnungsgrund bereits in einem Hauptinsolvenzverfahren in einem anderen Staat festgestellt wurde.
Bei Eröffnungsentscheidung hat das Insolvenzgericht in den Fällen des Art. 3 Abs. 1 und Art. 3
Abs. 2 EuInsVO seine Zuständigkeit zu begründen (*Duursma-Kepplinger* NZI 2003, 87 [88]).

§ 17 Zahlungsunfähigkeit

(1) Allgemeiner Eröffnungsgrund ist die Zahlungsunfähigkeit.

(2) ¹Der Schuldner ist zahlungsunfähig, wenn er nicht in der Lage ist, die fälligen Zahlungspflichten zu erfüllen. ²Zahlungsunfähigkeit ist in der Regel anzunehmen, wenn der Schuldner seine Zahlungen eingestellt hat.

Übersicht

	Rdn.		Rdn.
A. **Allgemeines**	1	4. Wesentlichkeit	32
I. Überblick	1	5. Mangel an Zahlungsmitteln	37
II. Gesellschaften ohne Rechtspersönlichkeit	4	III. Zahlungsunwilligkeit	44
		IV. Feststellung der Zahlungsunfähigkeit	45
III. GmbH & Co. KG	5	C. **Zahlungseinstellung**	49
IV. Nachlassinsolvenz	6	I. Überblick	49
B. **Zahlungsunfähigkeit**	7	II. Zahlungseinstellung	52
I. Definition	7	III. Erkennbarkeit	53
II. Elemente der Zahlungsunfähigkeit	9	IV. Feststellung der Zahlungseinstellung	54
1. Zahlungspflichten	9	D. **Eigenverwaltung (§§ 270 ff.)**	57
2. Fälligkeit	12	E. **Internationales Insolvenzrecht**	58
3. Zahlungsstockung/Dauer	25		

§ 17 InsO Zahlungsunfähigkeit

Literatur:
Baumert Zahlungseinstellung bei Bugwelle, NZI 2013, 919; *Bitter/Rauhut* Zahlungsunfähigkeit wegen nachrangiger Forderungen, insbesondere Genussrechten, ZIP 2014, 1005; *Bork* Genussrechte und Zahlungsunfähigkeit, ZIP 2014, 997; *Harz/Bornmann/Conrad/Ecker* Zahlungsunfähigkeit, drohende Zahlungsunfähigkeit und Überschuldung, NZI 2015, 737; *Harz/Comtesse* Unternehmenskrise und Insolvenzreife, ZInsO 2015, 2050; *Koppel* Feststellung des Zeitpunktes der Zahlungsunfähigkeit, ZInsO 2017, 74; *Krauß* Zahlungsunfähigkeitsprüfung und Bugwelleneffekt aus der Sicht der wirtschaftlichen Praxis, ZInsO 2016, 2361; *Neu/Ebbinghaus* Die Feststellung der Zahlungsunfähigkeit und die Prognoseproblematik, ZInsO 2012, 2229; *Prager/Jungclaus* Der Begriff der Zahlungsunfähigkeit und die sog. »Bugwellentheorie«, FS Wellensiek 2011, S. 101; *Primozic/Brugugnone* Bauhandwerkersicherung (§ 648a BGB) als Insolvenzgrund?, ZInsO 2014, 71; *Staufenbiel/Baziuk* Aktuelle Rechtsprechung zur (drohenden) Zahlungsunfähigkeit, ZInsO 2016,1726; *von Stein-Lausnitz/Ludwig* Zwingende Berücksichtigung von Bauhandwerkersicherungen im Rahmen der Insolvenzantragspflicht, ZInsO 2014, 816.

A. Allgemeines

I. Überblick

1 **Bedeutendster Eröffnungsgrund** ist die Zahlungsunfähigkeit, die insbesondere ein Gläubiger leichter belegen kann als eine Überschuldung. Nach der gesetzlichen Definition ist **Zahlungsunfähigkeit** gegeben, wenn der Schuldner nicht in der Lage ist, die fälligen Zahlungspflichten zu erfüllen. In einer **Grundsatzentscheidung** hat der **BGH** im Jahr 2005 Leitlinien aufgestellt. Zahlungsunfähigkeit liegt im Regelfall vor, wenn der Schuldner 10 % der fälligen Verbindlichkeiten länger als drei Wochen nicht erfüllen kann. Zur Frage der **Fälligkeit** existiert eine Grundsatzentscheidung des BGH aus dem Jahr 2007. Die Legaldefinition hat auch Bedeutung im Rahmen der Insolvenzanfechtung (§§ 130–132 InsO), der Insolvenzantragspflicht (§ 15a InsO) und den damit verbundenen strafrechtlichen und zivilrechtlichen Sanktionen bei Verletzung der Antragspflicht (s. § 15a Rdn. 36 ff., 45 ff.).

2 Nach der widerleglichen Vermutung in Abs. 2 Satz 2 ist Zahlungsunfähigkeit anzunehmen, wenn der Schuldner seine Zahlungen eingestellt hat. Neben der **Zahlungseinstellung** kommen weitere Indizien in Betracht, aus denen auf die Zahlungsunfähigkeit geschlossen werden kann. Beim Schuldnerantrag ist auch drohende Zahlungsunfähigkeit (§ 18 InsO) ein Eröffnungsgrund. Zum Verhältnis zur Überschuldung vgl. § 19 Rdn. 6 f.

3 Zur eine einheitliche und generalisierende anstrebenden Betrachtungsweise der drei Eröffnungsgründe der §§ 17–19 InsO des Institutes der Wirtschaftsprüfer s. den **IDW S 11** (s.a. § 16 Rdn. 6).

II. Gesellschaften ohne Rechtspersönlichkeit

4 Bei OHG/KG ist zu beachten, dass **Zahlungsunfähigkeit** der Gesellschaft auch dann gegeben sein kann, wenn der/die persönlich haftende/n **Gesellschafter selbst noch zahlungsfähig** sind, da es sich um zwei getrennte Vermögensmassen handelt (vgl. auch § 11 Rdn. 2). Dies gilt nunmehr allgemein bei allen Gesellschaften ohne Rechtspersönlichkeit i.S.d. § 11 Abs. 2 Nr. 1 InsO.

III. GmbH & Co. KG

5 Auch bei der GmbH & Co. KG ist zwischen der GmbH einerseits und der KG andererseits zu unterscheiden und der **Insolvenzgrund jeweils gesondert festzustellen**. Daher kommt es – wie bei KG (s. Rdn. 4) – bei der Feststellung der Zahlungsunfähigkeit der KG weder auf die Zahlungsfähigkeit der GmbH noch auf deren Haftung nach §§ 161 Abs. 2, 128 HGB an. Regelmäßig wird allerdings bei Zahlungsunfähigkeit der KG zumindest eine Überschuldung der GmbH vorliegen (s. § 19 Rdn. 47). Die Insolvenzverfahren können auch unterschiedliche Wege gehen wie Eröffnung des Insolvenzverfahrens über das Vermögen der KG und Abweisung des Antrages mangels Masse gem. § 26 InsO bei der GmbH (*Schmittmann* ZInsO 2005, 1314).

IV. Nachlassinsolvenz

Zur Zahlungsunfähigkeit in der Nachlassinsolvenz s. *Schallenberg/Rafiqpoor* § 320 Rdn. 8 ff.   **6**

B. Zahlungsunfähigkeit

I. Definition

Der Begriff der Zahlungsunfähigkeit war in der **KO** nicht näher umschrieben. Er wurde definiert als   **7** das auf dem Mangel an Zahlungsmitteln beruhende, voraussichtlich dauernde Unvermögen, die fälligen Geldschulden wenigstens zu einem wesentlichen Teil zu erfüllen (*BGH* ZIP 1991, 93 [40] = NJW 1991, 980 [981]; *Hess* KO, § 102 Rn. 5). Der Gesetzgeber der **InsO** hat im Interesse der Rechtsklarheit den Begriff der Zahlungsunfähigkeit in Abs. 2 Satz 1 gesetzlich umschrieben. In den Gesetzesmaterialien ist ausgeführt, dass die vorübergehende Zahlungsstockung keine Zahlungsunfähigkeit begründet, dass jedoch das Element der **Dauer** deshalb nicht in die Gesetzesdefinition aufgenommen worden ist, damit nicht eine über Wochen oder gar Monate fortbestehende Illiquidität – wie unter Geltung der KO – zur rechtlich unerheblichen Zahlungsstockung erklärt wird. Auch ganz geringfügige Liquiditätslücken sollen außer Betracht bleiben. Das Erfordernis eines **wesentlichen Teiles** ist deshalb nicht in die Gesetzesdefinition aufgenommen worden, um den bisherigen Tendenzen zu einer übermäßig einschränkenden Auslegung des Begriffes der Zahlungsunfähigkeit entgegenzuwirken; insbesondere soll es nicht gerechtfertigt sein, Zahlungsunfähigkeit erst bei Nichterfüllung eines bestimmten Bruchteiles der Gesamtsumme der Verbindlichkeiten anzunehmen (BT-Drucks. 12/2443 S. 114).

Für die Merkmale der Fälligkeit (s. Rdn. 13), der Dauer (s. Rdn. 27) und des wesentlichen Teils (s.   **8** Rdn. 34) liegen **Grundsatzentscheidungen** des **BGH** vor.

II. Elemente der Zahlungsunfähigkeit

1. Zahlungspflichten

Die Verpflichtung des Schuldners muss auf Zahlung gerichtet sein, beachtlich sind nur **Geldschul-**   **9** **den**. Sonstige Verpflichtungen des Schuldners sind erst zu berücksichtigen, wenn sie in Zahlungspflichten übergehen, wie z.B. ein Anspruch auf Lieferung in einen Schadensersatzanspruch. Ein Anspruch auf Hinterlegung von Geld oder Freistellung von einer einem Dritten gegenüber bestehenden Geldschuld genügt (A/G/R-*Kadenbach* § 17 InsO Rn. 7). Ein Anspruch gem. § 648a BGB auf Bauhandwerkersicherung genügt nicht, da nicht eine **fällige Zahlungsverpflichtung** erfüllt wird, sondern es sich nur um eine Sicherheit für eine mögliche Zahlungspflicht handelt (*Primozic/Brugugnone* ZInsO 2014, 71 [74]; a.A. *v.Stein-Lausnitz/Ludwig* ZInsO 2014, 816). Im Rahmen des § 19 InsO kann allerdings eine Rückstellung unter Berücksichtigung der Möglichkeit der Inanspruchnahme gebildet werden (s. § 19 Rdn. 23).

Bei **streitigen Forderungen** ist zu differenzieren: **10**
- Beim Gläubigerantrag genügt für die Zulassung des Antrags die Glaubhaftmachung (s. § 14 Rdn. 174), für die **Eröffnung** kommt es darauf an, ob die **Zahlungsunfähigkeit vom Bestehen der Forderung abhängt** (s. § 27 Rdn. 9). Bei titulierten Forderungen sind Einwendungen des Schuldners solange nicht zu berücksichtigen, wie die Vollstreckbarkeit nicht beseitigt ist (zuletzt *BGH* ZInsO 2010, 1091 für Steuerbescheid) bzw. der Schuldner eine zur Einstellung der Zwangsvollstreckung erforderliche Sicherheitsleistung nicht erbracht hat (*BGH* ZInsO 2010, 331 [332]). Schon im Rahmen der Glaubhaftmachung einer Forderung ist das Insolvenzgericht nicht befugt, die Erfolgsaussichten eines Rechtsmittels zu beurteilen (s. § 14 Rdn. 206). Auch bei der Eröffnungsentscheidung ist für eine Würdigung der Aussichten eines Rechtsbehelfes durch das Insolvenzgericht kein Raum (a.A. HambK-InsO/*Schröder* § 16 Rn. 9a).
- **Streitige Verbindlichkeiten** sind nur dann in die Prognoseberechnung einzubeziehen, wenn auf Grund gegebener Umstände überwiegend wahrscheinlich ist, dass sie im Prognosezeitraum uneingeschränkt durchsetzbar werden (*BGH* NZI 2014, 698 Rz. 33 m. Anm. *Lenger* und Anm. *Ries*

EWiR 2014, 717; HambK-InsO/*Schröder* § 17 Rn. 6). Eine prozentuale Berücksichtigung gestaffelt nach der Wahrscheinlichkeit des Bestehens scheidet damit aus (**a.A.** *Verf.* 8. Aufl.). Eine Berücksichtigung scheidet aus, wenn das Vorliegen der Zahlungsfähigkeit vom Bestehen der Forderung oder mehrerer jeweils streitiger Forderungen abhängt (ebenso A/G/R-*Kadenbach* § 17 InsO Rn. 11). Gleiches gilt im Rahmen des § 18 InsO (s. § 18 Rdn. 13). Anders verhält es sich bei der Feststellung einer Überschuldung (s. § 19 Rdn. 25).

- Ein nur **vorläufig vollstreckbarer Titel** genügt zur Glaubhaftmachung der Forderung im Rahmen des § 14 InsO. Hängt das Bestehen des Eröffnungsgrundes von der Forderung ab, ist voller Beweis nötig (s. § 14 Rdn. 206). Eine Zahlungspflicht des Schuldners wird nicht statuiert; ansonsten wären organschaftliche Vertreter häufig zur Stellung von Insolvenzanträgen gezwungen (*Uhlenbruck* ZInsO 2006, 338 [340]).

Bei drohender Zahlungsunfähigkeit s. § 18 Rdn. 13.

11 **Nicht** zu berücksichtigen sind:
- Verbindlichkeiten gegenüber Gesellschaftern, denen gegenüber gesellschaftsrechtliche Auszahlungsverbote bestehen wie z.B. aus § 30 GmbHG (HambK-InsO/Schröder § 17 Rn. 12). Der Nachrang des § 39 Abs. 1 Nr. 5 InsO besteht ab Inkrafttreten des MoMiG erst mit Verfahrenseröffnung, so dass diese Forderungen fällig und damit zu berücksichtigen sind (*BGH* ZInsO 2012, 2291 Rn. 12). Auch nachrangige Forderungen aus Genussrechten sind zu berücksichtigen, sofern sie nicht ausdrücklich oder konkludent gestundet (Rdn. 17 ff.) sind (*AG Itzehoe* ZIP 2014, 1038). Dies kann sich aus einer Rangrücktrittsvereinbarung (s. § 19 Rdn. 28 ff.) ergeben, sofern sei eindeutig gefasst ist (vgl. *Bork* ZIP 2014, 997 [1005]; *Bitter/Rauhut* ZIP 2014, 1005 [1015 f.]).
- Zahlungspflichten, die erst mit Verfahrenseröffnung entstehen, wie die durch das Eröffnungsverfahren ausgelösten Verfahrenskosten (*AG Göttingen* ZInsO 2002, 944 [945] für Nachlassinsolvenzverfahren; zust. A/G/R-*Kadenbach* § 17 InsO Rn. 9; *K. Schmidt/K. Schmidt* InsO, § 17 Rn. 9; *Kübler/Prütting/Bork-Pape* InsO, § 19 Rn. 63; **a.A.** aber *AG Göttingen* ZInsO 2011, 1515 [1517] bei unwirksamer Erfüllung Forderung bei Zustimmungsvorbehalt, vgl. § 14 Rdn. 164 und § 24 Rdn. 23).
- Zahlungspflichten aus einem früheren Verfahren jedenfalls dann, wenn ein größerer zeitlicher Abstand besteht (*AG Neubrandenburg* ZInsO 2006, 931 [932] m. zust. Anm. *Haarmeyer* bei Zeitablauf von 9 Monaten für die Vergütung des vorläufigen Insolvenzverwalters).

2. Fälligkeit

12 a) Unter Geltung der **KO** wurden für die Feststellung der Zahlungsunfähigkeit nur die **fälligen und ernstlich eingeforderten Geldschulden** berücksichtigt (*BGH* ZIP 1995, 929 [930]; *BayObLG* BB 1988, 1840). § 17 Abs. 2 Satz 1 InsO stellt zwar nur auf die fälligen Zahlungspflichten ab. Zur **InsO** wurde in der Literatur daher die Auffassung vertreten, dass die Forderung fällig gem. § 271 BGB und durchsetzbar – mangels Einwendungen und Einreden – war (HambK-InsO/*Schröder* § 17 Rn. 7). Auf das Merkmal des ernstlichen Einforderns wurde weitgehend verzichtet (HambK-InsO/*Schröder* § 17 Rn. 8). Im Ergebnis hat sich jedoch kaum etwas geändert.

13 b) Der **BGH** hat zunächst festgehalten, dass sich der Schuldner **nicht in Zahlungsverzug** befinden muss (*BGH* ZInsO 2005, 807 [808]). In einer weiteren Entscheidung hat der *BGH* (ZInsO 2007, 939 m. zust. Anm. *Erdmann* NZI 2007, 695) eine **Einschränkung** gemacht: Der Begriff der Fälligkeit ist nicht wie im allgemeinen Zivilrecht gem. § 271 BGB zu definieren. Aus der unterschiedlichen Funktion der Fälligkeit einer Schuldnerforderung für Verzug und Verjährungsbeginn im Zivilrecht und der Feststellung der Zeitpunktes der Zahlungsunfähigkeit des Schuldners mit Übergang von der Einzel- zur Gesamtvollstreckung soll an dem Merkmal des **ernsthaften Einforderns** weiter festzuhalten sein (*BGH* ZInsO 2007, 939 [941] Rn. 17).

14 **Eine einzige ernsthafte** Zahlungsaufforderung **kann genügen**, nicht erforderlich ist, dass der Gläubiger den Schuldner zur Zahlung drängt oder die Zwangsvollstreckung betreibt (*BGH* ZInsO 2007, 939 [941] Rn. 14). Es muss eine Gläubigerhandlung vorliegen, aus der sich der Wille, vom Schuldner

Erfüllung zu verlangen, im Allgemeinen ergibt (*BGH* ZInsO 2011, 1742 [1743]). Eine kalendermäßige Fälligkeit genügt. Deshalb bedarf es nach Ablaufen einer Prolongation eines befristeten Darlehens keiner weiteren Handlung des Darlehensgebers (*BGH* NZI 2013, 129 Rn. 12 m. Anm. *Baumert* = EWiR 2013, 183). Allerdings ist immer zu prüfen, ob eine (stillschweigende) Stundung (s. Rdn. 17 ff.) vorliegt (vgl. *BGH* NZI 2013, 129 Rn. 13). Es genügt auch eine Zahlungsankündigung des Schuldners (»Selbstmahnung«, *BGH* ZInsO 2009, 1254 [1257]). **Unklar** ist, unter welchen Voraussetzungen Deliktsforderungen – wie z.B. aus einem Schneeballsystem – zu berücksichtigen sind (*Baumert* in Anm. zu *BGH* NZI 2013, 129 S. 132). Im Ergebnis ist eine zweistufige Prüfung zur Feststellung der Fälligkeit i.S.d. § 17 InsO vorzunehmen (*Staufenbiel/Hoffmann* ZInsO 2008, 785 [788]).

Bei **Dauerschuldverhältnissen** bzw. ständig wiederkehrenden Zahlungsverpflichtungen genügt es, dass die Forderung am Zahltag nicht ausgeglichen worden ist (*LG Göttingen* Beschl. v. 27.04.2016 – 10 T 24/16). 15

Auch diese niedrigen Anforderungen können **im Einzelfall** eine **erhebliche Belastung** für die Feststellung in der Praxis mit sich bringen (*Tetzlaff* ZInsO 2007, 1334 [1337]). Eine sachgerechte Lösung kann schon mit der Rechtsfigur einer (konkludenten) Stundung erreicht werden (ebenso HambK-InsO/*Schröder* § 17 Rn. 13b). Durch die Rechtsprechung des BGH wird der Begriff der Zahlungsunfähigkeit aufgeweicht (*Schröder* EWiR 2007, 665 [666]). Es besteht die Gefahr, dass tatsächlich zahlungsunfähige Unternehmen die von der InsO beabsichtigte möglichst frühzeitige Insolvenzantragstellung weiter hinauszögern. 16

c) Fälligkeit liegt weiter nicht vor, wenn eine Forderung **gestundet** ist. Dabei sind **verschiedene Problemkreise** zu unterscheiden. 17

(1) Ist beim Gläubigerantrag die Forderung, auf die der Insolvenzantrag gestützt wird, **gestundet**, fehlt es bereits am rechtlichen Interesse (s. § 14 Rdn. 118), der Antrag ist unzulässig. Beim Gläubigerantrag dürfen gestundete Forderungen anderer Gläubiger bei der Feststellung der Zahlungsunfähigkeit nicht berücksichtigt werden. Nur fällige und nicht gestundete Forderungen können den vorhandenen Geldmitteln gegenübergestellt werden. Die nur kurzfristige Überschreitung eines Zahlungsdatums in einer Stundungsvereinbarung führt allerdings nicht zu einer sofortigen Fälligkeit des Gesamtbetrages (*AG Göttingen* ZInsO 2001, 915). Beim Schuldnerantrag ist die Frage der Stundung von geringer Bedeutung, da gestundete Forderungen jedenfalls bei der Feststellung der drohenden Zahlungsunfähigkeit berücksichtigt werden können (s. § 18 Rdn. 12). Auch **Stillhalteabkommen** haben die Wirkung einer Stundung (*BGH* ZInsO 2008, 274 [275]). 18

(2) Eine Stundung kann zunächst **aufgrund ausdrücklicher Vereinbarung** zustande kommen. Bei der Annahme einer **stillschweigenden Stundung** ist Vorsicht geboten (A/G/R-*Kadenbach* § 17 InsO Rn. 14; *Jaeger/Müller* § 17 InsO Rn. 10). Sie folgt nicht allein aus der Tatsache, dass Gläubiger ihre Ansprüche nicht geltend machen (K. Schmidt/*K. Schmidt* InsO, § 17 Rn. 11; unklar *OLG Stuttgart* ZIP 1997, 652 [653] = EWiR 1997, 649). Allein durch eine Nichtzahlung bzw. verspätete Zahlung kann der Schuldner keine Stundung erzwingen (*BGH* ZInsO 2008, 378 = EWiR 2008, 533), sie folgt auch nicht aus dem Absehen der Gläubiger von aussichtslosen Vollstreckungsmaßnahmen. Insbesondere bei kurzfristigen Verbindlichkeiten aus Lieferungen und Leistungen kann im Regelfall davon ausgegangen werden, dass sie nach Ablauf eines Zahlungszieles uneingeschränkt fällig sind und vom Gläubiger ernsthaft verlangt werden (*Uhlenbruck/Mock* InsO, § 17 Rn. 117), sie also nicht (stillschweigend) gestundet sind. Arbeitnehmer verzichten häufig aus Sorge um den Arbeitsplatz auf die Geltendmachung von Lohnrückständen (*BGH* ZInsO 2008, 378 Rn. 23). Der BGH lässt eine einzige, ernsthafte Zahlungsaufforderung genügen (s. Rdn. 13). Fällig ist eine Forderung auch dann, wenn der Schuldner sie durch Kündigung fällig gestellt und von sich aus dem Gläubiger die alsbaldige Erfüllung zugesagt hat (*BGH* NZI 2009, 471 [473] m. Anm. *Huber* = EWiR 2009, 579). 19

Bejaht werden kann eine stillschweigende Stundung aber dann, wenn ein Kreditinstitut nach Ablaufen der Prolongation eines befristeten Darlehens das Kontokorrentkonto mit Zinsen in Höhe des hier- 20

§ 17 InsO   Zahlungsunfähigkeit

für geltenden Zinssatzes belastet (*BGH* NZI 2013, 129 Rn. 13 m. Anm. *Baumert* = EWiR 2013, 183). Dies kann sich aus einer Rangrücktrittsvereinbarung (§ 19 Rdn. 28 ff.) ergeben, sofern sie eindeutig gefasst ist (*AG Itzehoe* ZIP 2014, 1038; HambK-InsO/*Schröder* § 17 Rn. 12a).

21 (3) Einer Stundung steht es gleich, wenn eine **einstweilige Einstellung** der dem Antrag zugrunde liegenden titulierten Forderung durch das Prozessgericht **gem. § 769 ZPO** erfolgt (*AG Göttingen* Beschl. v. 13.03.2000 – 74 IN 5/2000; K. Schmidt/*K. Schmidt* InsO, § 17 Rn. 11). Zum weiteren Verfahrensgang in einem solchen Fall s. § 13 Rdn. 265, 284. Zur Berücksichtigung von Gegenforderungen s. § 14 Rdn. 185, 201.

22 Wird die Vollziehung eines **Bescheides außer Vollzug** gesetzt, ist die Forderung nicht mehr »ernsthaft eingefordert« (*BGH* NZI 2014, 698 Rn. 30 m. Anm. *Lenger* und Anm. *Ries* EWiR 2014, 717; HambK-InsO/*Schröder* § 17 Rn. 13d) und damit nicht fällig.

23 (4) Zu der Bedeutung einer allgemeinen Stundung bei der Frage der Zahlungseinstellung s. Rdn. 50.

24 (5) Beim **Eigenantrag** gelten **Besonderheiten**. Hat sich der Schuldner in einem Besserungsschein zur Herausgabe jedweden zukünftigen Vermögenserwerbs verpflichtet und der Gläubiger dafür auf Vollstreckungsmaßnahmen verzichtet, ist auf das Merkmal der Fälligkeit zu verzichten. Dies gebietet eine teleologische Reduktion, die den Schuldner schützen, ihm aber nicht die Möglichkeit der Restschuldbefreiung gem. § 286 InsO nehmen will (*AG Göttingen* ZInsO 2012, 1324 [1325]).

3. Zahlungsstockung/Dauer

25 a) Unter Geltung der **KO** wurde die Zahlungsunfähigkeit definiert als der dauernde Mangel an Zahlungsmitteln, die Geldschulden zu erfüllen. Das Element der Dauer diente zur Abgrenzung zur bloß **vorübergehenden Zahlungsunfähigkeit**, der sog. **Zahlungsstockung**, die als Insolvenzgrund nicht ausreichte.

26 b) Der **Gesetzgeber** hat bewusst darauf verzichtet, im Gesetzestext ausdrücklich festzuschreiben, dass eine andauernde Unfähigkeit zur Erfüllung der Zahlungspflichten vorliegen muss (vgl. Rdn. 7), um nicht dadurch das Ziel einer rechtzeitigen Verfahrenseröffnung erheblich zu gefährden. Vorübergehende Zahlungsstockung begründet weiterhin keine Zahlungsunfähigkeit. Der Gesetzgeber geht davon aus, dass bei vorübergehender Illiquidität sich der Schuldner durch Bankkredit neue flüssige Mittel beschaffen kann und wird (BT-Drucks. 12/2443 S. 114).

27 c) Rechtsprechung und Literatur gingen nach Inkrafttreten der InsO überwiegend von Zeiträumen von zwei bis drei Wochen aus (Nachw. *BGH* ZInsO 2005, 807 [808]). Teilweise wurde einschränkend darauf abgestellt, dass die Nichtzahlung nur weniger als 5 % der fälligen Zahlungsverpflichtungen des Schuldners betreffen durfte (*AG Köln* ZIP 1999, 1889 [1891]). Diese »**dynamische Kombinationslösung**« hat der BGH aufgegriffen. Die Grenze liegt bei **drei Wochen**. Diese in Anlehnung an die Insolvenzantragsfrist von drei Wochen nach § 64 Abs. 1 GmbHG a.F. (jetzt § 15a Abs. 1 Satz 1 InsO) bestimmte Frist ist nach Auffassung des BGH der Zeitraum, die eine kreditwürdige Person zur Kreditbeschaffung benötigt (*BGH* ZInsO 2005, 807]).

28 Dem folgt die instanzgerichtliche Rechtsprechung (*LG Lüneburg* ZInsO 2011, 2044 [2045]; *AG Mönchengladbach* ZInsO 2011, 1752 [1754]). Liegt die innerhalb von drei Wochen nicht zu beseitigende Liquiditätslücke unter 10 %, muss absehbar sein, dass die Lücke demnächst 10 % betragen wird. Mit zunehmender Zeitdauer genügt auch ein unter 10% liegender Betrag (s. Rdn. 34). Liegt die Liquiditätslücke **über 10 %**, besteht eine **widerlegliche Vermutung** für die Zahlungsunfähigkeit, falls nicht ausnahmsweise mit an Sicherheit grenzender Wahrscheinlichkeit zu erwarten ist, dass die Lücke demnächst (fast) vollständig beseitigt wird und den Gläubigern ein Zuwarten nach den besonderen Umständen des Einzelfalles zuzumuten ist (*BGH* ZInsO 2005, 807 [809 f.] m. krit. Anm. *Knolle/Tetzlaff* ZInsO 2005, 897 = EWiR 2005, 767; *BGH* ZInsO 2006, 827 Rn. 6).

Zahlungsunfähigkeit § 17 InsO

Unter **praktischen Gesichtspunkten** ist zur Rechtsprechung des BGH folgendes anzumerken: 29
- Bei der Prüfung der Eröffnungsvoraussetzungen durch das **Insolvenzgericht** ist die **Frist** von drei Wochen **regelmäßig zu vernachlässigen** (vgl. aber *BGH* ZInsO 2007, 939 m. abl. Anm. *Tetzlaff* ZInsO 2007, 1334 [1336]; wie hier A/G/R-*Kadenbach* § 17 InsO Rn. 9). Die Begutachtung zieht sich über einen längeren Zeitraum hin. Liquiditätsschwierigkeiten sind zudem regelmäßig nicht erst seit Antragstellung vorhanden. Daher ist auch die mit der Schwierigkeit einer kurzfristigen Kreditbeschaffung aufgestellte Forderung nach einer längeren Frist (*Kamm/Köchling* ZInsO 2006, 732 [735]) abzulehnen.
- **Bedeutung** erlangt die Prüfung im Rahmen von Anfechtungen gem. §§ 129 ff. InsO (*Hölzle* ZIP 2006, 101; *ders.* ZIP 2007, 613) und bei der Frage der Verletzung der Insolvenzantragspflicht (*Neumaier* NJW 2005, 3041 [3043]).
- Nicht klar zu entnehmen ist der Entscheidung, wie bei einer dauerhaft unter 10 % liegenden Liquiditätslücke zu verfahren ist. Nach der Vermutungsregel wird der Schwellenwert mit steigender Dauer sinken (*Hölzle* ZIP 2006, 101 [103]; *ders.* ZIP 2007, 613 [614]).
- Festzustellen ist im **1. Schritt** das Vorliegen einer Liquiditätslücke. Diese Feststellung erfolgt stichtagsbezogen anhand eines Liquiditäts- bzw. Finanz**status** unter Einbeziehung der am Stichtag verfügbaren liquiden Mittel, sog Aktiva I, und der am Stichtag fälligen Verbindlichkeiten, sog. Passiva I (*Bork* ZIP 2008, 1749 [1750, 1751]) im Rahmen der betriebswirtschaftlichen Methode (*Harz/Bornmann/Conrad/Ecker* NZI 2015, 737 [738]). Daneben existiert die vorwiegend im Rahmen des § 15a Abs. 4, 5 InsO angewandte wirtschaftskriminalistische Methode, die auf einzelne Anzeichen der Zahlungsunfähigkeit abstellt (*BGH* ZInsO 2015, 2021; *Harz/Comtesse* ZInsO 2015, 2050 [2054]).
- Liegt eine Unterdeckung von mehr als 10 % vor (*Frystatzki* NZI 2010, 389 [391]; **a.A.** *IDW PS 800* ZIP 2009, 201 [202]: immer), ist in einem **2. Schritt** zu ermitteln, ob die Liquiditätslücke nur eine Zahlungsstockung darstellt, die kurzfristig beseitigt werden kann. Dafür ist eine Zeitraumbetrachtung erforderlich und ein Liquiditäts**plan bzw. -bilanz** aufzustellen (Muster HambK-InsO/*Schröder* § 17 Rn. 36). In der Literatur wird teilweise die Aufstellung von zwei Liquiditätsbilanzen am Tag 1 und am Tag 22 favorisiert und damit nur ein stark eingegrenztes Prognoseelement berücksichtigt (*Neu/Ebbinghaus* ZInsO 2012, 2229).
- Einzubeziehen sind zu erwartende Zahlungseingänge, sog. Aktiva II (*Bork* ZIP 2008, 1749 [1750]), und fällig werdende Zahlungspflichten, sog. Passiva II (*Bork* ZIP 2008, 1749 [1751]; *Krauß* ZInsO 2016, 2361 [2366]), auch als »Bugwelle« bezeichnet (*BGH* NZI 2013, 932 Rn. 13 m. Anm. *Baumert* NZI 2013, 919; *Prager/Jungclaus* FS Wellensiek S. 101). Forderungen, die erst nach Ablauf des maßgeblichen Prognosezeitraumes entstehen oder fällig werden, sind nicht berücksichtigungsfähig (*LG Hamburg* ZInsO 2012, 1479 [1480]). Dem Schuldner darf nicht gestattet werden, Schulden vor sich herzuschieben, ohne zur Insolvenzantragstellung verpflichtet zu sein (HambK-InsO/*Schröder* § 17 Rn. 16; *Knolle/Tetzlaff* ZInsO 2005, 897 [900]; *Harz/Baumgartner/Conrad* ZInsO 2005, 1304 [1306]; *Hölzle* ZIP 2007, 613 [615]; *Bork* ZIP 2008, 1749 [1751 ff.]; *Frystatzki* NZI 2010, 389 [390]; *Ganter* ZInsO 2011, 2297; *Prager/Jungclaus* FS Wellensiek, S. 101; **a.A.** HK-InsO/*Rüntz* § 17 Rn. 18). Nicht einzubeziehen sind erst nach einer möglichen Verfahrenseröffnung realisierbare Ansprüche, insb. aus Anfechtung gem. §§ 129 ff. InsO (*BGH* ZInsO 2007, 939 [941] Rn. 29).
- Zum Nachweis der Zahlungsunfähigkeit ist eine Liquiditätsbilanz nicht mehr erforderlich, wenn die fälligen Verbindlichkeiten bis zur Verfahrenseröffnung nicht mehr beglichen werden können, falls nicht ausnahmsweise aufgrund konkreter Umstände damals angenommen werden konnte, der Schuldner werde rechtzeitig in der Lage sein, die Verbindlichkeiten zu erfüllen (*BGH* ZIP 2006, 2222 [2224] Rn. 28 zu § 130 Abs. 1 InsO).
- Zur Frage, welche Vermögenswerte bei der Schließung der Liquiditätslücke zu berücksichtigen sind, s. Rdn. 38 ff., 45.
- Die Praxis legt häufig den üblichen Buchungszeitraum von einem Monat zugrunde (*Harz/Baumgartner/Conrad* ZInsO 2005, 1304 [1307]).
- Der Zeitraum kann **ausgedehnt** werden auf **bis zu drei** Monate (*Harz/Baumgartner/Conrad* ZInsO 2005, 1304 [1307]) **oder in Ausnahmefällen sechs Monate** (vgl. *Frystatzki* NZI 2010,

389 [392]), wenn den Gläubigern ausnahmsweise ein längeres Zuwarten zumutbar ist (s. Rdn. 34). Nur wenn dies der Fall ist, ist ein Liquiditätsplan aufzustellen (*Frystatzki* NZI 2010, 389 [394]; missverständlich *IDW PS 800* ZIP 2009, 201 [202]).

30 d) Im Ergebnis ist – wie unter Geltung der KO – abzustellen auf die **Zeitraumilliquidität** und nicht – wie unter Geltung der InsO anfangs vertreten – auf die Zeitpunktilliquidität (vgl. *Stahlschmidt* ZInsO 2005, 1086 f.). Die Feststellung der Zahlungsunfähigkeit wird mit **prognostischen Elementen belastet**. Ähnlich wie bei der Überschuldungsprüfung gem. § 19 InsO besteht die Gefahr einer »geschönten Fortführungsprognose« (*Knolle/Tetzlaff* ZInsO 2005, 897 [902]).

31 e) Bei einem Gläubigerantrag muss sich der **Schuldner** auf einen die Zahlungsfähigkeit begründenden Ausnahmetatbestand berufen und gem. § 294 ZPO **glaubhaft machen** (*AG Hamburg* ZInsO 2008, 52 [53]), was das Insolvenzgericht sodann im Rahmen der Amtsermittlungspflicht (§ 5 InsO) zu überprüfen hat (*BGH* ZInsO 2007, 939 [942] Rn. 30).

4. Wesentlichkeit

32 a) Unter **Geltung der KO** setzte Zahlungsunfähigkeit weiter voraus, dass die Unfähigkeit zur Zahlung einen wesentlichen Teil der Verbindlichkeiten betraf. Die Rechtsprechung stellte darauf ab, ob das Ausbleiben der Zahlung die Regel und nicht nur die Ausnahme bildete, wobei das Verhältnis der bezahlten zu den unbezahlten Schulden bedeutsam war (*BGH* ZIP 1991, 1014 [1015]). Die Zahlung nur eines geringen Bruchteiles stand der Annahme der Zahlungsunfähigkeit nicht entgegen (*BGH* ZIP 1995, 929 [930]), die Grenze wurde bei 25 % gezogen.

33 b) Der **InsO-Gesetzgeber** hat auch das Erfordernis eines wesentlichen Teiles (ebenso wie der nicht nur vorübergehenden Zahlungsstockung) im Gesetz nicht festgeschrieben. Es sollte den bisherigen Tendenzen zu einer übermäßig einschränkenden Auslegung des Begriffes der Zahlungsunfähigkeit entgegengewirkt werden. Insbesondere soll Zahlungsunfähigkeit nicht erst anzunehmen sein, wenn der Schuldner einen bestimmten Bruchteil der Gesamtsumme seiner Verbindlichkeiten nicht mehr erfüllen kann. Allerdings sollen ganz geringfügige Liquiditätslücken außer Betracht bleiben (BT-Drucks. 12/2443 S. 114).

34 Der BGH zieht die Grenze bei 10 % im Rahmen der oben (Rdn. 27) aufgezeigten »**dynamischen Kombinationslösung**« im Zusammenhang mit der erforderlichen Dauer. Liegt die innerhalb von drei Wochen nicht zu beseitigende Liquiditätslücke **unter 10 %**, muss absehbar sein, dass die Lücke demnächst 10 % betragen wird. Mit zunehmender Zeitdauer genügt auch ein unter 10% liegender Betrag (*OLG Rostock* ZInsO 2006, 1110: Rückstand von 15 Monaten mit Sozialversicherungsbeiträgen; HK-InsO/*Rüntz* § 17 Rn. 20; HambK-InsO/*Schröder* § 17 Rn. 19; **a.A.** wohl *Frystatzki* NZI 2010, 389 [391]). Liegt die Liquiditätslücke **über 10 %**, liegt Zahlungsunfähigkeit vor, falls nicht ausnahmsweise mit an Sicherheit grenzender Wahrscheinlichkeit zu erwarten ist, dass die Lücke demnächst (fast) vollständig beseitigt wird und den Gläubigern ein Zuwarten nach den besonderen Umständen des Einzelfalles zuzumuten ist (*BGH* ZInsO 2005, 807 [809 f.] m. krit. Anm. *Stahlschmidt* ZInsO 2005, 1086 [1089] = EWiR 2005, 767).

35 Es bestehen die in Rdn. 30 aufgezeigten **Bedenken**. Das Kriterium der Zumutbarkeit ist konturlos. Bei saisonalen Flauten (*BGH* ZInsO 2005, 807 [809]) ist es einem Gläubiger nicht zumutbar, mehrere Monate auf die Erfüllung seiner Forderung zu verzichten. Bei Führung eines Saisonunternehmens muss Liquidität auch für die Zeit der Flaute sichergestellt werden (*Stahlschmidt* ZInsO 2005, 1086 [1089]; *Kamm/Köchling* ZInsO 2006, 732 [736]). Bejaht man Zumutbarkeit, wenn die Insolvenzeröffnung den Gläubigern keinen Vorteil insbesondere in Form einer schnelleren oder beitragsmäßig höheren Befriedigung bringt (*Frystatzki* NZI 2010, 389 [392]), gehen jegliche Konturen für eine Insolvenzantragspflicht verloren.

36 Bei einem Gläubigerantrag muss sich der **Schuldner** auf einen die Zahlungsunfähigkeit begründenden **Ausnahmetatbestand berufen**, was das Insolvenzgericht sodann im Rahmen der Amtsermittlungspflicht (§ 5 InsO) zu überprüfen hat (*BGH* ZInsO 2007, 939 [942] Rn. 30).

5. Mangel an Zahlungsmitteln

Abzustellen ist auf die **Geldilliquidität** (HK-InsO/*Rüntz* § 17 Rn. 14). Die Nichtzahlung muss auf einem objektiven Mangel an verfügbaren Zahlungsmitteln beruhen. Diese Feststellung ist wie folgt zu präzisieren: 37

a) Der BGH zieht im Rahmen der Kombinationslösung keine starre zeitliche Grenze (s. Rdn. 27). Die Liquidität kann daher nicht auf einen Zeitpunkt bezogen festgestellt werden, sog. Zeitpunktilliquidität. Vielmehr gilt – wie unter Geltung der KO – die **Zeitraumilliquidität** weiter (s. Rdn. 30). 38

b) Zur Herstellung der Zahlungsfähigkeit kommen **nur liquide oder kurzfristig liquidierbare Mittel** in Betracht (*BGH* ZInsO 1999, 107 [109]; *OLG Köln* ZIP 2000, 151 [153] = NZI 2000, 174; *AG Göttingen* ZInsO 2002, 592 [593]; abstellend auf eine Liquiditätskennzahl *LG Augsburg* ZInsO 2003, 952; a.A. HambK-InsO/*Schröder* § 17 Rn. 24). 39

Eine **Zahlungszusage** setzt voraus, dass die Schuldnerin ungehinderten Zugriff auf die Mittel hat oder die Zusagenden ihrer Ausstattungsverpflichtung auch tatsächlich nachkommen (*BGH* ZInsO 2013, 2055). Bei **Forderungen** der Schuldnerin, die schon seit geraumer Zeit unbeglichen fällig sind, kommt ein erheblicher Abschlag in Betracht (*LG Hamburg* ZInsO 2012, 1479 [1480]). Die neuere Rechtsprechung des BGH tendiert zu einer großzügigeren und schuldnerfreundlicheren Betrachtung. Der BGH anerkennt, dass fällige Zahlungsverpflichtungen nur mit Geld oder anderen üblichen Zahlungsmitteln erfüllt werden können. Der mögliche Erlös einer Geschäftseinrichtung z.B. spielt für die Frage der Zahlungsunfähigkeit regelmäßig keine Rolle, sondern nur im Rahmen einer Massekostendeckung gem. § 26 InsO. Auch **Ansprüche aus anfechtbaren Rechtshandlungen** gem. §§ 129 ff. InsO bleiben – anders als im Rahmen des § 26 InsO – **unberücksichtigt**, da sie erst nach Eröffnung des Verfahrens geltend gemacht werden können (*BGH* ZInsO 2007, 939 [942] Rn. 29). 40

Allerdings soll beachtlich sein, wenn der Schuldner sich auf die Möglichkeit der **kurzfristigen Veräußerung von Grundvermögen** beruft (*BGH* ZInsO 2007, 939 [942] Rn. 31) oder auf eine kurzfristig mögliche Erbauseinandersetzung (*BGH* ZInsO 2009, 872). Die Mittel müssen aber zur freien Verfügung stehen (*LG Bielefeld* ZInsO 2010, 1194 [1196]). Gleichgültig ist, aus welchen Quellen – auch Straftaten – die Mittel stammen (*BGH* ZInsO 2009, 1254 [1256]; *Staufenbiel* InsbürO 2011, 446 [448]). Ob kurzfristig liquidierbares Vermögen vorliegt, ist im Wege der Amtsermittlung aufzuklären. 41

Ein in der Krise befindlicher Schuldner versucht vor einem Insolvenzantrag i.d.R. alles zu versilbern. Unter gewissen Marktbedingungen sind Grundstücke allerdings schwer (ggf. nur zu einem für die Insolvenzabwendung nicht genügenden Betrag) oder gar nicht veräußerbar. Insoweit ist die Entscheidung **abzulehnen** (*Tetzlaff* ZInsO 2007, 1334 [1336]; a.A. *Schröder* EWiR 2007, 665 [666]). Entscheidend kommt es darauf an, ob der Schuldner sich tatsächlich Geld – ggf. mittels Kredit – beschafft; die bloße – häufig von Schuldnern angepriesene – Möglichkeit genügt nicht (*Kübler/Prütting/Bork-Pape* InsO, § 17 Rn. 11; a.A. HambK-InsO/*Schröder* § 17 Rn. 14). Es werden sich (größere) Vermögensgegenstände selten innerhalb der zeitlichen Regelgrenze von drei Wochen (s. Rdn. 27) veräußern lassen. 42

Eine harte **Patronatserklärung** der Muttergesellschaft beseitigt nicht die Zahlungsunfähigkeit der Tochtergesellschaft, da keine liquiden Mittel zur Verfügung gestellt werden. Erforderlich ist, dass die Tochtergesellschaft tatsächlich mit Liquidität ausgestattet wird (*BGH* ZInsO 2011, 1115 [1116 f.], zust. Anm. *Krüger/Pape* NZI 2011, 617). Nicht abschließend geklärt ist, ob **Cash-Pool-Forderungen** als liquide Mittel berücksichtigungsfähig sind (HambK-InsO/*Schröder* § 17 Rn. 14c; *Saenger/Koch* GmbHR 2010, 114; *Staufenbiel* InsbürO 2011, 446 [449]). 43

III. Zahlungsunwilligkeit

Die Zahlungsunfähigkeit ist weiter abzugrenzen von der Zahlungsunwilligkeit. Zahlungsunwilligkeit liegt vor, wenn ein **zahlungsfähiger Schuldner** sich böswillig **weigert**, seine fälligen Verbind- 44 lichkeiten **zu erfüllen**. Darin liegt keine Zahlungsunfähigkeit (*BGH* ZInsO 2006, 828 [829]). Voraussetzung ist Zahlungsfähigkeit des Schuldners (*BGH* ZInsO 2014, 696 [698]), die bei Zahlungseinstellung gem. § 17 Abs. 2 Satz 2 InsO gesetzlich vermutet wird (*BGH* ZInsO 2014, 1661 = InsbürO 2014, 486). Bei Zahlungsverweigerung kann aber bei Vorliegen der übrigen Voraussetzungen eine Zahlungseinstellung vorliegen. In jedem Fall ist bei Zahlungsunwilligkeit genau zu prüfen, ob es sich nicht um eine in Wahrheit bestehende Zahlungsunfähigkeit handelt (HambK-InsO/*Schröder* § 17 Rn. 14; *Staufenbiel/Baziuk* ZInsO 2016,1726 [1729]). Der Schuldner hat den Nachweis zu führen, dass er über die erforderlichen Geldmittel zur Begleichung seiner fälligen Verbindlichkeiten verfügt (*Kübler/Prütting/Bork-Pape* InsO, § 17 Rn. 14 ff.). Diesen Nachweis können die betreffenden Schuldner regelmäßig nicht erbringen.

IV. Feststellung der Zahlungsunfähigkeit

45 a) Die Feststellung der Zahlungsunfähigkeit erfordert im 1. Schritt das Vorliegen einer Liquiditätslücke. In einem 2. Schritt ist zu ermitteln, ob die Liquiditätslücke nur eine Zahlungsstockung darstellt, die kurzfristig beseitigt werden kann. Dafür ist eine Zeitraumbetrachtung erforderlich und ein **Liquiditätsplan** bzw. Liquiditäts**bilanz** aufzustellen (*BGH* NZI 2009, 471 [474] m. Anm. *Huber* = EWiR 2009, 579). Einzubeziehen sind zu erwartende Zahlungseingänge und fällig werdende Zahlungspflichten (Einzelheiten s. Rdn. 29). Auszugehen ist davon, dass die zukünftigen Forderungen auch ernsthaft eingefordert werden (*Pape* WM 2008, 1949 [1955]) und daher fällig sind. Die Ermittlung kann auf digitalen Buchungsdaten basieren (*Koppel* ZInsO 2017, 74).

46 **Streitige Verbindlichkeiten** sind nur dann zu berücksichtigen, wenn auf Grund gegebener Umstände überwiegend wahrscheinlich ist, dass sie im Prognosezeitraum uneingeschränkt durchsetzbar werden (s. Rdn. 10). Bei **Forderungen** des Schuldners ist zu berücksichtigen, ob sie streitig sind und wie die Chancen einer prozessualen Durchsetzung eingeschätzt werden. Bei Forderungen, die schon seit geraumer Zeit unbeglichen fällig sind, kommt ein erheblicher Abschlag in Betracht (*LG Hamburg* ZInsO 2012, 1479 [1480]). Häufig können sie nur als Erinnerungsposten mit 1 € angesetzt werden. Zahlungseingänge bleiben unberücksichtigt, wenn sie zurück zu gewähren sind (*BGH* ZInsO 2015, 2021: Betrügerisch erlangte Vorauszahlungen).

47 Die – für **Anfechtungs- und Schadensersatzansprüche** relevante – Ermittlung des Stichtages erfolgt durch eine Liquiditätsanalyse (i.E. *Staufenbiel/Hoffmann* ZInsO 2008, 838 ff. und 891 ff). Es existieren unterschiedliche Ansätze (*Plagens/Wilkes* ZInsO 2010, 2107; *Staufenbiel* InsbürO 2011, 446 [450]; *Haarmeyer* InsbürO 2011, 442). Zur Feststellung mittels Datenverarbeitung s. *Gaa* ZInsO 2006, 476.

48 b) Der Eröffnungsgrund muss nicht nur wie bei Antragstellung glaubhaft gemacht (s. § 14 Rdn. 174, Rdn. 232) oder zumindest schlüssig dargelegt werden (s. § 14 Rdn. 233). Vielmehr muss das Gericht im Zeitpunkt der Entscheidung über die (Nicht-)Eröffnung vom Vorliegen des Eröffnungsgrundes **überzeugt** sein (s. § 27 Rdn. 6). Zur Rechtslage bei der Verbraucherinsolvenz s. § 16 Rdn. 14.

C. Zahlungseinstellung

I. Überblick

49 a) § 102 Abs. 2 **KO** bestimmte, dass Zahlungsunfähigkeit insbesondere anzunehmen war, wenn Zahlungseinstellung erfolgt ist.

50 b) Der **Gesetzgeber** hat in § 17 Abs. 2 Satz 2 **InsO** eine **widerlegliche Vermutung** dahin aufgestellt, dass bei Zahlungseinstellung Zahlungsunfähigkeit vorliegt (BT-Drucks. 12/2443 S. 114). Stärkste bzw. wichtigste Erscheinungsform der Zahlungsunfähigkeit ist die Zahlungseinstellung. Sie bildet jedoch keinen selbstständigen Insolvenzgrund, vielmehr begründet sie eine widerlegliche Vermutung (*BGH* ZIP 2006, 2222 [2223] Rn. 12). Die Zahlungseinstellung ist äußeres, sichtbares Anzeichen der Zahlungsunfähigkeit. Zahlungseinstellung ohne Zahlungsunfähigkeit gibt es nicht, wohl

aber kann Zahlungsunfähigkeit ohne Zahlungseinstellung vorliegen (*Kilger/Karsten Schmidt* KO, § 102 Rn. 3). Die Zahlungseinstellung kann ebenso wie die Zahlungsunfähigkeit wie bisher anhand von Indizien festgestellt werden.

Eröffnungsentscheidungen werden wegen der aufgrund der Amtsermittlung (§ 5 InsO) gebotenen umfassenden Aufklärung auf Zahlungsunfähigkeit gestützt. Bedeutung hat die Zahlungseinstellung für die Glaubhaftmachung des Eröffnungsgrundes im Rahmen des § 14 InsO. Die dortigen Beweisanzeichen (s. § 14 Rdn. 189 ff.) gelten auch hier (A/G/R-*Kadenbach* § 17 InsO Rn. 24f). 51

II. Zahlungseinstellung

Das **objektive Element** der Zahlungseinstellung deckt sich mit den obigen Kriterien zur Fälligkeit (s. Rdn. 12 ff.), Zahlungsstockung/Dauer (s. Rdn. 27) und Wesentlichkeit (s. Rdn. 34). Es ist zu beachten, dass die frühere, einschränkende Rspr. hinsichtlich der Dauer und der Wesentlichkeit nur eingeschränkt fort gilt. Insbesondere ist es nicht erforderlich, dass der Schuldner gar keine Zahlungen mehr leistet. Vielmehr genügt es, wenn die Zahlungseinstellung aufgrund der Nichtbezahlung nur einer (nicht unwesentlichen) Forderung erkennbar wird (*BGH* ZIP 1995, 929 [930]; ZInsO 2002, 29 [31]). Eine **eingetretene Zahlungseinstellung** wird durch eine allgemeine Stundung bzw. Stundung seitens der Hauptgläubiger nicht wieder beseitigt. Erforderlich ist vielmehr, dass es zu einer **allgemeinen Wiederaufnahme der Zahlungen** kommt (*BGH* ZInsO 2006, 827 [828] Rn. 8; HK-InsO/*Rüntz* § 17 Rn. 43; *Jaeger/Müller* § 17 InsO Rn. 34). Davon kann nicht ausgegangen werden, wenn sich der Schuldner durch die Befriedigung seiner aktuellen Gläubiger der Mittel entäußert, die er zur Begleichung seiner künftigen, alsbald fällig werdenden Verbindlichkeiten benötigt (*BGH* ZInsO 2012, 2244). 52

III. Erkennbarkeit

Das **subjektive Element** der Erkennbarkeit erfordert, dass die Zahlungseinstellung nach außen jedenfalls den beteiligten Verkehrskreisen erkennbar wird (*BGH* ZIP 2006, 2222 [2223] Rn. 12). Schon die Kenntnis eines Gläubigers kann genügen (HK-InsO/*Rüntz* § 17 Rn. 28), insbesondere eines Großgläubigers (*Nerlich/Römermann-Mönning* InsO, § 17 Rn. 26). Die Erkennbarkeit wird sich regelmäßig aus den Indizien ergeben, aus denen auch auf die Zahlungseinstellung geschlossen wird (s. Rdn. 54). 53

IV. Feststellung der Zahlungseinstellung

Die Feststellung kann nicht nur im Wege der Ermittlung der Unterdeckung für einen gewissen Zeitraum, sondern auch mit Hilfe von Indiztatsachen erfolgen (*BGH* ZInsO 2006, 827 Rn. 6; ZInsO 2011, 1410 = EWiR 2011, 571; *Staufenbiel/Baziuk* ZInsO 2016,1726 [1730]). Die **Indizien** decken sich mit denjenigen, mit deren Hilfe der Gläubiger das Vorliegen des Eröffnungsgrundes der Zahlungsunfähigkeit in Form der Zahlungseinstellung glaubhaft machen kann (s. § 14 Rdn. 216 ff.). Steht aufgrund der Indizien fest, dass der Schuldner seine Zahlungen eingestellt hat, ist von einer Zahlungsunfähigkeit auszugehen. Es bedarf keiner weiteren Feststellung der genauen Höhe der bestehenden Verbindlichkeiten bei einer Unterdeckung von 10 % (*BGH* ZInsO 2011, 1410 [1411]; ZInsO 2013, 2109 = EWiR 2013, 53). 54

Der **Schuldner** hat allerdings die Möglichkeit, die gesetzliche Vermutung zu **widerlegen**. Erforderlich ist der Nachweis der Zahlungsfähigkeit; ein Nachweis der Zahlungsunwilligkeit genügt nicht (*BGH* ZInsO 2012, 696 = EWiR 2012, 353). Die Feststellung der Zahlungsunfähigkeit aufgrund Zahlungseinstellung hat besondere Bedeutung im Rahmen der Glaubhaftmachung durch den Gläubiger. Ist der Antrag zugelassen und ein Sachverständiger beauftragt, wird dieser aufgrund der vorhandenen Unterlagen regelmäßig nicht nur die Zahlungseinstellung, sondern auch die Zahlungsunfähigkeit feststellen können. 55

56 Weitere Bedeutung besteht bei **Anfechtungsklagen** gem. §§ 129 ff. InsO (dazu *Schmittmann/Dannemann* InsbürO 2011, 2; *Krüger/Wigand* ZInsO 2011, 314; *Staufenbiel* InsbürO 2011, 446 [450 ff.]) sowie sonstigen zivilrechtlichen Haftungsprozessen (vgl. § 15a Rdn. 36 ff.).

D. Eigenverwaltung (§§ 270 ff.)

57 § 270b InsO räumt die Möglichkeit des sog. Schutzschirmverfahrens ein (Einzelheiten Kommentierung zu § 270b InsO). Voraussetzung ist, dass nicht bereits Zahlungsunfähigkeit eingetreten ist. Dies ist durch eine Bescheinigung gem. § 270b Abs. 1 Satz 3 InsO nachzuweisen. Tritt im Eröffnungsverfahren Zahlungsunfähigkeit ein, ist dies dem Insolvenzgereicht unverzüglich anzuzeigen gem. § 270b Abs. 4 Satz 2 InsO.

E. Internationales Insolvenzrecht

58 Es gelten die bei § 16 Rdn. 15 erläuterten Grundsätze. Ergänzend ist Folgendes zu berücksichtigen:
– Für die Eröffnung eines Hauptinsolvenzverfahrens sind bei der Prüfung der Zahlungsunfähigkeit auch die Zahlungsmittel und fälligen Zahlungspflichten unselbständiger ausländischer Niederlassungen zu berücksichtigen.
– Beim Partikularinsolvenzverfahren über eine inländische Niederlassung ist streitig, ob nur auf das Zahlungsverhalten im Inland (HK-InsO/*Rüntz* § 16 Rn. 3) ggf. unter Einbeziehung europäischer Zweigniederlassungen oder auf die weltweite Vermögenslage abzustellen ist (A/G/R-*Kadenbach* § 17 InsO Rn. 27; HambK-InsO/*Schröder* § 17 Rn. 35).

§ 18 Drohende Zahlungsunfähigkeit

(1) Beantragt der Schuldner die Eröffnung des Insolvenzverfahrens, so ist auch die drohende Zahlungsunfähigkeit Eröffnungsgrund.

(2) Der Schuldner droht zahlungsunfähig zu werden, wenn er voraussichtlich nicht in der Lage sein wird, die bestehenden Zahlungspflichten im Zeitpunkt der Fälligkeit zu erfüllen.

(3) Wird bei einer juristischen Person oder einer Gesellschaft ohne Rechtspersönlichkeit der Antrag nicht von allen Mitgliedern des Vertretungsorgans, allen persönlich haftenden Gesellschaftern oder allen Abwicklern gestellt, so ist Absatz 1 nur anzuwenden, wenn der oder die Antragsteller zur Vertretung der juristischen Person oder der Gesellschaft berechtigt sind.

Übersicht	Rdn.		Rdn.
A. Überblick	1	III. Prognose	22
B. Zahlungsunfähigkeit	9	IV. Anhaltspunkte	31
C. Drohen der Zahlungsunfähigkeit	11	D. Absatz 3	32
I. Bestehende Zahlungspflichten	12	E. Bewertung	43
II. Zeitpunkt der Fälligkeit	18	F. Internationales Insolvenzrecht	50

Literatur:
Fölsing Die Zähmung des Widerspenstigen im Suhrkamp-Fall. Schutzschirmverfahren bei Gesellschafterstreit, ZInsO 2013, 1325; *Geißler* Die drohende Zahlungsunfähigkeit (§ 18 InsO) in der Entscheidungsverantwortung des GmbH-Geschäftsführers, ZInsO 2013, 919; *Harz/Comtesse* Unternehmenskrise und Insolvenzreife, ZInsO 2015, 2050; *Hölzle* Der Insolvenzantrag als Sanierungsoption – auch gegen den Willen von Gesellschaftern?, ZIP 2013, 1846; *Wertenbruch* Gesellschafterbeschluss für Insolvenzantrag bei drohender Zahlungsunfähigkeit?, DB 2013, 1592; *Wuschek* Sanierungschancen bei drohender Zahlungsunfähigkeit – Teil 2, InsbürO 2014, 504.

A. Überblick

1 Durch den für die InsO neu geschaffenen Insolvenzgrund der drohenden Zahlungsunfähigkeit soll eine rechtzeitige Antragstellung ermöglicht werden, um bei einer sich deutlich abzeichnenden Insolvenz **bereits vor ihrem Eintritt** verfahrensrechtliche **Gegenmaßnahmen** einzuleiten (BT-Drucks. 12/2443 S. 114). In erster Linie dürfte es darum gehen, in wirtschaftliche Not geratene Unternehmen zu erhalten (vgl. § 1 Satz 1 InsO a.E.). Das Ziel, durch eine Vorverlagerung der Insolvenzeröffnungstatbestände die Fälle der Antragsabweisung mangels Masse (§ 26 InsO) zu vermindern, tritt dahinter zurück, da eine Antragspflicht, anders als in den Fällen der §§ 17, 19 InsO bei juristischen Personen nicht besteht. Der Gesetzgeber hat sich nämlich für die sog. **Innenlösung** entschieden. Nur der **Schuldner** ist antragsberechtigt, eine Antragspflicht besteht nicht.

Die **Aufsichtsbehörde** kann bei Kreditinstituten, Versicherungen, Bausparkassen und gleichgestellten Instituten mit deren Zustimmung gem. § 46b Abs. 1 Satz 5 KWG sowie bei Krankenkassen gem. § 171b Abs. 2 Satz 1 SGB V wegen drohender Zahlungsunfähigkeit Antrag stellen (s. § 13 Rdn. 10 f.). Bei den besonderen Arten des Insolvenzverfahrens des Zehnten Teiles ist drohende Zahlungsunfähigkeit nur ausnahmsweise Eröffnungsgrund gem. § 320 Satz 2 InsO (s. i.E. *Schallenberg/Rafiqpoor* § 320 InsO Rdn. 19 ff.) und gem. § 333 Abs. 2 Satz 3 InsO. 2

Als **Anreize** für den Schuldner werden genannt: 3
– Einstellung von Zwangsvollstreckungen im Rahmen des Erlasses von Sicherungsmaßnahmen (§ 21 Abs. 2 Nr. 3, § 30d Abs. 4 ZVG), Maßnahmen gegenüber Aus- und Absonderungsberechtigten bereits im Eröffnungsverfahren gem. § 21 Abs. 2 Nr. 5 InsO und die Herausgabesperre im eröffneten Verfahren (§§ 165, 166 InsO; für unbewegliches Vermögen § 30d Abs. 1 ZVG);
– Recht auf Vorlage eines Insolvenzplanes schon bei Antragstellung (§ 218 Abs. 1 Satz 2 InsO);
– Möglichkeit der Eigenverwaltung (§§ 270 ff. InsO);
– Möglichkeit der Restschuldbefreiung (§§ 286 ff. InsO), allerdings nur bei natürlichen Personen. Sind Ansprüche z.B. aus Bürgschaften noch nicht bezifferbar, muss der Schuldner nicht die Inanspruchnahme abwarten, sondern kann sofort Insolvenzantrag stellen und die Erteilung der Restschuldbefreiung beschleunigen.

Die Beschränkung auf die sog. Innenlösung liefert Anlass zur **Kritik**. Problematisch ist weiter die im Rahmen des Abs. 2 zu treffende Prognoseentscheidung, bei der es um die Frage geht, ob der Schuldner voraussichtlich nicht in der Lage sein wird, die bestehenden Zahlungspflichten im Zeitpunkt der Fälligkeit zu erfüllen. Der neu geschaffene Insolvenzgrund der drohenden Zahlungsunfähigkeit kann auch Anreize zu Missbräuchen liefern. Schließlich ist die Regelung in Abs. 3 unklar und wenig geglückt. 4

Im Zeitraum 2000 bis 2006 beruhten nur 2 % der Anträge auf drohender Zahlungsunfähigkeit, im Zeitraum 2007 bis 2013 sogar nur rund 0,6 % der Anträge (*Harz/Comtesse* ZInsO 2015, 2050 [2057]). Auf die **mangelnde Akzeptanz** hat der **Gesetzgeber im ESUG reagiert**. Im Falle lediglich drohender Zahlungsunfähigkeit (und Überschuldung) kann der Schuldner ein sog. **Schutzschirmverfahren** gem. § 270b InsO beantragen und dem Insolvenzgericht die Person des anstelle des vorläufigen Insolvenzverwalters (§ 21 Abs. 2 Nr. 1 InsO) zu bestellenden vorläufigen Sachwalters (§ 270a Abs. 1 Satz 2 InsO) vorgeben. Der Vorschlag ist außer im Fall der offensichtlichen Ungeeignetheit bindend gem. § 270b Abs. 2 Satz 2 InsO (Einzelheiten Kommentierung zu § 270b InsO). 5

Bedeutung hat der Begriff der drohenden Zahlungsunfähigkeit im Rahmen der Anfechtungsvorschrift des § 133 Abs. 1 Satz 2 InsO. 6

Nach Auffassung des Rechtsausschusses des Deutschen Bundestages (BT-Drucks. 12/7302 S. 157) bestehen mit dem Eröffnungsgrund der Überschuldung (§ 19 InsO) keine Überschneidungen. Bei drohender Zahlungsunfähigkeit ist der Insolvenzauslösungstatbestand gegenüber der Zahlungsunfähigkeit also ebenso vorverlagert wie bei der Überschuldung (s. § 19 Rdn. 6). Daher sind **Überschneidungen zwischen § 18 und § 19 InsO** denkbar (MüKo-InsO/*Drukarczyk* § 18 Rn. 52 ff.; MüKo-InsO/*Drukarczyk/Schüler* § 19 Rn. 123 ff.). Eine derartige Überschneidung ist aber akzeptabel und sinnvoll. Auch zwischen § 17 und § 19 InsO gibt es Überschneidungen (s. § 19 Rdn. 6). Ist das Vorliegen einer Überschuldung zweifelhaft, kann ein Eigenantrag wegen drohender Zahlungsunfähigkeit in Betracht kommen. Schließlich sieht § 18 InsO keine Antragspflicht vor (s. Rdn. 1) und ist 7 insoweit enger gefasst als § 19 InsO. Weiter gefasst ist § 18 InsO dadurch, dass er nicht nur für juristische Personen gilt.

8 Häufig tritt während des Eröffnungsverfahrens die Zahlungsunfähigkeit tatsächlich ein. Im sog. Schutzschirmverfahren ist dies dem Insolvenzgericht unverzüglich anzuzeigen gem. § 270b Abs. 4 Satz 2 InsO.

B. Zahlungsunfähigkeit

9 Der Begriff der Zahlungsunfähigkeit deckt sich mit der Definition in § 17 InsO (K. Schmidt/*K. Schmidt* InsO, § 18 Rn. 12). Ebenso wie dort bleiben vorübergehende Zahlungsstockungen und geringfügige Liquiditätslücken außer Betracht (BT-Drucks. 12/2443 S. 114; s. § 17 Rdn. 25 ff. und Rdn. 32 ff.). Wie bei § 17 InsO kommt es auf Geldilliquidität an (s. § 17 Rdn. 37). Allerdings ist zu bedenken, dass wegen des langen Prognosezeitraumes (s. Rdn. 19) die Liquidierungsaussichten von Vermögenswerten größer sind als im Rahmen des § 17 InsO (s. § 17 Rdn. 27).

10 Zu eine einheitliche und generalisierende anstrebenden Betrachtungsweise der drei Eröffnungsgründe der §§ 17–19 InsO des Institutes der Wirtschaftsprüfer s. den **IDW S 11** (§ 16 Rdn. 6).

C. Drohen der Zahlungsunfähigkeit

11 Der Begriff der drohenden Zahlungsunfähigkeit wird im Strafrecht (§ 283 Abs. 1, Abs. 4 Nr. 1, Abs. 5 Nr. 1, § 283d Abs. 1 Nr. 1 StGB) verwendet, dort jedoch nicht näher bestimmt. Die Legaldefinition in Abs. 2 soll eine größere Klarheit bringen (BT-Drucks. 12/2443 S. 114). Ebenso wie bei der Feststellung der (eingetretenen) Zahlungsunfähigkeit wird nicht auf die Zeitpunkt-Illiquidität abgestellt, sondern auf die Zeitraum-Illiquidität (vgl. § 17 Rdn. 10). Dabei ist eine Prognose (»voraussichtlich«) anzustellen, für die eine vorausschauende Betrachtung in die Zukunft erforderlich ist.

I. Bestehende Zahlungspflichten

12 Nach dem Gesetzestext sind nur **zu berücksichtigen** die bestehenden Zahlungspflichten, auch wenn sie noch nicht fällig sind. Es genügt, dass überwiegend wahrscheinlich ist, dass – z.B. bei einem Darlehen – eine Fälligstellung im Prognosezeitraum erfolgt (*BGH* ZInsO 2014, 77 Rn. 10; *KG* ZInsO 2014, 2113 [2115] m. zust. Anm. *Luttmann* EWiR 2014, 391; *OLG Hamm* ZInsO 2014, 2275 [2277 f.]). Daran fehlt es bei für begrenzte Zeit gestundeten oder nicht ernsthaft eingeforderten Forderungen (s. § 17 Rdn. 22). Darunter fallen nur Zahlungsverpflichtungen, die bereits rechtlich bestehen (*Burger/Schellberg* BB 1995, 261 [264]). In Betracht kommen sowohl bereits begründete einmalige wie auch wiederkehrende Zahlungsverpflichtungen. **Einmalige Zahlungspflichten** sind z.B. Ansprüche auf Bezahlung von bereits bestellten, aber noch nicht gelieferten Waren oder Forderungen auf Bezahlung von bereits gelieferten Waren, die infolge Zahlungszieles erst in Zukunft fällig werden; gestundete Ansprüche, Ansprüche aus Darlehen oder Bürgschaft. Als **regelmäßig wiederkehrende Leistungen** kommen in Betracht Löhne und Sozialversicherungsbeiträge für bereits beschäftigte Arbeitnehmer, Geschäftsraummiete, Vorauszahlungen an Stromversorgungsunternehmen, Zins- und Tilgungszahlungen (K. Schmidt/*K. Schmidt* InsO, § 18 Rn. 14). Dass diese Beträge Schwankungen unterliegen können, ist bei der Prognoseentscheidung zu berücksichtigen. Weiter ist der Prognosezeitraum sinnvoll einzugrenzen (s. Rdn. 18, 19).

13 **Streitige Verbindlichkeiten** sind nur dann in die Prognoseberechnung einzubeziehen, wenn auf Grund gegebener Umstände überwiegend wahrscheinlich ist, dass sie im Prognosezeitraum uneingeschränkt durchsetzbar werden (s. § 17 Rdn. 10). Anders verhält es sich bei der Feststellung einer Überschuldung (s. § 19 Rdn. 25). Zu überlegen ist allerdings, ob nicht Rückstellungen gebildet werden, die einzubeziehen sind.

14 Zur Berücksichtigung der durch das Eröffnungsverfahren ausgelösten **Verfahrenskosten** s. § 17 Rdn. 11).

Nicht zu berücksichtigen sind **noch nicht begründete Zahlungsverpflichtungen** (*OLG München* NZI 2013, 542 [544]; HK-InsO/*Rüntz* § 18 Rn. 6; *Kübler/Prütting/Bork-Pape* InsO, § 18 Rn. 7). Werden z.B. Produkthaftungsansprüche geltend gemacht, deren Berechtigung zweifelhaft ist, können sie nicht als zukünftige Zahlungsverpflichtung berücksichtigt werden (*Uhlenbruck* KTS 1994, 169 [171]; MüKo-InsO/*Drukarczyk* § 18 Rn. 57). Hat sich ein Importeur verkalkuliert und zu teuer eingekauft, handelt es sich zwar um eine bereits bestehende Zahlungsverpflichtung. Im Rahmen des aufzustellenden Liquiditätsplanes (s. Rdn. 22) kann jedoch der noch nicht feststehende Verlust aus dem Weiterverkauf nicht berücksichtigt werden (K. Schmidt/*K. Schmidt* InsO, § 18 Rn. 14; **a.A.** HK-InsO/*Rüntz* § 18 Rn. 5). Solange nicht auch die Höhe von Ansprüchen gegen den Schuldner oder von Verlusten feststeht, können diese Ansprüche im Rahmen des § 18 InsO nicht berücksichtigt werden. 15

Zu überlegen ist aber, ob nicht **Rückstellungen** gebildet werden (ebenso MüKo-InsO/*Drukarczyk* § 18 Rn. 47) und diese – ähnlich wie bei bestrittenen Forderungen (s. Rdn. 13) – berücksichtigungsfähig sind. Auch ungewisse Verbindlichkeiten – wie die in der Bilanz ausgewiesenen Rückstellungen beispielsweise wegen drohender Inanspruchnahme aus Produkthaftung – reichen dann für die Annahme der drohenden Zahlungsunfähigkeit aus (*Uhlenbruck/Mock* InsO, § 18 Rn. 46; **a.A.** *Kübler/Prütting/Bork-Pape* InsO, § 18 Rn. 8 für den Fall, dass der Eintritt der Fälligkeit nicht überwiegend wahrscheinlich ist). 16

In der Gesetzesbegründung wird weiter ausgeführt, dass – neben den zu erwartenden Einnahmen – auch die zukünftigen, noch nicht begründeten Zahlungspflichten mit zu berücksichtigen sind (BT-Drucks. 12/2443 S. 115). Diese Erwägungen beziehen sich aber nicht auf die im Rahmen der bestehenden Zahlungspflichten zu berücksichtigenden Forderungen. Vielmehr bezieht sie sich auf die zu treffende Prognoseentscheidung. In diesem Rahmen können **künftige, noch nicht begründete Zahlungspflichten Bedeutung** erlangen (s. Rdn. 23). Würde man schon bei den bestehenden Zahlungspflichten auch zukünftige, noch nicht begründete Zahlungspflichten berücksichtigen, müsste im Rahmen der Prognose grds. eine zeitlich unbegrenzte Finanzvorschau durchgeführt werden, was zu einem mit Unsicherheitsproblemen behafteten, allgemein unhandhabbaren Verfahren führen würde (*Burger/Schellberg* BB 1995, 261 [264] mit Fn. 27). 17

II. Zeitpunkt der Fälligkeit

In der Berücksichtigung bereits bestehender, aber noch nicht fälliger Zahlungspflichten liegt eine Abkehr von der stichtagsbezogenen Gegenwartsliquidität hin zur zeitraumbezogenen Analyse (*Burger/Schellberg* KTS 1995, 563 [572]). Ebenso wie im Rahmen des § 17 InsO wird nicht auf die Zeitpunkt-Illiquidität abgestellt, sondern auf die **Zeitraum-Illiquidität** (s. § 17 Rdn. 30). Damit ist auch der Zeitpunkt vorgegeben, bis zu dem im Rahmen der erforderlichen Prognose sämtliche Verbindlichkeiten zu berücksichtigen sind (*Burger/Schellberg* BB 1995, 261 [264]). Zu berücksichtigen sind alle bereits bestehenden Verbindlichkeiten bis zum letzten bzw. spätesten Zeitpunkt der Fälligkeit (*Jaeger/Müller* § 18 InsO Rn. 7). Bis zu diesem Zeitpunkt muss sich diese Prognose erstrecken und ist ein Liquiditätsplan aufzustellen (s. Rdn. 22). 18

Der **Prognosezeitraum** muss allerdings auf einen für die Praxis handhabbaren Zeitraum **eingegrenzt werden**. Eine zeitlich unbegrenzte Finanzvorschau kann nicht durchgeführt werden (s. Rdn. 17). Hat der Schuldner langfristige Verbindlichkeiten über beispielsweise 15 Jahre zu bedienen, so erscheint eine Prognose über die nächsten 15 Jahre nicht sinnvoll aufgrund der mit einem so langen Prognosezeitraum vorhandenen Unsicherheiten (vgl. KS-*Drukarczyk/Schüler* Rn. 46). Die gem. Abs. 2 erforderliche Wahrscheinlichkeit von mindestens 50 % (s. Rdn. 28) ließe sich in den wenigsten Fällen feststellen. Im Ergebnis wird daher im Hinblick auf die gem. Abs. 2 erforderliche Wahrscheinlichkeit ein Prognosezeitraum zugrunde zu legen sein, der dem bei der Überschuldungsprüfung entspricht (s. § 19 Rdn. 41), also **maximal drei Jahre**. 19

In der **Literatur** werden unterschiedliche Zeiträume genannt: Einige Monate (*Nerlich/Römermann-Mönning* InsO, § 18 Rn. 34); ein Jahr (*Bittmann* wistra 1998, 321 [325]), das laufende und das kom- 20 mende Geschäftsjahr (IDWS 11 ZInsO 2015, 1136 [s. § 16 Rdn. 6]); HambK-InsO/*Schröder* § 18 Rn. 10), maximal zwei Jahre (Graf-Schlicker/*Pöhlmann* § 18 Rn. 7; *Kübler/Prütting/Bork-Pape* InsO, § 18 Rn. 6, 9; *Uhlenbruck/Mock* InsO, § 18 Rn. 23), zwei bis drei Jahre (*Frege/Keller/Riedel* Rn. 333), Fälligkeitsdatum der spätesten Forderung (HK-InsO/*Rüntz* § 18 Rn. 7; K. Schmidt/*K. Schmidt* InsO, § 18 Rn. 27; MüKo-InsO/*Drukarczyk* § 18 Rn. 55; *Nerlich/Römermann-Mönning* InsO, § 18 Rn. 25).

21 Die **Rspr.** hat sich bislang in einer Entscheidung zu dieser Frage geäußert. Sie begrenzt den Prognosezeitraum durch das späteste Fälligkeitsdatum der im Prognosezeitraum bereits bestehenden Verbindlichkeiten (*OLG München* NZI 2013, 542 [544]).

III. Prognose

22 a) Bei der gemäß Abs. 2 zu stellenden Prognose ist die gesamte Entwicklung der Finanzlage des Schuldners bis zur Fälligkeit aller bestehenden Verbindlichkeiten einzubeziehen (BT-Drucks. 12/2443 S. 115). In klaren Fällen kann es genügen, den Nachweis durch Indizien wie z.B. Kündigung der Kredite durch die Hausbank zu führen (*App* DGVZ 2004, 132 [133]). Ansonsten ist es erforderlich, einen Finanzplan oder **Liquiditätsplan** aufzustellen. Auf der einen Seite sind die zu berücksichtigenden Zahlungsverpflichtungen (s. Rdn. 12) einzustellen, auf der anderen Seite die vorhandene Liquidität und die im Prognosezeitraum zu erwartenden Einnahmen (BT-Drucks. 12/2443 S. 115). Der Finanzplan muss also die Bestände an liquiden Mitteln sowie Planeinzahlungen und Planauszahlungen enthalten (*Burger/Schellberg* BB 1995, 261 [264]). Beispiel eines Finanzplanes bei MüKo-InsO/*Drukarczyk* § 18 Rn. 30 ff.

23 Nach den Gesetzesmaterialien sind neben den zu erwartenden Einnahmen auch die **zukünftigen, noch nicht begründeten Zahlungspflichten** mit einzubeziehen (BT-Drucks. 12/2443 S. 115). Um (zukünftige) Einnahmen zu erzielen, müssen regelmäßig zunächst Ausgaben getätigt werden. Ist für die Produktion in dem zugrunde zulegenden Prognosezeitraum (s. Rdn. 18) nicht genügend Material vorhanden, sind von den aus dem Verkauf des Fertigproduktes zu erwartenden Einnahmen abzusetzen die zu erwartenden, noch nicht begründeten Ausgaben. Je länger der Prognosezeitraum dauert, desto höher können die den zu erwartenden Einnahmen gegen zurechnenden zu erwartenden, aber noch nicht begründeten Zahlungspflichten in Form von Ausgaben sein. Die Einschränkung, dass nur im Zeitpunkt der Antragstellung bereits bestehende Zahlungsverpflichtungen Grundlage für den Eröffnungsantrag bilden können, besagt also nur, dass die zeitraumbezogene Zahlungsunfähigkeit nicht zu weit gedehnt werden, die Entscheidung über die Eröffnung vielmehr von einer sicheren Grundlage ausgehen soll (vgl. Erster Bericht der *Kommission für Insolvenzrecht* 1.2.5., S. 110). Es wird der Prognosezeitraum bestimmt (s. Rdn. 18).

24 Die **Rspr.** hat sich bislang zu dieser Frage noch nicht geäußert.

25 Die übrige **Literatur** stimmt dem zu (HambK-InsO/*Schröder* § 18 Rn. 6; HK-InsO/*Rüntz* § 18 Rn. 6; *Jaeger/Müller* § 18 InsO Rn. 10; *Kübler/Prütting/Bork-Pape* InsO, § 18 Rn. 7; MüKo-InsO/*Drukarczyk* § 18 Rn. 54).

26 Graphisch ergibt sich folgende Übersicht:

Aktiva	Passiva
vorhandene Liquidität	bestehende, noch nicht fällige Zahlungspflichten
voraussichtliche Einnahmen	voraussichtliche Ausgaben

27 b) Der Schuldner kann vom Gericht aufgefordert werden, einen entsprechenden Liquiditätsplan oder Finanzplan einzureichen (BT-Drucks. 12/2443 S. 115). Dies ist allerdings streitig (*Kübler/Prütting/Bork-Pape* InsO, § 18 Rn. 10; MüKo-InsO/*Drukarczyk* § 18 Rn. 11; einschr. HK-InsO/*Rüntz* § 18 Rn. 14). Siehe i.E. § 14 Rdn. 234, 235, 238. Zum **Umfang der erforderlichen Darlegung des Schuldners** bei Antragstellung s. § 14 InsO Rdn. 238. Beantragt der Schuldner ein sog.

Schutzschirmverfahren, setzt das Insolvenzgericht gem. § 270b Abs. 1 Satz 1 InsO eine Frist zur Vorlage eines Insolvenzplanes gem. §§ 217 ff. InsO.

c) Nach der Gesetzesbegründung ist das Wort »**voraussichtlich**« in Abs. 2 so zu verstehen, dass der Eintritt der Zahlungsunfähigkeit wahrscheinlicher sein muss als deren Vermeidung. Sobald diese Voraussetzungen vorliegen, wird die Befriedigung der Gläubiger als so stark gefährdet angesehen, dass die Eröffnung eines Insolvenzverfahrens gerechtfertigt erscheint (BT-Drucks. 12/2443 S. 115). Drohende Zahlungsunfähigkeit ist dann anzunehmen, wenn die Wahrscheinlichkeit, dass die Erfüllung der bestehenden Zahlungsverpflichtungen nicht gelingen wird, **mindestens 50 %** beträgt (K. Schmidt/*K. Schmidt* InsO, § 18 Rn. 21, HambK-InsO/*Schröder* § 18 Rn. 8; *Burger/Schellberg* BB 1995, 261 [265]). 28

Da der Tatbestand der drohenden Zahlungsunfähigkeit zukunftsgerichtet ist, ist er jedoch mit dem Problem der Unsicherheit behaftet. Eine **Prognose** im Sinne mathematischer Genauigkeit wird sich nicht stellen lassen. Die bestehenden, aber noch nicht fälligen **Zahlungspflichten** werden sich zwar im Wesentlichen feststellen lassen. Regelmäßig wiederkehrende Zahlungsverpflichtungen sind jedoch gerade bei einem längeren Prognosezeitraum Schwankungen unterworfen. Diese können sich beispielsweise ergeben aus einer Veränderung des Zinsniveaus bei Rückführung bereits aufgenommener Kredite, der Änderung der Höhe von Miet- oder Pachtzinszahlungen und Löhnen bzw. Gehältern. 29

Auch bei den zu erwartenden **Einnahmen** sind Schwankungen denkbar. Die Verkaufspreise für ein Produkt können sich verändern ebenso wie der Verkaufserlös infolge von Währungsschwankungen. Bei Forderungen gegen Drittschuldner kann die Einbringlichkeit zweifelhaft sein, so dass Abschläge vorzunehmen sind (HK-InsO/*Rüntz* § 18 Rn. 9). Schließlich stehen die zu berücksichtigenden voraussichtlichen Ausgaben (s. Rdn. 23) der Höhe nach noch nicht fest. Die **Grauzone** um die Wahrscheinlichkeitsgrenze von 50 %, bei deren Ermittlung es sich um eine subjektive Wahrscheinlichkeit handelt, bietet **erhebliche Spielräume** (*Burger/Schellberg* BB 1995, 261 [265]; ähnlich *OLG München* NZI 2013,542 [544]). Daher ist es vertretbar, mit steigender Dauer des Prognosezeitraumes die Anforderungen an die Wahrscheinlichkeit des Eintritts der Zahlungsunfähigkeit zu erhöhen (*Bittmann* wistra 1998, 321 [325], **a.A.** K. Schmidt/*K. Schmidt* InsO, § 18 Rn. 21). 30

IV. Anhaltspunkte

Anhaltspunkte oder Warnsignale für eine drohende Zahlungsunfähigkeit sind sinkende Ertragszahlen, drohender größerer Zahlungsausfall bei einem Kunden (möglicherweise wegen dessen Insolvenz, sog. Folgeinsolvenz), Aufzehren der Reserven oder Darlehen, keine Aussicht auf weiteren Kredit. Kurz: Der Schuldner ist noch flüssig, das Ende aber absehbar. 31

D. Absatz 3

Ein auf drohende Zahlungsunfähigkeit gestützter Antrag kann bei einer **juristischen Person oder einer Gesellschaft ohne Rechtspersönlichkeit** von einem von mehreren Mitgliedern des Vertretungsorgans, einem von mehreren persönlich haftenden Gesellschaftern oder einem von mehreren Abwicklern gem. Abs. 3 nur gestellt werden, wenn der Antragsteller zur Vertretung der juristischen Person oder der Gesellschaft berechtigt ist. § 22 Abs. 3 Nr. 1 des RegE sah vor, dass der Antrag eines Mitgliedes des Vertretungsorgans, eines persönlich haftenden Gesellschafters oder eines Abwicklers genügte (BT-Drucks. 12/2443 S. 13). Der Rechtsausschuss des Bundestages änderte die Vorschrift. Nach seiner Begründung sollen in einer Situation, in der wie bei drohender Zahlungsunfähigkeit noch keine Antragspflichten bestehen, **voreilige, nicht ausreichend abgestimmte Anträge vermieden** werden. Durch diese Eingrenzung soll ein missbräuchlicher Umgang mit dem neuen Insolvenzgrund der drohenden Zahlungsunfähigkeit vermieden werden (BT-Drucks. 12/7302 S. 157). Bei juristischen Personen beispielsweise soll nicht jedes Mitglied des Vertretungsorgans allein antragsberechtigt sein, vielmehr soll es bei mehreren Mitgliedern nur zulässig sein, wenn der oder die Antragsteller zur Vertretung der juristischen Person berechtigt sind (BT-Drucks. 12/7302 S. 157). 32

§ 18 InsO Drohende Zahlungsunfähigkeit

33 Diese **Formulierung** ist **unklar**. Es kann nur darum gehen, ob der Antragsteller alleine oder nur mit anderen zur Vertretung berechtigt ist. Einen Antrag gem. § 18 InsO kann nur stellen, wer **allein vertretungsbefugt** ist (HK-InsO/*Rüntz* § 18 Rn. 17, 18; *Kübler/Prütting/Bork-Pape* InsO, § 15 Rn. 14; *Uhlenbruck/Mock* InsO, § 18 Rn. 66; *Himmelspacher/Thonfeld* NZI 2001, 11 [12]). **Ansonsten** müssen **alle Organmitglieder** den Antrag gemeinschaftlich stellen. Soweit keine **vertraglichen Regelungen** vorliegen, beurteilt sich dies nach dem **Gesetz**. Für juristische Personen und Gesellschaften ohne Rechtspersönlichkeit gelten folgende Regelungen:

AG	Gesamtvertretung	(§ 78 Abs. 2 AktG)
GmbH	Gesamtvertretung	(§ 35 Abs. 2 GmbHG)
Gen	Gesamtvertretung	(§ 25 Abs. 1 GenG)
e.V.	Mehrheitsprinzip	(*Palandt-Heinrichs* § 26 BGB Rn. 6)
nicht e.V.	wie e.V.	(*Palandt-Heinrichs* § 54 BGB Rn. 6)
OHG/KG, KGaA	Einzelvertretung	(§§ 125, 161 Abs. 2 HGB, § 278 Abs. 2 AktG)
BGB-G	Frage des Gesellschaftsvertrages	(§ 714 BGB)

34 Zu beachten ist weiter, dass bei Fehlen eines organschaftlichen Vertreters bei juristischen Personen (**Führungslosigkeit** i.S.d. § 10 Abs. 2 Satz 2 InsO, vgl. § 10 Rdn. 16) auch die in § 15 Abs. 1 Satz 2 InsO aufgeführten Gesellschafter/Mitglieder des Aufsichtsrates (s. § 15 Rdn. 5) zur Antragstellung berechtigt sind, wenn sie die Führungslosigkeit glaubhaft machen (§ 15 Abs. 2 Satz 2 InsO, vgl. § 15 Rdn. 49 ff.).

35 Im **Ergebnis** gilt Folgendes: Nur bei der OHG/KG/KGaA kann ein persönlich haftender Gesellschafter ohne nähere Erläuterungen Antrag wegen drohender Zahlungsunfähigkeit stellen. Bei AG, GmbH und Genossenschaft muss sich aus der Satzung, dem Gesellschaftsvertrag oder dem Statut die Befugnis des/der Antragsteller ergeben, dass sie nach außen hin die Gesellschaft ohne die übrigen Mitglieder des Vertretungsorgans vertreten können. Bei der GbR richtet sich die Befugnis zur Antragstellung nach dem Gesellschaftsvertrag. Existieren keine Regelungen, sind nur alle Gesellschafter antragsberechtigt. Beim eingetragenen und nicht eingetragenen Verein muss die Mehrheit der Vorstandsmitglieder den Antrag stellen.

36 Diese Regelung ist **unübersichtlich** und wird **in der Praxis nur schwer zu handhaben** sein. Bei AG, GmbH, Genossenschaft und eingetragenem Verein kann die Frage der Vertretungsbefugnis noch mit Hilfe eines öffentlichen Registers geklärt werden. Bei OHG/KG/KGaA kann das Insolvenzgericht aus dem Handelsregister ersehen, ob statt Einzelvertretung Gesamtvertretung besteht oder ein Gesellschafter von der Vertretung ausgeschlossen ist (§ 125 Abs. 1 HGB). Beim nicht eingetragenen Verein und der GbR existieren keine öffentlichen Register, die verlässlich Auskunft geben. Bei der GbR existiert häufig kein schriftlicher Gesellschaftsvertrag. Wem nach dem (mündlichen) Gesellschaftsvertrag oder der tatsächlichen Übung die Befugnis zur Geschäftsführung und damit die Vertretungsmacht (§ 714 BGB) zusteht, wird häufig nur schwer zu klären sein. Da die Antragsberechtigung nicht nur glaubhaft gemacht, sondern zur vollen Überzeugung des Gerichts feststehen muss (s. § 14 Rdn. 7), kann die beabsichtigte frühzeitige Antragstellung hieran scheitern. Der Gefahr von voreiligen, nicht ausreichend abgestimmten Anträgen (vgl. BT-Drucks. 12/2443 S. 115) wäre der Gesetzgeber besser dadurch begegnet, dass er auf die Vorschrift des § 18 Abs. 3 InsO verzichtet und es bei der Regelung des § 15 Abs. 2 InsO belassen hätte.

37 Im **Verhältnis von § 15 Abs. 2 InsO zu § 18 Abs. 3 InsO** wird man nicht davon ausgehen können, dass es sich bei § 18 Abs. 3 InsO um eine den § 15 Abs. 2 InsO verdrängende Spezialregelung handelt. Vielmehr ist eine **Glaubhaftmachung der drohenden Zahlungsunfähigkeit erforderlich**, wenn der Antrag nicht von allen Mitgliedern des Vertretungsorgans oder allen persönlich haftenden Gesellschaftern gestellt wird (A/G/R-*Kadenbach* § 18 InsO Rn. 16; HK-InsO/*Rüntz* § 18 Rn. 18; *Kübler/Prütting/Bork-Pape* InsO, § 18 Rn. 4). Sonst könnte jedes alleinvertretungsberechtigte Mitglied

des Vertretungsorgans oder jeder alleinvertretungsberechtigte persönlich haftende Gesellschafter den Antrag stellen, ohne die drohende Zahlungsunfähigkeit glaubhaft machen zu müssen, er müsste sie lediglich darlegen wie bei Antragstellung durch einen Schuldner, der eine natürliche Person ist (s. § 14 Rdn. 233). Gerade bei der GmbH ist aber von mehreren Geschäftsführern häufig jeder alleinvertretungsberechtigt, er müsste dann die drohende Zahlungsunfähigkeit nicht glaubhaft machen, sondern lediglich darlegen. Zudem wird auch von einem Miterben verlangt, dass er die drohende Zahlungsunfähigkeit (§ 320 Satz 2 InsO) glaubhaft macht (§ 317 Abs. 2 Satz 1 InsO); ebenso im Falle des § 333 Abs. 2 InsO. Die Vorschrift des § 18 Abs. 3 InsO schränkt damit die in § 15 Abs. 2 InsO eingeräumte Antragsbefugnis ein.

Hinsichtlich des Antragsrechts des **faktischen Geschäftsführers** und der Rücknahmeberechtigung wird verwiesen auf die Kommentierung bei § 15 Rdn. 18 ff., 31 ff. 38

Eine **Antragspflicht** (s. § 15 Rdn. 56 ff.) besteht im Rahmen des § 18 InsO nicht. Während bei Vorliegen einer Antragspflicht entgegenstehende **Weisungen** von Gesellschaftern unbeachtlich sind (s. § 15a Rdn. 15), ist bei **§ 18 InsO zu differenzieren** hinsichtlich eines vor Antragstellung einzuholenden Beschlusses, bei dessen Verletzung Schadensersatzpflichten entstehen können: 39
– GmbH: Gesellschafterbeschluss gem. § 49 Abs. 2 GmbHG (*Tetzlaff* ZInsO 2008, 137 [140]; K. *Schmidt/K. Schmidt* InsO, § 18 Rn. 31; **a.A.** *Hölzle* ZIP 2013, 1846) mit Dreiviertelmehrheit gem. § 60 Abs. 1 Nr. 2 GmbHG analog (*Wertenbruch* DB 2013, 1592 [1593]; *Wuschek* InsbürO 2014, 504 [505 f.]);
– UG: Gesellschafterbeschluss gem. § 5a Abs. 4 GmbHG (*Geißler* ZInsO 2013, 919 [921]; *Wertenbruch* DB 2013, 1592 [1594]; *Wuschek* InsbürO 2014, 504 [506]);
– AG: Hauptversammlungsbeschluss mit Dreiviertelmehrheit (*Wortberg* ZInsO 2004, 707 [709 f.]; *Leinekugel/Skauradszun* GmbHR 2011, 1121 [1123 ff.]; *Wertenbruch* DB 2013, 1592 [1595]; *Wuschek* InsbürO 2014, 504 [506]; **a.A.** *Jaeger/Müller* § 18 InsO Rn. 19; *Lutter* ZIP 1999, 641 [642]: Vorstand);
– Personengesellschaft mit natürlicher Person als Gesellschafter: Kein Gesellschafterbeschluss (*Wortberg* ZInsO 2004, 707 [710 f.]; *Wertenbruch* DB 2013, 1592 [1595]; *Wuschek* InsbürO 2014, 504 [507]);
– GmbH & Co. KG: Zustimmung der Kommanditisten (*OLG München* NZI 2013, 542 [545]), falls nicht eine natürliche Person unbeschränkt haftet; teilweise wird auch noch die Zustimmung der GmbH-Gesellschafter gefordert (*Wertenbruch* DB 2013, 1592 [1595]; *Wuschek* InsbürO 2014, 504 [507]);
– KGaA: Beschluss Hauptversammlung (*Siebert* ZInsO 2004, 773 [776 f.]); anders bei natürlicher Person als Komplementär (*Wertenbruch* DB 2013, 1592 [1596]).

Diese Grundsätze gelten **auch** bei Beantragung eines Schutzschirmverfahrens gem. **§ 270b InsO** (*Fölsing* ZInsO 2013, 1325 [1329]).

Die **Wirksamkeit einer Antragstellung** im Außenverhältnis bleibt davon **unberührt** (*AG Mannheim* ZIP 2014, 484 [485]). Zur Frage, wann die **Stellung eines Eigenantrages rechtsmissbräuchlich** und damit unzulässig ist, s. § 14 Rdn. 140. 40

Bei **Verstößen** kann sich der Geschäftsführer/Vorstand **schadensersatzpflichtig** machen (*OLG München* NZI 2013, 542 [545]; s. § 15a Rdn. 43). Für die AG wird eine Bindung jedoch abgelehnt (*Lutter* ZIP 1999, 641 [642]). 41

Untersagen die Gesellschafter eine Antragstellung bei drohender Zahlungsunfähigkeit, hat der Geschäftsführer ab diesem Zeitpunkt einen Anspruch auf Haftungsfreistellung (*LG München I* ZInsO 2015, 1349). 42

E. Bewertung

Der Vorschrift des § 18 InsO ist nicht nur im Hinblick auf den missglückten Abs. 3 (s. Rdn. 32 ff.) mit Skepsis zu begegnen. Die genannten **Anreize** (vgl. *Burger/Schellberg* KTS 1995, 563 [573 f.]) na- 43

§ 18 InsO Drohende Zahlungsunfähigkeit

ben bisher kaum genügt, Schuldner schon bei drohender Zahlungsunfähigkeit zur Antragstellung zu veranlassen. Im Rahmen der Anordnung von Sicherungsmaßnahmen können zwar Zwangsvollstreckungsmaßnahmen unterbunden (§ 21 Abs. 2 Nr. 3 InsO, § 30d Abs. 4 ZVG) und Maßnahmen gegenüber Aus- und Absonderungsberechtigten angeordnet (§ 21 Abs. 2 Nr. 5 InsO) werden. Die Änderungen durch das ESUG in den Eigenverwaltungsvorschriften der §§ 270 ff. InsO haben positive Auswirkungen entfaltet.

44 Der Gesetzgeber hat die sog. **Innenlösung** gewählt und abweichend vom Kommissionsvorschlag den Eröffnungsgrund auf den Fall des Schuldnerantrages beschränkt, um zu vermeiden, dass Außenstehende den Schuldner schon im Vorfeld der Insolvenz durch einen Insolvenzantrag unter Druck setzen und Bemühungen um außergerichtliche Sanierungen behindern können (BT-Drucks. 12/2443 S. 114). Im Hinblick auf die außergerichtlichen Sanierungsmöglichkeiten sind die bei juristischen Personen und Personen ohne Rechtspersönlichkeit, bei denen keine natürliche Person unbeschränkt haftet, die Antragspflichten nicht auf die drohende Zahlungsunfähigkeit ausgedehnt worden (BT-Drucks. 12/2443 S. 115). In diesem Zusammenhang wird darauf hingewiesen, dass der Schuldner über die ökonomische Entwicklung am besten informiert ist (*Burger/Schellberg* BB 1995, 261 [265]). Aus den oben genannten Gründen (Rdn. 1 f.) hat der Insolvenzgrund der drohenden Zahlungsunfähigkeit bisher kaum Bedeutung erlangt (*Ehlers* ZInsO 2005, 169 [171]). Unklar ist auch, inwieweit Außenstehende (gemeint wohl Gläubiger) den Schuldner schon im Vorfeld der Insolvenz unter Druck setzen könnten. Gläubiger müssen den Eröffnungsgrund glaubhaft machen (§ 14 Abs. 1 InsO), bei der drohenden Zahlungsunfähigkeit dürfte das nur erschwert möglich sein.

45 Die **Erfahrungen** zeigen, dass bis zum Inkrafttreten des ESUG weniger als 1 % der Anträge auf drohende Zahlungsunfähigkeit gestützt sind (*Ehlers* ZInsO 2005, 169 [171]; *Kranzusch* ZInsO 2008,1346 [1352]; Rdn. 5). Bei der Eigenverwaltung ist drohende Zahlungsunfähigkeit Antragsgrund in 1,4% der Fälle (*Kranzusch* ZInsO 2008,1346 [1352]). Fast ausnahmslos ist die Zahlungsunfähigkeit bei Antragstellung bereits eingetreten. Insbesondere bei den regelmäßig anzutreffenden Gesellschafter-Geschäftsführern einer GmbH ist keine Bereitschaft zur frühzeitigen Antragstellung bemerkbar. Geänderte gesetzliche Rahmenbedingungen verändern nicht automatisch überkommene Verhaltensweisen (*Nerlich/Römermann-Mönning* InsO, § 18 Rn. 49). Hinzu kam eine Uninformiertheit der Betroffenen und der Berater (*Ehlers* ZInsO 2005, 169 [173]) sowie Verharmlosung der Situation und das Bestreben nach Verschweigen von Misserfolgen (Einzelheiten bei *Holzer* NZI 2005, 308 [315]). Informationen bieten inzwischen im Internet Sanierungsportale (*Kranzusch* ZInsO 2007, 1135).

46 Ein **Nachteil** der Innenlösung liegt zudem in **möglichen Interessenkonflikten des Schuldners** (*Burger/Schellberg* KTS 1995, 563 [574] und BB 1995, 261 [265]). Das Insolvenzrecht will den Gläubiger vor Schädigungen durch den Schuldner schützen. Besonders wichtig ist der Schutz bei nur beschränkt haftenden Vermögensmassen (juristische Personen und Gesellschaften ohne Rechtspersönlichkeit, bei denen keine natürliche Person unbeschränkt haftet). Solange keine Antragspflicht besteht, wird dieser Schutz weitgehend leer laufen. Rechtzeitige Antragstellung mit der Möglichkeit einer (Teil)Sanierung des Unternehmens oder wenigstens Eröffnung des Verfahrens statt Abweisung mangels Masse, wird weiterhin die Ausnahme bleiben.

47 Die Anforderungen an das Vorliegen einer Überschuldung gem. **§ 19 InsO** sind durch das Finanzmarktstabilisierungsgesetz gelockert worden (s. § 19 Rdn. 2, 8). Inzwischen wird ein Verzicht auf den Eröffnungsgrund der Überschuldung diskutiert, im Gegenzug soll aus dem Antragsrecht in § 18 InsO eine Antragspflicht werden (s. § 19 Rdn. 50).

48 Mögliche strafrechtliche Folgen eines Insolvenzantrages wegen drohender Zahlungsunfähigkeit werden für spezielle Sachverhalte zwar diskutiert (*Röhm* NZI 2002, 134 ff.), sind aber bisher noch nicht praxisrelevant geworden. Zivilrechtlich können **Schadensersatzansprüche** entstehen, wenn die **gebotene Einbeziehung der Anteilseigner** (s. Rdn. 39) **unterbleibt**.

49 Denkbar sind schließlich auch **Missbrauchsfälle**. Mit Hilfe des Drohpotentials des bis zur Eröffnung zurücknehmbaren Antrags kann eine bequeme Rationalisierung versucht werden (*Ehlers* ZInsO

2005, 169 [170, 176]). Auch können Fremdgeschäftsführer von den Anteilseignern einen Abkauf im Wege des MBO anstreben (*Tetzlaff* ZInsO 2008, 137 [141, 143]).

F. Internationales Insolvenzrecht

Es gelten die bei § 16 Rdn. 15 und § 17 Rdn. 58 erläuterten Grundsätze. 50

§ 19 Überschuldung

(1) Bei einer juristischen Person ist auch die Überschuldung Eröffnungsgrund.

(2) [1]Überschuldung liegt vor, wenn das Vermögen des Schuldners die bestehenden Verbindlichkeiten nicht mehr deckt, es sei denn, die Fortführung des Unternehmens ist nach den Umständen überwiegend wahrscheinlich. [2]Forderungen auf Rückgewähr von Gesellschafterdarlehen oder aus Rechtshandlungen, die einem solchen Darlehen wirtschaftlich entsprechen, für die gem. § 39 Absatz 2 zwischen Gläubiger und Schuldner der Nachrang im Insolvenzverfahren hinter den in § 39 Absatz 1 Nummer 1 bis 5 bezeichneten Forderungen vereinbart worden ist, sind nicht bei den Verbindlichkeiten nach Satz 1 zu berücksichtigen.

(3) [1]Ist bei einer Gesellschaft ohne Rechtspersönlichkeit kein persönlich haftender Gesellschafter eine natürliche Person, so gelten die Absätze 1 und 2 entsprechend. [2]Dies gilt nicht, wenn zu den persönlich haftenden Gesellschaftern eine andere Gesellschaft gehört, bei der ein persönlich haftender Gesellschafter eine natürliche Person ist.

Übersicht	Rdn.			Rdn.
A. Überblick	1	IV.	Zweite Stufe: Fortführungsprognose	35
B. Persönlicher Anwendungsbereich	5	V.	Pflicht zur Eigenprüfung	45
C. Verhältnis zu anderen Insolvenzauslösungsvorschriften	6	VI.	Bewertung der Rückkehr zum modifizierten zweistufigen Überschuldungsbegriff	46
D. Überschuldung	8	E.	**GmbH & Co. KG**	47
I. Definition	8	F.	**KGaA**	48
II. Prüfungsreihenfolge	13	G.	**Internationales Insolvenzrecht**	49
III. Erste Stufe: rechnerische Überschuldung	15	H.	**Reformtendenzen**	50

Literatur:
Ahrens Erbbaurechte in der Überschuldungsprüfung, NZI 2014, 345; *Berger* Rangrücktrittsvereinbarungen zwischen Zivil- und Insolvenzrecht ZInsO 2015, 1938; *Bitter* Insolvenzvorsorge durch Rangrücktritt und Patronatsvereinbarung, ZHR 181 (2017), 428; *Fischer* Fortbestehensprognose und Sanierung, NZI 2016, 655; *Grögler/Schneider* Neues vom BGH zum Thema »Rangrücktrittsvereinbarungen«: Eine Herausforderung für die Angehörigen der rechts- und steuerberatenden Berufe!, ZInsO 2015, 1528; *Hadamitzky* Die Bedeutung der Rangrücktrittsvereinbarung im »Insolvenzstrafrecht«, ZInsO 2015, 1778; *Kühne/Nickert* Wann ist eine insolvenzrechtliche Prognose positiv?, ZInsO 2014, 2297; *Primizic/Trentin* Die Entscheidung des BGH v. 5.3.2015 – IX ZR 133/14, ZInsO 2015, 681: Wiedergeburt des qualifizierten Rangrücktritts oder babylonische Begriffsverwirrung?, InsO 2015, 1250; *K. Schmidt* Dogmatik und Praxis des Rangrücktritts, ZIP 2015, 90; *Steinrötter/Meier* Berücksichtigung dauerhaft einredebehafteter Verbindlichkeiten im insolvenzrechtlichen Überschuldungsstatus?, NZI 2015, 919.

A. Überblick

In § 19 InsO sind die wesentlichen Fälle erwähnt, in denen der Eröffnungsgrund der Überschuldung 1 in Betracht kommt (Abs. 1, 3). Die InsO enthält **weitere Regelungen** in § 320 Satz 1, § 332 Abs. 1 InsO. Sonderregelungen existieren für die Genossenschaft (§ 98 GenG); Kreditinstitute, Versicherungen und Bausparkassen (§§ 46b Abs. 1 Satz 3 KWG, 3 Abs. 1 BspKG, 88 Abs. 1 VAG) sowie Krankenkassen (§ 171b SGB V). Die früher in Spezialgesetzen geregelte Verpflichtung zur Antragstellung ist durch das MoMiG im Wesentlichen in der InsO in § 15a geregelt. Der durch das MoMiG eingefügte § 19 Abs. 2 Satz 2 InsO macht die Befreiung von der Passivierungspflicht bei

§ 19 InsO Überschuldung

Gesellschafterdarlehen und wirtschaftlich entsprechenden Forderungen in Anlehnung an die BGH-Rechtsprechung von einer Rangrücktrittserklärung abhängig.

2 Im Zusammenhang mit der weltweiten Banken- und Finanzmarktkrise hat der Gesetzgeber in beispielloser Geschwindigkeit am 17.10.2008 u.a. den § 19 Abs. 2 InsO geändert durch das Gesetz zur Umsetzung eines Maßnahmenpakets zur Stabilisierung des Finanzmarktes (Finanzmarktstabilisierungsgesetz) und ist zu dem vor Inkrafttreten der InsO geltenden zweistufigen modifizierten Überschuldungsbegriff zurückgekehrt; die ursprünglich vorgesehen Befristung für einen Übergangszeitraum bis zum 31.12.2013 ist entfallen (Art. 18 des Gesetzes zur Einführung einer Rechtsbehelfsbelehrung im Zivilprozess; BT-Drucks. 17/11385, ZInsO 2012, 2288). Die Überschuldung kann allein schon durch eine **positive Fortführungsprognose beseitigt** werden.

3 Die **praktische Bedeutung** der Vorschrift **für das Insolvenzverfahren** selbst ist **gering**. Beim Gläubigerantrag ist die Überschuldung für Außenstehende nur schwer glaubhaft zu machen. Die Bewertung des Vermögens bzw. der einzelnen Vermögensteile bereitet Probleme. Beim Schuldnerantrag wird häufig zumindest zugleich drohende Zahlungsunfähigkeit (§ 18 InsO) vorliegen. Relevanter ist die Vorschrift für zivilrechtliche Schadensersatzansprüche und im Strafrecht. Inzwischen wird über eine Streichung der Vorschrift diskutiert.

4 Zur eine einheitliche und generalisierende anstrebende Betrachtungsweise der drei Eröffnungsgründe der §§ 17–19 InsO des *Institutes der Wirtschaftsprüfer* s. den **IDW S 11** (s.a. § 16 Rdn. 6).

B. Persönlicher Anwendungsbereich

5 Überschuldung kommt als Eröffnungsgrund in **folgenden Fällen** in Betracht:
– juristische Personen (Abs. 1);
– nicht rechtsfähiger Verein gem. § 11 Abs. 1 Satz 2 InsO (BT-Drucks. 12/2443 S. 115; **a.A.** A/G/R-*Kadenbach* § 19 InsO Rn. 6);
– Gesellschaften ohne Rechtspersönlichkeit, bei denen keine natürliche Person unbeschränkt haftet (Abs. 3);
– bei der Genossenschaft nur in den in § 98 GenG genannten Fällen der aufgelösten Genossenschaft, der Genossenschaft ohne Nachschusspflicht oder der beschränkten Nachschusspflicht, wenn die Überschuldung 1/4 des Gesamtbetrages der Haftsummen aller Genossen übersteigt. Der satzungsmäßige Ausschluss der Nachschusspflicht gilt auch bei der Insolvenz einer noch nicht eingetragenen Genossenschaft i.G. (*LG Göttingen* ZIP 1995, 1104 [1105 f.]). In diesen Fällen sind Eröffnungsgründe daneben auch Zahlungsunfähigkeit und drohende Zahlungsunfähigkeit. Für Genossenschaften mit unbeschränkter Nachschusspflicht kommen nur die Gründe der §§ 17, 18 InsO in Betracht;
– Nachlass (§ 320 Satz 1 InsO); Einzelheiten s. *Schallenberg/Rafiqpoor* § 320 Rdn. 13 ff.;
– fortgesetzte Gütergemeinschaft (§ 332 Abs. 1 i.V.m. § 320 Satz 1 InsO);
– bei Kreditinstituten in jedem Fall unabhängig von der Rechtsform gem. § 46b KWG, also auch wenn die Bank von einer natürlichen Person betrieben wird;
– Krankenkassen.

Bei **natürlichen Personen** und insbesondere Einzelkaufleuten ist ansonsten die Überschuldung **kein Eröffnungsgrund**. § 50 Satz 2 des Umwandlungsgesetzes schließt eine Umwandlung allerdings aus, wenn die Verbindlichkeiten eines Einzelkaufmannes sein Vermögen übersteigen.

C. Verhältnis zu anderen Insolvenzauslösungsvorschriften

6 Bei Überschuldung kann, muss aber nicht **Zahlungsunfähigkeit** vorliegen; ebenso kann bei Zahlungsunfähigkeit Überschuldung vorliegen, muss es aber nicht. Zahlungsunfähigkeit ohne Überschuldung kann ausnahmsweise eintreten, wenn z.B. das Aktivvermögen zur Begleichung der Verbindlichkeiten nicht flüssig gemacht werden kann. Überschuldung ohne Zahlungsunfähigkeit kann vorliegen bei hinreichendem Kredit, wobei zu beachten ist, dass Maßnahmen zur Beseitigung der Zahlungsunfähigkeit – wie Kreditaufnahmen – zur Überschuldung führen können. Bei dem (ak-

tuellen) modifizierten zweistufigen Überschuldungsbegriff muss noch eine negative Fortführungsprognose hinzutreten. Bei Überschuldung wird häufig auch Zahlungsunfähigkeit vorliegen. Durch den Eröffnungstatbestand der Überschuldung soll verhindert werden, dass die Insolvenz einer überlebensunfähigen Gesellschaft bis zur Zahlungsunfähigkeit hinausgezögert wird, der **Insolvenzgrund** wird gegenüber der Zahlungsunfähigkeit **vorverlegt**. Dieses Ziel ist durch die Rückkehr des Gesetzgebers zum zweistufigen modifizierten Überschuldungsbegriff im Finanzmarktstabilisierungsgesetz relativiert worden.

Durch die Neueinführung des Insolvenzgrundes der **drohenden Zahlungsunfähigkeit** (§ 18 InsO) 7 verliert beim Eigenantrag der Überschuldungstatbestand des § 19 InsO an Bedeutung. Regelmäßig wird ein Unternehmen, das in absehbarer Zeit nicht mehr in der Lage sein wird, seine fälligen Verbindlichkeiten zu erfüllen, allerdings auch überschuldet sein (*Henkel* ZIP 1991, 133 [135]). Gänzlich funktionslos wird der Überschuldungstatbestand damit aber nicht. Eine Pflicht zur Antragstellung besteht nämlich nur in den Fällen des § 19 InsO (s. § 15 Rdn. 56), nicht aber in den Fällen des § 18 InsO. Zum Verhältnis zu § 18 InsO s. § 18 Rdn. 7.

D. Überschuldung

I. Definition

Nach der ursprünglichen Definition in § 19 Abs. 2 Satz 1 InsO lag Überschuldung vor, wenn das 8 Vermögen des Schuldners die bestehenden Verbindlichkeiten nicht mehr deckte. Schwierig gestaltet sich die Bewertung des Vermögens des Schuldners im Rahmen einer sog. Überschuldungsbilanz bzw. eines Überschuldungsstatus. Die Bewertung kann unterschiedlich ausfallen je nachdem, ob man bei einem Unternehmen von dessen Fortführung oder Auflösung ausgeht. Diese Schwierigkeiten vermied teilweise die zur KO ergangene Rspr. des BGH, die eine sog. **zweistufige modifizierte Überschuldungsprüfung** durchführte (*BGH* BGHZ 119, 201 [214] = ZIP 1992, 1382 = EWiR 1992, 1093; NJW 1995, 1739 [1743]). Nach dieser Auffassung war eine Überschuldung im konkursrechtlichen Sinn bereits dann nicht mehr gegeben, wenn die Fortführungsprognose positiv ausfiel; ein Überschuldungsstatus musste in diesen Fällen nicht erstellt werden (s. aber Rdn. 15). Das prognostische Element (Lebensfähigkeitsprognose) und exekutorische Element (nach Liquiditätswerten bewertetes Schuldnervermögen) standen gleichwertig nebeneinander. Nur wenn die Finanzkraft nach überwiegender Wahrscheinlichkeit mittelfristig nicht zur Fortführung des Unternehmens ausreichte, die Überlebens- oder Fortbestehensprognose also negativ ausfiel, musste ein Überschuldungsstatus nach Liquidationswerten erstellt werden. Dies bedeutete, selbst wenn bilanziell eine Überschuldung vorlag, aber eine positive Fortführungsprognose gestellt werden konnte, bestand keine Konkursantragspflicht.

Der **Gesetzgeber** der InsO hat sich **zunächst gegen diese Auffassung** entschieden. Erweist sich die 9 Prognose als falsch, kann es sich erheblich zum Nachteil der Gläubiger auswirken, wenn eine Gesellschaft trotz fehlender persönlicher Haftung weiterwirtschaftet, ohne dass ein die Schulden deckendes Kapital zur Verfügung steht (BT-Drucks. 12/7302 S. 157).

Im Zusammenhang mit der weltweiten Banken- und Finanzmarktkrise hat der Gesetzgeber in bei- 10 spielloser Geschwindigkeit u.a. den § 19 Abs. 2 InsO geändert durch das Gesetz zur Umsetzung eines Maßnahmenpakets zur Stabilisierung des Finanzmarktes (Finanzmarktstabilisierungsgesetz) und ist zu dem schon vor Inkrafttreten der InsO geltenden zweistufigen modifizierten Überschuldungsbegriff zurückgekehrt; die bis zum 31.12.2013 geltende Befristung ist entfallen. Eine **Überschuldung** liegt (*BGH* NJW 1992, 2891 [2894] zur KO) nur vor, wenn das Vermögen des Schuldners bei Ansatz von Liquidationswerten unter Einbeziehung aller stillen Reserven die bestehenden Verbindlichkeiten nicht deckt (**rechnerische Überschuldung**) und die Finanzkraft des Unternehmens nach überwiegender Wahrscheinlichkeit mittelfristig nicht zur Fortführung des Unternehmens ausreicht (**Überlebens- oder Fortführungsprognose**).

Für den Zeitraum bis zum 17.10.2008 galt der **einfache** zweistufige Überschuldungsbegriff. 11

§ 19 InsO   Überschuldung

12 Für beide Überschuldungsbegriffe kommt es zunächst auf eine rechnerische Überschuldung an. Beim einfachen zweistufigen Überschuldungsbegriff (alt – bis 17.10.2008) war in einem zweiten Schritt zu klären, ob eine positive Fortführungsprognose besteht. War dies der Fall, war bei der Bewertung des Aktivvermögens nicht der (niedrigere) Liquidationswert zugrunde zu legen, sondern der (höhere) Fortführungswert. Blieb auch dieser Wert unter den Passiva, lag Überschuldung vor. Auf die Bewertung der Aktiva (nach Fortführungswerten) verzichtet der zweistufige modifizierte Überschuldungsbegriff (neu – ab 18.10.2008). **Allein eine positive Fortführungsprognose lässt die Überschuldung** und damit die Insolvenzantragspflicht **entfallen.**

II. Prüfungsreihenfolge

13 Für den ab dem 18.10.2008 geltenden zweistufigen modifizierten Überschuldungsbegriff ist eine Prüfungsreihenfolge nicht vorgeschrieben. **Entscheidend** ist die **Fortführungsprognose.** Zur Verneinung einer Überschuldung genügt die Feststellung, dass nach überwiegender Wahrscheinlichkeit die Finanzkraft des Unternehmens mittelfristig zur Fortführung ausreicht. Dabei ist allerdings auch der Umfang der Passiva zu berücksichtigen (s. Rdn. 38).

14 Es verbleiben jedoch **Unsicherheiten** bei der Fortführungsprognose (s. Rdn. 35 ff.). Auch der neu gefasste, bis zum bis 17.10.2008 geltende Überschuldungstatbestand hatte keine wesentliche Bedeutung erlangt neben dem Eröffnungsgrund der Zahlungsunfähigkeit. Zahlungsunfähigkeit tritt deutlich zutage. Die im Vorfeld möglicherweise bestehende Überschuldung kann »weggerechnet« werden, um der Verpflichtung zur Stellung eines Insolvenzantrages zu entgehen. Die in diesem Stadium häufig bestehende drohende Zahlungsunfähigkeit begründet keine Antragspflicht.

III. Erste Stufe: rechnerische Überschuldung

15 Bei der modifizierten zweistufigen Überschuldungsprüfung genügt allein eine positive Fortführungsprognose zur Beseitigung einer (möglichen) Überschuldung. Da dabei auch der Umfang der Passiva von Bedeutung ist, beginnt die Prüfung mit der **Feststellung einer rechnerischen Überschuldung**, zumal für die verantwortlichen Organe entsprechende Prüfungs- und Überwachungspflichten (Rdn. 45) bestehen (*Tehler/Dittmer* ZInsO 2012, 2187 [2189]).

16 a) Die Überschuldung muss sich nicht aus einer Bilanz ergeben, vielmehr genügt ihr objektiver Eintritt. Die für die Erstellung der Jahresbilanz geltenden Bewertungsbestimmungen sind nicht anzuwenden (*BGH* ZIP 2001, 235 [236]). Die Ansätze in einem Jahresabschluss (§§ 264 ff. HGB) können lediglich Anhaltspunkte liefern; sie haben allenfalls indizielle Bedeutung (*BGH* ZInsO 2012, 732 [733]; *Kübler/Prütting/Bork-Pape* InsO, § 19 Rn. 52). Auszugehen ist nicht von Buchwerten, sondern von dem **wirklichen Wert** (*Scholz/K. Schmidt-Bitter* GmbHG, Vor § 64 Rn. 32). Anders als bei Kapitalgesellschaften ergibt sich bei Personenhandelsgesellschaften eine bilanzielle Überschuldung i.d.R. nicht, da diese durch das negative Kapitalkonto des Gesellschafters aufgefangen wird.

17 Es ist eine gesonderte **Überschuldungsbilanz** nach betriebswirtschaftlichen Erkenntnissen zu erstellen, bei der Bewertungsfragen im Vordergrund stehen. In der Jahresbilanz ausgewiesene Vermögensgegenstände sind mit dem aktuellen Wert zu erfassen, stille Reserven sind aufzulösen (*BGH* ZIP 2001, 235 [236]; HK-InsO/*Rüntz* § 19 Rn. 17). Als Stichtag der Überschuldungsbilanz ist grds. der Zeitpunkt der Prüfung maßgeblich (HambK-InsO/*Schröder* § 19 Rn. 11). **Überschuldung** liegt vor, wenn die auf den Stichtag bezogene Unternehmensliquidation für die Gläubiger eine Quote von unter 100 % ergäbe. Muster eines Überschuldungsstatus bei HambK-InsO/*Schröder* § 19 Rn. 56.

18 Vorschriften über die anzuwendenden **Bewertungsregeln** bestehen nicht (vgl. Rdn. 16). Die Bewertung muss in möglichst hohem Maß objektiviert sein (*Vonnemann* BB 1991, 867), es gilt das Verbot der Überbewertung von Aktiva (*Scholz/Karsten Schmidt-Bitter* GmbHG, Vor § 64 Rn. 32). Auszugehen ist von **Liquidationswerten** (ebenso *BGH* NJW 1992, 2891 [2894] zur KO, *K. Schmidt/K. Schmidt* InsO, § 19 Rn. 24; s. Rdn. 10). Bei einer positiven Fortführungsprognose scheidet Überschuldung aus. Rechnerische Überschuldung wird nur dann relevant, wenn die Fort-

führungsprognose negativ ist (Rdn. 13), in diesem Fall ist aber von Liquidationswerten auszugehen (*Tehler/Dittmer* ZInsO 2012, 2187 [2190]).

Diese Werte können **sehr unterschiedlich** sein, je nachdem, welche Art der Liquidation man zugrunde legt (*Vonnemann* BB 1991, 867 [867]). Wiederbeschaffungswerte können nicht angesetzt werden, da sie zu überhöhten Wertansätzen führen, vielmehr ist von Veräußerungswerten auszugehen. Zugrunde gelegt werden die Erlöse aus der (fiktiven) Veräußerung des Vermögens. Der Erlös ist abhängig von der Auflösungsgeschwindigkeit und der Auflösungsintensität. Bei der Schätzung des Verkaufserlöses kann man von einer Auflösung unter Zeitdruck (Zerschlagung) oder von einer Auflösung unter Normalbedingungen ausgehen (für Letzteres HK-InsO/*Rüntz* § 19 Rn. 13). Von Bedeutung kann auch sein, ob Einzelveräußerungen erfolgen oder eine Gesamtveräußerung (*Burger/ Schellberg* KTS 1995, 563 [571]); für eine Gesamtveräußerung wird man greifbare Anhaltspunkte fordern müssen (HK-InsO/*Rüntz* § 19 Rn. 13). Die Höhe des Erlöses aus einer Betriebsauflösung kann sich in einem sehr breiten Spektrum bewegen (*Burger/Schellberg* BB 1995, 261 [266]). Die Aufstellung eines Insolvenzstatus nach Liquidationswerten kommt folglich ohne **prognostische Elemente** nicht aus. 19

b) Im Rahmen der Überschuldungsbilanz ist zunächst das Vermögen des Schuldners zu ermitteln. Auf der **Aktivseite** sind sämtliche Vermögensgegenstände auszuweisen. Die Aktivierung einer Forderung setzt voraus, dass sie durchsetzbar ist und einen realisierbaren Vermögenswert darstellt (*BGH* ZInsO 2010, 2396 Rn. 17; HambK-InsO/*Schröder* § 19 Rn. 32). In Betracht kommen (Einzelheiten s. *Nickel* § 155 Rdn. 198 ff.; *Uhlenbruck/Mock* InsO, § 19 Rn. 63 ff.; *Scholz/K. Schmidt-Bitter* GmbHG, Vor § 64 Rn. 33 ff.; *Harz/Baumgartner/Conrad* ZInsO 2005, 1304 [1309]) **folgende Vermögenswerte**: 20
– Umlaufvermögen (Roh-, Hilfs- und Betriebsstoffe);
– Gegenstände, die Gläubigern lediglich ein Recht zur abgesonderten Befriedigung gewähren, nicht aber der Aussonderung (§ 47 InsO) unterliegende Gegenstände;
– Grundstücke, Beteiligungen, Wertpapiere;
– Erbbaurechte (Einzelheiten *Ahrens* NZI 2014, 345);
– Firmenwert (Good-will), sofern er bei einer Liquidation selbstständig verwertbar ist. Dies kann bejaht werden, wenn eine Veräußerung des Unternehmens als Ganzes möglich ist;
– sonstige immaterielle Vermögenswerte wie Konzessionen, Markenrechte oder Patente;
– Forderung aus Lieferung und Leistung, sofern und soweit sie durchsetzbar und vollwertig sind;
– Zusagen von Gesellschafterdarlehen, sofern sie durchsetzbar und mit einer Rangrücktrittserklärung (s. Rdn. 29) verbunden sind;
– Ansprüche auf ausstehende Einlagen gegen Gesellschafter, auf Erstattung verbotener Rückzahlungen (§ 31 GmbHG) oder sonstige Haftungsansprüche gegen Gesellschafter/Geschäftsführer (§§ 9a, 43 Abs. 2 GmbHG), die allerdings unmittelbar der Gesellschaft zustehen und jeweils realisierbar sein müssen;
– **nicht** dagegen Ansprüche gegen persönlich haftende Gesellschafter gem. §§ 128, 161 Abs. 2 HGB oder gegen gem. § 176 HGB unmittelbar den Gläubigern gegenüber haftenden Kommanditisten (HambK-InsO/*Schröder* § 19 Rn. 47 ff.); diese Ansprüche werden erst durch die Verfahrenseröffnung ausgelöst und werden dann gem. § 93 InsO vom Verwalter geltend gemacht (*Kübler/Prütting/Bork-Pape* InsO, § 19 Rn. 61);
– nicht dagegen Anfechtungsansprüche gem. §§ 129 ff. InsO, da diese erst mit Eröffnung entstehen;
– nicht dagegen Ansprüche aus Insolvenzverschleppungshaftung, da sie vor Eröffnung den geschädigten Einzelgläubigern zustehen (HambK-InsO/*Schröder* § 19 Rn. 25);
– nicht dagegen Ansprüche aus sog. Masseschmälerung (§ 92 Abs. 3 AktG, § 64 Abs. 2 GmbHG, § 130a Abs. 2 HGB), da parallel dazu der Erstattungsanspruch des Geschäftsführers zu passivieren ist (HambK-InsO/*Schröder* § 19 Rn. 25).

c) In den Überschuldungsstatus sind weiter einzustellen die bestehenden **Verbindlichkeiten** als Passiva. Dabei ist Folgendes zu beachten (wegen der Einzelheiten s. *Uhlenbruck/Mock* InsO, § 19 21

§ 19 InsO Überschuldung

Rn. 147 ff.; *Scholz/K. Schmidt-Bitter* GmbHG, Vor § 64 Rn. 42 ff.; *Harz/Baumgartner/Conrad* ZInsO 2005, 1304 [1310]):

22 (1) In einer Jahresbilanz ausgewiesene oder auszuweisende **Rückstellungen** sind zu passivieren, wenn ernsthaft mit einer Inanspruchnahme der Gesellschaft zu rechnen ist (*AG Hamburg* ZInsO 2004, 991 [992]; BK-InsO/*Humberg* § 19 Rn. 41; HK-InsO/*Rüntz* § 19 Rn. 21). Bei Rückstellungen handelt es sich nämlich nicht um Rücklagen, sondern um Mittel zur Abdeckung entstehender Verbindlichkeiten, die nur dann gekürzt werden können, wenn sie zu hoch angesetzt sind.

23 Daraus folgt zugleich, dass auch noch **nicht fällige Verbindlichkeiten** zu berücksichtigen sind. Anders als in § 17 InsO und ebenso wie in § 18 InsO wird nicht auf die Fälligkeit, sondern auf das Bestehen der Zahlungspflicht bzw. Verbindlichkeit abgestellt. Ein Anspruch gem. § 648a BGB auf Bauhandwerkersicherung genügt nicht (s. § 17 Rdn. 9).

24 Zur Berücksichtigung von Pensionsverpflichtungen bei Krankenkassen s. *Heeg/Kebbel* ZIP 2009, 302 [304 f.]; *Holzer* InsbürO 2009, 11 [14 f.].

25 (2) **Streitige Verbindlichkeiten** können schon dadurch passiviert worden sein, dass für sie eine Rückstellung gebildet worden ist (s. Rdn. 22). Erforderlich ist allerdings, dass die Forderung ernsthaft streitig bzw. substantiiert bestritten ist (vgl. § 14 Rdn. 196). Eine prozentuale Berücksichtigung gestaffelt nach der Wahrscheinlichkeit des Bestehens ist – anders als bei der Feststellung der (drohenden) Zahlungsunfähigkeit – möglich (*Ries* EWiR 2014, 717; vgl. § 17 Rdn. 10). Streitige Verbindlichkeiten sind ebenso wie bei § 17 InsO (s. § 17 Rdn. 10) nicht zu passivieren, wenn von ihrem Bestehen die Überschuldung abhängt (vgl. *LG Stendal* ZIP 1994, 1034 [1035]; HK-InsO/*Rüntz* § 19 Rn. 21; *Uhlenbruck* ZInsO 2006, 338 [339]). Ist die Forderung **vorläufig tituliert**, gelten die Ausführungen zu § 17 InsO (s. § 17 Rdn. 10).

26 (3) **Einredebehaftete Verbindlichkeiten** sind grds. nicht zu passivieren (Einzelheiten *Steinrötter/Meier* NZI 2015, 919).

27 (4) Zur Berücksichtigung der durch das Eröffnungsverfahren ausgelösten **Verfahrenskosten** s. § 17 Rdn. 11.

28 (5) Von den in § 39 InsO aufgezählten **nachrangigen Verbindlichkeiten** sind nicht zu berücksichtigen die Ansprüche, die erst nach Eröffnung des Verfahrens entstehen (§ 39 Abs. 1 Nr. 1 und Nr. 2 InsO). Die Kosten entstehen nämlich nur, wenn das Insolvenzverfahren durchgeführt wird, für den Status vor Eröffnung sind sie also ohne Belang.

29 Etwas anderes gilt nur bei **Darlehen** eines Gesellschafters oder gleichgestellten Forderungen gem. § 39 Abs. 1 Nr. 5 InsO. In diesem Zusammenhang hat die Einfügung des § 19 Abs. 2 Satz 3 InsO durch das MoMiG Änderungen gebracht. Der **BGH** hatte sich in einer **Grundsatzentscheidung** für eine Passivierungspflicht ausgesprochen, falls nicht ein Rangrücktritt vorliegt (*BGH* ZIP 2001, 235 [237] m. Anm. *Altmeppen* S. 240 ff.). Der Sachverhalt ereignete sich zwar vor Inkrafttreten der InsO. Aus der Begründung der Entscheidung ergibt sich aus der Bezugnahme auf § 39 Abs. 1 Nr. 5 InsO (*BGH* ZIP 2001, 235 [237]) aber eindeutig, dass diese Rspr. auch für die InsO gilt.

30 Erforderlich war zunächst ein **qualifizierter Rangrücktritt** mit dem Inhalt, dass der Gesellschafter erklärte, er wolle erst nach der Befriedigung sämtlicher Gesellschaftsgläubiger und – bis zur Abwendung der Krise – nicht vor, sondern zugleich mit den Einlagerückgewähransprüchen der Mitgesellschafter berücksichtigt werden (*BGH* ZIP 2001, 235 [237]; für die InsO *OLG Schleswig* ZInsO 2008, 1768 [1770]; abl. *Niesert* ZInsO 2002, 356 [358]). Diese Anforderungen gelten fort ab dem 01.11.2008 (Datum des Inkrafttretens des MoMiG).

31 Der **Inhalt** der Rangrücktrittserklärung ist inzwischen vom *BGH* (NZI 2015, 315 Rn. 16 m. Anm. *Schäfer; Berger* ZInsO 2015, 1938; *Grögler/Schneider* ZInsO 2015, 1528; *Primizic/Trentin* ZInsO 2015, 1250; *K. Schmidt* ZIP 2015, 901) konkretisiert worden. Danach muss die Forderung nicht nur von Gesellschaftern, sondern auch außenstehenden Gläubigern außerhalb des Insolvenzfahrens nur aus ungebundenem Vermögen und in der Insolvenz nur im Rang nach den Forderungen sämt-

licher einfacher Insolvenzgläubiger befriedigt werden dürfen. Der Rangrücktritt muss auch den Zeitraum vor Insolvenzeröffnung erfassen. Eine zeitliche Befristung ist unzulässig. Zur Insolvenzvorsorge durch Rangrücktritt und Patronatsvereinbarung s. *Bitter* ZHR 181 (2017), 428.

Für Rechtshandlungen, die einem Gesellschafterdarlehen wirtschaftlich entsprechen (*Habersack* ZIP 2007, 2145 [2151]), gilt das Gleiche. **32**

Zur Bedeutung der Rangrücktrittsvereinbarung im Insolvenzstrafrecht s. *Hadamitzky* ZInsO 2015, 1778. **33**

(6) Eine **eingetretene** rechnerische **Überschuldung** kann **beseitigt** werden auf der Aktivseite durch Zuführung neuen Stammkapitals und auf der Passivseite durch Rangrücktrittserklärungen von Gläubigern (s. Rdn. 29 ff.). Zu weiteren Möglichkeiten s. *Kübler/Prütting/Bork-Pape* InsO, § 19 Rn. 71. **34**

IV. Zweite Stufe: Fortführungsprognose

a) Eine zur Antragstellung verpflichtende Überschuldung ist unbeachtlich, wenn die **Fortführung** des Unternehmens nach den Umständen **überwiegend wahrscheinlich** ist. **35**

b) Die Formulierung der »überwiegenden Wahrscheinlichkeit« hat der Gesetzgeber der Rspr. des BGH unter Geltung der KO zur jetzt wieder geltenden sog. zweistufigen modifizierten Überschuldensprüfung entnommen (s. Rdn. 8). Die Formulierung soll zum Ausdruck bringen, dass die Fortführung nach den Umständen wahrscheinlicher ist als die Stilllegung (BT-Drucks. 12/7302 S. 157). Bei der Überlebens- oder **Fortführungsprognose** hat der BGH unter Geltung der KO darauf abgestellt, ob die Finanzkraft der Gesellschaft nach überwiegender Wahrscheinlichkeit mittelfristig nicht zur Fortführung des Unternehmens ausreicht (BGHZ 119, 201 [214] = ZIP 1992, 1382 [1386] = EWiR 1992, 1093). Davon ging auch die Rspr. zur InsO in der Ursprungsfassung aus (*OLG Köln* ZInsO 2001, 48; *AG Bergisch-Gladbach* NZI 2001, 493 [494]). Eine Fortführungsprognose ist im Kern Zahlungsfähigkeitsprognose (*OLG Hamburg* ZInsO 2013, 2247). **36**

c) Erste Voraussetzung ist – subjektiv – ein **Fortführungswille**. Die Fortführung des Unternehmens muss – auch in Form einer übertragenden Sanierung – beabsichtigt sein (*KG* ZInsO 2006, 437 [439]; HK-InsO/*Rüntz* § 19 Rn. 8; *Nerlich/Römermann-Mönning* InsO, § 19 Rn. 19; *Bitter/Kessler* ZIP 2012, 1733 [1735]). **37**

d) Im Rahmen der Prognose ist weiter zu überprüfen, ob – objektiv – eine **Fortführungsmöglichkeit** besteht. Es muss die Ertragsfähigkeit oder die Lebensfähigkeit einer Unternehmung auf absehbare Zeit gewährleistet sein oder in absehbarer Zeit wiederhergestellt werden können (*BGH* ZInsO 2004, 679 [681]). Die Fortbestehensprognose ist daher Zahlungsfähigkeitsprognose (*OLG Hamburg* ZInsO 2013, 2247; MüKo-InsO/*Drukarczyk/Schüler* § 19 Rn. 59; *Frystatzki* NZI 2011, 173; *Tehler/Dittmer* ZInsO 2012, 2187 [2189]). Eine eingetretene Zahlungsunfähigkeit schließt eine positive Fortführungsprognose aus (*AG Itzehoe* ZIP 2014, 1038 m. Anm. *Jacoby* EWiR 2014, 427). **38**

Dafür ist eine **Liquiditätsplanung** nach betriebswirtschaftlichen Grundsätzen erforderlich (*KG* ZInsO 2006, 437 [438 f.]; *AG Hamburg* ZInsO 2012, 183 [184]) mit einer positiven Prognose hinsichtlich der Zahlungsfähigkeit. Erforderlich ist, dass wenigstens mittelfristig Einnahmeüberschüsse zu erwarten sind. Erforderlich ist, dass zukünftig überhaupt mit einer Ertragsfähigkeit gerechnet werden kann, selbst wenn innerhalb des Prognosezeitraumes (s. Rdn. 41) aufgrund vorhandener Reserven keine Zahlungsunfähigkeit eintreten wird (*AG Hamburg* ZInsO 2012, 183 [184]). **39**

Die **Prognoserechnung** erfordert eine nach betriebswirtschaftlichen Grundsätzen durchgeführte Ertrags- und Finanzplanung, die für sachverständige Dritte nachvollziehbar ist und ein aussagekräftiges und plausibles Unternehmenskonzept enthält (*LG Göttingen* NZI 2008, 751 [752]). Nötig ist eine nachvollziehbare Vermögens-, Finanz- und Ertragsplanung (*OLG Hamburg* ZInsO 2013, 2247) Neben dem Fortführungswillen müssen das Leitbild eines sanierten Unternehmens und die Sanierungsmaßnahmen dokumentiert werden (ähnlich *Scholz/K. Schmidt-Bitter* GmbHG, Vor § 64 Rn. 29). Auf kleine oder mittlere Unternehmen in der Rechtsform der GmbH oder GmbH & Co. KG kom- **40** men damit erhebliche Anforderungen zu. Beispiel eines Plans bei MüKo-InsO/*Drukarczyk/Schüler* § 19 Rn. 60, 64 ff., 82 ff.

41 Als Zeitraum der erforderlichen mittelfristigen Prognose werden **unterschiedliche Zeiträume** genannt: 12 Monate (so für Ausnahmefälle *Schmidt* ZIP 2013, 485 [491]), das laufende und das nachfolgende Geschäftsjahr (*OLG Hamburg* ZInsO 2013, 2247; A/G/R-*Kadenbach* § 19 InsO Rn. 24; *Harz/Baumgartner/Conrad* ZInsO 2005, 1304 [1309]; *Tehler/Dittmer* ZInsO 2012, 2187 [2189]), ein bis zwei Jahre (*OLG Naumburg* ZInsO 2004, 512 [514]; *AG Hamburg* ZInsO 2012, 183), eine Dauer von zwei bis drei Jahren (*Wimmer* NJW 1996, 2546 [2547]) bzw. mindestens zwei Jahre oder mindestens bis zum Ablauf des nächsten Geschäftsjahres (vgl. HK-InsO/*Rüntz* § 19 Rn. 17; *Kübler/ Prütting/Bork-Pape* InsO, § 19 Rn. 40; MüKo-InsO/*Drukarczyk/Schüler* § 19 Rn. 62; *Nerlich/Römermann-Mönning* InsO, § 19 Rn. 20; *Uhlenbruck/Mock* InsO, § 19 Rn. 218). Diese Zeiträume können **nur Richtwerte** sein, entscheidend ist der betriebswirtschaftlich überschaubare Zeitraum (*Bitter/Kessler* ZIP 2012, 1733 [1740]; ähnlich K. Schmidt/*K. Schmidt* InsO, § 19 Rn. 49). Dieser kann auch von Branche zu Branche unterschiedlich sein (ebenso HambK-InsO/*Schröder* § 19 Rn. 18; *Kübler/Prütting/Bork-Pape* InsO, § 19 Rn. 40; *Jaeger/Müller* § 19 InsO Rn. 37; MüKo-InsO/*Drukarczyk/Schüler* § 19 Rn. 62; *Uhlenbruck/Mock* InsO, § 19 Rn. 218; *Greil/Herden* ZInsO 2010, 833 [838]). Ein zu lange angesetzter Prognosezeitraum würde wegen der geringeren Prognosesicherheit eine Risikoerhöhung bedeuten.

42 e) Nicht verkannt werden darf, dass durch eine entsprechend »**geschönte**« Fortführungsprognose die rechnerische Überschuldung beseitigt werden kann und bei der Bewertung des Vermögens nach Fortführungswerten überhöhte Werte angesetzt werden können. Notfalls muss der größere Auftrag aus arabischen Ländern herhalten (zust. *Kühne/Nickert* ZInsO 2014, 2297 [2299]) oder es wird zur Erhaltung der Zahlungsfähigkeit und Überlebensprognose ein langfristiger Kredit aufgenommen. Eine Nachprüfbarkeit der Prognose ist wegen des subjektiven Moments nur eingeschränkt möglich (MüKo-InsO/*Drukarczyk/Schüler* § 19 Rn. 78 ff.). Erleichtert wird sie durch die Dokumentationspflicht (s. Rdn. 43). Zur Fortbestehensprognose im Rahmen von Sanierungsbemühungen s. *Fischer* NZI 2016, 665.

43 f) Liegen Anhaltspunkte für eine Überschuldung vor, sind die Vertretungsorgane gehalten, eine substantiierte **Dokumentation** der Fortführungsprognose vorzunehmen (*OLG Naumburg* ZInsO 2004, 512 [513]), auch um etwaigen Haftungsansprüchen zu entgehen.

44 g) Spätestens nach der Gesetzesänderung zum 18.10.2008 ist aufgrund der Formulierung »es sei denn« davon auszugehen, dass in einem **Zivilrechtsstreit** die Antragspflichtigen bei Vorliegen einer Überschuldung die positive Fortführungsmöglichkeit zu beweisen haben.

V. Pflicht zur Eigenprüfung

45 Es besteht die im Rahmen der Antragspflicht (s. § 15a Rdn. 31) angesprochene Pflicht zur Eigenprüfung (K. Schmidt/*K. Schmidt* InsO, § 19 Rn. 18) mit der Folge, dass bei Verletzung die zur Antragstellung Verpflichteten sich schadensersatzpflichtig machen. Der **Anlass** für die Erstellung eines Überschuldungsstatus kann sich aus einer Handelsbilanz ergeben, so bei Ausweis eines nicht durch Eigenkapital gedeckten Fehlbetrages (§ 268 Abs. 3 HGB) oder bei Ausweis von Verlusten in einer die Lebensfähigkeit bedrohenden Höhe (KS-InsO/*Haas* Rn. 9). In Betracht kommen auch überzogener Kreditrahmen, Rücklastschriften, Pfändungs- und Überweisungsbeschlüsse, Steuerrückstände (*OLG Oldenburg* ZInsO 2009, 154 [155]). Weiter sind die Warnkriterien in § 49 Abs. 3 GmbHG, § 92 Abs. 1 AktG zu beachten (*Lutter* ZIP 1999, 641 [643]). Daneben treten die oben (s. § 15a Rdn. 31) erwähnten Krisensymptome.

VI. Bewertung der Rückkehr zum modifizierten zweistufigen Überschuldungsbegriff

46 Die durch die Gesetzesänderung bewirkte Rückkehr zum unter der KO geltenden modifizierten zweistufigen Überschuldungsbegriff wird allgemein abgelehnt (*Bitter* ZInsO 2008, 1097; *Eckert/ Happe* ZInsO 2008, 1098 [1101]; *Hölzle* ZIP 2008, 2003 f.; *Pape* 10 Jahre Insolvenzordnung, ZInsO

2009, 1 [4]; *Poerzgen* ZInsO 2009, 401; *Körnert/Wagner* ZInsO 2009, 2131; krit. auch *Kübler/Prütting/Bork-Pape* InsO, § 19 Rn. 15; *Thonfeld* NZI 2009, 15 [17 f.]; *Bretz/Gude* ZInsO 2010, 515 [517]; a.A. *Holzer* ZIP 2008, 2108; *Leithaus* NZI aktuell Heft 11/2008, VIII, der eine völlige Abschaffung der Insolvenzantragspflicht bei Überschuldung fordert; s. Rdn. 50). Das gesetzgeberische Ziel der rechtzeitigen Verfahrenseröffnung (BT-Drucks. 12/2443 S. 115 zu § 23 RegE) wird suspendiert. Es drohen zu positive Einschätzungen der mittelfristigen Liquiditätslage (*Eckert/Happe* ZInsO 2008, 1098 [1099]), die Gläubiger werden in stärkerem Maße als bisher mit den Risiken einer Fehleinschätzung belastet (*Eckert/Happe* ZInsO 2008, 1098 [1100]).

E. GmbH & Co. KG

Abs. 3 bestimmt, dass die Abs. 1 und 2 gelten, sofern bei einer Gesellschaft ohne Rechtspersönlichkeit kein persönlich haftender Gesellschafter eine natürliche Person ist. Dies ist i.d.R. bei der GmbH & Co. KG der Fall. Die Überschuldung ist für die GmbH und die KG **gesondert zu prüfen**. Die Überschuldung der KG führt allerdings im Regelfall gleichzeitig zur Überschuldung auch der Komplementär-GmbH, insbesondere wenn sie nur über das Mindeststammkapital von 25.000 € verfügt. Bei der Feststellung der Überschuldung der KG zählt die Komplementärhaftung der GmbH nicht zu den Aktiva der KG (s. Rdn. 20). Die Komplementär-GmbH ist überschuldet, wenn ihr Vermögen nicht mehr ausreicht, die ungedeckten Schulden der KG aus eigenem Vermögen zu begleichen (*Scholz/K. Schmidt-Bitter* GmbHG, Vor § 64 Rn. 151). Für die Überschuldung genügt es, dass die Verbindlichkeit besteht (s. Rdn. 23). 47

F. KGaA

Zur KGaA s. *Siebert* ZInsO 2004, 831 ff. 48

G. Internationales Insolvenzrecht

Es gelten die oben bei § 16 Rdn. 15 erläuterten Grundsätze. Ergänzend ist Folgendes zu berücksichtigen: Für die Eröffnung eines Hauptinsolvenzverfahrens ist bei der Überschuldungsprüfung auf die weltweite Vermögenslage abzustellen (HambK-InsO/*Schröder* § 19 Rn. 51). 49

H. Reformtendenzen

Mit der Änderung des Überschuldungsbegriffs im Zusammenhang mit der Finanzmarktkrise wird teilweise die **Abschaffung** des Insolvenzgrundes der Überschuldung und überwiegend statt dessen die Einführung einer Insolvenzantragspflicht bei drohender Zahlungsunfähigkeit gefordert (*Leithaus* NZI 11/2008, VIII; *Hölzle* ZIP 2008, 2003 [2004]; *Möhlmann-Mahlau/Jens Schmitt* NZI 2009, 19 [24]; *Rokas* ZInsO 2009, 18 [21]; *Hunkemöller* INDAT-Report 2010, 30: *Frystatzki* NZI 2011, 521; ähnlich *Hunkemöller/Tymann* ZInsO 2011, 712; *Pott* NZI 2012, 4; *Rendels/Zabel* INDAT-Report 01/2012, 42). Dem werden Interessen des präventiven Gläubigerschutzes entgegengehalten (HambK-InsO/*Schröder* § 19 Rn. 7; *Thonfeld* NZI 2009, 15 [17]; *Greil/Herden* ZInsO 2010, 833 [840]; krit. auch *Kübler/Prütting/Bork-Pape* InsO, § 19 Rn. 14a). Im Auftrag des BMJ hat das Zentrum für Insolvenz und Sanierung an der Universität Mannheim im Frühjahr 2012 eine Befragung über die Auswirkungen des geänderten Überschuldungsbegriffes durchgeführt. Darin wird u.a. gefordert eine zumindest temporäre Verlängerung des derzeitigen Überschuldungsbegriffes; dies ist weitergehend umgesetzt worden durch den Verzicht auf die Befristung der Geltung der zweistufigen modifizierten Überschuldungsprüfung (Rdn. 2). Weiter wird auf die geringe praktische Bedeutung des Überschuldungstatbestands in der Praxis hingewiesen (*Bitter/Hommerich* Rn. 358), und die Umwandlung in ein Antragsrecht befürwortet (*Bitter/Hommerich/Reiß* ZIP 2012, 1201 [1207 ff.]; *Bitter/Hommerich* Rn. 359). Im europäischen Kontext wird darauf hingewiesen, dass auf europäischer Ebene viele Staaten alleine mit dem Insolvenzgrund der Zahlungsunfähigkeit operieren (*Riewe* NZI aktuell 22/2012, VI). 50

§ 20 Auskunftspflicht im Eröffnungsverfahren. Hinweis auf Restschuldbefreiung

(1) ¹Ist der Antrag zulässig, so hat der Schuldner dem Insolvenzgericht die Auskünfte zu erteilen, die zur Entscheidung über den Antrag erforderlich sind, und es auch sonst bei der Erfüllung seiner Aufgaben zu unterstützen. ²Die §§ 97, 98, 101 Abs. 1 Satz 1, 2, Abs. 2 gelten entsprechend.

(2) Ist der Schuldner eine natürliche Person, so soll er darauf hingewiesen werden, dass er nach Maßgabe der §§ 286 bis 303a Restschuldbefreiung erlangen kann.

Übersicht

	Rdn.
A. Überblick	1
B. Auskunfts- und Mitwirkungspflicht	8
I. Inhalt	8
II. Auskunfts-/Mitwirkungspflichtige Personen	19
III. Einschränkung	21
IV. Durchführung	22
C. Durchsetzung	23
I. Grundsätze	23
II. Eigenantrag nicht antragspflichtiger Personen	25
III. Vorführung/Haft	27
IV. Mildere Mittel	35
V. Dritte	36
VI. Verfahrenseröffnung	45
D. Kosten/Rechtsbehelfe	46
E. Hinweis auf Restschuldbefreiung (Abs. 2)	51
I. Überblick	51
II. Regelungszweck	52
III. Anwendungsbereich	53
IV. Inhalt des gerichtlichen Hinweises	62
V. Nachweis des Zugangs	64
VI. Folgen eines Verstoßes/Wiedereinsetzung	65
VII. Präklusion verspäteter Anträge	67
VIII. Sperrfrist für späteren Schuldnerantrag	70
F. Internationales Insolvenzrecht	71

Literatur:
Beth Amtsermittlung des Insolvenzgerichts im Eröffnungsverfahren, NZI 2014, 487; *Frind* Das »zahnlose« Insolvenzgericht?, NZI 2010, 749; *Laroche* Auskunftspflichten des Organvertreters in der Insolvenz der Gesellschaft, ZInsO 2015, 1469; *Weyand* Flucht in den § 97 Abs. 1 Satz 3 InsO – Straffreiheit durch Selbstbelastung?, ZInsO 2015, 1948.

A. Überblick

1 Die Vorschrift regelt in **Abs. 1** die **Auskunfts- und Mitwirkungspflicht** des Schuldners im Eröffnungsverfahren. Beim Gläubigerantrag ist Voraussetzung, dass der Antrag zulässig (§ 14 Abs. 1 InsO) ist (*BGH* ZInsO 2005, 264). Beim Schuldnerantrag sind in jedem Fall ein Verzeichnis der Gläubiger und ihrer Forderungen vorzulegen gem. § 13 Abs. 1 Satz 3 InsO. Bei laufendem Geschäftsbetrieb stellt § 13 Abs. 1 Sätze 4–6 weitere Anforderungen auf. Auf Anforderung des Insolvenzgerichts sind Angaben zu ergänzen. Bei schweren Mängeln kommt eine Abweisung als unzulässig in Betracht (s. § 14 Rdn. 234 ff.).

2 Das Insolvenzgericht stellt die Zulässigkeit i.d.R. nicht ausdrücklich fest (*BGH* ZInsO 2007, 440 [441]), sondern inzidenter durch Förderung des Verfahrens. Die (**konkludente**) **Zulassung** ist gem. § 6 Abs. 1 InsO nicht gesondert mit Rechtsmitteln anfechtbar (*BGH* ZInsO 2006, 828). Erst wenn gem. § 21 InsO zusätzliche Sicherungsmaßnahmen angeordnet werden, kann der Schuldner gem. § 21 Abs. 1 Satz 2 InsO sofortige Beschwerde einlegen. Zu beachten ist, dass ein ursprünglich zulässiger Antrag im Verlaufe des Verfahrens z.B. durch Gegenglaubhaftmachung des Schuldners unzulässig werden kann (s. § 14 Rdn. 176). Das Insolvenzgericht hat daher in jeder Lage des Verfahrens die Zulässigkeit weiter zu prüfen (*BGH* ZInsO 2006, 828).

3 Die **Durchsetzung** der Auskunftspflicht wird durch die Verweisung in Abs. 1 Satz 2 wie für das eröffnete Verfahren geregelt. Bei Bestellung eines vorläufigen Insolvenzverwalters steht auch diesem ein Auskunftsrecht zu, § 22 Abs. 3 InsO.

4 Der Schuldner ist verpflichtet, sämtliche erforderlichen Auskünfte zu erteilen. Dadurch kann beispielsweise die Eröffnung eines massearmen Verfahrens ermöglicht werden, in dem Anfechtungsansprüche oder sonstige Vermögensgegenstände erschlossen werden (BT-Drucks. 12/2443 S. 115).

Dem Gericht wird die **Prüfung der Voraussetzungen für die Eröffnung** des Verfahrens ermöglicht, dem vorläufigen Insolvenzverwalter wird die Erfüllung seiner Aufgaben erleichtert. Ist der Schuldner eine natürliche Person, läuft er bei Verletzung der Auskunfts- oder Mitwirkungspflichten Gefahr, dass die Verfahrenskostenstundung gem. § 4a InsO abgelehnt oder gem. § 4c InsO aufgehoben wird, die Restschuldbefreiung versagt (§ 290 Abs. 1 Nr. 5, 6 InsO) oder die Rücknahme des Antrags bei der sog. Verbraucherinsolvenz fingiert wird (§ 305 Abs. 3 InsO). Weiter können den in § 101 Abs. 1, 2 InsO aufgeführten Auskunftspflichtigen bei Abweisung des Antrags gem. § 101 Abs. 3 InsO die Kosten des Verfahrens auferlegt werden (Einzelheiten bei *Wimmer-Amend* § 101). Schließlich kommt eine Bestrafung gem. § 283 Abs. 1 StGB (*A/G/R-Sander* § 20 InsO Rn. 25) oder § 15a Abs. 4, 5 InsO in Betracht (s. § 15a Rdn. 45 f.).

Besondere Bedeutung kommt der zwangsweisen Durchsetzung **vor** einer **Abweisung mangels** 5 **Masse** (§ 26 InsO) zu. Eine vorherige Anhörung ist zu erzwingen (Einzelheiten s. § 26 Rdn. 75, 80), bei einem Eigenantrag eines nicht antragspflichtigen Schuldners gilt dies allerdings nicht (str., s. Rdn. 25).

Von der Auskunftspflicht ist das **Anhörungsrecht des Schuldners** zu unterscheiden (§ 10, § 14 6 Abs. 2 InsO). Die Gewährung rechtlichen Gehörs und die Erteilung der erforderlichen Auskünfte fallen in der Praxis allerdings regelmäßig zusammen (s. § 14 Rdn. 251 ff.).

Abs. 2 soll durch einen frühzeitigen Hinweis bewirken, dass der Schuldner die Möglichkeit der Rest- 7 schuldbefreiung wahrnimmt. Die Vorschrift wirft jedoch Zweifelsfragen auf (s. Rdn. 64 ff.).

B. Auskunfts- und Mitwirkungspflicht

I. Inhalt

a) Der Schuldner hat dem Insolvenzgericht die zur Entscheidung über den Antrag erforderlichen 8 Auskünfte zu erteilen (§ 20 Abs. 1 Satz 1 InsO). Der Schuldner hat ein Verzeichnis der Gläubiger und ihrer Forderungen (§ 13 Abs. 1 Satz 3 InsO) sowie eine Übersicht der Vermögensmasse vorzulegen. Er hat darüber hinaus über **alle das Verfahren betreffenden Verhältnisse Auskunft** zu geben (§ 20 Abs. 1 Satz 2 i.V.m. § 97 Abs. 1 Satz 1 InsO; *BGH* ZInsO 2010, 2148 Rn. 4). Auskunft kann über alles verlangt werden, was das Insolvenzverfahren betrifft, insbesondere über die Gründe, die die Insolvenz veranlasst haben, das Vermögen, die einzelnen Forderungen (*Jaeger/Müller* § 20 InsO Rn. 3) und ihre Berechtigung, Aus- und Absonderungsberechtigungen und Umstände, die eine Anfechtung von Rechtshandlungen begründen können (*BGH* ZInsO 2010, 477 Rn. 6; *Kübler/Prütting/Bork-Pape* InsO § 20 Rn. 30; HambK-InsO/*Schröder* § 20 Rn. 13).

Die **Auskunftspflicht** ist bereits verletzt, wenn der Schuldner im Eröffnungsantrag unvollständige 9 Angaben macht (*BGH* ZInsO 2008, 1278 = EWiR 2009, 25). Der Schuldner ist verpflichtet, auf Anforderung des Insolvenzgerichts schriftliche Aufzeichnungen über seine laufenden Geschäfte zu fertigen (*LG Duisburg* ZIP 2001, 1065 = EWiR 2001, 879; HambK-InsO/*Schröder* § 20 Rn. 15) und sonstige Vorarbeiten zu erledigen (*BGH* ZInsO 2006, 264). Gegenüber der Auskunftspflicht tritt auch die Schweigepflicht eines Rechtsanwaltes (*BGH* ZVI 2003, 590 [591]) oder eines Arztes (*BGH* ZInsO 2005, 436; *LG Berlin* ZInsO 2004, 817) zurück (*Kübler/Prütting/Bork-Pape* InsO § 20 Rn. 36 ff.). Die Auskunftspflicht bezieht sich auch auf im Ausland belegenes Vermögen (*BGH* ZInsO 2003, 1043 = EWiR 2004, 293), da auch dieses in die Insolvenzmasse fällt (s. § 3 Rdn. 58).

Der Schuldner hat weiter **ungefragt** Umstände zu offenbaren, die für das Gericht als Auskunftsthemen 10 nicht erkennbar sind oder von ihm übersehen wurden (HambK-InsO/*Schröder* § 20 Rn. 13; *AG Oldenburg* ZInsO 2001, 1170; *AG Erfurt* ZInsO 2006, 1173; *AG Duisburg* NZI 2008, 697 [698] jeweils für § 290 Abs. 1 Nr. 5 InsO). Gleiches gilt für nachträgliche Veränderungen (MüKo-InsO/*Schmahl/Vuja* § 20 Rn. 34).

b) Darüber hinaus besteht eine **Mitwirkungspflicht** des Schuldners. Dies ist durch die Ergänzung des 11 Abs. 1 Satz 1 klargestellt, die frühere Streitfrage (Nachw. in der 4. Aufl. Rn. 5) damit gelöst. Die

§ 20 InsO   Auskunftspflicht im Eröffnungsverfahren. Hinweis auf Restschuldbefreiung

Mitwirkungspflicht besteht nicht nur für den Schuldner und die in § 101 Abs. 1 Satz 1 InsO aufgeführten Personen (so *Kübler/Prütting/Bork-Pape* InsO, § 20 Rn. 39), sondern auch für die in § 101 Abs. 1 Satz 2 InsO aufgeführten Personen im Interesse einer effektiven Durchsetzung der Sachverhaltsermittlung.

12 So kann der Schuldner verpflichtet sein, im **Ausland** belegene Gegenstände durch geeignete Mitwirkungshandlungen für die Verwertung zu erschließen, falls ausländische Staaten grenzüberschreitende Wirkungen des Insolvenzverfahrens nicht anerkennen (vgl. BT-Drucks. 12/2443 S. 142; s.a. § 22 Rdn. 198).

13 Weiter muss der Schuldner Personen, die wie ein **Steuerberater** zur Aufklärung beitragen können, erforderlichenfalls von der **Verschwiegenheitspflicht entbinden** (HK-InsO/*Rüntz* § 20 Rn. 17). Der vorläufige »starke« Insolvenzverwalter kann die Befreiung auch selber erteilen (s. § 5 Rdn. 21). Das Insolvenzgericht kann auch anordnen, dass Dritte dem vorläufigen Verwalter/Sachverständigen die erforderlichen Auskünfte zu erteilen haben (str., s. § 5 Rdn. 21 und § 21 Rdn. 78).

14 Befinden sich **Unterlagen beim Steuerberater**, muss der Schuldner die Unterlagen dem Insolvenzgericht zugänglich machen und erforderlichenfalls das Steuerberaterhonorar zahlen, um ein Zurückbehaltungsrecht abzulösen (HK-InsO/*Rüntz* § 20 Rn. 17; MüKo-InsO/*Schmahl/Vuja* § 20 Rn. 51). Eine Verpflichtung zur Vorlage kann sich für Dritte aus § 4 InsO i.V.m. § 142 ZPO ergeben. Ggf. nach Entbindung von der Schweigepflicht (HambK-InsO/*Rüther* § 5 Rn. 22) muss der Steuerberater Geschäftsunterlagen des Schuldners herausgeben, ohne sich auf Gegenansprüche wegen offener Honorarforderungen berufen zu können (*LG Köln* ZVI 2005, 79 [80 f.]), nicht aber seine Arbeitsergebnisse. In der Praxis wird in derartigen Fällen der Steuerberater zur Vernehmung als Zeuge (s. § 5 Rdn. 19 ff.) vorgeladen. Danach werden die Unterlagen regelmäßig vorgelegt, ohne dass es noch einer förmlichen Vernehmung bedarf.

15 Dass **Unterlagen beschlagnahmt** sind, hindert die Auskunftspflicht nicht. Der Schuldner kann entsprechende Vorbehalte bei der Auskunftserteilung machen (*Vallender* ZIP 1996, 529 [531]).

16 c) Der Schuldner ist verpflichtet, sogar Straftaten und Ordnungswidrigkeiten zu offenbaren. Als Ausgleich sieht § 97 Abs. 1 Satz 3 InsO ein **Verwendungsverbot** in einem Straf- oder Ordnungswidrigkeitenverfahren vor (vgl. *Weyand* ZInsO 2015, 1948). Wegen der Einzelheiten wird verwiesen auf die Kommentierung zu § 97 InsO.

17 Bei **Verletzung** der Auskunfts- und Mitwirkungspflichten kann bei natürlichen Personen eine Verfahrenskosten**stundung nicht bewilligt** (§ 4a InsO) bzw. **aufgehoben** (§ 4c InsO) und eine **Restschuldbefreiung versagt** werden (§ 290 Abs. 1 Nr. 5, 6 InsO). Darauf kann der Schuldner in geeigneter Form hingewiesen werden.

18 d) Zu **sonstigen Maßnahmen** des Insolvenzgerichts – auch zur sog. Residenzpflicht – s. § 21 Rdn. 384 ff.

II. Auskunfts-/Mitwirkungspflichtige Personen

19 Auskunftspflichtig sind:
– der Schuldner;
– in der Nachlassinsolvenz der/die Erbe(n);
– sofern der Schuldner keine natürliche Person ist, gem. der Verweisung in § 20 Abs. 1 Satz 2 InsO die in § 101 InsO aufgeführten Personen, nämlich Mitglieder des Vertretungs- oder Aufsichtsorgans, vertretungsberechtigte persönlich haftende Gesellschafter, Angestellte, sofern sie jeweils die Position noch bekleiden oder nicht früher als zwei Jahre vor dem Eröffnungsantrag ausgeschieden sind. Bei mehreren Geschäftsführern ist jeder auskunftsverpflichtet (*Uhlenbruck* InsO, § 20 Rn. 12), bei der OHG jeder vertretungsberechtigte persönlich haftende Gesellschafter;
– der faktische Vertreter bzw. faktische Geschäftsführer (A/G/R-*Sander* § 20 InsO Rn. 6; HambK-InsO/*Schröder* § 20 Rn. 8; HK-InsO/*Rüntz* § 20 Rn. 4; *Kübler/Prütting/Bork-Pape* InsO, § 20 Rn. 15; MüKo-InsO/*Schmahl/Vuja* § 20 Rn. 17; *Uhlenbruck/Zipperer* InsO, § 20 Rn. 10; *Küp-*

per InsbürO 2005, 135; *Laroche* ZInsO 2015, 1469 f.; **a.A.** BK-InsO/*Blersch* § 21 Rn. 48; zum Begriff s. § 15 Rdn. 18).

Bei der Auskunftspflicht handelt es sich um eine **höchstpersönliche Pflicht**. Auch bei anwaltlicher Vertretung hat das Insolvenzgericht sich an den Schuldner/Vertreter persönlich zu wenden (*Nerlich/Römermann-Mönning* InsO, § 20 Rn. 15; *Uhlenbruck/Zipperer* InsO, § 20 Rn. 17). Ein Anwalt wird von einem Anhörungstermin lediglich informiert und kann am Termin teilnehmen (*Nerlich/Römermann-Mönning* InsO, § 20 Rn. 16). Kundige Mitarbeiter darf und soll der Schuldner mitbringen. 20

III. Einschränkung

Mit Ausnahme der Angestellten und früheren Angestellten (vgl. § 101 Abs. 2 InsO) haben die Auskunftspflichtigen auch **Tatsachen** zu offenbaren, die geeignet sind, eine **Verfolgung** wegen einer **Straftat oder** einer **Ordnungswidrigkeit** herbeizuführen (§ 97 Abs. 1 Satz 2, § 101 Abs. 1 Satz 1, 2 InsO). Ohne Zustimmung des Auskunftspflichtigen können die Tatsachen jedoch in einem Verfahren gegen den Auskunftspflichtigen oder einen in § 52 Abs. 1 StPO bezeichneten Angehörigen nicht verwertet werden (Einzelheiten MüKo-InsO/*Schmahl/Vuja* § 20 Rn. 48 ff., 71). Ein »nicht richtig« gestellter Antrag (s. § 15a Rdn. 45) ist unzulässig und begründet daher kein Verwendungsverbot gem. § 97 Abs. 1 InsO (*Weiß* ZInsO 2009, 1520 [1525]). Zwar ist der Sachverständige in § 97 Abs. 1 Satz 1 InsO nicht aufgeführt. Dennoch fallen ihm gegenüber getätigte Angaben unter das Verwendungsverbot (**a.A.** *OLG Jena* NZI 2011, 382 m. abl. Anm. *Lenger*). 21

IV. Durchführung

Wegen der Durchführung der Anhörung vgl. § 10 Rdn. 5 bis 8. Ein Schuldner/Vertreter ist im Hinblick auf mögliche Zwangsmittel (§ 98 Abs. 2 InsO) förmlich (daneben ggf. noch formlos) zu laden (vgl. § 5 Rdn. 38). Auf eine Vernehmung im Wege der Rechtshilfe sollte möglichst verzichtet werden (s. § 5 Rdn. 40). Eine **schriftliche Auskunftserteilung** kommt **nur in Ausnahmefällen** in Betracht (*Nerlich/Römermann-Mönning* InsO, § 20 Rn. 21). Häufig sind zu vorgelegten Unterlagen noch Erläuterungen nötig (*Schmerbach* InsbürO 2009, 16 [19]). Das Insolvenzgericht kann aber insb. nach Erörterung in einem Anhörungstermin dem Schuldner aufgeben, noch fehlende einzelne Unterlagen dem Sachverständigen/(vorläufigen) Insolvenzverwalter unmittelbar vorzulegen. Ein Anwalt wird von einem Anhörungstermin lediglich informiert und kann am Termin teilnehmen (*Nerlich/Römermann-Mönning* InsO, § 20 Rn. 16). Der Gläubiger hat ein Anwesenheitsrecht (s. § 5 Rdn. 38). 22

C. Durchsetzung

I. Grundsätze

Die Auskunfts- und Mitwirkungspflichten können gem. § 20 Abs. 1 Satz 2 i.V.m. § 98 InsO **zwangsweise** durchgesetzt werden. Anders als bei Zeugen (§§ 380, 390 ZPO) können Ordnungsgelder nicht festgesetzt werden (*Kübler/Prütting/Bork-Pape* InsO, § 20 Rn. 14). Wegen der Einzelheiten wird verwiesen auf die Kommentierung zu § 98 InsO. Gemäß § 98 Abs. 1 InsO kann das Insolvenzgericht zunächst von Amts wegen oder auf Antrag des vorläufigen Insolvenzverwalters oder eines Insolvenzgläubigers anordnen, dass der Schuldner die Richtigkeit und Vollständigkeit einer Auskunft eidesstattlich versichert, für die Abnahme ist das Insolvenzgericht selbst zuständig (BT-Drucks. 12/2443 S. 142). Da der Rechtspfleger für die Durchführung des Eröffnungsverfahrens nicht zuständig ist, ist funktionell der Richter zuständig (s. § 2 Rdn. 41). 23

Die **Anhörung** des Schuldners gem. § 20 InsO ist vor einer Zurückweisung des Antrages sogar zu **erzwingen**, wenn sich nur so das Vorliegen eines Insolvenzgrundes oder die Masselosigkeit ermitteln lassen (*LG Göttingen* ZIP 1996, 144 [145] = EWiR 1996, 271; *LG Stendal* ZIP 1995, 1106 [1107]; *LG Magdeburg* EWiR 1997, 659; **a.A.** *LG Hamburg* ZInsO 2010, 1651 ohne Auseinandersetzung mit der Problematik). Voraussetzung ist, dass der Antrag vom Insolvenzgericht zugelassen ist; ansons- 24 ten wird der Antrag als unzulässig abgewiesen (*BGH* ZInsO 2003, 217 [218] = EWiR 2003, 589; *LG Potsdam* NZI 2002, 555). Auch nach Zulassung des Antrags gilt dies allerdings nur bei Fremdanträgen oder Eigenanträgen bei bestehender Antragspflicht (s. § 15 Rdn. 56, 58), nicht aber bei sonstigen Eigenanträgen (s. Rdn. 25).

II. Eigenantrag nicht antragspflichtiger Personen

25 Bei einem **Eigenantrag einer natürlichen Person** sind wegen der dort nicht bestehenden Antragspflicht **keine Zwangsmittel** erforderlich (*AG Dresden* ZIP 2002, 862 m. zust. Anm. *Schmahl* EWiR 2002, 721; *AG Hamburg* ZInsO 2005, 276 [279]). Dies gilt auch, wenn das Insolvenzgericht den Antrag bereits zugelassen hat – z.B. durch Bestellung eines Sachverständigen (*AG Göttingen* NZI 2001, 671; ZInsO 2002, 43; s. *Wimmer/Amend* § 98 Rdn. 2; *Graeber* ZInsO 2003, 551 [554]; *Frind* NZI 2010, 749 [751 f.]; *Fritsche* DZWIR 2003, 234 [236]; *Schmerbach* InsbürO 2006, 27 [29]; **a.A.** *LG Köln* NZI 2001, 559; *LG Göttingen* ZIP 2002, 1048 m. abl. Anm. *Schmidt* EWiR 2002, 767 = DZWIR 2003, 255, m. zust. Anm. *Gundlach/Schirrmeister*; *LG Cottbus* ZInsO 2010, 962 [963]; A/G/R-*Sander* § 20 InsO Rn. 3; HambK-InsO/*Schröder* § 20 Rn. 4; HK-InsO/*Rüntz* § 20 Rn. 19; *Kübler/Prütting/Bork-Pape* InsO, § 20 Rn. 33 f.; *Uhlenbruck/Zipperer* InsO, § 20 Rn. 34, der im Einzelfall aber Ausnahmen zulassen will; *Beth* NZI 2014, 487 [489]).

26 Der Antrag kann vielmehr (wegen **zwischenzeitlichen Wegfalls des Rechtsschutzinteresses**) als unzulässig abgewiesen werden (*AG Göttingen* ZInsO 2002, 1152; ZVI 2003, 28; s. *Wimmer/Amend* § 98 Rdn. 2). Gestützt wird diese Auffassung durch die Rechtsprechung des *BGH* (ZInsO 2005, 205), wonach eine Ablehnung bzw. Aufhebung einer Stundung in Betracht kommt, wenn der Schuldner gegen seine Auskunfts- und Mitwirkungspflichten verstößt und den Versagungsgrund des § 290 Abs. 1 Nr. 5 InsO erfüllt (*Schmerbach* InsbürO 2006, 27 [29]; *Frind* NZI 2010, 749 [750, 752] m. Hinw. auf eine mögliche Sperrfrist für die Stellung eines erneuten Restschuldbefreiungsantrages – dazu § 13 Rdn. 136 ff.).

III. Vorführung/Haft

27 Unter den Voraussetzungen des § 98 Abs. 2 InsO kann das Gericht den **Schuldner** zwangsweise vorführen und nach erfolgter Anhörung bis zu sechs Monaten **in Haft nehmen**. Vorführungen können auch im Büro des Sachverständigen/vorläufigen Insolvenzverwalters erfolgen. Da auch der faktische Vertreter bzw. Geschäftsführer auskunftspflichtig ist (s. Rdn. 19), kann auch gegen ihn Haft verhängt werden (*Uhlenbruck/Vallender* InsO, § 21 Rn. 52; **a.A.** BK-InsO/*Blersch* § 21 Rn. 48).

28 Zu beachten ist der **Grundsatz der Verhältnismäßigkeit**. Verweigert der Schuldner gegenüber dem vorläufigen Insolvenzverwalter und dem Insolvenzgericht gegenüber Auskünfte, ist die Anordnung der Haft nicht unverhältnismäßig (*OLG Celle* NZI 2001, 149 [150]; *LG Duisburg* ZIP 2001, 1065 = EWiR 2001, 879; *LG Göttingen* ZInsO 2003, 134 [135] m. zust. Anm. *Dahl* EWiR 2003, 775). Teilweise wird allerdings gefordert, dass der Schuldner vor einer Haftandrohung i.d.R. vorzuführen ist (*OLG Naumburg* ZInsO 2000, 562; HK-InsO/*Rüntz* § 20 Rn. 19; **a.A.** *Frind* NZI 2010, 749 [753 f.]; *Uhlenbruck/Vallender* InsO, § 21 Rn. 53). § 98 Abs. 2 InsO erfordert zwar eine **vorherige Anhörung**. Diese Anhörung muss jedoch **nicht zwingend mündlich** erfolgen (s. § 10 Rdn. 5). Es genügt, wenn der Schuldner nach vergeblichen Auskunftsaufforderungen des vorläufigen Insolvenzverwalters/Sachverständigen zu einem Anhörungstermin unter Hinweis auf die Möglichkeit eines Haftbefehles bei Nichterscheinen vor dem Insolvenzgericht nicht erscheint (s. Rdn. 33).

29 Verweigert der Schuldner/Vertreter die Auskünfte oder verschleppt sie, wird das Insolvenzgericht, sofern noch nicht geschehen, unverzüglich **Sicherungsmaßnahmen** (§ 21 InsO) anordnen. Legt der Schuldner ein privatärztliches **Attest** vor, ist dem mit der gebotenen Vorsicht zu begegnen. Das Insolvenzgericht kann die Vorlage eines Attestes mit genauer Diagnose und Begründung verlangen, weshalb der Schuldner seinen Auskunfts- und Mitwirkungspflichten nicht nachkommen und beispielsweise nicht vor Gericht erscheinen kann (*LG Düsseldorf* NZI 2003, 96 [97]). Es kommt

auch die Vorlage eines amtsärztlichen Gutachtens in Betracht (MüKo-InsO/*Schmahl/Vuja* § 20 Rn. 53). Bis zur Vorlage eines amtsärztlichen Gutachtens kann der Vollzug eines bereits erlassenen Haftbefehls auch analog § 116 StPO außer Vollzug gesetzt werden (*LG Köln* EWiR 1998, 77 [78]; s. Rdn. 13) oder – formlos nach Absprache mit dem Gerichtsvollzieher – die Vollstreckung zurückgestellt werden.

30 Im anordnenden Teil des Haftbefehls sind die **Handlungen** des Schuldners, die **erzwungen werden sollen**, **genau zu bezeichnen**, damit der Schuldner erkennen kann, welche Auskünfte oder sonstigen Mitwirkungshandlungen von ihm verlangt werden (*BGH* NZI 2005, 263 [265]; MüKo-InsO/ *Schmahl/Vuja* § 20 Rn. 68; *Laroche* ZInsO 2015, 1469 [1477 f.]). Der mit der Vollstreckung betraute Gerichtsvollzieher wird in den seltensten Fällen beurteilen können, ob der Schuldner die angeforderten Auskünfte tatsächlich und vollständig erteilt hat (krit. zu Recht *Frind* NZI 2010, 749 [754]). Bei Gestattung durch das Insolvenzgericht kann der Gerichtsvollzieher ggf. nach Absprache mit dem Insolvenzgericht dem Schuldner unter Setzung einer kurzen Frist auch Gelegenheit geben, die Auskünfte zu erteilen. Der Gerichtsvollzieher kann in geeigneten Fällen auch telefonisch beim Sachverständigen/vorläufigen Insolvenzverwalter nachfragen oder den Schuldner bei ihm direkt vorführen, der bei vollständiger Auskunft beim Insolvenzgericht die Aufhebung des Haftbefehls – oder insbesondere bei glaubhafter Zusicherung der Vorlage fehlender Unterlagen – die Außervollzugsetzung anregt (*Schmerbach* InsbürO 2005, 204 [209]). In Zweifelsfällen ist der Haftbefehl zu vollziehen.

31 Der Anordnungsbeschluss einer Durchsuchung muss mit einer **Vollstreckungsklausel** versehen werden (str., Einzelheiten § 23 Rdn. 33).

32 Erteilt der Schuldner die **Auskünfte nur teilweise**, ist zu prüfen, ob der Haftbefehl aufrechterhalten bleibt oder nicht zumindest außer Vollzug gesetzt wird. Wird der Haftbefehl nicht aufgehoben, ist klarzustellen, welche Auskünfte der Schuldner noch zu erteilen oder welche Pflichten er zu erfüllen hat (*Pape* ZInsO 2007, 113 [115]).

33 Die Haft darf nur so lange aufrechterhalten werden, wie dies für den Verfahrenszweck erforderlich ist (§ 98 Abs. 3 Satz 2 InsO). In Anlehnung an § 116 StPO ist zu prüfen, ob auch eine **Aussetzung des Haftbefehls** in Betracht kommt (*LG Memmingen* ZIP 1983, 204 f.; *LG Köln* EWiR 1998, 77 f.; *LG Duisburg* ZIP 2001, 1065; *Kübler/Prütting/Bork-Pape* InsO, § 20 Rn. 42).

34 Problematisch ist die lange Dauer bis zum Vollzug bzw. die Aussichtslosigkeit der **Vollstreckung im Ausland** (*Frind* NZI 2010, 749 [755]).

IV. Mildere Mittel

35 Nach dem Grundsatz der Verhältnismäßigkeit ist weiter zu prüfen, ob **mildere Mittel** als Vorführung und insbesondere Haft in Betracht kommen. Daher sind auch **Durchsuchung der Wohn- und Geschäftsräume** des Schuldners und seiner gesetzlichen Vertreter sowie die Beschlagnahme von Geschäftsunterlagen zulässig (*LG Duisburg* ZIP 1991, 674 f. = EWiR 1991, 601; *AG Göttingen* EzInsR § 21 Nr. 5 und Nr. 9; A/G/R-*Sander* § 20 InsO Rn. 22; MüKo-InsO/*Schmahl/Vuja* § 20 Rn. 39). Eine vorherige Vernehmung muss ergebnislos versucht worden sein oder aussichtslos erscheinen (*LG Göttingen* NZI 2008, 353; *Frind* NZI 2010, 749 [756]). Zum Umfang der Anordnung s. § 23 Rdn. 33. Im Eröffnungsverfahren ist es alleine Aufgabe des Insolvenzgerichtes, die Ausübung der tatsächlichen Gewalt über Geschäftsräume zu regeln; eine einstweilige Verfügung eines Zivilgerichtes ist unzulässig (*LG Duisburg* ZIP 1999, 1106 [1107] = EWiR 1999, 41 = NZI 1999, 328).

V. Dritte

36 **Mitbewohner** eines Schuldners müssen die Durchsuchung der Wohn- und Geschäftsräume dulden (*BGH* NZI 2008, 179 m. zust. Anm. *Schmerbach* NZI 2008, 228 = EWiR 2008, 351).

37 Gegen einen nicht am Verfahren beteiligten **Dritten** kann das Insolvenzgericht Durchsuchungen und Beschlagnahme anordnen, wenn der Verdacht besteht, dass der Dritte an einer Vermögensver-

schiebung beteiligt ist, indem er Gegenstände des Schuldners lediglich zum Schein in Gewahrsam genommen hat (*AG Duisburg* NZI 2000, 38 f. = ZInsO 1999, 720; *LG Mainz* ZInsO 2001, 629; *AG Korbach* ZInsO 2005, 1060; HambK-InsO/*Schröder* § 21 Rn. 13; *Kübler/Prütting/Bork-Pape* InsO, § 20 Rn. 51; *Irmen/Werres* NZI 2001, 579 [583]; *Uhlenbruck/Vallender* InsO, § 21 Rn. 10).

38 Die **gegenteilige Auffassung des BGH** (*BGH* ZInsO 2009, 2053 [2055]) **überzeugt nicht**. Zutreffend weist *Frind* (EWiR 2010, 21, NZI 2010, 749 [756]) darauf hin, dass § 21 Abs. 1 Satz 1 InsO einen Eingriff gestattet und zudem ein Widerspruch zu der Entscheidung des BGH (NZI 2008, 179) besteht, in der einem Mitbewohner des Schuldners eine Duldungspflicht zur Durchsuchung auferlegt wurde. Voraussetzung ist, dass tatsächliche Anhaltspunkte für das Vorhandensein der Gegenstände oder den Aufenthalt des Schuldners vorliegen (*LG Göttingen* ZInsO 2005, 1280 [1281]). Ist der Geschäftsführer der Insolvenzantragsschuldnerin zugleich Angestellter einer Dritten, können auch deren Geschäftsräume durchsucht werden (*AG Göttingen* EzInsR § 21 Nr. 5). Auch die Wohn- und Geschäftsräume eines Schuldnervertreters können durchsucht werden (*AG Göttingen* EzInsR § 21 Nr. 5; s. Rdn. 35). Dem Gutachter/vorläufigen Verwalter hat das Gericht die Anwesenheit zu gestatten, um so einen erfolgreichen Zugriff auf die benötigten Unterlagen zu garantieren (*Vallender* EWiR 1997, 1097 [1098]).

39 Auch eine **Kontensperre gegen einen Dritten** ist zulässig, wenn dieser mit dem Schuldner Vermögensverschiebungen vornimmt (*AG München* ZVI 2007, 22).

40 **Streitig** ist, ob **Durchsuchungsanordnungen** auch ergehen können, wenn kein vorläufiger Insolvenzverwalter, sondern **nur ein Sachverständiger** (s. § 22 Rdn. 161) **bestellt** ist (bejahend *AG Göttingen* EzInsR, InsO § 21 Nr. 9; *AG Duisburg* NZI 2004, 388; a.A. *BGH* ZInsO 2004, 550 [551 f.] m. zust. Anm. *Biner-Bähr* EWiR 2004, 499).

41 Die Muttergesellschaft einer Schuldnerin ist verpflichtet, dem vorläufigen Insolvenzverwalter einer Tochtergesellschaft die Geschäftsunterlagen auszuhändigen (*AG Karlsruhe-Durlach* NZI 2007, 296).

42 Ein **Vertretungsorgan** einer juristischen Person soll **nicht** verpflichtet sein, über seine **eigenen Vermögensverhältnisse** und die Realisierbarkeit etwaiger Ansprüche gegen ihn Angaben zu machen (*BGH* NZI 2015, 380 m. krit. Anm. *Kluth* und abl. Anm. *Laroche* ZInsO 2015, 1469 [1472 ff.]; a.A. die Vorinstanz *LG Münster* ZInsO 2015, 411 m. zust. Anm. *Neußner* EWiR 2015, 321).

43 Gegenüber **Angestellten und früheren Angestellten** des Schuldners kommt eine zwangsweise Durchsetzung gem. § 98 InsO nicht in Betracht, da § 101 Abs. 2 InsO nur auf die Vorschrift des § 97 Abs. 1 Satz 1 InsO verweist. Diese Personen sind nicht unmittelbar am Verfahren beteiligt und daher nicht der Entscheidungsgewalt des Insolvenzgerichts unterstellt (BT-Drucks. 12/2443, S. 144). Allerdings ist das Insolvenzgericht befugt, sie im Rahmen seiner Ermittlungen **als Zeugen** zu vernehmen (s. § 5 Rdn. 19, 37; ebenso *Kübler/Prütting/Bork-Pape* InsO, § 20 Rn. 15). Einer zeitaufwendigen und verfahrensverzögernden Auskunftsklage bedarf es nicht. Es gelten die zivilprozessualen Vorschriften über den Zeugenbeweis einschließlich der Bestimmungen über Ordnungsmittel (§ 380 ZPO) und Zeugnisverweigerungsrechte gem. §§ 383 bis 385 ZPO (BT-Drucks. 12/2443 S. 144; s. § 5 Rdn. 21).

44 Zum Auskunftsanspruch des Sachverständigen/(vorläufigen) Insolvenzverwalters unter Einschaltung des Gerichtsvollziehers **gem. § 802i ZPO** s. § 4 Rdn. 105.

VI. Verfahrenseröffnung

45 Mit der **Eröffnung** des Verfahrens **verliert** der **Haftbefehl seine Wirksamkeit** (s. § 21 Rdn. 56). Sind die erforderlichen Auskünfte nicht (vollständig) erteilt, kann der Haftbefehl bei Eröffnung jedoch (teilweise) aufrechterhalten bleiben und weiter vollstreckt werden. So wird der Erlass eines neuen Haftbefehls mit erforderlicher vorheriger Anhörung und erneuter Beauftragung des Gerichtsvollziehers vermieden.

D. Kosten/Rechtsbehelfe

Im Rahmen des § 98 InsO entstandene **Kosten** sind bei Eröffnung Kosten des Insolvenzverfahrens (§ 54 Nr. 1 InsO) und werden von der Insolvenzmasse getragen. In den übrigen Fällen ist zur Erstattung verpflichtet, wem die Kosten des Verfahrens auferlegt sind (s. § 13 Rdn. 183 ff.), der Antragsteller kann auch als Zweitschuldner haften (s. § 13 Rdn. 191 f.). Von der Zahlung eines Vorschusses dürfen Maßnahmen gem. § 98 InsO nicht abhängig gemacht werden (MüKo-InsO/*Schmahl/Vuja* § 20 Rn. 69; *Uhlenbruck/Zipperer* InsO, § 20 Rn. 45; s. § 13 Rdn. 95). Die dem Schuldner zur Erfüllung seiner Auskunfts- und Mitwirkungspflicht entstandenen notwendigen Auslagen wie z.B. Fahrtkosten sind nicht aus der Insolvenzmasse zu erstatten, eine entsprechende Vorschrift ist nicht Gesetz geworden (BT-Drucks. 12/7302 S. 167). 46

Gegen die Anordnung der Haft (§ 98 Abs. 2 InsO) und die Abweisung eines Antrages auf Aufhebung des Haftbefehls (§ 98 Abs. 3 Satz 2 InsO) findet die **sofortige Beschwerde** statt (§ 98 Abs. 3 Satz 3 InsO). Die sofortige Beschwerde kann gem. § 4 InsO i.V.m. § 906 ZPO auch auf eine der Vollstreckung entgegenstehende Gesundheitsgefahr gestützt werden (*Uhlenbruck/Vallender* InsO, § 21 Rn. 54). Bei dem den Haftbefehl vollziehenden Gerichtsvollzieher kann ein Rechtsmittel nicht wirksam eingelegt werden (MüKo-InsO/*Schmahl/Vuja* § 20 Rn. 84). 47

Die sofortige Beschwerde hat **keine aufschiebende Wirkung**. Die Vorschrift des § 570 Abs. 1 ZPO gilt nicht (*LG Göttingen* NZI 2005, 339; *Ahrens* NZI 2005, 299 [303 f.]). 48

Ab dem 01.01.2014 ist eine **Belehrung über die Beschwerdemöglichkeit** zwingend vorgeschrieben, bei Verstoß kann Wiedereinsetzung in den vorherigen Stand bewilligt und eine sofortige Beschwerde nachgeholt werden, § 4 InsO i.V.m. §§ 232, 233 ZPO (s. § 6 Rdn. 41). 49

Die Zulassung eines Eröffnungsantrages kann der Schuldner selbstständig nicht rügen. Bei einem Rechtsbehelf gem. § 21 InsO findet **inzidenter** eine **Überprüfung** statt (s. § 21 Rdn. 57), ebenso im Rahmen einer Haftbeschwerde (HK-InsO/*Rüntz* § 20 Rn. 21; *Kübler/Prütting/Bork-Pape* InsO, § 20 Rn. 46). Gegen Anordnungen zur Auskunftserteilung und Mitwirkung stehen dem Schuldner außer in den soeben aufgeführten Fällen keine Rechtsbehelfe zu. 50

E. Hinweis auf Restschuldbefreiung (Abs. 2)

I. Überblick

Es sind mehrere Themenkreise zu unterscheiden: 51
- Regelungszweck,
- Anwendungsbereich,
- Inhalt des gerichtlichen Hinweises,
- Nachweis des Zugangs des Hinweises,
- Folgen eines Verstoßes/Wiedereinsetzung,
- Präklusion verspäteter Anträge.

II. Regelungszweck

Der in Abs. 2 vorgeschriebene Hinweis soll bewirken, dass der **Schuldner nicht** aus Rechtsunkenntnis seine **Möglichkeit der Restschuldbefreiung** gem. §§ 286 ff. InsO **verliert** (*BGH* ZInsO 2005, 310 [311]). Nach der bis zum 30.11.2001 geltenden Fassung (§ 30 Abs. 3 InsO a.F.) war die Belehrung erst bei Verfahrenseröffnung vorgesehen, sie ist seitdem vorverlagert. Die Belehrung soll daher unmittelbar durch das Insolvenzgericht nach der Prüfung der Zulässigkeit des Antrags erfolgen (BR-Drucks. 14/01, S. 50). Ist die Belehrung erfolgt, ist der Antrag innerhalb von zwei Wochen nach dem Hinweis zu stellen gem. § 287 Abs. 1 Satz 2 InsO. 52

III. Anwendungsbereich

53 Die Hinweispflicht besteht bei Eigen- und Fremdanträgen sowohl im Regel- wie im Verbraucherinsolvenzverfahren (*BGH* ZInsO 2005, 310 [311]). Beim Verbraucherinsolvenzverfahren hat die Vorschrift keine Bedeutung, beim Eigenantrag wegen § 305 Abs. 1 Nr. 2, Abs. 3 InsO und beim Fremdantrag wegen § 306 Abs. 3 InsO (A/G/R-*Sander* § 20 InsO Rn. 17). Im Regelinsolvenzverfahren stellen natürliche Personen regelmäßig auch Antrag auf Restschuldbefreiung. **Praktische Bedeutung** hat die Vorschrift **bei Fremdanträgen**. In diesem Bereich verbleiben **mehrere Streitfragen**.

54 Entschieden ist, dass der Schuldner im **Regelinsolvenzverfahren** einen **eigenen Insolvenzantrag** stellen muss, **um Restschuldbefreiung zu erlangen** (*BGH* ZInsO 2004, 974 [975] = EWiR 2005, 481). Nach der Rechtsprechung des BGH beginnt die **Frist** zur Stellung des Restschuldbefreiungsantrags zudem **nur** zu laufen, wenn der Schuldner einen **Eigenantrag gestellt** hat (*BGH* ZVI 2004, 606 [607]; ZInsO 2004, 974 [976]). Dies gilt auch dann, wenn der Schuldner bei einem Gläubigerantrag gem. § 20 Abs. 2, § 287 Abs. 1 Satz 2 InsO belehrt worden ist (*BGH* ZInsO 2004, 974 [976]; MüKo-InsO/*Schmahl/Vuja* § 20 Rn. 99; a.A. *LG Aachen* ZVI 2012, 105 bei vorheriger Belehrung bei einem noch anhängigen Eröffnungsantrag).

55 Eine Belehrung ist **nicht erforderlich**, wenn **Restschuldbefreiung nicht in Betracht kommt**. Die Beantwortung der Frage kann im Einzelfall schwierig sein. Im Zweifelsfall ist zu belehren.

56 Eine Restschuldbefreiung scheidet aus bei Eröffnung eines **Partikularinsolvenzverfahrens** gem. § 355 Abs. 1 InsO. Eine Belehrung erfolgt nicht (*AG Göttingen* NZI 2011, 160).

57 Eine Belehrung soll ausscheiden, wenn der Schuldner bereits in einem **anderen, noch anhängigen Verfahren belehrt** worden ist (*BGH* ZInsO 2016, 2086 Rz. 11; *LG Aachen* ZVI 2012, 105).

58 Eine Belehrung erfolgt **nicht**, wenn der **Restschuldbefreiungsantrag** gem. § 287a Abs. 2 InsO erkennbar **unzulässig** wäre.

59 Bei einem **Zweitinsolvenzverfahren scheidet** eine Eröffnung auf Stundungsbasis gem. **§ 4a InsO aus** (s. § 13 Rdn. 119, 125). Eine **Belehrung** des Schuldners gem. § 20 Abs. 2 InsO über die Möglichkeit eines (mit einem Stundungsantrag kombinierten) Antrages auf Restschuldbefreiung gem. § 20 Abs. 2 InsO ist daher **nicht erforderlich** (*AG Göttingen* NZI 2011, 861 und *AG Göttingen* NZI 2012,198; A/G/R-*Sander* § 20 InsO Rn. 17; HambK-InsO/*Schröder* § 20 Rn. 25).

60 Gleiches gilt, wenn der Schuldner in einem anderen Insolvenzverfahren **bereits Restschuldbefreiung beantragt** hat (s. § 13 Rdn. 173, 175).

61 Ist das Verfahren aufgrund eines Gläubigerantrages eröffnet und der Schuldner nicht oder nicht ordnungsgemäß (s. Rdn. 62 ff.) belehrt worden, kann der Schuldner einen **isolierten Restschuldbefreiungsantrag** ohne eigenen Antrag auf Eröffnung des Verfahrens stellen (*BGH* ZInsO 2005, 311). Auch rückwirkende Beantragung und Bewilligung von Stundung gem. § 4a InsO kommt in Betracht (*BGH* ZInsO 2015, 1734).

IV. Inhalt des gerichtlichen Hinweises

62 Weiter muss der Hinweis **deutlich aufzeigen** das Erfordernis eines Eigenantrages, das Erfordernis der Abtretungserklärung einschließlich ihres vorgeschriebenen Inhaltes, den Beginn und die Länge der Frist für den Antrag auf Restschuldbefreiung und Abtretungserklärung sowie die Folgen einer Fristversäumung (vgl. *LG Memmingen* NZI 2004, 44 [45]; *AG Göttingen* ZInsO 2012, 1330 [1331]; *Kübler/Prütting/Bork-Pape* InsO § 20 Rn. 92 ff.; *Ahrens* Verbraucherinsolvenz aktuell 2010, 9 [10]). Offen ist, ob Wiedereinsetzung gem. § 4 InsO i.V.m. § 233 ZPO in Betracht kommt (s. Rdn. 65 und § 4 Rdn. 14).

63 Der Hinweis an den Schuldner kann in einem **Formblatt**, in dem die Restschuldbefreiung in ihren Grundzügen, nicht aber in allen Einzelheiten erläutert wird, erfolgen. Der Schuldner sollte hingewiesen werden auf die Regelungen in §§ 287 Abs. 1, Abs. 2 InsO, die Möglichkeit der Versagung

(§ 290 InsO), das Bestehen von Obliegenheiten (§ 295 InsO) und die Wirkungen (§§ 301, 302 InsO). Muster bei *Schmerbach* ZInsO 2002, 118 [120] und *Schäferhoff* ZInsO 2002, 962.

V. Nachweis des Zugangs

Weiter muss das Insolvenzgericht darauf achten, dass der **Hinweis** dem Schuldner **nachweisbar zugeht** (*BGH* ZInsO 2004, 974 [976]; *Uhlenbruck/Zipperer* InsO, § 20 Rn. 48). Bei mündlichen Anhörungsterminen kann der Insolvenzrichter den Schuldner belehren, ihm ein Merkblatt mit Antragsformular überreichen und dies aktenkundig machen (*Kübler/Prütting/Bork-Pape* InsO, § 20 Rn. 90). Nicht erschienenen Schuldnern sollte ein Antrag übersandt werden. Dazu dürfte die ansonsten im Eröffnungsverfahren ungebräuchliche förmliche Zustellung erforderlich sein. Bei anwaltlich vertretenen Schuldnern genügt eine Zustellung an den Verfahrensbevollmächtigten (s. § 14 Rdn. 42; HK-InsO/*Rüntz* § 20 Rn. 24). 64

VI. Folgen eines Verstoßes/Wiedereinsetzung

Unterbleibt der gebotene Hinweis, geht er dem Schuldner nicht nachweisbar zu oder kann wirksam keine Frist gesetzt werden, **läuft die Frist nicht** (*LG Berlin* ZVI 2003, 536 [537]; HK-InsO/*Rüntz* § 20 Rn. 24; *Kübler/Prütting/Bork-Pape* InsO, § 20 Rn. 87). Eine unvollständige Belehrung setzt keine Frist in Gang, auch ein etwaiges »Mitverschulden« des Schuldners ist unerheblich (**a.A.** *LG Düsseldorf* ZInsO 2015, 365). 65

In den übrigen Fällen wie z.B. bei entschuldbarer Fristversäumung des Schuldners ist Wiedereinsetzung möglich (*LG Göttingen* NZI 2001, 220; *LG Dresden* ZInsO 2008, 48; *Kübler/Prütting/Bork-Pape* InsO, § 20 Rn. 97 ff.; *Uhlenbruck/Zipperer* InsO, § 20 Rn. 49; *AG Duisburg* ZVI 2008, 306 [309]; **a.A.** *BGH* ZInsO 2016, 2086 Rn. 17; MüKo-InsO/*Schmahl/Vuja* § 20 Rn. 100; *Ahrens* § 287 Rdn. 51; HambK-InsO/*Streck* § 287 Rn. 10; *Schäferhoff* ZInsO 2002, 962; *Schmahl* ZInsO 2002, 212 [215]). Die Wiedereinsetzungsvorschriften der §§ 233 ff. ZPO gelten allerdings nur eingeschränkt (*AG Göttingen* ZInsO 2002, 887 [888]; gegen eine Geltung der **Jahresfrist des § 234 Abs. 3 ZPO** *AG Duisburg* NZI 2008, 628 [629]). 66

VII. Präklusion verspäteter Anträge

Nach der Rechtsprechung des BGH beginnt die Frist zur Stellung des Restschuldbefreiungsantrags nur zu laufen, wenn der Schuldner einen **Eigenantrag** gestellt hat (s. Rdn. 53). In diesem Fall ist der Schuldner mit einem nach Fristablauf gestellten Antrag präkludiert, sofern eine ordnungsgemäße Belehrung (s. Rdn. 62 f.) dem Schuldner nachweisbar zuging (s. Rdn. 64) und keine Wiedereinsetzung in Betracht kommt (s. Rdn. 65). 67

Beim **Fremdantrag** fordert der *BGH* (ZInsO 2005, 310 = EWiR 2005, 311), dem Schuldner neben dem Hinweis auf die Möglichkeit eines Eigenantrages und der Restschuldbefreiung auch eine **richterliche Frist** zur Stellung dieser Anträge **zu setzen**. Die **Folgen der Fristversäumung** sind **umstritten**. Die Vorschrift des § 287 Abs. 1 Satz 2 InsO gilt nur, wenn der Schuldner einen Eröffnungsantrag gestellt hat (s. Rdn. 53). Eine Präklusion setzt eine gesetzliche Ermächtigung voraus (*Schmerbach/ Wegener* ZInsO 2006, 400 [405]; ähnlich *Högner* ZVI 2006, 267; **a.A.** *Pape* InsbürO 2006, 212 [217]). Daher ist der Schuldner nach Fristablauf bei einem Fremdantrag nicht präkludiert (*LG Dresden* ZVI 2006, 154; wohl auch *BGH* ZInsO 2008, 924 [925 Rn. 18]; **a.A.** *BGH* ZInsO 2016, 2086 Rn. 9 m. **abl.** Anm. *Schmerbach* InsbürO 2017, 27; *BGH* ZInsO 2015, 90 Rn. 8 m. **abl.** Anm. *Schmerbach* InsbürO 2015, 311 sogar im Fall eines noch nicht rechtskräftigen Eröffnungsbeschlusses; *LG Aachen* ZVI 2012, 105; *AG Dresden* ZVI 2005, 490; *AG Leipzig* ZVI 2007, 282; HambK-InsO/*Schröder* § 20 Rn. 27; HK-InsO/*Wattenberger* § 287 Rn. 27; *Kübler/Prütting/Bork-Pape* InsO, § 27 Rn. 24 und 30 Rn. 5). Zu erwägen ist in diesen Fällen eine gesonderte öffentliche Bekanntmachung über den Restschuldbefreiungsantrag analog § 287 Abs. 1 Satz 2 InsO (s. § 30 Rdn. 28). 68

69 Der **Gesetzeszweck**, zügig Klarheit zu erlangen, ob der Schuldner Restschuldbefreiung erlangen will, wird damit in sein **Gegenteil verkehrt** (*Pape* NZI 2004, 543). Die Neuregelung stellt in vielen Fällen eine Verbesserung für den Schuldner dar. Konnte der Antrag nach der bis zum 30.11.2001 geltenden Fassung nur bis zum Berichtstermin (§ 29 Nr. 1 InsO) gestellt werden, ist die Möglichkeit zur Antragstellung bei Eröffnung eines Verfahrens aufgrund eines Gläubigerantrages jetzt zeitlich deutlich verlängert (**str.**, s. § 13 Rdn. 172) bis zum Schlusstermin gem. § 197 InsO, nicht aber bis zur Einstellung gem. § 289 InsO oder Aufhebung des Verfahrens gem. § 200 Abs. 1 InsO (**str.**, s. § 13 Rdn. 172).

VIII. Sperrfrist für späteren Schuldnerantrag

70 Stellt der Schuldner später einen eigenen Antrag auf Eröffnung des Verfahrens, Stundung und Restschuldbefreiung, wendete der BGH die Vorschrift des **§ 290 Abs. 1 Nr. 3 InsO analog** an mit einer **auf drei Jahre verkürzten Sperrfrist**. Voraussetzung ist eine ordnungsgemäße Belehrung des Schuldners durch das Insolvenzgericht (s. Rdn. 62 ff.). Diese Rechtsprechung ist überholt durch das Gesetz zur Verkürzung des Restschuldbefreiungsverfahrens und zur Stärkung der Gläubigerrechte vom 15.07.2013 (s. § 13 Rdn. 135).

F. Internationales Insolvenzrecht

71 Die Auskunftspflicht bezieht sich auch auf im Ausland belegenes Vermögen, da auch dieses in die Insolvenzmasse fällt (s. § 3 Rdn. 58).

72 Der Schuldner ist daher verpflichtet, im Ausland belegene Gegenstände durch geeignete Mitwirkungshandlungen für die Verwertung zu erschließen, falls ausländische Staaten grenzüberschreitende Wirkungen des Insolvenzverfahrens nicht anerkennen (vgl. BT-Drucks. 12/2443 S. 142; s. § 22 Rdn. 198).

§ 21 Anordnung vorläufiger Maßnahmen

(1) ¹Das Insolvenzgericht hat alle Maßnahmen zu treffen, die erforderlich erscheinen, um bis zur Entscheidung über den Antrag eine den Gläubigern nachteilige Veränderung in der Vermögenslage des Schuldners zu verhüten. ²Gegen die Anordnung der Maßnahme steht dem Schuldner die sofortige Beschwerde zu.

(2) ¹Das Gericht kann insbesondere
1. einen vorläufigen Insolvenzverwalter bestellen, für den die § 8 Abs. 3 und die §§ 56, 56a, 58 bis 66 entsprechend gelten;
1a. einen vorläufigen Gläubigerausschuss einsetzen, für den § 67 Absatz 2 und die §§ 69 bis 73 entsprechend gelten; zu Mitgliedern des Gläubigerausschusses können auch Personen bestellt werden, die erst mit Eröffnung des Verfahrens Gläubiger werden;
2. dem Schuldner ein allgemeines Verfügungsverbot auferlegen oder anordnen, dass Verfügungen des Schuldners nur mit Zustimmung des vorläufigen Insolvenzverwalters wirksam sind;
3. Maßnahmen der Zwangsvollstreckung gegen den Schuldner untersagen oder einstweilen einstellen, soweit nicht unbewegliche Gegenstände betroffen sind;
4. eine vorläufige Postsperre anordnen, für die die §§ 99, 101 Abs. 1 Satz 1 entsprechend gelten;
5. anordnen, dass Gegenstände, die im Falle der Eröffnung des Verfahrens von § 166 erfasst würden oder deren Aussonderung verlangt werden könnte, vom Gläubiger nicht verwertet oder eingezogen werden dürfen und das solche Gegenstände zur Fortführung des Unternehmens des Schuldners eingesetzt werden können, soweit sie hierfür von erheblicher Bedeutung sind; § 169 Satz 2 und 3 gilt entsprechend; ein durch die Nutzung eingetretener Wertverlust ist durch laufende Zahlungen an den Gläubiger auszugleichen. Die Verpflichtung zu Ausgleichszahlungen besteht nur, soweit der durch die Nutzung entstehende Wertverlust die Sicherung des absonderungsberechtigten Gläubigers beeinträchtigt. Zieht der vorläufige Insolvenzver-

walter eine zur Sicherung eines Anspruchs abgetretene Forderung anstelle des Gläubigers ein, so gelten die §§ 170, 171 entsprechend.

²Die Anordnung von Sicherungsmaßnahmen berührt nicht die Wirksamkeit von Verfügungen über Finanzsicherheiten nach § 1 Abs. 17 des Kreditwesengesetzes und die Wirksamkeit der Verrechnung von Ansprüchen und Leistungen aus Zahlungsaufträgen, Aufträgen zwischen Zahlungsdienstleistern oder gleichgeschalteten Stellen oder Aufträgen zur Übertragung von Wertpapieren, die in Systeme nach § 1 Abs. 16 des Kreditwesengesetzes eingebracht wurden. ³Dies gilt auch dann, wenn ein solches Rechtsgeschäft des Schuldners am Tag der Anordnung getätigt und verrechnet oder eine Finanzsicherheit bestellt wird und der andere Teil nachweist, dass er die Anordnung weder kannte noch hätte kennen müssen; ist der andere Teil ein Systembetreiber oder Teilnehmer in dem System, bestimmt sich der Tag der Anordnung nach dem Geschäftstag im Sinne des § 1 Absatz 16b des Kreditwesengesetzes.

(3) ¹Reichen andere Maßnahmen nicht aus, so kann das Gericht den Schuldner zwangsweise vorführen und nach Anhörung in Haft nehmen lassen. ²Ist der Schuldner keine natürliche Person, so gilt entsprechendes für seine organschaftlichen Vertreter. ³Für die Anordnung von Haft gilt § 98 Abs. 3 entsprechend.

Fassung des Abs. 1 Nr. 1 ab dem 21.04.2018:
»1. einen vorläufigen Insolvenzverwalter bestellen, für den § 8 Absatz 3 und die §§ 56, 56a bis 56b, 58 bis 66 und 269a entsprechend gelten;«

Übersicht	Rdn.
A. Überblick über die Sicherungsmaßnahmen (§§ 21–25 InsO)	1
I. Zweck	1
II. Regelung in der InsO	9
III. Änderungen	24
IV. Übersicht über die wichtigsten Sicherungsmaßnahmen und ihre Wirkungen	29
B. Erlass von Sicherungsmaßnahmen	30
I. Allgemeine Voraussetzungen	30
II. Verhältnismäßigkeit	39
III. Rechtliches Gehör	45
IV. Verfahrensmäßiger Ablauf	50
V. Beendigung der Sicherungsmaßnahmen	56
VI. Anfechtbarkeit	57
VII. Kosten	66
C. Verhältnis der wichtigsten Sicherungsmaßnahmen zueinander	68
I. Allgemeines Verfügungsverbot (§ 21 Abs. 2 Nr. 2, 1. Alt.)	69
II. Allgemeiner Zustimmungsvorbehalt (§ 21 Abs. 2 Nr. 2, 2. Alt.)	75
III. Bestellung eines vorläufigen Insolvenzverwalters (§ 21 Abs. 2 Nr. 1, 1. HS)	79
1. Regelfall	79
2. Ausnahmen	80
a) Eingestellter Geschäftsbetrieb	80
b) Antrag auf vorläufige Eigenverwaltung (§ 270a)/Schutzschirmverfahren (§ 270b)	81
c) Vorläufiger Verwalter ohne Verwaltungs- und Verfügungsbefugnis	82
d) Vorläufiger Verwalter mit eingeschränktem Wirkungskreis	83
e) Verbraucherinsolvenzverfahren	84
f) Vertragshilfegesetz	85
g) Vorläufiger Sonderinsolvenzverwalter	86
IV. Sonstige Anordnungen	87
D. Geltung der Vorschriften des (endgültigen) Insolvenzverwalters (§ 21 Abs. 2 Nr. 1 InsO, 2. HS)	89
I. Übertragung der Zustellungen (§ 8 Abs. 3 InsO)	92
II. Bestellung (§ 56 InsO)	93
III. Gläubigerbeteiligung bei Bestellung [vorläufiger] Insolvenzverwalter (§ 56a InsO)	103
IV. Aufsicht (§ 58 InsO)	114
V. Entlassung (§ 59 InsO)	115
VI. Haftung (§ 60 InsO)	116
1. Überblick über die Haftungstatbestände	116
2. Voraussetzungen (§ 60 InsO)	119
3. Weitere Anspruchsgrundlagen	122
4. Umfang	125
5. Weiterführende Angaben	126
6. Vorläufiger Sachwalter	127
VII. Nichterfüllung Masseverbindlichkeiten (§ 61 InsO)	128
1. Eröffnung	130
2. Nichteröffnung	133
3. Gleichzeitige Beauftragung als Sachverständiger	135

§ 21 InsO Anordnung vorläufiger Maßnahmen

	Rdn.			Rdn.
4. Entlastungsbeweis (§ 61 Satz 2 InsO)	136		1. Adressat der Rechnungslegung	224
5. Umfang	137		2. Funktionelle Prüfungszuständigkeit	225
6. Weiterführende Angaben	138		3. Anwendungsbereich	226
VIII. Verjährung Schadensersatzansprüche (§ 62 InsO)	139		4. Umfang	235
			5. Verfahren	241
IX. Vergütung (§ 63 InsO)	140	XIII.	Freigabemöglichkeit (§ 35 Abs. 2 InsO analog)?	258
1. Überblick	140	XIV.	Vorläufiger Gläubigerausschuss	259
2. Antrag des vorläufigen Insolvenzverwalters	143	XV.	Zustimmungsvorbehalt bei Einsetzung eines vorläufigen Sachwalters (§ 21 Abs. 2 Nr. 2 InsO analog)	260
3. Berechnungsgrundlage (§§ 1, 11 InsVV)	145	E.	Vorläufiger Gläubigerausschuss (§ 21 Abs. 2 Nr. 1a InsO)	261
a) Allgemein	145	F.	Verfügungsverbot/Zustimmungsvorbehalt (§ 21 Abs. 2 Nr. 2 InsO)	271
b) Maßgebender Zeitpunkt (§ 11 Abs. 1 Satz 3 InsVV a.F. bis zum 18.07.2013/ § 11 Abs. 1 Satz 1 InsVV n.F.)	146	G.	Zwangsvollstreckungsmaßnahmen (§ 21 Abs. 2 Nr. 3 InsO)	273
		I.	Überblick	273
c) Aus- und Absonderungsrechte (§ 11 Abs. 1 Satz 4, 5 InsVV a.F. bis zum 18.07.2013/ § 11 Abs. 1 Satz 2, 3 InsVV n.F.)	153	II.	Voraussetzungen	277
			1. Anwendungsbereich	277
			a) Sachlicher Anwendungsbereich	277
			b) Zeitlicher Anwendungsbereich	281
d) Anfechtungs- und sonstige Ansprüche	163		c) Verfahrensfragen	282
			2. Betroffene Gegenstände	283
e) Nachträgliche Änderungen (§ 11 Abs. 2 InsVV)	164		3. Wirkungen	288
		III.	Unbewegliches Vermögen	299
4. Regelsatz von 25 % (§§ 11 Abs. 1 Satz 2, 2 InsVV a.F. bis zum 18.07.2013/ § 63 Abs. 3 InsO n.F.)	166	IV.	Aufhebung	304
		V.	Rechtsbehelfe	305
		VI.	Anträge gem. §§ 850 ff. ZPO	310
5. Zu- und Abschläge (§ 3 InsVV)	171	H.	Vorläufige Postsperre (§ 21 Abs. 2 Nr. 4)	311
6. Auslagenpauschale (§ 8 Abs. 3 InsVV)	176	I.	Voraussetzungen	311
7. Vorläufiger Sonderverwalter	178	II.	Umfang	319
9. Vorläufiger Sachwalter	179	III.	Beschluss	321
10. Fälligkeit	182	IV.	Rechtsbehelf	323
11. Verjährung	186	I.	**Aus- und Absonderungsrechte (§ 21 Abs. 2 Nr. 5)**	326
12. Verwirkung	188	I.	Überblick	326
13. Rechtsbehelfe	189	II.	Voraussetzungen einer Anordnung	331
14. Auswirkungen auf die Vergütungsfestsetzung für den endgültigen Insolvenzverwalter	190		1. Übersicht	331
			2. Individualisierung der Gegenstände/Forderungen	334
15. Vereinbarungen über die Vergütung	191		3. Betriebsfortführung	336
16. Anfechtbarkeit	192		4. Erhebliche Bedeutung	338
17. Zahlungspflichtige	193	III.	Betroffene Gegenstände	340
18. Änderungsbedarf	195	IV.	Rechtliches Gehör	346
X. Festsetzung (§ 64 InsO)	196	V.	Inhalt der Entscheidung	347
1. Sachliche Zuständigkeit	196	VI.	Bekanntgabe der Entscheidung	351
2. Funktionelle Zuständigkeit	197	VII.	Rechtsfolgen	352
3. Rechtliches Gehör	203		1. Masse	352
4. Entscheidung	205		a) Verwertungs- und Einziehungsverbot	353
5. Begründung	210		
6. Öffentliche Bekanntmachung	211		b) Nutzungsrecht	355
7. Beschwerderecht	212		c) Forderungseinzugsrecht	356
8. Entnahmerecht	217		2. Ausgleichsansprüche des Gläubigers	358
9. Vorschuss	218		
XI. Vergütungsverordnung (§ 65 InsO)	222		a) § 169 Satz 2, 3 InsO	358
XII. Rechnungslegung (§ 66 InsO)	223			

		Rdn.			Rdn.
	b) Verteilung des Erlöses	361	III.	Hinterlegungsaufforderung an Drittschuldner	382
	c) Ausgleich Wertverlust	362			
	d) Rang als Masseforderung	368	IV.	Einziehungsermächtigung für sicherheitshalber abgetretene Forderungen	383
3.	Anspruch des vorläufigen Insolvenzverwalters auf Kostenbeitrag	369	V.	Sonstige Maßnahmen	384
4.	Verstöße	370		1. Siegelung	384
	a) Gegenstände	371		2. Durchsuchung	385
	b) Forderungseinzug	372		3. Schließung Büro- und Betriebsräume	386
VIII.	Rechtsmittel	373			
IX.	Aufhebung der Anordnung	374		4. Residenzpflicht	387
X.	Praktische Erfahrungen	375	VI.	Zeitlich begrenzte Nachrichtensperre	389
J.	**Weitere Sicherungsmaßnahmen (§ 21 Abs. 1 InsO)**	376	K.	**Privilegierung von Finanzsicherheiten (§ 21 Abs. 2 Satz 2 InsO)**	391
I.	Besonderes Verfügungsverbot und besonderer Zustimmungsvorbehalt	377	L.	**Vorführung und Haft (§ 21 Abs. 3)**	395
			M.	**Internationales Insolvenzrecht**	396
II.	Kontensperre	380	N.	**Reformtendenzen**	400

Literatur:

Christoph/Doghonadze Die Probleme hinsichtlich der Berechnung des Wertverlustes nach einem Einziehungs- und Verwertungsverbot in der insolvenzrechtlichen Praxis – »Recht haben« und »Recht bekommen«?, NZI 2016, 809; Diskussionsentwurf des Gläubigerforums zur Neuordnung der insolvenzrechtlichen Vergütungsverordnung (RefDiskE-InsVV), ZInsO 2013, 2424; *Eisner/Jakob/Lissner/Schmittmann* Heißes Eisen: Schlussrechnungsprüfung INDat-Report 06/2015, S. 11; Entschließung des Zweiten Deutschen Gläubigerkongresses vom 05.06.2013 zur notwendigen Fortentwicklung des Insolvenzrechts, ZInsO 2013, 1183; *Ganter* Kündigungsrecht trotz angeordneter Verwertungssperre? – Zum Spannungsverhältnis zwischen § 21 Abs. 2 Nr. 5 und § 112 InsO, ZIP 2015, 1767; *Graeber* Vergütungsbestimmung durch Vereinbarungen zwischen einem Insolvenzverwalter und den weiteren Beteiligten eines Insolvenzverfahrens, ZIP 2013, 916; *ders.* Zur Vergütungsbestimmung des vorläufigen Insolvenzverwalters bei Nichtberücksichtigung des § 11 Abs. 1 Satz 4 InsVV in Erwiderung zu *Hentrich* InsbürO 2013, 128 ff., InsbürO 2013, 169; *Graeber/Graeber* Vergütungsrecht in der Insolvenzpraxis: Die Vergleichsrechnung bei mehreren masseerhöhenden Zuschlagsgründen, InsbürO 2012, 293; *dies.* Zur Zulässigkeit der Beauftragung externer Schlussrechnungsprüfer durch Insolvenzgerichte, NZI 2014, 298; *dies.* Der Abbruch der vorläufigen Eigenverwaltung als vergütungsrechtliches Problem, ZInsO 2015, 891; *Greiner* Ist eine isolierte vorläufige Postsperre als vorläufige Sicherungsmaßnahme zulässig?, ZInsO 2017, 262; *Haarmeyer* Bestellung eines vorläufigen Gläubigerausschusses und die Auswahl seiner Mitglieder, ZInsO 2012, 2109; *ders.* »Die InsVV ist tot – es lebe die InsVV«, ZInsO-Newsletter 3/2013, 10; *ders.* Zehn Grundsätze zur Reform des Vergütungsrechts in Insolvenzverfahren, ZInsO 2013, 2255; *ders.* Die »neue« degressive Vergütung des vorläufigen Insolvenzverwalters, InsbürO 2014, 106; *ders.* Vorschussmöglichkeit während der vorläufigen Insolvenzverwaltung, InsbürO 2016, 231; *ders.* Vergütungsregelungen im Insolvenzplan, ZInsO 2016, 1622; *ders.* Festsetzung leicht gemacht, ZInsO 2016, 1626; *ders.* Die Konkretisierung der Darlegungs- und Beweislast im Vergütungsfestsetzungsverfahren, ZInsO 2016, 2057; *ders.* Die (neue) Vergütung des Sachwalters, InsbürO 2016, 440; *ders.* Für die starke vorläufige Insolvenzverwaltung: ein Plädoyer, InsbürO 2017, 47; *Haarmeyer/Mock* Die Vergütung des vorläufigen Sachwalters – Finales und Halbfinales aus Karlsruhe, ZInsO 2016, 1829; *Hackenberg* Die Rechtsprechung des BGH zur Vergütung des vorläufigen Sachwalters – ein Sanierungshindernis?, ZInsO 2017, 204; *Hölzle* Zur Suspendierung der Mietzahlungspflicht für gewerblich genutzte Immobilien im Insolvenzeröffnungsverfahren, ZIP 2014, 1155; *Holzer* Die Reform der InsVV, NZI 2013, 1049; *Horstkotte* Effektiver Rechtsschutz im Verfahren über die Einsetzung eines vorläufigen Gläubigerausschusses, ZInsO 2012, 1930; *Kröpke* Der insolvente Kantinenpächter, ZVI 2016, 220; *Lissner* Die Übertragung der Schlussrechnungsprüfung auf Sachverständige, ZInsO 2015, 1184; *ders.* Die Vergütung des Sachwalters, Rpfleger 2017, 125; *Metoja* Externe Prüfung der insolvenzrechtlichen Rechnungslegung – ein Nutzen für die Verfahrensbeteiligten?, ZInsO 2016, 992; *Nicht* Rechnungslegungspflicht des schwachen vorläufigen Insolvenzverwalters mit Einziehungsermächtigung bei Nichteröffnung des Insolvenzverfahrens, NZI 2013, 924; *Pape* Eigenverwaltungsverfahren im Spiegel der Rechtsprechung nach Inkrafttreten des ESUG, ZInsO 2013, 2129; *Prasser* Die Berücksichtigung von Aus- und Absonderungsrechten bei der Vergütung des vorläufigen Insolvenzverwalters nach altem und neuen Recht, InsbürO 2017, 14; *Riedel* Festsetzung von Zuschlägen auf die Regelvergütung des Insolvenzverwalters, Rpfleger 2013, 123; *Ries* Der »vorläufige Insolvenzverwalter« nach § 21 Abs. 2 Nr. 2, 2. Alt. InsO – jeder kennt ihn, aber kaum einer weiß, in welcher Funktion und für welche Gläubiger er tätig ist, ZInsO 2013, 1612; *Römermann/Praß* Rechtsschutz bei Ablehnung eines vorläufigen Gläubigerausschusses, ZInsO 2012, 1923; *Schmerbach* Gesetz zur Verkürzung des Restschuldbefreiungsverfahrens und zur Stärkung der Gläubigerrechte – Ende gut, alles gut?, NZI 2013, 566; *Schöttler* Gerichtliche Bindung an Vergütungsvereinbarungen im Insolvenzplan?, NZI 2014, 852; *Stapper/Häußner* Reform der Mindestvergütung des vorläufigen Insolvenzverwalters?, ZInsO 2014, 2349; *Vuia* Der Anspruch auf Gewährung rechtlichen Gehörs zu dem Vergütungsfestsetzungsantrag des (vorläufigen) Insolvenzverwalters nach §§ 26a, 63, 64 InsO, § 8 InsVV, ZInsO 2014, 1035; *Wroblewski* Arbeitnehmervertreter im (vorläufigen) Gläubigerausschuss, ZInsO 2014, 115; *Zimmer* Probleme des Vergütungsrechts (bei Nicht-Eröffnung des Insolvenzverfahrens) vor und nach ESUG – Plädoyer für das Eröffnungsverfahren als notwendige Vorstufe eines Insolvenzverfahrens im Sinne einer Vorgesellschaft, ZInsO 2012, 1658.

Gesetzesmaterialien:

ESUG

Diskussionsentwurf für ein Gesetz zur weiteren Erleichterung der Sanierung von Unternehmen – Beil. 1 zu ZIP 28/2010 = Beil. zu NZI Heft 16/2010.

Referentenentwurf für ein Gesetz zur weiteren Erleichterung der Sanierung von Unternehmen (ESUG) – Bearbeitungsstand 25.01.2011, ZInsO 2011, 269 = Beil. 1 zu ZIP 6/2011.

Entwurf eines Gesetzes zur weiteren Erleichterung der Sanierung von Unternehmen vom 04.05.2011 (BT-Drucks. 17/5712).

Beschlussempfehlung und Bericht des Rechtsausschusses vom 26.10.2011 (BT-Drucks. 17/7511).

A. Überblick über die Sicherungsmaßnahmen (§§ 21–25 InsO)

I. Zweck

1 Ist der Antrag zulässig (s. § 20 Rdn. 1), hat das Insolvenzgericht von Amts wegen (§ 5 Abs. 1 Satz 1 InsO) den Sachverhalt zu ermitteln. Dazu kann es vom Schuldner Auskünfte verlangen (§ 20 InsO). Das Gericht prüft im Rahmen der Begründetheit, ob ein Eröffnungsgrund (§ 16 InsO) vorliegt und eine kostendeckende Masse (§ 26 InsO) vorhanden ist. Die Ermittlungen dauern Wochen oder Monate. Dazu bedient es sich regelmäßig eines Sachverständigen (s. § 22 Rdn. 161 ff.). Es besteht aber die Gefahr einer zwischenzeitlichen Verschlechterung der Vermögenslage durch masseschädigende Verfügung des Schuldners, Einzelzwangsvollstreckungen von Gläubigern und Wertverfall des Unternehmens. Das Insolvenzgericht hat bis zur Entscheidung über den Antrag alle erforderlichen Maßnahmen zu treffen, um eine **nachteilige Veränderung der Vermögenslage des Schuldners zu verhüten** (§ 21 Abs. 1 InsO).

2 Die **wichtigsten Sicherungsmaßnahmen** sind in § 21 Abs. 2 InsO aufgezählt:
- Bestellung eines vorläufigen Insolvenzverwalters (§ 21 Abs. 2 Nr. 1 InsO),
- Bestellung eines vorläufigen Gläubigerausschusses (§ 21 Abs. 2 Nr. 1a InsO) als Gewährleistung der Gläubigerbeteiligung bereits im Eröffnungsverfahren insbesondere im Hinblick auf eine Sanierung,
- kombiniert mit einem allgemeinen Verfügungsverbot oder einem Zustimmungsvorbehalt (§ 21 Abs. 2 Nr. 2 InsO). Nähere Angaben zu den Befugnissen des vorläufigen Insolvenzverwalters enthält § 22 InsO,
- Vollstreckungsschutz des beweglichen Vermögens gem. § 21 Abs. 2 Nr. 3 InsO, ergänzt durch § 30d Abs. 4 ZVG für das unbewegliche Vermögen,
- Vorläufige Postsperre gem. § 21 Abs. 2 Nr, 4 InsO,
- Eingriffe in Aus- und Absonderungsrechte von Gläubigern ermöglicht der zum 01.07.2007 eingefügte § 21 Abs. 2 Nr. 5 InsO.

3 Bei einem Eigenantrag des Schuldners auf **Eigenverwaltung** (§ 270a InsO) und auf Durchführung des Schutzschirmverfahrens (§ 270b InsO) sind die Möglichkeiten zur Anordnung von Sicherungsmaßnahmen im Eröffnungsverfahren **eingeschränkt**:

- Statt Bestellung eines vorläufigen Insolvenzverwalters (§ 21 Abs. 2 Nr. 1 InsO) Bestellung eines **vorläufigen Sachwalters** (§§ 270a Abs. 1 Satz 2, 270b Abs. 2 Satz 1 InsO), auf den die §§ 274, 275 InsO entsprechend anzuwenden sind.
- Allgemeines Verfügungsverbot oder einem Zustimmungsvorbehalt (§ 21 Abs. 2 Nr. 2 InsO):
- **nicht** im Schutzschirmverfahren (§ 270b Abs. 2 Satz 3 InsO),
- **i.d.R. nicht** bei nicht offensichtlich aussichtslosem Antrag auf Eigenverwaltung (§ 270a Abs. 1 Satz 1 InsO).
- **Uneingeschränkt:**
- Maßnahmen gem. § 21 Abs. 1 Nr. 1 (s. Rdn. 4, 376 ff.) und Nr. 1a (s. Rdn. 261 ff.),
- Vollstreckungsschutz des beweglichen Vermögens gem. § 21 Abs. 2 Nr. 3 InsO, ergänzt durch § 30d Abs. 4 ZVG für das unbewegliche Vermögen,
- Vorläufige Postsperre gem. § 21 Abs. 2 Nr. 4 InsO,
- Eingriffe in Aus- und Absonderungsrechte von Gläubigern gem. § 21 Abs. 2 Nr. 5 InsO.

Weitere Sicherungsmaßnahmen kann das Insolvenzgericht gem. § 21 Abs. 1 InsO treffen, wie z.B. eine besondere Verfügungsbeschränkung (Verfügungsverbot nur für einzelne Gegenstände oder Verfügung darüber nur mit Zustimmung eines vorläufigen Insolvenzverwalters). 4

Zu beachten ist, dass ein ursprünglich zulässiger Antrag im Verlaufe des Verfahrens z.B. durch Gegenglaubhaftmachung des Schuldners unzulässig werden kann (s. § 14 Rdn. 176). Das Insolvenzgericht hat daher **in jeder Lage des Verfahrens** die **Zulässigkeit weiter zu prüfen** (*BGH* ZInsO 2006, 828). 5

Unter Beachtung des Grundsatzes der **Verhältnismäßigkeit** kann das Insolvenzgericht **statt** einem **vorläufigen Insolvenzverwalter** auch (zunächst) einen sog. »**isolierten**« **Sachverständigen** gem. § 4 InsO i.V.m. §§ 402 ff. ZPO bestellen (s. § 22 Rdn. 161). Dabei handelt es sich nicht um eine Sicherungsmaßnahme i.S.d. § 21 Abs. 1 InsO, sondern um eine Maßnahme der Amtsermittlung gem. § 5 InsO mit der Folge, dass eine Beschwerdemöglichkeit gem. § 21 Abs. 1 Satz 2 InsO nicht besteht (*BGH* ZInsO 2004, 550 [551]). 6

Zur **Durchsetzung** gegenüber dem Schuldner dienen die Regelungen der §§ 20 Abs. 1, 21 Abs. 3, 22 Abs. 3 InsO. Die Durchsetzung gegenüber Dritten sichern die Bekanntmachung (§ 23 InsO) und § 24 Abs. 1 i.V.m. §§ 81, 82 InsO (Unwirksamkeit von Verfügungen des Schuldners und Leistungen an den Schuldner). Bei Vorliegen der Voraussetzungen des § 24 Abs. 2 InsO werden anhängige Rechtsstreitigkeiten unterbrochen (§ 240 ZPO) und können vom vorläufigen Insolvenzverwalter aufgenommen werden. Die Sicherungsmaßnahmen können **jederzeit aufgehoben** werden (vgl. § 25 Abs. 1 InsO). 7

Diese »Schutzschildfunktion« (MüKo-InsO/*Haarmeyer* § 21 Rn. 1) der Maßnahmen dient der **Sicherung und Erhalt des Schuldnervermögens** vor Schuldner- und Gläubigerzugriffen. Geschützt sind Gläubiger von Insolvenzforderungen gem. § 38 InsO sowie Aus- und Absonderungsberechtigte gem. §§ 47, 49 ff. InsO (MüKo-InsO/*Haarmeyer* § 21 Rn. 12), künftiger Neuerwerb (vgl. § 35 InsO) und auch Auslandsvermögen (HambK-InsO/*Schröder* § 21 Rn. 5). Es soll insbesondere eine Abweisung mangels Masse (§ 26 InsO) verhindert und eine geordnete Abwicklung und gleichmäßige Befriedigung aller Gläubiger ermöglicht werden. Daneben haben die Sicherungsmaßnahmen eine Erhaltungsfunktion. Ein vom Schuldner betriebenes Unternehmen ist grds. bis zur Entscheidung über die Eröffnung des Insolvenzverfahrens fortzuführen (§ 22 Abs. 1 Satz 2 Nr. 2 InsO), das Insolvenzgericht kann eine Prüfung der Aussichten für eine Fortführung des Unternehmens anordnen (§ 22 Abs. 1 Satz 2 Nr. 3 InsO). 8

II. Regelung in der InsO

Die InsO enthält in § 21 **Abs. 1** InsO eine Art **Generalklausel**, wonach das Insolvenzgericht alle erforderlichen Maßnahmen zu treffen hat, um eine nachteilige Veränderung der Vermögenslage des Schuldners zu verhüten. In **Abs. 2** werden dann beispielhaft die wichtigsten Maßnahmen genannt. Nach der Regelung des § 21 Abs. 2 Nr. 2 InsO kann das Insolvenzgericht dem Schuldner ein **all-** 9 gemeines **Verfügungsverbot** auferlegen **oder** anordnen, dass seine **Verfügungen nur mit Zustimmung** eines zu bestellenden vorläufigen Insolvenzverwalters **wirksam** sind.

10 Darüber hinaus können speziellere Verfügungsbeschränkungen gem. § 21 Abs. 1 InsO angeordnet werden dahingehend, dass Verfügungsverbote nur für einzelne Gegenstände und nicht das gesamte Schuldnervermögen bestehen oder dass Verfügungen des Schuldners nur über bestimmte, besonders wichtige Gegenstände der Zustimmung eines vorläufigen Insolvenzverwalters bedürfen. Zum Begriff der **Verfügung** s. § 24 Rdn. 6.

11 **Sicherungsmaßnahmen** müssen aber **nicht zwingend** in jedem Fall **und nicht sofort** angeordnet werden. Sicherungsmaßnahmen dürfen nur angeordnet werden, wenn sie erforderlich und verhältnismäßig sind (s. Rdn. 39 ff.). Gerade bei Gläubigeranträgen kann das Insolvenzgericht in den wenigsten Fällen beurteilen, welche Sicherungsmaßnahmen geboten sind. Häufig kann es – zunächst – genügen, gem. § 14 Abs. 2 InsO einen Anhörungstermin anzuberaumen (s. § 14 Rdn. 242 ff.). Weiter kann ein Sachverständiger mit der Ermittlung beauftragt werden, ob ein Eröffnungsgrund (§ 16 InsO) und eine die Verfahrenskosten deckende Masse (§§ 26, 54 InsO) vorhanden sind (s. § 22 Rdn. 161) mit der Anfrage, ob Sicherungsmaßnahmen gem. § 21 InsO erforderlich erscheinen.

12 Bei **Kreditinstituten** kann das Bundesaufsichtsamt schon im Vorfeld eines Insolvenzverfahrens Sicherungsmaßnahmen anordnen gem. § 46a KWG. Bei **Krankenkassen** kann die Aufsichtsbehörde gem. § 171b Abs. 3 Satz 2 SGB V eine Schließung anordnen.

13 Auch ein **vorläufiger Insolvenzverwalter** (§ 21 Abs. 2 Nr. 1 InsO) kann bestellt werden (s. Rdn. 79). Die Vorschriften der §§ 56, 56a, 58–66 InsO regeln den äußeren Rahmen der Tätigkeit des vorläufigen Insolvenzverwalters, nämlich Ernennung, Aufsicht und Entlassung, Haftung, Vergütung und Rechnungslegung. Rechtsstellung und Aufgaben des vorläufigen Insolvenzverwalters ergeben sich aus § 22 Abs. 1 und 2 InsO.

14 Wird ein vorläufiger Insolvenzverwalter bestellt, ohne dass zugleich ein allgemeines Verfügungsverbot (§ 21 Abs. 2 Nr. 2, 1. Alt. InsO) angeordnet ist, hat das Insolvenzgericht die Pflichten des vorläufigen Verwalters nach Maßgabe des § 22 Abs. 2 InsO zu bestimmen (»**schwacher**« vorläufiger Insolvenzverwalter). Ist ein allgemeines Verfügungsverbot angeordnet worden, geht die Verwaltungs- und Verfügungsbefugnis auf den vorläufigen Insolvenzverwalter über (§ 22 Abs. 1 InsO – »**starker**« vorläufiger Insolvenzverwalter). Neben der Sicherung und Erhaltung obliegt in diesem Fall dem vorläufigen Insolvenzverwalter bei einem vom Schuldner betriebenen Unternehmen auch die **Fortführung** bis zur Entscheidung über die Eröffnung des Insolvenzverfahrens; nur um eine erhebliche Verminderung des Vermögens zu vermeiden, kann er mit Zustimmung des Insolvenzgerichts ein Unternehmen stilllegen (§ 22 Abs. 1 Satz 2 Nr. 2 InsO).

15 Neben der obligatorischen Prüfung, ob eine kostendeckende Masse vorhanden ist, wird er regelmäßig beauftragt werden, als **Sachverständiger** das Vorliegen eines Eröffnungsgrundes und ggf. die Aussichten auf eine Fortführung eines Unternehmens zu prüfen (§ 22 Abs. 1 Satz 2 Nr. 3 InsO). Durch die Bestellung zum Sachverständigen erlangt der vorläufige Insolvenzverwalter/vorläufige Sachwalter zudem einen realisierbaren Vergütungsanspruch gegen die Landeskasse. Bei der Vergütung für die Tätigkeit als vorläufiger Insolvenzverwalter/vorläufige Sachwalter besteht hingegen insbesondere bei Abweisung mangels Masse die Gefahr, dass der vorläufige Insolvenzverwalter leer ausgeht, da beim Schuldner nichts zu holen ist, der Gläubiger als Antragsteller nicht haftet und auch eine Ausfallhaftung der Landeskasse nicht besteht (s. § 13 Rdn. 202 ff.).

16 In geeigneten Fällen (s. Rdn. 277 f.) wird das Insolvenzgericht auch Maßnahmen der Zwangsvollstreckung in bewegliches Vermögen untersagen oder einstweilen einstellen (**§ 21 Abs. 2 Nr. 3 InsO**). Dabei geht es im Hinblick auf die Regelung in § 88 InsO nicht in erster Linie darum, eine bevorzugte Befriedigung bestimmter Gläubiger zu verhindern. Vielmehr soll eine Fortführung des schuldnerischen Unternehmens und mögliche Sanierung nicht durch Einzelzwangsvollstreckungsmaßnahmen erschwert oder unmöglich gemacht werden. Ist ein vorläufiger Insolvenzverwalter bestellt, wird dieser regelmäßig prüfen, ob er einen Antrag gem. § 30d Abs. 4 ZVG auf einstwei-

lige Einstellung der Zwangsvollstreckung in unbewegliches Vermögen stellt (s. Rdn. 299). In die Rechte aus- und absonderungsberechtigter Gläubiger kann gem. **§ 21 Abs. 2 Nr. 5 InsO** eingegriffen werden.

Die effektive bzw. zwangsweise Durchsetzung des Sicherungszweckes gegenüber dem Schuldner ist geregelt in §§ 21 Abs. 3, 22 Abs. 3 InsO mit Verweisung auf die §§ 97, 98, 101 InsO. 17

Die Wirkungen gegenüber **Dritten** ergeben sich aus §§ 23, 24 InsO. Jede allgemeine Verfügungsbeschränkung gem. § 21 Abs. 2 Nr. 2 InsO (nicht aber eine spezielle Verfügungsbeschränkung gem. § 21 Abs. 1 InsO) bewirkt gem. § 24 Abs. 1 InsO, dass Verfügungen des Schuldners grds. unwirksam sind (§ 81 InsO); nur der öffentliche Glaube des Grundbuches o. ä. bleibt unberührt. Leistungen an den Schuldner führen grds. nicht zur Befreiung (§ 82 InsO). Darin liegt nicht nur ein relatives, sondern ein absolutes Veräußerungsverbot (s. § 24 Rdn. 5). Um den guten Glauben auszuschließen und den Rechtsverkehr zu schützen, sind die in § 21 Abs. 2 Nr. 2 InsO vorgesehenen Verfügungsbeschränkungen ebenso bekanntzumachen wie die Bestellung eines vorläufigen Insolvenzverwalters (§ 23 InsO). Dies geschieht u.a. durch öffentliche Bekanntmachung (§ 9 InsO), Zustellung an Schuldner und Drittschuldner und Übermittlung an das Grundbuch und die öffentlichen Register, damit dort eine entsprechende Eintragung erfolgen kann. 18

Wird ein vorläufiger Insolvenzverwalter bestellt und dem Schuldner ein allgemeines Verfügungsverbot auferlegt (§ 21 Abs. 2 Nr. 2, 1. Alt. InsO), geht die Verwaltungs- und Verfügungsbefugnis auf den vorläufigen Insolvenzverwalter über (§ 22 Abs. 1 Satz 1 InsO). Beim vorläufigen Sachwalter ist diese Anordnung nur ausnahmsweise möglich (§ 270a Abs. 1 Satz 1 Nr. 1 InsO). In diesen Fällen werden **anhängige Rechtsstreitigkeiten unterbrochen** (§ 240 ZPO) und können vom vorläufigen Insolvenzverwalter aufgenommen werden (§ 24 Abs. 2 i.V.m. § 85 Abs. 1 Satz 1, § 86 InsO). In den übrigen Fällen tritt eine Unterbrechung gem. § 240 ZPO nicht ein. Nicht geregelt ist die Prozessführungsbefugnis eines vorläufigen Insolvenzverwalters für Prozesse, die erst im Verlaufe des Eröffnungsverfahrens anhängig werden (s. § 24 Rdn. 38 ff.). 19

§ 25 Abs. 1 InsO setzt voraus, dass **Sicherungsmaßnahmen aufgehoben** werden, sobald sie nicht mehr erforderlich sind. Der wichtigste Fall ist die Ablehnung des Antrages auf Eröffnung. Die **Bekanntmachung** erfolgt entsprechend § 23 InsO. War ein vorläufiger Insolvenzverwalter bestellt und ein allgemeines Verfügungsverbot (§ 21 Abs. 2 Nr. 2, 1. Alt. InsO) angeordnet worden, ging die Verwaltungs- und Verfügungsbefugnis auf den vorläufigen Insolvenzverwalter über (§ 22 Abs. 1 Satz 1 InsO). 20

Gemäß **§ 25 Abs. 2 InsO** ist in diesem Fall dem vorläufigen Insolvenzverwalter zunächst die **Möglichkeit** zu geben, aus dem Vermögen des Schuldners die **entstandenen Kosten zu berichtigen und Verbindlichkeiten zu erfüllen**. Dadurch kann der vorläufige Insolvenzverwalter seine Ansprüche auf Vergütung und Auslagen befriedigen und das Entstehen etwaiger Schadensersatzansprüche gem. § 61 InsO verhindern. Bedeutsam ist die Vorschrift insbesondere bei Erledigung des Verfahrens, nachdem der Schuldner die dem Antrag zugrunde liegende Forderung des Gläubigers beglichen hat (vgl. § 13 Rdn. 261 ff.). Bei Abweisung des Antrages mangels Masse (§ 26 InsO) hilft die Regelung dem vorläufigen Insolvenzverwalter nicht oder allenfalls teilweise (falls zwar Vermögen vorhanden ist, dies aber unter den Kosten des Verfahrens liegt). Regelmäßig besteht aber ein Anspruch auf Entschädigung als Sachverständiger (s. Rdn. 15 a.E.). 21

Beim **Schutzschirmverfahren** ist die Vorschrift des § 270b Abs. 4 InsO zu beachten. 22

Ist kein allgemeines Verfügungsverbot angeordnet, können **Gelder** auf das **Anderkonto des vorläufigen Verwalters** eingegangen sein. Die Vergütung des vorläufigen Verwalters und die Gerichtskosten können daraus (teilweise) beglichen werden. Entweder erfolgt die Aufhebung der Sicherungsmaßnahmen danach, oder es wird ein entsprechender Betrag zurückgehalten oder bei Gericht hinterlegt (s. § 25 Rdn. 19, 30). 23

Schmerbach

III. Änderungen

24 Ursprünglich war gegen die Anordnung von Sicherungsmaßnahmen ein **Rechtsmittel nicht vorgesehen** und so gem. § 6 InsO keine Beschwerdemöglichkeit gegeben. Nur im Falle der Haft (§§ 21 Abs. 3 Satz 3, 22 Abs. 3 Satz 3 i.V.m. 98 Abs. 3 InsO) und der vorläufigen Postsperre (§ 21 Abs. 2 Nr. 4 i.V.m. § 99 Abs. 3 Satz 1 InsO) bestand eine Beschwerdemöglichkeit.

25 Der Gesetzgeber hat durch das Änderungsgesetz am 01.12.2001 dem Umstand Rechnung getragen, dass die Sicherungsmaßnahmen erheblich in die Rechtsgüter des Schuldners eingreifen (BR-Drucks. 14/01, S. 50), und dem **Schuldner** in § 21 Abs. 1 Satz 2 InsO eine **Beschwerdemöglichkeit** eingeräumt. Von Sicherungsmaßnahmen betroffene Gläubiger sind weiter auf die Möglichkeit einer Anregung der Aufhebung (bzw. Einschränkung) von Sicherungsmaßnahmen gem. § 25 InsO angewiesen (s. Rdn. 64 und § 25 Rdn. 1, 6).

26 Durch das Vereinfachungsgesetz 2007 (BGBl. I S. 502) wurde Abs. 2 Satz 1 Nr. 5 eingefügt. Das Gesetz zur Umsetzung der geänderten Bankenrichtlinie und der geänderten Kapitaladäquanzrichtlinie 2010 änderte Abs. 2 Satz 2 redaktionell und fügte Abs. 2 Satz 3 ein.

27 Das ESUG hat zum 01.03.2012 die Möglichkeit der Einsetzung eines **vorläufigen Gläubigerausschusses bereits im Eröffnungsverfahren** geschaffen (§ 21 Abs. 1 Nr. 1a InsO). Die Gläubigerautonomie soll gestärkt werden durch Einflussmöglichkeiten bei der Auswahl des vorläufigen Insolvenzverwalters. Die Einzelheiten zum vorläufigen Gläubigerausschuss regelt § 22a InsO

28 Durch das Gesetzes zur Erleichterung und Bewältigung von Konzerninsolvenzen (s. Vor §§ 1 ff. Rdn. 84) wird im Wesentlichen geschaffen
– ein Gruppengerichtsstand (§§ 3a ff. InsO),
– ein Antragsrecht zur Begründung eines Gruppengerichtssandes (§ 13a InsO),
– Koordinationsregeln (§§ 269a ff. InsO) und
– eine Ermächtigung zur Konzentration der Insolvenzgerichte in § 2 Abs. 3 InsO.

Eingefügt sind Verweise auf die neu geschaffenen §§ 56b und 269a InsO. Die Änderung tritt zum 21.04.2018 in Kraft.

IV. Übersicht über die wichtigsten Sicherungsmaßnahmen und ihre Wirkungen

29

»Starker« vorläufiger Insolvenzverwalter § 21 Abs. 2 Nr. 2, 1. Alt. § 22 Abs. 1	»Schwacher« vorläufiger Insolvenzverwalter (Zustimmungsvorbehalt) § 21 Abs. 2 Nr. 2, 2. Alt. § 22 Abs. 2
Sicherung und Erhalt des Vermögens § 22 Abs. 1 Satz 2, Nr. 1/Anordnung gem. § 22 Abs. 2 (s. § 22 Rdn. 34 ff.)	
Unternehmensfortführung § 22 Abs. 1 Satz 2, Nr. 2, 1. HS/Anordnung gem. § 22 Abs. 2 (s. § 22 Rdn. 65 ff.)	
Unternehmensstilllegung § 22 Abs. 1 Satz 2, Nr. 2, 2. HS: Zustimmung Insolvenzgericht (s. § 22 Rdn. 80 ff.)	Keine Geltung, da Verwaltungs- und Verfügungsbefugnis bei Schuldner verbleibt (str., s. § 22 Rdn. 85)
Weitere Prüfungsaufgaben § 22 Abs. 1 Satz 2, Nr. 3/Anordnung gem. § 22 Abs. 2 (s. § 22 Rdn. 89 ff.)	

Nachforschungsrechte § 22 Abs. 3 (s. § 22 Rdn. 193 f.)	
Bekanntmachung § 23	
Absolutes Veräußerungsverbot §§ 24 Abs. 1, 81, 82 (Ausnahme: Besonderes Verfügungsverbot gem. § 21 Abs. 1) (teilw. str., s. § 24 Rdn. 3, 5)	
Unterbrechung von Prozessen § 240 Satz. 2 ZPO, § 24 Abs. 2 i.V.m. §§ 85 Abs. 1 Satz 1, 86 (s. § 24 Rdn. 28)	Keine Unterbrechung
Kostenbegleichung vor Aufhebung Sicherungsmaßnahmen § 25 (s. § 25 Rdn. 21 ff.)	Analoge Geltung umstr. (s. § 25 Rdn. 19)
Begründung von Masseverbindlichkeiten	
§ 55 Abs. 2 (s. § 22 Rdn. 28)	Nur bei Einzelermächtigung durch das Insolvenzgericht (s. § 22 Rdn. 118)
Antragsmöglichkeit gem. § 30d Abs. 4 ZVG (s. Rdn. 299 ff.)	

Hinsichtlich des **vorläufigen Sachwalters** s. Rdn. 3, 15, 19, 20.

B. Erlass von Sicherungsmaßnahmen

I. Allgemeine Voraussetzungen

Sicherungsmaßnahmen sind **von Amts wegen** anzuordnen. Bei einem entsprechenden »Antrag« des 30 Gläubigers handelt es sich lediglich um eine Anregung, an die das Gericht jedoch nicht gebunden ist (*Uhlenbruck/Vallender* InsO, § 21 Rn. 42). Hat das Gericht einen Sachverständigen bestellt und Sicherungsmaßnahmen nicht getroffen (s. Rdn. 6), wird es im Regelfall auf Anregung des Sachverständigen ohne weitere Nachprüfung weitergehende Sicherungsmaßnahmen wie vorläufige Insolvenzverwaltung anordnen. Sicherungsmaßnahmen können auch vom Beschwerdegericht angeordnet werden, nicht aber vom Rechtsbeschwerdegericht (s. § 6 Rdn. 55, § 7 Rdn. 69).

Zum **Wirksamwerden des Beschlusses** s. § 23 Rdn. 18 ff., zur Aufhebung und Abänderung s. 31 Rdn. 43.

Der Erlass von Sicherungsmaßnahmen ist von der Zahlung eines **Vorschusses nicht abhängig** (s. § 5 32 Rdn. 34; § 13 Rdn. 181). Nicht erforderlich ist auch, dass die Kosten aus dem Vermögen des Schuldners gedeckt sind (BK-InsO/*Beth/Blersch* § 21 Rn. 47, **a.A.** *AG Potsdam* DZWIR 2004, 439). Dieses ist erst im Hinblick auf § 26 Abs. 1 InsO zu prüfen (HambK-InsO/*Schröder* § 21 Rn. 37). Der vorläufige Verwalter ist zudem verpflichtet, seine Tätigkeit einzustellen, wenn er die mangelnde Kostendeckung bemerkt (*BGH* ZInsO 2004, 336 [339]).

Voraussetzung ist zunächst, dass der Antrag zulässig ist. Dazu müssen die **allgemeinen Zulässigkeits-** 33 **voraussetzungen** (s. § 14 Rdn. 10 ff.) vorliegen (HK-InsO/*Rüntz* § 21 Rn. 3; MüKo-InsO/*Haarmeyer* § 21 Rn. 2, 16; *Uhlenbruck/Vallender* InsO, § 21 Rn. 2).

34 Die **Zuständigkeit des Insolvenzgerichts** muss allerdings noch nicht feststehen (*AG Göttingen* NZI 2004, 38; HK-InsO/*Rüntz* § 21 Rn. 4). Sicherungsmaßnahmen können auch erlassen werden, solange das Insolvenzgericht seine Zuständigkeit prüft (*BGH* ZInsO 2007, 440 = EWiR 2007, 599; EWiR 2008, 181; HK-InsO/*Rüntz* § 21 Rn. 4; MüKo-InsO/*Haarmeyer* § 21 Rn. 17; *Haarmeyer* ZInsO 2001, 203 [204 f., 207 f.]). Diese von Amts wegen vorzunehmende Prüfung (s. § 3 Rdn. 27) beansprucht Zeit insbesondere in den Fällen, in denen Schuldner die Zuständigkeit eines anderen Insolvenzgerichts zu erschleichen versuchen (s. § 3 Rdn. 31 ff.). In diesem Zeitraum darf kein rechtsfreier Raum existieren; es drohen irreparable Schädigungen.

35 Beim **Schuldnerantrag** muss weiter der Eröffnungsgrund glaubhaft gemacht sein in den Fällen des § 15 Abs. 2 Satz 1, Abs. 3, § 317 Abs. 2, § 318 Abs. 2, § 332 Abs. 2, § 333 Abs. 2 Satz 2 InsO (vgl. § 14 Rdn. 6), ansonsten ist eine zumindest nachvollziehbare Darlegung erforderlich (s. § 14 Rdn. 234). Bei einem Eigenantrag des Schuldners auf Eigenverwaltung ist § 270 Abs. 2 InsO, bei Antrag auf Durchführung des Schutzschirmverfahrens § 270b Abs. 1 InsO zu beachten.

36 Beim **Gläubigerantrag** müssen Forderung und Insolvenzgrund glaubhaft gemacht sein (*OLG Köln* ZIP 1988, 664 f.). Der Gläubigerantrag muss darüber hinaus zugelassen sein (*Uhlenbruck//Vallender* InsO § 21 Rn. 2a), es müssen die Voraussetzungen des § 14 Abs. 1 InsO vorliegen (s. § 14 Rdn. 101 ff.).

37 Die **Zulassung** geschieht regelmäßig nicht durch Beschluss, sondern konkludent dadurch, dass das Insolvenzgericht den Antrag nicht als unzulässig abweist, sondern das Verfahren weiter betreibt (s. § 14 Rdn. 242). In der Rspr. ist dazu entschieden, dass ein zulässiger Antrag vorliegen muss (*OLG Köln* ZIP 2000, 462 [464]; ZInsO 2000, 104 [105]); Einschränkungen gelten bei der Zuständigkeit (s. Rdn. 33).

38 Auch beim **Schuldnerantrag** muss das Gericht **prüfen, ob Sicherungsmaßnahmen erforderlich** sind (BK-InsO/*Beth/Blersch* § 21 Rn. 5). Eine Vermögensgefährdung kann nicht nur durch den Schuldner selbst erfolgen. Auch seitens der beteiligten Gläubiger besteht die Gefahr von masseschädigenden Eingriffen in das Vermögen wie beispielsweise Einzelvollstreckungsmaßnahmen.

II. Verhältnismäßigkeit

39 Auch im Insolvenzverfahren ist der Grundsatz der Verhältnismäßigkeit zu berücksichtigen (*BGH* ZInsO 2006, 267 [268]; MüKo-InsO/*Haarmeyer* § 21 Rn. 2; *Uhlenbruck/Vallender* InsO, § 21 Rn. 43). Das dem Insolvenzrichter bei der Auswahl der Sicherungsmaßnahmen zustehende **pflichtgemäße Ermessen** (*BGH* ZInsO 2006, 267 [268]) wird hierdurch konkretisiert bzw. begrenzt. Insbesondere ist zu prüfen, ob der Eingriff erforderlich ist (MüKo-InsO/*Haarmeyer* § 21 Rn. 19; *Uhlenbruck/Vallender* InsO, § 21 Rn. 4), nicht eine mildere Maßnahme genügt, wie Anberaumung eines Anhörungstermins (*LG Göttingen* ZInsO 2007, 499 [500]), Beauftragung eines Sachverständigen (s. Rdn. 6) statt Bestellung eines vorläufigen Insolvenzverwalters oder Bestellung eines vorläufigen »schwachen« statt eines vorläufigen »starken« Insolvenzverwalters (*AG Hannover* ZInsO 2016, 287 [288]). Bei einem Eigenantrag des Schuldners auf Eigenverwaltung ist § 270a Abs. 1 InsO, bei Antrag auf Durchführung des Schutzschirmverfahrens § 270b Abs. 2 Satz 3 InsO zu beachten.

40 Weiter ist zu bedenken, ob die Maßnahme trotz Erforderlichkeit nicht **unverhältnismäßig i.e.S.** ist. Die Anordnung von Sicherungsmaßnahmen kommt grds. **auch bei geringfügigen Forderungen** in Betracht. So hat der *BGH* (NJW-RR 1986, 1188 [1189]) entschieden, dass ein Veräußerungsverbot bei einer Forderung von 1.500,– DM nicht unverhältnismäßig ist. Die Erforderlichkeit kann fehlen, wenn der Antragsteller über einen Zeitraum von mehr als 3,5 Jahren Sozialversicherungsbeiträge auflaufen ließ (so der Sachverhalt *LG Magdeburg* Rpfleger 1995, 224 [225]). Auch kann das Insolvenzgericht berücksichtigen, dass kleinere Forderungen, insbesondere von Gewerbetreibenden, häufig unter dem Druck des Insolvenzantrages beglichen werden. Weiter ist aber zu bedenken, dass eine geltend gemachte geringfügige Forderung regelmäßig nicht die einzige vom Schuldner unbeglichene Forderung ist. Mögliche berufsrechtliche Konsequenzen für den Schuldner hindern den Fortgang des Eröffnungsverfahrens nicht (*BGH* ZVI 2003, 289). Zwangsweise Vorführung und Haft des

Schuldners kommen nur in Betracht, wenn die konkrete Gefahr besteht, dass Verdunklungshandlungen und das Beiseiteschaffen von Vermögenswerten drohen, oder der Schuldner seiner in § 20 InsO normierten Auskunfts- und Mitwirkungspflicht nicht nachkommt.

Die **Bestellung eines vorläufigen Insolvenzverwalters** kommt insbesondere in Betracht, wenn: 41
- erhebliche, realisierbare Forderungen gegen Drittschuldner bestehen,
- der Schuldner sich unkooperativ verhält,
- bei **laufendem Geschäftsbetrieb**, wenn Insolvenzgeld vorfinanziert werden soll (§ 22 Rdn. 106).

Zum vorläufigen Sachwalter s. §§ 270a, 270b InsO.

Bei einem Antrag einer natürlichen Person, die keine oder nur eine geringfügige wirtschaftliche 42 Tätigkeit ausübt (§ 304 InsO), wird häufig schon bei Einleitung des gerichtlichen Schuldenbereinigungsplanverfahrens gem. § 306 Abs. 2 InsO die einstweilige Einstellung der Zwangsvollstreckung in das bewegliche Vermögen (§ 21 Abs. 2 Nr. 3 InsO) angeordnet. Weitergehende Sicherungsmaßnahmen sind regelmäßig nicht erforderlich (MüKo-InsO/*Haarmeyer* § 21 Rn. 26; *Uhlenbruck/Vallender* InsO, § 21 Rn. 7; offen gelassen von *BGH* ZVI 2003, 289). Die wirtschaftlichen Verhältnisse sind regelmäßig aufgrund der Angaben im Schuldenbereinigungsplan klar, so dass auch kein Sachverständiger beauftragt wird, um das Vorliegen eines Eröffnungsgrundes und einer kostendeckenden Masse zu prüfen.

Die **Sicherungsmaßnahmen** müssen nicht gleichzeitig angeordnet werden. Es kommt auch in Be- 43 tracht, sie **später noch zu erweitern**. Ist beispielsweise lediglich ein Sachverständiger bestellt, so kann auf dessen Anregung noch vorläufige Insolvenzverwaltung angeordnet werden. Darüber hinaus hat das **Gericht in jeder Lage** des Verfahrens **zu prüfen, ob** die Maßnahmen noch erforderlich oder nicht gem. § 25 InsO **aufzuheben** sind (s. § 25 Rdn. 6; *BGH* ZInsO 2007, 97 [98]; *AG Göttingen* ZIP 1999, 1566 = EWiR 1999, 897; HK-InsO/*Rüntz* § 21 Rn. 64; MüKo-InsO/*Haarmeyer* § 21 Rn. 18, 30, 34; *Uhlenbruck/Vallender* InsO, § 21 Rn. 51). Das Sicherungsbedürfnis kann entfallen durch eine Gegenglaubhaftmachung des Schuldners (*Uhlenbruck/Vallender* InsO, § 21 Rn. 2a). Siehe i.E. § 14 Rdn. 174 ff.

Zum **Verhältnis der einzelnen Sicherungsmaßnahmen untereinander** s. Rdn. 68 ff. 44

III. Rechtliches Gehör

Ist der Schuldner bereits gem. § 14 Abs. 2 InsO angehört worden, ist eine erneute Anhörung vor der 45 Anordnung von Sicherungsmaßnahmen nicht erforderlich (*OLG Düsseldorf* NJW-RR 1994, 1126; zweifelnd *Uhlenbruck/Vallender* InsO, § 21 Rn. 45: **a.A.** A/G/R-*Sander* § 21 Rn. Rn. 9); jedenfalls kann sie nach den nachfolgenden Ausführungen ohne vorherige Anhörung durchgeführt werden. Zwingend vorgeschrieben ist die Anhörung des Schuldners vor dessen Verhaftung (§ 98 Abs. 2 InsO). Ansonsten können Sicherungsmaßnahmen durch das Insolvenzgericht **ohne vorherige Anhörung** des Schuldners erlassen werden (*BGH* ZInsO 2011, 1742 [1743]; MüKo-InsO/*Haarmeyer* § 21 Rn. 31; *Uhlenbruck/Vallender* InsO, § 21 Rn. 44, 46; s.a. § 10 Rdn. 13; bei fehlendem gesetzlichen Vertreter s. § 14 Rdn. 33). Insoweit besteht eine Parallele zum einstweiligen Rechtsschutz nach den §§ 916 ff. ZPO, bei dem im Hinblick auf die Sicherungsfunktionen von einer vorherigen Anhörung abgesehen werden kann (*OLG Köln* ZInsO 2000, 104 [107]).

Regelmäßig wird der vorläufige Insolvenzverwalter auch zum Sachverständigen bestellt. § 404 46 Abs. 2 ZPO räumt dem Gericht die Möglichkeit ein, vor der Ernennung die Parteien zur Person des Sachverständigen anzuhören. In der Praxis wird in größeren Verfahren die Person des zukünftigen vorläufigen Insolvenzverwalters erörtert. Vereinzelt geschieht dies auch im Rahmen eines Anhörungstermins vor Bestellung eines Sachverständigen.

Ein Verzicht auf die Anhörung ist auch **verfassungsrechtlich unbedenklich**, wenn bei einer Interes- 47 senabwägung der schnellen Haftungsverwirklichung Vorrang einzuräumen ist (BK-InsO/*Beth/ Blersch* § 21 Rn. 104). Konkret ist dies der Fall, wenn bei Anhörung der Sicherungszweck vereitelt oder gefährdet würde (*OLG Köln* ZInsO 2000, 104 [106]). Für die Anordnung einer (vorläufigen) Postsperre ist dies in der InsO (§ 21 Abs. 2 Nr. 4, § 99 Abs. 1 Satz 2 InsO) ausdrücklich geregelt.

48 Wird vor Erlass von Sicherungsmaßnahmen kein **rechtliches Gehör** gewährt, ist dies **nachzuholen** (*BGH* ZInsO 2011, 1742 [1743]; s. § 10 Rdn. 13). Dies erfolgt durch die Zustellung des entsprechenden Beschlusses an den Schuldner (BK-InsO/*Beth/Blersch* § 21 Rn. 104; MüKo-InsO/*Haarmeyer* § 21 Rn. 33).

49 Legt der Schuldner Rechtsmittel gegen die Anordnung der Sicherungsmaßnahme ein, wird ein etwaiger **Anhörungsmangel regelmäßig im Abhilfeverfahren geheilt** (A/G/R-*Sander* § 21 InsO Rn. 9; vgl. § 10 Rdn. 20).

IV. Verfahrensmäßiger Ablauf

50 Beim **Eigenantrag** eines Schuldners, der ein Unternehmen betreibt, kann sich eine sofortige Anhörung empfehlen. Die Einsetzung und Anhörung eines vorläufigen Gläubigerausschusses (§§ 21 Abs. 1 Nr. 1, 1a, 22a, 56a, 270 Abs. 3 InsO) ist zu bedenken. Ggf. wird der in Aussicht genommene vorläufige Insolvenzverwalter hinzugezogen, andernfalls wird telefonisch mit ihm das weitere Vorgehen abgestimmt und ein Termin für den Erstkontakt vereinbart. Sicherungsmaßnahmen können erlassen werden, eine nahtlose Fortführung des Unternehmens ist möglich. Der Beschluss wird an den vorläufigen Insolvenzverwalter gefaxt, erforderlichenfalls mit wichtigen Unterlagen aus der Akte.

51 Beim **Gläubigerantrag** ist der sofortige Erlass von Sicherungsmaßnahmen eine Frage des Einzelfalles und wird beeinflusst von der Höhe der Forderung (s. Rdn. 39) und auch den Vorkenntnissen des Gerichts über den konkreten Schuldner.

52 Insbesondere beim Gläubigerantrag können **Sicherungsmaßnahmen ohne rechtliches Gehör** ergehen, das dann nachzuholen ist (s. Rdn. 23 f.). Voraussetzung ist, dass Forderung und Insolvenzgrund glaubhaft gemacht sind (s. § 14 Rdn. 189 ff., 210 ff.).

53 Die **Entscheidung** ergeht in Form eines Beschlusses (Einzelheiten s. FK-InsO/*Schmerbach* § 23 Rdn. 10 ff.). Der Beschluss ist wegen der Möglichkeit der sofortigen Beschwerde zu begründen (vgl. BK-InsO/*Blersch* § 21 Rn. 6a). In der Praxis unterbleibt die Begründung auch beim Fremdantrag häufig und wird nachgeholt in den seltenen Fällen, dass der Schuldner sofortige Beschwerde einlegt (vgl. § 5 Rdn. 61, § 6 Rdn. 63, § 10 Rdn. 20). Zum Wirksamwerden des Beschlusses s. § 23 Rdn. 18 ff.

54 Wichtig ist eine schnelle Entscheidung und **schnelle Bekanntmachung** des Beschlusses im Hinblick auf die Wirkungen (§§ 24 Abs. 1, 81, 82 InsO) durch unverzügliche Veröffentlichung im Internet (s. § 9 Rdn. 25). Den ihm gefaxten Beschluss kann der vorläufige Insolvenzverwalter seinerseits an die Kreditinstitute und wichtigsten Drittschuldner faxen, um Verrechnungen mit einem Debetsaldo und schuldbefreiende Leistungen zu verhindern (s. § 24 Rdn. 14 ff., 26).

55 Wegen der **weiteren Einzelheiten** der Bekanntmachung des Beschlusses s. § 23 Rdn. 24 ff. Wegen der Eigenschaft des Beschlusses als Vollstreckungstitel s. § 23 Rdn. 32.

V. Beendigung der Sicherungsmaßnahmen

56 Wird das Verfahren **eröffnet**, treten angeordnete **Sicherungsmaßnahmen automatisch außer Kraft** (*LG Leipzig* DZWIR 2000, 439 [440]; HK-InsO/*Rüntz* § 21 Rn. 66). Es gelten die §§ 80 ff. InsO, in deren Rahmen ggf. erneute Anordnungen zu treffen sind, z.B. die Postsperre gem. § 99 Abs. 1 InsO. In den **übrigen Fällen** – wie z.B. der Abweisung mangels Masse gem. § 26 InsO – werden die Sicherungsmaßnahmen durch gesonderten Beschluss aufgehoben (s. § 25 Rdn. 3 ff.). Eine Sicherungsmaßnahme ist aber **nicht aufzuheben**, wenn gegen den Schuldner noch weitere Verfahren anhängig sind, in denen ein Sicherungsbedürfnis besteht (HK-InsO/*Rüntz* § 21 Rn. 66); dies kann in einem klarstellenden Beschluss ausgesprochen werden. Das gilt auch bei einem nicht erfüllten Auskunftsanspruch gem. § 20 Abs. 1 Satz 2 InsO; ein Haftbefehl kann aufrecht erhalten bleiben, der

Schuldner muss nicht erneut angehört werden. Eine Aufhebung hat (zunächst) zu unterbleiben, wenn noch Kosten wie die Vergütung des Sachverständigen/vorläufigen Insolvenzverwalters insbesondere nach Begleichung der dem Antrag zu Grunde liegenden Forderung offen sind (s. § 25 Rdn. 27).

VI. Anfechtbarkeit

Sicherungsmaßnahmen gem. § 21 InsO sind für den **Schuldner anfechtbar.** Dem Schuldner ist in § 21 Abs. 1 Satz 2 InsO eine generelle Anfechtungsmöglichkeit eingeräumt. Aufschiebende Wirkung gem. § 4 InsO i.V.m. § 570 ZPO tritt nicht ein (s. § 6 Rdn. 54). 57

Ab dem 01.01.2014 ist eine **Belehrung über die Beschwerdemöglichkeit** zwingend vorgeschrieben. Bei Verstoß kann Wiedereinsetzung in den vorherigen Stand bewilligt und eine sofortige Beschwerde nachgeholt werden, § 4 InsO i.V.m. §§ 232, 233 ZPO (s. § 6 Rdn. 41). 58

Überprüft werden können: 59
- die Zulässigkeitsvoraussetzungen (s. Rdn. 33);
- das Vorliegen besonderer Voraussetzungen (z.B. gem. § 21 Abs. 2 Nr. 4, § 99 Abs. 1 InsO bei der vorläufigen Postsperre);
- das Einhalten des Grundsatzes der Verhältnismäßigkeit (s. Rdn. 39);
- das Fortbestehen der obigen Voraussetzungen;
- Eingriffe in grundrechtlich geschützte Rechtspositionen des Schuldners (*BGH* ZInsO 2004, 550 [551] = EWiR 2004, 499 für Art. 13 GG). Zum Fortbestehen des Rechtsschutzinteresses für eine sofortige Beschwerde bei Eröffnung des Verfahrens s. § 6 Rdn. 18 ff.

Zur Überprüfung gem. § 765a ZPO s. § 14 Rdn. 56 und HambK-InsO/*Schröder* § 21 Rn. 82, 84a.

Nicht anfechtbar sind für den Schuldner 60

Ermittlungsanordnungen (vgl. *Kübler/Prütting/Bork-Pape* InsO, § 21 Rn. 14; *Frind* ZInsO 2013, 279 [284 ff.] zum ESUG) wie:
- die Bestellung eines »isolierten« Sachverständigen (*BGH* ZInsO 2011, 1499 [1500]; s. § 22 Rdn. 161);
- die Ladung von Zeugen und Anordnung von Auskünften des Schuldners bzw. seiner Organe (*Kübler/Prütting/Bork-Pape* InsO, § 21 Rn. 14);
- die Auswahl der Person des vorläufigen Insolvenzverwalters (*OLG Frankfurt* ZInsO 2009, 242 [244] zu § 23 EGGVG; HambK-InsO/*Schröder* § 21 Rn. 82);
- die Person des konkret bestellten vorläufigen Insolvenzverwalters (HK-InsO/*Rüntz* § 21 Rn. 60);
- die Auswahl der Mitglieder des vorläufigen Gläubigerausschusses (*LG Kleve* ZInsO 2013, 1037 [1038] für den Fall der Ernennung eines weiteren Mitgliedes m. abl. Anm. *Haarmeyer*, der auch ein Beschwerderecht der übrigen Gläubiger bejaht; für ein Beschwerderecht auch *Römermann/Praß* ZInsO 2012, 1923; *Horstkotte* ZInsO 2012, 1930; krit. *Pape* ZInsO 2013, 2129 [2131 f.]);
- die Ermächtigung zur Begründung von Masseverbindlichkeiten (s. § 22 Rdn. 118; HK-InsO/ *Rüntz* § 21 Rn. 60);

sowie die Ablehnung von Maßnahmen wie:
- der Anordnung von Sicherungsmaßnahmen (*LG München I* ZVI 2003, 78), ebenso der Aufhebung (a.A. *LG Frankenthal* ZInsO 2013, 2013 [2014]);
- der Einsetzung eines vorläufigen Gläubigerausschusses gem. § 22a Abs. 2 InsO (*Schmidt* ZInsO 2012, 1107 unter Hinw. auf *LG Dessau-Roßlau* – 1 T 112/16; krit. *Pape* ZInsO 2013, 2129 [2131 f.]);
- der Ermächtigung zur Begründung von Masseverbindlichkeiten nach Anordnung der vorläufigen Eigenverwaltung gem. § 270a InsO (*BGH* NZI 2013, 342 m. Anm. *Vallender* und *Weissinger* = ZInsO 2013, 460, m. abl. Anm. *Römermann/Praß* ZInsO 2013, 482 = EWiR 2013, 253; **a.A.** *LG Duisburg* NZI 2013, 91 m. zust. Anm. *Andres*).

61 Zur Bewilligung von PKH s. § 13 Rdn. 256.

62 Auch **Gläubigern** steht insbesondere im Rahmen des § 22a InsO **kein Beschwerderecht** zu (*Frind* ZIP 2013, 2244 [2247]; a.A. MüKo-InsO/*Haarmeyer* § 22a Rn. 169 ff.).

63 Zu beachten ist, dass **mit Eröffnung** des Verfahrens allerdings das **Rechtsschutzinteresse** für eine sofortige Beschwerde **regelmäßig entfällt** (s. § 6 Rdn. 18 ff.).

64 Durch Sicherungsmaßnahmen können aber auch **Gläubiger** in ihren Rechten verletzt sein (s. Rdn. 383). Diesen steht kein Beschwerderecht zu (*LG Göttingen* ZInsO 2004, 1046). Eine entsprechende Anregung des Bundesrates im Rahmen des Änderungsgesetzes 2001 hat die Bundesregierung geprüft (ZInsO 2001, 310 [311]) aufgrund der Gegenäußerung vom 28.03.2001 (ZInsO 2001, 310 [312]), ist ihr aber letztlich nicht nachgekommen. Die Gläubiger sind vielmehr auf eine **Anregung** an das Insolvenzgericht gem. § 25 InsO auf Aufhebung der Sicherungsmaßnahme angewiesen (s. § 25 Rdn. 1, 6). Zu beachten ist auch, dass das Insolvenzgericht in jeder Lage des Verfahrens zu prüfen hat, ob die Maßnahmen noch erforderlich oder aufzuheben sind (s. Rdn. 43).

65 Auch der **vorläufige Insolvenzverwalter** kann kein Rechtsmittel einlegen (*BGH* ZInsO 2007, 34 für den Fall der Aufhebung eines allgemeinen Verfügungsverbotes).

VII. Kosten

66 Sicherungsmaßnahmen sind **von Amts wegen** anzuordnen. Der Erlass von Sicherungsmaßnahmen ist von der Zahlung eines Vorschusses nicht abhängig (s. § 5 Rdn. 34; § 13 Rdn. 181). Nicht erforderlich ist auch, dass die Kosten aus dem Vermögen des Schuldners gedeckt sind (so *AG Potsdam* DZWIR 2004, 439). Dieses ist erst im Hinblick auf § 26 Abs. 1 InsO zu prüfen (HambK-InsO/*Schröder* § 21 Rn. 37). Der vorläufige Verwalter ist zudem verpflichtet, seine Tätigkeit einzustellen, wenn er die mangelnde Kostendeckung bemerkt (*BGH* ZInsO 2004, 336 [339]).

67 Im Eröffnungsverfahren fallen neben den Gerichts**kosten** einschließlich der Vergütung des Sachverständigen (s. § 13 Rdn. 106) im Wesentlichen die Vergütung des vorläufigen Insolvenzverwalters/vorläufigen Sachwalters an. Wird das Verfahren eröffnet, handelt es sich um Massekosten gem. § 54 InsO. Bei Stundung der Verfahrenskosten (§ 4a InsO) haftet die Landeskasse gem. § 63 Abs. 2 InsO. Bei **Nichteröffnung** hat der vorläufige Insolvenzverwalter/vorläufige Sachwalter einen Anspruch gegen den Schuldner und ggf. gegen eine zur Verfahrenseröffnung nicht ausreichende vorläufige Insolvenzmasse. Eine Ausfallhaftung des Staates und des antragstellenden Gläubigers besteht nicht (s. § 13 Rdn. 196 ff.).

C. Verhältnis der wichtigsten Sicherungsmaßnahmen zueinander

68 Das Gericht hat nach **pflichtgemäßem Ermessen** zu entscheiden, ob und welche Sicherungsmaßnahmen es einzeln oder in Kombination anordnet. Das Insolvenzgericht hat zu prüfen, ob die beabsichtigte Maßnahme erforderlich und verhältnismäßig (s. Rdn. 39 f.) ist. Dabei ist allerdings auch zu bedenken, dass es sich um Eilentscheidungen handelt, die keinen Aufschub dulden und demgemäß die Erkenntnismöglichkeiten des Insolvenzgerichts regelmäßig begrenzt sind. Sicherungsmaßnahmen können im weiteren Verlauf des Verfahrens erweitert (s. Rdn. 43) oder aufgehoben (§ 25 InsO) werden. Ordnen **verschiedene Insolvenzgerichte Sicherungsmaßnahmen** an, gilt bei Kollisionen das Prioritätsprinzip (HambK-InsO/*Schröder* § 21 Rn. 47; § 3 Rdn. 25). Auszugehen ist von folgenden Überlegungen:

I. Allgemeines Verfügungsverbot (§ 21 Abs. 2 Nr. 2, 1. Alt.)

69 Durch ein allgemeines Verfügungsverbot sollen masseschädigende Handlungen des Schuldners verhindert und eine **Betriebsfortführung** auch dadurch **erleichtert** werden, dass der vorläufige Insolvenzverwalter gem. § 55 Abs. 2 Satz 2 InsO Masseforderungen und nicht nur – quotal zu befriedigende – Insolvenzforderungen gem. § 38 InsO begründet. Aus der Verweisung in § 24 InsO auf §§ 81, 82 InsO folgt, dass es sich um ein absolutes Verfügungsverbot handelt (s. § 24 Rdn. 5).

Für den **vorläufigen Verwalter** bestehen jedoch erhebliche **Haftungsgefahren**. Der vorläufige Verwalter muss aus dem Stand einen Betrieb übernehmen; häufig ist die Buchführung desolat. Inwieweit diesen Schwierigkeiten bei Massearmut im Rahmen einer persönlichen Haftung gem. § 61 InsO Rechnung getragen wird, ist unklar. Nur vorfinanzierte, auf die Bundesagentur für Arbeit übergegangene Lohnansprüche (»Insolvenzgeld«, s. § 22 Rdn. 113) hat der Gesetzgeber in § 55 Abs. 3 InsO zu einfachen Insolvenzforderungen herabgestuft. Weiter haftet der vorläufige Verwalter für die Steuerschulden (s. § 24 Rdn. 55). Schließlich werden vorläufige Verwalter von Gläubigern häufig zur Begleichung offenstehender Forderungen gedrängt mit dem Hinweis, dass ansonsten für die Fortführung des Betriebes wichtige Teile nicht geliefert werden. Da es sich um Masseverbindlichkeiten gem. § 55 Abs. 2 InsO handelt, hilft eine Anfechtung in diesen Fällen nicht weiter (s. § 22 Rdn. 142). 70

Zur Haftung des **vorläufigen Sachwalters** s. *Foltis* § 274 Rdn. 25 ff. 71

Bei der Anordnung eines allgemeinen Verfügungsverbotes wird daher in der Praxis weitgehend **Zurückhaltung geübt**. Häufig wird zunächst nur ein Zustimmungsvorbehalt angeordnet und das Verfügungsverbot nur auf Anregung oder nach Rücksprache mit dem vorläufigen Verwalter angeordnet. Dadurch wird auch der Grundsatz der Verhältnismäßigkeit (s. Rdn. 39) gewahrt (MüKo-InsO/ *Haarmeyer* § 21 Rn. 28). In geeigneten Fällen kann zudem durch **Einzelermächtigung** des Insolvenzgerichts die Befugnis **zur Begründung von Masseverbindlichkeiten** (s. § 22 Rdn. 118) ausgesprochen werden. Im **Schutzschirmverfahren** kann der Schuldner gem. § 270b Abs. 3 InsO zur Eingehung von Masseverbindlichkeiten ermächtigt werden. Ob dies auch im Verfahren gem. § 270a InsO gilt, ist streitig (s. § 22 Rdn. 116). 72

Der **starke vorläufige Verwalter** (Verfügungsverwalter) gem. § 21 Abs. 2 Nr. 1, Nr. 2, 1. Alt. InsO stellt deshalb die **Ausnahme** dar (MüKo-InsO/*Haarmeyer* § 21 Rn. 68; *Jaeger/Gerhardt* InsO, § 21 Rn. 88; *Uhlenbruck/Vallender* InsO, § 21 Rn. 17). Er bedarf wegen der weitreichenden Folgen einer besonderen Rechtfertigung (*Uhlenbruck/Vallender* InsO, § 21 Rn. 4; krit. dazu *Haarmeyer* InsbürO 2017, 47). Er kommt insbesondere bei **folgenden Fallgestaltungen** in Betracht: 73
– Abwesender Geschäftsführer (z.B. Flucht ins Ausland);
– Herausgabeverlangen des Schuldners, um in den Besitz von Gegenständen zu gelangen (*AG Göttingen* DZWIR 1999, 439);
– Beantragung von Prozesskostenhilfe durch den vorläufigen Insolvenzverwalter schon im Eröffnungsverfahren, um überflüssige Eröffnungen zu vermeiden (s. § 24 Rdn. 50);
– ggf. bei Irritation der Gläubiger durch Einsetzung eines überregional bekannten Insolvenzverwalters als neuer Geschäftsführer und nachfolgender Anordnung der vorläufigen Insolvenzverwaltung durch das Insolvenzgericht (*LG Bonn* ZIP 2003, 1412 [1414] = ZInsO 2003, 806 m. Anm. *Förster* = NZI 2003, 653 m. Anm. *Bärenz* = EWiR 2003, 871; bestätigt von *BGH* ZIP 2004, 425 = EWiR 2004, 923);
– bei Insolvenzen mit Auslandsbezug, um die Eröffnung eines Hauptinsolvenzverfahrens in einem anderen Mitgliedsstaat gem. Art. 3 Abs. 3 EuInsVO auszuschließen, falls nicht bereits die Bestellung eines »schwachen« vorläufigen Insolvenzverwalters genügt (s. Rdn. 397).

Allein zur Sicherstellung der Betriebsfortführung bei unüberschaubarer Gläubigerzahl ist die Bestellung eines »starken« vorläufigen Insolvenzverwalters **nicht** erforderlich (a.A. *AG Hamburg* ZIP 2003, 43 [44]; *AG Hamburg* ZInsO 2003, 816 = ZIP 2003, 1809 m. **abl**. Anm. *Undritz* NZI 2003, 136 und *Tetzlaff* EWiR 2003, 1091; Aufgabe in *AG Hamburg* ZInsO 2004, 517 und *Frind* in den »Hamburger Leitlinien zum Insolvenzeröffnungsverfahren«, ZInsO 2004, 24). Ansprüche der Lieferanten in der Eröffnungsphase können durch Einzelermächtigung des Insolvenzgerichts zur Befugnis zur Begründung von Masseverbindlichkeiten (s. § 22 Rdn. 118) oder über ein Treuhandkonto (s. § 22 Rdn. 125) abgesichert werden. 74

II. Allgemeiner Zustimmungsvorbehalt (§ 21 Abs. 2 Nr. 2, 2. Alt.)

75 Sicherungsmaßnahmen unterhalb der Anordnung eines allgemeinen Verfügungsverbotes kommen bei **verschiedenen Fallgestaltungen** in Betracht. Bei der Anordnung, dass Verfügungen des Schuldners nur mit Zustimmung des vorläufigen Insolvenzverwalters wirksam sind (§ 21 Abs. 2 Nr. 2, 2. Alt. InsO), handelt es sich – wie auch beim allgemeinen Verfügungsverbot (s. Rdn. 69) – um ein absolutes Verfügungsverbot (s. § 24 Rdn. 5).

76 Die Anordnung kommt nicht nur in Ausnahmefällen (so MüKo-InsO/*Haarmeyer* § 21 Rn. 47) in Betracht, vielmehr ist sie inzwischen die **Regel** (HK-InsO/*Rüntz* § 22 Rn. 4; *Uhlenbruck/Vallender* InsO, § 21 Rn. 24). Die Umschreibung der Sicherungsmaßnahmen orientiert sich an dem Katalog des § 22 Abs. 1 Satz 2 InsO, ergänzt durch Anordnungen gem. Abs. 1. Der allgemeine Zustimmungsvorbehalt erstreckt sich auch auf die Kassenführung (*Uhlenbruck/Vallender* InsO, § 21 Rn. 24), regelmäßig wird dies im Beschluss ausdrücklich klargestellt (s. Muster Rdn. 78). Der vorläufige Verwalter legt ein Sonderkonto an und erhält den Zugriff auf das Geld, hat damit faktisch die Entscheidungskompetenz und auch ein Initiativrecht.

77 Eine **Geschäftsfortführung** ist **praktikabel** (*Heidrich/Prager* NZI 2002, 653 [654 f.]; *Undritz* NZI 2003, 136 [138]; **a.A.** BK-InsO/*Beth/Blersch* § 21 Rn. 31; *Nerlich/Römermann-Mönning* InsO, § 21 Rn. 157). Weiter werden ihm weitgehende Auskunftsrechte eingeräumt (s. dazu § 5 Rdn. 21). In Ausnahmefällen wird er zum vorläufigen »starken« Verwalter »aufgestockt«. Ein allgemeiner Zustimmungsvorbehalt ist auch von der Ermächtigung des Abs. 2 Nr. 2, 2. Alt. gedeckt (BK-InsO/*Beth/Blersch* § 21 Rn. 57; HK-InsO/*Rüntz* § 21 Rn. 16; MüKo-InsO/*Haarmeyer* § 21 Rn. 66; **a.A.** BK-InsO/*Blersch* § 21 Rn. 31). Der vorläufige »schwache« Insolvenzverwalter begründet keine Masseverbindlichkeiten gem. § 55 Abs. 2 InsO. Eine Ausnahme gilt nur, wenn er vom Insolvenzgericht dazu im konkreten Fall ermächtigt worden ist (s. § 22 Rdn. 118).

78 Der Beschluss kann folgenden **Inhalt** haben:

»Gemäß § 21 Abs. 2 Ziffer 2, 2. Halbsatz InsO wird angeordnet, dass Verfügungen des Schuldners nur mit Zustimmung des vorläufigen Verwalters wirksam sind. Es wird dem Schuldner insbesondere untersagt, ohne Zustimmung des vorläufigen Verwalters Gegenstände seines Vermögens zu veräußern und/oder zu belasten, Ansprüche abzutreten sowie Forderungen einzuziehen. Die Schuldner des Schuldners werden aufgefordert, nur noch unter Beachtung dieser Anordnung zu leisten (§ 23 Abs. 1 Satz 3 InsO).

Der vorläufige Verwalter ist weiter befugt, über das/die Konten des Schuldners zu verfügen. Kreditinstitute dürfen Zahlungseingänge für den Schuldner nicht mehr verrechnen.

Der vorläufige Verwalter wird ermächtigt, Auskünfte über die Vermögenslage bei Dritten (Banken, Versicherungen, Behörden, Vertragspartnern usw.) einzuholen.

Maßnahmen der Zwangsvollstreckung werden gem. § 21 Abs. 2 Nr. 3 InsO untersagt, bereits eigeleitete Maßnahmen werden eingestellt. Dies gilt nicht für unbewegliche Gegenstände uns für vor Erlass dieses Beschlusses erfolgte Pfändungen von Arbeitseinkommen.

Der vorläufige Verwalter soll das Vermögen des Schuldners sichern und erhalten und prüfen, ob das Vermögen des Schuldners die Kosten des Verfahrens decken wird.

Der vorläufige Verwalter wird zusätzlich beauftragt, als Sachverständiger zu prüfen, ob ein Eröffnungsgrund vorliegt sowie welche Aussichten für eine Fortführung des Unternehmens des Schuldners bestehen.«

III. Bestellung eines vorläufigen Insolvenzverwalters (§ 21 Abs. 2 Nr. 1, 1. HS)

1. Regelfall

79 Bei Anordnung von Sicherungsmaßahmen gem. § 21 Abs. 2 Nr. 2, 1. Alt. und 2. Alt. InsO, handelt es sich um ein **absolutes Verfügungsverbot**, wie aus der Verweisung in § 24 InsO auf §§ 81, 82 InsO

folgt (s. § 24 Rdn. 5). Regelmäßig wird auch ein vorläufiger Insolvenzverwalter gem. § 21 Abs. 2 Nr. 1 InsO bestellt. Es existieren jedoch Ausnahmefälle (s. Rdn. 80 ff.). Dabei ist auch zu bedenken, dass es insolvenzfreies Vermögen gibt (§ 36 InsO).

2. Ausnahmen

a) Eingestellter Geschäftsbetrieb

Ist der **laufende Geschäftsbetrieb eingestellt**, muss nicht zwingend ein Verfügungsbefugter über das Vermögen des Schuldners vorhanden sein. Ergeben sich Hinweise auf einziehbare Forderungen, kann es bei der Bestellung eines Sachverständigen verbleiben (*AG Göttingen* NZI 1999, 330 [331]; *AG Göttingen* NZI 2004, 38) und zusätzlich ein allgemeines Verfügungsverbot angeordnet werden (ebenso BK-InsO/*Blersch* § 21 Rn. 24; *Uhlenbruck/Vallender* InsO, § 21 Rn. 18). Eine Anordnung gem. § 23 Abs. 1 Satz 3 InsO erfolgt nicht (s. § 23 Rdn. 4), wohl aber eine öffentliche Bekanntmachung (*AG Göttingen* NZI 1999, 330 [331]). Stellt sich heraus, dass einziehbare Forderungen tatsächlich vorhanden sind, kann nunmehr die Bestellung eines vorläufigen Insolvenzverwalters erfolgen. Die Praxis macht davon kaum noch Gebrauch. 80

b) Antrag auf vorläufige Eigenverwaltung (§ 270a)/Schutzschirmverfahren (§ 270b)

Wird ein Antrag auf **Eigenverwaltung** gestellt und ist dieser nicht offensichtlich aussichtslos, soll dem Schuldner weder ein allgemeines Verfügungsverbot noch ein Zustimmungsvorbehalt auferlegt werden. Anstelle eines vorläufigen Insolvenzverwalters soll gem. **§ 270a Abs. 1 InsO** ein **vorläufiger Sachwalter** bestellt werden, dessen Rechtsstellung sich nicht nach § 22 InsO, sondern §§ 274, 275 InsO richtet. Ist der Antrag wegen drohender Zahlungsunfähigkeit (§ 18 InsO) gestellt und die angestrebte Sanierung nicht offensichtlich aussichtslos, ist zwingend ein vorläufiger Sachwalter gem. § 270b Abs. 2 InsO in dem Beschluss zu bestellen, in dem die Frist zur Vorlage eines Insolvenzplanes gesetzt wird (»Schutzschirmverfahren«, Einzelheiten s. Kommentierung § 270b InsO). Die Bestellung zum vorläufigen Sachwalter kann mit weiteren Maßnahmen kombiniert werden (s. § 22 Rdn. 17). 81

c) Vorläufiger Verwalter ohne Verwaltungs- und Verfügungsbefugnis

Spiegelbildlich zu a) (s. Rdn. 80) kann auch ein vorläufiger Insolvenzverwalter **ohne** jede Verwaltungs- und Verfügungsbefugnis eingesetzt werden (*BGH* ZInsO 2011, 1463 Rn. 48; HambK-InsO/*Schröder* § 21 Rn. 29). Denkbar ist dies zur Verfolgung eines Anspruches gem. § 26 Abs. 4 InsO (*AG München* ZIP 2015, 491; A/G/R-*Sander* § 21 InsO Rn. 16) oder zur Ermöglichung einer vorläufigen Postsperre (*AG Ludwigshafen* ZInsO 2016, 2353 [2354]; vgl. Rdn. 313). 82

d) Vorläufiger Verwalter mit eingeschränktem Wirkungskreis

Wegen der Einfügung des § 55 Abs. 4 InsO ab dem 01.01.2011 soll die Einsetzung eines »**isolierten**« **vorläufigen Insolvenzverwalters** gem. § 21 Abs. 2 Nr. 1 InsO ohne Verfügungsverbot bzw. -beschränkung gem. § 21 Abs. 2 Nr. 2 InsO zulässig sein, kombiniert mit besonderen Verfügungsbeschränkungen zur Sicherung der Gläubigerrechte gem. § 21 Abs. 1 InsO (*AG Düsseldorf* ZInsO 2011, 438 m. Anm. *Schmittmann* ZInsO 2011, 439, *Vallender* EWiR 2011, 259 und *Hölzle* ZIP 2011, 1889). Die Praxis macht davon – soweit ersichtlich – keinen Gebrauch. 83

e) Verbraucherinsolvenzverfahren

In Verfahren gem. § 304 InsO kann ein **vorläufiger Insolvenzverwalter** bestellt werden. Die praktische Bedeutung ist gering. 84

f) Vertragshilfegesetz

85 Im Anwendungsbereich des Vertragshilfegesetzes kann an Stelle des vorläufigen Insolvenzverwalters eine Vertrauensperson bestellt werden (§ 12 Abs. 2 Vertragshilfegesetz i.d.F. Art. 34 Nr. 2 EGInsO).

g) Vorläufiger Sonderinsolvenzverwalter

86 Bestehen Anhaltspunkte für Regressansprüche gegen den Insolvenzverwalter, kann zur Abklärung vor Bestellung eines Sonderinsolvenzverwalters zunächst ein vorläufiger Sonderinsolvenzverwalter bestellt werden, falls nicht (zunächst) die Bestellung eines Sachverständigen genügt.

IV. Sonstige Anordnungen

87 **Besondere Verfügungsverbote** als andere Sicherungsmaßnahmen gem. § 21 Abs. 1 InsO können angeordnet werden bezogen nur auf einzelne Gegenstände und nicht das gesamte Schuldnervermögen (s. Rdn. 377). Die Befugnisse müssen im Einzelnen festgelegt sein. Unwirksam sind pauschale Ermächtigungen, wonach ein vorläufiger (»schwacher«) Insolvenzverwalter alle Maßnahmen treffen kann, die er für nötig und zweckmäßig hält (*BGH* ZInsO 2007, 267 [268]) oder die Ermächtigung, mit rechtlicher Wirkung für den Schuldner zu handeln (*BGH* ZInsO 2002, 819).

88 Besondere Verfügungsverbote fallen nicht unter die Regelung des § 24 InsO und bilden kein absolutes Veräußerungsverbot. Es liegt lediglich ein **relatives Veräußerungsverbot** nach § 135 BGB vor mit der Möglichkeit und Gefahr, dass Dritte gutgläubig erwerben (HambK-InsO/*Schröder* § 21 Rn. 41). Bindet man nur Verfügung des Schuldners über bestimmte, besonders wichtige Gegenstände an die Zustimmung eines vorläufigen Insolvenzverwalters, ist fraglich, ob das Insolvenzgericht die Erforderlichkeit i.E. vorhersehen kann; daneben besteht die Gefahr gutgläubigen Erwerbs (HambK-InsO/*Schröder* § 21 Rn. 41). Häufig wird stattdessen ein »isolierter Sachverständiger« (s. § 22 Rdn. 161) bestellt, der dem Insolvenzgericht Mitteilung macht, falls Sicherungsmaßnahmen erforderlich sind. Insbesondere bei Grundstücken wird häufig so verfahren, ein Verfügungsverbot gem. § 21 Abs. 1 InsO angeordnet (s. Rdn. 379) und so ein gutgläubiger Erwerb ausgeschlossen.

D. Geltung der Vorschriften des (endgültigen) Insolvenzverwalters (§ 21 Abs. 2 Nr. 1 InsO, 2. HS)

89 **Rechtsstellung und Befugnisse** des vorläufigen Insolvenzverwalters sind **im Wesentlichen in § 22 InsO** geregelt (s. § 22 Rdn. 7 ff.). § 21 Abs. 2 Nr. 1 InsO erklärt die für den (endgültigen) Insolvenzverwalter bestimmten Vorschriften der §§ 56, 56a, 58–59 InsO (Bestellung, Aufsicht und Entlassung), §§ 60–62 InsO (Haftung) und §§ 63–66 InsO (Vergütung) für entsprechend anwendbar. Auch dadurch ist der **vorläufige** Insolvenzverwalter **dem (endgültigen) Insolvenzverwalter angenähert**. Wegen der Einzelheiten wird Bezug genommen auf die Kommentierung zu den §§ 56, 58–66 InsO. Nachfolgend wird auf die sich aus der lediglich **entsprechenden Anwendbarkeit** der Vorschriften der §§ 56, 58–66 InsO **ergebenden Besonderheiten** eingegangen. Der vorläufige Insolvenzverwalter kann auch mit der Durchführung von Zustellungen (§ 8 Abs. 3 InsO) beauftragt werden (s. § 8 Rdn. 33).

90 Beim **vorläufigen Sachwalter** gelten §§ 270a Abs. 1 Satz 2, 270b Abs. 2 Satz 3, 274, 275 InsO. **Nicht anwendbar** sind:
– § 61 InsO: Haftung für Nichterfüllung von Masseverbindlichkeiten,
– § 66 InsO: Rechnungslegung (anders im Fall des § 275 Abs. 2 InsO, A/G/R-*Ringstmeier* § 270a InsO Rn. 9 a.E.),
– Der Verweis in § 270a Abs. 1 Satz 2 InsO auf die Regelung des § 274 Abs. 1 InsO umfasst auch § 57 InsO. Dabei dürfte es sich um ein Redaktionsversehen handeln.

Weitere Befugnisse des vorläufigen Sachwalters können sich ergeben aus: 91
- § 274 Abs. 2 InsO: Prüfung wirtschaftliche Lage sowie Überwachung Geschäftsführung und Ausgaben für die Lebensführung unter Einschluss der Befugnisse des § 22 Abs. 3 InsO,
- § 274 Abs. 3 InsO: Informationspflicht bei zu erwartenden Nachteilen für die Gläubiger bei Fortsetzung der vorläufigen Eigenverwaltung,
- § 275 Abs. 2 InsO: Zustimmungserfordernis vorläufiger Sachwalter,
- § 275 Abs. 2 InsO: Kassenführung durch vorläufigen Sachwalter.

I. Übertragung der Zustellungen (§ 8 Abs. 3 InsO)

Bereits im Eröffnungsverfahren kann das Insolvenzgericht die Zustellungen dem vorläufigen Insolvenzverwalter übertragen. Auf den vorläufigen Sachwalter ist die Vorschrift anwendbar (s. § 8 Rdn. 39). Nachteilig kann sich dies auswirken, wenn die Kosten dafür – etwa bei Abweisung mangels Masse gem. § 26 InsO – nicht gedeckt sind (*Uhlenbruck/Vallender* InsO, § 21 Rn. 16). Wegen der **Einzelheiten** s. § 8 Rdn. 33 ff. 92

II. Bestellung (§ 56 InsO)

Die Bestellung des vorläufigen Insolvenzverwalters erfolgt durch den **Richter** (s. § 2 Rdn. 32). Die Amtsführung des vorläufigen Insolvenzverwalters beginnt erst nach seiner **Annahmeerklärung**, da er die Übernahme des Amtes ablehnen kann (*OLG Düsseldorf* ZIP 1993, 135 *Jaeger/Gerhardt* InsO, § 22 Rn. 11). In Zweifelsfällen wird das Gericht vorher vergewissern, ob der in Aussicht genommene vorläufige Insolvenzverwalter an der Übernahme (z.B. wegen Überlastung, Urlaubes, Beratung des Schuldners oder Gläubigers im Vorfeld der Insolvenz) gehindert ist. Der vorläufige Verwalter ist verpflichtet, von sich aus etwaige Hinderungsgründe anzuzeigen (*Nerlich/Römermann-Mönning* InsO, § 21 Rn. 57 ff.; s. *Jahntz* § 56 Rdn. 4). 93

Bei Insolvenzverfahren über das Vermögen von **Krankenkassen** ist zuvor die Aufsichtsbehörde gem. § 171b Abs. 4 Satz 3 SGB V zu hören; dies gilt auch vor Bestellung eines vorläufigen Insolvenzverwalters. 94

Der **Schuldner** kann vor der Bestellungsentscheidung **informatorisch angehört** werden. Durch das **ESUG** sind zum 01.03.2012 seine **Mitwirkungsrechte gestärkt** worden. Wählt er ein Schutzschirmverfahren gem. § 270b InsO, ist das Gericht an den Vorschlag für den vorläufigen Sachwalter gebunden, falls dieser nicht offensichtlich ungeeignet ist, § 270b Abs. 2 Satz 2 InsO. 95

Auch **Gläubigern** sind durch das ESUG zum 01.03.2012 Mitwirkungsrechte eingeräumt worden. Durch die **Mitwirkung in vorläufigen Gläubigerausschüssen** (§ 22a InsO) können sie Vorschläge für das Anforderungsprofil und die Person des vorläufigen Insolvenzverwalters machen (§§ 21 Abs. 1 Nr. 1, 56a InsO). Vor Anordnung einer Eigenverwaltung ist der vorläufige Gläubigerausschuss zu hören gem. § 270 Abs. 3 InsO. Ein Schutzschirmverfahren ist auf seinen Antrag hin aufzuheben, § 270b Abs. 4 Nr. 2 InsO. 96

Insbesondere im Eröffnungsverfahren kommt der **Auswahl einer geeigneten Person große Bedeutung** zu. Die entscheidenden Weichenstellungen, insbesondere für eine mögliche Unternehmensfortführung, erfolgen in den ersten Tagen und Wochen. Die Anforderungen erfüllt regelmäßig nur derjenige, der Insolvenzverwaltungen berufsmäßig, also ausschließlich oder weit überwiegend, betreibt, nicht aber ein »Gelegenheitsverwalter«. Die Einführung eines Fachanwalts für Insolvenzrecht (vgl. Fachanwaltsordnung Stand 01.01.2003, ZInsO 2003, 171) darf nicht dazu führen, dass allein der Erwerb der Bezeichnung einen Anspruch auf Bestellung zum vorläufigen Insolvenzverwalter garantiert. Bei Eignung besteht ein gerichtlich überprüfbarer Anspruch auf Aufnahme in die Vorauswahlliste. Die konkrete Bestellungsentscheidung ist dagegen für einen übergangenen Bewerber gerichtlich nur im Hinblick auf einen Fortsetzungsfeststellungsanspruch und Amtshaftungsanspruch überprüfbar. Wegen der Einzelheiten wird auf die Kommentierung zu § 56 InsO verwiesen. 97

98 **Regelmäßig** wird der **vorläufige** Insolvenzverwalter auch zum **endgültigen** Insolvenzverwalter bestellt. Diese Auswahl obliegt noch dem Richter (s. § 2 Rdn. 32), das nachfolgende Verfahren liegt in der Hand des Rechtspflegers. Der Richter wird sich regelmäßig beim Rechtspfleger – wie auch bei den Mitgliedern der Service-Einheiten – über die Qualität der Arbeit des Insolvenzverwalters erkundigen.

99 Eine **Stellvertretung des vorläufigen Insolvenzverwalters** kann im Einzelfall zulässig sein (s. i.E. *Jahntz* § 56). Für den Konkursverwalter war anerkannt, dass eine Stellvertretung bei Rechtshandlungen ausgeschlossen war, bei denen auch außerhalb eines Konkursverfahrens eine Stellvertretung nicht möglich war (*LAG Schleswig-Holstein* ZIP 1988, 250 [251] = EWiR 1988, 283; *OLG Düsseldorf* ZIP 1988, 855), wie z.B. Ausübung des Wahlrechts (§ 17 KO; entsprechend § 103 InsO). Eine »Vertretung in der Erklärung« wurde dabei jedoch als zulässig angesehen (*LAG Schleswig-Holstein* ZIP 1988, 250 = EWiR 1988, 283; offen *OLG Düsseldorf* ZIP 1988, 855 [856]).

100 Kann der vorläufige Verwalter aus rechtlichen oder tatsächlichen Gründen sein Amt nicht wahrnehmen (s. § 27 Rdn. 31), bestellt der Insolvenzrichter einen **vorläufigen Sonderinsolvenzverwalter** entsprechend der unter Geltung der KO gängigen Praxis der Bestellung eines Sondersequesters (*OLG Braunschweig* ZIP 1999, 1769 [1770] = InVo 2000, 122; *AG Göttingen* EzInsR, InsO § 22 Nr. 6).

101 Zur Vergütung des vorläufigen Sonderverwalters s. Rdn. 178.

102 Derselbe vorläufige Verwalter/Sachverständige kann auch bei **Sachzusammenhang** der Verfahren eingesetzt werden, so bei der GmbH & Co KG. Dies dient der Arbeitserleichterung und Kostenersparnis. Ggf. ist ein vorläufiger Sonderinsolvenzverwalter zu bestellen (s. Rdn. 100). Haftet allerdings einer der Schuldner unbeschränkt, so kommt auch die Bestellung verschiedener vorläufiger Verwalter/Sachverständiger in Betracht.

III. Gläubigerbeteiligung bei Bestellung [vorläufiger] Insolvenzverwalter (§ 56a InsO)

103 Die Vorschrift ist durch das ESUG zum 01.03.2012 eingefügt worden. § 56a InsO will den Einfluss der Gläubiger bei der Bestellung des Insolvenzverwalters stärken und dadurch einen Anreiz zu frühzeitiger Antragstellung setzen. Dies geschieht durch den **vorläufigen Gläubigerausschuss**. Da der vorläufige Insolvenzverwalter bei Eröffnung regelmäßig beibehalten wird, liegt der Schwerpunkt der Anwendung im Eröffnungsverfahren. Systematisch hätte sich eine Regelung nach § 21 InsO angeboten.

104 Die **Regelungen** über den vorläufigen Gläubigerausschuss sind **verstreut** in:
– § 22a InsO: Voraussetzungen für die Einsetzung (s. § 22a Rdn. 11 ff.),
– § 21 Abs. 1 Nr. 1a InsO: Verweis auf allgemeine Regeln des (endgültigen) Gläubigerausschusses in §§ 67 ff. mit Modifikation des § 67 Abs. 3 InsO in § 21 Abs. 1 Nr. 1a, 2. HS: Keine Mitgliedschaft für Nichtgläubiger, aber für Personen, die erst mit Eröffnung Gläubiger werden (Einzelheiten s. Rdn. 261 ff.).
– § 21 Abs. 1 Nr. 1 InsO: Verweis auf Beteiligung bei Auswahl (vorläufiger) Insolvenzverwalter gem. § 56a InsO.

105 Hat das Insolvenzgericht gem. § 22a InsO einen vorläufigen Gläubigerausschuss eingesetzt, ist dieser gem. § 56a Abs. 1 InsO zu hören:
– zu dem Anforderungsprofil an den vorläufigen Insolvenzverwalter,
– zu der Person des Verwalters.

106 Von einem einstimmigen **Vorschlag** darf das Insolvenzgericht gem. § 56a Abs. 2 InsO nur abweichen, wenn die vorgeschlagen Person ungeeignet ist. Bei einem nicht einstimmigen Votum hat das Insolvenzgericht ein vom vorläufigen Gläubigerausschuss beschlossenes Anforderungsprofil (§ 56a Abs. 2 Satz 2 InsO) zu berücksichtigen (HambK-InsO/*Schröder* § 21 Rn. 28).

Die **Eignung** des vom vorläufigen Gläubigerausschuss vorgeschlagenen vorläufigen Verwalters ist **zu** **überprüfen** insbesondere im Hinblick auf seine Unabhängigkeit. Dazu kann ein Fragebogen verwandt werden (*Frind/Graeber/Schmerbach/Siemon/Stephan* ZInsO 2012, 368).

107

Nach der Gesetzesbegründung soll es »gleichgültig« sein, ob die vorgeschlagene Person auf der **Vorauswahlliste** eines/des Insolvenzgerichtes steht (BT-Drucks. 17/5712, S. 26). Dies erscheint fragwürdig in Anbetracht der Rechtsprechung des BVerfG, wonach angesichts der Eilsituation bei der konkreten Auswahlentscheidung gerade das Vorauswahlverfahren eingeführt wurde (HambK-InsO/*Schröder* § 21 Rn. 28). Eine noch vor dem Inkrafttreten des ESUG ergangene Entscheidung versucht den Konflikt dadurch zu lösen, dass das vorausgehende Vorauswahlverfahren zur Liste ausnahmsweise abgekürzt wird, wenn die vorgeschlagene Person dem zuständigen Insolvenzgericht bekannt ist, langjährig von mehreren Insolvenzgerichten auch in Großverfahren bestellt wird und über einschlägige Erfahrungen in der betroffenen Branche verfügt (*AG Hamburg* ZInsO 2011, 2337, m. abl. Anm. *Haarmeyer* ZInsO 2011, 2316 und Erwiderung INDat-Report 01/2012, 24). Für das Eröffnungsgutachten sollen in diesem Fall erhöhte Anforderungen gelten (*AG Hamburg* ZIP 2012, 339). Andererseits wird vertreten, es habe keine Relevanz, ob die vorgeschlagene Person auf der Vorauswahlliste des betroffenen Gerichts zu finden sei (*Römermann* NJW 2012, 641 [649]). Die Ausübung des Auswahlermessens sei den Insolvenzgläubigern übertragen (*Busch* ZInsO 2012, 1389 [1394]).

108

Die **Problematik verstärkt** sich im Schutzschirmverfahren beim »**mitgebrachten« vorläufigen Sachwalter** (§ 270b Abs. 2 Satz 2 InsO) im Schutzschirmverfahren. Die Bindung setzt nicht ein einstimmiges Votum des vorläufigen (vom Gericht in seiner Zusammensetzung zudem zumindest überprüften) Gläubigerausschusses voraus. Vielmehr ist der Schuldner vorschlagsberechtigt. Abweichen darf das Insolvenzgericht vom Vorschlag des Schuldners nur, wenn die vorgeschlagene Person offensichtlich für die Übernahme des Amtes nicht geeignet ist, § 270b Abs. 2 Satz 2 InsO. Einzelheiten s. bei *Jahntz* § 56a Rdn. 38 ff.

109

Von der **Anhörung** darf gem. § 56a Abs. 1 nur **abgesehen** werden, wenn dies offensichtlich zu einer nachteiligen Veränderung der Vermögenslage des Schuldners führt. Dies wird selten der Fall sein. Schon die Konstituierung des vorläufigen Gläubigerausschusses benötigt Zeit. Gem. § 22a Abs. 3, 3. Alt. InsO rechtfertigt die mit der Einsetzung einhergehende Verzögerung und eine dadurch hervorgerufene nachteilige Veränderung der Vermögenslage des Schuldners den (temporären) Verzicht auf Einsetzung eines vorläufigen Gläubigerausschusses (s. § 22a Rdn. 47 ff.). Fallkonstellationen, in denen § 22a Abs. 3, 3. Alt. InsO nicht eingreift, wohl aber § 56a Abs. 1, 2. HS, sind kaum denkbar. Hinzu kommt, dass bei professioneller Vorbereitung eines Antrages die potentiellen Mitglieder des vorläufigen Gläubigerausschusses bereits ihr Einverständnis und die Annahme des Amtes erklärt sowie ggf. Anforderungsprofil und Personalvorschlag überreicht haben (s. § 22a Rdn. 52).

110

Bei einem **Absehen** von der **Anhörung** wegen einer offensichtlichen nachteiliegen Veränderung der Vermögenslage des Schuldners gem. § 56a Abs. 1 InsO (s. *Jahntz* § 56a Rdn. 32 ff.) kann der vorläufige Gläubigerausschuss in seiner ersten Sitzung einstimmig einen anderen vorläufigen Insolvenzverwalter gem. § 56a Abs. 3 InsO wählen (s. *Jahntz* § 56a Rdn. 48 ff.).

111

Ist von der **Bildung** eines vorläufigen Gläubigerausschusses wegen zu befürchtender nachteiliger Veränderung der Vermögenslage des Schuldners gem. § 22a Abs. 3, 3. Alt. InsO **abgesehen** worden (s. § 22a Rdn. 47 ff.), ist die Bestellung des vorläufigen Gläubigerausschusses im 1. Fall unverzüglich **nachzuholen** (s. § 22a Rdn. 55). **Streitig** ist, ob auch in diesem Fall die **Abwahlmöglichkeit des** § 56a Abs. 3 InsO im **Eröffnungsverfahren gilt**, oder ob der vorläufige Gläubigerausschuss erst bei der Bestellung des (endgültigen) Insolvenzverwalters bei Eröffnung des Verfahrens zu beteiligen ist (s. § 22a Rdn. 55 und *Jahntz* § 56a Rdn. 51).

112

Bei einer beabsichtigten Eigenverwaltung ist der **vorläufige Gläubigerausschuss** gem. § 270 Abs. 3 InsO zuvor anzuhören. Weiter kann er gem. § 270b Abs. 4 Nr. 2 InsO die Aufhebung einer Anordnung gem. § 270b Abs. 1 InsO beantragen.

113

§ 21 InsO Anordnung vorläufiger Maßnahmen

IV. Aufsicht (§ 58 InsO)

114 Der Insolvenzrichter ist **einziges Kontrollorgan**, da ein Gläubigerausschuss (§ 69 InsO) und eine Gläubigerversammlung (§ 74 InsO) noch nicht existiert. Ein vorläufiger Gläubigerausschuss kann im Eröffnungsverfahren zwar bestellt werden (s. Rdn. 259); dies ist jedoch die Ausnahme. Daraus folgt – im Vergleich zum »endgültigen« Insolvenzverwalter – eine gesteigerte Aufsichtspflicht (A/G/R-*Sander* § 22 InsO Rn. 7). Bei längerer Dauer wird sich der Insolvenzrichter Zwischenberichte des vorläufigen Verwalters vorlegen lassen. Bewirkt die Androhung/Festsetzung von Zwangsgeld gem. § 58 Abs. 2 InsO nichts, so bleibt als letztes Mittel die Entlassung (s. Rdn. 115 ff.).

V. Entlassung (§ 59 InsO)

115 Eine Entlassung des vorläufigen Insolvenzverwalters kann **auf Antrag** des Verwalters, des »vor-vorläufigen« Gläubigerausschusses (Rdn. 261 ff.) – sofern vorhanden – **oder von Amts wegen** erfolgen (eine Gläubigersammlung existiert noch nicht). Als wichtiger Grund für den Antrag des vorläufigen Insolvenzverwalters kommt Krankheit in Betracht. Eine Entlassung von Amts wegen kommt nicht schon in Betracht bei bloßen Meinungsverschiedenheiten zwischen Gericht und vorläufigem Insolvenzverwalter, wohl aber bei nachhaltiger Störung des Vertrauensverhältnisses (*OLG Zweibrücken* NZI 2000, 535 [536]). Das Gericht darf auch nicht sein eigenes wirtschaftliches Ermessen anstelle der Erwägungen des vorläufigen Insolvenzverwalters setzen. Als letztes Mittel – ggf. nach Maßnahmen gem. § 58 Abs. 2 InsO (s. Rdn. 48) – kommt die Entlassung **nur bei Vorliegen triftiger Gründe** in Betracht (*BGH* ZInsO 2009, 1491; *Uhlenbruck/Vallender* InsO, § 21 Rn. 14, 15; *Schmittmann* NZI 2004, 239 f.). Mangelnde Eignung und schwerwiegende Pflichtverletzungen, die eine Abberufung rechtfertigen können, sind in den bislang veröffentlichten Gerichtsentscheidungen teilweise angenommen worden (*OLG Köln* ZIP 1986, 1261; *AG Halle-Saarkreis* ZIP 1993, 1667; ZIP 1993, 1669 = EWiR 1993, 885; *LG Halle* ZIP 1993, 1739 = EWiR 1993, 1203; *AG Halle* ZIP 1993, 1912; *LG Halle* EWiR 1995, 1091; *LG Magdeburg* ZIP 1996, 2116 = EWiR 1997, 109; ZIP 1996, 2119 = EWiR 1997, 111; *AG Hamburg* ZIP 2001, 2147 = EWiR 2002, 71; *AG Flensburg* ZIP 2003, 920). Rechtsprechungsübersicht bei *Schmittmann* NZI 2004, 239.

VI. Haftung (§ 60 InsO)

1. Überblick über die Haftungstatbestände

116 Die InsO **differenziert** zwischen insolvenzspezifischer Haftung gem. § 60 InsO und Haftung für unerfüllbare Masseverbindlichkeiten gem. § 61 InsO. Bei § 60 InsO handelt es sich um eine Verschuldenshaftung, bei § 61 InsO um eine Haftung für vermutetes Verschulden. Daneben besteht die Haftung nach allgemeinen Rechtsvorschriften und speziellen Regelungen wie im Steuerrecht (s. § 24 Rdn. 55).

117 Bei der Haftung des vorläufigen Verwalters ist zu differenzieren. Der »**starke**« vorläufige Verwalter haftet bei Nichterfüllung von Masseverbindlichkeiten gem. § 61 InsO, in den übrigen Fällen gem. § 60 InsO. Der »**schwache**« vorläufige Verwalter haftet grundsätzlich nur gem. § 60 InsO bei Verletzung sog. »insolvenzspezifischer« Pflichten (s. Rdn. 119), in sonstigen Fällen nach allgemeinem Recht (*LAG Hamm* ZInsO 2004, 694 [696]). Eine Haftung gem. § 61 InsO besteht nur, wenn er vom Insolvenzgericht durch Einzelanordnung zur Eingehung von Masseverbindlichkeiten ermächtigt worden ist (s. § 22 Rdn. 118).

118 Wird der vorläufige Verwalter vom Insolvenzgericht zugleich als **Sachverständiger** beauftragt (§ 22 Abs. 1 Satz 2 Nr. 3, § 22 Abs. 2 InsO), greift der Haftungsausschluss für einfache Fahrlässigkeit aufgrund des Haftungsprivilegs des § 839a BGB nicht (s. Rdn. 135).

2. Voraussetzungen (§ 60 InsO)

119 Der vorläufige Insolvenzverwalter haftet für die Verletzung sog. »**insolvenzspezifischer**« (früher: »sequestrationsspezifischer«) **Pflichten** (vgl. *BGH* ZInsO 2004, 609 [611]; NZI 2008, 295 = EWiR

2008, 309). Diese Pflichten können gegenüber Aus-und Absonderungsberechtigten, Massegläubigern, Insolvenzgläubigern und dem Schuldner gegenüber bestehen (A/G/R-*Sander* § 22 InsO Rn. 20; BK-InsO/*Beth/Blersch* § 21 Rn. 32). Voraussetzung ist, dass eine sich aus der Insolvenzordnung ergebende Pflicht gegenüber dem geschützten Personenkreis verletzt und dadurch ein Schaden eintritt. Die Pflicht des vorläufigen Insolvenzverwalters geht auf Sicherung und Erhaltung der Masse, ihm obliegen Sorgfalts- und Obhutspflichten für die von ihm verwalteten Gegenstände, er hat für ausreichenden Versicherungsschutz zu sorgen. Weiter hat er Außenstände einzuziehen und das Bestehen von Ansprüchen aufzuklären (Einzelheiten s. § 22 Rdn. 21 ff.). Bei Anordnungen gem. § 21 Abs. 2 Nr. 5 InsO hat der vorläufige Insolvenzverwalter eingezogene Beträge zu separieren (s. Rdn. 355 f.). Die Beweislastumkehr des § 61 Satz 2 InsO gilt nicht.

Die **Rechtsprechung bejaht** Ansprüche gegenüber einem Absonderungsberechtigten, wenn ein vorläufiger Insolvenzverwalter die Zustimmung oder Einholung einer Einzelermächtigung (s. § 22 Rdn. 115) zu einem freihändigen Verkauf verweigert, der einen höheren Erlös als eine Versteigerung erbringt (*BGH* ZInsO 2011, 1463, m. abl. Anm. *Hackländer* EWiR 2011, 603). 120

Die Rechtsprechung **verneint** Ansprüche bei Verweigerung der Herausgabe eines Mietobjektes durch den »schwachen« vorläufigen Insolvenzverwalter (*LG Lübeck* ZInsO 2011, 391 [392]). 121

3. Weitere Anspruchsgrundlagen

Weiter kann insbesondere der »schwache« vorläufige Insolvenzverwalter aufgrund persönlicher Zusagen (*Pape* ZInsO 2004, 605 [607]) oder aus § 311 Abs. 3 i.V.m. §§ 241 Abs. 2, 280 BGB (cic, vgl. *BGH* ZInsO 2005, 885 [886]) haften. Eine persönliche Verpflichtung geht der vorläufige Verwalter aber nur dann ein, wenn er ausnahmsweise für die Erfüllung besonders einstehen will (*OLG Frankfurt* NZI 2001, 151 [152]). Dies ist der Fall, wenn der vorläufige Insolvenzverwalter klar zum Ausdruck bringt, dass er eine über die gesetzliche Haftung hinausgehende Einstandspflicht übernehmen will (*BGH* ZInsO 2004, 609 [614] = EWiR 2004, 766). Die **Rechtsprechung bejaht** Ansprüche in diesem Zusammenhang teilweise sehr weitgehend: 122
– Zahlungszusage, dass Kosten aus der Insolvenzmasse übernommen werden (*OLG Schleswig* NZI 2004, 92 m. krit. Anm. *Undritz* EWiR 2004, 393),
– Bestätigung, dass Zahlungen für künftige Leistungen durch das Insolvenzsonderkonto sichergestellt sind (*OLG Celle* NZI 2004, 89 [90] m. krit. Anm. *Undritz* EWiR 2004, 446),
– Erklärung, für die Bezahlung erbrachter Leistungen persönlich aufzukommen (*OLG Celle* ZInsO 2004, 865),
– Erklärung, eines »starken« vorläufigen Insolvenzverwalters, er garantiere die Bezahlung einer Baustofflieferung (*OLG Rostock* ZIP 2005, 220 = EWiR 2005, 313),
– Erklärung, dass die Kosten für die Lieferung aus der Insolvenzmasse im vorläufigen Verfahren beglichen werden (*OLG Frankfurt* ZInsO 2007, 548 [549]; abl. *Hinkel/Flitsch* ZInsO 2007, 1018).

Die Rechtsprechung **verneint** Ansprüche bei: 123
– Hinweis des vorläufigen Insolvenzverwalters auf seine persönliche Versicherung auf die Frage nach Erfüllung von Lohnforderungen (*BAG* ZInsO 2009, 1648 = EWiR 2009, 617),
– Zusage des Zahlungsausgleichs in einem Rundschreiben (*LG Trier* ZInsO 2009, 1208 = EWiR 2009, 683),
– Unterlassen der Separierung bei Einzug sicherheitshalber abgetretener Forderungen gem. § 21 Abs. 1 Nr. 5 InsO (*BGH* ZInsO 2010, 714 [718]).

Schließlich kommt eine **Haftung nach allgemeinem Recht** in Betracht, vor allem nach §§ 823 ff. BGB, Verschulden bei Vertragsschluss, Verletzung der Verkehrssicherungspflicht und positiver Vertragsverletzung (*LAG Hamm* ZInsO 2004, 694 [696]). 124

4. Umfang

Die Haftung geht auf das **negative Interesse** (*Pape* ZInsO 2008, 465 [471]). 125

5. Weiterführende Angaben

126 Weiterführende Angaben bei der Kommentierung zu § 60 InsO. Aus der Literatur *Pape/Graeber* Handbuch der Insolvenzverwalterhaftung und Übersichten bei *Graeber* InsbürO 2010, 122 [327, 450], InsbürO 2011, 140 [333, 363], InsbürO 2012, 12).

6. Vorläufiger Sachwalter

127 Zur Haftung des vorläufigen Sachwalters s. *Foltis* § 274 Rdn. 25 ff.

VII. Nichterfüllung Masseverbindlichkeiten (§ 61 InsO)

128 Auf den **vorläufigen Sachwalter** ist die Vorschrift nicht anwendbar (s. Rdn. 90). Im Schutzschirmverfahren kann gem. § 270b Abs. 3 InsO nur der Schuldner zur Eingehung von Masseverbindlichkeiten ermächtigt werden. § 274 Abs. 1 InsO schließt eine Anwendung des § 61 InsO generell aus. Es kommt nur eine Haftung gem. § 60 InsO und nach allgemeinen Grundsätzen in Betracht (s. Rdn. 116 ff.).

129 Bei der Haftung des vorläufigen Insolvenzverwalters gem. § 61 InsO ist zu **differenzieren**:

1. Eröffnung

130 a) Wird das Verfahren eröffnet, gelten als **Masseverbindlichkeiten** (gem. § 55 Abs. 2 InsO) die Verbindlichkeiten, die von einem vorläufigen Insolvenzverwalter begründet worden sind, auf den die Verfügungsbefugnis über das Vermögen des Schuldners übergegangen ist (§ 22 Abs. 1 Satz 1 InsO). Dem Schuldner muss also ein **allgemeines Verfügungsverbot** auferlegt worden sein (§ 21 Abs. 2 Nr. 2, 1. Alt. InsO). In diesem Fall kommt eine Haftung gem. § 61 Satz 1 InsO in Betracht. Zur Haftung des Verwalters im Rahmen der Vorfinanzierung des Insolvenzgeldes s. § 22 Rdn. 113.

131 b) War dem Schuldner kein allgemeines Verfügungsverbot (§ 22 Abs. 2 Nr. 2, 1. Alt. InsO) auferlegt und daher die Verwaltungs- und Verfügungsbefugnis nicht gem. § 22 Abs. 1 Satz 1 InsO auf den vorläufigen Insolvenzverwalter übergegangen, kommt sowohl bei Eröffnung als auch bei Nichteröffnung eine Haftung gem. § 61 Satz 1 InsO grundsätzlich nicht in Betracht (*BGH* ZInsO 2011, 388 Rn. 9. Die Vorschrift des § 55 Abs. 2 InsO gilt grundsätzlich nicht (s. § 22 Rdn. 115). Der »**schwache**« vorläufige Insolvenzverwalter hat nur geringe Einflussmöglichkeiten auf das Schuldvermögen. Die Haftung kann vielmehr nur nach allgemeinen Grundsätzen eintreten (s. Erl. *Jahntz* § 60). Eine Haftung gem. § 61 InsO kommt in **zwei Fällen** in Betracht:
– Zustimmung zur Begründung von Verbindlichkeiten aus einem Steuerschuldverhältnis, § 55 Abs. 4 InsO (s. § 22 Rdn. 15 und *Jahntz* § 55 Rdn. 63)
– Ermächtigung des »schwachen« vorläufigen Insolvenzverwalters durch Einzelanordnung des Insolvenzgerichts (s. § 22 Rdn. 118) zur Eingehung von Masseverbindlichkeiten (*OLG Brandenburg* ZInsO 2004, 806 [807]; s. auch *BGH* ZInsO 2004, 609 [613 f.]).

132 c) Die Haftung hängt nicht davon ab, dass das Insolvenzverfahren abgeschlossen ist (*BGH* ZInsO 2004, 609 [610] = EWiR 2004, 766). Etwas anderes gilt nur, wenn eine Befriedigung aus Außenständen zu erwarten ist, die unschwer und in angemessener Zeit zu realisieren sind (*OLG Brandenburg* NZI 2003, 552 m. zust. Anm. *Vallender*).

2. Nichteröffnung

133 a) Wird das Verfahren **nicht eröffnet**, sind die Sicherungsmaßnahmen aufzuheben (§ 25 Abs. 1 InsO). Zuvor hat der vorläufige Insolvenzverwalter die von ihm begründeten Verbindlichkeiten einschließlich der Verbindlichkeiten aus einem Dauerschuldverhältnis, soweit er die Gegenleistung in Anspruch genommen hat, zu begleichen (§ 25 Abs. 2 InsO). Diese Vorschrift entspricht § 55 Abs. 2 InsO. Ist eine Begleichung der Verbindlichkeiten gem. **§ 25 Abs. 2 InsO** nicht – wie häufig bei Abweisung mangels Masse (§ 26 InsO) – möglich, so kommt eine Haftung des vorläufigen Insolvenzverwalters aufgrund der in § 21 Abs. 2 Nr. 1 InsO angeordneten entsprechenden Geltung des § 61

Satz 1 InsO in Betracht. Anstelle des Insolvenzverwalters tritt der vorläufige Insolvenzverwalter, anstelle der Insolvenzmasse gleichsam die vorläufige, durch die Auferlegung des allgemeinen Verfügungsverbotes entstandene Insolvenzmasse.

b) War dem Schuldner **kein allgemeines Verfügungsverbot** (§ 22 Abs. 2 Nr. 2, 1. Alt. InsO) auferlegt und daher die Verwaltungs- und Verfügungsbefugnis nicht gem. § 22 Abs. 1 Satz 1 InsO auf den vorläufigen Insolvenzverwalter übergegangen, kommt sowohl bei Eröffnung als auch bei Nichteröffnung eine Haftung gem. § 61 Satz 1 InsO grundsätzlich nicht in Betracht. Die Vorschrift des § 55 Abs. 2 InsO gilt grundsätzlich nicht (s. § 22 Rdn. 115). Der »schwache« vorläufige Insolvenzverwalter hat nur geringe Einflussmöglichkeiten auf das Schuldvermögen. Die Haftung kann vielmehr nur nach allgemeinen Grundsätzen eintreten (s. Erl. *Jahntz* § 60). Eine Haftung gem. § 61 InsO besteht **ausnahmsweise**, wenn der »schwache« vorläufige Insolvenzverwalter vom Insolvenzgericht durch **Einzelanordnung** (s. § 22 Rdn. 118) zur **Eingehung von Masseverbindlichkeiten ermächtigt** worden ist (*OLG Brandenburg* ZInsO 2004, 806 [807]; s. auch *BGH* ZInsO 2004, 609 [613 f.]). 134

3. Gleichzeitige Beauftragung als Sachverständiger

Wird der vorläufige Verwalter vom Insolvenzgericht zugleich als Sachverständiger beauftragt (§ 22 Abs. 1 Satz 2 Nr. 3, § 22 Abs. 2 InsO), greift der **Haftungsausschluss für einfache Fahrlässigkeit** aufgrund des Haftungsprivilegs des § 839a BGB (*Uhlenbruck* NZI 2002, 809) **nicht** (a.A. *Vallender* ZInsO 2010, 1457 [1468]). Der Schwerpunkt der Tätigkeit liegt bei der vorläufigen Insolvenzverwaltung; zudem könnten schwer lösbare Abgrenzungsprobleme entstehen. Zur Haftung als Sachverständiger s. weiter § 22 Rdn. 160. 135

4. Entlastungsbeweis (§ 61 Satz 2 InsO)

Bei der Entlastungsregelung des Satz 2 ist zu bedenken, dass der vorläufige Insolvenzverwalter insbesondere im Anfangsstadium einen vollständigen Überblick über den Umfang der Masse und die Höhe der Masseverbindlichkeiten noch nicht hat, er aber gem. § 22 Abs. 1 Satz 2 Nr. 2 InsO zur Unternehmensfortführung verpflichtet ist (ähnlich *Kübler/Prütting/Bork-Lüke* InsO, § 60 Rn. 65). Daher ist ihm eine **angemessene Einarbeitungszeit zuzubilligen** (*Uhlenbruck/Vallender* InsO § 22 Rn. 223), orientiert an den Besonderheiten des Einzelfalles (BK-InsO/*Beth/Blersch* § 22 Rn. 14). Teilweise wird im Hinblick auf die Verpflichtung zur Unternehmensfortführung gem. § 22 Abs. 1 Satz 2 Nr. 2 InsO schon die Rechtswidrigkeit verneint (HK-InsO/*Rüntz* § 22 Rn. 83; a.A. *LG Cottbus* ZInsO 2002, 441 [442 f.]; *OLG Brandenburg* NZI 2003, 552 [553] m. zust. Anm. *Vallender*) bzw. eine Haftung gem. § 61 InsO generell abgelehnt (*Nerlich/Römermann-Mönning* InsO, § 22 Rn. 188). Bei **Dauerschuldverhältnissen** soll eine Haftung nur eintreten, wenn sich der vorläufige Insolvenzverwalter zu dem Vertragsverhältnis bekennt, indem er es nach Eintritt der Masseunzulänglichkeit nicht kündigt oder die Gegenleistung in Anspruch nimmt (*AG Hamburg* ZIP 2002, 2227 [2228]; ebenso *BGH* ZInsO 2003, 465 [467] nach Anzeige gem. § 208 InsO). Der vorläufige Verwalter ist verpflichtet, eine plausible, ständig zu überprüfende und zu aktualisierende **Liquiditätsrechnung** zu führen. 136

5. Umfang

g) Die Haftung geht auf das **negative Interesse** (*BGH* ZInsO 2004, 609 [613]). 137

6. Weiterführende Angaben

Weiterführende Angaben bei der Kommentierung zu § 61 InsO. Aus der Literatur Übersichten zuletzt bei *Pape* ZInsO 2007, 293 [297 ff.] sowie *Pape/Graeber* Handbuch der Insolvenzverwalterhaftung). 138

VIII. Verjährung Schadensersatzansprüche (§ 62 InsO)

139 Die Verjährungsfrist beträgt gem. § 62 Satz 1 InsO i.V.m. § 195 BGB **drei Jahre**. Der Beginn der Verjährungsfrist richtet sich nach § 199 BGB. Die Verjährung beginnt jedoch gem. § 62 Satz 2 InsO spätestens drei Jahre nach Rechtskraft der das Eröffnungsverfahren beendenden Entscheidung (A/G/R-*Sander* § 22 InsO Rn. 30; BK-InsO/*Beth*/*Blersch* § 21 Rn. 35).

IX. Vergütung (§ 63 InsO)

1. Überblick

140 Die Einzelheiten der Vergütung sind geregelt in der auf der Grundlage des § 65 InsO erlassenen Insolvenzrechtlichen Vergütungsverordnung (InsVV). Kommentiert werden im Nachfolgenden nur die Grundzüge. Wegen der Einzelheiten wird verwiesen auf die Kommentierung von *Lorenz* zu § 11 InsVV. Zur Ausräumung geäußerter verfassungsrechtlicher Bedenken ist in § 65 InsO die Verordnungsermächtigung ausdrücklich auf den Vergütungsanspruch des vorläufigen Insolvenzverwalters ausgedehnt worden.

141 Sofern die §§ 11–13 InsVV nichts anderes bestimmen, gelten gem. **§ 10 InsVV** die §§ 1–9 InsVV entsprechend. Aufgrund der unterschiedlichen Sachlage bei der vorläufigen Insolvenzverwaltung kann es geboten sein, die Regelungen der §§ 1–9 InsVV anders anzuwenden als bei der (endgültigen) Insolvenzverwaltung. Dies zeigt sich z.B. bei der Berechnungsgrundlage gem. § 1 InsVV. Ist der vorläufige Insolvenzverwalter zugleich als Sachverständiger beauftragt mit der Prüfung des Eröffnungsgrundes bzw. der Aussichten der Unternehmensfortführung, so wird er gem. § 11 Abs. 2 InsVV gesondert als Sachverständiger nach dem JVEG entschädigt (s. § 22 Rdn. 174 ff.).

142 Für die Vergütung des **vorläufigen Sachwalters** (§§ 270a Abs. 1 Satz 2, 270b Abs. 2 Satz 1 InsO) gelten Besonderheiten (s. Rdn. 179). Die Regelungen für den vorläufigen Insolvenzverwalter sind nur eingeschränkt anwendbar.

2. Antrag des vorläufigen Insolvenzverwalters

143 Erforderlich ist ein **Antrag** des (vorläufigen) Insolvenzverwalters. Dieser kann mit dem Abschlussgutachten oder später eingereicht werden. Im letzten Fall besteht die Gefahr des Ausfalls des Vergütungsanspruchs bei Massearmut. Erforderlich ist, dass der (vorläufige) Insolvenzverwalter seine den Vergütungsanspruch begründende Tätigkeiten darlegt, insbesondere die Voraussetzungen für die Einbeziehung von Aus-/Absonderungsrechten in die Berechnungsgrundlage sowie für Erhöhungstatbestände gem. § 3 Abs. 1 InsVV. Die Darlegung der Schätzungsgrundlage für die gem. § 287 ZPO vorzunehmende Bemessung von Zuschlägen ist Sache des Insolvenzverwalters (*BGH* ZInsO 2005, 806).

144 **Muster** und Einzelheiten des Vergütungsantrags des vorläufigen Insolvenzverwalters s. *Haarmeyer*/*Heyn* InsbürO 2010, 2; *Haarmeyer* InsbürO 2004, 9 (82, 138); *Kröpke* ZVI 2016, 220.

3. Berechnungsgrundlage (§§ 1, 11 InsVV)

a) Allgemein

145 Bei der Berechnung der Vergütung des (endgültigen) Insolvenzverwalters wird der Wert der Insolvenzmasse zur Zeit der Beendigung des Insolvenzverfahrens zugrunde gelegt (§ 1 Abs. 1 InsVV). Aufgrund der nur entsprechenden Geltung der Vorschrift ist für die **Berechnung der Vergütung** des vorläufigen Insolvenzverwalters im Ausgangspunkt der **Wert** der Insolvenzmasse zum Zeitpunkt der Beendigung seiner Tätigkeit anzusetzen. Das Amt des vorläufigen Insolvenzverwalters endet mit der Eröffnung. Wird der Antrag abgewiesen (als unzulässig, unbegründet oder mangels Masse) oder für erledigt erklärt (s. dazu § 13 Rdn. 261 ff.), endet das Amt des vorläufigen Insolvenzverwalters erst mit der Aufhebung seiner Bestellung (vgl. § 25 Abs. 2 InsO). Für die Ermittlung des Wertes gilt gem. § 5 InsO die **Amtsermittlungspflicht** (*BGH* ZInsO 2009, 1030 [1031]).

b) **Maßgebender Zeitpunkt (§ 11 Abs. 1 Satz 3 InsVV a.F. bis zum 18.07.2013/ § 11 Abs. 1 Satz 1 InsVV n.F.)**

Aufgrund der in § 21 Abs. 2 Nr. 1 InsO angeordneten entsprechenden Geltung ist für die Berechnung der **Wert zur Zeit der Beendigung des vorläufigen Insolvenzverfahrens** zugrunde zu legen. Dies ist allgemein anerkannt in Rspr. (*BGH* ZIP 2001, 296 [299 f.] = EWiR 2001, 281 = ZInsO 2001, 165 m. zust. Anm. *Haarmeyer* ZInsO 2001, 215; *OLG Zweibrücken* NZI 2000, 314 [316]; *OLG Köln* ZIP 2000, 1993 [1995]; *AG Göttingen* NZI 1999, 469 [470]). 146

§ 1 Abs. 2 InsVV enthält Vorgaben, wie der maßgebliche Wert zu bestimmen ist. Auszugehen ist also von der Sicherungsmasse, nämlich dem Wert des Vermögens, das der Sicherung und Verwaltung durch den vorläufigen Insolvenzverwalter unterlag. Zugrunde zu legen ist der Verkehrswert. Unterscheiden sich Fortführungs- und Liquidationswert, ist entscheidend, **welche Werte sich voraussichtlich verwirklichen lassen** (*BGH* ZIP 2004, 1555 [1556]; *OLG Zweibrücken* NZI 2000, 314 [316]; *AG Bielefeld* ZInsO 2000, 350). Gem. § 1 Abs. 2 Nr. 4 Satz 2 Buchstabe b InsVV sind Betriebsausgaben abzusetzen (*BGH* ZVI 2008, 317 [319]). Zur Ermittlung des Überschusses bei einer Betriebsfortführung hat der vorläufige Insolvenzverwalter eine gesonderte Einnahmen-/Ausgabenrechnung vorzulegen (*BGH* ZInsO 2011, 1519 Rn. 8). Das Beschwerdegericht darf in seiner Entscheidung nachträglich gewonnene Erkenntnisse berücksichtigen (*BGH* ZInsO 2011, 2055 Rn. 18). Zur Wertberechnung bei vorzeitiger Beendigung des Auftrags – z.B. Begleichung der Forderung durch den Schuldner – s. Rdn. 152. 147

Einzubeziehen sind: 148
- offene Forderungen (*BGH* ZInsO 2007, 147) mit dem Nominalbetrag, sofern keine Bedenken gegen die Werthaltigkeit bestehen (*BGH* ZInsO 2005, 759), ansonsten mit dem Verkehrswert (*BGH* ZInsO 2013, 44 [48]),
- bereits entstanden, aber noch nicht fällige Forderungen (*BGH* ZVI 2008, 317 [318]),
- der Firmenwert (*BGH* ZIP 2004, 1555 [1556]; *Hackenberg* InsbürO 2005, 379),
- Erlöse für den Verkauf von Umlaufvermögen, wenn sie nicht bereits beim Umlaufvermögen berücksichtigt worden sind (*LG Göttingen* ZInsO 2001, 794 [795]),
- bei Errichtung eines Treuhandkontos (s. § 22 Rdn. 125) der Bestand (**a.A.** *Frind* ZInsO 2004, 840; *Ganter* NZI 2012, 433 [436]).

Nicht einzubeziehen sind: 149
- Unpfändbares Einkommen (*BGH* ZInsO 2007, 766),
- erst nach Beendigung der vorläufigen Insolvenzverwaltung bekannt gewordene Forderungen (*LG Mönchengladbach* ZInsO 2006, 646).

Zur Einbeziehung von **Aus- und Absonderungsrechten** s. Rdn. 146 ff.; zu **Anfechtungs- und sonstigen Ansprüchen** s. Rdn. 163. 150

Scheidet ein Gegenstand **vor Beendigung** der vorläufigen Insolvenzverwaltung aus dem Vermögen des Schuldners z.B. durch Veräußerung aus, gilt § 11 Abs. 1 Satz 3, 2. HS InsVV. 151

Bei **vorzeitiger Beendigung** des Verfahrens (Antragsrücknahme, Erledigungserklärung) erfolgt die Berechnung des Wertes der (vorläufigen) Insolvenzmasse nach den Grundsätzen der Festsetzung des Wertes für die Gerichtsgebühren (s. § 13 Rdn. 208; *AG Göttingen* ZInsO 1998, 142 f.). Liegen keine Erkenntnisse über den Wert vor, ist auf den Wert der Forderung abzustellen, sofern nicht der Schuldner einen geringeren Wert darlegt (*AG Göttingen* ZInsO 2002, 1081 [1082]; *LG Göttingen* ZInsO 2003, 25 [26]; anders noch *LG Göttingen* ZInsO 2002, 720). Eine amtswegige Feststellung des Wertes gem. § 5 InsO erfolgt nicht (*BGH* ZInsO 2005, 757 [758]). Bei einem Eigenantrag ist der **Wert zu schätzen** (*BGH* ZInsO 2005, 757 [758]; *LG Mannheim* ZIP 2001, 1600 [1601]), bei fehlenden Grundlagen gilt der Wert der Verbindlichkeiten (*LG Potsdam* ZInsO 2003, 792 [793]). 152

c) Aus- und Absonderungsrechte (§ 11 Abs. 1 Satz 4, 5 InsVV a.F. bis zum 18.07.2013/ § 11 Abs. 1 Satz 2, 3 InsVV n.F.)

153 Unter Geltung der KO wurden nach überwiegender Meinung auch die mit **Aus- und Absonderungsrechten** belasteten Gegenstände **einberechnet**. Diese Auffassung hat der **BGH** in einer Grundsatzentscheidung aus dem Jahr 2000 zunächst bestätigt (*BGH* ZIP 2001, 296 [299] = EWiR 2001, 281 = ZInsO 2001, 165 m. zust. Anm. *Haarmeyer* ZInsO 2001, 215). Voraussetzung war allerdings, dass der vorläufige Verwalter auch mit der Sicherung und Verwaltung der mit Aus-/Absonderungsrechten **in nennenswertem Umfang** belasteten Gegenstände befasst war (*BGH* ZIP 2001, 296 [299 f.] = EWiR 2001, 281 = ZInsO 2001, 165 m. zust. Anm. *Haarmeyer* ZInsO 2001, 215). Ob später tatsächlich eine Verwertung erfolgte, war nicht entscheidend (*OLG Stuttgart* ZInsO 2001, 897 = EWiR 2001, 1103). Bei nicht nennenswerter Befassung sollte ein Abschlag gem. § 3 Abs. 2 InsVV erfolgen (*BGH* ZIP 2001, 296 [300]).

154 In späteren Entscheidungen hat der **BGH** seine **frühere Rechtsprechung eingeschränkt**. Eine Befassung in nennenswerten Umfang hat er nicht genügen lassen, vielmehr einen **erheblichen Umfang** gefordert (*BGH* ZIP 2006, 621). Eine **Einbeziehung** in die Berechnungsgrundlage sollte auch bei erheblicher Befassung **nicht** erfolgen, wenn es sich um fremde Gegenstände handelte oder sie **wertausschöpfend belastet** waren (*BGH* ZInsO 2006, 811). Diese Auffassung ist in der instanzgerichtlichen Rechtsprechung und in der Literatur abgelehnt worden (vgl. *AG Göttingen* ZInsO 2006, 1047 m.w.N.).

155 Der Verordnungsgeber versuchte im Jahr 2006, durch die Änderung des § 11 InsVV Klarheit zu schaffen. Die Neuregelung gilt nicht für bis zum 29.12.2006 rechtskräftig abgerechnete Vergütungen aus vorläufiger Insolvenzverwaltung, § 19 Abs. 2 InsVV. **Aus- und Absonderungsrechte** waren in die Berechnung **einzubeziehen**, wenn der vorläufige Insolvenzverwalter sich **in erheblichem Umfang** befasst hatte. Ob ansonsten ein **Zuschlag** gem. § 3 Abs. 1 InsVV gewährt werden konnte, war **streitig** (abl. *BGH* NZI 2008, 33 [34]).

156 In zwei Entscheidungen vom 15.11.2012 hat der **BGH** allerdings die **weitgehende Unwirksamkeit des § 11 Abs. 1 Satz 4 InsVV** (a.F. bis zum 18.07.2013/jetzt § 11 Abs. 1 Satz 2 InsVV) festgestellt. Danach sollte der Wert eines wertausschöpfend mit Absonderungsrechten belasteten Gegenstandes nicht berücksichtigt werden; eine Einbeziehung sollte nur erfolgen, wenn der Wert des verwalteten Vermögens erhöht wird, auch wenn sich der vorläufige Verwalter nicht mit den Gegenstand befasst hatte (*BGH* ZInsO 2013, 100 = InsbürO 2013, 108 = EWiR 2013, 125 = Rpfleger 2013, 163 m. abl. Anm. *Stephan*; *BGH* ZInsO 2013, 630). Die Einbeziehung des Wertes von Gegenständen, an denen Aussonderungsrechte bestehen, wurde insgesamt abgelehnt (*BGH* ZInsO 2013, 44 = InsbürO 2013, 110 = EWiR 2013, 61 = NZI 2013, 30 m. Anm. *Graeber*; *BGH* ZInsO 2013, 630).

157 Der BGH hat die Auswirkungen seiner Entscheidungen dadurch relativiert, dass er auf die Gewährung eines **Zuschlag**es gem. §§ 10, 3 Abs. 1a) InsVV hingewiesen hat (im entschiedenen Fall hatte das Beschwerdegericht einen Zuschlag von 75 % gewährt). Im Ergebnis waren durchaus **ähnliche Vergütungen** denkbar. Allerdings wären zum Ausgleich teilweise Zuschläge im dreistelligen Bereich erforderlich gewesen (*Hentrich* InsbürO 2013, 128).

158 Der **Gesetzgeber** hat **reagiert**. Die Neuregelung in § 63 Abs. 3 InsO und § 11 Abs. 1 InsVV bekräftigt, dass die ursprüngliche Konzeption weitergilt (*Schmerbach* NZI 2013, 566 [572 f.]). Damit hat der Gesetzgeber der Ansicht des BGH eine deutliche Absage erteilt (*Schmerbach* InsbürO 2013, 256). Der Rechtsausschuss (BT-Drucks. 17/13535 S. 43f) weist darauf hin, dass die Rechtsprechung des BGH nicht der gesetzlichen Konzeption und der auf ihr beruhenden Verordnungsregelungen entspräche; weiter sei ein Gleichlauf der Vergütungsregelungen des vorläufigen und des endgültigen Insolvenzverwalters nicht sachgerecht. Vielmehr sei zur Ermittlung der Vergütung ist zwischen den unterschiedlichen Schwerpunkten ihrer Tätigkeit zu differenzieren. Der vorläufigen Insolvenzverwalter sichere (»Istmasse«), der endgültige Verwalter verwerte (»Sollmasse«).

Die Gesetzesänderung entfaltet allerdings nach der Rechtsprechung des BGH (*BGH* NZI 2016, 886 m. Anm. *Stoffler* S. 888 und *Prasser* InsbürO 2017, 14; ebenso *LG Frankfurt* NZI 2014, 882 m. abl. Anm. *Schmerbach* InsbürO 2014, 529) **keine Rückwirkung** und gilt nur für ab dem 19.07.2013 beantragte Verfahren. 159

Sind Gegenstände **nicht wertausschöpfend belastet**, ist der überschießende Teil bei der Berechnung zu berücksichtigen, auch wenn keine Tätigkeit in erheblichem Umfang vorliegt (*AG Göttingen* ZInsO 2009, 1781; wohl auch *BGH* ZInsO 2010, 350). 160

Keine Berücksichtigung finden Gegenstände, die der Schuldner lediglich aufgrund eines **Besitzüberlassungsvertrages** in Besitz hat, § 11 Abs. 1 Satz 5 InsVV a.F. bis zum 18.07.2013/§ 11 Abs. 1 Satz 3 InsVV n.F. Darunter fallen z.B. Miet-, Leih- und Pachtverhältnisse (*BGH* ZInsO 2007, 370 [371] für ein angemietetes Betriebsgrundstück). Einzelheiten bei FK-InsO/*Lorenz* Anh. V § 11 InsVV sowie *Graeber* ZInsO 2007, 133 [135]). 161

Die Regelung des § 1 Abs. 2 Nr. 1 Satz 2 InsVV ist allerdings nicht anwendbar (**a.A.** *OLG Zweibrücken* NZI 2000, 314 [316]). Jedoch ist darauf zu achten, dass der **vorläufige** Verwalter im Ergebnis vergütungsrechtlich **nicht besser** steht **als** der **endgültige** Verwalter (*BGH* ZIP 2001, 296 [300]). Dazu kann eine Vergleichsrechnung mit der Vergütung des endgültigen Insolvenzverwalters erfolgen. Teilweise wird daraus der Schluss gezogen, die Vergütung des endgültigen Insolvenzverwalters stelle eine Art »Kappungsgrenze« dar, die nicht überschritten werden dürfe (in diese Richtung *AG Göttingen* EzInsR InsVV § 11 Nr. 27–74 IN 131/00 – Beschluss v. 01.03.2001: Satz von 50 % der Vergütung des endgültigen Insolvenzverwalters ist nicht zu beanstanden). In der Praxis erfordert die Feststellung des Grundbesitzes und der Absonderungsrechte häufig einen beträchtlichen Aufwand, auf den die Verwertungstätigkeit nach Verfahrenseröffnung aufbaut. Deshalb kann die Vergütung des vorläufigen Insolvenzverwalters höher liegen (*AG Göttingen* ZVI 2005, 103). Dies gilt nicht nur bei der Befassung des vorläufigen Verwalters mit Aus-/Absonderungsrechten, sondern allgemein insbesondere bei Betriebsfortführung (*LG Bielefeld* ZInsO 2004, 1250; *AG Chemnitz* ZIP 2001, 1473 m. zust. Anm. *Keller* EWiR 2002, 115 = DZWIR 2002, 391 m. abl. Anm. *Bilgery*; *AG Siegen* ZIP 2002, 2054 [2055]). 162

d) Anfechtungs- und sonstige Ansprüche

Streitig ist, ob künftige Ansprüche zur Masseanreicherung wie Ansprüche aus Insolvenzanfechtung (und Erstattung gem. § 32b GmbHG a.F.) zu berücksichtigen sind. Die Rechtsprechung lehnt dies teilweise ab (*BGH* ZInsO 2004, 672 = ZIP 2004, 1653 m. abl. Anm. *Keller*; *BGH* ZInsO 2006, 143 [144]; *BGH* ZInsO 2013, 515 [516] = InsbürO 2013, 281 = NZI 2013, 393 m. Anm. *Stoffler*; *LG Darmstadt* NZI 2009, 809) und lässt nur die Gewährung eines Zuschlages gem. § 3 InsVV zu bei Befassung in erheblichem Umfang (*BGH* ZInsO 2006, 929). Diese Auffassung ist abzulehnen (*AG Wetzlar* DZWIR 2005, 259; *AG Göttingen* ZInsO 2007, 89; *LG Köln* NZI 2009, 251). Ansprüche gem. § 64 GmbHG werden berücksichtigt, da sie bereits vor Eröffnung entstanden sind (*BGH* EWiR 2010, 759 Rn. 13). 163

e) Nachträgliche Änderungen (§ 11 Abs. 2 InsVV)

Weicht der tatsächlich erzielte Erlös eines Gegenstandes oder einer Forderung ab von Bewertung, die der Festsetzung der Vergütung des vorläufigen Insolvenzverwalters zugrunde gelegt worden ist, bestand nach der Rechtsprechung **ursprünglich keine Änderungsmöglichkeit**. Etwas anderes galt nur, wenn nachträglich neue Tatsachen (z.B. Masseanreicherung) auftraten (*BGH* ZInsO 2006, 203 [204]; *LG Halle* ZInsO 2000, 410; *LG Magdeburg* ZIP 2004, 1915). 164

Eine **partielle Durchbrechung der Rechtskraft** ist nunmehr angeordnet in § 11 Abs. 2 InsVV. Das Insolvenzgericht darf bis zur Entscheidung über die Rechtskraft der Entscheidung über die Vergütung des endgültigen Insolvenzverwalters bei einer Wertdifferenz von mehr als 20 % die Berechnungsgrundlage der Vergütung des vorläufigen Insolvenzverwalters nachträglich anpassen. Zu Einzelheiten s. die Kommentierung FK-InsO/*Lorenz* zu § 11 InsVV). 165

4. Regelsatz von 25 % (§§ 11 Abs. 1 Satz 2, 2 InsVV a.F. bis zum 18.07.2013/ § 63 Abs. 3 InsO n.F.)

166 § 63 Abs. 3 InsO n.F (§ 11 Abs. 1 Satz 2 InsVV a.F.) bestimmt, dass die Vergütung des vorläufigen Insolvenzverwalters i.d.R. einen angemessenen **Bruchteil** der Vergütung des (endgültigen) Insolvenzverwalters nicht übersteigen soll. Art, Dauer und Umfang der Tätigkeit sind zu berücksichtigen, so dass Zu- und Abschläge gem. § 3 InsVV in Betracht kommen (s.a. Rdn. 171).

167 § 63 Abs. 3 InsO n.F (§ 11 Abs. 2 Satz 1 InsVV a.F.) bestimmt in Anknüpfung an die Rechtsprechung des *BGH* (ZInsO 2003, 748 m. zust. Anm. *Haarmeyer*) nunmehr, dass in allen ab dem 01.01.2004 (§ 19 InsVV) eröffneten Verfahren der vorläufige Verwalter **i.d.R.** 25 % der in § 2 InsVV für den endgültigen Verwalter festgesetzten Vergütung erhält, bezogen auf das Vermögen, auf das sich seine Tätigkeit während des Eröffnungsverfahrens erstreckt hat. Dies gilt für alle Arten des vorläufigen Verwalters, also den »schwachen« vorläufigen Verwalter ohne generellen Zustimmungsvorbehalt, den »schwachen« vorläufigen Verwalter mit generellen Zustimmungsvorbehalt und den »starken« vorläufigen Verwalter (*Haarmeyer* InsbürO 2004, 322 [323 f.]).

168 Auszugehen ist zunächst von dem Regelsatz von 25 %. Möglich und häufig geboten sind weiterhin Zu- und Abschläge gem. § 3 InsVV. Insbesondere in Fällen der Betriebsfortführung sind **Zuschläge** angebracht, unabhängig von der Stellung als »schwacher« oder »starker« vorläufiger Verwalter (ebenso *Haarmeyer* ZInsO 2001, 577 [579]). Die Vergütung des vorläufigen Verwalters kann in Einzelfällen auch über der des endgültigen Verwalters liegen (s. Rdn. 162).

169 Auf die **Mindestvergütung** für den vorläufigen Insolvenzverwalter gem. § 2 Abs. 2 InsVV ist **kein Abschlag** vorzunehmen (*BGH* ZInsO 2006, 811 [816]; **a.A.** *AG Köln* ZInsO 2017, 516) auch in sog. Altverfahren (*BGH* ZInsO 2007, 88). Die Höhe des **Zuschlages** gem. § 2 Abs. 2 Satz 2 InsVV richtet sich nach der **Anzahl der Gläubiger**, denen nach den Unterlagen des Schuldners Forderungen zustehen (*BGH* ZInsO 2010, 493 [494]). Mehrere Arbeitnehmer sollen zu einem einzigen Gläubiger zusammengefasst werden (*BGH* ZInsO 2010, 493 [494] = EWiR 2010, 399). Einzelheiten *Graeber/Graeber* InsbürO 2010, 268.

170 Gem. § 11 Abs. 3 InsVV sind **Art, Dauer und Umfang der Tätigkeit** des vorläufigen Verwalters bei der Vergütungsfestsetzung zu berücksichtigen. Bei kurzfristiger Tätigkeit mit minimalem Aufwand besteht kein Anspruch auf Vergütung (*AG Göttingen* NZI 2011, 716).

5. Zu- und Abschläge (§ 3 InsVV)

171 Gem. § 63 Abs. 1 Satz 3 InsO kommt für eine nur kurzfristige Tätigkeit des vorläufigen Insolvenzverwalters eine Abweichung vom Regelsatz nach unten in Betracht. Eine Abweichung nach oben erscheint angebracht, wenn sich der Wert der (vorläufigen) Insolvenzmasse/Sicherungsmasse bis zum für die Wertberechnung entscheidenden Zeitpunkt der Beendigung der vorläufigen Insolvenzverwaltung (s. Rdn. 146) erheblich vermindert hat. § 3 InsVV konkretisiert dies und sieht Zu- und Abschläge vor. Die Zuschläge erfolgen mit dem **gleichen Hundertsatz wie beim endgültigen Verwalter** (*BGH* ZInsO 2010, 1855 Rn. 12).

172 Empfehlenswert, aber nicht erforderlich (a.A. *LG Neubrandenburg* ZInsO 2003, 26 [27]) ist die Angabe des Prozentsatzes, um den eine Erhöhung begehrt wird. Erforderlich ist eine **Gesamtabwägung**, eine Bezifferung für jeden einzelnen Erhöhungstatbestand in der gerichtlichen Entscheidung ist nicht erforderlich (*BGH* ZInsO 2010, 1855 Rn. 8; *LG Bielefeld* ZInsO 2004, 1250 [1251]), jedoch aus Gründen der Rechtsvereinheitlichung wünschenswert und auch üblich. Der maßgebliche Bruchteil von 25 % wird unmittelbar erhöht oder herabgesetzt (*BGH* ZInsO 2013, 840 [841]). Kritisch zur Pauschalierung von Zuschlägen *Haarmeyer* ZInsO 2016, 2057.

173 Bei mehreren masseerhöhenden Zuschlagsgründen ist insbesondere bei einem Zuschlag für eine Unternehmensfortführung eine **Vergleichsrechnung** erforderlich, um zu ermitteln, in welchem Maße der vorläufige Insolvenzverwalter bereits deshalb eine zusätzliche Vergütung erhält, weil sich die Regelvergütung durch den Massezufluss erhöht. Ein Zuschlag ist dann so zu kürzen, dass der über die

Erhöhung der Regelvergütung bewirkte Vergütungszufluss ausgeglichen wird (*BGH* ZInsO 2012, 753; *Graeber/Graeber* InsbürO 2012, 293; *Riedel* Rpfleger 2013, 123).

Kommt neben mehreren Zuschlagstatbeständen auch ein **Abschlagstatbestand** in Betracht, darf das 174
Insolvenzgericht die Summe der Zuschläge nicht pauschal um den Abschlag kürzen, wenn der für den Abschlag in Betracht kommende Umstand nicht sämtliche Zuschlagstatbestände in gleicher Weise relativiert (*BGH* ZVI 2008, 317 [319]). Orientierungshilfe bilden Sammlungen von Entscheidungen anderer Gerichte (*BGH* ZInsO 2010, 1855 Rn. 7).

Das Insolvenzgericht ist an den Antrag **nur insoweit gebunden**, als der **geforderte Betrag nicht über-** 175
schritten werden darf (*BGH* ZInsO 2008, 854 Rn. 22). Der Streit über den angemessenen Prozentsatz wird häufig dadurch entschärft, dass das Insolvenzgericht weitere oder höhere Zuschläge gem. § 3 Abs. 1 InsVV oder andere als in § 3 InsVV genannte Zuschläge gewährt als beantragt.

6. Auslagenpauschale (§ 8 Abs. 3 InsVV)

Weiter gilt § 8 Abs. 3 InsVV. Danach können die tatsächlich entstandenen Auslagen oder ein 176
Pauschsatz geltend gemacht werden. Er beträgt im ersten Jahr 15 %, in den nachfolgenden Jahren 10 %. Der **Pauschsatz** fällt **nur einmal jährlich** und nicht monatlich an (*BGH* ZIP 2003, 1458; a.A. *OLG Zweibrücken* ZInsO 2001, 504 [505]). Eine Quotelung für das angebrochene Jahr entsprechend der Dauer der Tätigkeit des vorläufigen Verwalters findet nicht statt (*LG Stuttgart* ZIP 2002, 491 [492] = EWiR 2002, 393; *LG Berlin* NZI 2003, 502).

§ 8 Abs. 3 Satz 1 InsVV bestimmt nunmehr, dass in allen ab dem 01.01.2004 (§ 19 InsVV) eröff- 177
neten Verfahren der Pauschsatz sich nicht mehr nach der konkreten, möglicherweise gem. § 3 InsVV erhöhten Vergütung berechnet, sondern **nach der Regelvergütung von 25 %**. § 8 Abs. 3 Satz 1 InsVV **deckelt** den Pauschsatz auf den Höchstbetrag von 30 % der Regelvergütung (*Haarmeyer* InsbürO 2004, 322 [324 f.]), für den vorläufigen Insolvenzverwalter im Ergebnis also **auf 7,5 % der Regelvergütung**. Werden dem vorläufigen Verwalter die Zustellungen gem. §§ 21 Abs. 2 Nr. 1, 8 Abs. 3 InsO übertragen, ist der Mehraufwand angemessen zu berücksichtigen. Er wird sich im Eröffnungsverfahren in Grenzen halten. Wegen der Einzelheiten s. § 8 Rdn. 37.

7. Vorläufiger Sonderverwalter

Wird wegen Verhinderung des vorläufigen Verwalters ein vorläufiger Sonderverwalter bestellt (s. 178
Rdn. 100), hat der *BGH* (ZInsO 2008, 733 und krit. Anm. *Graeber* ZInsO 2008, 847; *BGH* ZInsO 2010, 399) wie folgt entschieden:
– Die Festsetzung erfolgt **grundsätzlich** nach der **InsVV**.
– Einem im Verhältnis zur Tätigkeit eines Insolvenzverwalters verminderten Umfang ist durch Festlegung einer angemessenen Quote der Regelvergütung und/oder durch einen Zuschlag/Abschlag (§ 3 InsVV) Rechnung zu tragen. .
– Die Mindestvergütung des § 2 Abs. 2 InsVV gilt nicht.
– Hat der Sonderinsolvenzverwalter nur einen **beschränkten Aufgabenbereich** (Prüfung und Anmeldung einzelner Ansprüche zur Tabelle oder anderweitige rechtliche Durchsetzung), kann die Vergütung nicht höher festgesetzt werden, als sie nach § 5 InsVV beansprucht werden könnte, bei Tätigkeit eines Rechtsanwaltes also nach dem RVG (*BGH* ZInsO 2015, 1031 m. Anm. *Stoffler* EWiR 2015, 517). Falls in diesen Fällen § 182 InsO gilt, ergeben sich mit dem Aufwand und dem Haftungsrisiko jedoch unangemessen niedrige Gebühren (*Graeber* ZInsO 2008, 847 [848]).

9. Vorläufiger Sachwalter

Die Vergütung des Sachwalters ist in § 12 InsVV geregelt. Für den vorläufigen Sachwalter (§§ 270a 179
Abs. 1 Satz 2, 270b Abs. 2 Satz 1 InsO) fehlt – anders als für den vorläufigen Insolvenzverwalter in § 11 InsVV – eine ausdrückliche Regelung. Die Rechtsprechung vertrat unterschiedliche Lösungen (Nachw. 8. Aufl. Rn. 161). Die **Grundsatzentscheidung** des BGH besagt, dass die Festsetzung der Vergütung des vorläufigen Sachwalters zusammen mit der Festsetzung der Vergütung des (endgülti-

gen) Sachwalters erfolgt. Die Vorschriften über die Vergütung des vorläufigen Insolvenzverwalters sind nicht anzuwenden. Zu- und Abschläge kommen in Betracht. Nach Verfahrenseröffnung kann auf Antrag ein Abschlag gewährt werden (*BGH* NZI 2016, 796 m. Anm. *Keller* S. 753; *Haarmeyer/Mock* ZInsO 2016, 1829; *Haarmeyer* InsbürO 2016, 440; *Lissner* Rpfleger 2017, 125). Überblick über die einzelnen Zuschlagstatbestände bei *Hackenberg* ZInsO 2017, 204 [207 ff.]).

180 Der zugrunde zu legende **Wert** ergibt sich aus der vom Schuldner zu erstellenden Rechnungslegung gem. § 281 Abs. 3 InsO. Häufig wird der vorläufige Sachwalter allerdings die Kassenführung gem. § 275 Abs. 2 InsO an sich ziehen mit der Folge, dass er zur Erstellung einer Einnahmen/Ausgaben-Rechnung verpflichtet ist (*Zimmer* ZInsO 2012, 1658 [1660 f.]). Zieht der vorläufige Sachwalter die Kassenführung nicht an sich und kommt es nicht zu einer Eröffnung, besteht keine Verpflichtung des Schuldners zu einer Rechnungslegung gem. § 281 Abs. 3 InsO. Auch den vorläufigen Insolvenzverwalter trifft im Falle der Nichteröffnung keine Verpflichtung zur Rechnungslegung (s. Rdn. 230). In diesem Fall kann der vorläufige Sachwalter auf die aufgrund seiner Prüfungs- und Überwachungsfunktion gem. §§ 270a Abs. 1 Satz 2, 274 Abs. 2 InsO gewonnenen Erkenntnisse zurückgreifen sowie auf die Angaben im Antrag gem. § 13 Abs. 1 InsO (*Zimmer* ZInsO 2012, 1658 [1662 f.]). In Zweifelsfällen besteht ein Auskunftsanspruch gegen den eigenverwaltenden Insolvenzschuldner; notfalls ist eine Schätzung vorzunehmen (*AG Essen* ZInsO 2014, 464; *Graeber/Graeber* InsbürO 2013, 6).

181 **Sonstiges:** Die Kappungsgrenze des § 8 Abs. 3 InsVV gilt mit der Maßgabe, dass der monatliche Pauschalsatz sich gem. § 12 Abs. 3 InsVV auf 125 €/Monat beläuft (*Graeber/Graeber* InsbürO 2013, 6 [7]). Im Falle der Nichteröffnung ist das Insolvenzgericht analog § 26a InsO zur Festsetzung zuständig (*BGH* ZInsO 2016, 1637 Rn. 54; *AG Köln* ZInsO 2017, 514; *Mock* ZInsO 2014, 67 [71]). Die Vergütung ist öffentlich bekannt zu machen, sofern eine Eröffnung erfolgt (*AG Göttingen* ZInsO 2012, 2413 [2416]; *AG Essen* ZInsO 2014, 464; *Mock* ZInsO 2014, 67 [71]). Ein Anspruch auf Entnahme eines Vorschusses besteht gem. § 9 InsVV. Zur Berechnung bei Zurücknahme des Eröffnungsantrages *AG Köln* ZInsO 2017, 514, zur Berechnung bei Abbruch der vorläufigen Eigenverwaltung und Übergang in eine vorläufige Insolvenzverwaltung s. *Graeber/Graeber* ZInsO 2015, 891.

10. Fälligkeit

182 Der Anspruch des vorläufigen Verwalters entsteht mit der Erbringung seiner Arbeitsleistung und wird fällig **bei Beendigung der Tätigkeit**. Die Fälligkeit wird nicht dadurch beseitigt, dass der vorläufige Verwalter seinen Anspruch nicht der Höhe nach nachvollziehbar darlegt. Das Insolvenzgericht muss auf Bedenken hinweisen und ggf. eine Kürzung der Vergütung vornehmen (*LG Göttingen* ZIP 2001, 625 = EWiR 2001, 881; **a.A.** *AG Hamburg* ZInsO 2002, 1180). Der vorläufige Verwalter kann Bezug nehmen auf Wertangaben im Abschlussgutachten. Abweichungen von den dortigen Wertangaben sind zu begründen und können zu einer Herabsetzung des Vergütungsanspruchs führen (*AG Göttingen* ZInsO 2001, 616).

183 Weiter ist die **Rechnungslegung** gem. § 66 InsO (s. Rdn. 223 ff.) **nicht Voraussetzung** für die Vergütungsfestsetzung (*KG* ZInsO 2001, 409 [410 f.]; *LG Berlin* ZInsO 2001, 608 [610]; *Haarmeyer/Wutzke/Förster* InsVV, § 8 Rn. 8). Eine Rechnungslegung ist nicht in jedem Fall erforderlich (s. Rdn. 226 ff.). Der Vergütungsantrag ist auch bereits ohne Rechnungslegung überprüfbar. Das Abschlussgutachten und die Begründung des Vergütungsantrags enthalten die für die Entscheidung erforderlichen Tatsachen.

184 Bestimmt sich die Vergütung nach abweichenden berufsspezifischen Vergütungsregelungen (s. Rdn. 178), kann sich ein abweichender Fälligkeitszeitpunkt ergeben (BK-InsO/*Blersch* § 8 InsVV Rn. 52).

185 Ein **Zurückbehaltungsrecht der Masse** gegen den Vergütungsanspruch des vorläufigen Insolvenzverwalters wegen Schlechtleistung besteht nicht (*BGH* NZI 2015, 46 m. Anm. *Keller*), ebenso nicht ein Kürzungsrecht (HK-InsO/*Keller* § 63 Rn. 6). Eine Ausnahme gilt nur bei Verwirkung des Vergütungsanspruches (s. Rdn. 188). Gegenansprüche können durch einen Sonderinsolvenzverwalter

gem. § 767 ZPO geltend gemacht werden. Zum Amtshaftungsanspruch bei unterlassener Entscheidung über einen Vergütungsantrag s. *BGH* ZInsO 2014, 2390.

11. Verjährung

Der Anspruch verjährt gem. § 195 BGB in **drei Jahren** (*BGH* ZInsO 2007, 539 [540]), beginnend gem. § 199 BGB am Schluss des Jahres, in dem der Anspruch entstanden ist (*Zimmer* ZVI 2004, 662; s. Rdn. 182). Der BGH hat die frühere Streitfrage (Nachw. 6. Aufl.) dahin entschieden, dass die Verjährung des Vergütungsanspruches bis zum Abschluss des eröffneten Insolvenzverfahrens gehemmt ist (*BGH* ZInsO 2010, 2103, m. krit. Anm. *Blersch* EWiR 2011, 25 und abl. Anm. *Prasser* NZI 2011, 54 [55]). Einzelheiten *Graeber/Graeber* InsbürO 2011, 24. Durch den Eingang des Antrags beim Insolvenzgericht wird analog § 204 BGB die Verjährung gehemmt (*BGH* ZInsO 2007, 539 [540]; *Zimmer* ZVI 2004, 662 [664]). 186

Eine eingetretene Verjährung ist vom Insolvenzgericht nicht von Amts wegen zu berücksichtigen (*LG Gießen* ZInsO 2009, 1559 = EWiR 2009, 783; *LG Karlsruhe* ZInsO 2009, 2358 m. Anm. *Haarmeyer*; *AG Göttingen* ZInsO 2010, 111; *Graeber* ZInsO 2010, 465 [469]; **a.A.** *LG Hannover* ZInsO 2009, 2355 m. Anm. *Haarmeyer*; *LG Hamburg* ZInsO 2010, 540; HambK-InsO/*Schröder* § 22 Rn. 14). 187

12. Verwirkung

Eine Verwirkung des Anspruchs wird allenfalls in **Ausnahmefällen** in Betracht kommen (*BGH* ZInsO 2011, 1520), wenn der (vorläufige) Insolvenzverwalter entsprechend § 654 BGB vorsätzlich oder grob leichtfertig die ihm obliegende Treuepflicht so schwerwiegend verletzt, dass er sich seines Lohnes als »unwürdig« erweist (*BGH* ZInsO 2016, 1656 Rn. 6). Bejaht wird dies bei erheblichen, andere Insolvenzverfahren betreffende Straftaten (*LG Magdeburg* ZInsO 2013, 2578; *LG Deggendorf* NZI 2013, 1028; *BGH* NZI 2009, 820 für den Zwangsverwalter), ebenso bei Verschweigen grob pflichtwidriger Ausreichung von Darlehen in früheren Insolvenzverfahren aus den dortigen Massen an sich selbst und von ihm beherrschte Gesellschaften (*BGH* ZInsO 2016, 1656). Dagegen genügt es nicht, dass der vorläufige Verwalter (später) anfechtbare Zahlungen des Schuldners an den antragstellenden Gläubiger duldet (*Uhlenbruck/Vallender* InsO, § 22 Rn. 235; **a.A.** *AG Hamburg* ZInsO 2001, 69 [70] m. abl. Anm. *Förster*), mit dem Antragsteller über Teilzahlungen des Schuldners verhandelt (**a.A.** *AG Hamburg* ZInsO 2003, 937 [939 f.]) oder auf eine Interessenkollision hinweist (*LG Potsdam* ZIP 2005, 1698; **a.A.** *AG Potsdam* ZInsO 2005, 503 m. abl. Anm. *Haarmeyer* und *Leithaus* NZI 2005, 382). Bei der Vergütung handelt es sich nämlich um eine reine Tätigkeitsvergütung. 188

13. Rechtsbehelfe

Zu Rechtsbehelfen gegen die Vergütungsfestsetzung s. Rdn. 228 ff. 189

14. Auswirkungen auf die Vergütungsfestsetzung für den endgültigen Insolvenzverwalter

Die Tätigkeit als vorläufiger Insolvenzverwalter rechtfertigt i.d.R. einen **Abschlag** auf die Vergütung des endgültigen Insolvenzverwalters (*BGH* NZI 2010, 941). Eine Kürzung kann aber nicht erfolgen mit der Begründung, die Vergütung des vorläufigen Insolvenzverwalters sei zu hoch festgesetzt worden (*BGH* ZInsO 2013, 2285 = NZI 2013, 1014 m. zust. Anm. *Keller* = EWiR 2014, 21). 190

15. Vereinbarungen über die Vergütung

Eine Vereinbarung über eine von der gesetzlichen Regelung abweichende Vergütung des vorläufigen Insolvenzverwalters werden als nach § 134 BGB **nichtig** angesehen (*AG Hamburg* ZIP 2014, 237 [240] für den vorläufigen Sachwalter; HK-InsO/*Rüntz* § 22 Rn. 87; ähnlich *AG Göttingen* ZInsO 2012, 2413 [2414]). Auch in einem Insolvenzplan kann die Vergütung – wie teilweise von Instanzgerichten bejaht – nicht bindend für das Insolvenzgericht festgesetzt werden (*BGH* ZInsO 2017, 538). 191

Schließt der vorläufige Verwalter aber eine Vereinbarung zugunsten der Insolvenzmasse – z.B. über eine zusätzlich zu § 171 InsO zu zahlende Summe – ab, ist dies zulässig (*Nerlich/Römermann-Delhaes* InsO, § 63 Rn. 8).

16. Anfechtbarkeit

192 Auch **Zahlungen des Schuldners an den vorläufigen Insolvenzverwalter** sind **anfechtbar**. Begleicht der Schuldner nach Abweisung des Antrags mangels Masse gem. § 26 InsO die Vergütung in Raten, kommt eine Anfechtung gem. § 133 InsO in Betracht (*AG Dresden* ZInsO 2004, 1268 [1269] für die Vergütung eines Sequesters). Auch die Vereinnahmung der Vergütung in einem nicht eröffneten Verfahren kann in einem später eröffneten Verfahren anfechtbar sein (*BGH* NZI 2012, 135 m. krit. Anm. *Graeber/Graeber* S. 129 = EWiR 2012, 247; abl. *Ries* ZInsO 2013, 1612 [1622 f.]).

17. Zahlungspflichtige

193 Wird das Verfahren **eröffnet**, handelt es sich bei dem Anspruch des vorläufigen Insolvenzverwalters um Kosten des Insolvenzverfahrens (§ 54 Nr. 2 InsO), die gem. § 209 Nr. 1 InsO zu befriedigen sind. Bei Ablehnung der Eröffnung **mangels Masse** (§ 26 InsO) haftet weder die Landeskasse subsidiär (*BGH* ZInsO 2004, 336 = NZI 2004, 245 m. Anm. *Bernsau* = EWiR 2004, 609) noch der Antragsteller als Zweitschuldner (s. FK-InsO/*Schmerbach* § 13 Rdn. 199, 201 ff.). Der Vergütungsanspruch richtet sich vielmehr nur gegen den Schuldner (*BGH* NZI 2008, 170). Eine Haftung der Landeskasse besteht nur, wenn die Kosten des Eröffnungsverfahrens dem Schuldner gem. § 4a InsO gestundet werden, §§ 21 Abs. 1 Nr. 1, 63 Abs. 2 InsO (*BGH* ZInsO 2004, 336), nicht aber in den übrigen Fällen.

194 Wird das Verfahren nach Abweisung des Erstantrags durch ein **anderes Gericht eröffnet**, sind die Kosten keine Massekosten des eröffneten Verfahrens (*BGH* ZInsO 2008, 1201; im Ergebnis ebenso *AG Neubrandenburg* ZInsO 2006, 931 wegen Zeitablaufes; **a.A.** *LG Hamburg* ZIP 1991, 116 für den Sequester; *Ries* ZInsO 2005, 414).

18. Änderungsbedarf

195 Inzwischen wird eine **Reform** der InsVV insbesondere auch im Hinblick auf die Vielzahl der unübersichtlichen Zuschlagstatbestände angemahnt (Rdn. 401).

X. Festsetzung (§ 64 InsO)

1. Sachliche Zuständigkeit

196 Für die Festsetzung der Vergütung ist sachlich zuständig das **Insolvenzgericht**. Das gilt auch in den Fällen, in denen das Verfahren nicht eröffnet wird. Der BGH berief sich für seine gegenteilige Auffassung darauf, dass in § 21 Abs. 2 Nr. 1 InsO nicht auf die Vorschrift des § 54 Nr. 2 InsO verwiesen werde (*BGH* ZInsO 2010, 107 m. abl. Anm. *Frind*; *BGH* NZI 2012, 317). Die Streitfrage ist nunmehr in § 26a InsO zugunsten der **Zuständigkeit der Insolvenzgerichte** entschieden. Allerdings gilt die Regelung gem. Art. 103g EGInsO nur für die ab dem 01.03.2012 beantragten Verfahren. Zur Frage der Feststellung einer Kostentragungspflicht des Schuldners s. § 26a Rdn. 3 ff.

2. Funktionelle Zuständigkeit

197 Die Festsetzung der Vergütung und erstattungsfähigen Auslagen des vorläufigen und des endgültigen Insolvenzverwalters erfolgt in getrennten Beschlüssen. Während die Vergütung des (endgültigen) Insolvenzverwalters der Rechtspfleger festsetzt, ist die **funktionelle Zuständigkeit** für die Festsetzung der Vergütung des vorläufigen Insolvenzverwalters umstritten. Relevant wird der Streit allerdings nur, wenn das Verfahren eröffnet wird. In den übrigen Fällen ist unstreitig der Richter zuständig. Auch bei Eröffnung ist eine andere Betrachtungsweise nicht geboten, der Richter ist zuständig.

Dem **Richter** ist das Verfahren bis zur Entscheidung über den Eröffnungsantrag vorbehalten (§ 18 Abs. 1 Nr. 1 RPflG). Dem Richter sind alle Aufgaben zugewiesen, die im Zusammenhang mit der Vorbereitung und der Eröffnung stehen, ihm obliegt auch die Bestellung, Überwachung und ggf. Abberufung eines vorläufigen Insolvenzverwalters. Die Festsetzung der Vergütung gehört funktionell zu dem vor Eröffnung des Insolvenzverfahrens liegenden Abschnitt (*LG Köln* Rpfleger 1997, 273 m. abl. Anm. *Haarmeyer*; *LG Koblenz* Rpfleger 1997, 427). Zudem entsteht der Vergütungsanspruch des vorläufigen Insolvenzverwalters (ebenso wie der des Sequesters nach der KO) bereits in seiner Tätigkeit (*BGH* ZIP 1992, 120). Schließlich kann nur derjenige, der das Verfahren in funktioneller Zuständigkeit bearbeitet hat, letztlich sachgerecht entscheiden, in welcher Höhe eine angemessene Vergütung festzusetzen ist. Für die Zuständigkeit des Richters bedarf es nicht eines entsprechenden Richtervorbehalts (§ 18 Abs. 2 RPflG). Es kommt auch nicht darauf an, ob der Antrag auf Festsetzung vor oder nach Eröffnung des Verfahrens gestellt wird. Neben den oben genannten Gründen spricht dagegen, dass es nicht in das Belieben eines vorläufigen Insolvenzverwalters gelegt werden kann, sich auszusuchen, wer seine Vergütung festsetzt. 198

Daher ist von einer **Zuständigkeit des Richters** auszugehen (*AG Göttingen* ZInsO 2001, 616 [617]; *AG Köln* ZIP 2000, 418 [419] = EWiR 2000, 403 = DZWIR 2000, 125 m. zust. Anm. *Keller*; *LG Rostock* ZInsO 2001, 96; *Jaeger/Gerhardt* InsO, § 22 Rn. 239; MüKo-InsO/*Schmahl/Busch* §§ 27–29 Rn. 137; *Uhlenbruck/I. Pape* InsO § 2 Rn. 3 und *Uhlenbruck/Vallender* § 22 Rn. 234). **Teilweise** wurde allerdings der **Rechtspfleger** als zuständig angesehen bei Stellung des Vergütungsantrags **nach Verfahrenseröffnung** (*OLG Stuttgart* ZInsO 2001, 897 [898]; *LG Göttingen* ZIP 2001, 625), falls sich der Richter nicht das Verfahren insoweit gem. § 18 Abs. 2 RPflG vorbehält (s. § 2 Rdn. 37 f.). 199

Der **BGH** lässt mit **Eröffnung** des Verfahrens die Zuständigkeit auf den **Rechtspfleger** übergehen (*BGH* ZInsO 2010, 2103 = EWiR 2011, 25, m. abl. Anm. *Prasser* NZI 2011, 54 [55]). Der **Insolvenzrichter** kann sich die **Zuständigkeit** zur Vergütungsfestsetzung gem. § 18 Abs. 2 RPflG **vorbehalten** (s. § 2 Rdn. 37 f.). 200

Im **Insolvenzplanverfahren** besteht in den ab dem 01.01.2013 beantragten Verfahren in jedem Fall eine Richterzuständigkeit gem. § 18 Abs. 1 Nr. 2 RPflG (HK-InsO/*Keller* § 64 Rn. 11). 201

Eine Vergütungsfestsetzung durch den **Rechtspfleger** ist gem. § 8 Abs. 4 Satz 1 RPflG **unwirksam** (*LG Koblenz* Rpfleger 1997, 427; *LG Göttingen* Beschl. v. 16.03.2005 – 10 T 26/05; s.a. § 2 Rdn. 55). Eine Heilung durch eine nachfolgende Nichtabhilfeentscheidung des Richters auf den Rechtsbehelf eines Beteiligten hin kommt nicht in Betracht, da eine von einem funktionell unzuständigen Rechtspflegeorgan erlassene Entscheidung an einem unheilbaren Mangel leidet (*LG Koblenz* Rpfleger 1997, 427 f.). Folgt man der Rechtsprechung des BGH (s. Rdn. 200), sind Unwirksamkeitsfälle kaum noch denkbar. 202

3. Rechtliches Gehör

Bei **Unklarheiten** hat das Insolvenzgericht sich beim vorläufigen Insolvenzverwalter um Aufklärung zu bemühen. Auch sofern die Vergütung niedriger als beantragt festgesetzt werden soll, empfiehlt es sich, dem vorläufigen Insolvenzverwalter zuvor Gelegenheit zur Stellungnahme zu geben. Ein Anspruch der Beteiligten auf vorherige Anhörung wurde unter Geltung der KO verneint mit der Begründung, die Anhörung sei gesetzlich nicht vorgeschrieben und würde bei einer Vielzahl von Gläubigern zudem zu einer unzumutbaren Verfahrensverzögerung führen (KS-*Vallender* Rn. 103). 203

Auch unter Geltung der InsO ist eine **vorherige Anhörung der Verfahrensbeteiligten nicht erforderlich** (*LG Potsdam* ZIP 2005, 914; *AG Göttingen* ZInsO 2010, 111; **a.A.** ohne Erörterung der Streitfrage *BGH* ZInsO 2010, 397; *LG Aurich* ZInsO 2013, 2388 [2389] m. zust. Anm. *Haarmeyer*; *Graeber* ZInsO 2010, 465 [471] mit der Anregung einer öffentlichen Bekanntmachung gem. § 9 InsO; ähnlich *Vuia* ZInsO 2014, 1035 [1042 ff.] hinsichtlich der Gläubiger bei Verfahrensverzögerungen und Kostenbelastungen; *Voerwerk* NZI 2011, 7 [10 f.] mit dem Vorschlag der Erörterung im Berichtstermin ohne Eingehen auf den häufigen Fall des schriftlichen Verfahrens gem. § 5 Abs. 2 204

InsO). Die Literatur verlangt teilweise eine vorherige Anhörung zumindest des Schuldners (*Kübler/Prütting/Bork-Lüke* InsO, § 64 Rn. 6; MüKo-InsO/*Nowak* § 64 Rn. 5; **a.A.** BK-InsO/*Blersch* § 64 Rn. 10 und § 8 InsVV Rn. 23; HK-InsO/*Keller* § 64 Rn. 16; *Nerlich/Römermann-Delhaes* InsO, § 64 Rn. 5; *LG Hannover* ZInsO 2009, 2355 m. Anm. *Haarmeyer*; *LG Hamburg* ZInsO 2010, 540). Zum Lauf der Beschwerdefrist s. Rdn. 214 und § 9 Rdn. 21.

4. Entscheidung

205 a) An den Antrag ist das Insolvenzgericht **nur hinsichtlich der Höhe gebunden** (s. Rdn. 175).

206 b) Die Festsetzung der Vergütung kann bei Abweisung, Zurücknahme oder Erledigungserklärung des Antrages in der Entscheidung erfolgen, in der über die Kostentragungspflicht befunden wird (s. § 13 Rdn. 190), sofern sie zu diesem Zeitpunkt schon bekannt und festsetzbar sind. Zu **beachten ist § 25 Abs. 2 InsO**, wonach Sicherungsmaßnahmen erst aufzuheben sind, wenn der vorläufige Insolvenzverwalter aus dem Schuldnervermögen u.a. seine Vergütung entnommen hat, sofern dies tatsächlich möglich ist. Bei Eröffnung des Verfahrens erfolgt die Festsetzung in einem gesonderten Beschluss. Dem vorläufigen Insolvenzverwalter wird die Entnahme aus der Insolvenzmasse gestattet. Die Entnahme darf schon vor Rechtskraft des Beschlusses erfolgen (s. Rdn. 217).

207 c) Eine **Teilentscheidung** über einen Vergütungsfestsetzungsantrag ist nur zulässig, wenn diese einen tatsächlich und rechtlich selbständigen Teil des Vergütungsfestsetzungsbegehrens betrifft, was regelmäßig ausscheidet; eine Teilentscheidung über eine unselbständige rechtliche Vorfrage ist unzulässig (*BGH* NZI 2016, 889 Rn. 13 ff. mit Anm. *Graeber*).

208 d) Ist der vorläufige Insolvenzverwalter zugleich als **Sachverständiger** (§ 22 Abs. 1 Satz 2 Nr. 3 InsO) tätig geworden, setzt der Insolvenzrichter – ggf. nach Vorprüfung durch den Kostenbeamten – zweckmäßiger Weise die Sachverständigenkosten mit fest und spricht ggf. die Befugnis aus, die Kosten der Insolvenzmasse zu entnehmen (s. § 2 Rdn. 35; § 22 Rdn. 187).

209 e) Wird statt der beantragten Vergütung **lediglich** ein **Vorschuss** bewilligt, liegt darin zugleich eine **rechtsmittelfähige Ablehnung** des Vergütungsantrages (*BGH* NZI 2016, 889 Rn. 11 m. Anm. *Graeber*).

5. Begründung

210 Sofern das Insolvenzgericht antragsgemäß entscheidet, wird häufig von einer **Begründung abgesehen** und dem Schuldner/Vertreter sowie ggf. den Mitgliedern des Gläubigerausschusses der Beschluss durch Aufgabe zur Post zugestellt. Die **Literatur** zur InsO fordert hingegen überwiegend eine **Begründung** (BK-InsO/*Blersch* § 64 Rn. 11 und § 8 InsVV Rn. 29; HK-InsO/*Keller* § 64 Rn. 22; *Kübler/Prütting/Bork-Lüke* InsO, § 64 Rn. 10 ff.; *Nerlich/Römermann-Delhaes* InsO, § 64 Rn. 7; *Haarmeyer* ZInsO 2016, 1626). Diese Meinung beruft sich auf zwei unter Geltung der KO ergangene Entscheidungen (*LG München* ZIP 1981, 260 = Rpfleger 1981, 155 m. Anm. *Uhlenbruck*; *LG Köln* ZIP 1987, 1470 m. Anm. *Eickmann*) Dem ist zu **widersprechen**. Öffentlich bekannt gemacht wird nämlich nur der Beschluss ohne eine Begründung (*Kübler/Prütting/Bork-Lüke* InsO, § 64 Rn. 12). Die Rechtsmittelfrist beginnt einheitlich zu laufen für Schuldner und Gläubiger mit der öffentlichen Bekanntmachung (s. Rdn. 211 und § 9 Rdn. 18 f.). Dann ist es aber widersprüchlich, eine Begründung im Beschluss zu verlangen, der nur dem Schuldner und ggf. den Mitgliedern des Gläubigerausschusses zugestellt wird, nicht aber den Gläubigern. Verlangt man einen entsprechenden Aktenvermerk, wird dieser keinem der Beschwerdeberechtigten mit der Entscheidung bekannt gegeben. Ohne vorherige Akteneinsicht wird ein Rechtsmittel nicht eingelegt werden. Der im Beschluss in Bezug genommene Antrag liefert dann dieselbe Information wie ein den Antragsinhalt – womöglich durch »Blauklammer« – wiedergebender Beschluss.

6. Öffentliche Bekanntmachung

Die **öffentliche Bekanntmachung** des Beschlusses gem. § 64 Abs. 2 InsO kommt nur in Betracht, wenn das Verfahren auch **eröffnet** ist. Nur in diesem Fall kann eine Vielzahl von Personen betroffen sein, die möglicherweise dem Gericht nicht alle bekannt sind. Wird das Verfahren nicht eröffnet, besteht kein Grund zu einer öffentlichen Bekanntmachung, die Rechte von Gläubigern können im Hinblick auf die zur Durchführung des Verfahrens erforderliche Masse nicht beeinträchtigt sein. Die in § 21 Abs. 2 Nr. 1 InsO gebotene entsprechende Geltung erfordert keine öffentliche Bekanntmachung. Zumindest ist eine teleologische Reduktion geboten. Zu den Voraussetzungen einer wirksamen Bekanntmachung s. § 9 Rdn. 10 ff., zum Lauf der Rechtsmittelfrist s. § 6 Rdn. 42. Das gilt auch beim vorläufigen Sachwalter (Rdn. 181). 211

7. Beschwerderecht

§ 64 Abs. 3 InsO regelt das **Beschwerderecht**. Ist die Festsetzung der Vergütung durch den Rechtspfleger erfolgt (s. Rdn. 200), ist dagegen die sofortige Beschwerde gem. § 11 Abs. 1 RPflG (s. § 6 Rdn. 102) zulässig. Entscheidet – so auch nach der oben vertretenen Auffassung – der Richter originär (s. Rdn. 199) oder aufgrund Vorbehaltes gem. § 18 Abs. 2 RPflG (s. Rdn. 200), gilt § 64 Abs. 3 InsO. Zum Beschwerderecht bei Gewährung eines Vorschusses s. Rdn. 218. Zum Beschwerderecht eines absonderungsberechtigten Gläubigers s. *OLG Brandenburg* NZI 2001, 206. Der Staatskasse steht gegen die Festsetzung einer (erhöhten) Vergütung in masselosen Verfahren kein förmlicher Rechtsbehelf zu (*AG Nürnberg* ZVI 2004, 314 [315]). Gegen die Festsetzung der Vergütung eines früheren (vorläufigen) Insolvenzverwalters ist der nunmehrige Insolvenzverwalter beschwerdeberechtigt (*BGH* ZInsO 2012, 2099 unter Hinweis auf eine Geltung auch gegenüber einem Sonderinsolvenzverwalter; **a.A.** *AG Göttingen* ZInsO 2009, 688). Hat sich ein Dritter für den Fall (partieller) Masseunzulänglichkeit gegenüber der Masse zur (anteiligen) Begleichung der Kosten verpflichtet, ist er hinsichtlich der Festsetzung der Vergütung des (vorläufigen) Insolvenzverwalters beschwerdebefugt (*BGH* ZInsO 2013, 238 = EWiR 2013, 245). Zur Einschränkung des Beschwerderechts bei Bestimmung einer Vergütung im Insolvenzplan s. Rdn. 191. 212

Ab dem 01.01.2014 ist eine **Belehrung über die Beschwerdemöglichkeit** zwingend vorgeschrieben, bei Verstoß kann Wiedereinsetzung in den vorherigen Stand bewilligt und eine sofortige Beschwerde nachgeholt werden, § 4 InsO i.V.m. §§ 232, 233 ZPO (s. § 6 Rdn. 41). 213

Zu den weiteren Voraussetzungen der Beschwerde s. § 6 Rdn. 8 ff. Zur Reichweite der Überprüfungsmöglichkeit s. § 7 Rdn. 76, zur Rechtskraft des Beschlusses s. § 7 Rdn. 82 f. Die Beschwerdefrist beginnt zu laufen mit der öffentlichen Bekanntmachung gem. § 9 InsO. Dies gilt nicht bei einer unrichtigen Bekanntmachung (s. § 9 Rdn. 12). Zum Lauf der Rechtsmittelfrist in diesen Fällen s. § 6 Rdn. 42, zum Lauf der Rechtsmittelfrist bei einer zusätzlich erfolgten Individualzustellung s. § 9 Rdn. 18 f. Zur Frage, ob bei unterbliebener Anhörung zum Vergütungsantrag die Beschwerdefrist für Insolvenzgläubiger mit der öffentlichen Bekanntmachung zu laufen beginnt, s. § 9 Rdn. 21. 214

Die Anknüpfung der Frist zur Einlegung der sofortigen Beschwerde an die öffentliche Bekanntmachung der Vergütungsfestsetzung begegnet im Verhältnis zu einem Schuldner, der zuvor zum Vergütungsantrag gehört wurde, und zum (vorläufigen) Insolvenzverwalter keinen verfassungsrechtlichen Bedenken (*BGH* ZInsO 2012, 800 Rn. 6; ZInsO 2013, 2577 Tz. 5). Für das Verhältnis zum Gläubiger lässt der *BGH* (ZInsO 2012, 800) dies offen. 215

Hat das Insolvenzgericht mit der Vergütung des vorläufigen Insolvenzverwalters gleichzeitig die **Entschädigung** für seine Tätigkeit **als Sachverständiger** festgesetzt, so ist dagegen nach Maßgabe des § 4 Abs. 3 JVEG die (einfache) Beschwerde zulässig (s. § 22 Rdn. 188). 216

8. Entnahmerecht

Die Vergütung darf **vor Rechtskraft des Beschlusses entnommen** werden (*BGH* ZInsO 2006, 27 [28]). Bei Aufhebung des Vergütungsbeschlusses erfolgt die Rückabwicklung gem. § 717 Abs. 2 217

ZPO (*BGH* ZInsO 2006, 27 [28 f.]). Entnimmt der vorläufige Insolvenzverwalter aufgrund eines Beschlusses des Insolvenzgerichts seine Vergütung aus dem Schuldnervermögen und macht ein Gläubiger geltend, dass ihm der Betrag (aufgrund einer Globalzession) zustehe, kann das Insolvenzgericht den vorläufigen Insolvenzverwalter nicht anweisen, die Beträge an den Gläubiger herauszugeben; der Gläubiger muss vielmehr gesondert klagen (*LG Göttingen* ZIP 1995, 858).

9. Vorschuss

218 Über einen Antrag ist auch zur Vermeidung von Amtshaftungsansprüchen zügig zu entscheiden (*BGH* ZInsO 2004, 268 [269] m. Anm. *Haarmeyer*, der spätestens innerhalb von sechs Wochen eine Entscheidung fordert; *BGH* ZIP 2004, 574 = EWiR 2004, 611; *Wasner* Verspätete Festsetzung der Verwaltervergütung und Zinsschaden, ZInsO 1999, 132 [134]). Ein Anspruch auf Verzinsung für die Zeit zwischen Antragstellung und Festsetzung besteht nicht (*BGH* ZInsO 2004, 268 [269] m. Anm. *Haarmeyer*). Einem vorläufigen Insolvenzverwalter kann das Insolvenzgericht die **Entnahme eines Vorschusses gestatten** (*BGH* ZInsO 2004, 268 [269] m. Anm. *Haarmeyer* ZIP 2004, 574 = EWiR 2004, 611; *Haarmeyer* InsbürO 2016, 231 [232 ff.]).

219 Erfolgt die Festsetzung der Vergütung nicht bei Verfahrenseröffnung, sollte das Insolvenzgericht auf Antrag eine **Vorschusszahlung** bewilligen. Die Zustimmung sollte unabhängig von den in § 9 InsVV aufgestellten Voraussetzungen (Dauer des Verfahrens von mehr als sechs Monaten oder besonders hohe Auslagen) erteilt werden (ebenso *BGH* ZInsO 2004, 268 [269] m. Anm. *Haarmeyer*). Zum Amtshaftungsanspruch bei unberechtigter Ablehnung eines Vorschusses s. *BGH* ZInsO 2014, 2390. Der Vorschuss kann sich dem Grenzbereich der später endgültig festzusetzenden Vergütung nähern (*LG Magdeburg* ZIP 1995, 1372 [1373]). Im eröffneten Verfahren kann so **vermieden** werden, dass bei drohender **Massearmut** der vorläufige Insolvenzverwalter seinen **Anspruch nicht (mehr) durchsetzen kann** (*LG Magdeburg* ZIP 1995, 1372 [1373]; *LG Bremen* ZIP 1996, 290 [291] = EWiR 1996, 311).

220 Die Festsetzung der Vergütung des **vorläufigen Sachwalters** erfolgt zusammen mit der Festsetzung der Vergütung des (endgültigen) Sachwalters. Nach Verfahrenseröffnung kann auf Antrag ein Abschlag gewährt werden (*BGH* NZI 2016, 796 m. Anm. *Keller* S. 753).

221 Der Beschluss ist **nur eingeschränkt anfechtbar**. Entscheidet der Richter, ist er nicht anfechtbar gem. § 6 Abs. 1 InsO. Wird statt der beantragten Vergütung lediglich ein Vorschuss bewilligt, liegt darin zugleich eine rechtsmittelfähige Ablehnung des Vergütungsantrages (s. Rdn. 209). Ergeht er durch den Rechtspfleger (s. Rdn. 199 f.), steht dem vorläufigen Insolvenzverwalter die sofortige Erinnerung gem. § 11 Abs. 2 RPflG oder in Ausnahmefällen die sofortige Beschwerde gem. § 64 Abs. 3 InsO (s. § 6 Rdn. 107 ff.) zu (*BGH* ZIP 2002, 2223). Nach den Ausführungen des *BGH* (ZIP 2002, 2223) ist davon auszugehen, dass auch die übrigen Beteiligten Rechtsbehelf einlegen können (**a.A.** für den Schuldner noch *LG Göttingen* DZWIR 2002, 259; *AG Göttingen* ZInsO 2001, 903; *Haarmeyer* ZInsO 2001, 938 [941]; s.a. § 6 Rdn. 96, 107).

XI. Vergütungsverordnung (§ 65 InsO)

222 Aufgrund der Ermächtigung in § 65 InsO ist am 19.08.1998 die Insolvenzrechtliche Vergütungsverordnung (InsVV) erlassen worden (s. hier *Lorenz* Kommentierung der InsVV). §§ 10, 11 InsO regeln die Vergütung des vorläufigen Insolvenzverwalters. Zu den **Einzelheiten der Vergütung** des vorläufigen Insolvenzverwalters, des vorläufigen Sonderverwalters und des vorläufigen Treuhänders s. Rdn. 57 ff. und *Lorenz* InsVV.

XII. Rechnungslegung (§ 66 InsO)

223 § 21 Abs. 2 Nr. 1 InsO ordnet lediglich die **entsprechende** Anwendung des § 66 InsO an. Auf den vorläufigen Sachwalter ist die Vorschrift nicht anwendbar (s. Rdn. 90). Problematisch ist insbesondere, ob eine Verpflichtung zur Rechnungslegung auch im Falle der Nichteröffnung des Insolvenz-

verfahrens besteht, wer genau die Prüfung vornimmt, welchen Umfang die Prüfung hat und ob eine gerichtliche Befugnis zur Beschränkung der Rechnungslegung besteht.

1. Adressat der Rechnungslegung

Aufgrund der in § 21 Abs. 2 Nr. 1 InsO angeordneten entsprechenden Geltung ist § 66 Abs. 1 InsO so zu lesen, dass der **vorläufige** Insolvenzverwalter bei der Beendigung seines Amtes Rechnung zu legen hat (A/G/R-*Sander* § 22 InsO Rn. 11; *Heyrath* ZInsO 2005, 1092 [1095]). Eine Gläubigerversammlung (§ 66 Abs. 1 InsO) existiert zu diesem Zeitpunkt allerdings noch nicht. Auch ein Gläubigerausschuss ist i.d.R. noch nicht bestellt (Ausnahme §§ 21 Abs. 2 Nr. 1a, 22 InsO). Auszugehen ist daher davon, dass das **Insolvenzgericht alleine** zur **Prüfung** der Schlussrechnung des vorläufigen Verwalters befugt ist (vgl. § 66 Abs. 2 Satz 1 InsO). Das entspricht der überwiegenden Meinung (*BGH* ZInsO 2007, 539 [540]; *Kübler/Prütting/Bork-Pape* § 22 Rn. 51; *Nerlich/Römermann-Mönning* InsO, § 22 Rn. 242; *Uhlenbruck* NZI 1999, 289 [292]). Es ist nicht danach zu differenzieren, ob das Verfahren nicht eröffnet worden ist (Rechnungslegung gegenüber dem Inselvenzgericht) oder ob es zur Eröffnung gekommen ist (Rechnungslegung gegenüber der Gläubigerversammlung mit Vorprüfung durch das Insolvenzgericht), so aber BK-InsO/*Beth/Blersch* § 21 Rn. 41; *Kübler/Prütting/Bork-Onusseit* § 66 Rn. 7 ff.   224

2. Funktionelle Prüfungszuständigkeit

Der **Richter** ist nicht nur zur Prüfung zuständig im Falle der Nichteröffnung (vorbehaltlich einer Rechnungslegungspflicht in diesen Fällen, s. Rdn. 81 ff.), sondern auch im Falle der Eröffnung (*Uhlenbruck/Vallender* InsO, § 22 Rn. 219; NZI 1999, 289 [291, 292f]; *BAKinso* NZI 2009, 42; **a.A.** *Fuchs* ZInsO 2001, 1033 f., der nach jeder richterlichen Entscheidung über den Eröffnungsantrag – auch z.B. bei § 26 InsO – den Rechtspfleger für zuständig hält). Die Problematik ist vergleichbar der Frage, wer zuständig ist zur Festsetzung der Vergütung des vorläufigen Verwalters im Falle der Verfahrenseröffnung (s. Rdn. 197 ff.).   225

3. Anwendungsbereich

Fraglich ist, ob unabhängig von Zeitdauer und Umfang des Eröffnungsverfahrens sowie der Art der Beendigung **in jedem Fall** eine **Rechnungslegung** erforderlich ist.   226

a) Eine uneingeschränkte Verpflichtung zur Rechnungslegung wird teilweise bejaht (HambK-InsO/*Schröder* § 22 Rn. 9, 10; HK-InsO/*Rüntz* § 22 Rn. 77; *Nerlich/Römermann-Mönning* InsO, § 22 Rn. 242 m. Einschränkung Rn. 245; *Kübler/Prütting/Bork-Onusseit* § 66 Rn. 7 ff.).   227

b) Andererseits finden sich Differenzierungen, die zu einer Einschränkung der Rechnungslegungsverpflichtung führen. So wird eine Verpflichtung zur Rechnungslegung verneint bei kurzer Eröffnungsphase (*Kübler/Prütting/Bork-Pape* § 22 Rn. 51; *Nerlich/Römermann-Delhaes* InsO, § 66 Rn. 15) bzw. eine Verpflichtung zur Rechnungslegung im Fall der Nichteröffnung nur bejaht, wenn das Verfahren ein größeres Unternehmen betrifft und längere Zeit angedauert hat. Teilweise wird dem Insolvenzgericht eine Beurteilung nach Zweckdienlichkeit zugebilligt (*Jaeger/Gerhardt* InsO, § 22 Rn. 220). *Uhlenbruck* (NZI 1999, 289) differenziert nach der Art der Beendigung des Verfahrens, nach Art und Umfang der Verwaltung und bejaht darüber hinaus eine gerichtliche Befugnis zur Beschränkung der Rechnungslegung. Richtig daran ist, dass **Differenzierungen geboten** sind. Allerdings sollte es für den vorläufigen Verwalter vor Erstellung des Schlussberichts vorsehbar sein, ob eine Rechnungslegung erforderlich ist oder nicht.   228

c) Als vorrangiges Kriterium kommt die **Art der Beendigung des Verfahrens** in Betracht. Art und Umfang der Verwaltung sind heranzuziehen für die Frage des Umfanges der Rechnungslegungspflicht (s. Rdn. 235 ff.). Dabei ist zu bedenken, dass es sich bis zur Eröffnung des Verfahrens um ein quasi-streitiges Parteiverfahren handelt, in dem sich Gläubiger und Schuldner gleichsam als Parteien gegenüberstehen (s. § 13 Rdn. 6). Eine Gesamtheit der Gläubiger in Form einer Gläubiger-   229

§ 21 InsO Anordnung vorläufiger Maßnahmen

gemeinschaft, verfasst in der Gläubigerversammlung, existiert – anders als nach Verfahrenseröffnung – noch nicht.

230 d) Im Falle der **Nichteröffnung** besteht im Ergebnis keine Verpflichtung zur Rechnungslegung (a.A. *BGH* ZInsO 2007, 539 [540]). Wird der Antrag als unzulässig oder unbegründet abgewiesen, wird er zurückgenommen oder für erledigt erklärt, so erhält der Schuldner die volle Verfügungsmacht zurück. Dem Schuldner und dem antragstellenden Gläubiger ist die Möglichkeit zuzubilligen, eine Rechnungslegung über § 259 BGB zu erreichen (vgl. *Uhlenbruck* NZI 1999, 289 [293]) bzw. gem. § 666 BGB (*OLG Oldenburg* NZI 2013, 938 m. abl. Anm. *Nicht* NZI 2013, 924, der lediglich ein Akteneinsichtsrecht gem. § 4 InsO i.V.m. § 299 InsO bejaht). Allerdings sind Schuldner/Gläubiger, nicht aber der vorläufige Verwalter zur Kostentragung verpflichtet. Ggf. wird der vorläufige Verwalter seine Tätigkeit von einem Kostenvorschuss abhängig machen können.

231 e) Bei **Abweisung mangels Masse** (§ 26 InsO) existieren natürliche Personen weiter, juristische Personen sind mit Rechtskraft aufgelöst (s. § 26 Rdn. 122 ff.). Ein **Anspruch** auf Rechnungslegung besteht **nur gem.** § **259 BGB** (*Uhlenbruck* NZI 1999, 289 [29]; a.A. HambK-InsO/*Schröder* § 22 Rn. 9; *IDW Rechnungslegungshinweis* ZInsO 2009, 130 [131]). Hinzu kommt, dass dem vorläufigen Verwalter eine Rechnungslegung regelmäßig auch deshalb nicht zuzumuten sein wird, weil er mit seinem Vergütungs- und Auslagenerstattungsanspruch ausfallen wird. Es kann auf den allgemeinen Rechtsgedanken des § 207 Abs. 3 Satz 2 InsO zurückgegriffen werden (im Ansatz ebenso *Uhlenbruck* NZI 1999, 289 [293]). Schuldner und Gläubiger müssen sich auf die Vorschrift des § 259 BGB verweisen lassen (*Uhlenbruck* NZI 1999, 289 [291, 293]). Zudem ist auch für den Fall der nachträglichen Aufhebung eines Eröffnungsbeschlusses anerkannt, dass der Insolvenzverwalter nicht dem Gericht gegenüber, sondern nur auf Verlangen dem Schuldner gegenüber Rechnung zu legen hat (s. § 34 Rdn. 69).

232 f) Auch bei **kurzer Eröffnungsphase** besteht eine Verpflichtung zur Rechnungslegung (ebenso *Förster* ZInsO 2000, 639) schon im Hinblick auf das Erfordernis der Vorhersehbarkeit (s. Rdn. 228 a.E.). Etwas anderes gilt nur, wenn der Geschäftsbetrieb bereits eingestellt war und Einnahmen nicht erzielt wurden.

233 g) Folglich ist **nur bei Eröffnung des Verfahrens** eine vorläufige Rechnungslegung unabhängig von der Dauer des Eröffnungsverfahrens **erforderlich**.

234 In einem **Insolvenzplan** kann gem. § 66 Abs. 1 Satz 2 InsO eine **abweichende Regelung** getroffen werden. Dadurch soll eine Verzögerung der Verfahrensaufhebung durch die Schlussrechnungslegung und -prüfung vermieden werden. Einzelheiten s. Kommentierung bei § 66.

4. Umfang

235 Hinsichtlich des Umfanges werden teilweise **unterschiedliche Anforderungen** gestellt (*Nerlich/Römermann-Mönning* InsO, § 22 Rn. 243f; *Kübler/Prütting/Bork-Onusseit* § 66 Rn. 6; *Uhlenbruck* NZI 1999, 289 ff.; *Weitzmann* ZInsO 2007, 449 [450]). Zu bedenken ist, dass Adressat der Rechnungslegung das Insolvenzgericht ist, eine weitere Prüfung durch Gläubigerausschuss oder Gläubigerversammlung findet nicht statt (s. Rdn. 224).

236 a) Teilweise wird danach differenziert, ob ein »starker« oder »schwacher« vorläufiger Verwalter eingesetzt war (*Uhlenbruck* NZI 1999, 289, 291). Diese **Differenzierung** erscheint **nicht sachgerecht**. Ein allgemeines Verfügungsverbot wird selten verhängt, regelmäßig wird lediglich ein Zustimmungsvorbehalt gem. § 21 Abs. 2 Nr. 2 InsO, 2. Alt. angeordnet (s. Rdn. 76) u.a. im Hinblick auf die Haftungsgefahren des »starken« vorläufigen Verwalters (s. Rdn. 130 ff.). Auch der »schwache« vorläufige Verwalter führt häufig faktisch ein Unternehmen fort. Nach der hier vertretenen Auffassung kommt eine Rechnungslegungspflicht nur im Falle der Eröffnung in Betracht. In diesen Fällen erstellt der vorläufige Verwalter ein Abschlussgutachten und nach Eröffnung als Verwalter weitere Unterlagen (§§ 151 bis 53 InsO). Eine »umfangreiche« Rechnungslegung ist deshalb ohne Schwierigkeiten mög-

lich bzw. erfolgt in Teilbereichen automatisch im Abschlussgutachten und den eben erwähnten Unterlagen (§§ 151 bis 153 InsO).

b) Beim Umfang der Rechnungslegungspflicht ist zu bedenken, dass regelmäßig ein »**schwacher**« **vorläufiger Verwalter** bestellt ist. Bei einem **bloßen Zustimmungsvorbehalt** könnte sich sogar die Frage stellen, welchen (sinnvollen) Umfang eine Rechnungslegungspflicht haben kann. In diesem Fall besteht keine gesonderte Verpflichtung zur Rechnungslegung (*Förster* ZInsO 2000, 639; MüKo-InsO/*Haarmeyer* § 22 Rn. 206). Dem vorläufigen Verwalter wird jedoch häufig die Befugnis übertragen, **über** die **Konten des Schuldners zu verfügen**, zugleich wird angeordnet, dass Kreditinstitute Zahlungseingänge für den Schuldner nicht mehr verrechnen dürfen. Ein Treuhandkonto wird eingerichtet. Im Ergebnis ist der schwache dem starken vorläufigen Verwalter angenähert. Erforderlich ist eine Einnahmen-/Ausgabenrechnung (*Frystatski* NZI 2009, 581 [583]). Der »schwache« vorläufige Verwalter kann **vorlegen**: 237

– Unterlagen Treuhandkonto mit Belegen, nicht aber Unterlagen über das Geschäftskonto;
– neues Kassenbuch, beginnend mit dem Zeitpunkt der Tätigkeit als vorläufiger Verwalter;
– eine Inventarisierung in Form einer Aufnahme des Bestandes an Waren usw. erfolgt regelmäßig nicht bezogen auf den Antragszeitpunkt, sondern erst auf den Zeitpunkt der Eröffnung. Anders kann es sich verhalten im Hinblick auf Absonderungsrechte. Eine Inventarisierung kann daher nicht erwartet werden;
– ein gesonderter Tätigkeitsbericht erscheint nicht erforderlich, da regelmäßig das Abschlussgutachten entsprechende Angaben enthält.

Erfüllt der (ehemalige »schwache«) Insolvenzverwalter nach Verfahrenseröffnung Forderungen von Lieferanten aus der Eröffnungsphase aus einem **Treuhandkonto** (s. § 22 Rdn. 125), unterliegt dies der Rechnungslegungspflicht im eröffneten Verfahren (*Heyrath/Reck* ZInsO 2009, 1678 [1682]). 238

c) Andere Anforderungen können gelten, wenn bei laufendem Geschäftsbetrieb (ausnahmsweise) ein »starker« vorläufiger Verwalter bestellt wird. 239

Beim »**starken**« **vorläufigen Verwalter** ist Folgendes erforderlich: 240
– zahlenmäßige Darstellung aller Einnahmen und Ausgaben gem. § 259 BGB (*Nerlich/Römermann-Mönning* InsO, § 22 Rn. 243);
– ggf. eine Überschussrechnung (*Nerlich/Römermann-Mönning* InsO, § 22 Rn. 244; *Pohlmann* Rn. 248)
– Inventarisierung des bei Anordnung der vorläufigen Verwaltung übernommenen Vermögens (*Kübler/Prütting/Bork-Onusseit* § 66 Rn. 6)
– Tätigkeitsbericht (*Pohlmann* Rn. 248), der sich zumindest zum Teil mit dem Gutachten überschneiden wird (*Kübler/Prütting/Bork-Onusseit* § 66 Rn. 6).

5. Verfahren

Das Verfahren gestaltet sich wie folgt: 241

a) Die Rechnungslegung soll zeitnah nach der Eröffnung des Verfahrens erfolgen. Eine Verbindung der Rechnungslegung des vorläufigen und des endgültigen Insolvenzverwalters bei der regelmäßig gegebenen Personenidentität (so BK-InsO/*Beth/Blersch* § 21 Rn. 41) empfiehlt sich wegen des langen Zeitraumes zwischen Eröffnung und Abschluss des Verfahrens nicht (A/G/R-*Sander* § 22 InsO Rn. 14; MüKo-InsO/*Haarmeyer* § 22 Rn. 204; a.A. HK-InsO/*Kirchhof* § 22 Rn. 79 bei nur kurzem Eröffnungsverfahren). Ist allerdings ein zeitnaher Abschluss des Verfahrens absehbar, können beide Rechnungslegungen zeitgleich – inhaltlich getrennt – erfolgen. Wird ein Sachverständiger eingesetzt (s. Rdn. 246), erfolgt die Überprüfung in einem Gutachten aufgeschlüsselt nach beiden Rechnungslegungen. 242

Der Anspruch soll gem. §§ 62, 21 Abs. 1 Nr. 1 InsO nach drei Jahren ab Verfahrensaufhebung **verjähren** (*LG Münster* InsbürO 2013, 75). Dem ist zuzustimmen, sofern eine Festsetzung der Ver- 243 gütung schon erfolgt ist. Wird sie aber zulässigerweise (s. Rdn. 186) erst zum Abschluss des Verfahrens geltend gemacht, ist es konsequent, auch einen Anspruch auf Rechnungslegung zu bejahen.

244 b) Das **Ergebnis** der gerichtlichen Überprüfung wird zweckmäßiger Weise in Form eines Prüfvermerkes niedergelegt (*Kübler/Prütting/Bork-Onusseit* § 66 Rn. 24). Der Text kann wie folgt lauten: »Die Prüfung der Schlussrechnung des vorläufigen Insolvenzverwalters vom ... ist sachlich und rechnerisch erfolgt. Es ergaben sich keine Prüfungsvermerkungen/folgende Prüfungsvermerkungen: ...«.

245 c) Die vom Verwalter eingereichte Schlussrechnung nebst Belegen wird mit dem obigen Vermerk über das Ergebnis der Prüfung **zur Einsicht der Beteiligten ausgelegt**. Die Vorschrift des § 66 Abs. 2 Satz 3 InsO ist nicht anwendbar, da der Gläubigerversammlung kein Prüfungsrecht zusteht (s. Rdn. 224). Stattdessen sollte das Insolvenzgericht einen Zeitraum bestimmen, innerhalb dessen die Unterlagen an einem bestimmten Ort zu bestimmten Zeiten eingesehen werden können. Dieser Termin kann in einer der Gläubigerversammlungen des eröffneten Verfahrens bekannt gegeben werden. Danach erfolgt die Rückgabe der eingereichten Belege an den Insolvenzverwalter.

246 d) Bei umfangreicheren Schlussrechnungen wird das Insolvenzgericht (der Insolvenzrichter, s. Rdn. 225) einen **Sachverständigen beauftragen** (*LG Heilbronn* NZI 2009, 606; *Kübler/Prütting/Bork-Onusseit* § 66 Rn. 23; *BAKInso* NZI 2009, 42; *Kloos* NZI 2009, 586 [589]). Mit der Prüfung sollte keinesfalls ein im selben Insolvenzgerichtsbezirk tätiger Insolvenzverwalter beauftragt werden (s. § 4 Rdn. 44).

247 Nach der hier vertretenen Auffassung ist die **Frage der Kostendeckung nicht problematisch**. Eine Verpflichtung zur Rechnungslegung besteht nur im eröffneten Verfahren (s. Rdn. 229 ff.). Die Kosten sind Massekosten gem. § 54 Nr. 1 InsO. Bejaht man hingegen eine Verpflichtung zur Rechnungslegung auch im Falle der Nichteröffnung, so dürfen die Kosten jedenfalls im Falle der Abweisung mangels Masse nicht dem Antragsteller in Rechnung gestellt werden, da weder er noch die Landeskasse für die Vergütung des vorläufigen Insolvenzverwalters haften (s. § 13 Rdn. 196 ff., 202). Konsequenter Weise können auch Kosten, die der Überprüfung der Tätigkeit des vorläufigen Insolvenzverwalters dienen, letztlich nicht dem Antragsteller auferlegt werden.

248 Der **Prüfungsauftrag** an den Sachverständigen soll im Umfang an die Lage des Einzelfalles anzupassen sein und soll umfassend, aber auch auf einzelne Sachverhalte oder Bereiche beschränkbar sein (*Kübler/Prütting/Bork-Onusseit* § 66 Rn. 23). Erforderlich sind klare Vorgaben des Insolvenzgerichts für den Prüfungsumfang auch zur Vermeidung überflüssiger Kosten. Ein standardisiertes Prüfverfahren erleichtert zudem die Lesbarkeit des Gutachtens für die Beteiligten. Der Sachverständige ist nur zur rein rechnerischen Kontrolle berechtigt.

249 Es findet nur eine **formelle Prüfung** der »sachlichen und rechnerischen Richtigkeit« statt (*Förster* ZInsO 2010, 323 [324]; a.A. *Haertlein* NZI 2009, 577 [579]). Ein Prüfbericht ist nur eine Entscheidungshilfe für das Insolvenzgericht ähnlich einem Sachverständigengutachten im Rahmen des Eröffnungsverfahrens. Das Insolvenzgericht hat den Inhalt des Gutachtens eigenverantwortlich nachzuvollziehen (zweifelnd an der tatsächlichen Umsetzung *Franke/Goth/Firmenich* ZInsO 2009, 123 [126]). Die materielle Prüfung bleibt dem Insolvenzgericht vorbehalten.

250 Problematisch ist der stark zunehmende Umfang der **Beauftragung privater Schlussrechnungsprüfer**. War zu Zeiten der Konkursordnung die Übertragung die Ausnahme, ist sie heute in größeren Verfahren teilweise die Regel. Die Ursachen liegen auch in mangelnder Ausbildung der Justizangehörigen und deren Überlastung (*Förster* ZInsO 2010, 323 [324]). Zutreffend wird darauf hingewiesen, dass eine fehlende personelle und sachliche Ausstattung der Gerichte nicht die Privatisierung gerichtlicher Aufgaben rechtfertigt (*Weitzmann* ZInsO 2007, 449 [453]). Die »Alternative« besteht in der zeitweisen Nichtbearbeitung der Schlussrechnungen und einer Verzögerung des Verfahrensabschlusses. Bei nur oberflächlicher Prüfung droht bei Fehlern ein Regress.

251 Ob die Beauftragung eines Sachverständigen von § 5 InsO gedeckt ist (*Haertlein* NZI 2009, 577 [578]; *Graeber/Graeber* NZI 2014, 298; *Eisner* INDat-Report 06/2015, S. 20 f.; nur für besonders gelagerte Einzelfälle bejahend *Hebenstreit* ZInsO 2013, 276; *Lissner* ZInsO 2015, 1184; *Schmitt*-

mann INDat-Report 06/2015, S. 16 ff.; **abl**. *Weitzmann* ZInsO 2007, 449 [454]; *Franke/Goth/ Firmenich* ZInsO 2009, 123 [125]; *Jakob* INDat-Report 06/2015, S. 13 ff.), kann dahinstehen. **Grundlage der Beauftragung ist § 4 InsO i.V.m. § 402 ZPO** (a.A. *Franke/Goth/Firmenich* ZInsO 2009, 123 [125]). Die fehlende Sachkunde zur Prüfung umfangreicher Schlussrechnungen liegt häufig vor. Die beim Insolvenzgericht tätigen Richter und Rechtspfleger haben häufig nicht das erforderliche Sach- und Erfahrungswissen (a.A. *Weitzmann* ZInsO 2007, 449 [454]). Fortbildungen der Justiz sind Mangelware, allenfalls durch »Learning by Doing« erfolgt eine Wissensaneignung.

Ein Gläubigerausschuss, der die Beauftragung eines Sachverständigen regelmäßig entbehrlich machen soll (*Weitzmann* ZInsO 2007, 449 [454]), ist selten vorhanden. Ob das Erfordernis der Zustimmung der Gläubigerversammlung in analoger Anwendung der §§ 58, 78, 79 InsO (dafür *Weitzmann* ZInsO 2007, 449 [454 f.]) Abhilfe schafft, ist fraglich. Gläubigerlose Versammlungen haben zugenommen, der Gesetzgeber hat darauf durch die Einfügung des § 160 Abs. 1 Satz 3 InsO reagiert. 252

Diskutiert wird auch eine **Verfassungswidrigkeit** wegen Verstoßes gegen Art. 33 Abs. 4 GG (bejahend *Vierhaus* ZInsO 2008, 521 [524]). Sie besteht **nicht**, solange dem Sachverständigen nicht die umfassende Prüfung übertragen wird, sondern lediglich die formelle Prüfung der Ordnungsgemäßheit der Rechnungslegung. Materielle Fragen wie Angemessenheit der Vergütung oder Eingruppierung der vom Insolvenzverwalter befriedigten Ansprüche als Masseverbindlichkeiten hat der Sachverständige nicht zu prüfen. 253

Bedenken bestehen aber wegen **Verlagerung der Kosten auf die Masse**. Durch die Gerichtskosten wird die Tätigkeit des Insolvenzgerichts abgedeckt, so dass sich die Frage stellt, ob die Kosten nicht von der Landeskasse zu zahlen sind (*Heyrath* ZInsO 2005, 1092 [1095]; *Haertlein* NZI 2009, 577 [580]; *Madaus* NZI 2012, 119 [127], der nur in Ausnahmefällen eine Belastung der Insolvenzmasse mit den Kosten für vertretbar hält). 254

Zu den Einzelheiten der Prüfung s. *Metoja* ZInsO 2016, 992. 255

Der Beschluss ist **nicht anfechtbar** (s. *Schmitt* § 66 Rdn. 20). Der Sachverständige kann allerdings **wegen Besorgnis der Befangenheit abgelehnt** werden. Das Tätigkeitsfeld des Rechnungsprüfers ist nicht vergleichbar mit der Stellung des Sachverständigen im Eröffnungsverfahren, bei dem die Ablehnung ausgeschlossen ist (s. § 22 Rdn. 157). Der Rechnungsprüfer ist nur Gehilfe des Gerichtes (s. Rdn. 248) ähnlich einem Sachverständigen im Zivilprozess. Der (vorläufige) Insolvenzverwalter kann den Rechnungsprüfer wegen Besorgnis der Befangenheit nicht ablehnen, wenn mit der Prüfung ein anderer – im selben Amtsgerichtsbezirk tätiger – Insolvenzverwalter als Sachverständiger beauftragt wird (str., s. § 4 Rdn. 44). Allerdings sollte mit der Prüfung der Schlussrechnung eines Insolvenzverwalters nicht ein anderer im selben Amtsgerichtsbezirk tätiger Insolvenzverwalter als Sachverständiger beauftragt werden. 256

e) Erfolgt eine Prüfung durch einen Sachverständigen, wird dies längere Zeit dauern. Die **Festsetzung der Vergütung** des vorläufigen Verwalters erfolgt **vor Übersendung der Akten an den Sachverständigen**. Ansonsten läuft der vorläufige Verwalter Gefahr, dass er im eröffneten Verfahren seinen Anspruch bei Masseamut nicht mehr durchsetzen kann. 257

XIII. Freigabemöglichkeit (§ 35 Abs. 2 InsO analog)?

Im eröffneten Verfahren kann der Insolvenzverwalter bei natürlichen Personen das Vermögen aus der selbständigen Tätigkeit gem. § 35 Abs. 2 InsO freigeben. Im Eröffnungsverfahren ist der »starke« vorläufige Insolvenzverwalter gem. § 22 Abs. 1 Satz 2 Nr. 2 InsO zur Fortführung verpflichtet. Auch dem »schwachen« vorläufigen Insolvenzverwalter wird gem. § 22 Abs. 2 InsO häufig die Verpflichtung auferlegt (s. Rdn. 29 und § 22 Rdn. 66). Eine **analoge Anwendung** kommt **nicht** in Betracht (**a.A.** für den »starken« vorläufigen Insolvenzverwalter *Heinze* ZVI 2007, 349 [355] und ZInsO 2013, 1173). Die Kontrollmöglichkeit des § 35 Abs. 2 Satz 3 InsO würden sonst unterlaufen. Eine Gläubigerversammlung besteht nicht, ein vorläufiger Gläubigerausschuss (s. Rdn. 261 ff.) nur ausnahmsweise. 258

XIV. Vorläufiger Gläubigerausschuss

259 **Streitig** war, ob im Eröffnungsverfahren ein vorläufiger Gläubigerausschuss bestellt werden kann (Nachw. 6. Aufl.). Durch das ESUG ist die frühere Streifrage positiv beantwortet worden (s. Rdn. 261 ff.) Ist ein vorläufiger Gläubigerausschuss (noch) nicht eingesetzt, kann sich ein »**informeller**« Ausschuss bilden, zusammengesetzt auch mit zur Unternehmensfortführung wichtigen Gläubigern (so zur Rechtslage vor der Einfügung des § 22a InsO *Seide/Brosa* ZInsO 2008, 769 (775): »informeller« Gläubigerbeirat).

XV. Zustimmungsvorbehalt bei Einsetzung eines vorläufigen Sachwalters (§ 21 Abs. 2 Nr. 2 InsO analog)

260 Ob ein vorläufiger Sachwalter eingesetzt werden konnte, war streitig. Das ESUG beantwortet die Frage ab dem 01.03.2012 positiv (s. § 22 Rdn. 17). Die Anwendung des § 23 InsO ist umstritten (s. § 23 Rdn. 5). § 24 InsO gilt (s. § 24 Rdn. 3). Wegen der weiteren Einzelheiten s. die Kommentierung bei §§ 270 ff. InsO.

E. Vorläufiger Gläubigerausschuss (§ 21 Abs. 2 Nr. 1a InsO)

261 Die Vorschrift ist durch das ESUG zum 01.03.2012 eingefügt worden. Der **Einfluss der Gläubiger** unter anderem bei der Bestellung des Insolvenzverwalters soll **gestärkt** werden (s. Vor §§ 1 ff. Rdn. 74 ff.). Dies geschieht durch den vorläufigen Gläubigerausschuss. Es existieren drei Arten von vorläufigen Gläubigerausschüssen. Es gelten überwiegend die Regelungen für einen bei/nach Eröffnung des Verfahrens eingesetzten (endgültigen) Gläubigerausschuss gem. §§ 67 ff. InsO. Ausgenommen sind die Vorschriften der §§ 67 Abs. 1 und 3, 68 InsO.

262 In § 67 InsO ist die Einsetzung eines Gläubigerausschuss ab Eröffnung des Verfahrens geregelt. Die Gläubiger können in der Gläubigerversammlung u.a. die Zusammensetzung des vom Gericht eingesetzten Gläubigerausschusses verändern. Deshalb wurde dieser Gläubigerausschuss als vorläufiger Gläubigerausschuss bezeichnet. Vor der Änderung durch das ESUG war streitig, ob das Insolvenzgericht bereits im Eröffnungsverfahren einen vorläufigen Gläubigerausschuss einsetzen konnte. Dieser wurde als »**vor-vorläufiger**« **Gläubigerausschuss** bezeichnet. Das ESUG lässt die Bestellung eines Gläubigerausschusses bereits im Eröffnungsverfahren zu. Die Bezeichnung »**vorläufiger Gläubigerausschuss**« sollte deshalb für den im **Eröffnungsverfahren eingesetzten Gläubigerausschuss** verwandt werden.

263 **Drei Arten** eines »vor-vorläufigen« Gläubigerausschusses sind in der InsO geregelt:

(1) Obligatorischer Gläubigerausschuss gem. § 22a Abs. 1 (s. § 22a Rdn. 11 ff.);

(2) Fakultativer Soll-Ausschuss gem. § 22a Abs. 2 (s. § 22a Rdn. 22 ff.);

(3) Fakultativer Kann-Ausschuss gem. § 21a Abs. 2 Nr. 1a (s. § 22a Rdn. 32 f.).

Ist ein vorläufiger Gläubigerausschuss (noch) nicht eingesetzt, kann sich ein »informeller« Ausschuss bilden (s. Rdn. 259).

264 Es sind **anwendbar** die für den (endgültigen) Gläubigerausschuss geltenden Regelungen über:
– Aufgaben: § 69 InsO (Einsichts- und Auskunftsrecht; dazu *Thole* ZIP 2012, 1533 [1534]) sowie §§ 158 Abs. 1, 160 Abs. 1 und § 161 InsO (A/G/R-*Sander* § 21 InsO Rn. 17c; *Frind* ZIP 2012, 1380 [1381 ff.]). Einzelheiten s. § 22a Rdn. 10.
– Entlassung: § 70 InsO (*Frind* ZIP 2012, 1380 [1386]; *ders.* ZIP 2013, 2244). Zur Nach- und Umbesetzung sowie Auflösung s. § 22a Rdn. 80 ff.
– Haftung: § 71 InsO (*Frind* ZIP 2012, 1380 [1384 ff.]; über den Wortlaut hinaus eine Haftung gegenüber dem Schuldner bejahend A/G/R-*Sander* § 21 InsO Rn. 17d). Zur Erstattungsfähigkeit einer Haftpflichtversicherung s. § 22a Rdn. 40.
– Beschlussfassung: § 72 InsO.
– Vergütung: § 73 InsO (Überblick s. § 22a Rdn. 40).

Es gelten **nicht**: 265
- § 67 Abs. 1 InsO. Die Sonderregelungen in §§ 22a Abs. 1, 2, 21 Abs. 1 Nr. 1a InsO gehen vor;
- § 67 Abs. 3 InsO. Mitglieder des vorläufigen Gläubigerausschusses können nur Insolvenzgläubiger werden. Dritte können erst nach Eröffnung des Verfahrens bestellt/gewählt werden. Es können aber Personen bestellt werden, die erst mit Eröffnung des Verfahrens Gläubiger werden. Darunter fallen der Pensionssicherungsverein, Kredit- bzw. Kreditausfallversicherer (A/G/R-*Sander* § 21 InsO Rn. 20) und die Bundesagentur für Arbeit, soweit sie Insolvenzgeld nicht bereits im Eröffnungsverfahren vorfinanziert (vgl. HambK-InsO/*Schröder* § 21 Rn. 39g);
- §§ 158, 160 InsO (**a.A.** *Rauscher* ZInsO 2012, 1201 [1202]).

Umstritten ist die Beteiligung von **Gewerkschaftsvertretern**. Grundrechtskonform soll die Vor- 266
schrift des § 21 InsO dahin ausgelegt werden, dass er entgegen seinem Wortlaut auf § 67 Abs. 3 InsO verweist, so dass Gewerkschaften als Nichtgläubiger Mitglieder des vorläufigen Gläubigerausschusses werden können (*AG Hannover* ZInsO 2015 1982; *Obermüller* ZInsO 2012, 18 [22]; *Smid* ZInsO 2012, 757 [768]; *Haarmeyer* ZInsO 2012, 2109 [2115]; *Wroblewski* ZInsO 2014, 115). Die gesetzliche Regelung ist jedoch eindeutig (*Huber* ZInsO 2013, 1 [4]; *Frind* ZInsO 2013, 279 [281]). Zudem kann regelmäßig ein Mitglied des Betriebsrates Mitglied werden (s. § 22a Rdn. 69). **Einzelheiten** zur **Zusammensetzung** s. § 22a Rdn. 69 f.

Es gilt **nicht § 68 InsO**. Vor Eröffnung des Insolvenzverfahrens existiert keine Gläubigerversamm- 267
lung, die andere oder zusätzliche Mitglieder wählen oder die Nichtbeibehaltung des vorläufigen Gläubigerausschusses beschließen kann. Das Insolvenzgericht kann Mitglieder unter den Voraussetzungen des § 70 InsO entlassen oder weitere Mitglieder berufen (s. § 22a Rdn. 72), da es im Eröffnungsverfahren über die Zusammensetzung des vorläufigen Gläubigerausschusses entscheidet mit der Bestellung durch das Gericht und Annahmeerklärung der Mitglieder.

Der vorläufige Gläubigerausschuss kommt **zustande** mit der Bestellung durch das Gericht und An- 268
nahmeerklärung der Mitglieder (s. § 22a Rdn. 73), die bereits mit der im Rahmen des Eröffnungsantrages abgegebenen Einverständniserklärung erfolgen kann (s. § 22a Rdn. 78). Er **amtiert** bis zur Entscheidung über die Eröffnung des Verfahrens (s. § 22a Rdn. 78).

Anfechtbar sind nur: 269
- die Einsetzung des vorläufigen Gläubigerausschusses für den Schuldner gem. § 21 Abs. 1 Satz 2 InsO,
- die Entlassung eines Gläubigerausschussmitgliedes gem. § 70 Satz 3 InsO, nicht aber sonstige (auch ablehnende) Entscheidungen (s. Rdn. 60).

Einzelheiten s. Rdn. 59, 60.

Ab dem 01.01.2014 ist eine **Belehrung über die Beschwerdemöglichkeit** zwingend vorgeschrieben. 270
Bei Verstoß kann Wiedereinsetzung in den vorherigen Stand bewilligt und eine sofortige Beschwerde nachgeholt werden, § 4 InsO i.V.m. §§ 232, 233 ZPO (s. § 6 Rdn. 41).

F. Verfügungsverbot/Zustimmungsvorbehalt (§ 21 Abs. 2 Nr. 2 InsO)

Die Anordnung eines **Zustimmungsvorbehalts** ist der **Regelfall**, die Anordnung eines 271
allgemeinen Verfügungsverbotes die Ausnahme. Wegen der Einzelheiten s. Rdn. 75 ff. Wegen der übrigen Wirkungen vgl. die Übersicht in Rdn. 29 sowie § 22 Rdn. 10, 19, 34 ff.

Ein vorläufiger Sachwalter soll gem. § 270a Abs. 1 Satz 1 InsO i.d.R. nicht mit einem Zustim- 272
mungsvorbehalt ausgestattet sein. Im Schutzschirmverfahren besteht ein Verbot gem. § 270b Abs. 2 Satz 3 InsO.

G. Zwangsvollstreckungsmaßnahmen (§ 21 Abs. 2 Nr. 3 InsO)

I. Überblick

273 Die Vorschrift ist auch im Eigenverwaltungsverfahren/Schutzschirmverfahren anwendbar gem. § 270b Abs. 2 Satz 3 InsO.

274 § 21 Abs. 2 Nr. 3 InsO bestimmt, dass Maßnahmen der Zwangsvollstreckung in das bewegliche Vermögen des Schuldners untersagt oder – sofern sie schon begonnen sind – einstweilen eingestellt werden können. Diese Möglichkeit besteht auch im Schuldenbereinigungsplanverfahren (§ 306 Abs. 2 InsO). Bei unbeweglichen Gegenständen kann auf Antrag des vorläufigen Insolvenzverwalters das Vollstreckungsgericht die Zwangsversteigerung nach Maßgabe des § 30d Abs. 4 ZVG einstellen. Im Ergebnis wird das erst mit Verfahrenseröffnung eintretende **Vollstreckungsverbot (§ 89 InsO)** in das Eröffnungsverfahren **vorgezogen** (BT-Drucks. 12/2443 S. 116) und damit die Rückschlagsperre des § 88 InsO ergänzt.

275 Die sachlichen Mittel für eine Betriebsfortführung sollen dem vorläufigen Insolvenzverwalter bis zu einer Verfahrenseröffnung nicht entzogen werden (*AG Köln* NZI 1999, 333). Die Wirkungen gehen über § 89 Abs. 1 InsO im eröffneten Verfahren hinaus: Es ist nicht nur die Vollstreckung persönlicher Gläubiger (§ 38 InsO) verboten, sondern auch die Vollstreckung absonderungsberechtigter und aussonderungsberechtigter Gläubiger (*Kübler/Prütting/Bork-Pape* InsO, § 21 Rn. 28).

276 Weiter wird dem Bestreben einzelner Gläubiger entgegengewirkt, sich noch Vorteile verschaffen zu wollen und die angestrebte gleichmäßige Befriedigung aller Gläubiger zu unterlaufen. Schließlich können so Anfechtungsprozesse vermieden werden, die ansonsten mit der Begründung geführt würden, dass einzelne Gläubiger noch Pfändungspfandrechte erlangt haben, die ihnen wegen der gläubigerschädigenden Wirkung nicht mehr zustünden.

II. Voraussetzungen

1. Anwendungsbereich

a) Sachlicher Anwendungsbereich

277 Die Vorschrift ist in jeder Verfahrensart anwendbar, sofern ein zulässiger Antrag vorliegt (Rdn. 23).

278 Im Regelinsolvenzverfahren gilt sie uneingeschränkt. Das Insolvenzgericht trifft die Anordnung von Amts wegen.

279 Beim **Schutzschirmverfahren** hat das Gericht auf Antrag des Schuldners gem. § 270b Abs. 2 Satz 3, 2. HS InsO die Untersagung bzw. einstweilige Einstellung anzuordnen. Rechtliches Gehör ist nicht zu gewähren. Die Zustellung an Schuldner oder einzelne Gläubiger ist keine Wirksamkeitsvoraussetzung (s. § 23 Rdn. 21).

280 Bei der **Verbraucherinsolvenz** ist die Anordnung bereits möglich im Schuldenbereinigungsplanverfahren gem. § 306 Abs. 2 InsO (Einzelheiten s. *Grote* § 306). Anerkannt ist, dass während des außergerichtlichen Schuldenbereinigungsversuches (vgl. § 305 Abs. 1 Nr. 1 InsO) Vollstreckungsschutz durch das Vollstreckungsgericht gem. § 765a ZPO bewilligt werden kann (*AG Elmshorn* NZI 2000, 329; *LG Itzehoe* NZI 2000, 100; *Winter* Rpfleger 2002, 119). Arbeitseinkommen kann gem. § 850k ZPO geschützt werden. Eine gesetzliche Verankerung in § 765a Abs. 4 ZPO durch das Insolvenzrechtsänderungsgesetz 2001 (BR-Drucks. 14/01 S. 14, 25 ff., 75 f.) ist am Widerstand des Bundesrates (ZInsO 2001, 310 [313 f.]) gescheitert (vgl. ZInsO 2001, 310 [311]). Über Anträge gem. §§ 765a, 850 ff. ZPO nach Antragstellung entscheidet das Insolvenzgericht (s. Rdn. 310). Zu weiteren Sicherungsmaßnahmen s. Rdn. 382 ff.

b) Zeitlicher Anwendungsbereich

281 Die Regelung ist anwendbar ab Eingang eines (zulässigen) Antrages. Die Einstellung kann sofort oder erst im Laufe des Eröffnungsverfahrens erfolgen. Dem Insolvenzgericht wird häufig in dem frü-

heren Verfahrensstadium, in dem Sicherungsmaßnahmen angeordnet werden, der genaue Überblick über die Vermögenslage des Schuldners fehlen. Es wird empfohlen, in jedem Falle Maßnahmen gem. Abs. 2 Nr. 3 anzuordnen (*Lohkemper* ZIP 1995, 1641 [1649]; *Gerhardt* ZZP 109 [1996], 415 [426]; ähnlich MüKo-InsO/*Haarmeyer* § 21 Rn. 74 »regelmäßig«; einschränkend *Vallender* ZIP 1997, 1993 [1996]). Zutreffend ist dies, wenn die gebotene Fortführung des schuldnerischen Unternehmens ermöglicht werden soll. Wird nur ein **Sachverständiger** beauftragt (s. Rdn. 36 a.E.), ist **insbesondere bei einem Fremdantrag Zurückhaltung** geboten, da der Sachverständige keinen Zugriff auf das Vermögen des Schuldners hat und es nicht sichern kann.

c) **Verfahrensfragen**

Rechtliches Gehör ist nicht zu gewähren. Die Zustellung an Schuldner oder einzelne Gläubiger ist keine Wirksamkeitsvoraussetzung (s. § 23 Rdn. 21). 282

2. Betroffene Gegenstände

a) Erfasst wird **nur das bewegliche Vermögen**. Daher kann eine Zwangssicherungshypothek kann eingetragen, die Zwangsversteigerung oder Zwangsverwaltung angeordnet werden (*Bachmann* Rpfleger 2001, 105 [108]). In Betracht kommt aber eine Einstellung gem. § 30d Abs. 4 ZVG (s. Rdn. 299 ff.). Ob ein im Ausland belegenes Seeschiff bewegliches Vermögen ist, ist streitig (dafür *LG Bremen* ZIP 2012, 1189 [1190]; *AG Hamburg* ZInsO 2015, 755; **a.A.** *Stahlschmidt* EWiR 2012, 355). 283

b) Die Anordnung kann auf bestimmte Gegenstände beschränkt werden, wird sich aber regelmäßig auf das **gesamte Schuldnervermögen** erstrecken. Auch eine Beschränkung auf Vollstreckungsmaßnahmen einzelner Gläubiger ist nicht sinnvoll (MüKo-InsO/*Haarmeyer* § 21 Rn. 72). Umfasst ist das gesamte bewegliche Vermögen, auch soweit es nicht zur Insolvenzmasse (§ 36 InsO) gehört (A/G/R-*Sander* § 21 InsO Rn. 30). Unklarheiten über das dem Insolvenzbeschlag unterliegende Vermögen sollen nicht im Eröffnungsverfahren ausgetragen werden. Daher ist auch der sich zu § 89 Abs. 2 Satz 2 InsO entstehende Widerspruch hinzunehmen. Auch die Pfändbarkeit einzelner Einkommensteile zugunsten einzelner Gläubiger (§§ 850d, 850f Abs. 2 ZPO) ist ausgeschlossen (**a.A.** *Steder* ZIP 2002, 65 [66]). Allerdings kann das Insolvenzgericht auch im Eröffnungsverfahren Vollstreckungen gestatten (s. Rdn. 309). 284

c) Auch die Zwangsvollstreckung aus einem **Räumungstitel** kann gem. Abs. 2 Nr. 3 untersagt werden (**a.A.** *AG Mainz* ZInsO 2001, 574 m. abl. Anm. *Hintzen*); das Insolvenzgericht und nicht das Vollstreckungsgericht gem. § 30d ZVG ist zuständig, da die Vollstreckung nicht nach den Bestimmungen des ZVG erfolgt (*AG Köln* NZI 1999, 333; zust. *Kirchhof* ZInsO 2007, 227 [230]). Inzwischen wird die Anordnung allerdings regelmäßig auf § 21 Abs. 2 Nr. 5 InsO gestützt werden können (s. Rdn. 340; *AG Charlottenburg* Beschl. v. 15.03.2017 – 36a IN 601/17). 285

d) Ist **Arbeitseinkommen** des Schuldners gepfändet, so erstreckt sich die Pfändung gem. § 832 ZPO auch auf die nach der Pfändung fällig werdenden Beträge. Die einstweilige Einstellung erfasst in Zukunft fällig werdende Forderungen (s. Rdn. 288). 286

Verwandt werden kann folgende **Formulierung**: »Maßnahmen der Zwangsvollstreckung werden untersagt, bereits eingeleitete Maßnahmen eingestellt. Dies gilt nicht für unbewegliche Gegenstände und für vor Erlass dieses Beschlusses erfolgte Pfändungen von Arbeitseinkommen des Schuldners.« 287

3. Wirkungen

a) Bei den Wirkungen ist zunächst zu beachten, dass die **einstweilige Einstellung** lediglich einen Verfahrensstillstand bewirkt, die Pfändung jedoch bestehen bleibt, nur die Versteigerung nicht stattfindet (vgl. *Zöller/Stöber* ZPO, § 775 Rn. 5). Die Aufhebung einer bereits erfolgten Zwangsvollstreckungsmaßnahme ist nicht möglich, der Rang bleibt gewahrt (*Gerhardt* ZZP 109 [1996], 415 [424]; *Vallender* ZIP 1997, 1993 [1996]). Eine Beseitigung ist nur durch Untersagung einer Verrechnung (s. 288

Rdn. 380) oder Anfechtung (§§ 129 ff. InsO) möglich (*AG Hamburg* ZInsO 1999, 659; *Uhlenbruck/Vallender* InsO, § 21 Rn. 21).

289 b) Durch die **Untersagung** wird die – noch nicht eingeleitete – Zwangsvollstreckung hingegen gehindert, der Vermögensgegenstand unterliegt weiterhin der Verfügungsgewalt des Schuldners bzw. vorläufigen Insolvenzverwalters. Bei Pfändung zukünftiger Forderungen entsteht das Pfändungspfandrecht nicht bereits mit der Zustellung an den Drittschuldner, sondern erst mit der späteren Entstehung der Forderung (*BFH* ZVI 2005, 417). Die Untersagung belässt zukünftig entstehende Forderungen daher im Vermögen des Schuldners.

290 Die Anordnung bewirkt **kein Aufrechnungsverbot** gem. § 394 BGB (*BGH* ZInsO 2004, 852; *OLG Rostock* ZIP 2003, 1805 = EWiR 2004, 447; *Uhlenbruck/Vallender* InsO, § 21 Rn. 20; **a.A.** *LG Gera* ZInsO 2002, 1092), ebenso kein Verrechnungsverbot (*SG Dresden* ZVI 2002, 207). Zu weitergehenden Anordnungen des Insolvenzgerichts s. Rdn. 376 ff.

291 c) **Nicht erfasst** sind lediglich vorbereitende Maßnahmen wie Klauselerteilung (*BGH* ZIP 2008, 527 [528]). Nicht erfasst sein soll weiter die Vollstreckung einer vertretbaren Handlung gem. § 887 ZPO (*LG Mainz* NZI 2002, 444 = ZInsO 2002, 639 = EWiR 2003, 377; BK-InsO/*Blersch* § 21 Rn. 34) oder Unterlassungsansprüche gem. § 890 ZPO (*KG* NZI 2000, 228 für § 89 InsO im eröffneten Verfahren). Auch die Pfändung möglicher Rückgewähransprüche des Schuldners gegen den vorläufigen Insolvenzverwalter nach Aufhebung einer Sicherungsmaßnahme soll nicht erfasst sein (*AG Hamburg* ZInsO 2007, 1166). **Erfasst** sind der Vollzug von Arrest und einstweiliger Verfügung (*Pape/Uhlenbruck* Insolvenzrecht, Rn. 385). Zustellungen durch den Gerichtsvollzieher sind unwirksam (*Schwörer* DGVZ 2008, 17 [21]). Die Zustellung einer einstweiligen Verfügung stellt daher eine Zwangsvollstreckungsmaßnahme dar und ist für unzulässig zu erklären (*AG Göttingen* ZInsO 2003, 770 [771 f.] für § 890 ZPO; HambK-InsO/*Schröder* § 21 Rn. 54).

292 d) Die Vollstreckungssperre ist von den Vollstreckungsorganen **von Amts wegen zu beachten** (*LG Oldenburg* ZIP 1981, 1011; *AG Göttingen* ZInsO 2003, 770 [772]).

293 e) **Folge eines Verstoßes** ist nicht die absolute Unwirksamkeit (so BK-InsO/*Blersch* § 21 Rn. 38), sondern nur die Anfechtbarkeit (so *Kübler/Prütting/Bork-Pape* InsO, § 21 Rn. 31; MüKo-InsO/*Haarmeyer* § 21 Rn. 75; *Behr* JurBüro 1999, 66 [68]). Bei Aufhebung der Sicherungsmaßnahmen tritt die Wirksamkeit der Maßnahme für die Zukunft ein. Zu den Rechtsbehelfen s. Rdn. 305 ff.

294 Zahlt ein **Drittschuldner** trotz Kenntnis der Einstellung an einen Pfändungspfandgläubiger, so wirkt diese Zahlung nicht leistungsbefreiend; nur der Drittschuldner ist zur Rückforderung vom unberechtigten Empfänger berechtigt.

295 f) Die Zwangsvollstreckung ist damit allen Insolvenzgläubigern (vgl. BT-Drucks. 12/2443 S. 116), den übrigen **Gläubigern** und den absonderungsberechtigten Gläubigern – zur Erhaltung des Verwertungsrechtes gem. §§ 166 ff. InsO – untersagt. **Aussonderungsberechtigten Gläubigern** gegenüber kann die Herausgabe ebenfalls verweigert werden, auch wenn keine begleitende Anordnung gem. § 21 Abs. 2 Nr. 5 InsO getroffen ist (*OLG Bamberg* ZInsO 2015, 1338 [1341]). Andernfalls könnte das Wahlrecht gem. § 103 InsO unterlaufen werden, das nicht schon im Eröffnungsverfahren, sondern erst nach Eröffnung vom Insolvenzverwalter ausgeübt werden kann (*Kübler/Prütting/Bork-Pape* InsO, § 21 Rn. 28 f.; MüKo-InsO/*Haarmeyer* § 21 Rn. 72, **a.A.** *Lohkemper* ZIP 1995, 1641 [1650]; *Vallender* ZIP 1997, 1993 [1997]; s.a. § 22 Rdn. 40). Allerdings können absonderungsberechtigte Gläubiger ihre Forderung offen legen und einziehen (HambK-InsO/*Schröder* § 21 Rn. 57). Anders verhält es sich bei Anordnung eines Einziehungsverbotes gem. § 21 Abs. 2 Nr. 5 InsO (s. Rdn. 356).

296 g) Die **freiwillige Herausgabe** durch den Schuldner ist gem. § 21 Abs. 2 Nr. 3 InsO nicht verboten (*OLG Naumburg* ZInsO 2009, 1538; *OLG Bamberg* ZInsO 2015, 1338 [1341]). Sie kann aber gem. § 21 Abs. 1 InsO verboten werden (*Kirchhof* ZInsO 2001, 1 [3]; MüKo-InsO/*Haarmeyer* § 21 Rn. 73), falls nicht schon weitergehende Sicherungsmaßnahmen gem. § 21 Abs. 2 Nr. 5 InsO angeordnet sind (*Gundlach/Schirrmeister* NZI 2010, 176 [177]).

h) Dem absonderungsberechtigten Gläubiger ist unter den Voraussetzungen des § 169 Satz 2 InsO 297 (nach dem dritten Monat der Anordnung der Sicherungsmaßnahmen) eine **Nutzungsentschädigung** in Form von Zinsen zu zahlen (s. i.E. § 169 InsO). Für Wertverluste bestimmt § 172 InsO von der Eröffnung des Insolvenzverfahrens an eine Ausgleichspflicht. Die Regelungen gelten teilweise bereits im Eröffnungsverfahren bei Anordnungen gem. § 21 Abs. 2 Nr. 5 InsO (s. Rdn. 358 ff.). Mit dem absonderungsberechtigten Gläubiger kann auch eine Einigung über die Höhe der Zahlungen vereinbart werden (s. Rdn. 356). Wird eine Anordnung gem. **§ 21 Abs. 2 Nr. 5 InsO** getroffen, ist dies **gesetzlich vorgesehen** (s. Rdn. 358).

i) Die Abnahme einer **eidesstattlichen Versicherung** gem. §§ 807, 899 ff. ZPO ist nach einer Anord- 298 nung gem. Abs. 2 Nr. 3 **nicht mehr zulässig** (str., s. § 24 Rdn. 53 f.). **Strafprozessuale Vollstreckungsmaßnahmen** gem. §§ 111b ff. StPO sind unzulässig, nicht jedoch Beschlagnahmen gem. §§ 98 ff. StPO (HambK-InsO/*Schröder* § 21 Rn. 62a).

III. Unbewegliches Vermögen

a) Unbewegliches Vermögen wird von § 21 Abs. 2 Nr. 3 InsO nicht erfasst. Ob ein im Ausland be- 299 legenes Seeschiff bewegliches Vermögen ist, ist streitig (dafür *LG Bremen* ZIP 2012, 1189 [1190]; a.A. *Stahlschmidt* EWiR 2012, 355). Eine einstweilige Einstellung einer **Zwangsversteigerung** kommt nur auf **Antrag** des vorläufigen Insolvenzverwalters in Betracht (§ 30d Abs. 4 ZVG). Es ist nicht erforderlich, dass auf den vorläufigen Verwalter die Verwaltungs- und Verfügungsbefugnis gem. § 22 Abs. 1 InsO (sog. »starker« vorläufiger Verwalter) übergegangen ist (BK-InsO/*Blersch* § 21 Rn. 33; *Kübler/Prütting/Bork-Pape* InsO, § 21 Rn. 33; MüKo-InsO/*Haarmeyer* § 21 Rn. 80).

b) Im Falle der **Zwangsverwaltung** besteht **keine Einstellungsmöglichkeit**, da § 153b ZVG erst ab 300 Eröffnung des Insolvenzverfahrens gilt (*LG Cottbus* ZInsO 2000, 337 [338]; BK-InsO/*Beth/Blersch* § 21 Rn. 67; *Ruzik* ZInsO 2008, 1225 [1227]; a.A. A/G/R-*Sander* § 21 InsO Rn. 37; HambK-InsO/*Schröder* § 21 Rn. 61; MüKo-InsO/*Haarmeyer* InsO, § 21 Rn. 79; *Uhlenbruck/Vallender* InsO, § 21 Rn. 32; *Jungmann* NZI 1999, 352 [353 f.]; *Klein* ZInsO 2002, 1065 [1069]).

c) Zuständig für die Entscheidung über den Antrag ist nicht das Insolvenzgericht, sondern das **Voll-** 301 **streckungsgericht**, und zwar der Rechtspfleger (§ 3 Nr. 1e RPflG). **Voraussetzung** ist, dass der vorläufige Insolvenzverwalter glaubhaft macht, dass die Einstellung zur Verhütung nachteiliger Veränderungen in der Vermögenslage des Schuldners erforderlich ist. Betreibt der Schuldner ein Unternehmen, ist der vorläufige Insolvenzverwalter grds. zur Fortführung verpflichtet (§ 22 Abs. 1 Satz 2 Nr. 2 InsO). In diesem Fall wird der vorläufige Insolvenzverwalter schon zwecks Vermeidung eigener Haftung den Antrag nach § 30d Abs. 4 ZVG stellen müssen (*Uhlenbruck/Vallender* InsO, § 21 Rn. 31). So kann erreicht werden, dass ein zur Fortführung des Betriebes nötiges Betriebsgrundstück weiter zur Verfügung steht. Das Vollstreckungsgericht wird dem Antrag regelmäßig zu entsprechen haben.

d) Entsprechend der Regelung in § 169 Satz 2 InsO ist eine **Zahlung von Zinsen** spätestens anzu- 302 ordnen, wenn die einstweilige Einstellung seit drei Monaten bewilligt ist (§ 30e Abs. 1 Satz 2 ZVG). Die Zinszahlungspflicht bezieht sich nur auf den Kapitalbetrag, aus dem der Gläubiger vollstreckt (*LG Göttingen* NZI 2000, 186 = ZInsO 2000, 163). Die Höhe der Zinsen richtet sich nach der vertraglichen Vereinbarung und nicht den dinglichen Zinsen (*LG Göttingen* NZI 2000, 186 = ZInsO 2000, 163 m. abl. Anm. *Hintzen* ZInsO 2000, 205; BK-InsO/*Blersch* § 21 Rn. 33; MüKo-InsO/ *Haarmeyer* § 21 Rn. 82; *Nerlich/Römermann-Mönning* InsO, § 21 Rn. 123; *Kirchhof* ZInsO 2001, 1 [7]).

Hinsichtlich eines (etwaigen) **Wertverlust**es enthält § 30e Abs. 2 ZVG ebenso wie § 172 InsO keine 303 ausdrückliche Anordnung, dass die Regelung schon im Eröffnungsverfahren anwendbar ist. Aus den oben dargelegten Gründen (s. Rdn. 297) ist jedoch auch hier davon auszugehen. Auch die Gesetzesmaterialien (BT-Drucks. 12/2443 S. 115) gehen davon aus, dass ein Wertverlust bei einstweiliger Einstellung der Zwangsversteigerung auszugleichen ist. § 30d Abs. 1 und Abs. 2 ZVG gelten nicht, wenn nach Höhe der Forderung und Wert oder sonstigen Belastungen des Grundstückes nicht mit einer Befriedigung des Gläubigers aus dem Versteigerungserlös zu rechnen ist (§ 30d Abs. 3 ZVG).

IV. Aufhebung

304 Entfällt das Sicherungsbedürfnis, wird der Antrag zurückgenommen, abgewiesen oder für erledigt erklärt, sind die Sicherungsmaßnahmen (§ 25 Abs. 1 InsO) **unter Beachtung der Regelung in § 25 Abs. 2 InsO** aufzuheben. Für den Fall der Zurücknahme oder Abweisung enthält § 30f Abs. 2 Satz 1 ZVG eine entsprechende Regelung. Im Übrigen kommt eine Aufhebung gem. § 30f Abs. 2 Satz 2 i.V.m. Abs. 1 ZVG in Betracht. Mit Eröffnung des Verfahrens verliert der Beschluss seine Wirkung für Vollstreckungen ab dem Eröffnungszeitpunkt (*KG* ZInsO 1999, 716 [717]), da dann das Vollstreckungsverbot des § 89 InsO eingreift (MüKo-InsO/*Haarmeyer* § 21 Rn. 78).

V. Rechtsbehelfe

305 a) Die **Anordnung** gem. § 21 Abs. 2 Nr. 3 ist gem. § 21 Abs. 1 Satz 2 anfechtbar für den Schuldner. Die Vorschrift dient jedoch dem Schutz des schuldnerischen Vermögens (s. Rdn. 92). Ein Schuldner wird daher einen Rechtsbehelf nicht einlegen. Im Übrigen fehlt es ihm an der nötigen Beschwer (HK-InsO/*Rüntz* § 21 Rn. 62; s.a. § 6 Rdn. 14). Betroffene Gläubiger sind nicht beschwerdeberechtigt (s. Rdn. 64).

306 b) Bei **Vollstreckungsmaßnahmen entgegen** einer Anordnung gem. **§ 21 Abs. 2 Nr. 3 InsO** liegt ein Verstoß gegen § 775 Nr. 1 bzw. Nr. 2 ZPO vor. Gegen eine Vollstreckungsmaßnahme des Gerichtsvollziehers ist Erinnerung (§ 766 ZPO) und gegen die Erinnerungsentscheidung sofortige Beschwerde (§ 793 ZPO) zulässig (*Uhlenbruck/Vallender* InsO, § 21 Rn. 50). Gegen eine Entscheidung des Rechtspflegers (z.B. Pfändungs- und Überweisungsbeschluss gem. §§ 829, 835 ZPO) wird regelmäßig ebenfalls Erinnerung gem. § 766 ZPO (und nicht gem. § 11 RPflG) in Betracht kommen, da diese Entscheidungen ohne vorherige Anhörung des Schuldners erlassen werden (s. § 6 Rdn. 123 ff.).

307 Zur **Einlegung eines Rechtsbehelfes** sind der **Schuldner** und jeder **Gläubiger** (*Steder* ZIP 2002, 65 [70]) befugt. Auch ein **vorläufiger Insolvenzverwalter** (vgl. § 36 Abs. 4 Satz 2 InsO) ist erinnerungsbefugt. Ist eine Zwangsvollstreckung untersagt, sind die getroffenen Vollstreckungsmaßregeln aufzuheben (§ 775 Nr. 1, § 776 Satz 1 ZPO). Ist eine einstweilige Einstellung der Zwangsvollstreckung angeordnet, bleibt diese Maßregel bestehen (§ 776 ZPO). Eine Befugnis, die Aufhebung der bisherigen Vollstreckungshandlungen anzuordnen (vgl. § 776 2. HS ZPO), sieht die InsO nämlich nicht vor.

308 c) Bei Zwangsvollstreckung in das **unbewegliche Vermögen** ist die sofortige Erinnerung (§ 30b Abs. 3 Satz 1 ZVG i.V.m. § 11 Abs. 1 Satz 2 RPflG) zulässig gem. § 30d Abs. 3 ZVG, § 30f Abs. 3 Satz 2 ZVG (*Uhlenbruck/Vallender* InsO, § 21 Rn. 50). Eine Anordnung gem. § 30d ZVG (s. Rdn. 299) ist beschwerdefähig gem. § 30b Abs. 3 ZVG (*Kirchhof* ZInsO 2006, 227 [231]).

309 d) Zuständig für die Entscheidungen über Rechtsbehelfe ist nicht das Vollstreckungsgericht, sondern das **Insolvenzgericht** (s. § 6 Rdn. 127). Dies lässt sich mit einer analogen Anwendung des § 89 Abs. 3 InsO begründen (*AG Göttingen* ZInsO 2003, 770 [771]; A/G/R-*Sander* § 21 InsO Rn. 34; HambK-InsO/*Schröder* § 21 Rn. 60; *Jaeger/Gerhardt* InsO, § 21 Rn. 59; *Kübler/Prütting/ Bork-Pape* InsO, § 21 Rn. 31; MüKo-InsO/*Haarmeyer* § 21 Rn. 75; *Uhlenbruck/Vallender* InsO, § 21 Rn. 27; **a.A.** *AG Dresden* EWiR 2004, 345; *Bittner* ZVI 2007, 597 [604]). Funktionell zuständig ist der **Insolvenzrichter** (s. § 6 Rdn. 133).

VI. Anträge gem. §§ 850 ff. ZPO

310 Über Anträge gem. §§ 850 ff. ZPO – beispielsweise auf Heraufsetzung des unpfändbaren Betrages gem. § 850f ZPO – entscheidet ebenfalls das **Insolvenzgericht**, und zwar der **Rechtspfleger** (*AG Göttingen* NZI 2000, 493). Siehe i.E. § 2 Rdn. 10 ff., 51.

H. Vorläufige Postsperre (§ 21 Abs. 2 Nr. 4)

I. Voraussetzungen

Die Vorschrift ist auch im **vorläufigen Eigenverwaltungsverfahren/Schutzschirmverfahren** anwendbar gem. § 270b Abs. 2 Satz 3 InsO. Die Anordnung wird dort freilich die große Ausnahme bilden. 311

Ausdrücklich vorgesehen ist die Postsperre gem. §§ 99, 101 Abs. 1 Satz 1 InsO auch für das Eröffnungsverfahren (§ 21 Abs. 2 Nr. 4 InsO). Die Gefahr eines Missbrauches ist im Frühstadium des Eröffnungsverfahrens am größten (*LG Göttingen* DZWIR 1999, 471). Durch eine Postsperre kann frühzeitig ein **Einblick in die Geschäftsbeziehungen** erlangt werden. Angeordnet werden kann die Postsperre nur gegen den Schuldner und die aktuellen Vertreter (§ 101 Abs. 1 Satz 1 InsO), nicht aber gegen ausgeschiedene organschaftliche Vertreter, da § 21 Abs. 2 Nr. 4 InsO den § 101 Abs. 1 Satz 2 InsO nicht in Bezug nimmt. 312

Der Beschluss ergeht von Amts wegen oder auf Antrag des vorläufigen Insolvenzverwalters (vorläufigen Sachwalters). Eine Anordnung **scheidet aus**, wenn **kein vorläufiger Insolvenzverwalter bestellt** ist (*OLG Celle* ZInsO 2001, 128 [130]; *AG Ludwigshafen* ZInsO 2016, 2353 f. m. abl. Anm. *Greiner* ZInsO 2017, 262; MüKo-InsO/*Haarmeyer* § 21 Rn. 88; *Jaeger/Gerhardt* InsO, § 21 Rn. 71; **a.A.** *Uhlenbruck/Vallender* InsO, § 21 Rn. 34). Auch bei einem Zustimmungsvorbehalt gem. § 21 Abs. 2 Nr. 2, 2. Alt. InsO kann eine Postsperre angeordnet werden. Keinesfalls ist Voraussetzung, dass ein allgemeines Verfügungsverbot gem. § 21 Abs. 2 Nr. 2, 1. Alt. InsO angeordnet wird (*AG Ludwigshafen* ZInsO 2016, 2353 [2354 f.]; HambK-InsO/*Schröder* § 21 Rn. 66; *Uhlenbruck/Vallender* InsO, § 21 Rn. 35; **a.A.** *OLG Celle* ZInsO 2001, 128 [130]; *Kübler/Prütting/Bork-Pape* InsO, § 21 Rn. 37). Ansonsten könnte das Insolvenzgericht bei der Anordnung einer vorläufigen Postsperre nicht dem Grundsatz der Verhältnismäßigkeit Rechnung tragen (s. Rdn. 30), der es gebietet, das jeweils mildeste Mittel anzuwenden. 313

Entsprechend § 99 Abs. 2 Satz 1 InsO ist der **vorläufige Insolvenzverwalter** (vorläufige Sachwalter) berechtigt, die Sendungen zu öffnen. Eine Ausübung der »Postkontrolle« durch das Gericht ist weder rechtlich vorgesehen noch tatsächlich durchführbar. Der vorläufige Verwalter darf die Post alleine öffnen; eine Anwesenheit des Schuldners ist nicht erforderlich (*OLG Celle* ZInsO 2001, 128 [130]; *Kübler/Prütting/Bork-Pape* InsO, § 21 Rn. 37; *Uhlenbruck/Vallender* InsO, § 21 Rn. 34). 314

Es müssen **konkrete Anhaltspunkte** für eine Missbrauchsmöglichkeit vorliegen (*LG Bonn* NZI 2009, 652 = EWiR 2009, 753; HK-InsO/*Rüntz* § 21 Rn. 21; ebenso zu § 121 KO *OLG Bremen* ZIP 1992, 1757 = EWiR 1992, 1215). Eine formularmäßige Anordnung ohne Begründung kommt nicht mehr in Betracht. Die Verhältnismäßigkeit ist nicht schon dadurch gewahrt, dass keine Gründe ersichtlich sind, die es nahe legen, von der Anordnung der Postsperre abzusehen (*Uhlenbruck/Vallender* InsO, § 21 Rn. 35; so aber zur KO noch *LG Stuttgart* EWiR 1986, 1127 m. abl. Anm. *Balz*). Entsprechend § 99 Abs. 1 Satz 1 InsO ist der Beschluss zu begründen, eine formularmäßige Anordnung verbietet sich. Wegen der zu fordernden konkreten Anhaltspunkte vgl. im Übrigen § 99 InsO. Zu bedenken ist allerdings, dass die Erkenntnismöglichkeiten des Insolvenzrichters im Eröffnungsverfahren besonders im Frühstadium eingeschränkt sind. Überzogene Anforderungen an die Begründungspflicht dürfen nicht dazu führen, dass die Anordnung einer Postsperre keine praktische Bedeutung erlangt (BK-InsO/*Beth/Blersch* § 21 Rn. 70). 315

Die **Rspr.** berücksichtigt, dass gerade unmittelbar nach Stellung des Insolvenzantrags die Postsperre besondere Bedeutung hat, weil die Gefahr von Vermögensverschiebungen in dieser Phase am größten ist (*LG Göttingen* DZWIR 1999, 471). Eine Postsperre kommt in Betracht: 316
– bei unzureichenden Angaben des Schuldners im Verlaufe des Eröffnungsverfahrens (*LG Frankfurt/M.* InVo 1999, 346; *OLG Zweibrücken* ZInsO 2000, 627; *LG Bonn* ZInsO 2004, 818);
– bei Erschwerung oder Verweigerung der Zusammenarbeit mit dem vorläufigen Verwalter (*LG Göttingen* DZWIR 1999, 471; *LG Göttingen* NZI 2001, 44 [45]).

317 Durch die gebotene **Anhörung** des Schuldners (entsprechend § 99 Abs. 1 Satz 2 InsO) dürfte im Regelfall der Zweck der Anordnung gefährdet werden. Das **Unterbleiben** ist im Beschluss gesondert zu begründen (s. Rdn. 122), die Anhörung unverzüglich nachzuholen (entsprechend § 99 Abs. 1 Satz 3 InsO). Bedenklich soll es sein, wenn der Beschluss dem Schuldner gleichzeitig mit dem Postunternehmen und dem (vorläufigen) Insolvenzverwalter zugestellt wird (*LG Bonn* NZI 2009, 652 = EWiR 2009, 753). Zu bedenken ist allerdings, dass ein Schuldner die Post nicht von einem auf den anderen Tag »umleiten« kann.

318 Die Rspr. billigt das **Absehen von der Anhörung** (*LG Göttingen* DZWIR 1999, 471; ZIP 1999, 1565 [1566] m. abl. Anm. *Bähr* EWiR 1999, 1065).

II. Umfang

319 Vom **Umfang** der Anordnung sind **umfasst** eingehende Sendungen, Faxe und E-Mails (a.A. *Uhlenbruck/Vallender* InsO, § 21 Rn. 37 – sofern entsprechende Anordnung; *Wimmer-Amend* § 99 Rdn. 7; HambK-InsO/*Schröder* § 21 Rn. 64; *Munzel* Postsperre für eMail, ZInsO 1998, 363 [367]), nicht aber der Telefonanschluss (a.A. für Ausnahmefälle *Uhlenbruck/Vallender* InsO, § 21 Rn. 37). Andererseits sind Leistungen privater Postdienstleister (HK-InsO/*Rüntz* § 21 Rn. 23) und Postsendungen eines Strafverteidigers erfasst (*BVerfG* ZIP 2000, 2311; *Uhlenbruck/Vallender* InsO, § 21 Rn. 34).

320 Die Postsperre kann **auf bestimmte Sendungen beschränkt** werden. Im Beschluss werden von der Postsperre ausgenommen Sendungen des Insolvenzgerichts, der Staatsanwaltschaft, des vorläufigen Insolvenzverwalters sowie die mit einem ausdrücklichen Vermerk versehenen Sendungen von Gerichten und Behörden. Letzteren erteilt auf deren Antrag das Insolvenzgericht die Erlaubnis. Ist die Zustellung an den Schuldner persönlich erforderlich wie z.B. bei der Anordnung der Zwangsverwaltung, kann bei Anordnung einer Postsperre die Zustellung nicht wirksam an den vorläufigen Insolvenzverwalter erfolgen (*OLG Braunschweig* InVo 2000, 193 = ZInsO 2000, 627 [unter falscher Angabe LG Göttingen]; BK-InsO/*Beth/Blersch* § 21 Rn. 74).

III. Beschluss

321 Die Anordnung geschieht durch zu begründenden **Beschluss**, in dem das Absehen von einer Anhörung des Schuldners ebenfalls gesondert zu begründen ist (entsprechend § 99 Abs. 1 Satz 1, Satz 3 InsO). Die Postsperre kann auch zusammen in einem Beschluss mit anderen Sicherungsmaßnahmen angeordnet werden. Einer öffentlichen Bekanntmachung (§ 9 Abs. 1 InsO) bedarf es nicht. Der Beschluss ist dem Schuldner förmlich gegen Zustellungsurkunde oder durch Aufgabe zur Post (s. § 8 Rdn. 5 ff.) zuzustellen, da entsprechend § 99 Abs. 3 Satz 1 InsO die sofortige Beschwerde möglich ist.

322 Sobald der **Sicherungszweck** es **nicht mehr erfordert**, hat das Gericht von Amts wegen nach Anhörung des vorläufigen Verwalters oder auf Anregung des vorläufigen Verwalters die Postsperre **aufzuheben** (entsprechend § 99 Abs. 3 Satz 2 InsO). In der Praxis wird die Postsperre teilweise nach vier Wochen aufgehoben, wenn nicht der vorläufige Insolvenzverwalter die weitere Aufrechterhaltung anregt.

IV. Rechtsbehelf

323 Der Beschluss ist anfechtbar mit der **sofortigen Beschwerde** (§§ 21 Abs. 2 Nr. 4, 99 Abs. 3 InsO). Mit der Eröffnung des Verfahrens entfällt häufig allerdings das Rechtsschutzinteresse für eine sofortige Beschwerde (str., s. § 6 Rdn. 18 ff.).

324 Ab dem 01.01.2014 ist eine **Belehrung über die Beschwerdemöglichkeit** zwingend vorgeschrieben, bei Verstoß kann Wiedereinsetzung in den vorherigen Stand bewilligt und eine sofortige Beschwerde nachgeholt werden, § 4 InsO i.V.m. §§ 232, 233 ZPO (s. § 6 Rdn. 41).

Eine im Eröffnungsverfahren erlassene Postsperre **endet** wie die übrigen Sicherungsmaßnahmen (wie z.B. gem. Abs. 2 Nr. 3 InsO, s. Rdn. 102) **mit der Eröffnung**. Für die (erneute) Anordnung im eröffneten Verfahren ist der Rechtspfleger zuständig (s. § 30 Rdn. 3 f.). 325

I. Aus- und Absonderungsrechte (§ 21 Abs. 2 Nr. 5)

I. Überblick

Die **Unternehmensfortführung** im Eröffnungsverfahren kann erschwert bzw. vereitelt werden, wenn Sicherungsgläubiger dem Unternehmen Waren oder Anlagevermögen entziehen. Die Herausgabe an unstrittige Aus- und Absonderungsgläubiger ist keine Rechtshandlung des Schuldners, zu der der »schwache« vorläufige Insolvenzverwalter seine Zustimmung erteilen müsste. Eine Herausgabepflicht des vorläufigen Insolvenzverwalters besteht allerdings nicht (s. Rdn. 295 und § 22 Rdn. 40). Aufgrund der dem Schuldner eingeräumten Rechte besteht auch eine Nutzungsmöglichkeit (HambK-InsO/*Schröder* § 21 Rn. 69d), eine Verwertungsmöglichkeit hingegen erst nach Eröffnung des Verfahrens. Dabei sind die Grenzen fließend (vgl. § 22 Rdn. 77; HambK-InsO/*Schröder* § 22 Rn. 38 ff., 105). Zur Einziehung sicherheitshalber abgetretener Forderungen ist der vorläufige Verwalter berechtigt bis zum Widerruf der Einziehungsermächtigung durch den Sicherungsnehmer (s. Rdn. 383 und § 22 Rdn. 52 326

Das Gesetz zur Vereinfachung des Insolvenzverfahrens hat für die ab dem 01.07.2007 eröffneten Verfahren die Möglichkeit geschaffen, einen **Verwertungsstopp** und eine **Nutzungsbefugnis** für künftige Aus- und Absonderungsgüter sowie eine Einziehungsbefugnis für zur Sicherheit abgetretene Forderungen anzuordnen (zur Entstehungsgeschichte *Schmerbach/Wegener* ZInsO 2006, 400 [403]). Die Wirkungen der §§ 166 ff. InsO werden teilweise in das Eröffnungsverfahren vorverlagert und hinsichtlich der Nutzungsbefugnis auf zukünftige Aussonderungsgegenstände erstreckt. Das Schuldnervermögen soll – ähnlich wie bei Anordnungen gem. § 21 Abs. 2 Nr. 3 InsO – zusammengehalten werden zur Erhaltung der Sanierungschancen und der bestmöglichen Verwertung; weiter soll die Betriebsfortführung im Eröffnungsverfahren erleichtert werden (BR-Drucks. 549/06 ZVI 2006, 413 [414]). Zudem erhält die Insolvenzmasse die Kostenbeiträge gem. § 171 InsO. 327

Weiter bestehen bleibt die Möglichkeit des vorläufigen Insolvenzverwalters, **Vereinbarungen** mit den Aus- bzw. Absonderungsgläubigern über eine Verwertung/Forderungseinzug gegen eine Kostenbeteiligung zu treffen (*Kuder* ZIP 2007, 1690 [1696]), bei »schwacher« vorläufiger Insolvenzverwaltung ggf. flankiert von einer Einzelermächtigung (HambK-InsO/*Schröder* § 21 Rn. 69g). 328

Die Vorverlagerung der Einschränkung der Rechte absonderungsberechtigter Gläubiger in das Eröffnungsverfahren ist systemkonform und korrespondiert mit dem Verwertungsrecht gem. §§ 166 ff. InsO im eröffneten Verfahren. **Probleme** ergeben sich insbesondere durch die Einbeziehung von aussonderungsberechtigten Gläubigern (*Kübler/Prütting/Bork-Pape* InsO, § 21 Vn. 40c; *Kirchhof* ZInsO 2007, 227; *Ganter* NZI 2007, 549 [552 ff.]). Eine ähnliche Regelung existiert nunmehr in dem durch das MoMiG eingefügten § 135 Abs. 3 InsO (vgl. *Kind* NZI 2008, 475 [477]). 329

Inzwischen liegen **Grundsatzentscheidungen des BGH** vor (*BGH* ZInsO 2010, 136 = EWiR 2010, 155; dazu *Gundlach/Schirrmeister* NZI 2010, 176; *BGH* ZInsO 2012, 701) sowie eine Entscheidung des *BVerfG* (ZInsO 2012, 1220). 330

II. Voraussetzungen einer Anordnung

1. Übersicht

Die Vorschrift ist auch im Eigenverwaltungsverfahren anwendbar gem. § 270a InsO (*AG Leipzig* ZInsO 2017, 328) ebenso im Schutzschirmverfahren gem. § 270b Abs. 2 Satz 3 InsO. 331

Die Anordnung kann sowohl bei Bestellung eines »schwachen« als auch eines »starken« vorläufigen Insolvenzverwalters erfolgen (BR-Drucks. 549/06 ZVI 2006, 413 [418]), **nicht** aber bei Bestellung 332 eines »**isolierten**« Sachverständigen (s. § 22 Rdn. 161). Der »starke« vorläufige Verwalter muss die vertraglich vereinbarte Gegenleistung bereits gem. § 55 Abs. 2 InsO erbringen.

333 Der vorläufige Verwalter/vorläufige Sachwalter hat dem Insolvenzgericht **darzulegen**, dass:
– und welche Aus-/Absonderungsrechte oder Forderungen im Einzelnen betroffen sind,
– der/die Gegenstände für eine Betriebsfortführung eingesetzt werden,
– der/die Gegenstände für die Betriebsfortführung von erheblicher Bedeutung sind.

Eine Anordnung von Amts wegen (dafür *Uhlenbruck/Vallender* InsO, § 21 Rn. 38l) scheidet schon mangels Kenntnis des Insolvenzgerichts der o.g. Voraussetzungen aus.

2. Individualisierung der Gegenstände/Forderungen

334 **Unzulässig** sind **Pauschalermächtigungen** (s. Rdn. 347 ff.). Der vorläufige Insolvenzverwalter muss die Gegenstände bei Aussonderungsrechten einzeln benennen, damit das Insolvenzgericht seiner Prüfungspflicht nachkommen kann. Genügen dürfte aber die Bezugnahme auf eine **Sachgesamtheit** wie z.B. Druckereimaschinen (*Schmerbach* InsbürO 2007, 202 [208]; ähnlich *Nerlich/Römermann-Mönning* InsO, § 21 Rn. 221 f.). Bei Absonderungsrechten wie Sicherungsübereignung an ein Kreditinstitut wird eine Bezeichnung der einzelnen Gegenstände nicht verlangt werden können (*BGH* ZInsO 2010, 136 [137] = EWiR 2010, 155; *Gundlach/Schirrmeister* NZI 2010, 176 [178]). Vielmehr wird auch die Angabe »Umlaufvermögen« ausreichen.

335 Bei **Forderungen** kann der Drittschuldner bezeichnet werden. Bei einer Vielzahl wird aber auch eine pauschale Bezeichnung (»Forderungen der Schuldnerin bei Drittschuldnern«) zulässig sein. Einer Individualisierung bedarf es nicht bei im Wege einer Globalzession abgetretenen Forderung (*AG Hamburg* ZInsO 2011, 2045 [2046]; offen gelassen von *AG Hamburg* ZInsO 2011, 1158 [1159]). Ggf. ist die Anordnung nachträglich zu ergänzen (*Gundlach/Schirrmeister* NZI 2010, 176).

3. Betriebsfortführung

336 Voraussetzung ist, dass der Geschäftsbetrieb **noch läuft und fortgesetzt werden soll**. Das hat der vorläufige Insolvenzverwalter zu beurteilen und dem Insolvenzgericht darzulegen (*BGH* ZInsO 2010, 136 = EWiR 2010, 155). Ist – ausnahmsweise – die Wiederaufnahme eines eingestellten Geschäftsbetriebes geplant, sind an die Darlegung des vorläufigen Insolvenzverwalters erhöhte Anforderungen zu stellen. Von diesem Ausnahmefall abgesehen ist ein nachvollziehbares Konzept für eine Betriebsfortführung (so *Kübler/Prütting/Bork-Pape* InsO, § 21 Rn. 40j) nicht nötig. Der vorläufige Insolvenzverwalter führt ein noch laufendes Unternehmen im Eröffnungsverfahren regelmäßig im Hinblick auf § 157 InsO fort; er ist damit gem. § 22 Abs. 1 Satz 2 Nr. 2 InsO beauftragt. Zudem sind Maßnahmen gem. § 21 Abs. 2 Nr. 5 InsO bei Betriebseinstellung aufzuheben (s. Rdn. 374).

337 Der zukünftige (weitere) Einsatz des/der Gegenstände ergibt sich aus der Darlegung der erheblichen Bedeutung (s. Rdn. 338). Bei Forderungen steht der Prüfungszweck der Wirksamkeit der Abtretung (s. Rdn. 339) im Vordergrund.

4. Erhebliche Bedeutung

338 Voraussetzung ist, dass der/die Gegenstände zur Fortführung des schuldnerischen Unternehmens von erheblicher Bedeutung sind. Dabei sind **keine überspannten Anforderungen** zu stellen (HambK-InsO/*Schröder* § 21 Rn. 69d). Eine erhebliche Bedeutung liegt vor, wenn bei Herausgabe beweglicher Gegenstände der **Betriebsablauf gestört** würde (*Kübler/Prütting/Bork-Pape* InsO, § 21 Rn. 40i; *Schmerbach* InsbürO 2007, 202 [207]; enger BK-InsO/*Beth/Blersch* § 21 Rn. 78: spürbare Beeinträchtigung). Dies gilt nicht nur für das Anlagevermögen, sondern auch für das Umlaufvermögen (a.A. *Kuder* ZIP 2007, 1690 [1694]). Der vorläufige Insolvenzverwalter ist nämlich unabhängig von einer Anordnung gem. § 21 Abs. 2 Nr. 5 InsO zur Veräußerung im Rahmen des laufenden Geschäftsbetriebes befugt (*Ganter* NZI 2007, 549 [551 f.]). Die ausführliche Darlegung eines Be-

triebsfortführungskonzeptes durch den vorläufigen Insolvenzverwalter ist nicht erforderlich (*Wiche-Wendler* ZInsO 2011, 1530 [1532]).

Bei abgetretenen Forderungen wird man mit der Gesetzesbegründung darauf abstellen können, dem vorläufigen Verwalter die **Prüfung der Wirksamkeit der Abtretung** zu ermöglichen (*AG Charlottenburg* ZInsO 2015, 1928; HambK-InsO/*Schröder* § 21 Rn. 69h; *Kübler/Prütting/Bork-Pape* InsO, § 21 Rn. 40z; *Schmerbach* InsbürO 2007, 202 [207]; ähnlich *Nerlich/Römermann-Mönning* InsO, § 21 Rn. 225). Es genügt, dass der vorläufige Insolvenzverwalter die Wirksamkeit von Sicherungsabtretungen überprüfen will (*AG Hamburg* ZInsO 2011, 2045; **a.A.** *AG Hamburg* ZInsO 2011, 1158 [1159]; HambK-InsO/*Schröder* § 21 Rn. 69h). Ebenso genügt die Sicherung der Liquidität (*AG Charlottenburg* ZInsO 2015, 1928; *AG Dresden* ZInsO 2017, 328 [329]). Das Verwertungsverbot kann im Hinblick auf den angestrebten Zweck der Betriebsfortführung auch noch erlassen werden, nachdem der Abtretungsempfänger die Einziehungsermächtigung widerrufen hat (HK-InsO/*Kirchhof* § 21 Rn. 28; **a.A.** MüKo-InsO/*Haarmeyer* § 22 Rn. 55; *Uhlenbruck/Vallender* InsO, § 21 Rn. 38 f.). 339

III. Betroffene Gegenstände

Erfasst sind: 340
– bewegliche Gegenstände, an denen im Falle der Eröffnung ein Absonderungsrecht besteht (§ 166 InsO) wie Pfandrechte, Sicherungseigentum, erweiterter und verlängerter Eigentumsvorbehalt;
– Gegenstände, an denen im Falle der Eröffnung ein Aussonderungsrecht besteht (vgl. § 47 InsO) wie Eigentum (Vermieter, Leasinggeber) und einfacher Eigentumsvorbehalt;
– Grundstücke (*Uhlenbruck/Vallender* InsO, § 21 Rn. 38; *AG Charlottenburg* Beschl. v. 15.03.2017 – 36a IN 601/17).
– zur Sicherheit vom Schuldner an den Gläubiger abgetretene Forderungen.

Die Einbeziehung von **Aussonderungsrechten** führt zu einer Fülle von **Streitigkeiten** (*Kirchhof* ZInsO 2007, 227; krit. auch *Schmerbach/Wegener* ZInsO 2006, 400 [404]). 341

Bei Aussonderungsrechten sind nicht nur bewegliche Gegenstände wie Leasingobjekte **erfasst** (krit. *Ganter* NZI 2007, 549 [554 f.]), sondern auch Grundvermögen wie eine gemietete Immobilie (BK-InsO/*Beth/Blersch* § 21 Rn. 82; HambK-InsO/*Schröder* § 21 Rn. 69a; *Kirchhof* ZInsO 2007, 227 [230]; *Hölzle* ZIP 2014, 1155; zweifelnd MüKo-InsO/*Haarmeyer* § 21 Rn. 100). Allerdings bleibt das (außerordentliche) Kündigungsrecht unberührt (*Ganter* ZIP 2015, 1767). Die einer Aussonderung unterliegenden Forderungen werden selten zur Betriebsfortführung von erheblicher Bedeutung sein (HambK-InsO/*Schröder* § 21 Rn. 69h). 342

Die **Kritik** entzündet sich daran, dass dem **Eigentümer kein Rechtsmittel** eingeräumt ist (s. Rdn. 373) und eine Ersatzpflicht erst drei Monate nach Anordnung eintritt (*Kübler/Prütting/Bork-Pape* InsO, § 21 Rn. 40c–40h; *Ganter* NZI 2007, 549 [555]; *Marotzke* ZInsO 2008, 1108 [1110 f.]; *Heublein* ZIP 2009, 11 [15 ff.]). Im Vergleich dazu kann bei Absonderungs(-Grundpfand)rechten der vorläufige Insolvenzverwalter einen Einstellungsantrag gem. § 30d Abs. 4 ZVG insb. dann stellen, wenn die Betriebsimmobilie zur Fortführung des Unternehmens benötigt wird (s. Rdn. 301). In diesem Fall besteht eine Zinszahlungspflicht gem. § 30e Abs. 1 Satz 2 ZVG drei Monate nach Einstellung der Zwangsversteigerung, ebenso wie im Rahmen des § 21 Abs. 2 Nr. 5 InsO (s. Rdn. 358). Allerdings ist die Anordnung für den Absonderungsberechtigten beschwerdefähig gem. § 30b Abs. 3 ZVG (*Kirchhof* ZInsO 2007, 227 [231]). Insbesondere die **unentgeltliche Nutzungsmöglichkeit für drei Monate** wird kritisiert (*Kirchhof* ZInsO 2007, 227 [231]; *Ganter* NZI 2007, 549 [553]). Die Regelung verstößt jedoch nicht gegen Art. 14 GG (*BVerfG* ZInsO 2012, 1220 [1222]; *BGH* ZInsO 2010, 136 [138 ff. = EWiR 2010, 155); HambK-InsO/*Schröder* § 21 Rn. 69a; **a.A.** noch *LG Berlin* ZInsO 2008, 629 ohne Auseinandersetzung mit der Problematik und krit. Anm. *Büchler* ZInsO 2008, 719). Zudem bleibt das (außerordentliche) Kündigungsrecht unberührt (*Ganter* ZIP 2015, 1767). 343

344 Einem **möglichen Verstoß gegen Art. 14 GG** begegnen einige vorläufige Insolvenzverwalter mit der Zusage einer sofortigen und nicht erst nach drei Monaten einsetzenden Zinszahlung (ein gerichtliches Ermessen zu einer Vorverlegung bejaht *Kübler/Prütting/Bork-Pape* InsO, § 21 Rn. 40s; *Nerlich/Römermann-Mönning* InsO, § 21 Rn. 157). Bei der fehlenden Rechtsmittelmöglichkeit ist anzumerken, dass eine Entscheidung jedenfalls des Beschwerdegerichts selten innerhalb von drei Monaten vorliegen wird.

345 Nach der Gesetzesbegründung **nicht** erfasst sein sollen vom **Factor** aufgekaufte Forderungen. Dies ist problematisch (A/G/R-*Sander* § 21 InsO Rn. 48; *Schmerbach/Wegener* ZInsO 2006, 400 [404]; *Kirchhof* ZInsO 2007, 227 [229]; *Ganter* NZI 2007, 549 [554]).

IV. Rechtliches Gehör

346 Rechtliches Gehör für die betroffenen Gläubiger ist gesetzlich **nicht vorgeschrieben** (*Schmerbach* InsbürO 2007, 202 [207]). Im Hinblick auf die mangelnde Beschwerdefähigkeit (s. Rdn. 373) wird dies für erforderlich gehalten (*Kübler/Prütting/Bork-Pape* InsO, § 21 Rn. 40k). Dem ist entgegenzuhalten, dass die Entscheidung schnell zu ergehen hat und betroffene Gläubiger im Wege der Gegenvorstellung (s. § 6 Rdn. 90) eine Überprüfung erreichen können. Die bisherigen Erfahrungen zeigen, dass die vorläufigen Insolvenzverwalter von dem Antragsrecht gem. § 21 Abs. 2 Nr. 5 InsO zurückhaltend und verantwortungsbewusst Gebrauch machen. Die gebotene gerichtliche Kontrolle der Anträge und »Nachbetrachtung« der angeordneten Maßnahmen im weiteren Verlauf des Verfahrens stellt eine zusätzliche Sicherung dar.

V. Inhalt der Entscheidung

347 Das Insolvenzgericht ordnet einen Verwertungs- bzw. Einziehungsstopp an. Die Anordnung darf **nicht formularmäßig** erfolgen (*Kübler/Prütting/Bork-Pape* InsO, § 21 Rn. 40m; *Kirchhof* ZInsO 2007, 227 [231]; *Schmerbach* InsbürO 2007 202 [207 f.]). Keinesfalls zulässig ist es, die Anordnung zugleich mit der Bestellung eines vorläufigen Insolvenzverwalters formularmäßig durch bloße Wiedergabe des Gesetzestextes zu treffen (so der Sachverhalt *LG Berlin* ZInsO 2008, 629; *BGH* ZInsO 2010, 136 [137] = EWiR 2010, 155). Das Insolvenzgericht hat zu bedenken, dass dem betroffenen Gläubiger weder ein Anspruch auf rechtliches Gehör (s. Rdn. 346) noch eine Beschwerdemöglichkeit haben (*BGH* ZInsO 2010, 136 [137] = EWiR 2010, 155), sondern lediglich eine Gegenvorstellung zusteht (s. Rdn. 373).

348 Bei **Pauschalbezeichnungen** kann ein **Beschluss** wegen Verstoßes gegen den Bestimmtheitsgrundsatz **unwirksam** sein (*BGH* ZInsO 2010 136 [137 f.]; *Schmerbach* InsbürO 2007, 202 [208]), ähnlich wie die früher teilweise gebräuchliche generelle Ermächtigung des »schwachen« vorläufigen Insolvenzverwalters zur Eingehung von Masseverbindlichkeiten (s. § 22 Rdn. 118). Die Anforderungen an die Individualisierbarkeit sind unterschiedlich (Einzelheiten s. Rdn. 334). Auch bei Unwirksamkeit stehen der Gläubigerin die Ausgleichsansprüche (s. Rdn. 358 ff.) zu (*BGH* ZInsO 2010, 136 [138] = EWiR 2010, 155; ZInsO 2012, 701 Rn. 10 = NZI 2012, 369, m. Anm. *Schädlich/Stapper* = EWiR 2012, 389 – Vorinstanz *OLG Braunschweig* ZInsO 2011, 1895).

349 Bei **Forderungen** kann dem vorläufigen Insolvenzverwalter zur Klarstellung die **Einziehungsbefugnis übertragen** werden (HambK-InsO/*Schröder* § 21 Rn. 69h), obgleich die Rechtsfolge nach der Gesetzesbegründung (BR-Drucks. 549/06, ZVI 2006, 413 [418]) im Hinblick auf das Insolvenzrisiko des Drittschuldners automatisch eintritt.

350 Eine – kurze – Begründung – empfiehlt sich, auch wenn der Beschluss für Gläubiger nicht anfechtbar ist.

VI. Bekanntgabe der Entscheidung

351 Der Beschluss wird dem vorläufigen Insolvenzverwalter übersandt, der ihn an die betroffenen Gläubiger weiterleitet. Eine Zustellung an die betroffenen Gläubiger und Drittschuldner (**a.A.** *Kübler/*

Prütting/Bork-Pape InsO, § 21 Rn. 40o; *Uhlenbruck/Vallender* InsO, § 21 Rn. 38d) oder öffentliche Bekanntmachung ist nicht erforderlich.

VII. Rechtsfolgen

1. Masse

Für die (vorläufige) Insolvenzmasse ergibt sich Folgendes: 352

a) Verwertungs- und Einziehungsverbot

Der Gläubiger kann bewegliche Gegenstände nicht herausverlangen/verwerten und Forderungen nicht einziehen. Ein Einziehungsverbot **berechtigt** den vorläufigen Insolvenzverwalter nach der Gesetzesbegründung (BR-Drucks. 549/06, ZVI 2006, 413 [418]) **zum aktiven Einzug der Forderung**, da andernfalls bei Insolvenz des Drittschuldners die Forderung nicht mehr realisiert werden könnte. 353

Kündigungsrechte des Gläubigers bleiben unberührt, ebenso Herausgabeansprüche im eröffneten Verfahren, wobei jedoch die §§ 103 ff. InsO zu beachten sind. 354

b) Nutzungsrecht

Bewegliche Gegenstände wie Maschinen können weiter genutzt werden. Weiterveräußerung und -verarbeitung, Verbrauch und Verwertung sollen nach der Gesetzesbegründung (BR-Drucks. 549/06 ZVI 2006, 413 [418]) von der Nutzungsbefugnis nicht umfasst sein, sondern sich nach allgemeinem Zivilrecht richten (HambK-InsO/*Schröder* § 21 Rn. 69d). Liegt keine Anordnung gem. § 21 Abs. 2 Nr. 5 InsO vor, erfolgt aber nach den dann geltenden vertraglichen bzw. zivilrechtlichen Regelungen (MüKo-InsO/*Haarmeyer* § 21 Rn. 99) in der Praxis Veräußerung und Verarbeitung (s. § 22 Rdn. 75 f.; *Ganter* NZI 2007, 549 [551]). Daher sind von einer Anordnung gem. § 21 Abs. 2 Nr. 5 InsO **auch Weiterveräußerung und -verarbeitung, Verbrauch und Verwertung** erfasst (*Kübler/Prütting/Bork-Pape* InsO, § 21 Rn. 40x; MüKo-InsO/*Haarmeyer* § 21 Rn. 99; *Ganter* NZI 2007, 549 [552]; a.A. HambK-InsO/*Schröder* § 21 Rn. 69d, der den vorläufigen Insolvenzverwalter auf eine Vereinbarung mit dem Sicherungsgläubiger verweist; *Kuder* ZIP 2007, 1690 [1694]; *Andres/Hees* NZI 2011, 881 [883] für Vorbehaltsware). Der vorläufige Insolvenzverwalter muss aber den Verkaufserlös separieren zur Vermeidung einer Haftung gem. § 60 InsO (*Andres/Hees* NZI 2011, 881 [884]) wie beim Forderungseinzug (s. Rdn. 356) abzüglich der Verwertungspauschale gem. § 170 Abs. 1 Satz 1 InsO (s. Rdn. 369). 355

c) Forderungseinzugsrecht

Kraft Gesetzes bzw. jedenfalls aufgrund gesonderter gerichtlicher Anordnung (s. Rdn. 349) steht dem vorläufigen Insolvenzverwalter die Einziehungsbefugnis für Forderungen zu. Eingezogene Beträge darf der vorläufige Verwalter **nicht** mit der (vorläufigen) Insolvenzmasse **vermischen oder verbrauchen** (*BGH* ZInsO 2010, 714 [717, 718]; BR-Drucks. 549/06 ZVI 2006, 413 [418]; *Kuder* ZIP 2007, 1690 [1695]; **a.A.** wohl *Ganter* NZI 2007, 549 [550]), falls er nicht eine entsprechende Vereinbarung mit dem Sicherungsgläubiger getroffen hat (HambK-InsO/*Schröder* § 21 Rn. 69j; *Kübler/Prütting/Bork-Pape* InsO, § 21 Rn. 40y; *Nerlich/Römermann-Mönning* InsO, § 21 Rn. 225 f.; s. auch *AG Hamburg* ZInsO 2011, 1158). Zur Verwertungsabrede s. § 22 Rdn. 52; Musterformulierungen bei *Strotmann/Tetzlaff* ZInsO 2011, 559 (560 f.). Was im Fall der vom BGH offen gelassenen (*BGH* ZInsO 2010, 714 Rn. 28) Fallkonstellation einer Globalzession gilt, wird diskutiert (HambK-InsO/*Schröder* § 24 Rn. 8; *Ganter* NZI 2010, 551; *Flöther/Wehner* NZI 2010, 554). 356

Der (vorläufige) Insolvenzverwalter muss in der Lage bleiben, absonderungsberechtigte Gläubiger gem. § 170 Abs. 1 Satz 2 InsO zu befriedigen (HambK-InsO/*Schröder* § 21 Rn. 69j). Der Betrag ist auf einem **Treuhandkonto** zu separieren (*BGH* ZInsO 2010, 714 Rn. 28; *AG Charlottenburg* ZInsO 2015, 1928; HambK-InsO/*Schröder* § 21 Rn. 69j) abzüglich der Verwertungspauschale 357 gem. § 170 Abs. 1 Satz 1 InsO (s. Rdn. 369). Bei verzögerter Auskehr sind gem. § 169 Satz 2, 3 InsO die geschuldeten Zinsen zu zahlen, allerdings erst drei Monate nach der gerichtlichen Anordnung (s. Rdn. 358; HambK-InsO/*Schröder* § 21 Rn. 69k). Bei späterer Masseunzulänglichkeit droht eine Haftung gem. § 60 InsO. Bedeutung hat die Maßnahme, um bei Unklarheiten über die Wirksamkeit der Abtretung nach Eröffnung Anfechtungsprozesse zu vermeiden (s. Rdn. 382; *Kübler/Prütting/Bork-Pape* InsO, § 21 Rn. 40b).

2. Ausgleichsansprüche des Gläubigers

a) § 169 Satz 2, 3 InsO

358 Durch den Verweis auf § 169 Satz 2 und 3 InsO folgt, dass ein Anspruch auf Zinszahlung besteht. Die Verpflichtung beginnt jedoch erst drei Monate nach der gerichtlichen Anordnung (*BGH* ZInsO 2010, 136 [138] = EWiR 2010, 155; ZInsO 2016, 2201 [2202]), was verfassungsgemäß ist (s. Rdn. 342). Da bei laufendem Geschäftsbetrieb auch wegen des Insolvenzgeldzeitraums (s. § 22 Rdn. 107) Eröffnungsverfahren selten über drei Monate dauern, ist die **praktische Bedeutung gering** (HambK-InsO/*Schröder* § 169 Rn. 7a). Ist allerdings ein »starker« vorläufiger Verwalter bestellt, muss er die vertraglich vereinbarte Gegenleistung bereits gem. § 55 Abs. 2 InsO erbringen ohne Einschränkung durch den Dreimonatszeitraum.

359 Zu **zahlen** sind bei:
– Absonderungsrechten (Pfandrechte, Sicherungseigentum, erweiterter und verlängerter Eigentumsvorbehalt) Zinsen gem. § 169 Satz 2 InsO, in erster Linie die mit dem Gläubiger vertraglich vereinbarte Zinsleistung (s. *Wegener* § 169 Rdn. 5), mindestens 4% (*BGH* ZInsO 2006, 433 [436]);
– Aussonderungsrechten (wie Eigentum des Vermieters und Leasinggebers sowie einfacher Eigentumsvorbehalt) bei Nutzungsverträgen das vereinbarte Nutzungsentgelt (a.A. *Heublein* ZIP 2009, 11 [13 ff.]: Verkehrswert der Gebrauchsvorteile) wie Miete oder Pacht (*Ganter* NZI 2007, 549 [555]), Kaufpreis- oder Leasingrate (einschränkend: *Ganter* NZI 2007, 549 [554]) und bei Austauschverträgen wie Kauf und Eigentumsvorbehaltsware die Kaufpreisforderung bis zur Höhe des Wertes. Bei Austauschverträgen soll die Forderung bis zur Höhe des Wertes des Aussonderungsgutes mit mindestens 4% zu verzinsen sein (HambK-InsO/*Schröder* § 169 Rn. 7a);
– Forderungen (zur Sicherheit vom Schuldner an den Gläubiger abgetreten), Zinsen, sofern gezogen, gem. § 55 Abs. 1 Nr. 3 InsO (*Ganter* NZI 2007, 549 [554]), bei Unterlassen des Einzugs die geschuldeten Zinsen (*Ganter* NZI 2007, 549 [552]).

360 Vorraussetzung ist gem. § 169 Satz 3 InsO, dass nach der Höhe der Forderung sowie dem Wert und der sonstigen Belastung des Gegenstandes nicht mit einer Befriedigung des Gläubigers aus dem Verwertungserlös zu rechnen ist. Diese **Einschränkung** gilt nur bei Absonderungsgegenständen, nicht aber bei Aussonderungsgegenständen, bei denen der Gläubiger nicht nur ein Anspruch auf Befriedigung aus dem Verwertungserlös zusteht, sondern die Herausgabe des Gegenstandes selbst (*Kübler/Prütting/Bork-Pape* InsO, § 21 Rn. 40t).

b) Verteilung des Erlöses

361 Gem. § 170 Abs. 1 Satz 2 InsO ist ein Verwertungserlös – nach Abzug der Beträge gem. § 170 Abs. 1 Satz 1 InsO (s. Rdn. 369) – zu verteilen. Bei vor dem 01.07.2007 liegenden Sachverhalten kann die Vorschrift analog angewandt werden (*BGH* ZInsO 2010, 714 [717 ff.] auch zu einem möglichen Schadensersatzanspruch gem. § 60 InsO).

c) Ausgleich Wertverlust

362 Beeinträchtigt der durch die Nutzung eintretende Wertverlust die Sicherung des absonderungsberechtigten Gläubigers, besteht ein Anspruch auf Ausgleich in Anlehnung an **§ 172 Abs. 1 InsO** (Einzelheiten s. *Wegener* § 172 InsO).

Auch für den **aus**sonderungsberechtigten Gläubiger besteht ein Anspruch (*BGH* ZInsO 2012, 701 Rn. 13 = NZI 2012, 369, m. Anm. *Schädlich/Stapper* = EWiR 2012, 389 – Vorinstanz *OLG Braunschweig* ZInsO 2011, 1895; HambK-InsO/*Schröder* § 21 Rn. 69e; vgl. auch *Kirchhof* ZInsO 2007, 227 [230 f.]; *Heublein* ZIP 2009, 11 [12]). Die Dreimonatsfrist des § 169 Satz 2 InsO gilt nicht. **Bedeutung** hat der Anspruch daher für diesen Zeitraum (HambK-InsO/*Schröder* § 21 Rn. 69e; *Heublein* ZIP 2009, 11 [12]). Für den nachfolgenden Zeitraum ist die praktische Bedeutung gering einzuschätzen. Eröffnungsverfahren dauern selten länger als drei Monate. Im Übrigen ist der Wertverlust durch die Nutzung im Nutzungsentgelt einkalkuliert (HambK-InsO/*Schröder* § 21 Rn. 69e; *Kübler/Prütting/Bork-Pape* InsO, § 21 Rn. 40w), ein Anspruch besteht nur bei ungewöhnlicher Abnutzung wie Beschädigung oder Zerstörung (*BGH* NZI 2016, 946 Rn. 8 m. Anm. *Mitlehner*; *Ganter* NZI 2007, 549 [554]; **a.A.** *Heublein* ZIP 2009, 11 [12]). 363

Bei der **Berechnung** des Wertersatzanspruches ist danach zu **differenzieren**, ob eine Nutzungsausfallentschädigung zu zahlen ist (*BGH* ZInsO 2012, 701 Rn. 21 = NZI 2012, 369 m. Anm. *Schädlich/Stapper* = EWiR 2012, 389 – Vorinstanz *OLG Braunschweig* ZInsO 2011, 1895). Eine Nutzungsausfallentschädigung deckt die vertragsgemäße Abnutzung ab. Dem Wertersatzanspruch kommt Bedeutung nur zu, wenn der Gegenstand über die vertragliche Abrede hinaus genutzt oder beschädigt wird und dadurch an Wert verliert. 364

Besteht **kein Anspruch auf Nutzungsausfallentschädigung** (wie in den ersten drei Monaten nach der gerichtlichen Anordnung), ist der Anspruch auf das vereinbarte Entgelt nur Insolvenzforderung (*Bork* NZI 2012, 590 [591]). Allerdings kann der Lessinggeber auf vom Leasingnehmer bestellte Sicherheiten zugreifen. In diesem Fall kommt aber eine Anfechtbarkeit gem. § 130 InsO in Betracht, falls nicht ein Bargeschäft i.S.d § 142 InsO vorliegt (*Bork* NZI 2012, 590 [593 ff.]). Weitergehend kann das Insolvenzgericht aber auch den Einzug der sicherungszedierten Forderung untersagen und dem vorläufigen Verwalter die Berechtigung zuweisen (Rdn. 349, 353, 356); dies verbessert dessen Position im eröffneten Verfahren. 365

Eine **Wertminderung** muss der Eigentümer nicht entschädigungslos hinnehmen. Eine ersatzfähige Wertminderung ist dann bereits mit der üblichen vertragsmäßigen Nutzung verbunden, ebenso bei übermäßiger von der vertraglichen Abrede nicht gedeckter Nutzung. In allen Fällen bemisst sich der Wertersatzanspruch nach der Differenz des Wertes bei Beginn und Ende der Nutzung (*BGH* ZInsO 2012, 701 Rn. 23). Ein üblicher Wertverlust kann gem. § 287 ZPO auf der Basis der linearen Absetzung für Abnutzung – »Afa« – berechnet werden (*LG Erfurt* ZIP 2013, 281 [283 f.]; *Christoph/Doghonadze* NZI 2016, 809 [811 f.]) oder durch Ermittlung des Wertverlustes pro gefahrenen Kilometer unter Berücksichtigung des Kaufpreises zu Beginn und Ende der Nutzungsdauer (*BGH* NZI 2016, 946 Rn. 13 m. Anm. *Mitlehner*). 366

Der vorläufige Verwalter ist verpflichtet, den Zustand der Sache vor Nutzungsbeginn zu dokumentieren. Unterbleibt dies, kommt dem Eigentümer im Streitfall eine Beweiserleichterung zu (*BGH* ZInsO 2012, 1421 = EWiR 2012, 601; NZI 2016, 946 Rn. 8 m. Anm. *Mitlehner*). 367

d) Rang als Masseforderung

Die Ausgleichsansprüche haben den Rang einer **Masseforderung** i.S.d. § 55 InsO, anders als Ansprüche wegen verspäteter Rückgabe (*BGH* ZInsO 2012, 1421 = EWiR 2012, 601). Dies gilt **auch** bei »schwacher« vorläufiger Insolvenzverwaltung (*BGH* ZInsO 2012, 701 Rn. 24 – Vorinstanz *OLG Braunschweig* ZInsO 2011, 1895; *KG* ZInsO 2009, 35 [36]; HambK-InsO/*Schröder* § 21 Rn. 69e; *Kübler/Prütting/Bork-Pape* InsO, § 21 Rn. 40s und 40v; MüKo-InsO/*Haarmeyer* § 21 Rn. 101; *Heublein* ZIP 2009, 11 [12]; **a.A.** noch *BGH* ZInsO 2010, 136 Rn. 46 = EWiR 2010, 155, der eine Einzelermächtigung zur Eingehung von Masseverbindlichkeiten fordert; *Marotzke* ZInsO 2008, 1108 [1109]). Zwar werden dort grundsätzlich nur Insolvenzforderungen begründet (s. Rdn. 76 a.E.). Die Anordnung gem. § 21 Abs. 2 Nr. 5 InsO ähnelt einer Einzelermächtigung des »schwachen« vorläufigen Insolvenzverwalters, die ebenfalls zu Masseforderungen führen (vgl. § 22 Rdn. 115). Bei einem »starken« vorläufigen Insolvenzverwalter oder einem »schwachen« vorläu- 368 figen Insolvenzverwalter mit Einzelermächtigung (s. § 22 Rdn. 115) sollen unabhängig von den zeitlichen Einschränkungen (s. Rdn. 342) Masseforderungen gem. § 55 Abs. 2 InsO begründet werden können (*LG Berlin* ZInsO 2008, 629; *Büchler* ZInsO 2008, 719 [721]; *Nerlich/Römermann-Mönning* InsO, § 21 Rn. 217).

3. Anspruch des vorläufigen Insolvenzverwalters auf Kostenbeitrag

369 Der vorläufige Insolvenzverwalter erhält den Anspruch auf die Kostenbeiträge gem. §§ 170, 171 InsO, die sonst erst bei einer Einziehung bzw. Verwertung nach Eröffnung des Insolvenzverfahrens anfallen. Auch bei **Verwertung von Umlaufvermögen** entsteht der Anspruch (a.A. *Ganter* NZI 2007, 549 [552]; *Andres/Hees* NZI 2011, 881 [885]), eine Einschränkung lässt sich dem Gesetz nicht entnehmen. Kommt es nicht zur Verfahrenseröffnung, besteht die Gefahr, dass der Gläubiger mit seinen Sicherungsrechten ausfällt. Dem vorläufigen Verwalter ist zu raten, Forderungseingänge auf einem gesonderten Konto zu separieren und bei Veräußerung von Gegenständen die Begleichung jedenfalls aus dem laufenden Geschäftsbetrieb sicherzustellen. Kommen Ausgleich des Wertverlustes und Zinszahlungen in Betracht, sollte er Rückstellungen bilden (*Schmerbach* InsbürO 2007, 202 [207]).

4. Verstöße

370 Bei Verstößen gilt Folgendes:

a) Gegenstände

371 Gegenstände wird der vorläufige Verwalter nicht herausgeben. Bei Besitzverschaffung läge verbotene Eigenmacht vor (*Kuder* ZIP 2007, 1690 [1693]).

b) Forderungseinzug

372 Bei **Einzug des Sicherungszessionars** hat der vorläufige Verwalter zwei Möglichkeiten. Er kann die Einziehung **genehmigen**. Die Feststellungspauschale steht ihm zu, die Verwertungspauschale nicht (**str.**, s. *Ganter* NZI 2007, 549 [552] m.w.N.). Stattdessen kann er den Drittschuldner auf **erneute Zahlung** in Anspruch nehmen und so in jedem Fall auch die Verwertungspauschale erhalten. Bei Unkenntnis ist der Drittschuldner befreit gem. §§ 24 Abs. 1, 82 InsO (s. § 24 Rdn. 26). In diesem Fall besteht nur der Anspruch auf die Feststellungspauschale (HambK-InsO/*Schröder* § 21 Rn. 69i; *Ganter* NZI 2007, 549 [552]).

VIII. Rechtsmittel

373 Dem **Schuldner** ist in § 21 Abs. 1 Satz 2 InsO ein Beschwerderecht eingeräumt, das aber mangels Beschwer (vgl. § 6 Rdn. 14 ff.) ausscheidet (*Kübler/Prütting/Bork-Pape* InsO, § 21 Rn. 40l). Dagegen sind weder bei Ablehnung des Antrags der vorläufige Insolvenzverwalter noch bei einer Anordnung gem. § 21 Abs. 2 Nr. 5 InsO betroffene **Gläubiger** beschwerdeberechtigt (HambK-InsO/*Schröder* § 21 Rn. 69b; krit. *Kirchhof* ZInsO 2007, 227 [231]). Bei einstweiligem Rechtsschutz vor Zivilgerichten ist die Rechtfertigungswirkung einer Anordnung gem. § 21 Abs. 2 Nr. 5 InsO zu berücksichtigen (*Andres/Hees* NZI 2011, 881 [886]). Bei Pauschalbezeichnungen kann ein Beschluss wegen Verstoßes gegen den Bestimmtheitsgrundsatz unwirksam sein kann (s. Rdn. 348). Anspruchsgegner ist regelmäßig zumindest der vorläufige Verwalter (*Andres/Hees* NZI 2011, 881 [886]).

IX. Aufhebung der Anordnung

374 Sicherungsmaßnahmen sind aufzuheben, wenn ihre Aufrechterhaltung nicht mehr erforderlich ist (s. § 25 Rdn. 6). Wird der betroffene Gegenstand für eine Betriebsfortführung nicht mehr benötigt oder die Betriebsfortführung eingestellt, ist die Anordnung gem. § 21 Abs. 2 Nr. 5 InsO aufzuheben (*Kübler/Prütting/Bork-Pape* InsO, § 21 Rn. 40p). Der vorläufige Verwalter hat die eingegangenen

Beträge analog § 25 Abs. 2 InsO an die Sicherungsgläubiger herauszugeben, im Prätendentenstreit kann er gem. § 372 BGB hinterlegen (HambK-InsO/*Schröder* § 21 Rn. 69l).

X. Praktische Erfahrungen

Sicherungsmaßnahmen gem. § 21 Abs. 2 Nr. 5 InsO wurden anfangs selten angeordnet. Seit der Änderung (zum 01.07.2012) sind von der Abt. 74 des AG Göttingen (zuständig für ca. 270.000 Einwohner) insgesamt 66 Anordnungen (Stichtag 28.02.2017) ergangen:
– Aus-/Absonderungsverbot/Nutzungsrecht: 16 Anordnungen,
– Verbot Forderungseinzug/Ermächtigung vorläufiger Verwalter: 10 Anordnungen.

Nachrichtlich:
– Ermächtigung Eingehung Masseverbindlichkeiten: 28 Anordnungen,
– Ermächtigung Aufnahme Massekredit: 8 Anordnungen.
– Ermächtigung Kündigung Arbeitsverhältnisse: 1 Anordnung.
– Ermächtigung Fortführung Factoringvertrag: 1 Anordnung.
– Ermächtigung Abschluss Factoringvertrag: 1 Anordnung.
– Ermächtigung Zahlung Nettoentgelt an Arbeitnehmer: 1 Anordnung.

J. Weitere Sicherungsmaßnahmen (§ 21 Abs. 1 InsO)

Durch die Erwähnung des Wortes »**insbesondere**« in Abs. 2 ist klargestellt, dass noch weitere Sicherungsmaßnahmen in Betracht kommen (BT-Drucks. 12/2443 S. 115). Die Vorschrift ist auch im Eigenverwaltungsverfahren/Schutzschirmverfahren anwendbar gem. § 270b Abs. 2 Satz 3 InsO. Nach Abs. 1 ist das Insolvenzgericht verpflichtet, alle erforderlich erscheinenden Maßnahmen zu treffen, um bis zur Entscheidung über den Antrag eine den Gläubigern nachteilige Veränderung der Vermögenslage des Schuldners zu verhüten. Beispielhaft kommen in Betracht:

I. Besonderes Verfügungsverbot und besonderer Zustimmungsvorbehalt

Statt einem allgemeinen Verfügungsverbot oder allgemeinen Zustimmungsvorbehalt (§ 21 Abs. 2 Nr. 2 InsO) kommt auch in Betracht, dem Schuldner die **Herausgabe bestimmter beweglicher Sachen**, die beispielsweise Gegenstand von Absonderungsrechten sind, an die gesicherten Gläubiger **zu verbieten** (vgl. *OLG Naumburg* ZInsO 2009, 1538), dem Schuldner die Verfügung über seine Konten zu untersagen (*AG Göttingen* Beschl. v. 29.07.2014 – 74 IN 149714) oder nur bestimmte, besonders wichtige Verfügungen des Schuldners an die Zustimmung eines vorläufigen Insolvenzverwalters zu binden (BT-Drucks. 12/2443 S. 116; BK-InsO/*Beth/Blersch* § 21 Rn. 16; MüKo-InsO/*Haarmeyer* § 21 Rn. 59; *Nerlich/Römermann-Mönning* InsO, § 21 Rn. 163 ff.; *Uhlenbruck/Vallender* InsO, § 21 Rn. 23; *Gerhardt* ZZP 109 [1996], 415 [423]). Die Rechtsprechung hat dies bejaht für den Abschluss von Kredit- und Sicherungsverträgen (*AG Hof* ZInsO 2002, 383).

Weiterer Fall ist die Einsetzung eines »**isolierten**« **vorläufigen Insolvenzverwalters** ohne Verfügungsverbot bzw. -beschränkung gem. § 21 Abs. 2 Nr. 2 InsO kombiniert mit besonderen Verfügungsbeschränkungen (s. Rdn. 83). Der Schutz vor unberechtigten Veräußerungen des Schuldners ist jedoch gering (s. Rdn. 9, 36). Da es sich nicht um ein absolutes, sondern relatives Verfügungsverbot handelt (str.; s. § 24 Rdn. 27), kommt zudem ein gutgläubiger Erwerb nach Maßgabe des § 135 Abs. 2 BGB in Betracht (*Gerhardt* ZZP 109 [1996], 415 [423]). Derartige Maßnahmen sind kaum praktikabel und bergen ein hohes Risikopotential (*LG Berlin* ZInsO 2002, 837 [838]). Sie ergehen daher nur in Ausnahmefällen (MüKo-InsO/*Haarmeyer* InsO, § 21 Rn. 65).

Anders verhält es sich bei **Grundstücken**. Die Anordnung eines besonderen Verfügungsverbotes gem. § 21 Abs. 1 InsO wird in das Grundbuch eingetragen und hindert so eine (gutgläubige) Veräußerung/Belastung des Grundstückes (s. § 23 Rdn. 37). In Betracht kommt sie, wenn ansonsten die Bestellung eines Sachverständigen genügt (s. Rdn. 36), insbesondere, wenn kein laufender Geschäftsbetrieb vorhanden ist. Für den Fall der Veräußerung kann eine Massebeteiligung (vgl. § 22 Rdn. 52, 76) vereinbart werden.

II. Kontensperre

380 Denkbar ist auch die Verhängung einer Kontensperre (HambK-InsO/*Schröder* § 21 Rn. 69m; *Jaeger/Gerhardt* InsO, § 21 Rn. 8; MüKo-InsO/*Haarmeyer* § 21 Rn. 89; *Uhlenbruck/Vallender* InsO, § 21 Rn. 10). **Kombiniert** ist die Kontensperre **mit der Übertragung der Kassenführung** auf den vorläufigen Insolvenzverwalter (s. Muster-Beschluss Rdn. 78). Eine Kontensperre kann **auch gegen mitbeteiligte Dritte** angeordnet werden (*AG München* ZIP 2003, 1995 und ZVI 2007, 22). Dadurch soll der Einzelzugriff, auch eines Kreditinstitutes, durch Aufrechnung oder Verrechnung gegen ein Guthaben des Schuldners verhindert werden, die bei der bloßen Anordnung eines Verfügungsverbotes möglich bleiben (str., s. § 24 Rdn. 15). Die einstweilige Einstellung der Zwangsvollstreckung in das bewegliche Vermögen gem. § 21 Abs. 2 Nr. 3 InsO bewirkt kein Aufrechnungsverbot (s. Rdn. 97). Da zwischen Aufrechnung und Verrechnung kein Unterschied besteht, ist auch eine Verrechnung nicht ausgeschlossen (*BGH* ZIP 1999, 665 [666]).

381 Den Kreditinstituten kann ausdrücklich durch Einzelbeschluss jede Verrechnung oder Verfügung zum Nachteil der Vermögensmasse des Schuldners vorläufig untersagt werden. Diese Möglichkeit hat **Bedeutung**, da durch Anordnung von Sicherungsmaßnahmen Kreditinstitute nicht gehindert sind, Zahlungseingänge mit einem Debet-Saldo zu verrechnen, es vielmehr erst der Kündigung des Girovertrages durch den vorläufigen Insolvenzverwalter bedarf (s. § 24 Rdn. 15). Der Beschluss (Muster s. Rdn. 78) wird dem vorläufigen Insolvenzverwalter gefaxt, der seinerseits die Kreditinstitute informiert (s. Rdn. 54).

III. Hinterlegungsaufforderung an Drittschuldner

382 Die Anordnung (Einzelheiten s. 8. Aufl. Rn. 332) hat für die ab dem 01.07.2007 eröffneten Verfahren an **Bedeutung verloren** durch die **Regelung in § 21 Abs. 2 Nr. 5 InsO** (s. Rdn. 349, 356).

IV. Einziehungsermächtigung für sicherheitshalber abgetretene Forderungen

383 Die Anordnung (Einzelheiten s. 8. Aufl. Rn. 333 ff.) hat für die ab dem 01.07.2007 eröffneten Verfahren **an Bedeutung verloren durch** die Regelung in § 21 Abs. 2 Nr. 5 InsO (s. Rdn. 349, 356). Die Praxis bevorzugt weiterhin einen einvernehmlichen Forderungseinzug mit Verwertungsabrede. Die Vorschrift des § 21 Abs. 2 Nr. 5 InsO liefert für den vorläufigen Insolvenzverwalter eine Argumentationshilfe.

V. Sonstige Maßnahmen

1. Siegelung

384 Möglich ist eine **Siegelung** der Geschäftsräume oder einzelner Gegenstände des Schuldners, wenn dies zur Sicherung und Feststellung des Schuldnervermögens erforderlich ist (HK-InsO/*Rüntz* § 21 Rn. 25). Der vorläufige Insolvenzverwalter kann dies auch aus eigener Verwaltungskompetenz anordnen, einer Anordnung des Insolvenzgerichts bedarf es nicht (*LG Baden-Baden* ZIP 1983, 345 f.; **a.A.** für den »schwachen« vorläufigen Insolvenzverwalter A/G/R-*Sander* § 21 InsO Rn. 57).

2. Durchsuchung

385 Weiter kommt die **Durchsuchung** von Wohn- und Geschäftsräumen und Beschlagnahme von Geschäftsunterlagen in Betracht (*LG Duisburg* ZIP 1991, 674 f. = EWiR 1991, 601; HK-InsO/*Rüntz* § 21 Rn. 25; MüKo-InsO/*Schmahl/Vuia* § 16 Rn. 61; s. i.E. § 20 Rdn. 35 ff.). Diese Maßnahmen können auch Dritten gegenüber angeordnet werden (str., s. § 20 Rdn. 36). Streitig ist, ob die Anordnungen auch ergehen können, wenn kein vorläufiger Insolvenzverwalter, sondern nur ein Sachverständiger (s. § 22 Rdn. 161) bestellt ist (bejahend *AG Göttingen* EzInsR, InsO § 21 Nr. 9; *AG Duisburg* NZI 2004, 388; **a.A.** *BGH* ZInsO 2004, 550 [551 f.] m. zust. Anm. *Biner Bähr* EWiR 2004, 499; HambK-InsO/*Schröder* § 21 Rn. 69m).

3. Schließung Büro- und Betriebsräume

Büro- und Betriebsräume des Schuldners können **geschlossen** werden (HK-InsO/*Rüntz* § 21 Rn. 25; HambK-InsO/*Schröder* § 21 Rn. 69m), dem Schuldner kann verboten werden, die Geschäftsräume zu betreten (*BGH* ZInsO 2007, 267 [268]; *AG Göttingen* Beschl. v. 12.12.1994 – 71 N 90/94; *AG Hof* ZInsO 2002, 383; MüKo-InsO/*Haarmeyer* § 21 Rn. 92). 386

4. Residenzpflicht

Weiter ist denkbar, dem Schuldner den **Reisepass** zu **entziehen** oder ein **Ausreiseverbot** in den **Bundespersonalausweis** einzutragen (*AG München* ZIP 2013, 2074; *Uhlenbruck/Vallender* InsO, § 21 Rn. 10; **a.A.** MüKo-InsO/*Haarmeyer* § 21 Rn. 93). 387

Die **Residenzpflicht** des Schuldners folgt aus der sog. Bereitschaftspflicht gem. §§ 20, 22 Abs. 3 i.V.m. § 97 Abs. 3 InsO (*Kübler/Prütting/Bork-Pape* InsO, § 20 Rn. 6, 11). Der Schuldner bzw. organschaftliche Vertreter (§ 101 Abs. 1 Satz 1 InsO) muss jederzeit erreichbar sein (MüKo-InsO/*Haarmeyer* § 21 Rn. 93; *Nerlich/Römermann-Mönning* InsO, § 20 Rn. 39) und auf Aufforderung des Gerichts sich zu bestimmten Zeiten an bestimmten Orten einfinden und bereithalten (*LG Göttingen* ZIP 2000, 2174 [2175]). Der Schuldner ist verpflichtet, Aufenthaltswechsel mitzuteilen und seine postalische und telefonische Erreichbarkeit sicherzustellen (*Kübler/Prütting/Bork-Pape* InsO, § 20 Rn. 11). Die Verpflichtung besteht auch für die in § 101 Abs. 1 Satz 2 InsO aufgeführten früheren Organe (s. § 20 Rdn. 11; **a.A.** *Kübler/Prütting/Bork-Pape* InsO, § 20 Rn. 39). Kommt der Schuldner/Vertreter seinen Mitwirkungspflichten nicht nach, erscheint zu Terminen mit dem vorläufigen Verwalter oder bei Gericht nicht, so wird wegen dieser Unzuverlässigkeit die Anordnung der Residenzpflicht mit dem Inhalt in Betracht kommen, dass der Schuldner/Vertreter sich nur mit Erlaubnis des Gerichtes vom Wohnort entfernen darf (**a.A.** wohl *Nerlich/Römermann-Mönning* InsO, § 21 Rn. 184). Bei Verstößen des Schuldners ist zu überlegen, ob die Anordnung von Haft erforderlich ist (s. § 20 Rdn. 27). 388

VI. Zeitlich begrenzte Nachrichtensperre

Die – unkommentierte – Bekanntgabe der Einleitung eines Insolvenzverfahrens kann die Fortführungsmöglichkeiten erschweren oder vereiteln. Sinnvoll ist es, dass sich der vorläufige Insolvenzverwalter nach Besprechung mit der Geschäftsführung an die Presse wendet. Die Landespressegesetze räumen allerdings in § 4 der Presse einen auch telefonisch so rasch wie möglich zu beantwortenden Auskunftsanspruch ein. Ob ein Auskunftsverweigerungsrecht gem. § 4 Abs. 2 Nr. 1 Landespressegesetz wegen Erschwerung oder Gefährdung der sachgemäßen Durchführung eines schwebenden Verfahrens besteht, ist zweifelhaft. Zuständig für die Auskunftserteilung ist der Behördenleiter, also der Präsident des AG/LG. § 21 Abs. 1 InsO verpflichtet das Insolvenzgericht, alle erforderlichen Maßnahmen zu treffen, um eine nachteilige Veränderung der Vermögenslage des Schuldners zu verhüten. Unter Berücksichtigung der verfassungsmäßig geschützten Eigentumsrechte der Gläubiger und auch des Schuldners aus Art. 14 GG wird die Pressefreiheit gem. Art. 5 Abs. 2 GG durch § 21 Abs. 1 InsO eingeschränkt, wobei das Zitiergebot des Art. 19 Abs. 1 GG nicht gilt. Eine **Nachrichtensperre** in Form einer Auskunftsverweigerung ist **unter zeitlicher Begrenzung zulässig**. Die Maßnahme ergeht aufgrund des **§ 21 Abs. 1 InsO** durch das Insolvenzgericht. 389

Zur Öffentlichkeitsarbeit des (vorläufigen) Insolvenzverwalters s. § 22 Rdn. 78. Die notwendige Öffentlichkeitsarbeit des Insolvenzgerichts (*Schmittmann* ZInsO 2010, 2044) sollte mit dem (vorläufigen) Insolvenzverwalter abgestimmt und in geeigneten Fällen gerade im Eröffnungsverfahren ihm überlassen werden (s. § 22 Rdn. 78). 390

K. Privilegierung von Finanzsicherheiten (§ 21 Abs. 2 Satz 2 InsO)

§ 21 Abs. 2 Satz 2 InsO ist eingefügt worden durch Gesetz vom 05.04.2004 und gilt gem. Art. 103b EGInsO für alle ab dem 09.04.2004 eröffneten Verfahren. Umgesetzt wird die Richtlinie des Europäischen Parlamentes und des Rates vom 06.06.2002 über Finanzsicherheiten (ABlEG Nr. L 168 391

S. 43). Geändert wurden weiterhin u.a. die §§ 96, 104, 130, 166 InsO (*Kübler/Prütting/Bork-Pape* InsO, § 21 Rn. 7a). Der Wortlaut wurde (ebenso §§ 96 Abs. 2, 116, 147 InsO) mit Wirkung zum 31.10.2009 geändert durch Art. 8 Abs. 7 des Gesetzes zur Umsetzung der VerbraucherKreditRL u.a. vom 29.07.2009 (BGBl. I S. 2355). Satz 3 wurde eingefügt durch das Gesetz zur Umsetzung der geänderten Bankenrichtlinie und der geänderten Kapitaladäquanzrichtlinie vom 19.11.2010 (BGBl. I 2010, S. 1592). Mit der Änderung soll sichergestellt werden, dass eine **Finanzsicherheit nicht** durch die Verfahrenseröffnung und auch nicht durch die Anordnung von Sicherungsmaßnahmen im Eröffnungsverfahren **beeinträchtigt wird**.

392 Unter die in § 1 **Abs. 17 KWG** aufgeführten Finanzsicherheiten fallen sicherungshalber bereitgestellte Wertpapiere und Kontoguthaben. Die Anordnung von Sicherungsmaßnahmen berührt nicht die Wirksamkeit von Verfügungen und Verrechnungen von Ansprüchen und Leistungen aus Überweisungs-, Zahlungs- oder Übertragungsverträgen, die in ein System nach § 1 **Abs. 16 KWG** eingebracht wurden. Der Gesetzgeber hat damit die Wirkungen nicht nur auf den Interbankenverkehr beschränkt, sondern auch solche Finanzsicherheiten einbezogen, an denen als Sicherungsnehmer/-geber auf mindestens einer Seite andere als natürliche Personen sowie Einzelkaufleute und Personengesellschaften beteiligt sind (*Kübler/Prütting/Bork-Pape* InsO, § 21 Rn. 45a). Durch Satz 3 sollen Zweifel über die Wirksamkeit eines nach Anordnung einer Sicherungsmaßnahme in ein Finanzsystem eingebrachten Auftrages oder einer nach dieser Maßnahme bestellten Finanzsicherheit beseitigt werden. Dabei ist maßgeblich für den Tag der Anordnung der Systemgeschäftstag i.S.d. § 1 Abs. 16b KWG (A/G/R-*Sander* § 21 InsO Rn. 63).

393 Zu den **Einzelheiten** s. *Kübler/Prütting/Bork-Pape* InsO, § 21 Rn. 45b ff.; MüKo-InsO/*Haarmeyer* § 21 Rn. 104 f.; *Wimmer* ZInsO 2004, 1 ff.

394 Die **praktischen Auswirkungen** ergeben sich in der Verwertung, die weiterhin dem Sicherungsnehmer und nicht nach Verfahrenseröffnung dem Insolvenzverwalter zusteht (*Wimmer* ZInsO 2004, 1 [3]). Im Eröffnungsverfahren, in dem kein Verwertungsrecht des vorläufigen Insolvenzverwalters besteht, dürfte die Bedeutung der Vorschrift gering sein. Bei der Berechnung der freien Masse zur Deckung der Verfahrenskosten ist zu berücksichtigen, dass der Kostenbeitrag gem. § 171 InsO (s. § 26 Rdn. 19) nicht anfällt.

L. Vorführung und Haft (§ 21 Abs. 3)

395 Reichen die oben angeführten Maßnahmen nicht aus, kann das Gericht den Schuldner bzw. seine organschaftlichen Vertreter (§ 101 Abs. 1 Satz 1 InsO) vorführen und erforderlichenfalls nach Anhörung in Haft nehmen lassen. Dies gilt auch für den faktischen Vertreter bzw. Geschäftsführer (s. § 20 Rdn. 19). Während es sich bei einer Haft nach § 20 InsO um eine Beugehaft handelt mit dem Ziel, die Auskunfts- oder Mitwirkungspflichten des Schuldners durchzusetzen, handelt es sich bei § 21 InsO um eine **Sicherungshaft**, um eine nachteilige Veränderung des Vermögens des Schuldners zu verhindern. Meistens wird sie auf Anregung des vorläufigen Insolvenzverwalters angeordnet. Die Haft nach § 22 Abs. 3 Satz 3 i.V.m. § 97 InsO dient der Durchsetzung der Pflicht des Schuldners, mit dem vorläufigen Insolvenzverwalter zusammenzuarbeiten. Anders als bei den Haftanordnungen gem. § 20 Abs. 1 Satz 2, 22 Abs. 3 Satz 3 InsO sind ehemalige organschaftliche Vertreter gem. § 101 Abs. 1 Satz 2 InsO sowie Angestellte und frühere Angestellte gem. § 101 Abs. 2 InsO von der Sicherungshaft nicht umfasst. Zur Verfahrensweise, Dauer und Aussetzung des Haftbefehles s. § 20 Rdn. 27 ff., zu den Kosten und Rechtsbehelfen s. § 20 Rdn. 46 ff.

M. Internationales Insolvenzrecht

396 Gem. § 21 InsO angeordnete Sicherungsmaßnahmen sind nach Art. 25 Abs. 1 EuInsVO 31.05.2002/Art. 32 EuInsVO 26.06.2017 in den Mitgliedstaaten anzuerkennen. Nach Art. 38 EuInsVO 31.05.2002/Art. 52 EuInsVO 26.06.2017 kann der vorläufige Verwalter in den **Mitgliedstaaten** die dort vorgesehenen Sicherungsmaßnahmen beantragen. Die Vollstreckung erfolgt gem. Art. 16, 25 Abs. 1 EuInsVO 31.05.2002/Art. 19, 32 EuInsVO 26.06.2017. In **Nichtmit-**

gliedsstaaten gelten die dortigen Insolvenzgesetze. In Deutschland erlassene Sicherungsmaßnahmen bedürfen der Anerkennung. In Deutschland gelten die §§ 343 Abs. 2, 344 InsO. Zur Zuständigkeit allgemein s. § 3 Rdn. 55 ff., zur funktionellen Zuständigkeit s. § 2 Rdn. 59, zu im Ausland belegenen Vermögen s. § 22 Rdn. 198.

Umstritten ist, ob die **Bestellung eines vorläufigen Insolvenzverwalters** eine Entscheidung i.S.d. 397 Art 16 Abs. 1 EuInsVO 31.05.2002/Art. 19 EuInsVO 26.06.2017 darstellt und damit die **Eröffnung eines Hauptinsolvenzverfahrens in einem anderen Mitgliedsstaat gem. Art. 3 Abs. 3 EuInsVO ausschließt** (bejahend für den »starken« vorläufigen Insolvenzverwalter *OLG Innsbruck* NZI 2008, 700 m. Anm. *Mankowski* = EWiR 2008, 653; *AG Köln* NZI 2009, 133 [135]; HambK-InsO/*Schröder* § 21 Rn. 92 m.w.N.; für den »schwachen« vorläufigen Insolvenzverwalter *LG Patra* ZIP 2007, 1875 = EWiR 2007, 563; *Reinhart* NZI 2009, 73 [74 f.]; *Dammann/Müller* NZI 2011, 752; **a.A.** für den »schwachen« vorläufigen Insolvenzverwalter *Cour d'apell Colmar* ZIP 2010, 1460 LS, m. Anm. *Mankowski* EWiR 2010, 453).

Problematisch ist auch **die Möglichkeit der Kenntnisnahme in den anderen Mitgliedsstaaten**. Die 398 Erkenntnismöglichkeiten sind bei Bekanntmachung nur in der Landessprache eingeschränkt (vgl. *AG Hamburg* ZInsO 2009, 539 [540] = EWiR 2009, 441). Ein vorläufiger Verwalter ist in den Mitgliedsstaaten gem. Art. 38 EUInsVO 31.05.2002/Art. 52 EuInsVO 26.06.2017 berechtigt, entsprechende Bekanntmachungen zu beantragen. In Nichtmitgliedsstaaten gelten die dortigen Insolvenzgesetze. Zur öffentlichen Bekanntmachung in diesen Fällen s. § 9 Rdn. 47. Bei grenzüberschreitenden Insolvenzverfahren können auch Rundschreiben an sämtliche ausländischen, zur eventuellen Eröffnung eines (Sekundär)Insolvenzverfahrens zuständigen Gerichte versandt werden. Steht fest, dass mehrere Insolvenzverfahren anhängig sind, kommt eine direkte Kontaktaufnahme zwischen den Gerichten in Betracht.

Ein im europäischen Ausland eröffneten Insolvenzverfahren schließt Zwangsvollstreckungsmaßnah- 399 men in Deutschland aus (*AG Aurich* Beschl. v. 28.12.2012 – 10 M 1217/12, BeckRS 2013, 06425).

N. Reformtendenzen

Der Entwurf eines Gesetzes zur Erleichterung der Bewältigung von Konzerninsolvenzen v. 400 30.01.2014 sieht in § 21 Abs. 2 Satz 1 Nr. 1 die entsprechende Geltung der neu zu schaffenden §§ 56b (Bestellung Verwalter bei Schuldnern derselben Unternehmensgruppe) und § 269a (Zusammenarbeit der Insolvenzverwalter) vor (ZInsO 2014, 286 [288]).

Im Jahr 2013 hat eine Debatte begonnen mit dem Ziel, die InsVV insbesondere im Hinblick auf die 401 Vielzahl der unübersichtlichen Zuschlagstatbestände **grundlegend zu reformieren** (*Blersch* Indat-Report 06/2013, 24; Entschließung des Zweiten Deutschen Gläubigerkongresses v. 05.06.2013 zur notwendigen Fortentwicklung des Insolvenzrechts, ZInsO 2013, 1183; *Haarmeyer* ZInsO 2013, 2255, *ders.* InsbürO 2014, 106; *Holzer* NZI 2013, 1049; *Stapper/Häußner* ZInsO 2014, 2349). Weiter wird eine erfolgs- und nicht tätigkeitsbezogene Vergütung und ein größeres Mitspracherecht der Gläubigerversammlung gefordert (*Haarmeyer* ZInsO Newsletter 3/2013, 10). Über erste Entwürfe von Wissenschaft und Praxis (s. Vor §§ 1 ff. Rdn. 97) ist das Vorhaben nicht hinausgekommen.

§ 22 Rechtsstellung des vorläufigen Insolvenzverwalters

(1) ¹Wird ein vorläufiger Insolvenzverwalter bestellt und dem Schuldner ein allgemeines Verfügungsverbot auferlegt, so geht die Verwaltungs- und Verfügungsbefugnis über das Vermögen des Schuldners auf den vorläufigen Insolvenzverwalter über. ²In diesem Fall hat der vorläufige Insolvenzverwalter:
1. das Vermögen des Schuldners zu sichern und zu erhalten;
2. ein Unternehmen, das der Schuldner betreibt, bis zur Entscheidung über die Eröffnung des Insolvenzverfahrens fortzuführen, soweit nicht das Insolvenzgericht einer Stilllegung zustimmt, um eine erhebliche Verminderung des Vermögens zu vermeiden;

3. zu prüfen, ob das Vermögen des Schuldners die Kosten des Verfahrens decken wird; das Gericht kann ihn zusätzlich beauftragen, als Sachverständiger zu prüfen, ob ein Eröffnungsgrund vorliegt und welche Aussichten für eine Fortführung des Unternehmens des Schuldners bestehen.

(2) ¹Wird ein vorläufiger Insolvenzverwalter bestellt, ohne dass dem Schuldner ein allgemeines Verfügungsverbot auferlegt wird, so bestimmt das Gericht die Pflichten des vorläufigen Insolvenzverwalters. ²Sie dürfen nicht über die Pflichten nach Absatz 1 Satz 2 hinausgehen.

(3) ¹Der vorläufige Insolvenzverwalter ist berechtigt, die Geschäftsräume des Schuldners zu betreten und dort Nachforschungen anzustellen. ²Der Schuldner hat dem vorläufigen Insolvenzverwalter Einsicht in seine Bücher und Geschäftspapiere zu gestatten. ³Er hat ihm alle erforderlichen Auskünfte zu erteilen und ihn bei der Erfüllung seiner Aufgaben zu unterstützen; die §§ 97, 98, 101 Abs. 1 Satz 1, 2 Abs. 2 gelten entsprechend.

Übersicht

		Rdn.
A.	Überblick über die Rechtsstellung des vorläufigen Insolvenzverwalters	1
I.	Grundzüge der Rechtsstellung des »starken« und »schwachen« vorläufigen Insolvenzverwalters	1
II.	Rechtsstellung bei Übergang der Verwaltungs- und Verfügungsbefugnis (§ 22 Abs. 1)	7
III.	Rechtsstellung nach Abs. 2	10
V.	Vorläufiger Sachwalter	17
VI.	Übersicht über die Befugnisse des »starker«/»schwacher« vorläufiger Insolvenzverwalter	19
B.	Einzelheiten zu den Befugnissen des vorläufigen Insolvenzverwalters	20
I.	Allgemeines	20
II.	Übergang der Verwaltungs- und Verfügungsbefugnis (§ 22 Abs. 1 Satz 1)	21
	1. Nur eingeschränkte Geltung für den »schwachen« vorläufigen Verwalter	21
	2. Übergang	22
	3. Bestehende Vertragsverhältnisse	28
	4. Masseverbindlichkeiten	29
	5. Anfechtung	31
	6. Haftung	32
III.	Sicherung und Erhalt des Vermögens (§ 22 Abs. 1 Satz 2 Nr. 1)	34
	1. Regelmäßige Geltung auch für den »schwachen« vorläufigen Verwalter	34
	2. Feststellung der Masse	36
	3. Information der Verfahrensbeteiligten	37
	4. Sicherung	38
	a) Inbesitznahme Masse	39
	b) Sicherung beweglicher Gegenstände	40
	c) Kontensicherung	44
	d) Versicherungsschutz	49
	5. Massemehrung	50
	a) Verwertungsmaßnahmen	50
	b) Forderungseinzug/Einrichtung Anderkonto	52

		Rdn.
	c) Kündigung von Dauerschuldverhältnissen	55
	d) Freigabe	58
	6. Sonderfragen	59
	a) Erfüllung von Forderungen	59
	b) Unterhaltsgewährung	62
	c) Zustimmung zur Begleichung der dem Antrag zugrunde liegenden Forderung	64
IV.	Unternehmensfortführung (§ 22 Satz 2 Nr. 2, 1. Alt.)	65
	1. Regelmäßige Geltung auch für den »schwachen« vorläufigen Verwalter	65
	2. Liquiditätsplanung	68
	3. Liquiditätssicherung	69
	4. Fortführungstätigkeiten	70
	a) Bestandserfassung	71
	b) Sicherung Weiterbelieferung	72
	c) Fortführung der Produktion	73
	d) Abschluss von Veräußerungsverträgen	75
	5. Begleitende Tätigkeiten	78
V.	Unternehmensstilllegung (Satz 2 Nr. 2, 2. Alt.) und Betriebsveräußerung	80
	1. Definition	81
	2. Zustimmungspflicht des Insolvenzgerichts zur Stilllegung	83
	3. Geltung für »schwachen« vorläufigen Verwalter?	85
	4. Betriebsveräußerung	86
VI.	§ 22 Abs. 1 Satz 2 Nr. 3	89
	1. Allgemeines	89
	2. Kostendeckung und Eröffnungsgrund	93
	3. Prüfung Aussichten einer Unternehmensfortführung	99
VII.	Spezialfragen	103
	1. Sicherungszweck/Insolvenzzweckwidrigkeit	103
	2. Vorfinanzierung von Insolvenzgeld	106
	3. Einzelermächtigung des »schwachen« vorläufigen Verwalters/Sachwalters	114
	4. Treuhandkonten	125

	Rdn.			Rdn.
5. Lastschriftwiderruf	130	VIII.	Weitere Wirkungen	145
a) Überblick	130	C.	**Verfahrensmäßiger Ablauf**	146
b) Funktionsweise Lastschriftverkehr	131	D.	**Sachverständiger**	152
		I.	Stellung des Sachverständigen allgemein	152
c) §§ 675c ff. BGB	133	II.	»Isolierter« Sachverständiger	161
d) SEPA-Lastschriftabkommen seit dem 09.07.2012	135	III.	Gutachten	169
		IV.	Vergütung der Tätigkeit als Sachverständiger	174
e) Unterschied zum herkömmlichen Lastschriftabkommen	139	E.	**§ 22 Abs. 3**	193
f) Abbuchungslastschrift	140	F.	**Internationales Insolvenzrecht**	198
6. Anfechtung	141			

Literatur:
Bultmann Kaufpreiszahlungen des Schuldners im Insolvenzeröffnungsverfahren ohne Zustimmung des vorläufigen Verwalters, ZInsO 2016, 786; *Casse* 5 Jahre P-Konto – Streitpunkte und offene Fragen, ZInsO 2015, 1033; *Cranshaw* Bemerkungen zur Vorfinanzierung von Insolvenzgeld, ZInsO 2013, 1493; *Ehlers* Die Freigabe der selbständigen Tätigkeit und die Sanierungsoption, ZInsO 2014, 53; *Gäbler/Hey* Der öffentlich bestellte und vereidigte Sachverständige für Insolvenzuntersuchungen – Aufgaben und Bestellungsvoraussetzungen, ZInsO 2013, 2092; *Graf-Schlicker* Die Entwicklung des ESUG und die Fortentwicklung des Insolvenzrechts, ZInsO 2013, 1765; *Hunold* Insolvenzgeld und Insolvenzgeldvorfinanzierung als Sanierungselement, NZI 2015, 785; *Krösch* Die Vergütung des Sachverständigen im Insolvenzverfahren nach der Novellierung des Justizvergütungs- und Entschädigungsgesetzes, ZInsO 2013, 1562; *Krüger* Das Basiskonto, ZVI 2016, 461; *Moderegger* Das Insolvenzgutachten in der Nachlassinsolvenz, InsbürO 2015, 88; *Nobbe* Lastschriften in der Insolvenz des Schuldners – Vorhang zu, alle Fragen offen?, ZIP 2012, 1937; *Obermüller* Das Pfändungsschutzkonto in der Insolvenz des Kontoinhabers, InsbürO 2013, 180; *Pape* Die Insolvenzzweckwidrigkeit von Rechtshandlungen des vorläufigen und des endgültigen Insolvenzverwalters, ZInsO 2016, 2149; *Priebe* SEPA-Basis- und Firmenlastschrift: Ist ein Lastschrift-Widerruf möglich?, InsbürO 2014, 6; *ders.* Checkliste zum insolvenzrechtlichen Gutachten über das Vermögen einer GmbH, InsbürO 2014, 428; *Ries* Der »vorläufige Insolvenzverwalter« nach § 21 Abs. 2 Nr. 2, 2. Alt. InsO – jeder kennt ihn, aber kaum wer weiß, in welcher Funktion und für welche Gläubiger er tätig ist, ZInsO 2013, 1612; *Straßburg* Entschädigung für die Tätigkeit eines isolierten Sachverständigen im Insolvenzverfahren – OLG Karlsruhe, Beschl. v. 16.9.2015 – 15 W 57/15, ZInsO 2016, 355; *Sudergat* Das Pfändungsschutzkonto in der Insolvenz, ZVI 2013, 169.

A. Überblick über die Rechtsstellung des vorläufigen Insolvenzverwalters

I. Grundzüge der Rechtsstellung des »starken« und »schwachen« vorläufigen Insolvenzverwalters

Die InsO sieht in § 21 die Anordnung von Sicherungsmaßnahmen vor. Bei Einsetzung eines vorläufigen Insolvenzverwalters gem. § 21 Abs. 2 Nr. 1 InsO werden **regelmäßig** auch **zusätzliche Verfügungsverbote/-beschränkungen gem. § 22 InsO** angeordnet (zu Ausnahmefällen s. § 21 Rdn. 80 ff.). Der rechtliche Rahmen für die Tätigkeit eines vorläufigen Insolvenzverwalters ergibt sich zum einen aufgrund der Verweisung in § 21 Abs. 2 Nr. 1 InsO aus den §§ 8 Abs. 3, 56, 58–66 InsO sowie aus § 21 Abs. 2 Nr. 3–5 InsO. Wegen der Einzelheiten s. § 21 Rdn. 89 ff. und Rdn. 273 ff. 1

Die inhaltliche Ausformung der in § 21 Abs. 2 Nr. 2 InsO angesprochenen Rechtsstellung ergibt sich aus § 22 InsO. Die Vorschrift unterscheidet zwischen **zwei Arten** des vorläufigen Insolvenzverwalters gem. Abs. 1 und Abs. 2. In beiden Fällen soll das Vermögen des Schuldners für die Gläubiger und für den Schuldner selbst geschützt werden (*BGH* ZInsO 2001, 165 [167]). **Regelfall** ist die Bestellung eines vorläufigen Insolvenzverwalters mit Zustimmungsvorbehalt gem. **Abs. 2**, sog. »**schwacher**« vorläufiger Insolvenzverwalter. 2

Im Fall der Anordnung eines allgemeinen Verfügungsverbotes und Bestellung eines vorläufigen Insolvenzverwalters (s. § 21 Rdn. 69) geht die Verwaltungs- und Verfügungsbefugnis über das Vermögen des Schuldners auf den vorläufigen Insolvenzverwalter über (§ 22 Abs. 1 Satz 1 InsO), sog. »**starker**« vorläufiger Insolvenzverwalter. Seine Pflichten sind in § **22 Abs. 1** Satz 2 InsO geregelt. Wird ein vorläufiger Insolvenzverwalter bestellt, ohne dass ein allgemeines Verfügungsverbot 3 auferlegt wird, geht die Verwaltungs- und Verfügungsbefugnis nicht über, sog. »schwacher« vorläufiger Insolvenzverwalter. Das Insolvenzgericht hat die Pflichten des vorläufigen Insolvenzverwalters zu bestimmen (§ 22 Abs. 2 Satz 1 InsO).

4 In der Praxis sind die **Stellungen der beiden Verwalter weitgehend angenähert** (s. Beschlussmuster § 21 Rdn. 78). Sicherung und Erhalt des Vermögens (§ 22 Abs. 1 Satz 2 Nr. 1 InsO) werden durch das Erfordernis des Zustimmungsvorbehaltes und Übertragung der Kassenführung erreicht. Die Unternehmensfortführung (§ 22 Abs. 1 Satz 2 Nr. 2, 1. HS InsO) wird durch die Beauftragung zur Sicherung und zum Erhalt des Vermögens umgesetzt. Die Verpflichtung des § 22 Abs. 1 Satz 2 Nr. 3 InsO wird regelmäßig übernommen. Eine Zustimmungserfordernis des Insolvenzgerichts für eine Unternehmensstilllegung (§ 22 Abs. 1 Satz 2 Nr. 2. 2. HS InsO) ist nicht angezeigt, da der Schuldner die Verwaltungs- und Verfügungsbefugnis behält. In der Praxis nimmt der Schuldner eine Stilllegung auf Anregung/nach Rücksprache mit dem vorläufigen »schwachen« Verwalter vor. Entscheidungen von Gerichten nach § 22 Abs. 1 Satz 2 Nr. 2. 2. HS InsO gibt es zudem nur vereinzelt. Unterschiede bestehen bei der Begründung von Masseverbindlichkeiten gem. § 55 Abs. 2 InsO.

5 Die Rechtsstellungen stimmen weitgehend überein. Die **nachfolgende Kommentierung** zeigt die unterschiedlichen Rechtsstellungen auf. Behandelt werden der »starke« vorläufige Insolvenzverwalter und der »schwache« vorläufige Insolvenzverwalter **einheitlich**. Auf **Unterschiede** wird jeweils **hingewiesen**.

6 § 22 Abs. 3 räumt neben dem Insolvenzgericht (§ 20 Abs. 1 InsO) dem (»starken« bzw. »schwachen«) vorläufigen Insolvenzverwalter einen eigenständigen **Auskunfts- und Mitwirkungsanspruch** gegenüber dem Schuldner ein.

II. Rechtsstellung bei Übergang der Verwaltungs- und Verfügungsbefugnis (§ 22 Abs. 1)

7 Bei Anordnung von Sicherungsmaßnahmen kommt die Auferlegung eines allgemeinen Verfügungsverbotes und Bestellung eines vorläufigen Insolvenzverwalters in Betracht (s. § 21 Rdn. 69 ff.). Die Verwaltungs- und Verfügungsbefugnis über das Vermögen des Schuldners geht auf den vorläufigen Insolvenzverwalter über (§ 22 Abs. 1 Satz 1), sog. »**starker**« vorläufiger Insolvenzverwalter. Er hat die Stellung eines Insolvenzverwalters gem. §§ 80–82 InsO **wie im eröffneten Verfahren** (*BGH* ZInsO 2007, 267 [268]). Er kann ohne jede Mitwirkung des Schuldners wirksame Rechtsgeschäfte abschließen, begrenzt nur durch den Sicherungszweck des § 22 InsO (s. Rdn. 103). Seine Aufgabe besteht darin, das Vermögen des Schuldners zu sichern und zu erhalten (§ 22 Abs. 1 Satz 2 **Nr. 1**) sowie ein vom Schuldner betriebenes Unternehmen grds. bis zur Entscheidung über die Eröffnung des Insolvenzverfahrens fortzuführen (§ 22 Abs. 1 Satz 2 **Nr. 2**). Weiter hat er die Deckung der Verfahrenskosten im Hinblick auf § 26 InsO zu überprüfen und wird regelmäßig zusätzlich als Sachverständiger mit der Prüfung des Eröffnungsgrundes (§ 16 InsO) und den Fortführungsaussichten beauftragt (§ 22 Abs. 1 Satz 2 **Nr. 3** InsO).

8 Bei **Verstoß** gegen das allgemeine Verfügungsverbot gelten gem. § 24 Abs. 1 InsO die §§ 81, 82 InsO entsprechend. Es handelt sich somit um ein absolutes Verbot (s. § 24 Rdn. 5). Anhängige **Rechtsstreite** werden gem. § 240 Satz 2 ZPO unterbrochen, der vorläufige Insolvenzverwalter kann sie gem. § 24 Abs. 2 InsO aufnehmen. Weiter kann er Neuverfahren anhängig machen (s. § 24 Rdn. 38, 40, 45, 50). Er ist – ebenso wie der endgültige Insolvenzverwalter – Partei kraft Amtes (HambK-InsO/*Schröder* § 22 Rn. 8).

9 Vom vorläufigen Insolvenzverwalter begründete Verbindlichkeiten sind im Falle der Eröffnung sonstige **Masseverbindlichkeiten** (§ 55 Abs. 2 InsO). Vor Aufhebung von Sicherungsmaßnahmen (insbesondere im Falle der Abweisung mangels Masse gem. § 26 InsO) ist der vorläufige Insolvenzverwalter berechtigt, seine Vergütung und die von ihm begründeten Verbindlichkeiten aus dem Schuldnervermögen gem. § 25 Abs. 2 InsO zu befriedigen (s. § 25 Rdn. 18 ff.).

III. Rechtsstellung nach Abs. 2

Wird ein vorläufiger Insolvenzverwalter bestellt, ohne dass dem Schuldner zugleich ein allgemeines Verfügungsverbot (§ 21 Abs. 2 Nr. 2, 1. Alt. InsO) auferlegt wird (»**schwacher**« vorläufiger Insolvenzverwalter), so hat das Gericht die Pflichten des vorläufigen Insolvenzverwalters zu bestimmen. Erfasst sind davon die Fälle des allgemeinen Zustimmungsvorbehaltes (§ 21 Abs. 2 Nr. 2, 2. Alt. InsO) sowie die Fälle eines besonderen Veräußerungsverbotes und besonderen Zustimmungsvorbehaltes, jeweils nur bezogen auf einzelne oder bestimmte Arten von Rechtsgeschäften, gem. § 21 Abs. 1 InsO (s. § 21 Rdn. 377). 10

Der »schwache« vorläufige Insolvenzverwalter kann nicht Erklärungen für den Schuldner wie Kündigungen abgeben. Die **Verfügungsbefugnis** bleibt formal beim **Schuldner**, bedürfen nur zu ihrer **Wirksamkeit** seiner **Zustimmung**. Betroffen sind nur Verfügungen (s. § 24 Rdn. 6), nicht aber Verpflichtungsgeschäfte des Schuldners, die allerdings bei Eröffnung nur Insolvenzforderungen sind und ggf. gem. §§ 129 ff. InsO angefochten werden können. 11

Im Fall des § 22 Abs. 2 beauftragt das Gericht **regelmäßig** den vorläufigen Insolvenzverwalter als **Sachverständigen** mit der Prüfung, ob ein Eröffnungsgrund vorliegt und das Vermögen des Schuldners die Kosten des Verfahrens decken wird. Der vorläufige Insolvenzverwalter wird Mitteilung machen, falls weitergehende Sicherungsmaßnahmen erforderlich sind. 12

Ein vorläufiger (starker) Verwalter unter gleichzeitiger Anordnung eines allgemeinen Verfügungsverbotes gem. Abs. 1 wird selten bestellt (s. § 21 Rdn. 72). Die **Regel** ist die Bestellung eines **vorläufigen (schwachen) Verwalters mit allgemeinem Zustimmungsvorbehalt** (s. § 21 Rn. 63). Rechtlich gesehen bleibt beim »schwachen« vorläufigen Verwalter Handelnder der Schuldner. Aufgrund des regelmäßig angeordneten allgemeinen Zustimmungsvorbehaltes, kombiniert mit der Übertragung der Kassenführung (s. § 21 Rdn. 78) hat der »schwache« vorläufige Verwalter den Zugriff auf das Geld und ist faktisch gesehen dem »starken« vorläufigen Verwalter angenähert (s. § 21 Rdn. 76). Auch ihm obliegt die Sicherung und Erhalt des schuldnerischen Vermögens und die Unternehmensfortführung. 13

Die **Verwaltungs- und Verfügungsbefugnis** über das Vermögen verbleibt beim **Schuldner**. Rechtsgeschäfte kann der Schuldner weiter abschließen, bedarf aber der Zustimmung des vorläufigen Verwalters. Bei Anordnung eines allgemeinen Zustimmungsvorbehaltes (§ 21 Abs. 2 Nr. 2, 2. Alt. InsO) ist gutgläubiger Erwerb (gem. § 24 Abs. 1 i.V.m. § 81 InsO) nicht möglich, da es sich um ein absolutes Verbot handelt (s. § 24 Rdn. 5). Bei besonderen Verfügungsverboten oder besonderen Zustimmungsvorbehalten handelt es sich hingegen um relative Verbote gem. §§ 135, 136 BGB mit der Folge, dass gutgläubiger Erwerb in Betracht kommt. 14

In keinem Fall tritt die Unterbrechungswirkung gem. § 240 ZPO ein, die Aufnahmemöglichkeit gem. § 24 Abs. 2 InsO für den vorläufigen Insolvenzverwalter besteht nicht. Vom vorläufigen Insolvenzverwalter begründete Verbindlichkeiten sind im Falle der Eröffnung **nicht** sonstige **Masseverbindlichkeiten** (§ 55 Abs. 2 InsO), **falls nicht** das Insolvenzgericht eine **ausdrückliche Ermächtigung** erteilt (s. Rdn. 115) oder eine Verbindlichkeit aus einem Steuerschuldverhältnis gem. § 55 Abs. 4 InsO betroffen ist. Inzwischen existieren BMF-Schreiben vom 09.12.2011 (ZInsO 2012, 25 m. Erl. *de Weerth* ZInsO 2012, 212) und vom 17.01.2012 (ZInsO 2012, 213 m. Erl. *de Weerth* ZInsO 2012, 212 [213]). Einzelheiten *Jahntz* § 55 Rdn. 63 und HambK-InsO/*Schröder* § 22 Rn. 142 ff., 146a ff. 15

Vor Aufhebung von Sicherungsmaßnahmen (insbesondere im Falle der Abweisung mangels Masse gem. § 26 InsO) wird der vorläufige Insolvenzverwalter als berechtigt angesehen, seine Vergütung und die von ihm begründeten Verbindlichkeiten aus dem **Schuldnervermögen** entsprechend § 25 Abs. 2 InsO zu befriedigen (str., s. § 21 Rdn. 23, § 25 Rdn. 19). 16

V. Vorläufiger Sachwalter

17 Bei einem Eigenantrag des Schuldners auf Eigenverwaltung soll gem. § 270a Abs. 1 InsO weder ein allgemeines Verfügungsverbot auferlegt noch ein Zustimmungsvorbehalt angeordnet werden. Bei Antrag auf Durchführung des Schutzschirmverfahrens sind gem. § 270b Abs. 2 Satz 3 InsO Maßnahmen gem. § 21 Abs. 2 Nr. 1 und 2 InsO ausgeschlossen. An die Stelle des vorläufigen Insolvenzverwalters tritt der **vorläufige Sachwalter** gem. §§ 270a Abs. 1 Satz 2, 270b Abs. 2 Satz 1 InsO. Wird im Schutzschirmverfahren der Schuldner gem. § 270b Abs. 3 InsO zur Eingehung von Masseverbindlichkeiten ermächtigt, bleibt der vorläufige Sachwalter in einer bloßen Überwachungsfunktion. Es entsteht die Figur des »**starken**« Schuldners (*Römermann* NJW 2012, 641 [650]). Allerdings kann ein Zustimmungsvorbehalt des vorläufigen Sachwalters angeordnet werden (s. Rdn. 115).

18 Einzelheiten s. die Kommentierung bei §§ 270 ff. InsO.

VI. Übersicht über die Befugnisse »starker«/»schwacher« vorläufiger Insolvenzverwalter

19 Übersicht über die Befugnisse des »starken« und des »schwachen« vorläufigen Insolvenzverwalters

»starker« vorläufiger Insolvenzverwalter	»schwacher« vorläufiger Insolvenzverwalter
Sicherung und Erhalt des Vermögens § 22 Rdn. 34 ff.	ja
Unternehmensfortführung § 22 Rdn. 65 ff.	ja
Unternehmensstilllegung § 22 Rdn. 80 ff.	nein § 22 Rdn. 85 (str.)
Prüfung Massekostendeckung § 22 Rdn. 89	ja
Prüfung Eröffnungsgrund Prüfung Aussichten Unternehmensfortführung § 22 Rdn. 90 ff.	ja
Begründung von Masseverbindlichkeiten § 22 Rdn. 29	Nur aufgrund Einzelermächtigung des Insolvenzgerichts § 22 Rdn. 118.
Anfechtung gem. §§ 129 ff. Grds. ausgeschlossen § 22 Rdn. 142	Möglich § 22 Rdn. 143

Hinsichtlich des vorläufigen Sachwalters s. die Kommentierung bei § 270a InsO.

B. Einzelheiten zu den Befugnissen des vorläufigen Insolvenzverwalters

I. Allgemeines

20 Die **Rechtsstellungen** des »starken« und des »schwachen« vorläufigen Insolvenzverwalters sind **angenähert**. Nachfolgend werden beide Verwalterarten **einheitlich kommentiert** und **Gemeinsamkeiten** sowie Unterschiede aufgezeigt.

II. Übergang der Verwaltungs- und Verfügungsbefugnis (§ 22 Abs. 1 Satz 1)

1. Nur eingeschränkte Geltung für den »schwachen« vorläufigen Verwalter

21 Der »**starke**« vorläufige Verwalter gem. Abs. 1 **entspricht in weiten Bereichen dem endgültigen Verwalter** (s. Rdn. 7). Der »schwache« vorläufige Verwalter gem. Abs. 2 dagegen tritt nicht an Stelle des Schuldners. Handelnder bleibt der Schuldner im Zusammenwirken mit dem vorläufigen Verwalter, dem allerdings bei **Übertragung der Kassenführung** (s. § 21 Rdn. 76, 380) das **Initiativrecht** zu-

kommt (s. Rdn. 66). Der Übergang der Verwaltungs- und Verfügungsbefugnis tritt rechtlich nur beim »starken« vorläufigen Verwalter ein. **Faktisch** gilt beim »**schwachen**« vorläufigen Verwalter **das Gleiche**. Zu bedenken ist auch, dass das Insolvenzgericht den »schwachen« vorläufigen Verwalter dem »starken« vorläufigen Verwalter auf bestimmten Gebieten gleichstellen kann durch das Institut der Einzelermächtigung (s. Rdn. 118).

2. Übergang

Stellung und Funktion des »**starken**« vorläufigen Insolvenzverwalters nach § 22 Abs. 1 (s. dazu zunächst Rdn. 7) entsprechen in weiten Bereichen der des endgültigen Verwalters (*BGH* ZInsO 2007, 267 [268]). Der »starke« vorläufige Insolvenzverwalter kann in diesem Stadium schon als **Partei kraft Amtes** wie der endgültige Verwalter angesehen werden (*LG Cottbus* ZInsO 2000, 107; *AG Göttingen* NZI 1999, 506; *Uhlenbruck/Vallender* InsO, § 22 Rn. 18) und nicht nur als gesetzlicher Vertreter. Dafür spricht die Regelung des § 24 InsO. Grds. wird das schuldnerische Vermögen durch den Abschluss von Verträgen durch den Verwalter verpflichtet. Eine Zustimmung des Schuldners ist nicht erforderlich. 22

Beim »**schwachen**« vorläufigen Insolvenzverwalter treten diese Folgen nur ein, wenn er vom Insolvenzgericht eine »**Einzelermächtigung**« zum Abschluss bestimmter Rechtsgeschäfte (s. Rdn. 118) erhalten hat oder eine Verbindlichkeit aus einem Steuerschuldverhältnis gem. **§ 55 Abs. 4 InsO** betroffen ist (s. Rdn. 15). 23

Zu Ausnahmen s. § 21 Rdn. 81 ff. 24

Die Verwaltungs- und Verfügungsbefugnis erfasst auch das **Vermögen**, das der **Schuldner nach Anordnung der Sicherungsmaßnahmen erwirbt** (BT-Drucks. 12/2443 S. 116). Dies steht im Einklang mit § 35 InsO, wonach im Falle der Eröffnung des Insolvenzverfahrens auch das während des Verfahrens erlangte Vermögen erfasst wird. 25

Auch **Auslandsvermögen** des Schuldners fällt darunter. Dies gilt unabhängig davon, ob das ausländische Recht die Sicherungsmaßnahme anerkennt oder nicht (*BGH* ZIP 1992, 781 [783] = BGHZ 118, 151). Eine Ausnahme gilt nur, wenn im Ausland über das Schuldnervermögen ein selbstständiges Insolvenzverfahren eröffnet worden ist (BGHZ 95, 256 [270]). Der Schuldner ist verpflichtet, dem vorläufigen Insolvenzverwalter hinsichtlich des im Ausland belegenen Vermögens Vollmacht zu erteilen (s. Rdn. 198). 26

Unberührt bleibt die **organschaftliche Stellung** von Vertretungsorganen. Daher bleibt der Geschäftsführer einer GmbH berechtigt und verpflichtet, die Abberufung und Neubestellung von Geschäftsführern zur Eintragung in das Handelsregister anzumelden (*OLG Köln* ZInsO 2001, 717 [718]). 27

3. Bestehende Vertragsverhältnisse

Bestehende Vertragsverhältnisse kann der »starke« vorläufige Verwalter beenden, der »schwache« Verwalter nur im Zusammenwirken mit dem Schuldner oder aufgrund einer Einzelermächtigung des Insolvenzgerichts. 28

4. Masseverbindlichkeiten

Der »**starke**« vorläufige Verwalter begründet im Eröffnungsverfahren Masseverbindlichkeiten. Bei Dauerschuldverhältnissen gilt dies nur, wenn die Gegenleistung in Anspruch genommen wird (*BAG* ZIP 2005, 1289 [1292]). Im Falle der Eröffnung sind Verbindlichkeiten Masseverbindlichkeiten (§ 55 Abs. 2 InsO). 29

Beim »**schwachen**« vorläufigen Verwalter ist dies nur ausnahmsweise der Fall, wenn das Insolvenzgericht eine ausdrückliche Ermächtigung erteilt hat (s. Rdn. 118). Für die ab dem 01.01.2011 anhängigen Verfahren ist für Steuerverbindlichkeiten die Vorschrift des § 55 Abs. 4 InsO zu beachten. Ein- 30 zelheiten ergeben sich aus dem BMF-Schreiben vom 20.05.2015 (ZInsO 2015, 1093) und 18.05.2016 (ZInsO 2016, 1150).

5. Anfechtung

31 Das Anfechtungsrecht gem. §§ 129 ff. InsO steht nur dem (endgültigen) Insolvenzverwalter im eröffneten Verfahren zu. Das Insolvenzgericht kann den vorläufigen Insolvenzverwalter dazu auch nicht ermächtigen (*OLG Hamm* ZInsO 2005, 217). Nach Verfahrenseröffnung kann der »**starke**« vorläufige Insolvenzverwalter durch seine Handlungen begründete Masseverbindlichkeiten nach Verfahrenseröffnung grundsätzlich nicht anfechten (s. Rdn. 142). Der »**schwache**« vorläufige Insolvenzverwalter kann mit seiner Zustimmung vorgenommene Rechtsgeschäfte anfechten, falls nicht ein Bargeschäft gem. § 142 InsO vorliegt oder die Anfechtung ausnahmsweise treuwidrig ist (s. Rdn. 143).

6. Haftung

32 Die persönliche Haftung des »**starken**« vorläufigen Verwalter richtet sich nach § 61 InsO bei Verletzung »insolvenzspezifischer« Pflichten, ansonsten nach § 60 InsO und allgemeinem Haftungsrecht (s. § 21 Rdn. 128 ff.). Eine persönliche Haftung kommt im Falle der Eröffnung gem. § 61 InsO in Betracht, ebenso im Falle der Nichteröffnung (s. § 21 Rdn. 133). Eine unmittelbare persönliche Verpflichtung des vorläufigen Insolvenzverwalters kann sich allerdings ergeben (s. § 21 Rdn. 122), wenn er auf eigenen Namen ein Darlehen aufnimmt, weil ein Kredit für das schuldnerische Vermögen nicht mehr gewährt wird (s. Rdn. 69).

33 Der »**schwache**« vorläufige Verwalter haftet nach § 60 InsO und allgemeinem Haftungsrecht (s. § 21 Rdn. 116 ff.), ausnahmsweise auch nach § 61 InsO, wenn das Insolvenzgericht den vorläufigen Verwalter zur Eingehung von Masseverbindlichkeiten ermächtigt hat (s. § 21 Rdn. 116) oder eine Verbindlichkeit aus einem Steuerschuldverhältnis gem. **§ 55 Abs. 4 InsO** betroffen ist (s. Rdn. 15).

III. Sicherung und Erhalt des Vermögens (§ 22 Abs. 1 Satz 2 Nr. 1)

1. Regelmäßige Geltung auch für den »schwachen« vorläufigen Verwalter

34 Maßnahmen gem. § 22 Abs. 2 Satz 1 Nr. 1 haben sich am **Erhaltungszweck** zu orientieren und zu berücksichtigen, dass es zu einer Ablehnung der Verfahrenseröffnung und anschließendem Rückfall der Verwaltungs- und Verfügungsbefugnis auf den Schuldner kommen kann. **Unumkehrbare Maßnahmen** sind deshalb **nur in Ausnahmefällen** zulässig (*Jaeger/Gerhardt* InsO, § 22 Rn. 37). Abzugrenzen ist die Verwaltung von der Verwertung (*Kirchhof* ZInsO 1999, 436). Bei Anordnung eines allgemeinen Zustimmungsvorbehaltes wird dem vorläufigen Verwalter die Aufgabe übertragen, das Vermögen des Schuldners zu sichern und zu erhalten (s. § 21 Rdn. 78). Verfügungen des Schuldners wird der »schwache« vorläufige Verwalter zustimmen entsprechend den Ausführungen zum »starken« vorläufigen Verwalter. Bis zur Zustimmung des vorläufigen Verwalters kann der andere Teil entsprechend § 108 Abs. 2 BGB verfahren (HK-InsO/*Rüntz* § 21 Rn. 16) oder ein Widerrufsrecht analog § 109 BGB ausüben (*Mankowski* NZI 2000, 572 [574]).

35 Die Verpflichtung besteht unabhängig davon, ob das schuldnerische Unternehmen fortgeführt wird (dazu Rdn. 65 ff.). Es kommen eine Vielzahl von Maßnahmen in Betracht (Übersichten bei *Titz/Tötter* ZInsO 2006, 976; *Heyn* ZInsO 2006, 980; *Braun/Kupka* InsbürO 2007, 242). Die **wichtigsten Maßnahmen** lassen sich in fünf Gruppen aufteilen:
– Feststellung der Masse (2.),
– Information der Verfahrensbeteiligten (3.),
– Sicherung (4.),
– Massemehrung (5.),
– Sonderfragen (6.).

2. Feststellung der Masse

Einheitliche Geltung für »starken« und »schwachen« vorl. Verw. 36

Das Vermögen des Schuldners ist festzustellen. Dazu ist auch bei eingestelltem Geschäftsbetrieb vor Ort eine **Inventarisierung** vorzunehmen (*Heyn* ZInsO 2006, 980 [981 f.]). Weiter sind Aus- und Absonderungsrechte festzustellen (*Titz/Tötter* ZInsO 2006, 976 f.). Der vorläufige Insolvenzverwalter ist zur Verwertung von Absonderungsgegenständen grundsätzlich nicht befugt. Er hat zu entscheiden, ob unter Eigentumsvorbehalt gelieferte Gegenstände schon im Eröffnungsverfahren herausgegeben werden (*Heyn* ZInsO 2006, 980 [985]). Bei Betriebsfortführung ist zudem eine Vereinbarung über eine Nutzungsentschädigung zu treffen (*Heyn* ZInsO 2006, 980 [988 f.]) oder eine Maßnahme des Insolvenzgerichts gem. § 21 Abs. 2 Nr. 5 InsO zu beantragen (s. § 21 Rdn. 340 ff.).

3. Information der Verfahrensbeteiligten

Einheitliche Geltung für »starken« und »schwachen« vorl. Verw. 37

Die wichtigsten Verfahrensbeteiligten wie Kreditinstitute, Sozialversicherungsträger, Finanzamt sind per Faxschreiben zu **informieren**, damit **Rechtshandlungen** nach Verfahrenseröffnung unter der erleichterten Voraussetzung des § 130 Abs. 1 Satz 1 Nr. 2 InsO **angefochten werden können** (*Braun/Kupka* InsbürO 2007, 242 [244]). **Kreditinstitute** dürfen keine Auszahlungen mehr vornehmen, Verrechnungen sind verboten (s. Beschlussmuster § 21 Rdn. 78), etwaige Kontoguthaben sind auf ein Anderkonto auszukehren.

4. Sicherung

Sicherungsmaßnahmen können **erforderlich** sein, um das Entfernen von beweglichen Gegenständen 38 einschließlich Aus- und Absonderungsgut sowie Geldmittel zu verhindern und Versicherungsschutz zu gewährleisten. Auf gem. §§ 35, 36 InsO nicht in die Masse fallende Gegenstände bezieht sich die Verpflichtung nicht (HambK-InsO/*Schröder* § 22 Rn. 56).

a) Inbesitznahme Masse

Differenzierte Geltung für »starken« und »schwachen« vorläufigen Verwalter: 39

Eine Inbesitznahme der Masse kommt für den »schwachen« vorläufigen Insolvenzverwalter nicht in Betracht (*OLG Celle* ZInsO 2003, 33 [34]; a.A. *Gundlach/Frenzel/Jahn* ZInsO 2010, 122 [123]). Der »starke« vorläufige Insolvenzverwalter nimmt die Masse regelmäßig analog § 148 Abs. 1 InsO in Besitz, wobei jedoch eine Verpflichtung nicht in jedem Falle besteht (*OLG Hamburg* ZIP 1996, 386 [387]; MüKo-InsO/*Haarmeyer* § 22 Rn. 37f). Die Verpflichtung besteht auch für Sachen mit Aus- und Absonderungsrechten, da das Bestehen dieser Rechte erst im eröffneten Verfahren geklärt wird (HK-InsO/*Rüntz* § 22 Rn. 8). Auch ein mögliches Vermieterpfandrecht ist zu bedenken. Die Gegenstände sind zu erfassen und ggf. zu inventarisieren (MüKo-InsO/*Haarmeyer* § 22 Rn. 42); dies empfiehlt sich auch für den »schwachen« vorläufigen Verwalter. **Tatsächlich** belässt der vorläufige Insolvenzverwalter die **Sachen regelmäßig im Geschäftsbetrieb**, schon um die Fortsetzung des Geschäftsbetriebes zu ermöglichen. Der vorläufige Insolvenzverwalter ist Fremdbesitzer, der Schuldner mittelbarer Eigenbesitzer (HambK-InsO/*Schröder* § 22 Rn. 31). Bargeld in größerem Umfang wird allerdings auf ein Anderkonto eingezahlt (s. Rdn. 52).

b) Sicherung beweglicher Gegenstände

Einheitliche Geltung für »starken« und »schwachen« vorläufigen Verwalter: 40

Bewegliche Gegenstände wird der vorläufige Insolvenzverwalter **regelmäßig nicht herausgeben** (*BGH* ZIP 2001, 296 [299]; HambK-InsO/*Schröder* § 22 Rn. 105b; a.A. für den schwachen vorläufigen Verwalter *OLG Naumburg* ZInsO 2009, 1538), sondern nutzen. Für das Sicherungseigentum folgt dies aus dem nach Verfahrenseröffnung bestehenden Verwertungsrecht gem. § 166 Abs. 1,

§ 172 InsO (HK-InsO/*Kirchhof* § 22 Rn. 17; *Kübler/Prütting/Bork-Pape* InsO, § 22 Rn. 81). Bei Eigentumsvorbehaltsware kann die Eröffnung abgewartet werden, erst danach muss der Verwalter sein Wahlrecht ausüben (§ 107 Abs. 2 InsO). Dies gilt jedenfalls dann, wenn ein Vollstreckungsverbot gem. § 21 Abs. 2 Nr. 3 InsO erlassen worden ist (s. § 21 Rdn. 277 ff.; HK-InsO/*Rüntz* § 22 Rn. 15; a.A. *Jaeger/Gerhardt* InsO, § 22 Rn. 118). Ansonsten kann das Insolvenzgericht die freiwillige Herausgabe gem. § 21 Abs. 1 InsO verbieten (s. § 21 Rdn. 296; *Kirchhof* ZInsO 2001, 1 [3]).

41 Das **Verwertungsrecht entsteht** aber **erst mit** der **Eröffnung** des Verfahrens, der vorläufige Verwalter darf nicht verwerten (s. § 166 Rdn. 7), sondern nur nutzen. Einzelheiten s. Rdn. 50 ff. Weiter kann der vorläufige Verwalter mit dem Sicherungsnehmer eine **Verwertungsabrede** treffen (s. Rdn. 50 ff.). Gem. § 21 Abs. 2 Nr. 5 InsO kann das Insolvenzgericht auf Anregung des vorläufigen Insolvenzverwalters diese Maßnahmen auch anordnen (s. § 21 Rdn. 340 ff.).

42 Bei Inbesitznahme durch Gläubiger oder sonstige Dritte im Wege verbotener Eigenmacht kann die Herausgabe im Wege der einstweiligen Verfügung geltend gemacht werden (*LG Leipzig* ZInsO 2006, 1003). Eine **Herausgabe** kommt in Betracht, wenn ein Gegenstand für die Masse keinen Wert hat (*BGH* ZIP 2001, 296 [299]). Der »schwache« vorläufige Insolvenzverwalter ist nicht zur Herausgabe bzw. Zustimmung zur Herausgabe eines Mietobjektes verpflichtet (*LG Lübeck* ZInsO 2011, 391 [392]). Siehe auch § 21 Rdn. 295. Zur Anwendbarkeit der §§ 169 ff. InsO im Falle der Nutzung s. § 21 Rdn. 297, 358 ff.

43 In Betracht kommen auch **Siegelung** (s. § 21 Rdn. 384) oder **Austausch der Schlösser**.

c) Kontensicherung

44 Einheitliche Geltung für »starken« und »schwachen« vorläufigen Verwalter:

Der vorläufige Insolvenzverwalter sollte unverzüglich (s. § 21 Rdn. 54) das (die) **Kreditinstitut(e) des Schuldners** vom Erlass des allgemeinen Verfügungsverbotes und Anordnung der vorläufigen Insolvenzverwaltung **in Kenntnis setzen**. Schecks dürfen nicht mehr eingelöst werden, Lastschriften werden unwirksam (s. § 24 Rdn. 15). Durch die Verhängung einer **Kontensperre** werden Aufrechnung und Verrechnungen von Kreditinstituten verhindert (s. § 21 Rdn. 380), die bei der bloßen Anordnung eines Verfügungsverbotes möglich bleiben (str., s. § 24 Rdn. 15). Auf das gem. § 36 Abs. 1 Satz 2 InsO geschützte pfändungsfreie Einkommen insb. in Form des P-Kontos kann der vorläufige Verwalter nicht zugreifen (*du Carrois* ZInsO 2010, 2276 [2281]; *Staufenbiel/Karlstedt* InsbürO 2011, 173 [175]).

45 Der vorläufige Verwalter richtet ein Insolvenzverwalterkonto in Form eines **Ander- oder Treuhandkontos** ein, auf das die Zahlungen ausschließlich geleistet werden (Einzelheiten bei *Kuder* ZInsO 2009, 584). Auf neu herausgehenden Rechnungen wird darauf hingewiesen, dass Zahlungen mit schuldbefreiender Wirkung nur auf das Anderkonto des vorläufigen Insolvenzverwalters erfolgen können.

46 Eine bei einem Kreditinstitut noch nicht voll ausgenutzte **Kreditlinie** kann der vorläufige Insolvenzverwalter abrufen. Das Kreditinstitut ist zu einer außerordentlichen Kündigung des Kreditvertrages berechtigt (*Obermüller* ZInsO 2002, 97 [101 f.])

47 Entsprechend der Befugnis des Insolvenzgerichts, eine Kontensperre zu verfügen (s. § 21 Rdn. 380), kann der vorläufige Insolvenzverwalter mit Zustimmungsvorbehalt der Bank des Schuldners **untersagen, Kontobelastungen vorzunehmen** (*Uhlenbruck/Vallender* InsO, § 22 Rn. 208; vgl. auch *LG Hamburg* ZIP 1997, 2091 f. = EWiR 1997, 1037).

48 Für das sog. **P-Konto** gilt Folgendes:

Betroffen von Sicherungsmaßnahmen sind nur Vermögenswerte, die im Fall der Verfahrenseröffnung zur Insolvenzmasse gehören würden. Erfasst sind daher nur die über die Freigrenzen hinausgehenden Beträge (*Obermüller* InsbürO 2013, 180 [183 f.]; *Casse* ZInsO 2015, 1033 [1035]). Die Neueröffnung eines P-Kontos vor Verfahrenseröffnung ist dem Schuldner uneingeschränkt möglich

(*Obermüller* InsbürO 2013, 180 [184]; *Sudergat* ZVI 2013, 169 [170]). Das gilt auch für die Umwandlung eines bereits bestehenden Kontos in ein P-Konto (*Obermüller* InsbürO 2013, 180 [185] auch zur Frage einer möglichen Anfechtung; *Sudergat* ZVI 2013, 169 [170]). Auch ein bereits eingerichtetes Basiskonto ist nicht betroffen (*Krüger* ZVI 2016, 461).

d) Versicherungsschutz

Einheitliche Geltung für »starken« und »schwachen« vorläufigen Verwalter: 49

Der vorläufige Insolvenzverwalter« hat für **ausreichenden Versicherungsschutz** zu sorgen (*BGH* ZIP 2001, 296 [299]; *Heyn* ZInsO 2006, 980 [985, 989]; *Braun/Kupka* InsbürO 2007, 242 [245]).

5. Massemehrung

a) Verwertungsmaßnahmen

Einheitliche Geltung für »starken« und »schwachen« vorläufigen Verwalter: 50

Zu Verwertungsmaßnahmen ist der vorläufige Insolvenzverwalter nicht berechtigt (HambK-InsO/ *Schröder* § 22 Rn. 38 ff.). Das Interesse von Absonderungsberechtigen, selber die Verwertung durchzuführen, ist gering. Der vorläufige Verwalter trifft eine Verwertungsabrede und erhält in Anlehnung an § 171 InsO einen **prozentualen Anteil des Verwertungserlöses**. Bei laufenden Geschäftsbetrieb kommt auch eine Anordnung des Insolvenzgerichts gem. §§ 21 Abs. 2 Nr. 5 InsO in Betracht (s. § 21 Rdn. 340 ff., 358 ff.).

Bei **Immobilien** kann zur Abwendung einer Zwangsverwaltung der Grundpfandrechtsgläubiger mit 51 dem vorläufigen Verwalter vereinbaren, dass er die Verwaltung der Immobilie vornimmt und die Mieteinnahmen gegen eine prozentuale Forderungsbeteiligung einzieht, sog. »**kalte**« **Zwangsverwaltung** (*Pape* ZInsO 2008, 465 [469]; *Molitor* ZInsO 2011, 1486; *Keller* NZI 2013, 265).

b) Forderungseinzug / Einrichtung Anderkonto

Einheitliche Geltung für »starken« und »schwachen« vorl. Verw. 52

Fällige **Forderungen** des Schuldners sind **einzuziehen** (MüKo-InsO/*Haarmeyer* § 22 Rn. 54) und auf ein Anderkonto zu nehmen (Einzelheiten *Heyn* ZInsO 2006, 980 [982 ff.]). Dies gilt auch für sicherungshalber abgetretene Forderungen (*BGH* ZIP 2001, 296 [299] *Jaeger/Gerhardt* InsO, § 22 Rn. 97). Erst die Eröffnung des Verfahrens oder ein Widerruf des Sicherungsnehmers lassen die Einziehungsermächtigung erlöschen (*BGH* ZIP 2000, 895 [897] = EWiR 2000, 643 = DZWIR 2000, 428 m. abl. Anm. *Gundlach* S. 431 f.; HK-InsO/*Rüntz* § 22 Rn. 15; Uhlenbruck/*Vallender* InsO, § 21 Rn. 40). Der Widerruf kann weiter dem Schuldner gegenüber erklärt werden (*OLG Naumburg* ZIP 2008, 931 [1932]). In einer – vor Anordnung der Sicherungsmaßnahmen – erfolgten Offenlegung der Zession liegt zugleich ein Widerruf der Einziehungsermächtigung.

Streitig war, ob das Insolvenzgericht durch Beschluss gem. § 21 Abs. 1 InsO den vorläufigen Verwal- 53 ter zum **Forderungseinzug ermächtigen** kann (s. § 21 Rdn. 383). In den ab dem 01.07.2007 eröffneten Verfahren kann das Insolvenzgereicht den vorläufigen Insolvenzverwalter dazu ermächtigen gem. § **21 Abs. 2 Nr. 5 InsO** in Betracht (s. § 21 Rdn. 340 ff.). Unabhängig davon kann der vorläufige Verwalter auch bei Übertragung des Forderungseinzugsrechtes (FK-InsO/*Schmerbach* § 21 Rdn. 356) mit dem Sicherungsnehmer eine **Verwertungsabrede** treffen mit dem Inhalt, dass er in den o.g. Fällen den Forderungseinzug übernimmt gegen Zahlung einer entsprechenden Quote (i.d.R. 10–25 %) an die Masse (s. Rdn. 76). Ferner kann das Insolvenzgericht den **Forderungseinzug untersagen** und die **Hinterlegung anordnen** (s. § 21 Rdn. 382 f.). In der Praxis ziehen vorläufige Insolvenzverwalter nach Anordnung der Sicherungsmaßnahme entstandene Forderungen generell ein im Hinblick auf die nach Verfahrenseröffnung mögliche Anfechtung gem. §§ 129 ff. InsO.

Bei **Zuvielzahlung auf ein Anderkonto** haftet nicht die Insolvenzmasse gem. § 55 Abs. 1 Nr. 3 InsO 54 (*BGH* ZIP 2007, 2279 = EWiR 2008, 213). Es handelt sich um eine Insolvenzforderung, der vorläufige Insolvenzverwalter haftet nicht (HambK-InsO/*Schröder* § 22 Rn. 89; **a.A.** *BGH* ZIP 2007, 2279 m. insoweit abl. Anm. *Mitlehner* EWiR 2008, 213; *OLG Bremen* ZInsO 2005, 322 [323]). Zahlungen an den Schuldner nach Einsetzung eines »schwachen« vorläufigen Insolvenzverwalters stellen eine Insolvenzforderung dar (*OLG Hamm* ZInsO 2011, 2043).

c) Kündigung von Dauerschuldverhältnissen

55 **Differenzierte** Geltung für »starken« und »schwachen« vorläufigen Verwalter:

Im Rahmen der Betriebsfortführung ist der »**starke**« vorläufige Insolvenzverwalter zu **Kündigung** von Dauerschuldverhältnissen, insbesondere **Arbeitsverhältnissen**, berechtigt (*BAG* ZInsO 2002, 1198; HK-InsO/*Rüntz* § 22 Rn. 40; *Jaeger/Gerhardt* InsO, § 22 Rn. 51; *Uhlenbruck/Ries/Zobel* InsO, § 22 Rn. 80). Dies gilt nicht nur für den Fall der Betriebsstilllegung (so *Uhlenbruck* KTS 1994, 169 [180]). Eine gerichtliche Regelung, dass die Verfügungsbefugnis über bestehende Arbeitsverhältnisse beim Schuldner verbleibt, ist unwirksam. Die gesetzliche Kompetenzzuweisung in § 22 Abs. 1 Satz 1 InsO ist abschließend und steht nicht zur Disposition des Insolvenzgerichts (*Berscheid* NZI 2000, 1 [3]).

56 Die kurze **Kündigungsfrist** des § 113 Abs. 1 Satz 2 InsO von (maximal) drei Monaten zum Monatsende gilt noch nicht im Eröffnungsverfahren (*BAG* ZIP 2005, 1289). Wegen der kürzeren Kündigungsfrist des § 113 Abs. 1 Satz 2 InsO wird die Kündigung häufig aber erst nach Insolvenzeröffnung erfolgen.

57 Zur Kündigung von Dauerschuldverhältnissen, insbesondere Arbeitsverhältnissen, ist der vorläufige »**schwache**« Verwalter **nicht befugt** (vgl. *BAG* ZInsO 1999, 361; *Uhlenbruck/Ries/Zobel* InsO, § 22 Rn. 80), kann aber dazu vom Insolvenzgericht ausdrücklich **ermächtigt** werden (MüKo-InsO/*Haarmeyer* § 22 Rn. 59). Kündigungsbefugt bleibt der Schuldner, der allerdings die Zustimmung des vorläufigen Insolvenzverwalters benötigt (*BAG* NZI 2003, 509). Kündigt der »schwache« vorläufige Insolvenzverwalter im eigenen Namen, soll eine nachträgliche Genehmigung der unwirksamen Kündigung nach Eröffnung durch den Insolvenzverwalter nicht möglich sein (*LAG Hamm* ZIP 2004, 727 m. abl. Anm. *v.Gleichenstein/Sailer* EWiR 2004, 1137).

d) Freigabe

58 Einheitliche Geltung für »starken« und »schwachen« vorläufigen Verwalter:

Ist ein Gegenstand für die Masse wertlos und besteht ein Aussonderungsrecht wie Eigentum, wird der vorläufige Verwalter den Gegenstand **herausgeben** bzw. der Herausgabe zustimmen, um Belastungen der Masse zu vermeiden (s. Rdn. 58). **Nicht zulässig** ist dagegen die **Freigabe** einer selbständigen Tätigkeit des Schuldners **analog § 35 Abs. 2 InsO** (s. § 21 Rdn. 258).

6. Sonderfragen

a) Erfüllung von Forderungen

59 Einheitliche Geltung für »starken« und »schwachen« vorläufigen Verwalter:

Der »schwache« vorläufige Insolvenzverwalter wird die Zustimmung zur Erfüllung von Forderungen einzelner Gläubiger erteilen, wenn es im Einzelfall zur Erfüllung seiner Aufgaben, etwa zur Betriebsfortführung, im Interesse der Gläubigergesamtheit erforderlich oder wenigstens zweckmäßig erscheint (*BGH* ZInsO 2004, 1353 [1355]; HambK-InsO/*Schröder* § 22 Rn. 59a). Zur Begleichung von Altforderungen und späterer Möglichkeit der Anfechtung gem. §§ 129 ff. InsO s. Rdn. 142 ff., zu vormerkungsgesicherten Ansprüchen *Kesseler* NZI 2009, 218.

60 Der Abschluss eines Kaufvertrages durch den Schuldner ist wirksam, da es sich um ein Verpflichtungsgeschäft, nicht aber um eine Verfügung handelt. Die Zustimmung zu einer (nachfolgenden) Verfügung kann der vorläufige Insolvenzverwalter vorher als Einwilligung (§ 183 BGB) oder nachträglich als Genehmigung (§ 184 Abs. 2 BGB) erteilen. Von Verfügungsbeschränkungen sind nur

erfasst Gegenstände der zukünftigen Insolvenzmasse gem. § 35 InsO, nicht aber unpfändbare Gegenstände gem. § 36 InsO. Dem Schuldner kann ggf. aber gem. § 290 Abs. 1 Nr. 5 InsO die Restschuldbefreiung versagt werden (*Bultmann* ZInsO 2016, 786).

Zur Erfüllung der dem Antrag zugrunde liegenden Forderung durch den Schuldner s. § 24 Rdn. 23 ff. 61

b) Unterhaltsgewährung

Einheitliche Geltung für »starken« und »schwachen« vorläufigen Verwalter: 62

Regelungen zum **Unterhalt** des Schuldners enthält die InsO nur für das eröffnete Verfahren (**§ 100 InsO**). Für die entsprechende Vorschrift der KO (§ 129 Abs. 1) wurde eine analoge Anwendung im Eröffnungsverfahren in der Literatur teilweise abgelehnt (*Kuhn/Uhlenbruck* KO, § 106 Rn. 13k). Bei langer Sequestrationsdauer kam aber eine **analoge Anwendung** durchaus in Betracht (*AG Göttingen* Beschl. v. 16.01.1998 – 71 N 63/97). Dies gilt auch für die InsO (*LG Bonn* ZInsO 2013, 833). § 100 Abs. 2 InsO gilt analog (A/G/R-*Sander* § 22 InsO Rn. 62; HK-InsO/*Rüntz* § 22 Rn. 10; *Uhlenbruck/Vallender* InsO, § 22 Rn. 22; *Schmerbach* ZVI 2003, 256 [257]; *Keller* NZI 2007, 316 [317]). Auf diese Weise kann auch eine Mitarbeit des Schuldners bei Geschäftsfortführung honoriert werden. Seit dem 01.07.2010 ist allerdings § 850i ZPO, auf den § 36 Abs. 4 Satz 1, Abs. 1 Satz 2 verweisen, in seinem Anwendungsbereich ausgeweitet und erfasst sämtliche nicht wiederkehrende Vergütungsansprüche von Schuldnern und sonstige Einkünfte, die kein Arbeitseinkommen darstellen. § 100 InsO (analog) ist daher nur von Bedeutung im Rahmen des § 101 Abs. 1 Satz 3 InsO für vertretungsberechtigte persönlich haftende Gesellschafter einer juristischen Person (*Schmerbach* VIA 2014, 72).

Zuständig zur Gewährung des Unterhaltes ist der vorläufige Insolvenzverwalter. Voraussetzung ist 63 aber, dass der Schuldner vollständige und wahrheitsgemäße Angaben über seine Vermögensverhältnisse macht, damit die Unterhaltsbedürftigkeit beurteilt werden kann (*AG Göttingen* Beschl. v. 16.01.1998 – 71 N 63/97; *LG Bonn* ZInsO 2013, 833). Die (Nicht)Gewährung durch den vorläufigen Insolvenzverwalters kann vom Insolvenzgericht überprüft werden (*Schmerbach* ZVI 2003, 256 [260]). Davon ist die **Herauf- oder Herabsetzung des pfändungsfreien Teiles** von **Arbeitseinkommen** gem. §§ 850 ff. ZPO zu **unterscheiden**. Dafür ist ab Stellung eines Antrages auf Eröffnung des Insolvenzverfahrens der Rechtspfleger beim Insolvenzgericht zuständig (s. § 2 Rdn. 10 ff., 51).

c) Zustimmung zur Begleichung der dem Antrag zugrunde liegenden Forderung

Einheitliche Geltung für »starken« und »schwachen« vorläufigen Verwalter: 64

Will der **Schuldner** aus seinem Vermögen die dem Antrag zugrunde liegende **Forderung des Gläubigers begleichen**, prüft der vorläufige Verwalter in eigener Verantwortung, ob er seine Zustimmung erteilt (**a.A.** *AG Offenbach* ZInsO 2000, 624). Berücksichtigt wird dabei auch der Gesichtspunkt, dass nicht ein einzelner Gläubiger begünstigt werden soll, sondern eine gleichmäßige Begünstigung aller Gläubiger vorgesehen ist. Zahlungen ohne Zustimmung kommt keine Erfüllungswirkung zu (HambK-InsO/*Schröder* § 22 Rn. 37, 106). Eine Beendigung des Verfahrens durch Erledigungserklärung ist nicht möglich (s. § 13 Rdn. 277). Werden die Sicherungsmaßnahmen jedoch aufgehoben, entfällt die Unwirksamkeit für die Zukunft (s. § 24 Rdn. 23).

IV. Unternehmensfortführung (§ 22 Satz 2 Nr. 2, 1. Alt.)

1. Regelmäßige Geltung auch für den »schwachen« vorläufigen Verwalter

Grds. ist der »**starke**« vorläufige Insolvenzverwalter verpflichtet, ein vom Schuldner betriebenes Unternehmen bis zur Entscheidung über die Eröffnung des Insolvenzverfahrens fortzuführen. Die endgültige Entscheidung hat die Gläubigerversammlung zu treffen (§ 157 InsO). Diese Verpflichtung besteht nicht, wenn der Geschäftsbetrieb bereits eingestellt ist. Eine Verpflichtung zur Wiederaufnahme des Geschäftsbetriebes besteht nicht (s. Rdn. 82). In diesen Fällen wird das Insolvenzgericht 65 auch davon absehen, dem vorläufigen Verwalter die Verpflichtung zur Unternehmensfortführung aufzuerlegen (*AG Göttingen* DZWIR 1999, 439). Aus der **Verpflichtung zur Unternehmensfortführung** ergeben sich **weitergehende Rechte und Pflichten** als bei der Sicherung und Erhaltung des Vermögens des Schuldners, der kein Unternehmen (mehr) betreibt.

66 Mit der Unternehmensfortführung wird der »schwache« vorläufige Verwalter **nicht ausdrücklich beauftragt**. Ihn trifft die Pflicht zum Erhalt des Schuldnervermögens gem. § 22 Abs. 2 Satz 2 Nr. 1 InsO. **Faktisch** betreibt er aber in Zusammenarbeit mit dem Schuldner das Unternehmen, sofern möglich, weiter (HambK-InsO/*Schröder* § 22 Rn. 112 f.; *Laroche* NZI 2010, 965 [966]). Seine Rechtsstellung eignet sich auch für eine Unternehmensfortführung (a.A. HK-InsO/*Rüntz* § 22 Rn. 49). Der vorläufige Verwalter hat den Zugriff auf das Geld und damit faktisch die Entscheidungskompetenz und das Initiativrecht, wie die Praxis zeigt (s. § 21 Rdn. 76). Der »schwache« vorläufige Verwalter hat den Schuldner bei der Unternehmensfortführung zu überwachen (HambK-InsO/*Schröder* § 22 Rn. 112).

67 Neben den oben (Rdn. 34 ff.) aufgeführten Maßnahmen kommen **insbesondere folgende Maßnahmen** in Betracht, die sich in vier Gruppen aufteilen lassen:
 – Liquiditätsplanung (2.),
 – Liquiditätsbeschaffung und -sicherung (3.),
 – Fortführungstätigkeit (4.),
 – begleitende Tätigkeiten (5.).

Zum praktischen Vorgehen *Lauck* InsbürO 2009, 372.

2. Liquiditätsplanung

68 Einheitliche Geltung für »starken« und »schwachen« vorläufigen Verwalter:

Voraussetzung für eine zur **Verfahrenseröffnung** führende Tätigkeit ist eine **Liquiditätsplanung** (*Titz/Tötter* ZInsO 2006, 976; *Staufenbiel/Karlstedt* ZInsO 2010, 2059). Die Zahlungen für die Betriebsfortführung müssen sichergestellt sein, die Zahlen sind in kurzen Abständen zu aktualisieren, auch um eine Haftung gem. §§ 60, 61 InsO auszuschließen (s. § 21 Rn. 84 ff.; *Heyn* ZInsO 2006, 980 [989]).

3. Liquiditätssicherung

69 Einheitliche Geltung für »starken« und »schwachen« vorläufigen Verwalter:

Die zur Unternehmensfortführung erforderliche Liquidität ist regelmäßig nicht vorhanden. Es kommen **verschiedene Maßnahmen** (*Titz/Tötter* ZInsO 2006, 977) in Betracht:
 – **Vorfinanzierung von Insolvenzgeld** (*Heyn* ZInsO 2006, 980 [987 f.]; *Braun/Kupka* InsbürO 2007, 242 [253 f.]): Arbeitnehmer sind für die letzten drei Monate vor Eröffnung des Verfahrens gem. § 27 InsO oder Abweisung mangels Masse gem. § 26 InsO mit ihrem Lohnanspruch durch Insolvenzgeld abgesichert. Die Zahlung durch die Agentur für Arbeit erfolgt erst nachträglich nach Eröffnung/Abweisung. Bei Fortführungsprognose des vorläufigen Insolvenzverwalters bewilligt die Agentur für Arbeit regelmäßig eine Vorfinanzierung durch ein Kreditinstitut. Das Unternehmen kann bis zu drei Monaten lohnfrei arbeiten, wichtige Mitarbeiter erklären keine Kündigung. Einzelheiten s. Rdn. 106 ff.
 – **Einwerbung von Massebeiträgen von Absonderungsgläubigern** bereits im Eröffnungsverfahren: Der vorläufige Insolvenzverwalter verwertet das Umlaufvermögen, die Masse erhält einen Kostenbeitrag in Anlehnung an § 171 InsO (zur Möglichkeit einer Verwertungsabrede s. Rdn. 52 und Rdn. 76). Daneben besteht die Möglichkeit, eine Anordnung des Insolvenzgerichts gem. § 21 Abs. 2 Nr. 5 InsO zu beantragen (s. § 21 Rdn. 340 ff.).
 – **Aufnahme eines Massekredits:** Der vorläufige Insolvenzverwalter kann einen Massekredit aufnehmen. Kredite eines »starken« vorläufigen Insolvenzverwalters sind gem. § 55 Abs. 2 InsO zwar Masseverbindlichkeiten (*Wuschek* ZInsO 2012, 1294 [1296]), jedoch bleibt die Gefahr einer per-

sönlichen Inanspruchnahme des vorläufigen Insolvenzverwalters gem. § 61 InsO. Der »schwache« vorläufige Insolvenzverwalter muss sich eine Einzelermächtigung des Insolvenzgerichts erteilen lassen (*Wuschek* ZInsO 2012, 1294 [1296]; s. Rdn. 115).

Von größerer praktischer Bedeutung ist die Vereinbarung eines **unechten Massekredits**. Dabei werden vorhandene liquide Mittel, insbesondere aus dem Forderungseinzug, verwandt, die mit Absonderungsrechten belastet sind. Es erfolgt eine Vereinbarung zwischen Schuldner (mit Zustimmung des vorläufigen Insolvenzverwalters) und Zessionar. Darin wird die Verwendung der eingegangenen Gelder als zweckgebundener Kredit für die Betriebsfortführung vereinbart. Eine Absicherung erfolgt durch die Abtretung der von dem Unternehmen neu zu erwirtschaftenden den Forderungen, sog. revolvierende Globalzession (*Borchert/Frind* Betriebsfortführung im Insolvenzverfahren, Rn. 613).
– **Aufnahme eines persönliches Kredites**: Wird kein Massekredit für das schuldnerische Unternehmen gewährt, kann der vorläufige Insolvenzverwalter nur persönlich einen Kredit aufnehmen (vgl. *Uhlenbruck/Vallender* InsO, § 22 Rn. 29). Dieses Vorgehen stellt die ultima ratio dar. Er wird dies tun, wenn das Geld voraussichtlich während der Zeit der vorläufigen Insolvenzverwaltung zurückfließt. Der vorläufige Insolvenzverwalter lässt sich auf einem Anderkonto einen Überziehungskredit (z.B. von 10.000,– Euro) einräumen, um Material einkaufen sowie Telefon, Strom usw. bezahlen zu können. Ein persönlicher Kredit kommt auch in Betracht, wenn die Hausbank des Schuldners zwar einen Kredit einräumen will, die Sicherungslage aber problematisch ist (z.B. im Hinblick auf die Wirksamkeit von Sicherungsübereignungen/Sicherungsabtretungen). Zu persönlichen Haftungszusagen s. Rdn. 73, zur Haftung des vorläufigen Verwalters s. § 21 Rdn. 116 ff.

4. Fortführungstätigkeiten

Einheitliche Geltung für »starken« und »schwachen« vorläufigen Verwalter: 70

a) Bestandserfassung

Bei einer Fortführungstätigkeit ist sicherzustellen, dass der Anfangsbestand bei Beginn der vorläufigen Insolvenzverwaltung und der Bestand bei Eröffnung des Verfahrens erfasst sind. Dies kann auch durch eine Inventur geschehen (*Heyn* ZInsO 2006, 980 [989]). Die **Aus- und Absonderungsgläubiger sind gesondert zu erfassen**, damit das Sicherungsgut verwertet (s. Rdn. 50) und der Erlös zugeordnet werden kann. Zudem muss der Anfangsbestand geklärt sein im Hinblick darauf, dass Rechte an Forderungen und Vermögensgegenständen nicht mehr uneingeschränkt insolvenzfest erworben werden können (vgl. *Braun/Kupka* InsbürO 2007, 242 [247]). Bei nachfolgender Anordnung einer »starken« vorläufigen Verwaltung sind aus steuerlichen Gründen neue Kontenkreise anzulegen (*Braun/Kupka* InsbürO 2007, 242 [252]). 71

b) Sicherung Weiterbelieferung

Die Weiterbelieferung durch Gas-, Strom- und Wasserversorger (*Heyn* ZInsO 2006, 980 [989]) und übrige Lieferanten ist sicherzustellen (*Braun/Kupka* InsbürO 2007, 242 [247 f.]). Der »starke« vorläufige Insolvenzverwalter begründet Masseverbindlichkeiten gem. § 55 Abs. 2 Satz 1 InsO. Der »**schwache**« vorläufige Verwalter hat sicherzustellen, dass mit seiner Zustimmung vor Eröffnung begründete Forderungen vollständig ausgeglichen und nicht nach Eröffnung als einfache Insolvenzforderungen nur mit einer geringen Quote bedient werden. Dies kann **geschehen durch**: 72
– Einzelermächtigungen (s. Rdn. 114 ff., jedoch verbunden mit einem gewissen Aufwand),
– Aufstockung zum »starken« vorläufigen Insolvenzverwalter kurz vor Verfahrenseröffnung (erfasst sind aber nur die ab diesem Zeitpunkt begründeten Forderungen),
– Leistung von Barsicherheiten, Gewährung von Eigentumsvorbehaltsrechten (*Braun/Kupka* InsbürO 2007, 242 [251 f.] – in der Praxis nur bedingt umsetzbar),

– Einrichtung eines Treuhandkontos, auf dem der erforderliche Betrag separiert wird und die Gläubiger nach Eröffnung befriedigt werden. Dieses Modell wird in der Praxis häufig benutzt. Einzelheiten s. Rdn. 125.

c) Fortführung der Produktion

73 Darunter fällt nicht nur die Fertigstellung von Halbfabrikaten und deren Verkauf. Vielmehr darf der vorläufige Insolvenzverwalter **auch neue Verbindlichkeiten begründen**. Der vorläufige Insolvenzverwalter kann die zur Fortführung der Produktion benötigten Gegenstände einkaufen bzw. beziehen wie z.B. Energie. Es muss allerdings sichergestellt sein, dass die Neugläubiger aus den Erträgen des fortlaufenden Geschäftsbetriebes befriedigt werden, ggf. auch erst nach Eröffnung (*Haarmeyer/Wutzke/Förster* Handbuch 5/324). Für den Bezug existenznotwendiger Gegenstände wie Energie gibt der vorläufige Verwalter **persönliche Zahlungszusagen** jedenfalls dann ab, wenn die Begleichung aus Einnahmen sichergestellt scheint. Die Bereitschaft zu einer persönlichen Haftung muss eindeutig zum Ausdruck kommen; eine Bezeichnung in einer Vereinbarung als vorläufiger Verwalter genügt nicht (*OLG Frankfurt* NZI 2001, 151 [152] für den Sequester; s.a. § 21 Rdn. 122). Betriebsnotwendige Geräte sind zu warten und zu reparieren *(BGH* ZIP 2001, 296 [299]). Neue Arbeitnehmer dürfen eingestellt werden (HK-InsO/*Rüntz* § 22 Rn. 11). Zur Kündigung von Arbeitnehmern s. Rdn. 55.

74 **Forderungen von Gläubigern** darf der vorläufige Verwalter **erfüllen**, wenn dies im Interesse der Gläubigergemeinschaft insb. zur Fortführung erforderlich oder wenigstens zweckmäßig erscheint (*BGH* ZInsO 2004, 1353 [1355]).

d) Abschluss von Veräußerungsverträgen

75 Durch Abschluss von **Veräußerungsverträgen** mit Sicherungseigentümern und Eigentumsvorbehaltslieferanten kann die Aufrechterhaltung des Betriebes und Aufarbeitung von Halbfabrikaten ermöglicht werden, jedoch muss der vorläufige Insolvenzverwalter dafür sorgen, dass ein angemessener Anteil vom Wert des Fertigproduktes der Masse verbleibt. In diesen Fällen empfiehlt es sich, sofort nach Anordnung der Sicherungsmaßnahmen eine **Inventur** durchzuführen. Die Fertigprodukte können danach weiter veräußert werden, aus dem Erlös werden die Sicherungsnehmer alsbald befriedigt. Bei Verstößen kann sich der vorläufige Insolvenzverwalter schadensersatzpflichtig machen (s. § 21 Rdn. 122).

76 Der Abschluss von Veräußerungsverträgen dient auch der **Masseanreicherung** und der Verhinderung der Abweisung des Eröffnungsantrages mangels Masse (s. § 26 Rdn. 18). Bei Veräußerung von unter verlängertem Eigentumsvorbehalt gelieferter oder zur Sicherheit an Dritte übereigneter Ware bestimmt sich der **Anteil für die (spätere) Masse** regelmäßig auf den in § 171 InsO angeführten Satz von 9 %.; in der Praxis werden aber auch höhere Sätze vereinbart. Bei Einzug zur Sicherheit abgetretener Forderungen beträgt der Satz 10 % bis 25 % (s. Rdn. 52) oder 9 % in Anlehnung an die Regelung in §§ 166 Abs. 2, 170 Abs. 1, 171 InsO. Bei freihändiger Verwertung von Grundstücken liegt der Anteil zwischen 3 % und ca. 7 %. Davon sind zu unterscheiden die Beträge, die für Verwertungshandlungen nach Verfahrenseröffnung anfallen bei Verwertung mit Absonderungsrechten belasteter Gegenstände gem. § 171 InsO und bei Immobilien gem. §§ 174a, 10 Abs. 1 Nr. 1a ZVG.

77 Diese Maßnahmen halten sich noch im Rahmen der erlaubten Verwaltungstätigkeit im Rahmen der gebotenen Geschäftsfortführung. Eine Verwertung liegt nicht vor (*BGH* ZInsO 2003 318 [320]). Andererseits ist der Schuldner vor Vermögensverlusten zu schützen, solange die Eröffnung des Verfahrens noch nicht feststeht. Im Falle der Eröffnung soll der von der Gläubigerversammlung gem. § 157 InsO zu treffenden Entscheidung über den Fortgang des Verfahrens nicht vorgegriffen werden. Die Veräußerung einzelner Teile des Schuldnervermögens insb. zur Liquiditätsbeschaffung (s. Rdn. 87) ist zulässig. Die **Grenze zur** – unerlaubten – **Verwertung** ist überschritten, wenn *mehr als zur Erhaltung* erforderlich oder für eine spätere Betriebsfortführung wesentliche Vermögensbestandteile veräußert werden (*BGH* ZInsO 2011, 1465 Rn. 51; HK-InsO/*Rüntz* § 22

Rn. 12). Einen Ausnahmefall stellt die Veräußerung des gesamten Betriebes dar (s. Rdn. 86). Schadensersatzpflichtig macht sich der vorläufige Verwalter nur durch eine nicht optimale Verwertung (*Kirchhof* ZInsO 1999, 436 [438 f.]).

5. Begleitende Tätigkeiten

Einheitliche Geltung für »starken« und »schwachen« vorläufigen Verwalter: 78

Schon bei mittleren Verfahren besteht Interesse der (Lokal-)**Presse**. Es empfiehlt sich, dass das zur Information der Presse verpflichtete Insolvenzgericht (FK-InsO/*Schmerbach* § 21 Rdn. 389) auf den vorläufigen Insolvenzverwalter verweist, der über Einzelheiten und aktuelle Entwicklung auf dem Laufenden ist. Der vorläufige Insolvenzverwalter kann sich auch mit dem Schuldner an die Presse wenden, um die Ursachen der Insolvenz aus Schuldnersicht darzustellen und auf die Fortführung des Unternehmens verweisen. So werden Mitarbeiter, Kunden, Lieferanten beruhigt und Schäden durch unzutreffende Berichterstattung vermieden (*Titz/Tötter* ZInsO 2006, 976 [978]; weiter *Frind* NZI 2005, 654; *Huff* NZI 2005, 661; *Menz* ZInsO 2009, 708 [710]; *Schmittmann* ZInsO 2010, 2044).

Während des Eröffnungsverfahrens wird auch die **Prüfung der Sanierungsaussichten** vorangetrieben 79 (*Braun/Kupka* InsbürO 2007, 242 [250]; *Ehlers* ZInsO 2014, 53 [56 ff.]; s.a. Rdn. 91 ff.).

V. Unternehmensstilllegung (Satz 2 Nr. 2, 2. Alt.) und Betriebsveräußerung

Differenzierte Geltung für »starken« und »schwachen« vorläufigen Verwalter: 80

1. Definition

Eine Betriebsstilllegung liegt vor, wenn der Geschäftsbetrieb **eingestellt** wird. Das ist auch der Fall, 81 wenn nur noch Abwicklungsarbeiten durchgeführt werden (*BAG* NJW 1983, 1341; *Denkhaus* ZInsO 1999, 216 [217]). Von einer Betriebsstilllegung ist auch auszugehen, wenn das Unternehmen insgesamt veräußert wird (Rdn. 32, 33). Eine zustimmungsbedürftige Stilllegung liegt nach der Gesetzesbegründung auch dann vor, wenn das Unternehmen teilweise stillgelegt wird (BT-Drucks. 12/2443 S. 117). Dies ist z.B. der Fall, wenn von mehreren Filialen einige (unter Rentabilitätsgesichtspunkten) geschlossen werden (**a.A.** HambK-InsO/*Schröder* § 22 Rn. 64), **nicht aber** bei Einstellung einzelner Geschäftszweige (HK-InsO/*Rüntz* § 22 Rn. 28; *Uhlenbruck/Vallender* InsO, § 22 Rn. 31), z.B. bei Fortführung des Verkaufes und Einstellung des Reparaturbetriebes. Eine Stilllegung kann im Interesse der Gläubiger geboten sein, wenn ein Unternehmen erhebliche Verluste erwirtschaftet und keine Aussicht auf Sanierung besteht (BT-Drucks. 12/2443 S. 117; *AG Aachen* ZIP 1999, 1494 = EWiR 1999, 899 = NZI 1999, 279; *Uhlenbruck/Vallender* InsO, § 22 Rn. 33).

Eine feste Grenze – wie etwa eine Einbuße von 10 % (so HK-InsO/*Rüntz* § 22 Rn. 23) oder 25 % 82 (MüKo-InsO/*Haarmeyer* § 22 Rn. 114) – wird sich nicht ziehen lassen. Vielmehr ist eine **fallbezogene Beurteilung** erforderlich (HambK-InsO/*Schröder* § 22 Rn. 62; *Nerlich/Römermann-Mönning* InsO, § 22 Rn. 176). Erscheint eine spätere Sanierung möglich, sind auch sog. Anlaufverluste während der vorläufigen Betriebsfortführung hinzunehmen. Es ist jedoch zu beobachten, dass die Stilllegung die Ausnahme bleibt. In einem Teil der Fälle wird bei einem nicht sanierungsfähigen Unternehmen der Geschäftsbetrieb bei Antragstellung schon eingestellt sein. Eine Verpflichtung zur Wiederaufnahme des Geschäftsbetriebes besteht nicht (BK-InsO/*Blersch/Beth* § 22 Rn. 26; HK-InsO/*Rüntz* § 22 Rn. *18*). Wird das Unternehmen noch betrieben, wird der vorläufige Insolvenzverwalter häufig zunächst versuchen, es zumindest zeitlich begrenzt fortzuführen. Nicht zu unterschätzen ist noch der Druck der Arbeitnehmer und der gesicherten Gläubiger (vgl. *Bork* Rn. 104 Fn. 37). Für den vorläufigen Insolvenzverwalter wird es schwierig sein, unmittelbar nach Beauftragung festzustellen, ob erhebliche Verluste erwirtschaftet werden und keine Aussicht auf Sanierung besteht. Sobald dies feststeht, kann der Antrag häufig mangels Masse abgewiesen werden. Die Klärung, ob ein Vorschuss gezahlt wird (§ 26 Abs. 1 Satz 2 InsO), ist erforderlichenfalls beschleunigt herbeizuführen. Nach Eröffnung des Insolvenzverfahrens gilt § 158 InsO.

2. Zustimmungspflicht des Insolvenzgerichts zur Stilllegung

83 Auf Seiten des Insolvenzgerichts besteht die Schwierigkeit, aufgrund welcher Erkenntnisse der geplanten Betriebsstilllegung die Zustimmung erteilt werden kann. Die Entscheidung muss zügig ergehen. Die Einschaltung eines gesonderten Sachverständigen kommt daher nicht in Betracht (*Nerlich/Römermann-Mönning* InsO, § 22 Rn. 178). Daher kann nur eine **Plausibilitätsprüfung** erfolgen (ähnlich *AG Aachen* ZIP 1999, 1494 = EWiR 1999, 899 = NZI 1999, 279; *Nerlich/Römermann-Mönning* InsO, § 22 Rn. 177). Der vorläufige Insolvenzverwalter muss darlegen, dass das Unternehmen bei Fortführung erhebliche Verluste erwirtschaftet und keine Aussicht auf Sanierung besteht.

84 Das **Verfahren** gestaltet sich wie folgt: Der Schuldner sollte, sofern möglich, angehört werden (*MüKo-InsO/Haarmeyer* § 22 Rn. 119; *Pohlmann* Rn. 153). Die Einbeziehung der wichtigsten Gläubiger (so *Biner Bähr* EWiR 1999, 899 [900]) kommt schon aus Zeitgründen nicht in Betracht. Aus Beschleunigungsgründen kann sich eine mündliche Erörterung des zuvor dem Schuldner übersandten Berichtes des vorläufigen Insolvenzverwalters empfehlen (vgl. *AG Aachen* NZI 1999, 279). Ist diese Darlegung für das Insolvenzgericht nachvollziehbar, erteilt es seine Zustimmung (*MüKo-InsO/Haarmeyer* § 22 Rn. 115; *Uhlenbruck/Vallender* InsO, § 22 Rn. 36). Verweigert es seine Zustimmung, dürfte dies zu einer Haftungsfreistellung des vorläufigen Insolvenzverwalters führen (*BK-InsO/Blersch* § 22 Rn. 17; *HK-InsO/Rüntz* § 22 Rn. 83). Auch eine nachträgliche Zustimmung des Insolvenzgerichts bei bereits erfolgter Stilllegung entsprechend § 184 Abs. 1 BGB soll möglich sein (*Nerlich/Römermann-Mönning* InsO, § 22 Rn. 179). Ein derartiges Vorgehen ist aber für den vorläufigen Insolvenzverwalter mit einem Haftungsrisiko verbunden.

3. Geltung für »schwachen« vorläufigen Verwalter?

85 Der Schuldner bleibt Inhaber der Verwaltungs- und Verfügungsbefugnis. Eine Stilllegungsentscheidung kann der »**schwache**« vorläufige Insolvenzverwalter **nicht** treffen (*BAG* ZInsO 2000, 664 [667]). Ist der »schwache« vorläufige Insolvenzverwalter nicht einverstanden, ist **fraglich**, ob seine **Zustimmung** erforderlich ist, da es sich bei der Betriebsstilllegung nicht um eine Verfügung i.S.d. § 21 Abs. 2 Nr. 2, 2. Alt. InsO handeln dürfte (vgl. § 24 Rdn. 6 und *Wimmer-Amend* § 81 Rdn. 8). Dem Insolvenzgericht bleibt die Möglichkeit, ein allgemeines Verfügungsverbot gem. § 21 Abs. 2 Nr. 2, 1. Alt. InsO anzuordnen (*AG Nürnberg* EzInsR § 22 InsO Nr. 5) mit der Folge, dass auch die Verwaltungsbefugnis auf den vorläufigen Insolvenzverwalter übergeht, § 22 Abs. 1 Satz 1 InsO. Eine Zustimmung des Insolvenzgerichts ist bei Bestellung eines »schwachen« vorläufigen Insolvenzverwalters **nicht erforderlich** (a.A. *AG Hamburg* ZInsO 2005, 1056 [1057]; *HK-InsO/Rüntz* § 22 Rn. 47, der eine analoge Anwendung des § 157 InsO befürwortet; unentschieden *HambK-InsO/Schröder* § 22 Rn. 204 m.w.N.).

4. Betriebsveräußerung

86 Einheitliche Geltung für »starken« und »schwachen« vorläufigen Verwalter:

Die Rspr. sah einen **Sequester** als berechtigt an, unmittelbar vor Konkurseröffnung einer **Veräußerung** des Betriebes **zuzustimmen**, wenn dies eine wirtschaftlich vernünftige, im Interesse der Konkursgläubiger geradezu zwingend gebotene Maßnahme zur Sicherung des Schuldnervermögens darstellte (*OLG Düsseldorf* ZIP 1992, 344 [346] = EWiR 1992, 493; *Kilger/Karsten Schmidt* KO, § 106 Rn. 4). Dies gilt ebenso für die InsO (*AG Duisburg* ZIP 2002, 177; *BK-InsO/Blersch* § 22 Rn. 12; *HK-InsO/Rüntz* § 22 Rn. 27; *MüKo-InsO/Haarmeyer* § 22 Rn. 76 ff.). Im Ergebnis kommt die **Veräußerung** des gesamten Unternehmens jedoch einer **Stilllegung nahe**. Daher wurde anfangs vertreten, der vorläufige Insolvenzverwalter sollte sich durch eine Zustimmung des Insolvenzgerichts absichern (ebenso *MüKo-InsO/Haarmeyer* § 22 Rn. 79). Das Kriterium der Vermeidung einer erheblichen Vermögensminderung wurde als brauchbar angesehen, wie der vom *OLG Düsseldorf* (ZIP

1992, 344) entschiedene Fall zeigte, in dem bei Veräußerung von Geschäftseinrichtung nebst Warenlager vor Eröffnung aller Voraussicht nach ein fünfmal so hoher Erlös wie nach Eröffnung erzielt werden konnte. Grundsätzlich ist aber eine Veräußerung nach Verfahrenseröffnung vorzuziehen. Dort gilt zwar § 613a BGB, nicht aber §§ 25, 28 HGB (*Schmerbach/Staufenbiel* ZInsO 2009, 458 [463 f.]).

Die von der Praxis teilweise geforderte Möglichkeit einer Betriebsveräußerung bereits im Eröffnungsverfahren (vgl. *Schmerbach/Wegener* ZInsO 2006, 400 [407]) hat der Gesetzgeber nicht umgesetzt, vielmehr im zum 01.07.2007 in Kraft getretenen Vereinfachungsgesetz nur Regelungen in § 158 InsO für den Zeitraum zwischen Eröffnung und Berichtstermin geschaffen. Daher ist von einer **Unzulässigkeit im Eröffnungsverfahren** auszugehen (*Bitter/Rauhut* KSI 2007, 258 [259 f.]; *Schmerbach/Staufenbiel* ZInsO 2009, 458 [460]; zurückhaltend auch HambK-InsO/*Schröder* § 22 Rn. 41). Es steht noch nicht fest, ob ein Eröffnungsgrund vorliegt, ferner verfügt die Gläubigerschaft noch nicht über entscheidungsbefugte Organe (*Schmerbach* InsbürO 2008, 170 [172]). Der Übernahmevertrag kann allerdings schon vorbereitet und unmittelbar nach Verfahrenseröffnung unterzeichnet werden (*Schmerbach/Staufenbiel* ZInsO 2009, 458 [460]). 87

Die Veräußerung **einzelner Teile** des Schuldnervermögens hingegen kann durchaus noch im Rahmen der Unternehmensfortführung liegen, insbesondere, wenn durch den Erlös die notwendige Liquidität für die Fortführung erzielt wird (vgl. MüKo-InsO/*Haarmeyer* § 22 Rn. 73; *Uhlenbruck/Vallender* InsO, § 22 Rn. 45 ff.). Dazu ist der vorläufige Insolvenzverwalter ohne Zustimmung des Gerichts berechtigt. 88

VI. § 22 Abs. 1 Satz 2 Nr. 3

1. Allgemeines

Einheitliche Geltung für »starken« und »schwachen« vorläufigen Verwalter: 89

Der »starke« vorläufige Verwalter hat die Deckung der Verfahrenskosten im Hinblick auf § 26 InsO zu überprüfen und wird regelmäßig zusätzlich als **Sachverständiger** mit der Prüfung des Eröffnungsgrundes und bei noch ausgeübter Geschäftstätigkeit mit der Prüfung der Fortführungschancen beauftragt. Auch der »schwache« vorläufige Verwalter wird mit diesen Aufgaben als Sachverständiger betraut.

Die Vorschrift des § 22 Abs. 1 Nr. 3 führt damit **drei weitere Tätigkeitsfelder** für den vorläufigen Insolvenzverwalter auf. Zwingend ist die Prüfung, ob das Vermögen des Schuldners die **Kosten** des Verfahrens (§ 54 InsO) decken wird. Das Gericht wird den vorläufigen Insolvenzverwalter regelmäßig auch damit beauftragen, als Sachverständiger zu prüfen, ob ein Eröffnungsgrund (§ 16 InsO) vorliegt. Aus den Feststellungen, ob das Vermögen des Schuldners die Kosten des Verfahrens decken wird, lässt sich für den zum Sachverständigen bestellten vorläufigen Insolvenzverwalter regelmäßig ableiten, ob ein **Eröffnungsgrund** vorliegt. Durch Beauftragung als Sachverständiger wird zudem erreicht, dass der vorläufige Insolvenzverwalter auch bei Abweisung des Antrages mangels Masse (§ 26 InsO) nicht ohne jede Vergütung bleibt (BT-Drucks. 12/2443 S. 117), s. § 13 Rdn. 202, 203. 90

Betreibt der Schuldner ein Unternehmen, wird das Gericht den vorläufigen Insolvenzverwalter auch damit beauftragen, als Sachverständiger zu prüfen, welche **Aussichten** für eine **Unternehmensfortführung** bestehen (vgl. MüKo-InsO/*Haarmeyer* § 22 Rn. 96). Im Vordergrund steht nicht mehr die Verwertung des Schuldnervermögens, vielmehr kommt auch der Erhalt des Unternehmens im Rahmen des Insolvenzverfahrens in Betracht (§ 1 Satz 1 InsO). Darüber muss in dem spätestens drei Monate nach Eröffnung stattfindenden Berichtstermin (§ 29 Abs. 1 Nr. 1 InsO) die Gläubigerversammlung befinden (§ 157 Satz 1 InsO). Eine vernünftige Entscheidung auf gesicherter Tatsachengrundlage ist nur möglich, wenn möglichst frühzeitig mit der **Prüfung von Sanierungschancen** begonnen wird (HambK-InsO/*Schröder* § 22 Rn. 74 ff.), ggf. durch einen Insolvenzplan gem. §§ 216 ff. InsO oder eine übertragende Sanierung (s. Rdn. 102). 91

92 Ein Ziel der Insolvenzrechtsreform war ursprünglich, eine schnelle Verfahrenseröffnung zu erreichen. Nach den Vorstellungen des Rechtsausschusses des Bundestages kann durch die Prüfung der Fortführungsmöglichkeiten die **Eröffnung** des Verfahrens entsprechend **hinausgeschoben** werden. Dem Verwalter wird dadurch die Ausübung des Wahlrechts bei gegenseitigen Verträgen erleichtert, dessen Ausübung häufig von den Fortführungschancen des Unternehmens abhängt (BT-Drucks. 12/7302 S. 158). Durch die dem Richter eingeräumte Möglichkeit, die Eröffnung des Insolvenzverfahrens bis zum Abschluss der (ersten) Sanierungsprüfung aufzuschieben, selbst wenn die Voraussetzungen der Eröffnung schon vorher feststehen, wird der Praxis auch mittelbar erlaubt, vor der Verfahrenseröffnung den Zeitraum von drei Monaten auszuschöpfen, für den Insolvenzgeld (s. Rdn. 106) gezahlt wird (HambK-InsO/*Schröder* § 22 Rn. 72); dadurch kann zusätzliche Liquidität für die Fortführung des Unternehmens geschaffen werden (*Landfermann* BB 1995, 1649 [1652]; s. Rdn. 100).

2. Kostendeckung und Eröffnungsgrund

93 Einheitliche Geltung für »starken« und »schwachen« vorläufigen Verwalter:

a) Zweckmäßigerweise wird der vorläufige Insolvenzverwalter, der die Kostendeckung zu prüfen hat, **zugleich als Sachverständiger** beauftragt, ob ein Eröffnungsgrund vorliegt (Rdn. 89).

94 Zu prüfen ist zunächst, ob das Vermögen des Schuldners die Kosten des gesamten Verfahrens (und nicht nur die Kosten des Verfahrens bis zum Berichtstermin, wie im RegE vorgesehen) decken wird. Unter die **Kosten** fallen die in § 54 InsO aufgeführten Kosten des Insolvenzverfahrens. **Vermögen** ist die in § 35 InsO näher definierte Insolvenzmasse. Die Gesetzesbegründung stellt klar, dass das Insolvenzverfahren auch dann eröffnet werden kann, wenn das vorhandene Vermögen des Schuldners die Kosten nicht deckt, der fehlende Betrag aber auf dem Wege der Insolvenzanfechtung hinzugewonnen werden kann (BT-Drucks. 12/2443 S. 117). Die Prüfung, ob eine ausreichende Masse vorhanden ist, hat sich daher auch auf mögliche Anfechtungsansprüche zu erstrecken. In Betracht kommen **nicht nur** die in der Gesetzesbegründung ausdrücklich erwähnten **Anfechtungsansprüche** (§§ 129 ff. InsO).

95 Bei der GmbH ist beispielsweise zu prüfen, ob das **Stammkapital** eingezahlt und nicht wenig später wieder abgezogen worden ist. Bei der GmbH kommen weiter in Betracht Ansprüche gem. **§§ 9a, 31, 43, 64 GmbHG** (*Schmidt*/*Kuleisa* InsbürO 2009, 174). Zu beachten ist allerdings, ob die **Ansprüche werthaltig** sind. Lassen sich Ansprüche wegen Vermögenslosigkeit nicht realisieren, können sie nicht berücksichtigt werden. Besteht hingegen **Aussicht**, den **fehlenden Betrag hinzuzugewinnen,** ist der Antrag nicht gem. § 26 InsO mangels Masse abzuweisen, sondern das Verfahren zu eröffnen, damit der Insolvenzverwalter – ggf. nach Bewilligung von PKH durch das Prozessgericht – die Ansprüche geltend machen kann (s. i.E. § 26 Rdn. 46 ff.). Ein – ggf. zu bestellender – »starker« vorläufiger Verwalter kann aber schon vor Eröffnung PKH-Anträge bei dem Prozessgericht stellen und deren Ausgang abwarten. So können unnütze Eröffnungen vermieden werden (s. § 24 Rdn. 50).

96 Bei der **Ermittlung**, ob freie Masse vorhanden ist, darf sich der vorläufige Insolvenzverwalter nicht auf die Angaben des Schuldners verlassen (*Uhlenbruck*/*Vallender* InsO, § 22 Rn. 257). Vielmehr ist ein gewisser Spürsinn angezeigt. Die Vermögenssituation des Schuldners ist grundlegend zu ermitteln und zu überprüfen. Grundlagen sind – sofern vorhanden – Jahresbilanzen, Kontoauszüge und Belege, betriebswirtschaftliche Auswertungen, Verrechnungskonten und Belege, Nachweise über die Einzahlung des Stammkapitals, eingehende Post.

97 b) Mit der **Prüfung beauftragt** das Insolvenzgericht zweckmäßigerweise den **vorläufigen Insolvenzverwalter** als Sachverständigen, der einen wesentlichen Teil der Prüfung schon bei der Frage, ob die Kosten des Verfahrens gedeckt sind, vornimmt (MüKo-InsO/*Haarmeyer* § 22 Rn. 153). Auch wenn der Schuldner den Eröffnungsgrund beispielsweise der Zahlungsunfähigkeit einräumt, ist es Aufgabe des Sachverständigen, sich hiervon selbst zu überzeugen, da die Angaben nicht immer zutreffen (*Bolling* KTS 1990, 599 [604]). Bei einer GmbH bzw. GmbH & Co. KG sind durchaus Fälle denk-

bar, in denen auf eine Abweisung mangels Masse hingearbeitet und dadurch Gläubigeransprüche vereitelt werden sollen.

Die **Praxis** weist teilweise erhebliche **Defizite** bei der Ermittlung und Bewertung des schuldnerischen Vermögens auf (*Haarmeyer/Suvacarevic* ZInsO 2006, 953 [956 f.]). Hinweise auf typische Fehler bei *Haarmenger/Suvacarevic* ZInsO 2006, 953, Checkliste bei *Heyn* InsbürO 2005, 419. 98

3. Prüfung Aussichten einer Unternehmensfortführung

Einheitliche Geltung für »starken« und »schwachen« vorläufigen Verwalter: 99

Betreibt der Schuldner bei Antragstellung (noch) ein Unternehmen, wird das Insolvenzgericht den vorläufigen Insolvenzverwalter auch als Sachverständigen beauftragen, die Aussichten für eine Fortführung zu prüfen. Die Vorschrift ist auf Vorschlag des Rechtsausschusses des Bundestages eingefügt worden, da der Zeitraum vor der Verfahrenseröffnung zur **Prüfung von Sanierungschancen** genutzt werden sollte. Im Rahmen der Prüfung der Aussichten für eine Fortführung hat der vorläufige Insolvenzverwalter auch die Möglichkeit, Sanierungen vorzubereiten (BT-Drucks. 12/7302 S. 158). Das **Erfordernis** dafür ergibt sich zum einen daraus, dass in dem spätestens drei Monate nach Eröffnung anzuberaumenden Berichtstermin (§ 29 Abs. 1 Nr. 1 InsO) der Insolvenzverwalter die Aussichten des Erhaltes des schuldnerischen Unternehmens darzulegen (§ 156 InsO) und die Gläubigerversammlung daraufhin über die Stilllegung oder vorläufige Fortführung zu befinden hat (§ 157 InsO). Zur Fertigung des Sanierungskonzeptes soll dem Verwalter der volle Zeitraum von Beginn der Anordnung der Sicherungsmaßnahmen zur Verfügung stehen. Zum anderen ist die in § 22 Abs. 1 Satz 2 Nr. 2 InsO vorgesehene Unternehmensfortführung regelmäßig nur möglich, wenn dem vorläufigen Insolvenzverwalter ein entsprechender Massekredit eingeräumt wird. Solche Massekredite werden von den Banken aber nur vergeben, wenn ein plausibles Zukunftskonzept vorgelegt werden kann.

Nach den weiteren Ausführungen des Rechtsausschusses kann durch die entsprechende Beauftragung des vorläufigen Insolvenzverwalters die Eröffnung des Verfahrens hinausgeschoben und eine **zu schnelle Eröffnung vermieden** werden mit dem Vorteil, dass dem Verwalter die Ausübung des Wahlrechts bei gegenseitigen Verträgen erleichtert wird und er sie von dem Ausgang der Fortführungsprüfung abhängig machen kann (BT-Drucks. 12/7302 S. 158). Mittelbar wird auf diese Weise der Praxis erlaubt, vor der Verfahrenseröffnung auch den Zeitraum von drei Monaten für die Zahlung von Insolvenzgeld (s. Rdn. 106) auszuschöpfen und so zusätzliche Liquidität für das Unternehmen zu schaffen (*AG Hamburg* ZIP 2001, 1885 = EWiR 2001, 1099; ZInsO 2004, 630 [631]; *Landfermann* BB 1995, 1649 [1652]; str., s. Rdn. 92, s.a. § 27 Rdn. 14). 100

Der auch als Sachverständige beauftragte vorläufige Insolvenzverwalter muss über erhebliche betriebswirtschaftliche Kenntnisse verfügen und eine gründliche Durchleuchtung des schuldnerischen Vermögens vornehmen (*Obermüller* Rn. 139). Dieser anspruchsvollen Aufgabe entsprechen die Vergütungssätze des JVEG (s. Rdn. 174 ff.) in keiner Weise. Aufgabe des Sachverständigen ist es, eine **Unternehmensanalyse** zu erstellen. 101

Dazu hat er:
- die Unternehmensstammdaten zu erfassen,
- Vermögensübersichten aufzustellen,
- Krisenursachen und Krisensymptome zu analysieren,
- Finanzpläne zu erstellen,
- Planliquiditätsrechnungen zu fertigen,
- die Ergebnisse dahin auszuwerten, ob Aussichten für eine Fortführung des Unternehmens bestehen,
- und bejahendenfalls ein Sanierungskonzept zu erarbeiten (vgl. *Obermüller* Rn. 139).

Zum Umfang beim **Eigenverwaltungs-/Schutzschirmverfahren** gem. §§ 270a, 270b InsO s. die dortige Kommentierung. Die Sanierung durch Insolvenzplan (§§ 217 ff. InsO) spielte bisher nur 102 eine untergeordnete Rolle. Im **Vordergrund** steht die **übertragende Sanierung** (*Braun/Kupka* InsbürO 2007, 242 [250]; *Schmerbach/Staufenbiel* ZInsO 2009, 458). Der Vertragsschluss erfolgt unmittelbar nach Eröffnung schon im Eröffnungsverfahren unter der Bedingung der Eröffnung (*Bitter/Rauhut* KSI 2007, 197 [198]; *Schmerbach* InsbürO 2008, 170 [172]).

VII. Spezialfragen

1. Sicherungszweck/Insolvenzzweckwidrigkeit

103 Nach der Gesetzesbegründung darf der vorläufige Insolvenzverwalter seine Befugnisse »nur insoweit ausüben, als es der Zweck der Vermögenssicherung bis zur Entscheidung über die Verfahrenseröffnung erfordert« (vgl. § 22 Abs. 1 Satz 2 Nr. 1 InsO); dazu kann z.B. auch der Notverkauf verderblicher Waren gehören (BT-Drucks. 12/2443 S. 116). Daraus darf aber **nicht** gefolgert werden, dass der Gesetzgeber die Tätigkeit des vorläufigen Insolvenzverwalters auf eine **bloße Sicherung** beschränken will. Die nach außen hin weite **Stellung** des vorläufigen Insolvenzverwalters mit Übergang der Verwaltungs- und Verfügungsbefugnis wird **nicht durch einen Sicherungszweck begrenzt** (ebenso A/G/R-*Sander* § 22 InsO Rn. 47; MüKo-InsO/*Haarmeyer* § 22 Rn. 26). Der Zweck der Vermögenssicherung lässt sich jedoch beispielsweise nicht auf den Notverkauf verderblicher Waren begrenzen. Die Gesetzesbegründung (BT-Drucks. 12/2443 S. 117) führt dieses Beispiel nur im Rahmen des § 22 Abs. 1 Satz 2 Nr. 1 bei der Sicherung und Erhaltung des schuldnerischen Vermögens an.

104 Bei **laufendem Geschäftsbetrieb** ist der vorläufige Insolvenzverwalter jedoch weiter verpflichtet, das Unternehmen grds. fortzuführen (§ 22 Abs. 1 Satz 2 Nr. 2). Sicherung und Erhaltung des Vermögens bestehen in diesem Fall auch darin, dass der Geschäftsbetrieb aufrechterhalten wird. Dazu ist es regelmäßig erforderlich, Erzeugnisse aus der laufenden Produktion zu veräußern. Zielsetzung der Gesetzesreform ist jedoch, der zunehmenden Massearmut der Verfahren entgegenzuwirken, mehr Verfahren zu eröffnen und statt Liquidation die Sanierungsmöglichkeiten zu verstärken. Dies kann nur erreicht werden, wenn eine Verminderung des Schuldnervermögens im Eröffnungsverfahren verhindert wird, was regelmäßig erfordert, den Geschäftsbetrieb fortzuführen.

105 **Nichtig** nach den Grundsätzen des Missbrauchs der Vertretungsmacht (*Pohlmann* Rn. 104) auch gegenüber Dritten sind **ausnahmsweise** Maßnahmen, die offensichtlich nicht vom Zweck der vorläufigen Verwaltung gedeckt sind (*BGH* ZInsO 2002, 577 [579]; HK-InsO/*Rüntz* § 22 Rn. 36) wie Schenkungen, Einräumung einer vorrangigen Befriedigungsmöglichkeit auf nicht bevorrechtigte Forderungen (MüKo-InsO/*Haarmeyer* § 22 Rn. 22) oder vollständige Erfüllung einer Insolvenzforderung (*Pape* ZInsO 2007, 293 [296]). Einzelheiten *Pape* ZInsO 2016, 2149.

2. Vorfinanzierung von Insolvenzgeld

106 Einheitliche Geltung für »starken« und »schwachen« vorläufigen Verwalter:

Die **Betriebsfortführung** in der Eröffnungsphase wird häufig erst durch die Vorfinanzierung von Insolvenzgeld ermöglicht. Der Betrieb kann – für einen begrenzten Zeitraum – frei von Personalkosten geführt und die dabei erzielte Wertschöpfung zur späteren Masse gezogen werden (*Wimmer* ZIP 1997, 1635 [1636]). Darüber hinaus werden spezialisierte, nicht ohne weiteres zu ersetzende Arbeitskräfte im Betrieb gehalten. In Ausnahmefällen kann der vorläufige Verwalter auch nach Ablauf des Insolvenzgeldzeitraums Lohnzahlungen erbringen (s. Rdn. 59). Übersichten bei *Lauck* InsbürO 2008, 415; *Wiesmeier* InsbürO 2009, 187; *Geißler* ZInsO 2013, 531; *Cranshaw* ZInsO 2013, 1493; *Kannengießer* InsbürO 2013, 83 zu den Änderungen zum 01.04.2012; *Hunold* NZI 2015, 785; Einzelheiten s. bei *Mues* Anh. zu § 113 InsO.

107 Die **Vorfinanzierung** spielt eine wichtige Rolle, da der vorläufige Verwalter gem. § 22 Abs. 1 Nr. 2 zur Betriebsfortführung verpflichtet ist (*Wimmer* ZIP 1997, 1635 [1636]). Arbeitnehmern steht für die letzten drei Monate vor Eröffnung (s. § 30 Rdn. 44) bzw. Ablehnung der Eröffnung mangels Masse (s. § 26 Rdn. 133) oder Beendigung ihres Arbeitsverhältnisses ein Anspruch auf **Insolvenz-**

geld gem. §§ 165 ff. SGB III gegen die Agentur für Arbeit zu, die allerdings bei laufendem Arbeitsverhältnis keinen Vorschuss zahlt (§ 168 SGB III; s.a. *Mues* Anh. zu § 113). Eine vorläufige Zahlung von Insolvenzgeld vor Verfahrenseröffnung gem. § 328 SGB III ist nicht zulässig (*SG Aachen* ZIP 1999, 1397 = EWiR 1999, 809; *LSG Nordrhein-Westfalen* ZIP 2000, 1119 = EWiR 2000, 785). Dauert die auf einem früheren Insolvenzereignis beruhende Zahlungsunfähigkeit an, tritt kein neues Insolvenzereignis i.S.d. § 183 SGB III a.F./§ 165 SGB III n.F. ein (*BSG* NZI 2013, 454 m. krit. Anm. *Rein* und abl. Anm. *Cranshaw* ZInsO 2013, 1493 [1497]; *BSG* ZVI 2015, 425).

Gem. § 170 Abs. 4 SGB III (s.a. *Mues* Anh. zu § 113) ist die Übertragung oder Verpfändung zur **108** Vorfinanzierung durch einen Dritten (regelmäßig ein Kreditinstitut) von der **Zustimmung der Agentur für Arbeit** abhängig. Die Zustimmung darf nur erteilt werden, wenn Tatsachen die Annahme rechtfertigen, dass durch die Vorfinanzierung der Arbeitsentgelte ein erheblicher Teil der Arbeitsplätze erhalten bleibt (Neue Geschäftsanweisung für die Arbeitsagenturen zur Vorfinanzierung von Insolvenzgeld, ZInsO 2006, 1137). Dazu bedarf es u.a. eines Gutachtens des vorläufigen Insolvenzverwalters mit einer nachvollziehbaren Fortführungsprognose.

Die Vorfinanzierung ist auch bei vorläufiger Eigenverwaltung gem. **§ 270a InsO und** im Schutz- **109** schirmverfahren (**§ 270b InsO**) möglich (DA der Bundesagentur für Arbeit zu §§ 187, 188 SGB III – Gültigkeitszeitraum 20.03.2012 bis 19.03.2014, ZIP 2012, 699; *Cranshaw* ZInsO 2013, 1493 [1497]). Im Hinblick auf §§ 270a Abs. 2, 270b Abs. 4 InsO verbleibt ein Risiko der vorfinanzierenden Bank. Zudem bestehen Unklarheiten über die Möglichkeit der Verbindung von Masseverbindlichkeiten bei § 270a-Verfahren (s. Rdn. 116). Im Fall einer Ermächtigung gem. § 270b Abs. 3 InsO stellen Entgeltansprüche der Arbeitnehmer zwar Masseverbindlichkeiten dar, es gilt jedoch § 55 Abs. 3 InsO (*Geißler* ZInsO 2013, 531 [536 f.]).

Bei Verweigerung der Zustimmung wird nach einer Abweisung mangels Masse ebenfalls Insolvenz- **110** geld (s. § 26 Rdn. 133) zu zahlen sein (*Himmelsbach/Thorfeld* Gegen die Verschärfung des Begriffes der Zahlungsunfähigkeit nach § 17 II InsO, NZI 2001, 11 [14]). **Die Praxis nutzt den Insolvenzgeldzeitraum voll aus**. Wegen der Einzelheiten siehe die Durchführungsanweisungen der BA zum Insolvenzgeld (s. *Mues* Anh. zu § 113 Rdn. 50 ff. und *Gebauer* ZInsO 2002, 716 mit Muster einer Vereinbarung zur Vorfinanzierung.

Bei nur **wenigen Arbeitnehmern** erfolgt allerdings häufig keine Zustimmung der Agentur für Arbeit **111** bzw. ist selten eine Bank zur Vorfinanzierung des Insolvenzgeldes bereit. Der vorläufige Verwalter kann in diesen Fällen für die jeweilige Hausbank der Arbeitnehmer eine Bescheinigung ausstellen, dass Insolvenzgeld zu erwarten ist, damit eine Überziehung des Girokontos gestattet wird.

Insolvenzgeldansprüche kommen auch in Betracht für nach Antragstellung, aber vor Eröffnung be- **112** gründete Arbeitsverhältnisse (*LSG Sachsen* NZI 2015, 522; *LSG Baden-Württemberg* NZI 2016, 647).

Haftungsgefahren für den »starken« vorläufigen Insolvenzverwalter drohen nicht. **§ 55 Abs. 3** **113** **InsO** stuft die Ansprüche als Insolvenzforderungen ein.

3. Einzelermächtigung des »schwachen« vorläufigen Verwalters/Sachwalters

Bei einem allgemeinen Zustimmungsvorbehalt entstehen aus Rechtsgeschäften des Schuldners, de- **114** nen der vorläufige Verwalter zustimmt, **grundsätzlich keine Masseverbindlichkeiten** (*BGH* NZI 2002, 543 [544 ff.] = EWiR 2003, 919; HK-InsO/*Rüntz* § 22 Rn. 53). Auch eine Umgehung mit der Folge der Anwendbarkeit des § 55 Abs. 2 InsO liegt nicht vor (BK-InsO/*Blersch* § 22 Rn. 27; *Kirchhof* ZInsO 1999, 365 [368 f.]; *Förster* ZInsO 1999, 332 f.; *Jaffé/Hellert* ZIP 1999, 1204 ff.; **a.A.** *Bork* ZIP 1999, 781 [785 f.]; *Ahrendt/Struck* ZInsO 1999, 450 ff.).

Seit der Grundsatzentscheidung des BGH aus dem Jahr 2002 ist geklärt, dass das Insolvenzgericht **115** den »schwachen« vorläufigen Verwalter **ermächtigen** kann, Masseverbindlichkeiten einzugehen (*BGH* NZI 2002, 543 [546] = EWiR 2003, 919; HK-InsO/*Rüntz* § 22 Rn. 53; *Uhlenbruck/Vallender* InsO, § 22 Rn. 9). Dadurch bleibt die »schwache« vorläufige Insolvenzverwaltung praktikabel (s.

§ 22 InsO   Rechtsstellung des vorläufigen Insolvenzverwalters

FK-InsO/*Schmerbach* § 21 Rdn. 76). Der »schwache« vorläufige Insolvenzverwalter kann sogar verpflichtet sein, eine Einzelermächtigung einzuholen zur optimalen Verwertung von Sicherungsgut. Andernfalls macht er sich schadensersatzpflichtig (s. § 21 Rdn. 120).

116 Bei der **Eigenverwaltung** kann dem Schuldner eine Einzelermächtigung erteilt werden, wenn ein Antrag gem. § **270b InsO** vorliegt (*BGH* ZInsO 2016, 903 Rn. 4). Umstritten ist, ob im vorläufigen Eigenverwaltungsverfahren gem. § **270a InsO** der Schuldner (*OLG Dresden* ZInsO 2015, 2273; *AG Köln* ZInsO 2012, 790 = EWiR 2012, 359: *AG München* ZIP 2012, 1470; *LG Duisburg* NZI 2013, 91 m. zust. Anm. *Andres*; *Gutmann/Laubereau* ZInsO 2012, 1861 [1864 f.]; *Klink* ZInsO 2014, 365 [371]) bzw. der vorläufige Sachwalter (*AG Hamburg* ZIP 2012, 787 = EWiR 2012, 361) zu ermächtigen ist, oder ob beide Möglichkeiten ausscheiden (*AG Fulda* ZIP 2012, 1471). Erwogen wird, die Befugnis entsprechend § 275 InsO an die Zustimmung des vorläufigen Sachwalters zu knüpfen (*AG Köln* ZInsO 2012,790 = EWiR 2012, 359). Teilweise wird eine Ermächtigung des Schuldners für überflüssig gehalten (*AG Montabaur* ZInsO 2013, 397; *Frind* ZInsO 2012, 1099 [1102]). Teilweise wird auch erwogen, dem eigenverwaltendem Schuldner und dem vorläufigen Sachwalter einen schwachen vorläufigen Insolvenzverwalter an die Seite zu stellen und diesen zur Eingehung bestimmter Masseverbindlichkeiten zu ermächtigen (*Graf-Schlicker* ZInsO 2013, 1765 [1767]). Dem steht aber § 270b Abs. 2 Satz 3 InsO entgegen. Denkbar ist auch eine Einzelermächtigung zur Kündigung von Arbeitsverhältnissen. Einzelheiten s. bei *Foltis* § 270a.

117 In diesem Fall dürfte auch eine **persönliche Haftung des vorläufigen Insolvenzverwalters** gem. § 21 Abs. 2 Nr. 1 i.V.m. § 61 InsO in Betracht kommen (s. § 21 Rdn. 131). Das *AG Hamburg* (ZInsO 2004, 1270) hält sogar eine Ermächtigung zur Eingehung von Masseverbindlichkeiten für zulässig, die im Falle der Anzeige der Masseunzulänglichkeit als Neumasseverbindlichkeiten zu behandeln sind (**a.A.** HK-InsO/*Rüntz* § 22 Rn. 54). Beim vorläufigen Sachwalter scheidet eine Haftung aus, da § 274 Abs. 1 InsO nicht auf § 61 InsO verweist (*Frind* ZInsO 2012, 1099 [1102]).

118 Allerdings kann das Insolvenzgericht den vorläufigen Insolvenzverwalter **nur** ermächtigen, **einzelne**, im Voraus genau festgelegte **Verpflichtungen** zu Lasten der späteren Insolvenzmasse einzugehen (*BGH* NZI 2002, 543 [546] = EWiR 2003, 919; krit. *Prütting/Stickelbrock* ZIP 2002, 1608 [1611]). Es genügt nicht die Ermächtigung, »für den Schuldner zu handeln« (*BGH* NZI 2002, 543 [546] = EWiR 2003, 919), ihn allgemein zur Vornahme von Rechtsgeschäften zu ermächtigen (so *AG Duisburg* ZIP 2002, 1700 = ZInsO 2002, 885 m. abl. Anm. *Pape*) oder ihm das Recht zur Ausübung der Arbeitgeberbefugnisse zu übertragen (*OLG Saarbrücken* ZInsO 2014, 1914 = InsbürO 2015, 25). Bis zur Grundsatzentscheidung des BGH vom 18.07.2002 über die Unzulässigkeit pauschaler Ermächtigungen ergangene Beschlüsse genießen aber Bestandsschutz und sind nicht nichtig (*BGH* ZInsO 2005, 804). Eine nachträgliche Genehmigung wird abgelehnt (*AG Montabaur* ZInsO 2013, 397 [398]). In der **Praxis** wird von der Einzelermächtigung **zurückhaltend Gebrauch** gemacht (Zahlen aus dem AG-Bezirk Göttingen s. § 21 Rdn. 375).

119 Das Verfahren kann dadurch vereinfacht werden, dass dem Gericht der Antrag als Datei übersandt wird (Heidelberger Leitlinien, ZInsO 2009, 1848 Nr. 5). Die Einzelmaßnahmen werden dem bewilligenden Beschluss eingefügt oder als Anlage beigefügt. Vorschläge zur »technischen« Abwicklung: Entschließung BAKinso 15./16.11.2010 zur Absicherung von sog. »Weiterlieferern« bei Betriebsfortführung im Eröffnungsverfahren, ZInsO 2011, III. Eine Haftung des Insolvenzgerichts scheidet aus (s. Rdn. 122).

120 Teilweise werden die **Anforderungen an die Einzelermächtigung** auch **eingeschränkt** und für zulässig gehalten:
– eine Gruppenermächtigung zum Eingehen von Verpflichtungen gegenüber einer Mehrzahl von Lieferanten (*OLG Naumburg* ZIP 2014, 1452 m. krit. Anm. *Stahlschmidt* EWiR 2014, 597),
– »Projektermächtigungen« zur Durchführung eines bestimmten Projektes wie eines Bauvorhabens (vgl. *Laroche* NZI 2010, 965 [968]); auch als beschränkte Gruppenermächtigung (MüKo-InsO/*Haarmeyer* § 22 Rn. 70) bezeichnet,

- »Bündelermächtigungen« in Form einer Zusammenfassung von Einzelermächtigungen (vgl. *Laroche* NZI 2010, 965 [968]),
- Übertragung eines bestimmten Geschäftsbereiches (*Kirchhof* ZInsO 2004, 57 [60]; krit. *Louven/Böckmann* NZI 2004, 128 [129]).

Einzelermächtigungen sind zur Sicherstellung der Zahlung von vor Eröffnung begründeten Verbindlichkeiten durchaus **geeignet** (a.A. *Stapper/Schädlich* ZInsO 2011, 249 [253 f.]). Der vorläufige Verwalter muss eine Liquiditätsplanung erstellen, aus der er die Daten übertragen kann. Ansonsten bleibt als Ausweg die Ermächtigung zur Aufnahme eines Massekredites (*Laroche* NZI 2010, 965 [968]).

Eine Einzelermächtigung kommt **nicht** in Betracht (*AG Hannover* ZInsO 2016, 1953): 121
- zur Umgestaltung einer als Insolvenzforderung entstandenen Forderung als Masseverbindlichkeit,
- zu einem Anerkenntnis des vorläufigen schwachen Insolvenzverwalters hinsichtlich streitiger Insolvenzforderungen,
- zur Genehmigung eines Verzichtes auf die Geltendmachung von Forderungen.

Für eine **Haftung des Insolvenzrichters** fragt sich, ob die Vorlage einer Liquiditätsvorschau, deren 122 Überprüfung und nach Anordnung eine fortlaufende Kontrolle erforderlich sind. Dem ist entgegenzuhalten, dass eine Einzelermächtigung ein Minus im Vergleich zur Anordnung einer »starken« vorläufigen Insolvenzverwaltung bedeutet. Eine weitergehende Kontrolle als in diesem Fall ist nicht erforderlich (*Horstkotte/Martini* ZInsO 2010, 750). Zudem nimmt das Insolvenzgericht die Angaben des Verwalters nur zur Kenntnis, überprüft sie aber nicht und ist dazu auch nicht in der Lage bzw. verpflichtet. Allenfalls eine Plausibilitätsprüfung kann erfolgen (*Laroche* NZI 2010, 965 [969]). Bei falscher Information kommt eine Haftung nicht in Betracht (vgl. *BGH* ZIP 1985, 423).

Aufgrund einer Einzelermächtigung begründete Verbindlichkeiten sind entsprechend § 55 Abs. 2 123 InsO **Masseverbindlichkeiten**. Für Verbindlichkeiten aus einem Steuerverhältnis folgt dies schon aus § 55 Abs. 4 InsO.

In der **Praxis** sorgt der »**schwache**« vorläufige Verwalter bei Fehlen einer Einzelermächtigung regel- 124 mäßig dafür, dass zumindest ein Großteil der Rechnungen vor Eröffnung beglichen wird. Waren werden zudem unter Eigentumsvorbehalt geliefert. Im Übrigen kann die **Zahlung** für zukünftige Leistungen **sichergestellt** werden über das Modell des **Treuhandkontos** (s. Rdn. 125). Ansonsten wird der Verwalter bei weiteren Insolvenzen keine Vorausleistungen der Gläubiger mehr erwarten dürfen. Bei Vorschusszahlungen ist nicht sicher, dass die Gegenleistung tatsächlich erbracht wird. Der vorläufige Verwalter kann aber auch eine **Zahlungszusage** abgeben (*Wiester* NZI 2003, 632 [634]; *Marotzke* ZInsO 2003, 113 [114]; **abl.** *Bork* ZIP 2003, 1421 [1423]; *Pape* ZInsO 2003, 1061 [1067]).

4. Treuhandkonten

Die zur Begleichung von Lieferantenrechnungen aus der Eröffnungsphase bei »schwacher« vorläu- 125 figer Insolvenzverwaltung (sog. **unechte Masseverbindlichkeiten**) benötigten Gelder können auf einem **Treuhandkonto** hinterlegt und so von der (zukünftigen) Masse getrennt werden (vgl. HK-InsO/*Kirchhof* § 22 Rn. 60; *Uhlenbruck/Vallender* InsO, § 22 Rn. 242; *Heidrich/Prager* NZI 2002, 653 [655]; *Bork* ZIP 2003, 1421 [1423 f.]; *Förster* ZInsO 2003, 785; *Frind* ZInsO 2003, 778 und ZInsO 2004, 470; *Stapper/Schädlich* ZInsO 2011, 249 [256]; *Ganter* NZI 2012, 433). **Erforderlich** ist dies, wenn z.B. die Rechnungen des Lieferanten nicht mehr vor Eröffnung des Verfahrens eingehen (*Heyn* ZInsO 2006, 980 [987]). In Betracht kommt dies weiter bei Baugeld (*Heidland* ZInsO 2010, 737 [748 f.]). Diese Handhabung ist vom Zweck des Insolvenzverfahrens und der Rechtsprechung des BGH gedeckt (*Undritz* NZI 2003, 136 [141]; *Tetzlaff* EWiR 2003, 1091; *Marotzke* ZInsO 2004, 178 [182 ff.] und ZInsO 2004, 721; offen *Kübler/Prütting/Bork-Pape* InsO, § 22 Rn. 94; *Pape* ZInsO 2003, 1061 [1062 f.]; **a.A.** noch *AG Hamburg* ZIP 2003, 43 [44 f.] und ZInsO 2003, 816 m. abl. Anm. *Undritz* NZI 2003, 136 und *Tetzlaff* EWiR 2003, 1091; grundsätzlich für zulässig haltend nunmehr *AG Hamburg* ZInsO 2004, 517 und 1270 und in den »Hamburger Leitlinien« ZInsO 2004, 24; *Windel* ZIP 2009, 101).

126 **Teilweise** wird die **Zustimmung des Insolvenzgerichts** für **erforderlich gehalten** (*AG Hamburg* ZInsO 2005, 447 [448]; Entschließung BAKinso 15./16.11.2010 zur Absicherung von sog. »Weiterliefern« bei Betriebsfortführung im Eröffnungsverfahren, ZInsO 2011, IV; MüKo-InsO/*Haarmeyer* § 22 Rn. 71). Die Ermächtigung ergibt sich konkludent aus der Anordnung (FK-InsO/*Schmerbach* § 21 Rdn. 78), dass der vorläufige Verwalter über die Konten des Schuldners verfügen kann (HambK-InsO/*Schröder* § 22 Rn. 166a). **Teilweise** wird auch eine **nachträgliche Genehmigung verweigert** (*AG Hamburg* ZInsO 2006, 218 [219]) bzw. eine Abstimmung mit dem Insolvenzgericht gefordert und auf eine Prüfung durch das Insolvenzgericht im Rahmen der Rechnungslegungspflicht gem. § 66 Abs. 2 Satz 1 InsO verwiesen (*Heyrath/Reck* ZInsO 2009, 1678 [1682]).

127 Das Treuhandkonto kann in Form des **Sonderkontos** errichtet werden (HambK-InsO/*Schröder* § 22 Rn. 166a; *Schulte-Kaubrügger* ZIP 2011, 1400 [1405]). Dem **Anderkonto** wird die **Eignung abgesprochen**, da eingehende Zahlungen nicht in das Schuldnervermögen, sondern in das Vermögen des Kontoinhabers persönlich fallen (HambK-InsO/*Schröder* § 22 Rn. 166a). Allerdings ist die Entscheidungsfreiheit des vorläufigen Insolvenzverwalters zu respektieren (*Büttner* ZInsO 2012, 2309 [2318]).

128 Bei der **Auszahlung** handelt es sich um ein – der Anfechtung entzogenes – **Bargeschäft** (*Leithaus* NZI 2001, 124 [125]; *Uhlenbruck/Vallender* InsO, § 22 Rn. 242). Bei der Festsetzung der Vergütung des vorläufigen Insolvenzverwalters ist der Bestand des Treuhandkontos für die Wertberechnung zu berücksichtigen (str., s. § 21 Rdn. 148).

129 Ein Bereicherungsanspruch wegen rechtsgrundloser Zahlung auf das Treuhandkonto eines vorläufigen Insolvenzverwalters besteht nur gegen den Verwalter (*BGH* ZIP 2015, 1179).

5. Lastschriftwiderruf

a) Überblick

130 Inzwischen einheitliche (Nicht)Geltung für »starken« und »schwachen« vorl. Verw. sowie endgültigen Verwalter. Die früher unbeschränkt bestehende Möglichkeit des sog. Lastschriftwiderrufes durch den vorläufigen Insolvenzverwalter ist inzwischen entfallen.

b) Funktionsweise Lastschriftverkehr

131 Das sog. Lastschriftverfahren dient der **vereinfachten Abwicklung** im bargeldlosen Zahlungsverkehr unter anfänglicher Ausschaltung des Zahlungspflichtigen. Ursprünglicher Regelungsort war das Abkommen über den Lastschriftverkehr vom 01.02.2002, dass Rechtswirkungen nur zwischen den beteiligten Kreditinstituten erzeugte (A/G/R-*Sander* § 22 InsO Rn. 104). Der Zahlungsempfänger (Gläubiger) ließ über sein Kreditinstitut (erste Inkassostelle) vom Konto des Zahlungspflichtigen (Schuldner) bei dessen Kreditinstitut (Zahlstelle) den Lastschriftbetrag einziehen. **Grundlage** für den Einzug war eine dem Zahlungsempfänger (Gläubiger) vom Zahlungspflichtigen (Schuldner) erteilte Ermächtigung (**Einzugsermächtigung**).
Davon zu **unterscheiden** ist ein von dem Zahlungspflichtigen (Schuldner) der Zahlstelle zu Gunsten des Zahlungsempfängers (Gläubigers) erteilter schriftlicher Auftrag (**Abbuchungsauftragslastschrift**).

132 Zum **31.10.2009** ist die **Verbraucherkreditrichtlinie** umgesetzt worden (A/G/R-*Sander* § 22 InsO Rn. 104). Es gelten im Verhältnis Kreditinstitut (Zahlstelle) – Kunde (Schuldner):
– für bis zum 31.10.2009 begonnene Zahlungsvorgänge:
– die Vorschriften über den Geschäftsbesorgungsvertrag gem. §§ 675, 670 ff. BGB,
– die ergänzenden Bestimmungen der ABG der Banken/Sparkassen in der bis zum 30.10.2009 geltenden Fassung
– für **ab dem 31.10.2009 begonnene Zahlungsvorgänge:**

– die Vorschriften der §§ 675c ff. BGB,
– die Sonderbedingungen für den Lastschriftverkehr Fassung Februar 2016.

c) §§ 675c ff. BGB

In den **ab dem 31.10.2009** begonnenen Zahlungsvorgängen gelten die §§ 675c ff. BGB. Sie ermöglichen im Deckungsverhältnis zwischen Schuldner (Zahlungspflichtigem) und Schuldnerbank (Zahlstelle) eine von der früher geltenden Genehmigungstheorie abweichende Vereinbarung. Folge ist, dass dem **(vorläufigen) Insolvenzverwalter** eine **Nichtgenehmigung nicht mehr möglich** ist, vielmehr **nur Anfechtungsansprüche** gem. §§ 129 ff. InsO in Betracht kommen (*BGH* ZIP 2010, 1556 Rn. 18; A/G/R-*Sander* § 22 InsO Rn. 119). 133

§ 675j Abs. 1 Satz 1 BGB bestimmt, dass der Zahler/Schuldner dem Zahlungsvorgang zustimmen muss (Autorisierung). Die **Autorisierung** kann gem. § 675j Abs. 1 Satz 2 BGB vorab (Einwilligung) oder nachträglich (Genehmigung) erfolgen. 134

d) SEPA-Lastschriftabkommen seit dem 09.07.2012

Eine nachträgliche Genehmigung wie beim bisherigen Lastschriftverfahren ist nicht mehr erforderlich. Der Schuldner hat unter den Voraussetzungen des § 675x BGB ohne Angaben von Gründen einen Anspruch auf **Rückbuchung innerhalb von acht Wochen ab** dem Zeitpunkt der **Belastung**. Der Statusanspruch besteht sogar bis zu 13 Monaten, wenn die Belastung ohne gültiges SEPA-Mandat erfolgte. Voraussetzung für den Beginn des Fristablaufs ist die Darstellung der Buchung im Kontoauszug (*Braun* InsbürO 2013, 476 [477]). Dieser Anspruch wird allerdings als **nicht in die Insolvenzmasse fallend** angesehen in analoger Anwendung des § 377 Abs. 1 BGB (*BGH* ZIP 2010, 1556 Rn. 30). 135

Erfolgt die Zahlung aber durch das auf Europaebene neu eingeführte SEPA-Lastschriftverfahren, ist die **Zahlung bereits vorab** gem. § 675n Abs. 1 Satz 1 BGB mit Erteilung des SEPA-Lastschriftmandats **autorisiert** gem. Abschn. C. und D. jeweils Nr. 2.2.1 (*BGH* ZIP 2010, 1556 Rn. 17; A/G/R-*Sander* § 22 InsO Rn. 119). 136

Durch die Änderung der Einzugsermächtigungslastschriftbedingungen ist das **Einzugsermächtigungsverfahren** an das neu geschaffene **SEPA-Basis-Lastschriftverfahren** so **stark angeglichen** worden, dass es sich davon nicht mehr unterscheidet (*Nobbe* ZIP 2012, 1937 [1946]). Weiter kann der Zahlungsempfänger eine Einzugsermächtigung als SEPA-Basis-Lastschriftmandat nutzen, so dass es den Zahlungsempfängern erspart wird, die Zahlungspflichtigen in einer unüberschaubaren Zahl von Fällen um die Ersetzung einer bestehenden Einzugsermächtigung durch ein ausdrückliches SEPA-Basis-Lastschriftmandat zu bitten (*Nobbe* ZIP 2012,1937 [1946]). 137

Neben dem SEPA-Basis-Lastschriftverfahren existiert noch das **SEPA-Firmen-Lastschriftverfahren**, das nur geringe Unterschiede aufweist (*Braun* InsbürO 2013, 476 [478]; *Priebe* InsbürO 2014, 6 [13]). 138

e) Unterschied zum herkömmlichen Lastschriftabkommen

Der entscheidende Unterschied zum herkömmlichen Lastschriftverfahren besteht darin, dass das Widerspruchsrecht nicht in die Insolvenzmasse fällt (Rdn. 133, 135). Es kann daher **nicht mehr wie früher vom (vorläufigen) Insolvenzverwalter geltend gemacht** werden insbesondere auch ohne Vorliegen anerkennenswerter Gründe. Eine Massegenerierung scheidet aus. Es bleiben nur noch Anfechtungsansprüche (Rdn. 133). 139

f) Abbuchungslastschrift

Bei der Abbuchungslastschrift ermächtigt der Schuldner nicht nur den Gläubiger zum Einzug des Geldbetrags. Zusätzlich weist er seine Bank (Zahlstelle) an, mit der Abbuchungslastschrift sein Konto zu belasten und den Lastschriftauftrag an die Gläubigerbank (erste Inkassostelle) zu übermit- 140 teln (Abschn. B Nr. 2.2.1). Eingelöst ist diese Lastschrift, wenn die Belastungsbuchung nicht spätestens am 2. Bankarbeitstag nach ihrer Vornahme rückgängig gemacht wird (Abschn. B Nr. 2.4.2). Der **Erstattungsanspruch** gem. § 675x BGB ist damit **ausgeschlossen** (A/G/R-*Sander* § 22 InsO Rn. 118).

6. Anfechtung

141 **Differenzierte** Geltung für »starken« und »schwachen« vorläufigen Verwalter:

Bei Anfechtungen von Rechtshandlungen des vorläufigen Verwalters ist zu **differenzieren** zwischen »starkem« und »schwachem« vorläufigen Insolvenzverwalter. Das Recht zur Anfechtung von Rechtshandlungen eines Gläubigers steht nur dem (endgültigen) Insolvenzverwalter im eröffneten Verfahren zu (s. Rdn. 31).

142 Begründet der (»**starke**«) vorläufige Verwalter gem. § 55 Abs. 2 InsO Masseschulden, kann der (endgültige) Verwalter diese Rechtshandlungen **nicht** gem. §§ 129 ff. InsO **anfechten** (HK-InsO/*Kirchhof* § 22 Rn. 39). Es sind aber **Ausnahmen** denkbar (*OLG Dresden* ZInsO 2005, 1221; *AG Bielefeld* DZWIR 2005, 167; *AG Hamburg-St. Georg* DZWIR 2005, 392; *Kübler/Prütting/Bork-Pape* InsO, § 22 Rn. 97 ff.; *Spliedt* ZInsO 2007, 405 [406 f.]). Ebenso kann er nicht sein Wahlrecht gem. § 103 InsO dahin ausüben, dass er die Erfüllung des Vertrages ablehnt (*Hoenig/Meyer-Löwy* ZIP 2002, 2162 [2165]).

143 Rechtsgeschäfte des »**schwachen**« vorläufigen Verwalters können vom (endgültigen) Verwalter gem. §§ 129 ff. **angefochten** werden (*BGH* ZInsO 2003, 420; HK-InsO/*Rüntz* § 22 Rn. 57; *Kübler/Prütting/Bork-Pape* InsO, § 22 Rn. 101 ff.). Die typische Fallkonstellation besteht darin, dass ein Lieferant als Voraussetzung für weitere Belieferung die Begleichung auch der vor Anordnung der vorläufigen Insolvenzverwaltung entstandenen Altschulden verlangt.

144 **Ausgeschlossen** ist eine Anfechtung bei:
– **Bargeschäften** (§ 142 InsO), falls nicht ein Fall des § 133 InsO vorliegt;
– **Ermächtigung** des »schwachen« vorläufigen Verwalters zur Eingehung von Masseverbindlichkeiten (*Uhlenbruck/Vallender* InsO, § 22 Rn. 239; vgl. auch *OLG Hamm* ZIP 2002, 676 m. zust. Anm. *Fritsche* DZWIR 2002, 324), falls nicht ein Ausnahmefall vorliegt (s. Rdn. 142);
– **Treuwidrigkeit im Einzelfall**. Faktisch schafft der »schwache« vorläufige Insolvenzverwalter durch seine Zustimmung einen Vertrauenstatbestand, der eine Anfechtung ausschließt (*OLG Koblenz* NZI 2010, 862; *OLG Saarbrücken* ZInsO 2014, 1914 = InsbürO 2015, 25). Das Gleiche gilt bei einer Zusage, im eröffneten Verfahren nicht anfechten zu wollen (*BGH* ZInsO 2013, 551 Rn. 16 ff.). Der »schwache« vorläufige Insolvenzverwalter muss seine Berechtigung zu einer Anfechtung darlegen. Diese kann sich aus einem Vorbehalt der Anfechtung und Rückforderung ergeben (*BGH* NZI 2005, 218 m. Anm. *Leithaus* = EWiR 2005, 511). Fehlt es daran, gibt aber der »schwache« vorläufige Insolvenzverwalter seinen ursprünglichen Widerstand gegen die Zustimmung aufgrund der Marktmacht des Gläubigers auf, ist eine Anfechtung möglich (*BGH* NZI 2006, 227 m. Anm. *Leithaus* = EWiR 2006, 349; ZInsO 2013, 551 = EWiR 2013, 389). Ein Vertrauenstatbestand kann auch fehlen, wenn der Gläubiger keine weiteren Leistungen mehr für den Schuldner erbringt (*BAG* ZInsO 2005, 388 [389] m. zust. Anm. *Stiller* ZInsO 2005, 529 = EWiR 2005, 735).

VIII. Weitere Wirkungen

145 Zu den **sonstigen Wirkungen** hinsichtlich:
– Verschwiegenheitpflicht von Zeugen s. § 5 Rdn. 21;
– Einsichtsrecht in Strafakten s. § 5 Rdn. 32 ff.;
– Wirkung des Beschlusses als Vollstreckungstitel s. § 23 Rdn. 31 ff.;
– Geltung der §§ 81, 82 InsO s. § 24 Rdn. 3 ff.;
– Geltung der §§ 85 Abs. 1 Satz 1, 86 InsO s. § 24 Rdn. 28 ff.

- Verpflichtung des Schuldners zur Abgabe der eidesstattlichen Versicherung s. § 24 Rdn. 53 f.;
- Direktanspruch eines geschädigten Dritten gegen den Versicherer bei Bestellung eines vorläufigen Insolvenzverwalters über das Vermögen des Versicherungsnehmers § 115 Abs. 1 Satz 1 Nr. 2 VVG (ebenso bei Abweisung mangels Masse, s. § 26 Rdn. 132);
- Grundbuchsperre s. § 32 Rdn. 31;
- Steuerrecht s. Rdn. 195 und § 24 Rdn. 55;
- Gewerbeuntersagungsverfahren s. § 24 Rdn. 57;
- Auslandsvermögen s. unten Rdn. 198; wegen der Wirkungen im Ausland s.a. Art. 18, 38 der am 31.05.2002 in Kraft getretenen EG-Verordnung (Text NZI 2000, 407) über Insolvenzverfahren (dazu *Wimmer* ZInsO 2001, 97 [99, 102]).

C. Verfahrensmäßiger Ablauf

a) Die Anordnung von Sicherungsmaßnahmen wie Einsetzung eines vorläufigen Insolvenzverwalters darf **nicht** von der Zahlung eines **Vorschuss**es abhängig gemacht werden (s. § 21 Rdn. 30), ebenso nicht die Beauftragung eines Sachverständigen gem. § 17 Abs. 3 GKG. 146

b) Sind die **Aussichten der Unternehmensfortführung** zu prüfen, ist darauf zu achten, dass der mit dem vorläufigen Insolvenzverwalter regelmäßig identische Sachverständige über die erforderlichen Kenntnisse (vgl. Rdn. 101) verfügt. 147

c) Die **Beauftragung** des vorläufigen Insolvenzverwalters **als Sachverständiger** erfolgt zweckmäßigerweise in dem Beschluss, in dem Sicherungsmaßnahmen angeordnet und der vorläufige Insolvenzverwalter bestellt wird. § 4 InsO i.V.m. § 404 Abs. 2 ZPO bestimmt, dass eine Anhörung der Parteien erfolgen kann. Darauf verzichtet die Praxis regelmäßig, anders als in größeren Verfahren bei der Bestellung eines vorläufigen Insolvenzverwalters. Ergibt sich erst später, dass die Aussichten einer Unternehmensfortführung zu prüfen sind, ergeht ein gesonderter Beschluss. Dieser ist den Beteiligten zu übersenden, aber nicht öffentlich bekanntzumachen. Der Beschluss ist nicht anfechtbar (s. § 21 Rdn. 24). 148

d) I.d.R. ist es **nicht erforderlich**, dass das Gericht dem vorläufigen Insolvenzverwalter für seine Tätigkeit als Sachverständiger gem. § 404a Abs. 1 ZPO **Weisungen** erteilt. Ähnlich wie beim vorläufigen Insolvenzverwalter (§ 21 Abs. 2 Nr. 1, § 58 InsO) übt das Gericht die Aufsicht aus. Es achtet insbesondere darauf, dass das Gutachten innerhalb einer angemessenen Frist erstellt wird und lässt sich ggf. durch Zwischenberichte informieren. 149

e) Ein Sachverständiger kann **entlassen** werden, wenn er z.B. telefonisch wegen Urlaubs nicht erreichbar und kein Vertreter ansprechbar ist (*AG Essen* NZI 2004, 275). 150

f) Die Sachverständigentätigkeit endet mit einem **Abschlussbericht** (s. Rdn. 169), für den dem Sachverständigen ein **Entschädigungsanspruch** (s. Rdn. 174 ff.) zusteht. 151

D. Sachverständiger

I. Stellung des Sachverständigen allgemein

a) Der Sachverständige ist berechtigt und verpflichtet, alle zur Aufklärung des Sachverhaltes **erforderlichen Ermittlungen anzustellen** (HK-InsO/*Rüntz* § 5 Rn. 11). Ist er – wie regelmäßig – identisch mit dem vorläufigen Insolvenzverwalter, stehen ihm auch die Rechte nach § 22 Abs. 3 InsO zu. Die Qualifikationsanforderungen entsprechen dem eines (vorläufigen) Insolvenzverwalters. Inzwischen gibt es bei der IHK das Bestellungsgebiet des öffentlich bestellten und vereidigten Sachverständigen für Insolvenzuntersuchungen (*Gäbler/Hey* ZInsO 2013, 2092). 152

b) Da Sicherungsmaßnahmen allerdings erst nach Zulassung des Antrages getroffen werden können, hat er von der Zulässigkeit auszugehen. Kommen dem Sachverständigen jedoch **Zweifel wegen der Zulässigkeit** des Antrages (z.B. im Hinblick auf die örtliche Zuständigkeit gem. § 3 InsO), sollte der 153

Sachverständige unverzüglich Kontakt mit dem Gericht aufnehmen und das weitere Vorgehen abstimmen. In geeigneten Fällen kann der Sachverständige auch mit der Überprüfung der örtlichen Zuständigkeit beauftragt werden (*Jungmann* DZWIR 2002, 363 [365]).

154 c) Der Sachverständige ist zwar verpflichtet, das Gutachten höchstpersönlich zu erstatten und darf seine Aufgaben nicht delegieren. Gestattet ist ihm aber die Zuziehung von **Hilfskräften** gem. § 407a Abs. 2 Satz 2 ZPO, wie auch § 12 Abs. 1 Satz 2 Nr. 1 JVEG zeigt. Die persönliche Verantwortung darf nicht ausgeschlossen sein (*Vallender* ZInsO 2010, 1457 [1461]). Üblich ist die Hinzuziehung von Industriegutachtern zur Bewertung des schuldnerischen Mobiliarvermögens (*Wiester/Wilk* NZI 2007, 12). Die Erstellung eines Inventarverzeichnisses und einer Gläubiger- und Schuldnerliste wird regelmäßig Hilfskräften übertragen. Der Sachverständige kann auch die vorbereitende Ausarbeitung des Gutachtens Mitarbeitern überlassen, muss aber den gesamten Inhalt einer eigenverantwortlichen Prüfung und Bewertung unterziehen (*Hofmann* ZIP 2006, 1080 [1082]).

155 d) Ein Anspruch des **Schuldners**, dass der Sachverständige mit ihm den **Inhalt des Gutachtens erörtert**, besteht zwar nicht, da der Sachverständige vom Gericht beauftragt ist. In geeigneten Fällen empfiehlt es sich allerdings, dass der Sachverständige das Gutachten vor seiner endgültigen Erstellung und Übersendung an das Gericht mit dem Schuldner bespricht. Etwaige Einwendungen des Schuldners können so bereits berücksichtigt und eine Verfahrensverzögerung verhindert werden.

156 e) Zu einer **Auskunftserteilung** an sonstige Beteiligte ist der Sachverständige weder berechtigt noch verpflichtet (MüKo-InsO/*Schmahl/Vuja* § 16 Rn. 66). Auftraggeber des Sachverständigen ist das Gericht, diesem gegenüber ist der Sachverständige zur Auskunft berechtigt und verpflichtet. Auch nach Abschluss des Verfahrens ist eine Auskunftserteilung oder Weitergabe von Unterlagen an Dritte nicht zulässig (s. § 4 Rdn. 107). Hinsichtlich des Auskunftsanspruchs des Schuldners s. Rdn. 155, hinsichtlich des rechtlichen Gehörs s. Rdn. 169.

157 f) Eine **Ablehnung wegen Besorgnis der Befangenheit** (§§ 406, 42 ZPO) findet nicht **statt**. Mit einem Sachverständigen im Zivilprozess, der abgelehnt werden kann, ist der im Eröffnungsverfahren bestellte Sachverständige nicht vergleichbar. Während im Zivilprozess dem Sachverständigen konkret gefasste Beweisfragen vorgegeben sind, entscheidet der Sachverständige im Insolvenzeröffnungsverfahren eigenverantwortlich, welche konkreten Fragen entscheidungserheblich sind. Die Ablehnung eines Sachverständigen ist daher unzulässig (*AG Göttingen* ZInsO 2000, 347 und ZInsO 2007, 720; *LG Frankfurt/O.* ZInsO 2006, 107 [108]; wohl auch *BGH* NZI 2007, 284; HK-InsO/*Rüntz* § 4 Rn. 17; MüKo-InsO/*Ganter* § 4 Rn. 42; *Uhlenbruck/I. Pape* InsO, § 4 Rn. 14; *Graeber* NZI 2002, 345 [346]; *Vallender* ZInsO 2010, 1457 [1460 f.]; a.A. *LG München I* ZInsO 2001, 813 [815]; MüKo-InsO/*Schmahl* § 16 Rn. 54).

158 Hinzu kommt, dass **vorläufiger Insolvenzverwalter und Sachverständiger regelmäßig identisch** sind. Der vorläufige Insolvenzverwalter kann aber wegen Besorgnis der Befangenheit nicht abgelehnt werden. Dann ist es nur konsequent, wegen der mit der Tätigkeit als vorläufiger Insolvenzverwalter eng zusammenhängenden Tätigkeit als Sachverständiger das Recht zur Ablehnung wegen Besorgnis der Befangenheit auszuschließen. Erforderlichenfalls wird das Insolvenzgericht aber einen anderen Sachverständigen ernennen (§§ 404 Abs. 1 Satz 3, 360 Satz 2 ZPO).

159 Wegen Besorgnis der Befangenheit abgelehnt werden kann **aber** ein Sachverständiger, dem die Prüfung der Schlussrechnung übertragen ist (s. § 4 Rdn. 44).

160 g) Eine **Haftung** des Sachverständigen besteht gem. § 839a BGB nur bei Vorsatz oder grober Fahrlässigkeit (*Uhlenbruck* InsO, § 22 Rn. 227). Das *OLG Köln* (ZIP 2004, 919 = EWiR 2004, 607) bejaht einen Schadensersatzanspruch eines antragstellenden Insolvenzgläubigers gegen einen Sachverständigen, der einen vom Schuldner zur Begleichung der Forderung erhaltenen Geldbetrag an andere Insolvenzgläubiger auskehrt. Bei gleichzeitiger Bestellung zum vorläufigen Verwalter richtet sich die Haftung nur gem. § 60 InsO (s. § 21 Rdn. 118). Andere Haftungsvorschriften wie §§ 823 Abs. 2, 826 BGB sind nur anwendbar, wenn die Haftung nicht mit Fehlerhaftigkeit des Gutachtens begründet wird (*Vallender* ZInsO 2010, 1457 [1468]).

II. »Isolierter« Sachverständiger

161 Möglich ist auch die Bestellung eines Sachverständigen nicht auf der Grundlage des § 22 Abs. 1 Nr. 3 InsO, sondern gem. §§ 5 Abs. 1 Satz 2, 4 InsO i.V.m. §§ 402 ff. ZPO (*Wessel* DZWIR 1999, 230). Dies kommt in Betracht, wenn vermögensschädigende oder masseminderne Handlungen nicht zu befürchten sind (*Haarmeyer/Wutzke/Förster* Handbuch 3/180). Unter Beachtung des **Grundsatzes der Verhältnismäßigkeit** (s. § 21 Rdn. 30) genügt in **Kleinverfahren** (z.B. Antrag eines Sozialversicherungsträgers, Eigenantrag bei eingestelltem Geschäftsbetrieb) häufig die Bestellung eines **Sachverständigen** (vgl. *AG Göttingen* ZInsO 2002, 592 [594]). Bei einem **Eigenantrag** kann zusätzlich eine Anordnung gem. § 21 Abs. 2 Nr. 3 InsO getroffen werden. Im Hinblick auf die Möglichkeit der (späteren) Anordnung von weiteren Sicherungsmaßnahmen (§ 21 InsO) sind an die Person des Sachverständigen die gleichen Anforderungen zu stellen, wie an einen vorläufigen Verwalter gem. § 21 Abs. 2 Nr. 1 i.V.m. § 56 InsO (MüKo-InsO/*Schmahl/Vuja* § 16 Rn. 54; *Uhlenbruck/Vallender* InsO, § 22 Rn. 4). Bestehen Anhaltspunkte für Regressansprüche gegen den Insolvenzverwalter, kann zur Abklärung vor Bestellung eines Sonderinsolvenzverwalters zunächst ein Sachverständiger bestellt werden (§ 21 Rdn. 86).

162 Bestehen Zweifel an der örtlichen Zuständigkeit, kann der Sachverständige auch mit der **Überprüfung der örtlichen Zuständigkeit** beauftragt werden (*Jungmann* DZWIR 2002, 363 [365]). Kommen dem Sachverständigen Zweifel wegen der Zulässigkeit des Antrags (z.B. im Hinblick auf die örtliche Zuständigkeit gem. § 3 InsO), sollte der Sachverständige unverzüglich Kontakt mit dem Gericht aufnehmen und das weitere Vorgehen abstimmen.

163 **Ausnahmsweise** kann ein **allgemeines Verfügungsverbot** ohne Bestellung eines vorläufigen Insolvenzverwalters, aber mit Bestellung eines Sachverständigen, verhängt werden (s. § 21 Rdn. 80).

164 Der Sachverständige wird beauftragt mit der **Prüfung** des **Vorliegens eines Eröffnungsgrundes** (§ 16 InsO) **und einer die Kosten des Verfahrens deckenden Masse** (§ 26 InsO). Ihm wird aufgegeben, Mitteilung zu machen, falls Sicherungsmaßnahmen erforderlich sind. Der Sachverständige kann auch (gem. § 21 Abs. 1 InsO) ermächtigt werden, bei Dritten Auskünfte über die Vermögenslage des Schuldners einzuholen (str., s. § 5 Rdn. 21). Weiter kann dem Sachverständigen eine Frist zur Erstattung des Gutachtens gesetzt und ihm eine Stellungnahme zur Anwendbarkeit der §§ 304 ff. InsO aufgegeben werden. Die Rechte des § 22 Abs. 3 InsO stehen dem »isolierten« Sachverständigen nicht zu (*OLG Jena* ZInsO 2011, 732 [733]). Erteilen der Schuldner oder Dritte nicht die erforderlichen Auskünfte, setzt das Insolvenzgericht auf Antrag des Sachverständigen einen Anhörungstermin fest (§ 20 Satz 2 InsO). Erscheint der Schuldner nicht, kann Haftbefehl ergehen (§§ 20 Satz 2, 98 InsO). Dies gilt nicht beim Eigenantrag einer natürlichen Person (str., s. § 20 Rdn. 25). Der Sachverständige haftet gem. § 839a BGB nur für Vorsatz und grobe Fahrlässigkeit (s. Rdn. 160).

165 Ein **isolierter Sachverständiger** kann auch beauftragt werden mit der **Überprüfung** der Voraussetzungen für:
– die Einsetzung eines vorläufigen Gläubigerausschusses gem. § 22a InsO (s. § 22a Rdn. 45, 47),
– eine Eigenverwaltung gem. §§ 270 ff. InsO (*Frind* ZInsO 2012, 1546 [1550 ff.]); zweifelnd *Vallender* ZInsO 2010, 1457 [1459]).

166 Im Vorfeld der Prüfung von (Schadensersatz)Ansprüchen gegen den Insolvenzverwalter kann zunächst ein **Sondersachverständiger** bestellt werden, dessen Entlohnung (häufig kostengünstiger) nach dem JVEG erfolgt.

167 Gem. § 6 Abs. 1 InsO ist der Beschluss **nicht anfechtbar** (*BGH* ZIP 1999, 319; ZVI 2003, 590; *LG Potsdam* DZWIR 2000, 255; *Uhlenbruck/Pape* InsO, § 5 Rn. 12). Dies gilt weiter nach dem Änderungsgesetz 2001. § 21 Abs. 1 Satz 2 InsO greift nicht ein. Die Bestellung eines »isolierten« Sachverständigen erfolgt nicht gem. § 21 Abs. 1 InsO, sondern gem. §§ 5 Abs. 1 Satz 2, 4 InsO i.V.m. §§ 402 ff. ZPO. Eine Ausnahme gilt, wenn das Gericht dem Sachverständigen Befugnisse einräumt, die nach dem Gesetz nur einem vorläufigen Insolvenzverwalter zustehen (*Vallender* ZInsO 2010, 1457 [1458]). Eine sofortige Beschwerde ist analog § 21 Abs. 1 Satz 2 InsO zulässig (*BGH* ZInsO

2005, 550). Eine Ablehnung des Sachverständigen wegen Besorgnis der Befangenheit ist nicht möglich (*AG Göttingen* ZInsO 2000, 347; s. Rdn. 157).

168 Im Übrigen gelten die obigen Ausführungen Rdn. 152–160.

III. Gutachten

169 Die Tätigkeit des vorläufigen Insolvenzverwalters endet mit einem Gutachten. Dafür **setzt** das Insolvenzgericht eine **Frist**, überwacht die Einhaltung und verlängert sie erforderlichenfalls. Im Gutachten legt der Sachverständige dar, welche Maßnahmen er getroffen hat, wie sich die geschäftliche Entwicklung der Schuldnerin gestaltete, wie sich der Vermögensstatus darstellt und ob eine die Kosten des Verfahrens deckende Masse vorhanden ist.

170 Erforderlich ist auch die Feststellung des (**ungefähren**) **Zeitpunktes des Eintritts der Insolvenzreife** z.B. im Hinblick auf Anfechtungsansprüche gem. §§ 129 ff. InsO (*Haarmeyer* ZInsO 2009, 1273 [1279]). Dies ist von Bedeutung für staatsanwaltschaftliche Ermittlungen (*Weyand* ZInsO 2008, 242). Bei entsprechender Beauftragung äußert er sich weiter als Sachverständiger zum Eröffnungsgrund und zur Frage, welche Aussichten für eine Unternehmensfortführung bestehen. In diesem Rahmen können auch die Ursachen der Insolvenz, bereits getroffene Sanierungsmaßnahmen und die Möglichkeit einer Sanierung dargelegt werden (vgl. *Graeber* InsbürO 2004, 26).

171 Weiter kann für den **Fall der Eröffnung** dargelegt werden, wie der **weitere Gang des Verfahrens** ablaufen und welche Maßnahmen getroffen werden sollen. Gläubiger und Schuldner erhalten ggf. Gelegenheit zur Stellungnahme (s. § 26 Rdn. 84 ff. und § 27 Rdn. 23). Hat der Sachverständige das Gutachten mit dem Schuldner erörtert und erhebt dieser keine Einwendungen, ist dem Anspruch des Schuldners auf rechtliches Gehör genügt (KS-InsO/*Vallender* 2000, Rn. 50).

172 Der Sachverständige kann auch über das Verhalten des Schuldners im Eröffnungsverfahren wahrheitsgemäß berichten, allerdings nicht in beleidigender Form (*BGH* NZI 2009, 604 [605]).

173 An den **Inhalt** des Gutachtens sind **hohe Anforderungen** zu stellen. Das Insolvenzgericht hat zu überprüfen, dass alle in Betracht kommenden Vermögensansprüche erfasst werden. Das ist häufig nicht der Fall (*Haarmeyer/Suvacarevic* ZInsO 2006, 953 [956 f.]). Hinweise auf typische Fehler bei *Haarmeyer/Suvacarevic* ZInsO 2006, 953, *Haarmeyer* ZInsO 2009, 1355; zu den Anforderungen *Franke/Böhme* InsbürO 2005, 242, *Vallender* ZInsO 2010, 1457 [1464 ff.]; Checkliste bei *Heyn* InsbürO 2005, 419 und *Empfehlung des BAKInsO* vom 20./21.11.2008, ZInsO 2009, 22 = NZI 2009, 37; *Priebe* InsbürO 2014, 428. Zum Gutachten in der Nachlassinsolvenz *Moderegger* InsbürO 2015, 88.

IV. Vergütung der Tätigkeit als Sachverständiger

174 Für die Tätigkeit als Sachverständiger besteht ein Vergütungsanspruch gem. **§ 9 JVEG**. Dieser Anspruch besteht neben dem Anspruch auf die Vergütung für die Tätigkeit als vorläufiger Insolvenzverwalter gem. § 21 Abs. 2 Nr. 1 i.V.m. § 63 InsO (§ 11 Abs. 3 InsVV). Im Falle der Abweisung des Antrages mangels Masse bleibt so der vorläufige Insolvenzverwalter, wenn er zugleich als Sachverständiger beauftragt war, nicht ohne jede Vergütung (s. § 21 Rdn. 15). Ist der spätere Insolvenzverwalter im Eröffnungsverfahren nur als Sachverständiger tätig gewesen, rechtfertigt dies keinen Abschlag seiner Vergütung gem. § 3 Abs. 2 InsVV (*BGH* ZInsO 2009, 1367/1607 = EWiR 2010, 65). Gem. § 8a JVEG kann der Anspruch auf Vergütung ganz oder teilweise entfallen bei den dort aufgeführten Verstößen (*Krösch* ZInsO 2013 1562 [1564]), wie z.B. inhaltliche Mängel.

175 Die **Entschädigung** des Sachverständigen bestimmte sich für die bis zum 30.06.2004 erteilten Aufträge nach dem ZSEG (Einzelheiten s. 3. Aufl.). Durch das JVEG wollte der Gesetzgeber die nach altem Recht streitige Frage der angemessenen Entschädigung des Sachverständigen für die wichtigsten Fallgruppen regeln und die Gerichte entlasten (BT-Drucks. 15/1971, S 181). Dazu sind zehn Honorargruppen mit festen Stundensätzen gebildet, ursprünglich beginnend bei 50 € mit einer Steigerung von je 5 € bis zu 95 € (*Schmerbach* ZInsO 2003, 882 [883 f.] und InsbürO 2004, 82). Das Gegenteil ist dem Gesetzgeber gelungen. Die häufigste Tätigkeit eines Sachverständigen, nämlich

die im Insolvenzverfahren, war im Entwurf eines JVEG nicht enthalten. Darauf hat die Praxis hingewiesen (*Schmerbach* ZInsO 2003, 882 [884]).

Der Rechtsausschuss des Bundestages (BT-Drucks. 15/2487, S. 139) hat in die endgültige Fassung des **§ 9 JVEG** einen **Abs. 2** eingefügt, der wie folgt lautete: »Im Falle des § 22 Abs. 1 Nr. 3 der Insolvenzordnung beträgt das Honorar des Sachverständigen abweichend von Abs. 1 **für jede Stunde 65 €**«. Erfasst ist davon nach Wortlaut, Entstehungsgeschichte und Gesetzeszweck nur der – seltene – Fall, dass der Sachverständige im Eröffnungsverfahren **zugleich als »starker« vorläufiger Insolvenzverwalter** (s. Rdn. 7 und § 21 Rdn. 73) eingesetzt ist (*Ley* ZIP 2004, 1391 [1392]). Eine **analoge Anwendung** auf den Sachverständigen, der **zugleich als »schwacher« vorläufiger Insolvenzverwalter** eingesetzt war, **schied aus** (*LG Aschaffenburg* ZVI 2004, 762; *Ley* ZIP 2004, 1391 [1392]); **a.A.** *OLG München* NZI 2005, 501 [502]; *OLG Frankfurt* ZInsO 2005, 1042 – Verfassungsbeschwerde nicht zur Entscheidung angenommen *BVerfG* ZInsO 2006, 83; *OLG Nürnberg* ZInsO 2006, 502; *AG Hamburg* ZInsO 2004, 1141). 176

Durch die **Neufassung** des § 9 Abs. 2 JVEG zum 01.08.2013 (ist auch der »**schwache**« **vorläufige Insolvenzverwalter** erfasst (Übersicht *Heyn* InsbürO 2013, 342). Der Stundensatz ist **von 65 € auf 80 € erhöht**. Dies gilt auch, wenn ein vorläufiger Sachwalter (§ 270a Abs. 1 Satz 2 InsO) gleichwertig zum Sachverständigen bestellt wird (*Wehner* DZWIR 2013, 558 [561]).
Nicht erfasst ist weiterhin der sog. **isolierte** (s. Rdn. 161) **Sachverständige**. 177

Für die Tätigkeit des Sachverständigen im Eröffnungsverfahren legte die **Praxis bis zum 31.07.2013** Sätze zwischen 65 € und 95 € zugrunde. 178

Zum **01.08.2013** sind statt 10 Honorargruppen 13 Honorargruppen vorgesehen, der Mindestsatz in Gruppe 1 ist von 50 € auf 65 € angehoben. Der **Gesetzentwurf** der Bundesregierung vom 30.08.2012 führt in der **Begründung** (BT-Drucks. 517/12, S. 401 f.) Folgendes aus: »In der Rechtsprechung wird zum Teil auch vertreten, dass das Honorar eines isoliert bestellten Sachverständigen ebenfalls 65 € betrage, weil in der Sachgebiets-Liste der Anl. 1 zum JVEG kein zutreffendes Sachgebiet aufgeführt sei (*OLG Hamburg* 11.02.2010 ZInsO 2010, 634). Im Fall einer isolierten Gutachtertätigkeit soll sich das Honorar jedoch ausschließlich nach Abs. 1 bemessen. Dies wird zukünftig regelmäßig ein Sachgebiet sein, dass in der neuen Sachgebiets-Liste unter Nr. 6 aufgeführt ist.« Dort finden sich unter dem Stichwort »Betriebswirtschaftslehre« folgende Kategorien: 179
- Unternehmensbewertung, Betriebsunterbrechungs- und Verlagerungsschäden (Honorargruppe 11),
- Kapitalanlagen und private Finanzplanung (Honorargruppe 13),
- Besteuerung (Honorargruppe 3).

Der Tätigkeitsbereich lässt sich am ehesten unter den Begriff der Unternehmensbewertung fassen (*Krösch* ZInsO 2013 1562 [1563]; *Wehner* DZWIR 2013, 558 [560]). Die Honorargruppe 11 sieht einen Stundensatz von **115 €** vor. Auch die Empfehlungen der Landesjustizverwaltungen gehen davon aus. 180

In der Praxis setzt sich zunehmend die Auffassung durch, dass ein einheitlicher Stundensatz zu gewähren ist, unabhängig davon, ob der Geschäftsbetrieb eingestellt ist. Begründet wird dies damit, dass nicht auf die konkrete Tätigkeit im Einzelfall abzustellen ist. § 9 Abs. 1 Satz 2 JVEG stellt nämlich auf die »Entscheidung über die Heranziehung« ab. Der Beschluss des Insolvenzgerichtes differenziert aber nicht (und kann es häufig mangels Kenntnis auch nicht), ob laufender Geschäftsbetrieb vorliegt. Deshalb ist ein Stundensatz von 115 € angemessen bei: 181
- laufendem Geschäftsbetrieb (*OLG Karlsruhe* ZInsO 2016, 355 m. zust. Anm. *Straßburg* ZInsO 2016, 318; *AG Göttingen* ZInsO 2016, 1758; ZInsO 2017, 403; *LG Göttingen* Beschl. v. 11.08.2016 – 10 T 50/16; **a.A.** *LG Wuppertal* ZInsO 2015, 875 m. abl. Anm. *Schmerbach* VIA 2014, 54);
- eingestelltem Geschäftsbetrieb (*AG Göttingen* ZInsO 2016, 2223; *LG Göttingen* Beschl. v. 27.02.2017 – 10 T 57/16; **a.A.** *AG Darmstadt* ZInsO 2013, 2400: 95 €; *AG Stuttgart* ZInsO

2014, 364 = NZI 2014, 227 m. abl. Anm. *Keller*: 105 €; *LG Frankenthal* ZInsO 2016, 1388 m. abl. Anm. *Schmerbach* InsbürO 2016, 425; *Verf.* in der 8. Aufl.);
– Nachlassinsolvenz mit eingestelltem Geschäftsbetrieb (*AG Göttingen* ZInsO 2017, 112).

182 Wird ein Verwerter-Büro als »Untersachverständige« eingesetzt, ist von einer Eingruppierung in Stufe 6 bis 9 auszugehen (*AG Hamburg* ZIP 2014, 338). Dies entspricht einem Stundensatz zwischen 75 und 90 € und zwischen 90 bis 105 € ab dem 01.08.2013.

183 Für **Erhöhungstatbestände** kann auf die bisherige Rechtsprechung im Rahmen des § 3 Abs. 3 Satz 1b ZSEG zurückgegriffen werden (*LG Potsdam* ZInsO 2002, 322; *AG Kassel* ZInsO 2002, 624; *AG Göttingen* ZInsO 2002, 817; *LG Verden* ZInsO 2003, 369; *LG Kiel* ZInsO 2003, 270).

184 **Muster** eines Antrages auf Sachverständigenentschädigung bei BK-InsO/*Blersch* Muster zu § 22–3a.

185 Für die Vergütung der übrigen Sachverständigentätigkeit ist für eine Begutachtung in einem **Strafverfahren** ein Stundensatz von 92 € gebilligt worden (*OLG Düsseldorf* NZI 2006, 716). Für weitere Tätigkeiten – wie z.B. Prüfung der Rechnungslegung des (vorläufigen) Insolvenzverwalters gem. § 66 InsO (vgl. § 21 Rdn. 246) – existieren bislang keine veröffentlichten Entscheidungen. Auch hier wird die Untergrenze bei 65 € liegen.

186 Daneben sind erstattungsfähige **Aufwendungen** gem. § 12 JVEG zu ersetzen. Die Aufwendungen für Hilfskräfte sind i.E. nachvollziehbar darzulegen. Sachbearbeiterhilfstätigkeiten sind nicht erstattungsfähig (*AG Hamburg* ZInsO 2007, 448). Weiter können gem. § 5 JVEG Fahrtkosten verlangt werden.

187 Die **Festsetzung** sollte zusammen mit der Festsetzung der Vergütung des vorläufigen Insolvenzverwalters nach Vorprüfung der Sachverständigenentschädigung durch den Kostenbeamten erfolgen mit der Befugnis, die Kosten der Insolvenzmasse zu entnehmen (s. § 2 Rdn. 35, § 21 Rdn. 208). Anders als beim vorläufigen Insolvenzverwalter ist insoweit eine öffentliche Bekanntmachung gem. § 21 Abs. 2 Nr. 1 i.V.m. § 64 Abs. 2 Satz 1 InsO nicht erforderlich. Ist keine (genügende) Masse vorhanden, weist der Kostenbeamte den von ihm festgesetzten Betrag aus der Landeskasse an.

188 Gegen die Festsetzung ist gem. § 4 JVEG die unbefristete **Beschwerde** zulässig (*LG Aschaffenburg* ZVI 2004, 762). Der Beschwerdewert von 200 € gem. § 4 Abs. 3 JVEG muss nicht erreicht sein im Vorabentscheidungsverfahren aufgrund der Ausnahmevorschrift in § 9 Abs. 1 Satz 5 JVEG. Die weitere Beschwerde zum Oberlandesgericht ist zulässig, wenn das Landgericht sie gem. § 4 Abs. 5 JVEG wegen grundsätzlicher Bedeutung zulässt (*Schmerbach* InsbürO 2004, 82 [86]). Eine Vorlagemöglichkeit/-pflicht zum BGH etwa bei widersprechenden Entscheidungen besteht jedoch nicht, so dass eine einheitliche Rechtsprechung in diesem kostenintensiven Bereich nicht gesichert ist (*Schmerbach* ZInsO 2003, 882 [884]). Weiter besteht in Anlehnung an § 321a ZPO bei Verletzung des Anspruchs auf rechtliches Gehör die Möglichkeit der Abhilfe gem. § 4a JVEG.

189 Ab dem 01.01.2014 ist eine **Belehrung über die Beschwerdemöglichkeit** zwingend vorgeschrieben. Bei Verstoß kann Wiedereinsetzung in den vorherigen Stand bewilligt und eine sofortige Beschwerde nachgeholt werden, § 4 InsO i.V.m. §§ 232, 233 ZPO (s. § 6 Rdn. 41).

190 Gegen die Festsetzung der Vergütung des Sachverständigen können gem. § 4 Abs. 2 JVEG **nur** der **Berechtigte** und die **Staatskasse** Beschwerde einlegen, nicht aber Antragsteller (*LG Göttingen* Beschl. v. 19.09.2006 – 10 T 94/06) oder Schuldner.

191 Im Falle der Eröffnung handelt es sich um Kosten des Insolvenzverfahrens (§ 54 Nr. 1 InsO). Kommt es nicht zur Eröffnung, bestimmt sich der **Kostenschuldner** nach allgemeinen Grundsätzen (s. § 13 Rdn. 183 ff.). Zu den Kosten bei mehreren Anträgen s. § 13 Rdn. 98 ff. Der (gem. § 22 Abs. 1 Satz 2 Nr. 3, 2. HS InsO) zugleich als Sachverständiger beauftragte vorläufige Insolvenzverwalter hat einen Entschädigungsanspruch gegen die Landeskasse. Diese kann die Entschädigung als Auslagen gem. § 23 Abs. 1 Satz 2, Abs. 3 GKG vom Antragsteller bzw. Schuldner zurückfordern.

Gegen die **Höhe der festgesetzten Vergütung** kann der Zahlungspflichtige **Erinnerung** und danach 192
Beschwerde (§ 66 GKG) einlegen (s.a. § 13 Rdn. 225). Weiter besteht in Anlehnung an § 321a
ZPO bei Verletzung des Anspruchs auf rechtliches Gehör die Möglichkeit der Abhilfe gem. § 69a
GKG. Der Anspruch des Sachverständigen verjährt gem. § 2 Abs. 3 Satz 1 JVEG in drei Jahren
nach Ablauf des Kalenderjahres ab Eingang des Gutachtens. Der Antrag auf gerichtliche Festsetzung
hemmt die Verjährung gem. § 2 Abs. 3 Satz 3 JVEG wie eine Klageerhebung (*Zimmer* ZVI 2004,
662 [663]).

E. § 22 Abs. 3

Abs. 3 räumt dem vorläufigen Insolvenzverwalter eine **umfassende Unterrichtungsmöglichkeit** ein. 193
Darüber hinaus gilt die **Auskunftspflicht** des § 97 InsO. Wegen der Auskunftspflichtigen und des
Umfangs der Auskunftspflicht vgl. FK-InsO/*Schmerbach* § 20 Rdn. 6 ff., wegen der zwangsweisen
Durchsetzung vgl. § 20 Rdn. 23 ff. und § 21 Rdn. 384 ff., wegen der Kosten und Rechtsbehelfe vgl.
§ 20 Rdn. 45 f. Die Auskunftspflicht bezieht sich nicht nur auf inländisches, sondern auch auf ausländisches Schuldnervermögen (s. Rdn. 198). Daneben besteht eine **Mitwirkungspflicht** des Schuldners. Das hat der Gesetzgeber in dem Vereinfachungsgesetz zum 01.07.2007 klargestellt durch die
Einfügung des Passus »... und ihn bei der Erfüllung seiner Aufgaben zu unterstützen« (*Kübler/Prütting/Bork-Pape* InsO, § 22 Rn. 106a). Es gelten die Ausführungen im Rahmen des § 20 InsO (s.
§ 20 Rdn. 11 ff.).

Bei **Verletzungen** der Auskunftspflicht können den in § 101 Abs. 1, 2 InsO aufgeführten Auskunfts- 194
pflichtigen bei Abweisung des Antrags gem. § 101 Abs. 3 die Kosten des Verfahrens auferlegt werden (Einzelheiten bei *Wimmer-Amend* § 101). Die Rechte des § 22 Abs. 3 InsO stehen dem »isolierten« Sachverständigen nicht zu (*OLG Jena* ZInsO 2011, 732 [733]).

Hinsichtlich der **Wahrung des Steuergeheimnisses** (§ 30 AO) gilt folgendes: Der »starke« vorläufige 195
Verwalter gem. Abs. 1 ist gem. § 34 Abs. 3 AO Vertreter des Schuldners und hat dessen steuerliche
Pflichten zu erfüllen, so dass ihm alle Auskünfte erteilt werden können, die er zur Erfüllung der steuerlichen Pflichten benötigt (*OFD Frankfurt/M.* Rundverfügung v. 15.03.2001, ZInsO 2001, 747).
In den übrigen Fällen hat der Steuerpflichtige die erforderlichen Auskünfte zu erteilen (*OFD Koblenz*
Verfügung v. 30.06.1999, ZInsO 1999, 566), das Steuergeheimnis gilt uneingeschränkt fort (*OFD
Frankfurt/M.* Rundverfügung v. 15.03.2001, ZInsO 2001, 747). Zur Vermeidung von Verfahrensverzögerungen sollte das Insolvenzgericht eine Ermächtigung zur Einholung der Auskünfte anordnen (s. das Muster § 21 Rdn. 78). Der »starke« vorläufige Verwalter hat gegen den Steuerberater
einen Anspruch auf Herausgabe der Steuerdaten, die er im Wege der einstweiligen Verfügung
gem. § 935 ZPO durchsetzen kann (*LG Berlin* ZIP 2006, 962).

Die **Muttergesellschaft** einer Schuldnerin ist verpflichtet, dem vorläufigen Insolvenzverwalter einer 196
Tochtergesellschaft die Geschäftsunterlagen auszuhändigen (*AG Karlsruhe-Durlach* NZI 2007,
296).

Kraft Verweisung in § 261 Abs. 1 Satz 3 InsO gilt § 22 Abs. 3 InsO auch bei der Überwachung der 197
Planerfüllung im **Insolvenzplanverfahren**.

F. Internationales Insolvenzrecht

Im **Ausland** belegenes Vermögen des Schuldners gehört zur Insolvenzmasse (s. § 3 Rdn. 58) und 198
wird von Sicherungsmaßnahmen umfasst. Die Verwaltungs- und Verfügungsbefugnis erfasst **auch
Auslandsvermögen** des Schuldners. Dies gilt unabhängig davon, ob das ausländische Recht die Sicherungsmaßnahme anerkennt oder nicht (*BGH* ZIP 1992, 781 [783] = BGHZ 118, 151). Eine
Ausnahme gilt nur, wenn im Ausland über das Schuldnervermögen ein selbstständiges Insolvenzverfahren eröffnet worden ist (BGHZ 95, 256 [270]; s. Rdn. 25). Der Schuldner ist verpflichtet, die
nötigen Mitwirkungshandlungen vorzunehmen, damit ein Zugriff auf das Vermögen möglich ist
(*OLG Celle* NZI 2001, 149 [150]). Es gelten die Grundsätze wie im eröffneten Verfahren (*Uhlenbruck* KTS 1997, 371 [389]). In Betracht kommt beispielsweise die **Erteilung einer Vollmacht** für

das Auslandsvermögen (s. § 27 Rdn. 56). Siehe weiter Art. 18, 38 der am 31.05.2002 in Kraft getretenen EG-Verordnung über Insolvenzverfahren/Art. 21, 52 EuInsVO 26.06.2017 (dazu *Wimmer* ZInsO 2001, 97 [99, 102]; *Reinhart* NZI 2009, 202 [204] zu parallelen Eröffnungsverfahren).

199 Gem. § 21 InsO angeordnete **Sicherungsmaßnahmen** sind nach Art. 25 Abs. 1 EuInsVO 31.05.2002/Art. 32 EuInsVO 26.06.2017 **in den Mitgliedsstaaten anzuerkennen.** Nach Art. 38 EuInsVO 31.05.2002/Art. 52 EuInsVO 26.06.2017 kann der vorläufige Verwalter in den Mitgliedsstaaten die dort vorgesehenen Sicherungsmaßnahmen beantragen. Die Vollstreckung erfolgt gem. Art. 16, 25 Abs. 1 EuInsVO 31.05.2002/Art. 19, 32 EuInsVO 26.06.2017. Bei Auskunfts- und Mitwirkungspflichten stoßen die Möglichkeiten allerdings an ihre Grenzen, wenn sich der Schuldner im Ausland befindet (*Oberer* ZVI 2009, 49 [55]).

200 In **Nichtmitgliedsstaaten** gelten die dortigen Insolvenzgesetze. In Deutschland erlassene Sicherungsmaßnahmen bedürfen der Anerkennung. In Deutschland gelten die §§ 343 Abs. 2, 344 InsO. Zur Zuständigkeit allgemein s. § 3 Rdn. 55 ff.

§ 22a Bestellung eines vorläufigen Gläubigerausschusses

(1) Das Insolvenzgericht hat einen vorläufigen Gläubigerausschuss nach § 21 Absatz 2 Nummer 1a einzusetzen, wenn der Schuldner im vorangegangenen Geschäftsjahr mindestens zwei der drei nachstehenden Merkmale erfüllt hat:
1. mindestens 6 000 000 Euro Bilanzsumme nach Abzug eines auf der Aktivseite ausgewiesenen Fehlbetrags im Sinne des § 268 Absatz 3 des Handelsgesetzbuchs;
2. mindestens 12 000 000 Euro Umsatzerlöse in den zwölf Monaten vor dem Abschlussstichtag;
3. im Jahresdurchschnitt mindestens fünfzig Arbeitnehmer.

(2) Das Gericht soll auf Antrag des Schuldners, des vorläufigen Insolvenzverwalters oder eines Gläubigers einen vorläufigen Gläubigerausschuss nach § 21 Absatz 2 Nummer 1a einsetzen, wenn Personen benannt werden, die als Mitglieder des vorläufigen Gläubigerausschusses in Betracht kommen und dem Antrag Einverständniserklärungen der benannten Personen beigefügt werden.

(3) Ein vorläufiger Gläubigerausschuss ist nicht einzusetzen, wenn der Geschäftsbetrieb des Schuldners eingestellt ist, die Einsetzung des vorläufigen Gläubigerausschusses im Hinblick auf die zu erwartende Insolvenzmasse unverhältnismäßig ist oder die mit der Einsetzung verbundene Verzögerung zu einer nachteiligen Veränderung der Vermögenslage des Schuldners führt.

(4) Auf Aufforderung des Gerichts hat der Schuldner oder der vorläufige Insolvenzverwalter Personen zu benennen, die als Mitglieder des vorläufigen Gläubigerausschusses in Betracht kommen.

Übersicht

		Rdn.			Rdn.
A.	Überblick	1	IV.	Keine nachträgliche Abwahlmöglichkeit gem. § 56a Abs. 3 InsO bei vorherigem Verzicht wegen nachteiliger Veränderung der Vermögenslage des Schuldners	55
B.	Obligatorischer Ausschuss gem. Abs. 1	11			
C.	Fakultativer Soll- Ausschuss gem. Abs. 2	22			
D.	Fakultativer Kann-Ausschuss gem. § 21 Abs. 2 Nr. 1a	32	F.	Benennungspflicht gem. Abs. 4	62
E.	Absehen von Einsetzung eines Ausschusses gem. Abs. 3	34	G.	Entscheidungen des Insolvenzgerichts	66
I.	Eingestellter Geschäftsbetrieb	36	I.	Umfang	66
II.	Unverhältnismäßigkeit	39	II.	Kriterien	69
III.	Nachteilige Veränderung der Vermögenslage des Schuldners	47	III.	Entscheidung	73
			IV.	Vorläufiger Gläubigerausschuss	77
			H.	Bewertung	86

Literatur:
Beth Zur Unverhältnismäßigkeit der Einsetzung des vorläufigen Gläubigerausschusses gemäß § 22a Abs. 3, 2. Alt. InsO, ZInsO 2012, 1974; *Buchalik* Verbesserung der Risikoposition der Bank durch Insolvenzplan und Eigenverwaltung, Banken-Times Februar 2014, 8; *Frind* Die Voraussetzungen zur Einsetzung des vorläufigen Gläubigerausschusses, ZInsO 2012, 2028; *ders.* Aktuelle Anwendungsprobleme beim ESUG – Teil II, ZInsO 2013, 279; *ders.* Nach- und Umbesetzungen des (vorläufigen) Gläubigerausschusses, ZIP 2013, 2244; *Haarmeyer* Bestellung eines vorläufigen Gläubigerausschusses und die Auswahl seiner Mitglieder, ZInsO 2012, 2109; *ders.* Missbrauch der Eigenverwaltung?, ZInsO 2013, 2345; *Martini* Von der Kunst der Auslegung zum Wohle des Verfahrens, ZInsO 2013, 1782; Schreiben der OFD NRW v. 05.09.2013 zur Besetzung von Gläubigerausschüssen nach der neuen Insolvenzordnung, ZInsO 2014, 448; *Wroblewski* Arbeitnehmervertreter im (vorläufigen) Gläubigerausschuss, ZInsO 2014, 115; *Zimmer* Probleme des Vergütungsrechts (bei Nicht-Eröffnung) des Insolvenzverfahrens vor und nach dem ESUG – Plädoyer für das Eröffnungsverfahren als notwendige Vorstufe des Insolvenzverfahrens im Sinne einer Vorgesellschaft, ZInsO 2012, 1658.

Gesetzesmaterialien:

ESUG

Diskussionsentwurf für ein Gesetz zur weiteren Erleichterung der Sanierung von Unternehmen – Beil. 1 zu ZIP 28/2010 = Beil. zu NZI Heft 16/2010.

Referentenentwurf für ein Gesetz zur weiteren Erleichterung der Sanierung von Unternehmen (ESUG) – Bearbeitungsstand 25.01.2011, ZInsO 2011, 269 = Beil. 1 zu ZIP 6/2011.

Entwurf eines Gesetzes zur weiteren Erleichterung der Sanierung von Unternehmen vom 04.05.2011 (BT-Drucks. 17/5712).

Stellungnahme des Bundesrates vom 15.04.2011 (BR-Drucks. 127/11).

Gegenäußerung der Bundesregierung (*Wimmer* Das neue Insolvenzrecht nach der ESUG-Reform, S. 160 ff.).

Beschlussempfehlung und Bericht des Rechtsausschusses vom 26.10.2011 (BT-Drucks. 17/7511).

A. Überblick

Die Vorschrift ist durch das ESUG mit Wirkung zum 01.03.2012 eingefügt worden. Die **Neuregelung** war wegen der Mitbestimmungsmöglichkeit des vorläufigen Gläubigerausschusses bei der Auswahl des vorläufigen Insolvenzverwalters (§ 56a InsO) bis zum Schluss **heftig umstritten**. Durch die frühzeitige Einsetzung eines vorläufigen Gläubigerausschusses bereits im Eröffnungsverfahren bezweckt der Gesetzgeber, einen **frühzeitigen Einfluss der Gläubiger** auf die Auswahl des (vorläufigen) Insolvenzverwalters (§§ 21 Abs. 2 Nr. 1, 56 InsO), die Anordnung der Eigenverwaltung (§ 270 InsO) und die Bestellung des (vorläufigen) Sachwalters (§§ 270a Abs. 1 Satz 2, 270b Abs. 2 Satz 1, 270c InsO) sicherzustellen. Insbesondere geht es um Sanierungsfälle und Erhaltung von Betriebsstätten und Arbeitsplätzen. 1

§ 22a listet die **Voraussetzungen** auf, unter denen der in § 21 Abs. 2 Nr. 1a InsO erwähnte vorläufige Gläubigerausschuss im Eröffnungsverfahren gem. § 21 Abs. 2 Nr. 1a InsO eingesetzt werden muss oder kann, und enthält eine Benennungspflicht für mögliche Mitglieder. Für die ab dem 01.01.2016 beantragten Verfahren sind die Schwellenwerte in Abs. 1 Nr. 1 und Nr. 2 heraufgesetzt worden. 2

Der vorläufige Gläubigerausschuss ist insbesondere zu **beteiligen**: 3
– bei der Auswahl des (vorläufigen) Insolvenzverwalters (§§ 21 Abs. 1 Nr. 1, 56a InsO),
– vor der Anordnung der Eigenverwaltung (§ 270 Abs. 3 InsO).

Es existieren **drei Arten** von vorläufigen Gläubigerausschüssen: 4
– Muss-Ausschuss (Pflichtausschuss, HambK-InsO/*Frind* § 22a Rn. 2) gem. Abs. 1,
– Soll-Ausschuss (Antragsausschuss, HambK-InsO/*Frind* § 22a Rn. 2) gem. Abs. 2,
– Kann-Ausschuss (amtswegiger Ausschuss, *Haarmeyer/Horstkotte* ZInsO 2012, 1441 [1442]) gem. § 21 Abs. 2 Nr. 1a.

Daneben besteht weiter die Möglichkeit eines informellen Gläubigerausschusses s. § 21 Rdn. 259).

5 Im Fall des **Abs. 2** sind zur Antragstellung berechtigt der Schuldner, der vorläufige Insolvenzverwalter oder ein Gläubiger. Im Fall des Abs. 1 ist das Insolvenzgericht von Amts wegen zur Einsetzung verpflichtet; die Beteiligten können die Einsetzung aber anregen und die Voraussetzungen darlegen. Insbesondere sollte das Verfahren durch weitere Angaben gefördert werden(s. Rdn. 9). Im Fall des § 21 Abs. 2 Nr. 1a InsO wird das Gericht ohne Antrag tätig.

6 **Abs. 3** (sog. **Einsetzungsbremse**, HambK-InsO/*Frind* § 22a Rn. 2) regelt, wann ein Ausschuss nicht einzusetzen ist:
   – eingestellter Geschäftsbetrieb,
   – Unverhältnismäßigkeit im Hinblick auf die zu erwartende Insolvenzmasse,
   – nachteilige Veränderung der Vermögenslage des Schuldners durch die mit der Einsetzung verbundene Verzögerung.

   Die Alternativen zwei und drei erfordern eine wertende Betrachtung des Insolvenzgerichts.

7 Die Verfahrensbeteiligten können **Vorschläge** hinsichtlich der zu bestellenden Mitglieder machen. Auf Aufforderung des Gerichts besteht gem. Abs. 4 eine **Mitwirkungsverpflichtung**. Das **Insolvenzgericht entscheidet**:
   – ob von der Einsetzung gem. Abs. 3 abgesehen wird,
   – ob ein fakultativer vorläufiger Gläubigerausschuss gem. Abs. 2 oder § 21 Abs. 2 Nr. 1a InsO eingesetzt wird,
   – wer Mitglied des Gläubigerausschusses wird.

   Es gibt keinen Gesetzesbefehl zur sofortigen Einsetzung, die Einsetzung kann durchaus der Bestellung eines vorläufigen Insolvenzverwalters/Sachwalters nachfolgen (*Frind* ZInsO 2012, 2028 [2031]).

8 Beschwerdefähig sind die Entscheidungen des Insolvenzgerichts. gem. § 6 Abs. 1 Satz 1 InsO nicht nach h.M. (s. § 21 Rdn. 60). Wird von der Einsetzung gem. Abs. 3. 3. Alt. abgesehen, kann das Insolvenzgericht entgegen § 56a Abs. 1 InsO **ohne Anhörung des vorläufigen Gläubigerausschusses einen vorläufigen Insolvenzverwalter einsetzen**. Ob der unverzüglich nachträglich einzusetzende vorläufige Gläubigerausschuss in seiner ersten Sitzung einstimmig einen anderen vorläufigen Insolvenzverwalter wählen kann, ist streitig (s. Rdn. 55).

9 Aufgabe jedes Beteiligten, insbesondere eines antragstellenden Schuldners, ist die Förderung des Verfahrens durch **vollständige, nachvollziehbare und wahrheitsgemäße Angaben**. Andernfalls muss er damit rechnen, dass das Insolvenzgericht von der Bestellung eines vorläufigen Gläubigerausschusses zunächst absieht und/oder durch Verzögerungen Schäden eintreten.

10 Zu den **Angaben** zählen:
   – die in § 13 Abs. 1 Sätze 3–7 aufgeführten Angaben,
   – Darstellung der Angaben insb. gem. § 13 Abs. 1 Nr. 4 InsO in übersichtlicher Form mit Nachweisen,
   – Mitteilung und Nachweis, falls Gläubiger mit den höchsten Forderungen am vorläufigen Gläubigerausschuss nicht mitwirken wollen,
   – Benennung und Vorlage von Einverständniserklärungen von potentiellen Gläubigerausschussmitgliedern (*AG Hamburg* ZInsO 2013, 1804 [1805]) einschließlich von Ersatzmitgliedern für den Verhinderungsfall (*Neubert* GmbHR 2012, 439 [442]),
   – ggf. Vorlage eines Anforderungsprofils (§ 56a Abs. 1 InsO) und (bei Einstimmigkeit gem. § 56a Abs. 2 InsO grds. bindenden) Vorschlag betreffend den vorläufigen Insolvenzverwalter,
   – Mitteilung insbesondere von Telefon-/Handy- und Faxnummern sowie Mail-Adressen der Beteiligten.

B. Obligatorischer Ausschuss gem. Abs. 1

Liegen die in Abs. 1 aufgeführten Voraussetzungen vor, ist **zwingend** ein vorläufiger Gläubigeraus- 11
schuss einzusetzen, **falls nicht** eine der **Ausnahmen des Abs. 3** eingreift.

Erfüllt sein müssen **zwei der drei in Abs. 1 aufgeführten Voraussetzungen**. Diese **Schwellenwerte** 12
sind im Laufe des Gesetzgebungsverfahrens angehoben worden (HambK-InsO/*Frind* § 22a Rn. 3)
sowie für die ab dem 01.01.2016 beantragten Verfahren. Gem. § 13 Abs. 1 Satz 6 i.V.m. Satz 5
InsO ist der Schuldner zwingend (str., s. § 13 Rdn. 37) zu Angaben zur Bilanzsumme, den Umsatzerlösen und der durchschnittlichen Anzahl der Arbeitnehmer verpflichtet. Stehen verlässliche Zahlen
nicht zur Verfügung, sind **Schätzungen** abzugeben, wobei die Grundlagen der Schätzung darzulegen
und zu erläutern sind (*AG Essen* ZInsO 2015, 75; HambK-InsO/*Linker* § 13 Rn. 28).

Der bereits in § 13 Abs. 1 Satz 5 InsO erwähnte Begriff der **Bilanzsumme** wird in § 22a Abs. 1 13
InsO konkretisiert. Nach der Gesetzesbegründung sind die Schwellenwerte ähnlich wie in § 267
HGB festgelegt. Die Höhe der Werte ist allerdings nicht dem Bilanzrecht des HGB entnommen,
sondern der Empfehlung der Kommission der Europäischen Gemeinschaften vom 6. Mai 2003 »be-
treffend die Definition der Kleinstunternehmen sowie der kleinen und mittleren Unternehmen (ABl.
L 124/36 v. 20.05.2003).

Die Bemessung der **Umsatzerlöse** kann nach den Vorschriften des § 277 Abs. 1 HGB erfolgen. Liegt 14
kein Jahresabschluss vor, kann auf die BWA zurückgegriffen werden (BK-InsO/*Blersch* § 22a Rn. 9).

Unter den Begriff der **Arbeitnehmer** fallen auch Arbeitnehmer in Mutterschaftsurlaub, Auszubil- 15
dende und Teilzeitbeschäftigte, nicht Mitglieder des Vertretungsorganes, freie Mitarbeiter bzw. freiberuflich tätige Dienstleister und Leiharbeiter. Für die Berechnung kann auf § 267 Abs. 5 HGB zurückgegriffen werden (BK-InsO/*Blersch* § 22a Rn. 11).

Nur wenn die (für die ab dem 01.01.2016 beantragten Verfahren angehobenen) Schwellenwerte 16
überschritten sind, ist obligatorisch ein vorläufiger Gläubigerausschuss einzusetzen, bei Kleinunternehmen kommt lediglich ein fakultativer Gläubigerausschuss in Betracht. Statistisch erfasst ist, dass
2010 nur 11,9 % der insolventen Unternehmen elf oder mehr Arbeitnehmer und mehr als zwei Drittel einen geringeren Umsatz als 2 Mio. € aufwiesen. Im Ergebnis werden als »**Schnittmenge**« maximal ca. **2.000 Unternehmen** angenommen (HambK-InsO/*Frind* § 22a Rn. 4).

Abgestellt wird in beiden Vorschriften auf die **Zahlen des vorangegangenen Geschäftsjahrs**, nicht 17
des vorangegangenen Kalenderjahrs (BK-InsO/*Blersch* § 22a Rn. 6; HambK-InsO/*Frind* § 22a
Rn. 4). Bei einem Rumpfgeschäftsjahr sind die entsprechenden letzten Monate des vorangegangenen Geschäftsjahres ebenfalls berücksichtigt (A/G/R-*Sander* § 22a InsO Rn. 4). Liegen die Zahlen
noch nicht vor, bietet sich eine Schätzung an. Gerade bei Unternehmen in Krisensituationen gehen
Umsätze und Arbeitsplätze verloren. Die Vorschrift bricht mit dem Grundsatz der InsO, dass auf die
aktuellen Verhältnisse abzustellen ist (HambK-InsO/*Frind* § 22a Rn. 4; krit. auch *Stapper/Jacobi*
ZInsO 2012, 628). Werden die Zahlen aktuell deutlich unterschritten, ohne dass der Geschäftsbetrieb schon eingestellt ist, ist zu prüfen, ob gem. Abs. 3, 2. Alt die Einsetzung eines vorläufigen
Gläubigerausschusses ausscheidet.

Die Angaben können belegt werden durch **Geschäftsunterlagen**. Zur Verfahrensbeschleunigung 18
empfehlen sich weiteren Angaben (s. Rdn. 10). Dabei ist die Bilanzsumme anzugeben – in Ergänzung des § 13 Abs. 1 Nr. 5 InsO nach Abzug des auf der Aktivseite ausgewiesen Fehlbetrages –
und durch Vorlage der Bilanz zu belegen. Kommt der Schuldner seiner Verpflichtung nicht (vollständig) nach, ist ggf. (s. § 13 Rdn. 40) ein Sachverständiger mit Feststellungen zu beauftragen, falls
nicht gem. Abs. 3, 3. Alt. von der Einsetzung eines vorläufigen Gläubigerausschusses (zunächst) abgesehen wird. In diesem Fall kann der einzusetzende vorläufige Insolvenzverwalter/Sachverständige
die Feststellungen treffen. Beschlussmuster bei *Frind* ZInsO 2012, 386.

Ist ein **Gläubigerantrag** gestellt, muss das Insolvenzgericht die Voraussetzungen von Amts wegen 19
prüfen (A/G/R-*Sander* § 13 InsO Rn. 4). Wird ein Anhörungstermin anberaumt und erscheint

der Schuldner, ist er dazu zu befragen. Ansonsten kann damit im Rahmen der anzuordnenden Sicherungsmaßnahmen der vorläufige Insolvenzverwalter/Sachverständige beauftragt werden. Eine gesonderte Prüfung durch einen Sachverständigen zur Ermittlung der Voraussetzungen vor Anordnung von Sicherungsmaßnahmen wird dagegen wegen des damit verbundenen Zeitverlustes regelmäßig nicht in Betracht kommen (s. § 13 Rdn. 40).

20 Werden die Voraussetzungen **erst nachträglich festgestellt**, ist ein vorläufiger Gläubigerausschuss einzusetzen, falls nicht eine der Ausnahmen des Abs. 3 eingreift. Dieser kann allerdings nicht gem. § 56a Abs. 3 InsO mit Einstimmigkeit in seiner ersten Sitzung einen anderen vorläufigen Insolvenzverwalter wählen (str. ist dies nur bei bewusstem Absehen im Falle des § 22a Abs. 3, 3. Alt. InsO, dazu Rdn. 55).

21 Wurden die **Voraussetzungen** des Abs. 1 **irrtümlich angenommen**, stellt sich die Frage, ob der vorläufige Gläubigerausschuss aufgelöst werden kann oder als fakultativer Gläubigerausschuss beizubehalten ist (s.a. Rdn. 78).

C. Fakultativer Soll- Ausschuss gem. Abs. 2

22 Ist kein obligatorischer vorläufiger Gläubigerausschuss gem. Abs. 1 einzusetzen, ist i.d.R. (»soll«) ein (fakultativer) Soll-Ausschuss einzusetzen, wenn folgende **drei Voraussetzungen** gegeben sind:
1. Antrag des Schuldners, des vorläufigen Insolvenzverwalters bzw. vorläufigen Sachwalters gem. § 270a Abs. 1 Satz 2 InsO oder eines Gläubigers,
2. Benennung möglicher Gläubigerausschussmitgliedern,
3. Vorlage der Einverständniserklärungen der benannten Personen.

23 Unter den Begriff des **Gläubigers** fallen:
– absonderungsberechtigte Gläubiger,
– aussonderungsberechtigte Gläubiger (*Frind* ZInsO 2011, 2249 [2253]; A/G/R-*Sander* § 22a InsO Rn. 7 unter Hinw. auf § 21 Abs. 2 Nr. 1a, 2. HS InsO),
– nachrangige Gläubiger (*Obermüller* ZInsO 2012, 18 [20]),
– Gläubiger, die erst mit Eröffnung des Verfahrens Gläubiger werden (A/G/R-*Sander* § 22a InsO Rn. 7; **a.A.** *Frind* ZInsO 2011, 2249 [2253]). Dafür spricht § 21 Abs. 2 Nr. 1a, 2. HS (A/G/R-*Sander* § 22a InsO Rn. 7),
– nicht aber Massegläubiger (HambK-InsO/*Frind* § 22a Rn. 11; **a.A.** *Obermüller* ZInsO 2012, 18 [20]).

24 Zulässigkeitsvoraussetzung für den Antrag ist, dass die in § 67 Abs. 2 InsO aufgeführten vier Gläubigergruppen benannt sind (*AG Hamburg* ZInsO 2013, 1804 [1805 f.]); HambK-InsO/*Frind* § 22a Rn. 12; *Obermüller* ZInsO 2012, 18 [21] **a.A.** *Verf.* in der 7. Aufl.). Musterantrag bei *Haarmeyer* ZInsO 2012, 370.

25 Zum Vorgehen bei nachfolgender Stellung eines **Antrages eines Schuldners nach einem Gläubigerantrag** s. § 13 Rdn. 44.

26 Wird ein **Antrag gem. § 22a Abs. 2 InsO nach dem Eröffnungsantrag des Schuldners** gestellt, wird der Antrag nicht automatisch nachträglich unzulässig (*Römermann/Praß* GmbHR 2012, 425 [428]; **a.A.** *Frind* ZInsO 2011, 2249 [2254]; *Obermüller* ZInsO 2012, 18 [21]; *Stapper/Jacobi* ZInsO 2012, 628). Kommt der Schuldner einer Aufforderung des Gerichts zur Ergänzung (*Frind* ZInsO 2011, 2249 [2254]) nicht nach, ist fraglich, ob Unzulässigkeit eintritt. Der Regelungszweck des ESUG – einer Verbesserung der Sanierungschancen – spricht dagegen. Die Aufklärung kann mit anderen Mitteln erreicht werden, z.B. durch Einholung eines Sachverständigengutachtens (Beschlussmuster bei *Frind* ZInsO 2012, 386.). Eine zeitweilige Ungewissheit über die Nichteinsetzung eines vorläufigen Gläubigerausschusses ist hinnehmbar.

27 Die Stellung eines entsprechenden Antrages kommt **in Betracht** im Hinblick auf die in § 56a, §§ 270 Abs. 3, 270b Abs. 4 Nr. 2 InsO genannten **Beteiligungsrechte sowie** bei absehbar **bereits**

im Eröffnungsverfahren zu treffenden weitreichenden Entscheidungen (A/G/R-*Sander* § 21 InsO Rn. 17e).

Verzögerungen wird dadurch vorgebeugt, dass **mögliche Mitglieder benannt** und deren Einverständ- 28
niserklärungen vorgelegt werden müssen. Dieses Vorgehen bietet sich im Übrigen auch im Fall des
Abs. 1 an. Es empfiehlt sich, sich bei der Auswahl an den in § 13 Abs. 1 Satz 4 InsO aufgeführten
Kriterien zu orientieren (und zusätzlich ein Betriebsratsmitglied sowie ggf. einen Vertreter der Agentur für Arbeit zu benennen). Zu weiteren Angaben s. Rdn. 10.

Im **Regelfall** ist ein vorläufiger Gläubigerausschuss **einzusetzen**, falls nicht konkrete Umstände den 29
Fall als atypisch erscheinen lassen (A/G/R-*Sander* § 13 InsO Rn. 6). Das soll der Fall sein bei mit
den in Abs. 3 aufgeführten vergleichbaren Gründen (A/G/R-*Sander* § 13 InsO Rn. 10). Das Gericht wird bei seiner Ermessensentscheidung insbesondere eine mögliche Verfahrensverzögerung
und damit verbundene Gefährdung der Vermögenslage des Schuldners berücksichtigen.

Ein **Absehen** von der Bestellung gem. Abs. 3, 3. Alt. kommt **nicht** in Betracht. Die Veränderungs- 30
gefahr ist bereits im Rahmen der Ermessensentscheidung zu berücksichtigen. Wird ein vorläufiger
Gläubigerausschuss nachträglich – etwa nach Behebung formeller Mängel – eingesetzt, hat dieser
daher nicht das Recht, gem. § 56a Abs. 3 InsO einen anderen Insolvenzverwalter zu wählen (str.
ist dies nur bei bewusstem Absehen im Falle des § 22a Abs. 3, 3. Alt. InsO, dazu Rdn. 55).

Liegen **Mängel** vor, setzt das Gericht dem Antragsteller eine Frist zur Behebung. Gegen einen zurück- 31
weisenden Beschluss besteht kein Rechtsmittel, § 6 Abs. 1 Satz 1 InsO. Allerdings kann der Antragsteller erneut oder eine andere antragsberechtigte Person Antrag stellen.

D. Fakultativer Kann-Ausschuss gem. § 21 Abs. 2 Nr. 1a

Schließlich kann das Insolvenzgericht auch ohne Antrag einen vorläufigen Gläubigerausschuss be- 32
stellen, wenn die in § 22a Abs. 1, 2 InsO aufgeführten Voraussetzungen nicht erfüllt sind, sog.
(fakultativer) Kann-Ausschuss. Die in **§ 22a InsO aufgeführten Befugnisse** hat er **nicht** (*Obermüller*
ZInsO 2012, 18 [24]).

Das wird nur in **Ausnahmefällen** in Betracht kommen (*Obermüller* ZInsO 2012, 18 [21]; *Römer-* 33
mann NJW 2012, 641 [647]). Zu denken ist an einen gerade eingestellten Geschäftsbetrieb (*AG
Hamburg* ZInsO 2013, 2166 [2167]; A/G/R-*Sander* § 21 InsO Rn. 17e) oder größere Nachlassinsolvenzverfahren.

E. Absehen von Einsetzung eines Ausschusses gem. Abs. 3

Abs. 3 enthält drei Fälle, in denen kein vorläufiger Gläubigerausschuss einzusetzen ist. Bei der **1. und** 34
2. Alternative scheidet eine Einsetzung endgültig aus, bei der **3. Alternative nur temporär** (HambK-
InsO/*Frind* § 22a Rn. 16; s.a. Rdn. 55). Bei den Alternativen 2 und 3 wird vom Insolvenzgericht
eine Prognoseentscheidung verlangt. Die Vorschrift gilt in den Fällen des § 22a Abs. 1 und Abs. 2
(*AG Hamburg* ZInsO 2013, 1804 [1805]; a.A. *Haarmeyer/Horstkotte* ZInsO 2012, 1441 [1446];
Martini ZInsO 2013, 1782 f.). Sie gilt nicht im Falle des § 21 Abs. 2 Nr. 1a (*Haarmeyer/Horstkotte*
ZInsO 2012, 1441 [1445]), ist aber im Rahmen des dortigen Ermessens zu berücksichtigen. Es sind
Fälle denkbar, auch bei Abwicklung eines eingestellten Geschäftsbetriebes einen vorläufigen Gläubigerausschuss einzusetzen.

Maßgebender Zeitpunkt für die Einsetzung eines vorläufigen Gläubigerausschusses ist die Entschei- 35
dungsreife, die Kenntnis des Insolvenzgerichtes über Gläubigerstruktur und – im Falle des § 22a
Abs. 2 InsO – über annahmebereite mögliche Mitglieder (*AG Hamburg* ZInsO 2013, 1804 [1805];
A/G/R-*Sander* § 22a InsO Rn. 12; *Frind* ZInsO 2012, 2028 [2033]). Daher sind Veränderungen
nach Antragstellung, wie z.B. die zwischenzeitliche Einstellung des Geschäftsbetriebes, beachtlich.

I. Eingestellter Geschäftsbetrieb

36 Bei **Einstellung des Geschäftsbetriebes** (1. Alt.) gibt es praktisch keine Fortführungsmöglichkeit mehr. Die Einsetzung eines vorläufigen Gläubigerausschusses ergibt i.d.R. keinen Sinn. Denkbar ist eine Einsetzung gem. § 21 Abs. 2 Nr. 1a (s. Rdn. 34).

37 Bei der **Abgrenzung zum laufenden Geschäftsbetrieb** kann auf die im Rahmen des § 3 InsO zur Zuständigkeitsbestimmung entwickelten Kriterien (s. § 3 Rdn. 11 ff.) zurückgegriffen werden (*AG Hamburg* ZInsO 2013, 2166 [2167]; HambK-InsO/*Frind* § 22a Rn. 17). Von einem eingestellten Geschäftsbetrieb ist auch auszugehen bei Abwicklungsmaßnahmen (A/G/R-*Sander* § 22a InsO Rn. 12; HambK-InsO/*Frind* § 22a Rn. 17; *Haarmeyer/Horstkotte* ZInsO 2012, 1441 [1445]) wie auch bei einem bloßen Abverkauf noch vorhandener Waren (*AG Hamburg* ZInsO 2013, 2166 [2167]; MüKo-InsO/*Haarmeyer* § 22a Rn. 149). Wichtige Indizien bilden die Kündigung wesentlicher Teile der Belegschaft oder Veräußerung notwendiger Betriebsmittel (A/G/R-*Sander* § 22a InsO Rn. 12). Das gilt auch bei konkret absehbarer und noch im Eröffnungsverfahren zu erwartender Einstellung des Geschäftsbetriebes (*AG Hamburg* ZInsO 2013, 1803 [1804]; ZInsO 2013, 2166 [2167]; **a.A.** *Martini* ZInsO 2013, 1782 [1783 f.]).

38 Wird der Geschäftsbetrieb **erst im Laufe des Eröffnungsverfahrens eingestellt**, ist der Ausschuss zu entlassen (HambK-InsO/*Frind* § 22a Rn. 17). Das folgt aus einer teleologischen Reduktion der Vorschrift. Sofern man das Ergebnis auf eine Anwendung der §§ 21 Abs. 2 Nr. 1a, 70 InsO stützt (HambK-InsO/*Frind* § 22a Rn. 17), stellt sich die Frage nach einer Beschwerdeberechtigung der Mitglieder gem. § 70 InsO.

II. Unverhältnismäßigkeit

39 Die Mitglieder eines vorläufigen Gläubigerausschusses haben Anspruch auf Vergütung und Ersatz der Auslagen gem. §§ 17, 18 InsVV. Würde die zu erwartende Insolvenzmasse dadurch unverhältnismäßig geschmälert (2. Alt.), ist kein vorläufiger Gläubigerausschuss einzusetzen. Regelfall ist die Bestellung eines vorläufigen Gläubigerausschusses, die Ablehnung ist die Ausnahme (MüKo-InsO/*Haarmeyer* § 22a Rn. 150; *Beth* ZInsO 2012,1974 [1978]). Besonders bei Gläubigeranträgen kann die **Prognose Schwierigkeiten** bereiten. Wird ein Anhörungstermin anberaumt und erscheint der Schuldner, ist er dazu zu befragen.

40 Auszugehen ist von der zu prognostizierenden **freien Insolvenzmasse,** deren Umfang sich bei einem Schuldnerantrag aus den Angaben im Antrag oder bei einer Anhörung des Schuldners/Vertreters ergeben kann (vgl. § 13 Rdn. 20). Bei lediglich drohender Zahlungsunfähigkeit ist zudem die Bescheinigung gem. § 270b Abs. 1 Satz 3 InsO zu beachten (*Haarmeyer/Horstkotte* ZInsO 2012, 1441 [1448]). Dem sind die **voraussichtlichen Kosten der Mitglieder des vorläufigen Gläubigerausschusses gegenüberzustellen.**

41 Es fällt an **pro Mitglied:**
   – gem. § 17 Abs. 2 Satz 1 InsVV für die Mitwirkung gem. § 56a InsO: 300 €,
   – gem. § 17 Abs. 2 Satz 2, Abs. 1 Satz 1 InsVV für jede weitere Tätigkeit pro Stunde regelmäßig zwischen 35 und 95 €, wobei bei Entscheidungen im Rahmen einer Betriebsfortführung im Eröffnungsverfahren ein oberer Stundensatz angezeigt ist und von häufigeren Tagungen als im eröffneten Verfahren auszugehen ist (HambK-InsO/*Frind* § 22a Rn. 19),
   – gem. § 18 Abs. 1 InsVV Auslagen insbesondere für eine Haftpflichtversicherung (**a.A.** *Hirte* ZInsO 2012, 820, der eine Versicherung für überflüssig hält; dagegen zutreffend *Cranshaw* ZInsO 2012, 1151 [1157 ff.]; *Frind* ZIP 2012, 1380 [1386]),
   – gem. §§ 18 Abs. 2, 7 InsVV Umsatzsteuer.

42 Für **kleinere** Verfahren werden Kosten von 10.000 € (*Rauscher* ZInsO 2012, 1201 [1202]), für **mittelgroße Verfahren** werden Kosten von 20.000 € bis 30.000 € prognostiziert (HambK-InsO/*Frind* § 22a Rn. 20; krit. *Haarmeyer/Horstkotte* ZInsO 2012, 1441 [1448]). Die (potentiellen) Gläubigerausschussmitglieder können ihre Ansprüche in der Einverständniserklärung zur Annahme des Amtes

der Höhe nach beschränken (**Selbstbeschränkung**) oder verzichten (A/G/R-*Sander* § 22a InsO Rn. 13; *Haarmeyer* ZInsO 2012, 1204 [1206]; *Beth* ZInsO 2012, 1974 [1976]; *Frind* ZInsO 2012, 2028 [2034]).

Es geht um die Frage, um wie viel die zu erwartende Insolvenzmasse geschmälert wird und ob diese Einbuße der Gläubigergemeinschaft **zumutbar** ist (HambK-InsO/*Frind* § 22a Rn. 18). Feste Prozentsätze werden sich nicht aufstellen lassen. **Unverhältnismäßigkeit** liegt in jedem Fall vor, wenn eine Ablehnung mangels Masse gem. § 26 InsO im Raume steht (A/G/R-*Sander* § 22a InsO Rn. 13). Sind die Größenmerkmale des Abs. 1 erfüllt, spricht eine Vermutung dafür, dass die Kosten der Mitglieder eines vorläufigen Gläubigerausschusses gedeckt sind (A/G/R-*Sander* § 22a InsO Rn. 13). 43

Die **Rspr.** bejaht Unverhältnismäßigkeit bei einem Anteil von 7 % der voraussichtlichen Teilungsmasse (*AG Ludwigshafen* ZInsO 2012, 987 m. abl. Anm. *Haarmeyer* ZInsO 2012, 1204). 44

Die **Literatur** nennt Grenzwerte von 5 % (*Frind* ZInsO 2011, 2249 [2255]; zust. *Graf-Schlicker* InsO, § 22a Rn. 12 a.E.) oder 10 % (*Rauscher* ZInsO 2012, 1201 [1203]; **abl.** *Haarmeyer* ZInsO 2012, 1204 [1205] und *Haarmeyer/Horstkotte* ZInsO 2012, 1441 [1445], die in der Vorschrift nur eine Missbrauchsbremse sehen und vom Antragsteller entsprechende Angaben bzw. eine Kostengarantie antragstellender Gläubiger fordern).

Entsprechende Feststellungen können sich aus Angaben des bereits eingesetzten vorläufigen Insolvenzverwalters/Sachverständigen ergeben (vgl. *AG Ludwigshafen* ZInsO 2012, 987). Wenn der Schuldner in einem Antrag Angaben macht, sind diese erfahrungsgemäß vorsichtig zu bewerten. In Betracht kommt die Bestellung eines Sachverständigen zur Ermittlung der Kosten (*Beth* ZInsO 2012, 1974 [1978 f.]; Beschlussmuster bei *Frind* ZInsO 2012, 386). Sie wird wegen des damit verbundenen Zeitverlustes aber nur ausnahmsweise in Betracht kommen. Unter Berücksichtigung der Anzahl der Gläubigermitglieder und Erfahrungswerten aus bisherigen Verfahren wird der Insolvenzrichter häufig ein ähnlich zuverlässiges Ergebnis erzielen können. Ansonsten sind die Ergebnisse des einzusetzenden vorläufigen Insolvenzverwalters abzuwarten (so auch *Beth* ZInsO 2012, 1974 [1980]) und nachträglich über die Einsetzung zu entscheiden. Es gibt keinen Gesetzesbefehl zur sofortigen Einsetzung, die Einsetzung kann durchaus der Bestellung eines vorläufigen Insolvenzverwalters/Sachwalters nachfolgen (*Frind* ZInsO 2012, 2028 [2031]). 45

Sieht das Insolvenzgericht zunächst von der Einsetzung wegen möglicher Unverhältnismäßigkeit ab und holt die Einsetzung später nach, besteht das Abwahlrecht des § 56a Abs. 3 InsO nicht (str. ist dies nur bei bewusstem Absehen im Falle des § 22a Abs. 3, 3. Alt. InsO, dazu Rdn. 55). 46

III. Nachteilige Veränderung der Vermögenslage des Schuldners

Bedeutsamster Fall dürfte die nachteilige Veränderung der Vermögenslage des Schuldners wegen der mit der Einsetzung des vorläufigen Gläubigerausschusses verbundenen **Verzögerung** sein. 47

Durch die Anhörung selbst eintretende Verzögerungen bleiben unberücksichtigt, denn diese ist erst auf einer zweiten Ebene zu prüfen (HambK-InsO/*Frind* § 22a Rn. 21) und kann gem. § 56a Abs. 1 InsO unterbleiben (A/G/R-*Sander* § 22a InsO Rn. 14). Allerdings führt die Einsetzung eines vorläufigen Gläubigerausschusses **nicht regelmäßig zu einer Verzögerung** (a.A. *Römermann* NJW 2012, 641 [648]).

Ist der vorgeschlagene vorläufige Gläubigerausschuss repräsentativ zusammengesetzt und ist die Annahmeerklärung der potentiellen Mitglieder beigefügt, kann sofort ein vorläufiger Gläubigerausschuss eingesetzt werden. Die (einstimmige) Benennung eines vorläufigen Insolvenzverwalters ist allerdings eine unverbindliche Absichtserklärung. Der vorläufige Gläubigerausschuss kommt erst zustande mit der Bestellung durch das Gericht (s. Rdn. 73). Daher kann der vorläufige Gläubigerausschuss erst nach seiner Einsetzung durch das Gericht einen wirksamen Vorschlag machen (*AG München* ZIP 2012, 1308 [1309] = EWiR 2012, 495). Werden die Mitglieder von der Einsetzung per Fax vom Gericht informiert, kann **spätestens am nächsten Tag bei einer Telefonkonferenz** eine Entschei- 48 dung getroffen und dem Gericht mitgeteilt werden. Denkbar ist auch eine Nachfrage des Insolvenzgerichts bei potentiellen Gläubigerausschussmitgliedern (*Busch* ZInsO 2012,1389 [1391]).

49 Eine **Verzögerung** kann sich aber ergeben aus der Suche nach geeigneten Mitgliedern (*AG Hamburg* ZInsO 2013, 1803 [1804]; a.A. *Martini* ZInsO 2013, 1782 [1784]). Dies gilt auch dann, wenn das Insolvenzgericht die vorgeschlagenen Mitglieder nicht für repräsentativ/geeignet hält (a.A. *Obermüller* ZInsO 2012, 18 [20]). Bei laufendem Geschäftsbetrieb sind regelmäßig rasch Sicherungsmaßnahmen anzuordnen. Dabei ist auch eine mögliche Insolvenzgeldvorfinanzierung zu bedenken (*AG Hamburg* ZInsO 2013, 1803 [1804]), die nur bei Vorhandensein eines vorläufigen Insolvenzverwalters erfolgen kann (s. § 22 Rdn. 106 ff.). Die Suche nach anderen/weiteren Ausschussmitgliedern kann zu einer Verzögerung führen (a.A. wohl *Haarmeyer/Horstkotte* ZInsO 2012, 1441 [1448]). Zu empfehlen ist eine **vorherige Abstimmung mit dem jeweiligen Insolvenzgericht** (*Haarmeyer/Horstkotte* ZInsO 2012, 1441 [1443]; *Busch* ZInsO 2012,1389 [1393]) und die Vorlage einer Liste mit einer Mehrzahl an bereiten Gläubigern. In jedem Fall möglich sind Sicherungsmaßnahmen gem. § 21 Abs. 2 Nr. 3 und Nr. 5 sowie besondere Verfügungsbeschränkungen gem. § 21 Abs. 1 (*Haarmeyer/Horstkotte* ZInsO 2012, 1441 [1449]).

50 Die Auswahl der Mitglieder und Einsetzung des vorläufigen Gläubigerausschusses durch das Gericht, Konstituierung des vorläufigen Gläubigerausschusses und Bestellung durch das Insolvenzgericht erfordern i.d.R. **mehrere Tage**. In der Krise ist schnelles Handeln gefordert, insbesondere in Form der Bestellung eines vorläufigen Insolvenzverwalters. Die Feststellungen hat das Insolvenzgericht anhand konkreter Umstände zu treffen (A/G/R-*Sander* § 22a InsO Rn. 14). Auf den Umfang kommt es nach dem Wortlaut nicht an, doch sind geringfügige Verschlechterungen unbeachtlich (A/G/R-*Sander* § 22a InsO Rn. 14).

51 Das Merkmal hat **Bedeutung nur beim obligatorischen Ausschuss gem. Abs. 1**. Der fakultative Ausschuss gem. Abs. 2 wird erst eingesetzt, wenn die Voraussetzungen erfüllt sind (HambK-InsO/*Frind* § 22a Rn. 21).

52 Bei einem **professionell vorbereiteten Antrag** wird diese Gefahr nicht bestehen. Erforderlich sind die in § 13 Abs. 1 Sätze 3–7 aufgeführten Angaben. Anzuraten ist eine **rechtzeitige Einbindung des Insolvenzgerichts** (*Haarmeyer/Horstkotte* ZInsO 2012, 1441 [1442]; Kontaktaufnahme spätestens 72 Stunden vor einer beabsichtigten Antragsstellung – unter Hinweis auf Schwierigkeiten bei Geschäftsverteilung nach einem Turnus).

53 Bei den in § 13 Abs. Satz 4 Nr. 1 und 2 InsO aufgeführten Forderungen sind jeweils mehrere Forderungen anzugeben, damit das Insolvenzgericht ggf. eine **Auswahl** treffen kann z.B. im Hinblick auf Zeitverzögerungen durch Einbeziehung ausländischer/außereuropäischer Gläubiger. Empfehlenswert ist eine vorherige Kontaktausnahme, um die Bereitschaft zur Mitwirkung abzuklären. Bei positivem Ergebnis sollten schriftliche Einverständniserklärungen (vgl. Abs. 2) vorgelegt werden. Bei negativem Ergebnis sind Anschreiben mit Belehrung über die Arbeit und Funktionsweise eines vorläufigen Gläubigerausschusses und das Ablehnungsschreiben vorzulegen. Weiter sind Telefon- und Faxnummern und Mail-Adressen für etwaige Rückfragen vorzulegen.

54 Ein Anforderungsprofil und ein **Vorschlag** hinsichtlich des vorläufigen Insolvenzverwalters (vgl. § 56a Abs. 1 InsO) können überreicht werden (vgl. den Musterantrag bei *Haarmeyer* ZInsO 2012, 370), damit das Insolvenzgericht ggf. mit ihm Kontakt aufnehmen und eine Erklärung des Prätendenten über seine Unabhängigkeit (*Frind/Graeber/Schmerbach/Siemon/Stephan* ZInsO 2012, 368) einholen kann.

IV. Keine nachträgliche Abwahlmöglichkeit gem. § 56a Abs. 3 InsO bei vorherigem Verzicht wegen nachteiliger Veränderung der Vermögenslage des Schuldners

55 Sieht das Insolvenzgericht zunächst von der Einsetzung eines vorläufigen Gläubigerausschusses ab und *setzt einen vorläufigen Insolvenzverwalter oder Sachverständigen* (Beschlussmuster bei *Frind*

ZInsO 2012, 386) ein, ist die **Einsetzung unverzüglich nachzuholen** (HambK-InsO/*Frind* § 22a Rn. 8; *Obermüller* ZInsO 2012, 18 [20]).

Streitig ist, ob in der ersten Sitzung gem. § 56a Abs. 3 InsO bei Einstimmigkeit ein anderer vorläufiger Insolvenzverwalter gewählt werden kann, der vom Insolvenzgericht zu ernennen ist, falls er nicht ungeeignet gem. § 56 Abs. 2 InsO ist. Sowohl § 22a Abs. 3, 3. Alt. InsO als auch § 56a Abs. 1 InsO stellen auf eine nachteilige Veränderung der Vermögenslage des Schuldners ab. Im ersten Fall wird allerdings die Bildung eines vorläufigen Gläubigerausschusses aufgeschoben, im zweiten Fall von der Anhörung eines bereits existierenden Gläubigerausschusses abgesehen. 56

Der eindeutige **Wortlaut des § 56a Abs. 3 InsO** erfasst nur den zweiten Fall des Absehens von einer Anhörung gem. § 56a Abs. 1 InsO. Eine entsprechende Geltung für den Fall des § 22a Abs. 3, 3. Alt. ist nicht angeordnet. Umgekehrt ist allerdings in § 21 Abs. 2 Nr. 1 InsO die entsprechende Geltung des § 56a InsO angeordnet. Diese ermöglicht erst die Anwendung des § 56a InsO bei der Bestellung des vorläufigen Insolvenzverwalters. Dass sie einen über den Wortlaut hinausgehenden Anwendungsbereich haben soll, ist nicht ersichtlich. Der Gesetzgeber hat die Beteiligung eines vorläufigen Gläubigerausschusses für die Ernennung des (endgültigen) Insolvenzverwalters in § 56a Abs. 1 InsO normiert mit einer »Nachholungsmöglichkeit« in § 56a Abs. 3 InsO. 57

Diese Regelung wird gem. § 21 Abs. 2 Nr. 1 InsO für die Bestellung des vorläufigen Insolvenzverwalters im Eröffnungsverfahren für entsprechend anwendbar erklärt. Die vorgelagerte Frage, unter welchen Voraussetzungen ein vorläufiger Gläubigerausschuss im Eröffnungsverfahren einzusetzen ist, ist an anderer Stelle in § 22a InsO geregelt. **Beide Regelungen** sind **getrennt** angesiedelt und zu betrachten. 58

Die **Gesetzesbegründungen** zu § 22a und § 56a InsO enthalten keinen Anhaltspunkt, dass die Regelung des § 56a Abs. 3 InsO auch im Fall des § 22a InsO gelten soll. Der RegE (BT-Drucks. 17/5712, S. 26) enthielt keine dem jetzigen § 56a Abs. 3 InsO entsprechende Regelung. Die Begründung des Rechtsausschusses (BT-Drucks. 17/7511, S. 34 f.) führt zu dem Einwand, das Eilbedürfnis des Eröffnungsverfahrens dulde bei der Bestellung eines vorläufigen Insolvenzverwalters kein Abwarten auf die Konstituierung und Votum des vorläufigen Gläubigerausschusses, aus, bereits der Regierungsentwurf sehe vor, dass auf eine Beteiligung des vorläufigen Gläubigerausschusses bei der Verwalterbestellung verzichtet werden könne, wenn dies zu einer nachteiligen Veränderung der Vermögenslage des Schuldners geführt hätte. 59

Im Hinblick auf die Befürchtung, die generelle Eilbedürftigkeit in Insolvenzverfahren könne als Vorwand verwendet werden, um regelmäßig von einer Gläubigerbeteiligung abzusehen, heißt es: »Der Ausschuss hat deshalb beschlossen, die in § 57 InsO vorgesehene Befugnis der Gläubigerversammlung, einen anderen Insolvenzverwalter zu wählen, in modifizierter Form auf den vorläufigen Gläubigerausschuss zu übertragen. Sollte sich in einem Fall ein keinen Aufschub duldendes Sicherungsbedürfnis zeigen, so kann das Gericht zügig einen vorläufigen Insolvenzverwalter einsetzen und die Gläubigerbeteiligung nachholen. Der vorläufige Gläubigerausschuss erhält deshalb nach dem vom Ausschuss vorgeschlagenen § 56a Absatz 3 InsO-E die Befugnis, eine andere Person als die vom Gericht eingesetzte zum Insolvenzverwalter zu wählen ...«. Es bestehen keine Anhaltspunkte, dass der Rechtsausschuss eine »Nachholungsmöglichkeit« auch für den Fall des (temporären) Absehens von der Bestellung eines vorläufigen Gläubigerausschusses schaffen wollte. Eine **planwidrige Regelungslücke** liegt **nicht** vor, eine **Analogie scheidet aus**. 60

Sieht das Insolvenzgericht von der gem. § 22a Abs. 1 InsO gebotenen Einsetzung eines vorläufigen Gläubigerausschusses gem. § 22a Abs. 3, 3. Alt InsO ab, so steht einem nach Bestellung eines vorläufigen Insolvenzverwalters eingesetzten vorläufigen Gläubigerausschuss **nicht** das **Abwahlrecht des § 56a Abs. 3 InsO** zu (s. *Jahntz* § 56a Rdn. 51; HambK-InsO/*Frind* § 56a Rn. 29; *Nerlich/Römermann* InsO, § 56a Rn. 18; *Frind* ZIP 2012, 1380 [1383]; **a.A.** BK-InsO/*Blersch* § 22a Rn. 17; *Graf-Schlicker* InsO, § 22a Rn. 14 unter Hinw. auf die Gesetzesbegründung BT-Drucks. 17/7511 S. 34 f.; MüKo-InsO/*Haarmeyer* § 22a Rn. 133 ff.; *Obermüller* ZInsO 2012, 18 [24]; *Busch* ZInsO 2012, 1389 1393]). 61

F. Benennungspflicht gem. Abs. 4

62 Die Vorschrift dient der Arbeitserleichterung und Verfahrensbeschleunigung. In einem professionell vorbereiteten Antrag (s. Rdn. 10, 37) werden die Angaben zur Vermeidung von Verzögerungen enthalten sein. Die Regelung gilt nicht nur im Fall des Abs. 2, sondern auch des Abs. 1 (*AG Hamburg* ZInsO 2013, 2166).

63 Zu benennen sind Vertreter der in **§ 67 Abs. 2 InsO** aufgeführten Gläubigergruppen (A/G/R-*Sander* § 22a InsO Rn. 8). Vertreter der in **§ 13 Abs. 1 Satz 4 Nr. 3 und 4 InsO** aufgeführten Gläubigergruppen bzw. der **Agentur für Arbeit** sind bei einem gut organisierten Insolvenzgericht bekannt.

64 Problematisch ist die Behandlung der Gruppe der **Kleingläubiger** (s. Rdn. 70).

65 **Bessert der Schuldner** trotz Aufforderung **nicht nach**, wird die **Reaktion** des Insolvenzgerichts **unterschiedlich** ausfallen: Liegt ein Fall des **Abs. 1** vor, können Zwangsmittel gem. §§ 20, 98 InsO eingesetzt werden. Es stellt sich aber die Frage, welche Validität diesermaßen erzwungene Angaben des Schuldners haben. Zusätzlich/alternativ kann ein Sachverständiger bestellt werden, insbesondere wenn Angaben gem. Abs. 1 fehlen oder überprüfungswürdig erscheinen. In den Fällen des **§ 22a Abs. 2 InsO** ist der Antragsteller zur Nachbesserung aufzufordern. Danach ist der Antrag auf Einsetzung eines vorläufigen Gläubigerausschusses als unzulässig abzuweisen (*AG Hamburg* ZInsO 2013, 1804).

G. Entscheidungen des Insolvenzgerichts

I. Umfang

66 Die **wesentlichen Entscheidungen trifft das Insolvenzgericht**. Es beschließt,
– ob von der Einsetzung gem. Abs. 3 abgesehen wird,
– ob ein fakultativer vorläufiger Gläubigerausschuss gem. Abs. 2 oder § 21 Abs. 2 Nr. 1a InsO eingesetzt wird,
– wer Mitglied des Gläubigerausschusses wird.

67 Die Gesetzesbegründung stellt im Rahmen des Abs. 3 ausdrücklich klar, dass für das Insolvenzgericht **keine Verpflichtung** besteht, die **vorgeschlagenen Personen auch zu bestellen**, vielmehr besteht ein Ermessen des Gerichts (*AG Hamburg* ZInsO 2013, 1804 [1806]; *LG Kleve* ZInsO 2013, 1037 [1038] m. abl. Anm. *Haarmeyer*; A/G/R-*Sander* § 22a InsO Rn. 8; HambK-InsO/*Frind* § 22a Rn. 14; a.A. MüKo-InsO/*Haarmeyer* § 22a Rn. 41: lediglich Zurückweisungsrecht; *Haarmeyer* ZInsO 2012, 2109 [2113 f.]). Bei einer nachvollziehbar repräsentativen Besetzung wird das Insolvenzgericht den Vorschlag übernehmen (vgl. *Haarmeyer/Horstkotte* ZInsO 2012, 1441 [1448]). Dieses soll auf die Möglichkeit einer **Missbrauchskontrolle** beschränkt sein; die heterogenen Gruppeninteressen müssen sich in einer repräsentativen Zusammensetzung widerspiegeln (*GSV* 10 Thesen des GSV zur Praxis des ESUG, ZInsO 2012, 385). Allerdings ist die Gefahr von Manipulationen durch Benennung »geneigter« Mitglieder und der auf dem Gericht lastende Zeitdruck zu bedenken (*Römermann* NJW 2012, 641 [647]). Häufig vertretene Gläubigergruppen teilen allerdings den Insolvenzgerichten ihre generelle Bereitschaft unter Benennung potentieller Mitglieder mit (*Römermann* NJW 2012, 641 [647]). Ist ein Eigenantrag eines Schuldners zu erwarten, können Gläubiger ihre Bereitschaft an der Mitwirkung in einem vorläufigen Gläubigerausschuss dem Insolvenzgericht mitteilen (*Schmidt* ZInsO 2012, 1107).

68 Wichtige Voraussetzung ist eine **rechtzeitige Kontaktaufnahme mit dem Insolvenzgericht** und Vorlage aller für eine Entscheidung notwendigen Unterlagen mindestens eine Woche vor Antragstellung (*Haarmeyer* ZInsO 2013, 2345 [2346], der die Insolvenzgerichte zugleich auffordert, sich mindestens 3 Werktage Zeit für die Prüfung eines Antrages zu nehmen). Bei Gerichten, die eine Geschäftsverteilung nach dem »Turnusmodell« vornehmen, kann eine Voranfrage als AR-Sache eingetragen und der damit befasste Richter auch für die nachfolgende IN-Sache als zuständig erklärt werden (*Haarmeyer* ZInsO 2012, 2109 [2110]).

II. Kriterien

Folgende **Kriterien** sind zu beachten: 69
- Sind die in § 13 Abs. 1 Satz 4 InsO aufgeführten Gruppen, sofern sie Gläubiger sind, vertreten?
- Regelmäßig werden Gläubiger mit den **höchsten (gesicherten) Forderungen** gem. § 13 Abs. 1 Satz 4 Nr. 1 und 2 InsO berufen. Damit eine Auswahl möglich ist, sind mehrere Gläubiger (mindestens drei) anzugeben. Bei ordnungsgemäßer Buchhaltung kann auch auf die Angaben gem. § 13 Abs. 1 Satz 3 InsO zurückgegriffen werden. Die höchsten Forderungen sind zu markieren oder – noch besser – die Forderungen gestaffelt nach Höhe aufzuführen.
- Es ist **nicht zwingend** der Gläubiger mit der **höchsten** (gesicherten) **Forderung** zu berufen. Davon kann abgesehen werden, wenn er eine Teilnahme ablehnt oder seine Beteiligung unter Beschleunigungsgesichtspunkten (Kommunikation insbesondere mit dem außereuropäischen Ausland) ausscheidet. Gläubiger mit Rangrücktritt (s. § 19 Rdn. 35) sind i.d.R. nicht zu berücksichtigen.
- Statt Sozialversicherungsträgern (§ 13 Abs. 1 Satz 4 Nr. 4 InsO) kann auch ein Vertreter der **Agentur für Arbeit** berufen werden, wenn Insolvenzgeld vorfinanziert werden soll (*Obermüller* ZInsO 2012, 18 [22]). Die Agentur für Arbeit ist zur Teilnahme bereit (DA der Bundesagentur für Arbeit zu § 187 SGB III – Gültigkeitszeitraum 20.03.2012 bis 19.03.2014, ZIP 2012, 699 [700]). Die Agentur für Arbeit hat inzwischen Zentralstellen für die Besetzung von vorläufigen Gläubigerausschüssen geschaffen.
- Statt Trägern betrieblicher Altersversorgung (§ 13 Abs. 1 Satz 4 Nr. 5 InsO) sollte ein **Mitglied des Betriebsrates** (*Wroblewski* ZInsO 2014, 115 [117 f.]) berufen werden, um die Betriebsfortführung zu erleichtern. Dieser wird auch bei Vorfinanzierung von Insolvenzgeld bei der Bestellung Gläubiger von Arbeitslohn sein, so dass die mangelnde Bezugnahme des § 67 Abs. 3 InsO in § 21 Abs. 2 Nr. 1a InsO nicht entgegensteht.
- Auch die **Finanzverwaltung** geht dazu über, die Besetzung der vorläufigen Gläubigerausschüsse zentral zu organisieren (z.B. Schreiben der OFD NRW v. 05.09.2013 zur Besetzung von Gläubigerausschüssen nach der neuen Insolvenzordnung, ZInsO 2014, 448).
- Insgesamt bietet sich im Hinblick auf Abstimmungen ein Ausschuss mit ungerader Zahl von Mitgliedern an. In der Praxis kommen Ausschüsse mit 3 oder 5 Mitgliedern vor.
- Weiter müssen die Ausschussmitglieder über die **nötige Sachkunde** verfügen (*Frind* ZInsO 2013, 279 [283]).

Problematisch ist die Behandlung der Gruppe der **Kleingläubiger**. Diese sind in § 67 Abs. 2 InsO 70 ausdrücklich aufgeführt. § 21 Abs. 2 Nr. 1a InsO verweist auf § 67 Abs. 2 InsO. Andererseits handelt es sich nur um eine Sollvorschrift. Auch die schnelle Ermittlung eines zur Mitarbeit in einem vorläufigen Gläubigerausschuss bereiten Kleingläubigers kann sich schwierig gestalten. Zudem sollen im Eröffnungsverfahren Vertreter der zur Betriebsfortführung benötigten Gruppen einbezogen und eine überschaubare (ungerade) Anzahl an Mitgliedern erzielt werden. Daher wird häufig auf ihre Einbeziehung verzichtet werden (ebenso *AG Hamburg* ZInsO 2011, 2337; **a.A.** HambK-InsO/*Frind* § 22a Rn. 9). In den seltensten Fällen lässt sich nämlich ein Kleingläubiger für die Mitwirkung im Gläubigerausschuss gewinnen. In der Praxis werden deshalb häufig insolvenzerfahrene Rechtsanwälte als Vertreter der Kleingläubiger bestellt (*Nerlich/Römermann-Mönning* InsO, § 22a Rn. 134). Vorgeschlagen wird auch die Bestellung eines Vertreters der Bundesagentur für Arbeit, die gem. § 55 Abs. 3 InsO nur Quotengläubigerin ist, oder eines Vertreters des Finanzamtes (*Frind* ZIP 2013, 2244 [2246]). Zur späteren Einbeziehung s. Rdn. 72, 84.

Zu Gewerkschaftsmitgliedern s. § 21 Rdn. 260 f. 71

Denkbar ist auch, **zunächst von der Einsetzung eines Gruppenmitgliedes abzusehen und es nachträglich zu benennen**. In Betracht kommt dies beim Kleingläubigervertreter oder in Fällen, in denen 72 der Kontakt mit Gläubigern, deren Lieferungen für die Betriebsfortführung unerlässlich sind, nicht (rechtzeitig) hergestellt werden kann. Die Ernennung eines weiteren Mitgliedes bleibt vorbehalten. Ein mögliches Patt im vorläufigen Gläubigerausschuss kann für einen Übergangszeitraum hingenommen werden. Die wichtige Entscheidung zur Bestimmung des vorläufigen Insolvenzverwalters ist für das Gericht nur bei Einstimmigkeit bindend (§ 56a Abs. 2 InsO), die in dieser Fallkonstellation nicht vorliegt (*Frind* ZIP 2013, 2244 [2246]). Auch die Vorschrift des § 56a Abs. 3 gilt nicht (str. ist dies nur bei bewusstem Absehen im Falle des § 22a Abs. 3, 3. Alt. InsO, dazu Rdn. 55).

III. Entscheidung

73 Der vorläufige Gläubigerausschuss kommt erst zustande mit der Bestellung durch das Gericht und Annahmeerklärung der Mitglieder (HambK-InsO/*Frind* § 22a Rn. 14). Zur **Verfahrensbeschleunigung** können:
– vorgeschlagene Mitglieder die Annahme schon im Rahmen der Einverständniserklärung, die nicht nur im Fall des Abs. 2 (s. Rdn. 28) eingereicht werden sollte, erklären;
– ein Vorschlag zur Person des vorläufigen Insolvenzverwalters gemacht werden. Dieser Vorschlag ist zwar nicht bindend, weil der vorläufige Gläubigerausschuss erst nach der Bestellung durch das Gericht wirksam einen Vorschlag machen kann (s. Rdn. 47). Allerdings kann das Insolvenzgericht schon den avisierten Verwalter kontaktieren, der bei einstimmigem Vorschlag des vorläufigen Gläubigerausschusses grds. bindend ist gem. § 56a Abs. 2 InsO (vgl. den Musterantrag bei *Haarmeyer* ZInsO 2012, 370). Liegen keine Anhaltspunkte für eine spätere Abweichung von diesem Votum vor, kann mit der Einsetzung des vorläufigen Gläubigerausschusses zugleich die Bestellung des vorläufigen Insolvenzverwalters verbunden werden (A/G/R-*Sander* § 21 InsO Rn. 57).

74 Das Insolvenzgericht sollte sich **nicht unter Druck setzen lassen**. Anlass dafür sind regelmäßig unvollständige Anträge oder Versuche, »genehme« Gläubiger im vorläufigen Gläubigerausschuss zu platzieren. Auch eine Haftung gem. § 198 GVG (Rechtsschutz vor überlangen Gerichtsverfahren) scheidet i.d.R. aus (*Zimmer* ZInsO 2011, 2302 [2306 f.]). Es gibt auch keinen Gesetzesbefehl zur sofortigen Einsetzung, die Einsetzung kann durchaus der Bestellung eines vorläufigen Insolvenzverwalters/Sachwalters nachfolgen (*Frind* ZInsO 2012, 2028 [2031]).

75 Die Entscheidung bedarf **keiner Begründung** (HambK-InsO/*Frind* § 22a Rn. 14). Sie ist nach h.M. **nicht anfechtbar** gem. § 6 Abs. 1 Satz 1 InsO (s. § 21 Rdn. 60, 269). Denkbar ist eine Gegenvorstellung (HambK-InsO/*Frind* § 22a Rn. 24) analog § 321a ZPO (s. FK-InsO/*Schmerbach* § 6 Rdn. 90). Entspricht die Zusammensetzung nicht den gesetzlichen Vorgaben, hat dies auf die Wirksamkeit der Handlungen des vorläufigen Insolvenzverwalters keine Auswirkungen. Entscheidend ist, dass dieser vom Insolvenzgericht wirksam bestellt ist (*Obermüller* ZInsO 2012, 18 [23]).

76 Der **Beschluss** über die Einsetzung eines vorläufigen Gläubigerausschusses ist dem Schuldner, etwaigen Antragstellern gem. Abs. 2, dem vorläufigen Insolvenzverwalter (sofern vorhanden) und den Gläubigerausschussmitgliedern **zuzufaxen** mit einem erläuternden Hinweis (*Frind* ZInsO 2012, 386 [388]) und ggf. mit einem Geschäftsordnungsmuster (vgl. *Haarmeyer* ZInsO 2012, 372). Werden gleichzeitig Sicherungsmaßnahmen angeordnet, werden diese ebenfalls übersandt.

IV. Vorläufiger Gläubigerausschuss

77 Einzelstellungnahmen der Mitglieder des vorläufigen Gläubigerausschusses reichen nicht (A/G/R-*Ringstmeier* § 270 InsO Rn. 19; s.a. Rdn. 47, 73). Der **vorläufige Gläubigerausschuss** kann seine Beschlüsse auch in einer Telefonkonferenz treffen. Das Ergebnis ist dem Insolvenzgericht schriftlich mitzuteilen (*Obermüller* ZInsO 2012, 18 [24]). Insbesondere ist im Hinblick auf die in § 56a Abs. 2 InsO angeordnete Bindungswirkung zu dokumentieren, ob ein Vorschlag hinsichtlich der Person des vorläufigen Insolvenzverwalters einstimmig erfolgte. Der vorläufige Gläubigerausschuss kann sich aber auch darauf beschränken, das in § 56a Abs. 1 InsO vorgesehene Anforderungsprofil aufzustellen (*Obermüller* ZInsO 2012, 18 [24]). Hat der vorläufige Gläubigerausschuss sich schon **präsumtiv auf einen vorläufigen Verwalter geeinigt**, die potentiellen Mitglieder die Annahme des Amtes erklärt (vgl. den Musterantrag bei *Haarmeyer* ZInsO 2012, 370) und ist der Ausschuss wie vorgeschlagen zusammengesetzt, kann das Insolvenzgericht parallel mit der Einsetzung eines vorläufigen Gläubigerausschusses den vorläufigen Insolvenzverwalter einsetzen, falls nicht ausnahmsweise Anhaltspunkte für eine spätere Abweichung von diesem Votum vorliegen (A/G/R-*Sander* § 21 InsO Rn. 57).

Der vom Insolvenzgericht eingesetzte vorläufige Gläubigerausschuss **entsteht** mit der (ggf. schon in der Einverständniserklärung abgegebenen) **Annahmeerklärung** jedes einzelnen Mitgliedes. Vor der gerichtlichen Einsetzung existierte er noch nicht. Eine Vertretung durch Dritte ist zulässig in eingeschränktem Umfang (*Haarmeyer* ZInsO 2012, 2109 [2116]; *Frind* ZInsO 2013, 279 [283]). Der vorläufige Gläubigerausschuss unterrichtet das Insolvenzgericht in geeigneter Weise über seine Beschlüsse. Den Mitgliedern steht gem. §§ 21 Abs. 2 Satz 1 Nr. 1a, 73, 64, 65 InsO somit ein gesetzlich geregelter Vergütungsanspruch zu, der in § 17 InsVV konkretisiert ist (Rdn. 40). Im Falle der Nichteröffnung ist das Insolvenzgericht zur Festsetzung in analoger Anwendung des § 26a InsO zuständig (*Zimmer* ZInsO 2012, 1658 [1664]) ebenso wie für die Vergütung des vorläufigen Sachwalters (s. § 21 Rdn. 181). Allerdings besteht die Gefahr, dass die Mitglieder mit ihrer Forderung ausfallen. Kann die als Auslage zu erstattende Prämie für die Haftpflichtversicherung nicht mehr beglichen werden, besteht ein Anspruch auf Entlassung (*Frind* ZIP 2013, 2244 [2249]). 78

Der vorläufige Gläubigerausschuss **amtiert bis zur Eröffnung des Verfahrens** (*Obermüller* ZInsO 2012, 18 [21]; *Frind* ZIP 2013, 2244 [2248]). Es handelt sich um eine (spezielle) Form der Sicherungsmaßnahme gem. § 21 Abs. 2 Nr. 1a InsO. Sicherungsmaßnahmen treten mit Eröffnung des Verfahrens außer Kraft (s. § 21 Rdn. 56). Mitglieder des vorläufigen Gläubigerausschusses können gem. §§ 21 Abs. 2 Nr. 1a, 70 InsO **entlassen** werden z.B. bei Verstoß gegen die Verschwiegenheitspflicht oder mangelnder Mitarbeit (*Frind* ZIP 2013, 2244 [2248 f.]). Dagegen steht dem entlassenen Mitglied die sofortige Beschwerde gem. §§ 21 Abs. 2 Nr. 1a, 70 Satz 3 InsO zu. 79

Ein vorläufiger Gläubigerausschuss kann zunächst nur teilweise besetzt werden. Beim Antrag eines Gläubigers werden dem Gericht zunächst sämtliche wesentlichen Informationen fehlen. Auch beim Schuldnerantrag ist bei den Angaben trotz der Verpflichtungen des § 13 Abs. 1 InsO Vorsicht geboten (*Frind* ZIP 2013, 2244 f.). Deshalb kommt eine **sukzessive Ausschussbestellung** in Betracht. Dieser Ausschuss ist allerdings nur eingeschränkt handlungsfähig und kann ein einstimmiges Votum gem. §§ 56a Abs. 2, 270 Abs. 3 Satz 2 InsO nicht abgeben (*Frind* ZIP 2013, 2244 [2246]). 80

Eine **Neubesetzung** kann erfolgen bei: 81
– Nichtannahme des Amtes (*Frind* ZIP 2013, 2244 [2247]),
– Entlassung eines Ausschussmitgliedes (Rdn. 78).

Eine **Nachbesetzung** kann erfolgen: 82
– im Falle sukzessiver Ausschussbestellung (Rdn. 80),
– bei unrichtigen Angaben gem. § 13 Abs. 1 Satz 4 InsO, um Insolvenzgläubiger mit höheren Forderungen einzubinden; allerdings kann das ursprünglich bestellte Ausschussmitglied nicht entlassen werden – Nachbesetzung zur Berichtigung (*Frind* ZIP 2013, 2244 [2247]),
– zur Ergänzung, um die Betriebsfortführung zu fördern, z.B. Aufnahme eines unverzichtbaren Warenlieferanten oder des Finanzamtes (*Frind* ZIP 2013, 2244 [2247 f.]).

Umstritten ist, ob der vorläufige Gläubigerausschuss nur in eng begrenzten Ausnahmefällen (A/G/R-*Sander* § 21 InsO Rn. 20) **aufgelöst** werden kann oder auch bei irrtümlicher Annahme der Voraussetzungen des § 22a Abs. 1 InsO oder nachträglicher Feststellung der Voraussetzungen des § 22a Abs. 3 InsO aufgelöst werden kann (so *Frind* ZInsO 2011, 2249 [2251]; enger *ders.* ZIP 2012, 1380 [1386]: nicht im Fall des § 22a Abs. 1 InsO). 83

Nach Eröffnung des Verfahrens ist gem. § 67 Abs. 1 InsO **erneut** über die Einsetzung eines Gläubigerausschusses **zu entscheiden**. Sind die wesentlichen Weichenstellungen erfolgt, kann darauf verzichtet werden (*Obermüller* ZInsO 2012, 18 [21]; *Frind* ZIP 2013, 2244 [2248]). Das Insolvenzgericht kann, muss aber nicht, die Zusammensetzung unverändert lassen. Insbesondere können gem. § 67 Abs. 3 InsO Personen zu Mitgliedern berufen werden, die keine Gläubiger sind. Auch kann eine andere Aufgabengewichtung und der nunmehr deutlich konturierte Gläubigerkreis berücksichtigt werden (*Frind* ZInsO 2011, 2249 [2251]). 84

85 Die **Gläubigerversammlung** beschließt über die Beibehaltung des Gläubigerausschusses (§ 68 Abs. 1 Satz 2 InsO). Sie kann vom Insolvenzgericht bestellte Mitglieder abwählen und andere oder zusätzliche Mitglieder wählen (§ 68 Abs. 2 InsO).

H. Bewertung

86 Die Institution des vorläufigen Gläubigerausschuss im Eröffnungsverfahren hat ihre Bewährungsprobe bestanden, auch wenn es in Einzelfällen Manipulationsversuche für die Zusammensetzung eines »genehmen« Ausschusses gegeben hat. Schwierigkeiten können sich ergeben bei der Rekrutierung der Mitglieder für den vorläufigen Gläubigerausschuss, wofür geworben wird (*Buchalik* Banken-Times Februar 2014, 8). Essentiell ist eine **Offenheit** bei allen Beteiligten. Das Insolvenzgericht ist rechtzeitig vor der förmlichen Antragstellung einzubinden. Der zuständige Insolvenzrichter muss schon im Vorfeld bestimmbar und zu einem offenen und konstruktiven Gespräch mit den potenziellen Antragstellern bereit sein. Erforderlich ist allerdings eine detaillierte Prüfung des Antrages (*Haarmeyer* ZInsO 2013, 2345 mit dem Entwurf eines Kataloges von 10 »Versagungsgründen«).

§ 23 Bekanntmachung der Verfügungsbeschränkungen

(1) ¹Der Beschluss, durch den eine der in § 21 Abs. 2 Nr. 2 vorgesehenen Verfügungsbeschränkungen angeordnet und ein vorläufiger Insolvenzverwalter bestellt wird, ist öffentlich bekanntzumachen. ²Er ist dem Schuldner, den Personen, die Verpflichtungen gegenüber dem Schuldner haben, und dem vorläufigen Insolvenzverwalter besonders zuzustellen. ³Die Schuldner des Schuldners sind zugleich aufzufordern, nur noch unter Beachtung des Beschlusses zu leisten.

(2) Ist der Schuldner im Handels-, Genossenschafts-, Partnerschafts- oder Vereinsregister eingetragen, so hat die Geschäftsstelle des Insolvenzgerichts dem Registergericht eine Ausfertigung des Beschlusses zu übermitteln.

(3) Für die Eintragung der Verfügungsbeschränkungen im Grundbuch, im Schiffsregister, im Schiffsbauregister und im Register über Pfandrechte an Luftfahrzeugen gelten die §§ 32, 33 entsprechend.

Übersicht

		Rdn.			Rdn.
A.	Überblick	1	V.	Ort und Inhalt der öffentlichen Bekanntmachung	25
B.	§ 23 Abs. 1	4			
I.	Anwendungsbereich	4	VI.	Weitere Zustellungen und Mitteilungen	28
II.	Inhalt des Beschlusses	10	C.	**Wirkungen des Beschlusses**	31
III.	Wirksamwerden/Zustellung des Beschlusses	18	D.	**§ 23 Abs. 2**	36
			E.	**§ 23 Abs. 3**	37
IV.	Veröffentlichung	24	F.	**Internationales Insolvenzrecht**	40

Literatur:
Frind Aktuelle Anwendungsprobleme beim ESUG – Teil II, ZInsO 2013, 279; *Graf-Schlicker* Die Entwicklung des ESUG und die Fortentwicklung des Insolvenzrechts, ZInsO 2013, 1765; *Keller* Bedarf die Bestellung eines vorläufigen Sachwalters im Schutzschirmverfahren nach § 270 Buchst. b InsO der öffentlichen Bekanntmachung?, ZIP 2012, 1895; *Pape* Eigenverwaltungsverfahren im Spiegel der Rechtsprechung nach Inkrafttreten des ESUG, ZInsO 2013, 2129; *Schmerbach* Zusammenarbeit Insolvenzgericht – Insolvenzbüro, InsbürO 2014, 128.

A. Überblick

1 Für den **Regelfall** der Bestellung eines vorläufigen Insolvenzverwalters und Anordnung von Verfügungsbeschränkungen gem. § 21 Abs. 2 Nr. 2 InsO sieht das Gesetz eine **öffentliche Bekanntmachung** vor. Auch bei der – seltenen – Anordnung von Sicherungsmaßnahmen gem. § 21 Abs. 1 InsO (s. § 21 Rdn. 9, 80, 376 f.) sollte eine öffentliche Bekanntmachung erfolgen, um gutgläubigen

Erwerb (*BGH* ZInsO 2006, 92 [93]) oder schuldbefreiende Leistung an den Schuldner zu verhindern.

Bei einem **Verstoß** gegen die in § 21 Abs. 2 Nr. 2 InsO vorgesehenen Verfügungsbeschränkungen gelten gem. § 24 Abs. 1 InsO die §§ 81, 82 InsO entsprechend. Es handelt sich um ein absolutes Verfügungsverbot (s. § 24 Rdn. 5). Gutgläubiger Erwerb ist nur möglich gem. § 81 Abs. 1 InsO. Dieser wird verhindert durch die Vorschrift in Abs. 3, die auf §§ 32, 33 InsO Bezug nimmt. In den übrigen Fällen dient die öffentliche Bekanntmachung der Information des Geschäftsverkehrs. Ferner wird vermutet, dass bei Leistung an den Schuldner der Leistende keine Kenntnis von der Sicherungsmaßnahme gem. § 21 Abs. 2 Nr. 2 InsO hatte, sofern die Leistung vor der öffentlichen Bekanntmachung erfolgte (§ 24 Abs. 1 i.V.m. § 82 Satz 2 InsO). An die (bekannten) Drittschuldner ist der Beschluss besonders zuzustellen. Sie werden aufgefordert, nur noch unter Beachtung des Beschlusses zu leisten. Weiter erfolgt eine besondere Zustellung an den Schuldner und den vorläufigen Insolvenzverwalter. Anders als beim Eröffnungsbeschluss gem. § 30 Abs. 2 InsO erfolgt eine Zustellung an die Gläubiger nicht. 2

Weiter werden die **öffentlichen Register**, die teilweise hinsichtlich der Eintragungen Gutglaubensschutz genießen, informiert. 3

B. § 23 Abs. 1

I. Anwendungsbereich

Die Vorschrift des § 23 InsO gilt nur, wenn ein vorläufiger Insolvenzverwalter bestellt und eine Sicherungsmaßnahme gem. § 21 Abs. 2 Nr. 2 InsO angeordnet worden ist. Auch die Abberufung und Neubestellung eines vorläufigen Insolvenzverwalters sind öffentlich bekanntzumachen (*LG Gera* ZIP 2002, 1735 [1737]). Die Vorschrift gilt **nicht**, wenn lediglich andere Sicherungsmaßnahmen angeordnet werden (*Nerlich/Römermann-Mönning* InsO, § 23 Rn. 7; *Uhlenbruck/Vallender* InsO, § 23 Rn. 1; a.A. MüKo-InsO/*Haarmeyer* § 23 Rn. 9 ff.) wie z.B. ein allgemeines Verfügungsverbot ohne Bestellung eines vorläufigen Insolvenzverwalters (*AG Göttingen* NZI 1999, 330 [331]) oder ein isolierter Sachverständiger (s. § 22 Rdn. 161) bestellt wird. Auch in den übrigen Fällen kommen allerdings eine öffentliche Bekanntmachung (s. Rdn. 1) und eine besondere Zustellung an Schuldner und Drittschuldner in Betracht (vgl. *AG Göttingen* NZI 1999, 330 [331]; BK-InsO/*Blersch* § 23 Rn. 6, 7; *Uhlenbruck/Vallender* InsO, § 23 Rn. 2). 4

Streitig ist die Veröffentlichung bei Bestellung eines **vorläufigen Sachwalters**. §§ 270a Abs. 2, 270b Abs. 2 Satz 1 InsO verweisen auf §§ 274, 275 InsO. Ein Verweis auf § 21 Abs. 2 Nr. 2 InsO oder § 23 Abs. 1 Satz 1 InsO ist dort nicht enthalten. Eine Pflicht zur Veröffentlichung besteht nicht (*Buchalik* ZInsO 2012, 349 [354]). Die Frage nach einer Regelungslücke und analogen Anwendung des § 23 InsO stellt sich nicht, da eine öffentliche Bekanntmachung auch in weiteren Fällen erfolgen kann (s. Rdn. 4). Eine Veröffentlichung nach **pflichtgemäßem Ermessen** ist möglich (*AG Göttingen* ZInsO 2012, 2297 [2298]; *AG Göttingen* ZInsO 2012, 2413 [2416]; *Buchalik* ZInsO 2012, 349 [354]); *Pape* ZInsO 2013, 2129 [2135]; *Schmerbach* InsbürO 2014, 128 [129]; im Ansatz auch A/G/R-*Sander* § 23 InsO Rn. 11). Die Gegenposition hält eine Veröffentlichung entweder für unzulässig (HambK-InsO/*Schröder* § 23 Rn. 4; *Horstkotte* ZInsO 2012, 1161; *Keller* ZIP 2012, 1855 [1899 ff.]) oder zwingend geboten (s. *Foltis* § 270b Rdn. 29; *Frind* ZInsO 2013, 279 [287 f.]). 5

Ein Ermessen gab es bereits in der Vergangenheit bei der Veröffentlichung von Beschlüssen gem. § 26 InsO vor dem 01.07.2007 (vgl. *Schmerbach* 4. Aufl. § 26 Rn. 73). In Betracht kommen zunächst Fälle, in denen das Geschäftsmodell nur eingeschränkt geschäftsfähig ist (vgl. *Siemon* ZInsO 2012, 1045 [1048 ff.]). Das ist der Fall, wenn die Einleitung eines Insolvenzverfahrens einen Vertrauensverlust der Kunden/Auftraggeber bewirkt und dadurch die Fortführungsmöglichkeit beeinträchtigt wird. Klassisches Beispiel ist der von Aufträgen der öffentlichen Hand abhängige Schuldner. 6

Häufig liegt nur drohende Zahlungsunfähigkeit (§ 18 InsO) vor, eine Antragspflicht besteht nicht, auch deshalb kann von einer Veröffentlichung abgesehen werden. Eine Veröffentlichung kommt **nur** 7 in den **Ausnahmefällen** in Betracht, in denen das Interesse an Publizität das gegenläufige Interesse des Schuldners und sonstiger Beteiligter überwiegt, die laufenden Sanierungsbemühungen nicht durch die möglichen Folgen einer Veröffentlichung zu beeinträchtigen *(Graf-Schlicker* ZInsO 2013, 1765 f.). In der **Praxis** ist das **Absehen** der **Regelfall**. Zur Sicherstellung der Begleichung der im Eröffnungsverfahren begründeten Forderungen kann der vorläufige Sachwalter die Kassenführung gem. §§ 270a Abs. 1 Satz 2, 275 Abs. 2 InsO an sich ziehen.

8   Wird zugleich – zulässigerweise – eine **einstweilige Einstellung der Zwangsvollstreckung** gem. § 21 Abs. 2 Nr. 3 InsO angeordnet, so ist von der teilweise üblichen Veröffentlichung abzusehen.

9   Die **Vergütung** ist öffentlich bekannt zu machen, sofern eine Eröffnung erfolgt (s. § 21 Rdn. 179).

II. Inhalt des Beschlusses

10 a) Voraussetzung für die Anordnung von Sicherungsmaßnahmen ist die **Zulässigkeit** des Antrags (s. § 21 Rdn. 33 ff.).

11 b) Entsprechend § 27 Abs. 2 InsO enthält der Eröffnungsbeschluss die **genaue Bezeichnung** des Schuldners, Namen und Anschrift des vorläufigen Insolvenzverwalters und Tag und Stunde der Anordnung der Sicherungsmaßnahmen. Bei kürzlich erfolgter Umfirmierung sollten alte und neue Firmierung im Beschluss und in der Veröffentlichung aufgeführt werden. Beim Nachlassinsolvenzverfahren (§§ 315 ff. InsO) ist Schuldner nicht der (die) Erbe(n), sondern das Vermögen des am ... um ... verstorbenen, zuletzt wohnhaft in ... gewesenen Herrn (Frau) ... – Verfügungsbeschränkungen (§ 21 InsO) werden dem (den) Erben auferlegt.

12 c) Weiter werden aufgeführt die im **Einzelnen** angeordneten **Sicherungsmaßnahmen**, insbesondere also die Maßnahmen gem. § 21 Abs. 2 Nr. 1–3, § 21 Abs. 1, § 22 Abs. 1 Satz 2 Nr. 3, 2. HS InsO (Prüfung als Sachverständiger, ob ein Eröffnungsgrund vorliegt und welche Aussichten für eine Unternehmensfortführung bestehen). Ggf. sind die Pflichten des vorläufigen Insolvenzverwalters gem. § 22 Abs. 2 InsO aufzuführen. Schließlich werden Drittschuldner aufgefordert, nur noch unter Beachtung des Beschlusses zu leisten (§ 23 Abs. 1 Satz 3 InsO). Inhaltlich entspricht die Aufforderung der Vorschrift des § 28 Abs. 3 InsO. Dies bedeutet, dass Drittschuldner ihre Verbindlichkeiten gegenüber dem Schuldner bei Fälligkeit an den vorläufigen Insolvenzverwalter zu entrichten haben und Zahlungen an den Schuldner persönlich oder von ihm Bevollmächtigte unwirksam sind.

13 § 23 Abs. 1 **Satz 2 und 3** regeln nur die Empfangszuständigkeit zwischen Schuldner und vorläufigem Insolvenzverwalter im Verhältnis zu Drittschuldnern. Nicht betroffen sind Rechtsbeziehungen des Schuldners zu Drittschuldnern. Einziehungsrechte von Drittschuldnern bleiben unberührt (*BGH* NZI 2007, 338 Rn. 13).

14 d) Eine **Begründung** ist **erforderlich**, da die Anordnung von Sicherungsmaßnahmen gem. § 21 Abs. 1 Satz 2 InsO vom Schuldner angefochten werden kann (s. § 21 Rdn. 20). In der Praxis unterbleibt die Begründung teilweise und wird nachgeholt in den seltenen Fällen, dass der Schuldner sofortige Beschwerde einlegt (vgl. § 5 Rdn. 61, § 6 Rdn. 63, § 10 Rdn. 20).

15 Ab dem 01.01.2014 ist eine **Belehrung über die Beschwerdemöglichkeit** zwingend vorgeschrieben, bei Verstoß kann Wiedereinsetzung in den vorherigen Stand bewilligt und eine sofortige Beschwerde nachgeholt werden, § 4 InsO i.V.m. §§ 232, 233 ZPO (s. § 6 Rdn. 41).

16 e) Erforderlich ist, dass der Beschluss vom **Richter unterschrieben** ist (s. § 30 Rdn. 6). Sicherungswirkungen treten nicht ein (BK-InsO/*Beth/Blersch* § 21 Rn. 106). Bei Nachholung der Unterschrift tritt eine Heilung nur ex nunc ein (*Kübler/Prütting/Bork-Pape* InsO, § 21 Rn. 21).

17 f) Der Beschluss wird allerdings nicht mit vollem Inhalt, sondern **nur auszugsweise veröffentlicht** (s. Rdn. 26).

III. Wirksamwerden/Zustellung des Beschlusses

a) Wird der **Beschluss verkündet**, wird er mit der Verkündung wirksam, wobei unerheblich ist, ob der Adressat anwesend ist (s. § 5 Rdn. 63). Eine Verkündung kommt in Betracht, wenn ein Anhörungstermin stattfindet und in diesem Termin Sicherungsmaßnahmen seitens des Gerichts beschlossen werden.

b) **Nichtverkündete Beschlüsse** bedürfen zu ihrer **Wirksamkeit** nicht mehr in jedem Fall der Zustellung an den Schuldner oder sonstige Dritte (BK-InsO/*Blersch* § 23 Rn. 9; HK-InsO/*Kirchhof* § 21 Rn. 56 und § 23 Rn. 6), wie es die früher herrschende Meinung forderte (*BGH* BGHZ 83, 158 = ZIP 1982, 464 [465 f.]). Nichtverkündete Beschlüsse können wirksam werden mit Erlass, wenn sie aus dem Bereich des Gerichts in den Geschäftsgang gelangt sind, oder mit Zustellung (s. § 8 Rdn. 18 ff.). Sicherungsmaßnahmen werden wie Eröffnungsbeschlüsse (s. § 30 Rdn. 7) wirksam, wenn sie in den Geschäftsgang gelangt sind.

Bei Beschlüssen, die Sicherungsmaßnahmen jedenfalls gem. **§ 21 Abs. 2 Nr. 2 InsO** anordnen, ist für das Wirksamwerden rückwirkend auf die Zeitangabe im Beschluss und bei fehlender Zeitangabe (entsprechend § 27 Abs. 3 InsO) auf die Mittagsstunde des entsprechenden Tages abzustellen (*BGH* NZI 2001, 203 für das Konkursverfahren).

c) Für die nicht erwähnten Anordnungen gem. § 21 Abs. 2 Nr. 3–5 InsO gilt Folgendes:

Anordnungen gem. **§ 21 Abs. 2 Nr. 3 InsO** müssen an die Gläubiger **nicht zugestellt** werden, damit sie wirksam werden (ebenso BK-InsO/*Blersch* § 23 Rn. 8, die allerdings eine Veröffentlichung empfehlen; *Kübler/Prütting/Bork-Pape* InsO, § 21 Rn. 30; *Uhlenbruck/Vallender* InsO, § 21 Rn. 48). Für die vergleichbare Vorschrift des § 775 Nr. 2 ZPO ist anerkannt, dass der Mitteilung an die Parteien nur eine »Benachrichtigungsfunktion« zukommt; wirksam wird die Anordnung im Zeitpunkt des ersten Hinausgehens der Entscheidung nach außen (*BGH* BGHZ 25, 60 [66]). Ist die Uhrzeit im Beschluss angegeben, so tritt die Wirksamkeit in diesem Zeitpunkt ein (s. Rdn. 19). Es genügt also, dass die Entscheidung – regelmäßig zusammen mit der Anordnung weiterer Sicherungsmaßnahmen gem. § 21 Abs. 2 Nr. 1, 2 InsO – in den Geschäftsgang gelangt ist (s.a. § 5 Rdn. 63). Die die Zwangsvollstreckung durchführenden Stellen erhalten eine Beschlussabschrift (s. Rdn. 30).

Gleiches gilt für die Anordnung einer vorläufigen Postsperre gem. § 21 Abs. 2 Nr. 4 InsO.

Auch Anordnungen gem. **§ 21 Abs. 2 Nr. 5 InsO** müssen an die Aus-/Absonderungsberechtigten bzw. Drittschuldner **nicht zugestellt** werden, damit sie wirksam werden (s. § 21 Rdn. 351; a.A. für den Fall der Übertragung der Einziehungsbefugnis von Forderungen HambK-InsO/*Schröder* § 23 Rn. 5).

IV. Veröffentlichung

Entsprechend § 30 Abs. 1 Satz 1 InsO hat die Geschäftsstelle des Insolvenzgerichts den Beschluss, der Sicherungsmaßnahmen anordnet, sofort öffentlich bekannt zu machen. Bei Anordnung von Sicherungsmaßnahmen durch die Beschwerdekammer veranlasst das Insolvenzgericht die Veröffentlichung (A/G/R-*Sander* § 23 InsO Rn. 5), weil das Landgericht Eintragungen im Internet gem. § 9 InsO nicht vornehmen kann.

V. Ort und Inhalt der öffentlichen Bekanntmachung

a) Die Veröffentlichung erfolgt ab dem 01.01.2009 **ausschließlich** gem. § 9 Abs. 1 Satz 1 InsO im **Internet** (s. § 9 Rdn. 25).

b) Die Veröffentlichung erfolgt **nur auszugsweise** (§ 9 Abs. 1 Satz 1, 2. HS InsO). So ist z.B. die Nennung des Antragstellers entbehrlich (s. § 9 Rdn. 27), ebenso die Mitteilung von der Anordnung einer Postsperre. Wird die Anordnung der Postsperre nicht öffentlich bekannt gemacht, bestimmt sich die Frist zur sofortigen Beschwerde nicht gem. § 9 InsO, sondern es kommt auf den Zeitpunkt der – hier erforderlichen – förmlichen Zustellung an.

27 Anordnungen gem. § 21 Abs. 2 Nr. 3 InsO bedürfen zu ihrer Wirksamkeit nicht der Zustellung an die Gläubiger (s. Rdn. 21) bzw. der öffentlichen Bekanntmachung. Eine Veröffentlichung zur Unterrichtung des Geschäftsverkehrs kann aber erfolgen und verursacht bei der Veröffentlichung im Internet keine nennenswerten Kosten (s. § 9 Rdn. 44). Die Anordnung einer Postsperre gem. § 21 Abs. 2 Nr. 4 InsO muss nicht veröffentlicht werden (*Laroche* NZI 2010, 965 [972]).

VI. Weitere Zustellungen und Mitteilungen

28 Der Beschluss ist daneben besonders zuzustellen dem **vorläufigen Insolvenzverwalter** (dem zugleich die Akten übersendet werden, s. § 4 Rdn. 102), dem **Schuldner** und den **Drittschuldnern**, letzteren mit der Aufforderung, nur noch unter Beachtung des Beschlusses zu leisten (Abs. 1 Satz 2, 3). Beim Vorhandensein eines faktischen Geschäftsführers (s. § 15 Rdn. 18) erfolgt die Zustellung (auch) an diesen im Hinblick auf das ihm zustehende Beschwerderecht (s. § 34 Rdn. 16). Die Zustellung erfolgt durch Aufgabe zur Post (s. § 8 Rdn. 8). Im Hinblick auf die Publizitätswirkungen (s. § 9 Rdn. 14) kann der Beschluss auch dem vorläufigen Verwalter gefaxt werden, der ihn seinerseits an die Kreditinstitute und wichtigsten Drittschuldner faxt (s. § 21 Rdn. 54; MüKo-InsO/*Haarmeyer* § 21 Rn. 35). Die Aufforderung an Drittschuldner hat nur klarstellende Funktion und ist nicht – anders als bei § 829 Abs. 3 ZPO – Wirksamkeitsvoraussetzung (HK-InsO/*Rüntz* § 23 Rn. 3).

29 Der Insolvenzrichter kann die Zustellungen auch dem **vorläufigen Insolvenzverwalter übertragen** (s. § 8 Rdn. 33 ff.), der auch eine Zustellung durch Aufgabe zur Post vornehmen kann. Die Zustellung an den Schuldner sollte das Insolvenzgericht aus Beschleunigungsgründen selbst vornehmen. Ob und in welchem Umfang die Zustellung an Drittschuldner dem vorläufigen Insolvenzverwalter übertragen werden kann, ist eine Frage des Einzelfalles. Bei Anordnung der Sicherungsmaßnahmen liegt regelmäßig keine (vollständige) Debitorenliste vor. Allerdings ist der Schuldner bei einem Eigenantrag zur Vorlage eines Gläubiger- und Forderungsverzeichnisses gem. § 13 Abs. 1 Satz 3 verpflichtet (s. § 13 Rdn. 26 ff.). Zweckmäßig ist es jedenfalls, dass der vorläufige Insolvenzverwalter die Zustellungen an nachträglich bekannt werdende Drittschuldner vornimmt. In der Praxis hat es sich auch bewährt, dass nur der vorläufige Insolvenzverwalter tätig wird, die (wichtigsten) Drittschuldner per Fax informiert (s. Rdn. 28) und damit eine schuldbefreiende Leistung an den Schuldner gem. §§ 21 Abs. 1, 82 InsO ausschließt.

30 Beschlussausfertigungen erhalten **weitere Stellen**: Die in Abs. 2 genannten Register, die Gerichtsvollzieherverteilungsstelle (insbesondere im Hinblick auf § 21 Abs. 2 Nr. 3 InsO), die Zwangsvollstreckungs-(M)Abteilung (im Hinblick auf § 807, §§ 829, 835 ZPO), das Familiengericht (bei Anhaltspunkten, dass der Schuldner Elternteil eines minderjährigen Kindes ist), die Agentur für Arbeit (im Hinblick auf Insolvenzgeld), die übrigen Amtsgerichte und das Landgericht des Bezirks sowie das Arbeitsgericht. Ggf. sind zu informieren gem. MiZi XXII–XXV (s. § 26 Rdn. 101, 110 und § 30 Rdn. 30):
– RA-Kammer beim zuständigen OLG,
– Notarkammer beim zuständigen OLG und Präsident des Landgerichtes,
– Patentanwaltskammer in München,
– Steuerberater- und Wirtschaftsprüferkammer,
– OFD bei Lohnsteuerhilfevereinen.

Schließlich ist die Verfügungsbeschränkung in das Grundbuch und in das Register einzutragen (gem. Abs. 3; s. Rdn. 37). Bei Anordnung der Postsperre gem. § 21 Abs. 2 Nr. 4 InsO (Einzelheiten s. § 21 Rdn. 311 ff.), sind die verschiedenen Postdienstleister zu informieren.

C. Wirkungen des Beschlusses

31 Die Wirkungen des Beschlusses ergeben sich aus §§ 21, 22, 24 InsO. Dritten gegenüber treten die Wirkungen ein bei Verfügungen des Schuldners nach Anordnung der Sicherungsmaßnahmen (§ 81 InsO), bei Leistungen an den Schuldner ab der öffentlichen Bekanntmachung (§ 82 InsO), falls

nicht schon vorher positive Kenntnis vorhanden war, sei es aufgrund einer förmlichen Zustellung oder auch eines Faxes (vgl. Rdn. 28).

Darüber hinaus bildet der Beschluss einen **Vollstreckungstitel** (HK-InsO/*Rüntz* § 22 Rn. 8) gem. § 794 Abs. 1 Nr. 3 ZPO. 32

Der Anordnungsbeschluss muss mit einer **Vollstreckungsklausel** versehen werden (ebenso BK-InsO/ *Blersch* § 22 Rn. 30; *Lohkemper* ZIP 1995, 1641 [1642]; a.A. *AG Duisburg* ZVI 2004, 622 [624]). Dafür spricht auch die vergleichbare Regelung in § 148 Abs. 2 Satz 1 InsO. Eine **besondere gerichtliche Durchsuchungsanordnung** im Hinblick auf Art. 13 Abs. 2 GG ist erforderlich, sofern Wohnraum betroffen ist. § 758a Abs. 1 ZPO bestimmt, dass die **Wohnung** des Schuldners grds. nur mit richterlicher Einwilligung durchsucht werden darf. Der Begriff der Wohnung ist weit auszulegen, darunter fallen u.a. auch Geschäftsräume (*Zöller/Stöber* ZPO, § 758 Rn. 4). Für Geschäftsräume ist jedoch aufgrund der Regelung in § 22 Abs. 3 Satz 1 InsO eine richterliche Einwilligung **nicht erforderlich** (*Kübler/Prütting/Bork-Pape* InsO, § 22 Rn. 106; MüKo-InsO/*Haarmeyer* § 22 Rn. 179). Für die Fälle der Durchsuchung von Wohnraum i.e.S. wird eine richterliche Einwilligung (mit Anordnung gem. § 758a Abs. 4 ZPO) die Ausnahme darstellen. Der vorläufige Verwalter fordert den Schuldner zunächst zur Vorlage der benötigten Unterlagen auf, ggf. findet ein gerichtlicher Anhörungstermin statt. 33

Die vor Anordnung der Durchsuchung grds. gebotene **Anhörung des Schuldners** (vgl. *Zöller/Stöber* ZPO, § 758 Rn. 19) ist bei vorangegangenen richterlichen Anhörungsterminen entbehrlich, wenn der Schuldner in dem Termin – sinnvollerweise – auch insoweit angehört worden ist. In den übrigen Fällen ist zu prüfen, ob eine richterliche Einwilligung nicht gem. § 758a Abs. 1 Satz 2 ZPO entbehrlich ist. Sofern Räume des Geschäftsführers einer GmbH oder von Dritten durchsucht werden (s. § 20 Rdn. 35 ff.), ergeht ein entsprechender Beschluss. Zuständig für die Einwilligung ist der Insolvenzrichter; ggf. ist dies im Geschäftsverteilungsplan zu regeln. 34

Will der Schuldner Verfahrensverstöße des Gerichtsvollziehers rügen, ist die **Vollstreckungserinnerung** nach § 766 ZPO statthaft (*Lohkemper* ZIP 1995, 1641 [1644]), über die nicht das Vollstreckungsgericht, sondern das Insolvenzgericht entscheidet (s. § 6 Rdn. 127; § 21 Rdn. 306). Wird der Gerichtsvollzieher auf Antrag des vorläufigen Insolvenzverwalters nicht tätig, steht diesem ebenfalls die Erinnerung (§ 766 ZPO) zu. 35

D. § 23 Abs. 2

Die Geschäftsstelle des Insolvenzgerichts hat eine Beschlussausfertigung dem **Registergericht** zu übermitteln, wenn der Schuldner im Handels-, Partnerschafts-, Genossenschafts- oder Vereinsregister eingetragen ist. Die Eintragungspflicht besteht, wenn ein vorläufiger Insolvenzverwalter bestellt und eine der Sicherungsmaßnahmen des § 21 Abs. 2 Nr. 2 InsO getroffen wird (§ 32 Abs. 1 Satz 2 Nr. 2 HGB, § 102 Abs. 1 Satz 2 Nr. 2 GenG, § 75 Abs. 1 Satz 2 Nr. 2 BGB). Die Anordnung einer Verfügungsbeschränkung gem. Abs. 1 Satz 1 ist damit auch aus dem Register ersichtlich. Ggf. hat das Insolvenzgericht zu ermitteln, ob der Schuldner als Kaufmann im Handelsregister eingetragen ist, oder vorsorglich eine Ausfertigung an das zuständige Registergericht zu übersenden (BK-InsO/*Blersch* § 23 Rn. 10). Eine Mitteilungspflicht besteht weiter gem. § 125h Abs. 1 Nr. 1 MarkenG. Werden Sicherungsmaßnahmen aufgehoben, hat die Geschäftsstelle gem. § 25 Abs. 1 i.V.m. § 23 Abs. 2 InsO dem Registergericht eine entsprechende Beschlussausfertigung zu übermitteln, da auch die Aufhebung derartiger Sicherungsmaßnahmen ins Register einzutragen ist. 36

E. § 23 Abs. 3

Wird eine Verfügungsbeschränkung gem. § 21 Abs. 2 Nr. 2 InsO angeordnet, handelt es sich um ein **absolutes Verbot**, ein gutgläubiger Erwerb ist nur ausnahmsweise möglich (§ 24 Abs. 1 i.V.m. § 81 Abs. 1 InsO; s. § 24 Rdn. 8 und – zur sog. Grundbuchsperre – § 32 Rdn. 31). § 23 Abs. 3 gilt aber auch für besondere Verfügungsbeschränkungen gem. § 21 Abs. 1 InsO (A/G/R-*Sander* § 23 InsO Rn. 9; HK-InsO/*Rüntz* § 23 Rn. 10) wie Verbote zur Veräußerung von **Grundstücken** (s. § 21 37

Rdn. 379). Um gutgläubigen Erwerb auszuschließen, ordnet Abs. 3 die Eintragung der Verfügungsbeschränkung in die entsprechenden Register an. Zuständig ist gem. § 18 Abs. 1 InsO der Insolvenzrichter (A/G/R-*Sander* § 23 InsO Rn. 9).

38 Wichtig ist eine **schnelle und umfassende Ermittlung** des Grundvermögens und der weiteren in § 81 Abs. 1 Satz 2 InsO genannten Vermögensgegenstände des Schuldners. Antragsberechtigt sind das Insolvenzgericht und der vorläufige Insolvenzverwalter (§ 32 Abs. 2 InsO). Es genügt nicht die Übersendung eines Beschlusses wie in Abs. 2. Erforderlich ist ein beglaubigtes Eintragungsersuchen mit genauer Bezeichnung (Grundbuch von ... Bd .... Bl ....), unterschrieben vom Richter bzw. vom vorläufigen Insolvenzverwalter, der eine beglaubigte Ablichtung seiner Bestellungsurkunde (§ 56 Abs. 2 InsO) beifügen muss. Die Eintragung im Grundbuch muss angeben, welche Art der Verfügungsbeschränkung gem. § 21 InsO (Allgemeines Verfügungsverbot, Zustimmungsvorbehalt, Besonderes Verfügungsverbot) angeordnet ist (*AG Hamburg* ZInsO 2002, 1145 f.); dies muss sich aus dem Eintragungsersuchen ergeben. In **Nachlassinsolvenzverfahren** ist der Sperrvermerk einzutragen bei Anordnung einer Verfügungsbeschränkung gem. § 21 Abs. 2 Nr. 2 InsO, auch wenn das Grundstück bereits auf die Erben als Rechtsnachfolge des Erblassers umgeschrieben ist. Nur so kann der Zusammenhalt des Nachlasses sichergestellt werden (vgl. § 32 Rdn. 5). Bei (teilweise) unbekannten Grundstücken ist aber eine sog. **Insolvenzanzeige** zulässig (s. § 32 Rdn. 16).

39 Aus **Beschleunigungsgründen** sollte für die bei Anordnung von Sicherungsmaßnahmen **bekannten** Vermögensgegenstände der **Insolvenzrichter** die Anordnung treffen, während für nachträglich bekannt werdende Gegenstände dies der vorläufige Insolvenzverwalter tun sollte. Bei der Aufhebung von Sicherungsmaßnahmen ist zu beachten, dass wiederum (gem. § 25 Abs. 1 i.V.m. § 23 Abs. 3 InsO) ein entsprechendes Ersuchen an das Register gerichtet wird. Wegen der übrigen Einzelheiten wird auf die Kommentierung zu §§ 32, 33 InsO verwiesen.

F. Internationales Insolvenzrecht

40 Eintragungen in ausländischen Registern erfolgen gem. Art. 22 EUInsVO 31.05.2002/Art. 29 EuInsVO 26.06.2017. Ein vorläufiger Verwalter ist in den Mitgliedsstaaten gem. Art. 38 EUInsVO 31.05.2002/Art. 52 EuInsVO 26.06.2017 berechtigt, entsprechende Bekanntmachungen zu beantragen. In Nichtmitgliedsstaaten gelten die dortigen Insolvenzgesetze. In Deutschland erlassene Sicherungsmaßnahmen bedürfen der Anerkennung. In Deutschland gelten die §§ 346, 343 Abs. 2, 344 Abs. 1 InsO. Zur Eintragung in Register s. § 31 Rdn. 11 und § 32 Rdn. 43, zu im Ausland belegenen Vermögen s. § 22 Rdn. 198, zur Zuständigkeit allgemein s. § 3 Rdn. 55 ff., zur funktionellen Zuständigkeit s. § 2 Rdn. 59.

§ 24 Wirkungen der Verfügungsbeschränkungen

(1) Bei einem Verstoß gegen eine der in § 21 Abs. 2 Nr. 2 vorgesehenen Verfügungsbeschränkungen gelten die §§ 81, 82 entsprechend.

(2) Ist die Verfügungsbefugnis über das Vermögen des Schuldners auf einen vorläufigen Insolvenzverwalter übergegangen, so gelten für die Aufnahme anhängiger Rechtsstreitigkeiten § 85 Abs. 1 Satz 1 und § 86 entsprechend.

Übersicht	Rdn.		Rdn.
A. Überblick	1	IV. Entsprechende Anwendung des	
B. **Absatz 1**	3	§ 82 InsO	26
I. Anwendungsgebiet	3	V. Sonstige Fälle	27
II. Entsprechende Anwendung des		C. **Absatz 2**	28
§ 81 InsO	4	I. Anwendungsgebiet und Bedeutung	28
III. Rechtsfolgen eines Verstoßes gegen		II. §§ 85, 86 InsO	33
§ 81 InsO	19	III. Entscheidung des vorläufigen Insolvenzverwalters	35

	Rdn.			Rdn.
IV.	Neuverfahren 38		II.	Zwangshypothek/Grundbuchsperre .. 54
V.	»Schwacher« vorläufiger Verwalter ... 42		III.	Steuerrecht 55
VI.	Prozesskostenhilfe in Neuverfahren .. 49		IV.	Gewerbeuntersagung/Freiberufler ... 57
D.	**Sonstige Wirkungen** 53		E.	**Internationales Insolvenzrecht** 61
I.	Eidesstattliche Versicherung (§ 807 ZPO) 53			

Literatur:
Frind Das unzulässige »Offenhalten« des Eröffnungsverfahrens zur Verfahrenskostendeckung, ZInsO 2012, 1357; *Kaufmann/Casse* Zur Zahlungsunfähigkeit bei vorläufiger Insolvenzverwaltung, der Wirksamkeit der Erledigungserklärung hinsichtlich des Eröffnungsantrags und der Aufhebung von Sicherungsmaßnahmen, ZInsO 2013, 2138.

A. Überblick

Die Wirkungen von Sicherungsmaßnahmen sind in der InsO an einer Vielzahl von Stellen geregelt (vgl. die Übersicht bei § 21 Rdn. 29). Für den Regelfall der Bestellung eines vorläufigen Insolvenzverwalters und Anordnung einer Sicherungsmaßnahme gem. § 21 Abs. 2 Nr. 2 InsO regelt § 24 InsO durch **Verweisung auf die Vorschriften für das eröffnete Verfahren** die Wirkungen eines **Verstoßes** gegen eine der in § 21 Abs. 2 Nr. 2 InsO vorgesehenen Verfügungsbeschränkungen (Abs. 1 i.V.m. §§ 81, 82 InsO). Es handelt sich nicht nur um ein relatives, sondern um ein absolutes Verbot. Ist die Verfügungsbefugnis über das Vermögen des Schuldners auf einen vorläufigen Insolvenzverwalter übergegangen, also dem Schuldner – ausnahmsweise – ein allgemeines Verfügungsverbot auferlegt worden (§ 21 Abs. 2 Nr. 2, 1. Alt. InsO), so können die gem. § 240 Satz 2 ZPO unterbrochenen anhängigen Rechtsstreitigkeiten fortgeführt werden (Abs. 2 i.V.m. §§ 85 Abs. 1 Satz 1, 86 InsO). Daneben bestehen weitere Fallgestaltungen (u.a. Neuverfahren des oder gegen den vorläufigen Insolvenzverwalter). Schließlich können sich noch weitere Wirkungen aus den Verfügungsbeschränkungen ergeben (s. i.E. Rdn. 53 ff.). 1

Für den **vorläufigen Sachwalter** bei der Eigenverwaltung (§§ 270a Abs. 1 Satz 2, 270b Abs. 2 Satz 1) ist Abs. 1 anwendbar (s. Rdn. 3), nicht aber Abs. 2 (s. Rdn. 28). 2

B. Absatz 1

I. Anwendungsgebiet

Bei Anordnung eines allgemeinen Verfügungsverbotes und eines allgemeinen Zustimmungsvorbehaltes gem. § 21 Abs. 2 Nr. 2 InsO gelten bei einem Verstoß gegen die Verfügungsbeschränkungen die §§ 81, 82 InsO entsprechend. Auch bei der möglichen Anordnung eines allgemeinen Verfügungsverbotes ohne Bestellung eines vorläufigen Insolvenzverwalters (s. § 21 Rdn. 80) gilt dies (BK-InsO/*Blersch* § 24 Rn. 2, 14, 16, **a.A.** HK-InsO/*Rüntz* § 24 Rn. 2). Die §§ 81, 82 InsO gelten **nicht**, wenn lediglich ein besonderes Verfügungsverbot oder ein besonderer Zustimmungsvorbehalt (s. § 21 Rdn. 377) angeordnet sind (str., s. Rdn. 27). Die entsprechende Anwendbarkeit im Rahmen einer Eigenverwaltung ist zu bejahen (s. § 21 Rdn. 260). 3

II. Entsprechende Anwendung des § 81 InsO

a) In § 81 InsO ist keine relative Unwirksamkeit angeordnet, sondern die **absolute Unwirksamkeit** der erfassten Verfügungen (BT-Drucks. 12/2443 S. 136). Auch bei einem Verstoß gegen eine der in § 21 Abs. 2 Nr. 2 InsO vorgesehenen Verfügungsbeschränkungen tritt absolute Unwirksamkeit (gem. § 134 BGB) ein. Dies folgt aus der in § 24 Abs. 1 InsO angeordneten entsprechenden Geltung u.a. des § 81 Abs. 1 Satz 1 InsO. 4

Bei den in § 21 Abs. 1 Nr. 2 InsO aufgeführten Verfügungsbeschränkungen handelt es sich um absolute Verfügungsverbote (*BGH* ZInsO 2006, 261 [263]; BK-InsO/*Blersch* § 24 Rn. 2, 3; HK- 5

InsO/*Rüntz* § 24 Rn. 2; MüKo-InsO/*Haarmeyer* § 21 Rn. 55; *Uhlenbruck/Vallender* InsO, § 24 Rn. 3).

6 b) **Unwirksam** ist jede Verfügung des Schuldners. **Verfügung** ist jedes Rechtsgeschäft, durch das der Verfügende auf ein Recht unmittelbar einwirkt, indem er es auf einen Dritten überträgt oder das Recht aufhebt oder es mit einem Recht belastet oder es in seinem Inhalt verändert (*BGH* BGHZ 101, 24 [26]). **Nicht** darunter fallen Verpflichtungsgeschäfte (*BGH* ZInsO 2010, 133 [135 f.] = EWiR 2010, 123; *OLG Naumburg* ZIP 2008, 1931 [1932]; HK-InsO/*Rüntz* § 21 Rn. 18 und 24 Rn. 11; MüKo-InsO/*Haarmeyer* § 24 Rn. 13; a.A. BK-InsO/*Blersch* § 24 Rn. 4). Nicht erfasst werden Zahlungen durch Dritte (*LG Frankenthal* ZInsO 2013, 2013 [2014]), es sei denn, der Schuldner geht etwa durch Aufnahme eines Darlehens neue Verbindlichkeiten ein (*Kaufmann/Casse* ZInsO 2013, 2138 [2140]).

7 Im Einzelnen ergeben sich folgende **Schlussfolgerungen:**

(1) **Unpfändbare Gegenstände**, die nach Maßgabe des § 36 InsO nicht zur Insolvenzmasse gehören, unterliegen nicht dem Verfügungsverbot und können vom Schuldner unbeschränkt übertragen werden (ebenso HK-InsO/*Rüntz* § 24 Rn. 7). Nach anderer Auffassung fällt das gesamte Vermögen des Schuldners unter das Verfügungsverbot (BK-InsO/*Blersch* § 24 Rn. 6).

8 (2) Ein **gutgläubiger Erwerb** ist nur möglich in den Fällen des § 81 Abs. 1 Satz 2 InsO. Tritt der Schuldner eine Forderung nach Erlass eines vorläufigen Verfügungsverbotes ab, wird der Drittschuldner durch eine Zahlung an den Scheinzessionar nicht von seiner Verbindlichkeit befreit (*BGH* ZInsO 2012, 1417 = EWiR 2012, 671).

9 (3) Ein **sonstiger Rechtserwerb** bleibt möglich, da § 24 InsO nicht auf § 91 InsO verweist. Ein gesetzliches Vermieterpfandrecht kann entstehen (*BGH* ZInsO 2007, 91), aber gem. § 131 InsO anfechtbar sein (HambK-InsO/*Schröder* § 24 Rn. 2).

10 (4) **Fraglich** ist, welche **Auswirkungen** die Anordnung von Sicherungsmaßnahmen (§ 21 Abs. 2 Nr. 2 InsO) **auf Vorausverfügungen** des Schuldners hat. Unter Geltung der **KO** hielt der *BGH* (ZIP 1997, 737 [738] = NJW 1997, 1857) die Pfändung von Ansprüchen aus einem Girovertrag für wirksam, die sich auf ein nach Erlass eines Sequestrationsbeschlusses entstandenes Guthaben erstreckte. Die Vorausabtretung einer zukünftigen Forderung wurde danach auch dann wirksam, wenn der Zessionar vor dem Entstehen der Forderung, aber nach dem Abtretungsgeschäft die Verfügungsmacht verlor; ebenso verhielt es sich bei der Pfändung einer zukünftigen Forderung (*BGH* ZIP 1997, 737 [738] = EWiR 1997, 943). Es verblieb die Möglichkeit der Anfechtungsklage (§§ 29 ff. KO).

11 Für die **InsO** lässt der BGH diese Rechtsprechung fortgelten. Die **Verfügungsbefugnis** muss **nur bis zum Abschluss des Verfügungstatbestandes**, nicht jedoch bis zum Eintritt des Verfügungserfolges **vorliegen** (*BGH* ZInsO 2009, 2336 [2337] = EWiR 2009, 121; *BGH* ZInsO 2010, 133 [135 f.] = EWiR 2010, 123 m. Anm. *Krüger/Opp* NZI 2010, 672 und *Simokat* NZI 2011, 57).

12 Vorausverfügungen des Schuldners werden damit nicht unwirksam, wenn eine voraus abgetretene Forderung bei Anordnung der Sicherungsmaßnahme noch nicht entstanden ist (*OLG Köln* ZInsO 2008, 622 [626] = EWiR 2008, 565; MüKo-InsO/*Haarmeyer* § 22 Rn. 57; a.A. *OLG Dresden* ZInsO 2006, 1057 [1058]; *OLG Naumburg* ZIP 2008, 1931; HambK-InsO/*Schröder* § 24 Rn. 7, 8; *Uhlenbruck/Vallender* InsO, § 21 Rn. 19 und 24 Rn. 4, 5; krit. HK-InsO/*Rüntz* § 24 Rn. 7; *Kübler/Prütting/Bork-Pape* InsO, § 24 Rn. 6). Dies folgt aus dem fehlenden Verweis auf § 91 InsO in § 24 InsO. Ist die dingliche Einigung erfolgt und der Eintragungsantrag gestellt, hindert die Anordnung eines Zustimmungsvorbehaltes nicht den Eintritt des Verfügungserfolges (*BGH* ZInsO 2012, 1123 = EWiR 2012, 629). Die Behandlung von Globalzessionen im Eröffnungsverfahren auch im Zusammenhang mit Anordnungen gem. § 21 Abs. 2 Nr. 5 InsO (s. § 21 Rdn. 356) ist ungeklärt (dazu *Ganter* NZI 2011, 551; *Flöther/Wehner* NZI 2010, 554).

Die Frage, ob der Schutz des § 91 InsO dann vorverlagert wird, wenn im Insolvenzeröffnungsverfahren ein **allgemeines Verfügungsverbot** angeordnet und ein starker vorläufiger Verwalter bestellt war, lässt der BGH ausdrücklich offen (BGH NZI 2009, 599 [600]). 13

(5) Im **Bankverkehr** gilt Folgendes (weitere Einzelheiten bei *Obermüller* ZInsO 2010, 8): 14
- Ein **Girovertrag** (§§ 676 ff. BGB) bleibt bestehen, dem Kreditinstitut steht nach den AGB aber regelmäßig ein Kündigungsrecht zu.
- **Auszahlungen** darf die Bank nicht mehr tätigen. Ist die Firma teilweise falsch geschrieben und das Konto so nicht sofort über die bankeigene EDV-Anlage zu ermitteln, trifft die Bank eine Nachforschungspflicht zu weiteren Suchabfragen in der EDV-Anlage; vorgenommene Auszahlungen sind unwirksam (*LG Stralsund* ZIP 1995, 578 [579]). Zur Wissenszurechnung s. Rdn. 18.
- **Überweisungen** (§§ 676a ff. BGB) dürfen nur noch der »starke« vorläufige Verwalter oder der Schuldner mit Zustimmung des »schwachen« vorläufigen Verwalters veranlassen (*OLG Frankfurt* ZInsO 2013, 509 [510 f.]). Ein ohne Zustimmung des »schwachen« vorläufigen Verwalters ausgeführter Überweisungsauftrag des Schuldners kann die Bank bei Kenntnis von der Verfügungsbeschränkung nicht in das Kontokorrent einstellen (*BGH* ZInsO 2009, 659 [661] = EWiR 2009, 481).
- Im **Einziehungsermächtigungsverfahren** vorgenommene Abbuchungen können widerrufen werden (s. § 22 Rdn. 130 ff.).
- Eine **Kontokorrentabrede** erlischt bei Bestellung eines »starken« vorläufigen Verwalters (HambK-InsO/*Schröder* § 22 Rn. 153). Bei »schwacher« vorläufiger Insolvenzverwaltung sind Kontokorrentverrechnungen ohne Zustimmung des vorläufigen Verwalters unwirksam. Aufrechnung und Verrechnung (zur Gleichstellung s. § 21 Rdn. 380) werden vom Verfügungsverbot jedoch nicht tangiert (*BGH* ZInsO 2012, 693 [696]) und können nur nach den Anfechtungsvorschriften beseitigt werden (*LG Rostock* ZIP 2002, 270 [271]; HK-InsO/*Rüntz* § 24 Rn. 9; MüKo-InsO/ *Haarmeyer* § 24 Rn. 14; *Uhlenbruck/Vallender* InsO, § 24 Rn. 6; *Steinhoff* ZIP 2000, 1141 [1146]; unentschieden *Kübler/Prütting/Bork-Pape* InsO, § 24 Rn. 6; *Steinhoff* ZIP 2000, 1141 [1146]; a.A. *Dampf* Die Rückführung von Kontokorrentkrediten in der Unternehmenskrise, KTS 1998, 145 [153]; *Obermüller* ZInsO 1998, 252 [253]). Das Insolvenzgericht kann aber durch die Anordnung eines Verrechnungsverbotes im Rahmen einer Kontensperre die Verrechnungsmöglichkeit unterbinden (s. § 21 Rdn. 377, 380). Voraussetzung ist eine entsprechende Kenntnis des Gerichts wie auch des vorläufigen Insolvenzverwalters, der Zahlungseingänge zur Masse ziehen und eine Verrechnung zu verhindern hat.

(6) Bei der **Übereignung einer beweglichen Sache** hingegen muss der Übereignende bei der Übergabe noch verfügungsbefugt sein, weil neben der Einigung noch der Eigentumsübergang zum Verfügungstatbestand gehört (*BGH* ZIP 1997, 737 [738]). 15

(7) Zu den **Folgen** eines Verstoßes s. Rdn. 19 ff. 16

c) Die **Sicherungsmaßnahme** gem. § 21 Abs. 2 Nr. 2 InsO **wird mit Anordnung** durch das Gericht **wirksam**, auf die Zustellung kommt es nicht an (s. § 23 Rdn. 18 f.). Die oben (Rdn. 7 ff.) i.E. aufgeführten Verfügungen des Schuldners sind nach Erlass des Verbotes nicht mehr wirksam. Ist die Verfügung am Tage der Anordnung der Sicherungsmaßnahme erfolgt, ist zu vermuten, dass sie nach der Anordnung getroffen worden ist (§ 81 Abs. 3 Satz 1 InsO). Ausnahmen gelten bei Finanzsicherheiten gem. § 81 Abs. 3 Satz 2 InsO. Voraussetzung ist positive Kenntnis, bei Unkenntnis vom Erlass des Verbotes kommt nur eine Anfechtung gem. §§ 129 ff. InsO in Betracht (*OLG Rostock* ZInsO 2006, 884 [885]). 17

Die **Kenntnis eines Vertreters oder Vertretungsorgans** wird zugerechnet. Bei Kreditinstituten kann die Kenntnis eines Mitarbeiters genügen. Gefordert werden organisatorische Vorkehrungen, dass Erkenntnisse an die zuständigen Mitarbeiter weiter gegeben werden (*BGH* ZInsO 2006, 92 [93] = EWiR 2006, 213; *OLG Celle* ZIP 1998, 1232 [1233]). Im Übrigen werden Kreditinstitute als verpflichtet angesehen, sich aus den entsprechenden Veröffentlichungsmedien zu informieren (*LG Rostock* ZIP 2002, 270 [273] = EWiR 2002, 289). Allerdings hindert alleine die Möglichkeit, Infor- 18 mationen durch Einzelabfrage aus dem Internet zu gewinnen, nicht die Berufung auf Unkenntnis i.S.d. § 82 InsO. Eine Entlastung wegen der Möglichkeit der Internetabfrage für sämtliche Mitarbeiter ist nicht erforderlich (*BGH* ZInsO 2010, 912 [913] m. Anm. *Schmerbach* InsbürO 2010, 276 = EWiR 2010, 613; krit. *Wittmann/Kinzel* ZIP 2011, 2232).

III. Rechtsfolgen eines Verstoßes gegen § 81 InsO

19 Verfügungen des Schuldners nach Anordnung einer Sicherungsmaßnahme gem. § 21 Abs. 2 Nr. 2 InsO sind **absolut unwirksam**. Die Unwirksamkeit kann bereits im Eröffnungsverfahren von jedermann geltend gemacht werden (BK-InsO/*Blersch* § 24 Rn. 4). Zu bedenken ist allerdings, dass die Sicherungsmaßnahme gem. § 21 Abs. 2 Nr. 2 InsO nur von zeitlich beschränkter Dauer ist. Sie endet mit Eröffnung des Verfahrens oder Aufhebung (§ 25 InsO). Daher ist zu untersuchen, ob sich **Abweichungen gegenüber den üblichen Nichtigkeitsfolgen** ergeben.

20 a) Bei Anordnung einer Sicherungsmaßnahme gem. § 21 Abs. 2 Nr. 2 InsO geht die Verwaltungs- und Verfügungsbefugnis über das Vermögen des Schuldners auf den vorläufigen Insolvenzverwalter über (1. Alt.), oder es sind Verfügungen des Schuldners nur mit Zustimmung des vorläufigen Insolvenzverwalters wirksam (2. Alt.). Im letztgenannten Fall sind die **§§ 182 ff. BGB** unmittelbar anwendbar (ebenso *Jaffé/Hellert* ZIP 1999, 1204 [1206]; BK-InsO/*Blersch* § 24 Rn. 5). Ein allgemeines Verfügungsverbot (1. Alt.) dient der Sicherung und Erhaltung der Masse. Verbotswidrige Verfügungen des Schuldners schädigen die Masse nicht in jedem Fall, so wenn z.B. der Schuldner für die Veräußerung eines Gegenstandes einen angemessenen Erlös erzielt und das Geld der Masse zugeführt wird. Ebenso verhält es sich, wenn die Leistung an den (vorläufigen) Insolvenzverwalter gelangt (HK-InsO/*Rüntz* § 24 Rn. 19).

21 Der **vorläufige Insolvenzverwalter kann Verfügungen** entsprechend §§ 185 Abs. 2, 184 Abs. 1 **BGB genehmigen** (vgl. BT-Drucks. 12/2443 S. 135; *LAG Düsseldorf* ZInsO 2001, 1022 [1024]; BK-InsO/*Blersch* § 24 Rn. 4; HK-InsO/*Rüntz* § 24 Rn. 12). Wird nur ein allgemeines Verfügungsverbot angeordnet ohne gleichzeitige Bestellung eines vorläufigen Insolvenzverwalters (s. § 21 Rdn. 80 ff.), so soll das Insolvenzgericht für die Genehmigung zuständig sein (BK-InsO/*Blersch* § 24 Rn. 4). Zum Abschluss und zur Erfüllung von Verträgen durch den Schuldner s.a. § 22 Rdn. 60.

22 b) Entsprechend § 185 Abs. 2 Satz 1, 2. Alt. BGB wird man davon ausgehen müssen, dass **mit Aufhebung der Sicherungsmaßnahmen** die **Unwirksamkeit für die Zukunft entfällt** (HK-InsO/*Rüntz* § 24 Rn. 11; HambK-InsO/*Schröder* § 24 Rn. 11; ähnlich *BGH* ZIP 2001, 28 [29]; **a.A.** *AG Hamburg* ZInsO 2006, 1118 [1119]).

23 c) Es kommt häufiger vor, dass der **Schuldner** die dem Antrag zugrunde liegende **Forderung** ganz oder teilweise (unter Abschluss einer Ratenzahlungsvereinbarung) **begleicht** und der Gläubiger daraufhin den Antrag zurücknimmt oder die Hauptsache für erledigt erklärt. Derartige Zahlungen eines Schuldners sind (zunächst) absolut unwirksam. Der vorläufige Verwalter prüft in eigener Verantwortung, ob er seine Zustimmung erteilt. Berücksichtigt wird dabei auch der Gesichtspunkt, dass nicht ein einzelner Gläubiger begünstigt werden soll, sondern eine gleichmäßige Begünstigung aller Gläubiger vorgesehen ist. Zahlungen **ohne Zustimmung des vorläufigen Verwalters** kommt **keine Erfüllungswirkung** zu (*AG Hamburg* ZInsO 2005, 158 [159]; *AG Göttingen* ZInsO 2011, 1515; HambK-InsO/*Schröder* § 22 Rn. 37, 106). Eine Beendigung des Verfahrens durch Erledigungserklärung ist nicht möglich (s. § 13 Rdn. 277).

24 Entsprechend § 185 Abs. 2 BGB **entfällt** jedoch **mit Aufhebung der Sicherungsmaßnahmen** (§ 25 InsO) die **Unwirksamkeit** für die Zukunft (s. Rdn. 22). Einer Bestätigung gem. § 141 BGB nach Aufhebung der Sicherungsmaßnahmen bedarf es daher nicht. Schuldner werden daher weiterhin die dem Antrag zugrunde liegende Forderung begleichen und die Beendigung des Verfahrens herbeiführen können. Allerdings besteht eine »Fortsetzungsmöglichkeit« auf Antrag des Gläubigers gem. § 14 Abs. 1 Satz 2, 3 InsO (s. § 14 Rdn. 150 ff.). Wird nach Stellung eines neuen Insolvenzantrages das Verfahren eröffnet, läuft der Gläubiger allerdings Gefahr, das Empfangene nach den Anfech-

tungsvorschriften gem. §§ 129 ff. InsO herauszugeben zu müssen. Zur Stellung des vorläufigen Verwalters in diesem Zusammenhang s. § 22 Rdn. 64.

d) Ist eine **Verfügung unwirksam**, so ist der Gegenstand oder das Recht, auf das sich die Verfügung 25 bezieht, der Insolvenzmasse zurückzugewähren. Ist die Insolvenzmasse durch eine Gegenleistung bereichert, ist diese aus der Insolvenzmasse ebenfalls zurückzugewähren (entsprechend § 81 Abs. 1 Satz 3 InsO).

IV. Entsprechende Anwendung des § 82 InsO

Nach Anordnung von Sicherungsmaßnahmen gem. § 21 Abs. 2 Nr. 2 InsO kann ein **Drittschuld-** 26 **ner** an den Schuldner mit befreiender Wirkung nur eingeschränkt leisten (entsprechend § 82 Satz 1 InsO). Voraussetzung ist, dass der leistende Drittschuldner zur Zeit der Leistung die Anordnung von Sicherungsmaßnahmen nicht kannte. Hat er vor der öffentlichen Bekanntmachung der Sicherungsmaßnahmen geleistet, so wird vermutet, dass er die Anordnung der Sicherungsmaßnahmen nicht kannte (§ 82 Satz 2 InsO entsprechend). Dasselbe muss im Falle einer individuellen Zustellung (§ 23 Abs. 1 Satz 2 InsO) gelten. Ebenso wie im Rahmen des § 81 InsO ist eine Genehmigung durch den vorläufigen Insolvenzverwalter möglich (s. Rdn. 20), im Falle der Aufhebung von Sicherungsmaßnahmen tritt die schuldbefreiende Wirkung ein (s. Rdn. 23).

V. Sonstige Fälle

Wird ein besonderes Verfügungsverbot oder ein besonderer Zustimmungsvorbehalt (§ 21 Abs. 1 27 InsO) angeordnet, handelt es sich nur um ein **relativ unwirksames Verbot** gem. §§ 135, 136 BGB (BK-InsO/*Beth/Blersch* § 21 Rn. 16; *Kübler/Prütting/Bork-Pape* InsO, § 24 Rn. 2; *Uhlenbruck/Vallender* InsO, § 24 Rn. 2; **a.A.** MüKo-InsO/*Haarmeyer* § 21 Rn. 59 und § 24 Rn. 8; *Kießling/Singhoff* DZWIR 2000, 353 [357 ff.]). Gutgläubiger Erwerb ist möglich, ebenso schuldbefreiende Leistung bei Nichtkenntnis (entsprechend § 407 BGB).

C. Absatz 2

I. Anwendungsgebiet und Bedeutung

Abs. 2 ist nur anwendbar, wenn die Verfügungsbefugnis über das Vermögen des Schuldners auf einen 28 vorläufigen Insolvenzverwalter übergegangen ist (§ 22 Abs. 1 Satz 1 InsO), also ein vorläufiger Insolvenzverwalter bestellt und dem Schuldner ein allgemeines Verfügungsverbot auferlegt worden ist gem. § 21 Abs. 2 Nr. 2, 1. Alt. InsO, **nicht** aber bei **Anordnung eines bloßen Zustimmungsvorbehaltes** gem. § 21 Abs. 2 Nr. 2, 2. Alt. InsO (*BGH* ZIP 1999, 1314; *OLG Celle* ZInsO 2002, 728). Bei Übergang der Verwaltungs- und Verfügungsbefugnis wird ein anhängiger Rechtsstreit über das Vermögen des Schuldners unterbrochen (§ 240 Satz 2 ZPO), soweit er die (vorläufige) Insolvenzmasse betrifft (§ 35 InsO mit Ausnahme der in § 36 InsO genannten Gegenstände, s. Rdn. 7). Zum Umfang der Unterbrechung gem. § 240 Satz 2 ZPO s. A/G/R-*Sander* § 22 InsO Rn. 53.

Nimmt der **vorläufige Insolvenzverwalter** einen unterbrochenen Rechtsstreit auf, kann das Prozess- 29 gericht **Prozesskostenhilfe** bewilligen (s. § 13 Rdn. 231). Es gelten die Voraussetzungen wie beim (endgültigen) Insolvenzverwalter (s. § 26 Rdn. 46 ff.) mit der Einschränkung, dass von dem vorläufigen Verwalter keine Angaben dazu verlangt werden können, ob Gläubigern die Aufbringung der Kosten zumutbar ist (s. Rdn. 49). Der Übergang der Prozessführungsbefugnis umfasst auch künftige, noch nicht anhängige Prozesse (*AG Göttingen* NZI 1999, 506; HK-InsO/*Rüntz* § 22 Rn. 45; s. Rdn. 38, 40, 50). Für den **vorläufigen Sachwalter** bei der Eigenverwaltung (§§ 270a Abs. 1 Satz 2, 270b Abs. 2 Satz 1) ist Abs. 1 **nicht** anwendbar.

Die **Prozessgerichte** werden **entlastet**, weil Rechtsstreitigkeiten nicht unbedingt fortgeführt werden 30 müssen, auf deren Entscheidung es im eröffneten Verfahren im Hinblick auf die Anmeldepflicht nicht mehr ankommt, oder aus deren Urteil in den Fällen der Abweisung mangels Masse ohnehin nicht mehr vorgegangen wird.

31 Ein gegen den Schuldner ergangener **Titel** ist gem. § 727 ZPO auf den vorläufigen Insolvenzverwalter als Rechtsnachfolger **umzuschreiben** (*LG Cottbus* ZInsO 2000, 107).

32 Wird lediglich ein allgemeines Verfügungsverbot angeordnet, ohne dass zugleich ein vorläufiger Insolvenzverwalter bestellt wird (s. § 21 Rdn. 80 ff.), so gilt nicht § 240 Satz 2 ZPO; ein anhängiger Rechtsstreit wird aber entsprechend § 148 ZPO unterbrochen (*OLG Jena* NZI 2000, 271).

II. §§ 85, 86 InsO

33 **Aktivprozesse** kann nur der Insolvenzverwalter aufnehmen (§ 85 Abs. 1 Satz 1 InsO entsprechend). Die Vorschriften über eine Verzögerung oder eine Ablehnung der Aufnahme (§ 85 Abs. 1 Satz 2, Abs. 2 InsO) kommen nicht zur Anwendung. Es ist dem Prozessgegner im Eröffnungsverfahren zumutbar, bis zur Entscheidung über die Verfahrenseröffnung abzuwarten (BT-Drucks. 12/2443, S. 117). **Passivprozesse** können vom vorläufigen Insolvenzverwalter und vom Gegner des Schuldners nur unter den engen Voraussetzungen des § 86 Abs. 1 Nr. 1–3 InsO aufgenommen werden.

34 Erfolgt **keine Aufnahme** gem. § 86 InsO, muss der Gegner die Entscheidung über die Eröffnung des Verfahrens abwarten. Im Falle der Eröffnung kann er seinen Anspruch im Insolvenzverfahren geltend machen, bei einer Ablehnung der Eröffnung kann er nach Aufhebung der Sicherungsmaßnahmen den Prozess gegen den Schuldner weiterführen (BT-Drucks. 12/2443 S. 118). Im Falle des § 85 InsO kann der Gegner nach Eröffnung gem. § 85 Abs. 1 Satz 2, Abs. 2 InsO vorgehen. Im Falle der Nichteröffnung kann der Gegner nach Aufhebung der Sicherungsmaßnahmen die Aufnahme des Prozesses gem. § 250 ZPO erreichen.

III. Entscheidung des vorläufigen Insolvenzverwalters

35 Der vorläufige Insolvenzverwalter wird Aktivprozesse (§ 85 InsO) dann aufnehmen, wenn er sich einen schnellen Abschluss und als deren Folge eine **Anreicherung der Masse** verspricht. Dies kann insbesondere der Fall sein, wenn die Möglichkeit einer vergleichsweisen Einigung und damit der schnellen Zahlung eines zur Unternehmensfortführung erforderlichen Geldbetrages besteht (ähnlich BK-InsO/*Blersch* § 24 Rn. 20).

36 Die Aufnahme von **Passivprozessen** wird **selten** in Betracht kommen. Sind Ansprüche gem. § 86 Abs. 1 Nr. 1 oder Nr. 2 InsO offensichtlich begründet, kann der vorläufige Insolvenzverwalter daran denken, den Anspruch anzuerkennen, um Schaden von der (vorläufigen) Insolvenzmasse und Schadensersatzansprüche gegen sich abzuwenden und die Kostenfolge des § 86 Abs. 2 InsO herbeizuführen (*Jaeger/Gerhardt* InsO, § 24 Rn. 16).

37 Bei der Aufnahme von Prozessen muss der **vorläufige Insolvenzverwalter bedenken**, dass er persönlich (gem. § 21 Abs. 2 Nr. 1 i.V.m. §§ 60, 61 InsO) **haften** kann, wenn der Gegner die Prozesskosten beim Schuldner nicht beitreiben kann, weil es sich um ein massearmes Verfahren handelt und weil er hätte erkennen müssen, dass keine hinreichende Erfolgsaussicht besteht. Diese Haftung dürfte aber entsprechend der Haftung bei Klagen nach Bewilligung von Prozesskostenhilfe nur in Ausnahmefällen greifen (s. § 26 Rdn. 73). Zur Bewilligung von Prozesskostenhilfe s. Rdn. 28.

IV. Neuverfahren

38 Die Regelung in § 24 Abs. 2 InsO betrifft nur die Aufnahme rechtshängiger (vgl. § 253 Abs. 1, 261 Abs. 1 ZPO) Rechtsstreitigkeiten im Zeitpunkt der Anordnung der Sicherungsmaßnahmen. Im Falle des § 24 Abs. 2 InsO geht die Verfügungsbefugnis auf den vorläufigen Insolvenzverwalter über. Der **vorläufige »starke« Insolvenzverwalter** erlangt bereits die Rechtsstellung des endgültigen Insolvenzverwalters, er ist nämlich Partei kraft Amtes (s. § 22 Rdn. 7; *Uhlenbruck/Vallender* InsO, § 24 Rn. 16). Voraussetzung für eine Unterbrechung des Rechtsstreites gem. § 240 Satz 2 ZPO ist, das die Klage dem Schuldner bereits zugestellt ist (*BGH* NJW-RR 2009, 566). Eine erst nach Bestellung eines »starken« vorläufigen Insolvenzverwalters zugestellte Klage ist unzulässig, sie ist gegen den »starken« vorläufigen Insolvenzverwalter zu richten.

Der vorläufige Insolvenzverwalter kann damit nach Anordnung der Sicherungsmaßnahmen im eigenen Namen klagen und verklagt werden. Auf die Frage, ob es sich um eine unaufschiebbare Maßnahme handelt (s. Rdn. 45), kommt es hier nicht an *(AG Göttingen* NZI 1999, 506; *AG Göttingen* NZI 2002, 165; MüKo-InsO/*Haarmeyer* InsO, § 24 Rn. 28; *Uhlenbruck/Vallender* InsO, § 24 Rn. 16). Teilweise sprechen Insolvenzgerichte auch ausdrücklich eine Ermächtigung zur Prozessführung aus (vgl. *OLG Hamm* NZI 2004, 35); erforderlich ist dies nicht (*Uhlenbruck/Vallender* InsO, § 22 Rn. 195). Aktivprozesse und Passivprozesse werden nur geführt werden, sofern es sich um Eilmaßnahmen handelt. Lassen sich die Verfahrenskosten aus der (vorläufigen) Insolvenzmasse nicht decken, droht dem vorläufigen Insolvenzverwalter eine Haftung für die Kosten des Gegners (§§ 60, 61 InsO) nicht (s. § 26 Rdn. 74). Gläubiger werden normalerweise den Ausgang des Eröffnungsverfahrens abwarten und im Falle der Eröffnung ihre Forderungen anmelden. 39

Um **unnötige Eröffnungen zu vermeiden**, kann in masseärmen Verfahren ein »starker« vorläufiger Insolvenzverwalter bestellt werden, der Ansprüche für die Masse vor dem Prozessgericht im PKH-Wege geltend macht. Wird der Antrag abgelehnt, wird der Antrag mangels Masse (§ 26 InsO) abgewiesen, andernfalls das Verfahren eröffnet (str., s. Rdn. 50). 40

Die Vorschrift des **§ 19a ZPO**, wonach der allgemeine Gerichtsstand eines Insolvenzverwalters für Klagen, die sich auf die Insolvenzmasse beziehen, durch den Sitz des zuständigen Insolvenzgerichtes bestimmt wird, **gilt nicht**. Nach dem Wortlaut des § 19a ZPO gilt die Vorschrift nur im eröffneten Verfahren (BK-InsO/*Blersch* § 24 Rn. 26); anders als in § 240 Satz 2 ZPO ist keine entsprechende Geltung für das Eröffnungsverfahren angeordnet. 41

V. »Schwacher« vorläufiger Verwalter

Wird ein vorläufiger Insolvenzverwalter bestellt und lediglich ein allgemeiner Zustimmungsvorbehalt angeordnet (§ 21 Abs. 2 Nr. 2, 2. Alt. InsO), also ein **vorläufiger »schwacher« Insolvenzverwalter** bestellt, stellt sich die Rechtslage wie folgt dar: 42

a) Eine Unterbrechungswirkung gem. **§ 240 ZPO** tritt **nicht** ein, die Aufnahmemöglichkeit gem. § 24 Abs. 2 InsO (i.V.m. §§ 85 Abs. 1 Satz 1, 86 InsO) besteht nicht. Dem Prozessgericht ist es unbenommen, den Ausgang des Eröffnungsverfahrens abzuwarten, um die sich daraus ergebenden Vorteile (s. Rdn. 30) zu nutzen (MüKo-InsO/*Haarmeyer* § 24 Rn. 18). 43

b) Grds. verbleibt die **Prozessführungsbefugnis beim Schuldner** (HK-InsO/*Rüntz* § 22 Rn. 56; MüKo-InsO/*Haarmeyer* § 24 Rn. 18). Für einen Verzicht, Anerkenntnis oder Vergleich bedarf es jedoch der Zustimmung des vorläufigen Verwalters (*OLG Stuttgart* ZInsO 1999, 474 für den Sequester). Zur Einlegung einer Berufung bzw. eines Einspruches bedarf es nicht der Zustimmung des vorläufigen Verwalters. 44

c) Entsprechend der Rspr. unter Geltung der KO zum Prozessführungsrecht des Sequesters ist davon auszugehen, dass der **vorläufige Insolvenzverwalter** bei **Eilmaßnahmen im eigenen Namen klagen und verklagt werden** kann (*OLG Hamburg* ZIP 1987, 385 f. = EWiR 1987, 277 f.; *OLG Celle* OLG Report 1998, 102 f.; *OLG Braunschweig* ZIP 1999, 1769 [1770]; *OLG Stuttgart* ZInsO 1999, 474; unentschieden *BGH* ZIP 2000, 1116). Die Ernennung des vorläufigen Verwalters zum (endgültigen) Verwalter bei Eröffnung des Insolvenzverfahrens lässt das Prozessführungsrecht nicht entfallen (*BGH* ZIP 2000, 1116; *LG Düsseldorf* WM 1997, 1345 [1347]). Die Rspr. hat im Schrifttum Zustimmung erfahren (MüKo-InsO/*Haarmeyer* § 24 Rn. 18). 45

Einer **besonderen Anordnung** des Insolvenzgerichts bedarf es **nicht** (a.A. HK-InsO/*Kirchhof* § 22 Rn. 63; lediglich empfehlend *Kübler/Prütting/Bork-Pape* InsO, § 24 Rn. 9). Eine vom Insolvenzgericht angeordnete Ermächtigung ist für das Prozessgericht bindend (HK-InsO/*Rüntz* § 22 Rn. 61; a.A. *OLG Dresden* ZIP 1998, 1807 [1808] m. abl. Anm. *Johlke/Schröder* EWiR 1998, 1099). In geeigneten Fällen kann das Insolvenzgericht einen »starken« vorläufigen Insolvenzverwalter bestellen, der als Partei kraft Amtes prozessführungsbefugt ist (s. Rdn. 38). 46

47 In der Praxis wird es sich **regelmäßig um Eilmaßnahmen** im Rahmen von einstweiligen Verfügungen handeln, wie die Sicherung des Vermieterpfandrechtes (*OLG Köln* ZIP 1984, 89) und des Anspruchs zur Fortsetzung der Wasserversorgung zur Betriebsfortführung (*AG Magdeburg* ZIP 1996, 1756 = EWiR 1996, 1033; bestätigt von *LG Magdeburg* ZIP 1997, 896 = EWiR 1997, 551).

48 Dagegen handelt es sich **nicht** um eine **Notmaßnahme** bei der Einziehung einer Stammeinlage (*OLG Hamburg* ZIP 1987, 385 [386]; **a.A.** *OLG Hamburg* ZIP 1985, 1012), der Geltendmachung eines Zahlungsanspruches (*LG Frankfurt* NJW-RR 1997, 796 f.) oder einer Schadensersatzklage (*LG Essen* Rpfleger 2000, 398 = ZInsO 2000, 296). In diesen Fällen hilft nur die Bestellung eines »starken« vorläufigen Insolvenzverwalters (s. Rdn. 50). Auch ist denkbar, dass das Insolvenzgericht den »schwachen« vorläufigen Insolvenzverwalter im Einzelfall ermächtigt, zur Sicherung der Masse bestimmte neue Prozesse zu führen (*Uhlenbruck/Vallender* InsO, § 24 Rn. 9). Auch der »schwache« vorläufige Insolvenzverwalter kann aufgrund einer **Einzelermächtigung** (s. § 22 Rdn. 115) dazu befugt sein (*OLG Köln* ZIP 2004, 2450 [2451]). Das Prozessgericht darf nicht überprüfen, ob eine Ermächtigung des Insolvenzgerichts von den §§ 21 ff. InsO gedeckt ist (*OLG Köln* ZIP 2004, 2450 [2451]; **a.A.** *OLG Hamm* ZInsO 2005, 217 [218]). Eine einstweilige Verfügung des Zivilgerichts über die Ausübung der tatsächlichen Gewalt über die Geschäftsräume ist unzulässig (s. § 20 Rdn. 35).

VI. Prozesskostenhilfe in Neuverfahren

49 In Neuverfahren kann das Prozessgericht, nicht das Insolvenzgericht, dem vorläufigen Insolvenzverwalter **Prozesskostenhilfe** gem. § 116 Satz 1 Nr. 1 ZPO bewilligen. Es gelten – mit einer Ausnahme – dieselben Voraussetzungen wie bei einem (endgültigen) Insolvenzverwalter (s. § 26 Rdn. 46 ff.). Von dem vorläufigen Insolvenzverwalter können **nicht Angaben** dazu verlangt werden, **welche Gläubiger** aus der beabsichtigten Rechtsverfolgung Vorteile **genießen und** ob diesen eine **Aufbringung der Kosten zuzumuten** ist. Dies lässt sich regelmäßig in diesem frühen Verfahrensstadium noch nicht übersehen. Die überwiegend noch zur KO ergangene gegenteilige Auffassung in Rspr. (*BGH* ZIP 1998, 1645; *OLG Hamburg* ZIP 1985, 1012 m. abl. Anm. *Johlke*; *OLG Hamburg* ZIP 1987, 385 f. = EWiR 1987, 277; *OLG Hamm* NZI 2004, 35; offen *OLG Stuttgart* ZInsO 1999, 474) und Literatur (MüKo-ZPO/*Wax* § 116 Rn. 19) überspannt die Anforderungen (*Stein/Jonas/ Bork* ZPO, § 116 Rn. 11; *Uhlenbruck/Vallender* InsO, § 24 Rn. 13 und 16; *Pape* ZIP 1990, 1529 [1530]; **a.A.** *OLG Braunschweig* NZI 2013, 91). Jedenfalls ist bei mehr als 20 Gläubigern ohne Rücksicht auf den Umfang ihrer wirtschaftlichen Beteiligung ein Nachweis nicht erforderlich (*AG Göttingen* NZI 1999, 506; s. § 26 Rdn. 66).

50 Der »starke« vorläufige Insolvenzverwalter, auf den gem. § 22 Abs. 1 InsO die Verwaltungs- und Verfügungsbefugnis übergeht, ist als Partei kraft Amtes prozessführungsbefugt (s. Rdn. 38). Auch der »schwache« vorläufige Insolvenzverwalter kann aufgrund einer Einzelermächtigung (s. § 22 Rdn. 115) dazu befugt sein; das Prozessgericht darf nicht überprüfen, ob eine Ermächtigung des Insolvenzgerichts von den §§ 21 ff. InsO gedeckt ist (*OLG Köln* ZIP 2004, 2450 [2451]; **a.A.** *OLG Hamm* ZInsO 2005, 217 [218]).

51 In massearmen Verfahren kann sich die (nachträgliche) **Bestellung eines »starken« vorläufigen Verwalters** empfehlen. Der vorläufige Verwalter kann vor dem zuständigen Prozessgericht Prozesskostenhilfe für Prozesse zur Masseanreicherung gegen zahlungsunwillige Drittschuldner beantragen. Wird Prozesskostenhilfe bewilligt und deckt der zu erwartende Erlös die voraussichtlichen Kosten des Insolvenzverfahrens gem. § 54 InsO ab, wird das Verfahren eröffnet; ansonsten wird der Antrag bei Vorliegen der übrigen Voraussetzungen gem. § 26 InsO abgewiesen (*AG Göttingen* NZI 1999, 506; **a.A.** *BGH* ZInsO 2012, 693 Rn. 11; *Frind* ZInsO 2012, 1357 [1359]). So werden **unnötige Eröffnungen vermieden**, die in massearmen Verfahren erfolgen im Hinblick auf die Möglichkeit, dass der Insolvenzverwalter nach Eröffnung des Verfahrens und Bewilligung von Prozesskostenhilfe durch das Prozessgericht (s. § 26 Rdn. 46, 48) die Masse anreichert (*AG Göttingen* NZI 1999, 506). Zu bedenken ist, dass für Anfechtungsansprüche gem. §§ 129 ff. InsO diese Möglichkeit nicht eingreift, da eine Geltendmachung die Eröffnung voraussetzt. Weiter kann der Schuldner einen Eigenantrag bis zur Eröffnung gem. § 13 Abs. 2 InsO zurücknehmen.

Ein schwacher vorläufiger Insolvenzverwalter kann im Wege der **Einzelermächtigung** zur Sicherung 52
und Erhaltung des Schuldnervermögens gerichtlich zur Führung eines die künftige Masse betreffenden Prozesses ermächtigt werden (*BGH* ZInsO 2012, 693 Rn. 9). Durch eine solche Ermächtigung wird er jedoch nicht zu einer Partei kraft Amtes, so dass ihm Prozesskostenhilfe nicht bewilligt werden kann (MüKo-InsO/*Ganter/Lohmann* § 4 Rn. 22).

D. Sonstige Wirkungen

I. Eidesstattliche Versicherung (§ 807 ZPO)

Das Insolvenzgericht wird häufig Maßnahmen der Zwangsvollstreckung gegen das bewegliche Vermögen des Schuldners gem. § 21 Abs. 2 Nr. 3 InsO untersagen oder einstweilen einstellen (s. § 21 53
Rdn. 93). Die Abgabe der eidesstattlichen Versicherung, die eine Maßnahme der Zwangsvollstreckung ist, ist in diesen Fällen **nicht zulässig** (*LG Darmstadt* NZI 2003, 609; *AG Wilhelmshaven* NZI 2001, 436; für das eröffnete Verfahren *BGH* ZInsO 2012, 1262 = EWiR 2012, 733; *Groze* § 306 Rdn. 22; HambK-InsO/*Schröder* § 21 Rn. 55; *Uhlenbruck/Vallender* InsO, § 21 Rn. 36; *Frege/Keller/Riedel* Rn. 708; *Steder* NZI 2000, 456 und ZIP 2002, 65 [66]; *Viertelhaus* DGVZ 2001, 36 [39]; *Schwörer* DGVZ 2008, 17 [21]; **a.A.** *LG Würzburg* NZI 1999, 504; *AG Rostock* NZI 2000, 142; BK-InsO/*Blersch* § 21 Rn. 34; *Jaeger/Gerhardt* InsO, § 21 Rn. 40). Ist eine Sicherungsmaßnahme gem. § 21 Abs. 2 Nr. 2 InsO angeordnet, handelt es sich um ein absolutes Veräußerungsverbot (s. Rdn. 5). In diesen Fällen dürfte ein Rechtsschutzbedürfnis nicht bestehen. Allenfalls bei Anordnung besonderer Sicherungsmaßnahmen gem. § 21 Abs. 1 InsO (s. § 21 Rdn. 6, 126) kann das Rechtsschutzinteresse streitig sein. Für die Praxis allerdings fragt es sich, ob das Vollstreckungsgericht in diesen Fällen nicht sinnvollerweise den Ausgang des Eröffnungsverfahrens abwarten sollte, in dem zudem regelmäßig bessere Erkennungsmöglichkeiten bestehen als im Rahmen des § 807 ZPO.

II. Zwangshypothek/Grundbuchsperre

Dazu s. § 32 Rdn. 28 ff. 54

III. Steuerrecht

Der »**starke**« vorläufige Insolvenzverwalter, auf den die Verwaltungs- und Verfügungsbefugnis übergeht (§ 22 Abs. 1 Satz 1), hat nach Eröffnung des Verfahrens die **Begleichung der Steuern sicherzustellen** (HambK-InsO/*Schröder* § 22 Rn. 136 ff.; MüKo-InsO/*Haarmeyer* § 22 Rn. 193 ff.). Er 55
haftet für die Erfüllung der steuerlichen Pflichten gem. §§ 34, 35, 69 AO (*Uhlenbruck/Sinz* InsO, § 22 Rn. 211) sowie gem. § 55 Abs. 2 InsO auf die Umsatzsteuer (*Kübler/Prütting/Bork-Pape* InsO, § 22 Rn. 79). Das gilt **auch**, wenn das Insolvenzgericht dem »schwachen« vorläufigen Verwalter **Einzelermächtigungen** (s. § 22 Rdn. 115) erteilt (MüKo-InsO/*Haarmeyer* § 22 Rn. 194). Für die ab dem 01.01.2011 anhängigen Verfahren ist die neue Regelung des **§ 55 Abs. 4 InsO** zu beachten. Einzelheiten ergeben sich aus dem BMF-Schreiben vom 20.05.2015 (ZInsO 2015, 1093) und 18.05.2016 (ZInsO 2016, 1150).

Ist dem vorläufigen Insolvenzverwalter dagegen die Verwaltungs- und Verfügungsbefugnis nicht 56
übertragen, bleiben die steuerlichen Pflichten – wie bisher – grds. beim **Schuldner** (*BFH* ZIP 2009, 2255 [2256]; HambK-InsO/*Schröder* § 22 Rn. 146 ff.; *Uhlenbruck/Sinz* InsO, § 22 Rn. 209). Dies gilt auch, wenn dem vorläufigen Verwalter die Kassenführung (vgl. das Beschlussmuster bei FK-InsO/*Schmerbach* § 21 Rdn. 78) übertragen wird (*BFH* ZIP 2004, 1269 = m. abl. Anm. *Blank* EWiR 2004, 1095; *FG Baden-Württemberg* ZInsO 2009, 1825 [1827 f.]). Als Verfügungsberechtigter i.S.d. § 35 AO tritt nach außen weiter der Schuldner auf. Umsatzsteuerforderungen aus Veräußerungsgeschäften sind aber nicht (mehr) einfache Insolvenzforderungen, vielmehr gilt § 55 Abs. 4 InsO (*Uhlenbruck/Sinz* InsO, § 22 Rn. 225). Weitere Einzelheiten bei *Nickel* § 155 Rdn. 1172 ff. und A/G/R-*Sander* § 22 InsO Rn. 127 ff.

IV. Gewerbeuntersagung/Freiberufler

57 § 35 GewO ermöglicht eine **Gewerbeuntersagung**. § 12 GewO bestimmt, dass während der Anordnung von Sicherungsmaßnahmen gem. § 21 InsO eine Untersagung des Gewerbes oder Rücknahme oder Widerruf nicht erfolgen können (*OVG Berlin-Brandenburg* NZI 2011, 76; *VGH München* NZI 2011, 339). Eine bei Erlass der Sicherungsmaßnahme gem. § 21 InsO rechtmäßige und noch nicht bestandskräftige Gewerbeuntersagung wird durch nachfolgende insolvenzrechtliche Maßnahmen i.S.d. § 12 GewO nicht rechtswidrig. Es besteht lediglich ein Verbot des Vollzuges (*OVG Münster* 12.04.2011 – 4 A 1449/08, BeckRS 2011, 59925). Maßgeblicher Zeitpunkt für die Beurteilung der Zulässigkeit und Rechtmäßigkeit ist der Zeitpunkt der letzten Verwaltungsentscheidung (*VG Düsseldorf* NZI 2016, 592; **a.A.** *BayVGH* ZInsO 2014, 725: Wirksamwerden des Bescheides mit seinem Zugang).

58 Die **Sperrwirkung** besteht **nicht**,
– wenn der Gewerbetreibende nicht identisch mit dem Schuldner ist (*OVG Berlin-Brandenburg* NZI 2011, 76 für das Verhältnis KG/Einzelunternehmer; ebenso *VG Gießen* ZInsO 2003, 427),
– wenn nach Eröffnung des Verfahrens der Geschäftsbetrieb gem. § 35 Abs. 2 InsO freigegeben worden ist (*OVG Koblenz* NJW-Spezial 2011, 183; *VG Darmstadt* NZI 2011, 491; *OVG Berlin-Brandenburg* NZI 2014, 829; **a.A.** noch *VG Trier* ZInsO 2010, 1744 – aufgehoben durch OVG Koblenz).

Überblick bei *Mühlmann* Insolvenzverfahren und Gewerbeuntersagung – Probleme bei Freigabe eines Gewerbebetriebes, ZInsO 2010, 2080; *ders.* Neues aus dem Bereich Insolvenzverfahren und Gewerbeuntersagung bei »Freigabe eines Gewerbebetriebs«, ZInsO 2011, 2023.

59 **Bei Freiberuflern** wie Rechtsanwälten (ebenso Steuerberatern, Architekten) erfolgt regelmäßig ein Widerruf der Zulassung wegen Vermögensverfalls. Eine Gefährdung bei Rechtsuchenden kann dadurch ausgeschlossen werden, dass ein Rechtsanwalt seine Tätigkeit als Einzelanwalt aufgibt und eine Tätigkeit als angestellter Rechtsanwalt in einer Sozietät aufnimmt (*BGH* ZVI 2014, 144).

60 Bei Gewerbetreibenden und Freiberuflern verneinte die Rechtsprechung in bis zum 30.06.2014 beantragten Verfahren eine weitere Gefährdung ab **Ankündigung der Restschuldbefreiung** gem. § 291 InsO a.F. (*BGH* ZInsO 2010, 86). In ab dem 01.07.2014 beantragten Verfahren stellt die Rechtsprechung ab auf den Beschluss gem. § 287a InsO (*BGH* BeckRS 2015, 16810) oder die Erteilung der Restschuldbefreiung gem. § 300 InsO (*OVG Münster* ZVI 2016, 11). Entscheidender Zeitpunkt ist die zeitlich der früheren Ankündigung der Restschuldbefreiung nachfolgende **Aufhebung** des Insolvenzverfahrens gem. § 200 InsO (*Reck* ZVI 2016, 270).

E. Internationales Insolvenzrecht

61 Für Rechtsstreitigkeiten im Ausland gilt das dortige Recht (so für Mitgliedsstaaten Art. 15 EuInsVO 31.05.2002/Art. 18 EuInsVO 26.06.2017). In Deutschland ordnet § 352 Abs. 2 InsO die Unterbrechung eines Rechtsstreites an, wenn in einem ausländischen Insolvenzverfahren die Verwaltungs- und Verfügungsbefugnis über das Vermögen des Schuldners durch die Anordnung von Sicherungsmaßnahmen nach § 343 Abs. 2 InsO auf einen vorläufigen Insolvenzverwalter übergeht.

§ 25 Aufhebung der Sicherungsmaßnahmen

(1) Werden die Sicherungsmaßnahmen aufgehoben, so gilt für die Bekanntmachung der Aufhebung einer Verfügungsbeschränkung § 23 entsprechend.

(2) ¹Ist die Verfügungsbefugnis über das Vermögen des Schuldners auf einen vorläufigen Insolvenzverwalter übergegangen, so hat dieser vor der Aufhebung seiner Bestellung aus dem von ihm verwalteten Vermögen die entstandenen Kosten zu berichtigen und die von ihm begründeten **Verbindlichkeiten zu erfüllen.** ²Gleiches gilt für die Verbindlichkeiten aus einem Dauerschuldver-

hältnis, soweit der vorläufige Insolvenzverwalter für das von ihm verwaltete Vermögen die Gegenleistung in Anspruch genommen hat.

Übersicht

		Rdn.				Rdn.
A.	Überblick	1	D.	Absatz 2		18
B.	Aufhebungsfälle	2	I.	Anwendungsgebiet		18
I.	Allgemein	2	II.	Zweck		21
II.	Fälle der Aufhebung	3	III.	Umfang		23
III.	Verfahren	10	IV.	Verfahren		27
IV.	Wirkung	12	V.	Rückgriffsanspruch des Schuldners gegen den Antragsteller		38
C.	Bekanntmachung und Mitteilungen	13				

Literatur:
Casse Rechtsmittel und Besonderheiten im Insolvenzantragsverfahren – § 25 Abs. 2 InsO auch bei schwacher vorläufiger Insolvenzverwaltung, InsbürO 2015, 133; *Kaufmann/Casse* Zur Zahlungsunfähigkeit bei vorläufiger Insolvenzverwaltung, der Wirksamkeit der Erledigungserklärung hinsichtlich des Eröffnungsantrags und der Aufhebung von Sicherungsmaßnahmen, ZInsO 2013, 2138.

A. Überblick

§ 25 Abs. 1 InsO nennt die Voraussetzungen, unter denen die Sicherungsmaßnahmen aufzuheben 1 sind, nicht, sondern **regelt nur den technischen Ablauf.** Die Vorschrift des Abs. 2 soll die Begleichung der vom vorläufigen Insolvenzverwalter begründeten Verbindlichkeiten und der entstandenen Kosten ermöglichen.

B. Aufhebungsfälle

I. Allgemein

Sobald kein Sicherungszweck mehr besteht, ist jede der sich aus § 21 InsO ergebenden Sicherungs- 2 maßnahmen aufzuheben. Eine öffentliche Bekanntmachung der Aufhebung kommt aber nur in bestimmten Fällen in Betracht (s. Rdn. 13).

II. Fälle der Aufhebung

§ 29 Abs. 1 RegE (BT-Drucks. 12/2443 S. 14) sah vor, dass Sicherungsmaßnahmen aufzuheben 3 sind, wenn der Antrag auf Eröffnung des Insolvenzverfahrens abgewiesen wird oder die Maßnahmen aus anderen Gründen entbehrlich werden. Die Vorschrift ist vom Rechtsausschuss mit der Begründung gestrichen worden, dass es sich auch ohne ausdrückliche Anordnung ergibt, dass in diesen Fällen die Sicherungsmaßnahmen aufzuheben sind (BT-Drucks. 12/7302 S. 158). Es besteht eine **umfassende Aufhebungsbefugnis** des Insolvenzgerichts (HK-InsO/*Rüntz* § 21 Rn. 64). Unter Beachtung des Grundsatzes der Verhältnismäßigkeit korrespondiert damit eine Aufhebungspflicht des Insolvenzgerichts (BK-InsO/*Blersch* § 25 Rn. 4). Eine Aufhebung kommt – **unter Berücksichtigung** von **Abs. 2** – bei Abweisung des Antrags, der Abweisung gleichgestellter Fälle und bei Entbehrlichkeit der Maßnahme in Betracht. Im Einzelnen handelt es sich um **folgende Fallgruppen**:

a) **Abweisung des Antrags** als unzulässig oder als unbegründet (mangels Feststellbarkeit des Insol- 4 venzgrundes) oder Abweisung mangels Masse (§ 26 InsO). Die Aufhebung kann auch schon vor Rechtskraft erfolgen. Im Hinblick auf die Beschwerdemöglichkeit gem. § 34 InsO erfolgt bei Gläubigeranträgen die öffentliche Bekanntmachung erst nach Rechtskraft.

b) **Rücknahme** des Antrages (s. § 13 Rdn. 59 ff.) und **Erledigungserklärung** (s. § 13 Rdn. 261 ff.). 5

c) Die Aufhebung ist auch geboten, wenn die Beibehaltung der Maßnahme nicht mehr begründet ist 6 und eine **Gefahr für die Insolvenzmasse nicht mehr besteht** (s. § 21 Rdn. 43; *AG Göttingen* ZIP 1999, 1566 = EWiR 1999, 897; *Uhlenbruck/Vallender* InsO, § 25 Rn. 2). Dies wird insbesondere bei Anordnung einer Postsperre (vgl. § 21 Rdn. 338) in Betracht kommen. Bei der Aufhebung der übrigen Sicherungsmaßnahmen insbesondere gem. § 21 Abs. 2 InsO vor Abschluss des Eröffnungsverfahrens ist hingegen Vorsicht geboten.

7   d) Eine Sicherungsmaßnahme ist aber **nicht aufzuheben**, wenn gegen den Schuldner noch **weitere Verfahren** anhängig sind, in denen ein **Sicherungsbedürfnis besteht** (HK-InsO/*Rüntz* § 21 Rn. 66; dies kann in einem klarstellenden Beschluss ausgesprochen werden.

8   e) Zur Aufhebung von Sicherungsmaßnahmen über **unbewegliches Vermögen** (§ 30d ZVG) gem. § 30 f. ZVG s. § 21 Rdn. 304.

9   f) Wird das Verfahren **eröffnet**, treten angeordnete Sicherungsmaßnahmen **automatisch außer Kraft** (s. § 21 Rdn. 56; *LG Leipzig* DZWIR 2000, 439 [440]; *Kübler/Prütting/Bork-Pape* InsO, § 25 Rn. 6; *Uhlenbruck/Vallender* InsO, § 25 Rn. 2).

III. Verfahren

10 Die Aufhebung von Sicherungsmaßnahmen erfolgt **von Amts wegen**. Ein Antragsrecht steht dem Schuldner nicht zu. Ein von ihm gestellter Antrag ist lediglich eine Anregung (*Kübler/Prütting/Bork-Pape* InsO, § 25 Rn. 5), über die das Insolvenzgericht allerdings zu befinden hat. Die Gründe sollten dem Schuldner regelmäßig mitgeteilt oder erläutert werden. In einem Antrag kann zudem eine sofortige Beschwerde des Schuldners gem. § 21 Abs. 1 Satz 2 InsO gegen die Fortdauer der Sicherungsmaßnahmen liegen (vgl. § 21 Rdn. 57). Dies ist durch Auslegung oder Nachfrage beim Schuldner abzuklären. Einer entsprechenden Anregung des vorläufigen Insolvenzverwalters wird das Gericht regelmäßig entsprechen.

11 Gläubiger und vorläufiger Insolvenzverwalter haben keinen Anspruch darauf, vor der beabsichtigten Maßnahme des Insolvenzgerichts gehört zu werden. Das Insolvenzgericht sollte sein Vorgehen jedoch **mit dem vorläufigen Insolvenzverwalter abstimmen**, der aufgrund seiner Sachnähe das Erfordernis der Aufrechterhaltung von Sicherungsmaßnahmen am besten wird beurteilen können. Ist die Verfügungsbefugnis des Schuldners auf den vorläufigen Insolvenzverwalter übergegangen (§ 22 Abs. 1 Satz 1 InsO), so ist die Vorschrift des Abs. 2 zu beachten, die auch in weiteren Fällen sinngemäß gelten kann (s. Rdn. 19); eine Aufhebung kann nicht sofort erfolgen (s. Rdn. 27). Der Beschluss ist nicht anfechtbar, § 6 Abs. 1 Satz 1 InsO.

IV. Wirkung

12 Maßnahmen, die der vorläufige Insolvenzverwalter in Ausübung seiner Verwaltungs- und Verfügungsbefugnis getätigt hat, bleiben auch **nach Aufhebung wirksam analog § 34 Abs. 3 Satz 3 InsO** (*KG* ZInsO 1999, 716[717]; BK-InsO/*Blersch* § 25 Rn. 12; HK-InsO/*Rüntz* § 25 Rn. 3; *Kübler/Prütting/Bork-Pape* InsO, § 25 Rn. 13; MüKo-InsO/*Haarmeyer* § 25 Rn. 24; *Gerke* ZInsO 2003, 873 [879]). Dies gilt insbesondere für Rechtsgeschäfte und sonstige Maßnahmen, die der Verwaltung und Erhaltung des Schuldnervermögens gedient haben. Das Vermögen des Schuldners haftet für die vom vorläufigen Insolvenzverwalter begründeten Verbindlichkeiten und die entstandenen Kosten (vgl. Abs. 2). Die Aufhebung der Sicherungsmaßnahmen wirkt folglich nur für die Zukunft.

C. Bekanntmachung und Mitteilungen

13 Abs. 1 ordnet an, dass für die Bekanntmachung der Aufhebung einer Verfügungsbeschränkung § 23 InsO entsprechend gilt. § 23 Abs. 1 Satz 1 InsO sieht die öffentliche Bekanntmachung bei Anordnung einer Verfügungsbeschränkung gem. § 21 Abs. 2 Nr. 2 InsO und bei Bestellung eines vorläufigen Insolvenzverwalters vor. In diesen Fällen ist auch die Aufhebung öffentlich bekannt zu machen (*Nerlich/Römermann-Mönning/Zimmermann* InsO, § 25 Rn. 11). In den übrigen Fällen erfolgt eine **öffentliche Bekanntmachung** der Aufhebung, **sofern Sicherungsmaßnahmen** gem. § 21 Abs. 1 InsO angeordnet und **öffentlich bekannt gemacht worden** sind (s. § 23 Rdn. 4, 1) oder weitere Sicherungsmaßnahmen öffentlich bekannt gemacht wurden und zusammen mit den oben genannten Sicherungsmaßnahmen aufgehoben werden (s. § 23 Rdn. 26, 27). Bei Aufhebung von Sicherungs-

maßnahmen durch die Beschwerdekammer veranlasst das Insolvenzgericht die Veröffentlichung, weil das Landgericht Eintragungen im Internet gem. § 9 InsO nicht vornehmen kann.

Erklärt der **Schuldner**, dass er **auf die öffentliche Bekanntmachung** der Aufhebung von Sicherungs- 14
maßnahmen **verzichtet**, so ist dies **unbeachtlich** (*Haarmeyer* ZInsO 2000, 70 [77]; *Jaeger/Gerhardt* InsO, § 23 Rn. 6; MüKo-InsO/*Haarmeyer* § 25 Rn. 28). Motiv des Schuldners wird häufig sein, dass er nach Begleichung der Forderung oder Teilzahlung mit Abschluss eines Ratenzahlungsvergleichs die nochmalige Publizität vermeiden und nicht weitere Gläubiger »hellhörig« machen will. Der Rechtsverkehr hat aber Anspruch nicht nur auf Information über die Anordnung von Sicherungsmaßnahmen, sondern auch bei deren Aufhebung. Das Unterlassen der Bekanntmachung kann auch nachteilig sein für Gläubiger, die möglicherweise infolge der Anordnung von Sicherungsmaßnahmen davon absehen, Forderungen gegen den Schuldner klagweise oder vollstreckungsweise geltend zu machen (*AG Göttingen* Beschl. v. 18.02.1997 – 71 N 12/97).

Einer **Zustellung** entsprechend § 23 Abs. 1 Satz 2 und 3 InsO bedarf es **nicht**, da § 25 Abs. 1 InsO 15
nur für die Bekanntmachung § 23 InsO für entsprechend anwendbar erklärt (*Nerlich/Römermann-Mönning/Zimmermann* InsO, § 25 Rn. 12; *Uhlenbruck/Vallender* InsO, § 25 Rn. 22). Insbesondere die Unterrichtung der Drittschuldner ist durch die öffentliche Bekanntmachung oder durch die formlose Übersendung des Beschlusses möglich (s. Rdn. 16).

Eine **Beschlussabschrift erhalten** formlos: 16
– Antragsteller,
– Schuldner,
– vorläufiger Insolvenzverwalter,

sowie die Stellen, die eine Abschrift der Anordnung der Sicherungsmaßnahme (s. § 23 Rdn. 30) erhalten haben, u.a.:
– Gerichtsvollzieherverteilungsstelle,
– Zwangsvollstreckungs- (M) Abteilung,
– Agentur für Arbeit,
– Amts- und Landgericht des Bezirks,
– Arbeitsgericht,
– Postdienstleister (bei Postsperre).

Weiter erhalten üblicherweise eine Beschlussabschrift formlos:
– bekannte Gläubiger,
– Drittschuldner.

Ist eine Mitteilung gem. § 23 Abs. 2 InsO ergangen, so teilt die Geschäftsstelle die Aufhebung einer 17
nach § 21 InsO angeordneten Sicherungsmaßnahme dem **Register** mit. Hat der Richter Eintragungen gem. § 23 Abs. 3 InsO im **Grundbuch** usw. verfügt, ist an das entsprechende Register ein vom Richter unterzeichnetes Löschungsersuchen mit genauer Bezeichnung des Grundstücks usw. (vgl. § 23 Rdn. 37) zu übersenden. War eine **Mitteilung an die Rechtsanwalts-/Notar-/Patentanwaltskammer, Steuerberater-/Wirtschaftsprüferkammer** (bzw. OFD bei Lohnsteuerhilfevereinen) erfolgt (vgl. § 23 Rdn. 30), wird diese von der Aufhebung der Sicherungsmaßnahme entsprechend informiert.

D. Absatz 2

I. Anwendungsgebiet

Die Vorschrift des Abs. 2 gilt nach ihrem Wortlaut nur, wenn die Verfügungsbefugnis über das Ver- 18
mögen des Schuldners auf einen vorläufigen Insolvenzverwalter übergegangen ist (§ 22 Abs. 1 InsO), also neben der Bestellung eines vorläufigen Insolvenzverwalters dem Schuldner ein allgemeines Verfügungsverbot auferlegt worden ist (§ 22 Abs. 2 Nr. 2 1. Alt. InsO). Dem »**starken**« vorläufigen Verwalter soll die Möglichkeit gegeben werden, die **Verfahrenskosten und** von ihm **begründete Verbindlichkeiten** vor Rückfall der Verfügungsbefugnis an den Schuldner **zu begleichen** (*BGH*

ZInsO 2007, 34 [35]). § 25 Abs. 2 InsO begründet keine unmittelbaren Ansprüche der dort genannten Gläubiger (*BGH* ZInsO 2007, 34; HambK-InsO/*Schröder* § 25 Rn. 3).

19 Ist der vorläufige Insolvenzverwalter durch Beschluss des Insolvenzgerichts **ermächtigt** worden, **Masseverbindlichkeiten** zu begründen (s. § 22 Rdn. 115), gilt die Vorschrift entsprechend (MüKo-InsO/*Haarmeyer* § 25 Rn. 7; Uhlenbruck/*Vallender* InsO, § 25 Rn. 6; *Gundlach/Frenzel/Schmidt* DZWIR 2003, 309 [312]). Ist ein **Zustimmungsvorbehalt** angeordnet **und** dem vorläufigen Verwalter die **Kassenführung** (Verfügungsbefugnis über die Konten des Schuldners) **übertragen** worden (s. § 21 Rdn. 380), gilt die Vorschrift des **Abs. 2 entsprechend** (*LG Frankenthal* ZInsO 2013, 2013 [2015]; MüKo-InsO/*Haarmeyer* § 25 Rn. 7; offen gelassen von *BGH* NZI 2007, 338 [339] m. Anm. *Gundlach/Frenzel* = EWiR 2007, 499; *Casse* InsbürO 2015, 133 [135]; **a.A.** HambK-InsO/*Schröder* § 25 Rn. 10 f.; offen Uhlenbruck/*Vallender* InsO, § 25 Rn. 7). Auch in weiteren Fällen wie der Anordnung eines Zustimmungsvorbehaltes ohne Übertragung der Kassenführung wird eine entsprechende Geltung bejaht (*AG Duisburg* DZWIR 2000, 307 und 307 f.; *LG Duisburg* ZIP 2001, 1020 [1021]; *Kübler/Prütting/Bork-Pape* InsO, § 25 Rn. 6b ff.; zweifelnd *OLG Celle* ZInsO 2001, 377 [378]; **a.A.** MüKo-InsO/*Haarmeyer* § 25 Rn. 8; Uhlenbruck/*Vallender* InsO, § 25 Rn. 7; *Prager/Thiemann* NZI 2001, 634 [636]; *Vallender* EWiR 2002, 69).

20 Der vorläufige Verwalter kann vorhandene **Gelder** zur Begleichung der unten (Rdn. 23–26) aufgeführten Positionen **zurückbehalten**. Dies kann **aufgrund** einer **Ermächtigung des Insolvenzgerichts** (*Kaufmann/Casse* ZInsO 2013, 2138 [2143]) oder mit Einverständnis des Schuldners geschehen (*AG Duisburg* DZWIR 2000, 307 und 307 f.; *LG Duisburg* ZIP 2001, 1020 [1022]). Der Schuldner kann auch einen entsprechenden Betrag beim Insolvenzgericht hinterlegen (s. Rdn. 30). Unter Beachtung des Grundsatzes der Verhältnismäßigkeit können so Sicherungsmaßnahmen zügig aufgehoben werden.

II. Zweck

21 Wird im Anschluss an die vorläufige Insolvenzverwaltung das Insolvenzverfahren eröffnet, ist durch § 54 Nr. 2 und § 55 Abs. 2 InsO sichergestellt, dass die vor Eröffnung entstandenen Kosten und die vom vorläufigen Verwalter begründeten Verbindlichkeiten aus der Insolvenzmasse erfüllt werden. Wird das Verfahren nicht eröffnet, soll durch die Vorschrift des Abs. 2 möglichst **vermieden** werden, dass nach dem Rückfall der Verfügungsbefugnis auf den Schuldner noch **Verbindlichkeiten** aus der Zeit der vorläufigen Insolvenzverwaltung **offenstehen**, über deren Erfüllung dann Streit entstehen könnte (BT-Drucks. 12/2443 S. 118).

22 Weiter wird dadurch das **Ausfallrisiko** des vorläufigen Insolvenzverwalters **hinsichtlich** seiner **Vergütung und Auslagen gemindert**, für die der Antragsteller nicht haftet (vgl. § 13 Rdn. 202). Der vorläufige Insolvenzverwalter muss nicht mühsam und häufig erfolglos versuchen, seinen Vergütungsanspruch beim Schuldner zu realisieren. Vielmehr kann er ihn vor Aufhebung der Sicherungsmaßnahmen aus dem Schuldnervermögen befriedigen. Das Ausfallrisiko des vorläufigen Insolvenzverwalters wird reduziert auf die Fälle der Abweisung mangels Masse (§ 26 InsO), sofern überhaupt keine Masse vorhanden ist. In diesen Fällen kommt nur eine Entschädigung als Sachverständiger in Betracht (vgl. § 13 Rdn. 203, § 22 Rdn. 90). In den – durchaus vorkommenden – Fällen, dass zwar Masse vorhanden ist, dass sie nur nicht zur Eröffnung ausreicht, kann der vorläufige Insolvenzverwalter seinen Vergütungsanspruch (teilweise) befriedigen.

III. Umfang

23 Unter die Vorschrift des Abs. 2 fallen **folgende Positionen**:

a) Während des Verfahrens entstandene **Kosten gem. § 54 Nr. 1 und 2 InsO** (Gerichtsgebühren, Auslagen des Gerichts wie Veröffentlichungskosten und Sachverständigenkosten, Vergütung und Auslagen des vorläufigen Insolvenzverwalters). Veröffentlichungskosten sind auch die durch die öffentliche Bekanntmachung der Aufhebung von Sicherungsmaßnahmen noch anfallenden Kosten (Uhlenbruck/*Vallender* InsO, § 25 Rn. 18).

b) Die vom vorläufigen Insolvenzverwalter im Rahmen seiner Tätigkeit begründeten **Verbindlichkei-** 24
ten. Dies wird regelmäßig bei der Unternehmensfortführung (vgl. § 22 Abs. 1 Satz 2 Nr. 2 InsO) der Fall sein. Können die Verbindlichkeiten nicht oder nur teilweise erfüllt werden, kommt eine Haftung gem. § 21 Abs. 2 Nr. 1 i.V.m. § 61 InsO in Betracht (s. § 21 Rdn. 133). Zu streitigen Forderungen s. Rdn. 32.

c) Verbindlichkeiten aus **Dauerschuldverhältnissen** sind zu begleichen, soweit der vorläufige Insol- 25
venzverwalter für das von ihm verwaltete Vermögen die Gegenleistung in Anspruch genommen hat. Durch diese Regelung werden insbesondere Arbeitnehmer geschützt, die der vorläufige Insolvenzverwalter weiterbeschäftigt hat, und dem Vermieter ein Anspruch eingeräumt, wenn der vorläufige Insolvenzverwalter die Mietsache für das verwaltete Vermögen genutzt hat (BT-Drucks. 12/2443, S. 118).

d) Reichen die vorhandenen Barmittel **nicht zur Deckung** aller Verbindlichkeiten aus, werden in ent- 26
sprechender Anwendung des **§ 209 Abs. 1 InsO** (A/G/R-*Sander* § 25 InsO Rn. 10; HK-InsO/ *Rüntz* § 25 Rn. 7) vorrangig die Kosten des Verfahrens einschließlich der Vergütung des vorläufigen Insolvenzverwalters berichtigt (*AG Duisburg* DZWIR 2000, 306 [307]; BK-InsO/*Blersch* § 25 Rn. 9; *Kübler/Prütting/Bork-Pape* InsO, § 25 Rn. 16; *Haarmeyer* ZInsO 2000, 70 [76]). **Sonstiges Vermögen** des Schuldners darf der vorläufige Insolvenzverwalter **nicht mehr verwerten** (HambK-InsO/*Schröder* § 25 Rn. 8; **a.A.** A/G/R-*Sander* § 25 InsO Rn. 10; *Uhlenbruck/Vallender* InsO, § 25 Rn. 16).

IV. Verfahren

a) Grds. kann das Insolvenzgericht die **Aufhebung der Sicherungsmaßnahmen erst** beschließen, 27
wenn die durch die Verwaltung entstandenen **Kosten und** die begründeten **Verbindlichkeiten** aus der Masse **beglichen** sind (*Gundlach/Frenzel/Schmidt* DZWIR 2003, 309 [312]; *Kaufmann/Casse* ZInsO 2013, 2138 [2142]; s.a. § 34 Rdn. 67; **a.A.** MüKo-InsO/*Haarmeyer* § 25 Rn. 18; *Uhlenbruck/Vallender* InsO, § 25 Rn. 14). Die durch die vorläufige Insolvenzverwaltung entstandenen Kosten einschließlich der Vergütung des vorläufigen Insolvenzverwalters sind vor der Aufhebung festzusetzen und dem Vermögen zu entnehmen. War der vorläufige Insolvenzverwalter – wie regelmäßig – zugleich als Sachverständiger beauftragt (vgl. § 22 Rdn. 90), so ist zugleich die Sachverständigenentschädigung festzusetzen (vgl. § 22 Rdn. 187). Der Urkundsbeamte der Geschäftsstelle setzt zugleich die Gerichtskosten fest, damit diese vom vorläufigen Insolvenzverwalter aus dem Vermögen des Schuldners an die Landeskasse abgeführt werden können (ebenso *Vallender* DZWIR 1999, 265 [276]).

Vor Aufhebung des allgemeinen Verfügungsverbotes sollte sich das Insolvenzgericht mit dem **vorläu-** 28
figen Insolvenzverwalter absprechen, zumal der vorläufige Verwalter kein Recht zur sofortigen Beschwerde gegen die Aufhebung des allgemeinen Verfügungsverbotes hat (*BGH* ZInsO 2007, 34). Der vorläufige Verwalter kann bei Aufhebung der Sicherungsmaßnahme auch ermächtigt werden, vorhandene Geldmittel zur Begleichung der Verfahrenskosten zu verwenden (s. Rdn. 31).

Nicht erforderlich ist, dass die **Beschlüsse rechtskräftig** sind. Wird der Beschluss später abgeändert, 29
werden sowohl die Landeskasse als auch der vorläufige Insolvenzverwalter überzahlte Beträge zurückerstatten. Allerdings können bei Beantragung eines weiteren Insolvenzverfahrens Zahlungen anfechtbar sein (s. § 21 Rdn. 192).

b) Häufig will der **Schuldner** – z.B. nach Begleichung der dem Antrag zugrunde liegenden Forde- 30
rung – eine **schnelle Aufhebung der Sicherungsmaßnahmen erreichen**. Sind die Kosten i.E. noch nicht bekannt und festgesetzt, können diese geschätzt werden (ggf. nach vorheriger Abfrage beim vorläufigen Insolvenzverwalter/Sachverständigen). Der Schuldner kann dann bei der Gerichtskasse einen **Betrag** in Höhe der zu erwartenden Kosten unter Verzicht auf die Rücknahme **hinterlegen** (HambK-InsO/*Schröder* § 25 Rn. 9; HK-InsO/*Rüntz* § 25 Rn. 8; *Uhlenbruck/Vallender* InsO, § 25 Rn. 11; **a.A.** MüKo-InsO/*Haarmeyer* § 25 Rn. 18). Daraus können die Kosten des vorläufigen

Insolvenzverfahrens (§ 54 InsO) beglichen werden. Ein etwaiger Überschuss wird an den Schuldner ausgezahlt.

31 Auch kann der **vorläufige Verwalter** aufgrund einer Ermächtigung des Insolvenzgerichts oder mit Einverständnis des Schuldners (s. Rdn. 20) **Barbeträge** zur Begleichung der oben (s. Rdn. 23–26) aufgeführten Positionen **zurückbehalten**. So kann ein mehrstufiges Verfahren (dafür *Haarmeyer* ZInsO 2000, 70 [74]; MüKo-InsO/*Haarmeyer* § 25 Rn. 19 ff.; *Uhlenbruck/Vallender* InsO, § 25 Rn. 12; *Prager/Thiemann* NZI 2001, 634 [636]) zur Aufhebung der Sicherungsmaßnahmen vermieden werden (vgl. *LG Duisburg* ZIP 2001, 1020 [1023]). Die Begleichung der Vergütung des vorläufigen Insolvenzverwalters kann bei (zur Eröffnung nicht ausreichenden) Barbeständen durch die Gewährung eines Vorschusses (§§ 10, 9 InsVV) abgesichert werden.

32 c) Bei **streitigen Verbindlichkeiten** eines Gläubigers empfiehlt es sich, dass der **Betrag** entsprechend § 198 InsO **hinterlegt** wird (*Jaeger/Gerhardt* InsO, § 25 Rn. 16; *Kübler/Prütting/Bork-Pape* InsO, § 24 Rn. 17; *Haarmeyer* ZInsO 2000, 70 [76]; a.A. HambK-InsO/*Schröder* § 25 Rn. 9), bis über das (Nicht-) Bestehen der Verbindlichkeit entschieden ist (entsprechend der Rechtslage im Falle des § 34 Abs. 3 InsO, s. § 34 Rdn. 67). Der vorläufige Insolvenzverwalter würde pflichtwidrig handeln, wenn er eine streitige Verbindlichkeit unbesehen begleichen würde. Auch eine Zahlung unter Vorbehalt der Rückforderung ist im Hinblick auf eine mögliche Insolvenz des Gläubigers riskant und dürfte allenfalls bei Stellung entsprechender Sicherheiten in Betracht kommen. Andererseits kann dem vorläufigen Insolvenzverwalter nicht das Haftungsrisiko aufgebürdet werden, dass das Vermögen des Schuldners freigegeben wird, später jedoch Ansprüche gegen den vorläufigen Insolvenzverwalter festgestellt werden und nunmehr eine Befriedigung aus dem Schuldnervermögen nicht mehr möglich ist.

33 d) **Begleicht der Schuldner** die dem Verfahren zugrunde liegende **Forderung**, wird die **Hauptsache** regelmäßig für **erledigt erklärt**. Häufig hat der vorläufige Insolvenzverwalter keine Zugriffsmöglichkeit auf realisierbare Vermögensgegenstände. In diesen Fällen wird der Schuldner informiert, dass eine **Aufhebung** der Sicherungsmaßnahmen **erst** erfolgen kann, wenn die (voraussichtlichen) **Verfahrenskosten gezahlt** sind (s. Rdn. 30).

34 e) Ist der Eröffnungsantrag allerdings abweisungsreif mangels einer die Kosten des Verfahrens deckenden Masse (§ 26 InsO), so wird der Antrag abgewiesen und die Sicherungsmaßnahme aufgehoben (*Kübler/Prütting/Bork-Pape* InsO, § 25 Rn. 15), sofern überhaupt keine Masse vorhanden ist (Rdn. 21).

35 f) Ist der Antrag **abweisungsreif wegen Fehlen des Insolvenzgrundes**, so kann der **Schuldner hinterlegen** (s. Rdn. 30) und so eine sofortige Aufhebung der Sicherungsmaßnahmen erreichen (BK-InsO/*Blersch* § 25 Rn. 10).

36 g) Ein verbleibender **Überschuss** ist an den **Schuldner auszukehren**. Gläubiger können nunmehr wieder pfänden. Hat der vorläufige Insolvenzverwalter unberechtigt eine sicherheitshalber abgetretene Forderung eingezogen, kann der Sicherungsgläubiger Herausgabe auch von einem »schwachen« vorläufigen Insolvenzverwalter (s. § 22 Rdn. 10 ff.) verlangen (*BGH* NZI 2007, 338 [339] m. Anm. *Gundlach/Frenzel* = EWiR 2007, 499).

37 h) Wird aufgrund eines **späteren Antrags** ein Insolvenzverfahren **eröffnet**, können nach § 25 Abs. 2 InsO erfolgte Leistungen **nicht** gem. §§ 129 ff. InsO **angefochten** werden (MüKo-InsO/*Haarmeyer* § 25 Rn. 6).

V. Rückgriffsanspruch des Schuldners gegen den Antragsteller

38 Der Schuldner haftet nach Abs. 2 mit seinem Vermögen für die dort aufgeführten Ansprüche, auch, wenn der Antrag zurückgenommen oder als unzulässig oder unbegründet abgewiesen wird. Der Schuldner kann lediglich versuchen, **Schadensersatzansprüche** gegen den Gläubiger wegen unrechtmäßiger Insolvenzantragstellung geltend zu machen (vgl. § 13 Rdn. 201), die allerdings nur unter

engen Voraussetzungen in Betracht kommen (s. § 13 Rdn. 303 f.). Daneben können Amtshaftungsansprüche (Art. 34 GG, § 839 BGB) bestehen.

§ 26 Abweisung mangels Masse

(1) ¹Das Insolvenzgericht weist den Antrag auf Eröffnung des Insolvenzverfahrens ab, wenn das Vermögen des Schuldners voraussichtlich nicht ausreichen wird, um die Kosten des Verfahrens zu decken. ²Die Abweisung unterbleibt, wenn ein ausreichender Geldbetrag vorgeschossen wird oder die Kosten nach § 4a gestundet werden. ³Der Beschluss ist unverzüglich öffentlich bekannt zu machen.

(2) ¹Das Gericht ordnet die Eintragung des Schuldners, bei dem der Eröffnungsantrag mangels Masse abgewiesen worden ist, in das Schuldnerverzeichnis nach § 882b der Zivilprozessordnung an und übermittelt die Anordnung unverzüglich elektronisch dem zentralen Vollstreckungsgericht nach 882h Abs. 1 der Zivilprozessordnung. ² 882c Abs. 3 der Zivilprozessordnung gilt entsprechend.

(3) ¹Wer nach Absatz 1 Satz 2 einen Vorschuss geleistet hat, kann die Erstattung des vorgeschossenen Betrages von jeder Person verlangen, die entgegen den Vorschriften des Insolvenz- oder Gesellschaftsrechts den Antrag auf Eröffnung des Insolvenzverfahrens pflichtwidrig und schuldhaft nicht gestellt hat. ²Ist streitig, ob die Person pflichtwidrig und schuldhaft gehandelt hat, so trifft sie die Beweislast.

(4) ¹Zur Leistung eines Vorschusses nach Absatz 1 Satz 2 ist jede Person verpflichtet, die entgegen den Vorschriften des Insolvenz- oder Gesellschaftsrechts pflichtwidrig und schuldhaft keinen Antrag auf Eröffnung des Insolvenzverfahrens gestellt hat. ²Ist streitig, ob die Person pflichtwidrig und schuldhaft gehandelt hat, so trifft sie die Beweislast. ³Die Zahlung des Vorschusses kann der vorläufige Insolvenzverwalter sowie jede Person verlangen, die einen begründeten Vermögensanspruch gegen den Schuldner hat.

Übersicht	Rdn.			Rdn.
A. Überblick	1	4.	Erfolgsaussicht	65
B. Abweisung mangels Masse (Abs. 1 Satz 1)	9	5.	Keine Mutwilligkeit	66
		6.	Prozessfinanzierung	67
I. Grundvoraussetzung	9	III.	Verfahrensmäßiger Ablauf	68
II. Kosten des Verfahrens	10	IV.	Wirkungen	69
III. Vermögen des Schuldners	15	V.	Weiterführende Hinweise	74
IV. Prognose des Gerichts	25	E.	Verfahren bei Abweisung mangels Masse	75
C. § 26 Abs. 1 Satz 2 (Vorschuss/Stundung)	34	I.	Amtsermittlungen	75
I. Ausreichender Geldbetrag	34	II.	Vorschussanforderung	82
II. Vorschusspflichtige	35	III.	Rechtliches Gehör	84
III. Gläubigerkalkül	39	IV.	Beschluss	90
IV. Verfahren	41	V.	Kosten	93
V. Art der Vorschusszahlung und Behandlung von Vorschussleistungen	42	VI.	Bekanntmachung und Mitteilungen	98
		VII.	Rechtsbehelfe	105
VI. Stundung	44	VIII.	Akteneinsicht	107
D. Prozesskostenhilfe für den Insolvenzverwalter	46	IX.	Aufbewahrung der Geschäftsunterlagen	108
		F.	Rechtsfolgen	109
I. Bedeutung	46	I.	Schuldnerverzeichnis	110
II. Grundzüge	53	II.	SCHUFA	121
1. Mangelnde Aufbringung der Kosten	54	III.	Juristische Personen	122
2. Ausschluss bei Massearmut	56	IV.	Weitere Folgen	132
3. Unzumutbarkeit der Kostenaufbringung für die wirtschaftlich Beteiligten	57	V.	Insolvenzgeld	133
		VI.	Erneuter Antrag	135
		G.	§ 26 Abs. 3	139

§ 26 InsO   Abweisung mangels Masse

	Rdn.		Rdn.
H. § 26 Abs. 4	144	J. Reformtendenzen	154
I. Internationales Insolvenzrecht	152		

Literatur:
Brete/Gehlen Prozesskostenhilfe für den Insolvenzverwalter, ZInsO 2014, 1777; Entschließung des Zweiten Deutschen Gläubigerkongresses vom 5.6.2013 zur notwendigen Fortentwicklung des Insolvenzrechts, ZInsO 2013, 1183; *Foerste* § 26 Abs. 4 InsO – Ein Zwischenruf, ZInsO 2012, 532; *Frind* Das unzulässige »Offenhalten« des Eröffnungsverfahrens zur Verfahrenskostendeckung, ZInsO 2012, 1357; *Heyn* Gesetz über die Insolvenzstatistik (Insolvenzstatistikgesetz – InsStatG), InsbürO 2013, 3; *Lang* Prozesskostenhilfe im Insolvenzverfahren unter Berücksichtigung neuerer BGH-Rechtsprechung, NZI 2012, 746; *Marotzke* Die Verfahrenskostenvorschusspflicht des GmbH-Geschäftsführers im Fall der Nichterfüllung seiner Insolvenzantragspflicht (§ 26 Abs. 4 InsO), ZInsO 2013, 1940; *Moderegger* Das Insolvenzgutachten in der Nachlassinsolvenz, InsbürO 2015, 88; *Priebe* Checkliste zum insolvenzrechtlichen Gutachten über das Vermögen einer GmbH, InsbürO 2014, 428; *Püschel/Paradissis* Die Staatsanwaltschaft als Sitzungspolizei – eine Polemik gegen die Praxis der Ermittlungen ohne Verdacht, ZInsO 2015, 1786; *Schmidt* Prozesskostenhilfe für den Insolvenzverwalter in dem Fall der Massearmut, ZInsO 2013, 766.

Gesetzesmaterialien:

ESUG

Diskussionsentwurf für ein Gesetz zur weiteren Erleichterung der Sanierung von Unternehmen – Beil. 1 zu ZIP 28/2010 = Beil. zu NZI Heft 16/2010.

Referentenentwurf für ein Gesetz zur weiteren Erleichterung der Sanierung von Unternehmen (ESUG) – Bearbeitungsstand 25.01.2011, ZInsO 2011, 269 = Beil. 1 zu ZIP 6/2011.

Entwurf eines Gesetzes zur weiteren Erleichterung der Sanierung von Unternehmen vom 04.05.2011 (BT-Drucks. 17/5712).

Beschlussempfehlung und Bericht des Rechtsausschusses vom 26.10.2011 (BT-Drucks. 17/7511).

A. Überblick

1 Die Durchführung eines Insolvenzverfahrens erfordert einen größeren Geldbetrag, der häufig aus dem Vermögen des Schuldners nicht aufgebracht werden kann. Ein geordnetes Verfahren kann dann nicht mehr stattfinden, Vermögensmanipulationen können nicht aufgedeckt und Vermögensverschiebungen nicht rückgängig gemacht werden, persönliche Haftungsansprüche werden nicht realisiert. Einen Anlass für die Insolvenzrechtsreform bildete die Tatsache, dass im gewerblichen Bereich unter Geltung der KO drei Viertel der Konkursanträge mangels einer die Verfahrenskosten deckenden Masse abgewiesen wurden. Diese Abweisungen wurden – insbesondere bei GmbH und GmbH & Co. KG – häufig gezielt herbeigeführt, um eine geordnete Abwicklung zu verhindern. Die **Massekostendeckung** ist daher die **Kernfrage für den weiteren Verlauf des Verfahrens**, der das Insolvenzgericht die größte Aufmerksamkeit widmen wird.

2 § 30 Abs. 1 RegE (BT-Drucks. 12/2443 S. 14) sah vor, dass es bei einem – ansonsten zulässigen und begründeten – Antrag ausreiche, dass die Kosten des Verfahrens bis zum Berichtstermin (vgl. § 29 Abs. 1 Nr. 1 InsO) gedeckt waren. Auf Anregung des Rechtsausschusses ist das Gesetz jedoch so gefasst worden, dass voraussichtlich die Kosten des gesamten Verfahrens gedeckt sein müssen, da ansonsten zwar viele Verfahren eröffnet, aber alsbald wieder eingestellt und nicht bis zum Ende hätten durchgeführt werden können. Allerdings müssen nur noch **die in § 54 InsO aufgeführten Kosten** des Insolvenzverfahrens **gedeckt** sein, **nicht** aber – wie früher teilweise angenommen – weitere Massekosten wie die für die Verwaltung, Verwertung und Verteilung der Masse oder gar Masseschulden bzw. sonstige Masseverbindlichkeiten (§ 55 InsO).

3 Die Zahl der **Verfahrenseröffnungen** ist **angestiegen**, die Abweisungsquote bei Unternehmensinsolvenzen beträgt nur noch 25,5 % (*Fröhlich* ZInsO Newsletter 1/2012, 5). Es existieren aber große regionale Schwankungen (*Haarmeyer/Suvacarevic* ZInsO 2006, 953; *Haarmeyer/Beck* ZInsO 2007,

1065). Bei den Insolvenzen natürlicher Personen ist die Abweisung mangels Masse wegen der Stundungsmöglichkeit gem. § 4a InsO die Ausnahme.

Dennoch können – wie bisher – **massearme oder masselose Verfahren eröffnet** werden. Besteht nämlich die Aussicht, dass der spätere Insolvenzverwalter Anfechtungsansprüche (§§ 129 ff. InsO) oder sonstige Ersatzansprüche (bei der GmbH z.B. gem. §§ 9a, 31, 43, 64 GmbHG, 135 InsO) vor dem Prozessgericht nach Bewilligung von Prozesskostenhilfe durch dieses durchsetzen kann, kann und wird das Insolvenzgericht das Verfahren eröffnen (s. Rdn. 46 ff.). 4

Die **Rechtsfolgen der Abweisung mangels Masse** sind nur teilweise in der InsO geregelt. Es erfolgt eine Eintragung in das Schuldnerverzeichnis (§ 26 Abs. 2 InsO). Juristische Personen des Handelsrechts werden zudem aufgrund der gesellschaftsrechtlichen Regelungen (z.B. § 60 Abs. 1 Nr. 5 GmbHG) aufgelöst und langfristig im Handelsregister gelöscht (§ 141a Abs. 1 FGG). Wegen dieser weit reichenden Folgen ist nicht nur der Antragsteller, sondern auch der Schuldner beschwerdeberechtigt (§ 34 Abs. 1 InsO). 5

Durch das Änderungsgesetz 2001 ist die Möglichkeit der **Stundung** der Verfahrenskosten in §§ 4a ff. InsO eingefügt worden. Bei natürlichen Personen, die gem. § 287 Abs. 1 InsO Antrag auf **Restschuldbefreiung** gestellt haben, wird eine Abweisung des Eröffnungsantrages mangels Masse nur noch in Ausnahmefällen (vgl. § 4a Nr. 1 Satz 3, 4 InsO) erfolgen. Reformbestrebungen, masselose Verfahren zu verschlanken und die Stundungsregelungen aufzuheben, sind vorerst gescheitert. 6

Das Gesetz zur Vereinfachung des Insolvenzverfahrens hat ab 01.07.2007 in § 26 Abs. 1 Satz 3 die teilweise schon geübte Praxis festgeschrieben, die Abweisung mangels Masse **öffentlich bekannt zu machen** (§ 9 InsO). Das MoMiG hat mit Wirkung zum 01.11.2008 die **Insolvenzantragspflichten** im Wesentlichen **in die InsO implantiert** (s. § 15a Rdn. 1, 8). Als Folgeänderung ist in § 26 Abs. 3 das Wort Insolvenzrecht vor Gesellschaftsrecht eingefügt worden. 7

§ 26 Abs. 4 InsO ist zum 01.03.2012 durch das ESUG eingefügt worden. Die Änderung in § 26 Abs. 2 InsO zum 01.01.2013 erfolgte durch das Gesetz zur Reform der Sachaufklärung in der Zwangsvollstreckung vom 29.07.2009 (BGBl. I S. 2256), zuletzt geändert durch Art. 18 G.v. 23.05.2011 (BGBl. I S. 898). 8

B. Abweisung mangels Masse (Abs. 1 Satz 1)

I. Grundvoraussetzung

Eine Abweisung mangels Masse darf nur erfolgen, wenn die allgemeinen und speziellen Zulässigkeitsvoraussetzungen vorliegen, der Eröffnungsgrund nachgewiesen ist und – beim Gläubigerantrag – die zugrunde liegende Forderung weiter glaubhaft gemacht oder zur vollen Überzeugung des Gerichtes nachgewiesen ist, falls das Vorliegen des Eröffnungsgrundes vom Bestehen der Forderung abhängt. Es gelten **dieselben Voraussetzungen wie für eine Eröffnung des Verfahrens** (s. § 27 Rdn. 4 ff.) mit der einen Ausnahme, dass nicht genügend Masse für eine Eröffnung vorhanden ist. 9

II. Kosten des Verfahrens

Ein Ziel der Insolvenzrechtsreform ist eine vermehrte Eröffnung der Verfahren. Die Kosten müssen zwar nicht nur bis zum Berichtstermin – wie im Regierungsentwurf vorgesehen (s. Rdn. 2) – gedeckt sein. Das Gesetz stellt aber klar, dass Kosten des Verfahrens **nur die in § 54 InsO aufgeführten Kosten** sind, nämlich die Gerichtskosten sowie die Vergütung des vorläufigen Insolvenzverwalters, des Insolvenzverwalters und der Mitglieder des (vorläufigen) Gläubigerausschusses. Die Gebühr für das Eröffnungsverfahren (s. § 13 Rdn. 204) und des vorläufigen Insolvenzverwalters sind zu berücksichtigen (HK-InsO/*Rüntz* § 26 Rn. 10, 11; MüKo-InsO/InsO/*Haarmeyer* § 26 Rn. 15; *Uhlenbruck/Vallender* InsO, § 26 Rn. 8), denn die gesamten Kosten des Verfahrens müssen gedeckt sein. Bei der Berechnung ist auf den voraussichtlichen Wert bei Beendigung des Verfahrens abzustellen (*BGH* ZInsO 2003, 706 [707]). Maßgeblich ist der Zeitpunkt der Entscheidung über den Insolvenzantrag (*BGH* ZInsO 2011, 92 Rn. 3). 10

11 Die **sonstigen Masseverbindlichkeiten** haben für die Frage der Kostendeckung **außer Betracht** zu bleiben (BT-Drucks. 12/2443 S. 118). Im Gegensatz zum früheren Recht steht damit fest, dass nachrangige Masseverbindlichkeiten ebenso wenig berücksichtigt werden wie vorrangige Masseschulden. Der Begriff der »Gerichtskosten« kann nicht so weit ausgelegt werden, dass darunter auch die Kosten für die Verwaltung, Verwertung und die Verteilung der Insolvenzmasse fallen. Die Gesetzesbegründung stellt ausdrücklich klar, dass die sonstigen Masseverbindlichkeiten für die Frage der Kostendeckung außer Betracht zu bleiben haben. Sind sie im eröffneten Verfahren nicht gedeckt, führt dies zur Anzeige der Masseunzulänglichkeit, nicht jedoch zur sofortigen Einstellung mangels Masse gem. §§ 207, 208 InsO (BT-Drucks. 12/2443 S. 118). Zudem sind die Kosten für Verwaltung, Verwertung und Verteilung der Insolvenzmasse jedenfalls teilweise (gem. §§ 170 ff. InsO) abgedeckt.

12 Diese Auffassung wird **zutreffend befürwortet** von der überwiegenden Rspr. (*LG Berlin* ZInsO 2000, 224 m. zust. Anm. *Pape*; *AG Hamburg* NZI 2000, 140 [141]; **a.A.** *AG Charlottenburg* ZInsO 1999, 597) und Literatur (BK-InsO/*Goetsch* § 26 Rn. 28; HambK-InsO/*Denkhaus* § 26 Rn. 23; HK-InsO/*Rüntz* § 26 Rn. 15 f.; *Jaeger/Gerhardt* InsO, § 26 Rn. 19 ff.; *Kübler/Prütting/Bork-Pape* InsO, § 26 Rn. 1b, 6, 9a ff., 14, 16a; MüKo-InsO/InsO/*Haarmeyer* § 26 Rn. 15; K. Schmidt/*Keller* InsO, § 26 Rn. 25; *Uhlenbruck/Vallender* InsO, § 26 Rn. 9; **a.A.** A/G/R-*Sander* § 26 InsO Rn. 13; *Nerlich/Römermann-Mönning/Zimmermann* InsO, § 26 Rn. 51 ff.). Der Wortlaut der Vorschrift des § 26 InsO und der Wille des Gesetzgebers sind eindeutig (*LG Berlin* ZInsO 2000, 224, [226]; *AG Neu-Ulm* NZI 2000, 386).

13 Daher können z.B. **Steuerberaterkosten** auch nicht als Auslagen i.S.d. § 54 Abs. 2 InsVV angesehen und so in die Berechnung der voraussichtlichen Verfahrenskosten einbezogen werden (so aber *LG Kassel* ZInsO 2002, 1040 m. zust. Anm. *Keller* EWiR 2002, 957; *AG Dresden* ZInsO 2002, 735; *Wienberg/Voigt* ZIP 1999, 1662 [1667]; ähnlich *Frenzel/Schmidt* InVo 2000, 149 [156]). Auch ist die Rechtsprechung des *BGH* (ZInsO 2004, 970) zur Erstattungsfähigkeit in masselosen Verfahren mit Kostenstundung nicht übertragbar (*AG Hamburg* ZInsO 2004, 1093; **a.A.** *Pape* ZInsO 2004, 1049 [1051]).

14 **Muster einer Verfahrenskostenprognose** bei HambK-InsO/*Denkhaus* § 26 Rn. 20.

III. Vermögen des Schuldners

15 Die Vermögenslage eines schuldnerischen Unternehmens im Zeitpunkt der Entscheidung über die Eröffnung des Verfahrens ist häufig durch folgende Merkmale gekennzeichnet: Die Geschäftsausstattung, sofern sie wertvoll ist, steht unter Eigentumsvorbehalt, ansonsten lässt sie keinen oder nur geringen Veräußerungserlös erwarten. Der Fuhrpark ist geleast, Warenbestände sind sicherungsübereignet, Forderungen sind abgetreten, Bankguthaben nicht vorhanden. Grundvermögen ist bis an die Grenze belastet. Der Kassenbestand, sofern vorhanden, erfüllt die Funktion der »klassischen Portokasse«.

16 Bei überwiegender Wahrscheinlichkeit einer Fortführung sind Fortführungswerte anzusetzen, sonst Liquidationswerte. Als **berücksichtigungsfähige Vermögenswerte** kommen in Betracht (s.a. die Übersicht bei *Haarmeyer/Suvacarevic* ZInsO 2006, 953 [956 f.]):

17 (1) Vom vorläufigen Verwalter auf Anderkonto angesammeltes **Bargeld** oder vorhandene, **freie Vermögensgegenstände**. Insbesondere bei Privatpersonen ist der **pfändbare Neuerwerb** gem. § 35 InsO wie laufendes Einkommen (*Grote* ZInsO 2002, 179 [180]) einzubeziehen, das Außerkrafttreten von Lohnpfändungen gem. § 88 ist zu beachten (*OLG Köln* ZInsO 2000, 606). Zur Zeitdauer s. Rdn. 27. Bei – gem. § 36 InsO verwertbarem – Inventar ist zu bedenken, dass der Veräußerungswert (z.B. von Büroausstattung, Computern) häufig gering ist.

18 (2) Nicht berücksichtigt werden Gegenstände, an denen ein **Aus**sonderungsrecht (vgl. § 47 InsO) besteht (MüKo-InsO/*Haarmeyer* § 26 Rn. 21). Gegenstände, an denen ein – wirksam begründetes – **Ab**sonderungsrecht besteht (§§ 49 ff. InsO), können nur in Höhe des Überschussbetrages nach

Befriedigung des Absonderungsrechtes berücksichtigt werden. In jedem Fall fällt der Kostenbeitrag an (s. Rdn. 19). Bei Grundvermögen kann in der Verbraucherinsolvenz ein freier Betrag in den ab dem 01.07.2014 eröffneten Verfahren wegen des Wegfalls der eingeschränkten Befugnisse des Treuhänders (§ 313 Abs. 3 InsO a.F.) berücksichtigt werden anders als zum alten Recht (dazu *AG Potsdam* DZWIR 2000, 256 [257] m. Anm. *Pape* ZInsO 2000, 268; A/G/R-*Sander* § 26 InsO Rn. 6).

(3) Zu berücksichtigen ist der nach Eröffnung anfallende **Kostenbeitrag** von 9 % gem. **§ 171 InsO** sowie Einnahmen aufgrund von Verwertungsabreden bei Veräußerung von Gegenständen (*BGH* WM 2011, 505; s. § 22 Rdn. 50) und Einzug sicherungshalber abgetretener Forderungen (s. § 22 Rdn. 52). Bei Finanzsicherheiten fällt ein entsprechender Kostenbeitrag allerdings nicht an (s. § 21 Rdn. 394). 19

(4) Bei **Forderungen**, insbesondere Zahlungsansprüchen, die nur im **Prozesswege** geltend gemacht werden können, sind die Prozessaussichten und das Prozesskostenrisiko zu beachten (*OLG Karlsruhe* ZIP 1989, 1070 [1071]; HK-InsO/*Rüntz* § 26 Rn. 6). Es besteht die Möglichkeit der Bewilligung von Prozesskostenhilfe durch das Prozessgericht (s. Rdn. 46). Der Insolvenzverwalter kann sich die Prozessführung bei größeren Forderungen gegen ein Entgelt von einer Prozessfinanzierungsgesellschaft finanzieren lassen (*Frechen/Kochheim* NJW 2004, 1213; *Tetzlaff* ZInsO 2011, 331). 20

(5) **Zu berücksichtigen** sind nicht nur die »klassischen« Forderungen aus der Geschäftstätigkeit des Schuldners, sondern auch: 21
– Ansprüche wegen Insolvenzverschleppung gem. § 15a InsO (s. § 15a Rdn. 36 ff.) sind Hauptanwendungsfall der gem. **§ 92 InsO** vom Insolvenzverwalter geltend zu machenden Ansprüche (HambK-InsO/*Denkhaus* § 26 Rn. 10). Zu bedenken sind auch Ansprüche gegen Steuerberater wegen unterlassener Aufklärung über drohende oder eingetretene Insolvenzreife der Gesellschaft.
– **Ersatzansprüche** z.B. gem. §§ 9a, 31, 43, 64 Abs. 1 GmbHG, § 135 InsO (*Pape* ZInsO 2007, 1080 ff.; *Schmidt/Kuleisa* InsbürO 2009, 174 [301, 366]) oder die Nachschusspflicht von Genossen gem. § 105 GenG (*Beuthien/Titze* ZIP 2002, 1116 [1120]). Eine Nichtrealisierbarkeit darf nicht vorschnell unterstellt werden (s. Rdn. 23).
Umstritten ist, ob gem. **§ 93 InsO** vom Insolvenzverwalter einer KG gegen den Komplementär geltend zu machende Ansprüche genügen (*AG Hamburg* ZInsO 2007, 1283 mit zust. Anm. *Pohlmann* ZInsO 2008, 21 und *Heitsch* ZInsO 2008, 793; HambK-InsO/*Denkhaus* § 26 Rn. 10; abl. *Floeth* EWiR 2008, 281). Eine Verfahrenskostendeckung kann durch die persönliche Haftung der Gesellschafter erzielt werden (*Schaltke* ZInsO 2010, 1249).
– Schließlich sind – worauf die Gesetzesbegründung ausdrücklich hinweist – mögliche **Anfechtungsansprüche** (§§ 129 ff. InsO) zu berücksichtigen (BT-Drucks. 12/2443 S. 117). Würde die Realisierung von Anfechtungsansprüchen lediglich die Begleichung von Masseverbindlichkeiten ermöglichen, nicht aber zumindest eine teilweise Befriedigung der Insolvenzgläubiger, scheidet eine Eröffnung aus (*AG Göttingen* ZInsO 2013, 84). Auch können gem. § 88 InsO (**Rückschlagsperre**) Gegenstände zur Masse gezogen werden, die im letzten Monat (bzw. drei Monaten im Fall des § 312 Abs. 1 Satz 3 InsO a.F. = § 88 Abs. 2 InsO n.F. in den ab dem 01.07.2014 eröffneten Verfahren) vor Antragstellung gepfändet wurden.

(6) Bei **Auslandsvermögen** des Schuldners kommt es darauf an, ob die ausländischen Vermögenswerte zur inländischen Masse gezogen werden können (vgl. Erl. zu Art. 102 EG InsO und § 354 InsO). Zur Dauer des abzuwartenden Zeitraumes s. Rdn. 27, zum Verfahren s. § 22 Rdn. 198 und § 27 Rdn. 56. 22

(7) **Erinnerungswerte von 1 €** für unsichere Ansprüche können eingestellt werden, wenn das Verfahren eröffnet wird. Im Falle einer **Abweisung mangels Masse** müssen Ansprüche dagegen der Höhe nach festgestellt und ein **Realisierungswert** gebildet werden, der u.a. vom Prozessrisiko und den – ggf. aufzuklärenden – wirtschaftlichen Verhältnissen des Drittschuldners abhängt. Die bloße Angabe, der Drittschuldner sei zur Zahlung nicht in der Lage, genügt nicht. 23

(8) Deckt das Vermögen des Schuldners die Kosten nicht oder nicht vollständig ab, folgt daraus jedoch nicht zwingend, dass der Antrag mangels Masse abzuweisen ist. Das Verfahren kann nämlich 24

dennoch eröffnet werden, wenn zu erwarten ist, dass nach Eröffnung der **Insolvenzverwalter** nach Bewilligung von **Prozesskostenhilfe** durch das Prozessgericht die erforderlichen Beträge zur Masse zieht (s. Rdn. 46 ff.). Durch das Änderungsgesetz 2001 ist die Möglichkeit der Stundung der Verfahrenskosten in §§ 4a ff. InsO eingefügt worden (s. Rdn. 44). Bei natürlichen Personen, die gem. § 287 Abs. 1 InsO Antrag auf **Restschuldbefreiung** gestellt haben, wird eine Abweisung des Eröffnungsantrags mangels Masse **nur** noch **in Ausnahmefällen** (vgl. § 4a Nr. 1 Satz 3, 4 InsO) erfolgen.

IV. Prognose des Gerichts

25 Der Antrag ist abzuweisen, wenn die Kosten des Verfahrens aus dem Vermögen des Schuldners voraussichtlich nicht gedeckt werden können. Damit wird von dem Gericht eine Prognose in mehrfacher Hinsicht verlangt. Das Gericht hat zunächst die zu erwartenden Kosten des Verfahrens zu ermitteln. Schwieriger ist die Feststellung, ob das Vermögen des Schuldners zur Deckung ausreichen wird bzw. sich innerhalb angemessener Zeit entsprechende Forderungen realisieren lassen. Bei der Prognose wird sich das Gericht auf den Bericht des vorläufigen Insolvenzverwalters/Sachverständigen stützen (s. Rdn. 74). Erforderlich ist eine **überwiegende Wahrscheinlichkeit** (*Frind* ZInsO 2012, 1357 [1358]), wie aus dem ebenfalls in § 18 InsO verwandten Begriff »voraussichtlich« folgt (HK-InsO/*Kirchhof* § 26 Rn. 4).

26 a) Die **Kosten** des Verfahrens (§ 54 InsO) lassen sich summenmäßig nicht genau vorausberechnen. Die Vergütung des endgültigen – aber nicht des vorläufigen (s. § 21 Rdn. 146) – Insolvenzverwalters bestimmt sich nämlich nach dem Wert der Insolvenzmasse zur Zeit der Beendigung des Verfahrens (§ 63 Satz 2 InsO). Dem Umfang und der Schwierigkeit der Geschäftsführung des Verwalters wird durch Abweichungen vom Regelsatz nach oben oder unten Rechnung getragen (§ 63 Satz 3 InsO). Insoweit kommt nur eine **überschlägige Berechnung** in Betracht (ebenso *Haarmeyer* ZInsO 2001, 103 [105]). Zu beachten ist auch, dass nach der Änderung der InsVV zum 07.10.2004 die Vergütung des Insolvenzverwalters/Treuhänders gem. §§ 2 Abs. 2, 13 Abs. 1 Satz 3 InsVV von der Anzahl der (nach Eröffnung eine Forderung) anmeldenden Gläubiger abhängen kann (vgl. *Keller* NZI 2005, 23 [24 ff.]). Kommt eine Eigenverwaltung in Betracht, ist die geringere Vergütung des Sachwalters (§ 270 Abs. 1 InsO) zu berücksichtigen (§ 12 InsVV). Weiterhin ist unklar, ob ein (vorläufiger) Gläubigerausschuss bestellt und welchen Umfang die Vergütungsansprüche gem. § 54 Nr. 2 InsO haben werden. Im Hinblick auf das Ziel vermehrter Verfahrenseröffnungen sollte das Insolvenzgericht **nicht kleinlich** verfahren (ähnlich MüKo-InsO/*Haarmeyer* § 26 Rn. 20; **a.A.** LG Berlin ZInsO 2001, 718 [719]; *Uhlenbruck* InsO, § 26 Rn. 18). Das Interesse der Gläubiger an einer geordneten Verfahrensabwicklung und von Schuldnern, als natürliche Personen, an der Restschuldbefreiung gebieten dies (*AG Hamburg* ZIP 2000, 323 [325]).

27 b) Fraglich kann noch sein, wie lang der **Zeitraum** zu bemessen ist, innerhalb dessen die zur Deckung der Verfahrenskosten erforderliche **Masse realisiert werden muss**. So wird die Meinung vertreten, dass es entscheidend auf eine kurzfristige Liquidität ankomme, langfristig liquidierbare Vermögenswerte oder bestrittene Forderungen seien i.d.R. nicht geeignet, die Massekostendeckung herbeizuführen. Zur Begründung wird angeführt, es könne einem Insolvenzverwalter nicht zugemutet werden, monate- oder jahrelang mit Kosten in Vorlage zu treten auf die Gefahr hin, später mit Ersatzansprüchen auszufallen (*Uhlenbruck* InsO, § 26 Rn. 18).

28 Dem kann so nicht gefolgt werden. Ein Verfahren kann nämlich trotz fehlender Masse eröffnet werden, wenn Aussicht besteht, dass der Insolvenzverwalter nach Eröffnung und Bewilligung von Prozesskostenhilfe durch das Prozessgericht klagweise Forderungen einbringen und dadurch die erforderliche Massekostendeckung herbeiführen wird (s. Rdn. 46 ff.). Der **Abschluss** dieser Verfahren kann **Jahre in Anspruch nehmen**, der Verwalter tritt hinsichtlich der Kosten in Vorlage. **Ggf.** kann der **Verwalter** von der Staatskasse analog §§ 5, 9 InsVV einen **Vorschuss** erhalten (*AG Hamburg* NZI 2000, 140 [141]). Zu beachten ist das erklärte Ziel der Insolvenzrechtsreform, eine vermehrte Eröffnung der Verfahren zu erreichen.

Daher ist wiederum – wie auch bei der Prognose hinsichtlich der Kosten (s. Rdn. 26) – ein **großzügi-** 29
ger Maßstab anzulegen (*AG Hamburg* ZInsO 2006, 51 [52]; MüKo-InsO/*Haarmeyer* § 26 Rn. 23; *Frind* ZInsO 2012, 1357 [1360 f.]). Eine Realisierbarkeit von Vermögenswerten nur innerhalb eines längeren Zeitraumes hindert die Eröffnung des Verfahrens nicht. So führt es nicht zur Abweisung mangels Masse, wenn sich möglicherweise erst durch die spätere Verwertung von Grundstücken noch erhebliche Masse bilden kann (**a.A.** *LG Darmstadt* ZIP 1981, 470 [471]).

Auch wenn eine verfahrenskostendeckende Masse erst in mehr als **zwei Jahren** zu erwarten ist, ist das 30
Verfahren zu eröffnen (*AG Hamburg* NZI 2000, 140; *LG Leipzig* ZInsO 2002, 576 [577]; *LG Kaiserslautern* ZInsO 2001, 628 m. zust. Anm. *Köhler* ZInsO 2001, 743 [745 f.]; HK-InsO/*Rüntz* § 26 Rn. 8; ähnlich *Haarmeyer* ZInsO 2001, 103 [106]: Zeitraum bis zu einem Jahr; A/G/R-*Sander* § 26 InsO Rn. 9 und HambK-InsO/*Denkhaus* § 26 Rn. 29: Einzelfallbezogene Angemessenheitsprüfung; **a.A.** *OLG Köln* ZInsO 2000, 606 [607]). Der Zeitraum von **zwei Jahren** hat **besondere Bedeutung**, wenn **Dienstbezüge abgetreten** sind, die gem. § 114 Abs. 1 InsO a.F. in den bis zum 30.06.2014 eröffneten Verfahren erst nach zwei Jahren der Insolvenzmasse zufließen (*AG Göttingen* ZInsO 2009, 190). Es genügt, dass die Kosten innerhalb der voraussichtlichen Verfahrensdauer erwirtschaftet werden können (*Kübler/Prütting/Bork-Pape* InsO, § 26 Rn. 7a).

Bei **ausländischen Vermögenswerten** kann es ebenfalls längere Zeit dauern, bis sie zur Masse gezo- 31
gen werden können. Die Grenze ist erreicht, wenn keine Möglichkeit der Verwertung des Auslandsvermögens im Inland besteht. Den Schuldner treffen allerdings Mitwirkungspflichten, um einen Zugriff auf Auslandsvermögen zu ermöglichen (s. § 22 Rdn. 198, § 27 Rdn. 56). Mit einem geeigneten Insolvenzverwalter werden sich derartige Verfahren auch durchführen lassen, in denen die Realisierung der Masse einen längeren Zeitraum in Anspruch nimmt.

Geht es um Stundung der Verfahrenskosten gem. **§ 4a ff. InsO**, ist allerdings entscheidend, ob der 32
Schuldner die Verfahrenskosten durch Einmalzahlung begleichen kann; eine Ratenzahlungsanordnung ist nicht statthaft (*BGH* ZInsO 2003, 990).

Anerkennt ein **Drittschuldner** seine Zahlungsverpflichtung, kann er sie jedoch nur in Raten beglei- 33
chen, ist es durchaus möglich, mit der Eröffnung (§ 27 InsO) so lange zu warten, bis die **Ratenzahlungen** die voraussichtlichen Kosten abdecken (**a.A.** *OLG Köln* ZIP 2000, 548 [551]).

C. § 26 Abs. 1 Satz 2 (Vorschuss/Stundung)

I. Ausreichender Geldbetrag

Die Abweisung unterbleibt, wenn ein ausreichender Geldbetrag vorgeschossen wird. Der **Vorschuss** 34
ist so zu bemessen, dass die Kosten des Verfahrens (§ 54 InsO) abgedeckt sind (s. Rdn. 9). Der Vorschuss kann vom Schuldner, Gläubiger oder von (an der Durchführung des Insolvenzverfahrens interessierten) Dritten geleistet werden (*Jaeger/Gerhardt* InsO, § 26 Rn. 55). Sind die Kosten teilweise gedeckt, muss nur der Restbetrag vorgeschossen werden. Nach Eröffnung besteht keine (weitere) Nachschusspflicht mehr, diese kann jedoch zur Abwendung der Einstellung mangels Masse geboten sein (§ 207 InsO).

II. Vorschusspflichtige

Beim Eigenantrag des **Schuldners** ist das Gericht **nicht verpflichtet**, von ihm eine **Vorschussleistung** 35
anzufordern (*KG* NZI 2001, 379 [380]; *Nerlich/Römermann-Mönning/Zimmermann* InsO, § 26 Rn. 66; *Uhlenbruck/Vallender* InsO, § 26 Rn. 27; **a.A.** *LG Traunstein* NZI 2000, 439; BK-InsO/ *Goetsch* § 26 Rn. 37; MüKo-InsO/*Haarmeyer* § 26 Rn. 26). Das steht im Ermessen des Insolvenzgerichts (HambK-InsO/*Denkhaus* § 26 Rn. 37; HK-InsO/*Rüntz* § 26 Rn. 23). **Natürlichen Personen** sollte allerdings das die Abweisung empfehlende Gutachten übersandt werden mit dem Hinweis u.a. auf die Stundungsmöglichkeit gem. **§§ 4a ff. InsO** unter Beifügung und Fristsetzung zur Stellung eines entsprechenden Antrages (*Schmerbach* InsbürO 2004, 362 [363]). Entscheidend ist, ob das Schuldnervermögen voraussichtlich die Verfahrenskosten decken wird. Prozesskostenhilfe

kann dem Schuldner grds. nicht bewilligt werden. Allerdings können allen natürlichen Personen, die gem. § 287 Abs. 1 InsO Antrag auf Restschuldbefreiung (§§ 286 ff. InsO) gestellt haben, die Verfahrenskosten gem. §§ 4a ff. gestundet werden, das Verfahren wird eröffnet, § 26 Abs. 1 Satz 2 2. HS InsO (s. Rdn. 44).

36 Zur Vorschusszahlung wird daher nur der antragstellende **Gläubiger aufgefordert**. Eine dem Antragsteller bewilligte Prozesskostenhilfe umfasst nicht den Vorschuss gem. § 26 Abs. 1 InsO (s. § 13 Rdn. 238). Steht dem Antragsteller Gebührenfreiheit zu (s. § 13 Rdn. 182), entfällt die Vorschusspflicht nicht (HK-InsO/*Kirchhof* § 26 Rn. 24; *Jaeger/Gerhardt* InsO, § 26 Rn. 59).

37 Haben **mehrere Gläubiger** Eröffnungsanträge gestellt, kann das Insolvenzgericht von jedem Antragsteller die Vorschussleistung in voller Höhe verlangen (*LG Mainz* Rpfleger 1975, 253; *Kübler/Prütting/Bork-Pape* InsO, § 26 Rn. 20), die verschiedenen Antragsteller können aber gemeinsam den erforderlichen Vorschuss einzahlen.

38 Der Vorschuss kann auch von Insolvenzgläubigern, die keinen Antrag gestellt haben, oder **Dritten** aufgebracht werden (HambK-InsO/*Denkhaus* § 26 Rn. 36). Dritte können vom Insolvenzgericht oder vom vorläufigen Insolvenzverwalter/Sachverständigen informiert werden. Auch der Schuldner selbst kann den Vorschuss leisten (*OLG Köln* ZIP 2000, 548 [551]). Einer natürlichen Person kann an der Eröffnung des Verfahrens im Hinblick auf die Restschuldbefreiung (§§ 286 ff. InsO) gelegen sein; sie wird Antrag gem. § 4a InsO stellen. Der Vorschuss kann von dritter Seite zur Verfügung gestellt werden (vgl. auch § 302 Nr. 3 InsO). Unzulässig ist eine Vorschussleistung des (zukünftigen) Insolvenzverwalters wegen des damit verbundenen Verlustes seiner Unabhängigkeit (*Uhlenbruck/Vallender* InsO, § 26 Rn. 25).

III. Gläubigerkalkül

39 Ein Gläubiger wird eine Vorschussleistung nur erbringen, wenn er sich von einer Verfahrenseröffnung eine **Haftungsrealisierung verspricht**, die ohne die Durchführung des Insolvenzverfahrens nicht in Betracht käme. Insbesondere **Anfechtungsrechte** (§§ 129 ff. InsO) können nur im Insolvenzverfahren durchgesetzt werden. Dadurch kann freie Masse ebenso realisiert werden wie durch die Verletzung von Insolvenzantragspflichten entstandene Gesamtschäden (s. § 15a Rdn. 40) durch den Insolvenzverwalter (*Kübler/Prütting/Bork-Pape* InsO, § 26 Rn. 15). Der Gläubiger muss allerdings immer bedenken, ob unter Berücksichtigung der Rangordnung des § 209 InsO für ihn eine realisierbare Chance besteht.

40 Andere Gläubiger wie Sozialversicherungsträger haben **kein Interesse** an der Einzahlung eines Vorschusses und erklären bereits in der **Antragsschrift**, dass sie **nicht bereit** sind, einen **Vorschuss zu leisten**. Ihnen geht es darum, im Falle der Abweisung für die letzten drei Monate zuvor über das Insolvenzgeld ihre Ausfälle ersetzt zu bekommen (s. Rdn. 133). Die Möglichkeit, einen »Fortsetzungsantrag« gem. § 14 Abs. 1 Satz 2, 3 InsO zu stellen (s. § 14 Rdn. 150), wird nur vereinzelt genutzt.

IV. Verfahren

41 Der antragstellende Gläubiger wird zur Zahlung eines Vorschusses aufgefordert. Es genügt ein formloses Schreiben. Geht der Vorschuss nicht innerhalb einer bestimmten Frist ein, wird der Antrag zurückgewiesen (zu den Einzelheiten s. Rdn. 82 ff.). Eine **Beschwerdemöglichkeit** gegen die Vorschussanforderung besteht gem. § 6 Abs. 1 InsO **nicht** (*LG Göttingen* NZI 2000, 438). Der Gläubiger kann erst gegen den Beschluss gem. § 26 InsO sofortige Beschwerde gem. § 34 Abs. 1 InsO einlegen und sich gegen eine unrichtige oder überhöhte Vorschussanforderung wenden (s. Rdn. 105).

V. Art der Vorschusszahlung und Behandlung von Vorschussleistungen

42 **a)** Die Vorschusszahlung erfolgt auf das Konto der Gerichtskasse. Die Einzahlung kann noch im Beschwerdeverfahren nachgeholt werden (HambK-InsO/*Denkhaus* § 26 Rn. 34). Das Gericht kann sich statt einer Einzahlung auch mit einer **Massekostengarantie** begnügen (*BGH* ZInsO 2002,

818 [819]; *Haarmeyer* ZInsO 2001, 103 [107]; *Obermüller* Insolvenzrecht in der Praxis, S. 506). Davon machen insbesondere Banken Gebrauch, die mit dem Geld stattdessen arbeiten können. Eine Absichtserklärung reicht nicht aus (*BGH* NZI 2006, 34; *LG Göttingen* ZInsO 2007, 1358 [1359]). Die Massekostengarantie enthält die Verpflichtung des Gläubigers zur Zahlung des ursprünglich angeforderten Vorschussbetrages, wenn die Einstellung des Verfahrens mangels Masse erfolgen müsste.

b) Der geleistete Vorschuss ist **zweckgebunden** und ausschließlich für die Deckung der Verfahrenskosten zu verwenden, er bildet keinen Bestandteil der Insolvenzmasse. Der Insolvenzverwalter hält den Vorschussbetrag als Treuhänder (HambK-InsO/*Denkhaus* § 26 Rn. 39). Der Insolvenzverwalter ist verpflichtet, den Vorschuss als Sondermasse zu führen und darf ihn ausschließlich dafür verwenden, Verfahrenskosten zu begleichen. Sobald die Masse ausreicht, um die Kosten des Verfahrens zu decken, hat der vorschussleistende Gläubiger einen Anspruch auf Rückzahlung (*OLG Frankfurt* ZIP 1986, 931 [932]) = EWiR 1986, 503; *Uhlenbruck/Vallender* InsO, § 26 Rn. 32; *Haarmeyer* ZInsO 2001, 103 [107]). Mit dem Rückzahlungsanspruch kann trotz fehlender Gegenseitigkeit gegen eine zur Insolvenzmasse gehörende Forderung aufgerechnet werden (*OLG Frankfurt* ZIP 1986, 931 [932 f.] zu § 55 Abs. 1 Nr. 2 KO). 43

VI. Stundung

Bis zum Änderungsgesetz 2001 war **streitig**, ob dem Schuldner auf seinen Antrag **Prozesskostenhilfe** bewilligt, eine Abweisung mangels Masse unterbleiben und mittellosen Schuldnern damit der Weg zur Restschuldbefreiung eröffnet werden konnte. Die Rspr. bejahte trotz der Entscheidung des *BGH* vom 16.03.2000 (NZI 2000, 260) teilweise die Möglichkeit der Bewilligung von Prozesskostenhilfe sowohl im Verbraucherinsolvenzverfahren als auch im Regelinsolvenzverfahren einschließlich der Vergütung des Treuhänders bzw. Insolvenzverwalters (*AG Göttingen* NZI 2000, 329 = ZInsO 2000, 342). Diese Streitfrage ist durch die Einführung des Stundungsmodells in § 4a geregelt worden. 44

Ist der Schuldner eine **natürliche Person** und stellt er **Antrag auf Restschuldbefreiung** (§ 287 InsO), so können auf seinen Antrag die **Kosten** des Insolvenzverfahrens **gestundet** werden. Die voraussichtlich mangelnde Kostendeckung i.S.d. § 4a Abs. 1 Satz 1 entspricht der mangelnden Kostendeckung i.S.d. § 26 Abs. 1 Satz 1 (*BGH* ZInsO 2005, 265). Eine Abweisung mangels Masse erfolgt nicht, bei Vorliegen der übrigen Voraussetzungen wird das Verfahren eröffnet. Die Stundung umfasst auch die Vergütung des Treuhänders/Insolvenzverwalters gem. KV Nr. 9018 zum GKG. Dies gilt aber nur in Stundungsverfahren, nicht in anderen Verfahren (HambK-InsO/*Denkhaus* § 26 Rn. 26). Zur Beiordnung eines Rechtsanwaltes s. § 4a Abs. 2 InsO. **Prozesskostenhilfe** kann dem Schuldner bewilligt werden zur Verteidigung gegen den Eröffnungsantrag eines Gläubigers oder für Beschwerdeverfahren (s. § 13 Rdn. 252 ff.). 45

D. Prozesskostenhilfe für den Insolvenzverwalter

I. Bedeutung

Im Eröffnungsverfahren kann das Insolvenzgericht dem Gläubiger (s. § 13 Rdn. 228, 232 ff.) und u.U. auch dem Schuldner (s. § 13 Rdn. 229, 252 ff.) Prozesskostenhilfe gem. § 4 InsO i.V.m. §§ 114, 115 ZPO bewilligen. Aufgrund der **Spezialregelung des § 26 Abs. 1 Satz 1 InsO** ist der **Antrag** allerdings **abzuweisen**, wenn die voraussichtlichen Kosten des Verfahrens (§ 54 InsO) nicht gedeckt sind und kein Vorschuss gezahlt wird. Die Bewilligung von Prozesskostenhilfe umfasst nicht die Kosten des Insolvenzverfahrens (s. § 13 Rdn. 238). Bei natürlichen Personen, die gem. § 287 Abs. 1 InsO Antrag auf Restschuldbefreiung gestellt haben, können die Verfahrenskosten allerdings gestundet (§§ 4a ff. InsO) und so eine Verfahrenseröffnung erreicht werden, § 26 Abs. 1 Satz 2 2. HS InsO (s. Rdn. 44). 46

Unabhängig davon kann der endgültige **Insolvenzverwalter allerdings** – ebenso wie der vorläufige Insolvenzverwalter (s. § 24 Rdn. 28, 49) – zur Durchsetzung von Ansprüchen **vom zuständigen Prozessgericht Prozesskostenhilfe** erhalten. Das gilt auch für den Treuhänder gem. § 313 Abs. 1 InsO a.F. im vereinfachten Insolvenzverfahren und in der Restschuldbefreiungsphase gem. § 292 47

InsO (vgl. *Grote/Lackmann* § 292 Rdn. 12). Häufig stellt sich das Problem, dass nur im Klagewege realisierbare Ansprüche bestehen, für die voraussichtlich das Prozessgericht nach einer Verfahrenseröffnung Prozesskostenhilfe bewilligen würde, die Eröffnung jedoch an der mangelnden Masse scheitert.

48 Der Insolvenzverwalter als Partei kraft Amtes kann Prozesskostenhilfe gem. **§ 116 Satz 1 Nr. 1, Satz 2 ZPO** erhalten. Neben hinreichender Erfolgsaussicht und mangelnder Mutwilligkeit sind Voraussetzungen, dass die Kosten aus der Masse nicht aufgebracht werden können und den am Gegenstand des Rechtsstreits wirtschaftlich Beteiligten die Aufbringung der Kosten nicht zuzumuten ist. Häufig geht es um die Geltendmachung von Anfechtungsansprüchen (§§ 129 ff. InsO) oder Ansprüchen z.B. gem. §§ 9a, 31, 43, 64 GmbHG. Obgleich **keine (oder nur zu wenig) Masse** vorhanden ist, **kann** das Verfahren jedoch dann **eröffnet werden**, wenn Aussicht besteht, dass der **Insolvenzverwalter nach Eröffnung** und Bewilligung von Prozesskostenhilfe durch das zuständige Prozessgericht bei erfolgreichem Prozessausgang **so viel Geld zur Masse ziehen kann**, dass die **Kosten** des Insolvenzverfahrens (**§ 54 InsO) gedeckt** sind. Nur so lassen sich diese Ansprüche in der Praxis realisieren. Einzelnen Gläubigern fehlt häufig die notwendige interne Kenntnis und die Bereitschaft, das finanzielle Risiko der gerichtlichen Durchsetzbarkeit und des möglichen Ausfalls in der nachfolgenden Zwangsvollstreckung einzugehen.

49 Zur Möglichkeit der Bewilligung von Prozesskostenhilfe in diesem Zusammenhang bereits für den **»starken« vorläufigen Verwalter zur Vermeidung überflüssiger Eröffnungen** s. § 24 Rdn. 50. Zu bedenken ist, dass für Anfechtungsansprüche gem. §§ 129 ff. InsO diese Möglichkeit nicht eingreift, da eine Geltendmachung die Eröffnung voraussetzt.

50 Die **Auslegung des § 116 ZPO** ist eine der **Schlüsselfragen des Insolvenzrechts**. Weitgehende Reformbestrebungen sind nicht Gesetz geworden. So war im Leitsatz 3.5 des Zweiten Berichtes der Kommission für Insolvenzrecht 1986 vorgesehen, dass das Erfordernis der Unzumutbarkeit des Kostenvorschusses durch Insolvenzgläubiger im Rahmen des § 116 ZPO entfallen sollte (vgl. *Uhlenbruck* KTS 1988, 435 [439]). Die Bewilligung von Prozesskostenhilfe wird restriktiv gehandhabt.

51 Die Bewilligung der Prozesskostenhilfe kann nur für die Geltendmachung jedes einzelnen Anspruchs durch das jeweilige Prozessgericht erfolgen. Das Insolvenzgericht prüft allerdings im Rahmen der Entscheidung über die Eröffnung oder Abweisung mangels Masse nach, ob dem Insolvenzverwalter voraussichtlich – vorbehaltlich der endgültigen Prüfung durch das Prozessgericht – Prozesskostenhilfe bewilligt werden wird. Besteht die Aussicht, die Masse so anzureichern, dass die Kosten des Verfahrens (§ 54 InsO) gedeckt sind, wird **das Insolvenzgericht trotz (zunächst) fehlender Masse das Verfahren eröffnen** (*AG Göttingen* ZIP 1993, 1020; *Kübler/Prütting/Bork-Pape* InsO, § 26 Rn. 8).

52 Zur Bewilligung von Prozesskostenhilfe für einen **vorläufigen Insolvenzverwalter** s. § 24 Rdn. 49 ff.

II. Grundzüge

53 Die Bewilligung von Prozesskostenhilfe richtet sich nicht nach § 116 Satz 1 Nr. 2 ZPO, sondern nach **§ 116 Satz 1 Nr. 1 ZPO** (*BGH* ZInsO 2007, 495). Die Rechtsprechung zur Bewilligung von Prozesskostenhilfe existiert eine umfangreiche, teilweise uneinheitliche Rechtsprechung. Weiterführende Hinweise bei *Heyn* InsbürO 2008, 162, 206, 250. Die Bewilligung von Prozesskostenhilfe hat in ihren **Grundzügen** folgende Voraussetzungen:

1. Mangelnde Aufbringung der Kosten

54 Die erste Voraussetzung für die Bewilligung von Prozesskostenhilfe liegt darin, dass die Kosten aus der verwalteten Vermögensmasse nicht aufgebracht werden können (§ 116 Satz 1 Nr. 1, 1. HS ZPO). Die Kosten des konkreten Rechtsstreits dürfen aus der Insolvenzmasse (§§ 35, 36 InsO) – voraussichtlich ganz oder teilweise – vom Insolvenzverwalter nicht aufgebracht werden können. Im Einzelnen ist von folgenden **Grundsätzen** auszugehen:

Einzusetzen ist der vorhandene **Barbestand**. Dem Verwalter sind aber die Mittel zu lassen, die er zur Abwicklung der Insolvenz braucht (*Zöller/Philippi* ZPO, § 116 Rn. 4). Abzusetzen sind die Kosten des Insolvenzverfahrens (§ 54 InsO) und die sonstigen Masseverbindlichkeiten (§ 55 InsO). Auf die Möglichkeit einer Teilklage muss sich der Insolvenzverwalter nicht verweisen lassen (*OLG München* ZIP 1996, 512 [513]), kann sie jedoch erheben (s. Rdn. 66). 55

2. Ausschluss bei Massearmut

Nach Eintritt der Massekostenarmut kommt Bewilligung von Prozesskostenhilfe **nicht** mehr in Betracht (*BGH* ZInsO 2012, 736; *OLG Celle* ZInsO 2012, 1989), falls nicht die bestehende Massearmut bei Stattgabe der beabsichtigten Klage beseitigt werden kann (*BGH* ZInsO 2013, 249 m. Anm. *Schmidt* ZInsO 2013, 766; *BGH* ZInsO 2016, 270). 56

3. Unzumutbarkeit der Kostenaufbringung für die wirtschaftlich Beteiligten

Weiter darf es den am Gegenstand des Rechtsstreits wirtschaftlich Beteiligten nicht zumutbar sein, die Kosten aufzubringen (§ 116 Satz 1 Nr. 1, 2. HS ZPO). Wer vom **Prozessergebnis** mittelbar durch eine spätere Auszahlung aus der Insolvenzmasse **profitiert**, soll dafür auch dem Insolvenzverwalter die zur Rechtsverfolgung erforderlichen **Kosten vorstrecken**. Mehrere Gläubiger haben die Verfahrenskosten jeweils in Relation zu der zu erwartenden Quotenverbesserung aufzubringen (*BGH* ZIP 1999, 494, [495]). Unterbleibt dies, kann dem Insolvenzverwalter keine Prozesskostenhilfe bewilligt werden. Anders verhält es sich aber, wenn die Kostenaufbringung unzumutbar ist. Dies muss der Insolvenzverwalter dem Prozessgericht unter Vorlage einer aktuellen Gläubigerliste lückenlos und nachvollziehbar darlegen (*BGH* ZIP 1997, 1553 [1554] = EWiR 1997, 909). Bei einer Vielzahl von Gläubigern ist diese Verpflichtung aber eingeschränkt (s. Rdn. 62). Abzustellen ist auf die Umstände des Einzelfalles, einen festen Maßstab gibt es nicht (*OLG Celle* ZInsO 2015, 636). 57

a) **Wirtschaftlich beteiligt** ist grds. jeder Gläubiger, der die erforderlichen Mittel unschwer aufbringen kann und für den der zu erwartende Nutzen bei dem Erfolg der Rechtsverfolgung deutlich größer sein wird als die von ihm als Vorschuss aufzubringenden Kosten (*BGH* ZInsO 2012, 1941; ZInsO 2014, 79; *MüKo-ZPO/Wax* § 116 Rn. 16). Wirtschaftlich beteiligt sind **nicht**: 58

– Gläubiger, die auch ohne Prozessführung mit einer vollständigen Befriedigung (wegen des Vorranges der Forderungen) rechnen können (*MüKo-ZPO/Wax* § 116 Rn. 16);
– nachrangige Insolvenzgläubiger sind nicht beteiligt, wenn die Masse trotz Obsiegen des Insolvenzverwalters nur zur Verteilung an vorrangige Gläubiger ausreichen würde (*Zöller/Philippi* ZPO, § 116 Rn. 16);
– der Insolvenzverwalter wegen der Aussicht auf Befriedigung seines Vergütungsanspruchs (*BGH* ZIP 1998, 297 f. = EWiR 1998, 239; *Zöller/Philippi* ZPO, § 116 Rn. 6).

b) Bei der Frage der **Unzumutbarkeit** sind **verschiedene Fallgestaltungen** zu unterscheiden: 59

Unzumutbar ist die Kostenaufbringung für:
– Massegläubiger (*BAG* ZInsO 2003, 722 [723]);
– Absonderungsgläubiger nur dann, wenn der Insolvenzverwalter darlegt, dass sie auch ohne die beabsichtigte Klage aufgrund ihrer Absonderungsrechte mit einer weitgehenden Befriedigung ihrer Ansprüche rechnen können (*BGH* ZInsO 2012, 1941 [1942]; *OLG München* ZInsO 2013, 1091 [1092]);
– Gläubiger einer bestrittenen Forderung (*Zöller/Philippi* ZPO, § 116 Rn. 7);
– Gläubiger, die Aussicht auf eine geringfügige Quotenverbesserung haben (*BGH* ZInsO 2012, 1941 [1942]);
– Gläubiger, bei denen die Höhe der vorzuschießenden Kosten zu der zu erwartenden Erhöhung der Quote außer Verhältnis steht (*MüKo-ZPO/Wax* § 116 Rn. 18).

Zu berücksichtigen sind **weitere Umstände**, insbesondere die Vollstreckungschancen (*BGH* ZIP 2011, 98; *OLG Karlsruhe* ZIP 2012, 494) anders als bei der Frage der Mutwilligkeit (s. Rdn. 66).

60 Bei **Gläubigern**, die **öffentliche Aufgaben** wahrnehmen, erwartet die Rechtsprechung für die wichtige Gruppe der Finanzverwaltung überwiegend die Aufbringung der Kosten (*BGH* ZInsO 2004, 501; vgl. *Zöller/Philippi* ZPO, § 116 Rn. 5 ff.). Anders verhält es sich bei Trägern der Sozialverwaltung (*OLG München* ZInsO 2013, 1047 [1048]).

61 **Zumutbar** ist die Kostenaufbringung allerdings dem PSV (*LG Düsseldorf* ZInsO 2016, 234).

62 c) Sind nur **einige Gläubiger** zur Finanzierung des Rechtsstreits nicht bereit und ist der Rest allein dazu nicht in der Lage, dann soll PKH versagt werden, da auf die Gesamtheit der Gläubiger abzustellen ist, denen der Prozesserfolg zugute käme (*BGH* ZInsO 2012, 2198; *OLG Hamburg* ZInsO 2010, 1701). Bei einer **Vielzahl von Gläubigern** ist es dem (vorläufigen) Insolvenzverwalter aber unzumutbar, Vorschüsse einzufordern. Dies dürfte spätestens bei 20 Gläubigern der Fall sein (*AG Göttingen* NZI 1999, 506; *Sterzinger* NZI 2008, 525 [527]; **a.A.** *BGH* ZIP 2011, 98 [99]: keine feste Grenze, Darlegungspflicht Insolvenzverwalter über Bemühungen bei einzelnen Gläubigern; *OLG Braunschweig* NZI 2013, 91: Zahl der wirtschaftlich beteiligten Großgläubiger). Dies soll auch gelten für die Bewilligung von Prozesskostenhilfe im Eröffnungsverfahren (s. § 24 Rdn. 49).

63 d) Die **Darlegungslast** für die Unzumutbarkeit trifft den Insolvenzverwalter (*OLG Frankfurt* ZInsO 2014, 1337). Eine Bewilligung von Prozesskostenhilfe gem. § 116 Satz 1 Nr. 1 InsO ist nicht die Regel (so *OLG Celle* ZInsO 2014, 2495) mit der Folge, dass die Versagung einer besonderen Begründung bedarf (*BGH* ZInsO 2015, 898 m. Anm. *Schmerbach* InsbürO 2015, 440).

64 e) Bei einer **Eigenverwaltung** gem. § 270 InsO besteht kein Anspruch des Schuldners auf Prozesskostenhilfe gem. § 116 Satz 1 Nr. 1 ZPO (*LAG Baden-Württemberg* ZInsO 2014, 1719).

4. Erfolgsaussicht

65 Die beabsichtigte Klage des Insolvenzverwalters muss hinreichende Aussicht auf Erfolg haben (§ 116 Satz 2 InsO). Hängt die Entscheidung von der Beantwortung einer **schwierigen**, bislang in der höchstrichterlichen Rspr. und im Schrifttum **nicht geklärten Rechtsfrage** ab, ist **Prozesskostenhilfe zu bewilligen** (*BGH* ZInsO 2011, 281 [282] mit der Einschränkung für Rechtsfragen, deren Beantwortung im Hinblick auf die einschlägige gesetzliche Regelung oder durch die von der Rechtsprechung gewährten Auslegungshilfen nicht »schwierig« erscheint). Bestehen Zweifel an der Leistungsfähigkeit des Beklagten, ist ein prozentualer Abschlag vorzunehmen, der aber nicht mit abstrakten, sondern nur mit auf den zu entscheidenden Fall konkreten abgestellten Überlegungen begründet werden kann (*BGH* ZInsO 2013, 496 [497]).

5. Keine Mutwilligkeit

66 Mutwilligkeit der beabsichtigten Rechtsverfolgung (§ 114 ZPO) liegt **nicht** vor bei:
– Erhebung einer Teilklage (*OLG Hamm* ZIP 2003, 42 m. zust. Anm. *Pape* EWiR 2003, 139; *OLG Celle* ZVI 2008, 360; *OLG Hamburg* ZInsO 2009, 1125, *OLG Karlsruhe* ZIP 2012, 494 [495], sofern dafür sachliche Gründe vorliegen *BGH* ZInsO 2011, 282 [283] = EWiR 2011, 135);
– Erhebung einer Klage, die nur zur Deckung der Massekosten gem. § 54 InsO führt (*BGH* ZInsO 2003, 941; *Gundlach/Frenzel/Schmidt* NJW 2003, 2412 [2416]; **a.A.** *OLG Naumburg* ZInsO 2002, 540 [541]);
– Ungewissheit des Erfolgs aus dem erstrebten Titel und eine derzeitige Unmöglichkeit der Beitreibung (*OLG Oldenburg* ZInsO 2004, 1084; *OLG Hamburg* ZInsO 2005, 323; *OLG Celle* ZInsO 2008, 1083; *OLG Karlsruhe* ZIP 2012, 494 [495 f.]; *LG München I* ZInsO 2016, 2351; **a.A.** *OLG Celle* ZVI 2012, 119 [120] unter Verwendung des unklaren Kriteriums der »erheblichen Prozess- und Vollstreckungsrisiken«). Bei der Frage der Unzumutbarkeit der Kostenaufbringung findet eine umgekehrte Bewertung statt (s. Rdn. 59).

6. Prozessfinanzierung

Wird keine Prozesskostenhilfe bewilligt, bleibt bei größeren Forderungen die Möglichkeit einer **Prozessfinanzierung gegen Erfolgsbeteiligung** (s. Rdn. 20). 67

III. Verfahrensmäßiger Ablauf

Der **vorläufige Insolvenzverwalter** wird bei den am Rechtsstreit **wirtschaftlich Beteiligten feststellen**, ob sie zur **Aufbringung der Kosten bereit** sind, falls nicht ein Fall der Unzumutbarkeit vorliegt. In seinem Abschlussbericht wird der vorläufige Insolvenzverwalter dies darlegen und weiter ausführen, welche Ansprüche er gegen welche Drittschuldner aufgrund welcher Rechtsgrundlage geltend machen will. Das Insolvenzgericht kann und wird nicht abschließend prüfen, ob die Voraussetzungen für die Bewilligung von Prozesskostenhilfe vorliegen. Dies obliegt dem zuständigen Prozessgericht, das jedoch von der Richtigkeit der Angaben auszugehen hat (*OLG Stuttgart* ZInsO 2004, 556 [557]). Um jedoch überflüssige Eröffnungen zu vermeiden, wird das **Insolvenzgericht eine überschlägige Prüfung** vornehmen (*AG Göttingen* NZI 1999, 506). Von dieser Berechtigung geht auch die Rspr. aus (*OLG Karlsruhe* ZIP 1989, 1070 [1072], das davon spricht, dass die Gewährung von Prozesskostenhilfe nicht von vornherein außer Betracht bleibt; *OLG Schleswig* ZIP 1996, 1051 = EWiR 1996, 757, mit der Begründung, dass für eine offenkundige Fehlbeurteilung keine Anhaltspunkte vorliegen). 68

IV. Wirkungen

Kommt das Insolvenzgericht aufgrund seiner – überschlägigen (s. Rdn. 68) – Prüfung zu dem Ergebnis, dass dem Insolvenzverwalter Prozesskostenhilfe bewilligt werden wird, so **eröffnet** es das Verfahren, selbst wenn keine oder nicht genügend Masse zur Deckung der Kosten des Verfahrens (§ 54 InsO) vorhanden ist. Voraussetzung ist, dass sich ein Betrag realisieren lässt, der zumindest die Verfahrenskosten abdeckt. 69

Nach Eröffnung stellt der Insolvenzverwalter in seiner Funktion als Partei kraft Amtes beim zuständigen Prozessgericht einen **Prozesskostenhilfeantrag**. Da die Entscheidung über den PKH-Antrag einige Zeit in Anspruch nehmen wird, werden im Berichtstermin und Prüfungstermin (§ 29 Nr. 1, 2 InsO) weitreichende Entscheidungen nicht getroffen werden können. 70

Wird der Prozesskostenhilfeantrag rechtskräftig **abgewiesen**, hat der **Gegner keinen Anspruch auf Kostenerstattung** (§ 118 Abs. 1 Satz 4 ZPO). Auch der Insolvenzverwalter oder ein von ihm beauftragter Rechtsanwalt geht leer aus. 71

Wird Prozesskostenhilfe **bewilligt**, sind dadurch die Gerichtsgebühren und die Gebühren und Auslagen des Rechtsanwaltes aus der Landeskasse gedeckt, auch wenn der Insolvenzverwalter als Rechtsanwalt den Prozess führt (*BGH* ZInsO 2002, 626; ZInsO 2206, 427). Geht der **Prozess verloren**, bestehen allerdings Kostenerstattungsansprüche des Gegners (§ 123 ZPO). Nach rechtskräftiger Ablehnung des Antrags auf Bewilligung von Prozesskostenhilfe oder rechtskräftiger Abweisung der Klage wird das Verfahren mangels Masse einzustellen sein (§ 207 Abs. 1 Satz 1 InsO). 72

Eine **Haftung des Insolvenzverwalters für** die von der Bewilligung der Prozesskostenhilfe nicht erfassten **Kosten des Gegners** (§ 123 ZPO) bei Abweisung der Klage kommt **nicht** in Betracht. Der Insolvenzverwalter macht sich nicht schadensersatzpflichtig, wenn er bei hinreichender Erfolgsaussicht einen Prozess anstrengt, ohne über flüssige Mittel zur Befriedigung von Kostenerstattungsansprüchen für den Fall des Unterliegens zu verfügen; eine Ausnahme gilt nur Im Fall des § 826 BGB (*BGH* NZI 2005, 155 m. Anm. *Vallender*; *OLG München* ZInsO 2015, 1679; *Pape* ZInsO 2005, 138). 73

V. Weiterführende Hinweise

74 Wegen der weiteren Einzelheiten wird verwiesen auf die Kommentierungen zu § 116 ZPO und die Übersichten zuletzt bei:
- *Pape* InsbürO 2008, 84,
- *Sterzinger* NZI 2008, 525,
- *Brete/Gehlen* ZInsO 2014, 1777.
- *Lang* NZI 2012, 746.

E. Verfahren bei Abweisung mangels Masse

I. Amtsermittlungen

75 Das Insolvenzgericht hat **von Amts wegen** zu ermitteln, ob ein Eröffnungsgrund und eine die Kosten des Verfahrens deckende Masse vorliegen. Die Ermittlungen dürfen von der Einzahlung eines Vorschusses nicht abhängig gemacht werden (s. § 5 Rdn. 34). Grundlage für die Ermittlungen sind die Unterlagen des Schuldners. Wichtig ist, dass die Prüfung nicht nur oberflächlich geschieht, sondern dass alle in Betracht kommenden Ansprüche geprüft werden. Zu berücksichtigen sind die oben Rdn. 15 ff. aufgeführten Ansprüche. Das Insolvenzgericht ist zu einer **kritischen Prüfung** der Verfahrenskostendeckung verpflichtet, wenn der vorläufige Insolvenzverwalter/Sachverständige eine **Abweisung mangels Masse empfiehlt** (*AG Hamburg* ZInsO 2006, 51 [52]). Insbesondere Erinnerungswerte von 1 € können nicht ungeprüft übernommen werden (s. Rdn. 23). Auch gezielte Sitzverlegungen sind in diesem Zusammenhang beobachtet worden (*Haarmeyer* ZInsO 2006, 449 [451]). Bei »Firmenbestattungen« (Indizien bei *Mai* InsbürO 2008, 449 [453]) ist besondere Vorsicht geboten.

76 Unterlässt der Insolvenzrichter die gebotene eigene Überprüfung des Gutachtens (s. § 5 Rdn. 8), drohen Amtshaftungsansprüche gem. § 839 BGB (MüKo-InsO/*Haarmeyer* § 26 Rn. 14c).

77 **Rechtstatsächliche Untersuchungen** belegen, dass der Insolvenzeintritt durchschnittlich 10,28 Monate vor Antragstellung liegt (*Kirstein* ZInsO 2006, 966 [967]). Der Eintritt der Zahlungsunfähigkeit liegt 3 – 6 Monate vor den besonderen Anfechtungszeiträumen der §§ 130–132 InsO, der Eintritt der Überschuldung 1–2 Jahre davor (*Kirstein* ZInsO 2008, 131 [132]). Daraus ergeben sich eine **Vielzahl möglicher Ansprüche**. Untersuchungen belegen, dass bei insolventen Kapitalgesellschaften von durchschnittlich neun anfechtungs- und haftungsrechtlich relevanten Tatbeständen ausgegangen werden kann mit einer Realisierungsquote von knapp 50 % und einer Massenmehrung von durchschnittlich 39 % (MüKo-InsO/*Haarmeyer* § 26 Rn. 14a). Die »strategische« Krise beginnt sogar drei Jahre davor (*Menz* ZInsO 2009, 708 [710]). Häufig liegen auch Straftaten vor (*Kranzusch* ZInsO 2008, 1346 [1351]).

78 Erforderlich ist insbesondere die Feststellung des (**ungefähren**) **Zeitpunktes des Eintritts der Insolvenzreife** z.B. im Hinblick auf Anfechtungsansprüche gem. §§ 129 ff. InsO (*Haarmeyer* ZInsO 2009, 1273 [1279]).

79 Hinweise auf **typische Fehler** bei *Haarmeyer/Suvacarevic* ZInsO 2006, 953, *Haarmeyer* ZInsO 2009, 1355; zu den Anforderungen *Franke/Böhme* InsbürO 2005, 242, **Checklisten** bei *Heyn* InsbürO 2005, 419; *Empfehlung des BAKInsO* vom 20./21.11.2008, ZInsO 2009, 22 = NZI 2009, 37; *Priebe* InsbürO 2014, 428. Zum Gutachten in der Nachlassinsolvenz *Modegger* InsbürO 2015, 88.

80 Das Insolvenzgericht hat gem. § 20 InsO die **Anhörung des Schuldners zu erzwingen**, wenn sich nur so das Vorliegen eines Insolvenzgrundes oder die Masselosigkeit ermitteln lassen (s. § 20 Rdn. 24 sowie § 5 Rdn. 2); dies gilt aber nur bei Fremdanträgen oder Eigenanträgen bei bestehender Antragspflicht, nicht aber bei sonstigen Eigenanträgen (str., s. § 20 Rdn. 25). Eine Ablehnung mangels Masse kann auch nicht mit der Begründung erfolgen, der Schuldner habe zuletzt vor einem halben Jahr die eidesstattliche Versicherung abgegeben (*LG Stendal* ZIP 1995, 1106 [1107] = EWiR 1995, 775). Dies folgt schon daraus, dass eine eidesstattliche Versicherung (§ 807 ZPO) keine sichere Ge-

währ dafür bietet, dass die Vermögensverhältnisse richtig und vollständig erfasst sind (s. § 14 Rdn. 123).

Das Insolvenzgericht muss **überzeugt** sein, dass ein **Eröffnungsgrund** vorliegt. Dafür genügt ein für das praktische Leben brauchbarer Grad an Gewissheit (*BGH* ZVI 2006, 237 [239]; *OLG Stuttgart* NZI 1999, 491 [492]; *AG Göttingen* ZInsO 2003, 1156; HK-InsO/*Kirchhof* § 16 Rn. 9). Regelmäßig ist dies der Fall bei eingestelltem Geschäftsbetrieb, Fehlen von verwertbaren Vermögensgegenständen und Unauffindbarkeit von Geschäftsunterlagen. Weiter ist erforderlich, dass **keine** für eine Verfahrenseröffnung ausreichende **freie Vermögensmasse vorhanden** ist. Es genügt, dass dies **nur wahrscheinlich** ist, denn § 26 InsO setzt nur voraus, dass »voraussichtlich« die Kosten nicht gedeckt sind (*BGH* ZVI 2006, 237 [239]; *LG Hamburg* ZInsO 2016, 1534; *AG Göttingen* ZInsO 2016, 1072 – bestätigt von *LG Göttingen* Beschl. v. 05.07.2016 – 10 T 32/16; A/G/R-*Sander* § 26 InsO Rn. 14; HK-InsO/*Rüntz* § 26 Rn. 3; MüKo-InsO/*Haarmeyer* § 26 Rn. 14, 16; *Zipperer* NZI 2003, 590 [591]; **a.A.** *LG Erfurt* ZInsO 2001, 473 [474]; *LG Kassel* ZInsO 2015, 2591 m. abl. Anm. *Schmerbach* InsbürO 2016,162; *AG Ludwigshafen* ZInsO 2016, 1711: Abweisung als unbegründet). 81

II. Vorschussanforderung

Vom **Schuldner** wird kein Vorschuss angefordert (str.; s. Rdn. 35). Allerdings werden natürliche Personen vor Abweisung mangels Masse auf die Möglichkeit der Kostendeckung durch Stundung hingewiesen (s. Rdn. 35). Vorrangig ist aber eine Vorschussanforderung beim Gläubiger. 82

Ein Vorschuss wird angefordert von den antragstellenden Gläubigern. Bei **mehreren** antragstellenden **Gläubigern** wird von jedem der volle Vorschussbetrag eingefordert, allerdings können sie den Betrag zusammen einzahlen (s. Rdn. 36 f.). Bei der Vorschussanforderung wird eine Frist zur Einzahlung des Vorschusses gesetzt (*Kübler/Prütting/Bork-Pape* InsO, § 26 Rn. 18; s. die Muster bei *Haarmeyer/Wutzke/Förster* Handbuch 3/533). Dem Gläubiger wird mit der Vorschussanforderung eine Abschrift des Berichts des vorläufigen Insolvenzverwalters/Sachverständigen übersandt. Der Schuldner kann eine Abschrift des Vorschussbeschlusses und des Gutachtens zur Kenntnis mit der Möglichkeit zur Stellungnahme binnen einer Frist erhalten. Damit wird Gläubigern und – sofern erforderlich (s. Rdn. 85) – Schuldnern rechtliches Gehör gewährt. **Dritte** werden nicht zur Vorschusszahlung aufgefordert (MüKo-InsO/*Haarmeyer* § 26 Rn. 27), können allerdings vom Insolvenzgericht im Hinblick auf die auch ihnen zustehende Möglichkeit der Einzahlung eines Vorschusses informiert werden (s. Rdn. 38 f.). 83

III. Rechtliches Gehör

a) Dem **Gläubiger**, der bei Ablehnung der Eröffnung beschwerdeberechtigt ist (§ 34 Abs. 1 InsO) wird das rechtliche Gehör gewährt, indem ihm das Gutachten mit Vorschussanforderung unter Fristsetzung (s. Rdn. 83) übersandt wird (A/G/R-*Sander* § 26 InsO Rn. 22). Auf die Anhörung des Gläubigers kann verzichtet werden, wenn dieser – wie regelmäßig Sozialversicherungsträger – erklärt hat, dass er zur Einzahlung eines Kostenvorschusses nicht bereit ist (s. Rdn. 40). 84

b) Für den **Schuldner** hat die Abweisung des Antrags weitreichende Folgen. Es erfolgt eine Eintragung in das Schuldnerverzeichnis (§ 26 Abs. 2), juristische Personen des Handelsrechtes werden aufgelöst, der Schuldner ist gem. § 34 Abs. 1 InsO beschwerdeberechtigt. Ob dem Schuldner rechtliches Gehör zu gewähren ist, ist eine **Frage des Einzelfalles** (*BGH* ZInsO 2004, 274 = EWiR 2004, 665). Dem Schuldner ist schon zuvor gem. § 14 Abs. 2 InsO rechtliches Gehör gewährt worden. Nicht erforderlich ist es daher, dem Schuldner in jedem Fall rechtliches Gehör zu dem Inhalt des Abschlussgutachtens zu gewähren (MüKo-InsO/*Schmahl/Vuia* § 16 Rn. 31; *Uhlenbruck/Vallender* InsO, § 26 Rn. 35; **a.A.** A/G/R-*Ahrens* § 10 InsO Rn. 6; *Jaeger/Gerhardt* InsO, § 26 Rn. 34). Die Praxis verfährt mit der Gewährung rechtlichen Gehörs zurückhaltend. Geboten ist es – **ausnahmsweise** – nur, wenn der Schuldner bislang noch kein rechtliches Gehör hatte oder das Gutachten neue Feststellungen zu den vom Schuldner zuvor bestrittenen Zulässigkeitsvoraussetzungen oder zum Vorliegen des Insolvenzgrundes enthält. Es genügt aber, dass der Sachverständige dies mit dem Schuld- 85

86 (1) Ist der Schuldner eine **natürliche Person**, wird er auf die Möglichkeit der Kostendeckung durch Stundung hingewiesen (s. Rdn. 35). Im Verbraucherinsolvenzverfahren ist zudem § 306 Abs. 3 InsO zu beachten.

87 (2) Wird der Gläubiger zur Vorschusszahlung aufgefordert (s. Rdn. 82 f.), kann dem Schuldner zugleich zur Beschleunigung ebenfalls eine Abschrift des Gutachtens mit der Gelegenheit zur Stellungnahme, Zahlung eines Vorschusses bzw. Stellung eines Stundungsantrages übersandt werden.

88 (3) Hat der Gläubiger – wie Sozialversicherungsträger/Finanzamt – erklärt, dass er zur Zahlung eines Vorschusses nicht bereit ist, muss dem Gläubiger kein rechtliches Gehör gewährt werden (s. Rdn. 84). Nach **Zulassung eines Gläubigerantrages** ist der **Schuldner vom Insolvenzgericht gehört** worden (§ 14 Abs. 2 InsO). Hat der Schuldner neben dem Eröffnungsgrund auch die (voraussichtliche) Massenlosigkeit eingeräumt, ist eine erneute Anhörung nicht erforderlich (HK-InsO/*Kirchhof* § 26 Rn. 20). Räumt der Schuldner nach Erstellung des Gutachtens – neben dem Eröffnungsgrund – auch die Masselosigkeit nunmehr ein, bedarf es keiner erneuten Anhörung (*Uhlenbruck/Vallender* InsO, § 26 Rn. 36). Es kann sich empfehlen, dass der Schuldner sich schriftlich mit dem Inhalt des Gutachtens zur Massekostendeckung (und ggf. zum Eröffnungsgrund) einverstanden erklärt (HK-InsO/*Rüntz* § 26 Rn. 19).

89 (4) Beim **Eigenantrag** des Schuldners bedarf es einer erneuten Anhörung nicht, wenn der Schuldner – neben dem Eröffnungsgrund – auch die (voraussichtliche) Masselosigkeit einräumt. In den übrigen Fällen kann die Anhörung unterbleiben, wenn sich der Schuldner mit dem Inhalt des Gutachtens zur Masselosigkeit einverstanden erklärt (MüKo-InsO/*Haarmeyer* § 26 Rn. 24).

IV. Beschluss

90 Der Antrag auf Eröffnung des Insolvenzverfahrens wird durch Beschluss mangels einer den Kosten des Verfahrens entsprechenden Insolvenzmasse **abgewiesen**, wenn das Vermögen des Schuldners voraussichtlich nicht ausreichen wird, um die Kosten des Verfahrens zu decken. Beim Gläubigerantrag muss hinzutreten, dass der Gläubiger innerhalb der gesetzten Frist den angeforderten Kostenvorschuss nicht eingezahlt oder von vornherein die Einzahlung des Vorschusses abgelehnt hat. Der Vorschuss kann auch noch innerhalb eines Beschwerdeverfahrens eingezahlt werden (*LG Potsdam* ZInsO 2002, 779 [780]; *LG Cottbus* ZInsO 2002, 296).

91 Wird **mangelnde Kostendeckung** festgestellt, kann der Antragsteller das Verfahren **auch für erledigt erklären** (s. § 13 Rdn. 265, 290), um der Zweitschuldnerhaftung (s. Rdn. 96) zu entgehen. Die entgegengesetzte Auffassung des *AG Köln* (NZI 2012, 194) ist abzulehnen. Danach ist die Masselosigkeit nicht als erledigendes Ereignis anzusehen. Vielmehr soll aus der Ordnungs- und Schutzfunktion des Insolvenzrechts eine Bekanntmachung der Abweisung gem. § 26 Abs. 1 Satz 3 InsO geboten sein, ebenso die Eintragung in das Schuldnerverzeichnis gem. § 26 Abs. 2 Satz 1 InsO. Das Eröffnungsverfahren ist aber von dem Antragsgrundsatz bestimmt. § 13 Abs. 2 InsO lässt die Zurücknahme des Antrages zu bis zur Eröffnung oder rechtskräftigen Abweisung des Antrages. Über die Antragsrücknahme kann der Antragsteller im Übrigen ein der Erledigungserklärung vergleichbares Ergebnis erzielen, wenn er sich vom Schuldner zuerst die Kosten des Verfahrens begleichen lässt und – sofern noch nicht getilgt – für die Hauptforderung nebst Zinsen eine Ratenzahlungsvereinbarung trifft.

92 Der gleichzeitigen **Aufhebung von Sicherungsmaßnahmen** kann die Vorschrift des § 25 Abs. 2 InsO entgegenstehen (Einzelheiten s. § 25 Rdn. 19, 27 ff.). Beim Gläubigerantrag ist zudem zu bedenken, dass der Gläubiger die Anordnung des Vorschusses nicht mit der sofortigen Beschwerde anfechten kann, sondern erst die Abweisung des Antrags (gem. § 34 Abs. 1 InsO). Auch dieser *Gesichtspunkt kann der sofortigen Aufhebung von Sicherungsmaßnahmen entgegenstehen.*

V. Kosten

In dem Beschluss, in dem der Antrag mangels Masse abgewiesen wird, ist zugleich über die **Kostentragungspflicht** zu befinden und der **Wert** festzusetzen. Zugleich können – sofern möglich – die Vergütung des vorläufigen Insolvenzverwalters und Entschädigung des Sachverständigen einheitlich (s. § 2 Rdn. 35, § 22 Rdn. 187) festgesetzt werden. 93

a) Hinsichtlich der anfallenden **Gerichtskosten** und der **Wertberechnung** für Gerichtsgebühren und Rechtsanwaltsgebühren wird auf die obige Kommentierung (s. § 13 Rdn. 204, 205 ff., 218 ff.) verwiesen. 94

b) Die **Kosten** des Verfahrens hat der **Antragsgegner/Schuldner** zu tragen. Sie können nicht dem antragstellenden Gläubiger (gem. § 4 InsO i.V.m. § 91 ZPO) auferlegt werden. Die Abweisung erfolgt nicht, weil der Antrag unzulässig oder unbegründet ist. Vielmehr erfolgt die Abweisung mangels Masse. Dies darf nur erfolgen, wenn ein zulässiger und begründeter Antrag vorliegt. In Wahrheit obsiegt also der Gläubiger. Der Schuldner ist allerdings derart vermögenslos, dass nicht einmal eine Verfahrenseröffnung in Betracht kommt. Der Eröffnung steht lediglich das Verfahrenshindernis der Massearmut entgegen. Daher hat der Schuldner die Kosten zu tragen (*LG Berlin* ZInsO 2001, 269; *LG München I* ZInsO 2002, 42 [43]; *AG Göttingen* ZInsO 2003, 1156; BK-InsO/*Goetsch* § 26 Rn. 61; *Kübler/Prütting/Bork-Pape* InsO, § 26 Rn. 29; MüKo-InsO/*Haarmeyer* § 26 Rn. 33; *Uhlenbruck/Vallender* InsO, § 26 Rn. 38; a.A. *LG Münster* DZWIR 2000, 122 = NZI 2000, 383; unpraktikabel HK-InsO/*Rüntz* § 26 Rn. 24 und MüKo-InsO/*Ganter/Lohmann* § 4 Rn. 27, die eine Erledigungserklärung des Gläubigers fordern). Der Gesetzgeber hat das Problem ungeregelt gelassen. Auf eine Anregung des Bundesrates (BT-Drucks. 12/2443 S. 249) hat die Bundesregierung mitgeteilt, dass sie eine nähere gesetzliche Regelung, wer bei Abweisung eines Eröffnungsantrages mangels Masse die entstandenen Verfahrenskosten zu tragen hat, nicht für erforderlich hält (BT-Drucks. 12/2443 S. 262). 95

Bei einer Kostentragungspflicht des Gläubigers liefe dieser zudem Gefahr, auch außergerichtliche Kosten des Schuldners zu tragen. Die **Zweitschuldnerhaftung** des Gläubigers bleibt allerdings nach herrschender Meinung bestehen (s. § 13 Rdn. 194). Für die Kosten des vorläufigen Insolvenzverwalters haftet der antragstellende Gläubiger auch als Zweitschuldner aber nicht (s. § 13 Rdn. 196 ff.). 96

c) Für den Vergütungsanspruch des **vorläufigen Insolvenzverwalters haftet** folglich **nur** der **Schuldner**, nicht aber der Antragsteller. Der Gesetzgeber hat dem vorläufigen Insolvenzverwalter bewusst ein begrenztes Ausfallrisiko auferlegt (s. § 13 Rdn. 202). Ein gewisser Ausgleich kann dadurch geschaffen werden, dass der vorläufige Insolvenzverwalter zugleich zum Sachverständigen bestellt wird und in diesen Fällen eine Vergütung erhält (s. § 13 Rdn. 203). 97

VI. Bekanntmachung und Mitteilungen

a) Der die Eröffnung mangels Masse abweisende Beschluss ist dem Schuldner und dem antragstellenden Gläubiger im Hinblick auf deren Beschwerderecht (gem. § 34 Abs. 1 InsO) förmlich zuzustellen. Auch an faktische Geschäftsführer (s. § 15 Rdn. 18) erfolgt eine **Zustellung** (s.a. § 23 Rdn. 28) im Hinblick auf das ihnen zustehende Beschwerderecht (s. § 34 Rdn. 16). Ist der Schuldner unbekannten Aufenthaltes, erfolgt keine öffentliche Zustellung, sondern eine öffentliche Bekanntmachung des Abweisungsbeschlusses (s. § 8 Rdn. 28 und hier Rdn. 100). 98

b) Weiter hat die Geschäftsstelle des Insolvenzgerichts bei einem im Handels-, Genossenschafts- oder Vereins**register** eingetragenen Schuldner dem Registergericht eine Ausfertigung des abweisenden Beschlusses nach Rechtskraft zu übermitteln, wenn der Schuldner eine juristische Person oder eine Gesellschaft ohne Rechtspersönlichkeit ist, die durch die Abweisung mangels Masse aufgelöst wird (§ 31 Nr. 2 InsO; s. Rdn. 123). 99

c) Eine Abweisung mangels Masse ist gem. § 26 Abs. 1 Satz 3 InsO in der ab dem 01.07.2007 geltenden Fassung – wie zuvor schon von Teilen der Praxis geübt – im **Internet** zu veröffentlichen. Der 100

Gesetzgeber hat dem Interesse des Gläubigerschutzes und der Entlastung der Gerichte von Anfragen den Vorrang eingeräumt vor dem Recht auf informationelle Selbstbestimmung. Die **Eintragung** wird wegen der weitreichenden Publizitätswirkung in der Praxis häufig **erst nach Rechtskraft** des Beschlusses vorgenommen (**a.A.** HambK-InsO/*Denkhaus* § 26 Rn. 62). Dies entspricht der vergleichbaren Vorgehensweise bei Eintragung in das Schuldnerverzeichnis (s. Rdn. 110). Etwas anderes gilt nur, wenn der Schuldner unbekannten Aufenthaltes ist und die Zustellungsfiktion des § 9 Abs. 3 InsO (s. § 9 Rdn. 10) ausgelöst werden soll. Die Eintragung wird nach sechs Monaten gelöscht gem. § 3 Abs. 1 InsVBekanntmVO (str., s. § 9 Rdn. 35).

101 d) **Mitteilungen** gem. MiZi (Anordnung über die Mitteilung in Zivilsachen, XII 2; bundeseinheitliche AV, z.B. Nds. Rpfl. 1991, 291, 2011; 292; s. Rdn. 110, § 23 Rdn. 30 und § 30 Rdn. 30) erfolgen nach Rechtskraft des Abweisungsbeschlusses üblicherweise mit der Mitteilung über die Aufhebung von Sicherungsmaßnahmen (§ 25 InsO). In dem Beschluss kann ausgeführt werden, dass die Aufhebung der Sicherungsmaßnahmen erfolgt, nachdem der Antrag rechtskräftig abgewiesen ist, da das Vermögen des Schuldners voraussichtlich nicht ausreichen wird, um die Kosten des Verfahrens zu decken. Eine Abschrift dieses Beschlusses **erhalten:**
– Antragsteller,
– Schuldner,
– vorläufiger Insolvenzverwalter,

sowie die Stellen, die eine Abschrift der Anordnung der Sicherungsmaßnahme (s. § 23 Rdn. 30) erhalten haben, u.a.:
– Gerichtsvollzieherverteilungsstelle,
– Zwangsvollstreckungs- (M) Abteilung,
– Agentur für Arbeit,
– Amts- und Landgericht des Bezirks,
– Arbeitsgericht,
– Postdienstleister (bei Postsperre).

Weiter erhalten üblicherweise eine Beschlussabschrift formlos:
– bekannte Gläubiger,
– Drittschuldner.

102 Ist eine Mitteilung gem. § 23 Abs. 2 InsO ergangen, so teilt die Geschäftsstelle die **Aufhebung** einer nach § 21 InsO angeordneten **Sicherungsmaßnahme** dem Register mit. Hat der Richter Eintragungen gem. § 23 Abs. 3 InsO im Grundbuch usw. verfügt, ist an das entsprechende Register ein vom Richter unterzeichnetes Löschungsersuchen mit genauer Bezeichnung des Grundstücks usw. (vgl. § 23 Rdn. 37) zu übersenden. War eine Mitteilung an die **Rechtsanwalts-/Notar-/Patentanwaltskammer, Steuerberater-/Wirtschaftsprüferkammer** (bzw. OFD bei Lohnsteuerhilfevereinen) erfolgt (vgl. § 23 Rdn. 30), wird diese von der Aufhebung der Sicherungsmaßnahme entsprechend informiert.

103 Entsprechend den Ausführungen bei § 13 Rdn. 112 ist ggf. das **Familiengericht** zu informieren. Der Arbeitgeber ist verpflichtet, den Beschluss dem **Betriebsrat** oder, wenn ein solcher nicht besteht, den Arbeitnehmern unverzüglich bekanntzumachen (§ 183 Abs. 4 SGB III). Die Bekanntgabe kann auch der vorläufige Insolvenzverwalter vornehmen. Der **Staatsanwaltschaft** werden die Akten übersandt (krit. dazu *Püschel/Paradissis* ZInsO 2015, 1786).

104 e) Der Urkundsbeamte der Geschäftsstelle füllt die vorgesehenen Angaben in der Zählkarte VA zu statistischen Zwecken aus. Durch das ESUG ist zum 01.01.2013 ein **Insolvenzstatistikgesetz** (InsStatG; s. Anh. III) geschaffen worden. Insolvenzverwalter/Treuhänder haben monatlich im Gesetz näher geregelte Erhebungs-/Hilfsmerkmale zu übersenden (Übersicht bei *Heyn* InsbürO 2013, 3). Bei Abweisung gem. § 26 InsO sollen erfasst werden die in § 2 Satz 1 Nr. 1 und Nr. 2 InsStatG aufgeführten Merkmale in Anlehnung an die bisherige Regelung in § 39 Abs. 2 EGGVG, die aufgehoben ist.

VII. Rechtsbehelfe

Zunächst ist zu beachten, dass der Antragsteller den Antrag bis zur Rechtskraft des Abweisungs- 105
beschlusses zurücknehmen kann, § 13 Abs. 2 InsO (s. § 13 Rdn. 59 ff.). **Beschwerdeberechtigt**
sind Gläubiger und Schuldner (§ 34 Abs. 1 InsO) sowie der Pensions-Sicherungs-Verein (*LG Duisburg* ZIP 2006, 1507; *Gareis* ZInsO 2007, 23 [25]). Die **Beschwerdefrist** beginnt mit der Verkündung der Entscheidung oder mit deren Zustellung (§ 6 Abs. 2 Satz 1 InsO). Erfolgt eine öffentliche
Bekanntmachung (s. Rdn. 100), bestimmt diese den Lauf der Rechtsmittelfristen (str., s. § 9
Rdn. 18, 45). Gegen eine unrichtige oder überhöhte Vorschussanforderung kann sich der Gläubiger
nicht unmittelbar wenden, vielmehr kann er erst gegen den Abweisungsbeschluss Beschwerde einlegen (HK-InsO/*Rüntz* § 26 Rn. 26).

Ab dem 01.01.2014 ist eine **Belehrung über die Beschwerdemöglichkeit** zwingend vorgeschrieben, 106
bei Verstoß kann Wiedereinsetzung in den vorherigen Stand bewilligt und eine sofortige Beschwerde
nachgeholt werden, § 4 InsO i.V.m. §§ 232, 233 ZPO (s. § 6 Rdn. 41).

VIII. Akteneinsicht

Nach Abschluss des Verfahrens durch Abweisung mangels Masse wird häufig Akteneinsicht begehrt. 107
Zu den Voraussetzungen und dem Umfang s. § 4 Rdn. 56 ff., 75 ff. Zur Einsicht in Prüfungsberichte des Jahresabschlusses der letzten drei Jahre s. § 321a HGB.

IX. Aufbewahrung der Geschäftsunterlagen

Nach rechtskräftigem Abschluss des Verfahrens wird der Schuldner/Vertreter vom vorläufigen Ver- 108
walter/Sachverständigen aufgefordert, die Geschäftsunterlagen abzuholen. Nach mehreren erfolglosen Aufforderungen können die **Unterlagen vernichtet** werden.

F. Rechtsfolgen

Die rechtskräftige Abweisung mangels Masse hat Rechtsfolgen im Wesentlichen für den **Schuldner**. 109
Die Abweisung wird im Schuldnerverzeichnis eingetragen. Juristische Personen des Handelsrechts
werden aufgelöst und nach Beendigung der Liquidation im Register gelöscht. Das Insolvenzgericht
übersendet die Akten von Amts wegen der Staatsanwaltschaft zur strafrechtlichen Überprüfung.
Auch die Ordnungsbehörde kann Maßnahmen ergreifen wie beispielsweise eine Gewerbeuntersagung. Betroffenen Arbeitnehmern steht nunmehr der Anspruch auf Insolvenzgeld zu.

I. Schuldnerverzeichnis

a) Jeder Schuldner, bei dem der Eröffnungsantrag rechtskräftig mangels Masse abgewiesen worden 110
ist, wird zur **Warnung des Geschäftsverkehrs** in das sog. Schuldnerverzeichnis eingetragen, § 26
Abs. 2 Satz 1 InsO, § 882b Abs. 1 Nr. 3 ZPO. Juristische Personen des Handelsrechts sind davon
nicht ausgenommen (*Kübler/Prütting/Bork-Pape* InsO, § 26 Rn. 39; *Heyer* ZInsO 2004, 1127
[1128]; a.A. *Nerlich/Römermann-Mönning/Zimmermann* InsO, § 26 Rn. 139), ebenso nicht ein
Nachlass. In der Praxis erfolgt eine Eintragung allerdings auch bei AG, KGaA, GmbH und Genossenschaft (gem. MiZi, s. Rdn. 101). Bei einer Nachlassinsolvenz ist dann eine Klarstellung anzubringen, dass nicht die Erben Schuldner sind, sondern der Nachlass (Bsp.: In dem Insolvenzantragsverfahren über den Nachlass des am ... verstorbenen ...). Davon zu unterscheiden ist die Möglichkeit
zur Einsicht gem. § 802k Abs. 2 Satz 3 ZPO in die landesweit bei den zentralen Vollstreckungsgerichten in elektronischer Form hinterlegten Vermögensverzeichnisse (s. § 5 Rdn. 28).

b) Die entsprechende Anordnung erfolgt zusammen mit dem Beschluss über die Abweisung des Eröff- 111
nungsantrages mangels Masse. Die Eintragung wird wegen der weitreichenden Publizitätswirkung
in der Praxis erst **nach Rechtskraft** des Beschlusses vorgenommen (A/G/R-*Sander* § 26 InsO
Rn. 31; *Heyer* ZInsO 2004, 1127 [1128]).

§ 26 InsO Abweisung mangels Masse

112 c) Die Anordnung wird danach unverzüglich elektronisch dem **zentralen Vollstreckungsgericht** nach § 882h Abs. 1 ZPO mitgeteilt. Bei einem zentralen Vollstreckungsgericht je Bundesland existieren insgesamt 16 zentrale Vollstreckungsgerichte. Allerdings besteht eine zentrale Abfragemöglichkeit.

113 d) Das **Einsichtsrecht** ist geregelt in § 882f ZPO, das Recht auf **Erteilung von Abdrucken** in § 882g ZPO. Der Inhalt des Schuldnerverzeichnisses kann über eine zentrale und länderübergreifende Abfrage im Internet (§ 882h Abs. 1 Satz 2 ZPO) unter den in § 882f Satz 1 ZPO bezeichneten Voraussetzungen eingesehen werden. Die Erteilung von Abdrucken im laufenden Bezug und deren Verwendung ist in § 882g ZPO sowie der Schuldnerverzeichnisabdruckverordnung (SchuVAbdrV v. 26.07.2012, BGBl. I S. 2379) geregelt (AGR-*Sander* § 26 Rn. 33). Eine Onlineabfrage für Gläubiger ist unter www.vollstreckungsportal.de für 4,50 €/Datensatz und Anfrage möglich. Eine kostenfreie Abfrage für Schuldner mit PIN ist vorgesehen.

114 e) Die **Löschungsfrist** beträgt nicht mehr fünf Jahre (§ 26 Abs. 2 Satz 2, 2. HS InsO a.F.), sondern **drei Jahre** gem. § 882e Abs. 1 Satz 1 ZPO.

115 f) Für **vorzeitige Löschungen** gilt Folgendes:

Bei **Befriedigung sämtlicher Gläubiger** besteht keine vorzeitige Löschungsmöglichkeit gem. § 882e Abs. 3 Nr. 1 ZPO (*AG Duisburg* ZInsO 2001, 573; *AG Köln* ZInsO 2003, 957; A/G/R-*Sander* § 26 InsO Rn. 34; HK-InsO/*Rüntz* § 26 Rn. 35; *Kübler/Prütting/Bork-Pape* InsO, § 26 Rn. 40; *Heyer* ZInsO 2004, 1127 [1132]; **a.A.** *Jaeger/Gerhardt* InsO, § 26 Rn. 88). Es überwiegt das Interesse am Schutz der Gläubiger (MüKo-InsO/*Haarmeyer* § 26 Rn. 44; *Uhlenbruck/Vallender* InsO, § 26 Rn. 49).

116 Ebenso ist die Auffassung abzulehnen, die gem. § 882e Abs. 2 Nr. 2 ZPO (§ 915a Abs. 2 Nr. 2 ZPO a.F.) eine vorzeitige Löschung schon bei Nachweis der **Befriedigung des antragstellenden Gläubigers** zulässt (*AG Köln* ZInsO 2003, 957; *Kübler/Prütting/Bork-Pape* InsO, § 26 Rn. 40; A/G/R-*Sander* § 26 InsO Rn. 34; *Jaeger/Gerhardt* InsO, § 26 Rn. 87; MüKo-InsO/*Haarmeyer* § 26 Rn. 44; *Uhlenbruck/Vallender* InsO, § 26 Rn. 49; *Heyer* ZInsO 2004, 1127 [1132]; **a.A.** *Nerlich/Römermann-Mönning/Zimmermann* InsO, § 26 Rn. 144). Sofern die nach In-Kraft-Treten der InsO ergangene MiZi (XII a Nr. 5) von der Möglichkeit einer vorzeitigen Löschung ausgeht, finden sich dort keine näheren Erläuterungen oder eine Begründung.

117 Eine nach der Eintragung im Schuldnerverzeichnis abgeschlossene Ratenzahlungsvereinbarung stellt keinen Grund für die vorzeitige Löschung der Eintragung dar, wenn der Löschungsantrag erst gestellt wird, nachdem die Eintragungsanordnung unanfechtbar geworden ist (*BGH* ZInsO 2017, 648).

118 Unter Geltung der KO wurde bei **irrtümlicher Abweisung mangels Masse** der Richter als befugt angesehen, seinen Beschluss dahin zu ändern, dass der Konkursantrag nicht mangels Masse, sondern als unzulässig bzw. unbegründet abgewiesen wird. In diesen Fällen sollte eine Löschung im Schuldnerverzeichnis erfolgen. Dies sollte auch gelten, wenn nach Abweisung mangels Masse die Antragstellerin mitteilte, dass die dem Antrag zugrunde liegende Forderung nicht bestanden hat (*LG Münster* ZIP 1995, 1760 f. = EWiR 1995, 1207). Die zur Begründung angeführte Auffassung, dass gegen die Abweisung mangels Masse dem Schuldner kein Rechtsbehelf zusteht, trägt nicht mehr. Der Schuldner ist beschwerdeberechtigt (§ 34 Abs. 1 InsO). Eine vorzeitige Löschung im Schuldnerverzeichnis kann nicht erfolgen (*Jaeger/Gerhardt* InsO, § 26 Rn. 86; MüKo-InsO/*Haarmeyer* § 26 Rn. 44; *Uhlenbruck/Vallender* InsO, § 26 Rn. 48; *Heyer* ZInsO 2004, 1127 [1131]; **a.A.** wohl *Kübler/Prütting/Bork-Pape* InsO, § 26 Rn. 40 Fn. 82).

119 g) Gegen Entscheidungen ist nach Maßgabe des § 20 SchuVVO der **Rechtsweg** gem. §§ 23 ff. EGGVG eröffnet (*OLG Brandenburg* ZInsO 2003, 81). § 882d ZPO betrifft nur Eintragungsanordnungen des Gerichtsvollziehers gem. § 882 ZPO.

120 h) Zu sog. **Negativattesten** s. § 4 Rdn. 88.

II. SCHUFA

Die SCHUFA löscht eine Abweisung mangels Masse ebenso wie eine Einstellung gem. § 207 InsO nach fünf Jahren, gerechnet vom Datum der Beschlussfassung (*Ungerer* FPR 2006, 81 [82]). Ab dem 01.04.2010 haben Verbraucher das Recht, einmal pro Jahr schriftlich und kostenlos von Auskunfteien über sie gespeicherte Daten abzurufen gem. § 34 BDSG (*Zimmermann* ZVI 2010, 246). 121

III. Juristische Personen

Juristische Personen des Handelsrechtes werden mit Rechtskraft des Beschlusses über die Abweisung mangels Masse **aufgelöst**. Die Vollbeendigung der Gesellschaft muss in diesen Fällen jedoch nicht eingetreten sein, da sie noch immer über Vermögen verfügen kann. **Vollbeendigung** tritt erst ein **bei Vermögenslosigkeit und Löschung** im Register. Der Löschungstatbestand ist in § 394 FamFG (zuvor FGG §§ 141a, 147 Abs. 1). 122

a) Mit Rechtskraft des Abweisungsbeschlusses mangels Masse werden **aufgelöst**: 123
– Aktiengesellschaften (§ 262 Abs. 1 Nr. 4 AktG),
– Kommanditgesellschaften auf Aktien (§ 289 Abs. 2 Nr. 1 AktG),
– GmbH (§ 60 Abs. 1 Nr. 5 GmbHG),
– GmbH & Co KG (§ 131 Abs. 2 Satz 1 Nr. 1, § 161 Abs. 2 HGB), sofern kein persönlich haftender Gesellschafter eine natürliche Person ist,
– Genossenschaften (§ 81a Nr. 1 GenG).

Krankenkassen sind ab dem Tag der Rechtskraft gem. § 171b Abs. 5 SGB V geschlossen (*Holzer* InsbürO 2009, 11 [15]; zweifelnd *Lundberg/Sänger* ZInsO 2010, 1211 [1213]). 124

Nicht aufgelöst werden: 125
– OHG und KG (s. aber Rdn. 123),
– BGB-Gesellschaften, Partnergesellschaften, EWIV,
– rechtsfähiger Verein und Stiftung,
– nicht rechtsfähiger Verein.

Wird die Gesellschaft durch die Abweisung des Insolvenzantrages mangels Masse aufgelöst, wird die Auflösung von Amts wegen in das Register eingetragen (§ 263 AktG, § 65 GmbHG, § 82 GenG, § 143 Abs. 1 HGB). Dazu übersendet die Geschäftsstelle des Insolvenzgerichts dem **Registergericht** eine **Ausfertigung** des den Eröffnungsantrag mangels Masse abweisenden Beschlusses (§ 31 Nr. 2 InsO). Die Eintragung wird im Internet bekannt gemacht (§ 10 Abs. 1 Satz 1 HGB). Das Insolvenzgericht erhält vom Registergericht eine Abschrift der Eintragung im Register. Das Registergericht wertet das Datum der Rechtskraft als Eintritt der Vermögenslosigkeit in einem nachfolgenden Löschungsverfahren (s. Rdn. 122). 126

Eine aufgelöste Gesellschaft ist abzuwickeln bzw. zu liquidieren (z.B. § 264 Abs. 1 AktG, § 66 Abs. 1 GmbHG). Die Gesellschaft trägt im Geschäftsverkehr den Zusatz »i.L.« in Liquidation. Durchgeführt wird die **Abwickelung** von Liquidatoren. Bei Kapitalgesellschaften sind die Vorstandsmitglieder (§ 265 Abs. 1 AktG) bzw. Geschäftsführer (§ 66 Abs. 1 GmbHG) »geborene« Liquidatoren (*Hirte* ZInsO 2000, 127 [132]). 127

b) Trotz Abweisung des Antrages mangels Masse kann auch bei einer aufgelösten Gesellschaft noch Vermögen vorhanden sein (das aber die voraussichtlichen Kosten des Verfahrens nicht insgesamt abdeckt). Diese Fälle sind unter Geltung der InsO seltener geworden. Zum einen reicht es für eine Verfahrenseröffnung, wenn lediglich die voraussichtlichen Kosten des Insolvenzverfahrens (§ 54 InsO) gedeckt sind (s. Rdn. 9 ff.). Zum anderen hat der vorläufige Insolvenzverwalter aus dem Vermögen des Schuldners zunächst die entstandenen Kosten und die von ihm begründeten Verbindlichkeiten zu erfüllen (s. § 25 Rdn. 18, 19), bevor die Sicherungsmaßnahmen aufgehoben werden und das Vermögen wieder in die Verfügungsbefugnis des Schuldners fällt. Das vorhandene Schuldnervermögen unterliegt wieder voll dem Zugriff der Gläubiger. Liegen keine Anhaltspunkt dafür vor, dass die Gesellschaft noch Vermögen besitzt, wird sie nach Durchführung des Insolvenzverfahrens von Amts we- 128 gen **gelöscht** gem. § 394 FamFG (§§ 141a, 147 Abs. 1 FGG a.F.). Bei der GmbH ist nach der Lehre vom **Doppeltatbestand** damit die **Vollbeendigung** eingetreten (MüKo-InsO/*Haarmeyer* § 26 Rn. 49; *Uhlenbruck/Vallender* InsO, § 26 Rn. 54; *Hirte* ZInsO 2000, 127 [130]).

129 c) Tauchen **nach Löschung** wegen Vermögenslosigkeit noch (größere) **Vermögenswerte** auf, kommt eine Nachtragsverteilung in Betracht, wenn ein Insolvenzverfahren zuvor bereits eröffnet und eingestellt worden war. Auch wenn die Gesellschaft bereits im Register gelöscht ist, **dauert die Insolvenzfähigkeit fort**). Ein Nachtragsliquidator muss nicht bestellt werden (s. § 11 Rdn. 42). Zur Abgabe der eidesstattlichen Versicherung bedarf es nicht der Neubestellung eines Liquidators; dazu sind die früheren Vertretungsorgane der Gesellschaft verpflichtet (*LG Braunschweig* Nds. Rpfl. 1999, 124 [125]).

130 Im Falle der **Abweisung mangels Masse** gem. § 26 findet keine Nachtragsverteilung statt, vielmehr ist ein neues Insolvenzverfahren durchzuführen (s. § 11 Rdn. 42). Zu den Voraussetzungen s. Rdn. 135.

131 d) Die Frage, ob bei Abweisung mangels Masse die **Gesellschaft fortgesetzt** werden kann, ist gesetzlich nicht geregelt worden. Die Frage ist weiter **streitig** (bejahend HambK-InsO/*Denkhaus* § 26 Rn. 63a; *Kübler/Prütting/Bork-Pape* InsO, § 26 Rn. 44; MüKo-InsO/*Ott/Vuja* § 11 Rn. 13; MüKo-InsO/*Haarmeyer* § 26 Rn. 53; *Hirte* ZInsO 2000,127 [131 ff.]; abl. *OLG Celle* NZI 2011, 151). Der BGH hat die Frage geklärt. Die Fortsetzung einer durch Eröffnung des Insolvenzverfahrens über ihr Vermögen aufgelösten Gesellschaft ist nur in den § 60 Abs. 1 Nr. 4 GmbHG genannten Fällen möglich (*BGH* ZInsO 2015, 1576).

IV. Weitere Folgen

132 Die Verwaltungsbehörde kann dem Schuldner die weitere Ausübung des **Gewerbes** (gem. § 35 GewO) **untersagen** (vgl. *Uhlenbruck* InsO, § 26 Rn. 52). Ggf. sind die zuständigen Kammern (Rdn. 102) zu informieren. Rechtsanwälte, Notare, Patentanwälte, Steuerberater, Wirtschaftsprüfer müssen mit einem **Widerruf der Bestellung/Zulassung** rechnen. Die **Staatsanwaltschaft** wird informiert, wenn es sich nicht um ein Verfahren gegen Privatpersonen ohne Bezug zu einer gewerblichen Tätigkeit handelt (XIIa/2 MiZi). Sie prüft nach, ob Straftatbestände erfüllt sind und Anklage zu erheben ist. In geschätzt 50 % der Fälle werden Ermittlungsverfahren eingeleitet. § 115 Abs. 1 Satz 1 Nr. 2 VVG eröffnet einem geschädigten Dritten einen **Direktanspruch gegen den Versicherer**.

V. Insolvenzgeld

133 Vergleichbar dem Fall der Eröffnung (s. § 30 Rdn. 44) erhalten Arbeitnehmer für die **letzten drei Monate vor Abweisung** des Antrags **nicht gezahltes Arbeitsentgelt** in Höhe des Nettolohnes als Insolvenzgeld von der Agentur für Arbeit (§§ 165 ff. SGB III; Übersichten bei *Lauck* InsbürO 2008, 415; *Wiesmeier* InsbürO 2009, 187; Einzelheiten § 22 Rdn. 106 und *Mues* Anh. zu § 113). **Gleichgestellt** ist der Fall, dass die **Betriebstätigkeit** im Inland **vollständig eingestellt** wird, ein Insolvenzantrag nicht gestellt ist und ein Insolvenzverfahren auch mangels Masse offensichtlich nicht in Betracht kommt; es besteht Anspruch auf Insolvenzgeld (*Schaub* NZI 1999, 215). Der Antrag ist innerhalb einer **Ausschlussfrist von zwei Monaten** nach Abweisung des Insolvenzeröffnungsantrags bei der Agentur für Arbeit zu stellen (Einzelheiten s. *Mues* Anh. zu § 113). Zu beachten ist, dass bereits mit Antragstellung sämtliche Ansprüche, die einen Anspruch auf Insolvenzgeld begründen können, gem. § 169 SGB III auf die Bundesagentur für Arbeit übergehen.

134 Die Agentur für Arbeit **erstattet** für die letzten drei Monate **Sozialversicherungsträgern nicht gezahlte Gesamtversicherungssozialbeiträge** (§ 175 SGB III; s.a. *Mues* Anh. zu § 113). Ansprüche aus betrieblicher Altersversorgung können gegen den Träger der Insolvenzsicherung geltend gemacht werden (§ 7 BetrAVG).

VI. Erneuter Antrag

Nach Abweisung mangels Masse wird bei erneuter Antragstellung gefordert, dass ein Kostenvorschuss gezahlt oder **glaubhaft** gemacht wird, dass **Vermögenswerte** vorhanden sind (*BGH* ZInsO 2002, 818; *LG Kassel* ZVI 2005, 435 [436]; *AG Göttingen* ZInsO 2003, 1156; HK-InsO/*Rüntz* § 26 Rn. 30; *Kübler/Prütting/Bork-Pape* InsO, § 26 Rn. 33; s. § 14 Rdn. 125). 135

Allerdings wird man **Einschränkungen** vornehmen müssen. Nimmt der Schuldner weiter werbend am Geschäftsverkehr teil, würde ihm ein ungerechtfertigter Schutz zuteil. Vom Gläubiger – z.B. Sozialversicherungsträger/Finanzamt – wird man nicht mehr als die Darlegung verlangen können, dass beim Schuldner weiter neue Verbindlichkeiten entstehen. Die Anforderungen daran werden mit zunehmenden Zeitablauf seit der Abweisung abnehmen. In sonstigen Fällen wird man unter Berücksichtigung der Umstände des Einzelfalles nach Zeitablauf auf eine Glaubhaftmachung verzichten können (MüKo-InsO/*Schmahl/Vuja* § 13 Rn. 88 schlägt eine Frist von maximal sechs Monaten vor). 136

Denkbar ist auch ein **gänzlicher Verzicht**. Bei Zweitinsolvenzverfahren über gem. § 35 Abs. 2 InsO freigegebenen Geschäftsbetrieb ist nicht erforderlich, das der antragstellende Gläubiger neues, freies Vermögen darlegt. Ansonsten würden unerfüllbare Anforderungen gestellt (s. § 13 Rdn. 119, 125). In konsequenter Fortsetzung dieser Rechtsprechung ist auf die Glaubhaftmachung neuen Vermögens zu verzichten. In der Praxis verfolgen Antragsteller ihren (in Unkenntnis der vorherigen Abweisung mangels Masse) gestellten Antrag nach Übersendung des Abschlussgutachtens aus dem Vorverfahren nicht weiter. Sie nehmen den Antrag zurück oder erklären ihn für erledigt (s. § 13 Rdn. 265). 137

Eine natürliche Person kann auch einen Antrag auf Stundung und Restschuldbefreiung gem. § 4a InsO stellen (*BGH* ZInsO 2006, 99). Es stellt sich dann die Frage nach der Zulässigkeit eines Zweitinsolvenzverfahrens (s. § 13 Rdn. 132 ff.). Auch bei im Handelsregister gelöschten Gesellschaften kann ein erneuter Antrag gestellt werden (*BGH* ZInsO 2005, 144), es ist ein Nachtragsliquidator zu bestellen (s. Rdn. 129 und § 15 Rdn. 44). 138

G. § 26 Abs. 3

Die Bereitschaft zur Leistung eines Vorschusses (Abs. 1 Satz 2) soll durch Abs. 3 gefördert werden. Es besteht ein **Rückgriffsanspruch** in Höhe der **Vorschusszahlung** gegen den Geschäftsführer/Vorstand der Gesellschaft, der den Antrag auf Eröffnung des Insolvenzverfahrens pflichtwidrig und schuldhaft nicht gestellt hat (s. § 15 Rdn. 1 ff., 58 ff.). Die Durchsetzung des Anspruchs soll durch die Beweislastregelung in Abs. 3 Satz 2 erleichtert werden. Die Vorschrift gilt entsprechend im Falle des § 207 Abs. 1 InsO. Der Anspruch verjährt nach drei Jahren gem. §§ 195, 199 BGB. Die ursprünglich in § 26 Abs. 3 Satz 3 InsO enthaltene Frist von fünf Jahren ist zum 01.01.2005 durch das Gesetz zur Anpassung von Verjährungsfristen an das Gesetz zur Modernisierung des Schuldrechts (BGBl. I 2004, S. 3214) aufgehoben worden. 139

Die Vorschrift gilt bei **Verstößen** gegen **insolvenzrechtliche Antragspflichten** gem. § 15a InsO (s. § 15a Rdn. 8 ff.), sondern auch bei Verstößen gegen gesellschaftsrechtliche (s. Rdn. 153) oder **sonstige** gesetzlich geregelten **Antragspflichten** (s. § 15a Rdn. 12) im Hinblick auf den Gesetzeszweck (BK-InsO/*Goetsch* § 26 Rn. 75; HK-InsO/*Rüntz* § 26 Rn. 39). Sie gilt auch für Liquidatoren (*OLG Hamm* NZI 2002, 437 [438]). Die Vorschrift trifft nach ihrem Wortlaut nicht zu bei lediglich **verspäteter Antragstellung** der Geschäftsleitung. Die Gesetzesmaterialien erwähnen allerdings im Rahmen der Beweislastregelung, dass den Geschäftsführern die Möglichkeit bleibt, sich durch den Nachweis zu entlasten, dass besondere Umstände vorlagen, aufgrund deren die Verzögerung der Antragstellung nicht pflichtwidrig oder nicht schuldhaft erscheint (BT-Drucks. 12/2443 S. 119). Daher ist in diesen Fällen eine **entsprechende Anwendung** geboten (ebenso *OLG Brandenburg* ZInsO 2003, 223 [224]; BK-InsO/*Goetsch* § 26 Rn. 75; HK-InsO/*Rüntz* § 26 Rn. 38). Ob das auch in den Fällen der »nicht richtigen« Antragstellung (s. § 15a Rdn. 37) gilt, ist unklar. 140

141 Erforderlich ist, dass ein Gläubiger einen **Massekostenvorschuss** leistet. Das bestimmt sich nach objektiven Kriterien (*BGH* ZInsO 2003, 28; *OLG Brandenburg* ZInsO 2003, 223 [225 f.]). Der Anspruch besteht auch bei einer fehlerhaften Prognose des Insolvenzgerichtes (*BGH* NZI 2009, 233 m. Anm. *Gundlach/Frenzel* EWiR 2009, 247). Den Insolvenzverwalter wird man nicht als befugt ansehen können, Vorschuss zu leisten und Rückgriff zu nehmen. Er würde in die Rolle eines Verfahrensbeteiligten geraten und seine Stellung als unabhängiger Sachwalter (§ 56 Abs. 1 InsO) gefährden (s. Rdn. 38).

142 Die **praktische Bedeutung** der Vorschrift ist jedoch als **gering** anzusetzen (*Kübler/Prütting/Bork-Pape* InsO, § 26 Rn. 1d; *Uhlenbruck* KTS 1994, 168 [175]). Bei den meisten Geschäftsführern oder Vorständen wird nichts zu holen sein. Ein Gläubiger, der einen Vorschuss geleistet und im Insolvenzverfahren nicht befriedigt worden ist, wird zudem selten motiviert sein, das Prozess- und Vollstreckungsrisiko gegen einen Geschäftsführer/Vorstand der insolventen Gesellschaft auf sich zu nehmen.

143 Zusätzlich können gem. § 101 Abs. 3 InsO den in § 101 Abs. 1 InsO aufgeführten Personen bei Verstoß gegen ihre Auskunfts- uns Mitwirkungspflichten im Eröffnungsverfahren bei Antragsabweisung die **Kosten des Verfahrens** auferlegt werden (*Hirte* ZInsO 2008, 689 [702]; krit. BK-InsO/ *v.Olshausen* § 101 Rn. 20).

H. § 26 Abs. 4

144 Die Möglichkeit des § 26 Abs. 3 InsO wird wegen des Kostenrisikos insbesondere von den Insolvenzgläubigern selten genutzt. Der Gesetzgeber will deshalb Personen, die in pflichtwidriger Weise entgegen § 15a InsO ihre Antragspflichten verletzt haben, direkt zur Einzahlung des zur Verfahrenseröffnung führenden Vorschusses heranziehen. Die Ergänzung ist **zum 01.03.2012** durch das ESUG eingefügt worden.

145 Die **Vorschusspflichtigen** sind in Satz 1 aufgeführt. Aus § 15a InsO und Nebengesetzen ergeben sich die Fälle der Antragspflicht (s. § 15a Rdn. 8 ff.) und die antragspflichtigen Personen (FK-InsO/ *Schmerbach* § 15a Rdn. 13 ff.). Erfasst ist neben dem nichtgestellten auch der verspätet (MüKo-InsO/*Haarmeyer* § 26 Rn. 63; K. Schmidt/*Keller* InsO, § 26 Rn. 83; **a.A.** *Frind* ZInsO 2012, 1357 [1361]) gestellte Insolvenzantrag, nicht aber der »nicht richtig« gestellte Antrag (*Blöse* GmbHR 2012, 471 [475]). Ein Schaden muss nicht eingetreten sein (MüKo-InsO/*Haarmeyer* § 26 Rn. 62). Aus der Gesetzesbegründung wird gefolgert, dass die Eröffnung abhängig sein muss von dem Vorschussanspruch (HambK-InsO/*Denkhaus* § 26 Rn. 55b; *Frind* ZInsO 2012, 1357 [1361]).

146 Satz 2 enthält eine **Beweislastregel** in Anlehnung an Abs. 3 Satz 2.

147 Satz 3 führt die **Anspruchsberechtigten** auf. Berechtigt sind der vorläufige Insolvenzverwalter und die Insolvenzgläubiger gem. § 38 InsO einschließlich nachrangiger Insolvenzgläubiger gem. § 39 InsO (HambK-InsO/*Denkhaus* § 26 Rn. 55c). Der Anspruch ist gerichtet auf Zahlung der voraussichtlichen Kosten des Insolvenzverfahrens (s. Rdn. 10). Bei Durchsetzung durch einen Insolvenzgläubiger wird der Antrag auf Zahlung an die Justizkasse lauten müssen (*Zimmermann* ZInsO 2012, 396 [400]).

148 Bei der **Realisierung** des Anspruches wird erwogen, dem vorläufigen Insolvenzverwalter die Befugnis zur Beantragung einer einstweiligen Verfügung i.S. einer Leistungsverfügung zuzugestehen. Auch eine Festsetzung durch gerichtlichen Beschluss wird für möglich gehalten (MüKo-InsO/*Haarmeyer* § 26 Rn. 67 ff.; **a.A.** AGR-*Sander* § 26 Rn. 50a). Notwendig ist dies nicht. Jedenfalls bei einem werthaltigen Anspruch kann das Verfahren zugleich ohne Vorschussanforderung wie auch in den übrigen Fällen der fehlenden Masse (s. Rdn. 20, 25, 81) eröffnet werden (*Frind* ZInsO 2012, 1357 [1361 f.]; *Foerste* ZInsO 2012, 532 [533]). Der Vorschussanspruch erlischt nicht mit der Eröffnung des Verfahrens (**a.A.** AGR-*Sander* § 26 Rn. 50b; *Zimmermann* ZInsO 2012, 396 [398]; *Marotzke* ZInsO 2013, 1940 [1942 f.]).

In Abweichung der üblichen Voraussetzungen für die Bewilligung von **Prozesskostenhilfe** 149
(Rdn. 57 ff.) besteht für Gläubiger keine Vorschusspflicht, da die Durchsetzung alleine der Kostendeckung dient (AGR-*Sander* § 26 Rn. 50a; MüKo-InsO/*Haarmeyer* § 26 Rn. 66).

Ergibt sich **nach Verfahrenseröffnung genügend Masse**, ist aufgrund des allgemeinen Rückgewähr- 150
anspruchs (s. Rdn. 43) der Betrag an den Leistenden zurückzuzahlen. Allerdings ist in dieser Konstellation eine Aufrechnung mit Haftungsansprüchen möglich (HambK-InsO/*Denkhaus* § 26 Rn. 55d).

Insgesamt muss **bezweifelt** werden, ob sich die **gesetzgeberischen Erwartungen erfüllen** (HambK- 151
InsO/*Denkhaus* § 26 Rn. 55a). Ob die Feststellung entsprechender Erkenntnisse vom Gutachtenauftrag umfasst ist, ist zweifelhaft (abl. *Zimmermann* ZInsO 2012, 396 [402] = EWiR 2012, 459). Der Anspruch ist auf das Eröffnungsverfahren beschränkt. Regelmäßig wird eine gerichtliche Durchsetzung erforderlich sein (*Römermann* NJW 2012, 641 [646 f.]). Ob eine einstweilige Verfügung gem. § 940 ZPO in Form der Leistungsverfügung zulässig ist, ist zweifelhaft (bej. HK-InsO/*Rüntz* § 26 Rn. 44; abl. HambK-InsO/*Denkhaus* § 26 Rn. 55b).

I. Internationales Insolvenzrecht

Die Vorschrift des § 26 InsO gilt auch für das Sekundärinsolvenzverfahren gem. §§ 343 ff. InsO 152
und das Partikularinsolvenzverfahren gem. §§ 354 ff. InsO (HambK-InsO/*Denkhaus* § 26 Rn. 3). Art. 30 EuInsVO gestattet die Anforderung eines Kostenvorschusses in Sekundärinsolvenzverfahren. Die Folgen der Abweisung mangels Masse bei Insolvenzverfahren über das Vermögen ausländischer Gesellschaften bestimmen sich nach dem Gesellschaftsstatut nach dem Recht des Staates, in dem die Gesellschaft gegründet wurde (*Mock/Schmidt* ZInsO 2003, 396 [401]). Bei Ltd.'s ist eine Mitteilung an das Companie House nicht vorgesehen. Sie kann vom »director« unter Vorlage des Beschlusses erfolgen.

Durch das MoMiG sind die Antragspflichten aus dem Gesellschaftsrecht im Wesentlichen in § 15a 153
InsO verlagert worden. Die Verweisung auf das Gesellschaftsrecht ist beibehalten worden, um eine eventuelle abweichende Qualifikation im ausländischen Recht zu erfassen (Beschlussempfehlung des Rechtsausschusses vom 24.06.2008, BT-Drucks. 16/9737, S. 105).

J. Reformtendenzen

Auch im Hinblick auf die Rechtslage in den meisten anderen europäischen Industrieländern wird 154
gefordert, die Eröffnung des Insolvenzverfahrens über das Vermögen von Kapitalgesellschaften nicht mehr vom Vorhandensein einer kostendeckenden Masse abhängig zu machen. Nur so könne der Anreiz zur Verschleppung von Insolvenzverfahren genommen und eine frühzeitige Antragstellung gefordert werden (Entschließung des Zweiten Deutschen Gläubigerkongresses v. 05.06.2013 zur notwendigen Fortentwicklung des Insolvenzrechts, ZInsO 2013, 1183 [1184]).

§ 26a Vergütung des vorläufigen Insolvenzverwalters

(1) Wird das Insolvenzverfahren nicht eröffnet, setzt das Insolvenzgericht die Vergütung und die zu erstattenden Auslagen des vorläufigen Insolvenzverwalters durch Beschluss fest.

(2) ¹Die Festsetzung erfolgt gegen den Schuldner, es sei denn, der Eröffnungsantrag ist unzulässig oder unbegründet und den antragstellenden Gläubiger trifft ein grobes Verschulden. ²In diesem Fall sind die Vergütung und die zu erstattenden Auslagen des vorläufigen Insolvenzverwalters ganz oder teilweise dem Gläubiger aufzuerlegen und gegen ihn festzusetzen. ³Ein grobes Verschulden ist insbesondere dann anzunehmen, wenn der Antrag von vornherein keine Aussicht auf Erfolg hatte und der Gläubiger dies erkennen musste. ⁴Der Beschluss ist dem vorläufigen Verwalter und demjenigen, der die Kosten des vorläufigen Insolvenzverwalters zu tragen hat, zuzustellen. ⁵Die Vorschriften der ZPO über die Zwangsvollstreckung aus Kostenfestsetzungsbeschlüssen gelten entsprechend.

(3) Gegen den Beschluss steht dem vorläufigen Verwalter und demjenigen, der die Kosten des vorläufigen Insolvenzverwalters zu tragen hat, die sofortige Beschwerde zu. § 567 Abs. 2 der ZPO gilt entsprechend.

(§ 26a a.F. i.d.F. für bis zum 30.06.2014 beantragte Verfahren s. 8. Auflage)

Übersicht
		Rdn.			Rdn.
A.	Überblick	1	C.	Verfahren	13
B.	Anwendungsbereich	3			

Literatur:
Frind Die Praxis fragt, »ESUG« antwortet nicht, ZInsO 2011, 2249; *ders.* Ein »schlankes« neues Privatinsolvenzverfahren?, ZInsO 2012, 1455; *Schmerbach* Gesetz zur Verkürzung des Restschuldbefreiungsverfahrens und zur Stärkung der Gläubigerrechte verabschiedet – Ende gut, alles gut?, NZI 2013, 566.

Gesetzesmaterialien:

ESUG

Beschlussempfehlung und Bericht des Rechtsausschusses vom 26.10.2011 (BT-Drucks. 17/7511).

A. Überblick

1 Die Vorschrift ist im Laufe der Beratungen zum ESUG erst durch den Rechtsausschuss eingefügt worden. Damit wird klargestellt, dass **auch bei Nichteröffnung** des Insolvenzverfahrens das **Insolvenzgericht** für die Festsetzung der Vergütung sowie der Auslagen des vorläufigen Insolvenzverwalters **zuständig** ist. Der Gesetzgeber hat damit die Konsequenz gezogen aus der umstrittenen Rechtsprechung des BGH, wonach die Zivilgerichte zuständig sind (s. § 21 Rdn. 196).

2 Durch das Gesetz zur Verkürzung des Restschuldbefreiungsverfahrens und zur Stärkung der Gläubigerrechte vom 15. Juli 2013 ist für die ab dem 01.07.2014 beantragten Verfahren **Abs. 2 eingefügt** worden. Schon bisher konnten die Kosten dem antragstellenden Gläubiger auferlegt werden. Neu ist die Möglichkeit einer flexiblen Kostenverteilung gem. § 26a Abs. 2 Satz 2 und 3.

B. Anwendungsbereich

3 Nach dem Grundsatz in Abs. 2 Satz 1 n.F. hat der **Schuldner die Kosten dem Grunde nach zu tragen**. Die Entscheidung darüber trifft das Insolvenzgericht in der Nichteröffnungsentscheidung. Schon zu **Abs. 1 a.F.** war anerkannt, dass nicht von einer ausnahmslosen Kostentragungspflicht des Schuldners auszugehen ist (vgl. *Frind* ZInsO 2011, 2249). Vielmehr ist zu differenzieren:

4 Der Schuldner hat die Kosten **nicht** zu tragen bei:
– Abweisung des Antrages als unzulässig (s. § 14 Rdn. 258);
– Abweisung des Antrages als unbegründet, falls kein Fall des § 14 Abs. 3 InsO (s. § 14 Rdn. 168) vorliegt;
– (in der Praxis seltenen) Zurücknahme des Antrages, falls er nicht Veranlassung zur Stellung des Insolvenzantrages gegeben hat (s. § 13 Rdn. 69).

5 Der Schuldner **trägt** die Kosten:
– bei Abweisung mangels Masse gem. § 26 InsO (s. § 26 Rdn. 95);
– regelmäßig bei Erledigung des Antrages (s. § 13 Rdn. 261);
– ausnahmsweise bei Abweisung des Antrages als unbegründet gem. § 14 Abs. 3 InsO (s. § 14 Rdn. 168).

6 Im Anschluss an die Kritik, dass der Schuldner nicht in jedem Fall die Kosten des Verfahrens zu tragen hat (Rdn. 3 ff.), hat der Gesetzgeber reagiert im Gesetz zur Verkürzung des Restschuldbefreiungsverfahrens und zur Stärkung der Gläubigerrechte vom 15.07.2013 durch eine **Änderung des Abs. 2**. Im Grundsatz hat die Festsetzung gegen den Schuldner zu erfolgen. Etwas anderes gilt

nur, wenn kumulativ der Eröffnungsantrag als unzulässig oder unbegründet abgewiesen wird und den Antrag stellenden Gläubiger ein grobes Verschulden trifft. Für diesen Fall ist eine »**flexible**« Lösung vorgesehen. Die Vergütung und die zu erstattenden Auslagen des vorläufigen Insolvenzverwalters sind dem Gläubiger nicht zwangsläufig aufzuerlegen. Vielmehr ist es auch möglich, ihm diese ganz oder teilweise aufzuerlegen. Im letzten Fall wird damit eine dem Insolvenzverfahren ansonsten unbekannte Quotelungsmöglichkeit geschaffen.

Ein **grobes Verschulden** ist nach den Regelbeispielen Abs. 2 Satz 3 insbesondere dann anzunehmen, 7 wenn der Antrag von vornherein keine Aussicht auf Erfolg hatte und der Gläubiger dies erkennen musste.

Von einem groben Verschulden ist bei **Vorsatz oder grober Fahrlässigkeit** des Gläubigers auszugehen 8 (A/G/R-*Sander* § 26a InsO n.F. Rn. 1).

Die **Erkennbarkeit** muss sich auch auf die für die Beurteilung der Erfolgsaussicht des Antrages verbundenen rechtlichen Bewertungen beziehen. Diese kann sich aus den Umständen ergeben und soll vor allem dann naheliegen, wenn mit dem Antrag ein verfahrensfremder Zweck, insbesondere die Schädigung des Schuldners, verfolgt wurde (A/G/R-*Sander* § 26a InsO n.F. Rn. 1). 9

Sichere Feststellungen werden sich **in den seltensten Fällen** treffen lassen. Interessant werden die 10 Argumentationen zur mangelnden Erfolgsaussicht und deren Erkennbarkeit sich gestalten. Die Anordnung von Sicherungsmaßnahmen setzt einen zulässigen Antrag voraus, also auch eine Glaubhaftmachung eines Insolvenzgrundes gem. § 16 InsO (s. § 21 Rdn. 33). An Hand welcher Kriterien ein Gläubiger eine mangelnde Erfolgsaussicht erkennen konnte, ist eine spannende Frage. Bei einer Erledigung nach Begleichung der dem Antrag zu Grunde liegenden Forderung, ist die Erfolgsaussicht belegt. Was aber gilt bei einer Teilzahlung mit Ratenzahlungsvereinbarung?

Die Neuregelung ist **kritisch** zu würdigen (ebenso *Frind* ZInsO 2012, 145 [1460]). Es ist zu befürchten, 11 dass sich hinsichtlich des Erkennenmüssens eine reichhaltige, vermutlich widersprüchliche Judikatur entwickeln wird, die wegen der Streichung des § 7 InsO kaum einer Vereinheitlichung zugeführt werden kann. Zu bedenken ist, dass die Gläubiger nach Antragstellung keinen Einfluss auf den Gang des Insolvenzverfahrens haben und insbesondere nicht die Bestellung eines vorläufigen Insolvenzverwalters verhindern können (*Schmerbach* NZI 2013, 566 [572]). Damit entsteht ein Kostenrisiko. Die dem Finanzamt zustehende Kostenfreiheit gem. § 2 GKG dürfte nicht eingreifen (K. Schmidt/*Keller* InsO, § 26a Rn. 14).

Die Regelung in Abs. 1 gilt gem. Art. 103g EGInsO nur für die ab dem 01.03.2012 beantragten 12 Verfahren. Der BGH lehnt eine rückwirkende Anwendung ab (*BGH* ZInsO 2012, 802). Sie gilt im Fall der Nichteröffnung auch für die Vergütung des **vorläufigen Sachwalters** (*AG Köln* ZInsO 2017, 511 für den Fall der Rücknahme des Eröffnungsantrages; s.a. § 21 Rdn. 181) und der **Mitglieder eines vorläufigen Gläubigerausschusses im Eröffnungsverfahren** (s. § 22a Rdn. 78).

C. Verfahren

Erforderlich ist ein **Antrag** des vorläufigen Insolvenzverwalters, der den Anforderungen an einen Antrag im Falle der Eröffnung des Verfahrens entspricht (s. § 21 Rdn. 140 ff.). Zum Verfahren allgemein s. § 21 Rdn. 196 ff. 13

Der Antrag kann gestellt werden, wenn die **Tätigkeit** des vorläufigen Insolvenzverwalters **abgeschlossen** 14 ist vorbehaltlich gem. § 25 Abs. 2 InsO noch abzuwickelnder Aufgaben (A/G/R-*Sander* § 26a InsO Rn. 7). Denkbar ist dies in Fällen, in denen das Vermögen des Schuldners den Vergütungsanspruch (teilweise) abdeckt.

Zuständig ist in jedem Fall der **Richter**, weil es nicht zur Verfahrenseröffnung gekommen ist (vgl. *AG Hamburg* ZInsO 2015, 422). Zum Verfahren s. § 21 Rdn. 203 ff.

Der Beschluss ist Schuldner und vorläufigem Verwalter gem. Abs. 1 Satz 2 zu übersenden bzw. förmlich **zuzustellen, sofern** eine **Beschwerde** in Betracht kommt. Eine öffentliche Bekanntmachung 15 gem. § 9 InsO erfolgt mangels Gläubigerbeteiligung nicht (HambK-InsO/*Schröder* § 26a Rn. 4; *Kübler/Prütting/Bork-Prasser* § 26a Rn. 9). Ab dem 01.01.2014 ist eine **Belehrung über die Beschwerdemöglichkeit** zwingend vorgeschrieben, bei Verstoß kann Wiedereinsetzung in den vorherigen Stand bewilligt und eine sofortige Beschwerde nachgeholt werden, § 4 InsO i.V.m. §§ 232, 233 ZPO (s. § 6 Rdn. 41).

16 Der Beschluss bildet einen vorläufig vollstreckbaren **Titel** i.S.d. § 794 Abs. 1 Nr. 3 ZPO (HambK-InsO/*Schröder* § 26a Rn. 3), wie nunmehr in § 26a Abs. 2 Satz 5 InsO klargestellt ist.

17 Gem. Abs. 2 (a.F. – Geltung für bis zum 30.06.2014 beantragte Verfahren) sind Schuldner und vorläufiger Insolvenzverwalter **beschwerdeberechtigt**, sofern der Beschwerdewert von 200 € (§ 567 Abs. 2 ZPO) überschritten ist, § 26a Abs. 3 Satz 2 InsO. Gläubiger sind nicht beschwerdeberechtigt. Als Folge der Möglichkeit der »flexiblen« Kostenverteilung in Abs. 2 ist neben dem vorläufigen Verwalter auch derjenige beschwerdebefugt, der die Kosten zu tragen hat. Damit können auch Gläubiger beschwerdebefugt sein. Rechtsbeschwerde ist nur im Fall der Zulassung durch das Beschwerdegericht möglich (s. § 6 Rdn. 2).

§ 27 Eröffnungsbeschluss

(1) Wird das Insolvenzverfahren eröffnet, so ernennt das Insolvenzgericht einen Insolvenzverwalter. § 270 bleibt unberührt.

(2) Der Eröffnungsbeschluss enthält:
1. Firma oder Namen und Vornamen, Geburtsdatum, Registergericht und Registernummer, unter der der Schuldner in das Handelsregister eingetragen ist, Geschäftszweig oder Beschäftigung, gewerbliche Niederlassung oder Wohnung des Schuldners;
2. Namen und Anschrift des Insolvenzverwalters;
3. die Stunde der Eröffnung;
4. die Gründe, aus denen das Gericht von einem einstimmigen Vorschlag des vorläufigen Gläubigerausschusses zur Person des Verwalters abgewichen ist; dabei ist der Name der vorgeschlagenen Person nicht zu nennen;
5. eine Darstellung der für personenbezogene Daten geltenden Löschungsfristen nach § 3 der Verordnung zu öffentlichen Bekanntmachungen in Insolvenzverfahren im Internet vom 12. Februar 2002 (BGBl. I S. 677), die zuletzt durch Artikel 2 des Gesetzes vom 13. April 2007 (BGBl. I S. 509) geändert worden ist.

(3) Ist die Stunde der Eröffnung nicht angegeben, so gilt als Zeitpunkt der Eröffnung die Mittagsstunde des Tages, an dem der Beschluss erlassen worden ist.

(§ 27 a.F. i.d.F. für bis zum 30.06.2014 beantragte Verfahren s. 8. Auflage)

Übersicht

		Rdn.			Rdn.
A.	Übersicht §§ 27–33 InsO	1	II.	Ernennung eines Insolvenzverwalters (Abs. 1)	27
B.	Eröffnungsvoraussetzungen	4			
I.	Unternehmensinsolvenz	5	III.	Angaben gemäß Absatz 2	35
II.	Verbraucherinsolvenz	18	IV.	Weiterer Inhalt des Eröffnungsbeschlusses	55
III.	Nachlassinsolvenz	21			
IV.	Auswirkungen eines ausländischen Insolvenzverfahrens	22	V.	Mehrere Anträge	61
C.	Rechtliches Gehör des Schuldners	23	E.	Wirksamwerden, Mängel, Rechtsbehelfe und Wirkungen des Beschlusses	62
D.	Inhalt des Eröffnungsbeschlusses	26	F.	Internationales Insolvenzrecht	63
I.	Überblick	26			

Literatur:
Zipperer Das Insolvenzverfahren – Disziplin oder Disziplinlosigkeit? – Ein Plädoyer für eine pragmatische Handhabung des Insolvenzverfahrensrechts, NZI 2012, 385.

Gesetzesmaterialien:

ESUG

Diskussionsentwurf für ein Gesetz zur weiteren Erleichterung der Sanierung von Unternehmen – Beil. 1 zu ZIP 28/2010 = Beil. zu NZI Heft 16/2010.

Referentenentwurf für ein Gesetz zur weiteren Erleichterung der Sanierung von Unternehmen (ESUG) – Bearbeitungsstand 25.01.2011, ZInsO 2011, 269 = Beil. 1 zu ZIP 6/2011.

Entwurf eines Gesetzes zur weiteren Erleichterung der Sanierung von Unternehmen vom 04.05.2011 (BT-Drucks. 17/5712).

EuInsVO/EGInsO

Regierungsentwurf eines Gesetzes zur Durchführung der Verordnung vom 05.06.2015 (EU) 2015/848 über Insolvenzverfahren (BR-Drucks. 654/16).

A. Übersicht §§ 27–33 InsO

Die §§ 27–33 InsO enthalten **Regelungen über** die bei der Eröffnung einzuhaltenden **Formalien**. Hinsichtlich Bekanntmachung und Mitteilungen an Register bestehen Parallelen zu den Vorschriften über die Anordnung von Sicherungsmaßnahmen (§§ 21 ff. InsO), die teilweise ausdrücklich eine Verweisung enthalten (in § 23 Abs. 3 InsO auf §§ 32, 33 InsO). **Nicht behandelt** werden die **Voraussetzungen**, die zur Eröffnung des Insolvenzverfahrens erfüllt sein müssen. Die sich aus der Eröffnung ergebenden Rechtsfolgen sind teilweise in der InsO, teilweise aber auch (so die Auflösung juristischer Personen durch die Eröffnung des Insolvenzverfahrens) außerhalb der InsO geregelt. 1

Die §§ 27–29 InsO enthalten Regelungen zum **Inhalt** des Eröffnungsbeschlusses, § 30 InsO zur **Bekanntmachung** des Eröffnungsbeschlusses, §§ 31–33 InsO zur **Mitteilung bzw. Eintragung in** Register und Grundbuch. 2

Die früher in § 30 Abs. 3 InsO enthaltene Hinweispflicht des Schuldners bei Eröffnung auf die Möglichkeit der **Restschuldbefreiung** ist durch das Änderungsgesetz 2001 durch die Regelung in § 20 Abs. 2 InsO ersetzt worden (s. § 20 Rdn. 51 ff.). **§ 27 InsO** ist **mehrfach geändert** worden. In **Abs. 1 Satz 2** ist durch das Gesetz zur Verkürzung des Restschuldbefreiungsverfahrens und zur Stärkung der Gläubigerrechte vom 15.07.2013 zum 01.07.2014 der Verweis auf § 313 Abs. 1 InsO entfallen, da auch in Verbraucherinsolvenzverfahren ein Insolvenzverwalter statt wie bisher ein Treuhänder bestellt wird. **Abs. 2 Nr. 1** ist zweimal ergänzt worden zur Erleichterung der Individualisierung des Schuldners: Zum 01.07.2007 um die Angaben Geburtsjahr, Registergericht und Registernummer, zum 01.07.2014 durch Ersetzung der Angabe Geburtsjahr durch das Geburtsdatum. Zum 01.07.2007 sind die Regelungen in **§ 27 Abs. 2 Nr. 4, § 30 Abs. 1 Satz 2 InsO** (frühzeitiger Hinweis Gläubiger auf Restschuldbefreiungsantrag Schuldner) eingefügt und zum 01.07.2014 wieder gestrichen worden wegen der Neuregelung in § 287a InsO. **§ 27 Abs. 2 Nr. 5 InsO** (ab dem 01.07.2014 Nr. 4) ist durch das ESUG zum 01.03.2012 eingefügt worden. Geregelt ist der Fall, dass das Insolvenzgericht von einem einstimmigen Vorschlag des vorläufigen Gläubigerausschusses zur Auswahl des (vorläufigen Insolvenzverwalters) gem. § 56a Abs. 2 InsO abweicht. Der aktuelle Abs. 2 Nr. 5 setzt Art. 79 Abs. 5 EuInsVO zum 26.06.2017 um. 3

B. Eröffnungsvoraussetzungen

Die Voraussetzungen für die Eröffnung des Insolvenzverfahrens nennt § 27 InsO nicht. Es ist nach den **verschiedenen Insolvenzverfahren** zu **differenzieren**. 4

I. Unternehmensinsolvenz

a) Es müssen die **allgemeinen Zulässigkeitsvoraussetzungen** (s. § 14 Rdn. 1 ff., 7 ff.) und die **speziellen** Zulässigkeitsvoraussetzungen beim Gläubigerantrag (s. § 14 Rdn. 101 ff.) bzw. beim Schuldnerantrag (s. § 14 Rdn. 232 ff.) vorliegen. Ansonsten wird der Antrag als unzulässig abgewiesen 5

(*Nerlich/Römermann-Mönning* InsO, § 34 Rn. 10). **Mehrere** (zulässige) **Anträge** können verbunden werden (s. § 13 Rdn. 99). Ist ein Antrag unzulässig, wird das Verfahren aufgrund des übrigen Antrags eröffnet, der unzulässige Antrag hat sich damit erledigt (MüKo-InsO/*Schmahl/Busch* §§ 27–29 Rn. 13; HK-InsO/*Rüntz* § 27 Rn. 13). Ist ein Verfahren bereits eröffnet, kann aufgrund eines Antrages eines Neugläubigers ggf. ein erneutes Verfahren eröffnet werden (s. § 13 Rdn. 119 ff.). Stellt der Schuldner einen Eigenantrag mit dem Ziel der Restschuldbefreiung (§ 286 InsO), ist die Rechtslage unklar (s. § 13 Rdn. 169 ff.).

6   b) Der **Eröffnungsgrund** (§§ 16–19 InsO) muss zur **vollen Überzeugung** des Gerichts nachgewiesen sein (*OLG Köln* ZIP 2000, 151 [152]; *Uhlenbruck* InsO § 16 Rn. 9). Glaubhaftmachung wie für die Zulassung des Antrags und Anordnung von Sicherungsmaßnahmen (s. § 14 Rdn. 174 ff., 210 ff.) genügt nicht (*AG Göttingen* ZIP 2000, 1679; s.a. § 26 Rdn. 75). Abzustellen ist nicht auf den Zeitpunkt der letzten Tatsachenentscheidung durch das Landgericht als Beschwerdegericht (so die früher h.M.), sondern auf den Zeitpunkt der Eröffnungsentscheidung (s. § 16 Rdn. 9). Bei ausgeschöpften Ermittlungsmöglichkeiten wird der Antrag mangels Masse gem. § 26 InsO abgewiesen (s. § 26 Rdn. 75, 90).

7   Beim Eigenantrag eines **nicht antragspflichtigen Schuldners** erfolgt bei unterlassener Auskunftserteilung die Abweisung als unzulässig, ohne dass der Schuldner erneut angehört oder eine Anhörung zwangsweise durchgesetzt wird (str., s. § 20 Rdn. 25).

8   Bei Eröffnung eines **Sekundärinsolvenzverfahrens** wird der Eröffnungsgrund nicht erneut geprüft, Art. 27 EuInsVO, § 356 Abs. 3 InsO.

9   c) Beim Gläubigerantrag muss die dem Antrag zugrunde liegende **Forderung** weiter **glaubhaft** gemacht und nicht durch eine Gegenglaubhaftmachung erschüttert sein (vgl. *LG Bielefeld* ZInsO 2010, 1194 [1195]), da andernfalls der Antrag als unzulässig abgewiesen wird (s. § 14 Rdn. 176, 258).

10   Ist das Bestehen des Insolvenzgrundes der Zahlungsunfähigkeit oder Überschuldung vom Bestehen der Forderung abhängig und ist diese bestritten, muss diese Forderung **zur vollen Überzeugung des Gerichts nachgewiesen** sein (*BGH* ZInsO 2007, 1275; *LG Göttingen* ZInsO 2001, 182; *LG München* ZInsO 2010, 1009 [1010]; *AG Göttingen* ZInsO 2013, 303 [304]; *Kübler/Prütting/Bork-Pape* InsO, § 14 Rn. 80). Dies gilt auch, wenn mehrere Forderungen vorliegen und der Eröffnungsgrund vom Bestehen der Forderungen abhängt. Sind von mehreren Forderungen nur einige streitig, kann sich der Eröffnungsgrund auch aus der/den unstreitigen Forderungen ergeben (*LG Göttingen* Beschl. v. 10.06.2015 – 10 T 33/15; HambK-InsO/*Schröder* § 16 Rn. 9).

11   Es ist allerdings i.d.R. nicht Aufgabe des Insolvenzgerichts, sondern des Prozessgerichts, über den Bestand der Forderung zu entscheiden (*BGH* ZInsO 2007, 604 [605]; s. § 14 Rdn. 198). Streitige Forderungen sind nur eingeschränkt zu berücksichtigen (Einzelheiten s. § 14 Rdn. 205 ff., § 17 Rdn. 10 ff. und § 19 Rdn. 25). Ansonsten ist der Antrag als unbegründet abzuweisen (s. § 14 Rdn. 198; **a.A.** *Nerlich/Römermann-Mönning* InsO, § 34 Rn. 12: Abweisung als unzulässig).

12   d) Es dürfen nicht die Voraussetzungen für die Abweisung mangels Masse (§ 26 InsO) vorliegen. Das Vermögen des Schuldners muss also voraussichtlich ausreichen, um die **Kosten des Verfahrens zu decken** (s. § 26 Rdn. 10) – oder es muss ein ausreichender Geldbetrag vorgeschossen sein (s. § 26 Rdn. 34). Dies muss lediglich wahrscheinlich sein (s. § 26 Rdn. 81). Sämtliche Vermögenswerte des Schuldners sind zu berücksichtigen (Einzelheiten s. § 26 Rdn. 15 ff.). Außerdem ist eine Eröffnung trotz fehlender Masse möglich, wenn das Prozessgericht voraussichtlich dem Insolvenzverwalter für die Durchsetzung von Ansprüchen Prozesskostenhilfe bewilligen und die Masse dadurch in Höhe der erforderlichen Kosten (§ 54 InsO) angereichert werden wird (s. § 26 Rdn. 48).

13   Hat der vorläufige Insolvenzverwalter mit einem **Drittschuldner** eine **Ratenzahlungsvereinbarung** getroffen (z.B. zur Begleichung der nicht eingezahlten Stammkapitaleinlage) und werden die Raten bedient, so kann mit der Eröffnung auch **abgewartet** werden, bis die **Kosten des Verfahrens** gedeckt sind (s. § 26 Rdn. 33). Dieses Vorgehen ist für die Landeskasse kostengünstiger als eine Eröffnung

im Hinblick auf die voraussichtliche Bewilligung von Prozesskostenhilfe durch das Prozessgericht (s. § 26 Rdn. 46 ff.). Hinsichtlich des zeitlichen Ablaufs werden sich im Ergebnis kaum Unterschiede ergeben.

e) Eine **Eröffnung** kann **hinausgezögert** werden, um den Insolvenzgeldzeitraum auszuschöpfen (s. § 22 Rdn. 100; HambK-InsO/*Denkhaus* § 27 Rn. 9; einschr. *Münzel* ZInsO 2006, 1238 [1244]; *Zipperer* NZI 2012, 385 [389 f.]; a.A. HK-InsO/*Rüntz* § 27 Rn. 15; *Kübler/Prütting/Bork-Pape* InsO, § 27 Rn. 56). Ein **Abwarten** mit der Verfahrenseröffnung im Hinblick auf einen **Wegfall der Zahlungsunfähigkeit** kommt allenfalls in Betracht, wenn ihr zeitnaher Eintritt sehr wahrscheinlich und glaubhaft gemacht sowie den Gläubigern zumutbar ist (*AG Hamburg* ZInsO 2008, 52; ZInsO 2012, 1482 [1483]; *LG Hamburg* ZInsO 2012, 1479 [1480]; *Zipperer* NZI 2012, 385 [390]). Zur »Vordatierung« von Eröffnungsbeschlüssen s. Rdn. 43. 14

f) Andererseits kann sich eine **schnelle Eröffnung** empfehlen, wenn der Schuldner in vorherigen Verfahren wiederholt die Forderungen der antragstellenden Gläubiger befriedigt hat. Die Verfahrenskostendeckung ergibt sich häufig aus Anfechtungsansprüchen gem. §§ 129 ff. InsO. Es besteht aber keine Verpflichtung zu zügiger Verfahrenseröffnung zur Sicherung eines Versicherungsschutzes des Gläubigers (*LG Münster* NZI 2005, 632). 15

g) Ist **ein vorläufiger Gläubigerausschuss** bestellt (vgl. § 22a Rdn. 4), ist diesem gem. § 56 Abs. 1 InsO Gelegenheit zu geben, sich zu den Anforderungen an den Insolvenzverwalter und zur Person des Insolvenzverwalters zu äußern. Häufig wird der vorläufige Gläubigerausschuss schon bei der Auswahl des vorläufigen Insolvenzverwalters mitgewirkt haben, so dass die erneute Anhörung nur eine Formalie ist. 16

Ausnahmen sind denkbar im Fall des § 22a Abs. 3, 3. Alt InsO bei (vorübergehendem) Absehen von der Bestellung eines vorläufigen Gläubigerausschusses und gem. § 56a Abs. 1 InsO bei Verzicht auf die Anhörung eines schon bestehenden vorläufigen Gläubigerausschusses. Die Voraussetzungen sind in beiden Fällen gleich: Nachteilige Veränderung der Vermögenslage des Schuldners (s. § 22a Rdn. 47 ff. und *Jahntz* § 56a Rdn. 32 ff.). Die Rechtsfolgen sind unterschiedlich: Im (kaum vorkommenden) Fall des § 56a Abs. 1 InsO kann der vorläufige Gläubigerausschuss in seiner ersten Sitzung einstimmig einen anderen vorläufigen Insolvenzverwalter wählen, den das Insolvenzgericht außer im Fall der Ungeeignetheit (§ 56 Abs. 1 InsO) gem. § 56a Abs. 2 InsO ernennen muss. Ist ein vorläufiger Gläubigerausschuss (zunächst) nicht eingesetzt worden, enthält § 22a InsO keine dem § 56a Abs. 3 InsO entsprechende Vorschrift. Die entsprechende Anwendbarkeit des § 56a InsO wird überwiegend abgelehnt (s. § 22a Rdn. 55). 17

II. Verbraucherinsolvenz

Beim Verbraucherinsolvenzverfahren ist die Eröffnung nur als letzte Möglichkeit (ultima ratio) vorgesehen (*Pape* Rpfleger 1995, 133 [135]). In der Praxis ordnen die Insolvenzgerichte regelmäßig die Fortsetzung des Verfahrens gem. § 306 Abs. 1 Satz 3 InsO an. Ein **gerichtliches Schuldenbereinigungsverfahren** ist die **Ausnahme**. Werden bei Durchführung eines Schuldenbereinigungsverfahrens Einwendungen erhoben und die fehlende Zustimmung der Gläubiger nicht ersetzt (§ 309 InsO), wird das Verfahren über den Eröffnungsantrag wieder aufgenommen (§ 311 InsO). Sofern die übrigen Voraussetzungen vorliegen (s. Rdn. 5 ff.), kann nunmehr das **Insolvenzverfahren eröffnet** werden. Daran wird sich das Verfahren auf Restschuldbefreiung (§§ 286 ff. InsO) anschließen. In dem ab dem 01.07.2014 beantragten Verfahren besteht die Möglichkeit des Insolvenzplans (§§ 217 ff. InsO). 18

Beim Vorgehen des Insolvenzgerichts bei **Wahl der falschen Verfahrensart** ist zu unterscheiden zwischen Schuldner- und Gläubigerantrag. Vom **Gläubiger** kann keine Kenntnis davon erwartet werden, ob die Voraussetzungen des § 304 InsO beim Schuldner vorliegen. Sind die Vorschriften der §§ 304 ff. InsO anwendbar, ist dem Schuldner gem. § 306 Abs. 3 InsO Gelegenheit zu geben, einen eigenen Antrag zu stellen. Infolge der Antragstellung ruht das Verfahren zunächst (§ 306 Abs. 1 InsO). Eine Abweisung des Gläubigerantrages erfolgt nicht (*Henckel* ZIP 2000, 2045 [2052]). 19

20 Hält beim Antrag eines **Schuldners** das Insolvenzgericht statt des Regelinsolvenzverfahrens das Verbraucherinsolvenzverfahren für anwendbar, so wird der Schuldner darauf hingewiesen und zur Vorlage der entsprechenden Unterlagen aufgefordert. Zum weiteren Vorgehen und zur Rechtsbehelfsmöglichkeit s. § 6 Rdn. 32. Im umgekehrten Fall sollte das Insolvenzgericht den Schuldner auf die Anwendbarkeit des Regelinsolvenzverfahrens hinweisen und die Möglichkeit einer Antragskorrektur geben.

III. Nachlassinsolvenz

21 Für das Nachlassinsolvenzverfahren enthält § 316 InsO Vorschriften über die Zulässigkeit, § 319 InsO über die Antragsfrist und § 320 InsO über die Eröffnungsgründe.

IV. Auswirkungen eines ausländischen Insolvenzverfahrens

22 Zu den Auswirkungen eines ausländischen Insolvenzverfahrens s. Rdn. 64, 65.

C. Rechtliches Gehör des Schuldners

23 Beim Gläubigerantrag ist dem Schuldner rechtliches Gehör bereits nach Zulassung des Antrags gewährt worden (§ 14 Abs. 2 InsO). Soll das Verfahren auf den Gläubigerantrag hin eröffnet werden, ist der **Schuldner erneut zu hören**, wenn er das **Vorliegen eines Insolvenzgrundes bestritten** hat und das Gericht – wie regelmäßig – einen Sachverständigen mit der Prüfung des Vorliegens des Eröffnungsgrundes (§ 22 Abs. 1 Satz 2 Nr. 3 InsO) beauftragt hat (*LG Leipzig* DZWIR 2005, 348; *Kübler/Prütting/Bork-Pape* InsO, § 27 Rn. 8; MüKo-InsO/*Schmahl/Busch* §§ 27–29 Rn. 14; *Uhlenbruck/I. Pape* InsO, § 5 Rn. 6; ähnlich HK-InsO/*Rüntzf* § 27 Rn. 11). Die Gegenmeinung hält eine erneute Anhörung für nicht erforderlich (*LG Göttingen* ZInsO 1998, 142 = EzInsR InsO § 14 Nr. 4). Häufig wird allerdings im Verlaufe der Ermittlungen des Sachverständigen jedenfalls der Insolvenzgrund der Zahlungsunfähigkeit vom Schuldner eingeräumt oder nicht substantiiert (s. Rdn. 9) bestritten werden. In diesen Fällen ist eine Anhörung entbehrlich (*Kübler/Prütting/Bork-Pape* InsO, § 14 Rn. 86; ähnlich *Jaeger/Schilken* InsO, § 27 Rn. 10). Die praktische Bedeutung der Streitfrage ist daher gering. Ist (erneut) rechtliches Gehör zu gewähren, so genügt im Hinblick auf die Eilbedürftigkeit des Verfahrens eine kurze Frist von drei Tagen zur Stellungnahme ab Zugang des Gutachtens (*AG Hamburg* ZInsO 2005, 669 [670]).

24 Ist ein Eigenantrag mit einem Antrag auf **Eigenverwaltung** (§ 270 InsO) verbunden worden, ist ihm im Fall des § 270a Abs. 2 InsO Gelegenheit zur Zurücknahme des Eröffnungsantrages zu geben. Auch im Übrigen sollte der Schuldner vorher angehört werden, falls dem Antrag auf Eigenverwaltung nicht stattgegeben wird (MüKo-InsO/*Schmahl/Busch* §§ 27–29 Rn. 15). In den übrigen Fällen muss der Schuldner vor Eröffnung des Verfahrens nicht erneut gehört werden (MüKo-InsO/*Schmahl/Vuja* § 16 Rn. 25).

25 Zu beachten ist, dass **unterlassenes rechtliches Gehör** im Beschwerdeverfahren **nachgeholt** werden kann (*BVerfG* NZI 2002, 30; s. § 10 Rdn. 20).

D. Inhalt des Eröffnungsbeschlusses

I. Überblick

26 Zwingende Vorschriften über den Inhalt des Eröffnungsbeschlusses enthalten die §§ 27–29 InsO. Im Eröffnungsbeschluss können **weitere Anordnungen** getroffen werden wie z.B. Anordnung einer Postsperre (§ 99 InsO) oder Einsetzung eines Gläubigerausschusses gem. § 67 Abs. 1 InsO. Ist bereits ein vorläufiger Gläubigerausschuss gem. § 22a InsO eingesetzt, ist bei Eröffnung erneut über die Einsetzung eines Gläubigerausschusses zu entscheiden (s. § 22a Rdn. 84). Der Beschluss wird regelmäßig nur auszugsweise veröffentlicht (s. § 30 Rdn. 19).

II. Ernennung eines Insolvenzverwalters (Abs. 1)

a) Bei Unternehmensinsolvenzen werden häufig Sicherungsmaßnahmen mit Ernennung eines **vor-** 27 **läufigen** Insolvenzverwalters angeordnet. Dieser wird **i.d.R.** bei Eröffnung des Verfahrens zum (**endgültigen**) **Insolvenzverwalter** ernannt. Ist ein vorläufiger Gläubigerausschuss ernannt (FK-InsO/ *Schmerbach* § 22a Rdn. 4), ist dieser gem. § 56a InsO in die Bestellung einzubeziehen (s. Rdn. 16).

Ist kein vorläufiger Insolvenzverwalter ernannt, sondern lediglich ein Sachverständiger mit der Prü- 28 fung beauftragt (wie z.B. bei Kleininsolvenzen, eingestelltem Geschäftsbetrieb, s. § 22 Rdn. 161), wird regelmäßig der mit dem Sachverhalt vertraute **Sachverständige zum Insolvenzverwalter ernannt**. Bereits bei der Bestellung des Sachverständigen ist darauf zu achten, dass dieser über die erforderliche Qualifikation auch für die Tätigkeit als Insolvenzverwalter verfügt (s. § 22 Rdn. 161). Hinsichtlich Qualifikation, Auswahl und Unabhängigkeit des Insolvenzverwalters wird Bezug genommen auf die Kommentierung zu § 21 Rdn. 93 ff. und *Jahntz* §§ 56 ff. InsO. Zur Rechtsstellung des vorläufigen Insolvenzverwalters s. § 22 Rdn. 1 ff.

Ebenso wie beim vorläufigen Verwalter (s. § 21 Rdn. 93) beginnt die Amtsführung des Insolvenz- 29 verwalters erst mit der **Annahme des Amtes** (AGR-*Sander* § 27 Rn. 11; **a.A.** *Nerlich/Römermann-Mönning/Schweizer* InsO, § 27 Rn. 22: Wirksamwerden Eröffnungsbeschluss).

Die Ernennung des Insolvenzverwalters hat im Hinblick auf § 57 InsO nur vorläufigen Charakter. 30

b) Anders als § 79 KO sieht die InsO nicht mehr die Möglichkeit der Ernennung mehrerer Verwalter 31 vor. Der Regierungsentwurf enthielt in § 77 InsO (BT-Drucks. 12/2443 S. 20) die Möglichkeit, einen **Sonderinsolvenzverwalter** zu bestellen. Vorgesehen war dieses für die Fälle, dass der Insolvenzverwalter aus rechtlichen oder tatsächlichen Gründen seine Aufgabe nicht wahrnehmen konnte oder wenn zur Befriedigung bestimmter Gläubigergruppen Sondermassen zu bilden sind. Für den Bereich, für den der Sonderinsolvenzverwalter bestellt ist, wurde ihm die Rechtsstellung des Insolvenzverwalters zuerkannt und die entsprechende Geltung der (heutigen) §§ 56–66 InsO angeordnet. Der Rechtsausschuss hat die Vorschrift als überflüssig gestrichen und betont, dass die Bestellung eines Sonderinsolvenzverwalters auch ohne ausdrückliche gesetzliche Regelung entsprechend der bisherigen Praxis zur Konkursordnung möglich ist (BT-Drucks. 12/7302 S. 162).

Die Bestellung eines Sonderinsolvenzverwalters ist **zulässig** (*BGH* NZI 2006, 474 für die Geltend- 32 machung von Schadensersatzansprüchen; *AG Duisburg* ZIP 2002, 1636 [1641]; MüKo-InsO/ *Schmahl/Busch* §§ 27–29 Rn. 32; *Lüke* ZIP 2004, 1693; *Graeber/Pape* ZIP 2007, 991). Im Vorfeld der Prüfung von Ansprüchen gegen den Insolvenzverwalter kann zunächst ein Sondersachverständiger bestellt werden, dessen Entlohnung (häufig kostengünstiger) nach dem JVEG erfolgt (s. § 22 Rdn. 174). Der Bestellungsbeschluss ist jedenfalls dem Insolvenzverwalter und dem Sonderinsolvenzverwalter zuzustellen. Ob entsprechend § 30 InsO eine Bekanntmachung erforderlich ist, ist ungeklärt (s. § 30 Rdn. 18).

c) Bei Anordnung der **Eigenverwaltung** wird statt des Insolvenzverwalters ein Sachwalter ernannt 33 (§ 270c InsO). Die dem Schuldner zustehenden Befugnisse sollten im Tenor des Eröffnungsbeschlusses zur Klarstellung aufgenommen werden (MüKo-InsO/*Schmahl/Busch* §§ 27–29 Rn. 33). Im vereinfachten Insolvenzverfahren wurde in den bis zum 30.06.2014 beantragten Verfahren statt des Insolvenzverwalters ein Treuhänder bestimmt (§ 313 Abs. 1 InsO a.F.).

d) **Zuständig** ist in allen Fällen der **Richter** (str., s. § 2 Rdn. 32; MüKo-InsO/*Schmahl/Busch* 34 §§ 27–29 Rn. 37).

III. Angaben gemäß Absatz 2

a) Der **Schuldner** ist **genau zu bezeichnen** (Abs. 2 **Nr. 1**). Anzugeben sind Firma oder Name und 35 Vorname. Zur besseren Identifizierung und Vermeidung von Verwechselungen u.a. mit der Folge der Kontokündigung waren die Insolvenzgerichte dazu übergegangen, auch das vollständige Geburtsdatum einzugeben und zu veröffentlichen. Das Änderungsgesetz zum 01.07.2007 übernahm diese Praxis nur teilweise. Angegeben war **nur** das **Geburtsjahr**. Das verursachte Nachfragen z.B. von Rentenversicherungsträgern bei Insolvenzverwaltern/Treuhändern. Im Handelsregister dagegen wird neben dem Geburtsjahr auch das Geburtsdatum veröffentlicht, ebenso bei Eintragung im Schuldnerverzeichnis (§ 882b Abs. 2 Nr. 2 ZPO). Ein Grund für die unterschiedliche Behandlung war nicht ersichtlich (abl. auch *Prütting/Brinkmann* ZVI 2006, 477; *Pape* NJW 2007, 1909 [1913]). Weitergehende Angaben wie das genaue Geburtsdatum dürften veröffentlicht werden, da die Einschränkung von § 1 Satz 2 InsBekanntVO nicht gedeckt ist (MüKo-InsO/*Schmahl* §§ 27–29 Rn. 22). Für die ab dem 01.07.2014 beantragten Verfahren ist die **Veröffentlichung des vollen Geburtsdatums** vorgesehen. Dennoch wird es in den bis zum 30.06.2014 beantragten Verfahren über mindestens sechs Jahre weiter nur die Veröffentlichung des Geburtsjahres geben.

36 Ist der Schuldner im **Handelsregister eingetragen**, sind auch das Registergericht und die Registernummer anzugeben. Auch dadurch soll Verwechselungen insbesondere bei verschachtelten Unternehmen oder Konzernunternehmen mit ähnlichen Bezeichnungen vorgebeugt werden (*Kübler/Prütting/Bork-Pape* InsO, § 27 Rn. 14).

37 Bei juristischen Personen sind neben der Firma (§ 17 Abs. 1 HGB) auch der/die **gesetzlichen Vertreter** aufzuführen. Entsprechendes gilt für eingetragene und nicht eingetragene Vereine (im Hinblick auf die Gleichstellung in § 11 Abs. 1 Satz 2 InsO) sowie für Stiftungen. Wegen der nachfolgenden Eintragung der Eröffnung im entsprechenden Register (§ 31 Nr. 1 InsO) sollte die im Insolvenzverfahren angegebene Firmierung mit der aus dem (beigezogenen) Registerauszug ersichtlichen Firmierung verglichen und ggf. korrigiert werden. Bei kürzlich erfolgter **Umfirmierung** sollten die alte und die neue Firmierung – ebenso wie bei der Anordnung von Sicherungsmaßnahmen (s. § 23 Rdn. 11) – im Beschluss und in der Veröffentlichung aufgeführt werden. Wird unter unzutreffender Firmierung eröffnet, kann eine Berichtigung des Beschlusses erfolgen (s. § 30 Rdn. 46). Zu den Folgen einer fehlenden Bezeichnung des Schuldners s. § 30 Rdn. 6.

38 Bei **Gesellschaften ohne Rechtspersönlichkeit** (§ 11 Abs. 2 Nr. 1 InsO) sind alle persönlich haftenden Gesellschafter aufzuführen (*Kübler/Prütting/Bork-Pape* InsO, § 27 Rn. 12; MüKo-InsO/*Schmahl/Busch* §§ 27–29 Rn. 22; *Uhlenbruck/Zipperer* InsO, § 27 Rn. 5). Bei den Sonderinsolvenzverfahren gem. §§ 315 ff. InsO, bei der die Haftung auf das entsprechende Sondervermögen beschränkt ist (s. § 11 Rdn. 27), ist die Sonderinsolvenzmasse genau zu bezeichnen (z.B. Insolvenzverfahren über den Nachlass des am ... verstorbenen ... zuletzt wohnhaft ...).

39 Bei **Kaufleuten** sollte auch der Firmenname angegeben werden (BK-InsO/*Goetsch* § 27 Rn. 6). Bei nur beschränkt oder nicht geschäftsfähigen Schuldnern ist der gesetzliche Vertreter anzugeben.

40 Weiter sind aufzuführen **Geschäftszweig** oder Beschäftigung, falls sich dies nicht schon aus der Firma ergibt, sowie gewerbliche Niederlassung (bei Unternehmensinsolvenzen) oder Wohnung des Schuldners.

41 Die **aktuelle Anschrift** muss auch angegeben werden bei Zeugen, die in einem Zeugenschutzprogramm stehen (s. § 14 Rdn. 19).

42 b) Name und Anschrift des **Insolvenzverwalters** (Abs. 2 **Nr. 2**) sind – mit Telefon- und Faxnummer sowie E-Mail-Adresse – im Hinblick auf § 28 Abs. 2, 3 InsO anzugeben.

43 c) Die Angabe der **Stunde der Eröffnung** (Abs. 2 Nr. 3) ist von Bedeutung im Hinblick auf den Eintritt der Wirkungen des § 81 InsO und das internationale Prioritätsprinzip gem. Art. 16 EuInsVO. Ist die Stunde der Eröffnung nicht angegeben, gilt als Zeitpunkt der Eröffnung die Mittagsstunde (**Abs. 3**). Die Vorschrift gilt entsprechend bei Aufhebung des Verfahrens (*BGH* ZInsO 2010, 1496 Rn. 9). Der Tag der Eröffnung ergibt sich aus dem Beschlussdatum.

44 Vorläufige Insolvenzverwalter bitten häufig in ihrem Abschlussbericht darum, an einem **bestimmten Tag** und/oder zu einer bestimmten Stunde zu **eröffnen**. Dieser Bitte sollte das Insolvenzgericht nachkommen. Die Bitte um Eröffnung an einem bestimmten Tag (häufig der 1. des Monats) ist davon bestimmt, dass bis zu dem vorherigen Tag das Insolvenzgeld (s. § 30 Rdn. 44) in Anspruch genom-

men werden soll (vgl. *Mues* Anh. zu § 113 Rdn. 95). In diesen Fällen ist auch die **Vordatierung eines Eröffnungsbeschlusses** üblich und zulässig (*AG Hamburg* ZIP 2001, 1885 = EWiR 2001, 1099; ZInsO 2004, 630 [631]; unklar *Jaeger/Schilken* InsO, § 27 Rn. 30; a.A. *BGH* ZInsO 2004, 387 m. zust. Anm. *Bork* EWiR 2004, 553; ZInsO 2005, 204 [205]; HambK-InsO/*Denkhaus* § 27 Rn. 8; *Kübler/Prütting/Bork-Pape* InsO, § 27 Rn. 58; MüKo-InsO/*Schmahl/Busch* §§ 27–29 Rn. 41; *Uhlenbruck/Zipperer* InsO, § 27 Rn. 10). Ansonsten müsste der Richter den Eröffnungsbeschluss mitnehmen und zu Hause bzw. auf einer privaten Fahrt unterzeichnen oder dies durch den Bereitschaftsdienst des Amtsgerichts erledigen lassen. Das Prozessgericht hat – etwa im Rahmen von Anfechtungsklagen – den im Beschluss genannten Eröffnungszeitpunkt zugrunde zu legen (*Onusseit* ZInsO 2003, 404).

d) Ist der Schuldner eine natürliche Person, soll er durch die §§ 20, 287 Abs. 1 Satz 2 InsO angehalten werden, frühzeitig einen **Antrag auf Restschuldbefreiung** zu stellen. Stellt der Schuldner nach gerichtlicher Fristsetzung keinen Antrag auf Restschuldbefreiung, tritt Präklusion ein bei einem Eigenantrag (s. § 20 Rdn. 67), nicht aber bei einem Fremdantrag eines Gläubigers (*Schmerbach/Wegener* ZInsO 2006, 400 [405]; str., s. § 20 Rdn. 68). Durch die **frühzeitige öffentliche Bekanntmachung** sollen die Gläubiger Kenntnis von dem Antrag nicht erst mit der Tagesordnung des Schlusstermins, sondern schon frühzeitig mit dem Eröffnungsbeschluss erlangen. Ihnen soll die Möglichkeit eingeräumt werden, Versagungsanträge vorzubereiten (*Kübler/Prütting/Bork-Pape* InsO, § 27 Rn. 25 f.). Deshalb war gem. § 27 Abs. 2 **Nr.** 4 InsO a.F. ein Hinweis aufzunehmen, ob der Schuldner Antrag auf Restschuldbefreiung gestellt hat. Die Gläubiger können sich so rechtzeitig überlegen, ob sie einen Versagungsantrag stellen wollen. Rechtliches Gehör zum Restschuldbefreiungsantrag wird den Gläubigern gewährt im Schlusstermin (§ 289 Abs. 1 InsO) bzw. im schriftlichen Verfahren (§ 5 Abs. 2 InsO). War der Hinweis im Eröffnungsbeschluss unterblieben, war er bei der öffentlichen Bekanntmachung gem. § 30 Abs. 1 Satz 2 InsO a.F. nachzuholen. 45

Für die ab dem 01.07.2014 beantragten Verfahren sind die §§ 27 Abs. 2 Nr. 4, § 30 Abs. 1 Satz 2 InsO gestrichen worden wegen der Neuregelung in § 287a InsO. Zulässige Anträge auf Restschuldbefreiung sind auch nach Eröffnung noch möglich, auch wenn die Einzelheiten strittig sind (s. § 20 Rdn. 67 f.). In diesen Fällen ist zu überlegen, ob ebenfalls eine öffentliche Bekanntmachung erfolgt an § 30 Abs. 1 Satz 2 InsO a.F. (so wohl auch *Kübler/Prütting/Bork-Pape* InsO, § 30 Rn. 5 zu § 30 InsO a.F.). Allerdings wird eine derartige Veröffentlichung, die nicht im Zusammenhang mit der Eröffnung erfolgt, nur eine geringe Wahrnehmung erfahren. 46

e) § 27 Abs. 2 **Nr.** 4 InsO n.F. (Nr. 5 a.F.) ist durch das ESUG zum 01.03.2012 eingefügt worden. Geregelt ist der Fall, dass das Insolvenzgericht von einem einstimmigen Vorschlag des vorläufigen Gläubigerausschusses zur Auswahl des (vorläufigen) Insolvenzverwalters gem. § 56a Abs. 2 InsO abweicht. Nach der Gesetzesbegründung sollen die Beteiligten sich mit den Gründen der gerichtlichen Entscheidung auseinandersetzen und ggf. in der Gläubigerversammlung dennoch die ursprünglich vorgeschlagene Person wählen. Durch die Begründungspflicht soll sichergestellt werden, dass diese Entscheidung in Kenntnis und in Auseinandersetzung mit den Bedenken des Gerichts erfolgen kann. Abschließend heißt es in der Begründung des Regierungsentwurfes: »Wegen der öffentlichen Bekanntmachung des Eröffnungsbeschlusses nach § 30 InsO ist dabei aus Gründen des Persönlichkeitsschutzes die vom Gericht abgelehnte Person nicht zu nennen.« (BT-Drucks. 17/5712, S. 25). Im weiteren Verlauf der Beratungen ist die Änderung nicht problematisiert worden. 47

Zu begründen ist nach dem Gesetzeswortlaut die im Zeitpunkt der Eröffnung zu treffende Entscheidung und damit die Bestellung des (endgültigen) Insolvenzverwalters. Formelhafte Wendungen genügen nicht. 48

Aufgrund der Verweisung in § 21 Abs. 2 Nr. 1 auf § 56a Abs. 2 InsO gilt die Begründungspflicht **auch** für den Fall, dass das Gericht **bei Ernennung des vorläufigen Insolvenzverwalters** von einem einstimmigen Votum des vorläufigen Gläubigerausschusses abweicht. Die Begründungspflicht gilt in allen drei Fällen (s. § 21 Rdn. 263, § 22a Rdn. 4) eines vorläufigen Gläubigerausschusses (MüKo-InsO/*Schmahl/Busch* §§ 27–29 Rn. 29). Hält das Gericht in der nachfolgenden Eröff- 49 nungsentscheidung den (wiederum) vorgeschlagenen (nunmehr endgültigen) Insolvenzverwalter (weiterhin) für ungeeignet, muss das Gericht in der Eröffnungsentscheidung zwei Ablehnungen begründen. Die Begründung wird identisch sein. Ernennt das Insolvenzgericht nach ursprünglicher Ablehnung im Eröffnungsbeschluss den (weiterhin) Vorgeschlagenen, besteht nach der Gesetzesbegründung **keine Notwendigkeit** mehr zu einer Begründung des Gerichts. Aufgrund einer teleologischen Reduktion entfällt die Begründungspflicht.

50 Denkbar ist aber auch folgendes Szenario: Das Insolvenzgericht weicht bei der Ernennung des vorläufigen Insolvenzverwalters vom Vorschlag des vorläufigen Gläubigerausschusses ab. Für die Person des (endgültigen) Insolvenzverwalters macht der vorläufige Gläubigerausschuss erneut einstimmig einen Vorschlag, benennt allerdings eine andere Person als ursprünglich. Hier ist nach dem Gesetzeswortlaut eine **Begründung beider Entscheidungen** notwendig, die hier nicht identisch ausfallen wird. Fraglich ist, ob auch in diesem Fall (s. Rdn. 49) eine teleologische Reduktion angezeigt und nur die zweite Ablehnung zu begründen ist. Für die Entscheidung über die Wahl eines anderen Insolvenzverwalters in der ersten Gläubigerversammlung gem. § 567 Abs. 1 Satz 1 InsO kann auch die Begründung für die Ablehnung der zuerst vorgeschlagenen Person von Interesse sein.

51 Zu begründen ist nicht (positiv) die Auswahl des bestellten Verwalters, sondern (negativ) die mangelnde Eignung des vorgeschlagenen, aber nicht bestellten Verwalters (HambK-InsO/*Denkhaus* § 27 Rn. 15). Dabei geht der Gesetzgeber nach seiner Begründung davon aus, dass der ablehnende Beschluss in **vollem Wortlaut** gem. § 30 InsO **öffentlich bekannt** gemacht wird (*AG Potsdam* ZIP 2013, 181 [184]). Es handelt sich um eine Spezialnorm, die der Regelung des § 9 Abs. 1 Satz 1 InsO vorgeht und eine nur auszugsweise Veröffentlichung ausschließt. Auch wenn die abgelehnte Person vom Gericht nicht namentlich benannt wird, wird sie für mit der Insolvenzszene vertraute Personen häufig identifizierbar sein. Dies führt aber nicht zu einer Amtspflichtverletzung und zu einer Haftung des Richters. Es sind aber die Grundsätze zu beachten, die bei der Veröffentlichung anderer Gerichtsentscheidungen zur Wahrung des Persönlichkeitsschutzes gelten (MüKo-InsO/*Schmahl/Busch* §§ 27–29 Rn. 29). Der ansonsten früher teilweise überbewertete Datenschutz (z.B. nur Angabe des Geburtsjahres des Schuldners in den bis zum 30.06.2014 beantragten Verfahren, s. Rdn. 35) wird hier bedenklich verkürzt. Der Insolvenzrichter wird bestrebt sein, jedes Wort auf die »Goldwaage« zu legen. Ob unter diesen Voraussetzungen aussagekräftige Begründungen zu erwarten sind, erscheint zweifelhaft.

52 Der Begründungszwang gilt auch bei Ablehnung der Eigenverwaltung gem. § 270 Abs. 4 InsO (Einzelheiten s. *Foltis* § 270 Rdn. 111 ff.). Fehlt die Begründung, kann sie nachgeholt werden (HambK-InsO/*Denkhaus* § 27 Rn. 15). Der Beschluss ist **nicht anfechtbar** (A/G/R-*Sander* § 27 InsO Rn. 23).

53 Die **Praxistauglichkeit** der Vorschrift ist zu **bezweifeln**. Die entscheidende Weichenstellung erfolgt bereits mit der Ernennung des vorläufigen Verwalters. Es ist fraglich, ob ein vorläufiger Gläubigerausschuss zum Ende des Eröffnungsverfahrens einstimmig (!) einen anderen als den vom Gericht eingesetzten vorläufigen Insolvenzverwalter zum endgültigen Insolvenzverwalter vorschlägt.

54 f) Abs. 2 Nr. 5 InsO ist eingefügt worden mit Wirkung vom 26.06.2017 durch das Gesetz zur Durchführung der Verordnung (EU) 2015/848 über Insolvenzverfahren.
Damit wird Art. 79 Abs. 5 der Neufassung umgesetzt. Personen, deren Daten in Insolvenzregistern gespeichert wurden, sind darüber zu informieren für welchen Zeitraum die personenbezogenen Daten in dem Insolvenzregister zugänglich sind. Die öffentliche Bekanntmachung im Internet richtet sich nach § 9 InsO, die Löschungsfristen nach § 3 der Verordnung zu öffentlichen Bekanntmachungen in Insolvenzverfahren im Internet vom 12.02.2002 (s. § 9 Rdn. 28 ff.). Durch eine Darstellung dieser Löschungsfristen im Eröffnungsbeschluss, der nach § 30 Abs. 1 InsO sowohl öffentlich bekannt zu machen als auch nach § 30 Abs. 2 InsO den Gläubigern und Schuldnern des Schuldners und dem Schuldner besonders zuzustellen ist, wird sichergestellt, dass die betroffenen Personen die erforderlichen Informationen erhalten (BR-Drucks. 654/16, S. 23 f).

IV. Weiterer Inhalt des Eröffnungsbeschlusses

a) Sofern angeordnet, sind in den Eröffnungsbeschluss (oder in einen gesonderten Beschluss) aufzunehmen: 55
- Beauftragung des Insolvenzverwalters mit den Zustellungen (§ 8 Abs. 3 InsO).
- Postsperre (§ 99 InsO),
- Einsetzung eines Gläubigerausschusses (§ 67 Abs. 1 InsO) auch nach Einsetzung eines vorläufigen Gläubigerausschusses (s. Rdn. 26),
- Bestimmung der Hinterlegungsstelle (§ 149 Abs. 1 Satz 2 InsO),
- Anordnung der Zustimmungsbedürftigkeit bestimmter Rechtshandlungen bei der Eigenverwaltung gem. § 277 InsO (A/G/R-*Sander* § 27 InsO Rn. 20).

b) Befindet sich möglicherweise **Vermögen** im **Ausland**, ist die **Zuständigkeit zu begründen**, s. Rdn. 63. 56

Im **Ausland** belegenes Vermögen **gehört zur Insolvenzmasse** (s. i.E. Rdn. 66). Zur Verpflichtung des Schuldners nicht nur zur Auskunfterteilung, sondern auch zur Erteilung einer Auslandsvollmacht an den Insolvenzverwalter und zur Durchsetzung s. Rdn. 66, 67. 57

c) Aufgenommen in den Beschluss wird auch der **Insolvenzgrund** (*Jaeger/Schilken* InsO, § 27 Rn. 39). Bindende Wirkung hat dies jedoch nicht (*Kübler/Prütting/Bork-Pape* InsO, § 27 Rn. 33; s. § 7 Rdn. 84). Entgegen einer verbreiteten Auffassung (*Kübler/Prütting/Bork-Pape* InsO, § 27 Rn. 12; *Frege/Keller/Riedel* Rn. 771; unklar *Jaeger/Schilken* InsO, § 27 Rn. 28) wird der antragstellende Gläubiger in dem Eröffnungsbeschluss nicht aufgeführt (MüKo-InsO/*Schmahl/Busch* §§ 27–29 Rn. 27; K. Schmidt/*Keller* InsO, § 27 Rn. 39; *Uhlenbruck* InsO, § 27 Rn. 5). Die Angabe des Antragstellers ist für das weitere Verfahren unerheblich, da es sich spätestens mit Erlass des Eröffnungsbeschlusses nicht mehr um ein Parteiverfahren, sondern um ein Amtsverfahren handelt. Eine Kostenentscheidung enthält der Beschluss nicht, da die Kosten des Verfahrens von der Masse zu tragen sind (§ 54 InsO). 58

Die **Erklärung der Freigabe** (§ 35 Abs. 3 Satz 2 InsO) kann im Eröffnungsbeschluss **nicht** enthalten sein, da die Freigabe nicht der Sachverständige/vorläufige Insolvenzverwalter erklären kann, sondern erst der endgültige Insolvenzverwalter gem. § 35 Abs. 2 Satz 1 InsO. Es erfolgt nach Eröffnung eine gesonderte öffentliche Bekanntmachung. 59

e) Zum **weiteren Inhalt** des Beschlusses vgl. §§ 28, 29 InsO. 60

V. Mehrere Anträge

Zum Vorgehen bei mehreren Anträgen s. § 13 Rdn. 98 ff. 61

E. Wirksamwerden, Mängel, Rechtsbehelfe und Wirkungen des Beschlusses

Wegen des Wirksamwerdens und der Folgen von Mängeln s. § 29 Rdn. 18, § 30 Rdn. 6 ff., zu Rechtsbehelfen § 30 Rdn. 45 f., zu den Wirkungen des Beschlusses § 30 Rdn. 35 ff. und §§ 31–33. 62

F. Internationales Insolvenzrecht

Gem. Art. 102 § 2 EGInsO 31.05.2002/Art. 102c § 5 EGInsO 26.06.2017 soll das deutsche Insolvenzgericht seine **zuständigkeitsbegründenden** tatsächlichen und rechtlichen **Erwägungen kurz darstellen**, wenn anzunehmen ist, dass sich Vermögen in einem anderen Mitgliedstaat der Europäischen Union befindet. Stellt sich dies erst später heraus, kann der Beschluss ergänzt werden (*AG Hamburg* ZInsO 2009, 539; MüKo-InsO/*Schmahl* §§ 27–29 Rn. 115). 63

Die Anhängigkeit eines ausländischen Insolvenzverfahrens schließt nicht die Eröffnung eines Sonderinsolvenzverfahrens, beschränkt auf das Inlandsvermögen des Schuldners, aus (s. § 3 Rdn. 55 ff.). Bei Eröffnung eines Sekundärinsolvenzverfahrens wird der Eröffnungsgrund nicht erneut geprüft, Art. 27 EuInsVO 31.05.2002/Art. 34 EuInsVO 26.06.2017, § 356 Abs. 3 InsO. Im Geltungs- 64 bereich der EUInsVO kann ein Hauptinsolvenzverfahren nicht eröffnet werden, wenn bereits ein ausländisches Hauptinsolvenzverfahren eröffnet ist, Art 16 EuInsVO. Ob die Bestellung eines **vorläufigen Insolvenzverwalters** genügt, ist streitig (s. § 21 Rdn. 397). Bejahendenfalls ist der Beschluss zu begründen (s. Rdn. 63) bzw. die Begründung nachzuholen (*AG Hamburg* ZInsO 2009, 539). Ein dennoch eröffnetes inländisches Hauptinsolvenzverfahren darf nicht fortgesetzt werden gem. Art. 102 § 3 Abs. 1 EGInsO 31.05.2002/Art. 102c § 2 26.06.2017, es ist vielmehr einzustellen gem. Art. 102 § 4 Abs. 1 EGInsO 31.05.2002/Art. 102c § 3 26.06.2017.

65 Im Falle der **Verfahrenseröffnung im Ausland** bedarf es zur Eröffnung des inländischen Insolvenzverfahrens **nicht des Nachweises der Zahlungsunfähigkeit oder** der **Überschuldung** gem. Art 27 EUInsVO 31.05.2002/Art. 34 EuInsVO 26.06.2017, § 356 Abs. 3 InsO.

66 Im **Ausland belegenes Vermögen** gehört zur Insolvenzmasse (s. § 3 Rdn. 55). Die Mitwirkungspflicht des Schuldners (§ 97 InsO) verpflichtet diesen, im Ausland belegene Gegenstände durch geeignete Mitwirkungshandlungen dem Zugriff des Insolvenzverwalters zu erschließen; häufig wird nämlich die grenzüberschreitende Wirkung der Eröffnung eines Insolvenzverfahrens nicht anerkannt (BT-Drucks. 12/2443 S. 142). Dem Schuldner kann aufgegeben werden, dem Insolvenzverwalter **Vollmachten** für sein Auslandsvermögen zu erteilen (*Jaeger/Schilken* InsO, § 27 Rn. 39; *Kübler/Prütting/Bork-Pape* InsO, § 27 Rn. 31). Es genügt, dass es aufgrund konkreter Umstände nicht ganz unwahrscheinlich ist, dass der Schuldner über Auslandsvermögen verfügt (*BGH* ZIP 2003, 2123 [2124] = EWiR 2004, 293 = NZI 2004, 21 m. zust. Anm. *Uhlenbruck*). Diese Verpflichtung besteht sogar schon im Eröffnungsverfahren (s. § 22 Rdn. 198).

67 Die – fortgeltende – Rspr. bejaht eine **Verpflichtung** des Schuldners nicht nur zur Auskunftserteilung (*OLG Koblenz* ZIP 1993, 844), sondern auch zur **Erteilung einer Auslandsvollmacht** an den Insolvenzverwalter (*OLG Köln* ZIP 1986, 384 f. [Sachverhalt], i.V.m. ZIP 1986, 658 = EWiR 1986, 505; *BVerfG* ZIP 1986, 1336 [1337] = EWiR 1986, 1125; *LG Köln* ZIP 1997, 2161 [2162]). Weigert sich der Schuldner, macht er sich schadensersatzpflichtig (*LG Köln* ZIP 1997, 989 [990] = EWiR 1997, 745; bestätigt von *OLG Köln* ZIP 1998, 113 [114 f.]). Weiter kann die Verhaftung des Schuldners angeordnet werden (*LG Köln* EWiR 1998, 77). Bleiben Zwangsmittel erfolglos, kann der Insolvenzverwalter auf Erteilung einer Vollmacht klagen (*LG Köln* ZIP 1997, 2161 [2162] = EWiR 1998, 507).

68 Bei **ausländischen Gesellschaften** (z.B. Limited) bestimmen sich die **Eröffnungsgründe nach inländischem Recht**, Art. 4 Abs. 2 Satz 1 EUInsVO 31.05.2002/Art. 7 EuInsVO 26.06.2017 (*Holzer* ZVI 2005, 457 [466]).

§ 28 Aufforderungen an die Gläubiger und die Schuldner

(1) ¹Im Eröffnungsbeschluss sind die Gläubiger aufzufordern, ihre Forderungen innerhalb einer bestimmten Frist unter Beachtung des § 174 beim Insolvenzverwalter anzumelden. ²Die Frist ist auf einen Zeitraum von mindestens zwei Wochen und höchstens drei Monaten festzusetzen.

(2) ¹Im Eröffnungsbeschluss sind die Gläubiger aufzufordern, dem Verwalter unverzüglich mitzuteilen, welche Sicherungsrechte sie an beweglichen Sachen oder an Rechten des Schuldners in Anspruch nehmen. ²Der Gegenstand, an dem das Sicherungsrecht beansprucht wird, die Art und der Entstehungsgrund des Sicherungsrechts sowie die gesicherte Forderung sind zu bezeichnen. ³Wer die Mitteilung schuldhaft unterlässt oder verzögert, haftet für den daraus entstehenden Schaden.

(3) Im Eröffnungsbeschluss sind die Personen, die Verpflichtungen gegenüber dem Schuldner haben, aufzufordern, nicht mehr an den Schuldner zu leisten, sondern an den Verwalter.

Übersicht	Rdn.		Rdn.
A. Vorbemerkung	1	II. Gläubiger der anzumeldenden Forde-	
B. Forderungsanmeldung (Abs. 1)	2	rungen	3
I. Zweck	2	III. Inhalt der Anmeldung	4

	Rdn.		Rdn.
IV. Anmeldefrist (Abs. 1 Satz 2)	6	III. Schadensersatzpflicht	13
C. § 28 Abs. 2	10	D. § 28 Abs. 3	16
I. Zweck der Regelung	10	E. **Internationales Insolvenzrecht**	17
II. Einzelheiten	11		

A. Vorbemerkung

Nach Abs. 1 haben Gläubiger ihre Forderungen form- und fristgerecht beim Insolvenzverwalter anzumelden. Gläubiger, die Sicherungsrechte in Anspruch nehmen, haben dies unverzüglich dem Insolvenzverwalter mitzuteilen (Abs. 2). Drittschuldner sind aufzufordern, nicht mehr an den Schuldner, sondern an den Verwalter zu leisten (Abs. 3). 1

B. Forderungsanmeldung (Abs. 1)

I. Zweck

Die Forderungsanmeldung innerhalb der Frist des Abs. 1 Satz 2 soll sicherstellen, dass die **Schuldenmasse unverzüglich ermittelt wird** (*Kübler/Prütting/Bork-Pape* InsO, § 28 Rn. 1a). Durch die Verlagerung der Anmeldung vom Insolvenzgericht zum Insolvenzverwalter soll die in den neuen Bundesländern schon durch § 5 Abs. 2 Nr. 3 GesO erfolgte Entlastung der Insolvenzgerichte erreicht werden (BT-Drucks. 12/2443 S. 119). 2

II. Gläubiger der anzumeldenden Forderungen

Anmeldepflichtige Gläubiger von Forderungen sind die Insolvenzgläubiger (§ 174 Abs. 1 Satz 1 InsO). Insolvenzgläubiger sind die persönlichen Gläubiger, denen zur Zeit der Eröffnung des Insolvenzverfahrens ein Vermögensanspruch gegen den Schuldner zusteht (vgl. § 38 InsO). Zu beachten ist, dass nicht fällige Forderungen mit Verfahrenseröffnung als fällig gelten (§ 41 Abs. 1 InsO) und daher anzumelden sind. Nachrangige Gläubiger (§ 39 InsO) haben ihre Forderungen nur auf besondere Aufforderung des Insolvenzgerichts anzumelden (§ 174 Abs. 3 Satz 1 InsO). Nicht anzumelden sind Aussonderungsrechte gem. § 47 InsO. Absonderungsberechtigte Gläubiger sind Insolvenzgläubiger, wenn ihnen der Schuldner auch persönlich haftet und sie auf abgesonderte Befriedigung verzichtet haben oder bei ihr ausgefallen sind (§ 52 InsO). Weiterhin sind nicht anzumelden Masseansprüche (§ 53 InsO). Die Insolvenzgläubiger können ihre Forderungen gegen den Schuldner nur nach den Vorschriften der InsO durchsetzen, weshalb sie zur Forderungsanmeldung aufgefordert werden. Anzumelden sind Forderungen, gleich, ob sie tituliert sind oder nicht. Einzelheiten bei § 174 InsO. 3

III. Inhalt der Anmeldung

Die Insolvenzgläubiger haben ihre Forderungen **schriftlich unter Beifügung von Urkunden und Angaben von Grund und Betrag** der Forderung gegenüber dem **Insolvenzverwalter** anzumelden (§ 174 Abs. 1, Abs. 2 InsO). Bei der Eigenverwaltung erfolgt die Anmeldung an den Sachwalter (§ 270c Satz 2 InsO), im Verbraucherinsolvenzverfahren an den Insolvenzverwalter (in den bis zum 30.06.2014 beantragten Verfahren: Treuhänder gem. § 313 InsO a.F.). Über die Einzelheiten der Anmeldung werden die Gläubiger regelmäßig durch ein Formblatt belehrt. 4

Darin sollte auch ein Hinweis auf das Erfordernis der Anmeldung aus einer **vorsätzlich begangenen unerlaubten Handlung** gem. § 174 Abs. 2 InsO enthalten sein. Bei Übertragung der Zustellungen gem. § 8 Abs. 3 InsO auf den Insolvenzverwalter, den Sachwalter oder den Treuhänder (s. § 8 Rdn. 38) so belehrt dieser die Gläubiger. Zu beachten ist, dass der Gläubiger gem. § 174 Abs. 2 InsO auch die Tatsachen anzugeben hat, aus denen sich nach seiner Einschätzung ergibt, dass der Forderung eine vorsätzlich begangene unerlaubte Handlung des Schuldners zu Grunde liegt. Nur so kann der Schuldner erreichen, dass die Deliktsforderung gem. § 302 Nr. 1 InsO von der Ertei- 5 lung der Restschuldbefreiung nicht berührt wird. In diesem Fall hat gem. § 175 Abs. 2 InsO, das Insolvenzgericht den Schuldner über die Rechtsfolge des § 302 Nr. 1 InsO und das Recht zum Widerspruch hinzuweisen. Das schließt nicht aus, dass auch der Insolvenzverwalter (in den bis zum 30.06.2014 beantragten Verbraucherinsolvenzverfahren der Treuhänder) den Schuldner gesondert belehrt.

IV. Anmeldefrist (Abs. 1 Satz 2)

6 a) Die Anmeldefrist von mindestens zwei Wochen und **höchstens drei Monaten** beginnt zu dem Zeitpunkt, in dem die öffentliche Bekanntmachung (§ 30 Abs. 1 Satz 1 InsO) als bewirkt gilt (§ 9 Abs. 1 Satz 3 InsO). Die Praxis verfährt so, dass sie anstelle eines Zeitraumes einen Endtermin für die Anmeldung der Forderungen festlegt (*Uhlenbruck/Zipperer* InsO, § 28 Rn. 3).

7 Bei umfangreichen Insolvenzverfahren wird ein **Überschreiten der Höchstgrenze** von drei Monaten für möglich gehalten (BK-InsO/*Goetsch* § 28 Rn. 7; *Uhlenbruck/Zipperer* InsO, § 28 Rn. 3). Die Praxis behilft sich ggf. mit einer Vertagung (s. § 29 Rn. 6).

8 b) Wird eine Forderung vor Eröffnung beim **Insolvenzgericht angemeldet** und die Anmeldung nicht von der Geschäftsstelle des Insolvenzgerichts zurückgesandt, so ist die Anmeldung im Falle der Eröffnung an den Verwalter zu übergeben und unter dem Datum der Eröffnung zur Tabelle zu nehmen. Verfrühte Anmeldungen beim vorläufigen Insolvenzverwalter sind nach Verfahrenseröffnung zu berücksichtigen und in die Tabelle aufzunehmen (*Nerlich/Römermann-Mönning/Schweizer* InsO, § 28 Rn. 25).

9 c) Die Anmeldefrist ist **keine Ausschlussfrist** (*AG Krefeld* NZI 2001, 45) und auch keine Notfrist, so dass die Wiedereinsetzungsvorschriften (§§ 233 ff. ZPO) nicht anwendbar sind (*Jaeger/Schilken* InsO, § 28 Rn. 9; MüKo-InsO/*Schmahl/Busch* §§ 27–29 Rn. 54). Im Prüfungstermin sind auch Forderungen zu prüfen, die nach Ablauf der Anmeldefrist angemeldet worden sind (§ 177 Abs. 1 Satz 1 InsO). Bei Widerspruch des Insolvenzverwalters oder eines Insolvenzgläubigers oder Anmeldung erst nach dem Prüfungstermin ist auf Kosten des Säumigen ein besonderer Prüfungstermin zu bestimmen oder die Prüfung im schriftlichen Verfahren anzuordnen (§ 177 Abs. 1 Satz 2 InsO). Eine nach Ablauf der Ausschlussfrist für die Schlussverteilung angemeldete Forderung kann zwar noch festgestellt werden, sie nimmt jedoch an der Schlussverteilung und evtl. Nachtragsverteilungen nicht mehr teil (vgl. § 189 InsO), ebenso nicht an Zahlungen im Rahmen der Restschuldbefreiung (MüKo-InsO/*Schmahl/Busch* §§ 27–29 Rn. 55). Der Gläubiger kann aber Anträge auf Versagung der Restschuldbefreiung (§§ 290, 295 ff., 300, 303 InsO) stellen. Beeinträchtigt werden kann der Bestand einer festgestellten Forderung nur durch die Bewilligung einer Restschuldbefreiung (§§ 201 Abs. 3, 301 Abs. 1 InsO).

C. § 28 Abs. 2

I. Zweck der Regelung

10 Sicherungsrechte wie Eigentumsvorbehalt, Sicherungsübereignung und Sicherungsabtretung, die im heutigen Wirtschaftsleben große Bedeutung haben, werden sich aus den **Unterlagen des Schuldners häufig nicht eindeutig ergeben**, sollen aber andererseits dem Verwalter sobald als möglich bekannt werden (BT-Drucks. 12/2443 S. 119). Dem Verwalter soll die Feststellung und Verwertung der Masse (§§ 165 ff. InsO) sowie die Ausübung seines Wahlrechtes (§§ 103, 107 InsO) ermöglicht werden.

II. Einzelheiten

11 Die Gläubiger sind aufzufordern, dem Verwalter unverzüglich mitzuteilen, welche **Sicherungsrechte** sie an **beweglichen Sachen oder an Rechten** des Schuldners in Anspruch nehmen. Angeknüpft wird nicht an den Besitz der Sache. Im heutigen Wirtschaftsleben dominieren besitzlose Sicherungsrechte der Gläubiger wie Eigentumsvorbehalt, Sicherungsübereignung und Sicherungsabtretung. Diese

sind mitzuteilen, ebenso Sicherheitenpool, Mehrfachabtretungen von Forderungen. Hingegen ist der Besitz einer unbelasteten Sache aus dem Vermögen des Schuldners nicht anzeigepflichtig. Bei Sicherungsrechten am **unbeweglichen Vermögen** ist eine entsprechende Mitteilungspflicht entbehrlich, da diese Rechte i.d.R. ohne Schwierigkeiten aus dem Grundbuch und den entsprechenden Registern für Schiffe und Luftfahrzeuge entnommen werden können (BT-Drucks. 12/2443 S. 119).

Die Gläubiger haben das beanspruchte Sicherungsrecht unverzüglich (ohne schuldhaftes Zögern, § 121 Abs. 1 Satz 1 BGB) dem Insolvenzverwalter mitzuteilen und dabei den Gegenstand, an dem das Sicherungsrecht beansprucht wird, die Art und den Entstehungsgrund des Sicherungsrechts sowie die gesicherte Forderung zu bezeichnen (Abs. 2 Satz 1, 2). Dadurch soll dem Insolvenzverwalter die **Überprüfung ermöglicht** werden, ob das Sicherungsrecht besteht oder nicht. Häufig ist eine erste Überprüfung schon erfolgt bei der Frage, ob genügend Masse für die Eröffnung des Verfahrens vorhanden ist (s. § 26 Rdn. 18). 12

III. Schadensersatzpflicht

Folge der unterlassenen Mitteilung ist nicht das Erlöschen des Sicherungsrechtes, sondern nur eine Schadensersatzverpflichtung. Schadensersatzpflichtig macht sich der, der die Mitteilung schuldhaft unterlässt oder verzögert (Abs. 2 Satz 3). Eine unrichtige oder unvollständige Anmeldung steht dem gleich (*Uhlenbruck/Zipperer* InsO, § 28 Rn. 6). 13

Ein **Schaden** kann z.B. dadurch entstehen, dass bei rechtzeitiger Mitteilung eine günstigere Verwertung für die Masse möglich gewesen wäre. Ein Verschulden liegt beispielsweise vor, wenn der Gläubiger die Mitteilung unterließ, obwohl er zumindest fahrlässig von der Aufforderung gem. Abs. 2 trotz öffentlicher Bekanntmachung des Beschlusses keine Kenntnis hatte. Die Geltendmachung des Schadens erfolgt durch den Insolvenzverwalter für die Masse (*Nerlich/Römermann-Mönning/Schweizer* InsO, § 27 Rn. 50). 14

Weiter ist ein Gläubiger mit Schadensersatzansprüchen ausgeschlossen, wenn der Insolvenzverwalter in unverschuldeter Unkenntnis einen Gegenstand verwertet (*Kübler/Prütting/Bork-Pape* InsO, § 28 Rn. 5; *Nerlich/Römermann-Mönning/Schweizer* InsO, § 28 Rn. 57). 15

D. § 28 Abs. 3

Gemäß Abs. 3 sind **Drittschuldner** aufzufordern, nicht mehr an den Schuldner, sondern an den **Verwalter zu leisten**. Wird bei Eröffnung des Verfahrens kein Insolvenzverwalter bestellt, sondern Eigenverwaltung angeordnet (§ 270 InsO), so entfällt die Aufforderung an die Drittschuldner (BT-Drucks. 12/2443 S. 119). Beansprucht der Sachwalter die Kassenführung gem. § 275 InsO, sollte in den Eröffnungsbeschluss die Aufforderung an die Drittschuldner aufgenommen werden, Zahlungen nur an den Sachwalter zu leisten (MüKo-InsO/*Schmahl/Busch* §§ 27–29 Rn. 75). Die Vorschrift des Abs. 3 gilt auch für ausländische Schuldner, wenn die Leistung innerhalb der Grenzen des deutschen Staatsgebietes zur Ausführung kommt (*Uhlenbruck/Zipperer* InsO, § 28 Rn. 7). Bei einem Verstoß regeln sich die Rechtsfolgen nach § 82 InsO. Eine eigenständige Sicherungsfunktion hat die Vorschrift nicht (*Kübler/Prütting/Bork-Pape* InsO, § 28 Rn. 6). Die Aufforderung hat nur deklaratorischen Charakter in Form einer öffentlichen Warnung. 16

E. Internationales Insolvenzrecht

Gläubiger in einem Mitgliedsstaat der Europäischen Union sind zu **unterrichten** (Art. 40 EUInsVO), ihnen ist neben dem Eröffnungsbeschluss ein Hinweis über die Folgen einer nachträglichen Forderungsanmeldung gem. § 177 InsO zuzustellen gem. Art. 102 § 11 Satz 1 EGInsO 31.05.2002/Art. 54 EuInsVO 26.06.2017. 17

§ 29 Terminbestimmungen

(1) Im Eröffnungsbeschluss bestimmt das Insolvenzgericht Termine für:
1. eine Gläubigerversammlung, in der auf der Grundlage eines Berichts des Insolvenzverwalters über den Fortgang des Insolvenzverfahrens beschlossen wird (Berichtstermin); der Termin soll nicht über sechs Wochen und darf nicht über drei Monate hinaus angesetzt werden;
2. eine Gläubigerversammlung, in der die angemeldeten Forderungen geprüft werden (Prüfungstermin); der Zeitraum zwischen dem Ablauf der Anmeldefrist und dem Prüfungstermin soll mindestens eine Woche und höchstens zwei Monate betragen.

(2) ¹Die Termine können verbunden werden. ²Das Gericht soll auf den Berichtstermin verzichten, wenn die Vermögensverhältnisse des Schuldners überschaubar sind und die Zahl der Gläubiger oder die Höhe der Verbindlichkeiten gering ist.

(§ 29 a.F. i.d.F. für bis zum 30.06.2014 beantragte Verfahren s. 8. Auflage)

Übersicht

	Rdn.		Rdn.
A. Überblick	1	1. Regelung in § 5 Abs. 2 InsO	10
B. Die Termine und ihre Verbindung	2	2. Sonstige Fälle	11
I. Berichtstermin	2	C. Fristen	12
II. Prüfungstermin	7	I. Berechnung	12
III. Verbindung	8	II. Einzelne Fristen	13
IV. Weitere Termine	9	III. Folgen von Verstößen	18
V. Schriftliches Verfahren	10		

Literatur:
Schmerbach Gesetz zur Verkürzung des Restschuldbefreiungsverfahrens und zur Stärkung der Gläubigerrechte verabschiedet – Ende gut, alles gut?, NZI 2013, 566.

A. Überblick

1 Ein gesonderter Termin zur Beschlussfassung über die Wahl eines anderen Verwalters (§ 57 InsO) und die Bestellung eines Gläubigerausschusses (§ 68 InsO) ist nicht vorgesehen. Stattdessen findet – vorbehaltlich der für die ab dem 01.07.2014 beantragten Verfahren eingefügten Regelung in Abs. 2 Satz 2 – ein Berichtstermin statt (Abs. 1 Nr. 1), in dem auch die Wahl eines anderen Verwalters und die Bestellung eines Gläubigerausschusses beschlossen werden kann. Bereits vor Eröffnung kann das Insolvenzgericht einen vorläufigen Gläubigerausschuss einsetzen (s. § 22a Rdn. 4) und ab Eröffnung kann einen Gläubigerausschuss (§ 67 Abs. 1 InsO). Sofern mit diesen Entscheidungen – z.B. im Falle einer Unternehmensveräußerung – nicht bis zum Berichtstermin abgewartet werden soll, kann eine gesonderte Gläubigerversammlung (gem. § 75 InsO) einberufen werden. Die **Terminsbestimmung** erfolgt **im Eröffnungsbeschluss** durch den Rechtspfleger (str., s. § 30 Rdn. 4) nach vorheriger Absprache mit dem Verwalter. Bei unterbliebener Abstimmung des Termins ist bei Verhinderung des Verwalters der Termin auf dessen Antrag gem. § 4 InsO i.V.m. § 227 ZPO zu verlegen (*AG Hohenschönhausen* ZInsO 2000, 168). Der Schlusstermin (§ 197 InsO) wird später festgesetzt. Ein schriftliches Verfahren ist inzwischen der Regelfall.

B. Die Termine und ihre Verbindung

I. Berichtstermin

2 Im **Berichtstermin** hat der Insolvenzverwalter über die wirtschaftliche Lage des Schuldners, ihre Ursachen, die Möglichkeit des Unternehmenserhalts und eines Insolvenzplanes einschließlich der Auswirkungen auf die Befriedigung der Gläubiger zu berichten (§ 156 Abs. 1 InsO). Im vereinfachten Insolvenzverfahren findet gem. § 312 Abs. 1 Satz 2 InsO a.F. in den bis zum 30.06.2014 beantragten Verfahren kein Berichtstermin, sondern nur ein Prüfungstermin statt. Dieser Termin wird fast ausnahmslos schriftlich gem. § 5 Abs. 2 InsO durchgeführt (s. Rdn. 10). Für ab 01.07.2014 beantragte Verfahren sieht Abs. 2 Satz 2 eine daran angelehnte Regelung vor (Rdn. 5).

Die Gläubigerversammlung beschließt im Berichtstermin über die vorläufige **Fortführung oder** 3
Stilllegung des Schuldnerunternehmens und kann den Verwalter beauftragen, einen Insolvenzplan auszuarbeiten und ihm das Ziel des Plans vorgeben (§ 157 InsO). Bis zum Berichtstermin kann der Verwalter die Einstellung der Zwangsversteigerung ohne das Vorliegen besonderer Voraussetzungen durchsetzen gem. § 30d Abs. 1 Nr. 1 ZVG (s. § 21 Rdn. 299). Dieser Schwebezustand ist nach Auffassung des Gesetzgebers nur für eine begrenzte Zeit hinnehmbar (BT-Drucks. 12/2443 S. 119), woraus sich auch die Fristen in Nr. 1 erklären.

Bestrittene Forderungen werden erst im (nachfolgenden) **Prüfungstermin** festgestellt. Kommt es für 4
die Wahl eines neuen Insolvenzverwalters gem. § 57 Satz 1 InsO auf die Höhe bestrittener Forderungen an, so erfolgt eine vorläufige Festsetzung des Stimmrechtes analog § 77 Abs. 2 InsO (*LG Göttingen* ZIP 2000, 1501 [1502]; *AG Hamburg* NZI 2000, 138 [139]); *Kübler/Prütting/Bork-Pape* InsO, § 29 Rn. 8). Eines vorherigen Prüfungstermins (*Uhlenbruck/Zipperer* InsO, § 29 Rn. 3) bedarf es nicht (gegen einen Prüfungstermin vor dem Berichtstermin MüKo-InsO/*Schmahl/Busch* §§ 27–29 Rn. 81). Auch muss zum Zeitpunkt des Berichtstermins die Frist zur Anmeldung der Forderungen noch nicht abgelaufen sein; jeder Gläubiger hat es in der Hand, seine Forderung schon bis zum Berichtstermin anzumelden (MüKo-InsO/*Schmahl/Busch* §§ 27–29 Rn. 49).

Für die bis zum 30.06.2014 beantragten **Verbraucherinsolvenzverfahren** sieht § 312 Abs. 1 InsO 5
a.F. den **Verzicht** auf den **Berichtstermin** vor. Er ist überflüssig, weil eine Entscheidung über die Fortführung eines Unternehmens gem. § 157 InsO nicht zu treffen ist. Diesen Gedanken greift die für ab dem 01.07.2014 beantragte Verfahren geltende **Neuregelung in Abs. 2 Satz 2** auf. Danach soll das Gericht auf den Berichtstermin verzichten, wenn die Vermögensverhältnisse des Schuldners überschaubar sind und die Zahl der Gläubiger oder die Höhe der Verbindlichkeiten gering ist (*Schmerbach* NZI 2013, 566 [572]). Die Formulierung ist übernommen aus § 5 Abs. 2 Satz 1 InsO, der unter diesen Voraussetzungen die Durchführung des schriftlichen Verfahrens vorsieht (s. § 5 Rdn. 47). Hinsichtlich der Voraussetzungen wird verwiesen auf die dortige Kommentierung (s. § 5 Rdn. 48 ff.).

Im Ergebnis ist die Soll-Vorschrift wie folgt zu anzuwenden: In Verbraucherinsolvenzverfahren wird 6
ein Berichtstermin weiterhin ausscheiden. **Zusätzlich** wird er i.d.R. auch entfallen in **Regelinsolvenzverfahren**, wenn der **Geschäftsbetrieb eingestellt** ist.

II. Prüfungstermin

Im Prüfungstermin werden die angemeldeten Forderungen ihrem Betrag und ihrem Rang nach geprüft, bestrittene Forderungen werden einzeln erörtert (§ 176 InsO). **Festgestellte Forderungen** 7
werden in eine **Tabelle eingetragen** und wirken wie ein rechtskräftiges Urteil gegenüber dem Insolvenzverwalter und allen Insolvenzgläubigern (§ 178 InsO). Dem Insolvenzverwalter ist eine Überlegungsfrist von i.d.R. zwei Monaten nach dem Prüfungstermin zuzubilligen (*OLG Celle* ZInsO 2012, 978), ob er das Bestreiten einer Forderung aufrechterhält, **Streitige Forderungen** müssen vor dem Prozessgericht geklärt werden (§§ 179, 180 InsO). Beim Insolvenzplan darf der Erörterungs- und Abstimmungstermin (§ 235 InsO) nicht vor dem Prüfungstermin stattfinden, doch können die Termine verbunden werden, § 236 InsO.

III. Verbindung

Eine Verbindung (Abs. 2) kommt nur bei **kleineren Verfahren** in Betracht, wenn die Masse klein 8
oder der Kreis der Insolvenzgläubiger von geringem Umfang ist (ähnlich *Kübler/Prütting/Bork-Pape* InsO, § 29 Rn. 9). Eine nachträgliche Trennung ist möglich (MüKo-InsO/*Schmahl/Busch* §§ 27–29 Rn. 87).

IV. Weitere Termine

9 Ein anberaumter Termin kann verlegt, ein begonnener Termin kann **vertagt** werden (§ 4 InsO i.V.m. § 227 ZPO). **Weitere Gläubigerversammlungen** können vom Insolvenzgericht (§ 74 InsO) oder auf Antrag der in § 75 Abs. 1 InsO genannten Berechtigten **einberufen** werden.

V. Schriftliches Verfahren

1. Regelung in § 5 Abs. 2 InsO

10 **Schriftliche Verfahren** waren vor dem 01.07.2007 gem. § 312 Abs. 2 InsO a.F. in Verbraucherinsolvenzverfahren möglich. Die Rechtsprechung wandte die Vorschrift analog an, wenn bei natürlichen Personen kein laufender Geschäftsbetrieb vorhanden (*AG Göttingen* ZInsO 2002, 292 m. zust. Anm. *Schmerbach* = EWiR 2002, 443) oder der Geschäftsbetrieb eingestellt war. Das schriftliche Verfahren ist nunmehr gem. § 5 Abs. 2 InsO in allen Verfahrensarten zulässig. Davon sollte in großem Umfang und ohne kleinliches Festhalten an den in § 5 Abs. 2 InsO aufgeführten Voraussetzungen Gebrauch gemacht werden (s. § 5 Rdn. 52). Eine daran angelehnte Regelung findet sich für ab 01.07.2014 beantragte Verfahren in Abs. 2 Satz 2 (Rdn. 5).

2. Sonstige Fälle

11 Möglich ist ein schriftliches Verfahren weiter in folgenden Fällen:
- Prüfung verspätet angemeldeter Forderungen (§ 177 Abs. 1 Satz 2 InsO),
- Prüfung nachrangiger Forderungen gem. § 39 InsO (§ 177 Abs. 2 InsO),
- Abstimmung über einen Insolvenzplan (§ 242 InsO).

C. Fristen

I. Berechnung

12 Die Fristen für die Termine, die in dem öffentlich bekannt zu machenden Eröffnungsbeschluss (§ 30 Abs. 1 Satz 1 InsO) enthalten sind, beginnen am **3. Tag nach der Veröffentlichung** (§ 9 Abs. 1 Satz 3 InsO) zu laufen. Wegen der Einzelheiten s. § 9 Rdn. 26. Sind die Fristen – etwa wegen Überlastung des Rechtspflegers – nicht einzuhalten, wird eine »gestreckte Veröffentlichung« vorgenommen. Die für die Fristberechnung entscheidende Veröffentlichung im Internet (s. § 9 Rdn. 8) wird entsprechend herausgeschoben. Weiter kommen Vertagungen in Betracht. Zwingend vorgeschriebene Fristen (s.u. Rdn. 13 ff.) können durch diese Verfahrensweise überschritten werden (HK-InsO/*Rüntz* § 29 Rn. 2).

II. Einzelne Fristen

13 a) Der **Berichtstermin** soll nicht über sechs Wochen und darf nicht über drei Monate hinaus angesetzt werden. Bei der Frist von **sechs Wochen** handelt es sich um eine **Sollvorschrift**, die möglichst eingehalten werden sollte. Dem Insolvenzverwalter muss es allerdings möglich sein, den erforderlichen Bericht (§ 156 InsO) und die für die Entscheidung der Gläubigerversammlung über die Unternehmensfortführung (§ 157 InsO) benötigten Angaben vorzubereiten. Weiter ist die Terminslage des Insolvenzgerichts zu berücksichtigen auch im Hinblick auf die ungenügende personelle Ausstattung mit Rechtspflegern. Ein vom Insolvenzverwalter oder dem Insolvenzgericht nur ungenügend vorbereiteter Termin nützt keinem, er schadet vielmehr nur, da er unnütz Arbeitskraft bindet.

14 Bei der Frist von **drei Monaten** handelt es sich um eine Obergrenze, die **zwingend** einzuhalten ist (BK-InsO/*Goetsch* § 29 Rn. 13; *Kübler/Prütting/Bork-Pape* InsO, § 29 Rn. 5). Dies folgt aus der Verwendung des Wortes »darf« statt »soll« (s. aber Rdn. 12). Bei sofortiger Beschwerde gegen den Eröffnungsbeschluss wird der Berichtstermin bei laufendem Geschäftsbetrieb oder zur Genehmigung besonders bedeutsamer Rechtshandlungen gem. § 160 InsO abgehalten werden; in den übrigen Fällen kommt eine Vertagung (s. Rdn. 9) in Betracht.

b) Die Frist für die **Anmeldung von Forderungen** beträgt mindestens zwei Wochen und höchstens drei Monate (§ 28 Abs. 1 Satz 2 InsO). Diese **Zwischenfrist** dient der Auslegung der Tabelle gem. § 175 Abs. 1 Satz 2 InsO und der Information der Gläubiger über die eingegangenen Anmeldungen (MüKo-InsO/*Schmahl/Busch* §§ 27–29 Rn. 52). Die Frist läuft ab dem dritten Tag nach der Veröffentlichung (§ 9 Abs. 1 Satz 3 InsO). Der Prüfungstermin (Nr. 2) soll mindestens eine Woche und höchstens zwei Monate nach Ablauf der Anmeldefrist abgehalten werden. Die Frist beginnt sofort nach dem Ablauf der Anmeldefrist zu laufen. Es handelt sich um eine **Soll**vorschrift. Eine Unterschreitung der Mindestfrist von einer Woche dürfte kaum in Betracht kommen; realistisch ist eine Frist ab drei Wochen (MüKo-InsO/*Schmahl/Busch* §§ 27- 29 Rn. 52). Möglich ist aber eine Überschreitung der Höchstfrist von zwei Monaten. Ein Überschreiten kommt insbesondere in Betracht bei Großinsolvenzen mit einer Vielzahl von Gläubigern im Hinblick auf die für die Prüfung der Forderungen erforderliche Zeit (BK-InsO/*Goetsch* § 29 Rn. 17; *Jaeger/Schilken* InsO, § 29 Rn. 9; *Kübler/Prütting/Bork-Pape* InsO, § 29 Rn. 8; s.a. Rdn. 12). Werden **Berichts- und Prüfungstermin getrennt anberaumt**, sollte die **Frist zur Forderungsanmeldung vor dem Berichtstermin enden**, da es sonst Probleme bei der Feststellung der Stimmrechte geben kann (*Wegener* Insbüro 2007, 332 [333]). 15

c) Feste zeitliche Grenzen existieren also hinsichtlich des Berichtstermins, der nicht über drei Monate hinaus angesetzt werden darf. Bei **Vertagungen** kann die **Frist** aber **überschritten** werden (s. Rdn. 12). Die Obergrenze von drei Monaten gilt auch, wenn Berichtstermin und Prüfungstermin verbunden werden. In diesem Fall ist auch die einwöchige Mindestfrist des Abs. 1 Nr. 2 zu beachten. 16

d) Bei den **übrigen Gläubigerversammlungen** ist die Sollvorschrift des § 75 Abs. 2 InsO und die Ladungsfrist von drei Tagen (§ 4 InsO i.V.m. § 217 ZPO) zu beachten. 17

III. Folgen von Verstößen

Wird der Berichtstermin über drei Monate hinaus angesetzt, liegt ein Gesetzesverstoß vor. Die Möglichkeit einer sofortigen Beschwerde besteht nicht (§§ 6, 34 InsO; a.A. MüKo-InsO/*Schmahl/Busch* §§ 27–29 Rn. 88 für den Schuldner). Ist der Termin jedoch – wie in der Praxis häufig (s. § 30 Rdn. 4) – vom Rechtspfleger angesetzt worden, so ist die **sofortige Erinnerung** möglich (s. § 6 Rdn. 107 ff.). 18

§ 30 Bekanntmachung des Eröffnungsbeschlusses

(1) Die Geschäftsstelle des Insolvenzgerichts hat den Eröffnungsbeschluss sofort öffentlich bekanntzumachen.

(2) Den Gläubigern und Schuldnern des Schuldners und dem Schuldner selbst ist der Beschluss besonders zuzustellen.

(§ 30 a.F. i.d.F. für bis zum 30.06.2014 beantragte Verfahren s. 8. Auflage)

Übersicht	Rdn.			Rdn.
A. Überblick	1	II.	Bestallungsurkunde und Aufforderungen an den Verwalter	33
B. Zuständigkeit von Richter und Rechtspfleger für die einzelnen Anordnungen	3	III.	Sonderinsolvenzen	34
C. Wirksamwerden und Mängel des Eröffnungsbeschlusses	6	F.	Wirkungen der Eröffnung	35
		I.	Insolvenzgericht	36
D. Bekanntmachung des Beschlusses (§ 30 InsO)	17	II.	Gesicherte Gläubiger	37
		III.	Schuldner	38
I. Öffentliche Bekanntmachung (Abs. 1)	17	IV.	Auflösung	39
II. Besondere Zustellung (Abs. 2)	23	V.	Natürliche Personen	43
III. Hinweis auf Restschuldbefreiung (Abs. 1 Satz 2 a.F.)	28	VI.	Insolvenzgeld	44
		G.	Rechtsbehelfe	45
E. Weitere Maßnahmen	30	H.	Internationales Insolvenzrecht	47
I. Mitteilungen	30			

§ 30 InsO Bekanntmachung des Eröffnungsbeschlusses

Literatur:
Heyn Gesetz über die Insolvenzstatistik (Insolvenzstatistikgesetz – InsStatG), InsbürO 2013, 3; *Püschel/Paradissis* Die Staatsanwaltschaft als Sitzungspolizei – eine Polemik gegen die Praxis der Ermittlungen ohne Verdacht, ZInsO 2015, 1786.

A. Überblick

1 Regelungen zum Inhalt des Eröffnungsbeschlusses enthalten die §§ 27–29 InsO. § 30 InsO regelt **Bekanntmachung und Zustellung des Eröffnungsbeschlusses**. Die Bekanntmachung dient der Unterrichtung des Geschäftsverkehrs (BT-Drucks. 12/2443 S. 120). Darüber hinaus erhalten eine Vielzahl von Stellen Mitteilungen über die Eröffnung. Abs. 3 ist durch das InsO-Änderungsgesetz zum 01.12.2001 aufgehoben worden; eine Regelung über die Hinweispflicht auf die Restschuldbefreiung (§§ 286 ff. InsO) befindet sich nunmehr in § 20 Abs. 2 InsO (s. § 20 Rdn. 51 ff.). § 30 Abs. 1 Satz 2 sah die auszugsweise Bekanntmachung im Bundesanzeiger vor und ist als Folgeänderung zu § 9 InsO zum 01.07.2007 entfallen. Mit Wirkung zum 01.07.2007 ist die Regelungen in § 30 Abs. 1 Satz 2 InsO (Frühzeitiger Hinweis Gläubiger auf Restschuldbefreiungsantrag Schuldner – s. auch § 27 Abs. 2 Nr. 4 InsO) eingefügt worden und zum 01.07.2014 wieder gestrichen worden wegen der Neuregelung in § 287a InsO.

2 Der **Beschluss** wird bereits **vor der öffentlichen Bekanntmachung wirksam**. Mängel des Beschlusses führen nur ausnahmsweise zur Unwirksamkeit. Hinsichtlich der einzelnen Anordnungen im Eröffnungsbeschluss ist abzugrenzen zwischen der Zuständigkeit des Richters und des Rechtspflegers. Die Eröffnung wird eingetragen im Grundbuch und den einschlägigen Registern (§§ 31–33 InsO). Bei den **weiteren Wirkungen** der Eröffnung ist zu unterscheiden hinsichtlich der Wirkungen für das Insolvenzgericht, auf Schuldner und Insolvenzverwalter, für Gläubiger und den Auswirkungen für den Bestand des Schuldners bei juristischen Personen und Gesellschaften ohne Rechtspersönlichkeit (im Hinblick auf die Auflösung).

B. Zuständigkeit von Richter und Rechtspfleger für die einzelnen Anordnungen

3 Für die Verfahren nach der Insolvenzordnung ist grds. der Rechtspfleger zuständig, § 3 Nr. 2e RPflG vorbehaltlich der Ausnahme in § 18 RPflG. Dem **Richter** ist das Verfahren bis zur Entscheidung über den Eröffnungsantrag unter Einschluss dieser Entscheidung und der Ernennung des Insolvenzverwalters vorbehalten (§ 18 Abs. 1 Nr. 1 RPflG). Ebenso hat der Richter vor Eröffnung über einen Stundungsantrag des Schuldners (§ 4a InsO) zu entscheiden (str., s. § 2 Rdn. 24). Der Richter ist auch zuständig für die Ernennung des an Stelle des Insolvenzverwalters tretenden Treuhänders (in bis zum 30.06.2014 beantragten Verbraucherinsolvenzverfahren) oder Sachwalters (§ 27 Abs. 1 Satz 2 InsO). Im letzten Fall ist der Richter auch bei nachträglicher Anordnung (§ 271 InsO) zuständig, da er auch für die bei Verfahrenseröffnung erfolgende Ernennung zuständig ist. Zuständig ist der Richter auch für die Einsetzung eines Gläubigerausschusses gem. § 67 InsO (s. § 2 Rdn. 32). Ebenso ist der Richter zuständig für die Ernennung eines von der ersten Gläubigerversammlung neu gewählten Insolvenzverwalters und für die Ernennung eines Sonderinsolvenzverwalters (s. FK-InsO/*Schmerbach* § 2 Rdn. 32). Die entsprechenden Entscheidungen trifft der Richter und setzt sie in den Eröffnungsbeschluss ein einschließlich der Angabe des Insolvenzgrundes. Diesen Teil des Beschlusses unterschreibt der Richter. Für die weiteren Entscheidungen ist der Richter nicht zuständig (a.A. HK-InsO/*Sternal* § 2 Rn. 8; *Jaeger/Schilken* InsO, § 27 Rn. 6 und § 30 Rn. 4; *Kübler/Prütting/Bork-Pape* InsO, § 30 Rn. 10; MüKo-InsO/*Schmahl/Busch* §§ 27–29 Rn. 135; K. Schmidt/*Keller* InsO, § 27 Rn. 51; *Uhlenbruck/Zipperer* InsO, § 29 Rn. 4).

4 Die restlichen Anordnungen sind Aufgabe des **Rechtspflegers**, der den nachfolgenden Teil des Beschlusses unterschreibt (ebenso *Nerlich/Römermann-Mönning/Schweizer* InsO, § 30 Rn. 11). Dies entspricht der Rechtslage nach der KO und der bewährten Praxis. Einer Absprache mit dem Rechtspfleger oder eines Einsetzenlassens durch den Rechtspfleger (so *Jaeger/Schilken* InsO, § 29 Rn. 7; *Uhlenbruck* InsO, § 29 Rn. 4) bedarf es nicht. Der Richter sollte diese Anordnungen auch nicht gem. § 6 RPflG kraft Sachzusammenhanges treffen (so *Dallmeyer/Eickmann* RPflG, § 18 Rn. 7).

Der Rechtspfleger ist nämlich grds. für das weitere Verfahren zuständig. Eine sachgerechte Verfahrensweise gebietet es, ihm die Entscheidungen für diesen ihm nunmehr obliegenden Bereich zu überlassen. Eine Verfahrensverzögerung tritt dadurch nicht ein. Würde der Richter die Terminsbestimmungen (§ 29 InsO) vornehmen, müsste er sich sinnvollerweise mit dem Rechtspfleger und auch dem Verwalter (s. § 29 Rdn. 1) abstimmen. Der Rechtspfleger wird seine Entscheidungen jedoch erst nach dem Studium der Akte treffen können. Bei Abstimmung mit dem Richter und Rückgabe an diesen sind im Gegenteil sogar Verfahrensverzögerungen zu befürchten. Nach der Gegenauffassung müsste der Richter sogar eine Terminsverlegung selbst vornehmen (so ausdrücklich MüKo-InsO/*Schmahl/Busch* §§ 27–29 Rn. 87).

Der **Richter** bleibt allerdings zuständig gem. § 18 Abs. 1 Nr. 2 RPflG bei einem Antrag auf Erteilung der Restschuldbefreiung, soweit ein Insolvenzgläubiger die Versagung der Restschuldbefreiung oder deren Widerruf beantragt (s. § 2 Rdn. 25). Auch nach Eröffnung bleibt der Richter für weitere Entscheidungen zuständig (s. i.E. § 2 Rdn. 28–41, 43). 5

C. Wirksamwerden und Mängel des Eröffnungsbeschlusses

Bewirkt und **existent** geworden ist der Eröffnungsbeschluss mit der Unterschriftsleistung durch den Richter (BGHZ 50, 242 [245]; *LG Halle* ZIP 1995, 1757 [1759] = EWiR 1995, 1193; *LG Karlsruhe* NZI 2002, 608 [609]). Ein versehentlich **nicht unterschriebener** und nicht verkündeter **Eröffnungsbeschluss** ist **unwirksam**, selbst wenn festgestellt werden kann, dass der Beschluss im Einverständnis mit dem Insolvenzrichter verlautbart wurde und der Richter die Entscheidung nachträglich zweifelsfrei billigt (*BGH* ZIP 1997, 2126 [2127 ff.] = EWiR 1998, 175; *Kübler/Prütting/Bork-Pape* InsO, § 27 Rn. 13; MüKo-InsO/*Schmahl/Busch* §§ 27–29 Rn. 122; a.A. *LG Halle* ZIP 1995, 1557 [1759 f.] = EWiR 1995, 1193). Eine **Heilung** durch nachträgliche Unterschrift ist möglich, wirkt aber nur ex nunc (*Nerlich/Römermann-Mönning/Schweizer* InsO, § 27 Rn. 48; s.a. § 23 Rdn. 16). Eine bewusste und gewollte Namensverkürzung (Handzeichen, Paraphe) stellt keine Unterschrift dar (HK-InsO/*Kirchhof* § 27 Rn. 17). Es genügt aber ein Schriftzug, der individuellen Charakter aufweist und zumindest einzelne Buchstaben erkennen lässt (*BGH* NZI 2011, 59). 6

Vom Bewirken/Existentwerden des Beschlusses ist das **Wirksamwerden** zu unterscheiden (s.a. § 5 Rdn. 63). Ein **verkündeter** Beschluss wird mit seiner Verkündung wirksam. Ein **nichtverkündeter Eröffnungsbeschluss** muss nicht öffentlich bekannt gemacht werden (*BGH* ZInsO 2010, 1496 Rn. 5). Vielmehr wird er wirksam, sobald er aufhört, eine innere Angelegenheit des Insolvenzgerichts zu sein (*BGH* ZIP 1982, 464 [465 f.]). Dazu genügt nicht die Übergabe an die Geschäftsstelle (so *AG Hamburg* ZInsO 2005, 669 [670]). Vielmehr ist dies der Fall, wenn der Beschluss von der Geschäftsstelle in den Ausgang gegeben ist (*BGH* ZVI 2006, 565 [566]; *OLG Celle* ZInsO 2001, 418; *LG Halle* ZVI 2005, 39), er im Einverständnis mit dem Insolvenzrichter dem Schuldner, Verwalter (*LG Karlsruhe* NZI 2002, 608 [609]) oder einem Gläubiger mitgeteilt wird oder dem Grundbuchamt oder Registergericht ein Eintragungsersuchen übersandt wird (HK-InsO/*Rüntz* § 27 Rn. 30; MüKo-InsO/*Schmahl/Busch* §§ 27–29 Rn. 125; *Uhlenbruck/Zipperer* InsO, § 27 Rn. 8). Auf die Zustellung, Veröffentlichung oder gar Rechtskraft des Eröffnungsbeschlusses kommt es folglich nicht an. 7

Nach Wirksamwerden des Eröffnungsbeschlusses ist eine **Antragsrücknahme** gem. § 13 Abs. 2 InsO oder eine **Erledigungserklärung** (s. § 13 Rdn. 274) **nicht mehr möglich** (*OLG Celle* ZIP 2000, 673 [675]; *OLG Stuttgart* NZI 1999, 491; *LG Göttingen* NZI 1998, 92; HK-InsO/*Rüntz* § 27 Rn. 30). 8

Unklar ist, ob dies auch für Abänderung/Einziehung des Beschlusses durch das Insolvenzgericht gilt. Während des **Laufes der Beschwerdefrist** ist das **Insolvenzgericht** grds. **berechtigt**, einen Beschluss **von Amts wegen aufzuheben und abzuändern**, da die für Urteile geltende Bindungswirkung des § 318 ZPO nicht eingreift (*BGH* ZInsO 2006, 871; s. § 7 Rdn. 88). Bei Eröffnungsbeschlüssen wird dies wegen ihrer privatrechtsgestaltenden Wirkung abgelehnt (HambK-InsO/*Denkhaus* § 27 Rn. 40; MüKo-InsO/*Ganter/Lohmann* § 6 Rn. 89). Möglich bleibt die Anordnung unterbliebener 9

§ 30 InsO Bekanntmachung des Eröffnungsbeschlusses

Maßnahmen für die Zukunft wie Ernennung des Insolvenzverwalters (A/G/R-*Sander* § 27 InsO Rn. 31) oder Nachholung der Unterschrift mit Wirkung ex nunc (s. Rdn. 12).

10 Das Wirksamwerden des Eröffnungsbeschlusses liegt zwar zeitlich stets nach der Unterzeichnung durch den Richter. Der **Eintritt** hinsichtlich der **insolvenzrechtlichen Folgen** bestimmt sich jedoch nicht nach dem zeitlich meist nicht genau zu fixierenden Wirksamwerden, sondern nach **dem im Beschluss angegebenen Zeitpunkt** (A/G/R-*Sander* § 27 InsO Rn. 27; BK-InsO/*Goetsch* § 27 Rn. 8).

11 Auf den **Zeitpunkt der Bekanntmachung** (§ 30 InsO) ist **hingegen abzustellen** für den Lauf der Rechtsmittelfristen bei – wie es regelmäßig der Fall ist – nichtverkündeten Eröffnungsbeschlüssen (s. § 6 Rdn. 40) und für die Bestimmung des Zeitpunktes, von dem an, an den Schuldner erfolgte Leistungen unwirksam werden (§ 82 InsO). Wird der Eröffnungsbeschluss – ausnahmsweise – verkündet, beginnt die Beschwerdefrist mit der Verkündung.

12 **Mängel des Eröffnungsbeschlusses** führen **grds. nicht** zur **Unwirksamkeit/Nichtigkeit** des Beschlusses (*BGH* ZInsO 2011, 932 Rn. 8). Nichtige Beschlüsse sind allerdings ipso iure unwirksam und bedürfen keiner besonderen Aufhebungsentscheidung (*BGH* ZInsO 2011, 1598 Rn. 6).

13 **Fehlende Voraussetzungen** wie mangelnde Insolvenzfähigkeit (s. § 11 Rdn. 54) oder Zuständigkeit des Insolvenzgerichts (s. § 3 Rdn. 49) werden **geheilt**, sobald der Beschluss rechtskräftig geworden ist (s. § 7 Rdn. 85). Prozessgerichte sind an den rechtskräftigen Eröffnungsbeschluss des Insolvenzgerichts gebunden (*BGH* ZInsO 2014, 37 Rn. 10). Das Verfahren ist ausschließlich nach den Vorschriften der InsO abzuwickeln (*OLG Frankfurt* ZInsO 2013, 2112 = EWiR 2013, 753). Eine Ausnahme soll gelten bei Fehlen der deutschen Gerichtsbarkeit (HK-InsO/*Rüntz* § 27 Rn. 39; HambK-InsO/*Schröder* § 27 Rn. 33). Zur Eröffnung in Kenntnis eines in einem anderen EU-Mitgliedsland eröffneten Hauptinsolvenzverfahrens s. Rdn. 47. Nicht zur Nichtigkeit führen die Bestellung einer ungeeigneten Person zum Treuhänder (*OLG Celle* ZInsO 2001, 1106 [1108]), die Vordatierung von Insolvenzeröffnungsbeschlüssen (*BGH* ZInsO 2004, 387; s. § 27 Rdn. 43). Prozessgerichte dürfen die Wirksamkeit des Eröffnungsbeschlusses nicht überprüfen (s. § 7 Rdn. 85 und § 27 Rdn. 43; *Kübler/Prütting/Bork-Pape* InsO, § 27 Rn. 34).

14 Bei fehlender Unterschrift, fehlendem Rubrum oder ungenauer Schuldnerbezeichnung tritt allerdings Unwirksamkeit ein, eine **Heilung** kommt nur ex nunc nach Nachholung der Unterschrift in Betracht (s. Rdn. 6). Ist ein Antrag wegen fehlender Vertretungsmacht unwirksam, kann der Eröffnungsbeschluss durch nachträgliche Genehmigung des Antrags rückwirkend geheilt werden (*BGH* ZVI 2003, 224; HK-InsO/*Rüntz* § 27 Rn. 39). Bei Fehlen des Eröffnungsgrundes kann eine Einstellung gem. § 212 InsO erfolgen (HambK-InsO/*Schröder* § 27 Rn. 33).

15 **Fehlt** die erforderliche **Bezeichnung des Schuldners**, ist der Beschluss unwirksam; eine Heilung kann auch eintreten durch eine mit Rubrum versehene Nichtabhilfeentscheidung (*OLG Köln* ZInsO 2000, 393 [397]; *Kübler/Prütting/Bork-Pape* InsO, § 27 Rn. 17). Eine Bezugnahme durch Einklammern der Schuldnerbezeichnung an anderer Stelle in der Akte führt hingegen nicht zur Nichtigkeit (*BGH* ZInsO 2003, 178 [179] = EWiR 2003, 281 unter Aufhebung von *OLG Brandenburg* ZInsO 2002, 530 = EWiR 2002, 723; HK-InsO/*Rüntz* § 27 Rn. 20). Vielmehr ergeht ein Berichtigungsbeschluss gem. § 4 InsO i.V.m. § 319 ZPO (s. Rdn. 46). Weiter ist es erforderlich, dass der Schuldner zweifelsfrei zu identifizieren ist (HK-InsO/*Rüntz* § 27 Rn. 19). Ist wegen einer Personenstandsfälschung der Schuldner mit einem Alias-Namen unrichtig bezeichnet kann der Beschluss nach § 319 ZPO berichtigt werden, sofern alle Gläubiger den Schuldner nur unter dem falschen Namen kennen (*AG Marburg* ZInsO 2010, 1806).

16 Ist ein **Insolvenzverwalter nicht ernannt** worden, ist der Beschluss nicht unwirksam, die Ernennung ist vielmehr **nachzuholen** (HK-InsO/*Rüntz* § 27 Rn. 21). Sind die Terminsbestimmungen nicht bei Verfahrenseröffnung getroffen worden, sind sie nachzuholen (BK-InsO/*Goetsch* § 29 Rn. 2; HK-InsO/*Rüntz* § 29 Rn. 6). Die Nichteinhaltung der Fristen der §§ 28, 29 InsO kann zudem nur gerichtlich überprüft werden, wenn der Rechtspfleger die Terminsbestimmungen vorgenommen hat

(str., s. § 29 Rdn. 18). Nicht erforderlich ist zudem, dass die vollständige Tagesordnung der Gläubigerversammlung veröffentlicht wird, damit wirksam Beschlüsse gefasst werden können (s. Rdn. 19). Ein unterlassener Hinweis nach § 27 Abs. 2 Nr. 4, § 30 Abs. 1 Satz 2 InsO führt nicht zur Unwirksamkeit.

D. Bekanntmachung des Beschlusses (§ 30 InsO)

I. Öffentliche Bekanntmachung (Abs. 1)

Die öffentliche Bekanntmachung dient der **Unterrichtung des Geschäftsverkehrs** (BT-Drucks. 12/2443 S. 120). Bekannt gemacht wird der Eröffnungsbeschluss mit dem Inhalt gem. §§ 27–29 InsO. Die Veröffentlichung erfolgt im **Internet** (§ 9 Abs. 1 Satz 1 InsO; s. § 9 Rdn. 25 ff.). 17

Bei Bestellung eines **Sonderinsolvenzverwalters** (s. § 27 Rdn. 31) wird teilweise angenommen, der Beschluss sei entsprechend § 30 InsO bekanntzumachen (*Graeber/Pape* ZIP 2007, 991 [996]). Vorzuziehen ist eine »fakultative« Veröffentlichung nach pflichtgemäßem Ermessen (vgl. HambK-InsO/*Rüther* § 9 Rn. 2; s.a. § 9 Rdn. 8). Einer Zustellungsfiktion bedarf es nicht. Der Beschluss ist nur anfechtbar, wenn er vom Rechtspfleger erlassen wurde (s. § 6 Rdn. 27–35, 36), die Adressen sind regelmäßig bekannt. Die Publizitätswirkung gegenüber Drittschuldnern (§ 82 InsO) wird auch bei Übertragung der Kassenführung selten erforderlich sein. Etwaige Drittschuldner ergeben sich regelmäßig aus den Akten und können vom Sonderinsolvenzverwalter informiert werden. 18

Die **Veröffentlichung** erfolgt **auszugsweise** (Muster bei *Haarmeyer/Wutzke/Förster* Handbuch 4/9, 4/14). 19

In die Veröffentlichung werden aufgenommen:
- eröffnendes Gericht mit Aktenzeichen,
- genaue Bezeichnung des Schuldners (§ 27 Abs. 2 Nr. 1 InsO),
- Namen und Anschrift des Insolvenzverwalters (§ 27 Abs. 2 Nr. 2 InsO),
- Tag und Stunde der Eröffnung des Insolvenzverfahrens (§ 27 Abs. 2 Nr. 3 InsO),
- bei natürlichen Personen ein Hinweis; falls Antrag auf Restschuldbefreiung gestellt ist (§ 27 Abs. 2 Nr. 4 InsO in bis zum 30.06.2014 beantragten Verfahren),
- ggf. Begründung gem. § 27 Abs. 2 Nr. 5 InsO (s. § 27 Rdn. 51),
- Aufforderungen gem. § 28 Abs. 1, Abs. 2, Abs. 3 InsO,
- Terminsbestimmungen gem. § 29 Abs. 1 Nr. 1, Nr. 2 InsO.

Nicht erforderlich für die Wirksamkeit der Beschlussfassung ist es, die **vollständige Tagesordnung** einer Gläubigerversammlung **zu veröffentlichen** (*LG Freiburg* ZIP 1983, 1098 [1099] zu § 137 KO [= § 149 Abs. 3 InsO] m. abl. Anm. *Kübler* = Rpfleger 1983, 493; HK-InsO/*Rüntz* § 29 Rn. 4; *Kübler/Prütting/Bork-Pape* InsO, § 29 Rn. 7; wegen der Einzelheiten s. *Schmitt* § 74). Erforderlich ist die wenigstens schlagwortartige Bezeichnung der Beschlussgegenstände (*BGH* NZI 2008, 430 m. Anm. *Gundlach/Frenzel* = EWiR 2008, 373; *LG Saarbrücken* ZInsO 2007, 824; *Wegener* InsbürO 2007, 332 [333 f.]). Darunter fällt auch ein Antrag auf nachträgliche Anordnung der Eigenverwaltung (A/G/R-*Sander* § 29 InsO Rn. 3). Ist die Tagesordnung nicht ordnungsgemäß bekannt gemacht, sind die Beschlüsse der Gläubigerversammlung nichtig (*BGH* ZInsO 2011, 1598 Rn. 7). Wird die Uhrzeit eines (verlegten) Termins nicht angegeben, sind nachfolgend Beschlüsse der Gläubigerversammlung nichtig (*AG Duisburg* ZInsO 20010, 815). 20

Die **Geschäftsstelle** sorgt für die sofortige öffentliche Bekanntmachung des Eröffnungsbeschlusses. 21

Wegen der Wirkungen der öffentlichen Bekanntmachung s. Rdn. 11. 22

II. Besondere Zustellung (Abs. 2)

Der Beschluss wird den **Gläubigern**, dem **Schuldner** und den **Drittschuldnern** besonders zugestellt. Zugestellt wird – anders als bei der öffentlichen Bekanntmachung gem. § 9 Abs. 1 Satz 1 InsO – der 23 vollständige Text des Beschlusses (*Uhlenbruck/Zipperer* InsO, § 30 Rn. 6). Denkbar ist es allerdings, die vollständige Fassung eines mit Gründen versehenen Beschlusses nur dem antragstellenden Gläubiger, dem Schuldner und dem Insolvenzverwalter zuzustellen (MüKo-InsO/*Schmahl/Busch* §§ 27–29 Rn. 115). Dass auch der **Insolvenzverwalter** über den Inhalt des Beschlusses zu unterrichten ist, brauchte nach Auffassung des Gesetzgebers nicht besonders erwähnt zu werden (BT-Drucks. 12/2443 S. 120). Zugestellt wird auch an den faktischen Geschäftsführer (s. § 15 Rdn. 18) im Hinblick auf das ihnen zustehende Beschwerderecht (s. § 34 Rdn. 16). Hat die Bundesanstalt für Finanzdienstleistungsaufsicht den Eröffnungsantrag gestellt, wird der Beschluss an diese gem. § 46b Abs. 1 KWG, § 88 VAG zugestellt (MüKo-InsO/*Schmahl/Busch* § 30 Rn. 11). Bei Insolvenz einer Krankenkasse erfolgt die Zustellung an die Aufsichtsbehörde gem. § 171b Abs. 4 Satz 3 SGB V.

24 Die **Zustellungen** erfolgen durch die Geschäftsstelle, falls nicht dem **Insolvenzverwalter** alle oder ein Teil der Zustellungen (§ 8 Abs. 3 InsO) durch den Richter oder Rechtspfleger **übertragen** sind (s. § 8 Rdn. 33). Von dieser Möglichkeit machen die Insolvenzgerichte regelmäßig Gebrauch. Verzögerungen sind nicht zu befürchten, da die öffentliche Bekanntmachung (Abs. 1) den Beschluss nach außen hin unbeschränkt gegenüber jedermann Wirkung verschafft (s. § 9 Rdn. 14). Nach einer von einem Teil der Rspr. vertretenen, abzulehnenden Auffassung ist allerdings für den Lauf der Beschwerdefrist auf die Einzelzustellung abzustellen (s. § 9 Rdn. 18).

25 Durch **Aufgabe zur Post** können Zustellungen an Gläubiger und Drittschuldner und auch den Schuldner erfolgen (§ 8 Abs. 1 Satz 2 InsO). Auch der Insolvenzverwalter kann eine Zustellung durch Aufgabe zur Post bewirken. Eine formlose Übersendung durch den Insolvenzverwalter genügt nicht (HK-InsO/*Rüntz* § 30 Rn. 8).

26 Die Zustellung erfolgt nur an die **Gläubiger**, deren Anschrift dem Gericht bekannt ist. Dies ergibt sich aus § 8 Abs. 2 InsO (BT-Drucks. 12/7302 S. 159). Ist ein zur Entgegennahmen bevollmächtigter Vertreter vorhanden, wird an diesen zugestellt (§ 8 Abs. 2 Satz 2 InsO). Beigelegt wird ein Merkblatt und ein Anmeldeformular. Ähnliches kann nunmehr auch bei Drittschuldnern erfolgen. Diesen kann der Verwalter auch nähere Angaben zu Zahlungen auf das Verwalteranderkonto machen. Ist Postsperre angeordnet, wird das Schreiben an den Schuldner mit dem Vermerk »trotz Postsperre aushändigen« versehen.

27 Kommen Sendungen als **unzustellbar** zurück, werden sie zu den Akten genommen, falls sich nicht die richtige Anschrift aus dem Rückbriefvermerk oder sonst aus den Akten ergibt. Die Zustellung gilt nämlich als durch die öffentliche Bekanntmachung bewirkt (§ 9 Abs. 3 InsO), ebenso bei Aufgabe zur Post (s. § 8 Rdn. 10).

III. Hinweis auf Restschuldbefreiung (Abs. 1 Satz 2 a.F.)

28 Für bis zum 30.06.2014 beantragte Verfahren gilt Folgendes:

Durch die Hinweispflicht in § 27 Abs. 2 Nr. 4 InsO sollen die Gläubiger frühzeitig Kenntnis von einem Antrag des Schuldners auf Restschuldbefreiung erlangen (s. § 27 Rdn. 45, 46). Ist der Hinweis im Eröffnungsbeschluss unterblieben, greift die Vorschrift des § 30 Abs. 1 Satz 2 InsO ein. Es ist zu überlegen, ob die Vorschrift **analog** angewandt wird, wenn der **Schuldner** zulässigerweise (s. § 27 Rdn. 45 und § 20 Rdn. 67 ff.) **nach Eröffnung** einen **Antrag auf Restschuldbefreiung** stellt (so wohl auch *Kübler/Prütting/Bork-Pape* InsO, § 30 Rn. 5). Eine derartige Veröffentlichung, die nicht im Zusammenhang mit der Eröffnung erfolgt, wird nur eine geringe Wahrnehmung erfahren.

29 Für ab dem 01.07.2014 beantragte Verfahren ist die Vorschrift gestrichen worden wegen der Neuregelung in § 287a InsO.

E. Weitere Maßnahmen

I. Mitteilungen

Ebenso wie bei der Anordnung von Sicherungsmaßnahmen (s. § 23 Rdn. 30), der Aufhebung von Sicherungsmaßnahmen (s. § 25 Rdn. 16) und der Ablehnung mangels Masse (s. § 26 Rdn. 101) veranlasst die Geschäftsstelle eine Reihe von **Mitteilungen an verschiedene Stellen** (gem. MiZi XXII–XXV, s. § 23 Rdn. 30 und § 26 Rdn. 101, 110). Die Staatsanwaltschaft (krit. dazu *Püschel/ Paradissis* ZInsO 2015, 1786) wird nicht informiert, wenn es sich um ein Verfahren gegen Privatpersonen ohne Bezug zu einer gewerblichen Tätigkeit handelt (XIIa/3 MiZi). Sie prüft, ob Straftatbestände erfüllt sind und Anklage zu erheben ist. In geschätzt 50 % der Fälle werden Ermittlungsverfahren eingeleitet. 30

Entsprechend den obigen Ausführungen (s. § 13 Rdn. 112) sind ggf. das Vormundschaftsgericht/Familiengericht zu informieren. Eine Mitteilungspflicht besteht weiter gem. § 125h Abs. 1 Nr. 1 MarkenG. Bei Anordnung einer Postsperre (§ 99 InsO) sind die betreffenden Stellen zu informieren. Darüber hinaus erfolgen Mitteilungen an die Rechtsanwalts-/Notar-/Patentanwaltskammer, Steuerberater-/Wirtschaftsprüferkammer bzw. OFD bei Lohnsteuerhilfevereinen (s. § 23 Rdn. 30). Bei börsennotierten Unternehmen empfiehlt sich eine Unterrichtung des Börsenvorstandes (MüKo-InsO/*Schmahl/Busch* § 30 Rn. 15; *Nerlich/Römermann-Mönning/Schweizer* InsO, § 30 Rn. 20). 31

Der Urkundsbeamte der Geschäftsstelle füllt die vorgesehenen Angaben in der Zählkarte VA zu statistischen Zwecken aus. Durch das ESUG ist zum 01.01.2013 ein **Insolvenzstatistikgesetz** (InsStatG) geschaffen worden. Insolvenzverwalter/Treuhänder haben monatlich im Gesetz näher geregelte Erhebungs-/Hilfsmerkmale zu übersenden (Übersicht bei *Heyn* InsbürO 2013, 3). Bei Eröffnung sollen erfasst werden die in § 2 Satz 1 Nr. 1 InsStatG aufgeführten Merkmale in Anlehnung an die bisherige Regelung in § 39 Abs. 2 EGGVG, die aufgehoben ist. 32

II. Bestallungsurkunde und Aufforderungen an den Verwalter

Der Verwalter erhält über seine Bestellung (§ 56 Abs. 2 Satz 1 InsO) eine **Urkunde**. Der Rechtspfleger kann den Verwalter zugleich auffordern, noch nötige Unterlagen (z.B. Vermögensverzeichnis) einzureichen. 33

III. Sonderinsolvenzen

Bei Sonderinsolvenzen kommen **bestimmte Maßnahmen** in Betracht (vgl. MüKo-InsO/*Schmahl/ Busch* §§ 27–29 Rn. 103 ff.; *Uhlenbruck/Zipperer* InsO, § 27 Rn. 14). Die Bestellung eines Pflegers ist vorgesehen bei Wertpapierbeständen in § 32 Abs. 5 DepotG sowie bei Lebensversicherungsgesellschaften in §§ 78, 79 VAG. Eine Versammlung der Schuldverschreibungsgläubiger ist einzuberufen gem. § 18 des Gesetzes betreffend die gemeinsamen Rechte der Besitzer von Schuldverschreibungen i.d.F. Art. 53 EGInsO. 34

F. Wirkungen der Eröffnung

Die Eröffnung des Insolvenzverfahrens hat eine **Reihe von Auswirkungen in verschiedenen Bereichen**. 35

I. Insolvenzgericht

Mit Ausnahme teilweise bei der Restschuldbefreiung geht die **Zuständigkeit grds.** auf den **Rechtspfleger** über (s. § 2 Rdn. 25 ff.). Die zentrale Zuständigkeit des Gerichts im Eröffnungsverfahren tritt nunmehr zurück hinter den gläubigerautonomen Entscheidungen zum weiteren Verlauf des Verfahrens, z.B. Verwertung oder Erhalt des Unternehmens im Rahmen eines Insolvenzplanes. Im weiteren Ablauf des Verfahrens übt das Gericht im Wesentlichen eine Rechtsaufsicht aus. Daneben trifft es aber auch zum Teil bedeutsame Einzelentscheidungen (z.B. gem. §§ 57, 59, 70, 158, 163, 194, 36

231, 248 InsO und – im Rahmen der Restschuldbefreiung – gem. §§ 289, 296, 297a, 300, 303 InsO).

II. Gesicherte Gläubiger

37 Der Insolvenzverwalter kann ohne weitere Voraussetzungen bis zum Berichtstermin die einstweilige Einstellung der Zwangsversteigerung durchsetzen gem. § 30d Abs. 1 Nr. 1 ZVG (s. § 21 Rdn. 299). Bewegliche Sachen kann er unter den Voraussetzungen des § 166 Abs. 1 InsO freihändig verwerten, Forderungen kann er einziehen oder auf andere Weise verwerten (§ 166 Abs. 2 InsO).

III. Schuldner

38 Der Schuldner **verliert die Verwaltungs- und Verfügungsbefugnis** (§ 80 InsO) über das zur Insolvenzmasse gehörende Vermögen (§§ 35, 36 InsO); darunter fällt auch das Vermögen, das er während des Verfahrens erlangt. Verfügungen des Schuldners und Leistungen an ihn sind grds. unwirksam (§§ 81, 82 InsO). Dies gilt nicht bei der Eigenverwaltung (§ 270 Abs. 1 Satz 1 InsO mit Ausnahme des § 277 InsO (s. *Wimmer-Amend* § 80 Rdn. 4). Vollstreckungen sind grds. (§ 89 InsO) bzw. zeitlich begrenzt (§ 90 InsO) unwirksam. Die Unwirksamkeit wird auf einen Zeitraum vor Verfahrenseröffnung zurückerstreckt (§ 88 InsO bzw. § 312 Abs. 1 Satz 3 InsO, sog. Rückschlagsperre). Anhängige Prozesse werden spätestens jetzt unterbrochen (§ 240 ZPO), die Aufnahme regelt sich nach §§ 85–87 InsO. Insolvenzgläubiger können ihre Ansprüche nur im Insolvenzverfahren zur Tabelle anmelden (§ 87 InsO). Gesamtschadensersatzansprüche (§§ 92, 93 InsO) können während der Dauer des Insolvenzverfahrens nur vom Insolvenzverwalter geltend gemacht werden.

IV. Auflösung

39 Durch die Eröffnung des Insolvenzverfahrens werden juristische Personen, der nicht rechtsfähige Verein (§ 11 Abs. 1 InsO) und Gesellschaften ohne Rechtspersönlichkeit (§ 11 Abs. 2 Nr. 1 InsO) **aufgelöst**. Dies ergibt sich aus den **spezialgesetzlichen Regelungen** (A/G/R-*Sander* § 27 InsO Rn. 35), nämlich § 262 Abs. 1 Nr. 3 AktG, § 289 Abs. 1 AktG i.V.m. § 131 Abs. 1 Nr. 3 HGB, § 60 Abs. 1 Nr. 4 GmbHG, § 101 GenG, § 42 Abs. 1 Satz 1 BGB sowie § 131 Abs. 1 Nr. 3 HGB, § 161 Abs. 2 i.V.m. § 131 Abs. 1 Nr. 3 HGB, § 728 Abs. 1 Satz 1 BGB, § 506a HGB. Die Partnergesellschaft wird aufgelöst gem. § 9 Abs. 1 PartGG i.V.m. § 131 Abs. 1 Nr. 3 HGB, die EWIV aufgrund der angeordneten entsprechenden Anwendbarkeit der Vorschriften für die OHG (s. § 11 Rdn. 26) gem. § 131 Abs. 1 Nr. 3 HGB. Das Registergericht wertet das Datum der Rechtskraft als Eintritt der Vermögenslosigkeit in einem nachfolgenden Löschungsverfahren.

40 Die Auflösung wird **von Amts wegen ins Register eingetragen** (z.B. gem. § 65 Abs. 1 Satz 2, 3 GmbHG). Dazu übermittelt die Geschäftsstelle des Insolvenzgerichts dem Registergericht eine Ausfertigung des Eröffnungsbeschlusses (§ 31 Nr. 1 InsO). Bei AG, KG a.A., GmbH, Gen sowie OHG und KG, bei denen kein persönlich haftender Gesellschafter eine natürliche Person ist, erfolgt die **Löschung** nach Durchführung des Insolvenzverfahrens von Amts wegen, wenn keine Anhaltspunkte dafür vorliegen, dass die Gesellschaft noch Vermögen besitzt gem. § 394 FamFG (§§ 141a, 147 Abs. 1 FGG a.F.). Damit tritt die Vollbeendigung der Gesellschaft ein (s. § 26 Rdn. 128).

41 Von der **Insolvenz der Gesellschaft** ist die **Insolvenz eines Gesellschafters** zu **unterscheiden** (A/G/R-*Sander* § 27 InsO Rn. 36). Diese vollzieht sich nicht nach insolvenzrechtlichen Regeln, sondern nach gesellschaftsrechtlichen Grundsätzen gem. § 84 Abs. 1 Satz 1 InsO. Die Eröffnung des Insolvenzverfahrens über das Vermögen eines GbR-Gesellschafters führt zur Auflösung der Gesellschaft (§ 728 Abs. 2 Satz 1 BGB), bei der Personenhandelsgesellschaft nur zum Ausscheiden des insolventen Gesellschafters (§§ 131 Abs. 3 Satz 1 Nr. 2, 161 Abs. 2 HGB). Bei Eröffnung des Verfahrens über sämtliche GbR-Gesellschafter fällt nur das Anteilsrecht an der Gesellschaft, nicht auch das Gesellschaftsvermögen selbst in die Insolvenzmasse (s. § 11 Rdn. 2).

42 **Krankenkassen** sind ab dem Tag der Rechtskraft gem. § 171b Abs. 5 SGB V geschlossen. Die Abwicklung der Geschäfte erfolgt nach den Vorschriften der Insolvenzordnung. Die Krankenkasse be-

findet sich damit in einem dem Liquidationsstadium vergleichbaren Zustand (*Holzer* InsbürO 2009, 11 [15]).

V. Natürliche Personen

Die Eröffnung des Insolvenzverfahrens hat für natürliche Personen darüber hinaus eine Vielzahl von 43 **öffentlich-rechtlichen Wirkungen**. U.a. ist ein Notar seines Amtes zu entheben, die Zulassung zur Rechtsanwaltschaft kann zurückgenommen werden, bei Angehörigen der Heilberufe kann die Approbation entzogen werden (A/G/R-*Sander* § 27 InsO Rn. 37).

VI. Insolvenzgeld

Arbeitnehmer erhalten für die vorausgegangenen **drei Monate nicht gezahltes Arbeitsentgelt** in 44 Höhe des Nettogehaltes als Insolvenzgeld von der Agentur für Arbeit (§§ 165 ff. SGB III; Übersichten bei *Lauck* InsbürO 2008, 415; *Wiesmeier* InsbürO 2009, 187; Einzelheiten s. § 22 Rdn. 106 und *Mues* Anh. zu § 113). Der Antrag muss innerhalb einer Ausschlussfrist von zwei Monaten nach Eröffnung gestellt werden (Einzelheiten s. *Mues* Anh. zu § 113 Rdn. 219 ff.). Die Agentur für Arbeit erstattet für die letzten drei Monate Sozialversicherungsträgern nicht gezahlte Gesamtversicherungssozialbeiträge (§ 175 SGB III; s.a. *Mues* Anh. zu § 113). Ansprüche aus betrieblicher Altersversorgung können gegen den Träger der Insolvenzsicherung geltend gemacht werden (§ 7 BetrAVG). Die Rechtslage entspricht damit der bei Abweisung des Antrages mangels Masse (s. § 26 Rdn. 133).

G. Rechtsbehelfe

Gegen die Eröffnung des Insolvenzverfahrens steht dem Schuldner gem. § 34 Abs. 2 InsO die **so-** 45 **fortige Beschwerde** zu (s. § 34 Rdn. 49), gegen die Ablehnung der Eröffnung dem Antragsteller (§ 34 Abs. 1 InsO). Bei Wahl der falschen Verfahrensart (Regelinsolvenzverfahren statt Verbraucherinsolvenzverfahren) ist die sofortige Beschwerde gem. § 34 Abs. 1 InsO zulässig, ebenso im umgekehrten Fall (str., s. § 6 Rdn. 32). Ein Eröffnungsbeschluss kann von Amts wegen aufgehoben werden, solange er noch nicht rechtskräftig ist (s. § 7 Rdn. 89).

Schreibfehler und ähnliche offenbare Unrichtigkeiten können von Amts wegen **berichtigt** werden 46 (§ 4 InsO i.V.m. § 319 Abs. 1 ZPO). Dies kann in Betracht kommen, wenn die Firma (§ 17 Abs. 1 HGB) des Schuldners im Eröffnungsbeschluss unrichtig angegeben ist und das Registergericht die Eintragung in das entsprechende Register (§ 31 Nr. 1 InsO) nicht vornehmen kann. Weitere Einzelheiten s. Rdn. 12.

Ebenso verhält es sich:
– bei unklarer Bezeichnung des Schuldners (*BGH* ZInsO 2003, 178 [179] = EWiR 2003, 281; s. Rdn. 6), falls nicht ein Fall der Nichtigkeit vorliegt (s. Rdn. 6);
– Eröffnung des Verfahrens über eine nicht (mehr) existente GbR, wenn feststeht, dass eine Einzelfirma gemeint war und die Identität durch die Berichtigung gewahrt bleibt (*LG Deggendorf* ZInsO 2002, 336).

H. Internationales Insolvenzrecht

Art. 21, 22 EuInsVO 31.05.2002/Art. 28, 29 EuInsVO 26.06.2017 i.V.m. Art. 102 § 5 Abs. 1 47 Satz 3 EGInsO 31.05.2002/Art. 102c § 7 EGInsO 26.06.2017, § 345 InsO ordnen die entsprechende Geltung der §§ 9 Abs. 1 und 2, 30 Abs. 1 InsO an. Bei grenzüberschreitenden Insolvenzverfahren können auch Rundschreiben an sämtliche ausländischen, zur eventuellen Eröffnung eines (Sekundär)Insolvenzverfahrens zuständigen Gerichte versandt werden. Steht fest, dass mehrere Insolvenzverfahren anhängig sind, kommt eine direkte Kontaktaufnahme zwischen den Gerichten in Betracht. Die Pflicht zur Unterrichtung der Gläubiger in anderen Mitgliedsstaaten gem. Art 40, 42 EuInsVO 31.05.2002/Art. 54, 55 EuInsVO 26.06.2017, Art. 102 § 11 EGInsO 31.05.2002/Art. 54 EuInsVO 26.06.2017 – mittels Formblatt (abrufbar unter www.bmj.bund. de; MüKo-InsO/*Schmahl/Busch* § 30 Rn. 12) – obliegt dem Insolvenzverwalter, wenn ihm – wie üblich – die Zustellungen gem. § 8 Abs. 3 InsO übertragen werden. Zu Sonderregelungen bei Kreditinstituten und Versicherungsunternehmen s. MüKo-InsO/*Schmahl/Busch* § 30 Rn. 17 ff.

Die Eröffnung eines inländischen Hauptinsolvenzverfahrens in Kenntnis der Eröffnung eines anderen Hauptinsolvenzverfahrens im Geltungsbereich der EuInsVO ist zumindest schwebend unwirksam (*BGH* NZI 2008, 572 m. Anm. *Mankowski* = EWiR 2008, 491).

§ 31 Handels-, Genossenschafts-, Partnerschafts- und Vereinsregister

Ist der Schuldner im Handels-, Genossenschafts-, Partnerschafts- oder Vereinsregister eingetragen, so hat die Geschäftsstelle des Insolvenzgerichts dem Registergericht zu übermitteln:
1. im Falle der Eröffnung des Insolvenzverfahrens eine Ausfertigung des Eröffnungsbeschlusses;
2. im Falle der Abweisung des Eröffnungsantrags mangels Masse eine Ausfertigung des abweisenden Beschlusses, wenn der Schuldner eine juristische Person oder eine Gesellschaft ohne Rechtspersönlichkeit ist, die durch die Abweisung mangels Masse aufgelöst wird.

Übersicht

	Rdn.		Rdn.
A. Überblick §§ 31–33	1	C. Mitteilung des Abweisungsbeschlusses mangels Masse (§ 31 Nr. 2 InsO)	5
B. Übersendung des Eröffnungsbeschlusses (§ 31 Nr. 1 InsO)	2	D. Internationales Insolvenzrecht	11

A. Überblick §§ 31–33

1 Die Vorschrift stellt die **Richtigkeit und Vollständigkeit des jeweiligen Registers** sicher, damit der Geschäftsverkehr über die Eröffnung des Insolvenzverfahrens oder die Abweisung mangels Masse (§ 26 InsO) informiert wird. **Zweck** der §§ 32–33 InsO ist es, den **gutgläubigen Erwerb** von Rechten an Gegenständen der Insolvenzmasse **zu verhindern** (MüKo-InsO/*Schmahl/Busch* §§ 32, 33 Rn. 1). Im Falle des § 31 InsO übermittelt die Geschäftsstelle des Insolvenzgerichts dem Registergericht eine Beschlussausfertigung. In den Fällen der §§ 32, 33 InsO bedarf es eines vom Richter/Rechtspfleger oder (vorläufigen) Insolvenzverwalter unterzeichneten Eintragungsersuchens. Bei Anordnung von Sicherungsmaßnahmen gem. § 21 Abs. 2 Nr. 2 InsO erfolgen bereits im Eröffnungsverfahren Eintragungen (§ 23 Abs. 2, Abs. 3 InsO).

B. Übersendung des Eröffnungsbeschlusses (§ 31 Nr. 1 InsO)

2 Die Vorschrift gilt nicht nur bei Eröffnung des Insolvenzverfahrens (§ 27 InsO), sondern **auch**:
– gem. § 34 Abs. 3 Satz 2 InsO bei Aufhebung des Eröffnungsbeschlusses,
– gem. § 200 Abs. 2 Satz 2 InsO bei Aufhebung des Insolvenzverfahrens,
– gem. § 215 Abs. 1 Satz 3 InsO bei Einstellung des Insolvenzverfahrens,
– gem. § 258 Abs. 3 Satz 3 InsO bei Aufhebung des Insolvenzverfahrens nach Bestätigung des Insolvenzplanes,
– gem. § 267 Abs. 3 Satz 1 InsO bei der Anordnung der Überwachung eines Insolvenzplanes,
– gem. § 268 Abs. 3 Satz 2 InsO bei der Aufhebung der Überwachung eines Insolvenzplanes,
– gem. § 277 Abs. 3 Satz 2 InsO in der Eigenverwaltung bei Anordnung der Zustimmungsbedürftigkeit,

nicht aber in den sonstigen Fällen der Eigenverwaltung gem. § 270 Abs. 3 Satz 2 InsO (so aber HambK-InsO/*Denkhaus* § 31 Rn. 3; *Kübler/Prütting/Bork-Holzer* InsO, § 31 Rn. 11a; MüKo-InsO/*Schmahl/Busch* § 31 Rn. 14).

3 Die Geschäftsstelle übersendet eine **beglaubigte Abschrift** (HK-InsO/*Rüntz* § 31 Rn. 5) des Eröffnungsbeschlusses **nach Rechtskraft** (HK-InsO/*Rüntz* § 31 Rn. 5; *Kübler/Prütting/Bork-Holzer* InsO, § 31 Rn. 6; a.A. MüKo-InsO/*Schmahl/Busch* § 31 Rn. 21) **an** die nachfolgend aufgeführten **Registerbehörden**, auch wenn sie dem gleichen Gericht angehören (HK-InsO/*Kirchhof* § 31 Rn. 3). Das Register, bei dem eine selbstständige Zweigniederlassung geführt wird, ist nicht zu unterrichten

(MüKo-InsO/*Schmahl/Busch* § 31 Rn. 25; **a.A.** HK-InsO/*Rüntz* § 31 Rn. 2; *Uhlenbruck/Zipperer* InsO, § 31 Rn. 5; HambK-InsO/*Denkhaus* § 31 Rn. 3). Dem Insolvenzgericht wird häufig die Kenntnis fehlen; zuständig ist das Gericht der Hauptniederlassung (MüKo-InsO/*Schmahl/Busch* § 31 Rn. 36). Die **Einzelheiten** ergeben sich aus der Verordnung zur Anpassung registerrechtlicher Vorschriften an die Insolvenzordnung vom 08.12.1998 (BGBl. 1998 I S. 3580; abgedruckt NZI 1999, 60). Die Mitteilung erfolgt an folgende **Registerbehörden**, die eine Eintragung vornehmen:
- Handelsregister (§ 32 HGB),
- Genossenschaftsregister (§ 102 GenG),
- Vereinsregister (§ 75 BGB),
- Partnerschaftsregister (§ 2 Abs. 2 PartGG i.V.m. § 32 HGB).

Mit Eröffnung des Verfahrens tritt die **Auflösung** ein (z.B. § 60 Abs. 1 Nr. 4 GmbHG). Nach Vollbeendigung der Gesellschaft erfolgt die **Löschung** im Register.

Die Eintragung durch das Registergericht ist **gebührenfrei** (§ 87 Nr. 1 KostO). Das Registergericht übersendet eine Abschrift der Eintragung an das Insolvenzgericht. Kann die Eintragung nicht erfolgen (z.B. wegen abweichenden Angaben zur Firma im Eröffnungsbeschluss und im Handelsregister), so kann das Insolvenzgericht den Eröffnungsbeschluss berichtigen (gem. § 4 InsO i.V.m. § 319 ZPO, s. § 30 Rdn. 46). Die Eintragungen im Handelsregister werden nicht bekannt gemacht, die negative Publizität des Handelsregisters (§ 15 HGB) gilt nicht, § 32 Abs. 2 HGB. 4

C. Mitteilung des Abweisungsbeschlusses mangels Masse (§ 31 Nr. 2 InsO)

Die Regelung in Nr. 2 bestimmt, dass die Abweisung mangels Masse (§ 26 InsO) dem Registergericht mitzuteilen ist bei Schuldnern, die infolge der Abweisung aufgelöst sind. Eine **Auflösung** infolge Abweisung mangels Masse ist angeordnet bei der: 5
- AG (§ 262 Abs. 1 Nr. 4 AktG) einschließlich der Europäischen Aktiengesellschaft (Societas Europaea, MüKo-InsO/*Schmahl/Busch* § 31 Rn. 5),
- KGaA (§ 289 Abs. 2 Nr. 1 AktG),
- GmbH (§ 60 Abs. 1 Nr. 5 GmbHG),
- Genossenschaft (§ 81a GenG) einschließlich der Europäischen Genossenschaft (Societas Cooperativa Europaea (MüKo-InsO/*Schmahl/Busch* § 31 Rn. 5),
- Versicherungsverein auf Gegenseitigkeit (§ 42 Nr. 4 VAG),
- OHG und KG, bei der kein persönlich haftender Gesellschafter eine natürliche Person ist (§ 131 Abs. 2 Nr. 1, § 161 Abs. 2 HGB).

In diesen Fällen übersendet die Geschäftsstelle des Insolvenzgerichts eine beglaubigte Abschrift des die Eröffnung mangels Masse abweisenden Beschlusses an das **Registergericht**. Die Übersendung erfolgt, sobald der **Beschluss rechtskräftig** ist. Erst nach Rechtskraft des Abweisungsbeschlusses erfolgt nämlich eine Eintragung in das entsprechende Register (A/G/R-*Sander* § 31 InsO Rn. 6; HK-InsO/*Kirchhof* § 31 Rn. 4; *Kübler/Prütting/Bork-Holzer* InsO, § 31 Rn. 6; *Uhlenbruck/Zipperer* InsO, § 31 Rn. 5; **a.A.** MüKo-InsO/*Schmahl/Busch* § 31 Rn. 21). 6

Nicht aufgelöst werden durch die Abweisung mangels Masse BGB-Gesellschaft, OHG, KG, Partnerschaftsgesellschaften, EWIV, rechtsfähige und nicht rechtsfähige Vereinen sowie Stiftungen. Es besteht keine Übermittlungspflicht (HambK-InsO/*Denkhaus* § 31 Rn. 13). Das Insolvenzgericht sollte aber eine Mitteilung übermitteln, damit das Registergericht tätig werden kann (MüKo-InsO/*Schmahl/Busch* § 31 Rn. 23). 7

Für die Eintragung im Register werden **Kosten nicht erhoben** (§ 87 Nr. 1 KostO). Das Registergericht übersendet dem Insolvenzgericht eine Abschrift der Eintragung in das Register. Ist die Firmierung im Beschluss des Insolvenzgerichts abweichend von der Eintragung im Register angegeben, so kommt eine Berichtigung des Eröffnungsbeschlusses gem. § 4 InsO i.V.m. § 319 ZPO in Betracht (s. Rdn. 4). 8

9 Nach Eintragung der Auflösung erfolgt nach einiger Zeit die Löschung im Register. Beides wird vom Register veröffentlicht, vgl. § 10 Abs. 1 HGB. Die **Löschung** erfolgt, wenn keine Anhaltspunkte dafür vorliegen, dass die Gesellschaft noch Vermögen besitzt (s. i.E. § 26 Rdn. 122 a.E.).

10 Zu weiteren Mitteilungen s. § 26 Rdn. 101 sowie *Uhlenbruck/Zipperer* InsO, § 31 Rn. 7 f.

D. Internationales Insolvenzrecht

11 Gem. Art. 102 § 6 EGInsO 31.05.2002/Art. 102c § 8 EGInsO 26.06.2017 und §§ 346, 344 Abs. 1 InsO sind in Deutschland auf Antrag Eintragungen im Register vorzunehmen (Einzelheiten MüKo-InsO/*Schmahl/Busch* § 31 Rn. 48 ff.).

12 § 31 InsO regelt nur Mitteilungen an inländische Register. Ist in Deutschland eine Zweigniederlassung vorhanden, ergeht eine Mitteilung gem. § 13 HGB nur, wenn der Schuldner nicht mit Hauptniederlassung oder Sitz im Inland eingetragen ist (MüKo-InsO/*Schmahl/Busch* § 31 Rn. 25, 36, 37). Im Anwendungsbereich der EuInsVO hat bei Eröffnung eines Hauptinsolvenzverfahrens gem. Art 22 EuInsVO in erster Linie der Insolvenzverwalter die Eintragung im ausländischen Register zu veranlassen (*Kübler/Prütting/Bork-Holzer* InsO, § 31 Rn. 11b; MüKo-InsO/*Schmahl/Busch* § 31 Rn. 28). In sonstigen Fällen und außerhalb des Anwendungsbereiches der EuInsVO kann das ausländische Register benachrichtigt werden wie in den Fällen, in denen eine Mitteilungspflicht auch an deutsche Register nicht besteht (s. Rdn. 7).

§ 32 Grundbuch

(1) Die Eröffnung des Insolvenzverfahrens ist in das Grundbuch einzutragen:
1. bei Grundstücken, als deren Eigentümer der Schuldner eingetragen ist;
2. bei den für den Schuldner eingetragenen Rechten an Grundstücken und an eingetragenen Rechten, wenn nach der Art des Rechts und den Umständen zu befürchten ist, dass ohne die Eintragung die Insolvenzgläubiger benachteiligt würden.

(2) ¹Soweit dem Insolvenzgericht solche Grundstücke oder Rechte bekannt sind, hat es das Grundbuchamt von Amts wegen um die Eintragung zu ersuchen. ²Die Eintragung kann auch vom Insolvenzverwalter beim Grundbuchamt beantragt werden.

(3) ¹Werden ein Grundstück oder ein Recht, bei denen die Eröffnung des Verfahrens eingetragen worden ist, vom Verwalter freigegeben oder veräußert, so hat das Insolvenzgericht auf Antrag das Grundbuchamt um Löschung der Eintragung zu ersuchen. ²Die Löschung kann auch vom Verwalter beim Grundbuchamt beantragt werden.

Übersicht	Rdn.			Rdn.
A. Allgemeines	1	E.	Sicherungsmaßnahmen	28
B. Die Regelung in § 32 Abs. 1	2	F.	Löschung der Eintragung (Abs. 3)	34
I. Nr. 1	2	G.	Markenregister	42
II. Nr. 2	11	H.	Internationales Insolvenzrecht	43
C. § 32 Abs. 2	13	I.	Reformtendenzen	46
D. Wirkungen der Eintragung bei Eröffnung	24			

Literatur:
Wipperfürth Löschung des Insolvenzsperrvermerks nach Grundstücksfreigabe, InsbürO 2012, 471.

A. Allgemeines

1 §§ 81 Abs. 1 Satz 2, 91 Abs. 2 InsO ermöglichen den gutgläubigen Erwerb. Zur **Verhinderung des gutgläubigen Erwerbes** wird dafür gesorgt, dass bei Grundstücken und Grundstücksrechten die zur

Insolvenzmasse gehören, die Eröffnung des Insolvenzverfahrens aus dem Grundbuch ersichtlich ist. Die Vorschrift **gilt auch:**
- gem. § 23 Abs. 3 InsO für die Eintragung von Verfügungsbeschränkungen gem. § 21 Abs. 2 Nr. 2 InsO,
- gem. § 34 Abs. 3 Satz 2 bei Aufhebung des Eröffnungsbeschlusses,
- gem. § 200 Abs. 2 Satz 2 InsO bei Aufhebung des Insolvenzverfahrens,
- bei Anordnung einer Nachtragsverteilung gem. §§ 203 Abs. 1 Nr. 3, 211 Abs. 3 InsO (HK-InsO/*Rüntz* § 32 Rn. 1; *Kübler/Prütting/Bork-Holzer* InsO, § 32 Rn. 49),
- gem. § 215 Abs. 1 Satz 3 InsO bei Einstellung des Insolvenzverfahrens,
- gem. § 258 Abs. 3 Satz 3 InsO bei Aufhebung des Insolvenzverfahrens nach Bestätigung des Insolvenzplanes,
- gem. § 267 Abs. 3 Satz 2 InsO bei der Anordnung der Überwachung eines Insolvenzplanes,
- gem. § 268 Abs. 3 Satz 2 InsO bei der Aufhebung der Überwachung eines Insolvenzplanes,
- gem. § 277 Abs. 3 Satz 3 InsO in der Eigenverwaltung bei Anordnung der Zustimmungsbedürftigkeit (§ 277 Abs. 1 InsO), **nicht** aber in den sonstigen Fällen der Eigenverwaltung, § 270c Satz 3.

B. Die Regelung in § 32 Abs. 1

I. Nr. 1

Die **Eröffnung** des Insolvenzverfahrens wird **im Grundbuch eingetragen** bei Grundstücken, als deren Eigentümer der Schuldner eingetragen ist. Anders als bei Nr. 2 (s. Rdn. 11) kommt es nicht darauf an, ob eine Benachteiligung der Insolvenzgläubiger zu befürchten ist. 2

Grundstücken gleichgestellt ist das **Erbbaurecht** (HK-InsO/*Kirchhof* § 32 Rn. 4) und das Wohnungs- und Teileigentum gem. § 1 WEG. Weiter gilt § 32 InsO nicht nur für Grundstücke, die von vornherein zur Insolvenzmasse gehören, sondern **auch** für die **Grundstücke**, die – gem. § 143 InsO – zurückzugewähren oder der Insolvenzmasse aus einem anderen Grunde (z.B. Erbschaft) zufallen. Ebenso gilt § 32 für Grundstücke, die der Insolvenzverwalter zur Insolvenzmasse oder – im Hinblick auf die Regelung des § 35 InsO – der Schuldner erwirbt (HK-InsO/*Kirchhof* § 32 Rn. 8; MüKo-InsO/*Schmahl/Busch* §§ 32, 33 Rn. 11). Entbehrlich ist die Eintragung hingegen, wenn das Grundstück bereits vom Insolvenzverwalter freigegeben worden ist; in diesem Fall besteht keine Massezugehörigkeit, der Sicherung durch die Eintragung eines Sperrvermerkes bedarf es nicht. 3

Ist der Schuldner nicht als Berechtigter eingetragen, so erfolgt die Eintragung doch, wenn die **materielle Berechtigung unzweifelhaft** ist (*LG Köln* KTS 1965, 177 [178]; BK-InsO/*Goetsch* § 32 Rn. 13), so bei einer echten Treuhand (*Jaeger/Schilken* InsO, § 32 Rn. 6, 8; MüKo-InsO/*Schmahl/Busch* §§ 32, 33 Rn. 15; **a.A.** HambK-InsO/*Denkhaus* § 32 Rn. 3) oder einem Rückgewähranspruch gem. § 143 InsO (*Uhlenbruck/Zipperer* InsO, § 32 Rn. 5; **a.A.** A/G/R-*Sander* § 32 InsO Rn. 5). 4

Im **Nachlassinsolvenzverfahren** ist das Grundbuchamt gem. § 38 GBO zur Eintragung verpflichtet. Ein Recht zur Nachprüfung, ob das Grundstück zum Nachlass gehört, besteht nicht. 5

Der Insolvenzvermerk wird bei der **Insolvenz eines Nacherben** auch beim eingetragenen Nacherbenrecht vermerkt, auch wenn der Vorerbe nicht im Grundbuch eingetragen ist (*OLG Düsseldorf* ZIP 1998, 870 = EWiR 1998, 609; *Kübler/Prütting/Bork-Holzer* InsO, § 32 Rn. 27). Eine Eintragung erfolgt auch bei im Eigentum einer **Gemeinschaft** stehenden Grundstück (*Kübler/Prütting/Bork-Holzer* InsO, § 32 Rn. 17; MüKo-InsO/*Schmahl/Busch* §§ 32, 33 Rn. 14), sowie bei der Insolvenz eines **Miterben** einer noch nicht auseinandergesetzten Erbengemeinschaft (*BGH* ZInsO 2011, 1212 = NZI 2011, 650 m. Anm. *Keller* EWiR 2011, 469). Der Vermerk muss klarstellen, dass das Insolvenzverfahren nur über das Vermögen des Miterben eröffnet worden ist (*BGH* ZInsO 2012, 1212 Rn. 12: »nur lastend auf dem Anteil …«). 6

7 Wie im Fall der Nachlassinsolvenz genügt es, wenn noch der frühere Rechtsträger im Grundbuch eingetragen ist (*KG* ZInsO 2012, 1849 für eine vollbeendete KG).

8 Der Streit, ob in der **Insolvenz des Gesellschafters** einer BGB-Gesellschaft die Eintragung eines Insolvenzvermerkes im Grundbuch der Gesellschaft zulässig ist, ist überholt (Nachw. s. 5. Aufl.). Nach Anerkennung der Grundbuchfähigkeit der GbR (*BGH* NJW 2009, 594) kommt eine **Eintragung** eines Insolvenzvermerkes **nicht** mehr in Betracht (HambK-InsO/*Denkhaus* § 32 Rn. 10, *Kübler/Prütting/Bork-Holzer* InsO, § 32 Rn. 14; ähnl. HK-InsO/*Rüntz* § 32 Rn. 6). Der BGH lehnt für den Fall einer Verpfändung eines Gesellschaftsanteiles die Eintragung in das Grundbuch einer im Eigentum der GbR stehenden Grundstücks ab (*BGH* ZInsO 2016, 2095).

9 Die gegenteilige Auffassung (*OLG München* ZInsO 2011, 536; *OLG Dresden* NZI 2012, 112 = EWiR 2012, 391; *OLG Naumburg* ZInsO 2014, 518 [520]; *LG Berlin* ZInsO 2016, 1018) ist damit überholt. Der Hinweis auf die Bejahung der Eintragungsfähigkeit durch den BGH beim Miterben (s. Rdn. 2) überzeugt nicht. Anders als beim Miterben ist die BGB-Gesellschaft selbst Eigentümerin des Grundstücks (*Kessler* EWiR 2011, 469 [470]). Durch die Insolvenz eines Gesellschafters ist das Gesellschaftsvermögen nicht betroffen. § 899a BGB schützt den guten Glauben an die Stellung der im Grundbuch eingetragenen Personen als Gesellschafter. Die Eröffnung eines Insolvenzverfahrens (oder die Anordnung von Verfügungsbeschränkungen) lassen die Vertretungskompetenz unberührt (A/G/R-*Sander* § 32 InsO Rn. 6; *Kessler* EWiR 2011, 469 [470]); **a.A.** HambK-InsO/*Denkhaus* § 32 Rn. 10; *Keller* NZI 2011, 651 [652 f.] in der Anm. zur Entscheidung des *BGH* NZI 2011, 651 zur Eintragungsfähigkeit bei der Insolvenz eines Miterben, s. Rdn. 2).

10 Auch eine Eintragung im Grundbuch eines Gesellschaftsgrundstückes bei Anordnung von Sicherungsmaßnahmen (§ 21 Abs. 2 Nr. 2 InsO) ist nicht möglich (s. Rdn. 30). Bei Eröffnung des Insolvenzverfahrens über das Vermögen einer **GbR** wird der Insolvenzvermerk zu Lasten der GbR eingetragen (HK-InsO/*Rüntz* § 32 Rn. 5).

II. Nr. 2

11 Bei den zu Gunsten des Schuldners eingetragenen **Grundstücksrechten** handelt es sich insbesondere um Grundpfandrechte (§§ 1113 ff. BGB) sowie Nießbrauch (§§ 1030 ff. BGB), Dienstbarkeit (§§ 1090 ff. BGB), dingliches Vorkaufsrecht (§§ 1094 ff. BGB), Reallast (§§ 1105 ff. BGB), eingetragenes Nacherbenrecht gem. § 51 GBO und die Vormerkung (MüKo-InsO/*Schmahl/Busch* §§ 32, 33 Rn. 22). Eine Eintragung erfolgt – anders als im Falle der Nr. 1 (s. Rdn. 2) – **nur**, wenn nach der Art des Rechtes und den Umständen zu befürchten ist, dass ohne die Eintragung die **Insolvenzgläubiger benachteiligt würden**.

12 Auszugehen ist vom **Grundsatz der Notwendigkeit der Eintragung** (BK-InsO/*Goetsch* § 32 Rn. 16; *Kübler/Prütting/Bork-Holzer* InsO, § 32 Rn. 22). Die Entscheidung trifft das Insolvenzgericht bzw. der antragstellende Insolvenzverwalter; ein eigenes Prüfungsrecht steht dem Grundbuchamt nicht zu (HambK-InsO/*Denkhaus* § 32 Rn. 7). Ist ein Brief vorhanden, erfolgt die Eintragung des Insolvenzvermerkes nicht nur im Grundbuch, sondern auch auf dem Brief (BK-InsO/*Goetsch* § 32 Rn. 17; HK-InsO/*Rüntz* § 32 Rn. 12). Die Eintragung kann unterbleiben, wenn über das Recht (Hypothek, Grundschuld, Rentenschuld) ein Brief erteilt ist und sich dieser in der Hand des Insolvenzverwalters befindet (HK-InsO/*Rüntz* § 32 Rn. 10 f.; *Nerlich/Römermann-Mönning* InsO, § 32 Rn. 10). Entsteht während des Insolvenzverfahrens eine Eigentümergrundschuld für den Schuldner, erfolgt eine Eintragung des Insolvenzvermerkes in das Grundbuch (*BayObLG* ZIP 1981,41 [42]; *Kübler/Prütting/Bork-Holzer* InsO, § 32 Rn. 27; *Nerlich/Römermann-Mönning* InsO, § 32 Rn. 11). Zur Rechtslage bei Erlass eines Verfügungsverbotes (§ 21 Abs. 2 Nr. 2 InsO) s. Rdn. 31.

C. § 32 Abs. 2

13 Zur **Stellung des Antrages** beim Grundbuchamt **berechtigt** sind das Insolvenzgericht und der Insolvenzverwalter, bei der Eigenverwaltung (§ 270 InsO) der Sachwalter (§ 274 InsO) wegen der Regelung in § 270c Satz 3 InsO nur bei Anordnung der Zustimmungsbedürftigkeit (§ 277 Abs. 1 InsO)

gem. § 277 Abs. 3 Satz 3 InsO (a.A. *Kübler/Prütting/Bork-Holzer* InsO, § 32 Rn. 41). Auch ein ausländischer Insolvenzverwalter kann zur Antragstellung befugt sein (*OLG Zweibrücken* Rpfleger 1990, 87 = EWiR 1990, 83 für den luxemburgischen Insolvenzverwalter; *Jaeger/Schilken* InsO, § 32 Rn. 23; a.A. *Kübler/Prütting/Bork-Holzer* InsO, § 32 Rn. 23).

Insolvenzgericht und Insolvenzverwalter sind zur Antragstellung nicht nur berechtigt, sondern auch 14 **verpflichtet**. Ein Insolvenzverwalter ist im Hinblick auf § 60 Abs. 1 Satz 1 InsO verpflichtet, die Eintragung eines Insolvenzvermerkes zu beantragen, sobald er Anlass zu Zweifeln hat, dass das Insolvenzgericht um entsprechende Eintragung ersucht hat (*LG Zweibrücken* NZI 2000, 327; *Kübler/Prütting/Bork-Holzer* InsO, § 32 Rn. 39). Ebenso kann sich das Insolvenzgericht gem. § 839 BGB schadensersatzpflichtig machen. Es empfiehlt sich, dass Insolvenzgericht und Insolvenzverwalter ihr Vorgehen abstimmen (s. Rdn. 17, 18). Die Rechtskraft des Eröffnungsbeschlusses ist nicht Voraussetzung, vielmehr ist eine zügige Eintragung geboten (HK-InsO/*Rüntz* § 32 Rn. 13).

Die **Kenntnis** über Grundstücke oder Rechte können sich aus dem vom Schuldner ausgefüllten 15 Fragebogen, Angaben des Schuldners im Anhörungstermin oder Ermittlungen des vorläufigen Insolvenzverwalters/Sachverständigen ergeben. Der Insolvenzverwalter ist zu entsprechenden Ermittlungen verpflichtet (*LG Zweibrücken* NZI 2000, 327; HK-InsO/*Rüntz* § 32 Rn. 17). Bei nachträglicher Kenntniserlangung ist die Antragstellung sofort nachzuholen.

Ist eine genaue Bezeichnung der (aller) Grundstücke nicht möglich, so genügt eine sog. **Insolvenz-** 16 **anzeige** (A/G/R-*Sander* § 32 InsO Rn. 18; *Kübler/Prütting/Bork-Holzer* InsO, § 32 Rn. 29; MüKo-InsO/*Schmahl/Busch* §§ 32, 33 Rn. 22, 26). Das Grundbuchamt ist verpflichtet und aufgrund moderner EDV-Technik auch in der Lage, Grundstücke nebst Bezeichnung zu ermitteln.

Für die **bei Eröffnung bekannten Grundstücke und Rechte** empfiehlt es sich, dass das **Insolvenzge-** 17 **richt** den **Antrag** beim Grundbuchamt **stellt**. Das Insolvenzgericht hat den Antrag auch dann zu stellen, wenn das Insolvenzgericht gleichzeitig Grundbuchamt ist (BK-InsO/*Goetsch* § 32 Rn. 10). Zuständig beim Insolvenzgericht ist der Rechtspfleger (A/G/R-*Sander* § 32 InsO Rn. 17; MüKo-InsO/*Schmahl/Busch* §§ 32, 33 Rn. 25; *Uhlenbruck/Zipperer* InsO, § 32 Rn. 13; a.A. *Kübler/Prütting/Bork-Holzer* InsO, § 32 Rn. 33), auf den grds. die Zuständigkeit mit Eröffnung des Verfahrens übergegangen ist (s. § 30 Rdn. 3). Das Insolvenzgericht richtet üblicherweise ein förmliches Eintragungsersuchen an das Grundbuchamt unter genauer Bezeichnung des Rechtes (Grundbuch von ... Bd. ... Bl. ...). Das Ersuchen ist zu siegeln und vom Rechtspfleger zu unterschreiben; eine beglaubigte Ausfertigung genügt nicht (*Kübler/Prütting/Bork-Holzer* InsO, § 32 Rn. 30).

Den Eintragungsantrag für **nach Eröffnung bekannt werdende Grundstücke und Rechte** sollte der 18 **Insolvenzverwalter** stellen. Dabei ist eine beglaubigte Ablichtung seiner Bestellungsurkunde und des Eröffnungsbeschlusses beizufügen, die als Unrichtigkeitsnachweis i.S.d. § 22 GBO dient (*BGH* ZInsO 2000, 332 [333] zu § 7 Abs. 3 GesO; *Uhlenbruck/Zipperer* InsO, § 32 Rn. 14).

Die **Löschung** sollte **einheitlich** für alle Grundstücke vom Insolvenzgericht **veranlasst** werden (Aus- 19 nahme: s. Rdn. 35).

Wird einem Eintragungsersuchen nicht stattgegeben, kann das Insolvenzgericht gegen die Entschei- 20 dung des Grundbuchamtes **Rechtsbehelfe** einlegen.

Für Ersuchen des Insolvenzgerichts ist der Urkundsbeamte der Geschäftsstelle **zuständig** (§ 12c 21 Abs. 2 Nr. 3 GBO). Über einen Antrag auf Abänderung seiner Entscheidung entscheidet gem. § 12c Abs. 4 GBO nicht der Grundbuchrichter (*Demharter* GBO, § 12c Rn. 11), sondern der Rechtspfleger gem. §§ 3 Nr. 1h, 4 RPflG (MüKo-InsO/*Schmahl/Busch* §§ 32, 33 Rn. 57). Dagegen besteht gem. § 12c Abs. 4 GBO die Möglichkeit der Beschwerde. Beschwerdeberechtigt ist das Insolvenzgericht (*OLG Düsseldorf* ZIP 1998, 870 = EWiR 1998, 609; *LG Dessau* ZInsO 2001, 626; *Demharter* GBO, § 71 Rn. 76 i.V.m. § 38 Rn. 8; HK-InsO/*Rüntz* § 32 Rn. 16; *Nerlich/Römermann-Mönning* InsO, § 32 Rn. 16).

22 Über Anträge des Insolvenzverwalters entscheidet der Rechtspfleger (§§ 3 Nr. 1h, 4 RPflG). Wird der Antrag eines Insolvenzverwalters abgelehnt, ist dieser beschwerdeberechtigt (HK-InsO/*Rüntz* § 32 Rn. 19). Nicht beschwerdeberechtigt ist ein Absonderungsberechtigter (HK-InsO/*Rüntz* § 32 Rn. 16; *Uhlenbruck* InsO, § 32 Rn. 24). Gegen die Entscheidung des Beschwerdegerichtes kann weitere Beschwerde zum OLG gem. §§ 78, 80 GBO eingelegt werden (MüKo-InsO/*Schmahl/Busch* §§ 32, 33 Rn. 57).

23 Die Eintragungen sind **gebührenfrei** (§ 69 Abs. 2 KostO). Gebührenfrei ist auch die Löschung (§ 70 Abs. 1 KostO). Auslagenfreiheit bei Anträgen eines (vorläufigen) Insolvenzverwalters oder Schuldners besteht aber nicht, da das GNotKG die früheren Regelungen in §§ 69 Abs. 2 Satz 2, 70 Abs. 1 KostO nicht übernommen hat (*Kübler/Prütting/Bork-Holzer* InsO, § 32 Rn. 48).

D. Wirkungen der Eintragung bei Eröffnung

24 Durch den Insolvenzvermerk wird eine Verfügungsbeschränkung i.S.d. § 892 Abs. 1 Satz 2 BGB verlautbart. Ein **Gutglaubensschutz** besteht daher **nicht mehr** (*Uhlenbruck/Zipperer* InsO, § 32 Rn. 2). Das Grundbuchamt hat aufgrund des Legalitätsprinzips auch anderweitige Kenntnis zu berücksichtigen, insoweit ist ein Insolvenzvermerk nur deklaratorisch (*OLG Zweibrücken* ZInsO 2013, 2013 für die Mitteilung eines beurkundenden Notars).

25 Weitere Folge der Eintragung des Insolvenzvermerkes ist die sog. **Grundbuchsperre. Nach Eröffnung** des Verfahrens vom Schuldner **getroffene Verfügungen oder beim Grundbuchamt eingereichte Anträge** können nicht mehr zu Eintragungen führen. Unzulässig ist auch die Eintragung aufgrund von Zwangsmitteln zu Gunsten einzelner Insolvenzgläubiger (MüKo-InsO/*Schmahl/Busch* §§ 32, 33 Rn. 75). Die Grundbuchsperre greift auch ein, wenn das Grundbuchamt in sonstiger Weise Kenntnis von der Eröffnung des Verfahrens erhält (*OLG Frankfurt* ZInsO 2006, 269 [271] zu § 24 InsO; HambK-InsO/*Denkhaus* § 32 Rn. 18; HK-InsO/*Rüntz* § 23 Rn. 11; MüKo-InsO/*Schmahl/Busch* InsO, §§ 32, 33 Rn. 69 f.; a.A. *Uhlenbruck/Zipperer* InsO, § 32 Rn. 20; *Jaeger/Schilken* § 32 Rn. 33).

26 Die Grundbuchsperre hindert die Eintragung einer Rechtsänderung allerdings **nicht**, wenn das Insolvenzverfahren **erst nach Stellung des Eintragungsantrages eröffnet** worden ist. Der gem. § 91 Abs. 2 InsO durch die Insolvenzeröffnung unberührt bleibende § 878 BGB greift ein, die Eintragung ist trotz der Insolvenzeröffnung vorzunehmen (BK-InsO/*Goetsch* § 32 Rn. 11; *Kübler/Prütting/Bork-Holzer* InsO, § 32 Rn. 21; *Uhlenbruck/Zipperer* InsO, § 32 Rn. 22), vorbehaltlich der Ausführungen zu Rdn. 31. Bei Kenntnis ist die Eintragung sofort zu veranlassen, andernfalls drohen Schadensersatzansprüche (s. Rdn. 13). Ist eine Bindungswirkung gem. § 878 BGB noch nicht eingetreten, sollte der Erwerber rasch bösgläubig gemacht werden (*Uhlenbruck/Zipperer* InsO, § 32 Rn. 22). Einen nur vom Schuldner gestellten Eintragungsantrag kann der Insolvenzverwalter bis zur Eintragung zurücknehmen (MüKo-InsO/*Schmahl/Busch* §§ 32, 33 Rn. 68).

27 Ist der Insolvenzvermerk gelöscht, genügt zum Nachweis der Verfügungsbefugnis des Insolvenzverwalters eine Vorlage der Bestellungsurkunde (§ 56 Abs. 2 InsO); einer Erklärung des Insolvenzgerichtes über den Grund der Löschung des Vermerkes bedarf es nicht (*LG Berlin* ZInsO 2003, 905 [906]).

E. Sicherungsmaßnahmen

28 Für die Eintragung von Verfügungsbeschränkungen im Grundbuch gilt § 32 InsO entsprechend (§ 23 Abs. 3 InsO).

29 Die Anordnung von Sicherungsmaßnahmen in Form eines allgemeinen Verfügungsverbotes oder eines Zustimmungsvorbehaltes (§ 21 Abs. 2 Nr. 2 InsO) sowie eines besonderen Verfügungsverbotes und besonderen Zustimmungsvorbehaltes (gem. § 21 Abs. 1 InsO; s. dazu § 21 Rdn. 6, 36) sind im Grundbuch einzutragen. Dabei ist genau anzugeben, welche der oben aufgeführten Si-

cherungsmaßnahmen das Insolvenzgericht konkret angeordnet hat (*LG Flensburg* ZInsO 2002, 1145).

Der Streit, ob in der **Insolvenz des Gesellschafters** einer **BGB-Gesellschaft** ist die Eintragung eines 30
Insolvenzvermerkes im Grundbuch der Gesellschaft zulässig ist, ist überholt (Nachw. s. 5. Aufl.).
Nach Anerkennung der Grundbuchfähigkeit der GbR (*BGH* NJW 2009, 594), kommt eine Eintragung eines Insolvenzvermerkes nicht mehr in Betracht (s. Rdn. 8).

Bei den Verfügungsbeschränkungen gem. § 21 Abs. 2 Nr. 2 **InsO** handelt es sich um absolute Ver- 31
äußerungsverbote (s. § 24 Rdn. 5). In diesen Fällen tritt daher eine **Grundbuchsperre wie im eröffneten Verfahren** nach Eintragung eines Insolvenzvermerkes (Rdn. 26) ein (*OLG Naumburg* ZInsO 2015, 217 [219]; *LG Duisburg* ZIP 2006, 1594 [1595]; BK-InsO/*Goetsch* § 32 Rn. 22; *Kübler/Prütting/Bork-Pape* InsO, § 23 Rn. 7; MüKo-InsO/*Haarmeyer* § 23 Rn. 20; *Nerlich/Römermann-Mönning* InsO, § 23 Rn. 24; *Uhlenbruck/Zipperer* InsO, § 32 Rn. 1). Etwas anderes kann nur gelten (HK-InsO/*Rüntz* § 23 Rn. 11; MüKo-InsO/*Schmahl/Busch* §§ 32, 33 Rn. 74; **a.A.** *Kübler/Prütting/Bork-Pape* InsO, § 23 Rn. 7; MüKo-InsO/*Haarmeyer* § 23 Rn. 20) in den – seltenen – Fällen der Anordnung eines besonderen Veräußerungsverbotes oder eines besonderen Zustimmungsvorbehaltes gem. § 21 Abs. 1 InsO (s. § 21 Rdn. 6, 36).

Wirksam wird die Verfügungsbeschränkung bereits mit Erlass, nicht erst mit Zustellung oder Ein- 32
tragung in das Grundbuch (*Uhlenbruck/Zipperer* InsO, § 32 Rn. 4). Deshalb ist es wichtig, in dem Beschluss nicht nur den Tag, sondern auch die Uhrzeit anzugeben. Fehlt die Zeitangabe, gilt § 27 Abs. 3 InsO entsprechend (*Uhlenbruck/Zipperer* InsO, § 32 Rn. 4).

Zur **Antragstellung** sind das Insolvenzgericht – Insolvenzrichter –, der vorläufige Insolvenzverwalter 33
und bei Zustimmungsbedürftigkeit der vorläufige Sachwalter befugt (s. Rdn. 13), der eine beglaubigte Ablichtung seiner Bestellungsurkunde beizufügen hat (s. Rdn. 18). Das Insolvenzgericht sollte die Eintragung bei den bei Anordnung der Sicherungsmaßnahme bekannten Grundstücken veranlassen, der vorläufige Insolvenzverwalter bei den später bekannt werdenden Grundstücken (s. Rdn. 17, 18). Die Löschung sollte einheitlich vom Insolvenzgericht veranlasst werden (s. Rdn. 19). Zu weiteren Einzelheiten s. Rdn. 13 ff.

F. Löschung der Eintragung (Abs. 3)

Die Löschung des Insolvenzvermerkes oder der Anordnung von Sicherungsmaßnahmen gem. § 21 34
Abs. 2 Nr. 2, Abs. 1 InsO erfolgt in den nachfolgenden Fällen:

(1) Der Verwalter ist befugt, ein **Grundstück** oder ein Recht, bei denen die Eröffnung des Verfahrens 35
oder die Anordnung von Sicherungsmaßnahmen eingetragen worden ist, **freizugeben oder zu veräußern** (*BGH* ZInsO 2005, 594 [595] = EWiR 2005, 603; *BVerwG* ZInsO 2004, 1206 [1208 f.]; *LG Kleve* VIA 2014, 21; *Nerlich/Römermann-Mönning* InsO, § 32 Rn. 21; *Holzer* ZVI 2007, 289 [292]; *Pape* ZInsO 2008, 465 [470]). Die **Freigabe** des **Geschäftsbetriebes** einer natürlichen Person ist inzwischen in § 35 Abs. 2 InsO geregelt. In diesem Fall ist das Grundbuchamt um Löschung der Eintragung zu ersuchen gem. § 32 Abs. 3 InsO (Einzelheiten *Wipperfürth* InsbürO 2012, 471). Die Bestimmung soll eine vereinfachte und beschleunigte Löschung des Sperrvermerkes ermöglichen, um den mit der Freigabe oder Veräußerung verfolgten Zweck nicht zu behindern (*LG Berlin* ZInsO 2003, 905 [906]; *Nerlich/Römermann-Mönning* InsO, § 32 Rn. 24). Eine Verpflichtung des Insolvenzverwalters besteht zwar nicht (*AG Celle* ZInsO 2005, 50), so dass auch eine Haftung gem. § 60 InsO ausscheidet (*Kübler/Prütting/Bork-Holzer* InsO, § 32 Rn. 43). Der Verwalter wird aber häufig den Antrag stellen oder im Falle der Veräußerung auch dem beurkundenden Notar die Vollmacht erteilen, in seinem Namen den Löschungsantrag beim Grundbuchamt zu stellen (*Nerlich/Römermann-Mönning* InsO, § 32 Rn. 28; ähnlich HK-InsO/*Rüntz* § 32 Rn. 23). Mit Zustimmung des Verwalters kann bei Freigabe auch der Schuldner und bei Veräußerung der Erwerber den Antrag beim Grundbuchamt anbringen.

36 Den **Nachweis der Verfügungsbefugnis** kann der Insolvenzverwalter statt durch Vorlage der Bestallungsurkunde (§ 56 Abs. 2 Satz 1 InsO) auch durch Vorlage einer beglaubigten Abschrift führen, in der der Notar bestätigt, dass die Urschrift bei Abgabe der Erklärung oder jedenfalls zeitnah zu der beantragten Eintragung vorlag (*KG* ZIP 2012, 90 [91]). Einen Antrag auf Löschung kann der Insolvenzverwalter durch einfache Erklärung zurücknehmen (*OLG Dresden* ZInsO 2011, 1508 m. Anm. *Hintzen*). Zur Freigabe bei fehlendem Erklärungsempfänger s. *Heyn* InsbürO 2011, 12.

37 Nach **Löschung** eines Insolvenzvermerks kann das Grundbuchamt **nicht** eine Bewilligung gem. **§ 29 GBO** fordern (*OLG Hamm* ZInsO 2014, 1060; **a.A.** *OLG Naumburg* VIA 2014, 37, *OLG Celle* ZInsO 2015, 1011). Für den grundbuchrechtlichen Nachweis, dass eine Eintragung von der **Rückschlagsperre** des **§ 88 InsO** erfasst ist, reicht es, wenn sich der Zeitpunkt des Insolvenzeröffnungsantrages aus dem Grundbuch ergibt und damit offenkundig ist (*OLG Köln* ZIP 2015, 1551 m. abl. Anm. *Kessler*).

38 (2) Löschungsanträge nach **anderen Bestimmungen** bleiben möglich, z.B. gem. § 130 ZVG (HK-InsO/*Rüntz* § 32 Rn. 21).

39 (3) Eine Löschung erfolgt ferner **nach Aufhebung oder Einstellung** des Insolvenzverfahrens. War der Erlass von Sicherungsmaßnahmen eingetragen, so erfolgt nach Abweisung mangels Masse (§ 26 InsO) die Löschung. Zuständig sind unabhängig davon, wer die Eintragung veranlasst hat, sowohl das Insolvenzgericht als auch der Insolvenzverwalter (*Kübler/Prütting/Bork-Holzer* InsO, § 32 Rn. 43). Veranlasst werden sollte die Löschung durch das Insolvenzgericht (*Uhlenbruck/Zipperer* InsO, § 32 Rn. 25). Zu beachten ist aber die Vorschrift des § 25 Abs. 2 InsO (s. § 25 Rdn. 27), die bei Bestellung eines vorläufigen Verwalters ohne Anordnung eines allgemeinen Verfügungsverbotes entsprechend gilt (s. § 25 Rdn. 19). Eine Löschung unterbleibt (zunächst) auch, wenn nach Aufhebung des Eröffnungsbeschlusses auf eine Beschwerde hin noch Verbindlichkeiten zu erfüllen sind (s. § 34 Rdn. 67).

40 (4) Nach Löschung ist der Eröffnungsvermerk als solcher allerdings noch aus dem Grundbuch ersichtlich. Fraglich ist, ob eine Umschreibung des Grundbuches nach § 28 GBV (sog. »**Grundbuchwäsche**«) geboten ist. Insbesondere nach Erteilung einer Restschuldbefreiung (§ 301 InsO) ist dies ernsthaft zu überlegen (*Kübler/Prütting/Bork-Holzer* InsO, § 32 Rn. 47). Mit der Einführung des elektronischen Grundbuches könnte sich dieses Problem erledigt haben.

41 (5) Die Löschung ist – ebenso wie die Eintragung – **gebührenfrei** (s. Rdn. 23). Auslagenfreiheit bei Anträgen eines (vorläufigen) Insolvenzverwalters oder Schuldners besteht aber nicht, da das GNotKG die früheren Regelungen in §§ 69 Abs. 2 Satz 2, 70 Abs. 1 KostO nicht übernommen hat (*Kübler/Prütting/Bork-Holzer* InsO, § 32 Rn. 48). Lehnt das Insolvenzgericht es ab, ein Löschungsersuchen zu stellen, besteht bei einer Entscheidung des Rechtspflegers die Möglichkeit der befristeten Erinnerung gem. § 11 Abs. 2 RPflG (s. § 6 Rdn. 107), bei einer Entscheidung des Richters besteht gem. § 6 InsO keine Anfechtungsmöglichkeit (MüKo-InsO/*Schmahl/Busch* §§ 32, 33 Rn. 82).

G. Markenregister

42 Eine in das vom Deutschen Patentamt in München (www.dpma.de) geführte **Markenregister eingetragene Marke** (§ 4 Nr. 1 MarkenG) kann auf Antrag des Insolvenz- bzw. Sachwalters oder des Insolvenzgerichtes durch Eintragung eines Insolvenzvermerkes gesichert werden gem. §§ 29 Abs. 3, 31 MarkenG (MüKo-InsO/*Schmahl/Busch* InsO, § 30 Rn. 16). Allerdings genießt das Markenregister keinen öffentlichen Glauben (vgl. § 28 MarkenG), so dass es einen gutgläubigen Erwerb nicht gibt (HambK-InsO/*Denkhaus* § 33 Rn. 8). Sonstige gewerbliche Schutzrechte (wie Patente, Gebrauchs- und Geschmacksmuster) werden nicht erfasst. Das Deutsche Patent- und Markenamt berichtigt jedoch bei Eröffnung eines Insolvenzverfahrens die Zustellanschrift, sofern der Insolvenzverwalter über die Insolvenzeröffnung informiert (HambK-InsO/*Denkhaus* § 32 Rn. 10; *Kübler/Prütting/Bork-Holzer* InsO, § 33 Rn. 11).

H. Internationales Insolvenzrecht

Gem. Art. 102 § 6 EGInsO 31.05.2002/Art. 102c § 8 EGInsO 26.06.2017 und §§ 346, 344 Abs. 1 InsO sind in Deutschland auf Antrag Eintragungen im Register vorzunehmen (Einzelheiten MüKo-InsO/*Schmahl/Busch* §§ 32, 33 Rn. 35 ff.). Die Voraussetzungen prüft das Insolvenzgericht bindend (MüKo-InsO/*Schmahl/Busch* §§ 32, 33 Rn. 36). Das Insolvenzgericht prüft die Voraussetzungen, dem Grundbuchamt steht vor Vollziehung eines Löschungsersuchens keine Prüfungskompetenz zu (*OLG Dresden* ZIP 2010, 2108 [2109]). Auch ein ausländischer Insolvenzverwalter kann zur Antragstellung befugt sein (*OLG Zweibrücken* Rpfleger 1990, 87 = EWiR 1990, 83 für den luxemburgischen Insolvenzverwalter; *Kübler/Prütting/Bork-Holzer* InsO, § 32 Rn. 39). Zuständig ist überwiegend der Richter (s. § 2 Rdn. 59). 43

Bei im **Ausland belegenen Grundstücken** oder Grundstücksrechten kann ein Eintragungsantrag gestellt werden, sofern am Belegenheitsort ein Register mit der den Gutglaubensschutz ausschließender Funktion geführt wird (HK-InsO/*Rüntz* § 32 Rn. 13 sowie § 33 Rdn. 2 f. für Schiffe und Luftfahrzeuge). Der Antrag kann auch vom deutschen Insolvenzverwalter gestellt werden (HK-InsO/*Rüntz* § 32 Rn. 14). Für den Geltungsbereich der EuInsVO ist dies in Art. 22 EuInsVO ausdrücklich geregelt. 44

§ 29 Abs. 3 MarkenG (s. Rdn. 42) gilt nach Maßgabe des § 107 MarkenG sowie der §§ 125a ff. MarkenG (HambK-InsO/*Denkhaus* § 33 Rn. 10). 45

I. Reformtendenzen

Die **Freigabe** einer selbstständigen Tätigkeit gem. **§ 35 Abs. 2 InsO** wird zwar gem. § 35 Abs. 3 Satz 2 InsO öffentlich bekannt gemacht. Erwogen wird zum einen, **§ 32 HGB** in Anlehnung an die Regelung in § 32 Abs. 2 InsO dahin zu ergänzen, dass auch die Freigabe eingetragen wird. Bezweifelt wird, dass die in § 35 Abs. 3 Satz 2 InsO vorgesehene öffentliche Bekanntmachung der Freigabeerklärung eine ausreichende Unterrichtung des Geschäftsverkehrs gewährleistet. Zu Bedenken ist allerdings, dass § 32 HGB nur für den Kaufmann gilt, Freigaben aber überwiegend in kleineren Handwerkerinsolvenzen eine Rolle spielen. 46

Weiter wird eine **Löschung des Insolvenzvermerks** diskutiert. Dabei ist allerdings zu bedenken, dass der Insolvenzbeschlag nur hinsichtlich des freigegebenen Vermögens entfallen ist. 47

§ 33 Register für Schiffe und Luftfahrzeuge

¹Für die Eintragung der Eröffnung des Insolvenzverfahrens in das Schiffsregister, das Schiffsbauregister und das Register für Pfandrechte an Luftfahrzeugen gilt § 32 entsprechend. ²Dabei treten an die Stelle der Grundstücke die in diese Register eingetragenen Schiffe, Schiffsbauwerke und Luftfahrzeuge, an die Stelle des Grundbuchamts das Registergericht.

§§ 81 Abs. 1 Satz 2, 91 Abs. 2 InsO ermöglichen den gutgläubigen Erwerb. Zur **Verhinderung des gutgläubigen Erwerbs** wird dafür gesorgt, dass die Eröffnung des Insolvenzverfahrens aus den entsprechenden Registern ersichtlich ist. Für die Eintragung des Insolvenzvermerks in die in § 33 Satz 1 InsO bezeichneten Register gilt § 32 InsO entsprechend. Insoweit wird auf die obige Kommentierung verwiesen. Für die Eintragung von Verfügungsbeschränkungen in die in § 33 InsO bezeichneten Register ordnet § 23 Abs. 3 InsO die entsprechende Geltung des § 33 InsO an. Wegen der Einzelheiten wird insoweit verwiesen auf die obige Kommentierung zu den Sicherungsmaßnahmen (s. § 32 Rdn. 28 ff.). Bei Eigenverwaltung ist § 32 InsO nicht anzuwenden gem. § 270 Satz 3 InsO (*Kübler/Prütting/Bork-Holzer* InsO, § 33 Rn. 1a), falls nicht die Anordnung der Zustimmungsbedürftigkeit (§ 277 Abs. 1 InsO) getroffen worden ist (§ 277 Abs. 3 Satz 3 InsO). 1

Das **Schiffsregister** ist unterteilt in das Seeschiffregister und Binnenschiffregister (§ 3 SchiffsregisterVO). Schiffsbauwerke und Schwimmdocks werden in das **Schiffsbauregister** eingetragen (§§ 65 ff., 81a SchiffsregisterVO). Zu beachten ist, dass die Vorschriften des Schiffsregisters nur 2 für eingetragene Schiffe gelten. **Nicht eingetragene Schiffe** werden wie bewegliche Sachen behandelt, so dass gutgläubiger Erwerb im Insolvenzverfahren gem. § 81 Abs. 1 InsO nicht möglich ist (HambK-InsO/*Denkhaus* § 33 Rn. 2; MüKo-InsO/*Schmahl/Busch* §§ 32, 33 Rn. 90; *Jaeger/Schilken* § 33 Rn. 5). Dies ergibt sich auch aus der Erwähnung des Wortes »eingetragenen« in § 33 Satz 2 InsO. Der Insolvenzverwalter kann jedoch gem. §§ 68 ff. SchiffsregisterVO eine Eintragung im Schiffsbauregister vornehmen und danach den Insolvenzvermerk eintragen lassen. Nicht erforderlich ist, dass zugleich eine Schiffshypothek eingetragen oder eine Zwangsversteigerung beantragt wird. Die Insolvenzeröffnung ist der in § 66 SchiffsregO erwähnten Zwangsvollstreckung gleichzustellen (MüKo-InsO/*Schmahl/Busch* §§ 32, 33 Rn. 101). Die zuständigen Amtsgerichte sind in § 1 SchiffsregO aufgeführt.

3 Für Luftfahrzeuge existieren **zwei Register**: Die öffentlich-rechtliche Erfassung erfolgt in der Luftfahrzeugrolle (§ 64 LuftVG), die keinen öffentlichen Glauben genießt. Das zentral beim AG Braunschweig geführte Register für Pfandrechte an Luftfahrzeugen genießt öffentlichen Glauben, allerdings nur für den Erwerb von Pfandrechten an Luftfahrzeugen, nicht für den Eigentumserwerb (§§ 15 ff. LuftFzG). § 33 Satz 2 ist zu entnehmen, dass es bei einem Luftfahrzeug nicht auf die Eintragung in die Luftfahrzeugrolle ankommt, sondern auf die Eintragung im **Register für Pfandrechte an Luftfahrzeugen** (BT-Drucks. 12/2443 S. 121). Bei einem bisher unbelasteten und nicht im Register eingetragenen Luftfahrzeug ist es zunächst Sache des Insolvenzverwalters, das Luftfahrzeug zur Eintragung in das Register anzumelden und dabei die erforderlichen Angaben und Nachweise beizubringen (vgl. §§ 79, 80 LuftFzG). Erst anschließend kann auf dem Registerblatt des Luftfahrzeuges die Eröffnung des Insolvenzverfahrens eingetragen werden (BT-Drucks. 12/2443 S. 121; *Kübler/Prütting/Bork-Holzer* InsO, § 33 Rn. 8). Entsprechendes hat zu gelten für die Eintragung einer Verfügungsbeschränkung gem. § 23 Abs. 3 InsO. Der gutgläubige Erwerb von Pfandrechten ist bei nicht in das Register eingetragenen Luftfahrzeugen ausgeschlossen gem. § 81 Abs. 1 Satz 1 InsO.

§ 34 Rechtsmittel

(1) Wird die Eröffnung des Insolvenzverfahrens abgelehnt, so steht dem Antragsteller und, wenn die Abweisung des Antrags nach § 26 erfolgt, dem Schuldner die sofortige Beschwerde zu.

(2) Wird das Insolvenzverfahren eröffnet, so steht dem Schuldner die sofortige Beschwerde zu.

(3) ¹Sobald eine Entscheidung, die den Eröffnungsbeschluss aufhebt, Rechtskraft erlangt hat, ist die Aufhebung des Verfahrens öffentlich bekanntzumachen. ²§ 200 Abs. 2 Satz 2 gilt entsprechend. ³Die Wirkungen der Rechtshandlungen, die vom Insolvenzverwalter oder ihm gegenüber vorgenommen worden sind, werden durch die Aufhebung nicht berührt.

Übersicht	Rdn.			Rdn.
A. Überblick	1	D.	Wirkungen und Verfahrensablauf bei Beschwerde	53
B. Zulässigkeit der Beschwerde	4	I.	Allgemein	53
I. Allgemeine Zulässigkeitsvoraussetzungen	5	II.	Eröffnung	56
II. Einräumung der Beschwerdemöglichkeit (Abs. 1, 2)	7	III.	Aufhebung des Eröffnungsbeschlusses	58
III. Sonderfälle	11	E.	**Wirkungen der Aufhebung der Eröffnung gemäß Abs. 3 Satz 3**	63
IV. Beschwerdemöglichkeit im Rahmen von Verbraucherinsolvenzverfahren	12	I.	Überblick und Anwendungsbereich	63
		II.	Einzelheiten	66
V. Person des Beschwerdeberechtigten	15	III.	Verfahrensmäßiger Ablauf	67
VI. Beschwer	24	IV.	Rechnungslegung und Vergütungsanspruch des Verwalters	69
C. **Begründetheit der Beschwerde**	44	F.	**Internationales Insolvenzrecht**	71

Literatur:
Brinkmann Der strategische Eigenantrag – Missbrauch oder kunstgerechte Handhabung des Insolvenzverfahrens?, ZIP 2014, 197; *Zipperer* Rechtsschutzmöglichkeiten des Gesellschafters im Insolvenzeröffnungs- und eröffneten Verfahren, ZIP 2015, 2002.

A. Überblick

§ 34 InsO ist zu sehen **im Zusammenhang mit** der Regelung des **§ 6 Abs. 1 InsO**, wonach ein Rechtsmittel nur in den ausdrücklich aufgeführten Fällen zulässig ist. 1

Gegen die **Anordnung von Sicherungsmaßnahmen** ist der Schuldner gem. § 21 Abs. 1 Satz 2 InsO beschwerdeberechtigt (s. § 21 Rdn. 57), nicht aber Gläubiger (s. § 21 Rdn. 64, 373). 2

Abs. 3 regelt das Verfahren bei Aufhebung des Eröffnungsbeschlusses und stellt klar, dass die Wirkungen der vom oder dem Insolvenzverwalter gegenüber vorgenommenen Rechtshandlungen durch die Aufhebung nicht berührt werden. Eine Veröffentlichung erfolgt seit dem 01.07.2007 nur noch im Internet. 3

B. Zulässigkeit der Beschwerde

Bei den Zulässigkeitsvoraussetzungen ist zu unterscheiden zwischen den **allgemeinen**, sich teilweise aus § 6 InsO ergebenden **Zulässigkeitsvoraussetzungen und** den **in § 34 Abs. 1, 2 InsO aufgeführten Voraussetzungen**. Weiter kommt es insbesondere bei Schuldnern, die keine natürliche Person sind, darauf an, wer zur Einlegung der Beschwerde befugt ist und ob die erforderliche Beschwer vorliegt. 4

I. Allgemeine Zulässigkeitsvoraussetzungen

Wegen der allgemeinen Zulässigkeitsvoraussetzungen s. § 6 Rdn. 35 ff., zum Rechtsschutzinteresse bei verfahrensmäßiger Überholung s. § 6 Rdn. 18 ff., zur Beschwerdefähigkeit einzelner Entscheidungen s. § 6 Rdn. 23 ff. 5

Ab dem 01.01.2014 ist eine **Belehrung über die Beschwerdemöglichkeit** zwingend vorgeschrieben, bei Verstoß kann Wiedereinsetzung in den vorherigen Stand bewilligt und eine sofortige Beschwerde nachgeholt werden, § 4 InsO i.V.m. §§ 232, 233 ZPO (s. § 6 Rdn. 41). 6

II. Einräumung der Beschwerdemöglichkeit (Abs. 1, 2)

Wird der Antrag als unzulässig, unbegründet oder mangels Masse abgewiesen, steht dem **Antragsteller** das Recht der sofortigen Beschwerde zu (Abs. 1). Der **Schuldner** kann bei Eröffnung des Verfahrens (Abs. 2) im Hinblick auf die weitreichenden Folgen sofortige Beschwerde einlegen, nicht aber ein Gläubiger (*LG Potsdam* DZWIR 2001, 393). Weiter steht dem Schuldner ein Beschwerderecht zu bei Abweisung des Antrages nach § 26 InsO mangels Masse (Abs. 1) wegen der damit verbundenen Eintragung gem. § 26 Abs. 2 InsO im Schuldnerverzeichnis (BT-Drucks. 12/2443 S. 121). 7

Ein **Anteilseigner** kann gegen die Eröffnung eines Insolvenzverfahrens wegen der damit verbundenen Möglichkeit eines Insolvenzplanes **kein Rechtsmittel** einlegen; vielmehr muss er sich auf die in § 253 InsO vorgesehene Beschwerdemöglichkeit verweisen lassen (*BVerfG* NZI 2013, 1072 – Suhrkamp; *Zipperer* ZIP 2015, 2002; **a.A.** *Brinkmann* ZIP 2014,197 [202 ff.]). 8

Bei einseitiger **Erledigungserklärung** ist sofortige Beschwerde möglich, allerdings nicht entsprechend § 91a Abs. 2 ZPO wie bei der übereinstimmenden Erledigungserklärung, sondern gem. §§ 6, 34 Abs. 2 InsO (*BGH* ZInsO 2008, 1206 [1207]) mit der Folge, dass eine isolierte Kostenbeschwerde gem. § 99 ZPO nicht möglich ist (s. § 6 Rdn. 87). Stellt das Insolvenzgericht die Unwirksamkeit einer Erledigungserklärung in einer Zwischenentscheidung fest, ist dagegen analog §§ 4 InsO, 3030, 280 Abs. 2 ZPO die sofortige Beschwerde statthaft (*LG Duisburg* NZI 2009, 911 [912]). 9

§ 34 InsO Rechtsmittel

10 Zur Beschwerdemöglichkeit im Rahmen des **Verbraucherinsolvenzverfahrens** s. Rdn. 12.

III. Sonderfälle

11 Die frühere Unanfechtbarkeit von Eröffnungsbeschlüssen über das Vermögen eines Kreditinstitutes, einer Bausparkasse, einer Versicherungs-Aktiengesellschaft und eines Versicherungsvereins auf Gegenseitigkeit (vgl. *Kuhn/Uhlenbruck* KO, § 109 Rn. 12) sind durch Änderung von § 46b KWG und § 88 Abs. 1 VAG beseitigt worden (MüKo-InsO/*Schmahl/Busch* § 34 Rn. 50 und 66). Zum PSV s. Rdn. 22.

IV. Beschwerdemöglichkeit im Rahmen von Verbraucherinsolvenzverfahren

12 Die Abgrenzung des Regelinsolvenzverfahrens vom Verbraucherinsolvenzverfahren ist **streitig** (s. FK-InsO/*Kohte/Busch* § 304 Rdn. 3 ff.) und die Frage des Vorgehens des Insolvenzgerichts bei Wahl der falschen Verfahrensart (s. *Busch* § 304 Rdn. 50 ff.). Der BGH lässt bei Eröffnung in einer anderen als der beantragten Verfahrensart die sofortige Beschwerde gem. § 34 InsO zu (*BGH* ZInsO 2013, 1100 Rn. 8 = EWiR 2013, 385). Anfechtbar ist auch die Eröffnung bei noch andauernden Schuldenbereinigungsplanverfahren (*LG Gera* ZVI 2016, 58). Daneben tritt die Frage der Beschwerdemöglichkeit bei Beschlüssen gem. § 308 Abs. 1 Satz 1 InsO. Wegen der Einzelheiten s. § 6 Rdn. 31 ff. Ein nach Eröffnung des Verbraucherinsolvenzverfahrens gestellter Antrag auf Zustimmungsersetzung gem. § 309 InsO soll auch mit einer Beschwerde gem. § 34 InsO gestellt werden können (*LG Göttingen* NZI 2009, 330).

13 **Nicht anfechtbar** sind:
 – Rücknahmefiktion des § 305 Abs. 3 Satz 2 InsO außer bei unzulässigen Anforderungen oder missbräuchlichen Auflagen (s. *Grote/Lackmann* § 305 Rdn. 64 ff.);
 – Absehen von einem Schuldenbereinigungsplanverfahren gem. § 306 Abs. 1 Satz 3 InsO (*LG Berlin* ZInsO 2003, 188; HK-InsO/*Rüntz* § 34 Rn. 9; **a.A.** *LG Bonn* NZI 2016, 845 m. abl. Anm. *Laroche*);
 – Möglichkeit der Änderung/Ergänzung eines Schuldenbereinigungsplanes gem. § 307 Abs. 3 Satz 1 InsO (*OLG Köln* NZI 2001, 593);
 – Weigerung des Insolvenzgerichts, dem Schuldner gem. § 307 Abs. 3 InsO Gelegenheit zur Änderung des Schuldenbereinigungsplanes zu geben (*LG Duisburg* NZI 2001, 102; **a.A.** *OLG Celle* ZInsO 2001, 1062 [1063]; *LG Hannover* EWiR 2001, 773).

14 Zu beachten ist aber die Möglichkeit der Selbstkorrektur gem. **§ 321a ZPO** (s. § 6 Rdn. 90).

V. Person des Beschwerdeberechtigten

15 Ist der **Schuldner prozessunfähig**, wird das Beschwerderecht grds. durch den gesetzlichen Vertreter ausgeübt (*Kübler/Prütting/Bork-Pape* InsO, § 34 Rn. 40). Gewillkürte Stellvertretung ist zulässig (Einzelheiten s. § 14 Rdn. 41). Bei **Personengesellschaften** steht das Beschwerderecht jedem persönlich unbeschränkt haftenden Gesellschafter zu (BK-InsO/*Goetsch* § 34 Rn. 9), nicht aber den Kommanditisten (*BGH* ZInsO 2006, 822). Jeder persönlich haftende Gesellschafter ist, auch wenn er den Antrag nicht gestellt hat, beim Eigenantrag beschwerdeberechtigt nicht nur im Falle der Eröffnung, sondern auch der Ablehnung mangels Masse im Hinblick auf die durch die Auflösung (s. § 26 Rdn. 122 f.) eintretenden wirtschaftlichen Folgen (*Henssler* ZInsO 1999, 121 [125]).

16 Nicht beschwerdeberechtigt sind die Aktionäre einer AG oder die Gesellschafter einer GmbH (*Uhlenbruck/I. Pape* InsO, § 34 Rn. 11). In diesen Fällen ist **jedes Vorstandsmitglied** (bei der AG) bzw. **jeder Geschäftsführer** einer GmbH beschwerdeberechtigt, und zwar unabhängig von der in der Gesellschaft geltenden Vertretungsregelung (*LG Dessau* ZIP 1998, 1006 [1007] = EWiR 1998, 557; BK-InsO/*Goetsch* § 34 Rn. 5; *Uhlenbruck/Hirte* InsO, § 15 Rn. 9; *Uhlenbruck/I. Pape* InsO, § 34 Rn. 3 und Rn. 11). Die Beschwerdeberechtigung besteht nicht mehr nach seinem Ausscheiden (*BGH* NZI 2006, 700). Der **faktische Geschäftsführer**, der zur Antragstellung berechtigt und verpflichtet ist (s. § 15 Rdn. 18), ist auch beschwerdeberechtigt (*Kübler/Prütting/Bork-Pape* InsO,

§ 34 Rn. 42; *Uhlenbruck/I. Pape* InsO, § 34 Rn. 3; **a.A.** MüKo-InsO/*Schmahl/Busch* § 34 Rn. 58). Bei mehrköpfiger Vertretung sind zwar die nichtantragstellenden Geschäftsführer nicht zur Zurücknahme des Antrags berechtigt, ebenso können neue Geschäftsführer einen wirksam gestellten Antrag nicht zurücknehmen (s. § 15 Rdn. 31 ff.). Die übrigen nichtantragstellenden Geschäftsführer bzw. die neuen Geschäftsführer sind jedoch beschwerdeberechtigt (s. § 15 Rdn. 33, 34).

Bei **Fehlen eines organschaftlichen Vertreters** bei juristischen Personen (**Führungslosigkeit** i.S.d. 17 § 10 Abs. 2 Satz 2 InsO, vgl. § 10 Rdn. 16) sind auch die in § 15 Abs. 1 Satz 2 InsO aufgeführten Gesellschafter/Mitglieder des Aufsichtsrats zur Antragstellung berechtigt, wenn sie die Führungslosigkeit gem. § 15 Abs. 2 Satz 2 InsO glaubhaft machen (s. § 15 Rdn. 49 ff.). Eine Antragspflicht besteht gem. § 15a Abs. 3 InsO (s. § 15a Rdn. 20 ff.). **Fraglich** ist, ob damit auch eine **Beschwerdeberechtigung** korrespondiert. Zwar kann die Gesellschaft die Führungslosigkeit durch Bestellung eines neuen Organs beenden (*Horstkotte* ZInsO 2009, 209 [213]). Doch ist zu bedenken, dass dies längere Zeit dauern kann. Ungeklärt ist andererseits, ob die Gesellschaft im Falle der Führungslosigkeit überhaupt ordnungsgemäß vertreten ist (s. § 14 Rdn. 36). Allein die Zweifelsfrage einer ordnungsgemäßen Vertretung und möglichen Fristversäumung spricht für ein Beschwerderecht (A/G/R-*Sander* § 34 InsO Rn. 14; im Ergebnis ebenso *Kübler/Prütting/Bork-Pape* InsO, § 34 Rn. 42).

Bei der Insolvenz der **GmbH & Co KG** ist für die KG die persönlich haftende Gesellschafterin, regel- 18 mäßig also die GmbH, vertreten durch den/die Geschäftsführer beschwerdebefugt (*Uhlenbruck/I. Pape* InsO, § 34 Rn. 3). Sofern – in seltenen Ausnahmefällen – noch weitere persönlich haftende Gesellschafter neben der GmbH vorhanden sind, sind diese ebenfalls beschwerdebefugt. Bei der **in Gründung befindlichen GmbH** sollen nicht die Geschäftsführer, sondern die Gründungsgesellschafter beschwerdeberechtigt sein (BK-InsO/*Goetsch* § 34 Rn. 7; *Uhlenbruck/I. Pape* InsO, § 34 Rn. 3; *Heintzmann* BB 1979, 454 f.). Dies ist zutreffend im Hinblick auf die (zunächst) bestehende persönliche Haftung (§ 11 Abs. 2 GmbHG) der Handelnden (zum Antragsrecht s. § 15 Rdn. 40 ff.). Beschwerdeberechtigt ist jeder Gründungsgesellschafter alleine (**a.A.** *Heintzmann* BB 1979, 454 f.). Befindet sich eine Gesellschaft **in Liquidation**, sind nicht die früheren Geschäftsführer, sondern der bestellte Liquidator beschwerdeberechtigt (*OLG Frankfurt* Rpfleger 1982, 436; vgl. auch *OLG Düsseldorf* ZIP 1993, 214 = EWiR 1993, 277; BK-InsO/*Goetsch* § 34 Rn. 9; *Uhlenbruck/I. Pape* InsO, § 34 Rn. 3).

Beim **eingetragenen Verein** ist jedes Vorstandsmitglied beschwerdeberechtigt. Im Hinblick auf die 19 Gleichstellung in § 11 Abs. 1 Satz 2 InsO ist beim **nichtrechtsfähigen** Verein gleichfalls jedes Vorstandsmitglied, nicht aber jedes einfache Mitglied, beschwerdeberechtigt (*Uhlenbruck/I. Pape* InsO, § 34 Rn. 3). Die Haftung ist nämlich i.d.R. auf das Vereinsvermögen beschränkt (*Palandt/Heinrichs* BGB, § 54 Rn. 12). Haften alle Mitglieder neben dem Vereinsvermögen auch persönlich wie beim wirtschaftlichen Verein gem. § 22 BGB (*Palandt/Heinrichs* BGB, § 54 Rn. 12), so ist jedes Mitglied auch beschwerdeberechtigt (*Uhlenbruck/I. Pape* InsO, § 34 Rn. 3). Mit der Beschwerdeberechtigung verhält es sich ebenso wie mit der Antragsberechtigung (s. § 15 Rdn. 3, 12 ff.).

Im **Nachlassinsolvenzverfahren** ist von mehreren Miterben beschwerdeberechtigt jeder Miterbe oder 20 der Nachlasspfleger (*Kübler/Prütting/Bork-Pape* InsO, § 34 Rn. 40; HK-InsO/*Rüntz* § 34 Rn. 7, K. Schmidt/*Keller* InsO, § 34 Rn. 16). Nicht beschwerdeberechtigt gegen die Eröffnung des Nachlassinsolvenzverfahrens ist der Erbprätendent (*LG Wuppertal* ZIP 1999, 1536).

Der **Insolvenzverwalter** ist nicht beschwerdeberechtigt gegen die Aufhebung des Eröffnungs- 21 beschlusses (*BGH* ZInsO 2007, 373 = EWiR 2007, 565)

Der **Pensions-Sicherungs-Verein (PSV)** ist gegen die Abweisung eines Eröffnungsantrages mangels 22 Masse gem. § 26 InsO beschwerdeberechtigt (*LG Duisburg* ZIP 2006, 1507; *Gareis* ZInsO 2007, 23 [25 f.]), ebenso gegen die Eröffnung (*Gareis* ZInsO 2007, 23 [25]).

23 Der nach Gesellschaftsrecht berufene Vertreter kann Beschwerde gegen die Eröffnung des Verfahrens einlegen, wenn der nach § 37 **KWG bestellte Abwickler** den Insolvenzantrag gestellt hat (*BGH* ZInsO 2006, 825).

VI. Beschwer

24 Zulässigkeitsvoraussetzung eines Rechtsmittels i.S.d. ZPO ist u.a. die **Beschwer** des Rechtsmittelführers (*Zöller/Gummer* ZPO, vor § 511 Rn. 6 ff.). Dieser Grundsatz galt für die sofortige Beschwerde im Konkursrecht (*Pape* ZIP 1989, 1029 [1031]) und gilt unter der InsO fort.

25 Beim Kläger/**Antragsteller** wird die **Beschwer formell** bestimmt. Eine – formelle – Beschwer liegt vor, wenn der Inhalt der Entscheidung von dem Antrag abweicht (*Thomas/Putzo-Reichold* ZPO, Vorbem. § 511 Rn. 18). Stellt der Schuldner einen Antrag auf Eröffnung des Verfahrens und wird das Verfahren eröffnet, so fehlt es an der formellen Beschwer (*BGH* ZInsO 2007, 206 = EWiR 2007, 375). Etwas anders gilt nur, wenn vor Eröffnung des Verfahrens der Antrag wirksam zurückgenommen war (*OLG Brandenburg* DZWIR 2002, 205 [206]).

26 Es wird jedoch zu verschiedenen Fallgruppen diskutiert, ob wegen der einschneidenden Wirkungen des Insolvenzeröffnungsbeschlusses **ausnahmsweise auf die formelle Beschwer verzichtet** werden soll (*Pape* ZIP 1989, 1029 [1032]) und eine **materielle Beschwer genügt** (vgl. *LG München* II ZIP 1996, 1952 [1953]). Die Rspr. ist vornehmlich mit den Fällen beschäftigt, in denen nach Stellung eines Eigenantrages – meist bei einer GmbH – und Eröffnung Beschwerde mit dem Ziel eingelegt wird, der Antrag sei mangels Masse (§ 26 InsO) abzuweisen (s. Rdn. 33 ff.). Vereinzelt taucht die Problematik auch beim Fremdantrag auf (s. Rdn. 40 ff.).

27 Es sind verschiedene **Fallgruppen** zu unterscheiden:

(1) Anerkannt ist, dass trotz fehlender formeller Beschwer die sofortige Beschwerde in bestimmten **Ausnahmefällen** zulässig ist (AGR-*Ahrens* § 6 InsO Rn. 57; *Kübler/Prütting/Bork-Pape* InsO, § 34 Rn. 71; *Pape* ZIP 1989, 1029 [1032]).

28 – Bejaht wird dies zunächst für den Fall, dass ein (früherer) gesetzlicher Vertreter das **Antragsrecht arglistig missbraucht** hat (*Pape* ZIP 1989, 1029 [1032]; *Uhlenbruck/I. Pape* InsO, § 34 Rn. 13, 22). Dem ist zuzustimmen, zumal nach Ablösung des alten Geschäftsführers weder dieser noch der neue Geschäftsführer den Antrag zurücknehmen kann, vielmehr nur die Möglichkeit der Beschwerde durch den neuen Geschäftsführer besteht (s. § 15 Rdn. 34).

29 – Die Beschwerde ist auch möglich, wenn ein **Geschäftsunfähiger** den Antrag gestellt hat oder durch einen Bevollmächtigten hat stellen lassen (*Braun/Herzig* InsO, § 34 Rn. 10).

30 – Das *OLG Schleswig* (MDR 1951, 49) hält die Beschwerde auch für zulässig, wenn der **Insolvenzgrund** in Wahrheit **nicht vorlag** oder vom Schuldner irrtümlich angenommen wurde. Die Antragstellung kann nämlich als Prozesshandlung nicht angefochten werden (s. FK-InsO/*Schmerbach* § 14 Rdn. 57), deswegen ist die Beschwerde möglich (a.A. *BGH* ZInsO 2007, 206 = EWiR 2007, 375 unter Hinweis auf die Möglichkeit eines Einstellungsantrages gem. § 212 InsO; A/G/R-*Sander* § 34 Rn. 27).

31 – Die Beschwerde ist auch zulässig, wenn der **Eröffnungsgrund** (§ 16 InsO) ursprünglich vorlag, aber **wieder weggefallen ist**. Streitig ist allerdings, ob mit der Beschwerde **auch die Befriedigung des antragstellenden Gläubigers** in der Zeit zwischen Verfahrenseröffnung und Entscheidung über die Beschwerde geltend gemacht werden kann (dazu s. Rdn. 41 f.).

32 – Der Eröffnungsantrag ist bereits **vor der Eröffnung zurückgenommen** worden (*OLG Brandenburg* ZInsO 2001, 1155 [1157]).

33 (2) Über die oben (Rdn. 27 ff.) genannten Ausnahmefälle hinaus ist die **Beschwerde** einer **natürlichen Person** bei der aufgrund ihres eigenen Antrages erfolgten Eröffnung des Insolvenzverfahrens mangels Beschwer **ansonsten unzulässig** (*BGH* ZInsO 2007, 206 = EWiR 2007, 375; *LG Duisburg*

ZInsO 2002, 988 = EWiR 2003, 23; *LG Rostock* NZI 2004, 37; *Kübler/Prütting/Bork-Pape* InsO, § 34 Rn. 70; diff. HK-InsO/*Rüntz* § 34 Rn. 10; **a.A.** *Jaeger/Schilken* InsO, § 34 Rn. 26; MüKo-InsO/*Schmahl/Busch* § 34 Rn. 69). Das gilt auch dann, wenn neben dem Schuldner ein Gläubiger Eröffnungsantrag gestellt hat (*BGH* ZInsO 2012, 904 = EWiR 2012, 355). Der Wortlaut des Abs. 2 muss somit berichtigend ausgelegt werden. Bei einer **Nachlassinsolvenz** soll allerdings der Antragsteller auch dann durch die Eröffnung beschwert sein, wenn er mit dem Antrag die Ablehnung der Eröffnung des Nachlassinsolvenzverfahrens mangels Masse angeregt hatte (*OLG Frankfurt* KTS 1971, 219; vgl. *Pape* ZIP 1989, 1029 [1033]).

(3) Wird das Verfahren auf **Eigenantrag** hin **eröffnet**, kann sich ein **Schuldner**, der **keine natürliche** 34 **Person** ist, **nicht darauf berufen**, der **Antrag sei mangels Masse gem.** § 26 InsO abzulehnen gewesen. Teilweise wurde dies in der Rechtsprechung befürwortet (*OLG Bamberg* ZIP 1983, 200; *OLG Karlsruhe* ZIP 1989, 1070 [1071] = EWiR 1989, 799; im Ergebnis auch *OLG Hamm* ZIP 1993, 777 [778] = EWiR 1993, 603; *LG Frankfurt/O.* ZInsO 2006, 107 [109]). Diese Rechtsprechung ist abzulehnen (*BGH* ZInsO 2008, 859 = EWiR 2008, 723; ebenso *Jaeger/Schilken* InsO, § 34 Rn. 26; *Kübler/Prütting/Bork-Pape* InsO, § 34 Rn. 69; MüKo-InsO/*Schmahl/Busch* § 34 Rn. 71; *Pape* ZIP 1989, 1029; *Uhlenbruck/I. Pape* InsO, § 34 Rn. 14).

Die von der Rspr. entschiedenen Fälle betrafen **im Wesentlichen GmbH**'s. Die **bejahende Rspr.** argumentiert damit, dass die Geschäftsführer zur Antragstellung (gem. § 64 GmbHG) verpflichtet sind, ohne Rücksicht auf eine etwaige Unzulänglichkeit der Masse (*OLG Bamberg* ZIP 1983, 200; *OLG Karlsruhe* ZIP 1989, 1070 [1071]). Die Pflicht zur Antragstellung (§ 64 GmbHG) dient dem Gläubigerschutz auf eine geordnete Liquidation des Gesellschaftsvermögens (*LG München* II ZIP 1996, 1952 [1953]; *Pape* ZIP 1989, 1029 [1034]). Der Schutzzweck beispielsweise des § 64 GmbHG würde in sein Gegenteil verkehrt, wenn man aus ihm ein Beschwerderecht der Schuldnerin herleitet (*OLG Celle* ZIP 1999, 1605; *LG Frankfurt* NJW-RR 1998, 338; *Pape* ZIP 1989, 1029 [1034]).

Ziel der Eigenantragstellung bei der GmbH ist es häufig, eine Abweisung mangels **Masse** zu erreichen, um den Geschäftsbetrieb möglichst komplikationslos beenden zu können. Bei Eröffnung und Bewilligung von Prozesskostenhilfe durch das Prozessgericht (s. § 26 Rdn. 46 ff., 68) droht häufig den Geschäftsführern der GmbH eine persönliche Inanspruchnahme (§§ 9a, 43, 64 GmbHG). Daneben lassen sich häufig Anfechtungsansprüche gem. §§ 129 ff. InsO realisieren.

Schließlich kann auch nicht mit der häufig fehlenden Kostendeckung argumentiert werden. Sie dient 37 alleine dazu, die Justizkasse und den Verwalter vor Forderungsausfällen zu schützen (*BGH* ZInsO 2008, 859 [860] = EWiR 2008, 723; *LG Leipzig* ZInsO 2007, 278 [279]). Mit der Eröffnung des Verfahrens übernehmen Gericht und Verwalter die Verantwortung dafür, dass die Kosten aus der (zu erwartenden) Masse beglichen werden können (*Siemon* EWiR 1997, 613 [614]).

Auch beim **Eigenantrag** einer juristischen Person **kann auf** das Erfordernis der **formellen Beschwer** 38 folglich **nicht verzichtet** werden.

Auch den Geschäftsführern einer **Komplementär-GmbH** einer KG steht das Beschwerderecht mangels Beschwer nicht zu, wenn sie selbst den Insolvenzantrag gestellt haben. Das *OLG Hamm* (ZIP 1993, 777 [787] = EWiR 1993, 603) ließ dahinstehen, ob der Rspr. des *OLG Bamberg* (ZIP 1983, 200) und des *OLG Karlsruhe* (ZIP 1989, 1070 [1071]) zu folgen sei. Die Beschwer leitete es daraus her, dass bei Ablehnung des Insolvenzverfahrens das Vermögen einer GmbH & Co KG nicht aufgelöst wurde und – anders als bei Eröffnung des Insolvenzverfahrens – sie als werbende Gesellschaft weiter tätig sein konnte. Diese Begründung trägt nicht mehr, da gem. § 131 Abs. 2 Nr. 1 HGB eine offene Handelsgesellschaft, bei der kein persönlich haftender Gesellschafter eine natürliche Person ist, mit der Rechtskraft des Beschlusses aufgelöst ist, durch den die Eröffnung des Insolvenzverfahrens mangels Masse abgelehnt worden ist (insoweit zust. HK-InsO/*Rüntz* § 34 Rn. 7). Aufgrund obiger Erwägungen (Rdn. 38) liegt eine Beschwer auch ansonsten nicht vor (**a.A.** HK-InsO/*Rüntz* § 34 Rn. 8).

40 (4) Streitig ist auch die Frage, ob bei **Eröffnung** des Verfahrens aufgrund eines Gläubigerantrages der **Schuldner Beschwerde** mit dem Ziel der **Abweisung** des Antrages **mangels Masse** einlegen kann. Das *OLG Stuttgart* (ZIP 1989,1069 [1070] = EWiR 1989, 1021) bejaht die Zulässigkeit einer derartigen Beschwerde. Verneint wird lediglich die Begründetheit mit dem Argument, der Schuldner habe gegen die Höhe des eingezahlten Vorschusses kein Beschwerderecht, da es Zweck des Vorschusses sei, Gerichtskosten und Verwalterkosten zu decken, nicht aber den Schuldner vor weiteren Kosten zu bewahren. Das *LG Mönchengladbach* (ZIP 1997, 1384 = EWiR 1997, 801) entscheidet gegenteilig unter ausdrücklicher Bezugnahme auf die Entscheidung des *LG München* II (ZIP 1996, 1952), bei der es um einen Eigenantrag einer GmbH ging (s. Rdn. 34). Ebenso wie beim Eigenantrag (s. Rdn. 33, 38) ist auch hier eine **Beschwer nicht gegeben** (*LG Hof* EWiR 2004, 189; *Kübler/Prütting/Bork-Pape* InsO, § 34 Rn. 70; **a.A.** *BGH* ZInsO 2004, 923; *LG Frankfurt/O.* DZWIR 2005, 348; HK-InsO/*Rüntz* § 34 Rn. 8; HambK-InsO/*Denkhaus* § 34 Rn. 12).

41 (5) Unter Geltung der **KO** war streitig, ob mit der Beschwerde auch die **Befriedigung des antragstellenden Gläubigers** in der Zeit **zwischen Verfahrenseröffnung und Entscheidung über die Beschwerde** geltend gemacht werden konnte (Nachweise s. 8. Aufl. Rn. 39 ff.).

42 Der **Streit** dürfte unter **Geltung der InsO bedeutungslos** geworden sein (ebenso *BGH* NZI 2006, 693 [695] m. zust. Anm. *Frenzel/Schirrmeister, AG Hamburg* ZInsO 2005, 669 [671]; A/G/R-*Sander* § 34 InsO Rn. 30; *Kübler/Prütting/Bork-Pape* InsO, § 34 Rn. 65; K. Schmidt/*Keller* InsO, § 34 Rn. 45; **a.A.** *Jaeger/Schilken* InsO, § 34 Rn. 23; MüKo-InsO/*Schmahl/Busch* § 34 Rn. 78; *Uhlenbruck/I. Pape* InsO, § 34 Rn. 15; *Nöll* ZInsO 2007, 249 [252 f.]). § 212 InsO bestimmt nämlich, dass das Insolvenzverfahren auf Antrag des Schuldners einzustellen ist, wenn gewährleistet ist, dass nach der Einstellung beim Schuldner weder Zahlungsunfähigkeit noch ein sonstiger Eröffnungsgrund vorliegt. Der Schuldner muss folglich Einstellung des Verfahrens gem. § 212 InsO beantragen, ein Beschwerderecht steht ihm daneben nicht zu (s. § 16 Rdn. 11 m.w.N.).

43 Der **BGH** lehnt inzwischen die Berücksichtigung einer nach Abweisung eines Gläubigerantrages gem. § 26 InsO erfolgten Begleichung der Forderung durch den Schuldner ab (*BGH* ZInsO 2011, 92 = EWiR 2011, 155).

C. Begründetheit der Beschwerde

44 Die Beschwerde kann sowohl auf formelle als auch auf materielle Gründe gestützt werden und Erfolg haben.

45 Als **formelle Gründe** kommen das Fehlen der allgemeinen Zulässigkeitsvoraussetzungen (s. § 14 Rdn. 7 ff.) wie beispielsweise mangelnde Prozessfähigkeit in Betracht oder wirksame Rücknahme des Antrages vor der Eröffnung des Verfahrens (*OLG Brandenburg* DZWIR 2002, 205 [206]). Bei der Rüge der Unzuständigkeit des Gerichts ist zu beachten, dass die Beschwerde analog § 512a ZPO ausgeschlossen sein kann (s. § 3 Rdn. 49). Die Beschwerde kann auch darauf gestützt werden, dass nicht sämtliche anhörungsberechtigten Personen (s. § 10 Rdn. 14) angehört worden sind (*LG Baden-Baden* ZIP 1983, 205; zum Verfahren in diesem Falle s. § 10 Rdn. 20).

46 Bei **Antragsablehnung** (§ 34 Abs. 1 InsO) kann die Beschwerde darauf gestützt werden, dass ein Eröffnungsgrund (§ 16 InsO) vorliegt, oder (selten) dass die dem Antrag zugrunde liegende Forderung besteht (vgl. § 27 Rdn. 9).

47 Ist die **Abweisung mangels Masse** (§ 26 InsO) erfolgt, kann der Schuldner sich darauf berufen, dass kein Eröffnungsgrund (§ 16 InsO) vorliegt oder die dem Antrag zugrunde liegende Forderung nicht besteht (vgl. § 27 Rdn. 9). Der Antragsteller kann sich bei Abweisung mangels Masse (§ 26 InsO) darauf berufen, dass Vermögensgegenstände übersehen und genug Masse vorhanden sei, der Massekostenvorschuss (§ 26 Abs. 1 Satz 2 InsO) zu hoch sei (*Kübler/Prütting/Bork-Pape* InsO, § 34 Rn. 36; HK-InsO/*Rüntz* § 34 Rn. 20; *Uhlenbruck/I. Pape* InsO, § 34 Rn. 10; **a.A.** BK-InsO/*Goetsch* § 34 Rn. 30) oder dass das Insolvenzgericht das Verfahren eröffnen müsste im Hinblick darauf, dass nach Bewilligung von Prozesskostenhilfe durch das zuständige Prozessgericht voraussicht-

lich sich Ansprüche in Höhe der erforderlichen Masse realisieren lassen (s. § 26 Rdn. 9 ff., 34 ff., 46 ff.; *Uhlenbruck/I. Pape* InsO, § 34 Rn. 7).

Wird die sofortige Beschwerde darauf gestützt, der **Antragsteller** sei **zur Zahlung** des **Vorschusses** 48 **bereit**, ist die Beschwer im Hinblick auf die bisher nicht erfolgte Einzahlung des Kostenvorschusses trotz Aufforderung (s. § 26 Rdn. 83) sorgfältig zu prüfen (*Uhlenbruck/I. Pape* InsO, § 34 Rn. 10). Die Einzahlung während des Beschwerdeverfahrens wird für zulässig gehalten (*LG Cottbus* ZIP 2001, 2188; *LG Potsdam* ZInsO 2002, 779 [780]). Soll ein Dritter zur Vorschusszahlung bereit sein (s. § 26 Rdn. 38), ist die Beschwerde nur begründet, wenn die Vorschusszahlung inzwischen erfolgt ist (*Uhlenbruck/I. Pape* InsO, § 34 Rn. 10).

Im Falle der **Eröffnung** (§ 34 Abs. 2 InsO) kann der Schuldner – wie bei Abweisung mangels Masse 49 gem. Abs. 1 – seine Beschwerde darauf stützen, dass kein Eröffnungsgrund (§ 16 InsO) vorliegt oder die Forderung nicht besteht (vgl. § 27 Rdn. 9). Hängt das Bestehen des Insolvenzgrundes vom Bestehen der dem Antrag zugrunde liegenden Forderung ab, muss diese Forderung zur Überzeugung des Gerichtes nachgewiesen sein (s. § 27 Rdn. 9). In den übrigen Fällen genügt es, dass die Forderung (weiter) glaubhaft gemacht ist (s. § 27 Rdn. 9; MüKo-InsO/*Schmahl/Busch* § 34 Rn. 74) und damit ein zulässiger Insolvenzantrag vorliegt.

Für die Entscheidung ist im Fall der Eröffnung abzustellen auf den **Zeitpunkt** der Eröffnung, in den 50 übrigen Fällen auf den Zeitpunkt der letzten Tatsachenentscheidung (Einzelheiten s. § 16 Rdn. 9, 10).

Der Schuldner kann sich auch darauf berufen, das Verfahren sei nicht in der vom ihm **beantragten** 51 **Verfahrensart** (Regel- bzw. Verbraucherinsolvenzverfahren) eröffnet worden (*LG Göttingen* ZInsO 2007, 166 = EWiR 2007, 629).

Nicht gerichtet werden kann eine Beschwerde gegen: 52
– den Eröffnungszeitpunkt (*LG Duisburg* ZInsO 2002, 988 [989]);
– die Person des Insolvenzverwalters (*LG Münster* NZI 2002, 445);
– die Anordnung der Eigenverwaltung (*AG Köln* ZInsO 2005, 1006 = EWiR 2006, 153);
– die Zurückweisung des Antrages auf Eigenverwaltung (*BGH* ZIP 2007, 394), auch wenn die Entscheidung im Eröffnungsbeschluss erfolgt (*BGH* ZInsO 2007, 207; *LG Mönchengladbach* ZInsO 2003, 95 m. abl. Anm. *Bärenz* EWiR 2003, 483; *Foltis* § 270 Rdn. 24; A/G/R-*Sander* § 34 InsO Rn. 24; a.A. *Uhlenbruck/I. Pape* InsO, § 34 Rn. 17; *Uhlenbruck* ZInsO 2003, 821). S. jetzt auch § 270a Abs. 2 InsO.

Auf eine **nach Eröffnung erfolgte Antragsrücknahme** kann wegen der Regelung in § 13 Abs. 2 InsO eine Beschwerde nicht gestützt werden (s. § 30 Rdn. 7; HK-InsO/*Rüntz* § 34 Rn. 20).

D. Wirkungen und Verfahrensablauf bei Beschwerde

I. Allgemein

Die sofortige Beschwerde hat keine aufschiebende Wirkung. Das Amtsgericht als Insolvenzgericht 53 das Landgericht als Beschwerdegericht und der BGH als Rechtsbeschwerdegericht können die **Vollziehung** der angefochtenen Entscheidung jedoch **aussetzen** (s. § 6 Rdn. 54). Davon sollte **nur in Ausnahmefällen** Gebrauch gemacht werden (*BGH* ZIP 2002, 718 = EWiR 2002, 595; *Kübler/Prütting/Bork-Pape* InsO, § 34 Rn. 76; *Uhlenbruck/I. Pape* InsO, § 34 Rn. 22). Die Aussetzung beseitigt nicht die Folgen der Eröffnung (BK-InsO/*Goetsch* § 34 Rn. 27), sondern hindert nur den weiteren Vollzug (HK-InsO/*Rüntz* § 34 Rn. 27). Es verbleibt beim Übergang der Verwaltungs- und Verfügungsbefugnis auf den Insolvenzverwalter gem. § 80 Abs. 1 InsO, allerdings kann er nicht weiter tätig werden, insbesondere nicht verwerten (*Kübler/Prütting/Bork* InsO, § 6 Rn. 25; MüKo-InsO/*Schmahl/Busch* § 34 Rn. 17; *Uhlenbruck/I. Pape* InsO, § 34 Rn. 19).

Das **Insolvenzgericht prüft**, ob es der Beschwerde **abhilft** (s. § 6 Rdn. 63). Zum verfahrensmäßigen 54 Ablauf und den Entscheidungsmöglichkeiten s. § 6 Rdn. 63 ff. Bei Nichtabhilfe legt das Amtsgericht regelmäßig unter Beifügung einer Begründung (s. § 6 Rdn. 63) die Akten dem **Beschwerdegericht** vor. Wegen des Verfahrensablaufes s. § 6 Rdn. 64 ff. Zur **Rechtsbeschwerde** s. die Kommentierung zu § 7 InsO, zu Rechtskraft und Wiederaufnahme s. § 7 Rdn. 78 ff.

55 Zur Entscheidung über die **Kosten** s. § 6 Rdn. 79. Der Landeskasse dürfen die Kosten nicht auferlegt werden, da sie nicht Partei ist (*OLG Köln* ZInsO 2001, 469; *LG Cottbus* ZIP 2001, 2188; *LG Potsdam* ZInsO 2002, 779 [780]; MüKo-InsO/*Ganter/Lohmann* § 6 Rn. 83; **a.A.** *LG Essen* ZInsO 2000, 47 [48]; MüKo-InsO/*Schmahl/Busch* § 34 Rn. 23); allenfalls können die Gerichtskosten gem. § 21 GKG niedergeschlagen werden (HK-InsO/*Rüntz* § 34 Rn. 34). Im Übrigen bleiben nur Amtshaftungsansprüche.

II. Eröffnung

56 **Eröffnet** das **Beschwerdegericht** das Insolvenzverfahren (zur Zulässigkeit *BGH* NZI 2006, 693 [695] m. zust. Anm. *Frenzel/Schirrmeister*), **überlässt es** die **Ernennung** des Insolvenzverwalters und die **Anordnungen gem. §§ 28, 29 InsO** zweckmäßigerweise dem Amtsgericht als **Insolvenzgericht**, das auch das weitere Verfahren durchzuführen hat (*LG Cottbus* ZIP 2001, 2188; *LG Potsdam* ZInsO 2002, 779 [780]; HK-InsO/*Rüntz* § 34 Rn. 32 f.; *Kübler/Prütting/Bork-Pape* InsO, § 27 Rn. 19; MüKo-InsO/*Schmahl/Busch* §§ 27–29 Rn. 150 ff. und § 34 Rn. 52; **a.A.** A/G/R-*Sander* § 34 InsO Rn. 20; HambK-InsO/*Denkhaus* § 34 Rn. 30; *Uhlenbruck/Zipperer* InsO, § 29 Rn. 4). Zugleich hat das Beschwerdegericht im Hinblick auf § 6 Abs. 3 Satz 1 InsO die **sofortige Wirksamkeit** der Entscheidung gem. § 6 Abs. 3 Satz 2 InsO **anzuordnen** (HK-InsO/*Rüntz* § 34 Rn. 32; *Kübler/Prütting/Bork-Pape* InsO, § 27 Rn. 20). Das **Beschwerdegericht** kann auch die **Eröffnung dem Insolvenzgericht überlassen** (*LG Kaiserslautern* ZInsO 2001, 628 [629]).

57 Wird das Verfahren auf die Beschwerde des Gläubigers hin vom Beschwerdegericht eröffnet, steht dem **Schuldner** im Fall der Zulassung die Rechtsbeschwerde gem. § 574 Abs. 1 Nr. 2 ZPO (s. § 7 Rdn. 5) zu. Daraus kann jedoch nicht die Konsequenz gezogen werden, das Beschwerdegericht müsse gem. § 572 Abs. 3 ZPO das Verfahren an das Amtsgericht zurückverweisen, damit der Schuldner gegen die Entscheidung des Amtsgerichtes gem. § 34 Abs. 2 InsO sofortige Beschwerde einlegen könne (HK-InsO/*Rüntz* § 34 Rn. 30; MüKo-InsO/*Schmahl/Busch* § 34 Rn. 53). Dem Schuldner ist nämlich vor der Entscheidung des Beschwerdegerichts rechtliches Gehör zu gewähren (s. § 6 Rdn. 71).

III. Aufhebung des Eröffnungsbeschlusses

58 Wird die Eröffnung des Insolvenzverfahrens auf die Beschwerde des Schuldners hin aufgehoben, steht dem Gläubiger im Fall der Zulassung die Rechtsbeschwerde gem. § 574 Abs. 1 Nr. 2 ZPO (s. § 7 Rdn. 5) zu. Der Insolvenzverwalter ist nicht beschwerdeberechtigt (A/G/R-*Sander* § 34 InsO Rn. 34). Die Aufhebung bei einer Entscheidung des Amtsgerichts wird erst mit Rechtskraft wirksam und zwar sowohl, da der Antragsteller seinerseits Beschwerde einlegen kann, als auch bei einer Entscheidung des Beschwerdegerichts (§ 6 Abs. 3 Satz 1 InsO). Rechtskraft mit der Entscheidung tritt nur in den – seltenen – Fällen ein, in denen der BGH auf die Rechtsbeschwerde hin (§ 7 InsO) den Eröffnungsbeschluss aufhebt. Das Beschwerdegericht kann jedoch die **sofortige Wirksamkeit** der Entscheidung anordnen (§ 6 Abs. 3 Satz 2 InsO). Dies kommt **nur in Ausnahmefällen** in Betracht (s. § 6 Rdn. 81).

59 Mit Eröffnung des Verfahrens sind die **Sicherungsmaßnahmen** gem. §§ 21, 22 InsO außer Kraft getreten (s. § 21 Rdn. 56). Die Maßnahmen treten nicht rückwirkend wieder in Kraft (A/G/R-*Sander* § 34 InsO Rn. 37; **a.A.** MüKo-InsO/*Schmahl/Busch* § 34 Rn. 92), sondern müssen **erneut angeordnet** und bekannt gemacht werden. Dies gilt auch dann, wenn der Eröffnungsantrag nicht abgewiesen, sondern die Sache zur erneuten Entscheidung – etwa wegen fehlender Tatsachenfeststellungen – zurückverwiesen wird (*LG Frankfurt/O.* DZWIR 2005, 348). Andernfalls empfiehlt sich aus Gründen der Rechtssicherheit ein klarstellender, zu veröffentlichender Beschluss. Erwogen wird auch, von einer Aufhebung des Eröffnungsbeschlusses abzusehen und die erneute Entscheidung

– wohl unter Beachtung der Rechtsauffassung des Beschwerdegerichts – dem Insolvenzgericht zu übertragen (HK-InsO/*Rüntz* § 34 Rn. 30).

Die **öffentliche Bekanntmachung** der Aufhebung und Mitteilung an Grundbuch/Register erfolgt **erst nach Rechtskraft** (A/G/R-*Sander* § 34 InsO Rn. 44) des die Eröffnung aufhebenden Beschlusses (§ 34 Abs. 3 Satz 1, 2 InsO). Veranlasst wird sie durch das Amtsgericht als Insolvenzgericht, das alle zur Ausführung des Eröffnungsbeschlusses getroffenen Maßnahmen rückgängig zu machen hat (*Uhlenbruck/I. Pape* InsO, § 34 Rn. 28). **Im Einzelnen** gilt Folgendes, wobei jedoch die nachfolgenden Ausführungen (s. Rdn. 63 ff.) zu beachten sind: 60

– Die **öffentliche Bekanntmachung** erfolgt im Internet gem. § 9 Abs. 1 InsO. Veröffentlicht wird nur die Tatsache, dass der das Insolvenzverfahren eröffnende Beschluss über das Vermögen des gem. § 27 Abs. 2 Nr. 1 InsO bezeichneten Schuldners durch Beschluss aufgehoben ist.
– Eine **Postsperre** ist ebenso aufzuheben wie anberaumte Termine. Sofern möglich, empfiehlt es sich, die **Vergütung und Auslagen des Verwalters** festzusetzen. Sofern dies nicht möglich ist, sollte dem Verwalter die Entnahme eines Vorschusses aus dem Vermögen des Schuldners bewilligt werden (dazu s. Rdn. 70 sowie § 21 Rdn. 218). Die **Aufhebung von Terminen** kann dann in die Veröffentlichung mit aufgenommen werden ebenso wie die Vergütungsfestsetzung, deren öffentliche Bekanntmachung aber aus denselben Gründen wie bei der Abweisung mangels Masse (s. § 21 Rdn. 211) nicht erforderlich sein dürfte.
– Eine **Mitteilung** an Gläubiger und Drittschuldner, denen gem. § 30 Abs. 2 InsO der Eröffnungsbeschluss zugestellt wurde, ist nicht vorgeschrieben. Die Tatsache der Aufhebung der Eröffnung sollte jedoch Gläubigern, die Forderungen angemeldet haben, mitgeteilt werden (MüKo-InsO/ *Schmahl/Busch* § 34 Rn. 104). Auch Drittschuldner sollten informiert werden. Auch wenn das Insolvenzverfahren beendet ist, kann dies durch den Insolvenzverwalter erfolgen (§ 8 Abs. 3 InsO), zumal die Zustellung nicht förmlich erfolgen muss, sondern formlose Übersendung genügt.
– Weiter werden alle Stellen informiert, die auch von der Eröffnung (gem. XII.–XXV MiZi) informiert worden sind (vgl. § 30 Rdn. 30).
– Die in § 31 genannten **Register** (s. § 31 Rdn. 2) erhalten Nachricht von der Aufhebung der Eröffnung (§ 34 Abs. 2, § 200 Abs. 2 Satz 2 InsO). Die Einzelheiten ergeben sich aus der Verordnung zur Anpassung registerrechtlicher Vorschriften an die Insolvenzordnung vom 08.12.1998 (BGBl. I S. 3580). An das Grundbuchamt (§ 32 InsO) und die in § 33 InsO genannten Register ist ein Löschungsersuchen zu senden (s. i.E. § 32 Rdn. 34 ff.). Das Insolvenzgericht hat mit dem Verwalter abzustimmen, wer die Löschung veranlasst (**a.A.** A/G/R-*Sander* § 34 InsO Rn. 45, der eine Antragsbefugnis des Insolvenzverwalters infolge der Aufhebung des Eröffnungsbeschlusses ablehnt). Dies sollte das Insolvenzgericht tun (s. § 32 Rdn. 19).

Bei all diesen Maßnahmen ist aber die **Regelung des Abs. 3 Satz 3 zu beachten** (s. Rdn. 63 ff.). 61

Wird nach Aufhebung des (ersten) Eröffnungsbeschlusses die Sache zur weiteren Sachaufklärung an das Amtsgericht zurückverwiesen (s. § 6 Rdn. 74 und § 7 Rdn. 73 f.) und erneut ein Eröffnungsbeschluss erlassen, so sind z.B. Forderungen erneut anzumelden. Darauf sollte in der Veröffentlichung hingewiesen werden. 62

E. Wirkungen der Aufhebung der Eröffnung gemäß Abs. 3 Satz 3

I. Überblick und Anwendungsbereich

Die Aufhebung der Eröffnung wird regelmäßig nicht sofort wirksam, sondern erst mit Rechtskraft (s. Rdn. 58). Die **Aufhebung** hat aber **rückwirkende Kraft**, der Schuldner wird so behandelt, als wäre das Verfahren nie eröffnet worden (*Bork* Rn. 114). Alle privat- und öffentlich-rechtlichen Folgen der Insolvenzeröffnung fallen rückwirkend weg (*Uhlenbruck/I. Pape* InsO, § 34 Rn. 30). Eine **Ausnahme** gilt im Fall des § **104 InsO** (BK-InsO/*Goetsch* § 34 Rn. 43; *Kübler/Prütting/Bork-Pape* InsO, § 34 Rn. 82; *Uhlenbruck/I. Pape* InsO, § 34 Rn. 30). 63

Eine **wichtige Einschränkung** enthält Abs. 3 Satz 3, der dem **Schutz des Rechtsverkehrs** dient. Aus ihm ergibt sich insbesondere, dass die vom Verwalter begründeten Verbindlichkeiten aus dem Ver- 64

§ 34 InsO Rechtsmittel

mögen des Schuldners zu erfüllen sind, wie es unter Geltung der KO aus der Verweisung in § 116 Satz 2 KO auf § 191 KO entnommen wurde (BT-Drucks. 12/2443 S. 121). Ebenso wie bei der Aufhebung von Sicherungsmaßnahmen (s. § 25 Rdn. 38) kann der Schuldner nur versuchen, Schadensersatzansprüche gegen den Gläubiger wegen unrechtmäßiger Insolvenzantragstellung (s. § 13 Rdn. 201) durchzusetzen, die allerdings nur unter engen Voraussetzungen gegeben sind (s. § 13 Rdn. 303 f.). Daneben kommen Amtshaftungsansprüche (§ 839 BGB, Art. 34 GG) in Betracht. Abs. 3 Satz 3 gilt aber nicht, wenn der Eröffnungsbeschluss ausnahmsweise (s. § 30 Rdn. 12) nichtig ist (HK-InsO/*Rüntz* § 34 Rn. 41; *Kübler/Prütting/Bork-Pape* InsO, § 34 Rn. 86).

65 Gleiches gilt auch hinsichtlich der **Rechtshandlungen eines vorläufigen Insolvenzverwalters**, was sich mit einer entsprechenden Anwendung des § 34 Abs. 3 Satz 3 InsO begründen lässt (*Kübler/Prütting/Bork-Pape* InsO, § 34 Rn. 87; MüKo-InsO/*Schmahl/Busch* § 34 Rn. 98; *Uhlenbruck/I. Pape* InsO, § 34 Rn. 31). Es folgt zudem aus dem Zweck der Regelung des § 25 Abs. 2 InsO (s. § 25 Rdn. 21).

II. Einzelheiten

66 Im Einzelnen gilt Folgendes: Einseitige empfangsbedürftige Willenserklärungen des Schuldners bleiben – entsprechend den in §§ 111, 174, 180 BGB enthaltenen Rechtsgedanken – unwirksam, während an eine dem Schuldner gegenüber abgegebene einseitige, empfangsbedürftige Willenserklärung der Erklärende gebunden ist (*Uhlenbruck/I. Pape* InsO, § 34 Rn. 30). Rechtsgeschäfte mit dem Schuldner bleiben wirksam. Bei kollidierenden rechtsgeschäftlichen Verfügungen des Schuldners und Insolvenzverwalters aber geht diejenige des Verwalters ohne Rücksicht auf die zeitliche Abfolge vor und nimmt der des Schuldners die Wirksamkeit (A/G/R-*Sander* § 34 InsO Rn. 42; BK-InsO/*Goetsch* § 34 Rn. 43; *Uhlenbruck/I. Pape* InsO, § 34 Rn. 32). Dies ergibt sich aus der Rspr. des *BGH* (BGHZ 30, 173 [175] = NJW 1959, 1873) zur gleichen Rechtsfrage beim Zwangsverwalter (*Kuhn/Uhlenbruck* KO, § 109 Rn. 8).

III. Verfahrensmäßiger Ablauf

67 Die **verfahrensmäßige Abwicklung** gestaltet sich wie folgt:

Mit Rechtskraft des die Eröffnung aufhebenden Beschlusses endet das Amt des Insolvenzverwalters. Es fehlt an einer Insolvenzmasse, über die er noch verfügen kann. Das Vermögen des Schuldners ist diesem grds. wieder auszuhändigen. Unter Geltung der KO wurde der Verweisung in § 116 Satz 2 KO auf § 191 KO entnommen, dass der Insolvenzverwalter zunächst alle Ansprüche, die ohne die Beschwerdeentscheidung Masseansprüche gewesen wären, zu befriedigen oder im Bestreitensfalle sicherzustellen hatte (*Hess* KO, § 116 Rn. 3). Dem Insolvenzverwalter wurden daher trotz der Aufhebung noch alle Rechte an der Masse zugestanden, soweit er ihrer zur Erfüllung ihrer Aufgaben bedurfte; einen entsprechenden Teil der Masse brauchte der Insolvenzverwalter zunächst nicht herauszugeben, er durfte auch die Löschung des Insolvenzvermerkes im Grundbuch aufhalten (*Kuhn/Uhlenbruck* KO, § 116 Rn. 6a, 6b). Daran hat sich unter Geltung der Insolvenzordnung nichts geändert (a.A. MüKo-InsO/*Schmahl/Busch* § 34 Rn. 107).

68 Der **Insolvenzverwalter** ist **berechtigt**, vor Rückgabe des Vermögens an den Schuldner seine **Vergütung, die Auslagen und die von ihm begründeten Verbindlichkeiten zu erfüllen** ebenso wie im Falle des § 25 Abs. 2 InsO (s. § 25 Rdn. 23 ff.), der entsprechend anwendbar ist (HK-InsO/*Kirchhof* § 34 Rn. 41; *Kübler/Prütting/Bork-Pape* InsO, § 34 Rn. 83, 84; *Uhlenbruck/I. Pape* InsO, § 34 Rn. 34). Streitige Ansprüche sind (wie früher gem. § 191 Abs. 1 Satz 2 KO) sicherzustellen entsprechend § 258 Abs. 2 InsO bzw. § 198 InsO (s. dazu auch § 25 Rdn. 32).

IV. Rechnungslegung und Vergütungsanspruch des Verwalters

69 Eine Rechnungslegungsverpflichtung gem. § 66 InsO gegenüber Gericht/Gläubigerversammlung besteht nicht (MüKo-InsO/*Schmahl/Busch* § 34 Rn. 105; **a.A.** *Uhlenbruck/I. Pape* InsO, § 34 Rn. 34), sondern **nur gegenüber dem Schuldner** (*Jaeger/Schilken* InsO, § 34 Rn. 38). Dies folgt

aus einer teleologischen Reduktion der Vorschrift. Eine Masse, die geschützt werden muss, ist nicht mehr vorhanden und muss aufgrund der grds. rückwirkenden Kraft der Aufhebung des Eröffnungsbeschlusses als nie vorhanden angesehen werden (s.a. § 66 InsO). Im Falle der Nichteröffnung besteht keine Verpflichtung zur Rechnungslegung (s. § 21 Rdn. 230).

Vor Aushändigung der gesamten Vermögensmasse an den Schuldner sollte der Insolvenzverwalter auch seine **Vergütung** durch das Gericht **festsetzen lassen**. Ist dies nicht möglich, ist er als berechtigt anzusehen, einen Vorschuss zu entnehmen entsprechend § 9 InsVV. Nach Aushändigung der Masse an den Schuldner haftet dem Insolvenzverwalter für dessen Vergütung und Auslagen nicht der Antragsteller, sondern lediglich der Schuldner, allerdings nur mit den wieder in seine freie Verfügung gelangten Massebestandteilen (*LG Aachen* EWiR 1989, 911; *Jaeger/Schilken* InsO, § 34 Rn. 37; MüKo-InsO/*Schmahl/Busch* § 34 Rn. 108; *Uhlenbruck/I. Pape* InsO, § 34 Rn. 35). Zur **Vollstreckung gegen den Schuldner** genügt ein die Vergütung festsetzender Beschluss des Insolvenzgerichts (§ 64 i.V.m. § 794 Abs. 1 Nr. 3 ZPO), einer gesonderten Klage gegen den Schuldner bedarf es nicht (*Uhlenbruck/I. Pape* InsO, § 34 Rn. 35; **a.A.** *LG Aachen* EWiR 1989, 911 m. abl. Anm. *Gerhardt*). 70

F. Internationales Insolvenzrecht

Zum Beschwerderecht eines ausländischen Insolvenzverwalters s. Art. 102 § 3 Abs. 1 Satz 3 EGInsO 31.05.2002/Art. 103c § 2 EGInsO 26.06.2017, zum Beschwerderecht der Insolvenzgläubiger bei Einstellung des Verfahrens s. Art. 102 § 4 Abs. 1 Satz 3 EGInsO 31.05.2002/Art. 103c § 3 EGInsO 26.06.2017, zu den Wirkungen in diesem Fall s. Art. 102 § 4 Abs. 2 EGInsO 31.05.2002/Art. 103c § 2 EGInsO 26.06.2017. Einem Gläubiger, der Insolvenzantrag in einem anderen EG-Mitgliedstaat gestellt hat, soll gegen die Eröffnung kein Beschwerderecht zustehen (*LG Hamburg* ZInsO 2005, 1052 = EWiR 2006, 15). 71

Zweiter Abschnitt Insolvenzmasse. Einteilung der Gläubiger

§ 35 Begriff der Insolvenzmasse

(1) Das Insolvenzverfahren erfaßt das gesamte Vermögen, das dem Schuldner zur Zeit der Eröffnung des Verfahrens gehört und das er während des Verfahrens erlangt (Insolvenzmasse).

(2) ¹Übt der Schuldner eine selbstständige Tätigkeit aus oder beabsichtigt er, demnächst eine solche Tätigkeit auszuüben, hat der Insolvenzverwalter ihm gegenüber zu erklären, ob Vermögen aus der selbstständigen Tätigkeit zur Insolvenzmasse gehört und ob Ansprüche aus dieser Tätigkeit im Insolvenzverfahren geltend gemacht werden können. ²§ 295 Absatz 2 gilt entsprechend. Auf Antrag des Gläubigerausschusses oder, wenn ein solcher nicht bestellt ist, der Gläubigerversammlung ordnet das Insolvenzgericht die Unwirksamkeit der Erklärung an.

(3) ¹Die Erklärung des Insolvenzverwalters ist dem Gericht gegenüber anzuzeigen. ²Das Gericht hat die Erklärung und den Beschluss über ihre Unwirksamkeit öffentlich bekannt zu machen.

Übersicht

	Rdn.
A. Allgemeines, Übersicht	1
I. Bedeutung, Funktion und systematische Stellung	1
II. Insolvenzbeschlag, Ist-, Soll- und Teilungsmasse	4
III. Haftungsrechtliche Zuweisung, rechtliche Zuordnung und Haftungstrennung	6
IV. Sondermassen und besondere Vermögensmassen	8
V. Entstehungsgeschichtlicher Hintergrund	9
B. Umfang der Insolvenzmasse	10
I. Maßgeblicher Zeitraum	10
II. Auslandsbelegenes Vermögen	13
III. Massezugehöriges Vermögen	14
IV. Insolvenzfreies Vermögen	17
1. Höchstpersönliche Rechte	18
2. Unpfändbares und freigegebenes Vermögen	22
3. Insolvenzfreies Vermögen bei Handelsgesellschaften und juristischen Personen	23
V. Finanzsektorspezifische Besonderheiten	24
C. Neuerwerb	25
I. Einbeziehung des Neuerwerbs in die Insolvenzmasse	25
II. Neuerwerb durch nicht natürliche Personen	28
III. Erklärungen des Insolvenzverwalters zur selbstständigen Tätigkeit des Schuldners (Abs. 2 und 3)	29
1. Hintergrund; Zweck	29
2. Übergangsregelung	30
3. Erklärung des Insolvenzverwalters (Abs. 2 Satz 1)	31
a) Anwendungsbereich	31
b) Inhalt der Erklärung	33
c) Rechtsnatur der Erklärung	38
d) Anwendbarkeit berufs- und ordnungsrechtlicher Vorschriften	40
e) Zeitpunkt der Erklärung	41
f) Adressat, Form und Wirksamwerden der Erklärung	42
3. Rechtsfolgen	43
a) Wirkung der Negativerklärung auf den aus der freigegebenen Tätigkeit resultierenden Neuerwerb	46
b) Wirkung der Negativerklärung auf im Zuge der freigegebenen Tätigkeit eingegangene Verbindlichkeiten	49
c) Weitergehende Wirkungen der Negativerklärung?	51
aa) Massezugehöriges Vermögen	52
bb) Schuldverhältnisse	54
4. »Zweites« Insolvenzverfahren über das Vermögen aus der »freigegebenen« Tätigkeit	60
5. Informations- und Mitwirkungspflicht des Schuldners	61
6. Abführungspflicht (Abs. 2 Satz 2 i.V.m. § 295 Abs. 2)	62
7. Beteiligung der Gläubiger (Abs. 2 Satz 3)	64
8. Bekanntmachung der Erklärung durch das Insolvenzgericht (Abs. 3)	65
9. Rechtsmittel	68
10. Rechtslage bei Fehlen einer Erklärung	69
D. Freigabe	71
I. Unechte Freigabe	72
II. Echte Freigabe	73
III. Modifizierte Freigabe	75
IV. Erkaufte Freigabe	76
V. Anwendungsfälle	77

	Rdn.			Rdn.
VI. Erklärung der Freigabe	80	E.	Streit über Massezugehörigkeit	83
VII. Wirkungen der Freigabe	81			

Literatur:
Ahrens Negativerklärung zur selbstständigen Tätigkeit gem. § 35 II InsO, NZI 2007, 622; *Andres* Die geplante Neuregelung des Neuerwerbs des selbstständigen Schuldners in der Insolvenz, NZI 2006, 198; *Arens* Steuerforderungen im Zusammenhang mit dem Neuerwerb nach Neuregelung des § 35 InsO, DStR 2010, 446; *Bartels* Freigabe des Unternehmens und Enthaftung des verbleibenden Alterwerbs (Masse) nach § 35 Abs. 2 Satz 1 InsO, KTS 2012, 381; *Berger* Die unternehmerische Tätigkeit des Insolvenzschuldners im Rahmen der Haftungserklärung nach § 35 Abs. 2 InsO, ZInsO 2008, 1101; *ders.* Immaterielle Wirtschaftsgüter in der Insolvenz, ZInsO 2013, 569; *Ehlers* Die Freigabe der selbständigen Tätigkeit und die Sanierungsoption, ZInsO 2014, 53; *ders.* Der Insolvenzschuldner und seine Familie, ZInsO 2013, 1386; *Gehrlein* Die Freigabe der selbstständigen Tätigkeit des Schuldners ZInsO 2016, 825; *Gutsche* Die schicksalhafte Begegnung der Dauerschuldverhältnisse mit der »Freigabe« gem. § 35 Abs. 2 InsO, ZVI 2008, 41; *Haberzettl* Die Freigabe im Insolvenzverfahren NZI 2017, 474; *Haarmeyer* Die »Freigabe« selbstständiger Tätigkeit des Schuldners und die Erklärungspflichten des Insolvenzverwalters – Zur praktischen Umsetzung der Neuregelung des § 35 Abs. 2 und 3 InsO, ZInsO 2007, 696; *Heinze* Das pfändungsfreie Unternehmen im Insolvenzverfahren ZInsO 2015, 1117; *ders.* Die neue Freigabe des Unternehmens aus der Insolvenzmasse, ZVI 2007, 349; *Henckel* Wert und Unwert juristischer Konstruktionen im Konkursrecht, FS Weber, 1975, S. 237; *Hergenröder* Erklärung des Insolvenzverwalters nach § 35 Abs. 2 InsO und Arbeitsverhältnis, DZWIR 2013, 251; *Holzer* Erklärungen des Insolvenzverwalters bei Ausübung einer selbstständigen Erwerbstätigkeit, ZVI 2007, 289; *Kexel* Zur Beurteilung der Massezugehörigkeit von Neuerwerb, EWiR 2008, 183; *Küpper/Heinze* Zu den Risiken und Nebenwirkungen der Abführungspflicht aus selbstständiger Tätigkeit des Insolvenzschuldners, ZInsO 2009, 1785; *Leitner* Zugehörigkeit des Vorsteuererstattungsanspruchs eines freiberuflich tätigen Schuldners zur Insolvenzmasse, EFG 2010, 835; *Nobbe* Lastschriften in der Insolvenz des Schuldners – Vorhang zu, alle Fragen offen?, ZIP 2012, 1937; *Oepen* Massefremde Masse. Die Erstreckung von Insolvenzverfahren auf Forderungen von Insolvenz- oder Massegläubigern gegen zusätzliche Schuldner, 1999; *Pape* Änderungen im eröffneten Verfahren durch das Gesetz zur Vereinfachung des Insolvenzverfahrens, NZI 2007, 481; *ders.* Entwicklung der Rechtsprechung zum Verbraucherinsolvenz- und Restschuldbefreiungsverfahren in den Jahren 2005–2007 (Teil 2), ZInsO 2007, 1289; *ders.* Die Betriebsfortführung in der Insolvenz natürlicher Personen, WM 2013, 1145; *Pech* Die Einbeziehung des Neuerwerbs in die Insolvenzmasse. Konsequenzen und Probleme des § 35 InsO, 1999; *Peters* Freigabe in der Insolvenz des Selbständigen, WM 2012, 1067; *Ries* Freigabe (auch) von Dauerschuldverhältnissen des § 108 InsO aus dem Insolvenzbeschlag beruflich selbstständiger Schuldner, ZInsO 2009, 2030; *ders.* § 35 InsO und die »aufoktroyierte Neumasse«, über die der Verwalter tatsächlich gar nicht verfügt – ein Missverständnis oder gar Ärgernis ohne Ende?, ZInsO 2005, 298; *Rauscher* Die Insolvenz des VN in der privaten Krankenversicherung, VersR 2014, 295; *Runkel* Probleme bei Neuerwerb in der Insolvenz, FS Uhlenbruck, S. 315; *Smid* Freigabe des Neuerwerbs in der Insolvenz selbstständig tätiger Schuldner, DZWIR 2008, 133; *Tetzlaff* Rechtliche Probleme in der Insolvenz des Selbstständigen – Ein Überblick über aktuelle Entwicklungen in der Rechtsprechung und in der Praxis diskutierte Probleme, ZInsO 2005, 393; *Uhlenbruck* Insolvenzrechtsreform und Familienrecht, Veröffentlichungen des 13. Familiengerichtstages 1999, S. 35; *Wischemeyer* Freigabe einer selbstständigen Tätigkeit nach § 35 Abs. 2 InsO – Praxisfragen und Lösungswege, ZInsO 2009, 2121; *Wischemeyer/Schur* Zur Reichweite der Freigabeerklärung des Insolvenzverwalters nach § 35 Abs. 2 InsO bei bereits ausgeübter selbstständiger Tätigkeit des Schuldners, ZInsO 2007, 1240; *Zipperer* Die Insolvenz des freigegebenen selbstständigen Gemeinschuldners, ZVI 2007, 541.

A. Allgemeines, Übersicht

I. Bedeutung, Funktion und systematische Stellung

Der in § 35 InsO definierte und durch die §§ 36 f. InsO näher konturierte Begriff der **Insolvenzmasse** ist von **zentraler Bedeutung** für das gesamte Insolvenzrecht. Er steht für die Gesamtheit der Vermögensgegenstände, welche für die **gemeinschaftliche Befriedigung** der Gläubiger und damit für die Umsetzung der in § 1 Satz 1 InsO niedergelegten **Zielbestimmung des Insolvenzverfahrens** zur Verfügung stehen (zur Funktion des Massebegriffs und zur Konstruktion der Beschlagwirkungen, von denen die Masse zum Zwecke der Gläubigerbefriedigung erfasst wird, s. die nach wie vor instruktiven Ausführungen von *Henckel* zu § 1 KO: *Jaeger/Henckel* KO, § 1 Rn. 1 ff.; *Henckel* FS F. Weber, 1975, S. 237 ff.). Eine Vielzahl von – ihrerseits bedeutsamen – Bestimmungen muss des-

1

halb geradezu zwangsläufig den Begriff der Insolvenzmasse voraussetzen oder an ihn anknüpfen: So hat der Insolvenzverwalter das zur Insolvenzmasse gehörende Vermögen nach Maßgabe der §§ 148 ff. InsO in Besitz zu nehmen, zu verwalten und zu verwerten. Zu diesem Zweck wird ihm die Verwaltungs- und Verfügungsbefugnis in Bezug auf die massezugehörigen Gegenstände mit der Insolvenzeröffnung zugewiesen (§ 80 InsO). Fortan sind Verfügungen des Schuldners über massezugehörige Gegenstände nach Maßgabe der §§ 81 ff. InsO unwirksam. Auch ein sonstiger Erwerb von Gegenständen der Insolvenzmasse ist nach § 91 InsO grds. ausgeschlossen. Bleibt der Schuldner im Eigenverwaltungsverfahren in Bezug auf die Masse verwaltungs- und verfügungsbefugt, unterliegt er insoweit immerhin der Aufsicht durch den Sachwalter (§ 274 Abs. 2 Satz 1 InsO). Massemindernde vorinsolvenzliche Rechtshandlungen werden nach Maßgabe der §§ 129 ff. InsO vom Verwalter mit dem Ziel der Erstattung an die Insolvenzmasse angefochten (§ 143 Abs. 1 InsO). Vor Befriedigung der Insolvenzgläubiger (deren Legaldefinition in § 38 InsO die Zweckbestimmung der Insolvenzmasse konkretisiert) sind die Masseverbindlichkeiten der §§ 53 ff. InsO zu berichtigen. Reicht die Masse nicht aus, um wenigstens die nach § 54 InsO im Rang einer Masseforderung stehenden Verfahrenskosten zu decken, ist das Verfahren mangels Masse nicht zu eröffnen bzw. einzustellen (§§ 26, 207 InsO). Soweit der Begriff der Insolvenzmasse auch **außerhalb der Insolvenzverordnung** verwendet wird (z.B. § 58 GKG, § 1 Abs. 1 InsVV), wird sein Bedeutungsgehalt durch den jeweiligen **Regelungskontext** mitbestimmt, was Abweichungen von dem in § 35 Abs. 1 InsO zugrunde gelegten Begriff mit sich bringen kann. Insbesondere ist für den Zweck der Bestimmung der Gerichtskosten (§ 58 GKG) nicht allein auf die massezugehörigen Aktivwerte abzustellen, sondern im Falle der Betriebsfortführung auch die mit dieser verbundenen Kosten in Abzug zu bringen (*OLG Koblenz* ZInsO 2014, 385 = ZIP 2014, 385; *OLG Hamm* ZInsO 2013, 444 = ZIP 2013, 470; *OLG Dresden* ZInsO 2013, 1859 = NZI 2014, 76).

2 Abzugrenzen ist die Insolvenzmasse in zwei Richtungen: gegenüber dem **insolvenzfreien Vermögen des Schuldners** und gegenüber den Rechtspositionen Dritter. Die Abgrenzung zum insolvenzfreien Vermögen des Schuldners folgt im Grundsatz **einzelvollstreckungsrechtlichen Regeln** (§ 36 Abs. 1 Satz 1 InsO); insbesondere sind die in § 36 Abs. 1 Satz 2 InsO genannten Pfändungsvorschriften entsprechend anwendbar. Allerdings wird die **Maßgeblichkeit des Einzelvollstreckungsrechts** mehrfach **durchbrochen**, um den Besonderheiten des gesamtvollstreckungsrechtlichen Kontexts gerecht zu werden. So gehören etwa die in **§ 36 Abs. 2 InsO** genannten Gegenstände wegen ihrer Bedeutung für eine Verwertung oder Fortführung des schuldnerischen Unternehmens zur Insolvenzmasse, obgleich ihrer Pfändung in der Einzelvollstreckung die Pfändungsschutzvorschriften der § 811 Abs. 1 Nr. 4 und 11 ZPO entgegenstünden. Umgekehrt besteht die Möglichkeit einer **Freigabe** von an sich massezugehörigem **Vermögen** durch den Insolvenzverwalter (s. Rdn. 71 ff.). Nach § 35 Abs. 2 InsO kann insbesondere das Vermögen aus einer selbstständigen Tätigkeit des Schuldners »freigegeben« werden (s. Rdn. 29 ff.).

3 Die **Abgrenzung zu den Rechtspositionen Dritter** vollzieht sich ebenfalls in weitgehender **Parallelität zum Einzelvollstreckungsrecht**. So entspricht der vollstreckungsrechtlichen Drittwiderspruchsklage (§ 771 ZPO) das Aussonderungsrecht des § 47 InsO und der Klage auf vorzugsweise Befriedigung (§ 805 ZPO) die Absonderungsrechte der §§ 49 ff. InsO. Auch die in § 37 Abs. 1 InsO angeordnete Einbeziehung des Gesamtguts in der Insolvenz des zur alleinigen Verwaltung berechtigten Ehegatten findet ihre Entsprechung in § 740 Abs. 1 ZPO. Wie sich allerdings am Beispiel der unterschiedlichen Behandlung von **Sicherungsübereignung und -zession** zeigen lässt, die in der Insolvenz des Sicherungsgebers lediglich Absonderungsrechte begründen (§ 51 Nr. 1 InsO), während sie dem Sicherungsnehmer bei Pfändungen durch die Gläubiger des Sicherungsgebers die Drittwiderspruchsklage eröffnen (*BGH* BGHZ 118, 201 [206]; 12, 232 [234]; krit. hierzu *Baumbach/Lauterbach/Albers/Hartmann* ZPO, 69. Aufl., § 771 Rn. 25), bestehen freilich Unterschiede im Einzelnen. Zu diesen gehört auch die Beteiligung der Absonderungsberechtigten an den Verwertungskosten im Insolvenzverfahren (§ 171 InsO), welche keine Entsprechung im Einzelvollstreckungsrecht hat.

II. Insolvenzbeschlag, Ist-, Soll- und Teilungsmasse

Die Insolvenzmasse unterliegt mit der Insolvenzeröffnung der Beschlagnahme (**Insolvenzbeschlag**). Diese manifestiert sich im Regelfall im **Übergang der Verwaltungs- und Verfügungsbefugnis** auf den Insolvenzverwalter (§ 80 Abs. 1 InsO), welche nachfolgende Verfügungen des Schuldners unwirksam werden lässt (§ 81 InsO) und dazu führt, dass Leistungen an den Schuldner grds. keine befreiende Wirkung zukommt (§ 82 InsO). Dem korrespondiert der Verlust der Prozessführungsbefugnis und die hierdurch bedingte Unterbrechung von Prozessen, welche die Insolvenzmasse betreffen (§ 240 ZPO). Im **Eigenverwaltungsverfahren** sind die **Beschlagwirkungen** durch den Fortbestand des Verfügungsrechts des Schuldners zwar **gelockert**, sie schränken den Schuldner aber in der Ausübung dieses Verwaltungs- und Verfügungsrechts ein, indem ihm ein Sachwalter zur Seite gestellt wird, der den Schuldner insoweit überwacht (§§ 270c, 274 Abs. 2 Satz 1 InsO). Diese Beschlagwirkungen sind Ausdruck der mit Insolvenzeröffnung eintretenden **haftungsrechtlichen Zuweisung** des Schuldnervermögens zum **Zwecke der gemeinschaftlichen Gläubigerbefriedigung** (*Henckel* FS F. Weber, 1975, S. 237 [252]; MüKo-InsO/*Lwowski/Peters* § 35 Rn. 22; *Kübler/Prütting/Bork-Holzer* InsO, § 35 Rn. 5). 4

Die **Beschlagwirkungen** treten in Bezug auf das nach den §§ 35 ff. InsO massezugehörige Vermögen ein. Da die Massezugehörigkeit aber nicht immer offensichtlich ist und sich der Insolvenzverwalter bei der Inbesitznahme der Masse (§ 148 Abs. 1 InsO) an objektiven Anhaltspunkten wie insbesondere dem schuldnerischen Gewahrsam orientieren muss, die den Schluss auf die Massezugehörigkeit zulassen (vgl. § 148 Abs. 2 InsO), lässt es sich in der Praxis kaum vermeiden, dass auch Gegenstände der Insolvenzverwaltung unterstellt werden, welche später – etwa aufgrund von Aussonderungsrechten (§ 47 InsO) oder Pfändungsschutzvorschriften (§ 36 Abs. 1 Satz 2 InsO) – wieder an Dritte oder den Schuldner herauszugeben sind. Der begrifflichen Abbildung dieses Befunds dient die geläufige Unterscheidung zwischen »**Istmasse**« (als Gesamtheit der zu einem bestimmten Zeitpunkt faktisch unter Insolvenzverwaltung gestellten Gegenstände) und »**Sollmasse**« (als Gesamtheit der Gegenstände, die nach den gesetzlichen Vorgaben für die in § 38 InsO normierte Zweckbestimmung, nämlich: die Befriedigung der Insolvenzgläubiger, zur Verfügung stehen). Von **heuristischem Wert** ist diese Unterscheidung, weil sie darauf aufmerksam macht, dass die Zusammensetzung des der Insolvenzverwaltung unterliegenden Vermögens im Verfahrensfortgang einem stetigen Wechsel unterworfen ist, der nicht nur dem **Abgang** von Gegenständen, etwa durch Aussonderung, Freigabe oder aufgrund von Pfändungsschutzbestimmungen, geschuldet ist, sondern auch umgekehrt dem **Zugang** von zunächst nicht massezugehörigen Gegenständen, etwa aufgrund Neuerwerbs (§ 35 Abs. 1 InsO) oder infolge erfolgreicher Insolvenzanfechtungen (§§ 129 ff. InsO). Das zur Verteilung an die Insolvenzgläubiger zur Verfügung stehende (Netto-)Vermögen, das sich nach Aussonderungen, abgesonderten Befriedigungen, Aufrechnungen und der Befriedigung der Massegläubiger ergibt, wird hingegen (in Anlehnung an den dritten Titel des zweiten Buchs der Konkursordnung sowie an § 148 KO) **Teilungsmasse** genannt (MüKo-InsO/*Lwowski/Peters* § 35 Rn. 21). Ihr wird die sog. **Schuldenmasse** gegenübergestellt, welche sich aus der Gesamtheit aller gegenüber Insolvenzgläubigern bestehenden Verbindlichkeiten zusammensetzt. 5

III. Haftungsrechtliche Zuweisung, rechtliche Zuordnung und Haftungstrennung

Auch wenn das massezugehörige Vermögen durch die Beschlagwirkungen einer besonderen haftungsrechtlichen Zweckbestimmung unterworfen wird, bleibt seine **Zugehörigkeit zum Vermögen des Schuldners** von der Insolvenzeröffnung unberührt (*Uhlenbruck/Hirte* InsO, § 35 Rn. 1, 3; *Kübler/Prütting/Bork-Holzer* InsO, § 35 Rn. 9). Der Schuldner verliert durch den Insolvenzbeschlag die Verfügungsbefugnis über das massezugehörige Vermögen, bleibt aber Inhaber der betroffenen Vermögensrechte. Die Aufspaltung von (beim Schuldner verbleibender) Rechtsinhaberschaft und (auf den Insolvenzverwalter übergehender) Verfügungsbefugnis wird grundbuchrechtlich dadurch anschaulich, dass der Schuldner als Eigentümer oder Rechteinhaber eingetragen bleibt und dass die Massezugehörigkeit durch den Insolvenzvermerk des § 32 InsO dokumentiert wird. Der Verwalter übt die auf ihn übergehende Verfügungsbefugnis in Ausführung seines Amtes in eigenem Namen, 6 aber mit unmittelbarer Wirkung für den Schuldner aus. Hieraus folgt auch, dass der Masse als solcher keine eigene Rechtspersönlichkeit zukommt (*Uhlenbruck/Hirte* InsO, § 35 Rn. 3 m.w.N.). Mit Aufhebung des Insolvenzverfahrens endet die haftungsrechtliche Zweckbestimmung, so dass der Schuldner wieder frei über das nach wie vor ihm gehörende Vermögen verfügen kann.

7 Vom Insolvenzbeschlag wird allein das **Vermögen des Schuldners** erfasst. Eine Erstreckung auf das Vermögen anderer Rechtsträger kommt nicht in Betracht. Je Schuldner ist daher stets ein Insolvenzverfahren zu eröffnen (vgl. *Jaeger/Henckel* InsO, § 35 Rn. 131: »Eine Person, ein Vermögen, eine Insolvenz«). Dieser **Grundsatz der Haftungstrennung** gilt auch und gerade bei enger Verbundenheit der Schuldner, wie sie etwa im **Konzernkontext** gegeben sein kann. Insbesondere verbietet sich hier (wie auch sonst) eine **Konsolidierung der Insolvenzmassen** (instruktiv zum österreichischen Recht OGH 22.11.2011 ZIK 2012, 24 [25]). Daran hat auch das Gesetz zur Erleichterung der Bewältigung von Konzerninsolvenzen vom 13.04.2017 (BGBl. I S. 866) nichts geändert. Die durch dieses Gesetz eingeführten Instrumentarien zur Erleichterung und Verbesserung der Abwicklung von Konzerninsolvenzen setzen auf die Koordination der Einzelverfahren über die Mitglieder von Unternehmensgruppen und verzichten auf eine Konsolidierung von Verfahren oder gar Haftungsmassen. Erklärungsbedürftig, aber auch erklärbar, ist vor diesem Hintergrund die in § 37 Abs. 1 InsO angeordnete Einbeziehung des Gesamtguts in das Insolvenzverfahren über das Vermögen des ausschließlich verwaltungsbefugten Ehegatten. Sie trägt nicht nur dem Umstand Rechnung, dass es sich beim Gesamtgut um gesamthänderisch gebundenes Vermögen handelt (§ 1419 BGB), sondern knüpft vor allem an die ausschließliche Verfügungsbefugnis des verwaltungsbefugten Ehegatten über das Gesamtgut an (§ 1422 BGB); vor diesem Hintergrund bedarf es weder einer (gar nicht möglichen) Einbeziehung des anderen Ehegatten in das Verfahren, noch eines Insolvenzverfahrens über das Gesamtgut als solchem (näher *Kübler/Prütting/Bork-Holzer* InsO, § 37 Rn. 4 f.). Letztere wird aber möglich und erforderlich, wenn beide Ehegatten gemeinschaftlich zur Verwaltung des Gesamtguts befugt sind (§ 37 Abs. 2 InsO).

IV. Sondermassen und besondere Vermögensmassen

8 Während die Insolvenzmasse grds. das **gesamte pfändbare Vermögen** des Schuldners umfasst, kann sie sich in besonderen, gesetzlich geregelten Fällen auf einen abgrenzbaren Teil des schuldnerischen Vermögens beschränken. Das übrige Vermögen bleibt dann insolvenzfrei. Ein paradigmatisches Beispiel für derartige **besondere Vermögensmassen** ist die **Nachlassinsolvenz**: Da der Erbe seine Haftung für die Nachlassverbindlichkeiten auf den Nachlass beschränken kann (§ 1975 BGB), steht den Nachlassgläubigern im Nachlassinsolvenzverfahren allein der Zugriff auf das zum Nachlass gehörende Vermögen zu. Auch **Sekundär- und Partikularinsolvenzverfahren** beschränken sich auf einen Teil des schuldnerischen Vermögens, nämlich das im Inland belegene Vermögen des Schuldners (§§ 354, 356 InsO, Art. 3 Abs. 3 und 4, 27 EuInsVO). Ein besonderer Fall ist schließlich der **pfandbriefrechtliche Deckungsstock**. Dieser bildet eine vom übrigen Vermögen der Pfandbriefbank getrennte Vermögensmasse, welche nicht in die Insolvenzmasse der Pfandbriefbank fällt, sondern als Pfandbriefbank mit beschränkter Geschäftstätigkeit getrennt von der insolventen Pfandbriefbank fortbesteht (§ 30 Abs. 1 PfandBG). Von den besonderen Vermögensmassen sind die sog. **Sondermassen** zu unterscheiden. Bei diesen handelt es sich um **zweckgebundene Vermögen innerhalb der Insolvenzmasse**, die der Befriedigung bestimmter Gläubiger dienen; sie werden z.B. mit Blick auf die bei Gesamtschadensansprüchen bestehende Besonderheit gebildet, dass die Ansprüche haftungsrechtlich der Insolvenzmasse zugewiesen sind, vermögensrechtlich aber den geschädigten Gläubigern (und nur diesen) zustehen (näher zur Problematik der Sondermassen: *Uhlenbruck/Hirte* InsO, § 35 Rn. 55 ff.).

V. Entstehungsgeschichtlicher Hintergrund

9 § 35 Abs. 1 InsO übernimmt weitgehend wörtlich die **Vorgängerbestimmung in § 1 Abs. 1 KO**, ergänzt diese aber um die Erfassung des nach Insolvenzeröffnung **neu erworbenen Vermögens**, das unter der KO vom Konkursbeschlag noch ausgenommen war. Die darin liegende Ausweitung

der Masse steht im Zusammenhang mit der Einführung des Restschuldbefreiungsverfahrens (§§ 286 ff. InsO) und der Möglichkeit der Entschuldung im Rahmen eines Schuldenbereinigungsplans (§§ 308 f. InsO). Diese ermöglichen dem Schuldner einen wirtschaftlichen Neubeginn und lassen deshalb die Notwendigkeit entfallen, dem Schuldner zum Zwecke eines solchen Neubeginns den Neuerwerb zu belassen (BT-Drucks. 12/2443 S. 122). Zugleich lässt sich die Einbeziehung des Neuerwerbs als Kompensation dafür interpretieren, dass der Gläubigerzugriff auf das schuldnerische Vermögen durch die Abschaffung des freien Nachforderungsrechts (§ 164 KO) und durch die Möglichkeit der Restschuldbefreiung eingeschränkt wurde (*Kübler/Prütting/Bork-Holzer* InsO, § 35 Rn. 34; vgl. *Ahrens* NZI 2007, 622 [623]: »gerechter Preis«).

B. Umfang der Insolvenzmasse

I. Maßgeblicher Zeitraum

In die Insolvenzmasse fällt das dem Schuldner zum Zeitpunkt der Insolvenzeröffnung gehörende und während des Verfahrens erworbene Vermögen. Da der **Zeitpunkt der Insolvenzeröffnung** im Eröffnungsbeschluss anzugeben ist (§ 27 Abs. 2 Nr. 2 InsO), ist auf die Angaben im Beschluss abzustellen. Fehlen diese, gilt die Vermutung des § 27 Abs. 3 InsO, wonach die Mittagsstunde des Tages als Eröffnungszeitpunkt gilt, an dem der Eröffnungsbeschluss erlassen worden ist. 10

Für die Bestimmung des **Zeitpunkts des Verfahrensabschlusses**, bis zu welchem der Neuerwerb in die Masse fällt, ist der im **Aufhebungs- oder Einstellungsbeschluss** angegebene Zeitpunkt maßgeblich. Ist kein genauer Zeitpunkt angegeben, gilt die Vermutungsregelung des § 27 Abs. 3 InsO entsprechend (*BGH* ZInsO 2010, 1496). Ist zu dem insoweit maßgeblichen Zeitpunkt der Rechtsgrund für den Erwerb gelegt, der Erwerbstatbestand aber erst nach Beendigung des Verfahrens erfüllt worden, zählt der Neuerwerb zur Masse und kann gem. § 201 Abs. 1 Nr. 3 der **Nachtragsverteilung** unterliegen (*BGH* NZI 2011, 369 [370 f.]; NZI 2006, 246). 11

Ob Vermögenswerte zum jeweils maßgeblichen Zeitpunkt bereits vorhanden waren, richtet sich danach, ob der **Rechtsgrund** für ihren Erwerb bereits **gelegt** war; die Entstehung des Vollrechts oder – bei Forderungen – die Fälligkeit sind nicht erforderlich (*BGH* BGHZ 92, 339 [341]; NZI 2011, 369; WM 2006, 539). Daher können auch **aufschiebend bedingte Forderungen** als erworben gelten. Ansprüche auf Erstattung der Einkommensteuer werden bereits vor Ablauf des nach § 38 AO i.V.m. § 36 Abs. 1 EStG für die Entstehung der Ansprüche maßgeblichen Ablaufs des Veranlagungszeitraumes erworben. Ihr Rechtsgrund entsteht mit der Abführung der Lohnsteuer, der Anspruch steht lediglich unter der aufschiebenden Bedingung, dass zum Jahresende die geschuldete Einkommensteuer geringer ist als die Summe der abgeführten Anrechnungsbeträge (*BGH* NZI 2006, 246). Erst recht müssen Ansprüche als erworben gelten, bei denen allein die **Durchsetzbarkeit** aufschiebend bedingt ist (*BGH* NZI 2011, 369: erst nach Beendigung des Insolvenzverfahrens geltend gemachter Pflichtteilsanspruch). 12

II. Auslandsbelegenes Vermögen

Dem **Universalitätsprinzip** folgend, gehört zur Insolvenzmasse auch das im Ausland belegene Vermögen (*RG* RGZ 54, 193; *BGH* BGHZ 134, 79; *Merz* ZIP 1983, 136 [137]; *Canaris* ZIP 1983, 647; MüKo-InsO/*Lwowski/Peters* § 35 Rn. 36; *Vallender* ZIP 1997, 1993 [2001]). Ob dem Schuldner Rechte an einem auslandsbelegenen Gegenstand zustehen, richtet sich dabei freilich nach dem Recht des Belegenheitsstaats, Art. 43 EGBGB (BGH Beschl. v. 20.7.2017 – IX ZB 69/16 Rn. 18). Während dieser Grundsatz für das Gebiet der Europäischen Union – allerdings unter Ausschluss Dänemarks und je nach Ausgang der BREXIT-Verhandlungen künftig ggf. auch des Vereinten Königreichs – durch die Europäische Insolvenzverordnung (**EuInsVO**) abgesehen wird (Art. 4 Abs. 2 lit. b EuInsVO) und lediglich durch die Möglichkeit der Eröffnung von Sekundärverfahren in solchen Mitgliedstaaten eingeschränkt wird, in denen das schuldnerische Unternehmen Niederlassungen unterhält (Art. 3 Abs. 2, 28 EuInsVO), ist der Universalitätsanspruch des deutschen Insolvenzrechts im Übrigen darauf angewiesen, dass er durch die betroffene ausländische Rechtsordnung 13 anerkannt wird. Sofern die ausländische Rechtsordnung insoweit nicht dem Ansatz des deutschen internationalen Insolvenzrechts folgt, welches ausländische Verfahren grds. ohne weiteres anerkennt (§ 343 Abs. 1 InsO), ist hier ggf. eine gerichtliche Anerkennungsentscheidung herbeizuführen (vgl. Art. 17 des UNCITRAL Modellgesetzes zu grenzüberschreitenden Insolvenzen, wonach ausländische Hauptinsolvenzverfahren anzuerkennen sind, sofern der inländische *ordre public* nicht berührt wird).

III. Massezugehöriges Vermögen

14 Mit Ausnahme des insolvenzfreien Vermögens (dazu s. Rdn. 17 ff.) erstreckt sich die Insolvenzmasse auf das **gesamte Vermögen** des Schuldners, das ihm **zum Zeitpunkt der Eröffnung** des Verfahrens gehört und das er **während des Verfahrens neu erwirbt**. Entgegen *OLG Frankfurt* (ZInsO 2013, 1957 = ZIP 2013, 1873 Rn. 43 ff.) folgt die Massezugehörigkeit einer Sache nicht schon aus dem schuldnerischen **Besitz**. Erforderlich ist vielmehr, dass der Schuldner Eigentümer oder Inhaber des an der Sache bestehenden Rechts ist. Würde der Besitz ausreichen, ließe sich der dadurch ermöglichte Rechtsverlust zulasten des Eigentümers weder rechtfertigen noch mit dem diesen durch § 47 InsO gewährten Aussonderungsrecht vereinbaren.

15 Zum **Vermögen** in diesem Sinne gehören alle **Güter und Gegenstände**, die einen Vermögenswert verkörpern, so dass deren Verwertung geeignet ist, die Geldansprüche der Gläubiger zu befriedigen (*Uhlenbruck/Hirte* InsO, § 35 Rn. 13). Maßgeblich ist insoweit eine **wirtschaftliche Betrachtungsweise** (*Graf-Schlicker/Kexel* InsO, § 35 Rn. 7). In der einzelzwangsvollstreckungsrechtlichen Systematik und Terminologie der §§ 803 ff. ZPO gesprochen, schließt das schuldnerische Vermögen sowohl das **bewegliche** als auch das **unbewegliche Vermögen** ein. Das bewegliche Vermögen umfasst dabei die »körperlichen Sachen« (§§ 808 ff. ZPO) sowie die Forderungen und andere Vermögensrechte einschließlich der hierüber existierenden Urkunden wie Sparkassenbücher, Wertpapiere, Hypotheken-, Grundschuld- und Rentenschuldbriefe (§§ 828 ff. ZPO). Zum unbeweglichen Vermögen (§§ 864 ff. ZPO) gehören neben Grundstücken des Schuldners, im Schiffsregister eingetragenen Schiffen und Schiffsbauwerken (*Hornung* Rpfleger 2003, 232 [237] zu Schwimmdocks) auch die grundstücksgleichen Rechte wie das Erbbaurecht, Wohnungs- und Teileigentum (MüKo-InsO/*Lwowski/Peters* § 35 Rn. 167). Ferner sind dazu auch das Bergwerkseigentum, Jagd- und Fischereigerechtigkeiten, Kohlenabbaugerechtigkeiten (MüKo-InsO/*Lwowski/Peters* § 35 Rn. 165) zu zählen. Wegen der näheren Einzelheiten wird auf die einschlägigen Werke zur Pfändbarkeit von Vermögenswerten verwiesen (vgl. § 36 Rdn. 6 ff.; *Röder* ABC der pfändbaren und unpfändbaren Sachen).

16 Dem **Trennungsgrundsatz** entsprechend kann nur das **Vermögen des Schuldners** in die Insolvenzmasse fallen. Vermögen Dritter kann – auch bei enger Verbundenheit zum Schuldner – nicht in die Masse einbezogen werden (s. Rdn. 6, auch zum Sonderfall des § 37 Abs. 1 InsO).

IV. Insolvenzfreies Vermögen

17 Nicht in Insolvenzmasse fällt das insolvenzfreie Vermögen des Schuldners. Dieses wird gebildet aus den dem **höchstpersönlichen Rechtskreis** des Schuldners zugehörenden **Nichtvermögensrechten**, dem nach Maßgabe des § 36 InsO **unpfändbaren Vermögen** sowie den **freigegebenen Gegenständen** (einschließlich des nach Maßgabe des § 35 Abs. 2 InsO »freigegebenen« Vermögens aus selbstständiger Tätigkeit).

1. Höchstpersönliche Rechte

18 Gegenstände und Rechte mit **höchstpersönlichem Charakter** gehören nicht zur Insolvenzmasse. Insbesondere kann die **Person** des Schuldners als solche wegen ihres verfassungsrechtlich verbürgten Subjektcharakters nicht Teil der Insolvenzmasse sein (*Uhlenbruck/Hirte* InsO, § 35 Rn. 17). Dies gilt auch für die Arbeitskraft des Schuldners (*BGH* BGHZ 167, 363 [370]; ZInsO 2009, 299 Rn. 11), da das *Selbstbestimmungsrecht* des Schuldners auch insoweit unantastbar ist (*Uhlenbruck/Hirte* InsO, § 35 Rn. 16 m. Hinw. auf RGZ 70, 226 [230]), wonach ein Zwang zur Einsetzung der

Arbeitskraft einer »modernen Schuldknechtschaft« gleichkäme). Deshalb gehören die in der Arbeitskraft angelegten **Erwerbs*möglichkeiten*** ebenfalls nicht zur Masse.

Daneben sind auch sonstige mit der Person verbundene **Persönlichkeitsrechte** nicht veräußerlich und bleiben damit dem Haftungszugriff entzogen. Dies gilt grds. auch für das Namensrecht, welches Ausfluss der Persönlichkeit des Schuldners ist. Hat der Schuldner seinen Namen hingegen im Rahmen seiner unternehmerischen Tätigkeit – etwa im Rahmen einer Verwendung als Firma – **kommerzialisiert**, muss er sich auch im vollstreckungsrechtlichen Kontext daran messen lassen, so dass die Firma dem Haftungszugriff unterliegt und zur Masse gehört (BGHZ 85, 221 [225]; *Uhlenbruck/Hirte* InsO, § 35 Rn. 17, 275, 302; zur Verwertung der Firma s. *Wertenbruch* ZIP 2002, 1931; zur Zuständigkeit des Insolvenzverwalters zur Vornahme der für die Änderung der Firma erforderlichen Satzungsänderung: *KG* ZInsO 2017, 1673). Höchstpersönlichen Charakter haben sodann **familienrechtliche Nichtvermögensansprüche** z.B. im Zusammenhang mit der ehelichen Lebensgemeinschaft (§§ 1353 BGB, 120 Abs. 3 FamFG), der Anerkennung oder Anfechtung der Vaterschaft (§§ 1594 ff. BGB) oder dem Umgangsrecht (§ 1684 f. BGB), das Recht, eine **Erbschaft** oder ein **Vermächtnis** anzunehmen oder auszuschlagen (arg. § 83 InsO). Auch die Entscheidung über die Geltendmachung von Pflichtteilsansprüchen ist mit Rücksicht auf die familiäre Verbundenheit von Erblasser und Pflichtteilsberechtigtem ausschließlich Letzterem zugewiesen (*BGH* BGHZ 123, 183 [186]; WM 2011, 79). 19

Es ist jedoch stets zu **differenzieren** zwischen dem höchstpersönlichen Recht als solchem und etwaigen aus der **Ausübung des Rechts** folgenden Rechten und Ansprüchen. Soweit letztere vermögensrechtlichen Charakter haben und der Pfändung unterliegen (§ 36 Abs. 1 InsO), fallen sie in die Insolvenzmasse. Dies gilt für Einkünfte aus dem Einsatz der Arbeitskraft genauso wie für angenommene Erbschaften, Vermächtnisse und geltend gemachte Pflichtteilsansprüche. In diesen Fällen trifft den Schuldner auch **keine Pflicht zur Ausübung** der für die Begründung der vermögensrechtlichen Rechte und Ansprüche erforderlichen Nichtvermögensrechte. Selbst im Restschuldbefreiungsverfahren bestehen insoweit nur eingeschränkte **Obliegenheiten**: So obliegt es dem Schuldner zwar, eine angemessene Erwerbstätigkeit auszuüben oder sich um eine solche zu bemühen (§ 295 Abs. 1 Nr. 1 InsO), die Ausschlagung einer Erbschaft stellt demgegenüber als solche keine Obliegenheitsverletzung dar, da sich die Obliegenheiten des Schuldners im Zusammenhang mit von Todes wegen erworbenen Vermögen darauf beschränken, die Hälfte des erworbenen, d.h. nach Annahme oder Geltendmachung bereits erlangten Vermögens an den Treuhänder herauszugeben. 20

Dem höchstpersönlichen Charakter von Gegenständen und Rechten trägt das Gesetz zuweilen auch dadurch Rechnung, dass es die **Pfändbarkeit** einschränkt oder ausschließt. Die Nichtzugehörigkeit zur Masse folgt dann auch aus § 36 Abs. 1 InsO. Ein Beispiel ist etwa der Zustimmungsvorbehalt des § 113 UrhG, welcher eine Pfändung des Urheberrechts von der Zustimmung des Urhebers abhängig macht. Ein weiteres Beispiel sind **Entschädigungsansprüche wegen Menschenrechtsverletzungen** nach Art. 41 EMRK, sofern sie als Ausgleich für das Fehlen angemessener Ausgleichmechanismen im nationalen Recht dienen, weil allein die Feststellung der Menschenrechtswidrigkeit die Opfereigenschaft des Schuldners nicht entfallen lässt (*BGH* BGHZ 189, 65 Rn. 32 ff., 41 ff.). Dies ist aber nicht auf alle Entschädigungsansprüche oder Ansprüche wegen immaterieller Schäden verallgemeinerbar. Fehlt es an einer gesetzlichen Regelung, welche die Ansprüche unpfändbar stellt, ist im Zweifel die Pfändbarkeit gegeben und fällt der Anspruch in die Insolvenzmasse (vgl. *BGH* ZInsO 2012, 147 Rn. 4 zur Kapitalentschädigung nach § 17 StrRehaG, welche im Gegensatz zur besonderen Zuwendung nach § 17a Abs. 1 dieses Gesetzes nicht unpfändbar gestellt ist). 21

2. Unpfändbares und freigegebenes Vermögen

Nicht zur Masse gehören nach § 36 Abs. 1 InsO die nicht der Pfändung unterliegenden Gegenstände (s. dazu die Kommentierung zu § 36) und die freigegebenen Gegenstände (s. dazu Rdn. 71 ff.). Zu letzteren lassen sich auch die von einer Negativerklärung nach § 35 Abs. 2 InsO erfassten Gegenstände zählen (s. dazu Rdn. 30 ff.). Vermögen, das der Schuldner aus pfändungs- 22 freiem Arbeitseinkommen anspart, gehört zur Insolvenzmasse (*BGH* ZInsO 2013, 2274 = NZI 2013, 968).

3. Insolvenzfreies Vermögen bei Handelsgesellschaften und juristischen Personen

23 Umstritten ist, ob es insolvenzfreies Vermögen bei **Handelsgesellschaften** und **juristischen Personen** geben kann. Dem Streit liegen unterschiedliche Auffassungen in Bezug auf die **Funktionen des Insolvenzrechts** im Kontext von Handelsgesellschaften und juristischen Personen zugrunde. Während einerseits angenommen wird, dass das Insolvenzrecht unter anderem auch die (an sich gesellschafts- bzw. personenrechtliche) Aufgabe der **Abwicklung** des Schuldners bis hin zur Löschungsreife übernehme und dass deshalb das gesamte Vermögen des Schuldners in das Insolvenzverfahren einbezogen werden müsse (*K. Schmidt* Wege zum Insolvenzrecht der Unternehmen, 1990, S. 70 ff.; *ders.* KTS 2001, 373 [374 ff.]; *ders.* ZIP 2000, 1913 [1920 ff.]; *Jaeger/Henckel* InsO, § 35 Rn. 146 ff.), betont man andererseits zu Recht den Charakter des Insolvenzverfahren als **Gesamtvollstreckungsverfahren**, mit dem sich die Annahme vollstreckungs- und damit insolvenzfreien Vermögens durchaus vereinbaren lässt (*BGH* BGHZ 148, 252 [258]; BVerwGE 122, 75 Rn. 17; MüKo-InsO/*Lwowski/Peters* § 35 Rn. 104 ff.; *Pape* ZInsO 2004, 237 [251]). Wie sich nämlich am Beispiel von Gegenständen veranschaulichen lässt, die mit wertübersteigenden Lasten behaftet sind oder deren Verwertung aus anderen Gründen Kosten verursachen würde, die den Erlös aufzehren, lässt sich die Deutung des Insolvenzverfahrens als Liquidationsverfahren mit der in § 1 InsO verankerten Zielbestimmung des Insolvenzverfahrens kaum vereinbaren. Denn indem die Freigabe solcher Gegenstände kategorisch ausgeschlossen wird, werden der Masse Lasten aufgebürdet, die dem Ziel der gleichmäßigen Gläubigerbefriedigung abträglich sind. Obgleich sich in diesem Zusammenhang insbesondere darüber streiten lässt, ob sich die Masse einer ordnungsrechtlichen Haftung entziehen können soll (s. dazu Rdn. 78), sollte dieser Streit nicht konstruktivistisch anhand apriorischer Annahmen in Bezug auf die Funktionen des Insolvenzrechts vorentschieden werden. Maßgeblich sollte vielmehr eine Abwägung der einschlägigen ordnungs- und insolvenzrechtlichen (Sach-)Gesichtspunkte sein. Auch wenn man hiernach konzedieren kann, dass bei Handelsgesellschaften und juristischen Personen kaum Raum für höchstpersönliche Rechte und für pfändungsfreies Vermögen ist (*Nerlich/Römermann-Andres* InsO, § 36 Rn. 3; MüKo-InsO/*Peters* § 36 Rn. 6), sollte daher insolvenzfreies Vermögen unter dem Gesichtspunkt einer Freigabe grds. in Betracht kommen.

V. Finanzsektorspezifische Besonderheiten

24 Insolvenzen von **Kreditinstituten** und anderen **Unternehmen des Finanzsektors** können besonderen Regelungen unterliegen, deren Anwendung sich auf den Umfang der Insolvenzmasse auswirken kann. Dabei erscheinen die Erleichterungen, von denen sog. Refinanzierungsunternehmen i.S.d. § 1 Abs. 24 KWG bei der Begründung von Aussonderungsrechten (§ 47 InsO) Gebrauch machen können (s. §§ 22a ff. KWG), wie auch die pfandbriefrechtlichen Besonderheiten hinsichtlich des aus der Masse herausfallenden Deckungsstocks (§ 30 Abs. 1 PfandBG; s. dazu bereits Rdn. 8) noch systemimmanent, weil sie es beim Grundsatz belassen, dass das übrige Vermögen des Schuldners nach allgemeinen Regeln dem Insolvenzbeschlag unterfällt. Anders liegt dies bei den aufgrund der Bankensanierungs- und -restrukturierungsrichtlinie 2014/59/EU eingeführten **bankenrestrukturierungsrechtlichen Instrumentarien** des Sanierungs- und Abwicklungsgesetzes vom 10.12.2004 (BGBl. I S. 2091), die zum Zwecke der Abwehr von Gefahren für die Finanzmarktstabilität Eingriffe in das Vermögen von Kreditinstituten erlauben, deren insolvenzbedingter Zusammenbruch negative Auswirkungen auf die Finanzmarktstabilität erwarten lässt (§§ 62 ff. SAG; zur möglichen, wenngleich eher theoretischen, Anwendung dieser Instrumentarien im eröffneten Verfahren vgl. *Bornemann* in: Beck/Samm/Kokemoor, KWG, § 48a Rn. 51). Eine funktionale Entsprechung zur restrukturierungsrechtlichen Ermächtigung zum Erlass von Übertragungsanordnungen findet sich in Art. 48 der Verordnung (EU) 648/2012 über OTC-Derivate, zentrale Gegenparteien und Transaktionsregister (Europäische Marktinfrastrukturverordnung, EMIR), wonach in der Insolvenz des Teilnehmers eines Systems zur zentralisierten Abwicklung von Finanztransaktionen der System-

betreiber ermächtigt werden muss, Transaktionen des Schuldners auf einen anderen Teilnehmer zu übertragen (näher dazu *Graf-Schlicker/Bornemann* InsO, § 104 Rn. 52 ff.).

C. Neuerwerb

I. Einbeziehung des Neuerwerbs in die Insolvenzmasse

Durch die Einbeziehung des Neuerwerbs hat der Gesetzgeber die **Insolvenzmasse** gegenüber der 25 Rechtslage unter der Konkursordnung **ausgeweitet**. Er folgt dabei unter anderem der Einsicht, dass die Einführung des Restschuldbefreiungsverfahrens (§§ 286 ff. InsO) und der Möglichkeit der Entschuldung im Rahmen eines Schuldenbereinigungsplans (§§ 308 f. InsO) dem Schuldner einen wirtschaftlichen Neubeginn ermöglicht, so dass er zu diesem Zweck nicht auf den Neuerwerb während des Verfahrens angewiesen ist (BT-Drucks. 12/2443 S. 122). Zugleich lässt sich die Einbeziehung des Neuerwerbs als Kompensation dafür interpretieren, dass der Gläubigerzugriff auf das schuldnerische Vermögen durch die Abschaffung des freien Nachforderungsrechts (§ 164 KO) und durch die Möglichkeit der Restschuldbefreiung eingeschränkt wurde (*Kübler/Prütting/Bork-Holzer* InsO, § 35 Rn. 34; vgl. *Ahrens* NZI 2007, 622 [623]: »gerechter Preis«). Da der Neuerwerb bei juristischen Personen und Handelsgesellschaften in aller Regel über den Insolvenzverwalter erfolgt und sich deshalb schon über Surrogationsvorgänge vollzieht (dazu s. Rdn. 28), kommt der expliziten Nennung des Neuerwerbs in erster Linie **Bedeutung bei natürlichen Personen** zu. Neben dem Arbeitseinkommen des Schuldners aus selbstständiger und unselbstständiger Erwerbstätigkeit und Schenkungen gehören dazu Erbschaften und Vermächtnisse, wenn sie vom Schuldner angenommen worden sind (s. Rdn. 19). Der Neuerwerb fällt nicht mehr in die Insolvenzmasse, sobald dem Schuldner im noch andauernden Insolvenzverfahren **Restschuldbefreiung** erteilt worden ist. Das folgt unter dem seit dem 01.07.2014 geltenden Recht aus § 300a InsO, ergab sich unter dem bis dahin geltenden Recht aber auch schon aus der Überlegung, dass dem Schuldner mit der Erteilung der Restschuldbefreiung ein wirtschaftlicher Neuanfang ermöglicht werden soll (*BGH* ZInsO 2014, 603 Rn. 7).

Die Einbeziehung des Neuerwerbs in die Insolvenzmasse hat eine **Reihe von Fragen** aufgeworfen. 26 Problematisiert wurde etwa die **Verfassungsmäßigkeit** der durch die Einbeziehung des Neuerwerbs bewirkten Benachteiligung der Neugläubiger, denen einerseits die Teilnahme am Insolvenzverfahren nicht möglich ist (§ 38 InsO) und denen andererseits wegen der Massezugehörigkeit des Neuerwerbs der Vollstreckungszugriff auf diesen versagt bleibt (*Kübler/Prütting/Bork-Holzer* InsO, § 25 Rn. 36; *Roellenbleg* NZI 2004, 176). Auch wirft die Einbeziehung des Neuerwerbs die spiegelbildliche Frage danach auf, ob und unter welchen Voraussetzungen sich **Verbindlichkeiten**, die der Schuldner im Zusammenhang mit dem Neuerwerb eingeht, gegen die Masse richten (näher dazu § 55 Rdn. 32 f.). Mit der Einfügung von Abs. 2 und 3 durch das Gesetz zur Vereinfachung des Insolvenzverfahrens vom 13.04.2007 (BGBl. I S. 509) können viele dieser Fragen als geklärt gelten. Hiernach kann das Vermögen aus der selbstständigen Tätigkeit mit der Folge freigegeben werden, dass auch Ansprüche aus dieser Tätigkeit nicht im Insolvenzverfahren geltend gemacht werden können (näher s. Rdn. 29 ff.). Und bei der verfassungsrechtlichen Beurteilung des Neuerwerbs und der hierdurch den Neugläubigern entstehenden Nachteile ist zu berücksichtigen, dass die Verfahrenseröffnung wie auch die Freigabeentscheidung öffentlich bekannt zu machen sind (§§ 30 Abs. 1, 35 Abs. 2 Satz 2 InsO), so dass jeder potenzielle Neugläubiger von der Insolvenzeröffnung und von der Freigabeerklärung des Insolvenzverwalters Kenntnis erlangen und sein Verhalten (einschließlich seiner Entscheidung über eine Kreditvergabe an den Schuldner) darauf einstellen kann. Geklärt ist schließlich die zwischenzeitlich kontrovers diskutierte Frage nach der Anwendbarkeit der **Pfändungsbestimmungen** der §§ 850 ff. ZPO im Insolvenzverfahren bei Arbeitseinkommen und diesen gleichgestellten Einkünften. Klarheit schaffte hier die Einfügung des § 36 Abs. 1 Satz 2 InsO durch das Gesetz zur Änderung der Insolvenzordnung und anderer Gesetze vom 26.10.2001 (BGBl. I S. 2710; dazu s. § 36 Rdn. 12 ff.). Durch die Verweisung auf §§ 850h und 850i ZPO in § 36 Abs. 1 Satz 2 InsO ist auch das Problem gelöst worden, wie der Insolvenzverwalter auf Einkünfte des

Schuldners aus selbstständiger Tätigkeit und auf verschleiertes Arbeitseinkommen zugreifen kann (zur alten Rechtslage *Runkel* FS Uhlenbruck, S. 315 [330 ff.]).

27 Vor der Ergänzung von § 196 InsO durch das Gesetz zur Änderung der Insolvenzordnung und anderer Gesetze vom 26.10.2001 ist zum Teil die Auffassung vertreten worden, dass die **Schlussverteilung** so lange nicht vorgenommen werden könne, wie noch **Arbeitseinkommen** in die Masse fließe (*AG Düsseldorf* ZInsO 2001, 572; s.a. *AG Duisburg* ZInsO 2001, 273: Schlussverteilung erst nach 7 Jahren, wenn kein Antrag auf Restschuldbefreiung gestellt wurde). Dies hätte aber – eine ununterbrochene Erwerbstätigkeit des Schuldners vorausgesetzt – zu einem lebenslangen Insolvenzverfahren geführt. Dass die Schlussverteilung dann vorzunehmen ist, wenn die **Masse bis auf das noch laufende Einkommen** des Schuldners **verwertet** worden ist, ergab sich allerdings schon aus einer auf das Wesen des Insolvenzverfahrens abstellende Auslegung von §§ 35 und 196 InsO, denn wie gerade die Regeln über die Restschuldbefreiung zeigen, hat der Gesetzgeber kein lebenslängliches Insolvenzverfahren angestrebt (*Grub/Smid* DZWIR 1999, 2; diesen folgend *Haarmeyer* ZInsO 2001, 572 [573]; *Pape/Pape* ZIP 2000, 1553 [1561]). Daher gilt auch für die Verfahren, die vor dem 12.11.2001 eröffnet worden sind, dass die Schlussverteilung dann vorzunehmen ist, wenn die Masse bis auf das laufende Einkommen des Schuldners verwertet worden ist (s. im Übrigen auch noch die Erläuterungen zu § 196 InsO).

II. Neuerwerb durch nicht natürliche Personen

28 Nicht natürliche Personen (juristische Personen, nicht rechtsfähige Vereine und Gesellschaften ohne eigene Rechtspersönlichkeit, s. § 11 InsO) können nach Verfahrenseröffnung grds. nicht unabhängig vom Insolvenzverwalter neues Vermögen erwerben. Der Erwerb über Handlungen des Verwalters gehört bereits **kraft Surrogation** zur Masse (s. dazu BT-Drucks. 12/2443 S. 122). Raum für einen Neuerwerb i.S.d. § 35 Abs. 1 InsO bleibt insoweit nur im Bereich der Eigenverwaltung (wobei auch hier der Surrogationsgedanke vorrangig zum Tragen kommen dürfte) sowie im Kontext von **Kapitalmaßnahmen** oder **Nachschussleistungen durch Gesellschafter** (*Kuhn/Uhlenbruck* KO, § 1 Rn. 4a; *Runkel* FS Uhlenbruck, S. 315 [316]).

III. Erklärungen des Insolvenzverwalters zur selbstständigen Tätigkeit des Schuldners (Abs. 2 und 3)

1. Hintergrund; Zweck

29 Einkünfte, die der Schuldner aus einer **selbstständigen Tätigkeit** nach Eröffnung des Verfahrens erzielt, gehören als Neuerwerb zur Insolvenzmasse. Ein Abzug für erwerbsbedingte Ausgaben wird nicht vorgenommen (*BGH* ZInsO 2003, 413 [416]; BT-Drucks. 16/3227, S. 17; s. § 36 Rdn. 21). Den neuen Gläubigern des Schuldners steht damit keine Haftungsmasse zur Durchsetzung ihrer Forderungen zur Verfügung. Gäbe es hiervon keine Ausnahmen, wäre eine selbstständige Tätigkeit des Schuldners während des Insolvenzverfahrens praktisch unmöglich (BT-Drucks. 16/3227, S. 17). Auf der anderen Seite hat der Insolvenzverwalter zwar ein Interesse an der **Vereinnahmung des Neuerwerbs** für die Insolvenzmasse, nicht aber an der (vom Verwalter kaum kontrollierbaren) **Belastung der Masse** mit den im Zuge der selbstständigen Tätigkeit begründeten Verbindlichkeiten, zumal letztere den Wert der aus der selbstständigen Tätigkeit zu erzielenden Umsätze übersteigen können. Um diesem Defizit abzuhelfen, hat der Gesetzgeber durch das Gesetz zur Vereinfachung des Insolvenzverfahrens vom 13.04.2007 (BGBl. I S. 509) die Möglichkeit geschaffen, das Vermögen aus der selbstständigen Tätigkeit des Schuldners durch Erklärung des Verwalters aus der Insolvenzmasse auszuscheiden und damit auch die Bindung der Masse an die im Zusammenhang mit dieser Tätigkeit begründeten Verbindlichkeiten auszuschließen. Nach § 35 Abs. 2 InsO hat der Insolvenzverwalter sinngemäß zu erklären, **ob die selbständige Tätigkeit des Schuldners künftig für und gegen die Masse wirken soll.** Über eine **öffentliche Bekanntmachung** nach Maßgabe des § 35 Abs. 3 i.V.m. § 9 Abs. 1 Satz 1 InsO verschafft die Erklärung auch dem allgemeinen Publikum und insbesondere den künftigen Vertragsgegnern und Gläubigern Klarheit darüber, ob das Vermögen aus der selbstständigen Tätigkeit zur Insolvenzmasse gehört und ob die im Zuge der Tätigkeit eingegangenen Ver-

bindlichkeiten im Insolvenzverfahren gegen die Masse geltend gemacht werden können. Zur Gewährleistung von Rechtssicherheit in der Frage der haftungsrechtlichen Zuordnung des Vermögens und der Verbindlichkeiten aus der Tätigkeit ist der Insolvenzverwalter auch **verpflichtet**, die Erklärung abzugeben. **Zweck der Vorschrift** ist eine **im Interesse von Rechtsklarheit und -sicherheit klare Abgrenzung der Insolvenzmasse und deren Haftung** im Kontext selbständiger Tätigkeiten des Schuldners. Die Förderung einer selbständigen Betätigung des Schuldners ist kein eigenständiger oder vorrangiger Zweck, da der Gesetzgeber auch das Interesse der Masse an einer Haftungsbegrenzung zu berücksichtigen hat. Allenfalls lässt sich davon sprechen, dass mit der in § 35 Abs. 2 InsO vorgesehenen Erklärung zur selbständigen Tätigkeit ein **angemessener Ausgleich zwischen den Interessen der Masse und des Schuldners** erreicht werden soll.

2. Übergangsregelung

Nach der **Übergangsregelung** in Art. § 103c EGInsO ist § 35 Abs. 2 und 3 InsO nur in Verfahren, die nach dem 30.06.2007 eröffnet worden sind, anzuwenden; in vorher eröffneten Insolvenzverfahren ist die alte Rechtslage zu beachten (*Holzer* ZVI 2007, 289 [291]; s. zur Freigabe der selbstständigen Tätigkeit eines Vollstreckungsschuldners nach altem Recht *BAG* ZIP 2008 1346; dazu *Ahrens* NZI 2008, 292; *FG Rheinland-Pfalz* ZInsO 2007, 552 [554]). Teilweise wird allerdings in der Rechtsprechung die Auffassung vertreten, dass § 35 Abs. 2 InsO auch in vor dem 1. Juli 2007 eröffneten Verfahren gelte (*AG Hamburg* ZInsO 2008, 680; *AG Lemgo* ZVI 2007, 183). 30

3. Erklärung des Insolvenzverwalters (Abs. 2 Satz 1)

a) Anwendungsbereich

Die Absätze 2 und 3 beziehen sich ausschließlich auf die **selbstständige Tätigkeit** von **natürlichen Personen** (*Holzer* ZVI 2007, 289 [291]; *Ahrens* NZI 2007, 622 [623]; *Haarmeyer* ZInsO 2007, 696 [697]; **a.A.** *Berger* ZInsO 2008, 1101 [1103]). Dabei kann es sich um eine selbstständige Tätigkeit handeln, die der Schuldner bereits vor der Eröffnung des Insolvenzverfahrens ausgeübt hat und auch danach fortsetzen will (zum Begriff der selbstständigen Tätigkeit s. *Ahrens* § 295 Rdn. 171 m.N.). Abs. 2 Satz 1 erfasst aber auch den Fall, dass der Schuldner eine solche Tätigkeit erst während des Insolvenzverfahrens aufnimmt. Betreibt der Schuldner selbstständige Aktivitäten auf mehreren Tätigkeitsfeldern oder besteht das Unternehmen aus voneinander abgrenzbaren Teilen, kann die Erklärung des Insolvenzverwalters für jeden Bereich oder Teil auch gesondert erfolgen (*Heinze* ZVI 2007, 349 [351]). 31

§ 35 Abs. 2 InsO findet keine Anwendung im **Eröffnungsverfahren**. Die Vorschrift spricht ausdrücklich von einer Erklärung des Insolvenzverwalters (*Ahrens* NZI 2007, 622 [623]; **a.A.** *Heinze* ZVI 2007, 349 [355] für analoge Anwendung). 32

b) Inhalt der Erklärung

Die Erklärung ist entweder darauf gerichtet, das Vermögen aus der selbständigen Tätigkeit aus der Masse auszuscheiden und zugleich die Masse von den künftigen Verbindlichkeiten aus dieser Tätigkeit abzuschirmen (sog. **Negativerklärung**), oder darauf, dass das Vermögen aus der Tätigkeit zur Insolvenzmasse gehört und dass die aus der Tätigkeit resultierenden Verbindlichkeiten (als Masseverbindlichkeiten) im Verfahren geltend gemacht werden können (sogenannte **Positiverklärung**). Im Falle einer Negativerklärung spricht man auch davon, dass die in Bezug genommene **selbständige Tätigkeit** des Schuldners »**freigegeben**« wird. 33

Um den Umfang des von der Erklärung erfassten Vermögens hinreichend zu bestimmen, hat die Erklärung den **Gegenstand der selbständigen Tätigkeit hinreichend konkret anzugeben**. Zu bezeichnen ist insbesondere die Art der Tätigkeit, wobei sich eine Anlehnung an die beispielhafte Aufzählung der Gewerbe und Berufsbilder in § 18 Abs. 1 EStG anbieten kann (*Holzer* ZVI 2007, 289 [291]). Die Veröffentlichungspraxis scheint dahinter zurückzubleiben, indem sie sich oftmals mit einer pauschalen »Freigabe« der nicht näher umschriebenen selbständigen Tätigkeit begnügt. Dies birgt die 34

Gefahr, dass später Streit darüber entsteht, ob bestimmte Gegenstände von der Erklärung erfasst (und damit »Freigegeben«) wurden und ob bestimmte Verbindlichkeiten im Verfahren gegen die Masse geltend gemacht werden können.

35 Der Verwalter hat nur die **Wahl zwischen Positiv- und Negativerklärung** (zu den Folgen eines pflichtwidrigen Nichterklärung s. Rdn. 50, 69 f.). **Nicht möglich** ist es insbesondere, die Erklärung zur Massezugehörigkeit des Vermögens aus der selbstständigen Tätigkeit im Sinne eines **Rosinenpickens** mit der Erklärung zu verbinden, dass die im Zuge dieser Tätigkeit vom Schuldner eingegangenen Verbindlichkeiten nicht gegen die Masse geltend gemacht werden können (*Berger* NZI 2008, 1101 [1103]). Die Möglichkeit der **Geltendmachung der Ansprüche** aus der Tätigkeit im Insolvenzverfahren ist **zwangsläufige Folge** der Erklärung zur Massezugehörigkeit des Vermögens aus der **Tätigkeit**. Das folgt aus der Erwägung, dass die vom Verwalter gebilligte Tätigkeit des Schuldners spätestens mit Abgabe der Erklärung **dem Verwalterhandeln zuzurechnen** ist, so dass die aus der Tätigkeit resultierenden Verbindlichkeiten unabhängig vom weiteren Inhalt der Erklärung als Masseverbindlichkeit zu qualifizieren sind. Nicht zu folgen ist demgegenüber der These von *Heinze* ZVI 2007, 349 [355], wonach die beiden Begründungen für die Freigabemöglichkeit nach Abs. 2, nämlich die Ermöglichung der Unternehmensführung für den Schuldner einerseits und der Schutz der Masse vor den erwerbsbedingten Verbindlichkeiten andererseits (s. Rdn. 30), jeweils für sich und unabhängig voneinander die auch **isolierte Freigabe** des Vermögens bzw. die **Abschottung der Masse** vor den Verbindlichkeiten rechtfertigten. Hierbei wird verkannt, dass Abs. 2 auf einen **Ausgleich** zwischen **Schuldnerinteresse** (an der Ausübung der Tätigkeit) und **Masseinteresse** (an der Verschonung von Verlusten) zielt.

36 **Streitig** ist, ob sich die Negativerklärung **auf einzelne Tätigkeiten** des Schuldners **beschränken** kann. Teilweise wird dies mit Hinweis darauf verneint, dass es sich bei der Negativerklärung um eine Haftungserklärung handele, die sich zwangsläufig auf die selbstständigen Tätigkeiten des Schuldners in ihrer Gesamtheit beziehen müsse (*Berger* ZInsO 2008, 1101 [1103]; zust. *Wischemeyer* ZInsO 2009, 2121 [2123]; **a.A.** *Haarmeyer* ZInsO 2007, 696 [698]). Darum werde auch bei einem Geschäftswechsel keine neue Erklärung erforderlich (*Berger* ZInsO 2008, 1101 [1103]; **a.A.** *Holzer* ZVI 2007, 289 [293]). Dem kann in dieser Pauschalität nicht zugestimmt werden. Sind die Tätigkeiten des Schuldners **voneinander abgrenzbar**, kann sich die Erklärung ohne weiteres auf einzelne abgrenzbare Teile beziehen. Denn insoweit kann der **Zweck** des Abs. 2, die **Haftungsmassen voneinander abzugrenzen**, ohne weiteres auch durch eine teilweise »Freigabe« der bestimmbaren und damit abgrenzbaren Tätigkeit erreicht werden. Dem stehen auch keine Praktikabilitätsgründe entgegen. Insbesondere ist nicht zu befürchten, dass es zu einer unübersichtlichen Vermehrung von Haftungsmassen kommt. Denn es geht stets nur um die Abgrenzung der Insolvenzmasse vom insolvenzfreien Vermögen und damit zweier Haftungsmassen.

37 Von der Erklärung nach Abs. 2 Satz 1 sind etwaige **Freigabeerklärungen** zu **unterscheiden**, die der Insolvenzverwalter in Bezug auf einzelne **Gegenstände** erklärt, die der **selbstständigen Tätigkeit** gewidmet sind (s. dazu Rdn. 52). Entsprechende Freigabeerklärungen können auch mit der Erklärung nach Abs. 2 Satz 1 – ausdrücklich oder konkludent – verbunden werden.

c) Rechtsnatur der Erklärung

38 Da sich die (Negativ-)Erklärung nach Abs. 1 Satz 1 auf die Reichweite des Insolvenzbeschlags auswirkt, ist sie **verfahrensrechtlicher Natur** (*Kübler/Prütting/Bork-Holzer* InsO, § 35 Rn. 27). Sie ist deshalb **bedingungsfeindlich** (*Kübler/Prütting/Bork-Holzer* InsO, § 35 Rn. 27; *Uhlenbruck/Hirte* InsO, § 35 Rn. 91; *Haarmeyer* ZInsO 2007, 696 [697]; vgl. BT-Drucks. 16/3227, S. 17: »endgültig und unbedingt«). Ob hieraus auch folgt, dass auch eine **Irrtums- oder Arglistanfechtung** (§§ 119, 123 BGB) ausscheidet (so *Holzer* ZVI 2007, 289 [293]), ist zweifelhaft. Zwar entspricht der kategorische Ausschluss der Anfechtung dem allgemeinen Grundsatz, wonach Verfahrenshandlungen nicht *wegen Willensmängeln* anfechtbar sind (vgl. BGH BGHZ 80, 389 [392]; NJW 2007, 1460 [1461]; NJW-RR 1994, 386 [387]). Da sich die Erklärung auf die Verfügungsbefugnisse in Bezug auf das von ihr erfasste Vermögen auswirkt, besteht durchaus Anlass, der Erklärung insoweit auch materiell-

rechtliche Wirkungen zuzuschreiben, an welche sich die Annahme einer »**Doppelnatur**« knüpfen lässt (a.A. *Holzer* ZVI 2007, 289 [293]) und welche damit den Anwendungsbereich der §§ 119 ff. BGB eröffnet. Unabhängig von begriffsjuristischen Kategorisierungen ist aber jedenfalls zu berücksichtigen, dass die Erklärung auf Betreiben des Gläubigerausschusses bzw. der Gläubigerversammlung ohne weiteres für unwirksam erklärt werden kann (Abs. 2 Satz 3). Insofern ist das Vertrauen auf den Bestand der Erklärung von vornherein nur eingeschränkt schutzwürdig. Es ist deshalb nicht einzusehen, warum auch unter den engen (und letztlich vom Insolvenzverwalter zu beweisenden) Voraussetzungen einer Irrtums- oder Arglistanfechtung der Insolvenzverwalter die Wirkungen der Erklärung nicht selbst beenden können soll und warum er insoweit – z.B. im Falle einer arglistigen Täuschung durch den Schuldner – zunächst einen Beschluss des Gläubigerausschusses oder der Gläubigerversammlung einholen muss – zumal sich Verzögerungen bei der Aufhebung nachteilig auf die Masse auswirken können. Dem Interesse der Beteiligten kann dadurch Rechnung getragen werden, dass die Anfechtung – wie auch bei in Vollzug gesetzten Gesellschaften und Arbeitsverträgen – lediglich **ex nunc-Wirkungen** entfaltet und damit insbesondere die in der Zwischenzeit erworbenen Rechte unberührt lässt (zutr. *Haarmeyer* ZInsO 2007, 696 [698]). Selbstverständlich kommt eine Anfechtung nicht in Betracht, wo der Insolvenzverwalter einem auch nach § 119 BGB unbeachtlichen Motiv- oder Kalkulationsirrtum erliegt (vgl. *Jaeger/Henckel* KO, 9. Aufl., § 6 Rn. 28 zur Freigabe).

Eine tiefergehende Reflexion auf die **Rechtsnatur** der Erklärung (s. dazu *Wischemeyer* ZInsO 2009, 39 2121 f.; *Berger* ZInsO 2008, 1101 [1103]; *Ahrens* NZI 2007, 622 [624]) erscheint entbehrlich. Zwar ist eine Negativerklärung nach Abs. 2 Satz 1 auch darauf gerichtet, dass »Ansprüche« aus der selbstständigen Tätigkeit nicht im Insolvenzverfahren geltend gemacht werden können. Indessen folgt die »Freigabe« dieser Verpflichtungen zwanglos aus dem Umstand, dass die Negativerklärung den **nach § 55 Abs. 1 InsO erforderlichen Zurechnungszusammenhang** zwischen der Tätigkeit des Schuldners und dem Verwalterhandeln unterbricht. Obgleich dieser Befund es rechtfertigen mag, in Abgrenzung von der Freigabe bestimmter Gegenstände von einer Freigabe der »selbstständigen Tätigkeit« (BT-Drucks. 16/3227, S. 17) oder einer »bestimmten Form des Wirtschaftens« (*Ahrens* NZI 2007, 622 [624]) zu sprechen, dürfte doch die Erklärungskraft dieser – zutreffenden – Umschreibung im Hinblick auf die maßgeblichen Zurechnungs- und Wertungskriterien begrenzt sein. Die Lösung von Einzelproblemen (wie etwa in Bezug auf die Behandlung von Vertragsverhältnissen, die vor der Verfahrenseröffnung begründet wurden, dazu s. bereits Rdn. 36) sollte nicht anhand von Ableitungen aus begrifflichen Festlegungen, sondern im Rahmen einer sachgerechten Auslegung des Abs. 2 erfolgen (zutr. *Ahrens* NZI 2007, 622 [624]).

d) Anwendbarkeit berufs- und ordnungsrechtlicher Vorschriften

Die Erklärung des Insolvenzverwalters nach § 35 Abs. 2 InsO ist nur für das Insolvenzverfahren als 40 solches von Bedeutung. Eine »Freigabe« der selbstständigen Tätigkeit des Schuldners lässt insbesondere die Vorschriften zum Schutz des Rechtsverkehrs vor in Vermögensverfall geratenen Freiberuflern unberührt (*BGH* ZInsO 2012, 140; NZI 2011, 464 zu § 14 **Abs. 2 Nr. 7 BRAO**; *BFH* 20.04.2010 – VII B 235/09, zu § 46 **Abs. 2 Nr. 4 StBerG**). Entsprechendes gilt für die Gewerbeuntersagung nach § 12 GewO wegen Unzuverlässigkeit (dazu *Wischemeyer* ZInsO 2009, 2121 [2130 f.]). Unsicherheiten bestehen hier in der Frage, ob **§ 12 GewO** eine Gewerbeuntersagung während des laufenden Insolvenzverfahrens kategorisch ausschließt (dazu *Wischemeyer* ZInsO 2009, 2121 [2130 f.]). Richtigerweise ist diese Vorschrift **teleologisch** dahingehend zu **reduzieren**, dass eine freigegebene selbstständige Tätigkeit zumindest dann untersagt werden kann, wenn die **Gründe**, welche eine Gewerbeuntersagung tragen, **nach der Freigabe der Tätigkeit entstehen** (*VG Darmstadt* NZI 2011, 491 [492 f.]; *Krumm* GewArch 2010, 465 [470 ff.]; *Peters* WM 2012, 1067 [1069]). Insoweit schließt **§ 12 GewO** es lediglich aus, die Gewerbeuntersagung auf Gründe zu stützen, die bereits vor der Eröffnung des Insolvenzverfahrens entstanden sind. Mit dem Gesetz zur Änderung der Gewerbeordnung und anderer Gesetze ist § 12 GewO ganz in diesem Sinne dahingehend ergänzt, dass diese Vorschrift »nicht für eine nach § 35 Absatz 2 Satz 1 der Insolvenzordnung freigegebene selbstständige Tätigkeit des Gewerbetreibenden [gilt], wenn dessen **Unzuverlässigkeit** mit

Tatsachen begründet wird, die **nach der Freigabe eingetreten** sind« (s. RegE BT-Drucks. 17/10961, S. 7).

e) Zeitpunkt der Erklärung

41 § 35 Abs. 2 InsO macht dem Insolvenzverwalter hinsichtlich des **Zeitpunkts der Erklärung** keine Vorgaben (BT-Drucks. 16/4194, S. 14). Die Erklärung kann damit grds. bis zur Aufhebung des Verfahrens abgegeben werden (*Holzer* ZVI 2007, 289 [291]). Eine zeitliche Restriktion resultiert indessen daraus, dass der Insolvenzverwalter bei einer Verzögerung der Erklärung nach § 60 InsO für Schäden haftbar gemacht werden kann (BT-Drucks. 16/4194, S. 14). Dem Insolvenzverwalter steht indessen in jedem Fall eine **Überlegungsfrist** zu, innerhalb derer er sich einen Überblick über das schuldnerische Unternehmen verschaffen kann (*Haarmeyer* ZInsO 2007, 696 [697]; *Dahl* NJW Spezial 2007, 485). Die Prüfung hat **unverzüglich** nach der Eröffnung des Insolvenzverfahrens bzw. nach Kenntniserlangung von der beabsichtigten Aufnahme einer selbstständigen Tätigkeit zu erfolgen (*Haarmeyer* ZInsO 2007, 696 [697]). Die dem Insolvenzverwalter im Rahmen dieser Unverzüglichkeit zuzubilligende Überlegungsfrist ist so zu bemessen, dass sie nach den Umständen des Einzelfalls ausreicht, um eine solide **Prognose** für die Beantwortung der Frage abzugeben, ob die Einbeziehung des Neuerwerbs unter Berücksichtigung der damit zusammenhängenden Verbindlichkeiten die Masse im Ergebnis belastet (*Holzer* ZVI 2007, 289 [293]). Hatte der Insolvenzverwalter **Gelegenheit zur Prüfung bereits im Eröffnungsverfahren**, ist dies bei der Bemessung der Überlegungsfrist zu berücksichtigen.

f) Adressat, Form und Wirksamwerden der Erklärung

42 Die Erklärung ist **gegenüber** dem **Schuldner** abzugeben. Eine besondere Form schreibt das Gesetz nicht vor. Zu Dokumentations- und Beweiszwecken empfiehlt sich aber die Schriftform (*Holzer* ZVI 2007, 289 [293]; *Haarmeyer* ZInsO 2007, 696 [698]) sowie die Dokumentation des Zugangs beim Schuldner. Maßgeblich ist der **Zugang der Erklärung beim Schuldner**. Eine Rückwirkung auf die Eröffnung des Verfahrens findet nicht statt; die **Wirkungen** treten **ex nunc** ein (*Haarmeyer* ZInsO 2007, 696 [697]; *Ahrens* NZI 2007, 622 [623]).

3. Rechtsfolgen

43 Zu **differenzieren** ist zwischen der **Negativ-** und der **Positiverklärung** (zu dieser Differenzierung s. Rdn. 33).

44 Die **Positiverklärung** wirkt **weitgehend deklaratorisch** (*Holzer* ZVI 2007, 289 [292]; *Haarmeyer* ZInsO 2007, 696 [697]). Der nicht pfändungsgeschützte **Neuerwerb** fällt nach § 35 Abs. 1 i.V.m. § 36 InsO unabhängig davon in die Insolvenzmasse, ob der Insolvenzverwalter eine auf ihn bezogene Erklärung abgibt. Da die wissentliche Duldung der schuldnerischen Tätigkeit durch den Verwalter hinreichen kann, um die Tätigkeit **der Insolvenzverwaltung zuzurechnen** und um damit die aus der Tätigkeit resultierenden Verbindlichkeiten als **Masseverbindlichkeiten** i.S.v. § 55 Abs. 1 InsO auszuweisen, wirkt die Positiverklärung auch insoweit deklaratorisch: Macht nämlich der Verwalter in Kenntnis der Tätigkeit des Schuldners nicht von der ihm eröffneten Möglichkeit Gebrauch, eine Negativerklärung abzugeben und diese über die öffentliche Bekanntmachung auch künftigen Gläubigern und dem allgemeinen Publikum kundzutun, handelt es sich um eine pflichtwidrige Duldung, die ausreichend ist, um die Tätigkeit des Schuldners der Insolvenzverwaltung zuzurechnen (näher § 55 Rdn. 30 f.). Die **Bedeutung der Positiverklärung** besteht vor diesem Hintergrund vor allem darin, dass sie den Gläubigern, Vertragsgegnern sowie dem Geschäftsverkehr **Klarheit** darüber verschafft, dass die der Tätigkeit gewidmeten Gegenstände und der aus der Tätigkeit resultierende Neuerwerb massezugehörig sind und dass die aus der Tätigkeit resultierenden Verbindlichkeiten Masseverbindlichkeiten sind.

45 Die **Negativerklärung** wirkt demgegenüber **konstitutiv** (*Haarmeyer* ZInsO 2007, 696 [697]). Die **Reichweite** dieser Wirkungen ist bislang allerdings noch **nicht abschließend geklärt**. Unstreitig ist

allein, dass der aus der freigegebenen Tätigkeit resultierende **Neuerwerb massefrei** wird (dazu sogleich unter a) und dass umgekehrt die aus der Tätigkeit resultierenden **Verbindlichkeiten** nicht gegen die Masse verfolgt werden können (dazu sodann unter b). Ob und welche weitergehenden Rechtsfolgen durch eine Negativerklärung in Bezug auf **das der selbständigen Tätigkeit gewidmete Vermögen** erzeugt werden können, ist demgegenüber umstritten (dazu unter c).

a) Wirkung der Negativerklärung auf den aus der freigegebenen Tätigkeit resultierenden Neuerwerb

Die Negativerklärung führt in jedem Fall dazu, dass der aus der freigegebenen Tätigkeit resultierende **Neuerwerb massefrei** wird (BGHZ 192, 322 Rn. 28; BSG ZIP 2015, 1079 = ZInsO 2015, 952 Rn. 30). Steht in Frage, ob dies auf einen bestimmten Neuerwerb zutrifft, ist daher zu klären, ob dieser auf die freigegebene Tätigkeit zurückgeführt werden kann. Das trifft auf **Umsatzerlöse** und **Forderungen** zu, die im Zuge der Ausübung der freigegebenen Tätigkeit erwirtschaftet werden. Auch die **Surrogate** solcher Einkünfte sowie anderer massefreier Gegenstände, die der freigegebenen Tätigkeit gewidmet sind oder daraus resultieren, sind massefrei (*Gehrlein* ZInsO 2017, 1352 [1355]). Demgegenüber gelangen Einkünfte aus nicht freigegebenen Tätigkeiten (zur teilweisen Freigabe vgl. Rdn. 31, 35) in die Masse. Auch andere Vermögenszuflüsse, die wie Erbschaften oder Schenkungen nicht auf die freigegebene Tätigkeit zurückzuführen sind, stehen der Masse zu. 46

Massefrei sind nur die Neuerwerbe, die **nach dem Wirksamwerden der Freigabeerklärung** und **vor einer etwaigen Aufhebung** der Freigabe stattfinden (*BSG* ZIP 2015, 1079 = ZInsO 2015, 952 Rn. 32; zust. *Kayser* ZIP 2015, 1083 [1083]). Maßgeblich ist dabei der **Zeitpunkt des Rechtserwerbs**. Dieser kann im Einzelfall nur nach Maßgabe spezialgesetzlicher Regelungen bestimmt werden, denen der jeweilige Gegenstand unterliegt. So entstehen beispielsweise Honoraransprüche von Ärzten und Zahnärzten für kassenärztlich erbrachte Leistungen (erst) mit Vorlage der Abrechnung über die im Abrechnungsquartal erbrachten Leistungen bei der Kassen(zahn)ärztlichen Vereinigung (*BSG* ZIP 2015, 1079 = ZInsO 2015, 952 Rn. 32; zust. *Kayser* ZIP 2015, 1083 [1083]). 47

Eine nach § 91 Abs. 1 InsO an sich unwirksame **Vorausabtretung** von nach Verfahrenseröffnung entstehenden Forderungen wird nach der Freigabe infolge einer **Konvaleszenz** (§ 185 Abs. 2 Satz 1 Alt. 2 BGB) wieder wirksam, sofern sie aus der freigegebenen selbständigen Tätigkeit des Schuldners herrührt (*BGH* ZInsO 2013, 1146 = NZI 2013, 641 Rn. 20 ff.). 48

b) Wirkung der Negativerklärung auf im Zuge der freigegebenen Tätigkeit eingegangene Verbindlichkeiten

Die Negativerklärung bewirkt auf der anderen Seite, dass die im Zuge der freigegebenen Tätigkeit vom Schuldner eingegangenen Verbindlichkeiten **nicht gegen die Masse verfolgt werden können** (*BGH* BGHZ 192, 322 Rn. 14; BT-Drucks. 16/3227, S. 17): Durch die Negativerklärung wird der Zurechnungszusammenhang zwischen der freigegebenen Tätigkeit und der Insolvenzverwaltung durchbrochen, so dass die freigegebene Tätigkeit nicht mehr als i.S.v. § 55 Abs. 1 Nr. 1 InsO »durch die Verwaltung, Verwertung und Verteilung der Insolvenzmasse begründet« angesehen werden kann. Die (Neu-)Gläubiger müssen sich daher an den Schuldner halten, als Haftungsgrundlage steht ausschließlich das insolvenzfreie Vermögen zur Verfügung. Dies gilt sowohl für **rechtsgeschäftlich begründete Verbindlichkeiten** als auch für **gesetzlich begründete Verbindlichkeiten**, die an die selbstständige Tätigkeit des Schuldners anknüpfen. Denn auch insoweit wird der **Zurechnungszusammenhang** zwischen der Tätigkeit des Schuldners (und damit auch: dem für die Entstehung der Verbindlichkeit maßgeblichen Sachverhalt) einerseits und der Insolvenzverwaltung **unterbrochen** (*BFH* InsBüro 2013, 286 Rn. 18 ff.). Dies gilt jedenfalls dann, wenn die Erträge aus der Tätigkeit auch tatsächlich nicht in die Masse gelangen (*FG Schleswig-Holstein* ZInsO 2010, 819 [821]), richtigerweise aber auch dann, wenn der Schuldner Teile der Erträge an die Masse abführt (vgl. *BFH* NZI 2010, 37 [38]). 49

§ 35 InsO   Begriff der Insolvenzmasse

50 Für die Zeit **bis zum Wirksamwerden der Negativerklärung** gelten die **allgemeinen Vorschriften**, d.h. insbesondere § 55 Abs. 2 InsO. Für die bis dahin entstehenden Verbindlichkeiten des Schuldners haftet die Masse daher dann (und nur dann), wenn die Tätigkeit vom Verwalter pflichtwidrig geduldet wurde (*BFH* InsBürO 2013, 411 Rn. 17). Eine solche **pflichtwidrige Duldung** ist dann anzunehmen, wenn der Verwalter es trotz **Kenntnis** und nach Ablauf eines für die Prüfung hinreichenden und **angemessenen Zeitraums** unterlässt, eine Negativerklärung abzugeben (*Berger* ZInsO 2008, 1101 [1103, 1105]; *K. Schmidt/Büteröwe* InsO, § 35 Rn. 51). Der Kenntnis steht dabei das **Kennenmüssen** i.S. einer grob-fahrlässigen Unkenntnis gleich (vgl. *K. Schmidt/Büteröwe* InsO, § 35 Rn. 51: Erkennbarkeit als (Mindest-)Voraussetzung). Bei der Bemessung der Prüfungspflicht kommt es auf die **Umstände des Einzelfalls**, insbesondere auf die Art, Komplexität und den Umfang der Tätigkeit sowie auf den Grad der Kooperation des Schuldners, an. Verheimlicht der Schuldner die Tätigkeit, wird die Masse nicht mit den aus der Tätigkeit resultierenden Verbindlichkeiten belastet (*FG Köln* ZInsO 2017, 1110).

c) Weitergehende Wirkungen der Negativerklärung?

51 Ob und inwieweit neben dem Neuerwerb aus der freigegebenen Tätigkeit auch das bestehende (der selbständigen Tätigkeit »gewidmete«) Vermögen des Schuldners durch eine Negativerklärung nach § 35 Abs. 2 Satz 1 InsO massefrei gestellt werden kann, ist **nicht abschließend geklärt** (gegen eine Erstreckung aus massezugehörige Gegenstände: *Gehrlein* ZInsO 2016, 825 [825 f.]; *ders.* ZInsO 2017, 1352 [1352 f.]; *Uhlenbruck/Hirte* InsO, § 35 Rn. 100; *Berger* ZInsO 2008, 1001 [1002, 1004]; *BFH* ZInsO 2011, 2339 [2340 f.]; für die Möglichkeit einer Erstreckung: *Schmidt* ZInsO 2016, 1235 [1236]). Für die Praxis geklärt scheint hingegen die Frage nach den Auswirkungen der Negativverhältnisse auf Vertragsverhältnisse, insbesondere **Dauerschuldverhältnisse**, auf die der Schuldner zur Fortführung seiner Tätigkeit angewiesen ist. Im Anschluss an eine entsprechende Entscheidung des *BGH* (BGHZ 192, 322 Rn. 19 ff.) wird hier überwiegend angenommen, dass die aus solchen Schuldverhältnissen resultierenden Ansprüche von der Negativerklärung erfasst werden, so dass diese allein für und gegen den Schuldner, nicht aber für und gegen die Masse geltend gemacht werden können.

aa) Massezugehöriges Vermögen

52 Gegen die Einbeziehung der bereits zur Insolvenzmasse gehörenden Gegenstände spricht, dass sich Abs. 2 als eine **Ausnahme vom Grundsatz der Massezugehörigkeit des Neuerwerbs** lesen lässt (*BFH* ZInsO 2011, 2339 [2340]). Nach dem **Wortlaut** wird (allein) das Vermögen »aus« der selbständigen Tätigkeit erfasst. Andererseits spricht die **Begründung des Regierungsentwurfs** weitergehend von der Erfassung des der selbstständigen Tätigkeit »**gewidmeten Vermögens**« (BT-Drucks. 16/3227, S. 17: »eine Art ›Freigabe‹ des Vermögens, das der gewerblichen Tätigkeit gewidmet ist, einschließlich der dazugehörenden Vertragsverhältnisse«). Insoweit scheint es, dass nach den Vorstellungen des Gesetzgebers das zum Zeitpunkt der Erklärung bestehende **gegenständliche Substrat der selbstständigen Tätigkeit des Schuldners** in seiner Gesamtheit erfasst wird (vgl. *BGH* BGHZ 192, 322 Rn. 22). Das erscheint auch deshalb sachgerecht, weil die selbständige **Tätigkeit des Schuldners erschwert oder gar verunmöglicht** würde, wenn von der Freigabe nicht auch die Vermögenswerte erfasst werden, die für die Ausübung der Tätigkeit erforderlich sind (vgl. zu den tätigkeitszugehörigen (Dauer-)Schuldverhältnissen: *BGH* BGZ 192, 322 Rn. 26 ff.). Allerdings bezweckt § 35 Abs. 2 InsO nicht eine Förderung der Tätigkeit des Schuldners, sondern lediglich einen angemessenen Ausgleich zwischen den Interessen des Schuldners und der Masse. Insoweit ist auch das Interesse der Masse an der Vereinnahmung des Werts des vom Insolvenzbeschlag erfassten Vermögens zu berücksichtigen. Zu berücksichtigen ist auch, dass die für die **Fortsetzung** einer selbständigen Tätigkeit erforderlichen Gegenstände nach § **811 Abs. 1 Nr. 5 ZPO** weitgehend unpfändbar sind, so dass sich hier die Frage nach einer Freigabe gar nicht stellt (Zur Reichweite des § 811 Abs. 1 Nr. 5 ZPO: *Sinz/Hiebert* ZInsO 2012, 63; *Heinze* ZInsO 2015, 1117). Zwar gilt § 811 Abs. 1 Nr. 5 ZPO nicht für Tätigkeiten, die der Schuldner erst neu aufnehmen möchte. Doch ist gerade in diesem Fall nicht einzusehen, warum er hierfür Vermögen beanspruchen können soll, das bereits haftungsrechtlich ver-

strickt ist. Unabhängig davon vermag das Kriterium der »Widmung« der Vermögensgegenstände zugunsten der selbständigen Tätigkeit keine für praktische Belange hinreichend konkrete **Abgrenzung der von der Erklärung erfassten Vermögenswerte** zu gewährleisten. Die hier absehbaren Zweifelsfragen schaffen **Rechtsunsicherheiten**, auf deren Vermeidung § 35 Abs. 2 InsO eigentlich zielt. Gegen die Erfassung des tätigkeitsbezogenen Vermögens spricht schließlich auch, dass sie den Verwalter vor die unerquickliche und mit den auf den Ausgleich der Interessen von Schuldner und Masse gerichteten Zweck kaum zu vereinbarenden Wahl stellen würde, entweder die Scylla der Haftung für die Verbindlichkeiten aus der selbständigen Tätigkeit oder aber die Charybdis des Verzichts auf das tätigkeitsbezogene Vermögen in Kauf nehmen zu müssen. Für vermittelnde Lösungen bliebe kein (Gestaltungsspiel-)Raum. Umgekehrt müssten Schuldner damit rechnen, dass Verwalter die Freigabe von Tätigkeiten allein mit Blick auf den Wert des tätigkeitsbezogenen Vermögens verweigern.

Richtigerweise wird daher das vom Insolvenzbeschlag bereits erfasste Vermögen **von einer Negativerklärung nicht erfasst**. Es kann allerdings über eine **gegenstandsbezogenen Freigabeerklärung** aus der Insolvenzmasse ausscheiden und damit für die selbständige Tätigkeit des Schuldners verfügbar gemacht werden. Bei der Entscheidung über eine solche gegenstandsbezogene Freigabe kann der Verwalter deren Vor- und Nachteile für die Masse ins Kalkül ziehen und gegebenenfalls auch **vermittelnde Lösungen** wie eine **modifizierte/erkaufte Freigabe** realisieren, welche die Interessen von Schuldner und Masse einzelfallbezogen in einen angemessenen Ausgleich bringen. Zudem können über eine **hinreichend genaue Bezeichnung der freizugebenden Gegenstände** auch die Unklarheiten und Rechtsunsicherheiten vermieden werden, die zu beklagen wären, wenn die Freigabe im Rahmen einer Pauschalfreigabe schon aufgrund der Negativerklärung erfolgte, in der eine konkrete Bezeichnung der erfassten Gegenstände nicht zu erfolgen braucht (dazu Rdn. 51). Freilich kann eine gegenstandsbezogene Freigabe von Vermögensgegenständen auch **konkludent** mit der Negativerklärung erfolgen, sofern letztere im konkreten Kontext hinreichend deutlich auf den Willen des Verwalters schließen lässt, auf die Massezugehörigkeit der fraglichen Gegenstände dauerhaft zu verzichten. Der Verwalter ist indessen gehalten, sich konkret zur Reichweite zu verhalten, um Auslegungsfragen und Rechtsunsicherheiten zur Reichweite der intendierte Freigabe auszuschließen. **Im Zweifel** ist davon auszugehen, dass eine **Freigabe von massezugehörigen Gegenständen nicht intendiert** ist. 53

bb) Schuldverhältnisse

Die Auswirkungen der Negativerklärung auf bestehende Vertragsverhältnisse ist nach wie vor umstritten. Nach der Rechtsprechung (*BGH* BGHZ 192, 322 Rn. 17 ff.; *ArbG Berlin* ZIP 2010, 1914; *LG Krefeld* NZI 2010, 485) und der in der Literatur überwiegend vertretene Auffassung (*Kübler/Prütting/Bork-Holzer* InsO, § 35 Rn. 114 f.; *Braun/Bäuerle* InsO, § 35 Rn. 84; *Ahrens* NZI 2007, 622 [624 f.]; *Holzer* ZVI 2007, 289 [292]) erfasst die Negativerklärung auch solche Vertragsverhältnisse, so dass die Masse infolge einer Negativerklärung mit den (künftigen) **Verbindlichkeiten aus solchen Altverträgen** nicht mehr belastet wird. Die Gegenauffassung macht geltend, dass sich die Behandlung von Altverträgen allein nach den §§ 103 ff., 108 ff. InsO richte. Folglich bedürfe es der Ausübung des Wahlrechts bzw. einer Kündigung durch den Insolvenzverwalter, um die Masse von den Verbindlichkeiten aus dem Vertragsverhältnis effektiv abzuschotten (*Berger* ZInsO 2008, 1101 [1107]; *Uhlenbruck/Hirte* InsO, § 25 Rn. 101; *HK-InsO/Eickmann* § 35 Rn. 59; *Wischemeyer* ZInsO 2009, 937 [942 f.]; *ders.* ZInsO 2009, 2121 [2124 f.]). Allerdings ist gerade fraglich, ob der dabei unterstellte rechtssystematische Vorrang der §§ 103 ff. InsO tatsächlich besteht. § 35 Abs. 2 InsO statuiert eine Ausnahme von den allgemeinen Vorschriften, zu denen neben § 35 Abs. 1 InsO auch die §§ 103 ff. InsO gehören. 54

Gegen einen **Vorrang der §§ 103 ff. InsO** lässt sich der **Zweck** der durch Abs. 2 geschaffenen Freigabemöglichkeit anführen: Müsste sich der Verwalter zur Vermeidung einer Haftung der Masse für die aus ihnen resultierenden Verbindlichkeiten von den Altverträgen lösen, würde dem **Schuldner** jedenfalls in den Fällen die Möglichkeit einer selbstständigen Tätigkeit genommen, in denen er für die Fortführung einer Tätigkeit **auf den Fortbestand der Verträge angewiesen** ist (*BGH* BGHZ 192, 322 Rn. 26). Anders als bei den der Tätigkeit gewidmeten Vermögenswerten, wird 55 die Problematik hier nicht durch § 811 Abs. 1 Nr. 5 ZPO entschärft, da diese Vorschrift allein Vermögenswerte insolvenzfrei stellt, nicht aber Vertragsverhältnisse. Einen nur scheinbaren Ausweg aus diesem Dilemma weist die Empfehlung von *Eickmann* (HK-InsO 6. Aufl., § 35 Rn. 59), wonach die Wirkungen der Kündigungserklärung des Verwalters dahingehend zu modifizieren seien, dass das Vertragsverhältnis im Verhältnis zum Schuldner fortbesteht. Die Konstruktion einer auf den Fortbestand des Vertrags mit dem Schuldner gerichteten Kündigungserklärung ist aber nicht nur in sich widersprüchlich, sondern auch überflüssig. Denn eine solchermaßen konstruierte Kündigungserklärung könnte sich in ihrem **Erklärungsgehalt** nicht von der Negativerklärung nach Abs. 2 unterscheiden, welche ja gerade darauf gerichtet ist, das Vertragsverhältnis mit Wirkung für die Zukunft auf den Schuldner »überzuleiten«. Ein Unterschied bestünde zwar darin, dass **Adressat der Erklärung** nach Abs. 2 der Schuldner ist, wohingegen die Kündigungserklärung an den Vertragsgegner zu richten ist. Insofern ließe sich für den Vorrang der § 103 ff. InsO auch das Interesse der Vertragsgegner daran anführen, über das Schicksal des Vertragsverhältnisses alsbald in Kenntnis gesetzt zu werden. Indessen muss man auch insoweit die Bestimmungen des Abs. 2 und 3 als vorrangige Spezialregelung ansehen. Dem Schutz der Gläubiger und Vertragsgegner wird dadurch Rechnung getragen, dass die Negativerklärung **öffentlich bekannt** zu machen ist (Abs. 3 Satz 3), so dass damit für Dritte die Möglichkeit geschaffen wird, von der Freigabe und den sich an sie anschließenden haftungsrechtlichen Konsequenzen Kenntnis zu nehmen. Es ist nicht erkennbar, warum Vertragsgegner insoweit besser gestellt werden sollten als Neugläubiger. Nicht tragfähig ist schließlich der Vergleich mit der dreimonatigen Forthaftung der Masse für die Verbindlichkeiten aus Wohnungsmietverträgen, für welche der Insolvenzverwalter die Haftung ausschließt (§ 109 Abs. 1 Satz 2 InsO). Anders als im Anwendungskontext der Negativerklärung nach Abs. 2 wird die Enthaftungserklärung nach § 109 Abs. 1 Satz 2 InsO gerade nicht durch die »Freigabe« einer Neuerwerbsquelle flankiert, welche dem Vertragsgegner zum Ausgleich eine separate Haftungsgrundlage erschließt.

56 Vor diesem Hintergrund ist jedenfalls für die von § 108 InsO erfassten **Dauerschuldverhältnisse** anzunehmen, dass sie **von der Negativerklärung erfasst** werden und dass folglich mit der Negativerklärung eine Haftung der Masse für die aus dem Schuldverhältnis resultierenden Verpflichtungen ausgeschlossen ist, ohne dass es auf eine Kündigung nach § 108 InsO ankommt (BGHZ 192, 322 Rn. 19 ff.). Erforderlich hierfür ist, dass das Dauerschuldverhältnis ausschließlich der freigegebenen Tätigkeit dient. Dies ist insbesondere anzunehmen bei Mietverträgen über die der selbständigen Tätigkeit dienenden Geschäftsräume (BGHZ 192, 322), Verträge über den Bezug von Wasser und Strom für solche Geschäftsräume sowie Arbeitsverhältnisse zu Angestellten, deren Arbeitsleistung der freigegebenen Tätigkeit dient (*BAG* ZInsO 2014, 507). Übt der Schuldner mehrere selbständige Tätigkeiten aus, von denen die Negativerklärung nur einen Teil erfasst (zur Möglichkeit einer partiellen Freigabe s. Rdn. 36), werden entsprechende Vertragsverhältnisse nur dann »freigegeben«, wenn sie ausschließlich den »freigegebenen« Tätigkeiten« dienen. **Vom Verwalter** im Zuge der zwischenzeitigen Fortführung der selbständigen Tätigkeit **begründete Rechtsverhältnisse bleiben** demgegenüber **masseverhaftet** (unzutreffend *LAG Hessen* ZInsO 2016, 1940). Denn mit der Begründung des Schuldverhältnisses als Maßnahme zur Fortführung der selbständigen Tätigkeit des Schuldners hat der Verwalter bereits konkludent eine Positiverklärung abgegeben und damit sein ihm nach § 35 Abs. 2 InsO zustehendes Wahlrecht unwiderruflich ausgeübt.

57 Ob und unter welchen Voraussetzungen die Vorschrift des § 613a BGB zum **Betriebsübergang bei der Freigabe** der selbstständigen Tätigkeit nach § 35 Abs. 2 InsO Anwendung findet, bedarf ebenfalls noch der Klärung (zum vorläufigen Meinungsstand s. *Wischemeyer* ZInsO 2009, 2121 [2126]). Das BAG hat die Frage bislang offengelassen (*BAG* ZInsO 2014, 507 = ZIP 2014, 339 = NZI 2014, 324 Rn. 26). Da nicht erkennbar ist, dass der Gesetzgeber bei der Schaffung der Freigabemöglichkeiten des § 35 Abs. 2 InsO den Schutz von Arbeitnehmern einschränken wollte, ist allerdings nicht erkennbar, warum § 613a BGB nicht anwendbar sein sollte. Folglich besteht ein Widerspruchsrecht des Arbeitnehmers, wenn die **Gesamtheit der qua Negativerklärung und begleitenden gegenstandsbezogenen Freigabeerklärungen** aus der Masse entlassenen Gegenstände und Vertragsverhältnisse eine **Einheit i.S.v. § 613a BGB** bildet und das Arbeitsverhältnis dieser Einheit zugehört.

Für **schwebende Verträge**, die unter §§ 103, 105 InsO fallen, gelten die vorstehenden, auf Dauer- 58
schuldverhältnisse bezogenen Überlegungen (s. Rdn. 54–56) **nicht uneingeschränkt**. Zwar wird
auch hier in aller Regel das Bedürfnis nach einer »Freigabe« bestehen, um den Schuldner in den Stand
zu setzen, die selbständige Tätigkeit reibungslos fortzuführen (s. Rdn. 55). Allerdings kann in solch
schwebenden Verträgen ein Wert angelegt sein, den der Verwalter qua Ausübung des Erfüllungswahlrechts zur Masse ziehen kann. Insoweit weisen solche Vertragsverhältnisse Ähnlichkeiten zu massezugehörigen Gegenständen auf, deren Massezugehörigkeit von einer Negativerklärung unberührt
bleibt (s. Rdn. 53). Daher gilt auch für diese Vertragsverhältnisse, dass sie nur über eine gegenstandsbezogene Freigabe aus der Masse entlassen werden (vgl. Rdn. 53). Eine solche ist ungeachtet des Um-
stands möglich, dass das Institut der gegenstandsbezogenen Freigabe mit Blick auf einzelne Vermögensgegenstände und nicht in Bezug auf Vertragsverhältnisse entwickelt worden ist. Doch zeigen
die Enthaftungsmöglichkeiten des § 109 Abs. 1 InsO und die die bei Dauerschuldverhältnissen gegebene Möglichkeit der Entlassung aus dem Haftungsverband qua Negativerklärung (s. Rdn. 56),
dass eine gegenstandsbezogene Freigabe von Vertragsverhältnissen systemimmanent konstruierbar
ist.

Eine Negativerklärung erfasst zwanglos **Vertragsverhältnisse**, die der Schuldner **nach Wirksamwer-** 59
den der Erklärung begründet: Hier gehören die aus dem Vertragsverhältnis resultierenden Forderungsrechte des Schuldners genauso wenig zur Masse wie sich die Gegenansprüche gegen die Masse
richten (vgl. *Berger* ZInsO 2008, 1101 [1107]).

4. »Zweites« Insolvenzverfahren über das Vermögen aus der »freigegebenen« Tätigkeit

In Bezug auf das Vermögen aus der freigegebenen Tätigkeit kann auf Antrag eines Neugläubigers ein 60
»**zweites**« **Insolvenzverfahren** eröffnet werden (*BGH* ZIP 2011, 1326). Zwar ist den Neugläubigern
grds. ein Rechtsschutzinteresse an der Eröffnung eines Zweitverfahrens abzusprechen. Denn wenn
der Neuerwerb nach § 35 Abs. 1 InsO der Masse des »Erstverfahrens« zufließt, bleibt dem Schuldner
nur das unpfändbare Vermögen. Dieses kann aber nicht Grundlage eines weiteren Insolvenzverfahrens
sein, soll letzteres nicht zwangsläufig masselos sein. Ist aber der Neuerwerb aus der selbstständigen
Tätigkeit freigegeben, so kann dieser eine hinreichende Grundlage für ein »zweites« Insolvenzverfahren bilden (*BGH* ZIP 2011, 1326; *Uhlenbruck/Hirte* InsO, § 35 Rn. 107; MüKo-InsO/*Lwowski/*
Peters § 35 Rn. 75; *Kübler/Prütting/Bork-Holzer* InsO, § 325 Rn. 116). Im Rahmen dieses Zweitinsolvenzverfahren besteht **kein Anspruch auf Insolvenzgeld**, da die Eröffnung des ersten Insolvenzverfahrens eine Sperrwirkung entfaltet, die ein arbeitsförderungsrechtliches Insolvenzereignis ausschließen (*BSG* 09.06.2017 – B 11 AL 14/16 R; vgl. *BSG* KTS 1989, 913 [914 f.]: kein Insolvenzgeld für
Beitragsrückstände im Rahmen der Betriebsfortführung durch den Insolvenzverwalter).

5. Informations- und Mitwirkungspflicht des Schuldners

Eine ausdrückliche gesetzliche Pflicht oder Obliegenheit des Schuldners, den Insolvenzverwalter von 61
seiner selbstständigen Tätigkeit oder diesbezüglichen Plänen zu informieren, besteht nicht. Die
Information des Insolvenzverwalters ist aber eine notwendige Voraussetzung dafür, dass dieser die
Erklärung zur selbstständigen Tätigkeit in zweckentsprechender Weise abgeben kann. Der Masse
können durch das Unterbleiben oder durch die Verzögerung einer Negativerklärung Nachteile erwachsen. Vor diesem Hintergrund ist eine **Mitwirkungs- und Informationspflicht des selbststän-**
dig tätigen Schuldners nach § 97 Abs. 1 Satz 1, Abs. 2 InsO anzunehmen. Die vorsätzliche oder grob
fahrlässige Verletzung dieser Mitwirkungs- und Informationspflicht, auch durch falsche oder unvollständige Angaben, stellt im Restschuldbefreiungsverfahren einen Versagungsgrund nach § 290
Abs. 1 Nr. 5 InsO dar (*Holzer* ZVI 2007, 289 [293]; *AG Bonn* ZInsO 2006, 49; s.a. *BGH* ZInsO
2003, 413 [415]). Übt der Insolvenzschuldner **ohne Wissen des Insolvenzverwalters** eine selbstständige Tätigkeit aus, so richten sich die Rechtsfolgen allein nach den gesetzlichen Regelungen der
Insolvenzordnung. Das bedeutet, dass der Neuerwerb nach § 35 Abs. 1 InsO in die Masse fällt. Masseverbindlichkeiten entstehen nur dann, wenn dem Verwalter die Tätigkeit des Schuldners zuzurechnen ist; dies setzt mindestens das Kennenmüssen dieser Tätigkeit voraus (s. Rdn. 69 f.).

6. Abführungspflicht (Abs. 2 Satz 2 i.V.m. § 295 Abs. 2)

62 Gemäß Abs. 2 Satz 2 InsO gilt § 295 Abs. 2 InsO entsprechend. Der aufgrund eines Redaktionsversehens im Gesetz zur Verkürzung des Restschuldbefreiungsverfahrens vom 15.07.2013 BGBl. I S. 2379, zwischenzeitliche Verweis auf den (gar nicht existenten) § 295 Abs. 3 InsO ist inzwischen durch das Gesetz zur Durchführung der neugefassten Europäischen Insolvenzverordnung vom 05.06.2017 BGBl. I S. 1476, korrigiert worden und war stets als Verweis auf § 295 Abs. 2 InsO zu lesen (Voraufl. Rn. 53). Dem selbstständig tätigen Schuldner obliegt es daher, die Insolvenzgläubiger während der Wohlverhaltensperiode durch Zahlungen an den Treuhänder so zu stellen, wie wenn er ein angemessenes Dienstverhältnis eingegangen wäre (*BGH* ZInsO 2013, 625 = NZI 2013, 404 Rn. 7). Das anzunehmende **fiktive Nettoeinkommen** ist dabei aus einem angemessenen Dienstverhältnis zu berechnen. Angemessen ist nur eine dem Schuldner mögliche abhängige Tätigkeit (*BGH* ZInsO 2011, 1301 = NZI 2011, 596 Rn. 6 f.; ZInsO 2013, 625 = NZI 2013, 404 Rn. 7). Der selbstständig tätige Schuldner hat nach § 295 Abs. 1 Nr. 3 InsO dem Treuhänder oder dem Gericht auf Verlangen **Mitteilung** zu machen, ob er einer selbstständigen Tätigkeit nachgeht, wie seine Ausbildung und sein beruflicher Werdegang aussieht und welche Tätigkeit (Branche, Größe seines Unternehmens, Zahl der Angestellten, Umsatz) er ausübt (*BGH* ZInsO 2011, 1301 = NZI 2011, 596 Rn. 8). Dabei müssen seine Auskünfte so konkret sein, dass ein Gläubiger danach die dem Schuldner mögliche abhängige Tätigkeit bestimmen und das anzunehmende fiktive Nettoeinkommen ermitteln kann (vgl. *Ahrens* § 295 Rdn. 151). Er hat jedoch keine Auskünfte über etwaige Gewinne aus seiner selbstständigen wirtschaftlichen Tätigkeit zu erteilen (*BVerfG* ZIP 2017, 433 = NZI 2017, 111 = ZInsO 2017, 58 Rn. 23 ff.; *Gehrlein* ZInsO 2017, 1352 [1357]; so schon *AG Göttingen* ZInsO 2011, 1855 [1856]). Während des Insolvenzverfahrens hat der Schuldner die entsprechenden **Zahlungen nach § 35 Abs. 2 Satz 2 i.V.m. § 295 Abs. 2 InsO an den Insolvenzverwalter** zu leisten. Dies gilt freilich nur im Falle einer Negativerklärung, da nur dann der Neuerwerb insolvenzfrei gestellt ist und es nur dann eines Korrektivs zugunsten der Masse bedarf. Zu den Einzelheiten der Abführungspflicht, insbes. zu der Höhe der zu leistenden Zahlungen und der Zahlungstermine s. *Ahrens* § 295 Rdn. 168 ff. sowie *Wischemeyer* ZInsO 2009, 2121 (2127). Entsprechend *BGH* (ZInsO 2003, 413 [416]) kann der Insolvenzverwalter mit dem Schuldner während des Insolvenzverfahrens Vereinbarungen zu den zu leistenden Zahlungen treffen. Insbesondere kommt eine Anpassung der Beträge der Anpassungspflicht nach oben und unten je nach der wirtschaftlichen Entwicklung der selbstständigen Tätigkeit in Betracht.

63 Soll die Anordnung der entsprechenden Anwendung des § 295 Abs. 2 InsO ihrem Zweck gerecht werden, den selbstständig tätigen Schuldner dem abhängig beschäftigten Schuldner gleichzustellen, welchem die Möglichkeit einer Freigabe seiner Tätigkeit und damit seiner Einkünfte versagt bleibt (BT-Drucks. 16/3227, S. 11, 17), darf man nicht lediglich von einer **Abführungsobliegenheit** ausgehen, sondern muss eine **Abführungspflicht** annehmen (unzutreffend *OLG Brandenburg* ZInsO 2013, 1365 [1366] = NZI 2013, 650). Ansonsten ließe sich eine schuldhafte Unterlassung der Abführung nicht angemessen sanktionieren: Nach § 296 Abs. 1 Satz 1 InsO können allein Obliegenheitsverletzungen während der Laufzeit der Abtretungserklärung durch die Versagung der Restschuldbefreiung sanktioniert werden. Und eine Versagung nach § 290 Abs. 1 Nr. 5 InsO setzt eine Mitwirkungs**pflicht** voraus, an der es aber fehlen würde, wenn man lediglich von einer Obliegenheit ausgeht. Richtigerweise ist diese Pflicht auch **einklagbar** (HambK-InsO/*Lüdtke* § 35 Rn. 273; *Wischemeyer* ZInsO 2009, 2121 [2127 f.]; *Dahl* NJW Spezial 2007, 485 [486]), da sich nur so die intendierte Gleichstellung von selbstständig und unselbstständig Tätigen realisieren lässt. Die Annahme einer (für die Versagung der Restschuldbefreiung nach § 290 Abs. 1 Nr. 5 InsO erforderlichen) grob-fahrlässigen Verletzung der Abführungspflicht setzt i.d.R. eine **angemessene Belehrung** des Schuldners durch den Insolvenzverwalter voraus (*Ahrens* NZI 2007, 622 [626]). Diese Belehrung sollte zweckmäßigerweise Bestandteil der Negativerklärung sein.

7. Beteiligung der Gläubiger (Abs. 2 Satz 3)

Abs. 2 Satz 3 InsO wahrt dem Grundsatz der Gläubigerautonomie entsprechend die **Rechte der** 64 **Gläubiger** (BT-Drucks. 16/3227, S. 17; krit. zur konkreten Ausgestaltung *Heinze* ZVI 2007, 349 [356]). Der Gläubigerausschuss oder die Gläubigerversammlung, wenn ein Gläubigerausschuss nicht bestellt ist, können beim Insolvenzgericht die Anordnung der Unwirksamkeit der Erklärung beantragen. Der Antrag ist zu begründen. Das **Insolvenzgericht hat die beantragte Unwirksamkeit anzuordnen**. Ein eigenes Prüfungsrecht steht ihm allein in Bezug auf einen offenkundigen Rechtsmissbrauch des antragstellenden Organs zu (*Haarmeyer* InsO 2007, 696 [698]). Der Anordnung des Gerichts kommt eine **konstitutive Wirkung *ex nunc*** zu (*BSG* ZIP 2015, 1079 = ZInsO 2015, 952 Rn. 23 ff.); *Kayser* ZIP 2015, 1083 [1083]; *Gehrlein* ZInsO 2017, 1352 [1356]; s. bereits *Haarmeyer* ZInsO 2007, 696 [698]; Begr. zum RegE, BT-Drucks. 16/3227, S. 17); der dem Antrag zugrunde liegende Beschluss der Gläubigerversammlung oder des Gläubigerausschusses vermag aus sich heraus die Freigabe noch nicht zu beenden (*BSG* ZIP 2015, 1079 = ZInsO 2015, 952 Rn. 22).

8. Bekanntmachung der Erklärung durch das Insolvenzgericht (Abs. 3)

Die Erklärung zur selbstständigen Tätigkeit des Schuldners ist gegenüber dem Schuldner abzugeben, 65 sie wird mit dem Zugang bei ihm auch wirksam (dazu s. Rdn. 41). Die Information der Öffentlichkeit erfolgt durch das Insolvenzgericht nach § 35 Abs. 3 InsO. Deshalb hat der Insolvenzverwalter dem Insolvenzgericht seine Erklärung **anzuzeigen**. Diese hat das Insolvenzgericht öffentlich bekannt zu machen. Die **Bekanntmachung** erfolgt dabei nach § 9 Abs. 1 Satz 1 InsO im Internet unter www.insolvenzbekanntmachungen.de und zwar unter der Rubrik »Gegenstand der Bekanntmachung« »Sonstiges«.

Eine über die öffentliche Bekanntmachung hinausgehende **Mitteilung an** die ihm bekannten **Ver-** 66 **tragsgegner** nebst eines Hinweises auf die Rechtsfolgen ist entgegen *Haarmeyer* (ZInsO 2007, 696 [698]) **nicht notwendig**. Ein solches Erfordernis lässt sich dem Gesetzestext nicht entnehmen und würde dem erklärten Ziel des Gesetzgebers zuwiderlaufen, dem Insolvenzverwalter mit der Erklärung nach Abs. 2 ein einfach zu handhabendes und effektives Instrument zur eindeutigen und rechtssicheren Abgrenzung der Insolvenzmasse vom insolvenzfreien Vermögen des Schuldners an die Hand zu geben (vgl. *BGH* BGHZ 192, 322 Rn. 26).

Hat das Insolvenzgericht auf Antrag des Gläubigerausschusses oder der Gläubigerversammlung die 67 **Unwirksamkeit** der Erklärung angeordnet (Abs. 2 Satz 3), so hat es seinen **Beschluss** ebenfalls nach Abs. 3 öffentlich bekannt zu machen.

9. Rechtsmittel

Gegen die **Erklärung des Insolvenzverwalters** steht dem Schuldner kein Rechtsbehelf zu (krit. *Wi-* 68 *schemeyer/Schur* (ZInsO 2007, 1240 [1241]). Auch gegen die **Entscheidung des Vollstreckungsgerichts** nach Abs. 2 Satz 3 ist ein Rechtsmittel nicht gegeben.

10. Rechtslage bei Fehlen einer Erklärung

Gibt der Verwalter keine Erklärung ab und nimmt der Schuldner eine Tätigkeit auf, so fallen die 69 **Einkünfte des Schuldners** ohne Abzug für den durch die Tätigkeit veranlassten Aufwand **in die Insolvenzmasse** (Abs. 1). Hinsichtlich der Verbindlichkeiten ist wie folgt zu differenzieren (näher dazu § 55 Rdn. 33): Da weder die Arbeitskraft des Schuldners noch die in ihr angelegten Erwerbsmöglichkeiten Teil der Masse sind, fehlt es ohne weiteres an Anknüpfungspunkten für die Begründung einer Masseverbindlichkeit (*BGH* NZI 2010, 91 [92]; *BFH* NZI 2010, 37 [38]; *FG Köln* ZInsO 2017, 1110). Anders liegt es, wenn der Insolvenzverwalter von der konkreten Tätigkeit des Schuldners **Kenntnis hat und diese duldet** (*Graf-Schlicker/Kexel* InsO, § 35 Rn. 26; *Berger* ZInsO 2008, 1101 [1105]; *Haarmeyer* ZInsO 2007, 695 [698]; a.A. *Kahlert/Mordhorst* ZIP 2009, 2210 [2212]; HambK-InsO/*Lüdke* § 35 Rn. 271). Denn vor dem Hintergrund der ihn treffenden **Erklärungspflicht** nach Abs. 2 Satz 1 ist dem Verwalter die ihm bekannte Tätigkeit des Schuldners zuzurechnen, wenn er nicht von der ihm **zumutbaren Möglichkeit der Abgabe einer Negativerklärung** Gebrauch macht. Die Gegenauffassung (*Kahlert/Mordhorst* ZIP 2009, 2010) geht unzutreffend davon aus, dass allein die Positiverklärung eine für Zwecke des § 55 Abs. 1 Nr. 1 relevante Verwalterhandlung sein könne. Dabei wird verkannt, dass auch in der **pflichtwidrigen Verzögerung oder Unterlassung** der Erklärung ein **Verwalterhandeln** erblickt werden muss. Denn die Erklärungspflicht dient gerade der Beseitigung von Rechtsunsicherheiten in Bezug auf die Frage, an wen sich Neugläubiger haftungsrechtlich halten müssen (BT-Drucks. 16/4194, S. 14). Eine Zurechnung zum Verwalterhandeln muss zumindest in den Fällen bejaht werden, in denen auch **aus Sicht des Rechtsverkehrs** das Handeln des Schuldners von einer Duldung des Verwalters gedeckt ist. Eine **pflichtwidrige Duldung** ist dann anzunehmen, wenn der Verwalter es trotz **Kenntnis** und nach Ablauf eines für die Prüfung hinreichenden und **angemessenen Zeitraums** unterlässt, eine Negativerklärung abzugeben (*Berger* ZInsO 2008, 1101 [1103, 1105]; K. *Schmidt/Büteröwe* InsO, § 35 Rn. 51). Bei der Bemessung der Prüfungspflicht kommt es auf die **Umstände des Einzelfalls**, insbesondere auf die Art, Komplexität und den Umfang der Tätigkeit sowie auf den Grad der Kooperation des Schuldners, an.

70 Eine Zurechnung der Tätigkeit des Schuldners erfolgt auch dann, wenn der Verwalter die Tätigkeit hätte erkennen müssen. Die an den Verwalter zu stellenden Sorgfaltsanforderungen dürfen zwar nicht überspannt werden (s. dazu § 55 Rdn. 33). Von einem relevanten Kennenmüssen ist aber dann auszugehen, wenn die Tätigkeit des Schuldners derart erkennbar geworden ist, dass auch die Vertragsgegner des Schuldners davon ausgehen können, dass der Verwalter von dieser Tätigkeit Kenntnis erlangt.

D. Freigabe

71 Die **Freigabe** – die **Entlassung** von Gegenständen der Insolvenzmasse **aus dem Insolvenzbeschlag** – ist in der Insolvenzordnung nicht geregelt. Sie wird als eine mögliche Verwalterhandlung am Rande erwähnt (§ 32 Abs. 3 Satz 1 InsO). Eine besondere Form der sog. erkauften Freigabe ist in § 314 InsO für das Verbraucherinsolvenzverfahren geregelt (dazu s. FK-InsO/*Busch* 8. Aufl., § 314 Rn. 11 ff.). Die **Zulässigkeit** der Freigabe ist deshalb **grds. zu bejahen** (*BGH* ZInsO 2001, 165 [167]; *OLG Brandenburg* ZInsO 2001, 558; *Förster* ZInsO 2001, 254 [255]). Die Freigabe ist auch in der Insolvenz juristischer Personen möglich (*BGH* BGHZ 35, 180 [181]; *Nerlich/Römermann-Andres* § 36 Rn. 58; **a.A.** *K. Schmidt* NJW 2010, 1489 [1492 f.]; *ders.* KTS 1988, 1 [12 f.]). Ein im Wege der Freigabe aus der Masse entlassener Gegenstand unterliegt als sonstiges Vermögen des Schuldners dem Vollstreckungsverbot des § 89 Abs. 1 InsO (*BGH* DZWIR 2010, 333).

Begrifflich wird zwischen der echten, unechten, der modifizierten und der erkauften Freigabe unterschieden:

I. Unechte Freigabe

72 Bei der **unechten Freigabe** gibt der Insolvenzverwalter einen nicht dem Schuldner gehörenden und damit massefremden Gegenstand an den Berechtigten, den Aussonderungsberechtigten, heraus (§ 47 InsO). Der »Freigabe« kommt in diesem Fall nur eine deklaratorische Bedeutung zu, denn der Insolvenzverwalter handelt insoweit nur in Anerkennung der Rechtslage. Ebenfalls **deklaratorische Bedeutung** hat die »Freigabe« von Gegenständen, die nach § 36 InsO nicht zur Insolvenzmasse gehören (HK-InsO/*Eickmann* § 35 Rn. 48; *Uhlenbruck/Hirte* InsO, § 35 Rn. 29).

II. Echte Freigabe

73 Demgegenüber kommt der **echten Freigabe** – der Entlassung eines Gegenstandes aus der Insolvenzmasse – konstitutive Bedeutung zu. Mit der Aufhebung des Insolvenzbeschlages erhält der Schuldner die freie Verfügungsbefugnis über ihn zurück. Ist ein Grundstück freigegeben worden, an dem infolge der nachfolgenden Rückgabe einer nichtvalutierten Sicherungsgrundschuld eine Eigentümergrundschuld entsteht, ist Letzteres nicht zwangsläufig von der Freigabe erfasst (*BGH* ZIP 2017, 1169 = WM 2017, 1152 Rn. 19). Denn die Auslegung der Freigabeerklärung kann ergeben, dass von ihr

allein das Eigentumsrecht, nicht hingegen die aus dem Sicherungsvertrag sich mittelbar oder unmittelbar ergebenden Ansprüche und die in der Sicherungsgrundschuld als Möglichkeit angelegte Eigentümergrundschuld erfasst sein soll.

Eine echte Freigabe wird dann in Betracht kommen, wenn die Verwertung nicht sinnvoll erscheint, weil die **Kosten der Verwaltung und Verwertung** den zu erwartenden Verwertungserlös übersteigen werden, der Gegenstand nicht verwertbar oder wegen einer Belastung nicht mit einem Überschuss zu rechnen ist. In diesen Fällen kann den Verwalter sogar eine **Pflicht zur Freigabe** treffen (*Kuhn/Uhlenbruck* KO, § 1 Rn. 5; FK-InsO/*Busch* 8. Aufl., § 314 Rn. 11 f.). Eine Freigabe kommt auch bei Forderungen in Betracht, wenn ihre Durchsetzung mit erheblichen Risiken verbunden ist (*RG* RGZ 122, 51 [57]; RGZ 127, 197 [200]). Eine echte Freigabe kann auch darin liegen, dass der Insolvenzverwalter es ablehnt, ein Verfahren über einen insolvenzbefangenen Gegenstand aufzunehmen (*RG* RGZ 127, 198 [200]). Erklärt der Insolvenzverwalter nach der Aufnahme des Verfahrens die Freigabe, so geht dessen Prozessführungsbefugnis unter und die des Schuldners lebt wieder auf (*BGH* BGHZ 46, 249 [251 ff.]; **a.A.** *Kuhn/Uhlenbruck* KO, § 1 Rn. 5b). Einen Passivprozess kann der Verwalter freilich genauso wenig wie eine Verbindlichkeit freigeben (*BGH* NZI 2004, 54). 74

III. Modifizierte Freigabe

Unter einer **modifizierten Freigabe** versteht man den Fall, dass der Insolvenzverwalter dem **Insolvenzschuldner**, der eine natürliche Person sein muss, **ermächtigt**, ein zur Insolvenzmasse gehörendes **Recht im eigenen Namen gerichtlich geltend zu machen**. Der Grund der modifizierten Freigabe liegt darin, die Insolvenzmasse von dem **Prozesskostenrisiko** zu befreien. Demgegenüber kann der Schuldner im Wege der gewillkürten Prozessstandschaft das Recht geltend machen. Sein Interesse, durch Beitreibung aller berechtigten Forderungen seine Verbindlichkeiten zu tilgen und damit die Voraussetzungen für eine Fortführung oder Wiederaufnahme seiner geschäftlichen Tätigkeit nach Beendigung des Insolvenzverfahrens zu schaffen, ist schützenswert (*BGH* BGHZ 100, 217 [220]). Freilich kann dem Schuldner im Hinblick auf die Einbeziehung des Neuerwerbs in die Insolvenzmasse auch das Interesse an einer kostenintensiven und risikobehafteten Durchsetzung seiner Forderungen fehlen. 75

IV. Erkaufte Freigabe

Eine **erkaufte Freigabe** liegt schließlich dann vor, wenn der Insolvenzverwalter Massegegenstände im Rahmen der Verwertung gegen Entgelt in das freie Vermögen des Schuldners überführt. Eine besondere Form der erkauften Freigabe hat die Insolvenzordnung mit der Regelung des § 314 InsO (»qualifizierte Freigabe«) für das Verbraucherinsolvenzverfahren geschaffen (ausführlich zur erkauften Freigabe, s. FK-InsO/*Busch* 8. Aufl., § 314 Rn. 11 ff.). 76

V. Anwendungsfälle

Die Freigabe ist bei **Kreditsicherheiten** (dazu KS-InsO/*Benckendorff* 2000, S. 1099) und bei **mit Altlasten behafteten Grundstücken** von Bedeutung. 77

Umstritten ist, ob die Freigabe eines Gegenstandes zum Zwecke der **Vermeidung einer ordnungsrechtlichen Zustandsstörerhaftung** wirksam ist und zur Folge haben kann, dass sich die Ordnungshaftung nicht mehr im Insolvenzverfahren realisieren lässt. Die Rechtsprechung bejaht die Zulässigkeit und Wirksamkeit der Freigabe (*BVerwG* ZInsO 2004, 1206; s.a. *BVerwG* NJW 1984, 2427; *BayVGH* KTS 1983, 462; *Pape* ZIP 1991, 1544 [1546]; *ders.* ZInsO 2002, 453 [460 f.]; MüKo-InsO/*Lwowski/Peters* § 35 Rn. 98; **a.A.** *K. Schmidt* BB 1992, 1092 [1093]; *v. Wilmowsky* ZIP 1997, 389 [396]) und verweist dabei im Wesentlichen darauf, dass mit der Freigabe die Zustandsstörerverantwortlichkeit des Schuldners wieder auflebe (*Uhlenbruck/Hirte* InsO, § 35 Rn. 75; *Petersen* NJW 1992, 1202 [1205]; **a.A.** *v. Wilmowsky* ZIP 1997, 389 [396]). Richtigerweise ist wie folgt zu differenzieren: In **insolvenzrechtlicher Hinsicht** ist die Freigabe der Gegenstände ohne weiteres zulässig und wirksam. Ob sie die bezweckte Enthaftung zur Folge hat, ist nach **ordnungsrechtlichen Gesichts-** 78 punkten zu entscheiden. Soweit die einschlägigen ordnungsrechtlichen Bestimmungen eine (Zustandsstörer-)Haftung ausschließlich an die Verfügungsmacht anknüpfen, ist der durch die Freigabe bewirkte **Übergang der Verfügungsmacht** grds. mit der Folge **maßgeblich**, dass allein der Schuldner zur Haftung herangezogen werden kann (so zur bodenschutzrechtlichen Haftung aus § 4 BBodSchG *BVerwG* ZInsO 2004, 1206). Freilich hat die Rechtsprechung in Einzelfällen die Entäußerung der Verfügungsbefugnis durch einen Zustandsstörer unter dem Gesichtspunkt einer **Sittenwidrigkeit** für unbeachtlich gehalten, wo diese dem Zweck diente, die **Kostenlasten zum Nachteil der Allgemeinheit zu verschieben** (*BVerfG* NVwZ 2000, 65 [65]; *BVerwG* NVwZ 1997, 577 [577]; NJW 2003, 2255 [2255]). Dies ist im ordnungsrechtlichen Kontext, insbesondere bei der Übertragung des Gegenstands auf eine vermögenslose juristische Person angenommen worden (*BVerwG* NVwZ 1997, 577 [577]). Von diesem Fall unterscheidet sich die Freigabe zwar dadurch, dass mit ihr nur der **vor Insolvenzeröffnung bestehende Zustand**, nämlich die Verfügungsbefugnis des Schuldners, **wiederhergestellt** wird (*Uhlenbruck/Hirte* InsO, § 35 Rn. 75). Soweit für das Sittenwidrigkeitsverdikt indessen auf den bezweckten Erfolg abgestellt wird, d.h. darauf, dass die Kostenlast auf die Allgemeinheit abgewälzt wird (so *BVerfG* NVwZ 2000, 65 [65]; *BVerwG* BVerwG NVwZ 1997, 577 [577]; NJW 2003, 2255 [2255]), kann mit Blick auf die der Allgemeinheit entstehenden Nachteile einer Freigabe im Einzelfall auch die Freigabe dem Sittenwidrigkeitsverdikt unterfallen. Dies mag dann mit Blick auf die Rechtsnatur der Freigabe als Prozesshandlung nicht unmittelbar auf deren Wirksamkeit durchschlagen (vgl. zu dieser Problematik *Baumbach/Lauterbach/Albers/Hartmann* ZPO, Grundz. § 128 Rn. 57; vgl. aber auch obige Erwägungen unter Rdn. 38), doch setzt die verwaltungsgerichtliche Rechtsprechung auch bei der zivilrechtlichen Übertragung die Nichtigkeit der Übertragungsakte nicht zwingend voraus (vgl. *BVerwG* NJW 2003, 2255 [2255]: es bedürfe bei missbräuchlicher Inanspruchnahme zivilrechtlicher Gestaltungsformen besonderer Begründung, dass die ordnungsrechtliche Haftung ausschließlich an die formale Eigentümerstellung anknüpft). Indessen hat das BVerwG in seiner Leitentscheidung (BVerwGE 122, 75 [Rn. 16 f.[) in der Freigabe eines kontaminierten Grundstückes keine ungebührliche Abwälzung der Beseitigungskosten auf die Allgemeinheit gesehen.

79 Die Freigabe spielt auch bei der Frage eine Rolle, wie im Insolvenzverfahren über das Vermögen einer natürlichen Person das **Mietverhältnis des Schuldners über Wohnraum** von den Wirkungen des Insolvenzverfahrens freigehalten und die Masse von den Mietzinszahlungen entlastet werden kann (dazu s. *Wegener* § 109 Rdn. 3). Die Freigabe einer Eigentumswohnung durch den Insolvenzverwalter führt nicht zu einem Erlöschen der Haftung der Insolvenzmasse für Wohngeldforderungen, da die Wohngeldverpflichtung eine persönliche, an die Rechtsinhaberschaft anknüpfende Verpflichtung ist (*AG Mannheim* NZI 2004, 503). In letzter Zeit ist wegen der Rechtsprechung des BFH zur Haftung der Insolvenzmasse für die Kfz-Steuer (dazu s. § 55 Rdn. 18) die **Freigabe eines vom Insolvenzschuldner genutzten Fahrzeuges** zur Vermeidung der Kfz-Steuerpflicht in der Diskussion (s. nur *Pape* ZInsO 2007, 1289 [1294 f.]). Da die Freigabe eines Fahrzeuges allein von den Finanzbehörden und -gerichten nicht mehr als ausreichend zur Vermeidung der Steuerpflicht angesehen wird, sollte der Insolvenzverwalter darauf achten, dass noch die Mitteilung über die Veräußerung an die Zulassungsstelle erfolgt (*Pape* ZInsO 2007, 1289 [1294 f.]).

VI. Erklärung der Freigabe

80 Die Freigabe erfolgt durch eine **empfangsbedürftige einseitige Willenserklärung** des Insolvenzverwalters. Die Zustimmung des Schuldners ist nicht erforderlich. Aus Gründen der Rechtssicherheit ist die Freigabe unwiderruflich (*RG* RGZ 60, 107 [109]). Andererseits ist sie dann unwirksam, wenn sie unter allen in Betracht kommenden Gesichtspunkten offensichtlich dem Zweck des Insolvenzverfahrens, der gleichmäßigen Befriedigung aller Gläubiger zuwiderläuft (*BVerwG* NJW 1984, 2427).

VII. Wirkungen der Freigabe

81 Mit der Freigabe lebt die Verfügungsbefugnis des Schuldners in Bezug auf die freigegebenen Gegenstände wieder auf. Dabei handelt es sich selbstverständlich nicht um einen Neuerwerb, der nach

Abs. 1 wieder in die Masse gelangt. Vielmehr wird allein der Insolvenzbeschlag aufgehoben, so dass der Schuldner über den auch vor Freigabe noch gehörenden Gegenstand wieder verfügen kann. Den Insolvenzgläubigern ist eine **Vollstreckung** in den freigegebenen und damit insolvenzfreien Gegenstand **nicht gestattet** (§ 89 Abs. 1 InsO).

Erbringt der Drittschuldner einer freigegebenen Forderung in Unkenntnis der Freigabe seine Leistung an den Insolvenzverwalter, obgleich infolge der Freigabe wieder die ausschließliche Empfangszuständigkeit des Schuldners gegeben war, ist **zum Schutz des Drittschuldners § 82 InsO entsprechend anzuwenden** (*BGH* WM 2011, 270). Der gutgläubige Drittschuldner wird daher durch die Leistung an den Insolvenzverwalter frei (§ 82 Satz 1 InsO). 82

E. Streit über Massezugehörigkeit

Streitigkeiten, welche die Zugehörigkeit eines Gegenstands zur Masse betreffen, sind vom **Prozessgericht** zu entscheiden. Dies gilt sowohl für Streitigkeiten im Verhältnis des Schuldners zum Insolvenzverwalter als auch im Verhältnis eines Dritten zum Insolvenzverwalter. Im Verhältnis zum Schuldner ist allerdings die Zuständigkeit des **Insolvenzgerichts** gegeben, soweit es um die Frage geht, ob ein Gegenstand der Zwangsvollstreckung unterliegt oder aufgrund von Pfändungsschutzvorschriften nach § 36 Abs. 1 InsO i.V.m. §§ 850 ff. ZPO dem insolvenzfreien Vermögen des Schuldners zugewiesen ist (**§ 36 Abs. 4 InsO**). Die Zuständigkeit des Insolvenzgerichts folgt dabei aber nicht schon daraus, dass die in § 36 Abs. 1 genannten vollstreckungsrechtlichen Bestimmungen anzuwenden sind. Sie ist vielmehr nur gegeben, wenn es um Vollstreckungshandlungen oder Anordnungen des Vollstreckungsgerichts geht, die insbesondere nach den §§ 850b, 850c, 850f und 850i ZPO ergehen können (*BGH* NZI 2010, 584 [584] zum Streit über die Massezugehörigkeit der in §§ 850e Nr. 1, 851c genannten Arbeitslohnbestandteile). Auch soweit über die Zulässigkeit der Vollstreckung gestritten wird (und insoweit auch an sich die Zuständigkeit des Insolvenzgerichts gegeben sein müsste), kann das **Prozessgericht** zuständig sein, wenn für die Vollstreckungsmaßnahme kein deutsches Gericht **international zuständig** wäre (*BGH* ZInsO 2012, 1260 [1261] = NZI 2012, 672 [672]). Hat daher der deutsche Insolvenzverwalter mit Hilfe der ausländischen Vollstreckungsgerichte einen im Ausland belegenen Gegenstand zur Masse gezogen, ist der Streit über die Massezugehörigkeit auch dann vor dem (deutschen) Prozessgericht zu führen, wenn insoweit die ausländischen Pfändungsschutzvorschriften streitentscheidend sind (*BGH* ZInsO 2012, 1260 [1261]; NZI 2012, 672 [672]). 83

Klagen gegen den Insolvenzverwalter, die sich auf die Insolvenz beziehen sind an dessen allgemeinem **Gerichtsstand** zu führen. Dieser wird durch den **Sitz des Insolvenzgerichts** bestimmt (§ 19a ZPO). 84

§ 36 Unpfändbare Gegenstände

(1) ¹Gegenstände, die nicht der Zwangsvollstreckung unterliegen, gehören nicht zur Insolvenzmasse. ²Die §§ 850, 850a, 850c, 850e, 850f Abs. 1, §§ 850g bis 850k, 851c und 851d der Zivilprozessordnung gelten entsprechend.

(2) Zur Insolvenzmasse gehören jedoch
1. die Geschäftsbücher des Schuldners; gesetzliche Pflichten zur Aufbewahrung von Unterlagen bleiben unberührt;
2. die Sachen, die nach § 811 Abs. 1 Nr. 4 und 9 der Zivilprozessordnung nicht der Zwangsvollstreckung unterliegen.

(3) Sachen, die zum gewöhnlichen Hausrat gehören und im Haushalt des Schuldners gebraucht werden, gehören nicht zur Insolvenzmasse, wenn ohne weiteres ersichtlich ist, dass durch ihre Verwertung nur ein Erlös erzielt werden würde, der zu dem Wert außer allem Verhältnis steht.

(4) ¹Für Entscheidungen, ob ein Gegenstand nach den in Absatz 1 Satz 2 genannten Vorschriften der Zwangsvollstreckung unterliegt, ist das Insolvenzgericht zuständig. ²Anstelle eines Gläubigers

ist der Insolvenzverwalter antragsberechtigt. ³Für das Eröffnungsverfahren gelten die Sätze 1 und 2 entsprechend.

Übersicht

		Rdn.			Rdn.
A.	Allgemeines, Übersicht	1	6.	Pfändungsschutz bei anderen Vermögensrechten	54
B.	Umfang des Insolvenzbeschlages	4	7.	Anwendbarkeit der §§ 850 ff. ZPO in »Altverfahren«	59
C.	Überblick über die Pfändungsschutzbestimmungen	6	III.	Weitergehender Schutz des Existenzminimums eines natürlichen Schuldners	62
I.	Körperliche Gegenstände	8	IV.	Verzicht auf die Pfändungsschutzbestimmungen	65
II.	Forderungen und andere Vermögensrechte	11	D.	Ausnahmen von den Pfändungsschutzbestimmungen	66
1.	Pfändungsschutz bei Arbeitseinkommen (Abs. 1 Satz 2 i.V.m. §§ 850 ff. ZPO)	12	I.	Geschäftsbücher (Abs. 2 Nr. 1)	67
2.	Pfändungsschutz bei Einkünften aus selbstständiger Tätigkeit und bei anderen Einkommensarten (Abs. 1 Satz 2 i.V.m. § 850i ZPO)	21	II.	Unpfändbare Sachen nach § 811 Abs. 1 Nr. 4 und 9 ZPO (Abs. 2 Nr. 2)	68
			E.	Insolvenzbeschlag von Hausrat (Abs. 3)	69
3.	Pfändungsschutz für die Altersversorgung, insbesondere von Selbstständigen (Abs. 1 Satz 2 InsO i.V.m. §§ 851c und 851d ZPO)	28	F.	Zuständigkeit des Insolvenzgerichts (Abs. 4)	70
			I.	Zuständigkeit des Insolvenzgerichts für Entscheidungen in den Fällen des Abs. 1 Satz 2	70
4.	Kontopfändungsschutz (Abs. 1 Satz 2 i.V.m. §§ 850k und 850l ZPO)	33	II.	Zuständigkeit in »Altverfahren«	74
5.	Pfändungsschutz bei anderen Forderungen	49	III.	Zuständigkeit für Entscheidungen über die Pfändbarkeit in anderen Fällen	75

Literatur:
Böttcher Zur Pfändbarkeit einer beschränkten Dienstbarkeit und zur Bedeutung der Eintragung ins Grundbuch im Falle der Insolvenz, ZfIR 2007, 97; *Büchel* Das neue Pfändungsschutzkonto in der Insolvenz des Schuldners, ZInsO 2010, 20; *Du Carrois* Das P-Konto und seine Auswirkungen im Insolvenzverfahren, ZInsO 2009, 1801; *Finke/Senger* Dauerschuldverhältnisse unter besonderer Beachtung von Krankenversicherungen, ZInsO 2012, 997; *Fliegner* Zur Anwendbarkeit des § 850b ZPO im Insolvenzverfahren, EWiR 2010, 231; *Grote* Einkommensverwertung und Existenzminimum des Schuldners in der Verbraucherinsolvenz, 2000; *Hasse* Der neue Pfändungsschutz der Altersvorsorge und Hinterbliebenenabsicherung, VersR 2007, 19; *ders.* Zwangsvollstreckung in Kapitallebensversicherungen – Eine kritische Bestandsaufnahme de lege lata, VersR 2005, 15; *Heidland* Die Behandlung von Baugeld in der Insolvenz von Auftraggeber und Auftragnehmer durch den Insolvenzverwalter, ZInsO 2010, 737; *Helwich* Die Pfändung des Arbeitseinkommens nach Inkrafttreten von Hartz IV-Regelleistungen für das Arbeitslosengeld II als Richtschnur für die Festsetzung der Pfändungsfreigrenzen gemäß §§ 850c, d, f, i ZPO, JurBüro 2005, 174; *Heyer* Strafgefangene im Insolvenz- und Restschuldbefreiungsverfahren, NZI 2010, 81; *Holzer* Der Hinterbliebenenbegriff im Gesetz zum Pfändungsschutz der Altersvorsorge, ZVI 2007, 113; *Kohte* Wohnraummiete und Insolvenz, FS Uhlenbruck, S. 217; *Pape* Verbesserung der privaten Altersabsicherung durch das Gesetz zum Pfändungsschutz der Altersvorsorge, ZAP Fach 1, S. 529; *Paulus* Zum Verhältnis von negativer Feststellungsklage und Leistungsklage und zur Pfändbarkeit eines Kontos, auf das Honorare für Steuerberaterleistungen eingezahlt wurden, WuB VI C § 36 InsO 1.99; *Riedel* Einmalige Bezüge des Schuldners im Insolvenzverfahren, ZVI 2009, 439; *Roth* Umfang der Insolvenzmasse im Nachlassinsolvenzverfahren – Ein Beitrag zum Umgang mit Vermögensveränderungen des Nachlasses zwischen Tod des Erblassers und Insolvenzeröffnung, ZInsO 2010, 118; *Schmidt* Zum Vollstreckungsschutz nach § 765a ZPO für den Insolvenzschuldner, EWiR 2009, 223; *Schneider* Pfändung und Verwertung von Internet-Domains, ZAP Fach 14, S. 355; *Schumacher* Ein großer Tag für Verbraucher und Selbstständige: Das Gesetz zur Reform des Kontopfändungsschutzes vom 7. Juli 2009, ZVI 2009, 313; *dies.* Der Regierungsentwurf eines Gesetzes zur Reform des Kontopfändungsschutzes, ZVI 2007, 455; *Stöber* Das Gesetz zum Pfändungsschutz der Altersvorsorge, NJW 2007, 1242; *Tavakoli* Lohnpfändung und private Altersvorsorge. Erhöhung der Freigrenze durch § 851c ZPO?, NJW 2008, 3259; *Weidner/Walter* Pfändbarkeit von Ansprüchen aus einem Dispositionskredit, JurBüro 2005, 177; *Wimmer* Das Gesetz zum Pfändungsschutz der Altersvorsorge unter besonderer Berücksichtigung

der Hinterbliebenenversorgung, ZInsO 2007, 281; *Wollmann* Berufsunfähigkeitsrenten Selbstständiger sind nicht Teil der Insolvenzmasse, ZInsO 2009, 2319.

A. Allgemeines, Übersicht

Nach § 36 InsO fällt grds. nur das **der Zwangsvollstreckung unterliegende Vermögen** in die Insolvenzmasse. Wie schon im früheren Konkursrecht ist der Zugriff auf das Schuldnervermögen bei der Gesamtvollstreckung im Interesse des Schuldners und der Allgemeinheit nicht unbeschränkt. Dem Schuldner und seinen Angehörigen sollen insbesondere die **Mittel und Vermögensgegenstände für den notwendigen Lebensunterhalt** verbleiben. Damit kommen die sozialpolitischen Erwägungen, durch welche die Pfändungsschutzbestimmungen der Zivilprozessordnung und anderer Gesetze motiviert sind, auch im Insolvenzverfahren zur Geltung. Bei **Handelsgesellschaften** und **juristischen Personen** sind die Schutzbestimmungen, die der Sicherung der Existenz eines natürlichen Schuldners und seiner Familie dienen, nicht anwendbar (*Nerlich/Römermann-Andres* InsO, § 36 Rn. 3; MüKo-InsO/*Peters* § 36 Rn. 6). Aus dem fehlenden Insolvenzbeschlag von unpfändbaren Gegenständen folgt, dass insoweit auch die **weiteren Vorschriften der Insolvenzordnung** keine Anwendung finden: So führt die Nichtpfändbarkeit der (Hauptleistungs-)Ansprüche aus einem gegenseitigen Vertrag nicht nur dazu, dass diese vom Insolvenzbeschlag ausgenommen bleiben (§ 36 Abs. 1 InsO), sondern weitergehend auch dazu, dass der Vertrag nicht dem **Insolvenzverwalterwahlrecht** des § 103 InsO unterfällt und dass folglich die Ansprüche des Vertragsgegners nicht zu **Masseverbindlichkeiten** werden können (*BGH* ZInsO 2014, 833 = NZI 2014, 369 Rn. 14 ff., dazu *Rauscher* VersR 2014, 295 [297]: private Krankenversicherung; *Senger/Finke* ZInsO 2012, 997 [1000 f.]). Dementsprechend werden mit Vermögensgegenständen verbundene Steuern auch nur dann Masseverbindlichkeiten, wenn die Gegenstände zur Insolvenzmasse gehören (*BFH* BFHE 234, 97 = NZI 2011, 828 = ZIP 2011, 1728 Rn. 22 f.: Kraftfahrzeugsteuer; s.a. *Farr* NZI 2008, 78; *Menz* ZInsO 2009, 1189).

Abs. 2 enthält **Ausnahmen** vom Grundsatz der Nichteinbeziehung unpfändbarer Gegenstände in die Insolvenzmasse. Die Einbeziehung von **Geschäftsbüchern** des Schuldners und von **Geräten**, die zum Betrieb einer Apotheke oder eines landwirtschaftlichen Betriebes notwendig sind, liegt darin begründet, dass diese Gegenstände für eine etwaige Fortführung oder Veräußerung des Unternehmens im Rahmen des Insolvenzverfahrens erforderlich sind. **Abs. 3** übernimmt hingegen die für die Einzelzwangsvollstreckung geltende Pfändungsschutzbestimmung bei **gewöhnlichem Hausrat** für das Insolvenzverfahren.

Durch das Gesetz zur Änderung der Insolvenzordnung und anderer Gesetze vom 26.10.2001 (BGBl. I S. 2710) ist die Vorschrift um Abs. 1 Satz 2 und Abs. 4 ergänzt worden, um den Meinungsstreit über die Anwendbarkeit der Schutzbestimmungen bei der Pfändung von Arbeitseinkommen (§§ 850 ff. ZPO) und über die Zuständigkeit der Insolvenzgerichte für Anträge nach diesen Vorschriften gesetzlich zu entscheiden. Durch das Gesetz zum Pfändungsschutz der Altersvorsorge vom 26.07.2007 (BGBl. I S. 368) ist § 36 Abs. 1 Satz 2 zum 31.03.2007 um die neu geschaffenen §§ 851c und 851d ZPO ergänzt worden (s. Rdn. 28 ff.). Nach § 292 Abs. 1 Satz 3 InsO gelten Abs. 1 Satz 2 und Abs. 4 im Restschuldbefreiungsverfahren entsprechend (dazu s.a. *Grote/Lackmann* § 292 Rdn. 7 f.). Mit dem Gesetz zur Reform des Kontopfändungsschutzes (KtoPfSchRefG) vom 07.07.2009 (BGBl. I S. 1707) ist die Verweisungskette in Abs. 1 Satz 2 um die dem Kontopfändungsschutz von natürlichen Personen dienenden Vorschriften ergänzt worden (Art. 3). Im Hinblick auf das Auslaufen des bisherigen Kontopfändungsschutzes in § 850l ZPO ist zum 1. Januar 2012 eine Anpassung der Verweisungskette erfolgt (Art. 7 Abs. 2 KtoPfSchRefG).

B. Umfang des Insolvenzbeschlages

Inwieweit Vermögensgegenstände des Schuldners der Zwangsvollstreckung und damit auch dem Insolvenzbeschlag unterliegen, ergibt sich für das bewegliche Vermögen aus den §§ 808 bis 863 ZPO. Unbewegliches Vermögen unterliegt grds. ohne Einschränkungen der Zwangsvollstreckung (vgl. §§ 864–871 ZPO) und damit auch dem Insolvenzbeschlag. Die Insolvenzfreiheit von Gegenständen setzt sich nicht an Surrogaten aus **Erwerbs- und Veräußerungsvorgängen** oder sonstigen Gründen fort. Daher unterliegt der Erwerb einer Sache mit insolvenzfreien Mitteln nur dann nicht dem Insolvenzbeschlag, wenn die Sache selbst unpfändbar ist: der Erlös aus der Veräußerung einer pfändungsfreien Sache unterliegt dem Insolvenzbeschlag (*BGH* ZInsO 2013, 2274 = NZI 2013, 968 = ZVI 2013, 447 Rn. 7) ebenso wie der Schadensersatzanspruch wegen der Zerstörung der Sache (*LG Ansbach* ZInsO 2015, 2041). Dem Insolvenzbeschlag unterfällt das aus den an sich unpfändbaren Bestandteilen des Arbeitseinkommens **angesparte Vermögen** (*BGH* ZInsO 2013, 2274 = NZI 2013, 968 = ZVI 2013, 447 Rn. 7; zu den Grenzen bei Bestehen eines Pfändungsschutzkontos s. Rdn. 36).

5 **Pfändungsschutzbestimmungen** finden sich auch **außerhalb der Zivilprozessordnung**. Dabei ist im Grundsatz davon auszugehen, dass das Vermögen des Schuldners der Zwangsvollstreckung und damit dem Insolvenzbeschlag unterliegt, solange keine gegenteilige Regelung besteht oder getroffen wird. Können Vermögensgegenstände erst auf Antrag des Schuldners durch gerichtliche Entscheidung von der Zwangsvollstreckung ausgenommen werden, unterliegen sie folglich bis zu einer Entscheidung des Gerichts dem Insolvenzbeschlag. Beispielsweise ist Einkommen, das auf Antrag nach § 850i ZPO von der Pfändung ausgenommen werden kann, bis zum Erlass eines entsprechenden Beschlusses voll massezugehörig (vgl. *BGH* ZInsO 2011, 1412). Umgekehrt gelten die Pfändungsfreigrenzen, die unter Berücksichtigung unterhaltsberechtigter Angehöriger berechnet wurden, auch dann bis zu einer Entscheidung des Insolvenzgerichts über die Herabsetzung wegen der Verfügbarkeit eigenen Einkommens des Unterhaltsberechtigten (Abs. 1 Satz 2 i.V.m. § 850c Abs. 4 ZPO), wenn die Voraussetzungen für eine solche Entscheidung bereits zuvor bestanden haben; ein (Bereicherungs-)Anspruch der Masse in Bezug auf die »zu viel« einbehaltenen Beträge besteht nicht (*BGH* ZInsO 2012, 30 Rn. 8 f.).

C. Überblick über die Pfändungsschutzbestimmungen

6 Innerhalb des hier vorgegebenen Rahmens lässt sich nur ein **Überblick über die Pfändungsschutzbestimmungen** geben; wegen näherer Einzelheiten wird auf die Literatur zu den Pfändungsbestimmungen der Zivilprozessordnung verwiesen. Dort wird regelmäßig auch auf die Pfändungsschutzbestimmungen außerhalb der Zivilprozessordnung, etwa im Sozialgesetzbuch sowie im Landesrecht, eingegangen.

7 Der Bundesrat hat am 26.03.2010 die Einbringung eines Gesetzentwurfs zur Neustrukturierung und Modernisierung des Pfändungsschutzes (BT-Drucks. 17/2167) beschlossen. Da die **Reformvorschläge** geeignet sind, die Pfändungsfreigrenzen im Einzelfall herabzusetzen und insoweit an die Höhe der Sozialleistungen zugunsten von Erwerbslosen anzunähern, hat sich die Bundesregierung von dem Entwurf distanziert (BT-Drucks. 17/2167, S. 28; krit. auch *Richter* ZVI 2010, 180). Mit Ablauf der 17. Legislaturperiode ist der Entwurf der Diskontinuität anheimgefallen.

I. Körperliche Gegenstände

8 Bei der **Pfändung körperlicher Sachen** ist § 811 ZPO die zentrale Schutzvorschrift. Nach § 811 ZPO können nicht gepfändet werden und gehören damit auch nicht zur Insolvenzmasse:
– Sachen des Schuldners für seinen **Haushalt** und für seinen **persönlichen Gebrauch** einschließlich seiner Berufstätigkeit im Rahmen einer der Verschuldung angemessenen bescheidenen Lebens- und Haushaltsführung (§ 811 Abs. 1 Nr. 1 ZPO). Unpfändbar sind danach z.B. Bett, Fahrrad, Fernsehgerät, Fotoapparat, Heißwassergerät, Kaffeemühle, Kinderbett, Kinderwagen, Kühlschrank, Nähmaschine, Rundfunkgerät, Staubsauger, Uhr, Waschmaschine, Wäsche (s. i.E. *Wolff/Hintzen* Pfändbare Gegenstände). Wenn einzelne Gegenstände besonders wertvoll sind, kommt eine **Austauschpfändung** nach Maßgabe des § 811a ZPO in Betracht; der Insolvenzverwalter hat dem Schuldner dann bei der Inbesitznahme ein angemessenes Ersatzstück zur Verfügung zu stellen.
– Gartenhäuser, Wohnlauben und ähnliche Wohnzwecken dienende Einrichtungen, die wie bewegliche Sachen gepfändet werden können und derer der Schuldner oder seine Familie zur ständigen **Unterkunft** bedarf (§ 811 Abs. 1 Nr. 1 ZPO).

– »Nahrungs-, Feuerungs- und Beleuchtungsmittel« für den Schuldner, seine Familie und seine Hausangehörigen für einen Zeitraum von 1 Monat oder bei Nichtvorhandensein dieser Mittel der für ihre Beschaffung notwendige Geldbetrag, wenn die Beschaffung nicht anderweitig gesichert ist (§ 811 Abs. 1 Nr. 2 ZPO). In zeitgemäßer Interpretation ist unter den Feuerungs- und Beleuchtungsmitteln **Heizung** und **Strom** zu verstehen.
– Kleintiere und andere Tiere wie Milchkühe, Schweine oder Ziegen in vorgegebener Zahl einschließlich erforderlicher Futtermittel (§ 811 Abs. 1 Nr. 3 ZPO; dazu s. *Dietz* Tiere als Pfandobjekt – Zur Auslegung des § 811 ZPO, DGVZ 2001, 81).
– Bei einem landwirtschaftlichen Arbeitnehmer die Naturalien, die er als Vergütung erhalten hat und derer er zu seinem oder zum Unterhalt seiner Familie bedarf (§ 811 Abs. 1 Nr. 4a ZPO).
– Gegenstände, die **für** eine auf körperlicher, geistiger oder sonstiger persönlicher Leistung beruhende **Erwerbstätigkeit erforderlich** sind (§ 811 Abs. 1 Nr. 5 ZPO). Die auf persönlicher Leistung beruhende Tätigkeit ist von der Arbeitsweise unter Einsatz eines Kapitals abzugrenzen. Bei der auf persönlichen Leistungen beruhenden Erwerbstätigkeit kommt es nicht darauf an, ob sie selbstständig oder abhängig, haupt- oder nebenberuflich ausgeübt wird. Unerheblich ist auch, ob schon Einnahmen erzielt worden sind. Beispielhaft können Tätigkeiten als Architekt, Arzt (*AG Köln* ZInsO 2003, 667 [669]), Auszubildender, Förster, Fotograf, Gärtner, Handwerker (bei persönlicher Mitarbeit), Journalist, Künstler, Notar, Rechtsanwalt, Schriftsteller, Schüler, Student, Steuerberater angeführt werden. Bei Kaufleuten, die ein kleines Ladengeschäft betreiben und überwiegend selbst betreuen, unterliegen die Ladeneinrichtung, das Wechselgeld sowie der zur unmittelbaren Fortführung des Geschäfts erforderliche Warenbestand nicht der Pfändung (*LG Lübeck* DGVZ 2002, 185). Den Schutz genießen auch die überlebenden Ehegatten und minderjährigen Erben der durch Nr. 5 geschützten Personen, wenn sie die Erwerbstätigkeit für ihre Rechnung durch einen Stellvertreter durchführen lassen (§ 811 Abs. 1 Nr. 6 ZPO). Gegenstände, die über Nr. 5 und 6 der Zwangsvollstreckung entzogen sind, können sein: Anrufbeantworter, Arbeitskleidung, Computer, Diktiergerät, Kopiergerät, Kraftfahrzeug (*Henning* ZInsO 2004, 585 [590 f.]), Musikinstrument, Röntgenanlage, Schreibmaschine, Ware, Rohmaterial und Halbfertigprodukte (*Baumbach/Lauterbach/Hartmann/Albers* ZPO, § 811 Rn. 39 ff.).
– Gegenstände, die Beamte, Geistliche, Rechtsanwälte, Notare, Ärzte und Hebammen zur **Ausübung ihres Berufs** benötigen einschließlich angemessener Kleidung (§ 811 Abs. 1 Nr. 7 ZPO). Das *LG Aachen* (ZVI 2006, 309) hat hierunter Labor- und Praxiseinrichtungsgegenstände eines Arztes fallen lassen.
– Kleidungsstücke und Ausrüstungsgegenstände, soweit sie zur Ausübung im öffentlichen Dienst bestimmt und erforderlich sind (§ 811 Abs. 1 Nr. 7 ZPO). In persönlicher Hinsicht werden alle im öffentlichen Dienst tätigen Personen, die eine Dienstkleidung und Ausrüstungsgegenstände haben, geschützt (z.B. Polizei- und Zollbeamte, Justiz- und Gefängniswachtmeister).
– Bei Schuldnern mit wiederkehrenden Einkünften der in den §§ 850 bis 850b ZPO bestimmten Art, also bei sämtlichen Gehalts-, Lohn- oder Rentenempfängern, der Geldbetrag, der dem pfändungsfreien Teil der Einkünfte für die Zeit von der Pfändung bis zum nächsten Zahlungstermin entspricht (§ 811 Abs. 1 Nr. 8 ZPO).
– Bücher, die zum Gebrauch des Schuldners und seiner Familie in der Kirche oder Schule oder einer sonstigen Unterrichtsanstalt (Fachschule, Hochschule, Universität, Konservatorium) oder bei der häuslichen Andacht bestimmt sind (§ 811 Abs. 1 Nr. 10 ZPO), in Gebrauch genommene Haushaltungsbücher, Familienpapiere, Trauringe, Orden und Ehrenzeichen (§ 811 Abs. 1 Nr. 11 ZPO), Bestattungsbedarf (§ 811 Abs. 1 Nr. 13 ZPO). Zur Unzulässigkeit der Pfändung eines unter Eigentumsvorbehalt gelieferten Grabsteines, der wegen der »Vorbehaltsforderung« gepfändet werden soll s. *LG Kassel* DGVZ 2005, 41.
– Künstliche Gliedmaßen, Brillen und andere wegen körperlicher Gebrechen notwendigen Hilfsmittel, die für den Schuldner und seine Familie bestimmt sind (§ 811 Abs. 1 Nr. 12 ZPO).

Die Anwendung der Schutzvorschrift des **§ 811 Abs. 1 Nr. 4** und **Nr. 9 ZPO** betreffend die zum Betrieb eines landwirtschaftlichen Betriebs und einer Apotheke erforderlichen Gegenstände ist dem gegenüber nach Abs. 2 Nr. 2 **ausdrücklich ausgeschlossen**; auch Geschäftsbücher gehören nach Abs. 2 Nr. 1 zur Insolvenzmasse (dazu s. unter Rdn. 67).

10 Weitere auch im Insolvenzverfahren zu beachtende Pfändungsschutzbestimmungen sind § 811a Abs. 3 ZPO (Schutz des dem Schuldner bei der **Austauschpfändung** überlassenen Geldbetrages), § 811c ZPO (Pfändbarkeit von Haustieren), § 851b Abs. 1 Satz 2 ZPO (Unpfändbarkeit von Geldmitteln, die aus **Miet- oder Pachtzinszahlungen** herrühren), §§ 113, 114, 118, 119 des **Urheberrechtsgesetzes**. Eine Erweiterung der Unpfändbarkeit kann sich in tatsächlicher Hinsicht daraus ergeben, dass eine Verwertung nicht in Betracht kommt, weil sie verboten oder gesetzwidrig wäre, wie z.B. bei der Verwertung gesundheitsschädlicher Lebensmittel.

Die Vorschrift des **§ 811 Abs. 2 ZPO**, wonach die Unpfändbarkeitsregeln des Abs. 1 Nr. 1, 4, 5 bis 7 nicht gelten, wenn der Verkäufer wegen einer durch Eigentumsvorbehalt gesicherten Geldforderung aus ihrem Verkauf die Vollstreckung betreibt, kommt im Insolvenzverfahren **nicht zum Tragen**, da hier der Verkäufer aufgrund des Eigentumsvorbehalts grds. ein Aussonderungsrecht an dem Gegenstand geltend machen kann (zu den Einschränkungen nach § 107 Abs. 2 s. *Wegener* § 107 Rdn. 17 ff.).

II. Forderungen und andere Vermögensrechte

11 Die **Pfändbarkeit von Forderungen und anderen Vermögensrechten** und damit deren Insolvenzbefangenheit richtet sich nach den §§ 850 ff. ZPO. Dabei ist zwischen Arbeitseinkommen und vergleichbaren Einkünften des Schuldners (§§ 850 bis 850l ZPO), anderen Forderungen (§§ 851 bis 852 ZPO) sowie anderen Vermögensrechten (§§ 857 bis 863 ZPO) zu unterscheiden.

1. Pfändungsschutz bei Arbeitseinkommen (Abs. 1 Satz 2 i.V.m. §§ 850 ff. ZPO)

12 Arbeitseinkommen ist nur nach Maßgabe der in Abs. 1 Satz 2 genannten Bestimmungen der §§ 850 ff. ZPO pfändbar und unterliegt auch nur insoweit dem Insolvenzbeschlag. Vor der Anfügung des Abs. 1 Satz 2 war unklar, ob und inwieweit diese Vorschriften im Insolvenzverfahren anzuwenden sind (für eine Anwendung: *OLG Frankfurt* NZI 2000, 531; *Grote* Einkommensverwertung, S. 76 ff.; *ders.* ZInsO 2000, 490; *Baumbach/Lauterbach/Albers/Hartmann* ZPO, Einf. §§ 850–852 Rn. 6; dagegen *Schmidt-Räntsch* Insolvenzordnung, Rn. 324). Abs. 1 Satz 2 stellt nun ausdrücklich klar, dass § 850 (Arbeitseinkommen), § 850a (Unpfändbare Bezüge), § 850c (Pfändungsgrenzen für Arbeitseinkommen), § 850e (Berechnung des pfändbaren Arbeitseinkommens), § 850f Abs. 1 (Heraufsetzung der Freigrenze in Härtefällen), § 850g (Änderung der Unpfändbarkeitsvoraussetzungen), § 850h (Verschleiertes Arbeitseinkommen) und § 850i (Sonderfälle, dazu s. Rdn. 21 ff.) anwendbar sind. Damit wird gewährleistet, dass die im Zwangsvollstreckungsverfahren erreichbaren Änderungen der Pfändungsfreigrenzen zugunsten oder zulasten der Gläubiger auch im Insolvenzverfahren erwirkt werden können. Maßgeblich hierfür ist die Erwägung, dass eine Ungleichbehandlung zwischen **Insolvenzschuldnern** und **Vollstreckungsschuldnern** nicht rechtfertigbar ist (BT-Drucks. 14/6468, S. 17).

13 Nach § 850 Abs. 2 ZPO zählen zum **Arbeitseinkommen** Arbeits- und Dienstlöhne, die Dienst- und Versorgungsbezüge der Beamten, Ruhegelder und andere nach dem Ausscheiden aus dem Dienst- oder Arbeitsverhältnis gewährte fortlaufende Einkünfte, Hinterbliebenenbezüge sowie sonstige Dienstleistungen aller Art, welche die Erwerbstätigkeit des Schuldners vollständig oder zu einem wesentlichen Teil in Anspruch nehmen. Private Versicherungsrenten eines vormals selbständig tätigen Schuldners zählen nach *BGH* (NZI 2008, 95 ff.) nicht zum Arbeitseinkommen nach § 850 Abs. 3 Buchst. b ZPO. Zum Arbeitseinkommen i.S.d. § 850 ZPO werden aber die in Geld zu zahlenden Bezüge gerechnet, die ein Arbeitnehmer als Ausgleich für Wettbewerbsbeschränkungen für die Zeit nach Beendigung des Dienstverhältnisses beanspruchen kann sowie Renten, die aufgrund von Versicherungsverträgen gewährt werden, wenn diese Verträge zur Versorgung des Versicherungsnehmers oder seiner unterhaltsberechtigten Angehörigen eingegangen sind. Nicht zum Arbeitseinkommen zählt dagegen eine Einkommensteuererstattung aufgrund beruflicher Werbungskosten (*BGH*

WM 2006, 539). Verletztenrente aus der gesetzlichen Unfallversicherung kann als laufende Geldleistung insgesamt wie Arbeitseinkommen gepfändet werden (*BGH* ZInsO 2016, 2391 = WM 2016, 2317 Rn. 8).

Unpfändbar und damit auch nicht zur Insolvenzmasse zu ziehen sind nach § 850a ZPO: 14
- zur Hälfte die für geleistete **Mehrarbeit** gezahlten Teile des Arbeitseinkommens (Nr. 1); dazu zählen alle Einkünfte infolge überobligatorischer Tätigkeiten, wie sie auch bei Tätigkeiten von nicht mehr erwerbspflichtigen Schuldnern vorliegt, sofern und soweit die Altersbezüge bereits über den Pfändungsfreigrenzen liegen (*BGH* ZInsO 2017 1094),
- den Rahmen des Üblichen nicht übersteigende **Urlaubsgelder**, Zuwendungen aus Anlass eines besonderen Betriebsereignisses und Treuegelder (Nr. 2) – auch dann, wenn das Urlaubsgeld in diesem Rahmen eine erhebliche Höhe erreicht und insbesondere die nach Nr. 4 maßgebliche Obergrenze von 500 € übersteigt (*BGH* ZInsO 2012, 970 Rn. 12 ff.),
- den Rahmen des Üblichen nicht übersteigende **Aufwandsentschädigungen**, Auslösungsgelder und sonstige soziale Zulagen für auswärtige Beschäftigungen, das Entgelt für vom Arbeitnehmer gestelltes Arbeitsmaterial, Gefahren-, Schmutz- und Erschwerniszulagen (Nr. 3); **Aufwandspauschalen** fallen hierunter nur, wenn sie auf die Deckung typischerweise entstehender Kosten gerichtet sind, nicht aber wenn sie dem Ausgleich der Zeitversäumnis oder eines Dienstausfalls dienen (*BGH* ZInsO 2017, 1094),
- **Weihnachtsvergütungen** bis zur Hälfte des monatlichen Arbeitseinkommens, höchstens aber 500 € (Nr. 4),
- Heirats- und Geburtsbeihilfen (Nr. 5),
- **Erziehungsgelder**, Studienbeihilfen und ähnliche Bezüge (Nr. 6),
- **Sterbe- und Gnadenbezüge** aus Arbeits- oder Dienstverhältnissen (Nr. 7),
- sowie **Blindenzulagen** (Nr. 8).

Pfändbar ist Arbeitseinkommen nur, **soweit** es die **Pfändungsfreigrenzen** des § 850c Abs. 1 ZPO 15 **übersteigt**. Diese Freigrenzen werden zum 1. Juli eines jeden ungeraden Jahres an die Änderung des steuerlichen Grundfreibetrags nach § 32a Abs. 1 Nr. 1 EStG angepasst (§ 850c Abs. 2a Satz 1 ZPO). Sie können der jeweils maßgeblichen Bekanntmachung des BMJV zu den §§ 850c und 850f der Zivilprozessordnung (**Pfändungsfreigrenzenbekanntmachung**) entnommen werden. Nach der seit dem 01.07.2017 maßgeblichen Bekanntmachung vom 28.03.2017 (BGBl. I S. 750) ist Arbeitseinkommen i.S.d. § 850 ZPO unpfändbar, wenn es **bei monatlicher Auszahlung 1.073,88 €**, bei wöchentlicher Auszahlung 247,14 € und bei täglicher Auszahlung 49,43 € nicht übersteigt. Bei der Erfüllung der in § 850c Abs. 1 Satz 2 ZPO genannten gesetzlichen **Unterhaltsverpflichtungen** erhöht sich der Pfändungsfreibetrag bei monatlicher Zahlung auf **bis zu 2.378,72 €**, bei wöchentlicher Zahlung auf bis zu 532,73 €, bei täglicher Zahlung auf bis zu 106,55 €. Dabei erhöht sich der Betrag für die erste Person, der Unterhalt gewährt wird, um 404,16 € monatlich, 93,01 € wöchentlich, 18,60 € täglich; bei der zweiten bis fünften Person, der Unterhalt gewährt wird, erhöht sich der Betrag um je 225,17 € monatlich, 51,82 € wöchentlich, 10,36 € täglich. Zu den vor dem 01.07.2017 maßgeblichen Freigrenzen s. die Pfändungsfreigrenzenbekanntmachung vom 14.04.2015 (BGBl. I S. 618); zu den vor dem 01.07.2015 geltenden Grenzen s. die Bekanntmachung vom 26.03.2013 (BGBl. I S. 710); zu den vor dem 01.07.2013 geltenden Grenzen s. die Bekanntmachung vom 09.05.2011 (BGBl. I S. 825); zu den vor dem 01.07.2011 maßgeblichen Freigrenzen s. die Bekanntmachung vom 25.02.2005 (BGBl. I S. 493); vor dem 01.07.2005 waren die in § 850c Abs. 1 ZPO genannten Freigrenzen maßgeblich. Wegen der weiteren Einzelheiten der Berechnung des pfändbaren Teils des Arbeitseinkommens wird auf die einschlägigen Kommentierungen zu § 850c ZPO verwiesen. Nicht möglich ist es für den Schuldner, Arbeitseinkommen **anzusparen** und dem Gläubigerzugriff zeitlich unbegrenzt vorzuenthalten (*BGH* BGHZ 191, 270 Rn. 15; ZInsO 2013, 1095 Rn. 19; ZInsO 2013, 2274 Rn. 7). Das folgt nicht zuletzt daraus, dass selbst stehengelassene Guthaben auf Pfändungsschutzkonten vor einem Zugriff nur für den jeweils folgenden Monat geschützt sind (*BGH* ZInsO 2013, 2274 Rn. 7 f.).

16 Auch § 850c Abs. 4 ZPO gilt im Insolvenzverfahren entsprechend. Hiernach kann das (nach Abs. 4 Satz 1 an die Stelle des Vollstreckungsgerichts tretende) Insolvenzgericht bestimmen, dass eine **unterhaltsberechtigte Person**, die über **eigene Einkünfte** verfügt, bei der Berechnung des unpfändbaren Teils des Arbeitseinkommens ganz oder teilweise **nicht berücksichtigt** wird. Zu berücksichtigen sind nicht nur Einkünfte der unterhaltsberechtigten Person, sondern auch der von anderen unterhaltspflichtigen Personen gewährte Naturalunterhalt (*BGH* InsBüro 2015, 323 Rn. 4 ff.). Im Insolvenzverfahren steht das Antragsrecht naturgemäß allein dem Insolvenzverwalter und nicht etwa einzelnen Gläubigern zu (vgl. Abs. 4 Satz 2; dazu *App* ZKF 2005, 11 f.; *Henning* ZInsO 2004, 585 [591]). Das Gericht hat bei der Bestimmung nach § 850c Abs. 4 ZPO alle wesentlichen Umstände des Einzelfalles einzubeziehen. Auch wenn sich das Gericht bei der Abwägung der wirtschaftlichen Lage des Gläubigers und des Schuldners sowie der unterhaltsberechtigten Personen an feste Größen wie den Pfändungsfreigrenzen und Unterhaltstabellen orientieren kann, darf es sich nicht einseitig an abstrakten Bezugsgrößen und Berechnungsmodellen orientieren (*BGH* ZInsO 2012, 15 [16]; ZInsO 2005, 491 [493]; s.a. die Anm. von *Grote* ZInsO 2005, 493 f.). Da die Schonbeträge des § 850c ZPO auch die Kosten für die Unterkunft berücksichtigen, ist für den Fall, dass die Masse die Miete trägt, der unpfändbare Betrag zu kürzen (*Behr* JurBüro 1997, 291 [293]; s.a. *VGH München* BayVerwBl. 2000, 114, wonach der Pfändungsfreibetrag ohne Abzug zu gewähren ist, wenn wegen der dem Einkommensbezieher für eine Obdachlosenunterkunft in Rechnung gestellten Gebühren vollstreckt wird). Bis zur Entscheidung des Insolvenzgerichts bleibt die Pfändungsfreigrenze maßgeblich, welche sich unter Berücksichtigung der umstrittenen Unterhaltspflicht ergibt; auch nach einer die Freigrenze herabsetzenden Entscheidung können in der Vergangenheit vom Insolvenzschuldner »zu viel« einbehaltene Beträge nicht rückwirkend herausverlangt werden (*BGH* NZI 2011, 979). Umgekehrt gilt aber auch, dass der Schuldner im Falle des Bestehens einer **sozialrechtlichen Bedarfsgemeinschaft** nach § 7 Abs. 3 SGB II, bei welcher den in der Wohnung des Schuldners aufgenommenen Personen wegen der Einkünfte des Schuldners Leistungen zur Sicherung des Lebensunterhalts versagt werden, die sozialrechtlich unterstellte Unterhaltspflicht geltend machen kann (*LG Braunschweig* ZInsO 2017, 1034). Das folgt zwar nicht aus § 850c Abs. 1, 850d ZPO, da dort eine gesetzliche Unterhaltspflicht vorausgesetzt wird und da der Insolvenzbeschlag des pfändbaren Anteils des schuldnerischen Einkommens bei verständiger Anwendung der einschlägigen sozialrechtlichen Bestimmungen mit dem Ergebnis zu berücksichtigen wäre, dass das Bestehen der Bedarfsgemeinschaft die Zuerkennung von Leistungen zur Sicherung des Lebensunterhalts nicht ausschließt. Die sozialrechtliche Benachteiligung der Bedarfsgemeinschaft kann der Schuldner aber im Rahmen des § 850f Abs. 1 Nr. 2 ZPO geltend machen, weil es sich um Bedürfnisse des Schuldners aus persönlichen Gründen handelt, denen in aller Regel keine überwiegenden Gläubigerbelange entgegenstehen.

17 Die Vorgaben des § 850e ZPO zur **Berechnung des pfändbaren Arbeitseinkommens**, insbesondere zur **Zusammenrechnung** von mehreren Arbeitseinkommen oder von Arbeitseinkommen und laufenden Sozialleistungen sind, weil ebenfalls von der Verweisung in Abs. 1 Satz 2 erfasst, im Insolvenzverfahren maßgeblich. Auch hier gilt, dass das Insolvenzgericht nach Abs. 4 Satz 1 auf Antrag des Insolvenzverwalters/Treuhänders nach § 850e Nr. 2, 2a und 4 ZPO über die Zusammenrechnung entscheidet.

18 Soweit das dem Schuldner belassene Arbeitseinkommen **nicht ausreichend** ist, um den **notwendigen Lebensunterhalt** des Schuldners und seiner Angehörigen i.S.d. 3. und 11. Kapitels des SGB XII oder nach Kapitel 3 Abschn. 2 des SGB II **zu decken**, kann das Insolvenzgericht ihm nach **§ 850f Abs. 1 ZPO** i.V.m. Abs. 1 Satz 2 auf Antrag einen größeren Teil seines Arbeitseinkommens überlassen, wenn überwiegende **Belange der Gläubiger** nicht entgegenstehen. Dabei hat das Insolvenzgericht zu berücksichtigen, ob dem Schuldner und seiner Familie nach § 100 InsO aus der Masse Unterhalt gewährt wird. Nur dann, wenn auch der aus der Masse gewährte Unterhalt den notwendigen Lebensunterhalt nicht deckt, kommt eine Anhebung der Pfändungsfreigrenze nach § 850f Abs. 1 ZPO in Betracht. Der Schuldner kann einen Antrag auf Anhebung der Pfändungsfreigrenze auch bei besonderen Bedürfnissen aus **persönlichen** (z.B. Krankenversicherungsschutz: *AG Göttingen* ZInsO 2003, 625 f.) oder **beruflichen Gründen** (s. *OLG Stuttgart* NZI 2002, 52 [53] zu Fahrtkosten) oder bei einem besonderen Umfang seiner gesetzlichen Unterhaltspflichten, insbesondere wegen der Zahl der unterhaltsberechtigten Personen, stellen (§ 850f Abs. 1 ZPO). Eine Heraufsetzung des Pfändungsfreibetrages ist erst für die Zeit ab der Antragstellung, nicht nachträglich möglich (*AG Göttingen* NZI 2003, 333 [334]).

Änderungen bei den Voraussetzungen für die Bemessung des unpfändbaren Teils des Arbeitseinkommens können nach Maßgabe des § 850g ZPO, berücksichtigt werden und auf Antrag des Schuldners oder des Insolvenzverwalters/Treuhänders zu einer Anpassung der Freibeträge führen. Auch **verschleiertes Arbeitseinkommen** des Schuldners kann im Insolvenzverfahren über § 850h ZPO zur Masse gezogen werden (dazu *Baumbach/Lauterbach/Hartmann/Albers* § 850f ZPO; zur missbräuchlichen Wahl der Lohnsteuerklasse *LG Braunschweig* JurBüro 2002, 324 [325]). Freilich gilt dies nur für das verschleierte Einkommen, das auf die Zeit nach Eröffnung des Insolvenzverfahrens entfällt (*BAG* BB 2008, 1628). 19

Obgleich § 850b ZPO nicht in die Kette der von Abs. 1 Satz 2 für entsprechend anwendbar erklärten Bestimmungen aufgenommen wurde, ist diese Vorschrift im Insolvenzverfahren anzuwenden (*BGH* ZInsO 2010, 188). Die vom Gesetzgeber intendierte Gleichbehandlung von Vollstreckungs- und Insolvenzschuldner (s. Rdn. 12) würde sonst verfehlt (*Graf-Schlicker/Kexel* InsO, § 36 Rn. 4). Insbesondere geben auch die Gesetzesmaterialien keinen Hinweis darauf, dass § 850b ZPO aus der Reihe der im Insolvenzverfahren entsprechend anzuwendenden Bestimmungen ausgeschieden werden sollte; der insoweit maßgebliche Bericht des Rechtsausschusses (BT-Drucks. 14/6468, S. 17) verhält sich allein zu §§ 850d und 850f Abs. 1 ZPO und stellt insoweit darauf ab, dass diese Vorschriften eine mit dem insolvenzrechtlichen Grundsatz der gleichmäßigen Gläubigerbefriedigung nicht zu vereinbarende Privilegierung einzelner Gläubiger vorsehen. Eine solche **Gläubigerungleichbehandlung** sieht § 850b ZPO aber gerade nicht vor. Vielmehr regelt er – nicht anders als auch die anderen in Abs. 1 Satz 2 genannten Vorschriften – allein das Verhältnis der Gläubiger zum Schuldner, indem er die Pfändbarkeit bestimmter Bezüge von einer Billigkeitsentscheidung des Vollstreckungsgerichts abhängig macht (**bedingt pfändbare Bezüge**). Die nach § 850b Abs. 2 ZPO zu treffende Billigkeitsentscheidung ist im insolvenzrechtlichen Anwendungskontext vom Insolvenzgericht vorzunehmen. 20

2. Pfändungsschutz bei Einkünften aus selbstständiger Tätigkeit und bei anderen Einkommensarten (Abs. 1 Satz 2 i.V.m. § 850i ZPO)

Für die Einkünfte von Selbstständigen besteht nach der Änderung von § 850i ZPO zum 01.07.2010 durch Art. 1 Nr. 6 KtoPfSchRefG nunmehr umfassender Pfändungsschutz: Beziehen Selbstständige für ihre Dienstleistungen, die ihre Tätigkeit vollständig oder zu einem wesentlichen Teil in Anspruch nehmen, wiederkehrende Vergütungen, so genießen diese nach § 850 Abs. 2 ZPO denselben Pfändungsschutz **wie das Arbeitseinkommen abhängig Beschäftigter** (dazu s. *Baumbach/Lauterbach/Albers/Hartmann* ZPO, § 850 Rn. 11 f.). 21

Beziehen selbstständig Tätige **nicht wiederkehrende Einkünfte**, kann ihnen das Insolvenzgericht **auf Antrag** Beträge zur Bestreitung des Lebensunterhalts belassen (§ 850i Abs. 1 ZPO). Zu den nicht wiederkehrend zahlbaren Vergütungen für persönlich geleistete Arbeiten oder Dienste gehören die Honorare von Ärzten, Zahnärzten, Rechtsanwälten, Hebammen, Künstlern, Schriftstellern, Handlungsagenten, Insolvenzverwaltern und Handwerkern. Unter die Vorschrift fallen aber auch Abfindungen nach §§ 112, 113 BetrVG oder nach §§ 9, 10 KSchG (*BAG* BB 1992, 359; *OLG Stuttgart* MDR 1984, 947). Unter die – neu eingefügte – Tatbestandsvoraussetzung »sonstige Einkünfte, die kein Arbeitseinkommen sind« zählen auch die Einnahmen Selbstständiger, die durch den Einsatz von Personal oder durch sonstige kapitalistische Arbeitsweise erzielt worden sind (BT-Drucks. 16/7615, S. 12; dazu *Schumacher* ZVI 2007, 455 [461 f.]). 22

Aber auch Einkünfte aus **Vermietung und Verpachtung** (s. *Goebel* Rn. 214 ff.) sowie sonstige bürgerlich-rechtliche Forderungen werden erfasst, soweit sie der Sicherung des Lebensunterhalts des Schuldners dienen. Wegen des weiten Anwendungsbereichs von Absatz 1 ist im Übrigen auch der 23 frühere Absatz 2 von § 850i ZPO zu den Vergütungen für die Gewährung von Wohngelegenheiten und sonstigen Sachbenutzungen ersatzlos entfallen.

24 Das Insolvenzgericht hat dem Schuldner, auf seinen Antrag hin, von diesen Einkünften für einen angemessenen Zeitraum so viel zu belassen, als ihm nach dessen freier Schätzung verbleiben würde, wenn sein Arbeitseinkommen aus laufendem Arbeits- und Dienstlohn bestünde. Anders als nach der früheren Fassung von § 850i Abs. 1 ZPO, wonach dem Schuldner nur der notwendige Unterhalt zu belassen war (s.a. *BGH* ZInsO 2003, 413 [416]), ist damit jetzt **§ 850c ZPO als Maßstab** heranzuziehen. Im Übrigen soll nach dem Willen des Gesetzgebers auf die frühere Rechtsprechung zur Norm auch nach deren Änderung zurückgegriffen werden (BT-Drucks. 16/7615, S. 14 f.). Das bedeutet: **Abzüge für beruflich veranlasste Ausgaben** sind dabei nicht zu vorzunehmen (*BGH* ZInsO 2003, 413 [416]). Bei der Bemessung des nach § 850i Abs. 1 ZPO dem Schuldner zu belassenden notwendigen Unterhalts sind Werbungskosten analog § 850a Nr. 3 ZPO zu berücksichtigen (*BGH* ZInsO 2003, 413 [416] unter Verweis auf *Zöller/Stöber* ZPO, § 850i Rn. 2). Hat der Insolvenzverwalter im Hinblick auf eine vom Insolvenzschuldner ausgeübte oder beabsichtigte selbstständige Tätigkeit eine **Negativerklärung nach § 35 Abs. 2 InsO** abgegeben (dazu s. § 35 Rdn. 29 ff.) und werden daher die durch diese Tätigkeit erzielten Einkünfte nicht vom Insolvenzbeschlag erfasst, ist auch kein Raum für die Anwendung von § 850i ZPO i.V.m. § 36 Abs. 1 Satz 2 InsO. Erhält der Vollstreckungsschuldner im Rahmen der freigegebenen selbstständigen Tätigkeit wiederkehrend zahlbare Einkünfte, ist ebenfalls kein Raum für die Anwendung von § 850c i.V.m. § 850 Abs. 2 ZPO i.V.m. § 36 Abs. 1 Satz 2 InsO.

25 Bei seiner Entscheidung über den Pfändungsschutz hat das Insolvenzgericht, das nach Abs. 4 auch für diese Entscheidungen zuständig ist, die **wirtschaftlichen Verhältnisse des Schuldners**, insbesondere seine sonstigen Verdienstmöglichkeiten **frei zu würdigen**. Je nach den zu erwartenden weiteren Einkünften können sechs Wochen ein angemessener Zeitraum sein, aber auch einen Zeitraum von 6 Monaten wird man als angemessen ansehen müssen, wenn der Schuldner erst in ferner Zukunft mit weiteren Einnahmen rechnen kann (*Baumbach/Lauterbach/Albers/Hartmann* § 850i ZPO Rn. 3). Der Antrag des Schuldners ist abzulehnen, wenn überwiegende Belange des Gläubigers entgegenstehen (§ 850i Abs. 1 Satz 3 ZPO).

26 Weitere **Sonderfälle** gelten über Abs. 1 Satz 2 i.V.m. § 850i Abs. 2 und 3 ZPO auch im Insolvenzverfahren. So ist das Entgelt, das den in Heimarbeit Beschäftigten oder den ihnen Gleichgestellten gewährt wird, entsprechend den Vorschriften über den Pfändungsschutz für Vergütungen, die aufgrund eines Arbeits- oder Dienstverhältnisses geschuldet werden, zu behandeln (§ 27 HeimarbG i.V.m. § 850i Abs. 2 ZPO). Je nachdem, ob der Schuldner wiederkehrende Einkünfte aus dem Heimarbeitsverhältnis erzielt oder nicht, sind §§ 850c ff. oder § 850i Abs. 1 ZPO entsprechend anzuwenden.

27 Nach § 850i Abs. 3 ZPO i.V.m. Abs. 1 Satz 2 bleiben die Bestimmungen der Versicherungs-, Versorgungs- und sonstigen gesetzlichen Vorschriften über die Pfändung von Ansprüchen bestimmter Art auch im Insolvenzverfahren unberührt. Daher sind auch im Insolvenzverfahren insbesondere die **Pfändungsschutzbestimmungen für Sozialleistungen** zu beachten. Der Pfändungsschutz für Sozialleistungen ist allgemein in **§ 54 SGB I** für das Sozialrecht geregelt (dazu s. *Zöller/Stöber* § 850i ZPO Rn. 6 ff.). § 54 Abs. 1 SGB I bestimmt, dass Ansprüche auf Dienstleistungen wie Krankenpflege und Haushaltshilfe und auf Sachleistungen (Medikamente, Krankenhausaufenthalt) nicht gepfändet werden können. Bei Ansprüchen auf einmalige Geldleistungen (Sterbegeld, Rentenabfindung, Kapitalabfindung, Beitragserstattung) richtet sich die Pfändbarkeit nach § 54 Abs. 2 SGB I danach, inwieweit es nach den Umständen des Falles (Einkommens- und Vermögensverhältnisse des Leistungsberechtigten, der Art des beizutreibenden Anspruchs sowie der Höhe und der Zweckbestimmung der Geldleistung) der Billigkeit entspricht (dazu s. *Zöller/Stöber* § 850i ZPO Rn. 19). Nach § 54 Abs. 3 SGB I sind unpfändbare Ansprüche auf **Erziehungsgeld** und vergleichbare Leistungen der Länder sowie Elterngeld bis zur Höhe der nach § 10 BEEG anrechnungsfreie Beträge (Nr. 1), **Mutterschaftsgeld** nach § 13 Abs. 1 des Mutterschutzgesetzes, soweit es nicht aus einer Teilzeitbeschäftigung während der Elternzeit herrührt, bis zur Höhe des Erziehungsgeldes nach § 5 Abs. 1 BEEG

oder des Elterngeldes nach § 2 BEEG und, soweit es die anrechnungsfreien Beträge nach § 10 BEEG nicht übersteigt (Nr. 2), Wohngeld, soweit nicht die Pfändung wegen Ansprüchen erfolgt, die Gegenstand der §§ 3, 9 und 10 WoGG sind (Nr. 2a, zur früheren Rechtslage für unbedingte Pfändbarkeit: *LG Braunschweig* JurBüro 2002, 322 [323]; *LG Koblenz* FamRZ 2001, 841; *LG Leipzig* Rpfleger 2000, 341; *LG Dortmund* InVo 2000, 58; *LG Hamburg* JurBüro 1999, 663; *Baumbach/Lauterbach/Albers/Hartmann* ZPO, vor § 704 Rn. 115; **a.A.** *Stöber* Forderungspfändung, Rn. 1157), sowie Geldleistungen, die dafür bestimmt sind, den durch einen Körper- oder Gesundheitsschaden bedingten Mehraufwand auszugleichen (Nr. 3). Im Übrigen können nach § 54 Abs. 4 SGB I Ansprüche auf laufende Geldleistungen wie Arbeitslosenhilfe, Arbeitslosengeld, Krankengeld, Verletzten- und Hinterbliebenenrente, Rente wegen Berufsunfähigkeit, verminderter Erwerbsfähigkeit oder Alters (*LG Aschaffenburg* ZInsO 2000, 628) wie Arbeitseinkommen gepfändet werden (zur Bestimmung des Drittschuldners bei Rentenanrechten *Schmidt* JurBüro 2003, 622; zur Pfändbarkeit zukünftiger Ansprüche s. *BGH* NJW 2003, 3774, Voraussetzung, dass Ansprüche in einem bereits bestehenden Sozialversicherungsverhältnis wurzeln). Ansprüche auf **Kindergeld** wie auf **andere Geldleistungen für Kinder** (§ 48 Abs. 1 Satz 2 SGB I) können nach § 54 Abs. 5 SGB I nur wegen gesetzlicher Unterhaltsansprüche eines Kindes gepfändet werden. Für das »steuerrechtliche« Kindergeld regelt § 76 EStG den Pfändungsschutz. Der Anspruch auf Leistung von **Sozialhilfe** ist nach § 17 Abs. 1 SGB XII unpfändbar. **Insolvenzgeld** kann mit seiner Beantragung gepfändet werden (§ 189 SGB III); nach § 188 Abs. 2 SGB III erfasst eine Pfändung des Arbeitseinkommens auch den Anspruch auf Insolvenzgeld.

Bei der Pfändbarkeit von Sozialleistungsansprüchen ist zu beachten, dass eine Zusammenrechnung der Sozialleistungen mit Arbeitseinkommen des Schuldners nach § 850e ZPO in Betracht kommen kann (s. auch *LG Braunschweig* JurBüro 2002, 322). Wegen des Pfändungsschutzes für das Arbeitsentgelt und das Eigengeld von Strafgefangenen s. FK-InsO/*Kohte/Busch* 8. Aufl., § 312 Rn. 63 ff.

Steuervergünstigungen wie die Eigenheimzulage können nach § 46 AO gepfändet werden.

3. Pfändungsschutz für die Altersversorgung, insbesondere von Selbstständigen (Abs. 1 Satz 2 InsO i.V.m. §§ 851c und 851d ZPO)

Nach Abs. 1 Satz 2 i.V.m. §§ 851c, 851d ZPO besteht ein besonderer Pfändungsschutz für Altersrenten. Dieser ist erforderlich, weil sich der Pfändungsschutz für die Altersvorsorge von Arbeitnehmern nach **§ 54 Abs. 4 SGB I** (für Leistungen aus der **gesetzlichen Rentenversicherung**) und nach § 850 Abs. 2, Abs. 3 Nr. 2 ZPO (für andere Leistungen) nicht auf die **Altersrenten Selbstständiger** erstreckt. Selbstständige, die für ihr Alter durch den Abschluss von privaten Versicherungsverträgen vorgesorgt hatten, konnten ihre Altersvorsorgevermögen deshalb lange Zeit nicht dem Vollstreckungszugriff ihrer Gläubiger entziehen (dazu ausf. BT-Drucks. 16/886, S. 7 ff.; *Hasse* VersR 2005, 15). Diese Schutzlücke wurde durch die Einfügung der §§ 851c, 851d ZPO durch das Gesetz zum Pfändungsschutz der Altersvorsorge vom 26.03.2007 (BGBl. I S. 368) zum 31.03.2007 geschlossen. Auf zu diesem Zeitpunkt bereits eröffnete Insolvenzverfahren findet der Pfändungsschutz der §§ 851c, 851d ZPO keine Anwendung (s.a. *BGH* NZI 2008, 93 ff.). Bei **Lebensversicherungen mit Kapitalwahlrecht** handelt es sich weder um Altersrenten i.S.d. § 851c ZPO noch um Altersvorsorgevermögen i.S.d. § 851d ZPO, so dass sie der Pfändung grds. uneingeschränkt unterworfen sind (*BGH* ZInsO 2012, 76 = NZI 2012, 76 Rn. 11). Soweit der Schuldner allerdings Einschränkungen bei der Inanspruchnahme des Deckungskapitals unterliegt, gelten diese auch für das Insolvenzverfahren. Ist etwa ein Arbeitnehmer nach Unverfallbarkeit seiner Anwartschaft Versicherungsnehmer einer **Direktversicherung der betrieblichen Altersversorgung** geworden, kann in dem Insolvenzverfahren über sein Vermögen der allein aus den Beiträgen seines Arbeitgebers gebildete Rückkaufswert nach Kündigung der Versicherung nicht zur Masse gezogen werden (*BGH* ZInsO 2014, 86 = ZIP 2014, 86 Rn. 2).

28

§ 851c ZPO entfaltet eine **doppelte Schutzrichtung**. Er schützt Anrechte sowohl in der **Leistungsphase** (Abs. 1) als auch in der **Anwartschaftsphase** (Abs. 2). Um sicherzustellen, dass pfändungsgeschützte Versicherungsverträge auch tatsächlich der Sicherung des Lebensunterhalts bei Leistungs-

29

§ 36 InsO Unpfändbare Gegenstände

bezug dienen, müssen diese bestimmte, in § 851c Abs. 1 ZPO näher geregelte Anforderungen erfüllen. **Pfändungsschutz genießt ein Versicherungsvertrag** danach nur dann, wenn:
- die Leistung in regelmäßigen Abständen,
- lebenslang,
- nicht vor Vollendung des 60. Lebensjahres oder nur bei Eintritt der Berufsunfähigkeit gewährt wird,
- über die Ansprüche aus dem Vertrag nicht verfügt werden kann,
- die Bestimmung von Dritten als Berechtigten mit Ausnahme von Hinterbliebenen (dazu im Hinblick auf Lebenspartner *Holzer* ZVI 2007, 113) ausgeschlossen ist,
- die Zahlung einer Kapitalleistung, ausgenommen eine Zahlung für den Todesfall, nicht vereinbart wurde.

Da viele bereits bestehende, überwiegend als Kapitalversicherungen abgeschlossene Versicherungsverträge diesen Anforderungen nicht genügen, hat der Gesetzgeber in § 167 VVG ein **Umwandlungsrecht für bereits bestehende Verträge** geschaffen. Die Umwandlung ist nach § 167 VVG erst zum Schluss einer laufenden Versicherungsperiode möglich. Sie ist allerdings ausgeschlossen, wenn bereits Rechte Dritter bestehen. Die Ansprüche aus dem Vertrag dürfen insbesondere noch nicht gepfändet sein oder einem Insolvenzbeschlag unterliegen. Der Pfändungsschutz besteht schon mit der Stellung des Umwandlungsantrages (*Hasse* VersR 2007, 870 [889]).

30 § 851c Abs. 1 ZPO setzt eine selbstständige Tätigkeit des Schuldners nicht voraus. **Auch die** von **abhängig beschäftigten Schuldnern** abgeschlossenen Versicherungsverträge kommen in den Genuss des Pfändungsschutzes nach § 851 ZPO. Werden aber zugleich Leistungen aus der gesetzlichen Rentenversicherung bezogen, so hat auf Antrag des Insolvenzverwalters eine **Zusammenrechnung** der einzelnen Rentenleistungen nach § 850e ZPO i.V.m. § 850c Abs. 3 ZPO zu erfolgen. **Beiträge** zu den nach § 851c ZPO geschützten Versicherungen hat der Schuldner aus den ihm pfandfrei belassenen Einkünften aufzubringen (*LG Bonn* ZVI 2009, 214; a.A. *LAG Rheinland-Pfalz* VuR 2007, 395, für die »Riesterrente«, s. Rdn. 32). Eine Erhöhung der Pfändungsfreigrenzen um die zu leistenden Versicherungsbeiträge ist mangels gesetzlicher Regelung nicht möglich.

31 Nach § 851c Abs. 2 ZPO wird auch das vom Schuldner angesparte **Vorsorgekapital**, aus dem im Leistungsfall die vereinbarten Renten gewährt werden, geschützt. Der Gesetzgeber stellt in Abhängigkeit vom Lebensalter des Schuldners jährlich bestimmte auf den Vertrag eingezahlte Beträge pfandfrei. Der jährlich zur Ansparung freigestellte Betrag ist **altersabhängig**: Vom 18. bis zum vollendeten 29. Lebensjahr kann der Schuldner 2.000 €, vom 30. bis zum vollendeten 39. Lebensjahr 4.000 €, vom 40. bis zum vollendeten 47. Lebensjahr 4.500 €, vom 48. bis zum vollendeten 53. Lebensjahr 6.000 €, vom 54. bis zum vollendeten 59. Lebensjahr 8.000 € und vom 60. bis zum vollendeten 67. Lebensjahr 9.000 € jährlich ansammeln (Abs. 2 Satz 3). Wie sich aus der Begründung zum Regierungsentwurf ergibt, kann der Schuldner die Beträge auch durch Einmalzahlungen aufbringen (BT-Drucks. 16/886, S. 10). Insgesamt kann nach Abs. 2 Satz 1 eine Gesamtsumme von 256.000 € angespart werden. Die in Absatz 2 festgelegten Beträge sind so bemessen, dass sie nach derzeitigem Stand im Leistungsfall eine regelmäßige Leistung in Höhe der Pfändungsfreigrenzen ergeben. Dabei hat der Gesetzgeber die Entwicklung auf dem Kapitalmarkt, das Sterblichkeitsrisiko und die Höhe der Pfändungsfreigrenzen zugrunde gelegt. Übersteigt der Rückkaufwert des Vertrages den unpfändbaren Betrag, so sind drei Zehntel des überschießenden Betrages, der nach oben auf den Betrag von 768.000 € begrenzt ist (Abs. 2 Satz 4), pfändungsfrei (Abs. 2 Satz 5).

32 Ferner gewährleistet **§ 851d ZPO** den Pfändungsschutz nach Maßgabe der §§ 850 ff. ZPO für **steuerlich gefördertes Altersvorsorgevermögen** – Zahlungen im Rahmen eines Auszahlungsplanes nach § 1 Abs. 1 Satz 1 Nr. 1 des Altersvorsorgeverträge-Zertifizierungsgesetzes – in der Leistungsphase. Hierunter fallen die durch § 10 Abs. 1 Nr. 2 Buchst. b EStG erfasste kapitalgedeckte Altersvorsorge – »Rüruprente« – sowie die in § 10a EStG zugrunde gelegte »Riesterrente« (BT-Drucks. 16/886, S. 10). Letztere ist in der Anwartschaftsphase durch **§ 97 EStG** von Pfändungen ausgenommen (zu weitgehend: *LAG Rheinland-Pfalz* VuR 2007, 395: Arbeitnehmerbeiträge sind in maximaler Höhe des steuerlich begünstigten Betrages unpfändbar; dies soll nicht erst bei Zahlung an das zerti-

fizierte Versicherungsunternehmen, sondern auch schon im »Vorfeld« gelten). Dies gilt auch dann, wenn von den staatlichen Fördermöglichkeiten kein Gebrauch gemacht wurde, obgleich die Voraussetzungen dafür vorgelegen hätten (*LG Aachen* 08.04.2014 – 3 S 76/13). Die »Rüruprente« (dazu s. auch FK-InsO/*Kohte/Busch* 8. Aufl., § 312 Rn. 77) ist in der Anwartschaftsphase mittelbar dadurch geschützt, dass das Recht des Versicherungsnehmers zur vorzeitigen Kündigung nach **§ 165 Abs. 3 Satz 1 VVG** im Rahmen der Grenzen des § 12 Abs. 2 Nr. 3 SGB II ausgeschlossen ist, so dass es auch **nicht gepfändet** werden kann. Damit kann der Gläubiger nicht auf den Rückkaufswert zugreifen.

4. Kontopfändungsschutz (Abs. 1 Satz 2 i.V.m. §§ 850k und 850l ZPO)

Kontopfändungsschutz ist seit dem 01.01.2012 ausschließlich für ein **Pfändungsschutzkonto** (»P-Konto«) zu erlangen. Der Schuldner muss also über ein Pfändungsschutzkonto verfügen, um in den Genuss des Kontenpfändungsschutzes zu gelangen. Besteht ein solches Pfändungsschutzkonto, so unterliegen die in § 850k Abs. 1 und Abs. 2 ZPO näher bezeichneten Guthaben ohne Weiteres einem Pfändungsschutz; einer gerichtlichen Entscheidung bedarf es insoweit – anders als unter altem Recht – nicht. 33

Der Inhaber eines P-Kontos erhält für jeden Kalendermonat **unabhängig von der Art der gutgeschriebenen Eingänge** Pfändungsschutz für Kontoguthaben. Dieser Pfändungsschutz wird für den Basisbetrag von 1.028,89 € (= Basisbetrag in § 850c Abs. 1 ZPO) automatisch gewährt; weitergehenden Pfändungsschutz kann der Kontoinhaber auf der Grundlage einer Bescheinigung bestimmter Stellen in den Fällen des § 850k Abs. 2 ZPO (i.V.m. Abs. 5 Satz 2 ZPO) oder der Entscheidung des Vollstreckungsgerichts, im Insolvenzverfahren des Insolvenzgerichts nach Abs. 4 Satz 1 erhalten. Der Schuldner kann im Rahmen der pfändungsgeschützten Beträge über Kontoguthaben verfügen. Nicht pfändungsgeschütztes Guthaben steht dem pfändenden Gläubiger bzw. im Insolvenzverfahren der Insolvenzmasse zu. 34

Im Folgenden wird nur ein Überblick über die Regelungen zum P-Konto gegeben, wegen der weiteren Einzelheiten zum P-Konto sowie zum bislang geltenden Kontopfändungsschutz nach § 850k (jetzt § 850l) ZPO, § 55 SGB I und § 76a EStG wird auf die einschlägige Literatur (z.B. *Stöber* Forderungspfändung; *Schumacher* ZVI 2009, 313 m.w.N.) verwiesen.

Der Basispfändungsschutz in Höhe von 1.028,89 € nach § 850k Abs. 1 Satz 1 ZPO steht dem Inhaber eines P-Kontos zunächst für den Monat, in dem die Kontopfändung erfolgt ist, zu. Anders als im geltenden Recht steht dieser Betrag dem Inhaber auch dann in voller Höhe zu, wenn die Pfändung erst gegen Ende des Monats wirksam wird; auf eine zeitanteilige Berechnung hat der Gesetzgeber aus Vereinfachungsgründen verzichtet. Auch etwaige Verfügungen über das Kontoguthaben, die der Schuldner bereits vor Zustellung des Pfändungs- und Überweisungsbeschlusses an den Drittschuldner getätigt hat, werden nicht auf den Sockelfreibetrag angerechnet (*Schumacher* ZVI 2009, 313 [319]). Das Kreditinstitut hat nur den Basispfändungsschutz »automatisch« zu beachten. Eine Anwendung der Tabelle zu § 850c ZPO ist nicht vorgesehen. Die **Tabellenbeträge** können nur auf der Grundlage einer **Entscheidung des Vollstreckungsgerichts** nach § 850k Abs. 4 ZPO beim P-Konto berücksichtigt werden; auch die Bescheinigung einer der in § 850k Abs. 5 Satz 2 ZPO erwähnten Personen oder Einrichtungen ist insoweit vom Kreditinstitut nicht zu beachten. 35

Erstreckt sich die Pfändung auch auf künftiges Kontoguthaben, wird für jeden der Pfändung **folgenden Kalendermonat** wieder der Basispfändungsschutz von Gesetzes wegen gewährt. Ist in einem Kalendermonat der Freibetrag durch Verfügungen des Schuldners **nicht ausgeschöpft** worden, so kann er den nicht in Anspruch genommenen Betrag in den Folgemonat übertragen, so dass sich der pfändungsfreie Basisbetrag erhöht (§ 850k Abs. 1 Satz 2 ZPO). Auf diese Weise angesparte Beträge können in den darauf folgenden Monat nicht übertragen werden. Verfügungen über das P-Konto werden aber zunächst gegen aus dem Vormonat übertragene Überträge verrechnet, wohingegen der für den Monat zustehende Freibetrag in Höhe des nicht in Anspruch genommenen Betrags wieder übertragen werden kann, so dass es dem Schuldner durch sukzessives Sparen immerhin möglich wird, den 36 für ihn in einem Monat verfügbaren Betrag bis auf das Doppelte des Freibetrags zu erhöhen. Nach dem insoweit eindeutigen Gesetzeswortlaut ist eine bloße Übertragung des nicht ausgeschöpften Freibetrages ohne entsprechendes Guthaben nicht möglich. **Angesparte Beträge**, die nicht durch § 850k Abs. 1 Satz 2 ZPO privilegiert sind, unterfallen dem Insolvenzbeschlag (*BGH* ZInsO 2013, 2274 = NZI 2013, 968 = ZVI 2013, 447 Rn. 7 f.; BGHZ 191, 270 Rn. 15).

37 Erhält der Schuldner **am Monatsende Einkünfte für den nächsten Kalendermonat** und hat er den Freibetrag für den laufenden Kalendermonat schon vollständig ausgeschöpft, so stehen diese Einkünfte der Masse zu. Der Schuldner kann aber durch einen **Antrag beim Vollstreckungsgericht** nach § 835 Abs. 2 Satz 3 ZPO ein sog. erweitertes **Auszahlungsmoratorium** erwirken. Mit der Anordnung des Gerichts, dass die Zahlung erst vier Wochen nach Gutschrift dem Gläubigerzugriff unterliegt, stehen diese Einkünfte dann zur Deckung des Freibetrags und damit für den Lebensunterhalt für den nächsten Monat dem Schuldner zur Verfügung (*Schumacher* ZVI 2009, 313 [316]). Das vom Gericht angeordnete erweiterte Auszahlungsmoratorium bezieht sich nicht nur auf den nächsten, sondern auf alle **folgenden Zahlungseingänge**. Betroffenen Schuldnern ist daher anzuraten, möglichst frühzeitig den Antrag nach § 835 Abs. 3 Satz 2 2. HS ZPO zu stellen.

38 Wie bereits erwähnt, kommt es – anders als bei § 850l ZPO, § 55 SGB I und § 76a EStG – für den Kontopfändungsschutz auf dem P-Konto nicht darauf an, welche Einkünfte auf dem P-Konto eingehen. Dies entspricht damit dem auch bei der Änderung von § 850i ZPO verfolgten Ansatz, **grds. alle Einkünfte** in dem durch § 850c ZPO vorgegebenen Rahmen zu schützen (s. Rdn. 21). Damit ist erstmalig ein umfassender **Kontopfändungsschutz für die Einkünfte von Selbstständigen** möglich; bislang waren diese auf die Härtefallregelung des § 765a ZPO angewiesen. Für die Gruppe der Selbstständigen gilt wie für abhängig Beschäftigte oder Empfänger von Sozialleistungen: Der Kontopfändungsschutz über das P-Konto dient der Sicherung des Lebensunterhalts, aber nicht der Erleichterung der Geschäftstätigkeit bei wirtschaftlichen Schwierigkeiten.

39 Aus der Natur des Pfändungsschutzes ergibt sich, dass er sich nur auf vorhandenes, von der Pfändung grds. erfasstes Vermögen beziehen kann, bei einem P-Konto wie bei anderen Konten also auf **vorhandenes Guthaben**. Deshalb gingen die Forderungen im Gesetzgebungsverfahren zum KtoPfSchRefG, »Pfändungsschutz« auch für **debitorische P-Konten** zu schaffen (so *Bitter* WM 2008, 141 [145 ff.]), an der Sache vorbei (zur Pfändung der sog. »offenen Kreditlinie« s. Rdn. 49). Wegen des sozialrechtlichen Verrechnungsschutzes für Sozialleistungen, der sich aus § 55 Abs. 1 SGB I ergibt und zu einem Schutz von Sozialleistungen auch bei debitorischen Konten führt, s. nunmehr die Regelung in § 850k Abs. 6 ZPO.

40 Um wie im geltenden Recht auch beim Kontopfändungsschutz auf dem P-Konto dieselbe Höhe beim Schutzumfang wie bei der Quellenpfändung zu erreichen, ist in § 850k Abs. 2 ZPO die **Erhöhung des Basisfreibetrages** vorgesehen. Die Erhöhungsbeträge nach Absatz 2 können vom Kreditinstitut entweder auf der Grundlage einer **Bescheinigung** nach § 850k Abs. 5 Satz 2 ZPO (dazu *Somberg* ZVI 2010, 169) berücksichtigt werden; eine Pflicht des Kreditinstitutes besteht trotz Haftungserleichterung in § 850k Abs. 5 Satz 3 ZPO insoweit allerdings nicht. Kann der Nachweis nicht auf der Grundlage einer Bescheinigung geführt werden, hat der Schuldner die Möglichkeit, eine **Entscheidung des Gerichts** zur Bestimmung der Erhöhungsbeträge herbeizuführen (§ 850k Abs. 5 Satz 4 ZPO).

41 Nach § 850k Abs. 2 Satz 1 Nr. 1 Buchst. a ZPO werden zunächst **gesetzliche Unterhaltspflichten** berücksichtigt. Für die erste unterhaltsberechtigte Person erhöht sich daher der Freibetrag um derzeit 387,22 €, für die zweite bis fünfte unterhaltsberechtigte Person um jeweils 215,73 €. Erzielen die unterhaltsberechtigten Personen eigene Einkünfte und sollen diese bei den Erhöhungsbeträgen ganz oder teilweise unberücksichtigt bleiben, kann der Gläubiger eine Entscheidung des Vollstreckungsgerichts entsprechend § 850c Abs. 4 ZPO nach § 850k Abs. 4 ZPO herbeiführen.

42 Der Unterhaltsgewährung gleichgestellt ist der Fall, dass der Kontoinhaber Leistungen nach dem Zweiten oder Zwölften Buch Sozialgesetzbuch für mit ihm in **Bedarfsgemeinschaft** lebende Personen, denen gegenüber er nicht gesetzlich zum Unterhalt verpflichtet ist, entgegennimmt (Abs. 2

Satz 1 Nr. 1 Buchstabe b). Maßgebliche Erhöhungsbeträge sind nicht die konkret bewilligten Leistungen nach dem SGB II oder SGB XII, sondern die genannten Freibeträge nach § 850c ZPO für unterhaltsberechtigte Personen. Ebenfalls zur Erhöhung des Basisfreibetrages führen nach § 850k Abs. 2 Satz 1 Nr. 2 ZPO einmalige Geldleistungen nach § 54 Abs. 2 SGB I und solche zum Ausgleich des durch einen Körper- oder Gesundheitsschaden bedingten Mehraufwandes nach § 54 Abs. 3 Nr. 3 SGB I. Schließlich sind auch Kindergeld oder andere Geldleistungen für Kinder entsprechend § 54 Abs. 5 SGB I geschützt (§ 850k Abs. 2 Satz 1 Nr. 3 ZPO). Weitergehenden Pfändungsschutz – Anwendung der Tabelle nach § 850c ZPO und von anderen Pfändungsschutzbestimmungen kann der Schuldner nach § 850k Abs. 4 ZPO durch eine Entscheidung des Vollstreckungsgerichts herbeiführen. Dabei ist die Aufzählung in Abs. 4 Satz 2 vor dem Hintergrund der Vielzahl von im Bundes- und Landesrecht enthaltenen Pfändungsschutzvorschriften nicht als abschließend zu betrachten. Dies bedeutet allerdings nicht, dass Pfändungsschutz »kumuliert« werden kann; vielmehr hat das Vollstreckungsgericht auch die Norm des § 850e Nr. 2 bis 3 ZPO zur **Zusammenrechnung** zu beachten.

Wird das Kontoguthaben wegen Unterhaltsansprüchen gepfändet, tritt an die Stelle des Basisfreibetrages und der Erhöhungsbeträge nach Abs. 2 Satz 1 Nr. 1 der vom Vollstreckungsgericht im Pfändungsbeschluss bestimmte Freibetrag (§ 850k Abs. 3 ZPO). 43

Der Schuldner kann auch im Insolvenzverfahren während jeder Phase die **Umwandlung seines Girokontos in ein P-Konto** verlangen (§ 850k Abs. 7 Satz 2 ZPO). Die §§ 115 f. InsO stehen dem nicht entgegen. Die §§ 115 f. InsO sind mit dem Zweck des § 850k ZPO in Ausgleich zu bringen, welcher einen hinreichenden Pfändungsschutz gewährleisten soll. Daher wird nicht nur ein bereits bestehendes P-Konto von der Verfahrenseröffnung nicht berührt (*LG Verden* InsBürO 2014, 36 [37]; *Henning* InsBürO 2014, 37 *Günther* ZInsO 2013, 859 [860]), sondern auch ein Konto, dessen Umwandlung in ein P-Konto der Schuldner im Verfahren noch verlangen kann. Da dem Insolvenzverwalter/Treuhänder nach § 36 Abs. 4 Satz 2 InsO das Bestimmungsrecht des § 850k Abs. 8 Satz 1 ZPO zusteht, so dass er bei Bestehen mehrerer Konten bestimmen kann, welches der Konten als P-Konto zu führen ist, resultieren hieraus keine ungebührlichen Nachteile für die Insolvenzverwaltung. 44

Verlangen kann die Umwandlung nur der Schuldner oder sein gesetzlicher Vertreter (§ 850k Abs. 7 Satz 1 ZPO), nicht hingegen der Insolvenzverwalter oder Treuhänder. Die Befassung des Insolvenzgerichts ist weder notwendig noch auch nur statthaft (*BGH* ZInsO 2014, 687 = NZI 2014, 414 Rn. 9). Da der Insolvenzbeschlag an die Stelle einer Pfändung im Wege der Einzelzwangsvollstreckung tritt, § 850k Abs. 7 Satz 3 ZPO, hat das Kreditinstitut das Konto zum Beginn des vierten auf das Umwandlungsbegehren folgenden Geschäftstages als P-Konto zu führen. Das zum Zeitpunkt des Umwandlungsbegehren bestehende Guthaben ist vom Insolvenzbeschlag erfasst und an den Verwalter/Treuhänder auszukehren. 45

Vor dem Hintergrund des automatischen Pfändungsschutzes beim P-Konto kann eine **allgemeine Kontosperre** (dazu *Schmerbach* § 21 Rdn. 380) als Sicherungsmaßnahme beim P-Konto nicht in Betracht kommen. 46

Da ein P-Konto eine besondere Art eines Girokontos ist, stellt sich die Frage, ob der der Führung eines P-Kontos zugrunde liegende **Geschäftsbesorgungsvertrag** mit der Eröffnung des Insolvenzverfahrens nach §§ 115, 116 InsO unwirksam wird (s. *Wegener* § 115 Rdn. 6; FK-InsO/*Busch* 8. Aufl. § 313 Rn. 49;). Da dem P-Konto auch pfändbare und damit in die Insolvenzmasse fallende Beträge gutgeschrieben werden können, kann eine **Anwendung der §§ 115, 116 InsO** nicht mit dem Argument abgelehnt werden, die Insolvenzmasse sei nicht betroffen. In der Fortführung eines P-Kontos über die Eröffnung des Insolvenzverfahrens hinaus kann auf jeden Fall der Abschluss eines neuen Geschäftsbesorgungsvertrages gesehen werden. Soweit das P-Konto pfändungsgeschütztes Guthaben aufweist, kann der Schuldner frei darüber verfügen; auch im Eröffnungsverfahren ist er insoweit nicht von Zustimmungserfordernissen etc. betroffen. 47

48 Nachdem der IX. und XI. Zivilsenat des BGH sich auf einheitliche Grundsätze zur **Insolvenzfestigkeit von Einzugsermächtigungslastschriften** verständigt haben (vgl. Pressemitteilung Nr. 152/2010 vom 20.07.2010), gilt auch für über das P-Konto abgewickelte Lastschriften Folgendes: Bevor der Verwalter Widerspruch gegen eine Lastschrift einlegt, muss er prüfen, ob durch diese nur das pfändungsfreie »Schonvermögen« des Schuldners betroffen ist. Soweit die Summe der Buchungen aus Lastschriften und Barabhebungen sowie Überweisungen den pfändungsfreien Betrag nicht übersteigt, darf der Insolvenzverwalter/Treuhänder den Lastschriften nicht widersprechen. Aber auch wenn der Freibetrag überschritten ist, ist ein allgemeiner Widerspruch nicht zulässig. Denn dem Schuldner muss Gelegenheit gegeben werden zu entscheiden, welche Lastschriften aus dem pfändungsfreien Betrag bedient sein sollen. Dies bedeutet für das P-Konto, dass, wenn dessen Guthaben vor Eröffnung des Insolvenzverfahrens gepfändet worden war und der Schuldner damit ohnehin nur im Rahmen des Pfändungsfreibetrages Verfügungen vornehmen konnte, der Insolvenzverwalter/Treuhänder den Lastschriften nicht widersprechen kann. War das Guthaben des P-Kontos vor Eröffnung des Verfahrens nicht gepfändet worden, kommen die Grundsätze des BGB in vollem Umfang zum Tragen (s. zu der Problematik auch *Büchel* ZInsO 2010, 20; *Du Carrois* ZInsO 2009, 1801 [1804]; *Förste* ZInsO 2009, 646). Da der IX. Zivilsenat seine Grundsätze allgemein auf den Rechtsgedanken des § 850k ZPO a.F. (jetzt § 850l ZPO) gestützt hat, ist davon auszugehen, dass diese bei allen Arten von Konten und nicht nur bei P-Konten zur Anwendung gelangen sollen.

5. Pfändungsschutz bei anderen Forderungen

49 Für **andere Forderungen** gilt nach § 851 Abs. 1 ZPO, dass sie nur insoweit gepfändet werden können, als sie **übertragbar** sind. Dabei ist von dem Grundsatz auszugehen, dass Forderungen im Zweifel abgetreten und damit auch gepfändet werden können. Eine Nichtübertragbarkeit kann sich nur dann ergeben, wenn (1) die Leistung auf höchstpersönlichen Ansprüchen des Berechtigten beruht, (2) ein besonders schutzwürdiges Interesse an der Beibehaltung der Gläubigerposition besteht oder (3) die dem Gläubiger gebührende Leistung derart mit ihm verknüpft ist, dass die Leistung an einen anderen Gläubiger als eine andere Leistung erscheinen würde (*BGH BGHZ* 189, 65 Rn. 41; NJW 1986, 713 [714]; NJW-RR 2010, 1235 Rn. 12). Unpfändbar wegen einer an den Gläubiger gekoppelten Zweckbindung ist z.B. der Anspruch auf **Baugeld** (*Heidland* ZInsO 2010, 737), der Anspruch auf Aufhebung einer Gemeinschaft sowie Ansprüche auf Prozesskostenhilfevorschuss, Rangvorbehalt, staatliche Subventionen, Unterhalt. Eine grundlegende Änderung des Leistungsinhalts wäre auch mit der Vollstreckung in Entschädigungsansprüche verbunden, die dem Schuldner unter Billigkeitsgesichtspunkten als Ausgleich für die Beeinträchtigungen zuerkannt werden, die dieser infolge einer vom EGMR festgestellten Menschenrechtsverletzung erlitten hat (*BGH* BGHZ 189, 65 Rn. 44). Allerdings gelten diese Erwägungen nicht ohne weiteres für sämtliche Entschädigungsansprüche, die ihren Grund in der Verletzung von Menschen- und Grundrechten haben (vgl. *BGH* WM 2011, 2376).

50 Ein infolge der Wirkung des § 851 ZPO nicht allgemein, sondern **nur im Rahmen seiner Zweckbestimmung** pfändbarer Anspruch bleibt aber nur dann massefrei, wenn die Unpfändbarkeit gerade dem **Schutz des Schuldners** dient (*Jaeger/Henckel* KO, § 1 Rn. 77). So gehören Schuldbefreiungsansprüche, obwohl sie nur an den Drittgläubiger abgetreten werden können und deshalb nach § 851 Abs. 1 ZPO unpfändbar sind, zur Insolvenzmasse. Der Befreiungsanspruch verwandelt sich mit der Eröffnung des Insolvenzverfahrens über das Vermögen des Gläubigers in einen Zahlungsanspruch in Höhe der zu tilgenden Schuld um (*BGH* BB 2001, 1546 [1547]; BGHZ 57, 78 [81]; HK-InsO/*Eickmann* § 36 Rn. 23). Zu beachten sind auch § 664 Abs. 2 BGB (»Der Anspruch auf Ausführung des Auftrags ist im Zweifel nicht übertragbar.«) und § 717 BGB für Ansprüche der Gesellschafter aus dem Gesellschaftsverhältnis (weitere Fälle bei *Zöller/Stöber* § 850i ZPO Rn. 2).

51 Für § 851 Abs. 1 ZPO genügt es nicht ohne weiteres, wenn eine Forderung ihrem Inhalt und ihrer Zweckbestimmung nach übertragbar ist und lediglich bestimmten Gläubigern die Abtretung verboten oder diese nur unter bestimmten Voraussetzungen gestattet wird. So können **Honorarforderungen von Steuerberatern und Rechtsanwälten** – trotz § 64b Abs. 2 Satz 2 StBerG und § 49b

Abs. 4 BRAO – grds. gepfändet werden und unterliegen zugleich dem Insolvenzbeschlag (*BGH* NZI 2004, 29; NJW 1999, 1544 [1546]; *Zöller/Stöber* § 829 ZPO Rn. 33; *Johlke* EWiR 1999, 857). Dies gilt auch für Gebührenforderungen von Rechtsanwälten (*BGH* ZInsO 2003, 1099). So sind auch **Ansprüche gegen das Versorgungswerk für Rechtsanwälte** in Baden-Württemberg trotz ihrer Unabtretbarkeit grds. in den Grenzen von § 850c ZPO pfändbar (*BGH* BGHZ 160, 197). Denn die Unpfändbarkeit von landesgesetzlich begründeten Ansprüchen des öffentlichen Rechts folgt aus deren Unabtretbarkeit nur dann, wenn die Unpfändbarkeit mit dem verfassungsrechtlich geschützten Befriedigungsrecht der Gläubiger vereinbar ist. Dagegen ist das Recht des Mitglieds eines Rechtsanwaltsversorgungswerks, die Mitgliedschaft zu beenden und die Erstattung gezahlter Beiträge zu verlangen, unpfändbar (*BGH* ZInsO 2008, 204 f.). Wegen **Beihilfeansprüchen** s. *BGH* ZInsO 2007, 1348 f.: Ausgezahlte Beihilfen des Dienstherrn für Aufwendungen im Krankheitsfall gehören zur Insolvenzmasse eines Beamten, der Anspruch auf diese Leistung jedoch erst, wenn sich seine Zweckbindung zugunsten des Gläubigers, dessen Forderung als Aufwand der konkreten Beihilfegewährung zugrunde liegt, erledigt hat. Zum »Dirnenlohn« im Hinblick auf § 2 ProstG *Schmittmann* NZI 2004, 131.

Nach § 851 Abs. 2 ZPO kann in Abweichung von Abs. 1 eine nicht übertragbare Forderung insoweit gepfändet werden, als der **geschuldete Gegenstand der Pfändung unterworfen** ist. Damit soll verhindert werden, dass Schuldner und Drittschuldner durch eine Abrede die Zwangsvollstreckung und Einbeziehung in das Insolvenzverfahren vereiteln können. Bei einer vereinbarten Zweckbindung, mit der die Zahlung an den ursprünglichen Gläubiger zum Leistungszweck gemacht wird, ist die Forderung trotz des weiter gehenden Wortlauts von § 851 Abs. 2 ZPO jedenfalls dann unpfändbar, wenn die Bindung treuhänderischen Charakter hat (*BGH* NJW 2001, 1937 [1938]). 52

Der **Pflichtteilsanspruch**, der Anspruch auf **Zugewinnausgleich** sowie der **Anspruch eines Schenkers auf Herausgabe des Geschenkes** nach § 528 BGB sind nach § 852 ZPO nur dann der Pfändung unterworfen und gehören auch nur dann zur Insolvenzmasse, wenn sie durch Vergleich anerkannt oder rechtshängig geworden sind. Für diese Ansprüche soll vermieden werden, dass sie gegen den Willen des Berechtigten geltend gemacht werden können (*BGH* BGHZ 123, 183 [186]; WM 2011, 79; s. § 35 Rdn. 19). 53

6. Pfändungsschutz bei anderen Vermögensrechten

Die **Pfändbarkeit anderer Vermögensrechte**, die nicht körperliche Sachen, Geldforderungen oder Ansprüche auf Herausgabe von Sachen betreffen und auch nicht Gegenstand der Zwangsvollstreckung in das unbewegliche Vermögen sind, richtet sich nach § 857 ZPO. Diese anderen Vermögensrechte sind nach den §§ 828–856 ZPO zu pfänden. Die §§ 858–863 ZPO enthalten Sondervorschriften, von denen für das Insolvenzverfahren aber nur § 859 und § 863 ZPO von Bedeutung sind; mit § 37 InsO gibt es eine besondere Vorschrift für das Gesamtgut einer Gütergemeinschaft im Insolvenzverfahren, so dass § 860 ZPO hier keine Rolle spielt. 54

Soweit **Nichtvermögensrechte** wie Persönlichkeitsrechte, Familienrechte, Mitgliedsrechte ohne Vermögenswert, Einziehungsermächtigung, tatsächliche und wirtschaftliche Zustände wie die Stellung als Alleinerbe im Rahmen der Einzelzwangsvollstreckung als nicht pfändbar angesehen werden (zu den Einzelheiten s. *Baumbach/Lauterbach/Albers/Hartmann* § 857 ZPO Rn. 2), gilt für das Insolvenzverfahren, dass sie schon nach § 35 unter dem Gesichtspunkt, dass ihnen kein Vermögenswert zukommt, nicht zur Insolvenzmasse gerechnet werden (s. § 35 Rdn. 14). Das Recht zur Teilnahme mit Mannschaften am sportlichen Wettbewerb einer Bundesliga ist dann grds. pfändbar und unterliegt dem Insolvenzbeschlag, wenn es von Rechts wegen übertragbar ist und für die Übertragung üblicherweise Geldbeträge gezahlt werden (*BGH* ZIP 2001, 889 [890 f.]). 55

Andere Vermögensrechte i.S.d. § 857 ZPO, die über § 36 Abs. 1 Satz 1 InsO dem Insolvenzbeschlag unterliegen, sind z.B. Ansprüche auf die Abtretung, Übertragung einschließlich der Rückabtretung oder Rückübertragung von Rechten, das Anwartschaftsrecht, das Bezugsrecht des Aktionärs, Dauerwohnrecht, Dienstleistungsmarke, Erbteil, Anspruch auf Rückgewähr einer nicht valu- 56 tierenden Grundschuld, gewerbliche Schutzrechte, Internet-Domains (*LG Düsseldorf* JurBüro 2001, 548; *LG Essen* JurBüro 2000, 213; *Schneider* ZAP 14, S. 355; *Hanloser* Rpfleger 2000, 525; *Nieserl/Kairies* ZInsO 2002, 510; a.A. *LG München I* ZIP 2001, A 26); allerdings bestehen dann Probleme, wenn die Adresse mit dem Namen des Schuldners nicht übereinstimmt), Lizenzen, Nießbrauch, Verlegerrechte, Wiederkaufsrecht (wegen der Einzelheiten *Stöber* Forderungspfändung, Rn. 1235 und *Zöller/Stöber* § 857 ZPO Rn. 2 ff.).

57 Die Pfändbarkeit von **Gesellschaftsanteilen** und des **Anteils eines Miterben** am Nachlass ist in § 859 ZPO gesondert geregelt. Danach sind der Anteil an dem Gesellschaftsvermögen einer bürgerlichen Gesellschaft, einer OHG, einer KG, einer stillen Gesellschaft pfändbar, dagegen nicht der Anteil eines Gesellschafters an den einzelnen zu dem Gesellschaftsvermögen gehörenden Gegenständen (dazu s. i.E. *Zöller/Stöber* § 858 ZPO). Entsprechendes gilt nach § 859 Abs. 2 ZPO für den Anteil eines Miterben am Nachlass und an den anderen Nachlassgegenständen. In der Insolvenz des Mitglieds einer Genossenschaft ist der Insolvenzverwalter berechtigt, die Mitgliedschaft zu kündigen, um den zur Insolvenzmasse gehörenden Anspruch des Schuldners auf Auszahlung des Auseinandersetzungsguthabens (§ 73 GenG) zu realisieren (*BGH* ZInsO 2009, 2104, der sich gegen eine analoge Anwendung von § 109 Abs. 1 Satz 2 InsO ausspricht, s. auch die Kommentierung zu § 109 InsO).

58 Ein **gesetzlich nicht übertragbares** anderes **Vermögensrecht** ist **nicht pfändbar** (§ 857 Abs. 1 i.V.m. § 851 Abs. 1 ZPO). Eine Ausnahme sieht aber § 857 Abs. 3 ZPO dahingehend vor, dass ein unveräußerliches Recht mangels anderer Vorschriften insoweit der Pfändung und damit auch dem Insolvenzbeschlag unterworfen ist, als die Ausübung einer anderen Person überlassen werden kann. Ein aufgrund einer Vereinbarung nicht übertragbares Vermögensrecht kann nach § 857 Abs. 1 i.V.m. § 851 Abs. 2 ZPO gepfändet werden.

7. Anwendbarkeit der §§ 850 ff. ZPO in »Altverfahren«

59 Da nach der Übergangsregelung in Art. 103a EGInsO in Verfahren, die vor dem 26.10.2001 eröffnet worden sind, die bis zum Inkrafttreten des neuen Rechts geltenden Vorschriften anzuwenden sind, stellt sich für diese **Altverfahren** die Frage der Anwendbarkeit der §§ 850 ff. ZPO. Diese ist zu bejahen, da die Ergänzung von Abs. 1 um Satz 2 im Hinblick auf § 4 InsO nur eine klarstellende Regelung ist (so auch *BGH* ZInsO 2003, 413 [416]; abl. zu § 850c Abs. 2 ZPO *LG Bückeburg* ZInsO 2001, 1166: § 100 InsO lex specialis für Familienunterhalt; so wohl auch *AG Köln* NZI 2001, 160). Für die Pfändung von Arbeitseinkommen und diesem gleichgestellten Einkünfte ist von § 850c ZPO auszugehen. Dabei kommt auch eine Erweiterung des Insolvenzbeschlages über § 850c Abs. 4 ZPO (Nichtberücksichtigung von unterhaltsberechtigten Personen), § 850e Nr. 2 und 2a ZPO (Zusammenrechnungsanordnungen bei mehreren Arbeitseinkommen, bei Arbeitseinkommen und Sozialleistungen sowie bei mehreren Sozialleistungen), § 850f Abs. 3 ZPO (Kürzung bei hohem Einkommen) in Betracht (so auch HK-InsO/*Eickmann* § 36 Rn. 5; *Ott/Zimmermann* ZInsO 2000, 421). Der Insolvenzverwalter kann dabei allerdings nicht nach eigenem Ermessen auf die zusätzlichen Beträge zugreifen, sondern hat dazu einen entsprechenden Antrag an das allgemeine Prozessgericht zu richten. Eine Zuständigkeit des Vollstreckungsgerichts kann schon allein deshalb nicht in Betracht kommen, da nicht unbedingt die Voraussetzungen für ein Tätigwerden des Vollstreckungsgerichts (Vollstreckung wegen einer titulierten Forderung) vorliegen müssen.

60 Auch eine **Erhöhung der Pfändungsfreigrenzen nach § 850f Abs. 1 ZPO** kommt in »Altverfahren« in Betracht (so die h.M. für das frühere Recht: *OLG Köln* ZInsO 2000, 499 [501]; *Grote* Einkommensverwertung, S. 71 ff.; *ders.* ZInsO 2000, 490; *Hintzen* Rpfleger 2000, 312 [314]; KS-InsO/*Kohte* 2000, S. 781, [801 ff., Rn. 92 ff.]; *Mäusezahl* ZInsO 2000, 193 [195]; *Steder* ZIP 1999, 1874, [1880]; *Stephan* ZInsO 2000, 376 [377]; a.A. *Schmidt-Räntsch* Insolvenzordnung, Rn. 384). Den Antrag auf Erhöhung der Pfändungsfreigrenzen kann auf jeden Fall der Schuldner stellen. Soweit einige Stimmen in der Literatur im Verbraucherinsolvenzverfahren auch dem Treuhänder ein eigenes Antragsrecht mit der Begründung zusprechen, der Treuhänder sei auch Sachwalter des Schuldners (so *Ott/Zimmermann* ZInsO 2000, 421 [425]), ist dies allerdings abzulehnen (so auch *BayObLG* NZI 2001, 597). Es liegt allein beim Schuldner, ob er von den Schutzvorschriften auch Gebrauch

machen will. Für die Entscheidung über den Antrag auf Erhöhung der Pfändungsfreigrenzen ist das Prozessgericht zuständig (*Ott/Zimmermann* ZInsO 2000, 421 [426], s.a. Rdn. 74, dort auch zu den gegenteiligen Auffassungen, die eine Zuständigkeit des Vollstreckungs- oder Insolvenzgerichts angenommen haben).

Die Anwendbarkeit von § 850h ZPO in Altverfahren ist abzulehnen, da es hier um ein fiktives Einkommen geht (a.A. *Ott/Zimmermann* ZInsO 200, 421 [425]). 61

III. Weitergehender Schutz des Existenzminimums eines natürlichen Schuldners

Mit dem Verbraucherinsolvenzverfahren ist die Frage, wie das Existenzminimum eines natürlichen Schuldners über die nach § 36 InsO auch im Insolvenzverfahren geltenden Pfändungsschutzbestimmungen in der Zivilprozessordnung und im Sozialrecht hinaus auch im Hinblick auf seine **Wohnbedürfnisse** gesichert werden kann, von besonderer Bedeutung geworden. Unter der Geltung der Insolvenzordnung haben einige Insolvenzverwalter/Treuhänder versucht, die vom Schuldner für die gemietete Wohnung geleistete Kaution zur Masse zu ziehen und das Mietverhältnis nach § 109 Abs. 1 InsO gekündigt (dazu s. BT-Drucks. 14/5680 S. 27). Es dürfte Einigkeit darüber bestehen, dass das Ziel des Verbraucherinsolvenzverfahrens, dem Schuldner einen wirtschaftlichen Neubeginn zu ermöglichen, weitgehend verfehlt würde, wenn es für ihn und seine Familie mit der Obdachlosigkeit verbunden wäre. Zur Lösung dieses Problemkreises sind mehrere Lösungsansätze entwickelt worden (s. dazu FK-InsO/*Busch* 8. Aufl., § 313 Rn. 20 ff.; *Kohte* FS Uhlenbruck, S. 217 [226 ff.]). Eine Lösung geht dahin, das Mietverhältnis im Wege der – je nach Auffassung »echten« oder »unechten« – Freigabe aus dem Insolvenzbeschlag herauszulösen. Ein anderer Ansatz ist, die Mietsache dem Schuldner als Form der Unterhaltsgewährung nach § 100 zu überlassen (s. dazu ausf. FK-InsO/*Busch* 8. Aufl., § 313 Rn. 34 ff.). 62

Das *AG Duisburg* (NZI 2000, 415) will den sozialen Schutz im Verbraucherinsolvenzverfahren auf ein Mietverhältnis des Schuldners über Wohnraum und andere dem notwendigen Lebensunterhalt des Schuldners und seiner Familie dienende Vertragsverhältnisse (Verträge über die Lieferung von Strom, Wasser und Energie) erstrecken. Dies folge aus den Pfändungsschutzbestimmungen im Einzelzwangsvollstreckungsrecht, die dem Schuldner die Mittel zur Bestreitung des notwendigen Lebensunterhalts belassen; diese müssten auch auf das Insolvenzverfahren übertragen werden (so auch *Marotzke* KTS 1999, 269 [271]; *Grote* NZI 2000, 66 [67]; a.A. *Vallender/Dahl* NZI 2000, 553 [556]). Dies soll nicht nur für Verbraucherinsolvenzverfahren, sondern für alle Insolvenzverfahren über das Vermögen einer natürlichen Person gelten (*AG Duisburg* NZI 2000, 415). Den laufenden Mietzins und die Nebenkosten hat der Schuldner selbst aus dem pfändungsfreien Vermögen zu bestreiten (*Grote* NZI 2000, 66 [68]: die Leistung des Vermieters erfolgt nicht zur Insolvenzmasse, die Mietzinsen sind keine Masseverbindlichkeiten). 63

Der Gesetzgeber wollte die in dieser Frage bestehende Rechtsunsicherheit nicht hinnehmen und hat mit dem Insolvenzrechtsänderungsgesetz § 109 Abs. 1 InsO geändert (krit. dazu *Marotzke* KTS 2001, 67). Das **Kündigungsrecht des Verwalters für das Wohnraummietverhältnis des Schuldners** nach § 109 Abs. 1 Satz 1 InsO ist **ausgeschlossen** (§ 109 Abs. 1 Satz 2 InsO) und an dessen Stelle sein Recht gesetzt worden, zu erklären, dass die nach Ablauf der gesetzlichen Kündigungsfrist fällig werdenden Ansprüche nicht im Insolvenzverfahren geltend gemacht werden können. Der Mietvertrag wird durch die Erklärung nicht berührt; er wird vom Vermieter mit dem Mieter fortgesetzt. Kann dieser den Mietzins nicht aus dem pfändungsfreien Teil seines Einkommens aufbringen, dann kann der Vermieter das Mietverhältnis nach § 543 Abs. 2 Nr. 3 BGB kündigen. Darüber hinaus hat der Vermieter einen Schadensersatzanspruch wegen vorzeitiger Beendigung des Mietverhältnisses, den er in diesem Fall als »Folge der Erklärung« als Insolvenzgläubiger geltend machen kann (wegen der näheren Einzelheiten s. *Wegener* § 109 Rdn. 3, 11). Die Masse wird mit den Mietzinsforderungen für die Zeit nach Ablauf der Frist des § 109 Abs. 1 Satz 1 InsO weder als Masse- noch als Insolvenzforderungen belastet (a.A. *Pape* ZInsO 2001, 587 [594]: Insolvenzforderung). Die Interessen des Vermieters werden dadurch geschützt, dass die Wirkungen der Erklärung erst nach Ablauf der gesetzlichen Kündigungsfrist eingreifen und ihm der Schadensersatzanspruch nach Abs. 1 Satz 3 als Insol- 64 venzforderung zusteht. Auch die Mietkaution ist bei dieser Lösung geschützt, denn der Anspruch auf Rückzahlung steht unter der Bedingung der Beendigung des Mietvertrages (BT-Drucks. 14/5680 S. 27).

IV. Verzicht auf die Pfändungsschutzbestimmungen

65 Wie bei der Einzelzwangsvollstreckung stellt sich im Insolvenzverfahren die Frage, ob der Schuldner auf den **Schutz der Pfändungsschutzbestimmungen verzichten** kann, mit der Folge, dass auch diese Gegenstände zur Befriedigung der Gläubiger zur Verfügung stehen. Dabei geht es nicht nur um die Belange des Schuldners, sondern auch um öffentliche Interessen. Wie für das frühere Konkursrecht gilt auch im Rahmen der Insolvenzordnung, dass der Schuldner auf den Schutz des § 811 ZPO verzichten kann (*Nerlich/Römermann-Andres* InsO, § 36 Rn. 59; MüKo-InsO/*Peters* § 36 Rn. 59; einschränkend *Baumbach/Lauterbach/Albers/Hartmann* § 811 ZPO Rn. 4). Dagegen soll auf den Pfändungsschutz für unpfändbare Forderungen und Rechte im Voraus nicht verzichtet werden können, da der Schuldner über diese auch nicht rechtsgeschäftlich verfügen kann (MüKo-ZPO/*Schilken* § 811 Rn. 9; MüKo-InsO/*Peters* § 36 Rn. 59).

Die Frage, ob Gegenstände, die der Schuldner mit unpfändbaren Mitteln erworben hat, in die Insolvenzmasse fallen oder quasi als Surrogat der pfändungsfreien Mittel ebenfalls nicht dem Insolvenzbeschlag unterliegen (»negative Surrogation«), ist im ersteren Sinne zu beantworten (so auch *Runkel* FS Uhlenbruck, S. 315 [320]). Es ist nicht einzusehen, warum die Neugläubiger im Wege der Einzelzwangsvollstreckung auf diese Gegenstände sollen zugreifen können, während der Insolvenzbeschlag ausgeschlossen sein soll. Dies gilt allerdings nicht für die im Rahmen einer nach § 35 Abs. 2 InsO vom Insolvenzverwalter/Treuhänder freigegebenen selbstständigen Tätigkeit des Schuldners erworbenen Vermögensgegenstände; diese gehören nicht zur Insolvenzmasse (s. § 35 Rdn. 45). Hat der Insolvenzschuldner mit der Sicherungsübereignung einer dem Pfändungsschutz nach § 811 Abs. 1 Nr. 5 und 7 ZPO unterliegenden Praxiseinrichtung gegenüber dem Sicherungseigentümer auf den Pfändungsschutz »verzichtet«, gilt dieser »Verzicht« nur im Verhältnis zum Sicherungseigentümer; für das Insolvenzverfahren ist der Pfändungsschutz zu beachten (*OLG Köln* ZVI 2006, 309).

D. Ausnahmen von den Pfändungsschutzbestimmungen

66 Um die Fortführung des Unternehmens des Schuldners im Interesse der Gläubiger zu sichern, sind in Abs. 2 Ausnahmen von dem Grundsatz, dass nur das pfändbare Vermögen des Schuldners zur Insolvenzmasse gehört, vorgesehen.

I. Geschäftsbücher (Abs. 2 Nr. 1)

67 Abweichend von der Pfändungsschutzbestimmung in § 811 Abs. 1 Nr. 11 ZPO gehören die **Geschäftsbücher des Schuldners** nach Abs. 2 Nr. 1 zur Insolvenzmasse. Damit soll gewährleistet werden, dass die Fortführung des Unternehmens des Schuldners nicht unnötig erschwert wird. Zu den Geschäftsbüchern gehören **alle Aufzeichnungen über das Geschäft** (*Baumbach/Lauterbach/Albers/Hartmann* § 811 ZPO Rn. 51) wie Kontobücher, Kundenlisten, Abonnentenverzeichnisse (*OLG Saarbrücken* ZIP 2001, 164; dazu *van der Moolen* EWiR § 36 InsO 1/01), Quittungen, Schriftwechsel, Bilanzen, Inventare, Jahresabschlüsse, Buchungsbelege und die Buchführung.

Zur Klarstellung findet sich der Hinweis, dass gesetzliche Pflichten zur Aufbewahrung von Unterlagen nach handels- und steuerrechtlichen Vorschriften (§ 257 HGB, § 147 AO) unberührt bleiben. Die Beschränkung des früheren Konkursrechts in § 117 Abs. 2 KO, dass die Geschäftsbücher nur mit dem Geschäft im ganzen und nur insoweit veräußert werden dürfen, als sie zur Fortführung des Geschäftsbetriebs unentbehrlich sind, ist nicht in die Insolvenzordnung übernommen worden (vgl. Begründung zum Regierungsentwurf, BT-Drucks. 12/2443 S. 223 und s. auch *OLG Saarbrücken* ZIP 2001, 164).

II. Unpfändbare Sachen nach § 811 Abs. 1 Nr. 4 und 9 ZPO (Abs. 2 Nr. 2)

Im Insolvenzverfahren gelten ebenfalls nicht die Pfändungsschutzbestimmungen des § 811 Abs. 1 Nr. 4 und 9 ZPO. Nach § 811 Abs. 1 Nr. 4 ZPO sind der Einzelzwangsvollstreckung bei Personen, die Landwirtschaft betreiben, die Gegenstände (Gerät und Vieh) und Betriebsmittel (Dünger und landwirtschaftliche Erzeugnisse), die der Schuldner, seine Familie und seine Arbeitnehmer zum Unterhalt benötigen oder die zur Fortführung des Betriebes erforderlich sind, entzogen. Entsprechendes gilt für die Gegenstände wie Geräte, Gefäße und Waren, die zum Betrieb einer Apotheke unentbehrlich sind (§ 811 Abs. 1 Nr. 9 ZPO). 68

E. Insolvenzbeschlag von Hausrat (Abs. 3)

Die Regel des § 812 ZPO zur **Pfändbarkeit von gewöhnlichem Hausrat** ist mit Abs. 3 sinngemäß für das Insolvenzverfahren übernommen worden. Danach sind Sachen, die zum gewöhnlichen Hausrat gehören und im Haushalt des Schuldners gebraucht werden, nicht Teil der Insolvenzmasse, wenn ersichtlich ist, dass bei ihrer Verwertung nur ein Erlös erzielt werden könnte, der zu dem Wert außer allem Verhältnis steht. Mit dieser Vorschrift sollen unnötige Aufwendungen und Wertverluste vermieden werden. Nur bei Luxusgegenständen wie kostbaren Teppichen, Bildern und Einrichtungsgegenständen wird von der Zugehörigkeit zur Insolvenzmasse auszugehen sein. Dagegen spricht nicht, dass auch bei solchen Gegenständen in vielen Fällen ein Betrag, der dem wirklichen Wert annähernd entspricht, nicht zu erzielen sein wird. 69

F. Zuständigkeit des Insolvenzgerichts (Abs. 4)

I. Zuständigkeit des Insolvenzgerichts für Entscheidungen in den Fällen des Abs. 1 Satz 2

Mit dem durch das Insolvenzordnungsänderungsgesetz vom 26.10.2001 angefügten Abs. 4 wird die **Zuständigkeit des Insolvenzgerichts** für die Entscheidungen, ob ein Gegenstand nach den in Abs. 1 Satz 2 genannten Vorschriften dem Insolvenzbeschlag unterliegt, begründet. Das Insolvenzgericht tritt insoweit wegen seiner Sachnähe (BT-Drucks. 14/6468, S. 17) **an die Stelle des Vollstreckungsgerichts.** Die Zuständigkeit des Insolvenzgerichts ist aber nur insoweit gegeben, wie ansonsten die Zuständigkeit des Vollstreckungsgerichts bestehen würde, weil es um **Vollstreckungshandlungen** oder **Anordnungen des Vollstreckungsgerichts** geht, die insbesondere nach den §§ 850b, 850c, 850f und 850i ZPO ergehen können (*BGH* ZInsO 2014, 687 = NZI 2014, 414 Rn. 8; ZInsO 2013, 98 = NZI 2013, 8 Rn. 5; NZI 2010, 584 [584]). Daher ist das **Prozessgericht** und nicht das Insolvenzgericht zuständig, wenn über die Massezugehörigkeit der **in §§ 850e Nr. 1, 851c ZPO** genannten **Arbeitslohnbestandteile** gestritten wird (BGH WM 2010, 1185; Pape ZVI 2010, 1 [7 f.]). Gleiches gilt für die Frage, ob das schuldnerische Konto in ein **Pfändungsschutzkonto** umgewandelt werden kann, so dass die kontoführende Bank an einer Auskehrung des Guthabens an den Verwalter gehindert war (*BGH* ZInsO 2014, 687 = NZI 2014, 414 Rn. 9 f.). Auch soweit über die Zulässigkeit der Vollstreckung gestritten wird (und insoweit auch an sich die Zuständigkeit des Insolvenzgerichts gegeben sein müsste), kann das Prozessgericht zuständig sein, wenn für die Vollstreckungsmaßnahme **kein deutsches Gericht international zuständig** wäre (*BGH* ZInsO 2012, 1260 = NZI 2012, 672 Rn. 7). Hat daher der deutsche Insolvenzverwalter mit Hilfe der ausländischen Vollstreckungsgerichte einen im Ausland belegenen Gegenstand zur Masse gezogen, ist der Streit über die Pfändbarkeit des Gegenstands vor dem (deutschen) Prozessgericht zu führen (*BGH* ZInsO 2012, 1260 = NZI 2012, 672 Rn. 7 f.). Die Pfändbarkeit eines massezugehörigen Gegenstands ist in diesen Fällen nach Art. 7 Abs. 2 Buchst. B EuInsVO n.F., § 335 InsO nach deutschem Recht zu bestimmen (*BGH* ZIP 2017, 1578 = WM 2017, 1564 Rn. 15 ff.). 70

Die Zuständigkeit des Insolvenzgerichts besteht wegen des engen Sachzusammenhangs auch in Bezug **auf Vollstreckungsschutzanträge nach § 765a ZPO** (*BGH* ZInsO 2014, 687 = NZI 2014, 414 Rn. 9 f.; NZI 2008, 93 [94]). Das Insolvenzgericht ist auch zuständig bei Anträgen zum Pfändungsschutz von Arbeitseinkommen, wenn ein gerichtlich festgestellter Schuldenbereinigungsplan die Ab- 71 tretung der pfändbaren Dienstbezüge des Schuldners an einen Gläubiger vorsieht (*BGH* MDR 2008, 828).

72 Sind für die Pfändbarkeit von Arbeitseinkommen oder diesen in §§ 850 ff. ZPO gleichgestellten Einkünften Anträge eines Gläubigers erforderlich, so bestimmt Abs. 4 Satz 2, dass der **Insolvenzverwalter** an Stelle des Gläubigers **antragsberechtigt** ist. Dies gilt für Anträge nach § 850c Abs. 4, § 850e Nr. 2, 2a, 4, § 850g ZPO, jeweils i.V.m. Abs. 1 Satz 2. Dagegen bleibt es bei dem **Antragsrecht des Schuldners** bei **für ihn günstigen Einschränkungen** der Pfändbarkeit nach § 850f Abs. 1, §§ 850g und 850i ZPO.

73 Nach Abs. 4 Satz 3 sollen Satz 1 und 2 auch im **Eröffnungsverfahren** gelten. Das bedeutet, dass das Insolvenzgericht schon im Eröffnungsverfahren unpfändbare Teile des Arbeitseinkommens auf Antrag des vorläufigen Insolvenzverwalters den Sicherungsmaßnahmen nach § 21 InsO unterwerfen oder auf Antrag des Schuldners in den Fällen des § 850f Abs. 1 ZPO von diesen ausnehmen kann.

Entscheidungen des Insolvenzgerichts nach Abs. 4 sind, da das Insolvenzgericht insoweit als Vollstreckungsgericht handelt, gem. § 793 ZPO anfechtbar (*BGH* Beschl. v. 11.11.2010 – IX ZA 39/10; ZInsO 2004, 391).

II. Zuständigkeit in »Altverfahren«

74 Für »Altverfahren«, die nach dem früheren Recht abzuwickeln sind (Art. 103a EGInsO), gilt, dass alle Streitigkeiten zwischen Schuldner und Insolvenzverwalter über die Massezugehörigkeit eines Gegenstandes einschließlich der Streitigkeiten über die Pfändbarkeit von Arbeitseinkommen und vergleichbaren Einkünften vor dem **Prozessgericht** auszutragen sind (*AG Duisburg* NZI 2000, 385; *AG Köln* ZInsO 2001, 139; *Hess* InsO, §§ 35, 36 Rn. 67 bis 71; *Nerlich/Römermann-Andres* InsO, § 35 Rn. 94). Schon vor dem Inkrafttreten von Abs. 4 hatten sich eine Reihe von Gerichten und viele Stimmen in der insolvenzrechtlichen Literatur für eine Zuständigkeit des Insolvenzgerichts jedenfalls für Entscheidungen nach den §§ 850 ff. ZPO ausgesprochen (*OLG Hamburg* NZI 2001, 320; *OLG Frankfurt* NZI 2000, 531; *OLG Köln* ZInsO 2000, 603; 499 [501]; *LG Dortmund* NZI 2000, 182 [183]; *LG München* I ZInsO 2000, 410; *LG Rostock* ZInsO 2001, 914; *LG Wuppertal* NZI 2000, 328 (für einen Antrag nach § 850c Abs. 4 ZPO); *AG Aachen* NZI 2000, 554; *AG Göttingen* ZInsO 2001, 815; ZInsO 2001, 275 [für Antrag nach § 765a ZPO]; *AG Memmingen* ZInsO 2000, 240; *AG München* ZInsO 2000, 407; *Grote* ZInsO 2000, 490 [491]; *Hintzen* Rpfleger 2000, 312 [314]; *Mäusezahl* ZInsO 2000, 193 [194]; *Steder* ZIP 1999, 1874 [1880 f.]; *Stephan* ZInsO 2000, 376 [381]). Andere Gerichte hatten sich wiederum für die Zuständigkeit des Vollstreckungsgerichts in diesen Fällen ausgesprochen (*AG Münster* ZInsO 2001, 676). Sowohl für eine Zuständigkeit des Insolvenzgerichts als auch des Vollstreckungsgerichts gab es allerdings **nicht die notwendige gesetzliche Festlegung**, so dass von einer Zuständigkeit der Prozessgerichte auszugehen war (so auch *AG Köln* NZI 2001, 160 [162]).

III. Zuständigkeit für Entscheidungen über die Pfändbarkeit in anderen Fällen

75 Soweit es um den **erweiterten Zugriff auf das Vermögen des Schuldners** nach § 850d ZPO (Pfändbarkeit bei Unterhaltsansprüchen) und nach § 850d Abs. 2 ZPO (Pfändbarkeit wegen Ansprüchen aus einer vorsätzlich begangenen unerlaubten Handlung) geht, bleibt **weiterhin das Vollstreckungsgericht** zuständig. Diese Gläubiger können in diesen Fällen auch während eines Insolvenzverfahrens in den Teil der Bezüge vollstrecken, der für andere Gläubiger nicht pfändbar ist (§ 89 Abs. 2 Satz 2 InsO).

76 Wird in anderen Fällen als denen des Abs. 1 Satz 2 um die Massezugehörigkeit von Gegenständen gestritten, ist für diese Streitigkeiten nach den allgemeinen Grundsätzen das Prozessgericht zuständig; die Insolvenzordnung hat in dieser Frage gegenüber dem früheren Konkursrecht – nunmehr abgesehen von der Ausnahme in Abs. 4 – keine Änderung herbeiführen wollen (*AG Köln* ZInsO 2003, 667 [668]; für das frühere Konkursrecht *Kuhn/Uhlenbruck* KO, § 1 Rn. 109).

§ 37 Gesamtgut bei Gütergemeinschaft

(1) ¹Wird bei dem Güterstand der Gütergemeinschaft das Gesamtgut von einem Ehegatten allein verwaltet und über das Vermögen dieses Ehegatten das Insolvenzverfahren eröffnet, so gehört das Gesamtgut zur Insolvenzmasse. ²Eine Auseinandersetzung des Gesamtguts findet nicht statt. ³Durch das Insolvenzverfahren über das Vermögen des anderen Ehegatten wird das Gesamtgut nicht berührt.

(2) Verwalten die Ehegatten das Gesamtgut gemeinschaftlich, so wird das Gesamtgut durch das Insolvenzverfahren über das Vermögen eines Ehegatten nicht berührt.

(3) Absatz 1 ist bei der fortgesetzten Gütergemeinschaft mit der Maßgabe anzuwenden, dass an die Stelle des Ehegatten, der das Gesamtgut allein verwaltet, der überlebende Ehegatte, an die Stelle des anderen Ehegatten die Abkömmlinge treten.

(4) Die Absätze 1 bis 3 gelten für Lebenspartner entsprechend.

Übersicht	Rdn.		Rdn.
A. Allgemeines	1	D. Gemeinschaftliche Verwaltung des Gesamtguts durch die Ehegatten (Abs. 2)	9
B. Alleinige Verwaltung des Gesamtguts durch den Schuldner (Abs. 1 Satz 1 und 2)	4	E. Die fortgesetzte Gütergemeinschaft (Abs. 3)	10
C. Keine Verwaltungsbefugnis des Schuldners in Bezug auf das Gesamtgut (Abs. 1 Satz 3)	8	F. Entsprechende Anwendung bei der Lebenspartnerschaft (Abs. 4)	12

Literatur:
Grziwotz Güterstand, Insolvenz und Grundbuch, Rpfleger 2008, 289; *Wipperfürth* »Drum prüfe, wer sich ewig bindet« – Massebeschlag bei bestehender Gütergemeinschaft in der Insolvenz, InsbürO 2012, 59.

A. Allgemeines

§ 37 InsO regelt für den Fall, dass Ehegatten im Güterstand der Gütergemeinschaft leben (§§ 1415 ff. BGB), die **Wirkungen der Eröffnung des Insolvenzverfahrens auf das Gesamtgut** d.h. das den Ehegatten gemeinschaftlich gehörende Vermögen (§ 1416 BGB). Es wird danach unterschieden, ob die Verwaltungsbefugnis für das Gesamtgut dem Schuldner, seinem Ehegatten oder beiden Ehepartnern gemeinschaftlich zusteht. Steht das Verwaltungsrecht ausschließlich dem Schuldner zu, fällt das Gesamtgut in die Masse (Abs. 1), steht es beiden zu, kann über das Gesamtgut als Sondervermögen i.S.d. § 11 Abs. 2 InsO ein separates Verfahren eröffnet werden (§§ 333, 334 InsO). In der Insolvenz des nicht zur Verwaltung berechtigten Ehegatten, gehört das Gesamtgut nicht zur Insolvenzmasse (*BGH* ZInsO 2006, 597). 1

Regelungen für das **Sondergut** (§ 1417 BGB) und das **Vorbehaltsgut** (§ 1418 BGB) der Ehegatten bei Gütergemeinschaft enthält die Insolvenzordnung nicht, da diese Vermögensmassen dem jeweiligen Ehegatten allein gehören. Dasselbe gilt für das Vorbehaltsgut (§ 1418 InsO; *Wipperführt* InsbürO 2012, 59 [60]). 2

Als gemeinschaftliches Vermögen der Ehegatten ist das Gesamtgut dem Zugriff der Gläubiger eines der Ehegatten grds. entzogen; der Anteil eines Ehegatten am Gesamtgut ist nach § 860 Abs. 1 Satz 1 ZPO auch der Einzelzwangsvollstreckung nicht zugänglich. Wird das Gesamtgut von beiden Ehegatten gemeinschaftlich verwaltet, besteht für die Gesamtgutsgläubiger die Möglichkeit, im Wege eines besonderen Insolvenzverfahrens über das Gesamtgut Befriedigung aus diesem zu erlangen (vgl. §§ 333 f. InsO). Wird das Insolvenzverfahren über das Vermögen des Ehegatten, dem die Verwaltung nach der Vereinbarung im Ehevertrag nicht zusteht, eröffnet, wird das Gesamtgut nicht berührt (Abs. 1 Satz 3). Verwaltet der Schuldner, über dessen Vermögen das Insolvenzverfahren eröffnet worden ist, das Gesamtgut allein, gehört das Gesamtgut nach Abs. 1 Satz 1 zur Insolvenzmasse. Die Einbeziehung des Gesamtguts als schuldnerfremdes Vermögen bedeutet in diesem Falle eine 3

Ausnahme von der Regel des § 35 InsO, wonach die Insolvenzgläubiger nur auf das Vermögen des Schuldners zugreifen können, das diesem zum Zeitpunkt der Eröffnung des Verfahrens gehört und das er während des Verfahrens erwirbt.

B. Alleinige Verwaltung des Gesamtguts durch den Schuldner (Abs. 1 Satz 1 und 2)

4 Abs. 1 Satz 1 ordnet an, dass das Gesamtgut einer Gütergemeinschaft in dem Insolvenzverfahren, das über das Vermögen des **das Gesamtgut allein verwaltenden Ehegatten** eröffnet worden ist, zur Insolvenzmasse gehört. Die Befugnis des Schuldners zur alleinigen Verwaltung ergibt sich aus einer **ehevertraglichen Vereinbarung** der Ehegatten, aus dem Ehevertrag, mit dem die Eheleute die Gütergemeinschaft vereinbart haben oder aus einer späteren Vereinbarung (§ 1421 BGB). Da für den Fall, dass die Eheleute keine Vereinbarung treffen, nach § 1421 Satz 2 BGB gemeinschaftliche Verwaltung eintritt, bedarf es für eine alleinige Verwaltungsbefugnis immer einer entsprechenden ehevertraglichen Regelung. Die alleinige Verwaltungsbefugnis des Schuldner-Ehegatten muss im Zeitpunkt der Eröffnung des Insolvenzverfahrens noch bestehen; sie darf also nicht durch einen Ehevertrag geändert worden sein.

5 Den Gläubigern des anderen Ehegatten entsteht durch die Einbeziehung des Gesamtguts in die Insolvenzmasse kein Nachteil, da sie wegen der persönlichen Haftung des alleinverwaltenden Ehegatten für die Gesamtgutsverbindlichkeiten des anderen Ehegatten (§ 1437 Abs. 2 Satz 1 BGB) am Insolvenzverfahren teilnehmen können. Die persönliche Haftung des alleinverwaltenden Ehegatten ist die Kehrseite seiner umfassenden Verwaltungsbefugnis.

6 Zum Gesamtgut gehört das Vermögen beider Ehegatten, das diese zum Zeitpunkt der Begründung der Gütergemeinschaft hatten und das sie während der Gütergemeinschaft erwerben (§ 1416 Abs. 1 Satz 2 BGB). Das **Gesamtgut ist Gesamthandsvermögen**, und die Eheleute können nicht über ihren Anteil am Gesamtgut und an den einzelnen Gegenständen verfügen (§ 1419 Abs. 1 BGB). Vom Gesamtgut sind das Sondergut (§ 1417 BGB) und das Vorbehaltsgut (§ 1418 BGB) zu unterscheiden. Sondergut und Vorbehaltsgut sind vom Gesamtgut geschiedene Vermögensmassen, die den jeweiligen Ehegatten allein gehören. Zum Sondergut gehören nach § 1417 BGB die Gegenstände, die nicht durch Rechtsgeschäft übertragen werden können. Dazu gehören z.B. unpfändbare Gehalts- und Unterhaltsansprüche i.S.d. §§ 850 ff. ZPO, der Anteil an einer OHG, ein Nießbrauch, eine persönliche Dienstbarkeit sowie Urheberrechte. Das Sondergut ist alleiniges Eigentum des Ehegatten und wird von ihm allein – auf Kosten des Gesamtguts – verwaltet. Zum Vorbehaltsgut eines Ehegatten gehören nach § 1418 BGB die Gegenstände, die durch den Ehevertrag zum Vorbehaltsgut erklärt worden sind, die der Ehegatte von Todes wegen oder von einem Dritten durch Zuwendung erwirbt, falls der Erblasser oder der Zuwendende bestimmt haben, dass der Erwerb Vorbehaltsgut sein soll, sowie Gegenstände, die als Ersatz von Gegenständen des Vorbehaltsguts angeschafft worden sind. Sondergut und Vorbehaltsgut eines Ehegatten werden von der Eröffnung des Insolvenzverfahrens über das Vermögen des anderen Ehegatten nicht berührt. Zu beachten ist aber, dass sich auch im Insolvenzverfahren die Regelung in § 1418 Abs. 2 BGB auswirkt, wonach Dritten gegenüber die Zugehörigkeit zum Vorbehaltsgut nur wirksam ist, wenn sie im Güterrechtsregister des zuständigen Amtsgerichts eingetragen war.

7 Eine **Auseinandersetzung des Gesamtguts unter den Eheleuten** findet in dem Fall, dass über das Vermögen des das Gesamtgut allein verwaltenden Ehegatten das Insolvenzverfahren eröffnet wird, nach Abs. 1 Satz 2 nicht statt. Dies gilt sowohl für den Fall, dass der Güterstand der Gütergemeinschaft durch einen Ehevertrag der Ehegatten beendet worden ist, als auch für den Fall, dass die Gütergemeinschaft mit der Rechtskraft eines Urteils auf eine Aufhebungsklage des nicht verwaltenden Ehegatten nach § 1447 BGB hin aufgehoben ist. Grund der Regelung ist, dass dem Anspruch der Gläubiger auf Befriedigung ihrer Ansprüche Vorrang vor dem Anspruch des nicht verwaltenden Ehegatten, nach Beendigung der Gütergemeinschaft die Auseinandersetzung zu verlangen, zukommen soll.

C. Keine Verwaltungsbefugnis des Schuldners in Bezug auf das Gesamtgut (Abs. 1 Satz 3)

Wird über das Vermögen des nicht verwaltenden Ehegatten das Insolvenzverfahren eröffnet, wird **8** nach § 37 Abs. 1 Satz 3 InsO das Gesamtgut nicht berührt (s.a. *BGH* MDR 2006, 1369 [1370]). Dies ist die Konsequenz aus der Regelung in Satz 1, wonach das Gesamtgut zur Insolvenzmasse des alleinverwaltenden Ehegatten gezogen wird. Dagegen gehören das Sondergut und das Vorbehaltsgut des nichtverwaltenden Ehegatten zu der Insolvenzmasse. Die Gläubiger des nicht verwaltenden Ehegatten haben dadurch keine Nachteile, weil der verwaltende Ehegatte ihnen persönlich als Gesamtschuldner für ihre Gesamtgutsansprüche haftet (§ 1437 Abs. 2 Satz 1 BGB). Zudem erleichtert die Vermutung des § 1362 BGB, die dem aussonderungsberechtigten Ehegatten die volle Beweislast für sein Aussonderungsrecht aufbürdet, dem Insolvenzverwalter die Inbesitznahme der zur Insolvenzmasse gehörigen Gegenstände.

D. Gemeinschaftliche Verwaltung des Gesamtguts durch die Ehegatten (Abs. 2)

Wenn bei gemeinschaftlicher Verwaltung des Gesamtguts durch die Ehegatten über das Vermögen **9** eines von ihnen das Insolvenzverfahren eröffnet wird, bleibt das Gesamtgut unberührt (Abs. 2). Haftet das Gesamtgut für die Verbindlichkeiten der Gläubiger, kommt ein besonderes Insolvenzverfahren nach §§ 333, 334 InsO in Betracht, bei dem das Gesamtgut nur für die Gesamtgutsgläubiger verwertet wird (wegen der Einzelheiten s. die Erl. bei §§ 333, 334 InsO).

E. Die fortgesetzte Gütergemeinschaft (Abs. 3)

Die Regelungen des Abs. 1 werden nach Abs. 3 auch auf die **fortgesetzte Gütergemeinschaft**, d.h. **10** die im Ehevertrag vereinbarte Fortsetzung der Gütergemeinschaft nach dem Tod eines Ehegatten durch den überlebenden Ehegatten und die gemeinschaftlichen Abkömmlinge (vgl. § 1483 BGB), erstreckt. Dabei treten der überlebende Ehegatte an die Stelle des alleinverwaltenden Ehegatten, wenn er nicht ohnehin schon die alleinige Verwaltungsbefugnis hatte, und die gemeinsamen Abkömmlinge an die Stelle des anderen Ehegatten. Das heißt, dass in einem Insolvenzverfahren über das Vermögen des überlebenden Ehegatten das Gesamtgut zur Insolvenzmasse gehört und eine Auseinandersetzung der Gütergemeinschaft nicht stattfindet. Abs. 1 Satz 3, wonach das Gesamtgut in einem Insolvenzverfahren über das Vermögen des nicht verwaltenden Ehegatten unberührt bleibt, kommt bei der fortgesetzten Gütergemeinschaft nur dann in Betracht, wenn nur ein gemeinsamer Abkömmling an der fortgesetzten Gütergemeinschaft beteiligt ist und über dessen Vermögen das Insolvenzverfahren eröffnet wird. Auch in diesem Fall steht das Gesamtgut den Insolvenzgläubigern des Abkömmlings nicht zur Befriedigung zur Verfügung.

Allerdings besteht auch bei der fortgesetzten Gütergemeinschaft die Möglichkeit, ein gesondertes In- **11** solvenzverfahren über das Gesamtgut durchzuführen (s. § 332 InsO und die dortigen Erläuterungen).

F. Entsprechende Anwendung bei der Lebenspartnerschaft (Abs. 4)

Der durch das Gesetz zur Bereinigung des Rechts der Lebenspartner vom 20.11.2015 (BGBl. I **12** S. 2010) eingefügte Abs. 4 stellt nun klar, was zuvor bereits allgemein angenommen wurde (Voraufl. Rn. 13): dass die Abs. 1 bis 3 entsprechend gelten für Lebenspartner einer **eingetragenen Lebenspartnerschaft**, welche nach § 7 des Lebenspartnerschaftsgesetzes die Gütergemeinschaft vereinbart haben. Vor der Klarstellung durch Absatz 4 folgte dies aus § 7 Satz 2 LPartG, wonach die Vorschriften über die Gütergemeinschaft und damit auch § 37 InsO entsprechend gelten.

Die Vorschrift findet auch bei dem **gesetzlichen Güterstand der Eigentums- und Vermögens- 13 gemeinschaft des Familiengesetzbuchs** der Deutschen Demokratischen Republik Anwendung, wenn die Eheleute nach Art. 234 § 4 Abs. 2 Satz 1 EGBGB für die Fortgeltung des Güterstandes optiert haben. Da nach Art. 234 § 4a Abs. 2 Satz 1 EGBGB in diesem Fall die Vorschriften über das durch beide Ehegatten verwaltete Gesamtgut einer Gütergemeinschaft entsprechende Anwendung finden, kommt im Regelfall § 37 Abs. 2 InsO zur Anwendung (HK-InsO/*Eickmann* § 37 Rn. 1).

§ 38 Begriff der Insolvenzgläubiger

Die Insolvenzmasse dient zur Befriedigung der persönlichen Gläubiger, die einen zur Zeit der Eröffnung des Insolvenzverfahrens begründeten Vermögensanspruch gegen den Schuldner haben (Insolvenzgläubiger).

Übersicht	Rdn.			Rdn.
A. **Allgemeines**	1		2. Steuerforderungen	24
I. Überblick	1		3. Weitere Forderungen	25
II. Struktur- und systembildende Kraft der Vorschrift	9	C. **Sonderregelungen**		28
		I. Einbeziehung von nicht fälligen und bedingten Forderungen		29
B. **Der Begriff des »Insolvenzgläubigers«**	12	II. Ansprüche aus gegenseitigen Verträgen		32
I. »Persönlicher Gläubiger«	12	D. **Mitgliedschaft und daraus erwachsende Ansprüche in der Gesellschaftsinsolvenz**		
II. »Vermögens«-Anspruch	13			
III. Begründung des Anspruchs vor Eröffnung des Verfahrens	21			36
1. Forderungen, die infolge der Ausübung von Gestaltungsrechten und -befugnissen entstehen	23	E. **Bevorrechtigte Forderungen im Insolvenzverfahren**		42

Literatur:
Baums Haftung wegen Falschinformation des Sekundärmarkts, ZHR 167 (2002), 139; *Berger* Zur Abgrenzung der Insolvenzforderung von der Masseverbindlichkeit bei Steuerforderungen, EWiR 2009, 315; *Häsemeyer* Die Altlasten – Ein Prüfstein für wechselseitige Abstimmungen zwischen dem Insolvenzrecht und dem Verwaltungsrecht, FS Uhlenbruck, S. 97; *Henckel* Die letzten Vorrechte im Insolvenzverfahren, FS Uhlenbruck, S. 19; *Kohte* Altlasten in der Insolvenz, 1999; *Münnich* Zum Rang des Abfindungsanspruchs eines ausgeschiedenen Gesellschafters in der Insolvenz der GmbH, EWiR 2015, 385; *Philippi* Die Behandlung von Abfindungsforderungen ausgeschiedener Gesellschafter einer GmbH oder GmbH & Co. KG im Insolvenzverfahren, BB 2002, 841; *Schmitz-Herscheid* Insolvenz: Rang des Abfindungsanspruchs eines ausgeschiedenen Gesellschafters als Insolvenzforderung, GmbHR 2015, 657; *Seer* Abstimmungsprobleme zwischen Umsatzsteuer- und Insolvenzrecht, DStR 2016, 1289; *Smid* Rückführung von Beihilfen und Insolvenz, FS Uhlenbruck, S. 405. Siehe auch die Literaturhinweise bei § 55.

A. Allgemeines

I. Überblick

1 Während der in den §§ 35 ff. InsO konturierte Begriff der Insolvenzmasse die Vermögensgegenstände bezeichnet, auf welche der gemeinschaftliche Haftungszugriff eröffnet ist (s. § 35 Rdn. 1 ff.), steht der in § 38 InsO definierte Begriff der »**Insolvenzgläubiger**« für den Kreis der Gläubiger, zu deren Gunsten dieser Haftungszugriff erfolgt. Damit konkretisiert § 38 InsO die in § 1 Satz 1 InsO normierte Zweckbestimmung, nach welcher das Insolvenzverfahren der **gemeinschaftlichen Befriedigung** der Gläubiger dient. Dies bedeutet freilich nicht umgekehrt, dass die Insolvenzmasse ausschließlich dem Haftungszugriff der Insolvenzgläubiger unterliegt. Vielmehr steht auch den Massegläubigern (§ 53 InsO), den aus- und absonderungsberechtigten Gläubigern (§§ 47 ff. InsO) sowie den zur Aufrechnung berechtigten Gläubigern ein – gegenüber den Insolvenzgläubigern gar vorrangiger – Zugriff auf die Masse oder einzelnen massezugehörigen Gegenständen zu. Zugunsten der Insolvenzgläubiger verbleibt deshalb allein die »Nettomasse«, welche sich nach Befriedigung dieser Gläubiger ergibt und die (in Anlehnung an die konkursrechtliche Terminologie) als **Teilungsmasse** bezeichnet werden kann (s. § 35 Rdn. 5). Setzt man die Teilungsmasse in Bezug zur Höhe der Gesamtheit der Forderungen der Insolvenzgläubiger (auch als »**Schuldenmasse**« bezeichnet), ergibt sich die **Insolvenzquote**, d.h. der Bruchteil, zu dem die den Insolvenzgläubigern zustehenden Forderungen (»**Insolvenzforderungen**«) bedient werden.

Die Qualifizierung einer Forderung als Insolvenzforderung hat weitreichende Folgen. Insolvenzfor- 2
derungen können **ausschließlich im Insolvenzverfahren** geltend gemacht werden (§ 87 InsO). Dies
schließt nicht nur (Einzel-)Zwangsvollstreckungen in die Insolvenzmasse, sondern auch in das insolvenzfreie Vermögen des Schuldners aus (§ 89 Abs. 1 InsO). Befriedigung erlangen Insolvenzgläubiger im Rahmen der Verteilung der (Teilungs-)Masse (§ 187 ff. InsO). Auch im Restschuldbefreiungsverfahren ist eine Vollstreckung in das Vermögen des Schuldners unzulässig (§ 294 Abs. 1
InsO). Nach Aufhebung des Insolvenzverfahrens können die Insolvenzgläubiger ihre Ansprüche
zwar grds. weiterverfolgen (§ 201 Abs. 1 InsO), doch bestehen bei abgeschlossenen **Insolvenzplanverfahren** erhebliche Einschränkungen (§§ 254, 254b, 255, 259a, § 259b InsO) und können die
Forderungen beim Regelverfahren im Zuge einer **Restschuldbefreiung** undurchsetzbar werden
(§ 301 Abs. 1 InsO).

Die **Befriedigungsaussichten** der Insolvenzgläubiger werden durch diese Einschränkungen erheblich 3
beeinträchtigt. Volle Befriedigung können sie nur in den praktisch kaum vorkommenden Fällen erwarten, in denen die (Teilungs-)Masse (s. Rdn. 1) ausreicht, um sämtliche Insolvenzgläubiger zu befriedigen. Der **Abgrenzung** der Insolvenzgläubiger von den Gläubigern, denen ein vorrangiger Zugriff auf die Masse oder auf einzelne Gegenstände der Masse zusteht, kommt daher **entscheidende
Bedeutung** zu. Im **Zweifel** ist – mit Blick auf die **Zielbestimmung einer gleichmäßigen Befried-
gung der Gläubiger** – von einer Insolvenzforderung auszugehen (*Uhlenbruck/Hirte* InsO, § 38
Rn. 2).

Insolvenzgläubiger sind von den Gläubigern **abzugrenzen**, deren Ansprüche außerhalb der Vertei- 4
lung der Masse nach §§ 187 ff. InsO befriedigt werden. Dabei ist zum einen zu unterscheiden zwischen solchen Gläubigern, deren Befriedigung aus dem vom Insolvenzbeschlag erfassten schuldnerischen Vermögen vorrangig vor der Verteilung an die Insolvenzgläubiger erfolgt (s. Rdn. 5 und
6), und solchen Gläubigern, die sich ungeachtet des Insolvenzverfahrens weiterhin an den Schuldner
halten müssen (s. Rdn. 7).

Die Befriedigung der **absonderungsberechtigten Gläubiger**, denen die in den §§ 49 ff. InsO be- 5
zeichneten Rechte an Gegenständen der Masse zustehen, erfolgt aus dem Verwertungserlös der Gegenstände, an denen die Absonderungsrechte bestehen (§§ 49 ff., 166 ff. InsO). Die Verwertung
erfolgt bei unbeweglichen Gegenständen nach den Vorschriften des Gesetzes über die Zwangsversteigerung und Zwangsverwaltung (§ 49 InsO) und bei beweglichen Gegenständen freihändig durch
den Insolvenzverwalter (§§ 50, 166–172 InsO) oder durch den Gläubiger (§ 173 InsO). Soweit
der Schuldner den absonderungsberechtigten Gläubigern auch **persönlich haftet**, sind diese in Bezug
auf ihre persönliche Forderung **Insolvenzgläubiger**; zur anteilsmäßigen Befriedigung aus der Masse
sind die absonderungsberechtigten Gläubiger dabei aber nur berechtigt, soweit sie auf die **abgesonderte Befriedigung verzichten** oder mit ihr **ausfallen** (§ 52, s.a. § 190 InsO).

Ebenfalls keine Insolvenzgläubiger sind die **aussonderungsberechtigten Gläubiger** (§ 47 InsO). Die- 6
sen steht in Bezug auf bestimmte Gegenstände ein persönliches oder dingliches Recht zu, kraft dessen sie die Aussonderung dieser Gegenstände aus der Masse verlangen können. Rechte auf Aussonderung werden außerhalb des Insolvenzverfahrens geltend gemacht.

Von den Insolvenzgläubigern sind auch solche Gläubiger abzugrenzen, die ihre Forderungen **außer-** 7
halb des Insolvenzverfahrens geltend zu machen haben. Dies gilt nicht nur für **Neugläubiger**, deren
Ansprüche erst nach Eröffnung des Verfahrens begründet werden (und die nicht nach § 55 Abs. 1
InsO zu den Masseverbindlichkeiten zählen), sondern auch für familienrechtliche Unterhaltsforderungen für die Zeit nach der Insolvenzeröffnung (§ 40 InsO). Weitere Fälle können sich aus spezialgesetzlichen Grundlagen ergeben. Ein Beispiel liefert § 6 Abs. 1a Nr. 3 FMStFG in Bezug auf die
Gläubiger der Refinanzierungsverbindlichkeiten von Unternehmen des Finanzsektors, die durch **Garantien des Finanzmarktstabilisierungsfonds** garantiert werden.

Auch wenn die Gläubiger, die nach den maßgeblichen Bestimmungen (§§ 94 ff. InsO) **gegen masse-** 8
zugehörige Forderungen aufrechnen können, keine eigenständige Gruppe bilden, nehmen sie eine
besondere Position im Vergleich zu den anderen Insolvenzgläubigern ein, da es ihnen möglich ist,

sich über die Aufrechnung an dem für die Insolvenzgläubiger vorgesehenen Verteilungsmechanismus vorbei zu befriedigen.

II. Struktur- und systembildende Kraft der Vorschrift

9 Die Abgrenzung der Insolvenzgläubiger von den vorrangig zu bedienenden Gläubigergruppen ist nicht nur für die jeweils Betroffenen von weitreichender Bedeutung. Vielmehr kommt ihr in der rechtspolitischen Perspektive die Funktion einer **struktur- und systembildenden Determinante** zu. An ihr entscheidet sich, inwieweit das Insolvenzrecht seinem Anspruch gerecht werden kann, die **gleichmäßige Befriedigung der Gläubiger** sicherzustellen. Dieser Anspruch sieht sich von verschiedensten Seiten herausgefordert, welche jeweils eine besondere **Schutzbedürftigkeit bestimmter Gläubigergruppen** betonen und daraus die Forderung ableiten, den Gleichbehandlungsgrundsatz zugunsten einer Bevorrechtigung der jeweils als besonders schutzbedürftig hingestellten Gläubiger zu durchbrechen (vgl. zur aktuellen Debatte über die partielle Wiederbelebung des »Fiskusprivilegs« Rdn. 11). Auf entsprechende Erwägungen gingen auch die **Vorrechte** zurück, welche die Konkursordnung unter anderem zugunsten von Arbeitnehmern, des Fiskus und anderer Abgabengläubiger vorsah (§ 61 KO). Auch wenn sich für derartige Vorrechte jeweils gute arbeits-, sozial- oder fiskalpolitische Gründe angeben lassen mögen, muss stets auch gesehen werden, dass die **Leistungsfähigkeit des Insolvenzrechts** mit der Zulassung solcher Vorrechte zwangsläufig beeinträchtigt werden muss. Eine der größten Errungenschaften der Insolvenzordnung gegenüber dem Konkursrecht kann vor diesem Hintergrund gerade in der Abschaffung der Vorrechte gesehen werden (näher *Schmerbach* Vor §§ 1 ff. Rdn. 41; vgl. BT-Drucks. 12/2443, S. 72, 81, 90). Um insoweit konsequent zu sein und kein Einfallstor für Begehrlichkeiten zu öffnen, sah es der Gesetzgeber als Notwendigkeit an, sämtliche Vorrechte einheitlich zu beseitigen (BT-Drucks. 12/2443, S. 90: »Die herkömmlichen Vorrechte lassen sich nur einheitlich beseitigen«).

10 Nach dem in § 38 InsO niedergelegten **Grundsatz** sind vor diesem Hintergrund **sämtliche zum Eröffnungszeitpunkt** bereits **begründeten Ansprüche Insolvenzforderungen** – und zwar ohne Ansehung des Forderungsinhalts oder des Forderungsinhabers. Für die Einordnung einer Forderung als Insolvenzforderung kommt es (in Abgrenzung zur Masseverbindlichkeit) damit maßgeblich darauf an, ob der **anspruchsbegründende Sachverhalt** zum Eröffnungszeitpunkt bestand. Soweit dies der Fall ist, sind die Gläubiger als Insolvenzgläubiger **auf das Insolvenzverfahren zu verweisen**, sofern ihnen keine Aus-, Absonderungs- oder Aufrechnungsrechte zustehen. Das wird nicht immer erkannt. Immer wieder ist zu beobachten, dass die Anforderungen an die Begründetheit des Anspruchs i.S.v. § 38 InsO unter **Heranziehung spezialgesetzlicher Erwägungen** derart angehoben werden, dass trotz Vorliegens des anspruchsbegründenden Sachverhalts zum Zeitpunkt der Verfahrenseröffnung angenommen wird, dass es sich nicht um Insolvenzforderungen handelt. Damit wird verkannt, dass es dem Insolvenzrecht zur Gewährleistung der Gläubigergleichbehandlung darum geht, alle Gläubiger zu erfassen, deren Ansprüche zum Zeitpunkt der Verfahrenseröffnung im Kern bereits begründet waren. Dazu gehören noch nicht fällige Ansprüche genauso wie aufschiebend bedingte Ansprüche (s. Rdn. 21). Dies wird z.B. verkannt, wenn bei der Qualifikation eines Anspruches aus einem Bescheid über Abwasserbeiträge für die Begründetheit i.S.v. § 38 InsO von den Voraussetzungen für den Erlass eines solchen Bescheids abstrahiert und zur Begründung des Anspruchs zusätzlich verlangt wird, dass der Bescheid erlassen wird (s. *VG Frankfurt/O.* BeckRS 2017, 112655, Rn. 34). Richtigerweise ist der Gebührenanspruch aber schon begründet, wenn die Voraussetzungen für seinen Erlass vorliegen. Stellen die einschlägigen **spezialgesetzlichen Regelungen zusätzliche Voraussetzungen für die Anspruchsentstehung** auf, ist dies **insolvenzrechtlich unerheblich** (vgl. *BVerwG* ZInsO 2015, 1219 Rn. 14). Dies wird man angesichts der fundamentalen Bedeutung des Gläubigergleichbehandlungsgrundsatzes und der bewussten rechtspolitischen Entscheidung des Gesetzgebers der InsO jedenfalls dann und solange annehmen müssen, wie man der spezialgesetzlichen Regelung nicht entnehmen kann, dass letztere zu einer Durchbrechung des als solchen auch in seiner Tragweite erkannten Grundsatzes führen soll.

Die **Insolvenzeröffnung** stellt damit eine **entscheidende Zäsur** dar. Die bis dahin begründeten An- 11
sprüche sind als Insolvenzforderungen im Verfahren geltend zu machen, wohingegen bei den danach
begründeten Ansprüchen zu prüfen ist, ob es sich um Masseverbindlichkeiten oder weiter gegen den
Schuldner durchzusetzende Forderungen handelt. Dieser Grundsatz ist in den letzten Jahren vor allem im Steuerrecht durch die **Rechtsprechung des fünften Senats des Bundesfinanzhofs** (*BFH* ZIP
2009, 977; ZIP 2011, 782; ZIP 2011, 2481) sowie durch die Einführung des **§ 55 Abs. 4 InsO**
durch das Haushaltsbegleitgesetz 2011 (BGBl. I S. 1885) für den Bereich des (Umsatz-)Steuerrechts
aufgeweicht worden, indem **im Eröffnungsverfahren begründete (Umsatz-)Steueransprüche** entgegen dem in § 38 InsO verankerten Grundsatz zu Masseforderungen erhoben wurden (dazu
und zu den entsprechenden Änderungen im Umsatzsteuer-Anwendungserlass durch das Schreiben
des BMF vom 09.12.2011: *Sterzinger* NZI 2012, 63). Diese Aufweichung sowie die Sorge, dass sie
Anlass geben könnte, weitere Ausnahmeregelungen zu schaffen, hat dem insolvenzrechtlichen
Schrifttum und der insolvenzrechtlichen Praxis Anlass zu teilweise heftiger Kritik gegeben (*Schmittmann* ZIP 2011, 1125; *Heinze* DZWIR 2011, 276; *Kahlert* DStR 2011, 921; *Schacht* ZInsO 2011,
1787; krit. auch aus Sicht der Finanzverwaltung *Sterzinger* BB 2011, 1367; näher dazu § 53
Rdn. 6 f.).

B. Der Begriff des »Insolvenzgläubigers«

I. »Persönlicher Gläubiger«

Der Gläubiger muss persönlicher Gläubiger sein, d.h. der Schuldner muss dem Gläubiger persönlich 12
zur Leistung verpflichtet sein, so dass sein Vermögen oder zumindest ein als Sondervermögen abgrenzbarer Teil seines Vermögens (dazu s. § 35 Rdn. 8) für die Verbindlichkeit haftet. Das ist nicht
der Fall, wenn der Schuldner ausschließlich mit bestimmten Gegenständen seines Vermögens – insbesondere aus einer dinglichen Belastung einzelner Gegenstände haftet (MüKo-InsO/*Ehricke* § 38
Rn. 10). Liegt eine dingliche Haftung vor, ist freilich stets auch zu prüfen, ob der Schuldner daneben
nicht auch einer persönlichen Haftung unterworfen ist. Das kann der Fall sein, wenn das dingliche
Recht der Sicherung eines (persönlichen) Anspruchs dient oder wenn der Schuldner sich anderweitig
einer persönlichen Haftung unterwirft (wie sie etwa bei Grundschuldbestellungen üblich sind).
Soweit der Schuldner **absonderungsberechtigten Gläubigern** persönlich haftet, sind letztere auch Insolvenzgläubiger (BT-Drucks. 12/2443 S. 126). Sie sind jedoch nur dann anteilmäßig aus der Insolvenzmasse zu befriedigen, soweit sie auf eine abgesonderte Befriedigung verzichten oder bei ihr
ausgefallen sind (wegen der Einzelheiten s. die Erläuterungen bei § 52 und § 190 InsO zu ihrer Berücksichtigung bei der Verteilung). Eine persönliche Haftung, und nicht etwa eine dingliche Haftung, liegt auch bei der »beschränkten Haftung« von Kommanditisten auf die Kommanditeinlage
(§§ 171 Abs. 1, 172 Abs. 4 HGB) vor, da die Haftungsbeschränkung keine gegenständliche, sondern allein eine betragsmäßige ist und sich daher nicht wesentlich von anderen Verpflichtungen
des Schuldners unterscheidet (*Jaeger/Henckel* InsO, § 38 Rn. 21; MüKo-InsO/*Ehricke* § 38
Rn. 12); hier besteht allerdings die Besonderheit, dass der Gesellschaftsgläubiger seine Ansprüche
in der Insolvenz des Kommanditisten höchstens in der Höhe geltend machen kann, in der die Kommanditeinlage rückständig ist (*Jaeger/Henckel* InsO, § 38 Rn. 21) .Selbstverständlich ist die »beschränkte Haftung« von Gesellschaften mit beschränkter Haftung und anderen juristischen Personen
vermögens- und haftungsrechtlich eine unbeschränkte Haftung, da sie sich auf das gesamte Vermögen der juristischen Person erstreckt.

II. »Vermögens«-Anspruch

Aus dem Wesen des Insolvenzverfahrens als eine auf die gleichmäßige Befriedigung der Gläubiger in 13
Geld zielende Gesamtvollstreckung ergibt sich, dass nur solche Forderungen Insolvenzforderungen
sind, die **gegen das Vermögen des Schuldners gerichtet** sind und entweder **auf einen Geldbetrag** lauten oder sich **in einen solchen umrechnen** lassen (vgl. § 45 InsO). Es muss sich mithin um geldwerte
Forderungen handeln.

14 Bei Ansprüchen, die auf ein **bestimmtes Handeln des Schuldners** gerichtet sind, ist der vermögensrechtliche Charakter i.d.R. ausgeschlossen. Dem entspricht es, dass Ansprüche auf die **Vornahme unvertretbarer Handlungen** sowie von **Duldungen und Unterlassungen** auch besonderen einzelvollstreckungsrechtlichen Regimen unterliegen (§§ 888, 890 ZPO), nach denen durch Ordnungsgeld oder Zwangshaft auf den **Willen des Schuldners** eingewirkt wird. Solche Ansprüche eignen sich nicht für eine Anmeldung zur Tabelle, zumal dem Vollstreckungsinteresse des Gläubigers nach wie vor dadurch entsprochen werden kann, dass der Anspruch mit den Mitteln des Einzelzwangsvollstreckungsrechts gegen den Schuldner durchgesetzt wird. Da eine solche Rechtsverfolgung gegen den Schuldner nicht unangemessen belastet und da sie nicht zulasten der Gläubigergesamtheit geht, passen die §§ 87, 89 InsO nicht.

15 **Nicht zu den Vermögensansprüchen** gehören insoweit:
 – Ansprüche auf **unvertretbare Handlungen des Schuldners** (*Kübler/Prütting-Holzer* InsO, § 38 Rn. 16 f.; *Nerlich/Römermann-Andres* InsO, § 38 Rn. 9). Insoweit kann auf § 888 ZPO und die dazu ergangene Rspr. zurückgegriffen werden: Annahme als Erfüllung (*Baumbach/Lauterbach/Albers/Hartmann* § 887 ZPO, Rn. 20); Erteilung einer Auskunft (dazu *Nerlich/Römermann-Andres* InsO, § 38 Rn. 10), Einsicht, Rechnungslegung, soweit sie nur der Schuldner erbringen kann (*BGH* MDR 1986, 657); Bilanzierung, wenn der Schuldner mitwirken muss (*OLG Köln* VersR 1997, 723); Dienste höherer Art wie Leistungen eines Architekten, Ingenieurs, Arztes (*Baumbach/Lauterbach/Albers/Hartmann* § 887 ZPO Rn. 24); die Leistung eines Sachverständigen kann unvertretbar sein, wenn für sie ungewöhnliche Fachkenntnisse erforderlich sind (*OLG Hamm* JMBl. NRW 1977, 67) sowie geistige, künstlerische, wissenschaftliche oder schriftstellerische Leistungen (*Baumbach/Lauterbach/Albers/Hartmann* § 888 ZPO Rn. 27, dort auch zu Ausnahmen), Herstellung eines Nachlassverzeichnisses (*OLG Hamm* JMBl. NRW 1977, 67); der Abdruck einer Gegendarstellung (*LG Frankfurt/M.* NJW-RR 1988, 1022); Ausstellung eines Wechsels oder Schecks (*Baumbach/Lauterbach/Albers/Hartmann* § 888 ZPO Rn. 40), Widerruf (*Baumbach/Lauterbach/Albers/Hartmann* § 888 ZPO Rn. 40); Ausstellung eines Zeugnisses (*LAG Nürnberg* BB 1993, 366)
 – **Ansprüche auf Duldungen und Unterlassungen**, die, wie auch die auf die Vornahme von unvertretbaren Handlungen gerichteten Ansprüche, auf ein bestimmtes Verhalten des Schuldners gerichtet sind.

16 Besteht allerdings ein geldwertes Interesse an der Vornahme der Handlung oder an der Unterlassung, sind **Schadensersatzansprüche, die aus der Nichtvornahme** oder **Zuwiderhandlung resultieren**, als Vermögensansprüche zu qualifizieren, die als Insolvenzforderungen geltend gemacht werden können (vgl. *BGH* ZIP 2003, 1550 [1553]). Zwar steht dem Gläubiger, soweit es ihm (weiter) um die Vornahme der Handlung oder die Durchsetzung der Unterlassung geht, weiterhin die Möglichkeit offen, den Anspruch gegen den Schuldner persönlich durchzusetzen; denn da es sich beim Anspruch nicht um eine Insolvenzforderung handelt, steht § 89 Abs. 1 InsO einer Vollstreckung gegenüber dem Schuldner nicht entgegen (s. Rdn. 15). Dies gilt aber gerade nicht für einen etwaigen Schadensersatzanspruch wegen der Verletzung der Pflicht. Es ist nicht erkennbar, warum dieser Anspruch nicht im Insolvenzverfahren als Insolvenzforderung durchsetzbar sein sollte (*Kübler/Prütting/Bork-Holzer* InsO, § 38 Rn. 29b/c; *K. Schmidt* KTS 2004, 241 [247 ff.]; MüKo-InsO/*Ehricke* § 38 Rn. 38). Daher ist stets **zwischen dem Anspruch auf die Vornahme der Handlung** bzw. auf die **Unterlassung**, welche kein Vermögensanspruch ist und daher nicht zur Tabelle angemeldet werden kann, und dem aus der Nichtvornahme der Handlung resultierenden Schadensersatzanspruch zu **differenzieren**, der angemeldet werden kann, sofern er bei der Verfahrenseröffnung begründet war. Dem Gläubiger eines Unterlassungsanspruchs können aber wegen dessen **Verletzung** Ansprüche auf Schadensersatz oder auf Zahlung einer vereinbarten Vertragsstrafe zustehen; solche Ansprüche sind dann, sofern sie bei Eröffnung des Insolvenzverfahrens bereits begründet waren, Insolvenzforderungen (*BGH* ZIP 2003, 1550 [1553]).

17 Demgegenüber steht der Qualifikation von Ansprüchen auf die Vornahme von **vertretbaren Handlungen** keine grundsätzlichen Hindernisse im Wege. Hierzu gehören u.a.:

- Ansprüche auf die **Lieferung von Gegenständen, Strom** etc. (vgl. *Baumbach/Lauterbach/Albers/Hartmann* § 887 ZPO Rn. 30);
- **Befreiung von einer Verbindlichkeit** (*BGH* BGHZ 150, 305; *Nerlich/Römermann-Andres* InsO, § 38 Rn. 11; *Baumbach/Lauterbach/Albers/Hartmann* § 887 ZPO Rn. 22), wenn die Schuld der Höhe nach feststeht und von einem Dritten gleichwertig erfüllt werden kann (*BGH* JR 1983, 499);
- **Bilanzierung**, wenn ein Sachverständiger die Bilanz anhand der Geschäftsunterlagen und Papiere zuverlässig fertigen kann, es sei denn, dass der Unternehmer mitwirken muss (*OLG Köln* VersR 1997, 723);
- Erteilung eines Buchauszuges;
- **Erbringung von handwerksmäßigen Leistungen** (s. näher *Baumbach/Lauterbach/Albers/Hartmann* § 887 ZPO Rn. 28);
- Ansprüche auf Abbruch eines Gebäudes oder auf Feststellung der Pflicht zur Kostentragung für den Fall, dass der Eigentümer den Abbruch selbst bewerkstelligt (*BGH* BGHZ 150, 305);
- **Lohnabrechnung**;
- **Provisionsabrechnung**;
- **Sicherheitsleistung** (*OLG Düsseldorf* FamRZ 1984, 704);
- **Erfüllung von Pflichten aus Mietvertrag** (ausf. *Baumbach/Lauterbach/Albers/Hartmann* § 887 ZPO Rn. 38): die Wiederherstellung des vertragsmäßigen Zustands der Mietsache, wenn die Veränderungen vom Schuldnermieter vor Verfahrenseröffnung vorgenommen wurden (*BGH* BGHZ 148, 252); dies gilt auch für die Entfernung zurückgelassener Sachen (*BGH* BGHZ 148, 252). Dagegen ist im Insolvenzverfahren über das Vermögen des Vermieters der Anspruch des Mieters auf Herstellung eines zum vertragsgemäßen Gebrauch geeigneten Zustandes bei nach Verfahrenseröffnung fortdauerndem Mietverhältnis eine Masseverbindlichkeit, unabhängig davon, ob der mangelhafte Zustand vor oder nach der Eröffnung entstanden ist (*BGH* ZInsO 2003, 412 unter Hinweis darauf, dass die Pflicht des Vermieters zur Erhaltung der Mietsache in gebrauchsfähigem Zustand eine Dauerverpflichtung ist; krit. *Gundlach/Frenzel* NZI 2003, 374);
- Andienungsrechte in § 82 Abs. 1 Nr. 2, Abs. 2 Nr. 2 SachenRBerG (*BGH* BGHZ 150, 305).

Gestaltungsrechten fehlt es bereits an der Anspruchsqualität (auch HK-InsO/*Eickmann* § 38 Rn. 5), so dass sie als solche keine Insolvenzforderungen sein können. Freilich ist auch hier zu unterscheiden zwischen dem Gestaltungsrecht als solchem und den sich aus der Ausübung dieses Rechts ergebenden Vermögensansprüchen. 18

Keine Vermögensansprüche sind höchstpersönliche und rein familienrechtliche Ansprüche wie das Namensrecht, nichtvermögensrechtliche Ansprüche aus der ehelichen Lebensgemeinschaft oder bei der Lebenspartnerschaft (vgl. § 2 LPartG: Pflicht zur gemeinsamen Lebensgestaltung), Anspruch auf Vaterschaftsanerkennung, Umgangsrecht (MüKo-InsO/*Ehricke* § 38 Rn. 37). Sofern hier überhaupt auf Geld gerichtete Sekundäransprüche bei der Verletzung der Primäransprüche in Betracht kommen, handelt es sich aber wiederum um Vermögensansprüche (MüKo-InsO/*Ehricke* § 38 Rn. 37). 19

Nicht klagbare Ansprüche (§§ 656, 762 BGB) sind natürliche und unvollkommene Verbindlichkeiten (MüKo-InsO/*Ehricke* § 38 Rn. 48) sowie die infolge einer **Restschuldbefreiung** nach § 301 Abs. 1 und 3 InsO nicht mehr durchsetzbaren Ansprüche (*Graf-Schlicker/Kalkmann* InsO, § 38 Rn. 6). 20

III. Begründung des Anspruchs vor Eröffnung des Verfahrens

Ein Vermögensanspruch ist dann als Insolvenzforderung geltend zu machen, **wenn er im Zeitpunkt der Eröffnung des Verfahrens »begründet« ist**; ein nach diesem Zeitpunkt begründeter Anspruch kann als Masseforderung im Verfahren zu berücksichtigen sein (dazu s. die Erläuterungen bei § 53). Unter »Begründung« des Anspruchs ist das **Entstehen der Forderung »ihrem Rechtsgrund nach«** zu verstehen (MüKo-InsO/*Ehricke* § 38 Rn. 15 f.; HambK-InsO/*Lüdke* § 38 Rn. 28; K. Schmidt/*Büteröwe* InsO, § 38 Rn. 14 ff.). Die Forderung muss daher **nicht schon vollwirksam entstanden und durchsetzbar** gewesen sein. So kommt es, wie sich aus § 41 Abs. 1 InsO ergibt, insbesondere 21 auch nicht auf die Fälligkeit der Forderung an, sogar **aufschiebend bedingte Forderungen** werden im Insolvenzverfahren berücksichtigt (§ 191 InsO). Zur Abbildung des in diesen Vorschriften zum Ausdruck kommenden Grundsatzes, dass die Begründung i.S.v. § 38 InsO schon vor Fälligkeit und sogar vor der rechtlichen Entstehung liegen kann, ist in der Literatur die vom Bundesfinanzhof zur Begründung von Steuerforderungen (*BFH* ZIP 1993, 1892 [1893]) zwischenzeitlich übernommene Formel vom »**Schuldrechtsorganismus**« geprägt worden, der die Grundlage für die Forderung bilde (*Uhlenbruck/Sinz* InsO, § 38 Rn. 6; MüKo-InsO/*Ehricke* § 38 Rn. 16). Diese Metapher mag anschaulich sein, bedarf aber der Konkretisierung, da ja gerade fraglich ist, woran sich festmachen lässt, wann ein Rechtsverhältnis auf seinem Weg zur Verdichtung zu einem fälligen Anspruch bereits hinreichend weit vorangeschritten ist, um von einer »begründeten« Position sprechen zu können. Insoweit scheint die Redensart von einer »**(haftungsrechtlichen) (Forderungs-)Anwartschaft**« (*Jaeger/Henckel* InsO, § 38 Rn. 87, 89), von den erforderlichen Anspruchsvoraussetzungen hinreichend viele erfüllt sein müssen, um den Schuldner außerstande zu setzen, die Anspruchsentstehung zu verhindern (HambK-InsO/*Lüdke* § 38 Rn. 30; *K. Schmidt/Büteröwe* InsO, § 38 Rn. 16; *Gottwald/Klopp/Kluth/Pechartscheck* HdbInsR, § 19 Rn. 16) genauer, auch wenn es hier ebenfalls einer näheren Konturierung bedarf (s. Rdn. 23). So ist beispielsweise **irrelevant**, ob der **Gläubiger Kenntnis** von den anspruchsbegründenden Tatsachen hat oder ob ihm diese **erkennbar** waren (vgl. *BGH* NZI 2011, 408 [409]). Erst recht ist irrelevant, wann der Gläubiger den Anspruch geltend macht (*BGH* BGHZ 150, 305 [313] = ZInsO 2002, 524 [527]).

22 § 38 InsO setzt nicht voraus, dass die Forderungen **vom Schuldner** begründet sein müssen. Auch die durch Handlungen eines **vorläufigen Insolvenzverwalters** begründeten Forderungen sind deshalb grds. ebenfalls Insolvenzforderungen. Anderes gilt für Verbindlichkeiten, die durch die Handlung des »**starken« vorläufigen Insolvenzverwalters**, dem das Insolvenzgericht die Verfügungsbefugnis über das Vermögen des Schuldners übertragen hat (§ 22 Abs. 1 Satz 1 InsO), begründet worden sind. Diese gelten nach § 55 Abs. 2 InsO für die Zeit nach der Eröffnung des Insolvenzverfahrens als Masseverbindlichkeiten (dazu s. § 55 Rdn. 46 ff.).

1. Forderungen, die infolge der Ausübung von Gestaltungsrechten und -befugnissen entstehen

23 Entsteht eine Forderung infolge der Ausübung eines Gestaltungsrechts, wird sie nicht erst mit Ausübung des Rechts begründet, sondern bereits mit dem Entstehen der **Gestaltungslage** (*BVerwG* ZInsO 2015, 1219 = ZIP 2015, 1182 Rn. 14; *BGH* BGHZ 72, 263 [265 f.]; **a.A.** MüKo-InsO/*Ehricke* § 38 Rn. 47; *Jaeger/Henckel* InsO, § 38 Rn. 64; *Braun/Bäuerle* InsO, § 38 Rn. 5: Ausübung des Rechts). Denn bereits diese schafft dem Gestaltungsberechtigten die haftungsrechtliche Forderungsanwartschaft, der sich der Schuldner nicht mehr einseitig entziehen kann. Gleiches gilt für den Bereich behördlicher Anordnungsbefugnisse: Die mit dem Erlass eines Bescheids erzeugten Rechtsfolgen sind bereits in den Voraussetzungen für den Erlass des Bescheids angelegt, weshalb es auf letztere ankommt und nicht etwa den Erlass des Bescheids (*BVerwG* ZInsO 2015, 1219 = ZIP 2015, 1182 Rn. 14). Daran ändert es nichts, wenn nach den einschlägigen Vorschriften der Anspruch erst mit dem Erlass des Bescheids entsteht. Denn nach § 38 InsO reicht die Begründung und wird nicht die Entstehung des Anspruchs vorausgesetzt.

2. Steuerforderungen

24 Zur Behandlung von Steuerforderungen s. *Boochs/Nickel* § 155 Rdn. 398 ff.

3. Weitere Forderungen

25 **Rentenansprüche** sind – auch soweit sie einen Zeitraum nach Verfahrenseröffnung betreffen – Insolvenzforderungen. Sie gehen wie auch die Versorgungsanwartschaften auf den PSV über, soweit diese Anwartschaften unverfallbar sind (§ 9 Abs. 2 Satz 1, § 1 BetrAVG). Inhaber von verfallbaren Anwartschaften haben keine Ansprüche gegen die Masse. Mit Eröffnung des Insolvenzverfahrens verfallen ihre Anwartschaften.

Auch für **Ansprüche nach dem öffentlichen Recht**, insbesondere für die **Erstattung der Kosten einer** 26
Ersatzvornahme im Umweltrecht, gilt, dass sich die Einstufung als Insolvenzforderung oder Masseverbindlichkeit danach bestimmt, wann der dem Anspruch zugrunde liegende Sachverhalt verwirklicht worden ist. Für Ordnungspflichten, insbesondere auch solche nach umweltrechtlichen Vorschriften (Sanierung von »Altlasten«), bedeutet dies, dass auf den **Zeitpunkt der Verwirklichung des Gefahrentatbestandes**, d.h. die Kontamination eines Grundstücks oder eines beweglichen Gegenstandes, und **nicht** auf den Zeitpunkt eines die Ordnungspflicht **konkretisierenden Verwaltungsaktes** abzustellen ist (*BGH* BGHZ 150, 305; *Häsemeyer* FS Uhlenbruck, S. 97 [101]; KS-InsO/*Lüke* 2000, S. 859 [874 f.], *Pape* ZIP 1991, 1544 ff.; *Lwowski/Tetzlaff* NZI 2001, 57 [60 f.]; **a.A.** *BVerwG* BVerwGE 108, 269). Davon unabhängig ist die Frage zu entscheiden, ob die Masse im Zuge ihrer Verwertung durch den Verwalter selbst Adressat ordnungsrechtlicher Vorschriften wird (s. § 55 Rdn. 28 f.). Wenn sich z.B. bei der Verwaltung der Insolvenzmasse die Gefahr erhöht, so sind die hierauf entfallenden Beseitigungskosten als Masseverbindlichkeit einzuordnen (s. § 55 Rdn. 29; *Häsemeyer* FS Uhlenbruck, S. 97 [102]).

Ist ein »**Stammrecht**« vor der Eröffnung des Verfahrens begründet worden, wie z.B. ein Anspruch auf 27
Zahlung einer Geldrente nach § 843 BGB, so sind auch die hieraus weiter entstehenden Ansprüche als Insolvenzforderungen zu behandeln (MüKo-InsO/*Ehricke* § 38 Rn. 20). Der **Ausgleichsanspruch des Handelsvertreters** nach § 89b HGB kann ebenfalls nur als Insolvenzforderung verfolgt werden, da er i.d.R. bereits vor Eröffnung des Verfahrens – aufschiebend bedingt – begründet worden ist (*Kilger/K. Schmidt* KO, § 3 Anm. 4m). Ein Schadensersatzanspruch wegen unberechtigter Vollstreckung nach § 717 Abs. 2 ZPO ist als Insolvenzforderung einzuordnen, wenn die Vollstreckung vor Eröffnung des Insolvenzverfahrens erfolgte, selbst wenn sich erst danach ihre Unrechtmäßigkeit herausstellt (*Kuhn/Uhlenbruck* KO, § 3 Rn. 33).

C. Sonderregelungen

Die Insolvenzordnung enthält darüber hinaus **zahlreiche Sonderregelungen**, aus denen sich die Ei- 28
genschaft bestimmter Forderungen als Insolvenzforderungen ergibt. Bei der einen Fallgruppe will die Insolvenzordnung wie schon die Konkursordnung eine möglichst umfassende und schnelle Befriedigung der Gläubiger erreichen; bei der anderen Fallgruppe geht es um Ansprüche aus gegenseitigen Verträgen.

I. Einbeziehung von nicht fälligen und bedingten Forderungen

Im Interesse einer schnellen Beendigung des Insolvenzverfahrens werden **nicht fällige, auflösend** 29
und aufschiebend bedingte Forderungen in das Insolvenzverfahren einbezogen (vgl. §§ 41 ff. InsO).

Anders als die Konkursordnung und die Vergleichsordnung enthält die Insolvenzordnung keine be- 30
sondere Bestimmung zu den **aufschiebend bedingten Forderungen**. Die Behandlung aufschiebend bedingter Forderungen wird vom Gesetz an verschiedenen Stellen geregelt: Für die Feststellung des Stimmrechts in der Gläubigerversammlung gilt, dass entweder eine Einigung unter den Beteiligten oder eine Entscheidung des Gerichts erforderlich ist (§ 77 Abs. 2, 3 InsO, der gem. § 237 InsO auch für die Abstimmung über einen Insolvenzplan anzuwenden ist; für die Berücksichtigung bei Verteilungen s. § 191 InsO).

Verjährte Forderungen sind zwar grds. Insolvenzforderungen, allerdings wird sich der Verwalter 31
wohl i.d.R. auf die Verjährung berufen (HK-InsO/*Eickmann* § 38 Rn. 8: verjährte Steuerforderungen sind wegen §§ 47, 232 AO keine Insolvenzforderungen).

II. Ansprüche aus gegenseitigen Verträgen

Darüber hinaus enthält die Insolvenzordnung Sonderregelungen für **Ansprüche aus noch nicht von** 32
beiden Teilen vollständig erfüllten gegenseitigen Verträgen. Damit wird im Interesse der Rechtssicherheit und -klarheit eindeutig die Qualität dieser Ansprüche festgelegt.

33 Für **Miet- und Pachtverhältnisse** des Schuldners über unbewegliche Sachen sowie für **Dienstverhältnisse** des Schuldners ist durch die Regelung in § 108 Abs. 2 InsO klargestellt, dass der andere Vertragsteil seine Ansprüche für die Zeit vor der Eröffnung des Insolvenzverfahrens als Insolvenzforderung geltend zu machen hat. Für teilbare Leistungen sieht § 105 Satz 1 InsO vor, dass der Teil der Gegenleistung, der den vor der Eröffnung des Insolvenzverfahrens erbrachten Teilleistungen entspricht, nur als Insolvenzforderung geltend gemacht werden kann. Allerdings kann bei einem Handeln eines »starken« vorläufigen Insolvenzverwalters unter den Voraussetzungen des § 55 Abs. 2 InsO eine Masseverbindlichkeit begründet werden (s. § 55 Rdn. 55 und *Wegener* § 108 Rdn. 39).

34 Für den Anspruch eines Gläubigers wegen **Nichterfüllung eines gegenseitigen Vertrages**, dessen Erfüllung der Insolvenzverwalter abgelehnt hatte, sieht § 103 Abs. 2 Satz 1 InsO vor, dass dieser nur als Insolvenzforderung geltend gemacht werden kann.

35 Als weitere Sonderregelungen im Bereich der gegenseitigen Verträge sind zu nennen: § 104 Abs. 3 Satz 3, § 109 Abs. 1 Satz 3, Abs. 2 Satz 2, § 113 Abs. 1 Satz 3, § 115 Abs. 3 Satz 2, § 118 Satz 2 InsO.

D. Mitgliedschaft und daraus erwachsende Ansprüche in der Gesellschaftsinsolvenz

36 In der **Insolvenz von Gesellschaften** stellt sich die Frage nach der Behandlung von mitgliedschaftlichen Ansprüchen der Gesellschafter. Oft wird gesagt, dass Mitgliedsrechte an der Gesellschaft keine Insolvenzforderungen begründen (*BGH* NZG 2009, 984; *Jaeger/Henckel* InsO, § 38 Rn. 44; MüKo-InsO/*Ehricke* § 38 Rn. 54; *Vallender* in: K. Schmidt/Uhlenbruck, Die GmbH in Krise, Sanierung und Insolvenz, 5. Aufl., Rn. 5.169, dort Fn. 1). Auf die mitgliedschaftlichen **Verwaltungsrechte** (**Nichtvermögensrechte** wie z.B. das Stimmrecht, das Recht zur Anfechtung von Gesellschafterbeschlüssen sowie Auskunfts- und Einsichtsrechte) trifft das zu, weil es sich bei diesen schon nicht um Vermögensansprüche handelt. Allerdings muss bereits hier gesehen werden, dass aus der Verletzung solcher Verwaltungsrechte Geldansprüche (wie z.B. Schadensersatzansprüche nach § 246a Abs. 4 Satz 1 AktG oder § 16 Abs. 3 Satz 10 UmwG) entstehen können, denen man die Qualität einer Insolvenzforderung nicht ohne Weiteres absprechen kann.

37 Bei den mitgliedschaftlichen **Vermögensrechten** ist weiter zu **differenzieren**. Das Recht auf die **Teilhabe am Liquidationsüberschuss** (§ 271 AktG, § 72 GmbHG, § 155 HGB, § 734 BGB) begründet keine Insolvenzforderung. Zwar weist § 199 Satz 2 InsO den Gesellschaftern einen etwaigen Überschuss zu, doch ändert dies nichts daran, dass insoweit keine Verteilung stattfindet, sondern lediglich eine Herausgabe des verbleibenden Überschusses. Überdies treten die Gesellschafter in § 199 Satz 2 InsO im Kontext einer Gesellschaftsinsolvenz an die Stelle des in § 199 Satz 1 erwähnten Schuldners, dem man wegen eines etwaigen Liquidationsüberschusses auch nicht den Status eines Insolvenzgläubigers zuerkennt. Anderen mitgliedschaftlichen Vermögensrechten kann man demgegenüber nicht ohne Weiteres die Fähigkeit absprechen, als Insolvenzforderung angemeldet werden zu können. So ist insbesondere der Anspruch auf **Auszahlung von Dividenden** ein **Gläubigerrecht**, das der Gesellschafter gegen die Gesellschaft durchsetzen kann (für die AG: *Hüffer/Koch* AktG, § 58 Rn. 26, 28; für die GmbH: *Baumbach/Hueck-Fastrich* GmbHG, § 29 Rn. 48 f.; *BGH* BGHZ 23, 150 [153]; *RG* RGZ 87, 383 [386]; RGZ 98, 318 [320]). Auch **Abfindungs- und Ausgleichsansprüche**, die im Falle von **Umwandlungsmaßnahmen** zugunsten dissentierender Anteilsinhaber (§§ 29 f., 36, 125, 207 f., 227 UmwG), im Falle einer **Konzernierung** zugunsten außenstehender Aktionäre (§§ 304 f., 320b AktG) und im Falle eines **Squeeze-Out** zugunsten der ausgeschlossenen Aktionäre (§ 327a, 327b AktG) gewährt werden, stellen mitgliedschaftlich begründete Gläubigerrechte dar, deren Verfolgung im Insolvenzverfahren nicht von vornhinein ausgeschlossen ist. Das **Recht zum Bezug neuer Anteile** im Rahmen von Kapitalerhöhungen ist hingegen in der insolvenzfreien Sphäre der Gesellschaft angesiedelt (vgl. *Bitter* in: Scholz, GmbHG, 11. Aufl., vor § 64 Rn. 145; *Uhlenbruck/Hirte* InsO, § 11 Rn. 193 m.w.N.: Möglichkeit der Durchführung von Kapitalerhöhungen trotz Verfahrenseröffnung), so dass sich die Frage nach der Qualifikation als im Verfahren geltend zu machende Insolvenzforderung gar nicht stellt. Da die Ausübung des Bezugsrechts aber dazu führt, dass der Bezugsberechtigte den Ausgabebetrag in die Masse (§ 35 Abs. 1

InsO) zu leisten hat, um dafür Anteile zu erhalten, in welche sodann nach Maßgabe des § 225a InsO eingegriffen werden kann, dürfte sich die praktische Relevanz der Frage in Grenzen halten.

Zahlungsansprüche, die aus mitgliedschaftlichen Vermögensrechten resultieren, können trotz ihrer Qualifikation als Gläubigerrechte, **kapitalerhaltungsrechtlichen Grenzen** unterliegen (so bei der GmbH nach § 30 Abs. 1 GmbHG und bei der Kommanditgesellschaft nach § 169 Abs. 1 HGB). Diese werden der Forderungsdurchsetzung im Insolvenzverfahren entgegenstehen, da hier in aller Regel mindestens eine Unterbilanz eingetreten sein wird (vgl. *Jaeger/Henckel* InsO, § 38 Rn. 44, 49). Daraus folgt aber auch, dass die entscheidende Frage nicht die ist, ob es sich um einen aus der Mitgliedschaft resultierenden Anspruch handelt. Entscheidend ist allein, ob die Durchsetzung des Anspruchs kapitalerhaltungsrechtlich gesperrt ist. **Grundsätzlich** ist also davon auszugehen, dass es sich um **Insolvenzforderungen** handelt (zur **Rangstellung** s. Rdn. 35 f). Fraglich ist nur, ob der Forderung die kapitalerhaltungsrechtliche Auszahlungssperre entgegengehalten werden kann. Stets ist also **konkret zu prüfen**, ob eine kapitalerhaltungsrechtliche Bindung besteht und wie weit sie ggf. reicht. Keiner Auszahlungssperre unterliegt bspw. nach überwiegender (wenn auch streitiger) Auffassung der Zahlungsanspruch des Aktionärs auf die Dividende (*Hüffer/Koch* AktG, § 58 Rn. 28 m.w.N. auch zur Gegenauffassung).

38

Damit wird auch die Frage virulent, ob im Einzelfall eine **kapitalerhaltungsrechtliche Bindung** der Forderung im Zeitablauf **entfallen** kann. Die Möglichkeit einer solchen Enthaftung hat zuletzt das KG angenommen: Hiernach wird ein **Abfindungsanspruch infolge der Einziehung eines GmbH-Geschäftsanteils** nach Ablauf der **Einjahresfrist des § 135 Abs. 1 Nr. 2 InsO** »enthaftet« und unterliegt fortan nicht mehr den kapitalerhaltungsrechtlichen Bindungen der §§ 34 Abs. 4, 30 Abs. 1 GmbHG (*KG* ZInsO 2015, 2270 [2271] = ZIP 2015, 937 [938 f.]). Die Entscheidung ist auf Zustimmung gestoßen (*Münnich* EWiR 2015, 385 [386]; *Schmitz-Herscheid* GmbHR 2015, 657 [659 f.]). Zur Begründung wird angeführt, dass einem ausgeschiedenen Gesellschafter nicht auf Dauer das Risiko künftiger Verluste zuzumuten seien und dass sich zur Begrenzung der kapitalerhaltungsrechtlichen Haftung eine Anlehnung an die Enthaftungsregelungen des Gesellschafterdarlehensrechts anbiete (*KG* ZInsO 2015, 2270 [2271] = ZIP 2015, 937 [938 f.]). Gegen die Analogie zum Gesellschafterdarlehensrecht spricht allerdings, dass die **kapitalerhaltungsrechtlichen Bindungen** des § 30 Abs. 1 GmbHG wesentlich **stärker ausgeprägt** sind als die in § 135 Abs. 1 Nr. 2 InsO ihre Ausprägung findende **Verstrickung des Gesellschafterdarlehensrechts**. So unterliegt insbesondere der Rückforderungsanspruch des § 31 Abs. 1 GmbHG nicht der zeitlichen Beschränkung des § 135 Abs. 1 Nr. 2 InsO, sondern allein einer **zehnjährigen Verjährungsfrist (§ 31 Abs. 4 GmbHG)**. Der Gesetzgeber hat auch nicht andeutungsweise zum Ausdruck gebracht, dass die in § 34 Abs. 4 GmbHG angeordnete Anwendung der Kapitalerhaltungsregeln zugunsten des ausscheidenden Gesellschafters – in zeitlicher Hinsicht oder sonstwie – beschränkt werden sollen. Anders als im Falle einer Rückgewähr von Gesellschafterdarlehen droht bei einer Auszahlung des Abfindungsanspruchs wegen Einziehung der Abzug des **als Haftungsgrundlage aufgebrachten Grundkapitals**. Daher ist ein Einziehungsbeschluss auch nichtig, wenn feststeht, dass der Abfindungsanspruch nicht ohne Verstoß gegen die Kapitalerhaltung ausgezahlt werden kann (*BGH* BGHZ 144, 365 [369 f.]; ZIP 2012, 422 Rn. 7; ZIP 2011, 1104 Rn. 13; ZIP 2009, 314 Rn. 7). Der darin zum Ausdruck kommenden **überragenden Bedeutung des Kapitalerhaltungsgrundsatzes** würde man nicht gerecht, wenn man diesen und den durch ihn geleisteten **Gläubigerschutz** zugunsten des ausscheidenden Gesellschafters und dessen Interesse an der Abfindungsleistung zurückdrängen würde. Das ist auch nicht notwendig, weil das Gesellschaftsrecht selbst Lösungen zum Schutz des ausscheidenden Gesellschafters aufzeigt. So kann sich der Ausscheidende dann, wenn die Auszahlung der Abfindung an § 30 Abs. 1 GmbHG scheitert, an die Mitgesellschafter halten, wenn diese nicht entweder dafür sorgen, dass die Gesellschaft den Anspruch aus ungebundenen Mitteln erfüllt, oder dafür, dass die Gesellschaft abgewickelt wird (*BGH* NZG 2012, 259 Rn. 13, 20 ff.). Das ist auch sachgerecht, da der Ausscheidende zwar auf sein Gläubigerrecht verwiesen ist, aber als ehemaliger Gesellschafter im Vergleich zu den Insolvenzgläubigern näher dran bleibt, für die Erhaltung der Haftungsgrundlage zu sorgen. Das **Problem** ist daher **nicht zulasten der Gläubigergesamtheit, sondern zulasten der Mitgesellschafter zu lösen**. Die Entscheidung des KG dürfte vor diesem Hintergrund durch ein **Miss-**

39

verständnis erklärbar sein. Sie beruht auf der (im Zitat von *BGH* ZIP 2006, 703 zum Ausdruck kommenden) Annahme, dass die Frage der Kapitalerhaltung bei der GmbH den Grundsätzen des im heutigen Gesellschafterdarlehensrechts fortlebenden Eigenkapitalersatzrechts folgte. Das ist unzutreffend. So waren umgekehrt die Rechtsprechungsregeln des Eigenkapitalersatzrechts auf § 30 Abs. 1 InsO gestützt worden, sie lassen daher (auch nach ihrer Abschaffung durch das MoMiG) keinerlei Rückschlüsse auf die Reichweite der originären Kapitalerhaltungsregeln zu. Erst recht gibt es keine Grundlage für die Annahme, dass die insolvenzrechtlichen (Novellen-)Regelungen des heutigen Gesellschafterdarlehensrechts die gesellschaftsrechtlichen Kapitalerhaltungsbestimmungen beschränken.

40 Der vorgenannten (s. Rdn. 38 f.) kapitalerhaltungsrechtlichen Bindung können im Einzelfall auch Ansprüche von Gesellschaftern aus causa socitatis mit der Gesellschaft geschlossenen Verträgen unterfallen (vgl. für das Aktienrecht *Hüffer/Koch* AktG, § 57 Rn. 8 ff.: u.a. **verdeckte Einlagenrückgewähr**). Zu beachten ist aber umgekehrt auch, dass einem Gesellschafter auch Ansprüche gegen die Gesellschaft zustehen können, die zwar im Zusammenhang mit dem Mitgliedschaftsverhältnis stehen, aber aus **kapitalmarktrechtlichen Anspruchsgrundlagen** folgen, die **ungeachtet etwaiger kapitalerhaltungsrechtlicher Auszahlungssperren durchsetzbar** sind. Beispiele sind die **Prospekthaftung** nach §§ 21, 5 Abs. 3 Satz 2 WpPG i.V.m. § 32 Abs. 2 Satz 1 BörsG und die **Haftung für fehlerhafte Kapitalmarktinformation** nach §§ 37a, 37b WpHG (*EuGH* NZG 2014, 215, Rn. 22; *BGH* NZG 2007, 345 Rn. 3; ZIP 2007 326 Rn. 9; NJW 2005, 2450 [2452]; zum Ganzen *Baums* ZHR 167 [2003] 139, 169)

41 Von der Frage, ob der mitgliedschaftliche oder aus der Mitgliedschaft fließende Anspruch als Insolvenzforderung einer Anmeldung grds. zugänglich ist, ist die Frage danach zu unterscheiden, in welchem **Rang** der Anspruch als Insolvenzforderung steht. Nach **§ 39 Abs. 1 Nr. 5 InsO** sind alle Ansprüche von Gesellschaftern aus Darlehen und aus einem Gesellschafterdarlehen vergleichbaren Rechtshandlungen **nachrangig**. Die Nachranganordnung setzt, anders als unter früherem Eigenkapitalersatzrecht, nicht mehr eine Krisenfinanzierungsentscheidung des Gesellschafters oder ihm gleichgestellten Dritten voraus, kommt aber nach wie vor in Betracht, wenn ein Anspruch **stehengelassen**, d.h. gestundet oder trotz Fälligkeit nicht eingefordert wird.

E. Bevorrechtigte Forderungen im Insolvenzverfahren

42 Wie bereits einleitend festgestellt, hat die Insolvenzordnung die **Vorrechte einzelner Gruppen von Gläubigern abgeschafft.** Hier sind nicht nur die Abschaffung des § 61 KO, sondern auch die Fälle des § 59 Abs. 1 Nr. 3 KO zu nennen. Auch die besonderen Konkursvorrechte gibt es als solche nicht mehr. In der Sache sind sie zum Teil zu Masseverbindlichkeiten gemacht worden (§ 123 Abs. 2 Satz 1 InsO für die Sozialplangläubiger; § 27 des Gesetzes über Arbeitnehmererfindungen), zum Teil sind sie aufgehoben worden (z.B. das Konkursvorrecht bei der Schadenversicherung ohne Deckungsrücklage nach § 80 VAG, Art. 87 Nr. 11 EGInsO; KS-InsO/*Eckardt* 2000, S. 743 [747]).

43 Von den Vorrechten zu unterscheiden sind demgegenüber sog. »**Sondermassen**«, welche als Teile der Insolvenzmasse ausschließlich der Befriedigung bestimmter Insolvenzgläubiger dienen (s. dazu § 35 Rdn. 8). Derartige Sondermassen, wie sie z.B. infolge der Notwendigkeit entstehen, wenn aufgrund bestimmter haftungsrechtlicher Bestimmungen (z.B. zur Haftung des ausgeschiedenen Kommanditisten (dazu *Uhlenbruck/Hirte* InsO, § 35 Rn. 101) oder in den Gesamtschadensfällen des § 92 InsO zwischen (begünstigten) Alt- und (nicht begünstigten) Neugläubigern zu unterscheiden ist, widersprechen nicht dem Grundsatz der gleichmäßigen Gläubigerbefriedigung, weil sie nur die **haftungsrechtlichen Konsequenzen** aus den **materiellen Haftungsgrundlagen** ziehen.

§ 39 Nachrangige Insolvenzgläubiger

(1) Im Rang nach den übrigen Forderungen der Insolvenzgläubiger werden in folgender Rangfolge, bei gleichem Rang nach dem Verhältnis ihrer Beträge, berichtigt:
1. die seit der Eröffnung des Insolvenzverfahrens laufenden Zinsen und Säumniszuschläge auf Forderungen der Insolvenzgläubiger;
2. die Kosten, die den einzelnen Insolvenzgläubigern durch ihre Teilnahme am Verfahren erwachsen;
3. Geldstrafen, Geldbußen, Ordnungsgelder und Zwangsgelder sowie solche Nebenfolgen einer Straftat oder Ordnungswidrigkeit, die zu einer Geldzahlung verpflichten;
4. Forderungen auf eine unentgeltliche Leistung des Schuldners;
5. nach Maßgabe der Absätze 4 und 5 Forderungen auf Rückgewähr eines Gesellschafterdarlehens oder Forderungen aus Rechtshandlungen, die einem solchen Darlehen wirtschaftlich entsprechen.

(2) Forderungen, für die zwischen Gläubiger und Schuldner der Nachrang im Insolvenzverfahren vereinbart worden ist, werden im Zweifel nach den in Absatz 1 bezeichneten Forderungen berichtigt.

(3) Die Zinsen der Forderungen nachrangiger Insolvenzgläubiger und die Kosten, die diesen Gläubigern durch ihre Teilnahme am Verfahren entstehen, haben den gleichen Rang wie die Forderungen dieser Gläubiger.

(4) ¹Absatz 1 Nr. 5 gilt für Gesellschaften, die weder eine natürliche Person noch eine Gesellschaft als persönlich haftenden Gesellschafter haben, bei der ein persönlich haftender Gesellschafter eine natürliche Person ist. ²Erwirbt ein Gläubiger bei drohender oder eingetretener Zahlungsunfähigkeit der Gesellschaft oder bei Überschuldung Anteile zum Zweck ihrer Sanierung, führt dies bis zur nachhaltigen Sanierung nicht zur Anwendung von Absatz 1 Nr. 5 auf seine Forderungen aus bestehenden oder neu gewährten Darlehen oder auf Forderungen aus Rechtshandlungen, die einem solchen Darlehen wirtschaftlich entsprechen.

(5) Absatz 1 Nr. 5 gilt nicht für den nicht geschäftsführenden Gesellschafter im Sinne des Absatzes 4 Satz 1, der mit zehn Prozent oder weniger am Haftkapital beteiligt ist.

Übersicht

	Rdn.
A. Allgemeines	1
B. Stellung der nachrangigen Insolvenzgläubiger im Verfahren	6
C. Rangfolge und Tilgungsreihenfolge	12
D. Ranggruppen	15
I. Verhältnis der Ranggruppen zueinander	15
II. Zinsen und Säumniszuschläge (Abs. 1 Nr. 1)	16
III. Kosten der Teilnahme am Insolvenzverfahren (Nr. 2)	21
IV. Geldstrafen, Geldbußen, Ordnungsgelder, Zwangsgelder etc. (Nr. 3)	23
V. Forderungen auf eine unentgeltliche Leistung des Schuldners (Nr. 4)	26
VI. Forderungen aus Gesellschafterdarlehen und wirtschaftlich entsprechenden Rechtshandlungen (Nr. 5, Abs. 4, 5)	27
1. Allgemeines	27
a) Überblick	27
b) Wandel vom »Eigenkapitalersatzrecht« zum Recht der Gesellschafterfremdfinanzierung durch das MoMiG	28
c) Zeitlicher Anwendungsbereich; Übergangsrecht	31
2. Zweck und dogmatische Rekonstruktion	33
a) Grundproblem der Normzweckbestimmung nach dem MoMiG	34
b) Unzureichende Erklärungskraft der (Diskontinuitäts-)Lehre vom Missbrauch der Haftungsbeschränkung	35
c) Grundsätzliche Maßgeblichkeit des Gedankens der Finanzierungs(folgen)verantwortung	38
d) Konkretisierung des Gedankens der Finanzierungs(folgen)verantwortung	39
3. Grundtatbestand: Ansprüche auf Rückgewähr von Gesellschafterdarlehen (Nr. 5 Alt. 1)	41
a) Haftungsbeschränkte Gesell-	

	Rdn.		Rdn.
schaft als Darlehensnehmerin (Abs. 4 Satz 1)	41	bb) Einbeziehung Dritter aufgrund »gesellschafterähnlicher Stellung«	75
b) Gesellschafter als Darlehensgeber	44	aaa) Meinungsstand	75
aa) Stellung als Gesellschafter	44	bbb) Vergleichbarkeit mit gesetzestypisch ausgestalteter Gesellschafterstellung	77
bb) Kleinbeteiligtenprivileg (Abs. 5)	45		
c) Gegenstand des Nachrangs	50		
aa) Anspruch auf Rückzahlung des Gesellschafterdarlehens	50	ccc) Vergleichbarkeit bei Zurückbleiben hinter den Ausstattungsmerkmalen der gesetzestypischen Gesellschafterstellung	80
bb) Keine Beschränkung auf bestimmte Darlehenstypen	51		
cc) Keine Verstrickung des Nutzwerts bei Gebrauchsüberlassungen	54	cc) Einbeziehung verbundener Unternehmen	86
d) Maßgebliche Zeitpunkte	57	dd) Entsprechende Anwendung des Kleinbeteiligtenprivilegs	88
e) Wirkung der Verstrickung gegenüber dem Zessionar der Darlehensrückzahlungsforderung	61	c) Kombinationen aus transaktions- und statusbezogenen Entsprechungen	90
4. Erweiterungen des Grundtatbestands durch die »Entsprechungsklausel« in Nr. 5 Alt. 2	63	5. Sanierungsprivileg (Abs. 4 Satz 2)	91
		6. Internationales Insolvenzrecht	97
a) Transaktionsbezogene Entsprechung: Einbeziehung sämtlicher Kreditgewährungen	64	E. Vereinbarung über den Nachrang einer Forderung (Abs. 2)	98
b) Statusbezogene Entsprechungen: Einbeziehung »gesellschafterähnlicher Dritter«	69	F. Zinsen und Kosten bei nachrangigen Insolvenzforderungen (Abs. 3)	101
aa) Einbeziehung Dritter über die Zurechnung einer Gesellschafterstellung	72	G. Weitere nachrangig zu befriedigende Forderungen	102

Literatur:
Altmeppen Ist das besicherte Gesellschafterdarlehen im Insolvenzverfahren der Gesellschaft subordiniert oder privilegiert?, ZIP 2012, 1745; *Azara* Die neue BGH-Rechtsprechung zur Abtretung von Gesellschafterdarlehensforderungen und ihre praktischen Auswirkungen, DStR 2013, 2280; *Bascha/Walz* Hybride Finanzierungsinstrumente als Anreiz- und Kontrollmechanismen bei Venture Capital FB 2000, 410; *T. Bezzenberger* Kapitalersetzende Gesellschafterdarlehen im Recht der GmbH, FS Bezzenberger, 2000, S. 23 ff.; *Bitter* Anfechtung von Sicherheiten für Gesellschafterdarlehen nach § 135 Abs. 1 Nr. 1 InsO, ZIP 2013, 1497; ders. Teufelskreis – Ist das Sanierungsprivileg des § 39 Abs. 4 Satz 2 InsO zu sanieren?, ZIP 2013, 398; ders. Die Nutzungsüberlassung in der Insolvenz nach dem MoMiG (§ 135 Abs. 3 InsO) – Dogmatische Grundlagen und Einzelfragen der Praxis, ZIP 2010, 1; *Blöse* Zu den Voraussetzungen des Sanierungsprivilegs, GmbHR 2010, 254; ders. Zur Frage der Anwendbarkeit der Eigenkapitalersatzregeln auch für atypische Gesellschaften, GmbHR 2009, 373; *Bork* Abschaffung des Eigenkapitalersatzrechts zugunsten des Insolvenzrechts, ZGR 2007, 250; *Breidenstein* Covenantgestützte Bankdarlehen in der Insolvenz, ZInsO 2010, 273; *Buhmann/Woldrich* Einordnung von Verspätungszuschlägen nach § 152 AO als nachrangige Insolvenzforderungen gem. § 39 Abs. 1 Nr. 3 InsO, ZInsO 2004, 1238; *Dahl/Schmitz* Eigenkapitalersatz nach dem MoMiG aus insolvenzrechtlicher Sicht, NZG 2009, 325; *Engert* Drohende Subordination als Schranke einer Unternehmenskontrolle durch Kreditgeber – zugleich zum Regelungszweck der Subordination von Gesellschafterdarlehen, ZGR 2012, 835; ders. Die ökonomische Begründung der Grundsätze ordnungsgemäßer Unternehmensfinanzierung, ZGR 2004, 813; *Fastrich* Ketzerisches zur sogenannten Finanzierungsverantwortung, FS Zöllner, 1998, S. 143 ff.; *Fedke* Konzerninnenfinanzierung nach dem MoMiG in insolvenznahen Szenarien, NZG 2009, 928; *Fischel* The Economics of Lender Liability, 99 Yale Law Journal 131 (1989/90); *Fliegner* Das MoMiG – Vom Regierungsentwurf zum Bundestagsbeschluss, DB 2008, 1668; *Ganter* Rechtliche Risiken der Mezzanine-Finanzierung, WM 2011, 1585; *Gehrlein* Das Eigenkapitalersatzrecht im Wandel seiner gesetzlichen Kodifikationen, BB 2011, 3; *Haas* Das neue Kapitalersatzrecht nach dem RegE-MoMiG, ZInsO 2007, 617; ders. Das neue Kapitalersatzrecht nach dem RegE-MoMiG, ZInsO 2007, 617; *Haas/Vogel* Der atypisch stille Gesellschafter als nachrangiger Insolvenzgläubiger, NZI 2012, 875; *Habersack* Gesellschafterdarlehen nach dem MoMiG – Anwendungsbereich, Tatbestand und Rechtsfolgen

der Neuregelung, ZIP 2007, 2145; *ders.* Die Erstreckung des Rechts der Gesellschafterdarlehen auf Dritte, insbesondere im Unternehmensverbund – Überlegungen im Anschluss an BGH ZIP 2008, 1230 und OLG Brandenburg ZIP 2006, 184, ZIP 2008, 2385; *Henle/Bruckner* Zur Wirkung qualifizierter Rangrücktrittserklärungen auf das Innenverhältnis der Gesellschafter in der Insolvenz der Gesellschaft, ZIP 2003, 1738; *Hirte* Die Neuregelung des Rechts der (früher: kapitalersetzenden) Gesellschafterdarlehen durch das »Gesetz zur Modernisierung des GmbH-Rechts und zur Bekämpfung von Missbräuchen« (MoMiG), WM 2008, 1429; *Hirte/Knof* Das »neue« Sanierungsprivileg nach § 39 Abs. 4 Satz 2 InsO, WM 2009, 1961; *Hölzle* Gibt es noch eine Finanzierungsfolgenverantwortung im MoMiG? – Dogmatische Grundlagen und rechtspolitische Folgen für eine gesellschafterfinanzierte Nutzungsüberlassung auf Grundlage eines behavioural law and economics approach, ZIP 2009, 1939; *Huber* Finanzierungsfolgenverantwortung de lege lata und de lege ferenda, FS Priester, 2007, S. 259 ff.; *Huber/Habersack* GmbH-Reform: Zwölf Thesen zu einer möglichen Reform des Rechts der kapitalersetzenden Gesellschafterdarlehen, BB 2006, 1; *Kahlert/Gerke* Der Rangrücktritt nach MoMiG im GmbH-Recht: Insolvenz- und steuerrechtliche Aspekte, DStR 2010, 227; *Krolop* Zur Anwendung der MoMiG-Regelungen zu Gesellschafterdarlehen auf gesellschaftsfremde Dritte – von der Finanzierungsfolgenverantwortung des Gesellschafters zur Risikoübernahmeverantwortung des Risikokapitalgebers?, GmbHR 2009, 397; *Liebendörfer* Unternehmensfinanzierung durch Kleinbeteiligte und Dritte, 2011; *Manz/Lammel* Stille Beteiligungen an Kapitalgesellschaften, Eigenkapitalcharakter und Rang in der Insolvenz nach Inkrafttreten des MoMiG, GmbHR 2009, 1121; *Marotzke* Darlehen und sonstige Nutzungsüberlassungen im Spiegel des § 39 Abs. 1 Nr. 5 InsO – eine alte Rechtsfrage im neuen Kontext, JZ 2010, 592; *ders.* Im Überblick: Gesellschaftsinterne Nutzungsverhältnisse im Spiegel der §§ 39 Abs. 1 Nr. 5, 103, 108 ff., 135 Abs. 1 und Abs. 3 InsO – Leitsätze und weiterführende Hinweise, ZInsO 2009, 2073; *Mitlehner* Säumniszuschläge im Insolvenzverfahren, NZI 2003, 189; *Obermüller* Die Verrechnung von Tilgungen im Insolvenzverfahren, NZI 2011, 663; *Oppenhoff* Die GmbH-Reform durch das MoMiG – ein Überblick, BB 2008, 1630; *Orlikowski-Wolf* Auswirkungen der Abschaffung des Eigenkapitalersatzrechts, Übergangsregelungen und Abgrenzung zu Finanzplankrediten, GmbHR 2009, 902; *Orth* Die Gesellschafterstellung im Sinne des Eigenkapitalersatzrechts, 1998; *Pape* Die Regeln des Eigenkapitalersatzes beim Debt-Equity-Swap, DZWIR 2009, 9; *Preuß* Folgen insolvenzrechtlicher »Verstrickung« von Gesellschafterdarlehen bei Abtretung des Darlehensrückzahlungsanspruches an einen außenstehenden Dritten – zugleich Besprechung BGH v. 21.2.2013 – IX ZR 32/12, ZIP 2013, 582; *ders.* Die Folgen insolvenzrechtlicher »Verstrickung« von Gesellschafterdarlehen bei Abtretung des Darlehensrückzahlungsanspruchs an einen außenstehenden Dritten, ZIP 2013, 1145; *Reiner* Der deliktische Charakter der »Finanzierungsverantwortung« des Gesellschafters: Zu den Ungereimtheiten der Lehre vom Eigenkapitalersatz, FS Boujong, 1996, S. 415 ff.; *Reinhard/Schützler* Anfechtungsrisiko für den Unternehmensverkäufer aus der Veräußerung von Gesellschafterdarlehen?, ZIP 2013, 1898; *Rühle* Die Nutzungsüberlassung durch Gesellschafter in Zeiten des MoMiG, ZIP 2009, 1358; *Schäfer* Eigenkapitalersatz nach »MoMiG« – was bleibt von der Finanzierungsfolgenverantwortung?, ZInsO 2010, 1311; *K. Schmidt* Normzwecke und Zurechnungsfragen im Licht der Gesellschafter-Fremdfinanzierung – Grundfragen zur Neufassung der §§ 39, 135 InsO durch das MoMiG, GmbHR 2009, 1009; *ders.* Gesellschafterdarlehen im GmbH- und Insolvenzrecht nach der MoMiG-Reform – eine alternative Sicht, ZIP 2010 Beil. zu Heft 39, S. 15; *ders.* Vom Eigenkapitalersatz in der Krise zur Krise des Eigenkapitalersatzrechts?, GmbHR 2005, 797; *Schönfelder* Gesellschafterdarlehen in der Insolvenz – auch ohne Krise in der Krise?, WM 2009, 1401; *Schwintowski/Dannischewski* Eigenkapitalersetzende Darlehen durch den gesellschaftergleichen Dritten nach § 32a Abs. 3 GmbHG, ZIP 2005, 840; *Spliedt* MoMiG in der Insolvenz – ein Sanierungsversuch, ZIP 2009, 149; *Thole* Nachrang und Anfechtung bei Gesellschafterdarlehen – zwei Seiten derselben Medaille?, ZHR 176 (2012), 513; *Tettinger* Gesellschafterdarlehen in der Insolvenz – Maßgeblicher Beurteilungszeitpunkt für das Kleinbeteiligtenprivileg, NZI 2010, 248; *H.P. Westermann* Probleme mit der Rechtsrückbildung im Gesellschaftsrecht, FS Zöllner, 1998, S. 607 ff.; *Zacher* Gesellschafterdarlehen nach dem MoMiG im Gesellschafts-, Bilanz- und Steuerrecht, steueranwaltsmagazin 2009, 19; *Zahrte* § 39 Abs. 1 Nr. 5 InsO – Auf seine Art inspirierend, ZInsO 2009, 223.

A. Allgemeines

Die in § 39 InsO genannten Insolvenzforderungen sind gegenüber den übrigen (einfachen) Insolvenzforderungen nachrangig, d.h. sie dürfen **erst nach vollständiger Befriedigung der nicht-nachrangigen Insolvenzforderungen bedient** werden. Die Inhaber nachrangiger Insolvenzforderungen können in aller Regel keine Befriedigung im Verfahren erwarten, da die Insolvenzmasse kaum jemals zur vollständigen Befriedigung der einfachen Insolvenzgläubiger ausreicht. Anders als noch unter § 63 KO ist die Möglichkeit der Geltendmachung der nachrangigen Forderungen aber nicht kategorisch ausgeschlossen. Vielmehr ist eine Anmeldung der Forderung nach entsprechender Aufforde- 1 rung des Gerichts zulässig (§ 174 Abs. 3 InsO). Denn es wäre nicht gerechtfertigt, einen nach der Befriedigung der einfachen Insolvenzgläubiger verbleibenden Überschuss an den Schuldner bzw. dessen Gesellschafter auszukehren (§ 199 InsO) und die nachrangigen Insolvenzgläubiger leer ausgehen zu lassen. Um aber für den Regelfall, in dem die nachrangigen Gläubiger keine Befriedigung erwarten können, unnötige **Verzögerungen im Verfahrensablauf** zu **vermeiden**, ist die **verfahrensrechtliche Stellung** der nachrangigen Insolvenzgläubiger gegenüber der Stellung der einfachen Insolvenzgläubiger signifikant **abgeschwächt** (Einzelheiten s. Rdn. 6 ff.).

2 Die Rangunterschiede zwischen den einfachen Insolvenzforderungen und den nachrangigen Insolvenzforderungen, aber auch innerhalb der nachrangigen Forderungstypen, konfligieren nicht mit dem **Gläubigergleichbehandlungsgrundsatz**. Das versteht sich für den **gewillkürten Rangrücktritt** (Abs. 2) von selbst, da dieser dem Willen der Parteien entspricht und dabei die übrigen Insolvenzgläubiger nicht benachteiligt, sondern im Gegenteil begünstigt. Das Insolvenzrecht respektiert insoweit nur den Inhalt und die ökonomische Substanz der Parteivereinbarung. Aber auch die Fälle des **gesetzlichen Rangrücktritts** (Abs. 1, 3, 4 und 5) lassen sich mit dem Gebot der Gläubigergleichbehandlung vereinbaren. Dies wird zum einen daran deutlich, dass diese Forderungen unter dem Konkursrecht überhaupt nicht geltend gemacht werden durften. Die Möglichkeit der, wenn auch nachrangigen, Geltendmachung, stellt insoweit einen Fortschritt dar. Im Übrigen trägt der Nachrang von **Zinsen** und **Kosten** (Abs. 1 Nr. 1 und 2, Abs. 3) auch dem Befund Rechnung, dass die uneingeschränkte Möglichkeit der Geltendmachung dieser Forderungen geeignet wäre, die auf Grundlage der Hauptforderungen zu berechnenden **Befriedigungsanteile** der einzelnen Insolvenzgläubiger zu **verwässern** und insoweit dem Gläubigergleichbehandlungsgrundsatz gerade zuwiderzulaufen. Der Rücktritt von **Forderungen wegen Geldstrafen und anderen Sanktionen** (Abs. 1 Nr. 3) trägt dem Umstand Rechnung, dass diesen Forderungen kein **ökonomischer Gegenwert** entspricht und dass die **konkret-individuelle Steuerungskraft** der die Form einer Geldforderung annehmenden Sanktion im Insolvenzkontext ohnehin beeinträchtigt ist: wären diese Forderungen nicht nachrangig, würde die Last der Sanktion nicht von dem Schuldner, sondern auch von den Insolvenzgläubigern getragen. Dies aber würde den Sanktionszweck vereiteln (*BVerfG* NZI 2006, 711 [712]). Der Nachrang von **Forderungen auf unentgeltliche Leistungen** (Abs. 1 Nr. 4) ist Ausfluss des auch im Zivilrecht verbreiteten Gedankens, dass die Empfänger von unentgeltlichen Leistungen im Vergleich zu anderen Gläubigern **eingeschränkt schutzwürdig** sind (vgl. etwa §§ 519, 528, 816 Abs. 1 Satz 2, 822, 988 BGB). Schließlich trägt der Nachrang von Forderungen auf die Rückzahlung von **Gesellschafterdarlehen** und vergleichbaren Rechtshandlungen (Abs. 1 Nr. 5) dem Gedanken Rechnung, dass die Gesellschafter infolge der mitgliedschaftsrechtlich vermittelten Nähe zum Schuldner eine besondere **Finanzierungs(folgen)verantwortung** tragen, welche es rechtfertigt, ihre Forderungen zugunsten der Forderungen außenstehender Dritter zu subordinieren (zur dogmatischen Rekonstruktion der Subordination von Gesellschafterdarlehen und ihren Problemen näher Rdn. 33 ff.).

3 Die Vorschrift wurde zum einen durch das Gesetz zur Vereinfachung des Insolvenzverfahrens vom 13.04.2007 (BGBl. I S. 509) durch die Einbeziehung der **Säumniszuschläge** in Abs. 1 Nr. 1 zum 01.07.2007 geändert. Weitreichende Änderungen brachte zum anderen das Gesetz zur Modernisierung des GmbH-Rechts und zur Bekämpfung von Missbräuchen (**MoMiG**, BGBl. I S. 2026) zum 01.11.2008 mit sich. Durch dieses Gesetz wurden die bis dahin gesellschaftsrechtlich fundierten Regelungen und Rechtsprechungsgrundsätze zum sog. **Kapitalersatz** modifiziert und in das Insolvenzrecht überführt. Dies bedeutete neben einer Anpassung des Abs. 1 Nr. 5 die Hinzufügung der Abs. 4 und 5, welche im Wesentlichen den Inhalt des ehemaligen § 32a Abs. 2 und 3 GmbHG spiegeln.

4 In Insolvenzverfahren, die während des Zeitraums der **Überwachung** der Erfüllung eines **Insolvenzplans** aus einem **vorangegangenen Insolvenzverfahren** eröffnet werden (§§ 268, 260 InsO), können gem. § 266 Abs. 2 InsO auch die folgenden nachrangigen Insolvenzforderungen bestehen, die gegenüber den Nachrangforderungen des § 39 InsO Vorrang genießen (Näheres bei *Jaffé* § 266 Rdn. 4 ff.):
– Insolvenzforderungen aus dem vorangegangenen Insolvenzplanverfahren nach Maßgabe des § 264 Abs. 1 InsO und

– Nach Maßgabe des § 265 InsO vertragliche Ansprüche von Neugläubigern, die während der Planüberwachungsphase begründet worden sind, sofern diese nicht in den privilegierten Kreditrahmen einbezogen sind.

Die gem. §§ 264 Abs. 1, 265 InsO nachrangigen Forderungen stehen im Verhältnis zueinander auf einer Rangstufe. Vorrangig sind insoweit zu bedienen die in den privilegierten Kreditrahmen einbezogenen Forderungen sowie die nichtvertraglichen Neugläubigerforderungen (näher zu diesen *Jaffé* § 265 Rdn. 5).

Spezialgesetzliche Ergänzungen und Modifikationen des § 39 InsO finden sich vor allem im Finanzmarktstabilisierungs- und Bankenrestrukturierungsrecht, aber auch im Unternehmensbeteiligungsrecht: 5
– Nach § 6a Abs. 1 Satz 2 des Finanzmarktstabilisierungsfondsgesetzes (FMStFG) gelten die von dem Finanzmarktstabilisierungsfonds im Rahmen des sog. SPV-Modells (der §§ 6a ff. FMStFG) seitens des **Finanzmarktstabilisierungsfonds** gewährten **Garantien** zur Absicherung der von dem SPV emittierten Schuldtitel als nachrangig i.S.d. § 39 Abs. 2 InsO. Durch die Anordnung dieses Nachrangs, der sich freilich – entgegen des Wortlauts – nicht auf die Garantie als solche, sondern vielmehr den **Regressanspruch** des Fonds gegen die Zweckgesellschaft bezieht, soll vermieden werden, dass die Zweckgesellschaft von vornherein überschuldet ist (BT-Drucks. 16/13591, S. 7).
– Umgekehrt sieht § 18 Abs. 2 des Finanzmarktstabilisierungsbeschleunigungsgesetzes (FMStBG) vor, dass die §§ 39, 135 InsO **nicht zulasten des Bundes**, der von ihnen errichteten Körperschaften, Anstalten und Sondervermögen sowie der ihnen nahestehenden Personen oder sonstigen von ihnen mittelbar oder unmittelbar abhängigen Unternehmen gelten. Damit soll ausgeschlossen werden, dass eine Stellung dieser Rechtsträger als Gesellschafter oder als eine einem Gesellschafter vergleichbaren Rechtsträger i.S.v. § 39 Abs. 1 Nr. 5 InsO nicht auf eine Maßnahme gestützt werden kann, die im **öffentlichen Interesse an der Stabilisierung der Finanzmärkte** nach Maßgabe des FMStFG ergriffen wird.
– Klarstellender Natur ist § 9 Abs. 1 Satz 2 des Kreditinstitute-Reorganisationsgesetzes (KredReorgG), wonach das Kleinbeteiligtenprivileg (§ 39 Abs. 4 Satz 2 InsO) und das Sanierungsprivileg (§ 39 Abs. 5 InsO) zugunsten der Gläubiger eines Kreditinstituts, deren Forderungen in Anteile am Institut umgewandelt wurden, entsprechend gelten.
– Der Regierungsentwurf für ein **Sanierungs- und Abwicklungsgesetz** für Banken und andere Finanzinstitute sieht in § 99 Abs. 5 eine **Ausnahme** für die Forderungen solcher Gläubiger, die durch die Anordnung eines **Debt-Equity Swap** im Rahmen eines sog. **Bail In** zum Gesellschafter des betroffenen Instituts geworden sind. Der Sache nach handelt es sich um eine auf die Besonderheiten des Reglungskontextes der Bankenrestrukturierung bezogene Erweiterung des Sanierungsprivilegs des Abs. 4 Satz 2.
– Nach § 24 des **Unternehmensbeteiligungsgesetzes** (UBBG) sind die Darlehen von Unternehmensbeteiligungsgesellschaften (§ 1a UBBG) und deren Gesellschaftern vom Anwendungsbereich der Vorschriften über Gesellschafterdarlehen und vergleichbare Rechtshandlungen (§§ 39 Abs. 1 Nr. 5, 135 InsO) ausgenommen.

B. Stellung der nachrangigen Insolvenzgläubiger im Verfahren

Die nachrangigen Insolvenzgläubiger des § 39 InsO sind zunächst Insolvenzgläubiger i.S.d. § 38 InsO und unterliegen als solche auch den für diese geltenden **Beschränkungen**: 6

Auch nachrangige Insolvenzgläubiger können ihre Forderungen nur im Rahmen des Insolvenzverfahrens geltend machen (§ 87 InsO), von ihnen durch **Zwangsvollstreckungsmaßnahmen** erwirkte Sicherungen an Gegenständen der Insolvenzmasse werden unter den Voraussetzungen des § 88 InsO unwirksam, und die Zwangsvollstreckung für ihre Forderungen ist während der Dauer des Insolvenzverfahrens nicht nur in die Masse, sondern auch in das insolvenzfreie Vermögen des Schuldners unzulässig (§ 89 InsO). 7

8 Die **verfahrensrechtliche Stellung** der nachrangigen Insolvenzgläubiger wird allerdings durch die folgenden Bestimmungen gegenüber der Stellung der einfachen Insolvenzgläubiger **abgeschwächt**:
– Nach § 174 Abs. 3 InsO können nachrangige Insolvenzgläubiger ihre Forderungen nur **anmelden**, wenn und soweit das Insolvenzgericht dazu besonders auffordert. Dabei hat das Gericht auf den Nachrang hinzuweisen und die dem Gläubiger zustehende Rangstelle zu bezeichnen (s. zu den Einzelheiten bei § 174 InsO).
– Das Teilnahmerecht an der **Gläubigerversammlung** wird durch den **Ausschluss des Einberufungsrechts** (§ 75 Abs. 1 Nr. 3 InsO), des **Stimmrechts** (§ 77 Abs. 1 Satz 2 InsO) und des **Widerspruchsrechts** (§ 78 Abs. 1 InsO) eingeschränkt.
– Bei **Abschlagsverteilungen** sollen nach § 187 Abs. 2 Satz 2 InsO die nachrangigen Insolvenzgläubiger nicht berücksichtigt werden.
– Im Insolvenzplanverfahren gelten die besonderen **Zustimmungsfiktionen** des § 246 InsO, die auf der Erwägung beruhen, dass die nachrangigen Gläubiger i.d.R. ohnehin ausfallen, so dass ihre Forderungen als erlassen gelten (§ 225 Abs. 1 InsO). Für die Gläubiger im Rang des § 39 Abs. 1 Nr. 3 (Geldbußen, -strafen und strafrechtliche Nebenwirkungen) fehlt es an einer Zustimmungsfiktion, da diese Gläubiger durch den Plan nicht beeinträchtigt werden können (§ 225 Abs. 3 InsO).

Mit diesen Abweichungen sollen für die große Zahl der Fälle, in denen die nachrangigen Gläubiger keine Aussicht auf Befriedigung haben, **unnötige Verzögerungen vermieden** werden, die deren Einbeziehung zur Folge hätte (BT-Drucks. 12/2443 S. 123).

9 Demgegenüber steht einem nachrangigen Insolvenzgläubiger das **Recht zur Stellung eines Insolvenzantrags** (§ 14 Abs. 1 InsO) auch dann zu, wenn er keine Aussicht darauf hat, zumindest teilweise befriedigt zu werden (*BGH* ZIP 2011, 2055 [2055 f.]; MüKo-InsO/*Schmahl* § 14 Rn. 48; *Kübler/Prütting/Bork-Pape* InsO, § 14 Rn. 63). Denn aus § 26 InsO ergibt sich, dass auch Verfahren ohne Verteilungsperspektive zu eröffnen sind, so dass insoweit auch einfachen Insolvenzgläubigern nicht das Recht zur Antragstellung abgesprochen werden kann. Zum anderen kann nichts Gegenteiliges aus den Beschränkungen des § 174 Abs. 3 InsO hergeleitet werden, da diese Vorschrift auf die Straffung des eröffneten Verfahrens zielt und damit nichts für die Frage hergibt, wer zur Antragstellung des noch zu eröffnenden Verfahrens berechtigt sein soll (*BGH* ZIP 2011, 2055 [2055 f.]).

10 Umstritten ist, ob nachrangige Forderungen bei der **Feststellung einer Zahlungsunfähigkeit** i.S.d. § 17 InsO zu berücksichtigen sind. Teilweise wird angenommen, dass Forderungen nicht zu berücksichtigen seien, deren Nachrang auf einer **Nachrangabrede** (§ 39 Abs. 2 InsO) beruht (*Bork* (ZIP 2014, 997 [1001 ff.]); *Uhlenbruck/Uhlenbruck* InsO, § 17 Rn. 7a). Dem liegt die Annahme zugrunde, dass in der Nachrangabrede die Absicht des Gläubigers zum Ausdruck komme, auf eine Geltendmachung der Forderung verzichten zu wollen. Folglich sei es dem Gläubiger in der später eintretenden Insolvenz verwehrt, die Forderung **ernsthaft einzufordern**, wie dies die Rechtsprechung (*BGH* BGHZ 173, 286 = ZInsO 2007, 939 = ZIP 2007, 1666; ZInsO 2010, 2091 = ZIP 2010, 2055; ZInsO 2008, 378 = ZIP 2008, 706) für die Berücksichtigungsfähigkeit von Forderungen aber verlange. Dem ist nicht zu folgen. Richtig ist zwar, dass Forderungen nicht zu berücksichtigen sind, deren Gläubiger zuvor zum Ausdruck gebracht haben, dass sie auf eine Geltendmachung der Forderung zugunsten vorrangiger Gläubiger verzichten werden (BGHZ 173, 286 Tz. 17 f. = ZInsO 2007, 939 [941]). Das mag dann zu bejahen sein, wenn sich aus der Abrede ergibt, dass der Nachrang der **Vermeidung eines Insolvenzverfahrens** dienen soll. Die Vereinbarung eines Nachrangs vermag aber ohne Weiteres einen solch weitgehenden Schluss nicht zu tragen. Mit dem Rangrücktritt erklärt der Gläubiger allein das Einverständnis mit einer nachrangigen Befriedigung, nicht aber einen bedingungslosen und kategorischen Verzicht auf die Geltendmachung seiner Forderungsrechte (vgl. *Dittmer* Die Feststellung der Zahlungsunfähigkeit von Gesellschaften mit beschränkter Haftung, 2013, S. 194; *Bitter/Rauhut* ZIP 2014, 1005 [1010]). Zudem muss gesehen werden, dass die Ausblendung der nachrangigen Forderungen zu einer **ökonomisch ineffizienten Verzögerung der Insolvenzreife** führte, welche dem in den jüngsten Reformgesetzen zum Ausdruck kommenden rechtspolitischen

Ziel einer möglichst frühzeitigen Einleitung des Insolvenzverfahrens zuwiderlaufen würde. Ihre Berücksichtigungsfähigkeit verliert eine Nachrangforderung vor diesem Hintergrund erst dann, wenn sich aus der Nachrangabrede (oder sonstigen Erklärungen des Gläubigers) hinreichend deutlich ergibt, dass der Gläubiger **gerade zur Abwendung einer Insolvenz** auf die Geltendmachung der Forderung verzichtet, auch wenn dies dazu führt, dass an sich bestehende Befriedigungsaussichten vereitelt werden (maßgebliche Gesichtspunkte für die **Auslegung** von Nachrangabreden bei *Bitter/Rauhut* ZIP 2014, 1005 [1012 ff.]). **Im Zweifel** ist deshalb eine nachrangige Forderung in der Liquiditätsbilanz **zu berücksichtigen.**

Die Nachrangigkeit, mit welcher nachrangige Forderungen bedient werden, bringt es mit sich, dass im Bereich des **Insolvenzanfechtungsrechts** die Annahme **Gläubigerbenachteiligung** ausscheidet, wenn durch die Rechtshandlung die Ansprüche nicht nachrangiger Forderungen erfüllt oder besichert wurden, sofern die Insolvenzmasse zur Befriedigung der nicht nachrangigen Forderungen ausreicht und lediglich nachrangige Forderungen unberücksichtigt bleiben (*BGH* ZInsO 2013, 609 [609 f.]). Das folgt aus der Überlegung, dass unter den genannten Voraussetzungen die nachrangigen Gläubiger ohnehin keine Befriedigung erwarten können. 11

C. Rangfolge und Tilgungsreihenfolge

Das Gesetz bildet in Abs. 1 mehrere Gruppen von nachrangigen Insolvenzgläubigern. Die **Rangfolge** der einzelnen Gruppe ergibt sich aus der Reihenfolge der in Abs. 1 genannten Ranggruppen. Gläubiger einer Ranggruppe können erst dann Befriedigung erlangen, wenn alle Gläubiger der höherrangigen Ranggruppen in voller Höhe befriedigt worden sind. Reicht der Überschuss der Insolvenzmasse nicht zur vollen Befriedigung der Gläubiger einer Ranggruppe aus, werden diese entsprechend der Höhe ihrer Forderungen anteilmäßig befriedigt. 12

Beim **gewillkürten Rangrücktritt** (Abs. 2) ergibt sich die Rangstellung aus der **Nachrangabrede.** Der **Gestaltungsfreiheit** sind, solange die gewählte Rangstellung im Verhältnis zur vertraglich verdrängten Rangstellung nachrangig ist, keine Grenzen gesetzt. In Betracht kommen neben den Rangstellungen des Abs. 1 auch **Zwischenstellungen** (z.B. Nachrang gegenüber den Forderungen aus unentgeltlichen Leistungen bei gleichzeitigem Vorrang vor Forderungen aus Gesellschafterdarlehen, dazu *Bork* ZIP 2012, 2277 [2278]) bzw. vor dem Rang des Abs. 1 Nr. 1 oder nach dem Rang des Abs. 1 Nr. 5. 13

Erhält ein Gläubiger aus der Verwertung einer ein Absonderungsrecht begründenden Sicherheit Zahlungen, welche nicht zur Erfüllung sämtlicher Forderungen ausreichen, sind diese nach Maßgabe der einschlägigen zivilrechtlichen Bestimmungen zur **Tilgungsreihenfolge** (§§ 367 Abs. 1, 497 Abs. 3 BGB) vorrangig auf die Zinsen und Kosten anzurechnen (*BGH* ZInsO 2011, 630 [630 f.]). Für diese Zahlungen gilt der Nachrang des Abs. 1 Nr. 1 und 2 für die auf den Zeitraum nach der Verfahrenseröffnung entfallenden Zinsen und Kosten daher nicht (*Obermüller* NZI 2011, 663 [664]: »dem Nachrang für Zinsen, die seit der Eröffnung des Insolvenzverfahrens aufgelaufen sind, kommt insoweit keine Bedeutung zu«). Die zivilrechtlichen Tilgungsbestimmungen gelten allerdings nicht uneingeschränkt. Unanwendbar ist insbesondere das Tilgungsbestimmungsrecht des § 366 Abs. 1 BGB. Dem Insolvenzverwalter kann mit Blick auf den Gläubigergleichbehandlungsgrundsatz nicht das Recht zustehen, die Forderungen auszuwählen, die getilgt werden sollen (*BGH* NJW 1985, 3064 [3066]; s. bereits *RG* RGZ 164, 212 [219]). 14

D. Ranggruppen

I. Verhältnis der Ranggruppen zueinander

Zum Verhältnis der Ranggruppen zueinander s. Rdn. 12 f. 15

II. Zinsen und Säumniszuschläge (Abs. 1 Nr. 1)

16 An erster Rangstelle der nachrangigen Insolvenzforderungen stehen die Ansprüche auf **Zinsen und Säumniszuschläge**, sofern sich diese **auf nicht nachrangige Insolvenzforderungen** beziehen. Zinsen auf nachrangige Forderungen teilen demgegenüber nach Abs. 3 den Nachrang der Hauptforderung (näher Rdn. 16). Von Abs. 1 Nr. 1 unberührt bleiben die sich auf **Masseforderungen** beziehenden Zinsen und Säumniszuschläge; diese stehen im Rang einer Masseforderung. Erstrecken sich **Absonderungsrechte** auf Zinsansprüche, so dient der Erlös aus der Verwertung auch deren Befriedigung (*BGH* ZInsO 2011, 630 = WM 2011, 561; ZInsO 2008, 915 = WM 2008, 1660; BGHZ 134, 195 = ZIP 1997, 120); für die Anwendung von Abs. 1 Nr. 1 bleibt insoweit kein Raum. Dies gilt auch für **Zinsen aus dinglichen Rechten** wie z.B. Grundschuldzinsen gem. § 1191 Abs. 2 BGB (*K. Schmidt/K. Schmidt/Herchen* InsO, § 39 Rn. 10).

17 Dem Nachrang unterfallen allein Zinsforderungen und Säumniszuschläge, die auf den Zeitraum **seit der Eröffnung des Verfahrens** entfallen. Die auf frühere Zeiträume entfallenden Forderungen sind einfache Insolvenzforderungen. Im Einzelfall kann die Notwendigkeit einer Abgrenzung bestehen. Enthalten Zahlungspflichten einen **Zins-** und einen **Tilgungsanteil**, erfasst Abs. 1 Nr. 1 den Zinsanteil. Dies gilt bei **Nullkuponanleihen** (Zero Bonds) und vergleichbaren darlehensrechtlichen Gestaltungen in Bezug auf den über den valutierten Betrag hinausgehenden endfälligen Betrag, soweit dieser auf den Zeitraum nach der Insolvenzeröffnung entfällt; der bis zur Verfahrenseröffnung aufgelaufene Zinsanteil steht demgegenüber im Rang einer einfachen Insolvenzforderung. Insoweit ist an die bilanzrechtlichen Grundsätze anzuknüpfen, nach denen der Ausgabebetrag zuzüglich der jeweils aufgelaufenen Zinsen zu passivieren ist (MüKo-HGB/*Ballwieser* § 253 Rn. 67; *Adler/Dürig/Schmaltz* Rechnungslegung und Prüfung von Unternehmen, § 253 HGB Rn. 65).

18 **Zinsen** sind alle Früchte, die aus einem Forderungshauptbetrag in Geld, die für einen bestimmten Zeitraum an den Gläubiger zu zahlen sind (*Smid/Leonhardt* InsO, § 39 Rn. 6). Unerheblich ist, ob der Zinsanspruch auf gesetzlicher oder vertraglicher Grundlage steht.

19 Streitig ist insbesondere die Einordnung von darlehensrechtlichen **Vorfälligkeitsentschädigungen**. Teilweise wird angenommen, dass vor Insolvenzeröffnung entstandene Ansprüche auf Vorfälligkeitsentschädigung nicht als Zinsansprüche in Bezug auf den Zeitraum nach Insolvenzeröffnung aufgefasst werden können (*OLG Hamburg* DZWIR 2003, 79; *Braun/Bäuerle* InsO, § 39 Rn. 7). Dem wird zu Recht entgegen gehalten, dass die Vorfälligkeitsentschädigung als **Zinsersatzanspruch** (*Flitsch* DZWIR 2003, 80) aufzufassen ist, der den Zinsansprüchen insolvenzrechtlich gleichsteht (*Obermüller* Insolvenzrecht in der Bankpraxis, Rn. 2.326; *Uhlenbruck/Hirte* InsO, § 39 Rn. 10). Denn die Vorfälligkeitsentschädigung berechnet sich als Ersatz für die durch die vorzeitige Darlehensrückführung in Wegfall geratenen Zinsansprüche.

20 Da **Säumniszuschläge** (§ 240 AO, § 24 SGB IV) ihrer Funktion nach als Ausgleich für Verwaltungsaufwand und Zinsverluste den allgemeinen Zinsforderungen vergleichbar sind (vgl. *BSG* ZInsO 2004, 350 m. Anm. *Mitlehner* ZIP 2004, 523), stehen sie den Zinsen gleich. Soweit sie also auf den Zeitraum nach der Verfahrenseröffnung entfallen, sind sie unter Nr. 1 zu fassen. Die entsprechende Ergänzung der Nr. 1 durch das Gesetz zur Vereinfachung des Insolvenzverfahrens vom 13.04.2007 (BGBl. I S. 509) hat insoweit Klarstellung gebracht (BT-Drucks. 16/3227, S. 17 f.).

III. Kosten der Teilnahme am Insolvenzverfahren (Nr. 2)

21 Die **Kosten, die den Insolvenzgläubigern** (nicht aber Massegläubigern und Absonderungsberechtigten) **durch ihre Teilnahme am Verfahren entstehen**, bilden die der Gruppe der Nr. 2 unterstellten Ansprüche. Neben den Aufwendungen des Gläubigers gehören hierzu insbesondere die **Kosten für die Vertretung eines Gläubigers** (Nr. 3317–3319 und Nr. 3321 des Vergütungsverzeichnisses zum RVG) und für die **Anmeldung von Forderungen** (Nr. 3320 des Vergütungsverzeichnisses zum RVG) **durch einen Rechtsanwalt**. Der Gegenstandswert bestimmt sich nach § 28 RVG. Zu den Kosten des Verfahrens i.S.d. Nr. 2 gehören auch – wegen des Fehlens einer § 62 Nr. 1 KO vergleichbaren Regelung – die in dem Verfahren über den **Antrag auf Eröffnung des Insolvenzverfahrens** ent-

stehenden Kosten (so auch HK-InsO/*Eickmann* § 39 Rn. 8; **a.A.** *Nerlich/Römermann-Andres* InsO, § 39 Rn. 7: sie sind § 38 InsO zuzuordnen).

Die Gerichtskosten, die einem Gläubiger für die Prüfung von **nachträglich angemeldeten Forderungen** in einem besonderen Prüfungstermin oder im schriftlichen Verfahren entstehen (§ 177 InsO, Nr. 2340 des Kostenverzeichnisses, Anlage zu § 3 Abs. 2 GKG) gehören hingegen nicht zu den in Nr. 2 genannten Kosten. Es handelt sich um **Säumniskosten**, die allein vom säumigen Gläubiger zu tragen sind. 22

IV. Geldstrafen, Geldbußen, Ordnungsgelder, Zwangsgelder etc. (Nr. 3)

Der Nachrang von Ansprüchen auf Zahlung von Geldstrafen, Geldbußen, Ordnungsgeldern, Zwangsgeldern und Nebenfolgen einer Straftat beruht auf dem Gedanken, dass die **Steuerungskraft** dieser Sanktion im Insolvenzkontext nicht wirksam würde, wenn **im wirtschaftlichen Ergebnis die Insolvenzgläubiger** – und nicht der Schuldner – mit der Befriedigung dieser Forderungen belastet würden (*BVerfG* NZI 2006, 711 [712]). Es stellt keinen Widerspruch dar, wenn diese Forderungen ihres Nachranges zum Trotz weder von einer Restschuldbefreiung erfasst werden (§ 302 Nr. 2 InsO) noch durch einen Insolvenzplan berührt werden können (§ 225 Abs. 3 InsO): Mit der Ausnahme von der Restschuldbefreiung wird erreicht, dass die im Rahmen des Insolvenz- und Restschuldbefreiungsverfahrens nicht verwirklichbaren Sanktionszwecke nach Abschluss des Restschuldbefreiungsverfahrens erreicht werden können. Aus demselben Grund unterliegen diese Ansprüche im Planverfahren nicht der Disposition der Gläubiger. 23

Die Aufzählung ist **nicht abschließend**. Daher sind auch **andere Forderungen** nachrangig, sofern sie Sanktionscharakter haben. Dies trifft auf **kartellrechtliche Bußgeld-Sanktionen** zu, welche die Form von Geldbußen annehmen (Art. 23 ff. EU-Kartellverordnung [Verordnung (EG) Nr. 1/2003]). Diesen kommt – ungeachtet der entgegengesetzten Beteuerung des Art. 23 Abs. 5 der EU-Kartellverordnung – ein Strafcharakter zu (vgl. *EuGH* 15.07.1972 – Rs. 41/69 Rn. 172, wonach der Zweck der Bußgelder darin besteht, »unerlaubte Handlungsweisen zu ahnden, wie darin, ihrer Wiederholung vorzubeugen«; noch deutlicher: Generalanwalt *Colomer* Schlussanträge Rs. C-204/00 P, Rn. 29: »Das Verfahren zur Ermittlung von Zuwiderhandlungen gegen die Artikel 81 und 82 EG hat strafrechtlichen Charakter«). Dies gilt hingegen nicht für kartellrechtliche Inanspruchnahmen, die keinen pönalen Charakter haben, sondern, wie etwa die **Unterlassungs- und Schadensansprüche** des § 33 GWB, dem Ausgleich von Schäden Dritter dienen. Keine Geldstrafen sind auch **Hinterziehungszinsen** i.S.d. § 235 AO, da der Anspruch an die Steuerschuld anknüpft, auf welche sich die Hinterziehung bezieht (*BFH* BFHE 236, 488 Rn. 11 ff.). 24

Zu den auf eine Geldzahlung gerichteten **Nebenfolgen einer Straftat** (§§ 73a, 73d Abs. 2, 74c StGB) oder Ordnungswidrigkeit (§§ 22, 25, 29a OWiG) zählen etwa die Einziehung des Wertersatzes beim angeordneten Verfall nach § 73a StGB (*BGH* ZIP 2010, 1250) und bei § 21 OWiG. 25

V. Forderungen auf eine unentgeltliche Leistung des Schuldners (Nr. 4)

Ob es sich um eine unter Nr. 4 fallende, **auf eine unentgeltliche Leistung des Schuldners gerichtete Forderung** handelt, bestimmt sich danach, ob der Wille des Zuwendenden darauf gerichtet war (s. näher bei *Palandt/Weidenkaff* BGB § 516 Rn. 8). Knüpft die Forderung auf eine unentgeltliche Leistung an eine **gesetzliche Verpflichtung** an, wie z.B. an eine Unterhaltspflicht, kann dies gegen die Unentgeltlichkeit sprechen. Bei einem Ausstattungsversprechen ist die gesetzgeberische Wertung in § 1624 Abs. 1 BGB zu berücksichtigen, wonach eine unentgeltliche Leistung nur bei einer die gewöhnlichen Umstände, insbesondere die Vermögensverhältnisse der zuwendenden Person übersteigende Ausstattung anzunehmen ist (*Nerlich/Römermann-Andres* InsO, § 39 Rn. 9). Die Nachrangigkeit der Forderung auf eine unentgeltliche Leistung wird auch nicht dadurch beseitigt, dass für sie ein selbstständiges Schuldversprechen begründet, ein Anerkenntnis abgegeben oder ein Wechsel begeben wird (HK-InsO/*Eickmann* § 39 Rn. 6). Bei dem Anspruch aus § 661a BGB aus einer 26

Gewinnzusage handelt es sich um eine unentgeltliche Leistung i.S.d. § 39 Abs. 1 Nr. 4 InsO (*BGH* ZIP 2009, 37 = ZVI 2008, 259 [260], dazu *Kriegel* ZInsO 2008, 552).

VI. Forderungen aus Gesellschafterdarlehen und wirtschaftlich entsprechenden Rechtshandlungen (Nr. 5, Abs. 4, 5)

1. Allgemeines

a) Überblick

27 Nach Abs. 1 Nr. 5 sind Forderungen auf die Rückgewähr von **Gesellschafterdarlehen** an (i.S.d. Abs. 4 Satz 1 InsO) **haftungsbeschränkte Gesellschaften** nachrangig. Diese Grundregel wird einerseits durch das sog. **Kleinbeteiligtenprivileg** des Abs. 5 und durch das sog. **Sanierungsprivileg** des Abs. 4 Satz 2 eingeschränkt, andererseits durch die **Entsprechensklausel** in Abs. 1 Nr. 5 auf sämtliche Rechtshandlungen ausgedehnt, die der Gewährung eines Gesellschafterdarlehens wirtschaftlich entsprechen. Flankiert werden diese auf die **Subordination des Darlehensrückzahlungsanspruches** gerichteten Regelungen zum einen durch die Anfechtungsregelung in **§ 135 Abs. 1 InsO**, wonach die Stellung von Sicherheiten und die Erfüllung des Anspruches auf Rückzahlung des Gesellschafterdarlehens **anfechtbar** sind. Zum anderen stellt § 44a InsO sicher, dass der Gesellschafter das Nachrangigkeitsrisiko auch dann trägt, wenn er sich auf die **Stellung einer Sicherheit für ein Drittdarlehen** verlegt. Nach dieser Regelung kann der Drittgläubiger seine Ansprüche im Verfahren nur in Höhe des Betrages suchen, mit der er bei der Verwertung der Gesellschaftersicherheit ausfällt; der durch die Inanspruchnahme des Gesellschafters aus der gestellten Sicherheit resultierende **Rückgriffsanspruch** gegen die Gesellschaft unterfällt dabei der Nachrangigkeit (näher Rdn. 67).

b) Wandel vom »Eigenkapitalersatzrecht« zum Recht der Gesellschafterfremdfinanzierung durch das MoMiG

28 Die in Nr. 5 angeordnete Rangsubordination ist die **zentrale Vorschrift** des durch das Gesetz zur Modernisierung des GmbH-Rechts und zur Bekämpfung von Missbräuchen (**MoMiG**) grundlegend reformierten **Rechts der Gesellschafterfremdfinanzierung**. Da sich das reformierte Recht mit einer solchen **Rangsubordination** begnügt und **auf eine weitergehende Umqualifizierung** der Forderungen in materielles Eigenkapital **verzichtet**, passt die frühere Bezeichnung »Eigenkapitalersatzrecht« nicht mehr. Im geltenden Recht **wirkt** dennoch eine Vielzahl von (Teil-)Regelungen des früheren **Eigenkapitalersatzrechts fort**. Das gilt etwa für die Behandlung von Ansprüchen aus Rechtshandlungen, die denen der Darlehensgewährung durch einen Gesellschafter entsprechen (früher § 32a Abs. 3 Satz 1 GmbHG a.F.; heute § 39 Abs. 1 Nr. 5 Alt. 2 InsO), die Behandlung gesellschafterbesicherter Drittdarlehen (früher § 32a Abs. 2 GmbHG a.F.; heute § 44a InsO), das Kleinbeteiligtenprivileg (früher § 32a Abs. 3 Satz 2 GmbHG a.F.; heute § 39 Abs. 4 InsO) sowie das Sanierungsprivileg (früher § 32a Abs. 3 Satz 3 GmbHG a.F.; heute § 39 Abs. 5 InsO).

29 Bis zum Inkrafttreten des MoMiG zum 01.11.2008 hatte sich die Funktion von Nr. 5 darauf beschränkt, die in § 32a GmbHG a.F. kodifizierte und insoweit auch gesellschaftsrechtlich verstandene Subordination von Ansprüchen aus Gesellschafterdarlehen und vergleichbaren Rechtshandlungen (**Novellenregelungen**) in die Insolvenzordnung zu spiegeln. Die praktische Relevanz der Subordination nach Nr. 5 i.V.m. § 32a Abs. 1 GmbHG a.F. hielt sich dabei in Grenzen, da die Rechtsprechung weitergehende Regeln entwickelt hatte (und anwendete), die nicht erst an die Insolvenz der Gesellschaft anknüpften, sondern – in Anlehnung an die Kapitalerhaltungsvorschrift des § 30 Abs. 1 GmbHG – bereits an den Eintritt einer Unterbilanz (**Rechtsprechungsregeln**; zur praktischen Irrelevanz der Novellenregelungen *Hommelhoff*, in: v. Gerkan/Hommelhoff, Hdb. d. Eigenkapitalersatzrechts, 2000, Rn. 1.3). Folgerichtig waren sie auf **Rechtsfolgenseite** auch auf die Beseitigung dieser Unterbilanz gerichtet (*BGH* BGHZ 109, 55 [66]; 81, 365 [367]; 76, 326 [332 ff.]; 69, 274 [280 f.]; 67, 171 [174 ff.]).

30 Das **MoMiG** hat die **Rechtsprechungsregeln beseitigt** (vgl. die Klarstellungen in §§ 30 Abs. 1 Satz 3 GmbHG; 57 Abs. 1 Satz 2 AktG, wonach die Rückführung von Gesellschafterdarlehen

die jeweils in Bezug genommenen Kapitalerhaltungsvorschriften nicht verletzt). Die **Novellenregelungen** wurden in ihrem Kern zwar **beibehalten**, dabei aber nicht nur vollständig **in die Insolvenzordnung überführt**, sondern zugleich durch den **Verzicht** auf das **Erfordernis**, dass die Darlehensgewährung zu einem Zeitpunkt erfolgt sein muss, in dem sich die Gesellschaft in **einer Krise** befand (§ 32a Abs. 1 GmbHG a.F.), **erweitert und vereinfacht**. Zudem sind die Anforderungen an die schuldnerische Gesellschaft, die sich zuvor aus dem Regelungskontext in den einschlägigen gesellschaftsrechtlichen Kodifikationen ergab (s. neben §§ 32a/b GmbHG a.F. auch die §§ 129a, 172a HGB a.F.), nun in § 39 Abs. 4 Satz 1 verallgemeinert worden.

c) Zeitlicher Anwendungsbereich; Übergangsrecht

Die durch das MoMiG abgeschafften **Eigenkapitalersatzregeln** gelten grds. nur noch für **Insolvenzverfahren**, die **vor** dem Inkrafttreten des MoMiG zum **01.11.2008 eröffnet** worden sind. Das folgt aus Art. 103d Satz 1 EGInsO. Für die seit dem 01.11.2008 eröffneten Verfahren richtet sich die Behandlung der Gesellschafterfremdfinanzierung allein nach den §§ 39, 44a, 135 InsO i.d.F. des MoMiG. Dies gilt auch für Gesellschafterdarlehen, die bereits vor dem 01.11.2008 ausgereicht waren (*BGH* BGHZ 188, 363 = ZInsO 2012, 1146 = ZIP 2011, 575 Rn. 8). Unzutreffend ist demgegenüber die vereinzelt vertretene Auffassung, wonach auch in Verfahren, die nach dem 01.11.2008 eröffnet wurden, noch Ansprüche gegen Gesellschafter geltend gemacht werden könnten, welche sich nach Maßgabe der Rechtsprechungsregelungen auf die §§ 30, 31 GmbHG i.V.m. § 32a GmbHG a.F. stützen lassen (so *Gutmann/Nawroth* ZInsO 2009, 174 [176]; *OLG Jena* ZIP 2009, 2098 [2099]). Zur Begründung führen ihre Vertreter an, dass die Übergangsregelung in Art. 103d Satz 1 EGInsO ausweislich der Begründung im Regierungsentwurf allein den zeitlichen Anwendungsbereich der neuen (insolvenzrechtlichen) Regelungen festlege, sich aber zur Anwendbarkeit des abgelösten (gesellschaftsrechtlichen) Kapitalersatzrechts ausschweige. Richtigerweise wird man Art. 103d Satz 1 EGInsO aber so lesen müssen, dass das abgelöste Kapitalersatzrecht nur noch in Verfahren zur Anwendung kommen kann, die vor dem 01.11.2008 eröffnet wurden (*Hirte* WM 2008, 1429 [1435]; *Hirte/Knof/Mock* NZG 2009, 48 [49]; *Holzer* ZIP 2009, 206 [207]). Eine allgemeine Fortgeltung der Altbestimmungen stünde im klaren Widerspruch zum **erklärten Willen des Gesetzgebers**, die gesellschaftsrechtlich qualifizierten Altregelungen **ablösen** zu wollen dabei das Erfordernis der Kapitalersetzung aufzuheben und das GmbH-Recht insgesamt zu vereinfachen (BT-Drucks. 16/6140, S. 42). Die Fortgeltung der Altregelung lässt sich daher auch nicht unter Berufung auf das formaljuristische Argument einer Qualifizierung als »gesellschaftsrechtlich« oder mit Hinweis auf die fehlende Gesetzesqualität der Novellenregelungen begründen (zutr. *Altmeppen* ZIP 2011, 641 [646]).

Dieser Grundsatz der ausschließlichen Geltung der Neuregelungen erfährt durch Art. 103d Satz 2 EGInsO eine eng gefasste Durchbrechung, nach welcher die **Anfechtungsbestimmungen** des alten Rechts auch für die nach dem 01.11.2008 eröffneten Verfahren gelten, wenn sie hinter den Anfechtungsbestimmungen des neuen Rechts zurückbleiben, wenn also Rechtshandlungen betroffen sind, die nach altem Recht nicht oder nur eingeschränkt anfechtbar waren, wohingegen sie nach neuem Recht der Anfechtung unterliegen. Diese Ausnahme ist **für den Anwendungsbereich des § 39 InsO irrelevant**. Denn § 39 InsO regelt nicht den Fall des bereits rückgewährten Darlehens, dessen Rückerstattung der Insolvenzverwalter verlangt (hierfür gilt § 135 InsO), sondern den Fall, in dem der Gesellschafter im Insolvenzverfahren die Rückzahlung des Darlehens verlangt.

2. Zweck und dogmatische Rekonstruktion

Zweck und **dogmatische Grundlagen** der durch Nr. 5 angeordneten Subordinierung von Gesellschafterdarlehen und wirtschaftlich vergleichbaren Rechtshandlungen sind nach wie vor **umstritten** (Überblick über den Meinungsstand bei *K. Schmidt* GmbHR 2009, 1009 ff.; *ders.* ZIP 2010 Beil. Heft 39, 15 [17 ff.]; *Haas* ZInsO 2007, 617 ff.; *Schäfer* ZInsO 2010, 1311 ff.). Richtigerweise ist davon auszugehen, dass die Wertungsgrundlagen des abgelösten Kapitalersatzrechts nach wie vor maßgeblich sind und sich deshalb auf den **Begriff der Finanzierungs(folgen)verantwortung** bringen lassen (näher dazu Rdn. 38 ff.). Die **Gegenauffassung**, die auf die aus ihrer Sicht wesentlichen Änderungen verweist, die das MoMiG gegenüber dem Kapitalersatzrecht sowohl auf Tatbestands- als auch Rechtsfolgenseite vorgenommen hat, verkennt die – auch vom Gesetzgeber intendierten – Kontinuitätslinien zum abgelösten Kapitalersatzrecht (dazu Rdn. 35 ff.). Die von ihr propagierte **Lehre vom Missbrauch der Haftungsbeschränkung** fällt zudem allzu abstrakt und undifferenziert aus und bietet keine Grundlage zur Erklärung wesentlicher Merkmale des reformierten Rechts (Rdn. 36 f.). Allerdings bedarf auch der Begriff der **Finanzierungs(folgen)verantwortung** der **Konkretisierung**, um ihm die Aussagekraft zu verleihen, die er benötigt, um sich für dogmatische Orientierungsleistungen zu eignen (Rdn. 39 ff.).

a) Grundproblem der Normzweckbestimmung nach dem MoMiG

34 Im Vordergrund steht nach dem Inkrafttreten des MoMiG die Frage, ob im geltenden Recht die Normzwecke des überholten Eigenkapitalersatzrechts fortwirken, nach welchen die Verstrickung der Gesellschafterfremdmittel Konsequenz einer **Finanzierungs(folgen)verantwortung** des Gesellschafters sein sollte (so die vor allem von *Altmeppen* NJW 2008, 3601 [3602 f.]; *Bork* ZGR 2007, 250 [257]; *Dahl/Schmitz* NZG 2009, 325 [326]; *Hirte* WM 2008, 1429 [1430]; *Spliedt* ZIP 2009, 149 [153]; *Knof* ZInsO 2007, 125 [126]; *Uhlenbruck/Hirte* InsO, § 39 Rn. 35 vertretenen **Kontinuitätslehren**) oder ob nicht vielmehr der Gesetzgeber das Recht der Gesellschafterdarlehen durch das MoMiG auf einen neuen Regelungszweck ausgerichtet hat, nach welchem die Subordinierung Konsequenz eines (institutionellen) **Missbrauchs der Haftungsbeschränkung** sein soll (so die vor allem von *Huber* FS Priester, S. 259 [175 ff.] und *Habersack* ZIP 2007, 2145 [2147]; ZIP 2008, 1385 [2387]; *Huber/Habersack* BB 2006, 1 [2]) vertretenen **Diskontinuitätslehren**).

b) Unzureichende Erklärungskraft der (Diskontinuitäts-)Lehre vom Missbrauch der Haftungsbeschränkung

35 Die Vertreter der Diskontinuitätslehren betonen die **Änderungen**, die der Gesetzgeber gegenüber dem abgelösten Kapitalersatzrecht sowohl auf **Tatbestands- und Rechtsfolgenseite** vorgenommen hat. Sie meinen, dass diese so **wesentlich** sind, dass sie eine Fortwirkung der unter dem abgelösten Recht maßgeblichen Normzwecke ausschließen (*U. Huber* FS Priester, 259 [271 ff.]; *Habersack* ZIP 2007, 2145 [2146 f.]). Insbesondere schließe es der **Verzicht** auf das **Merkmal** der **Kapitalersetzung**, d.h. des Erfordernisses, dass der Gesellschafter die Mittel in einer Krise gewährt hat, aus, den Legitimationsgrund in einer Finanzierungsfolgenverantwortung des Gesellschafters zu erblicken (*U. Huber* FS Priester, S. 259 [271 ff.]; *Habersack* ZIP 2007, 2145 [2147]: »mit dem ersatzlosen Wegfall des Krisenmerkmals ist das Konzept der Finanzierungsfolgenverantwortung seiner rechtsdogmatischen Grundlage beraubt«). An die Stelle des weggefallenen Gedankens der Finanzierungsfolgeverantwortung setzen die Vertreter der Kontinuitätslehren den Gedanken der (objektiv-)**missbräuchlichen Ausnutzung der Haftungsbeschränkung** der Gesellschaft, wonach das dem Gesellschafter zukommende Privileg der Haftungsbeschränkung zur Vermeidung von Missbräuchen den Preis haben müsse, dass alle der Gesellschaft darlehensweise überlassenen Mittel als Risikokapital behandelt werden (*U. Huber* FS Priester, S. 259 [277 f.]).

36 Für die **Herausstellung der Haftungsbeschränkung** der darlehensnehmenden Gesellschaft durch die **Diskontinuitätslehren** lässt sich zwar anführen, dass der Tatbestand, der sich nach dem MoMiG im Wesentlichen im Bestehen eines Gesellschafterdarlehens an eine haftungsbeschränkte Gesellschaft erschöpft, kaum andere Anknüpfungspunkte für die Identifizierung der Legitimationsgrundlagen für die auf Rechtsfolgenseite angeordnete Subordination bietet. Aus der Verknüpfung zwischen diesem »**wertarmen**« und »**banalisierten**« **Tatbestand** (*K. Schmidt* ZIP 2010 Beil. Heft 39, 15 [19]) und der Rechtsfolge der Subordination lässt sich immerhin folgern, dass der Gesetzgeber den Gesellschaftern haftungsbeschränkter Gesellschaften die **Möglichkeit abschneiden** wollte, die von ihnen **zugeführten Finanzierungsmittel im Rang einer einfachen Insolvenzforderung zurückfordern** zu können. In dieser Hinsicht lässt sich in der Tat ein Zusammenhang zum Prinzip der Haftungsbeschränkung herstellen. Anderseits fällt der Verweis auf die Haftungsbeschränkung allzu **abstrakt**

aus als dass sich aus ihm **Wertungsgesichtspunkte** entnehmen ließen, die zur Entscheidung problematischer Fallkonstellationen taugen (zumal sich die Vertreter der Diskontinuitätslehren weitergehende und tiefergreifende Reflexionen auf den Normzweck verbieten, vgl. *Huber* FS Priester, S. 259 [278]: »nach mehr Dogmatik sollte man nicht verlangen«; *Habersack* ZIP 2007, 2145 [2147]: einer über die Unterbindung des Missbrauchs der Haftungsbeschränkung hinausgehenden inhaltlichen Begründung bedürfe es nicht).

Mit dem Grundsatz der Haftungsbeschränkung lässt sich insbesondere nicht die vom Gesetzgeber 37 gewollte (BT-Drucks. 16/6140, S. 56) Übernahme der Grundsätze zur Einbeziehung gesellschaftsfremder Dritter (wie insbesondere **atypisch stiller Gesellschafter**, näher dazu Rdn. 75 ff.) erklären, welche sich gerade nicht die Haftungsbeschränkung der Gesellschaft, sondern allenfalls die Haftungsbeschränkung zunutze machen, die der Einsatz schuldrechtlicher Verträge gerade auch dann mit sich bringt, wenn die **Beteiligung an einem nicht haftungsbeschränkten Unternehmensträger** besteht (konsequent insoweit immerhin *U. Huber* FS Priester, S. 259 [280 f.]; vgl. *Habersack* ZIP 2008, 2385 [2389], wonach die Einbeziehung Dritter unter der Haftungsbeschränkungslehre an sich nur denkbar ist, wo dem Dritten ein Gesellschaftsanteil zuzurechnen ist). Von einer schwerwiegenden **Inkonsequenz** kann man aber gerade deshalb *Habersack* (ZIP 2007, 2145 [2148]) nicht freisprechen, der auf dem Boden der Haftungsbeschränkungslehre – freilich ohne Begründung – eine Erstreckung auf atypisch stille Gesellschafter befürwortet.

c) Grundsätzliche Maßgeblichkeit des Gedankens der Finanzierungs(folgen)verantwortung

Die Kontinuitätslehren können darauf verweisen, dass es dem Gesetzgeber in erster Linie um die **Vereinfachung** des vorgefundenen Kapitalersatzrechts, dessen **Verlagerung** in das Insolvenzrecht und den Abbau von Regelungsredundanzen ging (BT-Drucks. 16/6140, S. 26, 42, 56 f.; *BGH* ZInsO 2013, 543 = ZIP 2013, 582 Rn. 18). Dabei hat er **wesentliche Regelungen** wie das Kleinbeteiligten- und das Sanierungsprivileg (Abs. 4 Satz 2, Abs. 5) sowie die Entsprechensklausel (Abs. 1 Nr. 5 Alt. 2) in der ausdrücklichen Erwartung **übernommen**, dass hierdurch das **bisherige Recht fortgeführt** werde (BT-Drucks. 16/6140, S. 56 f.). Die darin liegenden **Kontinuitätslinien** zum abgelösten Kapitalersatzrecht rechtfertigen daher auch die Annahme der grundsätzlichen Maßgeblichkeit des – das alte Recht tragenden – Gedankens der Finanzierungs(folgen)verantwortung (vgl. *BGH* ZInsO 2013, 543 = ZIP 2013, 582 Rn. 18). Zwar ist mit dem Erfordernis der Krisenfinanzierung ein **prägendes Merkmal** des früheren Kapitalersatzrechts **weggefallen**. Dem liegt aber die vom Gesetzgeber geteilte Annahme zugrunde, dass der für die Verstrickung der Gesellschaftermittel maßgebliche Zeitraum von einem Jahr vor der Stellung des Insolvenzantrags (§ 135 Abs. 1 Nr. 2 InsO) eine »**typischerweise kritische Zeitspanne**« markiere (BT-Drucks. 16/6140, S. 26), so dass die Voraussetzungen, von denen nach altem Recht der Tatbestand der Krisenfinanzierung abhängig gemacht wurden, in den vom neuen Recht erfassten Fällen regelmäßig erfüllt sein werden. In der Tat wurde **bereits unter dem früheren Kapitalersatzrecht** der **Eigenkapitalersatzcharakter** des Darlehens innerhalb dieser Zeitspanne **unwiderleglich vermutet** (*BGH* ZInsO 2006, 492 = NZI 2006, 311 = ZIP 2006, 466 Rn. 6). Da man überdies annehmen darf, dass diese **typisierende Betrachtungsweise** ein angemessenes Bild **der empirischen Realität** vermittelt (*Bork* ZGR 2007, 250 [255]; dies wird selbst von Vertretern der Diskontinuitätslehren konzediert: *U. Huber* FS Priester, S. 259 [272]; vgl. im Übrigen den von *Kirstein* ZInsO 2006, 966 [967] mitgeteilten empirischen Befund, nach welchem die materielle Insolvenz in den untersuchten Fällen durchschnittlich mehr als zehn Monate vor der Antragstellung eintrat), lässt sich die **Kohärenz** und Konsistenz des geltenden Rechts mit den Geltungsgrundlagen des abgelösten Kapitalersatzrechts **konstruktiv** über die Annahme einer **unwiderleglichen Vermutung einer Krisenfinanzierung** sicherstellen (*Bork* ZGR 2007, 250 [255]; *Altmeppen* NJW 2008, 3601 [3602 f.]; *Uhlenbruck/Hirte* InsO, § 39 Rn. 33). Die Überzeugungskraft dieses Ansatzes wird nicht durch die Behauptung entkräftet, dass sich eine Vermutungsregelung nur dann mit der Fortgeltung des Gedankens der Finanzierungsfolgenverantwortung vereinbaren lasse, wenn sie dem Gesellschafter die **Möglichkeit des Gegenbeweises** gestatte (so aber *K. Schmidt* ZIP 2010, Beil. Heft 39, 15 [18]; *ders.* GmbHR 2009, 1009 [1013]; vgl. *U. Huber* FS Priester, S. 259 [274]: »ein Tatbestandsmerkmal, auf das es nicht ankommt, zu vermuten, hat keinen Sinn«). Die fehlende Möglichkeit eines Gegenbeweises stellt – wie sich an der (abstrakten) Gefährdungshaftung im Straf- und Zivilrecht nachweisen lässt – der Annahme eines Schutzzwecks zugunsten der gefährdeten Rechtsgüter nicht in Frage.

d) Konkretisierung des Gedankens der Finanzierungs(folgen)verantwortung

39 Die damit grds. zu bejahende **Maßgeblichkeit** des **Gedankens der Finanzierungs(folgen)verantwortung**, von der jüngstens auch der *BGH* (ZInsO 2013, 543 = ZIP 2013, 582 Rn. 18) ausgeht, setzt allerdings eine Klärung der Konturen und Grundlagen des Begriffs der »Finanzierungs(folgen)verantwortung« voraus. Ohne Explikation und Konkretisierung fehlt es dem Begriff an der **Erklärungskraft**, die ein teleologisches Argument benötigt, um die Normauslegung in problematischen Fällen steuern zu können. Die Formel von der Finanzierungsfolgenverantwortung wurde zudem bereits unter dem abgelösten Kapitalersatzrecht nicht nur **unterschiedlich interpretiert und konstruiert**, sondern auch in grundsätzlicher Weise **in Frage gestellt** (zu den Vorbehalten gegenüber der Finanzierungs(folgen)verantwortung unter altem Recht *Reiner* FS Boujong, S. 415 [421 ff.]; *Fastrich* FS Zöllner, S. 143 [143 ff.]; *Engert* ZGR 2004, 813 [816 ff.]; *Grunewald* GmbHR 2009, 7 [8 ff.]). Dies macht es auch unter dem geltenden Recht erforderlich, zu den **Geltungsgrundlagen des abgelösten Kapitalersatzrechts** Stellung zu beziehen. Eine Rückführung auf »**Grundsätze ordnungsmäßiger Unternehmensfinanzierung**« (BGHZ 90, 381 [389]; *K. Schmidt* Gutachten 54. Dt. Juristentag, D 107; *ders.* ZHR 147 (1983), S. 178 ff.) oder das **Finanzierungsgebahren »ordentlicher Kaufleute«** (*BGH* BGHZ 105, 168 [175 f.]; § 32a Abs. 1 GmbHG a.F.) muss dabei allerdings solange außer Betracht bleiben, wie ungeklärt bleibt, wie sich solche Grundsätze legitimieren und warum sie ausgerechnet die behauptete Gestalt annehmen (vgl. *Haas* NZI 2001, 1 [2]; *Habersack* ZHR 162 (1998), 201 [204]; *Reiner* FS Boujong, S. 416 [422, 433 f.]; dasselbe hat für vergleichbare Metaphern zu gelten wie z.B. die »seriöse Finanzierung«, vgl. *BGH* BGHZ 105, 168 [175 f.]; 127, 336 [346]).

40 **Konturen** gewinnt der Gedanke der Finanzierungsfolgenverantwortung, wenn man ihn von dem metaphysischen Ballast befreit, der in den Ableitungen aus scheinbar letztbegründeten Prinzipien angelegt ist, und wenn man stattdessen seine **objektive Teleologie** freilegt. Offenbar reagiert das Recht mit der zwangsweisen Subordination der Gesellschafterfremdmittel auf ein **implizites**, an den Gesellschafter gerichtetes **Gebot**, der Gesellschaft **in der Krise kein Fremdkapital** zu überlassen, das in einem nachfolgenden Insolvenzverfahren gleichrangig neben den Forderungen der externen Gläubiger zu bedienen wäre (grundlegend *BGH* BGHZ 90, 381 [389]: »objektiv gebotene Einbringung haftenden Kapitals«). Stellt der Gesellschafter dennoch unter Verstoß gegen dieses Gebot Fremdkapital zur Verfügung wird die **Haftungsfunktion** der Mittel durch die Subordination der Rückzahlungsansprüche **erzwungen** (vgl. die Rechtsprechung des *BGH* zum abgelösten Kapitalersatzrecht BGHZ 127, 336 [344 f.]; 127, 17 [29]; 109, 55 [57]; 105, 168 [175]; 90, 381 [389]). Ihre Erklärung und Rechtfertigung findet die sich darin konkretisierende Finanzierungsfolgenverantwortung in dem Befund, dass Gesellschafterdarlehen die **Liquidität** der Gesellschaft auch dann **aufrecht erhalten**, wenn die Gesellschaft von externen Gläubigern keinen Kredit mehr erhalten würde (zur **Kreditunwürdigkeit** als dem »zentralen Tatbestand« des abgelösten Kapitalersatzrecht s. *von Gerkan* Hdb. des Kapitalersatzrechts, Rn. 3.5). Deshalb ermöglichen Gesellschafterdarlehen eine **Unternehmensfortführung** auch in den Fällen, in denen die **Eigenkapitalausstattung** der Gesellschaft aus Sicht der externen Gläubiger **unzureichend** ist, weil sie die mit der Fortführung des Unternehmens verbundenen Verlustrisiken nicht hinreichend abdeckt. Hierdurch werden den externen Gläubigern **Verlustrisiken aufgebürdet**, vor denen sie bewahrt blieben, wenn die Liquidität der Gesellschaft nicht künstlich durch das Gesellschafterdarlehen aufrechterhalten worden wäre. Die Darlehensgewährung durch den Gesellschafter **unterläuft** damit die **Außenkontrolle durch die externen Gläubiger** (oder – in ökonomischer Sprechweise: der **Kredit- und Kapitalmärkte**), welche in der Regel dafür Gewähr bietet, dass kreditunwürdige Unternehmen keinen Kredit mehr erhalten und wegen Zahlungsunfähigkeit **frühzeitig den Weg in das Insolvenzverfahren** suchen müssen (grundlegend *Fastrich* FS Zöllner, S. 143 [149 f.]). Außer Kraft gesetzt wird diese Außenkontrolle, weil sich die Gesellschafter infolge ihrer Beteiligung an der Gesellschaft von anderen Interessen leiten lassen als externe Gläubiger. Insbesondere die **Verbundenheit mit der Gesellschaft**, die Angst vor einem **Kontrollverlust bei der**

Einleitung eines Insolvenzverfahrens und die **Aussicht auf die Vereinnahmung künftiger Gewinne und Wertsteigerungen im Unternehmensvermögen** im Falle einer aussichtsreichen Sanierung können Gesellschafter veranlassen, der Gesellschaft auch dann noch Kredit zu gewähren, wenn dies ein externer Gläubiger mit Blick auf die Risiken einer Unternehmensfortführung nicht tun würde. Auf diese Störung der Außenkontrolle durch die externen Gläubiger reagiert das Recht der Gesellschafterdarlehen, indem sie die gesellschafterseitig überlassenen Mittel subordiniert. Der Sache nach geht es bei der damit begründeten **Finanzierungsfolgenverantwortung** daher um die Begrenzung der Schäden, die den Gläubigern infolge von **insolvenzverschleppenden Finanzierungsleistungen** drohen (*Fastrich* FS Zöllner, S. 143 [149 f.]; *Reiner* FS Boujong, S. 416 [422 ff.]; *Haas* ZInsO 2007, 617 [618]; vgl. auch die offenbar auf *Lutter/Hommelhoff* GmbHG, 15. Aufl., § 32a Rn. 15 zurückgehende und vom *BGH* ZInsO 2006, 492 [493]; ZInsO 2001, 907 [908], übernommene Metaphorik von der »Verlängerung des Todeskampfes«). Nur in *diesem* Licht betrachtet, ergeben auch die weiteren, teilweise schillernden Erklärungsansätze Sinn, die etwa abstellen auf: die Stellung des Gesellschafters als »**geborener Investor**« (*K. Schmidt* GmbHR 2009, 1009 [1016]), welche allerdings unplausibel bleibt, weil sie eine Haftung gesellschaftsfremder Dritter kategorisch ausschließen müsste; die (zunächst allein als tatsächliche Umschreibung zutreffende Betonung der) **Doppelstellung als Gesellschafter und Darlehensgeber** (*Ulmer* FS Duden, S. 661 [673 f.]; *Röhricht* ZIP 2005, 506 [512]; vgl. *BGH* BGHZ 90, 381 [388]), die **Abwälzung des Finanzierungsrisikos** (vgl. *BGH* BGHZ 76, 326 [329 f.]), deren Aussagekraft allerdings von der Möglichkeit abhängt, Kriterien zu identifizieren, anhand derer sich die im Grundsatz der Haftungsbeschränkung angelegte Risikoabwälzungen von »zu missbilligenden« Abwälzungen unterscheiden lassen.

3. Grundtatbestand: Ansprüche auf Rückgewähr von Gesellschafterdarlehen (Nr. 5 Alt. 1)

a) Haftungsbeschränkte Gesellschaft als Darlehensnehmerin (Abs. 4 Satz 1)

Die Anforderungen, die an die darlehensnehmende Gesellschaft zu stellen sind, ergeben sich aus Abs. 4 Satz 1. Hiernach muss es sich um eine juristische Person oder um eine Gesellschaft handeln, zu deren **unbeschränkt haftenden Gesellschaftern weder** eine **natürliche Person noch** eine **Gesellschaft** gehört, bei der eine natürliche Person unbeschränkt haftender Gesellschafter ist. Dieses Merkmal, das den ehemaligen §§ 129a, 172a HGB a.F. entnommen ist, ist wie in § 15a Abs. 1 Satz 2 und § 19 InsO auszulegen. Mit ihm wird abgesichert, dass keine natürliche Person unmittelbar oder mittelbar für die Gesellschaftsverbindlichkeiten gegenüber den Gesellschaftsgläubigern unbeschränkt haftet (BT-Drucks. 16/6140, S. 57). Anders als die Vorgängervorschriften in den §§ 129a und 172a HGB a.F. erschöpft sich Abs. 4 Satz 1 in einer Hilfsdefinition für die Regelung in Abs. 1 Nr. 5 und verzichtet auf eine umfassende Umschreibung des Tatbestands, an den sich die Rangsubordination knüpft. Unberücksichtigt bleibt insoweit auch die Tatbestandsvariante der Darlehensgewährung durch **mittelbar an der Gesellschaft beteiligte Gesellschafter**. Die Lösung ist hier über die Entsprechensklausel in Abs. 1 Nr. 5 Alt. 2 zu suchen, da es sich um einen Sachverhalt handelt, der »einem Gesellschaftsdarlehen« wirtschaftlich entspricht (vgl. BT-Drucks. 16/6140, S. 57 und *BGH* BGHZ 188, 363 zur Gleichstellung von mit dem Gesellschafter verbundenen Unternehmen mit dem Gesellschafter; näher dazu Rdn. 86 f.). 41

Abs. 4 Satz 1 stellt keine weiteren Anforderungen an die Gesellschaft, insbesondere ihre Rechtsform. Infolge dieser **rechtsformneutralen Ausgestaltung** findet Abs. 1 Nr. 5 InsO grds. auf alle **Formen** des deutschen Gesellschaftsrechts wie insbesondere die **Gesellschaft mit beschränkter Haftung**, die **Aktiengesellschaft** und die **Genossenschaft** sowie, unter dem Vorbehalt, dass keine natürliche Person unmittelbar oder mittelbar unbeschränkt für die Gesellschaftsverbindlichkeiten haftet, auch die **offene Handelsgesellschaft**, die **Kommanditgesellschaft** und Kommanditgesellschaft auf Aktien sowie die **Gesellschaft bürgerlichen Rechts** (s. zu Letzterer *BGH* ZInsO 2009, 530 [531 f.]). Auch die **Vorgesellschaft** ist erfasst (*BGH* ZInsO 2009, 1258 = ZIP 2009, 1273 Rn. 18). **Idealverein** und **Stiftung** sollen mangels Beteiligung der Gesellschafter am Haftkapital nicht unter die Regelung fallen (*Habersack* ZIP 2007, 2145 [2147 f.]). Die Begründung ist freilich angreifbar, da es auch bei einer offenen Handelsgesellschaft und bei einer Gesellschaft bürgerlichen Rechts keine formellen 42

Haftkapitalziffern gibt. Überdies erscheint der Ausschluss der **unternehmenstragenden Stiftung** wenig sachgerecht, da auch an ihr eine mitunternehmerische Beteiligung denkbar ist, die vom Normzweck der Subordination (s. Rdn. 38 f.) erfasst sein sollte.

43 Die **Europäische Gesellschaft (SE)** wird ebenfalls erfasst (BT-Drucks. 16/6140, S. 57). Erfasst sind ebenfalls **Auslandsgesellschaften**, deren **Interessenmittelpunkt** (i.S.v. Art. 3 Abs. 1 EuInsVO oder § 3 Abs. 1 InsO) **im Inland** liegt, so dass das nach Art. 4 Abs. 1, Abs. 2 lit. i EuInsVO, § 335 InsO Insolvenzverfahren im Inland zu eröffnen und deutsches Insolvenzrecht anzuwenden ist. Dies gilt sogar für die – überwiegend gesellschaftsrechtlich interpretierte – Rangsubordinierung und Umqualifizierung unter dem abgelösten Kapitalersatzrecht (*BGH* BGHZ 190, 364 = ZInsO 2011, 1792 = ZIP 2011, 1175 Rn. 14 ff.). Die zuweilen in Zweifel gezogene Vereinbarkeit der Einbeziehung von Auslandsgesellschafen in den Anwendungsbereich der Subordinationsregelungen (*Eidenmüller*FS Canaris, S. 49 [68]; MüKo-InsO/*Ehricke* § 39 Rn. 59) mit der Niederlassungsfreiheit der Art. 49, 54 AEUV verkennt, dass das Europäische Sekundärrecht in Art. 4 Abs. 2 lit. i EuInsVO das Insolvenzrecht der Verfahrenseröffnung ausdrücklich für die Frage der Rangfolgen für maßgeblich erklärt (vgl. *Kübler/Prütting/Bork-Preuß* InsO, § 39 Rn. 47).

b) **Gesellschafter als Darlehensgeber**

aa) **Stellung als Gesellschafter**

44 Darlehensgeber muss ein **Gesellschafter** sein (zur Erstreckung auf gesellschaftsfremde Dritte s. Rdn. 69 ff.). Ob dies der Fall ist, ist nach **gesellschaftsrechtlichen Maßstäben** zu beurteilen. Der Darlehensgeber ist deshalb auch dann als Gesellschafter zu behandeln, wenn er den Gesellschaftsanteil lediglich als **Treuhänder** hält. Zugleich fällt aber auch der **Treugeber** als ein dem Gesellschafter vergleichbarer Dritter in den Anwendungsbereich, s. dazu Rdn. 72). Die Dauer der Gesellschafterstellung ist grds. irrelevant (dazu näher Rdn. 57 ff.).

bb) **Kleinbeteiligtenprivileg (Abs. 5)**

45 Nach Abs. 5 sind die Darlehen von nicht geschäftsführenden Gesellschaftern privilegiert, die zu nicht mehr als zehn Prozent am Haftkapital der Gesellschaft beteiligt sind. Das sog. **Kleinbeteiligtenprivileg** wurde unter dem alten Kapitalersatzrecht durch das **Kapitalaufnahmeerleichterungsgesetz** vom 20.04.1998 (BGBl. I S. 707 – KapAEG) als § 32a Abs. 3 Satz 2 GmbHG a.F. eingeführt. Der Gesetzgeber des **MoMiG** hat das Privileg im Grundsatz unverändert übernommen (BT-Drucks. 16/6140, S. 57). Änderungen ergaben sich allein für die **Aktiengesellschaft**, für welche die Rechtsprechung unter altem Recht mangels expliziter gesetzlicher Vorgaben eine 25-Prozent-Schwelle angenommen hatte (*BGH* BGHZ 90, 381 [390 f.]); nach dem MoMiG ist auch für die Aktiengesellschaft die 10-Prozent-Schwelle des Abs. 5 verbindlich.

46 Aus der Privilegierung der Kleinbeteiligungen folgt umgekehrt, dass die Subordination allein die Darlehen solcher Gesellschafter erfassen soll, die infolge der **Erheblichkeit ihrer Beteiligung am Haftkapital** und/oder ihres **Einflusses auf die Geschäftsführung** ein besonderes **unternehmerisches Eigeninteresse** an den Geschicken der Gesellschaft haben, deren Kehrseite eine besondere Finanzierungsverantwortung sein soll (BT-Drucks. 13/7141, S. 11: »Grundgedanke für die Umqualifizierung eigenkapitalersetzender Gesellschafterdarlehen ist also die **mitunternehmerische Verantwortung** des Gesellschafters [Finanzierungsverantwortung]. Er soll nicht das Finanzierungsrisiko auf die außenstehenden Gesellschaftsgläubiger abwälzen können. Dieser Gedanke ist dann fraglich, wenn der Gesellschafter nur eine geringe Beteiligung am Stammkapital hält«).

47 Maßgebend für die 10-Prozent-Schwelle ist die **Beteiligung am Haftkapital**. Die Schwelle ist zur Vermeidung von Umgehungen **grds. unabhängig von der konkreten Ausgestaltung des Gesellschaftsanteils** maßgebend, so dass eine höhere Beteiligung am Haftkapital auch dann schädlich bleibt, wenn sie infolge des Ausschlusses oder der Begrenzung des Stimmrechts oder des Gewinnbezugsrechts keine weitergehenden Rechte vermittelt als eine Beteiligung von 10 % (*Kübler/Prütting/Bork-Preuß* InsO, § 39 Rn. 51). Umgekehrt kann aber durch eine **überproportionale Zuweisung von Stimm-**

und **Vermögensrechten** einer Kleinbeteiligung das Privileg versagt werden, obgleich die Beteiligung die 10 %-Schwelle nicht übersteigt. Denn in diesem Fall lässt sich die vom Gesetzgeber unterstellte Annahme eines fehlenden (mit-)unternehmerischen Interesses widerlegen. Wo, wie bei der offenen Handelsgesellschaft oder bei der Gesellschaft bürgerlichen Rechts eine **nominelle Haftkapitalziffer fehlt**, ist der maßgebliche Beteiligungsanteil grds. **im Verhältnis zur Gesamtzahl der Gesellschafter** zu berechnen; dabei ist aber auch die **gesellschaftsvertragliche Allokation der Vermögensrechte und Geschäftsführung** zu berücksichtigen, so dass auch hier eine überproportionale Zuweisung von Gesellschafterrechten dem Privileg auch dann entgegensteht, wenn nach der Kopfzahl an sich von einer Kleinbeteiligung auszugehen wäre.

Zur (entsprechenden) Anwendung des Kleinbeteiligtenprivilegs bei mittelbaren Beteiligungsverhältnissen, insbesondere zwischen **verbundenen Unternehmen** s. Rdn. 87. 48

Bei einer **koordinierten Kreditvergabe** zwischen mehreren Gesellschaftern, denen an sich das Kleinbeteiligtenprivileg zustehen würde, sind die Beteiligungen **wechselseitig zuzurechnen**. Denn mit der Koordinierung ihrer Kreditvergabe wird die dem Kleinbeteiligtenprivileg zugrunde gelegte Annahme widerlegt, dass die Beteiligung keinen hinreichenden Zusammenhang mit der Beteiligung als Gesellschafter und mit keinem besonderen unternehmerischen Interesse verbunden ist (vgl. zum alten Recht *BGH* ZInsO 2005, 989 [990 f.] auch zu Fallkonstellationen, in denen ein koordiniertes Vorgehen zu verneinen ist; vgl. zur Problematik der Koordination der Kreditvergabe *K. Schmidt* GmbHR 1999, 1269 ff.). 49

c) Gegenstand des Nachrangs

aa) Anspruch auf Rückzahlung des Gesellschafterdarlehens

Gegenstand der Subordination auf der Rechtsfolgenseite ist der Anspruch des Gesellschafters auf Rückzahlung eines der Gesellschaft gewährten **Darlehens**. Der Gewährung von Darlehen stehen freilich – *sub specie* wirtschaftlich vergleichbare Rechtshandlungen (Abs. 1 Nr. 5 Alt. 2) – **andere Formen der Kreditgewährung** gleich (s. dazu Rdn. 64 ff.). Das **partiarische Darlehen**, bei welchem die Kapitalüberlassung nicht zu einem festgesetzten Zinssatz, sondern mit einem Anteil am Gewinn vergütet wird, gehört zu den Darlehen. 50

bb) Keine Beschränkung auf bestimmte Darlehenstypen

Erfasst werden **sämtliche Darlehensverhältnisse**. Die im früheren Kapitalersatzrecht bestehende Beschränkung auf Darlehen, die im Zeitpunkt einer Krise ausgereicht wurden, ist mit dem MoMiG weggefallen (BT-Drucks. 16/1641, S. 56). Auf den Zweck des Darlehens kommt es damit grds. genauso wenig an wie auf die Laufzeit oder sonstige Begleitumstände. 51

Vor diesem Hintergrund ist auch eine **Ausnahme für kurzfristige Waren- oder Geldkredite** abzulehnen (*BGH* ZInsO 2013, 1686 [1689]; ZInsO 2013, 717 [719]; HambK-InsO/*Lüdke* § 39 Rn. 42; *Graf-Schlicker/Neußner* § 39 Rn. 16). Zwar lassen sich mit Blick auf die Kontinuitätslinien zwischen dem alten Kapitalersatzrecht und dem neuen Recht **teleologische Argumente** konstruieren, die auf den **fehlenden Finanzierungscharakter** kurzfristiger Darlehen abstellen (so *Bitter/Laspeyres* ZInsO 2013, 2289 [2291 ff.] unter Verweis auf die Ausnahme von kurzfristigen Darlehen unter dem abgelösten Kapitalersatzrecht, deren Rückzahlung innerhalb drei Wochen objektiv erwartet werden konnte, *BGH* BGHZ 90, 381 [393 f.]; 75, 334 [337]; ZInsO 2010, 1396 [1399 f.]; ZInsO 2007, 38 [39]). Solchen **teleologischen Argumenten** liegt die Annahme zugrunde, dass bei kurzfristigen Kreditvergaben eine Schädigung der (externen) Gläubiger nicht denkbar ist, weil diese nicht zur Grundlage von **Investitionsentscheidungen** gemacht werden könnten, die den Gläubigern zusätzliche Risiken aufbürden (*Bitter/Laspeyres* ZInsO 2013, 2289 [2294]). Diese Annahme mag zwar unter den antiseptischen Bedingungen investitionstheoretischer Kalküle in Ein- oder Mehrperioden-Modellen aufgehen, lässt sich aber bereits durch die (nicht zuletzt durch die vergangene Finanzkrise genährte) Erfahrung wiederlegen, dass kurzfristige Kredite, insbesondere dann, wenn sie die Gestalt **revolvierender Fazilitäten** annehmen (vgl. insoweit auch den Sachverhalt, welcher der Entscheidung 52

BGH ZInsO 2013, 717 zugrunde lag: Staffel von 12 Krediten, die allesamt wieder zurückgeführt worden waren), sehr wohl **Finanzierungsfunktionen** annehmen können und dass sie unabhängig davon auch ein Baustein für die schädliche **Verschleppung des Krisen- und Insolvenzbewältigungsprozesses** sein können. Mag sich also auf theoretischer Ebene für eine Ausnahme für kurzfristige Kredite votieren lassen, muss eine solche jedenfalls an den **praktischen Hindernissen** scheitern, welche das Vorhaben einer **Abgrenzung zu Darlehen mit Finanzierungsfunktion** zwangsläufig mit sich bringen muss (bezeichnend insoweit die Ausführungen von *Bitter/Laspeyres* ZInsO 2013, 2289 [2294], die von »etwas längerfristigen« [!] Kreditengagements sprechen). Insoweit muss es, im Einklang mit der *ratio* des MoMiG sein Bewenden mit der gesetzgeberischen Entscheidung haben, das Recht der Gesellschafterdarlehen zu vereinfachen und von solch komplizierten Streitfragen zu bereinigen (vgl. BT-Drucks. 16/1641, S. 56).

53   Zwar ist insbesondere bei **revolvierenden Krediten** ein **besonderes Schutzbedürfnis auf Seiten des Gesellschafters** nicht von der Hand zu weisen, da dieser bei wortwörtlicher Anwendung der Anfechtungsbestimmung des § 135 Abs. 1 Nr. 2 InsO Gefahr laufen würde in Höhe der **Summe der jeweils zurückgeführten Beträge** in Anspruch genommen zu werden, obgleich er der Gesellschaft zu keinem Zeitpunkt eine solche Summe zur Verfügung gestellt hat (vgl. *Reuter* FS Wellensiek, S. 531 ff., der im parallel gelagerten Kontext von Rückzahlungen in Cash Pools anschaulich von einer »**explosiven Massevermehrung**« spricht). Allerdings hat der Bundesgerichtshof eine sachgerechte Lösung für dieses Problem aufgezeigt, die darin besteht, auch ohne besondere förmliche Vereinbarung eine **Kontokorrentabrede** anzunehmen und die **Haftung** des Gesellschafters **auf den höchsten Zwischensaldo zu begrenzen** (*BGH* ZInsO 2013, 717 = ZIP 2013, 717 = NZI 2013, 483 Rn. 16 ff.).

cc) **Keine Verstrickung des Nutzwerts bei Gebrauchsüberlassungen**

54   **Gebrauchsüberlassungen**, die unter altem Recht eigenkapitalersetzender Natur sein konnten, so dass der Verwalter die überlassene Sache während des Verfahrens ohne die Entrichtung des hierfür vereinbarten Entgelts nutzen konnte (dazu *BGH* BGHZ 109, 55 [62, 63 ff.]), unterfallen nicht der Subordination nach Abs. 1 Nr. 5 (*OLG Schleswig* ZInsO 2012, 1678 [1679 ff.]; *Haas* NZI 2012, 601 [602 f.]; *Bitter* ZIP 2010, 1 [10 f.]; unzutreffend *LG Kiel* ZIP 2011, 98). Die Gesetzesmaterialien zum MoMiG lassen deutlich erkennen, dass der **Gesetzgeber** die unter dem Eigenkapitalersatzrecht entwickelten Grundsätze zur eigenkapitalersetzenden Nutzungsüberlassung nicht fortführen wollte (BT-Drucks. 16/6140, S. 56: »Diese Begründung für eine von den Grundregeln der §§ 103 ff. InsO abweichende Rechtsfolge findet in den Neuregelungen keine Grundlage«). Aus § **135 Abs. 3 InsO** folgt entgegen *Hölzle* (ZIP 2009, 1939 [1945]) nichts anderes. Zwar ermöglicht diese Bestimmung dem Verwalter die Nutzung von zum Gebrauch überlassenen Gegenständen. Allerdings wird dieses Recht an die **weitergehende Voraussetzung** geknüpft, dass die Nutzung des Gegenstands für die **Fortführung des Unternehmens** von erheblicher Bedeutung ist. Zudem wird die Nutzung auf einen Zeitraum von **höchstens ein Jahr** begrenzt und steht dem Gesellschafter ein **Ausgleich** zu. Aus der **Systemwidrigkeit** dieser Einschränkungen, die für die Subordination der Darlehensmittel nach Abs. 1 Nr. 5 nicht gelten, folgt, dass die Anspruchsgrundlage für das Nutzungsrecht des Verwalters allein in § 135 Abs. 3 InsO zu finden ist und dass diese Vorschrift eine **abschließende Regelung** zum Nutzungsrecht des Verwalters enthält.

55   Damit gilt für das geltende Recht, dass weder die **Sachsubstanz**, in Bezug auf welche ein Aussonderungsrecht nach § 47 InsO besteht, noch der (unter altem Recht noch verstrickte) **Nutzwert** unter den Darlehensbegriff oder den Begriff der wirtschaftlich entsprechenden Rechtshandlungen i.S.d. § 39 Abs. 1 Nr. 5 InsO fassen lassen. Für Nutzungsüberlassungsverträge gelten daher die **allgemeinen Bestimmungen** in den §§ **103 ff. InsO**, welche allein durch die **Spezialregelung in § 135 Abs. 3 InsO** durchbrochen wird. Nutzt der Verwalter den zum Gebrauch überlassenen Gegenstand, steht der Anspruch auf das hierfür vereinbarte Entgelt im Rang einer **Masseverbindlichkeit** (§ 55 Abs. 1 Nr. 2 InsO).

56   Der Anspruch des Gesellschafters auf die zum Zeitpunkt der Eröffnung **noch nicht entrichteten Entgelte** kann dem **Nachrang** des Abs. 1 Nr. 5 allerdings nach allgemeinen Regeln dann unterfallen,

wenn der Gesellschafter diese Entgelte nicht rechtzeitig eingefordert (d. h. »**stehengelassen**«) oder gar **gestundet** hat (*OLG Hamm* ZInsO 2014, 243 [246 f.]; *Haas* NZI 2012, 601 [602 f.]; HambK-InsO/ *Lüdke* § 39 Rn. 46). Ab wann ein »Stehenlassen« bei Überschreitung der vertraglich vereinbarten Fälligkeit anzunehmen ist, ist anhand der **Umstände des Einzelfalls** zu beurteilen (vgl. *BAG* ZInsO 2014, 1019 [1022]: **Maßstab des verkehrsüblichen Verhaltens eines Drittgläubigers**). Von einem Stehenlassen ist jedoch dann auszugehen, wenn die üblichen Zahlungszeitpunkte um mehr als eine Abrechnungsperiode (i.d.R. ein Monat) überschritten werden (zu streng insoweit *OLG Hamm* ZInsO 2014, 243 [246]: eine Woche, wenn eine um 15 Tage nachschüssige Mietzahlung vereinbart ist). Summieren sich die Mietrückstände nicht über einen längeren Zeitraum auf, sondern **verzögern sich die Zahlungen um denselben Zeitraum**, so wird **kein Kredit** in Höhe des **aufsummierten Mietrückstands** gewährt, sondern allein in Höhe des **jeweils bestehenden Mietrückstands**. Denn durch die jeweiligen (wenn auch verspäteten) Zahlungen wird der gewährte Kredit um den jeweiligen Zahlbetrag wieder zurückgeführt (vgl. *BGH* ZInsO 2013, 717 [720] zur Behandlung von monatlich wieder zurückgeführten Staffelkrediten: Maßgeblichkeit **des höchsten Darlehensstands**). Entgelte, die auf die Nutzung des Gegenstands durch einen vorläufigen starken Verwalter entfallen, sind **Masseverbindlichkeiten** (§ 55 Abs. 1 Nr. 2 InsO), auf welche die Regelungen zum Nachrang nicht anzuwenden sind (*OLG Hamm* ZInsO 2014, 243 [246]).

d) **Maßgebliche Zeitpunkte**

Maßgeblicher Zeitpunkt für die Stellung als mitunternehmerischer, d.h. nicht nach Abs. 5 privilegierter Gesellschafter ist zunächst der Zeitpunkt der **Verfahrenseröffnung**. Denn zu diesem Zeitpunkt tritt die Rechtsfolge der Subordinierung des Rückzahlungsanspruches ein. Die Anfechtbarkeit der Rückzahlung von Gesellschafterdarlehen **innerhalb eines Jahres vor der Stellung des Insolvenzeröffnungsantrags** (§ 135 Abs. 1 Nr. 2 InsO) verdeutlicht jedoch, dass das Gesellschafterdarlehen bereits in diesem Zeitraum »**subordinationsrechtlich verstrickt**«, d.h. mit der Möglichkeit einer späteren Subordination belastet ist. Daher reicht es in den Fällen, in denen der Darlehensnehmer zum Zeitpunkt der Verfahrenseröffnung nicht mehr Gesellschafter ist, aus, wenn er zu einem **Zeitpunkt innerhalb des letzten Jahres vor der Verfahrenseröffnung** Gesellschafter war (*BGH* ZInsO 2012, 141 = ZIP 2012, 86 Rn. 14 f.; a.A. *Kebekus/Zenker* FS Wellensiek, S. 475 ff.; *Preuß* ZIP 2013, 1145 [1148 ff.]). Dies kann freilich nur dann schädlich sein, wenn zu diesem Zeitpunkt das Darlehen bereits ausgereicht war. Wurde das Darlehen hingegen erst ausgereicht, nachdem der Gesellschafter seine Stellung als Gesellschafter aufgegeben hat, besteht für eine subordinationsrechtliche Verstrickung kein Anknüpfungspunkt. Umgekehrt wird ein bereits ausgekehrtes Darlehen verstrickt, wenn der Darlehensgeber später innerhalb des letzten Jahres vor Antragstellung oder danach zum Gesellschafter geworden ist (vgl. *BGH* ZInsO 2012, 141 = ZIP 2012, 86 Rn. 14 f.; *Altmeppen* NJW 2008, 3601 [3603]; *Gehrlein* BB 2008, 846 [850]). Die Verstrickung bleibt auch in diesem Fall von einer späteren Beendigung der Gesellschafterstellung unberührt. 57

Die Darlehensforderungen eines **ausgeschiedenen Gesellschafters** werden nur dann gem. § 39 Abs. 1 Nr. 5 InsO zu nachrangigen Insolvenzforderungen, wenn der Austritt **im letzten Jahr vor der Stellung des Insolvenzantrags** lag (*BGH* ZInsO 2012, 141 = ZIP 2012, 86 Rn. 14 f.). Dies folgt aus der zeitlichen Begrenzung der Anfechtung der Rückführung des Darlehens (§ 135 Abs. 1 Nr. 2 InsO), welche die erst mit der Verfahrenseröffnung eintretende Subordination absichert. Eine **zeitlich unbeschränkte Verstrickung** der Darlehensmittel nach dem Austritt des Gesellschafters – wie sie *Schäfer* (ZInsO 2012, 1354 [1356] sowie MDR 2012, 262) vorschwebt – ist **nicht begründbar**. Erwägenswert ist aber die **Verlängerung** des Einjahreszeitraums um eine **Kündigungsfrist**, die der Gesellschafter bei der austrittbedingten Rückforderung hätte einhalten müssen. Denn die der analogen Anwendung von § 135 Abs. 1 Nr. 2 InsO zugrunde liegende Annahme, dass der Austritt aus der Gesellschaft der Befriedigung gleichsteht (*Uhlenbruck/Hirte* InsO, § 39 Rn. 46) erscheint in diesem Fall nur dann angemessen, wenn auf den Zeitpunkt abgestellt wird, an welchem der Gesellschafter nach seinem Austritt frühestens hätte Befriedigung erlangen können. 58

59 Irrelevant ist die **Dauer der Gesellschafterstellung**, sofern der Darlehensnehmer nur zu einem bestimmten Zeitpunkt innerhalb des Jahreszeitraums des § 135 Abs. 1 Nr. 2 InsO sowohl Gesellschafter als auch Darlehensnehmer war. Das folgt nicht zuletzt daraus, dass die unter den Begriff der Finanzierungs(folgen)verantwortung gefasste Gefährdung des Interessen externer Gläubiger bei der durch die Neuregelung gebotenen pauschalisierend-typisierenden Betrachtungsweise von jedem Gesellschafterdarlehen ausgeht (zum **Verzicht** auf das **Erfordernis** einer Krisenfinanzierung s. Rdn. 30). *Bitter/Laspeyres* (ZInsO 2013, 2289 [2290 f.]), meinen, dass dies zu unkalkulierbaren **Risiken für Emissionsbanken** führe, wenn diese im Zuge der Platzierung Aktien in einem Umfang übernehmen, der die Schwelle des Abs. 5 übersteigt. Habe die Kreditabteilung der Emissionsbank Darlehen an die Emittentin ausgereicht, so drohte diesen wegen der vorübergehend eingenommenen Gesellschafterstellung der Emissionsbank eine subordinationsrechtliche Verstrickung (*Bitter/Laspeyres* ZInsO 2013, 2290). Noch schlimmer komme es, wenn die Emissionsbank ein Emissionskonsortium anführe und in dieser Eigenschaft Zugriff auf einen Sicherheitenpool habe, da dann ihre kurzfristige Gesellschafterstellung die Sicherheiten aller Konsorten gefährde. Dieses Problem ist entgegen *Bitter/Laspeyres* aber nicht durch eine Ausnahme für die nur vorübergehende Einnahme der Rolle eines kreditgewährenden Gesellschafters zu lösen. Vielmehr folgt die Lösung aus der **aufsichtsrechtlich sichergestellten Trennung der institutsinternen Funktionsbereiche** (§§ 33 Abs. 1 WpHG, 25a Abs. 1 KWG), welche den im Begriff des Gesellschafterdarlehens vorausgesetzten Zusammenhang zwischen der Gesellschafterstellung und der Darlehensvergabe unterbricht. Solange die organisatorische Trennung zwischen Kreditabteilung und Investmentabteilung den gesetzlichen Anforderungen entspricht, ist ein Informationsfluss zwischen den Bereichen ausgeschlossen. Bestehen keine aufsichtsrechtlichen Auffälligkeiten, spricht eine tatsächliche Vermutung dafür.

60 Der **Zeitpunkt der Gewährung des Darlehens** ist, anders als noch unter dem abgelösten Eigenkapitalersatzrecht, grds. irrelevant (unzutreffend insoweit *Uhlenbruck/Hirte* InsO, § 39 Rn. 45). Entscheidend ist allein die zumindest **temporäre Koinzidenz** von **Gesellschafterstellung** und **Stellung als Darlehensgeber** zu einem Zeitpunkt **innerhalb des letzten Jahres** vor der Verfahrenseröffnung (s. Rdn. 57 ff.).

e) **Wirkung der Verstrickung gegenüber dem Zessionar der Darlehensrückzahlungsforderung**

61 Ist eine Forderung auf Rückzahlung eines Darlehens subordinationsrechtlich verstrickt, wirkt diese Verstrickung auch gegen den späteren Erwerber dieser Forderung. Das folgt aus **§ 404 BGB** (*BGH* BGHZ 196, 220 [227]; ZInsO 2013, 543 [545]; *Uhlenbruck/Hirte* InsO, § 39 Rn. 46; *Haas* ZInsO 2007, 617 [626]; *Habersack* ZIP 2007, 2145 [2149]). Soweit hiergegen eingewandt wird, dass sich eine Anwendung von § 404 BGB verbiete, weil die als Einwendung allein in Betracht kommende Subordination erst mit der Verfahrenseröffnung eintritt (*Haas* NZG 2013, 1241 [1244 f.]; *Kebekus/Zenker* FS Wellensiek, S. 475 [481 ff.]), ist dem entgegenzuhalten, dass die Forderung bereits in dem nach § 135 Abs. 1 Nr. 2 InsO maßgeblichen Zeitraum mit der möglichen Subordination in einem späteren Verfahren belastet (m.a.W.: »verstrickt«) ist, so dass dies dem Zessionar als Einwendung entgegengehalten werden kann. Nicht zu folgen ist daher auch der **Gegenansicht**, nach welcher die Subordination der Darlehensforderung nur dann und solange eintreten kann, wie sich die Forderung in der Hand des Gesellschafters befindet. Zur Begründung wird im Wesentlichen angeführt, dass eine Belastung des Erwerbers – einem unbeteiligten Dritten vom Schutzzweck der Subordinationsregeln nicht mehr gedeckt sei. Deshalb sei der Schutzzweck über eine **Anfechtung der Abtretung** erreicht, infolge derer die Masse einen gegen den Gesellschafter gerichteten **Freistellungsanspruch** auf Ausgleich des durch den Entfall der Subordination entstandenen Schadens erhalten soll (*Kebekus/Zenker* FS Wellensiek, S. 475 [483, 490 f.]; *Preuß* ZIP 2013, 1145 [1148 ff.]). Hierbei wird zum einen verkannt, dass sich bereits an § 44a InsO ablesen lässt, dass das Recht der Gesellschafterfremdfinanzierung »unbeteiligte Dritte« belastet (*Haas* NZI 2013, 1241 [1245]). Zum anderen wird der Masse das Risiko der Einbringlichkeit des gegen den Gesellschafter gerichteten Freistellungsanspruchs aufgebürdet, so dass der Schutzzweck der Rangsubordination verfehlt zu werden droht. Diese Konsequenz sucht *Preuß* (ZIP 2013, 1145 [1149]) dadurch zu vermeiden, dass sie dem Zessionar zwar die Anmeldung der zedierten Forderung gestattet, ihm aber zumutet, sich bei der Verteilung

mit dem gegen den Gesellschafter-Zedenten gerichteten Freistellungsanspruch zu begnügen, so dass er insoweit beim Gesellschafter Regress nehmen kann. Freilich wird der Zessionar in aller Regel ohnehin aus dem der Abtretung zugrunde liegenden **Kausalgeschäft** einen Ausgleichsanspruch haben, so dass die Komplexität dieser Konstruktion in keinem Verhältnis zu ihrer Leistungsfähigkeit steht.

Ist die Forderung des Gesellschafters in einer **Inhaberschuldverschreibung** verbrieft, kann die Fortdauer der Verstrickung des Zahlungsanspruchs nach der Übertragung der Schuldverschreibung nicht auf § **404 BGB** gestützt werden, da § **796 BGB** eine abschließende Regelung für die dem Erwerber zustehenden Einwendung **enthält** (*d'Avoine* NZI 2013, 321 [324 ff.]). Hiernach können dem Erwerber nur solche Einwendungen entgegengehalten werden, welche die Gültigkeit der Urkunde betreffen, sich aus der Urkunde ergeben oder ihre Grundlage im Verhältnis der Gesellschaft zum Erwerber finden. Diese Einschränkungen sind unter dem Gesichtspunkt des **Verkehrsschutzes** geboten, welcher Voraussetzung für die **Umlauffähigkeit der Schuldverschreibungen** ist. Damit kommt gegenüber dem Erwerber eine Berufung auf den Nachrang in aller Regel nicht in Betracht. Ist die Verstrickung der Ansprüche aus der Schuldverschreibung **dem Erwerber bekannt**, kann allerdings die **Arglisteinrede aus § 242 BGB** gegeben sein, da den Beteiligten dann klar ist, dass die Übertragung den Wegfall des Nachrangs ermöglicht. Überdies wird unter diesen Voraussetzungen die Übertragung regelmäßig der **Vorsatzanfechtung** nach § 133 Abs. 1 Satz 1 InsO unterliegen. 62

4. Erweiterungen des Grundtatbestands durch die »Entsprechungsklausel« in Nr. 5 Alt. 2

Nach Abs. 1 Nr. 5 stehen den Ansprüchen auf die Rückgewähr von Gesellschafterdarlehen Ansprüche aus Rechtshandlungen gleich, die der Darlehensgewährung durch den Gesellschafter **wirtschaftlich vergleichbar** sind. Während weitgehende Einmütigkeit darüber besteht, dass der Gewährung eines Gesellschafters alle Sachverhalte wirtschaftlich entsprechen, in denen eine anderweitige **Kreditgewährung des Gesellschafters** an die Gesellschaft liegt (zu diesen **transaktionsspezifischen Entsprechungen** sogleich unter Rdn. 64 ff.), bestehen signifikante Unterschiede in der Frage, unter welchen Zurechnungsgesichtspunkten die Stellung eines **Nichtgesellschafters** der Stellung eines Gesellschafters vergleichbar ist (zu diesen **statusbezogenen Entsprechungen** s. Rdn. 69 ff.). Naturgemäß sind auch Sachverhalte einzubeziehen, bei denen **transaktions- und statusspezifische Elemente** zusammenkommen, d.h. ein gesellschaftsgleicher Dritter der Gesellschaft einen sonstigen Kredit gewährt (Rdn. 90). 63

a) Transaktionsbezogene Entsprechung: Einbeziehung sämtlicher Kreditgewährungen

Den Forderungen auf Rückgewähr von Gesellschafterdarlehen sind im Hinblick auf ihre Eigenschaft als nachrangige Insolvenzforderungen Forderungen aus **Rechtshandlungen** gleichgestellt, die einem **solchen Darlehen wirtschaftlich entsprechen**. Erfasst sind alle Vereinbarungen und Rechtshandlungen, in denen **bei wirtschaftlicher Betrachtung** eine **Kreditgewährung** des Gesellschafters an die Gesellschaft liegt (*Habersack* ZIP 2007, 2146 [2150]; *Huber* FS Priester, S. 259 [278 f.]). Dies gilt unabhängig davon, ob man der Lehre vom Missbrauch der Haftungsbeschränkung folgt oder den Gesichtspunkt der Finanzierungsfolgenverantwortung für maßgeblich hält. Vom Standpunkt beider Lehren soll die Subordinationsanordnung auf die **Überlassung von Fremdkapital** durch den Gesellschafter unabhängig davon reagieren können, in welchen **rechtlichen Formen** die Kreditgewährung eingekleidet ist. 64

Eine solche Kreditgewährung liegt bei Austauschverträgen bereits dann vor, wenn eine vom Verkehrsüblichen zugunsten der Gesellschaft abweichende **Fälligkeitsbestimmung**, insbesondere bei Vereinbarung einer **Vorleistungspflicht des Gesellschafters**, dazu führt, dass die Gesellschaft in den Genuss der Leistung des Gesellschafters kommt, ohne zunächst die ihr obliegende Gegenleistung erbringen zu müssen (HK-InsO/*Kleindiek* § 39 Rn. 35; *Graf-Schlicker/Neußer* InsO, § 39 Rn. 42). Für die Frage der Verkehrsüblichkeit kann auf die zur Abgrenzung von Bargeschäften i.S.d. § 142 InsO entwickelten Grundsätze zurückgegriffen werden (*Bitter* ZIP 2010, 1 [10]; HambK-InsO/*Lüdke* § 39 Rn. 46; *Kübler/Prütting/Bork-Preuß* InsO, § 39 Rn. 81; *Graf-Schlicker/Neußer* InsO, § 39 Rn. 41). Eine Kreditgewährung ist auch beim **unechten Factoring** anzunehmen, 65 wenn der Gesellschafter gegenüber der Gesellschaft die Rolle des Factors einnimmt, dem im Falle der Uneinbringlichkeit der factorierten Forderungen die Möglichkeit einer Rückbelastung zusteht (vgl. *OLG Köln* ZIP 1986, 1585 [1587]). Dem steht die **Diskontierung von Wechseln** gleich, da in dieser eine Kreditgewährung zu erblicken ist. **Pensionsgeschäfte** (§ 340b HGB) gleichen wirtschaftlich der Gewährung eines Gelddarlehens gegen die Bestellung einer Sicherheit am Gegenstand des Pensionsgeschäfts (*Obermüller* Insolvenzrecht in der Bankpraxis, Rn. 8.151).

66 Der Vereinbarung einer Vorleistungspflicht des Gesellschafters oder einer die Gesellschaft begünstigenden Fälligkeitsbestimmung (dazu Rdn. 65) steht die **Stundung** einer gegen die Gesellschaft gerichteten Forderung (vgl. bereits § 32a Abs. 2 GmbHG i.d.F. RegE 1977, BT-Drucks. 8/1347, S. 9: »Diese Vorschriften gelten sinngemäß, wenn ein Gesellschafter ... Forderungen ... stundet«, welche allein deshalb gestrichen wurde, weil man diese Fallgruppe als von der Entsprechensklausel in § 32a Abs. 3 Satz 1 GmbHG gedeckt sah, BT-Drucks. 8/3908, S. 74) sowie das sog. **Stehenlassen**, d.h. die Nichtgeltendmachung bereits fällig gewordener Forderungen (zuletzt *BAG* ZInsO 2014, 1019 [1022]) gleich. Der **Entstehungsgrund** für die gestundete oder stehengelassene Forderung ist **irrelevant** (*Gehrlein* BB 2008, 846 [850]; *Hirte* ZInsO 2008, 869 [693]). Insbesondere besteht kein Privileg für Arbeitnehmer, so dass auch dessen **Lohnansprüche** erfasst werden (*BAG* ZInsO 2014, 1019). Einbezogen sind auch **nicht ausgeschüttete, stehen gelassene Gewinne** (*OLG Koblenz* ZIP 2013, 2325). Für die Frage, ob die Stundung oder das Stehenlassen wirtschaftlich eine Kreditgewährung begründen, ist wiederum auf die **markt- und verkehrsüblichen Usancen** abzustellen. Dabei ist auch die Wertung des **§ 286 Abs. 3 BGB** zu berücksichtigen, nach welcher ein Verzug 30 Tage nach Rechnungstellung eintritt (vgl. *Bork* EWiR 2014, 327 [328]; zu streng daher *OLG Hamm* ZInsO 2014, 243 [246]: eine Woche, wenn eine um 15 Tage nachschüssige Mietzahlung vereinbart ist). Da die Annahme einer Kreditgewährung bei verständiger Würdigung der Interessen des Gesellschafters im **Zeitraum zwischen Insolvenzantragstellung und Verfahrenseröffnung** nicht unterstellt werden kann, scheidet für diesen Zeitraum die Annahme eines Stehenlassens i.d.R. aus. Für den Sonderfall des Stehenlassens von Forderungen aus **Dauerschuldverhältnissen** ist die **Besonderheit** zu beachten, dass dann, wenn die Gesellschaft ihre Zahlungen regelmäßig, wenn auch verzögert leistet, kein Stehenlassen in Höhe der Summe der Beträge anzunehmen ist, für die jeweils Verzug eingetreten ist. Denn durch die jeweiligen (wenn auch verspäteten) Zahlungen wird der gewährte Kredit um den jeweiligen Zahlbetrag wieder zurückgeführt (vgl. *BGH* ZInsO 2013, 717 [720]). Die Frage wird im Rahmen des Abs. 1 Nr. 5 zwar nicht relevant, da es insoweit stets nur auf die zum Eröffnungszeitpunkt noch offenen Beträge ankommt. Sie wird aber relevant, wenn es um die Frage geht, ob die jeweils verzögerten Zahlungen nach § 135 Abs. 1 Nr. 2 InsO anfechtbar sind. Die Anfechtbarkeit besteht in diesen Fällen nur in Höhe **des höchsten zwischenzeitlichen Rückstands** (vgl. *BGH* ZInsO 2013, 717 [720]). Anders als unter dem abgelösten Kapitalersatzrecht (dazu *BGH* ZIP 1995, 23 [24]; ZInsO 2011, 2230 [2231]) kommt es deshalb nicht auf die Höhe des durchschnittlichen Saldos an (unzutreffend daher *Kübler/Prütting/Bork-Preuß* InsO, § 39 Rn. 81).

67 Die **Besicherung eines Drittdarlehens** durch den Gesellschafter läuft bei wirtschaftlicher Betrachtung auf eine **mittelbare Kreditgewährung** an die Gesellschaft hinaus. Dem trägt § 44a InsO dadurch Rechnung, dass der Drittdarlehensgeber in erster Linie aus der vom Gesellschafter gestellten Sicherheit Befriedigung suchen soll, so dass er nur mit dem Betrag am Insolvenzverfahren teilnehmen kann, mit dem er bei der Sicherheitenverwertung ausfällt. Konsequenterweise unterfällt der **Regressanspruch des Gesellschafters** als eine Forderung, die einer Darlehensforderung wirtschaftlich vergleichbar ist, der Nachrangigkeit nach Abs. 1 Nr. 5 Alt. 2 (*BGH* ZInsO 2013, 1686 [1688]). Eine **mittelbare Kreditgewährung** an die Gesellschaft ist auch der **Erwerb** eines von einem Dritten an die Gesellschaft gewährten **Darlehens** oder eines sonstigen Kredits zu erblicken (vgl. bereits § 32a Abs. 2 GmbHG i.F.d. RegE 1977, BT-Drucks. 8/1347: »Diese Vorschriften gelten sinngemäß, wenn ein Gesellschafter gestundete Forderungen erwirbt«, welche allein deshalb gestrichen wurde, weil man diese Fallgruppe als von der Entsprechensklausel in § 32a Abs. 3 Satz 1 GmbHG gedeckt sah; s. BT-Drucks. 8/3908, wonach die Vorschriften des RegE zu umfangreich und kasuistisch ausfielen und daher in die Generalklausel des Absatzes 3 aufgenommen wurden). Die wirtschaftliche Ähnlichkeit resultiert auf Gesellschafterseite aus der Übernahme des Kreditausfallrisikos gegenüber

der Gesellschaft und auf Gesellschaftsseite daraus, dass ihr fortan nurmehr ein Gesellschafter und kein außenstehender Dritter mehr gegenübersteht (*Johlke* in: v. Gerkan/Hommelhoff, Hdb. Kapitalersatzrecht, Rn. 5.53).

Auch die Eingehung eines **stillen Gesellschaftsverhältnisses** hat mit Blick auf § 236 Abs. 1 HGB 68 Kreditcharakter (vgl. *Bornemann* ZHR 166 [2002], 211 [225 ff.]) und ist deshalb eine der Darlehensgewährung vergleichbare Rechtshandlung. Unerheblich ist, ob die stille Einlage zugleich mit dem Gesellschaftsanteil (etwa im Rahmen einer sog. »**gesplitteten Einlage**«) übernommen wurde oder ob die erforderliche Koinzidenz der Stellung als Gesellschafter und stiller Gesellschafter anderweitig zustande kommt (zum Erfordernis der Koinzidenz von Gesellschafter und Kreditgeberstellung s. Rdn. 60).

b) Statusbezogene Entsprechungen: Einbeziehung »gesellschafterähnlicher Dritter«

Einer Darlehensgewährung durch den Gesellschafter können auch **Rechtshandlungen Dritter** ent- 69 sprechen. Zwar trifft die Entsprechensklausel in Abs. 1 Nr. 5 im Unterschied zu ihrer Vorgängerbestimmung in § 32a Abs. 3 Satz 1 GmbHG a.F. **keine explizite Bestimmung** zur Erfassung gesellschaftsfremder Dritter. Dies rechtfertigt jedoch nicht den Schluss, dass unter dem neuen Recht eine Einbeziehung gesellschaftsfremder Dritter nicht möglich sei (unzutr. *Bayer* DStR 2006, 1654 [1659]). Die **Gesetzesmaterialien** zum MoMiG dokumentieren deutlich, dass der Gesetzgeber mit der Entsprechensklausel die Vorgängerbestimmung in § 32a Abs. 3 Satz 1 GmbHG sowohl »in persönlicher (Dritter) als auch in sachlicher Hinsicht übernommen« hat (BT-Druck. 16/6140, S. 57). Auch der *BGH* geht mit seinem Urteil vom 28.6.2012 (ZInsO 2012, 1775 = ZIP 2012, 1869 = NZI 2012, 860 Rn. 10 ff.) von der Einbeziehung gesellschaftergleicher Dritter aus.

Allerdings ist vom Boden der **Lehre vom Missbrauch** der Haftungsbeschränkung **Zurückhaltung** bei 70 der Ausdehnung auf gesellschafterfremde Dritte geboten (*Habersack* ZIP 2007, 2145 [2148]; *ders.* ZIP 2008, 2385 [2388]; *U. Huber* FS Priester, S. 259 [279 f.], der es insoweit ausdrücklich begrüßt, dass der Gesetzgeber »Dritte« nicht ausdrücklich erwähnt). Das folgt aus der Überlegung, dass ein Dritter, sofern ihm ein Gesellschaftsanteil nicht – etwa über ein Treuhandverhältnis oder anderweitig – zugerechnet werden kann, mangels Mitgliedschaft in der Gesellschaft von vornherein gar nicht in der Lage ist, die Haftungsbeschränkung der Gesellschaft (objektiv) zu missbrauchen (*U. Huber* FS Priester, S. 259 [279 ff.]). Folglich scheidet bei **konsequenter Einhaltung** dieses Gedankens eine Einbeziehung Dritter auch dann aus, wenn diese – wie im Fall der atypisch stillen Gesellschaft mit gesellschaftergleichen Vermögens- und gesellschafterähnlichen Nichtvermögensrechten – in ihrer Stellung einem Gesellschafter wirtschaftlich vergleichbar sind (so in der Tat *U. Huber* FS Priester, S. 259 [280 f.]). Gegenüber den hierdurch sich eröffnenden **Umgehungsperspektiven** (zur Maßgeblichkeit des Topos der Vermeidung von Umgehungen in der jüngsten BGH-Rechtsprechung: *BGH* BGHZ 196, 220 = ZInsO 2013, 543 [546] Rn. 31) steht die Lehre vom Missbrauch der Haftungsbeschränkung deshalb hilflos gegenüber. Es mag deshalb verständlich sein, wenn deren Vertreter – möglicherweise unter dem Eindruck dieser Folgenbetrachtung – inkonsequent werden und sich – ohne nähere Begründung – doch für eine Einbeziehung des atypisch stillen Gesellschafters aussprechen (so *Habersack* ZIP 2007, 2145 [2148]), doch **stellt** gerade dies die **Erklärungskraft der Missbrauchslehre in Frage** (s. Rdn. 37).

Zur Wahrung der Übersicht über die **unterschiedlichen Wertungsgesichtspunkte und Zurech-** 71 **nungsgrundlagen**, auf welche die Erstreckung auf gesellschaftsfremde Dritte beruht, empfiehlt es sich, zwischen Fallkonstellationen zu unterscheiden, in denen das **Verhältnis des Dritten zu einem Gesellschafter oder Gesellschaftsanteil** den Ausschlag gibt und solchen Konstellationen, in denen dem Dritten ein Gesellschaftsanteil nicht zugerechnet werden kann, dieser jedoch aufgrund seines **Verhältnisses zur Gesellschaft** eine Stellung einnimmt, die der eines Gesellschafters vergleichbar ist (vgl. *Engert* ZGR 2012, 835 [843 f.]). Besondere Betrachtung verdienen schließlich die Fälle der **konzerninternen Darlehensgewährung**, verbinden diese doch Elemente der Zurechnung der Gesellschafterstellung mit Elementen, die auf das Verhältnis zur Darlehensnehmerin abstellen (vgl. *Habersack* ZIP 2008, 2385 [2387]).

aa) Einbeziehung Dritter über die Zurechnung einer Gesellschafterstellung

72 Rechtshandlungen Dritter sind insbesondere unter dem Gesichtspunkt einer (objektiven) **Umgehung** der auf den Gesellschafter zugeschnittenen Regelungen zu betrachten. Unter diesem Gesichtspunkt sind vor allem solche Vorgänge zu erfassen, bei denen dem Darlehensgeber die Gesellschafterstellung zuzurechnen ist, weil der Gesellschafter den Gesellschaftsanteil für Rechnung des Darlehensnehmers hält (vgl. *BGH* BGHZ 107, 7 [9 f.], wonach sich ein Darlehensgeber wie ein Gesellschafter behandeln lassen muss, wenn der Gesellschafter den Anteil als – ggf. auch mittelbarer – Treuhänder hält). Daher sind im Fall der **Treuhand** nicht nur Darlehensforderungen des (**Treuhänder-**) **Gesellschafters** (dazu Rdn. 44), sondern auch die Forderungen des **Treugebers** verstrickt. Irrelevant ist dabei, ob die Treuhand **eigen- oder fremdnützig** ist. Den Treuhandkonstellationen stehen **Unterbeteiligungen** gleich, welche dem Unterbeteiligten die aus dem Gesellschaftsanteil fließenden Rechte und Pflichten vermitteln und es daher auch rechtfertigen, dass die Darlehen des Unterbeteiligten subordiniert werden.

73 Auch wenn eine Darlehensgewährung durch eine einem Gesellschafter **nahestehende Person** (§ 138 InsO) auf eine solche Umgehung hinweisen kann und Anlass zu näheren Prüfungen bietet (*BGH* BGHZ 188, 363 = ZInsO 2011, 626 [628] = NZI 2011, 257 = ZIP 2011, 575 Rn. 14; vgl. *BGH* ZInsO 2013, 2436 = NZG 2013, 1385 = ZIP 2013, 2400 Rn. 18), heißt dies nicht, dass die Darlehensgewährungen oder vergleichbare Handlungen nahestehender Personen i.S.d. § 138 InsO ohne Weiteres der Darlehensgewährung durch einen Gesellschafter gleichstehen (*BGH* BGHZ 188, 363 = ZInsO 2011, 626 [628 Rn. 12 ff.]). Auch spricht kein erster Anschein dafür, dass die von einer nahestehenden Person erbrachte Leistung für Rechnung des Gesellschafters erfolgte (*BGH* BGHZ 188, 363 = ZInsO 2011, 626 [629 Rn. 23]).

74 Hat der Dritte **Rechte an dem Gesellschaftsanteil** erworben, die ihn zur Ausübung der aus diesem fließenden Rechte berechtigen, kommt eine Zurechnung der Gesellschafterstellung in Betracht. Dies ist im Fall des **Nießbrauches** jedenfalls dann zu bejahen, wenn sich dieser sowohl auf die durch den Anteil gewährten Vermögens- als auch die Nichtvermögensrechte erstreckt und sich der Nießbraucher – etwa über Stimmrechtsvollmachten – auch das Recht einräumen lässt, die Geschicke der Gesellschaft mitzubestimmen (*BGH* ZIP 2011, 1411 = NZI 2011, 709 Rn. 4 f.). Auch wenn die Bestellung eines **Pfandrechts** an einem Gesellschaftsanteil für sich genommen nicht ausreicht, um den Pfandgläubiger einem Gesellschafter gleichzustellen – der Pfandgläubiger erwirbt insoweit allein ein Verwertungsrecht –, kann das Zusammenkommen von Pfandrecht und **Nebenabreden**, die dem Gläubiger das Recht und die Möglichkeit geben, auf die Geschäftsführung Einfluss zu nehmen, für eine Gleichstellung ausreichen (*BGH* BGHZ 119, 191 [195 ff.]; *BGH* ZInsO 2013, 2436 = ZIP 2013, 2400 = NZG 2013, 1385 Rn. 22). Maßgeblich ist insoweit eine **Gesamtbetrachtung** (*BGH* ZInsO 2012, 1775 = ZIP 2012, 1869 = NZI 2012, 860 Rn. 17).

bb) Einbeziehung Dritter aufgrund »gesellschafterähnlicher Stellung«

aaa) Meinungsstand

75 Zu den umstrittensten und am wenigsten geklärten Fragen des Rechts der Gesellschafterfremdfinanzierung gehört die Frage nach der Einbeziehung Dritter, denen nach Maßgabe der vorstehenden Grundsätze ein Gesellschaftsanteil nicht zugerechnet werden kann. Sieht man von einigen Stellungnahmen ab, die auf dem Boden der (**Diskontinuitäts-**)**Lehre vom Missbrauch der Haftungsbeschränkung** einer Einbeziehung aus grundsätzlichen Erwägungen ablehnend gegenüberstehen (dazu Rdn. 70), dürfte Einigkeit darin bestehen, dass ein Dritter jedenfalls dann einem Gesellschafter gleichsteht, wenn er wie ein Gesellschafter an **Gewinn und Vermögen** der Gesellschaft beteiligt ist und zugleich wie ein solcher **Einfluss auf Geschicke** der Gesellschaft nehmen kann (*BGH* ZInsO 2012, 1775 = ZIP 2012, 1869 = NZI 2012, 860 Rn. 17; vgl. [zum abgelösten Kapitalersatzrecht] *BGH* BGHZ 106, 7 [10 f.]; BGHZ 119, 191 [195 f.]; NZI 2007, 41 = ZIP 2006, 703 Rn. 24 ff.). **Paradigmatisches Beispiel** ist die Beteiligung eines **atypisch stillen Gesellschafters**, der – obgleich nicht Gesellschafter der Gesellschaft – auf Grundlage des stillen Gesellschaftsverhältnisses wie ein

Gesellschafter an Vermögen und Gewinn der Gesellschaft beteiligt ist und der infolge der Einbettung des stillen Gesellschaftsverhältnisses in eine Verbandsstruktur an der die Unternehmensführung betreffenden Willensbildung wie ein Gesellschafter mitwirkt (vgl. den Sachverhalt bei *BGH* BGHZ 106, 7: Beteiligung an Vermögen und Gewinn, Vertretung in einem Beirat mit Entscheidungs- und Überwachungskompetenzen, Stimmrecht in einer »Gesellschafterversammlung« mit Zuständigkeiten u.a. für die Wahl des Abschlussprüfers, Änderungen des Unternehmensgegenstands und Erhöhung des [stillen] Kapitals).

Streitig ist demgegenüber, ob eine Einbeziehung Dritter auch dann in Betracht kommt, wenn dessen Stellung in Bezug auf einige Ausstattungsmerkmale **hinter der Stellung eines Gesellschafters zurückbleibt**. Die Streitfrage entzündet sich hier vor allem an der Stellung von Kreditgebern, denen zwar keine gesellschafterähnlichen Vermögensrechte eingeräumt sind, die aber über einen weitgehenden Katalog an die Geschäftsführung und Finanzierung betreffenden Anforderungen und Zustimmungsrechten (**Financial und Business Covenants**) erheblichen Einfluss auf die Geschicke der Gesellschaft ausüben können (dazu *Majic* Covenants und Insolvenz, S. 31 ff., 69 ff.; *Servatius* Gläubigereinfluss durch Covenants, S. 481 ff.; *Fleischer* ZIP 1998, 313 ff.; *Schwinntowski/Dannischewski* ZIP 2005, 840 [842 ff.]; *Breidenstein* ZInsO 2010, 273 ff.); spiegelbildlich stellt sich freilich auch umgekehrt die Frage, ob gesellschafterähnliche Vermögensrechte auch dann ausreichen, wenn die Mitwirkungsrechte hinter denjenigen eines Gesellschafters zurückbleiben. Die wohl **h.M.** nimmt an, dass der Dritte sowohl über gesellschafterähnliche Vermögensrechte als auch über die dazugehörigen Mitwirkungsrechte verfügen müsse (*Krolop* GmbHR 2009, 397 [400]; *K. Schmidt* GmbHR 2009, 1009 [1019]; *Graf-Schlicker/Neußner* InsO, § 39 Rn. 27; HambK-InsO/*Lüdke* § 39 Rn. 37 f.; *Hirte* WM 2008, 1429 [1431]; *Runge* Covenants in Kreditverträgen, Rn. 4. 76 ff.). Die **Gegenauffassung** hält es allerdings für möglich, dass ein **Weniger** in Bezug auf bestimmte mitgliedschaftsähnliche Aspekte **durch ein Mehr** bei anderen Merkmalen **kompensiert** werden könne (*Fleischer* ZIP 1998, 313 [316 f.]; *Schwinntowski/Dannischewski* ZIP 2005, 840 [842 ff.]). Insbesondere wird unter dem Gesichtspunkt der **Einheit von Herrschaft und Haftung** (*Wiedemann* FS Beusch, S. 893 [912 f.]) bzw. der Verantwortlichkeit für die (Mit-)Steuerung des Insolvenzrisikos (*Servatius* Gläubigereinfluss durch Covenants, S. 494 ff., 531 ff.; *Majic* Covenants und Insolvenz, S. 52 ff., 79 ff.; vgl *Engert* ZGR 2012, 835 [853 ff.]: »schädliche Risikoerhöhung«) angenommen, dass das Bestehen von hinreichend starken Einflussnahmemöglichkeiten auf die Geschäftsführung der Gesellschaft auch dann ausreichen könne, wenn keine Beteiligung am Gewinn oder Vermögen der Gesellschaft besteht. Die **Rechtsprechung** hat eine gesellschafterähnlichen Stellung bislang zwar stets an das Vorliegen sowohl einer Beteiligung an Vermögen und Ertrag als auch von Einflussnahmemöglichkeiten »auf die Geschicke der Gesellschaft« geknüpft (*BGH* ZInsO 2012, 1775 = ZIP 2012, 1869 Rn. 17; zum alten Recht: *BGH* ZInsO 2013, 2436 = ZIP 2013, 91 Rn. 20; ZIP 2006, 703 Rn. 24; BGHZ 119, 191 [195 f.]; 106, 7 [10 f.]), sich dabei aber nicht in der Frage festgelegt, ob diese Voraussetzungen in jedem Fall vorliegen müssen (vgl. *BGH* ZInsO 2012, 1775 = ZIP 2012, 1889 Rn. 17: »jedenfalls«).

76

bbb) Vergleichbarkeit mit gesetzestypisch ausgestalteter Gesellschafterstellung

Im Ergebnis sollte es keinem Zweifel unterliegen, dass eine Stellung, die in wirtschaftlicher Hinsicht einem in **gesetzestypischer Weise** ausgestalteten Gesellschaftsanteil vergleichbar ist, ausreicht (insoweit überzeugend *Mylich* WM 2013, 1010 [1013], der hieraus allerdings irrtümlich folgert, dass sich aus dieser Vergleichbarkeit eine Unterwerfung des Dritten unter die Kapitalerhaltungsregeln ableiten lasse, näher Rdn. 79). Dies erscheint jedenfalls mit Blick auf die ansonsten vorhersehbaren **Umgehungsstrategien** (vgl. zu diesem Topos *BGH* BGHZ 196, 220 = ZInsO 2013, 543 Rn. 31: Gebot einer Auslegung, die den Geltungsanspruch des Gesetzes gegen die »schier unerschöpfliche Gestaltungsfantasie der Gesellschafter und ihrer Berater« immunisiert) erforderlich (vgl. bereits *BGH* BGHZ 106, 7 [10]: »diesen Rechten entsprechen die Pflichten eines GmbH-Gesellschafters; denn diese lassen sich nicht dadurch umgehen, dass sich jemand nur still an einer GmbH beteiligt, aber wie deren Gesellschafter die Geschicke bestimmt sowie an Vermögen und Ertrag beteiligt ist«). Von dieser Notwendigkeit scheinen sogar Vertreter der Haftungsbeschränkungslehren überzeugt (so

77

etwa *Habersack* ZIP 2007, 2145 [2148], welche einer solchen Ausdehnung konsequenterweise widersprechen müssten (abl. in der Tat *U. Huber* FS Priester, S. 259 [280]; näher dazu Rdn. 70). Die Gleichstellung von gesellschafterähnlichem Dritten und Gesellschaftern folgt allerdings **nicht** bereits aus allgemeinen **gesellschaftsrechtlichen Grundsätzen** (unzutreffend *Mylich* WM 2013, 1010 [1012 ff.] m.w.N.). Mit dem MoMiG hat der Gesetzgeber das Gläubigerschutzsystem vom gesellschaftsrechtlichen Kapitalschutz abgelöst und in das Insolvenzrecht überführt. Richtig ist zwar, dass man bei der Anwendung der Subordinationsregelungen sauber zwischen der (statusbegründenden) Gesellschafterstellung (nebst den auf ihrer Grundlage erbrachten Einlageleistungen) und den darüber hinaus gewährten Darlehen unterscheiden muss (*Mylich* WM 2013, 1010 [1012 f.]). Nach geltendem Recht ist aber die im Zusammenhang mit der statusbegründenden Rechtsbeziehung erbrachte (Einlage-)Leistung nach den insolvenzrechtlichen Bestimmungen zur Gesellschafterfremdfinanzierung zu beurteilen (*BGH* ZInsO 2012, 1775 = ZIP 2012, 1869 Rn. 14 ff.); eine Erfassung durch gesellschaftsrechtliche Kapitalerhaltungsvorschriften kommt nicht in Betracht. Sie wäre nicht zuletzt deshalb **unplausibel**, weil sie dem Dritten eine Pflicht zur **Erhaltung** eines Kapitals auferlegen würde, zu dessen **Aufbringung** er zu keinem Zeitpunkt verpflichtet war.

78 Unabhängig von möglichen Umgehungen überzeugt die Gleichstellung auch in **teleologischer Hinsicht**. Folgt man der hier vertretenen Auffassung (näher dazu Rdn. 39 f.), lässt sich der Grund für die Subordination auf den Begriff der **Finanzierungsfolgenverantwortung** des Gesellschafter-Darlehensgebers bringen. Diese wird dem Gesellschafter auferlegt, weil durch seine Darlehensgewährung die Liquidität des Unternehmens aufrecht erhalten bleibt und damit die **Kontrollmechanismen der Kredit- und Kapitalmärkte** außer Kraft gesetzt werden, die dafür sorgen, dass kreditunwürdige Unternehmen rechtzeitig den Weg ins Insolvenzverfahren finden (s. Rdn. 39 f.). Zu der so verstandenen Finanzierungsfolgenverantwortung ist dann aber auch jeder Dritte heranzuziehen, dessen Darlehensgewährung zu vergleichbaren Störungen dieses Mechanismus führt. Das ist jedenfalls für solche Dritten der Fall, dem **gesellschafterähnliche Vermögens- und Mitwirkungsbefugnisse** zustehen. In diesen Fällen unterscheidet sich die Darlehensgewährung des Dritten bei wirtschaftlicher Betrachtung nicht von der Darlehensgewährung durch einen Gesellschafter. Insbesondere unterliegt er denselben **Anreizen** wie ein Gesellschafter, kann er die **Kredit- und Insolvenzrisiken** wie ein Gesellschafter mitsteuern und von der weiteren **wirtschaftlichen Entwicklung** des Unternehmens wie ein Gesellschafter profitieren. In der nach Abs. 1 Nr. 5 maßgeblichen wirtschaftlichen Hinsicht steht die Darlehensgewährung des Dritten dann der eines Gesellschafters gleich.

79 Unerheblich ist, wie diese unter wirtschaftlichen Gesichtspunkten »gesellschaftergleiche« Stellung **rechtlich konstruiert** ist. Sie wird i.d.R. auf einer **vertragsrechtlichen Grundlage** stehen (so insbesondere bei der atypisch stillen Gesellschaft), kann aber durch eine **verbandsrechtliche Einbettung** abgesichert sein (so bei *BGH* BGHZ 106, 7 [10]). Umgekehrt kann sich das insoweit entscheidende **Gesamtbild** (zur Maßgeblichkeit des Gesamtbildes *BGH* ZInsO 2012, 1775 [1777]) auch erst im **Zusammenspiel mit anderen Faktoren** – wie z.B. der Erteilung einer Vollmacht zur Ausübung von Rechten aus einem Gesellschaftsanteil (*BGH* ZInsO 2013, 2436 = ZIP 2013, 2400 Rn. 21 f.) oder im Zusammenhang mit einer Stimmbindungsvereinbarung ergeben, auf deren Grundlage der externe Einfluss auf die gesellschaftsinterne Willensbildung nehmen kann (vgl. *BGH* BGHZ 119, 191 [195 ff.]).

ccc) **Vergleichbarkeit bei Zurückbleiben hinter den Ausstattungsmerkmalen der gesetzestypischen Gesellschafterstellung**

80 Die Einbeziehung von gesellschaftsfremden Dritten kommt auch dann in Betracht, wenn deren Stellung in Bezug auf einige Merkmale hinter der gesetzestypischen Gesellschafterstellung zurückbleibt. Da allerdings die **gesellschaftsvertraglichen Gestaltungsspielräume** derart weit sind, dass sie es erlauben, eine Gesellschafterstellung bis auf unabdingbare Informationsrechte und die bei gesellschaftsfremden Dritten erst noch zu begründende Haftungsfunktion des überlassenen Kapitals an die Stellung eines Gläubigers anzunähern (möglich sind insbesondere **stimmrechtslose Anteile mit obligationenartigen Vorzugsrechten**, vgl. *BGH* BGHZ 14, 264 [268 ff.] für die GmbH; §§ 11,

139 ff. AktG; *Siebel* ZHR 161 (1997), 628 [637 ff.] für das nach § 23 Abs. 5 AktG satzungsstrenge Aktienrecht), kann die **Vergleichbarkeit mit einer Gesellschafterstellung**, welche hinter der gesetzestypischen Ausgestaltung zurückbleibt, **für sich genommen nicht ausreichen**, um die Einbeziehung des Dritten zu begründen. Ansonsten müsste potentiell jede externe Gläubigerforderung zu einem Kandidaten für eine Rangsubordination werden. Erforderlich ist daher, dass die Einbeziehung des Dritten nach dem **Normzweck der Rangsubordination** geboten ist (vgl. *Haas/Vogel* NZI 2012, 875 [876]: »Auf welche Kriterien es im Rahmen der wirtschaftlichen Vergleichbarkeit ankommt, kann letztlich nur beantworten, wer die Frage nach dem Normzweck ... zu beantworten weiß«).

Entscheidend ist daher, ob die Darlehensgewährung durch den Dritten geeignet ist, die **Außenkontrolle** der Gesellschaft wie ein Gesellschafterdarlehen zu stören (s. Rdn. 39 f.). Dies kann bereits dann zu bejahen sein, wenn dem Dritten **gesellschafterähnliche Vermögensrechte** eingeräumt sind, sei dies durch eine **Beteiligung an Gewinn und Vermögen** der Gesellschaft oder durch die Einräumung eines **Rechts auf den Bezug** von Gesellschaftsanteilen (sog. »**Equity Kicker**«; dazu *Kästle* Rechtsfragen der Verwendung von Covenants in Kreditverträgen, S. 188). In diesen Fällen kann für den Dritten der Anreiz bestehen, der Gesellschaft auch dann noch Fremdmittel zur Verfügung zu stellen, wenn diese von externer Seite nicht mehr erlangbar sind. Denn die Aussicht auf die Vereinnahmung künftiger Gewinne, die Beteiligung an Wertsteigerungen im Gesellschaftsvermögen und/oder den Bezug von Gesellschaftsanteilen kann die mit einer Darlehensgewährung verbundenen Risiken auch dann kompensieren, wenn das Ausmaß dieser Risiken aus Sicht eines externen Dritten einer Darlehensgewährung entgegensteht. Dann kommt es auf das Bestehen von **korrespondierenden Nichtvermögensrechten nur eingeschränkt** an: Zwar werden sie regelmäßig ebenfalls eingeräumt sein, um den Dritten in die Lage zu versetzen, seine mit dem Engagement verbundenen finanziellen Risiken zu überwachen und zu steuern. Für die **Zurechnung** der durch die Darlehensgewährung eintretenden Störung des Mechanismus der Außenkontrolle ist es aber nicht erforderlich, dass die Kontroll-, Zustimmungs- und sonstigen Mitwirkungsrechte denen eines Gesellschafters entsprechen. Vielmehr reicht es insoweit aus, dass der Dritte über **hinreichende Informationsrechte** die Möglichkeit hat, das Bestehen einer Krise und damit derjenigen Umstände zu erkennen, welche der Gewährung des Darlehens den Charakter einer Krisenfinanzierung geben (zur Erforderlichkeit des Nachweises einer solchen Krisenfinanzierung in diesen Fällen s. Rdn. 84; vgl. zur Möglichkeit einer Kenntnisnahme der die Krise begründenden Umstände als Voraussetzung für die Zuschreibung einer Finanzierungsfolgeverantwortung unter dem abgelösten Kapitalersatzrecht *BGH* BGHZ 127, 336 [344 f.]). Bleiben dem Dritten allerdings gesellschaftertypische Mitwirkungsrechte verwehrt, kann umgekehrt die Vereinbarung **allein** einer **Gewinnbeteiligung** des Dritten grds. keine Grundlage für dessen Einbeziehung in die Subordinationsregelungen geben. Das entspricht auch der gesetzlichen Konzeption der allein gewinn- und verlustbeteiligten **(typischen) stillen Gesellschaft** (§§ 230 ff. HGB, 136 InsO), bei der es sein Bewenden bei der Verlustbeteiligung hat und der Stille im Übrigen als einfacher Insolvenzgläubiger am Verfahren teilnimmt (§ 236 Abs. 1 HGB). Etwas anderes kann allerdings dann gelten, wenn dem Stillen **gesellschaftertypische Mitwirkungsrechte** eingeräumt sind (nachfolgend Rdn. 82) oder er aufgrund des Gesellschaftsvertrages **überwiegend am Gewinn beteiligt** ist (vgl. den Sachverhalt bei *BGH* ZIP 2013, 2728: Beteiligung an 95 % des Gewinns).

Stehen dem Dritten gesellschaftertypische Vermögensrechte zu, ist es **nicht erforderlich**, dass ihm auch **korrespondierende vermögensrechtliche Pflichten** wie insbesondere eine Verlusttragungspflicht auferlegt sind. Dies wird zwar aus dem Gedanken abgeleitet, dass sich die Rangsubordination an die Beteiligung an den unternehmerischen **Chancen *und* Risiken** knüpfe (*Krolop* GmbHR 2009, 397 [402 ff.]). Dabei ist allerdings schon zweifelhaft, ob die Beteiligung an unternehmerischen Chancen und Risiken tatsächlich der entscheidende Wertungsgesichtspunkt für die durch Abs. 1 Nr. 5 angeordnete Rangsubordination ist (s. Rdn. 33 ff.). Jedenfalls muss gesehen werden, dass die Haftungsfunktion des überlassenen Kapitals durch das Gesetz sichergestellt werden soll. Sie kann damit schwerlich eine Voraussetzung für die Anordnung des Nachrangs sein. Hier – gar als Alternative zu einer Verlustbeteiligung – einen qualifizierten Rangrücktritt zu verlangen (so in der Tat *Krolop* GmbHR 2009, 397 [402]) ergibt schon deshalb keinen Sinn, weil die **Rechtsfolge der Rangsubordi-**

nation dann hinter der dann auf Tatbestandseite vorausgesetzten gewillkürten Rangsubordination zurückbliebe. Richtigerweise ist auch die **Vereinbarung einer Verlustbeteiligung nicht** erforderlich. Ansonsten entfiele ausgerechnet in den Fällen die Rangsubordination, in denen es zur Erreichung des Normzweckes am meisten auf sie ankäme: Ist eine Verlustbeteiligung nicht vereinbart, hat der Dritte noch stärkere Anreize, auf Kosten der außenstehenden Gläubiger zu spekulieren und träfe die Versagung des Nachrangs die Gläubiger besonders hart, weil der dann im Range einer einfachen Insolvenzforderung stehende Forderungsbetrag noch nicht einmal durch Verlustanteile gekürzt wäre.

83 **Gesellschafterähnliche Kontroll- und Mitwirkungsrechte** eines Kreditgebers, die sich auf Geschäftsführungsmaßnahmen und Grundlagenentscheidungen beziehen, vermögen die Einbeziehung des Dritten **nicht ohne Weiteres** zu tragen. Indem sie den Kreditgeber in die Lage versetzen sollen, die eingegangenen Kreditrisiken zu überwachen und zu steuern, stellen sie sich in erster Linie als ein **Instrument** der von den Subordinationsregelungen geschützten **Außenkontrolle** dar (vgl. *Habersack* ZGR 2000, 384 [397, 400]; *Hagemeister/Bültmann* WM 1997, 549 [553]; *Runge* Covenants in Kreditverträgen, S. 151 ff.), dessen Nutzung nicht ohne Weiteres zu einer Umgehung dieser Außenkontrolle führt. Anders verhält es sich allerdings mit der **breitflächigen Ausübung** solcher Rechte in einer **Krise**. Denn mit ihr verzichtet der Kreditgeber auf die **Instrumente der Außenkontrolle** durch die Kreditgeber – namentlich die Fälligstellung und Nichterneuerung bestehender Kredite und die Versagung neuer Kredite –, und nutzt stattdessen die ihm zur Verfügung stehenden **Instrumente der Innensteuerung** des Unternehmens. Damit aber unterläuft er den Mechanismus der Außenkontrolle. Seine Stellung ist dann der eines Gesellschafters vergleichbar. Nicht erforderlich ist in diesen Fällen, dass der Kreditgeber förmlich über gesellschafterähnliche **Vermögensrechte** (d.h. eine Beteiligung an Vermögen und Gewinn der Gesellschaft) verfügt. Vielmehr reicht es aus, wenn er die Mitwirkungsrechte mit Blick auf die **krisenbedingten Risiken oder Wertminderungen seiner Forderungen** oder sonstigen vermögenswerten Interessen ausübt. Denn unter den Bedingungen einer Krise partizipiert der Gläubiger in Höhe der drohenden oder bereits eingetretenen Wertminderungen an den künftigen Erträgen und Wertsteigerungen im Vermögen der Gesellschaft, so dass seine Stellung **situationsbedingt gesellschafterähnlich ist**, auch wenn er nur beschränkt an den künftigen Erträgen partizipiert (Residualberechtigung). Aus diesem Grund ist es auch verfehlt, das von Kreditgebern verfolgte Kreditsicherungsinteresse gegen das unternehmerische Interesse des Gesellschafters auszuspielen und anzunehmen, dass die Verfolgung von Kreditsicherungsinteressen die Anwendung der Subordinationsregeln kategorisch ausschließe (s. zur beschränkten Relevanz des Gesichtspunkts des Sicherungsinteresses auch *BGH* BGHZ 119, 191 [196]: unternehmerisches Interesse in Abgrenzung zum Sicherungsinteresse nicht erforderlich). Die dabei implizit unterstellte, zuweilen aber auch explizit gemachte (*Krolop* GmbHR 2009, 397 [400]) These, dass das Potential einer Gläubigergefährdung durch die Einflussnahme seitens von Kreditgebern grds. geringer zu veranschlagen sei als bei Gesellschaftern, wird durch eine lange Rechtsprechungstradition zur Bankenhaftung für Sanierungskredite widerlegt (dazu *Gawaz* Bankenhaftung für Sanierungskredite).

84 Da die Rechtsstellung des Dritten in den vorgenannten Fällen (Rdn. 81 ff.) hinter der eines gesetzestypischen Gesellschafters zurückbleibt, lässt sich die für die Anordnung der Subordination erforderliche wirtschaftliche Entsprechung allerdings **nicht schematisch aus den eingeräumten Rechten ableiten**. Sie wird vielmehr **erst in der Krise** durch das Hinzutreten weiterer Umstände (wie insbesondere die Ausübung von Mitwirkungsrechten, s. Rdn. 83) **begründet**. Eine pauschale Unterwerfung sämtlicher Ansprüche dieser Dritten aus Darlehensverhältnissen unter das Subordinationsregime wäre normzweckwidrig. Sie würde den Dritten auch zur Finanzierungs(folgen)verantwortung ziehen, wenn ihm eine Störung der Mechanismen der Außenkontrolle durch die externen Gläubiger nicht zuzurechnen ist, weil er die **Rolle** eines solchen **externen Gläubigers** nicht verlassen hat. In diesen Fällen ist daher stets zu prüfen, ob der Dritte durch sein **Verhalten in der Krise** die Rolle des externen Gläubigers überschritten hat, insbesondere weil er sich unter Verzicht auf die Instrumentarien der Außenkontrolle auf die Instrumente der Innensteuerung verlegt hat. Mit anderen Worten ist hier der Nachweis **erforderlich**, dass der Dritte eine **Krisenfinanzierungsentscheidung** getroffen hat. Dem lässt sich nur vordergründig entgegenhalten, dass der Gesetzgeber mit dem MoMiG auf das Erfordernis einer Krisenfinanzierung verzichten wolle. Denn es geht hier nicht um die Frage der An-

wendung der Subordinationsregelungen im Kernanwendungsbereich, sondern um die logisch vorgelagerte Frage, unter welchen Voraussetzungen die Rechtshandlungen Dritter denen einer Gewährung eines Gesellschafterdarlehens entsprechen. In Bezug auf diese Frage ist der Rekurs auf das Kriterium der Finanzierungsentscheidung nicht ausgeschlossen, sondern **teleologisch geboten**.

Da in diesen Fällen der Dritte eine der Gesellschafterstellung vergleichbare Position erst in der Krise einnimmt, kommt stets auch eine Privilegierung nach Maßgabe **des entsprechend anzuwendenden Sanierungsprivilegs** (Abs. 4 Satz 2) in Betracht. Denn es kann keinen Unterschied machen, ob der Dritte sich an der Sanierung durch den Erwerb eines »echten« Gesellschafteranteils beteiligt oder ob er im Zuge der Sanierung eine Position einnimmt, die der eines Gesellschafters für Zwecke des Abs. 1 Nr. 5 vergleichbar ist: wenn die erworbene Position zulasten des Dritten gehen soll, so muss sie ihm auch im Hinblick auf die privilegierenden Tatbestände zugutekommen. In analoger Anwendung von Abs. 4 Satz 2 ist also eine Subordination der Forderungen des Dritten ausgeschlossen, wenn er die gesellschafterähnliche Position **zum Zwecke der Sanierung** einnimmt, sofern die ergriffenen Maßnahmen in ihrer Gesamtheit geeignet sind, den Sanierungserfolg herbeizuführen (näher zum Sanierungsprivileg s. Rdn. 91 ff.). 85

cc) **Einbeziehung verbundener Unternehmen**

Dem Gesellschafter stehen die **Gesellschafter des Gesellschafters** grds. gleich (*BGH* BGHZ 81, 311 [315]; 81, 365 [368]; vgl. § 32a Abs. 5 GmbHG-E i.d.F. des Regierungsentwurfs zur GmbH-Novelle 1980 [BT-Drucks. 8/1347], wonach die Forderungen von »verbundenen Unternehmen« den Forderungen des Gesellschafters gleichstehen sollten). Zur (entsprechenden) Anwendung des Kleinbeteiligtenprivilegs in diesem Fall s. Rdn. 89. 86

Wird das Darlehen von einem **verbundenen Unternehmen** ausgereicht, das selbst kein (mittelbarer) Gesellschafter ist (Beispiel: ein **Schwester- oder Tantenunternehmen** der schuldnerischen Gesellschaft), ist die Darlehensvergabe dem Gesellschafter (bzw. umgekehrt die Gesellschafterstellung der darlehensgewährenden Gesellschaft) nur dann **zuzurechnen**, wenn der gemeinsame (mittelbare) Gesellschafter einen **beherrschenden Einfluss** auf die Geschäftsführung der darlehensgewährenden Gesellschaft ausübt (*BGH* ZIP 2008, 1230 = NZI 2008, 767 Rn. 9 f.; ZInsO 2005, 653 = ZIP 2005, 660 = NZI 2005, 350; ZInsO 1999, 472 = ZIP 1999, 1314 Rn. 6; ZIP 1990, 1593 [1595]; ZIP 1981, 1200; *LG Hagen* ZIP 2012, 642 [643]; vgl. *OLG Brandenburg* ZIP 2006, 184 [184 f.]; dazu *Plutc/Keller* FS Wellensiek, S. 511 [512 f.]; *Habersack* ZIP 2008, 2385 [2387]). Dem insoweit erforderlichen beherrschenden Einfluss soll bei einer Darlehensgewährung durch eine abhängige Aktiengesellschaft nach *BGH* ZIP 2008, 1230 = NZI 2008, 767 Rn. 13 die **Eigenverantwortlichkeit des Vorstands** (§ 76 Abs. 1 AktG) entgegenstehen. Das ist **unzutreffend**, weil eine hierauf gestützte kategorische Ausnahme für Aktiengesellschaften den auch und gerade im Aktienkonzernrecht zum Ausdruck kommenden **Einflussvermutungen** (§ 17 Abs. 2 AktG) widersprechen würde. Richtigerweise ist die Darlehensvergabe deshalb durch eine abhängige Aktiengesellschaft daher dann und insoweit einzubeziehen, wie diese abhängig i.S.d. § 17 Abs. 1 AktG sind. 87

dd) **Entsprechende Anwendung des Kleinbeteiligtenprivilegs**

Das Kleinbeteiligtenkriterium ist entsprechend anzuwenden (vgl. *BGH* ZInsO 2012, 1775 [1776] = WM 2012, 1874 Rn. 12). Soweit die Entsprechung der Rechtshandlung des Dritten mit einer Darlehensgewährung durch den Gesellschafter auf die **Beziehung des Dritten zu einem Gesellschafter** (Beispiel: Darlehensgewährung für Rechnung des Gesellschafters, s. Rdn. 72) **oder dessen Anteil** (Beispiel: [atypisches] Pfandrecht oder Nießbrauchsrecht, s. Rdn. 74) gründet, ist maßgeblich auf die Beteiligung dieses Gesellschafters abzustellen; freilich muss, sofern entsprechende Beziehungen zu mehreren Gesellschaftern oder Gesellschaftsanteilen bestehen, eine Zusammenrechnung erfolgen. Folgt die Gleichstellung mit der Darlehensgewährung ohne Rückgriff auf die Beziehung zu einem bestimmten Gesellschafter oder dessen Anteil (Beispiel: [atypisch] stiller Gesellschafter, dessen Stellung der eines Gesellschafters angenähert ist, s. Rdn. 77 ff.), ist die **Stellung des Dritten in Relation zum Haftkapital zu setzen**. Dabei ist in erster Linie auf den Anteil abzustellen, zu welchem der Dritte 88 an den gesellschaftertypischen Vermögensrechten partizipiert (d.h. die Beteiligung an Gewinn und/oder Vermögen). Gibt die Einräumung und Ausübung von Nichtvermögensrechten den Ausschlag, kommt die Anwendung des Kleinbeteiligtenprivilegs nicht in Betracht, da der Dritte dann einem geschäftsführenden Gesellschafter entspricht, dem das Privileg ebenfalls versagt bleibt.

89 **Mittelbare Beteiligungen** sind **anteilig** über die vermittelnde Beteiligung **anzusetzen**. So schlägt eine mittelbare Beteiligung über eine Beteiligung i.H.v. 20 % an dem Haftkapital einer Gesellschaft, die ihrerseits an der Darlehensnehmerin beteiligt ist, zu 20 % der Beteiligungshöhe der zwischengeschalteten Gesellschaft zu Buche. **Mehrere** (unmittelbare und/oder mittelbare) **Beteiligungen** sind **zusammenzurechnen**. Steht bei einer **horizontalen Kreditvergabe** (z.B. zwischen Schwestergesellschaften) eine subordinationsrechtliche Verstrickung in Frage, weil das übergeordnete Unternehmen das darlehensgewährende Unternehmen beherrscht (s. Rdn. 87), so ist auf die (»durchgerechnete«) Beteiligungshöhe des übergeordneten Unternehmens an dem darlehensempfangenden Unternehmen abzustellen.

c) Kombinationen aus transaktions- und statusbezogenen Entsprechungen

90 Steht ein Dritter einem Gesellschafter gleich, so unterfallen auch andere Kreditvergaben als eine Darlehensgewährung dem Nachrang. Dies gilt insbesondere für die Ansprüche, die aus dem »statusbegründenden« Rechtsverhältnis, also dem Rechtsverhältnis resultieren, das die gesellschafterähnliche Stellung des Dritten vermittelt. So wird bei der atypisch stillen Gesellschaft auch der Anspruch auf das Auseinandersetzungsguthaben erfasst (vgl. *BGH* BGHZ 106, 7 [10 f.]).

5. Sanierungsprivileg (Abs. 4 Satz 2)

91 Das bislang in § 32a Abs. 3 Satz 3 GmbHG geregelte, durch das KonTraG zum 1. Mai 1998 eingeführte **Sanierungsprivileg** ist nun in § 39 Abs. 4 Satz 2 InsO enthalten. Danach werden Gesellschafter, die als Gläubiger erst zum Zwecke der Sanierung Anteile der in die Krise geratenen Gesellschaft erworben haben, gegenüber den anderen Gesellschaftern privilegiert.

92 Die Voraussetzung des Anteilserwerbs ist erfüllt, wenn Anteile originär durch den Erwerb neuer Anteile im Wege der **Kapitalerhöhung** oder die **Übernahme** eines vorhandenen Anteils durch einen Altgesellschafter erworben werden (dazu *Ulmer/Habersack* GmbHG, §§ 32a/b Rn. 199; *Lutter/Hommelhoff* GmbHG, §§ 32a/b Rn. 82). Die Höhe der erworbenen Beteiligung spielt keine Rolle (*Ulmer/Habersack* GmbHG, §§ 32a/b Rn. 199 a.E.); es kommt auch **nicht darauf an, ob der Gesellschaft neues Kapital zufließt** (*Lutter/Hommelhoff* GmbHG, §§ 32a/b Rn. 82).

93 Der Anteilserwerb hat bei bestehender **Insolvenzreife** zu erfolgen. Da freilich eine solche Insolvenzreife ausgeschlossen ist, wenn der Dritte bereit ist, im Rahmen eines erfolgversprechenden Sanierungskonzepts die Anteile zu übernehmen (*Bitter* ZIP 2013, 398 ff. m. Hinw. darauf, dass die Fortbestehensprognose in diesen Fällen positiv ausfallen müsste), ist insoweit auf die **hypothetische Insolvenzreife** abzustellen, welche eintreten würde, wenn man den Anteilserwerb und das zugrunde liegende Sanierungskonzept hinwegdenkt (*Bitter* ZIP 2013, 398 [399]).

94 Der Anteilserwerb muss **zum Zwecke der Sanierung** erfolgen. Der Darlehensgeber muss bei Gewährung seiner Leistung in der **Absicht** der Sanierung gehandelt haben. Dieser Wille wird zwar im Regelfall vermutet (*BGH* BGHZ 165, 106 = ZInsO 2006, 148 Rn. 14). Auch kommt es auf den – nur ex post festzustellenden – Sanierungserfolg nicht an (*BGH* BGHZ 165, 106 = ZInsO 2006, 148 Rn. 15). Allerdings setzt das Sanierungsprivileg voraus, dass das Unternehmen **objektiv sanierungsfähig** ist und die in Angriff genommenen Maßnahmen **objektiv geeignet** sind, den Sanierungserfolg in überschaubarer Zeit zu erreichen (*BGH* BGHZ 165, 106 = ZInsO 2006, 148 Rn. 14). Regelmäßig kann die insoweit vorzunehmende »ex ante«-Prognose nur auf der Grundlage eines **dokumentierten Sanierungskonzepts** erstellt werden, das zugleich den Nachweis für den subjektiven Sanierungszweck des Anteilserwerbs liefert (BGHZ 165, 106 = ZInsO 2006, 148 Rn. 15).

Hat ein erst in der Krise zum Gesellschafter gewordener Gläubiger der Gesellschaft Darlehen gewährt oder gewährt er ein solches **nach Erlangung des Gesellschaftsanteils**, so sind Forderungen aus bereits gewährten Darlehen beim Fehlschlagen der Sanierungsbemühungen in einem folgenden Insolvenzverfahren einfache Insolvenzforderungen nach § 38 InsO; wird das Darlehen nach Eröffnung des Verfahrens gewährt, so handelt es sich um eine Masseverbindlichkeit nach § 55 Nr. 1 InsO. 95

Die Privilegierung dauert bis zum **Eintritt der »nachhaltigen Sanierung«**, also bis zum Ende der Krise der Gesellschaft. Die Privilegierung endet also mit der erfolgreichen Sanierung. Bei einer neuen Krise der Gesellschaft, die zu einem Insolvenzverfahren führt, sind in einer früheren Krise gewährte Darlehen und vergleichbare Leistungen i.S.v. § 39 Abs. 4 Satz 2 nicht mehr privilegiert. Sie sind dann nur als nachrangige Insolvenzforderungen zu behandeln (dazu *Lutter/Hommelhoff* GmbHG, §§ 32a/b Rn. 87). 96

6. Internationales Insolvenzrecht

Die Nachrangbestimmungen des § 39 InsO sind – wie auch die ihnen korrespondierenden Novellenregelungen (nicht hingegen die Rechtsprechungsregelungen) unter dem alten Recht – entsprechend ihrer insolvenzrechtlichen Funktionszuweisung – **insolvenzrechtlich** zu **qualifizieren**. Gemäß Art. 4 Abs. 1 EuInsVO, § 335 InsO sind sie daher auch auf Auslandskapitalgesellschaften anzuwenden, über deren Vermögen in Deutschland ein Hauptinsolvenzverfahren eröffnet ist (BT-Drucks. 16/6140, S. 57; *BGH* BGHZ 190, 364 Rn. 21 ff.). 97

E. Vereinbarung über den Nachrang einer Forderung (Abs. 2)

Vereinbaren der Gläubiger und der Schuldner den Nachrang einer Forderung im Insolvenzverfahren, **bestimmt** sich deren **Rang nach der Vereinbarung** (BT-Drucks. 12/2443 S. 123). Eine solche Vereinbarung ist – gerade auch im Verhältnis zu den »gesetzlichen, nachrangigen« Insolvenzgläubigern – zulässig, weil die Forderung ohne eine solche Vereinbarung zu den nicht nachrangigen Forderungen gehört und so allen nachrangigen Forderungen vorgehen würde. Daraus ergibt sich aber auch, dass Schuldner und Gläubiger die in § 39 InsO vorgesehene Rangfolge durch eine vertragliche Vereinbarung nur insoweit ändern können, als einer Forderung ein Nachrang hinter den gesetzlich zugewiesenen Rang zugewiesen wird (HK-InsO/*Eickmann* § 39 Rn. 12). Solange die vereinbarte Rangstellung im Verhältnis zur verdrängten Rangstellung nachrangig ist, sind daher der Gestaltungsfreiheit keine Grenzen gesetzt. (s. Rdn. 13). 98

Enthält die Vereinbarung über den Nachrang der Forderung keine Aussage zu dem Rang oder ist diese unklar, so ist nach der Auslegungsregel in Abs. 2 davon auszugehen, dass die Forderung nach den in Abs. 1 genannten Forderungen an letzter Rangstelle befriedigt werden soll. 99

Ist die Nachrangabrede **unwirksam**, steht die Forderung im Rang einer einfachen Insolvenzforderung (*BGH* ZInsO 2014, 952 [953 f.] = ZIP 2014, 1087 [1088 f.]; *Bork* ZIP 2014, 997 [997]). Die Unwirksamkeit kann auch aus **AGB-rechtlichen Grundsätzen** folgen. Die Vereinbarung eines Nachrangs stellt – insoweit anders als die Vereinbarung einer Verlustteilnahme, für welche es ihrerseits ein gesetzliches Vorbild in § 231 HGB gibt (vgl. *BGH* BGHZ 119, 305 [315], der freilich nicht auf die Regelungen zur stillen Gesellschaft rekurrierte, sondern auf den Eigenkapitalcharakter der in casu zu beurteilenden Genussscheine abstellte) – eine Abweichung von dem im Gesetz unterstellten Normalfall dar, so dass die **Inhaltskontrolle** nach den §§ 307 ff. BGB eröffnet ist (*BGH* ZInsO 2014, 952 [954]). Zudem darf die Nachrangvereinbarung nicht **überraschend** sein (§ 305c Abs. 1 BGB) und muss den Anforderungen aus dem **Transparenzgebot** entsprechen (§ 307 Abs. 1 Satz 1 BGB). Zu berücksichtigen sind allerdings die Umstände des Einzelfalls. Ist eine Verlustteilnahme vereinbart (die ihrerseits einer AGB-rechtlichen Prüfung standhält), wird wegen der Warnwirkung der Verlustteilnahme die Vereinbarung des Rangrücktritts kaum jemals zu beanstanden sein. 100

F. Zinsen und Kosten bei nachrangigen Insolvenzforderungen (Abs. 3)

101 Nach Abs. 3 teilen die **Zinsen** der Forderungen nachrangiger Insolvenzgläubiger – insoweit in Anlehnung an § 227 KO – und die **Kosten**, die ihnen durch die Teilnahme am Verfahren entstehen, den gleichen Rang wie ihre Forderungen.

G. Weitere nachrangig zu befriedigende Forderungen

102 Neben § 39 InsO finden sich weitere Vorschriften, nach denen Forderungen im Insolvenzverfahren nur nachrangig zu befriedigen sind:
 – Für das Nachlassinsolvenzverfahren bestimmt § 327 Abs. 1 InsO, dass im Rang nach den in § 39 InsO bezeichneten Forderungen die Verbindlichkeiten gegenüber Pflichtteilsberechtigten sowie die Verbindlichkeiten aus den vom Erblasser angeordneten Vermächtnissen und Auflagen zu erfüllen sind (s. i.E. die Erläuterungen bei § 327, auch zu § 327 Abs. 3 InsO).
 – Im Insolvenzplanverfahren gibt es mit §§ 264 ff. InsO weitere Regelungen zum Nachrang bestimmter Forderungen (s. wegen der Einzelheiten die Erläuterungen zu §§ 265 und 266 InsO).
 – Nach Art. 108 Abs. 2 EGInsO sind in den Fällen, in denen über das Vermögen eines Schuldners ein Insolvenzverfahren eröffnet wird, für den die Vollstreckungsbeschränkung des § 18 Abs. 2 Satz 3 GesO im Anschluss an ein Gesamtvollstreckungsverfahren gilt, die der Vollstreckungsbeschränkung unterfallenden Forderungen im Insolvenzverfahren nur im Rang nach den in § 39 Abs. 1 InsO bezeichneten Forderungen zu erfüllen.

§ 40 Unterhaltsansprüche

¹**Familienrechtliche Unterhaltsansprüche gegen den Schuldner können im Insolvenzverfahren für die Zeit nach der Eröffnung nur geltend gemacht werden, soweit der Schuldner als Erbe des Verpflichteten haftet.** ²**§ 100 bleibt unberührt.**

Übersicht	Rdn.		Rdn.
A. Allgemeines	1	C. Unterhalt aus der Insolvenzmasse	13
B. Anwendungsbereich	3	D. Unterhaltsrechtliche Obliegenheit zur Einleitung eines Verbraucherinsolvenzverfahrens	14
I. Begriff des »familienrechtlichen Unterhaltsanspruchs«	3		
II. Schuldner als Erbe des Verpflichteten	10		

Literatur:
Ehlers Der Insolvenzschuldner und seine Familie ZInsO 2013, 1386; *Janlewing* Familienrechtliche Ansprüche gegen den Schuldner, 2014; *Melchers* Obliegenheit des Unterhaltsschuldners zur Einleitung eines Verbraucherinsolvenzverfahrens, NJW 2008, 806; *Melchers/Hauß* Unterhalt und Verbraucherinsolvenz 2002; *Pape* Die Familie des Schuldners im Insolvenzverfahren, InsBüro 2009, 162; *Paul* Die Rechtsstellung des Unterhaltsgläubigers im Insolvenz(plan-)verfahren, DZWIR 2009, 186; *Perleberg-Kölbel* Pfändungspyramide – Vollstreckungsmöglichkeiten von Unterhalt im Insolvenz- und Restschuldbefreiungsverfahren, FuR 2009, 613; *Schwarz/Facius* Der Unterhaltsanspruch im Insolvenzverfahren und in der Wohlverhaltensperiode des Unterhaltsschuldners, ZVI 2010, 49; *Uhlenbruck* Insolvenzrechtsreform und Familienrecht, Veröffentlichungen des 13. Familiengerichtstages 1999, S. 35.

A. Allgemeines

1 Nach Eröffnung des Verfahrens entstehende familienrechtliche Unterhaltsansprüche können nur dann im Verfahren verfolgt werden, wenn der Schuldner als Erbe des Unterhaltsverpflichteten haftet. Im Übrigen sind die Gläubiger dieser Ansprüche darauf verwiesen, ihre Ansprüche gegen den Schuldner geltend zu machen. Hierzu wird ihnen der **Vollstreckungszugriff auf das schuldnerische Vermögen** nach Maßgabe der **§ 89 Abs. 2 Satz 2 InsO, § 850d ZPO** auch insoweit eröffnet, wie dieses Vermögen für andere Gläubiger nicht pfändbar ist und daher auch nicht der Insolvenzmasse angehört. Da es sich nicht um Insolvenzforderungen handelt, werden sie nach § 301 InsO auch nicht

von einer Restschuldbefreiung erfasst und können daher uneingeschränkt **auch nach Erteilung der Restschuldbefreiung verfolgt werden**. Im Vergleich zum früheren Konkursrecht sind die Möglichkeiten der Vollstreckung von nach der Verfahrenseröffnung zu erfüllenden Unterhaltsansprüchen aber wesentlich eingeschränkt worden, da der **Neuerwerb** des Schuldners, i.d.R. das Arbeitseinkommen, nunmehr nach § 35 Abs. 1 InsO dem Insolvenzbeschlag unterliegt und die Unterhaltsgläubiger nur noch in den erweitert pfändbaren Teil des Arbeitseinkommens nach § 850d ZPO vollstrecken können. Damit haben sich die **Befriedigungschancen für Unterhaltsgläubiger verschlechtert** (s. nur *Uhlenbruck* Familiengerichtstag, S. 35 [55]). Allerdings kann das Verbraucherinsolvenzverfahren mit der sich anschließenden Möglichkeit der Restschuldbefreiung bei lang dauernden Unterhaltspflichten, wie beim Kindes- und beim nachehelichen Ehegattenunterhalt, auch zu einer Verbesserung der Situation von Unterhaltsgläubigern beitragen. Nach erteilter Restschuldbefreiung dürfte nämlich die Leistungsfähigkeit des Unterhaltsschuldners beträchtlich verbessert sein (zur unterhaltsrechtlichen Obliegenheit, ein Verbraucherinsolvenzverfahren und Restschuldbefreiung zu beantragen s. unter Rdn. 14).

Die bis zur Eröffnung des Insolvenzverfahrens entstandenen Unterhaltsansprüche sind **Insolvenzforderungen**. Bei ihnen greift das Vollstreckungsverbot nach § 89 InsO, wenn aus einem vor Eröffnung des Verfahrens erlassenen Pfändungs- und Überweisungsbeschluss die Zwangsvollstreckung wegen Unterhaltsrückständen in die nach § 850d ZPO erweitert pfändbaren Bezüge des Schuldners betrieben werden soll (*BAG* ZVI 2010, 61). 2

B. Anwendungsbereich

I. Begriff des »familienrechtlichen Unterhaltsanspruchs«

Die Vorschrift des § 40 InsO bezieht sich auf die gegen den Schuldner gerichteten »familienrechtlichen Unterhaltsansprüche«. Da der Gesetzgeber die Rechtslage bei der Behandlung von gegen den Schuldner gerichteten Unterhaltsansprüchen nicht ändern wollte (BT-Drucks. 12/2443 S. 124), ist bei der Auslegung **an § 3 Abs. 2 KO anzuknüpfen** (vgl. *BGH* ZInsO 2011, 2184) und nur nach dessen Sinn und Zweck behutsam zu erweitern. Soweit zur Auslegung von § 40 InsO auf § 850d ZPO im Hinblick auf § 89 Abs. 2 Satz 2 InsO zurückgegriffen wird (KS-*Kohte* 2000, S. 781 [798]; HK-InsO/*Eickmann* § 40 Rn. 2), kann § 850d ZPO nur als Grenze bei der Auslegung von § 40 InsO verstanden werden. Nicht alle von § 850d ZPO erfassten Unterhaltsansprüche unterfallen automatisch § 40 InsO; als **Ausnahmevorschrift** zu § 38 InsO ist § 40 InsO vielmehr **eng auszulegen**. 3

Wenn der Gesetzgeber für die Verfolgung als Insolvenzforderung an die Haftung des Schuldners als Erbe des Verpflichteten anknüpft, zeigt dies, dass Grund dafür die atypische Situation – i.d.R. erlischt ein Unterhaltsanspruch mit dem Tod des Verpflichteten (§ 1615 BGB) – sein soll. In den Fällen, in denen der Schuldner als Erbe des Verpflichteten haftet, ist von einer **besonderen Schutzbedürftigkeit** der unterhaltsberechtigten Person auszugehen. 4

Von diesem Ausgangspunkt sind zu den »**familienrechtlichen Unterhaltsansprüchen**« gesetzliche Ansprüche zu zählen: 5
– Familienunterhalt nach §§ 1360, 1360a BGB,
– Unterhalt eines getrennt lebenden Ehegatten (§§ 1361 BGB),
– Unterhalt eines geschiedenen Ehegatten (§ 1569 ff. BGB),
– Unterhalt bei aufgehobener Ehe (§ 1318 i.V.m. §§ 1569 ff. BGB),
– Unterhalt im Rahmen einer bestehenden Lebenspartnerschaft (§ 5 LPartG),
– Unterhalt eines getrennt lebenden Lebenspartners (§ 12 LPartG),
– Unterhalt eines Lebenspartners nach Aufhebung der Lebenspartnerschaft (§ 16 LPartG),
– Verwandtenunterhalt (§§ 1601 ff. BGB),
– Unterhalt der Mutter eines nichtehelichen Kindes und des das Kind betreuenden Vaters nach § 1615l BGB,
– Unterhalt des Adoptivkindes (§§ 1754, 1770 Abs. 3 BGB).

§ 40 InsO Unterhaltsansprüche

6 Wird in einer vertraglichen Vereinbarung ein gesetzlicher Unterhaltsanspruch näher geregelt oder modifiziert, ist er als »familienrechtlicher Anspruch« i.S. des § 40 zu behandeln (so auch *Nerlich/Römermann-Andres* InsO, § 40 Rn. 3). Weicht die Vereinbarung jedoch wesentlich von den gesetzlichen Vorgaben ab, wird z.B. eine Kapitalabfindung an Stelle der Unterhaltsrente vereinbart, unterfällt die Abfindung nicht § 40 InsO und kann damit in vollem Umfang als Insolvenzforderung geltend gemacht werden (*Nerlich/Römermann-Andres* InsO, § 40 Rn. 3; HK-InsO/*Eickmann* § 40 Rn. 4, allerdings unter Hinweis auf § 850d ZPO).

7 Ansprüche auf Zahlung einer Unterhaltsrente, die sich aus anderen als »familienrechtlichen« Rechtsgründen ergeben (so z.B. der Anspruch auf Zahlung einer Geldrente wegen der Verletzung des Körpers oder der Gesundheit nach § 843 BGB) nehmen als Insolvenzforderungen wie die sonstigen Ansprüche am Verfahren teil.

8 Demgegenüber fallen nicht unter die Vorschrift die **im Wege des gesetzlichen Forderungsübergangs** nach § 1607 Abs. 2, § 1608 Satz 2, § 1584 Satz 3 BGB übergegangenen Unterhaltsansprüche ebenso wenig wie die auf öffentlich-rechtliche Träger (z.B. nach §§ 93 f. SGB XII [früher: § 91 BSHG], § 94 SGB VIII, § 7 des Unterhaltsvorschussgesetzes und § 37 BAFöG) übergegangenen Unterhaltsansprüche (**a.A.** KS-InsO/*Kohte* 2000, S. 781 [800], HK-InsO/*Eickmann* § 40 Rn. 5; *Allolio* FF 2000, 189 [193]). Mit dem Übergang haben die Unterhaltsansprüche ihren die besondere Behandlung gegenüber den einfachen Insolvenzforderungen rechtfertigenden Charakter verloren, so dass sie wie diese geltend zu machen sind. Ebenfalls werden die Geldrenten eines schuldrechtlichen Versorgungsausgleichs nach §§ 1587f und g BGB nicht von § 40 InsO erfasst (**a.A.** HK-InsO/*Eickmann* § 40 Rn. 3 und KS-InsO/*Kohte* 2000, S. 781 [798] unter Verweis auf *Scholz* Versorgungsausgleich und Konkurs, 1996 und *Kohler* ZZP 1988, 231 [233]).

9 Nicht unter § 40 InsO fällt der **schuldrechtliche Versorgungsausgleich**, der ab Eröffnung des Insolvenzverfahrens über das Vermögen des ausgleichspflichtigen Ehegatten eine Insolvenzforderung ist (*BGH* ZInsO 2011, 2184 Rn. 8 ff.). Denn der Versorgungsausgleich beruht auf dem Gedanken der hälftigen Teilhabe an der in der Ehezeit erworbenen Versorgung (§ 1 Abs. 1 VersAusglG). Er ist **unabhängig von einer etwaigen Bedürftigkeit** des ausgleichsberechtigten Teils.

II. Schuldner als Erbe des Verpflichteten

10 Die Geltendmachung von nach der Verfahrenseröffnung zu erfüllenden »familienrechtlichen Unterhaltsansprüchen« im Insolvenzverfahren kommt nur in Ausnahmefällen vor, da Unterhaltsansprüche i.d.R. mit dem Tod des Verpflichteten erlöschen und die Erben gerade nicht weiter für künftige Ansprüche haften. Eine **Haftung des Schuldners als Erbe des Verpflichteten** kommt nur nach § 1586b BGB, wenn der Erblasser seinem geschiedenen Ehegatten zum Unterhalt verpflichtet war, und nach § 1615l Abs. 3 Satz 5 BGB, auch i.V.m. Abs. 5 Satz 2, beim Unterhaltsanspruch für die Mutter eines nichtehelichen Kindes und den das Kind betreuenden Vater in Betracht. Im Falle des § 1586b BGB ist die Höchstgrenze der Haftung des Erben nach Abs. 1 für diesen Unterhaltsanspruch zu beachten: sie beträgt regelmäßig ein Achtel des Wertes der Erbschaft.

11 Im Übrigen ist zu beachten, dass auch im Rahmen von aufgehobenen **Lebenspartnerschaften** nach dem Lebenspartnerschaftsgesetz eine Haftung des Schuldners als Erbe des Unterhaltsverpflichteten in Betracht kommt: § 1586b BGB gilt nach § 16 Abs. 2 Satz 2 LPartG auch beim nachpartnerschaftlichen Unterhalt nach § 16 LPartG.

12 Für die Geltendmachung von Unterhaltsansprüchen im Insolvenzverfahren über das Vermögen des Schuldnererben gilt, dass § 41 InsO im Hinblick auf die unterschiedlichen Fälligkeitstermine anzuwenden ist. Sie sind also, bezogen auf den Zeitpunkt der Verfahrenseröffnung, abzuzinsen. Ist außerdem ihre Dauer unbestimmt, ist ihr Wert zu schätzen (§ 46 Satz 2, § 45 InsO).

C. Unterhalt aus der Insolvenzmasse

Satz 2 stellt klar, dass § 100 InsO zu beachten ist, wonach dem Schuldner und seiner Familie aus der Insolvenzmasse Unterhalt gezahlt werden kann (s. dazu die Erläuterungen zu § 100 InsO). Ein von der Gläubigerversammlung gewährter Unterhalt ist vorab aus der Masse zu zahlen (s. § 53 Rdn. 10). Im Fall der Masseunzulänglichkeit wird ein solcher Anspruch als letztrangige Masseverbindlichkeit befriedigt (§ 209 Abs. 1 Nr. 3 InsO). 13

D. Unterhaltsrechtliche Obliegenheit zur Einleitung eines Verbraucherinsolvenzverfahrens

Ist ein Unterhaltsschuldner aufgrund von Verbindlichkeiten gegenüber dritten Personen nicht in der Lage, den begehrten Unterhalt zu leisten, stellt sich die Frage, ob er **verpflichtet ist, seine Leistungsfähigkeit dadurch zu verbessern, dass er die Durchführung eines Verbraucherinsolvenzverfahrens und der Restschuldbefreiung beantragt** (dazu grundlegend *Melchers/Hauß* Unterhalt und Verbraucherinsolvenz). Nach Auffassung einiger Oberlandesgerichte ist es einem Unterhaltsschuldner bei nachhaltiger und dauerhafter Überschuldung i.d.R. zumutbar, ein Verbraucherinsolvenzverfahren und eine Restschuldbefreiung anzustreben (*OLG Hamm* FamRZ 2001, 441; *OLG Stuttgart* ZInsO 2003, 622; *OLG Dresden* MDR 2003, 575; *OLG Koblenz* FamRB 2004, 389; noch anders *OLG Stuttgart* ZInsO 2002, 140 und 197). Tut er dies nicht, kann er sich gegenüber dem Unterhaltsberechtigten nicht auf die bestehenden Verbindlichkeiten berufen (*OLG Dresden* MDR 2003, 575; *OLG Naumburg* FamRZ 2003, 1215; dazu s. auch *Melchers* FamRZ 2003, 1769). Der *BGH* (NJW 2005, 1279) nimmt eine Obliegenheit des Schuldners zur Einleitung der Verbraucherinsolvenz grundsätzlich an, wenn dieses Verfahren geeignet ist, den **laufenden Unterhaltsansprüchen seiner minderjährigen Kinder** Vorrang vor sonstigen Verbindlichkeiten zu verschaffen. Das gilt nur dann nicht, wenn der Unterhaltsschuldner Umstände vorträgt und ggf. beweist, die eine solche Obliegenheit im Einzelfall als unzumutbar darstellen. Für die **Fälle des Trennungsunterhalts und des nachehelichen Unterhalts** hat der 12. Zivilsenat des *BGH* nunmehr eine Obliegenheit zur Einleitung des Verbraucherinsolvenzverfahrens verneint (NJW 2008, 851). Denn die Verbindlichkeiten – im entschiedenen Fall aus Darlehen – hätten regelmäßig bereits die ehelichen Lebensverhältnisse geprägt und der Unterhaltsgläubiger habe seine Lebensverhältnisse auf diese Ausgaben eingestellt. Anders als beim Unterhaltsanspruch von minderjährigen Kindern und bestimmten volljährigen Kindern (§ 1603 Abs. 2 BGB) bestehe gegenüber Ehegatten keine gesteigerte Unterhaltsverpflichtung. Nach Auffassung des *OLG Koblenz* (ZVI 2006, 626) besteht eine Obliegenheit zur Einleitung eines Insolvenzverfahrens auch nicht in den Fällen, in denen es um den Unterhalt einer nicht mit dem Vater ihres Kindes verheirateten Mutter geht. 14

Zu beachten ist, dass ein Unterhaltsschuldner, über dessen Vermögen das Insolvenzverfahren eröffnet ist, nicht von vornherein als leistungsunfähig anzusehen ist. Die Unterhaltsansprüche der Berechtigten haben sich an dem insolvenzfreien Einkommen des Schuldners (§§ 35, 36 InsO) zu orientieren, das ihm und seiner Familie zu belassen ist (*OLG Koblenz* ZInsO 2002, 832 = FamRZ 2002, 31; *OLG Frankfurt* ZInsO 2003, 616 [617]). 15

§ 41 Nicht fällige Forderungen

(1) Nicht fällige Forderungen gelten als fällig.

(2) ¹Sind sie unverzinslich, so sind sie mit dem gesetzlichen Zinssatz abzuzinsen. ²Sie vermindern sich dadurch auf den Betrag, der bei Hinzurechnung der gesetzlichen Zinsen für die Zeit von der Eröffnung des Insolvenzverfahrens bis zur Fälligkeit dem vollen Betrag der Forderung entspricht.

Übersicht

	Rdn.		Rdn.
A. Allgemeines	1	II. Keine Anwendung auf Masseansprüche und -forderungen	4
B. Anwendungsbereich	3	III. Aus- und Absonderungsrechte	5
I. Insolvenzforderungen	3	IV. Anforderungen an die Forderung	7

§ 41 InsO   Nicht fällige Forderungen

	Rdn.		Rdn.
C. Abzinsung unverzinslicher Forderungen (Abs. 2)	12	D. Verzinsliche Forderungen	16
		E. Aufrechnung	17

Literatur:
Gundlach/Frenzel/Schmidt Die Fälligkeit von Absonderungsrechten mit Insolvenzeröffnung, DZWIR 2002, 367; *Lüder/Kutzner/Schulenburg* Die privatrechtliche Insolvenzsicherung durch das doppelseitige Contractual Trust Agreement, ZInsO 2017, 1708; *Muthorst* Bedingt, befristet, betagt – Sonderfälle der Forderung im Spiegel des Insolvenzrechts, ZIP 2009, 1794; *Walther* Das Verfahren bei Masseunzulänglichkeit nach den §§ 208 ff. InsO, 2005.

A. Allgemeines

1 **Zweck** der Vorschrift ist die Einbeziehung der Gläubiger in das Insolvenzverfahren, deren Forderungen zum Zeitpunkt der Eröffnung des Verfahrens zwar schon entstanden, aber noch nicht fällig sind. Dafür wird die **Fälligkeit der Forderungen fingiert**. Damit wird im **Interesse einer schnellen und einfachen Abwicklung des Verfahrens** vermieden, dass Beträge für ihre Befriedigung bis zur Fälligkeit zurückbehalten werden müssen. Die Regelung schafft eine **klare Grundlage für die an die Forderungshöhe geknüpfte Stellung der Gläubiger im Verfahren**, insbesondere für ihr **Stimmrecht** in der Gläubigerversammlung (§ 77 InsO), für die anteilige Kürzung ihrer Forderungen durch einen Insolvenzplan (vgl. § 224 InsO) und für ihre Berücksichtigung bei Verteilungen (§ 195 InsO, BT-Drucks. 12/2443 S. 124).

2 Ungeachtet der Effizienzgewinne, welche die Vorschrift im Interesse aller Verfahrensbeteiligten und zur Förderung der Verfahrenszwecke mit sich bringt, lässt sich die **Sachgerechtigkeit** der konkreten Ausgestaltung **bezweifeln**. Die in Abs. 2 angeordnete **Abzinsung nichtverzinslicher Forderungen** zum gesetzlichen Zinssatz überzeugt (jedenfalls unter den Bedingungen des gegenwärtigen Niedrigzinsumfelds) im Vergleich zur Behandlung von verzinslichen Forderungen nicht, die mit ihrem vollen Kapitalbetrag auch dann angesetzt werden, wenn der vereinbarte Zins geringer ist als der gesetzliche Satz (MüKo-InsO/*Bitter* § 41 Rn. 18). Zudem erscheint es widersprüchlich, den Gläubigern der unverzinslichen Forderungen zwar den Abzug des Zwischenzinses zuzumuten, ihnen aber nicht die Möglichkeit der – wenn auch nachrangigen (§ 39 Abs. 1 Nr. 1 InsO) – Geltendmachung dieser Zinsen zu eröffnen (MüKo-InsO/*Bitter* § 41 Rn. 19).

B. Anwendungsbereich

I. Insolvenzforderungen

3 Aus der systematischen Stellung der Vorschrift ergibt sich, dass sie sich **nur auf Insolvenzforderungen i.S.d. § 38 InsO** bezieht. Das gilt gleichermaßen für einfache wie für nachrangige Insolvenzforderungen.

II. Keine Anwendung auf Masseansprüche und -forderungen

4 Nicht anwendbar ist die Vorschrift auf **Masseansprüche** (*OLG Frankfurt* ZIP 1983, 1229 [1230]) und **Masseforderungen**. Deren Fälligkeit richtet sich nach allgemeinen Bestimmungen. In masseunzulänglichen Verfahren ist allerdings für Altmasseverbindlichkeiten, d.h. die bis zur Anzeige der Masseunzulänglichkeit begründeten Masseverbindlichkeiten (§ 209 Abs. 1 Nr. 3 InsO), eine Ausnahme zu machen, da das Verfahren dann der quotalen Befriedigung der Altmassegläubiger dient und insoweit eine Interessenlage vorliegt, die § 41 InsO in Bezug auf die Insolvenzforderungen voraussetzt; hier ist eine entsprechende Anwendung von § 41 InsO geboten (*Walther* Das Verfahren bei Masseunzulänglichkeit, S. 106; *Adam* DZWIR 2011, 485 [486]; MüKo-InsO/*Bitter*, § 41 Rn. 5).

III. Aus- und Absonderungsrechte

Auf **Aussonderungsrechte** ist die Vorschrift nicht anwendbar. Hier besteht das von der Vorschrift aufgegriffene Bedürfnis nach Verfahrensvereinfachung und Schaffung einer klaren Grundlage für die Zuweisung der an die jeweilige Forderungshöhe geknüpften Verfahrensrechte nicht.

Besteht ein **Absonderungsrecht**, so ist danach zu differenzieren, ob es der Sicherung eines gegen den Schuldner gerichteten Anspruchs dient oder ob es eine dem Absonderungsberechtigten gegenüber einem Dritten zustehende Forderung absichert. Im ersten Fall ist § 41 InsO sowohl auf die **gesicherte Forderung** (soweit es sich bei dieser nach § 52 InsO um eine Insolvenzforderung handelt) als auch auf das **Absonderungsrecht** anwendbar (*BGH* BGHZ 31, 337 [341]; ZIP 2009, 228 Rn. 20). Diese Auffassung ist zwar nicht unbestritten, doch spricht hier der Gleichlauf von gesicherter Forderung und Sicherheit im Lichte des auf die Vereinfachung des Verfahrens gerichteten Normzwecks für die (jedenfalls analoge) Anwendung der Vorschrift. Auf letztere wird es freilich kaum jemals ankommen, da dem Verwalter über weite Strecken ohnehin das Recht zur Verwertung zusteht, welches unabhängig von der Fälligkeit des Absonderungsrechts besteht. »**Isolierte**« **Absonderungsrechte**, d.h. solche zur Absicherung von Forderungen gegen Dritte, unterfallen nicht § 41 InsO. Hier kann nicht unterstellt werden, dass die Verfahrenseröffnung mit einem Ausfall der (sich ja gegen einen Dritten richtenden) gesicherten Forderung einhergeht. Die automatische Fälligstellung nach § 41 InsO würde dennoch dazu führen, dass der Verwertungserlös sofort auszukehren wäre, obgleich noch unklar ist, ob der Verwertungsfall überhaupt eingetreten ist (*BGH* ZIP 2009, 228 Rn. 21).

IV. Anforderungen an die Forderung

Die Fälligkeit der Insolvenzforderung muss zu einem nach Verfahrenseröffnung liegenden Zeitpunkt eintreten. Unerheblich ist, ob der Aufschub der Fälligkeit der Forderung auf einer **gesetzlichen Regelung**, einem **Rechtsgeschäft**, einer **richterlichen Anordnung** oder einer **behördlichen**, insbesondere finanzbehördlichen **Entscheidung** beruht.

Nicht erforderlich ist, dass der konkrete Zeitpunkt der Fälligkeit bereits feststeht, sofern nur **Gewissheit** darüber besteht, **dass die Forderung fällig werden wird**. Hängt die Fälligkeit hingegen vom Eintritt eines Ereignisses ab und ist ungewiss, **ob** dieses Ereignis eintreten wird (z.B. Forderungen, die bei einem bestimmten Dienstjubiläum einer Person fällig werden), ist die Forderung wie eine aufschiebend bedingte Forderung zu behandeln, für die nicht § 41 InsO, sondern unter anderem § 191 InsO gilt, wonach solche Forderungen zwar grds. in voller Höhe berücksichtigt werden, bis zum Eintritt der aufschiebenden Bedingung jedoch nicht an Verteilungen teilnehmen. Bei noch nicht fälligen Steuerforderungen (*BFH* KTS 1975, 300 [303]) gilt die Vorschrift ebenfalls; es reicht für die Annahme einer künftigen Fälligkeit einer Steuerforderung aus, wenn feststeht, dass die Fälligkeit zu irgendeinem Zeitpunkt eintreten wird (*BFH* BStBl. 1975, 590).

Seinem Wortlaut nach ist § 41 InsO nur auf Forderungen anzuwenden, die zwar schon bestehen, aber noch nicht fällig sind (sog. »**betagte Forderungen**«). Bei einer Forderung kann aber nicht nur die Fälligkeit, sondern überhaupt das Entstehen unter eine Zeitbestimmung gestellt sein (sog. »**befristete Forderung**«). Nach h.A. werden diese befristeten Forderungen von § 41 InsO nicht erfasst (*BGH* ZIP 2007, 543 [545]; BGHZ 168, 276 [283 f.]); *Jaeger/Henckel* InsO, § 41 Rn. 5; *Nerlich/Römermann-Andres* InsO, § 41 Rn. 5). Demgegenüber wird zu Recht die Ähnlichkeit der Interessenlage bei befristeten Forderungen geltend gemacht (MüKo-InsO/*Bitter* § 41 Rn. 10 f.; K. Schmidt/*Thonfeld* InsO, § 41 Rn. 4). Entscheidend ist insoweit allein, dass Sicherheit in der Frage besteht, dass die Forderung in Zukunft als fällige Forderung bestehen wird. In allen diesen Fällen besteht das Bedürfnis diese Wirkungen auf den Zeitpunkt der Verfahrenseröffnung vorzubeziehen, um eine Vergleichbarkeitsgrundlage mit anderen Forderungen zu schaffen (K. Schmidt/*Thonfeld* InsO, § 41 Rn. 4). Zwar hält man diesem Standpunkt entgegen, dass es weder Aufgabe noch Zweck des § 41 InsO sein könne, einer noch nicht existierenden Forderung zur Entstehung zu verhelfen (*BGH* BGHZ 168, 276 [283 f.]), jedoch muss dem entgegengehalten werden, dass es insolvenzrecht-

§ 41 InsO Nicht fällige Forderungen

lich ohnehin nur auf die Begründung und nicht auf das Entstehen der Forderung ankommt (K. Schmidt/ *Thonfeld* InsO, § 41 Rn. 4).

10 Auch nach der Beendigung des Insolvenzverfahrens **bleibt es bei der Wirkung des § 41 InsO** (MüKo-InsO/*Bitter* § 41 Rn. 26 ff.). Denn die Forderung wird mit der sich aus § 41 InsO ergebenden Fälligkeit in die Insolvenztabelle eingetragen, wobei diesem Eintrag die Wirkung eines vollstreckbaren Urteils zukommt (§ 201 Abs. 2 InsO).

11 Die Fälligkeitsfiktion wirkt grds. nur im **Verhältnis des Gläubigers zum Schuldner**. Zulasten anderer **Gesamtschuldner** (vgl. *BGH* NZI 2001, 24 zu § 65 KO), von Bürgen oder anderen **Drittsicherheitengebern** (*OLG Karlsruhe* ZInsO 2013, 558 [560]) wirkt sie hingegen nicht.

C. Abzinsung unverzinslicher Forderungen (Abs. 2)

12 Nach Abs. 2 Satz 1 sind **unverzinsliche, nicht fällige Forderungen** mit dem gesetzlichen Zinssatz abzuzinsen. Dies gilt jedoch nur für Forderungen, bei denen der **Fälligkeitszeitpunkt bestimmt** werden kann. Ist dieser Zeitpunkt ungewiss, ist der Wert der Forderung nach § 45 InsO zu schätzen (*Nerlich/Römermann-Andres* InsO, § 41 Rn. 9; MüKo-InsO/*Bitter* § 41 Rn. 20). Bei **zu kapitalisierenden Forderungen** aus einer Pensionszusage gegen den Insolvenzschuldner ist nicht mit dem gesetzlichen Zinssatz, sondern mit dem für die voraussichtliche Dauer der Rentenzahlung wahrscheinlich erzielbaren **Anlagezins** abzuzinsen (OLGR Köln 2004, 200 [201]; *Lüder/Kutzner/Schulenburg* ZInsO 2017, 1708 [1712]).

13 Der gesetzliche Zinssatz beträgt 4 % (§ 246 BGB) und bei Forderungen aus Geschäften, die sowohl für den Schuldner als auch für den Gläubiger als Handelsgeschäfte gelten, 5 % (§ 352 HGB). Bei Wechselansprüchen ist von einem gesetzlichen Zinssatz in Höhe von 6 % auszugehen (Art. 48 WG).

14 Der Zwischenzins ist so zu berechnen, dass die abgezinste Forderung zuzüglich der gesetzlichen Zinsen für die Zeit ab der Eröffnung des Verfahrens bis zur ursprünglichen Fälligkeit den Betrag der Forderung ergibt. Die Berechnung des abgezinsten Betrages »x« erfolgt nach der sog. Hoffmannschen Methode (vgl. auch §§ 1133, 1217 BGB, § 111 ZVG):

$$x = \frac{36500 \times [\text{Höhe der Forderung}]}{36500 + \{[\text{Gesetzl. Zinssatz}] \times [\text{Anzahl der Tage von Eröffnung bis Fälligkeit}]\}}.$$

15 Berechnungsbeispiel für eine Forderung in Höhe von 10.000 €:

Wird das Verfahren am 10. 05. eröffnet und die Forderung am 01. 10. desselben Jahres fällig (143 Tage), so beträgt der zu berücksichtigende Betrag bei einem Zinssatz von 4 % 9.845,71 €, bei einem Zinssatz von 5 % 9.807,87 €.

D. Verzinsliche Forderungen

16 Verzinsliche Forderungen sind im Verfahren einschließlich der bis zur Verfahrenseröffnung entstandenen Zinsen zu berücksichtigen. Die nach der Eröffnung entstehenden Zinsen sind nach § 39 Abs. 1 Nr. 1 InsO nur nachrangige Insolvenzforderungen. Sie sind nur nach vorheriger Aufforderung durch das Insolvenzgericht anzumelden (§ 174 Abs. 3 InsO).

E. Aufrechnung

17 Im Gegensatz zum früheren Konkursrecht (§ 54 KO) wird die Fälligkeit nicht fälliger Forderungen für eine Aufrechnung nicht fingiert, vgl. § 95 Abs. 1 Satz 2 InsO. Der Gesetzgeber wollte damit eine vom materiellen Recht her nicht gerechtfertigte Bevorzugung bestimmter Gläubiger vermeiden (s. näher bei § 95 InsO).

§ 42 Auflösend bedingte Forderungen

Auflösend bedingte Forderungen werden, solange die Bedingung nicht eingetreten ist, im Insolvenzverfahren wie unbedingte Forderungen berücksichtigt.

Auflösend bedingte Forderungen bestehen bis zum Eintritt der auflösenden Bedingung (§ 158 Abs. 2 BGB). Daran knüpft § 42 InsO an und erklärt die Forderungen ungeachtet der auflösenden Bedingung für bis zum Eintritt der Bedingung berücksichtigungsfähig. Das macht für den Fall des späteren Eintritts der Bedingung Korrekturen erforderlich wie z.B. die bereicherungsrechtliche Rückforderung bereits ausgekehrter Beträge und ggf. eine Nachtragsverteilung (dazu s. Rdn. 5). **1**

§ 42 InsO setzt voraus, dass die gegen den Schuldner gerichtete Forderung auflösend bedingt ist. Auflösend bedingt ist eine Forderung, wenn die Forderung oder das Schuldverhältnis, aus dem die Forderung resultiert, unter eine auflösenden Bedingung i.S.d. **§ 158 Abs. 2 BGB** gestellt ist. Die Bedingung kann rechtsgeschäftlich oder in einer gesetzlichen Bestimmung begründet sein. Erforderlich ist aber, dass der Bestand der Forderung oder des zugrunde liegenden Schuldverhältnisses mit dem Eintritt der Bedingung wegfällt. Das ist bei einem unter dem Vorbehalt der Nachprüfung erlassenen Umsatzsteuer-Jahresbescheid nicht der Fall, da die Rechtsfrage, ob und in welcher Höhe der festgesetzte Anspruch besteht, unabhängig davon geklärt werden kann, ob die Nachprüfung stattfindet (*BFH* ZInsO 2016, 1071 [1072]). **2**

Auf **Aktivforderungen** des Schuldners gegen Drittschuldner findet die Vorschrift **keine Anwendung**, da es § 42 InsO wie auch § 41 InsO (dazu § 41 Rn. 2a) allein darum geht, für den Ablauf des Insolvenzverfahrens Klarheit bei der Behandlung von Insolvenzforderungen zu schaffen. **3**

Der Gläubiger einer unter einer auflösenden Bedingung stehenden Forderung hat daher – soweit die Forderungen festgestellt werden oder das Stimmrecht durch eine Entscheidung des Gerichts gewährt wird – **volles Stimmrecht** in den Gläubigerversammlungen (§ 77 InsO). Gegen sie kann aufgerechnet werden; § 95 Abs. 1 Satz 2 InsO nimmt § 42 InsO nicht in Bezug. Ferner werden sie **bei Verteilungen** berücksichtigt (§ 187 InsO). **4**

Den **Eintritt der Bedingung** hat der Insolvenzverwalter im Anmeldeverfahren zu berücksichtigen und die Forderung **zu bestreiten**. Tritt die auflösende Bedingung nach der Prüfung und der Feststellung der Forderung ein, hat der Verwalter das Erlöschen der Forderung durch **Vollstreckungsabwehrklage** (§ 767 ZPO) geltend zu machen (HK-InsO/*Eickmann* § 42 Rn. 3). Hat der Verwalter bereits Zahlungen geleistet, hat er die geleisteten Beträge **bereicherungsrechtlich** zurückzufordern. Sollten dabei Beträge zur Masse zurückfließen und das Verfahren bereits aufgehoben oder wegen Masseunzulänglichkeit eingestellt worden sein, ist nach § 203 Abs. 1 Nr. 2 InsO zu prüfen, ob eine **Nachtragsverteilung** anzuordnen ist. **5**

Die Vorschrift gilt nicht für **aufschiebend bedingte Forderungen**, deren Behandlung an anderer Stelle geregelt wird. Hiernach werden aufschiebend bedingte Forderungen zwar **berücksichtigt**, jedoch wird der auf sie entfallende Teil bei der Verteilung zurückbehalten (§ 191 Abs. 1 Satz 2 InsO) und kommt eine Aufrechnung erst mit Bedingungseintritt in Betracht (§ 95 Abs. 1 InsO). Stimmrechte werden nur nach Maßgabe des § 77 Abs. 3 Nr. 1 InsO, d.h. nach Maßgabe einer Einigung bzw. einer Entscheidung über das Stimmrecht (§§ 77 Abs. 2, 237 InsO) zuerkannt. **6**

§ 43 Haftung mehrerer Personen

Ein Gläubiger, dem mehrere Personen für dieselbe Leistung auf das Ganze haften, kann im Insolvenzverfahren gegen jeden Schuldner bis zu seiner vollen Befriedigung den ganzen Betrag geltend machen, den er zur Zeit der Eröffnung des Verfahrens zu fordern hatte.

Übersicht	Rdn.		Rdn.
A. Allgemeines	1	I. Haftung aus (echter und unechter)	
B. Anwendungsbereich	7	Gesamtschuld	7

§ 43 InsO Haftung mehrerer Personen

		Rdn.			Rdn.
II.	Bürgschaft	8		2. Gesellschaftersicherheiten bei haftungsbeschränkten Gesellschaften	15
III.	Sonstige persönliche Mithaftung	9			
IV.	»Sachmithaftung«	10	VI.	Auf Teilbeträge beschränkte Mithaftung	16
V.	Gesellschaftsrechtliche Besonderheiten	12	C.	Folgen von Zahlungen eines Mithaftenden	17
	1. Persönliche Haftung von Gesellschaftern	12	I.	Vor Verfahrenseröffnung	17
			II.	Nach Verfahrenseröffnung	19

Literatur:
Bork Der Mehrfach-Komplementär: Ein Beitrag zur Gläubiger- und Schuldnermehrheit in der Insolvenz, KTS 2008, 21; *Hadding* Zur Gläubigerstellung in der Insolvenz des Bürgen, FS Fischer 2008, S. 223 *Morgen/Schinkel* Der Gläubiger in der Insolvenz des Bürgen, ZVI 2016, 304; *Noack/Bunke* Zur Stellung gesamtschuldnerisch oder akzessorisch Mithaftender im Insolvenzverfahren, FS Uhlenbruck, S. 335; *v Olshausen* Vom Verbot, eine eigene Forderung zum Nachteil eines konkurrierenden Gläubigers geltend zu machen (§ 774 I 2 BGB), und von der Befugnis eines Gläubigers, auch eine fremde Forderung im eigenen Interesse geltend zu machen (§ 43 InsO), KTS 2005, 403; *K. Schmidt/Bitter* Doppelberücksichtigung, Ausfallprinzip und Gesellschafterhaftung in der Insolvenz, ZIP 2000, 1077; *Schwarz/Doms* Zur Behandlung der aus einem Kreditengagement herrührenden Ansprüche aus Darlehen, Grundschuld und abstraktem Schuldversprechen in der Insolvenz, ZInsO 2013, 1943; *Wissmann* Persönliche Mithaft in der Insolvenz, 2. Aufl. 1998.

A. Allgemeines

1 Die Vorschrift übernimmt die für das frühere Konkurs- und Vergleichsrecht (§ 68 KO und § 32 VerglO) geltende Schutzregelung für Gläubiger, denen mehrere Personen für die Erfüllung einer Forderung haften. Der Gläubiger kann im Insolvenzverfahren **gegen jeden Schuldner** den **gesamten Betrag** seiner Forderung geltend machen, den er zur Zeit der Eröffnung des Insolvenzverfahrens zu fordern hatte. Die gängige Redensart vom **Grundsatz der Doppelberücksichtigung** ist in doppelter Hinsicht missverständlich. Zum einen findet § 43 InsO auch dann Anwendung, wenn dem Schuldner mehr als zwei Schuldner auf die Leistung haften (insoweit müsste es Grundsatz der »**Mehrfachberücksichtigung**« heißen). Zum anderen wird die Forderung keineswegs im Insolvenzverfahren über einen Schuldner doppelt oder mehrfach berücksichtigt, sondern vielmehr nur einmal – und zwar ungeachtet der in der Mithaftung der anderen Personen angelegten Befriedigungsaussichten in voller Höhe (insoweit müsste es korrekt Grundsatz der »**Vollberücksichtigung**« heißen, K. Schmidt/*Bitter* InsO, ZIP 2000, 1077 [1079, 1080]). Die Regelung findet ihren Grund darin, dass der Gläubiger in einem Insolvenzverfahren regelmäßig nicht mit der vollen, sondern nur mit der quotenmäßigen Befriedigung seiner Forderung rechnen kann. Müsste sich der Gläubiger Zahlungen anrechnen lassen, die er von einem Mithaftenden nach Verfahrenseröffnung erlangt, würde sich seine Quote nach dem um den erlangten Betrag verminderten Betrag berechnen. Der vermittelte Ausfall erscheint aber dann nicht gerechtfertigt, wenn Schuldner und Mithaftender im Außenverhältnis nebeneinander auf das Ganze haften. § 43 InsO folgt insoweit den Gedanken des § 421 Satz 2 BGB, wonach bei einer gesamtschuldnerischen Haftung der Gläubiger **bis zu seiner vollen Befriedigung** die Erfüllung seiner Forderung von jedem der Schuldner fordern kann.

2 Erklärungsbedürftig, aber erklärbar, ist vor diesem Hintergrund, dass ein über ein Absonderungsrecht gesicherter Insolvenzgläubiger den vollen Betrag der Forderung nach § 52 Satz 2 InsO nur dann geltend machen kann, wenn er auf die abgesonderte Befriedigung verzichtet oder bei ihr vollständig ausfällt (sog. **Ausfallprinzip**). Anders als bei § 43 InsO, kann die Insolvenzforderung daher nicht ohne Rücksicht auf die Befriedigungsaussichten geltend gemacht werden, welche die gestellte Sicherheit verspricht oder ermöglicht. Das erklärt sich daraus, dass die Sicherheit hier an Gegenständen des schuldnerischen Vermögens bestellt ist, wohingegen die Mithaftung in den von § 43 InsO erfassten Fällen von anderen Vermögensmassen gedeckt ist, deren Inanspruchnahme sich nicht nachteilig auf die Befriedigungsaussichten der übrigen Insolvenzgläubiger auswirkt (vgl. *RG* RGZ 16, 69 [70]; 91, 12 [13]; Motive zur KO, S. 273 zu § 64 KO).

In engem systematischen Zusammenhang zum Doppelberücksichtigungsgrundsatz des § 43 InsO 3
stehen die Beschränkungen, welche § 44 InsO der Geltendmachung von Regressansprüchen der
Mithaftenden auferlegt, um eine tatsächliche Doppelberücksichtigung der Forderung zu vermeiden:
Solange der Gläubiger die Forderung nach § 43 InsO in voller Höhe geltend macht, ist ein Mithaftender, der dem Gläubiger bereits teilweise Befriedigung gewährt hat, an der Geltendmachung eines
Regressanspruchs gegen den Schuldner gehindert. Damit wird eine **doppelte Inanspruchnahme der Insolvenzmasse** wegen derselben Forderung **vermieden**. Denn bei der Regressforderung handelt es sich zumindest wirtschaftlich (und im Falle einer *cessio legis* gar auch rechtlich) um dieselbe Forderung wie die gesicherte Forderung.

Komplexer ist das Verhältnis von § 43 InsO zu den von § 93 InsO aufgegriffenen gesellschaftsrecht- 4
lichen Haftungstatbeständen und zu den in § 44a InsO zum Ausdruck kommenden Zwecken des
Rechts der Gesellschafterfremdfinanzierung (dazu s. Rdn. 12 ff.).

Der Gläubiger kann nach § 43 InsO den **Gesamtbetrag** seiner Forderung im Insolvenzverfahren 5
über das Vermögen eines Schuldners **geltend machen**. Auf die Mithaft anderer Schuldner braucht
er sich nicht verweisen zu lassen. Seine verfahrensrechtlichen **Mitwirkungsbefugnisse** wie das
Stimmrecht (§ 77 InsO) orientieren sich daher auch an dem Gesamtbetrag der Forderung. Zahlungen eines anderen Schuldners nach Eröffnung des Verfahrens bleiben – zunächst – unberücksichtigt.
Das kann Korrekturen erforderlich machen, wenn der Gläubiger infolge der Mehrfachberücksichtigung insgesamt einen seine Forderung übersteigenden Betrag vereinnahmen könnte oder tatsächlich
vereinnahmt (dazu s. Rdn. 17).

Die Regelung gilt auch, wenn über das Vermögen nicht nur eines der Schuldner das Insolvenzverfah- 6
ren eröffnet wird. Dann kann der Gläubiger in jedem Insolvenzverfahren die gesamte Forderung geltend machen. Die Einschränkung »bis zu seiner vollen Befriedigung« bedeutet zum einen, dass dem
Gläubiger **bis zur vollständigen Befriedigung** der Schutz des § 43 InsO zuteilwird und zum anderen,
dass die Zahlung des mithaftenden Schuldners und die Zahlung der Insolvenzquote **zusammengerechnet die Forderung nicht übersteigen** dürfen.

B. Anwendungsbereich

I. Haftung aus (echter und unechter) Gesamtschuld

Paradigmatisch für die von der Vorschrift vorausgesetzte parallele Haftung mehrerer Schuldner für 7
dieselbe Leistung auf das Ganze ist die (»echte«) **gesamtschuldnerischen Haftung** nach § 421 BGB
(BT-Drucks. 12/2443 S. 124). Wie schon im früheren Konkursrecht greift die Vorschrift aber auch
beim **unechten Gesamtschuldverhältnis** ein, bei welcher sich die gleichstufige Haftung im Außenverhältnis nicht im Innenverhältnis der Gesamtschuldner spiegelt (*RG* RGZ 67, 128; RGZ 92, 408;
MüKo-InsO/*Bitter* § 43 Rn. 5; *Nerlich/Römermann-Andres* InsO, § 43 Rn. 4).

II. Bürgschaft

Auf das **Verhältnis zwischen Hauptschuldner und Bürgen** ist die Vorschrift anwendbar, **wenn dem** 8
Bürgen die Einrede der Vorausklage nicht zusteht (BT-Drucks. 12/2443, S. 124). Dies ist insbesondere dann der Fall, wenn der Bürge auf diese Einrede verzichtet (§ 773 Abs. 1 Nr. 1 BGB), über das
Vermögen des Hauptschuldners ein Insolvenzverfahren eröffnet wurde (§ 773 Abs. 1 Nr. 3 BGB;
dazu *Nerlich/Römermann-Andres* InsO, § 43 Rn. 8) oder wenn die Bürgschaftserteilung für den
Bürgen ein Handelsgeschäft ist (§ 349 HGB). Besteht hingegen die Einrede der Vorausklage,
dann fehlt es an der von der Vorschrift vorausgesetzten **Gleichstufigkeit** der Haftung und § 43
InsO findet keine Anwendung (*Morgen/Schinkel* ZVI 2016, 304 [305] m.w.N.).

III. Sonstige persönliche Mithaftung

9 Die Haftung aus **Garantien** und sog. **harten Patronatserklärungen** besteht gleichstufig neben dem Primärverpflichteten, so dass § 43 InsO Anwendung findet (*BGH* BGHZ 117, 127 [132 ff.] zu § 68 KO; *Nerlich/Römermann-Andres* InsO, § 43 Rn. 8; HK-InsO/*Eickmann* § 43 Rn. 5).

IV. »Sachmithaftung«

10 Die Vorschrift findet **entsprechende Anwendung** auf das Nebeneinander von gesicherter Hauptforderung und der von Dritten gestellten Realsicherheiten(*RG* RGZ 156, 271 [273]; *BGH* NJW 1960, 1925; NJW 1970, 44 [46]; *VG Düsseldorf* 22.04.2015 – 5 K 8185/14, insoweit nicht abgedruckt in ZInsO 2015, 1798). Die entsprechende Anwendung des § 43 InsO rechtfertigt sich aus dem Gedanken, dass es für den **Normzweck** irrelevant ist, ob die Mithaftung eine persönliche ist oder auf einer Sachsicherheit beruht (*RG* RGZ 156, 271, 278; *Kuhn* WM 1971, 1038 [1046]; *Bitter* ZInsO 2003, 490 [494]). Haftet die Drittsicherheit gleichrangig »auf das Ganze«, muss es bis zur vollen Befriedigung auch möglich sein, den vollen Betrag zur Tabelle anzumelden.

11 Haftet der Dritte auch persönlich, indem er sich etwa einer **persönlichen Haftung** aus der Grundschuld unterwirft, gilt § 43 InsO sowohl im Verhältnis zur Haftung aus der Realsicherheit als auch im Verhältnis zur persönlichen Haftung (vgl. *RG* RGZ 52, 169, 171; 74, 231, 234). Keine (auch nur entsprechende) Anwendung findet die Vorschrift freilich auf die Ansprüche des Kreditgebers aus der **persönlichen Haftungsübernahme** des Schuldners in Bezug auf die zur Sicherung der gegen ihn gerichteten Hauptschuld bestellten Grundschuld (*Schwarz/Doms* ZInsO 2013, 1943 [1945 ff.]). § 43 InsO setzt voraus, dass dem Gläubiger eine Mehrzahl von Schuldnern gegenüberstehen. Bei der persönlichen Haftungsübernahme für die Grundschuld ist dies nicht der Fall.

V. Gesellschaftsrechtliche Besonderheiten

1. Persönliche Haftung von Gesellschaftern

12 Auf die **persönliche Haftung des Gesellschafters** nach § 128 HGB findet § 43 InsO in der **Insolvenz der Gesellschaft** keine Anwendung. Das folgt aus dem Gedanken, dass die Gesellschaftsgläubiger nach § 93 InsO zur Geltendmachung der Gesellschafterhaftung nicht befugt sind, so dass die von § 43 InsO vorausgesetzte Situation nicht besteht, bei welcher der Gläubiger der Hauptforderung auch die Mithaftenden in Anspruch nehmen kann. Zugunsten des nach § 93 InsO in der Insolvenz der Gesellschaft gegen eine Mehrzahl von persönlich haftenden Gesellschaftern **vorgehenden Verwalters** findet § 43 allerdings ohne Weiteres Anwendung, da die Haftung der Gesellschafter gesamtschuldnerischer Art ist (§ 128 Satz 1 HGB) und daher den Anwendungsbereich des § 43 InsO eröffnet (*K. Schmidt/Bitter* ZIP 2000, 1077 [1081]).

13 Hat ein nach § 128 HGB persönlich haftender Gesellschafter gegenüber dem Gläubiger auf Grundlage eines **eigenständigem Verpflichtungsgrunds** eine Mithaftung für die gegen die Gesellschaft gerichtete Forderung übernommen, etwa auf Grundlage einer Bürgschaft oder im Wege der Bestellung eines (Grund-)Pfandrechts, ist **§ 43 InsO auf das Nebeneinander von** (gegen die Gesellschaft gerichteter) **Hauptforderung und** der **Mithaftung** des Gesellschafters ohne Weiteres **anwendbar** (MüKo-InsO/*Bitter* § 43 Rn. 16; *Jaeger/Henckel* InsO, § 43 Rn. 25; *K. Schmidt/Thonfeld* InsO, § 43 Rn. 9; HK-InsO/*Keller* § 43 Rn. 7; vgl. *RG* RGZ 91, 12 [13]). Denn § 93 InsO, welcher der Anwendung auf die persönliche Haftung nach § 128 HGB entgegensteht, ist auf die Haftung auf der Grundlage separater Verpflichtungen nicht anwendbar.

14 In der **Insolvenz des persönlich haftenden Gesellschafters** findet § 43 InsO ohne Weiteres auf das Nebeneinander von (gegen die Gesellschaft gerichteter) Hauptforderung und dem (gegen den Gesellschafter gerichteten) Haftungsanspruch Anwendung (MüKo-InsO/*Bitter* § 43 Rn. 15; *K. Schmidt/Bitter* ZIP 2000, 1077 [1081])

2. Gesellschaftersicherheiten bei haftungsbeschränkten Gesellschaften

Anwendbar ist § 43 InsO zudem auch in den Fällen der Sicherheitenstellung durch einen in den Anwendungsbereich der §§ 39 Abs. 1 Nr. 5, Abs. 4 und 5 InsO fallenden Gesellschafter oder Quasi-Gesellschafter. Insoweit ist zwar der **Haftungsvorrang der Gesellschaftersicherheit** zu berücksichtigen, der nach § 44a InsO dadurch erreicht wird, dass der gesicherte Gläubiger seine Forderung nur insoweit geltend machen darf, wie er beim Gesellschafter-Sicherungsgeber ausgefallen ist. Da aber § 44a InsO der Vollanmeldung der Forderung nicht entgegensteht (K. Schmidt/*Thonfeld* InsO, § 43 Rn. 9; K. Schmidt/*K. Schmidt* InsO, § 44a Rn. 13), kommt insoweit auch § 43 InsO zum Zuge. 15

VI. Auf Teilbeträge beschränkte Mithaftung

Beschränkt sich die Mithaftung auf einen Teilbetrag, gilt § 43 InsO **soweit eine gemeinschaftliche Haftung gegeben** ist (*BGH* NJW 1960, 1295; *Nerlich/Römermann-Andres* InsO, § 43 Rn. 9; HK-InsO/*Keller* § 43 Rn. 6). Für die Geltendmachung des darüber hinausgehenden Teils der Forderung, für den keine gemeinschaftliche Haftung besteht, gelten grds. die allgemeinen Regeln. Entgegen der Rechtsprechung und der h.M. (*BGH* NJW 1997, 1014; *Kübler/Prütting/Bork-Holzer* InsO, § 43 Rn. 4) muss sich der Gläubiger aber in Bezug auf den Teil, für den eine gemeinschaftliche Haftung besteht, nicht die Leistung des Mithaftenden anrechnen lassen (so – im Ergebnis – auch *BGH* NJW 1970, 44 [46]). Denn in der Konsequenz des Gedankens des § 43 InsO liegt es, dem Gläubiger die Möglichkeit zu geben, den Teil der Forderung, für den die Mithaftung besteht, bis zu dessen »vollständiger« Befriedigung ohne Einschränkungen geltend machen zu können. Ansonsten müsste im Falle der ja stets auf den Verwertungserlös beschränkten Mithaftung aus Realsicherheiten (s. Rdn. 10) eine Anwendung des § 43 InsO ausscheiden, sobald die Sicherheit verwertet ist (*Bitter* ZInsO 2003, 490 [495 ff.]). Das wiederum widerspräche dem Grundgedanken, der die entsprechende Anwendung von § 43 InsO auf die Mithaftung aus Realsicherheiten trägt (dazu Rdn. 10). 16

C. Folgen von Zahlungen eines Mithaftenden

I. Vor Verfahrenseröffnung

Hat ein Mitschuldner **vor der Eröffnung** des Insolvenzverfahrens einen Teil der Forderung getilgt, so kann der Gläubiger nur mit der **reduzierten Forderung** teilnehmen (a.A. *Olshausen* KTS 2005, 403 [420 ff.]). Denn § 43 InsO will den Gläubiger nur davor bewahren, dass seine Quote mit Blick auf die Mithaftung auf einen geringeren Betrag als den Forderungsbetrag berechnet wird; nicht von diesem Normzweck wäre es umfasst, den Gläubiger zu gestatten, einem Betrag geltend zu machen, der über dem Betrag liegt, in deren Höhe die (durch die Teilzahlung bereits teilerfüllte) Forderung zum Zeitpunkt der Insolvenzeröffnung bestand. Deshalb ist auch die teilweise vertretene Auffassung abzulehnen, wonach dem Gläubiger mit Blick auf den hieraus resultierenden Teilausfall einen Anspruch auf Ersatz des »Quotenschadens« zuzubilligen ist (HK-InsO/*Eickmann* § 43 Rn. 10). 17

Erfolgt die Teilerfüllung vor Verfahrenseröffnung kann auch der mithaftende Schuldner mit dem durch die Teilzahlung entstehenden Rückgriffsanspruch am Insolvenzverfahren teilnehmen. § 44 InsO steht dem nicht entgegen, weil diese Vorschrift nur die bei Verfahrenseröffnung noch zukünftigen Rückgriffsansprüche erfasst. 18

II. Nach Verfahrenseröffnung

Leistungen eines Mithaftenden nach Verfahrenseröffnung muss sich der Gläubiger bis zur vollständigen Befriedigung seiner gegen den Schuldner gerichteten Forderung nicht anrechnen lassen. Er kann die Forderung trotz einer bereits erlangten Teilbefriedigung voll geltend machen und zur Tabelle anmelden (*BGH* ZInsO 2009, 142). Erst dann, wenn die Teilzahlung des Mitschuldners unter Hinzurechnung der im Verfahren auf den Gläubiger entfallenden Quote zu einer **vollständigen Befriedigung** des Gläubigers führt, kann er die Forderung nicht mehr im Verfahren geltend machen (*BGH* WM 2009, 275 [276 f.]; *OLG Karlsruhe* ZIP 1982, 1108 [1109] für den Fall, dass die Quote 19

100% beträgt; *Nerlich/Römermann-Andres* InsO, § 43 Rn. 3; HK-InsO/*Eickmann* § 43 Rn. 11; a.A. *Olshausen* KTS 2005, 403 [415 ff.]).

20 Ist die gesamte Forderung bereits zur Tabelle angemeldet und festgestellt, hat der Insolvenzverwalter dies im Wege einer **Verteilungsabwehrklage entsprechend § 767 ZPO** geltend zu machen, um die Rechtskraftwirkungen der Tabelleneintragung zu durchbrechen und eine **Überzahlung** des Gläubigers zu verhindern (*OLG Karlsruhe* ZIP 1982, 1108 [1109]; *BGH* ZInsO 2009, 142 [143]; vgl. *BGH* ZInsO 2012, 975). Sind dem Gläubiger bereits Beträge zugeflossen, sind diese nach **bereicherungsrechtlichen Grundsätzen** zu erstatten (vgl. *BGH* BGHZ 99, 143).

§ 44 Rechte der Gesamtschuldner und Bürgen

Der Gesamtschuldner und der Bürge können die Forderung, die sie durch eine Befriedigung des Gläubigers künftig gegen den Schuldner erwerben könnten, im Insolvenzverfahren nur dann geltend machen, wenn der Gläubiger seine Forderung nicht geltend macht.

Übersicht

		Rdn.			Rdn.
A.	Allgemeines	1	D.	Ausgleich unter den mithaftenden Schuldnern	7
B.	Anwendungsbereich	2			
C.	Verfahrensrechtliche Berücksichtigung	6			

Literatur:
Habersack Rechtsfolgen des insolvenzbedingten Erlöschens des Kautionsversicherungsvertrages für den Bürgen, BKR 2007, 77; *Zeising* Cessio legis und Gläubigerschutz bei Regress des Bürgen, WM 2010, 2204.

A. Allgemeines

1 In **Anknüpfung** an die **Fallgestaltung in § 43 InsO** verhindert die Vorschrift, dass eine **Forderung und** ein sich wegen teilweiser Befriedigung dieser Forderung entstehender **Rückgriffsanspruch in demselben Insolvenzverfahren nebeneinander** geltend gemacht werden können. Die Forderung des Gläubigers hat **Vorrang**. Der Gesamtschuldner oder Bürge kann seine Rückgriffsforderung nur dann im Insolvenzverfahren verfolgen, soweit der Gläubiger seine Forderung nicht geltend macht. Diese Abweichung von dem Grundsatz, dass auch aufschiebend bedingte Forderungen – die Rückgriffsforderung entsteht mit Abschluss des Haftungsübernahme- oder des Bürgschaftsvertrages aufschiebend bedingt – in einem Insolvenzverfahren verfolgt werden können, erklärt sich damit, dass die Forderungen des Gläubigers gegen den Schuldner und die Rückgriffsforderung des Bürgen oder des Gesamtschuldners, die diese durch eine Befriedigung des Gläubigers erwerben können, jedenfalls **bei wirtschaftlicher Betrachtungsweise identisch** sind (BT-Drucks. 12/2443 S. 124).

B. Anwendungsbereich

2 Wie sich aus der Formulierung »die sie durch eine Befriedigung des Schuldners künftig gegen den Schuldner erwerben könnten« ergibt, geht es um die Befriedigung des Gläubigers **nach Eröffnung des Insolvenzverfahrens**. Haben der Gesamtschuldner oder der Bürge den Gläubiger vor der Eröffnung des Insolvenzverfahrens teilweise befriedigt, können sie mit ihren sich insoweit aus § 774 und § 426 BGB ergebenden Rückgriffsforderungen am Insolvenzverfahren als normale Insolvenzgläubiger teilnehmen (*Nerlich/Römermann-Andres* InsO, § 44 Rn. 4).

3 Nach ihrem **Wortlaut** ist die Vorschrift allein auf die Regressansprüche von Gesamtschuldnern und Bürgen anzuwenden. Nach ihrem **Sinn und Zweck** ist sie allerdings auf alle Fälle anwendbar, in denen es zu der im Falle von Bürgschaft und Gesamtschuld möglichen Doppelbelastung der Masse durch Hauptforderung und Regressforderung kommen kann. Erfasst sind damit jedenfalls alle **von § 43 InsO angesprochenen Mithaftungen**, bei denen der Gläubiger die Forderung ungeachtet einer nach Verfahrenseröffnung erbrachten Teilleistung durch einen Mithaftenden voll im Verfahren geltend machen kann.

Demgegenüber beschränkt § 44 InsO nicht die Geltendmachung eines **Sicherungsrechts**, das sich 4
der Gesamtschuldner oder Bürge zur Sicherung ihrer Rückgriffsforderungen haben einräumen lassen. Auch ist eine **Aufrechnung** nach Maßgabe des § 95 InsO nicht ausgeschlossen (HK-InsO/*Keller* § 44 Rn. 9).

Hat der **Gläubiger volle Befriedigung** erhalten, entfällt der Zweck des § 44 InsO: Der Gläubiger 5
kann sich dann nicht mehr auf § 43 InsO berufen, die **parallele Geltendmachung von Forderung und Regressanspruch** ist **ausgeschlossen**. § 44 InsO steht dann der Geltendmachung des Regressanspruchs nicht entgegen. Bestehen mehrere Mithaftende, gegen die sich der Regressanspruch richtet, ist insoweit § 43 InsO entsprechend anzuwenden (*Jaeger/Henckel* InsO, § 44 Rn. 8 ff.).

C. Verfahrensrechtliche Berücksichtigung

Hat der Gläubiger seine Forderung zur Tabelle angemeldet, hat der Insolvenzverwalter der ebenfalls 6
begehrten Feststellung der Rückgriffsforderung zu widersprechen. Meldet der Gläubiger seine Forderung erst nach der Anmeldung der Rückgriffsforderung an und ist diese – als aufschiebend bedingte Forderung – festgestellt worden, hat der Insolvenzverwalter die Wirkungen des Tabelleneintrags (§ 178 Abs. 3 InsO) notfalls durch Vollstreckungsabwehrklage nach § 767 ZPO zu beseitigen (HK-InsO/*Keller* § 44 Rn. 15).

D. Ausgleich unter den mithaftenden Schuldnern

Die Regelung des § 44 InsO betrifft nur die Geltendmachung einer Rückgriffsforderung im Insol- 7
venzverfahren über das Vermögen eines mithaftenden Schuldners. Sie berührt nicht den Ausgleich der Mitverpflichteten untereinander, der sich nach §§ 426, 774 BGB oder nach einer besonderen Vereinbarung richtet. Dabei kann ein zum Rückgriff berechtigter Mitschuldner nicht einen höheren Erstattungsanspruch geltend machen, als aus seiner Konkurs- oder Insolvenzmasse auf die Forderung des Gläubigers gezahlt worden ist (*RG* JW 1900, 184; JW 1903, 245; *Kuhn/Uhlenbruck* KO, § 68 Rn. 13).

§ 44a Gesicherte Darlehen

In dem Insolvenzverfahren über das Vermögen einer Gesellschaft kann ein Gläubiger nach Maßgabe des § 39 Abs. 1 Nr. 5 für eine Forderung auf Rückgewähr eines Darlehens oder für eine gleichgestellte Forderung, für die ein Gesellschafter eine Sicherheit bestellt oder für die er sich verbürgt hat, nur anteilmäßige Befriedigung aus der Insolvenzmasse verlangen, soweit er bei der Inanspruchnahme der Sicherheit oder des Bürgen ausgefallen ist.

Übersicht

	Rdn.			Rdn.
A. Allgemeines	1		2. Gesellschafter als Sicherungsgeber	20
I. § 44a InsO als Teil des insolvenzrechtlichen Sonderregimes für die Gesellschafterfremdfinanzierung	1		3. Zusammenfallen von Sicherungsgeber- und Gesellschaftereigenschaft; maßgeblicher Zeitpunkt	22
II. Entstehungsgeschichte; Übergangsregelungen	4		C. Rechtsfolgen	23
B. Tatbestand	6		I. Stellung des Gläubigers	23
I. Insolvenz einer i.S.v. § 39 Abs. 4 Satz 1 InsO haftungsbeschränkten Gesellschaft	6		II. Stellung des Gesellschafter-Sicherungsgebers	30
II. Forderung eines Nichtgesellschafters	8		D. Eingeschränkte Disponibilität	32
III. Bestellung einer Gesellschaftersicherheit	14		E. Überschuldungsrechtliche Behandlung	34
1. Erfasste Sicherheiten	14		F. Behandlung der Gesellschaftersicherheit außerhalb des Insolvenzverfahrens über das Vermögen der Gesellschaft	35

Literatur:
Altmeppen Zur Insolvenzanfechtung einer Gesellschaftersicherheit bei Doppelsicherung, ZIP 2011, 741; *ders.* Der Verzicht des Gläubigers auf eine Gesellschaftersicherheit und der »Richtigkeitsgedanke« im Recht der Ge-

sellschafterdarlehen, NZI 2016, 2089; *Bork* Doppelbesicherung eines Gesellschafterdarlehens durch Gesellschaft und Gesellschafter, in: Festschrift Ganter, 2010, S. 135; *Fedke* Konzerninnenfinanzierung nach dem MoMiG in insolvenznahen Szenarien, NZG 2009, 928; *Freitag* Die neue BGH-Rechtsprechung zur kapitalerhaltungsrechtlichen Zulässigkeit der Stellung von Upstream-Sicherheiten und ihre Auswirkungen auf die Finanzierungspraxis, WM 2017, 1633; *Fedke* Konzerninnenfinanzierung nach dem MoMiG in insolvenznahen Szenarien, NZG 2009, 928; *Frege/Nicht/Schild* Die Anwendung von § 44a InsO bei Doppelbesicherung im Konzernkontext ZInsO 2012, 1961; *Gessner* Die Gesellschafterinanspruchnahme bei Doppelbesicherungen in der Gesellschaftsinsolvenz, NZI 2012, 350; *Gundlach/Frenzel/Strandmann* Die Anwendung des § 44a InsO auf Doppelbesicherungen, DZWIR 2010, 232; *Haas* Allgemeines Anfechtungsrecht und das Recht der subordinierten Gesellschafterdarlehen, ZIP 2017, 545; *Hill* Das Wahlrecht des doppelt gesicherten Gläubigers in der Rechtsprechung des Bundesgerichtshofs, ZInsO 2012, 910; *Lauster/Stiehler* Doppelbesicherung und zeitliche Reichweite von Gesellschafterfinanzierungen – Rechtssicherheit durch die jüngste Rechtsprechung des BGH, BKR 2012, 106; *Mikolajczak* Die Haftung des Gesellschafters für doppeltbesicherte Darlehen – Was folgt aus der Nachrangigkeit des Freistellungsanspruchs?, ZIP 2011, 1285; *Müller/Rautmann* Die Doppelsicherung in der Insolvenz: der Gesetzgeber muss nachsteuern, DZWIR 2012, 190; *Mylich* Kreditsicherheiten für Gesellschafterdarlehen, ZHR 176 (2012), 547; *Nachmann/Blank* Gesellschafterdarlehen in der Insolvenz: Wann haftet der Gesellschafter für doppeltbesicherte Drittdarlehen?, GWR 2012, 398; *Schäfer* Die Verwertung von Doppelsicherheiten in der Insolvenz, NZI 2016, 11; *Oepen* Maßgabe im Übermaß – Korrekturbedarf im neuen § 44a InsO, NZI 2009, 300; *K. Schmidt* Gesellschafterbesicherte Drittkredite nach neuem Recht, BB 2008, 1966; *N. Schmidt* Die analoge Anwendung des § 44a InsO im Fall der Besicherung eines Darlehens an die Gesellschaft durch Gesellschaft und Gesellschafter, ZInsO 2010, 70; *Schönfelder* Gesellschafterdarlehen in der Insolvenz – auch ohne Krise in der Krise?, WM 2009, 1401; *Schröder* Die Vergleichs- und Regelungsbefugnis hinsichtlich § 44a InsO und § 254 InsO im Insolvenzplan, ZInsO 2015, 1040; *Thole* Gesellschafterbesicherte Kredite und Anfechtung nach § 135 Abs. 1 InsO, ZIP 2015, 1609; *ders.* Nachrang und Anfechtung bei Gesellschafterdarlehen – zwei Seiten derselben Medaille?, ZHR 176 (2012), 513; *Thonfeld* Eigenkapitalersetzende Gesellschaftersicherheiten, 2005.

A. Allgemeines

I. § 44a InsO als Teil des insolvenzrechtlichen Sonderregimes für die Gesellschafterfremdfinanzierung

1 Die von § 32a Abs. 2 GmbHG a.F. vom MoMiG übernommene und in die Insolvenzordnung eingeführte Vorschrift ist Teil des Sonderregimes für die Gesellschafterfremdfinanzierung, welches die Gläubigergesamtheit in der Insolvenz bestimmter haftungsbeschränkter Gesellschaften vor der Konkurrenz mit Ansprüchen bewahrt, die Gesellschaftern aus Fremdfinanzierungsbeiträgen zustehen: Ansprüche auf Rückzahlung von Gesellschafterdarlehen und ihnen gleichgestellte Rechtshandlungen sind nachrangig (**§ 39 Abs. 1 Nr. 5, Abs. 4 & 5 InsO**), und die vorinsolvenzliche Besicherung oder Erfüllung solcher Ansprüche anfechtbar (**§ 135 Abs. 1 InsO**) (zum systematischen Zusammenhang zu den §§ 39, 135, 143 InsO: *Bitter* in: Scholz, GmbHG, § 64 Anh. Rn. 1 ff., 266 ff.; HK-InsO/*Kleindiek* § 44a Rn. 2; *Braun/Bäuerle* InsO, § 44a Rn. 2). Diese Rechtsfolgen sind Ausdruck einer den Gesellschafter treffenden **Finanzierungsfolgenverantwortung** (zu den noch nicht abschließend ausdiskutierten und damit auch streitigen Legitimationsgrundlagen und Zwecken des Rechts der Gesellschafterfremdfinanzierung s. § 39 Rdn. 33 ff.; *Bitter* in: Scholz, GmbHG, 11. Aufl. 2015, Anh. § 64 Rn. 14 ff.; *K. Schmidt* GmbHR 2009, 1009 ff.; *ders.* ZIP 2010 Beil. Heft 39, 15 [17 ff.]; *Haas* ZInsO 2007, 617 ff.; *Schäfer* ZInsO 2010, 1311 ff.). Diese knüpft an den Befund an, dass die Zurverfügungstellung von Fremdmitteln durch Gesellschafter geeignet ist, die Liquidität der Gesellschaft auch dann aufrecht zu erhalten, wenn die Gesellschaft von Dritten keine Darlehen mehr bekommen könnte (s. hierzu und zum Folgenden § 39 Rn. 39 f.). Gesellschafterdarlehen ermöglichen eine **Unternehmensfortführung** daher auch in den Fällen, in denen die **Eigenkapitalausstattung** der Gesellschaft aus Sicht der externen Gläubiger **unzureichend** ist, weil sie die mit der Fortführung des Unternehmens verbundenen Verlustrisiken nicht hinreichend abdeckt. Hierdurch werden den externen Gläubigern **Verlustrisiken aufgebürdet**, vor denen sie bewahrt blieben, wenn die Liquidität der Gesellschaft nicht künstlich durch das Gesellschafterdarlehen aufrechterhalten worden wäre. Die Darlehensgewährung durch den Gesellschafter **unterläuft** damit die **Außenkontrolle durch die externen Gläubiger** (oder – in ökonomischer Sprechweise: der **Kredit- und Kapitalmärkte**), welche

i.d.R. dafür Gewähr bietet, dass kreditunwürdige Unternehmen keinen Kredit mehr erhalten und wegen Zahlungsunfähigkeit **frühzeitig den Weg in das Insolvenzverfahren** suchen müssen (grundlegend *Fastrich* FS Zöllner, S. 143 [149 f.]). Außer Kraft gesetzt wird diese Außenkontrolle, weil sich die Gesellschafter infolge ihrer Beteiligung an der Gesellschaft von anderen Interessen leiten lassen als externe Gläubiger. Insbesondere die **Verbundenheit mit der Gesellschaft**, die Angst vor einem **Kontrollverlust bei der Einleitung eines Insolvenzverfahrens** und die **Aussicht auf die Vereinnahmung künftiger Gewinne und Wertsteigerungen im Unternehmensvermögen** im Falle einer aussichtsreichen Sanierung können Gesellschafter veranlassen, der Gesellschaft auch dann noch Kredit zu gewähren, wenn dies ein externer Gläubiger mit Blick auf die Risiken einer Unternehmensfortführung nicht tun würde. Auf diese Störung der Außenkontrolle durch die externen Gläubiger reagiert das Recht der Gesellschafterdarlehen, indem sie die gesellschafterseitig überlassenen Mittel subordiniert.

§ 44a InsO stellt sicher, dass dieser Regelungszweck in den Fällen nicht ins Leere läuft, in denen der Fremdfinanzierungsbeitrag des Gesellschafters darin besteht, eine Sicherheit für ein von dritter Seite gewährtes Darlehen zu stellen. Die Stellung einer solchen Sicherheit lässt sich wirtschaftlich als eine **Form der mittelbaren Darlehensgewährung** interpretieren (vgl. BGHZ 67, 171 [182]: Sicherheitenstellung als ein gegenüber der unmittelbaren Darlehensgewährung alternativer Weg zur Erreichung desselben wirtschaftlichen Erfolgs; *Fleischer*, in: v. Gerkan/Hommelhoff, Handbuch des Kapitalersatzrechts, Rn. 6.5: »Umwegfinanzierung«; Baumbach/Hueck, GmbHG, 16. Aufl., § 32a Rn. 63: »mittelbares Gesellschafterdarlehen«; *Bitter* in: Scholz, GmbHG, § 64 Anh. Rn. 266: Gesellschaftersicherheit als »Sonderfall der Rechtshandlungen, die einem Gesellschafterdarlehen wirtschaftlich entsprechen«), die gleich einem unmittelbar gewährten Gesellschafterdarlehen geeignet ist, die Außenkontrolle der Gesellschaft durch die Kredit- und Kapitalmärkte zu unterlaufen. Sie kann in den Fällen, in denen die Gesellschaft ansonsten keine Fremdmittel zu Marktbedingungen einwerben kann, den Ausschlag dafür geben, dass der Dritte das Darlehen dennoch gewährt (vgl. zur Vorgängerbestimmung des § 32a Abs. 4 GmbHG a.F. BT-Drucks. 8/1347, S. 40). In diesen Fällen wäre allerdings die in § 39 Abs. 1 Nr. 5 InsO für das Gesellschafterdarlehen vorgesehene Subordination des Rückzahlungsanspruchs übermäßig, da sie in erster Linie nicht den Gesellschafter, sondern den Dritten treffen würde (vgl. zur Vorgängerbestimmung in § 32a Abs. 2 GmbHG a.F. BT-Drucks. 8/1347, S. 40). Ausreichend ist es vielmehr, den Gläubiger in erster Linie auf die Verwertung der Gesellschaftersicherheit zu verweisen und damit einen **Haftungsvorrang der Gesellschaftersicherheit** anzuordnen. Dadurch wird die Insolvenzmasse in Höhe der im Zuge der Verwertung dieser Sicherheit erlangbaren Befriedigung vor einer Inanspruchnahme aus dem gesicherten Darlehen bewahrt (vgl. BT-Drucks. 8/1347, S. 40). Denn auch der Regressanspruch, der dem Gesellschafter im Falle einer Inanspruchnahme aus der Sicherheit zusteht, steht im Nachrang des § 39 Abs. 1 Nr. 5 InsO (*BGH* BGHZ 192, 9 Rn. 10; ZIP 2017, 1632 Rn. 17; *Thole* ZHR 176 (2012), 513, 545; *ders.* ZIP 2015, 1609 [1611]).

§ 44a InsO wird von den **Anfechtungsbestimmungen** der §§ 135 Abs. 2, 143 Abs. 3 InsO **flankiert**, um zu verhindern, dass die Rechtsfolgen des § 44a InsO durch eine vorinsolvenzliche Erfüllung des Rückzahlungsanspruchs des Dritten unterlaufen werden. Die Erfüllung des gesellschafterbesicherten Darlehens wird durch § 135 Abs. 2 InsO anfechtbar, sofern diese im letzten Jahr vor der zur Eröffnung führenden Antragstellung erfolgte. Rechtsfolge dieser Anfechtung ist aber nicht eine Rückgewährpflicht des Darlehensgebers, sondern – entsprechend des für § 44a InsO maßgeblichen Gedankens, wonach ein Haftungsvorrang der Gesellschaftersicherheit bestehen soll – eine Erstattungspflicht des Gesellschafters in Höhe des Werts der Sicherheit bzw. der Höhe des Haftungsbetrags, § 143 Abs. 3 Satz 1 und 2 InsO.

II. Entstehungsgeschichte; Übergangsregelungen

Die Vorschrift ist mit dem Gesetz zur Modernisierung des GmbH-Rechts und zur Bekämpfung von Missbräuchen (BGBl. I S. 2026) zum **01.11.2008** in die Insolvenzordnung eingefügt worden. Sie übernimmt inhaltlich die **bis dahin in § 32a Abs. 2 GmbHG für gesellschafterbesicherte Drittdarlehen enthaltene Regelung (dazu *Bitter* in: Scholz, GmbHG, 11. Aufl. 2015, Anh § 64 Rn. 4 f., 266). § 44a InsO ist dabei an die neue Rechtslage zu den Gesellschafterdarlehen, die die Rechtsfigur des eigenkapitalersetzenden Gesellschafterdarlehens nicht mehr kennt, angepasst worden (dazu s. § 39 Rdn. 11).

5 Die frühere in § 32a Abs. 2 GmbHG enthaltene Regelung zu den gesellschafterbesicherten Darlehen von Dritten, die noch an die Grundsätze zum eigenkapitalersetzenden Gesellschafterdarlehen anknüpfte, ist nach der **Übergangsregelung** in § 103d Satz 1 EGInsO in vor dem **01.11.2008** eröffneten Insolvenzverfahren anzuwenden.

B. Tatbestand

I. Insolvenz einer i.S.v. § 39 Abs. 4 Satz 1 InsO haftungsbeschränkten Gesellschaft

6 Die Vorschrift kommt in der Insolvenz von **i.S.v. § 39 Abs. 4 Satz 1 InsO haftungsbeschränkten Gesellschaften** zur Anwendung. Der Bezug zu § 39 Abs. 4 InsO kommt zwar nicht ausdrücklich im Wortlaut der Vorschrift zum Ausdruck ergibt sich aber aus **Zweck und Sinnzusammenhang**. Es geht um die Realisierung der Finanzierungsfolgenverantwortung des die Sicherheit stellenden Gesellschafters (s. Rdn. 1 f.) im Anwendungsbereich des Sonderregimes für die Gesellschafterfremdfinanzierung. Der Verweis auf § 39 Abs. 1 Nr. 5 InsO deutet dies an, bleibt dabei aber zumindest insoweit missverständlich, als er den Eindruck erweckt, er ginge in § 44a InsO um die Behandlung der bereits von § 39 Abs. 1 Nr. 5 InsO erfassten Gesellschafterforderung (ausf. Kritik zu dem auch in anderen Hinsichten **missverständlichen Wortlaut**: K. Schmidt/*K. Schmidt* InsO, § 44a Rn. 5; *Oepen* NZI 2009, 300 ff.).

7 Eine nach § 39 Abs. 4 Satz 1 InsO haftungsbeschränkte Gesellschaft liegt vor, wenn die Gesellschaft entweder **keine persönlich haftenden Gesellschafter** hat (Beispiele: Aktiengesellschaft, Gesellschaft mit beschränkter Haftung) oder wenn **zu den persönlich haftenden Gesellschaftern weder eine natürliche Person** gehört (Beispiel: eine aus Gesellschaften mit beschränkter Haftung gebildete oHG) **noch eine Gesellschaft, an der eine natürliche Person als persönlich haftender Gesellschafter beteiligt ist** (Beispiel: GmbH & Co KG). Die Definition in § 39 Abs. 4 InsO ist dabei unvollständig und müsste durch die Wendung ergänzt werden, dass bei **mehrstöckigen Konstruktionen** keine natürliche Person über die **Kaskade der persönlichen Haftungen** für die Verbindlichkeiten der Schuldnergesellschaft persönlich haftet (vgl. die an § 264 Abs. 1 HGB angelehnte Formulierung in dem zum 21. April 2018 in Kraft tretenden § 3e Abs. 2 InsO »oder sich diese Verbindung von Gesellschaften in dieser Art fortsetzt«). Entscheidend ist mithin, dass keine natürliche Person als persönlich haftender Gesellschafter unmittelbar oder mittelbar für die Gesellschaftsschulden haftet. Zu Einzelheiten s. § 39 Rn. 40 ff.

II. Forderung eines Nichtgesellschafters

8 Die Hauptforderung darf nicht **den Rechtsfolgen des § 39 Abs. 1 Nr. 5, Abs. 4 und 5 InsO** unterworfen sein. Die Vorschrift ist daher grds. unanwendbar, wenn die gesicherte Forderung einem Gesellschafter oder einer einem Gesellschafter vergleichbaren Person zusteht (zur Erstreckung der Rechtsfolgen des § 39 Abs. 1 Nr. 5 InsO auf einem Gesellschafter gleichgestellte sog. Quasi-Gesellschafter s. § 39 Rn. 69 ff.; s.a. *Bitter* in: Scholz, GmbHG, § 64 Anh. Rn. 274; HambK-InsO/*Lüdke* § 44a Rn. 12). Es muss sich, in den Kategorien des Rechts der Gesellschafterfremdfinanzierung gesprochen, um die **Forderung eines Dritten** und nicht die eines Gesellschafters oder Quasi-Gesellschafters handeln. Der Wortlaut der Vorschrift scheint zwar das Gegenteil nahezulegen, indem er von einer Forderung nach »Maßgabe« des § 39 Abs. 1 Nr. 5 InsO spricht (zur Missverständlichkeit des Wortlauts s. die Nachw. in Rdn. 6). Der von § 44a InsO angeordnete Haftungsvorrang der Gesellschaftersicherheit ist aber (allein) dann zum Schutz der Gläubigergesamtheit erforderlich, wenn die gesicherte Forderung als gewöhnliche, nicht-nachrangige Forderung geltend gemacht werden kann oder, mit anderen Worten, wenn die gesicherte Forderung nicht schon selbst den Rechtsfolgen des § 39 Abs. 1 Nr. 5 InsO unterworfen ist.

Aus der Maßgeblichkeit des Kriteriums der Nicht-Unterworfenheit der gesicherten Forderung unter die Rechtsfolgen des § 39 Abs. 1 Nr. 5 InsO folgt auch, dass die Vorschrift **anwendbar** ist auf die Forderungen von Gesellschaftern oder gesellschaftergleichen Dritten, die unter das **Kleinbeteiligtenprivileg** des § 39 Abs. 5 InsO fallen (MüKo-InsO/*Bitter* § 44a Rn. 11; *ders.*, in: Scholz, GmbHG, 11. Aufl., § 64 Anh., Rn. 274; HambK-InsO/*Lüdke* § 44a Rn. 12). Entsprechendes gilt auch für das **Sanierungsprivileg** des § 39 Abs. 4 Satz 2 InsO, auch wenn hier eine Prüfung nahe liegt, ob auch der sicherheitenstellende Gesellschafter das Sanierungsprivileg für sich in Anspruch nehmen kann, so dass § 44a InsO unanwendbar bleibt (dazu s. Rdn. 18). 9

Neben Forderungen aus **Darlehen** werden auch »**gleichgestellte Forderungen**« erfasst. Angesprochen ist damit im Kern die **Entsprechensklausel** in § 39 Abs. 1 Nr. 5 InsO, wonach den Forderungen aus Gesellschafterdarlehen Forderungen aus Rechtshandlungen gleichgestellt sind, die einem Gesellschafterdarlehen wirtschaftlich entsprechen. Allerdings kann es in § 44a InsO nicht darauf ankommen, dass die Rechtshandlung einer Darlehensgewährung *durch einen Gesellschafter* vergleichbar ist. Die Gesellschaftereigenschaft oder Gesellschafterähnlichkeit des Darlehensgebers führt gerade zur Unanwendbarkeit des § 44a InsO (s. Rdn. 8). Entscheidend ist allein, dass es sich um eine der Darlehensgewährung vergleichbare **Kreditgewährung** handelt. Mithin ist die Entsprechensklausel hier nur insoweit einschlägig, wie sie die **transaktionsbezogenen Entsprechungen** anspricht (dazu und zum Unterschied von statusbezogenen Entsprechungen s. § 39 Rdn. 64 ff.). 10

Auf die Qualifizierung des zugrunde liegenden Rechtsverhältnisses als Darlehen i.S.v. § 488 BGB kommt es daher nicht an. Entscheidend ist allein, dass das Rechtsverhältnis wirtschaftlich auf die **Gewährung von Kredit** gerichtet ist und damit aufseiten des Dritten das (vom Gesellschafter befriedigte) Bedürfnis nach Sicherung des damit verbundenen (Kredit-)Risikos weckt. Denn in diesen Fällen ist in der Stellung der Gesellschaftersicherheit ein **Fremdfinanzierungsbeitrag des Gesellschafters** zu erblicken, der nach dem Sinn und Zweck des § 44a InsO vorrangig zur Haftung heranzuziehen ist (s. dazu Rdn. 1). 11

Erfasst sind damit unter anderem (weitere Beispiele s. § 39 Rdn. 64 ff.): **(typische) stille Beteiligungen**, bei denen der Dritte als stiller Gesellschafter den Auseinandersetzungsanspruch als **Insolvenzgläubiger** geltend machen kann (§ 236 Abs. 1 HGB), durch die Vereinbarung einer Vorleistungspflicht des Dritten bewirkte **Kreditgewährungen im Rahmen von Austauschverträgen**, die **Diskontierung von Wechseln**, **Pensionsgeschäfte** und die Stundung fälliger Ansprüche. 12

Unerheblich ist, ob sich die schuldnerische Gesellschaft zum Zeitpunkt der Kreditgewährung oder der Stellung der Gesellschaftersicherheit in einer **Krise** befand, die eine Kreditaufnahme zu Marktkonditionen unmöglich machte (HK-InsO/*Kleindiek* § 44a Rn 4). Denn anders als das durch das MoMiG abgelöste Recht des Kapitalersatzes und damit auch der in § 32a Abs. 2 GmbHG a.F. verorteten Vorgängerbestimmung des § 44a InsO ist das Bestehen einer Krisensituation nicht mehr Tatbestandsmerkmal, das im konkreten Fall darzulegen und ggf. zu beweisen wäre (Begr. zum RegE des MoMiG BT-Drucks. 16/6140, S. 26); vielmehr wird eine Krisenfinanzierung aus Vereinfachungsgründen unwiderleglich vermutet. 13

III. Bestellung einer Gesellschaftersicherheit

1. Erfasste Sicherheiten

Für das Darlehen oder die diesem wirtschaftlich entsprechende Leistung muss durch einen **Gesellschafter eine Sicherheit bestellt worden sein**. Erfasst sind sowohl **Sachsicherheiten**, auf welche die Vorschrift mit dem Begriff der »**Sicherheit**« Bezug nimmt, als auch **Personalsicherheiten**, für welche die Vorschrift, ohne damit eine Einschränkung zu intendieren, stellvertretend die Bürgschaft nennt (*Oepen* NZI 2009, 300 [301 f.]; MüKo-InsO/*Bitter* § 44a Rn. 15). Insgesamt ist entsprechend dem Zweck der Vorschrift eine weite Auslegung geboten, welche **jede Übernahme des Kreditrisikos** erfasst (*BGH* ZInsO 2014, 598 = ZIP 2014, 584 = NZI 2014, 321 Rn. 14: »alle Sicherheiten im weitesten Sinne« unter Verw. auf *BGH* ZIP 1989, 161 [162]: »sämtliche anderen Sicherungen gehören, 14 die der Gesellschafter Dritten für eine Verbindlichkeit der Gesellschaft stellt«; HK-InsO/*Kleindiek* § 44a Rn. 4; HambK-InsO/*Lüdke* § 44a Rn. 10; *Braun/Bäuerle* InsO, § 44a Rn. 3).

15 Der Begriff der »**Sicherung**« erfasst nach der gebotenen weiten Auslegung **alle Arten der gegenständlichen Absicherung**. Neben den in **§ 232 BGB** genannten Sicherheiten (Hinterlegung, Verpfändung, Hypotheken, Schiffshypotheken, Verpfändung von Grundpfandrechten oder hypothekarisch gesicherter Forderungen) gehören hierzu auch **nicht-akzessorische Sicherheiten** wie die Sicherungsgrundschuld (vgl. *BGH* ZIP 1992, 177; *OLG Hamburg* ZIP 1984, 584 [585]), Sicherungsübereignungen und -abtretungen (MüKo-InsO/*Bitter* § 44a Rn. 15). Auch eine **Kaution** hat Sicherungscharakter i.S.d. § 44a InsO (*BGH* ZIP 1989, 161 [162] = NJW 1989, 1733 [1734]). Streitig ist, ob ein an den Gläubiger gerichtetes **unwiderrufliche Angebot zum (Rück-)Kauf der von der Gesellschaft zur Sicherheit übereigneten Gegenstände** eine Sicherung i.S.d. § 44a InsO ist. Die Annahme einer Sicherung lässt sich auf den Gedanken stützen, dass der Gesellschafter dem Kreditgeber das Verwertungsrisiko abnimmt, indem er sich dazu verpflichtet, einen Ausfall bei der Sicherheitenverwertung bis zur Höhe des Rückkaufpreises zu tragen (*Löser* ZInsO 2010, 28 [31]; *Thonfeld* Eigenkapitalersetzende Gesellschaftersicherheiten, S. 42). Dies ist allerdings nur dann der Fall, wenn die Ankaufsverpflichtung der Sicherung der Forderung (und nicht etwa dem Interesse des Gesellschafters am Erwerb des Sicherungsguts) dient, dies zwischen Gesellschaft und Gesellschafter vereinbart ist und sich daraus mögliche Freistellungs- und Regressforderungen des Gesellschafters aus der Inanspruchnahme aus der Rückkaufverpflichtung ableiten lassen (vgl. *Thole* ZIP 2015, 1609 [1612], der allerdings annimmt, dass sich im Falle einer Überzahlung stets das Ankaufrisiko des Gesellschafters realisiere, so dass Freistellungs- und Regressansprüche ausscheiden; gegen die Annahme einer Sicherung auch *OLG Köln* NZG 1999, 314 [315]; Sicherungscharakter nehmen hingegen an: *Löser* ZInsO 2010, 28 [31]; HK-InsO/*Kleindiek* § 44a Rn. 7).

16 Neben diese gegenständlichen Sicherheiten hat der Gesetzgeber **die persönliche Haftung des Gesellschafters** aufgrund **Bürgschaft** gestellt. Der Bürgschaft sind – wie auch in §§ 43, 44 InsO – **alle Formen der Mithaftung** gleichgestellt, insbesondere der Kreditauftrag (§ 778 BGB), das Garantieversprechen und der Schuldbeitritt.

17 Der Stellung einer Sicherheit durch den Gesellschafter steht es gleich, wenn der Gesellschafter einem Sicherungsgeber eine (Rück-)Sicherheit stellt oder wenn er auf andere Weise das **Ausfallrisiko des Darlehensgebers oder eines Sicherheitenstellers** übernimmt. Darunter fallen zum einen die Fälle der **mittelbaren Besicherung** wie z.B. durch die Übernahme einer Rück- oder Ausfallbürgschaft (MüKo-InsO/*Bitter*, § 44a Rn. 15; *ders.* in: Scholz, GmbHG, Anh. § 64 Rn. 277; HK-InsO/*Kleindiek* § 44a Rn. 7; vgl. zu § 32a Abs. 2 GmbHG a.F. BGHZ 105, 168 [185]; *BGH* ZIP 1987, 1541 [1542 f.]) gegenüber dem primären Bürgen als auch die **Besicherung eines mittelbaren Kreditgebers**, sofern letzterer gegenüber dem Kreditgeber das Ausfallrisiko übernommen hat (zum gesamten Komplex der mittelbaren Besicherung s. *Bitter* in: Scholz, GmbHG, Rn. 277 f.) zum anderen aber auch. Die dazu zum früheren (Eigenkapitalersatz-)Recht entwickelten Grundsätze sind auch bei § 44a InsO heranzuziehen, denn es ist nicht erkennbar, dass der Gesetzgeber des MoMiG insoweit eine Änderung der Rechtslage herbeiführen wollte.

18 Die Anwendung von § 44a InsO setzt im Übrigen voraus, dass die **Bestellung der Sicherheit rechtswirksam** ist. Nur dann kann der Darlehensgeber auf die vorrangige Inanspruchnahme des sicherungsgebenden Gesellschafters verwiesen werden (näher s. Rdn. 28).

19 Wenn zur Sicherung des Anspruchs des Gläubigers **mehrere Sicherheiten** bestellt worden sind, hindert das nicht die Anwendung von § 44a InsO im Verhältnis zum Gesellschafter. Ist die **zusätzliche Sicherheit von der Gesellschaft bestellt**, stellt sich allerdings die Frage, ob § 44a InsO den Gläubiger bis zur Verwertung der Gesellschaftersicherheit auch an der Verwertung der Gesellschaftssicherheit hindert. Die h.M. verneint dies mit Blick darauf, dass dem **gebotenen Ausgleich** zwischen der von § 44a InsO bezweckten **vorrangigen Inanspruchnahme des Gesellschafters** und den **legitimen Interessen des gesellschafterdarlehensrechtlich nicht gebundenen Drittkreditgebers** auch dadurch

Rechnung getragen werden kann, dass dem Gesellschafter bei einer Inanspruchnahme der Gesellschaftssicherheit ein **Regressanspruch gegen den Gesellschafter** zusteht.

2. Gesellschafter als Sicherungsgeber

Erfasst werden die von Gesellschaftern gestellten Sicherheiten. Zu den maßgeblichen Zeitpunkten und -räumen für das erforderliche Zusammenfallen von Gesellschafterstellung und Sicherungsgeberrolle s. sogleich unter Rdn. 22. Einem Gesellschafter stehen Personen gleich, die nach den Maßstäben des § 39 Abs. 1 Nr. 5 InsO einem Gesellschafter gleichstehen. Denn von seinem Sinn und Zweck erstreckt § 44a InsO den Geltungsanspruch des § 39 Abs. 1 Nr. 5 InsO auf den Fall der »mittelbaren« Kreditgewährung im Wege der Sicherheitenstellung (s. Rdn. 4). Damit kommt die in § 39 Abs. 1 Nr. 5 InsO enthaltene Entsprechensklausel zur Anwendung (HK-InsO/*Kleindiek* § 44a Rn. 7), soweit mit ihr die **statusbezogenen Entsprechungen** angesprochen sind (dazu und zum Unterschied zu transaktionsbezogenen Entsprechungen s. § 39 Rdn. 63 ff.).

Erwirbt der Sicherungsgeber die Gesellschafterstellung unter den Voraussetzungen des § 39 Abs. 4 Satz 2, so wirkt das **Sanierungsprivileg** auch für ihn (HK-InsO/*Kleindiek* § 44a Rn. 4; HambK-InsO/*Lüdtke* § 44a Rn. 12; *Graf-Schlicker/Neußer* InsO, § 44a Rn. 6). Zwar nimmt § 44a InsO – anders als § 135 InsO – keinen Bezug auf § 39 Abs. 4 InsO. Wenn aber schon die unter den Voraussetzungen des Sanierungsprivilegs erfolgende unmittelbare Gewährung eines Darlehens gesellschafterfremdfinanzierungsrechtlich ohne Folgen bleibt, muss dies auch oder erst recht für die Sicherheitenstellung gelten. Gleiches gilt für das **Zwerganteilsprivileg** des § 39 Abs. 5 InsO (HK-InsO/*Kleindiek* § 44a Rn. 4; HambK-InsO/*Lüdtke* § 44a Rn. 12; *Graf-Schlicker/Neußer* InsO, § 44a Rn. 6), so dass § 44a InsO nicht zur Anwendung kommt, wenn die Beteiligung des Gesellschafter-Sicherungsgebers die Schwelle des § 39 Abs. 5 InsO nicht übersteigt. Gleiches gilt für Quasi-Gesellschafter (zur Konkretisierung -InsO/*Bornemann*, § 39 Rdn. 88 f.).

3. Zusammenfallen von Sicherungsgeber- und Gesellschaftereigenschaft; maßgeblicher Zeitpunkt

Ist ein Gesellschafter zum Zeitpunkt der **Verfahrenseröffnung** Sicherungsgeber, kommt § 44a InsO auch dann zur Anwendung, wenn die Sicherheitenstellung noch zu einem Zeitpunkt erfolgte, in dem die Gesellschafterstellung noch nicht begründet war ([zur Parallelproblematik in § 135 Abs. 2 InsO]: *BGH* ZInsO 2014, 598 = ZIP 2014, 584 = NZI 2014, 321 Rn. 15). Hat der Sicherungsgeber umgekehrt seine **Gesellschafterstellung vor Verfahrenseröffnung aufgegeben oder eine Befreiung von seinen Verpflichtungen aus der Sicherheit erreicht** (Beispiel: Verzicht des Gläubigers auf die Sicherheit), ist § 44a InsO dennoch anwendbar, sofern die Sicherungsgeberrolle und die Gesellschafterstellung zu einem Zeitpunkt in der nach § 135 Abs. 2, Abs. 1 Nr. 2 InsO maßgeblichen Spanne (d. h. **im letzten Jahr vor der Antragstellung**) in seiner Person vereinigt waren: Der in der Anfechtungsregelung des § 135 Abs. 2 InsO zum Ausdruck kommenden »Verstrickung« der gestellten Sicherheit kann sich der Sicherungsgeber nicht dadurch entziehen, dass er seine Gesellschafterstellung kurzerhand aufgibt (MüKo-InsO/*Bitter* § 44a Rn. 19; *ders.* in: Scholz, GmbHG, § 64 Anh. Rn. 279; HK-InsO/*Kleindiek* § 44a Rn. 8). Abwicklungstechnisch ist dabei aber zu beachten, dass die Rechtsfolgen des § 44a InsO nicht den Gesellschafter, sondern den Gläubiger treffen. Im Falle eines Verzichts des Gläubigers auf die Sicherheit innerhalb des maßgeblichen Zeitraums kann der Gläubiger daher im Rahmen des § 44a InsO nicht auf die Verwertung der dann ja nicht mehr bestehenden Sicherheit verwiesen werden (s. Rdn. 28). Allerdings muss er sich in diesem Fall im Rahmen des § 44a InsO die Befriedigungsbeiträge anrechnen lassen, die er im Zuge der Verwertung der Sicherheit hätte erlangen können, d. h. er kann bei der Verteilung der Masse höchstens in dem Umfang bedacht werden, der dem hypothetischen Ausfallbetrag entspricht (s. Rdn. 32).

C. Rechtsfolgen

I. Stellung des Gläubigers

23 Der Gläubiger kann »nur anteilsmäßige Befriedigung aus der Insolvenzmasse verlangen, soweit er bei der Inanspruchnahme der Sicherheit oder des Bürgen ausgefallen ist.« Was der damit zum Ausdruck gebrachte Haftungsvorrang der Gesellschaftersicherheit (s. Rdn. 2) konkret für die Stellung des gesicherten Gläubigers bedeutet, ist noch nicht abschließend geklärt. Weitgehende Einigung besteht dabei aber darüber, dass § 44a InsO nicht schon im Anmelde- und Prüfungsverfahren (§§ 174 ff. InsO), sondern erst im **Verteilungsverfahren** (§§ 187 ff. InsO) zu berücksichtigen ist und hier die Berücksichtigung des Gläubigers an den Nachweis des Ausfalls bei der Verwertung der Gesellschaftersicherheit knüpft. Systematisch hätte die Regelung daher auch bei § 190 InsO verortet werden können (*Frege/Nicht/Schildt* ZInsO 2012,1961 [1968]). Der Gläubiger ist deshalb **nicht gehindert, die Forderung in voller Höhe anzumelden** (K. Schmidt/*K. Schmidt* InsO, § 44a Rn. 13; MüKo-InsO/*Bitter* § 44a Rn. 20; HambK-InsO/*Lüdke* § 44a Rn. 18 f.; HK-InsO/*Kleindiek* § 44a Rn. 8; *Frege/Nicht/Schildt* ZInsO 2012, 1961 [1966]; **a.A.** *Braun/Bäuerle* InsO, § 44a Rn. 4). Eine Anmeldung nur in Höhe des voraussichtlichen Ausfallbetrags würde das Verfahren wegen eventuell veranlasster Korrekturen auch unnötig verkomplizieren und vertrüge sich vor allem nicht mit der Möglichkeit der Vollanmeldung des durch ein Absonderungsrecht am schuldnerischen Vermögen gesicherten Gläubigers (§ 52 InsO), der seine Forderung ebenfalls voll anmelden kann und seine Befriedigung aus der Sicherheit gesondert bei der Verteilung (§ 190 InsO) und ggf. bei der Festlegung des Stimmrechts (§ 77 Abs. 3 InsO) berücksichtigt wird (HambK-InsO/*Lüdke* § 44a Rn. 18). Die damit bestehende Möglichkeit der Vollanmeldung wird nicht dadurch in Frage gestellt, dass § 44a InsO von einer »Maßgabe des § 39 Abs. 1 Nr. 5« spricht, welche den (Fehl-)Schluss nahelegen könnte, dass es sich bei der Forderung des gesicherten Gläubigers um eine nach dieser Vorschrift nachrangige Forderung handelt oder dass ein solcher Nachrang gar von § 44a InsO angeordnet wird (MüKo-InsO/*Bitter* § 44a Rn. 11; HambK-InsO/*Lüdke* § 44a Rn. 18). Denn die Bezugnahme auf § 39 Abs. 1 Nr. 5 InsO dient allein dem Aufweis des systematischen Zusammenhangs des § 44a InsO zum Normkomplex des Rechts der Gesellschafterfremdfinanzierung (s. Rdn. 6).

24 Streitig ist demgegenüber, **wie die** vorrangig zu betreibende **Sicherheitenverwertung im Rahmen der Verteilung zu berücksichtigen ist**: Geht es allein darum, dass der Gläubiger nachweist, dass er die Sicherheit bereits verwertet hat? Oder muss er sich zusätzlich auch die Befriedigungsbeiträge aus der Sicherheitenverwertung derart anrechnen lassen, dass seine Quote auf den ausgefallenen Betrag berechnet wird? Im ersten Fall würde der in § 43 InsO verankerte **Doppel- bzw. Vollberücksichtigungsgrundsatz** (zu diesem s. § 43 Rdn. 1 ff.) zur Anwendung kommen, wonach der Gläubiger bis an die Grenze der Vollbefriedigung nicht gehindert ist, seinen Anspruch gegen die Masse in voller Höhe, d.h. ungeachtet etwaiger Befriedigungsanteile aus der Sicherheitenverwertung geltend zu machen (für diesen Ansatz: MüKo-InsO/*Bitter* § 44a Rn. 20 ff.; HambK-InsO/*Lüdke* § 44a Rn. 19; *Kübler/Prütting/Bork-Preuß* InsO, § 44a Rn. 17). Im zweiten Fall würde die Quote des Gläubigers auf den Ausfallbetrag bezogen und käme mithin das in § 52 InsO für die Behandlung von durch Absonderungsrechte gesicherten Forderungen verankerte **Ausfallprinzip** zur Anwendung (in diesem Sinne die Ausführungen von *BGH* BGHZ 193, 373 = ZInsO 2012, 1775 = ZIP 2012, 1869 Rn. 13: »Die Vorschrift des § 44a InsO erstreckt also das Ausfallprinzip des § 52 InsO auf Gesellschaftersicherheiten«). Für den zuletzt genannten Ansatz lässt sich anführen, dass der **Wortlaut des § 44a InsO** weitgehend an den **Wortlaut des § 52 InsO** angelehnt ist. Andererseits ist hier wie dort die Rede davon, dass der Gläubiger **Befriedigung** verlangen kann, **soweit** er bei der Verwertung der Sicherheit ausgefallen ist. Das lässt auch die Deutung zu, dass er gem. dem Grundsatz der Vollberücksichtigung bis zur vollen Höhe Befriedigung verlangen kann. Entscheidend spricht aber gegen die Anwendung des Ausfallprinzips, dass sich die durch § 44a InsO veranlasste **Verwertung der Sicherheit** – anders als im Fall des § 52 InsO – **nicht nachteilig auf die Masse** und damit die Befriedigungsaussichten der Insolvenzgläubiger auswirkt. Die Sicherheit ist hier gerade nicht am schuldnerischen Vermögen bestellt. § 44a InsO zieht die zugunsten des Gläubigers bestellte Sicherheit auch nicht zur Masse, sondern will allein sicherstellen, dass der Gläubiger die Sicherheit vorrangig verwertet und damit die

Finanzierungsfolgenverantwortung des Gesellschafters realisiert. Mehr mutet § 44a InsO dem externen Gläubiger nicht zu, der selbst nicht Adressat des Sonderregimes betreffend die Gesellschafterfremdfinanzierung ist. Das Urteil des *BGH* vom 28.06.2012 (– IX ZR 191/11, BGHZ 193, 373 = ZInsO 2012, 1775 = ZIP 2012, 1869 Rn. 13) erweckt zwar den Eindruck, als vertrete der IX. Zivilsenat die Auffassung, es komme das Ausfallprinzip des § 52 InsO zum Tragen. Allerdings ging es in diesem Urteil um die mit § 44a InsO gerade nichts zu tun habende Frage nach der Einbeziehung gesellschaftsfremder Dritte in den Anwendungsbereich des § 39 Abs. 1 Nr. 5 InsO. Das Argument des Senats, dass § 44a InsO mit dieser Frage nichts zu tun hat, ist unabhängig davon gültig, ob man § 44a InsO das Ausfall- oder das Mehrfachberücksichtigungsprinzip zugrunde legt (s.a. *Bitter* in: Scholz, GmbHG, § 64 Anh. Rn. 283). Daher kommt auch im Rahmen des § 44a InsO das **Vollberücksichtigungsprinzip des § 43 InsO** mit der Maßgabe zur Anwendung, dass der Gläubiger vor einer Teilnahme an Verteilungsmaßnahmen nachzuweisen hat, dass er die Sicherheit verwertet hat und wie hoch der Betrag ist, mit dem er dabei ausgefallen ist.

Im Falle einer **Mehrfachbesicherung** stellen sich keine besonderen Fragen, wenn die weiteren Sicherheiten von Dritten gestellt sind. Auch hier bewirkt § 44a InsO, dass der Gläubiger erst nach Verwertung der Gesellschaftersicherheit an der Verteilung teilnehmen kann. An der Verwertung der von Dritten gestellten Sicherheiten ist er hingegen nicht gehindert (MüKo-InsO/*Bitter* § 44a Rn. 32). Haben **mehrere Gesellschafter** Sicherheiten gestellt, gilt § 44a InsO mit der Maßgabe, dass die Berücksichtigung des Gläubigers im Rahmen der Verteilung an den Nachweis gebunden ist, dass **sämtliche Gesellschaftersicherheiten verwertet** sind. 25

Hat hingegen auch die **Gesellschaft** eine Sicherheit gestellt (sog. »Doppelsicherung«), ist fraglich, ob dem Gläubiger abverlangt werden kann, vor einem Zugriff auf die Gesellschaftssicherheit die Gesellschaftersicherheit zu verwerten. Der Wortlaut des § 44a InsO gibt dies nicht her, so dass allein eine **entsprechende Anwendung** in Betracht kommt. Ob sich eine solche begründen lässt, ist nach wie vor **umstritten** (dafür: *K. Schmidt* BB 2008, 1966 [1970]; *Bork* FS Ganter (2010), S. 135 [150 f.]; *N. Schmidt* ZInsO 2010, 70 [71 f.]; *Gundlach/Frenzel/Strandmann* DZWIR 2010, 232; *Müller/Rautmann* DZWIR 2012, 190; *K. Schmidt/K. Schmidt* InsO, § 44a Rn. 10 ff.; HambK-InsO/*Lüdke* § 44a Rn. 20; Großkomm-InsO/*Hess* § 44a Rn. 10 f.; zum alten Recht: *K. Schmidt* ZIP 1999, 1821 [1827]; *Thonfeld* S. 87 ff.; dagegen: *Kübler/Prütting/Bork-Preuß* InsO, § 44a Rn. 18; HK-InsO/*Kleindiek* § 44a Rn. 12 ff.; MüKo-InsO/*Bitter* § 44a Rn. 30; OLG Stuttgart ZInsO 2012, 2051 [2054]). Nach der **Rechtsprechung des *BGH*** kommt eine analoge Anwendung des § 44a InsO nach geltendem Recht nicht in Betracht (BGHZ 192, 9 Rn. 13 ff., zuletzt bestätigt in *BGH* ZIP 2017, 1632 = WM 2017, 1673 Rn. 15). Diese Rechtsprechung geht zwar von einer **planwidrigen Regelungslücke** aus (BGHZ 192, 9 Rn. 9), nimmt aber an, dass eine entsprechende Anwendung des § 44a InsO auf eine unverhältnismäßige, durch die Zwecke des Gesellschafterfremdfinanzierungsrechts nicht legitimierte und daher auch grundrechtlich problematische Inpflichtnahme des Gläubigers hinauslaufen würde (*BGH* BGHZ 192, 9 Rn. 16). Entsprechend anzuwenden sei vielmehr § 143 Abs. 3 InsO, wonach bei einer vorinsolvenzlichen Rückführung des gesicherten Darlehens aus Gesellschaftsmitteln der Gesellschafter der Gesellschaft in Höhe der von ihm gestellten Sicherung haftet. Die **analoge Anwendung des § 143 Abs. 3 InsO** erlaube es daher, den **Zwecken des Rechts der Gesellschafterfremdfinanzierung gerecht zu werden**, welche verlangen, dass der Gesellschafter in Höhe des Werts der Sicherheit in Haftung genommen werden kann, **ohne zugleich den Gläubiger über das in § 44a InsO vorgesehene Maß hinaus zu belasten**. In der Sache wird mit der Lösung der Rechtsprechung erreicht, dass die Gesellschaftersicherheit zwar ohne die Einschränkungen des § 44a InsO verwertet werden kann, dass aber der Masse insoweit **Freistellungs- und Regressansprüche** zustehen, auf deren Grundlage sie den Gesellschafter in Höhe des Werts der gestellten Sicherheit in die Haftung nehmen und sich schadlos halten kann. 26

Auch wenn die Frage durch die Rechtsprechung für die Praxis nunmehr entschieden sein dürfte, lohnt es sich dennoch in Erinnerung zu rufen, dass sich durchaus überzeugende Gründe für eine entsprechende Anwendung des § 44a InsO anführen lassen (anders noch 8. Aufl., Rn. 9). Im Kern entscheidet sich der Streit an der Frage, ob sich die mit einer analogen Anwendung des § 44a InsO ein- 27 hergehenden **Einschränkungen und Belastungen des Gläubigers** aus den Zwecken heraus **rechtfertigen und begründen lassen**, die der Gesetzgeber mit § 44a InsO verfolgt hat. Der *BGH* verneint diese Frage und verweist insoweit darauf, dass derartige Einschränkungen und Belastungen vom Gesetz nicht gedeckt seien (BGHZ 192, 9 Rn. 16). Im Rahmen der Diskussion über eine mögliche analoge Anwendung wirkt diese Begründung allerdings zirkulär, ist hier doch gerade fraglich, ob in einem analogiefähigen Kern des § 44a InsO nicht doch die erforderliche Legitimationsgrundlage gesehen werden kann. Tragfähiger erscheint zwar die Bezugnahme (vgl. *BGH* BGHZ 192, 9 Rn. 14) auf die frühere, zu § 32a Abs. 2 GmbHG a.F. ergangene Rechtsprechung, welche geltend machte, dass der **Gläubiger als Dritter nicht Adressat** des damaligen Eigenkapitalersatzrechts war und daher nicht über das vom Gesetz vorgesehene Maß hinaus belastet werden solle (grundlegend *BGH* ZIP 1985, 158 [159]). Dieser Gedanke lässt sich uneingeschränkt auch auf das geltende Recht übertragen, das wie das frühere Recht dem Gläubiger eine Subordination seines Anspruchs erspart und diesen lediglich darauf verweist, zunächst die Gesellschaftersicherheit zu verwerten. Allerdings steht auch nur Letzteres in Frage, wenn es um eine entsprechende Anwendung der Vorschrift geht. Das relativiert auch die Überzeugungskraft der Lösung über einen **Regressanspruch** der Masse gegenüber dem Gesellschafter. Denn wo es um die Geltendmachung der Hauptforderung geht, **will § 44a InsO der Masse gerade den Umweg über einen Regress beim Gesellschafter ersparen**: Hier wird der Gläubiger vor einer Inanspruchnahme der Masse auf die Verwertung der Gesellschaftersicherheit verwiesen. Dieser Gedanke lässt sich ohne weiteres auch auf die Verwertung von am Vermögen des Schuldners bestellten Sicherheiten übertragen. Auch **systematisch** erscheint die Lösung über eine analoge Anwendung des § 44a InsO stimmig. Denn die Anfechtungsregelungen der §§ 135 Abs. 2, 143 Abs. 3 InsO kommen denklogisch nur dann in Betracht, wenn die Anwendung des § 44a InsO furch eine vorzeitige Tilgung der gesicherten Forderung vereitelt wurde. Daraus folgt aber umgekehrt, dass kein Grund für einen Rückgriff auf das Anfechtungsrecht besteht, wo sich die Gesetzeszwecke direkter über eine entsprechende Anwendung des § 44a InsO erreichen lassen.

28 § 44a InsO bleibt hingegen **ohne Wirkung**, wenn die **Sicherheit nicht wirksam** bestellt ist. Denn dann kann dem Gläubiger gerade nicht zugemutet werden, sich zunächst an die gar nicht bestehende Sicherheit zu halten (MüKo-InsO/*Bitter* § 44a Rn. 17; *ders.*, in: Scholz, GmbHG, § 64 Anh. Rn. 276). Zum Sonderfall des vorhergehenden Verzichts des Gläubigers auf die Sicherheit s. Rdn. 22 und Rdn. 32.

29 Ist hingegen die **Hauptforderung unwirksam** (vgl. zu § 32 Abs. 2 a.F. *BGH* ZIP 1919, 161 [162]), fehlt es schon an dem von § 44a InsO vorausgesetzten Normadressaten. Im Übrigen entfallen in diesem Fall akzessorische Sicherheiten ohne Weiteres und laufen auch nicht akzessorischen Sicherheiten infolge des auf die Sicherung der Hauptforderung gerichteten Sicherungszwecks ins Leere; einen allgemeinen auf den Schutz der übrigen Insolvenzgläubiger gerichteten (Sicherungs-)Zweck kann man nicht unterstellen (*BGH* ZIP 1989, 161 [162 f.]).

II. Stellung des Gesellschafter-Sicherungsgebers

30 Der Gesellschafter-Sicherungsgeber wird von den Rechtsfolgen des § 44a InsO nicht unmittelbar, sondern nur wirtschaftlich getroffen (HambK-InsO/*Lüdke* § 44a Rn. 14): Da der Gläubiger auf eine vorrangige Verwertung der Gläubigersicherheit verwiesen ist, verringern sich die Chancen des Gesellschafter-Sicherungsgebers, von einer Inanspruchnahme aus der Sicherheit (auch nur teilweise) verschont zu bleiben.

31 Die aus der Verwertung der Gesellschaftersicherheit resultierenden **Regressansprüche** wie auch im Vorgriff auf eine solche Verwertung bestehende **Freistellungsansprüche** kann der Gesellschafter-Sicherungsgeber wegen § 44 InsO nur dann und insoweit geltend machen, wie der Gläubiger entgegen der ihm durch §§ 43, 44a InsO eröffneten Möglichkeiten (dazu s. Rdn. 24) auf eine Geltendmachung des bereits erfüllten Teils der Forderung verzichtet. Ist das der Fall oder ist die Forderung des Gläubigers mit der Folge vollständig erfüllt worden, dass § 43 InsO nicht mehr anwendbar ist, steht der Geltendmachung des Regressanspruchs des Gesellschafter-Sicherungsgebers zwar nicht mehr § 44 InsO im Wege, wohl aber der Umstand, dass die Freistellungs- oder Regressforderung im

Nachrang des § 39 Abs. 1 Nr. 5 InsO steht (*BGH* BGHZ 192, 9 Rn. 10; ZIP 2017, 1632 Rn. 17; *Thole* ZHR 176 (2012), 513, 545; *ders.* ZIP 2015, 1609 [1611]) und damit nur dann anmeldefähig ist, wenn das Gericht dazu gesondert auffordert (§ 174 Abs. 3 InsO). Die Nachrangigkeit folgt dabei aus der Überlegung, dass § 44a InsO im Ergebnis wirkungslos bliebe, wenn man dem Gesellschafter gestattete, seinen Regressanspruch als gewöhnlicher Insolvenzgläubiger zu verfolgen. Denn § 44a InsO soll gerade verhindern, dass die Masse ungeachtet der Befriedigungsbeiträge, die aus der Sicherheitenverwertung resultieren, wegen der gesicherten Forderung in Anspruch genommen werden kann. Kann sich z.B. der Gläubiger über die Verwertung der Gesellschaftersicherheit (voll oder teilweise) befriedigen, bewirkt § 44a InsO, dass die Gläubigergesamtheit insoweit nicht in Konkurrenz zu dem gesicherten Anspruch treten muss. Genau dies wäre aber die Folge, wenn nunmehr der Gesellschafter-Sicherungsgeber seine Regressforderungen im Rang einer Insolvenzforderung verfolgen dürfte. Die Nachrangigkeit nach § 39 Abs. 1 Nr. 5 InsO ist dabei aber zugleich Ausdruck der gesellschafterfremdfinanzierungsrechtlichen Behandlung der Sicherheitenstellung als mittelbare Gesellschafterfremdfinanzierung und damit der Finanzierungs(folgen)verantwortung des Gesellschafters (vgl. *Thole* ZIP 2015, 1609 [1611]).

D. Eingeschränkte Disponibilität

Der Gläubiger kann zwar auf eine Verwertung der Gesellschaftersicherheit **verzichten**, doch führt dies, anders als im Rahmen des § 52 InsO, gerade nicht dazu, dass er ohne Weiteres Befriedigung aus der Masse erlangen kann. § 44a InsO verlangt dem Gläubiger im Interesse der übrigen Gläubigergemeinschaft ab, zunächst die Sicherheit zu verwerten. Hat der Gläubiger die Sicherheit freigegeben, kann er auf die Sicherheit zwar nicht mehr zugreifen, muss sich aber im Rahmen des § 44a InsO bei der Verteilung den Wert anrechnen lassen, den er bei einer Verwertung der Sicherheit hätte realisieren können (MüKo-InsO/*Bitter* § 44a Rn. 33; *ders.*, in: Scholz, GmbHG, § 64 Anh. Rn. 303; HK-InsO/*Kleindiek* § 44a Rn. 9). Dies gilt auch dann, wenn die Freigabe der Sicherheit oder der Verzicht in dem nach § 135 Abs. 2, Abs. 1 Nr. 2 InsO maßgeblichen Einjahreszeitraum vor Antragstellung erfolgt, innerhalb dessen die Gesellschaftersicherheit gesellschafterfremdfinanzierungsrechtlich verstrickt ist (dazu s. Rdn. 22). Dies und der auf den Schutz der anderen Insolvenzgläubiger gerichtete Schutzzweck machen deutlich, dass diese **Rechtsfolgen auch nicht durch Vereinbarung** zwischen Gesellschaft, Gläubiger und Gesellschafter im Vorhinein abbedungen werden können (*K. Schmidt*/*K. Schmidt* § 44a Rn. 15; HK-InsO/*Kleindiek* § 44a Rn. 7, 9; HambK-InsO/*Lüdke* § 44a Rn. 10; *Braun/Bäuerle* InsO, § 44a Rn. 1). 32

Dem insoweit zwingenden Charakter des § 44a InsO entspricht es, dass dessen Rechtsfolgen **auch nicht nachträglich** durch eine Vereinbarung zwischen Verwalter und Gläubiger im Rahmen eines **Vergleichs** abbedungen werden können. Denn hierdurch würde im Zweipersonenverhältnis zwischen Verwalter und Gläubiger auf die Anwendung einer dem Schutz der übrigen Gläubiger dienenden Vorschrift verzichtet (*Frege/Nicht/Schildt* ZInsO 2012, 1961 [1969]; *Mikolajczak* ZIP 2011, 1285 [1286]; *Bitter* in: Scholz, GmbHG, § 64 Anh. Rn. 302). Demgegenüber ist es möglich, von § 44a InsO abweichende Regelungen im Rahmen eines **Insolvenzplans** vorzusehen (*Frege/Nicht/Schildt* ZInsO 2012, 1961 [1969]; *Schröder* ZInsO 2015, 1040 [1045 ff.]; *Braun/Bäuerle* InsO, § 44a Rn. 1). Denn anders als im Falle des einseitigen Verzichts oder des zweiseitigen Vergleichs sind hier sämtliche Gläubiger beteiligt und kommen besondere insolvenzplanrechtliche Vorkehrungen zum Zuge, die insbesondere sicherstellen, dass die übrigen Gläubiger insgesamt nicht schlechter gestellt werden als ohne Plan (§ 245 InsO). Zudem enthält § 44a InsO eine rein verteilungsrechtliche Regelung (s. Rdn. 23), die nach § 217 InsO – anders als die Bestimmungen zur Forderungsanmeldung und -feststellung (*BGH* ZInsO 2009, 478 = ZIP 2009, 480 = NZI 2009, 230 Rn. 26; ZInsO 2010, 1448 = ZIP 2010, 1499 = NZI 2010, 734 Rn. 9 – einer abweichenden Bestimmung im Insolvenzplan zugänglich ist (*BGH* ZInsO 2010, 1448 = ZIP 2010, 1499 = NZI 2010, 734 Rn. 9). 33

E. Überschuldungsrechtliche Behandlung

34 Da die Forderung des Gläubigers gerade nicht nachrangig gestellt wird und da zur Abwendung einer **Passivierungspflicht im Überschuldungsstatus** ohnehin ein qualifizierter Nachrang vereinbart sein muss, ändert § 44a InsO nichts daran, dass die Gläubigerforderung zu passivieren ist. Soll erreicht werden, dass der Überschuldungsstatus durch die Forderung nicht belastet wird, müssen die Voraussetzungen dafür geschaffen werden, dass die Freistellungsforderung der Gesellschaft gegenüber dem Gesellschafter die Anforderungen für eine Aktivierung erfüllt, wozu das Vorliegen einer ausdrücklichen **Freistellungsverpflichtung des Gesellschafters** gehört sowie die Vereinbarung eines den Anforderungen des § 19 Abs. 1 Satz 2 InsO genügenden qualifizierten **Nachrangs der Regressforderung des Gesellschafters** (*Bitter* in: Scholz, GmbHG, 11. Aufl., § 64 Anh. Rn. 297).

F. Behandlung der Gesellschaftersicherheit außerhalb des Insolvenzverfahrens über das Vermögen der Gesellschaft

35 § 44a InsO regelt nur die Geltendmachung des Rückzahlungsanspruchs aus gesellschafterbesicherten Drittdarlehen in der Gesellschaftsinsolvenz. **Außerhalb eines Insolvenzverfahrens** über das Vermögen der Gesellschaft und damit auch bei Masselosigkeit kann der Darlehensgeber die Gesellschaft uneingeschränkt in Anspruch nehmen. Allerdings ist die Befriedigung gesellschafterbesicherter Forderungen nach **§ 6a AnfG** mit der Rechtsfolge des **§ 11 Abs. 3 AnfG** anfechtbar, so dass der Gesellschafter dem Anfechtenden in Höhe der Sicherung haftet.

§ 45 Umrechnung von Forderungen

¹Forderungen, die nicht auf Geld gerichtet sind oder deren Geldbetrag unbestimmt ist, sind mit dem Wert geltend zu machen, der für die Zeit der Eröffnung des Insolvenzverfahrens geschätzt werden kann. ²Forderungen, die in ausländischer Währung oder in einer Rechnungseinheit ausgedrückt sind, sind nach dem Kurswert, der zur Zeit der Verfahrenseröffnung für den Zahlungsort maßgeblich ist, in inländische Währung umzurechnen.

Übersicht

		Rdn.
A.	Allgemeines	1
B.	Die der Vorschrift unterfallenden Forderungen	3
I.	Insolvenzforderungen (§§ 38 f. InsO)	3
II.	Nicht auf Geld gerichtete Forderungen	5
III.	Forderungen mit unbestimmtem Geldbetrag	6
IV.	Forderungen in ausländischer Währung oder in einer anderen Rechnungseinheit	7
C.	Schätzung und Umrechnung des Forderungswertes	8

Literatur:
Grothe Fremdwährungsverbindlichkeiten, 1999.

A. Allgemeines

1 Die Ansatz- und Umrechnungsbestimmungen der Vorschrift schaffen die Grundlage für eine einheitliche Behandlung von Forderungen, die nicht auf einen bestimmten Geldbetrag gerichtet sind. Solche Forderungen werfen unter anderem die Frage nach einem **gemeinsamen Maß** auf, das sie für die **Zwecke des Verfahrens vergleichbar** macht. Dieses Maß besteht im **Geldwert der Forderungen**. Durch die Umrechnung in bestimmte, miteinander vergleichbare Geldbeträge wird die Voraussetzung für eine gleichberechtigte Teilnahme der Gläubiger am Verfahren geschaffen (BT-Drucks. 12/2443 S. 124): Vom Geldwert der Forderung hängt unter anderem ab, welches Gewicht dem Stimmrecht des Gläubigers bei der Abstimmung über Gegenstände beigemessen wird, die (auch) eine Summenmehrheit erfordern. Vor allem aber sind Forderungen in bestimmter Höhe anzumelden (§ 176 InsO) und finden in bestimmter Höhe Eingang in die Tabelle (§ 178 Abs. 2 Satz 1 InsO) und in das Verteilungsverzeichnis (§ 188 InsO), das Grundlage für Verteilungen ist. Auch wenn die Vorschrift zwischen nicht auf Geld gerichteten Forderungen, in der Höhe unbestimmten

Geldforderungen sowie Forderungen auf Währungen und Rechnungseinheiten unterscheidet, die einem (Geld-)Kurs unterliegen, folgt sie insgesamt dem Grundsatz, dass die Forderungen mit einem Geldbetrag anzusetzen sind, der ihrem **Wert zum Zeitpunkt der Verfahrenseröffnung** entspricht. Sie beruht damit zugleich auf der Annahme, dass nur geldwerte Forderungen, d.h. Vermögensansprüche i.S.v. § 38 InsO, am Verfahren teilnehmen (dazu näher § 38 Rn. 10).

Die Vorschrift übernimmt die im Wesentlichen inhaltsgleichen Bestimmungen der § 69 KO und § 34 VerglO, legt sich aber im Unterschied zur ihren Vorgängerbestimmungen mit der Verfahrenseröffnung auf einen Zeitpunkt fest, auf welchen die Bewertung der Forderung sich zu beziehen hat. Sie lässt daher keinen Raum mehr für die (allerdings auch unter altem Recht nicht so recht plausible, s. nur *BGH* ZIP 1989, 926 [928]) Auffassung, dass es insoweit auf spätere Zeitpunkte wie den Prüfungstermin oder die Eintragung in die Tabelle anzukommen habe (so zu § 69 KO etwa *Arend* ZIP 1988, 69 [74]). 2

B. Die der Vorschrift unterfallenden Forderungen

I. Insolvenzforderungen (§§ 38 f. InsO)

Da es der Vorschrift allein darum geht, eine gemeinsame Grundlage für die Teilnahme der Insolvenzgläubiger am Verfahren zu schaffen (s. Rdn. 1), findet sie Anwendung auf (einfache und nachrangige) Insolvenzforderungen (*Kübler/Prütting/Bork-Holzer* InsO, § 45 Rn. 2). **Nicht anwendbar** ist sie hingegen auf die vom Verfahren ja unberührt gelassenen **Aussonderungsansprüche** (einschließlich der Ersatzaussonderungsansprüche). Hinsichtlich der **Absonderungsrechte** gilt dies zwar auch insoweit, wie es um die Geltendmachung des Absonderungsanspruches als solchen geht. Sichert das Absonderungsrecht allerdings eine dem Absonderungsberechtigten zustehende Forderung gegen den Schuldner ab, liegt mithin ein Fall des § 52 InsO vor, ist die Vorschrift auf die gesicherte Forderung anzuwenden, soweit § 52 InsO dem nicht entgegensteht, d.h. dann (und insoweit wie) der Gläubiger auf die abgesonderte Befriedigung verzichtet oder mit ihr ausgefallen ist (MüKo-InsO/*Bitter* § 45 Rn. 5). Im zuletzt genannten Fall ist daher für Zwecke der Verteilungssperre des § 190 InsO der Ausfallbetrag auf Grundlage des nach § 45 InsO zu ermittelnden Werts zu bestimmen. 3

Auch auf **Masseverbindlichkeiten**, einschließlich der infolge einer Erfüllungswahl des Verwalters begründete Forderungen aus gegenseitigen Verträgen (§ 55 Abs. 1 Nr. 2 InsO), findet die Vorschrift keine Anwendung, da auch diese nach ihrem jeweiligen konkreten Inhalt geltend gemacht werden können (HK-InsO/*Keller* § 45 Rn. 3; MüKo-InsO/*Bitter* § 45 Rn. 4 f.). Allerdings findet die Vorschrift im Falle der Masseunzulänglichkeit entsprechende Anwendung auf **Altmasseverbindlichkeiten**, die nach § 209 Abs. 1 Nr. 3 InsO funktional die Rolle der (voraussichtlich nur quotal erfüllbaren) Insolvenzforderungen übernehmen (MüKo-InsO/*Bitter* § 45 Rn. 4. 4

II. Nicht auf Geld gerichtete Forderungen

Zu den nicht auf Geld gerichteten vermögensrechtlichen Forderungen gehören (dazu s.a. MüKo-InsO/*Bitter* § 45 Rn. 7 ff.): 5
– **Erfüllungsansprüche** auf Lieferungen (Verschaffungsansprüche) oder Leistungen sowie **Gewährleistungsansprüche** aufgrund von Schlechtleistungen, einschließlich Nacherfüllung, Rücktritt (vgl. *RG* RGZ 65, 132 [133]) oder Mängelbeseitigung (*BGH* NJW-RR 2004, 1050 [1051]; *RG* RGZ 94, 61 [64]); *Kübler/Prütting/Bork-Holzer* InsO, § 45 Rn. 3), **Schadensersatzansprüche**, soweit sie auf **Naturalrestitution** gerichtet sind (§ 249 Abs. 1 BGB) oder nur dem Grunde nach bestehen (*BGH* BGHZ 185, 11 [14]). Ist der Schadensersatz auf geldmäßige Kompensation gerichtet (§§ 249 Abs. 2, 250 ff. BGB) handelt es sich hingegen bereits um einen auf Geldzahlung gerichteten Anspruch, der einer Umrechnung nach § 45 InsO nicht mehr bedarf,
– **Freistellungsansprüche** (*BGH* ZIP 2005, 1559 [1561]),
– Anspruch auf Übergabe eines Grundschuldbriefs (*RG* RGZ 77, 109),
– Anspruch auf Wegnahme einer Sache oder Trennung wesentlicher Bestandteile (*RG* RGZ 53, 307),

§ 45 InsO Umrechnung von Forderungen

– Ansprüche aus einem Auftragsverhältnis, soweit diese nicht unmittelbar auf Geld gerichtet sind (*RG* RGZ 72, 198),
– der Anfechtungsanspruch aus § 11 AnfG, soweit er nicht auf Geld gerichtet ist (*OLG Rostock* JW 1931, 2172 für die Vorgängervorschrift des § 7 AnfG),
– Ansprüche auf Freistellung aus der Umwandlung von Vergütung in Freizeit oder zum Ausgleich von Überstunden (Freizeitguthaben), die nach Verfahrenseröffnung zu Insolvenzforderungen werden (*LAG Frankfurt* ZInsO 2009, 1069 m. Anm. *Henssen* juris PR-ArbR 25/2009, Anm. 2).

Unterlassungsansprüche fallen nach verbreiteter Auffassung wegen ihres besonderen Inhalts nicht unter § 45 InsO (*Kübler/Prütting/Bork-Holzer* InsO, § 45 Rn. 3). Das geht in dieser Allgemeinheit zu weit. Wo dem Unterlassungsanspruch ein Geldwert zukommt oder korrespondiert, ist jedenfalls der infolge der Verletzung dieses Anspruches entstehende Schadensersatzanspruch erfasst (vgl. *BGH* BGHZ 185, 11 [14]; HK-InsO/*Keller* § 45 Rn. 4; s.a. § 38 Rdn. 15).

III. Forderungen mit unbestimmtem Geldbetrag

6 Forderungen mit unbestimmtem Geldbetrag sind:
– Forderungen, die zur Zeit der Eröffnung des Insolvenzverfahrens zwar dem Grunde nach bestehen, deren Höhe aber noch nicht feststeht (*RG* RGZ 87, 85);
– nicht fällige, unverzinsliche Forderungen, wobei der Zeitpunkt des Eintritts der Fälligkeit zwar gewiss, aber unbestimmt ist (z.B. Fälligkeit bei Tod einer Person); hierher gehören auch unverzinsliche Steuerforderungen bei unbestimmter Fälligkeit (*BFH* DB 1975, 2307; *Nerlich/Römermann-Andres* InsO, § 45 Rn. 3);
– Ansprüche auf wiederkehrende Leistungen, bei denen der Bestand und die Dauer der einzelnen Bezüge unbestimmt sind, oder bei denen zwar der Betrag feststeht, aber der Anfangs- oder Endtermin unbestimmt sind (*RG* RGZ 68, 342; RGZ 87, 85);
– Zum Insolvenzstichtag erdiente Anwartschaften der betrieblichen Altersversorgung, bei denen die künftige Tatsachengrundlage für deren Bemessung ungewiss ist (§ 9 Abs. 2 Satz 3 BetrAVG, soweit solche Ansprüche auf den PSV übergehen; für die aus der Haftung des PSV fallenden Ansprüche und Anspruchsteile *BAG* ZIP 1989, 319 [320]; s. allerdings *BGH* ZIP 2005, 909 [911]; WM 1997, 1720, der in Anlehnung an *Bitter* NZI 2000, 399 [400]; *Marotzke* ZZP 109 [1996] 429 [449 f.] eine aufschiebend bedingte Forderung annimmt, die in Höhe ihres nach § 45 InsO zu schätzenden Betrags nach Maßgabe des §§ 191 InsO im Verteilungsverfahren zu hinterlegen ist; s.a. § 38 Rdn. 25).

IV. Forderungen in ausländischer Währung oder in einer anderen Rechnungseinheit

7 Zu den von § 45 InsO erfassten Forderungen gehören ferner alle, die in einer ausländischen Währung, in nicht mehr gültigen Geldsorten (HK-InsO/*Eickmann* § 45 Rn. 7; MüKo-InsO/*Bitter* § 45 Rn. 18) oder in einer »Rechnungseinheit« (Sonderziehungsrechte des IWF) ausgedrückt sind.

C. Schätzung und Umrechnung des Forderungswertes

8 Die Schätzung und die Umrechnung des Wertes der Forderung sind vom **anmeldenden Gläubiger** vorzunehmen (*BGH* BGHZ 108, 123). Die nicht auf einen Geldbetrag lautenden Forderungen wandeln sich aber nicht mit der Eröffnung des Insolvenzverfahrens in »Geldforderungen« um; dies geschieht erst mit der Feststellung im Prüfungstermin. Die dann eintretende inhaltliche Änderung wirkt auch über das Insolvenzverfahren hinaus. Der Streit über eine Schätzung ist nicht im Insolvenzverfahren zu entscheiden. Sollten Grund und/oder Höhe der Geldforderung bestritten werden, ist der Streit darüber im Feststellungsprozess (s. §§ 179 ff. InsO) auszutragen.

9 Maßgebender Zeitpunkt für die Schätzung und die Umrechnung ist die Eröffnung des Insolvenzverfahrens. Bei der Schätzung hat der Gläubiger den **gemeinen Wert** anzusetzen, ein besonderes Affektionsinteresse ist unbeachtlich (*Nerlich/Römermann-Andres* InsO, § 45 Rn. 5). Bei der Pflicht zur Verschaffung eines Gegenstandes sind dessen gewöhnlicher Wert, bei Werk- und Dienstleistungen

die taxmäßige oder übliche Vergütung anzusetzen (*Bitter* NZI 2000, 399 [404]). Ist die Forderung auf die Vornahme einer vertretbaren Handlung durch den Schuldner gerichtet, so sind als deren Wert die Kosten einer Ersatzvornahme durch einen Dritten – also wie nach § 887 ZPO – anzusetzen (*Nerlich/Römermann-Andres* InsO, § 38 Rn. 11). Soweit es um zu schätzende wiederkehrende Leistungen geht, sind auch die nach der Eröffnung des Insolvenzverfahrens eintretenden Ereignisse, z.B. die Inflationsrate, zu berücksichtigen. Denn der Insolvenzgläubiger soll insoweit durch das Insolvenzverfahren nicht schlechter gestellt werden (HK-InsO/*Eickmann* § 45 Rn. 10; s.a. MüKo-InsO/*Bitter* § 45 Rn. 29 ff.).

Bei der Umrechnung ausländischer Währungsforderungen ist nach Satz 2 der **Kurswert, der zur Zeit der Verfahrenseröffnung für den Zahlungsort maßgeblich ist**, heranzuziehen (*BGH* WM 1989, 1186; *Nerlich/Römermann-Andres* InsO, § 45 Rn. 4; **a.A.** *Grothe* Fremdwährungsschulden, S. 775). Insoweit wird die in § 244 Abs. 2 BGB getroffene Regelung herangezogen. Die Umrechnung hat allerdings keine über das Insolvenzverfahren hinausreichende Wirkung (HK-InsO/*Eickmann* § 45 Rn. 8). 10

Der **bei Rentenansprüchen vorzunehmenden Kapitalisierung** sind die einzelnen Raten, die der Gläubiger aller Voraussicht nach zu erwarten hat, zu Grunde zu legen. Die Zwischenzinsen für die noch nicht fälligen Renten sind dabei mit einem Mindestzinssatz (*BAG* ZIP 1989, 319 [320]) abzuziehen (§ 46 InsO). Der danach errechnete Kapitalbetrag ist zur Tabelle anzumelden. Entsprechendes gilt für die Schätzung von Versorgungsanwartschaften (**a.A.** *Bitter* NZI 2000, 399 [401]). 11

Anders als im früheren Konkursrecht ist die Aufrechnung mit einer § 45 InsO unterfallenden Forderung ausgeschlossen (vgl. § 95 Abs. 1 Satz 2 InsO). Allerdings wird nach § 95 Abs. 2 InsO die Aufrechnung von auf unterschiedlichen Währungen oder Rechnungseinheiten lautenden Forderungen zugelassen, wenn diese am Zahlungsort der Forderung, gegen die aufgerechnet wird, frei getauscht werden können. Die Umrechnung der Forderung für die Aufrechnung erfolgt dabei nach dem Grundsatz des § 45 Satz 2 InsO (§ 95 Abs. 2 Satz 2 InsO, dazu s. Rdn. 6). 12

§ 46 Wiederkehrende Leistungen

¹Forderungen auf wiederkehrende Leistungen, deren Betrag und Dauer bestimmt sind, sind mit dem Betrag geltend zu machen, der sich ergibt, wenn die noch ausstehenden Leistungen unter Abzug des in § 41 bezeichneten Zwischenzinses zusammengerechnet werden. ²Ist die Dauer der Leistungen unbestimmt, so gilt § 45 Satz 1 entsprechend.

Auch die Vorschrift des § 46 InsO dient dem Zweck, durch eine Kapitalisierung von wiederkehrenden Leistungen die Voraussetzung für eine gleichberechtigte Teilnahme der Gläubiger solcher Forderungen am Insolvenzverfahren zu erreichen. Dabei erfasst die Vorschrift **wiederkehrende Leistungen, deren Betrag bestimmt ist**. 1

Ist neben dem Betrag der wiederkehrenden Leistung auch ihre Dauer bestimmt, so ist sie mit dem Betrag geltend zu machen, der sich aus der Zusammenrechnung der noch ausstehenden Leistungen unter Abzug des nach der Hoffmannschen Methode in Abzug zu bringenden Zwischenzinses (dazu § 41 Rdn. 14) ergibt. Bei einer zu kapitalisierenden Forderung aus einer **Pensionszusage** ist nicht gem. dem gesetzlichen Zinssatz abzuzinsen. Vielmehr ist der Abzinsungssatz nach dem für die voraussichtliche Dauer der Rentenzahlung wahrscheinlich erzielbaren durchschnittlichen Anlagezins zu bestimmen (*OLG Köln* OLGR 2004, 200 [200 f]). 2

Ist nicht bekannt, wie lange die wiederkehrenden Leistungen zu erbringen sind (Satz 2), ist deren Gesamtwert entsprechend § 45 Satz 1 InsO zu schätzen (dazu s. § 45 Rdn. 6). 3

§ 47 Aussonderung

¹Wer auf Grund eines dinglichen oder persönlichen Rechts geltend machen kann, dass ein Gegenstand nicht zur Insolvenzmasse gehört, ist kein Insolvenzgläubiger. ²Sein Anspruch auf Aussonderung des Gegenstandes bestimmt sich nach den Gesetzen, die außerhalb des Insolvenzverfahrens gelten.

Übersicht

	Rdn.
A. **Allgemeines**	1
I. Systematik	2
II. Begriff	3
III. Gesetzestechnik	4
B. **Voraussetzungen der Aussonderung**	5
I. Aussonderungsobjekt	6
II. Dingliche Aussonderungsrechte	8
1. Alleineigentum	9
2. Miteigentum	13
a) Bestimmung von Miteigentumsanteilen	14
b) Miteigentumsanteile im Lieferantenpool	15
3. Einfacher Eigentumsvorbehalt	19
a) Begründung des Eigentumsvorbehalts	20
b) Untergang des Eigentumsvorbehalts	24
c) Faktische Ausübungssperre in der Insolvenz des Vorbehaltskäufers	25
d) Eigentumsvorbehalt in der Insolvenz des Vorbehaltsverkäufers	27
e) Übertragung des Eigentumsvorbehalts zu Sicherungszwecken	28
4. Sicherungseigentum	29
5. Mobilienleasing	32
6. Factoring	35
7. Pensions- und Unterstützungsfonds/ Lebensversicherungen	37
a) Pensionsrückstellungen	38
b) Direktversicherungen	39
c) Rückdeckungsversicherungen	43
d) Pensions-/Unterstützungskassen	44
8. Treuhand	45
a) Uneigennützige Treuhand	46
b) Eigennützige Treuhand	51
c) Keine »Fingierte« Treuhand	54
d) Treuhandkontenmodelle im Insolvenzeröffnungsverfahren	56
e) Doppeltreuhand	59
9. Begrenzt dingliche Rechte	60
10. Verträge für fremde Rechnung	61
a) Kommission/Handelsvertretung	62
b) Versicherung für fremde Rechnung	66
11. Erbschaftsanspruch	67
12. Anfechtungsanspruch	68
13. Besitz	69
14. Software; Lizenzen	70
III. Persönliche Aussonderungsrechte	72
C. **Verfahren der Aussonderung**	77
I. Verbot der Selbsthilfe	77
II. Prüfungspflicht des Verwalters/Prüfungszeitraum	78
III. Auskunftspflicht des Verwalters	79
IV. Anerkennung der Aussonderungsrechte	80
V. Umfang der Herausgabepflicht	81
VI. Aussonderungskosten	89
VII. Rückgabe von Teilleistungen	93
VIII. Aufgabe und Verjährung des Aussonderungsrechts	94
IX. Aussonderungsrechtsstreit	97
X. Aussonderung gegenüber dem vorläufigem Insolvenzverwalter	100
XI. Aussonderung im Eigenverwaltungs- und Schutzschirmverfahren	104

Literatur:

Bitter Die Nutzungsüberlassung in der Insolvenz nach dem MoMiG, ZIP 2010, 1; *Braun* Die Pflicht des Insolvenzverwalters zur Rückgabe von Mietsachen, NZI 2005, 255; *Büchler* Aussonderungsstopp im Insolvenzeröffnungsverfahren und insolvenzrechtliche Einordnung des laufenden Nutzungsentgelts, ZInsO 2008, 719; *Bultmann* Aussonderung von Daten in der Insolvenz, ZInsO 2011, 992; *Cranshaw* Die Sicherheiten- bzw. Sicherungstreuhand in Sanierung und Abwicklung im Spiegel der Rechtsprechung, WM 2009, 1682; *Dahl/Schmitz* Der Rückgewähranspruch des Insolvenzverwalters nach der Wahl der Nichterfüllung gem. § 103 InsO, NZI 2013, 631; *dies.* Die Insolvenzfestigkeit von Lizenzen in der Insolvenz des Lizenzgebers, NZI 2013, 878; *Fischer* Nicht ausschließliche Lizenzen an Immaterialgüterrechten in der Insolvenz des Lizenzgebers, WM 2013, 821; *Ganter* Sicherungsmaßnahmen gegenüber Aus- und Absonderungsberechtigten im Insolvenzeröffnungsverfahren, NZI 2007, 549; *Gundlach/Frenzel* Die Inbesitznahme von Aussonderungsgut, DZWIR 2007, 320; *Gundlach/Frenzel/Jahn* Die Insbesitznahme durch den vorläufigen schwachen Insolvenzverwalter mit Zustimmungsvorbehalt, ZInsO 2010, 122; *Hage/Lind* Zur Qualifizierung der vom Aussonderungsberechtigten aufgewandten Ausbaukosten als Masseverbindlichkeit, ZInsO 2011, 2264; *Hain* Das Wohnraummietverhältnis des Insolvenzschuldners unter besonderer Berücksichtigung der Räumungs- und Herausgabeverpflichtung des Insolvenzverwalters/Treuhänders, ZInsO 2007, 192; *Heisiep* Wegnahmerechte und Herausgabeansprüche in

Krise und Insolvenz, BauR 2006, 1065; *Holzer* Die insolvenzrechtliche Behandlung von Treugut bei abredewidrigem Verhalten des Treuhänders, ZIP 2009, 2324; *Jacobi* Die Verwertung des Mietkaufgegenstandes in der Insolvenz, ZVI 2007, 405; *Jerger* Der Schutz des Vorbehaltskäufers vor Zwischenverfügungen des Vorbehaltsverkäufers, NZI 2012, 695; *Leithaus/Krings* Die fiktive Zuordnung der Sozialversicherungsbeiträge zum Vermögen des Arbeitnehmers gem. § 28e I 2 SGV IV n.F., NZI 2008, 393; *Priebe* Lebensversicherung und Insolvenz: Das eingeschränkt unwiderrufliche Bezugsrecht, ZInsO 2010, 2307; *Rektorschek/Naute* Die Sicherung immaterialgüterrechtlicher Nutzungsrechte im Fall der Insolvenz des Lizenzgebers in der Praxis, BB 2016, 264; *Rößler* Das Bezugsrecht aus Direktversicherungsverträgen in der Insolvenz des Arbeitgebers, NZI 2007, 631; *Roth* Zu den Rechten bei Sicherungsübertragung von Vorbehaltseigentum im Fall der Insolvenz des Vorbehaltsverkäufers, KTS 2008, 526; *Rüger* Das Doppeltreuhandmodell zur Insolvenzsicherung von Altersteilzeitentgeltansprüchen im Blockmodell, NZI 2012, 488; *Smid* Entstehung und Geltendmachung konkurrierender Sicherheiten von finanzierender Bank und Lieferanten in der Insolvenz des Sicherungsgebers, ZInsO 2009, 2217.

A. Allgemeines

Die Vorschrift des § 47 InsO hat im Grundsatz die früheren Bestimmungen der §§ 43 KO, 26 Abs. 1 VglO übernommen. **1**

I. Systematik

Wie in der Einzelzwangsvollstreckung sollen auch von der Gesamtvollstreckung nur Vermögensgegenstände des **Schuldners** erfasst werden. Gemäß § 35 InsO fallen deshalb Gegenstände nur dann in die Insolvenzmasse, wenn sie dem Schuldner »gehören«, er an ihnen also im Grundsatz ein vorbehaltloses Vollrecht innehat. Übernimmt der Verwalter bei der Inbesitznahme nach § 148 InsO auch Gegenstände, die einem Dritten gehören, so kann sich dieser einer Inanspruchnahme seines Gegenstandes für die Masse widersetzen, indem er nach § 47 InsO Aussonderung begehrt. Systematisch stellt sich § 47 InsO somit als Komplementärvorschrift zu § 35 InsO (vgl. *Gottwald/Adolphsen* HdbInsR, § 40 Rn. 1) und als Parallelvorschrift zu § 771 ZPO dar. **2**

II. Begriff

Begrifflich versteht man unter der Aussonderung die Geltendmachung der Nichtzugehörigkeit eines Gegenstandes zur Insolvenzmasse aufgrund eines hieran bestehenden dinglichen oder persönlichen Rechts eines Dritten (*Uhlenbruck/Brinkmann* InsO, § 47 Rn. 2; *Jaeger/Henckel* InsO, § 47 Rn. 4) Der Schuldner selbst kann nicht Aussonderungsberechtigter sein (*Gottwald/Adolphsen* HdbInsR, § 40 Rn. 4; a.A. *Jaeger/Henckel*, InsO, § 47 Rn. 8). Reklamiert der Schuldner die Unpfändbarkeit eines Gegenstandes, so geht es um die Frage der Massezugehörigkeit nach § 36 InsO und nicht um Aussonderung. **3**

III. Gesetzestechnik

Rechtstechnisch enthält § 47 InsO für den Aussonderungsberechtigten in doppelter Hinsicht eine **Verweisung auf das materielle Recht**. Zum einen beurteilt sich die Frage, **ob** überhaupt ein Aussonderungsanspruch besteht gem. § 47 Satz 2 InsO nach materiellem Recht, die Vorschrift räumt dem Aussonderungsberechtigten also keinen eigenständigen materiell-rechtlichen Anspruch ein. Zum anderen bestimmt § 47 Satz 1 InsO, dass der Aussonderungsberechtigte **mit** seinen Ansprüchen nicht Insolvenzgläubiger ist, d.h. nicht wie dieser bei der Geltendmachung seiner Rechte an die Beschränkungen des Insolvenzverfahrens gebunden ist. Das Aussonderungsrecht verschafft insoweit eine starke Rechtsposition, als in die Aussonderungsrechte ohne Zustimmung des Aussonderungsberechtigten auch nicht über einen Insolvenzplan eingegriffen werden darf. **4**

B. Voraussetzungen der Aussonderung

Der Aussonderung unterliegen **Gegenstände**, wenn dem Berechtigten hieran ein **dingliches** oder **persönliches** Recht zusteht und der Gegenstand **massebefangen** ist, was auch schon vor einer Inbe- **5** sitznahme des Insolvenzverwalters dann der Fall ist, wenn dieser auf den Gegenstand Ansprüche erhebt.

I. Aussonderungsobjekt

6 Aussonderungsfähig i.S.d. § 47 InsO sind **Gegenstände**, d.h. bewegliche und unbewegliche Sachen, dingliche und persönliche Rechte, Forderungen aller Art, Daten (*Bultmann* ZInsO 2011, 992) sowie der Besitz.

7 Das Aussonderungsobjekt muss allerdings individuell **bestimmt** oder bestimmbar sein (*BGH* BGHZ 58, 257 ff. [258]), was bei vertretbaren Sachen nur dann der Fall ist, wenn sich diese individuell unterscheidbar in der Masse befinden. Ist eine solche Unterscheidbarkeit wegen Vermischung/Vermengung mit schuldnereigenen Gegenständen nach § 948 BGB nicht gegeben, so erfolgt die Abwicklung über § 84 InsO (vgl. Rdn. 13 ff. »Miteigentum«). Eine bestimmte Summe Geld ist nicht aussonderungsfähig (vgl. *BGH* BGHZ 58, 257 [258]), wobei alle an Bargeldbeständen bestehenden Aussonderungsrechte spätestens in dem Zeitpunkt untergehen, da die Gelder auf ein Konto einbezahlt werden (*OLG Düsseldorf* ZIP 2011, 485).

II. Dingliche Aussonderungsrechte

8 Während gewöhnlich unter einem dinglichen Recht das Recht einer Person zur Herrschaft über eine Sache verstanden wird (*Palandt/Bassenge* Einl. vor § 854 Rn. 2), fallen unter die dinglichen Rechte des § 47 InsO all diejenigen, die die Rechtsinhaberschaft an Gegenständen i.S.d. InsO (s. Rdn. 6 f.) zuweisen. Im Einzelnen:

1. Alleineigentum

9 Der aus dem Alleineigentum erwachsende dingliche Aussonderungsanspruch des Berechtigten geht regelmäßig auf Herausgabe des Aussonderungsobjekts nach § 985 BGB, soweit der Schuldner als Eigen- oder Fremdbesitzer jedenfalls unmittelbarer Besitzer ist und kein Recht zum Besitz hat. Ist der Schuldner nur mittelbarer Besitzer, so geht das Aussonderungsrecht auf Abtretung des Herausgabeanspruchs gegen den Besitzmittler; auf Herausgabe nur dann, wenn der Insolvenzschuldner gegen den Besitzmittler selbst einen Herausgabeanspruch hat (*Gottwald/Adolphsen* HdbInsR, § 40 Rn. 5).

10 Soweit ein Gesellschafter seiner insolventen GmbH oder KG einen in seinem Eigentum stehenden Anlagegegenstand überlassen hat und diese **Nutzungsüberlassung eigenkapitalersetzend** geworden ist (vgl. *BGH* BGHZ 127, 1 ff.), konnte der Gesellschafter auf der Grundlage der Rechtsprechung vor Inkrafttreten des MoMiG diesen Gegenstand für einen bestimmten, an der Dauer des ursprünglichen Überlassungsvertrags zwischen der Gesellschaft und dem Gesellschafter orientierten Zeitraum nicht aussondern, der Insolvenzverwalter konnte das Nutzungsrecht im Rahmen einer Betriebsfortführung unentgeltlich weiter ausüben. Für nach Inkrafttreten des MoMiG eröffnete Insolvenzverfahren hat sich die Rechtslage geändert. So ist nun gem. § 135 Abs. 3 InsO das Aussonderungsrecht des überlassenden Gesellschafters nur noch für die Dauer maximal eines Jahres ausgeschlossen und auch nur dann, wenn der überlassene Gegenstand für die Fortführung des Unternehmens – gleich, ob durch den Insolvenzverwalter oder nach einer übertragenden Sanierung (*Bitter* ZIP 2010, 12; MüKo-InsO/*Ganter* § 47 Rn. 436f) – von erheblicher Bedeutung ist, wobei darüber hinaus dem Gesellschafter noch ein Ausgleichsanspruch eingeräumt wird, der eine unentgeltliche Nutzung durch den Insolvenzverwalter nicht zu dulden hat. Das Nutzungsentgelt orientiert sich an dem im letzten Jahr vor Insolvenzantragstellung anfechtungsfrei (*BGH* NZI 2015, 331 ff. [334 f.]) tatsächlich Geleisteten (§ 135 Abs. 3). Voraussetzung für ein solchermaßen abgesenktes Nutzungsentgelt ist allerdings das Bestehen eines Aussonderungsanspruchs; wird der ungekündigte Mietvertrag hingegen gem. § 108 fortgesetzt, schuldet der Insolvenzverwalter den vertraglich vereinbarten Mietzins (*J. Schmidt* NZI 2015, 337). Soweit in der Literatur die Auffassung vertreten wird, die Aussonderungssperre des § 135 Abs. 3 InsO könne auch zu Lasten sonstiger Gläubiger angewandt werden

(MüKo-InsO/*Ganter* § 47 Rn. 436f), so ist dies zwar aus Verwaltersicht wünschenswert, im Hinblick auf den Wortlaut der Vorschrift aber kaum haltbar.

Hat ein Gesellschafter einer GmbH zur Erfüllung seiner Einlagenverpflichtung eine **verdeckte Sacheinlage** geleistet, so war bis zum Inkrafttreten des MoMiG das diesbezügliche Verfügungsgeschäft nichtig, mit der Konsequenz, dass der Gesellschafter den Gegenstand aussondern konnte (*BGH* NJW 2007, 3425), was sich durch die rückwirkende (Art. 2 § 3 Abs. 4 EGGmbHG) Einführung der Anrechnungslösung des § 19 Abs. 4 Satz 2 GmbHG erledigt hat, nach der das Verfügungsgeschäft wirksam bleibt. 11

Beim **Mietkauf**, bei dem der Mietverkäufer das Eigentum unter der aufschiebenden Bedingung einer vollständigen Kaufpreiszahlung überträgt, kann der Mietverkäufer erst aussondern, wenn sich der Verwalter zuvor gem. § 103 InsO erklärt hat. Lehnt der Verwalter die Vertragserfüllung ab, kann der Mietverkäufer aussondern, Zug um Zug gegen Rückerstattung der vom Insolvenzschuldner erbrachten Mietkaufraten, gegen den der Mietverkäufer allerdings mit seinem Nichterfüllungsschaden aufrechnen kann (*Jacobi* ZVI 2007, 408). 12

2. Miteigentum

Bei den aus dem Miteigentum resultierenden Rechten ist danach zu unterscheiden, ob der Schuldner zu den übrigen Miteigentümern des Gegenstandes gehört oder nicht. Ist dies nicht der Fall, so kann jeder Miteigentümer gem. §§ 1011, 432 BGB Aussonderung durch Herausgabe des Gegenstandes an alle Miteigentümer verlangen (*Gottwald/Adolphsen* HdbInsR, § 40 Rn. 9). Ist der Schuldner hingegen Miteigentümer, etwa weil es in seinem Lager zu einer Vermischung gem. § 948 BGB von eigenen mit schuldnerfremden Gegenständen kam, so kann der andere Teil neben Feststellung seines Miteigentumsanteils und Einräumung des Mitbesitzes auch Auseinandersetzung der Gemeinschaft verlangen, die wiederum außerhalb des Insolvenzverfahrens erfolgt, § 84 InsO, §§ 749 ff. BGB (*Uhlenbruck/Brinkmann* InsO, § 47 Rn. 13). 13

a) Bestimmung von Miteigentumsanteilen

In Fällen der **Vermischung/Vermengung** von vertretbaren Sachen ist aber immer besonders zu prüfen, ob sich der quotenmäßige Miteigentumsanteil des vermeintlich aussonderungsberechtigten Dritten am Gesamtbestand rechnerisch noch genau ermitteln lässt. Fehlt es – wie nicht selten in der Insolvenz – an hierfür erforderlichen Unterlagen (z.B. Listen über den Lagerbestand vor Vermischung/Vermengung), so soll der Dritte nach einer Entscheidung des Reichsgerichts sein Eigentum ganz verlieren, da § 742 BGB ist in diesem Fall unanwendbar sei (*RG* RGZ 112, 102 ff. [103]). Der Annahme eines Verlustes des Miteigentums für den vorgenannten Fall ist der Bundesgerichtshof zwar ausdrücklich entgegengetreten (*BGH* NJW 1958, 1534 f.). Da er dem Eigentümer des vermengten Materials aber auch nur dann Rechte gibt, wenn dieser die Höhe seines Miteigentumsanteils beweisen kann, führt die Unaufklärbarkeit der Wertanteile auch vom Ansatz des BGH dazu, dass der Miteigentümer seinen Aussonderungsanspruch nicht durchsetzen kann (vgl. auch *Gottwald/Adolphsen* HdbInsR, § 40 Rn. 9; *K. Schmidt/Thole* InsO, § 47 Rn. 25). 14

b) Miteigentumsanteile im Lieferantenpool

Ist der Miteigentumsanteil eines Lieferanten an einer vermischten Menge unaufklärbar, steht aber andererseits fest, dass eine vermischte Menge **insgesamt** nicht massezugehörig ist, so können die Lieferanten ihre Rechte auch in einen **Lieferantenpool** einbringen. Lieferantenpools zur Bündelung von Aussonderungsrechten sind zwar selten. In der Praxis dienen sie der koordinierten Durchsetzung von Absonderungsrechten aus den Erweiterungs- und Verlängerungsformen des Eigentumsvorbehalts, weil die Lieferanten i.d.R. den sog. Nämlichkeitsnachweis nicht führen können. Gleich, ob es um die Poolung von Aus- oder Absonderungsrechten geht, hat die Poolbildung zur Folge, dass trotz der beim einzelnen Lieferanten fehlenden Beweisbarkeit seines Anteils dessen Rechte nicht verloren gehen, er vielmehr über den Pool Herausgabe an alle Mitberechtigten verlangen kann, wenn die Son- 15 derrechte aller Sonderrechtsgläubiger bewiesen werden können (*Gottwald/Adolphsen* HdbInsR, § 44 Rn. 5 ff.). Zu beachten ist allerdings, dass das über Verarbeitungsklauseln i.S.d. § 950 BGB erworbene Miteigentum nur ein Absonderungsrecht gewährt, da über die Verarbeitungsklausel nur antizipiertes Sicherungseigentum an der neu hergestellten Sache erlangt wird (*Häsemeyer* InsR, Rn. 18.32).

16 Trotz diverser Gegenstimmen in der Literatur ist eine Poolbildung zur Durchsetzung von wirksamen i.E. aber unbestimmbaren Miteigentumsrechten als rechtlich zulässig zu erachten (*Uhlenbruck/ Brinkmann* InsO, § 47 Rn. 29); *BGH* ZIP 1988, 1534 ff. [1535]).

17 Erforderlich zur Rechtsdurchsetzung über einen Pool ist, dass in Ansehung der insgesamt auszusondernden Gegenstände auch sämtliche insoweit jedenfalls dem Grunde nach berechtigten Lieferanten dem Pool beitreten, da ansonsten Herausgabe an alle Poolmitglieder nicht verlangt werden kann. In der Insolvenzabwicklungspraxis erreichen Lieferantenpools praktisch nie einen Organisationsgrad von 100 % der Lieferanten mit Sonderrechten, da es oft Lieferanten gibt, deren Sonderrechte aus den Erweiterungs- und Verlängerungsformen des Eigentumsvorbehalts nachweisbar sind, die dann nicht beitreten. Streng genommen kann der Pool dann den Nämlichkeitsnachweis insgesamt nicht führen, was zu einem Rechtsdurchsetzungsverlust führen würde. In der Praxis wird dieses Problem dadurch gelöst, dass der Pool den Insolvenzverwalter von Sonderrechtsansprüchen nicht beigetretener Lieferanten freistellt (*Braun/Bäuerle* InsO, § 47 Rn. 16), was die Rechtsprechung jedenfalls nicht beanstandet. Es gibt im Übrigen keinen Zwang, aber auch kein durchsetzbares Recht, dem Pool beizutreten, auch kann dieser zu Lasten der nicht Beigetretenen keine Entscheidungen treffen (*BGH* ZIP 1982, 543 ff. [545]).

18 Schwierigkeiten der Rechtsdurchsetzung bestehen für einen Pool dann, wenn der Insolvenzschuldner Miteigentümer des in den Pool eingebrachten Warenbestandes ist. In diesem Fall kann zwar nach allgemeinen Grundsätzen eine Auseinandersetzung der Miteigentümergemeinschaft nach § 84 InsO erfolgen (s. Rdn. 13). Sind aber wiederum die Anteile des Pools im Verhältnis zum Insolvenzverwalter nicht eindeutig bestimmbar, lassen sich zugunsten der Poolmitglieder auch keine Mindestanteile am Bestand nachweisen und mangels konkreter Anhaltspunkte auch keine Schätzungen nach § 287 Abs. 2 ZPO vornehmen (*Mohrbutter/Mohrbutter/Ernestus* Rn. VI. 335), so verbleibt der Bestand insgesamt bei der Masse (insoweit krit. *Jaeger/Henckel* InsO, § 47 Rn. 92 a.E.). Der Umstand, dass die fehlende Aufklärbarkeit des genauen Umfangs der mit Fremdrechten belasteten Waren wegen Fehlens entsprechender Aufzeichnungen im Verantwortungsbereich des Insolvenzschuldners liegt, rechtfertigt es nicht, unter dem Gesichtspunkt der Beweisvereitelung zu Lasten der Masse eine anderweitige Verteilung vorzunehmen (*Gottwald/Adolphsen* HdbInsR, § 44 Rn. 17). In der Praxis wird daher auch der Insolvenzverwalter nach der Art einer Sicherheitenabgrenzung in den Poolvertrag mit einer i.d.R. erhöhten Beteiligungsquote eingebunden.

3. Einfacher Eigentumsvorbehalt

19 Während der einfache Eigentumsvorbehalt in der Insolvenz des Vorbehaltskäufers den Vorbehaltsverkäufer zur Aussonderung berechtigt, verschaffen die Verlängerungs- und Erweiterungsformen des Eigentumsvorbehalts nur das Recht zur Absonderung (s. § 51 Rdn. 28 ff.). Es kann aber auch ein unter verlängertem oder erweitertem Eigentumsvorbehalt gelieferter Gegenstand jedenfalls so lange, als er nicht verarbeitet worden ist und auch keine Weiterveräußerung stattgefunden hat, aus der Istmasse ausgesondert werden.

a) Begründung des Eigentumsvorbehalts

20 Die Begründung des Eigentumsvorbehalts setzt eine auch formlos mögliche Einigung über den durch vollständige Kaufpreiszahlung aufschiebend bedingten Eigentumsübergang voraus. Er wird i.d.R. über AGBs des Vorbehaltsverkäufers eingeführt. Bei Kaufleuten ist stillschweigende Vereinbarung möglich, wenn *Verwender* auf seine AGB verweist und sein Vertragspartner deren Geltung

nicht widerspricht, Nichtkaufleuten gegenüber ist § 305 Abs. 2 BGB zu beachten (statt aller: *Palandt/Grüneberg* § 305 Rn. 24 ff.).

Mit erst auf Lieferscheinen befindlichen Eigentumsvorbehaltsklauseln kann unter Kaufleuten nur 21 dann auch noch nachträglich Eigentumsvorbehalt begründet werden (sog. einseitiger nachträglicher Eigentumsvorbehalt), wenn die Klausel deutlich erkennbar ist und nicht nur Lagerverwaltern oder Auslieferungsfahrern, sondern vielmehr einer zur Entgegennahme von vertragsändernden Erklärungen bevollmächtigten Person zugeht (*OLG Jena* ZInsO 2005, 44 ff. [45]), was i.d.R. nicht der Fall ist (*Palandt/Grüneberg* § 305 Rn. 51). Grundsätzlich stellt die Rechtsprechung an die Vereinbarung nachträglichen Eigentumsvorbehalts strenge Anforderungen (*BGH* BGHZ 64, 395 ff. [397]). Aus Beweisgründen sollte in jedem Fall über den nachträglichen Eigentumsvorbehalt eine schriftliche Vereinbarung getroffen werden.

Bei den in der Praxis häufigen Kollisionen zwischen den allgemeinen Geschäftsbedingungen des Ver- 22 käufers und den mit Abwehrklauseln versehenen allgemeinen Einkaufsbedingungen des Käufers gilt die »Theorie des letzten Wortes« nicht, der BGH ermittelt den Inhalt der vertraglichen Vereinbarung dann durch Auslegung, hat aber für den Fall des einfachen Eigentumsvorbehalts bei sich widersprechenden AGB entschieden, dass jedenfalls dieser trotz einer entgegenstehenden Abwehrklausel als vereinbart gelten soll (*Palandt/Grüneberg* § 305 Rn. 55; MüKo-InsO/*Ganter* § 47 Rn. 59) zur Rechtslage bei Verlängerungs- und Erweiterungsformen des Eigentumsvorbehalts vgl. § 51 Rdn. 28 ff.).

Einen allgemeinen Handelsbrauch, wonach bei Stundung des Kaufpreises Eigentumsvorbehalt ver- 23 einbart sei, gibt es nicht (MüKo-BGB/*Westermann* § 449 Rn. 15).

b) Untergang des Eigentumsvorbehalts

Ist der Eigentumsvorbehalt untergegangen, können Aussonderungsansprüche nicht mehr geltend ge- 24 macht werden. Für die Praxis relevant ist hier neben dem Regelfall der Zahlung ein Erlöschen durch Verbindung, Vermischung oder Verarbeitung nach Maßgabe der §§ 946 ff. BGB, soweit ein Miteigentumserwerb nach § 947 BGB ausscheidet und der Vorbehaltsverkäufer keinen entsprechend verlängerten Eigentumsvorbehalt vereinbart hat (vgl. dazu § 51 Rdn. 28 ff.). Der dem Vorbehaltsverkäufer hiernach zustehende Anspruch aus § 951 BGB ist lediglich Insolvenzforderung, Ersatzaussonderungsansprüche kommen nicht in Betracht (vgl. § 48 Rdn. 8). Keine Auswirkung auf den Eigentumsvorbehalt hat eine Verjährung der seiner Vereinbarung zugrunde liegenden Kaufpreisforderung (*BGH* BGHZ 70 [96 ff., 98 f.]).

c) Faktische Ausübungssperre in der Insolvenz des Vorbehaltskäufers

Der Insolvenzverwalter des Vorbehaltskäufers kann grds. die Aussonderungsansprüche der Vor- 25 behaltsverkäufer nur abwehren, wenn er Vertragserfüllung nach § 103 Abs. 1 InsO wählt und den ausstehenden Kaufpreis zahlt. Darüber hinaus stärkt § 107 Abs. 2 InsO die Position des Insolvenzverwalters zusätzlich dadurch, dass dieser die Erklärungen nach §§ 103 Abs. 1, Abs. 2 Satz 2 InsO erst unverzüglich nach dem Berichtstermin abzugeben hat, d.h. bis zu drei Monate nach Verfahrenseröffnung (vgl. § 29 Abs. 1 Nr. 1 InsO) die Vorbehaltsware selbst dann behalten kann, wenn er in dieser Phase keine ausreichende Liquidität hat (vgl. *Marotzke* JZ 1995, 803 ff. [812]). Wird die Ablehnungserklärung allerdings trotz erkennbarer Mittellosigkeit der Masse verzögert, kommt eine persönliche Haftung des Verwalters nach § 60 InsO in Betracht (vgl. *Häsemeyer* InsR, Rn. 18.35 in Fn. 99).

Häufig versuchen Vorbehaltslieferanten, nachdem sie von einem Insolvenzantrag Kenntnis erlangt 26 haben, ihre aus vereinbartem Eigentumsvorbehalt abgeleiteten Herausgabensprüche noch vor Verfahrenseröffnung gegenüber dem im Verzug befindlichen Schuldner oder dem vorläufigen Insolvenzverwalter nach Rücktritt vom Vertrag gem. § 449 Abs. 2 BGB durchzusetzen. Dies ist unzulässig. Die faktische Ausübungssperre des § 107 Abs. 2 InsO gilt analog § 112 Nr. 1 InsO ab Stellung des Insolvenzantrags, nachdem die § 112 InsO zugrunde liegende Interessenlage mit der des Eigentumsvorbehaltskaufs identisch ist (HK-InsO/*Marotzke* § 107 Rn. 31; *Gottwald/Adolphsen* HdbInsR, § 43 Rn. 16; *Graf-Schlicker/Breitenbücher* § 47 Rn. 2; **a.A.** *Wegener* § 112 Rdn. 6; Mü-Ko-InsO/*Eckert* § 112 Rn. 10), da § 107 InsO wie auch § 112 InsO den Schutz des schuldnerischen Unternehmens vor einem kurzfristigen Entzug von Betriebsgrundlagen bezwecken, um so die Möglichkeit einer Sanierung des Unternehmens zu erhalten (**a.A.** *Huber* NZI 2004, 57 ff. [60 f.]), weshalb es in diesem Bereich der Anordnung von Maßnahmen nach § 21 Abs. 2 Nr. 5 InsO nicht bedarf, zumal der Nachweis der »erheblichen Bedeutung für die Fortführung« auch schwierig darzustellen sein dürfte (vgl. *BGH* NZI 2010, 95 ff.). Der Sachverhalt stellt sich allerdings insgesamt anders dar, wenn der Vertragsrücktritt des Vorbehaltsverkäufers bereits vor Insolvenzantragstellung erfolgt ist (*OLG Naumburg* NZI 2009, 685 f. [686]; *Gundlach/Frenzel/Jahn* ZInsO 2010, 122 ff.). In diesem Fall kann der Vorbehaltsverkäufer vorbehaltlich einer Beschlussfassung gem. § 21 Abs. 2 Nr. 5 InsO aussondern.

d) Eigentumsvorbehalt in der Insolvenz des Vorbehaltsverkäufers

27 § 107 Abs. 1 InsO verschafft dem Vorbehaltskäufer in der Insolvenz des Vorbehaltsverkäufers ein insolvenzfestes Anwartschaftsrecht, soweit dem Käufer vor Verfahrenseröffnung bereits Besitz an der Vorbehaltsware übertragen worden war. Der Vorbehaltskäufer kann Erfüllung des Vertrages verlangen und hat hiernach, soweit er den Restkaufpreis wie mit dem Schuldner vereinbart bezahlt, ein unentziehbares Recht zum Besitz (*Gottwald/Adolphsen* HdbInsR, § 43 Rn. 10). Hat der Vorbehaltskäufer hingegen vor Verfahrenseröffnung keinen Besitz an der Vorbehaltsware erlangt, so ist ihm der Weg zum Vollrecht an der Vorbehaltsware über § 107 Abs. 1 verschlossen (vgl. *Häsemeyer* InsR, Rn. 18.36).

e) Übertragung des Eigentumsvorbehalts zu Sicherungszwecken

28 Das Eigentumsvorbehaltsrecht wird allerdings vom Aussonderungsrecht zum Absonderungsrecht herabgestuft, wenn die Übertragung des Vorbehaltseigentums Sicherungszwecken dient. Diese Konstellation ist in nahezu jeder Insolvenz von Autohäusern/-händlern anzutreffen, in denen der Vorbehaltsverkäufer (Fahrzeughersteller) das Eigentum an den Fahrzeugen auf eine Bank (üblicherweise aus dem Konzernverbund des Fahrzeugherstellers) überträgt, die für den Käufer, das Autohaus, den Erwerb finanziert. Hier kann die Bank das vorbehaltene Eigentum in der Insolvenz des Autohauses nicht aussondern, sie ist lediglich zur abgesonderten Befriedigung berechtigt (*BGH* NZI 2008, 357; dazu *Jerger* NZI 2012, 695; *Gundlach/Frenzel* BGHReport 2008, 664), was wegen der Kostenbeiträge von nicht unerheblicher Bedeutung ist. Dies lässt sich bankseitig vermeiden, wenn das Vorbehaltseigentum im Zuge eines **echten** Factoringvertrags übertragen wird, da dann das Vorbehaltseigentum zur Aussonderung berechtigt (*BGH* NZI 2014 696 f. [697], s. Rdn. 35).

4. Sicherungseigentum

29 Zum Sicherungseigentum allg. vgl. zunächst § 51 Rdn. 4 ff. Ein Aussonderungsrecht gibt es im Bereich des Sicherungseigentums nur für den **Sicherungsgeber** in der praktisch wenig relevanten Insolvenz des Sicherungsnehmers (*Mohrbutter/Mohrbutter/Vortmann* Hdb. d. Insolvenzvw., Rn. VI 283); bei der Insolvenz des Sicherungsgebers resultieren aus dem Sicherungseigentum gem. § 51 Nr. 1 nur Absonderungsrechte (vgl. § 51 Rdn. 4).

30 Der Einräumung eines Aussonderungsrechts für den Sicherungsgeber in der Insolvenz des Sicherungsnehmers liegt die Annahme zugrunde, es sei die dingliche Übertragung des Volleigentums durch die schuldrechtliche Sicherungsabrede so stark überlagert, dass ihr eine quasi-dingliche Wirkung zukomme, die in der Insolvenz des Sicherungsnehmers entgegen der formellen Rechtslage und unter Durchbrechung des Abstraktionsprinzips zur Entstehung eines Aussonderungsrechts führe.

31 Voraussetzung für eine Aussonderung ist, dass entweder der Sicherungszweck entfallen ist (selten) oder der Sicherungsgeber die gesicherten Forderungen zurückführt (*Gottwald/Adolphsen* HdbInsR, § 43 Rn. 82). Zu beachten ist, dass der Sicherungsgeber in der Insolvenz des Sicherungsnehmers kein Recht zur vorzeitigen Tilgung der gesicherten Forderung vor der vereinbarten Fälligkeit hat, da die Vorschrift des § 41 nur für Verbindlichkeiten, nicht aber für Forderungen des Insolvenzschuldners gilt. Insoweit ist also eine Einigung mit dem Insolvenzverwalter erforderlich (*Gottwald/Adolphsen* HdbInsR, § 43 Rn. 82), der sich dieser aber in Ansehung der erwarteten Zahlung in der Praxis nicht verschließen wird.

5. Mobilienleasing

Die Kautelarpraxis unterscheidet im Leasingbereich zwischen dem eher kurzfristig angelegten **Operating-Leasing** und dem **Finanzierungs-Leasing**, bei dem das Leasinggut vom Leasingnehmer über einen Zeitraum genutzt wird, der nahezu die betriebsgewöhnliche Nutzungsdauer des Leasinggegenstandes erreicht. Die juristische Auseinandersetzung über die rechtliche Einordnung der beiden Vertragstypen kann jedenfalls für das Recht der Aussonderung dahingestellt bleiben, da beide Vertragstypen insolvenzrechtlich wie Mietverträge zu behandeln sind (*Gottwald/Adolphsen* HdbInsR, § 43 Rn. 59, 63). Das Bestreben, Finanzierungsleasingverträge wegen ihrer kaufrechtlichen Elemente denjenigen Bestimmungen zu unterstellen, die für den Kauf unter Eigentumsvorbehalt gelten (so *Häsemeyer* InsR, Rn. 18.40), ist vom Regelungsgehalt der InsO nicht gedeckt. 32

In der Insolvenz des Leasingnehmers hat der Leasinggeber daher einen Aussonderungsanspruch, wenn der Insolvenzverwalter die Erfüllung des Vertrages nach § 103 Abs. 2 InsO ablehnt. Nach § 103 Abs. 2 Satz 2 InsO hat der Verwalter des Leasingnehmers die Vertragserfüllungserklärung grds. unverzüglich abzugeben. Dies wird er schon deshalb tun, weil die Entschädigung für die Nutzung des Leasinggutes oder seine verspätete Rückgabe nach Verfahrenseröffnung eine Masseverbindlichkeit auslöst (BK-InsO/*Breutigam* § 47 Rn. 89). Da aber die Sach- und Interessenlage beim Leasing der beim Vorbehaltskauf entspricht, ist dem Verwalter jedenfalls für Leasingverträge, die für eine mögliche Sanierung des Schuldnerbetriebs notwendig sind, analog § 107 Abs. 2 ein im Hinblick auf § 103 Abs. 2 Satz 2 verlängerter Entscheidungszeitraum einzuräumen (HK-InsO/*Marotzke* § 107 Rn. 37 u. 39). Wählt der Insolvenzverwalter allerdings Erfüllung, so kann der Leasinggeber wegen Zahlungsrückständen vor Eröffnung des Insolvenzverfahrens keine Kündigung aussprechen, um sich so über die Aussonderung wieder in den Besitz des Leasinggutes zu setzen. Hier enthält § 112 eine Kündigungssperre, die zu einer Schlechterstellung der Leasinggeber führt und die diese zur Vermeidung von Nachteilen zwingen wird, bei Zahlungsverzug möglichst frühzeitig, d.h. vor Insolvenzantragstellung, die Verträge zu kündigen, was aber bei Anordnung von Maßnahmen gem. § 21 Abs. 2 Nr. 5 InsO nicht weiter hilft. 33

Im Falle der Insolvenz des Leasinggebers kann der Insolvenzverwalter nach erfolgter Vertragsablehnung i.S.d. § 103 Abs. 2 InsO das Leasinggut zurückfordern. Ist das Leasinggut allerdings refinanziert, so wird die refinanzierende Bank i.d.R. Sicherungseigentümerin des Leasingguts sein. In diesem Fall sind die Leasingverträge insolvenzfest, da diese gem. § 108 Abs. 1 Satz 2 InsO trotz Eröffnung des Insolvenzverfahrens fortbestehen. Dem Verwalter steht in diesem Fall keine Erfüllungswahl nach § 103 InsO zu. Erfolgte die Sicherungsübereignung des Leasinggutes allerdings zur Absicherung eines anderen Kredits, kann der Verwalter des Leasinggebers das Wahlrecht nach § 103 InsO gegenüber dem Leasingnehmer ausüben (*Gottwald/Adolphsen* HdbInsR, § 43 Rn. 73). 34

6. Factoring

Beim **echten** Factoring (zum Factoring insgesamt s. § 51 Rdn. 66), dem als Kausalgeschäft ein Forderungskauf zugrunde liegt, erteilt der Factor dem Anschlusskunden im Gegenzug für die Übertragung seiner Forderungen eine vorbehaltslose Gutschrift, die bei Insolvenz des Schuldners des Anschlusskunden nicht zurückgefordert werden soll. Da der Factor beim echten Factoring demnach Vollrechtsinhaber geworden ist und die Forderung nicht nur zum Zwecke der Besicherung erworben hat, kann er in der Insolvenz des Anschlusskunden beim Forderungsfactoring die abgetretenen und bezahlten Forderungen des Anschlusskunden aus der Insolvenzmasse aussondern (*Gottwald/Adolphsen* HdbInsR, § 43 Rn. 95). Das Aussonderungsrecht erstreckt sich beim Forderungsfactoring auch auf das Guthaben eines Kontos des Insolvenzschuldners, wenn über dieses nur die gefactorten Debi- 35 torenforderungen eingezogen werden und zwar auch dann, wenn dem Debitor weder diese Bestimmung des Einzugskontos noch die im Zuge des (stillen) Factorings erfolgte Forderungsabtretung des insolventen Anschlusskunden an den Factor bekannt ist (*OLG Stuttgart* Beschl. 21.03.2011 – 13 U 21/11; a.A. MüKo-InsO/*Ganter* § 47 Rn. 271). Sobald das Konto allerdings »gemischt« genutzt wird, d.h. nicht nur zum Einzug gefacterter Forderungen dient oder vom Anschlusskunden auch für seinen Zahlungsverkehr genutzt wird, geht das Aussonderungsrecht des Factors unter (s. Rdn. 49). Lässt sich der Factor vom Lieferanten auch dessen Eigentumsvorbehaltsrechte übertragen, so berechtigen diese den Factor beim echten Factoring zur Aussonderung (*BGH* NZI 2014, 696 f. [697]), während ansonsten die Übertragung des Vorbehaltseigentums zu Sicherungszwecken nur zur Absonderung berechtigt (s. Rdn. 28).

36 Beim **unechten** Factoring hingegen hat der Factor in der Insolvenz des Anschlusskunden nur ein Absonderungsrecht (dazu i.E. § 51 Rdn. 67).

7. Pensions- und Unterstützungsfonds/Lebensversicherungen

37 Hat der Arbeitgeber entgegen seiner Verpflichtung Beiträge zur betrieblichen Altersversorgung nicht abgeführt und auch nicht ausreichend von seinem sonstigen Vermögen getrennt, kann der Arbeitnehmer in Höhe der nicht gezahlten Beiträge keine Aussonderung verlangen (*BAG* ArbRB 2017, 240 f.; *EuGH* NZI 2017, 45 ff.). An solchen Vermögenswerten hingegen, die zum Zwecke der betrieblichen Altersversorgung festgelegt wurden, bestehen i.E. folgende dinglichen Berechtigungen:

a) Pensionsrückstellungen

38 Vom insolventen Arbeitgeber zur Abdeckung von Pensionszusagen gebildete Bilanzrückstellungen begründen keine Aussonderungsansprüche der insoweit bedachten Arbeitnehmer, da es sich hierbei um rechtlich unselbstständige Bilanzposten handelt (*Gottwald/Adolphsen* HdbInsR, § 40 Rn. 66).

b) Direktversicherungen

39 Häufig werden zur Erfüllung von Versorgungszusagen zugunsten der Arbeitnehmer jedoch Versicherungsverträge abgeschlossen. Diese können – je nach Ausgestaltung der Widerruflichkeit des Bezugsrechts – Aussonderungsansprüche begründen:

40 Bei **widerruflichen Bezugsrechten** (§ 159 VVG) hat der Versorgungszusagenempfänger kein Aussonderungsrecht, wobei insoweit ausschließlich die Regelungen des Versicherungsverhältnisses ausschlaggebend sind *(BGH* ZIP 1993, 600 f. [601]) und ein etwa im Arbeitsvertrag vereinbarter Ausschluss des Widerrufs keine Bedeutung hat (BK-InsO/*Breutigam* § 47 Rn. 58). Dies gilt auch dann, wenn die Prämien aus einer Gehaltsumwandlung aufgebracht worden sind (*BGH* NZI 2002, 604 f.; MüKo-InsO/*Ganter* § 47 Rn. 319), nachdem insoweit kein Treuhandverhältnis zwischen Arbeitgeber und Arbeitnehmer konstruiert werden kann (*OLG Karlsruhe* NZI 2008, 188). Unerheblich ist des Weiteren, ob die Versorgungsanwartschaft nach § 1 Abs. 2 BetrAVG bereits unverfallbar geworden ist (*Gottwald/Adolphsen* HdbInsR, § 40 Rn. 49). Der Insolvenzverwalter muss allerdings darauf achten, dass er das Bezugsrecht des Arbeitnehmers zeitnah nach Eröffnung des Insolvenzverfahrens über das Vermögen des Arbeitgebers widerruft oder den Versicherungsvertrag kündigt. Verabsäumt er dies und tritt nach Insolvenzeröffnung der Versicherungsfall ein, erlischt das Widerrufsrecht des Insolvenzverwalters (*BGH* NZI 2014, 1000 [1002]) und der Arbeitnehmer hat einen direkten Leistungsanspruch gegen die Versicherung (§ 159 Abs. 2 VVG).

41 Bei **unwiderruflichen Bezugsrechten** kann der Arbeitnehmer Aussonderung der Versicherung fordern (*BAG* NJW 1991, 717 f. [717]); zur regressfreien Abwicklung vgl. *Huntemann* EWiR 1998, 953 f.

42 Wurde zugunsten des Arbeitnehmers hingegen ein **eingeschränkt unwiderrufliches Bezugsrecht** begründet, so kann er die Versicherung in jedem Fall dann aussondern, wenn seine Versorgungsanwartschaft nach dem BetrAVG unverfallbar geworden ist (*BAG* NZA-RR 2008, 32 ff.). Gleiches gilt,

wenn das Arbeitsverhältnis mit dem insolventen Arbeitgeber auf Grund eines Betriebsübergangs auf einen neuen Arbeitgeber übergeht, da das Arbeitsverhältnis dann nicht endet, was dem Insolvenzverwalter den Zugriff auf die Direktversicherung verunmöglicht (*BAG* NZI 2011, 30). Darüber hinaus steht dem Arbeitnehmer nach der Rechtsprechung des BGH ein Aussonderungsrecht an der mit einem eingeschränkt unwiderruflichen Bezugsrecht ausgestalteten Direktversicherung auch für den Fall zu, dass er noch keine unverfallbaren Ansprüche nach dem BetrAVG erworben hat, wenn sein Arbeitsverhältnis mit dem Insolvenzschuldner aufgrund des Insolvenzereignisses und einer insolvenzbedingt (d.h. nicht personen- oder verhaltensbedingt) ausgesprochenen Kündigung endet (*BGH* NZI 2012, 762), was der BGH im jeweiligen Einzelfall im Wege der Auslegung (instruktiv *BGH* ZInsO 2014, 398) mit Arbeitnehmerschutzerwägungen zutreffend begründet damit, dass sich die insolvenzbedingte Beendigung des Arbeitsverhältnisses dem Einfluss- und Verantwortungsbereich des Arbeitnehmers entzieht (vgl. auch detailliert *Priebe* ZInsO 2010, 2307). Ist der Arbeitnehmer zugleich Gesellschafter-Geschäftsführer, ist eine differenzierende Betrachtung geboten: ist die Insolvenz maßgeblich vom Gesellschafter-Geschäftsführer zu verantworten oder ist die Direktversicherung erst kurz vor dem Insolvenzereignis bzw. mit unüblich hohen Prämien angespart worden, greifen die Arbeitnehmerschutzerwägungen des BGH nicht, ein Aussonderungsrecht ist zu versagen; fehlt es an den vorstehenden Besonderheiten, ist auch dem Gesellschaftergeschäftsführer ein Aussonderungsrecht zuzubilligen (vgl. *AG Göttingen* NZI 2012, 419; **a.A.** *OLG München* ZIP 2008, 1738).

c) Rückdeckungsversicherungen

Soweit der Arbeitgeber zur Finanzierung einer Versorgungs- oder Pensionszusage eine Rückdeckungsversicherung abschließt, so steht den Arbeitnehmern in der Insolvenz des Arbeitgebers kein diesbezügliches Aussonderungsrecht zu (*Uhlenbruck/Brinkmann* InsO, § 47 Rn. 115), es sei denn, es liegt eine Abtretungsvereinbarung vor und diese wurde der Versicherungsgesellschaft gegenüber schriftlich angezeigt (ohne Abtretungsanzeige ist die Abtretung absolut unwirksam, vgl. *BAG* ZInsO 2012, 1265; *BGH* NJW 1991, 559 f.); vgl. ansonsten zur in der Praxis überwiegenden Verpfändung von Ansprüchen aus Rückdeckungsversicherungen und den hieraus resultierenden Absonderungsrechten § 50 Rdn. 28.

43

d) Pensions-/Unterstützungskassen

Der Arbeitgeber kann die Altersversorgung der Arbeitnehmer auch über eine Pensions- oder Unterstützungskasse durchführen. Ist diese rechtlich selbständig, verschafft die Insolvenz des Arbeitgebers dem Insolvenzverwalter keine Möglichkeit des Zugriffs auf das Vermögen der Kasse, z.B. über die von dort abgeschlossene Rückdeckungsversicherung (*BAG* NZI 2011, 152), weshalb die Arbeitnehmer auch nicht gehalten sind, gegenüber dem Insolvenzverwalter Aussonderungsansprüche geltend zu machen. Selbst wenn die Arbeitnehmer, für die die Unterstützungskasse eingerichtet wurde, noch keine unverfallbaren Anwartschaften auf Leistungen aus der Unterstützungskasse haben, kann der Insolvenzverwalter nicht – gleich unter welchem rechtlichen Gesichtspunkt (hierzu ausf. *BAG* NZI 2011, 152) – die gezahlten Arbeitgeberbeträge an die Unterstützungskasse und das hieraus gebildete Vermögen zurückfordern, wenn der Leistungsplan/die Satzung der Unterstützungskasse die Unverfallbarkeit abweichend von den Vorschriften des BetrAVG regelt (dies ist der Regelfall). Selbst wenn die Leistungen aus der Unterstützungskasse nach dem Leistungsplan unter einem Freiwilligkeitsvorbehalt stehen, was regelmäßig der Fall ist, darf das bei der Unterstützungskasse gebildete Vermögen grds. nicht zur Insolvenzmasse gezogen werden, da die Arbeitnehmer nicht mittelbar zur Befriedigung der Insolvenzgläubiger beitragen müssen (*BAG* NZI 2011, 152).

44

8. Treuhand

Bei der Prüfung der Aussonderungsrechte ist nicht auf den formalen Rechtszustand, sondern vielmehr auf die materielle Rechtslage abzustellen. Aus diesem Grund gilt bei Treuhandverhältnissen Folgendes:

45

a) Uneigennützige Treuhand

46 Bei der uneigennützigen, unechten oder Verwaltungstreuhand dient der Treuhandvertrag ausschließlich den Interessen des Treugebers, der das Recht zur Verwahrung, Verwaltung oder Durchsetzung auf den Treuhänder überträgt (vgl. *Palandt/Bassenge* § 903 BGB Rn. 35). Die Befugnisse des Treuhänders sind durch die Treuhandabrede in einer Art und Weise beschränkt, dass bei wirtschaftlicher Betrachtungsweise der treuhänderisch überlassene Gegenstand dem Treugeber zuzuordnen ist, weshalb diesem in der **Insolvenz des Treuhänders** auch ein entsprechender Aussonderungsanspruch zusteht (*BGH* ZIP 1993, 213 f. [214]). Die bloße gesetzliche Verpflichtung, einen Gegenstand z.B. im Rahmen eines Geschäftsbesorgungsvertrages gem. § 667 BGB an den Auftraggeber herauszugeben, begründet noch kein Treuhandverhältnis, ist lediglich schuldrechtlicher Verschaffungsanspruch, weshalb z.B. von einem später insolvent gewordenen Rechtsanwalt eingezogene Mandantengelder von dem Mandanten nicht ausgesondert werden können (*LG Gießen* ZInsO 2012, 981). Im Bereich des Liegenschaftsrechts ist sodann zu beachten, dass Treuhandabreden nur dann ein Aussonderungsrecht begründen können, wenn der Anspruch des Treugebers auf Änderung der dinglichen Rechtslage durch Vormerkung gesichert ist (*BGH* ZInsO 2003, 797 ff. [799]). Praktische Fälle der Verwaltungstreuhand: das Wohngeldkonto des Verwalters der Wohnungseigentümergemeinschaft (*OLG Hamm* ZIP 1999, 765 f. [766]) bzw. das von einem mit der Geschäftsführung beauftragten Gesellschafter einer baurechtlichen Arbeitsgemeinschaft eingerichtete »Arge«-Kontokorrentkonto.

47 Voraussetzung dafür, dass auf solchen Konten eingehende Gelder als aussonderungsfähige Treuhandgelder qualifiziert werden können ist aber immer, dass das Konto entweder offen als Treuhandkonto ausgewiesen oder im Falle sog. verdeckter Treuhandkonten sonstwie nachweisbar ausschließlich zur Aufnahme von treuhänderisch gebundenen Fremdgeldern bestimmt ist, wobei ein Treuhandkonto auch für mehrere Treugeber eingerichtet werden kann (*BGH* NZI 2003, 549). Hierzu bedarf es zumindest eines das Treuhandverhältnis dokumentierenden Zusatzes in der Kontobezeichnung (z.B. »wg. Arge I« oder »wg. WEG X«). Fehlt es hieran, hilft es auch nicht, wenn man eingehende Gelder nur buchhalterisch separiert, so lange diese Separierung keine Außenwirkung hat, weshalb dann z.B. eine Fehlüberweisung im Insolvenzeröffnungsverfahren auf ein Konto des Insolvenzschuldners nicht ausgesondert werden kann (*OLG Hamm* NZI 2011, 636). Scheitert bei fehlender Offenkundigkeit des Treuhandcharakters eines Kontos die auf Treuhand gestützte Aussonderung, kann diese aber u.U. auch über einen anfechtungsrechtlichen Rückgewähranspruch erreicht werden (s. § 47 Rdn. 68).

48 Der treuhänderischen Bindung unterliegen im Grundsatz zunächst nur Zahlungen, denen eine unmittelbare Vermögensübertragung des Treugebers an den Treuhänder zugrunde liegt (sog. Unmittelbarkeitsgrundsatz). Von dem Gebot der Unmittelbarkeit der Vermögensübertragung hat der BGH nur eine Ausnahme für den Fall gemacht, dass von dritter Seite Geld auf ein Anderkonto einbezahlt wird (*BGH* NJW 1996, 1543), ferner dann, wenn Zahlungen von dritter Seite auf ein Treuhandkonto erfolgen auf Forderungen, die dem Treugeber zustehen (z.B. beim echten Factoring dem Factor, s. § 47 Rdn. 35) bzw. in seiner Person entstanden sind (*BGH* BGHZ 155, 227 [230]), was nicht der Fall sein soll, wenn der Arbeitgeber auf einem besonderen Bankkonto für die Abgeltung von Arbeitszeitguthaben der Arbeitnehmer Gelder bereitstellt (*BAG* ZInsO 2004, 105 f. [107]).

49 Die einmal wirksam begründete treuhänderische Bindung dauert an bis zur Abrechnung des Treuhandkontos, selbst wenn der Treuhandvertrag zuvor beendet wurde (*BGH* ZInsO 2005, 879 f. [881]; a.A. *Gundlach/Frenzel* EWiR 2005, 863). Die Treuhandbindung entfällt aber bereits dann, wenn der Treuhänder im Verhältnis zum Treugeber abredewidrig über das Treugut verfügt (*BGH* NZI 2011, 371), indem er z.B. das zunächst ausschließlich für Fremdgeld bestimmte/genutzte Konto auch für eigene Zwecke nutzt (*BGH* NZI 2017, 712 f., 713). Dies hat somit zur Konsequenz, dass es der Treuhänder in der Hand hat mit einer eigenen Entschließung die Position des Treugebers und damit dessen Aussonderungsrecht zu vernichten. Hiernach scheidet zum einen das abredewidrig verwandte Treugut mit der Verfügung aus der Treuhandbindung aus und fällt alsdann wirtschaftlich in das Vermögen des Treuhänders (*KG Berlin* NZI 2010, 775 [776]). Dabei bleibt es allerdings nicht: auch das

auf dem Treuhandkonto noch vorhandene Restguthaben verliert insgesamt die treuhänderische Bindung und kann nicht mehr ausgesondert werden (*BGH* NZI 2017, 713), was der BGH mit der zutreffenden Erwägung begründet, dass man von den Insolvenzgläubigern nicht verlangen kann, eine treuhänderische Bindung eines Kontos zu akzeptieren, wenn dies noch nicht einmal der insolvente Treuhänder selbst tut (*Neußner* EWiR 2011, 605). Welchen Umfang der Verstoß des Treuhänders gegen die Treuhandabrede haben muss, um die vorstehenden Folgen auszulösen ist im jeweiligen Einzelfall zu klären, nachdem das Aussonderungsrecht auch bei Pflichtverstößen des Treuhänders erhalten bleiben soll, wenn dieser die Treuhandbindung »im Grundsatz« beachtet (*BGH* NZI 2011, 373; *Holzer* ZIP 2009, 2328), was aber schon dann nicht mehr der Fall ist, wenn der Treuhänder auf den Treuhandkonten die dortigen Fremdgelder mit Eigengeldern vermischt, indem er dort eigenes Geld einbezahlt (*BGH* ZIP 2013, 2421).

Aufgrund der vorgenannten Beschränkungen der Befugnisse des Treuhänders hat dieser in der **Insolvenz des Treugebers** keinen Anspruch auf Herausgabe des Treugutes (*BGH* NJW 1962, 1200 ff. [1201]). Da das Treuhandverhältnis mit der Eröffnung des Insolvenzverfahrens erlischt (vgl. §§ 115, 116 InsO), hat der Insolvenzverwalter des Treugebers gegen den Treuhänder einen Anspruch auf Rückübertragung des Treuguts zur Insolvenzmasse (vgl. *Häsemeyer* InsR, Rn. 11.15). 50

b) Eigennützige Treuhand

Bei der eigennützigen Treuhand oder Sicherungstreuhand hat der Treuhänder ein eigenes Interesse an der Übertragung des Treuguts. Dieses geht regelmäßig auf Sicherung einer Forderung, den Hauptanwendungsfall bilden Sicherungsübereignungen und -abtretungen, die in der **Insolvenz des Treugebers** zu einem Absonderungsrecht des Treuhänders nach § 51 Abs. 1 Nr. 1 InsO führen (vgl. Rdn. 48 und § 51 Rdn. 4). 51

In der **Insolvenz des Treuhänders** hat der Treugeber bzgl. des Treuguts ein Aussonderungsrecht (*BGH* BGHZ 11, 37 ff. [41]; *Gottwald/Adolphsen* HdbInsR, § 40 Rn. 53). Dieses geht auf Herausgabe, wenn die Forderung des Treuhänders befriedigt ist oder nicht valutiert (vgl. auch *BGH* BGHZ 72, 141 ff. [143]). 52

Praktisch bedeutsam ist in dieser Fallgruppe vor allem die **Mietkaution** in der Insolvenz des Vermieters. An dieser hat der Mieter ein Aussonderungsrecht, wenn sie der Vorgabe des § 551 Abs. 3 BGB entsprechend auf einem Sonderkonto angelegt worden ist (*BGH* NZI 2008, 235). Es muss sich hierbei um ein offensichtliches Treuhandkonto handeln, wobei i.d.R. bereits die Bezeichnung des Kontos als »Kautionskonto« die treuhänderische Bindung des Guthabens erkennbar macht (*BGH* ZIP 1993, 213 f. [214]). Wurde die Kaution des Mieters hingegen mit dem übrigen Vermögen des Vermieters vermischt, so hat der Mieter keinen Aussonderungsanspruch (*Timme* NZM 2008, 429 ff.) und auch kein insolvenzfestes Zurückbehaltungsrecht, zumindest gegenüber dem Insolvenzverwalter des Vermieters (hierzu und zur unterschiedlichen Rechtslage bei der Zwangsverwaltung vgl. § 51 Rdn. 89). In der Insolvenz des Mieters erlischt der Insolvenzbeschlag an der Mietkaution, wenn der Insolvenzverwalter eine Enthaftungserklärung gem. § 109 Abs. 1 Satz 2 abgegeben hat (*BGH* NZI 2017, 444 [445]), worauf – materiell-rechtlich der Aussonderung ähnlich – der insolvente Mieter eine etwaige Kautionsrückzahlung für sich beanspruchen kann. 53

c) Keine »Fingierte« Treuhand

Mit dem »Gesetz zur Änderung des Vierten Buchs des Sozialgesetzbuchs und anderer Gesetze« hatte der Gesetzgeber mit Wirkung vom 01.01.2008 an bestimmt, dass die Zahlung des vom Beschäftigten zu tragenden Teils des Gesamtsozialversicherungsbeitrags als aus dem Vermögen des Beschäftigten erbracht gelten solle, wenn tatsächlich der Arbeitgeber im Außenverhältnis die Zahlung an den Sozialversicherungsträger vornimmt. Der insoweit modifizierte § 28e Abs. 1 Satz 2 SGV IV wurde dahingehend ausgelegt, dass er eine fremdnützige Verwaltungstreuhand fingiert (*Bräuer* ZInsO 2008, 169 [175]; *von der Heydt* ZInsO 2008, 178 [179]), die dann konsequenterweise ein Aussonderungsrecht des Arbeitnehmers zur Entstehung gelangen lassen müsste, wenn der später insolvente 54

Arbeitgeber den **Arbeitnehmeranteil zur Sozialversicherung** nicht abführt und die hierfür benötigten Mittel auf dem Konto belässt. Die fingierte Treuhand und ein hieraus resultierendes Aussonderungsrecht war allerdings abzulehnen, da es dem von der Rechtsprechung entwickelten Grundsatz der dinglichen Trennung des Treuguts vom Vermögen des Treuhänders widersprach (*Leithaus/ Krings* NZI 2008, 393 [396]). Folgerichtig hat die Rechtsprechung der gesetzlich fingierten Treuhand des § 28e Abs. 1 Satz 2 SGB IV die Gefolgschaft versagt (*BGH* NZI 2009, 886 ff.).

55 Auch die in § 1 BauFdgG normierte Verpflichtung des Empfängers von **Baugeld**, dieses zur Befriedigung von Baugläubigern zu verwenden, bewirkt keine rechtliche Zuordnung der Baugelder zugunsten bestimmter Personen oder Gläubiger i.S. eines Treuhandverhältnisses, weswegen Baugeld nicht ausgesondert werden kann (*OLG Hamm* ZInsO 2007, 331; MüKo-InsO/*Ganter* § 47 Rn. 359d).

d) Treuhandkontenmodelle im Insolvenzeröffnungsverfahren

56 Über ein Treuhandkontenmodell kann auch das in der Praxis relevante Problem der **Absicherung von Kundenanzahlungen** bei der Betriebsfortführung gelöst werden. Vereinnahmt der vorläufige Insolvenzverwalter im Insolvenzeröffnungsverfahren Kundenanzahlungen und separiert diese auf einem Treuhandkonto, so kann er über einen entsprechenden Treuhandvertrag mit den Kunden zu deren Gunsten Aussonderungsrechte an dem Kontoguthaben begründen, allerdings nur dann, wenn das Insolvenzgericht der Einrichtung eines entsprechenden Treuhandkontos zustimmt (*AG Hamburg* ZInsO 2005, 447 f. [448]).

57 Von dem Treuhandkontenmodell zur Absicherung von Kundenanzahlungen zu trennen ist das Treuhandkontenmodell zur **Absicherung von Lieferantengläubigern** aus Bestellungen des vorläufigen Insolvenzverwalters im Insolvenzeröffnungsverfahren, auf den die Verfügungsbefugnis nicht übergegangen ist. Hier errichtet der vorläufige Insolvenzverwalter bzw. eine dritte Person ein vom Anderkonto des Verwalters getrennt geführtes Konto, auf das die Abnehmer des Insolvenzschuldners leisten, während die insoweit treuhänderisch eingezogenen Beträge vollumfänglich zur Befriedigung der während des Insolvenzeröffnungsverfahrens entstehenden Lieferantenverbindlichkeiten des Insolvenzschuldners bestimmt sind, denen insoweit als Treugeber nach Eröffnung des Insolvenzverfahrens ein Aussonderungsrecht am Guthabensaldo zusteht (vgl. hierzu *Bork* ZIP 2003, 1421 ff. [1423]). Dieses in der Insolvenzpraxis weit verbreitete Modell wird vereinzelt für unzulässig erachtet (*AG Hamburg* ZInsO 2003, 816 f. [817]; ZIP 2003, 43), ist aber in der Insolvenzpraxis alternativlos (vgl. auch *Schmerbach* § 22 Rdn. 125).

58 Soweit der BGH entschieden hat, dass das auf einem vom vorläufigen Insolvenzverwalter eingerichteten Anderkonto befindliche Guthaben nicht Teil der Masse im eröffneten Verfahren sei, vielmehr Treuhandvermögen des Insolvenzverwalters persönlich (*BGH* NZI 2008, 39), so lässt sich aufgrund der Besonderheiten des entschiedenen Falls hieraus keine automatische treuhänderische Bindung des Kontoguthabens für die Lieferantengläubiger aus dem Eröffnungsverfahren herleiten.

e) Doppeltreuhand

59 Da die Doppeltreuhand im empirisch häufigsten Fall der Insolvenz des Treugebers dem Treuhänder ein Absonderungsrecht verschafft, erfolgt die diesbezügliche Kommentierung bei § 51 Rdn. 68.

9. Begrenzt dingliche Rechte

60 Begrenzt dingliche Rechte gewähren ebenfalls einen Aussonderungsanspruch, relevant sind hier insbesondere der Nießbrauch nach §§ 1030 ff. BGB und das Erbbaurecht nach §§ 1 ff. ErbbauVO, die ein Recht zum Besitz gewähren. Zu beachten ist, dass sich die Aussonderung auf Herausgabe des Rechtes selbst richtet, der Anspruch auf Sachherausgabe ist dabei nur Nebenanspruch. Ein Aussonderungsrecht räumt auch das dingliche Vorkaufsrecht des § 1094 Abs. 1 BGB ein. Hier geht der Aussonderungsanspruch bei Insolvenz des Eigentümers auf Bewilligung der Umschreibung des Grundbuches bei wirksamer Ausübung des Vorkaufsrechts (BK-InsO/*Breutigam* § 47 Rn. 37).

10. Verträge für fremde Rechnung

Bei Verträgen für fremde Rechnung haben im Insolvenzverfahren in aussonderungsrechtlicher Hinsicht die Kommission, die Handelsvertretung sowie die Versicherung für fremde Rechnung praktische Relevanz. 61

a) Kommission/Handelsvertretung

Bei der handelsrechtlichen Kommission gelten nach § 392 Abs. 2 HGB die Forderungen des Kommissionärs im Verhältnis zum Kommittenten auch ohne Abtretung als solche des Kommittenten. Dieser hat daher in der **Insolvenz des Kommissionärs** bzgl. der Forderungen des Kommissionärs gegen dessen Vertragspartner ein Aussonderungsrecht (*Baumbach/Hopt* § 392 HGB Rn. 9). Das Aussonderungsrecht des Kommittenten erstreckt sich allerdings nicht auf eine auf die Forderung des Kommissionärs erfolgte Zahlung, es gibt also keine dingliche Surrogation, § 392 Abs. 2 HGB ist insoweit auch nicht analog anwendbar (*BGH* NZI 2010, 897). 62

Hat bei der **Einkaufskommission** eine Lieferung der Ware an den Kommissionär noch nicht stattgefunden, kann der Kommittent vom Insolvenzverwalter im Zuge der Aussonderung Abtretung der Lieferansprüche des Kommissionärs verlangen. Bei bereits vorverfahrensrechtlicher Lieferung an den Kommissionär ist der Anspruch des Kommittenten gegen den Verwalter auf Verschaffung der Ware lediglich einfache Insolvenzforderung. 63

Bei der **Verkaufskommission** kann der Kommittent das noch beim Kommissionär befindliche Kommissionsgut aussondern. Soweit die Waren bereits vom Kommissionär übereignet worden sind, steht ihm lediglich der Zahlungsanspruch des Kommissionärs zu (vgl. Rdn. 62). 64

War der Insolvenzschuldner nur Handelsvertreter, kann der Unternehmer grds. das aussondern, was der Handelsvertreter anlässlich des Verkaufs einnimmt, konkret die Zahlung des Kunden. Das Aussonderungsrecht geht aber unter, sobald der Handelsvertreter die vereinnahmten Gelder auf ein allgemeines Konto einbezahlt (*BGH* NZI 2010, 897), bzw. in einer Kasse mit eigenen Beständen vermischt, da der Unternehmer dann den auf ihn entfallenden Anteil am Kassenbestand nicht mehr beweisen kann. 65

b) Versicherung für fremde Rechnung

Bei der Versicherung für fremde Rechnung hat der Versicherte nach § 44 Abs. 1 VVG einen Aussonderungsanspruch auf die Versicherungsrechte, wenn der Versicherungsnehmer insolvent wird (*BGH* BGHZ 10, 376 ff. [377, 380]), es sei denn, der Versicherte hat seine Position als Begünstigter aus dem Versicherungsvertrag anfechtbar erlangt (*LG München* ZIP 2008, 1085). Hinzuweisen ist allerdings darauf, dass dem Insolvenzverwalter des Versicherungsnehmers gleichwohl gegenüber der Versicherung ein Einzugsrecht an der Versicherungsleistung gem. § 45 Abs. 1 VVG zusteht. Dieses darf die Versicherung nicht mit dem Hinweis auf das Aussonderungsrecht des Versicherten zurückweisen, die in der Insolvenz des Versicherungsnehmers insoweit auch nicht schuldbefreiend an den Versicherten bezahlen kann (*OLG Köln* NJW-RR 2015, 725 f. [726]), es sei denn, der Versicherte verfügt über den Versicherungsschein (§ 45 Abs. 2 VVG). 66

11. Erbschaftsanspruch

Aussonderungsansprüche begründet in der Insolvenz des Erbschaftsbesitzers § 2018 BGB bzgl. der Gegenstände der Erbschaft und § 2019 Abs. 1 BGB bzgl. der mit Mitteln der Erbschaft erworbenen weiteren Gegenstände. 67

12. Anfechtungsanspruch

Sind Vermögenswerte aufgrund anfechtbarer Rechtshandlungen eines Schuldners aus dessen Vermögen ausgeschieden, hat der Insolvenzverwalter diese im Wege der Insolvenzanfechtung wieder der Masse zuzuführen. Häufig gerät dann auch der Anfechtungsschuldner in die Insolvenz. Die Fra- 68 ge, ob der Anfechtungsanspruch in der **Insolvenz des Anfechtungsgegners** ein Aussonderungsrecht begründet, ist abhängig davon zu beantworten, ob sich der anfechtbar erlangte Vermögenswert noch unterscheidbar im Vermögen des insolventen Anfechtungsschuldners befindet oder nicht. Fehlt die Unterscheidbarkeit, was i.d.R. der Fall ist, wenn sich die Anfechtung auf Geldzahlungen an den Anfechtungsschuldner bezieht, begründet der Anfechtungsanspruch kein Aussonderungsrecht (*BGH* ZIP 2003, 1554 f. [1556]). Ist die Unterscheidbarkeit hingegen gegeben, kann der Insolvenzverwalter in der Insolvenz des Anfechtungsschuldners über seinen anfechtungsrechtlichen Rückgewähranspruch Aussonderung des anfechtbar erlangten Gegenstandes verlangen (vgl. *BGH* NZI 2004, 78 ff., 80 f). Praktisch relevant sind hier die Fälle der Umleitung von Zahlungen auf schuldnerfremde Konten bei eigenem gepfändetem Schuldnerkonto. Fällt auch der Zahlungsempfänger in die Insolvenz (Doppelinsolvenz), kann der Insolvenzverwalter des Schuldners bei fehlender Zahlungsvermischung Aussonderung auch dann verlangen, wenn das Zahlungsempfängerkonto kein Treuhandkonto war (*BGH* NZI 2017, 712 f., 713).

13. Besitz

69 Soweit auch der Besitz eine Befugnis zur Aussonderung gewährt, geht sie auf Wiedereinräumung des Besitzes nach § 861 Abs. 1 BGB bzw. Herausgabe nach § 1007 Abs. 1 BGB und Beseitigung einer Besitzstörung nach § 862 Abs. 1 BGB. Eine auf Besitz gestützte Aussonderung kommt nur in Betracht, wenn weder der Insolvenzverwalter noch der vermeintlich Berechtigte Eigentum an der herauszugebenden Sache beweisen können, die Praxisrelevanz ist daher gering.

14. Software; Lizenzen

70 Findet der Insolvenzverwalter vom Insolvenzschuldner bezahlte *Kaufsoftware* vor, kann der Insolvenzverwalter diese verwerten, Aussonderungsansprüche des Urhebers existieren nicht (*EuGH* ZIP 2012, 1610). Gleiches gilt bei Kauflizenzen in der Insolvenz des Lizenzverkäufers, bei denen die wechselseitigen vertraglichen Hauptpflichten erfüllt sind. Auch hier ist der Lizenzkauf insolvenzfest (*BGH* NZI 2016, 97 ff. [101]); wurde die Kaufsoftware mit vereinbartem Eigentumsvorbehalt veräußert und nicht vollständig bezahlt, kann der Verkäufer aussondern (s. Rdn. 25).

71 Handelt es sich hingegen um Lizenzen, die i.d.R. über *mietvertragsähnliche* Konstruktionen überlassen werden, so bestimmt sich das weitere Schicksal des Lizenzvertrages nach § 103 InsO (s. *Wegener* § 103 Rdn. 24), da die Lizenz dem Lizenznehmer in der Insolvenz des Lizenzgebers als solche kein Aussonderungsrecht zuweist (vgl. *Dahl/Schmitz* NZI 2013, 878 ff. [879]). Wählt der Insolvenzverwalter des insolventen Lizenznehmers oder der des insolventen Lizenzgebers Nichterfüllung, kann die Lizenz vom Lizenzgeber ausgesondert werden. Zu beachten ist allerdings, dass vom insolventen Lizenznehmer vergebene Unterlizenzen auch dann i.d.R. bestehen bleiben, wenn der Hauptlizenzvertrag beendet ist (*BGH* ZIP 2012, 1561 und *BGH* ZIP 2012, 1671 und zwar auch dann, wenn der Widerruf wegen Nichtausübung des lizenzierten Rechts zwischen Lizenzgeber und insolventem Lizenznehmer erfolgt; vgl. hierzu *BGH* BGHZ 180, 344 ff.; *Fischer* WM 2013, 821 ff.). Der Grundsatz des sog. Sukzessionsschutzes verbietet dem Lizenzgeber in diesem Fall gegenüber dem Unterlizenznehmer die Aussonderung des lizenzierten Rechts, weist ihm allerdings die Lizenzzahlungsansprüche des Hauptlizenznehmers gegenüber dem Unterlizenznehmer zu. Für die in Ermangelung eines Aussonderungsrechts des Lizenznehmers insolvenzfeste Ausgestaltung von Lizenzverträgen in der Insolvenz des Lizenzgebers wurden diverse Modelle entwickelt (vgl. *Rektorschek/Nauta* BB 2016, 264 ff.), die aber vertraglich gegen den Lizenzgeber oft nur schwer zu begründen sind.

III. Persönliche Aussonderungsrechte

72 Persönliche, d.h. schuldrechtliche Ansprüche verschaffen nur dann einen Anspruch auf Aussonderung, wenn sie auf Herausgabe eines dem Schuldner nicht gehörenden Gegenstandes gerichtet sind, wobei der Anspruchsinhaber nicht zugleich auch dinglich Berechtigter sein muss. Zu diesen Ansprüchen gehören die Herausgabeansprüche des Vermieters nach § 546 Abs. 1 BGB, des Verpächters nach § 581 Abs. 2, 546 Abs. 1 BGB, des Verleihers nach § 604 Abs. 1 BGB, des Auftraggebers bzgl.

der dem Auftragnehmer zur Ausführung des Auftrages überlassenen Gegenstände oder Daten nach § 667 1. Alt. BGB (*OLG Düsseldorf* NZI 2012, 887 ff.) sowie des Hinterlegers nach § 695 BGB; ebenso berechtigt auch der Heimfallanspruch nach der ErbbauRVO den Eigentümer in der Insolvenz des Erbbauberechtigten zur Aussonderung (*BGH* NZI 2007, 462 [463]).

Unwirksam sind schuldrechtliche Verträge, durch die für den Fall der Insolvenz dem Vertragspartner 73 des nachmaligen Insolvenzschuldners ein Aussonderungsrecht eingeräumt werden soll, da sie gegen den Grundsatz der gleichmäßigen Befriedigung der Gläubiger verstoßen (*BGH* BGHZ 26, 185 ff. [193]; *Gottwald/Adolphsen* HdbInsR, § 40 Rn. 29). Etwas anderes ist allerdings dann der Fall, wenn der für den Fall der späteren Insolvenz des Empfängers einer Leistung vereinbarte Rückübertragungsanspruch bereits anlässlich des Abschlusses des Übertragungsvertrages vereinbart war. Diese Konstellation findet sich gerade in der Beratungspraxis häufig bei der Übertragung von Immobilien. Werden diese z.B. mit der Abrede übertragen, wonach im Falle der Insolvenz des Leistungsempfängers das Eigentum an der Immobilie an den Zuwendenden zurück zu übertragen sei und wird dieser Rückübertragungsanspruch mit einer Vormerkung gesichert, so kann der Vormerkungsberechtigte vom Insolvenzverwalter Aussonderung verlangen, der Vertrag ist dann auch nicht anfechtbar (*BGH* NZI 2008, 428 ff.).

Keinen Aussonderungsanspruch begründen im Übrigen schuldrechtliche Ansprüche, die lediglich 74 auf Verschaffung gerichtet sind. Hierzu gehören der Herausgabeanspruch des § 285 BGB (**a.A.** *Ganter* NZI 2005, 1 ff. [6]), Rückgewähransprüche nach §§ 346 ff. BGB, die Ansprüche auf Erfüllung schuldrechtlicher Verträge, der Herausgabeanspruch des Auftraggebers nach § 667 2. Alt. BGB sowie die Bereicherungsansprüche der §§ 812 und 816 BGB (BK-InsO/*Breutigam* § 47 Rn. 51). Nicht zu den Aussonderungsansprüchen gehören auch die Wegnahmerechte des Mieters nach § 539 Abs. 2, des Wiederverkäufers nach § 500 Satz 2, des Pächters nach §§ 581 Abs. 2, 539 Abs. 2 und des Entleihers nach § 601 Abs. 2 Satz 2 BGB. Schließlich vermag auch ein schuldrechtlicher Unterlassungsanspruch kein Aussonderungsrecht zu begründen (*BGH* ZInsO 2003 751 ff. [752]).

Einen schuldrechtlichen Anspruch lässt der BGH aber in den Fällen zur Aussonderung genügen, in 75 denen er sich auf einen Gegenstand bezieht, bei dem sich bei einer »haftungsrechtlichen Zuordnung« ergibt, dass dieser nicht zur Insolvenzmasse gehört (*BGH* ZInsO 2011, 633). Dogmatisch ist diese Rechtsprechung zu verorten im (Aussonderungs-)Recht der Treuhandverhältnisse (*Wellensiek* DZWIR 2011, 262). Erhält also konkret der spätere Insolvenzschuldner vom Gläubiger einen Gegenstand bei einer den Normzweck beachtenden Betrachtungsweise mit einer Beschränkung der Ausübungsbefugnis, die der Bindung des Treuhänders gegenüber dem Treuhänder entspricht, so soll er haftungsrechtlich dem Gläubiger zugeordnet bleiben, solange die Beschränkung der Ausübungsbefugnis nicht wegfällt. Entwickelt hat der BGH diese Rechtsprechung für die Aussonderung von Bürgschaftsurkunden nach fehlgeschlagenem Sicherheitentausch. Übersendet hiernach konkret der Werkunternehmer dem später insolventen Auftraggeber eine Gewährleistungsbürgschaft zur Ablösung des Barsicherheitseinbehalts, dann kann der Werkunternehmer nach Insolvenzeröffnung die Bürgschaftsurkunde aussondern, wenn der Barsicherheitseinbehalt vom Insolvenzschuldner nicht bezahlt worden ist, da ihm nur für diesen Fall die Bürgschaftsurkunde haftungsrechtlich hätte zugeordnet werden können (*BGH* ZInsO 2011, 633). Berücksichtigt man allerdings, dass in der Insolvenzpraxis Bürgschaftsurkunden in den insolventen Betrieben oftmals nicht aufgefunden werden können, sollte man den schwierigen Weg der Aussonderung verlassen und stattdessen von seinem Recht Gebrauch machen, eine Erklärung einzufordern, wonach Ansprüche aus der Bürgschaft nicht bestehen (*BGH* ZInsO 2011, 633), damit das Bürgschaftsobligo entlastet werden kann.

Stehen dem Berechtigten sowohl dingliche als auch persönliche Ansprüche auf Aussonderung zu, so 76 hat er insoweit ein Wahlrecht. Dieses wird er im Hinblick darauf ausüben, bei welchem Anspruch sich für ihn die günstigere Behauptungs- und Beweislast bzw. der günstigere Gerichtsstand ergibt.

C. Verfahren der Aussonderung

I. Verbot der Selbsthilfe

77 Ohne Zustimmung des Insolvenzverwalters hat der Aussonderungsberechtigte kein Recht, die Geschäftsräume des Insolvenzschuldners zu betreten, um dort das Aussonderungsobjekt zu besichtigen, herauszusuchen oder mitzunehmen (*OLG Köln* ZIP 1987, 653 ff. [654]). Tut er dies gleichwohl, begeht er verbotene Eigenmacht, woran auch vorab vereinbarte Wegnahme- oder Rücknahmeklauseln nichts ändern (*Heisiep* BauR 2006, 1065 ff.), da diese in der Insolvenz keine Geltung entfalten.

II. Prüfungspflicht des Verwalters/Prüfungszeitraum

78 Werden Aussonderungsrechte an Gegenständen nicht geltend gemacht, so trifft den Insolvenzverwalter keine Verpflichtung, von sich aus Fremdrechte zu ermitteln und an die Aussonderungsberechtigten heranzutreten (*Haarmeyer/Wutzke/Förster* Hdb. zur InsO Kap. 5 Rn. 249). Sind Aussonderungsansprüche hingegen konkretisiert durch nähere Angaben und Unterlagen erhoben, so hat der Insolvenzverwalter das Vorliegen der Fremdrechte dahingehend zu überprüfen, ob, in welchem Umfang und mit welchen Maßgaben die Aussonderung zu erfolgen hat (*OLG Jena* ZInsO 2005, 45 ff. [47]). Ihm steht hier ein vom Umfang der mit Fremdrechten belasteten Aussonderungsobjekte abhängiger angemessener **Prüfungszeitraum** zur Verfügung, während dessen er nicht in Verzug geraten kann (*Braun/Bäuerle* InsO, § 47 Rn. 102: Zwei Monate bei mittlerer Insolvenz). In der Insolvenz des Käufers beim Kauf unter Eigentumsvorbehalt greift im Übrigen für den Zeitraum bis zum Berichtstermin die faktische Ausübungssperre des § 107 Abs. 2 Satz 1 InsO (vgl. Rdn. 25). Verletzt der Verwalter seine Prüfungspflicht, macht er sich schadensersatzpflichtig (*OLG Jena* 2005, 45 ff. [47]; *OLG Hamm* ZInsO 2001, 178), wobei ein Rechtsirrtum des Verwalters bei der Beurteilung von Eigentumsfragen die Ersatzpflicht nur dann auslöst, wenn er zu einer einfachen Rechtsfrage eine Auffassung vertritt, die völlig im Widerspruch zur gefestigten Rechtsprechung steht (*Gundlach/Frenzel/Schmidt* NZI 2001, 350 ff. [355]), ansonsten sind an Rechtsirrtümer keine strengen Maßstäbe anzulegen (*OLG Köln* NJW 1991, 2570 f. [2571]).

III. Auskunftspflicht des Verwalters

79 Der Insolvenzverwalter ist verpflichtet, den Aussonderungsberechtigten Auskunft über den Verbleib, etwaige Verarbeitungen usw. der mit Fremdrechten belasteten Gegenstände zu erteilen (*Gottwald/Adolphsen* HdbInsR, § 40 Rn. 124). Der Umfang der Auskunftspflicht orientiert sich an der Zumutbarkeit (*BGH* BGHZ 70, 86 ff. [91]). Der Insolvenzverwalter ist daher nicht verpflichtet, selbst umfangreiche Nachforschungen anzustellen, wenn der Aussonderungsberechtigte die auszusondernden Gegenstände nicht i.E. näher bezeichnet (*OLG Düsseldorf* ZIP 1988, 450 ff. [452]). Im Übrigen kann der Insolvenzverwalter den Aussonderungsberechtigten auch darauf verweisen, selbst Einsicht in die Geschäftsunterlagen zu nehmen (*LG Baden-Baden* ZIP 1989, 1003 f. [1004]). Die gegenüber den Absonderungsberechtigten bestehenden Auskunftspflichten sind nunmehr in § 167 InsO geregelt. Stehen die Warengläubiger auch hiernach vor Beweisschwierigkeiten, was die Höhe ihrer Anteile an einem vermischten Bestand anbelangt, so besteht insoweit kein – wegen etwaiger Beweisvereitelung nachteiliger – Auskunftsanspruch gegen den Insolvenzverwalter (*Mohrbutter/Mohrbutter/Ernestus* Hdb. d. Insolvenzvw., Rn. VI. 335).

IV. Anerkennung der Aussonderungsrechte

80 Nach erfolgter Prüfung anerkennt der Insolvenzverwalter bei Vorliegen der Voraussetzungen das Aussonderungsrecht und erklärt insoweit Freigabe. Der Zustimmung des Gläubigerausschusses bzw. der Gläubigerversammlung bedarf es nach § 160 nur dann, wenn das Aussonderungsobjekt von erheblichem Wert ist. Die irrtümlich erklärte Freigabe zugunsten eines nicht berechtigten Dritten hat keine Auswirkungen auf die Eigentumsposition des wirklichen Eigentümers.

V. Umfang der Herausgabepflicht

Der Insolvenzverwalter genügt seiner Herausgabepflicht grds., wenn er das Aussonderungsgut **zur** **Abholung bereitstellt** und zwar dort, wo sich das Aussonderungsgut tatsächlich befindet (*BGH* NJW 1988, 3264). Der Insolvenzverwalter hat das Aussonderungsgut also **weder zu versenden** (MüKo-InsO/*Ganter* § 47 Rn. 463), **noch** ist er verpflichtet, das unter Umständen auf mehrere Standorte verteilte Aussonderungsgut – z.B. gemietete/geleaste Verkaufseinrichtungen (Regale/Ständer) eines Handelsunternehmen – **zusammenzuführen** für eine zentrale Aussonderung. Befindet sich das Aussonderungsgut in **fremdem Gewahrsam**, genügt zur Befriedigung des Aussonderungsanspruchs die dem fremden Gewahrsamsinhaber zur Kenntnis zu bringende Ermächtigung zur Abholung des Aussonderungsguts unmittelbar durch den Aussonderungsberechtigten.

Ist der auszusondernde Gegenstand (ohne Eigentumsänderung) verbaut, muss der Verwalter im Zuge der Bereitstellung das Aussonderungsgut auf Kosten der Masse **ausbauen** lassen (*LG Bonn* NZI 2007, 728 im Anschluss an *BGH* ZIP 1988, 853 ff.; a.A. *Hage/Lind* ZInsO 2011, 2264), soweit dies der Masse finanziell zumutbar ist, was nicht mehr der Fall ist, wenn Masseunzulänglichkeit besteht.

Betrifft die Aussonderung ein **Grundstück** oder **Mieträumlichkeiten**, so muss dieses vom Insolvenzverwalter in Besitz genommen worden sein, damit er überhaupt Adressat eines Aussonderungsbegehrens werden kann. Ist dies nicht der Fall und beansprucht der Verwalter auch keine Rechte an dem Objekt, bestehen gegenüber dem Insolvenzverwalter des besitzenden Schuldners keine Aussonderungsansprüche (*BGH* NZI 2008, 554 ff.), was häufig bei Wohnraum von Schuldnern der Fall ist, den der Insolvenzverwalter üblicherweise nicht in Besitz nimmt (*Hain* ZInsO 2007, 192).

Hat der Verwalter den Besitz am Aussonderungsgegenstand übernommen, erfüllt er den Aussonderungsanspruch durch schlichte Herausgabe bzw. Übergabe des Objekts, neben der Besitzaufgabe durch den Verwalter ist also die Besitzverschaffung zugunsten des Aussonderungsberechtigten erforderlich, die reine Besitzaufgabe reicht grds. nicht aus (die Besitzverschaffung geht üblicherweise mit einer Schlüsselübergabe einher, ist aber in Ausnahmefällen bei wertender Gesamtbetrachtung – vgl. *OLG Saarbrücken* ZInsO 2006, 779 ff. – entbehrlich).

Eine mietvertragliche **Räumungs- und Wiederherstellungsverpflichtung** besteht für den Insolvenzverwalter grds. nicht. Der BGH hatte zwar ursprünglich die Auffassung vertreten, der im Zuge der Aussonderung zu erfüllende Herausgabeanspruch beinhalte auch die Verpflichtung zur Entfernung zurückgelassener Sachen (*BGH* BGHZ 127, 156 ff. [166]) bzw. zur Wiederherstellung des Ursprungszustandes. Diese Auffassung hat er allerdings aufgegeben (*BGH* ZInsO 2001, 751 [752]). Der mietvertragliche Herausgabeanspruch aus § 546 BGB reicht hiernach nicht weiter als der Herausgabeanspruch des Eigentümers aus § 985 BGB, durch den er in der Aussonderung beschränkt wird (*BGH* NZI 2010, 901 und ausführlich MüKo-InsO/*Ganter* § 47 Rn. 465). Auf die vor Änderung der BGH-Rechtsprechung erörterte Frage, ob eine Aussonderung bereits dann vorliegt und ein Grundstück ggf. nicht mehr vorenthalten wird, wenn nur noch einzelne Gegenstände wie z.B. geringfügiges Gerümpel, zurückbleiben (BGHZ 127, 156 ff. [167] und BGHZ 104, 285 ff. [289]), kommt es nicht mehr an. Schon bislang war es im Übrigen so, dass der Vermieter über die Aussonderung keinen Räumungsanspruch durchsetzen konnte, soweit es bei einem vor Insolvenzeröffnung bereits beendeten Mietverhältnis um die Beseitigung verbliebener Verschmutzungen (Altlasten) oder sonstiger störender Gegenstände ging; der diesbezügliche Räumungsanspruch des Vermieters begründet lediglich eine Insolvenzforderung (vgl. insoweit abweichend von *BGH* BGHZ 127, 156 ff. jetzt *BGH* NZI 2010, 901) und zwar selbst dann, wenn der Insolvenzverwalter als vorläufiger Insolvenzverwalter die Einbringung solcher Gegenstände in die Mietsache veranlasst/geduldet hat (*OLG Hamm* ZInsO 2014, 243 ff.).

Teilweise wird vermieterseitig versucht, das nicht über die Aussonderung zu lösende Räumungsproblem dadurch auf den Verwalter zu verlagern, dass die **Kosten der Räumung/Wiederherstellung** als Masseansprüche geltend gemacht werden. Dies ist allerdings unzulässig, wenn die nachteiligen Veränderungen der Mietsache vom Schuldner vor Verfahrenseröffnung verursacht wurden (*BGH*

§ 47 InsO Aussonderung

BGHZ 150, 305 ff. [312]). Wird das Mietverhältnis nach Insolvenzeröffnung beendet, hat der Insolvenzverwalter nur solche nachteiligen Veränderungen zu beseitigen im Range einer Masseschuld bzw. anlässlich der Aussonderung, die er im Zuge der Insolvenzabwicklung selbst herbeigeführt hat (*BGH* BGHZ 204, 37 [40]). Die Beweislast für eine Verantwortlichkeit des Insolvenzverwalters trägt dabei grds. der Aussonderungsberechtigte. Sind aber nach Insolvenzeröffnung längere Betriebsfortführungen absehbar, tut der Insolvenzverwalter schon zur eigenen Enthaftung gut daran, den Zustand des Mietobjekts mit dem Eigentümer im Zuge eines gemeinsamen Protokolls zu erfassen.

87 Besteht allerdings eine **titulierte Räumungsverpflichtung** des Insolvenzverwalters, hat er diese zu erfüllen, durch eine schlichte Freigabe erfüllt er den Aussonderungsanspruch des Berechtigten nicht und enthält das Aussonderungsgut somit weiter vor (*BGH* NZI 2006, 293); sollte ein Insolvenzverwalter mit einem gegen die Masse geführten Räumungsprozess konfrontiert werden, muss er also in eigenem Interesse darauf achten, dass von der Räumungsverpflichtung ausgenommen werden solche Gegenstände, die bereits vorinsolvenzlich auf das zu räumende Grundstück gelangt sind (*OLG Celle* ZIP 2007, 1914).

88 Besondere Vorsicht hat der Insolvenzverwalter an den Tag zu legen, wenn er bis zum Ende des Mietverhältnisses seiner Insolvenzschuldnerin die später auszusondernden Mietflächen untervermietet. Vermietet er an einen unzuverlässigen Untermieter der bei Mietzeitende nicht räumt und verunmöglicht er so bei Vertragsende die Aussonderung des Berechtigten, haftet der Verwalter persönlich auf das negative Interesse des Aussonderungsberechtigten (*BGH* NJW 2007, 1596).

VI. Aussonderungskosten

89 Die Kosten, die dem Insolvenzverwalter im Zusammenhang mit der Durchführung der Aussonderung selbst aber auch im Vorfeld durch Erteilung von Auskünften entstehen, fallen der Masse zu Last, da der Verwalter insoweit ein in seinem Pflichtenkreis liegendes eigenes Geschäft führt (*BGH* BGHZ 104, 304 ff. [308]). Ein Kostenerstattungsanspruch gegen den Aussonderungsberechtigten besteht daher ohne eine – jederzeit mögliche – gesonderte Vereinbarung grds. nicht (*Lüke* KTS 1988, 421 ff. [431 f.], anders aber jetzt *Häsemeyer* InsR, Rn. 11,27). Etwas anderes gilt aber dann, wenn Lieferanten vom Verwalter rechtzeitig angekündigte Aussonderungstermine nicht wahrnehmen und später einen eigenen Aussonderungstermin begehren. Hier hat der Aussondernde den der Masse entstehenden zusätzlichen Aufwand zu erstatten (BK-InsO/*Breutigam* § 47 Rn. 108).

90 Die Aufwendungen, die dem Insolvenzverwalter im Zusammenhang mit der Erhaltung und Sicherung der Aussonderungsobjekte entstehen, sind Massekosten (*Gottwald/Adolphsen* HdbInsR, § 40 Rn. 121).

91 Bei einer vom Aussonderungsberechtigten allerdings vorbehaltlos gezahlten Aufwandsentschädigung als Gegenleistung für die Aussonderung besteht kein Rückzahlungsanspruch (*LG Köln* ZIP 1988, 1272). Im Übrigen steht es dem Insolvenzverwalter frei, eine Aufwandsentschädigung zu vereinbaren, wenn er dem Berechtigten etwa die Möglichkeit einer zeitlich bevorzugten Aussonderung einräumt.

92 Aufwendungen, die dem Aussonderungsberechtigten anlässlich der Abholung seiner Gegenstände entstehen (s. Rdn. 81), können im Insolvenzverfahren lediglich als nachrangige Forderungen nach § 39 Abs. 1 Nr. 2 InsO geltend gemacht werden.

VII. Rückgabe von Teilleistungen

93 Sondert der Aussonderungsgläubiger aus, hat er etwaige vorinsolvenzliche Teilleistungen des Schuldners (z.B. Anzahlungen) an den Insolvenzverwalter zurückzuerstatten. Von diesem Ersatzanspruch darf der Aussonderungsgläubiger seinen Nichterfüllungsschaden in Abzug bringen, die insolvenzrechtlichen Aufrechnungsverbote stehen dem nicht entgegen (*BGH* NZI 2013, 296; *Dahl/Schmitz* NZI 2013, 631 ff.).

VIII. Aufgabe und Verjährung des Aussonderungsrechts

Insbesondere soweit es um Vorbehaltseigentum geht, werden zu Beginn eines jeden Verfahrens von den meisten Berechtigten zunächst einmal Aussonderungsrechte angemeldet. Der Aussonderungsberechtigte hat dann aber oftmals kein Interesse an einer Aussonderung seiner Gegenstände, sei es wegen deren zu geringer Menge oder wegen deren zwischenzeitlich fehlender Marktgängigkeit. In diesem Fall besteht für ihn keine Aussonderungspflicht. Belässt er den Gegenstand allerdings in der Masse läuft er Gefahr, mit den diesbezüglichen Verwertungskosten belastet zu werden (MüKo-InsO/*Ganter* § 47 Rn. 495). Diesen wird er sich nur entziehen können, wenn er sich etwa seines Vorbehaltseigentums durch Dereliktion nach § 959 BGB entledigt, was jederzeit möglich ist, soweit kein Dereliktionsverbot besteht (dazu MüKo-BGB/*Oechsler* § 959 Rn. 6). In diesem Fall kann der Verwalter die Gegenstände freihändig verwerten. 94

Keine Aufgabe des Aussonderungsrechts liegt in der Anmeldung einer Insolvenzforderung aus der Lieferung des Aussonderungsguts zur Insolvenztabelle (*OLG Köln* ZInsO 2009, 390 ff.). 95

Das Aussonderungsrecht unterfällt gem. § 47 Satz 2 der Regelverjährung des § 195 BGB. 96

IX. Aussonderungsrechtsstreit

Wenn auch in der Praxis von Gläubigern teilweise versucht wird, ein Aussonderungsbegehren durch Beschwerden über den Verwalter beim Insolvenzgericht zur Durchsetzung zu bringen, so ist ein Aussonderungsrechtsstreit ausschließlich im ordentlichen Prozessweg zwischen Verwalter und Gläubiger auszutragen. Anders als im Falle der Absonderung (hierzu *OLG Celle* ZInsO 2004, 42) kann der Aussonderungsberechtigte sein Sonderrecht bei Fälligkeit seines Anspruchs (s. u.) durch einstweilige Verfügung sicherstellen. Bezüglich des Gerichtsstands gelten die allgemeinen Regeln der ZPO. Hiernach ist – soweit kein besonderer oder vereinbarter Gerichtsstand besteht – gem. § 19a ZPO die Klage am Sitz des Insolvenzgerichts zu erheben. Auch für die Klageanträge ergeben sich keine insolvenzspezifischen Besonderheiten. Da es bei der Aussonderung um die Herausgabe individuell bestimmter Gegenstände geht, ist der Urkundsprozess für den Aussonderungsrechtsstreit unstatthaft (*OLG Düsseldorf* ZIP 2003, 542 f. [543]). Der Aussonderungsrechtsstreit ist i.d.R. im Wege der Leistungsklage zu führen, in Ausnahmefällen kann aber auch eine Feststellungsklage zulässig sein (*BAG* NZI 2011, 155). War bereits vorinsolvenzlich eine Räumungs- und Herausgabeklage gegen den späteren Insolvenzschuldner anhängig, wird der Prozess durch die Insolvenzeröffnung insgesamt unterbrochen, auch wenn isoliert der Herausgabeanspruch die Insolvenzmasse nicht betrifft (*BGH* NZI 2015, 173 [174]). 97

Was die Beweislast anbelangt, so wirkt zugunsten des Insolvenzverwalters bei einem gegen ihn gerichteten Aussonderungsrechtsstreit die Eigentumsvermutung des § 1006 Abs. 1 BGB (vgl. *BGH* WM 1996, 1242 ff. [1243]), wenn der Insolvenzschuldner den Gegenstand als Eigenbesitzer gehalten hat (*OLG Koblenz* NZI 2004, 498 [499]), wobei die Eigentumsvermutung erschüttert wird durch ein spezifiziertes Aussonderungsbegehren (*OLG Hamm* ZInsO 2001, 178) 98

Bei Fällen mit Auslandsbezug ist zu beachten, dass bei im Inland befindlichen Aussonderungsobjekten kraft Gewohnheitsrechts das Recht des Lageorts gilt und dieses mithin für alle sachenrechtlichen Tatbestände, wie z.B. die Voraussetzungen einer Übereignung, maßgeblich ist (*BGH* WM 1996, 1242 ff. [1243]; *Pannen/Riedemann/Kühnle* NZI 2002, 305). 99

X. Aussonderung gegenüber dem vorläufigem Insolvenzverwalter

Ist nur ein vorläufiger Insolvenzverwalter bestellt, so wäre ein Herausgabeverlangen eines Gläubigers zwar insolvenzrechtlich nicht als Aussonderung i.S.d. § 47 InsO zu qualifizieren, da dieser eine Insolvenzmasse voraussetzt, die erst mit Eröffnung des Insolvenzverfahrens entsteht (§ 35 InsO). Unabhängig hiervon kann der Gläubiger sein Herausgabeverlangen aber auch bei Bestellung eines vorläufigen Insolvenzverwalters nach den außerhalb des Insolvenzverfahrens geltenden Vorschriften verfolgen, wenn dessen Voraussetzungen gegeben sind, dem Insolvenzschuldner also etwa kein Recht 100

§ 48 InsO Ersatzaussonderung

zum Besitz am Aussonderungsgut aufgrund eines ungekündigten und wegen der Kündigungssperre des § 112 InsO auch zunächst nicht kündbaren Miet- oder Leasingvertrages zusteht (vgl. zur Aussonderung von Eigentumsvorbehaltsware im Eröffnungsverfahren Rdn. 26).

101 Sollte allerdings durch eine wirksame Kündigung außerhalb des zeitlichen Anwendungsbereichs des § 112 InsO das Besitzrecht des Schuldners erloschen sein, kann das Insolvenzgericht nach § 21 Abs. 2 Satz 1 Nr. 5 InsO den aussonderungsberechtigten Gläubigern die Aussonderung untersagen, wenn die auszusondernden Gegenstände für die Fortführung des Unternehmens von erheblicher Bedeutung sind (vgl. hierzu *Schmerbach* § 21 Rdn. 326 ff.).

102 Durch eine solche Anordnung des Insolvenzgerichts wird im übergeordneten Sanierungsinteresse durchaus massiv in die Rechtsposition der Aussonderungsberechtigten eingegriffen (krit. *Scharff/Griesbach* S. 122 ff.), zu deren Lasten ein Aussonderungsstopp verhängt wird. Im Gegenzug hierfür hat der Aussonderungsberechtigte zwar Anspruch auf Zinsen, Mieten oder Leasingraten gem. § 21 Abs. 2 Satz 1 Nr. 5 i.V.m. § 169 Satz 2. Da diese Zahlungspflicht aber erst drei Monate nach Anordnung der Sicherungsmaßnahme beginnt und Insolvenzeröffnungsverfahren schon wegen des zeitlich beschränkten Insolvenzgeldzeitraums über drei Monate üblicherweise nicht hinausgehen, bleibt dem Aussonderungsberechtigten nur ein Anspruch auf Wertausgleich, der ebenfalls zu vernachlässigen ist (s. *Schmerbach* § 21 Rdn. 363).

103 Ist parallel zur Anordnung nach § 21 Abs. 2 Satz 1 Nr. 5 InsO nur ein allgemeiner Zustimmungsvorbehalt verfügt worden, kann der Aussonderungsberechtigte das lfd. Nutzungsentgelt (Miete/Pacht/Leasingraten) während der Laufzeit der Anordnung der Sicherungsmaßnahme nur als Insolvenzforderung geltend machen, es wird auch nicht in analoger Anwendung des § 55 Abs. 2 Satz 2 InsO zur Masseverbindlichkeit, da es hier schon an einer Regelungslücke fehlt (unzutr. daher *LG Berlin* ZInsO 2008, 629; vgl. *Büchler* ZInsO 2008, 719 [721]).

XI. Aussonderung im Eigenverwaltungs- und Schutzschirmverfahren

104 § 47 InsO findet gem. § 270 Abs. 1 Satz 2 InsO auch im Eigenverwaltungs- und im Schutzschirmverfahren uneingeschränkt Anwendung, wobei funktional der Schuldner und nicht der Sachwalter für die Bearbeitung der Aussonderungsrechte zuständig ist. Der Schuldner darf sich – wie der vorläufige Insolvenzverwalter – dabei auch auf die faktische Ausübungssperre des § 107 Abs. 2 InsO berufen (hierzu s. Rdn. 25 f.).

§ 48 Ersatzaussonderung

¹Ist ein Gegenstand, dessen Aussonderung hätte verlangt werden können, vor der Eröffnung des Insolvenzverfahrens vom Schuldner oder nach der Eröffnung vom Insolvenzverwalter unberechtigt veräußert worden, so kann der Aussonderungsberechtigte die Abtretung des Rechts auf die Gegenleistung verlangen, soweit diese noch aussteht. ²Er kann die Gegenleistung aus der Insolvenzmasse verlangen, soweit sie in der Masse unterscheidbar vorhanden ist.

Übersicht

		Rdn.			Rdn.
A.	**Allgemeines**	1	**I.**	Abtretung der ausstehenden Gegenleistung	16
B.	**Voraussetzungen des Ersatzaussonderungsanspruchs**	3	**II.**	Herausgabe der erbrachten Gegenleistung	17
I.	Vereitelung eines Aussonderungsanspruchs	4	III.	Höhe des Anspruchs	21
II.	Vorliegen einer Veräußerung	7	**D.**	**Analoge Anwendung auf den vorläufigen Insolvenzverwalter**	24
III.	Entgeltlichkeit der Veräußerung	9	**E.**	**Analoge Anwendung auf Ersatzabsonderung**	26
IV.	Wirksamkeit der Veräußerung	10			
V.	Keine Berechtigung zur Veräußerung	11			
C.	**Inhalt des Ersatzaussonderungsanspruchs**	14			

Literatur:
Flöther/Wehner Die Globalzession im Insolvenzeröffnungsverfahren, NZI 2010, 554; *Ganter* Zweifelsfragen bei der Ersatzaussonderung und Ersatzabsonderung, NZI 2005, 1; *ders.* Der Surrogationsgedanke bei der Aus- und Absonderung, NZI 2008, 583; *ders.* Die Verwertung von Gegenständen mit Absonderungsrechten im Lichte der Rechtsprechung des IX. Zivilsenats des BGH, ZInsO 2007, 841; *ders.* Betriebsfortführung durch den vorläufigen Verwalter trotz Globalzession, NZI 2010, 551; *Gundlach/Frenzel/Jahn* Die Einziehungsermächtigung und der vorläufige Insolvenzverwalter, NZI 2010, 336; *Marotzke* Insolvenzrechtliche Probleme bei Untermietverträgen über Immobilien, ZInsO 2007, 1; *Schultze* Die Verarbeitung fremden Eigentums nach Insolvenzantrag – Haftungsfalle Fortführung, ZIP 2016, 1198; *Smid* Vereinnahmung von sicherungszedierten Forderungen im Eröffnungsverfahren, DZWIR 2010, 309.

A. Allgemeines

§ 48 InsO erweitert das Recht der Ersatzaussonderung im Vergleich zum früheren Recht (§ 46 KO, § 26 Abs. 1 VglO): der Anspruch wird nun ausgedehnt auch auf die vor Eröffnung des Insolvenzverfahrens vereinnahmte Gegenleistung aus der Veräußerung eines Aussonderungsgegenstandes, soweit diese in der Masse noch unterscheidbar vorhanden ist. **1**

Wird ein Aussonderungsgegenstand im Rahmen eines entgeltlichen Veräußerungsgeschäfts aus der Ist-Masse entfernt, so geht der Aussonderungsanspruch des Berechtigten unter (*Gottwald/Adolphsen* HdbInsR, § 41 Rn. 1). Der dem Berechtigten in diesem Fall nach bürgerlichem Recht zustehende Erstattungsanspruch wird durch § 48 InsO verstärkt, indem er mit Aussonderungskraft ausgestattet wird. Die Bestimmung des § 48 InsO, die nach alledem keinen neuen Anspruch schafft, will verhindern, dass die übrigen Insolvenzgläubiger nach einer unberechtigten Veräußerung aus der Gegenleistung einen Nutzen ziehen, während der Aussonderungsberechtigte auf die eventuelle Quote eines Masseanspruchs nach § 55 Abs. 1 Nr. 3 InsO verwiesen wird. **2**

B. Voraussetzungen des Ersatzaussonderungsanspruchs

Durch die Erweiterung seines Anwendungsbereichs (vgl. Rdn. 1) enthält § 48 InsO nunmehr nur noch einen Tatbestand, die unberechtigte Veräußerung, dessen Verwirklichung – je nach Verbleib der Gegenleistung – zwei unterschiedliche Rechtsfolgen nach sich zieht. **3**

I. Vereitelung eines Aussonderungsanspruchs

Der Ersatzaussonderungsanspruch setzt voraus, dass ein Aussonderungsgegenstand (vgl. § 47 Rdn. 6), der aufgrund eines dinglichen (vgl. § 47 Rdn. 8) oder persönlichen Rechts (vgl. § 47 Rdn. 72) hätte ausgesondert werden müssen, der Masse entzogen worden ist. **4**

§ 48 InsO kommt deshalb nicht in Betracht, wenn aufgrund dinglicher Surrogation an die Stelle des ursprünglichen Aussonderungsgegenstandes ein Ersatzgegenstand getreten ist (z.B. nach den §§ 1048 Abs. 1 Satz 2, 1247, 1287, 1370, 1473, 1646, 2019, 2042, 2111 BGB; § 92 Abs. 1 ZVG), der dann nach § 47 InsO ausgesondert werden kann (*Gottwald/Adolphsen* HdbInsR, § 41 Rn. 8). Dies ist nicht der Fall bei § 285 BGB, der dem Gläubiger nur einen schuldrechtlichen Verschaffungsanspruch einräumt, der lediglich eine einfache Insolvenzforderung darstellt (vgl. § 47 Rdn. 74). **5**

Der Aussonderungsanspruch muss grds. zum Zeitpunkt der Veräußerung noch bestanden haben. Fand zuvor etwa eine Verarbeitung der Vorbehaltsware gem. § 950 BGB statt, so hat der Vorbehaltsverkäufer keinen anteiligen Ersatzaussonderungsanspruch an der Gegenleistung für die Veräußerung der verarbeiteten Sache, weil sein Eigentum und damit sein Aussonderungsanspruch bereits durch die Verarbeitung untergegangen waren (vgl. aber Rdn. 8). **6**

II. Vorliegen einer Veräußerung

Eine den Ersatzaussonderungsanspruch auslösende Veräußerung i.S.d. § 48 InsO liegt nicht schon dann vor, wenn ein schuldrechtlicher Vertrag geschlossen worden ist, der eine Verpflichtung zur Veräußerung enthält. Erforderlich ist vielmehr, dass der Insolvenzschuldner bzw. der Insolvenzverwalter **7**

§ 48 InsO Ersatzaussonderung

über einen der Aussonderung unterliegenden Gegenstand **verfügt** hat (*Uhlenbruck/Brinkmann* InsO, § 48 Rn. 7), die auf einen Rechtsverlust des Berechtigten an dem Aussonderungsgut angelegt ist (zur Wirksamkeit s. Rdn. 10). Aus diesem Grund wird der Veräußerung, die begrifflich weit zu fassen ist (*Braun/Bäuerle* InsO, § 48 Rn. 3), gleichgestellt der unberechtigte **Einzug** einer **fremden Forderung** (*BGH* NZI 2010, 339). Von einer Veräußerung i.S.d. § 48 InsO sind im Übrigen nur dingliche Rechtsänderungen erfasst, wird lediglich ein Anwartschaftsrecht übertragen, so kommt insoweit eine Ersatzaussonderung nicht in Betracht (*OLG Düsseldorf* ZIP 2003, 1306 ff. [1309]). Keine Veräußerung i.S.d. § 48 InsO stellt von daher z.B. auch die Vermietung des Sicherungsgutes dar, weshalb der Aus-/Absonderungsberechtigte das aus der Vermietung erzielte Entgelt nicht ersatzaussondern/-absondern kann (*BGH* NZI 2006, 587). Aus diesem Grunde kann letztlich auch schon im Eröffnungsverfahren von einem vorläufigen Insolvenzverwalter ohne Verfügungsbefugnis nicht die Weiterleitung von Mieten an den Vermieter verlangt werden, die die Insolvenzschuldnerin im Rahmen einer Untervermietung realisiert (so im Ergebnis – ohne Bezug zu § 48 InsO – *BGH* NJW 2008, 1442 in Abgrenzung zu *BGH* ZIP 2005, 1085).

8 Eine Veräußerung i.S.d. § 48 InsO setzt des Weiteren voraus, dass die Einwirkung auf den mit einem Aussonderungsrecht belasteten Gegenstand im Zusammenhang mit einer **rechtsgeschäftlichen Einigung** zwischen dem Schuldner/Insolvenzverwalter und dem Erwerber des Aussonderungsgegenstandes erfolgt (*Gottwald/Adolphsen* HdbInsR, § 41 Rn. 11). Der Untergang von Eigentum kraft Gesetzes, etwa durch Verbindung oder Vermischung, eröffnet aber auch dann den Anwendungsbereich des § 48 InsO, wenn die Verbindung oder Vermischung auf der Grundlage eines entsprechenden gegenseitigen Vertrages erfolgte (*BGH* BGHZ 30, 176 ff. [180 f.]), etwa wenn ein Bauhandwerker unter Eigentumsvorbehalt gelieferte Baustoffe als wesentliche Bestandteile eines fremden Grundstücks einbaut. Ansonsten löst aber ein originärer Rechtserwerb aufgrund tatsächlicher Vorgänge die Rechtsfolge des § 48 InsO nicht aus. Kommt es demgemäß alleine aufgrund von Verarbeitung i.S.d. § 950 BGB zum Eigentumsverlust des ehemals Aussonderungsberechtigten, so steht diesem auch kein Ersatzaussonderungsrecht an der neu hergestellten Sache zu (*BGH* NJW 1989, 3213 f. [3213]; *Schultze* ZIP 2016, 1198 [1200 f.]).

III. Entgeltlichkeit der Veräußerung

9 Da sich der Ersatzaussonderungsanspruch auf die Gegenleistung für die Veräußerung bezieht, muss es sich bei der Veräußerung um ein **entgeltliches Geschäft** handeln. Bei unentgeltlicher Verfügung ist § 48 InsO daher nicht anwendbar. Liegt eine gemischte Schenkung vor, so bezieht sich § 48 InsO auf den entgeltlichen Teil des Geschäfts. Als entgeltliche Veräußerung i.S.d. § 48 InsO gilt auch die Einziehung einer Forderung.

IV. Wirksamkeit der Veräußerung

10 Für die Anwendbarkeit des § 48 InsO ist es nach der Rspr. und h.M. ohne Belang, ob die Veräußerung dem ursprünglichen Rechtsinhaber gegenüber wirksam ist oder nicht. Der Streit (vgl. zum Streitstand MüKo-InsO/*Ganter* § 47 Rn. 43) kann aber letzten Endes dahingestellt bleiben, da bei unwirksamen Verfügungen dem Rechtsinhaber ein Wahlrecht dahingehend zuzugestehen ist, das unwirksame Verfügungsgeschäft zu genehmigen und hiernach Ersatzaussonderung zu verlangen (abl. MüKo-InsO/*Ganter* § 47 Rn. 43). Ist allerdings eine Genehmigung durch den ursprünglichen Rechtsinhaber aus sonstigen Rechtsgründen ausgeschlossen, kommt ausnahmsweise wegen Unwirksamkeit der Veräußerung auch keine Ersatzaussonderung in Betracht.

V. Keine Berechtigung zur Veräußerung

11 Der Ersatzaussonderungsanspruch besteht nur im Falle einer **unberechtigten Veräußerung** (*BGH* BGHZ 68, 199 ff. [201]). Bei einer Veräußerungs- oder Einziehungsermächtigung ist § 48 InsO demgemäß unanwendbar (*BGH* NJW 1953, 217), wenn und soweit sich der Schuldner an die Grenzen der Ermächtigung gehalten hat. War also der Vorbehaltskäufer vom Vorbehaltsverkäufer zur Weiterveräußerung der Vorbehaltsware im ordnungsgemäßen Geschäftsgang ermächtigt worden, so hat

der Vorbehaltsverkäufer keinen Ersatzaussonderungsanspruch, jedenfalls so lange, als der Vorbehaltskäufer über den verlängerten Eigentumsvorbehalt dem Vorbehaltskäufer die aus der Veräußerung resultierende Forderung verschaffen kann (s. § 51 Rdn. 28). Kann er dies aufgrund eines vereinbarten Abtretungsverbots nicht, ist die Veräußerung unberechtigt (*OLG Brandenburg* IBR 2011, 273).

Die Reichweite der Veräußerungs- oder Einziehungsermächtigung ist im Wege der Auslegung zu ermitteln, die an der Risikolage des Vorbehaltsverkäufers auszurichten ist (A/G/R-*Hohmann* § 48 Rn. 10). Hiernach kann von einer von der Veräußerungsermächtigung gedeckten Veräußerung im ordnungsgemäßen Geschäftsgang nicht ausgegangen werden, wenn ein Verkauf zu Schleuderpreisen oder unter dem Einkaufspreis stattfindet (*Uhlenbruck/Brinkmann* InsO, § 48 Rn. 25). Fällt die Veräußerung nicht unter die vorbezeichnete Kategorie, soll die Veräußerungsermächtigung auch bei schlechter Wirtschaftslage des Vorbehaltskäufers nicht automatisch entfallen. 12

Die Veräußerungs- oder Einziehungsermächtigung hat nach der derzeitigen Rechtsprechung (vgl. aber Rdn. 28) selbst dann noch Bestand, wenn es zur Zahlungseinstellung und nachfolgend zur Insolvenzantragstellung kommt, jedenfalls dann, wenn ein vorläufiger Insolvenzverwalter bestellt und der Geschäftsbetrieb fortgeführt wird (*Gottwald/Adolphsen* HdbInsR, § 41 Rn. 18). Begründet wird dies mit der grundsätzlichen Verpflichtung des vorläufigen Insolvenzverwalters, den Geschäftsbetrieb fortzuführen, was verunmöglicht werden würde, wenn es mit der Insolvenzantragstellung zu einem automatischen Erlöschen aller Veräußerungs- und Einziehungsermächtigungen kommt (*BGH* NZI 2010, 339 ff [340]). Soweit Lieferanten-AGBs die Veräußerungsermächtigung ab Stellung eines Insolvenzantrags ausschließen, würde hierdurch das Insolvenzverwalterwahlrecht aus § 107 Abs. 2 InsO unterlaufen werden, weshalb solche Klauseln gem. § 119 InsO für unwirksam zu erachten sind (*Braun/Bäuerle* InsO, § 48 Rn. 8). 13

C. Inhalt des Ersatzaussonderungsanspruchs

Der Ersatzaussonderungsanspruch des § 48 InsO räumt dem Berechtigten nach Satz 1 Ansprüche an der ausstehenden bzw. nach Satz 2 an der erbrachten **Gegenleistung** ein. Gegenleistung i.S.d. § 48 InsO ist dabei grds. alles, was als Entgelt im Rahmen der rechtsgeschäftlichen Veräußerung für den Gegenstand, über den verfügt wurde, anzusehen ist (*BGH* BGHZ 30, 176 ff. [184]). Die Gegenleistung bildet bei einem Verkauf die Kaufpreisforderung, bei der Einziehung einer Forderung der für die Befreiung von der Schuld gezahlte Betrag (*BGH* MDR 1998, 790 f. [790]). 14

Gegenleistung kann auch das sein, was aus der Veräußerung eines selbst schon der Ersatzaussonderung unterliegenden Gegenstandes erlangt worden ist (sog. »zweite Ersatzaussonderung«, zu den Fallkonstellationen *Ganter* NZI 2005, 1 [6]), da der der Ersatzaussonderung unterliegende Gegenstand nicht für Verbindlichkeiten des Insolvenzschuldners haftet, weshalb über die zweite Ersatzaussonderung auch das aus der Weiterveräußerung generierte rechtsgeschäftliche Surrogat dem Schuldnervermögen zu entziehen ist und zwar unabhängig davon, ob der Insolvenzverwalter oder der Schuldner die der Ersatzaussonderung unterliegende Gegenleistung veräußert (*Gottwald/Adolphsen* HdbInsR, § 42 Rn. 37; diff. *Uhlenbruck/Brinkmann* InsO, § 48 Rn. 37 ff.). 15

I. Abtretung der ausstehenden Gegenleistung

Die Gegenleistung steht aus, wenn hinsichtlich des aus der Veräußerung resultierenden Anspruchs des Insolvenzschuldners noch keine Erfüllung eingetreten ist. Die Gegenleistung steht also auch dann aus, wenn der Schuldner des Insolvenzschuldners nur erfüllungshalber geleistet hat. Auch in diesem Fall kann der Ersatzaussonderungsberechtigte Abtretung des Anspruchs auf die Gegenleistung verlangen, wobei sich der Anspruch auf sämtliche Nebenrechte erstreckt, die mit der Gegenleistung verbunden sind (*Gottwald/Adolphsen* HdbInsR, § 41 Rn. 25). Das Problem fehlender Abtretbarkeit des Gegenanspruchs wegen eines zwischen Insolvenzschuldner und Drittschuldner vereinbarten Abtretungsverbots ist durch § 354a HGB bei beidseitigen Handelsgeschäften ent- 16 schärft. Zahlt der Drittschuldner hiernach gem. § 354a Satz 2 HGB gleichwohl in die Insolvenzmasse, so ist die Ersatzaussonderung auf den zur Masse gelangten Erlös beschränkt (s. Rdn. 19).

II. Herausgabe der erbrachten Gegenleistung

17 Soweit die Gegenleistung bereits erbracht ist, kann der Ersatzaussonderungsberechtigte diese nach § 48 Satz 2 InsO aus der Masse verlangen, wenn sie dort noch **unterscheidbar** vorhanden ist. Dies ist der Fall, wenn Zahlungen *nach* Insolvenzeröffnung auf ein Sonderkonto des **Insolvenzverwalters** oder auf ein seiner Verfügung unterliegendes Konto des Insolvenzschuldners gelangt sind, da hier die Unterscheidbarkeit schon durch die einzelnen Buchungen und die zugehörigen Buchungsbelege gewährleistet ist (*BGH* ZIP 1999, 626 ff. [626]; *Gottwald/Adolphsen* HdbInsR, § 41 Rn. 29). Hat der Insolvenzverwalter hingegen – wie dies früher regelmäßig der Fall war – ein Anderkonto für das Insolvenzverfahren eingerichtet, so fallen dort eingehende Zahlungen erst gar nicht in das Schuldnervermögen (*BGH* NZI 2009, 245 [246]), weshalb diese Fälle nicht über die Ersatzaussonderungsberechtigung zu lösen sind (A/G/R-*Hohmann* § 48 InsO Rn. 17), sondern bereicherungsrechtlich.

18 Ist die Zahlung hingegen vor Insolvenzeröffnung auf ein Konto des nachmaligen **Schuldners** gelangt, so ist bzgl. der Unterscheidbarkeit zu differenzieren wie folgt: wurde das Konto zur Zeit der Gutschrift im Soll geführt, so wird die Gegenleistung in dieser Höhe zur Schuldentilgung verbraucht, mit der Folge, dass es an einer Unterscheidbarkeit des Zahlungseingangs fehlt (*BGH* ZInsO 2006, 493). Befindet sich das Schuldnerkonto hingegen bei Zahlungseingang im Haben, bleibt die Unterscheidbarkeit gegeben, wenn sie zum einen durch Buchungen belegt ist und grds. der positive Kontensaldo nicht durch Abbuchungen unter den Betrag der beanspruchten Leistung abgesunken ist (*BGH* ZInsO 2006, 493), mit der Konsequenz, dass der Ersatzaussonderungsberechtigte diesen »Bodensatz« (*Gundlach* DZWiR 1998, 12 [13]) ersatzaussondern kann. Die »Unterscheidbarkeit« wird also weder durch nachfolgende Rechnungsabschlüsse des Kontos mit Saldoanerkenntnis, noch durch nachfolgende Abbuchungen berührt (*BGH* NJW 1999, 1709 [1711] unter Abweichung von *BGH* BGHZ 58, 257 ff.).

19 Wird allerdings – gleich ob beim Schuldner- oder beim Verwalterkonto – der für die Ersatzaussonderungsforderungen erforderliche »Bodensatz« (s. Rdn. 18) durch weitere Abbuchungen unterschritten, so berührt auch dies die Unterscheidbarkeit nicht, es reduziert sich aber der Ersatzaussonderungsanspruch auf den Betrag des niedrigsten Tagessaldos (*OLG Köln* ZIP 2002, 947), mit der Konsequenz, dass – ggf. auch mehrere – Ersatzaussonderungsansprüche anteilig zu kürzen sind (*Gottwald/Adolphsen* HdbInsR, § 41 Rn. 33). Kommt es hingegen zu einem ausgeglichenen Tagessaldo (Nulldurchlauf), so ist die Unterscheidbarkeit der erbrachten Gegenleistung endgültig zerstört (*Uhlenbruck/Brinkmann* InsO, § 48 Rn. 36), auch spätere Wiederauffüllung des Kontos durch andere Gutschriften lassen den Ersatzaussonderungsanspruch nicht mehr aufleben (*BGH* NJW 1999, 1709 [1711]; MüKo-InsO/*Ganter* § 48 Rn. 62 u. 71). Nur im Falle eines nachinsolvenzlichen Zahlungseingangs wandelt sich ein gegen den Verwalter gerichteter Ersatzaussonderungsanspruch in einen Anspruch gegen die Masse nach § 55 Abs. 1 Nr. 3 InsO aus ungerechtfertigter Bereicherung. Da dieser bei Masseunzulänglichkeit gem. § 209 Abs. 1 Nr. 3 InsO erst im dritten Rang befriedigt wird, sollte der Verwalter zur Vermeidung eigener Inanspruchnahme nach § 60 Abs. 1 InsO Gegenleistungen, die mit Ersatzaus- oder -absonderungsrechten belastet sind, auf ein Sonderkonto übertragen, da letztlich nur dort eine dauerhafte Unterscheidbarkeit gewährleistet ist (MüKo-InsO/*Ganter* § 48 Rn. 64).

20 Soweit in die Ersatzaussonderung mit einbezogen worden ist die vom Insolvenzschuldner vor Eröffnung des Verfahrens vereinnahmte Gegenleistung aus der Veräußerung eines aussonderungsfähigen Gegenstandes, so wird die praktische Relevanz dieser Erweiterung angesichts der strengen Anforderungen an die Unterscheidbarkeit (vgl. Rdn. 17 f.) wohl gering bleiben (vgl. z.B. *OLG Schleswig* ZIP 1989, 252 ff. [253]).

III. Höhe des Anspruchs

Das Ersatzaussonderungsrecht erfasst die volle Gegenleistung und zwar grds. auch dann, wenn sie den Gegenwert des Aussonderungsobjekts übersteigt (*Uhlenbruck/Brinkmann* InsO, § 48 Rn. 33). Unterliegt allerdings bei einer unberechtigten Veräußerung einer fremden Sache durch den Insolvenzverwalter der Veräußerungsvorgang der Umsatzsteuer, kann der Ersatzaussonderungsberechtigte nur den Nettokaufpreis herausverlangen, wenn der Verwalter die Umsatzsteuer abgeführt hat, da er dann entreichert ist (*BGH* NZI 2008, 426; krit. *de Weerth* NZI 2008, 427).

Ist hingegen das Aussonderungsobjekt zusammen mit anderen Gegenständen des Insolvenzschuldners zu einem Gesamtpreis veräußert worden, so ist der Ersatzaussonderungsanspruch beschränkt auf den Teil der Gegenleistung, der auf den Aussonderungsgegenstand entfällt (*BGH* NJW 1999, 1709 ff. [1709]), soweit dieser noch unterscheidbar ist (s. Rdn. 17 ff.). Die Beweislast über die Höhe seines Anteils trifft nach allgemeinen Grundsätzen den Ersatzaussonderungsberechtigten.

Auf seinen Ersatzaussonderungsanspruch muss sich der Eigentumsvorbehaltsverkäufer die durch die anderweitige Veräußerung ersparten Transport-, Lager-, Verkaufs- und Wartungskosten anrechnen lassen (so *LG Hamburg* ZIP 1981, 1238 ff. [1240]; BK-InsO/*Breutigam* § 48 Rn. 26).

D. Analoge Anwendung auf den vorläufigen Insolvenzverwalter

Wird im Insolvenzeröffnungsverfahren ein vorläufiger Insolvenzverwalter **mit Verfügungsbefugnis** bestellt und vereitelt dieser durch eine wirksame Verfügung ein Aussonderungsrecht eines Gläubigers, so greift § 48 InsO von seinem Wortlaut her nicht ein, da er vor Eröffnung des Insolvenzverfahrens nur Verfügungen des »Schuldners« sanktioniert. Der vorstehende Sachverhalt unterscheidet sich allerdings nicht von der Aussonderungsvereitelung durch den Schuldner, weshalb § 48 InsO auch analoge Anwendung auf die Aussonderungsvereitelung durch den vorläufigen Insolvenzverwalter findet (*Ganter* NZI 2005, 1 [7]).

Veräußerungen i.S.d. § 48 InsO durch einen vorläufigen Insolvenzverwalter bei angeordnetem **allgemeinem Zustimmungsvorbehalt** sind nicht denkbar, weil der »schwache« vorläufige Insolvenzverwalter keine wirksamen Veräußerungen vornehmen kann (vgl. im Übrigen zur fehlenden Verpflichtung der Weiterleitung von Mieten aus der Zwischenvermietung an den Hauptvermieter Rdn. 7).

E. Analoge Anwendung auf Ersatzabsonderung

Soweit durch unberechtigte Verfügungen Absonderungsrechte vereitelt werden, ist § 48 InsO analog anzuwenden. Hinsichtlich der Voraussetzungen des Ersatzabsonderungsanspruchs kann auf die vorstehenden Rdn. 3–13 verwiesen werden, das Ersatzabsonderungsrecht entsteht also nur, wenn durch eine unberechtigte entgeltliche Verfügung des Schuldners oder des Verwalters ein Absonderungsrecht vereitelt und die Gegenleistung aussteht bzw. in der Masse noch unterscheidbar vorhanden ist. Zieht – wie in der Insolvenzpraxis wiederholt festzustellen – der spätere Schuldner vor Insolvenzeröffnung zedierte Forderungen nicht über das Konto des Zessionars, sondern über ein anderes Kreditinstitut ein, um Liquidität aufzubauen, so vereitelt er damit das Absonderungsrecht des Zessionars. Dieser kann gleichwohl nicht im Wege der Ersatzabsonderung auf das aus seinen zedierten Forderungen generierte anderweitige Guthaben Zugriff nehmen (*BGH* NZI 2009, 471 [473]; **a.A.** HambK-InsO/*Büchler* § 48 Rn. 27). Eine Ersatzabsonderung scheidet ebenfalls aus, wenn bei einer unberechtigten schuldnerseitigen Doppelzession die Forderung vom Zweitzessionar eingezogen und der dortige Zahlungseingang vom Insolvenzverwalter der Insolvenzanfechtung unterzogen wird (hierzu im Zusammenhang s. § 51 Rdn. 55).

Nachdem der Insolvenzverwalter berechtigt ist, im Rahmen der §§ 166 ff. InsO Gegenstände mit Absonderungsrechten zu verwerten, scheidet bei seinen diesbezüglichen Verfügungen aber ein Ersatzabsonderungsanspruch des Gläubigers nach § 48 InsO analog begrifflich aus. Das Absonderungsrecht des Gläubigers wird aber insoweit geschützt, als es sich nach § 170 Abs. 1 Satz 1 InsO im Wege der Surrogation am Verwertungserlös fortsetzt.

28 Den Begriff der »Ersatzabsonderung« gebrauchte der BGH in richterlicher Rechtsfortbildung auch in einer Entscheidung (*BGH* NZI 2010, 339 [343]; dazu *Ganter* NZI 2010, 551 ff.; *Gundlach/Frenzel/Jahn* NZI 2010, 336 ff.; *Flöther/Wehner* NZI 2010, 554 ff.; *Smid* DZWIR 2010, 309 ff.), in der er den Insolvenzverwalter verpflichtete, von ihm im Eröffnungsverfahren aufgrund einer insolvenzgerichtlichen Ermächtigung eingezogene Forderungen, die mit Absonderungsrechten belastet waren, analog § 170 Abs. 1 Satz 2 InsO an den Absonderungsberechtigten auszukehren. Die Ersatzabsonderung analog § 170 Abs. 1 Satz 2 InsO unterscheidet sich von der Ersatzabsonderung analog § 48 InsO dadurch, dass in dem vom BGH entschiedenen Fall der vorläufige Verwalter zum Forderungseinzug gem. § 21 Abs. 2 Nr. 5 InsO ermächtigt war, es mithin an einer i.S.d. § 48 InsO »unberechtigten« Verfügung fehlte, wenn man der Auffassung folgt, dass das Einzugsrecht bei zedierten Forderungen jedenfalls mit Insolvenzantragstellung vorbehaltlich anderweitiger Vereinbarungen endet (so die Tendenz des *BGH* NZI 2010, 339 [340]).

Vorbemerkungen vor §§ 49 bis 52

Übersicht

	Rdn.			Rdn.
A. Begriff der Absonderung/Abgrenzung zur Aussonderung	1	B. Systematik der §§ 49 ff. InsO		4

A. Begriff der Absonderung/Abgrenzung zur Aussonderung

1 Die §§ 49 bis 52 InsO regeln die Rechtsstellung der Absonderungsberechtigten. Unter dem Begriff der **Absonderung** ist dabei zu verstehen die vorzugsweise Befriedigung eines Anspruchs eines Gläubigers aus einem **zur Insolvenzmasse** gehörenden Gegenstand. Mit der Aussonderung hingegen wird die **Nichtzugehörigkeit** eines Gegenstandes zur Insolvenzmasse aufgrund eines dinglichen oder persönlichen Rechts des Gläubigers geltend gemacht (s. § 47 Rdn. 3).

2 Kann der Aussonderungsberechtigte also den Aussonderungsgegenstand selbst beanspruchen, steht dem Absonderungsberechtigten bei der Verwertung durch den Verwalter nur der **Wert des Absonderungsguts** zu, beschränkt auf die Höhe seiner Forderung und vermindert um die gesetzlichen Kostenbeiträge (hierzu *Wegener* §§ 170, 171 Rdn. 7 ff.). Erzielt der Verwalter bei der Verwertung nach Abdeckung der Absonderungsrechte einen **Überschuss**, steht dieser der Masse zu. Hat der Verwalter hingegen den Gegenstand zur Verwertung an den Absonderungsberechtigten freigegeben und erzielt dieser bei der **Weiterveräußerung** einen Mehrerlös, so ist dieser weder an die Masse herauszugeben, noch hat der Absonderungsberechtigte seine Insolvenzforderung um den Mehrerlös zu reduzieren, er ist lediglich bei der Inanspruchnahme von Drittsicherheiten beschränkt (*BGH* NZI 2006, 32 ff. [33]).

3 Wegen der haftungsrechtlichen Trennung (Aussonderung) bzw. Zuordnung (Absonderung) eines Gegenstandes zur Masse kann es eine Überlagerung von Aus- und Absonderungsrechten eines Gläubigers an ein und demselben Gegenstand im Grundsatz nicht geben. Eine Ausnahme gilt nur für den Fall der Übertragung des Vorbehaltseigentums zu Sicherungszwecken in der Insolvenz des Vorbehaltskäufers, in der das Aussonderungsrecht des Vorbehaltseigentümers zu einem Absonderungsrecht herabgestuft wird (s. § 47 Rdn. 28).

B. Systematik der §§ 49 ff. InsO

4 Die §§ 49 bis 51 InsO regeln die Art und Weise der Absonderung, wobei § 49 InsO die abgesonderte Befriedigung an unbeweglichen Gegenständen behandelt, während die §§ 50 und 51 InsO die Absonderung an beweglichen Sachen bzw. Rechten zum Gegenstand haben. § 52 InsO bestimmt, wie sich der Ausfall der Absonderungsberechtigten berechnet, die zugleich Insolvenzgläubiger sind.

§ 49 Abgesonderte Befriedigung aus unbeweglichen Gegenständen

Gläubiger, denen ein Recht auf Befriedigung aus Gegenständen zusteht, die der Zwangsvollstreckung in das unbewegliche Vermögen unterliegen (unbewegliche Gegenstände), sind nach Maßgabe des Gesetzes über die Zwangsversteigerung und die Zwangsverwaltung zur abgesonderten Befriedigung berechtigt.

Übersicht

	Rdn.
A. Allgemeines/Systematik	1
B. **Gegenstand der Absonderung des § 49 InsO**	4
I. Grundstücke und grundstücksgleiche Rechte	5
II. Schiffe, Schiffsbauwerke und Luftfahrzeuge	7
III. Bruchteile	9
IV. Grundpfandrechtserstreckung	10
1. Bestandteile und Erzeugnisse	11
2. Zubehör	14
a) Enthaftung des Zubehörs	17
b) Haftung der Insolvenzmasse/des Insolvenzverwalters	19
3. Miet- und Pachtforderung	21
4. Versicherungsforderung	26
C. **Absonderungsberechtigte/Befriedigungsreihenfolge bei Grundstücken**	27
I. Befriedigungsreihenfolge in der Zwangsversteigerung	28
II. Befriedigungsreihenfolge bei freihändiger Verwertung	36
D. **Absonderungsrechte/Befriedigungsreihenfolge bei Schiffen, Schiffsbauwerken und Luftfahrzeugen**	39
E. **Geltendmachung der Absonderungsrechte des § 49 InsO**	43
I. Zwangsversteigerung/Zwangsverwaltung	43
1. Ausschluss anderweitiger Zwangsvollstreckungsmaßnahmen	44
2. Adressat der Zwangsversteigerungsmaßnahme/Titelumschreibung	45
3. Verhältnis Insolvenz- und Zwangsverwalter bei selbst genutzter Schuldnerwohnung	46
4. Keine Unterbrechung lfd. Zwangsversteigerungsverfahren	47
5. Einstellung der Zwangsversteigerung/Zwangsverwaltung	48
6. Zwangsverwaltung und Kapitalersatz	51
7. Zwangsverwaltung und Einkommensteuer	53
8. Umsatzsteuerrechtliche Obliegenheiten des Insolvenzverwalters	54
II. Freihändige Verwertung in der Regelinsolvenz; Haftungsrisiken	55
1. Absonderungsrechts-Ermittlungspflicht	56
2. Behandlung von Lästigkeitsprämien	57
3. Behandlung von Betriebs- und Nebenkostenvorauszahlungen	59
4. Vorsteuerberichtigung § 15a UStG	60
5. Umsatzsteuerpflichtigkeit des vereinbarten Masseanteils	61
6. Massekostenbeitrag und Drittsicherheit	63
7. Einkommensteuer aus der Aufdeckung stiller Reserven	64
8. Einkommensteuer bei der »kalten« Zwangsverwaltung	65
9. Mietkaution	66
III. Freihändige Verwertung in der Verbraucherinsolvenz	67
F. **Freigabeverpflichtung für belastete und unverwertbare Gegenstände**	68

Literatur:
d'Avoine Verkauf von Immobilien in der Insolvenz an einen Grundpfandrechtsgläubiger, NZI 2008, 17; *Bächer* Massekostenbeiträge bei Immobiliarverwertung, ZInsO 2010, 1084; *Bales* Kein dinglicher Charakter des Vorrechts aus § 10 Abs. 1 Nr. 2 ZVG, ZInsO 2014, 182; *Büchler* Befriedigung von Immobiliargläubigern, ZInsO 2011, 718; *de Weerth* Praxisfragen zur Einkommensteuererklärung bei Zwangsversteigerung und -verwaltung, NZI 2015, 672; *Cranshaw/Welsch* Kalte bzw. stille Zwangsverwaltung – Vorteile und Zweifelsfragen, DZWIR 2017, 101; *Ganter* Die Verwertung von Gegenständen mit Absonderungsrechten im Lichte der Rechtsprechung des IX. Zivilsenats des BGH, ZInsO 2007, 841; *Hintzen/Alff* Bevorzugung des Hausgelds der Wohnungseigentümergemeinschaft, ZInsO 2008, 480; *Holzer* Nutzungsüberlassung im Insolvenzverfahren, NZI 2008, 369; *Keller* Das Erbbaurecht in der Insolvenz des Erbbauberechtigten, NZI 2012, 777; *ders.* Die Voraussetzungen und der rechtliche Rahmen für die Durchführung einer sogenannten kalten Zwangsverwaltung, NZI 2013, 265; *Mitlehner* Verwertungsvereinbarungen im Insolvenzverfahren, ZIP 2012, 649; *Mönning/Zimmermann* Die Einstellungsanträge des Insolvenzverwalters gem. ZVG, NZI 2008, 134; *Molitor* Verwaltung einer Immobilie in der Insolvenz des Eigentümers, ZInsO 2011, 1486; *Pape* Die Immobilie in der Krise, ZInsO 2008, 465; *Schmidberger* Ersteheransprüche aus Nebenkostenabrechnung, ZInsO 2008, 83; *Sinz/Hiebert* § 10 Abs. 1 Nr. 2 ZVG –

Absonderungsrecht der Wohnungseigentümergemeinschaft ohne Beschlagnahme?, ZInsO 2012, 205; *Wessel* Die Massebeteiligung der Bank zur Unterstützung des Insolvenzverwalters bei der Veräußerung von Grundvermögen aus freier Hand, DZWIR 2013, 6; *Zipperer* Probleme beim Zusammentreffen von Zwangsverwaltung und Insolvenzverwaltung, ZfIR 2011, 385

A. Allgemeines/Systematik

1 § 49 InsO regelt die Verwertung von unbeweglichen und mit Sonderrechten Dritter belasteter Gegenstände der Insolvenzmasse. Die Vorschrift bedient sich hierbei einer **doppelten Verweisung**. So wird in einem ersten Schritt über eine mittelbar auf die §§ 864, 865 ZPO verweisende Legaldefinition in § 49 InsO bestimmt, was als unbeweglicher Gegenstand i.S.d. Norm anzusehen ist (s. Rdn. 4). In einem zweiten Schritt ordnet § 49 InsO sodann durch eine direkte Verweisung auf das ZVG an, welche Sonderrechte dem Gläubiger ein Absonderungsrecht am Verwertungserlös des unbeweglichen Gegenstandes zuweisen und welchen Rang diese Rechte bei der Verwertung haben (s. Rdn. 27 ff.) und wie die Verwertung durchzuführen ist (s. Rdn. 43).

2 § 49 InsO ordnet an, dass bei unbeweglichen Gegenständen die Absonderung grds. außerhalb des Insolvenzverfahrens über eine Zwangsversteigerung bzw. die Zwangsverwaltung zu erfolgen hat, wobei dem Insolvenzverwalter hierbei nur untergeordnete Einflussnahmemöglichkeiten zustehen (s. Rdn. 48) und auch die Insolvenzmasse an den Verwertungserlösen nur untergeordnet partizipiert (s. Rdn. 30), weshalb die Absonderungsrechte des § 49 InsO die stärkste Rechtsposition im System der Absonderungsrechte der §§ 49 bis 51 InsO vermitteln. Gleichzeitig haftet die Insolvenzmasse allerdings auch nicht für die Kosten der Zwangsversteigerung im Range einer Masseverbindlichkeit gem. § 55 InsO (*OLG Hamburg* ZInsO 2013, 83 f.).

3 § 49 InsO vermittelt dem Gläubiger allerdings über den Wortlaut der Vorschrift hinaus auch außerhalb der Zwangsversteigerung das Recht zur abgesonderten Befriedigung in den praktisch häufigen Fällen der rechtgeschäftlich vereinbarten Veräußerung der unbegliche Gegenstände (*Uhlenbruck/Brinkmann* InsO, § 49 Rn. 53).

B. Gegenstand der Absonderung des § 49 InsO

4 Als unbewegliche Gegenstände i.S.d. § 49 InsO anzusehen sind nach der Legaldefinition der Vorschrift solche Gegenstände, »die der Zwangsvollstreckung in das unbewegliche Vermögen unterliegen«, womit § 49 InsO mittelbar auf den Wortlaut des § 864 ZPO und damit auf all diejenigen Gegenstände verweist, die die §§ 864 u. 870 ZPO der Immobiliarvollstreckung unterwerfen (s. Rdn. 5 ff.) unter Einschluss der mithaftenden Gegenstände des § 865 ZPO (s. Rdn. 10 ff.).

I. Grundstücke und grundstücksgleiche Rechte

5 Der Absonderung gem. § 49 InsO unterfallen somit **Grundstücke** (zum Begriff *RG* RGZ 68, 24 f.) und **grundstücksgleiche Rechte**, zu denen im Einzelnen gehören das **Erbbaurecht** (§§ 1, 11 ErbbauRG), das **Wohnungserbbaurecht** (§ 30 WEG) sowie das **Wohnungs-** und **Teileigentum** (§ 1 WEG).

6 Zu weitergehenden grundstücksgleichen Rechten wird auf die 8. Auflage verwiesen, da diese in der Insolvenzpraxis keine Rolle mehr spielen (vgl. auch MüKo-InsO/*Ganter* § 49 Rn. 6).

II. Schiffe, Schiffsbauwerke und Luftfahrzeuge

7 Der Zwangsvollstreckung in das unbewegliche Vermögen unterfallen sodann die im Schiffsregister eingetragenen und in einem Hafen befindlichen (*Braun/Bäuerle* InsO, § 49 Rn. 11) **Schiffe**, ferner **Schiffsbauwerke** und **Schwimmdocks** (zur Begriffsbestimmung *Stöber* ZVG, § 162 Rn. 3.2 ff.) gem. den §§ 864, 870a ZPO u. 162 ff., 170a ZVG mit der Möglichkeit einer zwangsverwaltungsähnlichen Nutzung gem. § 165 Abs. 2 ZVG (*Stöber* ZVG, § 165 Rn. 4), wenngleich die Zwangsverstei-

gerung von Schiffen wegen der zwingend damit einhergehenden Stilllegung und der damit wegfallenden Nutzungsmöglichkeiten eher selten ist (*Krone* ZInsO 2012, 1200).

Absonderungsgegenstand des § 49 InsO können ferner sein in der Luftfahrzeugrolle eingetragene **Luftfahrzeuge** (§§ 99 LuftfzRG, 171a ff. ZVG), d.h. Flugzeuge, ferner Hubschrauber, Segelflieger sowie Frei- und Fesselballone, die ebenfalls einer zwangsverwaltungsähnlichen Nutzung zugänglich sind (§ 171c ZVG). 8

III. Bruchteile

Ist Bestandteil der Insolvenzmasse ein Bruchteil der in den Rdn. 5 bis 8 bezeichneten Gegenstände, so kann auch hieran gem. § 49 i.V.m. § 864 Abs. 2 ZPO abgesonderte Befriedigung verlangt werden, soweit sich die Berechtigung auf Bruchteilseigentum gründet (§§ 741, 1008 BGB). Gesamthandseigentum gleich welcher Art (vgl. § 719 BGB bei der Gesellschaft, §§ 2032, 2040 BGB bei der Erbengemeinschaft und die §§ 1416, 1419 u. 1485 BGB bei der Gütergemeinschaft) ist einer Absonderung gem. § 49 ebenso wenig zugänglich wie eine unselbstständige Grundstücksteilfläche (§ 7 Abs. 1 GBO). 9

IV. Grundpfandrechtserstreckung

Dem Absonderungsrecht des § 49 InsO unterfallen ferner gem. § 865 ZPO all diejenigen Gegenstände, auf die sich bei Grundstücken die Hypothek (§§ 1120–1130 BGB), bei Schiffen, Schiffsbauwerken und Schwimmdocks die Schiffshypothek (§§ 8, 31, 79 und 81a SchiffsRG) und bei Luftfahrzeugen das Registerpfandrecht (§§ 1, 31, 68 LuftFzRG) erstreckt. 10

1. Bestandteile und Erzeugnisse

Von dem Absonderungsrecht des § 49 InsO werden bei im Eigentum des Insolvenzschuldners befindlichen Grundstücken ergriffen die Bestandteile nach Maßgabe der §§ 93, 94 BGB und zwar unabhängig davon, ob es sich um **wesentliche** oder **unwesentliche** Bestandteile handelt (MüKo-BGB/ *Eickmann* § 1120 Rn. 11), ferner Rechte i.S.d. § 96 BGB (zu den Bestandteilen von Schiffen und Luftfahrzeugen vgl. MüKo-BGB/*Holch* § 94 Rn. 35–36). 11

Nicht der Absonderung unterfallen hingegen die **Scheinbestandteile** des § 95 BGB, die nur zu einem vorübergehenden Zweck mit einem Grundstück verbunden oder in ein Gebäude eingefügt werden, etwa auf der Basis eines zeitlich begrenzten Nutzungsrechts als Gebäude- oder Grundstücksmieter (vgl. z.B. *OLG Schleswig-Holstein* WM 2005, 1909 ff.), selbst dann, wenn die wirtschaftliche Lebensdauer der Sache kürzer ist, als der vertraglich vereinbarte Nutzungszeitraum (so für eine Windkraftanlage *BGH* NJW 2017, 2099). Wird allerdings dem Vermieter im Mietvertrag ein Recht zur Übernahme des Gegenstandes eingeräumt, ist die Vermutung eines nur vorübergehenden Zwecks widerlegt und die Anlage wird wesentlicher Bestandteil (MüKo-BGB/*Holch* § 95 Rn. 9). 12

Das Absonderungsrecht erstreckt sich über § 49 und § 1120 BGB ferner auf **Erzeugnisse**, deren Umfang nach der Verkehrsanschauung zu bestimmen ist, wobei es hier mit insolvenzrechtlich seltener Relevanz um Tier- und Bodenprodukte geht (MüKo-BGB/*Holch* § 99 Rn. 2). 13

2. Zubehör

Die Absonderungsberechtigten des § 49 InsO können über § 1120 BGB auch auf das im Eigentum des Insolvenzschuldners befindliche **Zubehör** des Absonderungsgegenstandes Zugriff nehmen, was in der Insolvenzpraxis nach wie vor zu einer oftmals erheblichen Schmälerung der Insolvenzmasse führt. Was als Zubehör anzusehen ist, bestimmt sich nach § 97 BGB. Hiernach werden zum Zubehör solche beweglichen Sachen, denen zur Hauptsache, i.d.R. dem Grundstück oder Gebäude, eine zweckdienende Funktion zukommt und die zur Hauptsache in einem bestimmten räumlichen Verhältnis stehen. 14

15 Die dienende Funktion erfüllt ein Gegenstand bereits dann, wenn er die Zweckerreichung ermöglicht oder fördert, was nach der beispielhaften Aufzählung in § 98 Nr. 1 BGB – als Hauptanwendungsfall in der Praxis – bei gewerblich genutzten Gebäuden alle zum Betrieb bestimmten Maschinen und Gerätschaften umfasst, wenn das Gebäude für den gewerblichen Betrieb eingerichtet ist, was nicht notwendigerweise einen speziellen baulichen Zuschnitt erfordert (vgl. instruktiv *BGH* NJW 2006, 993; wegen der sehr umfangreichen Kasuistik wird verwiesen auf die Zusammenstellung bei MüKo-BGB/*Holch* § 97 Rn. 33–40 und § 98 Rn. 12–13).

16 Die Zubehöreigenschaft fehlt hingegen allen zur Verarbeitung/Bearbeitung bestimmten **Rohstoffen** und **Halbfertigwaren**, ferner beim Produktionsbetrieb den zum Verkauf bestimmten **Waren** und Erzeugnisse.

a) Enthaftung des Zubehörs

17 Ist ein Zubehörgegenstand einmal dem Absonderungsrecht verhaftet, kommt es nicht alleine dadurch zu einer **Enthaftung**, weil der Insolvenzschuldner oder der Insolvenzverwalter den Geschäftsbetrieb endgültig eingestellt hat (*Braun/Bäuerle* InsO, § 49 Rn. 5). Die Zubehöreigenschaft kann in diesem Fall schon deshalb nicht entfallen, weil sich die Betriebsaufgabe nicht gem. § 1122 Abs. 2 BGB innerhalb der Grenzen einer ordnungsgemäßen Wirtschaft vollzieht (*Uhlenbruck* InsO, § 49 Rn. 39).

18 Die Haftung des Zubehörs erlischt vielmehr nur nach Maßgabe der §§ 1121, 1122 BGB. Veräußert und entfernt hiernach der Insolvenzschuldner vor Insolvenzeröffnung bzw. der Insolvenzverwalter nach Insolvenzeröffnung einen haftenden Gegenstand führt dies gem. § 1121 Abs. 1 BGB zu einer Enthaftung und damit einem Erlöschen des Absonderungsrechts. Dem ursprünglich Absonderungsberechtigten steht in diesem Fall kein Ersatzabsonderungsrecht zu, da die Veräußerung/Entfernung vor Anordnung der Zwangsversteigerung bzw. Zwangsverwaltung nicht unberechtigt i.S.d. § 48 InsO war (vgl. § 48 Rdn. 11; *Jaeger/Henckel* InsO, § 48 Rn. 64). Die praktische Relevanz einer Enthaftung in der Insolvenz nach § 1122 Abs. 1 BGB (hierzu MüKo-BGB/*Eickmann* § 1122 Rn. 10–11) ist gering.

b) Haftung der Insolvenzmasse/des Insolvenzverwalters

19 Der Insolvenzverwalter unterliegt vor Anordnung der Zwangsversteigerung/Zwangsverwaltung zwar keinen Beschränkungen, was die Verwertung von Zubehörgegenständen anbelangt. Die §§ 1133 ff., 1135 BGB sanktionieren allerdings die Zubehörveräußerung unter den dortigen Voraussetzungen. Der Insolvenzverwalter tut daher gut daran, die Veräußerung von Zubehörgegenständen mit dem Absonderungsberechtigten abzustimmen, da er anderenfalls durch die mit einer Veräußerung einhergehenden Enthaftung rechtsgrundlos in das Grundpfandrecht eingreift in diesem Zusammenhang die Insolvenzmasse mit einem Masseanspruch des Sonderrechtsgläubiger wegen rechtsgrundloser Bereicherung der Masse (§ 55 Abs. 1 Nr. 3 InsO) bzw. mit einem Schadensersatzanspruch nach § 55 Abs. 1 Nr. 1 InsO belastet, wenn die Enthaftung schuldhaft herbeigeführt wurde.

20 Darüber hinaus haftet der Insolvenzverwalter auch persönlich nach Maßgabe des § 60 InsO (einhellige Auffassung MüKo-InsO/*Ganter* § 49 Rn. 19; *Uhlenbruck/Brinkmann* InsO, § 49 Rn. 43).

3. Miet- und Pachtforderung

21 Das Absonderungsrecht des § 49 erstreckt sich sodann gem. §§ 1120 ff., 1123 f. BGB auch auf Miet- und Pachtforderungen, soweit diese – nach dem Gesetzeswortlaut – innerhalb eines Zeitraums von zwölf Monaten vor der Beschlagnahme nach ZVG fällig geworden sind.

22 Der BGH trennt dabei zwischen der Entstehung des Absonderungsrechts und dem Recht zur aktiven Befriedigung aus dem Sonderrecht, für die zusätzlich die Beschlagnahme erforderlich sei (*BGH* NZI 2010, 58 [60 f.]). Die Beschlagnahme kann dabei entweder durch die Anordnung der Zwangsverwal-

tung oder durch die Pfändung der Mietforderung erfolgen, soweit Grundlage der Pfändung der dingliche Anspruch ist (MüKo-InsO/*Ganter* § 49 Rn. 28).

Soweit der BGH einen Grundpfandrechtsgläubiger vorinsolvenzlich anfechtungsfrei mit eigenen 23
Forderungen gegen Mietzinszahlungen aufrechnen ließ, da es wegen des Absonderungsrechts des Grundpfandrechtsgläubigers an den Mietforderungen an einer Gläubigerbenachteiligung gefehlt habe (*BGH* NZI 2007, 98 [99]), so hält der BGH an dieser Rechtsprechung nicht fest (*BGH* NZI 2010, 58 [61]).

Zieht der Insolvenzverwalter eine vorinsolvenzliche Mietforderung gegen einen Drittschuldner bei 24
vorstehender Konstellation, d.h. ohne Beschlagnahme nach dem ZVG, zur Masse, setzt er anders als bei der Verwertung von Zubehör (s. Rdn. 19 f.) weder sich (§ 60 InsO) noch die Masse (§ 55 Abs. 1 Nr. 1 und 3 InsO) einer Zahlungsverpflichtung gegenüber dem Absonderungsberechtigten aus, da für den Einzug von Mieten eine dem § 1135 BGB (s. Rdn. 19) vergleichbare Sanktionsnorm fehlt, er muss den Erlös auch nicht absondern (A/G/R-*Homann* § 49 InsO Rn. 14).

Das vorstehend Gesagte (s. Rdn. 24) gilt auch für den Einzug nachinsolvenzlich entstandener 25
Mieten, auf die der Grundpfandrechtsgläubiger nach Insolvenzeröffnung nur noch über ein einzuleitendes Zwangsverwaltungsverfahren zugreifen kann (*BGH* NZI 2006, 577 [578]). Dem Absonderungsberechtigten steht es allerdings frei, sich mit dem Insolvenzverwalter auf eine sog. »kalte Zwangsverwaltung« zu verständigen (hierzu sowie zu den umsatz- und einkommensteuerrechtlichen Konsequenzen s. Rdn. 62 [USt.] und Rdn. 65 [ESt.]).

4. Versicherungsforderung

Die Insolvenz geht nicht selten einher mit der Beschädigung von Gegenständen, auf die sich das 26
Grundpfandrecht erstreckt. Je nach versichertem Gegenstand erwächst dem Grundpfandrechtsgläubiger auch hier ein Absonderungsrecht an der Versicherungsentschädigung. Bei einem Gebäude (und soweit als unbeweglicher Gegenstand mit versichert auch bei Zubehör) entsteht das Absonderungsrecht mit dem Grundpfandrecht, ohne dass es einer Beschlagnahme nach dem ZVG bedarf (§ 1127 BGB). Bei allen anderen Gegenständen muss der Grundpfandrechtsgläubiger die Beschlagnahme herbeiführen, will er sein Absonderungsrecht an der Versicherungsentschädigung durchsetzen (§§ 1129 ff. BGB).

C. Absonderungsberechtigte/Befriedigungsreihenfolge bei Grundstücken

Absonderungsberechtigte: Welcher Gläubiger mit welchen Ansprüchen abgesonderte Befriedigung 27
am Verwertungserlös aus den unbeweglichen Gegenständen des § 49 InsO verlangen kann, ergibt sich für die Zwangsversteigerung von Grundstücken über die Verweisung in § 49 InsO (s. Rdn. 1) aus 8 der 9 Rangklassen des § 10 Abs. 1 ZVG, die mit den Modifikationen des § 155 ZVG auch für die Verteilung des aus der Zwangsverwaltung realisierten Erlöses von Bedeutung sind. Betreibt dabei ein Gläubiger die Zwangsversteigerung aus Ansprüchen, die in verschiedene Rangklassen des § 10 Abs. 1 ZVG fallen, so kann sich ein Dritter zur Verbesserung seiner zwangsversteigerungsrechtlichen Position darauf beschränken, nur die ihm vorgehenden Rechte gem. § 268 Abs. 1 BGB abzulösen, er hat keine Gesamtablösungsverpflichtung (*BGH* NZI 2011, 939).

I. Befriedigungsreihenfolge in der Zwangsversteigerung

Dabei gilt, dass ein Recht aus einer nachfolgenden Rangklasse erst befriedigt werden darf, wenn die 28
Ansprüche der vorangehenden Rangklasse vollständig ausgeglichen sind. Existieren in einer Rangklasse mehrere Rechte, werden diese im Gleichrang, d.h. nach dem Verhältnis ihrer Beträge untereinander befriedigt. Lediglich in der Klasse 4 erfolgt die Befriedigung nach dem Grundbuchrang (§ 11 Abs. 1 ZVG i.V.m. §§ 879 ff. BGB).

Rangklasse 1: Der die Zwangsverwaltung betreibende Gläubiger kann abgesonderte Befriedigung verlangen für von ihm verauslagte Beträge zur Erhaltung oder nötigen Verbesserung des Grundstücks. 29

30 **Rangklasse 1a**: Vermittelt kein Absonderungsrecht, sichert lediglich bei der Insolvenzversteigerung in vorgerückter Rangklasse die Feststellungskostenbeiträge für die Insolvenzmasse mit 4 % des Werts der Gegenstände, auf die sich die Versteigerung erstreckt.

31 **Rangklasse 2**: Wohnungseigentümergemeinschaften können wegen vorinsolvenzlicher Hausgeldforderungen gegen den insolventen Wohnungseigentümer unter Einschluss der zwei Jahre vor der Beschlagnahme fällig gewordenen Forderungen abgesonderte Befriedigung verlangen. War bei Insolvenzeröffnung noch kein Zwangsversteigerungsverfahren anhängig, gilt als Beschlagnahmezeitpunkt, an dem das Absonderungsrecht für die davor liegenden beiden Jahre entsteht, der Tag der Insolvenzeröffnung (*BGH* NZI 2011, 731 ff. [735]). Der Anspruch ist zwar wertmäßig begrenzt auf 5 % des Verkehrswertes gem. § 74a Abs. 5 ZVG (zur Bestimmtheit des diesbezüglichen Klagantrags *LG Berlin* ZMR 2010, 142), verbessert die Befriedigungsaussichten der WEG-Gemeinschaften aber nachhaltig (*Hintzen/Alff* ZInsO 2008, 480 ff.), zumal hierfür kein Titel erforderlich ist (*BGH* NZI 2011, 731 [734]) und selbst für den Fall des verwalterseitigen Bestreitens nur eine Klage auf Duldung der Zwangsversteigerung erhoben werden muss. Die Privilegierung gilt allerdings nicht für die nach Insolvenzeröffnung entstehenden Hausgeldansprüche (unter Einschluss der nach Insolvenzeröffnung entstehenden Abrechnungsspitzen), die nur unbesicherte Masseansprüche begründen (*BGH* NZI 2011, 731 [732]) und wirkt im Übrigen nicht dinglich (s. Rdn. 37).

32 **Rangklasse 3**: Absonderungsberechtigt sind sodann die Gläubiger öffentlicher Grundstückslasten (s. Rdn. 37), wobei bei einmaligen Leistungen die laufenden Ansprüche sowie die der letzten vier Jahre (z.B. Erschließungsbeiträge) und bei wiederkehrenden Leistungen neben den laufenden Forderungen die der letzten zwei Jahre vor der Beschlagnahme geschützt sind.

33 **Rangklasse 4**: Zu absonderungsberechtigten Gläubigern werden hier erhoben all diejenigen Gläubiger, die dingliche Rechte an einem Grundstück haben, d.h. Hypotheken- und Grundschuldgläubiger, Berechtigte aus Rentenschulden, Reallasten und Dienstbarkeiten sowie der Erbbaurechtsgeber mit seinen Ansprüchen auf den Erbbauzins. Da der nachinsolvenzlich fällig werdende Erbbauzins nur eine Insolvenzforderung darstellt (*Keller* NZI 2012, 780; *BGH* NZI 2006, 97 f.), muss und kann der Erbbaurechtsgeber über den Umweg des ZVG seine Ansprüche sicherstellen.

34 **Rangklasse 5**: Vollstreckt ein Gläubiger nur aus einer persönlichen, d.h. schuldrechtlichen Forderung steht ihm ein Absonderungsrecht nur in der Rangklasse 5 und damit an einer in der Insolvenz üblicherweise nicht mehr werthaltigen Position zu.

35 Wegen der i.d.R. wertausschöpfenden Belastung von Grundstücken laufen in der Insolvenz des Grundstückseigentümers üblicherweise auch die Gläubiger mit Ansprüchen der Rangklasse 6 bis 8 leer.

II. Befriedigungsreihenfolge bei freihändiger Verwertung

36 Die vorstehende Befriedigungsreihenfolge (s. Rdn. 28 ff.) ist bei einer freihändigen Verwertung zwar auch, allerdings nur **mittelbar** von Relevanz.

37 Anders als bei der Zwangsversteigerung kommt es beim freihändigen Verkauf im Regelfall nämlich **nicht** zu einer Fortsetzung des Absonderungsrechts am Verwertungserlös (keine dingliche Surrogation), sodass die Absonderungsgläubiger nicht einfach über das Absonderungsrecht auf den Kaufpreis zugreifen können. Das dem Absonderungsrecht zugrunde liegende dingliche Recht bleibt vielmehr trotz der Veräußerung an der Grundbesitzung bestehen, was in der Rangklasse 4 selbstverständlich ist und auch für die Rangklasse 3 gilt, wenn und soweit es als »öffentliche Last« auf dem Grundstück ruht (vgl. für die **Grundsteuer** gem. § 12 GrStG: *BGH* NZI 2010, 482 [483]; für den **Erbbauzins**: *BGH* NZI 2010, 399; im Übrigen für **Schornsteinfegergebühren** § 25 Abs. 4 SchFG; **Erschließungsbeiträge** § 134 Abs. 2 BauGB; **Beiträge** nach Landesrecht, z.B. über § 8 Abs. 9 KAG NRW i.V.m. mit gemeindlichen Satzungen). Den Fortbestand des dem Absonderungsrecht zugrunde liegenden Rechts an der Grundbesitzung kann auch die übliche Vereinbarung nicht ausschließen, wonach »lastenfrei« übertragen wird (*BGH* NZI 2010, 482 [483]). Da bezüglich öf-

fentlicher Lasten auch ein gutgläubig lastenfreier Erwerb nicht in Betracht kommt (*BGH* NZI 2010, 399 [399]), kann der Absonderungsberechtigte beim freihändigen Verkauf nur auf die Grundbesitzung und nicht unmittelbar auf den Verkaufserlös, den Kaufpreis, Zugriff nehmen. Für die gegenüber dem insolventen Voreigentümer bestehenden Hausgeldansprüche der Wohnungseigentümergemeinschaft haftet der Erwerber hingegen weder schuldrechtlich noch mit dem erworbenen Sondereigentum über § 10 Abs. 1 Nr. 2 ZVG, da diese Vorschrift nur ein begrenztes Vorrecht in der Zwangsversteigerung, nicht aber ein dingliches Recht begründet (*BGH* NZI 2013, 997 ff.; *Bales* ZInsO 2014, 182 ff.), das Absonderungsrecht geht in diesem Fall mit der Veräußerung unter. Einzelne Instanzgerichte (*LG Landau* NZI 2013, 156 [157]) lassen allerdings dann für das untergegangene Absonderungsrecht am Wohnungseigentum im Wege der dinglichen Surrogation ein Absonderungsrecht gem. § 49 InsO i.V.m. § 10 Abs. 2 Nr. 2 ZVG analog am Veräußerungs*erlös* im selben Umfang zu (*Elzer* MietRB 2017, 15 f.), was sachgerecht erscheint; höchstrichterliche Rechtsprechung existiert zu diesem Komplex allerdings noch nicht (ausdrücklich offen gelassen vom *BGH* NZI 2013, 997 [1000]).

Bei den in der Insolvenz üblicherweise wertausschöpfenden Belastungen freihändig zu veräußernder Grundbesitzungen muss der Insolvenzverwalter daher mit den Absonderungsberechtigten Verwertungsvereinbarungen treffen, die an der Befriedigungsreihenfolge des § 10 Abs. 1 ZVG zu orientieren sind, da er sich anderenfalls insolvenzzweckwidrig verhalten und die Masse schädigen oder sich schadensersatzpflichtig machen würde (*Büchler* ZInsO 2011, 720). Diese Verwertungsvereinbarungen nehmen dem Insolvenzverwalter nicht das Recht, das dem Absonderungsanspruch zugrunde liegende Recht des Gläubigers ggf. später anzufechten (*Mitlehner* ZIP 2012, 657). Auf die umsatzsteuerrechtlichen Folgen der Verwertungsvereinbarungen wird im Sachzusammenhang eingegangen (s. Rdn. 61). 38

D. Absonderungsrechte/Befriedigungsreihenfolge bei Schiffen, Schiffsbauwerken und Luftfahrzeugen

Bei Seeschiffen bestimmen sich die Absonderungsrechte und die Befriedigungsreihenfolge grds. über § 162 ZVG nach § 10 ZVG. Es ergeben sich aber eine ganze Reihe von Besonderheiten, insbesondere vor dem Hintergrund, als das HGB für sog. Schiffsgläubiger i.S.d. § 596 HGB einen Katalog von Pfandrechten normiert, die den Forderungen der Schiffshypothekengläubiger vorgehen (§ 602 HGB; *Jaeger/Henckel* InsO, § 49 Rn. 15 ff.) und die nicht offenkundig sind (*Krone* ZInsO 2012, 1199). 39

Gleiches gilt für Binnenschiffe über den dem § 596 HGB angenäherten § 102 BinnSchG (*Stöber* ZVG, § 162 Rn. 7.3), der ebenfalls Schiffsgläubigerforderungen zuweist, die vorrangige Absonderungsrechte begründen. 40

Bei Schiffsbauwerken und Schwimmdocks gibt es keine Schiffsgläubigerforderungen, weshalb hier § 10 ZVG entsprechend anzuwenden ist (§§ 170a, 162 ZVG; *Stöber* ZVG, § 170a Rn. 3.1). 41

In der Insolvenzpraxis bedeutungslos sind die bei Luftfahrzeugen zu beachtenden Absonderungsrechte, für die § 10 ZVG gilt mit den sich aus den §§ 171a-g ZVG und den §§ 1 ff. LfzRG ergebenden Besonderheiten (*Jaeger/Henckel* InsO § 49 Rn. 23). 42

E. Geltendmachung der Absonderungsrechte des § 49 InsO

I. Zwangsversteigerung/Zwangsverwaltung

Absonderungsrechte an den unbeweglichen Gegenständen des § 49 InsO sind von den dinglichen Gläubigern grds. nur im Wege der Zwangsversteigerung (§ 15 ZVG) bzw. der Zwangsverwaltung (§ 146 ZVG) geltend zu machen, wobei auch der Insolvenzverwalter ein diesbezüglich eigenes Antragsrecht hat (vgl. *Wegener* § 165 Rdn. 2), das nicht durch vorinsolvenzliche Vereinbarungen zwischen dem Schuldner und einem Grundpfandrechtsgläubiger beschränkt werden kann (*BGH* NZI 2011, 138 [139]). 43

1. Ausschluss anderweitiger Zwangsvollstreckungsmaßnahmen

44 Der Absonderungsberechtigte kann sein Sonderrecht aus § 49 InsO nicht durch andere Maßnahmen der Zwangsvollstreckung durchsetzen, etwa dadurch, dass der Grundpfandrechtsgläubiger die gem. §§ 1123, 124 BGB seinem Absonderungsrecht verhaftete Miete/Pacht aus dem dinglichen Titel pfändet. Dies hat der BGH ausdrücklich für unzulässig erklärt und den Gläubiger im eröffneten Verfahren auf die Verwertung nach Maßgabe des ZVG verwiesen (*BGH* NZI 2006, 577; vgl. auch Rdn. 25).

2. Adressat der Zwangsversteigerungsmaßnahme/Titelumschreibung

45 Die Zwangsversteigerung/-verwaltung ist gegen den Insolvenzverwalter zu richten, weshalb ein dinglicher Titel auf den Insolvenzverwalter umzuschreiben und diesem zuzustellen ist (*BGH* WM 2005, 1324). Existiert ein solcher Titel nicht, ist er über eine Pfandklage gegen den Insolvenzverwalter zu schaffen (MüKo-InsO/*Ganter* vor §§ 49–52 Rn. 142; *Uhlenbruck/Brinkmann* InsO, § 49 Rn. 50) bzw. über einen Duldungsbescheid bei Gläubigern öffentlich-rechtlicher Forderungen (*OVG Sachsen-Anhalt* WM 2007, 1622; fehlt es hieran, ist die Zwangsversteigerung nach Insolvenzeröffnung unzulässig [*OVG NRW* ZfIR 2012, 656]).

3. Verhältnis Insolvenz- und Zwangsverwalter bei selbst genutzter Schuldnerwohnung

46 Der Insolvenzverwalter ist nicht verpflichtet, dem Zwangsverwalter nach Anordnung der Zwangsverwaltung den Besitz an der vom Schuldner selbst genutzten Wohnung zu verschaffen. Etwas anderes gilt nur dann, wenn die Gläubigerversammlung oder der Insolvenzverwalter im Rahmen des § 100 InsO dem Schuldner den Gebrauch der selbst genutzten Wohnung nicht mehr gestattet (*BGH* NZI 2013, 606 ff. [607]). Wird allerdings dem Schuldner von der Gläubigerversammlung *keine* unentgeltliche Nutzung seines zur Insolvenzmasse gehörenden Wohnungseigentums gestattet, hat er eine angemessene Nutzungsentschädigung an den Insolvenzverwalter zu bezahlen (*BGH* NZI 2016, 89). Kommt es dann parallel zu einer Zwangsverwaltung des Wohnungseigentums, kann sich der Zwangsverwalter auf die Beschlussfassung der Gläubigerversammlung nicht berufen, es bleibt dann im Rahmen des § 149 ZVG bei einem gegenüber dem Zwangsverwalter unentgeltlichen Wohnrecht des Schuldners. Der Schuldner wird dann faktisch bei parallel laufender Zwangs- und Insolvenzverwaltung besser gestellt, als bei einer isolierten Zwangsverwaltung (a.A. *Wimmer-Amend* § 100 Rdn. 16); § 100 InsO soll zwar § 149 ZVG überlagern; nachdem mit Anordnung der Zwangsverwaltung aber auch der Insolvenzverwalter seine das zwangsverwaltete Objekt betreffende Verfügungsbefugnis verliert, ist nicht ersichtlich, worauf der Zahlungsanspruch des Insolvenzverwalters dann gestützt werden soll (krit. zum Verhältnis der §§ 100 InsO und 149 ZVG auch *Drasdo* NZI 2016, 596 [597]).

4. Keine Unterbrechung lfd. Zwangsversteigerungsverfahren

47 War die Zwangsversteigerung/-verwaltung bei Insolvenzeröffnung bereits anhängig, unterbricht die Insolvenzeröffnung das Verfahren nicht, es bedarf auch keiner Titelumschreibung auf den Verwalter.

5. Einstellung der Zwangsversteigerung/Zwangsverwaltung

48 Der Insolvenzverwalter kann nur unter den Voraussetzungen des § 30d ZVG eine einstweilige Einstellung der Zwangsversteigerung beantragen. Nachdem sich Zwangsversteigerungsverfahren allerdings i.d.R. ohnehin über längere Zeiträume hinziehen und ein Zuschlag im ersten Versteigerungstermin außerordentlich selten ist, wird von dieser Option nur in wenigen Fällen Gebrauch gemacht, auch vor dem Hintergrund als der Katalog der sachlichen Einstellungsvoraussetzungen dargelegt werden muss und im Übrigen nach Maßgabe des § 30e ZVG auch Zinsen bzw. Wertentschädigung an den betreibenden Gläubiger zu bezahlen ist (vgl. auch *Pape* ZInsO 2008, 468).

49 Auch die Zwangsverwaltung kann in der Insolvenz nach Maßgabe des § 153b ZVG ganz oder teilweise eingestellt werden (vgl. insgesamt *Mönning/Zimmermann* NZI 2008, 134 ff.; *Jaeger/Henckel*

InsO, vor §§ 49–52 Rn. 58 ff.), was aber aufgrund der üblicherweise angeordneten Zahlungsauflagen kaum Vorteile für den Verwalter bringt.

Kommt es allerdings zur vorbehaltslosen Aufhebung der Zwangsverwaltung, erlöschen die Rechte an dem Erlösüberschuss, der sich noch in der Hand des Zwangsverwalters befindet (*BGH* NZI 2013, 1046 ff.), den somit der Insolvenzverwalter zur Masse ziehen kann (*Mitlehner* NZI 2013, 1047), wenn der Grundpfandrechtsgläubiger keinen Vorbehalt wegen offener Mietzinsansprüche erklärt oder mit dem Insolvenzverwalter keine diesbezügliche Verwertungsvereinbarung trifft. 50

6. Zwangsverwaltung und Kapitalersatz

Bis zum Inkrafttreten des MoMiG war die Zwangsverwaltung häufig anzutreffen bei Betriebsaufspaltungen, wenn der Gesellschafter einer von ihm beherrschten Gesellschaft Grundbesitzungen vermietete. Hier konnte sich der Insolvenzverwalter jedenfalls dem Gesellschafter gegenüber im Zuge der Betriebsfortführung durch eine Berufung auf die Rechtsprechungsgrundsätze zur kapitalersetzenden Nutzungsüberlassung einer Zahlungsverpflichtung für laufende Mieten entziehen und seine Masse insoweit anreichern (*BGH* ZInsO 2005, 490 f.). Dem Zwangsverwalter des Gesellschafters gegenüber konnte ein solcher Einwand allerdings nicht erhoben werden (*BGH* NJW 1999, 577), weshalb jedenfalls von Seiten der Grundpfandrechtsgläubiger über die Beschlagnahme eine Zäsur auch bei Kapitalersatzkonstellationen herbeigeführt werden konnte. 51

§ 135 Abs. 3 InsO i.d.F. des MoMiG gewährt dem Gesellschafter nun allerdings einen Ausgleich für die Nutzung der vorinsolvenzlich kapitalersetzend überlassenen Grundbesitzung (hierzu i.E. *Dauernheim* § 135 Rdn. 43 ff.), so dass sich hier die Situation für den Gesellschafter und damit auch den finanzierenden Grundpfandrechtsgläubiger entschärft (*Holzer* NZI 2008, 369 ff.), wenngleich der Insolvenzverwalter bei angeordneter Zwangsverwaltung der vermieteten Grundbesitzung dem Zwangsverwalter gegenüber auch nur im Rahmen des § 135 Abs. 3 InsO zur Zahlung verpflichtet ist (vgl. aber zum zeitlichen Anwendungsbereich des § 135 InsO im Verhältnis zu § 108 InsO § 47 Rdn. 10). 52

7. Zwangsverwaltung und Einkommensteuer

Soweit im Rahmen der »echten« Zwangsverwaltung vom Zwangsverwalter ein Überschuss aus der Vermietung/Verpachtung des verwalteten Objekts erzielt wird, fließt der Erlös nicht in die Masse, sondern gem. Teilungsplan an den/die Grundpfandrechtsgläubiger. Unter Abänderung seiner bisherigen Rechtsprechung hat der BFH mit Urt. v. 10.02.2015 nun auch richtigerweise dem Zwangsverwalter die Verpflichtung auferlegt, bzgl. der Einkünfte aus Vermietung und Verpachtung während der Zwangsverwaltung die Einkommensteuererklärungen abzugeben und eine etwaige Einkommensteuer vorab aus seiner Masse selbst abzuführen (*BFH* NZI 2015, 672 [673 f.]). Für Zwangsverwaltungszeiträume bis zur Rechtsprechungsänderung dürften sich Zwangsverwalter auf Vertrauensschutz berufen dürfen, soweit sie Steuern nicht erklärt und abgeführt haben (*de Weerth* NZI 2015, 643 [644]). Der Finanzgerichtsrechtsprechung, die die Einkommensteuer auf Mieteinkünfte eines zwangsverwalteten Grundstücks trotz fehlender Massezuflüsse als Masseverbindlichkeit behandelt wissen wollte (*FG Münster* ZIP 2014, 589), ist damit die Grundlage entzogen (zur seinerzeit angeratenen Steuervermeidungstaktik des Insolvenzverwalters vgl. 8. Aufl. § 49 Rn. 53). 53

8. Umsatzsteuerrechtliche Obliegenheiten des Insolvenzverwalters

Das Meistgebot auf ein Grundstück nebst Zubehör in der Zwangsversteigerung ist stets ein Nettobetrag (*BGH* NZI 2003, 565 [567]). Erfolgt die Zwangsversteigerung innerhalb des Zehnjahreszeitraums des § 15a UStG, so sollte der Insolvenzverwalter gem. § 9 Abs. 1 UStG auch in der Zwangsversteigerung zur Umsatzsteuer optieren, um eine Vorsteuerberichtigung gem. § 15a UStG zu vermeiden, die zu einer Masseschmälerung führen würde und Haftungsrisiken des Verwalters begründen kann (*Tetzlaff* ZInsO 2004, 521 ff. [524]). Der Verzicht auf die Steuerbefreiung ist bis 54 zur Aufforderung zur Abgabe von Geboten im Versteigerungstermin zulässig (§ 9 Abs. 3 Satz 1 UStG).

II. Freihändige Verwertung in der Regelinsolvenz; Haftungsrisiken

55 Dem Insolvenzverwalter ist es möglich den unbeweglichen Gegenstand des § 49 InsO freihändig zu veräußern (*BGH* NZI 2011, 247). Da gerade in der Insolvenz insbesondere Grundstücke i.d.R. wertausschöpfend belastet sind (*Pape* ZInsO 2008, 466), ist hier aber eine enge Abstimmung mit allen Absonderungsberechtigten notwendig, will sich der Verwalter nicht Haftungsansprüchen aussetzen (*Braun/Bäuerle* InsO, § 49 Rn. 23; s.a. Rdn. 38). Der Verwalter hat insoweit auf Folgendes zu achten:

1. Absonderungsrechts-Ermittlungspflicht

56 Den Verwalter trifft hinsichtlich des Umfangs und des Rangs von Absonderungsrechten jedenfalls bei den unbeweglichen Gegenständen des § 49 InsO bei der freihändigen Verwertung eine Ermittlungspflicht, da im Regelfall keine Erstreckung der Absonderungsrechte auf den Erlös aus der freihändigen Verwertung stattfindet (s. Rdn. 36). Da der Verwalter i.d.R. aber lastenfrei zu übertragen hat, muss er die auf dem Absonderungsgegenstand bei einer freihändigen Veräußerung grds. bestehen bleibenden Rechte ermitteln, will er sich nicht gegenüber dem Erwerber oder der Masse schadensersatzpflichtig machen (s. Rdn. 37).

2. Behandlung von Lästigkeitsprämien

57 Eine lastenfreie Übertragung der wertausschöpfend belasteten Grundstücke ist oftmals nur möglich, wenn wegen der verkäuferseitig geschuldeten lastenfreien Übertragung an nachrangige Grundpfandrechtsgläubiger zur Abgeltung der nicht werthaltigen Rechte über die Löschungskosten hinaus sog. »Lästigkeitsprämien« gezahlt werden, da anderenfalls keine Löschungsbewilligungen erteilt werden. Solche Zahlungen hält der BGH für insolvenzzweckwidrig und damit nichtig, weshalb der BGH dem Insolvenzverwalter bei einer Zahlung der Lästigkeitsprämie unter ausdrücklichem Rückforderungsvorbehalt sogar einen Rückzahlungsanspruch zuerkennt (*BGH* NZI 2008, 365). Behält sich der Verwalter die Rückforderung der Lästigkeitsprämie nicht vor und scheitert in diesem Fall sein Rückzahlungsanspruch an § 814 BGB (*Rein* NZI 2008, 366; *LG Kiel* IBR 2010, 212), so kann sich der Insolvenzverwalter der Masse gegenüber schadensersatzpflichtig machen (*Schultz* EWiR 2008, 471).

58 Das Rückforderungsmodell des BGH ist unpraktikabel. Kein Grundpfandrechtsgläubiger wird den Vorbehalt der Rückforderung der Lästigkeitsprämie akzeptieren und gleichwohl eine Löschungsbewilligung für sein Grundpfandrecht erteilen. Wird allerdings die Lästigkeitsprämie nicht vom Insolvenzverwalter zu Lasten der Masse, sondern wirtschaftlich von demjenigen Absonderungsberechtigten bezahlt, der den Verwertungserlös im Übrigen erhält, so wird diese Konstruktion vom BGH ausdrücklich für zulässig erachtet (*BGH* NZI 2014, 450 [451]) und hat sich so in der in der Insolvenzpraxis auch durchgesetzt. Dies insbesondere vor dem Hintergrund, als sich ein klagbarer Anspruch des Insolvenzverwalters auf Erteilung einer Löschungsbewilligung für offensichtlich nicht werthaltige Grundpfandrechte, der Lästigkeitsprämien entbehrlich machen würde, nicht durchsetzen wird. Ein solcher Löschungsanspruch bei wertausschöpfenden Vorbelastungen, der aus § 242 BGB resultieren soll, wird zwar von der Rechtsprechung vereinzelt angenommen (*LG Leipzig* ZInsO 2014, 100 ff.; *OLG Nürnberg* NZI 2014, 158 ff.; zust. *Heublein* EWiR 2014, 123 f.; zurückhaltend *Lange* NZI 2014, 161 f.). Der BGH hat aber zwischenzeitlich für den Fall eines durch eine Zwangssicherungshypothek nicht werthaltig gesicherten Gläubigers eine Verpflichtung zur Löschungsbewilligung ausdrücklich verneint (*BGH* NZI 2015, 550 f.). Zur Rechtslage bei rechtsgeschäftlich begründeten Grundpfandrechten musste sich der BGH in besagter Entscheidung nicht positionieren. Da es aber keinen nachvollziehbaren Grund für eine Differenzierung zwischen rechtsgeschäftlich und vollstreckungstechnisch begründeten Nachranggrundpfandrechten gibt, wird man einen Löschungs-

anspruch insgesamt verneinen müssen, es sei denn, es würden sich Anhaltspunkte für eine rechtsmissbräuchliche Begründung ergeben (vgl. *Lange* NZI 2015, 551 [552]).

3. Behandlung von Betriebs- und Nebenkostenvorauszahlungen

Betrifft die freihändige Veräußerung ein Mietobjekt, ergeben sich bei unterjähriger Veräußerung erhebliche Probleme im Hinblick auf die Betriebs- und Nebenkostenabrechnung. Ausgangspunkt ist insoweit eine zur Zwangsverwalterhaftung ergangene Entscheidung des BGH, der einen Zwangsverwalter auf persönliche Haftung in Anspruch genommen hat, weil der Zwangsverwalter nach erfolgtem Zuschlag die verbliebene Masse an den betreibenden Gläubiger ausgekehrt hat, ohne die Betriebskostenabrechnung zwischen Ersteher und Mietern abzuwarten (BGH ZInsO 2007, 1221 [1222]). Eine Haftung ist entsprechend auch beim Insolvenzverwalter denkbar (*Schmidberger* ZInsO 2008, 83 [89]), weshalb sich dieser von den Absonderungsberechtigten in Höhe etwaiger Guthaben der Mieter bezüglich des Veräußerungserlöses eine Rückauskehrung einräumen lassen sollte.   59

4. Vorsteuerberichtigung § 15a UStG

Auch bei einer freihändigen Verwertung muss der Insolvenzverwalter im notariellen Kaufvertrag zur Umsatzsteuer optieren, wenn sich aus dem Zehnjahreszeitraum des § 15a UStG ein Vorsteuerberichtigungsanspruch ergeben könnte, da ansonsten ein Masseanspruch gem. § 55 InsO ausgelöst wird. Der Verzicht kann nur in dem der Grundstückslieferung zugrunde liegenden Vertrag erklärt werden, eine spätere notarielle Nachbeurkundung des Verzichts auf die Umsatzsteuerbefreiung ist unwirksam (*BFH* BStBl. II 2017, S. 852). Wird auf die Umsatzsteuerbefreiung verzichtet ist Steuerschuldner der Erwerber, soweit er Unternehmer ist (§ 13b Abs. 2, Abs. 1 Nr. 3 UStG), weshalb sich Haftungsprobleme des Insolvenzverwalters aus einer Umsatzsteueroption bei eintretender Massearmut nicht mehr ergeben. Ist der Erwerber hingegen Privatmann, ist Umsatzsteuerschuldner die Insolvenzmasse, weshalb der Insolvenzverwalter in diesen Fällen mit dem Absonderungsberechtigten vereinbaren muss, dass der Masse die Umsatzsteuer verbleibt, da anderenfalls dem Insolvenzverwalter eine steuerrechtliche Haftung droht (§§ 69, 34 Abs. 3 AO).   60

5. Umsatzsteuerpflichtigkeit des vereinbarten Masseanteils

Den üblicherweise bei einer freihändigen Verwertung eines Grundstücks von Seiten des absonderungsberechtigten Grundpfandrechtsgläubigers der Insolvenzmasse belassenen Anteil am Veräußerungserlös (i.d.R. 3 % bis 5 % des Veräußerungserlöses, je nach Kaufpreishöhe und Bearbeitungsaufwand; vgl. *Braun/Bäuerle* InsO, § 49 Rn. 25 bzw. *Tetzlaff* ZInsO 2004, 521 [529]: zwischen 2 % und 10 %) ordnet der BFH als Leistungsentgelt ein, weswegen er der Umsatzsteuer unterliegt und der Verwalter hiervon Umsatzsteuer abzuführen hat (*BFH* ZInsO 2011, 1904 [1906]; *Bächer* ZInsO 2010, 1084 ff.).   61

Gleiches gilt für den Fall, dass der Insolvenzverwalter mit dem Grundpfandrechtsgläubiger zur Vermeidung einer parallelen Zwangsverwaltung eine Vereinbarung über die Verwaltung einer belasteten Immobilie trifft, auf deren Grundlage er einen Teil der Erträge zur Masse zieht und die verbleibenden Überschüsse an die Gläubiger auskehrt (»kalte Zwangsverwaltung«; vgl. zur generellen Zulässigkeit bei fehlender Insolvenzzweckwidrigkeit BGH NZI 2016, 824 [825]; zu den Ausprägungen und Hintergründen *Cranshaw/Welsch* DZWIR 2017, 101 ff.). Hier ist auf der Grundlage der *BFH*-Rechtsprechung der gesamte für die »kalte Zwangsverwaltung« zur Masse gezogene Betrag als der Umsatzsteuer unterfallendes Entgelt für die Verwaltungstätigkeit des Insolvenzverwalters anzusehen und damit zu versteuern (*BFH* ZInsO 2011, 1904 [1908]; krit. *Mitlehner* EWiR 2011, 673). Aufgrund des Umstandes, dass Vertragspartner des Insolvenzverwalters bei einer »kalten Zwangsverwaltung« üblicherweise eine Bank ist, die i.d.R. umsatzsteuerfrei ist, führt diese Rechtsprechung zu einer effektiven Belastung der Masse (*Schmittmann* ZInsO 2011, 1908 [1909]), weshalb verwalterseitig versucht werden sollte, künftig einen über dem derzeit üblichen Rahmen von 10 % bis 15 % liegenden Masseanteil für die »kalte Zwangsverwaltung« zu vereinbaren (vgl. *Cranshaw/Welsch* DZWIR 2017, 101 [119]).   62

6. Massekostenbeitrag und Drittsicherheit

63 Soweit der Grundpfandrechtsgläubiger dem Insolvenzverwalter zur Förderung der i.d.R. wirtschaftlich gegenüber der Zwangsversteigerung sinnvolleren freihändigen Veräußerung eine Massebeteiligung gewährt, sollte er die Höhe des Massekostenbeitrags auch mit dem Drittsicherungsgeber, z.B. einem Bürgen, abstimmen, da ansonsten die Massebeteiligung über den Drittsicherungsgeber nicht beigetrieben werden kann (*OLG Schleswig* DZWIR 2013, 42 und hierzu *Wessel* DZWIR 2013, 6 f.).

7. Einkommensteuer aus der Aufdeckung stiller Reserven

64 Gehört die veräußerte Grundbesitzung zum steuerlichen Betriebsvermögen des insolventen Schuldners und führt der Kaufpreis zur Aufdeckung stiller Reserven, so ist die Einkommensteuer hierauf auch dann in vollem Umfang Masseverbindlichkeit, wenn nach Befriedigung der Absonderungsgläubiger der zur Insolvenzmasse fließende Überschuss/Kostenbeitrag nicht ausreicht, die Einkommensteuerverbindlichkeit zu befriedigen (so unter ausdrücklicher Aufgabe seiner bisherigen anderslautenden Rechtsprechung *BFH* NZI 2013, 709) Diese Rechtsprechungsänderung kann zu dem aus Gesamtgläubigersicht absurden Ergebnis führen, dass der Insolvenzverwalter von einer lukrativen freihändigen Verwertung Abstand nehmen muss, wenn er aus dem Verwertungsüberschuss die Steuerverbindlichkeiten nicht abdecken kann, es sei denn, die Quotenaussichten der übrigen Insolvenzgläubiger würden sich auch unter Berücksichtigung der Einkommensteuermasseverbindlichkeiten verbessern.

8. Einkommensteuer bei der »kalten« Zwangsverwaltung

65 Auch bei der kalten Zwangsverwaltung unterliegt grds. der Verwaltungsüberschuss der Einkommensbesteuerung, wobei sich der Insolvenzverwalter hier vor einer Masseverbindlichkeit faktisch über eine Zinsbescheinigung der Grundpfandrechtsgläubigerin über die im jeweiligen nachinsolvenzlichen Veranlagungsjahr entstandenen neuen Zinsforderungen schützen kann, die bei der i.d.R. wertausschöpfenden Belastung höher sind als die Überschüsse aus der kalten Zwangsverwaltung. Liegen die Darlehenszinsen allerdings betragsmäßig unter dem Verwaltungsüberschuss, sollte sich der Insolvenzverwalter bei Abschluss der Verwaltungsvereinbarung das Recht einräumen lassen, Einkommensteuerspitzen dem verwalteten Sondervermögen vor Auskehrung an die Bank entnehmen zu dürfen (*Cranshaw/Welsch* DZWIR 2017, 101 [120 f.]).

9. Mietkaution

66 Soweit die vom Mieter bezahlte Mietkaution vom Schuldner vorinsolvenzlich nicht in der gebotenen Form festgelegt (vgl. § 47 Rdn. 53), vielmehr mit seinem sonstigen Vermögen vermischt worden und damit untergegangen ist, hat der Insolvenzverwalter diese – anders als der Zwangsverwalter (*BGH* NZI 2009, 622 [623]) – im Rahmen der Mietverwaltung nicht aufzufüllen und somit auch anlässlich des Verkaufs der Grundbesitzung nicht an den Erwerber herauszugeben (zur Mietkaution im Übrigen s. § 51 Rdn. 89).

III. Freihändige Verwertung in der Verbraucherinsolvenz

67 In der Verbraucherinsolvenz hatte der Treuhänder bei vor dem 01.07.2014 eröffneten Insolvenzverfahren gem. § 313 Abs. 3 Satz 1 kein Recht zur Verwertung von Gegenständen, die mit Absonderungsrechten belastet sind. Zu den seinerzeit entwickelten Hilfskonstruktionen zur Ermöglichung einer freihändigen Grundbesitzveräußerung durch den Treuhänder vgl. 8. Aufl. § 49 Rn. 66.

F. Freigabeverpflichtung für belastete und unverwertbare Gegenstände

68 Ist ein unbeweglicher Gegenstand i.S.d. § 49 InsO wertausschöpfend belastet ohne Aussicht auf eine freihändige Veräußerbarkeit ggf. gegen Kostenbeteiligung der Masse (s. Rdn. 61), so hat der Insolvenzverwalter den Gegenstand an den Schuldner freizugeben, um eine weitergehende Belastung der Masse z.B. mit künftigen Grundbesitzabgaben oder sonstigen Ausgaben (z.B. Gebäudehaftpflicht) zu verhindern, darüber hinaus kann er sich hierdurch auch – soweit noch nicht tituliert – einer Räumungs- oder sonstigen Ordnungspflicht entziehen.

Diese Verpflichtung zur Freigabe besteht allerdings nur gegenüber Insolvenzgläubigern. Gegenüber 69
Dritten besteht eine solche Pflicht nicht. Soweit demgegenüber das OLG Düsseldorf entschieden hat, der Verwalter hafte ggf. persönlich auf nicht erfüllte Hausgeldforderungen wegen verspäteter Freigabe von Wohnungseigentum trotz erkennbarer Aussichtslosigkeit einer Vermietung (*OLG Düsseldorf* NZI 2007, 50), so ist diese Entscheidung abzulehnen (*Pape* ZInsO 2008, 471; so auch *LG Stuttgart* NZI 2008, 442 ff.); den Verwalter trifft im Übrigen auch keine insolvenzspezifische Pflicht, Masseunzulänglichkeit zu dem Zwecke rechtzeitig anzuzeigen, dass nachfolgende Wohngeldansprüche einer Wohnungseigentümergemeinschaft als Neumasseschuld bevorzugt befriedigt werden (*BGH* ZInsO 2010, 2323).

Nach erfolgter Freigabe muss ein Vollstreckungstitel nicht erneut auf den Schuldner umgeschrieben 70
werden, wenn die Beschlagnahme bereits erfolgt ist (*BGH* WM 2005, 1324).

Ist die Freigabe vollzogen, in deren Zusammenhang bei Grundstücken auch der Insolvenzvermerk 71
im Grundbuch gelöscht werden muss, sollte sich auch der Schuldner der dann wieder auflebenden und nicht von der späteren Restschuldbefreiung erfassten Zahlungsverpflichtung hinsichtlich laufender Grundbesitzabgaben usw. durch Dereliktion entziehen, was jedenfalls bei Alleineigentum möglich (*Pape* ZInsO 2008, 472), bei Wohnungs- und Teileigentum allerdings unzulässig ist (*BGH* BGHZ 172, 209; a.A. *Roth* ZInsO 2007, 757).

Das Vollstreckungsverbot des § 89 Abs. 1 InsO gilt auch für den vom Insolvenzverwalter freigege- 72
benen Grundbesitz (*BGH* NZI 2009, 382 ff. [384]; *Kexel* EWiR 2009, 545 f.).

§ 50 Abgesonderte Befriedigung der Pfandgläubiger

(1) Gläubiger, die an einem Gegenstand der Insolvenzmasse ein rechtsgeschäftliches Pfandrecht, ein durch Pfändung erlangtes Pfandrecht oder ein gesetzliches Pfandrecht haben, sind nach Maßgabe der §§ 166 bis 173 für Hauptforderung, Zinsen und Kosten zur abgesonderten Befriedigung aus dem Pfandgegenstand berechtigt.

(2) ¹Das gesetzliche Pfandrecht des Vermieters oder Verpächters kann im Insolvenzverfahren wegen der Miete oder Pacht für eine frühere Zeit als die letzten zwölf Monate vor der Eröffnung des Verfahrens sowie wegen der Entschädigung, die infolge einer Kündigung des Insolvenzverwalters zu zahlen ist, nicht geltend gemacht werden. ²Das Pfandrecht des Verpächters eines landwirtschaftlichen Grundstücks unterliegt wegen der Pacht nicht dieser Beschränkung.

Übersicht

	Rdn.			Rdn.
A. Allgemeines/Systematik	1	IV.	Kollision des Vertragspfands mit anderen Absonderungsrechten	22
B. **Rechtsgeschäftliches Pfandrecht/Vertragspfand**	5	V.	Durchsetzung des Vertragspfands	25
I. Allgemeines	5	VI.	Zuordnung des Verwertungserlöses	30
II. Begründung des Vertragspfands	6	C.	**Pfändungspfandrecht**	31
1. Sicherungsvereinbarung	7	I.	Allgemeines	31
a) Form der Vereinbarung	7	II.	Entstehung des Pfändungspfandrechts/Verhältnis zur Insolvenzanfechtung	32
b) Bezeichnung und Entstehung der Forderung	10	III.	Gegenstand des Pfändungspfandrechts	37
c) Gegenstand des Vertragspfands	13	IV.	Kollision des Pfändungspfands mit anderen Absonderungsrechten	43
2. Publizitätsakt	16	V.	Erlöschen des Pfändungspfandrechts	46
a) Bewegliche Sachen	16	VI.	Zuordnung des Verwertungserlöses	48
b) Forderungen/Rechte	18	D.	**Gesetzliches Pfandrecht**	49
III. Ausschluss/Erlöschen des Vertragspfands	20	I.	Allgemeines	49

		Rdn.			Rdn.
II.	Kurzdarstellung einzelner gesetzlicher Pfandrechte	50	e)	Auskunftspflicht des Insolvenzverwalters	67
	1. Vermieterpfandrecht	51	f)	Verwertung/Zuordnung des Verwertungserlöses	68
	a) Entstehung	51	2.	Werkunternehmerpfandrecht	70
	b) Kollision mit anderen Absonderungsrechten	56	3.	Frachtführerpfandrecht/Spediteurpfandrecht	73
	c) Enthaftung	61			
	d) Gesicherte Forderung/Beschränkung des Absonderungsrechts	64			

Literatur:
Bräuer Das Pfandrecht des Frachtführers in der Krise des Absenders – Erwerb einer insolvenzfesten Rechtsposition?, TranspR 2006, 197; *de la Motte* Nachträgliches Vermieterpfandrecht »bricht« bestehende Sicherungsübereignung, NZI 2015, 504; *Frank* Regelungsbedarf und Haftungsfallen in Wertkontenmodellen, NZA 2008, 152; *Langer* Die Mietkaution als Pfandrecht i.S.d. § 50 InsO, ZInsO 2012, 1093; *Lütcke* Leistungsbestimmungsrecht des Vermieters nach Verwertung des Vermieterpfandrechts, NZI 2012, 262; *Oepen* Das Pfandrecht des Frachtführers in der Insolvenz des Absenders, TranspR 2011, 89; *Wilhelm* Die Neuentstehung des Vermieterpfandrechts beim Grundstückserwerber und die Rangänderung beim Pfand, JZ 2015, 346.

A. Allgemeines/Systematik

1 § 50 Abs. 1 InsO erhebt in einem ersten Schritt das vertragliche, das gesetzliche und das durch Pfändung begründete Pfandrecht durch ausdrückliche Zuweisung in den Rang eines Absonderungsrechts. In einem zweiten Schritt bestimmt die Norm sodann, dass die Verwertung der Pfänder nach Maßgabe der §§ 166 bis 173 InsO zu erfolgen hat.

2 § 50 InsO bezieht sich im Umkehrschluss auf alle nicht von § 49 InsO erfassten Gegenstände (vgl. zum gegenständlichen Anwendungsbereich des § 49 InsO § 49 Rdn. 4–26), d.h. auf bewegliche Gegenstände und Forderungen.

3 § 50 Abs. 2 InsO schränkt für ein bestimmtes gesetzliches Pfandrecht, das Vermieter- bzw. Verpächterpfandrecht, den Schutzbereich des Absonderungsrechts in zeitlicher Hinsicht ein. Auch § 110 InsO beschränkt in Bezug auf Forderungen aus einem Mietverhältnis die Geltungsdauer von hieran begründeten Absonderungsrechten.

4 Für alle Pfändungspfandrechte ordnet schließlich die Rückschlagsperre des § 88 InsO unter den dort genannten Voraussetzungen die Unwirksamkeit der Pfändungsmaßnahme (vgl. *Wimmer-Amend* § 88 Rdn. 1 ff., 30) und damit den Untergang des Absonderungsrechts an.

B. Rechtsgeschäftliches Pfandrecht/Vertragspfand

I. Allgemeines

5 Die Bestimmungen über das rechtsgeschäftlich begründete Pfandrecht sind geprägt vom Grundsatz der Publizität. Hiernach muss die Verpfändung für außenstehende Dritte erkennbar sein, was bei beweglichen Gegenständen über den unmittelbaren Besitz vermittelt wird, den der Verpfänder aufgeben muss, während bei Forderungen die Anzeige beim Drittschuldner erforderlich ist. Dieses Publizitätserfordernis schränkt gerade bei beweglichen Sachen die praktische Bedeutung des Vertragspfandes ein, da der Verpfänder i.d.R. den unmittelbaren Besitz am Sicherungsgut benötigt, um z.B. damit produzieren zu können und er in der Regel auch die Anzeige der Verpfändung beim Drittschuldner, i.d.R. seinem Kunden, scheut, nachdem diese Zweifel an der Bonität begründen könnte. Vor diesem Hintergrund werden nachfolgend nur diejenigen rechtsgeschäftlich begründeten Pfandrechte dargestellt, die in der Insolvenz häufiger anzutreffen sind.

II. Begründung des Vertragspfands

Maßgeblich für die Begründung des rechtsgeschäftlichen Pfandrechts sind die allgemeinen zivilrechtlichen Vorschriften. Diese erfordern eine formwirksame Sicherungsvereinbarung (s. Rdn. 7–9), in der die zu besichernde Forderung (Rdn. 10–12) und der Gegenstand des Vertragspfands (s. Rdn. 13–15) mit der notwendigen Bestimmtheit bezeichnet werden sowie einen Publizitätsakt (s. Rdn. 16–19). 6

1. Sicherungsvereinbarung

a) Form der Vereinbarung

Die Sicherungsvereinbarung ist in Bezug auf **bewegliche Sachen** gem. § 1205 Abs. 1 Satz 2 BGB vorzunehmen und insoweit grds. formfrei (*Jaeger/Henckel* InsO, § 50 Rn. 18). 7

Sollen **Forderungen** oder **Rechte** verpfändet werden, gilt abweichend von Vorstehendem für die Sicherungsvereinbarung gem. § 1274 Abs. 1 Satz 1 BGB das Formerfordernis, das bei der Übertragung der Forderung bzw. des Rechts zu beachten ist. Ist hier nicht Schriftform oder notarielle Form (z.B. beim GmbH-Geschäftsanteile gem. § 15 Abs. 3 GmbHG bzw. beim Miterbenanteil gem. § 2033 Abs. 1 Satz 2 BGB) vorgeschrieben, ist die Sicherungsvereinbarung wiederum formfrei möglich, wobei aus Beweisgründen mindestens Schriftform angezeigt ist. 8

Bei Banken und Sparkassen wird das Pfandrecht formwirksam formularmäßig über die Allgemeinen Geschäftsbedingungen (Nr. 14 Abs. 1 AGB-Banken, Nr. 21 Abs. 1 AGB Sparkassen) einbezogen, sobald die Geltung der Allgemeinen Geschäftsbedingungen vereinbart ist. 9

b) Bezeichnung und Entstehung der Forderung

Die Sicherungsvereinbarung muss schon wegen der strengen Akzessorietät des Vertragspfandrechts die mit dem Pfand zu besichernde Forderung bereits bei Abschluss der Sicherungsvereinbarung bestimmt bezeichnen (*Jaeger/Henckel* InsO, § 50 Rn. 12). 10

Dies gilt vor allem bei der gem. § 1204 Abs. 2 BGB möglichen Pfandrechtsbestellung für eine erst künftige oder bedingte Forderung des Pfandgläubigers, die im Bereich des AGB-Pfandrechts der Banken und Sparkassen zulässige formularmäßige Übung ist (vgl. Nr. 14 Abs. 2 AGB-Banken; Nr. 21 Abs. 3 AGB-Sparkassen), wobei konkret die Globalverpfändung, d.h. die Verpfändung für alle, auch künftigen Forderungen aus der Geschäftsbeziehung mit dem Kunden, dem Bestimmtheitsgebot genügt. 11

Der Zeitpunkt der Entstehung der abzusichernden Forderung des Gläubigers ist für deren Rang ohne Bedeutung, da nach § 1209 BGB rangtechnisch die Entstehung der Forderung auf den Zeitpunkt des Abschlusses der Sicherungsvereinbarung rückbewirkt wird. Entsteht somit eine von einer Sicherungsvereinbarung erfasste künftige Forderung des Pfandgläubigers bei einer ansonsten wirksamen Verpfändung erst nach Insolvenzeröffnung, vermag diese noch ein wirksames Absonderungsrecht zu begründen, dem § 91 InsO nicht entgegensteht (*Jaeger/Henckel* InsO, § 50 Rn. 12 und *Uhlenbruck/Mock* InsO, § 91 Rn. 42 f.). Etwas anderes ist nur dann der Fall, wenn die Verpfändung erst ab Fälligkeit der abzusichernden Forderung greifen soll und die Fälligstellung nachinsolvenzlich erfolgt (*BGH* NZI 1999, 116 [117]). 12

c) Gegenstand des Vertragspfands

Zum Gegenstand eines Vertragspfands können grds. alle übertragbaren Vermögenswerte gemacht werden, d.h. bewegliche Sachen (§ 1204 Abs. 1 BGB), Forderungen (§ 1279 BGB) und Rechte (§ 1273 BGB), Order- (§ 1292 BGB) und Inhaberpapiere (§ 1293 BGB). 13

Kann ein Recht nicht übertragen werden, gleich ob gesetzlich angeordnet oder vertraglich ausgeschlossen, ist es gem. § 1274 Abs. 2 BGB einer Verpfändung nicht zugänglich. Unpfändbare Gegenstände können hingegen verpfändet werden (*Uhlenbruck/Brinkmann* InsO, § 50 Rn. 5). 14

15 Die Sicherungsvereinbarung muss auch hinsichtlich der Bezeichnung des Sicherungsgegenstandes dem sachenrechtlichen Bestimmtheitsgebot entsprechen. Sachgesamtheiten können hiernach nur dann wirksam unter einer Sammelbezeichnung verpfändet werden, wenn diese keinen Zweifel darüber zulässt, was als Gegenstand des Sicherungsguts anzusehen ist (MüKo-InsO/*Ganter* § 50 Rn. 29).

2. Publizitätsakt

a) Bewegliche Sachen

16 Bei beweglichen Sachen setzt die wirksame Verpfändung gem. § 1205 Abs. 1 Satz 1 BGB grds. voraus, dass der Verpfänder seinen unmittelbaren Besitz am Pfandgegenstand vollständig zugunsten des Pfandgläubigers aufgibt, diesem also den unmittelbaren Besitz verschafft oder die den Pfandgegenstand verkörpernden handelsrechtlichen Traditionspapiere (§§ 448, 475g, 524 HGB) übergibt. Nach Maßgabe des § 1207 BGB ist auch ein gutgläubiger Erwerb des Vertragspfands möglich.

17 Der Publizitätsakt ist nur entbehrlich, wenn der Pfandgläubiger bereits Besitzer des Pfandgegenstandes ist (§ 1205 Abs. 1 Satz 2 BGB). Ausnahmsweise ist es auch ausreichend, wenn der Pfandgläubiger nur mittelbaren Besitz erlangt; dann muss allerdings dem unmittelbaren Besitzer angezeigt werden, dass dieser nunmehr den Besitz für den Pfandgläubiger vermittelt (§ 1205 Abs. 2 BGB), dem auch der Herausgabeanspruch abgetreten werden sollte. Die Besitzverschaffung durch Vereinbarung eines bloßen Besitzmittlungsverhältnisses zwischen Verpfänder und Pfandgläubiger ist unzulässig (*Uhlenbruck/Brinkmann* InsO, § 50 Rn. 7).

b) Forderungen/Rechte

18 Bei Forderungen erfordert die Pfandrechtsbestellung zu ihrer Wirksamkeit gem. § 1280 BGB grds. die Anzeige der Verpfändung an den Drittschuldner. Ist über die Forderung ein Legitimationspapier ausgestellt (z.B. Sparbuch oder Versicherungsschein), so bedarf es zur wirksamen Verpfändung der Forderung der zusätzlichen Übergabe des Dokuments nicht (MüKo-InsO/*Ganter* § 50 Rn. 40). Die notwendige Form der Anzeige richtet sich nach den einschlägigen Bestimmungen, ist aber in der Regel die Schriftform, so etwa für Lebensversicherungen gem. § 13 Abs. 4 ALB (zur Notwendigkeit der Anzeige der **Abtretung** einer Lebensversicherung im Übrigen § 47 Rdn. 43).

19 Die Verpfändungsanzeige ist nur entbehrlich, wenn die Übertragung des Rechts die zusätzliche Übergabe einer Sache oder eine Eintragung im Grundbuch erforderlich macht (vgl. hierzu *Jaeger/Henckel* InsO, § 50 Rn. 27f).

III. Ausschluss/Erlöschen des Vertragspfands

20 Aufgrund der Akzessorietät des Pfandrechts erlischt das Sonderrecht gem. § 1252 BGB mit Erfüllung der gesicherten Forderung, wenn diese durch den Schuldner erfolgt.

21 Das Pfandrecht findet seine Beendigung ferner durch Rückgabe nach Maßgabe des § 1253 Abs. 1 BGB durch Rückgabe der Pfandsache an den Verpfänder/Eigentümer.

IV. Kollision des Vertragspfands mit anderen Absonderungsrechten

22 Was den Rang der Absonderungsrechte untereinander anbelangt, wenn es zur Kollision mehrerer Absonderungsrechte an demselben Gegenstand kommt, so gilt hier zunächst der Prioritätsgrundsatz, wonach das zeitlich zuerst begründete Absonderungsrecht dem zeitlich nachfolgenden Sonderrecht vorgeht (MüKo-InsO/*Ganter* vor §§ 49–52 Rn. 73 ff.). Entscheidend ist dabei grds. der Zeitpunkt des Abschlusses der Sicherungsvereinbarung, der auch für künftige Forderungen rangwahrend ist (§ 1209 BGB).

23 Kollidiert das rechtsgeschäftlich vereinbarte AGB-Pfandrecht einer Bank oder Sparkasse mit dem Pfändungspfandrecht eines Gläubigers aus einer Kontenpfändung, so geht nach dem Prioritätsgrundsatz grds. das AGB-Pfandrecht der Bank/Sparkasse dem Pfändungspfandrecht des Vollstre-

ckungsgläubigers vor. Etwas anderes gilt nur dann, wenn die Bank/Sparkasse nach Zustellung des Pfändungs- und Überweisungsbeschlusses aus der Vertragsbeziehung mit dem Kunden neue Forderungen erwirbt, indem sie Zahlungsausgänge zulässt. Das AGB-Pfandrecht der Banken sichert zwar auch künftige Forderungen (s. Rdn. 11). Dies gilt aber spätestens ab dem Zeitpunkt nicht mehr, da ein Pfändungs- und Überweisungsbeschluss zugestellt wird, da anderenfalls die Bank/Sparkasse mittelbar den Pfändungsgläubiger belasten könnte, dessen Pfändungspfandrecht durch nachfolgende Verfügungen ausgehöhlt werden würde (*BGH* ZIP 1997, 1231 ff.).

Unter den Voraussetzungen des § 1208 BGB kann unter Durchbrechung des Prioritätsprinzips ein Vorrang auch gutgläubig erworben werden (MüKo-InsO/*Ganter* vor §§ 49–52 Rn. 76). 24

V. Durchsetzung des Vertragspfands

Hat ein Vertragspfandgläubiger ein Absonderungsrecht erlangt, so hat er aufgrund der Verweisung in § 50 Abs. 1 InsO die Verwertung nach Maßgabe der §§ 166 bis 173 InsO vorzunehmen (s. Rdn. 26–27). Voraussetzung ist allerdings der vorherige Eintritt der Pfandreife (s. Rdn. 28). 25

Da das Vertragspfand bei einer beweglichen Sache nur besteht, wenn der Pfandgläubiger diese in seinem Besitz hat (s. Rdn. 16), kommt eine Verwertung nur nach § 173 InsO in Betracht. Vor dem Hintergrund, dass der Vertragspfandgläubiger ein eigenes Verwertungsrecht hat (§ 1228 Abs. 2 BGB), kann er somit selbst verwerten unter Ausschluss des Verwalters, insbesondere auch unter Vermeidung der Kostenbeiträge des § 171 InsO, wobei die Verwertung selbst im Wege der öffentlichen Versteigerung (§ 1235 Abs. 1 BGB) bzw. aus freier Hand erfolgen kann, wenn das Vertragspfand einen Börsen- oder Marktpreis hat (§§ 1235 Abs. 2, 1221 BGB). Verschleppt der Pfandgläubiger die Verwertung, geht das Verwertungsrecht unter den Voraussetzungen des § 173 Abs. 2 InsO auf den Verwalter über, der dann auch zur Kostenbeitragserhebung berechtigt ist (vgl. *Wegener* § 170 Rdn. 10). 26

Auch Forderungen kann der Pfandgläubiger selbst einziehen, da das Einziehungsrecht des Insolvenzverwalters aus § 166 Abs. 2 InsO nur zedierte, nicht auch verpfändete Forderungen erfasst. 27

Voraussetzung für ein Verwertungsrecht des Pfandgläubigers ist der Eintritt der **Pfandreife**, d.h. das Bestehen eines fälligen Zahlungsanspruchs aus der besicherten Forderung. Fehlt diese, hat der Pfandgläubiger auch kein Einzugsrecht (§§ 1282 Abs. 1, 1228 Abs. 2 BGB), dieses steht vielmehr nur dem Insolvenzverwalter zu, der allerdings den Erlös in Höhe der zu sichernden Forderung zurückbehalten und vorrangig bis zur Fälligkeit des Zahlungsanspruchs des Pfandgläubigers hinterlegen muss. Diese Konstellation ist häufig anzutreffen bei zugunsten von Gesellschaftern/Geschäftsführern verpfändeten Rückdeckungsversicherungen zu Ansprüchen aus Versorgungszusagen. Hier ist der Insolvenzverwalter verpflichtet, die Versicherungssumme einziehen, wenn aus der Versorgungszusage noch kein fälliger Leistungsanspruch folgt (vgl. hierzu *BAG* ZInsO 2012, 1268 u. *BGH* NZI 2005, 384 [385]), wobei der Insolvenzverwalter in diesem Fall auch verpflichtet ist, Feststellungs- und Verwertungskostenbeitragsforderungen von 9 % zu erheben (*BGH* NZI 2013, 596 [597 f.]). 28

Ausnahmsweise kann ein Pfandgläubiger auch vor Pfandreife von seinem Pfandrecht Gebrauch machen, konkret wenn eine Bank über ihr AGB-Pfandrecht gem. § 1281 Satz 2 1. HS BGB eine »Kontosperre« verhängt, mithin keine Verfügungen über das verpfändete Guthaben zulässt (vgl. zur Zulässigkeit und den anfechtungsrechtlichen Folgen *BGH* NZI 2004, 314 [315] und *Braun/Bäuerle* InsO, § 50 Rn. 4). 29

VI. Zuordnung des Verwertungserlöses

Der Verwertungserlös ist entgegen der Reihenfolge der Aufzählung in § 50 Abs. 1 InsO (*BGH* NZI 2011, 247 [248]) mit der Tilgungsreihenfolge des § 367 BGB bzw. – in seinem Anwendungsbereich – der des § 497 Abs. 3 BGB zu verrechnen, wobei sich das Recht zur abgesonderten Befriedigung auch erstreckt auf die nachinsolvenzlichen Zins- und Kostenforderungen (vgl. insoweit i.E. im systematischen Zusammenhang § 52 Rdn. 13–16). 30

C. Pfändungspfandrecht

I. Allgemeines

31 Obgleich im Vorfeld der Insolvenz ein oft erhöhtes Vollstreckungsaufkommen festzustellen ist, spielen Absonderungsrechte aus Pfändungspfandrechten in der Insolvenzpraxis eine nur untergeordnete Rolle, da die Insolvenzordnung nicht nur die zeitliche Reichweite von Pfändungspfandrechten begrenzt hat (vgl. im Bereich der Pfändung von Mieten § 110 Abs. 2 Satz 2 i.V.m. § 110 Abs. 1 InsO). Darüber hinaus eliminiert die Rückschlagsperre des § 88 InsO mit rechtskräftiger Insolvenzeröffnung alle binnen Monatsfrist vor Antragstellung durch Pfändungsmaßnahmen begründeten Sicherungen. Schließlich sind Vollstreckungsmaßnahmen unter den erleichterten Voraussetzungen des § 131 InsO anfechtbar, weshalb i.d.R. nach Insolvenzeröffnung der Insolvenzverwalter dem Absonderungsrecht des Gläubigers häufig einredeweise einen anfechtbaren Rechtserwerb entgegenhalten kann.

II. Entstehung des Pfändungspfandrechts/Verhältnis zur Insolvenzanfechtung

32 Das Pfändungspfandrecht setzt eine in allen Bestandteilen rechtswirksame Pfändungsmaßnahme voraus, die sich hinsichtlich beweglicher Sachen an den §§ 804 ff., 808 ff. ZPO und hinsichtlich Forderungen und sonstiger Vermögensrechte an den §§ 804 ff., 828 ff. ZPO zu orientieren hat. Eine Vorpfändung gem. § 845 Abs. 1 ZPO kann nur dann zu einem Pfändungspfandrecht führen, wenn binnen Monatsfrist die Pfändung nachfolgt (§ 845 Abs. 2 ZPO). Auch die Vollziehung eines Arrests nach § 930 ZPO lässt das Pfändungspfandrecht entstehen, wenn die Zustellung des Arrestbefehls binnen Wochenfrist gem. § 929 Abs. 3 Satz 2 ZPO erfolgt. Wird in eine offene Kreditlinie gepfändet (s. Rdn. 40), entsteht das Pfändungspfandrecht erst mit dem Abruf der Kreditmittel durch den Schuldner (*BGH* ZInsO 1350 [1351]).

33 Eine bloße Beschlagnahme eines Gegenstandes nach Maßgabe der §§ 111c stellt sich als ein Veräußerungsverbot dar, das gem. § 80 Abs. 2 InsO im Insolvenzverfahren keine Wirkung entfaltet (*BGH* NZI 2007, 450 ff.), mithin kein Pfändungspfandrecht oder sonstiges Recht zu begründen vermag (*Hees* ZIP 2004, 398). Soweit bislang im Zuge der strafprozessualen Rückgewinnungshilfe auf der Grundlage eines dinglichen Arrests gem. § 111d StPO a.F. eine Pfändung ausgebracht wurde, so ließ diese ein insolvenzfestes Pfändungspfandrecht zur Entstehung gelangen, wenn sie außerhalb der Monatsfrist des § 88 InsO und der Anfechtungsfristen der §§ 130, 131 InsO unanfechtbar geworden war (*KG Berlin* ZWH 2017, 150 [151]). Bezüglich des insolvenzrechtlichen »Schicksals« eines solchen Pfändungspfandrechts nach erfolgter Insolvenzeröffnung über das Vermögen des Schädigers existierte bislang keine einheitliche obergerichtliche Rechtsprechung. Während das OLG Nürnberg mit der nachfolgenden Insolvenzeröffnung den Arrest und hierauf beruhende Pfändungsmaßnahmen aufhob (*OLG Nürnberg* NZI 2014, 89 ff.), sahen das *OLG Hamm* (NZI 2015, 904 ff.) und das *KG Berlin* (NZI 2013, 2444 ff.) hierfür keine Notwendigkeit. Der BGH positionierte sich hierzu nicht (*BGH* NZI 2015, 243 [245]). Zu folgen ist nach diesseitiger und in der Vorauflage im Einzelnen begründeten Auffassung (s. 8. Aufl. § 50 Rn. 35) für alle vor dem 30.06.2017 beschiedenen Rückgewinnungsfälle dem Standpunkt des OLG Nürnberg. Dies auch deshalb, weil zum 01.07.2017 eine umfassende Reform der Vorschriften über die Vermögensabschöpfung erfolgt ist. Nunmehr wird auch dem Vermögensarrest gem. § 111h Abs. 1 Satz 1 StPO n.F. nur die Wirkung eines Veräußerungsverbots zugeschrieben, auf das § 80 Abs. 2 Satz 2 InsO anzuwenden ist. § 111i Abs. 1 Satz 1 StPO n.F. ordnet im Übrigen das Erlöschen des Sicherungsrechts mit Insolvenzeröffnung unter den dort genannten Voraussetzungen an.

34 Zu beachten ist, dass in anfechtungstechnischer Hinsicht ein Absonderungsrecht aus der Pfändung nicht schon dann entsanden ist, wenn der formale Rechtsakt der Pfändung abgeschlossen wurde, sondern vielmehr erst dann, wenn die Forderung selbst entsteht (*BGH* NZI 2003, 320 f.). Da z.B. Lohnforderungen mit Erbringung der geschuldeten Dienstleistung entstehen, hat dies zur Konsequenz, dass auch *bei zeitlich zurückliegenden Lohnpfändungen* in dem von § 131 InsO erfassten Zeitraum Insolvenzanfechtungen durchgeführt werden können (*BGH* NZI 2008, 563 [564]). Gleiches gilt für

Mietzinsansprüche, die erst mit Beginn des jeweiligen Mietzeitraums entstehen (vgl. zur abschnittsweisen Entstehung einer Mietforderung *OLG Brandenburg* ZInsO 2008, 211). Auf die Fälligkeit der gepfändeten Forderung kommt es hingegen nicht an, so dass also sämtliche Forderungsrechte aus einer Lebensversicherung auch vor Eintritt des Versicherungsfalls pfändbar sind. Die wirksame Pfändung umfasst zugleich auch sämtliche Gestaltungsrechte, wobei der Pfändungsgläubiger in seiner Entscheidung über die Ausübung z.B. des Kündigungsrechts frei ist, das er dann nicht ausüben wird, wenn die Ablaufleistung deutlich höher ist als der Rückkaufwert zum Zeitpunkt der Zustellung des Pfändungs- und Überweisungsbeschlusses (*OLG Celle* NZI 2009, 389 ff. [390]).

Eine weitere anfechtungsrechtliche Besonderheit besteht bei der Pfändung sodann, wenn die Vorpfändung früher als drei Monate vor Eingang des Insolvenzantrags ausgebracht wurde und die Hauptpfändung erst in dem von § 131 InsO erfassten Zeitraum vorgenommen worden ist: in diesem Fall richtet sich die Anfechtung insgesamt nach § 131 InsO (*BGH* NZI 2006, 397 [398]), die Vorpfändung vermag dann also kein anfechtungsfestes Absonderungsrecht zu verschaffen (vgl. *Dauernheim* § 140 Rdn. 6). 35

Ist hingegen das Pfändungspfandrecht z.B. an einem Kontoguthaben außerhalb des Drei-Monats-Zeitraums erwirkt worden, liegt in der Überweisung des Guthabens von dem Schuldner an den Gläubiger wegen des insoweit bestehenden Absonderungsrechts keine für die Insolvenzanfechtung erforderliche Gläubigerbenachteiligung (*BGH* NZI 2013, 247 [248]), wobei die Pfändung als Rechtshandlung des Gläubigers auch nicht der Vorsatzanfechtung unterliegt. Sowohl die Befriedigung eines insolvenzfesten Absonderungsrechts als auch dessen Ablösung (*BGH* NZI 2009, 644 [645]) stehen somit der Insolvenzanfechtung entgegen. Etwas anderes gilt nur dann wenn Pfändungsgläubiger und Pfändungsschuldner im Zusammenhang mit der Titulierung und Pfändung Abreden treffen, die die Rechtsposition des Pfändungsgläubigers begünstigen und die Entstehung des Pfändungspfandrechts fördern. In diesem Fall schützt dann auch das Pfändungspfandrecht nicht vor einer Vorsatzanfechtung (*BGH* NZI 2014, 72 f.). 36

III. Gegenstand des Pfändungspfandrechts

Ein Pfändungspfandrecht kann grds. begründet werden an beweglichen Sachen (§§ 808 ff ZPO), Geldforderungen (§§ 829 ff ZPO) und sonstigen Vermögensrechten (§§ 857 ff ZPO), die dem Schuldner gehören müssen, da ein gutgläubiger Erwerb eines Pfändungspfandrechts nicht möglich ist (*Uhlenbruck/Brinkmann* InsO, § 50 Rn. 57). 37

Ist eine Forderung nicht übertragbar, kann sie auch nicht gepfändet werden (§ 851 ZPO). Aus dem Bereich der ansonsten unpfändbaren bzw. bedingt pfändbaren Ansprüche nach Maßgabe der §§ 850 ff. ZPO ist hervorzuheben der mit dem Gesetz zum Pfändungsschutz der Altersvorsorge eingeführte § 851c ZPO, nach dem Vorsorgeverträge unter den dort genannten Voraussetzungen nur noch eingeschränkt pfändbar sind. Private Versicherungsrenten von Selbständigen, die den Anforderungen des § 851c ZPO nicht genügen, unterliegen dem Pfändungsschutz für Arbeitseinkommen nicht (*BGH* NZI 2008, 93 [95]). 38

Bei Kontokorrentkonten werden üblicherweise neben dem Zustellsaldo (§ 357 HGB) die künftigen Salden bei Abschluss der Kontokorrentperiode gepfändet, was keine Schwierigkeiten bereitet, wenn Guthaben vorhanden sind. Der Umstand, dass das zu pfändende Kontoguthaben im Wesentlichen aus einer Straftat stammt, hindert die Entstehung eines Pfändungspfandrechts grds. nicht (*OLG Hamm* NZI 2006, 532). 39

Auch eine »offene (genehmigte) Kreditlinie« kann mit einem Pfändungspfandrecht belegt werden. Es ist für den Gläubiger allerdings nicht möglich, den Anspruch des Insolvenzschuldners auf Abruf des nicht ausgeschöpften Teils seines Kontokorrentlimits zu pfänden und anschließend auszuüben (*BGH* NZI 2004, 206 [207]). Voraussetzung hierfür ist, dass der Schuldner eine Überweisung zugunsten des Gläubigers, der die Kontopfändung ausgebracht hat, beauftragt. Da erst dann das Pfändungspfandrecht entsteht (s. Rdn. 32), führen Pfändungen in die offenen Kreditlinien i.d.R. nie zu 40 einem nicht anfechtbaren Pfändungspfandrecht, da wegen der notwendigen Mitwirkung des Schuldners auch erweiterte Anfechtungsmöglichkeiten (§ 133 InsO) bestehen.

41 Nicht möglich ist es hingegen, auf die vorstehend geschilderte Art und Weise (s. Rdn. 40) auch einen geduldeten Überziehungskredit (außerhalb genehmigter Kreditlinien) mit einem Pfändungspfandrecht zu belegen (*BGH* NZI 2008, 180 [181]).

42 Keiner Pfändung zugänglich sind nach Eröffnung des Insolvenzverfahrens auch die Mieten eines Objekts durch den absonderungsberechtigten Grundpfandrechtsgläubiger (*BGH* NZI 2006, 577 ff.), diesem bleibt nur der Weg in die Zwangsverwaltung (vgl. § 49 Rdn. 24 f.).

IV. Kollision des Pfändungspfands mit anderen Absonderungsrechten

43 Auch im Bereich der Pfändungspfandrechte gilt das Prioritätsprinzip (s. Rdn. 22).

44 Die Kollision des Pfändungspfandrechts mit dem AGB-Pfandrecht der Banken wurde im Kollisionsrecht der Vertragspfandrechte erläutert (s. Rdn. 23).

45 Gleiches gilt für die Verdrängung des Pfändungspfandrechts durch einen hinsichtlich der Vorbelastungen gutgläubigen Erwerb des Vertragspfands (s. Rdn. 24).

V. Erlöschen des Pfändungspfandrechts

46 Den Hauptanwendungsfall der Beendigung des Pfändungspfandrechts bildet § 88 InsO, der mit Rechtskraft des Insolvenzeröffnungsbeschlusses das binnen Monatsfrist vor Insolvenzantragstellung erlangte Pfändungspfandrecht mit der Rechtsfolge absoluter Unwirksamkeit beseitigt (*BGH* ZInsO 2006, 261).

47 Sonstige denkbare Erlöschenstatbestände (Verzicht auf Pfändungspfandrecht, Aufhebung der Vollstreckung auf eine Vollstreckungserinnerung) sind selten (vgl. hierzu *Uhlenbruck/Brinkmann* InsO, § 50 Rn. 58).

VI. Zuordnung des Verwertungserlöses

48 Bzgl. der Zuordnung des Erlöses aus der Verwertung des Pfändungspfandrechts wird verwiesen auf Rdn. 30 und im systematischen Zusammenhang zusammenfassend auf § 52 Rdn. 13–16.

D. Gesetzliches Pfandrecht

I. Allgemeines

49 Die gesetzlichen Pfandrechte zeichnen sich aus durch jeweils individuelle Entstehungstatbestände, die auch durch die InsO nicht modifiziert werden, die lediglich vereinzelt den Schutzbereich des Pfandrechts begrenzt. Die gesetzlichen Pfandrechte lassen sich dabei grob in Besitzpfandrechte und besitzlose Pfandrechte einteilen, was nur eine untergeordnete Rolle spielt im Rahmen der Verwertung der Pfandrechte. Soweit die gesetzlichen Pfandrechte entstanden sind, sind sie gem. § 1257 BGB nach Maßgabe der Bestimmungen über das rechtsgeschäftliche Pfandrecht zu behandeln.

II. Kurzdarstellung einzelner gesetzlicher Pfandrechte

50 Soweit es um die in großer Zahl im Seehandelsrecht und sonstigen, teilweise historischen Nebengesetzen geregelten gesetzlichen Pfandrechte geht, wird wegen fehlender Praxisrelevanz von einer Aufzählung Abstand genommen (vgl. die Zusammenstellung bei *Uhlenbruck/Brinkmann* InsO, § 50 Rn. 19; ferner *Jaeger/Henckel* InsO, § 50 Rn. 73 ff. und MüKo-InsO/*Ganter* § 50 Rn. 113 f.). Die Insolvenzpraxis wird vorrangig konfrontiert mit nachfolgenden gesetzlichen Pfandrechten:

1. Vermieterpfandrecht

a) Entstehung

Das Vermieterpfandrecht entsteht nach Maßgabe des §§ 562 Abs. 1 BGB an den *vor Insolvenzeröffnung* eingebrachten Sachen des Mieters und wird von seinem Umfang sowohl im BGB (= § 562 Abs. 1 BGB) als auch in der InsO (§ 50 Abs. 2 InsO) begrenzt. Werden im **Insolvenzeröffnungsverfahren** im Rahmen einer Betriebsfortführung Sachen eingebracht, unterfallen auch diese dem Vermieterpfandrecht bzgl. der vorinsolvenzlichen Forderungen des Vermieters; § 91 Abs. 1 InsO findet im Eröffnungsverfahren keine analoge Anwendung (*BGH* NZI 2007, 158 [158]), die Einbringung und damit ggf. erfolgte Anreicherung des Vermieterpfandrechts kann aber ggf. der Insolvenzanfechtung unterzogen werden (*Neuenhan* NZI 2007, 160 [160]). Die *nach Insolvenzeröffnung* eingebrachten Sachen unterfallen dem Vermieterpfandrecht für die Ansprüche gem. § 55 Abs. 1 Nr. 2 InsO und decken nicht das Absonderungsrecht für die vorinsolvenzlichen Forderungen (*Braun/Bäuerle* InsO, § 50 Rn. 10). 51

Das Vermieterpfandrecht kann nur entstehen im Rahmen eines rechtswirksamen Mietverhältnisses (*Jaeger/Henckel* InsO, § 50 Rn. 36). 52

Eingebracht ist nach der Verkehrsanschauung alles, was bewusst in die Mieträumlichkeiten hineingeschafft wurde, dort hergestellt wird oder vom Vormieter übernommen worden ist. Sachen, die erkennbar nur vorübergehend auf das Grundstück bzw. die Mieträumlichkeiten verbracht werden, sollen nicht als eingebracht gelten (*Jaeger/Henckel* InsO, § 50 Rn. 41), es sei denn, der vorübergehende Verbleib würde gerade der Zweckbestimmung entsprechen, die der Mieter dem Raum oder der Grundstücksfläche gegeben hat (MüKo-InsO/*Ganter* § 50 Rn. 86). Die Abgrenzung dürfte mitunter schwierig sein, wobei fehlende Erkennbarkeit zu Lasten des Mieters geht und im Zweifel von einer Einbringung mit Pfandrechtsentstehung auszugehen ist. 53

Gem. § 562 Abs. 1 Satz 2 BGB werden unpfändbare Gegenstände der §§ 811, 812 ZPO nicht vom Vermieterpfandrecht erfasst (als unpfändbar i.S.d. § 811 Nr. 5 ZPO gelten insoweit nicht die Warenvorräte, vgl. *Braun/Bäuerle* InsO, § 50 Rn. 11a). Gleiches gilt für nicht im Eigentum des Mieters befindliche Sachen. 54

Das Vermieterpfandrecht entsteht unabhängig von der Frage, ob zum Zeitpunkt der Einbringung eine offene Forderung aus dem Mietverhältnis bestand (*BGH* NZI 2007, 158 [159]). 55

b) Kollision mit anderen Absonderungsrechten

Zur Behandlung der Kollision zwischen der Sicherungsübereignung (ohne Raumsicherungsübereignung) und dem Vermieterpfandrecht sowie der Sicherungsübereignung (ohne Raumsicherungsübereignung) mit Eigentumsvorbehalt und dem Vermieterpfandrecht wird verwiesen auf § 51 Rdn. 22–25. 56

Soweit ein **Warenlager mit wechselndem Bestand** raumsicherungsübereignet wird, das sich in angemieteten Räumlichkeiten befindet, so entsteht an nachträglich dem Lager zugeführten Waren im ersten Rang das Vermieterpfandrecht und erst im Nachrang das Absonderungsrecht des Sicherungseigentümers (*BGH* NJW 1992, 1156). 57

Werden sonstige Sachen des Mieters (Anlagevermögen) nach Einbringung in die Mieträumlichkeiten sicherungsübereignet, so geht das Vermieterpfandrecht auch dann dem Sicherungseigentum vor, wenn zum Übereignungszeitpunkt keine Mietrückstände bestanden haben (*BGH* NZI 2004, 209). Erfolgt die Sicherungsübereignung hingegen vor Einbringung, geht das Sicherungseigentum dem Vermieterpfandrecht vor. In einem für die Insolvenzabwicklungspraxis außerordentlich wichtigen Urteil hat der BGH nun entschieden, dass bei einem Mieterwechsel mit anschließender Veräußerung der Mietsache bzgl. der **Einbringung** auf den Zeitpunkt des **ursprünglichen** Mietverhältnisses zwischen Veräußerer und Mieter abzustellen ist. Werden also bei einer sanierenden Übertragung Anlagegegenstände in den bisherigen Mieträumlichkeiten belassen und begründet die Auffanggesell- 58 schaft mit dem Vermieter auf den Zeitpunkt der sanierenden Übertragung ein neues Mietverhältnis, dann unterfallen die Anlagengegenstände auch dann primär dem Vermieterpfandrecht des Grundstückserwerbers, wenn diese vor Beginn des neuen Mietverhältnisses sicherungsübereignet werden (*BGH* NZI 2015, 63 ff., zu Recht kritisch *Ganter* NZI 2015, 65 f.). Die damit einhergehende Sicherungsproblematik für den Anlagenfinanzierer der Auffanggesellschaft lässt sich nur mit einem Nachtrag zum Mietvertrag lösen, in dem vermieterseitig auf das Vermieterpfandrecht verzichtet werde (vgl. *de la Motte* NZI 2015, 504 [506]; mit dieser Problematik hat sich der BGH in der zitierten Entscheidung nicht auseinandergesetzt (vgl. *Wilhelm* JZ 2015, 346).

59 Wird eine eingebrachte Sache des Mieters gepfändet, geht das Vermieterpfandrecht aufgrund des Prioritätsprinzips dem Pfändungspfandrecht vor.

60 Macht der Fiskus Absonderungsrechte nach § 51 Nr. 4 InsO geltend, so setzen sich diese unter Durchbrechung des Prioritätsprinzips gegenüber dem Vermieterpfandrecht durch (vgl. § 51 Rdn. 101).

c) Enthaftung

61 Das Vermieterpfandrecht erlischt gem. § 562a BGB ersatzlos mit Entfernung der eingebrachten Sache aus den Mieträumlichkeiten und vom mit vermieteten Grundstück (*Jaeger/Henckel* InsO, § 50 Rn. 45),.

62 Geschieht die Entfernung vor Insolvenzeröffnung und außerhalb des ordentlichen Geschäftsganges, kann der Vermieter widersprechen und das Verfolgungsrecht des § 562b BGB geltend machen, was etwa in Ausnahmefällen den Vermieter sogar zu einem Austausch der Türschlösser berechtigt, wenn der Mieter eingebrachtes Inventar entfernt (*LG Berlin* Grundeigentum 2013, 418 f.). Das Absonderungsrecht erlischt in diesem Falle nicht.

63 Im eröffneten Verfahren stehen dem Vermieter gegenüber dem Insolvenzverwalter das Widerspruchsrecht des § 562a BGB und das Verfolgungsrecht des § 562b BGB nicht zu, da der Insolvenzverwalter ein eigenes Verwertungsrecht hat und der Vermieter abgesonderte Befriedigung an dem Veräußerungserlös geltend machen kann (*Uhlenbruck/Brinkmann* InsO, § 50 Rn. 32).

d) Gesicherte Forderung/Beschränkung des Absonderungsrechts

64 Das Vermieterpfandrecht deckt grds. ab sämtliche Forderungen aus dem Mietverhältnis, d.h. neben dem Anspruch auf Miete, Mietverschlechterungsschaden, Kosten der Rechtsverfolgung auch den Anspruch auf Erstattung von Strom-, Wasser- und Gaskosten, wenn der Vermieter den Mieter insoweit mit versorgt (*Uhlenbruck/Brinkmann* InsO, § 50 Rn. 27).

65 Soweit es um **vorinsolvenzliche** Mietrückstände geht, beschränkt § 50 Abs. 2 InsO die Absonderungskraft des Vermieterpfandrechts auf Mietzinsansprüche der letzten zwölf Monate vor Insolvenzeröffnung.

66 Bereits § 562 Abs. 2 BGB beschränkt dann für **nachinsolvenzliche** Mietzinsforderungen den Umfang des Vermieterpfandrechts auf zwei Jahre, wobei der Insolvenzverwalter auch diesen Zeitraum noch verkürzen kann, indem er das Mietverhältnis mit der Frist des § 109 Abs. 1 InsO kündigt, da nach Wirksamwerden der Kündigung der weitergehende Mietzinsanspruch gem. § 50 Abs. 2 Satz 1 2. HS InsO nicht über das Vermieterpfandrecht gedeckt ist.

e) Auskunftspflicht des Insolvenzverwalters

67 Ausfluss des Absonderungsrechts des Vermieters ist ein Auskunftsanspruch gegen den Insolvenzverwalter, was Umfang und Zusammensetzung der dem Absonderungsrecht unterliegenden Gegenstände anbelangt, insbesondere den Verbleib, wenn dem Absonderungsrecht unterliegende Gegenstände entfernt worden sind (*BGH* NZI 2004, 209 ff.). Dieser Auskunftsanspruch ist allerdings auf das konkrete Absonderungsrecht beschränkt und besteht nicht, wenn über ihn etwaige Pflicht-

verletzungen des Insolvenzverwalters bei der bevorzugten Berücksichtigung konkurrierender Sicherungsrechte ermittelt werden sollen (*BGH* ZInsO 2010, 2234). Im Übrigen gelten für den Auskunftsanspruch des absonderungsberechtigten Gläubigers die Ausführungen zum Auskunftsanspruch im Rahmen der Aussonderung entsprechend (s. § 47 Rdn. 79).

f) Verwertung/Zuordnung des Verwertungserlöses

Da der Insolvenzverwalter die dem Vermieterpfandrecht unterliegenden Gegenstände in seinem Besitz hat, ist er zur Verwertung berechtigt und kehrt den Verwertungserlös nach Einbehalt der Kostenbeiträge und Mehrwertsteueranteile an den Absonderungsberechtigten aus (§§ 170 Abs. 2, 171 InsO). Der Verwertungskostenbeitrag des § 171 Abs. 2 InsO ist auf der Grundlage der derzeitigen BFH-Rechtsprechung um die gesetzliche Mehrwertsteuer zu beaufschlagen (*BFH* ZInsO 2011, 1904 [1907]; vgl. i.E. *Wegener* §§ 170, 171 Rdn. 19). Immerhin lässt der BFH den Feststellungskostenbeitrag von der Umsatzsteuer befreit (*BFH* ZInsO 2011, 1904 [1907] und *Schmittmann* ZInsO 2011, 1909). **68**

Bzgl. der Anrechnung des Erlöses aus der Verwertung der dem Vermieterpfandrecht unterfallenden Gegenstände in der Tilgungsreihenfolge des § 367 BGB wird verwiesen auf Rdn. 30 und zusammenfassend auf § 52 Rdn. 13–16; der Insolvenzverwalter hat hinsichtlich der Zuordnung des Verwertungserlöses kein Leistungsbestimmungsrecht und zwar weder was Abweichungen von der Tilgungsreihenfolge des § 367 BGB anbelangt (s. § 52 Rdn. 17 m.w.N.), noch was Abweichungen davon anbelangt, dass der nach Kosten- und Zinsabzug verbleibende Restbetrag in den zeitlichen Grenzen des § 50 Abs. 2 zunächst auf die Insolvenzforderungen und erst dann auf die Masseforderungen des Vermieters anzurechnen ist (*Lütcke* NZI 2012, 267). **69**

2. Werkunternehmerpfandrecht

Hat der Werkunternehmer an Sachen des Bestellers Werkleistungen erbracht, erwächst ihm hierfür aus dem Werkunternehmerpfandrecht des § 647 BGB ein Absonderungsrecht, das er bezüglich der noch in seinem Besitz befindlichen Sache des Bestellers ausüben kann hinsichtlich der aus dem konkreten Werkvertrag resultierenden Forderung (sonstige Forderungen aus der Geschäftsbeziehung sind nicht mit abgesichert, vgl. *BGH* NZI 2002, 485 [486]). **70**

Das Werkunternehmerpfandrecht kann als gesetzliches Pfandrecht nicht gutgläubig erworben werden; Werkunternehmer schützen sich hier durch Begründung eines Vertragspfands über die AGB (vgl. *Uhlenbruck/Brinkmann* InsO, § 50 Rn. 44), das gutgläubig erworben werden kann (s. Rdn. 16). **71**

Das Absonderungsrecht erlischt mit Ablieferung der Sache beim Besteller und lebt nicht wieder auf, wenn der Werkunternehmer später wieder in den Besitz der Sache gelangt (*Uhlenbruck/Brinkmann* InsO, § 50 Rn. 45). Bzgl. der Verwertung gelten die zum Vertragspfand gemachten Ausführungen entsprechend (s. Rdn. 25 ff.). **72**

3. Frachtführerpfandrecht/Spediteurpfandrecht

Das Frachtführerpfandrecht des § 441 Abs. 1 HGB und das ihm nachgebildete Spediteurpfandrecht des § 464 HGB gehören zu den stärksten gesetzlichen Pfandrechten. Hiernach steht dem Frachtführer ein Absonderungsrecht an dem Frachtgut zu wegen aller durch den Frachtvertrag selbst begründeten (= konnexen) Forderungen. Darüber hinaus erstreckt es sich auch auf alle sonstigen unbestrittenen Forderungen aus anderen mit dem Absender geschlossenen Fracht-, Speditions- oder Lagerverträgen. Der Erwerb des Frachtführerpfandrechts auch für solchermaßen inkonnexe Forderungen des Frachtführers wird von der Rechtsprechung im Anfechtungszeitraum des § 131 Abs. 1 Nr. 1 InsO für kongruent erachtet (*BGH* NZI 2002, 485 [486]; vgl. auch *BGH* NZI 2005, 389). **73**

Ein gutgläubiger Erwerb des Pfandrechts ist möglich (§ 366 Abs. 3 HGB). **74**

§ 51 Sonstige Absonderungsberechtigte

Den in § 50 genannten Gläubigern stehen gleich:
1. Gläubiger, denen der Schuldner zur Sicherung eines Anspruchs eine bewegliche Sache übereignet oder ein Recht übertragen hat;
2. Gläubiger, denen ein Zurückbehaltungsrecht an einer Sache zusteht, weil sie etwas zum Nutzen der Sache verwendet haben, soweit ihre Forderung aus der Verwendung den noch vorhandenen Vorteil nicht übersteigt;
3. Gläubiger, denen nach dem Handelsgesetzbuch ein Zurückbehaltungsrecht zusteht;
4. Bund, Länder, Gemeinden und Gemeindeverbände, soweit ihnen zoll- und steuerpflichtige Sachen nach gesetzlichen Vorschriften als Sicherheit für öffentliche Abgaben dienen.

Übersicht

		Rdn.
A.	Allgemeines/Systematik	1
B.	Sicherungsübereignung und Sicherungsabtretung (§ 51 Nr. 1 InsO)	4
I.	Sicherungsübereignung	4
	1. Begründung des Sicherungseigentums	5
	2. Wirksamkeit der Sicherungsübereignung	11
	a) Nachträgliche Übersicherung bei Globalsicherheiten	12
	b) Anfängliche Übersicherung bei Globalsicherungen	15
	c) Sonstige sittenwidrige Sicherungsverträge	16
	d) Anfechtbare Besicherung	17
	e) Kollision der Sicherungsübereignung mit anderen Sicherungsmitteln	18
	3. Aufgabe des Sicherungseigentums	27
II.	Verlängerungsformen des Eigentumsvorbehalts	28
	1. Eigentumsvorbehalt mit Verarbeitungsklausel	29
	2. Eigentumsvorbehalt mit Veräußerungsermächtigung	31
	3. Rechtslage im Insolvenzeröffnungsverfahren	36
	4. Berücksichtigung von Abschlagszahlungen auf zedierte Forderungen	38
	5. Auskunftsanspruch des Vorbehaltslieferanten	40
III.	Erweiterungsformen des Eigentumsvorbehalts	44
IV.	Singularzession	46
V.	Globalzession	56
	1. Allgemeines	56
	2. Globalzession im eröffneten Verfahren bei Fortführung	61
	3. Globalzession im eröffneten Verfahren nach Freigabe	62
	4. Besonderheiten im Insolvenzeröffnungsverfahren	64
VI.	Unechtes Factoring	66
VII.	Doppelnützige Treuhand	68
VIII.	Verwertung des Absonderungsgegenstandes i.S.d. § 51 Nr. 1 InsO	72
C.	Zurückbehaltungsrecht wegen nützlicher Verwendungen (§ 51 Nr. 2 InsO)	80
I.	Voraussetzungen für die Entstehung des Absonderungsrechts	81
II.	Insolvenzrechtliche Entwertung des allgemeinen Zurückbehaltungsrechts	86
III.	Verwertung des Absonderungsgegenstandes	90
D.	Kaufmännisches Zurückbehaltungsrecht nach HGB (§ 51 Nr. 3 InsO)	93
I.	Voraussetzungen für die Entstehung des Absonderungsrechts	94
II.	Verwertung des Absonderungsgegenstandes i.S.d. § 51 Nr. 3 InsO	99
E.	Absonderungsrecht des Fiskus (§ 51 Nr. 4 InsO)	100
I.	Voraussetzungen für die Entstehung des Absonderungsrechts	102
II.	Verwertung des Absonderungsrechts	105
III.	Anfechtbarkeit des Absonderungsrechts	107
F.	Weitere Zurückbehaltungs- und Absonderungsrechte	108

Literatur:
Bohlen Die Wirksamkeit einer Globalzession bei Kollision mit verlängerten Eigentumsvorbehalten von Lieferanten, ZInsO 2010, 1530; *Bollwerk* Bestimmtheitsgrundsatz bei der Sicherungsübereignung von Warenlagern mit wechselndem Bestand, ZInsO 2015, 2062; *Bruckhoff* Insolvenzfestigkeit der Globalzession, NZI 2008, 87; *Flöther* Die Anfechtung zugunsten des Sicherungszessionars – oder: kann die Masse durch eine Anfechtung *ungerechtfertigt* bereichert sein?, ZInsO 2016, 74; *Flöther/Wehner* Die Globalzession im Insolvenzeröffnungsverfahren, NZI 2010, 554; *Ganter* Betriebsfortführung durch den vorläufigen Verwalter trotz Globalzession, NZI 2010, 551; *Gundlach/Frenzel/Jahn* Die Einziehungsermächtigung und der vorläufige Insolvenzverwalter,

NZI 2010, 336; *Gundlach/Schirrmeister* Die aus- und absonderungsfähigen Gegenstände in der vorläufigen Verwaltung, NZI 2010, 176; *Kesseler* Rückgewähransprüche an Grundschulden in der Insolvenz, NJW 2012, 577; *Klemm* Insolvenzsicherung durch Treuhandvereinbarung, DB 2013, 2398; *Kremer/Jürgens* Wann entsteht insolvenzrechtlich der Anspruch des Kassenarztes, ZInsO 2016, 895; *Kuder* Insolvenzfestigkeit revolvierender Kreditsicherheiten, ZIP 2008, 289; *Mai* Wertersatz oder Herausgabe sicherungsübereigneter, aber unpfändbarer Praxiseinrichtungen bei Fortführung in der Insolvenz, ZVI 2007, 166; *Reuter* Wie insolvenzfest sind Sicherheiten bei konsortialen (Projekt-)Finanzierungen und deren Refinanzierung?, NZI 2010, 167; *Riggert* Neue Anforderungen an Raumsicherungsübereignungen?, NZI 2009, 137; *Riggert/Baumert* Doppelnützige Treuhand – Treuhand trifft auf Berufsrecht, NZI 2012, 785; *Rößler* Contractual Trust Arrangements – eine rechtliche Bestandsaufnahme, BB 2010, 1405; *Schmittmann* Umsatzsteuer aus Einzug von Altforderungen nach Insolvenzeröffnung, ZIP 2011, 1125; *Siebert* Die Verwertung der unter Eigentumsvorbehalt gelieferten Gegenstände im Umsatzsteuerrecht, NZI 2008, 529; *Smid* Entstehung und Geltendmachung konkurrierender Sicherheiten von finanzierender Bank und Lieferanten in der Insolvenz des Sicherungsgebers, ZInsO 2009, 2217; *ders.* Vereinnahmung von sicherungszedierten Forderungen im Eröffnungsverfahren, DZWIR 2010, 309; *ders.* Voraussetzungen der Berücksichtigung von Absonderungsrechten in dem über das Vermögen des Sicherungsgebers eröffneten Insolvenzverfahren, NZI 2009, 669; *Tetzlaff* Verschiedene Möglichkeiten für die Auflösung einer Kollision zwischen Eigentumsvorbehalt und Globalzession, ZInsO 2009, 1092; *de Weerth* Aktuelle insolvenzrechtlich bedingte Problembereiche der Umsatzsteuer, ZInsO 2008, 1252; *ders.* Umsatzsteuerhaftung nach § 13c UStG und Insolvenzrecht, NZI 2006, 501; *ders.* Umsatzsteuer als Masseverbindlichkeit bei Entgeltvereinnahmung durch Insolvenzverwalter und Sicherungszession, ZInsO 2011, 853; *Weitbrecht* Die Doppeltreuhand – Grundstruktur, Insolvenzfestigkeit, Verwertung, NZI 2017, 553.

A. Allgemeines/Systematik

§ 51 InsO erweitert den Kreis der Absonderungsrechte an beweglichen Sachen und Rechten und ergänzt insoweit § 50 InsO, ohne dass der Katalog der in § 51 InsO aufgeführten Absonderungsrechte abschließend wäre, der noch innerhalb der InsO (§ 84 Abs. 1 Satz 2 InsO; hierzu *Wimmer-Amend* § 84 Rdn. 28 ff.) und außerhalb der InsO (z.B. § 110 VVG; hierzu s. Rdn. 109 ff.) erweitert wird.

Die Reihenfolge der Absonderungsrechte in § 51 InsO ist ohne Bedeutung für die Rangfolge der Rechte untereinander, die sich nach allgemeinen Grundsätzen bestimmt und jeweils im Sachzusammenhang erörtert wird.

Wirksam begründete Absonderungsrechte sind nicht nur von Bedeutung für die Zuordnung von Vermögenswerten eines Insolvenzschuldners in der Insolvenz selbst. Darüber hinaus kann der Insolvenzverwalter z.B. die vorinsolvenzliche Verrechnung eines Zahlungseingangs auf einem ungekündigten und debitorisch geführten Kontokorrentkonto nicht der Insolvenzanfechtung unterziehen, wenn die bezahlte Forderung über eine insolvenzfeste Globalzession oder Raumsicherungsübereignung mit Anschlusszession ohnehin der verrechnenden Bank zugestanden hätte, da es dann an der Gläubigerbenachteiligung als zwingende Voraussetzung für die Insolvenzanfechtung fehlen würde (vgl. *Dauernheim* § 129 Rdn. 68). Sodann kann z.B. auch der GmbH-Geschäftsführer, der es zulässt, dass in der vorinsolvenzlichen Krise Gutschriften auf einem im Soll geführten Kontokorrentkonto eingehen, nicht aus dem rechtlichen Gesichtspunkt einer Insolvenzverschleppungshaftung in Anspruch genommen werden, wenn die eingezogenen Forderungen der Bank anfechtungsfest sicherungshalber zediert waren (*BGH* NZI 2016, 272 ff. und *BGH* NZI 2015, 817 ff.).

B. Sicherungsübereignung und Sicherungsabtretung (§ 51 Nr. 1 InsO)

I. Sicherungsübereignung

Das Sicherungseigentum stellt sich als der Hauptanwendungsfall der eigennützigen Treuhand dar (dazu § 47 Rdn. 51). Der Sicherungsnehmer wird nach Übereignung unter Vereinbarung eines Besitzkonstituts zwar formal Vollrechtsinhaber. Seine rechtlichen Befugnisse sind jedoch durch die Sicherungsabrede auf den Sicherungsfall beschränkt, weshalb § 51 Nr. 1 InsO die Sicherungsübertragung den Absonderungsrechten zuweist. Soweit allgemein die Sicherungsübereignung wirtschaftlich als ein im BGB nicht vorgesehenes besitzloses Pfandrecht angesehen wird (vgl. statt aller i.E. MüKo-

InsO/*Ganter* § 51 Rn. 7 ff.), so bedarf dies keiner Vertiefung, zumal sich in der Insolvenz des Sicherungsgebers die Insolvenzverwertung verpfändeter (§ 173 InsO) und sicherungsübereigneter (§ 166 ff. InsO) Vermögenswerte gänzlich unterscheiden. In der praktisch seltenen Insolvenz des Sicherungsnehmers hingegen kann der Sicherungsgeber das Sicherungsgut aussondern, wenn der Sicherungszweck entfallen ist (dazu § 47 Rdn. 29 f.).

1. Begründung des Sicherungseigentums

5   Das Sicherungseigentum wird nach allgemeinen Regeln durch eine dingliche Einigung und Übergabe bzw. ein Übergabesurrogat nach §§ 929 ff. BGB begründet. Der in der Praxis häufigste Fall ist der eines Besitzmittlungsverhältnisses nach § 930 BGB.

6   Sicherungsübereignungen sind nur wirksam, wenn sie dem sachenrechtlichen Bestimmtheitsgrundsatz entsprechen. Dies bereitet keine Schwierigkeiten bei der Übereignung individueller Sachen, wobei die Individualisierung durch dem Sicherungsvertrag beigefügte Rechnungen über das Sicherungsgut erfolgen kann (vgl. aber *OLG Brandenburg* 16.01.2008 – 7 U 25/07, II 1). Zur Konkretisierung kann auch Bezug genommen werden auf ein Inventarverzeichnis, das mit der sonstigen Vertragsurkunde nicht körperlich verbunden werden, bei Abschluss der Vereinbarung aber tatsächlich vorgelegen haben muss (*BGH* NZI 2008, 558 [559 f.]). Die Inventarliste ist allerdings nicht ausreichend, wenn sie das Sicherungsgut nur nach Gattung oder Gewicht bezeichnet (*BGH* NZI 2008, 558 ff. [560]).

7   Bei der Übereignung von **Sachgesamtheiten** hingegen, insbesondere den in der Praxis häufigen Übereignungen von Warenlagern mit wechselndem Bestand, muss die dingliche Einigung zusätzliche einfache äußerliche Abgrenzungskriterien enthalten, die für jeden Außenstehenden, der nur die vertraglichen Vereinbarungen kennt, ohne weiteres ersichtlich machen, welche individuell bestimmten Sachen übereignet wurden (*BGH* NJW 1991, 2144 ff. [2146]; *Bollwerk* ZInsO 2015, 2062); können nur sachkundige Personen, die Zugang zu den Geschäftsunterlagen haben, möglicherweise fremde und nicht zu übereignende Gegenstände bestimmen, ist dem Bestimmtheitserfordernis nicht genügt (*OLG Düsseldorf* NZI 2012, 418).

8   Diesem Erfordernis genügen nicht solche Klauseln, bei denen aus einem Lager nur Waren in einem bestimmten Wert oder einer bestimmten Menge übereignet werden sollen, d.h. eine bloß quantitative Zuordnung stattfindet (BGHZ 21, 52 ff. [55]). Die Bestimmtheit fehlt weiter, wenn von neu in ein Lager hinzukommenden Waren ausgenommen sein sollen die dem Sicherungsgeber unter Eigentumsvorbehalt gelieferten (*BGH* NJW 1986, 1985 f. [1986], was durch Übertragung der Anwartschaftsrechte wiederum geheilt werden kann (s. Rdn. 9).

9   Bestimmt ist hingegen eine Beschreibung nach Eigenschaften wie Formen, Farben oder Größen, wenn aus einem Lagerbestand sämtliche Waren mit diesen Eigenschaften übereignet werden sollen (MüKo-BGB/*Oechsler* Anh. §§ 929–936 Rn. 7). Bestimmtheit liegt vor, wenn **alle** Waren in bestimmten Räumen übereignet werden sollen (= Raumsicherungsvertrag), selbst wenn Teile hiervon dem Sicherungsgeber unter Eigentumsvorbehalt geliefert wurden (sog. »Allformel«, *LG Bielefeld* ZInsO 2014, 612 ff.): in diesem Fall erfasst die Einigung die Vollrechte sowie die Anwartschaftsrechte aus den Vorbehaltswaren (BGHZ 28, 16 ff. [20]; s. i.E. Rdn. 19). Wird die Abtretung mit der »Allformel« aber wieder eingeschränkt, weil man diese auf eine bestimmte Kategorie bezieht, die ihrerseits unbestimmt ist (z.B. »alle Vorräte«), so fehlt es wiederum an der Bestimmtheit (*BGH* NZI 2008, 551 ff. [554]; vgl. aber *Riggert* NZI 2009, 137 ff. [138]). Dem Bestimmtheitserfordernis genügt ebenfalls die Übereignung von Teilen der in einer bestimmten Räumlichkeit befindlichen Waren, wenn diese äußerlich klar vom übrigen Bestand abgegrenzt sind, bzw. besonders markiert werden (= Markierungsvertrag). Nicht ungefährlich sind Sicherungsverträge, bei denen das Sicherungsgut aufgrund periodisch zu fertigender Bestandslisten konkretisiert wird: Die in der Zeit zwischen der Fertigung der Inventarlisten hinzugekommenen Waren werden erst nach Fertigung der neuesten Liste individualisiert und fallen erst hiernach in das Sicherungseigentum (*Braun/Bäuerle* InsO § 51 Rn. 8)

Eine Erstreckung des Sicherungseigentums auf die aus seiner Verwendung gezogenen Nutzungen 10
findet nur statt, wenn dem Sicherungseigentümer im Sicherungsvertrag ein Nutzungsrecht eingeräumt wurde (was in der Insolvenzpraxis nicht anzutreffen ist), ansonsten nicht (*BGH* ZInsO 2007, 37 f.).

2. Wirksamkeit der Sicherungsübereignung

Ist das Sicherungseigentum sachenrechtlich ordnungsgemäß begründet (s. § 51 Rdn. 5 ff.), so kön- 11
nen gleichwohl eine Reihe von Umständen seiner Durchsetzbarkeit entgegenstehen. Hier zählen die Übersicherung (§ 51 Rdn. 12 bis 15), sonstige sittenwidrige Sicherungsverträge (§ 51 Rdn. 16), die insolvenzrechtliche Anfechtbarkeit (§ 51 Rdn. 17) sowie schließlich die Kollision mit anderen Sicherungsmitteln (§ 51 Rdn. 18 bis 25).

a) Nachträgliche Übersicherung bei Globalsicherheiten

Die Raumsicherungsübereignung als revolvierende Globalsicherheit bedarf zu ihrer Wirksamkeit we- 12
der einer dinglich wirkenden Freigabeklausel, noch führt das Fehlen von das Sicherungsgut betreffenden Bewertungsklauseln oder von prozentual ausbezifferten Deckungsgrenzen zur Nichtigkeit der Sicherungsübereignung (*BGH* NJW 1998, 671 ff.; zur zuvor kasuistisch ausdifferenzierten Rechtsprechung vgl. FK-InsO/*Imberger* 8. Aufl., § 51 Rn. 10–12).

Kommt es bei den revolvierenden Globalsicherungen zu einer nachträglichen Übersicherung, so hat 13
der Sicherungsgeber einen dem Sicherungsvertrag aufgrund seines Treuhandcharakters immanenten Freigabeanspruchs (*BGH* NJW 1998, 2206 f. [2207], der über AGB des Sicherungsnehmers nicht beschränkt werden kann, die weiterhin nichtig sind, wenn der Freigabeanspruch nur vom Ermessen des Sicherungsnehmers abhängig sein soll (*BGH* ZIP 1998, 1066 f. [1067]), ohne dass die Nichtigkeit der Klausel auf den Sicherungsübereignungsvertrag im Übrigen durchschlägt (MüKo-InsO/ *Ganter* vor §§ 49–52 Rn. 87). Der Freigabeanspruch besteht hiernach bei Gegenständen, bei denen sich keine Bewertungsunsicherheiten ergeben, jedenfalls dann, wenn der Sicherungswert bei 110 % der gesicherten Forderung liegt; anderenfalls ist dem Sicherungsgläubiger ein Bewertungsabschlag von einem Drittel zuzugestehen, weshalb ein Freigabeanspruch dann bei einem Sicherungswert von 150 % des Sicherungsbedarfs besteht (*BGH* NJW 1998, 671 [677]).

Soweit das Sicherungseigentum keine revolvierende Sicherheit, sondern vielmehr nur eine bestimm- 14
te, in ihrem Bestand im Wesentlichen unveränderliche Sachgesamtheit zum Gegenstand hat, so gelten hier die vorstehenden Freigabegrundsätze entsprechend, wobei hier aber eine Freigabeklausel mit zahlenmäßig bestimmter Deckungsklausel schon bislang entbehrlich war (*BGH* ZIP 1994, 305 ff. [307]).

b) Anfängliche Übersicherung bei Globalsicherungen

Ist bereits bei Vertragsabschluss gewiss, dass ein auffälliges Missverhältnis zwischen dem realisier- 15
baren Wert der Globalsicherheit und der gesicherten Forderung bestehen wird, so ist der Sicherungsvertrag gem. § 138 Abs. 1 BGB nichtig (*BGH* ZIP 1998, 684 ff. [685]). Ab welcher prozentualen Abweichung zwischen dem Sicherungsbedarf und dem Wert der Sicherungsgegenstände von einem auffälligen Missverhältnis auszugehen ist, legt der BGH nicht fest. Einigkeit besteht in der Literatur, dass die Deckungsgrenzen für eine nachträgliche Übersicherung (s. Rdn. 14) deutlich überschritten sein müssen (MüKo-InsO/*Ganter* vor §§ 49–52 Rn. 84). Zusätzlich muss die Übersicherung sodann auf einer verwerflichen Gesinnung des Sicherungsnehmers beruhen, die Ausdruck einer besonderen Rücksichtslosigkeit gegenüber dem Sicherungsgeber sein muss. Da Letzteres i.d.R. nur schwer nachzuweisen ist, spielt die anfängliche Übersicherung in der Insolvenzpraxis eine völlig untergeordnete Rolle (vgl. aber *BGH* NJW 1998, 2047 f. und *Braun/Bäuerle* InsO, § 51 Rn. 16).

c) Sonstige sittenwidrige Sicherungsverträge

16 Neben der anfänglichen Übersicherung (Rdn. 15) hat die Rechtsprechung aus der Generalklausel des § 138 Abs. 1 BGB noch weitere Fallgruppen entwickelt, bei denen von einer Nichtigkeit der Sicherungsverträge auszugehen ist, namentlich bei der Knebelung des Schuldners, bei der Insolvenzverschleppung bzw. Beteiligung hieran sowie bei einer anderweitigen Gläubigergefährdung bzw. Kredittäuschung. Von einer inhaltlichen Darstellung besagter Fallgruppen wird hier Abstand genommen (vgl. insoweit mit Nachw. der fallgruppenbezogenen Rechtsprechung instruktiv *BGH* NZI 2016, 659 [660]), da der BGH von einem Anwendungsvorrang der Vorschriften über die Insolvenzanfechtung bei allen gläubigerbenachteiligenden Rechtshandlungen ausgeht (*BGH* NZI 2016, 659 [661]) und Raum für auf § 138 Abs. 1 BGB gestützte Nichtigkeitsgründe nur sieht, wenn das Rechtsgeschäft über die Gläubigerbenachteiligung hinausgehende Umstände aufweist.

d) Anfechtbare Besicherung

17 Bei der Sicherungsübereignung von Sachgesamtheiten mit wechselndem Bestand, typischerweise dem Warenlager des späteren Insolvenzschuldners, kann selbst die ansonsten wirksame Sicherungsvereinbarung in der vorinsolvenzlichen Unternehmenskrise ihre Wirkung über die nachinsolvenzlich erklärte Insolvenzanfechtung verlieren. Der BGH hat für den Fall der Globalzession entschieden, dass das sog. Werthaltigmachen zukünftiger Forderungen nach Maßgabe des § 130 Abs. 1 InsO der Insolvenzanfechtung unterfällt (*BGH* NZI 2008, 89 [92 f.]). Diese Rechtsprechung ist auf das Werthaltigmachen der Raumsicherungsübereignung ohne Einschränkung zu übertragen. Werden also in der Unternehmenskrise Lieferungen in das raumsicherungsübereignete Warenlager vorgenommen und dieses damit werthaltig gemacht oder gehalten, was dem Sicherungsgläubiger insoweit eine Fortsetzung seiner Sicherung ermöglicht, so kann dies vom Insolvenzverwalter nach Maßgabe des § 130 Abs. 1 InsO angefochten werden. Der in der Insolvenzpraxis bankseitig oftmals erhobene Einwand, wonach es bei einem in der Unternehmenskrise vom Wert her in etwa gleich bleibenden raumsicherungsübereigneten Warenbestand an der Gläubigerbenachteiligung fehlen würde, verfängt nicht. Bleibt nämlich der Sicherungswert des Warenlagers durch Einlieferungen in der Krise bei unverändertem Kreditengagement des Sicherungsgläubigers in etwa gleich, während sich die Forderungen der unbesicherten Gläubiger aufgrund der vorinsolvenzlichen Verlustsituation im gleichen Zeitraum erhöhen, so liegt hierin die eine Anfechtung rechtfertigende Gläubigerbenachteiligung. Je nach Lagerumschlagshäufigkeit kann dies u.U. zu einer kurzfristigen vollständigen Entwertung der Warenlager-Raumsicherungsübereignung führen, was bankseitigen Insolvenzantragsdruck erzeugen kann oder Sanierungsversuche bei negativen Geschäftsergebnissen erschwert bis verunmöglicht.

e) Kollision der Sicherungsübereignung mit anderen Sicherungsmitteln

18 Bei der Sicherungsübereignung ergeben sich häufig Kollisionen mit Sicherungsmitteln Dritter, wobei hier im Grundsatz zunächst einmal das Prioritätsprinzip gilt, wonach die zeitlich früher vorgenommene Sicherung der zeitlich nachfolgenden Sicherung vorgeht (MüKo-InsO/*Ganter* vor §§ 49–52 Rn. 74). In den nachfolgenden Fallgruppen ergeben sich allerdings von diesem Grundsatz Abweichungen wie folgt:

19 Wird unter **Eigentumsvorbehalt** gelieferte Ware vom Vorbehaltskäufer sicherungsübereignet, etwa dadurch, dass er unbezahlte Vorbehaltsware in ein zur Sicherheit an eine Bank übereignetes Warenlager einbringt (ohne Vermieterpfandrechtsproblematik, hierzu s. Rdn. 25), so erstreckt sich die Sicherungsübereignung zunächst nur auf das Anwartschaftsrecht des Vorbehaltskäufers (s. Rdn. 9). Der Sicherungsgläubiger hat die Möglichkeit, das Anwartschaftsrecht – bzw. nach Zahlung des Restkaufpreises an den Vorbehaltsverkäufer analog § 268 BGB – das Vollrecht abzusondern, wobei vom Absonderungsrecht gedeckt sind nicht nur die besicherte Forderung selbst, sondern vielmehr auch die Kosten, die dem Sicherungsgläubiger mit der Ablösung des Vorbehaltseigentums entstehen (*Gottwald/Adolphsen* HdbInsR, § 43 Rn. 86).

Erfolgt die Sicherungsübereignung allerdings nachträglich an bereits vor diesem Zeitpunkt unter Eigentumsvorbehalt gelieferten Zubehörstücken eines Grundstücks (z.B. Gaststätteninventar), das mit einer **Hypothek/Grundschuld** belastet ist, so geht nach Befriedigung des Vorbehaltsverkäufers der Haftungsanspruch des Grundpfandrechtsgläubigers dem Anspruch des Sicherungsgläubigers vor (*BGH* BGHZ 35, 85 ff.). **20**

Anders verhält es sich aber dann, wenn bei einem bestehenden Raumsicherungsübereignungsvertrag (Warenlager mit wechselndem Bestand) Sachen auf ein Grundstück geliefert werden, das mit einem Grundpfandrecht belastet ist: in diesem Fall besteht grds. Gleichrang zwischen den Absonderungsrechten aus dem Grundpfandrecht und dem Sicherungseigentum (MüKo-InsO/*Ganter* vor §§ 49–52 Rn. 74; **a.A.** *Riggert* NZI 2000, 241 [242] und *Braun/Bäuerle* InsO, § 51 Rn. 47: quotale Aufteilung des Erlöses anhand der jeweils gesicherten Forderungen der beiden Gläubiger). **21**

Kollisionen zwischen der Sicherungsübereignung und dem **Vermieterpfandrecht** werden im Allgemeinen über den Grundsatz der Priorität gelöst. Ist ein Gegenstand bereits **vor Einbringung** in die Mietsache **sicherungsübereignet** worden, geht grds. die Sicherungsübereignung vor, da sich das Vermieterpfandrecht nach § 562 Abs. 1 BGB nur auf im Eigentum des Mieters stehende Sachen erstreckt und ein gutgläubiger Erwerb des Vermieterpfandrechts nicht möglich ist, nachdem die §§ 1207, 932 ff. BGB für gesetzliche Pfandrechte nicht anwendbar sind (*Vortmann* ZIP 1983, 626 ff. [627]); die Rechtsprechung fordert hierfür allerdings eine vollständige Vollendung des Erwerbstatbestandes der §§ 929 ff. BGB für das Sicherungseigentum vor Entstehung des Vermieterpfandrechts (vgl. *OLG Düsseldorf* ZMR 1999, 474 ff.). Darüber hinaus stellt die Rechtsprechung neuerdings bzgl. der Einbringung bei einem Mieterwechsel mit anschließender Veräußerung der Mietsache bzgl. der Einbringung auf den Zeitpunkt des ursprünglichen Mietverhältnisses zwischen Veräußerer und Mieter ab (*BGH* NZI 2015, 63 ff.; hierzu sowie zu den Konsequenzen s. § 50 Rdn. 58). **22**

Wird der Sicherungsgeber erst mit Einbringung des Sicherungsguts in die Mieträume Besitzer – praktisch häufig bei der Sicherungsübereignung noch herzustellender oder zu beschaffender Sachen –, so geht dem Sicherungseigentum das Vermieterpfandrecht vor (*BGH* NJW 1992, 1156 [1157]), selbst dann, wenn die Sicherungsübereignung der Finanzierung der eingebrachten Sachen diente. **23**

Wird hingegen der in einer Mietsache befindliche Gegenstand **nach Einbringung** sicherungsübereignet, so geht ebenfalls das Vermieterpfandrecht vor, der Sicherungsnehmer erlangt nur das mit dem vorrangigen Vermieterpfandrecht belastete Sicherungseigentum, unabhängig davon, wann die Forderung des Vermieters fällig wird. Das Vermieterpfandrecht entsteht mit der Einbringung auch soweit, als es erst künftig entstehende Forderungen aus dem Mietverhältnis sichert (*BGH* ZInsO 2007, 91), d.h. auch dann, wenn zum Zeitpunkt der Einbringung keinerlei Mietrückstände bestanden. Bankengläubiger als die typischerweise die (Raum)Sicherungsübereignung nutzende Gläubigergruppe können sich nach alledem gegen den Vermieter i.d.R. nur durchsetzen, wenn von diesem eine (nur) gegenüber der Bank beschränkte Rangrücktrittserklärung hinsichtlich seiner Ansprüche aus dem Vermieterpfandrecht bzw. eine Vermieterpfandrechtsverzichterklärung eingefordert wird. **24**

Kollidieren **Sicherungseigentum** und **Vermieterpfandrecht** hinsichtlich solcher Sachen, die unter **Eigentumsvorbehalt** erworben werden und unbezahlt in ein angemietetes Lager eingebracht werden, das mit einer Raumsicherungsübereignung belastet ist (praktisch sehr häufiger Fall), so nimmt die Rechtsprechung letztlich aus Billigkeitserwägungen zur Vermeidung einer wirtschaftlichen Aushöhlung des Vermieterpfandrechts auch bei dieser Konstellation einen Vorrang des Vermieterpfandrechts an (vgl. MüKo-InsO/*Ganter* InsO, § 50 Rn. 89). **25**

Da das Vermieterpfandrecht – abgesehen von den Fällen des § 562a BGB – mit Entfernung der eingebrachten Sache aus den unmittelbar angemieteten Räumlichkeiten erlischt, ist es möglich nach Entfernung und vor erneuter Einbringung unbelastetes Sicherungseigentum durch Vollendung des Rechtserwerbs gem. §§ 929 ff. BGB zu begründen, das die Entstehung eines neuen Vermieterpfandrechts hindert (*OLG Hamm* ZIP 1981, 165 f. [166]). **26**

3. Aufgabe des Sicherungseigentums

27 Auf das Sicherungseigentum kann der Berechtigte – wie in allen Fällen der Absonderungsrechte – jederzeit verzichten, was insbesondere dann angezeigt ist, wenn das Sicherungsgut unverwertbar oder mit weiteren Kosten verbunden ist (vgl. zum Verzicht auf Absonderungsrechte § 52 Rdn. 26–29).

II. Verlängerungsformen des Eigentumsvorbehalts

28 Der Sicherungsübereignung in ihren insolvenzrechtlichen Auswirkungen gleichzusetzen sind die Verlängerungsformen des Eigentumsvorbehalts, die ebenfalls lediglich zu einem Absonderungsrecht führen, wenn der Verlängerungsfall eingetreten ist (vor Eintritt des Verlängerungsfalls kann der Vorbehaltsverkäufer aussondern). Beim verlängerten Eigentumsvorbehalt erteilt der Vorbehaltsverkäufer dem Vorbehaltskäufer sein Einverständnis in den Verkauf bzw. die Verarbeitung der Vorbehaltsware. Im Gegenzug hierfür lässt er sich die aus der Veräußerung resultierende Forderung abtreten bzw. vereinbart eine Herstellerklausel. Auch die Verlängerungsformen des Eigentumsvorbehalts werden i.d.R. über AGBs des Vorbehaltsverkäufers eingeführt (vgl. deshalb zunächst § 47 Rdn. 20 ff.). Anders als bei den nur bzgl. des einfachen Eigentumsvorbehalts kollidierenden AGBs (vgl. § 47 Rdn. 22) führt bei den Verlängerungsformen die in den Einkaufsbedingungen enthaltene Abwehrklausel des Käufers dazu, dass die in den Verkaufsbedingungen vorgegebenen Verlängerungsformen des Eigentumsvorbehalts nicht Vertragsbestandteil werden (*BGH* ZIP 1985, 544 [545]; zu den Konsequenzen s. Rdn. 33).

1. Eigentumsvorbehalt mit Verarbeitungsklausel

29 Eine ordnungsgemäß vereinbarte Verarbeitungs- oder Herstellerklausel bestimmt, dass die Verarbeitung der Vorbehaltsware i.S.d. § 950 BGB für den Vorbehaltsverkäufer erfolgen soll, dieser mithin ohne Durchgangserwerb des Vorbehaltskäufers Eigentümer der neuen Sache wird (BGHZ 20, 159 ff. [163]), soweit der Wert der Verarbeitung jedenfalls 60 % des Werts der verarbeiteten Grundstoffe erreicht (*BGH* NJW 1995, 2633). Das so erworbene Eigentum wird jedoch rechtlich dem des Sicherungseigentums gleichgestellt, weshalb der aus der Herstellerklausel begünstigte Vorbehaltsverkäufer ungeachtet seines Eigentums nur Absonderung verlangen kann.

30 Eine Verarbeitungsklausel auf deren Grundlage sich der Verwender das Alleineigentum an einer Sache zuweisen lassen will, ist unwirksam, wenn sie keine Öffnung für den Fall enthält, dass von der Verarbeitung auch noch andere unter Eigentumsvorbehalt gelieferte Waren betroffen sind (*BGH* ZIP 1999, 997 [998]). In solchen Fällen wird allerdings auch bei fehlender Öffnungsklausel eine geltungserhaltende Reduktion dahingehend zugelassen, dass Miteigentum aller Vorbehaltslieferanten nach §§ 947, 950 BGB gebildet wird im Verhältnis der jeweiligen Wertanteile untereinander (MüKo-Inso/*Ganter* § 47 Rn. 172).

2. Eigentumsvorbehalt mit Veräußerungsermächtigung

31 Die Ermächtigung des Vorbehaltskäufers zur Veräußerung der Vorbehaltsware im geordneten Geschäftsgang wird verbunden mit einer Vorausabtretung der aus der Veräußerung resultierenden Forderungen. Die Forderungsabtretung muss wiederum bestimmt oder bestimmbar sein. Soweit eine Teilabtretung »in Höhe des Werts der Lieferung« des Vorbehaltsverkäufers vorgenommen wird, genügt eine solche Formulierung dem Bestimmbarkeitserfordernis, wenn sich die Höhe der Teilforderung anhand von Lieferscheinen und Rechnungen feststellen lässt (*Mohrbutter/Ringstmeier-Vortmann* Kap. 8 Rn. 133).

32 Auch die Vorausabtretung bedarf zu ihrer Wirksamkeit ansonsten keiner Deckungsgrenze, keiner Bewertungskriterien und auch keiner Freigabeklausel (s. Rdn. 12 u. *Braun/Bäuerle* InsO, § 51 Rn. 23).

Kollidieren die in den Vorbehaltsverkäufer-AGBs vorgesehenen Rechte des Vorbehaltsverkäufers aus verlängertem Eigentumsvorbehalt mit den Einkaufsbedingungen des Vorbehaltskäufers dahingehend, dass der Vorbehaltskäufer die Abtretung der gegen sich gerichteten Kaufpreisforderung ausgeschlossen hat (eine solche **Abwehrklausel** ist zulässig: *BGH* NJW 2006, 3486 f.), so wird die Forderung aus dem Weiterverkauf zwar nicht an den Vorbehaltsverkäufer abgetreten. Da der Vorbehaltskäufer wegen seiner AGB-Abwehrklausel allerdings außerhalb der Weiterverkaufsermächtigung des Vorbehaltsverkäufers handelt, verfügt er als Nichtberechtigter, mit der Folge, dass dem Vorbehaltsverkäufer ein Ersatzaussonderungsrecht zusteht (*Gottwald/Adolphsen* HdbInsR, § 43 Rn. 48). 33

Die Rechte des Vorbehaltsverkäufers mit verlängertem Eigentumsvorbehalt gehen in Kollisionsfällen vor den Rechten der Finanzierungsgläubiger aus der Globalzession (s. Rdn. 60). 34

Auch gegenüber der Zession des Finanzierungsgläubigers im Rahmen des »unechten« Factorings setzt sich der Vorbehaltsgläubiger durch (hierzu s. Rdn. 67), da sich die Rechtslage insoweit von der Globalzession nicht unterscheidet. Liegt hingegen ein Fall des »echten« Factorings vor (hierzu s. § 47 Rdn. 35), gehen die Lieferantensonderrechte mit Zahlung des Factors unter. 35

3. Rechtslage im Insolvenzeröffnungsverfahren

Ob die beim verlängerten Eigentumsvorbehalt vorliegende Veräußerungs- und Verarbeitungsermächtigung des Insolvenzschuldners auch im **Insolvenzeröffnungsverfahren** fortbesteht, ist streitig. Jedenfalls so lange, als der Geschäftsbetrieb im Eröffnungsverfahren fortgesetzt wird, muss auch die Veräußerungsermächtigung weiter bestehen, da ansonsten die gesetzliche Verpflichtung des Insolvenzverwalters zur Geschäftsfortführung verunmöglicht werden würde (*BGH* NZI 2010, 339 ff. [340] sowie ausf. und zur Kritik an dieser Argumentation § 48 Rdn. 13). 36

Häufig sprechen die Eigentumsvorbehaltslieferanten zu Beginn des Insolvenzeröffnungsverfahrens **Veräußerungs- und Verarbeitungsverbote** aus. Diese sind allerdings bis zum Berichtstermin **unbeachtlich**, wenn man der hier und überwiegend vertretenen Auffassung folgt, wonach § 107 Abs. 2 InsO in analoger Anwendung des § 112 InsO auch bereits im Insolvenzeröffnungsverfahren gilt (vgl. dazu § 47 Rdn. 26). Jedenfalls bezüglich der Eigentumsvorbehaltswaren bedarf es daher im Insolvenzeröffnungsverfahren keiner flankierenden Anordnungen des Insolvenzgerichts gem. § 21 Abs. 2 Nr. 5 InsO, der in der Insolvenzpraxis ohnehin noch immer ein Schattendasein führt (vgl. empirisch *Schmerbach* § 21 Rdn. 375), es sei denn, der Vorbehaltslieferant wäre bereits vor Bestellung des vorläufigen Insolvenzverwalters vom Eigentumsvorbehaltsverkauf gem. § 449 Abs. 2 BGB zurückgetreten. 37

4. Berücksichtigung von Abschlagszahlungen auf zedierte Forderungen

Soweit ein Bauunternehmen vor der Insolvenz Materialien verbaut hatte, die von einem Baustofflieferanten unter verlängertem Eigentumsvorbehalt geliefert worden waren, so wirken sich vor Insolvenzeröffnung erfolgte Abschlagszahlungen des Bestellers auf die Forderungen des Vorbehaltslieferanten aus wie folgt: Wurde die Abschlagsrechnung **spezifiziert** erteilt, d.h. wurden in der Abschlagsrechnung die vom Vorbehaltslieferanten gelieferten Materialien aufgeführt, so gehen die Sonderrechte des Vorbehaltslieferanten mit der Abschlagszahlung unter in der Höhe, in der der Wert seines Vorbehaltsmaterials in der Abschlagsrechnung des Insolvenzschuldners enthalten war. War die Abschlagsrechnung hingegen **unspezifiziert**, enthielt sie also keine Auflistung der verbauten Materialien und war sie etwa – wie im Baubereich häufig anzutreffen – lediglich mit einer bestimmten fortlaufenden Nr. der Abschlagsrechnung überschrieben, so wird die Abschlagszahlung des Bauherrn analog § 366 Abs. 2 BGB auf die Teilforderung der Bauunternehmung und des Vorbehaltslieferanten **verhältnismäßig** geleistet, sofern der Bauherr mit seiner Abschlagszahlung keine abweichende Tilgungsbestimmung getroffen und der Bauunternehmer mit dem Vorbehaltslieferanten nichts anderes vereinbart hatte (so in Fortführung und Ergänzung von *BGH* BGHZ 47, 168 ff.; NJW 1991, 2628 f. [2629]). Zur Ermittlung des Anteils des Vorbehaltslieferanten an der bei Insolvenzeröffnung noch 38 offenen Restforderung des insolventen Bauunternehmens muss der Wert der Vorbehaltsware des Sonderrechtsgläubigers in das Verhältnis zur kalkulierten Gesamtforderung der insolventen Bauunternehmung gesetzt werden. Mit diesem prozentualen Anteil erstrecken sich dann die Sonderrechte des Vorbehaltslieferanten auf die noch durchsetzbare Restforderung (vgl. den Fall bei *BGH* NJW 1991, 2628 f. und *LG Hamburg* ZIP 1982, 87 f.).

39 Der Vorbehaltslieferant kann die ja zunächst im Rahmen des verlängerten Eigentumsvorbehalts stille Zession der Forderung aus der Verarbeitung seiner Eigentumsvorbehaltsware durch den Vorbehaltskäufer gegenüber dessen Endkunden offenlegen. In diesem Fall räumt die Rechtsprechung dem Endkunden allerdings das Recht ein, eine nachträgliche Tilgungsbestimmung bzgl. seiner bisherigen Abschlagszahlungen dahingehend vorzunehmen, dass die Zahlung auf die an den Vorbehaltslieferanten zedierten Forderungsanteile erfolgt seien (*BGH* ZIP 2006, 1636 [1638]; *Braun/Bäuerle* InsO, § 51 Rn. 26), was aber unverzüglich nach Kenntniserlangung von der offen gelegten Abtretung zu erfolgen hat (*BGH* ZIP 2008, 699 [701]).

5. Auskunftsanspruch des Vorbehaltslieferanten

40 Der Insolvenzverwalter wird – i.d.R. schon im Eröffnungsverfahren – von Vorbehaltslieferanten mit Auskunftsanfragen überzogen, die unter Hinweis auf Ansprüche aus dem verlängerten Eigentumsvorbehalt um Bekanntgabe der von der Abtretung betroffenen Ausgangsrechnungen der Insolvenzschuldnerin bitten. Der (vorläufige) Insolvenzverwalter hat zwar wegen des ihm zustehenden Wahl- und Erklärungsrechts aus § 107 InsO (vgl. hierzu § 47 Rdn. 25) im Eröffnungsverfahren und im eröffneten Verfahren **bis zum Berichtstermin keine Auskunftsverpflichtung** (*AG Düsseldorf* DZWIR 2000, 347 f. [348]), jedenfalls so lange, als der Geschäftsbetrieb fortgeführt wird. Es ist aber angezeigt, die Anfragen bereits in diesem Stadium zu bearbeiten, da noch auf Personal der Insolvenzschuldnerin Zugriff genommen werden kann, nachdem der Absonderungsberechtigte einen gesetzlichen Auskunftsanspruch hat aus § 167 InsO.

41 Zunächst gelten dabei für die Auskunftsansprüche der Absonderungsberechtigten dieselben Grundsätze wie für die Auskunftsansprüche der Aussonderungsberechtigten (hierzu § 47 Rdn. 79), da der für den Auskunftsanspruch des Absonderungsberechtigten relevante § 167 InsO den Umfang der Auskunftspflicht nicht regelt: hiernach ist die Auskunftsverpflichtung nach Treu und Glauben gem. § 242 BGB begrenzt durch den Vorbehalt der **Verhältnismäßigkeit** und **Zumutbarkeit**. Allgemein gilt, dass Arbeits- und Zeitaufwand des Auskunftspflichtigen und schutzwürdiges Interesse des Auskunftsberechtigten in einem ausgewogenen Verhältnis zueinander stehen müssen. Dies insbesondere dann, wenn es um die Pflicht des Insolvenzverwalters zur Auskunft über Vorgänge im Schuldnerbetrieb geht, an denen er selbst nicht beteiligt war; denn der Verwalter muss im Interesse aller Verfahrensbeteiligten auf eine zügige Abwicklung des Verfahrens hinwirken (*BGH* NZI 2000, 422 ff. [425]). Ist – orientiert am Wert der Masse bzw. dem Gegenstand, auf den sich der Auskunftsanspruch bezieht (MüKo-InsO/*Tetzlaff* § 167 Rn. 19) oder aufgrund des Zustandes der Buchhaltung der Insolvenzschuldnerin – die geforderte Auskunft mit vertretbarem Zeit- und Arbeitsaufwand nicht möglich, hatte der Verwalter schon vor der Normierung des Auskunftsrechts in § 167 InsO eine Ersetzungsbefugnis dahingehend, den Auskunftsberechtigten darauf zu verweisen, sich die erforderlichen Informationen durch Einsichtnahme in die Geschäftsunterlagen selbst zu beschaffen.

42 Diese **Ersetzungsbefugnis** steht im Geltungsbereich des § 167 InsO aber nunmehr im **freien Ermessen** des Insolvenzverwalters. Er kann also auch dann direkt auf die Geschäftsunterlagen der Insolvenzschuldnerin verweisen, wenn ihm die Erteilung der Auskunft mit vertretbarem Aufwand möglich wäre (*Wegener* § 167 Rdn. 7; MüKo-InsO/*Tetzlaff* § 167 Rn. 26; *Uhlenbruck/Brinkmann* InsO, § 167 Rn. 9). Von einer pauschalen Wahrnehmung der Ersetzungsbefugnis sollte der Verwalter allerdings Abstand nehmen, da hiermit ebenfalls ein Bearbeitungs- und Betreuungsaufwand im schuldnerischen Betrieb verbunden ist, der sich nachteilig auf die Geschäftsfortführung auswirken kann.

Ist – wie in Insolvenzen von Kleingewerbetreibenden häufig der Fall – die Buchhaltung des Insolvenz- 43
schuldners in einem Zustand, der dem Verwalter die Auskunft verunmöglicht, womit dann auch die
Einsicht des Auskunftsberechtigten leer läuft, so hat der Verwalter keine Verpflichtung, die Geschäftsunterlagen in einen brauchbaren Zustand zu versetzen. Er muss auch nicht Personal des
schuldnerischen Unternehmens oder Spezialsoftware über das für seine eigene Abwicklungstätigkeit
erforderliche Maß hinaus vorhalten, um Auskunfts- und Einsichtsrechte der Gläubiger befriedigen
zu können.

III. Erweiterungsformen des Eigentumsvorbehalts

Die Erweiterungsformen des Eigentumsvorbehalts vermitteln im Erweiterungsfall ebenfalls nur ein 44
Absonderungsrecht. Sie sehen vor, dass das vorbehaltene Eigentum nicht bereits mit Zahlung des auf
die Sache bezogenen Kaufpreises, sondern erst nach Bezahlung weiterer Verbindlichkeiten auf den
Käufer übergehen soll. Bei dem in der Praxis relevanten **Kontokorrentvorbehalt** werden die Forderungen aus der Geschäftsbeziehung in ein Kontokorrent eingestellt. Wichtig ist, dass ein einmal
durch einen Saldoausgleich erloschener Eigentumsvorbehalt nicht dadurch wieder insgesamt auflebt, als mit der Lieferung neuer Waren neue Forderungen entstanden sind (*Gottwald/Adolphsen*
HdbInsR, § 43 Rn. 26). Die Forderungen des Verkäufers aus den neuen Lieferungen werden nur
gesichert durch den Eigentumsvorbehalt an den Warenbeständen aus dieser Lieferung.

Der **Konzernvorbehalt**, nach dem das Eigentum auf den Vorbehaltskäufer erst übergeht, wenn dieser 45
neben der eigentlichen Kaufpreisforderung auch Verbindlichkeiten gegenüber sonstigen mit der Vorbehaltsverkäuferin verbundenen Unternehmen ausgeglichen hat, ist gem. § 449 Abs. 3 BGB nichtig.
Gleiches gilt für den umgekehrten Konzernvorbehalt, bei dem der Eigentumsübergang davon abhängen soll, dass die Vorbehaltskäuferin und alle mit ihr verbundenen Unternehmen Verbindlichkeiten
gegenüber der Vorbehaltsverkäuferin ausgeglichen haben (*Gottwald/Adolphsen* HdbInsR, § 43
Rn. 30).

IV. Singularzession

Die zur Sicherungsübereignung gemachten Ausführungen gelten entsprechend für die (Singular-)Si- 46
cherungsabtretung, die mit nachfolgenden Besonderheiten hiernach ebenfalls ein Absonderungsrecht vermittelt an dem zedierten Anspruch.

Bei den gerade in der Baubranche häufig anzutreffenden **Kautionsversicherungen** (*Proske* ZIP 2006, 47
1035 ff.), über die Gewährleistungsbürgschaften für Werkunternehmer abgereicht werden, ist zu beachten, dass ein Kautionsversicherer an einem ihm von dem Insolvenzschuldner sicherungshalber
abgetretenen Bankguthaben auch dann ein Absonderungsrecht hat zur Befriedigung seines aus
§ 774a Abs. 1 Satz 1 BGB resultierenden Regressanspruches, wenn er den Bürgschaftsgläubiger
erst nach Insolvenzeröffnung befriedigt (*BGH* NZI 2008, 371 f.), da der Regressanspruch des Kautionsversicherers gegen den Hauptschuldner bereits vorinsolvenzlich mit Übernahme der Bürgschaft
im Verhältnis zum Gläubiger entsteht und der Umstand, dass die Bedingung (= Bürgschaftsinanspruchnahme) nachinsolvenzlich eintritt, der Wirksamkeit des Absonderungsrechts nicht entgegensteht. Dem Kautionsversicherer steht allerdings für die Zeit nach Eröffnung des Insolvenzverfahrens kein Prämienanspruch mehr zu (*BGH* NZI 2007, 234 [235 f.]).

In der Kreditsicherungspraxis bildet die Abtretung des Rückkaufswerts von **Lebensversicherungen** 48
eine große Rolle, wobei häufig nur die **Todesfallansprüche** zugunsten der finanzierenden Bank abgetreten werden. Ob damit in der Insolvenz des – noch lebenden – Versicherungsnehmers der Rückkaufswert in die Masse fällt oder dem Sicherungsnehmer im Wege der Absonderung zusteht, ist
durch Auslegung der bei der Sicherungsabtretung abgegebenen Erklärungen unter Berücksichtigung
der Parteiinteressen und des Zwecks des Rechtsgeschäfts zu ermitteln (*BGH* NZI 2007, 447 ff.;
Janca ZInsO 2007, 982 f.). Ob man so weit gehen kann, dem Sicherungsinteresse der Bank auch
bei einer Abtretung nur der Todesfallansprüche generell den Vorrang einräumen zu können (insoweit
sehr bankenfreundlich *OLG Hamburg* ZIP 2008, 33 und *OLG Celle* ZInsO 2005, 890), erscheint

fraglich. Insbesondere wenn das Abtretungsformular Wahlmöglichkeiten vorsieht (Abtretung für den Erlebens- oder den Todesfall), ist die Bank an den Wortlaut der vertraglichen Erklärungen gebunden, wenn nur die Todesfallansprüche zediert wurden (vgl. *BGH* NZI 2012, 319 [320]; ebenfalls restriktiv *Braun/Bäuerle* InsO, § 51 Rn. 29).

49 Selbst wenn allerdings die Auslegung der Reichweite zum Ergebnis gelangt, dass auch die lebzeitigen Ansprüche aus einer für den Todesfall abgetretenen Lebensversicherung dem Absonderungsrecht der Bank unterliegen, hat der Insolvenzverwalter ein Recht zum Einzug des Rückkaufswertes und damit auf Aushändigung des Versicherungsscheins, damit er der Masse zumindest die Kostenbeiträge sichern kann, wobei bei der Kündigung der Versicherung und beim Einzug des Rückkaufswerts der Versicherung i.d.R. der 5 %-ige Kostenbeitrag des § 171 Abs. 1 InsO nicht durchgesetzt werden kann (vgl. *Wegener* §§ 170, 171 Rdn. 11).

50 Ein Absonderungsrecht vermittelt sodann auch die in der Bankpraxis bei grundschuldbasierten Finanzierungen übliche Sicherungsabtretung des **Rückgewähranspruchs** des Grundstückseigentümers an nachrangige Grundpfandrechtsgläubiger (hierzu *Kessler* NJW 2012, 577). Dies aber nach neuester Rechtsprechung nur dann, wenn die von dem Rückgewähranspruch betroffene Grundschuld nicht ohne Zustimmung des Sicherungszessionars revalutiert werden kann (*BGH* NZI 2012, 17). Dies setzt bei der vorrangigen Grundschuld entweder eine »enge« Sicherungszweckerklärung voraus. Ist dort hingegen eine »weite« Sicherungszweckerklärung vereinbart, ist eine Revalutierung erst ausgeschlossen, wenn die Sicherungsabtretung des Rückgewähranspruchs dem vorrangigen Gläubiger vom Sicherungszessionar angezeigt wurde oder wenn der vorrangige Grundpfandrechtsgläubiger die Geschäftsverbindung mit dem Schuldner gekündigt hat (*Fischer* ZInsO 2012, 1493). Der Umstand, dass der BGH zwischenzeitlich unter Aufgabe seiner bisherigen Rechtsprechung auch den **Löschungsanspruch** des nachrangigen Grundpfandrechtsgläubigers aus § 1179a Abs. 1 BGB für insolvenzfest erklärt hat, ändert hieran nichts (*Rein* NZI 2012, 758 [759]).

51 Kein Absonderungsrecht des Subunternehmers resultiert hingegen aus dem **Wahlrecht des Auftraggebers** in § 16 Nr. 6 VOB/B, das außerhalb der Insolvenz zur direkten Zahlung an den Subunternehmer des eigentlichen Auftragnehmers berechtigt (*Dempewolf* EWIR 1986, 601 f.), in der Insolvenz aber spätestens ab Anordnung eines allgemeinen Veräußerungsverbots gegen den Auftragnehmer nicht mehr beachtlich ist (*BGH* NZI 1999, 313) und daher ggf. im Zuge der Insolvenzanfechtung herausverlangt werden kann (*BGH* NZI 2009, 55 f.).

52 Ebenfalls keinem Absonderungsrecht der behandelnden Ärzte unterliegen bei **privaten Krankenversicherungen** die Zahlungen der Krankenversicherungen an den Versicherungsnehmer. Fällt dieser in die Insolvenz ist zu differenzieren: Erstattungen für bereits vorinsolvenzlich erbrachte Heilbehandlungen können gem. § 850b Abs. 2 ZPO dem Insolvenzbeschlag unterfallen. Erstattungen für künftige Heilbehandlungen sind hingegen unpfändbar, da anderenfalls die medizinische Versorgung privat versicherter insolventer Schuldner gefährdet wäre, wenn diese keine Gewissheit hätten, dass die Behandlungskosten über den bestehenden Versicherungsvertrag reguliert werden (*BGH* ZVI 2007, 521).

53 Kollidieren hinsichtlich einer Forderung mehrere Singularzessionen, geht nach dem Prioritätsprinzip die zeitlich erste Zession den zeitlich nachfolgenden Zessionen vor (MüKo-InsO/*Ganter* § 51 Rn. 210). Wird die zedierte Forderung erst vom Insolvenzverwalter beigetrieben, hat nur der Erstzessionar ein Absonderungsrecht, weil er bzgl. der Zweitzession als Unberechtigter verfügt hat, mit der Konsequenz, dass die Zweitabtretung keine Wirkung entfalten konnte (*BGH* NJW 1968, 1516 [1517]).

54 Von diesem Grundsatz der Unwirksamkeit der Zweitzession ist eine Ausnahme für den Fall zu machen, dass der Sicherungszweck der Erstabtretung wegfällt. In diesem Fall hat der Zedent einen Rückübertragungsanspruch gegen den Erstzessionar. Ergibt die Auslegung, dass dieser mit der Zweitabtretung auf den Zweitzessionar übertragen worden ist, kann auch der Zweitzessionar ein Absonderungsrecht erwerben. Tritt der Wegfall des Sicherungszwecks allerdings erst nach Insolvenzeröff-

nung ein, steht dem Rechtserwerb des Zweitzessionars § 91 Abs. 1 InsO entgegen (*BGH* NZI 2012, 883 ff.).

Zahlt hingegen der Drittschuldner schuldbefreiend gem. § 408 Abs. 1 BGB i.V.m. § 407 BGB an den Zweitzessionar, geht das Absonderungsrecht des Erstzessionars unter. Hieran ändert sich auch nichts, wenn der Insolvenzverwalter die Zahlung an den Zweitzessionar erfolgreich der Insolvenzanfechtung unterzieht. Dem Erstzessionar steht an dem angefochtenen Zahlungsbetrag auch kein Ersatzabsonderungsrecht zu. Der Schuldner hatte zwar durch die Zweitzession unberechtigt verfügt, wobei die Verfügung wegen der schuldbefreienden Zahlung auch gegenüber dem Erstzessionar wirksam wurde. Hierfür ist aber nichts in die Masse gelangt. Der Zedent wurde durch die Zahlung auf die abgetretene Forderung von einer Verbindlichkeit gegenüber dem Zweitzessionar frei, was nicht im Wege der Ersatzabsonderung herausgegeben werden kann (*BGH* NZI 2015, 976 [977]). Der BGH gewährt dem Erstzessionar aber bzgl. des Anfechtungsbetrages einen Bereicherungsanspruch gem. § 812 Abs. 1 Satz 1 2. Alt. BGB im Range einer Masseverbindlichkeit gem. § 55 Abs. 1 Nr. 3 InsO. So hätte der Erstzessionar den vom Zweitzessionar eingezogenen Zahlungsbetrag des Drittschuldners gem. § 816 Abs. 2 BGB herausverlangen können, was durch die erfolgreiche Insolvenzanfechtung verunmöglicht worden sei (*BGH* NZI 2015, 976 [976]). Ausgehend von der Feststellung, wonach der Insolvenzverwalter aus der erfolgreichen Insolvenzanfechtung gegenüber Dritten kein Recht zum Behaltendürfen des Anfechtungsgegenstandes herleiten könne (*Ganter* NZI 2015, 976 [977]), könne daher der Erstzessionar mittelbar über den Masseanspruch sein eigentlich untergegangenes Absonderungsrecht durchsetzen. Diese Rechtsprechung ist aus Insolvenzverwaltersicht schwer erträglich (kritisch *Flöther* ZInsO 2016, 74) und stellt auch die Anfechtungsmaßnahme selbst in Frage, da der Masse von dem Anfechtungsbetrag dann nichts bleibt; weil eine Absonderung gerade nicht gegeben ist, können noch nicht einmal Kostenbeiträge zur Masse realisiert werden.

V. Globalzession

1. Allgemeines

Bei der Globalzession lässt sich der Gläubiger sicherungshalber zukünftige Forderungen des Schuldners abtreten, wobei der Schuldner nach dem Inhalt der Sicherungsvereinbarung grds. ermächtigt ist, die Forderung selbst einzuziehen. Die Globalzession ist nach allgemeinen Grundsätzen nur wirksam, wenn die global abgetretenen Forderungen ausreichend **bestimmbar** sind, d.h. im Zeitpunkt ihrer Entstehung nach Gläubiger, Schuldner und Rechtsgrund einwandfrei ermittelt werden können (*BGH* NJW 2000, 276 f.); hieran fehlt es, wenn die Globalzession die Abtretung der Forderungen bis zur Höhe der zu sichernden Darlehensvaluta vorsieht, auch wenn regelmäßig OPOS-Listen über den Forderungsbestand übergeben werden (*OLG Hamm* NZI 2008, 639 f.), es sei denn, der Globalzessionsvertrag würde hinsichtlich des »Nachrückens« der sich aus den OPOS-Listen ergebenden Forderungen eindeutige Regelungen enthalten (hierzu BGHZ 71, 75 ff. [78]).

Die Vereinbarung über die Globalzession bedarf wie die Raumsicherungsübereignung zu Ihrer Wirksamkeit keiner Deckungsgrenze, keiner Freigabe- und keiner Bewertungsklauseln (s. Rdn. 12). Auf die zu der Raumsicherungsübereignung gemachten Ausführungen kann auch für die Globalzession verwiesen werden, soweit es geht um die Voraussetzungen und Folgen der nachträglichen Übersicherung (s. Rdn. 13), der anfänglichen Übersicherung (s. Rdn. 15), der sonstigen sittenwidrigen Absicherung (s. Rdn. 16) und der anfechtbaren Besicherung in der Konstellation eines anfechtbaren Werthaltigmachens der Globalzession (s. Rdn. 17, aber auch nachfolgend Rdn. 59).

Ergänzend gilt ansonsten bzgl. der Reichweite der Globalzession, dass dieser gem. § 354a HGB auch solche Forderungen des Insolvenzschuldners unterfallen, die von Seiten seiner Debitoren mit einem Abtretungsverbot ausgestattet sind, wenn die Forderungen aus einem beiderseitigen Handelsgeschäft stammen. Zahlt der Debitor in Ausübung seines Wahlrechts nach § 354a Satz 2 HGB auf das Insolvenzsonderkonto, muss der Verwalter dem Zessionar den sich nach Abzug der Kostenbeiträge verbleibenden Überschuss auskehren.

59 Ferner ist zu beachten, dass bei Dienstverträgen die Vergütungsansprüche erst mit Erbringung der Dienstleistung (*BGH* NZI 2013, 42 [44]) **entstehen**. Gleiches gilt z.B. im Kassenarztrecht, weshalb die monatlichen Vorschüsse der KV/KZV auf abrechnungsfähige Leitungen alleine deshalb trotz bestehender Globalzession anfechtbar erlangt sind, weil der zedierbare Honoraranspruch frühestens mit Erbringung der vergütungsfähigen Leistung entsteht (*BGH* NZI 2013, 642 [643]). Noch weiter geht derzeit gegen den BGH das OLG Hamm, das von einer Entstehung des Honoraranspruchs des Vertragsarztes gegen die Kassenärztliche Vereinigung aus vertragsärztlicher Behandlung erst ausgeht, wenn hierüber eine Abrechnung erstellt worden ist (*OLG Hamm* GesR 2017, 462 [464]), was bei einer quartalsweisen Erstellung der Abrechnung die Globalzession als Sicherungsmittel massiv entwerten würde (vgl. auch *Kremer/Jürgens* ZInsO 2016, 598).

60 Die Globalzession ist **unwirksam**, wenn sie dem Grunde nach auch diejenigen Forderungen erfasst, die aufgrund branchenüblichen Eigentumsvorbehalts den Gläubigern des Kunden zustehen (BGHZ 98, 303 ff. [314]). Dieser müsste bei einer uneingeschränkten Globalzession seine Warenlieferanten darüber täuschen, dass er die Forderungen aus der Verwertung der Lieferantenware bereits global abgetreten und demgemäß die Eigentumsvorbehaltsrechte der Lieferanten vereitelt hat (Vertragsbruchtheorie). Der Vorwurf der Sittenwidrigkeit wird allerdings beseitigt, wenn ein verlängerter Eigentumsvorbehalt in der betreffenden Wirtschaftsbranche unüblich ist, die Globalzession den branchenüblichen verlängerten Eigentumsvorbehaltsrechten den Vorrang mit dinglicher Wirkung einräumt (*BGH* BGHZ 98, 303 ff. [314]; *Bohlen* ZInsO 2010, 1530) oder aber der mit der Globalzession abgesicherte Kredit gerade der Befriedigung der Forderungen des Eigentumsvorbehaltsverkäufers dienen soll (*Mohrbutter/Ringstmeier-Vortmann* Kap. 8 Rn. 142). Die vorstehenden Grundsätze gelten dabei unabhängig davon, ob der Empfänger der Globalabtretung eine Bank oder selbst ein Warenlieferant ist (*BGH* DZWIR 2000, 68 ff. [70]).

2. Globalzession im eröffneten Verfahren bei Fortführung

61 Bei einer Betriebsfortführung durch den Insolvenzverwalter verliert die Globalzession hinsichtlich aller nach Insolvenzeröffnung begründeten Forderungen ihre Wirksamkeit, da dann einem Rechtserwerb des Absonderungsgläubigers § 91 Abs. 1 InsO entgegensteht. Das *OLG Düsseldorf* (ZInsO 2004, 1149) hatte demgegenüber eine bankseitige Sicherungsabtretung von Honoraransprüchen eines Arztes gegen die Kassen(zahn)ärztliche Vereinigung eine trotz Betriebsfortführung durch den Insolvenzverwalter im zeitlichen Geltungsbereich des § 114 InsO a.F. für wirksam erachtet. Dem war der BGH zutreffend entgegengetreten (*BGH* NZI 2006, 457 [458]; *Gundlach/Frenzel* NZI 2006, 460 f.), mit erfolgter Streichung des § 114 InsO ist dieser singulären Rechtsprechung im Übrigen die Grundlage entzogen.

3. Globalzession im eröffneten Verfahren nach Freigabe

62 Gibt der Insolvenzverwalter allerdings die selbständige Tätigkeit aus dem Insolvenzbeschlag frei, erlangt die bankseitige Vorausabtretung infolge Konvaleszenz ihre Wirksamkeit zurück (*BGH* NZI 2013, 641 ff.; *Bornemann* § 35 Rdn. 48), was einen Neustart insbesondere freiberuflich tätiger Ärzte und Zahnärzte erheblich erschwert, da dem Schuldner in Befolgung des allgemeinen Pfändungsschutzes nach den §§ 850 Abs. 2, 850c, 850f Abs. 1 lit. b ZPO nur die quasi unpfändbaren Teile seines Honorars nach Abzug angemessener Praxiskosten verbleiben und er den neu erarbeiteten Forderungsbestand z.B. nicht als Sicherheit für neue Darlehen einsetzen kann (*Schönherr* NZI 2013, 643 f.).

63 Die Rechtsprechung zur Konvaleszenz der Globalzession bei Freigabe des Geschäftsbetriebs durch den Insolvenzverwalter bedarf der Einschränkung, will man das der Insolvenzordnung immanente Gebot der Gläubigergleichbehandlung und sonstige tragende Grundsätze der Insolvenzordnung nicht verletzen. So hatte der Gesetzgeber durch § 114 Abs. 1 InsO in der bis zum 30.06.2014 geltenden Fassung zum Ausdruck gebracht, dass die Sicherungsabtretung der pfändbaren Anteile des Neuerwerbs abhängig beschäftigter Schuldner nur für zwei Jahre insolvenzfest ist, wobei diesbezügliche Sonderrechte in ab dem 01.07.2014 beantragten Insolvenzverfahren wegen Aufhebung des

§ 114 InsO sogar unmittelbar mit Insolvenzeröffnung unwirksam werden. § 114 InsO galt zwar für selbständig Tätige nicht. Eine Privilegierung der Zessionare selbständig tätiger Schuldner durch die vorstehende Konvaleszenz-Rechtsprechung entbehrt einer sachlichen Rechtfertigung, zumal der selbständig tätige Schuldner ja gem. § 35 Abs. 2 i.V.m. § 295 Abs. 2 InsO Zahlungen in die Masse erbringen soll. Der hier geforderte Gesetzgeber nimmt sich des Problems bislang nicht an, obgleich eine Einschränkung der Konvaleszenz-Rechtsprechung nicht absehbar erscheint. Es sollten von daher der Insolvenzverwalter, der Schuldner und der Zessionar vor Freigabe der selbständigen Tätigkeit Einvernehmen über den Umfang der abzusondernden Zahlungen an den Zessionar erzielen.

4. Besonderheiten im Insolvenzeröffnungsverfahren

Der vorläufige Insolvenzverwalter ist verpflichtet, bereits im Eröffnungsverfahren dafür Sorge zu tragen, dass Zahlungseingänge, die mit Absonderungsrechten aus Singular- oder Globalzessionen belastet sind, zumindest separiert und verwahrt werden, bis ggf. die Sicherungsverträge auf Insolvenzfestigkeit geprüft oder die Zuordnung des Zahlungseingangs betreffende Zweifelsfragen geklärt sind. Entgegen üblicher Praxis darf der vorläufige Insolvenzverwalter die Zahlungseingänge aus zedierten Forderungen nicht im Rahmen der Fortführung einsetzen oder gar verbrauchen (*BGH* NZI 2010, 339 [342]). Diese Rechtsprechungsvorgaben gelten selbst für vor dem 01.07.2007 und damit vor dem Inkrafttreten des § 21 Abs. 2 Nr. 5 InsO eröffneten Verfahren. Auch wenn in seit dem 01.07.2007 eröffneten Verfahren keine ausdrückliche Anordnung gem. § 21 Abs. 2 Nr. 5 InsO getroffen wurde, hat der vorläufige Insolvenzverwalter eine Separierungs- und Abführungspflicht in analoger Anwendung des § 170 Abs. 1 InsO, sobald er nur allgemein ermächtigt wird, Forderungen einzuziehen, was üblicherweise mit jeder Sicherungsmaßnahme des Insolvenzgerichts angeordnet wird. Somit ist die Frage, ob im Insolvenzeröffnungsverfahren bei bestehender Globalzession das Einziehungsrecht am vorinsolvenzlichen Forderungsbestand fortbesteht (so noch *BGH* NZI 2000, 306 [308]) oder nicht (zuletzt ausdrücklich offen gelassen bei *BGH* NZI 2010, 339 ff. [341]), ohne praktische Relevanz.

64

Für den vorläufigen Verwalter regressfrei lässt sich daher der Einzug der i.d.R. global zedierten Forderungen im Eröffnungsverfahren nur lösen, wenn der vorläufige Insolvenzverwalter mit dem Sicherungszessionar eine Vereinbarung nach der Art eines »unechten« Massedarlehens mit Anschlussglobalzession trifft: hiernach lässt er sich vom Sicherungszessionar ermächtigen, den bei Bestellung des vorläufigen Verwalters bestehenden und zedierten Forderungsbestand einzuziehen und für die Betriebsfortführung einzusetzen bei gleichzeitiger Abtretung der im Zuge der Betriebsfortführung neu entstehenden Forderungen. Diese Konstruktion unterliegt nicht der Insolvenzanfechtung, da es ihr an der Gläubigerbenachteiligung fehlt, nachdem im Zuge der Abtretung der im Eröffnungsverfahren neu angearbeiteten Forderungen der Masse ein Einziehungserlös aus den Altforderungen zufließt (so ausdrücklich *Ganter* NZI 2010, 551 ff. [553 f.]). Für den insolvenzrechtlich wirksamen Abschluss eines solchen unechten Massedarlehens mit Anschlussglobalzession sollte sich der vorläufige Insolvenzverwalter gem. § 22 Abs. 2 InsO ausdrücklich vom Insolvenzgericht ermächtigen lassen (dies ist – soweit genau spezifiziert – zulässig: *BGH* NZI 2002, 543 ff. [546]; vgl. auch *Schmerbach* § 22 Rdn. 118).

65

VI. Unechtes Factoring

Beim Factoring tritt ein Gläubiger, der Anschlusskunde, die Forderungen gegen seinen Schuldner, den Debitor, an den Factor, ein Finanzierungsinstitut, ab. Die Abtretung erfolgt i.d.R. aufschiebend bedingt durch den Ankauf des Factors, der grds. auch noch im Insolvenzeröffnungsverfahren möglich ist (*BGH* NZI 2010, 138 ff. [140]). Soweit der Anschlusskunde die Gutschrift des Factors endgültig behalten kann, spricht man von **echtem Factoring**, das dem Factor in der Insolvenz des Anschlusskunden bzgl. der angekauften Forderung ein Aussonderungsrecht zuweist (vgl. § 47 Rdn. 35).

66

Beim **unechten Factoring** hingegen kann der Factor dem Anschlusskunden die erteilte Gutschrift wieder zurückbelasten, wenn die zedierte Forderung beim Debitor nicht eingetrieben werden kann.

67

Die zunächst erfolgte Abtretung der Forderung des Anschlusskunden an den Factor dient demgemäß lediglich dessen Besicherung. Aus diesem Grund hat beim unechten Factoring der Factor in der Insolvenz des Anschlusskunden auch lediglich ein Absonderungsrecht (*Kübler/Prütting/Bork* InsO, § 47 Rn. 58). Soweit beim unechten Factoring die Rechte der Lieferanten aus verlängertem Eigentumsvorbehalt nicht berücksichtigt werden, ist die zugunsten des Factors vorgenommene Abtretung unwirksam (BGHZ 82, 50 ff.), es gelten insoweit die für die Kollision zwischen der Globalabtretung und dem verlängerten Eigentumsvorbehalt geschilderten Grundsätze (s. Rdn. 60).

VII. Doppelnützige Treuhand

68 Die doppelnützige Treuhand oder Doppeltreuhand ist ein insolvenzfestes Kombinationsmodell i.d.R. aus der Sicherungstreuhand und der Verwaltungstreuhand – wobei auch dort wiederum Mischformen möglich sind (insgesamt instruktiv *Weitbrecht* NZI 2017, 553 ff.) – und vereint insoweit die Vorzüge dieser beiden Modelle. Kommt es innerhalb dieser Treuhandverhältnisse zu einem Insolvenzereignis, stehen dem jeweils anderen Teil Aus- bzw. Absonderungsrechte zu, je nachdem, in welchem Treuhandverhältnis welcher Partner insolvent wird (hier kann auf die vorstehenden Ausführungen bei § 47 Rdn. 46 ff. und 51 ff. verwiesen werden; zur Abgrenzung auch *LAG Hamm* ZIP 2013, 1294 ff.). Der Vorzug der Doppeltreuhand, der keine berufsrechtlichen Schranken entgegenstehen (*Riggert/Baumert* NZI 2012, 785 [787]), besteht darin, dass die Zwischenschaltung eines Treuhänders die oftmals einzige Möglichkeit ist, Veränderungen im Kreis der Sicherungsnehmer praktikabel umzusetzen (*Reuter* NZI 2010, 167) oder insolvenzrechtliche Nachteile einer unmittelbaren Vertragsbeziehung zum Sicherungsgeber zu vermeiden (*Braun/Bäuerle* InsO, § 51 Rn. 48).

69 In der Insolvenzabwicklungspraxis findet sich die Doppeltreuhand zum einen vornehmlich bei Konsortialkrediten unter Beteiligung mehrerer Banken. Hier überträgt der Sicherungsgeber/Kreditnehmer als Treugeber zum einen im Wege der Verwaltungstreuhand Vermögenswerte (Anlage-/Umlaufvermögen) auf einen Treuhänder, der das Treugut sodann für den Treugeber verwaltet. Daneben vereinbaren Treuhänder und Treugeber eine Sicherungstreuhand als Vertrag zugunsten Dritter (ohne unmittelbare Beteiligung der Dritten), hier zugunsten der Konsortialbanken. In der Insolvenz des Treugebers erlischt dann zwar die Verwaltungstreuhand. Die Sicherungstreuhand hat jedoch Bestand, aber nur dann, wenn den drittbegünstigten Konsortialbanken im Vertrag über die Sicherungstreuhand ein schuldrechtlicher Anspruch gegen den Treuhänder auf Erlösteilhabe am Treugut eingeräumt wurde (allgemein zur zwingenden Notwendigkeit dieses eigenen Forderungsrechts nach Auslegung *LAG Nürnberg* DB 2013, 1611 ff.), auf das der Treuhänder dann in der Insolvenz des Treugebers allerdings nur im Wege der Absonderung Zugriff nehmen kann.

70 Die Doppeltreuhand ist sodann ein nach vorstehendem Muster von der Rechtsprechung anerkanntes Mittel zur Insolvenzsicherung von Wertguthaben aus Altersteilzeitverträgen (vgl. allgemein zum Absonderungsrecht des Treuhänders bei der Insolvenz des Treugebers in der Doppeltreuhand auch *BAG* NZI 2014, 167; ferner: *Klemm* BetrAV 2014, 15 ff. und *Rößler* BB 2010, 1405 ff.).

71 Die Einbringung des Treuguts in die Sicherungstreuhand unterliegt dabei nicht der Insolvenzanfechtung gem. § 134 InsO, da der Treugeber über die Sicherungstreuhand ja nur eine eigene Verbindlichkeit gegenüber den Drittbegünstigten absichert, was keine unentgeltliche Leistung i.S.d. § 134 InsO ist, auch dann nicht, wenn die Absicherung nachträglich erfolgt (*BGH* NZI 2010, 439). Für eine Vorsatzanfechtung gem. § 133 InsO ist ebenfalls kein Raum, wenn bei Abschluss der Verträge (nur auf diesen Zeitpunkt kommt es bei der Vorsatzanfechtung an) mit der Möglichkeit einer künftigen Gläubigerbenachteiligung nicht gerechnet werden musste (*BGH* NZI 2014, 167 ff. [173]). Wird sodann die Sicherungstreuhand durch Einbringung des Treuguts mehr als drei Monate vor dem Insolvenzantrag valutiert, scheitert eine Insolvenzanfechtung insgesamt aus.

VIII. Verwertung des Absonderungsgegenstandes i.S.d. § 51 Nr. 1 InsO

72 Die Verwertung des Absonderungsgegenstandes i.S.d. § 51 Nr. 1 InsO hat über die Verweisung von § 51 InsO auf § 50 InsO nach Maßgabe der §§ 166 bis 172 InsO zu erfolgen. Einschlägig ist i.d.R.

§ 166 Abs. 1 InsO, wenn der Insolvenzverwalter den sicherungsübereigneten Gegenstand in seinem Besitz hat und § 166 Abs. 2 InsO hinsichtlich der einzeln oder global – auch beim unechten Factoring – zedierten Forderungen. Nach Durchführung der Verwertung kehrt der Insolvenzverwalter den Erlös, den er zur Haftungsvermeidung separieren sollte, an die absonderungsberechtigten Gläubiger aus, was gem. § 170 Abs. 1 Satz 2 InsO jeweils unverzüglich zu erfolgen hat (hierzu i.E. *Wegener* §§ 170, 171 Rdn. 14). Diese Verpflichtung gilt auch im Eröffnungsverfahren und zwar unabhängig davon, ob eine Ermächtigung gem. § 21 Abs. 2 Nr. 5 InsO erfolgt ist (s. Rdn. 64). Einbehalten darf der Insolvenzverwalter neben der aus der Verwertung resultierenden Umsatzsteuer die Kostenbeiträge des § 171 InsO. Während er auf den Feststellungskostenbeitrag keine Umsatzsteuer erheben darf, muss er den Verwertungskostenbeitrag um die Mehrwertsteuer beaufschlagen (§ 50 Rdn. 68, kritisch *Wegener* §§ 170, 171 Rdn. 19). Die Anrechnung des Verwertungserlöses erfolgt dann in der Tilgungsreihenfolge des § 367 BGB (s. § 52 Rdn. 13 ff.), ohne dass der Insolvenzverwalter eine abweichende Tilgungsbestimmung vornehmen könnte (s. § 52 Rdn. 17).

Die Kostenbeiträge des § 171 InsO kann sich der vorläufige Insolvenzverwalter über eine Anordnung gem. § 21 Abs. 2 Nr. 5 InsO auch bereits im Insolvenzeröffnungsverfahren sichern. 73

Die Einziehung der sicherungszedierten Forderungen durch den Insolvenzverwalter löste bei bis zum 31.12.2011 eröffneten Insolvenzverfahren bislang keinen steuerbaren Umsatz aus, weshalb bei der Singular- oder Globalzession die in den eingezogenen Forderungen enthaltenen Umsatzsteueranteile mit an den Sicherungsgläubiger auszukehren waren. Der Zessionar musste allenfalls befürchten, unter den Voraussetzungen des § 13c UStG auf die in den zedierten und vereinnahmten Forderungen enthaltenen Mehrwertsteueranteile in Anspruch genommen zu werden, jedenfalls dann, wenn der Globalzessionsvertrag nach dem 08.11.2003 unterzeichnet worden war und zwar unabhängig vom (danach) liegenden Zeitpunkt der Entstehung der global zedierten Forderung (*BFH* ZInsO 2009, 2062). 74

Diese Situation hat sich grundlegend geändert. So hatte der BFH zunächst in zwei Urteilen entschieden, dass der Insolvenzverwalter aus **nach** Eröffnung des Insolvenzverfahrens vereinnahmten Forderungen die Umsatzsteuer als Masseverbindlichkeit abzuführen hat, auch wenn diese vorinsolvenzlich begründet wurde und zwar sowohl im Fall der **Ist**-Besteuerung (*BFH* NZI 2009, 447) als auch im Fall der **Soll**-Besteuerung (*BFH* NZI 2011, 336). Diese Urteilsgrundsätze sind nun für den nachinsolvenzlichen Forderungseinzug auf der Grundlage des *BMF*-Schreibens v. 09.12.2011 (BStBl. I 2011, 1273) auf alle nach dem 31.12.2011 eröffneten Insolvenzverfahren anzuwenden. Muss aber der Insolvenzverwalter die Umsatzsteuer aus nachinsolvenzlich vereinnahmten Forderungen schon an den Fiskus abführen, bleibt der Umsatzsteueranteil künftig dem Zugriff des absonderungsberechtigten Gläubigers aus einer Singular- oder Globalzession entzogen, mit der Konsequenz, dass § 13c UStG in ab dem 01.01.2012 eröffneten Insolvenzverfahren leer laufen dürfte (a.A. *de Werth* ZInsO 2011, 853; hiergegen *Schmittmann* ZIP 2011, 1129). 75

Geht es hingegen um den Einzug von vorinsolvenzlichen Forderungen im Insolvenzeröffnungsverfahren bei angeordnetem Zustimmungsvorbehalt, so ist nur im Fall der Ist-Besteuerung des Schuldners die anteilige Mehrwertsteuer gem. § 55 Abs. 4 InsO nach Insolvenzeröffnung als Masseverbindlichkeit zu berichtigen (*BMF-Schreiben* v. 17.01.2012 Rn. 17, ZInsO 2012, 213, anzuwenden auf alle ab dem 01.01.2011 eingeleiteten Insolvenzeröffnungsverfahren). Bei der Sollversteuerung führt hingegen die mit Zustimmung des vorläufigen »schwachen« Insolvenzverwalters erfolgte Vereinnahmung von vorinsolvenzlich begründeten Forderungen nicht zu einer im Range einer Masseverbindlichkeit gem. § 55 Abs. 4 InsO zu berichtigenden Umsatzsteuerschuld (BMF-Schreiben v. 17.01.2012 Rn. 18). Im letztgenannten Fall kommt es also nicht zu einer Umsatzbesteuerbelastung der Masse, weshalb bei der Abrechnung mit dem Absonderungsgläubiger die Mehrwertsteuer mit auszukehren ist, was dann wiederum zu einer potentiellen Umsatzsteuerhaftung des Sicherungszessionars gem. § 13c UStG führt (HambK-InsO/*Büchler* § 171 Rn. 8b). 76

Wird schließlich nach Insolvenzeröffnung Sicherungseigentum durch den Insolvenzverwalter verwertet, so hat dieser die Umsatzsteuer hieraus abzuführen, die mithin dem Absonderungsberechtig- 77 ten gegenüber einzubehalten ist. Nach Maßgabe des *BMF-Schreibens* v. 30.04.2014 (NZI 2014, 600), das für alle ab dem 01.07.2014 ausgeführten Umsätze gilt, findet insoweit ein abrechnungstechnisch aufwendiger Dreifachumsatz statt (vgl. die Musterabrechnungen bei *de Weerth* NZI 2014, 597 [598]; krit. *Reichle* NZI 2016, 473 ff.).

78 Das Absonderungsrecht des Sicherungseigentümers erstreckt sich im Übrigen nicht auf die Herausgabe des durch die Vermietung des Sicherungsgegenstandes erzielten Entgelts (s. Rdn. 10; § 48 Rdn. 7).

79 Gänzlich leer läuft das Sicherungseigentum für den Sicherungsnehmer ansonsten auch dann, wenn den Sicherungsgegenstand solche Einrichtungen bilden, die für die Fortsetzung des Geschäftsbetriebs des Schuldners benötigt werden und die damit unpfändbar i.S.d. § 811 Abs. 1 Nr. 5 u. 7 ZPO sind, so lange dieser Geschäftsbetrieb in der Insolvenz fortgeführt wird. Dies ergibt sich daraus, dass der in der Sicherungsübereignung liegende Verzicht auf die Unpfändbarkeit nur im Verhältnis zum Sicherungsnehmer wirkt und nicht gegenüber Dritten, auch nicht gegenüber dem Insolvenzverwalter. Kann sich der Schuldner aber dem Verwalter gegenüber auf Unpfändbarkeit berufen, dann ist der Insolvenzverwalter nicht zur Verwertung berechtigt (*LG Aachen* NZI 2006, 643), weshalb der Sicherungsnehmer keinen Anspruch auf Nutzungsentschädigung hat, nachdem insoweit die Voraussetzungen des § 169 InsO nicht vorliegen (*OLG Köln* ZVI 2006, 591 und *Mai* ZVI 2007, 396).

C. Zurückbehaltungsrecht wegen nützlicher Verwendungen (§ 51 Nr. 2 InsO)

80 Insolvenzgläubiger, die nützliche Verwendungen auf eine bewegliche Sache (s. Rdn. 81) getätigt haben, können wegen des hieraus resultierenden Zurückbehaltungsrechts (s. Rdn. 82) abgesonderte Befriedigung am Verwertungserlös suchen in Höhe des Wertzuwachses der Verwendung (s. § 51 Rdn. 84), wenn sie die Sache zum Zeitpunkt der Geltendmachung des Absonderungsrechts noch im Besitz haben (s. Rdn. 85).

I. Voraussetzungen für die Entstehung des Absonderungsrechts

81 Gegenstand des Zurückbehaltungsrechts kann nur eine **bewegliche Sache** sein. Sind die Verwendungen getätigt worden auf eine Grundbesitzung, greift § 51 Nr. 2 InsO nicht (*BGH* NZI 2003, 605), insoweit ist die Regelung in § 49 InsO abschließend (MüKo-InsO/*Ganter* § 51 Rn. 221), die insoweit auf das ZVG verweist, das hinsichtlich vor dem Zuschlag getätigter Verwendungen Ersatzansprüche über § 93 Abs. 2 ZVG abschneidet (*Jaeger/Henckel* InsO, § 51 Rn. 56). Gleiches gilt, wenn die Verwendung Zubehör der Grundbesitzung im Rechtssinne betrifft (hierzu § 49 Rdn. 14 f.).

82 Nur ein Zurückbehaltungsrecht wegen eines Anspruchs auf Ersatz einer **nützlichen Verwendung** weist ein Absonderungsrecht zu. Insoweit verweist § 51 Nr. 2 InsO auf die Vorschriften der §§ 273 Abs. 2 und 1000 BGB, nach denen in folgenden Fällen Ansprüche der die Verwendung tätigenden Gläubiger bestehen: Gewinnungskostenersatzanspruch bei Früchten (§ 102 BGB), Verwendungskostenersatzanspruch bei der schuldrechtlichen Herausgabe (§ 292 Abs. 2 BGB), Mehraufwendungsersatzanspruch beim Verzug (§ 304 BGB), Verwendungsersatzanspruch nach Rücktritt (§ 347 Abs. 2 Satz 1 BGB), Aufwendungsersatzanspruch des Mieters nach Mangelbeseitigung (§ 536a Abs. 2 BGB), Verwendungsersatzanspruch bei Beendigung der Pacht (§ 591 BGB), die Aufwendungsersatzansprüche des Beauftragten (§ 670 BGB), des Geschäftsbesorgers (§§ 675 Abs. 1, 670 BGB), des Geschäftsführers bei der Geschäftsführung ohne Auftrag (§§ 683, 670 BGB) und des Entleihers (§ 601 Abs. 2, § 670 BGB), die Aufwendungsersatzansprüche des Verwahrers (§ 693 BGB) und des Finders (§§ 970, 972, 1000 BGB), des Besitzers (§§ 996, 1000 BGB), des Nießbrauchers bei beweglichen Sachen (§ 1049 BGB, praktisch selten wg. Anwendungsbereich des § 49 InsO), des Pfandgläubigers (§§ 1216, 683, 670 BGB) sowie des Erbschaftsbesitzers (§ 2022 BGB); der Verwendungsersatzanspruch des Besitzers nach § 850 BGB dürfte demgegenüber leer laufen (keine Zurückbehaltung bei unerlaubter Handlung, vgl. § 1000 Satz 2 BGB).

Ein Ersatzanspruch eines Gläubigers, der nur ein **allgemeines Zurückbehaltungsrecht** nach § 273 83
Abs. 1 BGB zuweist, vermittelt hingegen kein Absonderungsrecht und ist auch ansonsten in der Insolvenz unbeachtlich (s. Rdn. 86). Gleiches gilt für ein rechtsgeschäftlich vereinbartes Zurückbehaltungsrecht (*Braun/Bäuerle* InsO, § 51 Rn. 60).

Der Verwendungsersatzanspruch berechtigt nur insoweit zur Absonderung, als er bei Geltendma- 84
chung des Absonderungsrechts den **Wert des Absonderungsgegenstandes erhöht**. Da der Absonderungsberechtigte für die Tatsache der Werterhöhung und ihren Umfang darlegungs- und beweisbelastet ist (*Jaeger/Henckel* InsO, § 51 Rn. 48), läuft das Absonderungsrecht des § 51 Nr. 2 InsO oftmals leer, da sich der Umfang der Werterhöhung i.d.R. nur schwer bestimmen lässt. Versäumt er rechtzeitige Geltendmachung und es geht bis dahin die Werterhöhung verloren, geht damit auch das Absonderungsrecht unter (*Uhlenbruck/Brinkmann* InsO, § 51 Rn. 53).

§ 51 Nr. 2 InsO setzt ferner voraus, dass der Gläubiger den Absonderungsgegenstand bereits bei In- 85
solvenzeröffnung und noch zum Zeitpunkt der Geltendmachung in seinem **unmittelbaren Besitz** hat (*Uhlenbruck/Brinkmann* InsO, § 51 Rn. 54).

II. Insolvenzrechtliche Entwertung des allgemeinen Zurückbehaltungsrechts

Mittelbare Rechtsfolge des § 51 Nr. 2 InsO ist die **insolvenzrechtliche Entwertung des allgemeinen** 86
Zurückbehaltungsrechts. Nur die in § 51 Nr. 2 InsO genannten Zurückbehaltungsrechte sind – jetzt als Absonderungsrechte – in der Insolvenz beachtlich. Vermittelt ein Zurückbehaltungsrecht dem Insolvenzgläubiger kein Absonderungsrecht gem. § 51 Nr. 2 (oder 3) InsO, ist es in der Insolvenz unbeachtlich, der Insolvenzverwalter kann den Gegenstand, an dem das Zurückbehaltungsrecht geltend gemacht wird, zur Masse ziehen (*Uhlenbruck/Brinkmann* InsO, § 51 Rn. 52).

Praktische Relevanz hat dies bei der Durchsetzung des Herausgabeverlangens des Insolvenzverwal- 87
ters in Bezug auf Handakten des Rechtsanwalts bzw. Unterlagen des Steuerberaters des Insolvenzschuldners. So muss konkret der Rechtsanwalt dem Insolvenzverwalter seines insolventen Mandanten seine Handakten herausgeben, damit dieser über die weitere Rechtsdurchsetzung in laufenden Mandaten entscheiden kann.

Gleiches gilt für den Steuerberater, der sich ebenfalls nicht auf sein Zurückbehaltungsrecht aus § 66 88
Abs. 2 StbG berufen kann. Die Herausgabepflicht bzgl. seiner Handakte erstreckt sich dabei über die Buchhaltungsunterlagen des Mandanten hinaus auch auf die DATEV-Konten unter Einschluss der bei der DATEV gespeicherten Stammdaten, auf deren Übertragung der Insolvenzverwalter Anspruch hat (*Uhlenbruck/Brinkmann* InsO, § 51 Rn. 52), es sei denn, diese Daten würden das vertraglich geschuldete Arbeitsergebnis enthalten, das auch der Steuerberater nur gegen Entgelt herausgeben muss. Von einem solchermaßen geschützten Arbeitsergebnis kann man aber nur sprechen, wenn dieses über die bloße Erfassung der von dem Insolvenzschuldner gelieferten Daten hinausgeht (vgl. zur Unterscheidung *BGH* ZIP 2004, 1267; *Gräfe* EWIR 2004, 1121 f.). Müssen diese Daten herausgegeben werden, erstreckt sich die Herausgabeverpflichtung auch auf z.B. die vom Steuerberater erstellten Ausdrucke von Steuerblättern (*LG Cottbus* ZInsO 2002, 635), d.h. nicht nur auf die Daten selbst.

Nicht anders verhält es sich schließlich bei der vom später insolventen Vermieter nicht insolvenzfest 89
angelegten Mietkaution. Der Mieter hat weder gegen vorinsolvenzliche, noch gegen nachinsolvenzlich entstandene Mietforderungen ein insolvenzfestes Zurückbehaltungsrecht (*BGH* NZI 2013, 158 ff.) und kann insoweit auch keine Aufrechnung erklären. Hier ist die Rechtsposition des Insolvenzverwalters stärker als die des Zwangsverwalters (vgl. *Franken* NZI 2013, 160), gegen den ein Anspruch auf Rückzahlung bzw. insolvenzfeste Anlage der Kaution durchgesetzt werden kann (vgl. dort *BGH* NZI 2010, 78). Sind also bei der Insolvenz eines gewerblichen Zwischenvermieters in größerem Umfang Mietkautionen nicht ordnungsgemäß festgelegt worden, sollte sich die Grundpfandrechtsgläubigerin mit dem Insolvenzverwalter auf eine »kalte« Zwangsverwaltung verständigen.

III. Verwertung des Absonderungsgegenstandes

90 Hat ein Gläubiger ein Absonderungsrecht nach § 51 Nr. 2 InsO erlangt, so hat die Verwertung des Absonderungsgegenstandes über die Verweisung von § 51 InsO auf § 50 InsO nach Maßgabe der §§ 166 bis 173 InsO zu erfolgen. Da das Absonderungsrecht des § 51 Nr. 2 InsO nur besteht, wenn der Absonderungsberechtigte den Absonderungsgegenstand in seinem Besitz hat, kommt in einem ersten Schritt nur eine Verwertung nach § 173 InsO in Betracht. Der Absonderungsberechtigte kann nach dieser Vorschrift allerdings nur verwerten, wenn er selbst ein Verwertungsrecht hat, § 173 InsO verschafft ein solches nicht, dieses muss sich vielmehr aus den allgemeinen Vorschriften ergeben (*Gottwald/Adolphsen* HdbInsR, § 42 Rn. 61).

91 Ein **eigenes Verwertungsrecht** hat hiernach nur der Besitzer wegen seiner ungenehmigten Verwendungen nach Maßgabe des § 1003 Abs. 1 Satz 2 BGB i.V.m. § 1000 BGB, des Weiteren die in § 292 Abs. 2 BGB und § 2022 BGB benannten Gläubiger. Voraussetzung für eine Verwertung ist aber, dass der Insolvenzverwalter die Verwendung gem. § 1003 Abs. 1 Satz 1 BGB nicht genehmigt. Nur dann und auch nur nach Maßgabe der Bestimmungen über den Pfandverkauf kann der Absonderungsberechtigte verwerten. Genehmigt hingegen der Insolvenzverwalter, entfällt das Verwertungsrecht des Absonderungsberechtigten. In diesem Falle verwertet der Insolvenzverwalter, hat aber keine Berechtigung zur Erhebung von Kostenbeiträgen, da er den Absonderungsgegenstand nur zur Verwertung in seinen Besitz übertragen bekommen hat (*Jaeger/Henckel* InsO, vor §§ 49–52 Rn. 47; a.A. HambK-InsO/*Büchler* § 51 Rn. 48).

92 **Fehlt** dem Absonderungsberechtigten ein **eigenes Verwertungsrecht** (dies ist der Fall bei allen in Rdn. 82 aufgeführten Ansprüchen mit Ausnahme der in Rdn. 91 erwähnten Forderungen), so hat der Absonderungsberechtigte den Absonderungsgegenstand an den Insolvenzverwalter herauszugeben (*Gottwald/Adolphsen* HdbInsR, § 42 Rn. 62), der selbst zu verwerten und in Höhe des Werterhöhungsbetrages (s. Rdn. 84) auszukehren hat, wobei ihm auch hier die Möglichkeit fehlt, Kostenbeiträge zu belasten (MüKo-InsO/*Ganter* § 51 Rn. 220).

D. Kaufmännisches Zurückbehaltungsrecht nach HGB (§ 51 Nr. 3 InsO)

93 Ein Absonderungsrecht vermittelt gem. § 51 Nr. 3 InsO auch das kaufmännische Zurückbehaltungsrecht gem. § 369 HGB. Hiernach muss die Forderung des Insolvenzgläubigers aus einem beiderseitigen Handelsgeschäft stammen (s. Rdn. 94), fällig sein (s. Rdn. 95) und sich auf bewegliche Sachen und Wertpapiere des Insolvenzschuldners beziehen (s. Rdn. 96), die er im Übrigen in seinem Besitz haben muss (s. Rdn. 97).

I. Voraussetzungen für die Entstehung des Absonderungsrechts

94 Nur eine Forderung aus einem **beiderseitigen Handelsgeschäft** berechtigt den Insolvenzgläubiger zur Absonderung. Sowohl der Gläubiger als auch der Insolvenzschuldner mussten bei Entstehung der Forderung Kaufmann (§§ 1 ff, HGB) sein. Gerät die Kaufmannseigenschaft später in Wegfall, so ist dies unschädlich (*Jaeger/Henckel* InsO, § 51 Rn. 57).

95 Die Forderung des Insolvenzgläubigers muss zum Zeitpunkt der Geltendmachung bereits **fällig** gewesen sein.

96 Das Absonderungsrecht kann nur entstehen an **beweglichen Sachen** und **Wertpapieren**, d.h. nicht an Forderungen, Beweisurkunden, Sparbüchern und Kfz-Briefen (*Baumbach/Hopt* HGB, § 369 Rn. 7).

97 Nur wenn der Insolvenzgläubiger den Absonderungsgegenstand in seinem **Besitz** hat, entsteht das Absonderungsrecht, wobei jede Form des Besitzes genügt, wenn jedenfalls der Insolvenzschuldner nicht unmittelbarer Besitzer ist (MüKo-InsO/*Ganter* § 51 Rn. 228).

Das Absonderungsrecht geht nicht unter, wenn das Zurückbehaltungsrecht gem. § 369 Abs. 4 HGB abgewandt wird; in diesem Falle setzt es sich an der Sicherheitsleistung fort (*Braun/Bäuerle* InsO, § 51 Rn. 63). 98

II. Verwertung des Absonderungsgegenstandes i.S.d. § 51 Nr. 3 InsO

Da das kaufmännische Zurückbehaltungsrecht des § 369 HGB mit einem eigenen Verwertungsrecht einhergeht (§ 371 Abs. 1 Satz 1 HGB), kann der Absonderungsberechtigte gem. § 173 InsO selbst verwerten. Hierzu steht ihm die Möglichkeit einer **Vollstreckungsbefriedigung** (§ 371 Abs. 3 HS 1 HGB; eher selten) oder einer **Verkaufsbefriedigung** (§ 371 Abs. 2 bis 4 HGB) zur Verfügung, die allerdings beide einen vollstreckbaren Titel voraussetzen. Existiert ein solcher, ist er auf den Insolvenzverwalter umzuschreiben, anderenfalls durch Klage zu beschaffen (MüKo-InsO/*Ganter* § 51 Rn. 231). Wegen der Schwerfälligkeit des Verwertungsprozesses sind in diesem Bereich Verwertungsvereinbarungen mit dem Insolvenzverwalter anzuraten, was Verwaltern in der Vergangenheit oftmals ermöglichte, erhöhte Kostenbeteiligungen der Masse herauszuverhandeln, worauf Absonderungsberechtigte im Beschleunigungsinteresse i.d.R. eingehen. Diese Möglichkeit der Massegenerierung hat der BGH allerdings beschnitten: Ist hiernach bei einer freihändigen Verwertung der mit einem kaufmännischen Zurückbehaltungsrecht belasteten Ware ein höherer Erlös zu erwarten als bei einer Versteigerung (dies dürfte der Regelfall sein, vor allem bei Saisonware), trifft den (vorläufigen) Insolvenzverwalter eine Zustimmungspflicht für diese Art des Verkaufs (*BGH* NZI 2011, 602 [605]). Verletzt der Verwalter diese Pflicht, macht er sich persönlich schadensersatzpflichtig (§ 60 InsO), wobei der BGH bei entsprechenden Konstellationen im Eröffnungsverfahren den vorläufigen »schwachen« Insolvenzverwalter sogar in der Pflicht sieht, eventuellen Widerstand des Schuldners durch eine Einzelanordnung des Insolvenzgerichts zu beseitigen. Um einen (vorläufigen) Insolvenzverwalter allerdings derart in seinen Handlungsmöglichkeiten zu beschränken, sind nach diesseitiger Auffassung strenge Anforderungen zu stellen an den vom Absonderungsberechtigten hinsichtlich der »besseren« anderweitigen Verwertbarkeit behaupteten hypothetischen Geschehensabläufe (vgl. krit. *Hackenberg* EWiR 2011, 603). 99

E. Absonderungsrecht des Fiskus (§ 51 Nr. 4 InsO)

Dem Fiskus wird über § 51 Nr. 4 InsO ein Absonderungsrecht zugewiesen hinsichtlich solcher Forderungen, bei denen nach den allgemeinen Bestimmungen die zoll- und steuerpflichtigen Sachen als Sicherheit dienen, wobei den Hauptanwendungsfall die Sachhaftung nach Maßgabe des § 76 AO bildet. 100

Das Absonderungsrecht des Fiskus ist dabei gleich in mehrfacher Hinsicht privilegiert. So muss sich der Absonderungsgegenstand nicht im Besitz des Fiskus befinden, auch muss der Insolvenzschuldner weder Schuldner der Steuerforderung noch Vollrechtseigentümer der der Sachhaftung unterliegenden Gegenstände sein (MüKo-InsO/*Ganter* § 51 Rn. 244 f.). Schließlich hat das aus der Sachhaftung des § 76 AO resultierende Absonderungsrecht des Fiskus auch Vorrang vor allen anderen Absonderungsrechten und sonstigen Rechten Dritter (*Uhlenbruck/Brinkmann* InsO, § 51 Rn. 58) und unterliegt nicht der Rückschlagsperre des § 88 InsO, da die Sachhaftung kraft Gesetzes (§ 76 AO) entsteht und nicht durch Zwangsvollstreckung (*Braun/Bäuerle* InsO, § 52 Rn. 67). 101

I. Voraussetzungen für die Entstehung des Absonderungsrechts

Der Sachhaftung des § 76 AO unterliegen nach der Legaldefinition verbrauchsteuerpflichtige und zollpflichtige Waren, Voraussetzung für das Absonderungsrecht ist also eine **Verbrauchsteuerforderung** (Energie-, Tabak-, Strom-, Branntwein-, Alkopop-, Bier-, Schaumwein-, Zwischenerzeugnis- und Kaffeesteuer), die Einfuhrumsatzsteuer (§ 21 Abs. 1 UStG) oder eine **Zollforderung**. Kein Absonderungsrecht vermag hingegen der Fiskus wegen der Mehrwertsteuerforderung zu begründen. 102

Für die Entstehung des Absonderungsrechts reicht sodann die **Verbringung** der verbrauchsteuerpflichtigen Waren in den Geltungsbereich der Abgabenordnung bzw. der zollpflichtigen Waren in 103 das Bundesgebiet aus, eine Beschlagnahme gem. § 76 Abs. 3 AO ist nicht erforderlich (*Uhlenbruck/ Brinkmann* InsO, § 51 Rn. 57 f.).

104 Leistet der Steuerpflichtige Sicherheit für die Abgabenforderung gem. § 241 AO, setzt sich das Absonderungsrecht an der Sicherheitsleistung fort (*Braun/Bäuerle* InsO, § 52 Rn. 69).

II. Verwertung des Absonderungsrechts

105 Hat der Fiskus den der Sachhaftung unterliegenden Gegenstand in seinem Besitz, kann er diesen selbst verwerten (§§ 166 Abs. 1, 173 InsO) nach Maßgabe des § 327 AO. Nach Insolvenzeröffnung ist der Fiskus nicht berechtigt, das Absonderungsgut zu beschlagnahmen zum Zwecke der Wegnahme, um sich in die Möglichkeit zu versetzen, in eine Selbstverwertung einzutreten (MüKo-InsO/ *Ganter* § 51 Rn. 255; *Jaeger/Henckel* InsO, § 51 Rn. 62), von daher hat die jederzeit mögliche Beschlagnahme (ohne Wegnahme) nur noch die Funktion einer Geltendmachung des Absonderungsrechts.

106 Ansonsten verwertet der Insolvenzverwalter nach Maßgabe der §§ 166 ff. InsO, mit dem Recht, den Fiskus mit Kostenbeitragsforderungen zu belegen (*Bähr/Smid* InVo 2000, 408).

III. Anfechtbarkeit des Absonderungsrechts

107 Die Begründung des fiskalischen Absonderungsrechts kann aber ihrerseits der Insolvenzanfechtung unterliegen, wenn die die Sachhaftung auslösende Rechtshandlung oder der sie auslösende Realakt im anfechtungsrelevanten Zeitraum des § 130 InsO liegt (instruktiv *BGH* NZI 2009, 644 ff. [645]; *Gundlach/Flöther* NZI 2009, 646 f.).

F. Weitere Zurückbehaltungs- und Absonderungsrechte

108 Die Aufzählung der Absonderungsrechte in den §§ 49 ff. InsO ist **nicht abschließend.** Es gibt vielmehr auch außerhalb der InsO gesetzliche Regelungen, die Absonderungsrechte zuweisen, wobei neue Absonderungsrechte nur durch Gesetz begründet werden können und einer vertraglichen Vereinbarung mit dem Insolvenzschuldner oder einem Anerkenntnis des Insolvenzverwalters nicht zugänglich sind (*Uhlenbruck/Brinkmann* InsO, § 51 Rn. 60 ff.).

109 Von praktischer Relevanz und haftungsrechtlicher Brisanz für den Insolvenzverwalter ist hier insbesondere in der **Haftpflichtversicherung** die Vorschrift des **§ 110 VVG** (ausf. *Braun/Bäuerle* vor §§ 49–52 Rn. 6). Hiernach kann der Geschädigte in der Insolvenz des Versicherungsnehmers abgesonderte Befriedigung an der Entschädigungsforderung des insolventen Versicherungsnehmers gegen seine Haftpflichtversicherung geltend machen. Der Geschädigte muss hierzu nicht seine Schadensersatzforderung zunächst beim Insolvenzverwalter des Schädigers zur Insolvenztabelle anmelden (*BGH* ZIP 1989, 857 ff.), er kann vielmehr direkt auf Zahlung gegen den Insolvenzverwalter klagen, beschränkt auf Leistung aus der Versicherungsforderung, was der Insolvenzverwalter durch eine vorherige Freigabe des Deckungsanspruch des insolventen Haftpflichtschuldners vermeiden kann (*BGH* NZI 2009, 380 f.); ist bei Insolvenzeröffnung schon eine Zahlungsklage gegen den Insolvenzschuldner anhängig, muss der Geschädigte den Rechtsstreit nach Umstellung gegen den Insolvenzverwalter aufnehmen, für eine neue Klage fehlt das Rechtsschutzbedürfnis (*BGH* NZI 2013, 886 f.).

110 Der Insolvenzverwalter muss sich zur Vermeidung eigener Regresse bei der Abwicklung des Versicherungsfalles eng mit der Versicherung des insolventen Versicherungsnehmers abstimmen. Erkennt er den Schadensersatzanspruch vorschnell an, wird die Versicherung möglicherweise leistungsfrei wegen einer Obliegenheitsverletzung gem. § 5 Nr. 5 AHB, was eine Haftung gem. § 60 Abs. 1 InsO nach sich ziehen kann. Lässt er sich hingegen verklagen, riskiert er eine Kostenbelastung der Masse im Unterliegensfall (zur Haftung nach § 60 InsO *BGH* ZInsO 2005, 146 f.). Bei einem aus Sicht des Verwalters unklaren Haftungssachverhalt sollte er von daher den Anspruch des insolventen Versicherungsnehmers gegen den Versicherer aus dem Insolvenzbeschlag freigeben (*LG Nürnberg-Fürth* ZIP 2007, 1022 ff. und hier Rdn. 109; zur prozessualen Vorgehensweise vgl.

BGH NZI 2016, 603 ff. m. Anm. *Gnauck* NZI 2016, 606 f.), es sei denn die Prozesskosten werden durch den Absonderungsberechtigten oder die Haftpflichtversicherung sichergestellt.

§ 52 Ausfall der Absonderungsberechtigten

¹Gläubiger, die abgesonderte Befriedigung beanspruchen können, sind Insolvenzgläubiger, soweit ihnen der Schuldner auch persönlich haftet. ²Sie sind zur anteilsmäßigen Befriedigung aus der Insolvenzmasse jedoch nur berechtigt, soweit sie auf eine abgesonderte Befriedigung verzichten oder bei ihr ausgefallen sind.

Übersicht

		Rdn.			Rdn.
A.	Allgemeines	1	II.	Geltung der Anrechnungsvorschrift des § 367 BGB	15
B.	Anwendungsbereich/Abgrenzung	4	III.	Keine einseitige Tilgungsbestimmung	17
C.	Voraussetzungen	5	IV.	Vorteilsausgleichung	18
D.	Anmeldung und Feststellung der Insolvenzforderung zur Insolvenztabelle	8	V.	Nachweis des Ausfalls	20
I.	Uneingeschränkte Anmeldung	9	VI.	Nachträgliche Veränderungen des Ausfalls	23
II.	Uneingeschränkte Feststellung	10			
E.	Berechnung des Ausfalls	13	F.	Verzicht auf das Absonderungsrecht	26
I.	Vorrang der Parteiabrede	14	G.	Verwirkung	30

Literatur:
Lütcke Kein Tilgungsbestimmungsrecht des Insolvenzverwalters bei Auskehr des Erlöses aus der Verwertung mit Vermieterpfandrecht belasteter Gegenstände, NZI 2014, 1035.

A. Allgemeines

Die Vorschrift des § 52 InsO normiert das sog. **Ausfallprinzip** für absonderungsberechtigte Insolvenzgläubiger, um eine doppelte Berücksichtigung von dinglichem Sicherungsrecht und persönlicher Insolvenzforderung zu vermeiden. Der Absonderungsberechtigte, der bereits über sein Sonderrecht Zugriff auf die Insolvenzmasse nehmen kann, soll nicht mit seiner vollen Insolvenzforderung an der Verteilung der restlichen Masse teilnehmen dürfen. Dies stellt § 52 InsO dadurch sicher, dass der Absonderungsberechtigte – soweit er nicht auf sein Sonderrecht verzichtet (s. Rdn. 26 ff.) – primär auf den Verwertungserlös seines Sicherungsgutes verwiesen wird und die Insolvenzquote nur noch bezahlt wird auf die um den Verwertungserlös des Sicherungsgutes reduzierte Insolvenzforderung. In der Konsequenz sind daher auch absonderungsberechtigte Gläubiger bei der Zumutbarkeitsprüfung gem. § 116 Nr. 1 2. HS ZPO im Prozesskostenhilfebewilligungsverfahren bei Aktivprozessen des Insolvenzverwalters nicht zu beteiligen, wenn diese Gläubiger alleine aufgrund ihrer Absonderungsrechte mit einer weitgehenden Befriedigung ihrer Rechte rechnen können, wofür allerdings der Insolvenzverwalter darlegungs- und beweisbelastet ist (*BGH* NZI 2012, 626). 1

Das in § 52 InsO geregelte Verbot der Doppelberücksichtigung ist in seinem Anwendungsbereich und bei Vorliegen seiner Voraussetzungen **zwingendes Recht** (MüKo-InsO/*Ganter* § 52 Rn. 3), eine dagegen verstoßende Regelung nicht zu berücksichtigen. 2

Außerhalb des Absonderungsrechts findet § 52 InsO eine Komplementärvorschrift in § 44a InsO (vgl. demgegenüber *Bornemann* § 44a Rdn. 24). 3

B. Anwendungsbereich/Abgrenzung

Das Ausfallprinzip des § 52 InsO findet keine Anwendung, wenn einem Insolvenzgläubiger neben dem Insolvenzschuldner weitere Schuldner haften, etwa aus einer gesamtschuldnerischen Verpflichtung heraus. In diesem vom **Kumulationsprinzip** bzw. **Grundsatz der Doppelberücksichtigung** des § 43 InsO erfassten Fall kann der Insolvenzgläubiger vielmehr seine volle im Zeitpunkt der Insolvenzeröffnung bestehende Forderung im Insolvenzverfahren des Schuldners anmelden (MüKo-InsO/*Ganter* § 52 Rn. 11). Der Insolvenzverwalter kann den Gläubiger dann nicht unter Berufung 4 auf § 52 InsO zur Bezifferung seines Ausfalls auffordern, da sich § 43 InsO und § 52 InsO in diesem Fall wechselseitig ausschließen (*Jaeger/Henckel* InsO, § 52 Rn. 11). Selbst wenn der Insolvenzgläubiger aus seiner Drittsicherheit nachinsolvenzlich Zahlungen erhält, muss er seine Insolvenzforderung nicht reduzieren, kann vielmehr bis zur vollständigen Befriedigung seiner Forderung (*Bornemann* § 43 Rdn. 19; A/G/R-*Homann* § 52 InsO Rn. 1) am Insolvenzverfahren teilnehmen

C. Voraussetzungen

5   Nachdem § 52 InsO den Umfang der im Insolvenzverfahren zu berücksichtigenden Insolvenzforderungen begrenzt, setzt die Vorschrift voraus eine **persönliche Haftung** des Insolvenzschuldners in dem Sinne, dass er persönlicher Schuldner der gesicherten Forderung sein muss, ohne dass der Rechtsgrund des belastenden Absonderungsrechts irgend eine Rolle spielen würde (*Jaeger/Henckel* InsO, § 52 Rn. 4).

6   Sodann muss der mit dem Absonderungsrecht belastete Gegenstand **massezugehörig** sein, d.h. es muss ganz oder teilweise eine Rechtsinhaberschaft des Insolvenzschuldners am Absonderungsgut bestehen.

7   Erfolgt, was gerade bei Immobilien in der Insolvenz häufig der Fall ist, eine **Freigabe** der grundpfandrechtlich belasteten Grundbesitzung vom Insolvenzverwalter aus dem Insolvenzbeschlag (vgl. zu den Gründen § 49 Rdn. 68 ff.), so bleibt es bei der Anwendung des § 52 InsO im Übrigen (*Jaeger/Henckel* InsO, § 52 Rn. 9; *BGH* NZI 2009, 380).

D. Anmeldung und Feststellung der Insolvenzforderung zur Insolvenztabelle

8   Das Ausfallprinzip des § 52 InsO ist nur von Relevanz für die **Befriedigung** des absonderungsberechtigten Insolvenzgläubigers, für den Vorgang der Forderungsanmeldung und -feststellung ergeben sich aus § 52 InsO für den absonderungsberechtigten Insolvenzgläubiger keine Beschränkungen, was Konsequenzen in zweierlei Hinsicht hat:

I. Uneingeschränkte Anmeldung

9   Soweit es um die **Forderungsanmeldung** geht, so kann der Gläubiger seine Forderung in **voller Höhe** geltend machen. Weder ist er in der Forderungsanmeldung auf den erwarteten Ausfall beschränkt, noch muss er bei der Anmeldung Angaben dazu machen, ob er auf sein Absonderungsrecht verzichtet (*Jaeger/Henckel* InsO, § 52 Rn. 21), noch muss er überhaupt bei der Tabellenanmeldung auf sein Absonderungsrecht hinweisen (MüKo-InsO/*Ganter* § 52 Rn. 17; zur diesbezüglich fehlenden Verzichtswirkung vgl. auch Rdn. 28).

II. Uneingeschränkte Feststellung

10 Das Absonderungsrecht des Gläubigers spielt auch keine Rolle bei der Forderungsfeststellung. Nach völlig herrschender Auffassung in der Literatur ist die Forderungsanmeldung eines Absonderungsberechtigten auch ohne vorherigen Verzicht auf das Absonderungsrecht oder vorherige Beschränkung auf den Ausfall – das Bestehen der Forderung unterstellt – **uneingeschränkt** zur Insolvenztabelle **festzustellen** (MüKo-InsO/*Ganter* § 52 Rn. 19; *Uhlenbruck/Brinkmann* InsO, § 52 Rn. 5).

11 Soweit in der Insolvenzpraxis die Forderung des absonderungsberechtigten Insolvenzgläubigers üblicherweise »in Höhe des Ausfalls« festgestellt wird, wird dies als »überholt« bezeichnet und der einschränkenden Feststellung die Funktion eines »Erinnerungspostens für die Verteilung« beigemessen, da sich die Rechtskraftwirkung der Forderungsfeststellung nicht auf das Absonderungsrecht erstreckt (*Uhlenbruck/Brinkmann* InsO, § 52 Rn. 5).

12 Die Konsequenz der fehlenden Rechtskrafterstreckung der Forderungsfeststellung auf das Absonderungsrecht besteht zum einen darin, dass der Absonderungsberechtigte auch bei vorbehaltsloser Feststellung seinen Ausfall beziffern muss, will er an der Verteilung partizipieren. Darüber hinaus ist der Gläubiger, dessen Forderung uneingeschränkt festgestellt wurde und dessen Absonderungsrecht bei

der Verteilung übersehen worden ist, der mithin auf seine volle Forderung eine Quote erhalten hat, zur Rückzahlung der den Ausfallbetrag übersteigenden Quote verpflichtet (ebenfalls h.M., vgl. Mü-Ko-InsO/*Ganter* § 52 Rn. 27; *Uhlenbruck/Brinkmann* InsO, § 52 Rn. 5).

E. Berechnung des Ausfalls

Die konkrete Berechnung des Forderungsausfalls des Absonderungsberechtigten hat sich nicht an der sich vermeintlich aus dem Wortlaut des § 50 Abs. 1 InsO ergebenden Befriedigungsreihenfolge zu orientieren. Für die Ausfallbezifferung gilt nach einer klarstellenden Entscheidung des *BGH* (NZI 2011, 247 ff.) Folgendes: 13

I. Vorrang der Parteiabrede

Grundsätzlich ist auch für die Ausfallberechnung zunächst einmal die Tilgungsreihenfolge maßgeblich, die die Parteien – soweit geschehen oder möglich (*Flitsch* EWiR 2011, 321) – vereinbart haben (*BGH* NZI 2011, 247 [248]). 14

II. Geltung der Anrechnungsvorschrift des § 367 BGB

Ansonsten gilt für die Forderungsausfallberechnung uneingeschränkt die **gesetzliche Tilgungsreihenfolge**, d.h. im Regelfall die des **§ 367 BGB** (beim Verbraucherdarlehen findet § 497 Abs. 3 BGB Anwendung). Hiernach kann der absonderungsberechtigte Gläubiger aus dem Verwertungserlös zunächst seine vor- und nachinsolvenzlichen Kosten (zu denen auch die Feststellungs- und Verwertungskostenbeiträge gehören; vgl. *Braun/Bäuerle* InsO, § 52 Rn. 7) und sodann seine vor- und nachinsolvenzlichen Zinsforderungen komplett abdecken (der Umstand, dass die nachinsolvenzlichen Ansprüche überhaupt nicht zur Tabelle angemeldet sind, ist unschädlich, *Smid* DZWIR 2012, 16), bevor er den hiernach verbleibenden Verwertungsrestbetrag auf die Hauptforderung anrechnet (*BGH* NZI 2011, 247; wie hier K. Schmidt/*Thole* InsO, § 52 Rn. 12; ebenso A/G/R-*Homann* § 52 InsO Rn. 8 und *Braun/Bäuerle* InsO, § 52 Rn. 7 sowie jetzt auch *Uhlenbruck/Brinkmann* InsO, § 52 Rn. 16; a.A. MüKo-InsO/*Ganter* § 52 Rn. 30, der, nachinsolvenzliche Kosten- und Zinsforderungen nur berücksichtigt, wenn entweder die nicht nachrangigen Insolvenzforderungen aller Insolvenzgläubiger ausgeglichen sind oder der Erlös aus der Verwertung des Absonderungsguts die nicht nachrangigen Insolvenzforderungen des Insolvenzgläubigers übersteigt). 15

Die Ausfallberechnung nach Maßgabe des § 367 BGB unter Einbezug der nachinsolvenzlichen hat in der Insolvenzpraxis zur Folge, dass gerade bei schwierig und damit zeitlich nur verzögert verwertbaren Absonderungsgegenständen wie Immobilien die Verwertungserlöse aus Sicht der Insolvenzgläubiger oftmals nahezu »verpuffen«, da der Absonderungsberechtigte bis zur Verwertung im Rahmen des § 52 InsO zunächst seine nachinsolvenzlichen Zins- und Kostenforderungen gegenrechnen kann. Auch tut der Verwalter gut daran, die Verwertung von Absonderungsgütern jedweder Art maximal zu beschleunigen, da jede Verzögerung mittelbar wirtschaftlich zulasten der Insolvenzgläubiger geht, nachdem der Ausfall des Absonderungsgläubigers mit dem nachinsolvenzlichen Zinsanteil seiner Forderung mit jedem Tag verspäteter Verwertung wächst. Aus diesem Grund ist der Insolvenzverwalter auch nicht gebunden an vorinsolvenzliche Vereinbarungen zwischen dem Schuldner und dem Absonderungsgläubiger, was den vorübergehenden Verzicht auf Verwertungsmaßnahmen anbelangt, selbst wenn das Absonderungsgut wertausschöpfend belastet ist (*BGH* NZI 2011, 138 [139]). 16

III. Keine einseitige Tilgungsbestimmung

Der Insolvenzverwalter ist zwar berechtigt, dem Vermieterpfandrecht unterfallende Gegenstände selbst zu verwerten (§ 166 Abs. 1 InsO). Hieraus resultiert aber kein Recht, nach erfolgter Verwertung bei der Erlösauskehr gem. § 366 Abs. 1 BGB eine Tilgungsbestimmung dahingehend zu treffen, dass mit dem Erlös zunächst nachinsolvenzliche Masseansprüche und nach deren Abdeckung vorinsolvenzliche Forderungen abgedeckt werden. Der BGH hat die insoweit divergierende instanzgerichtliche Rechtsprechung (vgl. exemplarisch *OLG Dresden* NZI 2011, 995 und *OLG Karlsruhe* 17

ZIP 2014, 786) dahingehend entschieden, dass dem Insolvenzverwalter keine Befugnis zur Tilgungsbestimmung zusteht (*BGH* NZI 2014, 1044 [1045 f.]). Begründet wurde dies zum einen damit, dass die Insolvenz als Gesamtvollstreckung der Einzelzwangsvollstreckung nachgebildet ist, bei der der Schuldner auch keine Tilgungsbestimmung treffen kann (*BGH* ZIP 2008, 1624). Bereits zuvor hatte der BGH entschieden, dass bei der Sicherheitenverwertung in der Insolvenz § 367 Abs. 1 InsO uneingeschränkte Anwendung findet. Folgerichtig dürfe dem Insolvenzverwalter auch kein hiervon abweichendes Tilgungsbestimmungsrecht zugebilligt werden (*BGH* NZI 2014, 1044 [1046]). Die zum gesetzlichen Vermieterpfandrecht ergangene Entscheidung des BGH ist auch auf die vertraglichen Absonderungsrechte anzuwenden (*Lütcke* NZI 2014, 1035 [1036]), da die Sachlage hier identisch ist.

IV. Vorteilsausgleichung

18   Der Ausfall des Absonderungsberechtigten mindert sich grds. nicht, wenn dieser den Absonderungsgegenstand gem. § 168 Abs. 3 InsO zu einem Wert übernimmt, der unter dem Verkehrswert liegt und/oder wenn er anlässlich der Weiterveräußerung einen Mehrerlös erzielt (*BGH* NZI 2006, 32 ff.).

19   Etwas anderes gilt nur bei Grundbesitzungen, wenn diese durch einen Grundpfandrechtsgläubiger gegen ein Gebot unterhalb der 7/10-Wertgrenze erworben werden. § 114a ZVG ordnet für diesen Fall eine Befriedigungsfiktion an, nach der sich der Gläubiger so behandeln lassen muss, als ob er 7/10 des Verkehrswerts auf seine Forderung erhalten habe (*BGH* ZIP 1987, 156 ff.).

V. Nachweis des Ausfalls

20   Grundsätzlich ist der Absonderungsberechtigte für die Höhe des Ausfalls darlegungs- und beweisbelastet, wobei der Nachweis des Ausfalls letztlich über eine reale Verwertung des Absonderungsguts herbeizuführen ist (*Uhlenbruck/Brinkmann* InsO, § 52 Rn. 17).

21   Gelingt dem Absonderungsberechtigten die Verwertung nicht, hat der Absonderungsberechtigte einen Verwertungsversuch und die Gründe für die Erfolglosigkeit der Verwertungsbemühungen nachzuweisen, wenn der Insolvenzverwalter keine Verwertung durchgeführt bzw. den Absonderungsgegenstand freigegeben hat. Da gerade bei Insolvenzimmobilien oft über Jahre hinweg eine Versteigerung nicht gelingt, bietet es sich an, sich mit dem Verwalter bei der Ausfallbezifferung auf einen fiktiven Verwertungserlös zu verständigen auf der Basis eines Prozentsatzes des im Zwangsversteigerungsverfahren festgesetzten Verkehrswertes.

22   Weist der Absonderungsberechtigte seinen Ausfall nicht nach, riskiert er, bei einer Verteilung bei Versäumung der Ausschlussfrist der §§ 190, 189 InsO überhaupt nicht berücksichtigt zu werden.

VI. Nachträgliche Veränderungen des Ausfalls

23   Wurde der Forderungsausfall abstrakt berechnet, weil eine Sicherheitenverwertung nicht möglich war und stellt sich später heraus, dass der für das Absonderungsgut angenommene fiktive Verwertungserlös zu hoch war, geht dies zu Lasten des Gläubigers (*Jaeger/Henckel* InsO, § 52 Rn. 27); er muss dann nachmelden bzw. bleibt ausgeschlossen, wenn das Verteilungsverzeichnis bestandskräftig ist.

24   Vermindert sich der Ausfall gegenüber dem im Schlussverzeichnis festgestellten Betrag außerhalb des Bereichs der (nicht vorzunehmenden) Vorteilsausgleichung (s. Rdn. 18) und außerhalb von Drittschuldnerzahlungen im Rahmen des § 43 InsO (s. Rdn. 4), so etwa durch zulässige Aufrechnungen (hierzu *BGH* NZI 2012, 513), so muss sich dies der Gläubiger anrechnen lassen. Tut er dies freiwillig nicht, steht dem Verwalter das Recht zur Erhebung einer Verteilungsabwehrklage zu (*BGH* NZI 2012, 513; *Eckardt* EWiR 2012, 493).

25   Werden diesbezügliche Veränderungen übersehen, kann Rückzahlungsklage erhoben werden (s. Rdn. 12).

F. Verzicht auf das Absonderungsrecht

Der Absonderungsberechtigte kann jederzeit auf sein Sonderrecht verzichten und nur mit der persönlichen Forderung am Verfahren teilnehmen, was allerdings nur bei erkennbarer Aussichtslosigkeit einer Verwertung des Absonderungsguts zu erwarten ist (A/G/R-*Homann* § 52 InsO Rn. 11). **26**

Da es einen einseitigen Verzicht auf schuldrechtliche Forderungen nicht gibt, ist nach den Vorgaben des BGH der Verzicht als Erlassvertrag zu vollziehen (*BGH* NZI 2017, 345 [346]). In der Regelinsolvenz ist die Verzichtsvereinbarung mit dem Insolvenzverwalter vorzunehmen, während bei der Eigenverwaltung nur der Schuldner Adressat der Verzichtserklärung sein kann, die dann er annehmen muss (*BGH* NZI 2017, 345 [346]). Er bedarf grds. keiner gesteigerten Form, es sei denn, es ist ein Recht an einem Grundstück betroffen (z.B. §§ 875, 1168, 1175, 1178 Abs. 2, 1183 BGB), bei dem grds. die Verzichtserklärung in der Form des § 29 Abs. 1 GBO abzureichen ist. Hiervon macht die Rechtsprechung aber eine Ausnahme, wenn das Absonderungsrecht aus einer Gesamtgrundschuld resultiert, für die massefremde Grundstücke mithaften und die auch Forderungen gegen Dritte absichert. Hier bedarf der Verzicht auf die Zwecksicherung nicht der grundbuchmäßigen Form (*BGH* ZInsO 2011, 91). **27**

Kein Verzicht liegt hingegen in der vorbehaltslosen Anmeldung der gesamten Forderung zur Insolvenztabelle (*BGH* NZI 2017, 345 [347]; *Uhlenbruck/Brinkmann* InsO, § 52 Rn. 23), selbst dann, wenn in der Forderungsanmeldung die Frage, ob abgesonderte Befriedigung unter gleichzeitiger Anmeldung des Ausfalls beansprucht werden soll, mit »nein« beantwortet wird (*OLG Nürnberg* ZIP 2007, 642 f.). **28**

Der einmal wirksam vereinbarte Verzicht ist unwiderruflich und bindend über die Beendigung des Verfahrens hinaus (*Braun/Bäuerle* InsO, § 52 Rn. 15). **29**

G. Verwirkung

Hat der Absonderungsberechtigte sein Sonderrecht verwirkt, ist er hinsichtlich der Bestimmung des Ausfalls dem verzichtenden Absonderungsberechtigten gleichzusetzen. An die Verwirkung sind allerdings strenge Anforderungen zu stellen, der Gläubiger muss durch ein Zeit- und Umstandsmoment eine Situation geschaffen haben, in der der Verwalter verständlicherweise nicht mehr mit der Geltendmachung eines Absonderungsrechts rechnen musste, etwa durch längere Vereinnahmung von Quotenzahlungen des Insolvenzverwalters auf eine uneingeschränkt festgestellte Forderung in Kenntnis des eigenen Absonderungsrechts (*Braun/Bäuerle* InsO, § 52 Rn. 16). **30**

§ 53 Massegläubiger

Aus der Insolvenzmasse sind die Kosten des Insolvenzverfahrens und die sonstigen Masseverbindlichkeiten vorweg zu berichtigen.

Übersicht

	Rdn.		Rdn.
A. Allgemeines	1	von Masseverbindlichkeiten während	
I. Überblick	1	des Insolvenzverfahrens	14
II. Masseverbindlichkeiten und Gläubigergleichbehandlung	6	D. Haftung für Masseverbindlichkeiten nach Beendigung des Insolvenzverfahrens	19
B. Arten der Masseverbindlichkeiten	10		
C. Geltendmachung und Durchsetzung			

A. Allgemeines

I. Überblick

Die in § 53 InsO genannten **Masseverbindlichkeiten** sind vorab, d.h. vor den Insolvenzforderungen (§ 38 InsO) zu berichtigen. Bevor letztere etwas aus der Insolvenzmasse (§§ 35 f. InsO) erhalten, **1** sind deshalb zunächst die aus den Masseverbindlichkeiten berechtigten »Massegläubiger« zu befriedigen. Zu den Masseverbindlichkeiten zählen die Verfahrenskosten (§ 54 InsO), die sonstigen Masseverbindlichkeiten (§ 55 InsO) sowie die in weiteren Bestimmungen genannten Verbindlichkeiten (dazu s. Rdn. 10).

2 Für die Abgrenzung von Masseverbindlichkeiten gegenüber Insolvenzforderungen (§ 38 InsO) bildet der Zeitpunkt der **Insolvenzeröffnung** eine **wesentliche Zäsur**: Sämtliche bis dahin begründeten Ansprüche sind grds. Insolvenzforderungen (§ 38 InsO, s. aber auch Rdn. 3), wohingegen die **nach diesem Zeitpunkt** begründeten Forderungen Masseverbindlichkeit werden können. Nicht alle nach Insolvenzeröffnung begründete Verbindlichkeiten sind indessen Masseverbindlichkeiten. So werden z.B. die im Zuge einer selbstständigen Tätigkeit des Schuldners eingegangenen Verbindlichkeiten nur dann zu Masseverbindlichkeiten, wenn diese Tätigkeit **der Insolvenzverwaltung zugerechnet** werden können, insbesondere wenn der Insolvenzverwalter eine Positiverklärung nach § 35 Abs. 2 InsO abgegeben hat oder wenn er die Tätigkeit des Schuldners in nach außen erkennbarer Weise duldet (näher § 35 Rdn. 69, § 55 Rdn. 31).

3 Umgekehrt können auch die **vor Insolvenzeröffnung** begründeten Verbindlichkeiten zu Masseverbindlichkeiten werden. Dies gilt zum einen für die von einem (»starken«) vorläufigen Insolvenzverwalter mit Verfügungsbefugnis nach Maßgabe des § 55 Abs. 2 InsO begründeten Verbindlichkeiten und zum anderen für die auch von einem (»schwachen«) vorläufigen Insolvenzverwalter ohne Verfügungsbefugnis oder mit dessen Zustimmung begründeten Verbindlichkeiten aus dem Steuerschuldverhältnis (§ 55 Abs. 4 InsO).

4 Mit Blick auf die Zielbestimmung der gleichmäßigen Befriedigung der Gläubiger (§ 38 InsO) ist bei Fehlen einer eindeutigen gesetzlichen Regelung **im Zweifel** davon auszugehen, dass es sich nicht um eine Masseverbindlichkeit, sondern um eine **Insolvenzforderung** handelt (*Uhlenbruck/Hirte* InsO, § 38 Rn. 2).

5 Unter den verschiedenen Masseverbindlichkeiten gibt es zwar **keine Rangfolge**. In massearmen Verfahren werden allerdings die noch ausstehenden Masseverbindlichkeiten nach Anzeige der Masseunzulänglichkeit durch den Insolvenzverwalter beim Insolvenzgericht nach der in § 209 InsO vorgesehenen Rangordnung berichtigt. Erweist sich nach der Eröffnung des Verfahrens, dass die Masse noch nicht einmal zur Deckung der Kosten des Verfahrens ausreicht, stellt das Insolvenzgericht das Verfahren nach § 207 InsO ein.

II. Masseverbindlichkeiten und Gläubigergleichbehandlung

6 Der Vorrang der Massegläubiger ist mit Blick auf das **Gebot der gleichmäßigen Befriedigung** der Gläubiger **erklärungsbedürftig**. Insoweit kann wie folgt **differenziert** werden:
– Der Vorrang der **Verfahrenskosten** (§ 54 InsO) und die vom Insolvenzverwalter im Zuge seines **Verwalterhandelns** begründeten Verbindlichkeiten (§ 55 Abs. 1 Nr. 3 InsO) lässt sich mit Blick darauf erklären, dass erst das Insolvenzverfahren die Voraussetzungen für die gleichmäßige Befriedigung der Gläubiger schafft und dass das Verfahren praktisch nicht durchführbar wäre, würde den Kosten und den im Zuge der Insolvenzverwaltung eingegangenen Verbindlichkeiten kein Vorrang eingeräumt. Unter diesem Blickwinkel liegt die vorrangige Befriedigung der Massegläubiger gerade auch im Interesse der Insolvenzgläubiger. Da die Wirkungen des Insolvenzverfahrens bei der Bestellung eines vorläufigen Verwalters mit Verfügungsbefugnis in das Vorverfahren vorverlegt werden, lässt sich auch die Einordnung der von einem solchen begründeten Verbindlichkeiten als Masseverbindlichkeiten (§ 55 Abs. 2 Satz 1 InsO) unter diesem Gesichtspunkt rechtfertigen (vgl. BT-Drucks. 12/2443, S. 126: Schutz der Kontrahenten des vorläufigen Verwalters).
– Die Qualifizierung der Forderungen aus **gegenseitigen Verträgen**, deren **Erfüllung zur Masse** verlangt wird oder für die Zeit nach Eröffnung erfolgen muss (§§ 55 Abs. 1 Nr. 2, 103 ff. InsO), als Masseforderungen ist Ausfluss des vom Insolvenzrecht grds. zu respektierenden **vertraglichen Synallagmas**, nach welchem die Vertragsparteien gerade zur Vorsorge von Insolvenzrisiken nur zur Leistung verpflichtet werden können, wenn der jeweilige Vertragsgegner die Gegenleistung er-

bringt (§ 320 BGB). Ähnliche Erwägungen gelten für Forderungen aus Dauerschuldverhältnissen, aus denen der vorläufige Insolvenzverwalter die Leistung in das von ihm verwaltete Vermögen in Anspruch nimmt (§ 55 Abs. 2 Satz 2 InsO).
- Die Einstufung von Ansprüchen auf Herausgabe einer (nach Insolvenzeröffnung eintretenden) **Bereicherung** der Masse als Masseforderung (§ 55 Abs. 1 Nr. 3 InsO) folgt der Einsicht, dass das Insolvenzverfahren lediglich die gemeinschaftliche Befriedigung der Insolvenzgläubiger sicherstellen, ihnen aber keine Bereicherungen verschaffen soll.
- Die Erhebung der mit Zustimmung des **vorläufigen Insolvenzverwalters** begründeten Forderungen aus **Steuerschuldverhältnissen** in den Rang einer Masseforderung durch den **fiskalpolitisch motivierten** (s. BT-Drucks. 17/3030, S. 23, 26) und darum **umstrittenen** § 55 Abs. 4 InsO (dazu s. Rdn. 3 sowie § 55 Rdn. 65) stützt sich im Wesentlichen auf die Erwägung, dass die praktisch verbreitete Bestellung von vorläufigen Insolvenzverwaltern ohne Verfügungsbefugnis die Steuerverwaltung benachteilige. Eine effektive Besteuerung der schuldnerischen Umsatztätigkeit im Eröffnungszeitraum erfordere, dass die aus ihr resultierenden Steuerforderungen auch dann den Rang einer Masseverbindlichkeit erhalten, wenn kein vorläufiger Verwalter mit Verfügungsbefugnis bestellt wird. Anders als andere Gläubiger könne sich die Steuerverwaltung sonst nicht gegen Verluste aus der Tätigkeit im Eröffnungszeitraum schützen. Es sei insoweit zu beobachten, dass einige Insolvenzverwalter diesen Umstand gezielt ausnützten, um die Masse vor Minderungen durch Steuerbelastungen zu schützen und damit die Masse auf Kosten des Fiskus anzureichern (BT-Drucks. 17/3030, S. 43).
- Eine Vielzahl **weiterer Bestimmungen** (u.a. §§ 100, 101 Abs. 1 Satz 3, 115 Abs. 2 Satz 3, 123 Abs. 2 Satz 1, 169 Satz 1, 172 Abs. 1 Satz 1, 324 InsO) heben weitere Verbindlichkeiten in den Rang einer Masseverbindlichkeit. Sie beruhen teils auf dem Gedanken, dass die Eingehung der Verbindlichkeiten im (mutmaßlichen) Interesse der Insolvenzmasse und damit der Insolvenzgläubiger liegt (so im Fall des § 115 Abs. 2 Satz 3 InsO betreffend die Notgeschäftsführung des Beauftragten). Teils dienen sie dem Ausgleich von Schäden oder von Vorteilen, welche die Insolvenzmasse auf Kosten des Gläubigers erlangt (so im Fall der §§ 169 Satz 1, 172 Abs. 1 Satz 1 InsO für die Zins- und Ausgleichsansprüche im Zusammenhang mit der verzögerten Verwertung oder Nutzung von Absonderungsgut).

Wie insbesondere die Diskussion um den durch das Haushaltsbegleitgesetz 2011 vom 09.12.2010 (BGBl. I S. 1885) eingeführten § 55 Abs. 4 InsO, aber auch die auf steuerrechtsdogmatische Konstruktionen gestützte erweiternde Auslegung des § 55 Abs. 1 Nr. 1 InsO durch die umsatzsteuerrechtliche Rechtsprechung des fünften Senats des Bundesfinanzhofs (dazu s. § 55 Rdn. 14 f.) verdeutlichen, ist die Abgrenzung der Insolvenzgläubiger von den vorrangig zu bedienenden Massegläubigern nicht nur für die jeweils Betroffenen von weitreichender Bedeutung. Vielmehr kommt ihr in der **rechtspolitischen Perspektive** die Funktion einer **struktur- und systembildenden Determinante** zu. An ihr entscheidet sich, inwieweit das Insolvenzrecht seinem Anspruch gerecht werden kann, die **gleichmäßige Befriedigung der Gläubiger** sicherzustellen. Dieser Anspruch sieht sich von verschiedensten Seiten herausgefordert, welche jeweils eine besondere **Schutzbedürftigkeit bestimmter Gläubigergruppen** betonen und daraus die Forderung ableiten, den Gleichbehandlungsgrundsatz zugunsten einer Bevorrechtigung der jeweils als besonders schutzbedürftig hingestellten Gläubiger zu durchbrechen. Auf entsprechende Erwägungen gingen auch die Vorrechte zurück, welche die Konkursordnung unter anderem zugunsten von Arbeitnehmern, des Fiskus und anderer Abgabengläubiger vorsah (§ 61 KO). Auch wenn sich für derartige Vorrechte jeweils gute arbeits-, sozial- oder fiskalpolitische Gründe angeben lassen mögen, muss stets gesehen werden, dass die **Leistungsfähigkeit des Insolvenzrechts** mit der Zulassung solcher Vorrechte zwangsläufig beeinträchtigt werden muss. Eine der größten Errungenschaften der Insolvenzordnung gegenüber dem Konkursrecht kann daher gerade in der Abschaffung der Vorrechte gesehen werden (näher *Schmerbach* Vor §§ 1 ff. Rdn. 41; vgl. BT-Drucks. 12/2443, S. 72, 81, 90). Um insoweit konsequent zu sein und kein Einfallstor für Begehrlichkeiten zu öffnen, sah es der Gesetzgeber als Notwendigkeit an, sämtliche Vorrechte einheitlich zu beseitigen (BT-Drucks. 12/2443, S. 90: »Die herkömmlichen Vorrechte lassen sich nur einheitlich beseitigen«).

8 Aus der Einsicht in die **Richtigkeit dieser gesetzgeberischen Erwägungen** folgt zum einen die **rechtspolitische Leitlinie**, dass die Einführung neuer Masseverbindlichkeiten einer soliden Begründung bedarf, deren rechtfertigende Kraft sich entweder aus den Zielbestimmungen des Insolvenzverfahrens ableiten lassen muss oder die diesen Zielbestimmungen hinreichendes (Gegen-)Gewicht einräumt; sozial-, arbeits-, fiskalpolitische oder sonstige Erwägungen können vor diesem Hintergrund für sich genommen nicht ausreichend sein. Zum anderen folgen aus den Erwägungen des Gesetzgebers auch **genetische** und **systematische Argumente** im Kontext der Auslegung der gesetzlichen Bestimmungen, auf die sich die Begründung von Masseverbindlichkeiten im geltenden Recht stützt. Hierzu gehört der Grundsatz, dass im Zweifel von Insolvenzforderungen und nicht von Masseverbindlichkeiten auszugehen ist (dazu s. § 38 Rdn. 3) und dass es für die Frage, ob eine Forderung zum Eröffnungszeitpunkt bereits begründet war (und damit: ob sie nach § 38 InsO als Insolvenzforderung zu qualifizieren ist) auf insolvenzrechtliche Maßstäbe, nicht hingegen auf die Maßstäbe der spezialgesetzlichen Regelungen ankommen kann, nach denen sich die Anspruchsentstehung richtet (*BGH* BGHZ 150, 305 [312]; 72, 263 [265 f.]; ZInsO 2005, 537 [538]; NZI 2005, 403 [404]; zum Steuerrecht geht der VII. Senat des BFH – anders als der V. und der XI. Senat [s. dazu bereits Rdn. 7] – ebenfalls davon aus, dass es nicht auf die Verwirklichung des Steuertatbestands ankomme, sondern darauf, dass die Forderung »ihrem Kern nach« vor Insolvenzeröffnung entstanden sei: *BFH* DStRE 2011, 53; 2005, 479; BFH/NV 2010, 2019). Die Kritik an der umsatzsteuerrechtlichen Rechtsprechung des V. Senats des Bundesfinanzhofs lässt sich im Wesentlichen als eine Kritik der Nichtbeachtung dieser Auslegungsargumente verstehen (näher dazu § 55 Rdn. 15).

9 Ein Schwerpunkt der **rechtspolitischen Diskussion** über die Reichweite des Geltungsanspruchs des Gleichbehandlungsgrundsatzes bildet das **Steuerrecht**. Hier werden mit Blick auf die bereits (s. Rdn. 7) erwähnte Rechtsprechung des Bundesfinanzhofs und die Einführung des § 55 Abs. 4 InsO Befürchtungen geäußert, dass die mit der Einführung der Insolvenzordnung überwundenen **Vorrechte für den Fiskus** wieder eingeführt werden könnten und dass sich dies insbesondere auch negativ auf die Wahrung der im Einzelfall bestehenden Sanierungsaussichten auswirken könne (vgl. Stellungnahme des DAV/Ausschüsse für Insolvenzrecht und Steuerrecht im Juli 2010, abrufbar unter www.anwaltverein.de). Die Kritik an den gegenwärtigen Entwicklungen im Insolvenzsteuerrecht ist aber auch **grundsätzlicher Natur**, indem sie die vielfältigen **Rechtsunsicherheiten** anspricht, denen sich die Praxis mit Blick auf das Fehlen eines kohärenten Regelungsrahmens ausgesetzt sieht. So hat die Praxis nicht nur mit **inkonsistenten Entscheidungen** der verschiedenen Senate des Bundesfinanzhofs umzugehen, deren einzige Gemeinsamkeit darin besteht, dass sie zu fiskusfreundlichen Resultaten führt, sie hat vielmehr auch mit **punktuellen gesetzlichen Regelungen** (wie insbesondere den durch das Haushaltsbegleitgesetz 2011 vom 09.12.2010, BGBl. I S. 1885, eingefügten § 55 Abs. 4 InsO) umzugehen, die sich in keinen stimmigen materiell- und verfahrensrechtlichen Rahmen einfügen und auf diese Weise eine Vielzahl von offenen Fragen und ungeklärten Problemen aufwerfen, welche sich zu erheblichen Belastungen für die Insolvenzpraxis auswachsen (dazu *Kahlert* DStR 2011, 1973; *Fischer* DB 2012, 885; *Onusseit* ZInsO 2011, 641; s.a. § 55 Rdn. 65, 67 ff.). Vor diesem Hintergrund ist es zu begrüßen, dass die **Kommission zur Harmonisierung von Steuerrecht und Insolvenzrecht** mögliche Perspektiven für eine Vereinbarung von Steuer- und Insolvenzrecht erarbeitet hat (Abschlussbericht der Kommission veröffentlicht in DStR-Beih. 2014, 117, ZIP Beil. Heft 42, S. 1 ff.).

B. Arten der Masseverbindlichkeiten

10 Zu den Masseverbindlichkeiten gehören die **Kosten des Verfahrens** (§ 54 InsO) und die **sonstigen Masseverbindlichkeiten**. Trotz der amtlichen Überschrift für § 55 InsO »Sonstige Masseverbindlichkeiten« werden diese dort nicht abschließend aufgezählt. Daneben sind kraft gesetzlicher Anordnung Masseverbindlichkeiten:
– der dem Schuldner und seiner Familie aus der Masse gewährte Unterhalt (§ 100 InsO);
– der einem vertretungsberechtigten persönlich haftenden Gesellschafter des Schuldners aus der Masse gewährte Unterhalt (§ 100 i.V.m. § 101 Abs. 1 Satz 3 InsO);

- der Ersatzanspruch eines Beauftragten bei Fortsetzung des Auftrags im Rahmen einer Notgeschäftsführung (§ 115 Abs. 2 Satz 3 InsO);
- Anspruch des geschäftsführenden Gesellschafters aus der einstweiligen Fortführung eilbedürftiger Geschäfte (§ 118 Satz 1 InsO);
- die Ansprüche aus einem nach Eröffnung des Verfahrens aufgestellten Sozialplan (§ 123 Abs. 2 Satz 1 InsO); Forderungen aus Sozialplänen, die früher als drei Monate vor Eröffnung des Insolvenzverfahrens abgeschlossen worden sind, sind einfache Insolvenzforderungen (*LAG Köln* ZInsO 2001, 919 [920]; *ArbG Köln* ZInsO 2001, 287), es sei denn, der Sozialplan ist von einem sog. starken vorläufigen Insolvenzverwalter abgeschlossen worden (*BAG* BB 2002, 2451; *Zwanziger* BB 2003, 630);
- die Zinsansprüche des absonderungsberechtigten Gläubigers bei verzögerter Verwertung des betroffenen Gegenstandes (§ 169 Satz 1 InsO);
- der an den Gläubiger zu gewährende Ersatz des Wertverlustes bei Verwertung von sonstigen Sachen durch den verwertungsberechtigten Insolvenzverwalter für die Insolvenzmasse (§ 172 Abs. 1 Satz 1 InsO);
- Verbindlichkeiten, die der Schuldner auf Grundlage einer gerichtlichen Anordnung nach § 270b Abs. 3 InsO im Schutzschirmverfahren begründet oder die der Schuldner im »vorläufigen Eigenverwaltungsverfahren« im Rahmen von Einzelermächtigungen eingeht (dazu s. § 55 Rdn. 51).

Für das **Nachlassinsolvenzverfahren** sieht § 324 InsO zusätzliche Masseverbindlichkeiten vor (z.B. Ersatz der Aufwendungen des Erben nach §§ 1978, 1979 BGB, die Kosten der Beerdigung des Erblassers, die dem Nachlass zur Last fallenden Kosten eines Todeserklärungsverfahrens, die Kosten der Eröffnung einer Verfügung des Erblassers von Todes wegen, die Verbindlichkeiten aus den von einem Nachlasspfleger oder einem Testamentsvollstrecker vorgenommenen Rechtsgeschäften). Die **Ansprüche des Nachlassverwalters** sowohl auf Aufwendungsersatz als auch auf Vergütung sind entsprechend §§ 53, 209 Nr. 1 InsO vorrangig aus dem Nachlass zu befriedigen, weil es sich um Verwaltungskosten handelt (*LG Lüneburg* Rpfleger 2009, 458). 11

Vor dem Hintergrund, dass mit der neuen Insolvenzordnung eine Verbesserung der Befriedigungschancen gerade auch der Insolvenzgläubiger angestrebt wurde, **verbietet sich eine ausdehnende Auslegung der Vorschriften zu den Masseverbindlichkeiten**. Vielmehr ist in Zweifelsfällen davon auszugehen, dass eine zum Zeitpunkt der Eröffnung des Verfahrens begründete Forderung nur als Insolvenzforderung geltend gemacht werden kann (*Uhlenbruck/Hirte* InsO, § 38 Rn. 2). 12

Ob eine Verbindlichkeit eine Masseverbindlichkeit darstellt, ist, sofern mehrere Schuldner aus demselben Haftungsgrund verpflichtet sind, **in jedem Verfahren gesondert festzustellen**. Dies gilt insbesondere für den Fall, dass eine Masseforderung im Insolvenzverfahren über das Vermögen einer **Personengesellschaft** auch im Insolvenzverfahren über das Vermögen des **persönlich haftenden Gesellschafters** geltend gemacht wird. Diese ist nicht von vornherein im Insolvenzverfahren über das Vermögen des persönlich haftenden Gesellschafters ebenfalls eine Masseforderung. Die Eigenschaft der Masseverbindlichkeit ist anhand der gesetzlichen Voraussetzungen auch für dieses Verfahren besonders festzustellen (*Nerlich/Römermann-Andres* InsO, § 53, Rn. 8 ff.; *Hess* KO, § 57 Rn. 2). Nach *Andres* (*Nerlich/Römermann-Andres* InsO, § 53 Rn. 11) ist eine Masseschuld des Insolvenzverfahrens über das Vermögen der Gesellschaft auch eine solche im Insolvenzverfahren über das Vermögen des Gesellschafters, wenn der maßgebliche Zeitpunkt für die Begründung der Masseverbindlichkeit nach der Eröffnung des Insolvenzverfahrens über das Vermögen des persönlich haftenden Gesellschafters liegt. 13

C. Geltendmachung und Durchsetzung von Masseverbindlichkeiten während des Insolvenzverfahrens

Der Insolvenzverwalter ist verpflichtet, im Insolvenzverfahren alle Masseverbindlichkeiten zu erfüllen oder im Falle der Anzeige der Masseunzulänglichkeit die Berichtigung nach der in § 209 InsO vorgesehenen Reihenfolge vorzunehmen. Spätestens bis zur Aufhebung des Insolvenzverfahrens hat er die Ansprüche der Massegläubiger zu befriedigen. Werden dem Insolvenzverwalter Masseverbind- 14 lichkeiten erst »verspätet« bekannt, können die Massegläubiger nach § 206 InsO nur aus verbleibenden Mitteln in der Insolvenzmasse Befriedigung erhalten, wie dies schon § 172 KO für das frühere Konkursrecht vorgesehen hatte (dazu s. näher die Erläuterungen bei § 206 InsO).

15 **Massegläubiger** sind für die Geltendmachung und Durchsetzung ihrer Forderungen im Gegensatz zu den Insolvenzgläubigern (§§ 87 ff. InsO) **nicht den Beschränkungen des Insolvenzverfahrens** unterworfen. Bei Fälligkeit des Masseanspruchs, die sich nach den allgemeinen Vorschriften richtet, hat der Insolvenzverwalter diese aus der Masse zu berichten. Der Massegläubiger kann auch gegen Forderungen der Masse aufrechnen, denn die Beschränkungen der §§ 95, 96 InsO gelten nicht für Massegläubiger (s. *Bernsau* § 96 Rdn. 22 und zur Aufrechnungsmöglichkeit nach Anzeige der Masseunzulänglichkeit *Kießner* § 209 Rdn. 52; *Nerlich/Römermann-Andres* InsO, § 53 Rn. 31). Erfüllt der Insolvenzverwalter die Masseverbindlichkeit nicht, so kann der Massegläubiger den Klageweg beschreiten. Eine Anmeldung der Forderung zur Tabelle kommt nicht in Betracht. Eine irrtümlich zur Tabelle angemeldete Masseforderung wird dadurch nicht zur Insolvenzforderung; der Insolvenzverwalter hat den Massegläubiger darauf hinzuweisen, dass seine Forderung ein Masseanspruch ist (*Nerlich/Römermann-Andres* InsO, § 53 Rn. 2).

16 Allerdings können sich bei der **Vollstreckung von titulierten Masseansprüchen** Einschränkungen aus dem Insolvenzverfahren ergeben. Nach **§ 90 InsO** sind Vollstreckungsmaßnahmen wegen Masseverbindlichkeiten, die nicht durch eine Rechtshandlung des Insolvenzverwalters begründet worden sind, für die Dauer von sechs Monaten nach der Eröffnung des Insolvenzverfahrens nicht unzulässig; von diesem Verbot werden in § 90 Abs. 2 InsO Ausnahmen für Fälle zugelassen, in denen der Insolvenzverwalter einen Vertrauenstatbestand geschaffen hatte.

17 Des Weiteren ist nach § 210 InsO die **Vollstreckung wegen Masseverbindlichkeiten**, die nicht Kosten des Verfahrens sind, ausgeschlossen, wenn diese vor **Anzeige der Masseunzulänglichkeit** durch den Insolvenzverwalter beim Insolvenzgericht begründet worden sind. In diesen Fällen kann der Insolvenzverwalter dem Massegläubiger in Höhe seines Ausfalls nach § 61 Satz 1 InsO zum Schadensersatz verpflichtet sein. Der Schadensersatzanspruch besteht nach § 61 Satz 2 InsO dann nicht, wenn der Verwalter bei der Begründung der Verbindlichkeit nicht erkennen konnte, dass die Masse voraussichtlich nicht zur Erfüllung ausreichen würde. Darüber hinaus kann sich eine Haftung des Insolvenzverwalters für die Nichterfüllung von Masseverbindlichkeiten, die nicht auf eine seiner Handlungen zurückzuführen sind, unter den Voraussetzungen des § 60 InsO ergeben.

18 Eine **persönliche Haftung des Schuldners für nicht oder nicht vollständig erfüllte Masseverbindlichkeiten während des Insolvenzverfahrens** kommt allein schon deswegen nicht in Betracht, weil mit der Einbeziehung des Neuerwerbs in die Insolvenzmasse nach § 35 InsO eine Haftungsmasse nicht zur Verfügung steht (so auch *Nerlich/Römermann-Andres* InsO, § 53 Rn. 5).

D. Haftung für Masseverbindlichkeiten nach Beendigung des Insolvenzverfahrens

19 Eine **Haftung des Schuldners nach Aufhebung des Insolvenzverfahrens** für nicht oder nicht vollständig erfüllte Masseverbindlichkeiten kommt dann in Betracht, wenn die Masseverbindlichkeiten bereits vor der Eröffnung des Insolvenzverfahrens begründet waren (*LAG München* ZIP 1990, 1217; *Nerlich/Römermann-Andres* InsO, § 53 Rn. 6; *MüKo-InsO/Hefermehl* § 53 Rn. 32 ff.). So haftet der Schuldner bei einem vor der Eröffnung eingegangenen gegenseitigen Vertragsverhältnis für nicht erfüllte Verbindlichkeiten, soweit diese bis zu dem Zeitpunkt entstanden sind, zu dem der Insolvenzverwalter das Vertragsverhältnis frühestens hätte kündigen können. Beruhen dagegen die nicht erfüllten Masseverbindlichkeiten auf **Handlungen des Insolvenzverwalters**, z.B. auch auf einer nicht unverzüglich erfolgten Kündigung eines gegenseitigen Vertragsverhältnisses, kommt eine persönliche Haftung des Schuldners nach Beendigung des Insolvenzverfahrens nicht in Betracht, da der Insolvenzverwalter den Schuldner nicht persönlich verpflichten kann. Der Schuldner haftet daher in diesen Fällen nur **gegenständlich beschränkt** auf die ihm vom Insolvenzverwalter übergebene bisherige Insolvenzmasse (*LAG München* ZIP 1990, 1217). Die persönliche Haftung des Insolvenzverwalters

für nicht oder nicht vollständig berichtigte Masseverbindlichkeiten unter den Voraussetzungen von § 60 und § 61 InsO bleibt auch nach Beendigung des Insolvenzverfahrens bestehen.

§ 54 Kosten des Insolvenzverfahrens

Kosten des Insolvenzverfahrens sind:
1. die Gerichtskosten für das Insolvenzverfahren;
2. die Vergütungen und die Auslagen des vorläufigen Insolvenzverwalters, des Insolvenzverwalters und der Mitglieder des Gläubigerausschusses.

Übersicht

	Rdn.		Rdn.
A. Allgemeines	1	2. Beschwerdegebühren	17
B. Die Gerichtskosten für das Insolvenzverfahren (Nr. 1)	4	3. Gebühren für Entscheidungen über Anträge auf Versagung und Widerruf der Restschuldbefreiung	21
I. Gerichtskosten im Eröffnungsverfahren	7	C. Die Vergütungen und Auslagen des vorläufigen Insolvenzverwalters, des Insolvenzverwalters und der Mitglieder des Gläubigerausschusses (Nr. 2)	23
II. Gerichtskosten im eröffneten Insolvenzverfahren	12		
III. Nicht zu den Masseverbindlichkeiten gehörende Gerichtskosten	15		
1. Prüfungsgebühr	16		

Literatur:
Gerke/Sietz Reichweite des Auslagenbegriffs gemäß § 54 InsO und steuerrechtliche Pflichten des Verwalters in massearmen Verfahren, NZI 2005, 373; *Müller* Gesellschafterhaftung für Masseverbindlichkeiten, LMK 2010, 295926; *Ries* Gesellschafterhaftung für Masseverbindlichkeiten, NZI 2010, 844; *Zimmer* Die Vergütung des Belegprüfers aus buchhalterischer Sicht, ZInsO 2009, 1806.

A. Allgemeines

§ 54 InsO bestimmt den **Begriff der Kosten des Insolvenzverfahrens**, die nach § 53 InsO zu den Masseverbindlichkeiten gehören. Danach sind Kosten des Insolvenzverfahrens die Gerichtskosten für das Insolvenzverfahren (Nr. 1) sowie die Vergütungen und die Auslagen des vorläufigen Insolvenzverwalters, des Insolvenzverwalters und der Mitglieder des Gläubigerausschusses (Nr. 2). Sie werden im Rahmen der Befriedigungsreihenfolge des § 209 InsO nach Anzeige der Masseunzulänglichkeit bevorzugt behandelt. 1

Nicht alle im Zusammenhang mit dem Insolvenzverfahren im Kostenverzeichnis zum GKG (im Folgenden »KV«) aufgeführten **Gebühren sind Gerichtskosten** i.S.d. Nr. 1, so z.B. die Prüfungsgebühr, die Gebühr bei Anträgen auf Versagung oder Widerruf der Restschuldbefreiung (s. Rdn. 16 ff.). Für zahlreiche Tätigkeiten des Insolvenzgerichts entstehen darüber hinaus keine Gerichtsgebühren, so die Tätigkeiten des Gerichts im Verfahren über einen Insolvenzplan (§§ 217–269 InsO), im Verfahren über einen Schuldenbereinigungsplan (§§ 305–310 InsO) und – mit Ausnahme der Gebühr Nr. 2350 KV – im Verfahren über die Restschuldbefreiung. Die Tätigkeit des Gerichts in diesen Verfahren ist durch die Gebühren für das Insolvenzverfahren (Nr. 2310–2332 KV) abgegolten. 2

Die **Gerichtskosten** für das Insolvenzverfahren setzen sich grds. aus den **Gerichtsgebühren und** den **Auslagen** des Gerichts zusammen. Die Staatskasse hat wegen der Kosten des Insolvenzverfahrens einen unmittelbaren Anspruch gegen die Insolvenzmasse (s. § 33 GKG). Kommt es zwischen dem Insolvenzverwalter und der Gerichtskasse zum Streit, richtet sich das Verfahren nach § 66 GKG (zum früheren § 5 GKG *Nerlich/Römermann-Andres* InsO, § 54 Rn. 11). Die Vergütungen und die zu erstattenden Auslagen des Insolvenzverwalters, des vorläufigen Insolvenzverwalters und des Sachwalters bei der Eigenverwaltung sowie der Mitglieder des Gläubigerausschusses werden vom Insolvenzgericht durch Beschluss festgesetzt (§ 64 Abs. 1 InsO, auch i.V.m. § 21 Abs. 2 Satz 1, § 274 Abs. 1 und § 73 Abs. 2 InsO). 3

§ 54 InsO Kosten des Insolvenzverfahrens

B. Die Gerichtskosten für das Insolvenzverfahren (Nr. 1)

4 Die **Gerichtsgebühren für das Insolvenzverfahren** sind im Teil 2 »Zwangsvollstreckung nach der Zivilprozessordnung, Insolvenzverfahren und ähnliche Verfahren« des Kostenverzeichnisses (Anlage 1 zu § 3 Abs. 2 GKG) unter dem Hauptabschnitt 3 »Insolvenzverfahren« aufgeführt. Es sind die **Kosten für das Eröffnungsverfahren** (Abschn. 1 mit den Nr. 2310 und 2311), **für die Durchführung des Verfahrens**, wobei danach unterschieden wird, ob es auf Antrag des Schuldners oder eines Gläubigers hin eröffnet wurde (Abschn. 2 und 3 mit den Nr. 2320 bis 2332). Soweit Wertgebühren vorgesehen sind, sind die §§ 34 und 58 GKG zu beachten.

5 Nicht zu den Gerichtskosten i.S.d. § 54 Nr. 1 InsO gehören die in den Abschnitt 4 und 5 genannten, in den Nr. 2340 (Prüfung von Forderungen in einem besonderen Prüfungstermin und im schriftlichen Prüfungsverfahren, § 177 InsO) und Nr. 2350 (Entscheidung über den Antrag auf Versagung oder Widerruf der Restschuldbefreiung) aufgeführten Gebührentatbestände. Die Gebühren der Nr. 2340 hat der Gläubiger selbst zu tragen; das in Nr. 2350 betroffene Verfahren über die Restschuldbefreiung ist nicht Bestandteil des vorhergehenden Insolvenzverfahrens.

6 Nach dem Kostenverzeichnis in der ab dem 01.08.2013 gültigen Fassung ergeben sich damit folgende Gerichtsgebühren i.S.d. Nr. 1 für das Insolvenzverfahren:

Nr.	Gebührentatbestand	Gebühr oder Satz der Gebühr nach § 34 GKG
	Hauptabschnitt 3 **Insolvenzverfahren** *Vorbemerkung 2.3:* Der Antrag des ausländischen Insolvenzverwalters steht dem Antrag des Schuldners gleich	
	Abschnitt 1 *Eröffnungsverfahren*	
2310	Verfahren über den Antrag des Schuldners auf Eröffnung des Insolvenzverfahrens Die Gebühr entsteht auch, wenn das Verfahren nach § 306 InsO ruht.	0,5
2311	Verfahren über den Antrag eines Gläubigers auf Eröffnung des Insolvenzverfahrens	0,5 – mindestens 180,00 EUR

Nr.	Gebührentatbestand	Gebühr oder Satz der Gebühr nach § 34 GKG
	Abschnitt 2 *Durchführung des Insolvenzverfahrens auf Antrag des Schuldners* *Vorbemerkung 2.3.2:* Die Gebühren dieses Abschnitts entstehen auch, wenn das Verfahren gleichzeitig auf Antrag eines Gläubigers eröffnet wurde.	
2320	Durchführung des Insolvenzverfahrens .... Die Gebühr entfällt, wenn der Eröffnungsbeschluss auf Beschwerde aufgehoben wird.	2,5

2321	Einstellung des Verfahrens vor dem Ende des Prüfungstermins nach §§ 207, 211, 212, 213 InsO: Die Gebühr 2320 ermäßigt sich auf	0,5
2322	Einstellung des Verfahrens nach dem Ende des Prüfungstermins nach §§ 207, 211, 212, 213 InsO: Die Gebühr 2320 ermäßigt sich auf	1,5
	Abschnitt 3 *Durchführung des Insolvenzverfahrens auf Antrag eines Gläubigers* *Vorbemerkung 2.3.3:* Dieser Abschnitt ist nicht anzuwenden, wenn das Verfahren gleichzeitig auf Antrag des Schuldners eröffnet wurde.	
2330	Durchführung des Insolvenzverfahrens .... Die Gebühr entfällt, wenn der Eröffnungsbeschluss auf Beschwerde aufgehoben wird.	3,0
2331	Einstellung des Verfahrens vor dem Ende des Prüfungstermins nach §§ 207, 211, 212, 213 InsO: Die Gebühr 2330 ermäßigt sich auf	1,0
2332	Einstellung des Verfahrens nach dem Ende des Prüfungstermins nach §§ 207, 211, 212, 213 InsO: Die Gebühr 2330 ermäßigt sich auf	2,0
	Abschnitt 4 *Besonderer Prüfungstermin und schriftliches Prüfungsverfahren (§ 177 InsO)*	
2340	Prüfung von Forderungen je Gläubiger	20,00 EUR
	Abschnitt 5 *Restschuldbefreiung*	
2350	Entscheidung über den Antrag auf Versagung oder Widerruf der Restschuldbefreiung (§§ 296 bis 297a, 300 und 303 InsO)	35,00 EUR

Nr.	Gebührentatbestand	Gebühr oder Satz der Gebühr nach § 34 GKG
	Abschnitt 6 **Besondere Verfahren nach der Verordnung (EU) 2015/848**	
2360	Verfahren über einen Antrag nach Artikel 36 Abs. 7 Satz 2 der Verordnung (EU) 2015/848.	3,0
2361	Verfahren über einstweilige Maßnahmen nach Artikel 36 Abs. 9 der Verordnung (EU) 2015/848.	1,0

2362	Verfahren über einen Antrag auf Eröffnung eines Gruppen-Koordinationsverfahrens nach Artikel 61 der Verordnung (EU) 2015/848.	4.000 EUR
Nr.	Gebührentatbestand	Gebühr oder Satz der Gebühr nach § 34 GKG
	Abschnitt 7 **Beschwerden** *Unterabschnitt 1* *Beschwerde*	
2370	Verfahren über die Beschwerde gegen die Entscheidung über den Antrag auf Eröffnung des Insolvenzverfahrens	1,0
2371	Verfahren über nicht besonders aufgeführte Beschwerden, die nicht nach anderen Vorschriften gebührenfrei sind: Die Beschwerde wird verworfen oder zurückgewiesen	60,00 EUR
2372	Verfahren über die sofortige Beschwerde gegen die Entscheidung über die Kosten des Gruppen-Koordinationsverfahrens nach Artikel 102c § 26 EGInsO	1,0
	Wird die Beschwerde nur teilweise verworfen oder zurückgewiesen, kann das Gericht die Gebühr nach billigem Ermessen auf die Hälfte ermäßigen oder bestimmen, dass eine Gebühr nicht zu erheben ist.	
	Unterabschnitt 2 *Rechtsbeschwerde*	
2373	Verfahren über die Rechtsbeschwerde gegen die Beschwerdeentscheidung im Verfahren über den Antrag auf Eröffnung des Insolvenzverfahrens	2,0
2374	Beendigung des gesamten Verfahrens durch Zurücknahme der Rechtsbeschwerde oder des Antrags: Die Gebühr ermäßigt sich auf	1,0
2375	Verfahren über nicht besonders aufgeführte Rechtsbeschwerden, die nicht nach anderen Vorschriften gebührenfrei sind: Soweit die Rechtsbeschwerde verworfen oder zurückgewiesen wird .... Wird die Rechtsbeschwerde nur teilweise verworfen oder zurückgewiesen, kann das Gericht die Gebühr nach billigem Ermessen auf die Hälfte ermäßigen oder bestimmen, dass eine Gebühr nicht zu erheben ist.	120,00 EUR

2376	Verfahren über die Rechtsbeschwerde gegen die Beschwerdeentscheidung über die Kosten des Gruppen-Koordinationsverfahrens nach Artikel 102c § 26 EGInsO i.V.m. § 574 ZPO.	2,0
Wird die Rechtsbeschwerde nur teilweise verworfen oder zurückgewiesen, kann das Gericht die Gebühr nach billigem Ermessen auf die Hälfte ermäßigen oder bestimmen, dass eine Gebühr nicht zu erheben ist.		

I. Gerichtskosten im Eröffnungsverfahren

Für das **Eröffnungsverfahren auf Antrag des Schuldners oder eines Gläubigers** entsteht eine 0,5-Gebühr nach den Nr. 2310, 2311 des Kostenverzeichnisses, Anlage 1 zu § 3 Abs. 2 GKG. Hat **der Schuldner den Antrag gestellt**, berechnen sich die Kosten nach der Höhe der Insolvenzmasse, die jedoch um den Wert der Gegenstände, die der abgesonderten Befriedigung (§§ 49, 50, 51 InsO) unterliegen, zu mindern ist (§ 58 Abs. 1 GKG). Mit Absonderungsrechten belastete Gegenstände sind also nur in Höhe des die Belastung übersteigenden Wertes anzusetzen (BT-Drucks. 12/3803 S. 72). 7

Der **Gebühr bei einem Gläubigerantrag** ist nach § 58 Abs. 2 GKG der Betrag seiner Forderung zugrunde zu legen, es sei denn, der Wert der Insolvenzmasse ist geringer. Dann ist dieser Betrag maßgeblich. Die Mindestgebühr für ein auf den Antrag eines Gläubigers eingeleitetes Eröffnungsverfahren beträgt 180 € (Nr. 2311 KV). Diese Kosten hat der Gläubiger zu tragen (§ 23 Abs. 1 GKG). Wird der Antrag zurückgewiesen oder zurückgenommen, trägt er auch die im Eröffnungsverfahren entstandenen Auslagen. Wird der Antrag zurückgenommen, weil der Antragsgegner (Schuldner) die Forderung bezahlt hat, können die Kosten des Eröffnungsverfahrens dem Schuldner auferlegt werden (§ 29 Nr. 1 GKG). Die Haftung des Gläubigers wird dadurch aber nicht berührt. 8

Anträge mehrerer Gläubiger gegen denselben Schuldner führen dazu, dass mehrere Eröffnungsverfahren anhängig werden. Für jedes Eröffnungsverfahren entsteht deshalb die Eröffnungsgebühr der Nr. 2310 KV. Die Kosten desjenigen Eröffnungsverfahrens, das zur Eröffnung des Insolvenzverfahrens führt, zählen zu den in Nr. 1 genannten Gerichtskosten für das Insolvenzverfahren. Die Kosten weiterer Eröffnungsverfahren – auf Grund von Anträgen anderer Gläubiger – rechnen nicht zu den Kosten des Insolvenzverfahrens i.S.v. § 54 InsO. Die Gläubiger in diesen Verfahren haben daher die Eröffnungsgebühr zu tragen, können sie aber als Insolvenzforderung anmelden. 9

Die **Vergütung eines vorläufigen Insolvenzverwalters** zählt nicht zu den Kosten des Eröffnungsverfahrens (BT-Drucks. 12/3803 S. 72). Die Rücknahme oder Abweisung eines Eröffnungsantrages führt daher nicht zu einer Haftung des Antragstellers (Schuldner oder Gläubiger) für sie. 10

Neben den Gebühren sind auch die **im Eröffnungsverfahren entstehenden Auslagen** zu berücksichtigen. Dies sind regelmäßig die Zustellungs- und Bekanntmachungskosten (Nr. 9002, 9004 KV) und die Kosten, die für die zwangsweise Vorführung des Schuldners durch den Gerichtsvollzieher (vgl. § 20 Satz 2, § 98 InsO) anfallen (Nr. 9006 KV). Zu den Auslagen gehören auch die Kosten eines Sachverständigengutachtens, dass der vorläufige Insolvenzverwalter nach § 22 Abs. 1 Satz 2 Nr. 3 InsO im Auftrag des Insolvenzgerichts angefertigt hat (Nr. 9005 KV). 11

II. Gerichtskosten im eröffneten Insolvenzverfahren

Für die **Durchführung des Insolvenzverfahrens auf Antrag des Schuldners** entsteht – zusätzlich zur Gebühr für das Eröffnungsverfahren – eine 2,5fache Gebühr (Nr. 2320 KV). Die gleiche Gebühr entsteht, wenn das Verfahren sowohl auf Antrag des Schuldners als auch auf einen Gläubigerantrag hin eröffnet wird (s. die Vorbemerkung 2.3.2 zu den Nr. 2320 ff. KV). Sie entfällt, wenn der Eröffnungsbeschluss auf Beschwerde (§ 34 Abs. 2 InsO) aufgehoben wird und ermäßigt sich auf die 0,5fache oder die 1,5fache Gebühr, wenn das Verfahren vor dem Ende des Prüfungstermins (Nr. 2321 KV) oder danach (Nr. 2322 KV) aus den dort genannten Gründen eingestellt wird. 12

13 Für die Durchführung des Insolvenzverfahrens, das **nur auf Antrag eines Gläubigers** eröffnet wird, entsteht – zusätzlich zur Gebühr für das Eröffnungsverfahren – eine 3fache Gebühr (Nr. 2330 KV). Sie entfällt, wenn der Eröffnungsbeschluss auf Beschwerde (§ 34 Abs. 2 InsO) aufgehoben wird und ermäßigt sich auf eine volle Gebühr oder eine doppelte Gebühr, wenn das Verfahren vor dem Ende des Prüfungstermins (Nr. 2331 KV) oder danach (Nr. 2332 KV) aus den dort genannten Gründen eingestellt wird. Die Wertvorschrift des § 58 Abs. 1 GKG gilt auch hier.

14 Zu den gerichtlichen Auslagen und damit zu den Kosten des Insolvenzverfahrens gehören die gem. Nr. 9005 KV i.V.m. § 8 ff. JVEG als Auslagen zu erstattenden Kosten eines vom Gericht für die Schlussrechnungsprüfung hinzugezogenen Sachverständigen (s.a. *Schmitt* § 66 Rdn. 20).

III. Nicht zu den Masseverbindlichkeiten gehörende Gerichtskosten

15 Nicht alle Gerichtskosten, die im Insolvenzverfahren entstehen, sind Masseverbindlichkeiten. Sie entstehen zwar während und im Insolvenzverfahren, sind aber keine Masseverbindlichkeiten. Dazu gehört die **Prüfungsgebühr** nach Nr. 2340 KV. Die **im Beschwerdeverfahren entstehenden Gerichtskosten** sind ebenfalls keine Kosten i.S.v. § 54 InsO. Sie sind daher auch nicht aus der Masse zu zahlen und zwar auch dann nicht, wenn der Schuldner der unterliegende Beschwerdeführer ist und nach der Kostenentscheidung die Kosten zu tragen hat. Die Landeskasse kann sich in einem solchen Fall nur an das etwa vorhandene insolvenzfreie Vermögen des Schuldners halten. Da das Restschuldbefreiungsverfahren erst mit Aufhebung des Insolvenzverfahrens beginnt, gehören die in diesem Verfahren entstehenden Gebühren ebenfalls nicht zu den Verfahrenskosten i.S.d. Nr. 1.

1. Prüfungsgebühr

16 Die Prüfung der rechtzeitig angemeldeten Forderungen ist kostenfrei. Für die Prüfung nachträglich angemeldeter Forderungen (s. § 177 InsO) entsteht für jeden Gläubiger eine Gebühr von 20 € (Nr. 2340 KV). Die Höhe der Gebühr ist nicht davon abhängig, ob eine oder mehrere Forderungen dieses Gläubigers nachträglich zu prüfen sind und ob ein besonderer Prüfungstermin anberaumt wird oder ob die Forderung im schriftlichen Verfahren geprüft wird. Die Prüfungsgebühr schuldet nur der Gläubiger (§ 177 Abs. 1 Satz 2 InsO).

2. Beschwerdegebühren

17 Das Kostenverzeichnis sieht für **Beschwerden im Insolvenzverfahren** folgende Vorschriften vor: Nr. 2360 KV für Beschwerden gegen den Beschluss über die Eröffnung des Insolvenzverfahrens, Nr. 2362–2364 für Rechtsbeschwerden und Nr. 2361 KV für die sonstigen Beschwerden. Die in diesen Beschwerdeverfahren anfallenden Gerichtskosten zählen nunmehr zu den Kosten des Insolvenzverfahrens i.S.v. § 54 InsO, da sie im Abschnitt über das Insolvenzverfahren geregelt sind.

18 **Kostenschuldner** der Gebühr Nr. 2360 KV ist bei Zurückweisung oder Rücknahme der Beschwerde der Schuldner, nicht die Insolvenzmasse. Wird der Beschwerde stattgegeben, sind dem Antragsteller die Kosten aufzuerlegen. Der Wert bestimmt sich nach der Höhe der Insolvenzmasse, § 58 Abs. 3 i.V.m. Abs. 1 GKG.

19 Kostenschuldner der Gebühr Nr. 2361 KV ist der Beschwerdeführer, wenn die Beschwerde verworfen oder zurückgewiesen wird. Wenn der Beschwerde stattgegeben wird, entsteht keine Gebühr. Für die Berechnung des Wertes im Falle der Abweisung des Insolvenzantrages mangels Masse kommt es darauf an, ob der Schuldner oder ein sonstiger Antragsteller Beschwerde eingelegt hat. Hat der Schuldner Beschwerde eingelegt, ist als Geschäftswert der Wert der Insolvenzmasse, vermindert um den Wert der abzusondernden Gegenstände anzunehmen, §§ 58 Abs. 3 Satz 1 i.V.m. Abs. 1 GKG. Hat ein anderer Antragsteller Beschwerde eingelegt, ist als Geschäftswert höchstens die Höhe seiner Forderung anzunehmen, §§ 58 Abs. 3 Satz 2 i.V.m. Abs. 2 GKG.

20 Die darüber hinaus von der Insolvenzordnung zugelassenen Beschwerden betreffen **Beschwerdeverfahren vor dem Arbeitsgericht**. Diese in den §§ 122 (gerichtliche Zustimmung zur Durchführung

einer Betriebsvereinbarung) und 126 InsO (Beschlussverfahren zum Kündigungsschutz) vorgesehenen Verfahren sind nach der ausdrücklichen Anordnung in § 2 Abs. 2 GKG gerichtskostenfrei.

3. Gebühren für Entscheidungen über Anträge auf Versagung und Widerruf der Restschuldbefreiung

Für die Entscheidung über **Anträge auf Versagung oder Widerruf der Restschuldbefreiung** entsteht eine Gebühr von 35 € (Nr. 2350 KV). Damit sind folgende Fallgestaltungen erfasst: Die Restschuldbefreiung kann auf Antrag eines Insolvenzgläubigers versagt werden, wenn der Schuldner seine Obliegenheiten verletzt hat (§ 296 InsO) oder wenn er sich einer Insolvenzstraftat schuldig gemacht hat (§ 297 InsO). Auf Antrag des Treuhänders ist die Restschuldbefreiung zu versagen, wenn seine Mindestvergütung nicht gedeckt ist (§ 298 InsO). Außerdem kann die erteilte Restschuldbefreiung auf Antrag eines Insolvenzgläubigers widerrufen werden, wenn sich nachträglich herausstellt, dass der Schuldner seine Obliegenheiten vorsätzlich verletzt und dadurch die Befriedigung der Insolvenzgläubiger erheblich beeinträchtigt hat (§ 303 InsO).

21

Die Gebühr der Nr. 2350 KV steht zwar auch im Hauptabschnitt 3 (Insolvenzverfahren), ist aber nicht zu den Verfahrenskosten i.S.d. Nr. 1 zu rechnen. Für sie haftet ausschließlich der Insolvenzgläubiger, der die Versagung oder den Widerruf beantragt hat, § 23 Abs. 2 GKG. Für den Treuhänder, der wegen fehlender Deckung seiner Mindestvergütung die Versagung beantragt, gilt diese Vorschrift nicht, eine von ihm eingelegte Beschwerde löst keine Gebühr aus.

22

C. Die Vergütungen und Auslagen des vorläufigen Insolvenzverwalters, des Insolvenzverwalters und der Mitglieder des Gläubigerausschusses (Nr. 2)

Nach Nr. 2 gehören zu den Kosten des Insolvenzverfahrens die **Vergütungen und Auslagen** des **vorläufigen Insolvenzverwalters**, des **Insolvenzverwalters** und der **Mitglieder des Gläubigerausschusses**. Damit sind die Forderungen der Personen, die vom Gericht oder von der Gläubigerversammlung zur Mitwirkung an der Abwicklung des Insolvenzverfahrens herangezogen werden, zu Masseverbindlichkeiten erklärt worden. Vergütungsansprüche eines vorläufigen Insolvenzverwalters aus einem abgeschlossenen Verfahren sind in einem neuen Insolvenzverfahren keine Massekosten i.S.v. § 54 Nr. 2 InsO (*BGH* Beschl. v. 20.09.2007 – IX ZB 239/06).

23

Die Vergütung **des Insolvenzverwalters** ist nach § 63 Abs. 1 InsO i.V.m. § 11 InsVV auf Grundlage des Werts des verwalteten Vermögens zu bestimmen. Dem vorläufigen Insolvenzverwalter steht nach § 63 Abs. 3 InsO i.d.R. eine Vergütung in Höhe von 25 % der dem Insolvenzverwalter zustehenden Vergütung zu. Maßgebend ist insoweit allerdings die Bewertung des Vermögens, auf das sich seine Tätigkeit zum Zeitpunkt der Beendigung der vorläufigen Verwaltung erstreckt (§ 63 Abs. 3 Satz 2 InsO). Erweist sich später, dass der insoweit ermittelte Wert um mehr als 20 % von dem ursprünglich bestimmten Wert abweicht, kann das Gericht die Entscheidung abändern. Nach §§ 270a Abs. 1 Satz 2, 274 Abs. 1 InsO gilt § 63 Abs. 3 InsO auch für die Vergütung eines Sachwalters bei der Eigenverwaltung entsprechend. Die Mitglieder des Gläubigerausschusses haben nach § 73 InsO einen Anspruch auf Vergütung für ihre Tätigkeit und auf Erstattung angemessener Auslagen.

24

Die Höhe der Vergütungen und der zu erstattenden Auslagen bestimmen sich nach der **Insolvenzrechtlichen Vergütungsverordnung** vom 19. August 1998 (BGBl. I S. 2205), die das Bundesministerium der Justiz auf der Grundlage von § 65 InsO (auch i.V.m. § 21 Abs. 2 Nr. 1, § 73 Abs. 2, § 274 Abs. 1, § 293 Abs. 2 und § 313 Abs. 1 InsO) erlassen hat. Wegen der Einzelheiten der Berechnung der Vergütung wird auf die Erläuterungen zur Insolvenzrechtlichen Vergütungsverordnung hier bei *Lorenz* Erl. der InsVV verwiesen.

25

Der Anspruch eines im Insolvenzverfahren über das Vermögen des Emittenten von Schuldverschreibungen aus Gesamtemissionen bestellten **gemeinsamen Vertreters von Anleihegläubigern** auf Vergütung (§ 7 Abs. 6 SchVG) ist keine Masseverbindlichkeit (*BGH* ZInsO 2017, 438 = ZIP 2017, 383).

26

§ 55 Sonstige Masseverbindlichkeiten

(1) Masseverbindlichkeiten sind weiter die Verbindlichkeiten:
1. die durch Handlungen des Insolvenzverwalters oder in anderer Weise durch die Verwaltung, Verwertung und Verteilung der Insolvenzmasse begründet werden, ohne zu den Kosten des Insolvenzverfahrens zu gehören;
2. aus gegenseitigen Verträgen, soweit deren Erfüllung zur Insolvenzmasse verlangt wird oder für die Zeit nach der Eröffnung des Insolvenzverfahrens erfolgen muss;
3. aus einer ungerechtfertigten Bereicherung der Masse.

(2) ¹Verbindlichkeiten, die von einem vorläufigen Insolvenzverwalter begründet worden sind, auf den die Verfügungsbefugnis über das Vermögen des Schuldners übergegangen ist, gelten nach der Eröffnung des Verfahrens als Masseverbindlichkeiten. ²Gleiches gilt für Verbindlichkeiten aus einem Dauerschuldverhältnis, soweit der vorläufige Insolvenzverwalter für das von ihm verwaltete Vermögen die Gegenleistung in Anspruch genommen hat.

(3) ¹Gehen nach Absatz 2 begründete Ansprüche auf Arbeitsentgelt nach § 169 des Dritten Buches Sozialgesetzbuch auf die Bundesagentur für Arbeit über, so kann die Bundesagentur diese nur als Insolvenzgläubiger geltend machen. ²Satz 1 gilt entsprechend für die in § 175 Absatz 1 des Dritten Buches Sozialgesetzbuch bezeichneten Ansprüche, soweit diese gegenüber dem Schuldner bestehen bleiben.

(4) Verbindlichkeiten des Insolvenzschuldners aus dem Steuerschuldverhältnis, die von einem vorläufigen Insolvenzverwalter oder vom Schuldner mit Zustimmung eines vorläufigen Insolvenzverwalters begründet worden sind, gelten nach Eröffnung des Insolvenzverfahrens als Masseverbindlichkeit.

Übersicht	Rdn.
A. Allgemeines	1
B. Nach der Verfahrenseröffnung begründete Masseverbindlichkeiten (Abs. 1)	4
I. Verbindlichkeiten aus der Verwaltung, Verwertung und Verteilung der Masse (Abs. 1 Nr. 1)	5
1. Handlungen des Insolvenzverwalters	8
a) Rechtsgeschäfte	9
b) Insbesondere: Umsatzsteuer	13
c) Ertrag- und Lohnsteuern	20
d) Andere Handlungen	24
2. Auf »andere Weise« begründete Verbindlichkeiten	26
a) Verwertung von Sicherheiten durch Sicherungsgläubiger	27
b) Altlasten	28
c) Verbindlichkeiten im Zusammenhang mit dem »Neuerwerb«	30
II. Verbindlichkeiten aus gegenseitigen Verträgen (Abs. 1 Nr. 2)	35
1. Kauf unter Eigentumsvorbehalt	38
2. Miet- und Pachtverhältnisse	39
3. Dienst- und Arbeitsverträge	42
III. Verbindlichkeiten aus einer ungerechtfertigten Bereicherung der Masse (Abs. 1 Nr. 3)	45
C. Vom »starken« vorläufigen Insolvenzverwalter begründete Verbindlichkeiten (Abs. 2)	46
I. Anwendungsbereich	46
1. Anwendung auf den »schwachen« vorläufigen Verwalter?	49
2. Entsprechende Anwendung im Schutzschirmverfahren (§ 270b Abs. 3 Satz 2 InsO)	50
3. Entsprechende Anwendung im vorläufigen Eigenverwaltungsverfahren (§ 270a Abs. 1 InsO)?	51
II. Begründung von Verbindlichkeiten (Satz 1)	52
III. Verbindlichkeiten aus Dauerschuldverhältnissen (Satz 2)	58
IV. Geltendmachung der Ansprüche	59
V. Haftung	60
D. Ansprüche der Bundesagentur für Arbeit aus übergegangenem Recht (Abs. 3)	61
I. Übergegangene Ansprüche als Insolvenzforderungen	61
II. Übergegangene Ansprüche in »Altverfahren«	62
E. Steuerforderungen aus dem Insolvenzeröffnungsverfahren (Abs. 4)	63
I. Allgemeines, Hintergrund	63
II. Begründung und Zustimmung durch den vorläufigen Insolvenzverwalter	67
III. Erfasste Verbindlichkeiten	71
1. Umsatzsteuer	73
2. Andere Steuerarten	75
IV. Rechtsfolge	79

Sonstige Masseverbindlichkeiten **§ 55 InsO**

Literatur:
Adam Die gleichmäßige Befriedigung der Massegläubiger, DZWIR 2009, 181; *Arens* Steuerforderungen im Zusammenhang mit dem Neuerwerb nach Neuregelung des § 35 InsO, DStR 2010, 446; *Baldringer* Die Absicherung von Wertguthaben aus Altersteilzeitarbeit in der Insolvenz, ZInsO 2006, 690; *Bartone* Haftung des Insolvenzverwalters für LSt-Schulden des Insolvenzschuldners bei Neuerwerb, DB 2010, 359; *Beck* Ertragsteuerliches Fiskusprivileg im vorläufigen Insolvenzverfahren – mögliche Auswirkungen des neuen § 55 Abs. 4 InsO, ZIP 2011, 551; *Berger* Zur persönlichen Gesellschafterhaftung in der Insolvenz der oHG, EWiR 2009, 775; *ders.* Zur Abgrenzung der Insolvenzforderung von der Masseverbindlichkeit bei Steuerforderungen, EWiR 2009, 315; *Bisle/Epple* Fiskusprivileg »light«: Der neue § 54 Abs. 4 InsO, GWR 2011, 352; *Cisch/Ulbrich* Flexi-Gesetz II: Licht und Schatten, BB 2009, 550; *Dahl* »Unternehmensfreigabe« nach § 35 II, III InsO – Insolvenzmasse, NJW-Spezial 2007, 485; *Damerius* Masseverbindlichkeit oder Insolvenzforderung? – Zur Einordnung der Kosten eines vom Insolvenzverwalter nach Verfahrenseröffnung fortgesetzten Prozesses, ZInsO 2007, 569; *Drescher* Zur Einordnung des Straßenbaubeitrags als Insolvenzforderung oder Masseforderung, EWiR 2007, 385; *Düwell/Pulz* Urlaubsansprüche in der Insolvenz, NZA 2008, 786; *Farr* Belastung der Masse mit Kraftfahrzeugsteuer, NZI 2008, 78; *Haarmeyer* Die »Freigabe« selbstständiger Tätigkeit des Schuldners und die Erklärungspflichten des Insolvenzverwalters, ZInsO 2007, 696; *Häsemeyer* Die Altlasten – Ein Prüfstein für wechselseitige Abstimmungen zwischen dem Insolvenzrecht und dem Verwaltungsrecht, FS Uhlenbruck, S. 97; *Heyrath/Reck* Behandlung von Masseverbindlichkeiten aus der vorläufigen Insolvenzverwaltung nach Eröffnung, ZInsO 2009, 1678; *Holzer* Erklärungen des Insolvenzverwalters bei Ausübung einer selbstständigen Erwerbstätigkeit des Schuldners, ZVI 2007, 289; *Hölzle* Die Fortführung von Unternehmen im Insolvenzeröffnungsverfahren, ZIP 2011, 1889; *Kahlert* Zur Qualifizierung des Gewinnanteils eines insolventen Mitunternehmers als Masseverbindlichkeit, EWiR 2009, 249; *ders.* Zur Dogmatik der Umsatzsteuer im Insolvenzverfahren, DStR 2011, 1973; *ders.* Der V. Senat des BFH als Schöpfer von Fiskusvorrechten im Umsatzsteuerrecht, NZI 2011, 921; *ders.* Fiktive Masseverbindlichkeiten im Insolvenzverfahren: Wie funktioniert § 55 Abs. 4 InsO?, ZIP 2011, 401; *ders.* Anwendbarkeit des § 176 Abs. 2 AO auf das alte BMF-Schreiben zu § 55 Abs. 4 InsO, DStR 2015, 2004; *Kahlert/Mordhorst* Ist schlichtes Dulden einer selbstständigen Tätigkeit des Schuldners ein Verwalten der Insolvenzmasse im Sinne des InsO § 55 Abs. 1 Nr. 1?, ZIP 2009, 2210; *Kremer* Zur insolvenzrechtlichen Einordnung des Vorsteuerberichtigungsanspruchs, EWiR 2010, 219; *Krüger* Insolvenzsteuerrecht Update 2017, ZInsO 2017, 405; *Loose* Nach Insolvenzeröffnung durch nichtselbstständige Tätigkeit begründete Einkommensteuerschulden keine Masseverbindlichkeiten, EFG 2010, 885; *ders.* Begründung von Masseverbindlichkeiten durch einen vorläufigen Insolvenzverwalter, EFG 2009, 1587; *ders.* Gewinnanteil des Mitunternehmers als Masseverbindlichkeit, EFG 2009, 489; *Onusseit* Zu den Voraussetzungen des InsO § 55 Abs. 1 Nr. 1 Halbs. 2, EWiR 2010, 23; *ders.* Die umsatzsteuerlichen Folgen des in der Insolvenz steckengebliebenen Bauvorhabens, ZIP 2009, 2180; *ders.* Steuerrechtliche Fragen aus den Verfahren der natürlichen Personen, ZVI 2009, 353; *ders.* Die steuerrechtliche Rechtsprechung mit insolvenzrechtlichem Bezug in der Zeit v. 1.7.2006 – 31.12.2007, ZInsO 2008, 638; *ders.* Zur Neuregelung des § 55 Abs. 4 InsO, ZInsO 2011, 641; *Pape* Änderungen im eröffneten Verfahren durch das Gesetz zur Vereinfachung des Insolvenzverfahrens, NZI 2007, 481; *Ries* Kraftfahrzeugsteuer als Masseverbindlichkeit auch bei Freigabeerklärung, NZI 2010, 498; *Roth* BFH zur Kraftfahrzeugsteuer: Masseverbindlichkeit trotz Freigabe und fehlender Nutzung? – Erwiderung zu Looff, ZInsO 2008, 75; *Sämisch/Adam* Fiskalische Begehrlichkeiten: Insolvenzforderung oder Masseverbindlichkeit, ZInsO 2010, 934; *Schatte* Die Altlastenhaftung in der Insolvenz, FS Metzeler, S. 123; *K. Schmidt* Neues zur Ordnungspflicht in der Insolvenz einer Handelsgesellschaft?, NJW 2012, 3344; *Schmittmann* Das Bundesfinanzministerium, der V. Senat des BFH und die Umsatzsteuer, ZIP 2012, 249; *Sterzinger* Fiskusprivileg im Insolvenzverfahren, BB 2011, 1367; *ders.* Umsatzsteuer im Insolvenzverfahren, NZI 2012, 63; *Stiller* Der Abfindungsanspruch nach § 1a I KSchG in der Insolvenz des Arbeitgebers, NZI 2005, 77; *Waclawik* Vorsteuerberichtigung nach § 15a UStG in der Insolvenz, ZIP 2010, 1465; *Wäger* Insolvenzrecht und Umsatzsteuer, DStR 2011, 1925; *Wellensiek* Probleme der Betriebsfortführung in der Insolvenz, FS Uhlenbruck, S. 199; *Werth* Zur Besteuerung des Neuerwerbs im Insolvenzverfahren, DStZ 2009, 760; *Zeeck* Die Umsatzsteuer in der Insolvenz, KTS 2006, 407.

A. Allgemeines

Die »**sonstigen Masseverbindlichkeiten**« des § 55 InsO sind nach § 53 InsO – wie auch die Kosten des Verfahrens (§ 54 InsO) – **vorweg aus der Masse zu berichten**. Ihre Befriedigung erfolgt somit vorrangig vor der Verteilung des Verwertungserlöses an die Insolvenzgläubiger. Zu den sonstigen Masseverbindlichkeiten zählen zunächst die nach Maßgabe des Abs. 1 **nach der Eröffnung des Insolvenzverfahrens** begründeten oder entstandenen Verbindlichkeiten. Nach **Abs. 2** gehören auch die Verbindlichkeiten zu den Masseverbindlichkeiten, die durch einen mit Verfügungsbefugnis ausgestatteten (»**starken**«) **vorläufigen Insolvenzverwalter** (§ 22 Abs. 1 InsO) begründet werden, ob-

1

gleich diese, da noch vor der Insolvenzeröffnung begründet oder entstehend, nach dem in § 38 InsO niedergelegten Grundsatz an sich als Insolvenzforderungen zu qualifizieren wären. **Abs. 3**, der durch das Insolvenzrechtsänderungsgesetz vom 26.10.2001 (BGBl. I S. 2710) angefügt wurde, nimmt die auf die Bundesagentur für Arbeit **übergegangenen Entgeltansprüche von Arbeitnehmern** vom Anwendungsbereich des Abs. 2 aus, so dass die Bundesagentur die auf sie übergegangenen Forderungen nur als **Insolvenzforderungen** geltend machen kann. Dies entlastet die Masse von den Verbindlichkeiten aus den Arbeitsverträgen und hilft, bestehende Sanierungschancen zu wahren (näher *Graf-Schlicker/Remmert* NZI 2001, 571; *Smid* DZWIR 2002, 225 [229 f.]). Schließlich privilegiert **Abs. 4**, der durch das Haushaltsbegleitgesetz 2011 vom 14.12.2010 (BGBl. I S. 1885) angefügt wurde, aus fiskalpolitischen Gründen (zu den vom Gesetzgeber erwarteten Mehreinnahmen für den Steuerfiskus s. BT-Drucks. 17/3030, S. 26) **Steuerschulden aus dem Insolvenzeröffnungsverfahren**. Abs. 4 möchte dabei die Steuerforderungen im Eröffnungsverfahren, die auf einem Handeln eines ohne Verfügungsbefugnis ausgestatteten »**schwachen**« **vorläufigen Insolvenzverwalters** beruhen, den nach Abs. 2 zu Masseverbindlichkeiten erhobenen Verbindlichkeiten gleichstellen, die durch einen »starken« vorläufigen Verwalter begründet werden.

2 Die Aufzählungsreihenfolge in den Nummern 1 bis 3 des Absatzes 1 spiegelt **keine Rangfolge** unter den genannten Masseverbindlichkeiten wider. Im Fall der **Masseunzulänglichkeit**, also dann, wenn nur ein Teil der Masseverbindlichkeiten erfüllt werden kann, ist für die Befriedigung allerdings die Rangfolge nach § 209 InsO maßgeblich.

3 Anders als es die amtliche Überschrift erwarten lässt, zählt § 55 InsO die »sonstigen Masseverbindlichkeiten« **nicht abschließend** auf (s. § 53 Rdn. 10).

B. Nach der Verfahrenseröffnung begründete Masseverbindlichkeiten (Abs. 1)

4 Die in § 55 Abs. 1 genannten Masseverbindlichkeiten teilen sich auf in **drei Fallgruppen**: Die erste betrifft Verbindlichkeiten – mit Ausnahme der Kosten des Insolvenzverfahrens – die **nach Verfahrenseröffnung** im Zuge der Insolvenzverwaltung **begründet** werden. Zur zweiten Fallgruppe gehören die Verbindlichkeiten aus **gegenseitigen Verträgen**, soweit deren Erfüllung zur Insolvenzmasse verlangt wird oder für die Zeit nach der Eröffnung des Verfahrens erfolgen muss. In die dritte Gruppe gehören schließlich Ansprüche aus einer **ungerechtfertigten Bereicherung** der Masse.

I. Verbindlichkeiten aus der Verwaltung, Verwertung und Verteilung der Masse (Abs. 1 Nr. 1)

5 Die durch Abs. 1 Nr. 1 zu Masseverbindlichkeiten erhobenen Verbindlichkeiten müssen durch Handlungen des Insolvenzverwalters oder »in anderer Weise« durch die Verwaltung, Verwertung und Verteilung der Insolvenzmasse begründet worden sein. Das setzt notwendig voraus, dass die Verbindlichkeiten erst **nach Eröffnung** des Insolvenzverfahrens **begründet** werden. Wird nach Insolvenzeröffnung eine zuvor bereits begründete Verbindlichkeit anerkannt, handelt es sich auch dann nicht um eine Masseverbindlichkeit nach Abs. 1 Nr. 1, wenn in diesem Zusammenhang ein Schuldanerkenntnis abgegeben wird (vgl. *BGH* ZIP 1994, 720 zu Beschlussfassungen einer Wohnungseigentümergemeinschaft über präexistente Forderungen). Denn jedenfalls soweit, wie das **Anerkenntnis** mit Blick auf Einwendungen gegen den anerkannten Anspruch kondiziert werden könnte (§ 812 Abs. 2 BGB), wirkt der ursprüngliche Anspruchsgrund auch bei konstitutiven Anerkenntnissen in dem Anspruch aus dem Anerkenntnis fort. Deshalb muss auch letzterer als i.S.v. § 38 InsO vor der Eröffnung begründet gelten. Erst recht ist die schlichte **Einziehung** von Forderungen, die vor der Insolvenzeröffnung begründet wurden, keine Neubegründung (HambK-InsO/*Jarchow* § 55 Rn. 7; Uhlenbruck/*Sinz* InsO, § 55 Rn. 10).

6 Gemeinsames Merkmal sämtlicher von Abs. 1 Nr. 1 erfassten Verbindlichkeiten ist, dass ihre Begründung **der Insolvenzverwaltung zugerechnet** werden kann (vgl. Rdn. 30 ff.). Der paradigmatische Fall ist die Begründung einer Verbindlichkeit durch Handlungen des Insolvenzverwalters. Andere Formen der **Zurechnung** kommen unter dem Gesichtspunkt einer Begründung »in anderer Weise« in Betracht. So kann der Insolvenzverwaltung auch das Verhalten des Schuldners zuzurech-

nen sein, wenn der Insolvenzverwalter dieses kannte **und** billigte (*Holzer* ZVI 2007, 289; *Pape* NZI 2007, 481, näher Rdn. 30 ff. zu den Verbindlichkeiten im Zusammenhang mit dem Neuerwerb). Einen solchen Zurechnungszusammenhang kann der Insolvenzverwalter aber z.B. durch »Freigabe« der selbstständigen Tätigkeit des Schuldners unterbrechen, so dass die begründeten Verbindlichkeiten keine Masseverbindlichkeiten werden (näher § 35 Rdn. 45).

Von den in Abs. 1 Nr. 1 in Bezug genommenen Verbindlichkeiten sind **negativ** die (bereits von § 54 InsO erfassten) **Verfahrenskosten** abzugrenzen. Ist dem Insolvenzverwalter vom Insolvenzgericht eine Zustellung nach § 8 Abs. 3 InsO übertragen worden, handelt es sich bei den Zustellungskosten nicht um Auslagen des Insolvenzverwalters, die nach Maßgabe des § 54 InsO zu erstatten sind, sondern um Masseverbindlichkeiten nach Abs. 1 Nr. 1 (*LG Leipzig* NZI 2003, 442; MüKo-InsO/*Nowak* § 4 InsVV Rn. 20). 7

1. Handlungen des Insolvenzverwalters

Der Begriff der »Handlung« ist weit auszulegen. Er umfasst rechtsgeschäftliches wie tatsächliches Handeln. Allerdings muss das Handeln einen hinreichenden **Bezug zur Insolvenzverwaltung** haben. Der Insolvenzverwalter muss sich mit seiner Handlung innerhalb des **Wirkungskreises seines Amtes** bewegen. Insoweit ist jedes im Rahmen der Amtstätigkeit vorgenommene Tun und Unterlassen erfasst. Ein **Unterlassen** ist dem Insolvenzverwalter daher zuzurechnen, wenn eine Amtspflicht zum Tätigwerden besteht (vgl. *BFH* ZIP 2011, 2118). Offensichtlich insolvenzzweckwidriges Handeln begründet keine nach Abs. 1 Nr. 1 relevante Handlung (HambK-InsO/*Jarchow* § 55 Rn. 5). 8

a) Rechtsgeschäfte

Erfasst sind **Rechtsgeschäfte**, die der Insolvenzverwalter im Zuge der **Verwaltung** und **Verwertung** der Masse vornimmt. Dazu gehören auch die im Rahmen der Fortführung des Unternehmens getätigten Geschäfte (einschließlich der Einstellung neuen Personals des Schuldners). Die allgemeinen Personalkosten des Insolvenzverwalters selbst fallen nicht unter Abs. 1 Nr. 1 (MüKo-InsO/*Hefermehl* § 55 Rn. 39; *Uhlenbruck/Sinz* InsO, § 55 Rn. 11). Ausgenommen ist der Einsatz solcher Hilfskräfte, an welche die Erledigung besonderer Aufgaben im Rahmen der Verwaltung delegiert wird. Die entsprechenden **Dienst- und Werkverträge** (vgl. § 4 Abs. 1 Satz 3 InsVV, s. die Erl. bei *Lorenz* § 4 InsVV) können als Masseverbindlichkeiten i.S.d. Abs. 1 Nr. 1 abgerechnet werden (*Uhlenbruck/Sinz* InsO, § 55 Rn. 11). 9

Verbindlichkeiten aus vom Insolvenzverwalter abgeschlossenen Verträgen sind nicht nur die **Erfüllungsansprüche**, sondern auch die aus dem Vertrag folgenden **Sekundäransprüche**. Die Masse hat nach Abs. 1 Nr. 1 insbesondere auch für Gewährleistungsansprüche und für die auf Handlungen des Insolvenzverwalters beruhenden **Schadensersatzansprüche** einzustehen (*OLG Dresden* ZInsO 2003, 472 [473]). So liegt es in dem Fall, in dem der Insolvenzverwalter eine unter einfachem Eigentumsvorbehalt an den Schuldner verkaufte Sache veräußert, ohne in den Vertrag einzutreten. Hier richtet sich der Schadensersatzanspruch des Lieferanten, der in Höhe des Wertes der vertragswidrig verkauften Sache im Zeitpunkt ihrer Veräußerung besteht, gegen die Masse nach Nr. 1 (vgl. zu § 59 KO: *BGH* ZIP 1998, 298 [300]). 10

Im Bereich der rechtsgeschäftlichen Handlungen bei der **Fortführung eines Unternehmens** sind **Arbeitsverträge** von besonderer praktischer Bedeutung. Schließt der Insolvenzverwalter für den Schuldner neue Arbeitsverträge ab, so sind die aus diesen entstehenden Entgeltansprüche Masseverbindlichkeiten (zum Begriff des Entgelts s. ausführlich Anhang zu § 113: Vergütungsansprüche des Arbeitnehmers in der Insolvenz, Insolvenzgeld, Masseverbindlichkeiten und Insolvenzforderungen; zu Entgeltverzicht, Entgeltstundung, Arbeitszeitkonten und Altersteilzeit in der Insolvenz s. *Hanau* ZIP 2002, 2031). 11

Zu den Masseverbindlichkeiten nach Abs. 1 Nr. 1 gehören auch die **Kosten eines Rechtsstreits**, den der Insolvenzverwalter für die Masse führt (dazu s. *Damerius* ZInsO 2007, 569; MüKo-InsO/ *Hefermehl* § 55 Rn. 43 ff.). Dies versteht sich für die vom Verwalter selbst angestrengten Prozesse 12 von selbst. Soweit der Verwalter einen Rechtsstreit nach § 240 ZPO aufnimmt, fallen die Kosten der Instanz wegen der Einheitlichkeit der Kostenfestsetzung, welche eine Aufteilung in bestimmte Zeitabschnitte verbietet, im Unterliegensfall einheitlich der Masse zur Last (*BGH* NZI 2008, 565; ZInsO 2004, 1308 [1309]; *OLG Düsseldorf* ZInsO 2001, 560 [561]; *Nerlich/Römermann-Andres* InsO, § 55 Rn. 17; **a.A.** *BFH* ZIP 2001, 2225; *Uhlenbruck/Sinz* § 55 Rn. 19). Dies gilt auch für die Gebührenforderung des bereits vor Eröffnung mandatierten Rechtsanwalts. Wird hingegen der zuvor mandatierte Rechtsanwalt mit Aufnahme des Verfahrens abgelöst, sind seine Forderungen Insolvenzforderungen, wohingegen die Gebührenforderung des neuen Rechtsanwalts Masseverbindlichkeiten werden. Durch Anerkenntnis nach **§ 86 Abs. 2 InsO** kann der Verwalter bei **Passivprozessen** die Masse von den damit zu Insolvenzforderungen werdenden Kostenfolgen verschonen.

b) Insbesondere: Umsatzsteuer

13 Durch den Abschluss von Rechtsgeschäften begründet der Insolvenzverwalter nicht nur die aus dem Rechtsgeschäft folgenden Verpflichtungen, sondern auch die sich an das Rechtsgeschäft knüpfenden **gesetzliche Verbindlichkeiten**. Dies gilt namentlich für umsatzsteuerbare Geschäfte (dazu *Boochs/Nickel* § 155 Rdn. 260 ff., 291 f.).

14 Unstreitig ist, dass die Umsatzsteuer, die auf einen vom Insolvenzverwalter getätigten Umsatz entfällt, eine Masseverbindlichkeit i.S.d. Abs. 1 Nr. 1 begründet. Weiter geht indessen die **umstrittene Rechtsprechung** des **fünften Senats des Bundesfinanzhofs**, welche mittlerweile über ein Schreiben der Finanzverwaltung vom 09.12.2011 (BStBl. I S. 120) Eingang in den **Umsatzsteuer-Anwendungserlass** gefunden hat. Hiernach gelten auch die Umsatzsteueranteile von **Forderungen**, die **vorinsolvenzlich begründet**, aber erst **nach Verfahrenseröffnung** durch den Insolvenzverwalter eingezogen werden, als Masseverbindlichkeiten. Bei der Berechnung nach vereinnahmten Entgelten (**Istbesteuerung**, § 13 Abs. 1 Nr. 1 UStG) folgert der BFH dies im Wesentlichen daraus, dass der **steuerbegründete Tatbestand** erst mit Vereinnahmung der Forderung **vollständig erfüllt** sei (*BFH* ZIP 2009, 977 Rn. 15 ff.). Für den Bereich der **Sollbesteuerung** konstruiert der BFH eine **Aufspaltung** des schuldnerischen Unternehmens in einen **vorinsolvenzlichen** und einen **nachinsolvenzlichen Teil**, zwischen denen umsatzsteuerliche **Berichtigungen** und Verpflichtungen nicht verrechnet werden können (*BFH* ZIP 2011, 782 Rn. 28 ff.). Bei Insolvenzeröffnung sei in Bezug auf die bereits begründeten Forderungen eine Berichtigung des Steuerbetrags vorzunehmen, da der Schuldner seine Verfügungsbefugnis und Empfangszuständigkeit verliere und die Forderung daher nach § 17 Abs. 2 Nr. 1 Satz 1 i.V.m. Abs. 1 Satz 1 UStG uneinbringlich werde (*BFH* ZIP 2011, 782 Rn. 27 ff.). Vereinnahmt der Insolvenzverwalter später das Entgelt, sei der Umsatzsteuerbetrag **erneut zu berichtigen** (§ 17 Abs. 2 Nr. 1 Satz 2 UStG), so dass der daraus resultierende Steueranspruch, weil nach Insolvenzeröffnung entstanden, eine Masseverbindlichkeit nach Abs. 1 Nr. 1 begründe (*BFH* ZIP 2011, 782 Rn. 31; Abschn. 17.1 (11) Umsatzsteuer-Anwendungserlass).

15 Indem diese Rechtsprechung für die Frage, ob eine Masseverbindlichkeit oder eine Insolvenzforderung besteht, darauf abstellt, ob der **den Umsatzsteueranspruch begründenden Tatbestand** zum Zeitpunkt der Insolvenzeröffnung **abgeschlossen** ist (*BFH* ZIP 2011, 782 Rn. 18), steht sie im **Widerspruch** zu dem in § 38 InsO angelegten Grundsatz, wonach die zum **Zeitpunkt der Eröffnung** bereits **begründeten** Ansprüche als Insolvenzforderungen zu qualifizieren sind. Es ist nach § 38 InsO nämlich nicht erforderlich, dass der Anspruch nach den jeweils einschlägigen spezialgesetzlichen Maßstäben begründet oder entstanden ist, vielmehr reicht es aus, dass der **tatsächliche Sachverhalt**, auf den die Entstehung des Anspruchs gründet, bereits **bestand**. Maßgeblich ist insoweit die **insolvenzrechtliche Wertung**, dass alle, denen aufgrund des zum Zeitpunkt der Verfahrenseröffnung bestehenden Sachverhalts ein Gläubigerrecht erwächst, das mit dieser Gläubigerstellung verbundene Insolvenzrisiko zu tragen haben, welches sich im Rahmen der gemeinschaftlichen Befriedigung der Insolvenzgläubiger realisiert. Diese insolvenzrechtliche Wertung ist **nach der *lex lata*** auch für **das Steuerrecht maßgeblich** (*Kahlert* DStR 2011, 1973 [1980 f.]). Denn der Gesetzgeber hat das unter der Konkursordnung noch bestehende Fiskusvorrecht ersatzlos abgeschafft und damit seinem Willen Ausdruck verliehen, dass der Steuerfiskus wie alle anderen Gläubiger die Insolvenzrisiken

zu tragen hat, denen seine Steueransprüche ausgesetzt sind. Daran hat der Gesetzgeber auch im Rahmen des Haushaltsbegleitgesetzes 2011 vom 09.12.2010 (BGBl. I S. 1885) im Grundsatz festgehalten. Denn er hat den Fiskus hier – anders als ursprünglich geplant – nicht etwa umfassend von den allgemeinen und mit den anderen Gläubigern zu teilenden Insolvenzrisiken befreit, sondern mit Abs. 4 eine sachlich und zeitlich begrenzte und darum auch nicht verallgemeinerungsfähige Privilegierung des Fiskus eingeführt. Zudem fehlt es an spezifischen steuerrechtlichen Regelungen, die erkennen lassen würden, dass der Gesetzgeber von dem Grundsatz abweichen wollte, dass für Steuerforderungen im Insolvenzfall andere Regelungen gelten sollen als die, die für alle anderen Gläubiger gelten. Vielmehr bestätigt im Gegenteil das Scheitern früherer Versuche, fiskusprivilegierende Bestimmungen im allgemeinen Abgabenrecht zu schaffen (s. den Entwurf eines § 251 Abs. 4 AO im RegE zum Jahressteuergesetz 2007, BT-Drucks. 16/2712), dass der Gesetzgeber auch insoweit keine allgemeine oder weitergehende Privilegierung schaffen wollte. Nicht einschlägig sind insoweit die vom fünften Senat des BFH herangezogenen Berichtigungsbestimmungen in § 17 UStG (deren Anwendung überdies auch aus steuerrechtlicher Sicht verfehlt erscheint, dazu *Kahlert* DStR 2011, 921 [925]: »zweckwidrige Auslegung«). Vor diesem Hintergrund darf sich die Frage, ob der Steueranspruch bereits zum Zeitpunkt des Eröffnungsverfahrens begründet war, **nicht** nach den Besonderheiten des **Steuerrechts** richten, **sondern** muss nach den in § 38 InsO verankerten **insolvenzrechtlichen Grundsätzen** und **Wertungen** entschieden werden. Insoweit kann es für den Bereich der Umsatzsteuer allein auf die zugrunde liegenden **Lieferungen oder Leistungen** ankommen. Vorinsolvenzliche Umsätze können deshalb – mit Ausnahme der von Abs. 2 Satz 1 und Abs. 4 erfassten Umsätze der vorläufigen Insolvenzverwalter – stets nur Insolvenzforderungen begründen.

Vergleichbare Unklarheiten bestehen auch in der Frage nach dem maßgeblichen Zeitpunkt für die Entstehung eines **Umsatzsteuererstattungsanspruches nach § 15a UStG**. Für einen Erstattungsanspruch, der sich daraus ergibt, dass ein Wirtschaftsgut abweichend von der für den ursprünglichen Vorsteuerabzug maßgebenden Verhältnissen verwendet wird, kommt es nach einer Entscheidung des **fünften Senats** des Bundesfinanzhofs (*BFH* ZIP 2011, 1375) auf den Zeitpunkt an, zu dem sich die **tatsächlichen Verhältnisse** bei der Verwendung des Wirtschaftsguts geändert haben. Dementsprechend soll es bei einer steuerfreien Veräußerung des Wirtschaftsguts durch den Insolvenzverwalter auf den Zeitpunkt der Veräußerung ankommen (*BFH* ZIP 2012, 684). Demgegenüber hat der **VII. Senat** unter Berufung auf insolvenzrechtliche Grundsätze auf den Zeitpunkt der Besteuerung des für die Lieferung oder der sonstigen Leistung vereinbarten Entgelts abgestellt (*BFH* BFH/NV 2006, 369). Indessen erscheint zumindest in den Fällen, in denen der Erstattungsanspruch an eine Änderung der tatsächlichen Verhältnisse anknüpft, die Anknüpfung an eben jene Änderung der tatsächlichen Verhältnisse aus insolvenzrechtlicher Sicht konsequent, da erst dieser Sachverhalt den Anspruch begründet (vgl. aber *BFH* NZI 2006, 246, wonach Lohnsteuererstattungsansprüche als bereits mit der Entrichtung der Lohnsteuer begründet gelten). Das muss dann freilich auch umgekehrt für den Umsatzsteuererstattungsanspruch zugunsten des Schuldners gelten, so dass dieser, sofern nach diesen Maßstäben nach Insolvenzeröffnung entstehend, einer Aufrechnung durch das Finanzamt nicht zugänglich ist (§ 96 Abs. 1 Nr. 3 InsO).

16

Die Veräußerung von zur Sicherheit übereigneten beweglichen Gegenständen durch den Insolvenzverwalter führt zu einem steuerpflichtigen Umsatz des Schuldners an den Erwerber. Gem. Schreiben des *BMF* v. 30.04.2014 (BStBl. 2014 II S. 406 ff.) ist nunmehr von einem dreifachen Umsatz auszugehen. Da der Insolvenzverwalter bei der eigentlichen Lieferung des Sicherungsgutes an den Erwerber im Namen der Masse auftritt, ist diese Lieferung der Masse zuzurechnen. Der Insolvenzverwalter erbringt diesen Umsatz jedoch wie ein Kommissionär für Rechnung des Sicherungsnehmers/Gläubigers, weil durch die Eröffnung des Insolvenzverfahrens Verwertungsreife eingetreten ist (*BFH* 23.07.2007 – V R 27/07, BStBl. 2010 II S. 859). Der Lieferung an den Erwerber ist deshalb über § 3 Abs. 3 UStG eine fiktive Lieferung des Sicherungsnehmers/Gläubigers als Kommittent an die Masse vorgeschaltet, in welcher die an sich vorliegende Geschäftsbesorgungsleistung aufgeht. Die Kosten der Feststellung und Verwertung nach § 170 Abs. 1 i.V.m. § 171 InsO sind umsatzsteuerlich genauso zu behandeln wie die Provisionen des Kommissionärs bei einem üblichen Verkaufskommissionsgeschäft. Der Sicherungsnehmer/Gläubiger kann das Sicherungsgut jedoch nur dann an die

17

Masse liefern, wenn er selbst hieran Verfügungsmacht erhalten hat. Dies bedingt, dass die Sicherungsübereignung im Zeitpunkt der Verwertung zu einer Lieferung der Masse an den Sicherungsnehmer/Gläubiger geführt hat. Das Entgelt für diese Lieferung besteht in dem Betrag, um den die Masse von ihren Schulden gegenüber dem Sicherungsnehmer/Gläubiger befreit wird. Der Verwalter hat beide Umsätze, den an den Erwerber und den an den Sicherungsnehmer anzumelden. Die **Umsatzsteuer** aus diesen Geschäften ist nach Nr. 1 eine Masseverbindlichkeit, die vom Verwalter zu erfüllen ist. Die Lieferung des Sicherungsgläubigers an die Masse kann er nur dann als Vorsteuer geltend machen und abziehen, wenn er eine den Erfordernissen der §§ 14, 14a UStG ausgestellte Rechnung des Sicherungsnehmers erhalten hat.

Verwertet der Schuldner im Falle der Eigenverwaltung Sicherungsgut, hat er ebenfalls die durch die Sicherheitenverwertung entstehende Umsatzsteuerschuld vom Veräußerungserlös einzubehalten (§ 282 Abs. 1 Satz 3 InsO). Auch eine Verwertung eines mit Grundpfandrechten belasteten Grundstücks durch den Schuldner nach Freigabe durch den Insolvenzverwalter belastet die Masse mit der Umsatzsteuerschuld als Masseverbindlichkeit, ohne dass es auf die Art der Freigabe ankommt (*BFH* DZWIR 2002, 343). Bei einer **Verwertung von Sicherungsgut durch den Sicherungsgläubiger** sind nach der Theorie vom Doppelumsatz zwei steuerbare Vorgänge, nämlich ein Umsatz von der Insolvenzmasse an den Sicherungsgläubiger und vom Sicherungsgläubiger an den Dritten anzunehmen (*BFH* ZIP 1993, 1247; ZIP 1987, 1134). Die Umsatzsteuer aus der Lieferung an den Sicherungsgläubiger ist Masseschuld nach Abs. 1 Nr. 1 Fallgruppe »in anderer Weise begründet« (dazu s. Rdn. 27). Der Verwalter hat in diesem Fall die Erstattung der Umsatzsteuer nach § 170 Abs. 1, § 171 Abs. 2 Satz 3 InsO zu verlangen.

18 Bei der **Verwertung von unbeweglichem Vermögen durch Zwangsversteigerung** kann auch eine Umsatzsteuerbelastung der Masse entstehen (dazu näher *Maus* ZIP 2000, 339 [342 f.]; s. auch *Onusseit* ZInsO 2000, 363 [367 mit FN 42]). Der bei der Veräußerung von gewerblich genutzten Grundstücken durch den Insolvenzverwalter entstehende Vorsteuerberichtigungsanspruch nach § 15a UStG ist als Masseverbindlichkeit zu behandeln (*BFH* ZIP 1991, 1080; *Maus* ZIP 2000, 339 [343]; a.A. für Insolvenzforderung *Onusseit* ZInsO 2000, 363 [367 FN 42]; *ders.* BB 1988, 674; *ders.* ZIP 1990, 345 [353]; *Frotscher* Besteuerung bei Insolvenz, S. 199 f.). Die **freihändige Verwertung** eines mit einem Grundpfandrecht belasteten Grundstückes auf Grundlage einer mit dem Grundpfandgläubiger getroffenen Vereinbarung soll nach der Rechtsprechung des fünften Senats des BFH neben der **Lieferung des Grundstücks** durch die Masse an den Erwerber auch eine steuerpflichtige **Geschäftsbesorgungsleistung der Masse** an den Grundpfandgläubiger enthalten, wenn der Insolvenzverwalter vom Verwertungserlös einen Massekostenbeitrag einbehält (*BFH* ZIP 2011, 1923). Nach dem Schreiben des *BMF* v. 30.04.2014 (BStBl. 2014 II S. 406 ff.) gilt dieses entsprechend auch für die Verwaltung eines grundpfandrechtsbelasteten Grundstücks unter Einbehaltung eines Kostenbetrags von den erzielten Kaltmieten (sog. »kalte« Zwangsverwaltung).

19 Auf Zahlungen, die vor der Eröffnung an einen Gläubiger geleistet wurden, und nach erfolgter Anfechtung durch den Insolvenzverwalter wieder von dem Gläubiger an die Masse zurück geleistet werden, hat der Insolvenzverwalter im Zeitpunkt der Rückzahlung den Vorsteuerabzug gem. § 17 Abs. 1 Satz 2 i.V.m. § 17 Abs. 2 Nr. 1 Satz 2 UStG zu berichtigen. Die Berichtigung des Vorsteuerabzugs führt zum Entstehen einer Masseverbindlichkeit i.S.d. Abs. 1 Nr. 1 (*BFH* ZIP 2017, 782 m. Anm. *Berger* EWiR 2017, 243; *BFH* ZIP 2017, 1121 m. Anm. *Mitlehner* EWiR 2017, 407). Der BFH sieht in diesen Fällen den Berichtigungsanspruch nach § 17 UStG im Rahmen der Masseverwaltung als entstanden an, da zur Masseverwaltung auch die Realisierung von Anfechtungsansprüchen zähle. Diese Rechtsprechung wurde zu Recht in der Literatur heftig kritisiert (vgl. *Mitlehner* EWiR 2017, 407; *Berger* EWiR 2017, 243). § 144 InsO führt zum Wiederaufleben der Forderung, die der Gläubiger, nur soweit seine Gegenleistung in der Masse noch unterscheidbar vorhanden ist, herausverlangen kann, ansonsten aber als Insolvenzgläubiger nach § 38 InsO geltend machen muss. Demgegenüber soll die darauf entfallende Umsatzsteuer das besondere Privileg einer Masseschuld erhalten. Auch diese Rechtsprechung kommt dem Fiskusprivileg wieder einen Schritt näher.

c) Ertrag- und Lohnsteuern

Die **aus der Aufdeckung stiller Reserven resultierende Einkommensteuerschuld** ist in ihrer Qualifikation als Masse- oder Insolvenzforderung umstritten. Der BFH hält die hierauf entfallende Einkommensteuer für eine Masseforderung (*Nerlich/Römermann-Andres* InsO, § 55 Rn. 48), während die Gegenmeinung sie für eine Insolvenzforderung hält, weil die verdeckten Reserven schon bei Eröffnung des Verfahrens vorhanden waren (s. *Boochs/Nickel* § 155 Rdn. 401). 20

Der **Haftungsanspruch des** Finanzamtes gegen den Insolvenzverwalter für die **Abführung der Lohnsteuer** für die von ihm (weiter) beschäftigten Arbeitnehmer nach § 42d EStG ist ebenfalls eine Masseverbindlichkeit (*Nerlich/Römermann-Andres* InsO, § 55 Rn. 42). Dagegen kann der Insolvenzverwalter über das Vermögen des Geschäftsführers einer GmbH nach Auffassung des *BFH* nicht für die nach der Eröffnung des Insolvenzverfahrens von der GmbH geschuldete und nicht abgeführte Lohnsteuer in Anspruch genommen werden; denn für die Rechtslage vor dem 01.07.2007 – Inkrafttreten von § 35 Abs. 2 und 3 InsO – erfülle die bloße Duldung der Geschäftsführertätigkeit durch den Insolvenzverwalter nicht das Merkmal des Verwaltens der Insolvenzmasse (BFHE 226, 37). 21

Setzt der Schuldner nach der Eröffnung des Insolvenzverfahrens seine Erwerbstätigkeit fort, ist die als **einheitliche Einkommensteuerschuld** erst mit dem Ablauf des Veranlagungszeitraums entstehende Steuerschuld nach den Beträgen, die auf die Zeit vor die Eröffnung des Verfahrens und auf die Zeit danach entfallen, aufzuteilen (BMF-Schreiben v. 10.12.2015 zur AEAO zu § 251 Nr. 9.1, BStBl. 2015, 1018; s. *Boochs/Nickel* § 155 Rdn. 673 ff.; *Nerlich/Römermann-Andres* InsO, § 55 Rn. 47). Auch die **Gewerbesteuer** ist auf die Zeit vor und nach der Eröffnung des Insolvenzverfahrens anteilig aufzuteilen *(Nerlich/Römermann-Andres* InsO, § 55 Rn. 59 ff.). 22

Mit der Weiterbeschäftigung der Arbeitnehmer ist der Insolvenzverwalter auch zur **Abführung der Sozialversicherungsbeiträge** verpflichtet. Diese Ansprüche sind, soweit sie auf den Beschäftigungszeitraum nach der Eröffnung des Insolvenzverfahrens fallen, Masseverbindlichkeiten i.S.d. Nr. 1. 23

d) Andere Handlungen

Nach der Begründung zum Regierungsentwurf (BT-Drucks. 12/2443, S. 126) sind »**Handlungen**« **des Verwalters** i.S.v. Nr. 1 wie nach der bisherigen Rechtsprechung zu § 59 Abs. 1 Nr. 1 KO auch **deliktische Handlungen und Unterlassungen des Verwalters** im Rahmen seines Amtes, z.B. die Verletzung einer Verkehrssicherungspflicht oder eines Patents. Zu den anderen Handlungen des Insolvenzverwalters, die Verbindlichkeiten gegen die Masse begründen können, zählen damit auch Zuwiderhandlungen gegen Unterlassungsgebote. Hierher ist auch der Fall zu rechnen, dass bei der Betriebsfortführung umweltschädliche Kontaminationen an Grundstücken oder beweglichen Gegenständen eintreten. Die in diesen Fällen aus der Eigenschaft des Insolvenzverwalters als Handlungsstörer folgenden vermögensrechtlichen Verpflichtungen auf der Grundlage des öffentlichen Rechts sind als Masseverbindlichkeiten nach Abs. 1 Nr. 1 einzuordnen (dazu s. Rdn. 29). 24

Nicht zu den durch rechtsgeschäftliche Handlungen, sondern durch andere »Handlungen« des Insolvenzverwalters »begründeten« Masseverbindlichkeiten gehört nach der Rechtsprechung des *BFH* die Pflicht zur Entrichtung der nach Eröffnung des Insolvenzverfahrens entstandenen **Kfz-Steuer** für ein vom Schuldner genutztes Fahrzeug (dazu *BFH* ZInsO 2007, 2083; ZInsO 2007, 2081; ZInsO 2005, 495; s.a. *Onusseit* ZInsO 2008, 638 [648 f.]). Zunächst hatte der BFH entschieden, dass die Kfz-Steuer bei Eröffnung des Insolvenzverfahrens über das Vermögen des Halters auf die Zeit vor der Eröffnung – insoweit Insolvenzforderung nach § 38 InsO – und nach der Eröffnung des Verfahrens – insoweit Masseforderung nach § 55 Abs. 1 Nr. 1 InsO – aufzuteilen sei. In einer Entscheidung aus dem Jahr 2007 hat der *BFH* selbst in dem Fall eine Masseverbindlichkeit nach § 55 Abs. 1 Nr. 1 InsO angenommen, in dem sich das Fahrzeug nicht mehr im Besitz des Schuldners befand; denn die Steuerpflicht dauere noch an (ZInsO 2007, 2081 [2082]). Der *BFH* ist sogar noch einen Schritt weitergegangen und sah eine Verpflichtung der Masse nach § 55 Abs. 1 Nr. 1 InsO als gegeben, selbst wenn der Verwalter von der Existenz des Fahrzeugs keine Kenntnis hatte (ZInsO 2007, 2083). Die bloße Mitteilung des Insolvenzverwalters/Treuhänders an das Straßenverkehrsamt, dass ein Kfz 25 nicht zur Masse gezogen werde (»Freigabe«), kann nach Auffassung des *BFH* die Schuldnerschaft für die Kfz-Steuer nicht beenden (ZInsO 2010, 959). Eine Änderung der Halterzuordnung trete auch im Insolvenzverfahren erst ein, wenn die Mitteilungspflichten nach §§ 13, 14 der Fahrzeugzulassungsverordnung erfüllt seien.

2. Auf »andere Weise« begründete Verbindlichkeiten

26 Bei den auf »andere Weise« nach der Eröffnung des Insolvenzverfahrens begründeten Verbindlichkeiten sind von Bedeutung die aus der **Verwertung von Sicherheiten durch Sicherungsgläubiger** entstehende Umsatzsteuerschuld, die Frage der **Haftung der Masse für Altlasten** sowie die mit dem **Neuerwerb** des Schuldners zusammenhängenden Verbindlichkeiten.

a) Verwertung von Sicherheiten durch Sicherungsgläubiger

27 Der Insolvenzverwalter kann nach § 170 Abs. 2 InsO einem Sicherungsgläubiger das Sicherungsgut zur Verwertung überlassen. Bei einer Verwertung des Gegenstandes durch den Sicherungsgläubiger liegen nach der vom BFH vertretenen **Theorie vom Doppelumsatz** (*BFH* BFH/NV 1998, 628; ZIP 1993, 1247; ZIP 1987, 1134) **zwei steuerbare Umsätze** vor, nämlich eine Lieferung im Verhältnis Insolvenzmasse/Sicherungsgläubiger und eine im Verhältnis Sicherungsgläubiger und Erwerber des Sicherungsgutes. Die entstehende Umsatzsteuerschuld ist Masseverbindlichkeit. Zu beachten ist, dass die bei der Verwertung des Sicherungsgutes durch den Sicherungsnehmer entstehende Umsatzsteuer von diesem nach § 170 Abs. 2 InsO an die Masse abzuführen ist (wegen der näheren Einzelheiten s. *Boochs/Nickel* § 155 Rdn. 994 ff.).

b) Altlasten

28 Die insolvenzrechtliche Behandlung von **Altlasten**, insbesondere der **Kosten für eine Ersatzvornahme** der von der Umweltbehörde angeordneten Beseitigung, ist höchst umstritten. Nach allgemeinen insolvenzrechtlichen Grundsätzen (s. § 38 Rdn. 21 ff.) ist darauf abzustellen, ob die Altlasten bereits zum **Zeitpunkt der Eröffnung des Insolvenzverfahrens** vorhanden waren oder ob die Kontamination des zur Insolvenzmasse gehörigen Grundstücks oder beweglichen Gegenstandes erst nach der Eröffnung erfolgt ist. Danach sind die Kosten einer Ersatzvornahme für vor der Eröffnung entstandene Altlasten Insolvenzforderungen, unabhängig davon, wann die Umweltbehörde einen die Beseitigungspflicht konkretisierenden Verwaltungsakt erlässt (*BGH* BGHZ 150, 305; *AG Essen* ZIP 2001, 756 [757]; *OVG Sachsen* ZIP 1995, 852; *OVG Schleswig* NJW 1993, 2004; *Tetzlaff* ZIP 2001, 10 [11]; *Häsemeyer* FS Uhlenbruck, S. 97 [109]; *Pape/Stoll* ZIP 1992, 1437; *Pape* KTS 1993, 551; *ders.* ZInsO 2002, 453 [456]; *Pöhlmann* NZI 2003, 486 [487]; *Kilger* FS Merz, S. 253 [267 ff.]; *v. Wilmowsky* ZIP 1997, 389 ff.). Die Gegenauffassung stellt zum Teil auf die allgemeinen **Grundsätze zur Rechtsnachfolge in Ordnungspflichten** ab (s. dazu *Nolte/Niestedt* JuS 2006, 171) und gelangt auf dieser Grundlage zum Ergebnis, dass in den Fällen, in denen die Voraussetzungen für eine Rechtsnachfolge in die abstrakte Ordnungspflicht gegeben sind, eine Masseverbindlichkeit begründet werde (*BVerwG* ZInsO 2004, 1206; BVerwGE 122, 75 [79 f.]; BVerwGE 108, 269; 107, 299; *OVG Greifswald* ZIP 1997, 1460). Zum Teil wird die Begründung einer Masseverbindlichkeit aus der Annahme hergeleitet, dass die Tätigkeit des Insolvenzverwalters als organschaftliche Vertretung des Schuldners zu interpretieren sei (*K. Schmidt* ZIP 2000, 1913; *ders.* NJW 1993, 1833 [1837]; zuletzt *ders.* NJW 2012, 3344 [3345]). Solange sich aus den einschlägigen ordnungsrechtlichen Haftungsgrundlagen nichts anderes ergibt, ist **grds. die insolvenzrechtliche Betrachtungsweise maßgeblich**. Diese ist geprägt von der Wertung, dass alle Forderungen, die einem Gläubiger aus dem zum Eröffnungszeitpunkt bestehenden Sachverhalt erwachsen, als Insolvenzforderungen am Insolvenzrisiko teilnehmen, das sich im Zuge der gemeinschaftlichen Befriedigung verwirklicht. Sofern sich aus der jeweils einschlägigen ordnungsrechtlichen Haftungsgrundlage nichts Abweichendes ergibt, muss dies auch für ordnungsrechtliche Haftungsansprüche gelten (*Uhlenbruck/Hirte* InsO, § 35 Rn. 76 f.). Das mag man mit Blick auf den Befund, dass die Gläubiger mit der Einstufung der ordnungsrechtlichen Pflichten als Insolvenzforderungen auf Kosten der Allgemeinheit begüns-

tigt werden, nicht ganz zu Unrecht als »Insolvenzbeihilfe« kritisieren (so *K. Schmidt* NJW 2010, 1489), doch handelt es sich insoweit um eine rechtspolitische Kritik, die den Befund nicht in Frage zu stellen vermag, dass es dem Gesetzgeber der Insolvenzordnung – wie die Abschaffung sämtlicher Vorrechte verdeutlicht –, darum ging, sämtliche Gläubiger (einschließlich der öffentlichen Gläubiger) gleich zu behandeln; insoweit gilt im Grundsatz nichts anderes als für das Steuerrecht (dazu s. Rdn. 15). Die konstruktivistischen Überlegungen *K. Schmidts* (NJW 2012, 3344) betreffend die organschaftliche Stellung des Verwalters und die darauf gestützte Annahme einer Kontinuität der ordnungsrechtlichen Haftung über den Zeitpunkt der Eröffnung hinaus vermögen den Geltungsanspruch dieser gesetzgeberischen Entscheidung nicht in Frage zu stellen. Zur Möglichkeit einer Freigabe eines kontaminierten Grundstücks s. § 35 Rdn. 78.

Dagegen sind bei **nach der Eröffnung des Verfahrens entstandenen Kontaminationen** die Kosten einer Ersatzvornahme für die Beseitigung der Altlast nach ganz einhelliger Meinung Masseverbindlichkeiten i.S.d. § 55 Abs. 1 Nr. 1 InsO (*Lwowski/Tetzlaff* NZI 2001, 57 [60]; *Tetzlaff* ZIP 2001, 10 [12]; KS-InsO/*Lüke* 2000, S. 859 [876 Rn. 47]; *Häsemeyer* FS Uhlenbruck, S. 97 [102, 104]; *Nerlich/Römermann-Andres* InsO, § 55 Rn. 76). Von der Haftung als Handlungsstörer kann sich der Insolvenzverwalter nicht durch Freigabe des betroffenen Gegenstands befreien. 29

c) **Verbindlichkeiten im Zusammenhang mit dem »Neuerwerb«**

Streitig ist, ob und unter welchen Voraussetzungen Verpflichtungen **im Zusammenhang mit dem** (nach § 35 Abs. 1 InsO zur Masse gehörenden) **Neuerwerb** zu **Masseverbindlichkeiten** werden. Praktische Relevanz hat diese Frage vor allem (aber nicht nur) bei einer selbstständigen Tätigkeit des Schuldners während des Insolvenzverfahrens. Die überwiegende Auffassung in der Literatur lehnt die Begründung von Masseverbindlichkeiten durch den Schuldner grds. ab (*Pape* ZInsO 2002, 917; KS-InsO/*Landfermann* 2000, S. 164 Rn. 13; HK-InsO/*Eickmann* § 81 Rn. 3; *Nerlich/Römermann-Andres* InsO, § 55 Rn. 30, 82 für Umsatzsteuerforderungen aus einer nach Eröffnung des Insolvenzverfahrens aufgenommenen selbstständigen Erwerbstätigkeit des Schuldners; s.a. *Maus* ZInsO 2001, 493; *Runkel* FS Uhlenbruck, S. 315 [323]; *Windel* KTS, 367 [397]; *LG Erfurt* ZInsO 2002, 1090 [1091]; *AG Hamburg* ZInsO 2005, 837). Teilweise wird die Frage davon abhängig gemacht, ob der Schuldner im Zusammenhang mit der Tätigkeit, in deren Rahmen er die Verbindlichkeit begründet, **massezugehörige Gegenstände** verwendet, so dass Masseverbindlichkeiten nicht begründet würden, wenn der Schuldner ausschließlich pfändungsfreie Gegenstände einsetzt (*BFH* ZInsO 2005, 774). 30

Nicht zuletzt mit Blick auf den Befund, dass der Schuldner und dessen Arbeitskraft nicht zur Masse gehören (dazu s. § 35 Rdn. 18), kommt eine unmittelbare Bindung der Masse durch den Schuldner nicht ohne weiteres in Betracht (*BGH* ZInsO 2009, 299; *BFH* ZIP 2011, 2118). Vor diesem Hintergrund ist danach zu differenzieren, ob die Tätigkeit des Schuldners, in deren Rahmen die Verbindlichkeit begründet wird, **der Insolvenzverwaltung zuzurechnen** ist. Eine solche **Zurechnung** ist gegeben, wenn der Insolvenzverwalter die Tätigkeit des Schuldners **kennt und billigt** (*Graf-Schlicker/Kexel* InsO, § 35 Rn. 26; *Berger* ZInsO 2008, 1101 [1105]; *Haarmeyer* ZInsO 2007, 695 [698]; *Nerlich/Römermann-Andres* InsO, § 35 Rn. 97; *Pape* NZI 2007, 481 [482]; BT-Drucks. 16/4194, S. 14: »Macht der Verwalter von der Freigabe keinen Gebrauch und duldet er die Fortführung der gewerblichen Tätigkeit durch den Insolvenzschuldner, dann werden die durch den Neuerwerb begründeten Verbindlichkeiten zu Masseverbindlichkeiten, da insofern eine Verwalterhandlung vorliegt«; vgl. BT-Drucks. 16/4194, S. 14; **a.A.** *Kahlert/Mordhorst* ZIP 2009, 2210 [2212]; HambK-InsO/*Lüdke* § 35 Rn. 271). Denn vor dem Hintergrund der ihn treffenden **Erklärungspflicht** nach Abs. 2 Satz 1 ist dem Verwalter die ihm bekannte Tätigkeit des Schuldners zuzurechnen, wenn er nicht von der ihm zumutbaren Möglichkeit der Abgabe einer Negativerklärung Gebrauch macht. Die Gegenauffassung (*Kahlert/Mordhorst* ZIP 2009, 2010) geht unzutreffend davon aus, dass allein die Positiverklärung eine für Zwecke des § 55 Abs. 1 Nr. 1 relevante Verwalterhandlung sein könne. Dabei wird verkannt, dass auch in der **pflichtwidrigen Verzögerung oder Unterlassung** der Erklärung ein **Verwalterhandeln** erblickt werden muss (vgl. *Braun/Bäuerle* InsO, § 35 Rn. 73); 31

BFH ZIP 2011, 2118). Denn die Erklärungspflicht dient gerade der Beseitigung von Rechtsunsicherheiten in Bezug auf die Frage, an wen sich Neugläubiger haftungsrechtlich halten müssen (BT-Drucks. 16/4194, S. 14). Eine Zurechnung zum Verwalterhandeln muss zumindest in den Fällen bejaht werden, in denen auch **aus Sicht des Rechtsverkehrs** das Handeln des Schuldners von einer Duldung des Verwalters gedeckt ist. Der paradigmatische Fall ist hier die Abgabe einer sog. **Positiverklärung** nach § 35 Abs. 2 Satz 1 InsO, mit welcher der Insolvenzverwalter – für die Öffentlichkeit erkennbar – erklärt, dass das Vermögen aus der selbstständigen Tätigkeit des Schuldners massezugehörig ist und die daraus resultierenden Verbindlichkeiten im Insolvenzverfahren geltend gemacht werden. Eine entsprechende Duldung kann in der Duldung der Nutzung massezugehöriger Gegenstände impliziert sein. Eine entsprechende Zurechnung kommt aber auch bei der Nutzung nicht massezugehöriger Gegenstände in Betracht (BT-Drucks. 16/3227: »Dies würde auch für Verbindlichkeiten gelten, die der Schuldner unter Einsatz von Gegenständen begründet, die nach § 811 Abs. 1 Nr. 5 unpfändbar sind«). Hier sind die Anforderungen an die Annahme einer Duldung aber höher anzusetzen, da angesichts der Massefremdheit der Gegenstände ein Massebezug und insoweit auch ein Bezug zur Insolvenzverwaltung *prima facie* nicht gegeben ist. Erlaubt dagegen der Insolvenzverwalter die selbstständige Tätigkeit des Schuldners im Interesse der Insolvenzmasse und zieht er die Betriebseinnahmen, soweit diese nicht dem Schuldner für dessen Lebensführung belassen werden, zur Masse und ermöglicht er dadurch die Tätigkeit des Schuldners, in dem er zur Masse gehörende Mittel einsetzt, um die durch die selbständige Tätigkeit begründeten Forderungen Dritter zu begleichen, so stellt die daraus entstehende Einkommensteuer eine Masseschuld i.S.d. § 55 Abs. 1 Nr. 1 1. HS. dar (*BFH* ZIP 2016, 124). Das gilt auch für Einkommensteuerschulden, die aus der Verwaltung eines zur Masse gehörenden Gesellschaftsanteils entstehen, der nach Insolvenzeröffnung fortgeführt oder durch den Insolvenzverwalter neu begründet und nicht freigegeben worden sind (*BFH* ZIP 2016, 1784).

32 Der maßgebliche **Zurechnungszusammenhang** zwischen dem Handeln des Schuldners und der Insolvenzverwaltung wird durch eine Negativerklärung gem. § 35 Abs. 2 Satz 1 InsO **unterbrochen**. In diesem Fall wird in einer dem Rechtsverkehr erkennbaren Weise (§§ 35 Abs. 3 Satz 2, 9 InsO) deutlich, dass sowohl das Vermögen aus der Tätigkeit nicht zur Insolvenzmasse gehört als auch die daraus resultierenden Verbindlichkeiten nicht im Insolvenzverfahren geltend gemacht werden können. Von einer Zurechnung zur Insolvenzverwaltung kann auch bei **offensichtlich insolvenzzweckwidrigen Maßnahmen** und Geschäften des Schuldners nicht die Rede sein.

33 Hat sich der Insolvenzverwalter (noch) nicht nach § 35 Abs. 2 Satz 1 InsO erklärt, kann sich die Frage stellen, ob ein **Kennenmüssen** der Tätigkeiten des Schuldners ausreicht, um den Zurechnungszusammenhang zu bejahen, der für die Qualifizierung der daraus resultierenden Verbindlichkeiten als Masseverbindlichkeiten erforderlich ist. Das wird mit Blick darauf, dass dem Insolvenzverwalter keine übermäßigen Nachforschungs- und Überwachungspflichten auferlegt werden dürfen (*Nacke* NWB 2010, 432 [434]) verneint. Daran ist richtig, dass die diesbezüglichen Sorgfaltsanforderungen nicht überspannt werden dürfen, soll der Insolvenzverwalter seiner eigentlichen Aufgabe, die Verwaltung, Verwertung und Verteilung der Masse, gerecht werden können. Andererseits obliegt es dem Insolvenzverwalter, im Zuge der Besitznahme und Verwaltung der Masse zumindest dann auch Nachforschungen in Bezug auf einen etwaigen massezugehörigen Neuerwerb anzustellen, wenn es entsprechende Anhaltspunkte gibt. Konkrete Anhaltspunkte, die auf eine vom Schuldner nicht angezeigte (zu den entsprechenden Anzeigepflichten des Schuldners s. § 35 Rdn. 61) Tätigkeit hinweisen, darf der Insolvenzverwalter auch im Rahmen seiner auf die Verwaltung und Verwertung des schuldnerischen Vermögens gerichteten »primären« Pflichten nicht ignorieren. Vor diesem Hintergrund kommt eine Zurechnung auch unter dem Gesichtspunkt des Kennenmüssens in Betracht. Für den Bereich des rechtsgeschäftlichen Handelns wird man dabei in Anlehnung an die Wertungen, die den bürgerlich-rechtlichen Grundsätze zur Anscheinsvollmacht zugrunde liegen, voraussetzen müssen, dass der Vertragsgegner nach den Umständen des Einzelfalls davon ausgehen darf, dass die Tätigkeit des Schuldners vom Insolvenzverwalter geduldet wird. Das setzt einerseits einen aus Sicht des Dritten zumindest möglichen Bezug zur Insolvenzmasse voraus (und schließt insolvenzzweckwidrige Geschäfte aus). Andererseits sind insoweit auch allgemeiner die Besonderheiten der

Insolvenzverwaltung zu berücksichtigen, so dass die Anforderungen an die Sorgfalt des Insolvenzverwalters nicht überspannt werden dürfen (vgl. zur Problematik der Anscheins- und Duldungsvollmacht HambK-InsO/*Jarchow* § 35 Rn. 4b).

Erbt der Schuldner nach Insolvenzeröffnung, so stellt die auf den Erwerb entfallende Erbschaftsteuer eine Masseverbindlichkeit i.S.d. § 55 Abs. 1 Nr. 1 2. HS dar (*BFH* ZIP 2017, 1526). Die Erbschaftsteuer entsteht, weil der Schuldner nach Verfahrenseröffnung Erbe wird. Sie beruht nicht auf der Annahme oder Ausschlagung der Erbschaft durch den Insolvenzschuldner, sondern sie entsteht kraft Gesetzes nach § 1 Abs. 1 Nr. 1, § 3 Abs. 1 Nr. 1 ErbStG i.V.m. § 1922 BGB (*BFH* ZIP 2017, 1526) und wird somit in anderer Weise durch die Verwaltung, Verwertung und Verteilung der Insolvenzmasse begründet. 34

II. Verbindlichkeiten aus gegenseitigen Verträgen (Abs. 1 Nr. 2)

Abs. 1 Nr. 2, wonach **Verbindlichkeiten aus gegenseitigen Verträgen Masseverbindlichkeiten** sind, ist vor dem Hintergrund der Regelungen in §§ 103, 107–109 und § 113 InsO zur Behandlung von beidseitig noch nicht vollständig erfüllten gegenseitigen Verträgen zu sehen. In zwei Fällen werden Forderungen bei den noch nicht beidseitig vollständig erfüllten gegenseitigen Verträgen als Masseverbindlichkeiten erfasst. Dies sind die Forderungen aus gegenseitigen Verträgen, soweit deren Erfüllung zur Insolvenzmasse verlangt wird oder für die Zeit nach der Eröffnung des Verfahrens erfolgen muss. Grund der Regelung ist, dass derjenige Gläubiger, der noch voll zur Masse leisten muss, dafür auch seine volle Gegenleistung erhalten soll (*BGH* BGHZ 72, 263). 35

Nach § 103 InsO hat der Insolvenzverwalter bei von beiden Vertragspartnern noch nicht vollständig erfüllten gegenseitigen Verträgen **ein Wahlrecht zwischen der Erfüllung des Vertrages und der Ablehnung der Erfüllung**. Lehnt er die Erfüllung ab, kann der andere Teil seine Ansprüche wegen der Nichterfüllung nur als Insolvenzforderung geltend machen (§ 103 Abs. 2 InsO). Verlangt der Insolvenzverwalter aber, dass der Vertrag erfüllt wird, ist die dem anderen Teil zustehende Gegenleistung eine Masseverbindlichkeit. 36

Abs. 1 Nr. 2 stellt damit sicher, dass die Masse nicht auf Kosten des Vertragsgegners bereichert wird. Gleichzeitig wahrt sie das **vertragliche Synallagma**, nach welchem der Vertragsgegner gerade aus Gründen der Vorsorge gegen Insolvenzrisiken, seine Leistung verweigern können soll, wenn der Schuldner seine Leistung nicht erbringt (§ 320 Abs. 1 BGB). Der Insolvenzverwalter hat die vereinbarte Gegenleistung für die Leistung an die Masse an den Vertragspartner zu erbringen. Wählt der Verwalter die Erfüllung, nachdem er die Masseunzulänglichkeit angezeigt hat, gehören die Ansprüche zu den Verbindlichkeiten, die vor den übrigen Masseverbindlichkeiten zu erfüllen sind (§ 209 Abs. 2 Nr. 1 InsO). 37

Gleiches gilt, wenn die **Erfüllung** des Vertrages durch den Vertragspartner wegen der Natur des Vertrages **für die Zeit nach der Eröffnung des Insolvenzverfahrens** erfolgen muss. Dies ist dann der Fall, wenn es sich um **Dauerschuldverhältnisse** handelt, die vor Verfahrenseröffnung begründet worden sind und bei denen bis zum Ablauf der Kündigungsfrist noch während des Insolvenzverfahrens weitere Ansprüche entstehen. Die Vorschrift schützt bei Dauerschuldverhältnissen die Vertragspartner des Insolvenzschuldners. Ihre während der Kündigungsfrist weiter entstehenden Ansprüche werden bevorzugt befriedigt. Kündigt der Insolvenzverwalter das Dauerschuldverhältnis nicht rechtzeitig (zum ersten möglichen Termin), gehören die Ansprüche im Fall der Masseunzulänglichkeit zu den Masseverbindlichkeiten, die vor den übrigen zu befriedigen sind (§ 209 Abs. 2 Nr. 2 InsO), soweit sie nach dem ersten möglichen Kündigungstermin entstanden sind. In den §§ 107 bis 109 und § 113 InsO werden besondere Regelungen für einzelne Vertragstypen getroffen.

1. Kauf unter Eigentumsvorbehalt

Hat der Schuldner vor Eröffnung des Insolvenzverfahrens eine **bewegliche Sache unter Eigentumsvorbehalt verkauft** und dem Käufer den Besitz an der Sache übertragen, so ist der nach § 107 Abs. 1 Satz 1 InsO weiter bestehende Erfüllungsanspruch des Gläubigers Masseverbindlichkeit (*Nerlich/* 38

Römermann-Andres InsO, § 55 Rn. 96). Ist dem Schuldner vor Eröffnung des Insolvenzverfahrens **eine bewegliche Sache unter Eigentumsvorbehalt verkauft** und ihm vom Verkäufer der Besitz überlassen worden, sind der Kaufpreisanspruch sowie andere Ansprüche des Verkäufers in dem Fall, dass der Insolvenzverwalter in den Vertrag eintritt, Masseforderungen (*Nerlich/Römermann-Andres* InsO, § 55 Rn. 96, § 107 Rn. 29).

2. Miet- und Pachtverhältnisse

39 Kündigt im Insolvenzverfahren über das Vermögen eines Pächters der Insolvenzverwalter das Pachtverhältnis nach § 109 InsO, so handelt es sich bei den bis zum Ablauf des Vertragsverhältnisses anfallenden **Pachtzinsen** um Masseverbindlichkeiten nach Abs. 1 Nr. 2. Spricht er die Kündigung nicht zum frühestmöglichen Zeitpunkt aus, liegt für die bis zu diesem Termin anfallenden Pachtzinsen der Fall der notwendigen Erfüllung zur Masse (2. Alt.) vor (so auch *Nerlich/Römermann-Andres* InsO, § 55 Rn. 87).

Die Eigenschaft einer Masseverbindlichkeit haben nicht nur der **Erfüllungsanspruch**, sondern auch **alle anderen Forderungen aus dem Vertragsverhältnis**, die nach der Eröffnung des Verfahrens entstehen, so z.B. der Entschädigungsanspruch des Vermieters aus § 557 BGB (*BGH* NJW 1984, 1527 zu § 557 BGB a.F.). Der Nutzungsentschädigungsanspruch des Vermieters nach § 546a BGB ist Masseverbindlichkeit, da der Verwalter im Rahmen der Verwaltung der Masse zur Herausgabe der Mietsache verpflichtet ist (*BGH* DZWIR 2007, 301).

40 Kündigt der Vermieter das Miet- oder Pachtverhältnis fristlos aus wichtigem Grund, den der Insolvenzverwalter gesetzt hat, sind aus **der vorzeitigen Vertragsbeendigung erwachsende Schadensersatzansprüche** für den Zeitraum, zu dem der Verwalter nach § 109 Abs. 1 InsO fristgerecht hätte kündigen können, Masseverbindlichkeiten nach Abs. 1 Nr. 2; die auf den nachfolgenden Zeitraum entfallenden Ansprüche sind dagegen nach § 109 Abs. 1 Satz 3 InsO Insolvenzforderungen (s. *Wegener* § 109 Rdn. 25 ff.). Ein vertraglicher **Anspruch auf Erstattung der Abbau- und Rücknahmekosten** einer gemieteten Sache ist nicht als Masseverbindlichkeit zu behandeln, da dieser Anspruch mit dem Mietvertrag bereits zum Zeitpunkt der Eröffnung des Insolvenzverfahrens begründet war und der Schutzzweck von Abs. 1 Nr. 2 nur dahin geht, einem Gläubiger die volle Gegenleistung für Leistungen nach Verfahrenseröffnung zukommen zu lassen (*BGH* BGHZ 148, 252). Dies hat der BGH nunmehr auch für die Entfernung zurückgelassener Sachen so entschieden (*BGH* BGHZ 148, 252). Der **Anspruch auf Durchführung von Schönheitsreparaturen** ist deshalb ebenfalls als Insolvenzforderung zu behandeln, es sei denn, dass die Nutzung der Mietsache durch den Insolvenzverwalter sie erforderlich macht (*Nerlich/Römermann-Andres* InsO, § 55 Rn. 92).

41 Wird das Insolvenzverfahren über das Vermögen des Vermieters/Verpächters eröffnet, so sind die Ansprüche aus der Zeit nach der Eröffnung des Verfahrens Masseverbindlichkeiten (s. § 108 Abs. 1 InsO), während Ansprüche aus der Zeit vor der Eröffnung des Verfahrens grds. nur Insolvenzforderungen sind (vgl. § 108 Abs. 2 InsO und die Erläuterungen bei *Wegener* § 108 Rdn. 37 ff.). Hat der Mieter einen Schadensersatzanspruch wegen Kündigung des Mietverhältnisses durch einen Erwerber nach § 111 Satz 1 InsO, so ist dieser Schadensersatzanspruch als Insolvenzforderung zu behandeln (*Nerlich/Römermann-Andres* InsO, § 55 Rn. 94, § 111 Rn. 13). Der Anspruch des Mieters auf Rückzahlung der Kaution ist in der Insolvenz des Vermieters Insolvenzforderung (*Nerlich/Römermann-Andres* InsO, § 59 Rn. 96; MüKo-InsO/*Hefermehl* § 55 Rn. 149).

3. Dienst- und Arbeitsverträge

42 Eine besondere praktische Bedeutung kommt den **Dienst- und Arbeitsverträgen** zu. Die Eröffnung des Insolvenzverfahrens lässt ein Arbeitsverhältnis unberührt, bis es vom Insolvenzverwalter oder vom Arbeitnehmer nach § 113 Abs. 1 InsO gekündigt wird. **Entgeltansprüche aus der Zeit nach Eröffnung des Verfahrens** sind nach Abs. 1 Nr. 2 Masseverbindlichkeiten. Setzt der Verwalter das Arbeitsverhältnis fort, ist die *1.* Alt. von Abs. 1 Nr. 2 gegeben, während bei einer Kündigung des Arbeitsverhältnisses für die bis zur Beendigung des Vertragsverhältnisses entstehenden Ansprüche die 2.

Alt. gegeben ist (*Nerlich/Römermann-Andres* InsO, § 55 Rn. 97 ff. Wegen der Insolvenzsicherung von Wertguthaben im Rahmen von Arbeitszeitkonten durch § 7e SGB IV s. *Cisch/Ulbrich* BB 2009, 550). So gehört der nach Eröffnung des Insolvenzverfahrens zu erfüllende **Urlaubsabgeltungsanspruch** zu den Masseverbindlichkeiten des § 55 Abs. 1 Nr. 2 InsO (*BAG* NZI 2005, 118 [120]; *LAG Hamm* ZInsO 2002, 341 [343 f.]). Dies gilt auch für Urlaubsansprüche, die aus dem Vorjahr stammen und infolge rechtzeitiger Geltendmachung nach den tariflichen Vorschriften nicht verfallen sind (*BAG* NZI 2005, 118 [120]; *LAG Hamm* ZInsO 2010, 591; NZI 2003, 47 [49 f.]). Betriebliche Sonderzahlungen sind Masseverbindlichkeiten, soweit der maßgebliche Stichtag nach der Eröffnung des Insolvenzverfahrens liegt (*LAG Nürnberg* ZIP 2010, 1189 für das 13. Monatseinkommen nach dem Tarifvertrag für die bayerische Metall- und Elektroindustrie). Dagegen gehört der **Anspruch auf Abfindung**, der auf einer Vereinbarung zwischen dem Insolvenzschuldner und dem Arbeitnehmer beruht, grds. nicht zu den Masseverbindlichkeiten. Es handelt sich vielmehr um eine bloße Insolvenzforderung nach § 38 InsO, es sei denn, dass es sich trotz der Bezeichnung »Abfindung« um eine Leistung handelt, die nach ihrer überwiegenden Zwecksetzung in einem Gegenseitigkeitsverhältnis zur Arbeitsleistung stehe (*BAG* ZInsO 2008, 688; zum Abfindungsanspruch nach § 1a Abs. 1 KSchG *Stiller* NZI 2005, 77). Der Anspruch des Geschäftsführers einer GmbH, dessen Anstellungsvertrag vom Insolvenzverwalter ohne weitere beiderseitige Erklärungen gekündigt worden ist, auf Karenzentschädigung aus einem vertraglichen Wettbewerbsverbot ist keine Masseschuld (*BGH* WM 2009, 2185).

Für im Rahmen von Altersteilzeitverträgen im sog. Blockmodell erarbeitete Ansprüche hat das BAG entschieden, dass die in der Arbeitsphase für die Zeit vor der Insolvenzeröffnung erarbeiteten Ansprüche Insolvenzforderungen darstellen, die für die Zeit danach erarbeiteten Ansprüche Masseverbindlichkeiten (*BAG* ZIP 2005, 873). Wird das Insolvenzverfahren während der Freistellungsphase eröffnet, sind auch die nach der Eröffnung zu leistenden Zahlungen Insolvenzforderungen (*BAG* BB 2005, 1339). Dagegen hat das LAG Düsseldorf in der Vorinstanz entschieden, dass Ansprüche aus einem vor Insolvenzeröffnung abgeschlossenen Altersteilzeitvertrag Masseverbindlichkeiten i.S.v. § 55 Abs. 1 Nr. 2, 2. Alt. darstellen, unabhängig davon, ob sich der Arbeitnehmer noch in der Arbeitsphase oder schon in der Freistellungsphase befindet (*LAG Düsseldorf* ZIP 2004, 817; ZInsO 2004, 823 – Wegen der zum 01.07.2004 eingeführten zwingenden **Insolvenzsicherung von Wertguthaben bei Altersteilzeit** durch § 8a ATG s. *Kovács/Koch* NZI 2004, 415; s. zu dem Themenkomplex insgesamt *Nimscholz* ZInsO 2005, 522). 43

Die in § 59 Abs. 1 Nr. 3 KO vorgesehene Privilegierung der Ansprüche der Arbeitnehmer für die letzten sechs Monate vor Konkurseröffnung ist nicht in die Insolvenzordnung übernommen worden. Eine Ausnahme gilt nur in den Fällen von Abs. 2, wenn die Arbeitsleistung von einem sog. »starken« Insolvenzverwalter entgegen genommen worden ist (s. Rdn. 55); hier sind die Entgeltansprüche der Arbeitnehmer als Masseverbindlichkeiten zu befriedigen (zu den Einzelheiten, insbesondere wegen des Umfangs der Masseverbindlichkeiten vor dem Hintergrund des Begriffs des Arbeitsentgelts s. *Mues* Anh. zu § 113 Rdn. 6–27). Der maßgebliche Zeitraum reicht von der Bestellung des vorläufigen Insolvenzverwalters bis zur Eröffnung des Verfahrens, so dass bei einem länger dauernden Eröffnungsverfahren den während dieser Zeit entstehenden Entgeltansprüchen der Arbeitnehmer durchaus auch für einen Zeitraum von sechs Monaten die Eigenschaft der Masseverbindlichkeit zukommen kann. Der Schadensersatzanspruch wegen vorzeitiger Beendigung des Dienstverhältnisses, der dem Arbeitnehmer bei einer Kündigung durch den Insolvenzverwalter nach § 113 Abs. 1 Satz 1 InsO zusteht, ist nach § 113 Abs. 1 Satz 3 InsO Insolvenzforderung. 44

III. Verbindlichkeiten aus einer ungerechtfertigten Bereicherung der Masse (Abs. 1 Nr. 3)

Mit den **Verbindlichkeiten aus einer ungerechtfertigten Bereicherung der Masse**, die nach Nr. 3 ebenfalls Masseverbindlichkeiten darstellen, sind Ansprüche nach den §§ 812 ff. BGB gemeint (*Nerlich/Römermann-Andres* InsO, § 55 Rn. 125). Dabei liegt eine Bereicherung i.S.d. Vorschrift nur in den Fällen vor, in denen die Masse nach der Eröffnung des Insolvenzverfahrens bereichert worden ist (*BGH* NZI 2003, 537 [539]). Zuflüsse in die Masse, die zwischen der Beantragung des Insolvenz- 45 verfahrens und dessen Eröffnung erfolgt sind, werden nicht von Nr. 3 erfasst (*BGH* NJW 1995, 1483; *Nerlich/Römermann-Andres* InsO, § 55 Rn. 122). Eine Bereicherung der Masse ist auch in dem Fall nicht gegeben, in dem ein Kaufvertrag, auf Grund dessen der Schuldner vor Eröffnung des Verfahrens etwas erlangt hatte, nach Eröffnung des Verfahrens angefochten wird (*Kuhn/Uhlenbruck* KO, § 59 Rn. 16). Ein unberechtigter Widerspruch des Insolvenzverwalters gegen eine vom Schuldner bereits (vorinsolvenzlich) wirksam genehmigte Lastschrift begründet ebenfalls keinen Bereicherungsanspruch des Gläubigers gegen die Masse. Denn der durch die Rücklastschrift veranlasste (überhöhte) Forderungsausweis stellt keine herausgabefähige Bereicherung dar. Zudem kann sich der Gläubiger bereits dadurch behelfen, dass er von seiner Bank die Rückgängigmachung der unberechtigten Kontenberichtigung verlangen kann (*BGH* WM 2012, 1490 [Rn. 14]).

C. Vom »starken« vorläufigen Insolvenzverwalter begründete Verbindlichkeiten (Abs. 2)

I. Anwendungsbereich

46 Um die Geschäftspartner eines **vorläufigen Insolvenzverwalters**, dem **die Verwaltungs- und Verfügungsbefugnis** nach § 22 Abs. 1 Satz 1 InsO übertragen worden ist, zu schützen, gelten die von diesem begründeten Verbindlichkeiten nach Abs. 2 mit Eröffnung des Insolvenzverfahrens als Masseverbindlichkeiten. Die Vorschrift liegt in der Konsequenz der Entscheidung des Gesetzgebers, **wesentliche Wirkungen** der Verfahrenseröffnung in die Eröffnungsphase **vorzuverlagern**. Damit werden die Masseverbindlichkeiten im Vergleich zum früheren Konkursrecht nicht unerheblich ausgedehnt (krit. dazu *Nerlich/Römermann-Andres* InsO, § 55 Rn. 136 ff.). Um eine Masseauszehrung durch nicht erforderliche Masseverbindlichkeiten und die Haftung des vorläufigen Insolvenzverwalters nach § 61 InsO zu vermeiden, kommt es in der Praxis – entgegen der gesetzgeberischen Absicht – selten zur Bestellung eines sog. »starken« vorläufigen Insolvenzverwalters. Dies wiederum hat den Gesetzgeber veranlasst, im Haushaltsbegleitgesetz 2011 vom 09.12.2010 (BGBl. I S. 1885) für den Fiskus Ausgleich zu schaffen, indem er die Maßnahmen des vorläufigen Insolvenzverwalters ohne Verfügungsbefugnis, soweit sie Steuerschuldverhältnisse betreffen, den Maßnahmen eines vorläufigen Verwalters mit Verfügungsbefugnis gleichstellte (s. dazu Rdn. 63 ff.).

47 Eine **Ausnahme** von dem Grundsatz der Fiktion der Masseverbindlichkeiten für Verbindlichkeiten des vorläufigen Insolvenzverwalters wird in Abs. 3, der durch das Insolvenzrechtsänderungsgesetz angefügt wurde, **für auf die Bundesagentur für Arbeit übergegangene Entgeltansprüche** gemacht (s. dazu Rdn. 61 f.).

48 Die Fiktion der Masseverbindlichkeit gilt nur beim **Tätigwerden eines sog. starken vorläufigen Insolvenzverwalters**, auf den die Verwaltungs- und Verfügungsbefugnis nach § 22 Abs. 1 InsO übergegangen ist.

1. Anwendung auf den »schwachen« vorläufigen Verwalter?

49 Eine **entsprechende Anwendung** des Abs. 2 auf »schwache« vorläufige Insolvenzverwalter **kommt grds. nicht in Betracht** (KS-InsO/*Onusseit* 2000, S. 1779 [1789 f.]; *Maus* ZIP 2000, 339 [340]; *Jaffé/Hellert* ZIP 1999, 1204 [1205 ff.]; *Nerlich/Römermann-Andres* InsO, § 55 Rn. 129). Es fehlt insoweit nicht nur an einer planwidrigen Regelungslücke (vgl. die dem Abs. 2 Satz 1 zugrunde liegende Empfehlung der Kommission für Insolvenzrecht, 1. Bericht, Begr. zu LS 1.2.3 (9): »gilt nicht für einen vorläufigen Insolvenzverwalter, dem lediglich Zustimmungsvorbehalte [...] eingeräumt worden sind«). Vielmehr ist ein »schwacher« vorläufiger Verwalter **ohne besondere gerichtliche Anordnung** gar nicht erst in der Lage, den Abschluss von Verpflichtungsgeschäften zu verhindern, die dem Interesse der Masse widersprechen; auch fehlt es ihm ohne eine solche Anordnung an einer Handhabe, um verhindern zu können, dass der Schuldner Leistungen aus einem Dauerschuldverhältnis in Anspruch nimmt (*BGH* BGHZ 151, 353 [361 f.]; *LAG Frankfurt/M.* ZInsO 2001, 562 [563]). Der schwache Insolvenzverwalter kann indessen Masseverbindlichkeiten begründen, wenn dies von einer **Ermächtigung des Gerichts** gedeckt ist, die hinreichend konkret die Verpflichtungen bestimmt, zu deren Eingehung der vorläufige Verwalter ermächtigt sein soll (*BGH* BGHZ 151, 353

[365 f.]; NZI 2011, 143 Rn. 9; vgl. BT-Drucks. 17/3030, S. 42 f.). Unklar ist insoweit, ob die Ermächtigung des vorläufigen Verwalters durch ein korrespondierendes Verfügungsverbot seitens des Schuldners flankiert sein muss. Dafür spricht, dass Abs. 1 Satz 1 von einem »Übergang« der Verfügungsbefugnis spricht. Dies legt nahe, dass der Schuldner in dem Umfang, in welchem dem vorläufigen Verwalter die Verfügungsmacht eingeräumt wird, die Verfügungsmacht des Schuldners suspendiert werden muss (*Pape* ZInsO 2003, 1061 [1062]). Klar muss in jedem Fall sein, dass bei Fehlen eines entsprechenden Verfügungsverbots die vom Schuldner begründeten Verbindlichkeiten nicht zu Masseverbindlichkeiten werden können.

2. Entsprechende Anwendung im Schutzschirmverfahren (§ 270b Abs. 3 Satz 2 InsO)

Gemäß § 270b Abs. 3 Satz 1 InsO hat das Gericht im Rahmen des sog. Schutzschirmverfahrens auf 50
Antrag des Schuldners anzuordnen, dass der Schuldner Masseverbindlichkeiten begründen kann. Insoweit gilt Abs. 2 entsprechend (§ 270b Abs. 3 Satz 2). Dies gilt auch dann, wenn das Gericht diese Ermächtigung – entsprechend dem schuldnerischen Antrag – auf bestimmte Bereiche beschränkt.

3. Entsprechende Anwendung im vorläufigen Eigenverwaltungsverfahren (§ 270a Abs. 1 InsO)?

Im **vorläufigen Eigenverwaltungsverfahren findet Abs. 2 InsO hingegen keine Anwendung,** da es 51
an einer § 270b Abs. 3 InsO entsprechenden Regelung fehlt. Letztere ist auf die besonderen Verhältnisse des Schutzschirmverfahrens hin ausgerichtet (dazu *Graf-Schlicker* InsO, § 270a Rn. 14) und lässt sich deshalb auch nicht entsprechend auf das Eigenverwaltungsverfahren anwenden. Insoweit muss es bei den allgemeinen Grundsätzen sein Bewenden haben, wonach das Gericht für das Eröffnungsverfahren auf bestimmte festgelegte Bereiche oder Gegenstände beschränkte **Einzelermächtigungen** aussprechen kann (*BGH* BGHZ 151, 353 [365 f.]). Auf das vorläufige Eigenverwaltungsverfahren übertragen (bei dem der Schuldner insoweit an die Stelle des vorläufigen Insolvenzverwalters tritt, wie sich die Rolle des vorläufigen Sachwalters auf die Aufsicht über den Schuldner beschränkt), folgt hieraus, dass die Ermächtigung **gegenüber dem Schuldner** und nicht etwa gegenüber dem vorläufigen Sachwalter zu erteilen ist (*Graf-Schlicker* InsO, § 55 Rn. 16; *Vallender* GmbHR 2011, 445 [448]). Leistet der Schuldner während der vorläufigen Eigenverwaltung nach § 270a InsO Zahlungen auf Steuerverbindlichkeiten, so stellen diese auch keine Masseverbindlichkeiten nach Abs. 4 dar (*OLG Jena* ZIP 2016, 1741).

II. Begründung von Verbindlichkeiten (Satz 1)

Nach Satz 1 gelten die vom (»starken«) vorläufigen Insolvenzverwalter **begründeten Verbindlichkei-** 52
ten mit der Verfahrenseröffnung als Masseverbindlichkeiten. Erforderlich ist – insoweit zunächst einmal nicht anders als bei Abs. 1 Nr. 1 für die Begründung von Masseverbindlichkeiten durch den Insolvenzverwalter (dazu s. Rdn. 8, 24) –, dass der vorläufige Insolvenzverwalter im Zusammenhang mit seinen Aufgaben als vorläufiger Verwalter tätig wird. Es bedarf mithin stets eines Bezugs zu seinem Amt; Verbindlichkeiten, die im Zuge von offensichtlich insolvenzzweckwidrigen Maßnahmen begründet werden, werden daher nicht von Abs. 2 Satz 1 erfasst. Innerhalb des durch das Verwalteramt gezogenen Wirkkreises werden hingegen sämtliche Maßnahmen erfasst. Im Vergleich zur Parallelvorschrift des Abs. 1 Nr. 1 ist freilich zu beachten, dass die Verwertung und Verteilung der Masse nicht zu den Aufgaben des vorläufigen Verwalters zählt. Demgegenüber gehört es zu den Aufgaben des (»starken«) vorläufigen Verwalters, das schuldnerische Vermögen zu sichern und erhalten sowie ggf. das schuldnerische Unternehmen fortzuführen (§ 22 Abs. 1 InsO). Die im Rahmen der Erfüllung dieser Aufgaben begründeten Verpflichtungen, insbesondere aus Rechtsgeschäft, darüber hinaus aber auch aus Gesetz, werden zu Masseverbindlichkeiten.

Die Ansprüche wegen **Beschädigung einer (aussonderungsfähigen) Sache**, die der vorläufige Insol- 53
venzverwalter im Rahmen einer nach § 21 Abs. 2 Nr. 5 InsO erteilten Anordnung genutzt hat, begründet nach Verfahrenseröffnung eine Masseverbindlichkeit nach § 55 Abs. 2 Satz 1 (*BGH* WM 2012, 1490 Rn. 23; WM 2012, 706 Rn. 17, 26). Die Beweislast dafür, dass der Schaden von dem vorläufigen Insolvenzverwalter zu vertreten ist, liegt beim Gläubiger; allerdings kommen ihm Beweis-

§ 55 InsO   Sonstige Masseverbindlichkeiten

erleichterungen dadurch zugute, dass der ermächtigte vorläufige Insolvenzverwalter verpflichtet ist, zu Beginn des durch das Insolvenzgericht begründeten Nutzungsverhältnisses den Zustand der Sache festzuhalten (*BGH* WM 2012, 1490 [24 ff.]).

54 Dagegen werden **nicht die Verbindlichkeiten** erfasst, die **auf andere Weise** bei der Verwaltung und Fortführung des Unternehmens entstehen. Diese Einschränkung ist vor dem Hintergrund des unterschiedlichen Wortlauts von Abs. 1 Nr. 1 und Abs. 2 Satz 1 zu machen. Dessen ungeachtet erfasst Satz 1 nicht nur **rechtsgeschäftlich**, sondern auch **gesetzlich begründete Verbindlichkeiten**. Bei Veräußerungsgeschäften werden daher nicht nur die (primären und sekundären) Ansprüche aus dem Geschäft mit der Eröffnung des Insolvenzverfahrens zu Masseverbindlichkeiten, sondern auch die an das Geschäft anknüpfenden Steuerverbindlichkeiten (BT-Drucks. 14/2443, S. 126, *Maus* ZIP 2000, 339 f.).

55 Insbesondere wird die auf Leistungen und Lieferungen durch den vorläufigen Insolvenzverwalter entfallende **Umsatzsteuer** mit Verfahrenseröffnung nach Abs. 2 Satz 1 zur Masseverbindlichkeit.

56 In der Konsequenz der **umstrittenen Rechtsprechung des fünften Senats des BFH** (zu dieser bereits Rdn. 14) liegt es, dass darüber hinaus auch die Vereinnahmung von umsatzsteuerpflichtigen Forderungen durch einen (»starken«) vorläufigen Insolvenzverwalter den darin enthaltenen Umsatzsteueranteil auch dann in den Rang einer Masseforderung hebt, wenn die Forderung vor der Bestellung des vorläufigen Verwalters begründet wurde (vgl. Umsatzsteuer-Anwendungserlass, Abschn. 17.1 [12]). Dieses (abzulehnende) Ergebnis lässt sich – im Rahmen der Logik, welcher die Rechtsprechung des fünften Senats folgt – aus der vom fünften Senat zugrunde gelegten Prämisse ableiten, dass das schuldnerische Unternehmen in einen **vorinsolvenzlichen** und einen **nachinsolvenzlichen Teil aufgespalten** werde (*BFH* ZIP 2011, 782 Rn. 28 ff.) – nur dass diese Aufspaltung bei der Bestellung eines »starken« vorläufigen Verwalter bereits zum Bestellungszeitpunkt erfolgt. Ist hiernach zum Bestellungszeitpunkt eine Berichtigung vorzunehmen (Abschn. 17.1 [12] Umsatzsteuer-Anwendungserlass; vgl. *BFH* ZInsO 2011, 782 Rn. 30 ff., werde, sobald der vorläufige Verwalter die Forderung einzieht, eine **zweite Berichtigung** erforderlich, mit welcher erst der steuerrechtlich relevante Tatbestand für die Entstehung der Steuerschuld abgeschlossen werde (Abschn. 17.1 [12] Umsatzsteuer-Anwendungserlass; vgl. *BFH* ZIP 2016, 1355; ZIP 2011, 782 Rn. 31 f.). Dieser **Rechtsprechung ist nicht zu folgen**. Sie geht daran vorbei, dass nach geltendem Recht die Frage danach, wann die Verbindlichkeit begründet wurde, nach insolvenzrechtlichen, nicht aber nach steuerrechtlichen Grundsätzen zu beurteilen ist (s. Rdn. 15). Insoweit kann es aber nur auf die Lieferung und Leistung als den für die Entstehung der Steuer maßgeblichen Sachverhalt ankommen (s. Rdn. 15).

57 Soweit nach der Rechtsprechung des BFH zur Konkursordnung Steuerverbindlichkeiten als Massekosten oder Masseschulden zu qualifizieren waren, obwohl der Konkursverwalter nicht zu ihrer Entstehung beigetragen hatte, kann diese nicht auf § 55 Abs. 2 InsO übertragen werden (KS-InsO/ *Onusseit* 2000, S. 1779 [1787]). Es geht dabei um die Fälle, in denen massezugehörige, zur Sicherheit übereignete Vermögensgegenstände durch den Sicherungsnehmer verwertet werden. Nach der Theorie vom Doppelumsatz bei der Verwertung von massezugehörigem Sicherungsgut durch den Sicherungsnehmer – also ohne ein Zutun des Verwalters – wäre wegen der angenommenen Lieferung im Verhältnis vom sicherungsgebenden Schuldner zum Sicherungsnehmer die dabei entstehende Umsatzsteuerschuld als aus der Verwertung fließend der Masse zuzurechnen (*BFH* BStBl. II 1978, 684 [685]). Da Abs. 2 Satz 1 **ausdrücklich ein Handeln des vorläufigen Insolvenzverwalters** als Voraussetzung für die Fiktion der Masseverbindlichkeit vorsieht, kann bei einer Verwertung eines zur Masse gehörigen Gegenstandes durch den Sicherungsnehmer während des Eröffnungsverfahrens die Masse mit der Umsatzsteuerschuld nur als Insolvenzforderung belastet werden (so auch KS-InsO/ *Onusseit* 2000, S. 1779 [1788]). Auch unter dem Gesichtspunkt des Abs. 4 kommt insoweit die Begründung einer Masseverbindlichkeit nicht in Betracht. Denn Abs. 4 gilt ausschließlich für die Handlungen »schwacher« vorläufiger Insolvenzverwalter (BMF-Schreiben v. 17.01.2012, ersetzt durch BMF-Schreiben v. 20.05.2015 m. Ergänzung v. 18.11.2015 – IVA3 – S 0550/10/10020-05, Rn. 2).

III. Verbindlichkeiten aus Dauerschuldverhältnissen (Satz 2)

Nach Satz 2 werden **Forderungen aus einem Dauerschuldverhältnis**, soweit der (»starke«) vorläufge 58 Insolvenzverwalter die Gegenleistung für das von ihm verwaltete Vermögen in Anspruch genommen hat, mit der Verfahrenseröffnung zu Masseverbindlichkeiten. Relevant wird dies vor allem bei **Arbeits-, Pacht- und Mietverhältnissen** sowie bei **Energielieferungsverträgen**. Im Bereich der Unternehmensinsolvenz bedeutet sie bei der Fortführung eines Unternehmens durch den vorläufigen Insolvenzverwalter, dass die Entgeltansprüche der Arbeitnehmer für die von ihm entgegengenommenen Arbeitsleistungen zu Masseverbindlichkeiten werden (zum Begriff des Entgelts s. *Mues* Anh. zu § 113 Rdn. 6 ff.). Entsprechendes gilt für den Mietzinsanspruch des Vermieters oder das Entgelt für Energie und vergleichbare Versorgungsleistungen, wenn der vorläufige Verwalter die Mietsache nutzt oder die Energie vom Versorgungsunternehmen annimmt. Dabei ist zu beachten, dass die unter Abs. 2 fallenden Ansprüche im Hinblick auf den Ausnahmecharakter der Vorschrift **eng zu bestimmen** sind. Es soll sichergestellt sein, dass die Masse nur mit solchen Ansprüchen aus dem Eröffnungsverfahren belastet wird, deren vertragliche Gegenleistung ihr tatsächlich zugeflossen ist. Wird z.B. die Mietsache vom vorläufigen Insolvenzverwalter **tatsächlich nicht genutzt**, weil er sie für die Masse nicht benötigt, besteht keine Masseverbindlichkeit für den Mietzinsanspruch (*Eckert* ZIP 1996, 897 [903]). Die Mietzinsansprüche des Vermieters aus dem Mietverhältnis über die Wohnung des Schuldners unterfallen nicht Abs. 2 Satz 2, da mit der Nutzung durch den Schuldner nicht die Voraussetzung erfüllt ist, dass der vorläufige Insolvenzverwalter die Leistung für die Masse in Anspruch genommen hat.

IV. Geltendmachung der Ansprüche

Für die Geltendmachung der Masseverbindlichkeiten nach Abs. 2 gelten grds. die allgemeinen 59 Grundsätze für die Geltendmachung von Masseverbindlichkeiten (dazu s. § 53 Rdn. 14 ff.). Es ist jedoch zu beachten, dass den vom vorläufigen Insolvenzverwalter begründeten Verbindlichkeiten **erst mit der Eröffnung des Insolvenzverfahrens zu Masseverbindlichkeiten** werden können. Wird die Eröffnung des Insolvenzverfahrens mangels Masse abgewiesen, sind die von einem »starken« vorläufigen Insolvenzverwalter begründeten Verbindlichkeiten nach **§ 25 Abs. 2 InsO** aus der von ihm verwalteten Masse zu berichtigen.

V. Haftung

Der **vorläufige Insolvenzverwalter haftet** – wie der Insolvenzverwalter – nach § 61 i.V.m. § 21 60 Abs. 2 Nr. 1 InsO **für die Nichterfüllung von Masseverbindlichkeiten**, es sei denn, dass er bei ihrer Begründung nicht erkennen konnte, dass die Masse voraussichtlich zur Erfüllung nicht ausreichen würde (dazu näher die Erl. bei § 61 InsO). Soweit vor dem Hintergrund der weiten Auslegung von Abs. 2 Satz 2 und der Haftung des vorläufigen Insolvenzverwalters nach § 61 i.V.m. § 21 Abs. 2 Nr. 1 InsO die Praxis von der Bestellung von starken Insolvenzverwaltern abgesehen hat, ist davon auszugehen, dass mit der gesetzlichen Klarstellung in Abs. 3 es in der Praxis künftig auch vermehrt zur Bestellung sog. starker vorläufiger Insolvenzverwalter kommen wird.

D. Ansprüche der Bundesagentur für Arbeit aus übergegangenem Recht (Abs. 3)

I. Übergegangene Ansprüche als Insolvenzforderungen

Nach Abs. 3, der durch das Insolvenzrechtsänderungsgesetz vom 26.10.2001 angefügt worden ist, 61 können nach Abs. 2 begründete **Ansprüche von Arbeitnehmern**, sobald sie nach § 187 SGB III **auf die Bundesagentur für Arbeit übergegangen** sind, von dieser nur als Insolvenzforderung und nicht als Masseforderung nach Abs. 2 Satz 2 geltend gemacht werden. Damit ist eines der zentralen Probleme im Bereich der Unternehmensinsolvenzen im Interesse der Sanierung erhaltenswerter Unternehmen und im Interesse der betroffenen Arbeitnehmer gelöst worden (s. dazu BT-Drucks. 14/5680 S. 17 f. und 25 f.; s.a. Rdn. 1 a.E.). Nach Abs. 3 Satz 1 sind **die nach § 187 SGB III auf die Bundesagentur übergegangenen Arbeitsentgeltansprüche als Insolvenzforderun-**

gen zu behandeln. Mit Satz 2 wird der von der Insolvenzgeldversicherung abgedeckte Gesamtsozialversicherungsbeitrag erfasst, für den nunmehr ebenfalls gilt, dass er nur als Insolvenzforderung geltend gemacht werden kann. Eine Sonderregelung war auch für diesen Fall erforderlich, da nach § 208 Abs. 2 Satz 1 SGB III diese Ansprüche nicht auf die Bundesagentur übergehen, vielmehr die Einzugsstelle weiterhin zur Einziehung des Gesamtsozialversicherungsbeitrags berechtigt bleibt (BT-Drucks. 14/5680 S. 26).

II. Übergegangene Ansprüche in »Altverfahren«

62 Die Frage, ob auf die Bundesagentur für Arbeit übergegangene Entgeltansprüche von im Eröffnungsverfahren durch einen »starken« vorläufigen Insolvenzverwalter weiterbeschäftigten Arbeitnehmern als Masseverbindlichkeiten oder lediglich als Insolvenzforderungen geltend zu machen sind, war für das frühere Recht, das nach Art. 103a EGInsO noch auf **Altverfahren** Anwendung findet, höchst umstritten. Zum Teil wurde die Auffassung vertreten, auf die Bundesagentur für Arbeit übergegangene Entgeltansprüche seien nach § 55 Abs. 2 Satz 2 InsO als Masseforderung zu behandeln, da es an einer § 59 Abs. 2 KO entsprechenden Regelung in der Insolvenzordnung fehle (HK-InsO/*Eickmann* § 55 Rn. 27; *Nerlich/Römermann-Andres* InsO, § 55 Rn. 135; *Berscheid* ZInsO 1998, 9 [12], aufgegeben in KS, 2000, S. 1361 [1382]) und § 108 Abs. 2 InsO nicht lex specialis im Verhältnis zu § 55 Abs. 2 InsO sei; *Bork* ZIP 1999, 781 [783]; *Nerlich/Römermann-Andres* InsO, § 55 Rn. 135). Die gegenteilige Auffassung, die die übergegangenen Entgeltansprüche als Insolvenzforderungen behandeln will, hat dieses Ergebnis auf zwei unterschiedlichen Wegen zu begründen versucht. So wurde vertreten, § 108 Abs. 2 InsO sei lex specialis zu § 55 Abs. 2 InsO (*ArbG Bielefeld* NZI 1999, 424; *Lakies* BB 1998, 2638; *Berscheid* ZInsO 1998, 259, *Wiester* ZInsO 1998, 99; *Niestert* InVo 1998, 85; dagegen *LAG Köln* NZI 2000, 288; *Schrader* ZInsO 2000, 196 [201]). Demgegenüber meinte die h.M. in der Arbeitsgerichtsbarkeit über eine **teleologische Reduktion von § 55 Abs. 2 Satz 2 InsO** die auf die Bundesagentur übergegangenen Entgeltansprüche zu Insolvenzforderungen herabstufen zu können (*LAG Köln* NZI 2000, 288; *LAG Hamm* NZI 2000, 189; *ArbG Aachen* NZI 1999, 510; *Zwanziger* ZIP 1998, 2135 [2137]; zust. *Berkowsky* NZI 2000, 253; *Schrader* ZInsO 2000, 196 [201]). Dieser Auffassung hat sich das **BAG in seinem Urteil vom 03.04.2001** (ZInsO 2001, 1171 [1174]) angeschlossen. Der in § 55 Abs. 2 Satz 2 InsO geregelte Vorrang sei nicht auf Entgeltansprüche anzuwenden, die auf die Bundesagentur wegen der Gewährung von Insolvenzgeld übergegangen sind. Anderenfalls müsste das Insolvenzverfahren wegen Masseunzulänglichkeit eingestellt werden, da ein Vorrang der Bundesagentur in vielen Fällen einen Großteil der zur Verfügung stehenden Masse aufzehren würde. Mit der Entscheidung des BAG ist auch für die Altverfahren Rechtssicherheit hergestellt worden. Eine tatsächliche Schlechterstellung der Bundesagentur für Arbeit ist mit der Ergänzung von § 55 InsO und der Auffassung des BAG für das frühere Recht nicht verbunden, da die Insolvenzgerichte bislang fast ausschließlich vorläufige Insolvenzverwalter bestellt haben, ohne ihnen die Verwaltungs- und Verfügungsbefugnis zu übertragen, so dass die Entgeltansprüche der Arbeitnehmer aus dem Eröffnungsverfahren in aller Regel ohnehin nur Insolvenzforderungen darstellten (BT-Drucks. 14/6580 S. 17 f.; ebenso *Berkowsky* NZI 2001, 240).

E. Steuerforderungen aus dem Insolvenzeröffnungsverfahren (Abs. 4)

I. Allgemeines, Hintergrund

63 Wie auch Abs. 2 verlagert Abs. 4 die Wirkungen des Insolvenzverfahrens in das Eröffnungsverfahren vor (s. Rdn. 46), indem er bestimmte vom vorläufigen Insolvenzverwalter begründete Forderungen mit der Insolvenzeröffnung zu Masseverbindlichkeiten werden lässt. Anders als Abs. 2 hat Abs. 4 allein Forderungen im Blick, die durch den **»schwachen« vorläufigen Verwalter** begründet werden (BT-Drucks. 17/3030, S. 42; BMF-Schreiben v. 17.01.2012, ersetzt durch BMF-Schreiben v. 20.05.2015 m. Ergänzung v. 18.11.2015 – IVA3 – S 0550/10/10020-05, Rn. 2), und beschränkt sich dabei auf **Forderungen aus Steuerschuldverhältnissen**.

64 Die Vorschrift **bezweckt** den Ausgleich einer **ungebührlichen Benachteiligung des Steuerfiskus** (BT-Drucks. 17/3030, S. 42 f.). Es habe sich die Erwartung des Gesetzgebers der Insolvenzordnung, dass die Gläubiger des Schuldners im Eröffnungsverfahren durch Abs. 2 geschützt werden könnten (BT-Drucks. 12/2443 S. 126), nicht erfüllt. Abs. 2 und dessen Schutzwirkungen liefen in der Praxis leer, da die Bestellung von »starken« vorläufigen Verwaltern, die eine Voraussetzung von Abs. 2 ist (dazu Rdn. 48 f.), kaum vorkomme (BT-Drucks. 17/3030, S. 42 f.). Dies führe dazu, dass die im Eröffnungsverfahren begründeten Steuerforderungen ganz überwiegend zu Insolvenzforderungen würden, obwohl insbesondere für Umsatzsteuerforderungen in der Gesetzesbegründung zur Insolvenzordnung (BT-Drucks. 12/2443, S. 126) die gegenteilige Erwartung zum Ausdruck gekommen ist (BT-Drucks. 17/3030, S. 43). Diese Situation wirke sich besonders nachteilig zu Lasten der Steuerverwaltung aus. Sie könne, anders als andere Gläubiger keine Vorkehrungen gegen die Anhäufung von Steuerverbindlichkeiten im Vorverfahren treffen. Dies werde von manchen vorläufigen Insolvenzverwaltern durch die gezielte Vorverlagerung von Umsätzen in die Phase des Eröffnungsverfahrens ausgenutzt, um die Masse vor den umsatzsteuerlichen Belastungen zu verschonen (BT-Drucks. 17/3030, S. 43).

Die Vorschrift ist **umstritten** und bildet neben der ebenso umstrittenen umsatzsteuerrechtlichen Rechtsprechung des fünften Senats des BFH (zu dieser s. Rdn. 14 f.) einen wesentlichen Anstoß für **grundlegende Diskussionen** zum Verhältnis des (Umsatz-)Steuerrechts zum Insolvenzrecht (dazu s. § 53 Rdn. 7 ff.). Die Kritik richtet sich **in rechtspolitischer Hinsicht** gegen die Abkehr von der Entscheidung des Gesetzgebers der Insolvenzordnung, sämtliche Vorrechte im Interesse der Verteilungsgerechtigkeit im Insolvenzverfahren abzuschaffen (s. stellvertretend Stellungnahme des DAV/Ausschüsse für Insolvenzrecht und Steuerrecht »zur beabsichtigten Wiedereinführung des Fiskusvorrechts« durch die Bundesregierung, Juli 2010). Es wird befürchtet, die Einführung der Vorschrift könne den Beginn einer Entwicklung markieren, an deren Ende das abgeschaffte **Fiskusvorrecht** wieder entstehe. Teilweise wird in der Privilegierung des Fiskus durch § 55 Abs. 4 InsO gar ein **Verfassungsverstoß** gesehen (*Bauer* ZInsO 2010, 1917; vgl. *Hölzle* BB 2012, 1571 [1573]; *Krüger* ZInsO 2012, 149 [153]; diff. *Weiland* DZWIR 2011, 224 [229]). Geltend gemacht wird zudem, dass sich die **Belastungen** der Masse durch die nach Abs. 4 begründeten Verbindlichkeiten **nachteilig auf** im Einzelfall bestehende **Sanierungsaussichten** auswirken können (*Reiß/Hohl* AnwZert InsR 3/2012, Anm. 3). Bedauert wird schließlich eine Vielzahl **offener Anwendungsfragen** und das **Fehlen einer Einbettung in das materielle Steuerrecht und die Verfahrensvorschriften** (*Kahlert* ZIP 2011, 401 [402 ff.]; *Krüger* ZInsO 2012, 149 [153]; *Beck* ZIP 2011, 551 [552 ff.]), was sowohl die Steuerverwaltung als auch die Insolvenzpraxis **erheblichen Rechtsunsicherheiten** aussetze (*Kahlert* ZIP 2011, 401 [402 ff.]; *Sterzinger* BB 2011, 1367 [1371 f.]).

65

In Insolvenzverfahren, die vor dem 01.01.2011, also dem Inkrafttreten des Haushaltsbegleitgesetzes, beantragt worden sind, findet nach der Übergangsregelung in Art. 103 EGInsO Abs. 4 keine Anwendung.

66

II. Begründung und Zustimmung durch den vorläufigen Insolvenzverwalter

Erfasst werden Verbindlichkeiten aus dem Steuerschuldverhältnis, die von einem **vorläufigen Insolvenzverwalter** oder mit dessen Zustimmung begründet werden. Da die Vorschrift darauf zielt, den auf die Verfahren mit »starkem« vorläufigem Verwalter beschränkten Anwendungsbereich des Abs. 2 zu erweitern (s. Rdn. 64), betrifft sie allein die Verfahren, in denen ein vorläufiger Insolvenzverwalter bestellt wird, auf den die Verfügungsbefugnis nicht übergeht (»**schwacher« vorläufiger Verwalter**), vgl. BMF-Schreiben v. 17.01.2012, ersetzt durch BMF-Schreiben v. 20.05.2015 m. Ergänzung v. 18.11.2015 – IVA3 – S 0550/10/10020-05, Rn. 2).

67

Da es dem »schwachen« vorläufigen Verwalter **mangels Verfügungsbefugnis** an der Rechtsmacht fehlt, den Schuldner zu verpflichten, kann der **ersten Alternative** (Begründung durch den vorläufigen Verwalter) nur insoweit eigenständige Bedeutung zukommen, wie der vorläufige Verwalter durch **Einzelermächtigung** auch die Rechtsmacht zur Begründung von Verbindlichkeiten erhält. Unter diesen Voraussetzungen ist dann aber bereits der Anwendungsbereich des Abs. 2 Satz 1 eröffnet (s. Rdn. 48 f.), so dass dem Abs. 4 insgesamt nur dann eigenständige Bedeutung beigemessen werden kann, wenn man ihn für den Bereich der Verbindlichkeiten aus dem Steuerschuldverhältnis

68

als *lex specialis* gegenüber Abs. 2 ansieht (so in der Tat *Kahlert* ZIP 2011, 401 [402]). Daher dürfte der praktische Fokus auf der zweiten Alternative der Zustimmung durch den (»schwachen«) vorläufigen Verwalter liegen.

69 Da sich der **Zustimmungsvorbehalt** beim vorläufigen Insolvenzverwalter mit Zustimmungsvorbehalt immer nur auf **Verfügungen** beziehen kann und sich demgemäß nicht auf Verpflichtungsgeschäfte erstreckt (*BGH* BGHZ 151, 353 [361 f.]), kann es die von Abs. 4 vorausgesetzte Zustimmung des vorläufigen Verwalters streng genommen nur in Bezug auf Verfügungsgeschäfte geben (*Graf-Schlicker/Bremen* InsO, § 55 Rn. 54). Insoweit würde die Vorschrift für solche Steuern leer laufen, welche tatbestandlich nicht (ausschließlich) an das Verfügungsgeschäft, sondern (auch) an das Verpflichtungsgeschäft anknüpfen. Denn insoweit wäre eine Zustimmung für die Begründung der Verbindlichkeit weder erforderlich, noch könnte der vorläufige Verwalter die Begründung der Verbindlichkeit durch die Verweigerung seiner Zustimmung verhindern (*Fischer* DB 2011, 885 [889]). Dies widerspräche allerdings der **Intention des Gesetzgebers**, dem es in der Sache um die Erstreckung der Wirkungen des Abs. 2 auf Verfahren ging, in denen kein »starker« Verwalter bestellt wird (s. Rdn. 64). Daher findet Abs. 4 nach Auffassung der Finanzverwaltung letztlich unabhängig davon Anwendung, ob ein Zustimmungsvorbehalt angeordnet wurde (BMF-Schreiben v. 17.01.2012, ersetzt durch BMF-Schreiben v. 20.05.2015 m. Ergänzung v. 18.11.2015 – IVA3 – S 0550/10/10020-05, Rn. 2; vgl. bereits zuvor OFD Münster/OFD Rheinland, Vorläufige Verfügung zur Anwendung von § 55 Abs. 4 InsO vom 05.09.2011, ZInsO 2011, 1942 [1943]). Das ist mit Blick auf die unmissverständliche Intention des Gesetzgebers nachvollziehbar, lässt aber die Frage nach den **Anforderungen** offen, die an die in Abs. 4 dennoch vorausgesetzte Zustimmung zu stellen sind. Insbesondere bleibt offen, wie die Passivität oder ein uneindeutiges Verhalten des vorläufigen Verwalters zu beurteilen ist. Zu weitgehend wäre es, ohne Weiteres sämtliche im Eröffnungsverfahren begründete Verbindlichkeiten zu erfassen. Notwendig, aber auch ausreichend ist, dass die Begründung des Geschäfts von einer ggf. auch allgemeinen **tatsächlichen (ggf. auch konkludenten) Billigung** der Geschäftsführung des Schuldners getragen ist und der vorläufige Verwalter dem konkreten Geschäft auch nicht widerspricht. Dies setzt entweder die Kenntnis des Insolvenzverwalters vom konkreten Geschäft voraus oder aber, dass sich das Geschäft in dem Rahmen hält, in welchem der vorläufige Verwalter das Handeln des Schuldners billigt. Es liegt auf der Hand, dass die Umsetzung dieser vagen und im Verhältnis zu den allgemeinen Regeln wenig kohärenten Anforderungen in der Steuer- und Insolvenzpraxis mit erheblichen Schwierigkeiten und Unsicherheiten behaftet sein wird und einen Hemmschuh für eine effiziente Insolvenzabwicklung darstellt.

70 Keinen gangbaren Lösungsweg zeigt vor diesem Hintergrund der Beschluss des *LG Düsseldorf* v. 08.02.2011 (ZIP 2011, 443) auf. Hier hatte das Gericht mit Blick auf die durch Abs. 4 angeordnete Haftung der Masse für im Eröffnungsverfahren begründete Verbindlichkeiten auf die **Anordnung eines allgemeinen Zustimmungsvorbehalts verzichtet** und damit die Erwartung verbunden, dass mangels Zustimmungsvorbehalts Masseverbindlichkeiten nach Abs. 4 nicht begründet werden könnten. Richtigerweise hängt die Anwendung von Abs. 4 aber nicht von dem Bestehen eines Zustimmungsvorbehalts ab (s. Rdn. 71). Überdies muss gesehen werden, dass sich der Verzicht auf die Anordnung eines Zustimmungsvorbehalts i.d.R. nicht zur Nachahmung empfehlen wird, da der Zustimmungsvorbehalt ein wichtiges Instrument zur Sicherung des schuldnerischen Vermögens ist (vgl. *Wimmer* jurisPR-InsR 23/2010 Anm. 1; *Pluta* jurisPR-InsR 14/2011, Anm. 5).

III. Erfasste Verbindlichkeiten

71 Erfasst werden Verbindlichkeiten aus **Steuerschuldverhältnissen**. Dabei handelt es sich erkennbar um eine Anlehnung an § 37 AO (*Kahlert* ZIP 2011, 401 [401 f.], so dass hierunter fallen:
- Steueransprüche,
- Steuervergütungsansprüche,
- Haftungsansprüche,
- Ansprüche auf steuerliche Nebenleistungen und
- Erstattungsansprüche.

Steuerliche **Nebenleistungen** zu den erfassten Steuerarten (wie Säumniszuschläge) teilen das Schicksal der Hauptforderung. Allerdings werden die gegen den Insolvenzschuldner festgesetzten Verspätungszuschläge nicht erfasst, da es an der nach Abs. 4 erforderlichen Mitwirkung des vorläufigen Insolvenzverwalters fehlt (BMF-Schreiben v. 17.01.2012, ersetzt durch BMF-Schreiben v. 20.05.2015 m. Ergänzung v. 18.11.2015 – IVA3-S 0550/10/10020-05, Rn. 7).

Erfasst sind **alle Steuerarten**, d. h. neben der Umsatzsteuer, auf welche der Gesetzgeber die Vorschrift in erster Linie bezogen wissen wollte, werden sämtliche Steuerarten erfasst (*Kahlert* ZIP 2011, 401 [401 f.]; *Zimmer* ZInsO 2010, 2299 [2304]; *Gundlach/Rautmann* DStR 2011, 82 [84]; *Graf-Schlicker/Bremen* InsO, § 55 Rn. 54), insbesondere also auch Ertragsteuern, Lohnsteuer und die Kraftfahrzeugsteuer (BMF-Schreiben v. 17.01.2012, ersetzt durch BMF-Schreiben v. 20.05.2015 m. Ergänzung v. 18.11.2015 – IVA3 – S 0550/10/10020-05, Rn. 6, 9 ff.). Zwar standen im Gesetzgebungsverfahren Umsatzsteuern im Vordergrund, da sich der Fiskus von deren Erfassung die größten Mehreinnahmen versprach (vgl. die Planzahlen in der Gesetzesbegründung, BT-Drucks. 17/3030, S. 26). Allerdings hat sich dies nicht im Wortlaut der gesetzlichen Regelung niedergeschlagen. Zudem zeigen gerade die (Plan-)Erwägungen in den Gesetzesmaterialien, dass sich der Gesetzgeber auch von anderen Steuerarten Mehreinnahmen versprach (BT-Drucks. 17/3030, S. 26). 72

1. Umsatzsteuer

Die vom fünften Senat des **BFH** (*BFH* ZIP 2013, 2224) begonnene **Rechtsprechung** zur Einziehung bereits begründeter Forderungen aus umsatzsteuerbaren Lieferungen und Leistungen wurde konsequent fortgesetzt (*BFH* ZInsO 2017, 1633) und führte dazu, dass die dazu entwickelten Grundsätze auch im Anwendungsbereich des Abs. 4 angewendet werden (zuletzt *BFH* ZInsO 2017, 1633). Die Bestellung eines vorläufigen Insolvenzverwalters, zu dessen Gunsten ein allgemeiner Zustimmungsvorbehalt besteht und der vom Insolvenzgericht ermächtigt wurde, die Forderungen des Unternehmers einzuziehen, hat zur Folge, dass diese uneinbringlich werden und die Umsatzsteuer nicht mehr erhoben werden kann. Wird nachfolgend durch den vorläufigen Insolvenzverwalter trotzdem Entgelt vereinnahmt, entsteht der Steueranspruch als Masseverbindlichkeit neu. Mit BMF-Schreiben v. 20.05.2015 und Ergänzung vom 18.11.2015 – IVA3 – S 0550/10/10020-05, Rn. 9 f.) gilt das im Rahmen von Abs. 4 nicht nur für den vorläufigen Insolvenzverwalter, der durch das Gericht ausdrücklich zum Forderungseinzug ermächtigt wurde, sondern auch dann, wenn der schwache vorläufige Insolvenzverwalter nur mit einem allgemeinen Zustimmungsvorbehalt ausgestattet wurde, denn der Drittschuldner kann schuldbefreiend nur noch mit Zustimmung des vorläufigen Insolvenzverwalters leisten. In der Ergänzung des BMF Schreibens vom 18.11.2015 – IVA3 – S 0550/10/10020-05, Rn. 54) wurde die zunächst fehlende Übergangsregelung (dazu *Kahlert* DStR 2015, 2004, der Bestandschutz von vor der Veröffentlichung der BFH-Entscheidung abgegebener Umsatzsteuervoranmeldungen reklamiert) dahingehend ergänzt, dass für alle Verfahren, in denen Sicherungsmaßnahmen vom Insolvenzgericht nach dem 31.12.2014 angeordnet wurden, die in Rn. 9–23 getroffenen Regelungen des BMF-Schreibens vom 20.05.2015 anzuwenden sind). Demgegenüber sind in allen Verfahren, in denen das Gericht Sicherungsmaßnahmen vor dem 01.01.2015 angeordnet hat, die Rn. 11–19 des BMF-Schreibens vom 17.01.2012 – IVA3 – S 0550/10/10020-05 weiterhin anzuwenden. Ungeklärt ist bisher die Frage, ob diese Grundsätze auch im Falle der Eigenverwaltung Anwendung finden (so jetzt *FG Stuttgart* ZIP 2016, 2178 n.r.rn. krit. Anm. *Linsenbarth* EWiR 2016, 771). 73

Auch kommt unter der Rechtsprechung zur Begründung von **Umsatzsteuererstattungsansprüchen** nach § 15a UStG eine Steuerhaftung im Rang einer Masseforderung in Betracht, wenn mit Zustimmung des vorläufigen Insolvenzverwalters ein Wirtschaftsgut veräußert oder einer geänderten Nutzung zugeführt wird (BMF-Schreiben v. 20.05.2015 m. Ergänzung v. 18.11.2015 – IVA3 – S 0550/10/10020-05, Rn. 22; vgl. auch *BFH* ZInsO 2011, 1217 Rn. 19 ff.; *Kahlert* ZIP 2011, 401 [403]). 74

2. Andere Steuerarten

75 Werden durch den schwachen vorläufigen Insolvenzverwalter oder durch den Schuldner mit Zustimmung des Insolvenzverwalters Ertragsteuern begründet, so stellen diese nach Insolvenzeröffnung Masseverbindlichkeiten nach Abs. 4 dar (BMF-Schreiben v. 20.05.2015, m. Ergänzung v. 18.11.2015 – IVA3 – S 0550/10/10020-05, Rn. 24 ff.). Auch wenn **Ertragsteuern** dem Grunde nach von Abs. 4 erfasst werden, besteht das **praktische Problem** der Bestimmung des auf den Eröffnungszeitraum entfallenden und zu besteuernden Ertrags. Denn es fehlt für das Eröffnungsverfahren an einer § 155 Abs. 2 InsO entsprechenden Bestimmung, wonach mit der Bestellung des vorläufigen Insolvenzverwalters ein neues Geschäftsjahr beginnt. Eine Pflicht des vorläufigen Insolvenzverwalters, eine auf den Anordnungstag bezogene Eröffnungsbilanz zu erstellen, welche für die Zuordnung erforderlich wäre, besteht nicht (eingehend *Beck* ZIP 2011, 551).

76 Gem. BMF-Schreiben vom 10.12.2015 (BStBl. 2015 I S. 1018) haben sich umfangreiche Änderungen bezüglich der Verteilung der Steuerforderungen und der Steuererstattungsansprüche insbesondere hinsichtlich der Einkommensteuer auf die verschiedenen insolvenzrechtlichen Vermögensbereiche ergeben (vgl. AEAO zu § 251 Nr. 9.1; s. dazu ausf. *Boochs/Nickel* § 155 Rdn. 673 ff.).

77 Hinsichtlich der – grundsätzlich erfassten – **Lohnsteuer** ist zu berücksichtigen, dass die i.d.R. an die Stelle der Lohnzahlung tretende Zahlung von Insolvenzgeld nach § 3 Nr. 2 EStG steuerfrei ist und insoweit auch nicht der Lohnsteuer unterworfen ist. Zahlt der Schuldner indessen mit Billigung des vorläufigen Insolvenzverwalters Löhne aus, sind die darauf entfallenden Lohnsteuern als Masseverbindlichkeiten abzuführen (BMF-Schreiben v. 17.01.2012 ersetzt durch BMF-Schreiben v. 20.05.2015 m. Ergänzung v. 18.11.2015 – IVA3 – S 0550/10/10020-05, Rn. 27).

78 Kraftfahrzeugsteuer wird nur im Fall einer durch den vorläufigen Verwalter gebilligten Anmeldung eines neuen Kfz zur Masseverbindlichkeit; das Halten eines bereits zuvor zugelassenen Kfz macht die auf den Eröffnungszeitraum entfallende Kraftfahrzeugsteuer nicht zu einer Masseverbindlichkeit (BMF-Schreiben v. 17.01.2012 – IVA3 – S 0550/10/10020-05, Rn. 23 f.).

IV. Rechtsfolge

79 Mit der Eröffnung des Insolvenzverfahrens gelten die Steuerforderungen als Masseverbindlichkeiten. Es gelten insoweit dieselben Grundsätze, die für die nach Abs. 2 begründeten Forderungen gelten (dazu s. Rdn. 59). Insbesondere ist in diesem Fall § 25 Abs. 2 InsO entsprechend anzuwenden.

Dritter Abschnitt Insolvenzverwalter. Organe der Gläubiger

§ 56 Bestellung des Insolvenzverwalters

(1) ¹Zum Insolvenzverwalter ist eine für den jeweiligen Einzelfall geeignete, insbesondere geschäftskundige und von den Gläubigern und dem Schuldner unabhängige natürliche Person zu bestellen, die aus dem Kreis aller zur Übernahme von Insolvenzverwaltungen bereiten Personen auszuwählen ist. ²Die Bereitschaft zur Übernahme von Insolvenzverwaltungen kann auf bestimmte Verfahren beschränkt werden. ³Die erforderliche Unabhängigkeit wird nicht schon dadurch ausgeschlossen, dass die Person
1. vom Schuldner oder von einem Gläubiger vorgeschlagen worden ist oder
2. den Schuldner vor dem Eröffnungsantrag in allgemeiner Form über den Ablauf eines Insolvenzverfahrens und dessen Folgen beraten hat.

(2) ¹Der Verwalter erhält eine Urkunde über seine Bestellung. ²Bei Beendigung seines Amtes hat er die Urkunde dem Insolvenzgericht zurückzugeben.

Übersicht

	Rdn.
A. Normzweck	1
B. Anwendungsbereich	2
C. Auswahl des Insolvenzverwalters	3
I. Aufnahme in die Vorauswahlliste	7
1. Liste und Kriterien	8
a) Natürliche Person	8
b) Unabhängigkeit	9
c) Sonstige persönliche Qualifikation	12
d) Fachliche Qualifikation	15
e) Bereitschaft zur Übernahme nur bestimmter Verfahren	17
f) Ausschlussgründe	18
2. Verfahren	20
II. Ablehnung der Aufnahme	22
III. Delisting	23
IV. Rechtsmittel	25
D. Bestellung des Insolvenzverwalters	26
I. Auswahl im Einzelfall	26
1. Allgemeines	26
2. Vorschlag durch Schuldner oder Gläubiger (§ 56 Abs. 1 Satz 3 Nr. 1 InsO)	29
3. Allgemeine Beratung des Schuldners vor Antragstellung (§ 56 Abs. 1 Satz 3 Nr. 2 InsO)	31
II. Nur ein Verwalter	32
III. Bestellungsentscheidung	34
IV. Bestellungsurkunde	35
V. Rechtsmittel	38
VI. Schadensersatzansprüche wegen fehlerhafter Bestellung	39
E. Berufsrechtliche Einordnung	40
I. Mandatskollisionen	41
II. Folgekonflikte	51
F. Sonderinsolvenzverwalter	59
I. Bestellung	60
II. Rechtsstellung	63
III. Entlassung	54
G. Beginn und Ende des Amtes	55

Literatur:
Bork Die Unabhängigkeit des Insolvenzverwalters ist nicht disponibel, ZInsO 2013, 145; *Holzer/Kleine-Cosack/Prütting* Die Bestellung des Insolvenzverwalters, 2001; *Hölzle* Zur Disponibilität der Unabhängigkeit des Insolvenzverwalters, ZInsO 2013, 447; *Horstkotte* Unabhängigkeit – the new battleground, ZInsO 2013, 160; *Jacoby* Auswahlermessen auch im Insolvenzverwalter-Vorauswahlverfahren, ZIP 2009, 2081; *Paulus/Hörmann* Emotionale Kompetenz im Insolvenzverfahren, NZI 2013, 623; *Römermann/Praß* ESUG vs. BRAO, ZInsO 2011, 1580; *Schmidt/Hölzle* Der Verzicht auf die Unabhängigkeit des Insolvenzverwalters, ZIP 2012, 2238; *Schneider* Qualitätsanforderungen an die Person des Insolvenzverwalters, FS Wellensiek 2011, S. 327; *Siemon* Die Verwalterbestellung 2010 – Der falsche Weg, ZInsO 2010, 401; *ders.* § 56 ist keine Ermessensvorschrift, ZInsO 2012, 364; *Vallender* Der Sonderinsolvenzverwalter im Spiegel der Rechtsprechung, FS Görg 2010, S. 527; *Vallender/Zipperer* Der vorbefasste Insolvenzverwalter – ein Zukunftsmodell?, ZInsO 2013, 149.

A. Normzweck

§ 56 Abs. 1 InsO nennt die Kriterien für die Bestellung des Insolvenzverwalters durch das Insolvenzgericht im Einzelfall. Die Vorschrift wurde durch das Gesetz zur weiteren Erleichterung der Sanierung von Unternehmen (ESUG) vom 7. Dezember 2011 (BGBl. I S. 2582) mit Wirkung zum 1. 1

März 2012 erweitert, um im Interesse von Sanierungen die Planbarkeit des Insolvenzverfahrens für alle Beteiligten zu erhöhen und deren Einfluss auf die Auswahl des Verwalters zu stärken. Hierzu wurde ein Vorschlagsrecht ausdrücklich in den Wortlaut der Vorschrift aufgenommen; bestimmte Formen der Vorbefassung wurden für unbedenklich erklärt. Durch das Gesetz zur Vereinfachung des Insolvenzverfahrens vom 13.04.2007 (BGBl. I S. 509) ist § 56 Abs. 1 mit Wirkung zum 01.07.2007 am Ende wie folgt ergänzt worden: ».. ., die aus dem Kreis aller zur Übernahme von Insolvenzverwaltungen bereiten Personen auszuwählen ist. Die Bereitschaft zur Übernahme von Insolvenzverwaltungen kann auf bestimmte Verfahren beschränkt werden.« Die Änderung sollte den Vorgaben des *BVerfG* in seiner Entscheidung vom 03.08.2004 (NZI 2004, 574 = ZIP 2004, 1649 = NJW 2004, 2725; s. Rdn. 3 ff.) Rechnung tragen und beschränkte sich darauf, ausdrücklich klarzustellen, dass die Verwendung geschlossener Verwalterlisten unzulässig ist und nicht der Konzeption der Insolvenzordnung entspricht. Das Gericht hat aus dem Kreis aller zur Übernahme von Insolvenzverwaltungen bereiten natürlichen Personen einen geschäftskundigen, von den Gläubigern und dem Schuldner unabhängigen Insolvenzverwalter auszuwählen, der im konkreten Einzelfall geeignet ist, das Insolvenzverfahren abzuwickeln. Mit der Ergänzung der Vorschrift zum 01.07.2007 wurde weiter klargestellt, dass ein Bewerber dem Gericht gegenüber eine Spezialisierung deutlich machen kann, die sich nach den Materialien bspw. auch auf Verbraucherinsolvenzverfahren beziehen kann (BT-Drucks. 16/3227 vom 02.11.2006, S. 18 f.).

B. Anwendungsbereich

2 § 56 InsO ist auch für den vorläufigen Insolvenzverwalter (§ 21 Abs. 2 Nr. 1 InsO), den Sachwalter in der Eigenverwaltung (§ 274 InsO) und für den Treuhänder im vereinfachten Insolvenzverfahren (§ 313 Abs. 1 Satz 3 InsO) anwendbar. Die Vorschrift ist dagegen auf den Treuhänder in der Wohlverhaltensperiode des Restschuldbefreiungsverfahrens nach den §§ 286 ff. InsO nicht anwendbar, da § 292 Abs. 3 Satz 2 InsO nicht auf § 56 InsO verweist. Wird die Einsetzung eines vorläufigen Insolvenzverwalters im Eröffnungsverfahren notwendig, nimmt seine Bestellung die Entscheidung über den Insolvenzverwalter im eröffneten Verfahren häufig bereits vorweg, da ein Austausch des Insolvenzverwalters durch die Gläubigerversammlung weiterhin die Ausnahme darstellt. Auch die Einsetzung zunächst eines Sachverständigen im Rahmen der Amtsermittlung nach § 5 Abs. 1 InsO erfordert daher i.d.R. neben der Eignungsprüfung des § 404 ZPO eine solche der Voraussetzungen des § 56 Abs. 1 InsO (MüKo-InsO/*Graeber* § 56 Rn. 9, 10).

C. Auswahl des Insolvenzverwalters

3 Die Vorschrift enthält keine präzise Regelung, wie genau das Gericht den Insolvenzverwalter auswählen und bestellen soll. In der Vergangenheit wurde vielfach kritisiert, dass die Insolvenzgerichte bei der Insolvenzverwalterauswahl stets auf dieselben, ihnen als zuverlässig bekannten Personen zurückgriffen oder sogar Listen mit potentiellen Insolvenzverwaltern führten. Dies führte nicht nur zu einer anhaltenden Diskussion in der Literatur über die Verwalterauswahl, sondern auch zu mehreren Entscheidungen der Obergerichte und des Bundesverfassungsgerichts, aus denen sich der heute allgemein anerkannte **zweistufige Vorgang** der Bestellung eines Verwalters entwickelte. Es wird dabei zwischen der Vorauswahl eines Bewerbers einerseits, nämlich seiner Aufnahme in eine Liste des Gerichts aller berücksichtigungsfähigen Bewerber, und der konkreten Bestellungsentscheidung des Gerichts in einem Insolvenzverfahren andererseits unterschieden (vgl. *BVerfG* ZIP 2004, 1649; ZIP 2006, 1355; ZIP 2006, 1541). Das Vorauswahlverfahren soll gewährleisten, das die – häufig unter Zeitdruck erfolgende – Bestellungsentscheidung durch eine gründliche Vorprüfung abgesichert wird und eine sachgerechte Auswahlentscheidung möglich ist. Unabhängig von der Aufnahme in die Liste ist bei der konkreten Bestellung im jeweiligen Einzelfall die Eignung einer der auf der Liste befindlichen Personen für die Übernahme der Verwaltung im konkreten Verfahren unter Berücksichtigung der sich stellenden Anforderungen zu prüfen.

4 Das **Bundesverfassungsgericht** hat mit **Beschluss v. 03.08.2004** den eingelegten Verfassungsbeschwerden einiger Insolvenzverwalter stattgegeben, da die Beschwerdeführer in ihrem Grundrecht

aus Art. 19 Abs. 4 GG verletzt worden seien. Es handle sich zwar bei der Vorauswahl nicht um einen Rechtsprechungsakt, allerdings habe die Vorauswahl einen nicht unerheblichen Einfluss auf die beruflichen Betätigungsmöglichkeiten der Interessenten. Durch die Gestaltung des Auswahlverfahrens werde unmittelbar Einfluss auf die Konkurrenzsituation und damit auf das Ergebnis der Auswahlentscheidung genommen. Das Bundesverfassungsgericht betont ausdrücklich, dass das Gläubigerinteresse in die Eignungsbewertung durch den Richter eingehen müsse und erkennt die Betätigung als Insolvenzverwalter als eigenständigen Beruf an. Eine Chance auf eine Einbeziehung in ein konkret anstehendes Auswahlverfahren und damit auf die Ausübung des Berufs habe ein potentieller Insolvenzverwalter nur bei willkürfreier Einbeziehung in das Vorauswahlverfahren. Die Chancengleichheit der Bewerber sei einer gerichtlichen Überprüfung zugänglich (*BVerfG* Beschl. v. 03.08.2004, ZIP 2004, 1649 ff. = NZI 2004, 574 ff. = NJW 2004, 2725 ff. m. Anm. *Vallender* NJW 2004, 3614; *Pape* ZInsO 2004, 1126; *Wieland* ZIP 2005, 233 ff.; *Römermann* ZInsO 2004, 937 ff.). Mit **Beschluss vom 23.05.2006** hat das Bundesverfassungsgericht über die Verfassungsbeschwerde gegen die Entscheidung des *OLG Hamm* (ZIP 2005, 269 m. Anm. *Wieland* ZIP 2005, 270 und *Kleine-Cosack* EWiR 2005, § 23 EGGVG 1/05, 215) erneut rechtsgrundsätzlich entschieden (*BVerfG* Beschl. v. 23.05.2006 – 1 BVR 2530/04. NZI 2006, 453 = ZIP 2006, 1355 = WM 2006, 1487). Es hat auf den Grundrechtsschutz von Art. 3 Abs. 1 GG abgestellt. Dieser vermittle dem Bewerber um das Amt des Insolvenzverwalters einen Rechtsanspruch auf fehlerfreie Ausübung des Auswahlermessens nach § 56 Abs. 1 InsO. Dieses stehe jedem einzelnen Insolvenzrichter zu (*BVerfG* Beschl. v. 23.05.2006 – 1 BVR 2530/04, ZIP 2006, 1355 = WM 2006, 1487 Rn. 30 ff.). Gleichzeitig lehnt das Verfassungsgericht eine sog. »Konkurrentenschutzklage« ab. Mit dem grundgesetzlichen Gebot effektiven Rechtsschutzes sei es vereinbar, eine Anfechtung der Bestellung zum Insolvenzverwalter durch Mitbewerber und einen vorläufigen Rechtsschutz zur Verhinderung der Bestellung zu versagen. Im Rahmen einer Abwägung räumt das BVerfG den Interessen der beteiligten Gläubiger und des Schuldners Vorrang gegenüber denen des übergangenen Bewerbers ein (*BVerfG* Beschl. v. 23.05.2006 – 1 BVR 2530/04, NZI 2006, 453 = ZIP 2006, 1355 = WM 2006, 1487 Rn. 33 ff.). Damit ist der übergangene Mitbewerber auf die Fortsetzungsfeststellungsklage oder den Amtshaftungsanspruch verwiesen (*BVerfG* Beschl. v. 23.05.2006 – 1 BVR 2530/04, NZI 2006, 453 = ZIP 2006, 1355 = WM 2006, 1487 Rn. 57). Die Hürde für den Rechtsschutz ist damit sehr hoch (in diesem Sinne auch *Römermann* ZIP 2006, 1332, der von einer verpassten Chance des BVerfG spricht). Drei weitere Verfassungsbeschwerden waren im Ergebnis ebenfalls erfolglos, haben jedoch die Rechtspraxis weiter maßgeblich geprägt (*BVerfG* ZInsO 2006, 1102 zur Zulässigkeit des »Delisting« eines Bewerbers um das Insolvenzverwalteramt aufgrund von Fehlverhalten in Verfahren bei anderen Insolvenzgerichten; *BVerfG* ZIP 2006, 1541: Keine Verletzung des Gleichheitsgrundsatzes bei abgelehnter Aufnahme eines unerfahrenen Bewerbers in die Verwaltervorauswahlliste; *BVerfG* ZIP 2006, 1954: Keine Verpflichtung zur gleichmäßigen Bestellung zum Insolvenzverwalter; kein subjektives Recht auf Berücksichtigung.)

Während Unabhängigkeit als »negatives« Merkmal zu qualifizieren ist, sind die übrigen Voraussetzungen des § 56 Abs. 1 InsO als »positive« Qualifikationsmerkmale anzusehen. Viele unabhängige natürliche Personen von untadeligem Charakter und Ruf sind als Insolvenzverwalter völlig ungeeignet. 5

Welche **positive Qualifikation** von einem Insolvenzverwalter zu erwarten ist, lässt der Gesetzgeber weitgehend offen. Die von ihm genannten Kriterien der Geeignetheit für den Einzelfall sowie der Geschäftskunde sind daher von Literatur und Rechtsprechung weiter auszufüllen. Anders als in Deutschland bestehen zum Beispiel in England (Section 388 ff., Insolvency Act 1986, Insolvency Practitioners And Their Qualifications abgedruckt in 4 Halsbury's Statutes [4th Edn.] Bankruptcy and Insolvency; vgl. näher dazu *Köster* Die Bestellung des Insolvenzverwalters, S. 51 ff.) oder Frankreich im Hinblick auf die Qualifikation gesetzlichen Zugangsregelungen. Die einzelnen **Verbände** in Deutschland haben **Berufsgrundsätze und Richtlinien** verabschiedet, um die Anforderungen zu präzisieren, z.B. die Richtlinien des Arbeitskreises für Insolvenzrecht und Sanierung im Deutschen Anwaltsverein (AnwBl. 1992, 118 ff. sowie in der DRiZ 1993, 192 ff.); die Grundsätze ordnungsgemäßer Insolvenzverwaltung vom 03.05.2013 (www.vid.de) und die Berufsgrundsätze des Verbandes der 6

Insolvenzverwalter Deutschlands e.V. vom 04.11.2006 (ZIP 2006, 2147 ff.) sowie als dessen Vorläufer der Verhaltenskodex aus dem Jahr 2002 (vgl. www.vid.de) und die Standards des Gravenbrucher Kreises (www.gravenbrucher-kreis.de). Die deutsche Anwaltschaft hat versucht, Abgrenzungskriterien durch den »Fachanwalt für Insolvenzrecht« zu schaffen. Für Wirtschaftsprüfer ist bislang nichts Vergleichbares geschaffen worden. Der Deutsche Steuerberaterverband e.V. hat 2006 Richtlinien für einen »Fachberater für Sanierung und Insolvenzverwaltung (DStV)« beschlossen (vgl. *OLG Hamburg* NZI 2009, 853). Ferner hat die sog. »Uhlenbruck-Kommission« die Qualitätskriterien zur Vorauswahlliste und Bestellung des Insolvenzverwalters sowie Transparenz, Aufsicht und Kontrolle im Insolvenzverfahren erarbeitet (Zusammenfassung der Empfehlungen der *Uhlenbruck-Kommission* ZIP 2007, 1432 ff.; vgl. dazu *Kind* NZI 2007, V f.; *Uhlenbruck* InsO, § 56 Rn. 27). Insolvenzrichter zahlreicher Insolvenzgerichte in Baden-Württemberg haben 2008 einen »**Heidelberger Musterfragebogen** für das Vorauswahlverfahren für Insolvenzverwalter« entwickelt (NZI 2009, 97 ff.).

I. Aufnahme in die Vorauswahlliste

7 Die frühere Praxis einzelner Insolvenzgerichte, Verfahren nur einem begrenzten Kreis von Verwaltern zu übertragen und die Aufnahme weiterer Personen in die Liste wegen einer »ausreichenden Zahl qualifizierter Verwalter« (sog. geschlossene Listen bzw. »closed shop«) abzulehnen, verstößt gegen Art. 3 GG und ist damit unzulässig (*BVerfG* ZIP 2006, 1355 [1360]; s. Rdn. 4). Die Ergänzung von Satz 1 um die Wörter »aus dem Kreis aller zur Übernahme von Insolvenzverfahren bereiten Personen« stellt dies auch einfachgesetzlich klar. Das Insolvenzgericht muss deshalb sog. offene Listen führen, in die jeder Bewerber aufzunehmen ist, der die grundsätzlich zu stellenden Anforderungen an eine generelle, von der Typizität des einzelnen Insolvenzverfahrens losgelöste Eignung für das Amt des Insolvenzverwalters erfüllt (*BVerfG* ZIP 2016, 321; *BVerfG* ZIP 2006, 1355; *BGH* NZI 2008, 161; *OLG Hamburg* NZI 2009, 853; *OLG Köln* NZI 2007, 105 ff.; *OLG Düsseldorf* OLGR 2007, 21 ff.; *OLG Schleswig* ZIP 2007, 831 ff.). Aufgabe der Liste ist es, die Daten der Bewerber zu erheben, verifizieren und strukturieren. Die Kriterien sind transparent zu machen. Eine Veröffentlichung im Internet bietet sich an (vgl. *BGH* ZIP 2016, 876), fehlt aber häufig. Eine gesetzliche Ausgestaltung des Berufszulassungsverfahrens ist bislang unterblieben, jedoch dringend geboten. Der Insolvenzrichter hat bei der Entscheidung über die Vorauswahlliste ein Auswahlermessen (*BVerfG* ZInsO 2009, 1641 = ZIP 2009, 1722 f. m. Anm. *Jacoby* ZIP 2009, 2081 ff.; a.A. – nur Beurteilungsspielraum – *BGH* ZIP 2016, 876; *BGH* NZI 2008, 161; *OLG Hamburg* NZI 2009, 853; *OLG Brandenburg* ZIP 2009, 1917 ff. m. Anm. *Holzer* EWiR 2010, 85 f.). Zweck der Vorauswahl ist es, für die unter Zeitdruck zu fällende Bestellungsentscheidung eine hinreichend sichere Tatsachengrundlage für eine sachgerechte Auswahlentscheidung im konkreten Insolvenzverfahren zu vermitteln (*BVerfG* ZIP 2016, 321; ZIP 2006, 1355 ff.; ZIP 2009, 1722). Der Insolvenzrichter ist von Verfassungs wegen nicht gehindert, unter dem Gesichtspunkt fehlender genereller Eignung solche Bewerber unberücksichtigt zu lassen, die nach Kriterien seiner ständigen Ermessenspraxis – an die er selbst gebunden ist – keinerlei Aussicht auf tatsächliche Berücksichtigung haben (*BVerfG* ZInsO 2009, 1641; *AG Mannheim* NZI 2010, 107 f.). Dabei ist im Hinblick auf Art. 12 GG für die Ablehnung der Aufnahme in die Vorauswahlliste ein strengerer Maßstab anzulegen als für die Auswahl im konkreten Verfahren; ein einmaliges Fehlverhalten darf deshalb nicht zur Ablehnung führen (*BGH* ZIP 2016, 876).

1. Liste und Kriterien

a) Natürliche Person

8 Das Gesetz legt fest, dass nur **natürliche Personen**, nicht aber **juristische Personen** (etwa in der Rechtsform der GmbH) Insolvenzverwalter werden können (Ausschussbericht, abgedruckt in *Balz/Landfermann* S. 269; zur Gegenauffassung *Braun* BB 1993, 2172 ff.). Dies ist mit der Entscheidung des *BVerfG* vom 12.01.2016 verfassungsrechtlich gebilligt worden (– 1 BvR 3102/13, ZIP 2016, 321 m. Anm. *Frind* ZInsO 2016, 672; *ders.* NZI 2016, 156; *Pape* ZInsO 2016, 428; *Piepenbrock/Bluhm* NJW 2016, 935). Der Gesetzgeber war in § 65 Abs. 1 RegEInsO davon ausgegangen, dass zum In-

solvenzverwalter z.B. auch eine Steuerberatungs-, Wirtschaftsprüfungs- oder Buchprüfungsgesellschaft bestellt werden kann. Die Zulassung von juristischen Personen zum Amt des Insolvenzverwalters wurde allerdings vom Rechtsausschuss wegen Bedenken hinsichtlich der persönlichen Haftung der juristischen Person sowie unter Hinweis auf Aufsichtsprobleme bei juristischen Personen mit austauschbaren Handelnden und der Problematik von Interessenkollisionen abgelehnt (vgl. Ausschussbericht, abgedr. bei *Balz/Landfermann* S. 269). Der BGH hat mit Beschluss vom 19.09.2013 (NZI 2013, 1022) klargestellt, dass die vom Gesetzgeber vorgenommene Beschränkung auf natürliche Personen **in Einklang mit Art. 3 Abs. 1 und Art. 12 Abs. 1 GG** steht, weil es gewichtige Sachgründe hierfür gibt (a.A. *Kleine-Cosack* NZI 2011, 791 m.w.N.; *ders.* ZIP 2016, 741; *Römermann* ZInsO 2004, 937 ff. [938, 942]). Dies wird mit der höchstpersönlichen Natur des Amtes, der Notwendigkeit eines konkreten Verantwortlichen für eine effektive Aufsicht, der bei juristischen Personen nicht in gleichem Maße gewährleisteten Kontinuität der Amtsführung und der erschwerten Willensbildung sowie der erschwerten Prüfung der Unabhängigkeit begründet. Mit dem Beschluss hat der BGH gleichzeitig Vorgaben für die Handhabung des Amts des Verwalters auch im Hinblick auf eine aufgabenteilige Vorgehensweise in größeren Büros gemacht (s. *Frind* ZInsO 2013, 2153) und der sog. »Grau-Verwaltung« deutliche Grenzen gesetzt. Gleichzeitig erteilt der BGH der von der Literatur erhobenen Bedenken in Bezug auf die EU-Dienstleistungsrichtlinie in Bezug auf inländische juristische Personen mangels Vorliegens eines grenzüberschreitenden Bezugs eine Absage (vgl. auch *Gehrlein* NJW 2013, 3756). Die hiergegen eingelegte Verfassungsbeschwerde hat das *BVerfG* mit Beschl. v. 12.01.2016 für unbegründet erachtet. Die Diskussion um die Zulassung juristischer Personen – die z.B. in Österreich offenbar ohne größere Probleme zum Verwalter bestellt werden können – dürfte damit aber nicht beendet sein; die Gegenargumente haben ihre Berechtigung nicht verloren (krit. auch *Römermann* ZIP 2016, 328; *Kleine-Cosack* ZIP 2016, 741); eine Entscheidung durch den EuGH bleibt im Hinblick auf die Vorgaben der **EU-Dienstleistungsrichtlinie** abzuwarten. Auch juristische Personen haften bekanntlich auch unbegrenzt persönlich; die Frage der Bonität stellt sich offenkundig auch bei natürlichen Personen (vgl. MüKo-InsO/*Graeber* § 56 Rn. 16, s.a Begr. RegE, abgedr. bei *Balz/Landfermann* S. 268). Interessenkollision hingegen ist ein schlicht tatsächliches Problem, das natürliche wie juristische Personen haben können. Es wird übersehen, dass die gegen die juristische Person ins Feld geführten Argumente die natürliche Person – insbesondere wenn sie sich mit anderen Berufsträgern zur gemeinsamen Berufsausübung, auch in anderer Rechtsform z.B. einer Partnerschaftsgesellschaft, zusammengeschlossen hat – in gleicher Weise treffen (vgl. auch *Römermann* GmbHR 2013, 1249). Offen bleibt weiter die Frage, wie im Falle der Bewerbung einer ausländischen juristischen Person nach **Art. 102a EGInsO** um die Aufnahme in eine Vorauswahlliste zu entscheiden ist; das *AG Mannheim* hat hier in einem Präzedenzfall unter Hinweis auf die **EU-Dienstleistungsrichtlinie** zugunsten der ausländischen juristischen Person entschieden (Beschl. v. 14.12.2015 – 804 AR 163/15, ZIP 2016, 132; bejahend *Bluhm* ZIP 2014, 555; *Kleine-Cosack* ZIP 2016, 741; **a.A.** *AG Mannheim* Beschl. v. 20.01.2016 – 804 AR 163/15, ZIP 2016, 431; m. Anm. *Frind* ZInsO 2016, 672; *Römermann* EWiR 2016, 83).

b) Unabhängigkeit

Dass der Insolvenzverwalter neutral, also unabhängig vom Schuldner und den Gläubigern, sein muss, hätte einer gesetzlichen Normierung nicht bedurft. Die Frage, ob die Gefahr besteht, dass der Insolvenzverwalter nicht unabhängig ist, ist aus der Sicht eines vernünftig abwägenden, den Sachverhalt kennenden Gläubigers zu beurteilen. Besteht diese Gefahr, kommt eine Bestellung nicht in Betracht. Die Unabhängigkeit fehlt regelmäßig bei wirtschaftlicher Verflechtung und bei persönlichen Beziehungen, die für das Gericht einen Ausschlussgrund nach § 41 ZPO darstellen oder die Besorgnis der Befangenheit begründen würden. Die vorausgesetzte Unabhängigkeit fehlt nicht erst dann, wenn eine Abhängigkeit der zu bestellenden Person von Beteiligteninteressen positiv feststeht (*BGH* ZInsO 2017, 1312). Die Tatsache, dass ein Gläubiger eine bestimmte Person als Insolvenzverwalter **vorschlägt**, begründet für sich alleine noch keine Zweifel an dessen Unabhängigkeit. Ebenso wenig tut dies ein Vorschlag des Schuldners. Dies hat der Gesetzgeber nunmehr ausdrücklich klargestellt (s. Rdn. 29). Ein solcher Vorschlag kann auch als Waffe verwendet werden, um unliebsame (korrekte)

9

Verwalter auszuschalten (MüKo-InsO/*Graeber* § 56 Rn. 129, 130). Vorschläge der Gläubiger dagegen zielen überwiegend darauf ab, einen qualifizierten Verfahrensablauf zu sichern. Die Gläubigerversammlung hat zudem nach § 57 Satz 1 InsO das Recht, den (vorläufig bestellten) Insolvenzverwalter abzuwählen und an dessen Stelle eine andere Person zu setzen (vgl. ausf. zur Kommunikationsnotwendigkeit der Gerichte mit den Gläubigern über die Person des Verwalters *Braun* FS Uhlenbruck, S. 495 f.; *Braun/Uhlenbruck* Unternehmensinsolvenz, S. 723 ff.; zur Abwahl des Verwalters oder Sachwalters, Unternehmensvorschlag und Gläubigerwünsche, *Hess* InsO, § 56 Rn. 46). Ein Insolvenzverwalter, der Rechtsanwalt, Steuerberater oder Wirtschaftsprüfer ist, hat darüber hinaus sein Berufsrecht zu beachten (vgl. nachfolgend Rdn. 40 ff.). Es ist zu beachten, dass nicht jede Art der **Vorbefassung** die Unabhängigkeit einer Person in Frage stellt. So lässt ein durch den Kandidaten durchgeführter und gescheiterter Sanierungsversuch die Unabhängigkeit regelmäßig entfallen, ebenso die Tätigkeit als langjähriger Berater. Hingegen kann der Ersteller eines Insolvenzplans, der zusammen mit dem Insolvenzantrag eingereicht wird, unabhängig sein, da es hierin um den Ausgleich gegenläufiger Interessen geht; desgleichen ein potentieller Insolvenzverwalter, der mit dem Schuldner ein sog. »Orientierungsgespräch« geführt hat (s. Rdn. 31; vgl. HK-InsO/*Eickmann* § 56 Rn. 13; MüKo-InsO/*Graeber* § 56 Rn. 27 ff., insbesondere Rn. 31; mit einem Plädoyer für die einzelfallbezogene Prüfung der Heranziehung der Wertungsmodelle der §§ 41, 42 ZPO, § 45 f. BRAO, § 319 Abs. 2 HGB *Bork* ZIP 2006, 58 f., gegen *Paulus* ZIP 2005, 2301 f.). Vertritt die Sozietät eines Rechtsanwalts regelmäßig den Schuldner oder einen Hauptgläubiger, ist der Rechtsanwalt nicht mehr unabhängig (*AG Hamburg* ZIP 2001, 2174; HK-InsO/*Eickmann* § 56 Rn. 15; MüKo-InsO/*Graeber* § 56 Rn. 31).

10 **Unabhängigkeit** im insolvenzrechtlichen Sinne meint Unabhängigkeit von Gläubigern und Schuldner. Davon ist die Unabhängigkeit i.S.d. Normen der Bundesrechtsanwaltsordnung (BRAO) zu unterscheiden. Letztere regelt Staatsunabhängigkeit als unabhängiges Organ der Rechtspflege, Postulat des Berufsbildes der freien Advokatur (*Kleine-Cosack* BRAO, § 1 Rn. 11).

11 Unabhängigkeit des Insolvenzverwalters ist in allererster Linie **wirtschaftliche Unabhängigkeit** von der Insolvenzmasse, dem Träger der Schuldnerrolle. Wer Insolvenzverwalter ist, darf selbst von der Regelung und vom Ausgang eines Insolvenzverfahrens am eigenen Vermögensinteresse nicht betroffen sein. Wirtschaftliche Unabhängigkeit bedeutet, dass der Insolvenzverwalter nicht in einer Gläubigerposition betroffen sein darf. Der Insolvenzverwalter wird weder ausschließlich im Interesse des Schuldners, noch ausschließlich im Interesse der Gläubiger tätig, er nimmt vielfältige Aufgaben wahr und ist in Erfüllung seiner Pflichten allen Verfahrensbeteiligten verantwortlich. Ihm fehlt – so schon der BGH für die Funktion des Konkursverwalters – eine einseitige Bindung an die rechtlichen Belange einer Person oder Personengruppe (*BGH* BGHSt 13, 231). Unabhängigkeit heißt auch Unabhängigkeit von Gläubigern, weshalb eine nicht unerhebliche wirtschaftliche Verbindung zu Großgläubigern, die erfahrungsgemäß an vielen Verfahren beteiligt sind, unaufgefordert bei der Bewerbung für die Liste zu offenbaren ist (*BGH* ZIP 2016, 2127; zu Dienstverträgen mit einzelnen Grundpfandgläubigern vgl. *BGH* ZIP 2016, 1543). Unabhängigkeit bedeutet also beim Insolvenzverwalter gerade nicht, was für den Rechtsanwalt sonst mandantenbezogen fundamental ist: die Verpflichtung (s)einem einzelnen Auftraggeber gegenüber. Aus diesem Grund ist eine Verbindung zwischen Sachwalter und einem für das Verfahren eingesetzten Sanierungsgeschäftsführer, die in der gemeinsamen Durchführung von Sanierungen in der Vergangenheit liegt, nur dann bedenklich, wenn hieraus ein aktueller Interessenwiderstreit resultiert (vgl. *AG Stendal* ZIP 2012, 1875 m. Anm. *Römermann* ZInsO 2013, 218, m. Anm. *Hinkel* jurisPR-HAGesR 11/2012 Anm. 2). Anderes gilt dagegen für eine gemeinsame Berufsausübung von Insolvenzverwalter und einem von der BaFin bestellten Abwickler (*LG Berlin* ZInsO 2016, 1945). Etwaige frühere geschäftliche Verbindungen sind dem Gericht jedoch ungefragt zu offenbaren.

c) Sonstige persönliche Qualifikation

12 Zu den persönlichen Anforderungen an den Verwalter gehören neben seiner fachlichen Qualifikation auch seine persönliche Integrität, insbesondere seine **Ehrlichkeit** (BGHZ 159, 122 [129];

BGH ZInsO 2017, 1312). Wer finanzielle Eigeninteressen nicht streng von den finanziellen Interessen der Verfahrensbeteiligten zu treffen vermag, ist für das Amt des Verwalters generell ungeeignet (*BGH* NZI 2011, 281 m. Anm. *Voß* EWiR 2011, 389 [390]), ebenso, wer das Insolvenzgericht und die Verfahrensbeteiligten vorsätzlich über Umstände täuscht, die von entscheidender Bedeutung für die Beurteilung der eigenen Unparteilichkeit sind (*BGH* ZInsO 2017, 1312). Der Verwalter muss generell vertrauenswürdig sein; dies kann jedoch nur in eingeschränkter Form bei der Aufnahme in die Vorauswahllisten berücksichtigt werden. Insbesondere kann vom Antragsteller nicht die Beibringung von Leumundszeugnissen als Nachweis seiner Vertrauenswürdigkeit verlangt werden (*OLG Düsseldorf* ZIP 2011, 341). Zu verlangen sind ferner »soft skills«, allen voran Fähigkeiten im Umgang mit Konflikten (vgl. *Paulus/Hörmann* NZI 2013, 623).

Der Verwalter muss daneben »**geschäftskundig**« sein, also über die für das jeweilige Insolvenzverfahren nötigen juristischen und wirtschaftlichen Kenntnisse verfügen. Maßgeblich sind die jeweiligen konkreten Anforderungen, die zu einer unterschiedlichen Schwerpunktsetzung führen können. Hier ist darauf abzustellen, ob im Einzelfall
– eine der häufigen Marktaustrittsinsolvenzen mit Wirtschaftshygienecharakter,
– eine betriebswirtschaftlich getriebene Insolvenz oder
– eine Kriminalinsolvenz
zugrunde liegt. Insbesondere im 1. und 3. Fall überwiegen – neben den immer verfahrensrechtlichen Ausprägungen – die Rechts- und Vollstreckungsfragen. In der betriebswirtschaftlichen Insolvenz sollte der Insolvenzverwalter, gerade wenn eine Fortführung in Betracht kommt, betriebswirtschaftlich befähigt sein.

Praktische Erfahrungen mit Insolvenzverfahren können und sollten verlangt und z.B. durch die Mitarbeit für andere Verwalter erlangt werden (vgl. *BVerfG* ZIP 2006, 1541; NZI 2009, 371; *OLG Hamburg* NZI 2009, 853 f.). Eine allgemeine **Altersgrenze** ist nicht gerechtfertigt und kein zulässiges Kriterium für die (Nicht-) Aufnahme in die Liste oder die Bestellung und kein Grund für ein »Delisting« (*OLG Hamburg* NZI 2012, 193 m. Anm. *Römermann* EWiR 2012, 145; *KG* ZIP 2008, 284; *KG* NZI 2008, 187 m. Anm. *Römermann* EWiR 2008, 145; *OLG Hamm* ZIP 2007, 1722 m. Anm. *Römermann* EWiR 2008, 27). Auch ist eine **Ortsnähe** nicht zu verlangen. Das BVerfG hat das Erfordernis einer Präsenz am Ort des Gerichts als verfassungsrechtlich bedenklich angesehen (*BVerfG* ZInsO 2009, 1641 m. Anm. *Jacoby* ZInsO 2009, 2081; anders noch *BVerfG* ZIP 2006, 1954). Von Rechtsprechung und Literatur wurde überwiegend verlangt, dass der Verwalter im oder in Ortsnähe zum Gerichtsbezirk ein Büro unterhält (*OLG Köln* ZInsO 2015, 798; *OLG München* ZIP 2005, 670 [671]; *OLG Schleswig* ZIP 2005, 1467; *OLG Koblenz* ZInsO 2005, 718 ff.; *OLG Hamm* ZIP 2008, 1189 ff.; differenzierend *OLG Düsseldorf* ZIP 2011, 341; **a.A.** *OLG Nürnberg* ZInsO 2008, 979; *OLG Celle* ZIP 2015, 742). Der BGH hat dem als Kriterium für die generelle Eignung für die Aufnahme auf die Liste ausdrücklich eine Absage erteilt (*BGH* ZInsO 2016, 984). Maßgeblich kann – gerade in Zeiten moderner Kommunikationsformen – allein die **Erreichbarkeit** des Verwalters für Schuldner, Gläubiger und Gericht sein und die Frage, ob der Verwalter im Bedarfsfall in angemessener Zeit vor Ort sein kann. Nicht jedes Verfahren erfordert zudem die intensive Kenntnis der lokalen Wirtschaft, z.B. wenn der Schuldner überwiegend überregional tätig ist (vgl. auch *Kübler/Prütting/Bork-Lüke* InsO, § 56 Rn. 53 ff.; zweifelnd, aber i.E. offen gelassen *OLG Brandenburg* NZI 2009, 723; zur ausreichenden Ortsnähe bei einer Stunde Fahrtzeit *OLG Hamm* ZIP 2008, 1189; *OLG Düsseldorf* ZInsO 2009, 769: 30 Min.; *KG* ZIP 2010, 2461 m.w.N. zum früheren Streitstand; zweifelnd auch HK-InsO/*Eickmann* § 56 Rn. 20). Bei der Frage der Ortsnähe ist deshalb zwischen der Aufnahme in die Vorauswahlliste und der Bestellung im Einzelfall sorgfältig zu unterscheiden (*BGH* ZInsO 2016, 984; *OLG Brandenburg* NZI 2009, 723 ff.). Allerdings gelten die vom BGH gegen das Kriterium sprechenden Argumente im Allgemeinen auch für die Bestellung im Einzelfall. Das Erfordernis, einen Kanzleisitz im Gerichtsbezirk zu verlangen, dürfte zudem mit der EU-Dienstleistungsrichtlinie unvereinbar sein (*Vallender* ZIP 2011, 454), sofern diese für anwendbar erachtet wird (str., verneinend *Frind* NZI 2016, 156 m.w.N., bejahend *AG Mannheim* ZIP 2016, 132, vgl. *Wimmer/Sabel* ZIP 2008, 2097). Als unhaltbar bezeichnet der BGH zudem die Forderung, dass der Bewerber geschultes Personal in ausreichender Anzahl im Büro vor Ort vorhält; es reiche, wenn diese Büroorganisation an anderen Standorten sichergestellt sei und darauf zurückgegriffen werden könne (*BGH* ZInsO 2016, 984).

14 Die notwendige Eignung eines Bewerbers muss sich nicht allein auf Eigenschaften seiner Person beziehen, sondern kann auch darauf abstellen, wie er das Amt im Falle seiner Bestellung ausführen wird. So ist das Erfordernis der höchstpersönlichen Bearbeitung verfassungsrechtlich nicht beanstandet worden (*BVerfG* ZInsO 2009, 1641), ohne dass damit der Einsatz von Mitarbeitern, der gerade in größeren Verfahren unerlässlich ist, ausgeschlossen wird. Das Amt des Insolvenzverwalters ist grundsätzlich **höchstpersönlich** und berechtigt den Verwalter nicht, die Verfahrensabwicklung vollständig auf Dritte zu übertragen (*BGH* ZIP 2016, 2127; *BGH* NZI 2013, 1022). Die Befugnis, bestimmte Aufgaben oder Verfahrensabschnitte zu delegieren, ist von den jeweiligen Umständen abhängig; der nicht delegierbare Aufgabenbereich steht bis auf einen Kernbereich originärer Verwalteraufgaben nicht generell fest (*BGH* ZIP 1991, 324). Jedenfalls dazu gehören z.B. die Erfüllungswahl (§ 103 InsO), die Forderungsprüfung (§ 176 InsO), die Pflicht zur Inbesitznahme und Verwaltung des schuldnerischen Vermögens, die Teilnahme an Terminen, die Geltendmachung von Insolvenzanfechtungsansprüchen und – wenig überzeugend – das Führen der entsprechenden Prozesse (*BGH* ZIP 2016, 2196), die Entscheidung über die Art der Masseverwertung, die Kündigung von Arbeitnehmern und die Berichtspflichten sowie die Schlussrechnungsregelung (vgl. *BGH* ZIP 2016, 2127; NZI 2013, 1022; *Graeber* NZI 2003, 569; *Uhlenbruck* InsO, § 56 Rn. 19 m.w.N.). Aber auch in diesem Bereich ist es zulässig, sich durch Dritte oder Mitarbeiter zuarbeiten zu lassen (*BGH* ZIP 2016, 2127; *BGH* NZI 2013, 1022; *BFH* NZI 2011, 301). Anders als bei der konkreten Bestellungsentscheidung ist die **derzeitige Belastungssituation** des Bewerbers kein taugliches Kriterium für die Aufnahme in die Vorauswahlliste (*BGH* ZIP 2016, 2127; *OLG Brandenburg* ZIP 2009, 1917 ff. m. Anm. *Holzer* EWiR 2010, 85 f.). Die Belastung unterliegt einem ständigen Wandel und muss daher zum konkreten Zeitpunkt der Bestellung berücksichtigt, nicht aber prognostisch vorweggenommen werden. Steht zu befürchten, dass er die höchstpersönlich durchzuführenden Geschäfte anderen überträgt, ist die Aufnahme des reinen »Akquisitionsverwalters« auf die Liste abzulehnen (*BGH* ZIP 2016, 2127).

d) Fachliche Qualifikation

15 Eine bestimmte **fachliche Qualifikation** schreibt die InsO nicht vor. Erforderlich sind jedoch Kenntnisse des Insolvenz-, Arbeits-, Sozial-, Steuer- und Handels- und Gesellschaftsrechts, daneben u.a. für Sanierungen betriebswirtschaftliche Kenntnisse. Rechtskenntnisse müssen nicht durch zwei Prädikatsexamina nachgewiesen werden (*BGH* ZIP 2016, 935; *OLG Hamburg* ZIP 2008, 2228 f. m. Anm. *Brenner* EWiR 2009, 187). Ein bestimmter Berufsabschluss wird nicht verlangt, auch deshalb kann eine juristische Examensnote nicht ausschlaggebend sein. In der Rechtswirklichkeit werden überwiegend Rechtsanwälte, in einem gewissen Umfang auch Steuerberater oder Wirtschaftsprüfer, zu Insolvenzverwaltern bestellt, obwohl das Gesetz dies nicht fordert (vgl. Abschlussbericht der Bund-Länder-Arbeitsgruppe »Insolvenzrecht« vom Juni 2002, www.jm.nrw.de [Justiz NRW/Justizpolitik/Schwerpunktthemen/Insolvenzrecht], S. 22 f.; danach sind nach einer Auswertung der Verwalterbestellungen des Jahres 2001 nahezu 88 % der bestellten Insolvenzverwalter Rechtsanwälte, während es im Jahre 1978 noch lediglich 56 % waren, woraus sich eine eindeutige Tendenz ablesen lässt). Diese Entwicklung der letzten 30 Jahre hat einen berechtigten Hintergrund. Die Angehörigen dieser Berufe erfüllen die Anforderungen an einen Insolvenzverwalter, insbesondere wenn es sich um eine betriebswirtschaftlich getriebene Insolvenz handelt, in besonderem Maße aufgrund ihrer Ausbildung, umso mehr, wenn sie noch eine Doppelqualifikation besitzen. Die Komplexität der Aufgabe der Unternehmensinsolvenz erfordert den **spezialisierten**, darüber hinaus im Wesentlichen auch nur mit der Bearbeitung solcher Sachverhalte befassten Insolvenzverwalter. Dies findet der auswählende Richter am ehesten bei den sich auf Insolvenzverwaltung spezialisierenden Angehörigen dieser Berufe (die Ausführungen basieren auf *Braun/Uhlenbruck* Unternehmensinsolvenz, Die Person des Verwalters oder Sachwalters Qualitätsanforderungen – berufsrechtliche Schranken für Rechtsanwälte, Wirtschaftsprüfer oder Steuerberater, S. 723 ff.). Ist der Insolvenzverwalter Rechtsanwalt, darf dies aber nicht zu der Annahme führen, Insolvenzverwaltung sei Rechtsanwaltstätigkeit.

Insbesondere sind die Berufspflichten des Insolvenzverwalters und des Rechtsanwalts sorgfältig zu differenzieren.

Der Bewerber muss zudem über eine **Büroorganisation** verfügen, die es ihm ermöglicht, nicht nur einen Betrieb zeitweise fortzuführen, sondern auch die anfallenden Aufgaben wie Erfassung der Sozialdaten der Arbeitnehmer, Debitoren und Kreditoren sowie die Aufgaben nach dem Insolvenzausfallgesetz und dem Betriebsrentengesetz zu übernehmen. Dabei sind neben der notwendigen Büroausstattung auch eine ausreichende Ausbildung, Verfügbarkeit und fachliche Kompetenz der Mitarbeiter zu fordern; all dies muss jedoch nicht zwingend vor Ort vorgehalten werden (*BGH* ZInsO 2016, 984; *BGH* ZIP 2016, 2127). 16

e) Bereitschaft zur Übernahme nur bestimmter Verfahren

Da das Gesetz es in Satz 2 ausdrücklich zulässt, die Bereitschaft zu Übernahme nur bestimmter Verfahren zu erklären, können die Anforderungen für eine Aufnahme in die Liste den jeweiligen Verfahren angepasst werden. Es dürfen unterschiedliche Anforderungen für Unternehmensinsolvenzen und/oder Verbraucherinsolvenzverfahren an Bewerber gestellt werden. Allerdings sanktioniert diese Vorschrift kein zu tolerierendes Eignungsdefizit, sondern ermöglicht es dem Bewerber lediglich, seinem eigenen Erfahrungsstand und Interessensschwerpunkt entsprechend eine Eingrenzung auf bestimmte Verfahren vorzunehmen (*OLG Düsseldorf* NZI 2008, 614 [615]). 17

f) Ausschlussgründe

Eine **Vorstrafe** wegen einer Insolvenzstraftat steht einer Aufnahme in die Liste entgegen, auch wenn sie nicht im Zusammenhang mit der beruflichen Tätigkeit des Rechtsanwalts steht (*BGH* NZI 2008, 241 m. Anm. *Eckardt* EWiR 2008, § 56 InsO 3/08, 185 f.; *BGH* ZInsO 2016, 1009; *OLG Brandenburg* ZIP 2009, 1870). Jedoch verbietet sich eine pauschale Betrachtung, vielmehr muss die Vorstrafe Rückschlüsse auf eine fehlende Eignung oder Unabhängigkeit zulassen (*OLG Stuttgart* ZIP 2007, 1822 ff.). Dies ist bei einer Vorstrafe wegen einer Insolvenzstraftat bzw. einer Untreue in Zusammenhang mit der Tätigkeit regelmäßig der Fall (*BGH* ZInsO 2016, 1009; *AG Potsdam* ZInsO 2017, 658). Diese muss Anlass sein, von einer Ernennung abzusehen, mindestens aber nachträglich eng zu überwachen. Nur konkret belegbare tatsächliche Umstände können als gerichtlich überprüfbarer Maßstab einer Entscheidung im Vorauswahlverfahren zugrunde gelegt werden, dies gilt auch für ein »Fehlverhalten« des Bewerbers in einem früheren Insolvenzverfahren oder frühere schwerwiegende negative Erfahrungen, die die weitere Zusammenarbeit nachhaltig beeinträchtigen (z.B. unzureichende Berichterstattung, verlorene Haftpflichtprozesse, nicht jedoch ein einmaliges unbedeutendes Fehlverhalten (*BGH* ZIP 2016, 876; *ders.* ZIP 2016, 935; *OLG Frankfurt* NZI 2008, 496 f.; ausf. zu einer solchen Konstellation *AG Mannheim* NZI 2010, 107 f.). 18

Ex tunc nichtig ist die Bestellung **geschäftsunfähiger, beschränkt geschäftsfähiger und entmündigter Personen** sowie auch die des Schuldners selbst oder die seines gesetzlichen Vertreters. Ihre Handlungen als Insolvenzverwalter sind unwirksam (*Nerlich/Römermann-Delhaes* InsO, § 56 Rn. 13; MüKo-InsO/*Graeber* § 56 Rn. 79 ff. mit weiteren absoluten Ausschließungsgründen und der Abgrenzung zur Frage, wann im Einzelfall die Bestellung sogar nichtig ist). 19

2. Verfahren

Zuständig für das Vorauswahlverfahren ist der jeweilige **Insolvenzrichter**, der zunächst die Eignungskriterien festzulegen hat und transparent machen muss (*BGH* ZIP 2016, 876). Die Aufnahme erfolgt ohne Ermessen des Insolvenzrichters, aber mit Beurteilungsspielraum bei Ausfüllung der unbestimmten Rechtsbegriffe des § 56 InsO (*Jacoby* ZIP 2009, 2081). Dabei ist es zulässig, dass mehrere Insolvenzrichter bei einem Insolvenzgericht eine Gemeinschaftsvorauswahlliste entwickeln, wobei die Listenführung nicht einem Insolvenzrichter oder gar der Gerichtsverwaltung überlassen werden darf, wenn nicht sichergestellt ist, dass die Liste auch den Kriterien des einzelnen Richters genügt (*BVerfG* ZInsO 2009, 1641). Mit Ausscheiden eines Richters wird dessen Liste gegenstandslos, 20 wenn sich der Nachfolger diese und die zugrunde liegenden Kriterien nicht zu eigen macht (*BGH* ZIP 2016, 935). Dabei darf sich das Insolvenzgericht nicht darauf beschränken, jeden interessierten Bewerber in die Liste aufzunehmen, sondern muss diejenigen Daten des Bewerbers erheben, verifizieren und strukturieren, die für eine sachgerechte Bestellungsentscheidung im konkreten Fall erforderlich sind (*BGH* ZIP 2016, 876; *Graf-Schlicker* InsO, § 56 Rn. 14). Erfüllt ein Bewerber die persönlichen und fachlichen Anforderungen für das Amt im Allgemeinen, kann ihm die Aufnahme in die Liste nicht versagt werden, ein Ermessen besteht insoweit nicht (*BGH* ZIP 2016, 876). Gerade im Hinblick auf Abs. 1 Satz 2 können von einem Insolvenzrichter auch mehrere Listen mit unterschiedlichen Anforderungen geführt werden, z.B. verschiedene Listen für Verbraucher- und Unternehmensinsolvenzverfahren; eine Verpflichtung des Gerichts hierzu besteht jedoch nicht (*OLG Hamburg* ZInsO 2011, 1655). Bei der Prüfung der Bewerbung eines Interessenten ist rechtliches Gehör zu gewähren, ggf. sollte ein persönliches Gespräch stattfinden, um nicht urkundlich belegte Kenntnisse und Fähigkeiten zu klären. Dieses darf jedoch nicht den Charakter einer examensgleichen Prüfung haben (*Graf-Schlicker* InsO, § 56 Rn. 18). Wesentlich für das Verfahren ist **Transparenz** hinsichtlich der Auswahlkriterien (*BGH* ZIP 2016, 876), woran es leider teils mangelt.

21 **Art. 102a EGInsO** sieht daneben für Insolvenzverwalter aus dem **europäischen Ausland** bis zur Schaffung einer gesetzlichen Regelung über den Zugang zum Insolvenzverwalterberuf seit Ende 2010 eine Spezialregelung vor (vgl. dazu *Vallender* ZIP 2011, 454 ff.; *Frind* ZInsO 2010, 1678). Der Gesetzgeber hat mit dieser Vorschrift die **EU-Dienstleistungsrichtlinie** (Richtlinie 2006/123/EG des Europäischen Parlaments und Rates vom 12.12.2006 über Dienstleistungen im Binnenmarkt) umgesetzt. Insolvenzverwalter aus dem europäischen Ausland können sich zur Aufnahme in eine oder mehrere gerichtliche Vorauswahllisten wahlweise wie jeder andere Interessent auch unmittelbar beim zuständigen Insolvenzgericht oder aber über die nach Landesrecht zuständige einheitliche Stelle gem. §§ 71a ff. VwVfG bewerben. Letztere entscheidet dabei zwar nicht selbst, sondern leitet den Antrag an das jeweils zuständige Insolvenzgericht weiter, hat aber daneben den Antragsteller durch das Verfahren zu begleiten. Eine Entscheidung über den Antrag soll innerhalb von drei Monaten erfolgen.

II. Ablehnung der Aufnahme

22 Die Ablehnung erfolgt durch **Bescheid** des die Liste führenden Insolvenzrichters bzw. bei einer gemeinsamen Liste durch einen von allen Insolvenzrichtern zu unterzeichnenden Beschluss (*Uhlenbruck* InsO, § 56 Rn. 41; *Jaeger/Henkel-Gerhardt* InsO, § 56 Rn. 63). Der Beschluss ist – da rechtsmittelfähig – zu begründen (*KG* ZIP 2006, 294; MüKo-InsO/*Graeber* § 56 Rn. 100) und dem Bewerber bekanntzumachen. Er ist zuzustellen oder schriftlich bekannt zu geben (§ 26 EGGVG).

III. Delisting

23 Erfüllt ein Insolvenzverwalter die Kriterien für die Aufnahme in die Vorauswahlliste **nicht oder nicht mehr**, weil er zuvor falsche Angaben gemacht hat oder sich die fehlende Eignung nachträglich herausstellt (*BGH* ZIP 2016, 876), ist er also »generell ungeeignet«, kann er von dieser gestrichen werden (sog. »Delisting«). Wesentliche Änderungen hat der Insolvenzverwalter von sich aus mitzuteilen (*BGH* ZIP 2016, 2127). Das Gericht hat die Liste auf aktuellem Stand zu halten und regelmäßig zu überprüfen, ob die gelisteten Verwalter den Kriterien noch genügen. Dies kann auch im Wege der Nachfrage beim jeweiligen Verwalter erfolgen. Die Weitergabe von rechtskräftigen Listing- und Delistingbescheiden zwischen Gerichten ist entgegen einem Rundschreiben des OLG Hamm an die Insolvenzgerichte seines Bezirkes zulässig (*Frind* ZInsO 2011, 30; MüKo-InsO/*Graeber* § 56 Rn. 114). Für die (bereits ursprüngliche) fehlende oder entfallene Eignung müssen konkrete Anhaltspunkte bestehen. Diese können auch aus den Leistungen und Ergebnissen in Verfahren ergeben, die der Betroffene als Verwalter durchgeführt hat (MüKo-InsO/*Graeber* § 56 Rn. 111); eine Würdigung der bisherigen Arbeit des Verwalters im Bescheid ist unumgänglich (*Frind* ZInsO 2011, 31). Als nicht ausreichend ist die Begründung anzusehen, es stünden nunmehr andere, bessere Verwalter zur Verfügung, da die Liste ein Verzeichnis all derjenigen ist, die die abstrakt zu bestim-

menden Voraussetzungen erfüllen (**a.A.** MüKo-InsO/*Graeber* § 56 Rn. 112; HambK-InsO/*Frind* § 56 Rn. 25). Vor der Entscheidung ist dem Betroffenen rechtliches Gehör zu gewähren (*Kübler/ Prütting/Bork-Lüke* InsO § 56 Rn. 26). Die Entscheidung ergeht durch Beschluss, ist zu begründen und dem Betroffenen zur Kenntnis zu geben.

In der Praxis ist weniger das förmliche Streichen eines Bewerbers von der Liste das Problem als die **praktische Nichtberücksichtigung** gelisteter Bewerber über einen längeren Zeitraum hinweg. Hier wird vertreten, dass einem über längere Zeit nicht bestellten Bewerber die Möglichkeit gegeben werden muss, im Verfahren nach §§ 23 ff. EGGVG überprüfen zu lassen, ob seine faktische Streichung von der Liste willkürlich und damit rechtswidrig ist; die angegriffene Maßnahme i.S.v. §§ 23, 28 Abs. 1 EGGVG ist in diesem Fall nicht ein konkreter Bestellvorgang, sondern die faktische Entscheidung, einen formal in die Liste aufgenommenen Verwalter nicht zu berücksichtigen (so *OLG Hamm* Beschl. v. 07.01.2013 – 27 VA 3/11, JurionRS 2013, 36888; *Laws* ZInsO 2006, 1123 [1125]; HambK-InsO/*Frind* § 56 Rn. 8b; MüKo-InsO/*Graeber* § 56 Rn. 108). Dem ist entgegen der Vorauflage beizupflichten, denn das Rechtsschutzinteresse des Betroffenen beruht in diesem Fall weniger auf der unterbliebenen Bestellung im Einzelfall als auf dem faktischen Delisten, welches im Einzelfall auf einer gezielten, rechtswidrigen Entscheidung beruhen kann. Das BVerfG hat einer solchen abstrakten Feststellungsklage im Bereich der Zwangsverwaltung jedoch eine klare Absage erteilt und den Bewerber auf ein Feststellungsverfahren gegen eine konkrete Bestellungsentscheidung verwiesen (*BVerfG* ZInsO 2010, 620 m. Anm. *Römermann* ZInsO 2010, 667; *BGH* NZI 2012, 768 m. Anm. *Bergsdorf* ZfIR 2012, 888, *OLG Frankfurt* NZI 2012, 430; ebenso *Graf-Schlicker* InsO, § 56 Rn. 32). Der BGH hält jedoch Hilfsanträge in Bezug auf ggf. zahlreiche weitere Bestellungen für zulässig (*BGH* NZI 2012, 768). Mit einer solchen Klage kann hingegen nicht eine künftige Bestellung erreicht werden, da nach dem BVerfG kein Anspruch auf gleichmäßige Bestellung aus Art. 3 GG abgeleitet werden kann (*BVerfG* ZIP 2006, 1954).

IV. Rechtsmittel

Die Entscheidung über die **Ablehnung der Aufnahme** in die Liste ist ebenso wie das **Streichen von der Liste** gerichtlich überprüfbar (*BGH* ZIP 2016, 876). Obwohl die Maßnahme keinen Rechtsprechungscharakter hat, ergeht sie in richterlicher Unabhängigkeit als Maßnahme der öffentlichen Gewalt (grundlegend *BVerfG* ZIP 2004, 1649; HK-InsO/*Eickmann* § 56 Rn. 30; *Graf-Schlicker* InsO, § 56 Rn. 27; *Jaeger/Henkel-Gerhardt* InsO, § 56 Rn. 62 f.). Der Betroffene hat die Möglichkeit, nach §§ 23 ff.,29 EGGVG eine Entscheidung des zuständigen Oberlandesgerichts gegen die Ablehnung der Aufnahme (bzw. die Streichung) herbeizuführen (*BVerfG* ZIP 2004, 1649; *BGH* ZIP 2007, 1379; *OLG Hamm* ZIP 2008, 493; *OLG Düsseldorf* ZIP 2008, 614; *KG* ZIP 2006, 294; *OLG München* ZIP 2005, 670; *OLG Schleswig* NZI 2005, 333; *OLG Brandenburg* ZIP 2009, 1870; MüKo-InsO/*Graeber* § 56 Rn. 104). Auf das Verfahren findet das FamFG ergänzende Anwendung (*BGH* ZIP 2016, 876). Der **Antrag** muss binnen eines Monats nach Zustellung bzw. schriftlicher Bekanntgabe der Entscheidung schriftlich oder zur Niederschrift der Geschäftsstelle des Oberlandesgerichts oder eines Amtsgerichts gestellt werden (§ 26 EGGVG). **Antragsgegner** ist das Amtsgericht, dem der Insolvenzrichter angehört (*BGH* ZIP 2016, 876), vertreten durch seinen Vorstand, und nicht der Insolvenzrichter selbst als Behörde (so früher *OLG Hamm* Beschl. v. 07.01.2013 – 27 VA 3/11, JurionRS 2013, 36888; *OLG Brandenburg* ZIP 2009, 1870; *OLG Düsseldorf* NZI 2008, 614 m. Anm. *Knof* EWiR 2009, 55; *OLG Düsseldorf* ZIP 2011, 341) oder das jeweilige Land (vor Inkrafttreten des FamFG: *BGH* ZInsO 2007, 711; *OLG Frankfurt* ZInsO 2009, 242). Der Insolvenzrichter kann im Verwaltungsverfahren auch nicht als **Beteiligter** hinzugezogen werden, er hat die ergehende Entscheidung kraft seiner Bindung an Recht und Gesetz zu beachten (*BGH* ZIP 2017, 487).

D. Bestellung des Insolvenzverwalters

I. Auswahl im Einzelfall

1. Allgemeines

26 Die Auswahl und Bestellung des (vorläufigen) Insolvenzverwalters in einem konkreten Insolvenzverfahren erfolgt durch den **Insolvenzrichter** (§ 18 Abs. 1 Nr. 1 RPflG). Hingegen ist für die Bestellung des von der Gläubigerversammlung nach § 57 InsO gewählten anderen Verwalters der Rechtspfleger zuständig (vgl. § 57 Rdn. 15).

27 Die **Kriterien** für die Bestellung eines Insolvenzverwalters sind dieselben wie für die Aufnahme in die Liste. Der Richter hat bei der Entscheidung, ob ein Bewerber der geeignete Verwalter für ein bestimmtes Verfahren ist, ein weites Auswahlermessen. Er ist dabei jedoch durch Art. 3 GG gebunden (*BVerfG* ZIP 2006, 1355 ff.). Deshalb muss jeder Bewerber um ein Verwalteramt eine faire Chance erhalten, entsprechend seiner Eignung berücksichtigt zu werden (*BVerfG* ZIP 2006, 1355 [1358]). Eine Bestenauslese muss hingegen bereits wegen der Eilbedürftigkeit der Bestellung nicht erfolgen, zudem übt der Verwalter kein öffentliches Amt aus (*BVerfG* ZIP 2006, 1355). Das Gericht ist bei der Bestellung nicht an die Vorauswahlliste gebunden, es besteht auch keine Pflicht, eine bestimmte Reihenfolge bei der Bestellung einzuhalten. Im Gegenteil wäre die strikte Einhaltung einer Reihenfolge wohl ermessensfehlerhaft (MüKo-InsO/*Graeber* § 56 Rn. 116). Es gilt vor allem den Besonderheiten jedes Verfahrens Rechnung zu tragen und den jeweils geeigneten Verwalter zu bestellen. Dabei ist die aktuelle Auslastung des Verwalters ebenso zu beachten wie eine konkrete Vorbefassung oder sonstige Interessenkollisionen. Zur Berücksichtigung einer »Frauenquote« vgl. *AG Frankfurt/O.* Beschl. v. 22.10.2013 – 3 IN 385/13, juris).

28 Bei der Auswahl sind die unterschiedlichen Interessen der Gläubiger und des Schuldners angemessen zu berücksichtigen (*BVerfG* ZIP 2006, 1355). Dabei disqualifiziert es einen Bewerber nicht wenn er von Seiten der Gläubiger vorgeschlagen wird, solange keine Zweifel an seiner Unabhängigkeit bestehen (dazu Rdn. 29). Es kann im Gegenteil sogar förderlich sein, einen Vorschlag zu berücksichtigen, wenn die vorgeschlagene Person im Vorfeld bereits Vorgespräche für eine Sanierung mittels Insolvenzplans mit allen Beteiligten geführt hat und allseits Vertrauen genießt (dazu Rdn. 31; ebenso *Uhlenbruck* InsO, § 56 Rn. 53; zweifelnd HK-InsO/*Eickmann* § 56 Rn. 35).

2. Vorschlag durch Schuldner oder Gläubiger (§ 56 Abs. 1 Satz 3 Nr. 1 InsO)

29 Die durch das ESUG neu eingefügte Regelung soll sicherstellen, dass ein auch nach bisheriger Rechtslage möglicher Vorschlag einer bestimmten Person beim Insolvenzgericht nicht reflexhaft zu einer automatischen Ablehnung führt. Trotz auch anders lautender Ansichten in der rechtswissenschaftlichen Literatur führte ein solcher Vorschlag in der Praxis bislang häufig zu einer Disqualifikation der vorgeschlagenen Person, ohne dass ein sachlicher Grund vorlag. Der ergänzte Wortlaut des § 56 InsO soll diesen Automatismus beenden und eine Prüfung der Eignungsvoraussetzungen des § 56 InsO im Einzelfall sicherstellen.

30 Die Regelung ergänzt das (ggf. bindende) Vorschlagsrecht des vorläufigen Gläubigerausschusses nach § 56a InsO. Es steht aber jedem Gläubiger zu. Auch der Schuldner kann das Gericht auf eine seiner Ansicht nach geeignete Person hinweisen. Die Vorschrift begründet damit ein **Initiativrecht** von Gläubigern und Schuldner, verpflichtet das Gericht aber nicht, diese vorab zu möglichen Vorschlägen anzuhören. Anders als ein Vorschlag des vorläufigen Gläubigerausschusses ist ein solcher nach Nr. 1 für das Gericht nicht bindend. Aufgabe des Gerichts ist es, sich einem solchen Vorschlag nicht zu verschließen, sondern die vorgeschlagene Person – im Rahmen seiner Amtsermittlung – in seine Ermessensentscheidung einzubeziehen und ggf. dessen Eignung und insbesondere Unabhängigkeit durch Rückfrage beim Vorgeschlagenen zu klären, insbesondere wenn diese nicht auf der Vorauswahlliste steht. Ein Vorschlag wird dann Aussichten auf Berücksichtigung haben, wenn er schriftlich und mit einer Begründung versehen bei Gericht eingereicht wird. Der Vorschlag sollte ausreichend über mögliche Interessenkollisionen bzw. deren Fehlen informieren, sofern beim Vorschlagen ent-

3. Allgemeine Beratung des Schuldners vor Antragstellung (§ 56 Abs. 1 Satz 3 Nr. 2 InsO)

Im Interesse einer größeren Planbarkeit von Insolvenzverfahren für die Gläubiger, aber auch den Schuldner stellt das Gesetz nunmehr fest, dass eine **allgemeine Beratung** des Schuldners vor dem Eröffnungsantrag über den Ablauf eines Insolvenzverfahrens und dessen Folgen die beratende Person nicht zwangsläufig für das Amt des Verwalters disqualifiziert. Der Gesetzgeber will hierdurch Anreize für eine frühzeitige und geplante Antragstellung geben. Die Prüfung, ob eine unschädliche allgemeine Beratung in diesem Sinne vorliegt oder eine schädliche, gegen das Berufsrecht verstoßende Mandatskollision (s. Rdn. 41 f.) oder anderweitige Beeinträchtigung der Unabhängigkeit, muss den Sinn und Zweck der Vorschrift beachten. Ausweislich der Gesetzesbegründung (BT-Drucks. 17/5712, S. 26) ist eine konkrete Beratung, die sich auf die individuellen Besonderheiten und Auswirkungen eines Insolvenzverfahrens auf den Schuldner oder dessen Gesellschafter bezieht, weiter nach den allgemeinen Vorschriften schädlich und verhindert eine spätere Bestellung als Insolvenzverwalter (*BGH* ZIP 2016, 876). Eine auf den Einzelfall bezogene Beratung zu Fragen der Gesellschafterfinanzierung, Insolvenzverschleppung und Haftungs- sowie Anfechtungsansprüchen verhindern eine Bestellung des Beraters (*Frind* ZInsO 2014, 119 [125]; vgl. hierzu aber *Hölzle* Praxisleitfaden ESUG, § 56 Rn. 11; *Siemon* ZInsO 2012, 364 [366]), ebenso selbstredend Hilfestellungen beim Formulieren des Insolvenzantrags oder Beratung im Hinblick auf einzelne Zahlungen oder Bestellungen (*BGH* ZIP 2016, 876). Zulässig ist hingegen eine Bestellung, wenn im Vorfeld der Antragstellung eine Kontaktaufnahme bzw. ein Informationsgespräch stattgefunden hat, in deren Rahmen allgemein und abstrakt über den Ablauf eines Insolvenzverfahrens und dessen Auswirkungen auf die Befugnisse des Schuldners und über Sanierungsmöglichkeiten in der Insolvenz informiert wird (vgl. auch *Seagon* FS Wellensiek S. 343, 352). Der vorinsolvenzlich tätige Berater darf also allgemein darauf hinweisen, dass z.B. unter den Voraussetzungen des § 43 GmbHG eine Haftung droht, sich aber nicht dazu äußern, ob dessen Voraussetzungen vorliegend gegeben sind. Zulässig ist auch eine Beratung, die sich – wie in der Praxis durchaus üblich – auf die Verfügbarkeit des möglichen Verwalters und allgemeine Vorfragen oder z.B. eine Auskunft über das zuständige Insolvenzgericht beschränkt. Das zulässige Maß der Beratung lässt sich treffender mit »**Vorabinformation**« denn mit Beratung im Einzelfall bezeichnen. Es empfiehlt sich, ein solches Informationsgespräch zum Nachweis gegenüber dem Gericht zu dokumentieren. Die Beratung ist vor einer Bestellung offenzulegen (*BGH* ZIP 2016, 876). Ein (anwaltlicher) entgeltlicher Beratungsvertrag dürfte der Bestellung entgegenstehen (**a.A.** wohl A/G/R/*Lind* § 56 InsO Rn. 7b), ebenso eine langjährige Beratung des Schuldners. Eine solche Auslegung der Norm steht auch nicht im Widerspruch zu § 43a Abs. 2, 4 BRAO.

II. Nur ein Verwalter

Entgegen der früheren Rechtslage unter der KO kommt die Bestellung **mehrerer Insolvenzverwalter** für verschiedene Geschäftszweige eines Unternehmens nicht mehr in Frage (HK-InsO/*Eickmann* § 56 Rn. 47), wohl aber die Bestellung von **Sonderinsolvenzverwaltern** mit begrenztem Aufgabenbereich, wenn der »Hauptverwalter« etwa im Falle einer Interessenkollision bei Schadensersatzansprüchen zugunsten der Masse gegenüber dem Insolvenzverwalter (*OLG München* ZIP 1987, 656 f.) aus rechtlichen oder z.B. im Falle einer der Berufsausübung entgegenstehenden Krankheit von unabsehbarer Dauer aus tatsächlichen Gründen sein Amt ganz oder teilweise nicht wahrnehmen kann (s. Rdn. 59; *Hess* InsO, § 56 Rn. 197 ff.; vgl. auch Ausschussbericht zu § 77 RegE, abgedruckt in *Balz/Landfermann* S. 268).

Die Insolvenzordnung trifft keine Regelungen zur sog. »**Konzerninsolvenz**«. Dennoch ergibt sich gerade in diesen Fällen häufig die Notwendigkeit, für mehrere rechtlich selbstständige Unternehmen nur einen Insolvenzverwalter zu bestellen (vgl. bspw. *Rotstegge* Konzerninsolvenz, S. 460 ff., der unterschiedliche Konstellationen durchspielt). Solange eine Option der Verfahrensgestaltung die Fortführung ist, muss dem Konzerngedanken Rechnung tragend ein einheitlicher Gestaltungswille (durch einen Insolvenzverwalter) möglich sein (vgl. *Braun/Uhlenbruck* Unternehmensinsolvenz, S. 521, 522; vgl. auch die Lösungsansätze bei *Spliedt* Insolvenzrecht auf dem Prüfstand, S. 44 ff.). Diese Notwendigkeit besteht auch bei **Kriminalinsolvenzen**, bei denen professionell Geld (in Anlagebetrugsfällen oder z.B. dem FlowTex-Fall) durch eine Vielzahl von Gesellschaften geschleust wird. Anderenfalls können Geldkreisläufe nicht effektiv nachvollzogen und aufgedeckt werden.

III. Bestellungsentscheidung

34 Die Bestellung des Verwalters erfolgt im **Eröffnungsbeschluss**. Es handelt sich dabei nach der Rechtsprechung des BVerfG nicht um Rechtsprechung im materiellen Sinne, auch gehöre die Entscheidung nicht zum traditionellen Kernbereich der Rechtsprechung, da kein Rechtsverhältnis entschieden werde, sondern gestaltet (*BVerfG* ZIP 2006, 1355; **a.A.** *Laws* ZInsO 2006, 847). Der Richter hat bei der Auswahl ein weites Auswahlermessen (*BGH* ZInsO 2008, 207; **a.A.** *Siemon* ZInsO 2012, 364 m.w.N.). Die Entscheidung braucht nicht begründet zu werden, da sie unanfechtbar ist (*OLG Koblenz* NZI 2005, 453; *Graeber* NZI 2006, 499; *Vallender* NJW 2006, 2597; *Jaeger/Henkel-Gerhardt* InsO, § 56 Rn. 72; **a.A.** *Kübler/Prütting/Bork-Lüke* InsO, § 56 Rn. 63). Name und Anschrift des Verwalters sind mit dem Eröffnungsbeschluss nach § 27 Abs. 2 Ziff. 2, § 30 Abs. 1 Satz 1 InsO öffentlich bekannt zu machen.

IV. Bestellungsurkunde

35 Zum **Nachweis** seiner Bestellung (z.B. für den Fall des § 29 Abs. 2 GBO) erhält der Insolvenzverwalter eine **Urkunde**. Deren Ausfertigung erfolgt, sofern sich der Richter dies nicht nach § 18 Abs. 2 RPflG vorbehalten hat, gem. § 3 Ziff. 2e) RPflG durch den Rechtspfleger. Beglaubigte Abschriften können beantragt und vom Urkundsbeamten der Geschäftsstelle gefertigt werden. An die Urkunde ist **kein Gutglaubensschutz** geknüpft, so dass bei ihrem Abhandenkommen kein Aufgebotsverfahren durchgeführt werden muss (*Smid* InsO, § 56 Rn. 32; vgl. MüKo-InsO/*Graeber* § 56 Rn. 161). Auch wenn der Nachweis der Verfügungsbefugnis des Insolvenzverwalters grds. nur durch die Urschrift erbracht wird, kann z.B. für die Eintragung dinglicher Rechtsgeschäfte in das Grundbuch ausreichen, wenn der Notar dem Antrag eine beglaubigte Abschrift beifügt, sofern die Urschrift bei (zeitnah erfolgter) Abgabe der betreffenden Grundbucherklärung vorlag (*KG* ZIP 2012, 90).

36 Die Vorschrift des § 56 Abs. 2 InsO gilt auch für den vorläufigen Insolvenzverwalter über die Verweisungsnorm des § 21 Abs. 2 Nr. 1 InsO (**a.A.** *Uhlenbruck* InsO, § 56 Rn. 57) und ggf. für einen Sonderinsolvenzverwalter.

37 Endet das Insolvenzverwalteramt, z.B. durch Abschluss des Insolvenzverfahrens, Abwahl oder Entlassung (s. Rdn. 65), hat der Insolvenzverwalter nach § 56 Abs. 2 InsO die Bestellungsurkunde **zurückzugeben**. Dieser Amtspflicht des Insolvenzverwalters kann über § 58 Abs. 2, Abs. 3 InsO notfalls zur Durchsetzung verholfen werden. Auch eine strafrechtliche Verantwortlichkeit des Insolvenzverwalters wegen Urkundenunterdrückung, u.U. aber auch wegen Unterschlagung, kommt in Betracht.

V. Rechtsmittel

38 Die Bestellung des Insolvenzverwalters durch das Gericht ist **unanfechtbar**. Der Schuldner kann sie jedoch im Zusammenhang mit dem die Bestellung enthaltenden Eröffnungsbeschluss mit der sofortigen Beschwerde angreifen. Dies kann jedoch nur zur Aufhebung des Beschlusses im Ganzen führen, nicht aber zur Bestellung eines anderen Verwalters (§§ 6, 34 InsO). Der antragstellende Gläubiger hat kein Rechtsmittel, sondern muss den Weg der Wahl eines anderen Verwalters nach § 57 InsO beschreiten (vgl. *Uhlenbruck* InsO, § 56 Rn. 62 m.w.N.). Auch einem nicht berücksichtigten Konkurrenten steht kein Rechtsmittel zu. Er hat zwar ein subjektives Recht auf Berücksichtigung aus Art. 3 GG (s. Rdn. 4), das jedoch wegen der »multipolaren Konfliktlage« (*BVerfG* ZIP 2006, 1355)

kein Rechtsmittel verlangt. Es besteht aber die Möglichkeit, die Rechtswidrigkeit der konkreten Bestellungsentscheidung durch einen Feststellungsantrag nach §§ 23, 28 EGGVG geltend zu machen oder außerhalb des Insolvenzverfahrens in einer Amtshaftungsklage anzugreifen (*BVerfG* ZIP 2006, 1355, zur Unzulässigkeit der abstrakten Feststellung der Rechtswidrigkeit einer längeren Nichtberücksichtigung vgl. *OLG Koblenz* NZI 2016, 152). Als Hoheitsakt bleibt die Bestellung wirksam, sofern sie nicht in dem dafür vorgesehenen Verfahren beseitigt wird; dies gilt auch, wenn die Überleitung des ursprünglich als Verbraucherinsolvenzverfahren begonnenen Verfahrens in ein Regelinsolvenzverfahren sich nach der Bestellung des Insolvenzverwalters als rechtswidrig erweist (*BGH* ZIP 2016, 1547).

VI. Schadensersatzansprüche wegen fehlerhafter Bestellung

Entstehen durch die ermessensfehlerhafte Auswahl oder die mangelhafte Überwachung der Arbeit des Insolvenzverwalters durch das Insolvenzgericht Schäden, so treffen das entsprechende Bundesland als Anstellungskörperschaft des Insolvenzrichters **Amtshaftungsansprüche** aus § 839 Abs. 1 BGB i.V.m. Art. 34 GG (*OLG München* ZIP 1991, 1367 ff. [1368 f.]). Auch ein amtspflichtwidrig zunächst bestellter und sodann wieder entlassener Insolvenzverwalter hat Schadensersatzansprüche. Ersatzfähig sind allerdings nur materielle Schäden (insbesondere für wegen der Insolvenzverwaltertätigkeit abgelehnte andere Mandate, vgl. *BGH* ZIP 1990, 1141 [1142 f.]). Es bestehen hingegen keine Schmerzensgeldansprüche wegen einer Rufschädigung infolge der Entlassung (*BGH* ZIP 1986, 319 [322 f.]). 39

E. Berufsrechtliche Einordnung

Ein Rechtsanwalt, der als Insolvenzverwalter bestellt wird, hat davon auszugehen, dass die Insolvenzverwaltertätigkeit keine Anwaltstätigkeit ist, er jedoch in seiner berufsrechtlichen Einbindung als Rechtsanwalt möglicherweise als Insolvenzverwalter nicht tätig werden darf. Mit anderen Worten: Das Berufsrecht des Rechtsanwalts kann die natürliche Person darin limitieren, das Amt des Insolvenzverwalters auszuüben. 40

Dabei ist aus Gründen der Genauigkeit scharf zu unterscheiden, in welcher **zeitlichen Reihenfolge** derjenige, der die Berufsqualifikation eines Rechtsanwaltes hat, tätig werden will oder tätig geworden ist:
– Liegt berufliche Tätigkeit als Rechtsanwalt vor und folgt eine Tätigkeit als Insolvenzverwalter, soll dieser zeitliche Ablauf aus dem Blickwinkel des Insolvenzverfahrens als (potentieller) **Mandatskollisionsfall** bezeichnet werden.
– Liegt erst eine Tätigkeit als Insolvenzverwalter/Sachwalter vor und soll danach ein berufliches Tätigwerden als Rechtsanwalt folgen, so liegt ein (potentieller) **Folgekonfliktfall** vor.

I. Mandatskollisionen

Zu den Mandatskollisionssachverhalten: 41

Berufsrechtliche Problemfälle bei dieser Sachverhaltskollision können entstehen
– in strafrechtlicher Hinsicht, Parteiverrat, § 356 StGB;
– wegen Verstoßes gegen das Verbot, keine widerstreitenden Interessen zu vertreten, § 43a Abs. 4 BRAO;
– wegen eines Verstoßes gegen die Verschwiegenheitsverpflichtung, § 43a Abs. 2 BRAO, § 203 Abs. 1 Nr. 2 StGB;
– wegen eines Verstoßes gegen das Tätigkeitsverbot gem. § 45 Abs. 2 BRAO.

In strafrechtlicher Hinsicht setzt **§ 356 StGB** die Tätigkeit als Rechtsanwalt gegenüber zwei Parteien voraus, was die Tätigkeit als Insolvenzverwalter per se nicht erfüllt. Eine Strafbarkeit wegen Parteiverrats ist also auch dann nicht gegeben, wenn der Rechtsanwalt zunächst als Rechtsanwalt für einen Beteiligten tätig war und danach zum Insolvenzverwalter bestellt wird (vgl. ausführlich *Braun/Uhlenbruck* Unternehmensinsolvenz, S. 726). 42

§ 56 InsO Bestellung des Insolvenzverwalters

43 Das **Verbot des Vertretens widerstreitender Interessen** deckt sich in seinem objektiven Tatbestand mit § 356 StGB, woraus sich zwingend ergibt, dass es gleichfalls vom Rechtsanwalt, der Insolvenzverwalter wird, nicht verwirklicht werden kann. Für den unbefangenen, insbesondere möglicherweise auch rechtsunkundigen Betrachter – was möglicherweise auch der Partei, die den Betreffenden als Rechtsanwalt mandatiert hatte, zuzugestehen ist – kann sich der Anschein widerstreitender Interessen ergeben. Dies war nach früherem Standesrecht untersagt. Diese Sachverhaltskonstellation ist aber gerade nicht in das Gesetz übernommen worden (vgl. *Braun* BRAO, § 43a Rn. 41). Die Funktionsfähigkeit der Rechtspflege wird aber nicht durch den Anschein, sondern nur durch die Vertretung widerstreitender Interessen beeinträchtigt (**a.A.** *Prütting* ZIP 2002, 1971 f.).

44 Wer als Rechtsanwalt tätig geworden ist, unterliegt der Verpflichtung zur Verschwiegenheit. Die **Verschwiegenheitsverpflichtung** ist in § 43a Abs. 2 BRAO, § 203 Abs. 1 Nr. 3 StGB auch strafbewehrt. Die Pflicht schützt – rechtsstaatlich unverzichtbar – das Vertrauensverhältnis des Rechtsanwalts und seines Mandanten. Wer als Rechtsanwalt Gesellschafter oder Gesellschaft zu einem Lebenssachverhalt beraten oder vertreten hat, zu dem ein späteres Insolvenzverfahren in irgend einer Weise Beziehung haben kann, ist als Insolvenzverwalter deswegen disqualifiziert, da er als Ausfluss seiner Pflicht zur Verschwiegenheit dann nicht mehr unabhängig ist. Als unabhängiger Insolvenzverwalter ist er verpflichtet, alle, das Verfahren betreffende Sachverhalte aufzuklären, darüber zu berichten und ggf. Maßnahmen zu ergreifen. Kennt er relevante Umstände, zu denen er zur Verschwiegenheit verpflichtet ist, ergibt sich eine nicht auflösbare Konfliktsituation. Will ein Gericht einen Rechtsanwalt zum Insolvenzverwalter bestellen, der einer entsprechenden Verschwiegenheitsverpflichtung unterliegt, muss der Betreffende die Übernahme des Amtes ablehnen.

45 Damit ist ein Rechtsanwalt, der für den Träger der Schuldnerrolle oder der für Personen tätig war, die am Träger der Schuldnerrolle beteiligt sind, nicht schlechterdings ausgeschlossen. Bezog sich sein Mandat auf einen **abgegrenzten Lebenssachverhalt**, der unzweifelhaft keinerlei Bezug zur Tätigkeit als Insolvenzverwalter hat, ist also ein Konflikt mit der Verschwiegenheitsverpflichtung auszuschließen, so hindert das frühere Mandat nicht. Hat ein Rechtsanwalt einen abgeschlossenen Verkehrsunfall der Gesellschaft reguliert oder z.B. eine Nachbarschaftsstreitigkeit für einen Gesellschafter abgewickelt, so ist er nicht von der Tätigkeit als Insolvenzverwalter ausgeschlossen. Für den Rechtsanwalt wird hilfreich sein, wenn er den genauen Mandatssachverhalt schriftlich in der Vollmacht oder in sonstiger Weise im Mandatsvertrag dokumentiert hat.

46 § 43a BRAO erfasst nicht den Sozius oder in sonstiger Weise mit dem Rechtsanwalt verbundene Berufsangehörige. Eine § 45 Abs. 3 BRAO entsprechende Regelung fehlt in § 43a BRAO, was durchaus zu Unverständnis aus Sicht des Mandanten führen kann, wenn es sich um am gleichen Ort in der gleichen Kanzlei verbundene Rechtsanwälte handelt; das Problem kann durch eine Übertragung des § 45 Abs. 3 BRAO auf § 43a BRAO nicht gelöst werden (so auch *Kleine-Cosack* BRAO, § 43a Rn. 106, 110 ff.). Bereits die Sachverhaltsgestaltung überregionaler oder supranationaler Sozietäten gleichermaßen wie die des Falles des Sozietätswechsels zeigt dies im Übrigen.

47 Der Umstand, dass von der Verschwiegenheitsverpflichtung durch die Verpflichtenden – unbestritten – befreit werden kann, führt für das Problem zu keinem abweichenden Ergebnis, wenn mit der zutreffenden herrschenden Meinung die Befreiung vom Verbot der Verschwiegenheit als jederzeit widerruflich behandelt wird (so zu § 203 StGB Leipziger Kommentar, § 203 Rn. 66; zu § 43a Abs. 2 BRAO gilt das Gleiche, vgl. *Kleine-Cosack* BRAO, § 43a Rn. 9). Der Insolvenzverwalter, der von seinem (früheren) Mandanten von der Verschwiegenheitsverpflichtung befreit ist, ist nicht unabhängig, wenn er unter dem potentiellen Druck der Widerruflichkeit in der sich dann möglicherweise ergebenden Pflicht der sofortigen Niederlegung seines Amtes als Insolvenzverwalter agieren müsste.

Zusammengefasst: Die vorherige anwaltliche Tätigkeit in einem Lebenssachverhalt (Mandat), welches Bezüge zur späteren Insolvenzmasse hat, kann den Rechtsanwalt berufsrechtlich als Insolvenzverwalter disqualifizieren.

War der potentiell zu bestellende Rechtsanwalt bereits als Rechtsanwalt **gegen** den Träger des zu verwaltenden Vermögens beauftragt, so ist ihm beruflich untersagt, als Insolvenzverwalter tätig zu werden. Dies ergibt sich aus § 45 Abs. 2 Nr. 1 BRAO. Die gesetzliche Bestimmung ist nicht einschlägig für den Rechtsanwalt, der **für** den Träger der Schuldnerrolle tätig war; eine Kollision mit § 56 Abs. 1 Satz 2 Nr. 2 InsO liegt deshalb nicht vor (*Römermann/Praß* ZInsO 2011, 1580). Die Bestimmung ist nur schwer verständlich. Der Rechtsanwalt, der als Rechtsanwalt gegen den Dritten schon tätig war, soll diese Angelegenheit nicht in anderer Eigenschaft (also quasi im Zweitberuf, wie z.B. als Insolvenzverwalter) betreiben können. Ratio legis sei der Ausschluss von Interessenkollisionen (vgl. *Feurich* BRAO, § 45 Rn. 32). Das Argument führt in die Irre. Interessenkollisionen können entstehen, wenn man für den Mandanten tätig war und später eine Tätigkeit gegen den Mandanten entfaltet. Warum jemand, der gegen einen späteren Schuldner vorgegangen ist, beispielsweise im Wege einer Forderungsbeitreibung, als Insolvenzverwalter nicht mehr tätig werden soll, bleibt dunkel. Die Bestimmung des § 45 Abs. 2 Nr. 1 BRAO ist eine unreflektierte Umkehrung der Regelung von § 45 Abs. 1 Nr. 3 BRAO, die ihrerseits inhaltlich noch Sinn macht. 48

Eine **Interessenkollision** ist in einem solchen Fall nicht vorstellbar. *Kleine-Cosack* ist zuzustimmen, dass es sich insoweit um ein »empirisch wie verfassungsrechtlich unreflektiert erlassenes Verbot« handelt, das »allein der praxisfremden Reinhaltung des anwaltlichen Berufsbildes dienen soll, das durch zwei berufliche Tätigkeiten nicht befleckt werden soll«. Eine sorgfältige Prüfung der Verhältnismäßigkeit am Maßstab des Art. 12 GG ist nach der Zweitberufsentscheidung des BVerfG von der danach versperrten Berufswahl auf die Berufsausübungsebene gewechselt (worden) (*BVerfG* NJW 1993, 317; vgl. *Kleine-Cosack* BRAO, 3. Aufl., § 45 Rn. 35). 49

In der Literatur wird versucht, diesem nicht nachvollziehbaren Paragraphen dadurch einen Sinn zu geben, bzw. ihn zu entschärfen, indem Insolvenzverwaltertätigkeit als anwaltliche Tätigkeit verstanden wird, also deswegen kein Verbot einer (zweitberuflichen) Tätigkeit vorliege (so *Feurich* BRAO, § 45 Rn. 32). Wie bereits oben ausgeführt, geht dies allerdings fehl, da Insolvenzverwaltertätigkeit keine Tätigkeit als Rechtsanwalt ist. Die Bestimmung der Bundesrechtsanwaltsordnung ist eine fatale Fehlleistung des Gesetzgebers, die in aller Regel einen Anwalt nicht behindert, da eine verfassungskonforme Auslegung, insbesondere am Maßstab der Verhältnismäßigkeit dazu führen wird, dass er von der Übernahme des Amtes als Insolvenzverwalter nicht ausgeschlossen ist. 50

II. Folgekonflikte

Auch bei den Folgekonfliktfällen, bei denen der betreffende Rechtsanwalt zunächst zum Insolvenzverwalter bestellt wird und danach als Rechtsanwalt tätig wird, ist zu unterscheiden zwischen 51
- dem Parteiverrat, § 356 StGB,
- § 43a Abs. 4 BRAO, dem Verbot widerstreitende Interessen zu vertreten,
- dem Verstoß gegen § 43a Abs. 2 BRAO, Verschwiegenheitsverpflichtung,
- der Versagung der Berufsausübung gem. § 45 Abs. 1 Nr. 3 BRAO.

Zum **Verbot widerstreitender Interessen**/dem **Parteiverrat**: 52

Wie schon aus den obigen Ausführungen deutlich geworden ist, ist Insolvenzverwaltertätigkeit keine Tätigkeit als Rechtsanwalt. Der Rechtsanwalt, der den Träger der Schuldnerrolle später als Rechtsanwalt vertritt, ist nicht Normadressat von § 356 StGB (so schon *BGH* BGHSt 20, 41 ff.).

Damit liegt auch objektiv kein Verstoß gegen das Verbot vor, widerstreitende Interessen zu vertreten. 53

Gegen § 43a Abs. 2 BRAO verstößt der Rechtsanwalt nicht, da der Insolvenzverwalter **keiner Verschwiegenheitsverpflichtung** unterliegt. Damit fehlt es an einer objektiven Möglichkeit, durch ein Folgemandat als Rechtsanwalt gegen die Verschwiegenheitsverpflichtung aus der Erstbefassung mit dem Sachverhalt (als Insolvenzverwalter) verstoßen zu haben. Insoweit unterscheidet sich der Folgekonfliktfall maßgeblich vom Mandatskollisionssachverhalt. 54

In § 45 Abs. 1 Nr. 3 BRAO untersagt das Gesetz dem Rechtsanwalt, dass, wenn er als Insolvenzverwalter tätig war, er zeitlich nachfolgend als Rechtsanwalt gegen den Träger des von ihm verwalteten 55

Vermögens vorgehen kann. Auch diese Bestimmung erweckt den Eindruck wenig durchdachter Regelung. *Feurich* versteht ihn als Sonderfall des Verbots widerstreitender Interessen (BRAO, § 45 Rn. 24). Da dies aber gerade objektiv nicht der Fall ist, da der Insolvenzverwalter nicht als Rechtsanwalt für den Träger der Schuldnerrolle tätig wird, schränkt die Literatur, die dies vertritt, deswegen in der Folgekommentierung den Regelungssachverhalt der Norm dahingehend ein, dass bereits der »Anschein« vermieden werden solle, der Rechtsanwalt nutze früher erworbenes »Insiderwissen« (so *Feurich* BRAO, § 45 Rn. 24). Warum der Rechtsanwalt Wissen aus früheren Mandaten später in Mandaten ganz allgemein (ohne Quellenangaben) nicht nutzen können soll, ist zumindest eine unerörterte These; Erfahrung lebt vom Wissen aus der Vergangenheit.

56 Bezogen auf § 45 Abs. 1 Nr. 3 BRAO ist allerdings festzustellen, dass eine Ausnahme von der gesetzgeberischen Entscheidung, den Anschein widerstreitender Interessen nicht als Untersagungssachverhalt anzuordnen, vorliegt. Wie wenig die Überlegung mit dem Insiderwissen trägt, wird besonders daran deutlich, dass in der Literatur betont wird, dass der Insolvenzverwalter »selbstverständlich« Anfechtungsrechtsstreite gegenüber dem Träger des von ihm verwalteten Vermögens geltend machen könne, insoweit vollziehe er nur seine Amtspflicht. Wird eine Nachtragsverteilung vorbehalten, so ist das Insolvenzverfahren beendet, nur noch der Anfechtungsrechtsstreit wird geführt. Es gehören schon semantische Unterscheidungsfähigkeiten dazu, hier eine zulässige Tätigkeit des Insolvenzverwalters/Rechtsanwalts zu erkennen und gleichzeitig zu vertreten, § 45 Abs. 1 Nr. 3 BRAO mache Sinn.

57 Im Ergebnis ist allerdings festzuhalten, dass der Gesetzgeber den Anschein widerstreitender Interessen in der Konstellation »zunächst Insolvenzverwalter/später Rechtsanwalt gegen den Träger der Schuldnerrolle« als Sachverhalt geregelt hat, der zur Berufsausübungsuntersagung für den Rechtsanwalt führt. Zu Recht will *Kleine-Cosack* die Bestimmung verfassungskonform so weit ausgelegt wissen, dass, soweit keine Interessenkollision oder – rational nachvollziehbare – Gefahr der Nutzung von Insiderwissen droht, § 45 Abs. 1 Nr. 3 BRAO nicht tatbestandsmäßig sei (*Kleine-Cosack* BRAO, § 45 Rn. 21).

58 Zusammengefasst: Bei zeitlichem Ablauf der Erstbestellung als Insolvenzverwalter ist eine Nachfolgeanwaltstätigkeit nur unter dem Gesichtspunkt der Einschränkung rechtsanwaltlicher Befassung gegen den Träger der Schuldnerrolle – und dies verfassungskonform verstanden – eingeschränkt.

F. Sonderinsolvenzverwalter

59 Die Bestellung von Sonderinsolvenzverwaltern wird durch das Gesetz nicht geregelt, von diesem aber vorausgesetzt (§ 92 Satz 2 InsO) und war schon unter der KO anerkannt. Kommt es zu **Einzelinteressenkonflikten**, sind diese durch Offenlegung gegenüber Gericht und Gläubigern und Bestellung eines **Sonderinsolvenzverwalters** zu lösen, Gleiches gilt bei vorübergehender Verhinderung des Verwalters aus tatsächlichen Gründen (zur Zulässigkeit vgl. Begr. RegE, abgedruckt in *Balz/Landfermann* S. 268; vgl. dazu Fallgruppen bei *Graf/Wunsch* DZWIR 2002, 177 f. und *Dahl* ZInsO 2004, 1014 ff.; *Graeber/Pape* ZIP 2007, 991 und den bemerkenswerten, vom *LG Potsdam* entschiedenen Fall, ZInsO 2005, 893 [895]). Die entsprechende Regelung im Regierungsentwurf zum Sonderinsolvenzverwalter war durch den Rechtsausschuss als überflüssig angesehen worden. Die Bestellung eines Sonderinsolvenzverwalters in den im Regierungsentwurf geregelten Fällen sei ohne eine ausdrückliche Regelung möglich und entspreche der bisherigen Praxis zur Konkursordnung, die ebenfalls keine spezielle Regelung des Problems des Sonderinsolvenzverwalters enthalten hätte. § 77 RegE, der für den Sonderinsolvenzverwalter eine eigene Regelung vorsah, ist vom Rechtsausschuss daher gestrichen worden (vgl. Begr. RegE, abgedruckt in *Balz/Landfermann* S. 268 Fn. 2). Auch der BGH hat die Befugnis des Insolvenzgerichts, einen Sonderinsolvenzverwalter zu bestellen, ausdrücklich bejaht (*BGH* NZI 2006, 94 = BGHZ 165, 96 [99]; *BGH* ZIP 2007, 547).

I. Bestellung

Ein Sonderinsolvenzverwalter kann immer dann bestellt werden, wenn der Insolvenzverwalter **tatsächlich oder rechtlich an einer Wahrnehmung seiner Aufgaben verhindert** ist oder seine persönlichen Belange betroffen sind und er deshalb sein Amt ganz oder teilweise nicht ausüben kann (*BGH* ZIP 2016, 1738; NZI 2006, 474). Eine Verhinderung aus tatsächlichen Gründen kann bei einer längeren, jedoch vorübergehenden **Erkrankung** des Verwalters vorliegen, die nicht durch eine Vertretung durch Mitarbeiter des Verwalters überbrückt werden kann. Ist eine Genesung des Verwalters hingegen nicht absehbar, ist seine Entlassung zu erwägen. Eine rechtliche Verhinderung liegt in **Interessenkollisionen** aller Art, die sich insbesondere in Konzernsachverhalten, z.B. bei der Anmeldung von Forderungen, ergeben können (*AG Essen* NZI 2009, 810), aber auch bei möglichen **Haftungsansprüchen** gegen den Verwalter (*AG Stendal* ZIP 2012, 2171; *AG Charlottenburg* ZIP 2015, 1697) oder bei Geschäften, die § 181 BGB unterfallen. Zur Wahrung der Gläubigerinteressen ist die Bestellung auch zur Geltendmachung von **Schadensersatzansprüchen nach § 92 InsO** gegen den Verwalter möglich (zum Prüfungsumfang s. § 92 Rdn. 30 sowie *BGH* ZIP 2016, 1738: tatsächlich u. rechtlich begründete Anhaltspunkte für Ersatzansprüche). Denkbar ist weiter die Bestellung zur Ausübung der gerichtlichen Aufsicht nach § 58 InsO (*LG Göttingen* ZIP 2009, 1021). Das Insolvenzgericht kann dem Sonderinsolvenzverwalter durch nicht rechtsmittelfähigen Beschluss besondere Befugnisse übertragen (*LG Göttingen* ZInsO 2012, 225). 60

Der Sonderinsolvenzverwalter wird durch das Insolvenzgericht bestellt (und nicht durch die Gläubigerversammlung, *BGH* ZIP 2016, 1738), funktional liegt die Zuständigkeit beim **Insolvenzrichter** (§ 2 Rdn. 32; *Uhlenbruck* InsO, § 56 Rn. 69; **a.A.** HK-InsO/*Eickmann* § 56 Rn. 52; *Graeber/Pape* ZIP 2007, 991, 996; *Jaeger/Henkel-Gerhardt* InsO, § 56 Rn. 80). **Antragsberechtigt** sind der Insolvenzverwalter, der Gläubigerausschuss und die Gläubigerversammlung, nicht aber der Schuldner (*Kübler/Prütting/Bork-Lüke* InsO, § 56 Rn. 76). Ob einzelnen Gläubigern analog § 59 Abs. 2 InsO ein Antragsrecht zusteht, oder sie die Bestellung lediglich anregen können, ist strittig und wird z.T. besonders dann befürwortet, wenn ein Gesamtschaden nach § 93 InsO geltend zu machen ist (*AG Göttingen* ZIP 2006, 238; vgl. auch *Vallender* FS Görg S. 532 m.w.N.; **a.A.** *BGH* NZI 2016, 684; *BGH* ZIP 2009, 529). Zutreffend weist der BGH auf das Fehlen einer planwidrigen Regelungslücke hin. Unabhängig von eventuellen Anträgen muss das Insolvenzgericht im Rahmen seiner Aufsicht von Amts wegen prüfen, ob ein Sonderverwalter einzusetzen ist, der Prüfungsmaßstab ist in beiden Fällen derselbe (*BGH* ZIP 2016, 1738; *AG Göttingen* ZIP 2006, 238). Die Bestellung hat zu unterbleiben, wenn sie ausnahmsweise masseschädlich oder gar gesetzeswidrig wäre (*BGH* ZIP 2016, 1738). Vor der Bestellung sind die Beteiligten anzuhören. Dies gilt insbesondere für den Insolvenzverwalter, wenn ihm durch die Bestellung des Sonderinsolvenzverwalters Rechte entzogen werden sollen, aber auch für den Gläubigerausschuss (*Graeber/Pape* ZIP 2007, 991; *LG Magdeburg* ZIP 2000, 1685). Im Beschluss sind dem Sonderinsolvenzverwalter ausdrücklich Aufgaben zuzuweisen, da er nur zu solchen Handlungen befugt ist, die ihm in der Bestellung übertragen wurden. Im Übrigen richtet sich das **Verfahren** – auch hinsichtlich der Anforderungen an die Person des Sonderinsolvenzverwalters – nach den allgemeinen Regeln des § 56 InsO als abschließende Sonderregelung. Dabei ist zutreffend, dass bei der Insolvenzverwalterauswahl berücksichtigte Personen von sich aus auf potentielle Interessenkollisionen hinzuweisen haben, i.d.R. bereits bei der Bestellung zum vorläufigen Insolvenzverwalter. Nur so ist das Gericht in der Lage, eine sachgerechte Auswahlentscheidung zu treffen und frühzeitig zu überprüfen, ob ggf. die als möglich angesehenen Kollisionsfälle durch Bestellung eines Sonderinsolvenzverwalters gelöst werden können (in diesem Sinne wohl zu verstehen *AG Potsdam* NZI 2002, 391 f.; wohl zu weitgehend in der Rechtsfolge bei Verletzung dieser Obliegenheit: Verwirkung des Vergütungsanspruchs *AG Potsdam* ZInsO 2005, 503 f. m. Anm. *Haarmeyer*). 61

Dem Insolvenzverwalter kommt kein **Beschwerderecht** gegen die Bestellung des Sonderinsolvenzverwalters zu, sofern die Bestellung zur Prüfung von Schadensersatzansprüchen erfolgt er ist insoweit bereits nicht beschwert (*BGH* ZIP 2015, 1076; ebenso *BVerfG* NZI 2010, 525; *BGH* ZInsO 2010, 187 ff.; ZIP 2007, 547). Ob ein Beschwerderecht dann besteht, wenn durch den Sonderverwalter die 62

Verwaltungstätigkeit des Insolvenzverwalters beschränkt wird, hat der BGH zwar angedeutet, aber nicht entschieden (*BGH* ZInsO 2010, 187 ff.; ZIP 2007, 547; ein Beschwerderecht bejaht *Jaeger/Henkel-Gerhardt* InsO, § 56 Rn. 81: offen gelassen von *BVerfG* NZI 2010, 525). Ob und unter welchen Voraussetzungen einzelnen Verfahrensbeteiligten ein Beschwerderecht zusteht, ist strittig. Der BGH hat ein Beschwerderecht **einzelner Gläubiger** gegen die Bestellung eines Sonderinsolvenzverwalters zur Geltendmachung von Ersatzansprüchen als Gesamtschaden unter Hinweis auf die Befugnis der Gläubigerversammlung verneint (*BGH* ZIP 2016, 1738; NZI 2010, 940; ZIP 2009, 529 m. Anm. *Herchen* EWiR 2009, 389; *BGH* NZI 2007, 284; NZI 2006, 474; **a.A.** *Fölsing* NZI 2009, 297). Ein abgeleitetes Beschwerderecht eines Gläubigers kommt entsprechend §§ 57 Satz 4, 59 Abs. 2 Satz 2 InsO nur bei Vorliegen eines wirksamen Beschlusses der Gläubigerversammlung in Betracht (*BGH* NZI 2016, 654; NZI 2015, 651). Gegen die Ablehnung der Bestellung eines Sonderinsolvenzverwalters kommt dem einzelnen Gläubiger kein Beschwerderecht zu (*BGH* NZI 2016, 654; NZI 2010, 940). Auch der **Schuldner** hat nach Auffassung des BGH kein Beschwerderecht gegen die die Bestellung ablehnende Entscheidung des Insolvenzgerichts (*BGH* NZI 2016, 694; NZI 2009, 517); und auch nicht gegen eine Bestellung selbst (*LG Stendal* ZIP 2013, 1389; **a.A.** *Römermann/Praß* ZInsO 2013, 1923; *Horstkotte* ZInsO 2012, 1930). Entscheidet der Rechtspfleger, ist die sofortige Erinnerung nach § 11 Abs. 2 RPflG zulässig (*BGH* NZI 2006, 474; *Meier* KKZ 2006, 253 [257]). Auch die **Befangenheit** eines (Sonder-) Insolvenzverwalters kann nur nach Maßgabe der §§ 56 bis 59 InsO geltend gemacht werden (*BGH* ZIP 2016, 1738); die Verfahrensvorschriften der Zivilprozessordnung über die Ablehnung von Gerichtspersonen oder Gutachten finden auf diesen keine Anwendung (*BGH* NZI 2007, 284 = ZIP 2007, 548 ff. m. Anm. *Graeber* DZWIR 2007, 218 und Anm. *Römermann* EWiR 2007, § 59 InsO 1/07, 341).

II. Rechtsstellung

63 Der Sonderinsolvenzverwalter ist kein Vertreter des Insolvenzverwalters. Ihm kommen für seinen Aufgabenbereich die Befugnisse und Verpflichtungen eines Insolvenzverwalters zu (vgl. *Jaeger/Henkel-Gerhardt* InsO, § 56 Rn. 79; *Uhlenbruck* InsO, § 56 Rn. 71; *AG Halle-Saalkreis* ZIP 1993, 1912). Seine Rechte und Pflichten werden durch den im Beschluss übertragenen, konkreten Aufgabenbereich begrenzt (zum Kompetenzbereich vgl. *LG Göttingen* ZInsO 2012, 225). Das Insolvenzgericht kann den Sonderinsolvenzverwalter ggf. im Rahmen seiner Aufsicht bei der Erfüllung seiner Aufgaben unterstützen und den Verwalter zur Zusammenarbeit anhalten (*LG Göttingen* NZI 2009, 61). Zur Vergütung des Sonderinsolvenzverwalters s. § 63 Rn. 42).

III. Entlassung

64 Die Entlassung des Sonderinsolvenzverwalters ist ebenso wenig wie seine Bestellung ausdrücklich im Gesetz geregelt. Die Vorschriften der §§ 56 bis 59 InsO über den Insolvenzverwalter sind auch insoweit entsprechend anzuwenden. Der Sonderinsolvenzverwalter steht deshalb ebenso unter der Aufsicht des Gerichts wie der Verwalter, auch gegen ihn kann ggf. ein Zwangsgeld verhängt und bei Vorliegen eines wichtigen Grundes eine Entlassung ausgesprochen werden (*Vallender* FS Görg S. 535, 538).

G. Beginn und Ende des Amtes

65 Das Amt des Insolvenzverwalters, auch das des vorläufigen Verwalters, beginnt mit der Erklärung der Annahme gegenüber dem Gericht (*OLG Düsseldorf* KTS 1973, 270; *Jaeger/Henkel-Gerhardt* InsO, § 56 Rn. 30, HK-InsO/*Eickmann* § 56 Rn. 41). Es besteht keine Verpflichtung, die Bestellung anzunehmen. Die Bereitschaft wird in der Regel vorab durch das Gericht sichergestellt worden sein. Anschließend ist dem Verwalter die Bestellungsurkunde nach Abs. 2 zu überreichen. Für den Sachwalter in der Eigenverwaltung gilt dies entsprechend, ebenso für den Treuhänder im Restschuldbefreiungsverfahren und den Treuhänder im vereinfachten Insolvenzverfahren. Nach Übernahme kann das Amt nicht einfach niedergelegt werden; der Verwalter kann nur die Entlassung aus wichtigem Grund nach § 59 InsO beantragen.

Das Amt des Insolvenzverwalters endet: 66
- mit der Verfahrensbeendigung durch rechtskräftige Aufhebung oder Einstellung, sofern keine Nachtragsverteilung (§ 205 InsO) oder eine Überwachung der Planerfüllung (§ 260 InsO) stattfindet;
- mit der Wahl und Bestellung eines anderen Verwalters (vgl. § 57 Rdn. 24);
- mit der Entlassung nach § 59 InsO;
- mit dem Verlust der Geschäftsfähigkeit;
- mit dem Tod des Verwalters.

Mit dem Ende des Amtes ist Rechnung zu legen (§ 66 Abs. 1 InsO).

§ 56a Gläubigerbeteiligung bei der Verwalterbestellung

(1) Vor der Bestellung des Verwalters ist dem vorläufigen Gläubigerausschuss Gelegenheit zu geben, sich zu den Anforderungen, die an den Verwalter zu stellen sind, und zur Person des Verwalters zu äußern, soweit dies nicht offensichtlich zu einer nachteiligen Veränderung der Vermögenslage des Schuldners führt.

(2) ¹Das Gericht darf von einem einstimmigen Vorschlag des vorläufigen Gläubigerausschusses zur Person des Verwalters nur abweichen, wenn die vorgeschlagene Person für die Übernahme des Amtes nicht geeignet ist. ²Das Gericht hat bei der Auswahl des Verwalters die vom vorläufigen Gläubigerausschuss beschlossenen Anforderungen an die Person des Verwalters zugrunde zu legen.

(3) Hat das Gericht mit Rücksicht auf eine nachteilige Veränderung der Vermögenslage des Schuldners von einer Anhörung nach Absatz 1 abgesehen, so kann der vorläufige Gläubigerausschuss in seiner ersten Sitzung einstimmig eine andere Person als die bestellte zum Insolvenzverwalter wählen.

Übersicht

	Rdn.			Rdn.
A. Normzweck	1	D.	Bindungswirkung der Vorgaben der Gläubiger (Abs. 2)	36
B. Anwendungsbereich	9	I.	Benennung einer konkreten Person	37
C. Anhörung des vorläufigen Gläubigerausschusses (Abs. 1)	13	II.	Anforderungsprofil	41
I. Stellungnahme des vorläufigen Gläubigerausschusses	16	III.	Begründungspflicht	44
1. Zustandekommen des Beschlusses	18	IV.	Rechtsmittel bei abweichender gerichtlicher Entscheidung	47
2. Inhalt des Beschlusses	20	E.	Abwahlrecht (Absatz 3)	48
a) Anforderungsprofil	21	I.	Anwendungsbereich	49
b) Vorschlag zur Person des Verwalters	28	II.	Voraussetzungen der Abwahl	50
II. Ausnahmen von der Anhörungspflicht	32	III.	Rechtsfolgen	55

Literatur:
Bork Die Unabhängigkeit des Insolvenzverwalters ist nicht disponibel, ZInsO 2013, 145; *Frind* Die Praxis fragt, das ESUG antwortet nicht, ZInsO 2011, 2249; *ders.* Das Anforderungsprofil gem. § 56a InsO, NZI 2012, 650; *ders.* Die Unabhängigkeit des (vorläufigen) Insolvenzverwalters/Sachwalters nach Inkrafttreten des »ESUG« ZInsO 2014, 119; *Hölzle* Zur Disponibilität der Unabhängigkeit des Insolvenzverwalters, ZInsO 2013, 447; *Horstkotte* Unabhängigkeit – the new battleground, ZInsO 2013, 160; *Mönning* Beteiligung der Gläubiger bei der Auswahl des Insolvenzverwalters, FS Görg, S. 291; *Neubert* Das neue Insolvenzeröffnungsverfahren nach dem ESUG, GmbHR 2012, 439; *Obermüller* Der Gläubigerausschuss nach dem »ESUG«, ZInsO 2012, 18; *Riggert* Die Auswahl des Insolvenzverwalters – Gläubigerbeteiligung des Referentenentwurfs zur InsO aus Lieferantensicht, NZI 2011, 121; *Römermann* Neues Insolvenz- und Sanierungsrecht nach dem ESUG, NJW 2012, 645; *Schmidt/Hölzle* Der Verzicht auf die Unabhängigkeit des Insolvenzverwalters, ZIP 2012, 2238; *Vallender/Zipperer* Der vorbefasste Insolvenzverwalter – ein Zukunftsmodell?, ZInsO 2013, 149.

§ 56a InsO Gläubigerbeteiligung bei der Verwalterbestellung

A. Normzweck

1 Der Gesetzgeber verfolgt mit dem am 1. März 2012 in Kraft getretenen »Gesetz zur weiteren Erleichterung der Sanierung von Unternehmen« vom 7. Dezember 2011 (BGBl. I S. 2582, »ESUG«) das Ziel, die **Beteiligung der Gläubiger** im Insolvenzverfahren zu verbessern. Die InsO sah bis dahin eine Beteiligung von Schuldner und Gläubigern an der Auswahl des Verwalters – der »Schicksalsfrage« des Verfahrens – ausdrücklich nur bei der Bestellung des Treuhänders vor. In der Praxis hatten einige Gerichte bereits Modelle der Anhörung von Gläubigern vor der Verwalterbestellung entwickelt (insb. das »**Detmolder Modell**«, vgl. dazu *Busch* DZWIR 2004, 353), verpflichtend war dies jedoch nicht. Vor dem Hintergrund der geringen praktischen Relevanz der Abwahlmöglichkeit der Gläubigerversammlung nach § 57 InsO erst im eröffneten Verfahren können die Gläubiger deshalb seit 2012 bereits an der Bestellung des (vorläufigen) Insolvenzverwalters mitwirken können. Dies beruht auf der Erkenntnis und der Kritik aus der Praxis, dass eine Abwahl des Verwalters in der ersten Gläubigerversammlung häufig bereits deshalb unterblieb, weil der Austausch der handelnden Person zu spät gekommen wäre und der befürchtete Schaden höher als der erwartete Nutzen eingeschätzt wurde, da die wesentlichen Weichen, insbesondere bei der Frage der Unternehmensfortführung, bereits im Eröffnungsverfahren gestellt werden. Aus diesem Grund wurde das Verfahren für die Bestellung des Verwalters unter Beteiligung der Gläubiger durch das ESUG neu geregelt.

2 Die Vorschrift regelt das Verfahren der Einbeziehung des vorläufigen Gläubigerausschusses nach § 22a InsO bei der Verwalterbestellung. Dabei stellt die Vorschrift den Grundsatz auf, dass vor der Bestellung des Verwalters nach § 56 Abs. 1 InsO bzw. des vorläufigen Verwalters nach §§ 21 Abs. 2 Nr. 1, 56 Abs. 1 InsO die Gläubiger zu hören sind und diese Vorschläge zur Person des Verwalters oder die an ihn zu stellenden Anforderungen machen können (**Absatz 1**). Entsprechende von einer Mehrheit getragene Vorschläge binden das Gericht (**Absatz 2**). Die Norm schränkt damit das Ermessen des Insolvenzgerichts bei der Verwalterauswahl ein. Ist eine vorherige Anhörung der Gläubiger vor der Bestellung des Verwalters nicht möglich, soll deren Beteiligung schneller nachgeholt werden können, ohne dass die Verfahrenseröffnung und die erste Gläubigerversammlung abgewartet werden müssen (**Absatz 3**).

3 Die Beteiligung der Gläubiger nach dem ESUG erfolgt gestuft: **Einzelnen Gläubigern** steht lediglich das Vorschlagsrecht des § 56 Abs. 1 Satz 3 Nr. 1 InsO zu, eine **Mehrheit von Gläubigern** kann über den vorläufigen Gläubigerausschuss ein Anforderungsprofil beschließen. **Einstimmig** kann der vorläufige Gläubigerausschuss einen bindenden Personenvorschlag machen bzw. den Verwalter abwählen. Schließlich kommt der Gläubigerversammlung als repräsentatives Organ der Gesamtgläubigerschaft nach der Eröffnung das Recht zur Wahl eines neuen Verwalters nach § 57 InsO zu, das von den Beteiligungsrechten nach § 56a InsO unberührt bleibt.

4 Die stärkere Beteiligung der Gläubiger folgt nach der Gesetzesbegründung aus der Erkenntnis, dass in der Insolvenz das schuldnerische Unternehmen wirtschaftlich den Gläubigern gehört und diesen deshalb in Bezug auf die vielbeschworene »Schicksalsfrage« der Verwalterauswahl eine **stärkere Mitbestimmung** zukommen muss. Die Einbeziehung war bereits nach der früheren Rechtslage möglich und hatte sich nach Ansicht des Gesetzgebers bewährt (RegE BT-Drucks. 17/5712 S. 17, 25). Die Vorschrift steht in engem Zusammenhang mit der neugeschaffenen Möglichkeit der Einsetzung eines »vorläufigen« Gläubigerausschusses im Eröffnungsverfahren nach §§ 21 Abs. 2 Nr. 1a, 22a InsO.

5 Die **Beteiligung der Gläubiger** an der Auswahl des Insolvenzverwalters ist eines der Kernelemente der im März 2012 in Kraft getretenen Insolvenzrechtsreform. Die Einbeziehung der Gläubiger und damit die Stärkung der Gläubigerautonomie soll insbesondere die Chancen einer Sanierung des schuldnerischen Unternehmens verbessern (BT-Drucks. 17/5712 S. 1, 17). Dies basiert auf der Annahme, dass eine größere **Vorhersehbarkeit und Planbarkeit** des Insolvenzverfahrens die Erbringung von Sanierungsbeiträgen auch seitens der Gläubiger erleichtert und die Auswahl des Verwalters deshalb – wie in anderen Rechtsordnungen – berechenbarer werden sollte. Zudem sollen Anreize für eine frühere Antragstellung gesetzt werden, wenn Sanierungschancen noch größere Aus-

sicht auf Erfolg haben können. Auch ist davon auszugehen, dass die Gläubiger über präzisere Informationen als das Gericht verfügen, welchen Befähigungen der Verwalter mitzubringen hat.

Die **Zusammensetzung des vorläufigen Gläubigerausschusses** soll nach Ansicht des Gesetzgebers 6 sicherstellen, dass die vorgeschlagenen Personen bzw. das Anforderungsprofil ausgewogen ist und die Interessen der Gläubigergesamtheit hinreichend abbildet. Dies folge bereits aus der Möglichkeit der Gläubigerversammlung, einen vom Ausschuss bestimmten Verwalter im eröffneten Verfahren abwählen zu können, so dass keine Person vorgeschlagen werde, die sich erwartungsgemäß nicht auf eine Mehrheit in der Gläubigerversammlung stützen könne (RegE BT-Drucks. 17/5712 S. 26).

Die Vorschrift war im ursprünglichen Regierungsentwurf (BT-Drucks. 17/5712) nicht in dieser 7 Form enthalten, sondern wurde erst im Rechtsausschuss beschlossen. Die Absätze 1 und 2 waren im Regierungsentwurf als § 56 Abs. 2 und 3 InsO n.F. vorgesehen, Absatz 3 wurde durch den Rechtsausschuss neu angefügt (BT-Drucks. 17/7511). Damit sollte der aus der Praxis geübten Kritik am Regierungsentwurf Rechnung getragen werden, dass in vielen Fällen eine Beteiligung der Gläubiger vor der Verwalterbestellung aus Zeitgründen nicht für möglich erachtet wurde. In diesen Fällen soll Abs. 3 eine nachträgliche, aber zeitlich im Vergleich zu § 57 InsO vorverlagerte, **Korrekturmöglichkeit** der gerichtlichen Entscheidung bieten.

Die Einbeziehung der Gläubiger in die Verwalterauswahl war während des Gesetzgebungsverfahrens 8 v.a. deshalb kritisiert worden, weil eine zu starke Einflussnahme insbesondere der institutionellen Gläubiger und damit eine Gefährdung der Unabhängigkeit der Insolvenzverwalter befürchtet wurde. Dem wird nunmehr dadurch ausreichend Rechnung getragen, dass einerseits nur ein einstimmiges Votum aller Gläubigergruppen eine **Bindungswirkung** für das Gericht erzeugt und dem Gericht zudem weiterhin das scharfe Schwert der Nichtbestellung der von den Gläubigern ausgewählten Person wegen fehlender Eignung und fehlender Unabhängigkeit zusteht.

B. Anwendungsbereich

Die Beteiligung der Gläubiger bei der Bestellung des Insolvenzverwalters nach § 56a InsO findet 9 sich im Abschnitt über die Bestellung des »**endgültigen**« **Verwalters** im eröffneten Verfahren. Sie gilt deshalb zunächst für die Anhörung eines vorläufigen Gläubigerausschusses im Eröffnungsverfahren vor der Bestellung des Verwalters im Eröffnungsbeschluss. Die Regelung gilt nicht für Gläubigerausschüsse im eröffneten Verfahren.

Der **Hauptanwendungsbereich** der Norm liegt jedoch in der entsprechenden Anwendbarkeit im **Er-** 10 **öffnungsverfahren** über die Verweisung nach §§ 21 Abs. 2 Satz 1 Nr. 1 InsO und damit in der Gläubigerbeteiligung bei der Auswahl des vorläufigen Verwalters. Danach steht dem vorläufigen Gläubigerausschuss bereits vor der Bestellung des vorläufigen Verwalters ein Vorschlagsrecht zu. Die Bestellung des vorläufigen Insolvenzverwalters ist regelmäßig entscheidend für den Verlauf des Insolvenzverfahrens und von seltenen Ausnahmen abgesehen bestimmend für die Wahl des Insolvenzverwalters im eröffneten Verfahren. Die Vorschrift wird deshalb ihre Bedeutung vor allem unmittelbar nach Stellung des Eröffnungsantrags entfalten.

Über die Verweisung der §§ 270a Abs. 1 Satz 2, 274 Abs. 1 InsO gilt § 56a InsO auch für die **Be-** 11 **stellung des Sachwalters** in der Eigenverwaltung und des durch das ESUG neu eingeführten **vorläufigen Sachwalters**. Da auch das Verfahren nach § 270b InsO zur Vorbereitung einer Sanierung (sog. »Schutzschirmverfahren«) nur eine Variante des Eröffnungsverfahrens in Eigenverwaltung darstellt, gilt § 56a InsO grds. auch für das **Schutzschirmverfahren**. Hier kollidiert die Gläubigerbeteiligung jedoch mit dem bindenden Vorschlagsrecht des Schuldners nach § 270b Abs. 2 InsO, welches als lex specialis Vorrang vor eventuellen Vorschlägen der Gläubiger haben dürfte (vgl. § 270b). § 56a InsO war auf den **Treuhänder** im vereinfachten Insolvenzverfahren (§ 313 Abs. 1 Satz 3 a.F. InsO) anwendbar, nicht hingegen auf den Treuhänder in der Wohlverhaltensperiode des Restschuldbefreiungsverfahrens nach den §§ 286 ff. InsO, da § 292 Abs. 3 Satz 2 InsO nicht auf § 56a InsO verweist. Keine Anwendung findet die Gläubigerbeteiligung dagegen auf die Bestellung eines **Sachverständigen** im Rahmen der Amtsermittlung.

12 Die Vorschrift setzt die Einsetzung eines vorläufigen Gläubigerausschusses nach § 22a InsO voraus. Damit ist sichergestellt, dass nicht in allen Verfahren der mit der Gläubigerbeteiligung verbundene Aufwand zu betreiben ist, sondern nur in den wirtschaftlich bedeutenderen Fällen.

C. Anhörung des vorläufigen Gläubigerausschusses (Abs. 1)

13 Die Vorschrift regelt nur die gerichtliche Verpflichtung zur Anhörung eines bestehenden vorläufigen Gläubigerausschusses bzw. dessen Rechten nach der Verwalterbestellung. **Ob** ein solcher Ausschuss einzusetzen ist, folgt nicht aus § 56a InsO, sondern aus den §§ 21, 22a InsO. Die Einsetzung eines Gläubigerausschusses noch vor der Bestellung des Insolvenzverwalters bzw. vor der Bestellung des vorläufigen Insolvenzverwalters erfolgt mit dem vorrangigen Ziel, die Gläubiger in die Auswahl des Verwalters einzubeziehen und damit das bislang und ansonsten bestehende weite Ermessen des Insolvenzgerichts zu begrenzen.

14 Wird der vorläufige Gläubigerausschuss vor der Bestellung des vorläufigen Verwalters beteiligt und folgt das Gericht dem Vorschlag des Ausschusses, ist eine erneute Beteiligung desselben Ausschusses vor der Bestellung derselben Person zum endgültigen Verwalter nicht erforderlich (RegE BT-Drucks. 17/5712 S. 26; A/G/R-*Lind* § 56a InsO Rn. 4; *Kübler/Prütting/Bork-Hölzle* InsO §§ 56, 56a Rn. 50; K. Schmidt/*Ries* InsO, § 56a Rn. 7; **a.A.** MüKo-InsO/*Graeber* § 56a Rn. 19). Hat der Ausschuss im Eröffnungsverfahren lediglich ein Anforderungsprofil beschlossen, sollte vor der Eröffnung hingegen eine erneute Anhörung zur Person erfolgen (HambK-InsO/*Frind* § 56a Rn. 16). Ebenso ist eine erneute Anhörung des vorläufigen Gläubigerausschusses erforderlich, wenn das Gericht mit der Eröffnung eine andere Person als den vorläufigen Verwalter bestellen will. Eine erneute Anhörung zur Person des Verwalters ist auch dann geboten, wenn konkrete Anhaltspunkte für eine zwischenzeitliche Meinungsänderung im Ausschuss erkennbar sind oder das Gericht von einstimmigen Vorschlag des Ausschusses für den vorläufigen Verwalter abgewichen ist (K. Schmidt/*Ries* InsO, § 56a Rn. 7). Gleichzeitig steht es dem Ausschuss selbstredend frei, sich aus eigener Initiative vor Verfahrenseröffnung gegenüber dem Gericht zu äußern.

15 Dem **Schuldner** steht kein für das Gericht bindendes Vorschlagsrecht hinsichtlich eines Anforderungsprofils zu. Er kann nach § 56 Abs. 1 Nr. 1 InsO lediglich einen Vorschlag machen, der jedoch keine Bindungswirkung für das Gericht entfaltet.

I. Stellungnahme des vorläufigen Gläubigerausschusses

16 Hat das Insolvenzgericht nach Maßgabe der §§ 21 Abs. 2 Nr. 1a, 22a InsO einen vorläufigen Gläubigerausschuss eingesetzt, hat dieser die **Gelegenheit, aber nicht die Pflicht**, sich zur Person des Insolvenzverwalters und bzw. oder die an diesen zu stellenden Anforderungen zu äußern. Hierzu hat der Gläubigerausschuss einen **Beschluss** nach § 72 InsO zu fassen (**a.A.** *Uhlenbruck/Zipperer* InsO, § 56 Rn. 5: formlos).

17 Es kommt für die Mitwirkungsrechte nach § 56a InsO nicht darauf an, ob der bestellte Gläubigerausschuss wegen Vorliegens der Voraussetzungen des § 22a InsO obligatorisch zu bestellen war oder es sich um einen fakultativen Gläubigerausschuss nach § 21 Abs. 2 Nr. 1a InsO handelt (HambK-InsO/*Frind* § 56a Rn. 12; **a.A.** *Obermüller* ZInsO 2012, 18 [24]). Dem Wortlaut des § 56a InsO ist eine Beschränkung des Anhörungsrechts und der Bindungswirkung auf den obligatorischen Gläubigerausschuss nicht zu entnehmen. Sie wäre auch mit dem Sinn und Zweck eines vorläufigen Gläubigerausschusses nicht zu vereinbaren. Besteht der Ausschuss, ist er anzuhören.

1. Zustandekommen des Beschlusses

18 Für die Einberufung des Ausschusses und die Beschlussfassung gelten aufgrund der Verweisung in § 21 Abs. 2 Nr. 1a InsO die allgemeinen Vorschriften der §§ 69 ff. InsO.

19 Dabei kann der Beschluss in einer Präsenzsitzung, aber auch in einer Telefon- oder Videokonferenz oder im Umlaufverfahren gefasst werden, sofern die Geschäftsordnung des Ausschusses dies zulässt;

er ist allerdings zum Nachweis gegenüber dem Gericht und für die Insolvenzakte schriftlich zu dokumentieren (*Obermüller* ZInsO 2012, 24). Ggf. kann die Beschlussfassung im Falle eines vorbereiteten Antrags mit mitgebrachtem Gläubigerausschuss auch bereits vor der amtlichen Bestellung durch das Gericht erfolgen (s. *Schmerbach* § 21 Rdn. 110, § 22a Rdn. 52; **a.A.** *Frind* ZInsO 2011, 2249 [2257]; *AG München* ZIP 2012, 1308 m. Anm. *Vallender* EWiR 2012, 495; MüKo-InsO/*Graeber* § 56a Rn. 24). Die Gegenansicht, die sich darauf stützt, dass nicht die einzelnen Mitglieder sondern der Ausschuss als Organ anzuhören sei, verkennt, dass das Organ durch seine Mitglieder entscheidet und nicht ersichtlich ist, warum eine erneute Abstimmung nach Konstituierung zu anderen Ergebnissen führen soll. In jedem Fall sollte der Beschluss die Unterschriften der Ausschussmitglieder oder die des Protokollanten mit dem Abstimmungsergebnis tragen.

2. Inhalt des Beschlusses

Dem vom Gericht angehörten vorläufigen Gläubigerausschuss stehen im Hinblick auf die Auswahl des Insolvenzverwalters **drei Optionen** zu. Er kann sich zum einen zu den konkreten Anforderungen äußern, die an den Verwalter im jeweiligen Verfahren zu stellen sind. Alternativ dazu kann der Ausschuss dem Gericht einen Vorschlag zur Person des Verwalters übermitteln. Selbstverständlich kann der Ausschuss auch beides kombinieren und dem Gericht ein Anforderungsprofil mitteilen sowie eine Person, auf die nach seiner Ansicht dieses Anforderungsprofil zutrifft und die aus diesen Gründen als Verwalter bestellt werden sollte. Dies ist bereits deshalb zweckmäßig, um gegenüber dem Gericht die eigenen Auswahlmaßstäbe transparent zu machen (*Obermüller* ZInsO 2012, 18 [23]). Zwingend ist es aber nicht. Dies folgt nach dem Wortlaut bereits aus dem Umstand, dass es dem Ausschuss freisteht, sich zu äußern. Er kann sich dann auch nur teilweise äußern. 20

a) Anforderungsprofil

Der vorläufige Gläubigerausschuss kann ein Anforderungsprofil beschließen, das das Gericht nach Maßgabe des Absatzes 2 im konkreten Fall bei seiner Auswahl des Insolvenzverwalters zugrunde zu legen hat. Dabei wird den Gläubigern freigestellt, nur bestimmte Aspekte zu benennen oder ein umfassendes Anforderungsprofil vorzulegen, das sich zu sämtlichen Aspekten der Eignung und Unabhängigkeit des Insolvenzverwalters nach Maßgabe des § 56 Abs. 1 InsO und den hierzu von der **Rechtsprechung und Literatur entwickelten Grundsätzen** äußert. 21

Die Darstellung des Anforderungsprofils sollte unbestimmte Rechtsbegriffe vermeiden und möglichst **klare, eindeutig bestimmbare Kriterien** benennen (vgl. *Frind* ZInsO 2011, 1913 ff.). So ist z.B. die »Sanierungserfahrung« ein dehnbarer Begriff, der besser durch konkrete Angaben wie »Unternehmenssanierung mittels Insolvenzplänen« oder Angaben über die Mindestanzahl und Größe der sanierten Unternehmen ergänzt wird. Das Anforderungsprofil kann sich dabei ebenso auf bestimmte **Branchenkenntnisse** oder Kontakte beziehen wie auf Fremdsprachenkenntnisse oder einschlägige **Erfahrungen** mit bestimmten Instrumenten der Insolvenzordnung wie z.B. dem Planverfahren, Konzerninsolvenzen oder Kriminalinsolvenzen. Die Kriterien können sich einerseits auf Besonderheiten des Verfahrens (Branche, Unternehmensgröße) beziehen, andererseits auf persönliche Fähigkeiten und Kenntnisse des Verwalters (Fremdsprachen, Bürogröße etc.). Die Anforderungen können auch so präzise formuliert sein, dass sie im Ergebnis auf wenige konkrete Personen zugeschnitten sind. Der Beschluss sollte sich ferner zum Gegenstand des schuldnerischen Unternehmens äußern, sofern dies nicht bereits aus dem Antrag deutlich wird, um dem Gericht die Prüfung zu erleichtern. 22

Dabei ist es zulässig, **mehrere konkrete Personen** zu benennen, die nach Ansicht des Ausschusses das gewünschte Profil vorweisen. Es ist jedoch zu beachten, dass das Einstimmigkeitskriterium des Abs. 2 nicht umgangen wird. Keinesfalls ist es zulässig, auf diese Weise mittels lediglich einer Stimmenmehrheit die Auswahl des Verwalters indirekt auf eine bestimmte Person zu reduzieren (s. Rdn. 43). Andererseits ist nicht auszuschließen und nicht als Umgehung zu bewerten, wenn Anforderungen beschlossen werden, die nur wenige Verwalter erfüllen, weil es sich z.B. beim Schuldner um eine kleine, spezielle Branche handelt. Schlägt der Ausschuss neben einem Profil nur mit einer 23

Mehrheit eine konkrete Person vor, sollte das Gericht diese Person dennoch in die Prüfungen einbeziehen.

24 Die vom Ausschuss aufgestellten Anforderungen müssen sich selbstverständlich am Maßstab des § 56 Abs. 1 Satz 1 InsO messen lassen (RegE BT-Drucks. 17/5712 S. 26; *Frind* ZInsO 2011, 2249 [2257]) und dürfen diesen lediglich konkretisieren. Ein Vorrang der Vorschläge des Ausschusses gegenüber den gesetzlichen Maßgaben des § 56 Abs. 1 InsO besteht nicht, wie auch die Gesetzesbegründung klarstellt. Bei Abgabe eines unzureichenden oder dem Gesetz widersprechenden Profils sollte das Gericht – sofern die Zeit hierfür ausreicht – dem Ausschuss unter Hinweis auf die Mängel Gelegenheit zur Nachbesserung geben.

25 Ziel der Formulierung eines Anforderungsprofils ist es, den zum jeweiligen schuldnerischen Unternehmen passenden und für die erfolgreiche Durchführung des Insolvenzverfahrens **geeigneten Insolvenzverwalter** zu finden. Die im Gläubigerausschuss vertretenen Gläubigergruppen werden regelmäßig aufgrund ihrer unterschiedlichen Beziehungen zum Unternehmen über dessen Besonderheiten und Schwerpunkte informiert sein und auf der Grundlage dieser Kenntnisse, die dem Gericht regelmäßig fehlen, die notwendigen Fähigkeiten und Eigenschaften definieren können, die der Verwalter besitzen soll. Selbst wenn das Gericht die verlangten Eigenschaften nicht in allen Punkten ebenfalls für relevant erachtet, sollte eine Auseinandersetzung mit dem Profil stattfinden und dieses jedenfalls im Übrigen berücksichtigt werden.

26 Das Anforderungsprofil bedarf keiner einstimmigen Entscheidung des Ausschusses, eine **Mehrheit** entsprechend §§ 21 Abs. 2 Nr. 1a, 72 InsO ist ausreichend.

27 Der Ausschuss muss das beschlossene Anforderungsprofil nicht begründen. Eine **Begründung** ist jedoch sinnvoll und deshalb anzuraten, um gegenüber dem Gericht die notwendige Transparenz herzustellen und zu vermeiden, dass das Gericht unter Hinweis auf § 56 Abs. 1 InsO von den Vorgaben abweicht oder diese anders ausfüllt als von den Gläubigern intendiert. Der Mehrheitsentscheidung kann ein begründetes Minderheitenvotum beigefügt werden.

b) Vorschlag zur Person des Verwalters

28 Anstatt ein Anforderungsprofil zu formulieren, kann der Ausschuss eine **bestimmte Person** als Verwalter vorschlagen. Die vorgeschlagene Person muss den Anforderungen des § 56 Abs. 1 Satz 1 InsO entsprechen. Möglich ist es, neben einem konkreten Vorschlag zusätzlich ein Anforderungsprofil zu beschließen, um dem Gericht Leitlinien vorzugeben für den Fall, dass es die gewählte Person nicht für geeignet erachtet. Die gewählte Person muss nicht auf der Vorauswahlliste des Gerichts stehen (*AG Potsdam* ZInsO 2017, 658; *Obermüller* ZInsO 2011, 1809 [1812]; K. *Schmidt*/*Ries* InsO, § 56a Rn. 20). Vorgeschlagen werden kann lediglich eine **einzige Person**, nicht mehrere. Hierfür spricht neben dem Wortlaut der Regelung, die insbesondere in § 56a Abs. 2 Satz 1 InsO von der Person im Singular spricht, auch die Gesetzesbegründung. Nach **anderer Ansicht** können mehrere Personen einstimmig gewählt werden und dem Gericht die Auswahl aus dem vorgeschlagenen Kreis überlassen werden (HambK-InsO/*Frind* § 56a Rn. 22; *Frind* ZInsO 2011, 2249 [2257]) bzw. ein Ranking erstellt werden (K. *Schmidt*/*Ries* InsO, § 56a Rn. 17).

29 Eine einstimmige Entscheidung des Gläubigerausschusses liegt nur dann vor, wenn **alle Mitglieder des Ausschusses** für die betreffende Person gestimmt haben. Nicht ausreichend ist es, wenn zwar ein einstimmiger Beschluss vorliegt, jedoch nicht alle gerichtlich bestellten Mitglieder an der Beschlussfassung teilgenommen haben (ebenso *Kübler/Prütting/Bork-Hölzle* InsO, § 56a Rn. 41 f.; MüKo-InsO/*Graeber* § 56a Rn. 25; a.A. *Obermüller* ZInsO 2012, 24; K. *Schmidt*/*Ries* InsO, § 56a Rn. 18). Der Wortlaut des § 56a Abs. 2 InsO stellt eine Spezialregelung zu § 72 InsO dar, der die Teilnahme einer Mehrheit der Mitglieder an der Beschlussfassung ausreichen lässt. Für eine Abweichung von § 72 InsO spricht auch die Begründung des Gesetzes, die auf eine Abbildung der Interessen aller Gläubigergruppen im Ausschuss abstellt und allein der möglichst repräsentativen Gläubigergesamtheit die Bindungswirkung im Hinblick auf die Person des Verwalters zugesteht (RegE

BT-Drucks. 17/5712 S. 26). Ein einheitlicher Beschluss eines nicht vollständig besetzten vorläufigen Gläubigerausschusses besitzt jedoch nicht die vom Gesetz verlangte Repräsentationswirkung.

Es empfiehlt sich, den Vorschlag gegenüber dem Insolvenzgericht zu **begründen**, auch wenn dies vom Gesetz nicht vorgeschrieben ist und sich auch aus Abs. 1 keine Verpflichtung herleiten lässt, neben dem Personenvorschlag ein auf die gewählte Person passendes Anforderungsprofil zu beschließen. Letzteres findet im Gesetz keine Stütze (*Neubert* GmbHR 2012, 439 [444]; K. Schmidt/*Ries* InsO, § 56a Rn. 19; **a.A.** HambK-InsO/*Frind* § 56a Rn. 13; *Frind* ZInsO 2011, 2249 [2257]; NZI 2012, 650 [653]). Dies erleichtert dem Insolvenzgericht die nach Abs. 2, § 56 Abs. 1 InsO obliegende Prüfung der Eignung der Person für das Amt des Verwalters. Die Gläubiger können so vermeiden, dass das Gericht insbesondere bei solchen Personen, die bei dem Gericht nicht gelistet sind, wegen bestehender Zweifel an der Eignung vom Vorschlag abweicht und eine andere Person bestellt. 30

Ferner sollte dem Gericht neben dem Namen der vorgeschlagenen Person auch dessen ladungsfähige **Anschrift und Telefonnummern** mitgeteilt werden. 31

II. Ausnahmen von der Anhörungspflicht

Das Insolvenzgericht kann von der Anhörung eines – bestehenden – vorläufigen Gläubigerausschusses absehen, wenn die Durchführung der Anhörung **offensichtlich** zu einer **nachteiligen Veränderung der Vermögenslage** des Schuldners führt. Die dem Gericht obliegende Abwägung ist streng von der Frage zu trennen, ob überhaupt ein vorläufiger Gläubigerausschuss einzusetzen ist oder bereits dessen Einsetzung wegen Eilbedürftigkeit nach Maßgabe des § 22a Abs. 3 InsO unterbleiben kann. Damit gibt das Gesetz dem Gericht auch bei bestehendem oder zu bestellendem vorläufigen Gläubigerausschuss die Option zu handeln, wenn Gefahr in Verzug ist. 32

Eine offensichtlich nachteilige Veränderung der Vermögenslage wird i.d.R. nicht eintreten, soweit es um die Bestellung des **(endgültigen) Verwalters** geht, da die Befassung des vorläufigen Gläubigerausschusses – anders als dessen Bestellung – in Ermangelung von Einberufungsfristen kaum Raum für Verzögerungen des Verfahrensfortgangs geben wird, die sich nachteilig auf die Vermögenslage des Schuldners auswirken (*Uhlenbruck/Zipperer* InsO, § 56a Rn. 6). Eine nachteilige Veränderung der Vermögenslage wird sich regelmäßig auch nicht aus den mit der Beschlussfassung einhergehenden Kosten ableiten lassen, da diese nach § 17 Abs. 2 Satz 1 InsVV auf einmalig 300 € pro Mitglied des Ausschusses begrenzt sind. Das Gericht sollte dem vorläufigen Gläubigerausschuss bereits bei seiner Einberufung eine Frist zur Beschlussfassung nach § 56a InsO setzen. 33

Anders kann sich die Situation bei der Bestellung des **vorläufigen Insolvenzverwalters** darstellen. Liegen dem Gericht trotz der Pflichtangaben nach § 13 InsO keine ausreichenden Informationen über die Gläubiger vor oder sind diese nicht unmittelbar erreichbar, kann das Gericht wie bislang Sicherungsmaßnahmen ergreifen und ggf. einen vorläufigen Verwalter bestellen. Dabei ist jedoch zu beachten, dass sich die Vermögenslage des Schuldners i.d.R. nicht innerhalb von Stunden oder wenigen Tagen verschlechtern wird (*Braun/Blümle* InsO, § 56a Rn. 7) und die Bestellung eines vorläufigen Verwalters auch bislang öfters erst nach etlichen Tagen erfolgt, in denen zunächst ein Sachverständiger eingesetzt wird (*Mönning* FS Görg S. 291 ff.). Dieser kann ggf. klären, ob Nachteile drohen oder zeitnah mit einem Gläubigervorschlag zu rechnen ist. Auch liegen dem Gericht bei einem vollständigen Antrag i.d.R. die notwendigen Daten vor, um jedenfalls die Hausbank oder den Betriebsrat zu kontaktieren und dort in Erfahrung zu bringen, ob bei einer Verzögerung von wenigen Tagen bis zur Einsetzung eines vorläufigen Verwalters **offensichtlich** Vermögensnachteile drohen (*Braun/Blümle* InsO, § 56a Rn. 12; zeitlich schwer nachvollziehbar *AG München* ZIP 2012, 1308, wo bis zur Einsetzung des Ausschusses 14 Tage vergingen, dann aber für eine Anhörung des Ausschusses keine Zeit mehr war). Dabei ist zu beachten, dass Vermögensnachteile nur dann maßgeblich sind und zu einem direkten Handeln des Gerichts ohne Gläubigerbeteiligung berechtigen, wenn diese Nachteile **erheblich und ohne weiteres erkennbar** sind. Dies begrenzt die gerichtliche Ermittlung auf eine Evidenzkontrolle gerichtsbekannter Umstände (*Uhlenbruck/Zipperer* InsO, § 56a Rn. 6). Die Gesetzesbegründung weist zutreffend darauf hin, dass dies nur in seltenen Fällen vorkommen dürfte, ins- 34 besondere da die wesentlichen Daten nach §§ 13, 22a InsO vorliegen werden (a.A. *Kübler/Prütting/ Bork-Hölzle* InsO, § 56a Rn. 27). Die Abwesenheit von Informationen ist keinesfalls mit offensichtlich drohenden Nachteilen gleichzusetzen, im Gegenteil müssen hierfür konkrete, tatsächliche und auf das Verfahren bezogene Anhaltspunkte vorliegen. Jedenfalls im Fall eines **mitgebrachten Gläubigerausschusses**, der seinen Beschluss bereits gefasst hat, wird eine Ausnahme schwerlich zu begründen sein (vgl. bereits vor Inkrafttreten des Gesetzes *AG Hamburg* ZIP 2011, 2372).

35 Eine nachteilige Veränderung ist z.B. dann anzunehmen, wenn Vollstreckungen durch Gläubiger drohen oder die Fortführung gefährdende Unsicherheiten in Lieferbeziehungen zu entstehen drohen (*Frind* ZInsO 2011, 2249 [2257]).

D. Bindungswirkung der Vorgaben der Gläubiger (Abs. 2)

36 Das Gericht ist nach Maßgabe von § 56a Abs. 2 InsO bei der Bestellung des (vorläufigen) Insolvenzverwalters an die Vorgaben der Gläubiger gebunden. Dies gilt unabhängig davon, ob es sich um Beschlüsse eines nach § 22a InsO obligatorischen vorläufigen Gläubigerausschusses handelt oder um einen fakultativen Gläubigerausschuss nach § 21 Abs. 2 Nr. 1a InsO.

I. Benennung einer konkreten Person

37 Schlägt der vorläufige Gläubigerausschuss eine konkrete Person für die Bestellung zum (vorläufigen) Verwalter vor, ist das Gericht hieran grds. gebunden, wenn ein **einstimmiger Beschluss** vorliegt. Der Gesetzgeber hat angesichts der weitreichenden Einschränkung des gerichtlichen Ermessens insoweit das im Übrigen geltende Mehrheitserfordernis des § 72 InsO verschärft, um den Anschein einer Parteilichkeit des von den Gläubigern vorgeschlagenen Verwalters zu vermeiden. Angesichts der heterogenen Interessengruppen, die im vorläufigen Gläubigerausschuss vertreten sind, wird die Gefahr eines »Gefälligkeitsverwalters« vom Gesetzgeber als gering bewertet. Durch das Einstimmigkeitserfordernis wurde die Vorschrift gegenüber dem Referentenentwurf verschärft. Dieser sah nur eine Mehrheit der »wesentlichen Gläubiger« vor. Damit sollte die Gefahr vermindert werden, dass einzelne, insb. institutionelle Gläubiger einen übermäßigen und damit schädlichen Einfluss auf die Verwalterbestellung erhalten.

38 Hat der vorläufige Ausschuss einstimmig eine Person benannt, ist das Gericht gebunden, diese Person zum Verwalter zu bestellen. Es darf nur dann eine andere, nach eigenem Ermessen auf der Grundlage von § 56 InsO ausgewählte Person zum vorläufigen Verwalter bestellen, wenn die vorgeschlagene Person **für die Übernahme des Amtes nicht geeignet** ist. Insoweit gelten die gleichen Maßstäbe wie für die Ablehnung der Bestellung im Falle des § 57 Satz 3 InsO. Zu beachten ist, dass das Gericht nicht positiv die Eignung des Vorgeschlagenen feststellen muss, sondern nur abweichen darf, wenn die **Nichteignung** feststeht. Bei einem »non liquet« geht die Gläubigerentscheidung vor (ebenso K. Schmidt/*Ries* InsO, § 56a Rn. 21). Bei fehlender Eignung kann das Gericht ohne eine weitere Anhörung des vorläufigen Gläubigerausschusses einen anderen Kandidaten bestellen; es muss keine Gelegenheit zur »Nachbesserung« geben. Anders als bei der Wahl des Sachwalters im Schutzschirmverfahren nach § 270b InsO muss die fehlende Eignung nicht »offensichtlich« sein. Der Beurteilungsspielraum des Gerichts ist deshalb weit und entspricht § 57 Satz 3 InsO. Sofern der Ausschuss zusätzlich ein Anforderungsprofil beschlossen hat, bleibt das Gericht jedoch hieran gebunden (s. Rdn. 41; *Obermüller* ZInsO 2011, 1809 [1812]).

39 **Maßstab** für die Frage der (fehlenden) Eignung des vorgeschlagenen Verwalters ist § 56 Abs. 1 Satz 1 InsO, nicht hingegen ein etwa vom Ausschuss ebenfalls beschlossenes Anforderungsprofil (**a.A.** HambK-InsO/*Frind* § 56a Rn. 23; *Frind* NZI 2012, 650 [652]). Es ist nicht Aufgabe des Gerichts, insoweit die Meinungsbildung des Ausschusses zu kontrollieren und zu überprüfen, ob dieser aus Sicht des Gerichts im Hinblick auf das Vorliegen der beschlossenen Anforderungen bei der vorgeschlagenen Person irrte. Hiervon zu unterscheiden ist die allgemeine, unverändert notwendige Prüfung der grundsätzlichen Eignung der Person inklusive der Unabhängigkeit derselben, und dies nicht nur bei Missbrauchsverdacht (vgl. auch die Stellungnahme des Rechtsausschusses BT-

Drucks. 17/7511, S. 48; ebenso *Siemon* ZInsO 2012, 364; *Bork* ZIP 2013, 145; *Vallender/Zipperer* ZIP 2013, 149; *Graf-Schlicker* ZInsO 2013, 1765; a.A. *Schmidt/Hölzle* ZIP 2012, 2238). Die Unabhängigkeit des Verwalters ist auch fachlich eine Grundvoraussetzung für dessen Eignung für das Amt i.S.v. § 56 InsO und deshalb nicht disponibel, da sie nicht nur den Verfahrensbeteiligten dient, sondern auch dem öffentlichen Interesse an einer neutralen Rechtspflege (vgl. ausführlich *Bork* ZIP 2013, 145; *Frind* ZInsO 2014, 119 [128]). Jedoch ist nicht relevant, ob die vorgeschlagene Person auf der Vorauswahlliste des Gerichts steht (BT-Drucks. 17/5712 S. 26; *K. Schmidt/Ries* InsO, § 56a Rn. 20; MüKo-InsO/*Graeber* § 56a Rn. 39; a.A. *AG Hamburg* NZI 2013, 903). Andererseits spricht die »Listung« auf der Vorauswahlliste (ggf. auch eines anderen Gerichts) für die grundsätzliche Eignung der Person (*Braun/Blümle* InsO, § 56a Rn. 17, 23), vorbehaltlich konkreter aktueller Einwendungen. Kennt das Gericht den Vorgeschlagenen nicht, wird sich eine intensivere Prüfung insbesondere der Unabhängigkeit der Person anschließen. Es empfiehlt sich, dem Gericht die hierfür erforderlichen Angaben bzw. Unterlagen mit dem Beschluss zur Verfügung zu stellen. Die grundsätzliche Eignung kann der vorgeschlagenen Person jedoch i.d.R. nicht abgesprochen werden, wenn diese ggf. seit längerer Zeit von Gerichten bestellt wird und dies dem Gericht nachgewiesen wird oder ihm bekannt ist (vgl. *AG Hamburg* ZInsO 2011, 2337). Ob Anlass zu besonderer Vorsicht besteht, wenn der Vorgeschlagene »in einer internationalen Großkanzlei mit Unternehmensberatung« tätig ist, wie der Rechtsausschuss formulierte (BT-Drucks. 17/7511 S. 48), ist fraglich, denn es ist nicht erkennbar, warum die Tätigkeit in einer großen Sozietät größere Gefahren für eine schädliche Vorbefasstheit bieten soll als wenn der örtliche Einzelverwalter vorgeschlagen wird, der den Schuldner u.U. zuvor beraten hat.

40 Ob die Bestellung eines einstimmig gewählten Verwalters mangels Unabhängigkeit ausscheidet, weil dieser zuvor an der Erstellung eines **Insolvenzplanentwurfs** beteiligt war, ist eine Frage des Einzelfalls. Anders als z.T. vertreten, kann aus der Entstehungsgeschichte des ESUG nicht gefolgert werden, eine solche Vorbefassung verhindere eine Bestellung auch bei einstimmigem Votum (so aber *Siemon* ZInsO 2012, 364 [367]), da die entsprechende Fallkonstellation aus dem Entwurf im Laufe des Gesetzgebungsverfahrens gestrichen wurde. Der Wortlaut des Gesetzes ist hierzu unergiebig, und die Gesetzesbegründung weist ausdrücklich auf eine Wahl des Planerstellers hin (BT-Drucks. 17/7511 S. 47). Maßgeblich ist aus der Sicht des Gesetzgebers die konkrete Prüfung der Unabhängigkeit im Einzelfall; Ziel des ESUG war es, zum Ausschluss führende Automatismen bei der Bestellung zurückzudrängen.

II. Anforderungsprofil

41 Nicht nur die Wahl einer konkreten Person durch den vorläufigen Gläubigerausschuss, sondern auch der nur von einer nach §§ 21 Abs. 2 Nr. 1a, 72 InsO zu bestimmenden (Kopf-)Mehrheit getragene Beschluss der Gläubiger über ein Anforderungsprofil bindet das Gericht. Dieses ist dadurch in seinem **Ermessen** bei der Auswahl des (vorläufigen) Insolvenzverwalters insoweit **gebunden**, als bei der Auswahl die vom Gläubigerausschuss beschlossenen Eigenschaften und Fähigkeiten zu berücksichtigen sind. Ob ein Kandidat die genannten Anforderungen erfüllt, hat das Insolvenzgericht in eigener Kompetenz zu beurteilen. Ebenso wie die Bestellung eines vom Gläubigerausschuss gewählten Kandidaten unterliegt jedoch das Anforderungsprofil den Vorgaben von § 56 Abs. 1 Satz 1 InsO. Das Gericht braucht deshalb solche Anforderungen nicht zu beachten, die hierzu in Widerspruch stehen. Andererseits kann es vom Profil abweichen, wenn der Ausschuss bei seiner Beschlussfassung erkennbar auf der Basis unrichtiger Annahmen entschieden hat oder sich die Sachlage offensichtlich nachträglich maßgeblich geändert hat (A/G/R-*Lind* § 56a InsO Rn. 11). Ansonsten kann das Gericht auf die Entscheidung des Ausschusses vertrauen, was auch für seine Haftung relevant ist.

42 Es empfiehlt sich, den Entscheidungsprozess ggf. im Bestellungsbeschluss zu **begründen**, auch wenn es vom Gesetz nicht vorgeschrieben ist.

43 Hat der vorläufige Gläubigerausschuss die Anforderungen so stark präzisiert, dass die Auswahl durch das Gericht im Ergebnis auf lediglich eine konkrete Person reduziert ist, liegt in der Sache ein Vorschlag für eine bestimmte Person nach Abs. 1, 2. Fall vor. Das Gericht ist hieran nur dann gebunden,

wenn auch das Einstimmigkeitserfordernis des Abs. 1 gewahrt ist. Ansonsten ist ein solcher Vorschlag ebenso wie ein nur mehrheitlich getroffener Vorschlag unter Nennung des Namens der gewählten Person in Ermangelung bzw. als Umgehung der gesetzlichen Vorgaben nicht bindend, sollte aber als Willensbekundung des Gläubigerausschusses bei der Ermessensentscheidung berücksichtigt werden.

III. Begründungspflicht

44 Weicht das Gericht von einem einstimmigen Vorschlag des vorläufigen Gläubigerausschusses ab, weil es die vorgeschlagene Person nicht für geeignet hält, so hat es diese Entscheidung nach § 27 Abs. 2 Nr. 5 InsO im Eröffnungsbeschluss schriftlich zu begründen. Den Beteiligten sollen dadurch die Bedenken des Gerichts verdeutlicht werden, um der Gläubigerversammlung Gelegenheit zu geben, sich mit diesen Gründen auseinanderzusetzen, sollte die Wahl eines anderen als des gerichtlich bestellten Insolvenzverwalters nach § 57 InsO beabsichtigt sein. Wegen der **öffentlichen Bekanntmachung** des Eröffnungsbeschlusses nach § 30 InsO darf das Gericht den vorgeschlagenen, aber nicht bestellten Verwalter in seinem Beschluss nicht namentlich nennen.

45 Keine **Begründungspflicht** besteht dagegen nach § 27 Abs. 2 Nr. 5 InsO, wenn das Gericht vom Anforderungsprofil ganz oder teilweise abweicht, da der Wortlaut der Vorschrift insoweit eindeutig nur auf den Fall eines einstimmigen Personenvorschlags abstellt (**a.A.** *Kübler/Prütting/Bork-Hölzle* § 56a Rn. 24 ohne Begründung). Aber auch hier besteht ein faktischer Bedarf zur Begründung der Entscheidung, ein indirekter Begründungszwang folgt auch aus der besonderen Stellung des vorläufigen Gläubigerausschusses im Verfahren, so dass die Entscheidung – wenn auch nicht zwingend in Beschlussform – gegenüber dem Ausschuss begründet werden sollte (MüKo-InsO/*Graeber* § 56a Rn. 54, 55).

46 Die Begründungspflicht ist unmittelbar nur für den Eröffnungsbeschluss vorgesehen. Das Gericht muss deshalb seinen **Beschluss nach § 21 Abs. 2 Nr. 1 InsO**, mit dem der vorläufige Verwalter bestellt wird, nicht begründen. Eine Begründung ist auch im Eröffnungsbeschluss nicht nachzuholen (**a.A.** *Obermüller* ZInsO 2011, 1809 [1812]). Eine entsprechende Anwendung des § 27 InsO im Eröffnungsverfahren sieht das ESUG nicht vor, anders als z.B. bei der Anordnung der Eigenverwaltung nach § 270 Abs. 4 InsO. Im Interesse eines transparenten Verfahrens und einer offenen Kommunikation mit den Beteiligten sollte das Gericht die tragenden Gründe für die Abweichung vom Gläubigervorschlag jedoch bereits in den Bestellungsbeschluss aufzunehmen und im Eröffnungsbeschluss nur noch hierauf verweisen (MüKo-InsO/*Graeber* § 56a Rn. 42, 51, der allerdings mit überzeugenden Argumenten eine Pflicht zur Veröffentlichung der Begründung verneint; für eine Analogie zu § 27 InsO K. Schmidt/*Ries* InsO, § 56a Rn. 22).

IV. Rechtsmittel bei abweichender gerichtlicher Entscheidung

47 Lehnt das Gericht die Bestellung des vom vorläufigen Gläubigerausschuss einstimmig vorgeschlagenen Verwalters ab oder folgt es nicht den Vorgaben des mehrheitlich beschlossenen Anforderungsprofils, können die Gläubiger dies nicht mittels eines Rechtsmittels angreifen. Dies folgt mangels Eröffnung einer Beschwerdemöglichkeit aus dem Enumerationsprinzip des § 6 Abs. 1 InsO (vgl. zum Sachwalter *AG Hamburg* NZI 2013, 903). Ihnen bleibt lediglich die Möglichkeit, in der ersten Gläubigerversammlung nach § 57 InsO den gerichtlich bestellten Verwalter abzuwählen und an seiner bzw. ihrer Stelle die ursprünglich vorgeschlagene Person zu wählen. Lehnt das Gericht in diesem Fall erneut die Bestellung nach § 57 Satz 3 InsO ab, ist hiergegen die sofortige Beschwerde eröffnet, § 57 Satz 4 InsO.

E. Abwahlrecht (Absatz 3)

48 Hört das Insolvenzgericht den vorläufigen Gläubigerausschuss vor der Bestellung des (vorläufigen) Insolvenzverwalters nicht an, um nachteilige Veränderungen der Vermögenslage des Schuldners zu vermeiden, kann der vorläufige Gläubigerausschuss in seiner ersten Sitzung nach der Bestellung des

(vorläufigen) Verwalters einstimmig eine andere Person als die vom Gericht ausgewählte und bestellte zum Verwalter wählen.

I. Anwendungsbereich

Die Regelung, die vom Rechtsausschuss in das Gesetz aufgenommen wurde, soll dafür Sorge tragen, 49
dass die vom ESUG angestrebte stärkere Gläubigerbeteiligung bei der Verwalterauswahl nicht stets an der Eilbedürftigkeit der Bestellungsentscheidung nach Antragstellung scheitert. Obwohl die Vorschrift ausweislich der Ausschussbegründung (BT-Drucks. 17/7511 S. 46) auf die Situation im **Eröffnungsverfahren** abzielt, gilt sie angesichts ihrer systematischen Stellung im Dritten Abschnitt und ihres Wortlauts auch für das **eröffnete Verfahren** (a.A. HambK-InsO/*Frind* § 56a Rn. 30). Da die Beteiligung eines vorläufigen Ausschusses an der Wahl des (endgültigen) Verwalters jedoch wegen des bereits laufenden Eröffnungsverfahrens regelmäßig nicht an zeitlichen Verzögerungen scheitern sollte, liegt der hauptsächliche Anwendungsbereich im Eröffnungsverfahren bei der Abwahl des vorläufigen Verwalters.

II. Voraussetzungen der Abwahl

Voraussetzung des Abwahlrechts nach Abs. 3 ist zunächst, dass eine Beteiligung der Gläubiger nach 50
Abs. 1 lediglich deshalb unterblieben ist, weil diese das Verfahren verzögert und dadurch zu Nachteilen für die Masse geführt hätte (*AG München* ZIP 2012, 1308).

Bei einer restriktiven Auslegung der Vorschrift nach deren Wortlaut und Systematik besteht das Ab- 51
wahlrecht nur in dem Fall, dass ein vorläufiger Gläubigerausschuss zwar bestand, aus Zeitgründen jedoch vor der Bestellung nicht angehört wurde, nicht hingegen im Falle der **unterbliebenen Ausschussbestellung** nach § 22a Abs. 3 Fall 3 InsO (HambK-InsO/*Frind* § 56a Rn. 29). Eine solche Auslegung widerspricht jedoch dem Sinn und Zweck der Regelung, die nach der Gesetzesbegründung im Falle von eilbedürftigen Sicherungsmaßnahmen die grds. gebotene Gläubigerbeteiligung nachholen und damit das Abwahlrecht des § 57 InsO »scharfstellen« soll (BT-Drucks. 17/7511 S. 35, 47). Auch ein Erst-Recht-Schluss legt dies nahe. Daher kann der vorläufige Gläubigerausschuss auch dann den gerichtlich ohne Gläubigerbeteiligung bestellten (vorläufigen) Verwalter abwählen, wenn der Ausschuss selbst aus Zeitgründen erst nach der Bestellung des vorläufigen Verwalters bestellt wird (ebenso *Braun/Blümle* InsO, § 56a Rn. 19, 26; A/G/R-*Lind* § 56a InsO Rn. 6; **a.A.** § 22a Rdn. 30, 46; MüKo-InsO/*Graeber* § 56a Rn. 59 ff.; *Frind* ZInsO 2011, 2249 [2258]). Kein Abwahlrecht besteht dagegen, wenn der vorläufige Verwalter entgegen des Votums des Gläubigerausschusses bestellt wurde (HambK-InsO/*Frind* § 56a Rn. 29).

Die Abwahl kann lediglich in der **ersten Sitzung des vorläufigen Gläubigerausschusses** erfolgen. 52
Dies entspricht der Regelung in § 57 InsO. Selbstverständlich muss es sich dabei um die erste Sitzung nach der Bestellung des abzuwählenden (vorläufigen) Verwalters handeln. Anschließend kommt erst der Gläubigerversammlung im eröffneten Verfahren wieder ein Abwahlrecht zu, § 57 InsO.

Anders als die Abwahl durch die Gläubigerversammlung nach § 57 InsO verlangt Abs. 3 eine ein- 53
stimmige Entscheidung des vorläufigen Gläubigerausschusses. Zur Ermittlung der Einstimmigkeit s. Rdn. 29; auch hier ist ein einheitliches Votum aller bestellten Mitglieder und nicht nur der anwesenden Mitglieder zu verlangen (*Kübler/Prütting/Bork-Hölzle* InsO, §§ 56, 56a Rn. 41 ff.; MüKo-InsO/*Graeber* § 56a Rn. 67). Hintergrund für das abweichende Mehrheitserfordernis ist, dass der vorläufige Gläubigerausschuss anders als die Gläubigerversammlung nur ein unvollkommenes Abbild der Gesamtgläubigerschaft darstellt und ihm deshalb nur eingeschränkte Legitimation zukommt. Dies soll durch die Einstimmigkeit der Entscheidung kompensiert werden (BT-Drucks. 17/7511 S. 46).

Dem gerichtlich bestellten, abzuwählenden Verwalter ist vor der Abwahl Gelegenheit zur Stellung- 54
nahme zu geben.

III. Rechtsfolgen

55 Wählt der vorläufige Gläubigerausschuss in seiner ersten Sitzung eine andere Person zum Verwalter, muss das Gericht – ebenso wie bei einer Abwahl nach § 57 InsO – diesen zum (vorläufigen) Verwalter bestellen. Auch wenn dies vom Gesetz nicht ausdrücklich festgehalten wird, sind der Vorschrift keine Anhaltspunkte dafür zu entnehmen, dass die Wahl im vorläufigen Gläubigerausschuss die förmliche Bestellung samt Übergabe der Bestellungsurkunde nach § 56 Abs. 2 InsO ersetzt. Deshalb gilt der allgemeine Grundsatz der Bestellung durch das Insolvenzgericht auch im Fall der Wahl eines Verwalters durch den vorläufigen Ausschuss nach Abs. 3. Der vom vorläufigen Ausschuss gewählte neue Verwalter muss durch das Gericht bestellt werden (ebenso K. Schmidt/*Ries* InsO, § 56a Rn. 26; MüKo-InsO/*Graeber* § 56a Rn. 69).

56 Anders als § 57 InsO kann das Gericht nach dem Wortlaut des Abs. 3 die Bestellung der gewählten Person nicht deshalb versagen, weil sie für die Übernahme des Amtes nicht geeignet ist. Einen solchen Vorbehalt enthält § 56a Abs. 3 InsO anders als § 57 Satz 3 InsO nicht. Vor dem Hintergrund der Gesetzesbegründung, mit Abs. 3 die Regelung des § 57 InsO lediglich zeitlich nach vorne zu verlagern, erscheint jedoch eine analoge Anwendung des § 57 Satz 3 InsO geboten (HambK-InsO/*Frind* § 56a Rn. 33). Eine gegenteilige Auslegung der Vorschrift, die das Gericht zur Bestellung einer ungeeigneten Person zwingt, die nicht einmal nach § 56a Abs. 2 InsO vom Ausschuss vorgeschlagen werden könnte, war erkennbar nicht das Anliegen des Gesetzgebers. Eine solche Bindung würde weit über die bisherigen Rechte der – repräsentativen – Gläubigerversammlung hinausgehen (A/G/R-*Lind* § 56a InsO Rn. 6). Dem Gericht obliegt weiterhin die Prüfung der grundsätzlichen Eignung der gewählten Person nach Maßgabe des § 56 Abs. 1 Satz 1 InsO und kann bei fehlender Eignung die Bestellung ablehnen (A/G/R-*Lind* § 56a InsO Rn. 6; *Braun/Blümle* InsO, § 56a Rn. 20; MüKo-InsO/*Graeber* § 56a Rn. 73).

57 Eine Korrekturmöglichkeit besteht seitens des Gerichts ferner bei der Bestellung des endgültigen Verwalters für das eröffnete Verfahren, sofern die Abwahl nach Abs. 3 im Eröffnungsverfahren erfolgte. Eine Bindungswirkung für die Verwalterauswahl im Eröffnungsbeschluss enthält die Entscheidung des vorläufigen Gläubigerausschusses nach Abs. 3 nicht, dieser ist jedoch nach Abs. 1 vor der Bestellung des (endgültigen) Verwalters erneut zu hören. Erfolgt in diesem Fall erneut eine einstimmige Entscheidung zugunsten des bereits im Eröffnungsverfahren gewählten Verwalters, ist das Gericht hieran nur nach Maßgabe des Abs. 2 unter dem Vorbehalt der Eignung gebunden.

58 Im Übrigen wird wegen des Verfahrens und des Ablaufs des Verwalterwechsels auf die Erläuterungen zu § 57 verwiesen.

§ 56b Verwalterbestellung bei Schuldnern derselben Unternehmensgruppe

(1) Wird über das Vermögen von gruppenangehörigen Schuldnern die Eröffnung eines Insolvenzverfahren beantragt, so haben die angegangenen Insolvenzgerichte sich darüber abzustimmen, ob es im Interesse der Gläubiger liegt, lediglich eine Person zum Insolvenzverwalter zu bestellen. Bei der Abstimmung ist insbesondere zu erörtern, ob diese Person alle Verfahren über die gruppenangehörigen Schuldner mit der gebotenen Unabhängigkeit wahrnehmen kann und ob mögliche Interessenkonflikte durch die Bestellung von Sonderinsolvenzverwaltern ausgeräumt werden können.

(2) Von dem Vorschlag oder den Vorgaben eines vorläufigen Gläubigerausschusses nach § 56a kann das Gericht abweichen, wenn der für einen anderen gruppenangehörigen Schuldner bestellte vorläufige Gläubigerausschuss eine andere Person einstimmig vorschlägt, die sich für eine Tätigkeit nach Absatz 1 Satz 1 eignet. Vor der Bestellung dieser Person ist der vorläufige Gläubigerausschuss anzuhören. Ist zur Auflösung von Interessenkonflikten ein Sonderinsolvenzverwalter zu bestellen, findet § 56a entsprechende Anwendung.

Das Gesetz zur Erleichterung der Bewältigung von Konzerninsolvenzen (EKIG) vom 13.04.2017 (BGBl. I 2017, S. 866) tritt am 21.04.2018 in Kraft.

Übersicht

	Rdn.			Rdn.
A.	Normzweck	1	I. Allgemeines	46
B.	Bestellung eines Gruppeninsolvenz-		II. Auswahl des Sonderinsolvenzverwalters	51
	verwalters	3	III. Aufgaben des Sonderinsolvenzverwalters	54
I.	Allgemeines	3	IV. Entsprechende Anwendung von § 56a	
II.	Abstimmung der Gerichte	14	InsO	55
	1. Pflicht zur Abstimmung	14	1. Anhörung des vorläufigen Gläubiger-	
	2. Vorliegen einer Gruppeninsolvenz	18	ausschusses	57
	3. Interesse der Gläubiger	24	2. Abweichung vom Vorschlag des	
	4. Nur eine Person	25	Gläubigerausschusses	60
	5. Abwägung der Vor- und Nachteile	28	3. Abwahl	63
	6. Abstimmung über den konkreten		D. Vorschlag des vorläufigen Gläubiger-	
	Verwalter	36	ausschusses (Abs. 2)	67
C.	Ausräumung der Interessenkonflikte		E. Funktionale Zuständigkeit im Abstim-	
	durch Sonderinsolvenzverwalter?	46	mungsverfahren	71

Literatur:
Andres/Möhlenkamp Konzerne in der Insolvenz – Chance auf Sanierung? BB 2013, 579; *Bork* Die Unabhängigkeit des Insolvenzverwalters ist nicht disponibel, ZIP 2013, 145; *Brünkmanns* Entwurf eines Gesetzes zur Erleichterung der Bewältigung von Konzerninsolvenzen: Kritische Analyse und Anregungen aus der Praxis, ZIP 2013, 193; *Eidenmüller* Verfahrenskoordination bei Konzerninsolvenzen, ZHR 169 (2005), S. 528; *ders.* Effizienz als Rechtsprinzip: Möglichkeiten und Grenzen der Ökonomischen Analyse des Rechts, 2. Aufl. 1998; *Eidenmüller/Frobenius* Ein Regulierungskonzept zur Bewältigung von Gruppeninsolvenzen: Verfahrenskonsolidierung im Kontext nationaler und internationaler Reformvorhaben, ZIP 2013, Beil. zu Heft 22, S. 1; *Flöther/Hoffmann* Die Eigenverwaltung in der Konzerninsolvenz, FS für Bruno Kübler S. 147; *Fölsing* Konzerninsolvenz: Gruppen-Gerichtsstand, Kooperation und Koordination, ZInsO 2013, 413; *Frind* Die Unabhängigkeit des (vorläufigen) Insolvenzverwalters/Sachwalters nach Inkrafttreten des »ESUG«, ZInsO 2014, 119; *Graeber* Das Konzerninsolvenzverfahren des Diskussionsentwurfs 2013, ZInsO 2013, 409; *ders.* Der Konzerninsolvenzverwalter – Pragmatische Überlegungen zu Möglichkeiten eines Konzerninsolvenzverfahrens, NZI 2007, 265; *Graeber/Pape* Der Sonderinsolvenzverwalter im Konzern, ZIP 2007, 991; *Harder/Lojowsky* Der Diskussionsentwurf für ein Gesetz zur Erleichterung der Bewältigung von Konzerninsolvenzen-Verfahrensoptimierung zur Sanierung von Unternehmensverbänden, NZI 2013, 327; *Hirte* Vorschläge für die Kodifikation eines Konzerninsolvenzrechts, ZIP 2008, 444; *Lüke* Der Sonderinsolvenzverwalter, ZIP 2004, 1693; *Schmidt/Hölzle* Der Verzicht auf die Unabhängigkeit des Insolvenzverwalters, ZIP 2012, 2238; *Vallender/Zipperer* Der vorbefasste Insolvenzverwalter – Ein Zukunftsmodell?, ZIP 2013, 149; *Zipperer* Die einheitliche Verwalterbestellung nach dem Diskussionsentwurf für ein Gesetz zur Erleichterung der Bewältigung von Konzerninsolvenzen, ZIP 2013, 1007.

A. Normzweck

§ 56b InsO wurde durch Gesetz zur Erleichterung der Bewältigung von Konzerninsolvenzen 2017 (BT-Drucks. 18/11436) eingeführt. Um auch auf der Ebene der Insolvenzverwaltung den Abstimmungsbedarf zu minimieren, sollen sich die Insolvenzgerichte bei der Beantwortung der Frage abstimmen, ob es im Interesse der Gläubiger liegt, eine Person zum Verwalter in mehreren oder sämtlichen Verfahren zu bestellen. Die Regelung in § 56b Abs. 1 InsO trägt der Bedeutung der Verwalterbestellung im Konzernkontext Rechnung, indem sie für den Gegenstand und den Ablauf des Entscheidungsprozesses einen stabilen Rechtsrahmen schafft. 1

Die Vorschrift beschränkt sich nicht nur auf die Abstimmungspflicht der einzelnen angerufenen Gerichte bei der Insolvenzverwalterbestellung, sondern zeigt auch dem Richter an dem angerufenen Gruppen-Gerichtsstand weitere Kriterien auf, ob und wann ein einziger Verwalter für die Gruppe zu bestellen ist. 2

B. Bestellung eines Gruppeninsolvenzverwalters

I. Allgemeines

3 Hängt der Erfolg eines Insolvenzverfahrens für die Beteiligten schon allgemein von der Person und der Strategie des Insolvenzverwalters ab, gilt dies in besonderem Maße bei der Bewältigung der Insolvenz gruppenangehöriger Schuldner. Hier wird von dem/den zu bestellenden Verwalter/Verwaltern besondere Expertise abverlangt, insbesondere, wenn bei einer Konzerninsolvenz eine abgestimmte Vorgehensweise erforderlich wird.

4 Wenn in den einzelnen Verfahren der Unternehmensgruppe unterschiedliche Personen als Insolvenzverwalter bestellt werden, so werden sie in stetigem Kontakt zum Austausch von Informationen stehen müssen, um ihren Pflichten nach § 269a InsO nachkommen zu können. Das ist mit einem erheblichen Aufwand verbunden, zudem werden sich Lücken im Informationsfluss und Ineffizienzen im Abstimmungsvorgang kaum vermeiden lassen.

5 Die bestmögliche Abstimmung der einzelnen Insolvenzverfahren lasse sich am ehesten erreichen, wenn dieselbe Person zum Insolvenzverwalter bei allen gruppenangehörigen Schuldnern bestellt wird. Diese kann dann ohne tatsächlich oder rechtlich aufwendige Abstimmungsprozesse mit anderen Verwaltern eine Gesamtstrategie zur optimalen Bewältigung der Konzerninsolvenz entwickeln und umsetzen (*Graeber* ZInsO 2013, 409 [411]; *Eidenmüller/Frobenius* ZIP 2013, Beil. zu Heft 22, S. 1, 6).

6 Um auch auf der Ebene der Insolvenzverwaltung diesen Abstimmungsbedarf zu minimieren, müssen sich die Insolvenzgerichte auf Grundlage des § 56b InsO bei der Beantwortung der Frage abstimmen, ob es im Interesse der Gläubiger liegt, eine Person zum Verwalter in mehreren oder sämtlichen Verfahren zu bestellen (Begr. RegE BT-Drucks. 18/407, S. 30).

7 Bereits nach geltendem Recht wurde die Bestellung einer Person zum Insolvenzverwalter für mehrere oder alle Rechtsträger eines Konzerns als grds. zulässig angesehen. Sie entsprach auch einer vielfach geübten Praxis, soweit die Verfahren bei demselben Gericht anhängig waren. Mögliche Interessenkonflikte wurden in diesen Fällen durch die Bestellung von Sonderinsolvenzverwaltern Rechnung getragen. Die Möglichkeit, nach geltendem Insolvenzrecht einen Sonderverwalter zu bestellen, soweit der Insolvenzverwalter selbst tatsächlich oder rechtlich verhindert ist, sein Amt auszuüben, ist in Rechtsprechung und Schrifttum allgemein anerkannt (*BGH* Beschl. v. 18.06.2009 – IX ZB 13/09, JurionRS 2012, 10118; *K. Schmidt/Ries* InsO, § 56 Rn. 65 f.).

8 Sobald ein Gruppen-Gerichtsstand besteht und damit die Zuständigkeit für die Gruppen-Folgeverfahren einem Insolvenzrichter zugewiesen ist, wird es verhältnismäßig leicht sein, einen Verwalter zu bestellen. Demgegenüber sah der Diskussionsentwurf noch keinen einheitlichen Richter am Gruppen-Gerichtsstand vor. Die Literatur forderte daher eine Abstimmungspflicht auch zwischen den einzelnen Richtern am Gruppen-Gerichtsstand (*Zipperer* ZIP 2013, 1007 [1008]; MüKo-InsO/ *Brünkmanns* Konzerninsolvenzrecht Rn. 60). Der Gesetzgeber hat diese Lücke in § 3c Abs. 1 InsO behoben, in dem er im Wege einer gesetzlichen Zuständigkeitszuweisung anordnet, dass der nach der Geschäftsverteilung für das Verfahren zuständige Richter, in dem der Gruppen-Gerichtsstand begründet worden ist, auch für die Gruppen-Folgeverfahren zuständig ist (vgl. § 3c Rdn. 1, 5).

9 Sind dagegen die Verfahren über mehrere Insolvenzgerichte verteilt und verschiedene Insolvenzrichter zuständig, wird die Frage der einheitlichen Bestellung eines Insolvenzverwalters problematisch. Ohne die Bildung eines Gruppen-Gerichtsstandes kann zudem der Fall auftreten, dass an einem Gericht mehrere Verfahren der Gruppe anhängig sind und auch mehrere Insolvenzrichter zuständig sind. Eine gesetzliche Zuständigkeitszuweisung, wie sie in § 3c Abs. 1 InsO geregelt ist, fehlt in diesem Fall. In all diesen Fällen besteht die Gefahr, dass die zuständigen Insolvenzrichter ortsansässige Verwalter bestellen, mit denen sie regelmäßig zusammenarbeiten und infolgedessen in jedem Verfahren ein anderer Verwalter bestellt wird. Hier greift § 56b InsO ein. Danach haben sich die Gerichte im Falle einer Gruppeninsolvenz untereinander bei der Beantwortung der Frage abzustimmen, ob es

im Interesse der Gläubiger liegt, eine Person zum Verwalter in mehreren oder sämtlichen Verfahren zu bestellen.

Das Gesetz regelt keine grundsätzliche Bestellungspflicht eines Verwalters. Insofern bleibt die Neuregelung hinter weitergehenden Vorschlägen zurück, die für eine grundsätzliche Pflicht der Gerichte zur Bestellung eines Verwalters plädierten (*Hirte* ZIP 2008, 444 ff. [446]; *Eidenmüller/Frobenius* ZIP 2013, Beil. zu Heft 22, S. 1, 9; *Brünkmanns* ZIP 2013, 193 [198]; *Andres/Möhlenkamp* BB 2013, 579 [585]). Der Gesetzgeber hat sich gegen eine solche Pflicht entschieden. Mögliche Interessenkonflikte, insbesondere im Zusammenhang mit konzerninternen Transaktionen, sprechen gegen eine solch strikte Regel zur einheitlichen Verwalterbestellung. In solchen Fällen kann es zweifelhaft sein, ob die Bestellung derselben Person zum Verwalter in mehreren Verfahren im Interesse der Gläubiger liegt (Begr. RegE BT-Drucks. 18/407, S. 20). 10

Das Abstimmungsbedürfnis besteht unabhängig davon, ob es sich um einen Insolvenzantrag eines Gläubigers oder um einen Eigenantrag handelt. § 56b Abs. 1 InsO sieht deshalb insoweit keine Einschränkungen vor (Begr. RegE BT-Drucks. 18/407, S. 30). 11

Die Abstimmungspflicht gilt auch im vorläufigen Verfahren für die Auswahl und Bestellung des vorl. Insolvenzverwalters (§ 21 Abs. 2 Satz 1 Nr. 1 InsO) und im Falle einer Eigenverwaltung auch für die Bestellung des Sachwalters (§§ 270c, 274 Abs. 1 InsO). 12

Nach § 274 InsO i.V.m. § 56b InsO haben sich die befassten Gerichte in dieser Frage abzustimmen. Die einheitliche Sachwalterbestellung kommt erst Recht in Betracht, wenn sämtliche Verfahren an einem Gericht anhängig sind, insbesondere weil dort nach § 3a Abs. 1 InsO ein Gruppen-Gerichtsstand begründet wurde (Begr. RegE BT-Drucks. 18/407, S. 42). 13

II. Abstimmung der Gerichte

1. Pflicht zur Abstimmung

Hängt der Erfolg eines Insolvenzverfahrens für die Beteiligten schon allgemein von der Person und der Strategie des Insolvenzverwalters ab, gilt dies in besonderem Maße bei der Bewältigung der Insolvenz gruppenangehöriger Schuldner. Soll der Vernichtung wirtschaftlicher Werte, die ihre Grundlage darin haben, dass rechtlich selbständige Unternehmen konzernförmig zu einer wirtschaftlichen Einheit verbunden sind, begegnet werden, bedarf es in den Insolvenzverfahren über das Vermögen der verschiedenen Rechtsträger einer abgestimmten Vorgehensweise (Begr. RegE BT-Drucks. 18/407, S. 30). 14

Die angegangenen Insolvenzgerichte haben sich darüber abzustimmen, ob nur eine Person zum Insolvenzverwalter bestimmt wird. Mit der Einführung der konzerninsolvenzrechtlichen Vorschriften werden erstmals in der Insolvenzordnung ausdrücklich Pflichten der Gerichte untereinander bestimmt. Eine Verpflichtung zur zwischengerichtlichen Zusammenarbeit, wie sie durch § 269b InsO statuiert wird, lässt sich bereits unter geltendem Recht aus den Zielbestimmungen des Insolvenzverfahrens ableiten (vgl. *Eidenmüller* ZHR 169, S. 528 [554 ff.]). Der Gesetzgeber begründet ihre ausdrückliche Anordnung im Wesentlichen positiv: sie soll den Gerichten Klarheit darüber verschaffen, dass ihnen der Austausch von Informationen und auch eine weitergehende Zusammenarbeit grds. erlaubt sind (Begr. RegE BT-Drucks. 18/407, S. 21). Das soll aber nicht darüber hinwegtäuschen, dass andererseits die Gerichte verpflichtet sind, Informationen auszutauschen und sich abzustimmen (vgl. ausf. dazu *Wimmer* § 269b Rdn. 4). Einer Regelung zur Sicherstellung einer effizienten gerichtlichen Zusammenarbeit bedarf es nicht, da § 269b Satz 1 InsO die Insolvenzgerichte zur Zusammenarbeit von Amts wegen verpflichtet. Die Gerichte haben sich abzustimmen, wie diese Zusammenarbeit am besten organisiert werden kann (Begr. RegE BT-Drucks. 18/407, S. 33). 15

§ 56b InsO konstituiert eine besonders wichtige Abstimmungspflicht der Gerichte untereinander, ob lediglich ein Verwalter für die Unternehmensgruppe zu bestellen ist. Dabei geht es zunächst nicht 16 um die Frage einer konkreten Person, sondern lediglich darum, ob die Unternehmensgruppe von einem einzigen Verwalter abzuwickeln ist.

17 Wird seitens der Unternehmensgruppe die Bestellung eines Insolvenzverwalters für alle beantragten Insolvenzen gewünscht, so können sich die angerufenen Gerichte ohne vorherige Abstimmungsversuche nicht darüber hinwegsetzen und mehrere Verwalter bestellen. Scheitern daran geplante und wahrscheinliche Sanierungen der Unternehmensgruppe, wird eine Haftung der Gerichte nach § 839 BGB i.V.m. Art. 34 GG zu prüfen sein. Eine Haftung scheidet aber dann aus, wenn im Austausch der Gerichte untereinander keine gemeinsame Lösung gefunden werden kann, da sachlich vernünftige Argumente gegen die Bestellung einer einzigen Person als Verwalter vorgetragen werden.

2. Vorliegen einer Gruppeninsolvenz

18 Eine Abstimmungspflicht der angerufenen Insolvenzgerichte besteht nur bei Vorliegen einer **Gruppeninsolvenz**.

19 Der Begriff der **Unternehmensgruppe** ist in § 3e InsO legal definiert (zur Unternehmensgruppe vgl. ausf. die Erl. zu § 3e InsO). Eine Unternehmensgruppe besteht aus den Unternehmensträgern mit **inländischem** Mittelpunkt der hauptsächlichen Interessen (Art. 3 Abs. 1 der Verordnung (EG) Nr. 1346/2000 über Insolvenzverfahren), die über eines der beiden in der Vorschrift genannten Kriterien unmittelbar oder mittelbar miteinander verbunden sind, mit der Folge, dass ausschließlich inländische Unternehmen Mitglieder einer Unternehmensgruppe sein können (vgl. § 3a Rdn. 12). Der Konzern muss nicht notwendig insgesamt betroffen sein, ausreichend ist ebenso eine Teilgruppe im Konzern (vgl. dazu § 3a Rdn. 14).

20 Die Vorschrift enthält keinerlei Vorgaben darüber, wann die Verpflichtung zur Abstimmung einsetzt und woher die betroffenen Gerichte ihre Informationen beziehen, dass es sich um eine Unternehmensgruppe handelt. Um eine Abstimmungspflicht der Gerichte untereinander auszulösen, müssen die einzelnen Gerichte, die sich abstimmen sollen, zwingend bestimmte Informationen darüber erhalten, wer Mitglied der Gruppe ist und wo ggf. weitere Insolvenzanträge gestellt worden sind. Wurde bereits ein Gruppen-Gerichtsstand beantragt oder begründet, wird der am Gruppen-Gericht zuständige Insolvenzrichter aufgrund der vom Antragsteller nach § 13a InsO notwendig zu machenden Angaben, die erforderlichen Informationen haben und kann Kontakt zu den weiteren Insolvenzgerichten aufnehmen.

21 Liegt ein solcher Antrag nach § 3a InsO noch nicht vor oder ist er auch nicht beabsichtigt, können die angerufenen Insolvenzgerichte ihre Informationen über das Vorliegen einer Unternehmensgruppe nur aus den bereits gestellten schriftlichen Insolvenzanträgen ersehen. Deshalb wird man dem gruppenangehörigen Schuldner, der an einem anderen als dem Gruppen-Gerichtsstand einen Insolvenzantrag stellt, zumindest als Obliegenheit aufgeben müssen, darauf hinzuweisen, dass es sich um eine Gruppen-Insolvenz handelt und das antragstellende Unternehmen Mitglied dieser Gruppe ist, um eine Abstimmungspflicht der Gerichte untereinander auszulösen. Ebenso sollte der gruppenangehörige Schuldner bei einem Fremdantrag dazu angehalten werden. Als nicht ausreichend werden die Informationen aus der Presse anzusehen sein.

22 Werden diese Angaben nicht freiwillig gemacht, wird es ein Indiz dafür sein, dass die Antragstellungen nicht sorgfältig vorbereitet und koordiniert wurden. Dann können die Insolvenzgerichte davon ausgehen, dass bei den gruppenangehörigen Schuldnern ein entsprechender Wille zu einer koordinierten Abwicklung nicht vorhanden ist. Vielfach werden aber Insolvenzanträge von Geschäftsleitern der einzelnen Konzerngesellschaften bei dem nach § 3 Abs. 1 InsO zuständigen Gericht nur deshalb gestellt, um ihren strafbewehrten Pflichten zur Stellung eines Eigenantrags (§§ 15 f. InsO) ordnungsgemäß und rechtzeitig nachzukommen. In diesen Fällen werden die Angaben aus den Insolvenzanträgen zu entnehmen sein. Wahrscheinlich werden sogar, sobald der Gruppen-Gerichtsstand begründet wurde, entsprechende Verweisungsanträge an das Insolvenzgericht des Gruppen-Gerichtsstandes von diesen Gruppen-Mitgliedern gestellt werden (vgl. dazu ausf. die Erl. zu § 3d).

Schert ein Unternehmensträger der Gruppen aus und will selbst keine koordinierte Abwicklung, muss es der Muttergesellschaft gestattet sein, eine entsprechende Schutzschrift bei dem angerufenen Insolvenzgericht zu hinterlegen und auf das Vorliegen einer Unternehmensgruppe wie auch eine beabsichtigte koordinierte Abwicklung der Gruppe hinzuweisen, um zumindest eine Abstimmungspflicht der verschiedenen Insolvenzgerichte auszulösen. Das weitere Procedere wird sich dann nach § 3d InsO beurteilen, wenn ein Antrag nach § 3a InsO gestellt wurde. Andernfalls wird das angerufene Insolvenzgericht sich mit den weiteren Gerichten abzustimmen haben. 23

3. Interesse der Gläubiger

Die Bestellung nur einer Person muss im Interesse der Gläubiger liegen. Anders als bei § 3a InsO wird aber kein gemeinsames Interesse der Gläubiger gefordert. Das Interesse der Gläubiger beschränkt sich nicht nur auf das des antragstellenden Unternehmens. Andernfalls würden die Interessen der Gläubiger in der Konzerngruppe nicht ausreichend berücksichtigt werden. Betroffen sind die Interessen der Gläubiger sämtlicher gruppenangehöriger Schuldner (so auch *Zipperer* ZIP 2013, 1007 [1012], der auf die Interessen sämtlicher gruppenangehöriger Gläubiger abstellen will). Bezogen auf die Gläubiger der Konzerngruppe bedeutet es, dass ein Interesse dann zu bejahen ist, wenn sich durch die Bestellung eines Verwalters in Einzelverfahren Koordinierungsgewinne erzielen lassen, aber auch die übrigen Massen nicht benachteiligen werden (sog. Kriterium der Pareto-Effizienz: *Eidenmüller* ZHR 169 (2005), 528 [535]; *ders.* Effizienz als Rechtsprinzip: Möglichkeiten und Grenzen der Ökonomischen Analyse des Rechts, 2. Aufl. 1998, S. 488). 24

4. Nur eine Person

Nach dem Willen des Gesetzgebers wird eine einheitliche Verwalterbestellung immer dann in Betracht zu ziehen sein, wenn sie den Zielen der Insolvenzordnung dienen kann. So, wenn die Bestellung derselben Person zum Verwalter in den verschiedenen Verfahren geeignet erscheint, die Verluste der Gläubiger durch die Insolvenz ihres Schuldners möglichst gering zu halten (Begr. RegE BT-Drucks. 18/407, S. 30). Ausscheiden wird eine einheitliche Verwalterbestellung, wenn konzerninterne Interessenkonflikte die Unabhängigkeit des Verwalters bei Bestellung in mehreren Verfahren gefährden und nicht durch die Einsetzung von Sonderinsolvenzverwaltern ausreichend begegnet werden können. Das kann der Fall sein, wenn sie die Einbindung von Sonderinsolvenzverwaltern in einem Umfang erfordern, der außer Verhältnis zu den Vorteilen der einheitlichen Verwalterbestellung steht. 25

Nicht zwangsläufig müssen alle Verfahren personenidentisch besetzt werden. Bei der Prüfung kann sich durchaus herausstellen, dass für eine Vielzahl von Verfahren Interessenkollisionen nicht zu befürchten sind und eine Person bestellt werden kann, aber in einzelnen Verfahren die Interessenkonflikte nicht mit dem Einsatz von Sonderinsolvenzverwaltern begegnet werden können. Ebenso können einzelne Konzernunternehmen in ganz unterschiedlichen Geschäftsfeldern tätig sein. Auch in diesen Verfahren können durchaus personenverschiedene Verwalter bestellt werden. 26

Andererseits ergibt die Bestellung nur eines Verwalters in den Fällen keinen Sinn, in denen lediglich ein loser gesellschaftsrechtlicher Verbund besteht oder Sparten-, Misch- oder Gleichordnungskonzerne vorliegen (vgl. dazu *Flöther/Flöther* Handbuch, § 4 Rn. 178; bei Spartenkonzern *Fölsing* ZInsO 2013, 413 [417]). 27

5. Abwägung der Vor- und Nachteile

Die Gerichte werden jeweils in den bei ihnen anhängigen Verfahren die Vor- und Nachteile der Bestellung einer Person abzuwägen haben (vgl. auch MüKo-InsO/*Brünkmanns* Konzerninsolvenzrecht Rn. 64). Dabei wird es auf den jeweiligen Einzelfall und zwar zunächst bezogen auf das antragstellende Unternehmen und dann erst auf die Unternehmensgruppe ankommen. 28

Sieht das Gericht bereits in dem bei ihm anhängigen Verfahren erhebliche Nachteile durch Interessenkollisionen, die durch die Bestellung eines Sonderinsolvenzverwalter nicht zu beheben sind, wird 29 es eine personenidentische Bestellung ohnehin abzulehnen haben. In diesen Fällen werden die verschiedenen Insolvenzverwalter nach § 269a InsO zu kooperieren haben.

30 Eine personenidentische Bestellung kann eine Reihe von **Vorteilen** bieten. Viele Verwaltungsbereiche sind bei Konzerngesellschaften zentral geregelt und werden von nur einer Gesellschaft konzernweit für alle Gesellschaften vorgehalten und betreut. Eine solche Struktur kann aus Kostengründen gewählt sein oder aus konzernstrategischer Sicht, da eine Steuerung eines Konzerns so leichter und ohne Reibungsverluste möglich ist. Das betrifft i.d.R. so wichtige Verwaltungsbereiche wie das Rechnungswesen, die Personalverwaltung und die EDV. Hier ist es gängige Praxis, dieses zu zentralisieren. Der Aufbau und die regelmäßige Pflege der EDV samt der gesamten konzernweit benutzten Programmstruktur sind teuer, personalintensiv, störungsanfällig und extrem wichtig für einen wirtschaftlichen Erfolg. Deshalb werden die entsprechenden Rechnerkapazitäten für den ganzen Konzern von einer Gesellschaft oder Einheit in der Obergesellschaft vorgehalten und gegen Kostenpauschalen allen Konzerngesellschaften zur Verfügung gestellt. Ein weiterer positiver Effekt ist es, dass sich die Obergesellschaft so schnell Zugriff auf konzernrelevante Daten der einzelnen Tochtergesellschaften verschaffen kann.

31 In den Insolvenzverfahren der einzelnen Tochtergesellschaften müssen nun unterschiedliche Verwalter mit dem Verwalter der Gesellschaft, die die EDV betreut, entsprechende Nutzungsvereinbarungen treffen, um weiter Zugriff auf den Datenbestand zu haben. Daraus können sich durchaus Abhängigkeiten zu dem Verwalter der konzernweiten EDV ergeben und eine gewisse Erpressbarkeit, sei es im Hinblick auf höhere Kostenpauschalen oder Drohungen mit der Einstellung der EDV. Das mag vielleicht in Einzelfällen so gehandhabt worden sein, trotzdem hat man auch bei unterschiedlicher Verwalterbestellung in der Vergangenheit regelmäßig Einigungen über die weitere Nutzung und entsprechende Kostenvereinbarungen gefunden.

32 Allein der **monetäre Vorteil** für die Massen, der in der Bestellung eines Verwalters (Kürzung der Verwaltervergütung) liegen mag, kann es allein nicht rechtfertigen, nur einen Verwalter zu bestellen, wenn nicht eindeutig klar ist, dass keine Interessengegensätze bestehen. Zudem sollten auch immer die Kosten für ggf. zu bestellende Sonderinsolvenzverwalter im Auge behalten werden.

33 **Nachteil** ist ggf. die nicht gebotene Unabhängigkeit und nicht auflösbare **Interessenkonflikte**. Interessenkonflikte können sich aus der Zeit vor der Insolvenz (Altfälle: Anfechtungsansprüche der Tochtergesellschaften, Verrechnungskonten etc.); sie können sich aber auch aus der Zeit danach ergeben, wie weitere Nutzung der Konzernverwaltung ohne entsprechende marktkonforme Entgeltregelung, zentraler Einkauf zu überteuerten oder zu günstigen Konditionen, Ausübung des Wahlrechts nach § 103 InsO, gegenseitige Anmeldung und Prüfung von Forderungen in den einzelnen Verfahren.

34 Die Beurteilung der Vor- und Nachteile wird für das Gericht in einem so frühen Verfahrensstadium äußerst schwierig sein. Nach Auffassung von *Brünkmanns* (MüKo-InsO Konzerninsolvenzrecht Rn. 65) hat das Gericht zu beachten, dass eine Verfahrenskonzentration typischerweise einen Mehrwert mitbringt, eine effiziente Verfahrensabwicklung garantiert und Reibungsverluste zwischen den einzelnen Insolvenzverwaltern vermeidet. Diese extensive Unterstellung ist nach diesseitiger Ansicht zu weitgehend. Damit wird quasi für die angegangenen Gerichte eine positive Vermutung zur Bestellung eines personenidentischen Verwalters aufgestellt, die umgekehrt nur durch erhebliche Interessenkollisionen zu entkräften ist. So weit wollte der Gesetzgeber nicht gehen. Andernfalls könnte man ebenso den allgemeinen Grundsatz aufstellen, dass typischerweise in allen Konzernen konzerninterne Ansprüche der Gruppenmitglieder untereinander bestehen, die zu Interessenkollisionen führen werden. Deshalb sollte es der Beurteilung und dem Ermessen der Gerichte überlassen werden, ob sich die Bestellung derselben Person zum Verwalter in mehreren oder gar allen Verfahren empfiehlt. Dabei muss sich das Gericht auch mit der Frage auseinandersetzen, ob eine in Betracht kommende Person über die erforderliche Unabhängigkeit in Bezug auf jedes der beantragten oder eröffneten, aber auch in Bezug auf möglicherweise noch zu erwartende Verfahren verfügt.

Es ist Sache der beantragenden Schuldner, für die Gerichte die Informationen vorzutragen, die eine Bestellung nur einer Person rechtfertigen. Ebenso sind solche Sachverhalte anzugeben, die mögliche Interessenkollisionen darstellen können.

6. Abstimmung über den konkreten Verwalter

Nach dem Gesetzeswortlaut haben sich die Gerichte zunächst darüber abzustimmen, ob **eine** Person für alle Gruppeninsolvenzen zum Verwalter ausgewählt wird. Besteht darüber Einigkeit, wird eine Abstimmung über die Auswahl **der** konkreten Person nach § 56 InsO, die zum Verwalter bestellt werden soll, zu erfolgen haben. So mag die Frage der Abstimmung, ob **eine** Person den Interessen der Gläubiger entspricht, verhältnismäßig einfach sein und leichter Konsens finden. Doch allein mit dieser Entscheidung ist noch nicht die Frage geklärt, **wer** tatsächlich Verwalter wird. Hier können bei den einzelnen Gerichten ganz unterschiedliche Vorstellungen über die Person des Verwalters bestehen, wenn keine konkreten Vorschläge aus dem Gläubigerausschuss vorgelegt werden.

a. Eignung und Unabhängigkeit i.S.d. § 56 InsO

Bevor die Frage der Unabhängigkeit und möglicher Interessenkollisionen im Bereich der Unternehmensgruppe geprüft wird, werden die Gerichte zunächst in ihrer Abstimmung grds. die Geeignetheit (vgl. dazu ausf. *Jahntz* § 56 Rdn. 26 ff.) und die Unabhängigkeit i.S.d. § 56 InsO als eine von den Gläubigern und dem Schuldner unabhängige Person zu klären (vgl. dazu ausf. § 56 Rdn. 9 f.) haben.

Sind die einzelnen Konzernunternehmen in ganz unterschiedlichen Geschäftsfeldern tätig, mag eine Person auch nicht für alle Insolvenzverfahren die nach § 56 Abs. 1 InsO erforderliche Sachkunde mitbringen.

Dabei müssen sich die Gerichte mit der Frage auseinandersetzen, ob die in Betracht kommende Person über die erforderliche Unabhängigkeit in Bezug auf jedes der beantragten oder eröffneten, aber auch in Bezug auf möglicherweise noch zu erwartende Verfahren verfügt.

Als Verwalter vertritt er die Interessen sämtlicher Gläubiger. Deshalb muss er mit der gebot*enen* Objektivität und frei von sachfremden Einflüssen allen gegenüber treten können (s. *Jahntz* § 56 Rdn. 9; FA-InsR/*Bruder* 7. Aufl., Kap. 2 Rn. 11). Das Gericht hat von einer Bestellung abzusehen, wenn es die Unabhängigkeit als nicht gegeben ansieht. Die Besorgnis der Befangenheit reicht schon aus, um eine Bestellung zu versagen (MüKo-InsO/*Graeber* § 56 Rn. 25; FA-InsR/*Bruder* Kap. 2 Rn. 11). Der in Betracht kommende Verwalter hat von sich aus auf eine möglicherweise fehlende Unabhängigkeit hinzuweisen. Er darf das ihm angebotene Amt in dem Fall nicht antreten (ausf. zur Unabhängigkeit vgl. *Jahntz* § 56 Rdn. 9).

b. Unabhängigkeit und konzerninterne Interessenkollisionen

Die Frage der Unabhängigkeit i.S.d. § 56b ist eine andere als in § 56 InsO und betrifft die Rechtsbeziehungen der einzelnen Gesellschaften untereinander, insbesondere, ob die Unabhängigkeit durch konzerninterne Interessenkollisionen gefährdet ist.

Die Frage der Unabhängigkeit und möglicher Interessenkollisionen wird sich in annähernd allen Konzerninsolvenzen stellen. Fast in jedem Konzern werden konzerninterne Verrechnungskonten bestehen, die insolvenzrechtlich abzustimmen und als Forderungen in den jeweiligen Verfahren anzumelden sind. Es werden häufig auch Cash-Pools existieren, die den Finanzfluss in den einzelnen Gesellschaften geregelt haben, so werden meist tagglich Zahlungseingänge bei den einzelnen Gesellschaften von den Konten abgezogen, umgekehrt Gelder zur Verfügung gestellt, um Verbindlichkeiten der einzelnen Gesellschaften zu erfüllen.

Interessenkollisionen sind dann unbeachtlich, wenn diese durch die Bestellung eines Sonderinsolvenzverwalters ausgeräumt werden können. Nicht jeder konzerninterne Interessenkonflikt steht einer gemeinsamen Insolvenzverwalterbestellung entgegen. Es geht vielmehr um die Beherrschbarkeit in den Schranken der Verhältnismäßigkeit (*Zipperer* ZIP 2013, 1007 [1012]).

44 Sind Interessenkollisionen zu befürchten, wird sich die Frage stellen, ob diese durch die Bestellung eines Sonderinsolvenzverwalters ausgeräumt werden können oder ob es nicht von Verfahrensbeginn an sinnvoller ist, personenverschiedene Verwalter in einzelnen oder in allen Verfahren zu bestellen. Zum einen kann eine Vielzahl von möglichen Interessenkollisionen vorliegen, zum anderen können diese im Einzelfall ausgesprochen komplex sein. Neben der für mehrere Rechtsträger zum Verwalter bestellten Person müssten dann Sonderverwalter für die Durchsetzung bzw. Abwehr dieser Ansprüche bestellt werden. Je schwerwiegender der Interessenkonflikt ist und je komplexer der zugrunde liegende Sachverhalt, desto schwieriger wird erfahrungsgemäß die Verständigung und Zusammenarbeit mit dem Sonderinsolvenzverwalter werden, so dass im Einzelfall zweifelhaft werden kann, ob die einheitliche Verwalterbestellung überhaupt wesentlichen Nutzen bringt (Begr. RegE BT-Drucks. 18/407, S. 31).

45 Im Zeitpunkt der Entscheidung über die Bestellung eines einheitlichen Verwalters werden mögliche Interessenkollisionen vielfach noch gar nicht bekannt sein. Meistens zeigen sie sich erst im Laufe des Verfahrens, so dass eine Abwägung für den Richter im Einzelfall schwierig sein wird. Auf der einen Seite soll er nicht von Beginn an potentielle Interessenkollisionen bei Konzerninsolvenzen unterstellen, wie es in der Vergangenheit der Fall war und zur Bestellung unterschiedlicher Verwalter führte, andererseits soll er eine vernünftige Gewichtung finden, ob diesen durch Einsetzung von Sonderverwaltern begegnet werden kann. Im Ergebnis wird das Gericht den einheitlichen Verwalter im Rahmen seiner Bestellung anhalten müssen, regelmäßig über mögliche Interessenkonflikte in den einzelnen Verfahren zu berichten, um es dem Gericht zu ermöglichen, entsprechend später Sonderverwalter zu bestellen oder bei Eröffnung des Verfahrens, eine andere Person zum Verwalter zu bestellen (vgl. dazu auch *Zipperer* ZIP 2013, 1007 [1012]).

C. Ausräumung der Interessenkonflikte durch Sonderinsolvenzverwalter?

I. Allgemeines

46 Der Sonderinsolvenzverwalter ist in der Insolvenzordnung nicht ausdrücklich geregelt (zum Sonderinsolvenzverwalter s. ausf. *Jahntz* § 56 Rdn. 59 f.). § 77 RegE InsO sah für den Sonderinsolvenzverwalter noch eine eigenständige Regelung vor. Diese Vorschrift war durch den Rechtsausschuss gestrichen worden, da eine Bestellung auch ohne ausdrückliche Regelung weiterhin möglich sei und der bisherigen Praxis zur KO entspreche (*Balz/Landfermann* Begr. RegE, S. 268 Fn. 2).

47 Es entspricht einhelliger Auffassung, dass eine solche Bestellung möglich ist (vgl. *BGH* ZIP 2006, 36 [37]; NZI 2006, 474 [475]; ZIP 2007, 548). Sie setzt voraus, dass der Verwalter tatsächlich oder rechtlich verhindert ist, sein Amt auszuüben (vgl. *BGH* NZI 2006, 474; *Jahntz* § 56 Rdn. 60). Eine rechtliche Verhinderung ist insbesondere gegeben, wenn Interessenkollisionen in Betracht kommen (*AG Essen* NZI 2009, 810; *Jahntz* § 56 Rdn. 60). In diesem Zusammenhang sind auch bereits in der Vergangenheit bei der Klärung von Konzernsachverhalten Sonderverwalter bestellt worden (vgl. *Jahntz* § 56 Rdn. 60).

48 Der Sonderinsolvenzverwalter ist auch nicht Stellvertreter des Insolvenzverwalters. Er übt das Amt selbstständig aus und ist Weisungen des regulären Verwalters nicht unterworfen (*LG Frankfurt/O.* ZInsO 1999, 45; *Jahntz* § 56 Rdn. 63). Für den ihm durch den Gerichtsbeschluss zugewiesenem Tätigkeitsbereich hat er dieselben Befugnisse wie ein Insolvenzverwalter, andererseits unterliegt er auch denselben Pflichten. Dabei hat er ein Recht auf Zugang zu allen Geschäftsunterlagen, die für die ihm übertragenen Aufgaben von Bedeutung sind (*Lüke* ZIP 2004, 1693 [1697]).

49 Dabei darf der Sonderinsolvenzverwalter faktisch aber nicht zu einem eigenständigen Insolvenzverwalter neben dem Insolvenzverwalter werden. Nach Auffassung von *Brünkmanns* (MüKo-InsO, Konzerninsolvenzrecht Rn. 69) würde der bezweckte einheitliche Gestaltungswille bei Einsetzung eines personenidentischen Insolvenzverwalters durch Einsetzung eines Sonderinsolvenzverwalters wieder relativiert. *Brünkmanns* will die Kompetenzen des Sonderverwalters auf reine Aufsichts- und Kontrollkompetenzen im Hinblick auf Masseverschiebungen und der Prüfung und Anmeldung von konzerninternen Forderungen beschränken. Beim konzernspezifischen Leistungsaustausch im

Rahmen der Betriebsfortführung und der Verwertung/Sanierung solle ihm lediglich ein Prüfungsrecht zugestanden werden (MüKo-InsO/*Brünkmanns* Konzerninsolvenzrecht Rn. 69). Diese Auffassung erscheint als zu weitgehend. Sobald bei der Abwägung abzusehen ist, dass so erhebliche Interessenkollisionen bestehen werden, die dem Sonderverwalter eine fast gleichwertige Stellung wie dem regulären Insolvenzverwalter verschaffen würden, sollte ohnehin in jedem Verfahren eine andere Person zum Insolvenzverwalter bestellt werden. Diese Verwalter haben dann nach § 269a InsO sich entsprechend abzustimmen und sind zur Zusammenarbeit verpflichtet.

Die Position eines Sonderverwalters würde weitgehend entwertet werden, wenn ihm lediglich Aufsichts- und Kontrollkompetenzen zukommen würden. So weit wollte der Gesetzgeber nicht gehen. Die Aufsicht und die Kontrolle über den bestellten Insolvenzverwalter obliegt weiterhin dem Gericht nach § 58 InsO und nicht dem Sonderverwalter. In dem dem Sonderverwalter per Beschluss zugewiesenen Bereich muss er wie ein Verwalter handeln können, ihm stehen Auskunftsansprüche und Einsichtsrechte in dem konkreten Verfahren zu, die der dort bestellte Verwalter ihm zu gewähren hat und die dieser nicht verweigern darf. Ebenso ist er berechtigt, ggf. bestehende Ansprüche geltend zu machen. 50

II. Auswahl des Sonderinsolvenzverwalters

Auf die Auswahl eines Sonderinsolvenzverwalters finden die §§ 56 ff. InsO – jedenfalls entsprechend – Anwendung (*BGH* Beschl. 05.02.2009 – IX ZB 187/08, JurionRS 2009, 10544 Rn. 4; *Jahntz* § 56 Rdn. 61). Es gelten die gleichen Anforderungen wie für den Insolvenzverwalter, jedoch mit der Einschränkung, dass sich die Geeignetheit und Sachkunde auf den Aufgabenkreis des Sonderverwalters zu beziehen hat (vgl. *Graeber/Pape* ZIP 2007, 991 [996]). 51

Der Sonderinsolvenzverwalter hat allen Beteiligten (Gläubigern und Schuldner) gegenüber unabhängig zu sein. Soll das Institut der Sonderinsolvenzverwaltung seinen Zweck erfüllen, so wird das bestellende Gericht bei der Auswahl der Person des Sonderinsolvenzverwalters vor allem auf die Unabhängigkeit des Sonderinsolvenzverwalters vom regulären Insolvenzverwalter zu achten haben. Gerade bei Vorliegen von Interessenkollisionen kommt dieser Unabhängigkeit besondere Bedeutung zu (vgl. *LG Halle* ZIP 1994, 572 [576]). Er darf auch keinesfalls vom Verwalter wirtschaftlich abhängig sein (so *Graeber/Pape* ZIP 2007, 991 [996]). Damit scheiden Angestellte oder freie Mitarbeiter aus dem Verwalterbüro als Sonderverwalter i.d.R. aus. 52

Für jede Konzerngesellschaft ist ein anderer Sonderinsolvenzverwalter zu bestellen (vgl. schon *Graeber* NZI 2007, 265 [269]). Eine Bestellung eines Sonderverwalters für alle Gruppen-Verfahren ist abzulehnen (anders *Zipperer* ZIP 2013, 1007 [1012], der bei vertikalen Ansprüchen – gegen die Muttergesellschaft – einen einheitlichen Sonderverwalter befürwortet). Andernfalls würde das Problem der bestehenden Interessenkollisionen nur auf **eine andere** Person verlagert werden. 53

III. Aufgaben des Sonderinsolvenzverwalters

Im Beschluss über die Bestellung sind dem Sonderinsolvenzverwalter konkret die von ihm zu erfüllenden **Aufgaben** zuzuweisen (*LG Frankfurt/O.* ZInsO 1999, 45; *Graeber/Pape* ZIP 2007, 991 [996]). Er tritt nur für diesen Bereich an die Stelle des »regulären« Verwalters und verdrängt den Insolvenzverwalter, ohne dass er eine Gesamtzuständigkeit für das weitere Verfahren hat (vgl. MüKo-InsO/*Brünkmanns* Konzerninsolvenzrecht Rn. 68; *Lüke* ZIP 2004, 1693 [1697]). Ein Beschluss, der dem Sonderinsolvenzverwalter die Klärung und Regelung aller konzerninternen Sachverhalte zuweist, wird nicht mehr als zulässig anzusehen sein, da dieser nicht ausreichend bestimmt ist. Der Bestellungsbeschluss muss im Einzelnen jede von dem Sonderinsolvenzverwalter auszuführende Tätigkeit **konkret** bezeichnen, wie Anmeldung und Prüfung konzerninterner Verrechnungskonten, konzerninterne Anfechtungen, Erklärungen nach § 103 InsO gegenüber Gruppenmitgliedern, etc. Je umfangreicher der Katalog der zu erfüllenden Tätigkeiten wird, umso eher wird sich das Gericht die Frage stellen müssen, ob in diesen Fällen nicht ein weiterer Insolvenzverwalter zu bestellen ist. 54

IV. Entsprechende Anwendung von § 56a InsO

55 In § 56b Abs. 2 Satz 3 InsO wird klargestellt, dass § 56a InsO bei Bestellung eines Sonderinsolvenzverwalters ohne die Einschränkung des § 56b Abs. 2 Satz 1 InsO entsprechend Anwendung findet. Der Gesetzgeber hat von einer Einschränkung angesichts der Bedeutung des Sonderinsolvenzverwalters für die rechtsträgerbezogene Wahrung der Gläubigerinteressen abgesehen (Begr. RegE BT-Drucks. 18/407, S. 31).

56 § 56a InsO gilt unabhängig vom Zeitpunkt der Bestellung des Sonderverwalters und auch dann, wenn dessen Wirkungskreis nur beschränkt ist (Begr. RegE BT-Drucks. 18/407, S. 31).

1. Anhörung des vorläufigen Gläubigerausschusses

57 Danach hat das Gericht vor der Bestellung des Sonderverwalters zunächst den vorläufigen Gläubigerausschuss anzuhören. Die Anhörung bezieht sich dabei auf den im konkreten Einzelfall bestellten vorläufigen Gläubigerausschuss.

58 § 56a InsO setzt die Einsetzung eines vorläufigen Gläubigerausschusses nach § 22a InsO (obligatorischer Gläubigerausschuss) voraus, so dass nur in wirtschaftlich bedeutenderen Fällen der mit der Gläubigerbeteiligung verbundene Aufwand vom Gericht zu betreiben ist (*Jahntz* § 56a Rdn. 12). In den Insolvenzverfahren über Unternehmen einer Unternehmensgruppe werden i.d.R. diese Voraussetzungen erfüllt sein. Möglich ist aber auch, dass gerade bei Verfahren von kleineren oder unbedeutenderen Gruppen-Mitgliedern gar kein vorläufiger Gläubigerausschuss bestellt wurde, so dass schon deshalb eine Beteiligung ausscheidet. Eine Anhörung nach § 56a InsO hat aber auch dann zu erfolgen, wenn nur ein fakultativer Gläubigerausschuss nach § 21 Abs. 2 Nr. 1a bestellt ist (s. *Jahntz* § 56a Rdn. 17 m.w.N.).

59 Die Anhörung hat zu den Anforderungen an die Person wie auch zu der Person selbst zu erfolgen (vgl. ausf. zur Anhörung *Jahntz* § 56a Rdn. 13 f.).

2. Abweichung vom Vorschlag des Gläubigerausschusses

60 Es darf von einem einstimmigen Vorschlag zur Person des Verwalters nur bei Ungeeignetheit des Verwalters abweichen. Hier stellt sich dasselbe Problem wie bei § 56a InsO bei dem zu bestellenden Verwalter.

61 In diesem Fall wird das Gericht ein besonderes Augenmerk auf die Geeignetheit des zu bestellenden Sonderverwalters zu legen haben.

62 Die **fehlende Eignung** kann sich zum einen aus der mangelhaften fachlichen Qualifikation ergeben, wie auch aus der fehlenden **Unabhängigkeit** den Gläubigern und dem Schuldner gegenüber (K. Schmidt/*Ries* InsO, § 56a Rn. 20). Die fehlende Unabhängigkeit ist nicht disponibel, da sie nicht nur den Verfahrensbeteiligten dient, sondern auch dem öffentlichen Interesse an einer neutralen Rechtspflege (*Jahntz* § 56a Rdn. 39; *Bork* ZIP 2013, 145; *Vallender/Zipperer* ZIP 2013, 149; *Frind* ZInsO 2014, 119; anders *Schmidt/Hölzle* ZIP 2012, 2238, die die Auffassung vertreten, zur Eignung i.S.d. § 56a InsO gehöre nicht die Unabhängigkeit des Verwalters). Die Frage der fehlenden Unabhängigkeit i.S.d. § 56a InsO war bereits in den Beratungen des Rechtsausschusses zum ESUG ein wesentliches Thema, die einer besonders vertieften Prüfung bedarf, die auch einzuschließen habe, ob die vorgeschlagene Person etwa in einer Anwaltssozietät oder in einer internationalen Großkanzlei mit Unternehmensberatern tätig ist, von denen ein Mitglied den Schuldner im Vorfeld der Insolvenz beraten hat (BT-Drucks. 17/7511, 35). Bestehen Bedenken gegen seine Unabhängigkeit oder sieht das Gericht entsprechende Interessenkollisionen bei dem zu bestellenden Sonderinsolvenzverwalter, so hat das Gericht ihn als ungeeignet abzulehnen.

3. Abwahl

Werden die Gläubiger nicht angehört, kann der Gläubigerausschuss in seiner ersten Sitzung eine andere Person zum Sonderverwalter wählen (vgl. ausf. zur Abwahl *Jahntz* § 56a Rdn. 48 f.). Die Wahl muss einstimmig erfolgen. 63

Oftmals wird bei der ersten Zusammenkunft des vorläufigen Gläubigerausschusses noch gar kein Sonderverwalter bestellt worden sein. 64

Dieses Abwahlrecht des vorläufigen Gläubigerausschusses wurde auf die erste Sitzung beschränkt, um zu verhindern, dass der vom Gericht bestellte Verwalter unter dem ständigen Damoklesschwert einer Abwahl steht und so von einzelnen Mitgliedern des Gläubigerausschusses zu bestimmten Handlungen gedrängt werden könnte. Gemeint ist die erste Sitzung nach der Bestellung des Sonderverwalters durch das Gericht (s. *Jahntz* § 56a Rdn. 52). Erst im Berichtstermin haben die Gläubiger nach § 57 InsO erneut eine Möglichkeit, einen anderen Verwalter zu wählen. 65

Wählt der Gläubigerausschuss einen anderen Sonderverwalter, so ist dieser damit noch nicht automatisch bestellt. Die formale Bestellung erfolgt durch Beschluss des Insolvenzgerichts (s. *Jahntz* § 56a Rdn. 55). In analoger Anwendung von § 57 InsO kann das Gericht die Bestellung der gewählten Person versagen, wenn es dieser an der Eignung fehlt. Das Gericht bleibt weiterhin berechtigt und verpflichtet, die Eignung der gewählten Person nach § 56 Abs. 1 Satz 1 InsO zu prüfen (vgl. *Jahntz* § 56a Rdn. 56) und kann diese ablehnen, wenn eine unabhängige Amtsführung nicht gewährleistet ist. 66

D. Vorschlag des vorläufigen Gläubigerausschusses (Abs. 2)

Auch auf Eröffnungsverfahren, die gruppenangehörige Schuldner betreffen, findet § 56a InsO in den einzelnen Verfahren Anwendung. Ist in einem solchen Verfahren ein vorläufiger Gläubigerausschuss bestellt, sind die Gläubiger dieses Schuldners über den vorläufigen Gläubigerausschuss nach Maßgabe von § 56a InsO in den Entscheidungsprozess zur Person des Verwalters einbezogen. Danach haben die jeweiligen angerufenen Insolvenzgerichte die vorläufigen Gläubigerausschüsse vor der Bestellung eines Verwalters sowohl zu den Anforderungen wie auch der Person des Verwalters anzuhören (vgl. ausf. dazu die Erl. zu § 56a). Dabei kann der Fall eintreten, dass die vorläufigen Gläubigerausschüsse in den einzelnen Verfahren jeweils einstimmig verschiedene geeignete Personen als Verwalter vorgeschlagen oder unterschiedliche Vorgaben gemacht haben. Einzelne Gläubigerausschüsse können sich auf einen Verwalter festlegen, der für die Sparte ihrer Gesellschaft eine besondere Eignung aufweist, aber nicht auch konzernweit geeignet ist. Die Insolvenzgerichte wären dann nach § 56a Abs. 2 InsO gehindert, in den einzelnen Verfahren dieselbe Person als Verwalter zu bestellen. Trotz Vorteilen für die Gläubiger der einzelnen Rechtsträger wäre eine einheitliche Verwalterbestellung nicht möglich (Begr. RegE BT-Drucks. 18/407, S. 30), weil die Gerichte an die Vorgaben nach § 56a InsO gebunden wären. Das Gericht hat dann die Möglichkeit, einen Verwalter auszuwählen, der quasi schon den »Ritterschlag« von dem Gläubigerausschuss einer Konzerngesellschaft erhalten hat, ohne dass es darauf ankommt, dass dieser Verwalter vom Gläubigerausschuss ausdrücklich als insgesamt geeignet bezeichnet wurde. 67

§ 56b Abs. 2 InsO regelt die Besonderheiten bei Gruppeninsolvenzen, die sich unter dem Gesichtspunkt der Gläubigerautonomie bei der Bestellung des Insolvenzverwalters ergeben können. Danach kann das Gericht von dem Vorschlag oder den Vorgaben des von ihm eingesetzten vorläufigen Gläubigerausschusses abweichen und zum Wohle einer effizienten wertmehrenden Konzerngesamtverwertungsstrategie einen anderen, von einem Gläubigerausschuss eines gruppenangehörigen Schuldners vorgeschlagenen Insolvenzverwalter einsetzen (*Brünkmanns* ZIP 2013, 193 [198]). Das Gericht muss aber nicht abweichen. § 56b InsO stellt die Entscheidung in das Ermessen des Gerichts. Es kann auch dem Votum des in seinem Verfahren bestellten vorläufigen Gläubigerausschuss folgen und die in diesem Verfahren gewählte Person zum Verwalter bestellen. Das Gericht wird in solchen Fällen stets auch zu berücksichtigen haben, wie das Gläubigerinteresse im einzelnen konkret anhängigen Verfahren zu gewichten ist. Weicht es vom Votum seines eigenen Gläubigerausschusses 68 ab, wird es seine Entscheidung im Beschluss entsprechend zu begründen haben, insbesondere, weshalb es einem übergeordnetem Konzerngläubigerinteresse folgt.

69 Das Votum des vorläufigen Gläubigerausschusses muss in beiden Fällen einstimmig erfolgt sein.

70 Beabsichtigt das Gericht, diesen nicht nach § 56a InsO im konkreten Verfahren vorgeschlagenen Verwalter einzusetzen, sind in den einzelnen Verfahren die jeweiligen Gläubigerausschüsse erneut anzuhören, die eine andere Person einstimmig gewählt haben. Damit wird auf der Ebene des einzelnen verbundenen Unternehmens dem Erfordernis rechtlichen Gehörs durch die vorgesehene Anhörung des vorläufigen Gläubigerausschusses, dessen Vorschlag oder Vorgaben die Verwalterbestellung nicht entspricht, Rechnung getragen (Begr. RegE BT-Drucks. 18/407, S. 30).

E. Funktionale Zuständigkeit im Abstimmungsverfahren

71 Die funktionelle Zuständigkeit für die Abstimmung der Gerichte untereinander richtet sich nach den allgemeinen Bestimmungen. Die Abgrenzung der Zuständigkeit des Richters von der des Rechtspflegers bestimmt sich demgemäß nach § 18 Abs. 1 RPflG.

§ 57 Wahl eines anderen Insolvenzverwalters

¹In der ersten Gläubigerversammlung, die auf die Bestellung des Insolvenzverwalters folgt, können die Gläubiger an dessen Stelle eine andere Person wählen. ²Die andere Person ist gewählt, wenn neben der in § 76 Abs. 2 genannten Mehrheit auch die Mehrheit der abstimmenden Gläubiger für sie gestimmt hat. ³Das Gericht kann die Bestellung des Gewählten nur versagen, wenn dieser für die Übernahme des Amtes nicht geeignet ist. ⁴Gegen die Versagung steht jedem Insolvenzgläubiger die sofortige Beschwerde zu.

Übersicht	Rdn.			Rdn.
A. Normzweck	1	D.	Die Versagung der Bestellung durch das Gericht	13
B. Anwendungsbereich	6	E.	Rechtsmittel	17
C. Wahl eines anderen Insolvenzverwalters	7	F.	Die Ernennung des gewählten Verwalters	24

Literatur:
Becker Umfassendes Recht der Gläubigerversammlung zur Wahl des Insolvenzverwalters – Ein Plädoyer für mehr Gläubigerautonomie, NZI 2011, 961; *Lissner* Die vorzeitige Beendigung des Verwalteramtes – Auswirkungen auf den Vergütungsanspruch, ZInsO 2016, 953; *Smid/Wehdeking* Die Rolle insolvenzgerichtlicher Aufsicht im Streit um Masseherausgabe und Vergütung beim Wechsel der Person des Verwalters, NZI 2010, 625 ff.; *Zimmer* Die Haftung des eingewechselten Insolvenzverwalters, Baden-Baden 2008.

A. Normzweck

1 Die InsO ist vom **Grundsatz der Gläubigerautonomie** geprägt. Der Insolvenzverwalter muss, damit eine möglichst reibungslose Zusammenarbeit mit den Gläubigern erfolgen kann, das Vertrauen der Mehrheit der Gläubiger genießen. Dem trägt die InsO dadurch Rechnung, dass zwar die erste Bestellung, insbesondere die des vorläufigen Verwalters, dem Gericht obliegt, diese Entscheidung jedoch durch das Recht der ersten Gläubigerversammlung zur Wahl einer anderen Person beschränkt wird. Nach § 57 Satz 1 InsO haben die Gläubiger das Recht, anstelle des vom Gericht im Eröffnungsbeschluss bestimmten (vorläufig bestellten) Insolvenzverwalters in der ersten Gläubigerversammlung eine andere Person in dieses Amt zu wählen. Die Einflussnahmemöglichkeiten der Gläubiger im Eröffnungsverfahren waren bis zum Inkrafttreten des Gesetzes zur weiteren Erleichterung der Sanierung von Unternehmen (ESUG) am 01.03.2012 nur gering. Sie hatten keinen wirkungsvollen Einfluss auf die Auswahl des Insolvenzverwalters nach § 56 Satz 1 InsO. Nunmehr können die Gläubiger durch einen in bestimmten Fällen obligatorisch einzuberufenden vorläufigen Gläubigerausschuss Einfluss auf die Auswahl des (vorläufigen) Verwalters nehmen. Sofern eine Beteiligung der Gläubiger

zulässigerweise vor der Bestellungsentscheidung des Gerichts unterbleibt, weil die damit einhergehende Zeitverzögerung zu Nachteilen für die Masse führen könnte, steht den Gläubigern zudem bereits im Eröffnungsverfahren ein Abwahlrecht zu (s. § 56a Rdn. 48 ff.). Von dieser Stärkung des Gläubigereinflusses auf die Verwalterauswahl im Eröffnungsverfahren werden in der Praxis jedoch nur größere Verfahren profitieren, in allen übrigen Verfahren bleibt der Einfluss der Gläubiger vor der Eröffnung gering. Das **Wahlrecht** nach § 57 Satz 1 InsO ist daher insbesondere in diesen Fällen weiterhin ein Ausgleich zur Abhängigkeit von der Entscheidung des Insolvenzgerichts (MüKo-InsO/*Graeber* § 57 Rn. 1).

Allerdings soll nach Ansicht mancher gerade in – eher die Regel als die Ausnahme – schwach besuchten Gläubigerversammlungen die Gefahr drohen, dass anwesende Gläubiger(-gruppen) eine stärker ihren Interessen verpflichtete Person wählen. Dem soll durch die Kontrolle des Insolvenzgerichts, das den neu gewählten Insolvenzverwalter nach § 57 Satz 3 InsO bestätigen muss, falls es ihn nicht für ungeeignet hält, ausreichend »entgegengewirkt« werden (vgl. *Smid/Smid* InsO, § 57 Rn. 2). Bei enger wirtschaftlicher Verflechtung eines Gläubigers mit dem Schuldner kann eine **Stimmrechtsversagung** in Betracht kommen (vgl. *AG Wolfratshausen* ZIP 1990, 597 f. [597]; *LG Hamburg* ZIP 2014, 1889; **a.A.** HK-InsO/*Eickmann* § 57 Rn. 5). Hier droht eine rechtsmittellose Manipulationsmöglichkeit, vor der gewarnt werden muss. Systematisch ist diese Sachverhaltskonstellation über § 57 Satz 3 InsO zu lösen und nicht über das Stimmrecht (vgl. auch *OLG Celle* ZInsO 2001, 755 ff.). 2

§ 57 InsO ist durch das **InsOÄndG 2001** (BGBl. I 2001, S. 2711) mit der Einfügung von Satz 2 um ein doppeltes Mehrheitserfordernis **ergänzt** worden. Hierdurch sollten Abwahlverfahren, die von verfahrensfremden Interessen geleitet bzw. einzelnen Großgläubigern dominiert waren, vermieden werden. 3

Diese Ergänzung trug Bedenken hinsichtlich der gegenüber der Konkursordnung eingetretenen **Änderung bzgl. des Stimmrechts der absonderungsberechtigten Gläubiger gem. § 76 Abs. 2 InsO** Rechnung (vgl. *Schmitt* § 76 Rdn. 12). 4

Aller Voraussicht nach wird es in den vergleichbaren Fällen auch unter dem erschwerenden Gesichtspunkt der zusätzlich erforderlichen **Kopfmehrheit** – voraussichtlich nicht mehr oder weniger als nach der früheren Rechtslage – zu Abwahlentscheidungen kommen. 5

B. Anwendungsbereich

Die Vorschrift gilt über § 274 Abs. 1 InsO auch für den Sachwalter in der Eigenverwaltung und über § 313 Abs. 1 InsO für den Treuhänder im vereinfachten Insolvenzverfahren. Sie gilt auch im schriftlichen Verfahren nach § 5 Abs. 2 InsO (*BGH* ZIP 2013, 1286). Für den vorläufigen Insolvenzverwalter ist § 57 InsO zum einen mangels Verweisung in § 21 Abs. 2 Nr. 1 InsO und zum anderen mangels entscheidungsfähiger Gläubigerversammlung nicht anwendbar (vgl. MüKo-InsO/*Graeber* § 57 Rn. 7). Die Abwahl eines vorläufigen Insolvenzverwalters, der entgegen § 56a Abs. 1 InsO ohne Anhörung des vorläufigen Gläubigerausschusses bestellt wurde, ist gesondert in § 56a Abs. 3 InsO geregelt. Das Abwahlrecht nach § 57 InsO besteht unabhängig von einer möglicherweise erfolgten Gläubigerbeteiligung bei der Wahl des ersten Verwalters nach §§ 56, 56a InsO. Keine Anwendung findet die Vorschrift auf den Treuhänder in der Wohlverhaltensperiode, da § 292 Abs. 3 Satz 3 InsO nicht auf § 57 InsO verweist. 6

Da nach § 312 Abs. 1 InsO im vereinfachten Insolvenzverfahren nur ein Prüfungstermin zwingend anzuberaumen ist, kann die Wahl eines anderen Treuhänders für diesen Fall auch erst im Prüfungstermin erfolgen (MüKo-InsO/*Graeber* § 57 Rn. 21).

C. Wahl eines anderen Insolvenzverwalters

Die Wahl eines anderen als des vom Gericht bestellten Insolvenzverwalters bedeutet gleichzeitig die Abwahl des bisherigen Insolvenzverwalters, Sachwalters oder Treuhänders. 7

Die Wahl erfolgt durch Beschluss der gem. § 76 Abs. 2 InsO stimmberechtigten Gläubiger, neben der dort genannten Mehrheit (Summenmehrheit) ist auch die Mehrheit der abstimmenden Gläubiger (Kopfmehrheit) erforderlich (s. u. *Schmitt* § 76). Ist das schriftliche Verfahren angeordnet, ist die Wahl auf schriftlichem Weg durchzuführen oder ins Regelverfahren überzugehen (*BGH* ZIP 2013, 1286 m. Anm. *Ahrens* EWiR 2013, 519; *Ganter* WuB VI A. § 5 InsO 1.13; *Smid* jurisPR-InsR 14/2013 Anm. 2; **a.A.** K. Schmidt/*Ries* InsO, § 57 Rn. 10). Die Mehrheit bemisst sich nach der Zahl aller berechtigt abstimmenden Personen (ohne Stimmenthaltungen) und der Summe der von ihnen gehaltenen Forderungen. Es reicht aus, wenn nur ein einziger Gläubiger an der Versammlung teilnimmt (*BGH* ZIP 2013, 1286; ZInsO 2007, 938). Die Abwahl des vom Gericht mit der Eröffnung des Verfahrens bestellten Insolvenzverwalters bedarf keiner Begründung (*LG Baden-Baden* ZIP 1997, 1350 m. Anm. *Pape* EWiR 1997, § 80 KO, 1/97, S. 945). Die Stimmabgabe kann nicht schriftlich, sondern nur in der Versammlung erfolgen (HK-InsO/*Eickmann* § 57 Rn. 5; HambK-InsO/*Frind* § 57 Rn. 2c; **a.A.** *Uhlenbruck* InsO, § 57 Rn. 8). Eine Abstimmung über die Abwahl des Insolvenzverwalters kann nicht als Antrag auf Entlassung des Verwalters nach § 59 InsO ausgelegt werden (*BGH* NZI 2006, 529).

8 Zulässig ist eine Vertretung in der Versammlung durch Stimmrechtsvollmachten, nicht aber – vom schriftlichen Verfahren nach § 5 Abs. 2 InsO abgesehen – eine Beschlussfassung im Umlaufverfahren oder die Abstimmung durch zur Akte gereichte Erklärungen (K. Schmidt/*Ries* InsO, § 57 Rn. 10; HambK-InsO/*Frind* § 57 Rn. 2a).

Der von der Gläubigerversammlung gewählte Insolvenzverwalter muss den Anforderungen des § 56 InsO genügen. Die Gläubigerversammlung ist jedoch nicht an die gerichtliche Vorauswahlliste gebunden, sondern entscheidet nach freiem Ermessen (*Uhlenbruck* InsO, § 57 Rn. 9; HambK-InsO/*Frind* § 57 Rn. 2d).

9 Das Recht zur **Abwahl** steht den Gläubigern wegen § 59 Abs. 1 Satz 2 InsO **nur in der ersten Gläubigerversammlung** zu, die auf die Bestellung des Insolvenzverwalters folgt. Dies soll die Unabhängigkeit des Insolvenzverwalters stärken und die Kontinuität der Amtsführung gewährleisten (*Nerlich/Römermann-Delhaes* InsO, § 57 Rn. 1). Wäre eine solche Abwahl auch in späteren Gläubigerversammlungen möglich, wäre die Regelung der Entlassung des Insolvenzverwalters in § 59 Abs. 1 Satz 2 InsO überflüssig. Die »erste Gläubigerversammlung« wird oft, aber nicht zwingend der Berichtstermin i.S.v. § 29 InsO sein. Die Abwahl kann auch auf einer zuvor nach § 75 InsO einberufenen Gläubigerversammlung vor diesem Termin stattfinden, sofern diese die erste ist, die auf die gerichtliche Bestellung des Verwalters folgt (vgl. *LG Stendal* ZIP 2012, 2168 m. Anm. *Hofmann* EWiR 2012, 729; *Meyer-Löwy* ZIP 2012, 2432; K. Schmidt/*Ries* InsO, § 57 Rn. 5; **a.A.** HambK-InsO/*Frind* § 57 Rn. 2a). Das Insolvenzgericht ist nicht befugt, einen entsprechenden Antrag z.B. des Gläubigerausschusses auf seine Zweckmäßigkeit zu überprüfen (*LG Stendal* ZIP 2012, 2168).

10 Um der Gläubigerautonomie Rechnung zu tragen, muss die Neuwahl durch die Gläubigerversammlung nach § 57 InsO stets auch dann zulässig sein, wenn das Amt des alten Insolvenzverwalters (etwa wegen Entlassung oder Todes) endet und das Gericht einen neuen Insolvenzverwalter bestellt. Die Gläubiger müssen in diesen Fällen eine Möglichkeit der »Korrektur« der gerichtlichen Entscheidung haben (*LG Hamburg* ZInsO 2010, 146 für den Fall einer Entlassung nach § 59 InsO durch das Gericht; BK-InsO/*Blersch* § 57 Rn. 2; *Uhlenbruck* InsO, § 57 Rn. 4, 14; MüKo-InsO/*Graeber* § 57 Rn. 17 ff. auch zu weiteren Fallgestaltungen; K. Schmidt/*Ries* InsO, § 57 Rn. 6). Interessanterweise wird den Gläubigern dieses Wahlrecht häufig bestritten. Nicht zulässig ist hingegen die Abwahl des von einer ersten Gläubigerversammlung neu gewählten Verwalters in der ersten, auf dessen gerichtliche Bestellung folgenden Gläubigerversammlung (MüKo-InsO/*Graeber* § 57 Rn. 20).

11 Gegen eine sich abzeichnende – und für einen aufmerksamen Insolvenzverwalter meist vorab erkennbare – Abwahl in der ersten Gläubigerversammlung hat der Insolvenzverwalter – wie auch ein Gläubiger – **keine Rechtsbehelfe**. Allerdings kann die i.d.R. – mangels Teilnahme an der ersten Gläubigerversammlung – »schweigende Mehrheit« der Gläubiger angesprochen und das Bewusstsein für die bestehende Problematik geschärft werden. Geeignete Ansprechpartner sind insbesondere die sog.

»Berufsgläubiger«, wie z.B. Sozialversicherungsträger, Finanzbehörde, Pensionssicherungsverein und die Arbeitsverwaltung. Bestehen – trotz ausreichender Versuche, die Kommunikation aufzunehmen – weiterhin Schwierigkeiten mit absonderungsberechtigten Großgläubigern oder Einzelgläubigern, die bereits im Vorfeld versucht haben, einen anderen Insolvenzverwalter ins Amt zu bringen, sollte der Insolvenzverwalter für entsprechende Verfahrensöffentlichkeit sorgen und damit den übrigen Gläubigern die Chance und Gelegenheit geben, sich an einer Willensbildung in der ersten Gläubigerversammlung zu beteiligen. Verfahrensöffentlichkeit in diesem Sinne heißt auch, das Gericht zu informieren. Dies gilt sowohl für den »ahnenden« Insolvenzverwalter als auch für die Gläubigerseite, um entsprechende organisatorische Maßnahmen zuzulassen (MüKo-InsO/*Graeber* § 57 Rn. 14).

Der von den Gläubigern – in Wahrnehmung ihrer gesetzlichen Rechte – neu gewählte Verwalter ist häufig als »aufgedrängt« Ressentiments der Gerichte ausgesetzt. Auch in diesen Fällen erscheint Respekt vor der Entscheidung der Mehrheit der Gläubiger angezeigt (*Graeber* ZIP 2000, 1473 f., der differenziert und für einen dem Gericht unbekannten Insolvenzverwalter zutreffend erhöhte Aufsichts- und Kontrollpflichten des Insolvenzgerichts sieht). 12

D. Die Versagung der Bestellung durch das Gericht

Das Gericht ist prinzipiell an den in der Wahl eines anderen Insolvenzverwalters zum Ausdruck kommenden Gläubigerwillen gebunden. Die Frage des Stimmrechts der einzelnen Gläubiger ist dabei von der Versagungsentscheidung zu trennen. Eine Ablehnung der von der Gläubigerversammlung gewählten Person kommt nur dann in Betracht, wenn diese für die Übernahme des Amtes nicht geeignet ist (Satz 3). Dies wird regelmäßig der Fall sein, wenn die Person **nicht die Kriterien des § 56 InsO** erfüllt und für das konkrete Insolvenzverfahren ungeeignet ist (s. hierzu § 56 Rdn. 8 ff., 27; *LG Hamburg* ZInsO 2016, 1476; *OLG Celle* ZInsO 2001, 755). Dies gilt insbesondere, wenn für den neu gewählten Insolvenzverwalter schon vor seiner Ernennung feststeht, dass er aufgrund einer Vorbefassung mit Teilen des Insolvenzverfahrens und der Tätigkeit in anderen Verfahren mit wirtschaftlich gegenläufigen Interessen möglicherweise Interessenkollisionen ausgesetzt ist, die ihn für das Amt untauglich machen (*BGH* NZI 2004, 448 f. m. Anm. *Berg-Grünewald/Keller* EWiR 2004, § 57 InsO 1/04, 925 f.; *OLG Celle* ZInsO 2001, 755 [756 f.]; *AG Göttingen* ZIP 2003, 92 zur Versagung der Bestellung zum Insolvenzverwalter bereits aufgrund fehlender Erreichbarkeit des Büropersonals; m. Anm. *Lüke/Stengel* EWiR 2003, § 56 InsO 1/03, S. 1039 f.; s.a. Beschwerdeentscheidung *LG Göttingen* NZI 2003, 441 f., wobei – erfolglos – die Bestellung eines anderen anstelle des von der Gläubigerversammlung vorgeschlagenen, gewählten Insolvenzverwalters begehrt wurde). Dabei darf das Gericht seine bisherigen Erfahrungen mit dem gewählten Insolvenzverwalter aus früheren Verfahren verwenden (*LG Hamburg* ZInsO 2016, 1476). Aus der Formulierung »nicht geeignet« folgt zwingend, dass das Gericht nicht positiv die Eignung des Gewählten feststellen muss, sondern seine Ablehnung nur auf die Nichteignung stützen darf. Dies bedeutet im Falle eines non liquet, dass der gewählte Verwalter im Zweifel zu bestellen ist (so zu Recht K. *Schmidt/Ries* InsO, § 57 Rn. 13). Allerdings muss die fehlende Eignung nicht offensichtlich sein, es reicht, wenn Zweifel an der Unabhängigkeit bestehen, die sich auf objektiv begründete Verdachtsmomente stützen (vgl. MüKo-InsO/*Graeber* § 57 Rn. 30; K. *Schmidt/Ries* InsO, § 57 Rn. 14). Das Insolvenzgericht ist auch nicht deshalb gehalten, einen von den Gläubigern neu gewählten Verwalter trotz möglicher, von vornherein erkennbarer Interessenkollisionen zu bestellen, weil im Einzelfall die Möglichkeit besteht, beim Auftreten von Interessenwidersprüchen einen Sonderinsolvenzverwalter zu ernennen (*OLG Celle* ZInsO 2001, 755 [756 f.]; K. *Schmidt/Ries* InsO, § 57 Rn. 12). Eine Ablehnung mit der Begründung, es sei bereits ein geeigneter Verwalter vom Gericht bestellt, dessen Ablösung nur unnötige Kosten verursache oder dass sich der neue Insolvenzverwalter erst einarbeiten müsse, ist demgemäß unstatthaft (Begr. RegE, abgedruckt in *Balz/Landfermann* S. 270; *KG* ZIP 2001, 2240) und widerspricht dem klaren Gesetzeswortlaut. 13

Das Gericht hat vor der Bestellung auch von Amts wegen zu prüfen, ob ein wirksamer Beschluss der Gläubigerversammlung über die Wahl des neuen Verwalters vorliegt (*AG Duisburg* NZI 2007, 728). Den Beteiligten ist zuvor rechtliches Gehör zu gewähren (*AG Hamburg* RPfleger 2015, 301), hin- 14 sichtlich des bisherigen Insolvenzverwalters wird dies nicht für erforderlich gehalten (*LG Hamburg* ZInsO 2016, 1476; **a.A.** HambK-InsO/*Frind* § 57 Rn. 8), erscheint aber sinnvoll.

15 Funktionell zuständig für die Entscheidung über die Bestätigung oder die Ablehnung des gewählten Verwalters ist – abgesehen von § 18 Abs. 3 Satz 2 RPflG und einem speziellen Richtervorbehalt nach § 18 Abs. 2 RPflG – nach §§ 3 Nr. 2e, 18 Abs. 1 Nr. 1 RPflG der Rechtspfleger, da – im Gegensatz zu der Bestellung des ersten Insolvenzverwalters im Eröffnungsbeschluss – das RPflG hier keinen generellen Richtervorbehalt enthält (K. Schmidt/*Ries* InsO, § 57 Rn. 14; *Uhlenbruck* InsO, § 57 Rn. 14, 19; *Arnold/Meyer-Stolte/Hermann/Hansens* RPflG, § 18 Rn. 31; *LG Leipzig* ZInsO 2011, 1991 zum Sonderinsolvenzverwalter; *AG Duisburg* ZIP 2007, 2429; *Lissner* Rpfleger 2015, 241; **a.A.** HambK-InsO/*Frind* § 57 Rn. 7; *LG Hechingen* ZIP 2001, 1970; *AG Göttingen* ZIP 2003, 592; *AG Hamburg* Rpfleger 2015, 301). Dies stellt einen gewissen Widerspruch zur Zuständigkeit des Richters für die Bestellung nach § 56 InsO dar. Eine Ausnahme stellt das Insolvenzplanverfahren dar, welches nach § 18 RPflG seit dem 1.3.2012 insgesamt dem Richter vorbehalten ist.

16 Der ablehnende Beschluss des Gerichts ist zu begründen und jedenfalls den Gläubigern zuzustellen, die für den neuen Verwalter gestimmt haben, da sie beschwert sind (*AG Göttingen* ZIP 2003, 92; MüKo-InsO/*Graeber* § 57 Rn. 43; **a.A.** *Uhlenbruck* InsO, § 57 Rn. 28: Zustellung an alle Gläubiger). Die Notwendigkeit der Zustellung entfällt, wenn der Beschluss in der Gläubigerversammlung verkündet wird (*Uhlenbruck* InsO, § 57 Rn. 28).

E. Rechtsmittel

17 Die ablehnende Entscheidung des Gerichts ergeht durch Beschluss, der im Hinblick auf die den Insolvenzgläubigern eröffnete Möglichkeit der sofortigen Beschwerde (§ 57 Satz 4 InsO) begründet werden sollte (A/G/R-*Lind* § 57 Rn. 11; K. Schmidt/*Ries* InsO, § 57 Rn. 13). Beschwert ist ein Gläubiger nur dann, wenn er in der Versammlung für den neuen, vom Gericht abgelehnten Verwalter gestimmt hat (*AG Göttingen* ZIP 2003, 592; MüKo-InsO/*Graeber* § 57 Rn. 43; *Uhlenbruck* InsO, § 57 Rn. 37; **a.A.** HambK-InsO/*Frind* § 57 Rn. 13).

18 Legt der Gläubigerausschuss oder eines seiner Mitglieder in dieser Eigenschaft Beschwerde ein, ist durch einen Hinweis des Gerichts zu klären, ob sie die Beschwerde in ihrer Eigenschaft als Gläubiger weiterverfolgen wollen, da diese grds. beschwerdeberechtigt sind (**a.A.** *OLG Schleswig* ZIP 1986, 930 m. Anm. *Hegmanns* EWiR 1986 zu § 80 KO: Zurückweisung als unzulässig).

19 **Kein Recht zur sofortigen Beschwerde** haben der Schuldner (*LG Hamburg* ZIP 2014, 1889), der gewählte und der abgelehnte Verwalter (eingehend hierzu *Kübler/Prütting/Bork-Lüke* InsO, § 57 Rn. 7, 8; *Nerlich/Römermann-Delhaes* InsO, § 57 Rn. 11 m.w.N.; *OLG Zweibrücken* ZIP 2000, 2173 f.; *AG Hamburg* Rpfleger 2015, 301, 302; **a.E.** *OLG Karlsruhe* ZIP 1997, 1970 f.[noch zur KO]; *Muscheler/Bloch* ZIP 2000, 1480 a.E. allerdings über den Umweg von § 78 Abs. 1 InsO [Aufhebungsantrag an das Gericht]), Absonderungsberechtigte, denen mangels Ausfall keine Insolvenzforderung zusteht sowie Massegläubiger, da es allein um die Durchsetzung einer Entscheidung der Insolvenzgläubiger geht (Begr. RegE, abgedruckt in *Balz/Landfermann* S. 270).

20 In diesem Zusammenhang wird diskutiert, ob der abgelehnte Insolvenzverwalter die Möglichkeit hat, eine **Aufhebung der Entscheidung der Gläubiger über § 78 InsO herbeizuführen**. Dies ist abzulehnen, da § 57 Satz 3 InsO gegenüber § 78 Abs. 1 InsO eine abschließende Spezialregelung enthält. Das Insolvenzgericht kann daher den Beschluss der Gläubigerversammlung nach § 78 Abs. 1 InsO nicht aufheben, sondern allenfalls unter den Voraussetzungen des § 57 Satz 3 InsO die Bestellung des Gewählten versagen (*BGH* NZI 2003, 607 f. zu *LG Traunstein* unter Hinweis auf die insoweit einheitliche veröffentlichte Rechtsprechung der Oberlandesgerichte; ebenso, wenn der Insolvenzverwalter zuvor die Masseunzulänglichkeit angezeigt hatte *BGH* NZI 2005, 32 f.; *LG Hechingen* ZIP 2001, 1970 f. m. im Ergebnis Anm. *Brenner* EWiR 2002, § 57 InsO a.F. 1/02, S. 635 f., die wohl zu Recht darauf hinweist, dass § 78 bereits deswegen nicht anwendbar sei, weil sein Schutzzweck nicht tangiert sei; *LG Traunstein* ZIP 2002, 2142; m. Anm. *Graeber* DZWIR 2002, 259 f.; *KG* ZIP 2001, 2240 f.; *OLG Zweibrücken* ZIP 2000, 2174 zur Zulässigkeit der sofortigen weiteren

Beschwerde gegen den Beschluss der Gläubigerversammlung zur Verwalterabwahl in einem obiter dictum; *OLG Naumburg* ZIP 2000, 1396; *OLG Celle* ZInsO 2001, 755 ff.; m. Anm. *Hess* EWiR 2001, § 57 InsO 1/01, S. 1153 f.; *Kesseler* DZWIR 2002, 133 ff. [138]; *Graeber* ZIP 2000, 1472 f.; *Pape* ZInsO 2000, 477, der diese Rspr. bedauert; **a.A.** *Muscheler/Bloch* ZIP 2000, 1480 a.E.; *Smid/ Wehdeking* InVo 2001, 85). Die gegen den Beschluss des *BGH* v. 07.10.2004 (ZIP 2004, 2341 ff.) eingelegte Verfassungsbeschwerde hat das BVerfG nicht zur Entscheidung angenommen (*BVerfG* ZIP 2005, 537 ff. m. Anm. *Lüke*). Das BVerfG verneint eine Verletzung insbesondere auch der Art. 12 und 14 GG unter Bezugnahme auf die herrschende Gläubigerautonomie. Eine gesicherte Stellung erlange der Insolvenzverwalter erst nach der ersten Gläubigerversammlung, in der über die Beibehaltung seiner Bestellung abgestimmt werde (*BVerfG* ZIP 2005, 537).

Es ist jedoch möglich, noch in der Versammlung nach § 18 Abs. 3 RPflG einen Antrag auf richterliche Stimmrechtsfestsetzung zu stellen, der – bei positivem Ausgang aus Sicht des Antragstellers – zu einer Aufhebung der Neuwahl führt, sofern diese auf unwirksamen Stimmen beruht (HambK-InsO/ *Frind* § 57 Rn. 14b; vgl. auch *LG Hamburg* ZIP 2014, 1889 m. Anm. *Schweigel* NZI 2015, 30). 21

Versagt das Insolvenzgericht die Bestellung des von der Gläubigerversammlung gewählten Insolvenzverwalters, ist – wie der Gesetzestext klarstellt – die Wahl eines anderen Insolvenzverwalters in einer neuen Versammlung nicht zulässig (*LG Freiburg* ZIP 1987, 1597; K. Schmidt/*Ries* InsO, § 57 Rn. 8; *Uhlenbruck* § 57 Rn. 18; **a.A.** MüKo-InsO/*Graeber* § 57 Rn. 18). Entgegen der zitierten Auffassung des LG Freiburg gilt dies freilich nicht, wenn die Ablehnung noch in der ersten Gläubigerversammlung erfolgt. Solange diese noch nicht abgeschlossen ist, gebietet der Grundsatz der Gläubigerautonomie, die Wahl eines neuen Verwalters zuzulassen (so auch *Hegmanns* Anm. zu *LG Freiburg* ZIP 1987, 1597 in EWiR 1987, § 80 KO, 2/87, S. 1223 f.). 22

Anders als die ablehnende Entscheidung des Gerichts nach § 57 Satz 3 InsO ist die **Bestellung des neuen**, von der Gläubigerversammlung nach § 57 InsO gewählten **Verwalters unanfechtbar** (s. Rdn. 24; *BGH* NZI 2009, 246 [247]; **a.A.** *Kübler/Prütting/Bork-Lüke* InsO, § 57 Rn. 6). 23

F. Die Ernennung des gewählten Verwalters

Wird der gewählte Verwalter vom Gericht bestätigt, so übernimmt er **mit ex nunc-Wirkung** das Insolvenzverfahren. Der gerichtliche Beschluss ist konstitutiv für den Amtsantritt des neuen Verwalters und mit der Entlassung des alten Verwalters verbunden. Das Amt des Vorgängers endet automatisch mit der Annahme der Bestellung des neu gewählten Insolvenzverwalters (HK-InsO/*Eickmann* § 57 Rn. 10). Dem Vorgänger steht hinsichtlich seiner festgesetzten Vergütung ggf. ein Zurückbehaltungsrecht an der Masse nach § 273 BGB zu (*Smid/Wehdeking* NZI 2010, 625 [626]). Der Bestellungsbeschluss des Gerichts wird mit Verkündung in der Versammlung oder – wenn er außerhalb der Versammlung erfolgt – mit der öffentlichen Bekanntmachung der Bestellung des neuen Verwalters wirksam; er ist nicht zu begründen. Rechtsmittel gegen die Bestätigung des gewählten Insolvenzverwalters gibt es nicht (*BGH* NZI 2009, 246 [247]). Eine förmliche Zustellung des Beschlusses ist deshalb nicht erforderlich (HK-InsO/*Eickmann* § 57 Rn. 10). Der neu gewählte Verwalter erhält eine Bestellungsurkunde nach § 56 Abs. 2 Satz 1 InsO, der abgewählte Verwalter hat seine Urkunde zurückzugeben. Die Ernennung muss entsprechend §§ 27 Abs. 2 Nr. 2, 30 Abs. 1 InsO öffentlich bekannt gemacht werden. 24

§ 58 Aufsicht des Insolvenzgerichts

(1) [1]Der Insolvenzverwalter steht unter der Aufsicht des Insolvenzgerichts. [2]Das Gericht kann jederzeit einzelne Auskünfte oder einen Bericht über den Sachstand und die Geschäftsführung von ihm verlangen.

(2) [1]Erfüllt der Verwalter seine Pflichten nicht, so kann das Gericht nach vorheriger Androhung Zwangsgeld gegen ihn festsetzen. [2]Das einzelne Zwangsgeld darf den Betrag von fünfundzwanzig-

tausend Euro nicht übersteigen. ³Gegen den Beschluss steht dem Verwalter die sofortige Beschwerde zu.

(3) Absatz 2 gilt entsprechend für die Durchsetzung der Herausgabepflichten eines entlassenen Verwalters.

Übersicht

		Rdn.			Rdn.
A.	Normzweck	1		verwalterpflichten durch Verhängung	
B.	Anwendungsbereich	3		eines Zwangsgeldes (Abs. 2)	11
C.	Die Ausübung des Aufsichtsrechtes (Abs. 1)	5	E.	Rechtsmittel	18
			F.	Amtshaftungsansprüche	20
D.	Die Durchsetzung der Insolvenz-		G.	Zwangsmaßnahmen gegen den entlassenen Insolvenzverwalter (Abs. 3)	21

Literatur:
Frege/Nicht Informationserteilung und Informationsverwendung im Insolvenzverfahren, ZInsO 2012, 2217; *Lissner* Aufsichtspflichten des Insolvenzgerichts, ZInsO 2012, 957; *ders.* Konkrete Maßnahmen der gerichtlichen Insolvenzverwalterkontrolle aus Sicht des Rechtspflegers, ZVI 2013, 423; *ders.* Die Aufsicht über den Insolvenzverwalter, InsBüro 2016, 100, 147; *Rechel* Die Aufsicht des Insolvenzgerichts über den Insolvenzverwalter, Berlin 2009; *Schmidberger* Möglichkeiten und Grenzen der insolvenzgerichtlichen Aufsicht, NZI 2011, 928; *Smid/Wehdeking* Die Rolle insolvenzgerichtlicher Aufsicht im Streit um Masseherausgabe und Vergütung beim Wechsel der Person des Verwalters, NZI 2010, 625.

A. Normzweck

1 Um einen gesetzmäßigen Ablauf des Insolvenzverfahrens zu sichern, hat das Insolvenzgericht nach § 58 Abs. 1 InsO das Recht, den Insolvenzverwalter zu überwachen. Die Pflicht zur Überwachung und ggf. zum Einschreiten ist dabei das Korrektiv zu der dem Insolvenzverwalter eingeräumten Macht, fremdes Vermögen (das des Schuldners und ggf. gesicherter Gläubiger) zu verwalten. Bezweckt wird weiter der Schutz der Insolvenzmasse und der gleichmäßigen Befriedigung der Gläubiger, aber auch der des Schuldners, der gegen einzelne Maßnahmen des Insolvenzverwalters kein Beschwerderecht hat. Die Aufsichtspflicht entspringt dem **Grundsatz, dass der Staat zur Überwachung derjenigen Personen gehalten ist, die er als Verwalter über fremdes Vermögen einsetzt** (vgl. MüKo-InsO/*Graeber* § 58 Rn. 1 m.w.N.). Sie besteht während der gesamten Dauer des Insolvenzverfahrens (*BGH* NZI 2010, 997).

2 Der Umfang ihrer Ausübung ist in das pflichtgemäße Ermessen des Insolvenzgerichtes gestellt (HK-InsO/*Eickmann* § 58 Rn. 6; std. Rspr. seit RGZ 154, 291, 296, zuletzt *BGH* ZIP 2010, 382). Das Ausmaß der mit der Aufsicht verbundenen Arbeitsbelastung hängt von der Qualifikation des Insolvenzverwalters und von der vertrauensvollen Zusammenarbeit von Insolvenzverwalter und Gericht ab (KS-InsO/*Naumann* 2000, S. 431 ff., 451 Rn. 56). Die Dichte der richterlichen Kontrolle ist abhängig von der Erfahrung des Verwalters, seiner bisherigen Zuverlässigkeit und der Schwierigkeit des jeweiligen Falls (K. Schmidt/*Ries* InsO, § 58 Rn. 16). Ist ein Gläubigerausschuss bestellt (der den Insolvenzverwalter nach § 69 ebenfalls zu überwachen hat), ändert dies weder Art noch Umfang der Überwachungspflichten des Insolvenzgerichtes (a.A. für das eröffnete Verfahren Uhlenbruck/*Uhlenbruck* § 58 Rn. 7; unklar LG Köln ZInsO 2001, 673).

B. Anwendungsbereich

3 Die insolvenzgerichtliche Aufsicht bezieht sich auch auf die Überwachung der Insolvenzplanerfüllung durch den Insolvenzverwalter, § 261 Abs. 1 Satz 2 InsO. Die Überwachungspflicht erstreckt sich ferner auf den vorläufigen Insolvenzverwalter, § 21 Abs. 2 Nr. 1 InsO, den Sachwalter bei Eigenverwaltung, § 274 Abs. 1 InsO, den im Restschuldbefreiungsverfahren zu bestellenden Treuhänder, § 292 Abs. 3 Satz 2 InsO sowie den im Verbraucherinsolvenzverfahren zu bestellenden Treuhänder, § 313 Abs. 1 Satz 3 InsO.

Mit der Annahme des Amtes durch den (vorläufig bestellten) Insolvenzverwalter beginnt die Aufsichtspflicht und dauert über die Beendigung des Amtes fort. Erst die vollständige Erfüllung sämtlicher Verpflichtungen des Insolvenzverwalters wie z.B. die der Rechnungslegung und Herausgabe der Bestallungsurkunde beendet die Aufsicht des Insolvenzgerichts (MüKo-InsO/*Graeber* § 58 Rn. 7; *BGH* NZI 2005, 391). Die Ankündigung der Restschuldbefreiung beendet ohne Verfahrensaufhebung die Aufsicht nicht (*BGH* NZI 2010, 997 [998]). 4

C. Die Ausübung des Aufsichtsrechtes (Abs. 1)

Die Aufsicht ist **Rechtsaufsicht**, keine konkrete Fachaufsicht. Das Gericht darf grds. nicht die Zweckmäßigkeit des Insolvenzverwalterhandelns nachprüfen, sofern ihm nicht (wie in den §§ 149 Abs. 1, 151 Abs. 1, 158 Abs. 2, 161, 163, 198, 314 InsO) Mitwirkungs- und Anordnungsrechte eingeräumt sind (HK-InsO/*Eickmann* § 58 Rn. 3; MüKo-InsO/*Graeber* § 58 Rn. 39 m.w.N.; HambK-InsO/*Frind* § 58 Rn. 3). Etwas anderes muss gelten, wenn sich eine Maßnahme objektiv masseschädigend auswirkt oder – weil gesetzeswidrig – insolvenzzweckwidrig ist (HambK-InsO/*Frind* § 58 Rn. 3b), da eine solche Handlung das Ziel der Gläubigerbefriedigung konterkariert und daher als rechtswidrig anzusehen ist. Die **Abgrenzung** kann im Einzelfall schwierig sein, Augenmaß ist für das Insolvenzgericht geboten. Die Ausübung der Rechtsaufsicht soll die Tätigkeit des Insolvenzverwalters nicht behindern und eine gedeihliche Zusammenarbeit zwischen Insolvenzgericht und Insolvenzverwalter nicht stören. Sie ist kein Gestaltungsrecht. Vermieden werden sollte daher eine **kleinliche Überwachung** (vgl. MüKo-InsO/*Graeber* § 58 Rn. 40 m.w.N.). Bestehen zwischen Gericht und Verwalter unterschiedliche Rechtsauffassungen über die Abwicklung des Verfahrens, darf das Gericht seine Rechtsansicht nicht im Aufsichtswege durchsetzen und auf diese Art konkrete Weisungen zu materiellen Fragen des Insolvenzrechts erteilen (*LG Traunstein* NZI 2009, 654 m. Anm. *Keller* NZI 2009, 633 ff.). 5

Die Aufsicht besteht zunächst in der Informationsbeschaffung durch das Gericht. Zur **Ausübung** der Aufsicht kann das Insolvenzgericht vom Insolvenzverwalter Auskünfte oder einen Bericht über Sachstand und Geschäftsführung fordern. Der Insolvenzverwalter muss die Anfragen wahrheitsgemäß, zeitnah und nachvollziehbar beantworten (*BGH* ZIP 2014, 2399). Dabei kann das Gericht Auskünfte in allen ihm zweckdienlich erscheinenden Formen verlangen, etwa in Form von (Zwischen-)**Berichten, Dokumentenvorlage und Kassenprüfung** etc. Das Gericht ist auch berechtigt, Bücher und Belege bei ihm einzusehen und den Kassenbestand zu prüfen (*BGH* ZIP 2014, 2399). Dies schließt die Möglichkeit eines mündlichen **Anhörungstermins** ein, der mittels Zwangsgeld durchgesetzt werden kann (*BGH* ZIP 2010, 382). Das Gericht sollte regelmäßig Sachstandsberichte anfordern, und zwar mindestens alle 6 Monate, in schwierigeren Verfahren, im Eröffnungsverfahren und bei bekannt gewordenen Pflichtverstößen auch öfter. Die Pflichten des Insolvenzverwalters gegenüber dem Gericht entfallen nicht deshalb, weil dieses nach § 5 InsO selbst den Sachstand ermitteln könnte (*BGH* ZIP 2014, 2299). 6

Ggf. kann das Gericht verlangen, dass der Verwalter die **Richtigkeit und Vollständigkeit** seiner Angaben eidesstattlich versichert, § 259 BGB (*BGH* ZIP 2010, 383). Der Verwalter ist ferner verpflichtet, von sich aus dem Gericht einen Sachverhalt **anzuzeigen**, der bei unvoreingenommener Betrachtung die Besorgnis der Befangenheit des Verwalters begründet (*BGH* ZInsO 2012, 269 [270]). Aufgrund des regelmäßig im Berichtstermin gem. § 156 InsO durch die Gläubiger gefassten Beschlusses, dem Insolvenzverwalter aufzugeben, in z.B. sechsmonatigen Abständen unaufgefordert (i.d.R. schriftlich) Bericht zu erstatten, dürfte es bei ordnungsgemäßer Erfüllung durch den Insolvenzverwalter i.d.R. nur ausnahmsweise zur Notwendigkeit aufsichtsrechtlicher Maßnahmen des Insolvenzgerichts kommen. Auch die nur mündliche Information durch den Insolvenzverwalter oder dessen Hilfspersonen genügt. Auf der Grundlage der vorliegenden Informationen entscheidet das Gericht – im pflichtgemäßen Ermessen – sodann über die ihm zweckmäßig erscheinenden Aufsichtsmaßnahmen (so auch MüKo-InsO/*Graeber* § 58 Rn. 13). Ggf. kann es, wenn mildere Mittel wie die Einholung von Auskünften oder ein Gutachten nicht ausreichen, auch einen Sonderinsolvenzverwalter zur 7

Überwachung bestellen (A/G/R-*Lind* § 56 Rn. 30; *AG Göttingen* ZIP 2006, 629; *AG Charlottenburg* ZInsO 2015, 582; a.A. *Smid* DZWIR 2016, 259).

8 Auslöser für eine Pflicht des Insolvenzgerichtes, tätig zu werden, ist – von der turnusmäßigen Informationsbeschaffung abgesehen – regelmäßig ein sog. »**insolvenzzweckwidriges**« **Handeln** des Insolvenzverwalters. Angesprochen sind dabei in § 58 Abs. 2 Satz 1 InsO die Pflichten des Insolvenzverwalters. Diese müssen »insolvenzverfahrensspezifisch« sein und können gegliedert werden in solche, die sich gegenüber dem Schuldner aus dem Verfahrensablauf heraus und gegenüber dem Insolvenzgericht ergeben (vgl. die Darstellung und Aufzählung bei MüKo-InsO/*Graeber* § 58 Rn. 32). Von einem insolvenzzweckwidrigen Handeln ist ein lediglich – aus Sicht des Gerichts – unzweckmäßiges, aber nicht insolvenzwidriges Verhalten zu unterscheiden. Ermessensspielräume des Verwalters bei seiner Amtsführung sind zu beachten. Das Gericht kann lediglich prüfen, ob sich das Handeln des Verwalters in den von der InsO vorgegebenen Grenzen des Ermessens und im Rahmen von Beschlussvorgaben der Gläubiger bewegt (K. Schmidt/*Ries* InsO, § 58 Rn. 11). Beispielsweise kann das Insolvenzgericht prüfen, ob ein als Rechtsanwalt zugelassener Insolvenzverwalter für seine Tätigkeit ein Anwaltshonorar geltend machen darf (vgl. zu der Frage, wann ein Insolvenzverwalter Gebühren nach dem RVG geltend machen kann § 63 Rdn. 15 ff.). Das Insolvenzgericht kann auch die Rückzahlung einer zu Unrecht der Masse entnommenen Sondervergütung anordnen (*OLG Köln* KTS 1977, 56 ff. [61 f.]; *LG Aachen* Rpfleger 1978, 380; *Schmid* Rpfleger 1968, 251 ff. [256]; a.A. *LG Magdeburg* ZInsO 2013, 2578) oder die Zustimmung zur Entnahme eines Vorschusses auf die Vergütung des Insolvenzverwalters verweigern (*BGH* ZIP 2014, 2299). Die Rückzahlung eines nach Auffassung des Insolvenzgerichtes zuviel gezahlten Honorars an andere Anwälte kann das Insolvenzgericht grds. nicht anordnen (*LG Freiburg* ZIP 1980, 438 ff.); ebenso wenig die Auszahlung von zu Unrecht einbehaltenen Zahlungen Dritter (*LG Mönchengladbach* ZInsO 2009, 1356). Grundsätze ordnungsgemäßer Insolvenzverwaltung von Verwalterverbänden können Anhaltspunkte für rechtmäßiges Verwalterhandeln geben (*Frind* NZI 2011, 785 [788]).

9 Das Insolvenzgericht darf **nicht einseitig zur Durchsetzung von Interessen der Insolvenzgläubiger** tätig werden. Unzulässig ist zum Beispiel eine Anordnung des Insolvenzgerichts, Beträge, die aus der Masse beglichen wurden, ohne Masseverbindlichkeiten zu sein, an die Masse zurückzuzahlen, da diese Anordnung der Geltendmachung und Durchsetzung eines etwaigen Schadensersatzanspruches gegen den Insolvenzverwalter vorgreifen würde (*LG Köln* NZI 2000, 157 f. noch zu § 83 KO; Besprechung von *Leithaus* NZI 2001, 124 ff., [126]) oder auch den Insolvenzverwalter zu veranlassen, einem Gläubiger Auskunft zu erteilen (MüKo-InsO/*Graeber* § 58 Rn. 38 m.w.N.). Nur der Insolvenzverwalter kennt ggf. die gegen eine Auskunftserteilung sprechenden Gründe. Andererseits ist das wesentliche Ziel der Auskunftserteilung eine Information der Gläubiger, die ihnen erst eine Selbstverwaltung ermöglicht (K. Schmidt/*Ries* InsO, § 58 Rn. 6).

10 Aufsichtsmaßnahmen des Insolvenzgerichts sind damit in Anlehnung an die Rspr. zu § 83 KO **informatorischer und nur in Ausnahmefällen repressiver Art** (*Leithaus* NZI 2001, 127). Außerhalb der Gläubigerversammlungen (insbesondere § 156 InsO) und der gesetzlich geregelten Fälle (z.B. §§ 167, 168 InsO) bestehen die Informationspflichten des Insolvenzverwalters nur gegenüber dem Insolvenzgericht, nicht aber gegenüber einzelnen Beteiligten. Das Insolvenzgericht kann daher den Insolvenzverwalter nur in den vorgenannten Fällen zur Auskunftserteilung an einen Beteiligten des Insolvenzverfahrens anhalten (so auch *AG Köln* NZG 2002, 589). Den Beteiligten stehen im Übrigen nur die Rechte zur Teilnahme an den Gläubigerversammlungen, auf Akteneinsicht (§§ 4 InsO, 299 ZPO; HK-InsO/*Eickmann* § 58 Rn. 5; KS-InsO/*Naumann* 2000, S. 445 ff. Rn. 36–42) und Einsichtnahme in bestimmte Unterlagen (§§ 66, 153, 175 InsO) zu. Es ist Aufgabe der potentiellen Auskunftsempfänger ihren Anspruch ggf. vor den Prozessgerichten geltend zu machen (MüKo-InsO/*Graeber* § 58 Rn. 23, 24).

D. Die Durchsetzung der Insolvenzverwalterpflichten durch Verhängung eines Zwangsgeldes (Abs. 2)

Kommt der Insolvenzverwalter seinen Pflichten nicht nach, kann das Gericht als Zwangsmittel ein Zwangsgeld festsetzen. Andere Zwangsmaßnahmen, insbesondere eine Inhaftnahme des Verwalters in analoger Anwendung der §§ 97, 98 InsO, sind dagegen nicht zulässig (*BGH* ZIP 2010, 190). Das Gericht kann verlangen, dass der Insolvenzverwalter seine Angaben an Eides Statt versichert (*BGH* ZIP 2010, 383; *LG Göttingen* ZInsO 2008, 1144), wogegen keine sofortige Beschwerde gegeben ist. 11

Das Zwangsgeld hat **keine Straffunktion** und kann deshalb nicht für bereits begangene Pflichtverstöße festgesetzt werden; es soll lediglich ein pflichtgemäßes Verhalten des Verwalters erzwingen (*BGH* WM 2012, 50; ZInsO 2013, 1635). Das einzelne Zwangsgeld darf den Betrag von 25.000 Euro nicht übersteigen, wobei die Höhe in einem vernünftigen Verhältnis zu der Schwere des Pflichtverstoßes stehen muss (*BGH* ZIP 2005, 865 ff. [867], m. Anm. *Eickmann* EWiR 2005, § 58 InsO 1/05, 677). Die wiederholte Anordnung eines Zwangsgeldes unter den gleichen Bedingungen ist möglich (MüKo-InsO/*Graeber* § 58 Rn. 54; *Arnold/Meyer-Stolte/Hermann/Hansens* RPflG, § 18 Rn. 33), wobei die Missachtung eines früheren Beschlusses durchaus zu einer Steigerung des Betrages führen darf. 12

Die Verhängung des Zwangsgeldes ist – tunlichst, aber nicht zwingend schriftlich – zuvor **anzudrohen**, um so dem Insolvenzverwalter die Möglichkeit zu geben, sich zu äußern und damit rechtliches Gehör zu gewähren (nach *LG Göttingen* NZI 2009, 61 ist schriftliche Androhung nötig). Sinnvollerweise sollte das Insolvenzgericht vor der Androhung zunächst nach Gründen für den Pflichtverstoß fragen, was bereits als Gewährung rechtlichen Gehörs anzusehen ist (MüKo-InsO/*Graeber* § 58 Rn. 48). 13

Wird in einem Zwangsgeldfestsetzungsbeschluss zugleich ein **weiteres Zwangsgeld** angedroht, so bedarf es keiner weiteren Anhörung des Insolvenzverwalters, da dieser die Möglichkeit hatte, sich zu äußern (MüKo-InsO/*Graeber* § 58 Rn. 49 m.w.N.; **a.A.** *LG Coburg* m. Anm. *Depré* Rpfleger 1990, 383 f.). Mit der Androhung eines Zwangsgeldes sollte eine konkrete Frist gesetzt, das beabsichtigte Zwangsgeld mitgeteilt und diese dem Insolvenzverwalter zugestellt werden, damit die Einhaltung der Frist überwacht werden kann (MüKo-InsO/*Graeber* § 58 Rn. 50). 14

Kann der Insolvenzverwalter nicht nachweisen, dass er die Nichtvornahme der Handlung nicht verschuldet hat und wird er auch weiterhin nicht tätig, so ist das Zwangsgeld festzusetzen und sodann ggf. auf der Grundlage des Beschlusses nach den §§ 2 ff. JustBeitrO **zu vollstrecken**. Der Beschluss kann von dem Insolvenzverwalter mit der sofortigen Beschwerde (§ 6 InsO) angegriffen werden, § 58 Abs. 2 Satz 3 InsO. 15

Wird die zu erzwingende Handlung ausgeführt, bevor das rechtskräftig festgesetzte Zwangsgeld vollstreckt wird, kann der Insolvenzverwalter nach §§ 794 Abs. 1 Nr. 3, 795, 767 ZPO beantragen, dass die Vollstreckung aus dem Zwangsgeldbeschluss für unzulässig erklärt wird (*BGH* ZIP 2015, 331). 16

Kommt der Insolvenzverwalter trotz zweimaliger rechtskräftiger Zwangsgeldfestsetzung durch das Insolvenzgericht seiner längst überfälligen Pflicht zur Rechnungslegung nicht nach, liegt ein die Entlassung rechtfertigender wichtiger Grund i.S.d. § 59 Abs. 1 Satz 1 InsO vor (*BGH* WM 2012, 280). 17

E. Rechtsmittel

Die Aufsicht nimmt das Insolvenzgericht von Amts wegen wahr. Die Gläubiger, aber auch Gläubigerausschuss, Gläubigerversammlung und Schuldner haben keine Möglichkeit, das Gericht zum Tätigwerden zu zwingen (*BGH* ZIP 2009, 529; ZInsO 2011, 131; zum Schuldner *BGH* Beschl. v. 02.01.2009 – IX ZB 269/08, zitiert nach juris). Selbstredend können aber substantiierte Anregungen von Beteiligten Anlass zu weiteren Ermittlungen geben, ohne dass diese förmlich beschieden werden müssen (HambK-InsO/*Frind* § 58 Rn. 2). Lehnt das Gericht ein Tätigwerden ab, so kann hiergegen auch nicht auf dem Beschwerdewege vorgegangen werden, arg. ex § 6 Abs. 1 InsO (*BGH* ZInsO 2011, 131; NZI 2006, 593; zutreffend *LG Göttingen* NZI 2000, 491 m. Anm. *Pape* EWiR 18

2000). Die **fehlende Beschwerdebefugnis** wird durch die Haftung des Insolvenzverwalters aus den §§ 60, 61 InsO und die Staatshaftung für die ordnungsgemäße Ausübung des Einschreitensermessens des Insolvenzgerichts im Rahmen seiner Aufsichtspflicht kompensiert. Auch aus Art. 14 GG folgt kein Beschwerderecht des Schuldners (*BVerfG* NJW 1993, 513).

19 Dem Verwalter steht hingegen die sofortige Beschwerde gegen die Anordnung des Zwangsgeldes zu. Mit dieser kann jedoch nicht die Unzulässigkeit der vom Insolvenzgericht getroffenen Aufsichtsanordnung angegriffen werden. Der Verwalter kann nur geltend machen, die Verletzung einer ihm vom Gericht auferlegten Pflicht liege nicht vor, das festgesetzte Zwangsgeld sei nicht angedroht worden, der Betrag gehe über den gesetzlichen Rahmen hinaus oder sei unverhältnismäßig (*BGH* ZIP 2011, 1123 m. Anm. *Smid* juris-PR-InsR 13/2011 Anm. 2; *Stephan* EWiR 2011, 429; *LG Göttingen* ZInsO 2013, 795 m. Anm. *Sietz* NZI 2013, 445). Möglich ist ferner der Einwand, die geforderte Handlung sei vor Rechtskraft der Entscheidung über die Zwangsgeldfestsetzung erfüllt worden (*BGH* ZIP 2015, 331; ZInsO 2013, 1635; WM 2012, 50). Gegen die **Androhung der Festsetzung** eines Zwangsmittels ist dagegen kein Rechtsmittel gegeben. Ebenso wenig kann der Verwalter gegen sonstige Aufsichtsanordnungen nach Absatz 1 sofortige Beschwerde erheben; diese erwachsen in Bestandskraft. Dies ist verfassungsrechtlich unbedenklich, da die Verfassung nur **eine** richterliche Entscheidung verlangt und i. Ü. auch im Interesse eines zügigen Verfahrensablaufs geboten (*BVerfG* ZIP 2010, 237; *BGH* ZIP 2011, 1123; MüKo-InsO/*Graeber* § 58 Rn. 60, 60a; *Uhlenbruck* § 58 Rn. 37; *BGH* ZIP 2010, 341). Aufsichtsrechtliche Anordnungen können nur durch eine Erinnerung gegen die Entscheidung des Rechtspflegers nach § 11 Abs. 2 RPflG angefochten werden (*BGH* ZIP 2010, 341; *LG Göttingen* ZInsO 2013, 795).

F. Amtshaftungsansprüche

20 Tragen die Beteiligten allerdings Tatsachen vor, die bei pflichtgemäßer Ermessensausübung ein Einschreiten erforderlich machten und lehnt das Insolvenzgericht gleichwohl ein Tätigwerden ab und verletzt das Gericht damit seine Aufsichtspflichten, kommt ein Amtshaftungsanspruch der Geschädigten aus § 839 BGB Abs. 1 i.V.m. Art. 34 GG in Betracht (KS-InsO/*Naumann* 2000, S. 442, Rn. 25; *Rechel* Aufsicht, S. 401 ff.; zur Nichtanwendbarkeit von § 839 Abs. 2 BGB mangels Handlung der Rspr. vgl. MüKo-InsO/*Graeber* § 58 Rn. 62 m.w.N.). Die Aufsicht des Insolvenzgerichts begründet i.d.R. keine Amtspflichten des Gerichts gegenüber Dritten, die nicht Beteiligte i.S.v. § 60 InsO sind (*OLG Karlsruhe* ZIP 2013, 1237 zur KO). Dabei ist § 839 Abs. 1 Satz 2 BGB zu beachten; die Haftung des Insolvenzgerichts ist danach subsidiär gegenüber einer Haftung des Verwalters oder Gläubigerausschusses (*Rechel* Aufsicht, S. 442 f.). Das *OLG Stuttgart* hat mit Urteil vom 09.05.2007 (NZI 2008, 102 = ZIP 2007, 182 m. Anm. *Brenner*) eine Amtspflichtverletzung abgelehnt. Eine solche komme nur bei besonders groben Verstößen oder unvertretbaren Entscheidungen in Betracht. Eine Vorstrafe (hier: wegen Bankrotts nach § 283 StGB) sei kein absoluter Ausschließungsgrund, der einer Bestellung zum Insolvenzverwalter entgegenstünde. Diese Entscheidung hat zu Recht erhebliche Kritik erfahren (vgl. beispielhaft *Bruckhoff* NZI 2008, 25 ff.; *Frind* ZInsO 2008, 18 ff.). Die Nichtzulassungsbeschwerde hat der *BGH* mittlerweile mit Beschluss vom 31.01.2008 (NZI 2008, 241 m. Anm. *Eckardt* EWiR 2008, § 56 InsO 3/08, 185) als unbegründet angesehen. Er hat ausgeführt, dass eine Vorstrafe wegen Insolvenzvergehens, wie hier – entgegen den Ausführungen des OLG Stuttgart – auch bei fehlendem Zusammenhang mit einer beruflichen Tätigkeit als Rechtsanwalt oder Insolvenzverwalter im Allgemeinen Zweifel an der Zuverlässigkeit des potentiellen Verwalters begründen und daher Anlass sein könne, von dessen Ernennung abzusehen. Er schränkt dies im nächsten Halbsatz dadurch ein, dass er für diesen Fall »mindestens aber nachträglich eine erheblich gesteigerte Überwachung« einfordert (*BGH* ZInsO 2008, 267).

G. Zwangsmaßnahmen gegen den entlassenen Insolvenzverwalter (Abs. 3)

21 Mittels Zwangsgeldes können nach § 58 Abs. 3 InsO auch die Herausgabepflichten eines wegen der Wahl eines anderen Insolvenzverwalters (§ 57 InsO) oder aus wichtigem Grund (§ 59 InsO) entlassenen Insolvenzverwalters erzwungen werden. Herauszugeben sind namentlich die Insolvenzmasse

selbst, alle erforderlichen Dokumente und die Bestallungsurkunde (§ 56 Abs. 2 InsO). Erzwungen werden kann auf diesem Weg auch die Erstellung einer Teilschlussrechnung (*BGH* NZI 2005, 391 = ZIP 2005, 865 ff., m. Anm. *Eickmann* EWiR 2005, § 58 InsO 1/05, 677), die von den übrigen Beteiligten nur angeregt werden kann, auf die aber der neue Verwalter keinen einklagbaren Anspruch hat (*BGH* ZIP 2010, 2209; **a.A.** *Zimmer* ZInsO 2010, 2203). Hingegen ist die Anordnung von Zwangsmitteln nach § 98 InsO unzulässig (*LG Göttingen* ZInsO 2008, 1143; vgl. auch *Zimmer* ZInsO 2010 2203).

Bleibt die Verhängung des Zwangsgeldes ergebnislos, so muss der entlassene Insolvenzverwalter vom Berechtigten (Schuldner, dessen Rechtsnachfolger bzw. dem neuen Insolvenzverwalter) auf Herausgabe verklagt werden (HK-InsO/*Eickmann* § 58 Rn. 15; MüKo-InsO/*Graeber* § 58 Rn. 58); auch gegen die Erben eines verstorbenen Insolvenzverwalters muss dieser Weg gegangen werden, da gegen diese mangels Rechtsgrundlage eine Zwangsgeldfestsetzung oder Herausgabevollstreckung nicht in Betracht kommt. 22

§ 59 Entlassung des Insolvenzverwalters

(1) ¹Das Insolvenzgericht kann den Insolvenzverwalter aus wichtigem Grund aus dem Amt entlassen. ²Die Entlassung kann von Amts wegen oder auf Antrag des Verwalters, des Gläubigerausschusses oder der Gläubigerversammlung erfolgen. ³Vor der Entscheidung des Gerichts ist der Verwalter zu hören.

(2) ¹Gegen die Entlassung steht dem Verwalter die sofortige Beschwerde zu. ²Gegen die Ablehnung des Antrags steht dem Verwalter, dem Gläubigerausschuss oder, wenn die Gläubigerversammlung den Antrag gestellt hat, jedem Insolvenzgläubiger die sofortige Beschwerde zu.

Übersicht	Rdn.		Rdn.
A. Normzweck	1	D. Die Entlassungsentscheidung	16
B. Anwendungsbereich	4	E. Rechtsmittel	19
C. Der »wichtige Grund«	7		

Literatur:
Antoni Voraussetzungen der Entlassung des Insolvenzverwalters wegen Pflichtverletzungen, NZI 2015, 20; *Gehrlein* Abberufung und Haftung von Insolvenzverwaltern, ZInsO 2011, 1713; *Keller* Die gerichtliche Aufsicht bei Unklarheiten der Insolvenzabwicklung oder: Das Gericht steht nicht über der Gläubigerversammlung, NZI 2009, 633; *Lissner* Die vorzeitige Beendigung des Verwalteramtes – Auswirkungen auf den Vergütungsanspruch, ZInsO 2016, 953.

A. Normzweck

§ 59 Abs. 1 InsO regelt die Entlassung des Insolvenzverwalters. Das Insolvenzgericht ist während des **gesamten Insolvenzverfahrens** berechtigt, den Insolvenzverwalter zu entlassen. Das Gericht kann damit ein Festhalten an einem Insolvenzverwalter, der bestimmte Gläubiger begünstigt und durch deren Widerstand von der Gläubigerversammlung nicht entlassen wird, verhindern (Begr. RegE, abgedruckt in *Balz/Landfermann* S. 273). § 59 InsO geht unter Übernahme der Regelung des bisherigen § 8 Abs. 3 Satz 2 GesO über die Regelung des früheren § 84 Abs. 1 Satz 2 KO mit seiner zeitlichen Befristung hinaus (MüKo-InsO/*Graeber* § 59 Rn. 4). § 59 InsO stellt daher die Steigerung der Befugnisse des Insolvenzgerichts gegenüber dem Insolvenzverwalter dar, wenn die Zwangsmittel des § 58 InsO nicht ausreichend erscheinen und die ordnungsgemäße Verfahrensabwicklung und Rechtmäßigkeit des Verfahrens eine Ablösung im Interesse aller Verfahrensbeteiligten erfordern (MüKo-InsO/*Graeber* § 59 Rn. 2; *Uhlenbruck* InsO, § 59 Rn. 2; *LG Göttingen* NZI 2003, 499). 1

§ 59 InsO Entlassung des Insolvenzverwalters

2 Neben der Entlassung **von Amts wegen** kommt auch eine Entlassung **auf Antrag**
– des Insolvenzverwalters selbst,
– des Gläubigerausschusses oder
– der Gläubigerversammlung
in Betracht. Der Antrag sollte (schriftlich) begründet werden, damit dem Verwalter im Rahmen seiner Anhörung die Gründe für den Entlassungsantrag zur Kenntnis gebracht werden können und er hierauf ggf. eingehen kann.

3 **Kein Antragsrecht** haben der einzelne Gläubiger (*BGH* NZI 2010, 980), der Schuldner (*BGH* NZI 2006, 474; *LG Frankfurt/M.* Rpfleger 1989, 474) sowie andere Verfahrensbeteiligte (z.B. Aussonderungsberechtigte). Deren »Anträge« können aber als Anregung u.U. das Gericht zu einem Vorgehen von Amts wegen veranlassen (*BGH* NZI 2006, 474). Eine Amtsniederlegung oder »Kündigung« durch den Verwalter ist als Antrag i.S.v. Satz 2 auszulegen. In der Abstimmung der Gläubigerversammlung über die Wahl eines anderen Insolvenzverwalters gem. § 57 InsO kann nicht zugleich ein Antrag auf Entlassung des Verwalters nach § 59 InsO gesehen werden (*BGH* NZI 2006, 529). Mangels Antragsrecht sind die genannten Personengruppen – vom Sonderfall des § 59 Abs. 2 Satz 2 InsO abgesehen – auch nicht beschwerdeberechtigt im Hinblick auf eine Entlassungsentscheidung des Gerichts.

B. Anwendungsbereich

4 § 59 InsO gilt entsprechend für den **vorläufigen Insolvenzverwalter**, § 21 Abs. 2 Nr. 1 InsO, den **(vorläufigen) Sachwalter** bei Eigenverwaltung und im Schutzschirmverfahren, 270a Abs. 1 Satz 2, 270b Abs. 2 Satz 1, § 274 Abs. 1 InsO, den im Restschuldbefreiungsverfahren zu bestellenden **Treuhänder**, § 292 Abs. 3 Satz 2 InsO (für diesen jedoch mit der Maßgabe, dass jeder Insolvenzgläubiger die Entlassung beantragen kann, § 292 Abs. 3 Satz 2 InsO) sowie den im Verbraucherinsolvenzverfahren bestellten Treuhänder, § 313 Abs. 1 Satz 3 InsO a.F. § 59 InsO gilt über § 261 Abs. 1 Satz 2 InsO wohl auch für den mit der Planüberwachung befassten Insolvenzverwalter, da dessen Amt insoweit fortbesteht (HK-InsO/*Eickmann* § 59 Rn. 2). Auch der Sonderinsolvenzverwalter kann nach § 59 InsO aus dem Amt entlassen werden (*BGH* ZIP 2007, 547 [548]). Für den eigenverwaltenden Schuldner stellt § 272 InsO eine Spezialregelung dar.

5 Die Möglichkeit des Insolvenzgerichts, den Insolvenzverwalter von Amts wegen nach § 59 Abs. 1 InsO zu entlassen, steht als **eigenständige Regelung** neben der Möglichkeit der ersten Gläubigerversammlung, einen neuen Insolvenzverwalter nach § 57 Satz 1 InsO zu wählen. Ist daher der Anwendungsbereich des § 59 InsO eröffnet, hat das Insolvenzgericht zu handeln. Es besteht keine Möglichkeit abzuwarten, ob die Gläubigerversammlung von ihrem Recht nach § 57 Satz 1 InsO Gebrauch macht (MüKo-InsO/*Graeber* § 59 Rn. 6).

6 Im Eröffnungsverfahren ist wegen der entsprechenden Anwendbarkeit auf den **vorläufigen Insolvenzverwalter** durch den Insolvenzrichter erhöhte Aufmerksamkeit darauf zu legen, ob Anzeichen vorliegen, welche einen wichtigen Grund i.S.d. § 59 Abs. 1 Satz 1 InsO annehmen lassen (MüKo-InsO/*Graeber* § 59 Rn. 8). Den Insolvenzrichter trifft insoweit eine **Amtsermittlungspflicht**, insbesondere, da den Gläubigern im Insolvenzeröffnungsverfahren ein Wahlrecht nach § 57 Satz 1 InsO gerade nicht zusteht. Dies gilt unbeschadet der Rechte der Gläubiger nach § 56a InsO. Nicht zutreffend dürfte allerdings die Auffassung sein, die ein Recht des Insolvenzgerichts bejaht, alternativ die vorläufige Insolvenzverwaltung zu beenden und damit den vorläufigen Insolvenzverwalter faktisch zu entlassen, falls kein wichtiger Grund i.S.d. § 59 Abs. 1 Satz 1 InsO vorliegt (so aber MüKo-InsO/*Graeber* § 59 Rn. 9). Es ist nicht nachvollziehbar, warum bei entsprechender Anwendbarkeit des § 59 InsO auf den vorläufigen Insolvenzverwalter eine Umgehung – insbesondere der Rechtsschutzmöglichkeiten – durch die Beendigung der vorläufigen Insolvenzverwaltung und eine erneute Anordnung mit Bestellung eines anderen Insolvenzverwalters möglich sein sollte (krit. auch HK-InsO/*Eickmann* § 59 Rn. 2).

C. Der »wichtige Grund«

Die Entlassung ist nur bei Vorliegen eines »**wichtigen Grundes**« möglich. Ein **wichtiger Grund** liegt stets vor, wenn der Insolvenzverwalter für die Fortsetzung seiner Tätigkeit **ungeeignet** erscheint. Dies ist jedenfalls dann der Fall, wenn die für die Ernennung erforderlichen Voraussetzungen (§ 56 InsO) nicht mehr erfüllt werden, sich nachträglich herausstellt, dass sie bereits ursprünglich nicht vorlagen oder bei **Verletzungen seiner Insolvenzverwalterpflichten** (zu den Pflichten des Insolvenzverwalters eingehend KS-InsO/*Wellensiek* Die Aufgaben des Insolvenzverwalters nach der Insolvenzordnung, 2000, S. 403 ff.; MüKo-InsO/*Graeber* § 59 Rn. 30–38). Im Falle einer Pflichtverletzung muss diese so schwerwiegend sein, dass es wegen ihrer Auswirkungen auf den Verfahrensablauf und die berechtigten Belange der Beteiligten sachlich nicht mehr vertretbar erscheint, den Verwalter im Amt zu lassen, also das Verbleiben im Amt unter Berücksichtigung der schutzwürdigen Interessen des Verwalters die Belange der Gläubiger und die Rechtmäßigkeit der Verfahrensabwicklung objektiv nachhaltig beeinträchtigen würde (*BGH* ZInsO 2017, 1312). Nicht jede Pflichtverletzung, die einen Schadensersatzanspruch auslöst, ist zugleich ein wichtiger Grund zur Entlassung (*BGH* ZIP 2014, 2399; NZI 2009, 604 [605]). Eine Entlassung ist auch möglich, wenn zwar kein schwerwiegender Pflichtenverstoß festgestellt werden kann, sondern viele nicht so schwerwiegende Pflichtverletzungen in der Gesamtschau die schutzwürdigen Interessen des Verwalters zurücktreten lassen (*BGH* ZIP 2014, 2399). Der Anlass für die Entlassung darf nicht durch einfache Zwangsmittel des § 58 InsO zu beseitigen sein (*LG Hamburg* Beschl. v. 4.3.2010 – 326 T 6/10; *LG Göttingen* NZI 2003, 499). Vermögensdelikte zum Nachteil der Masse in anderen Insolvenzverfahren, erst recht im betroffen Verfahren, stellen einen wichtigen Grund dar (*BGH* NZI 2011, 282), ebenso eine um Jahre schuldhaft verzögerte Vermögensverwertung (*BGH* NZI 2010, 998). Eine nachhaltige Störung oder Zerrüttung des Vertrauensverhältnisses zwischen Verwalter und Gericht reicht nur dann aus, wenn sie auf ein pflichtwidriges Verhalten des Verwalters zurückzuführen ist, das objektiv geeignet ist, eine solche Störung zu bewirken (*BGH* ZInsO 2012, 269) bzw. das Vertrauen des Gerichts in die Amtsführung schwer und nachhaltig zu beeinträchtigen, z.B. die Übertragung von Zustellungen an das Unternehmen einer dem Verwalter nahestehenden Person zu überhöhten Preisen, die zudem zuvor dem Gericht nicht angezeigt wird (*BGH* ZInsO 2012, 269; ZInsO 2012, 928 m. Anm. *Hess* WuB VI A § 59 InsO 1.12; ZInsO 2012, 1125). Für eine Wiederholungsgefahr reicht aus, dass der Verwalter vergleichbare Pflichtverletzungen in anderen Verfahren begangen hat (*BGH* ZIP 2012, 1149). Ein die Entlassung rechtfertigender Pflichtverstoß liegt auch vor, wenn dem Gericht Umstände nicht angezeigt werden, die für die Bestellungsentscheidung von erheblicher Bedeutung sind, weil sie die Eignung des Insolvenzverwalters entfallen lassen (*BGH* ZInsO 2017, 1312), z.B. eine über § 56 Abs. 1 Satz 3 Nr. 2 InsO hinausgehende Vorberatung. Es kann einen schweren Pflichtverstoß darstellen, gegen den ausdrücklichen Beschluss der Gläubigerversammlung den Geschäftsbetrieb fortzuführen und den durch die Gläubigerversammlung beschlossenen Berichtspflichten nur einigen absonderungsberechtigten Gläubigern gegenüber nachzukommen (Verzögerung der Berichtspflicht um mehr als acht Monate, *AG Bonn* ZInsO 2002, 641 f.; zur Anordnung der sofortigen Wirksamkeit des Entlassungsbeschlusses im selben Fall *AG Bonn* DZWIR 2002, 83 f. m. Anm. *Smid*; a.A. *LG Göttingen* NZI 2003, 499 ff. = ZIP 2003, 760 ff. bei Berichterstattung des Insolvenzverwalters erst nach Festsetzung eines Zwangsgeldes m. Anm. *Holzer* EWiR 2003, § 59 InsO 1/03, S. 933 f.). Die Eignung entfällt auch bei Erkrankungen, die eine Fortführung des Amtes nicht zulassen (Begr. RegE, abgedruckt in *Balz/Landfermann* S. 272; HK-InsO/*Eickmann* § 59 Rn. 3 m.w. Bsp.; MüKo-InsO/ *Graeber* § 59 Rn. 17–24 m.w.N.). Bei nur **vorübergehenden Behinderungen** ist vorrangig die Einsetzung eines Sonderinsolvenzverwalters in Betracht zu ziehen (HK-InsO/*Eickmann* § 59 Rn. 3 a.E.). Einen rein verfahrensökonomischen Entlassungsgrund sieht § 3d Abs. 3 InsO **ab dem 21.04.2018** für das Konzerninsolvenzrecht vor; danach kann ein Insolvenzverwalter zugunsten des »Konzerninsolvenzverwalters« entlassen werden.

Sofern **Verfehlungen in anderen Insolvenzverfahren** den Rückschluss zulassen, es bestehe generell keine Eignung zur Wahrnehmung des Insolvenzverwalteramtes, können auch diese zum Anlass für eine Entlassung genommen werden (*BGH* NZI 2011, 282; Anm. *Uhlenbruck* zu *LG Halle* EWiR 1995 § 8 GesO 2/95, S. 1091 f.; *Hess* InsO, § 59 Rn. 32 f.).

9 Kommt der Insolvenzverwalter trotz zweimaliger rechtskräftiger Zwangsgeldfestsetzung durch das Insolvenzgericht seiner längst überfälligen **Pflicht zur Rechnungslegung** nicht nach, liegt ein die Entlassung rechtfertigender wichtiger Grund i.S.d. § 59 Abs. 1 Satz 1 InsO vor (*BGH* WM 2012, 280).

10 Bei einer **Entlassung von Amts wegen** hat das Gericht bei Bekanntwerden entsprechender Umstände oder auf Anregung nicht antragsberechtigter Beteiligter (Schuldner, Einzelgläubiger) gem. § 5 Abs. 1 InsO von Amts wegen zu ermitteln und sollte dabei auf die zwischen Insolvenzverwalter und Schuldner, in Einzelfällen auch Einzelgläubigern bestehenden, **sachbedingten Meinungsverschiedenheiten** achten, die dann auch mit mehr oder weniger persönlicher Schärfe geführt werden (HK-InsO/*Eickmann* § 59 Rn. 7). Streit zwischen den Beteiligten diskreditiert den Insolvenzverwalter nicht, allenfalls die Art des Streitens. Auseinandersetzungen sind bei der sehr unterschiedlichen Interessenlage der vielen verschiedenen Beteiligten eines Insolvenzverfahrens immanent. Aufgrund seiner Stellung und Tätigkeit »sitzt der Insolvenzverwalter immer zwischen allen Stühlen«. Die Störung des Vertrauensverhältnisses zwischen Insolvenzverwalter und Insolvenzgericht reicht niemals für die Entlassung des ersteren aus, wenn sie lediglich auf persönlichem Zwist beruht. Hat die Störung ihren Grund in dem Insolvenzverwalter vorgeworfenen Pflichtverletzungen, müssen diese grundsätzlich zur Überzeugung des Gerichts feststehen (grundlegend *BGH* ZIP 2014, 2399; NZI 2006, 158 = ZInsO 2006, 147 = ZIP 2006, 247, m. Anm. *Römermann* EWiR 2006, § 59 InsO 1/06, 315; sehr instruktiv auch der vom Landgericht Potsdam entschiedene Fall zu einer nicht offengelegten Interessenkollision bei einer Konzerninsolvenz, ZInsO 2005, 893, sie darf nicht lediglich auf unterschiedlichen Rechtsauffassungen zwischen Verwalter und Gericht beruhen, *LG Traunstein* NZI 2009, 654 f.).

11 Bei dem **bloßen Verdacht auf begangene Verfehlungen** ist eine differenzierte Betrachtung erforderlich. Einerseits ist die Ausübung des Insolvenzverwalteramtes durch Art. 12 GG geschützt (*Carl* DZWIR 1994, 78 ff. [80]). Außerdem ist die in Art. 6 Abs. 2 EMRK niedergelegte Unschuldsvermutung auch von Zivilgerichten zu beachten (*LG Halle* ZIP 1993, 1739 ff. [1742]), so dass prinzipiell ein bloßer Verdacht für die Entlassung nicht ausreicht (zu weitgehend insofern *Smid*/*Smid* InsO, § 59 Rn. 6; zutr. HK-InsO/*Eickmann* § 59 Rn. 10; MüKo-InsO/*Graeber* § 59 Rn. 15). Auf der anderen Seite ist die **Tätigkeit des Insolvenzverwalters eine Aufgabe im öffentlichen Interesse** (*Carl* DZWIR 1994, 80) mit dem Ziel, die Gläubigerinteressen zu gewährleisten (§ 1 InsO). Besteht also die Gefahr, dass der Insolvenzverwalter größere Ausfälle der Gläubiger zu vertreten hat, so genügt auch ein bloßer Verdacht zu seiner Entlassung (so zu Recht *AG Halle-Saalekreis* ZIP 1993, 1743 ff. [1748]; **a.A.** *LG Halle* ZIP 1993, 1739 ff.). Zutreffend ist für den Regelfall die Auffassung, dass eine Entlassung von Amts wegen nur dann vorgenommen werden kann, wenn das Insolvenzgericht **zur vollen Überzeugung** über das Vorliegen eines wichtigen Grundes gekommen ist (*BGH* NZI 2011, 282; NZI 2009, 604: »tatsächlich feststehende Pflichtverletzung«); für den Fall einer sog. »**Verdachtsentlassung**« sind zwar Aufsichtsmaßnahmen nach § 58 InsO zu ergreifen, eine Entlassung nach § 59 Abs. 1 InsO ist allerdings erst dann gerechtfertigt, wenn sich der dadurch geschaffene **Verdacht bestätigt** (grundlegend i.d.S. *BGH* NZI 2006, 158 = ZInsO 2006, 147 = ZIP 2006, 247 m. zust. Anm. *Römermann* EWiR 2006, § 59 InsO 1/06, 315; MüKo-InsO/*Graeber* § 59 Rn. 14, 15 unter Bezugnahme auf die Entscheidung des *LG Halle* ZIP 1993, 1739). Nur **Verfehlungen schwerster Art**, wie z.B. gegen die Masse gerichtete oder anlässlich der Verwaltung begangene Straftaten wie Unterschlagung, Untreue, Vorteilsgewährung oder Bestechung, können eine Entlassung ohne Nachweis der Verfehlung rechtfertigen (*BGH* NZI 2011, 282 m. Anm. *Voß* EWiR 2011, 389; MüKo-InsO/*Graeber* § 59 Rn. 24), um die Gefahr großer Schäden für die Masse abzuwenden; in diesen Fällen bedarf es nicht des vollen Nachweises der Pflichtverletzung.

12 Da es sich um ein **gläubigerorientiertes Verfahren** handelt, ist die Entlassung des Insolvenzverwalters durch das Gericht als »ultima ratio« anzusehen (*LG Göttingen* NZI 2003, 499 ff.; *Keller* NZI 2009, 633 [634]). Unter dem Gesichtspunkt der Gläubigerorientierung des Verfahrens sollte – sofern nicht ein unverzügliches Einschreiten im Einzelfall geboten ist – der Gläubigerversammlung oder – sofern ein solcher bestellt ist – dem Gläubigerausschuss Gelegenheit gegeben werden, sich zu äußern. Sinn-

vollerweise sollte zuvor der Insolvenzverwalter angehört werden und seine Stellungnahme der Gläubigerversammlung bzw. dem Gläubigerausschuss zugänglich gemacht worden sein.

Die Entlassung aus wichtigem Grund ist stets eine **Einzelfallentscheidung**, die den Grundsatz der 13
Verhältnismäßigkeit berücksichtigen muss (*BGH* NZI 2006, 158).

Grammatikalische Auslegung und Betrachtung des Willens des Gesetzgebers verlangen, dass auch 14
eine Entlassung des Insolvenzverwalters **auf eigenen Antrag** nur bei Vorliegen eines wichtigen Grundes in Betracht kommt (Begr. RegE, abgedruckt in *Balz/Landfermann* S. 273). Eine Niederlegung des Amtes durch den Insolvenzverwalter ohne Einschaltung des Gerichtes würde der Bedeutung des Amtes und der Bestellung des Insolvenzverwalters durch das Gericht widersprechen. Zu Recht wird die Frage aufgeworfen, ob es sinnvoll ist, die Amtsfortführung zu erzwingen (HK-InsO/*Eickmann* § 59 Rn. 6). Da in den seltensten Fällen grundlos eine Entlassung begehrt werden wird, empfiehlt es sich, dieses Problem in der Praxis durch großzügige Annahme eines wichtigen Grundes zu lösen (so wohl auch MüKo-InsO/*Graeber* § 59 Rn. 51 m.w.N.).

Die Entlassung des Treuhänders im vereinfachten Verfahren (Verbraucherverfahren) setzt ebenso 15
wie die Entlassung des Verwalters einen wichtigen, die Entlassung rechtfertigenden Grund voraus, da die Bestellung zum Treuhänder auch das Restschuldbefreiungsverfahren erfasst, sofern der Bestellungsbeschluss keine Einschränkung enthält, § 313 Abs. 1 InsO a.F. (*BGH* ZInsO 2012, 455). Der Beschluss, mit dem für die Wohlverhaltensperiode ein neuer Treuhänder bestellt wird, enthält zugleich schlüssig die Entlassung des zuvor für das vereinfachte Insolvenzverfahren bestellten Treuhänders (*BGH* ZInsO 2015, 949; NZI 2008, 114 Rn. 6; ZIP 2012, 1149). Nach der Neuregelung des Verbraucherinsolvenzverfahrens greift diese Rechtsprechung nicht mehr.

D. Die Entlassungsentscheidung

Die Entlassungsentscheidung ergeht durch **Beschluss**. Das Gericht hat, wenn nach seiner Überzeu- 16
gung ein wichtiger Grund vorliegt, keinen Ermessensspielraum (**a.A.** *BGH* ZInsO 2017, 1312). Hingegen steht dem Tatrichter ein Beurteilungsspielraum bei der Frage zu, ob die Belassung im Amt nach den o.g. Maßstäben nicht mehr vertretbar erscheint (vgl. *BGH* ZInsO 2017, 1312). Zuvor ist dem Insolvenzverwalter **rechtliches Gehör** zu gewähren, § 59 Abs. 1 Satz 3 InsO. Die fehlende Anhörung kann im Abhilfe- bzw. Beschwerdeverfahren geheilt werden. Die vorherige Anhörung ist nur dann entbehrlich (aber nachzuholen, *BGH* NZI 2009, 604 [605]), wenn der Masse ein Schaden droht und Gefahr im Verzug ist. Damit keine Zeit ohne Verwalter eintritt, ist mit der Entlassung des alten Verwalters ein neuer zu bestellen.

Die **Zuständigkeit** liegt beim Rechtspfleger (*AG Braunschweig* ZInsO 2009, 97; *LG Braunschweig* 17
NZI 2008, 620; MüKo-InsO/*Graeber* § 59 Rn. 40, der zudem einen generell erklärten Richtervorbehalt gem. § 18 Abs. 2 des Insolvenzrichters für Entscheidungen nach den §§ 57–59 InsO – zutreffend – für unwirksam hält; **a.A.** § 2 Rdn. 32; *AG Ludwigshafen* ZInsO 2012, 93; *AG Göttingen* ZIP 2003, 590 ff. m. Anm. *Keller* EWiR 2003, § 59 InsO 2/03, S. 935 f.; Aufhebung mit *LG Göttingen* NZI 2003, 499 ff., das die Beantwortung der Frage der Zuständigkeit offen lässt; HambK-InsO/ *Frind* § 59 Rn. 7; unklar *Nerlich/Römermann-Delhaes* InsO, § 59 Rn. 10). Dies gilt auch für die Ernennung des neuen Verwalters (MüKo-InsO/*Graeber* § 59 Rn. 40). Es verbleibt aber die Möglichkeit, dass der Richter bzw. die Richterin die Sache nach § 18 Abs. 2 Satz 3 RPflG an sich zieht.

Der Beschluss ist im Hinblick auf die Beschwerdemöglichkeit zu **begründen** und an die Beschwer- 18
deberechtigten förmlich zuzustellen. Mit Ergehen des Beschlusses erfolgt die Entlassung. Die Beschwerde des Insolvenzverwalters hat keine aufschiebende Wirkung (HK-InsO/*Eickmann* § 59 Rn. 11).

E. Rechtsmittel

Der **Insolvenzverwalter** kann nach § 59 Abs. 2 Satz 1 InsO gegen seine Entlassung **sofortige Be-** 19
schwerde (§ 6 InsO) im eigenen Namen (*BGH* ZIP 2010, 2118, d.h. nicht für die Masse) einlegen.

Hat er selbst die Entlassung beantragt, entfällt seine Beschwer, eine sofortige Beschwerde ist unzulässig. Wird für die Wohlverhaltensperiode in einem bis 01.07.2014 beantragten Verfahren ein neuer **Treuhänder** nach § 313 InsO a.F. bestellt und damit zugleich der zuvor bestellte Treuhänder im vereinfachten Insolvenzverfahren (konkludent) abberufen, ist der abberufene Treuhänder beschwerdeberechtigt, da sein Amt für die Wohlverhaltensperiode fortwirkt (*BGH* ZVI 2004, 544; NZI 2008, 114; ZInsO 2012, 455).

20 Bei Ablehnung eines Entlassungsantrages des Insolvenzverwalters oder des Gläubigerausschusses steht das Recht zur sofortigen Beschwerde dem **Antragsteller** zu, d.h. bei einem Antrag des Gläubigerausschusses nur dem Gesamtgremium und nicht einzelnen Mitgliedern.

21 Lehnt das Gericht den Antrag der **Gläubigerversammlung** auf Entlassung ab, hat gem. § 59 Abs. 2 Satz 2 InsO **jeder Insolvenzgläubiger** ein Beschwerderecht (*BGH* NZI 2010, 980). Ein Recht der Gläubigerversammlung zur sofortigen Beschwerde gegen die Ablehnung ihres Antrags kann ihr nicht über den Wortlaut des § 59 Abs. 2 Satz 2 InsO hinaus zugestanden werden, da sonst die Einberufung einer besonderen Gläubigerversammlung erforderlich wäre, was nur schwer praktikabel ist (Begr. RegE, abgedruckt in *Balz/Landfermann* S. 273; HK-InsO/*Eickmann* § 59 Rn. 12). Für die Frage der Beschwer kommt es auf das Abstimmungsverhalten des Einzelgläubigers in der den Antrag beschließenden Gläubigerversammlung nicht an, da er in dieser kraft eigenen persönlichen Rechts gehandelt hat (HK-InsO/*Eickmann* § 59 Rn. 12; **a.A.** KS-InsO/*Heidland* 2000, S. 730 f., Rn. 42 a.E.). Absonderungsberechtigte sind ebenfalls beschwerdeberechtigt; sie nehmen an der Gläubigerversammlung teil und stimmen mit (*Uhlenbruck* InsO, § 59 Rn. 25; *Smid* InsO, § 59 Rn. 16). Dem Schuldner steht gegen die Ablehnung der Entlassung des Verwalters kein Beschwerderecht zu (*BGH* Beschl. v. 2.1.2009 – IX ZB 269/08, JurionRS 2009, 10025).

22 Dem Insolvenzverwalter steht gegen die Entscheidung des Gerichts, einen **Sonderinsolvenzverwalter** nicht aus dem Amt zu entlassen, keine sofortige Beschwerde zu (*BGH* ZIP 2007, 547 [548]). Auch liegt in der Bestellung eines Sonderinsolvenzverwalters keine beschwerdefähige Entlassung des Verwalters, sondern allein eine partielle Weiterübertragung von Befugnissen (*BGH* ZIP 2007, 547; ZInsO 2010, 187). Ebenso wenig hat ein Insolvenzgläubiger, der einen Antrag auf Bestellung eines Sonderinsolvenzverwalters stellt, gegen die ablehnende Entscheidung des Gerichts ein Beschwerderecht (*BGH* ZIP 2009, 529).

23 Das **Beschwerdegericht** kann seine Entscheidung auch auf Gesichtspunkte stützen, auf die das Insolvenzgericht seine Entscheidung nicht gestützt hatte. Das Beschwerdegericht ist nicht auf die rechtliche Nachprüfung der angefochtenen Entscheidung beschränkt, sondern kann als vollwertige zweite Tatsacheninstanz eine eigene Ermessensentscheidung treffen (*BGH* Beschl. v. 09.10.2008 – IX ZB 60/07, NZI 2009, 864 Rn. 3; Beschl. v. 19.04.2012 – IX ZB 19/11; MüKo-InsO/*Ganter* § 6 Rn. 53a; HK-InsO/*Kirchhof* § 6 Rn. 33). Im Beschwerdeverfahren sind die Insolvenzgläubiger und der Schuldner zu beteiligen (K. Schmidt/*Ries* InsO, § 59 Rn. 16).

24 Hebt die Beschwerdeinstanz den Entlassungsbeschluss auf und hat das Insolvenzgericht zwischenzeitlich (mangels aufschiebender Wirkung der Beschwerde) einen neuen Insolvenzverwalter bestellt, tritt der **alte Insolvenzverwalter** zwar automatisch wieder in seine Rechtsstellung ein (*LG Halle* ZIP 1993, 1739 ff. [1742 f.]; **a.A.** *Hess/Obermüller* Die Rechtsstellung der Verfahrensbeteiligten nach der Insolvenzordnung, Rn. 514), der **zweite Insolvenzverwalter** muss allerdings durch einen neuen Beschluss entlassen werden (HK-InsO/*Eickmann* § 59 Rn. 11); hiergegen steht ihm die Beschwerde zu (*BGH* ZIP 2010, 2118). Zwar ist der Entlassungsbeschluss aus der Welt, nicht aber der Neubestellungs-Beschluss (dies verkennt das *LG Halle* ZIP 1993, 1742 f.). *Eickmann* empfiehlt daher, mit der Bestellung eines neuen Insolvenzverwalters zuzuwarten, bis klar ist, ob Beschwerde eingelegt wird (HK-InsO/*Eickmann* § 59 Rn. 11). Dies dürfte aber nicht praktikabel sein, da der entlassene Insolvenzverwalter nicht mehr berechtigt ist, für die Masse zu handeln.

§ 60 Haftung des Insolvenzverwalters

(1) ¹Der Insolvenzverwalter ist allen Beteiligten zum Schadenersatz verpflichtet, wenn er schuldhaft die Pflichten verletzt, die ihm nach diesem Gesetz obliegen. ²Er hat für die Sorgfalt eines ordentlichen und gewissenhaften Insolvenzverwalters einzustehen.

(2) Soweit er zur Erfüllung der ihm als Verwalter obliegenden Pflichten Angestellte des Schuldners im Rahmen ihrer bisherigen Tätigkeit einsetzen muss und diese Angestellten nicht offensichtlich ungeeignet sind, hat der Verwalter ein Verschulden dieser Personen nicht gemäß § 278 des Bürgerlichen Gesetzbuchs zu vertreten, sondern ist nur für deren Überwachung und für Entscheidungen von besonderer Bedeutung verantwortlich.

Übersicht

	Rdn.
A. Normzweck	1
B. Anwendungsbereich	5
C. Pflichtverletzung	6
I. Insolvenzspezifische Pflichten	6
II. Gegenüber dem Schuldner	8
III. Gegenüber Insolvenzgläubigern	10
IV. Gegenüber weiteren Beteiligten	12
V. Gegenüber Nichtbeteiligten	15
D. Verschulden	16
I. Sorgfalt eines ordentlichen und gewissenhaften Insolvenzverwalters	16
II. Maßstab bei fehlenden oder manipulierten Daten	17
III. Konzerninsolvenzfälle	18
IV. Prozesskosten	19
V. Beteiligung von Gläubigerausschuss oder -versammlung	20
VI. Mitverschulden	21
E. Haftungstatbestände außerhalb der Insolvenzordnung	22
I. Quasivertragliche Haftung	22
II. Vertragliche Haftung	25
III. Deliktische Haftung	26
IV. Steuerrechtliche Haftung	27
F. Die Haftung des Insolvenzverwalters neben weiteren Schädigern	28
G. Die Haftung für Dritte	29
I. Haftung für eigene Mitarbeiter	30
II. Haftung für externe Dritte	31
III. Haftung nach Absatz 2	32
H. Geltendmachung des Anspruchs	34
I. Gesamtschaden	34
II. Individualschaden	35
III. Bestellung eines Sonderinsolvenzverwalters	36
IV. Prozessuales	37
I. Umfang des Schadensersatzanspruchs	39
J. Schadensersatz und Haftpflichtversicherung	40
I. Angemessene Deckungssumme	40
II. Aufversicherung	41
III. Haftungsausschluss für unternehmerisches Geschäftsführungsrisiko	42

Literatur:
Antoni Die Haftung des Insolvenzverwalters für unterlassene Sanierungsmaßnahmen und gescheiterte Sanierungspläne, NZI 2013, 236; *App* Zur Haftung eines vorläufigen Insolvenzverwalters, ZKF 2010, 131; *Bank* Insolvenzverwalterhaftung, 2016; *Berger/Frege* Business Judgement Rule bei Unternehmensfortführung in der Insolvenz – Haftungsprivileg für den Verwalter?, ZIP 2008, 204; *Bönner* Unternehmerisches Ermessen und Haftung des Insolvenzverwalters im Vergleich mit anderen gesetzlich geregelten Vermögensverwaltern, Diss. Münster 2009; *Erker* Die Business Judgement Rule im Haftungsstatut des Insolvenzverwalters, ZInsO 2012, 199; *Fischer* Haftungsrisiken für Insolvenzverwalter bei unterlassener Inanspruchnahme gewerblicher Prozessfinanzierung, NZI 2014, 241; *Frege/Nicht* Die Anwendung der Business Judgement Rule auf unternehmerische Ermessensentscheidungen des Insolvenzverwalters, FS Wellensiek 2011, S. 291; *Gehrlein* Abberufung und Haftung von Insolvenzverwaltern, ZInsO 2011, 1713; *Jacoby* Die Haftung des Sanierungsgeschäftsführers in der Eigenverwaltung, FS Vallender 2015, 261; *Laws* Die Haftung des Insolvenzverwalters im Zusammenhang mit – gescheiterten – Anträgen auf Gewährung von Insolvenzgeld, ZInsO 2009, 57; *Lüke* Persönliche Haftung des Verwalters in der Insolvenz, 5. Aufl. 2015; *Schultz* Die Haftung des Insolvenzverwalter, ZInsO 2015, 529; *Thole* Die Haftung des gerichtlichen Sachverständigen nach § 839a BGB, 2004, S. 75; *Thole/Brünkmans* Die Haftung des Eigenverwalters und seiner Organe, ZIP 2013, 1097.

A. Normzweck

Das Recht der Haftung des Insolvenzverwalters hat einerseits in den §§ 60–62 InsO eine gegenüber der alten Rechtslage vertiefte gesetzliche Regelung gefunden, die zahlreiche Streitfragen klärt und bisheriges Richterrecht inkorporiert. Andererseits stellt das – nach § 1 InsO zumindest gleichrangige 1

– **Ziel der Unternehmensfortführung** an den Insolvenzverwalter neue, nämlich unternehmerische Anforderungen, die gegenüber dem traditionellen, auf Liquidation gerichteten, Berufsbild neue Haftungsrisiken bergen (*Smid/Smid* InsO, § 60 Rn. 1; MüKo-InsO/*Brandes/Schoppmeyer* § 60 Rn. 8).

2 § 60 InsO ist ein spezieller **Haftungstatbestand für alle Vermögensschäden**, die ein Beteiligter durch eine **schuldhafte Pflichtverletzung** des Insolvenzverwalters erleidet. Damit soll § 60 InsO einen **Ausgleich** für den erheblichen Einfluss schaffen, der dem Insolvenzverwalter im Interesse des § 1 InsO zugewiesen ist. Vor dem dadurch entstehenden Risiko schützen die Aufsicht durch einen – nur in Ausnahmefällen bestehenden – Gläubigerausschuss (§ 69 InsO) und das Insolvenzgericht (§ 58 InsO) nicht ausreichend (MüKo-InsO/*Brandes/Schoppmeyer* § 60 Rn. 1 m.w.N.).

3 Bereits aus der Gesetzesbegründung wird deutlich, dass die **Sorgfaltsanforderungen** des Handels- und Gesellschaftsrechts nicht unverändert auf den Insolvenzverwalter übertragbar sind (Begr. RegE, abgedruckt in *Balz/Landfermann* S. 274), sondern den Besonderheiten des Insolvenzverfahrens Rechnung zu tragen haben (*BGH* ZIP 2014, 1448; ZIP 2017, 779). Der Insolvenzverwalter hat einerseits entweder keine, unzuverlässige oder zeitlich verzögerte Informationen, andererseits wird aber eine unverzügliche Reaktion und aktives Gestalten in der Verwertung – ja sogar die Übernahme unternehmerischer Verantwortung – erwartet. Daraus ergibt sich ein Spannungsfeld, das der Gesetzgeber gesehen hat. Dieses kann nicht zur automatischen Bejahung der Fahrlässigkeit führen. Der gesetzlich vorgesehene Fahrlässigkeitsmaßstab spiegelt daher die besondere Situation des Insolvenzverfahrens wider und trägt den Umständen der Praxis ausreichend Rechnung.

4 Die Neuregelung hat den früheren Streit um die **rechtliche Einordnung der Haftung des Insolvenzverwalters** als schuldrechtlich oder deliktsrechtlich (eingehend hierzu *Lüke* Die persönliche Haftung des Konkursverwalters, 1986, S. 37 ff.; *Smid/Smid* InsO, § 60 Rn. 6; MüKo-InsO/*Brandes/Schoppmeyer* § 60 Rn. 4 ff., Begründung eines »gesetzlichen Schuldverhältnisses«) wesentlich entschärft. Die bewusste Anlehnung der Verjährungsregelung des § 62 InsO an die für die Verjährung deliktischer Ansprüche geltende Norm des § 852 BGB a.F. durch den Gesetzgeber (Begr. § 73 RegE, abgedruckt in *Balz/Landfermann* S. 276) zeigt, dass dieser der Verwalterhaftung einen **deliktsrechtsähnlichen** Charakter beimisst (vgl. MüKo-InsO/*Brandes/Schoppmeyer* § 60 Rn. 6 ff.).

B. Anwendungsbereich

5 § 60 InsO gilt auch für den Insolvenzverwalter bei **Überwachung der Planerfüllung** nach § 261 Abs. 1 Satz 2 InsO (*Kübler/Prütting/Bork-Lüke* InsO, § 60 Rn. 69). Er gilt entsprechend für den **vorläufigen Insolvenzverwalter**, § 21 Abs. 2 Nr. 1 InsO (zur Frage der Abgrenzung der Haftung des vorläufigen Insolvenzverwalters und der des gerichtlichen Sachverständigen nach § 839a BGB *Uhlenbruck* ZInsO 2002, 809 f.), für den **Sachwalter**, § 274 Abs. 1 InsO und für den **Treuhänder**, § 313 Abs. 1 Satz 3 InsO a.F: (vgl. *Thole* S. 75) sowie für den **Sonderinsolvenzverwalter**. Der Sachverständige im Eröffnungsverfahren haftet allein nach § 839a BGB (a.A. *Wilhelm* DZWIR 2007, 361). Die Anwendung auf den im **Restschuldbefreiungsverfahren** nach §§ 286 ff. InsO bestellten Treuhänder ist streitig. Teilweise wird vertreten, dass ausschließlich die Vorschrift des § 280 BGB als Haftungsgrundlage heranzuziehen sei, nach welcher der Treuhänder nur nach allgemeinen Grundsätzen hafte (*BGH* ZIP 2008, 1685 [1687] Rn. 20; *OLG Celle* NZI 2008, 52; a.A. *K. Schmidt/Thole* § 60 Rn. 5). Gegen die Anwendung spricht, dass Abs. 3 Satz 2 des § 292 InsO, der die Rechtsstellung des Treuhänders im Restschuldbefreiungsverfahren regelt, anders als § 313 Abs. 1 Satz 3 InsO a.F. für das vereinfachte Insolvenzverfahren nur auf die Vorschriften der §§ 58, 59 InsO, nicht jedoch auf die Regelungen über die Haftung des Insolvenzverwalters verweist. Der *BGH* konnte die Frage der Anwendbarkeit allerdings im entschiedenen Fall offen lassen (ZIP 2008, 1685 Rn. 21).

C. Pflichtverletzung

I. Insolvenzspezifische Pflichten

Die Begründung von Schadensersatzansprüchen gegen den Insolvenzverwalter setzt voraus, dass dieser eine gegenüber einem am Insolvenzverfahren Beteiligten bestehende (Amts-)Pflicht verletzt hat. Der **Beteiligtenbegriff** ist von der Rspr. stets erweitert worden (vgl. die Darstellung bei *Smid/Smid* InsO, § 60 Rn. 9) und umfasst nach heute h.M. alle diejenigen, denen gegenüber dem Insolvenzverwalter **insolvenzspezifische Pflichten** obliegen (konstante Rspr. seit *BGH* WM 1961, 511 ff.; vgl. auch *BGH* WM 1985, 470 ff. = BGHZ 93, 278 ff. und *BGH* WM 1989, 114 ff., 115, jeweils m.w.N.; zuletzt *BGH* NZI 2008, 735; noch zu § 82 KO *BGH* ZIP 2001, 1376 ff.; zur Insolvenzzweckwidrigkeit vgl. *BGH* ZIP 2002, 1093 f.; noch zum Sequester verneinend bei »unternehmerischer Entscheidung« *BGH* ZIP 2003, 1303 f.; zu Pflichten als Arbeitgeber *LAG Nürnberg* 09.01.2007 – 7 Sa 135/05, BeckRS 2007, 41505). Die Pflichten des Insolvenzverwalters werden dabei durch die Ziele des Insolvenzverfahrens und seine in der InsO festgelegten Aufgaben und Verantwortungsbereiche bestimmt (*Jaeger/Henkel-Gerhardt* InsO, § 60 Rn. 23). Die Sorgfaltspflicht des Verwalters ist an den individuellen Anforderungen der konkreten Aufgabe, die der Verwalter wahrnimmt, zu messen; ein bestimmtes Verhalten kann zu einem Zeitpunkt – noch – schuldlos und zu einem späteren schuldhaft sein (*OLG Düsseldorf* ZInsO 2012, 2296). Dabei ist zu unterscheiden zwischen einerseits dem **Gesamtschaden**, der entsteht, wenn der Insolvenzverwalter seine Pflicht zur **Inbesitznahme, Verwaltung** und **Verwertung** der **Masse** verletzt und andererseits der Haftung für **Einzelschäden**, die dann entstehen können, wenn der Insolvenzverwalter nicht die Masse und damit Schuldner und Gläubiger in ihrer Gesamtheit, sondern einen einzelnen Beteiligten geschädigt hat (MüKo-InsO/*Brandes/Schoppmeyer* § 60 Rn. 10 und 32).

6

Zu den Grundpflichten des Verwalters gehört zunächst, im Rahmen der **Massesicherungspflicht** das massezugehörige Vermögen in Besitz und Verwaltung zu nehmen (*BGH* ZIP 2007, 2273); daneben hat er die Masse bestmöglich und zügig abzuwickeln (BGHZ 70, 87), erfolgt dies übereilt, kann dies ebenso wie ein Verkauf unter Wert die Masse verkürzen und eine Haftung auslösen (*BGH* ZIP 1985, 425; *OLG Rostock* NZI 2011, 488). Die im weiten Beurteilungsermessen stehende Entscheidung hinsichtlich der Art der Verwertung, d.h. der Abwicklung, übertragenden Sanierung oder z.B. der Sanierung mittels Insolvenzplans ist im Hinblick auf die bestmögliche Gläubigerbefriedigung zu treffen, dies kann im Ausnahmefall eine Haftung auslösen (vgl. *Antoni* NZI 2013, 236). Vor dem ersten Berichtstermin darf der Verwalter aber grds. keine Fakten schaffen durch eine Stilllegung des Betriebs (vgl. *BAG* ZInsO 2013, 723), denn die Gläubigerversammlung hat über Fortführung oder Sanierung zu entscheiden. Soweit die Entscheidung auf einer die dem Verwalter bekannten Umstände berücksichtigenden plausiblen Prognose beruht, dürfte eine Haftung für das Unterlassen eines Sanierungsversuchs ausscheiden.

7

II. Gegenüber dem Schuldner

In Betracht kommen zum einen Schadensersatzansprüche des Schuldners, der einen Anspruch auf eine bestmögliche Masseerhaltung und Masseverwertung hat, um so eine möglichst hohe Enthaftung – oder gar einen Überschuss – zu erzielen, was ihm einen wirtschaftlichen Neuanfang (»fresh start«) sichern soll (vgl. *BGH* ZIP 2014, 1448; ZIP 2015, 1645). Ist die Schuldnerin eine juristische Person oder eine Gesellschaft ohne Rechtspersönlichkeit, so sind zum anderen die Vertretungsberechtigten – etwa der persönlich haftende Gesellschafter – als Beteiligte anzusehen (*BGH* WM 1985, 422 ff. [424]; MüKo-InsO/*Brandes* §§ 60, 61 Rn. 69), nicht jedoch alle anderen Gesellschafter (KS-InsO/*Smid* 2000, S. 463 f. Rn. 28; **a.A.** MüKo-InsO/*Brandes/Schoppmeyer* § 60 Rn. 69), sofern sie nicht aufgrund einer Forderung auf Rückgewähr kapitalersetzender Gesellschafterdarlehen als (nachrangige) Insolvenzgläubiger nach § 39 Abs. 1 Nr. 5 InsO Beteiligte sind. **Insolvenzspezifische Pflichten** obliegen dem Verwalter im Verhältnis zu einer insolventen Schuldnerin, aber – gleich ob es sich um die Vorstände einer Aktiengesellschaft oder die Geschäftsführer einer GmbH handelt – nicht im Verhältnis zu ihren **Organen**. Der Insolvenzverwalter ist deshalb gegenüber der Geschäftsführung der Schuldnerin nicht verpflichtet, eine zu deren Gunsten abgeschlossene

8

Haftpflichtversicherung aufrecht zu erhalten, um sie aus einer Inanspruchnahme wegen verbotener Zahlungen freizustellen (*BGH* ZInsO 2016, 1058).

9 Der Insolvenzverwalter ist dem Schuldner für **Nachteile und Mängel der Buchführung** verantwortlich, soweit sie in seine Amtszeit fallen (*BGH* WM 1979, 775 f.; *BGH* BGHZ 74, 316 ff. = ZIP 1980, 25 f. m. Anm. *Kilger* S. 26 f.). Entstehen durch die Versäumung dieser Pflicht steuerliche Nachteile, so sind diese vom Insolvenzverwalter auszugleichen (*BGH* ebd.; a.A. *Kilger* ebd.; *OLG Hamm* ZIP 1987, 1402 ff. [1403] – verspätete Erstellung einer Steuerbilanz). Da dem Insolvenzbeschlag zwischenzeitlich wegen § 35 InsO auch das Vermögen unterliegt, das der Schuldner während des Insolvenzverfahrens erlangt, hat die Aufarbeitung der Buchführung und die Erstellung von Steuererklärungen zur Folge, dass wegen der nunmehr möglichen Verlustrückträge des § 10d EStG Steuern auch während der Dauer des Verfahrens oder Steuern niedriger festgesetzt werden. Der Insolvenzverwalter hat daher diesen Vorteil gegen die Kosten abzuwägen, die entstehen, wenn die Buchführung fortgeführt und Steuererklärungen erstellt werden (MüKo-InsO/*Brandes/Schoppmeyer* § 60 Rn. 22). Die Prüfung von Ansprüchen des Schuldners auf Steuerrückerstattungen und das Einlegen von Rechtsmitteln können zu den Pflichten des Verwalters gehören (einschränkend *OLG Düsseldorf* ZInsO 2012, 2296). Auch die Veräußerung des schuldnerischen Unternehmens unter Preis oder die Durchführung des Insolvenzverfahrens in großer übertriebener Eile begründet Schadensersatzansprüche (*BGH* WM 1985, 422 ff. [424 f.] m. Anm. *Kübler* EWiR 1985, § 82 KO 3/85, S. 313; MüKo-InsO/*Brandes/Schoppmeyer* § 60 Rn. 65). Es besteht dagegen keine insolvenzspezifische Pflicht des Insolvenzverwalters oder Treuhänders im Restschuldbefreiungsverfahren, sich um nicht insolvenzbefangenes Vermögen des Schuldners zu kümmern, d.h. zum Beispiel gegen eine insolvenzrechtlich unzulässige Verrechnung der Sozialversicherung vorzugehen (*BGH* NZI 2008, 607 ff. m. Anm. *Gundlach/Schmidt* S. 609 = ZIP 2008, 1685 ff. Rn. 11 ff.). Soweit der Insolvenzverwalter oder der Treuhänder im Restschuldbefreiungsverfahren allerdings unpfändbare Versorgungsbezüge des Schuldners einzieht, die dieser teilweise für sich beansprucht, weil das an ihn ausgezahlte Einkommen aus anderen Einkommensquellen unterhalb der Pfändungsgrenze liegt, muss er zur Vermeidung einer Haftung dafür Sorge tragen, dass dem Schuldner jedenfalls ein Betrag in Höhe der Pfändungsgrenze verbleibt (*BGH* NZI 2008, 607 Rn. 21 ff.). Leistet der Verwalter entgegen der Regelung im Insolvenzplan vorzeitige Abschlagszahlungen an die Gläubiger, haftet er der Schuldnerin für den entstandenen Zinsschaden (*LG Berlin* ZInsO 2012, 326).

III. Gegenüber Insolvenzgläubigern

10 Den Insolvenzgläubigern gegenüber besteht die Pflicht, eine **möglichst weitgehende gleichmäßige Befriedigung** anzustreben, vgl. §§ 1, 38, 187 InsO (KS-InsO/*Smid* 2000, S. 467 Rn. 41). Die Insolvenzmasse ist zu erhalten und sorgfältig zu verwerten. Zur Masseverwaltungspflicht gehört aber auch ein allgemeines Wertvermehrungsgebot, v.a. aber nicht nur im Rahmen einer Betriebsfortführung (*BGH* ZIP 2017, 779). Deshalb führen beispielsweise zum Schadensersatz:
– das Anerkennen unberechtigter Forderungen sowie das Versäumnis, erreichbare Vermögenswerte zur Masse zu ziehen (*BGH* NJW 1973, 1198 f. = WM 1973, 642 ff.) oder der Verkauf des Unternehmens unter Wert ohne Zustimmung der Gläubiger (*OLG Rostock* NZI 2011, 488);
– das **Unterlassen der zinsgünstigen Anlage** nicht benötigter Gelder bis zur endgültigen Verteilung der Masse (*BGH* ZIP 2014, 1448) oder des **Abschlusses eines Geschäfts**, welches die Masse ohne sonderlichen Aufwand und ohne großes Risiko erheblich vermehrt hätte, wobei an unternehmerische Entscheidungen des Insolvenzverwalters ein großzügiger Maßstab anzulegen ist, der in einer für das Unternehmen schwierigen Lage eine von vielen, teils unbeherrschbaren Faktoren abhängige Prognoseentscheidung zu treffen hat, und ihm ein weiter Ermessensspielraum zukommt (*BGH* ZIP 2017, 779);
– das eigennützige Ansichziehen von vorteilhaften Geschäften als Privatperson, welche im engen Zusammenhang mit dem Geschäftsbetrieb des Insolvenzschuldners stehen und daher diesem zuzuordnen sind (in entspr. Anwendung von § 88 AktG *BGH* ZIP 2017, 779);
– die Begleichung von Insolvenzforderungen, um einen laufenden Vertrag fortzuführen, wenn dies wegen § 103 InsO auch ohne Erfüllung möglich wäre (*LG Hamburg* ZInsO 2012, 2102, n.r.);

- das Führen aussichtsloser Prozesse, wobei keine Pflicht besteht, das Interesse des Prozessgegners an einer Kostenerstattung zu berücksichtigen (*BGH* ZInsO 2005, 146; *OLG Köln* ZIP 2008, 1131) und das Unterlassen der Klageerhebung bei hinreichenden und dem Verwalter erkennbaren Erfolgsaussichten (*OLG Düsseldorf* ZInsO 2012, 2296), wobei dem Insolvenzverwalter hinsichtlich der Erfolgsaussichten ein Beurteilungsspielraum zuzugestehen ist (*OLG Hamm* 23.12.2014 – 27 U 4/14, juris = JurionRS 2014, 39533);
- eine nicht kostendeckende Fortführung des Unternehmens kann pflichtwidrig sein, wenn die Befriedigungschancen der Gläubiger nicht unerheblich geschmälert werden (*BAG* ZInsO 2013, 723 m. Anm. *Jansen* NZI 2013, 291);
- das Unterlassen der Anzeige einer Interessenkollision an das Insolvenzgericht und ggf. die Gläubigerversammlung oder – falls ein solcher bestellt/gewählt wurde – den Gläubigerausschuss, wenn durch die Anzeige die mit dem von der Interessenkollision betroffenen Geschäft verbundenen Kosten nicht entstanden wären (*BGH* NJW 1991, 982 ff. = ZIP 1991, 324 ff. – Beschäftigung von Hilfskräften durch den Konkursverwalter, die einer diesem gehörenden Unternehmensberatungs-Firma angehörten);
- das Verjährenlassen von Schadensersatzforderungen, sofern deren Durchsetzung chancenreich und wirtschaftlich vertretbar erscheint (*BGH* ZIP 2009, 2012 = ZInsO 2009, 2008; ZIP 1993, 1886 ff. = KTS 1994, 218 ff. = MDR 1994, 470 f.);
- die verspätete Zahlung von zur Tabelle festgestellten Forderungen des Steuergläubigers (*BGH* BGHZ 106, 134 ff. = ZIP 1989, 50 ff. – Ansprüche auf Lohn- und Umsatzsteuer). Anspruchsgrundlage ist, wenn es sich um in die Tabelle aufgenommene Ansprüche handelt, der insolvenzrechtliche Schadensersatzanspruch; sind die Steuerforderungen hingegen als Masseverbindlichkeiten einzuordnen, so findet § 69 AO Anwendung; die Steuerverwaltung hat dann einen Haftungsbescheid nach § 191 AO zu erlassen (*BGH* BGHZ 106, 137 [139] = ZIP 1989, 51 f.);
- das Unterlassen der Berücksichtigung einer angemeldeten und festgestellten Forderung bei der Aufstellung des Schlussverzeichnisses (*OLG Celle* ZIP 1993, 1720 ff.);
- Nachforschungspflicht hinsichtlich Urkunde im Zusammenhang mit der Prüfung der ordnungsgemäßen Durchführung einer Kapitalerhöhung noch zu § 82 KO (*OLG Hamm* NZI 2005, 438 ff.);
- die verspätete Erfüllung eines Befriedigungsanspruchs nach § 106 InsO. Als Schaden sind die Prozesskosten zu ersetzen (*OLG Hamm* ZInsO 2006, 1276 m. Anm. *Weitzman* EWiR 2006, § 60 InsO 1/06, 723);
- die ungleichmäßige Befriedigung von Masseverbindlichkeiten; den Verwalter trifft die insolvenzspezifische Pflicht zur Prüfung, ob die Masse zur Bedienung aller Masseverbindlichkeiten ausreicht und diese andernfalls bei Gleichrangigkeit nur anteilig zu befriedigen (Verteilungsfehler, vgl. jüngst *BAG* ZIP 2012, 38 [40]; danach muss sich der Gläubiger die notwendigen Informationen ggf. aus der Insolvenzakte verschaffen); Masseunzulänglichkeit ist anzuzeigen; hingegen besteht keine Pflicht zur Anzeige der Masseunzulänglichkeit zu einem bestimmten Zeitpunkt, um die bevorzugte Befriedigung bestimmter Ansprüche als Neumasseschuld zu ermöglichen (*BGH* ZIP 2010, 2356; *BAG* ZInsO 2013, 723) oder um Arbeitslosengeld in Anspruch nehmen zu können (*BAG* NZI 2013, 284);
- die Erteilung unrichtiger Auskünfte über den zeitlichen Ablauf des Verfahrens, infolge derer ein (absonderungsberechtigter) Gläubiger nicht mehr bei der Schlussverteilung berücksichtigt wird (*LG Frankfurt/Oder* ZInsO 2012, 176);
- der unberechtigte pauschale Widerspruch gegen Lastschriftabbuchungen durch den vorläufigen Verwalter, wenn diese z.B. bei natürlichen Personen aus deren Schonvermögen stammen (*BGH* NJW 2012, 146; NJW 2010, 3517) oder der Schuldner die Lastschrift bereits ausdrücklich oder konkludent genehmigt hatte (*BGH* NJW 2012, 146; *OLG Celle* ZInsO 2013, 348); bei einer konkludent genehmigten Abbuchung kann es im Einzelfall an einem Vermögensschaden des Gläubigers fehlen, wenn dieser einen Anspruch auf buchmäßige Wiederherstellung des früheren Vermögensstandes gegen seine Bank hat (*OLG Frankfurt* ZIP 2013, 1634);
- eine insolvenzspezifische Pflicht zur Freistellung von Arbeitnehmern (um diesen den Bezug von Arbeitslosengeld zu ermöglichen) kann – wegen der Verpflichtung, die Masse zu erhalten und op-

timal zu verwerten – allenfalls dann bestehen, wenn durch die Beschäftigung keinerlei Wertschöpfung zugunsten der Insolvenzmasse eintritt, die Beschäftigung aber zu einer erheblichen Minderung der Masse führt und eine künftige Wertschöpfung nicht zu erwarten ist; dabei hat der Verwalter einen Beurteilungsspielraum (*BAG* ZInsO 2013, 723).

11 Ferner ist der Insolvenzverwalter zur **Beachtung von Aus- und Absonderungsrechten** verpflichtet. So führt die Veräußerung von Aussonderungsgut (*OLG Bremen* OLGR Bremen 2006, 728; *BGH* KTS 1958, 142 f.; vgl. aber *v. Olshausen* ZIP 2002, 237 [239]: Keine Geltung der §§ 60, 61 InsO für den Verkauf einer nicht zur Insolvenzmasse gehörenden Spezialsache, da der Insolvenzverwalter keine insolvenzspezifische Pflicht verletze) ebenso zu Schadensersatzansprüchen wie das unterlassene Auskehren des Erlöses bei der Verwertung von Absonderungsgut (*BGH* Beschl. v. 3.2.2011 – IX ZR 57/10; *BGH* NZI 2004, 209 ff. m. Anm. *Pape* EWiR 2004, § 50 InsO 1/04, S. 349 f. auch zur Frage der Weiternutzung durch den Insolvenzverwalter nach Anzeige der Masseunzulänglichkeit; *BGH* ZIP 1994, 140 ff.). Haftungsansprüche können dabei im Zusammenhang mit der Verzinsungspflicht nach § 169 InsO bei verzögerter Verwertung entstehen (*BGH* ZIP 2003, 632 ff. m. Anm. *Schumacher* EWiR 2003, § 171 InsO 2/03, S. 425 f.; *LG Stendal* ZIP 2002, 764 ff. m. Anm. *Runkel* EWiR 2002, § 169 InsO 1/02, S. 587 f. = DZWIR 2002, S. 294 ff. m. Anm. *Becker*; *LG Hechingen* DZWIR 2002, 480 ff.; vgl. dazu *Grub* DZWIR 2002, 441 ff. [443 f.], der wohl zu Recht mangels sachgerechter Anwendbarkeit die ersatzlose Streichung von § 169 InsO fordert). Der vorläufige Verwalter muss seine Zustimmung zum freihändigen Verkauf von Absonderungsgut erteilen, wenn hierdurch ein höherer Erlös zu erwarten ist als bei einer Versteigerung; er muss ggf. beim Insolvenzgericht um eine Anordnung nachsuchen, wenn der Schuldner seine Zustimmung verweigert und den Gläubiger ggf. zuvor auf die Notwendigkeit einer Zustimmung des Schuldners hinweisen (*BGH* ZIP 2011, 1419 ff.). Allerdings streiten für Gegenstände im Besitz des Schuldners die zwei Fälle der Eigentumsvermutung des § 1006 BGB (*BGH* NJW 1996, 2233 ff.; *OLG Hamburg* ZIP 1984, 348 ff. [349 f.]). Das Bestehen von Rechten Dritter muss der Insolvenzverwalter nur nachprüfen, wenn dafür konkrete Anhaltspunkte bestehen (*BGH* NJW 1996, 2233; *OLG Jena* ZInsO 2005, 44 ff. [46]; *OLG Düsseldorf* ZIP 1988, 450 ff. [452]). Auszusondernde Gegenstände sind dabei von dem Aussonderungsberechtigten selbst näher zu bezeichnen, da dem Insolvenzverwalter zeitraubende Nachforschungen nicht zugemutet werden können (*OLG Köln* ZIP 1982, 1107 f.). Dem Absonderungsberechtigten gegenüber ist der Insolvenzverwalter auch nicht verpflichtet, die Inbesitznahme der Gegenstände von einem unberechtigten Eigenbesitzer zu erzwingen (*OLG Hamburg* WM 1996, 881 ff. = ZIP 1996, 386 ff.).

IV. Gegenüber weiteren Beteiligten

12 Weitere Beteiligte, denen gegenüber der Insolvenzverwalter sich aus den § 60 InsO – und auch § 61 InsO – schadenersatzpflichtig machen kann, sind die **Massegläubiger** (vgl. hierzu die Erl. bei § 61), eine von der Gläubigerversammlung als Hinterlegungsstelle benannte Bank (*BGH* KTS 1962, 106 ff. [107]) und der Nacherbe im Hinblick auf § 83 Abs. 2 InsO (MüKo-InsO/*Brandes/Schoppmeyer* § 60 Rn. 68). Den Verwalter trifft jedoch keine insolvenzspezifische Pflicht, Masseunzulänglichkeit zu dem Zweck rechtzeitig anzuzeigen, dass nachfolgende Ansprüche als Neumasseverbindlichkeit bevorzugt zu befriedigen sind (*BGH* ZIP 2010, 2356 m. Anm. *Fuchs* EWiR 2011, 123). Hingegen kann eine Pflichtverletzung in einer ungleichmäßigen Befriedigung von Masseverbindlichkeiten liegen; den Verwalter trifft die insolvenzspezifische Pflicht zur Prüfung, ob die Masse zur Bedienung aller Masseverbindlichkeiten ausreicht und diese andernfalls bei Gleichrangigkeit nur anteilig zu befriedigen (Verteilungsfehler, vgl. *BAG* ZIP 2012, 38 [40]; *OLG Düsseldorf* NZI 2012, 675). Ein Pflichtverletzung liegt auch in einer § 53 InsO widersprechenden Befriedigung von Insolvenzforderungen vor Masseverbindlichkeiten, auch wenn ein Insolvenzplan dies vorsieht, weil § 217 InsO es nicht ermöglicht, von dem Vorrang der Masseverbindlichkeiten abzuweichen (*OLG Celle* 18.10.2012 – 16 U 68/12, juris).

Beteiligter ist auch der **Zwangsvergleichsbürge**, der nur noch im Rahmen eines Insolvenzplans denkbar ist. Diesem gegenüber haftet der Insolvenzverwalter für Pflichtwidrigkeiten, die er vor der Abgabe der Bürgschaftserklärung begangen hat (*RG* RGZ 74, 258 ff.). 13

Eine Schadensersatzpflicht kommt auch dem **Vermieter** gegenüber wegen verzögerter Rückgabe der Mietsache in Betracht (vgl. näher *OLG Hamm* ZIP 1985, 628 – pflichtwidriges Handeln des Konkursverwalters ist erforderlich). Daneben kann die Verletzung einer mietvertraglichen Pflicht (Untervermietung an einen unzuverlässigen Mieter) zur Gefährdung des Aussonderungsanspruchs des Vermieters und damit zur Verletzung insolvenzspezifischer Pflichten gegenüber dem aussonderungsberechtigten Gläubiger führen (*BGH* NZI 2007, 286 = ZIP 2007, 539, Rn. 7 ff.). Der ersatzfähige Schaden richtet sich nach dem negativen Interesse (*BGH* NZI 2007, 286 Rn. 14 ff., Fortführung von BGHZ 159, 104 = ZIP 2004, 1107). 14

V. Gegenüber Nichtbeteiligten

Keine Beteiligten sind dagegen **Mieter des Schuldners und Bürgen**, auf die die Forderung noch nicht übergegangen ist (MüKo-InsO/*Brandes/Schoppmeyer* § 60 Rn. 70; zum Bürgen: *BGH* WM 1984, 1575 ff. = ZIP 1984, 1506 ff.), da diesen Personenkreisen gegenüber **keine insolvenzspezifischen Pflichten** des Insolvenzverwalters bestehen (zum Zwangsverwalter *BGH* ZInsO 2010, 287f, m. Anm. *Kexel* EWiR 2010, 253 [254]). Diesen Nichtbeteiligten gegenüber kann der Insolvenzverwalter allerdings nach allgemeinen Grundsätzen haften (s. Rdn. 22 ff.). 15

D. Verschulden

I. Sorgfalt eines ordentlichen und gewissenhaften Insolvenzverwalters

Bzgl. des Verschuldens gilt mangels einer Sonderregel der **allgemeine Maßstab des § 276 Abs. 1 Satz 1 BGB**. Der Insolvenzverwalter hat grds. Vorsatz und – auch leichteste – Fahrlässigkeit zu vertreten. Der Haftungsmaßstab des § 69 AO gilt für § 60 InsO nicht (*LG Düsseldorf* ZIP 2011, 441, n.r.). Wann ein Außerachtlassen der im Verkehr erforderlichen Sorgfalt, mithin fahrlässiges Handeln i.S.d. § 276 Abs. 1 Satz 2 BGB vorliegt, ist allerdings anhand der **Konkretisierung in § 60 Abs. 1 Satz 2 InsO** festzustellen. Hiernach ist für die Sorgfalt eines ordentlichen und gewissenhaften Insolvenzverwalters einzustehen. Man wird also sagen können, dass die Kenntnisse und Erfahrungen eines **durchschnittlichen Insolvenzverwalters** vorauszusetzen sind, insbesondere eine genaue Kenntnis der insolvenzrechtlichen Normen. Der Insolvenzverwalter hat eine gefestigte Literaturmeinung und eine gesicherte höchstrichterliche Rspr. zu kennen, bzw. – falls er nicht Rechtsanwalt ist – sich zutreffend darüber unterrichten zu lassen (MüKo-InsO/*Brandes/Schoppmeyer* § 60 Rn. 92 zum (unverschuldeten) Rechtsirrtum m.w.N.). Im Übrigen hängt es vom jeweiligen Einzelfall und vom Zeitpunkt ab, welcher Pflichtenkanon zu erfüllen ist. Es sollte also stets gefragt werden, welche Anforderungen die jeweilige Fallgestaltung an den Insolvenzverwalter stellt (BK-InsO/*Blersch* § 60 Rn. 8), weshalb ein als Insolvenzverwalter tätiger Rechtsanwalt bei gerichtlicher Durchsetzung von Rechten den Beteiligten dieselbe Sorgfalt schuldet wie ein Rechtsanwalt seinem Mandanten (*BGH* WM 1994, 33). Diese Anforderungen sind für jede Lage des Verfahrens gesondert zu prüfen (*BAG* ZInsO 2013, 723). So sind bei der Fortführung jedes Unternehmens von dem Insolvenzverwalter auch betriebswirtschaftliche Kenntnisse zu verlangen. Ein auf dem Fehlen solcher Kenntnisse beruhender Fehler ist fahrlässig verursacht. Unternehmensfortführungen ohne betriebswirtschaftliche Ertrags- und Liquiditätsplanung unter insolvenzrechtlicher Prämisse verstoßen gegen den Sorgfaltsmaßstab eines ordentlichen und gewissenhaften Insolvenzverwalters (vgl. MüKo-InsO/*Brandes/Schoppmeyer* § 60 Rn. 27). Dabei wird dem Verwalter bei unternehmerischen Entscheidungen zunehmend ein Ermessen entsprechend den Gedanken der »business judgement rule« eingeräumt (*Erker* ZInsO 2012, 199 m.w.N.; *Frege/Nicht* FS Wellensiek S. 291, vgl. auch *BGH* ZIP 2017, 779 Rn. 15). 16

II. Maßstab bei fehlenden oder manipulierten Daten

17 Beachtung muss aber die infolge der Insolvenz bestehende **Sondersituation** finden, in deren Folge der Insolvenzverwalter vielfach keine aussagekräftigen Daten des betriebswirtschaftlichen Rechnungswesens, keine geordnete Buchführung, keine oder irreführende Kosten- und Leistungsrechnungen vorfinden wird, sondern die Lage vielfach von Daten, ja Bilanzen geprägt sein wird, in denen in deliktischer Weise versucht wurde, die Insolvenzsituation zu verschleiern (vgl. noch zur Haftung des Sequester *OLG Köln* ZIP 2001, 1821 m. Anm. *Schäfer* in EWiR 2002, § 8 GesO 1/02, S. 379 f., die allerdings vor einer verallgemeinernden Anwendung des Urteils warnt). Ferner ist ihm auch eine **angemessene Einarbeitungsphase** in das für ihn fremde Geschäft des Schuldners zuzugestehen. Dabei ist der Hinweis berechtigt, dass beim Insolvenzverwalter der Fahrlässigkeitsvorwurf für jede Lage des Insolvenzverfahrens gesondert zu prüfen sei (MüKo-InsO/*Brandes/Schoppmeyer* § 60 Rn. 90; sehr instruktiv *LG Rostock* 08.06.2008 – 4 O 367/07, BeckRS 2008, 16192 zur erforderlichen Kenntnis bzw. fahrlässigen Unkenntnis vom Eigentumsvorbehalt). Danach kann ein bestimmtes Fehlverhalten zu Beginn eines Insolvenzverfahrens noch schuldlos und später wegen der inzwischen möglichen und gebotenen Einarbeitung schuldhaft begangen werden. Ein schuldhaftes Handeln kann auch dann vorliegen, wenn der Insolvenzverwalter die zur Einarbeitung in den Sachstand erforderliche Zeit überschreitet oder aufgrund von Angaben des Schuldners oder vorgefundener Unterlagen Entscheidungen trifft, obwohl er die Unrichtigkeit seiner Entscheidungsgrundlagen hätte erkennen können (MüKo-InsO/*Brandes/Schoppmeyer* § 60 Rn. 90).

III. Konzerninsolvenzfälle

18 Eine Sondersituation ergibt sich in Konzerninsolvenzfällen. Die Insolvenzordnung stellt hierfür keine spezifischen Regelungen zur Verfügung. Da es – insbesondere aus wirtschaftlichen Gründen i.d.R. zumindest zwingend am Beginn des Verfahrens – sinnvoll sein wird, für alle Konzerngesellschaften einen Insolvenzverwalter zu bestellen, führt unter Umständen – auch schon im Eröffnungsverfahren – das parallele Verwalten von Konzernunternehmen durch ein und denselben Insolvenzverwalter bei isolierter Betrachtung möglicherweise zu **Vermögensverlagerungen**, also potentiellen Schadensersatzansprüchen aus Sicht eines Konzernunternehmens gegen das andere (bezogen auf die Person des Insolvenzverwalters). Dabei ist bei Festlegung eines Verschuldensmaßstabs darauf zu achten, dass grds. davon auszugehen ist, dass die Interessen der verschiedenen Konzernunternehmen – was dem Konzern gerade immanent ist – gleichgerichtet sind (sehr instruktiv und ausführlich *Nerlich/Römermann-Abelshauser* InsO, § 60 Rn. 54–56). Der grundsätzliche **Versuch bestmöglicher Verwertung** muss die Chance des Konzerns zusammenhalten, also die Wahrung der fortführenden Konzernidee gewährleisten können. Bei Bestellung eines Insolvenzverwalters zur Wahrung auch dieser Chance sind in entsprechender Anwendung von § 22 Abs. 1 Satz 2 Nr. 2 InsO im Konzernverbund eintretende Vermögensverminderungen nicht fahrlässig herbeigeführt. **Haftungsvermeidend** ist hier Transparenz, die rechtzeitige und umfassende Offenlegung dem Gericht und den Gläubigern gegenüber bereits im Eröffnungsverfahren, so dass Beteiligte ggf. ihre abweichende Meinung artikulieren können.

IV. Prozesskosten

19 Führt der Insolvenzverwalter einen Prozess und besteht die Gefahr, dass bei einem Unterliegen die Prozesskosten aus der Masse nicht gedeckt werden können, so haftet er dem Verfahrensgegner nur dann auf Ersatz der Verfahrenskosten, wenn die Rechtsverfolgung **objektiv keine hinreichende Erfolgsaussicht** hatte und daher als mutwillig anzusehen ist (*OLG Karlsruhe* ZIP 1989, 1070 ff. [1071]). Hiervon soll bereits auszugehen sein, wenn sich die Möglichkeit des Obsiegens bzw. des Unterliegens die Waage halten (*OLG Hamm* ZIP 1995, 1436 ff. [1437]), so dass eine überwiegende Wahrscheinlichkeit für das Obsiegen sprechen müsse. Allerdings ist dabei **Maßstab** die nicht völlig unvertretbare Einschätzung des Insolvenzverwalters bzw. eines von ihm mandatierten Rechtsanwalts (MüKo-InsO/*Brandes/Schoppmeyer* § 60 Rn. 92, der von der »**Sorgfalt eines beruflichen Sachwalters fremder Vermögensinteressen**« spricht). An die Beurteilung der Wahrscheinlichkeit sollte **kein**

allzu strenger Maßstab angelegt werden, damit der Insolvenzverwalter nicht – zur Vermeidung einer Haftung – selbst auf aussichtsreiche Prozesse verzichtet (*Braun* Kurzkommentar zu *OLG Hamm* ZIP 1995, 1436, EWiR 1995, § 82 KO 1/95, S. 905 f.) und sich dadurch möglicherweise Schadensersatzansprüchen der Gläubiger aussetzt, die ihm vorwerfen, er habe schuldhaft die Masse verkürzt (vgl. KS-InsO/*Smid* 2000, S. 437 f. Rn. 59). Dieses Dilemma des Insolvenzverwalters zwingt zu Zurückhaltung bei der Bejahung von Haftungsansprüchen wegen Prozessführung bei Masseunzulänglichkeit (grundlegend *BGH* ZIP 2005, 131 ff. m. Anm. *Pape* ZInsO 2005, 138 ff.; im Anschluss an seine frühere Rechtsprechung noch zu § 82 KO *BGH* ZIP 2001, 1376 f. m. Anm. *Pape* EWiR 2001, § 82 KO 1/01, S. 823 f.; nach Zurückverweisung durch den BGH in der voranstehenden Revisionsentscheidung *OLG Düsseldorf* ZIP 2002, 902 ff. m. Anm. *Voß* EWiR 2002, § 826 BGB 4/02, S. 995 f.; ebenso ablehnend der VI. Zivilsenat des BGH in der zweiten Revisionsentscheidung WM 2003, 967 ff.; *Pape* ZIP 2001, 1701 ff., der auf die Problematik hinweist, dass für das neue Recht allerdings eine Änderung durch § 61 eingetreten sei; anders jetzt grundlegend *BGH* ZIP 2005, 131 ff. [132], der bereits die Anwendbarkeit von § 61 InsO auf diesen Fall verneint; *Häsemeyer* Insolvenzrecht, Rn. 6.39).

V. Beteiligung von Gläubigerausschuss oder -versammlung

Die Zustimmung des Gläubigerausschusses/der Gläubigerversammlung führt nicht zwingend zu einer **Entlastung** des Insolvenzverwalters (vgl. *BGH* WM 1985, 422 ff. [424 f.]; vgl. auch *Bork* ZIP 2005, 1120 ff. [1122] und *Gundlach/Frenzel/Jahn* ZInsO 2007, 363). Sie erweitert nur den Kreis der Haftenden. Vor allem erfolgt keine Entlastung, wenn die Zustimmung auf fehlerhaften Informationen durch den Insolvenzverwalter selbst beruht (HK-InsO/*Lohmann* § 60 Rn. 35; MüKo-InsO/*Brandes/Schoppmeyer* § 60 Rn. 98). Dies ist auch aus der Regelung des § 164 InsO zu schließen, nach der ein Verstoß gegen die §§ 160–163 InsO die Wirksamkeit der Handlung des Insolvenzverwalters nicht berührt. Weist dieser aber auf die Risiken hin und beschließt der Gläubigerausschuss/die Gläubigerversammlung, diese in Kauf zu nehmen, ist eine Haftung des Insolvenzverwalters ausgeschlossen (*OLG Nürnberg* ZIP 1986, 244 ff. [245] – Betriebsfortführung mit Genehmigung der Gläubigerversammlung und Kenntnis des Konkursgerichtes trotz unmittelbar zu Beginn des Konkursverfahrens durch den Verwalter angezeigter Massearmut; **a.A.** wohl zutreffend MüKo-InsO/*Brandes/Schoppmeyer* § 60 Rn. 99 f. mit Hinweis auf die Möglichkeit des § 78 InsO [Antrag auf Aufhebung eines Beschlusses der Gläubigerversammlung]).

20

VI. Mitverschulden

Ein **Mitverschulden** des anspruchsberechtigten Beteiligten ist gem. § 254 BGB zu berücksichtigen (*BGH* MDR 1958, 687; MüKo-InsO/*Brandes/Schoppmeyer* § 60 Rn. 95). Nimmt der Verwalter z.B. schuldhaft eine Forderung nicht in das Schlussverzeichnis auf, so trifft den Gläubiger ein Mitverschulden, wenn er gegen das Verzeichnis keine Einwände erhoben hat (*BGH* NJW 1994, 2286). Ein Mitverschulden scheidet i.d.R. aus, wenn der Geschädigte auf eine unrichtige Auskunft des Verwalters vertraut hat (*LG Frankfurt/O.* ZInsO 2012, 176 [179]).

21

E. Haftungstatbestände außerhalb der Insolvenzordnung

I. Quasivertragliche Haftung

Eine Haftung des Insolvenzverwalters aus §§ 311 Abs. 2, 3 i.V.m. § 280 Abs. 1 BGB (culpa in contrahendo) kommt in Betracht, wenn er einen **in seiner Person liegenden besonderen Vertrauenstatbestand begründet** (*BGH* NZI 2005, 500; WM 1987, S. 695 ff. [696]; *OLG Frankfurt/M.* ZInsO 2007, 548; *LG Trier* ZInsO 2009, 1208; Haftung bejahend *Hinkel/Flitsch* ZInsO 2007, 1018 ff.; MüKo-InsO/*Brandes/Schoppmeyer* § 60 Rn. 74 m.w.N. zu Einzelfällen) oder Verkehrssicherungspflichten verletzt hat (*BGH* NJW-RR 1988, 89 f.; eingehend hierzu m.w.N. MüKo-InsO/*Brandes/Schoppmeyer* § 60 Rn. 76–78; *Hess* InsO, § 60 Rn. 81 ff.; sowie HK-InsO/*Lohmann* § 60 Rn. 42).

22

§ 60 InsO Haftung des Insolvenzverwalters

23 Gegenüber Verfahrensbeteiligten haftet der Insolvenzverwalter grds. nach § 60 InsO. Wie der BGH in seiner insoweit grundlegenden Entscheidung entwickelt hat, haftet er bei **Teilnahme am Rechtsverkehr mit Dritten** (z.B. Verhandlungen mit Lieferanten über die Weiterbelieferung) **nicht insolvenzspezifisch**; insoweit gilt als Haftungsnorm nicht § 60 InsO, sondern die allgemeinen Vorschriften, die die Pflichten des Insolvenzverwalters als Verhandlungs- und Vertragspartner eines Dritten betreffen, der mit der Insolvenzmasse Geschäfte machen will (vgl. *BGH* BGHZ 100, 346 ff.). Der BGH führt aus, dass eine persönliche Haftung des Insolvenzverwalters nicht aus einem Verstoß gegen Aufklärungs- und Hinweispflichten hergeleitet werden können, die jeden Vertragschließenden während der Verhandlungen und beim Abschluss treffen. Insoweit versteht die Literatur den BGH so, dass **besondere Hinweispflichten gegenüber Verhandlungspartnern nicht bestehen** (so offenbar *Kilger/Karsten Schmidt* Insolvenzgesetze, § 82 KO Rn. 1c; KS-InsO/*Smid* 2000, S. 453 Rn. 53; *Uhlenbruck* InsO, § 60 Rn. 56). Etwas anderes soll nur dann gelten, wenn der Verwalter nach den allgemeinen Vorschriften über »culpa in contrahendo« besonderes Vertrauen für sich in Anspruch genommen hat oder deliktisch handelt (*BAG* ZIP 2012, 38 [41]: »zusätzliches, von ihm persönlich ausgehendes Vertrauen«; vgl. *OLG Rostock* ZIP 2005, 220 ff., der sog. »starke« vorläufige Insolvenzverwalter hatte formuliert »... für die Bezahlung garantiere«; m. Anm. *Ferslev* EWiR 2005, § 61 InsO 1/05, 313 f.; krit. zu einer Entscheidung des *OLG Schleswig* NZI 2004, 92; *Undritz* EWiR 2004, § 61 InsO 1/04, 393 f.; *OLG Celle* NZI 2004, 89). Für Ansprüche aus culpa in contrahendo darf aber nicht wieder auf die Insolvenz als Grund für besondere Hinweispflichten zurückgegriffen werden. Seit der Schuldrechtsreform ist der Anreiz, auf (behauptete) Ansprüche aus culpa in contrahendo zu rekurrieren, um in den Genuss der zuvor 30-jährigen Verjährungsfrist zu kommen, entfallen. Im Zusammenhang mit der Haftung nach § 60 InsO ist festzuhalten, dass den Insolvenzverwalter **keine besondere Pflicht trifft, darauf hinzuweisen, dass er Insolvenzverwalter ist**. Er hat die Interessen der Beteiligten zu wahren, nicht aber die Belange seines Geschäftspartners (so wörtlich *OLG Hamm* ZIP 1992, 1404 ff.). Dem OLG Hamm ist auch zuzustimmen, dass »konkursspezifisch nicht die Pflichten sind, die dem Konkursverwalter, wie jedem Vertreter von Interessen, gegenüber seinem Geschäftspartner oder nach Vertragsschluss obliegen«. »Der Vertreter fremder Interessen enthebt nicht durch seine Eigenhaftung den Geschäftspartner der Notwendigkeit, Risiken und Vorteile des in Aussicht genommenen Vertrags abzuwägen, was auch für Geschäfte mit dem Konkursverwalter gilt. Die Vertragspartner sind durch Konkurseröffnung gewarnt und müssen sich des Risikos einer Masseunzulänglichkeit bewusst sein« (so *OLG Hamm* ZIP 1992, 1404).

24 Eine ganz andere Frage ist, ob der Insolvenzverwalter eine sonstige Masseverbindlichkeit eingegangen ist, für die **§ 61 InsO** nunmehr eine **spezielle Haftung** begründet (so auch *BGH* ZIP 2001, 1376 ff. [1378] in einem »obiter dictum«; vgl. zu diesem Problemkreis *Pape* ZIP 2001, 1701 ff. [1703 ff.]).

II. Vertragliche Haftung

25 Ferner kommt eine persönliche Haftung des Insolvenzverwalters aus Vertrag in Betracht, wenn dieser – etwa infolge der **Abgabe einer Garantie-Erklärung** – eigene vertragliche Pflichten begründet hat (*BAG* ZIP 2009, 1772 m. Anm. *Fölsing* EWiR 2009, 617 f.; vgl. die Anm. von *Nöll* zu zwei Urteilen des OLG Celle, ZInsO 2004, 1058 ff. und *Undritz* EWiR 2004, § 55 InsO 2/04, 445 f.; *Hess* InsO, § 60 Rn. 89).

III. Deliktische Haftung

26 Mit der Haftung des Insolvenzverwalters aus § 60 InsO konkurrieren **allgemeine Deliktsansprüche** nach den **§§ 823, 826 BGB**, §§ 47, 139 PatG, § 1 UWG, §§ 14, 15 MarkenG (vgl. hierzu *Hess* InsO, § 60 Rn. 128; HK-InsO/*Lohmann* § 60 Rn. 44 m.w.N. zur Rspr.; zur Haftung des vorläufigen Insolvenzverwalters bei pauschalem Widerspruch gegen Gläubigerlastschriften nach § 826 BGB ablehnend *BGH* NZI 2005, 99 ff. m. Anm. *Dahl* = ZIP 2004, 2442 ff., Anm. hierzu bei *Bork* BB 2005, 13 ff. m. Anm. *Flitsch*; *Gundlach/Frenzel* EWiR 2005, § 60 1/05, S. 121 f., *Streit/Schiermeyer* EWiR 2005, § 60 1/05, S. 123 f. und *Gantenberg* EWiR 2005, § 60 InsO 3/05,

S. 227 f., zu beachten sind aber die Ausnahmen nach *BGH* NJW 2010, 3517; zum »starken« vorläufigen Insolvenzverwalter und zur Anfechtbarkeit einer Genehmigung des Schuldners *BGH* NZI 2006, 697; *Jungmann* EWiR 2005, § 60 InsO 5/05, S. 399 f. zu AG Charlottenburg, Urt. v. 19.10.2004 – 214 C 226/04 (rkr.); *LG Erfurt* NZI 2002, 667 f.; eine Haftung nach § 60 InsO bejahend m. Anm. *Bork* EWiR 2004, § 60 InsO 2/04, S. 237 f.; zur Haftung für Schäden des Prozessgegners *BGH* ZIP 2005, 131 f. [132] im Anschluss an *BGH* ZIP 2001, 1376 ff.; *Fischer* WM 2004, 2185 ff. [2189]; *BGH* NZI 2003, 461 f. = ZIP 2003, S. 962 ff., nur wenn besondere Umstände aus der Art und Weise der Prozesseinleitung oder -durchführung hinzutreten, die das Vorgehen als sittenwidrig prägen). Zu beachten sind auch nach § 823 Abs. 2 BGB haftungsbewehrte arbeits- und sozialrechtliche Pflichten des Insolvenzverwalters. Dies kann von Bedeutung sein, sofern der **Schutzzweck jener Normen weiter** ist als der des § 60 InsO (näher *Schmidt* KTS 1976, 191 ff. [203]).

IV. Steuerrechtliche Haftung

§ 69 AO enthält eine steuerrechtlich normierte Haftung für **nicht insolvenzspezifische Pflichten** (ausführlich hierzu *Hess* InsO, § 60 Rn. 73 ff.; *Rose* ZIP 2016, 1520; vgl. auch *Take* ZInsO 2001, 404 ff. zur Haftung des Insolvenzverwalters für die Umsatzsteuer/den Vorsteuerberichtigungsanspruch des Finanzamtes; *BFH* ZIP 2003, 582 ff.; vgl. auch *Nickel* § 155). 27

F. Die Haftung des Insolvenzverwalters neben weiteren Schädigern

Haftet neben dem Insolvenzverwalter auch der Gläubigerausschuss, so besteht **Gesamtschuld** (KS-InsO/*Smid* 2000, S. 475 Rn. 64; MüKo-InsO/*Brandes/Schoppmeyer* § 60 Rn. 104 m.w.N.). In Fällen, in denen die **Insolvenzmasse** für die Handlungen des Insolvenzverwalters haftet (hierzu *Lüke* Die persönliche Haftung des Konkursverwalters, S. 106 ff.), können die Ansprüche gegen Insolvenzmasse und Insolvenzverwalter parallel geltend gemacht werden (*OLG Frankfurt/M.* 5.3.2010 – 19 U 247/08, JurionRS 2010, 23008; *BGH* 3.2.2011 – IX ZR 57/10, JurionRS 2011, 10761; *Smid/Smid* InsO, § 60 Rn. 28 m.w.N.). Eine Primärhaftung der Insolvenzmasse besteht nicht (grundlegend noch zu § 82 KO, aber ohne weiteres übertragbar *BGH* NZI 2006, 169 = ZIP 2006, 194 = ZInsO 2006, 100; *OLG Frankfurt/M.* 5.3.2010 – 19 U 247/08; *Pape* EWiR 2004, § 60 InsO 1/04, S. 117 f. zu *OLG Celle* OLGR Celle 2004, 341; MüKo-InsO/*Brandes/Schoppmeyer* § 60 Rn. 112 ff.). Aufgrund der Gleichrangigkeit kann bei Masseunzulänglichkeit bereits der Ersatzanspruch nach § 62 InsO verjähren, während der Geschädigte noch davon ausgeht, die Forderung, die auch Gegenstand der Schadensersatzforderung war, werde als zur Tabelle festgestellte Masseverbindlichkeit bedient (*OLG Frankfurt/M.* 5.3.2010 – 19 U 247/08, JurionRS 2010, 23008). Es besteht keine Subsidiarität gegenüber der Haftung eines Betriebserwerbers (*BAG* NZI 2007, 535 ff. = ZIP 2007, 1169, m. Anm. *Ferslev* EWiR 2007, § 60 InsO, 04/07, 625). 28

G. Die Haftung für Dritte

Bei Fragen der Haftung des Insolvenzverwalters für Dritte muss danach **differenziert** werden, ob es sich um Angestellte des Insolvenzverwalters, des Schuldners oder hinzugezogene Selbstständige (z.B. Steuerberater) handelt. 29

I. Haftung für eigene Mitarbeiter

Das Handeln **eigener Angestellter** muss der Insolvenzverwalter sich nach § 278 BGB zurechnen lassen (*BGH* ZIP 2001, 1507 ff. wegen Masseverkürzung durch seitens einer Hilfsperson gefälschte oder verfälschte Überweisungsaufträge; MüKo-InsO/*Brandes/Schoppmeyer* § 60 Rn. 93 m.w.N.). Dabei soll es unerheblich sein, wem der Erfüllungsgehilfe vertraglich verpflichtet ist, dem Insolvenzverwalter persönlich oder der Insolvenzmasse. 30

II. Haftung für externe Dritte

31 Bei der Beauftragung von **Selbstständigen** haftet er nur für deren **sorgfältige Auswahl und Überwachung** (*BGH* ZIP 1980, 25 f. [26]; *OLG Hamm* ZInsO 2009, 2296) und ggf. dann, wenn er erkennt, dass schlecht gearbeitet wird und er dennoch keine Abhilfe schafft (*BGH* ZIP 2001, 1507). Hingegen soll entgegen der gesamten bisherigen Literaturansicht § 278 BGB anwendbar sein, wenn höchstpersönlich zu erfüllende insolvenzspezifische Pflichten auf **selbständig tätige Dritte** übertragen werden (*BGH* ZInsO 2016, 687 m. Anm. *Holzer* NZI 2016, 903; *Schilling* ZInsO 2016, 2175). Ob dies weiter nicht für Sonderaufgaben gilt, die eine besondere Sachkunde erfordern wie z.B. Auktionatoren, Steuerberater oder Wirtschaftsprüfer (so *Bank* S. 253), der Insolvenzverwalter insoweit nur für Auswahl- und Überwachungsverschulden haftet, ist nach dieser Entscheidung unklar. Die Entscheidung verschärft die Haftung erheblich.

III. Haftung nach Absatz 2

32 Greift der Insolvenzverwalter hingegen auf **Personal des Schuldners** zurück, erleichtert § 60 Abs. 2 InsO seine Haftung insoweit, als er nur für deren Überwachung sowie für Entscheidungen von besonderer Bedeutung persönlich verantwortlich ist. Ein **Auswahl-, Organisations- und Überwachungsverschulden** des Insolvenzverwalters liegt vor, wenn er als Bevollmächtigten zur Veräußerung eines Warenlagers den Prokuristen des Unternehmens einsetzt, das den zu einem bestimmten Stichtag noch vorhandenen restlichen Warenbestand zu einem Pauschalpreis erworben hat, ohne streng zu überwachen, dass dieser seine Vorgaben umsetzt und die mit besonderen Aufgaben betrauten Mitarbeiter bei deren Erledigung nicht behindert (*OLG Hamm* ZInsO 2007, 216; *BGH* Beschl. v. 15.11.2007 – IX ZR 168/06). Etwas anderes gilt natürlich dann, wenn diese Personen – was etwa im Vorfeld der Insolvenz zutage getreten sein mag – offensichtlich ungeeignet sind (Begr. RegE, abgedruckt in *Balz/Landfermann* S. 274; *OLG Hamm* ZInsO 2007, 216). Hauptanwendungsfall ist die Informationsvermittlung für alle Leitungsentscheidungen in Unternehmensfortführungen. Auch bei grundsätzlicher betriebswirtschaftlicher Befähigung muss der (vorläufige) Insolvenzverwalter sich bei seinen Entscheidungen auf eine tatsächliche Basis stützen. Den Auftragsbestand, die Durchlaufzeiten und damit die Zeitgenauigkeit der Fertigung, die Situation zu Schlüsselzulieferern, die Verlässlichkeit der Daten des betrieblichen Rechnungswesens leben nur von Informationen der »Insider«. Auf sie muss der (vorläufige) Insolvenzverwalter sich (haftungsfrei) verlassen können.

33 Das Gesetz macht noch eine weitere Einschränkung. Der Wortlaut »Angestellte des Schuldners... einsetzen **muss**« legt nahe, dass diese Haftungserleichterung nur dann eingreifen soll, wenn der Einsatz unumgänglich erscheint. Vielfach ist es sinnvoll und bereits in Anbetracht der knappen Zeiträume und des bestehenden Handlungsdrucks geboten, mit dem alten, eingearbeiteten Personal weiterzuarbeiten. Der Insolvenzverwalter spart so die Notwendigkeit, eigene Mitarbeiter einzuarbeiten, wodurch wertvolle Zeit gewonnen werden kann. Da dies den Zwecken des Insolvenzverfahrens dient, ist es sachgerecht, die **Haftungserleichterung des § 60 Abs. 2 InsO auch auf Fälle auszudehnen, in denen die Beschäftigung Angestellter des Schuldners objektiv sinnvoll ist, auch wenn keine zwingende Notwendigkeit vorliegt** (a.A. wohl MüKo-InsO/*Brandes/Schoppmeyer* § 60 Rn. 93).

H. Geltendmachung des Anspruchs

I. Gesamtschaden

34 Ist durch das Verhalten des Insolvenzverwalters eine Masseschädigung (**Gesamtschaden**) eingetreten, so kann dieser Anspruch während der Dauer des Insolvenzverfahrens nicht von einzelnen Gläubigern geltend gemacht werden. Zur Geltendmachung ist vielmehr nach § 92 Satz 2 InsO ein **Sonderinsolvenzverwalter** zu bestellen (vgl. *BGH* WM 1973, 642 ff. [643 f.] = NJW 1973, 1198 f. [1199]; *BGH* ZIP 1993, 1886 ff. [1887] m.w.N.; zuletzt *OLG Dresden* InsO 2001, 671 f. zur Schadensersatzpflicht des Verwalters im Gesamtvollstreckungsverfahren); auch ein neu bestellter Verwalter ist aktivlegitimiert im Verfahren gegen den früheren Verwalter (*BGH* ZIP 2017, 779).

II. Individualschaden

Dies gilt nicht für **Individualschadensansprüche** des einzelnen Gläubigers (*BGH* ZIP 1993, 1886 ff. [1887]), diese können auch während des Verfahrens geltend gemacht werden (vgl. zuletzt *BAG* ZInsO 2013, 723). Nach Abschluss des Verfahrens kann der einzelne Gläubiger den auf ihn entfallenden Schadensanteil (des Gesamtschadens) selbstständig geltend machen, da mit der Beeinträchtigung seines Rechtes ein korrelierender Anspruch besteht (*BGH* WM 1973, 642 ff. [643 f.] = NJW 1973, 1198 f. [1199]; *Vallender* ZIP 1997, 435 ff. [354 f.]). Laut *OLG Hamm* (NZI 2001, 373 ff. zu § 85 KO) steht der gegen den früheren Konkursverwalter gerichtete Schadensersatzanspruch wegen Masseverkürzung (§ 82 KO) nach Aufhebung des Konkursverfahrens jedenfalls dann, wenn kein ausgefallener Konkursgläubiger seinen sich nach der Quote zu berechnenden Einzelschaden geltend macht, in voller Höhe dem vormaligen Gemeinschuldner zu und kann dementsprechend – bis zu einer evtl. Anordnung eines Nachtragsverteilungsverfahrens gem. § 166 KO – von einzelnen Gläubigern gepfändet werden (**a.A.** *Hess* InsO, § 60 Rn. 159). Der BGH hat auch mit Blick auf die InsO zu § 82 KO entschieden, dass der Gemeinschuldner nach Beendigung des Konkursverfahrens nicht berechtigt ist, einen Gesamtschaden gegen den Verwalter zu verfolgen, sofern der Schadensbetrag noch für die Befriedigung der Konkursgläubiger nötig ist, sondern ggf. im Rahmen einer Nachtragsverteilung von einem Sonderinsolvenzverwalter geltend zu machen ist (*BGH* ZInsO 2009, 2008 ff. m. Anm. *Runkel/Schmidt* EWiR 2010, 157 [158]) Ein vom Schuldner gegen den Insolvenzverwalter oder den Treuhänder im Restschuldbefreiungsverfahren wegen der Ausschüttung unpfändbaren Vermögens erwirkter Schadensersatzanspruch fällt als Einzelschaden, der einen Ausgleich für diese die Gläubiger rechtswidrig begünstigende Maßnahme bildet, nicht in die Insolvenzmasse und unterliegt keiner Nachtragsverteilung (*BGH* NZI 2008, 560 ff.). 35

III. Bestellung eines Sonderinsolvenzverwalters

Sofern der Insolvenzverwalter neben Mitgliedern des Gläubigerausschusses gesamtschuldnerisch haftet, können die Ansprüche ebenfalls – sofern es sich um Gesamtschadensansprüche i.S.d. § 92 InsO handelt – nach § 92 Satz 2 InsO nur durch einen Sonderinsolvenzverwalter geltend gemacht werden. Bereits zur **Prüfung** und Beantwortung der Frage, ob gegen den Insolvenzverwalter Schadenersatzansprüche zugunsten der Insolvenzmasse geltend gemacht werden können, kann ein **Sonderinsolvenzverwalter** bestellt werden (MüKo-InsO/*Brandes/Schoppmeyer* § 60 Rn. 116 m.w.N.). 36

IV. Prozessuales

Der Anspruch nach § 60 InsO ist vor den **ordentlichen Gerichten** geltend zu machen, wegen der Nähe zum Deliktsrecht wird neben dem allgemeinen Gerichtsstand nach §§ 12, 13 ZPO weithin ein Gerichtsstand der unerlaubten Handlung anerkannt, § 32 ZPO (*OLG Celle* WM 1988, 131; HambK-InsO/*Weitzmann* § 60 Rn. 52; **a.A.** Jaeger/*Gerhardt* § 60 Rn. 13). § 19a ZPO ist nicht anwendbar. Der **Rechtsweg** bestimmt sich nach allgemeinen Grundsätzen nach der Natur des Rechtsverhältnisses, aus der sich der Klageanspruch ableitet. Anders als bei Ansprüchen nach § 61 ist für Ansprüche nach § 60 i.d.R. auch dann nicht der Rechtsweg zu den Arbeitsgerichten eröffnet, wenn der Ersatzanspruch als Ausgleich für eine ausgebliebene Entgeltforderung im Arbeitsverhältnis geltend gemacht wird, da es insolvenzspezifische Pflichtverletzungen unabhängig von arbeitsrechtlichen Fragestellungen geht (offen gelassen *BGH* ZInsO 2007, 33; **a.A.** *Hess. LAG* ZInsO 2015, 1742). Die Klage ist gegen den Insolvenzverwalter persönlich zu richten, ohne den einschränkenden Zusatz »als Insolvenzverwalter über das Vermögen …«, ggf. ist die Parteibezeichnung auszulegen (*OLG München* ZInsO 2015, 1679), eine entsprechende Falschbezeichnung ist lediglich eine Rubrumsberichtigung (*OLG Frankfurt* MDR 2004, 49 bzw. eine Frage der Auslegung), kann aber – wenn in der Berufungsschrift erfolgt – zur Unzulässigkeit der Berufung führen (*OLG Düsseldorf* MDR 2012, 808; *BGH* ZInsO 2015, 421). 37

Die **Beweislast** für die Pflichtverletzung, das Verschulden des Verwalters, die Ursächlichkeit seines Handelns und den Schaden hat der Gläubiger als anspruchsbegründende Tatsachen darzulegen und zu beweisen; § 280 Abs. 1 Satz 2 BGB ist nicht anwendbar, ebenso wenig folgt aus § 93 Abs. 2 38

Satz 2 AktG analog eine Beweislastumkehr. Den Verwalter kann – z.B. bei negativen Tatsachen – eine sekundäre Darlegungslast treffen, der aber die Pflicht des Gläubigers vorangeht, sich zunächst aus der Insolvenzakte die notwendigen Informationen zu verschaffen (*BGH* ZInsO 2015, 2534).

I. Umfang des Schadensersatzanspruchs

39 Der Anspruchsumfang orientiert sich – angelehnt an die deliktische Haftung – an den §§ 249 ff. BGB; der Anspruch ist auf **Ersatz des negativen Interesses** gerichtet (*BGH* NZI 2007, 286; *BAG* ZInsO 2013, 723). Der Geschädigte ist also so zu stellen, wie er stünde, hätte der Insolvenzverwalter die Pflichtverletzung nicht begangen. Ein **mitwirkendes Verschulden des Geschädigten** ist gem. § 254 BGB zu berücksichtigen (vgl. *OLG Jena* ZInsO 2005, 44 ff. [47] für Aussonderungsberechtigte; *OLG Celle* ZInsO 2005, 441 f. für anwaltlich vertretenen Schuldner; MüKo-InsO/*Brandes/Schoppmeyer* § 60 Rn. 105 ff.), ein Mitverschulden kann zum Beispiel darin gesehen werden, dass gleichzeitig bestehende Ansprüche gegen die Insolvenzmasse als anderweitige Befriedigungsmöglichkeit (zum Beispiel bei noch durchsetzbaren Aus- und Absonderungsrechten) nicht realisiert werden. Unter Umständen kann die Schadensersatzpflicht des Insolvenzverwalters bei einem erheblichen Mitverschulden des Anspruchsberechtigten gänzlich entfallen (*OLG Dresden* ZInsO 2001, 671 f.). Im konkreten Fall hatte der Antragsteller (es handelt sich um eine Beschwerdeentscheidung im Rahmen eines Prozesskostenhilfeverfahrens) durch seine Nichtreaktion und mangelnde Vorlage von für die Geltendmachung einer Bauforderung erforderlichen Unterlagen das Verfahren **boykottiert**. Ersatzfähig sind weiter nur Schäden, die bei wertender Betrachtung in den **Schutzbereich der Norm** fallen. Ersetzt werden daher nur Schäden aus dem Bereich derjenigen Gefahren, zu deren Abwendung die verletzte insolvenzspezifische Pflicht bestimmt ist. Der entstandene Nachteil muss zu der vom Schädiger geschaffenen Gefahrenlage in einem inneren Zusammenhang, nicht nur in einer bloß zufälligen äußeren Verbindung stehen (MüKo-InsO/*Brandes/Schoppmeyer* § 60 Rn. 107 m.w.N. zur Rspr.; vgl. auch zur bejahten Anwendung der Grundsätze der Vorteilsausgleichung ebd. Rn. 111).

J. Schadensersatz und Haftpflichtversicherung

I. Angemessene Deckungssumme

40 Wegen der (potentiellen) persönlichen Haftung sollte der Insolvenzverwalter eine **Haftpflichtversicherung** abschließen oder, wenn er als Rechtsanwalt bereits eine solche hat, auf eine Einbeziehung des Risikos, als Insolvenzverwalter bestellt zu werden sowie eine **angemessene Deckungssumme** achten (*Häsemeyer* Insolvenzrecht, Rn 6.34 ff.). Das Insolvenzgericht muss hierauf bereits bei der Verwalterauswahl nach § 56 InsO und im Rahmen der Aufsicht nach § 58 InsO sein Augenmerk richten. Ein Insolvenzverwalter, der sich nicht um eine genügende Absicherung bemüht, ist infolge der Gefahr, die er für seine eventuellen Haftpflichtgläubiger darstellt, als ungeeignet anzusehen. Schreitet das Insolvenzgericht in solchen Fällen nicht ein, kommt in der Höhe des Haftungsausfalles eine Staatshaftung nach § 839 Abs. 1 BGB i.V.m. Art. 34 GG in Betracht (*Häsemeyer* Rn. 634 ff.).

II. Aufversicherung

41 Auch eine angemessene Versicherungssumme kann in vom Durchschnitt für den konkreten Insolvenzverwalter abweichenden Fällen eine **Erhöhung der Versicherungssumme** für das konkrete Verfahren nötig machen (Aufversicherung). Da die Aufversicherung insbesondere im Interesse der durch die Haftungsnorm nach § 60 InsO geschützten Beteiligten steht, stellt § 4 Abs. 3 Satz 2 InsVV ausdrücklich klar, dass, sofern die Insolvenzverwaltung mit einem besonderen Haftungsrisiko verbunden ist, die Kosten einer angemessenen zusätzlichen Versicherung als **Auslagen** zu erstatten sind. Sowohl der Insolvenzverwalter als auch das Gericht werden daher darauf zu achten haben, dass – ggf. durch Aufversicherung – ausreichender Haftpflichtversicherungsschutz gegeben ist.

III. Haftungsausschluss für unternehmerisches Geschäftsführungsrisiko

Eine weitere Problematik ergibt sich durch die in den allgemeinen Versicherungsbedingungen der Vermögensschadenshaftpflichtversicherer i.d.R. vorgesehenen **Haftungsausschlüsse für das mit der Fortführung des Geschäftsbetriebes verbundene – i.d.R. unternehmerische – Geschäftsführungsrisiko**. In Fällen, in denen mit Insolvenzverwaltern über Jahre hinweg positive Erfahrungen gemacht wurden, wird teilweise auf diese Risikoausschlussklauseln in sog. »sideletters« verzichtet. In neuerer Zeit – auch wegen des Wettbewerbs unter den Versicherern – werden insoweit erneuerte, für den Insolvenzverwalter verbesserte Versicherungsbedingungen angeboten. So werden z.B. für den sog. »starken« vorläufigen Insolvenzverwalter, den die in § 22 Abs. 1 Satz 2 Nr. 2 InsO normierten Fortführungspflichten treffen, von einigen Versicherungsgesellschaften diesem Risiko Rechnung tragende Versicherungsverträge angeboten. Dem Insolvenzverwalter ist daher anzuraten, sich auf dem Versicherungsmarkt unter Berücksichtigung dieser Tatsachen ausführlich zu informieren (vgl. dazu *Heyrath* ZInsO 2002, 1023 ff.; *van Bühren* NZI 2003, 465 ff.; Abdruck von Bedingungen der Vermögensschaden-Haftpflichtversicherung für Rechtsanwälte in NZI 2003, 489 f.).

42

§ 61 Nichterfüllung von Masseverbindlichkeiten

¹Kann eine Masseverbindlichkeit, die durch eine Rechtshandlung des Insolvenzverwalters begründet worden ist, aus der Insolvenzmasse nicht voll erfüllt werden, so ist der Verwalter dem Massegläubiger zum Schadenersatz verpflichtet. ²Dies gilt nicht, wenn der Verwalter bei der Begründung der Verbindlichkeit nicht erkennen konnte, dass die Masse voraussichtlich zur Erfüllung nicht ausreichen würde.

Übersicht

		Rdn.			Rdn.
A.	Normzweck	1	II.	Umfang der Haftung	8
B.	Anwendungsbereich	3	III.	Verschulden des Insolvenzverwalters	10
C.	Voraussetzungen	4	D.	Praxishinweis und Prozessuales	13
I.	Begründung von Masseverbindlichkeiten	4			

Literatur:
App Zur Haftung eines vorläufigen Insolvenzverwalters, ZKF 2010, 131; *Bank* Insolvenzverwalterhaftung, 2016; *Ehrenberg* Haftungsrisiko des Insolvenzverwalters, Diss. Hamburg 2009; *Laws* Keine Haftung des Insolvenzverwalters aus § 61 InsO für ungerechtfertigte Bereicherungen der Masse und USt-Masseverbindlichkeiten, ZInsO 2009, 996; *Lüke* Persönliche Haftung des Verwalters in der Insolvenz, 5. Aufl. 2015; *Richter/Völksen* Persönliche Haftung des Insolvenzverwalters wegen unterbliebener Freistellung von Arbeitnehmern bei späterer Anzeige der Masseunzulänglichkeit, ZIP 2011, 1800 ff.; *Schultz* Die Haftung des Insolvenzverwalter, ZInsO 2015, 529; *Seidel/Hinderer* Die Haftung des Insolvenzverwalters bei Masseunzulänglichkeit, NZI 2010, 745; *Staufenbiel/Karlstedt* Der Liquiditätsplan im Insolvenzverfahren, ZInsO 2010, 2059; *Thole/Brünkmanns* Die Haftung des Eigenverwalters und seiner Organe, ZIP 2013, 1097; *Webel* Die Haftung des Insolvenzverwalters für Masseverbindlichkeiten im Rahmen des § 61 InsO, Diss. iur. Berlin 2008.

A. Normzweck

Mit § 61 InsO wird die nach altem Recht höchst umstrittene Frage, inwieweit der Insolvenzverwalter für von ihm begründete Masseverbindlichkeiten haftet, die aus der Insolvenzmasse nicht vollständig erfüllt werden können, einer gesetzlichen Regelung zugeführt (zur Haftungsfreistellung und Abweichung von der Beweislastregelung des § 61 Satz 2 InsO vgl. *Laws* MDR 2004, 1149 ff. [1153 ff.]). Mit dem Anspruch sollten Schutzdefizite für die Massegläubiger beseitigt werden und zugleich die Bereitschaft Dritter erhöht werden, Geschäfte mit dem Insolvenzverwalter abzuschließen und damit die Sanierung und Fortführung des Unternehmens zu erleichtern.

1

Das Gesetz stellt damit einen neuen, **zusätzlichen Haftungstatbestand** zur Verfügung, der – die Anwendbarkeit unterstellt – die Anwendung des § 60 InsO ausschließt. § 61 InsO ist die speziellere Norm und daher vorrangig zu prüfen (zum Verhältnis *BGH* ZInsO 2004, 609 f.; vgl. auch *BAG*

2

§ 61 InsO Nichterfüllung von Masseverbindlichkeiten

ZIP 2013, 638); in der Klage ist klarzustellen, welcher Anspruch geltend gemacht wird; ggf. kann die Klage mangels Bestimmtheit als unzulässig abgewiesen werden (*BGH* ZInsO 2004, 609). Es handelt sich bei Ansprüchen nach § 61 InsO um einen anderen Streitgegenstand als bei Ansprüchen aus § 60 InsO. Die Haftungssituation der Massegläubiger ist insbesondere wegen der für sie günstigen Beweislastverteilung erheblich verbessert worden (*Kirchhof* ZInsO 1999, 365 ff.). Da es sich um einen **Individualanspruch** des geschädigten Massegläubigers handelt, ist ein neu bestellter Insolvenzverwalter nicht befugt, Schadensersatzansprüche des Massegläubigers aus § 61 InsO gegen seinen Amtsvorgänger geltend zu machen (*BGH* NZI 2006, 580 Rn. 7 f. m. Anm. *Timme* MDR 2006, 1381). Neben § 61 InsO können sich Ansprüche aus den allgemeinen Vorschriften ergeben, insbesondere aus einem Garantieversprechen oder Verschulden bei Vertragsverhandlungen (s. § 60 Rdn. 22 ff.; *LG Trier* ZInsO 2009, 1208; vgl. auch *Uhlenbruck* InsO, § 61 Rn. 3 m.w.N.). Zwischen dem persönlich in Anspruch genommenen Insolvenzverwalter und der Masse besteht kein Gesamtschuldverhältnis (*BGH* ZIP 2014, 736).

B. Anwendungsbereich

3 Die Vorschrift findet kraft Verweisung auch Anwendung auf den sog. »starken« **vorläufigen Insolvenzverwalter** (§§ 21 Abs. 2 Nr. 1, 22 Abs. 1 InsO; hinsichtlich des konkreten Anwendungsbereiches unklar nach *Vallender* EWiR 2004, § 61 InsO 2/04, 765 f. [766]) und den vom Gericht **zur Eingehung von Masseverbindlichkeiten ermächtigten schwachen vorläufigen Verwalter** (*LG Trier* ZInsO 2009, 1208) sowie auf den **Treuhänder** im vereinfachten Insolvenzverfahren (§ 313 Abs. 1 Satz 2 InsO a.F.). Hingegen haftet der **schwache vorläufige Verwalter** mangels Verwaltungs- und Verfügungsbefugnis nicht aus § 61 InsO (*LG Trier* ZInsO 2009, 1208; HambK-InsO/*Weitzmann* § 61 Rn. 4; dieser kann keine Masseverbindlichkeiten nach § 55 Abs. 2 Satz 2 InsO begründen, *BGH* ZInsO 2015, 261). Ebenso ist § 61 InsO mangels Verweisung nicht auf den **Sachwalter** anwendbar (zur analogen Anwendung im Fall des § 277 InsO s. *Foltis* § 277 Rdn. 13). Auch die Organe des Schuldners, der sich im Schutzschirmverfahren nach § 270b InsO befindet, haften für die nach § 270b Abs. 3 InsO begründeten Masseverbindlichkeiten nicht persönlich, da es an einer entsprechenden Verweisung fehlt, für eine analoge Anwendung fehlt es an einer planwidrigen Regelungslücke (*Bank* S. 77).

C. Voraussetzungen

I. Begründung von Masseverbindlichkeiten

4 Voraussetzung der Haftung ist, dass der Insolvenzverwalter durch eine Rechtshandlung **Masseverbindlichkeiten begründet und aus der Insolvenzmasse nicht voll erfüllt**. Der Begriff der Rechtshandlung ist unter Berücksichtigung des Zwecks der Vorschrift auszulegen, solche Massegläubiger zu schützen, die mit der Masse in Kontakt kommen und eine Gegenleistung zur Masse erbringen (*Laws* ZInsO 2009, 996). Erfasst werden u.a. Vertragsschlüsse, unterlassene Kündigungen von Dauerschuldverhältnissen (*BGH* ZIP 2012, 533; nicht aber, wenn eine Kündigung für den Schutz des Vertragspartners nicht erforderlich ist, vgl. *OLG Celle* ZIP 2013, 1037), aber auch die Erfüllungswahl (*BGH* ZIP 2014, 710). Keine Begründung i.S.v. § 61 InsO stellt das Anerkenntnis einer oktroyierten Masseverbindlichkeit im Rahmen eines Vergleichs dar (*BAG* ZIP 2006, 1830); der Verwalter haftet nicht für die Nichterfüllung der ohne seine Beteiligung entstandenen Masseforderungen (*BAG* ZInsO 2013, 723); ebenfalls keine Rechtshandlung i.S.v. § 61 InsO ist die Räumung einer Mietsache, dies ist nur eine tatsächliche Handlung (*OLG Celle* ZIP 2013, 1037). Hingegen fallen Massegläubiger, die für oder in Zusammenhang mit ihrem Anspruch gegen die Masse keine Gegenleistung erbringen, nicht unter § 61 InsO. Dazu gehören z.B. Prozesskostenerstattungsansprüche (BGHZ 161, 236). Was unter Masseverbindlichkeiten zu verstehen ist, regelt § 55 InsO (auf die dortigen Erl. wird verwiesen; vgl. auch *OLG Celle* ZIP 2013, 1037). Bei **unterlassener Kündigung** kommt eine Ersatzpflicht aber nur für die Verbindlichkeiten in Betracht, die nach dem Zeitpunkt entstehen, zu dem bei einer frühstmöglichen Kündigungserklärung der Vertrag geendet hätte (*BGH* ZIP 2012, 533; *BAG* NZA 2006, 860). Nicht erfasst sind Verfahrenskosten i.S.d. § 54 InsO und die Vergütung

eines vom Insolvenzverwalter beantragten und gerichtlich bestellten Zwangsverwalters, da diese nicht auf Handlungen des Insolvenzverwalters beruhen (*Hess* InsO, § 61 Rn. 22; BGH ZIP 2010, 242). Bei **Dauerschuldverhältnissen** besteht eine Haftung erst ab dem Zeitpunkt ihrer frühstmöglichen Kündigung unter Berücksichtigung einer angemessenen Einarbeitungszeit (z.B. Miet- oder Arbeitsverhältnisse; vgl. Gegenschluss aus Begr. RegE, abgedruckt in *Balz/Landfermann* S. 275 a.E.; zu den sog. »oktroyierten« Masseverbindlichkeiten *BAG* NZI 2007, 124 und zum Rechtsweg *BGH* ZIP 2007, 94 m. Anm. *Weitzmann* EWiR 2007, § 3 ArbGG 1/07, 353; zur Wohngeldforderung bei unterlassener Freigabe vgl. *OLG Düsseldorf* ZInsO 2007, 50; abl. *LG Stuttgart* NZI 2008, 442 ff. unter Berufung auf *Pape* ZfIR 2007, 817). Am zweiten Tag der Bestellung als (starker) vorläufiger Insolvenzverwalter alle Dauerschuldverhältnisse zu kündigen, weil gerade Monatsende ansteht, und damit die Basis jeder konzeptionellen Insolvenzverwaltung jenseits der schlichten Liquidation zu beseitigen, wäre ein eigenständiger Haftungstatbestand, kann also in der Umkehrung nicht haftungsauslösend für so zunächst weiter laufende Masseverbindlichkeiten sein, da bis zu diesem Stichtag die Entstehung der Verbindlichkeiten außerhalb des Einflusses des Verwalters lag und diese ihm insofern nicht zugerechnet werden können (sog. »aufgezwungene Masseverbindlichkeiten«). Die **unterlassene Freistellung von Arbeitnehmern** begründet für sich genommen keine Haftung des Verwalters nach § 61 InsO (*Richter/Völksen* ZIP 2011, 1800), wenn nicht pflichtwidrig Masseverbindlichkeiten begründet wurden (*BAG* ZInsO 2013, 723). Hingegen begründet § 61 InsO keine insolvenzspezifischen Pflichten für die Zeit nach der Begründung einer Verbindlichkeit, insbesondere keine Pflicht zur Freigabe von Gegenständen aus der Insolvenzmasse (*BGH* ZIP 2010, 2356).

Wie bereits aus § 55 Abs. 1 Nr. 2 InsO folgt, ist als sonstige Masseverbindlichkeit auch der Anspruch des Vertragspartners zu sehen, von dem gem. § 103 Abs. 1 InsO die **Erfüllung eines Vertrages** verlangt wurde. 5

Ein Schaden des Gläubigers besteht jedenfalls dann, wenn Masseunzulänglichkeit angezeigt wurde und nicht damit zu rechnen ist, das die bis zu diesem Zeitpunkt begründeten Masseverbindlichkeiten in absehbarer Zeit erfüllt werden können (*BGH* ZInsO 2004, 609 ff.). Eine **Masseunzulänglichkeit** soll nach der früheren Rspr. hierbei bereits dann anzunehmen sein, wenn zwar noch Außenstände vorhanden sind, die zur Befriedigung der Masseverbindlichkeiten ausreichen, deren Durchsetzung aber aus Rechts- oder tatsächlichen Gründen (etwa Vermögensverfall des Schuldners) zweifelhaft ist, da es den Massegläubigern i.d.R. nicht zugemutet werden kann, sich auf solche Unwägbarkeiten einzulassen (so grundlegend *BGH* ZInsO 2004, 609 ff.; BB 1977, 1118 [1119]). 6

Eine Haftung scheidet aus, wenn der Vertragsschluss seitens des Gläubigers auf einer eigenverantwortlichen, in Kenntnis aller Tatsachen und Risiken getroffenen Beurteilung der Sach- und Rechtslage und damit auf einem **bewussten Handeln auf eigenes Risiko** beruht (*BAG* ZIP 2012, 38 [39] m. Anm. *Schumacher* EWiR 2012, 211; *Schreiner/Hellenkemper* ZInsO 2013, 538; *OLG Düsseldorf* ZIP 2004, 1375); ggf. muss sich der Gläubiger ein Mitverschulden anrechnen lassen. 7

II. Umfang der Haftung

Kann der Insolvenzverwalter diese von ihm begründeten sonstigen Masseverbindlichkeiten nicht erfüllen, so haftet er auf den Teil, mit dem die Massegläubiger nicht aus der Masse befriedigt werden, **persönlich** (vgl. *Hess* InsO, § 61 Rn. 8). Ein Ausfallschaden i.S.v. § 61 InsO ist bereits dann entstanden, wenn der Insolvenzverwalter die Masseunzulänglichkeit angezeigt hat und keine ohne Weiteres durchsetzbaren Ansprüche bestehen, aus denen die Massegläubiger befriedigt werden können (*BGH* ZIP 2014, 736). Damit besteht grundsätzlich eine Haftung für alle Schäden, die sich adäquat kausal auf die Rechtshandlung zurückführen lassen. Die Pflicht des Insolvenzverwalters, bei Begründung von Masseverbindlichkeiten sicherzustellen, dass diese bei normalen Geschäftsablauf erfüllt werden können, bezieht sich jedoch nur auf **primäre Erfüllungsansprüche**, nicht hingegen auf **Sekundäransprüche**. § 61 InsO schützt nicht vor Risiken, die auch bei einem »normalen Geschäftsabschluss« bestehen, wie z.B. Schadensersatz und sonstige Gewährleistungsansprüche (*BGH* ZIP 2008, 2126 m. Anm. *Eckert* EWiR 2009, 115). Dies wird zum Teil für Schadensersatzansprüche nach einem Rücktritt des Warenlieferanten in Frage gestellt, da auch hier die Ursache für den Anspruch auf einer 8

Pflichtverletzung des Verwalters liege und der Lieferant durch den Rücktritt und die anderweitige Verwertung der Ware nur Schadensminimierung betreibe (*Hess* ZIP 2011, 502; *K. Schmidt/ Thole* § 61 Rn. 7).

9 Die Haftung ist dabei auf das **negative Interesse** beschränkt (BGH ZIP 2014, 736; *BGH* BGHZ 159, 104 = ZInsO 2004, 609 ff.; *BAG* NZA 2012, 94; HK-InsO/*Lohmann* § 61 Rn. 12; MüKo-InsO/ *Schoppmeyer* § 61 Rn. 46). Der Gläubiger ist damit so zu stellen, wie er ohne die die Masseverbindlichkeit begründende Handlung stünde (*BGH* ZIP 2014, 736; *OLG Celle* ZIP 2013, 1037); d.h. im Fall einer unterbliebenen Kündigung eines Dauerschuldverhältnisses so, wie er bei pflichtgemäß erfolgter Kündigung stünde (*BAG* ZIP 2007, 1169; *LAG Sachsen-Anhalt* 23.2.2016 – 6 Sa 472/14, juris). Dabei kann das negative Interesse das positive Interesse im Einzelfall übersteigen, eine Deckelung wie bei § 122 BGB fehlt. Im Falle einer unterlassenen Kündigung stellen damit nur die nicht erfüllten Verbindlichkeiten einen erstattungsfähigen Schaden dar, die nach Ablauf der erstmöglichen Kündigung entstanden sind. Im Gegenzug muss der Gläubiger dem Insolvenzverwalter zum Vorteilsausgleich seinen Anspruch gegen die Masse abtreten (*BGH* ZInsO 2004, 609 ff.; vgl. hierzu *Seidel/ Hinderer* NZI 2010, 745 [747]), dies ist nach Ansicht des BGH nicht im Wege der Einrede, sondern von Amts wegen zu berücksichtigen (*BGH* ZInsO 2012, 137).

III. Verschulden des Insolvenzverwalters

10 § 61 InsO normiert eine **Verschuldenshaftung**, bei der allerdings zugunsten der Massegläubiger ein Verschulden des Insolvenzverwalters i.S.v. § 276 BGB vermutet wird. Grundsätzlich hat der Insolvenzverwalter Vorsatz und Fahrlässigkeit zu vertreten. Er kann sich jedoch nach Satz 2 entlasten. Weitere Voraussetzung für die Haftung ist damit, dass der Insolvenzverwalter **bei der Begründung der Schuld erkennen konnte, dass die Masse zur Erfüllung der Verbindlichkeit voraussichtlich nicht ausreichen würde** (grundlegend *BGH* BGHZ 159, 104 = ZInsO 2004, 609 ff. = ZIP 2004, 1107 ff. = NZI 2004, 435 ff. m. Anm. *Kaufmann*; *BAG* NZI 2007, 124). Dies ist dann der Fall, wenn ihm die Nichterfüllbarkeit **wahrscheinlicher** hätte erscheinen müssen als die Erfüllbarkeit (Begr. RegE, abgedruckt bei *Balz/Landfermann* S. 275; *BAG* ZIP 2013, 638; *LAG Niedersachen* Urt. v. 10.12.2009 – 7 Sa 333/09, juris; *LAG Hamm* ZInsO 2009, 1457; *OLG Brandenburg* NZI 2003, 552). Der Insolvenzverwalter kann sich entlasten, wenn er zum Zeitpunkt der Begründung der Masseverbindlichkeit einen – aus damaliger Sicht – auf zutreffenden Anknüpfungstatsachen beruhenden und sorgfältig erwogenen **Liquiditätsplan** erstellt hat, der eine Erfüllung der fälligen Masseverbindlichkeit erwarten ließ (*BGH* NZM 2011, 783); hingegen obliegt ihm nicht die Darlegung und der Beweis für die Ursachen des von der Prognose abweichenden tatsächlichen Verlaufs (*BGH* NZI 2005, 222). Damit liegt ein Verschulden vor, wenn entweder keine Finanzplanung oder Prognose bei Begründung der Masseverbindlichkeit vorlag oder aufgrund der Planung erkennbar war, dass die Nichterfüllung bei regulärem Geschäftsablauf wahrscheinlicher war als die Erfüllung. Regelmäßig ist daher die Vorlage einer fortlaufend geführten, aktuell gehaltenen und plausiblen Liquiditätsplanung für eine Entlastung notwendig (vgl. *LAG Rostock* ZInsO 2011, 688, n.r., m. Anm. *Weitzmann* EWiR 2011, 675, aus anderen Gründen aufgehoben von *BAG* ZIP 2013, 638). Wie das LAG Rostock eine Bardeckung der Löhne bei Betriebsfortführung zu verlangen, geht jedoch zu weit. Bezieht der Verwalter dabei Außenstände in seine Liquiditätsplanung ein, ist zu beachten, dass ihm ein **haftungsauslösendes Verschulden** nur zur Last fällt, wenn er bei seiner Erklärung (z.B. gem. § 103 InsO) nicht davon ausgehen durfte, dass er bei regulärer Fortführung diese Verbindlichkeiten würde decken können. Von der Zahlung von Schuldnern des Schuldners darf er – wenn keine anderen Anhaltspunkte sich aufdrängen – ausgehen (vgl. *LG Dresden* ZIP 2004, 2016 ff. m. Anm. *Runkel* EWiR 2005, § 60 InsO 4/05, 229 f.). Zahlen diese erst nach Klage und Vollstreckung bzw. fällt der Anspruch aus, haftet der Verwalter nicht. Dies wird der geänderten, kodifizierten Rechtslage nur unter Beachtung von § 60 Abs. 1 Satz 2 InsO gerecht. Auch kann ein unvermeidbarer Rechtsirrtum das Verschulden entfallen lassen, wenn höchstrichterlich nicht entschiedene und im Schrifttum umstrittene Zweifelsfragen vorliegen, der Verwalter sich seine Meinung nach sorgfältiger Prüfung der Sach- und Rechtslage gebildet hat und sich für seinen Standpunkt gute Gründe anführen lassen (*LG Stuttgart* NZI 2008, 442).

Die **Beweislast** für die Entlastung trägt der Insolvenzverwalter, weil nur er einen Überblick über den 11
Umfang der Masse und die Höhe der Masseverbindlichkeiten hat (Begr. RegE ebd.; *BGH* ZIP 2014,
736). Der Gesetzgeber sah die Gefahr, dass Dritte nicht mehr bereit gewesen wären, Geschäftsbeziehungen mit dem insolventen Unternehmen aufzunehmen, ohne besondere Sicherheiten für die Erfüllung der Verbindlichkeiten zu verlangen, was in Anbetracht der Insolvenzsituation i.d.R. ausgeschlossen ist. Die Unternehmensfortführung im Insolvenzverfahren zur Absicherung der gleichrangigen
Sanierungschancen gem. § 1 InsO wäre dann entscheidend erschwert (Begr. RegE ebd.; *Schleswig-Holsteinisches OLG* DZWIR 2002, 256).

Die Nichterfüllung von Masseverbindlichkeiten **bei Unternehmensfortführungen** ist für einen Insol- 12
venzverwalter – auch bzgl. der Darlegungs- und Beweislast – beherrschbar, wenn er die Basisvoraussetzungen ordnungsgemäßen Wirtschaftens einhält: **Schriftliche Planung**. Eine in jedem Fall lege
artis geschuldete Unternehmensplanung der Fortführung in der Insolvenz (Rentabilität und Liquidität) wird zunächst benötigt, um ggf. eine gem. § 22 Abs. 1 Satz 2 Nr. 2 InsO **erhebliche Masseminderung** messen zu können bzw. darzulegen, warum keine bestand (vgl. *LG Köln* NZI 2002, 607 f.). In
der Planung bilden sich aber auch alle künftigen Masseverbindlichkeiten ab, dort muss sich in der
Liquiditätsplanung zeigen, ob Masseverbindlichkeiten voraussichtlich gedeckt sind (so wohl auch
MüKo-InsO/*Schoppmeyer* § 61 Rn. 25). Die Planung basiert insoweit immer auf Angaben des
Schuldners, weitaus häufiger leitender Mitarbeiter. Sie erarbeiten die Basisinformationen Umsatzplanung, Materialbeschaffung, sofortige Eilmaßnahmen zur Gewährleistung der Terminsverpflichtungen. Auf diese Informationen darf er grds. vertrauen (§ 60 Abs. 2 Satz 1 InsO). Zeigt seine Planung
eine Erfüllbarkeit der Masseverbindlichkeiten an und stimmt dies später nicht, weil die von den Mitarbeitern zugearbeiteten Voraussetzungen der Planung falsch waren, so kann der Insolvenzverwalter
dafür nicht haften; er ist kein Prophet, sondern – hoffentlich geschickter – Handwerker. Gibt man
ihm untaugliches Material, kann er nicht bauen. Er haftet für sein Handwerk, nicht für die Zulieferung (i.d.S. zur Haftung des sog. »starken« vorläufigen Insolvenzverwalters und den Anforderungen
an den Entlastungsbeweis *LG Cottbus* NZI 2002, 441 ff.). Ordnungsgemäß handelt der Insolvenzverwalter dabei nur dann, wenn die erstellte Liquiditätsplanung **ständig aktualisiert** und ein Soll-/
Ist-Vergleich vorgenommen wird (vgl. *BGH* ZIP 2004, 1107 ff.; *Vallender* EWiR 2004, § 61
InsO 2/04, 765 f.; *Deimel* ZInsO 2004, 783 ff.; *ArbG Kiel* ZInsO 2002, 893 ff., zur Zulässigkeit
der Anzeige einer sog. »zweiten Masseunzulänglichkeit« m. Anm. *Schmidt* EWiR 2002, § 208
InsO 1/02, S. 1101 f.). Die Entlastung kann nur gelingen, wenn der Insolvenzverwalter zum Zeitpunkt der Begründung der Masseverbindlichkeit einen – aus damaliger Sicht – auf **zutreffenden Anknüpfungstatsachen beruhenden und sorgfältig erwogenen Liquiditätsplan** erstellt hat, der eine Erfüllung der fälligen Masseverbindlichkeit erwarten ließ (*BGH* ZIP 2004, 1107 ff.). Danach ist der
Verwalter vor der Entscheidung zur Fortführung des Schuldnerunternehmens unter anderem zu
einer realistischen Einschätzung der Werthaltigkeit bestehender und künftig zu begründender Masseforderungen verpflichtet. Welche Überprüfungen der Verwalter im Einzelnen anstellen muss, ist
eine Frage des Einzelfalls, die verallgemeinernden Rechtssätzen nicht zugänglich ist (*BGH* ZInsO
2012, 137). Dem Insolvenzverwalter obliegt daher nicht die Darlegung und der Beweis für die Ursachen einer von der Liquiditätsprognose abweichenden Entwicklung (*BGH* ZIP 2005, 311 ff.).
Nach einem Urteil des *LAG Sachsen-Anhalt* (ZInsO 2007, 1007 f.) handelt der Insolvenzverwalter
dann nicht schuldhaft i.S.v. § 61 Abs. 1 InsO, wenn er bei einer Betriebsfortführung an bereits gekündigte und freigestellte Arbeitnehmer während der Kündigungsfrist keine Zahlungen mehr leistet
und die unzureichende Masse nur zur vollständigen Bezahlung der Lieferanten sowie weiter beschäftigten Arbeitnehmer verwendet.

D. Praxishinweis und Prozessuales

Die praktische Bedeutung dieser zusätzlichen Haftungsnorm besteht in einer **potentiellen Behin-** 13
derung bei Fortführungsfällen, da gerade – und dies bereits im Eröffnungsverfahren – der Insolvenzverwalter in erheblichem Umfange Verbindlichkeiten für die Masse gem. § 55 Abs. 2 Satz 2 InsO
auslöst (insbesondere durch die Entgegennahme der Arbeitsleistung der Arbeitnehmer, neuerdings
auch durch umsatzsteuerpflichtige Geschäfte nach § 55 Abs. 4 InsO). Zwar ist aufgrund der Rspr.

§ 61 InsO Nichterfüllung von Masseverbindlichkeiten

des BAG klargestellt, dass die insbesondere im Eröffnungsverfahren aufgrund des gesetzlichen Forderungsübergangs gem. §§ 165 ff. SGB III entstehenden Erstattungsansprüche der Bundesagentur für Arbeit für gezahltes Insolvenzgeld nicht den Rang der Ansprüche der Arbeitnehmer teilen, sondern gem. § 38 InsO als einfache Insolvenzforderungen zu befriedigen sind (*BAG* ZIP 2001, 1964 ff. m. Anm. *Bork* EWiR 2001, § 55 InsO 2/01, S. 1063 f.).

14 Dennoch besteht ein **erhebliches Haftungsrisiko**, insbesondere zum Beispiel für die ebenfalls im eröffneten Verfahren (und seit dem Haushaltsbegleitgesetz 2011 auf nach dem 01.01.2011 eröffnete Verfahren auch im Eröffnungsverfahren) als Masseverbindlichkeit anzusehende Umsatzsteuer aus während der Fortführung im Eröffnungsverfahren getätigten Umsätzen. Der (**insbesondere vorläufige**) **Insolvenzverwalter** muss daher, um die im Gesetz vorgegebene Entlastungsmöglichkeit überhaupt nutzen zu können, eine betriebswirtschaftlichen Kriterien entsprechende **Planrechnung seiner Fortführung** erstellen und insbesondere in vertretbaren Zeiträumen nachhalten (Soll-/Ist-Vergleich). Kann er nach den Ergebnissen der handwerklich ordentlich erstellten Planrechnung davon ausgehen, dass die Masse zur Erfüllung von ihm begründeter sonstiger Masseverbindlichkeiten ausreicht, haftet er nicht. Kann der (vorläufige) Verwalter dies nicht, muss er rechtzeitig die Zustimmung zur Betriebsstilllegung einholen (§ 22 Abs. 1 Nr. 2, 158 Abs. 1 InsO). Es ist darauf zu achten, dass die Prämissen, auf denen die Planrechnung beruht, i.d.R. von Angestellten des Schuldners stammen, womit die Vorschrift im Zusammenhang mit § 60 Abs. 2 InsO zu lesen ist (vgl. § 60 Rdn. 33; *LG Cottbus* NZI 2002, 441 ff.). Auf Insolvenzverwalterseite ist daher insbesondere der **Plausibilisierung** der Prämissen erhöhte Sorgfalt zu widmen.

15 Daneben ist insbesondere dem sog. »starken« **vorläufigen Insolvenzverwalter** eine gewisse **Prüfungszeit** zuzugestehen, in der er die tatsächlichen und rechtlichen Verhältnisse des Unternehmens erhebt und diese Planrechnung erstellen kann (nicht ganz präzise insoweit MüKo-InsO/*Schoppmeyer* § 61 Rn. 27). Eine Haftung nach § 61 InsO besteht nur dann, wenn der »starke« vorläufige Insolvenzverwalter, auf den die Verwaltungs- und Verfügungsbefugnis übergegangen ist, nach Ablauf des ihm zuzugestehenden Prüfungszeitraum die ihm zur Verfügung stehende Möglichkeit des § 22 Abs. 1 Satz 2 Nr. 2, 2. HS InsO nicht nutzt und beim Insolvenzgericht unter Vorlage aussagefähiger und sorgfältig erstellter Unterlagen einen Antrag auf Zustimmung des Gerichts zu einer Stilllegung des Unternehmens stellt (zu den Anforderungen *AG Aachen* ZIP 1999, 1494). Das Risiko, dass das Gericht dann nicht innerhalb angemessener Zeit über seinen Antrag entscheidet, trägt er nicht, so dass § 61 InsO für diesen Fall nicht anwendbar ist (*Kirchhof* ZInsO 1999, 367; **a.A.** *LG Cottbus* NZI 2002, 442). Der sog. »starke« vorläufige Insolvenzverwalter kann dabei seine Haftung nicht durch die Anzeige der Masseunzulänglichkeit analog §§ 208 ff. einschränken (vgl. dazu *AG Hamburg* ZIP 2002, 2227 f.).

16 Die Haftung besteht – über den Wortlaut der Norm hinaus – auch dann, wenn ein Insolvenzverfahren mangels die Verfahrenskosten deckender Masse nach § 26 Abs. 1 InsO **nicht eröffnet** wird. Masseverbindlichkeiten können in diesem Fall aber – denknotwendigerweise – nicht entstehen (HK-InsO/*Lohmann* § 61 Rn. 7). Der Fall kann zudem nur praktisch werden, wenn ein »starker« vorläufiger Insolvenzverwalter bestellt wurde, dessen Handlungen für den Fall der Eröffnung gem. § 55 Abs. 2 Satz 1 InsO als Masseverbindlichkeiten gegolten hätten. In diesem Fall gilt § 61 InsO analog.

17 Der Anspruch ist als Individualanspruch vom geschädigten Massegläubiger gegen den Verwalter **persönlich** vor den ordentlichen Gerichten geltend zu machen. Wird der Verwalter in seiner Eigenschaft als solcher in Anspruch genommen, ist die Klage unbegründet, wenn nicht die Auslegung ergibt, dass tatsächlich der Verwalter persönlich in Anspruch genommen werden soll (*BGH* ZInsO 2015, 421; *OLG München* ZInsO 2015, 1679). Führt eine Berufungsschrift als Partei den Verwalter als Partei kraft Amtes auf, obwohl erstinstanzlich der Verwalter persönlich in Anspruch genommen wurde, ist die Berufung unzulässig (*OLG Düsseldorf* MDR 2012, 808). Betrifft die Klage die pflichtwidrige Begründung arbeitsrechtlicher Masseverbindlichkeiten, besteht eine Zuständigkeit der Arbeitsgerichte (*BAG* ZIP 2003, 1617). Dies ist bereits während des Verfahrens möglich (*BGH* ZIP 2004, 1107). Die **gerichtliche Zuständigkeit** folgt den allgemeinen zivilprozessualen Vorschriften, der Gerichtsstand der unerlaubten Handlung ist nicht eröffnet (MüKo-InsO/*Schoppmeyer* § 61 Rn. 54). Der An-

spruchsteller hat die **anspruchsbegründenden Tatsachen** darzulegen und zu beweisen. Allerdings trifft den Verwalter wegen Satz 2 die Pflicht, sich ggf. zu entlasten, hierfür hat er den vollen Gegenbeweis zu führen. Darzulegen und zu beweisen sind vom Anspruchsteller deshalb die Begründung einer Masseverbindlichkeit durch den Verwalter, die Nichterfüllung wegen Masseamut und der Schaden (BGHZ 159, 104).

§ 62 Verjährung

¹Die Verjährung des Anspruchs auf Ersatz des Schadens, der aus einer Pflichtverletzung des Insolvenzverwalters entstanden ist, richtet sich nach den Regelungen über die regelmäßige Verjährung nach dem Bürgerlichen Gesetzbuch. ²Der Anspruch verjährt spätestens in drei Jahren von der Aufhebung oder der Rechtskraft der Einstellung des Insolvenzverfahrens an. ³Für Pflichtverletzungen, die im Rahmen einer Nachtragsverteilung (§ 203) oder einer Überwachung der Planerfüllung (§ 260) begangen worden sind, gilt Satz 2 mit der Maßgabe, dass an die Stelle der Aufhebung des Insolvenzverfahrens der Vollzug der Nachtragsverteilung oder die Beendigung der Überwachung tritt.

Übersicht	Rdn.			Rdn.
A. Normzweck	1	D.	Besonderheiten bei Gemeinschaftsschäden (Gesamtschaden)	7
B. Anwendungsbereich	2			
C. Dauer und Beginn der Anspruchsverjährung	3	E.	Besonderheiten bei Nachtragsverteilung und Überwachung der Planerfüllung	9

A. Normzweck

§ 62 InsO regelt die Verjährung von Ansprüchen, die sich aus den §§ 60, 61 InsO ergeben. Sie verjähren i.d.R. in drei Jahren (§ 195 BGB). Im Anschluss an die Rspr. des BGH, nach der die Haftung des Insolvenzverwalters **deliktrechtsähnlicher Natur** sei (*BGH* BGHZ 93, 278 ff. [281 ff.] = NJW 1985, 1161 = ZIP 1985, 359 ff. [362]), orientierte sich der Gesetzgeber bei der ursprünglichen Fassung der Vorschrift an der Regelung des § 852 BGB a.F., der im Gegensatz zur bis 2002 30jährigen Regelverjährung eine dreijährige, kenntnisabhängige Verjährung vorsah. Die Verjährung sollte bereits nach drei Jahren eintreten, um den Insolvenzverwalter davor zu bewahren, sich auch nach vielen Jahren mit Ersatzansprüchen Dritter auseinandersetzen zu müssen (Begr. RegE, abgedruckt in *Balz/Landfermann* S. 276). Ebenfalls wurde berücksichtigt, dass die Anerkennung der Schlussrechnung im Schlusstermin keine entlastende Wirkung hat (§ 66 InsO, anders noch § 86 Satz 4 KO), so dass auch deshalb der Insolvenzverwalter innerhalb eines überschaubaren Zeitraumes Klarheit über gegen ihn persönlich gerichtete Ansprüche erhalten muss (Begr. RegE ebd.). § 62 Satz 1 InsO wurde durch das »Gesetz zur Anpassung von Verjährungsvorschriften an das Gesetz zur Modernisierung des Schuldrechts« (BGBl. I S. 3214 v. 14.12.2004) im Wortlaut geändert. Damit sind für die Verjährung durch Verweisung die §§ 195 ff. BGB anwendbar. Hinsichtlich der Maximalfristen sind weiterhin die Bestimmungen in § 62 Satz 2 und 3 anwendbar, mit denen eine Privilegierung des Insolvenzverwalters erreicht werden soll. Die wesentlich ungünstigere Fristenregelung in § 199 Abs. 3 BGB wird somit nach dem Spezialitätsgrundsatz verdrängt (vgl. BT-Drucks. 15/3653, S. 15 zu den Überleitungsvorschriften [Art. 229 § 6 EGBGB] und zum Gesamtkomplex vgl. *Bräuer* Anwbl. 2005, 65 ff. und *Wagner* ZIP 2005, 558 ff. [558 f.]).

B. Anwendungsbereich

§ 62 regelt die Verjährung aller Ansprüche nach den §§ 60, 61 InsO. Sie gilt damit kraft Verweisung in §§ 21 Abs. 2 Nr. 1, 274 Abs. 1, 313 Abs. 1 InsO auch für die Haftung des vorläufigen Verwalters, des Sachwalters und des Treuhänders im vereinfachten Verfahren. Über § 71 Satz 2 InsO gilt die Vorschrift auch für die Haftung der Mitglieder des Gläubigerausschusses. **Zeitlich** gilt die kürzere Verjährungsfrist der alten Fassung der Vorschrift fort, wenn die Verjährungsfrist vor dem 15.12.2004

§ 62 InsO   Verjährung

zu laufen begann (Art. 229 § 12 Abs. 1 Satz 1 Nr. 4, Satz 2 i.V.m. § 6 Abs. 1 EGBGB, vgl. *OLG Frankfurt/M.* 05.03.2010 – 19 U 247/08, JurionRS 2010, 23008).

C. Dauer und Beginn der Anspruchsverjährung

3 Die Verjährungsfrist beträgt für alle Schadensersatzansprüche nach den §§ 60, 61 InsO drei Jahre (§ 195 BGB). Entsprechend den allgemeinen Regeln beginnt die Verjährungsfrist mit dem Schluss des Jahres zu laufen, in dem der Gläubiger individuell Kenntnis von den den Anspruch begründenden Tatsachen und der Person des Schuldners erlangt hat bzw. ohne grobe Fahrlässigkeit erlangen musste (§ 199 Abs. 1 BGB; vgl. *BGH* ZIP 2014, 2043). Dieser subjektive Verjährungsbeginn wird durch den objektiven Anknüpfungspunkt des § 62 Satz 2 InsO begrenzt, um die Haftung des Insolvenzverwalters zeitlich angemessen zu beschränken.

4 Dabei ist zu prüfen, wann der Verletzte von dem Schaden und von den Umständen, welche die Ersatzpflicht des Insolvenzverwalters begründen, Kenntnis erlangt oder nach § 199 Abs. 1 Nr. 2 BGB diese Kenntnis ohne grobe Fahrlässigkeit hätte erlangen können. Maßgeblich ist die Kenntnis der anspruchsbegründenden Tatsachen, nicht deren zutreffende rechtliche Würdigung (*BGH* Beschl. v. 03.02.2011, IX ZR 57/10). Nötig ist, dass aufgrund der bekannten oder erkennbaren Tatsachen eine hinreichend aussichtsreiche, wenn auch nicht risikolose Klage, zumindest auf Feststellung, erhoben werden kann (*BGH* NJW 2008, 2576). Grob fahrlässig handelt der Gläubiger dann, wenn seine Unkenntnis auf einer besonders schweren Vernachlässigung der im Verkehr erforderlichen Sorgfalt beruht. Grobe Fahrlässigkeit ist danach zu bejahen, wenn sich dem Gläubiger die den Anspruch begründenden Umstände förmlich aufdrängen und er leicht zugängliche Informationsquellen nicht nutzt (*BGH* NJW 2011, 3753; *OLG Saarbrücken* NZG 2008, 638 ff. m.w.N.). Damit ist durch den Verweis auf die allgemeinen Regelungen der §§ 195 ff. BGB eine Haftungsverschärfung eingetreten. Nachforschungspflichten eines Anspruchsinhabers sollen grundsätzlich zunächst nicht bestehen (*OLG Saarbrücken* NZG 2008, 640). Sind dem Geschädigten wichtige Anhaltspunkte für ein schuldhaftes Verhalten des Insolvenzverwalters bekannt und unterlässt er trotzdem eine sich aufdrängende Nachfrage, so ist er so zu behandeln, als habe er Kenntnis von der Schadensersatzpflicht gehabt (*OLG Düsseldorf* NJW-RR 1991, 1130 f. [1130]).

5 Unabhängig von der subjektiven Kenntnis des Gläubigers verjährt der Anspruch nach § 62 Satz 2 InsO spätestens in drei Jahren von der Aufhebung oder der Rechtskraft der Einstellung des Insolvenzverfahrens an. Da die Aufhebung nach § 200 Abs. 2 Satz 1 InsO öffentlich bekanntzumachen ist, um wirksam zu werden, beginnt die Verjährung nach § 62 Satz 2 InsO erst am dritten Tag nach dem Tag der Veröffentlichung (§ 9 Abs. 1 Satz 3 InsO) und damit entgegen den allgemeinen Vorschriften des BGB nicht erst mit dem Schluss des Jahres, in das die Aufhebung oder Einstellung fällt.

6 Hemmung und Neubeginn der Verjährung richten sich nach den allgemeinen Vorschriften des BGB (§§ 203 ff. BGB).

D. Besonderheiten bei Gemeinschaftsschäden (Gesamtschaden)

7 Da Masseschäden (der Masse-Gesamtschaden ist vom Individualschaden eines Gläubigers abzugrenzen, vgl. § 92), die der Insolvenzverwalter verursacht hat, während der Dauer des Insolvenzverfahrens gem. § 92 Satz 2 InsO nur von einem **Sonderinsolvenzverwalter** geltend gemacht werden können, kommt es für den Verjährungsbeginn auf dessen Kenntnis von den anspruchsbegründenden Tatsachen an (*BGH* ZIP 2008, 1243; ZIP 2014, 2043; *Uhlenbruck* InsO, § 62 Rn. 6; MüKo-InsO/ *Brandes/Schoppmeyer* § 62 Rn. 3). Maßgeblich ist der Zeitpunkt der (möglichen) Kenntnisnahme des neuen Insolvenzverwalters oder Sonderverwalters vom Schaden und der Person des Ersatzpflichtigen (*BGH* ZIP 2008, 1243), nicht die Bestellung. Ausreichend ist die Kenntnis der anspruchsbegründenden Umstände auch des nur mit der Prüfung von Ansprüchen beauftragten Sonderinsolvenzverwalters. Eines Auftrags zur Durchsetzung der Ansprüche bedarf es für den Beginn der Verjährung nicht (*BGH* ZIP 2014, 2043 m. krit. Anm. *Baumert* EWiR 2015, 53).

In Bezug auf den **Verjährungsbeginn** ist hinsichtlich der Geschädigten eine differenzierte Betrachtung erforderlich. Diese sind während des Verfahrens gehindert, Gesamtschadensansprüche (zum Beispiel ihren Quotenschaden) geltend zu machen, so dass es prinzipiell angemessen erscheint, den Lauf der Verjährungsfrist unabhängig von der Kenntniserlangung erst mit der Beendigung des Insolvenzverfahrens beginnen zu lassen (vgl. zu § 82 KO und § 852 Abs. 1 BGB a.F. *BGH* ZIP 2004, 1218 ff.: mit Rechtskraft des Beschlusses, mit dem das Konkursverfahren aufgehoben oder eingestellt wird; *Uhlenbruck* InsO, § 62 Rn. 7; MüKo-InsO/*Brandes* § 62 Rn. 4). Dies gilt erst recht für Ansprüche des Schuldners gegen den Verwalter, denn diesem sind während der Dauer des Verfahrens rechtlich die Hände gebunden, er kann nicht einmal auf die Abwahl des Verwalters oder die Bestellung eines Sonderverwalters hinwirken (*BGH* ZIP 2015, 1645 m. krit. Anm. *Madaus* KTS 2015, 495). Etwas anderes sollte dann gelten, wenn trotz Gesamtschadenssachverhalt ein Einzelgläubiger Kenntnis von den Schadensumständen hat und gleichwohl untätig bleibt, anstatt auf die Bestellung eines Sonderinsolvenzverwalters hinzuwirken. Dies gilt erst recht für die mit erheblichen Befugnissen ausgestattete Gesamtheit der Gläubiger, die bei Kenntnis eine Gläubigerversammlung einberufen und über die Bestellung eines Sonderverwalters beraten kann (offen lassend *BGH* ZIP 2015, 1645). In diesem Fall muss die Verjährung seines Anspruches auf Ersatz des auf ihn entfallenden Schadensteiles ab der tatsächlichen Kenntniserlangung laufen, da ihn zumindest eine Mitschuld an der verzögerten Geltendmachung trifft (K. Schmidt/*Thole* InsO, § 62 Rn. 4; offen lassend *BGH* NZI 2004, 496). 8

E. Besonderheiten bei Nachtragsverteilung und Überwachung der Planerfüllung

Bei Pflichtverletzungen, die im Rahmen der Nachtragsverteilung (§ 203 InsO) begangen werden, beginnt die Verjährung von Ersatzansprüchen erst mit dem Vollzug der Verteilung zu laufen (§ 62 Satz 3 InsO; MüKo-InsO/*Brandes/Schoppmeyer* § 62 Rn. 4 a.E.). Dies ist gem. § 205 Satz 1 InsO der Zeitpunkt der letzten Verteilungshandlung des Verwalters (*Uhlenbruck/Uhlenbruck* InsO, § 62 Rn. 10; a.A. K. Schmidt/*Thole* InsO, § 62 Rn. 7; HK-InsO/*Lohmann* § 62 Rn. 7: Rechnungslegung nach § 205 Satz 2 InsO). 9

Schäden, die aus einer fehlerhaften Überwachung der Erfüllung des Insolvenzplanes (§ 260 InsO) resultieren, verjähren – unter denselben Voraussetzungen – innerhalb von drei Jahren ab Beendigung der Überwachung. Maßgeblicher Zeitpunkt ist der Ablauf des zweiten Tages nach der öffentlichen Bekanntmachung des Aufhebungsbeschlusses des Insolvenzgerichts im Internet (§§ 268 Abs. 2 Satz 1, 9 Abs. 1 Satz 3 InsO). 10

§ 63 Vergütung des Insolvenzverwalters

(1) ¹Der Insolvenzverwalter hat Anspruch auf Vergütung für seine Geschäftsführung und auf Erstattung angemessener Auslagen. ²Der Regelsatz der Vergütung wird nach dem Wert der Insolvenzmasse zur Zeit der Beendigung des Insolvenzverfahrens berechnet. ³Dem Umfang und der Schwierigkeit der Geschäftsführung des Verwalters wird durch Abweichungen vom Regelsatz Rechnung getragen.

(2) Sind die Kosten des Verfahrens nach § 4a gestundet, steht dem Insolvenzverwalter für seine Vergütung und seine Auslagen ein Anspruch gegen die Staatskasse zu, soweit die Insolvenzmasse dafür nicht ausreicht.

(3) ¹Die Tätigkeit des vorläufigen Insolvenzverwalters wird gesondert vergütet. ²Er erhält in der Regel 25 Prozent der Vergütung des Insolvenzverwalters bezogen auf das Vermögen, auf das sich seine Tätigkeit während des Eröffnungsverfahrens erstreckt. ³Maßgebend für die Wertermittlung ist der Zeitpunkt der Beendigung der vorläufigen Verwaltung oder der Zeitpunkt, ab dem der Gegenstand nicht mehr der vorläufigen Verwaltung unterliegt. ⁴Beträgt die Differenz des tatsächlichen Werts der Berechnungsgrundlage der Vergütung zu dem der Vergütung zugrunde gelegten Wert mehr als 20 Prozent, so kann das Gericht den Beschluss über die Vergütung des vorläufigen

§ 63 InsO Vergütung des Insolvenzverwalters

Insolvenzverwalters bis zur Rechtskraft der Entscheidung über die Vergütung des Insolvenzverwalters ändern.

Übersicht

		Rdn.
A.	Normzweck	1
B.	Anwendungsbereich	2
I.	Ermittlung der Vergütung des Insolvenzverwalters/Berechnungsgrundlage	4
II.	Zu- und Abschläge	11
III.	Mindestvergütung	12
C.	Besonders zu vergütende Tätigkeiten des Insolvenzverwalters	15
D.	Auslagen, Umsatzsteuer	19
E.	Die Vergütung des vorläufigen Insolvenzverwalters	23
I.	Nach der 2. Verordnung vom 21. Dezember 2006	27
II.	Das ESUG und die Neuregelungen ab dem 19. Juli 2013	29
III.	Regelsätze, Zu- und Abschläge beim vorläufigen Verwalter	32
IV.	Mindestvergütung beim vorläufigen Insolvenzverwalter	37
V.	Vergütung bei nicht eröffnetem Verfahren	38
F.	Die Vergütung des Sonderinsolvenzverwalters	43
G.	Die Vergütung des Sachwalters und vorläufigen Sachwalters	44
H.	Vergütung im Stundungsverfahren nach § 63 Abs. 2	48
I.	Vergütung bei einem Insolvenzplanverfahren	52

A. Normzweck

1 In § 63 InsO sind die Grundzüge hinsichtlich der Vergütung des Insolvenzverwalters und der Erstattung seiner angemessenen Auslagen geregelt; die Vorschrift hat eine nähere Ausformung durch die **insolvenzrechtliche Vergütungsverordnung** (InsVV) vom 19. August 1998 (BGBl. I 1998, 2205; s.a. FK-InsO/*Lorenz* Anh. V) sowie deren Änderungen vom 4. Oktober 2004, 21. Dezember 2006 und 15. Juli 2013 erfahren (BGBl. I 2004, S. 2569 u. 2006, S. 3389 u. 2013, S. 2379). Diese Verordnung ist auf der Grundlage der Ermächtigung in § 65 InsO ergangen und enthält neben dem § 64 auch Regelungen zum Festsetzungsverfahren. Diese letzte Änderung vom 15. Juli 2013 steht in engem Zusammenhang mit Gesetzesänderungen in § 65 InsO sowie § 11 Abs. 1 InsVV. Die dortigen Anpassungen und Klarstellungen erfolgten im Rahmen des »Gesetzes zur Verkürzung des Restschuldbefreiungsverfahrens und zur Stärkung der Gläubigerrechte«. Dabei sind wesentliche Elemente der ehemals lediglich in § 11 InsVV bestehenden Regelungen zur Vergütung eines vorläufigen Insolvenzverwalters nunmehr direkt in den hiesigen »neuen« Absatz 3 eingeflossen. Diese Änderungen rühren her aus zwei Entscheidungen des BGH vom 15. November 2012 (– IX ZB 88/09, NZI 2013, 29 ff. u. – IX ZB 130/10, NJW 2013, 56 ff.; vgl. § 65 Rdn. 2; MüKo-InsO/*Stephan* § 63 Rn. 1 ff., vgl. auch zur Entstehungsgeschichte § 63 Rdn. 2 ff.).

B. Anwendungsbereich

2 Die Vorschrift gilt für den Insolvenzverwalter, dies auch im Bereich des Nachlasses nach den §§ 315 ff. InsO (*OLG Zweibrücken* NZI 2001, 209). § 63 InsO findet auch Anwendung auf den **vorläufigen Insolvenzverwalter** (§ 21 Abs. 2 Nr. 1 InsO, nunmehr ausdrücklich in § 63 Abs. 3 InsO geregelt), den **Sachwalter** bei der Eigenverwaltung (§ 274 Abs. 1 InsO) sowie auf den **Treuhänder** im Verbraucherinsolvenzverfahren (§ 313 Abs. 1 Satz 3 InsO).

3 § 63 Abs. 2 InsO ist durch die Ergänzung von § 73 Abs. 2 InsO über eine Verweisung auf die Vergütung des Gläubigerausschusses nach § 73 InsO ebenfalls anwendbar (s. § 73 Rdn. 1 ff.). Für den Treuhänder im Restschuldbefreiungsverfahren enthält § 293 InsO, dies abweichend von der sonstigen vergütungsrechtlichen Systematik, eine eigene materielle Vergütungsnorm (Uhlenbruck/*Mock* § 63 Rn. 17; MüKo-InsO/*Stephan* § 63 Rn. 16). § 293 Abs. 2 InsO erklärt lediglich die §§ 63 Abs. 2, 64 u. 65 InsO für »entsprechend« anwendbar.

I. Ermittlung der Vergütung des Insolvenzverwalters/Berechnungsgrundlage

Die Vergütung berechnet sich prozentual nach der Insolvenzmasse zur Zeit der Beendigung des Insolvenzverfahrens, wobei der Prozentsatz von der Höhe der Insolvenzmasse abhängig ist (sog. **Regelsatz**, § 2 InsVV) und sinkt mit steigender Insolvenzmasse (sog. Staffelsatz). Die Insolvenzverwaltervergütung ist eine tätigkeitsbezogene und nicht eine erfolgsbezogene Wertvergütung, welche nach § 54 Nr. 2 InsO als Masseverbindlichkeit bzw. im masseunzulänglichen Verfahren über § 209 Abs. 1 Nr. 1 InsO vorrangig aus der Masse zu bezahlen ist. Vergütungsvereinbarungen des Insolvenzverwalters mit dem Schuldner oder Verfahrensbeteiligten sind gem. § 134 BGB nichtig (so *BGH* NJW 1982, 185 ff.; MüKo-InsO/*Stephan* § 63 Rn. 48 ff. m.w.N.). Ein vollständiger **Verlust des Vergütungsanspruchs** wird bejaht, wenn der Verwalter seine Bestellung durch Täuschung über eine fehlende Qualifikation erschlichen hat (*BGH* ZIP 2004, 1214), sich trotz Kenntnis seiner Nichteignung aufgrund schwerwiegender Straftaten bestellen ließ (*BGH* NZI 2011, 760; vgl. MüKo-InsO/*Stephan* § 63 Rn. 21. ff.; *Schmidt/Frind* NZI 2004, 533) oder bei seiner Bestellung verschweigt, dass er in einer Vielzahl früherer Insolvenzverfahren als Verwalter an sich selbst und an von ihm beherrschte Gesellschaften grob pflichtwidrig Darlehen aus den dortigen Massen ausgereicht hat (*BGH* NZI 2016, 892). Nach dem Grundgedanken des § 654 BGB kann ein begründeter Gebühren- und Vergütungsanspruch verwirkt sein, wenn ein Dienstverhältnis besondere Treuepflichten begründet und der Dienstleistende gegen diese verstößt. Dabei können schwerwiegende und strafrechtlich relevante Pflichtverstöße Gebührenansprüche entfallen lassen (*BGH* NZI 2004, 440 f.; NJW 1981, 2297; WM 1985, 1276). In entsprechender Anwendung kann dem Insolvenzverwalter der Vergütungsanspruch aberkannt werden, wenn er schuldhaft besonders schwerwiegende Pflichtverletzungen zum Nachteil der Masse begangen hat (*OLG Karlsruhe* ZInsO 2000, 617; *LG Konstanz* ZInsO 1999, 589; *AG Hamburg* ZInsO 2001, 69 f.).

Der **unpfändbare Teil des Einkommens** ist nach einem Beschluss des BGH weder Bestandteil der Soll- noch der Istmasse. Er wird daher von § 11 Abs. 1 InsVV nicht erfasst. Der Umstand, dass der Insolvenzverwalter auch die unpfändbaren Anteile des schuldnerischen Einkommens eingezogen hat, rechtfertigt keine andere Entscheidung (*BGH* ZInsO 2007, 766 ff.). Auch zählen zur **Berechnungsgrundlage** die Beträge, die aufgewandt worden sind, um die Insolvenzgläubiger zu befriedigen, wenn das Insolvenzverfahren nach § 213 InsO eingestellt wird (*BGH* Beschl. v. 09.02.2012 – IX ZB 150/11). Zur Zeit der Beendigung des Verfahrens sind auch noch nicht **eingezogene Forderungen mit ihrem Verkehrswert** zu berücksichtigen (*BGH* ZInsO 2011, 839 m.w.N.). Bei der Berechnungsgrundlage sind auch Ansprüche auf Kapitalaufbringung und -erhaltung in der Höhe zu berücksichtigen, in der ihre Einziehung erforderlich ist, um alle Masse- und Insolvenzgläubiger zu befriedigen (*BGH* NZI 2012, 315 f. m. Anm. *Keller*). Nach einem Beschluss des BGH ist eine **ungerechtfertigte Bereicherung**, aufgrund der während des Insolvenzverfahrens auf ein **für die Masse** eingerichtetes Insolvenzsonderkonto getätigten Fehlüberweisung einer Drittschuldnerin, grds. als vergütungsrelevant einzustufen (*BGH* NZI 2016, 751; *BGH* NZI 2015, 362). Zudem sind offene zukünftige Vollstreckungsaussichten einzuschätzen und der Anspruch auch für die Zwecke der Berechnungsgrundlage ggf. wertzuberichtigen. Es muss dann im Wege der Annäherung nach § 4 InsO, § 287 Abs. 1 ZPO ein Betrag geschätzt werden (*BGH* ZInsO 2012, 1236).

Führt der Insolvenzverwalter das Unternehmen des Schuldners fort, fällt nach einem Beschluss des BGH in die Berechnungsgrundlage für die Vergütung nur der Überschuss nach Abzug der Ausgaben von den Einnahmen (*BGH* NZI 2009, 49 m. Anm. *Prasser* sowie *Schröder* EWiR 2008, § 1 InsVV 1/08/761 f.). Kündigungsfristlöhne sind hierbei als Ausgaben zu behandeln, wenn sie für Leistungen erbracht wurden, welche für die Unternehmensfortführung verwendet worden sind. Arbeitet der Schuldner in dem vom Insolvenzverwalter fortgeführten Betrieb weiter mit und erhält er im Gegenzug aus der Insolvenzmasse finanzielle Zuwendungen, ist nach einem Beschluss des BGH zu vermuten, dass damit seine Mitarbeit abgegolten worden ist und es sich nicht um Unterhalt handelt. Die finanziellen Zuwendungen schmälern dann das Betriebsergebnis und damit die Berechnungsgrundlage für die Vergütung des Insolvenzverwalters (*BGH* NZI 2006, 595).

§ 63 InsO   Vergütung des Insolvenzverwalters

7   Ein sämtlichen Insolvenzforderungen nachrangiges **Absonderungsrecht** erhöht dagegen im Fall der Verwertung durch den Insolvenzverwalter die Bemessungsgrundlage für seine Vergütung in der Weise, dass der der Masse zustehende Betrag in vollem Umfang, der an den Absonderungsberechtigten auszukehrende Betrag aber nur anteilig zu berücksichtigen ist (*BGH* NZI 2006, 232 Rn. 12 ff. = DZWIR 2006, 376 m. Anm. *Pluta/Heidrich*). Ein mit einem Absonderungsrecht belastetes **Grundstück** soll nur dann mit seinem vollen Wert berücksichtigt werden, wenn die Verwertung durch den Insolvenzverwalter zu einem dem Feststellungsbeitrag vergleichbaren Massezufluss geführt hat (*BGH* WM 2016, 1304 ff.; Anm. *Kießner* FD-InsR 2016, 380218). Eine **Umsatzsteuererstattung**, welche die Masse bei Einreichung der Schlussrechnung mit Sicherheit noch zu erwarten hat, ist bei der Bemessungsgrundlage für die Vergütung des Insolvenzverwalters zu berücksichtigen (*BGH* NZI 2011, 326; BeckRS 2010, 17862; NZI 2008, 97 f. = ZIP 2008, 81 f. m. zust. Anm. *Jaeger/Michels*). Dies gilt auch dann, wenn sich dieser Anspruch aus dem Vorsteuerabzug hinsichtlich der festzusetzenden Vergütung des Verwalters ergibt, auch wenn dieser bei Einreichung der Schlussrechnung noch nicht zugeflossen ist (*BGH* BeckRS 2010, 17862). Der BGH fordert allerdings, dass im entsprechenden Vergütungsantrag darzulegen ist, dass sich tatsächlich ein auszuzahlender Umsatzsteueranspruch ergibt (*BGH* NZI 2008, 97 Rn. 10 f.). Zudem ist bei der **Berechnungsgrundlage** für die Vergütung die zu erwartende Umsatzsteuer nur in der Höhe zu berücksichtigen, die sich aus der ohne Vorsteuererstattung berechneten Vergütung ergibt (*BGH* NZI 2015, 388).

8   Für den Fall der Berechnung der Vergütung des von der Gläubigerversammlung **abgewählten Insolvenzverwalters** ist nicht die bis Ausscheiden aus dem Amt erwirtschaftete Teilungsmasse, sondern die voraussichtliche Teilungsmasse bei Verfahrensbeendigung zugrunde zu legen (*OLG Brandenburg* NZI 2002, 41 ff. = ZIP 2002, 43 ff. m. krit. Anm. *Tappmeier* in: EWiR 2002, § 64 InsO 1/02, S. 439 f.; vgl. auch *BGH* ZInsO 2009, 888 u. *BGH* NZI 2007, 397). Der BGH hat dies noch insoweit präzisiert, als im Falle **vorzeitiger Beendigung des Amtes als Insolvenzverwalter** sich die Berechnungsgrundlage nach dem Wert der Insolvenzmasse richtet, die der Verwaltung des ausgeschiedenen Insolvenzverwalters bis zu seiner Ablösung unterlegen hat. Ein nach Ablösung des Insolvenzverwalters, aber noch vor der Entscheidung über den Antrag auf Festsetzung seiner Vergütung sich ergebender Massezufluss ist dem ausgeschiedenen Insolvenzverwalter zuzurechnen, falls er ausschließlich Folge seiner Tätigkeit ist. Ist er dies nicht, hat der ausgeschiedene Insolvenzverwalter jedoch wesentlich zu dem Massezufluss beigetragen, kann dies einen Zuschlag zur Regelvergütung rechtfertigen. Für lediglich mögliche Massezuflüsse bleibt es dem ausgeschiedenen Insolvenzverwalter – auch ohne ausdrücklichen Vorbehalt – unbenommen, nach erfolgter Masseanreicherung eine Ergänzung seiner Vergütung zu beantragen (*BGH* NZI 2006, 165 m. Anm. *Nowak*; krit. dazu: *Prasser* ZInsO 2006, 862). Die vorzeitige Beendigung wird durch Zu- oder Abschläge auf den reduzierten Regelsatz berücksichtigt. In diesem Fällen kommt dann § 3 Abs. 2 lit. c InsVV zum Tragen, es wäre also auch ein Zurückbleiben hinter den Regelsatz möglich (*BGH* NZI 2005, 150 ff. = ZIP 2005, 180 ff. = DZWIR 2005, 291 ff. m. zust. Anm. *Keller* in der Revisionsentscheidung m. zust. Anm. *Rendelsju* EWiR 2005 § 3 InsVV 1/05, S. 401 f.). Die Vergütung des vorzeitig aus dem Amt geschiedenen Verwalters richtet sich nach dem **Schätzwert der Insolvenzmasse zum Zeitpunkt seines Ausscheidens** (*BGH* NZI 2015, 821 f.; vgl. auch *BGH* NZI 2006, 165 m. Anm. *Nowak*).

9   Ein **nach Einreichung der Schlussrechnung** und vor dem Schlusstermin **sich ergebender Zufluss** zur Insolvenzmasse – bspw. Zinsen und Steuererstattungen – rechtfertigt für den Insolvenzverwalter eine **ergänzende Festsetzung** seiner mit der Schlussrechnung beantragten Insolvenzverwaltervergütung (erneut bestätigt *BGH* Beschl. v. 19.12.2013 – IX ZB 9/12, NZI 2014, 238). Eines ausdrücklichen Vorbehaltes des Insolvenzverwalters bedarf es insoweit nicht (*BGH* ZInsO 2010, 1503; ZIP 2008, 81 Rn. 5 m.w.N.; NZI 2006, 237 ff. = ZIP 2006, 486 f. Rn. 18 f. m. Anm. *Prasser* 487 ff.; NZI 2007, 412, auch wenn die Summe der Insolvenzforderungen geringer ist, voller Wertansatz für den Fall einer Erbschaft; *LG Frankfurt/O.* ZInsO 2002, 1028 f., m. Ergebnis zust. Anm. *Keller* EWiR 2003, § 1 VergVO 1/03, 885 f. mit weiteren Vorschlägen zur Handhabung in der Praxis).

10 Davon abzugrenzen ist eine gesondert zu gewährende Vergütung des Insolvenzverwalters für die Durchführung einer **Nachtragsverteilung**. Bei einem Massezufluss nach Verfahrensaufhebung

kann eine zusätzliche Vergütung nur bei einer Nachtragsverteilung festgesetzt werden (*BGH* ZIP 2011, 2115). Insoweit ist der Wert des nachträglich verteilten Vermögens zugrunde zu legen (*BGH* ZIP 2006, 93; ZIP 2006, 486; NZI 2007, 43 f. Rn. 4; *LG Köln* BeckRS 2016, 113629). Wegen des eindeutigen Wortlauts des § 6 Abs. 1 InsVV handelt es sich um eine »gesonderte Vergütung«; danach ist die Vergütung des Insolvenzverwalters für die Durchführung einer Nachtragsverteilung allein nach den Umständen des Einzelfalls festzusetzen; ein Regelsatz kommt nicht in Betracht (*BGH* NZI 2007, 43 Rn. 4 u. 5 m.w.N.).

II. Zu- und Abschläge

Es handelt sich bei der Vergütung des Insolvenzverwalters um eine **Wertvergütung**. Umfang und Schwierigkeit der Geschäftsführung haben, wie § 63 Abs. 1 Satz 3 InsO klarstellt, **im Einzelfall Beachtung** zu finden, mit der Folge, dass ggf. vom Regelsatz abzuweichen ist (zu der Frage, welche Faktoren ein Normalverfahren charakterisieren, vgl. KS-InsO/*Haarmeyer* 2000, S. 483 ff., 490 ff.; MüKo-InsO/*Stephan* § 63 Rn. 37 ff.; *LG Göttingen* ZInsO 1998, 189). Dies geschieht durch die **Festsetzung von Zu- oder Abschlägen** nach § 3 InsVV. Dabei ist es nicht zu bestanden, wenn das Gericht für einzelne Zu- und Abschlagstatbestände zunächst gesonderte Zu- und Abschläge festsetzt; eine solche Vorgehensweise ist nach einem Beschluss des BGH jedoch nicht erforderlich. Maßgebend für den Gesamtzu- oder Gesamtabschlag sei seine im Ergebnis angemessene Gesamtwürdigung mit nachvollziehbarer Begründung (*BGH* NZI 2006, 464 ff.). Danach rechtfertigt die Tätigkeit eines vorläufigen Insolvenzverwalters regelmäßig einen Abschlag auf die Vergütung des endgültigen auch dann, wenn dem vorläufigen Insolvenzverwalter keine Zuschläge bewilligt worden sind (*BGH* NZI 2006, 464 m.Anm. *Nowak*, 467 f.). Die **Dauer der Insolvenzverwaltung** allein rechtfertigt nach *LG Göttingen* (NZI 2006, 477 [n.r.]) keinen Zuschlag. Mit einem Beschluss vom 24.01.2008 hat der *BGH* (NZI 2008, 239 f.) nochmals zu verschiedenen Zuschlagskriterien Stellung genommen. Hat danach die **Betriebsfortführung** durch den Insolvenzverwalter zu einer Vermehrung der Masse und damit zu einer höheren Regelvergütung des Verwalters geführt, so ist der Wert, um den sich die Masse durch die Unternehmensfortführung vergrößert hat und die dadurch bedingte Zunahme der Regelvergütung mit der Höhe der Vergütung zu vergleichen, die ohne die Massemehrung über den dann allein zu gewährenden Zuschlag erreicht würde (*BGH* NZI 2008, 239 Rn. 7–9). Zur Unternehmensfortführung vgl. auch *BGH* NZI 2007, 341 f. und *BGH* NZI 2007, 343 f. mindestens Zuschlag in Höhe der Massemehrung; zur Zulässigkeit eines Abschlages vom Regelsatz bei einfacher Geschäftsführung vgl. *BGH* NZI 2006, 347 f. Gleiches gilt betreffend eines Zuschlags für **Anfechtung**, wenn sich bereits die Regelvergütung durch den Massezufluss erhöht hat. Die Ermittlung von Anfechtungsansprüchen gehört grds. zu den Regelaufgaben jeden Insolvenzverwalters (*BGH* ZInsO 2013, 152 u. NZI 2005, 103). Im Verhältnis zur Größe des Verfahrens sind wenige, relativ einfach zu beurteilende Anfechtungssachverhalte bei außergerichtlicher Erledigung mit der Regelvergütung abgegolten (*BGH* ZIP 2012, 682). Betreffend eines Zuschlages sind insofern die Komplexität und Schwierigkeit sowie die Besonderheiten des Anfechtungssachverhalts darzustellen. Für die Vergütung ist im Einzelfall also der tatsächliche Arbeitsaufwand beim Verwalter selbst maßgebend (*BGH* NZI 2012, 372 m.Anm. *Graeber* NZI 2012, 355). Nach dem gleichen Beschluss kann auch ein Zuschlag von 5 % für die **Übertragung des Zustellwesens** zugebilligt werden. Dies bezieht sich alleine auf den gesteigerten personellen Aufwand, nicht auf die Sachkosten wie z.B. Porto, Kopierkosten und Umschläge (vgl. *BGH* NZI 2006, 464; NZI 2007, 244; NZI 2012, 247). Weiter kann die **Häuserverwaltung** eine den Regelsatz übersteigende Vergütung auch dann rechtfertigen, wenn nur ein einzelnes Objekt verwaltet worden ist. Es muss sich jedoch um eine Immobilienbewirtschaftung gehandelt haben (*BGH* NZI 2008, 239 Rn. 10–13). Schließlich kann der Insolvenzverwalter einen Zuschlag auf seine Regelvergütung verlangen, wenn der **Schuldner** seine **Mitwirkungspflichten im Insolvenzverfahren nicht erfüllt** und dies eine erhebliche Mehrbelastung des Insolvenzverwalters zur Folge hat (*BGH* NZI 2008, 239 Rn. 14–16). Mit Zu- und Abschlägen hat sich in der zeitlichen Folge ein weiterer Beschluss des BGH befasst (*BGH* NZI 2009, 57 ff.). Danach rechtfertigt der Umstand einer **konzernrechtlichen Verflechtung** einen Zuschlag gem. § 3 InsVV. Demgegenüber kann die **Einstellung des Insolvenz-**

§ 63 InsO Vergütung des Insolvenzverwalters

verfahrens mit Zustimmung der Gläubiger nach § 213 gem. § 3 Abs. 2 lit. c) InsVV einen Abschlag vom Regelsatz zur Folge haben. Zur Herabsetzung der Treuhändervergütung wegen **vorzeitiger Verfahrensbeendigung** vgl. *BGH* NZI 2007, 55 ff.

III. Mindestvergütung

12 Die Rechtsprechung des *BGH* (NZI 2004, 196 ff. = ZIP 2004, 417 ff. m. krit. Anm. *Blersch* EWiR 2004, § 2 InsVV 1/04, S. 985 ff. und *BGH* NZI 2004, 224 = ZIP 2004, 424 f.; vgl. hierzu näher und ausführlich unten *Lorenz* Kommentierung der InsVV) zur **Mindestvergütung in sog. »Kleininsolvenzverfahren«** über das Vermögen natürlicher Personen und Verbraucherinsolvenzverfahren hat zu einer Änderung der insolvenzrechtlichen Vergütungsverordnung geführt. Die geänderte insolvenzrechtliche Vergütungsverordnung findet allerdings mit der neuen Mindestvergütung lediglich für Insolvenzverwalter/Treuhänder Anwendung, die **nach dem 01.01.2004 bestellt** wurden. In zwei Entscheidungen vom 15. Januar 2004 setzte der BGH für die Anwendung des § 2 Abs. 2 u. § 13 Abs. 1 Satz 3 eine zeitliche Grenze für Insolvenzeröffnungen bis zum 01.01.2004 (*BGH* NZI 2004, 196 u. NZI 2004, 224). Das BMJ ist der Aufforderung des BGH nach einer Neuregelung durch die »Verordnung zur Änderung der insolvenzrechtlichen Vergütungsverordnung vom 4. Oktober 2004, welche am 7. Oktober 2004 in Kraft trat, nachgekommen (BGBl. I S. 2569). Für die **Altfälle** hat der BGH nochmals die Verfassungsmäßigkeit und Anwendbarkeit der alten Fassung der insolvenzrechtlichen Vergütungsverordnung festgehalten (*BGH* NZI 2005, 228 ff. = ZIP 2005, 447 ff. m. zust. Anm. *Rendels* EWiR 2005, § 13 InsVV a.F. 1/05, 609; *BGH* ZIP 2005, 675 [nur LS] m. Anm. *Blersch*). Das BVerfG hat alle bislang eingelegten Verfassungsbeschwerden nicht zur Entscheidung angenommen (erstmals *BVerfG* NZI 2005, 618 ff.; vgl. dazu auch und zur **a.A.** der Instanzgerichte Erl. von *Lorenz* zur InsVV). Auch die **Neuregelungen** der Mindestvergütung des Insolvenzverwalters und des Treuhänders sind nach Meinung des *BGH* verfassungsmäßig (NZI 2008, 361 ff. zum Insolvenzverwalter und in ZInsO 2008, 555 ff. zum Treuhänder). Die Regelmindestvergütung richtet sich nach der **Kopfzahl der Gläubiger**, nicht nach der Zahl der angemeldeten Forderungen (*BGH* ZIP 2008, 976; ZIP 2011, 132; NZI 2010, 256 m. Anm. *Kind* FD-InsR 2010, 299659). Die Mindestvergütung bei bis zu zehn anmeldenden Gläubigern beträgt nach § 2 Abs. 2 InsVV i.d.R. mindestens 1.000 €. Von 11 bis zu 30 Gläubigern erhöht sich die Vergütung für je weitere angefangene fünf Gläubiger um 150 €. Ab dem 31. Gläubiger erhöht sich die Vergütung je angefangene fünf Gläubiger um 100 €. Vgl. zum Anwendungsbereich auch § 19 Abs. 4 InsVV (die Änderung tratt am 1. Juli 2014 in Kraft).

13 In Rechtsprechung und Schrifttum wird übereinstimmend bejaht, dass auf die Mindestvergütung nach § 2 Abs. 2 InsVV **Zuschläge** nach § 3 InsVV gewährt werden können (*BGH* ZIP 2008, 976 ff.; ZInsO 2009, 1511 f.; Beschl. v. 27.04.2010 – IX ZB 172/08, BeckRS 2010, 11717). Zu- und Abschläge sind vorzunehmen, wenn erhebliche Abweichungen vom typischen Tätigkeitsumfang des Treuhänders vorliegen (*BGH* NZI 2005, 567 ff. und 2007, 55 [56]; Beschl. v. 21.12.2010 – IX ZB 13/08, BeckRS 2011, 01493; *Haarmeyer/Wutzke/Förster* InsVV, § 11 Rn. 75, § 2 Rn. 51).

14 Nicht zuletzt fiskalische Interessen sollen zu einer weiteren Änderung des § 63 InsO und der Zulässigkeit von Vergütungsvereinbarungen in eben diesen Verbraucherinsolvenzverfahren/Kleininsolvenzverfahren über das Vermögen natürlicher Personen führen (vgl. auch zur Kritik beispielhaft *Franke/Böhme* DZWIR 2004, 499 ff.). Für die Frage, nach welchen Vorschriften die Vergütung festgesetzt wird, ist der Bestellungsbeschluss des Insolvenzgerichts maßgeblich. Daher kann ein nach dem Tod des Schuldners nicht zum Nachlassinsolvenzverwalter bestellter Treuhänder lediglich die Vergütung eines Treuhänders beanspruchen (*BGH* NZI 2008, 382 ff. Rn. 14 ff.). Wenn er nach dem Tode des Schuldners allerdings Tätigkeiten entfaltet, die typischerweise in den Aufgabenbereich eines Nachlassinsolvenzverwalters fallen, kommt eine den Regelsatz übersteigende Vergütung des Treuhänders in Betracht (*BGH* NZI 2008, 382 Rn. 22 ff.).

C. Besonders zu vergütende Tätigkeiten des Insolvenzverwalters

Während alle üblicherweise mit der Insolvenzverwaltung zusammenhängenden Tätigkeiten mit der Vergütung nach § 63 InsO abgegolten werden, kann der **Einsatz besonderer Sachkunde**, die der Insolvenzverwalter aufgrund seiner Qualifikation als Rechtsanwalt, Steuerberater, Wirtschaftsprüfer oder aus anderen Gründen hat, zu einer Abrechnung der Tätigkeit nach den für die jeweilige Berufsgruppe geltenden Grundsätzen berechtigen (vgl. § 5 InsVV, MüKo-InsO/*Riedel* § 5 InsVV Rn. 1 ff.; MüKo-InsO/*Stephan* § 63 Rn. 41), da von dem »durchschnittlichen« Insolvenzverwalter derartige Kenntnisse – vor allem nicht in allen Bereichen wie z.B. dem Arbeitsrecht oder der Ausarbeitung eines Insolvenzplans – verlangt werden können (*Nerlich/Römermann-Delhaes* InsO, § 63 Rn. 21 f.). Aber derartige Beträge, die der Verwalter für den Einsatz besonderer Sachkunde erhält, werden letztlich von der Berechnungsgrundlage der Verwaltervergütung abgezogen (*BGH* NZI 2011, 941; BK-InsO/*Blersch* § 1 InsVV Rn. 19; HK-InsO/*Keller* § 1 InsVV Rn. 30). 15

Ein Insolvenzverwalter, der zugleich Rechtsanwalt ist, kann die Führung eines Prozesses für die Insolvenzmasse dann nach dem RVG gesondert und zusätzlich abrechnen, wenn sich ein Insolvenzverwalter, der die Berufsqualifikation des Wirtschaftsprüfers oder Steuerberaters besitzt (also nicht Rechtsanwalt wäre), sich üblicherweise eines Rechtsanwaltes bedient hätte, wovon außer in Bagatellfällen, regelmäßig auszugehen ist (*Weber* FS Jahr, S. 419 ff., 422 f.). Können diese Gebühren nicht vom Gegner beigetrieben werden, sind sie aus der Masse zu erstatten (*Weber* FS Jahr, S. 419 ff., 422 f.). 16

Die **Abgrenzung** zwischen regulärer Insolvenzverwaltertätigkeit und gebührenerheblichen »Sondertätigkeiten« muss **einzelfallbezogen** erfolgen. Es wird in erster Linie darauf abzustellen sein, ob ein »durchschnittlicher« Insolvenzverwalter im konkreten Fall einen entsprechenden Spezialisten hätte notwendigerweise heranziehen müssen (*Blersch* InsVV, § 5 Rn. 6 f. der insoweit vom »Anforderungsprofil eines modernen berufsmäßigen Insolvenzverwalters« und »durchschnittlichen Verfahrensanforderungen« spricht; *Hess* InsO, § 5 InsVV Rn. 20 in der 2. Aufl.; *Nerlich/Römermann-Delhaes* InsO, § 63 Rn. 21 ff., mit Einzelbeispielen in Rn. 22 f.). 17

Der vorstehende Sachverhalt ist nicht gegeben, wenn der Insolvenzverwalter einen Dritten, auch wenn dieser mit ihm in einer beruflichen Verbindung steht (Sozietät), mandatiert. In einem solchen Fall steht die Erstattungsfähigkeit der Kosten außer Frage. Ein Missbrauchsfall würde über § 60 InsO gelöst. In der Praxis wird um diese Fragen aus kaum nachvollziehbaren Gründen gestritten. Nachdem der Verordnungsgeber den ursprünglichen Streit um die Sondervergütungsfähigkeit dem Grunde nach geklärt hat, wird nun versucht, die **Honorare des Sozius** an der Bemessungsgrundlage der Insolvenzverwaltervergütung zu kürzen (vgl. *Keller* DZWIR 2000, 265 ff. [272] gegen die Entscheidung des *LG Leipzig* DZWIR 2001, 170 f. = ZInsO 2001, 615 f., der jedoch zuzustimmen ist; erneut *LG Leipzig* NZI 2002, 665 f.; so auch MüKo-InsO/*Stephan* § 63 Rn. 27 m.w.N. zu Rspr. und Lit.). Der BGH hat in einer grundlegenden Entscheidung zu diesen Abgrenzungsfragen Stellung genommen. Danach habe der Insolvenzverwalter im Rahmen seines Vergütungsfestsetzungsantrages aufzuführen, für welche von ihm **beauftragten Fachleute** er das an diese entrichtete Entgelt aus der Masse entnommen habe und das Insolvenzgericht sei berechtigt und verpflichtet zu überprüfen, ob die Beauftragung Externer gerechtfertigt gewesen sei. Ein Insolvenzverwalter dürfe, auch wenn er selbst Volljurist sei, Aufgaben, die ein Insolvenzverwalter ohne volljuristische Ausbildung im allgemeinen nicht lösen könne, auf einen Rechtsanwalt übertragen und die dadurch entstehenden Auslagen aus der Masse entnehmen (*BGH* NZI 2005, 103 ff. = ZIP 2005, 36 ff.; vgl. Vorinstanz *LG Memmingen* ZInsO 2004, 497 ff.). Damit dürfte die Diskussion um die Abgrenzung der »besonderen Aufgaben« von den »allgemeinen Geschäftskosten« beendet sein. Hat die Sozietät des Verwalters und nicht er selbst, Beträge als Vergütung für den Einsatz besonderer Sachkunde nach § 5 InsVV erhalten, findet ein Abzug dieser Beträge nach § 1 Abs. 2 Nr. 4 Satz 1 lit. a) InsVV von der maßgeblichen Masse nicht statt (*BGH* NZI 2007, 583 f. = ZIP 2007, 1958 f. Rn. 7). Der *BGH* hat in einem früheren Beschluss (v. 03.03.2005 – IX ZB 261/03) entschieden, dass dann, wenn die **Buchhaltung** vor Eröffnung des Insolvenzverfahrens außerhalb des Schuldner-Unternehmens erledigt worden ist, es dem Insolvenzverwalter nicht zuzumuten ist, eine neue Buchhaltung anzulegen und von eige- 18 nen Mitarbeitern führen zu lassen. Gemeint ist insoweit die handelsrechtliche Buchhaltung. Schaltet er deswegen **zusätzlich einen Steuerberater** ein, darf sich dies nicht mindernd auf die Vergütung oder Auslagenpauschalen auswirken. Nach einem noch weitergehenden Beschluss des *LG Aachen* (ZInsO 2007, 768 f.) ist es nicht zu beanstanden, wenn Aufgaben aus dem Fachbereich der Rechtsanwälte oder Steuerberater auf Dritte übertragen und die anfallenden Kosten der Masse zur Last fallen. Eine Herabsetzung der Vergütung des Insolvenzverwalters sei hierdurch nicht gerechtfertigt. Die Ermittlung der für eine **Anfechtung** relevanten Faktoren (Zeitpunkt der Zahlungsunfähigkeit bzw. Überschuldung, Kapitalentwicklung, Überprüfung des Zahlungsverkehrs) stelle eine Aufgabe dar, die üblicherweise von besonders qualifizierten Personen, insbesondere Steuerberatern und Wirtschaftsprüfern, vorgenommen werde (vgl. *LG Aachen* ZInsO 2007, 768). Die **Verwertung von Mobiliarvermögen** ist nach einem weiteren Beschluss des *BGH* vom 11.10.2007 (NZI 2008, 38 f.) regelmäßig keine Sonderaufgabe des Insolvenzverwalters, welche die Einschaltung eines gewerblichen Verwerters auf Kosten der Masse rechtfertigt. Die Verwertung kann jedoch als Sonderaufgabe angesehen werden, wenn sie vom Insolvenzverwalter nicht oder nur unzureichend bzw. mit wesentlich ungünstigeren Erfolgsaussichten als von einem gewerblichen Verwerter vorgenommen werden kann. Andernfalls kann die Übertragung der Verwertung auf einen gewerblichen Verwerter einen Abschlag von der Insolvenzverwaltervergütung rechtfertigen. Auch die Erledigung von **Regelaufgaben, die besondere Anforderungen** an den Insolvenzverwalter stellen und ihn außergewöhnlich belasten, können zu einer Erhöhung der Regelvergütung führen (*BGH* NZI 2008, 38). Auch ist die Vereinbarung einer **stillen Zwangsverwaltung** zwischen dem Absonderungsberechtigten und dem Insolvenzverwalter möglich, solange daraus keine Nachteile für die Masse resultieren. Dieser Aufwand ist bei der Festsetzung der Vergütung zu berücksichtigen. In die Berechnungsgrundlage wird dann jedoch nur der Überschuss einbezogen, der aufgrund der stillen Zwangsverwaltung zu Gunsten der Masse erzielt worden ist. Andernfalls ist ein Zuschlag – entsprechend des zusätzlichen Aufwands – zu gewähren. Als Anhaltspunkt soll § 18 ZwVwV dienen, wenn Umfang der Tätigkeit und Ertrag vergleichbar sind (*BGH* NZI 2016, 824). Auch die **Geltendmachung von Ansprüchen nach §§ 92, 93 InsO** sollte besonders vergütet werden (vgl. hierzu *Graeber* NZI 2016, 860 ff.). Die Erlöse daraus gehören aber nicht zur Insolvenzmasse und müssten separiert werden. Die besondere Vergütung sollte dann nach der InsVV auf Basis des Wertes dieses Erlöses bemessen werden. Nach *Graeber* gelten dann die Regelungen zur Mindestvergütung (§ 2 Abs. 2 InsVV) und zur Auslagenpauschale (§ 8 Abs. 3 InsVV) sowie betreffend dem Umsatzsteuerbetrag (§ 7 InsVV) gleichermaßen und uneingeschränkt. Diese Vergütung wäre dann – neben den hierdurch entstandenen Kosten – vor der Erlösverteilung zu entnehmen.

D. Auslagen, Umsatzsteuer

19 Der Anspruch auf **Auslagenerstattung** ist in den §§ 4, 8 Abs. 3 InsVV hinreichend detailliert und klarstellend geregelt. Eine Erleichterung hinsichtlich des Arbeitsaufwandes der üblicherweise notwendigen Dokumentation bietet die **Pauschalierungsmöglichkeit** des § 8 Abs. 3 InsVV (vgl. *LG Stuttgart* ZIP 2002, 491 f. zur Frage der vollen Auslagenpauschale bei vorläufiger Insolvenzverwaltung von kurzer Dauer m. zust. Anm. *Holzer* in: EWiR 2002, § 8 InsVV 1/02, S. 393 f.; *LG Hannover* ZInsO 2002, 816 f. zur Frage der gekürzten Auslagenpauschale von 10% ab dem zweiten Jahr der Tätigkeit des Insolvenzverwalters, Anspruch auf jedes weitere Jahr bejahend; ebenso *BGH* ZVI 2003, 486 im Nichtzulassungsbeschluss; *LG Düsseldorf* ZIP 2003, 1856 f. (n.r.); *LG Berlin* NZI 2003, 502 zum vorläufigen Insolvenzverwalter; Zustellungskosten bei Übertragung nach § 8 Abs. 3 InsO sind mit der Pauschalierung nicht abgegolten, *LG Chemnitz* ZIP 2004, 84 f. m. Anm. *Voß* in: EWiR 2004, § 4 InsVV 1/04, S. 1045 f.; *LG Leipzig* NZI 2003, 442; **a.A.** *LG Fulda* ZInsO 2005, 587 f. m. krit. Anm. *Haarmeyer*). Wenn danach die Vergütung »je angefangenem Monat der Dauer« pauschal abzugelten ist, kann nicht unabhängig von der konkreten Dauer auf die Anzahl der Kalendermonate abgestellt werden. Vielmehr ist bei Überschreiten eines Monats (bzw. mehrerer Monate) der nachfolgende – angefangene – Monat noch einzubeziehen. Zur Berechnung können die §§ 187 ff. BGB, insbesondere § 188 Abs. 2 und 3 BGB, herangezogen werden (*OLG Zweibrücken* NZI 2001, 312 ff. = ZInsO 2001, 504 ff.). Der BGH hat entschieden, dass der Auslagenpauschsatz

nach § 8 Abs. 3 InsVV vom Insolvenzverwalter für jedes angefangene Folgejahr in Höhe von 10% der gesetzlichen Vergütung gefordert werden kann, höchstens jedoch in Höhe von € 250,00 je angefangenem Monat der Dauer der Tätigkeit (*BGH* ZIP, 2006, 483 ff.; NZI 2004, 589 ff. = ZIP 2004, 1715 ff. = DZWIR 2004, 524 f. m. Anm. *Pluta* S. 525). Weiter hat er festgehalten, dass der Auslagenpauschsatz nur bis zu dem Zeitpunkt verlangt werden kann, zu dem bei ordnungsgemäßer Durchführung des Verfahrens die insolvenzrechtlich erforderliche Tätigkeit abgeschlossen worden wäre. Eine verspätete Vorlage des Abschlussberichts und Beschwerden des Insolvenzverwalters gegen die Festsetzung der Vergütung begründeten keine weitergehenden Ansprüche auf Auslagenpauschsätze (*BGH* NZI 2004, 590 ff. = ZIP 2004, 1716 f. = DZWIR 2004, 523 f. m. Anm. *Pluta* S. 525). Hinsichtlich der Auslagenerstattung in Bezug auf die dem Insolvenzverwalter **übertragene Zustellung** ist die Änderung der InsVV aufgrund der Änderungsverordnung vom 04.10.2004 maßgeblich. Nach dem vor Inkrafttreten der Änderungsverordnung vom 04.10.2004 geltenden Recht können nach einem Beschluss des BGH die Auslagen, die dem Insolvenzverwalter infolge der Übertragung des Zustellwesens durch das Insolvenzgericht entstanden sind, nicht im Wege der Einzelabrechnung neben der allgemeinen Pauschale geltend gemacht werden (*BGH* NZI 2007, 166 ff. Rn. 8 f., m. Anm. *Graeber* ZInsO 2007, 82 ff.). Dagegen können die tatsächlichen Kosten für Zeiträume nach der Änderung von § 8 Abs. 3 InsVV neben der allgemeinen Auslagenpauschale geltend gemacht werden (*BGH* NZI 2007, 244 f. = ZInsO 2007, 202 ff., m. krit. Anm. *Graeber* 204 ff.). Begründet wird diese Differenzierung damit, dass wegen der Anknüpfung der Auslagenpauschsätze an die »gesetzliche Vergütung« nach altem Recht die Gefahr der Doppelberücksichtigung bestanden hätte (*BGH* NZI 2007, 166 ff. Rn. 13 f.; NZI 2007, 244 f. = ZInsO 2007, 202 ff. Rn. 8 ff.). Jedenfalls können die durch die **Besorgung der Zustellungen** angefallenen Personalkosten des Insolvenzverwalters nicht im Wege des Auslagenersatzes erstattet werden. Sie führen jedoch – je nach den Umständen des Einzelfalles – möglicherweise zu einem Zuschlag (*BGH* NZI 2007, 166 ff. Rn. 22; NZI 2007, 244 f. = ZInsO 2007, 202 ff. Rn. 13 ff., m. krit. Anm. *Graeber* dazu, dass für die mit den ersten 100 Zustellungen verbundenen Personalkosten damit ein Ersatz abgelehnt wird, 204 f.). In einem Beschluss des BGH wurde der durch das Insolvenzgericht mit **1,80 Euro je Zustellung** festgesetzte Personalaufwand, bei Zugrundelegung eines wirtschaftlich optimierten Geschäftsablaufs, als angemessen bewertet. Ein dabei vom Verwalter nicht zu vertretender, deutlich über das gewöhnliche Maß hinausgehender Personalaufwand, ist von ihm darzulegen (*BGH* NZI 2015, 782). Hat das Beschwerdegericht bei der Bemessung eines Zuschlags für die lange Verfahrensdauer berücksichtigt, dass es »Zeitspannen verminderten Aufwands des Insolvenzverwalters« gegeben hat, muss Entsprechendes bei der Festsetzung des pauschalen Auslagenersatzes auch im Anwendungsbereich des § 8 Abs. 2 InsVV in der Fassung vom 13.12.2001 gelten (*BGH* ZInsO 2008, 854 ff.; m. Anm. *Prasser* und krit. Anm. *Blersch* EWiR 2009, § 8 InsVV a.F. 1/09, 421 f.). Schließlich hat der BGH für masselose Verfahren beschlossen, dass, solange die Finanzverwaltung auf der Erfüllung steuerlicher Pflichten bestehe, der Insolvenzverwalter einen Anspruch auf Ersatz der entstehenden **Steuerberatungskosten als Auslagen** habe (*BGH* NZI 2004, 577 ff. m. zust. Anm. *Bernsau* = ZIP 2004, 1717 ff.). Keine Auslagen sind jedoch die Kosten für den Einsatz des Personals des Insolvenzverwalters zur Erfüllung dieser **hoheitlich auferlegten Pflichten** (*BGH* NZI 2006, 586 f. m. zust. Anm. *Prasser* EWiR 2006, § 4 InsVV 1/06, 569 f.). Weist der Insolvenzverwalter daher delegationsfähige Sonderaufgaben eigenen Hilfskräften zu und schließt dann mit diesen einen besonderen Dienstleistungs- oder Werkvertrag, kann er die aufgrund eines solchen Vertrages gezahlten Vergütungen im Stundungsverfahren gegenüber der Staatskasse geltend machen (*BGH* NZI 2007, 166 ff.; ZInsO 2007, 202 ff.). Auch Kosten, die einem vorläufigen Insolvenzverwalter wegen der **Veröffentlichung von Verfahrensdaten in einem privaten Internetdienst** zur Klärung der Vermögenslage des Schuldners – im Rahmen des Gutachtensauftrages – entstanden sind, kann dieser als notwendige Auslagen geltend machen (*LG Dresden* ZIP 2001, 935 f.). Diese Entscheidung bezieht sich zwar auf die Entschädigung für die Tätigkeit als Sachverständiger gem. § 11 Abs. 1 ZSEG (jetzt: § 7 Abs. 1 JVEG), dürfte aber für die Nutzung entsprechender Dienste durch den (vorläufigen) Insolvenzverwalter ebenso gelten. Grund ist die Tatsache, dass durch diese Veröffentlichung andere Auslagen, die durch eine schriftliche Beschaffung der Daten entstehen würden und ggf. nach § 7 Abs. 3 JVEG zu erstatten wären, vermieden werden. Problematisch ist in diesem Zusammenhang auch die Frage der **Angemessenheit** und die Abgrenzung zu sog. **allgemeinen Geschäftskosten** (§ 4 Abs. 1 Satz 2 InsVV). Die Angemessenheit soll dabei nach den für den Auftrag geltenden Kriterien der §§ 670 und 675 BGB beurteilt werden. Diese Regelungen werden als allgemein gültiger Maßstab für die Kontrolle der Aufwendungen von Vermögensverwaltern anerkannt (vgl. hierzu grundlegend *BGH* NZI 2005, 103 ff. = ZIP 2005, 36 ff.; vgl. dazu MüKo-InsO/*Stephan* § 63 Rn. 39 f. m.w.N.).

20 Die **allgemeinen Geschäftskosten** sind in § 4 Abs. 1 Satz 2 InsVV legal definiert (zu weiteren Beispielen vgl. *Blersch* InsVV, § 4 Rn. 6 bis 8).

21 Erfreulich ist die Klarstellung nach § 7 InsVV, nach der der Insolvenzverwalter einen Anspruch auf Erstattung der vollen **Umsatzsteuer** hat (vgl. statt aller für die Streitfrage nach altem Recht bejahend *LG Darmstadt* DZWIR 2000, 76 f.; *Haarmeyer/Wutzke/Förster* InsVV, § 7 Rn. 1; *Graeber* ZInsO 2007, 21). Nach § 7 InsVV wird zusätzlich zur Vergütung und zur Erstattung der Auslagen ein Betrag in Höhe der vom Verwalter zu zahlenden Umsatzsteuer festgesetzt (K. Schmidt/*Vuia* InsO, § 63 Rn. 30 f.). Bei Änderungen des Umsatzsteuersatzes ist für die Beurteilung des anzuwendenden Steuersatzes der Vollzug der Schlussverteilung maßgeblich, da es sich dabei nach Auffassung der Finanzverwaltung um die wesentliche letzte Tätigkeit des Insolvenzverwalters handelt, die seine Leistungen abschließt (vgl. *Schmid* DZWIR 2007, 74 f. m.w.N.; a.A. *AG Potsdam* NZI 2007, 179 ff. und ZInsO 2006, 1263 f., wonach der Zeitpunkt des Eintritts der Rechtskraft des Aufhebungsbeschlusses maßgeblich sei). Aber nach *BFH* (Urt. v. 15.4.2015 ZIP 2015, 1237 ff.) ist aus der Rechnung des Insolvenzverwalters bei steuerbaren und nicht steuerbaren Verwertungsumsätzen nur ein entsprechend anteiliger Vorsteuerabzug möglich. Ergibt sich nach Einreichung der Schlussrechnung ein Überschuss der Vorsteuerbeträge, ist der sich daraus ergebende Umsatzsteuererstattungsanspruch bei der Festsetzung der Vergütung in die Bemessungsgrundlage einzubeziehen (*BGH* NZI 2008, 97 = ZIP 2008, 81; ZInsO 2010, 1503; HFR 2011, 215; NZI 2011, 326).

22 Werden **nach Masseunzulänglichkeit** Massegegenstände verkauft, gehört die darauf anfallende Umsatzsteuer nicht zu den vorrangig zu begleichenden Verfahrenskosten. Führt der Verwalter die Umsatzsteuer trotzdem vorrangig an das Finanzamt ab, ist – bei **Verfahrenskostenstundung** – dessen Vergütungsanspruch gegen die Staatskasse entsprechend zu kürzen (*BGH* NZI 2011, 60 f.).

E. Die Vergütung des vorläufigen Insolvenzverwalters

23 Die Tätigkeit des vorläufigen Insolvenzverwalters wird besonders vergütet (vgl. § 11 Abs. 1 Satz 1 InsVV). Dies gilt auch dann, wenn er später zum eigentlichen Insolvenzverwalter bestellt wird. Hierzu gab es vor der Einführung des »neuen« Abs. 3 in der InsO direkt keine Regelung. Durch die über § 65 InsO erlassene InsVV wurde der Bezug auf § 11 InsVV geführt. Aus der dortigen Regelung in § 11 Abs. 1 Satz 1 InsVV ergab sich, dass der vorläufige Insolvenzverwalter – auch bei späterer Bestellung zum Insolvenzverwalter – gesondert zu vergüten ist (Begr. zu § 11 InsVV, abgedr. in *Balz/Landfermann* S. 852; s.a. *Lorenz* § 11 InsVV Rdn. 1). Im Weiteren kann nunmehr auf den im Rahmen des ESUG neu eingeführten § 26a InsO verwiesen werden (s. *Schmerbach* § 26a Rdn. 1 ff.). Die weitere Neufassung und Ergänzung des § 26a InsO (vgl. BGBl. I 2013, S. 2379) trat am 1. Juli 2014 in Kraft.

24 Die **Vergütungshöhe** berechnet sich **in Bruchteilen** der fiktiven Vergütung des Insolvenzverwalters. Hieraus erhält der vorläufige Insolvenzverwalter nach der »neuen Vorschrift« in Abs. 3 (ehemals § 11 Abs. 1 InsVV) einen Anteil. Im Regelfall sind 25 % des Regelsatzes der Vergütung des Insolvenzverwalters angemessen (grundlegend *BGH* NZI 2004, 251 ff. = ZIP 2004, 518 ff. = ZInsO 2004, 265 ff. m. Anm. *Haarmeyer*; *OLG Braunschweig* ZInsO 2000, 336 f., m. krit. Anm. *Keller* EWiR § 6 InsO 5/2000, S. 733 f.; zust. dagegen *Haarmeyer* ZInsO 2000, 319); die Höhe des Prozentsatzes richtet sich nach Art, Umfang und Dauer der Tätigkeit (*BGH* NZI 2004, 251 ff. = ZIP 2004, 518 ff. = ZInsO 2004, 265 ff. m. Anm. *Haarmeyer*; *OLG Frankfurt/M*. ZIP 2001, 1016 ff. zur Frage eines Zuschlages auf die »fiktive« Verwaltervergütung; zur Frage der Zulässigkeit eines Abschlags bei kurzer Dauer vgl. *LG Bonn* ZInsO 2002, 1030 f. [verneinend]; *OLG Köln* ZInsO 2002, 873 f. [bejahend]; *OLG Celle* NZI 2001, 650 ff. [bejahend]). Besonderheiten sind, wie bei der Vergütung des Insol-

venzverwalters über Zu- und Abschläge, zu berücksichtigen. Dabei ist zu beachten, dass, soweit erschwerende Umstände den vorläufigen Insolvenzverwalter in gleicher Weise wie den endgültigen Insolvenzverwalter belasten, die deswegen zu gewährenden Zuschläge zum Regelsatz der Vergütung grds. für beide mit dem gleichen Hundertsatz zu bemessen sind (*BGH* NZI 2005, 106 ff. = ZIP 2004, 2448 ff.).

Die Vergangenheit hat gezeigt, dass die oben dargestellte Ermittlungsmethode bei der Vergütung des vorläufigen Insolvenzverwalters unstrittig war, allerdings die Basis der Berechnung in ständiger Fachdiskussion und Bewegung stand. **Berechnungsgrundlage** war **bis zur Änderung des § 11 InsVV durch die 2. Verordnung** zur Änderung der insolvenzrechtlichen Vergütungsverordnung **vom 21.12.2006** (BGBl. I 2006 S. 3389, abgedr. in NZI 2007, 157; m. Materialien abgedr. in ZIP 2006, 2102 ff.), die bei Beendigung der Arbeit des vorläufigen Insolvenzverwalters vorhandene Masse (*BGH* ZIP 2001, 296 ff. = NZI 2001, 191 ff. = NJW 2001, 1496 ff. = DZWIR 2001, 210 ff. im amtl. Leitsatz des Gerichts; *Haarmeyer* Anm. zu LG Karlsruhe v. 28.01.2000, ZInsO 2000, 230 f. [231]; *LG Ulm* DZWIR 2000, 165 ff. m. Anm. *Graeber* S. 167 ff.; zur Frage der Zulässigkeit der Schätzung des Wertes des verwalteten Vermögens bei vorzeitiger Verfahrensbeendigung *AG Göttingen* NZI 2002, 612 ff.; *LG Göttingen* NZI 2002, 500). Der BGH bejaht die Einbeziehung des Firmenwerts in die Berechnungsgrundlage (*BGH* NZI 2004, 626 ff. = ZIP 2004, 1555 ff.), verneint aber die Einbeziehung von künftigen Ansprüchen zur Masseanreicherung – etwa Ansprüche aus Insolvenzanfechtung oder auf Erstattung nach § 32b GmbHG (*BGH* NZI 2004, 444 ff. = ZIP 2004, 1653 ff. m. krit. Anm. *Keller,* allerdings sei i.d.R. ein Zuschlag zu gewähren; **a.A.** noch *LG Köln* ZIP 2004, 961 f. zur Einbeziehung von Insolvenzanfechtungsansprüchen). Vermögensgegenstände, die der Aussonderung unterliegen, seien in die Berechnungsgrundlage auch dann einzubeziehen, wenn sie vor beendeter vorläufiger Insolvenzverwaltung herausgegeben würden (*LG Bamberg* ZIP 2005, 671 ff. [n.r.]).

In dem wegweisenden **Beschluss vom 14.12.2000** hatte der BGH im Rahmen einer zulässigen Vorlageentscheidung des OLG Jena erstmals grundlegend zur Vergütung des vorläufigen Insolvenzverwalters entschieden und einige das Verhältnis zwischen Insolvenzgericht und Insolvenzverwalter belastende Streitfragen geklärt. Danach waren insbesondere **mit Aus- oder Absonderungsrechten belastete Gegenstände** zu berücksichtigen, soweit der vorläufige Insolvenzverwalter sich damit in **nennenswertem Umfange befasst** hatte (vgl. dazu *LG Ingolstadt* ZInsO 2001, 953 f. a.E.; *LG Dresden* ZIP 2002, 1303 ff., Rückkaufswerte einer verpfändeten Lebensversicherung bejahend; *LG Heilbronn* ZIP 2002, 719 f., Bewertung offener Forderungen bejahend, m. zust. Anm. *Keller* EWiR 2002, § 11 InsVV 2/02, S. 817 f.; *LG Berlin* ZInsO 2002, 623 f., grundbuchmäßige Erfassung, Mitteilung von Immobilien-Erbbaurechten/Erfassung und Sichtung von Forderungen/Prüfung und Feststellung anfechtbarer Vorgänge bejahend; *AG Hamburg* NZI 2002, 210 f., abhanden gekommene Warenbestände verneinend; *LG Stralsund* ZIP 2003, 1857 f., Berücksichtigung des Wertes einer gepachteten Immobilie bejahend = ZInsO 2003, 846 f. m. zust. Anm. *Sievers* S. 847 ff.; ebenso *LG Freiburg* ZInsO 2003, 848; *LG Potsdam* ZIP 2005, 914 f. [n.r.]; zur Einbeziehung eines im Eigentum des Schuldners stehenden Grundstückes: *LG Köln* ZInsO 2004, 32 f. m. zust. Anm. *Keller* EWiR 2004, § 11 InsVV 1/04, S. 195 f.). Das Ergebnis einer mutmaßlichen Verwertung ist danach grds. unerheblich (*BGH* ZIP 2001, 296 ff. [S. 296] im amtl. Leitsatz m.w.N. insbesondere zu den vorangegangenen Entscheidungen einiger Oberlandesgerichte und zur gegenteiligen Auffassung). Dies ist insoweit folgerichtig, als dem vorläufigen Insolvenzverwalter regelmäßig die Verwertung von Schuldnervermögen i.S.d. §§ 159, 165 f. InsO nicht obliegt (*BGH* ZIP 2001, 296), er aber für den Erhalt und die ordnungsgemäße Sorge und Verwaltung aller – auch der ab- und aussonderungsbefangenen – Vermögensgegenstände haftet. Ebenso wenig Berücksichtigung findet eine nach Beendigung der vorläufigen Insolvenzverwaltung bekannt gewordene Forderung des Schuldners (*LG Mönchengladbach* NZI 2006, 533 f. und NZI 2006, 598 f.). Ergänzend postulierte der BGH allerdings auch, dass die **Bearbeitung der Aus- und Absonderungsrechte** einen **erheblichen Teil der Tätigkeit** des vorläufigen Insolvenzverwalters ausmacht (*BGH* ZIP 2001, 296). Dies hat Zustimmung (*Haarmeyer* ZInsO 2001, 577 ff.; *Eickmann* DZWIR 2001, 235 ff. [238]) und unter dem

Stichwort der Einführung neuer »unbestimmter Rechtsbegriffe« und damit fortbestehender Probleme Kritik (*Klaas* ZInsO 2001, 581 ff.; *Keller* ZIP 2001, 1749 ff., 1758) erfahren.

I. Nach der 2. Verordnung vom 21. Dezember 2006

27 Der § 11 InsVV wurde mit der »**2. Verordnung zur Änderung der insolvenzrechtlichen Vergütungsverordnung**« vom 21.12.2006 geändert (BGBl. I 2006, S. 3389; abgedr. NZI 2007, 157). Ausschlaggebend war die Rechtsprechung des –2024598624 BGH. Der BGH hatte sich in zwei Beschlüssen vom 14.12.2005 (NZI 2006, 284 ff. = ZIP 2006, 621 f. = WM 2006, 530 ff.) und 13.07.2006 (*BGH* NZI 2006, 515 ff. m. Anm. *Nowak*, S. 519 f. = DZWIR 2006, 432 ff. m. Anm. *Graeber*, S. 437 f. = ZIP 2006, 1403 ff. = WM 2006, 1687 ff.) erneut mit diesen Fragen auseinanderzusetzen. Mit diesen Entscheidungen änderte der BGH seine Rechtsprechung. **Gegenstände, die Aus- und Absonderungsrechten unterlagen, wurden danach »nicht« mehr in die Berechnungsgrundlage der Vergütung des vorläufigen Insolvenzverwalters einbezogen**. Bei »erheblicher Befassung« konnte allerdings nach seiner Auffassung ein Zuschlag zur Regelvergütung gewährt werden (*BGH* NZI 2006, 284 ff. u. NZI 2006, 515 ff.). Für den Fall, dass das Vermögen des Schuldners, auf welches sich die Tätigkeit des vorläufigen Insolvenzverwalters bezog, nur aus schuldnerfremden oder wertausschöpfend belasteten Gegenständen bestand, steht dem vorläufigen Insolvenzverwalter jedenfalls die ungekürzte Mindestvergütung und die auf diesen Betrag bezogene Auslagenpauschale zu (*BGH* NZI 2006, 515 ff., Rn. 40 ff.). Auch die Regelmindestbeträge des § 2 Abs. 2 InsVV sind über § 10 InsVV sinngemäß für den vorläufigen Insolvenzverwalter anwendbar (*BGH* NZI 2006, 515 ff., Rn. 42). Letzteres gilt auch für das Recht vor der Änderung von § 11 InsVV (vgl. *BGH* ZInsO 2007, 88 f.). Diese Änderung der Rechtsprechung des BGH hat erhebliche Kritik erfahren (vgl. statt vieler *Vallender* NJW 2006, 2956 ff. m.w.N.). Der Gesetzgeber sah sich zu einem schnellen Handeln veranlasst und hat mit der 2. Verordnung zur Änderung der insolvenzrechtlichen Vergütungsverordnung vom 21.12.2006 § 11 InsVV geändert (BGBl. I 2006, S. 3389, abgedr. in NZI 2007, 157; m. Materialien abgedr. in ZIP 2006, 2102 f.; vgl. zur Kritik *Raebel* FS Gero Fischer, S. 459 ff. und *Vill* FS Gero Fischer, S. 547 ff. sowie Gegenrede von *Keller* ZIP 2008, 1615 ff. mit interessantem neuen Ansatz). Maßgebend für die Wertermittlung ist danach der Zeitpunkt der Beendigung der vorläufigen Verwaltung oder der Zeitpunkt, ab dem der Gegenstand nicht mehr der vorläufigen Insolvenzverwaltung unterliegt. Vermögensgegenstände, an denen bei Verfahrenseröffnung **Aus- oder Absonderungsrechte** bestehen, werden diesem Vermögen hinzugerechnet, sofern sich der vorläufige Insolvenzverwalter **in erheblichem Umfang mit ihnen befasst**. Eine Berücksichtigung erfolgt nicht, sofern der Schuldner die Gegenstände lediglich aufgrund eines Besitzüberlassungsvertrages in Besitz hat. Nach dem neuen Abs. 2 der Vorschrift kann eine Anpassung der Vergütung des vorläufigen Verwalters erfolgen, wenn sich bei Einreichung der Schlussrechnung nach Veräußerung der von Abs. 1 Satz 2 erfassten Gegenstände eine Abweichung des tatsächlichen Wertes von dem der Vergütung zugrunde liegenden Wert von mehr als 20 % bezogen auf die Gesamtheit dieser Gegenstände ergibt. Wortlaut und Materialien sprechen dafür, dass es sich um ein »Kann« und nicht um ein »Muss« handelt und auch eine erhöhende Anpassung möglich ist (vgl. die Materialien, abgedr. in ZIP 2006, 2102 ff. [2104]). Mit Einreichung der Schlussrechnung des Insolvenzverwalters nach § 66 InsO ist daher eine Vergleichsberechnung vorzulegen. Nach dem ebenfalls geänderten § 19 Abs. 2 InsVV ist § 11 InsVV n.F. auf alle Vergütungen aus vorläufigen Insolvenzverwaltungen anzuwenden, die bis zum 29.12.2006 noch nicht rechtskräftig abgerechnet waren (zur Einschränkung der rückwirkenden Anwendung des § 11 InsVV n.F. vgl. *BGH* NZI 2009, 54 ff. = ZInsO 2008, 1321 f.). Es sollte verhindert werden, dass eine zum Zeitpunkt der Gesetzesänderung bereits erarbeitete Vergütung geschmälert und die Vergütungslast für den Schuldner oder die Gläubiger erhöht wird, ohne dass diese Beschwer außerhalb der Rechtsmittelfrist gegen die Anordnung der Sicherungsmaßnahmen noch abgewehrt werden könnte. Damit hatte die Auseinandersetzung zwischen dem BGH und der Praxis ein schnelles Ende gefunden. Dennoch haben sich eine Reihe neuer Probleme ergeben. Zum einen ist der unbestimmte Rechtsbegriff des »erheblichen Befassens« immer wieder in der Diskussion, wie auch die Reichweite des § 11 Abs. 1 Satz 4 InsVV n.F. Letzterer regelt, dass Vermögensgegenstände, an denen bei Verfahrenseröffnung Aus- oder Absonderungsrechte bestehen,

nicht zu berücksichtigen sind, sofern der Schuldner die Gegenstände lediglich aufgrund eines Besitzüberlassungsvertrages in Besitz hat. Sofern diese Verträge allerdings Finanzierungscharakter haben oder mit einem Andienungsrecht versehen sind, dürfte ein Wertansatz zu erfolgen haben (vgl. zu den neu aufgeworfenen Problemen *Graeber* ZInsO 2007, 133 ff. und *Haarmeyer* ZInsO 2007, 73 ff.; ferner die erste Entscheidung des *BGH* zu § 11 InsVV n.F., ZInsO 2007, 370 ff.). Die ersten Beschlüsse des BGH zum Begriff des »erheblichen Befassens« zeigten, dass tätigkeitsbezogen argumentiert wird und bei der Begründung von Vergütungsanträgen erheblicher zusätzlicher Aufwand entsteht. Danach waren Inbesitznahme und Inventarisierung grds. nicht ausreichend (*BGH* NZI 2007, 40 ff.). Bemühungen zur Klärung des eigenkapitalersetzenden Charakters der Nutzungsüberlassung des angepachteten Betriebsgrundstücks wurden dagegen als erheblich angesehen (*BGH* NZI 2006, 581). Forderungen des Schuldners, die bereits entstanden sind, sollten in die Berechnungsgrundlage für die Vergütung des vorläufigen Insolvenzverwalters aufgenommen werden (*BGH* NZI 2007, 461 ff. = ZInsO 2007, 766 ff. m. Anm. *Graeber* NZI 2007, 492 ff.).

Zur Frage, wann nur eine **unerhebliche Befassung** des vorläufigen Insolvenzverwalters **mit Aus- und** 28 **Absonderungsrechten** vorliegt, hatte sich der *BGH* mit Beschluss vom 11.10.2007 geäußert (*BGH* NZI 2008, 33 ff. m. Anm. *Prasser* 35 f.).

II. Das ESUG und die Neuregelungen ab dem 19. Juli 2013

Die Praxis hat gezeigt, dass es bei der Berechnungsgrundlage, im Bereich der »erheblichen Befas- 29 sung« und bei zu berücksichtigen Forderungen sowie der Realisierbarkeit von Anfechtungsansprüchen, immer wieder zu Unsicherheiten, insbesondere zu Diskussionen unter den Beteiligten kam. Der *BGH* hat dann mit seinen zwei Beschlüssen vom 15.11.2012 (– IX ZB 88/09, NZI 2013, 29 ff. u. – IX ZB 130/10, NJW 2013, 536 ff.; krit. jeweils, *Graeber* NZI 2013, 836 u. *Keller* NZI 2013, 240 m.w.N.), der bis dahin gängigen Handhabung »erneut« die Grundlage entzogen (*Graeber* NZI 2013, 836 ff. m.w.N.; *Smid* ZInsO 2013, 321 ff.; *ders.* ZInsO 2013, 1509 ff). Nach diesen Entscheidungen sei ein Aussonderungsrecht als auch ein wertschöpfend mit Grundpfandrechten belastetes Grundstück »nicht« in die Berechnungsgrundlage zur Ermittlung der Vergütung des vorläufigen Insolvenzverwalters einzubeziehen. Die auf der Basis des § 65 InsO durch den Verordnungsgeber getroffene Regelung des § 11 Abs. 1 Satz 4 InsVV sei unwirksam, da diese nicht von der Ermächtigungsgrundlage gedeckt sei. Die in der InsVV getroffenen Regelungen müssten sich innerhalb der von Abs. 1 Satz 2 vorgegebenen Struktur bewegen und in die Berechnung auch massefremde Gegenstände in Form von Aussonderungsrechten bzw. wertausschöpfend belastete Grundstücke mit einbeziehen.

Den »Vorgaben« des BGH ist der Gesetzgeber über die nun in § 63 InsO eingeführte Regelung in 30 Abs. 3 sowie der Ergänzung in § 65 InsO gefolgt (s. § 65 Rdn. 2; Braun/*Blümle* InsO, § 63 Rn. 31 f.; *Keller* Editorial NZI Heft 12/2013, S. V). Damit wird die Möglichkeit zu Regelungen betreffend das Verfahren der Vergütungssetzung auch betreffend den »vorläufigen« Insolvenzverwalter geschaffen (BT-Drucks. 17/11268, S. 22, 26, 37). Aus Gründen der Rechtssicherheit und der Rechtsklarheit sind die entsprechenden Regelungen des § 11 Abs. 1 Satz 1–3 InsVV sowie § 11 Abs. 2 (letzter Satz a.F.) InsVV in Abs. 3 des § 63 InsO eingefügt worden. Diese Neuregelung ist am 19. Juli 2013 in Kraft getreten. Eine Klarstellung bzw. Regelung für **Fälle vor dem Inkrafttreten** ist nicht erfolgt. Allerdings ist hier die Begründung des Gesetzgebers, der ausdrücklich auf beide vorgenannten BGH-Entscheidungen Bezug nimmt, eindeutig (BT Drucks. 17/12535, S. 43 f.). Dort heißt es: »Diese bisher geltende Konzeption wird durch § 63 Abs. 3 InsO-E **klargestellt**.« Es handelt sich also für den Gesetzgeber gerade nicht um eine tatsächliche Neuregelung, sondern um eine »Klarstellung« der bisherigen Regelungen. Insofern kann auch für »Altverfahren«, d.h. für Verfahren, welche vor dem 19. Juli 2013 beantragt worden waren, aufgrund dieser Gesetzesbegründung die Einbeziehung von Aus- und Absonderungsrechten erfolgen (*Schmerbach* InsbürO 2013, 255 ff.; *Büttner* ZVI 2013, 289 [300]). Der *BGH* hat nunmehr in seinen Beschlüssen vom 14. und 21. Juli 2016 deutlich gemacht, dass die Neuregelungen zur Vergütung des vorläufigen Insolvenzverwalters für Insolvenzverfahren gelten, die ab dem 19. Juli 2013 beantragt worden sind. Für davor beantragte Verfahren gelten weiterhin die zum alten Recht durch den BGH entwickelten Grundsätze (*BGH* NZI 2016, 886).

31 In die **Berechnungsgrundlage** kann dann, wenn der vorläufige Insolvenzverwalter mit Verfügungsbefugnis ein Unternehmen fortführt und der vorläufige Insolvenzverwalter mit Zustimmungsvorbehalt die Fortführung durch den Schuldner überwacht, nur das **um die Ausgaben bereinigte Betriebsergebnis** eingestellt werden (*BGH* NZI 2007, 461 = ZInsO 2007, 766). Nach neuerer Rspr. des *BGH* (Beschl. v. 23.09.2010 – IX ZB 204/09) sind **Ansprüche aus § 64 Satz 1 u. 2 GmbHG gegen den Geschäftsführer** wegen unzulässiger Zahlungen in der Berechnungsgrundlage mit ihrem voraussichtlichen Realisierungswert zu berücksichtigen. Stellt der vorläufige Insolvenzverwalter nachvollziehbar dar, dass offene Forderungen in einer bestimmten Höhe bestehen und vollständig einziehbar sind, so muss dieser **Debitorenbestand** in der festgestellten Höhe auch in die Berechnungsgrundlage einbezogen werden (*BGH* ZInsO 2010, 730 f.).

III. Regelsätze, Zu- und Abschläge beim vorläufigen Verwalter

32 Zur Ermittlung der Regelvergütung des vorläufigen Insolvenzverwalters wird eine fiktive Berechnung der Vergütung des Insolvenzverwalters vorgenommen. Dabei ausgehend von der ermittelten Berechnungsgrundlage und nach der Ermittlung, inwieweit Aus- und Absonderungsrechte einzubeziehen sind. Nach dem neu eingeführten Abs. 3 beträgt die Regelvergütung des vorläufigen Insolvenzverwalters grds. 25 % der fiktiven Insolvenzverwaltervergütung. Wie auch bei der Insolvenzverwaltervergütung werden entsprechend § 63 Abs. 1 InsO Umfang und Schwierigkeit über prozentuale Zu- und Abschläge – bezogen auf den Regelfall von 25 % – berücksichtigt (*OLG Frankfurt* ZIP 2001, 1016 ff. *OLG Braunschweig* ZInsO 2000, 336; zum Abschlag *LG Bonn* ZInsO 2002, 1030 f. u. *OLG Köln* ZInsO 2002, 873 f. u. *OLG Celle* NZI 2001, 650 ff.). Die Höhe dieser Zu- und Abschläge richtet sich jeweils nach Art, Umfang und Dauer der Tätigkeit, dies bezogen auf den geltend gemachten Einzelaspekt bzw. den dargestellten Teilbereich (*BGH* NZI 2005, 106 ff.). Ist ein **vorläufiger Insolvenzverwalter** nach § 22 Abs. 1 InsO **mit Verwaltungs- und Verfügungsbefugnis** ausgestattet, so rechtfertigt dies eine **Erhöhung des Regelsatzes** auf 30 % (*OLG Braunschweig* ZInsO 2000, 336). Besondere Schwierigkeiten (wie z.B. Anordnung von Postsperre »und« Verfügungsverbot) erlauben trotz kurzer Verfahrensdauer einen Erhöhungssatz von 50 % (*AG Bonn* ZIP 1999, 2167; **a.A.** *LG Berlin* ZInsO 2001, 608 ff.).

33 Diese Bandbreite von 25 % für den derzeitigen Regelfall des sog. »schwachen« vorläufigen Insolvenzverwalters bis hin zu 50 % für den sog. »starken« vorläufigen Insolvenzverwalter bietet allerdings **nur Orientierungspunkte** (*BGH* ZIP 2003, 1260 in einer Nichtzulassungsentscheidung, die Bemessung sei allein Aufgabe des Tatrichters; m. zust. Anm. *Haarmeyer* ZInsO 2003, 749; bestätigt durch *BGH* ZInsO 2010, 730 f.; ZInsO 2009, 55 f.; ZInsO 2007, 370 keine Bindung an sog. »Faustregel-Tabelle«; ZIP 2003, 1759 f., kein genereller Zuschlag auf angemessene Vergütung von 25 % für sog. »starken« vorläufigen Insolvenzverwalter). Im Einzelfall kann auch dann, wenn die Verwaltungs- und Verfügungsbefugnis nicht gem. § 22 Abs. 1 Satz 1 InsO auf den vorläufigen Insolvenzverwalter übergegangen ist, eine Erhöhung bis über 50 % einer fiktiv errechneten Vergütung des Insolvenzverwalters angemessen sein (*AG Regensburg* ZInsO 2000, 344 ff.; vgl. auch zur Sequestervergütung *AG Bergisch Gladbach* ZIP 2000, 283 ff.). Zugrunde lag ein Fall, in dem der **Geschäftsbetrieb** über zehn Wochen mit Übernahme der persönlichen Haftung **fortgeführt** worden war, die Behandlung arbeitsrechtlicher Fragen von elf Arbeitnehmern und die Vorbereitung einer übertragenden Sanierung Gegenstand der Tätigkeit eines sog. »schwachen« vorläufigen Insolvenzverwalters waren. Bei Anordnung eines allgemeinen Zustimmungsvorbehalts gem. § 21 Abs. 2 Ziff. 2 2. Alt. soll dem vorläufigen Insolvenzverwalter für den damit verbundenen Arbeits- und Verwaltungsaufwand ein pauschaler Zuschlag von 10% zum Regelsatz von 25%, also 35% der fiktiven Vergütung eines endgültigen Verwalters, zuzubilligen sein. Dabei soll der Zuschlag unabhängig von den Erschwerniszuschlägen i.S.d. § 3 InsVV (z.B. wegen Betriebsfortführung) zu gewähren sein, weil die Ermittlung der fiktiven Vergütung – unter Berücksichtigung der Zuschläge gem. § 3 InsVV – und der Höhe des Bruchteils der Vergütung des vorläufigen Insolvenzverwalters unabhängig voneinander zu erfolgen habe (*OLG*

Dresden ZIP 2002, 1365 f.). Dem hat der BGH ausdrücklich widersprochen (*BGH* ZIP 2003, 1612 m.w.N.). Auch in einer neueren Entscheidung des BGH wird klargestellt, dass die **Fortführung des schuldnerischen Unternehmens als auch die Sanierungsbestrebungen** nicht zu den Regelaufgaben eines vorläufigen Insolvenzverwalters gehören (*BGH* ZInsO 2010, 730 f.). Diese Aspekte können deshalb jeweils gesondert einen Zuschlag rechtfertigen. Delegiert aber der vorläufige Verwalter einen Teil solcher Tätigkeiten auf Dritte, kann ein Zuschlag gekürzt oder gar versagt werden (*BGH* ZInsO 2010, 730 [731]).

– Es sind zahlreiche instanzgerichtliche Entscheidungen zur Frage der **Regelsätze, Zuschläge sowie Abschläge** ergangen (*AG Siegen* ZIP 2002, 2054 f., Erhöhung der Regelvergütung um 80 % der fiktiven Verwaltervergütung (50 % **Fortführung Geschäftsbetrieb**, 2,5 Monate mit rund 50 Arbeitnehmern, 10 % Bearbeitung von **Arbeitnehmerangelegenheiten**, 20 % intensive Bemühungen um **übertragende Sanierung**; *LG Traunstein* ZIP 2004, 1657 f. m. Anm. *Höpfner* in: EWiR 2005, § 11 InsVV 1/05, S. 185 f.: Fortführung mit 138 Arbeitnehmern zwei Monate im Eröffnungsverfahren 65 %, **Insolvenzgeldvorfinanzierung** und Information der Arbeitnehmer 25 %; *LG Braunschweig* ZInsO 2001, 552 ff.; *AG Potsdam* DZWIR 2001, 259 ff.; *LG Krefeld* ZInsO 2001, 701 ff.; *AG Zweibrücken* NZI 2001, 387 ff.; *AG Chemnitz* ZIP 2001, 1473 f. Vergütung des vorläufigen Insolvenzverwalters in Höhe von 150 % der Regelvergütung des »endgültigen« Insolvenzverwalters m. zust. Anm. *Keller* in: EWiR 2002, § 11 InsVV 1/02, S. 115 f. und krit. Anm. *Bilgery* DZWIR 2002, 392 ff.; *LG Mönchengladbach* ZInsO 2001, 750 f. für den Fall eines **obstruierenden Schuldners**; *BGH* NZI 2004, 448 und *OLG Frankfurt/M.* ZInsO 2001, 606 ff. zum Verhältnis der Vergütung des vorläufigen Insolvenzverwalters und Sachverständigenvergütung; *LG Mannheim* ZIP 2001, 1600 f. = ZInsO 2001, 795 f.; zum Wertansatz bei Rücknahme des Eigenantrages; *LG Göttingen* ZInsO 2001, 794 f.; *LG Ingolstadt* ZIP 2001, 1688 f. zum angemessenen Bruchteil [35 %] bei Rücknahme des Eigenantrags; zur Frage der **Befassung mit Aus- und Absonderungsrechten** als Auslöser eines Zuschlages nach § 3 Abs. 1 InsVV (ablehnend); *AG Göttingen* NZI 2005, 271 zur Zulässigkeit einer höheren Vergütung für den vorläufigen gegenüber dem endgültigen Insolvenzverwalter).

Auch der **BGH** hat mittlerweile eine Reihe von **Rechtsbeschwerden entschieden**. So hat der vorläufige Insolvenzverwalter, der im Hinblick auf einen vom Insolvenzgericht angeordneten Zustimmungsvorbehalt einen Zuschlag auf den Ausgangsatz von 25 % der Vergütung des endgültigen Insolvenzverwalters begehrt, konkret darzulegen, dass er sich mit Verfügungen des Schuldners in erheblichem Umfang hat befassen müssen. Eine lückenlose Aufzählung aller einschlägigen Vorgänge kann allerdings nicht von ihm verlangt werden (*BGH* ZIP 2006, 625 ff. Rn. 13 ff.). Die **Feststellung von künftigen Anfechtungsansprüchen** führt zu einem Zuschlag auf den Ausgangsatz von 25 % der Vergütung des endgültigen Verwalters, wenn er Ermittlungen anstellen musste, die ihm nur in seiner Eigenschaft als vorläufiger Insolvenzverwalter möglich waren oder soweit er Maßnahmen ergriffen hat, um die Durchsetzung künftiger Anfechtungsansprüche vorzubereiten oder zu sichern (*BGH* ZIP 2006, 625 Rn. 19 ff.: Abgrenzung zur gleichzeitigen Tätigkeit des Sachverständigen).

Dem vorläufigen Insolvenzverwalter mit Zustimmungsvorbehalt kann ein Zuschlag auf die Vergütung gewährt werden, wenn in der Eröffnungsphase der **Betrieb des Schuldners fortgeführt** worden ist und sich für die Tätigkeit des vorläufigen Insolvenzverwalters dadurch erhebliche Erschwernisse ergeben haben (*BGH* NZI 2006, 401 f.). Umgekehrt rechtfertigt eine geringe Beteiligung des vorläufigen Insolvenzverwalters an einer Fortführung des Betriebes durch den Schuldner keinen Abschlag (*BGH* ZInsO 2007, 147 f. Rn. 13). Ein Abschlag wegen kurzer Dauer sei dann allerdings u.U. zulässig (*BGH* ZInsO 2007, 147 Rn. 12). Wirkt der vorläufige Insolvenzverwalter mit Zustimmungsvorbehalt an einer zum Zweck der Sanierung schon im Eröffnungsverfahren durchgeführten **Unternehmensübertragung** mit, kann dies einen Zuschlag zum Regelbruchteil der fiktiven Vergütung des Insolvenzverwalters rechtfertigen, wenn das Insolvenzgericht oder die Gläubiger seiner Mitwirkung zugestimmt haben (*BGH* NZI 2006, 235 ff. Rn. 13 ff.).

IV. Mindestvergütung beim vorläufigen Insolvenzverwalter

37 Die Vorschrift des § 2 Abs. 2 InsVV bezieht sich auch auf die Vergütung des vorläufigen Insolvenzverwalters (*BGH* NZI 2006, 515). Die Höhe der **Mindestvergütung des vorläufigen Insolvenzverwalters** (vgl. §§ 10, 2 Abs. 2 InsVV) richtet sich nach der Anzahl der Gläubiger, denen nach den schuldnerischen Unterlagen offene Forderungen gegen den Schuldner zustehen, soweit mit einer Forderungsanmeldung im Insolvenzverfahren zu rechnen ist (*BGH* ZIP 2010, 486; *BGH* NZI 2010, 256 m. Anm. *Kind* FD-InsR 2010, 299659). Es kommt dabei nicht darauf an, ob sich der vorläufige Insolvenzverwalter mit diesen Forderungen konkret befasst hat.

V. Vergütung bei nicht eröffnetem Verfahren

38 Grundsätzlich gilt, soweit das Insolvenzverfahren nach Anordnung einer vorläufigen Insolvenzverwaltung nicht eröffnet wird, setzt das Insolvenzgericht nach dem im Rahmen des ESUG eingeführten § 26a InsO die Vergütung des vorläufigen Insolvenzverwalters durch Beschluss gegen den Schuldner fest (vgl. *Schmerbach* § 26a Rdn. 1 ff.). Die Neuregelung bzw. Ergänzung des § 26a InsO tritt am 1. Juli 2014 in Kraft.

39 Nach **Erledigung des Insolvenzantrages durch Rücknahme** hat eine amtswegige Feststellung des Umfangs der Ist-Masse zur Berechnung der Bemessungsgrundlage für die Vergütung eines vorläufigen Insolvenzverwalters grds. nicht zu erfolgen (*BGH* NZI 2005, 558 ff.). Eine Schätzung gem. § 287 ZPO i.V.m. § 4 InsVV auf der Grundlage des bisherigen Sach- und Streitstandes, unter Berücksichtigung der vorliegenden Berichte des vorläufigen Insolvenzverwalters, Forderungszusammenstellungen und sonstiger Ermittlungsergebnisse, ist zulässig und angebracht.

40 Die Regelungen des ESUG mit der Einführung des § 26a InsO traten am 1. März 2012 in Kraft. Insofern ergibt sich für sog. »**Altfälle**« vor dem ESUG, dass derartige Vergütungsanträge nicht nach den §§ 63, 64 InsO u. §§ 8, 10, 11 InsVV durch das mit dem Verfahren befasste Insolvenzgericht festgesetzt werden. Dies bedeutet, dass der vorläufige Insolvenzverwalter wegen eines Vergütungsanspruchs vor dem 1. März 2012 (»Altfall«) auch nach der Gesetzesänderung in § 26a InsO, auf den ordentlichen Rechtsweg verwiesen werden muss. Der BGH hat allerdings klargestellt, dass eine für einen »Altfall« dennoch ergangene Kostengrundentscheidung des Insolvenzgerichts nicht unwirksam ist (*BGH* WM 2012, 814 ff.).

41 **Vor der Einführung des § 26a InsO** hatte die Frage, wer **im Falle der Abweisung mangels Masse** die Vergütung des vorläufigen Insolvenzverwalters zu tragen hat, keine befriedigende Lösung erfahren (vgl. hierzu Begr.RegE, abgedruckt bei *Balz/Landfermann* S. 239; vgl. auch *Kuhn/Uhlenbruck* KO, § 107 Rn. 19 m.w.N. für die alte Rechtslage; *Uhlenbruck/Mock* InsO, § 63 Rn. 64; *Pape* ZInsO 1999, 398 f. in diesem Sinne; *LG Fulda* NZI 2002, 61; **a.A.** *Rattunde/Röder* DZWIR 1999, 309 ff. in Anlehnung an die Praxis des AG Charlottenburg; vereinzelte Entscheidung: *LG Offenburg* ZIP 1999, 244 f.; betreffend der Auslagen – *BGH* NZI 2004, 245 ff. m. Anm. *Bernsau*; m. zust. Anm. *Vallender* in EWiR 2004, § 63 InsO 1/04, S. 609 f.; vgl. zur verfassungsrechtlichen Problematik auch den Nichtannahmebeschluss des *BVerfG* ZInsO 2004, 383 ff. m. krit. Anm. *Haarmeyer*; bestätigt durch *BGH* NZI 2006, 239 ff. = ZInsO 2006, 204 f.).

42 Mit Urteil vom 13.12.2007 hatte der *BGH* (ZIP 2008, 228 ff.) noch entschieden, dass der vorläufige Insolvenzverwalter nur gegen den Schuldner einen materiell-rechtlichen Vergütungsanspruch hat, wenn das Insolvenzverfahren nicht eröffnet wird. Die Entscheidung über die »Kosten des Verfahrens« betrifft nicht die Vergütung und die Auslagen des vorläufigen Insolvenzverwalters. Selbst dann, wenn ein Gläubigerantrag auf Eröffnung eines Insolvenzverfahrens aus in der Person des Antragstellers liegenden Gründen abgelehnt worden ist, können dem Antragsteller nicht durch besonderen Beschluss die durch das Insolvenzeröffnungsverfahren entstandenen Kosten auferlegt werden (*BGH* NZI 2010, 98).

F. Die Vergütung des Sonderinsolvenzverwalters

Eine Vergütungsregelung für die Tätigkeit des Sonderinsolvenzverwalters enthält die InsO entgegen den ursprünglichen Bestrebungen (vgl. § 77 RegE) nicht. In einem rechtsgrundsätzlichen Beschluss hat der BGH sich zur Vergütung des Sonderinsolvenzverwalters geäußert (*BGH* NZI 2008, 485 ff. m. Anm. *Frege* = ZInsO 2008, 733 ff. = ZIP 2008, 1294 ff. m. Anm. *Graeber* ZInsO 2008, 847 f.; *BGH* NZI 2008, 585 m. Anm. *Kind*). Die Vergütung ist danach in entsprechender Anwendung der Vorschriften über die Vergütung des Insolvenzverwalters festzusetzen (vgl. auch *BGH* Beschl. v. 26.03.2015 – IX ZB 62/13, NZI 2015, 730 f.; m. Anm. *Kießner* FD-InsR 2015, 369782). Einem im Verhältnis zum Insolvenzverwalter verminderten Umfang seiner Tätigkeit ist durch Festlegung einer angemessenen Quote der Regelvergütung und/oder durch einen Abschlag Rechnung zu tragen. In dem Ausnahmefall, in dem dem Sonderinsolvenzverwalter lediglich die Aufgabe übertragen wurde, einzelne Ansprüche zu prüfen, zur Insolvenztabelle anzumelden oder auf dem Rechtsweg zu verfolgen, wozu er nach § 5 Abs. 1 InsVV zur Übertragung der Aufgaben an einen Rechtsanwalt berechtigt gewesen wäre, kann jedoch seine Vergütung nicht höher als in § 5 InsVV festgelegt werden; dies insbesondere dann, wenn der Sonderinsolvenzverwalter nach dieser Vorschrift für eine Tätigkeit als Rechtsanwalt, Steuerberater oder Wirtschaftsprüfer zu vergüten gewesen wäre (*LG Braunschweig* ZInsO 2012, 506). Grds. muss sich dann der Vergütungsanspruch eines Rechtsanwalts nach dem Rechtsanwaltsvergütungsgesetz richten (*BGH* NJW-RR 2015, 1003 f.; *Haarmeyer/Wutzke/Förster* InsVV, § 1 Rn. 5, 110; *BGH* NZI 2008, 485 ff.; ZInsO 2008, 847 m. Anm. *Graeber*; zur Festsetzung s. § 64 Rdn. 5). Auch dem Sonderinsolvenzverwalter können Zuschläge zugesprochen werden (*BGH* ZInsO 2010, 399). Zur Gewährung »eventueller« Zuschläge verhält sich ein Beschluss des *LG Frankfurt/M.* (Beschl. v. 02.07.2008 – 2-9 T 64/08, BeckRS 2008, 23747; KTS 2009, 232). 43

G. Die Vergütung des Sachwalters und vorläufigen Sachwalters

Die **Vergütung des Sachwalters in der Eigenverwaltung** gem. § 270 InsO richtet sich nach § 12 Abs. 1 InsVV. Danach erhält dieser »in der Regel« 60 % der für den Insolvenzverwalter bestimmten Vergütung (Braun/*Blümle* InsO, § 63 Rn. 50 ff.; Nerlich/Römermann-*Delhaes* InsO, § 63 Rn. 39). Die Regelung des § 274 Abs. 1 verweist auf die für den Insolvenzverwalter geltenden Vorschriften, aufgeführt werden ausdrücklich die §§ 63 bis 65 InsO. Weicht der Verfahrensumfang und die Tätigkeit des Sachwalters von einem durchschnittlichen Verfahren ab, müssen diese Abweichungen mit Zu- und Abschlägen berücksichtigt werden. Insbesondere ist eine den Regelsatz übersteigende Vergütung festzusetzen, wenn das Insolvenzgericht nach § 277 Abs. 1 InsO anordnete, dass bestimmte schuldnerische Rechtsgeschäfte nur mit Zustimmung des Sachwalters wirksam sind (vgl. § 12 Abs. 2 InsVV). Bei den zu erstattenden Auslagen ergibt sich über § 12 Abs. 3 InsVV die Besonderheit, dass anstelle der tatsächlich entstandenen Auslagen ein Pauschsatz von 15 % der gesetzlichen Vergütung im ersten Jahr und 10 % in den Folgejahren, höchstens aber 125 € je angefangenen Monat der Dauer der Tätigkeit, beantragt werden kann. 44

Betreffend den »**vorläufigen Sachwalter**« ergeben sich aus der InsVV, insbesondere aus § 12 InsVV, keine weiteren Regelungen. Mit dem ESUG wurde diese Funktion eingeführt, es ist aber in der InsVV keine Ergänzung erfolgt. Nunmehr hat der *BGH* mit seinem umfangreich begründeten **Beschluss vom 21.07.2016** (NZI 2016, 796 ff.) die bestehende Regelungslücke und die dadurch entstandenen Unsicherheiten bei den Verwaltern und Gerichten weitestgehend beseitigt (fortgeführt mit Beschl. des *BGH* v. 22.9.2016 NZI 2016, 963 ff.). Darin lehnt der BGH einen eigenständigen Vergütungsanspruch des vorläufigen Sachwalters – wie er zuvor etwa von *AG Göttingen* (ZInsO 2012, 2413) und *AG Hamburg* (ZIP 2014, 237) in unmittelbarer Anwendung des § 12 InsVV angenommen wurde, ab. Vielmehr sind vorläufiger und endgültiger Sachwalter aufgrund der strukturellen **Vergleichbarkeit ihrer Aufgaben als Einheit anzusehen** und § 12 InsVV sei entsprechend anzuwenden. Die Auslagenpauschale bemisst sich demnach für ihn nach § 12 Abs. 3 InsVV. Damit ist die Vergütung nach den Vorschriften über die Vergütung des (endgültigen) Sachwalters festzusetzen. Gleiches gilt für die Berechnungsgrundlage, die sich nunmehr ebenfalls nach derjenigen des (endgültigen) Sachwalters richten soll. Auch zur **Höhe der Vergütung** äußerte sich der BGH in dem Be- 45 schluss. Danach sei es angemessen im Normalfall **25 %** der Regelvergütung des Insolvenzverwalters (§ 2 Abs. 1 InsVV) anzusetzen. Zu berücksichtigen sind, in entsprechender Anwendung des § 3 InsVV, **Zu- und Abschläge**, für deren Bestimmung maßgeblich ist, welche Aufgaben der vorläufige Sachwalter wahrzunehmen hat und welcher vom Gesetzgeber geregelten Tätigkeiten dies entspricht. Das kann, wie im vom BGH entschiedenen Fall, eine **Betriebsfortführung** oder ein **hohe Zahl an Mitarbeitern** sein, wenn damit ein »ungewöhnlicher, über das Übliche hinausgehender Arbeitsaufwand« in der Überwachungstätigkeit verbunden ist. Wobei Letzteres auch bereits im Rahmen der Betriebsfortführung im Zuschlagstatbestand des § 3 Abs. 1b) InsVV berücksichtigt werden kann. Zu beachten gilt aber, dass die Fortführung des Geschäftsbetriebs grds. in der Natur der Eigenverwaltung liegt. Die Prüfung der Rentabilität und der Liquidität sowie das Controlling sind originäre Aufgaben eines (vorläufigen) Sachwalters (vgl. *AG Dortmund* ZInsO 2016, 2499 f.).

46 Die **Festsetzung** seiner Vergütung erfolgt mit der Festsetzung der Vergütung des Sachwalters. Der vorläufige Sachwalter kann zuvor jedoch auf Antrag einen Vorschuss nach § 9 InsVV verlangen. Wird der vorläufige Sachwalter nicht zum Insolvenzverwalter bestellt, so hat er einen anteiligen Anspruch auf Vergütung. Der BGH stellte ferner klar, dass die Vorschriften über die Vergütung des vorläufigen Insolvenzverwalters nicht entsprechend anwendbar sind.

47 Fraglich bleibt die Behandlung der **Vergütung bei Aufhebung der Eigenverwaltung**, was zwischenzeitlich in der Praxis häufig vorkommt. Eine gesetzliche Regelung ist für diese Konstellation noch nicht vorhanden. *Stephan* geht – auch bei Personenidentität – betreffend des vorherigen Sachwalters und des nachfolgenden Insolvenzverwalters von zwei unabhängigen Vergütungsansprüchen aus. Wirkt sich die Tätigkeit des Sachwalters entlastend auf die spätere Tätigkeit des Insolvenzverwalters aus, könnten dann bei der Insolvenzverwaltervergütung auch Abschläge gerechtfertigt sein (MüKo-InsO/*Stephan* § 12 InsVV Rn. 24; MüKo-InsO/*Tetzlaff/Kern* § 274 Rn. 83).

H. Vergütung im Stundungsverfahren nach § 63 Abs. 2

48 Diese Regelung des Abs. 2 ist mit dem InsOÄndG von 2001 (v. 26.10.2001, BGBl. I S. 2710) eingeführt worden:
»Sind die Kosten des Verfahrens nach § 4a gestundet, steht dem Insolvenzverwalter für seine Vergütung und seine Auslagen ein Anspruch gegen die Staatskasse zu, soweit die Insolvenzmasse dafür nicht ausreicht.« (InsOÄndG 2001, BR-Drucks. 14/01, S. 4 f. mit der Begr. auf S. 55; s. hierzu auch *Kohte* § 4a und MüKo-InsO/*Stephan* § 63 Rn. 52; *BGH* WM 2013, 519 f.).

49 Danach können einer natürlichen Person bzw. dem Schuldner, der einen Antrag auf Restschuldbefreiung gestellt hat, gem. §§ 4a ff. InsO die Kosten des Insolvenzverfahrens bis zur Erteilung der Restschuldbefreiung gestundet werden (MüKo-InsO/*Stephan* § 63 Rn. 60 ff.; Braun/*Blümle* InsO, § 63 Rn. 47). In **massearmen Verfahren** wird damit der Vergütungsanspruch des vorläufigen und des endgültigen Insolvenzverwalters oder des Treuhänders abgesichert. Primär steht dem Insolvenzverwalter bzw. Treuhänder nach den allgemeinen Regeln der InsO ein Anspruch auf Vergütung und Erstattung seiner Auslagen zu. Diese Ansprüche liegen aber in der jeweiligen Person begründet und können nicht vom Staat gestundet werden. Insofern ergibt sich bei Unzulänglichkeit der Insolvenzmasse nur ein **Sekundäranspruch gegen die Staatskasse**. Nach neuerer Rspr. des BGH setze aber dieser sekundäre Vergütungsanspruch gegen die Staatskasse voraus, dass die Verfahrenskostenstundung für den jeweiligen Verfahrensabschnitt gewährt worden sei (*BGH* NZI 2013, 305 ff.; a.A. *Buck* FD-InsR 2013, 344515; sieht auch Schwierigkeiten bei der Handhabung in der Praxis, *Siebert* VIA 2013, 36 f.). Die Staatskasse wiederum kann nach Ablauf der Stundung, die an den Insolvenzverwalter gezahlten Beträge in voller Höhe als Auslagen vom Schuldner ersetzt verlangen. I.S.d. § 63 Abs. 2 InsO ist Staatskasse, in analoger Anwendung der § 122 Abs. 1 ZPO und § 45 Abs. 1 RVG, die jeweilige Landeskasse, in deren Bezirk sich das Insolvenzgericht befindet, welches den Insolvenzverwalter bzw. Treuhänder bestellt hat. Die Voraussetzungen der Festsetzung regeln sich im Übrigen nach § 64 InsO i.V.m. § 8 *InsVV*. Über den Antrag auf Erstattung der Vergütung und Auslagen entscheidet nach § 3 Nr. 2e RPflG der Rechtspfleger. Für die Beschwerde gilt § 64 Abs. 3 InsO. Der Bezirksrevisor als Vertreter der Staatskasse hat unter Bezugnahme auf § 6 Abs. 1 InsO kein Beschwerde-

recht, dies ist auch konsequent, da letztlich ein Erstattungsanspruch gegen den Schuldner besteht, dem zuvor die Stundung gewährt worden ist. Insofern besteht für die Staatskasse betreffend die **Stundungsentscheidung** nach § 4d Abs. 2 InsO ein **Beschwerderecht** (MüKo-InsO/*Stephan* § 63 Rn. 64; K. Schmidt/*Vuia* InsO, § 63 Rn. 35).

Die im Stundungsverfahren gewährte Vergütung kann aber **nicht zwingend auf die Mindestvergütung beschränkt** sein (*LG Erfurt* ZInsO 2012, 947 f.). Eine entsprechende Begrenzung hat auch der BGH nicht vorgenommen (*BGH* NZI 2010, 188). Der Verwalter muss sich auch bei einem Stundungsverfahren darauf verlassen können, mit seinem Vergütungsanspruch nicht auszufallen. § 63 Abs. 2 InsO ist bei Ausfall des Insolvenzverwalters/Treuhänders mit seinem Vergütungsanspruch nach Aufhebung der Verfahrenskostenstundung im eröffneten Insolvenzverfahren analog anwendbar (*BGH* ZInsO 2008, 111 f.). 50

Eine Beschränkung bzw. Deckelung des Vergütungsanspruchs auf die Regelungen des § 2 Abs. 2 InsVV, lässt sich weder mit dem Wortlaut noch nach dem Sinn und Zweck des § 63 InsO rechtfertigen (*BGH* WM 2013, 515 ff.; *LG Braunschweig* NZI 2010, 529; MüKo-InsO/*Stephan* § 63 Rn. 62; *Rüffert/Neumerkel* ZInsO 2012, 116; *Stephan* VIA 2010, 46; *BGH* ZInsO 2013, 563 f.; NZI 2013, 350 ff. m. Am. *Keller*). 51

I. Vergütung bei einem Insolvenzplanverfahren

Arbeitet der Insolvenzverwalter einen Insolvenzplan aus, erhält er diesbezüglich keine gesonderte Vergütung. Allerdings kann eine derartige Erstellung und Bearbeitung gem. § 3 Abs. 1 lit. e InsVV einen Zuschlag rechtfertigen. 52

Anders verhält es sich, wenn der Insolvenzverwalter einen Insolvenzplan überwacht (vgl. §§ 260 bis 269 InsO). Für diese Überwachung erhält der Verwalter nach § 6 Abs. 2 InsVV eine Sondervergütung bzw. eine zusätzliche Vergütung (MüKo-InsO/*Stephan* § 63 Rn. 43). Dies ist deshalb gerechtfertigt, da die **Überwachung der Erfüllung des Insolvenzplans** einerseits und Tätigkeit als Insolvenzverwalter andererseits, zwei völlig unterschiedliche Aufgabenbereiche und Funktionen betreffen. Bei der Überwachung handelt es sich zudem um eine Tätigkeit nach Verfahrensaufhebung. Die Höhe dieser Vergütung ist unter Berücksichtigung des Umfangs der Tätigkeit nach billigem Ermessen festzusetzen (§ 6 Abs. 2 InsVV). Vergütungserhöhend kann sich auswirken, wenn im Insolvenzplan bestimmte Geschäfte an die Zustimmung des Verwalters gebunden werden (vgl. § 263 InsO) oder ein bestimmter Kreditrahmen (vgl. 264 InsO) vorgesehen ist (Nerlich/Römermann-*Delhaes* InsO, § 63 Rn. 28). 53

In der Diskussion befindet sich, ob die Vergütung des Insolvenzverwalters in einem Insolvenzplan geregelt und vereinbart werden kann. Einer derartigen Regelungsmöglichkeit wird zugestimmt. Ein entsprechender Ausschluss lässt sich auch § 64 InsO nicht entnehmen. Durch eine solche Regelung in einem Insolvenzplan wird das Insolvenzgericht seiner Festsetzungsbefugnis nach § 64 InsO nicht enthoben. Eine reine gerichtliche »Feststellungsbefugnis« ist der ZPO, welche über § 4 InsO auch im Insolvenzverfahren gilt, nicht fremd. Mithin lässt sich auch eine nur formale Festsetzungsbefugnis des Gerichts mit dem Wortlaut des § 64 InsO vereinbaren (*LG München* ZInsO 2013, 972). Diese Ansicht trifft in Rechtsprechung und Literatur vielfach auf Zustimmung (*Graeber* ZIP 2013, 916 ff., *Haarmeyer/Wutzke/Förster* InsVV, Vor § 1 InsVV Rn. 49 ff. und § 1 InsVV Rn. 38; *Leonhardt/Smid/Zeuner* InsO, § 249 Rn. 4; zu Masseansprüchen als Berechnungsgrundlage für die Vergütung im Insolvenzplanverfahren s. *BGH* NZI 2011, 445 m. Anm. *Kießner* FD-InsR 2011, 318021). Etwas einschränkender bei *Stephan*, danach hat das Insolvenzgericht vor der Entscheidung über den Insolvenzplan zu prüfen, ob die Vergütungsfestlegung angemessen ist; dies soweit nur einer der Beteiligten dem Insolvenzplan widersprochen hat. Eine solche insolvenzplangeregelte Vergütung darf nicht unangemessen hoch sein und insbesondere nicht zu einer unzulässigen Belastung eines widerstreitenden Beteiligten werden (MüKo-InsO/*Stephan* § 63 Rn. 52). 54

§ 64 Festsetzung durch das Gericht

(1) Das Insolvenzgericht setzt die Vergütung und die zu erstattenden Auslagen des Insolvenzverwalters durch Beschluss fest.

(2) ¹Der Beschluss ist öffentlich bekanntzumachen und dem Verwalter, dem Schuldner und, wenn ein Gläubigerausschuss bestellt ist, den Mitgliedern des Ausschusses besonders zuzustellen. ²Die festgesetzten Beträge sind nicht zu veröffentlichen; in der öffentlichen Bekanntmachung ist darauf hinzuweisen, dass der vollständige Beschluss in der Geschäftsstelle eingesehen werden kann.

(3) ¹Gegen den Beschluss steht dem Verwalter, dem Schuldner und jedem Insolvenzgläubiger die sofortige Beschwerde zu. ²§ 567 Abs. 2 der Zivilprozessordnung gilt entsprechend.

Übersicht	Rdn.		Rdn.
A. Normzweck	1	C. Das Festsetzungsverfahren	5
B. Anwendungsbereich	3	D. Rechtsmittel	18

Literatur:
Blersch Insolvenzrechtliche Vergütungsverordnung, 2000; *Foltis* Zur Anfechtbarkeit des »Vorschussbeschlusses« und Anwendbarkeit der Zuschlagsregel bei Fortführung mit Masseerhöhung – Anm. zu *LG Göttingen* Beschl. v. 02.08.2001 – 10 T 40/01 (ZInsO 2001, 846 f.), ZInsO 2001, 842 f.; *Franke/Burger* Richter und Rechtspfleger im Insolvenzverfahren – zur Zuständigkeitsabgrenzung, insbesondere bei der Vergütungsfestsetzung, NZI 2001, 403 ff.; *Haarmeyer* Rechtsmittel im Rahmen der Vorschussentnahme nach § 9 InsVV, ZInsO 2001, 938; *Mock* Gläubigerautonomie und Vergütung des Insolvenzverwalters, KTS 2012, 59; *Muthorst/Bork* Zur Vergütung des vorl. Insolvenzverwalters – Ist die Neufassung des § 11 InsVV verfassungskonform?, ZIP 2010, 1627; *Riewe* Festsetzung der Vergütung des vorläufigen Insolvenzverwalters bei fehlender Eröffnung des Insolvenzverfahrens, NZI 2010, 131; *Seehaus* Den BGH richtig verstehen: Zur Festsetzung der Vergütung des vorläufigen Insolvenzverwalters bei nicht eröffneten Insolvenzverfahren, ZInsO 2011, 1783; *Uhlenbruck* Ablehnung einer Entscheidung über die Kosten des vorläufigen Insolvenzverwalters – ein Fall der Rechtsschutzverweigerung?, NZI 2010, 161; *Vorwerk* Gläubigereinbeziehung in das Festsetzungsverfahren der Verwaltervergütung – Verfassungsmäßigkeit des § 64 II InsO, NZI 2011, 7.

A. Normzweck

1   Die Vorschrift regelt das gerichtliche Festsetzungsverfahren für die Vergütung und die zu erstattenden Auslagen des Insolvenzverwalters.

2   Die Vergütung kann erst nach rechtskräftiger Festsetzung durch das Gericht der Insolvenzmasse entnommen werden, wobei der Anspruch auf Vergütung und Erstattung der angemessenen Auslagen bereits mit der Erbringung der Arbeitsleistung entsteht (*Nerlich/Römermann-Delhaes* InsO, § 64 Rn. 1 m.w.N.). Die vom Insolvenzgericht festgesetzte Vergütung des Insolvenzverwalters darf bereits vor Rechtskraft des Festsetzungsbeschlusses der Masse entnommen werden (*BGH* NZI 2006, 94 ff. Rn. 23 noch zur Vergütung des Konkursverwalters, aber auf die des Insolvenzverwalters ohne Weiteres übertragbar; zur Anfechtbarkeit der »Entnahme« der Vergütung des ehemaligen Sequesters: abl. *LG Dresden* ZInsO 2007, 221 f.). Die Fälligkeit des Vergütungs- und Auslagenersatzanspruchs des Insolvenzverwalters richtet sich entsprechend der allgemeinen Regelungen im Vergütungs- und Kostenrecht danach, wann er die Tätigkeit im Insolvenzverfahren insgesamt beendet oder eine gesondert zu vergütende Tätigkeit erledigt hat (*LG Göttingen* ZVI 2002, 433 f. m. zust. Anm. *Tappmeier* in: EWiR 2001, § 8 InsVV 2/01, S. 881 f.; näher hierzu MüKo-InsO/*Riedel* § 63 Rn. 7 und zur Verjährung Rn. 9). Die verzögerte Bearbeitung des Antrags auf Festsetzung der Vergütung des (vorläufigen) Insolvenzverwalters durch das Insolvenzgericht rechtfertigt weder eine Verzinsung des Vergütungsanspruchs noch die Festsetzung eines Zuschlags zur Regelvergütung noch ohne Weiteres die Erstattung von »Vorfinanzierungsauslagen« (*BGH* NZI 2004, 249 ff. = ZInsO 2004, 268 ff. m. krit. Anm. *Haarmeyer*; m. zust. Anm. *Schumacher* in: EWiR 2004, § 63 InsO 2/04, S. 611 f.). Bei schweren Pflichtverletzungen und schwerwiegenden Straftaten in der Person des Verwalters kann es zu einer Verwirkung des Vergütungsanspruchs kommen (*BGH* NZI 2016, 892, vgl. § 63 Rdn. 4). Wer charakterlich ungeeignet ist, fremdes Vermögen zu verwalten und gleichwohl die Be-

stellung zum Insolvenzverwalter annimmt, kann mit seinem Vergütungsanspruch ausgeschlossen sein (*BGH* NZI 2011, 760; NZI 2011, 282 = WM 2011, 663; BGHZ 159,122 = NZI 2004, 440; *Schmidt/Frind* NZI 2004; 533).

B. Anwendungsbereich

§ 64 InsO ist über § 21 Abs. 2 Nr. 1 InsO auch für die Vergütung und Auslagenerstattung des **vorläufigen Insolvenzverwalters** anzuwenden; weiter die des **Sachwalters, des vorläufigen und endgültigen Treuhänders** im Verbraucherinsolvenzverfahren, des **Sonderinsolvenzverwalters** sowie des Treuhänders im Restschuldbefreiungsverfahren und die **Vergütung der Mitglieder des Gläubigerausschusses** (vgl. *Lorenz* §§ 10, 13 16, 17 InsVV). 3

Nicht festsetzen kann das Insolvenzgericht Vergütungen und Auslagen des **gemeinsamen Vertreters** (§§ 7, 19 Abs. 2 SchVG) für die Gläubiger von **Orderschuldverschreibungen**. Die Organe in einem Insolvenzverfahren seien in Anbetracht ihrer Tätigkeiten und Aufgaben nicht mit einem gemeinsamen Vertreter vergleichbar. Dieser werde einseitig im Interesse der Anleihegläubiger tätig. Die Organe im Insolvenzverfahren zeichnen sich hingegen dadurch aus, dass sie weder einzelne Gläubiger noch Gläubigergruppen vertreten. Sie seien stets der Gesamtheit der Gläubiger verpflichtet und hätten daher eine neutrale Position einzunehmen. Sie unterlägen insofern der Aufsicht des Insolvenzgerichts (§ 58 InsO) sowie bei Verletzung insolvenzspezifischer Pflichten einer Schadensersatzpflicht (§§ 60, 61 InsO). Der gemeinsame Vertreter bleibe Gläubigervertreter und im Innenverhältnis den Weisungen der Anleihegläubiger unterworfen (*BGH* WM 2016, 1547 = Beck FD-InsR 2016, 380874 m. Anm. *Hirte*). 4

C. Das Festsetzungsverfahren

Die Vergütung und die Auslagen des Insolvenzverwalters werden vom Insolvenzgericht festgesetzt. **Funktional zuständig** ist gem. § 18 RPflG der Rechtspfleger. Ausnahmsweise ist der Richter zuständig falls ein Insolvenzverfahren mangels die Verfahrenskosten deckender Masse gem. § 26 Abs. 1 InsO nicht eröffnet wird oder sich der Richter gem. § 18 Abs. 2 RPflG die weitere Verfahrensführung vorbehalten hat. I.d.R. ist damit auch der Rechtspfleger zuständig für die Festsetzung der Vergütung des vorläufigen Insolvenzverwalters (*OLG Köln* NZI 2000, 585 f. [586] m.w.N.; *Franke/Burger* NZI 2001, 403 ff. [405]; **a.A.** *AG Göttingen* ZInsO 2001, 616 f. auch zu den inhaltlichen Anforderungen an den Vergütungsantrag). Der Wirksamkeit einer gleichwohl vom Richter vorgenommenen Festsetzung steht diese Zuständigkeitsregelung allerdings wegen § 8 Abs. 1 RPflG nicht entgegen (*OLG Köln* NZI 2000, 585; *OLG Jena* ZIP 2000, 1839 ff. [1839 f.]; HK-InsO/*Keller* § 64 Rn. 10 ff. m.w.N.). 5

Erforderlich ist ein **Antrag** des Insolvenzverwalters, der tunlichst zusammen mit der Schlussrechnung einzureichen ist, da erst zu diesem Zeitpunkt dem Insolvenzgericht alle für die Berechnung der Insolvenzmasse erforderlichen Unterlagen zur Verfügung stehen (MüKo-InsO/*Riedel* § 64 Rn. 4). In dem Antrag ist näher darzulegen, wie die für die Höhe der Vergütung maßgebliche Insolvenzmasse berechnet wurde – Vorgaben hierzu enthält § 1 Abs. 2 InsVV – und welche Dienst- oder Werksverträge nach § 4 Abs. 1 Satz 3 InsVV für besondere Aufgaben im Rahmen der Insolvenzverwaltung abgeschlossen worden sind, § 8 Abs. 1 und Abs. 2 InsVV (vgl. zu den Anforderungen *BGH* NZI 2005, 103 ff. = ZIP 2005, 36 ff.; *AG Hamburg* ZInsO 2002, 1180 f.). Stellt der Insolvenzverwalter einen Vergütungsantrag, führt dies zur Hemmung der Verjährung (*BGH* NZI 2007, 397 ff. = ZIP 2007, 1070 ff. = ZInsO 2007, 539 ff. = DZWIR 2007, 459 f. m. Anm. *Graeber*; vgl. auch *Keller* NZI 2007, 378 ff.). Der Antrag des Insolvenzverwalters muss sich auf einen **bestimmten Betrag** als Vergütung richten (näher hierzu MüKo-InsO/*Riedel* § 64 Rn. 4). Dabei können Regelungen zur Vergütung nicht vorab in einem **Insolvenzplan** getroffen oder von der Bestätigung des Plans abhängig gemacht werden (*BGH* ZIP 2017, 482 = BeckRS 2017, 102696). Über die Vergütung kann grds. nur als einheitlicher Anspruch entschieden werden. Auf ihn und seinen Umfang allein bezieht sich die materielle Rechtskraft der Festsetzung. Die Berechnungsgrundlage und der Vergütungssatz einschließlich der hierbei bejahten oder verneinten Zu- und Abschläge nehmen als Vorfragen an der 6

Rechtskraft nicht teil (*BGH* ZIP 2010, 1403 f.). Eine **Teilentscheidung** über einen Vergütungsfestsetzungsantrag ist nach den Grundsätzen zum Teilurteil (§ 301 ZPO, § 4 InsO) nur zulässig, wenn diese einen tatsächlich und rechtlich selbständigen Teil des Streitstoffes betrifft, über den unabhängig vom übrigen Streitgegenstand entschieden werden kann (*BGH* NZI 2016, 889). Auch nach Festsetzung seiner Vergütung kann der Verwalter eine weitere, ergänzende Festsetzung verlangen, wenn die Vermögensmasse oder die Tätigkeit (*BGH* NZI 2007, 43 f.), auf der der Antrag auf Festsetzung einer weiteren Vergütung beruht, nicht bereits Gegenstand der bisherigen Festsetzungsentscheidung war (*BGH* ZIP 2010, 1403 [1405]). Die Zu- und Abschlagsgründe der §§ 3, 4 InsVV stehen in engem Zusammenhang mit Umfang und Entwicklung der Masse, so dass der Vergütungssatz nicht unabhängig von der Berechnungsgrundlage bestimmt werden kann (*BGH* ZIP 2007, 784 [786] u. ZIP 2009, 514). Insofern ist es auch möglich, dass bei nachträglichem Massezufluss in einer Zweitentscheidung bisher gewährte Zuschläge modifiziert werden (*BGH* ZIP 2010, 1403 [1405] m.w.N.). Die **Sonderfälle** der Vergütung für eine Nachtragsverteilung und die Überwachung der Erfüllung eines Insolvenzplanes richten sich nach § 6 InsVV (vgl. hierzu näher *Lorenz* § 6 InsVV).

7 Auf den Antrag hin erlässt das Gericht einen **Festsetzungsbeschluss**, der im Hinblick auf den Eingriff in die Rechte der Beteiligten und die Beschwerdemöglichkeit zu begründen ist (*LG Erfurt* ZIP 2003, 1955 f. auch zum rechtlichen Gehör im Rahmen des Abhilfeverfahrens m. zust. Anm. *Johlke/Schröder* in: EWiR 2004, § 4 InsO 1/04, S. 561 f.; MüKo-InsO/*Riedel* § 64 Rn. 6). Auch die Vergütung des **Sonderinsolvenzverwalters** wird durch das Insolvenzgericht mit Beschluss festgesetzt (*BGH* NZI 2008, 485 ff. m. Anm. *Frege* = ZInsO 2008, 733 ff. = ZIP 2008, 1204 ff. Rn. 26). Den Insolvenzgläubigern und dem Schuldner – als Beschwerdeberechtigten – ist zum Festsetzungsantrag des Insolvenzverwalters rechtliches Gehör (Art. 103 GG) zu gewähren (inzwischen differenziert in MüKo-InsO/*Riedel* § 64). I.d.R. wird rechtliches Gehör durch die öffentliche Bekanntmachung oder Überlassung einer Ablichtung des Antrags gewährt. Der Insolvenzverwalter ist i.d.R. zu hören, wenn das Insolvenzgericht beabsichtigt, bei der Festsetzung von dessen Antrag abzuweichen (vgl. MüKo-InsO/*Riedel* § 64 Rn. 5 ff.). In der Praxis wird der Insolvenzverwalter vom Normalfall abweichende Vergütungsanträge zunächst mit dem Insolvenzgericht erörtern. Der BFH stellt in einer Entscheidung vom 25. September 2013 klar, dass der Beschluss des Insolvenzgerichts zur Festsetzung des Vergütungsanspruchs des Insolvenzverwalters keine Rechnung eines Dritten i.S.d. § 14 Abs. 2 Satz 4 UStG ist, welche zum Vorsteuerabzug berechtigt (*BFH* NZI 2013, 263 f.; *Sterzinger* NZI 2009, 208 f.). Dem steht entgegen, dass das Insolvenzgericht als staatliches Organ nicht – als Dritter – für, sondern gegenüber dem Insolvenzverwalter in Ausübung durch Gesetz zugewiesener hoheitlicher Befugnisse tätig wird. Es bewilligt lediglich den Vergütungsanspruch gegen die Masse. Abschließend spricht gegen die Annahme einer »Rechnung«, dass nach Erstellung einer eigenen Rechnung des Insolvenzverwalters eine Mehrfachabrechnung vorläge, dies mit der Gefahr einer Steuerschuldnerschaft nach § 14c UStG (*BFH* NZI 2013, 264). Dient ein Insolvenzverfahren neben der Befriedigung von Verbindlichkeiten des – zum Vorsteuerabzug berechtigten – Unternehmens **auch der Befriedigung von privaten Verbindlichkeiten** des Unternehmers, ist der Unternehmer aus der Leistung des Insolvenzverwalters nur im Verhältnis der unternehmerischen zu den privaten Verbindlichkeiten, die im Insolvenzverfahren jeweils als Insolvenzforderungen geltend gemacht werden, zum anteiligen Vorsteuerabzug berechtigt (*BFH* ZIP 2015, 1237 ff.).

8 Ist das **Insolvenzverfahren nicht eröffnet** worden, konnte nach einem Beschluss des BGH die Vergütung des schwachen **vorläufigen Insolvenzverwalters** vom Insolvenzgericht nicht im Verfahren nach §§ 63, 64 InsO, §§ 8, 10, 11 InsVV festgesetzt werden (*BGH* Beschl. v. 3.12.2009 NZI 2010, 98; Beschl. v. 8.03.2012 – IX ZB 219/11, DB0470657; 03.12.2009 – IX ZB 280/08, NZI 2010, 98 = ZInsO 2010, 107 m. krit. Anm. *Frind;* anders nun durch das am 01.03.2012 in Kraft getretene ESUG und § 26a InsO, s. Rdn. 10). In diesen vorgenannten »Altfällen« wird der vorläufige Insolvenzverwalter wegen seines Vergütungsanspruchs auf den ordentlichen Rechtsweg vor das Zivilgericht verwiesen, wobei nach Ansicht des BGH richtiger Beklagter immer nur der Schuldner sein kann (vgl. auch *BGH* BGHZ 175, 48 = NZI 2008, 170 = ZInsO 2008, 151). Der vorläufige Verwalter habe dann einen materiell-rechtlichen Vergütungsanspruch gegen den Schuldner analog §§ 1835, 1836, 1915, 1987, 2221 BGB. Zudem bestehe die Möglichkeit der Pfändung und Über-

weisung eines möglicherweise bestehenden Schadensersatzanspruchs des Schuldners gegen den antragstellenden Gläubiger. Wurde also der Eröffnungsantrag vor dem 1. März 2012 gestellt und das Verfahren nicht eröffnet, so richtet sich die Festsetzung der Vergütung eines vorläufigen Insolvenzverwalters jedoch weder nach § 64 InsO noch nach § 26a InsO (Art. 103g EGInsO, *BGH* NZI 2012, 317). In dieser zeitlichen Fallkonstellation ist das Prozessgericht zuständig.

Diese oben dargestellte Auffassung des BGH vermochte neben den rechtlichen Aspekten, insbesondere in der praktischen Umsetzung, wenig zu überzeugen. Zunächst bestand die Gefahr, dass das Zivilgericht wegen der fehlenden regelmäßigen Befassung gegenüber der bei den Insolvenzgerichten herrschenden Fachkenntnis und Praxis zu abweichenden Ergebnissen kommt (*Riewe* NZI 2010, 131). Ferner ist mit dieser Verweisung unter Umständen ein langwieriger und kostenaufwändiger Prozess und zudem ein erhebliches Ausfallrisiko verbunden. Der vorläufige Insolvenzverwalter hat aber – unabhängig vom Ausgang des Eröffnungsverfahrens – gem. §§ 21 Abs. 2 Nr. 1, 63 Abs. 1 Satz 1 InsO einen Anspruch auf Vergütung für seine Geschäftsführung und auf Erstattung angemessener Auslagen. Dieser durch Art. 12 GG geschützte Anspruch ist auf unverzügliche Erfüllung gerichtet (*BGH* NJW 1992, 692; NZI 2003, 31; *Haarmeyer* ZInsO 2004, 270, *BGH* NZI 2006, 94). Die Kostentragungspflicht des Antragstellers folgt aus § 269 Abs. 3 Satz 2 ZPO (§ 4 InsO). Im Verhältnis zur Staatskasse gilt § 23 Abs. Satz 3 GKG (*Hartmann* KostenG, 37. Aufl. 2007, § 23 GKG Rn. 1). Die gesetzliche Kostenlast nach § 269 Abs. 3 Satz 2 ZPO ersetzt eine gerichtliche Kostengrundentscheidung und erfasst die gesamten Kosten des Eröffnungsverfahrens, insofern auch die der vorläufigen Insolvenzverwaltung. Wegen der umfassenden Kostenpflicht des Antragstellers ist der vorläufige Insolvenzverwalter berechtigt, aus dem rechtskräftigen Vergütungsbeschluss zu vollstrecken. Darauf, dass er nicht Partei des Eröffnungsverfahrens ist, kommt es nicht an, da er als Amtsperson tätig war (*Uhlenbruck* NZI 2010, 161 ff.; *Riewe* NZI 2010, 131 ff.). Das Gericht hat ihn gem. § 21 Abs. 2 Nr. 2 InsO im Rahmen eines Amtsverfahrens bestellt. Letztlich werden dem vorläufigen Insolvenzverwalter mit der Verweisung auf den ordentlichen Rechtsweg die gesetzlich vorgesehenen Rechtsmittel (§ 64 Abs. 3 InsO) vorenthalten und der gesetzliche Instanzenweg verwehrt. Andererseits wird der starke vorläufige Insolvenzverwalter betreffend seiner Vergütungsansprüche durch die Regelung in § 25 InsO privilegiert. In der praktischen Umsetzung hat der vorläufige Insolvenzverwalter bei Nichteröffnung des Verfahrens seine Vergütung und Auslagen gegenüber dem Schuldner mit der Begründung analog eines Vergütungsantrages abzurechnen (*BGH* NZI 2010, 98). Er sollte dann seinen abgerechneten Vergütungsanspruch gegen den Anspruch des Schuldners auf Auszahlung eines sichergestellten Kontoguthabens aufrechnen und seine Vergütung einschl. Auslagen aus dem Guthaben entnehmen (§ 181 BGB analog bzw. § 25 Abs. 2 InsO analog). Dies entspricht – wie nun auch der neu eingeführte § 26a InsO gezeigt hat – der Intention des Gesetzgebers, der bei der Anordnung des Festsetzungsverfahrens nach § 64 InsO keine entsprechende Differenzierung vorgenommen hat (vgl. Begr. RegE InsO, 2002; BT-Drucks. 12/2443 S. 115 ff.; *BGH* WM 2012, 814 m. Anm. *Kießner* Beck FD-InsR 2012, 331580; *BGH* NZI 2012, 317 m. krit. Anm. *Keller* u. *Seehaus* ZInsO 2011, 1783).

Der mit dem **ESUG** neu eingeführte § 26a InsO schafft nun Klarheit (Begr. Rechtsausschuss, BT-Drucks. 17/7512 S. 46). Das Insolvenzgericht, funktional der Richter, ist für die Festsetzung der Vergütung und der Auslagen des vorläufigen Insolvenzverwalters im Fall der Nichteröffnung zuständig. Gleich, ob die Nichteröffnung auf einer Rücknahme oder Erledigung des Antrages oder auf einer Abweisung mangels Masse beruht. Gleichgültig ist auch, ob auf den vorläufigen Verwalter die Verfügungsbefugnis übergegangen ist oder nicht (Begr. Rechtsausschuss, BT-Drucks. 17/7512, S. 46). Nach § 26a InsO erfolgt die Festsetzung gegen den Schuldner (vgl. *Schmerbach* § 26a Rdn. 3 ff. u. 6 ff.; krit. *Frind* ZInsO 2011, 2249). Diesbezüglich wurde über das ESUG eine weitere Klarstellung geschaffen, da die über § 21 Abs. 2 S. 1 Nr. 1 InsO anwendbaren §§ 63, 64 InsO und §§ 8, 10 InsVV keine Regelung enthalten, gegen wen sich der Vergütungsanspruch des vorläufigen Verwalters richtet.

Der Beschluss ist in der Form des § 9 InsO **öffentlich bekanntzumachen**. Aus Gründen des Schutzes des Persönlichkeitsrechts des Insolvenzverwalters – etwa vor Anfeindungen hoher Vergütungen in der Öffentlichkeit – sind die festgesetzten Beträge nicht zu veröffentlichen, § 64 Abs. 2 Satz 2 InsO (*BGH* ZInsO 2004, 199). Dies stößt aufgrund der Tatsache, dass eine Zustellung an die Gläubiger selbst neben der öffentlichen Bekanntmachung nicht vorgesehen ist auf verfassungsrechtliche Bedenken, da diesen auf diese Weise der Umfang der sie betreffenden Beschwer verborgen bleibt und im Übrigen innerhalb der zweiwöchigen Beschwerdefrist der Beschluss erst eingesehen und sodann dessen Überprüfung durchgeführt werden muss, worin eine maßgebliche Verkürzung des Beschwerderechts gesehen werden kann (vgl. *BVerfG* ZIP 1988, 379 ff. [381 f.]; MüKo-InsO/*Riedel* § 64 Rn. 11 m.w.N.). Eine förmliche Zustellung an jeden einzelnen Gläubiger wäre auch bei Großverfahren nicht praktikabel (*BGH* ZIP 2004, 332 in einem Nichtannahmebeschluss und im Anschluss an *BayObLG* ZInsO 2002, 129 ff., wonach auch für den Fall, dass gesetzlich vorgeschriebene Einzelzustellungen unterbleiben, bei ordnungsgemäßer öffentlicher Bekanntmachung die Rechtsmittelfristen gegenüber allen Verfahrensbeteiligten in Lauf gesetzt werden (bestätigt *BGH* NZI 2016, 397 ff.). In der Rechtsprechung des IX. Senats ist geklärt, dass bei einer vor der Wirksamkeit der öffentlichen Bekanntmachung erfolgten **Einzelzustellung** für den **Fristablauf** die frühere Zustellung maßgeblich ist (*BGH* ZInsO 2003, 374 = ZIP 2003, 678 f. und bestätigt: *BGH* ZInsO 2009, 2414 sowie *BGH* Beschl. v. 12.05.2011 – IX ZB 181/09, BeckRS 2011, 14364).

12 Hintergrund der einem Anliegen des Bundesbeauftragten für den Datenschutz Rechnung tragenden Änderung des Regierungsentwurfs (Ausschussbericht, abgedruckt in *Balz/Landfermann* S. 279) durch Ergänzung des Abs. 2 ist eher die Problematik, dass es sich um eine Wertvergütung handelt, die in großen Verfahren mit hohen Insolvenzmassen zu »Neideffekten« führen kann. Dabei wird in der Diskussion häufig übersehen, dass die grds. zunächst als Umsatz des Unternehmers Insolvenzverwalter anzusehende Vergütung im Laufe eines mehrere Jahre andauernden und überwiegend sehr arbeits- und zeitintensiven Verfahrens mit einer Vielzahl von Mitarbeitern sukzessive erarbeitet worden ist. Der Hinweis darauf, dass es sinnvoller gewesen wäre, auf die Veröffentlichungen des Namens des Insolvenzverwalters zu verzichten und so dessen Schutz zu bewirken, überzeugt nicht (HK-InsO/*Eickmann* § 64 Rn. 7 in der 6. Aufl.), da zum einen eine solche Veröffentlichung von Gesetzes wegen nicht vorgeschrieben ist, zum anderen ohne großen Aufwand über das Internet festzustellen ist, wer im betreffenden Verfahren als Insolvenzverwalter bestellt wurde (vgl. die Veröffentlichung der eröffneten Verfahren unter www.der-indat.de). Richtig wäre offensive Klarheit. In den USA mit dem Grundsatz des »public record« wären viele in Deutschland »hochvertrauliche« Sachverhalte, sobald sie offen zugänglich sind, wenig spektakulär.

13 Eine besondere **Zustellung** des vollständigen Beschlusses hat nur an den Insolvenzverwalter, den Schuldner und, sofern ein Gläubigerausschuss bestellt ist, an dessen Mitglieder zu erfolgen. Sofern der Antrag des Insolvenzverwalters auf Festsetzung seiner Vergütung zurückgewiesen wird, ist der vollständige Beschluss nur an ihn zuzustellen. Sofern Zustellungen dem Insolvenzverwalter übertragen worden sind, erfolgt die Zustellung dieses Beschlusses dennoch – aus nachvollziehbaren Gründen – durch das Insolvenzgericht (MüKo-InsO/*Riedel* § 64 Rn. 11).

14 Mangels Fälligkeit steht dem Insolvenzverwalter, solange seine Vergütung noch nicht festgesetzt ist, kein **Zurückbehaltungsrecht** (§ 273 Abs. 1 BGB) an Massegegenständen zur Sicherung seiner Ansprüche zu (*LG Augsburg* KTS 1978, 54 f. [56]). Mit einem Anspruch auf die Vergütung des vorläufigen Insolvenzverwalters oder des Insolvenzverwalters kann im streitigen Zivilprozess nur aufgerechnet werden, wenn die Vergütung durch das Insolvenzgericht rechtskräftig festgesetzt ist (*BGH* NZI 2006, 94 ff. Rn. 35 ff. noch zur Vergütung des Konkursverwalters, aber auf die des Insolvenzverwalters ohne Weiteres übertragbar).

15 Der Insolvenzverwalter hat die Möglichkeit, **Vorschüsse** auf seine Vergütung zu beantragen. Die schuldhafte Verzögerung oder Versagung sowohl eines beantragten Kostenvorschusses als auch die verzögerte Bearbeitung des Vergütungsantrages können allerdings zu einem Schadenersatzanspruch wegen Amtspflichtverletzung nach § 839 BGB i.V.m. Art. 34 GG führen (vgl. *BGH* NZI 2004, 249 ff.).

Nach § 9 Satz 1 InsVV kann der Insolvenzverwalter aus der Insolvenzmasse einen **Vorschuss** auf seine Vergütung und die Auslagen entnehmen. Diese Berechtigung ist an die Zustimmung des Insolvenzgerichts gebunden und setzt einen entsprechend begründeten Antrag des Insolvenzverwalters voraus. § 9 Satz 2 InsVV schränkt insoweit das pflichtgemäße Ermessen des Insolvenzgerichts bei der Entscheidung über den Antrag des Insolvenzverwalters ein. Danach soll die Zustimmung i.d.R. erteilt werden, wenn das Insolvenzverfahren **länger als sechs Monate dauert** oder wenn **besonders hohe Auslagen** erforderlich werden. Konkret bedeutet dies, dass der Insolvenzverwalter sechs Monate nach Eröffnung des Verfahrens einen Vorschuss beantragen kann und das Gericht ihn i.d.R. festsetzen muss (*BGH* ZIP 2002, 2223 ff. [2224]). Der BGH spricht dem Insolvenzverwalter aufgrund seiner Vorleistungspflicht einen Anspruch auf pflichtgemäße Entscheidung über die Gewährung eines angemessenen Vergütungsvorschusses zu. Dieser sei jedenfalls bei ausreichender Liquidität der Insolvenzmasse unter Berücksichtigung der Berechnungsmerkmale der §§ 1 bis 3 InsVV zu bestimmen (**a.A.** für den aus seinem Amt entlassenen Insolvenzverwalter: *OLG Zweibrücken* NZI 2002, 43 f.). Am Rande sei angemerkt, dass im ursprünglichen Entwurf einer insolvenzrechtlichen Vergütungsverordnung noch ein Zeitraum von zwölf Monaten geregelt war, was in Anbetracht der Tatsache, dass dann die Tätigkeit des Insolvenzverwalters in diesem Zeitraum zunächst vorzufinanzieren gewesen wäre, als unzumutbar anzusehen war. Eine ausführliche Begründung des Antrages auf Festsetzung eines Vorschusses ist nicht notwendig, allerdings sollte die **voraussichtliche Teilungsmasse** und die **prognostizierte Vergütungshöhe** in etwa angegeben werden (zur Anfechtbarkeit s. Rdn. 23; zu weiteren Ausnahmefällen MüKo-InsO/*Stephan* § 9 InsVV Rn. 20). 16

Die Verjährungsfrist beginnt gem. § 199 Abs. 1 Nr. 1 BGB mit dem Schluss des Jahres, in welchem der Vergütungsanspruch entstanden ist; für den Fall der vorläufigen Insolvenzverwaltung mit Eröffnung des Insolvenzverfahrens (*BGH* NZI 2007, 394). Der Vergütungsanspruch verjährt bis zur Festsetzung der Vergütung durch das Insolvenzgericht innerhalb der dreijährigen Regelverjährung des § 195 BGB (Uhlenbruck/*Mock* § 63 Rn. 51; *BGH* NZI 2007, 394 u. 397). Der vorläufige Insolvenzverwalter kann seine Vergütung beantragen, sobald dieser Verfahrensabschnitt der vorläufigen Verwaltung beendet ist. Die Verjährung des Vergütungsanspruchs eines vorläufigen Insolvenzverwalters ist bis zum Abschluss des eröffneten Insolvenzverfahrens in Anlehnung an den Rechtsgedanken des § 8 Abs. 2 Satz 1 RVG gehemmt (*BGH* NZI 2010, 977 ff.). 17

D. Rechtsmittel

Dem Insolvenzverwalter, dem Schuldner und den Insolvenzgläubigern, nicht aber dem Gläubigerausschuss (*BGH* NZI 2010, 679; NZI 2007, 241 ff.; *BGH* ZIP 2006, 1070 ff.; ZIP 2006, 486 f.; MüKo-InsO/*Riedel* § 64 Rn. 12 ff. m.w.N.) und der Gläubigerversammlung als solcher, steht, sofern sie durch den Beschluss beschwert sind, die sofortige Beschwerde (§ 6 InsO) zu, § 64 Abs. 3 Satz 1 InsO. Der Insolvenzverwalter hat zur Abwehr unberechtigter Vergütungsforderungen die Beschwerdebefugnis bei der Festsetzung der Vergütung des vorläufigen Insolvenzverwalters, eines früheren abgewählten oder entlassenen Verwalters oder eines Sonderinsolvenzverwalters (*BGH* NZI 2012, 886 ff.; zum Sonderinsolvenzverwalter *BGH* NZI 2008, 485 ff. m. Anm. *Frege*). Darüber hinaus kann auch noch weiteren Personen eine Beschwerdeberechtigung zugestanden werden, soweit diese durch eine fehlerhafte Vergütungsfestsetzung in ihren Rechten unmittelbar beeinträchtigt sind. Dies bspw. wenn sich ein Dritter, der nicht Insolvenzgläubiger ist, verpflichtet, im Falle der Masseunzulänglichkeit für die Kosten des Insolvenzverfahrens einzustehen, ist ihm eine Beschwerdebefugnis gegen die Vergütungsfestsetzung des (vorläufigen) Insolvenzverwalters einzuräumen (*BGH* ZInsO 2013, 238). Gleiches kann auch für die **Gesellschafter** der Schuldnerin gelten, wenn die Höhe der Vergütungsfestsetzung ihr Recht auf Teilhabe an einem Überschuss beeinträchtigt (*BGH* Beschl. v. 20.02.2014 – IX ZB 32/12). 18

Mit Beschluss vom 12.07.2012 hat der *BGH* (– IX ZB 42/10, ZIP 2012, 1779) klargestellt, dass der Schuldner im Vergütungsfestsetzungsverfahren gehört werden muss. Der Verwalter ist nur dann allein beschwert, wenn sein Vergütungsantrag abgelehnt wird (*BGH* ZInsO 2009, 2414 f.). Ansonsten kann sich nicht nur der Insolvenzverwalter auf die Eigentumsgarantie (Art. 14 GG) berufen, son- 19

§ 64 InsO   Festsetzung durch das Gericht

dern auch der Schuldner und die Insolvenzgläubiger, wenn aus ihrer Sicht die Masse durch eine überhöhte Vergütungsfestsetzung ausgezehrt wird (*BGH* ZInsO 2009, 2414). Voraussetzung ist infolge der Verweisung auf § 567 Abs. 2 ZPO, dass der **Beschwerdegegenstand** einen Wert von € 200,00 übersteigt. Dabei dürfte die Feststellung der Beschwer – als Prognoseentscheidung – Probleme dann bereiten, wenn ein Insolvenzgläubiger Beschwerde einlegt. Maßgeblich für seine Beschwer ist der Betrag, der ihm tatsächlich zufließt, wenn dem Insolvenzverwalter weniger an Vergütung und Auslagen zugebilligt wird (*BGH* NZI 2012, 619 ff.). Eine Beschwer liegt daher nicht vor, wenn er mit Sicherheit befriedigt oder mit der gleichen Sicherheit nicht befriedigt wird (MüKo-InsO/*Riedel* § 64 Rn. 16 m.w.N.). Eine Erhöhung des Wertes des Beschwerdegegenstandes über die Beschwer hinaus ist nicht möglich (*BGH* ZInsO 2012, 1085 f.).

20 Die **Berechtigung eines Insolvenzgläubigers** zur Erhebung einer Beschwerde gegen die Festsetzung der Vergütung und Auslagen des vorläufigen Insolvenzverwalters ist bereits dann gegeben, wenn eine Forderung zur Insolvenztabelle angemeldet wurde (*BGH* NZI 2007, 241 ff.). Ebenso besteht eine Beschwerdeberechtigung eines Insolvenzgläubigers in einem masselosen Insolvenzverfahren gegen die Festsetzung der Vergütung des Treuhänders (*BGH* NZI 2006, 250 f.). Zu beachten ist aber im Beschwerdeverfahren stets der Anwaltszwang nach § 78 Abs. 1 ZPO (*BGH* Beschl. v. 06.04.2011 – IX ZB 92/11, BeckRS 2011, 09759). Zudem hat der BGH mit Beschluss vom 15.12.2011 klargestellt, dass im Beschwerdeverfahren nicht die Fünfmonatsfrist des § 569 Abs. 1 S. 2 ZPO Anwendung findet (*BGH* 15.12.2011 – IX ZB 265/09, BeckRS 2012, 03187). Die **Frist zur Einlegung der sofortigen Beschwerde** gegen die Vergütungsfestsetzung beginnt mit der öffentlichen Bekanntmachung im Internet und nicht erst mit einer späteren persönlichen Zustellung. Dies auch, wenn der Schuldner zuvor nicht gehört wurde (*BGH* ZInsO 2012, 1640 f.).

21 Nicht zum Kreise der Beschwerdeberechtigten gehören die Massegläubiger – es sei denn, sie fallen mit einem Teil ihrer Forderungen aus – weil durch die Vergütungsfestsetzung eine Masseunzulänglichkeit herbeigeführt wurde (*LG Frankfurt/M.* ZIP 1991, 1442 f. [1442]; MüKo-InsO/*Riedel* § 64 Rn. 14).

22 Für den Sonderfall eines **absonderungsberechtigten Insolvenzgläubigers** fehlt die Beschwerdeberechtigung zur Anfechtung der Vergütungsfestsetzung nur dann, wenn feststeht, dass er mit Sicherheit vollständig befriedigt werden wird (*Brandenburgisches OLG* ZInsO 2001, 257 f.).

23 **Vorschussbeschlüsse** nach § 9 Satz 1 InsVV sind nicht mit der Beschwerde anfechtbar, da es sich nicht um eine Vergütungs- oder Auslagenfestsetzung handelt (*BGH* Beschl. v. 24.03.2011 – IX ZB 67/10, BeckRS 2011, 07712). Die Einnahme stelle nur einen Abschlag auf die spätere, festzusetzende Vergütung dar. § 64 Abs. 3 InsO ist auf den Vorschussbeschluss – auch nicht entsprechend – anwendbar. Es findet allerdings die befristete Erinnerung nach § 11 Abs. 2 RPflG statt (*BGH* ZIP 2002, 2233 ff., der BGH-Entscheidung zugrunde liegender Vorlagebeschluss *OLG Köln* ZIP 2002, 231 ff. m. krit. Anm. *Keller* in: EWiR 2002, § 9 InsVV 1/02, S. 295 f. und DZWIR 2003, 101 f.; *LG Göttingen* ZInsO 2001, 846 ff. m. Anm. *Foltis* ZInsO 2001, 842 f.; vgl. auch MüKo-InsO/*Stephan* § 9 InsVV Rn. 26). Beantragte der (vorläufige) Verwalter die Festsetzung seiner Vergütung, liegt in der lediglich gewährten, nicht beantragten Festsetzung eines Vorschusses unter gleichzeitiger Zurückweisung des weitergehenden Antrags eine mit der sofortigen Beschwerde angreifbare Ablehnung der Vergütungsfestsetzung (*BGH* NZI 2016, 889).

24 Da trotz der allgemeinen subsidiären **Anwendbarkeit der ZPO-Vorschriften** (§ 4 InsO) § 64 Abs. 3 Satz 2 InsO nur die entsprechende Geltung des § 567 Abs. 2 ZPO anordnet, ist die Anwendbarkeit der anderen ZPO-Vorschriften über das Beschwerdeverfahren ausgeschlossen. Andernfalls ergäbe § 64 Abs. 3 Satz 2 InsO mit seiner ausdrücklichen Verweisung keinen Sinn und wäre wegen § 4 InsO überflüssig. Der BGH hat klargestellt, dass das Verfahren der Vergütungsfestsetzung einem Kostenfestsetzungsverfahren nach der ZPO nicht gleichsteht (*BGH* BGHZ 175, 48, 50 = ZIP 2008, 228).

25 Dies bedeutet eine Abkehr von der bisherigen Rspr., die auch die Vergütung des Insolvenzverwalters als Prozesskosten i.S.d. § 568 Abs. 3 ZPO a.F. qualifizierte (*KG Berlin* ZIP 1980, 30 f., m.w.N.).

§ 568 Abs. 3 ZPO a.F. findet demnach keine Anwendung mehr (*Hess* InsO, § 8 InsVV Rn. 10). Dies erscheint auch sinnvoll, da es sich bei dem Beschluss über die Festsetzung der Vergütung des Insolvenzverwalters im Gegensatz zu dem nur als »Nebenentscheidung« zu qualifizierenden Prozesskosten-Beschluss, um einen essentiellen Teil des Insolvenzverfahrens handelt (HK-InsO/*Eickmann* § 64 Rn. 13 in der 6. Aufl.). Häufig geht es in Beschwerdeverfahren über Vergütungen bereits in mittelgroßen Insolvenzverfahren um mehrere Zehntausend €. Im Rahmen der Einschränkungen des § 7 InsO ist daher die Rechtsbeschwerde gegen den die Vergütung des Insolvenzverwalters festsetzenden Beschluss zulässig (*BGH* DZWIR 2002, 462 ff. m. Anm. *Graeber*; *BGH* im grundlegenden Beschluss vom 14. Dezember 2000, ZIP 2001, 296 ff. [297] zur Beschwerde gegen die Festsetzung der Vergütung des vorläufigen Insolvenzverwalters; HK-InsO/*Eickmann* § 64 Rn. 14 m.w.N. in der 6. Aufl.; *OLG Stuttgart* ZInsO 2000, 158 ff. [159 f.] m. zahlr. w.N. = NJW 2000, 1344 ff. [1345] = NZI 2000, 166 ff. [167 f.] = DZWIR 2000, 109 ff. [110 f.] = ZIP 2000, 587 ff. [587 f.] = Rpfleger 2000, 231 ff. [232]). War die sofortige Beschwerde unzulässig, hat das Beschwerdegericht sie jedoch sachlich verbeschieden, ist diese Entscheidung auf eine zulässige Rechtsbeschwerde hin aufzuheben und die sofortige Beschwerde als unzulässig zu verwerfen; ist allerdings auch die Rechtsbeschwerde unzulässig, muss sie ohne Rücksicht auf die Zulässigkeit der vorausgegangenen sofortigen Beschwerde verworfen werden (*BGH* NZI 2007, 166 ff. Rn. 6). Wird mit der sofortigen Beschwerde ein Hilfsantrag gestellt, ist dieser nicht Gegenstand der Abhilfeentscheidung des erstinstanzlichen Gerichts; das Beschwerdegericht darf die Verbescheidung des Hilfsantrags nicht wegen Fehlens einer Abhilfeentscheidung unterlassen (*BGH* NZI 2007, 166 Rn. 17 ff.). Zu den Zulässigkeitsvoraussetzungen einer Rechtsbeschwerde gegen die Vergütungsfestsetzung hat sich der *BGH* mit Beschluss v. 14.02.2008 umfassend geäußert (NZI 2008, 391 f.).

Das **Verbot der Schlechterstellung** (reformatio in peius) gilt im Beschwerdeverfahren auch nach Aufhebung und Zurückverweisung (*BGH* NZI 2004, 440 ff. = ZIP 2004, 1214 ff. gleichzeitig zur Frage der Verwirkung des Anspruchs auf Vergütung nach § 63 Abs. 1 InsO und zu einem evtl. Bereicherungsanspruch (verneinend) bei Erschleichung der Bestellung unter Vorspiegelung nicht vorhandener Qualifikation; *LG Göttingen* ZInsO 2004, 497; zur Verwirkung nochmals *LG Schwerin* ZInsO 2008, 856 ff., rkr. vgl. *BGH* WM 2009, 1058). Es hindert das Beschwerdegericht nicht, bei Feststellung der angemessenen Vergütung, im Einzelfall Zu- und Abschläge zum Nachteil des Beschwerdeführers anders zu bemessen als das Insolvenzgericht, soweit es den Vergütungssatz insgesamt nicht zu dessen Nachteil ändert (*BGH* NZI 2005, 559 f. als Ergänzung zu *BGH* NZI 2003, 603 ff.; bestätigt durch *BGH* NZI 2007, 45 f. auch zur Frage, ob über den Antrag des Beschwerdeführers hinausgegangen werden darf – verneinend, Rn. 5 ff.). Die Rückforderung zuvor der Masse entnommener Beträge nach Aufhebung eines Beschlusses über die Festsetzung der Vergütung richtet sich nach § 717 Abs. 2 ZPO (noch zur Vergütung des Konkursverwalters *OLG Hamburg* ZIP 2004, 2150 ff. [n.r.] m. zust. Anm. *Amend* EWiR 2005, § 717 ZPO 1/05, S. 143 f.).

26

§ 65 Verordnungsermächtigung

Das Bundesministerium der Justiz und für Verbraucherschutz wird ermächtigt, die Vergütung und die Erstattung der Auslagen des vorläufigen Insolvenzverwalters und des Insolvenzverwalters sowie das hierfür maßgebliche Verfahren durch Rechtsverordnung zu regeln.

§ 65 a.F. i.d.F. für die bis zum 30.06.2014 beantragten Verfahren

Literatur:
Blersch Insolvenzrechtliche Vergütungsverordnung, 2000; *Bork/Muthorst* Zur Vergütung des vorläufigen Insolvenzverwalters – Ist die Neuregelung des § 11 InsVV verfassungskonform?, ZIP 2010, 1627; *Graeber* Der neue § 11 InsVV: Seine Auswirkungen auf vorläufige Insolvenzverwalter, Insolvenzverwalter und Insolvenzgerichte, ZInsO 2007, 133; *Haarmeyer* Die neue Vergütung des vorläufigen Verwalters, ZInsO 2007, 73; *Keller* Die Neuregelungen der InsVV zur Mindestvergütung im masselosen Insolvenzverfahren, ZVI 2004, 569; *ders.* Berechnungsformeln zur Vergütung des Insolvenzverwalters, NZI 2005, 23; *Kleine-Cosack* Europarechts- und verfassungswidriger Ausschluss juristischer Personen von der Insolvenzverwaltung, NZI 2011, 791; *Küpper/Heinze*

§ 66 InsO Rechnungslegung

Die Verfassungswidrigkeit der Abänderungsbefugnis nach § 11 Abs. 2 Satz 2 InsVV, ZInsO 2007, 231; *Muthorst/Bork* Zur Vergütung des vorläufigen Insolvenzverwalters – Ist die Neufassung des § 11 InsVV verfassungskonform?, ZIP 2010, 1627.

1 Auf der Basis der Ermächtigungsnorm des § 65 InsO wurde die **insolvenzrechtliche Vergütungsverordnung** vom 19. August 1998 (BGBl. I S. 2205, zuletzt geändert durch Art. 2 des Gesetzes vom 7. Dezember 2011 (BGBl. I S. 2582) erlassen, s.u. *Lorenz* InsVV. Durch die Platzierung der Vorschrift hinter § 64 InsO wird verdeutlicht, dass die Vergütungsverordnung auch Regelungen zum Festsetzungsverfahren enthalten kann (Begr. RegE, abgedruckt in *Balz/Landfermann* S. 279).

2 Teilweise wurde in der Vergangenheit kritisiert, dass der Umfang der Ermächtigung nicht ausreichend bestimmt geregelt sei. Es würden die Zielsetzungen und etwaige Grenzen nicht erkennbar (MüKo-InsO/*Stephan* § 65 Rn. 4 ff. und Anh. zu § 65).

3 **Neuregelung ab 1. Juli 2014:**

Eingefügt in den obigen Paragraphen wurde folgender Wortlaut, »*... des vorläufigen Insolvenzverwalters und*« »*... sowie das hierfür maßgebliche Verfahren ...*«.

Aus der Gesetzesbegründung für diese Gesetzesergänzung bzw. Klarstellung ergibt sich, dass seitens des Gesetzgebers eine Unsicherheit darin gesehen wurde, ob die vormals bestehende Verordnungsermächtigung nicht nur für den Erlass von Vorschriften zur Festsetzung der Vergütung und Auslagen, sondern auch für die Schaffung von Bestimmungen betreffend das diesbezüglich notwendige Verfahren gelten sollte (BT-Drucks. 467/12, S. 32). Daher dient die vorgenommene Gesetzesänderung betreffend der Verordnungsermächtigung der Rechtssicherheit. Die Regelungskompetenz bezieht sich nun ausdrücklich auf das Festsetzungsverfahren (Braun/*Blümle* InsO, § 65 Rn. 3). Beigetragen zu dieser »Unsicherheit« hatten auch zwei Entscheidungen des *BGH* vom 15.11.2012 (– IX ZB 88/09, NZI 2013, 29 ff. und – IX ZB 130/10, NZI 2013, 183 ff.). Der BGH hatte festgestellt, dass die Regelung des § 11 Abs. 1 Satz 4 InsVV nicht von der Ermächtigungsgrundlage des § 65 InsO a.F. gedeckt ist.

4 Im Rahmen des »Gesetzes zur Verkürzung des Restschuldbefreiungsverfahrens und zur Stärkung der Gläubigerrechte« vom 15. Juli 2013 wurde das Bundesjustizministerium durch die Neufassung des § 65 InsO ausdrücklich ermächtigt, auch die Vergütung und Erstattung der Auslagen des vorläufigen Insolvenzverwalters sowie die maßgeblichen Verfahren durch Rechtsverordnung zu regeln.

5 Zur Klarstellung und Rechtssicherheit ist es insofern dann auch konsequenterweise zu Gesetzesänderungen in § 63 Abs. 3 InsO sowie § 11 Abs. 1 InsVV gekommen (vgl. § 63 Rdn. 23 ff.). Diese Vorschriften gelten ebenso ab dem 1. Juli 2014.

6 § 11 Abs. 1 InsVV ist vor diesem Hintergrund wie folgt neu gefasst worden: »*Für die Berechnung der Vergütung des vorläufigen Insolvenzverwalters ist das Vermögen zugrunde zu legen, auf das sich seine Tätigkeit während des Eröffnungsverfahrens erstreckt. Vermögensgegenstände, an denen bei Verfahrenseröffnung Aus- und Absonderungsrechte bestehen, werden dem Vermögen nach Satz 1 hinzugerechnet, sofern sich der vorläufige Insolvenzverwalter in erheblichem Umfang mit ihnen befasst. Sie bleiben unberücksichtigt, sofern der Schuldner die Gegenstände lediglich auf Grund eines Besitzüberlassungsvertrages in Besitz hat.*«

§ 66 Rechnungslegung

(1) ¹Der Insolvenzverwalter hat bei der Beendigung seines Amtes einer Gläubigerversammlung Rechnung zu legen. ²Der Insolvenzplan kann eine abweichende Regelung treffen.

(2) ¹Vor der Gläubigerversammlung prüft das Insolvenzgericht die Schlussrechnung des Verwalters. ²Es legt die Schlussrechnung mit den Belegen, mit einem Vermerk über die Prüfung und,

wenn ein Gläubigerausschuss bestellt ist, mit dessen Bemerkungen zur Einsicht der Beteiligten aus; es kann dem Gläubigerausschuss für dessen Stellungnahme eine Frist setzen. ³Der Zeitraum zwischen der Auslegung der Unterlagen und dem Termin der Gläubigerversammlung soll mindestens eine Woche betragen.

(3) ¹Die Gläubigerversammlung kann dem Verwalter aufgeben, zu bestimmten Zeitpunkten während des Verfahrens Zwischenrechnung zu legen. ²Die Absätze 1 und 2 gelten entsprechend.

Übersicht

	Rdn.		Rdn.
A. Normzweck	1	E. Das Verfahren nach der Prüfung durch das Insolvenzgericht	23
B. Zeitpunkt und Umfang der Schlussrechnung	2	F. Zwischenrechnungslegung	29
C. Die Form der Schlussrechnung	9	G. Weitere Fälle der Schlussrechnungslegungspflicht	30
D. Die insolvenzgerichtliche Prüfungspflicht	15		

Literatur:
BAKinso (o.V.) Schlussrechnungsprüfung durch die Insolvenzgerichte – Anfrage des BMJ v. 01.03.2007 (Az.: RA6 – 3760/7 – 6-R3 107/2007), www.bakinso.de; *Bähner* Die Prüfung des Schlussrechnung des Konkursverwalters, KTS 1991, 347 ff.; *Bähner/Berger/Braun* Die Schlussrechnung des Konkursverwalters, ZIP 1993, 1283 ff.; *Eckert/Berner* Der untreue Verwalter – Möglichkeiten einer gerichtlichen Überprüfung der Insolvenzverwaltertätigkeit, ZInsO 2005, 1130 ff.; *Braun* Handelsbilanz contra Schlussrechnung – Der entmündigte Rechtspfleger, ZIP 1997, 1013 ff.; *Franke/Goth/Firmenich* Die Schlussrechnungsprüfung im Insolvenzverfahren zwischen Legalitäts- u. Legitimitätskontrolle, ZInsO 2009, 123; *Graeber/Graeber* Zur Zulässigkeit der Beauftragung externer Schlussrechnungsprüfer durch Insolvenzgerichte, NZI 2014, 298; *Haertlein* Die Einschaltung privater Sachverständiger bei der Schlussrechnungsprüfung durch das Insolvenzgericht (§ 66 II 1 InsO), NZI 2009, 577; *Hebenstreit* Prüfung der Schlussrechnung durch das Insolvenzgericht, ZInsO 2013, 276; *Heyrath* Die Prüfung der Schlussrechnung, ZInsO 2005, 1092 ff. (Teil 1) und ZInsO 2006, 1196 ff. (Teil 2); *IDW* Rechnungslegungshinweis: Bestandsaufnahme im Insolvenzverfahren (IDW RH HFA 1.010), FN-IDW 2008, 309 ff.; dass. Rechnungslegungshinweis: Insolvenzspezifische Rechnungslegung im Insolvenzverfahren (IDW RH HFA 1.011), FN-IDW 2008, 321 ff.; dass. Rechnungslegungshinweis: Externe (handelsrechtliche) Rechnungslegung im Insolvenzverfahren (IDW RH HFA 1.012), FN-IDW 2008, 331 ff.; (IDW RH HFA 1.011) s. ZInsO 2009, 74 u. 130 ff.; *Keller* Voraussetzungen und Umfang der Sachverständigenbeauftragung zur Schlussrechnungsprüfung im Insolvenzverfahren, Rpfleger 2011, 66; *Kloos* Zur Standardisierung insolvenzrechtlicher Rechnungslegung – Bemerkungen im Hinblick auf Ziele und Grenzen des § 66 InsO, NZI 2009, 586; *König* Gesonderte oder harmonisierte Rechnungslegung des Konkursverwalters im Unternehmenskonkurs, ZIP 1988, 1003 ff.; *Küpper/Heinze* Neues zu den Betriebsausgaben im Rahmen der Schlussrechnung des Insolvenzverwalters, ZInsO 2010, 214; *Madaus* Grundlage und Grenzen der Bestellung von Sachverständigen in der gerichtlichen Schlussrechnungsprüfung, NZI 2012, 119; *Mäusezahl* Schlussrechnungsprüfung – Perspektiven für die gerichtliche Praxis, ZInsO 2006, 580 ff.; *Metoja* Externe Prüfung der insolvenzrechtlichen Rechnungslegung – ein Nutzen für die Verfahrensbeteiligten, ZInsO 2016, 992 ff.; *Pelka/Niemann* Praxis der Rechnungslegung in Insolvenzverfahren, 1994; *Pink* Insolvenzrechnungslegung. Eine Analyse der konkurs-, handels- und steuerrechtlichen Rechnungslegungspflichten des Insolvenzverwalters, 1995; *Reck* Inhalte und Grundsätze der Schlussrechnungsprüfung, ZInsO 2008, 495; *Schmidtberger* Möglichkeiten und Grenzen der insolvenzgerichtlichen Aufsicht, NZI 2011, 928; *Smid/Wehdeking* Die Rolle insolvenzgerichtlicher Aufsicht im Streit um Masseherausgabe und Vergütung beim Wechsel der Person des Verwalters, NZI 2010, 625; *Uhlenbruck* Die Prüfung der Rechnungslegung des Konkursverwalters, ZIP 1982, 125 ff.; *Vierhaus* Zur Verfassungswidrigkeit der Übertragung von Rechtspflegeraufgaben auf Private, ZInsO 2008, 521 ff.; *Weber* Der risikoorientierte Prüfungsansatz für Schlussrechnungsprüfungen, Rpfleger 2007, 523 ff.; *Weitzmann* Rechnungslegung und Schlussrechnungsprüfung, ZInsO 2007, 449 ff.

A. Normzweck

Neben den allgemeinen handelsrechtlichen und steuerrechtlichen Buchführungspflichten (§ 155 InsO), die den Insolvenzverwalter in gleicher Weise wie den Schuldner selbst treffen, besteht auch eine von diesen Pflichten zu unterscheidende **insolvenzrechtliche Rechnungslegungspflicht**, die daneben in den einzelnen, sehr verstreuten Normen der §§ 58, 66, 69, 79, 151, 153 und 154 InsO gere- 1 gelt ist. Diese Rechnungslegungspflicht soll Folge des im Insolvenzverfahren geltenden Grundsatzes der Gläubigerautonomie sein (Begr. RegE, abgedruckt bei *Balz/Landfermann* S. 280). Tatsächlich ist sie Ausdruck der jeder Verwaltung fremden Vermögens immanenten Pflicht zur Rechnungslegung, wie §§ 666, 259 BGB zeigen. Sie soll das Handeln des Insolvenzverwalters transparent machen und dient seiner Entlastung (MüKo-InsO/*Riedel* § 66 Rn. 1).

B. Zeitpunkt und Umfang der Schlussrechnung

2 Ein wichtiger Teil jener insolvenzrechtlichen Rechnungslegungspflichten ist die Verpflichtung des Insolvenzverwalters zur Erstellung einer Schlussrechnung bei **Beendigung** seines Amtes, im Regelfall also bei Abschluss des Insolvenzverfahrens, aber auch bei einer vorzeitigen Beendigung durch Abwahl oder Entlassung (zur Teilschlussrechnung bei Verwalterwechsel eingehend *Bähner* KTS 1991, 347 ff. [358 f.]). Bei Abberufung eines Verwalters ergibt sich für den neu bestellten Verwalter kein eigener einklagbarer Anspruch gegen den abberufenen Verwalter auf Erteilung einer »Teilschlussrechnung« (*Smid/Wehdeking* NZI 2010, 625). Diesbezüglich enthält weder die GesO noch die InsO oder die KO entsprechende Regelungen (*BGH* NZI 2011, 984 = ZIP 2010, 2259). Eine Verpflichtung besteht nur gegenüber der Gläubigerversammlung und dem Gericht, nicht gegenüber dem neuen Verwalter (*BGH* ZIP 2005, 865 f.; ZIP 2006, 93). Letzterer kann aber Aufsichtsmaßnahmen des Gerichts anregen (vgl. § 58 InsO; *BGH* NZI 2010, 984). Nach der Rechtsprechung des IX. Senats kann dem neuen Verwalter gegen den vormaligen lediglich ein Auskunftsanspruch zustehen, wenn er auf bestimmte Informationen angewiesen ist (*BGH* ZIP 2003, 326 ff.).

3 Dennoch ist nicht aus den Augen zu verlieren, dass Rechnungslegung und Verantwortung für fremdes Vermögen mit der Inbesitznahme und Inventarisierung nach den §§ 148, 151–153 InsO beginnt. Wo die Übernahme dessen, was man verwaltet, nicht ordentlich erfolgt, ist mit der Schlussrechnung auch nichts mehr zu gewinnen. Wer am Anfang nicht alles, was er übernimmt, erfasst, kann lange vorrechnen, was er am Schluss in der Kasse hat; nur nachprüfen kann dies niemand mehr. Die ordentliche Schlussrechnung beginnt deswegen mit einer gewissenhaften Inventarisierung (vgl. zu den Anforderungen *IDW* Rechnungslegungshinweis: Bestandsaufnahme im Insolvenzverfahren (*IDW* RH HFA 1.010, FN-IDW 2008, 309 ff.). Wenn § 123 Abs. 1 Satz 2 KO deswegen die Zuziehung einer obrigkeitlichen Person forderte, verlangte er das Vier-Augen-Prinzip bei der Übernahme der Masse. Der Gesetzgeber der InsO vertraut, nachdem von diesem Erfordernis in der KO schon in aller Regel »formularmäßig« dispensiert wurde, dem Insolvenzverwalter.

4 Steht in Frage, ob die Insolvenzmasse abrechnungsreif war und **behauptet der Insolvenzschuldner** der Verwalter habe zu spät seine Abrechnung über das der Insolvenzverwaltung unterliegende Vermögen vorgenommen, so hat er zu dem von ihm behaupteten Stichtag die vorhandenen Aktiva und Passiva **darzulegen** (*OLG Koblenz* NZI 2015, 232).

5 Endet das Verwalteramt durch den **Tod des Insolvenzverwalters**, so sind dessen Erben nur verpflichtet, eine mit Belegen versehene Abrechnung über die Einnahmen und Ausgaben vorzulegen, nicht aber eine komplette Schlussrechnung zu erstellen (h.M. vgl. *Eickmann* Rpfleger 1970, 318 ff. [320 f.]; a.A. *Smid/Smid* InsO, § 66, Rn. 4 m.w.N. zur Gegenauffassung). Diese werden hierzu mangels Kenntnis der einzelnen Maßnahmen regelmäßig nicht in der Lage sein. Begründet wird dies insbesondere damit, dass die Erbfolge als Universalsukzession dazu führt, dass die Erbschaft als Ganzes mit dem Erbfall einschließlich aller Verbindlichkeiten des Erblassers (§ 1967 BGB) und alle Rechtsverhältnisse, an denen der Erblasser beteiligt ist, auf die Erben übergeht. Vertreten wird daher, dass der Erbe anhand für ihn erreichbarer Erkenntnisquellen bis zur Grenze der Unzumutbarkeit sich eigenes Wissen zu verschaffen und solches – notfalls mit Unterstützung durch Hilfspersonen – zu vervollständigen habe. An eine solche Teilschlussrechnung seien dann allerdings geringere Anforderungen zu stellen (sehr ausf. MüKo-InsO/*Riedel* § 66 Rn. 12).

6 Aufgrund der Verweisung in § 21 Abs. 2 Nr. 1 InsO besteht eine Rechnungslegungspflicht auch für den **vorläufigen Insolvenzverwalter** (MüKo-InsO/*Riedel* § 66 Rn. 10). Auf eine solche Rechnungslegung wird man nur bei kurzer Dauer der vorläufigen Insolvenzverwaltung verzichten können.

I.d.R. wird eine solche Rechnungslegung dann nur eine Einnahmen- und Ausgabenrechnung, eine (vergleichende) Vermögensübersicht – sofern überhaupt erforderlich – und eine Berichterstattung in Form eines Tätigkeitsberichtes – sofern nicht ein Sachverständigengutachten eingereicht wurde – enthalten (*Nerlich/Römermann-Delhaes* InsO, § 66 Rn. 16). Für den Fall der Eröffnung des Insolvenzverfahrens ist aus Gründen der Gesamtwürdigung die Rechnungslegung des vorläufigen Insolvenzverwalters als Teil der Schlussrechnung anzusehen. Dies gilt selbstverständlich nur, wenn der vorläufige Insolvenzverwalter mit dem bei Eröffnung bestellten Insolvenzverwalter personenidentisch ist. Die Rechnungslegung i.S.d. § 66 InsO ist nicht Voraussetzung für die Festsetzung der Vergütung des sog. »schwachen« vorläufigen Insolvenzverwalters (*KG* ZInsO 2001, 409 f.). Es reicht aus, wenn der vorläufige Insolvenzverwalter die Grundlage seiner Vergütung schlüssig und nachvollziehbar darlegt.

Kommt der Insolvenzverwalter seinen Rechnungslegungspflichten nicht innerhalb eines angemessenen Zeitraumes nach Beendigung seiner Tätigkeit nach, so hat ihn das Insolvenzgericht unter Fristsetzung hierzu anzuhalten und ggf. die Rechnungslegung mittels **Zwangsgeld** nach § 58 Abs. 2 InsO zu erzwingen (*BGH* NZI 2005, 391 ff.; MüKo-InsO/*Riedel* § 66 Rn. 25). Die Durchsetzung und Überwachung dieser Pflichten erfolgt ausschließlich über das Insolvenzgericht, diese können nicht vor Zivilgerichten verfolgt werden (*BGH* NZI 2010, 984 m. Anm. *Böhm*, Beck FD-InsR 2010, 311336). Durch die Rechnungslegung wird die Beendigung des Amtes vorbereitet. Im Extremfall kann sogar ein »wichtiger Grund« i.S.d. § 59 InsO gegeben sein, der zur Amtsentlassung des Insolvenzverwalters führt (MüKo-InsO/*Riedel* § 66 Rn. 8 m.w. Ausf. zu Mängeln und Unstimmigkeiten der Schlussrechnung und der Möglichkeit zur Beauftragung eines Wirtschafts- oder Buchprüfers durch einen Gläubiger zur Überprüfung mit potentieller Kostentragungspflicht des Insolvenzverwalters). 7

Eine **Übertragung der Erstellung der Schlussrechnung auf einen Dritten** (Ersatzvornahme) wegen Säumnis des Insolvenzverwalters ist nicht zulässig (MüKo-InsO/*Riedel* § 66 Rn. 13 m.w.N.). Dritte können sehr wohl das finanzielle Wirtschaften aufklären, dokumentieren und wo nötig die Voraussetzung für Ersatzansprüche schaffen. I.d.R. sind Dritte aber zur Erstellung des Tätigkeits- und Rechenschaftsberichtes nicht in der Lage. 8

C. Die Form der Schlussrechnung

Eine Regelung, wie die Schlussrechnung im Einzelnen gegliedert sein soll, enthält die Insolvenzordnung nicht. Dementsprechend bestehen erhebliche Unsicherheiten bzgl. Art und Umfang (zu den Anforderungen vgl. *IDW* Rechnungslegungshinweis: Insolvenzspezifische Rechnungslegung im Insolvenzverfahren (IDW RH HFA 1.011, FN-IDW 2008, 321 ff. = ZInsO 2009, 130 ff.; KS-InsO/*Bernsen* 2000, S. 1843 ff., 1854 Rn. 21). Die Praxis hat gezeigt, dass die verwendeten Kontenrahmen, die Darstellungen der Buchungen und der Zeitpunkt der Anfertigung einer solchen Rechnungslegung sich erheblich unterscheiden. Angestrebt wird eine standardisierte Rechnungslegung (*Heinze/Küpper* ZInsO 2012, 241 ff.). Dies um eine zügige Be- und Verarbeitung zu gewährleisten, aber auch um eine Vergleichbarkeit zu erreichen (Empfehlungen *ZEFIS* ZInsO 2010, 1689 u. ZInsO 2010, 2287; *Langer/Bausch* ZInsO 2011, 1287; *Haarmeyer* ZInsO 2011, 1874; *Kloos* NZI 2009, 586; auch im VID, Verband der Insolvenzverwalter Deutschlands e.V., wurde die Vereinheitlichung eines Kontenrahmens erörtert.) Der VID hat mit Beschlussfassung vom 05.05.2012, die für seine Mitglieder verbindlichen Grundsätze ordnungsgemäßer Insolvenzverwaltung »**GOI**« qualitativ erhöht und in seiner Satzung verankert (im Internet abrufbar unter www.vid.de/der-verband/qualitaetsstandards/goi/). Danach haben die Insolvenzverwalter ab dem 01.01.2013, die neuen Standardkontenrahmen »InsO SKR 04« oder »InsO SKR 03« zu verwenden. Zudem hat der VID mit Beschluss v. 22.04.2016 festgelegt, dass die Schlussrechnungslegung sich an der Vermögensübersicht des § 153 InsO orientieren soll und die Entwicklung des Vermögens – unter Bezugnahme auf die Zwischenberichte – umfassend und detailliert darzustellen hat. Damit soll die Qualität der Verwalterarbeit vergleichbarer werden. 9

10 Jedenfalls hat die Schlussrechnung in vollständiger und verständlicher Form nach den Grundsätzen einer gewissenhaften und getreuen Rechnungslegung **die gesamte Tätigkeit des Verwalters** zu dokumentieren und muss insbesondere Aufschluss darüber geben, welche Vermögenswerte aus- und abgesondert, welche freigegeben bzw. welche mit welchem Ergebnis verwertet wurden, wie schwebende Rechtsgeschäfte und Prozesse abgewickelt wurden, und was durch Anfechtung zur Masse gezogen werden konnte (*Bähner/Berger/Braun* ZIP 1993, 1283 ff. [1284]; *OLG Nürnberg* KTS 1966, 62 ff. [64]). Die Rechnungslegungspflicht dient auch der Kontrolle des Verwalterhandelns im Hinblick auf eventuelle Ersatzansprüche bzw. der dem Insolvenzverwalter zu erteilenden Entlastung (HK-InsO/*Metoja* § 66 Rn. 17).

11 In der Praxis wird häufig eine von der kaufmännischen doppelten Buchführung abweichende Form der Rechnungslegung gewählt. Demzufolge besteht eine Schlussrechnung üblicherweise aus einer **Einnahmen- und Ausgabenrechnung** und eventuell (nicht zwingend) einer **Insolvenzschlussbilanz**, die in bilanzierender Gegenüberstellung zu der wegen § 155 InsO zu erstellenden Insolvenzeröffnungsbilanz aufgebaut sein und das Ergebnis der Verwertungs- und Abwicklungstätigkeit des Insolvenzverwalters zahlenmäßig erfassen soll (MüKo-InsO/*Riedel* § 66 Rn. 19 ff.). Solche Schlussbilanzen haben wenig Erkenntniswert. Auf der Aktivseite darf nur noch der Bestand an zur Verteilung anstehenden liquiden Mitteln stehen. Auf der Passivseite stehen die noch zu begleichenden Masseverbindlichkeiten und die Insolvenztabelle in Form des Schlussverzeichnisses. Dieser **rechnerische** Teil wird durch das **Verteilungsverzeichnis** gem. § 188 InsO ergänzt (MüKo-InsO/*Riedel* § 66 Rn. 19 ff.).

12 Daneben existiert ein **darstellender** Teil, der **Schlussbericht**, der einen umfassenden Überblick über die gesamte Tätigkeit des Insolvenzverwalters geben muss und gewährleisten soll, dass die Gläubiger den rechnerischen Teil eigenständig nachvollziehen können. Er hat mithin zu allen Punkten, über die der Schlussbericht nach den obigen Ausführungen Aufschluss geben muss, die notwendigen Klarstellungen zu enthalten (*Frege/Riedel* Rn. 3 ff.).

13 Teilweise werden Schlussrechnungen aber durch erweiterte Buchungen mit der Methode der **doppelten handelsrechtlichen Buchführung** erstellt – mit dem Vorteil, auf diese Weise eine zweifache (handels- und insolvenzrechtliche) Buchführung überflüssig zu machen (*Braun* ZIP 1997, 1013 ff. [1015]). Dies führt entgegen *Förster* (ZIP 1997, 34) nicht dazu, dass der zur Prüfung der Schlussrechnung funktionell zuständige Rechtspfleger diese nicht mehr versteht (*Braun* ZIP 1997, 1013). Allerdings ist der Aufwand kaum geringer als bei zwei Rechenwerken. Zur Erstellung befähigte Mitarbeiter sind zudem sehr dünn gesät.

14 In jedem Falle sind mit der Schlussrechnung sämtliche Belege zu den Zahlungsbewegungen – Quittungen, Kontoauszüge, etc. – vorzulegen (HK-InsO/*Metoja* § 66 Rn. 32; *Uhlenbruck* ZIP 1982, 125 ff. [S. 127], befürwortet für Großinsolvenzen, dass nur die wesentlichen Belege beizufügen sind).

D. Die insolvenzgerichtliche Prüfungspflicht

15 Als Folge seiner Aufsichtspflicht (§ 58 InsO) hat das Insolvenzgericht die Schlussrechnung (auch Zwischen-Schlussrechnung aus Anlass vorzeitiger Beendigung des Verwalteramtes) zu überprüfen (*Schmidtberger* NZI 2011, 928 f.; *Berner* ZInsO 2005, 1130 [1131 ff.] m.w.N.).

16 Die funktionelle Zuständigkeit liegt – wie immer unter dem Vorbehalt, dass der Richter nicht von § 18 Abs. 2 RPflG Gebrauch gemacht hat – beim Rechtspfleger, § 18 RPflG.

17 Die Prüfungspflicht besteht in formeller und in materieller Hinsicht.

18 Das Gericht hat mithin (**formeller Aspekt**) die äußere Ordnungsmäßigkeit und die rechnerische Richtigkeit zu prüfen, wozu auch die Prüfung gehört, ob alle Geschäftsvorfälle ordnungsgemäß erfasst sind (*Bähner* KTS 1991, 347 ff. [353]; MüKo-InsO/*Riedel* § 66 Rn. 26).

19 Die Prüfung hat sich aber auch auf die Rechtmäßigkeit (**materieller Aspekt**) der Schlussrechnung zu erstrecken; diese ist mithin auch inhaltlich nachzuprüfen (*Bähner* KTS 1991, S. 354 f.), d.h. auf ihre

Nachvollziehbarkeit für Dritte. Eine **Zweckmäßigkeitskontrolle** (Notwendigkeit, Wirtschaftlichkeit, Angemessenheit) der einzelnen Maßnahmen ist wie bei § 58 InsO generell **nicht statthaft**, sofern die Maßnahme nicht gerade so sinnlos war, dass sie rechtswidrig war (HK-InsO/*Metoja*§ 66 Rn. 62; MüKo-InsO/*Riedel* § 66 Rn. 26). Es findet eine **Rechtmäßigkeits-, keine Zweckmäßigkeitsprüfung** statt. Das ESUG enthält nun aber in den Art. 4 u. 5 Neuregelungen, die eine hinreichende Qualifikation von Insolvenzrichtern und Rechtspflegern am Insolvenzgericht, insbesondere auch im Bereich des Rechnungswesens, vorschreiben (vgl. § 22 Abs. 6 S. 2 GVG u. § 18 Abs. 4 S. 2 RPflG je ab 01.01.2013 durch Gesetz vom 07.12.2011, BGBl. I S. 2582).

Ist das Gericht selbst zu der Überprüfung nicht in der Lage, so kann es durch Anordnung einen **Sachverständigen** hinzuziehen (*OLG Stuttgart* NZI 2010, 191; *Nerlich/Römermann-Delhaes* InsO, § 66 Rn. 18; HK-InsO/*Metoja* § 66 Rn. 63). Die hierdurch entstehenden Kosten sind Verfahrenskosten i.S.d. § 54 (MüKo-InsO/*Riedel* § 66 Rn. 34; *Hess* InsO, § 66 Rn. 42 in der 2. Aufl., der unzutreffend diese Kosten als sonstige Masseverbindlichkeiten i.S.d. § 55 Abs. 1 ansieht, da es sich um eine gerichtliche Maßnahme handelt). Unzulässig ist die Hinzuziehung eines Sachverständigen wegen § 69 Satz 2 InsO dann, wenn ein Gläubigerausschuss eingesetzt ist, da eine permanente Kontrolle des Geldverkehrs und -bestandes zu seinen Aufgaben gehört, die er auf Dritte übertragen kann (vgl. den Wortlaut des § 69 Satz 2 InsO: »... prüfen zu lassen.«. Letztlich geht es um die Vorbereitung einer fundierten Entscheidung der Gläubiger über die Rechnungslegung des Insolvenzverwalters im Schlusstermin (*Madaus* NZI 2012, 122 [127]; *Weitzmann* ZInsO 2007, 453). Unter dem Aspekt der Masseschonung wird eine solche Beauftragung auch nur in größeren Unternehmensinsolvenzverfahren oder bei umfangreichen Unternehmensfortführungen angezeigt sein. Der sachverständige Prüfer kann zutreffenderweise auch **nur mit der Kontrolle des rechnerischen Teils** betraut werden, die Beurteilung der rechtlichen Fragen verbleibt dem Gericht.(*Kübler/Prütting/Bork-Onusseit* § 66 Rn. 23; **a.A.** *OLG Stuttgart* ZIP 2010, 491; wohl auch MüKo-InsO/*Riedel* § 66 Rn. 29 f.). Das Gericht wird letztlich von seiner eigenen Prüfungspflicht als originärer Aufgabe nicht entbunden (*Uhlenbruck/Mock* InsO, § 66 Rn. 90 m.w.N.). Die grundsätzliche Übertragung dürfte verfassungskonform sein. Eine Verfassungsbeschwerde gegen die Übertragung der Schlussrechnungsprüfung auf Sachverständige, hat das *BVerfG* mit Beschluss vom 10.02.2016 (– 2 BvR 212/15) nicht zur Entscheidung angenommen. Über die Frage, **ob und wann** das Gericht einen Dritten mit der Schlussrechnung beauftragen kann, ist ein umfangreicher Disput entstanden (*Graeber/Graeber* NZI 2014, 298 ff., die als Anhaltspunkt bei einem Vergütungsantrag mit Zuschlägen von 50 % eine externe Prüfung vorschlagen; sehr ausf. u. krit. *Madaus* NZI 119 ff.; *Keller* Rpfleger 2011, 66 ff.; *Franke/Firmenich* ZInsO 2009, 123, 126 f.). Die Beauftragung u. Delegation muss seitens des Gerichts nachvollziehbar begründet sein. In diesen Ausnahmefällen können die Sachverständigenkosten dann als Auslagen die Masse belasten. Dies ist insbesondere unter dem Gesichtspunkt strittig, dass mit den Gerichtskosten i.S.d. § 54 InsO die Kosten der Schlussrechnungsprüfung durch das Gericht bereits bezahlt sind (MüKo-InsO/*Hefermehl* § 54 Rdn. 8; *Haertlein* NZI 2009, 580; *Weitzmann* ZInsO 2007, 454). Die Prüfung durch den Sachverständigen kann im Hinblick auf die Gläubiger nur sinnvoll sein, wenn die Kosten seiner Prüfung in einem angemessenen Verhältnis zu den übrigen Verfahrenskosten stehen. Die Höhe seiner Vergütung richtet sich nach der Honorargruppe 4 des § 9 JVEG (MüKo-InsO/*Riedel* § 66 Rn. 34; *OLG Hamburg* ZInsO 2010, 634) und beläuft sich damit auf 80 € pro Stunde (**a.A.** *OLG Karlsruhe* NZI 2016, 324 welches einen Stundensatz von 115 € für angemessen hielt; nach *AG Stuttgart* NZI 2014, 227 sei eine Vergütung von 105 € billig). Zum möglichen Amtshaftungsanspruch der Masse aus § 839 BGB i.V.m. Art. 34 GG (vgl. MüKo-BGB/*Papier* § 839 BGB Rn. 326 m.w.N.).

Die **Bestellung** eines in demselben Bezirk tätigen anderen Insolvenzverwalters zum Sachverständigen ist **nicht selbstständig anfechtbar**. Jedoch hat der Insolvenzverwalter das Recht ihn, wohl aufgrund des Konkurrenzverhältnisses, wegen Besorgnis der Befangenheit gem. § 406 ZPO abzulehnen (*OLG Köln* ZIP 1990, 58 ff. [59 f.]; MüKo-InsO/*Riedel* § 66 Rn. 32 m.w.N., die Prüfung einer Befangenheit habe im Einzelfall zu erfolgen).

22 Stellt sich infolge der Überprüfung heraus, dass die Schlussrechnung unter Mängeln leidet, so kann das Insolvenzgericht deren Beseitigung verlangen und ggf. auf dem Aufsichtswege durchsetzen. In Betracht kommt u.a. die Verweigerung der Genehmigung für die Schlussverteilung und Anberaumung des Schlusstermins nach § 196 Abs. 2 bzw. § 197 Abs. 1 InsO (*Uhlenbruck* ZIP 1982, 125 ff. [135]). Auch eine Versicherung der Richtigkeit an Eides statt kommt in Betracht und kann über Zwangsgeld, und wenn dies fruchtlos bleibt, über die §§ 888, 889 ZPO erzwungen werden (*Uhlenbruck* ZIP 1982, 125 ff. [135]; MüKo-InsO/*Riedel* § 66 Rn. 37).

E. Das Verfahren nach der Prüfung durch das Insolvenzgericht

23 Erhebt das Insolvenzgericht keine Einwendungen, so vermerkt es dies auf der Schlussrechnung, § 66 Abs. 2 Satz 2 InsO. Teilweise wird ein **schriftlicher Prüfungsvermerk** gefordert, der auch als Beschluss gefasst werden kann. Notwendiger Inhalt soll danach sein:
   - die Art der Prüfung (formelle und materielle Richtigkeit),
   - der Umfang der Prüfung (z.B. stichprobenartige Überprüfung, Hinzuziehung eines Sachverständigen),
   - das Prüfungsergebnis und
   - ggf. die Auflistung der Beanstandungen, unter der Angabe, was zur Behebung der Beanstandungen veranlasst wurde (MüKo-InsO/*Riedel* § 66 Rn. 23 f.).

24 Ist ein **Gläubigerausschluss bestellt**, ist diesem die Schlussrechnung zur eigenen Prüfung zuzuleiten, wobei eine Frist zur Stellungnahme gesetzt werden kann, die sich nach den Umständen des Einzelfalles richten muss (*Madaus* NZI 2012, 122). Die Möglichkeit zur Fristsetzung wurde auf Anregung des Bundesrates eingeführt, um erheblichen Verfahrensverzögerungen vorzubeugen (Stellungnahme Bundesrat, abgedruckt in *Balz/Landfermann* S. 281). Sinnvollerweise sollte – aus den Erfahrungen der Praxis – die Reihenfolge der Prüfungen umgekehrt werden, d.h. die Schlussrechnung zunächst dem Gläubigerausschuss zur Prüfung und Stellungnahme vorgelegt werden. Das Gericht kann sich dann auch mit den ggf. vorhandenen Bemerkungen des Gläubigerausschusses auseinandersetzen, prüfen und terminieren.

25 Nach der Prüfung durch das Gericht – und ggf. durch den Gläubigerausschuss – ist die Schlussrechnung vollständig unter Beifügung der Belege und eventueller Berichte seitens vom Gericht beauftragter Sachverständiger (*Smid/Smid* InsO, § 66 Rn. 16) zur Kenntnisnahme der Beteiligten **auszulegen**. Die Schlussrechnung kann an einem Ort nach Wahl des Gerichts unter Berücksichtigung der besonderen Umstände des jeweiligen Falls erfolgen (Ausschussbericht, abgedruckt in *Balz/Landfermann* S. 280), d.h. zum Beispiel auch in den Geschäftsräumen des Insolvenzverwalters. § 66 Abs. 2 Satz 2 InsO stellt ausdrücklich klar, dass eventuelle Bemerkungen des Gläubigerausschusses mit auszulegen sind.

26 Sofern der Gläubigerausschuss innerhalb der ihm gesetzten Frist keine Stellungnahme abgibt, kann die Auslegung ohne seine Bemerkungen erfolgen. Sofern die Stellungnahme jedoch noch während der Auslegungsfrist nachgeliefert wird, sollte sie den Unterlagen aus Gläubigerschutzgesichtspunkten noch beigefügt werden. Auch der Gläubigerausschuss hat seine Bemerkungen ähnlich dem Prüfungsvermerk des Insolvenzgerichts schriftlich niederzulegen. Seine Prüfungsverpflichtung geht über die des Insolvenzgerichts hinaus. Daher kann die Stellungnahme sich auch auf die Zweckmäßigkeit des Handelns des Insolvenzverwalters beziehen (MüKo-InsO/*Riedel* § 66 Rn. 39).

27 Im Anschluss an die Auslegung wird eine Gläubigerversammlung anberaumt, wobei das Gesetz eine **Mindest-Auslegungsfrist** von einer Woche vorsieht. Diese Frist ist je nach den Umständen des Einzelfalles (z.B. hohe Gläubigerzahl, umfangreiche Unterlagen) aber länger zu bemessen.

28 In der Gläubigerversammlung ist die Schlussrechnung nochmals von dem Insolvenzverwalter darzulegen und zu erläutern (MüKo-InsO/*Riedel* § 66 Rn. 22). Werden keine Einwendungen erhoben, so schließt dies die Geltendmachung von Schadensersatzansprüchen gegen den Insolvenzverwalter nicht aus, da die Genehmigungsfiktion des § 86 Satz 2 KO aufgehoben wurde. Der Gesetzgeber sieht den Insolvenzverwalter durch die kurze Verjährung des § 62 InsO als hinreichend geschützt

an (Begr. RegE, abgedruckt in *Balz/Landfermann* S. 280). Gem. § 197 Abs. 1 Nr. 1 InsO können nur gegen das Schlussverzeichnis Einwendungen erhoben werden. Einwendungen gegen die Schlussrechnung im Übrigen müssen ggf. im Wege einer Schadenersatz- oder Feststellungsklage beim Prozessgericht erhoben werden (MüKo-InsO/*Riedel* § 66 Rn. 22).

F. Zwischenrechnungslegung

§ 66 Abs. 3 InsO regelt die Befugnis der Gläubigerversammlung, von dem Insolvenzverwalter während des gesamten Insolvenzverfahrens in bestimmten Abständen Zwischenrechnungslegung zu verlangen, um so eine umfassende Aufsicht zu ermöglichen. Diese Befugnis ist nicht auf die erste Gläubigerversammlung beschränkt (HK-InsO/*Metoja* § 66 Rn. 69). Die Zwischenrechnungslegung erfolgt auf dieselbe Weise wie die Schlussrechnungslegung, aber ohne Verteilungsverzeichnis nach § 188 InsO, wenn (noch) keine Verteilung ansteht (Uhlenbruck/*Mock* § 66 Rn. 111; a.A. HK-InsO/*Metoja* § 66 Rn. 70). Viele Gerichte akzeptieren diese Anforderung, indem sie den Insolvenzverwalter verpflichten, zu jedem Sachstandsbericht eine fortgeschriebene Einnahmen-Ausgabenrechnung des Anderkontos vorzulegen. Dies erspart auf Dauer betrachtet viel Arbeit am Ende des Verfahrens für Insolvenzverwalter und Gericht und hat den Vorteil, weit zeitnaher – und damit einfacher – handhabbar zu sein. Auch der Verband der Insolvenzverwalter Deutschlands e.V. (VID) befasste sich detailliert mit dieser Thematik und hat dazu im Rahmen der »Grundsätze ordnungsgemäßer Insolvenzverwaltung (GOI)« einen entsprechenden Beschluss gefasst (Beschl. v. 22.04.2016, »Grundsätze ordnungsgem. Insolvenzverwaltung« sind abrufbar unter www.vid.de/der-verband/qualitaetsstandards/goi/). Als Qualitätsstandard wird gefordert, dass bereits der Bericht zur ersten Gläubigerversammlung sowie die folgenden Sachstandsberichte eine fortlaufende Rechnungslegung zu enthalten haben. Hieraus soll sich eine verbesserte Information der Verfahrensbeteiligten über den Verfahrensstand und bspw. auch konkret über Verwertungsergebnisse ergeben. Dies muss nicht zwingend in Form einer »Zwischenrechnungslegung« vorliegen, sondern kann sich an das Vermögensverzeichnis des Gutachtens anlehnen und derart in dem Bericht bzw. Sachstandsbericht dargestellt werden. 29

G. Weitere Fälle der Schlussrechnungslegungspflicht

Im Falle der **Eigenverwaltung** (§ 270 InsO) trifft den Schuldner selbst eine Pflicht zur Vorlage einer Schlussrechnung (vgl. auch *AG Duisburg* NZI 2006, 112 ff.). 30

Eine Sonderregelung enthält § 211 Abs. 2 InsO, wonach der Verwalter über eine Tätigkeit nach Anzeige der Masseunzulänglichkeit gesondert Rechnung zu legen hat. Bezweckt wird damit insbesondere ein Schutz der (Neu-) Massegläubiger nach § 209 Abs. 1 Nr. 2 InsO, allerdings auch eine »Sparsamkeitskontrolle« mit etwaigen Haftungsfolgen für den Verwalter aus §§ 60, 61 InsO (*Gottwald/Kopp/Kluth* HdbInsR, § 22 Rn. 76). 31

Eine **Rechnungslegungspflicht des schwachen vorläufigen Insolvenzverwalters** bei Nichteröffnung des Verfahrens ergibt sich aus der InsO über § 21 Abs. 2 Satz 1 Nr. 1 – es besteht ein Verweis für den vorläufigen Insolvenzverwalter auf § 66 InsO. Insbesondere bei einer Erledigungserklärung ist es bereits für die Buchhaltung der vormaligen Schuldnerin wesentlich, eine entsprechende detaillierte Dokumentation seitens des vormaligen vorläufigen Insolvenzverwalters zu erhalten. Die Erfüllung der Rechnungslegungspflicht kann gem. § 58 Abs. 2 Satz 1 durch das Insolvenzgericht erzwungen werden, die §§ 56 ff. gelten mit wenigen Ausnahmen auch für den vorläufigen Insolvenzverwalter entsprechend (HK-InsO/*Rüntz* § 22 Rn. 76 f.; Uhlenbruck/*Uhlenbruck* InsO, § 66 Rn. 21). Ein einklagbarer Anspruch einer diesbezüglichen Pflicht kann aber aus dem allgemeinen Auftragsrecht (vgl. § 666 BGB) hergeleitet werden (*OLG Oldenburg* NZI 2013, 938 ff.; *BGH* NZI 2012, 135; a.A. *Leicht* NZI 2013, 924 ff.). Lediglich ein Einblick in die Insolvenzakte wird der vormaligen Schuldnerin nicht ausreichen (vgl. *Leicht* NZI 2013, 926). 32

§ 67 Einsetzung des Gläubigerausschusses

(1) Vor der ersten Gläubigerversammlung kann das Insolvenzgericht einen Gläubigerausschuss einsetzen.

(2) ¹Im Gläubigerausschuss sollen die absonderungsberechtigten Gläubiger, die Insolvenzgläubiger mit den höchsten Forderungen und die Kleingläubiger vertreten sein. ²Dem Ausschuss soll ein Vertreter der Arbeitnehmer angehören.

(3) Zu Mitgliedern des Gläubigerausschusses können auch Personen bestellt werden, die keine Gläubiger sind.

Übersicht
		Rdn.			Rdn.
A.	Normzweck	1	D.	Vorläufiger Gläubigerausschuss im Eröffnungsverfahren	17
B.	Frage der Einsetzung	2	E.	Rechtsmittel	23
C.	Die Auswahl der Mitglieder des Gläubigerausschusses	6			

Literatur:
Eicke Informationspflichten der Mitglieder des Gläubigerausschusses, ZInsO 2006, 798 ff.; *Frege* Bestellung eines vorläufigen Gläubigerausschusses im Eröffnungsverfahren?, in Festschrift für Martin Peltzer zum 70. Geburtstag, Köln 2001, S. 109 ff.; *ders.* Die Rechtsstellung des Gläubigerausschusses nach der Insolvenzordnung, NZG 1999, 478 ff.; *Frind* Die Gläubigermitbestimmung bei der Verwalterauswahl und das »Zeitkorridorproblem«, ZInsO 2011, 757; *ders.* Die Praxis fragt, »ESUG« antwortet nicht, ZInsO 2011, 2249; *ders.* Der vorläufige Gläubigerausschuss – Rechte, Pflichten, Haftungsgefahren, ZIP 2012; 1380; *ders.* Probleme bei der Bildung und Kompetenz des vorläufigen Gläubigerausschusses, BB 2013, 265; *Gundlach/Frenzel/Jahn* Macht und Ohnmacht des Gläubigerausschusses – dargestellt am Beispiel des § 160 InsO, ZInsO 2007, 1028 ff.; *dies.* Die Auflösung des Gläubigerausschusses im laufenden Insolvenzverfahren, ZInsO 2011, 708; *Frind* Der Einfluss von Gläubigern bei der Auswahl des und der Aufsicht über den Insolvenzverwalter, ZInsO 2007, 643 ff.; *Gundlach/Frenzel/Schmidt* Die Einladung zur Sitzung des Gläubigerausschusses – zugleich ein Beitrag zu § 72 InsO, NZI 2005, 304 ff.; *dies.* Die Verschwiegenheitspflicht des Gläubigerausschussmitglieds, ZInsO 2006, 69 ff.; *Gundlach/Schirrmeister* Der Vergütungsanspruch des beamteten Gläubigerausschussmitglieds, ZInsO 2008, 896 ff.; *Haarmeyer* Das fürsorgliche Insolvenzgericht oder Gläubigermitwirkung als Zahlenspiel, ZInsO 2012, 987; *Hegmanns* Der Gläubigerausschuss, 1986; *Heidland* Die Rechtsstellung und Aufgaben des Gläubigerausschusses als Organ der Gläubigerselbstverwaltung in der Insolvenzordnung, in: Kölner Schrift zur Insolvenzordnung, 2000, S. 711 ff.; *Heeseler/Neu* Plädoyer für die Professionalisierung des Gläubigerausschusses, NZI 2012, 440; *Hornung* Der Gläubigerausschuss im Insolvenzverfahren, KKZ 2001, S. 145 ff.; *Kind* Der vorläufig vorläufige Gläubigerausschuss, FS für Braun, 2007, S. 31 ff.; *Kolbe* Arbeitnehmer-Mitbestimmung im vorläufigen Gläubigerausschuss, NZI 2015, 400 ff.; *Lissner* Die Bestellung eines Gläubigerausschusses gegen die Gläubigerinteressen, DZWIR 2013, 323; *Ohr* Der Beamte im Gläubigerausschuss – Nebentätigkeit oder Haupttätigkeit, KTS 1992, 343 f.; *Obermüller* Der Gläubigerausschuss nach dem »ESUG«, ZInsO 2012, 18; *Pape* Gesetz zur weiteren Erleichterung der Sanierung von Unternehmen, ZInsO 2011, 1033 ff.; *ders.* Der verhinderte Insolvenzverwalter als Mitglied des Gläubigerausschusses – Anm. zu *LG Kassel* (ZInsO 2002, 839), ZInsO 2002, 1017 ff.; *ders.* Rechtliche Stellung, Aufgaben und Befugnisse des Gläubigerausschusses im Insolvenzverfahren, ZInsO 1999, 675 ff.; *ders.* Die ausgefallene Gläubigerversammlung, Rpfleger 1993, 430 f.; *ders.* Zur Problematik der Unanfechtbarkeit von Stimmrechtsfestsetzungen in der Gläubigerversammlung, ZIP 1991, 837 f.; *Pape/Schmidt* Kreditvergaben und Gläubigerausschuss – Anm. zu *OLG Rostock* Beschl.v. 28.05.2004 – 3 W 11/04 (ZInsO 2004, 814), ZInsO 2004, 955 ff.; *Paulus* Insolvenzverwalter und Gläubigerorgane, NZI 2008, 705 ff.; *Uhlenbruck* Ausgewählte Pflichten und Befugnisse des Gläubigerausschusses in der Insolvenz, ZIP 2002, 1373 ff.; *ders.* Grenzen der Mitwirkung von Gläubigerausschuss und Gläubigerbeirat im Insolvenzverfahren, BB 1976, 1189 f.; *Rauscher* Aufgabe, Kosten, Nutzen des vorläufigen Gläubigerausschusses, ZInsO 2012, 1201; *Riggert* Die Auswahl des Insolvenzverwalters – Gläubigerbeteiligung des Referentenentwurfs zur InsO (RefE ESUG) aus Lieferantensicht, NZI 2011, 121 ff.; *Smid* Kritische Anmerkungen zu § 21 Abs. 2 Nr. 1a InsO n.F., ZInsO 2012, 757; *Steinwachs* Die Wahl des vorläufigen Insolvenzverwalters durch den (vorläufigen) Gläubigerausschuss nach dem »ESUG«, ZInsO 2011, 410; *Vallender* Rechtsstellung und Aufgaben des Gläubigerausschusses, WM 2002, 2040 ff.; *Vogl* Rechtsprobleme im Zusammenhang mit der Bestellung des Gläubigerausschusses durch die Gläubigerversammlung, InVo 2001, 389 f.; *Zuleger* Was wollen Gläubiger?, NZI 2011, 136.

A. Normzweck

Das Insolvenzgericht hat die Befugnis, einen – vorläufigen –Gläubigerausschuss einzusetzen. Im Rahmen des **ESUG** (in Kraft getreten am 01.03.3012) sind nun für das Antragsverfahren und einen »vorläufigen Ausschuss« die neu eingefügten §§ 21 Abs. 2 Nr. 1a, 22a u. 56a InsO zu beachten (bereits im Vorfeld sehr kritisch *Frind* ZInsO 2011, 757 und *Gundlach/Frenzel/Jahn* ZInsO 2011, 708). Der Gesetzgeber möchte den Einfluss der Gläubiger stärken, insofern wird die Bestellung nun – nach § 22a InsO für das Gericht teilweise verpflichtend – bereits in das Eröffnungsverfahren gerückt (vgl. auch *Obermüller* ZInsO 2012, 18; *Steinwachs* ZInsO 2011, 410; *Zuleger* NZI 2011, 136). Die abschließende Entscheidung über Einsetzung und Zusammensetzung liegt aus Gründen der Gläubigerautonomie nach § 68 InsO bei der Gläubigerversammlung. Da § 67 InsO der bisherigen Regelung des § 87 KO entspricht, sind die bisher anerkannten und entwickelten Grundsätze übertragbar (MüKo-InsO/*Schmid-Burgk* § 67 Rn. 1). Neben der Gläubigerversammlung ist der Gläubigerausschuss das wesentliche Organ der Gläubigerautonomie. Der Ausschuss unterstützt gem. § 69 S. 1 den Verwalter, überwacht diesen aber auch.

1

B. Frage der Einsetzung

Die Entscheidung, ob ein Gläubigerausschuss eingesetzt werden soll, trifft das Insolvenzgericht nach pflichtgemäßem Ermessen (KS-InsO/*Heidland* 2000, S. 711 ff., S. 716 Rn. 9). In **Kleininsolvenzen**, bei denen nur verhältnismäßig geringe Forderungen offen stehen und an denen nur wenige Gläubiger beteiligt sind, wird das Gericht regelmäßig – aber nicht gezwungenermaßen – von der Bestellung absehen. Dies ist in solchen Fällen meist im Interesse der Straffung des Verfahrens und der Kostenersparnis (§ 73 InsO) geboten (Begr. RegE, abgedruckt in *Balz/Landfermann* S. 282).

2

Die ursprüngliche Formulierung des Regierungsentwurfes, die sich in der endgültigen Fassung des Gesetzes nicht mehr wieder findet, hat Kritik erfahren. Danach sollte sich das Gericht bei der Einsetzung eines – vorläufigen – Gläubigerausschusses von einzelfallbezogenen Zweckmäßigkeitserwägungen leiten lassen (*Pape* ZInsO 1999, 676). Man wird allerdings davon ausgehen dürfen, dass in deutlich weniger als 20 % aller eröffneten Verfahren – vorläufige – Gläubigerausschüsse bestellt werden. Die häufig in Bezug genommene rechtstatsächliche Erhebung stammt aus dem Jahre 1976 und ist durch die aktuelle Entwicklung überholt (anders aber die Einschätzung von *Pape* ebd., m.w.N.).

3

Eine **Pflicht zur Bestellung** eines Gläubigerausschusses ist an keiner Stelle normiert; § 103 GenG wurde durch Art. 49 Nr. 20 EGInsO aufgehoben (MüKo-InsO/*Schmid-Burgk* § 67 Rn. 6 m.w.N.). Regelmäßig wird aber in Großverfahren die Einsetzung eines – vorläufigen – Gläubigerausschusses angezeigt sein, um die Beteiligung der Gläubiger schon vor der ersten Versammlung sicherzustellen (Begr. RegE, abgedruckt in *Balz/Landfermann* S. 281 f.).

4

Die Gläubigerversammlung kann, indem sie einen vom Gericht bestellten – vorläufigen – Gläubigerausschuss nicht durch Wahl bestätigt, auf einen gem. § 67 InsO eingesetzten Ausschuss nach § 68 Abs. 1 Satz 2 InsO verzichten. Wird auf Antrag des Schuldners eine **Eigenverwaltung** nach den §§ 270 ff. InsO angeordnet, ist die Einsetzung eines – vorläufigen – Gläubigerausschusses regelmäßig im Interesse einer verstärkten Kontrolle des Schuldners sinnvoll (*Pape* ZInsO 1999, 676 m.w.N.).

5

C. Die Auswahl der Mitglieder des Gläubigerausschusses

Auch die **Auswahl** der Gläubigerausschussmitglieder erfolgt nach pflichtgemäßem Ermessen des Gerichtes. § 67 Abs. 2 InsO gibt lediglich vor, dass im Gläubigerausschuss die absonderungsberechtigten Gläubiger, die Insolvenzgläubiger mit den höchsten Forderungen, die Kleingläubiger und – sofern bei diesen nicht unerhebliche offene Insolvenzforderungen bestehen – auch die Arbeitnehmer beteiligt sein sollen. In § 67 Abs. 2 Satz 2 wurden im Rahmen des ESUG nach dem Wort »angehören« die Wörter »wenn diese als Insolvenzgläubiger mit nicht unerheblichen Forderungen beteiligt sind«, gestrichen. Auf die Höhe der Forderungen, welche auf die Arbeitnehmerschaft entfällt, kommt es demnach nicht mehr an. Mithin ist erwünscht, dass im Ausschuss die Interessen aller beteiligten

6

wesentlichen Gläubigergruppen angemessen berücksichtigt werden. Das Gericht kann freilich hiervon abweichen, wenn die Umstände des Einzelfalles dies gebieten, etwa weil die Mitglieder einer Gläubigergruppe nicht die erforderliche Sachkunde aufweisen (vgl. *AG Kaiserslautern* NZI 2004, 676 zum sog. vorläufigen Gläubigerausschuss). Weicht das Gericht insofern von den Vorgaben des Gesetzes ab, so sollte es seine Entscheidung begründen. Dem Insolvenzgericht soll aus seiner verfahrensleitenden Aufgabe heraus die Freiheit zustehen, den für das konkrete Verfahren passenden und adäquaten Gläubigerausschuss einzusetzen. Der Gesetzgeber habe auch bewusst und folgerichtig darauf verzichtet, gegen die Entscheidung des Gerichts zur Einsetzung und zur Zusammensetzung eines Gläubigerausschusses die Beschwerde zuzulassen (MüKo-InsO/*Schmid-Burgk* § 67 Rn. 10 m.w.N. auch zur a.A.). Aufgrund der durch das ESUG (Gesetz vom 07.12.2011 BGBl. I S. 2582) neu eingefügten §§ 21 Abs. 2 Nr. 1a, 22a und 56a InsO ist davon auszugehen, dass bei größeren oder komplexeren Verfahren jeweils bereits im Antragsverfahren ein **vorläufiger Gläubigerausschuss** konstituiert wird (vgl. hierzu auch Rdn. 17).

7 Zu Mitgliedern des Gläubigerausschusses können auch Personen bestellt werden, die **keine Gläubiger** sind, § 67 Abs. 3 InsO (*Riggert* NZI 2011, 121). Es sollen auch solche Personen einbezogen werden können, die besonders zur Wahrung der Interessen der Gläubiger oder eines bestimmten Kreises von Gläubigern im Gläubigerausschuss geeignet sind (Begr. RegE, abgedruckt in *Balz/Landfermann* S. 282; *BGH* BGHZ 124, 86 ff. = ZIP 1994, 46 f.), bzw. besondere Erfahrung in Insolvenzverfahren einbringen können (z.B. Branchenspezialisten bei leistungswirtschaftlich definierten Sanierungsfällen). Dabei soll Abs. 3 der Praxistauglichkeit des Gesetzes zuträglich sein, da er einer Akzessorietät von Gläubigereigenschaft und Mitgliedschaft im Gläubigerausschuss entgegenstehe. Das Insolvenzgericht könne somit einem Besetzungsstreit der Beteiligten aus dem Weg gehen (MüKo-InsO/*Schmid-Burgk* § 67 Rn. 21).

8 Anders als beim Insolvenzverwalter (§ 56 InsO) können auch **juristische Personen** in den Gläubigerausschuss berufen werden, da gerade in dieser Rechtsform organisierte Unternehmen oftmals einen erheblichen Teil der Großgläubiger stellen werden. Die Zulässigkeit der Bestellung juristischer Personen war in der Vergangenheit heftig umstritten, dürfte aber inzwischen nach überwiegender Auffassung möglich sein (*BGH* BGHZ 124, 86 ff. = ZIP 1994, 46 f.; *Pape* ZInsO 1999, 677 m.w.N.; MüKo-InsO/*Schmid-Burgk* § 67 Rn. 17 m.w.N. auch zur Praxis der Insolvenzgerichte; neuerdings a.A. *Gundlach/Frenzel/Schmidt* ZInsO 2007, 531 ff.). Daneben geht auch die Gesetzesbegründung ohne Weiteres davon aus (Begr. zum RegE, abgedruckt in *Balz/Landfermann* S. 282). Es spielt dabei keine Rolle, ob die juristische Person eine solche des privaten oder des öffentlichen Rechts ist. Mitglieder in Gläubigerausschüssen können danach auch gesetzliche Krankenversicherungen, berufsständische Kammern, Sparkassen, Landesbanken und auch die Bundesanstalt für Arbeit sein (MüKo-InsO/*Schmid-Burgk* § 67 Rn. 20).

9 Praktische Probleme bereitet dabei allerdings die **Vertretung**, die grds. durch die Organe zu erfolgen hätte. I.d.R. wird dies durch eine spezielle Einzelvollmacht zufriedenstellend sichergestellt werden können. Eine häufige Problematik ergibt sich aus der mangelnden Kontinuität bei den häufig wechselnden Vertretern der juristischen Personen im Gläubigerausschuss (*Nerlich/Römermann-Delhaes* InsO, § 69 Rn. 8). Hier gilt es gewissenhaft die spezielle Vollmacht zu beachten. Umgekehrt ist zu berücksichtigen, dass die Gläubigerausschussmitgliedschaft einer juristischen Person für deren entsandte Vertreter unter dem Aspekt des Haftungsrisikos nach § 71 InsO – aus Sicht des Mitgliedes des Gläubigerausschusses – vorzugswürdig ist. Dies wird insbesondere dann der Fall sein, wenn einerseits dennoch ein Mitarbeiter als natürliche Person entsandt wird, dieser dann aber aufgrund arbeits- oder dienstvertraglicher Regelungen die nach § 73 InsO verdiente Vergütung abzuführen hat. Soweit in der Praxis darüber geklagt wird, dass Arbeitgeber in solchen Konstellationen für das Haftungsrisiko nach § 71 InsO entsandten Mitarbeitern nicht einmal eine Freistellung bieten, ist dies wohl ein lösbares arbeitsrechtliches Problem. Die Argumente, die für eine Zulässigkeit der Bestellung von juristischen Personen zu Mitgliedern eines Gläubigerausschusses verwendet werden, werden auch dazu angeführt, dass es zulässig sein soll, dass ein verhindertes Mitglied eines Gläubigerausschusses einen **Stellvertreter** (mit entsprechender Vollmacht) schicken könne (MüKo-InsO/*Schmid-Burgk* § 67

Rn. 26). Die Zulässigkeit einer solchen Stellvertretung ergebe sich daraus, dass sich andernfalls ein **Wertungswiderspruch** zur Mitgliedschaft der juristischen Person ergebe. Natürlichen Personen müsse auf diesem Wege Chancengleichheit eingeräumt werden, Stellvertretung daher zulässig sein (MüKo-InsO/*Schmid-Burgk* § 67 Rn. 26). Diese Auffassung wird kritisiert. Es bestehe die Pflicht, das Amt »höchstpersönlich« wahrzunehmen, zudem sei dies zutreffenderweise wenig praktikabel (*Uhlenbruck* ZIP 2002, 1379 f.).

Die Bestellung von **Behörden** als Ausschussmitglieder kommt mangels Rechtsfähigkeit hingegen 10 nicht in Betracht (*BGH* NJW 1994, 453 ff. [453] = ZIP 1994, 46 ff. [47 f.] = WM 1994, 166 ff. [167 f.] = BGHZ 124, 86 ff. [89 f.]). Die Wahl bestimmter Mitarbeiter von Behörden in den Gläubigerausschuss ist jedoch nicht ausgeschlossen (*Pape* ZInsO 1999, 677 m.w.N.), stößt in aller Regel aber auf wenig Bereitschaft. Dies ist bedauerlich, weil häufig die Einbeziehung von Behörden in den Gläubigerausschuss hilfreich wäre.

Kein Mitglied des Gläubigerausschusses dürfen ferner der Insolvenzverwalter sowie der Schuldner 11 sein. Ist der Schuldner eine juristische Person, so ist zu differenzieren. Gesellschafter und gesetzliche Vertreter (**Geschäftsführer, Vorstandsmitglieder**) können nicht bestellt werden (K. Schmidt/*Jungmann* InsO, § 67 Rn. 19 m.w.N.). Zutreffenderweise dürfte die Auffassung, dass der **Aufsichtsrat** ein vom Vorstand unabhängiges Organ sei, mit dem KonTraG (vom 16.07.1998 BGBl. I S. 1842) an Durchschlagskraft verloren haben. § 111 AktG nehme den Aufsichtsrat stärker in die Verantwortung und binde ihn in die präventive und zukunftsbezogene Überwachung des Vorstands ein, bürde ihm daher so stärker auch die unternehmerische Führung auf. Der Aufsichtsrat habe großen Einfluss auf die Geschäftspolitik und nehme an der Leitungsaufgabe des Unternehmens teil. Er stehe damit ganz auf Seiten des Schuldners (MüKo-InsO/*Schmid-Burgk* § 67 Rn. 22 m.w.N.). Tendenziell dürfte daher die Stellung eines Aufsichtsrates des Schuldnerin inkompatibel mit der Mitgliedschaft in einem Gläubigerausschuss derselben sein (HK-InsO/*Riedel* § 66 Rn. 6; **a.A.** *AG Hamburg* ZIP 1987, 386 f.). Bei Gesellschaftern des schuldnerischen Unternehmens ist zu differenzieren, ob sie persönlich haften oder nicht. Bei persönlicher Haftung besteht Inkompatibilität (MüKo-InsO/*Schmid-Burgk* § 67 Rn. 23; HK-InsO/*Riedel* § 67 Rn. 7). Haftet ein Gesellschafter aus keinem Gesichtspunkt, ist sorgfältig abzuwägen, ob nicht doch ein unauflösbarer Interessenwiderspruch besteht (MüKo-InsO/*Schmid-Burgk* § 67 Rn. 23; *Kübler/Prütting/Bork-Kübler* § 67 Rn. 25).

Nicht geregelt und damit ebenfalls der Entscheidung des Insolvenzgerichtes anheimgestellt, ist die 12 **Zahl der Ausschussmitglieder**, die allerdings aufgrund der Vorgaben des Gesetzes (Bestellung von absonderungsberechtigten Gläubigern, Großgläubigern, Kleingläubigen und Arbeitnehmervertretern) und der Notwendigkeit der Entscheidungsfähigkeit die Bestellung von drei bis vier Personen regelmäßig notwendig machen wird (*Pape* ZInsO 1999, 677; auch in Verbraucherinsolvenzverfahren[!] mindestens zwei Mitglieder, *AG Augsburg* NZI 2003, 509). Nach Beschluss des BGH besteht die Mindestbesetzung aus zwei Mitgliedern (*BGH* ZInsO 2009, 716 = NZI 2009, 386).

In der Praxis wird – sofern ein vorläufiger Insolvenzverwalter bestellt ist – dieser sinnvoller- und üb- 13 licherweise die Bestellung eines – vorläufigen – Gläubigerausschusses anregen und geeignete Personen benennen, da ihm die Zusammensetzung der Gläubigergemeinschaft besser bekannt ist. Sinnvollerweise wird der vorläufige Insolvenzverwalter in diesem Fall dann auch bereits die Bereitschaft der benannten Personen zur Übernahme dieses Amtes abklären.

Von der Ernennung zu vieler Mitglieder sollte abgesehen werden, um den Entscheidungsprozess in- 14 nerhalb des Gläubigerausschusses nicht unnötig zu erschweren. In der Realität ist die Zahl aber oft von gläubigertaktischen Überlegungen einerseits und gerichtsbestimmten Nöten andererseits abhängig (KS-InsO/*Heidland* 2000, S. 718 Rn. 12). Wenn das Gericht die Festsetzung von Stimmrechten im Berichtstermin vermeiden will und viele Prätendenten vorhanden sind, führt dies gelegentlich zu Gläubigerausschüssen mit mehr als 10 Personen.

Die Bestellung von **Ersatzmitgliedern** wird – da nicht ausdrücklich verboten – weiterhin für zulässig 15 gehalten (MüKo-InsO/*Schmid-Burgk* § 67 Rn. 25). Vor allem bei einem Zweier-Ausschuss kann die Bestellung von Ersatzmitgliedern zur Beschleunigung des Verfahrens beitragen, da für den Fall, dass ein bestelltes ordentliches Mitglied das Amt niederlegt, keine Hemmung des Verfahrens eintritt (MüKo-InsO/*Schmid-Burgk* § 67 Rn. 25). Pragmatisch aber wohl zu weitgehend ist eine Entscheidung des AG Duisburg. Dieses räumt eine Ergänzungsbefugnis des Insolvenzgerichts für den Fall ein, dass die Gläubiger sich nicht »rühren« (*AG Duisburg* ZInsO 2003, 861 f.). Zu dem Beschluss der Gläubigerversammlung nach § 68 InsO wird sogar vertreten, dass ein solcher des Inhalts gefasst werden kann, dass sich der Gläubigerausschuss bei Wegfall gewählter Mitglieder **selbst ergänzt** (*Kuhn/Uhlenbruck* 11. Aufl., KO, § 87 Rn. 5 m.w.N. z. Lit.).

16 Das Amt als Mitglied des – vorläufigen – Gläubigerausschusses beginnt mit einer **Annahmeerklärung** (vgl. *LG Duisburg* ZIP 2004, 729 für den Fall einer gerichtlichen Einsetzung eines vorläufigen Gläubigerausschusses vor Eröffnung des Insolvenzverfahrens im Anschluss an *AG Duisburg* ZIP 2002, 1460 f.) und endet mit der Wahl durch die Gläubigerversammlung (MüKo-InsO/*Schmid-Burgk* § 68 Rn. 27 f.). Es handelt sich bei der Mitgliedschaft im vorläufigen und im endgültigen Gläubigerausschuss um voneinander zu trennende Ämter. Ein durch die Gläubigerversammlung gewähltes Gläubigerausschussmitglied kann durch die Gläubigerversammlung nicht wieder abgewählt werden (*BGH* ZInsO 2007, 444 u. ZIP 2007, 781).

D. Vorläufiger Gläubigerausschuss im Eröffnungsverfahren

17 Die Frage der **Gläubigermitwirkung im Eröffnungsverfahren** hat eine rechtliche und eine pragmatische Seite. Der Gesetzgeber ist nunmehr mit dem **ESUG** und den neu eingefügten §§ 22 Abs. 2 Nr. 1a, 22a, 56a InsO den rechtlichen und praktischen Bedürfnissen gefolgt (*Steinwachs* ZInsO 2011, 410; *Pape* ZInsO 2011, 1033 ff.; *Obermüller* ZInsO 2012, 18; *Haarmeyer* ZInsO 2012, 1441 ff.; *Frind* ZInsO 2012, 2028 ff.; *Beth* ZInsO 2012, 1974 ff.). Zuvor dürfte die Bestellung eines sog. »vorläufigen« Gläubigerausschusses bereits im Eröffnungsverfahren unzulässig im rechtlichen Sinne gewesen sein. Berücksichtigt man, dass grds. Verwertungsmaßnahmen eines vorläufigen Insolvenzverwalters im Eröffnungsverfahren nicht zulässig sind (vgl. zuletzt *BGH* ZIP 2001, 296 ff.), dann bestand bis zum 01. März 2012 auch für eine wesentliche Mitwirkungsmöglichkeit des Gläubigerausschusses im Rahmen der §§ 160 ff. InsO kein Anwendungsbereich.

18 Tatsächlich gab es aber ein Bedürfnis der Gläubiger, schneller und umfassender informiert sowie beteiligt zu werden, jenseits formaler Berechtigungen und Kontrollbefugnisse. Dem ist der Gesetzgeber mit den §§ 21 Abs. 2 Nr. 1a, 22a, 56a InsO nachgekommen. Die Einsetzung eines Gläubigerausschusses bereits im Insolvenzeröffnungsverfahren ist zulässig und liegt im Ermessen des Gerichts (*Frind* ZInsO 2011, 2249; *Obermüller* ZInsO 2012, 18 ff. m.w.N.). Nach den §§ 21 Abs. 2 Nr. 1a, 22a InsO hat das Gericht bereits im Antragsverfahren einen Ausschuss einzusetzen, wenn das schuldnerische Unternehmen zwei von drei der in § 22a InsO genannten »Merkmalen« mindestens erfüllt (Bilanzsumme 4.840 Mio €; Umsatz 9.680 Mio. €; 50 Arbeitnehmer). Liegen diese Voraussetzungen nicht vor, soll das Gericht auf Antrag des Schuldners, des vorläufigen Insolvenzverwalters oder eines Gläubigers einen vorläufigen Ausschuss einsetzen, wenn hierfür geeignete und zur Amtsübernahme bereite Personen benannt werden (vgl. § 22a Abs. 2 InsO). Die wesentlichen Aufgaben des derart eingesetzten vorläufigen Gläubigerausschusses sind unter anderem in der Auswahl des Verwalters (§ 56a InsO) und der Entscheidung über die Eigenverwaltung (§ 270 Abs. 3 InsO) zu sehen. Die Einsetzung eines vorläufigen Ausschusses kann unterbleiben, wenn die in § 22a Abs. 3 InsO aufgeführten Sachverhalte festgestellt wurden (Geschäftseinstellung; Unverhältnismäßigkeit, nachteilige zeitliche Verzögerung). Für einen vorläufigen Gläubigerausschuss nach § 22a InsO gelten die §§ 67, 68 InsO entsprechend (vgl. § 22 Abs. 2 Nr. 1a InsO; so bereits *LG Duisburg* NZI 2004, 95). Aber anders als nach § 67 Abs. 3 InsO können in diesem Verfahrensstadium nur »Gläubiger« als Mitglieder bestellt werden.

19 Daraus ergibt sich nun im Einzelnen für die Verfahrensabschnitte das Folgende:

»Vorläufiger (vorläufiger)« Gläubigerausschuss im Eröffnungsverfahren. Das Gericht »soll« nach § 21 Abs. 2 InsO auf Antrag des Schuldners, des vorläufigen Insolvenzverwalters oder eines Gläubigers einen vorläufigen Gläubigerausschuss gem. § 21 Abs. 2 Nr. 1a InsO einsetzen. Es sind dann

Bereitschaftserklärung der benannten Personen vorzulegen (§ 22a Abs. 2 InsO). Das Antragsrecht steht jedem Gläubiger zu, unabhängig von der Höhe seiner Forderung, insofern nicht nur Absonderungsberechtigen, sondern auch nachrangigen und potentiellen Massegläubigern (*Frind* ZInsO 2011, 2249). Der Vorschlag muss den Kriterien des § 67 Abs. 2 InsO entsprechen. Das Ermessen des Gerichts ist aber beschränkt oder andererseits in bestimmten Konstellationen ausgeschlossen (*Steinwachs* ZInsO 2011, 410). Ein vorläufiger Ausschuss »ist« einzusetzen bei Unternehmen, die zwei der in § 22a Abs. 1 InsO genannten Kriterien aufweisen. Für das Gericht bestehen aber die in § 22a Abs. 3 InsO genannten »Befreiungstatbestände«. Besteht ein vorläufiger Gläubigerausschuss und das Gericht hat bis zu diesem Zeitpunkt noch keinen vorläufigen Insolvenzverwalter bestellt, dann wirkt dieser Ausschuss nach § 56a InsO bei dessen Auswahl mit (*Steinwachs* ZInsO 2011, 410). Das Gericht kann auch nach freiem Ermessen einen vorläufigen Ausschuss einsetzen, wenn die Voraussetzungen des 22a Abs. 1 InsO nicht erfüllt sind oder wenn es nicht zu einem Antrag nach § 22a Abs. 2 InsO gekommen ist (vgl. § 21 Abs. 2 Nr. 1a InsO). Es kann dann den Schuldner oder den vorläufigen Insolvenzverwalter auffordern, entsprechende Personen zu benennen (vgl. 22a Abs. 4 InsO). Die Beteiligung eines Vertreters der Arbeitnehmer hat sich als »durchweg sinnvoll erwiesen« (RegE BT-Drucks. 17/5712,27; *Kolbe* NZI 2015, 400 ff.). In diesem Verfahrensstadium ist die Mitgliedschaft von Gewerkschaften in einem vorläufigen Gläubigerausschuss über § 21 Abs. 2 Nr. 1a grds. gesperrt. Gewerkschaften sind keine Gläubiger und werden auch mit Verfahrenseröffnung nicht zu solchen. Geht es um die Eligibilität von Gewerkschaften verweist aber § 21 Abs. 2 Nr. 1a entgegen seinem Wortlaut auf § 67 Abs. 3. Eine im Betrieb des schuldnerischen Unternehmens vertretene Gewerkschaft sollte als »Nichtgläubiger« Mitglied eines vorläufigen Gläubigerausschusses werden können (zum Meinungsstreit *Smid* ZInsO 2012, 757 [760 ff.]; *Obermüller* ZInsO 2012, 18 [22]; *Frind* ZInsO 2011, 2250).

»**Vorläufiger« Gläubigerausschuss von der Eröffnung bis zum Berichtstermin**. Ist noch kein vorläufiger Insolvenzverwalter bestellt, entscheidet das Insolvenzgericht bei Verfahrenseröffnung, ob ein solcher eingesetzt werden soll (vgl. 67 Abs. 1). Ist aber im Eröffnungsverfahren bereits ein »vorläufiger« Gläubigerausschuss eingesetzt worden (§§ 21 Abs. 2 S. 1 Nr. 1a, 22a InsO), so endet dessen Amt, da in der InsO eine klare Trennung zwischen Antragsverfahren und dem eröffneten Verfahren besteht (*Kübler/Prütting/Bork-Kübler* InsO, § 67 Rn. 12; *Obermüller* ZInsO 2012, 18 ff.; *Frind* ZInsO 2011, 2249). Das Gericht entscheidet insofern mit bzw. in dem Eröffnungsbeschluss neu über den Gläubigerausschuss. Meist wird es sich empfehlen, diesbezüglich Personenidentität zu belassen. Dies insbesondere, wenn dieser Ausschuss zuvor nach § 22a Abs. 2 u. Abs. 4 InsO zustande kam. Das Gericht könnte allerdings auch die Zusammensetzung verändern oder auf einen Gläubigerausschuss gänzlich verzichten. Letzteres wäre durchaus vertretbar, wenn im Eröffnungsverfahren die wesentlichen Entscheidungen zur Abwicklung und zum Verfahrensverlauf bereits getroffen wurden. Insofern endet dann das Amt dieses »Interims-Ausschusses« mit der Bestellung des endgültigen Ausschusses in der Gläubigerversammlung (*Frind* ZInsO 2011, 2249). 20

Die Sachverhalte um den **endgültigen Gläubigerausschuss (ab dem Berichtstermin)** regeln sich dann in der weiteren zeitlichen Folge nach dem § 68 InsO. Die Gläubigerversammlung ist in ihrer Entscheidung betreffend des Einsetzens eines Gläubigerausschusses und der Wahl der Mitglieder völlig frei. Es ist nicht relevant, ob im Eröffnungsverfahren und dann im eröffneten Verfahren bereits ein Gläubigerausschuss eingesetzt wurde. Das Verfahren kann auch ohne Ausschuss weiter geführt werden, dies auch dann, wenn die Schwellenwerte des § 22a Abs. 1 InsO erreicht wurden und das Gericht zuvor einen vorläufigen Gläubigerausschuss eingesetzt hatte (*Obermüller* ZInsO 2012, 18 ff.). Gleichsam könnte die Gläubigerversammlung einzelne vom Gericht bestellte Mitglieder abwählen bzw. gänzlich andere oder zusätzliche Mitglieder wählen (vgl. § 68 Abs. 2 InsO). 21

Funktional zuständig für die Einsetzung des Gläubigerausschusses ist der **Richter**, § 18 Abs. 1 Nr. 1 RPflG. Nach dieser Vorschrift bleibt dem Richter das Verfahren bis zur Entscheidung über den Eröffnungsantrag vorbehalten; erst danach geht die funktionale Zuständigkeit auf den Rechtspfleger über (MüKo-InsO/*Schmid-Burgk* § 67 Rn. 3; Begr. RegE BT-Drucks. 12/2443, abgedruckt in *Balz/Landfermann* S. 630). 22

E. Rechtsmittel

23 Bei der Wahl des Rechtsmittels ist danach zu differenzieren, ob der Richter entschieden hat (weil die Einsetzung des Gläubigerausschusses bereits im Eröffnungsbeschluss geschehen ist oder weil er von seinem Vorbehalt – § 18 Abs. 2 RPflG – Gebrauch gemacht hat) oder ob der Beschluss vom Rechtspfleger stammt.

24 Mangels Eröffnung einer Beschwerdemöglichkeit ist die Entscheidung des Richters unangreifbar; der Beschluss des Rechtspflegers ist der in Zwei-Wochen-Frist (§ 11 Abs. 2 Satz 1 RPflG i.V.m. §§ 6 Abs. 2 InsO, 577 Abs. 2 ZPO a.F. jetzt § 569 Abs. 1 Satz 1 ZPO n.F.) einzulegenden Erinnerung zugänglich. Bei der Abberufung von Mitgliedern des vorläufigen Ausschusses oder dessen Auflösung ist entsprechend § 70 Satz 3 bzw. gegen dessen Einsetzung nach § 21 Abs. 1 Satz 2 InsO für den Schuldner die **sofortige Beschwerde** eröffnet. Nach allgemeinen Grundsätzen soll aber kein Rechtsmittel eröffnet sein, wenn das Insolvenzgericht von der Einsetzung eines vorläufigen Ausschusses absieht, auch wenn die Voraussetzungen des § 22a Abs. 1 und 2. InsO behauptet werden (A/G/R-*Sander* § 21 InsO Rn. 20, 75). Andererseits, wenn das Gericht einen vorläufigen Gläubigerausschuss eingesetzt hat, besteht kein Beschwerderecht betreffend die Auswahl der Ausschussmitglieder. Die Besetzung des vorläufigen Gläubigerausschusses ist gem. § 21 Abs. 2 Satz 1 Nr. 1a i.V.m. § 67 Abs. 2 InsO dem Insolvenzgericht zugewiesen. Das Beschwerderecht eines Schuldners aus § 21 Abs. 1 Satz 2 InsO erfasst nur das »ob« der Bestellung eines vorläufigen Gläubigerausschusses, nicht dagegen die Auswahl der einzelnen Mitglieder dieses Ausschusses (*LG Kleve* ZInsO 2012, 1037).

25 Keine Beschwer liegt in der Belastung der Masse mit den Kosten für die vom Gesetz gewollte Einsetzung des Gläubigerausschusses, die im Interesse der Gläubiger erfolgt. Da die Kosten für eine dem Verfahren förderliche Maßnahme entstehen, sind die Gläubiger hierdurch nicht beschwert (zu Problemen bei der Beschwer vgl. HK-InsO/*Riedel* § 67 Rn. 4).

§ 68 Wahl anderer Mitglieder

(1) ¹Die Gläubigerversammlung beschließt, ob ein Gläubigerausschuss eingesetzt werden soll. ²Hat das Insolvenzgericht bereits einen Gläubigerausschuss eingesetzt, so beschließt sie, ob dieser beibehalten werden soll.

(2) Sie kann vom Insolvenzgericht bestellte Mitglieder abwählen und andere oder zusätzliche Mitglieder des Gläubigerausschusses wählen.

Übersicht

		Rdn.			Rdn.
A.	Normzweck	1	D.	Die sofortige Wirksamkeit der Entscheidung der Gläubigerversammlung	7
B.	Frage der Einsetzung, Zuwahl oder Auflösung	2			
C.	Der Beschluss der Gläubigerversammlung und sein Zustandekommen	5	E.	Sonderfragen	10

Literatur:
Siehe § 67 InsO.

A. Normzweck

1 Zur Wahrung der Gläubigerautonomie überträgt § 68 InsO die **endgültige Entscheidung** darüber, **ob** ein Gläubigerausschuss bestellt und **wie** dieser zusammengesetzt werden soll, der Gläubigerversammlung (BK-InsO/*Blersch* § 68 Rn. 5). Damit ist das Gesetz so angelegt, dass die Wahlentscheidung der Gläubiger Vorrang vor der Entscheidung des Insolvenzgerichts hat, das nur in absoluten Ausnahmefällen seine Entscheidung an die Stelle derjenigen der Gläubigerversammlung setzen kann (MüKo-InsO/*Schmid-Burgk* § 68 Rn. 1, der insoweit von der »Letztentscheidungsbefugnis«

der Gläubigerversammlung spricht). Im Rahmen des ESUG (vgl. § 67 Rdn. 18) können Personen, die nicht Gläubiger sind – anders als nach altem Recht – nicht für den vorläufigen Gläubigerausschuss ausgewählt werden. Insofern können neutrale Sachkundige erst durch die Wahl der Gläubigerversammlung in einen Gläubigerausschuss gelangen (vgl. § 67 Abs. 3; MüKo-InsO/*Schmid-Burgk* § 68 Rn. 1–4 m.w.N.).

B. Frage der Einsetzung, Zuwahl oder Auflösung

Die Gläubigerversammlung kann – **während der gesamten Dauer des Insolvenzverfahrens** und nicht nur in der ersten Gläubigerversammlung (KS-InsO/*Heidland* 2000, S. 711 ff., 720 Rn. 18; HK-InsO/*Riedel* § 68 Rn. 3) – beantragen, einen Gläubigerausschuss erstmals zu wählen, nach § 70 Satz 2 InsO einzelne der vom Insolvenzgericht eingesetzten Mitglieder zu entlassen oder neue Mitglieder (hinzu) zu wählen. Dabei entspricht die Einsetzung eines Gläubigerausschusses oder der Verzicht auf dessen Wahl in der ersten Gläubigerversammlung der Regel. Ausnahmen können jedoch dann geboten sein, wenn aufgrund der Entwicklung des Insolvenzverfahrens und gegebener Besonderheiten die Einsetzung eines Gläubigerausschusses sich zu einem späteren Zeitpunkt erst als sinnvoll und notwendig erweist. Eine entsprechende Entscheidung der Gläubigerversammlung ist **vom Gesetzgeber ausdrücklich zugelassen** (MüKo-InsO/*Schmid-Burgk* § 68 Rn. 1 m.w.N. zur Rspr. und Lit.). Anders als bei den §§ 57 und 67 InsO fehle die ausdrückliche und zwingende Bindung an die erste Gläubigerversammlung (MüKo-InsO/*Schmid-Burgk* § 68 Rn. 6 unter Bezugnahme auf *Frege* NZG 1999, 478 ff. [481]). 2

Allerdings können Mitglieder, die die Gläubigerversammlung selbst gewählt hat, von dieser **nicht mehr abgewählt werden** (HK-InsO/*Riedel* § 68 Rn. 5; *Gundlach/Frenzel/Jahn* ZInsO 2011, 708 m.w.N.; **a.A.** KS-InsO/*Heidland* 2000, S. 721 Rn. 20). Dies folgt bereits aus dem eindeutigen Wortlaut des § 68 Abs. 2 InsO. Hat mithin die Gläubigerversammlung ein Mitglied eingesetzt, so kann sie beim Insolvenzgericht nur noch dessen Entlassung aus wichtigem Grund nach § 70 Satz 2 beantragen. Die Normierung dieses Antragsrechtes wäre überflüssig, wollte man der Gläubigerversammlung das Recht zubilligen, auch von ihr selbst eingesetzte Mitglieder des Gläubigerausschusses jederzeit wieder abzuwählen (HK-InsO/*Riedel* § 68 Rn. 5; *Pape* ZInsO 1999, 678; MüKo-InsO/ *Schmid-Burgk* § 68 Rn. 11; HambK-InsO/*Frind* § 68 Rn. 3). § 70 InsO zeige den Ausnahmecharakter einer Veränderung des Gläubigerausschusses nach seiner Einsetzung durch die Gläubigerversammlung und das Bestreben, die Unabhängigkeit seiner Mitglieder zu fördern. Gleichzeitig könne nur so die kontinuierliche Wahrnehmung der Gläubigerinteressen durch den Gläubigerausschuss abgesichert werden (MüKo-InsO/*Schmid-Burgk* § 68 Rn. 15). 3

Bei der Frage des Ersatzes von durch das Insolvenzgericht eingesetzten Mitgliedern des Gläubigerausschusses stellt sich die Frage, ob die Gläubigerversammlung zum einen an die Vorstellung des Gesetzgebers zur Besetzung des Gläubigerausschusses in § 67 Abs. 2 InsO und zum anderen an Vorgaben des Insolvenzgerichts gebunden ist (verneinend insoweit *Nerlich/Römermann-Delhaes* InsO, § 68 Rn. 1; MüKo-InsO/*Schmid-Burgk* § 68 Rn. 7 f.). Diese Frage wird man vor dem Hintergrund der Veränderung des Regierungsentwurfes durch den Rechtsausschuss und unter Berücksichtigung des Zusammenspiels der §§ 67, 68, 70 und 78 der InsO verneinen müssen (*Nerlich/Römermann-Delhaes* InsO, § 68 Rn. 1; KS-InsO/*Heidland* 2000, S. 720 Rn. 18; **a.A.** HK-InsO/*Riedel* § 68 Rn. 4; MüKo-InsO/*Schmid-Burgk* § 68 Rn. 7; offen gelassen *BGH* Beschl. v. 05.03.2009 in BeckRS 2009, 09184, Rn. 5). 4

C. Der Beschluss der Gläubigerversammlung und sein Zustandekommen

Die **Beschlussfassung** in der Gläubigerversammlung hinsichtlich des Gläubigerausschusses unterliegt den allgemeinen Regeln, er kommt also nach § 76 Abs. 2 InsO bei **Summenmehrheit** zustande (MüKo-InsO/*Schmid-Burgk* § 68 Rn. 2). Die Entscheidung über die Frage der Einsetzung eines Gläubigerausschusses ist dabei ein zwingender Tagesordnungspunkt der ersten Gläubigerversammlung. Dies ergibt sich bereits aus dem Wortlaut des Gesetzes, das insoweit von »beschließt« spricht (MüKo-InsO/*Schmid-Burgk* § 68 Rn. 5). 5

§ 68 InsO   Wahl anderer Mitglieder

6 In der Praxis ist allerdings zu beobachten, dass in Verfahren, in denen aufgrund der Größe und Komplexität ein – vorläufiger – Gläubigerausschuss eingesetzt wurde oder ein solcher im Rahmen der ersten Gläubigerversammlung zur Diskussion steht, Gericht, Insolvenzverwalter und Gläubiger bemüht sein werden, echte Wahlentscheidungen zu vermeiden. Zu diesem Zeitpunkt des Verfahrens sind meist die Forderungsanmeldungsfristen noch nicht abgelaufen, so dass Stimmrechtsfeststellungen schwierig sind. Wenn aber – unter Umständen auch noch in »Kampfabstimmungen« – gewählt werden muss, muss zunächst das Stimmrecht der einzelnen Gläubiger festgestellt werden, was einerseits wegen § 76 Abs. 2 2. HS InsO gegenüber der früheren Rechtslage der Konkursordnung erleichtert wurde, andererseits dennoch zu erheblichen Friktionen in der Gläubigerversammlung führt. Dies führt dann häufig dazu, dass wer wirklich nachhaltig im Rahmen der ersten Gläubigerversammlung kandidiert, auch in einen neu gewählten oder damit erweiterten Gläubigerausschuss gewählt wird. Weitere Folge ist, dass diese Gläubigerausschüsse dann mit einer hohen Zahl von Mitgliedern befrachtet sind, was die Arbeitsfähigkeit solcher Gläubigerausschüsse nicht fördert. Umgekehrt müssen Gericht und Insolvenzverwalter mit dem Gläubigerausschuss arbeiten können. Angezeigt und sinnvoll sind daher Vorgespräche mit den wesentlichen Gläubigern und Verfahrensbeteiligten. Gläubiger oder deren Vertreter, die für eine Mitgliedschaft im Gläubigerausschuss kandidieren wollen, sollten daher den Insolvenzverwalter zuvor kontaktieren und sinnvollerweise im Termin zur ersten Gläubigerversammlung anwesend sein oder bereits eine – vorzugsweise schriftliche – Erklärung abgegeben haben, dass sie zur Amtsübernahme bereit sind. Mit dem ESUG (in Kraft getreten am 01.03.2012) hat der Gesetzgeber nochmals bekräftigt, dass dem Ausschuss ein Arbeitnehmervertreter angehören »soll«. Auf die Höhe der Forderungen, welche auf die Arbeitnehmerschaft entfallen, kommt es nunmehr nicht mehr an (vgl. § 67 Abs. 2 S. 2 InsO).

D. Die sofortige Wirksamkeit der Entscheidung der Gläubigerversammlung

7 Beschlüsse der Gläubigerversammlung, mit denen diese über Bestätigung oder Abberufung des vorläufigen, vom Insolvenzgericht eingesetzten, Gläubigerausschusses oder dessen einzelner Mitglieder oder eine Einsetzung entscheidet, werden **sofort wirksam**, eine Bestätigung durch das Insolvenzgericht ist nicht erforderlich (Ausschussbericht, abgedruckt bei *Balz/Landfermann* S. 284).

8 Ein **Rechtsschutz überstimmter Gläubiger** ist nur über § 78 Abs. 1 InsO möglich, wobei von dieser Korrekturmöglichkeit mit großer Zurückhaltung Gebrauch gemacht werden sollte (a.A. MüKo-InsO/*Schmid-Burgk* § 68 Rn. 9 der eine Anwendbarkeit von § 78 InsO – auch in Ausnahmefällen – verneint und gegen die herrschende Meinung anführt, dass sie nicht nur den Wortlaut der Vorschrift verbiege sondern auch dem Gericht einen über seine verfahrensleitende Rolle hinausgehenden und vom Gesetzgeber nicht gewollten Einfluss gebe sowie die Leitentscheidung des Gesetzgebers beiseitschiebe; für die Sicherung der Neutralität und der Wahrung der Gesamtinteressen würden die §§ 70, 71 InsO sorgen; anders aber MüKo-InsO/*Ehricke* § 78 Rn. 13; i.d.S. *Vallender* WM 2002, 2043). Soweit vertreten wird, dass, wenn ohne zwingenden Grund von der in § 67 Abs. 2 InsO normierten Maxime, eine ausgewogene Besetzung des Gläubigerausschusses zu gewährleisten, abgewichen wurde, § 78 InsO das Mittel der Wahl sei, kann dem nicht zugestimmt werden (*Smid/Smid* InsO, § 68 Rn. 5). Eine solche Situation dürfte wegen der vom Gesetzgeber gewollten Gläubigerautonomie sicherlich der Ausnahmefall sein. Für diesen Fall steht dem Gläubiger daneben die Möglichkeit offen, die Einberufung einer weiteren Gläubigerversammlung nach § 75 Abs. 1 InsO zu beantragen, in der dann wiederum die Gläubigerversammlung einen Antrag nach § 70 Satz 2 InsO auf Entlassung eines oder mehrerer Mitglieder des Gläubigerausschusses stellen, bzw. die Mehrheitsverhältnisse im Gläubigerausschuss durch Zuwahl verändert werden können. Im Übrigen ist Gläubigerautonomie auch tatsächlich Autonomie. Die Gläubiger erhalten den Ausschuss, den sie wollen und nicht den, den das Gericht für zweckmäßig hält. Wollen sie sich dabei an den gesetzlichen Vorschlag nicht halten ist dies im Grundsatz nicht zu beanstanden, sie folgen nur einer »Soll Vorschrift« nicht (so auch MüKo-InsO/*Schmid-Burgk* § 68 Rn. 1 u. 7).

9 Hat allerdings die Gläubigerversammlung ihre Befugnisse überschritten, indem sie in einer späteren als der ersten Gläubigerversammlung ein von ihr selbst gewähltes Mitglied (vermeintlich) wieder ent-

lassen hat, so ist dieser Beschluss unwirksam, weil sie sich außerhalb ihrer Kompetenzen bewegt hat, mit der Folge, dass eine Entlassung des Mitglieds und somit eine Beendigung von dessen Mandat nicht eingetreten ist. Für eine Aufhebung des Beschlusses über § 78 InsO ist aus diesem Grunde kein Raum; jedoch muss es dem Insolvenzgericht von Amts wegen oder auf Antrag jedes Verfahrensbeteiligten möglich sein, aus Gründen der Rechtssicherheit in analoger Anwendung des § 78 InsO die Unwirksamkeit dieses Beschlusses klärend festzustellen.

E. Sonderfragen

Teilweise wird für zulässig gehalten, dass die Gläubigerversammlung durch ausdrücklichen Beschluss den Gläubigerausschuss ermächtigen könne, bei Wegfall eines Mitglieds (z.B. durch Entlassung oder Tod) den Gläubigerausschuss selbst zu ergänzen (MüKo-InsO/*Schmid-Burgk* § 68 Rn. 10 m.w.N. zur Lit., der insoweit von einem **Kooptationsrecht** spricht). Entscheidend ist, dass der Ausschuss auch ohne Ergänzung beschlussfähig bleibt, also wenigstens zwei Mitglieder hat (vgl. *BGH* ZIP 1994, 46 [47]; *Kübler/Prütting/Bork-Kübler* InsO, § 68 Rn. 14a).

10

Ebenso werden **Überkreuzbesetzungen** von Gläubigerausschüssen nach dem Leitbild des § 100 Abs. 2 Nr. 3 AktG für unzulässig gehalten (*Hüffer* AktG, § 100 Rn. 6; *Hegmanns* Der Gläubigerausschuss, S. 115). Entsprechendes geschieht häufig in Konzerninsolvenzfällen aus praktischen Gesichtspunkten. In diesen Fällen seien Interessenkollisionen handgreiflich (MüKo-InsO/*Schmid-Burgk* § 68 Rn. 17; K. Schmidt/*Jungmann* InsO, § 67 Rn. 21). Dem ist entgegenzuhalten, dass gerade in diesen Fällen aufgrund der gleichen Ausrichtung des Konzerngedankens schon aus praktischen Gründen dies häufig sinnvoll ist. Interessenkollisionen können offen gelegt und benannt werden (*BGH* NZI 2008, 308 ff., zur Zulässigkeit einer Doppelbesetzung). Für Interessenkollisionen bei Insolvenzverwaltern insoweit besteht die Möglichkeit der Offenlegung und Bestellung eines Sonderinsolvenzverwalters, so dass die aufgeworfenen Problemstellungen gelöst werden können. Kritisch wird hierzu bemerkt, dass die Gefahr bestehe, dass »eine Krähe der anderen kein Auge aushacke«. Diese Auffassung verkennt allerdings nicht, dass die Sachkenntnis eines anderen Insolvenzverwalters in bestimmten Verfahren von besonderem Wert sein könne (vgl. *Uhlenbruck* ZIP 2002, 1381).

11

§ 69 Aufgaben des Gläubigerausschusses

¹Die Mitglieder des Gläubigerausschusses haben den Insolvenzverwalter bei seiner Geschäftsführung zu unterstützen und zu überwachen. ²Sie haben sich über den Gang der Geschäfte zu unterrichten sowie die Bücher und Geschäftspapiere einsehen und den Geldverkehr und -bestand prüfen zu lassen.

Übersicht Rdn. Rdn.
A. Normzweck .... 1 C. Die sich aus § 69 InsO ergebenden
B. Verhältnis Gläubigerausschuss zum Rechte und Pflichten 7
Insolvenzverwalter und Insolvenz- D. Interessenkollision 14
gericht 2

Literatur:
Eicke Informationspflichten der Mitglieder des Gläubigerausschusses, ZInsO 2006, 69; *Frege* Die Rechtsstellung des Gläubigerausschusses nach der Insolvenzordnung, NZG 1999, 478; *Gundlach/Frenzel/Jahn* Die Ausweitung des Aufgaben und Haftungsbereiches des Gläubigerausschusses durch Beschluss der Gläubigerversammlung, DZWIR 2008, 441; *dies.* Die Haftung der Gläubigerausschussmitglieder wegen Verletzung ihrer Überwachungspflicht, ZInsO 2009, 1095; *dies.* Die Verschwiegenheit des Gläubigerausschussmitglieds, ZInsO 2006, 69; *Heidland* Die Rechtsstellung und Aufgaben des Gläubigerausschusses als Organ der Gläubigerselbstverwaltung, Kölner Schrift, 2. Aufl. 2000, S. 711 ff.; *Huber/Magill* Der (vorläufige) Gläubigerausschuss: aktuelle praxisrelevante Aspekte aus dem Blickwinkel eines Kreditinstituts; *Ingelmann/Steinwachs* Vorschlag einer Mustersatzung des Gläubigerausschusses, ZInsO 2011, 1059; *Kahlert* Umsatzsteuerliche Behandlung der Einschaltung eines externen Kassenprüfers im Insolvenzverfahren – Rechtsstellung des Gläubigerausschusses, DStR 2011, 2439; *Pape/Schulz* Der Gläubigerausschuss im Eröffnungsverfahren und im eröffneten Insolvenzverfah-

§ 69 InsO   Aufgaben des Gläubigerausschusses

ren mit Eigenverwaltung des Schuldners, ZIP 2016, 506 ff.; *Pape/Schulz* Die Pflichten der Mitglieder des Gläubigerausschusses im eröffneten Verfahren ZIP 2015, 1662 ff.; *Schirmer* Kosten für externen Kassenprüfer im Insolvenzverfahren – Auslagen oder Masseverbindlichkeit nach § 55 InsO, DStR 2012, 733; *Zimmer* Die Vergütung des Belegprüfers aus buchhalterischer Sicht, ZInsO 2009, 1806; siehe auch bei § 67 InsO.

A. Normzweck

1 § 69 InsO enthält in Satz 1 den Grundsatz, dass der Gläubigerausschuss den Insolvenzverwalter **bei seiner Geschäftsführung** zu **unterstützen** und zu **überwachen** hat. Satz 2 regelt daher die Pflicht, sich zu unterrichten und sichert diese Pflicht durch Einsichts- und sog. »Kassenprüfungsrechte« ab. Die ursprüngliche »Kann«-Regelung in § 80 InsO des Regierungsentwurfs wurde durch den Rechtsausschuss in eine »Muss«-Regelung verschärft. Dabei wird von einer **Pflicht zur laufenden Unterrichtung** ausgegangen (Ausschussbericht, abgedruckt in *Balz/Landfermann* S. 285). Weitere konkrete Rechte und Pflichten folgen neben § 69 InsO selbst aus einem weit verstreuten Normenkreis (vgl. hierzu die Aufstellung bei *Hess* § 69 InsO Rn. 7 in der 2. Aufl.), in dem die Antrags-, Genehmigungs-, Mitbestimmungs-, Mitwirkungs- und Auskunftsrechte eingehend geregelt wurden (eine konkrete Darstellung dieser Rechte und Pflichten findet sich in KS-InsO/*Heidland* 2000, S. 711 ff., 723 ff., 728 ff.; MüKo-InsO/*Schmid-Burgk* § 69 Rn. 13–27; im Übrigen wird auf die Kommentierung der jeweiligen Normen verwiesen). Diese – im Vergleich zum bisherigen Recht der Konkursordnung – stärkere Aufgabenzuweisung entspricht dem Ziel der InsO zur **Stärkung der Beteiligtenautonomie** und setzt ein Gegengewicht zur stärkeren Position des Insolvenzverwalters, dem z.B. durch die Umkehrung des Regel-Ausnahme-Verhältnisses die Verwertung von mit Absonderungsrechten belasteten beweglichen Gegenständen des Vermögens gem. § 166 Abs. 1 InsO übertragen ist (MüKo-InsO/*Schmid-Burgk* § 69 Rn. 1 f.).

B. Verhältnis Gläubigerausschuss zum Insolvenzverwalter und Insolvenzgericht

2 Trotz seiner Rechte ist der Gläubigerausschuss nicht ausführendes, sondern nur unterstützendes bzw. kontrollierendes Organ (*BGH* ZIP 2008, 652 ff. = ZInsO 2008, 323 [325]; ZVI 2007, 476 [478] = ZInsO 2007, 444 f.). Dieser hat als Sachwalter der Gläubigerinteressen »das Gesamtinteresse der Gläubigergemeinschaft wahrzunehmen«. Die Mitglieder unterliegen keinen Weisungen der Gläubigerversammlung und sind zu einer »unabhängigen, allein den Zielen des Verfahrens orientierten Amtsführung verpflichtet« (*BGH* ZIP 2008, 652 [654]; *Bruckhoff* NZI 2008, 229).

3 Um sicherzustellen, dass die Initiative stets vom Insolvenzverwalter ausgeht und der Gläubigerausschuss nicht als »Verwalter hinter dem Verwalter« fungiert, verfügt er nicht über eine Weisungsbefugnis gegenüber dem Insolvenzverwalter (allg. Auffassung, statt aller MüKo-InsO/*Schmid-Burgk* § 69 Rn. 11). Dies ergibt sich letztendlich für die Fälle der §§ 160 bis 163 InsO auch aus § 164 InsO, da die mangelnde Einbeziehung des Gläubigerausschusses insoweit die Wirksamkeit der Handlung des Insolvenzverwalters nicht berührt.

4 Infolge seiner Stellung als **Organ der Gläubigerselbstverwaltung** steht der Gläubigerausschuss – anders als die Gläubigerversammlung – nicht unter der Leitung des Insolvenzgerichtes (MüKo-InsO/*Schmid-Burgk* § 69 Rn. 12), welches nur die Möglichkeit hat, Missständen ausnahmsweise durch Entlassung des betreffenden Mitglieds nach § 70 InsO von Amts wegen aus wichtigem Grund abzuhelfen. Da § 78 InsO dem Insolvenzgericht lediglich die Befugnis zuweise, Beschlüsse der Gläubigerversammlung aufzuheben, nicht aber solche des Gläubigerausschusses, sei die **Stellung des Gläubigerausschusses sogar noch ausgeprägt unabhängiger als die der Gläubigerversammlung** (MüKo-InsO/*Schmid-Burgk* ebd. m.w.N. zur Rspr. und Lit.). Die InsO weist dem Gläubigerausschuss wichtige Kompetenzen zu, die bei Fehlen eines solchen Ausschusses nicht etwa auf die Gläubigerversammlung übergehen (*Frege* NZG 1999, 478 [482]; *Pape* ZInsO 1999, 675 [681]; Uhlenbruck/*Knof* InsO, § 69 Rn. 14). Allerdings kann die Entlassung des Insolvenzverwalters (§ 59 Abs. 1 InsO) und die Zustimmung zur Fortsetzung der Verwertung (§ 233 InsO) sowohl vom Gläubigerausschuss als auch von der Gläubigerversammlung veranlasst werden (*Frege* NZG 1999, 478 [483]).

Dem Verständnis des Gläubigerausschusses als Selbstverwaltungsorgan oder eine Art »Aufsichtsrat« (*Nerlich/Römermann-Delhaes* InsO, § 69 Rn. 2) entspricht, dass er sich auch 659713236 **selbst zu organisieren** und ggf. eine Geschäftsordnung zu geben hat (MüKo-InsO/*Schmid-Burgk* § 69 Rn. 8; vgl. dazu Mustergeschäftsordnung bei *Frege/Keller/Riedel* HRP Insolvenzrecht, Rn. 1207b). Die Tatsache, dass der Insolvenzverwalter – was üblich ist – die Organisation von Gläubigerausschusssitzungen übernimmt, ist eine freiwillige Dienstleistung des Insolvenzverwalters. In Fällen von Meinungsverschiedenheiten ist der Gläubigerausschuss berechtigt, der Insolvenzverwalter allerdings nicht verpflichtet, organisatorische Hilfestellungen und Dienstleistungen für die Durchführung von Gläubigerausschusssitzungen zu erbringen. Entsprechende Dienstleistungen können als vergütungserhöhende Aspekte im Rahmen des § 63 InsO Berücksichtigung finden.

Da ein isoliertes Kontrollrecht keinen Sinn machen würde, ergibt sich konsequenterweise auch eine **Pflicht zum Handeln** als Teil der Überwachungspflicht. Stellt daher ein Mitglied des Gläubigerausschusses Pflichtverstöße des Insolvenzverwalters fest, sind diese Verfehlungen einerseits dem Gläubigerausschuss und andererseits dem Insolvenzgericht unverzüglich mitzuteilen, damit dieses im Rahmen der Aufsicht (§ 58 InsO) zur Schadensvermeidung tätig werden kann (*Nerlich/Römermann-Delhaes* InsO, § 69 Rn. 28 m.w.N. zur Rspr.). Anders als zum bisherigen Recht der Konkursordnung in § 88 KO spricht § 69 InsO nicht von unterrichten **können**, sondern von zu unterrichten **haben**. Damit ist aus dem Recht des Mitglieds des Gläubigerausschusses eine Pflicht geworden. Man könne daher von § 69 InsO als **Leitbild der Individualisierung der Pflichten** sprechen (MüKo-InsO/*Schmid-Burgk* § 69 Rn. 3). Durch die Erweiterung der Pflichten sei auch die Aufsicht über die **wirtschaftliche Tätigkeit** des Insolvenzverwalters verstärkt (MüKo-InsO/*Schmid-Burgk* § 69 Rn. 3, 4).

C. Die sich aus § 69 InsO ergebenden Rechte und Pflichten

Für die effektive Wahrnehmung der Kontrollpflichten ist es unerlässlich, stets über den Fortgang des Verfahrens informiert zu sein. Aus diesem Grund normiert § 69 Satz 2 InsO die **Verpflichtung** der Mitglieder des Gläubigerausschusses, sich über den Gang der Geschäfte zu unterrichten, weshalb ihnen z.B. § 261 Abs. 2 Satz 2 InsO – abgesehen von dem jährlichen Bericht des Insolvenzverwalters – das Recht gibt, jederzeit einzelne Auskünfte oder einen Zwischenbericht zu verlangen. Auch können und müssen sie die Bücher und Geschäftspapiere einsehen, wobei das Insolvenzgericht bei einem entsprechenden Interesse an Geheimhaltung bestimmter Aktenteile – im Falle einer Interessenkollision – einzelne Mitglieder oder den gesamten Ausschuss von der Einsicht ausschließen kann (*LG Kassel* ZInsO 2002, 839, 841). Der Gläubigerausschuss ist zur nachträglichen Prüfung, aber auch zur begleitenden und vorausschauenden Kontrolle des Insolvenzverwalters hinsichtlich Rechtmäßigkeit, Zweckmäßigkeit und Wirtschaftlichkeit seiner Geschäftsführung verpflichtet (*OLG Celle* NJW 2010, 629 ff.).

Die dem Gläubigerausschuss an die Hand gegebenen Rechte und insbesondere Pflichten berechtigen den Gläubigerausschuss allerdings nicht dazu, einseitig festzulegen, wann und in welcher Form der Insolvenzverwalter Informationen zu erteilen und Einsicht zu gewähren hat. Es gibt insoweit **kein »Zitierrecht«**. Dies ist nur konsequent, wenn man eine Weisungsbefugnis des Gläubigerausschusses gegenüber dem Insolvenzverwalter verneint (allg. Auffassung, statt aller *Hess* InsO, § 69 Rn. 6 in der 2. Aufl.). Der BGH hat zu einem Gesamtvollstreckungsverfahren entschieden, dass die Kassenprüfung durch ein Mitglied des Gläubigerausschusses i.d.R. am Verwahrungsort der Unterlagen stattzufinden habe (*BGH* NZI 2008, 181 = WM 2008, 258). In diesem Beschluss hat der BGH auch nochmals festgehalten, dass die in § 69 InsO geregelten Pflichten nicht den Gläubigerausschuss als solchen sondern die einzelnen Ausschussmitglieder treffen (*BGH* NZI 2008, 181 = WM 2008, 258 Rn. 6). Diese Rechtsprechung ist ohne Weiteres auf die Insolvenzordnung übertragbar und bestätigt die hier geäußerte Auffassung. Umgekehrt hat der Insolvenzverwalter für den Fall, dass der Gläubigerausschuss untätig ist, d.h. keine Sitzungen durchführt und seinen Verpflichtungen aus § 69 InsO nicht nachkommt, keine Möglichkeit, ein solches Tätigwerden zu erzwingen. Unter Berücksichtigung der Tatsache, dass das Insolvenzverfahren ein gläubigerorientiertes Verfahren ist und der Insolvenzverwalter neben den einzelnen Mitgliedern des Gläubigerausschusses in Haftung genommen werden kann, sollte zu gegebener Zeit ein Hinweis auf die gesetzlichen Verpflichtungen des Gläubigerausschusses erfolgen.

9 Eine sehr wichtige Aufgabe des Gläubigerausschusses ist **die Prüfung des Geldverkehrs und -bestandes**, die sich auch auf alle Konten und Belege zu erstrecken hat (*BGH* NJW 1968, 701 f. [701] = BGHZ 49, 121 ff. [122]). Von der Normierung eines bestimmten **Kontrollturnus** hat der Gesetzgeber bewusst abgesehen, um eine dem Einzelfall angepasste Handhabung zu ermöglichen (Ausschussbericht, abgedruckt bei *Balz/Landfermann* S. 285). In welchen zeitlichen Abständen der Gläubigerausschuss Geldverkehr und -bestand des Insolvenzverwalters prüfen muss, ist vielmehr eine tatrichterlicher Würdigung unterliegende Frage der Umstände des jeweiligen Einzelfalls; erforderlich ist jedenfalls der unverzügliche Beginn der Prüfung nach Übernahme des Amtes (sehr ausf. *BGH* NZI 2015, 166). Auch in *BGH* NZI 2015, 799 bestätigte der Senat die Anforderungen, die er an die ordnungsgemäße Prüfung des Geldverkehrs und -bestandes stellt. Gleichwohl ließ er weiterhin offen, welche Prüfungsintervalle einzuhalten sind. Ein Dreimonatsturnus, wie er in beiden Verfahren »in nicht zu beanstandender Weise« festgestellt worden ist, dürfte dabei nur als Orientierung dienen.

10 Wie der Wortlaut des § 69 Satz 2 InsO (»prüfen zu lassen«) deutlich macht, ist der Gläubigerausschuss berechtigt, **sachverständige Dritte** mit der Prüfung zu beauftragen. Dies bietet sich insbesondere in Großinsolvenzverfahren mit einer Vielzahl von Zahlungsbewegungen an, bei denen die hochkomplizierte EDV-Buchführung nur noch für Fachleute verständlich sein dürfte. Eine solche – i.d.R. sinnvollerweise permanente – **Kassenprüfung in regelmäßigen Abständen** erleichtert zum einen dem Insolvenzverwalter die Arbeit, da sich zum Beispiel ein bei der Prüfung als fehlend festgestellter Beleg zeitnah leichter auffinden lässt, zum anderen erleichtern sachkundig erstellte Kassenprüfungsberichte die abschließende Prüfung der Schlussrechnung durch das Insolvenzgericht nach § 66 Abs. 2 InsO. Übernehmen die Ausschussmitglieder die Prüfung von Geldverkehr und -bestand nicht selbst, so haben sie die damit betraute Person jedoch sorgfältig auszuwählen und zu überwachen (*BGH* NJW 2015, 64 f.). Um den Kassenprüfer hinsichtlich seiner Pflicht zu sensibilisieren, ihm auffallende besondere Umstände unverzüglich an die Mitglieder des Gläubigerausschusses weiterzugeben, empfiehlt es sich, bereits bei seiner Beauftragung sicherzustellen, dass sämtliche ungewöhnlichen Umstände den Ausschussmitgliedern unverzüglich mitzuteilen sind (*Huber/Magill* ZInsO, 2016, 200). Die Kosten einer Prüfung der Kasse durch einen solchen Sachverständigen sind durch die Verwaltung der Insolvenzmasse begründet (§ 55 Abs. 1 Nr. 1 InsO) und daher aus der Masse zu entnehmen (Begr. RegE, abgedruckt in *Balz/Landfermann* S. 285; *K. Schmidt/Jungmann* InsO, § 69 Rn. 25).

11 Die soeben abgehandelten Rechte und Pflichten treffen nicht den Ausschuss als solchen, sondern jedes einzelne Mitglied (*BGH* NJW-RR 2007, 1059 Rn. 11; KS-InsO/*Heidland* 2. Aufl., S. 724 Rn. 25), das sie grds. persönlich zu erfüllen hat und nicht einem Vertreter überlassen darf (*BGH* NZI 2008, 181; MüKo-InsO/*Schmid-Burgk* § 69 Rn. 4). Werden im Wege der Arbeitsteilung die gemeinschaftlichen Pflichten auf die Ausschussmitglieder verteilt, so ist das jeweils beauftragte Mitglied von den anderen Mitgliedern auf die ordnungsgemäße Durchführung seines Aufgabenkreises hin zu überwachen, z.B. bei der zulässigen Bildung von Unterausschüssen zu einzelnen Problemkreisen oder Beauftragung einzelner Mitglieder zur Prüfung von Einzelsachverhalten (*OLG Rostock* ZInsO 2004, 814; KS-InsO/*Heidland* 2. Aufl., S. 724 f. Rn. 25).

12 Heißt es im Gesetz, dass »der Gläubigerausschuss« tätig wird oder zu beschließen hat, muss er **als Kollegium** handeln (KS-InsO/*Heidland* 2. Aufl., S. 723 Rn. 22). Wird der Gläubigerausschuss allerdings nicht tätig, muss das einzelne Mitglied in entsprechenden Fällen zunächst versuchen, eine Beschlussfassung des Gläubigerausschusses herbeizuführen. Beschließt der Gläubigerausschuss in der Folge dennoch nicht, muss auch ein Handeln des einzelnen Mitglieds des Gläubigerausschusses – schon aus Gründen der Vermeidung der persönlichen Haftung nach § 71 InsO – zulässig sein (MüKo-InsO/*Schmid-Burgk* § 69 Rn. 6).

Die **Beschlussfassung** erfolgt mit Stimmenmehrheit; jedes Mitglied hat – unabhängig von der Höhe 13
der Forderung – eine Stimme (KS-InsO/*Heidland* 2. Aufl., S. 723 Rn. 22).

D. Interessenkollision

Die Mitgliedschaft im Gläubigerausschuss verpflichtet die Ausschussmitglieder grds. zu einer unab- 14
hängigen Erfüllung ihrer Aufgaben, d.h. nach den Buchstaben des Gesetzes müssten die einzelnen
Mitglieder des Gläubigerausschusses sich **verfahrensübergreifend** orientieren. Dies wird i.d.R. nicht
lupenrein möglich sein. Gläubigervertreter werden regelmäßig – auch – einzelinteressenorientiert
sein, d.h. Kreditgläubiger vertreten Kreditgläubigerinteressen, Lieferanten Lieferanteninteressen
und der Pensions-Sicherungs-Verein auf Gegenseitigkeit seine Interessen etc. (vgl. ausführlich *Uhlenbruck* ZIP 2002, 1377 und 1380 f.). Es wird von den Ausschussmitgliedern erwartet, »dass sie ihre
unzweifelhaft vorhandenen, durchaus gegenläufigen persönlichen Interessen zurückstellen, soweit
das Ziel der bestmöglichen Befriedigung der Insolvenzgläubiger (§ 1 Satz 1 InsO) und die ordnungsgemäße Abwicklung des Verfahrens dies erfordert« (*BGH* ZIP 2007, 781 [784] = ZInsO 2007, 444
[446]; ZIP 2008, 655).

Damit ergeben sich zwangsläufig **Interessenkollisionen**, wenn bei Selbstbetroffenheit diese im Rah- 15
men von Beratungen und Beschlussfassungen nicht angezeigt oder gegen die bestehende Verschwiegenheitspflicht verstoßen wird (*Pape* ZInsO 1999, 678 m.w.N. insbesondere zur Rspr.). Grds. dürfte
davon auszugehen sein, dass das einzelne Ausschussmitglied eine solche Selbstbetroffenheit rechtzeitig anzuzeigen und offen zu legen hat und dann – zumindest für diesen Tagesordnungspunkt – auf
die Teilnahme an der Sitzung verzichtet, um zu vermeiden ausgeschlossen zu werden. Schwerwiegende Verstöße gegen die Pflicht zur **Verschwiegenheit** – etwa die unbefugte Weitergabe von Insiderwissen an einen Gläubiger außerhalb des Gläubigerausschusses – kann auch zu strafrechtlicher
Verantwortlichkeit nach § 266 StGB oder § 203 StGB führen (*Pape* ZInsO 1999, 678 m.w.N.;
Gundlach/Frenzel/Schmidt ZInsO 2006, 69 ff. zum Umfang der Verschwiegenheitspflicht).

§ 70 Entlassung

¹Das Insolvenzgericht kann ein Mitglied des Gläubigerausschusses aus wichtigem Grund aus dem
Amt entlassen. ²Die Entlassung kann von Amts wegen, auf Antrag des Mitglieds des Gläubigerausschusses oder auf Antrag der Gläubigerversammlung erfolgen. ³Vor der Entscheidung des Gerichts
ist das Mitglied des Gläubigerausschusses zu hören; gegen die Entscheidung steht ihm die sofortige
Beschwerde zu.

Übersicht		Rdn.			Rdn.
A.	Normzweck	1	D.	Der Entlassungsbeschluss	8
B.	Anlass zum Tätigwerden	2	E.	Rechtsmittel	9
C.	Der »wichtige Grund«	5			

Literatur:
Bruckhoff Entlassung eines Rechtsanwaltes als Gläubigerausschussmitglied, NZI 2008, 229; *Graf* Der wichtige
Grund i.S.d. § 70 S. 1 InsO beim Eigenantrag des Gläubigerausschussmitgliedes, NZI 2016, 757; *Gundlach/
Frenzel/Schmidt* Die Entlassung des Gläubigerausschussmitglieds auf eigenen Wunsch, InVo 2003, 49 f.; *dies.*
Das befangene Gläubigerausschussmitglied, ZInsO 2005, 974; *John/Frenzel/Gundlach* Die Auflösung des Gläubigerausschusses im laufenden Insolvenzverfahren, ZInsO 2011, 708; *Pape* Der verhinderte Insolvenzverwalter
als Mitglied des Gläubigerausschusses – Anm. zu *LG Kassel* (ZInsO 2002, 839), ZInsO 2002, 1017 ff.; *ders.*
Gläubigerbeteiligung im Insolvenzverfahren, 2002; *ders.* Zur Entlassung des Gläubigerausschussmitglieds auf
eigenen Wunsch, WM 2006, 19; *ders.* Zu Risiken und Schwierigkeiten der Mitwirkung im Gläubigerausschuss,
NZI 2006, 65; *Vallender* Die Entlassung eines Gläubigerausschussmitgliedes aus wichtigem Grund, in: Gerhardt/Haarmeyer/Kreft Insolvenzrecht im Wandel der Zeit, FS für Hans-Peter Kirchhof, 2003.

§ 70 InsO Entlassung

A. Normzweck

1 Zur Absicherung der Unabhängigkeit der Mitglieder des Gläubigerausschusses sieht § 70 InsO vor, dass das Insolvenzgericht einzelne Mitglieder **nur aus wichtigem Grund** entlassen kann (Begr. RegE, abgedruckt in *Balz/Landfermann* S. 285 f.; *Gundlach/Frenzel/Jahn* ZInsO 2011, 708 m.w.N.).

B. Anlass zum Tätigwerden

2 Die Entlassung kann von Amts wegen, auf Antrag des Mitgliedes des Gläubigerausschusses oder der Gläubigerversammlung erfolgen. Außenstehende Personen, einzelne Gläubiger, andere Mitglieder des Gläubigerausschusses oder der Insolvenzverwalter sind nicht antragsbefugt, können aber beim Insolvenzgericht anregen, von Amts wegen tätig zu werden (*AG Münster* NZI 2016; 239; *LG Münster* Beschl. v. 18.01.2016 BeckRS 2016, 10122); unter Umständen sind sie hierzu sogar verpflichtet (*Nerlich/Römermann-Delhaes* InsO, § 70 Rn. 6; MüKo-InsO/*Schmid-Burgk* § 70 Rn. 9). Bleibt das Insolvenzgericht trotz ernstzunehmender Hinweise untätig, kommt Staatshaftung nach § 839 Abs. 1 BGB i.V.m. Art. 34 GG in Betracht.

3 Die gesetzlich geregelte Möglichkeit von Amts wegen tätig zu werden löst zugleich die alte Streitfrage, ob das Insolvenzgericht gegenüber dem Gläubigerausschuss **Kontrollbefugnisse** hat (vgl. hierzu *Kuhn/Uhlenbruck* KO, § 87 KO Rn. 6). § 70 InsO stelle dem Insolvenzgericht einen Aufsichts- und Kontrollmechanismus zur Verfügung, mit dem die Neutralität des Gläubigerausschusses sichergestellt werden könne unter gleichzeitigem Zurückdrängen der Gläubigerautonomie (MüKo-InsO/*Schmid-Burgk* § 70 Rn. 10 unter Bezugnahme auf KS-InsO/*Heidland* 2000, S. 711 f. [721] Rn. 20).

4 Um überhaupt wirksam von Amts wegen tätig werden zu können, müssen dem Insolvenzgericht konsequenterweise **Überwachungsmöglichkeiten** offenstehen. Dem Insolvenzgericht ist das Recht zuzugestehen, sich über die Versammlungstermine des Gläubigerausschusses zu informieren und an den Versammlungen teilzunehmen (*Smid/Smid* InsO, § 70 Rn. 8; MüKo-InsO/*Schmid-Burgk* § 69 Rn. 12). Im Hinblick auf eine mögliche Staatshaftung nach den § 839 Abs. 1 BGB i.V.m. Art. 34 GG ist es angezeigt, dass sich das Gericht durch Überlassen der Tagesordnungen der Gläubigerausschusssitzungen, der Ergebnisprotokolle und der Kassenprüfungsberichte fortlaufend informieren lässt. Diese Unterlagen werden nicht Teil der Gerichtsakte. Sie werden als Nebenakten zu den Insolvenzakten geführt und unterliegen damit nicht dem Einsichtsrecht nach § 4 InsO i.V.m. § 299 ZPO (*Pape* ZInsO 1999, 680 m.w.N.).

C. Der »wichtige Grund«

5 Die Entlassung ist nur aus wichtigem Grund möglich (unter Heranziehung des § 626 BGB, *BGH* ZInsO 2012, 826). Dies gilt auch für den **Eigenantrag** des Mitgliedes selbst, da es sich bei der Mitgliedschaft im Gläubigerausschuss nicht um ein kündbares privatrechtliches Dienstverhältnis, sondern um ein Amt im öffentlichen Interesse handelt, das nicht ohne Weiteres niedergelegt werden kann (*BGH* ZInsO 2012, 826 f.; MüKo-InsO/*Schmid-Burgk* § 70 Rn. 16; *Vallender* WM 2002, 2043; *Gundlach/Frenzel/Schmidt* InVo 2003, 50; a.A. *Hess/Obermüller* Die Rechtsstellung der Verfahrensbeteiligten nach der Insolvenzordnung, 1995, Rn. 1173). In der vorgenannten Entscheidung hat der BGH klargestellt, dass der »wichtige Grund« für den vorliegen muss, der sich auf diesen beruft. Der Grund, der einen Entlassungsantrag begründet, ist stets in Abhängigkeit vom Entlassungsgrund zu beurteilen. Für die Entlassung gegen den Willen eines Mitglieds ist erforderlich, dass die weitere (Zusammen-)Arbeit des Gläubigerausschusses erschwert oder unmöglich gemacht wird. Der »eigene« Antrag eines Ausschussmitglieds auf Entlassung ist dann begründet, wenn die Amtsführung für »ihn im Einzelfall« unzumutbar ist.

6 Ein wichtiger Grund kann in **schwerwiegenden Pflichtverletzungen** liegen, aber auch bei **länger dauernder Unfähigkeit zur Amtsausübung** bejaht werden. Das Verbleiben des Mitglieds des Gläubigerausschusses im Amt muss die Belange der Gesamtheit der Gläubiger und die Rechtmäßigkeit der Verfahrensabwicklung objektiv nachhaltig beeinträchtigen (*BGH* ZInsO 2007, 444 ff. = NZI

2007, 346 ff.; näher zu dem Erfordernis des wichtigen Grundes MüKo-InsO/*Schmid-Burgk* § 70 Rn. 5–8; *LG Kassel* ZInsO 2002, 839 ff. zur Bestellung des »verhinderten Insolvenzverwalters« als Mitglied des Gläubigerausschusses m. krit. Anm. *Pape* ZInsO 2002, 1017 ff.; dazu Revisionsentscheidung des *BGH* NZI 2003, 436: Begünstigung eines Insolvenzgläubigers als wichtigen Grund bejahend). Ein wichtiger Grund – so der BGH – liegt nicht in der Störung des Vertrauensverhältnisses zu anderen Verfahrensbeteiligten (*BGH* NZI 2007, 346 ff., m. Anm. *Gundlach/Frenzel* EWiR 2007, § 70 InsO 2/07, 403). Die Nutzung von als Mitglied eines Gläubigerausschusses gewonnenen Informationen zum einseitigen Vorteil eines zu den Gläubigern gehörenden Mandanten stellt einen, die Entlassung rechtfertigenden wichtigen Grund dar (*BGH* NZI 2008, 306 ff. m. Anm. *Bruckhoff* NZI 2008, 229 f., *Gundlach/Schmidt* ZInsO 2008, 604 ff. und *Runkel/Schmidt* EWiR 2008, § 70 InsO 1/08, 473). In einer Parallelentscheidung hat der BGH festgehalten, dass für den Fall, dass zwei Konzernunternehmen in Insolvenz fallen und in jedem Verfahren ein weitgehend personenidentisch besetzter Gläubigerausschuss gebildet wird, eine Verfehlung, welche die Entlassung eines Mitglieds aus einem Ausschuss rechtfertigt, unter dem Gesichtspunkt eines Vertrauensverlustes geeignet sein kann, seine Entlassung auch aus dem anderen Ausschuss nahezulegen (*BGH* NZI 2008, 308 f. = ZInsO 2008, 604 f. = ZIP 2008, 655 f.). Darüber hinaus soll ein wichtiger Grund vorliegen, wenn ein Mitglied des Gläubigerausschusses der Schuldnerin Beratungsleistungen im hohen fünfstelligen Bereich ohne rechtlichen Grund in Rechnung stellt und gleichzeitig seine Tätigkeit als Kassenprüfer in verfahrensfremder Weise zur Durchsetzung dieser unberechtigten Forderungen ausnutzt und auch in nachfolgenden Zivil- und Strafverfahren seine Interessen ohne die gebotene Rücksicht auf die Belange des Insolvenzverfahrens vertritt (*LG München* Beschl. v. 23.03.2016 BeckRS 2016, 07339). Auch auf **eigenen Antrag** kann ein Mitglied bei Vorliegen eines wichtigen Grundes entlassen werden, dies insbesondere, wenn nach Interessenabwägung im konkreten Einzelfall die Mitarbeit im Gläubigerausschuss unzumutbar wird. Für ein Mitglied des Gläubigerausschusses kann die Fortsetzung der Tätigkeit in diesem Gremium unzumutbar sein, wenn nicht gesichert ist, dass die Kosten einer angemessenen Haftpflichtversicherung für diese Tätigkeit von der Masse getragen werden können (*BGH* ZInsO 2012, 826 f.; *Biesinger* BB 2012, 1568; *Fridgen* GWR 2012, 230). Den Ausschussmitgliedern soll aufgrund des fehlenden Versicherungsschutzes nicht ein erhebliches Haftungsrisiko aufgebürdet werden. Das ist auch sachgerecht – für eine ordnungsgemäße Verfahrensabwicklung ist nicht unbedingt ein Gläubigerausschuss erforderlich; wesentliche bzw. erforderliche Entscheidungen könnten auch durch die Gläubigerversammlung gefasst werden.

Die Entlassung soll der **Ausnahmefall** sein. Die Entlassung aus wichtigem Grund ist daher als 7 »ultima ratio« mit entsprechend hohen Anforderungen an das Vorliegen des wichtigen Grundes zu sehen (*Nerlich/Römermann-Delhaes* InsO, § 70 Rn. 7 f.; *Pape* Gläubigerbeteiligung im Insolvenzverfahren, S. 139 f., Rn. 318 m.w. Beisp.). Bei der **Abwägungsentscheidung** sei einerseits zu bedenken, dass die Absicherung der Kontinuität der Arbeit des Gläubigerausschusses im Insolvenzverfahren einerseits gebiete, Entlassungsmöglichkeiten restriktiv und abschließend zu regeln, was eine ausdehnende Auslegung gegen den Wortlaut verbiete, andererseits in § 70 InsO aber auch ein **Disziplinierungsgedanke** enthalten sei. Letzterer solle sicherstellen, dass der durch die InsO gestiegenen Bedeutung des Gläubigerausschusses und seiner umfangreichen Aufgaben durch die Arbeit kompetenter Mitglieder Rechnung getragen werde, die im Gesamtinteresse der Gläubigergemeinschaft handeln (MüKo-InsO/*Schmid-Burgk* § 70 Rn. 1 f.). Aus Vorangestelltem ergibt sich dann aber auch, dass eine jederzeitige Niederlegung des Amtes durch das Ausschussmitglied nicht zulässig ist (MüKo-InsO/*Schmid-Burgk* § 70 Rn. 16 m.w.N.; **a.A.** *LG Magdeburg* ZInsO 2002, 88; *Obermüller/Hess* InsO, 3. Aufl. 1999, Rn. 624, die eine entsprechende Anwendung der §§ 626, 627, 671 BGB für möglich und damit eine Kündigung für zulässig halten; HK-InsO/*Riedel* § 70 Rn. 4; Uhlenbruck/*Uhlenbruck* InsO, § 70 Rn. 6 der die Niederlegung bzw. Kündigung u. U. in einen Antrag auf Entlassung umdeutet).

D. Der Entlassungsbeschluss

Die Zuständigkeit für den Entlassungsbeschluss liegt regelmäßig (Ausnahme § 18 Abs. 2 RPflG) 8 nach § 18 RPflG beim Rechtspfleger. Im Hinblick auf die Möglichkeit der sofortigen Beschwerde sollte der Beschluss begründet werden. Aufgrund des mit der Entlassung verbundenen Eingriffes in seine Rechtsposition ist das betroffene Mitglied vor der Entscheidung – ratsamerweise, aber nicht erforderlich schriftlich – anzuhören. Sinnvollerweise sollte dem Mitglied des Gläubigerausschusses eine angemessene Frist – mindestens zwei Wochen – gesetzt werden. In Einzelfällen kann eine Anhörung im Beschwerdeverfahren nachgeholt werden (MüKo-InsO/*Schmid-Burgk* § 70 Rn. 17). Teilweise wird auch – als geringerer Eingriff – die Möglichkeit einer **Abmahnung** durch das Insolvenzgericht bejaht, insbesondere dann, wenn kein Eilfall vorliege oder Gefahr im Verzug sei (MüKo-InsO/*Schmid-Burgk* § 70 Rn. 18).

E. Rechtsmittel

9 Das Gesetz räumt nur dem betroffenen Mitglied (Ausschussbericht, abgedruckt in *Balz/Landfermann* S. 286), nicht aber den anderen Antragsberechtigten das Recht ein, sich gegen die Entlassung mit der sofortigen Beschwerde nach § 6 InsO zu wehren. Den anderen Beteiligten steht bei einer Entscheidung durch den Rechtspfleger die befristete Erinnerung nach § 11 Abs. 2 Satz 1 RPflG zu (HK-InsO/*Riedel* § 70 Rn. 7). Voraussetzung ist dabei stets das Vorliegen einer Beschwer.

10 Wird dem Antrag eines Ausschussmitgliedes auf seine Entlassung nicht entsprochen, so muss diesem – über den Wortlaut der Vorschrift hinaus – ebenfalls die Möglichkeit der sofortigen Beschwerde offen stehen (KS-InsO/*Heidland* 2000, S. 711 ff., 722 Rn. 21; HK-InsO/*Riedel* § 70 Rn. 6.), da das fehlerhafte Verneinen eines wichtigen Grundes einschneidende Folgen für das Mitglied haben kann (z.B. Haftungsrisiken, wenn es dem Mitglied bei objektiver Betrachtung unmöglich ist, das Amt trotz des – fehlerhaft – ablehnenden Beschlusses fortzuführen). Teilweise wird vertreten, dass der Wortlaut des § 70 Satz 3 InsO diesen Fall erfasse, weil er sich auf »die« Entscheidung des Gerichts beziehe, gleich welcher der drei Fälle des Satz 2 Anlass für die Entlassung gewesen wäre (MüKo-InsO/*Schmid-Burgk* § 70 Rn. 20).

§ 71 Haftung der Mitglieder des Gläubigerausschusses

¹Die Mitglieder des Gläubigerausschusses sind den absonderungsberechtigten Gläubigern und den Insolvenzgläubigern zum Schadenersatz verpflichtet, wenn sie schuldhaft die Pflichten verletzen, die ihnen nach diesem Gesetz obliegen. ²§ 62 gilt entsprechend.

Übersicht	Rdn.		Rdn.
A. Normzweck	1	D. Anspruchskonkurrenzen	10
B. Geschützte Verfahrensbeteiligte	2	E. Die Haftpflichtversicherung	12
C. Haftungsvoraussetzungen, -folgen und Geltendmachung	3		

Literatur:
Ehlers Besondere Haftungsgefahren für Juristen in der Insolvenzverwaltung, ZInsO 2005, 902; *Eicke* Informationspflichten der Mitglieder des Gläubigerausschusses, ZInsO 2006, 798; *Ganter* Die Haftung der Mitglieder des Gläubigerausschusses nach § 71 InsO, in: FS für Gero Fischer, S. 121 ff.; *Gundlach/Frenzel/Jahn* Die Haftungsfreistellung des Insolvenzverwalters durch eine Beschlussfassung des Gläubigerausschusses, ZInsO 2007, 363; *Heidland* in: Kölner Schrift zur Insolvenzordnung, 2. Aufl. 2000, S. 725; *Pape/Schmidt* Kreditvergabe und Gläubigerausschuss, ZInsO 2004, 955; *Pape* Gläubigerbeteiligung im Insolvenzverfahren, 2000; *Pape/Schulz* Der Gläubigerausschuss im Eröffnungsverfahren und im eröffneten Verfahren mit Eigenverwaltung des Schuldners, ZIP 2016, 506; *Paulus* Insolvenzverwalter und Gläubigerorgane, NZI 2008, 705; *Vortmann* Die Haftung von Mitgliedern eines Gläubigerausschusses, ZInsO 2006, 310.

A. Normzweck

1 § 71 InsO regelt die Haftung der Mitglieder des Gläubigerausschusses. Sie ist der Haftung des Insolvenzverwalters nach § 60 InsO nachgebildet und soll im Grundsatz der Regelung nach § 89 KO entsprechen. Dies ist wohl nicht zutreffend, da der Kreis der Ersatzberechtigten enger ist als

bei § 89 KO (MüKo-InsO/*Schmid-Burgk* § 71 Rn. 2). Der Schadenersatzanspruch aus § 71 InsO ist ein **gesetzlicher Anspruch** (MüKo-InsO/*Schmid-Burgk* § 71 Rn. 3 m.w.N.).

B. Geschützte Verfahrensbeteiligte

Anders als nach der früheren Rechtslage können nach § 71 InsO nur absonderungsberechtigte Gläubiger oder Insolvenzgläubiger Schadensersatzansprüche gegen Mitglieder des Gläubigerausschusses geltend machen, weil der Gläubigerausschuss nur die Interessen dieser Personen zu vertreten hat (Begr. RegE, abgedruckt in *Balz/Landfermann* S. 286; *BGH* NZI 2015, 166 ff.; vgl. dazu auch § 69 Rdn. 9). Die Interessen der übrigen Beteiligten (Schuldner/Massegläubiger) werden durch den umfassenden Pflichtenkreis des Insolvenzverwalters und durch die Aufsicht des Gerichts nach Ansicht des Gesetzgebers ausreichend geschützt (Begr. RegE ebd.; krit. zu dieser Einengung der Haftung KS-InsO/*Heidland* 2000, S. 711 ff., 725 f. Rn. 28). 2

C. Haftungsvoraussetzungen, -folgen und Geltendmachung

Es ist die Pflicht des Gläubigerausschusses den Insolvenzverwalter ausreichend zu überwachen (*OLG Celle* BeckRS 2010, 14123 = Beck FD-InsR 2010, 304836). Für den Schadensersatzanspruch gelten die allgemeinen Regeln des BGB. Insofern muss den Ersatzpflichtigen ein **Verschulden i.S.d. § 276 BGB** treffen, er muss also vorsätzlich oder fahrlässig gehandelt haben. Ein Fahrlässigkeitsvorwurf kann darin liegen, dass das Mitglied des Gläubigerausschusses sich nicht selbstständig über die ihm obliegenden Pflichten informiert oder das Amt annimmt, obwohl ihm bewusst ist, dass es dessen Anforderungen nicht erfüllen kann (*Hess/Obermüller* Die Rechtsstellung der Verfahrensbeteiligten nach der Insolvenzordnung, 1995, Rn. 1169). Hat der Insolvenzverwalter die Zustimmung des Gläubigerausschusses nach § 160 Abs. 1 Satz 1 InsO einzuholen, sind die Ausschussmitglieder verpflichtet zu prüfen, ob die geplante Maßnahme die Masse schädigen könnte (*BGH* ZIP 2008, 1243 ff.; *Ganter* FS Fischer, S. 121 ff.; *Pape/Schmidt* ZInsO 2004, 955 [958]). Ein **Mitverschulden** des Geschädigten ist über § 254 BGB zu berücksichtigen (*OLG Frankfurt/M.* ZIP 1990, 722 ff. [725 f.]). Soweit das OLG Frankfurt/M. ausführt, eine leichte Fahrlässigkeit der Gläubigerausschussmitglieder führe nicht zu deren Haftung, wenn ihr Anteil an der Schadensverursachung deutlich weniger als 20 % betragen habe, ist dies mit dem Gesetz nicht vereinbar. Wer haftet, der haftet, auch wenn sein Beitrag nur 10 % betrug (**a.A.** MüKo-InsO/*Schmid-Burgk* § 71 Rn. 7 m.w.N.). Die Haftung entfällt nicht dadurch oder ist zumindest eingeschränkt, weil das Insolvenzgericht die pflichtwidrigen Handlungen eines Insolvenzverwalters im Rahmen der Insolvenzaufsicht hätte erkennen und unterbinden müssen. Die Aufsicht des Insolvenzgerichts über den Verwalter diene nicht dem Zweck, die Mitglieder des Gläubigerausschusses vor ihrer Haftung zu bewahren. Sie sei vielmehr umso schwächer ausgeprägt, je stärker die Gläubiger in das Verfahren eingebunden seien und ihre Rechte selbst wahrnehmen können (vgl. *OLG Rostock* ZInsO 2004, 814 ff.; *Pape/Schmidt* ZInsO 2004, 955 ff. [958 f.] m.w.N.). 3

Darüber hinaus muss das Verhalten des Gläubigerausschussmitglieds für den Schaden **kausal** sein (*Huntemann/Graf Brockdorff* Der Gläubiger im Insolvenzverfahren, S. 285 ff., 312 Rn. 91). Beispielhaft kann genannt werden, wenn der Insolvenzverwalter das eingerichtete Hinterlegungskonto des Verfahrens nicht oder zweckfremd nutzt, ohne dass der Ausschuss hiergegen vorgeht bzw. dem Insolvenzgericht entsprechend berichtet und keinen Antrag auf Amtsenthebung stellt (*BGH* ZInsO 2013, 986 ff.; ZInsO 2013, 1255 ff.). Maßgeblich ist auch die Stimmabgabe bei Beschlüssen des Gläubigerausschusses, die zu Schäden der Masse führen. An der Kausalität soll es auch fehlen, wenn der Insolvenzverwalter sich entschlossen hatte zu handeln und ihn auch eine entgegenstehende Meinungsäußerung (und Beschlussfassung) des Gläubigerausschusses nicht davon abgebracht hätte (MüKo-InsO/*Schmid-Burgk* § 71 Rn. 10 m.w.N.). 4

Die Haftung trifft den Ausschuss als **Kollegialorgan**. Bei Delegation auf ein Mitglied haften die übrigen Mitglieder für dessen regelmäßige Überwachung, sie müssen sich also von dessen Pflichterfüllung positiv überzeugen (*Pape/Schmidt* ZInsO 2004, 955 [957]; *OLG Rostock* ZInsO 2004, 814). Haften mehrere Mitglieder, können sie als **Gesamtschuldner** nach den §§ 421, 426 BGB in An- 5 spruch genommen werden (*Huntemann/Graf Brockdorff* Der Gläubiger im Insolvenzverfahren, S. 313 Rn. 93; MüKo-InsO/*Schmid-Burgk* § 71 Rn. 15, der insoweit nochmals auf die »Individualisierung« der Pflichten aus § 69 InsO hinweist; *Kübler/Prütting/Bork* § 71 Rn. 22). Die Haftung besteht auch, wenn neben dem Ausschuss der Insolvenzverwalter haftet (HK-InsO/*Riedel* § 71 Rn. 2).

6   Die Haftung für durch den Gläubigerausschuss zur Erfüllung seiner Aufgaben **hinzugezogene Hilfspersonen** (etwa Wirtschaftsprüfer bei der **Kassenprüfung**) richtet sich nach denselben Grundsätzen wie beim Insolvenzverwalter (s. *Jahntz* § 60 Rdn. 29 ff.). Handlungen von Hilfspersonen sind über § 278 BGB zu berücksichtigen (HK-InsO/*Riedel* § 71 Rn. 3), ein Mitverschulden des Geschädigten selbst nach § 254 BGB. Beim Haftungsmaßstab können Kenntnisse, Fertigkeiten und Erfahrungen zu berücksichtigen sein (MüKo-InsO/*Schmid-Burgk* § 71 Rn. 7, K. Schmidt/*Jungmann* InsO, § 71 Rn. 13).

7   Hinsichtlich der nach § 69 Satz 2 InsO zulässigen Einschaltung von Hilfspersonen für die Kassenprüfung soll eine Haftungsbeschränkung auf Auswahlverschulden – insbesondere bei der Einschaltung eines zuverlässigen Wirtschaftsprüfers – in Betracht kommen (HK-InsO/*Riedel* § 71 Rn. 3; *OLG Celle* ZIP 2009, 933 zur Kassenprüfung bei Großverfahren). Andernfalls würde die Masse doppelt mit Kosten belastet: Zum einen mit den Kosten der Haftpflichtversicherung der Gläubigerausschussmitglieder, zum anderen mit den Kosten des eingeschalteten Prüfers (*Vallender* WM 2002, 2048; **a.A.** MüKo-InsO/*Schmid-Burgk* § 71 Rn. 17 m.w.N.).

8   Ist durch die Pflichtverletzung des Ausschusses oder eines seiner Mitglieder die Insolvenzmasse geschädigt worden, so kann dieser **Gesamtschaden nach § 92 InsO** während der Dauer des Insolvenzverfahrens nur vom Insolvenzverwalter geltend gemacht werden. Haftet dieser aufgrund eigener Pflichtverletzungen gesamtschuldnerisch neben dem Gläubigerausschussmitglied, dürfte in analoger Anwendung von § 92 Satz 2 InsO zur einheitlichen Durchsetzung der Haftungsansprüche auch für die Geltendmachung der Ansprüche gegen den Ausschuss ein Sonderinsolvenzverwalter zu bestellen sein (vgl. *Pape* Gläubigerbeteiligung im Insolvenzverfahren, S. 141 f., Rn. 320, 321 m. einer Aufzählung von Grundsätzen, die die Rspr. für die Haftung der Mitglieder des Gläubigerausschusses entwickelt hat und die auch nach Inkrafttreten der Insolvenzordnung Beachtung finden sollen). Die Tatsache, dass es sich bei den Schäden, die zum Schadenersatzanspruch gegen ein Mitglied des Gläubigerausschusses führen, i.d.R. um solche handelt, die durch die Insolvenzmasse kürzende Handlungen ausgelöst werden, führt zu diesen Gesamtschadensansprüchen nach § 92 InsO. Nach dem bisherigen Recht der Konkursordnung waren Ansprüche aus § 89 KO als massezugehörig angesehen worden. Diese Änderung – bei § 92 InsO bleiben die Schadenersatzansprüche, auch wenn sie vom Insolvenzverwalter geltend gemacht werden, materiell-rechtlich solche der Ersatzberechtigten – führt dazu, dass eine Aufrechnung gegen die Vergütungsansprüche aus § 73 InsO nicht mehr möglich ist (MüKo-InsO/*Schmid-Burgk* § 71 Rn. 20).

9   Die **Verjährung** der Ansprüche nach § 71 InsO richtet sich aufgrund der Verweisung in Satz 2 nach § 62 InsO. In § 62 wird nunmehr auf die allgemeinen Verjährungsvorschriften des BGB verwiesen (BGBl. I S. 3214 ff.; Regierungsbegründung, BT-Drucks. 15/3653, S. 14 f.). Die Verjährungsfrist für Ansprüche gegen Mitglieder eines Gläubigerausschusses beginnt nach § 199 BGB nun regelmäßig erst mit Schluss des Jahres zu laufen, in dem der Verletzte von dem Schaden und den Umständen, die die Ersatzpflicht begründen, Kenntnis erlangt. Ergibt sich der Schadensersatzanspruch aus einer Pflichtverletzung bei der Aufsicht über den Insolvenzverwalter, beginnt die Verjährung erst zu laufen ab möglicher Kenntnisnahme eines neuen Insolvenzverwalters oder Sonderinsolvenzverwalters (*Ganter* FS Gero Fischer, 2008, S. 121, 134; *BGH* NZI 2008, 491 ff. = ZInsO 2008, 750 ff. = ZIP 2008, 1243 ff. = BB 2008, 1869 f. m. Anm. *Malitz* = DZWIR 2008, 457 ff., m. Anm. *Gundlach/Frenzel/Jahn* S. 441, noch zu einem unter der Geltung der GesO gebildeten Gläubigerausschuss, aber ohne Weiteres auf die InsO übertragbar; vgl. die aufgehobene Berufungsentscheidung *OLG Rostock* ZInsO 2007, 1052 ff. m. krit. Anm. *Kirchhof* ZInsO 2007, 1122 ff.). Der Lauf der Verjährungsfrist beginnt spätestens mit Aufhebung oder Rechtskraft der Einstellung des Verfahrens,

ohne dass es auf die Kenntnis der Ersatzberechtigten ankommt (*Uhlenbruck/Knof* InsO, § 71 Rn. 20).

D. Anspruchskonkurrenzen

Kommt neben § 71 InsO auch eine Haftung aus Delikt, z.B § 823 Abs. 2 oder § 826 BGB in Betracht, ist § 71 InsO als **lex specialis** vorrangig. 10

Normen des Deliktrechts bleiben aber als Anspruchsgrundlage der nicht durch § 71 InsO geschützten Personen – d.h. Schuldner, Masseglaübiger und Aussonderungsberechtigter – erhalten (*Nerlich/Römermann-Delhaes* InsO, § 71 Rn. 18; MüKo-InsO/*Schmid-Burgk* § 71 Rn. 21). Die Haftung des Verwalters gem. § 60 kann mit der Haftung nach § 71 zusammentreffen, dann haften Ausschussmitglied und Verwalter als Gesamtschuldner. Im Innenverhältnis untereinander gilt § 426 BGB. Beide haben die selben Pflichten zu erfüllen und stehen gleichstufig auf einer Haftungsebene (MüKo-InsO/*Schmid-Burgk* § 71 Rn. 22). 11

E. Die Haftpflichtversicherung

Aufgrund der möglicherweise hohen Haftungsrisiken sollten die Mitglieder des Gläubigerausschusses eine Vermögensschaden-Haftpflichtversicherung abschließen (ausführlich *Cranshaw* ZInsO 2012, 1151 ff.; eingehend *Huntemann/Graf Brockdorff* Der Gläubiger im Insolvenzverfahren, S. 314, Rn. 97 ff.; *Hirte* hinterfragt das Erfordernis einer Versicherung bei einem vorläufigen Ausschuss, ZInsO 2012, 820 ff.). Konkret zur Haftung bei der Auswahl der Haftpflichtversicherung *Lehmann/Rettig* NZI 2015, 790 ff. 12

Die Prämien hierfür sind **erstattungsfähige Auslagen** i.S.d. § 8 InsVV, da angesichts des niedrigen regelmäßigen Vergütungssatzes von 35,00 € bis 95,00 € pro Stunde (§ 17 InsVV) die Übernahme der – bei hohen Risiken auch entsprechend hohen – Prämien aus der gewährten Vergütung unzumutbar ist (*Vallender* WM 2002, 2049 auch zur Bemessung der Versicherungssumme und praktischen Abwicklung der Prämienzahlung; *Huntemann/Graf Brockdorff* Der Gläubiger im Insolvenzverfahren, S. 314 Rn. 99; *Kuhn/Uhlenbruck* KO, § 91 Rn. 5 m. zahlr. w.N. zur Gegenauffassung; i.d.S. auch *Uhlenbruck/Knof* InsO, § 71 Rn. 24 m.w.N., § 18 Abs. 1 InsVV schließe die Erstattung von Haftpflichtversicherungsprämien nicht aus). § 4 Abs. 3 Satz 1 InsVV, wonach mit der Vergütung grds. auch die Kosten einer Haftpflichtversicherung abgegolten sind, gilt unmittelbar nur für den Insolvenzverwalter und dessen Vergütung. 13

Aus dem § 4 Abs. 3 Satz 2 InsVV zugrunde liegenden Gedanken ergibt sich für den Insolvenzverwalter grds. die Möglichkeit einer sog. »**Aufversicherung**« eines besonderen Haftungsrisikos. Für diesen Fall sind dann die Kosten einer angemessenen zusätzlichen Versicherung als Auslagen zu erstatten. Diese Vorschrift ist auch ohne besondere Verweisung für die Mitglieder des Gläubigerausschusses entsprechend anzuwenden, da Begünstigte – für den Fall mangelnder Leistungsfähigkeit eines oder mehrerer Mitglieder des Gläubigerausschusses – die von § 71 InsO geschützten absonderungsberechtigten Gläubiger und Insolvenzgläubiger sind. § 4 Abs. 3 Satz 2 InsVV stellt für das frühere Recht geltende Grundsätze klar. In den Materialien ist der Gesetzgeber davon ausgegangen, dass durch die verstärkte Gläubigerautonomie bei wichtigen Verwertungsentscheidungen im Insolvenzverfahren das Haftungsrisiko des Insolvenzverwalters verringert wird. Dies bedeutet umgekehrt, dass – dann wenn die Gläubigerautonomie sich in der Einsetzung eines Gläubigerausschusses verkörpert – für diesen ein erhöhtes Haftungsrisiko besteht, das dann entsprechend zusätzlich versichert werden muss (Begr. zu § 4 InsVV, abgedruckt in *Balz/Landfermann* S. 348; unten s.a. *Lorenz* InsVV). 14

§ 72 Beschlüsse des Gläubigerausschusses

Ein Beschluss des Gläubigerausschusses ist gültig, wenn die Mehrheit der Mitglieder an der Beschlussfassung teilgenommen hat und der Beschluss mit der Mehrheit der abgegebenen Stimmen gefasst worden ist.

Übersicht

		Rdn.			Rdn.
A.	Normzweck	1	II.	Die Stimmabgabe	8
B.	Der Ablauf von Gläubigerausschusssitzungen	2	III.	Das Zustandekommen des Beschlusses	10
			IV.	Sitzungs- und Beschlussprotokolle	12
C.	Die Beschlussfassung	6	D.	Rechtsfolgen fehlerhafter Beschlüsse	13
I.	Beschlussfähigkeit	6			

Literatur:
Frege Die Rechtsstellung des Gläubigerausschusses nach der Insolvenzordnung, NZG 1999, 480; *Fritz* Die Begründungspflicht für einen Antrag nach § 35 Abs. 2 S. 3 InsO, NZI 2011, 801; *Gundlach/Frenzel/Schmidt* Das befangene Gläubigerausschussmitglied, ZInsO 2005, 974; *Ingelmann* Vorschlag einer Mustersatzung des Gläubigerausschusses, ZInsO 2011, 1059 ff.; *Pape* Rechtliche Stellung, Aufgaben und Befugnisse des Gläubigerausschusses im Insolvenzverfahren, ZInsO 1999, 675; *ders.* Gläubigerbeteiligung im Insolvenzverfahren, 2002, S. 138 ff.; *Vallender* Die Entlassung eines Gläubigerausschussmitgliedes aus wichtigem Grund, in: Gerhardt/Haarmeyer/Kreft, Insolvenzrecht im Wandel der Zeit, FS für Kirchhof, 2003, S. 507.

A. Normzweck

1 § 72 InsO regelt die Grundsätze der Beschlussfassung. Da § 72 InsO fast wörtlich mit § 90 KO übereinstimmt, können die zu letzterer Vorschrift entwickelten Grundsätze und Regeln auch auf § 72 InsO angewendet werden. Geändert haben sich die Mehrheiten von der »absoluten Mehrheit« zur »einfachen Mehrheit« (MüKo-InsO/*Schmid-Burgk* § 72 Rn. 1).

B. Der Ablauf von Gläubigerausschusssitzungen

2 Mangels weiterer gesetzlicher Vorgaben ist der Gläubigerausschuss bei der Gestaltung seiner Arbeitsweise frei. Er kann sich eine **Geschäftsordnung** geben oder seine Arbeitsweise von Fall zu Fall bestimmen (*Huntemann/Graf Brockdorff* Der Gläubiger im Insolvenzverfahren, S. 285 ff., 307 Rn. 69; *Ingelmann/Ide/Steinwachs* ZInsO 2011, 1059 f.). Dem einzelnen Mitglied muss es möglich sein, seinen Rechten und Pflichten nachzukommen. Hat sich der Gläubigerausschuss keine Geschäftsordnung gegeben, können **ausnahmsweise allgemeine Grundsätze des Vereins- und Gesellschaftsrechts** herangezogen werden (HK-InsO/*Riedel* § 72 Rn. 2; zur Frage des Stimmrechtsausschlusses und Mitwirkungsverbots bei Interessenkollision *Pape* Gläubigerbeteiligung im Insolvenzverfahren, S. 138, Rn. 316 unter Verweis auf die Übertragbarkeit der Gedanken der §§ 34 BGB, 47 Abs. 4 GmbHG, 43 Abs. 3 GenG auf die Insolvenzordnung m.w.N.).

3 Gläubigerausschusssitzungen sind rechtzeitig und unter Beifügen einer Tagesordnung nebst Unterlagen zu den zur Abstimmung stehenden Punkten **einzuberufen**; in aller Regel vom Insolvenzverwalter als »Geschäftsführer«. Dies ist aber eine Vereinbarungsangelegenheit zwischen Insolvenzverwalter und Gläubigerausschuss. Grds. regelt dieser seine Angelegenheiten selbst, muss also auch die Einladungsrechte ordnen (s. FK-InsO/*Schmitt* § 69 Rdn. 5; vgl. dazu auch *Gundlach/Frenzel/Schmidt* NZI 2005, 304 ff.; MüKo-InsO/*Schmid-Burgk* § 72 Rn. 5; BGH 20.03.2008 – IX ZB 104/07; *LG Saarbrücken* ZIP 2008, 1031), damit die Mitglieder sich ordnungsgemäß vorbereiten können (*Huntemann/Graf Brockdorff* Der Gläubiger im Insolvenzverfahren, S. 310 Rn. 81). Dies ist angesichts eines bei mangelhafter Vorbereitung drohenden Haftungsrisikos notwendig (*Huntemann/Graf Brockdorff* Der Gläubiger im Insolvenzverfahren, S. 308 Rn. 73).

4 Jedes Mitglied des Gläubigerausschusses ist berechtigt, den Gläubigerausschuss einzuberufen, nicht jedoch der Insolvenzverwalter. Er befasst den Gläubigerausschuss – mangels abweichender Vereinbarung – mit Anträgen und Bitten um Erörterung (a.A. förmliches Einberufungsrecht *Huntemann/*

Graf Brockdorff Der Gläubiger im Insolvenzverfahren, S. 308 Rn. 71). Nähere Einzelheiten bleiben einer Geschäftsordnung vorbehalten, die auch die Bildung von Unterausschüssen vorsehen kann (zu fakultativen Inhalten vgl. MüKo-InsO/*Schmid-Burgk* § 72 Rn. 6; *Uhlenbruck* ZIP 2002, 1375 f.; vgl. Mustergeschäftsordnung bei *Frege/Keller/Riedel* HRP Insolvenzrecht, Rn. 1191). Allerdings stößt die insoweit beschlossene Geschäftsordnung an Grenzen, wo die InsO zwingendes Recht enthält. In aller Regel gehen Insolvenzverwalter und Gläubigerausschuss kooperativ miteinander um.

Über die Anwesenheitsberechtigung von **Nichtausschussmitgliedern** (einschließlich des Insolvenzverwalters) entscheiden die Mitglieder durch Beschluss – tunlichst zu Beginn der Sitzung – sofern keine Regelung in der Geschäftsordnung existiert (*Huntemann/Graf Brockdorff* Der Gläubiger im Insolvenzverfahren, S. 309 Rn. 76, 77). 5

C. Die Beschlussfassung

I. Beschlussfähigkeit

Nach § 72 InsO ist der Ausschuss beschlussfähig, wenn die Mehrheit der Ausschussmitglieder anwesend ist (*Braun/Uhlenbruck* Unternehmensinsolvenz, 1997, S. 211; MüKo-InsO/*Schmid-Burgk* § 72 Rn. 17). 6

Im Regelfall hat die Beschlussfassung auch Folgen für wirtschaftliche oder rechtliche Belange der einzelnen Gläubiger. Dies kann bei **Interessenkollision** eine entsprechende Anwendung vereins- und gesellschaftsrechtlicher Regeln zur **Untersagung des Stimmrechtes** rechtfertigen (MüKo-InsO/*Schmid-Burgk* § 72 Rn. 14 f. unter Bezugnahme auf *BGH* WM 1985, 422 ff.). Mit dem BGH ist davon auszugehen, dass einem Mitglied des Gläubigerausschusses ein Stimmrecht dann nicht zusteht, wenn über ein zwischen ihm bzw. einem von ihm gesetzlich vertretenen Unternehmen und der Insolvenzmasse zu schließendes Rechtsgeschäft oder einen noch zu führenden, bzw. zu erledigenden Rechtsstreit abzustimmen ist (*BGH* WM 1985, 422 ff. = ZIP 1985, 423 ff.; *Nerlich/Römermann-Delhaes* InsO, § 72 Rn. 4; *Pape* Gläubigerbeteiligung im Insolvenzverfahren, S. 138, Rn. 316). Daneben gibt es einen zweiten Fall von Selbstbetroffenheit, der i.d.R. offen zutage tritt, nämlich das **Verbot, Richter in eigener Sache** zu sein (MüKo-InsO/*Schmid-Burgk* § 72 Rn. 15 f.; Uhlenbruck/*Knof* InsO, § 72 Rn. 11 f.). Auch insoweit besteht ein Stimmverbot bereits bei der Frage, ob Selbstbetroffenheit vorliegt oder nicht. Es wird auf allgemeine Grundsätze aus dem Gesellschaftsrecht zurückgegriffen (MüKo-InsO/*Schmid-Burgk* ebd. m.w.N.). Nach § 41 ZPO gilt ein **gesetzlicher Stimmrechtsausschluss**. Ein Ausschussmitglied ist in allen Angelegenheiten von der Abstimmung kraft Gesetzes ausgeschlossen, in denen es selbst Partei ist oder bei denen es zu einer Partei im Verhältnis eines Mitberechtigten, Mitverpflichteten oder Regresspflichtigen steht. Weiter kommt für den Stimmrechtsausschluss der in den §§ 34 BGB, 136 Abs. 1 AktG, 47 Abs. 4 GmbHG, 43 Abs. 6 GenG u. 25 Abs. 5 WEG zum Ausdruck gebrachte allgemeine Rechtsgedanke zum Tragen (*BGH* ZIP 1985, 423 [425]; MüKo-InsO/*Schmid-Burgk* § 72 Rn. 14 ff.). 7

II. Die Stimmabgabe

Jedes Gläubigerausschussmitglied hat unabhängig von der Höhe seiner Forderung eine Stimme. Zwar stellt § 72 InsO nicht auf anwesende Mitglieder ab, die Beschlussfähigkeit knüpft aber an die Mehrheit der anwesenden (= teilnehmenden) Mitglieder an. Deswegen kann – auch bei Mehrheit der Anwesenden – die Stimme nicht fernmündlich oder schriftlich abgegeben werden (**a.A.** *Huntemann/Graf Brockdorff* Der Gläubiger im Insolvenzverfahren, S. 311 Rn. 35; *Uhlenbruck* ZIP 2002, 1376 mit dem Hinweis darauf, dass etwas anderes dann gelten könne, wenn zukünftig Gläubigerausschusssitzungen im Wege einer Video- bzw. Telefon-Konferenz durchgeführt würden). Insofern können in der Satzung bzw. Geschäftsordnung des Gläubigerausschusses derartige »Liveschaltungen« zugelassen sein oder es kann sich deren entsprechende Zulassung durch einen »ad hoc-Beschluss«, konkret bezogen auf die Zulässigkeit dieser Handhabung, ergeben (Braun/*Hirte* § 72 Rn. 8; MüKo-InsO/*Schmid-Burgk* § 72 Rn. 10; Uhlenbruck/*Knof* § 72 Rn. 9; **a.A.** K. Schmidt/*Jungmann* InsO, 8

§ 72 Rn. 12). Auch eine Bevollmächtigung mit der Wirkung, dass die Stimme des Bevollmächtigten doppelt zählt, kennt das Gesetz nicht.

9 Bei einfach gelagerten Sachverhalten bietet sich eine Entscheidung im **schriftlichen Umlaufverfahren** – vorbehaltlich entsprechender Verfahrensbeschlussfassung des Ausschusses – ohne Einberufung einer Ausschusssitzung an (*Uhlenbruck/Knof* InsO, § 72 Rn. 9). Dies setzt eine ordnungsgemäß ausgearbeitete Entscheidungsvorlage voraus. Daneben müssen alle Mitglieder des Gläubigerausschusses mit einer solchen Verfahrensweise einverstanden sein. In einem solchen Fall ist auch eine entgegenstehende Regelung der Geschäftsordnung des Gläubigerausschusses nicht hinderlich (MüKo-InsO/*Schmid-Burgk* § 72 Rn. 10 m.w.N.). Der Verzicht auf die Einberufung einer Ausschusssitzung bietet sich insbesondere bei größeren Gläubigerausschüssen an, bei denen das kurzfristige Einberufen einer gemeinsamen Sitzung häufig schwierig zu koordinieren ist. Es sind dann sämtliche Ausschussmitglieder als anwesend anzusehen, wenn die Beschlussfassung im schriftlichen Umlaufverfahren stattfindet (HambK-InsO/*Frind* § 72 Rn. 2; *Hess* InsO, § 72 Rn. 3).

III. Das Zustandekommen des Beschlusses

10 Der Beschluss kommt zustande, wenn in Übereinstimmung mit den obigen Ausführungen die Mehrheit der Mitglieder an der Beschlussfassung teilgenommen hat und der Beschluss mit der Mehrheit der abgegebenen Stimmen (**Kopfmehrheit**) gefasst worden ist (*Pape* ZInsO 1999, 675; *Gundlach/Frenzel/Schmidt* NZI 2005, 304 [307]). Im Gläubigerausschuss wird unabhängig von der Höhe von Forderungen nur nach Köpfen abgestimmt, d.h. jedes Mitglied hat eine Stimme. Grund ist die Möglichkeit, dass auch Nichtgläubiger als Mitglied eines Gläubigerausschusses in Frage kommen (§ 67 Abs. 3 InsO) und gleichzeitig zwangsläufig auftretende Ungleichgewichte vermieden werden, die durch die hohen Forderungen von sog. »Großgläubigern« ausgelöst werden (MüKo-InsO/*Schmid-Burgk* § 72 Rn. 3).

11 Aufgrund des eindeutigen Gesetzeswortlautes gilt der Antrag bei **Stimmengleichheit** als abgelehnt. § 72 InsO ist zwingendes Recht, eine entgegenstehende Regelung in der Geschäftsordnung daher nicht zulässig (*Huntemann/Graf Brockdorff* Der Gläubiger im Insolvenzverfahren, S. 310 Rn. 83; MüKo-InsO/*Schmid-Burgk* § 72 Rn. 17).

IV. Sitzungs- und Beschlussprotokolle

12 Über den Verlauf der Gläubigerausschusssitzungen werden i.d.R. Sitzungs- vornehmlich aber Beschlussprotokolle geführt. Eine Pflicht zur Protokollierung ist durch die Insolvenzordnung nicht geregelt. Teilweise wird vertreten, dass die Protokollierung nicht nur gewohnheitsmäßig vorgenommen werde, sondern sogar zu den Obliegenheiten des Gläubigerausschusses gehöre, weil er hierdurch die Erfüllung seiner Pflichten dokumentieren könne (MüKo-InsO/*Schmid-Burgk* § 72 Rn. 7 m.w.N. zur Rspr. und Lit.). Diese sind – schon um eine Aufsicht und dazu notwendige dauerhafte Information des Gerichts zu gewährleisten – als Nebenakten zu den Insolvenzakten zu führen. Als Nebenakten unterliegen sie nicht dem Akteneinsichtsrecht nach § 4 InsO i.V.m. § 299 ZPO (*Pape* Gläubigerbeteiligung im Insolvenzverfahren, S. 148, Rn. 330).

D. Rechtsfolgen fehlerhafter Beschlüsse

13 Auch in der Insolvenzordnung fehlt eine Regelung zu den Rechtsfolgen fehlerhafter Beschlüsse.

14 Um diese Lücke zu schließen, bietet es sich an, die ausführliche Regelung in §§ 241, 243 AktG entsprechend anzuwenden. Dann ist zwischen nichtigen und anfechtbaren Beschlüssen zu unterscheiden (Braun/*Hirte* InsO, § 72 Rn. 13 f.).

15 Bei **Einberufungsmängeln**, die für das Abstimmungsergebnis kausal sind, wäre analog § 241 Abs. 1 Nr. 1 AktG Nichtigkeit anzunehmen (Braun/*Hirte* InsO, § 72 Rn. 13 f.). **Nichtig** ist ein Beschluss bei Verletzung einer der recht- oder ordnungsgemäße Willensbildung regelnden Normen (z.B. Nicht-

ladung von Mitgliedern, geschäftsordnungswidrige Form der Ladung, Gesetzesverstöße bei Abstimmung), sofern der Verstoß für das Ergebnis kausal war (HK-InsO/*Riedel* § 72 Rn. 5).

Beschlüsse, die gegen ein **gesetzliches Verbot** verstoßen, sind nach § 134 BGB nichtig. 16

Weit bedeutsamer dürfte die **Anfechtbarkeit von Beschlüssen** sein. In Anlehnung an § 243 AktG 17 wäre diese bei Gesetzesverstößen oder – sofern sich der Ausschuss eine Geschäftsordnung gegeben hat – Verletzung der Geschäftsordnung anzunehmen. Analog § 243 Abs. 2 AktG könnte ein Beschluss bei Abstimmung durch einen als befangen anzusehenden Gläubiger anfechtbar sein. Anfechtbar dürfte auch ein Beschluss sein, bei dem ein Mitglied mangels ausreichender Information durch die anderen Ausschussmitglieder nicht ordnungsgemäß abstimmen konnte.

Daran schließt sich die Frage an, ob für eine solche Anfechtung die allgemeinen Gerichte oder das 18 Insolvenzgericht **zuständig** wären. Eine Kompetenz des Insolvenzgerichts, fehlerhafte Beschlüsse des Gläubigerausschusses aufzuheben, ist zu verneinen (*Pape* Gläubigerbeteiligung im Insolvenzverfahren, S. 148, Rn. 331; *Frege* NZG 1999, 480). Die Gegenmeinung hält, für den Fall, dass ein Beschluss des Gläubigerausschusses dem »gemeinsamen Interesse der Insolvenzgläubiger« widerspricht, § 78 Abs. 1 InsO für entsprechend anwendbar (KS-InsO/*Heidland* 2. Aufl., S. 549 f. Rn. 20). Dem steht nach hier vertretener Auffassung jedoch der klare Wortlaut des § 78 InsO entgegen, der lediglich die Aufhebung von Beschlüssen »der Gläubigerversammlung« regelt. Eine allgemeine Zulassung würde auch die Arbeitsfähigkeit des Gläubigerausschusses erheblich beeinträchtigen (so zutreffend *Frege* NZG 1999, 480). Damit sind unter der geschilderten einschränkenden Voraussetzung die **ordentlichen Gerichte** für solche Streitigkeiten eines Gläubigerausschusses berufen.

Die vorgenannten Erwägungen gelten auch für die Frage, ob und inwieweit die Gläubigerversamm- 19 lung befugt ist, Entscheidungen des Gläubigerausschusses zu ändern (*Pape* Gläubigerbeteiligung im Insolvenzverfahren, S. 148 f., Rn. 332; *ders.* ZInsO 1999, 675 [681]; *Frege* NZG 1999, 482 f.; MüKo-InsO/*Schmid-Burgk* § 72 Rn. 21). Auch insoweit gelten die klaren Kompetenzzuweisungen der InsO. Ist kein Gläubigerausschuss bestellt, erteilt die Gläubigerversammlung gem. § 160 Abs. 1 Satz 2 InsO die Zustimmung. Gibt es einen Ausschuss, ist dieser alleine und ohne Korrekturmöglichkeit durch die Gläubigerversammlung zuständig. In diesem Fall hat nur der Ausschuss z.B. über die Zustimmung zur Prozessführung zu entscheiden (*LG Göttingen* Beschl. v. 15.05.2000 – 10 T 42/2000 [rkr.; *AG Osterode*] m. Anm. *Pape* in: EWiR 2000, § 6 InsO 6/2000, 827).

Die **Unabhängigkeit** des Gläubigerausschusses als Selbstverwaltungsorgan der Gläubiger ist nur 20 durch die Rechtsaufsicht des Insolvenzgerichts (§ 70 InsO) und die Haftungsregelung (§ 71 InsO) eingeschränkt, weitergehende Korrekturmöglichkeiten sind nicht erforderlich (*Pape* Gläubigerbeteiligung im Insolvenzverfahren, S. 148, Rn. 331). Die Beschlussfassung des Ausschusses können Mitglieder im Rahmen der eingangs dargestellten Regelungen vor den allgemeinen Gerichten angreifen (*Balz/Landfermann* S. 356; s.a. *Lorenz* InsVV). Bei der Beschlussfassung ist der Gläubigerausschuss nicht an Weisungen der Gläubigerversammlung gebunden. Es besteht keine Berechtigung der Gläubigerversammlung Ausschussbeschlüsse abzuändern oder aufzuheben (*Jaeger/Henckel-Gerhardt* InsO, § 72 Rn. 14). Es fehlt im Gesetz eine konkrete Regelung, welche Maßnahmen der Gläubigerausschuss im Beschlussverfahren getroffen haben muss. Grundsätzlich gilt, dass Maßnahmen des Insolvenzverwalters, für die das Gesetz die Zustimmung des Gläubigerausschusses vorsieht, im Beschlusswege vom Gläubigerausschuss getroffen werden müssen (*Uhlenbruck/Knof* InsO, § 72 Rn. 9; vgl. auch § 69 Rn. 5).

Durch Verweis auf § 7 InsVV ist klargestellt, dass zusätzlich zu Vergütung und Auslagen auch eine 21 etwaig von dem Mitglied des Gläubigerausschusses für seine Tätigkeit zu zahlende **Umsatzsteuer** – nach entsprechender Rechnungsstellung – zu erstatten ist.

§ 73 Vergütung der Mitglieder des Gläubigerausschusses

(1) ¹Die Mitglieder des Gläubigerausschusses haben Anspruch auf Vergütung für ihre Tätigkeit und auf Erstattung angemessener Auslagen. ²Dabei ist dem Zeitaufwand und dem Umfang der Tätigkeit Rechnung zu tragen.

(2) § 63 Abs. 2 sowie die §§ 64 und 65 gelten entsprechend.

Übersicht

	Rdn.			Rdn.
A.	Normzweck	1	D.	Der Ersatz von Auslagen und die Erstattung von Umsatzsteuer	14
B.	Die Berechnung der Vergütung	3	E.	Das Festsetzungsverfahren	16
C.	Besonderheiten aufgrund der Dienstverhältnisse von Gläubigerausschussmitgliedern	9	F.	Vorschuss auf Vergütung und Auslagen	17
			G.	Rechtsmittel	20

Literatur: *Gundlach/Schirrmeister* Der Vergütungsanspruch des beamteten Gläubigerausschussmitglieds, ZInsO 2008, 896; *Hirte* Zwischenruf, ESUG: Brauchen die Mitglieder des vorläufigen Gläubigerausschusses überhaupt eine Versicherung?, ZInsO 2012, 820; *Ohr* Der Beamte im Gläubigerausschuss – Nebentätigkeit oder Haupttätigkeit?, KTS 1992, 343; *Pape* Zur Bemessung der Vergütung in einem Großverfahren, EWiR 1999, 601; *ders.* Gläubigerbeteiligung im Insolvenzverfahren, 2000; *Zimmer* Die Vergütung der Mitglieder des Gläubigerausschusses, ZIP 2013, 1309 ff. Siehe auch bei § 67 InsO.

A. Normzweck

1 § 73 InsO regelt den Anspruch der Gläubigerausschussmitglieder auf Vergütung ihrer Tätigkeit. Die Norm wird durch die §§ 17, 18 InsVV konkretisiert (*Pape* Gläubigerbeteiligung im Insolvenzverfahren, S. 148 Rn. 331).

2 § 73 Abs. 2 InsO wurde durch InsOÄndG 2001 (InsOÄndG 2001, BR-Drucks. 14/01 S. 5) wie folgt neu gefasst:

»§ 63 Abs. 2 sowie die §§ 64 und 65 gelten entsprechend.«

Diese Ergänzung ergibt sich daraus, dass in § 4a InsO eine **Stundungsregelung** eingeführt wurde. Diese Stundungsregelung hat eine Änderung des § 73 Abs. 2 InsO bedingt. § 4a InsO regelt eine **Ausfallhaftung der Staatskasse für Vergütungsansprüche** (vgl. zur Antragstellung und zum Festsetzungsverfahren MüKo-InsO/*Stephan/Riedel* § 73 Rn. 22 u. 24 ff.; vgl. *BGH* NZI 2009, 845 f.).

B. Die Berechnung der Vergütung

3 Nach § 17 InsVV soll die **Tätigkeit** von Mitgliedern des Gläubigerausschusses regelmäßig mit einem Stundensatz zwischen 35,00 € und 95,00 € abgegolten werden (K. Schmidt/*Jungmann* InsO, 73 Rn. 6). Die genaue Höhe ist im Einzelfall unter Berücksichtigung von Art und Umfang der Tätigkeit, der tatsächlichen und rechtlichen Schwierigkeiten des Verfahrens, der Verantwortung und der Haftungsrisiken sowie der Qualifikation des Mitgliedes des Gläubigerausschusses zu bestimmen (vgl. *AG Duisburg* noch zu dem bis zum 07.10.2004 geltenden Höchstsatz von 50,00 € NZI 2004, 325 ff. und *LG Duisburg* NZI 2005, 116 f. jeweils Erhöhung verneinend).

4 Das mit der **Kassenprüfung** beauftragte Mitglied des Gläubigerausschusses erhält i.d.R. eine höhere Vergütung.

5 In **Durchschnittsverfahren** ist von einem Stundensatz von ca. 65,00 € als Mittelwert des Gebührenrahmens auszugehen (s.u. *Lorenz* InsVV).

6 Wie aus dem Verordnungstext – »regelmäßig« – folgt, können die **Rahmensätze** auch über- oder unterschritten werden. Eine Überschreitung dürfte z.B. bei der Berufung hochqualifizierter Freiberufler in Frage kommen, insbesondere wenn diese ihr Büro für die Tätigkeit einsetzen (HambK-InsO/*Frind* § 73 Rn. 4). Ein Stundensatz von 50,00 € ist in solchen Fällen nicht einmal zur Deckung der

entstehenden Unkosten ausreichend. Aus diesen Gründen bietet sich eine Orientierung an dem – im Rahmen seiner Berufsausübung – üblichen Stundensatz des Mitglieds des Gläubigerausschusses an, so dass dieser insbesondere bei Personen, die nicht als Gläubigervertreter, sondern aufgrund ihrer Sachkunde gewählt wurden, durchaus bei 300 € liegen kann (BK-InsO/*Blersch* § 73 Rn. 5; *Uhlenbruck/Knof* InsO, § 73 Rn. 13; *Hess* InsO, § 17 InsVV Rn. 28; so auch *Vallender* WM 2002, 2049, der allerdings auf zwei unveröffentlichte Beschlüsse des LG Köln und AG Köln verweist, mit denen einem Rechtsanwalt das Zeithonorar von 130 DM [also ca. 65 €] pro Stunde als angemessen gewährt wurde, wobei die begründenden Argumente der Beschlüsse nach seiner Ansicht nicht zu überzeugen vermögen). Bei der Festsetzung der Vergütung eines Gläubigerausschussmitglieds sind nach einer Entscheidung des AG Detmold seine besondere berufliche Stellung, seine Sachkunde und Qualifikation, die aktive Mitwirkung auch außerhalb der Sitzung, eine umfangreiche Betriebsfortführung, die erfolgreiche Beteiligung und Verhandlung, besondere tatsächliche und rechtliche Probleme, Auslandsbezüge tatsächlicher Art, besondere Haftungsrisiken, die Prüfung mehrerer Rechnungslegungen und besondere Tätigkeiten des Mitglieds, wie z.B. eine Kassenprüfung, zu berücksichtigen (*AG Detmold* NZI 2008, 505 f.; *LG Göttingen* ZInsO 2005, 143, Vergütung auch für »Nebenarbeiten«). Im Einzelfall sind daher unter Würdigung dieser Kriterien Stundensätze von 500,00 € zu gewähren (*AG Braunschweig* ZInsO 2005, 870 f., *AG Detmold* NZI 2008, 505 f.). Statt der Vergütung nach Stundensätzen können auch andere Ansätze angewandt werden. Im Rahmen eines Verbraucherinsolvenzverfahrens hat der BGH entschieden, dass bei der Pauschalvergütung sowohl Abweichungen nach oben wie nach unten zulässig sind (*BGH* ZIP 2009, 2453 ff.). Vorliegend wurde sich an der Höhe der Treuhändervergütung orientiert.

Bei **besonders gelagerten, komplizierten Einzelfällen** kommt auch ein Abweichen von der Regelvergütung nach Stunden in Betracht MüKo-InsO/*Stephan* § 17 InsVV Rn. 25; *LG Köln* NZI 2015, 573). So haben Gerichte noch zu Zeiten der Konkursordnung den Mitgliedern des Gläubigerausschusses mehrfach **prozentual** an der Vergütung des Insolvenzverwalters orientierte Honorare zugesprochen (*AG Braunschweig* ZInsO 2005, 870; *AG Ansbach* ZIP 1986, 249 f. m.w.N.). Dabei sind Sätze von 1 %–5 % der Vergütung des Insolvenzverwalters möglich (*Kübler/Prütting/Bork-Lüke* InsO, § 73 Rn. 11; *K. Schmidt/Jungmann* InsO, § 73 Rn. 8). Auch **Vergütungspauschalen** waren üblich und zulässig. Eine solche Bemessung schließt das Gesetz nicht etwa aus, weil die Höhe des Prozentsatzes sich an den Kriterien des § 73 InsO orientieren kann und muss. Dass die InsVV nur eine Stundenvergütung kennt, ist dem Mangel an Praxis des Verordnungsgebers zuzurechnen. Da die Verordnung das Gesetz nicht ändert, schöpft sie insoweit die Ermächtigungsgrundlage nicht aus. Solche Vergütungsfestsetzungen sind deshalb zulässig. Daneben wird die Heranziehung anderer Kriterien bei der Vergütungsbemessung auch unter Berufung auf die Begründung des Verordnungsgebers der InsVV für zulässig gehalten (so auch *Vallender* WM 2002, 2049 m.w.N. zur Rspr. und Literatur, der eine pauschale Vergütung für zulässig hält; Begr. zu § 17 InsVV, abgedruckt in *Balz/Landfermann* S. 356; s.a. FK-InsO/*Lorenz* Anh. V; *Blersch* InsVV, § 17 Rn. 16; MüKo-InsO/*Stephan/Riedel* § 73 Rn. 17 f.). Ein solcher besonders gelagerter, komplizierter Einzelfall könne z.B. vorliegen bei einer sehr komplexen und intensiven Tätigkeit des Mitglieds des Gläubigerausschusses im Rahmen einer Geschäftsfortführung, deren Ausmaß und Bedeutung allein auf der Basis zu fertigender Zeitnachweise nicht angemessen erfasst werden könne (*Blersch* InsVV, § 17 Rn. 16; s.u. *Lorenz* InsVV; *Pape* EWiR 1999, 601). Ob das allerdings auch für die analoge Anwendung auf einen sog. »vorläufigen« Gläubigerausschuss gilt, ist fraglich (bejahend: *AG Duisburg* NZI 2003, 502 ff. (n.r.), Pauschalhonorar verfahrensübergreifend an Vergütung Aufsichtsrat orientiert = ZIP 2003, 1460 ff. = ZInsO 2003, 940 m. krit. Anm. *Haarmeyer*).

Die vorstehenden Maßgaben gelten auch für die Vergütung der Mitglieder eines »**vorläufigen**« **Gläubigerausschusses** (*AG Konstanz* NZI 2015, 959; *LG Duisburg* NZI 2005, 116; *AG Duisburg* NZI 2003, 502; *LG Aurich* Beck FD-InsR 2013, 04922 u. ZIP 2013, 1309 ff.). Die Fälligkeit dieser Vergütungsansprüche tritt dann mit der Eröffnung des Verfahrens ein (Uhlenbruck/*Uhlenbruck* InsO, § 73 Rn. 17).

C. Besonderheiten aufgrund der Dienstverhältnisse von Gläubigerausschussmitgliedern

9 Wird ein **Beamter** in Person in den Gläubigerausschuss gewählt, so hat er Anspruch auf Vergütung; bei seiner Tätigkeit handelt es sich um eine entgeltliche Nebentätigkeit, die ggf. nach dienstrechtlichen Vorschriften zu genehmigen ist (näher *Hess* InsO, § 17 InsVV Rn. 21; *Gundlach/Schirrmeister* ZInsO 2008, 896 ff.). Ein Weisungsrecht in Bezug auf die Durchführung des Amtes steht dem Dienstherren nicht zu (näher *Ohr* KTS 1992, 343 ff. [344 f. m.w.N.]). Dieser muss ihn qua Treuepflicht aus einer (nicht grob fahrlässigen oder vorsätzlichen) Haftung freistellen, wenn sein Dienstverhältnis Anlass seiner Berufung war.

10 Eine Abführung der Vergütung an den Dienstherren kommt nicht in Betracht (*AG Elmshorn* ZIP 1982, 981 f.; a.A. *Hornung* KKZ 2001, 145 ff. [151] unter Hinweis darauf, dass die Vergütung u.U. bestimmte, nach Besoldungs- bzw. Vergütungsgruppen abgestufte Höchstgrenzen übersteige, z.B. in Niedersachsen, § 75a NBG, § 11 BAT), ggf. ist aber der Anstellungskörperschaft die Nutzung von deren Einrichtungen, Material und Personal zu vergüten (näher *Hess* InsO, § 17 InsVV Rn. 23).

11 Auch Behörden und Gläubigern, die sich institutionell mit Insolvenzen befassen (wie etwa der Pensions-Sicherungs-Verein a.G.) stehen Vergütungsansprüche zu (*Pape* Gläubigerbeteiligung im Insolvenzverfahren, S. 145, Rn. 326). Diese Frage wurde bislang kontrovers diskutiert (*Pape* Gläubigerbeteiligung im Insolvenzverfahren, S. 145, Rn. 326 m.w.N.). **Behörden** werden in Gläubigerausschüssen durch ihre Vertreter repräsentiert, da sie selbst nicht Gläubigerausschussmitglied sein können (vgl. § 67 Rdn. 10). Auch die sog. »**institutionellen Gläubiger**« wie den Pensions-Sicherungs-Verein auf Gegenseitigkeit trifft keine Pflicht, die Arbeitsleistung ihrer Mitarbeiter unentgeltlich zur Verfügung zu stellen (*Pape* Gläubigerbeteiligung im Insolvenzverfahren, S. 145, Rn. 326).

12 Der Anspruch eines Mitglieds des Gläubigerausschusses auf Vergütung kann ausgeschlossen sein, wenn es für seine Tätigkeit bereits von seinem Arbeitgeber bzw. seiner Anstellungskörperschaft vergütet wird (*Blersch* InsVV, § 17 Rn. 10 m.w.N.).

13 Entscheidendes Abgrenzungskriterium soll dabei sein, ob das betreffende Mitglied des Gläubigerausschusses für seine **konkrete Tätigkeit im Gläubigerausschuss** bereits voll umfänglich vergütet werde, ohne darüber hinaus Freizeit oder Urlaubszeit einzusetzen. Teilweise wird diese Auffassung insbesondere für Angestellte des öffentlichen Dienstes mit dem Argument abgelehnt, dass die Frage von Zeitfreistellungen und Abführungsverpflichtungen allein das Innenverhältnis zwischen Arbeitgeber und dem Mitglied des Gläubigerausschusses betreffe und eine andere Betrachtungsweise zu sachlich nicht mehr gerechtfertigten Differenzierungen führe. Die Fälle könnten nicht anders behandelt werden als bei allen anderen fest angestellten Vertretern von anderen Arbeitgebern wie z.B. Banken und Versicherungen (MüKo-InsO/*Stephan/Riedel* § 73 Rn. 7 m.w.N.). Maßgebliches Kriterium sei, dass auch bei einer bestehenden Abführungspflicht die Masse nicht in ungerechtfertigter Weise gemindert werde. Zu berücksichtigen sei, dass das Ausschussmitglied eine Arbeitsleistung im Verfahren erbringe und ein entsprechendes Haftungsrisiko übernehme.

D. Der Ersatz von Auslagen und die Erstattung von Umsatzsteuer

14 Gem. § 18 Abs. 1 InsVV können die Ausschussmitglieder sich die – »angemessenen« – Auslagen erstatten lassen (zu den Kosten für eine Haftpflichtversicherung s. § 71 Rdn. 13; Braun/*Hirte* § 71 Rn. 12 f.). Sofern ein Nachweis im Einzelnen nicht möglich ist, kommt eine Schätzung in Betracht (*Kübler/Prütting/Bork-Lüke* InsO, § 73 Rn. 21 m.w.N.). Aufgrund der höchst unterschiedlichen Arbeitsbelastung der Gläubigerausschussmitglieder hat der Verordnungsgeber eine **Auslagenpauschale** nicht vorgesehen (Begr. zu § 18 InsVV, abgedruckt in *Balz/Landfermann* S. 356; s.u. *Lorenz* InsVV).

15 Durch Verweis auf § 7 InsVV ist klargestellt, dass zusätzlich zu Vergütung und Auslagen auch eine etwaig von dem Mitglied des Gläubigerausschusses für seine Tätigkeit zu zahlende **Umsatzsteuer** – nach entsprechender Rechnungsstellung – zu erstatten ist (vgl. *AG Duisburg* ZInsO 2004, 1047 f. m. krit. Anm. *Schmittmann* insbesondere zu der vom Gericht geforderten Versicherung an Eides statt,

dass der Umsatz aus selbständiger Tätigkeit die Schwellenwerte aus § 19 Abs. 1 Satz 1 UStG überschreite).

E. Das Festsetzungsverfahren

Durch Verweisung auf § 64 InsO gelten für das Festsetzungsverfahren für die Mitglieder des Gläubigerausschusses dieselben Grundsätze wie beim Insolvenzverwalter, auf die Erläuterungen zu § 64 InsO wird insoweit verwiesen. Wichtig ist, dass der Antrag des Mitglieds des Gläubigerausschusses auf Festsetzung der Vergütung zu begründen und z.B. durch Aufzeichnungen über den geleisteten Zeitaufwand **zu belegen** ist. Gleiches gilt für die Auslagen (MüKo-InsO/*Stephan* § 17 InsVV Rn. 8 ff.; MüKo-InsO/*Stephan/Riedel* § 73 Rn. 24 f. m.w.N. zu Rspr. und Lit.; *Hornung* KKZ 2001, 151). Für den Fall, dass die Fertigung von Aufzeichnungen versäumt wird, wird eine **Schätzung** des Zeitaufwandes unter Heranziehung der Angaben der übrigen Mitglieder des Gläubigerausschusses durch das Insolvenzgericht für zulässig gehalten (*Blersch* InsVV, § 17 Rn. 9; zur Frage der Unzumutbarkeit der Aufzeichnung des Zeitaufwands *AG Duisburg* NZI 2004, 325 ff.). **Vergütungsfähig** sind dabei alle Tätigkeiten, d.h. nicht nur die Teilnahme an Sitzungen oder die Mitwirkung im Betrieb des Schuldners, z.B. auch Zeiten für die An- und Abreise sowie Vorbereitung auf die Tätigkeit (Aktenstudium u.a.), Nacharbeit und Rücksprachen mit dem Insolvenzverwalter (vgl. dazu *LG Göttingen* ZInsO 2005, 143). Eine Beschränkung des Anspruchs durch die Gläubigerversammlung ist nicht zulässig (*Hornung* KKZ 2001, 151). Entsprechend allgemeiner Regelungen im Vergütungs- und Kostenrecht wird der Anspruch eines Mitglieds des Gläubigerausschusses auf die Vergütung und den Auslagenersatz mit Beendigung der Tätigkeit im Insolvenzverfahren fällig (zu den Einzelfällen, der Frage der Verjährung und Einredeberechtigung vgl. MüKo-InsO/*Stephan/Riedel* § 73 Rn. 11–13).

F. Vorschuss auf Vergütung und Auslagen

Auf begründeten Antrag kann ein Vorschuss auf die Vergütung gewährt werden, obwohl § 9 InsVV unmittelbar nur auf die Vergütung des Insolvenzverwalters anwendbar ist (*Nerlich/Römermann-Delhaes* InsO, § 73 Rn. 11 m.w.N. zur Rspr.; vgl. auch *AG Hannover* ZInsO 2016, 1875 f.; *Kübler/Prütting/Bork-Lüke* InsO, § 73 Rn. 19 ff.; zur Frage, wann ein solcher Vorschuss beantragt werden kann, vgl. die Kommentierung zu § 64 InsO, auf den § 73 Abs. 2 InsO verweist).

An die Begründung des Vorschussantrages dürfen keine übertriebenen Anforderungen gestellt werden. Der behauptete Zeitaufwand und die dargelegten Auslagen müssen realistisch erscheinen; Glaubhaftmachung i.S.d. § 294 ZPO dürfte genügen.

Wichtig ist, dass das Insolvenzgericht sich bei der Festsetzung eines Vorschusses noch nicht entscheiden muss, ob es eine nach Zeitaufwand oder eine auf andere Weise (vgl. Wortlaut des § 17 InsVV: »regelmäßig«) zu berechnende Vergütung festsetzen wird (*Nerlich/Römermann-Delhaes* InsO, § 73 Rn. 11).

G. Rechtsmittel

Nach §§ 73 Abs. 2, 64 Abs. 3 InsO sind Insolvenzverwalter, Schuldner und die Insolvenzgläubiger beschwerdebefugt.

Soweit dem **Insolvenzverwalter** ein Beschwerderecht abgesprochen wird (s. *Hess* § 73 Rn. 4 in der 2. Aufl.), übersieht diese Auffassung, dass dieser auch die Verfahrenskosten gem. § 54 InsO (um die es sich bei Vergütung und Auslagen der Gläubigerausschussmitglieder handelt) im Auge zu behalten hat.

Dass dem **Mitglied des Gläubigerausschusses** selbst als Antragsteller auch die sofortige Beschwerde zustehen muss, wenn hinter seinem Antrag zurückgeblieben wird, liegt auf der Hand. Seine Außerachtlassung ist mithin als Versehen des Gesetzgebers zu werten (MüKo-InsO/*Stephan/Riedel* § 73 Rn. 31). Die Beschwerdeberechtigung soll sich zudem auch aus der entsprechenden Anwendbarkeit des § 64 Abs. 3 InsO ergeben (*Hornung* KKZ 2001, 151). Ist die Kassenprüfung auf einen Sonderinsolvenzverwalter übertragen worden, so steht diesem die Einlegung des Rechtsmittels zu (*LG Göttingen* ZInsO 2011, 147). Auch der vorläufige Insolvenzverwalter ist beschwerdebefugt (MüKo-InsO/*Stephan/Riedel* § 73 Rn. 31).

23 Aus **praktischer Sicht** ist anzumerken, dass es im Verhältnis zwischen Insolvenzverwalter und Mitgliedern des Gläubigerausschusses selten zur Einlegung einer sofortigen Beschwerde kommen wird. Sinnvollerweise verfährt die Praxis so, dass die jeweiligen Vergütungsanträge zunächst zur Stellungnahme wechselseitig vorgelegt werden, d.h. bei Einreichung bereits eine Stellungnahme entweder des Gläubigerausschusses zu Vergütungsanträgen des vorläufigen oder endgültigen Insolvenzverwalters oder bei solchen der Mitglieder des Gläubigerausschusses des Insolvenzverwalters vorliegt. Vor der Festsetzung der Vergütung eines Mitglieds des Gläubigerausschusses bedarf es – anders als im Konkursverfahren – nicht einer Anhörung der Gläubigerversammlung (MüKo-InsO/*Stephan/Riedel* § 73 Rn. 26; *Haarmeyer/Wutzke/Förster* InsVV, § 17 Rn. 10; Uhlenbruck/*Knof* InsO, § 73 Rn. 30; **a.A.** *LG Göttingen* ZIP 2005, 590).

§ 74 Einberufung der Gläubigerversammlung

(1) ¹Die Gläubigerversammlung wird vom Insolvenzgericht einberufen. ²Zur Teilnahme an der Versammlung sind alle absonderungsberechtigten Gläubiger, alle Insolvenzgläubiger, der Insolvenzverwalter, die Mitglieder des Gläubigerausschusses und der Schuldner berechtigt.

(2) ¹Die Zeit, der Ort und die Tagesordnung der Gläubigerversammlung sind öffentlich bekanntzumachen. ²Die öffentliche Bekanntmachung kann unterbleiben, wenn in einer Gläubigerversammlung die Verhandlung vertagt wird.

Übersicht	Rdn.		Rdn.
A. Normzweck	1	D. Rechtsmittel	17
B. Einberufungserfordernisse	3	E. Sonderfall der Anleihegläubiger-	
C. Die Teilnahmeberechtigung	11	versammlung	19

Literatur:
Altmeppen Zur Rechtsstellung der Gläubiger im Konkurs gestern und heute, in: FS für Hommelhoff, 2012, 1; *Blöse* Mitwirkungs- und Gestaltungsrechte der Gläubiger, KSI 8 (2012), S. 101; *Foerste* Gläubigerautonomie und Sanierung im Lichte des ESUG, ZZP 125 (2012), S. 265; *Kunder/Obermüller* Insolvenzrechtliche Aspekte des neuen Schuldverschreibungsgesetzes, ZInsO 2009, 2055 ff.; *Pape* Grundzüge der Gläubigerautonomie im Insolvenzverfahren, NWB 2008, 3117; *Titz* Aussichten für Gläubigerbeteiligung bei Auswahl des vorläufigen Verwalters, in: Meilensteine in Zeiten der InsO, 2012, S. 313; *Thole* Gläubigerinformation im Insolvenzverfahren – Akteneinsicht und Auskunftsrecht, ZIP 2012, 1553; *Wegener* Der Berichtstermin, InsbürO 2007, 332; *Zimmermann, F.* Beschlussfassung des Gläubigerausschusses/der Gläubigerversammlung bzgl. besonders bedeutsamer Rechtshandlungen, ZInsO 2012, 245.

A. Normzweck

1 § 74 InsO regelt die Einberufung der Gläubigerversammlung und das Recht, daran teilzunehmen. Inhaltlich entspricht die Neuregelung weitgehend den §§ 93, 98 KO. Die Gläubigerversammlung soll danach **Wahrer, nicht aber Verwalter eigener Interessen** sein und – mit Ausnahme der Mitwirkungsrechte – lediglich Einfluss auf das Verfahren nehmen und dieses nicht ausgestalten. Auch die Gläubigerversammlung ist danach ein Organ insolvenzrechtlicher Selbstverwaltung. Sie ist ein **verfahrensinternes Organ**. Die Tätigkeit des Gläubigerausschusses entfaltet daher keine Außenwirkung (MüKo-InsO/*Ehricke* § 74 Rn. 2 ff.). Damit ist die Gläubigerversammlung kein Sachverwalter des öffentlichen Interesses. Zutreffend dürfte es daher sein, in diesem Zusammenhang von einer »**staatlich kontrollierten Gläubigerautonomie**« zu sprechen. Seine Rechtfertigung findet dies im Grundrechtsschutz der Art. 103 Abs. 1 GG (rechtliches Gehör) und 14 GG (Eigentumsschutz). Einerseits

soll die Sachkunde der Gläubigerversammlung genutzt und andererseits Verantwortung geteilt werden (MüKo-InsO/*Ehricke* § 74 Rn. 4).

Von einer Gleichgerichtetheit des Interesses der Gläubiger könne dabei nicht gesprochen werden. Es handle sich um einen **Zwangszusammenschluss**. Das gemeinsame Grundinteresse könne darin gesehen werden, im Einzelfall den Ausfall der Forderung im Insolvenzverfahren zu minimieren (MüKo-InsO/*Ehricke* § 74 Rn. 7). Eine Treuepflicht der Gläubigerversammlung i.S. gesellschaftsrechtlicher Regelungen wird verneint (MüKo-InsO/*Ehricke* § 74 Rn. 8 f.). Das Mehrheitsprinzip für die Beschlussfassung sei ein Kompromiss, man könne daher von einer »**Autonomie der Gläubigermehrheit**« sprechen (MüKo-InsO/*Ehricke* § 74 Rn. 10 m.w.N.). Der **Minderheitenschutz** sei dabei durch die §§ 78, 76 Abs. 2 InsO ausreichend gewährleistet (MüKo-InsO/*Ehricke* § 74 Rn. 11).

B. Einberufungserfordernisse

Die Gläubigerversammlung ist ein **Organ der Gläubigerselbstverwaltung** und hat vielfältige Mitwirkungs- und Zustimmungsrechte (*Kübler/Prütting/Bork-Kübler* InsO, § 74 Rn. 5). Zu einem vorhandenen Gläubigerausschuss besteht kein Rangverhältnis und es können diesem keine Aufträge erteilt werden (K. Schmidt/*Jungmann* InsO, § 74 Rn. 2). Bei den Aufgaben der Gläubigerversammlung kann zwischen solchen unterschieden werden, die ihr kraft Gesetzes zugewiesen sind und parallel neben Einzelbefugnissen der Gläubiger stehen und weitergehenden, wie z.B. Vorschläge und Anregungen unmittelbar an den Insolvenzverwalter zu richten (MüKo-InsO/*Ehricke* § 74 Rn. 12, 13 mit einer Aufzählung der Befugnisse der Gläubigerversammlung).

Um handlungsfähig zu sein, ist sie wirksam nach § 74 InsO einzuberufen, ein Zusammenkommen der Teilnahmeberechtigten aufgrund eigener Initiative oder auf Einladung von Insolvenzverwalter oder Schuldner genügt nicht (*BGH* NZI 2007, 732 ff.; *Smid/Smid* InsO, § 74 Rn. 2).

Die **Einberufung** hat durch das Insolvenzgericht zu erfolgen, das hierzu jederzeit berechtigt ist, wenn dies **zweckdienlich** erscheint (*LG Stuttgart* ZIP 1989, 1595 ff. [1596]). Soll beispielsweise in einem vereinfachten Insolvenzverfahren der Treuhänder mit der Anfechtung beauftragt werden, so hat hierüber die Gläubigerversammlung durch Beschluss zu entscheiden (*BGH* ZInsO 2007, 938). Eine **Pflicht zur Anberaumung** einer Gläubigerversammlung besteht in den Fällen der §§ 29 Abs. 1 Nr. 1, 2, 160 Abs. 1 Satz 2, 163 Abs. 1, 197 Abs. 1, 235, 241 InsO sowie in den Fällen eines nach § 75 InsO wirksamen Antrages. Besonderheiten gelten im vereinfachten Insolvenzverfahren nach § 312 InsO, das gem. dessen Abs. 2 bei Vorliegen der Voraussetzungen vollständig schriftlich durchgeführt werden kann (Näheres s. bei *Busch* § 312).

Funktionell zuständig für die Einberufung ist gem. § 18 Abs. 1 Nr. 1 RPflG der Rechtspfleger (Ausnahme: § 18 Abs. 2 RPflG).

Die Einberufung geschieht nach § 74 Abs. 2 Satz 1 InsO dadurch, dass **Zeit, Ort und Tagesordnung öffentlich bekanntzumachen** sind. Das Verfahren der öffentlichen Bekanntmachung ist in § 9 InsO geregelt (s. FK-InsO/*Schmerbach* § 9). Zwischen dem Zeitpunkt, an dem die öffentliche Bekanntmachung als bewirkt anzusehen ist und dem Versammlungstage müssen nach § 4 InsO i.V.m. § 217 ZPO mindestens drei Tage liegen. Wegen § 9 Abs. 1 Satz 3 InsO führt die Notwendigkeit der öffentlichen Bekanntmachung faktisch zu einer Ladungsfrist von sechs Tagen zwischen Veröffentlichung und Gläubigerversammlung, da nach dieser Vorschrift die Bekanntmachung erst als bewirkt gilt, wenn nach dem Tag der Veröffentlichung zwei weitere Tage verstrichen sind (*BGH* NZI 2010, 940). Das Einberufungsverfahren ist dabei von der Insolvenzordnung nicht geregelt. Es gelten daher über § 4 InsO als Verweisungsnorm die Regelungen der ZPO (vgl. sehr instruktiv und ausführlich MüKo-InsO/*Ehricke* § 74 Rn. 33 bis 35). Die Verfügbarkeit von Sitzungssälen oder deren mangelnde Größe – insbesondere in Insolvenzverfahren mit einer Vielzahl von Gläubigern – darf bei der Frage der Terminierung kein Hindernis darstellen. Die Gläubigerversammlung findet grundsätzlich im Insolvenzgericht statt (§§ 4 InsO, 219 Abs. 1 ZPO). Ist dort im Insolvenzgericht jedoch infolge der Anzahl der zu erwartenden Teilnehmer kein geeigneter Raum vorhanden, kann ausnahmsweise die Gläubigerversammlung **an einem anderen Ort** als der Gerichtsstelle stattfinden (*Jaeger/Henckel-Gerhardt* § 74 Rn. 21; *Nerlich/Römermann-Delhaes* § 74 Rn. 6; *Uhlenbruck/Knof* InsO, § 74 Rn. 19). Bei der öffentlichen Bekanntgabe hat das Gericht dafür zu sorgen, dass der abweichende Versammlungsort konkret beschrieben wird, so dass einem ortsunkundigen Gläubiger die Teilnahme möglich wird (Uhlenbruck/*Knof* InsO, § 74 Rn. 19). Die daraus resultierenden Kosten für Anmietung, Beschallung u.a. treffen als Kosten der Verwaltung nach § 55 Abs. 1 Nr. 1 InsO die Insolvenzmasse.

8 Die einzelnen **Tagesordnungspunkte** sind **hinreichend bestimmt** abzufassen. Waren einzelne **Beschlussgegenstände** nicht oder nicht hinreichend klar in der Tagesordnung enthalten, sind entsprechende Beschlüsse nichtig, sofern nicht alle Gläubiger anwesend waren und keiner der Beschlussfassung widersprochen hat (MüKo-InsO/*Ehricke* § 74 Rn. 45 bis 47; KK-InsO/*Plathner* § 74 Rn. 22, 24 m.w.N.). Der BGH hat diese Rechtsauffassung bestätigt und klargestellt, dass zu einer ordnungsgemäßen Bekanntmachung der Tagesordnung für die Gläubigerversammlung eine wenigstens stichwortartige Bezeichnung der Tagesordnungspunkte gehört. Die bloße Aufführung einer Paragraphenkette, noch versehen mit dem Zusatz »gegebenenfalls« genüge den Anforderungen nicht (*BGH* NZI 2008, 430 m. Anm. *Gundlach/Frenzel* und krit. Anm. *Blank* EWiR 2008, § 78 InsO 1/08, 373). Der BGH hat sich damit der Auffassung des Beschwerdegerichts angeschlossen (*LG Saarbrücken* ZInsO 2007, 824 ff., m. krit. Anm. *Kirchhof* ZInsO 2007, 1196 f.; gilt allgemein bei nichtigen Beschlüssen *BGH* NZI 2011, 713 f. m. Anm. *Pehl* FD-InsR 2011, 322285; *BGH* NZI 2016, 684 zur Nichtigkeit bei fehlender Bekanntmachung des Beschlussgegenstandes; Entscheidungsbesprechung *Fehl-Weileder* FD-InsR 2016, 379805). Aufgrund der Nichtigkeit bedarf es keines gesonderten Aufhebungsbeschlusses durch das Insolvenzgericht (KK-InsO/*Plathner* § 74 Rn. 25 m.w.N.). Hintergrund dieses Bestimmtheitserfordernisses ist die notwendige Gewährung rechtlichen Gehörs für die Gläubiger. In der Veröffentlichung müssen daher die **Gegenstände der Tagesordnung dem wesentlichen Inhalt nach angegeben werden** (*BGH* ZIP 2008, 1030 = NZI 2008, 430 = ZInsO 2008, 504; MüKo-InsO/*Ehricke* § 74 Rn. 36 m.w.N.). Dabei gibt das Gesetz zum Teil bestimmte Tagesordnungspunkte vor (vgl. §§ 156, 57, 68 und 157 Abs. 1 InsO).

9 Keiner öffentlichen Bekanntmachung bedarf es, wenn die Gläubigerversammlung innerhalb einer – begonnenen, aber noch nicht geschlossenen – Gläubigerversammlung vertagt wird, § 74 Abs. 2 Satz 2 InsO (*BGH* ZIP 2008, 1030 = NZI 2008, 430 = ZInsO 2008, 504). Die dadurch eintretende Rechtsverkürzung nicht anwesender Gläubiger sei hinzunehmen, weil es im Risikobereich jedes einzelnen Gläubiger liege, die ihm eingeräumten Möglichkeiten zur Gläubigerbeteiligung wahrzunehmen oder auch nicht (MüKo-InsO/*Ehricke* § 74 Rn. 38 m.w.N.). Gegen die eine Vertagung ablehnende Entscheidung des Insolvenzgerichts ist keine sofortige Beschwerde statthaft (*BGH* NZI 2006, 404 f. = ZIP 2006, 1065 f.). Wird dagegen in einer Versammlung bereits der Termin für eine neue Gläubigerversammlung **mit einer geänderten oder neuen Tagesordnung** festgelegt, muss dieser erneut öffentlich bekannt gegeben werden (HK-InsO/*Riedel* § 74 Rn. 8; MüKo-InsO/*Ehricke* § 74 Rn. 39).

10 Aus praktischer Sicht ist darauf hinzuweisen, dass die Festlegung der Termine i.d.R. in Abstimmung zwischen Gericht und Insolvenzverwalter getroffen wird, um den Erfordernissen des einzelnen Insolvenzverfahrens Rechnung zu tragen. Insbesondere in **Insolvenzplanfällen** wird es unter Umständen notwendig sein, die Termine kurzfristig anzuberaumen und ggf. – soweit zulässig – zu verbinden.

C. Die Teilnahmeberechtigung

11 Nach § 74 Abs. 1 Satz 2 InsO sind zur Teilnahme an der Gläubigerversammlung die Insolvenzgläubiger, die absonderungsberechtigten Gläubiger, der Insolvenzverwalter und der Schuldner berechtigt (K. Schmidt/*Jungmann* InsO, § 74 Rn. 13, 14 zum Teilnahmerecht der Gesellschafter juristischer Personen). Die Teilnahmeberechtigung der absonderungsberechtigten Gläubiger war einerseits bezüglich der Umkehrung des Regel-Ausnahme-Verhältnisses bei der Verwertung beweglicher Gegenstände und des Einzugs abgetretener Forderungen und andererseits wegen der möglichen Eingriffe im Rahmen des Insolvenzplanverfahrens nach § 223 Abs. 2 InsO erforderlich (MüKo-InsO/*Ehricke* § 74 Rn. 25 m.w.N.). Aufgrund des eindeutigen Gesetzestextes sind Aussonderungsberechtigte und

Massegläubiger nicht teilnahmeberechtigt (MüKo-InsO/*Ehricke* § 74 Rn. 30). Zur Teilnahme berechtigt sind auch die nach § 39 InsO nachrangigen Insolvenzgläubiger, die nach § 77 Abs. 1 Satz 2 InsO kein Stimmrecht haben. Aus der Regelung des § 77 Abs. 1 Satz 2 InsO ergibt sich im Gegenschluss die Teilnahmeberechtigung. Dass die Teilnahmeberechtigung des Sachwalters im Rahmen der Eigenverwaltung aus den §§ 270 ff. InsO und des Treuhänders im vereinfachten Insolvenzverfahren nach den §§ 311 ff. InsO nicht geregelt ist, soll dabei offensichtlich ein redaktionelles Versehen des Gesetzgebers sein, da Sachwalter in diesem besonderen Verfahren die Stelle des Insolvenzverwalters einnehmen (MüKo-InsO/*Ehricke* § 74 Rn. 28).

Die Vorschrift wurde auf Veranlassung des Rechtsausschusses um eine Klarstellung ergänzt, wonach auch die **Mitglieder des Gläubigerausschusses** teilnahmeberechtigt sind (Ausschussbericht, abgedruckt in *Balz/Landfermann* S. 288). Begründet wurde dies mit dem Interesse der Rechtssicherheit und den besonderen Aufgaben aus § 69 InsO. Ihre Teilnahme an der Gläubigerversammlung liegt im wohlverstandenen Interesse aller am Verfahren Beteiligten. Zu Mitgliedern des Gläubigerausschusses können außerdem nach § 67 Abs. 3 InsO auch Personen bestellt werden, die keine Gläubiger sind. Diese müssen notwendigerweise teilnehmen können und haben dann allerdings kein Stimmrecht (Ausschussbericht, ebd.). 12

Für das Recht zur Teilnahme am frühen ersten Berichtstermin ist die Glaubhaftmachung der Forderung nicht erforderlich (a.A. *AG Aurich* ZInsO 2006, 782 ff. m. abl. Anm. *Hanken*, der für die Teilnahmeberechtigung auf den Ausweis im Gläubigerverzeichnis gem. § 152 InsO verweist; s.a. Anm. *Herzig* EWiR 2006, § 74 InsO 1/06, 689 f.). Eine Glaubhaftmachung ist nur in den gesetzlich vorgesehenen Fällen und als erleichterte Form der Nachweisführung nur dann erforderlich, wenn es sich um eine beweisbedürftige Tatsache handelt. Die InsO sieht eine Glaubhaftmachung für die Teilnahme an der Gläubigerversammlung nicht vor. Als Mindestanforderung für die Anmeldung einer Forderung zur Insolvenztabelle verlangt das Gesetz lediglich die Angabe von Grund und Betrag der Forderung (vgl. § 174 Abs. 2 InsO). Für die Teilnahme am frühen ersten Berichtstermin können daher keine höheren Anforderungen gestellt werden. Insofern ist es erforderlich, aber auch ausreichend, dass der Gläubiger die für die Aufnahme der Forderung in die Tabelle erforderlichen Angaben macht. 13

Bei Gläubigern, deren Forderung bestritten wird, bietet sich die entsprechende Anwendung des § 77 Abs. 2 InsO an. Sie sind teilnahmeberechtigt, wenn sich die erschienenen stimmberechtigten Gläubiger und der Insolvenzverwalter entsprechend geeinigt haben oder das Insolvenzgericht die Gläubiger in Ermangelung der erwähnten Einigung zur Teilnahme an der Versammlung zulässt (*Nerlich/Römermann-Delhaes* InsO, § 74 Rn. 12). 14

Ersichtlich hat der Gesetzgeber von der **Zulassung der Öffentlichkeit** abgesehen, da vielfach Punkte erörtert werden, an denen ein Geheimhaltungsinteresse besteht, z.B. Vermögensverhältnisse des Schuldners und anderer Beteiligter, Patente, Betriebsgeheimnisse (*Huntemann/Graf Brockdorff/Buck* Der Gläubiger im Insolvenzverfahren, S. 240 ff., 259 Rn. 57). Diesen Bedenken kann aber auch schon durch das Berichtsverhalten eines verantwortlichen Insolvenzverwalters in adäquater Weise Rechnung getragen werden. 15

Anderen Personen (etwa Rechtsreferendaren, Rechtspflegeranwärtern, Vertretern von Standesorganisationen, Pressevertretern) kann das Gericht als Leiter der Versammlung (§ 76 Abs. 1 InsO) gem. § 175 Abs. 2 GVG den Zutritt gestatten; Ton-, Lichtbild- und Filmaufnahmen sind nach § 169 Satz 2 GVG unzulässig (HK-InsO/*Riedel* InsO, § 74 Rn. 11 ff.; *Huntemann/Graf Brockdorff/Buck* Der Gläubiger im Insolvenzverfahren, S. 260 Rn. 60; vgl. auch BVerfG 24.01.2001 – 1 BvR 2623/95 u. 1 BvR 622/99, JZ 2001, 704 ff.; m. zust. Beitrag von *Stürner* JZ 2001, 699 f.). In öffentlichkeitswirksamen Verfahren ist zu berücksichtigen, dass sich eine Ungleichbehandlung der Pressemedien dadurch ergeben kann, wenn lokalen Pressevertretern qua Insolvenzgläubigerstellung die Teilnahme möglich ist, die überregionale Presse aber ausgeschlossen wird. Dies sollte bei entsprechenden Zulassungsentscheidungen des Insolvenzgerichts ins Kalkül gezogen werden (s. dazu sehr ausführlich und abgewogen MüKo-InsO/*Ehricke* § 76 Rn. 5). 16

D. Rechtsmittel

17 Entscheidungen des Insolvenzrichters nach § 74 InsO über die Einberufung oder auch Vertagung einer Gläubigerversammlung können mit der sofortigen Beschwerde nicht angefochten werden (*LG Göttingen* ZIP 2000, 1945 f.; *Nerlich/Römermann-Delhaes* InsO, § 74 Rn. 15). Dagegen kann der Antragsteller gegen eine ablehnende Entscheidung des Insolvenzgerichts über die Einberufung nach § 75 Abs. 3 InsO sofortige Beschwerde einlegen. Eine eingelegte sofortige Beschwerde ist wegen § 6 Abs. 1 InsO unzulässig, da danach nur Entscheidungen des Insolvenzgerichts einem Rechtsmittel unterliegen, in denen die Insolvenzordnung die sofortige Beschwerde vorsieht. Eine Beschwerdemöglichkeit ergibt sich auch nicht über die über § 4 InsO anwendbaren Vorschriften der ZPO, da gem. § 227 Abs. 2 ZPO die Entscheidung des Gerichts, eine Verhandlung zu vertagen, nicht anfechtbar ist (*LG Göttingen* ZIP 2000, 1946; keine Beschwerdemöglichkeit auch bei Ablehnung des Vertagungsantrages, *BGH* ZIP 2006, 1065 f.). Gegen eine Entscheidung des Rechtspflegers ist mangels ausdrücklicher gesetzlicher Regelung eines Rechtsmittels die befristete Erinnerung nach § 11 Abs. 2 Satz 1 RPflG statthaftes Rechtsmittel, § 6 Abs. 1 InsO (*Bassenge* FGG, § 18 Rn. 14 ff., 18; § 11 Abs. 2 RPflG geändert durch das Gesetz vom 13.07.2013, BGBl. I 2013, S. 2379).

18 Lässt das Insolvenzgericht Dritte trotz Widerspruchs von Teilnahmeberechtigten zu der Versammlung zu, kann gegen eine Entscheidung des Rechtspflegers Erinnerung nach § 11 Abs. 2 RPflG eingelegt werden. Trifft ein Richter dieselbe Entscheidung, eröffnet das Gesetz hiergegen kein Rechtsmittel; der Beschluss ist unanfechtbar.

E. Sonderfall der Anleihegläubigerversammlung

19 Gläubiger von **Schuldverschreibungen auf den Inhaber** (§§ 793 ff. BGB) haben in dem Schuldverschreibungsgesetz (SchVG) untereinander eine Mindestorganisation erfahren und eine gemeinsame Interessenvertretung nach außen erhalten (näher: *Hopt* FS Ernst Steindorff zum 70. Geburtstag, S. 341 ff.; MüKo-InsO/*Ehricke* § 74 Rn. 32).

20 Um eine gemeinsame Repräsentation dieser Gläubigergruppe zu sichern (vgl. § 1 Abs. 2 SchVG), hat das Insolvenzgericht, sofern über die Bestellung eines Vertreters nicht schon beschlossen worden ist, zu diesem Zweck eine Versammlung der Schuldverschreibungsgläubiger einzuberufen. Dies hat ausdrücklich unmittelbar nach Eröffnung des Insolvenzverfahrens zu erfolgen, § 18 Abs. 3 SchVG (vgl. *Hess* InsO, § 74 Rn. 24 ff.; zum weiteren Ablauf dieses Sonderfalls *Huntemann/Graf Brockdorff/Buck* Der Gläubiger im Insolvenzverfahren, S. 284 Rn. 139).

§ 75 Antrag auf Einberufung

(1) Die Gläubigerversammlung ist einzuberufen, wenn dies beantragt wird:
1. vom Insolvenzverwalter;
2. vom Gläubigerausschuss;
3. von mindestens fünf absonderungsberechtigten Gläubigern oder nicht nachrangigen Insolvenzgläubigern, deren Absonderungsrechte und Forderungen nach der Schätzung des Insolvenzgerichts zusammen ein Fünftel der Summe erreichen, die sich aus dem Wert aller Absonderungsrechte und den Forderungsbeträgen aller nicht nachrangigen Insolvenzgläubiger ergibt;
4. von einem oder mehreren absonderungsberechtigten Gläubigern oder nicht nachrangigen Insolvenzgläubigern, deren Absonderungsrechte und Forderungen nach der Schätzung des Gerichts zwei Fünftel der in Nummer 3 bezeichneten Summe erreichen.

(2) Der Zeitraum zwischen dem Eingang des Antrags und dem Termin der Gläubigerversammlung soll höchstens drei Wochen betragen.

(3) Wird die Einberufung abgelehnt, so steht dem Antragsteller die sofortige Beschwerde zu.

§ 75 InsO Antrag auf Einberufung

Übersicht

	Rdn.			Rdn.
A.	Normzweck	1	D. Die Antragstellung	8
B.	Die Antragsberechtigung	2	E. Die Beschlussfassung	10
C.	Praktische Probleme bei der Bewertung von Forderungen	5	F. Rechtsmittel	14

Literatur:
Gundlach/Frenzel/Schmidt Der Antrag eines Gläubigers auf Einberufung einer Gläubigerversammlung – zugleich eine Anmerkung zu OLG Celle, Beschl. v. 25.03.2002 (ZInsO 2002, 373), ZInsO 2002, 1128 ff.; *Jahn/Gundlach/Frenzel* Blick ins Insolvenzrecht, DStR 2010, 2641 (Nr. 5.); *Kayser/Heck* Die Gläubigerversammlung nach Anzeige der Masseunzulänglichkeit, NZI 2005, 65 ff.; *Kirchhof* Die Rechtsprechung des BGH zum Insolvenzrecht – Teil 1, WM Sonderbeil. Nr. 3/2013, S. 1 ff, 28; *Preß* Einberufung der Gläubigerversammlung bei Antrag auf Unterhaltsgewährung, ZInsO 2002, 1096; *Smid* Struktur und systematischer Gehalt des deutschen Insolvenzrechts in der Judikatur des IX. Zivilsenats des BGH, DZWIR 2007, 45; *Wedekind* Untätigkeit des Gerichts nach Ende der Laufzeit der Abtretungsbefugnis – Beschwerdebefugnis des Schuldners, NZI 2010, 577.

A. Normzweck

Nach § 75 InsO können der Insolvenzverwalter oder Gläubigerminderheiten – bei Vorliegen eines Quorums nach Köpfen und Summen – eine **Gläubigerversammlung erzwingen**. Die Vorschrift ist eine Ergänzung von § 74 InsO und mit diesem zusammen anzuwenden. Sie eröffnet Gläubigern bei Erreichen der Quoren des § 75 Abs. 1 Nrn. 3 oder 4 InsO erhebliche Handlungsspielräume. Die Quoren sollen dem wirtschaftlichen Interesse der Gläubiger am Ausgang des Verfahrens Rechnung tragen (Ausschussbericht, abgedruckt in *Balz/Landfermann* S. 290; *BGH* ZInsO 2004, 1312 [1313]; *BGH* NZI 2011, 284 f. m. Anm. *Herzig* FD-InsR 2011, 31691; ZInsO 2007, 271; HambK-InsO/*Preß* § 75 Rn. 1 ff.). Die Einberufung einer Gläubigerversammlung stellt die Möglichkeit der Einflussnahme auf den Verfahrensablauf dar. Der Gesetzgeber verlangt daher ein **besonderes wirtschaftliches Interesse**, in dem er zur Voraussetzung für die Antragstellung macht, dass ein bedeutender Teil der im Verfahren geltend gemachten Vermögensrechte repräsentiert wird (MüKo-InsO/*Ehricke* § 75 Rn. 1). 1

B. Die Antragsberechtigung

Antragsberechtigt ist neben dem Insolvenzverwalter der **Gläubigerausschuss**, sofern ein solcher bestellt ist. Ein Antrag des Gläubigerausschusses setzt einen Beschluss nach § 72 InsO voraus. Ob der Beschluss unwirksam ist, prüft das Gericht inzident im Rahmen seiner Entscheidung über den Antrag auf Einberufung der Gläubigerversammlung (HK-InsO/*Riedel* InsO, § 75 Rn. 3 ff.; *LG Stendal* ZInsO 2012, 2208 ff.). Auch ein wirksam bestellter **Sonderinsolvenzverwalter** ist antragsberechtigt (MüKo-InsO/*Ehricke* § 75 Rn. 6). Der Verwalter ist jedoch nicht befugt, die Einberufung einer Gläubigerversammlung zu beantragen, in welcher über die Abberufung eines Sonderinsolvenzverwalters und die Aufhebung der Sonderverwaltung beschlossen werden soll (*BGH* NZI 2015, 651). Für den Fall der Unterhaltsgewährung nach § 100 InsO soll auch der Schuldner über den Wortlaut des § 75 Abs. 1 InsO hinaus antragsberechtigt sein (*LG Schwerin* ZInsO 2002, 1096 f.). Der einzelne Gläubiger kann nach gefestigter Rechtsprechung des IX. Senats weder Aufsichtsmaßnahmen des Insolvenzgerichts noch die Bestellung eines Sonderinsolvenzverwalters erzwingen (*BGH* ZIP 2009, 529 m.w.N.; *Gundlach/Frenzel/Jahn* DStR 2010, 2641). Auch dem Schuldner selbst steht kein Antragsrecht zu, für ihn scheidet auch eine Beschwerdebefugnis gem. § 75 Abs. 3 InsO aus (*BGH* NZI 2010, 577 [578]; Uhlenbruck/*Knof* InsO, § 75 Rn. 3 m.w.N.). 2

Zur Antragstellung sind daneben **Gläubigergruppen** aus mindestens fünf absonderungsberechtigten und/oder nicht nachrangigen Insolvenzgläubigern befugt, sofern deren Absonderungsrechte und Forderungen mindestens ein Fünftel sämtlicher geltend gemachter Absonderungsrechte und nicht nachrangiger (vgl. § 39 InsO) Insolvenzforderungen betragen. Der Gesetzeswortlaut ist unpräzise. Gemeint ist, deren Absonderungsrechte oder Insolvenzforderungen entweder einzeln oder, machen sie zusammen das Antragsrecht geltend, **zusammen das Quorum erreichen** (vgl. Ausschussbericht, 3

§ 75 InsO Antrag auf Einberufung

abgedruckt in *Balz/Landfermann* S. 290; *BGH* Beschl. v. 16.12.2010 – IX ZB 238/09). Da die genaue Wertermittlung zu zeit- und arbeitsaufwendig wäre, kann das Insolvenzgericht diese Werte schätzen (*BGH* ZInsO 2009, 1532). Die Maßstäbe zur Schätzung des Insolvenzgerichts im Rahmen von § 75 Abs. 1 Nr. 4 lassen sich nicht allgemeingültig bestimmen. Bei einer Schätzung nach den zu § 287 ZPO entwickelten Grundsätzen sind die dem Gericht vorliegenden Unterlagen (Forderungsanmeldungen, Gläubigerverzeichnis u.a.) zu berücksichtigen. § 75 Abs. 1 Nr. 3 InsO ist auch Genüge getan, wenn dem Gericht mindestens fünf Einzelanträge vorliegen, die aber die Margen dieser Norm erreichen. Es kommt auf den Gesamtbetrag aller ordnungsgemäß angemeldeten Forderungen zur Berechnung der Quoren an. Möglich sind daher Einzel- und Gesamtanträge sowie Mischformen. Auch die Kombination der Antragsberechtigung absonderungsberechtigter Gläubiger und nicht nachrangiger Gläubiger ist zulässig und möglich. Die bloße Glaubhaftmachung einer Forderung soll aber nicht genügen (MüKo-InsO/*Ehricke* § 75 Rn. 7 ff.; HambK-InsO/*Preß* § 75 Rn. 10).

4 Letztlich können auch weniger als fünf absonderungsberechtigte Gläubiger oder nicht nachrangige Insolvenzgläubiger die Einberufung der Versammlung erzwingen, sofern sie wenigstens 40 % des Wertes aller Absonderungsrechte und nicht nachrangiger Insolvenzforderungen repräsentieren. Auch insoweit sind die in Rdn. 3 geschilderten Kombinationsmöglichkeiten zulässig. Man könnte auch von einer »**Großgläubigerregelung**« sprechen (MüKo-InsO/*Ehricke* § 75 Rn. 9). Der Rechtsausschuss wollte damit dem besonderen wirtschaftlichen Interesse dieser Gläubiger am Ausgang des Verfahrens Rechnung tragen (Ausschussbericht, abgedruckt in *Balz/Landfermann* S. 290). Bzgl. der Werte ist das Insolvenzgericht wieder zur Schätzung berechtigt, wobei es über § 4 InsO nach § 287 Abs. 2 ZPO vorzugehen hat.

C. Praktische Probleme bei der Bewertung von Forderungen

5 Der Wert des Absonderungsrechtes ist mit dem Betrag anzusetzen, der dem Gläubiger nach Verwertung der Sicherheit zufließen wird. Er ist notfalls vom Gericht zu schätzen (Begr. zu § 87 RegE [jetzt § 76], abgedruckt in *Balz/Landfermann* S. 291).

6 Nicht berücksichtigt wird die **Ausfallforderung** allerdings bei Absonderungsberechtigten, denen der Schuldner nicht persönlich haftet, also beispielsweise bei einem Hypothekengläubiger, dessen persönliche Forderung sich gegen die Ehefrau des Schuldners richtet (Begr. zu § 87 RegE, ebd.).

7 **Bestrittene Forderungen**, die aber ordnungsgemäß angemeldet sind, werden mitgerechnet (so jetzt auch *BGH* NZI 2005, 31 f. = ZIP 2004, 2339 ff. = ZInsO 2004, 1312 f., m. zust. Anm. *Smid* DZWIR 2005, 89 ff. [97] und m. zust. Anm. *Gundlach/Schirrmeister* EWiR 2005, § 75 InsO 1/05, S. 359 f.; HK-InsO/*Riedel* InsO, § 75 Rn. 5). Der BGH hat offen gelassen, ob auch dem Insolvenzgläubiger, der nach Ablauf der Anmeldefrist keine Forderungen angemeldet hat, ein Antragsrecht zusteht (*BGH* NZI 2005, 31 f.). Ob dies in solcher Allgemeinheit gilt, ist zweifelhaft weil Missbrauchsmöglichkeiten bestehen. Der BGH hat diese Frage in seiner Entscheidung mit dem Hinweis offen gelassen, dass eine abstrakte Missbrauchsmöglichkeit jedenfalls nicht ausreicht, das Antragsrecht zu versagen (*BGH* NZI 2005, 31 f.). Eine bloße Glaubhaftmachung der Forderung des Gläubigers gegenüber dem Insolvenzgericht im Rahmen der Antragstellung wird nicht für ausreichend gehalten (MüKo-InsO/*Ehricke* § 75 Rn. 10).

D. Die Antragstellung

8 Die Antragstellung kann mit formlosem Schreiben oder zu Protokoll der Geschäftsstelle des Insolvenzgerichts geschehen, muss allerdings auf die Einberufung einer Gläubigerversammlung gerichtet sein (MüKo-InsO/*Ehricke* § 75 Rn. 2).

9 Eine Pflicht, den Antrag zu begründen, sieht das Gesetz nicht vor. Allerdings müssen im Antrag einerseits **alle notwendigen Angaben zur Antragsberechtigung** und andererseits Angaben dazu enthalten sein, **zu welchem Zweck** die Gläubigerversammlung einberufen werden soll. Letzteres, um dem Insolvenzgericht zu ermöglichen, die erforderlichen Angaben zur Tagesordnung bei der öffentlichen Bekanntmachung mit aufzunehmen. Nur so kann eine ordnungsgemäße Einberufung nach § 74

Abs. 2 Satz 1 InsO sichergestellt werden (vgl. MüKo-InsO/*Ehricke* § 75 Rn. 3). Dabei sollte das Gericht zweckmäßigerweise nach § 4 InsO i.V.m. § 139 ZPO auf eine Nachbesserung von nicht hinreichenden Anträgen hinwirken (i.d.S. *OLG Celle* NZI 2002, 314 f. [315]; MüKo-InsO/*Ehricke* § 75 Rn. 5). Ein einzelner Gläubiger ist nicht berechtigt, die Bestellung eines Sonderinsolvenzverwalters zu beantragen. Er muss nach § 75 Abs. 1 Nr. 3 und 4 InsO eine Gläubigerversammlung einberufen lassen, die dann über den Antrag auf Bestellung eines Sonderinsolvenzverwalters beschließt (*BGH* ZInsO 2009, 476).

E. Die Beschlussfassung

Das Insolvenzgericht ist zur Zurückweisung des Antrages nur befugt, wenn die Antragsberechtigung i.S.d. § 75 InsO nicht gegeben ist, nicht jedoch, wenn es lediglich die Notwendigkeit einer Gläubigerversammlung verneint bzw. eine solche für **unzweckmäßig** hält (i.d.S. ein gebundenes Ermessen bejahend *BGH* NZI 2005, 31 f. unter Hinweis auf *OLG Celle* NZI 2002, 314 f. [315]; MüKo-InsO/*Ehricke* § 75 Rn. 4; a.A. *Hess* § 75 InsO Rn. 3, 14 in der 2. Aufl.). Billigte man nämlich dem Gericht solche weitgehenden Befugnisse zu, so wäre es vielfach in der Lage, das Erzwingungsrecht der Gläubiger auszuhebeln. Der Gefahr sinnloser Anträge wird durch die Quoren in genügender Weise vorgebeugt, im Übrigen ist das Insolvenzverfahren das Verfahren der Gläubiger, nicht das des Gerichts. Zulässigerweise könnte man insoweit von einer »**Neutralitätspflicht des Insolvenzgerichts**« sprechen. Eine Überprüfung soll lediglich dahingehend zulässig sein, ob der Einberufungszweck gesetzeswidrig sei (MüKo-InsO/*Ehricke* § 75 Rn. 4 m.w.N., der Verfasser spricht von einer »Neutralitätspflicht« des Gerichts.). 10

Der BGH hat klargestellt, dass – soweit ein **schriftliches Verfahren** angeordnet wurde – auf Antrag eines Gläubigers das Insolvenzgericht die Wahl eines neuen Insolvenzverwalters auf schriftlichem Wege durchzuführen oder in das regelmäßige Verfahren überzugehen hat (*BGH* ZInsO 2013, 1307 m. Anm. *Herzig* FD-InsR 2013, 348027). Ein solcher Gläubigerantrag ist an kein Quorum gebunden, kann allerdings nicht als Antrag auf Einberufung einer Gläubigerversammlung ausgelegt werden; dies würde im Hinblick auf § 75 InsO eine unzulässige Verkürzung der Gläubigerrechte darstellen (Braun/*Herzig* § 75 Rn. 11). Den Verfahrensbeteiligten dürfen aufgrund einer Durchführung im schriftlichen Verfahren keine Nachteile entstehen. Die Wahl eines neuen Verwalters im schriftlichen Verfahren ist mit nicht unerheblichem Aufwand verbunden, so ist anzunehmen, dass das Insolvenzgericht dann ins regelmäßige Verfahren übergehen wird (*Dahl* VIA 2013, 77; *Herzig* FD-InsR 2013, 348027). 11

Funktionell zuständig für die Beschlussfassung über Anträge auf Einberufung einer Gläubigerversammlung ist, wie aus § 18 Abs. 1 RPflG folgt, der Rechtspfleger (Ausnahme: § 18 Abs. 2 RPflG). Dieser erlässt einen Beschluss, der im Hinblick auf die Beschwerdemöglichkeit zu begründen ist, sofern dem Antrag nicht stattgegeben wird. 12

Ist der Antrag erfolgreich, ist die Gläubigerversammlung nach Maßgabe des § 74 InsO einzuberufen, wobei zwischen Antrag und Termin der Versammlung nach § 75 Abs. 2 InsO nicht mehr als drei Wochen liegen sollen, um kurzfristige Entscheidungen der Gläubigerversammlung zu gewährleisten. Die Ausgestaltung als **Soll-Vorschrift** ermöglicht zwar auch längere Fristen, das Gesetz will aber unmissverständlich den Gläubigern eine rasche Möglichkeit der Versammlung geben. Sofern der Drei-Wochen-Zeitraum ohne nachhaltig zwingenden Grund überschritten wird, kommt für hieraus resultierende Schäden eine Staatshaftung für Amtspflichtverletzungen des Gerichtes gem. § 839 Abs. 1 BGB i.V.m. Art. 34 GG in Betracht (*Kübler/Prütting/Bork-Bork* InsO, § 75 Rn. 17). Die ursprünglich im Gesetzentwurf vorgesehene Frist von zwei Wochen wurde durch den Rechtsausschuss auf drei Wochen verlängert. Grund war die bekannte Praxis, entsprechende Beschlüsse in den Amtsblättern zu veröffentlichen, die wegen ihrer wöchentlichen Erscheinungsweise dazu geführt hätten, dass die teilnahmeinteressierten Beteiligten zu spät informiert worden wären (Ausschussbericht, abgedruckt in *Balz/Landfermann* S. 290). Daraus sieht man aber, dass im Grundsatz die schnellstmögliche Anberaumung »nobile officium« des Gerichts ist. 13

F. Rechtsmittel

14 Wird der Antrag abgelehnt, so ist nach § 75 Abs. 3 InsO die sofortige Beschwerde (§ 6 InsO) statthaft; **das Beschwerderecht folgt spiegelbildlich aus der Antragsbefugnis**; es kann also nur von dem Gläubigerausschuss als Ganzem oder von der gesamten Gläubigergruppe i.S.v. § 75 Abs. 1 Nrn. 3 bzw. 4 InsO gemeinsam, nicht aber von dem einzelnen Gläubiger ausgeübt werden (HK-InsO/*Riedel* § 75 Rn. 11 ff.; a.A. *Hess* § 75 InsO Rn. 15 in der 2. Aufl.), da diese mangels Antragsmöglichkeit durch die ablehnende Entscheidung nicht beschwert sind. Der *BGH* hat sich der Gegenauffassung angeschlossen und entschieden, dass einem Gläubiger gegen die Ablehnung seines Antrags auf Einberufung einer Gläubigerversammlung die sofortige Beschwerde auch dann zusteht, wenn die Ablehnung darauf gestützt worden ist, nach der Schätzung des Gerichts sei das Quorum nicht erreicht (NZI 2007, 723 f.). Der BGH begründet dies insbesondere damit, dass diese Vorschrift bezwecke, den Einfluss der Gläubiger auf den Ablauf des Verfahrens zu stärken. Die Argumente, die für das Initiativrecht nach § 75 Abs. 1 InsO streiten, haben – falls die Einberufung der Gläubigerversammlung abgelehnt worden ist – nach dem BGH auch für Bestehen und Umfang des Beschwerderechts nach § 75 Abs. 3 InsO Bedeutung (*BGH* NZI 2007, 723 f. Rn. 6 f.). Der BGH hat nun klargestellt, dass gegen eine ablehnende Entscheidung des Insolvenzgerichts zur Einberufung einer Gläubigerversammlung nur diejenigen Antragsteller beschwerdebefugt sind, die das Einberufungsquorum erfüllen (*BGH* NZI 2011, 284).

15 Eine sofortige Beschwerde ist nach der neuen Rechtslage auch mit der Begründung möglich, das Gericht sei bei der Schätzung der Werte von falschen Voraussetzungen ausgegangen (so nun auch *BGH* ZInsO 2007, 271; HK-InsO/*Riedel* InsO, § 75 Rn. 12; *Kübler/Prütting/Bork-Bork* InsO, § 75 Rn. 19 f.; HambK-InsO/*Preß* § 75 Rn. 14; a.A. MüKo-InsO/*Ehricke* § 75 Rn. 15). Eine analoge Anwendung des § 75 Abs. 3 InsO auf den Fall der Ablehnung einer Vertagung der Gläubigerversammlung scheidet aus (*BGH* ZIP 2006, 1065 f.; *OLG Köln* ZInsO 2001, 1112).

16 Gegen eine stattgebende Entscheidung des Rechtspflegers eröffnet § 11 Abs. 2 RPflG das Rechtsmittel der Erinnerung, das allen Verfahrensbeteiligten offen steht; stammt die Zulassung der Gläubigerversammlung vom Richter, ist sie unanfechtbar (*OLG Köln* ZInsO 2001, 1112 f.). *Ehricke* vertritt hierzu eine andere Auffassung. Er hält eine solche Rechtsschutzlücke nicht für tragbar. Eine mögliche Beschwer sieht er in einer etwa zu knappen Ansetzung der Gläubigerversammlung oder einer ganz erheblichen Überschreitung der in § 75 Abs. 2 InsO gesetzten Drei-Wochen-Frist. Er fordert daher eine **teleologische Extension** des § 75 Abs. 3 InsO auch für diesen Fall (MüKo-InsO/*Ehricke* § 75 Rn. 14).

§ 76 Beschlüsse der Gläubigerversammlung

(1) Die Gläubigerversammlung wird vom Insolvenzgericht geleitet.

(2) Ein Beschluss der Gläubigerversammlung kommt zustande, wenn die Summe der Forderungsbeträge der zustimmenden Gläubiger mehr als die Hälfte der Summe der Forderungsbeträge der abstimmenden Gläubiger beträgt; bei absonderungsberechtigten Gläubigern, denen der Schuldner nicht persönlich haftet, tritt der Wert des Absonderungsrechts an die Stelle des Forderungsbetrags.

Übersicht

		Rdn.			Rdn.
A.	Normzweck	1	D.	Abstimmungsmodalitäten	11
B.	Die Versammlungsleitung	3	E.	Rechtsmittel	16
C.	Die Beschlussfassung	7			

Literatur:
Ehricke Beschlüsse einer Gläubigerversammlung bei mangelnder Teilnahme der Gläubiger, NZI 2000, 57 ff.; *Fritz* Begründungspflicht für einen Antrag nach § 35 Abs. 2 S. 3 InsO, NZI 2011, 801; *Heukamp* Die gläubigerfreie Gläubigerversammlung, ZInsO 2007, 57 ff.; *Huntemann/Brockdorff/Buck* Der Gläubiger im Insolvenzverfahren, S. 240 ff.; *Schmerbach/Wegener* Insolvenzrechtsänderungsgesetz 2006, ZInsO 2006, 400.

A. Normzweck

Aus § 76 Abs. 1 InsO folgt, dass die **Leitung der Gläubigerversammlung** beim Insolvenzgericht liegt; Abs. 2 regelt die **Beschlussfassung**. Insoweit entspricht § 76 InsO dem § 94 KO. Eine Abstimmungsbefugnis haben auch die absonderungsberechtigten Gläubiger, dies soweit ihr Absonderungsrecht reicht (Begr. RegE, BT-Drucks. 12/2443, 133). Den dagegen geäußerten Bedenken hinsichtlich einer Majorisierung der übrigen Gläubiger ist entgegenzuhalten, dass ausreichenden Schutz und Ausgleich die Regelungen der §§ 67 Abs. 2 und 78 InsO bieten (MüKo-InsO/*Ehricke* § 76 Rn. 2 u. Rn. 9 f.; Uhlenbruck/*Knof* § 76 Rn. 1 f.).

In diesem Zusammenhang ist auf die Ergänzung des § 57 InsO zur Insolvenzverwalterwahl hinzuweisen. Danach wird für die Frage der Abwahl des bisherigen und Neuwahl eines anderen Insolvenzverwalters neben der Summenmehrheit auch eine Kopfmehrheit verlangt; dies vor dem Hintergrund der behaupteten Gefahr der Majorisierung von Gläubigerversammlungen durch Großgläubiger (s. *Jahntz* § 57 Rdn. 4; HambK-InsO/*Preß* § 75 Rn. 2 ff.). Stellt die Gläubigerversammlung aber keinen Abberufungsantrag, steht den **einzelnen Gläubigern** kein Rechtsmittel gegen die Entscheidung des Insolvenzgerichts zu, den Insolvenzverwalter bzw. den Treuhänder nicht abzuberufen (*BGH* NZI 2010, 980). Ein Antragsrecht des einzelnen Gläubigers ist in § 59 Abs. 1 S. 2 InsO nicht vorgesehen, ein solches »Begehren« eines einzelnen Gläubigers stellt nicht mehr als eine Anregung an das Insolvenzgericht dar, von Amts wegen tätig zu werden (*BGH* NZI 2009, 238 u. NZI 2010, 980). Ansonsten müsste der Gläubiger die Einberufung einer Gläubigerversammlung nach § 75 Abs. 1 Nr. 3 InsO beantragen und dann dort einen Beschluss nach § 59 Abs. 1 S. 2 InsO herbeiführen.

B. Die Versammlungsleitung

Um einen den gesetzlichen Erfordernissen entsprechenden Ablauf der Gläubigerversammlung zu gewährleisten hat das Insolvenzgericht, und zwar entweder der Richter (Ausnahme nach § 18 Abs. 2 RPflG) oder Rechtspfleger, diese zu leiten. Die hieraus resultierenden Pflichten sind über die Verweisung in § 4 InsO den Normen der ZPO, in erster Linie also § 136 ZPO, zu entnehmen. Nach § 88 Abs. 2 ZPO sind Vollmachten (mit Ausnahme von Anwaltsvollmachten) zu prüfen. Damit ist die Leitung der Gläubigerversammlung einer »**neutralen Stelle**«, nämlich dem Insolvenzgericht, übertragen. Es hat gewissermaßen eine **Schiedsrichterfunktion** (MüKo-InsO/*Ehricke* § 76 Rn. 3). Der Ablauf der Gläubigerversammlung ist dabei nicht geregelt und schafft Raum für die notwendige Flexibilität. Die Struktur der Versammlungsleitung wird daher über die gem. § 4 InsO entsprechend anwendbaren Regeln der ZPO geprägt. Äußerungsrechte und Befugnisse zum sachlichen Eingreifen des Insolvenzgerichts ergeben sich unter dem Gesichtspunkt der notwendigen Wahrung eines fairen und ordnungsgemäßen Ablaufs der Gläubigerversammlung. Den Standard sollen dabei die §§ 139, 238 Abs. 3 ZPO vorgeben (*Frege/Keller/Riedel* InsR, Rn. 74 und 1284; MüKo-InsO/*Ehricke* § 76 Rn. 9 f.).

Darüber hinaus umfasst die Leitung auch, dass ein **Protokoll** über die Versammlung aufgenommen wird, für das die §§ 159 ff. ZPO gelten (*Huntemann/Graf Brockdorff/Buck* Der Gläubiger im Insolvenzverfahren, S. 240 ff., 258 Rn. 54; *LG Saarbrücken* ZInsO 2007, 824 ff.).

Letztlich beinhaltet die Versammlungsleitung auch die **Sitzungspolizei** nach §§ 175 ff. GVG, wobei der Rechtspfleger wegen § 4 Abs. 2 RPflG keine Ordnungshaft verhängen kann.

Ebenso wie eine Gläubigerversammlung nicht ohne Einberufung durch das Insolvenzgericht zustande kommen kann (vgl. *Schmitt* § 74 Rdn. 4 f.), kann sie ohne Leitung des Insolvenzgerichtes nicht tätig werden. Fehlt es also an dieser Leitung, sind gleichwohl gefasste Beschlüsse nichtig (*Kübler/Prütting/Bork* InsO, § 76 Rn. 7).

C. Die Beschlussfassung

Eine Beschlussfassung kann nur vorgenommen werden, wenn die Gläubigerversammlung **beschlussfähig** ist. Dies ist der Fall bei Anwesenheit wenigstens eines stimmberechtigten Gläubigers, wobei die

§ 76 InsO Beschlüsse der Gläubigerversammlung

Stimmberechtigung aus § 77 InsO folgt. Voraussetzung ist auch ein **Teilnahmewille** der Gläubiger (vgl. näher dazu MüKo-InsO/*Ehricke* § 76 Rn. 14–16). Soweit in den Fällen, in denen lediglich ein Gläubiger mit Teilnahmewillen anwesend ist, angemerkt wird, dass die Gefahr der Verfolgung verfahrensfremder Ziele und von Interessenkonflikten bestünde, ist dem entgegenzuhalten, dass dem nur durch die mögliche Teilnahme an der Gläubigerversammlung begegnet werden kann. Eine Wirksamkeit der durch den anwesenden einzigen Gläubiger gefassten Beschlüsse stehe dies nicht entgegen (MüKo-InsO/*Ehricke* § 76 Rn. 15 f.). Die anwesenden Gläubiger entscheiden dann mit Bindungswirkung für alle (*Ehricke* NZI 2000, 57 ff. [62]; *Huntemann/Graf Brockdorff/Buck* Der Gläubiger im Insolvenzverfahren, S. 261 Rn. 62). Auch wenn nur ein Gläubiger zugegen ist, von dem der Antrag gestellt wurde, ist eine förmliche Abstimmung durchzuführen (*LG Köln* ZIP 1997, 2053 f. [2054]). Dies gilt auch dann, wenn im Verfahren nur ein einziger Gläubiger vorhanden ist (**a.A.** *OLG Rostock* NZI 2006, 357; *BGH* NZI 2007, 732 f. = ZInsO 2007, 938: betraf die Ermächtigung des Treuhänders durch den einzigen Gläubiger nach § 313 Abs. 2 InsO; *LG Köln* ZIP 1997, 2053 ff.).

8 Erscheint überhaupt **kein Gläubiger**, liegt darin ein Verzicht auf Zustimmungs- und Mitwirkungsrechte ohne Beschlusscharakter, so dass dementsprechende Maßnahmen des Insolvenzverwalters oder des Gerichtes ohne Beteiligung der Gläubigerversammlung wirksam werden oder bleiben (näher *Pape* Rpfleger 1993, 430 ff. [431 f.]; K. Schmidt/*Jungmann* InsO, § 76 Rn. 23). Eine Ersetzung der von der Gläubigerversammlung zu treffenden Entscheidungen durch das Gericht kommt hingegen nicht in Betracht (*Pape* Rpfleger 1993, 431; *Kübler/Prütting/Bork* InsO, § 76 Rn. 23; vgl. auch HambK-InsO/*Preß* § 76 Rn. 8; **a.A.** *LG Frankenthal* ZIP 1993, 378 = Rpfleger 1993, 366; K. Schmidt/*Jungmann* InsO, § 76 Rn. 26). Auf den potentiellen Verschuldensmaßstab des Insolvenzverwalters für von ihm der (abstimmungsunwilligen) Gläubigerversammlung unterbreitete Sachverhalte ist dies aber von wesentlicher Bedeutung. Bei Vorliegen der **Beschlussunfähigkeit mangels Teilnahme von Gläubigern** kann das Insolvenzgericht keine eigenen Beschlüsse fassen. In dem Fernbleiben der Gläubiger liege eine Willensäußerung. Auch bei den Beschlussgegenständen der §§ 160 bis 163 InsO sei ein Ersetzungsbefugnis aus systematischen Gründen der Kompetenzabgrenzung zu verneinen. Das Insolvenzgericht sei nicht wirtschaftlicher Sachwalter (MüKo-InsO/*Ehricke* § 76 Rn. 18 bis 20; *Jaeger/Henckel-Gerhardt* § 76 Rn. 6; *Nerlich/Römermann-Delhaes* § 76 Rn. 3). Das Gericht ist auch nicht verpflichtet, die Gläubigerversammlung zu vertagen oder gem. §§ 74, 75 InsO eine neue Gläubigerversammlung einzuberufen (Uhlenbruck/*Knof* InsO, § 76 Rn. 22, 23; HambK-InsO/*Preß* § 76 Rn. 8).

9 Der durch das Gesetz zur Vereinfachung von Insolvenzverfahren vom 13.04.2007 (BGBl. I S. 509) neu aufgenommene § 160 Abs. 1 Satz 3 InsO sieht nunmehr eine **Zustimmungsfiktion** bei der Beschlussfähigkeit der Gläubigerversammlung vor (*Heukamp* ZInsO 2007, 57 [61 f.]; *Schmerbach/Wegener* ZInsO 2006, 400 [408]; siehe hierzu auch nähere Erläuterungen bei *Wegener* § 160).

10 Die Gläubigerversammlung ist mündliche Verhandlung i.S.d. ZPO. Abstimmen kann dort nur, wer anwesend oder wirksam vertreten ist. Nach zustimmender Auffassung verstößt eine gleichzeitige anwaltliche Vertretung von Drittschuldnern, Schuldnern und Insolvenzgläubigern in der Gläubigerversammlung gegen das Verbot der Vertretung widerstreitender Interessen (vgl. § 43a Abs. 4 BRAO). Eine derart erteilte Stimmrechtsvollmacht für den Anwalt ist nach §§ 134, 139 BGB unwirksam (*BGH* NZI 2009, 106 f., m. Anm. *Herzig* Beck FD-InsR 2008, 272626 u. *Keller* EWiR 4/2009, 117 f.; *AG Duisburg* NZI 2007, 729 ff. betraf die Wahl eines anderen Insolvenzverwalters, wobei der Insolvenzrichter sich bei Verfahrenseröffnung die Entscheidung über die Bestellung des von der Gläubigerversammlung gewählten Insolvenzverwalters vorbehalten hatte; vgl. § 18 Abs. 2 RPflG. **Nur ausnahmsweise** sind **schriftliche** Abstimmungen in den §§ 242, 312 Abs. 2 InsO zugelassen (*Huntemann/Graf Brockdorff/Buck* Der Gläubiger im Insolvenzverfahren, S. 262 Rn. 69; *Nerlich/Römermann-Delhaes* InsO, § 76 Rn. 4; K. Schmidt/*Jungmann* InsO, § 76 Rn. 7; **a.A.** *Hess* InsO, § 76 Rn. 36 in der 2. Aufl.; offen gelassen *BGH* NZI 2013, 644 m. Anm. *Herzig* FD-InsR 2013, 348027). Wichtig ist, dass das Insolvenzgericht sicherstellt, dass an der Gläubigerver-

sammlung auch alle Gläubiger unmittelbar teilnehmen können (ausführlich auch zu den möglichen Rechtsfolgen und Rechtsschutzmöglichkeiten MüKo-InsO/*Ehricke* § 76 Rn. 22 u. Rn 28 m.w.N.).

D. Abstimmungsmodalitäten

Maßgeblich für das Zustandekommen von Beschlüssen sind die **Forderungsbeträge**. Das Verfahren regelt § 77 InsO. Zunächst ist festzustellen, wie hoch die Gesamtforderungen aller anwesenden und stimmberechtigten Gläubiger sind. Sodann ist zu prüfen, ob die Forderungen der zustimmenden Gläubiger mehr als die Hälfte dieser Gesamtforderungen ausmachen. Ist dies der Fall, ist der Beschluss zustande gekommen (vgl. näher dazu und zum Streit um die Neuregelung MüKo-InsO/*Ehricke* § 76 Rn. 28 f. m.w.N.). Gläubiger bestrittener Forderungen sind stimmberechtigt, wenn entweder eine Einigung über das Stimmrecht erzielt wird oder das Insolvenzgericht das Stimmrecht durch Beschluss festgesetzt hat (vgl. § 77 Abs. 2 InsO). Gläubiger nachrangiger Insolvenzforderungen (vgl. § 77 Abs. 1 Satz 2 i.V.m. § 39 InsO) haben kein Stimmrecht (Uhlenbruck/*Knof* InsO, § 76 Rn. 20 m.w.N.). 11

Auch die **absonderungsberechtigten Gläubiger**, denen der Schuldner nicht persönlich haftet, sind in der Höhe des Absonderungsrechts abstimmungsberechtigt (HambK-InsO/*Preß* § 76 Rn. 11). Nach dem Willen des Gesetzgebers entspricht der Wert des Absonderungsrechts dem Betrag, der dem Gläubiger nach der Verwertung der Sicherheit zufließen wird (Begr. RegE, abgedruckt in *Balz/Landfermann* S. 291). Dabei handelt es sich um eine **Prognoseentscheidung**, da die Verwertung des Absonderungsrechts ja gerade noch bevorsteht und häufig noch nicht abschließend abzuschätzen ist, welche Beträge auf das Absonderungsrecht nach Abzug insbesondere auch der Verwertungskosten fließen werden. Dem absonderungsberechtigten Gläubiger ist daher anzuraten, dass er konkret fassbare Tatsachen für die Bewertung im Termin zur Gläubigerversammlung präsentieren kann. Dies deswegen, weil der Wert des Absonderungsrechtes vom Gericht notfalls zu schätzen ist (Begr. RegE, ebd.). Aus dem Gegenschluss zum 2. HS des Abs. 3 der Vorschrift ergibt sich, dass das Stimmrecht des absonderungsberechtigten Gläubigers nach der Höhe der Forderung zu bewerten ist, wenn der Schuldner dem Gläubiger persönlich haftet. In diesem Fall sind teilweise gesicherte Forderungen einheitlich zu betrachten. Gesicherte und ungesicherte Teilforderungen berechtigen in gleicher Weise zur Abstimmung (Ausschussbericht, abgedruckt in *Balz/Landfermann* S. 292). 12

Gesamtgläubiger einer Forderung haben nur eine einzige, einheitlich abzugebende Stimme (vgl. näher *Kübler/Prütting/Bork* InsO, § 76 Rn. 17). 13

Enthaltungen zählen nicht als Stimmabgabe (HK-InsO/*Riedel* § 76 Rn. 8; **a.A.** *Buck* in Huntemann/Graf Brockdorff/Buck, Der Gläubiger im Insolvenzverfahren, Kap. 10 Rn. 65). 14

Bei **summenmäßiger Stimmengleichheit** kommt ein Beschluss nicht zustande, der Antrag gilt dann als abgelehnt (HK-InsO/*Riedel* § 76 Rn. 11; K. Schmidt/*Jungmann* InsO, § 76 Rn. 9). 15

E. Rechtsmittel

Gegen **sitzungspolizeiliche Maßnahmen** steht nach § 181 Abs. 1 GVG die Beschwerde offen, die nach Abs. 2 keine aufschiebende Wirkung hat. 16

Beschlüsse der Gläubigerversammlung sind mangels einer entsprechenden Regelung nicht anfechtbar; es steht lediglich dem Insolvenzgericht eine Aufhebungsbefugnis nach Maßgabe des § 78 Abs. 1 InsO zu (*LG Göttingen* NZI 2000, 490; *AG Neubrandenburg* ZInsO 2000, 111 m. Anm. *Förster*; *OLG Saarbrücken* NZI 2000, 179 f.; *Pape* NJW 2001, 34). *Ehricke* spricht insoweit von der Möglichkeit, dass **mittelbar Rechtsmittel** im Wege des Antrags nach § 78 Abs. 1 InsO eingelegt werden könne. Gegen die Ablehnung eines solchen Antrages stünde dem Antragsteller nach § 78 Abs. 2 InsO die sofortige Beschwerde zur Verfügung, in deren Rahmen dann die Rechtmäßigkeit der Beschlussfassung und/oder ggf. einer Stimmrechtsversagung überprüft werden könne (MüKo-InsO/*Ehricke* § 76 Rn. 33 m.w.N.; *Buck* in Huntemann/Graf Brockdorff/Buck, Der Gläubiger im Insolvenzverfahren, Kap. 10 Rn. 99). Jedoch steht dem einzelnen Insolvenzgläubiger gegen die ablehnende Ent- 17 scheidung des Insolvenzgerichts, einen Sonderinsolvenzverwalter zu bestellen, ein Beschwerderecht nicht zu (*BGH* NZI 2016, 684; vgl. auch *BGH* NZI 2016, 831 = FD-InsR 2016, 381251 m. Anm. *Ries*).

18 **Unwirksame Beschlüsse** sind per se unbeachtlich (*Kirchhof* ZInsO 2007, 1196 ff., zugleich Anm. zu LG Saarbrücken ZIP 2008, 1031 ff.; die Unwirksamkeit ist bei gerichtlichen Entscheidungen inzident zu berücksichtigen; aus Gründen der Rechtssicherheit kann Feststellungsklage nach § 256 ZPO erhoben werden (*Kübler/Prütting/Bork* InsO, § 76 Rn. 24; *Nerlich/Römermann-Delhaes* InsO, § 76 Rn. 7). Einer gesonderten Aufhebungs- oder Feststellungsentscheidung bedarf es aber nicht (*BGH* NZI 2011, 713 f. m. Anm. *Pehl* FD-InsR 2011, 322285, das Insolvenzgericht hatte die Nichtigkeit festgestellt, diese Entscheidung unterliegt nicht der sofortigen Beschwerde des § 6 InsO; *BGH* NZI 2010, 648 f. m. Anm. *Herzig* FD-InsR 2011, 305746). Der BGH stellte klar, dass eine analoge Anwendung des § 78 InsO ausscheidet (*BGH* NZI 2011, 713 f.).

§ 77 Feststellung des Stimmrechts

(1) ¹Ein Stimmrecht gewähren die Forderungen, die angemeldet und weder vom Insolvenzverwalter noch von einem stimmberechtigten Gläubiger bestritten worden sind. ²Nachrangige Gläubiger sind nicht stimmberechtigt.

(2) ¹Die Gläubiger, deren Forderungen bestritten werden, sind stimmberechtigt, soweit sich in der Gläubigerversammlung der Verwalter und die erschienenen stimmberechtigten Gläubiger über das Stimmrecht geeinigt haben. ²Kommt es nicht zu einer Einigung, so entscheidet das Insolvenzgericht. ³Es kann seine Entscheidung auf den Antrag des Verwalters oder eines in der Gläubigerversammlung erschienenen Gläubigers ändern.

(3) Absatz 2 gilt entsprechend
1. für die Gläubiger aufschiebend bedingter Forderungen;
2. für die absonderungsberechtigten Gläubiger.

Übersicht

	Rdn.			Rdn.
A. Normzweck	1	C.	Die Stimmrechtsentscheidung bei bestrittenen Forderungen	7
B. Das Stimmrecht	3	D.	Rechtsmittel	22

Literatur:
Frind Auf »Null« gesetzt?, ZInsO 2011, 1726; *Grell* Stimmverbote im Insolvenzrecht, NZI 2006, 77 ff.; *Plathner/Sajogo* Das Stimmrecht in der Gläubigerversammlung, ZInsO 2011, 1090 ff.; *Smid* Verfahrensteilnahme und Stimmrecht fehlerhaft im Insolvenzverfahren vertretener Gläubiger, InVo 2007, 3 ff.; *Wenzel* Die streitige Stimmrechtsfestsetzung in der Gläubigerversammlung durch das Insolvenzgericht, ZInsO 2007, 751 ff.

A. Normzweck

1 Als Ergänzung des die Abstimmungsmodalitäten enthaltenden § 76 InsO, regelt § 77 InsO, welche Gläubiger ein Stimmrecht haben. Der Kerngedanke, dass das Stimmrecht aus angemeldeten und weder vom Insolvenzverwalter noch stimmberechtigten Gläubiger bestrittenen Forderungen folgt, findet sich bereits in § 95 KO. § 77 InsO könnte dabei als eine Konkretisierung von § 76 Abs. 2 InsO bezeichnet werden, in der geregelt wird, **wer** und **in welchem Umfang abstimmen darf**. Systematisch hätte daher § 77 InsO vor § 76 InsO im Gesetz stehen können (MüKo-InsO/*Ehricke* § 77 Rn. 1). Die Entscheidung über das Stimmrecht ist von der Teilnahmeberechtigung zu unterscheiden (Braun/Herzig InsO, § 74 Rn. 11 ff.). Aus letzterer folgt nicht automatisch die Stimmrechtsberechtigung (Braun/Herzig InsO, § 74 Rn. 11 f.). Eine Sonderregelung mit einer nur teilweisen Anwendbarkeit des § 77 InsO findet sich für den Insolvenzplan in § 237 Abs. 1 InsO. Erweiterungen gegenüber § 95 Abs. 1 Satz 1 KO ergeben sich einerseits dadurch, dass die absonderungsberechtigten Gläubiger Mitstimmen und andererseits, dass gem. § 77 Abs. 1 Satz 2 InsO für die nachrangigen

Gläubiger des § 39 InsO ausdrücklich kein Stimmrecht festgelegt wird, insbesondere, da den Forderungen der letztgenannten Gläubiger regelmäßig kein wirtschaftlicher Wert zukommt (MüKo-InsO/*Ehricke* § 77 Rn. 2).

Schließlich muss das Stimmrecht deswegen geregelt werden, weil Nichtgläubiger gem. § 67 Abs. 3 InsO zu Mitgliedern des Gläubigerausschusses gewählt werden können und an den Gläubigerversammlung teilnehmen können. Ebenso wenig hat der Insolvenzverwalter als Teilnahmeberechtigter ein Stimmrecht. 2

B. Das Stimmrecht

Im Zuge seiner **Sitzungsleitung** (§ 76 Abs. 1 InsO) hat das Insolvenzgericht zu Beginn der Gläubigerversammlung die Stimmrechte festzustellen und diese in dem Versammlungsprotokoll zu vermerken. 3

Nach § 77 Abs. 1 Satz 1 InsO stimmberechtigt sind Inhaber von Forderungen, die **angemeldet** und **weder** vom Insolvenzverwalter **noch** von einem anderen stimmberechtigten Gläubiger **bestritten** wurden. Das Bestreiten durch den Schuldner ist daher bedeutungslos. Die Anmeldung der Forderung kann auch in der Versammlung selbst geschehen (*Kübler/Prütting/Bork-Kübler* InsO, § 77 Rn. 31; *K. Schmidt/Jungmann* InsO, § 77 Rn. 2), was im Regelfall dazu führen wird, dass die anwesenden stimmberechtigten Gläubiger die Forderung vorsorglich bestreiten werden. Erfolgt kein Bestreiten, so gewährt die Forderung in der behaupteten Höhe ein Stimmrecht (*AG Hamburg* NZI 2000, 138 f. betraf den Fall, dass der Berichtstermin vor Ablauf der Forderungsanmeldefrist des § 28 InsO stattfand). Damit können auch noch **ungeprüfte Forderungen** von Gläubigern ein Stimmrecht gewähren. Diese Notwendigkeit ergibt sich daraus, dass der Berichtstermin nach § 29 Abs. 1 InsO i.d.R. vor dem Prüfungstermin liegt. Der Wortlaut der Vorschrift spricht dafür, dass eine ordnungsgemäße Anmeldung i.S.d. § 174 InsO vorliegen muss. Allerdings gebietet Sinn und Zweck der Vorschrift eine differenzierte Sichtweise. Dies insbesondere unter Berücksichtigung von § 28 Abs. 1 InsO. Endet die Anmeldefrist vor dem Termin zur ersten Gläubigerversammlung nach § 29 Abs. 1 Nr. 1 InsO, so setzt die Stimmberechtigung eine ordnungsgemäße Anmeldung der Forderung gem. § 174 InsO voraus. Findet der Berichtstermin vor Ablauf der Forderungsanmeldefrist des § 28 InsO statt, so ist ausreichend, wenn der Gläubiger seine Stimmberechtigung zu Beginn der mündlichen Verhandlung darlegt und im Bestreitensfalle die für die Aufnahme der Forderung in die Tabelle erforderlichen Angaben und Unterlagen vorlegt. Der Vertrauensschutzgedanke gebietet in diesem Fall, auch ungeprüften Forderungen, die im Termin zur Gläubigerversammlung angemeldet werden, ein Stimmrecht zu gewähren (MüKo-InsO/*Ehricke* § 77 Rn. 5 f. mit umfangreicher Begr. und w.N.). 4

Nicht stimmberechtigt sind nachrangige Insolvenzgläubiger, § 77 Abs. 1 Satz 2 InsO, Massegläubiger (deren Anspruch erst nach der Verfahrenseröffnung entsteht) und Aussonderungsberechtigte (*OLG Celle* NZI 2001, 317 f. = ZIP 2001, 658 f. m. Anm. *Beutler/Beutler* EWiR, § 7 InsO 4/01 S. 587 f. wonach auch ein Beschwerderecht mangels Darlegung einer Gesetzesverletzung verneint wurde), die nach § 47 InsO nicht zu den Insolvenzgläubigern zählen. Sie können mangels Stimmrecht auch nicht das Stimmrecht anderer Gläubiger durch Bestreiten der Forderung zu Fall bringen. 5

Gläubiger **aufschiebend bedingter Forderungen** und **absonderungsberechtigte** Gläubiger, deren Forderungen bestritten werden, sind über § 77 Abs. 3 InsO Gläubigern i.S.d. Abs. 2 gleichgestellt. 6

C. Die Stimmrechtsentscheidung bei bestrittenen Forderungen

Ist eine Forderung von einem stimmberechtigten Gläubiger bestritten worden, kann deren Inhaber dennoch an den Abstimmungen innerhalb der Gläubigerversammlung teilnehmen, wenn sich der Insolvenzverwalter und die anwesenden stimmberechtigten Gläubiger dahingehend einigen, dass er trotz des Bestreitens seiner Forderung (ggf. in einem abweichenden Umfang) stimmberechtigt sein soll. Der Grundsatz des § 77 Abs. 2 InsO gebietet daher den **Vorrang einer Einigung vor einer Entscheidung des Insolvenzgerichts** als Ausdruck der Gläubigerautonomie (*AG Duisburg* NZI 7

§ 77 InsO Feststellung des Stimmrechts

2003, 447; MüKo-InsO/*Ehricke* § 77 Rn. 7, 9 m.w.N.; *Wenzel* ZInsO 2007, 751 ff.; *Frind* ZInsO 2011, 1726). Gleiches gilt im Insolvenzplanverfahren – die Feststellung des Stimmrechts eines Gläubigers, dessen Forderung bestritten wird, hat gem. § 237 Abs. 1 InsO nach § 77 Abs. 2 InsO zu erfolgen. Der Gläubiger ist stimmberechtigt, soweit sich in der Gläubigerversammlung der Verwalter und die erschienenen stimmberechtigten Gläubiger über das Stimmrecht geeinigt haben. Kommt es nicht zu einer Einigung, entscheidet das Insolvenzgericht abschließend; in einem anschließenden Verfahren über die Bestätigung des Insolvenzplans werden die Feststellungen zum Stimmrecht nicht mehr geprüft (*BGH* ZIP 2011, 781; NZI 2009, 106). Auch die Regelung bei der Eigenverwaltung nach § 283 Abs. 1 Satz 2 InsO führe zu keinem anderen Ergebnis, da das Bestreiten des Schuldners in § 77 InsO nicht erwähnt sei und im Übrigen bei der Eigenverwaltung der Sachwalter die Rolle des Insolvenzverwalters einnehme (MüKo-InsO/*Ehricke* § 77 Rn. 7).

8 Wie aus dem Gesetzestext (»Einigung«) ersichtlich wird, dürfen keine Gegenstimmen bestehen. Ansonsten können Stimmenthaltungen an einem Abstimmungsausgang nichts ändern, da diese sich als »Nullum« weder positiv noch negativ auswirken (*Braun/Herzig* InsO, § 77 Rn. 8 f.).

9 Die **Einigung** erfolgt zwischen dem Insolvenzverwalter und **allen** stimmberechtigten, anwesenden Gläubigern; dies schließt den Inhaber der bestrittenen Forderung ein (zutr.: *AG Hamburg* ZInsO 2005, 1002 f., m. Anm. *Kind/Herzig* EWiR 2006, § 77 InsO, 175 unter Hinweis auf den Willen des Gesetzgebers zur Übernahme der Regelung des § 95 KO, nach dem eine Einigung des Forderungsanmelders und des der Forderung Widersprechenden nötig war; *Smid/Smid* InsO, § 77 Rn. 5). Dies wird auch aus der Gesetzesgeschichte deutlich. In der KO war eine Einigung des Anmeldenden und des Widersprechenden nötig (§ 95 Abs. 1 Satz 2 KO), was das Gesetz jetzt auf (alle) erschienenen Stimmberechtigten ausdehnt (so auch HK-InsO/*Riedel* § 77 Rn. 5). Der Insolvenzverwalter nimmt insoweit also eine Rolle als »**Mediator**« zur Entlastung des Insolvenzgerichts wahr (ähnlich MüKo-InsO/*Ehricke* § 77 Rn. 10).

10 Ein **ernsthafter Einigungsversuch** ist notwendige Voraussetzung für die gerichtliche Entscheidung nach § 77 Abs. 2 Satz 2 InsO. Der Einigungsversuch ist gem. § 4 InsO i.V.m. § 160 Nr. 1 ZPO zu protokollieren, um insbesondere bei einer Entscheidung des Rechtspflegers die Überprüfungsmöglichkeit im Rahmen des Rechtsschutzes zu gewährleisten (MüKo-InsO/*Ehricke* § 77 Rn. 11).

11 Da die Höhe der Forderung maßgeblich für die Stimmrechtsausübung ist, muss es den Abstimmungsberechtigten auch möglich sein, zu entscheiden, dass sie nicht mit dem von dem Inhaber behaupteten Wert, sondern nur zu einem Bruchteil desselben für die Stimmabgabe zu bewerten ist – mit der Folge, dass die Stimme des so zugelassenen Gläubigers ein geringeres Gewicht hat. Bezüglich der Differenz zu der vollen Forderung kann dann – wenn der Anmeldende darauf besteht – die Entscheidung des Insolvenzgerichtes beantragt werden (so auch MüKo-InsO/*Ehricke* § 77 Rn. 12).

12 Kommt eine Einigung nicht zustande, **hat** das Insolvenzgericht (in der Person des verfahrensleitenden Rechtspflegers – ausnahmsweise Richters, § 18 Abs. 2 RPflG) die Möglichkeit, dem Inhaber der bestrittenen Forderung das Stimmrecht zu gewähren, und zwar entsprechend dem soeben Ausgeführten im Umfange der vollen Forderungshöhe oder eines Teilbetrages (*Huntemann/Graf Brockdorff/Buck* Der Gläubiger im Insolvenzverfahren, S. 240 ff., 267 Rn. 86).

13 Die **Entscheidung** fällt das Gericht auf eine **kursorische Prüfung hin nach pflichtgemäßem Ermessen**, wobei es alle Faktoren die für und gegen das Bestehen der Forderung und deren Höhe sprechen, abwägen wird (*Kübler/Prütting/Bork-Kübler* InsO, § 77 Rn. 19). Der anmeldende Gläubiger hat die anspruchsbegründenden Tatsachen schlüssig vorzutragen (HK-InsO/*Riedel* § 77 Rn. 8). Der Forderungsinhaber ist somit gut beraten, alle Beweismittel bzgl. seiner Forderung in der Gläubigerversammlung präsent zu haben (*Smid* InVo 2007, 3 ff. [8]; *Pape* EWiR 1992, 1197). Kriterien für die Ausübung des pflichtgemäßen Ermessens sollen die allgemeinen Beweislastregeln, insbesondere die Substantiierungsregeln des § 138 Abs. 3 ZPO sein (MüKo-InsO/*Ehricke* § 77 Rn. 15), für bestrittene, titulierte Forderungen soll eine Umkehr der Beweislast gelten. Dies ergebe sich argumentativ aus § 179 Abs. 2 InsO (MüKo-InsO/*Ehricke* § 77 Rn. 16). Spricht eine hohe Wahrscheinlichkeit dafür, dass die Forderung nicht – oder nicht in der behaupteten Höhe – besteht, ist das Stimm-

recht ganz oder teilweise zu versagen (*LG Leipzig* ZIP 1998, 1038 f., m. Anm. *Pape* EWiR 1998, 783). Bestehen aufgrund eines ausgeglichenen Vortrages offene Zweifel, sollte das Stimmrecht gewährt werden, um eine möglichst breite Abstimmungsbasis in den Versammlungen zu sichern nach dem Motto »**in dubio pro creditore!**« (K. Schmidt/*Jungmann* InsO, § 77 Rn. 14; HK-InsO/*Riedel* § 77 Rn. 8 m.w.N.; nach *Wenzel* ZInsO 2007; 751 ff. soll der Grundsatz nur für die Feststellung eines Stimmrechts pro Kopf gelten).

In der Praxis finden **nur in Ausnahmefällen Stimmrechtsfeststellungen** in der Gläubigerversammlung statt (vgl. zu streitigen Stimmrechtsfeststellungen durch das Insolvenzgericht *Wenzel* ZInsO 2007, 751 ff.). In den Fällen, in denen eine Stimmrechtsfeststellung notwendig wird, zeichnen sich die zugrunde liegenden Auseinandersetzungen i.d.R. bereits im Vorfeld ab. Sinnvollerweise wird der Insolvenzverwalter, der dies erkennt, die Gläubiger zur Teilnahme an der Gläubigerversammlung motivieren oder entsprechende Vollmachten einholen. Das Leitungsrecht des Insolvenzgerichts ermächtigt dieses allerdings nicht dazu, auch sachlich in die Behandlung von Themen in der Gläubigerversammlung einzugreifen (*Nerlich/Römermann-Delhaes* InsO, § 76 Rn. 1 a.E., allerdings in Bezug darauf, dass das Insolvenzgericht bestimmte Beschlussfassungen empfiehlt). 14

Bei **aufschiebend bedingten Forderungen** ist bei der Stimmrechtsentscheidung insbesondere auf die Wahrscheinlichkeit des Bedingungseintrittes abzustellen (*Kübler/Prütting/Bork* InsO, § 77 Rn. 33; sehr ausführlich MüKo-InsO/*Ehricke* § 77 Rn. 40). 15

Die Entscheidung des Insolvenzgerichtes ergeht in der Form eines **Beschlusses**, der infolge seiner Abänderbarkeit dann, wenn er von dem Rechtspfleger stammt, **zu begründen** ist (*BVerfG* Beschl. v. 04.08.2004 – 1 BvR 698/03 [*AG München*]). 16

Die Erteilung des Stimmrechtes – sei es aufgrund Einigung oder durch Beschluss des Insolvenzgerichts – wirkt auch für die folgenden Gläubigerversammlungen (*Kübler/Prütting/Bork* InsO, § 77 Rn. 29; a.A. *Huntemann/Graf Brockdorff/Buck* Der Gläubiger im Insolvenzverfahren, S. 267 Rn. 87), soweit keine neue Feststellung begehrt wird. Insbesondere die im Wege der Verhandlung zuwege gekommene Einigung kann per Abänderungsantrag, bei veränderter Sachlage, angegriffen werden (HK-InsO/*Riedel* § 77 Rn. 11). Es genügt, wenn sich eine Gegenstimme erhebt, weil damit der für die Stimmrechtsgewährung erforderliche Konsens aufgehoben ist (HK-InsO/*Riedel* § 77 Rn. 11 nur einvernehmliche Abänderung möglich). Erfolgt ein solcher Widerruf der Einigung, so kann die Entscheidung des Gerichtes nach § 77 Abs. 2 Satz 2 InsO herbeigeführt werden. Zutreffend dürfte wohl sein hinsichtlich des sog. »**bleibenden Stimmrechtes**« zu differenzieren. Zu bejahen dürfte es wegen § 183 Abs. 1 InsO sein, wenn die Forderung geprüft ist. Bei ungeprüften Forderungen dürfte die Wirkung nur für die gegenwärtige Gläubigerversammlung gelten (MüKo-InsO/*Ehricke* § 77 Rn. 31 bis 33). 17

Das Insolvenzgericht kann seine Entscheidung nicht aus eigenem Antrieb ändern, sondern **nur auf Antrag** des Insolvenzverwalters oder eines in der Gläubigerversammlung erschienenen Gläubigers, der stimmberechtigt sein muss, da nach der Entscheidung des Gesetzgebers nur stimmberechtigte Gläubiger Einfluss auf Stimmrechtsentscheidungen haben sollen. 18

Wird die Stimmrechtsgewährung aus einem anderen Grunde obsolet, hat dies nur Wirkung für die Zukunft (*Kübler/Prütting/Bork* InsO, § 77 Rn. 30). 19

Die Zulassung des Stimmrechts hat keinerlei Auswirkung auf die **Frage des Bestehens der Forderung selbst** und ebenso keine Auswirkung auf das Ergebnis des Prüfungstermins (Begr. RegE, abgedruckt in *Balz/Landfermann* S. 293. *Nerlich/Römermann-Delhaes* InsO, § 77 Rn. 8 f.; K. Schmidt/*Jurgmann* InsO, § 77 Rn. 16; MüKo-InsO/*Ehricke* § 77 Rn. 34 m.w.N.). Die Wirkung einer Stimmrechtsfestsetzung bezieht sich nur auf das Stimmrecht in den Gläubigerversammlungen und auf die in § 256 InsO für den Fall der Bestätigung eines Insolvenzplans festgelegten Rechtsfolgen. Sie hat keine Auswirkungen auf Antrags- und Beschwerderechte des Gläubigers im Insolvenzverfahren (MüKo-InsO/*Ehricke* § 77 Rn. 34 m.w.N.). 20

21 Teilweise wird für eine analoge Anwendung des § 77 InsO auf die Fälle des **Stimmrechtsausschlusses** plädiert. Die »**Befangenheit**« sei durch Beschluss festzustellen und zu begründen. Der Ausschluss des Stimmrechts **für eine einzelne Abstimmung** sei ein Minus gegenüber der Entscheidung über das Stimmrecht für eine ganze Gläubigerversammlung. Die Interessenlage sei daher ähnlich (so zutreffend MüKo-InsO/*Ehricke* § 77 Rn. 35; generell »Stimmverbote« abl.: *Grell* NZI 2006, 77 ff.; diff. *Braun/Herzig* InsO, § 77 Rn. 20). **Einzelfälle** sind dabei das Verbot des In-Sich-Geschäfts und das Verbot Richter in eigener Sache zu sein (*AG Kaiserslautern* NZI 2006, 46 f.). Die Grenzen seien grds. weit zu ziehen, wobei in Zweifelsfragen auch § 138 InsO zu beachten sei (MüKo-InsO/*Ehricke* § 77 Rn. 36 ff.).

D. Rechtsmittel

22 Gegen die Stimmrechtsentscheidung besteht mangels gesetzlicher Regelung keine Beschwerdemöglichkeit, § 6 Abs. 1 InsO. Feststellungen zum Stimmrecht unterliegen daher auch nicht als unselbständige Zwischenentscheidungen (Vorfrage) der Nachprüfung von grundsätzlich beschwerdefähigen gerichtlichen Entscheidungen (so auch *BGH* ZInsO 2007, 271 f.; bestätigt durch *BGH* NZI 2009, 106 ff., m. Anm. *Herzig* FD-InsR 2008, 272626 u. *Keller* EWiR 4/2009, 117 f.). Die Rechtsauffassung des BGH hat das *BVerfG* mit Beschluss vom 26.11.2009 bestätigt (– 1 BvR 339/09, ZInsO 2010, 34). Die Beschränkung der Kontrolle der Stimmrechtsentscheidung des Rechtspflegers und die Auslegung und Anwendung der §§ 253, 6 InsO ist verfassungsgemäß. Der Gesetzgeber hat sich damit im Interesse einer zügigen Verfahrensabwicklung nur für eine begrenzte Überprüfung der Stimmrechtsentscheidung ausgesprochen. Dass die Abstimmungsberechtigung eine nicht isoliert überprüfbare Vorfrage der Stimmrechtsentscheidung ist, ist eine allein den Fachgerichten vorbehaltene Auslegung der Insolvenzordnung – so das *BVerfG* (NZI 2010, 57 ff.) deutlich. § 11 Abs. 3 Satz 3 RPflG versagt auch die Einlegung der Erinnerung gegen eine Entscheidung des Rechtspflegers. Dass eine durch den Rechtspfleger getroffene Stimmrechtsentscheidung gem. § 77 Abs. 2 Satz 2 InsO nur einer einmaligen gerichtlichen Kontrolle nach § 18 Abs. 3 Satz 2 RPflG unterzogen und diese richterliche Entscheidung nicht mehr angefochten werden kann, verletzt weder den aus Art. 2 Abs. 1 GG i.V.m. Art. 20 Abs. 3 GG abgeleiteten Anspruch auf Justizgewährung noch den effektiven Rechtsschutz nach Art. 14 Abs. 1 GG (*BVerfG* NZI 2010, 57 ff.; *Frind* ZInsO 2011, 1726).

23 Lediglich der Insolvenzverwalter und anwesende, stimmberechtigte Gläubiger können beantragen, dass das Gericht seine Entscheidung ändert. Kommt das Gericht dem Antrag nicht nach, bleibt der Beschluss bestehen (*Nerlich/Römermann-Delhaes* InsO, § 77 Rn. 12 unter Aufzählung unterschiedlicher Fallgestaltungen und ihrer Auswirkungen).

24 Hat jedoch der Rechtspfleger die Stimmrechtsentscheidung getroffen und hat sich diese **Entscheidung auf das Ergebnis einer Abstimmung ausgewirkt**, besteht nach § 18 Abs. 3 Satz 2 RPflG (ab 01.01.2013 neue geltende Fassung, s. BGBl. I 2011, S. 2589, 2591) die Möglichkeit eine Überprüfung durch den Insolvenzrichter herbeizuführen (nun klargestellt, *BGH* NZI 2009, 106 f.; *AG Mönchengladbach* ZIP 2001, 48 zur Frage der Beschwer und der Frage der Auswirkung einer Stimmrechtsentscheidung auf das Ergebnis einer Abstimmung, wenn mehrere Stimmrechtsentscheidungen getroffen wurden). Hierfür ist zunächst ein **Antrag** eines Gläubigers oder des Insolvenzverwalters **bis zum Ende der Gläubigerversammlung** zu stellen (*OLG Celle* ZIP 2001, 658 = NZI 2001, 317; *AG Göttingen* ZInsO 2009, 1821 f.); eine spätere Nachholung im schriftlichen Verfahren ist unzulässig. Es genügt, wenn der Antrag mündlich zu Protokoll gegeben wird.

25 Fraglich ist, ob im Falle einer Stimmrechtsversagung auch der **Inhaber der bestrittenen Forderung** (Gläubiger i.S.d. § 18 Abs. 2 RPflG) antragsberechtigt ist, wenn er dartun kann, dass seine Beteiligung an der Abstimmung zu einem anderen Ergebnis geführt hätte. Im Hinblick darauf, dass diesem andernfalls kein Weg zur Realisierung seines Stimmrechtes offen steht und die so gegebene faktische Vereitelung seines Mitwirkungsrechtes einen äußerst schweren Eingriff darstellt, ist die Antragsberechtigung zu bejahen, zumal der Ausschluss von Rechtsmitteln gegen Stimmrechtsentschei-

dungen auch verfassungsrechtlich problematisch ist (vgl. hierzu eingehend *Pape* ZIP 1991, 837 ff. [847 ff.]; *Smid* KTS 1993, 1 ff. [8 ff.]; MüKo-InsO/*Ehricke* § 77 Rn. 21).

Der Richter hat dann die Möglichkeit, die Stimmrechtsentscheidung zu ändern. Tut er dies, muss er auch die **Wiederholung der Abstimmung** anordnen, allerdings nicht, wenn bei Zugrundelegung der abgeänderten Stimmrechte die bei den Abstimmungen erzielten Mehrheiten – wenn auch in verändertem Umfang – bestehen bleiben (*AG Mönchengladbach* NZI 2001, 48). Gegen die Entscheidung des Richters gibt es mangels gesetzlicher Regelung kein Rechtsmittel. Dies hat bereits früher zu erheblicher Kritik geführt. Es besteht ein **Spannungsfeld zwischen Verfahrenseffizienz und Verfassungsrecht** (dies nun geklärt durch Beschl. des *BVerfG* NZI 2010, 57 ff., den BGH bestätigend, *BGH* NZI 2009, 106 ff.). Im Hinblick auf das vom Gesetzgeber gewollte Beschleunigungsinteresse und die Möglichkeit zu einer Selbstüberprüfung des Gerichts und Abänderungsentscheidung nach § 77 Abs. 2 Satz 3 InsO sei eine solche Rechtsschutzverkürzung hinnehmbar (MüKo-InsO/*Ehricke* § 77 Rn. 26 bis 30 mit sehr ausführlicher Abwägung; Ausschluss eines Rechtsmittels verstößt nicht gegen Garantie effektiven Rechtsschutzes, *BGH* Beschl. v. 05.04.2006 – IX ZB 49/05). 26

Da der Richter regelmäßig bei der Versammlung nicht anwesend sein wird, ist die Sitzung bis zu seiner Entscheidung zu unterbrechen oder zu vertagen (*Arnold/Meyer-Stolte/Herrmann/Hansens* RPflG, § 18 Rn. 34; s.a. MüKo-InsO/*Ehricke* § 77 Rn. 25). 27

§ 78 Aufhebung eines Beschlusses der Gläubigerversammlung

(1) Widerspricht ein Beschluss der Gläubigerversammlung dem gemeinsamen Interesse der Insolvenzgläubiger, so hat das Insolvenzgericht den Beschluss aufzuheben, wenn ein absonderungsberechtigter Gläubiger, ein nicht nachrangiger Insolvenzgläubiger oder der Insolvenzverwalter dies in der Gläubigerversammlung beantragt.

(2) ¹Die Aufhebung des Beschlusses ist öffentlich bekanntzumachen. ²Gegen die Aufhebung steht jedem absonderungsberechtigten Gläubiger und jedem nicht nachrangigen Insolvenzgläubiger die sofortige Beschwerde zu. ³Gegen die Ablehnung des Antrags auf Aufhebung steht dem Antragsteller die sofortige Beschwerde zu.

Übersicht	Rdn.		Rdn.
A. Normzweck	1	D. Der Aufhebungsbeschluss	11
B. Der Begriff des gemeinsamen Interesses	2	E. Rechtsmittel	21
C. Das Antragserfordernis	7		

Literatur:
Fritz Begründungspflicht für einen Antrag nach § 35 II 3 InsO, NZI 2011, 801; *Goebel* Gläubigerobstruktion, Gläubigerstimmrecht und Beschlusskontrolle im Insolvenzverfahren über Unternehmen – eine Untersuchung zu insolvenzrechtlichen Stimmverboten und zur Inhaltskontrolle nach § 78 InsO, KTS 2002, 615 ff.; *Gundlach* Aufhebung von Beschlüssen der Gläubigerversammlung wegen Verstoßes gegen Gemeinschaftsinteressen, ZInsO 2008, 735; *Gundlach/Frenzel/Jahn* Die Zustimmung der Gläubigerversammlung gemäß § 162 InsO, ZInsO 2008, 360; *dies.* Die Auflösung des Gläubigerausschusses im laufenden Insolvenzverfahren, ZInsO 2011, 708; *Pape* Aufhebung von Beschlüssen der Gläubigerversammlung und Beurteilung des gemeinsamen Interesses nach § 78 InsO, ZInsO 2000, 469 ff.; *ders.* Nichtberücksichtigung »neuen« Vortrags bei der Entscheidung über die Aufhebung von Beschlüssen der Gläubigerversammlung nach § 78 InsO – zugleich eine Anm. zu KG, Beschl. v. 29.03.2001 – 7 W 8076/00 (ZInsO 2001, 411 = NZI 2001, 310), ZInsO 2001, 691 ff.; *Zipperer* Das Gesetz zur Einführung einer Rechtsbehelfsbelehrung im Zivilprozess und zur Änderung anderer Vorschriften vom 5.12.2012 und seine Auswirkungen auf die Insolvenzrechtspraxis, NZI 2013, 865 ff.

A. Normzweck

Nach § 78 InsO können Beschlüsse der Gläubigerversammlung, die dem gemeinsamen Interesse der Insolvenzgläubiger widersprechen, auf Antrag aufgehoben werden. Nachdem der Gesetzgeber einen ursprünglich vorgesehenen Minderheitenschutz nicht übernommen hat, entspricht § 78 InsO in sei- 1 ner Zielrichtung dem § 99 KO. Ermöglicht wird damit eine Kontrolle des Insolvenzgerichts nur auf Initiative der Gläubiger oder des Insolvenzverwalters, deren »Veto« zu einer **Aufhebungskompetenz des Insolvenzgerichts** führt. Dies soll ein Korrektiv für die Interessendivergenz in der Gläubigerversammlung darstellen. Sie stelle eine wesentliche Ausprägung des Grundsatzes des Verbots der Verfolgung von Individualinteressen und Sondervorteilen einzelner zum Schaden eines Gesamtinteresses dar (MüKo-InsO/*Ehricke* § 78 Rn. 1 mit Ausführungen zu den Änderungen im Gesetzgebungsverfahren und den Argumenten pro und contra in Rn. 2; K. Schmidt/*Jungmann* InsO, § 78 Rn. 4). Mit Beschluss vom 21.07.2011 hat der BGH erstmals ausdrücklich zu der Frage Stellung genommen, ob § 78 InsO analog im Rahmen der Feststellung der Nichtigkeit eines Beschlusses der Gläubigerversammlung zur Anwendung kommen kann (*BGH* NZI 2011, 713). Danach erteilt der BGH der in Rechtsprechung und Literatur verbreiteten Ansicht, wonach § 78 Abs. 1 InsO analog zur Anwendung kommen könne, eine klare Absage (noch offen gelassen in *BGH* NZI 2008, 430). Der Beschluss der Gläubigerversammlung zur Aufhebung der Eigenverwaltung kann von dem überstimmten Gläubiger nicht nach § 78 Abs. 1 InsO angefochten werden (*BGH* NZI 2011, 760 = ZInsO 2011, 1548).

B. Der Begriff des gemeinsamen Interesses

2 Als das gemeinsame Interesse der Insolvenzgläubiger ist das Interesse an der bestmöglichen Gläubigerbefriedigung anzusehen (Ausschussbericht, abgedruckt in *Balz/Landfermann* S. 295).

3 Da Ziel der InsO die bestmögliche Befriedigung aller Gläubiger ist (vgl. FK-InsO/*Schmerbach* § 1), liegen Beschlüsse, die einseitig einzelne Gläubiger bevorzugen, nicht im gemeinsamen Interesse. Die übliche Betrachtungsweise sieht den Anwendungsbereich von § 78 InsO darin, Beschlüsse, die von »stimmgewaltigen« Großgläubigern in deren Interesse »durchgedrückt« wurden, zu korrigieren. Tatsächlich sind Beschlüsse von Gläubigern, die Situationsmehrheiten (bei schlechter oder keiner anderen Präsenz als der interessierten, abstimmenden Anwesenden) ausnutzen, mindestens gleich anwendungsnah. Insofern ist es auch unrichtig, § 78 InsO als Gewährleistung eines Minderheitenschutzes zu verstehen. Auch die Vereitelung nur geringer Quoten soll zur Aufhebung berechtigen (*AG Neubrandenburg* ZInsO 2000, 111, die Entscheidung ist wenig überzeugend). Das Gericht muss sorgfältig sicherstellen, nicht zur fünften Kolonne der Minderheit zu werden. Mehrheitsentscheidungen gehören zum Verfahren, wie zur Demokratie. Nur final dem gemeinsamen Interesse widersprechende Beschlüsse stehen zur Disposition. Dem gemeinsamen Interesse der Gläubiger entgegen steht beispielsweise ein Beschluss der Gläubigerversammlung, wonach der Insolvenzverwalter zur Erfüllung eines Anspruchs ermächtigt wird, wenn konkrete Gründe für dessen Anfechtung sprechen (*BGH* NZI 2008, 490 f., m. Anm. *Herzig* FD-InsR 263213; der BGH verneinte auch eine Kompetenzverletzung des Insolvenzgerichts gegenüber den Prozessgerichten, die über die Kompetenzverletzung des Heimfallanspruchs zu entscheiden hätten). Der gerichtlichen Kontrolle nach § 78 InsO unterliegt auch der Beschluss der Gläubigerversammlung zur Aufhebung der Negativerklärung gem. § 35 Abs. 2 Satz 3 InsO (*LG Duisburg* ZVI 2010, 347 f.).

4 **Nicht geschützt** i.S.d. »gemeinsamen Interesses« ist das Recht auf abgesonderte Befriedigung der absonderungsberechtigten Gläubiger, da dieses auf eine abgesonderte Befriedigung aus den Sicherheiten und somit gerade nicht auf deren gleichmäßige Befriedigung gerichtet ist. Der Gesetzgeber wollte – so der Rechtsausschuss – vermeiden, dass die absonderungsberechtigten Gläubiger ihre Interessen durchsetzen (Beschl.-Empfehlung des Rechtsausschusses zu § 89 RegE, abgedruckt in *Balz/Landfermann* S. 295). Die Überlegung des Rechtsausschusses ist wenig zielführend. Sicherungsgläubiger sind nicht die »Feinde« der ungesicherten, sondern im Rahmen der Rechtsordnung Gläubiger mit anderen Rechten. Haben sie Sicherungsrechte, setzen sie diese auch durch. Es gibt kein gemeinsames Interesse der Gläubiger, Sicherheiten zurückzudrängen o. Ä. Das Gesetz versteht »die Gläubiger« nicht als die »ungesicherten Gläubiger«. Für die Interessen der absonderungsberechtigten Gläubiger hat § 78 InsO so verstanden nur Relevanz bei Beeinträchtigungen des Rechts auf anteilsmäßige Befriedigung ihrer persönlichen Forderung aus der Insolvenzmasse, nicht hingegen wenn ihr Recht auf abgesonderte Befriedigung beeinträchtigt wird (*Kübler/Prütting/Bork* InsO, § 78 Rn. 8). Zutref-

fend dürfte sein, insoweit lediglich ein **gemeinsames Grundinteresse** an der Verringerung eines individuellen Ausfalls zu bejahen, daneben als Ziel die – zumindest mittelfristig – erreichbare Vergrößerung der Haftungsmasse mit dem Ziel bestmöglicher Gläubigerbefriedigung. Es handle sich daher um ein »**fiktives Gesamtinteresse**«. Der Gesetzgeber hat das Majoritätsprinzip in den Mittelpunkt gestellt (so zutreffend MüKo-InsO/*Ehricke* § 78 Rn. 17 m.w.N.).

Beschließt die Gläubigerversammlung beim Insolvenzgericht die Bestellung eines Sonderinsolvenzverwalters, hier zur Prüfung von Schadensersatzansprüchen nach §§ 60, 92 InsO gegen den Insolvenzverwalter, zu beantragen, widerspricht dies nicht dem gemeinsamen Interesse der Gläubiger (*BGH* NZI 2016, 831). 5

Ebenfalls unbeachtlich ist die Verletzung der Interessen von Massegläubigern oder des Schuldners (*Kübler/Prütting/Bork* InsO, § 78 Rn. 8; MüKo-InsO/*Ehricke* § 78 Rn. 19 unter Bezugnahme auf den offenen Wortlaut der Vorschrift). 6

C. Das Antragserfordernis

Das Gericht ist nicht von Amts wegen, sondern **nur auf Antrag** berechtigt, den Beschluss aufzuheben. Das Gericht kann, um eine Antragsflut zu vermeiden, bereits im Vorfeld einer Abstimmung auf eine etwaige Benachteiligung von Gläubigerinteressen und die damit zusammenhängende Gefahr von Aufhebungsanträgen aufmerksam machen, um so in der Versammlung selbst noch eine gemeinverträgliche Lösung herbeizuführen (*Huntemann/Graf Brockdorff/Buck* Der Gläubiger im Insolvenzverfahren, S. 240 ff., 274 Rn. 106). Die **Belehrung** über dieses Antragsrecht sollte der zuständige Rechtspfleger zusammen mit der öffentlichen Bekanntmachung der Tagesordnung (vgl. § 74 Abs. 2 Satz 1) sowie mit den Ladungen der anstehenden Gläubigerversammlung vornehmen, entsprechend können sich die Teilnahmeberechtigten vorbereiten (K. Schmidt/*Jungmann* InsO, § 74 Rn. 25). Eine solche Information erst in der Versammlung selbst, erreicht nur die anwesenden Gläubiger bzw. Gläubigervertreter, aber nicht alle Antragsberechtigten (*Zipperer* NZI 2013, 865 [867]). 7

Antragsberechtigt sind absonderungsberechtigte Gläubiger, Insolvenzgläubiger, sofern sie nicht nachrangig i.S.v. § 39 InsO sind, sowie der Insolvenzverwalter zur Wahrung der Interessen der nicht erschienenen Gläubiger (Begr. RegE, abgedruckt in *Balz/Landfermann* S. 295; *LG Göttingen* ZIP 2000, 1501; *Andres/Leithaus* InsO, § 78 Rn. 3). Das Antragsrecht ist im Grundsatz parallel zur Regelung des Stimmrechts (§§ 76 Abs. 2, 77 InsO) ausgestaltet. 8

Der Antrag muss **in der Gläubigerversammlung selbst** gestellt werden (in Betracht kommt daher auch die Stellung in einem etwaigen Fortsetzungstermin), weshalb abwesende Gläubiger von der Antragstellung (nicht jedoch hinsichtlich ihres Beschwerderechtes, s.u.) ausgeschlossen sind. Grund ist die vom Gesetzgeber gewollte Beschleunigung des Insolvenzverfahrens. Eine Begründung des Antrages ist sinnvoll (MüKo-InsO/*Ehricke* § 78 Rn. 9). 9

Auch **Gläubiger einer streitigen Forderung**, denen das Stimmrecht versagt wurde, sind antragsberechtigt. Der Antrag auf Überprüfung eines für sie nachteiligen Beschlusses der Gläubigerversammlung soll ein gewisser Ausgleich dafür sein, dass gegen die Stimmrechtsfestsetzung nach § 77 InsO weder die sofortige Beschwerde noch die Erinnerung statthaft ist (Begr. RegE, abgedruckt in *Balz/Landfermann* S. 295). 10

D. Der Aufhebungsbeschluss

Liegt ein Antrag vor, so hat das Gericht – nach § 18 Abs. 1 RPflG regelmäßig der Rechtspfleger – zu ermitteln, ob der Beschluss der Gläubigerversammlung dem gemeinsamen Interesse der Gläubiger zuwider läuft, wobei es regelmäßig auf die Informationen des Insolvenzverwalters angewiesen sein wird (*Huntemann/Graf Brockdorff/Buck* Der Gläubiger im Insolvenzverfahren, S. 273 Rn. 104). **Beschluss i.S.d. § 78 Abs. 1 InsO** sind dabei alle Entscheidungen nach § 76 Abs. 2 InsO, nicht aber sonstige Willensäußerungen der Gläubigerversammlung. Gegen eine extensive Auslegung spricht bereits, dass eine Beschwer nicht vorliegt. Sonstige Willensäußerungen der Gläubigerversammlung ha- 11 ben keine rechtliche Wirkung. Eine Beschlussaufhebung nach § 78 InsO kommt nur bei konkreten Inhaltsmängeln in Betracht, nicht aber bei Mängeln im Beschlussverfahren selbst (*BGH* NZI 2010, 648 f.). Insofern ergibt sich keine Anwendung des § 78 InsO bei Beschlüssen, die unter Verletzung der formalen Voraussetzungen zustande gekommen und daher nichtig sind, ebenso keine analoge Anwendbarkeit (*BGH* NZI 2011, 713 f.; *Rautmann/Müller* DStR 2012, 37 Nr. 3). Beschlüsse, die gegen ein Verbotsgesetz oder die guten Sitten verstoßen, sind gem. den §§ 134, 138 BGB per se nichtig und bedürfen keiner gesonderten Aufhebungsentscheidung (MüKo-InsO/*Ehricke* § 78 Rn. 10). Ferner ist ein Beschluss der Gläubigerversammlung zur Aufhebung der Eigenverwaltung nach § 78 InsO nicht angreifbar. Den Gläubigerinteressen ist in der Eigenverwaltung stets der Vorrang vor den Einflussmöglichkeiten des Gerichts und des Schuldners zu geben (*BGH* ZInsO 2011, 1548 ff.; krit. *Rautmann/Müller* DStR 2011, 1911 Nr. 4).

12 Im Hinblick auf die starke Ausprägung, die der Grundsatz der Gläubigerautonomie erfahren hat, sollte **von der Aufhebungsbefugnis nur sehr zurückhaltend Gebrauch gemacht werden** (s. Rdn. 4). Dabei wird sich das Gericht sicherlich auch von der ursprünglichen Absicht des Gesetzgebers und der ausführlichen Begründung zum Gesetzentwurf leiten lassen können, in dem die ganze Spannungsbreite von unterschiedlichen Interessen und den dadurch ausgelösten Konflikten ausführlich beschrieben ist (Begr. RegE, abgedruckt in *Balz/Landfermann* S. 294 f.). Die Entscheidung des *AG Neubrandenburg* zeigt die Gefahr des unbestimmten Rechtsbegriffes »gemeinsames Interesse der Insolvenzgläubiger« auf (*AG Neubrandenburg* ZInsO 2000, 111 m. Anm. *Förster*). Dort wurde eine mehrheitlich – insbesondere von den absonderungsberechtigten Gläubigern – getroffene Entscheidung, den Geschäftsbetrieb sofort stillzulegen und zu liquidieren, durch das Gericht vor dem Hintergrund äußerst geringer, zumal höchst ungewisser Quotenaussichten für die ungesicherten Insolvenzgläubiger aufgehoben. Nach einem Beschluss des BGH ist das Insolvenzgericht nicht gehindert, auf Antrag eines Gläubigers den Beschluss der Gläubigerversammlung aufzuheben, mit dem diese den Insolvenzverwalter zur Erfüllung eines Anspruchs (hier Heimfallanspruch) ermächtigt, sofern »triftige Gründe« für die Anfechtbarkeit dieses Anspruchs vorliegen (*BGH* NZI 2008, 490 f. = ZInsO 2008, 735 f., m. Anm. *Gundlach/Schmidt* ZInsO 2008, 852 f.). Eine Kompetenzverletzung des Insolvenzgerichts gegenüber den Prozessgerichten, die über die Anfechtbarkeit zu entscheiden hätten, liegt nach dem BGH nicht vor. Den Gläubigern ist in einem solchen Fall auch zumutbar, zunächst den Ausgang des Anfechtungsprozesses des Insolvenzverwalters abzuwarten (*BGH* NZI 2008, 490 = ZInsO 2008, 735).

13 Unklar ist, warum ein gesicherter Gläubiger als Mehrheitsgläubiger sich dieser Erwartung nicht widersetzen darf. Der Rückgriff auf das Sicherungsrecht ist problematisch, weil die identische Entscheidung (nicht fortzuführen) durchaus auch begründet werden kann. Der Gläubiger ist von der Prognose nicht überzeugt, damit ist kein Verstoß gegen § 78 InsO gegeben; tatsächlich instrumentalisiert das Gericht § 78 InsO für eine Entscheidung der gesicherten gegen die ungesicherten Gläubiger. Das aber verstößt gegen die gesetzliche Entscheidung, den gesicherten Gläubigern ein (volles) Stimmrecht zu gewähren. Derartige Entscheidungen können auch zu einer Staatshaftung nach § 839 Abs. 1 BGB i.V.m. Art. 34 GG führen.

14 Für die Bewertung des gemeinsamen Interesses der Insolvenzgläubiger nach § 78 Abs. 1 InsO und für die Feststellungen des Widerspruchs hierzu durch einen Beschluss der Gläubigerversammlung ist auf den **Kenntnisstand und die Sicht der abstimmenden Gläubiger** abzustellen. Auch evtl. Fehlinformationen der Gläubigerversammlung durch den Insolvenzverwalter begründen nicht die Aufhebbarkeit des resultierenden Beschlusses, können aber eine Haftung des Insolvenzverwalters nach § 60 InsO begründen (*KG* ZInsO 2001, 411 ff. m. krit. Anm. *Pape* ZInsO 2001, 691 ff., m. zust. Anm. *Smid* DZWIR 2002, 37 f.).

15 § 57 Satz 3 u. 4 InsO sind lex specialis zu § 78 InsO in Bezug auf die **Wahl eines neuen Insolvenzverwalters** (*BGH* NZI 2011, 1548 f. Rn. 14; NZI 2005, 32 f.; *BVerfG* ZIP 2005, 537 f.; **a.A.** MüKo-InsO/*Ehricke* § 78 Rn. 14). Ein Schutzbedürfnis besteht nach der Ergänzung des § 57 InsO durch eine Kopfmehrheit nicht mehr (*BGH* ZIP 2003, 1613; bestätigt in *BGH* NZI 2005, 32 f., auch für den Fall, dass der abgewählte Insolvenzverwalter den Antrag auf § 78 InsO gestellt und zuvor die

Masseunzulänglichkeit angezeigt hat. Die dagegen gerichtete Verfassungsbeschwerde wurde nicht angenommen (vgl. *Jahntz* § 57 Rdn. 3–5; *BVerfG* ZIP 2005, 537 f.; befürwortend i.S. einer Gesetzesänderung *Pape* ZInsO 2000, 469 ff. [477]). Dabei ist der Rechtsausschuss bei seiner durchgesetzten Rückkehr zu dem »bewährten System des § 99 KO« und der Annahme, dass diese Änderung sich gerichtsentlastend auswirken würde (Ausschussbericht, abgedruckt in *Balz/Landfermann* S. 296), einer Fehleinschätzung unterlegen. Teilweise wird auch das Recht des abgewählten Insolvenzverwalters bejaht, einen Antrag nach § 78 Abs. 1 InsO zu stellen, allerdings abhängig von der Frage, ob die Abwahlentscheidung einstimmig von allen stimmberechtigten Gläubigern getroffen wird, was praktisch nie der Fall sein dürfte (so MüKo-InsO/*Ehricke* § 78 Rn. 15).

Beschließt die Gläubigerversammlung, dass ein **Sonderinsolvenzverwalter** zur Prüfung und Durchsetzung eines Anspruchs gegen den Insolvenzverwalter eingesetzt werden soll, ist der **Insolvenzverwalter nicht berechtigt**, die Aufhebung dieses Beschlusses zu beantragen (*BGH* Beschl. v. 20.02.2014 – IX ZB 16/13, ZIP 2014, 627; vgl. auch *BGH* NZI 2016, 831 u. NJW-RR 2016, 1067 ff.). **16**

Beschlüsse, mit denen **ungeeignete Gläubigerausschussmitglieder** gewählt werden, können aufgehoben werden (KK-InsO/*Plathner* § 78 Rn. 9 m.w.N.; vgl. die Aufzählung weiterer Entscheidungskriterien für das Insolvenzgericht bei *Pape* ZInsO 2000, 469 ff. [476]). Die Auffassung, die die parallele Anwendbarkeit von § 78 Abs. 1 InsO und § 70 Satz 2 InsO bejaht, dürfte zutreffend sein. Zur Begründung wird angeführt, dass jeweils unterschiedliche Entscheidungsgegenstände betroffen seien. § 70 Satz 2 InsO betreffe den Vollzug eines wirksam zustande gekommenen Beschlusses der Gläubigerversammlung durch das Insolvenzgericht, § 78 Abs. 1 InsO dagegen die Möglichkeit, den Beschluss als solchen anzugreifen (MüKo-InsO/*Ehricke* § 78 Rn. 13). **17**

Infolge der Neuformulierung gegenüber § 99 KO, dass nicht mehr die Durchführung des Beschlusses der Gläubigerversammlung zu untersagen, sondern der Beschluss selbst aufzuheben ist, bedarf es keiner erweiternden Auslegung mehr, um ein Vorgehen gegen auch auf bloße Unterlassung von Maßnahmen (etwa der Verweigerung der Zustimmung nach § 160 InsO zu besonders bedeutsamen Rechtshandlungen des Insolvenzverwalters) gerichtete Versammlungsbeschlüsse zu ermöglichen (MüKo-InsO/*Ehricke* § 78 Rn. 10 mit Beispielen). **18**

Entsprechend den Ausführungen zu § 76 InsO (s. § 76 Rdn. 3) darf dies nicht dazu führen, dass das Gericht seine Entscheidung an die Stelle derjenigen der Gläubigerversammlung setzt. Aus diesem Grunde kann das Insolvenzgericht zwar den Beschluss kassieren, muss jedoch dann eine erneute Abstimmung herbeiführen (a.A. *Kübler/Prütting/Bork* InsO, § 78 Rn. 19). Eine **Zustimmungsersetzung** kommt aufgrund der Aufgabentrennung von Gericht und Gläubigerversammlung und infolge des Grundsatzes der Gläubigerautonomie nur dann als ultima ratio in Extremfällen in Betracht, wenn die Gläubigerversammlung nicht gewillt ist, von dem Ergebnis ihrer ersten Abstimmung abzurücken und infolgedessen die ordnungsgemäße Durchführung des Insolvenzverfahrens gefährdet ist. Für den Ausnahmecharakter von Zustimmungsersetzungen sprechen auch die Vorschriften der §§ 245 und 309 InsO. Zutreffend dürfte es allerdings sein, eine Aufhebungskompetenz des Insolvenzgerichts abzulehnen, wenn keinerlei Masseauswirkung ersichtlich ist (MüKo-InsO/*Ehricke* § 78 Rn. 21). Eine Entscheidungsbefugnis des Insolvenzgerichts dürfte ebenfalls zu verneinen sein, wenn ein **einstimmiger Beschluss aller stimmberechtigten Gläubiger** vorliegt, wobei Ausnahmefälle denkbar sind (MüKo-InsO/*Ehricke* § 78 Rn. 27 m. Beispielen zu den Ausnahmefällen). Auch ist über § 78 InsO nicht die nachträgliche Aufhebung eines früheren Beschlusses zur Einsetzung eines Gläubigerausschusses möglich, um auf diesem Wege die Auflösung des Gläubigerausschusses zu erreichen (so auch *Gundlach/Frenzel/Jahn* ZInsO 2011, 708 a.E.). **19**

Die Aufhebung des Beschlusses der Gläubigerversammlung ist vom Insolvenzgericht gem. § 78 Abs. 2 Satz 2 InsO in der Form des § 9 InsO **öffentlich bekanntzumachen**; eine zusätzliche Zustellung an Verfahrensbeteiligte oder Beschwerdeberechtigte erfolgt nicht (MüKo-InsO/*Ehricke* § 78 Rn. 32). **20**

E. Rechtsmittel

21 Wird der Beschluss der Gläubigerversammlung aufgehoben, so steht den Insolvenzgläubigern, sofern sie nicht nachrangig i.S.v. § 39 InsO sind, sowie den absonderungsberechtigten Gläubigern die sofortige Beschwerde zu.

Wie bereits aus dem Gesetzestext folgt (»... jedem ...«), können auch die nicht in der Gläubigerversammlung anwesenden Gläubiger Beschwerde einlegen.

22 Gegen die Ablehnung des Antrages steht nur dem Antragsteller selbst die Möglichkeit der sofortigen Beschwerde offen.

23 Es ist daher jedem Antragsberechtigten, der eine Beschlussaufhebung wünscht, zu raten, trotz eines bereits gestellten Antrages auch selbst einen solchen einzubringen, um im Ablehnungsfalle Beschwerde einlegen zu können (*Nerlich/Römermann-Delhaes* InsO, § 78 Rn. 9 a.E.).

24 Trifft der Rechtspfleger die Entscheidung des Insolvenzgerichtes (was der Regelfall sein dürfte), steht den von der Beschwerdemöglichkeit nach § 78 Abs. 2 Satz 2, 3 InsO ausgeschlossenen Personen nicht die Erinnerung nach § 11 Abs. 2 RPflG offen, da gegen die Entscheidung nach den allgemeinen verfahrensrechtlichen Vorschriften durchaus ein Rechtsmittel gegeben, dieses jedoch auf bestimmte Personen beschränkt ist. Auch würde die vom Gesetzgeber intendierte Rechtsmittelbeschränkung unterlaufen. Grammatikalische und teleologische Interpretation führen folglich zu einem Ausschluss der Erinnerung. Zum Rechtsschutz wegen behaupteter Verletzung eines Stimmverbots nach Beendigung der Gläubigerversammlung vgl. *BGH* ZInsO 2010, 1225 m. Anm. *Raebel* S. 1226. Die angefochtene Feststellung des Insolvenzgerichts über die Nichtigkeit des in der Gläubigerversammlung gefassten Beschlusses unterliegt gem. § 6 Abs. 1 InsO keiner Beschwerde. Zudem ist die Beschlussaufhebung nach § 78 Abs. 1 InsO nur für den bezeichneten Inhaltsmangel vorgesehen. Die Vorschrift und die bei einem hiernach aufgehobenen Beschluss der Gläubigerversammlung gem. § 78 Abs. 2 Satz 2 InsO eröffneten Rechtsmittel, beziehen sich nicht auf die Mängel des Beschlussverfahrens (*BGH* ZInsO 2010, 1226).

§ 79 Unterrichtung der Gläubigerversammlung

¹Die Gläubigerversammlung ist berechtigt, vom Insolvenzverwalter einzelne Auskünfte und einen Bericht über den Sachstand und die Geschäftsführung zu verlangen. ²Ist ein Gläubigerausschuss nicht bestellt, so kann die Gläubigerversammlung den Geldverkehr und -bestand des Verwalters prüfen lassen.

Übersicht

	Rdn.		Rdn.
A. Normzweck	1	D. Auskunftserzwingung	11
B. Die Ausübung des Informationsrechtes	3	E. Die Prüfung der Kasse	13
C. Die Auskunftspflicht des Insolvenzverwalters	8		

Literatur:
Thole Gläubigerinformation im Insolvenzverfahren – Akteneinsicht und Auskunftsrecht, ZIP 2012, 1533; *Weitzmann* Rechnungslegung und Schlussrechnungsprüfung, ZInsO 2007, 449; *Heyrath* Die Prüfung der Schlussrechnung, Teil 1 und Teil 2, ZInsO 2006, 1092 ff. und 1196 ff.

A. Normzweck

1 Damit die Gläubigerversammlung ihre Mitwirkungsrechte wirksam und sachgerecht ausüben kann, gibt ihr § 79 InsO das Recht, vom Insolvenzverwalter sowohl Einzelauskünfte und allgemeine Berichte über den Verfahrensstand zu verlangen, wobei das Verlangen des einen das andere nicht ausschließt (Ausschussbericht, abgedruckt in *Balz/Landfermann* S. 296; BT-Drucks. 12/7302, S. 164).

§ 79 InsO gibt in über § 132 Abs. 2 KO hinausgehender Art und Weise Ansprüche auf Unterrichtung. § 79 InsO ergänzt dabei § 66 Abs. 3 InsO und kann als Schwestervorschrift des § 58 Abs. 1 Satz 2 InsO sowie § 69 Abs. 2 InsO bezeichnet werden. Der Insolvenzverwalter soll dabei alle relevanten Umstände offenbaren, um den Gläubigern einen vollständigen Kenntnisstand über die jeweilige Sachlage zu ermöglichen (MüKo-InsO/*Ehricke* § 79 Rn. 1; HambK-InsO/*Preß* § 79 Rn. 1 ff.).

B. Die Ausübung des Informationsrechtes

Das Informationsrecht steht nur der **Gläubigerversammlung als Organ**, nicht aber dem einzelnen Gläubiger zu. Es entfällt auch nicht aus dem Grunde, dass ein Gläubigerausschuss eingesetzt ist (MüKo-InsO/*Ehricke* § 79 Rn. 3; BGHZ 62, 1 [3]). Dem Einzelgläubiger steht insofern unmittelbar gegenüber dem Insolvenzverwalter kein Auskunftsrecht zu (K. Schmidt/*Jungmann* InsO, § 79 Rn. 3 f.).

Einzelgläubiger können Informationen durch Einsicht in die Gerichtsakten gem. § 4 InsO i.V.m. § 299 ZPO erlangen (K. Schmidt/*Jungmann* InsO, § 79 Rn. 7 ff.). Im Übrigen können einzelne Gläubiger im Rahmen einer Gläubigerversammlung Fragen an den Insolvenzverwalter richten, die dann als Auskunftsersuchen der Gläubigerversammlung zu werten sind (*Nerlich/Römermann-Delhaes* InsO, § 79 Rn. 2; *Thole* ZIP 2012, 1533 [1539]).

Die Gläubigerversammlung entscheidet durch Beschluss über den genauen Rahmen bzw. **Umfang der Auskunft**, die vom Insolvenzverwalter begehrt werden soll. Einzelne Gläubiger können zum Zwecke dieser Beschlussfassung die Einberufung der Gläubigerversammlung – ohne Bindungswirkung für das Gericht – anregen oder im Rahmen von § 75 InsO – insoweit bindend – beantragen.

In der Gläubigerversammlung kann eine Berichtspflicht des Insolvenzverwalters in regelmäßigen Abständen (üblich ist alle sechs Monate, beginnend mit dem Berichtstermin nach § 156 InsO) beschlossen werden (*Uhlenbruck/Knof* InsO, § 79 Rn. 7 f.).

Darüber hinausgehend ist für die Zukunft eine positive Veränderung insoweit zu erwarten, als das **Internet** inzwischen die Möglichkeit bietet, fortlaufend in die Sachstandsberichte des Insolvenzverwalters Einblick nehmen zu können. Hiervon machen zunehmend Insolvenzverwalter Gebrauch. Es besteht sogar nach Eingabe eines persönlichen Zugangscodes für die Gläubiger die Möglichkeit, jeweils in die aktuellen Berichte Einblick zu nehmen. Auf diesem Wege können auch aktuelle Pressemeldungen jederzeit den Gläubigern zur Verfügung gestellt werden.

C. Die Auskunftspflicht des Insolvenzverwalters

Die Auskunft des Insolvenzverwalters braucht nicht jedes Detail zu umfassen (*Hess* § 79 InsO Rn. 6 in der 2. Aufl.; HambK-InsO/*Preß* § 79 Rn. 8) und kann außer bei entgegenlautendem Beschluss der Gläubigerversammlung auch durch beauftragte Mitarbeiter des Insolvenzverwalters erfolgen (*Hess* § 79 InsO Rn. 3 in der 2. Aufl.). Bei Sachstandsberichten muss sich jeder Gläubiger ein genaues Bild von dem bisherigen Verfahrensablauf machen können.

Die Pflicht zur Auskunftserteilung besteht **nur im Rahmen des Zumutbaren**. Es ist also ein sinnvolles Verhältnis zwischen Arbeits- und Zeitaufwand des Auskunftspflichtigen und dem schutzwürdigen Interesse der Auskunftsberechtigten herzustellen. Dabei ist das Ziel einer zügigen Verfahrensabwicklung im Interesse aller Beteiligten im Auge zu behalten.

Eine **Auskunftspflicht** besteht **nicht**, wenn durch die Auskunft Gläubigerinteressen gefährdet würden (*Nerlich/Römermann-Delhaes* InsO, § 79 Rn. 4). Teilweise wird differenziert und darauf hingewiesen, dass es in der Entscheidungskompetenz der Gläubigerversammlung liege, ob und ggf. wie bezüglich sensibler Verfahrensvorgänge Informationen zu erteilen seien. Dem Insolvenzverwalter wird das Recht abgesprochen, sich auf die Gefährdung eines übergeordneten (gleichsam objektiven) und durch die Geheimhaltung schützenden Gläubigerinteresses zu berufen. Ein solches werde erst durch das Votum der Gläubigerversammlung festgelegt und dürfe nicht vom Insolvenzverwalter antizipiert werden (MüKo-InsO/*Ehricke* § 79 Rn. 10). **Ausnahmen** seien dort zuzulassen, wo es um

Rechtsstreitigkeiten gegen einen Gläubiger gehe (MüKo-InsO/*Ehricke* § 79 Rn. 10 m.w.N.). Eine Auskunftspflicht gegenüber GmbH-Gesellschaftern zu Vorgängen nach Insolvenzeröffnung besteht nicht (*BayObLG* ZIP 2005, 1087 ff.). Es besteht bei einer insolvenzbedingt aufgelösten Genossenschaft auch kein Recht auf genossenschaftsrechtliche Überprüfung des Insolvenzverwalters durch den Prüfungsverband gem. §§ 53, 64c GenG (*OLG Jena* NZI 2010, 541 ff.).

D. Auskunftserzwingung

11 Die Gläubigerversammlung kann das Insolvenzgericht ersuchen, von dem Insolvenzverwalter über § 58 InsO unter Anordnung eines Ordnungsgeldes die Auskunftserteilung zu erzwingen. Bei hartnäckiger Weigerung kann u.U. auch nach § 59 Satz 2 InsO die Entlassung des Insolvenzverwalters aus wichtigem Grund beantragt werden (MüKo-InsO/*Ehricke* § 79 Rn. 13; *Uhlenbruck/Knof* InsO, § 79 Rn. 9).

12 Eine **Klage auf Auskunftserteilung** im streitigen Zivilverfahren ist nicht möglich (*Kübler/Prütting/ Bork* InsO, § 79 Rn. 12; *Andres/Leithaus* InsO, § 79 Rn. 6).

E. Die Prüfung der Kasse

13 Die Gläubigerversammlung hat auch das Recht, den Geldverkehr und -bestand des Insolvenzverwalters zu prüfen oder prüfen zu lassen. Dieses Recht besteht freilich nur dann, wenn kein Gläubigerausschuss bestellt ist (Braun/*Herzig* InsO, § 79 Rn. 14). Daraus ergibt sich, dass der Einzelgläubiger nicht zur Kassenprüfung berechtigt ist. Von der Versammlung können ein Sachverständiger oder auch einzelne Mitglieder der Gläubigerversammlung mit der Prüfung beauftragt werden (*Uhlenbruck/Knof* InsO, § 79 Rn. 17; *Nerlich/Römermann-Delhaes* InsO, § 79 Rn. 6). In einem solchen Falle erbringt der Sachverständige seine Prüfungsleistung gegenüber dem Insolvenzverwalter durch Vorlage seines Prüfungsberichts an die Gläubigerversammlung (Uhlenbruck/*Knof* InsO, § 79 Rn. 17; *Smid* InsO, § 79 Rn. 5). Bei den für die Prüfung entstehenden Kosten handelt es sich um Massekosten (MüKo-InsO/*Ehricke* § 79 Rn. 14).

14 Für die Prüfung durch die Gläubigerversammlung gelten dieselben Grundsätze wie für die Prüfung durch den Gläubigerausschuss. Es kann insofern auf die Erläuterungen bei § 69 Rdn. 9 f. verwiesen werden.

Dritter Teil Wirkungen der Eröffnung des Insolvenzverfahrens

Erster Abschnitt Allgemeine Wirkungen

§ 80 Übergang des Verwaltungs- und Verfügungsrechts

(1) Durch die Eröffnung des Insolvenzverfahrens geht das Recht des Schuldners, das zur Insolvenzmasse gehörende Vermögen zu verwalten und über es zu verfügen, auf den Insolvenzverwalter über.

(2) ¹Ein gegen den Schuldner bestehendes Veräußerungsverbot, das nur den Schutz bestimmter Personen bezweckt (§§ 135, 136 des Bürgerlichen Gesetzbuchs), hat im Verfahren keine Wirkung. ²Die Vorschriften über die Wirkungen einer Pfändung oder einer Beschlagnahme im Wege der Zwangsvollstreckung bleiben unberührt.

Übersicht

	Rdn.		Rdn.
A. **Allgemeines**	1	4. Sonstige Rechte und Pflichten	35
I. Normzweck	1	5. Selbstkontrahieren	37
II. Geltungsbereich	5	6. Insolvenzzweckwidriges Verhalten	38
1. Zeitlicher Anwendungsbereich	5	7. Der Insolvenzverwalter als Arbeitgeber	39
2. Sachlicher Anwendungsbereich	7	8. Steuerrecht	40
B. **Rechtsstellung des Insolvenzverwalters**	10	9. Ordnungsrecht	41
I. Theorien über die Rechtsstellung des Insolvenzverwalters	11	10. Strafantragsrecht des Insolvenzverwalters	43
1. Vertretertheorie	12	II. Der Insolvenzverwalter im Prozess	44
2. Organtheorie	13	1. Unterbrechung der Verfahren	44
3. Amtstheorie	14	2. Rechtstellung des Verwalters im Verfahren	45
4. Theorie vom neutralen Handeln	15	3. Gerichtsstand	47
II. Rechtliche Stellung des Schuldners	16	4. Zustellungen	48
1. Verlust der Verwaltungs- und Verfügungsbefugnis des Schuldners	16	5. Zeugenvernehmung	51
2. Bindungswirkung an Handlungen des Insolvenzverwalters	19	6. Nebenintervention	52
3. Sonstige Rechte des Schuldners	20	7. Rechtskrafterstreckung/Titelumschreibung/Zwangsvollstreckung	53
4. Kaufmannseigenschaft des Schuldners	22	8. Ermächtigung zur Führung von Rechtsstreitigkeiten	55
5. Beschränkungen über die Vermögenssphäre hinaus	24	9. Freigabe der Prozessführung	56
C. **Übergang der Verwaltungs- und Verfügungsbefugnis auf den Insolvenzverwalter**	27	10. Prozesskostenhilfe	57
		a) Ausnahme oder Regelfall	58
I. Rechte und Pflichten des Insolvenzverwalters	28	b) Keine Kostenaufbringung aus der Insolvenzmasse	60
1. Inbesitznahme und Sicherung der Insolvenzmasse	28	c) Wirtschaftliche Beteiligte	62
2. Verwertung der Insolvenzmasse	29	d) Zumutbarkeit der Kostenaufbringung	63
3. Auskunftspflichten des Insolvenzverwalters	30	D. **Unwirksamkeit von Veräußerungsverboten**	54
a) Auskunft gegenüber Gläubigern	30	I. Relative Veräußerungsverbote	54
b) Auskunft gegenüber Aus- und Absonderungsberechtigten	31	1. Gesetzliche relative Veräußerungsverbote	65
c) Auskunft gegenüber dem Schuldner	32	2. Richterliche und behördliche Veräußerungsverbote	66
d) Vertragliche Auskunftspflichten	33	3. Rechtsgeschäftliche Veräußerungsverbote	67
e) Ende der Auskunftspflicht	34	II. Pfändungen und Beschlagnahme	68

§ 80 InsO   Übergang des Verwaltungs- und Verfügungsrechts

Literatur:
Adam Die Prozessführung des Insolvenzverwalters, DZWIR 2006, 321; *Ballenstedt* Zur Haftung für culpa in contrahendo bei Geschäftsabschluß durch Stellvertreter, AcP 151, 501; *Bley* Die Haftung des Gemeinschuldners für Masseansprüche ZZP 62, 111; *Bötticher* Rezension von Jaeger, Konkursordnung mit Einführungsgesetzen, 8. Aufl. 1958, ZZP 71 (58), 314; *Bruder* Amt und Aufgaben des Insolvenzverwalters, in: Wimmer/Dauernheim/Wagner/Gietl, Handbuch des Fachanwalts Insolvenzrecht, Kap. 2, S. 85; *Dölle* Neutrales Handeln im Privatrecht, FS für Fritz Schulz, Bd. 2, S. 268; *Engelhardt/App* VwVG/VwZG, 9. Aufl. 2010; *Häsemeyer* Die Altlasten – Ein Prüfstein für wechselseitige Abstimmungen zwischen dem Insolvenzrecht und dem Verwaltungsrecht, FS Uhlenbruck, S. 97; *Henckel* Pflichten des Konkursverwalters gegenüber Aus- und Absonderungsberechtigten, 1979; *ders.* Buchbesprechung zu: K. Schmidt, Wege zum Insolvenzrecht der Unternehmen, ZIP 1991, 133; *Holzer* Erklärungen des Insolvenzverwalters bei Ausübung einer selbständigen Erwerbstätigkeit des Schuldners, ZVI 2007, 289; *Lent* Zur Lehre von der Partei kraft Amtes, ZZP 62, 41; *Lepa* Insolvenzordnung und Verfassungsrecht. Eine Untersuchung der Verfassungsmäßigkeit der InsO und der Einwirkung verfassungsrechtlicher Wertungen auf die Anwendungen dieses Gesetzes, 2002; *Mork/Heß* Das Veranlagungswahlrecht nach §§ 26ff. EStG im Insolvenzverfahren, ZInsO 2007, 314; *Schäfer* Zur Rechtssystematik der §§ 80–82 InsO und deren Anwendbarkeit bei Kontoeröffnungen des Insolvenzschuldners nach der Anordnung von Verfügungsbeschränkungen, ZInsO 2008, 16; *Schmidt* Keine Ordnungspflicht des Insolvenzverwalters?, NJW 2010, 1489.

A. Allgemeines

I. Normzweck

1 Das Insolvenzverfahren als Gesamtvollstreckungsverfahren dient der gleichmäßigen und bestmöglichen Befriedigung der Insolvenzgläubiger (§ 1 Satz 1 InsO). Mit dem gesetzlich angeordneten Übergang der Verwaltungs- und Verfügungsbefugnis nach Verfahrenseröffnung und der durch den Insolvenzverwalter erfolgten Beschlagnahme der Vermögensmasse, wenn dieses nicht bereits im vorläufigen Verfahren nach § 22 Abs. 1 Satz 1 InsO erfolgt ist, soll die Haftungsmasse für die Insolvenzgläubiger ungeschmälert erhalten werden und masseschädigende Handlungen des Schuldners verhindert werden. Sie ist als eine durch Gründe des öffentlichen Interesses gerechtfertigte Inhalts- und Schrankenbestimmung des Eigentums i.S.v. Art. 14 Abs. 1 Satz 2 GG verfassungsrechtlich unbedenklich (*BVerfGE* 51, 405 [408]; s. i.E. *Lepa* S. 190) und verstößt auch nicht gegen den verfassungsrechtlichen Grundsatz der Verhältnismäßigkeit oder gegen andere Verfassungsnormen (*Uhlenbruck/Mock* InsO § 80 Rn. 4 m.w.N.), zumal die Forderungen der Insolvenzgläubiger ihrerseits durch Art. 14 GG geschütztes Eigentum darstellen und zur Wahrung des sozialen Friedens möglichst weitgehend befriedigt werden müssen.

2 § 80 InsO als Grundnorm wird ergänzt durch §§ 81–83 Abs. 1 und 91 InsO als konkretisierende Normen (*Häsemeyer* InsR, Rn. 10.01). Durch den Schuldner vorgenommene Verfügungen sind nach § 81 Abs. 1 Satz 1 InsO absolut unwirksam. Im Interesse einer gleichmäßigen Gläubigerbefriedigung verlieren nach § 80 Abs. 2 InsO alle bei Verfahrenseröffnung bestehenden Veräußerungsverbote ihre Wirksamkeit. Die Vorschrift entspricht im Wesentlichen dem früheren § 13 KO. In Abs. 2 Satz 2 wird klargestellt, dass Pfändungen oder Rechte, die durch Beschlagnahme im Wege der Zwangsvollstreckung entstanden sind, davon unberührt bleiben. Durch Vollstreckungsmaßnahmen erlangte Sicherungen gewähren im Insolvenzverfahren ein Recht auf abgesonderte Befriedigung (§§ 49, 50 Abs. 1 InsO), es sei denn, sie unterfallen der Rückschlagsperre des § 88 InsO oder sind nach den Vorschriften der §§ 129 ff. InsO anfechtbar (*BGH* BGHZ 162, 143 ff.).

3 Unberührt davon bleiben die Vorschriften über die **Eigenverwaltung** durch den Schuldner. Rechtsgeschäfte des Schuldners sind in diesem Fall selbst dann wirksam, wenn dieser pflichtwidrig die Zustimmung des Sachwalters (§ 275 Abs. 1 InsO; Sollvorschrift) oder des Gläubigerausschusses (§ 276 Satz 1 InsO) nicht eingeholt hat (§ 276 Satz 2 i.V.m. § 164 InsO). Etwas anderes gilt nur, wenn das Insolvenzgericht gem. § 277 InsO angeordnet hat, dass bestimmte Rechtsgeschäfte zu ihrer Wirksamkeit der Zustimmung des Sachwalters bedürfen (vgl. die Kommentierung von § 277 InsO).

Im **Verbraucherinsolvenzverfahren** findet § 80 nunmehr weitgehende Anwendung für alle Verfahren, die ab dem 01.07.2014 eröffnet wurden (Gesetz zur Verkürzung des Restschuldbefreiungsverfahrens und zur Stärkung der Gläubigerrechte v. 15.07.2013 BGBl. I S. 2379). Für alle Altverfahren gilt Abs. 2 uneingeschränkt, Abs. 1 gilt mit der Maßgabe, dass an die Stelle des Insolvenzverwalters der Treuhänder tritt (§ 304 Abs. 1 Satz 1 InsO). 4

II. Geltungsbereich

1. Zeitlicher Anwendungsbereich

Die Wirkungen der Verfahrenseröffnung treten mit der Unterzeichnung des Eröffnungsbeschlusses ein, nicht erst mit dessen Zustellung oder Bekanntgabe (*Jaeger/Windel* § 80 Rn. 9; *Uhlenbruck/Mock* InsO, § 80 Rn. 6). Es ist nicht zulässig, die Eröffnung auf einen späteren Zeitpunkt, als den der Unterzeichnung des Eröffnungsbeschlusses durch den Richter zu datieren (*BGH* ZIP 2005, 310). Das Gericht sollte darum seine gesetzliche Verpflichtung (§ 27 Abs. 2 Nr. 3 InsO) ernst nehmen und im Beschluss den Tag und die Stunde der Eröffnung angeben; verschiedentlich wird sogar, über die Forderungen des Gesetzes hinausgehend, die Angabe der Minute empfohlen (etwa HK-InsO/*Kayser* § 80 Rn. 5). Enthält der Beschluss keine zeitlichen Angaben zur Eröffnung gilt als Zeitpunkt der Eröffnung die Mittagsstunde des Tages, an dem der Beschluss erlassen wurde (§ 27 Abs. 3 InsO). Maßgeblich ist die **Wirksamkeit** des Eröffnungsbeschlusses (nicht dagegen seine Rechtmäßigkeit). Die Rspr. bejaht die Wirksamkeit eines fehlerhaften Eröffnungsbeschlusses allerdings sogar dann, wenn der Beschluss den Schuldner nicht namentlich, sondern durch Bezugnahme auf ein Blatt der Akten bezeichnet und die Person des Schuldners aus der Verweisung eindeutig zu entnehmen ist (*BGH* ZIP 2003, 35; ZIP 2003, 1900). Diese Rechtsprechung, die vermeidbare Nachlässigkeiten der Insolvenzgerichte deckt und unsorgfältige Arbeitsweise geradezu fördert, erscheint bedenklich. 5

Die Wirkungen der Verfahrenseröffnung enden mit der Beschlussfassung über die Aufhebung des Verfahrens (§ 200 InsO), der Einstellung des Verfahrens (§§ 207, 211–213 InsO) und der Freigabe der Vermögensgegenstände des Insolvenzverwalters aus der Insolvenzmasse (*BGH* BGHZ 166, 74=ZIP 2006, 479). Auf die Zustellung oder Veröffentlichung des Beschlusses kommt es insofern nicht an (*BGH* BGHZ 186, 223=ZIP 2006, 1610; HK-InsO/*Kayser* § 80 Rn. 6; **a.A.** MüKo-InsO/*Ganter/Lohmann* § 4 Rn. 83 erst bei Veröffentlichung). Bei der Freigabe durch den Insolvenzverwalter enden sie mit dem Zugang der Freigabeerklärung beim Schuldner (*BGH* BGHZ 166, 74; ZIP 2007, 1020; HK-InsO/*Ries* § 35 Rn. 64). 6

2. Sachlicher Anwendungsbereich

Die Verfahrenseröffnung nach § 35 InsO bewirkt, dass das gesamte Vermögen des Schuldners im Zeitpunkt der Eröffnung mit Ausnahme der Einschränkungen des § 37 InsO Insolvenzmasse wird. Damit erfolgt eine Teilung des schuldnerischen Vermögens in ein sog. »Sondervermögen«, das dem Insolvenzbeschlag unterfällt und dem »freien Vermögen«. Vom Insolvenzbeschlag erfasst wird sein gesamtes insolvenzbefangenes Vermögen. Dazu gehören auch das Auslandsvermögen und der Neuerwerb während des Verfahrens. Unmittelbare Folge des Insolvenzbeschlags ist, dass der Schuldner die Verwaltungs- und Verfügungsbefugnis über das insolvenzbefangene Vermögen verliert. § 80 InsO findet auch im Verbraucherinsolvenzverfahren Anwendung (§ 304 InsO mit Verweis auf die allgemeinen Vorschriften), so dass auf den Treuhänder die Verwaltungs- und Verfügungsbefugnis übergeht. Ausgenommen davon ist das sog. Schonvermögen des Verbrauchers (§ 36 InsO). 7

Keine Anwendung findet § 80 InsO bei Anordnung einer **Eigenverwaltung**. In diesem Fall verbleibt die Verwaltungs- und Verfügungsbefugnis beim Schuldner (§ 270 Abs. 1 InsO). Der Schuldner wird lediglich unter die Aufsicht eines Sachwalters gestellt, der den Schuldner zu überwachen hat. Grundsätzlich sind die von einem Schuldner getätigten Rechtsgeschäfte im Außenverhältnis wirksam, selbst wenn der Sachwalter oder der Gläubigerausschuss diesen nicht zugestimmt oder gar widersprochen hat, es sei denn, dass das Gericht die vorherige Zustimmungsbedürftigkeit durch den 8

Sachwalter für bestimmte Rechtsgeschäfte angeordnet hat (§ 277 Abs. 1 InsO). Ansonsten verbleibt den Gläubigern lediglich die Möglichkeit nach § 272 InsO, die Aufhebung der Eigenverwaltung zu beantragen.

9   Der Insolvenzverwalter ist berechtigt, Vermögengegenstände aus der Masse frei zu geben. In diesem Falle endet der Insolvenzbeschlag mit dem Zugang der Freigabeerklärung (*BGH* ZIP 2005, 1034). Damit unterfallen sie nicht mehr dem Sondervermögen. Der Schuldner erlangt über diese Vermögensgegenstände wieder die Verwaltungs- und Verfügungsbefugnis zurück.

B. Rechtsstellung des Insolvenzverwalters

10 Mit Verfahrenseröffnung (§ 27 InsO) geht die Verwaltungs- und Verfügungsbefugnis über die Insolvenzmasse auf den Insolvenzverwalter über (s. Rdn. 27). Das Verwaltungs- und Verfügungsrecht des Insolvenzverwalters berechtigt ihn der Gläubigergemeinschaft gegenüber **zu allen Maßnahmen**, die dem Insolvenzzweck, der größtmöglichen und gleichmäßigen Befriedigung der Insolvenzgläubiger, dienen oder sich sonst auf die Masse beziehen (*K. Schmidt/Sternal* InsO, § 80 Rn. 15). Auf die Rechtskraft des Eröffnungsbeschlusses kommt es nicht an (*Uhlenbruck/Mock* InsO, § 80 Rn. 6). Voraussetzung ist aber, dass der Verwalter sein Amt annimmt. Hat er nicht bereits vorher gegenüber dem Gericht erklärt, dass er im Falle einer Eröffnung und der Bestellung seiner Person seine Bereitschaft zur Übernahme erklärt, treten die Rechtswirkungen des § 80 InsO rückwirkend mit der Annahme des Amtes ein (vgl. *K. Schmidt/Sternal* InsO, § 80 Rn. 15. Mit Beendigung oder Einstellung des Verfahrens wird der Schuldner wieder verwaltungs- und verfügungsbefugt (s. Rdn. 6).

I. Theorien über die Rechtstellung des Insolvenzverwalters

11 Bereits seit Inkrafttreten der Konkursordnung (1879) ist die Rechtsstellung des Insolvenzverwalters umstritten. In der Lit. wurden dazu schon früh unterschiedliche Theorien vertreten (ausführliche und wertende Darstellung bei *Häsemeyer* InsR, Rn. 15.03–15.06; vgl. dazu i.E. auch MüKo-InsO/*Ott/Vuia* § 80 Rn. 20f.). Der Grund hierfür wird in der besonderen Ausgestaltung der Konkursverwaltung zu sehen sein, die man versuchte rechtssystematisch und rechtsdogmatisch in das Zivil- und Zivilprozessrecht einzuordnen (MüKo-InsO/*Ott/Vuia* § 80 Rn. 21). Das Reichsgericht (*RG* RGZ 29, 29; 52, 330) folgte der »Amtstheorie«, die in der Folgezeit fortdauernd von der Rechtsprechung (vgl. nur *BGH* BGHZ 35, 13 [17]; 88, 331 [334]) angewandt wurde. Obwohl der Gesetzgeber in der Insolvenzordnung diese Frage offengelassen hat, folgt der BGH auch weiter der Amtstheorie (*BGH* ZInsO 2006, 260). In der Praxis hat der Theorienstreit heute kaum mehr eine Bedeutung. Allenfalls bei der Einordnung der prozessrechtlichen Stellung des Insolvenzverwalters kämen die Theorien zu unterschiedlichen Ergebnissen. Nach h.M. in Lit. und Rspr. führt der Insolvenzverwalter die Prozesse als Partei kraft Amtes (vgl. nur *Uhlenbruck/Mock* InsO, § 80 Rn. 20, *BGH* ZInsO 2006, 260; NZI 2008, 561).

1. Vertretertheorie

12 Die heute kaum mehr verfolgte Vertretertheorie sieht den Insolvenzverwalter als den zwangsweise bestellten gesetzlichen Vertreter des Schuldners an (*Ballenstedt* AcP 151, 526 f.; *Bley* ZZP 62, 111; *Lent* ZZP 62, 129 f.). Prozesspartei blieb der Schuldner nunmehr gesetzlich vertreten durch den Verwalter. Nach der »neuen« Vertretertheorie wird dahingehend differenziert, ob der Schuldner eine natürliche Person sei, dann handele der Verwalter als sein gesetzlicher Vertreter beschränkt auf die Insolvenzmasse, bei juristischen und sonstigen insolvenzfähigen Personenvereinigungen als ihr Organ als Fremdliquidator (*K. Schmidt* KTS 1984, 345 [360 f.]; *ders.* KTS 2001, 373 [374 f.]).

2. Organtheorie

13 Der Insolvenzverwalter wird als gesetzliches Vertretungsorgan (§ 31 BGB) der Insolvenzmasse angesehen. *Damit wird die Insolvenzmasse als eigenes (»Quasi«)Rechtssubjekt angesehen bzw. eine eigene Rechtsfähigkeit eingeräumt* (*Bötticher* ZZP 71, 314 f.; *Erdmann* KTS 1967, 87).

3. Amtstheorie

Nach der ständigen Rechtsprechung (*BGHZ* 35, 13 [17]; 88, 331 [334]; *BGH* ZInsO 2006, 260) 14
und der h.M. in der Lit. handelt der Insolvenzverwalter als amtliches Organ im eigenen Namen
und kraft eigenem Rechts mit unmittelbarer Wirkung für und gegen die Insolvenzmasse. Im Zivilprozess tritt der Insolvenzverwalter als Partei kraft Amtes auf (*Jaeger/Windel* § 80 Rn. 15; *Henckel*
ZIP 1991, 133; *Uhlenbruck/Mock* InsO, § 80 Rn. 20).

4. Theorie vom neutralen Handeln

Nach der **Theorie vom neutralen Handeln** wird der Insolvenzverwalter weder in fremdem Namen 15
(als gesetzlicher Vertreter) noch in eigenem Namen tätig, sondern »neutral«, nur als Verwalter fremden Vermögens; sein Handeln ist rein objektbezogen (vgl. *Dölle* FS für Schulz 1951, Bd. 2, S. 268).
Diese Theorie wird heute nicht mehr vertreten.

II. Rechtliche Stellung des Schuldners

1. Verlust der Verwaltungs- und Verfügungsbefugnis des Schuldners

Mit der Verfahrenseröffnung verliert der Schuldner das Recht, sein zur Insolvenzmasse gehörendes 16
Vermögen zu **verwalten** und über es zu **verfügen** (§ 80 Abs. 1 InsO) sowie darüber einen Rechtsstreit
zu führen und zwar eo ipso, ohne dass es irgendwelcher Entziehungs- oder Übertragungsakte bedürfte (*Uhlenbruck/Mock* InsO, § 80 Rn. 5 m.w.N.). Dieses gilt auch für die gesetzlichen Vertretungsorgane des Schuldners ein oder den vertretungsberechtigten Gesellschaftern des Schuldners,
falls der Schuldner keine natürliche Person ist (*Jauernig/Berger* Zwangsvollstreckungs- und Insolvenzrecht, § 40 Rn. 18). Die Vertretungsorgane behalten jedoch die gesetzlichen Befugnisse, die
das Vermögen des in Insolvenz geratenen Vertretenen nicht berühren; außerdem nehmen sie die
Schuldnerrechte gegenüber dem Insolvenzgericht und gegenüber dem Insolvenzverwalter wahr (MüKo-InsO/*Ott/Vuia* § 80 Rn. 112 m.w.N.).

Zum Insolvenzverwalter steht der Schuldner in einem **Geschäftsbesorgungsverhältnis**, das zwar sei- 17
ner Natur nach ein gesetzliches Schuldverhältnis ist, jedoch ähnliche Verpflichtungen erzeugt, wie sie
bei einer vertraglichen Übernahme einer Geschäftsbesorgung entstehen (vgl. *BGH* BGHZ 21, 291).
In keinem Falle wird zwischen dem Insolvenzverwalter und dem Schuldner ein Arbeitsverhältnis begründet (*BGH* BGHZ 113, 262, 276; *ArbG Stade* DB 1954, 476; *Uhlenbruck/Mock* InsO, § 80
Rn. 22).

Weder der Schuldner noch seine organschaftlichen Vertreter oder deren Aufsichtsorgane sind gegen- 18
über dem Verwalter weisungsbefugt. Ihnen stehen lediglich die in der InsO geregelten Verfahrensrechte wie das Beschwerderecht zu.

2. Bindungswirkung an Handlungen des Insolvenzverwalters

Aus dem Übergang des Verwaltungs- und Verfügungsrechts des Schuldners auf den Insolvenzver- 19
üwalter ergibt sich, dass der Schuldner an die Wirkungen der von dem nunmehr zuständigen Insolvenzverwalter vorgenommenen Rechtshandlungen gebunden ist, auch soweit es sich dabei um
Verpflichtungen handelt, die über die Dauer des Insolvenzverfahrens hinausreichen (*Nerlich/Römermann/Wittkowski* InsO, § 80 Rn. 12), und zwar in der gleichen Weise, als ob er die betreffenden
Rechtsgeschäfte selbst abgeschlossen hätte (MüKo-InsO/*Ott/Vuia* § 80 Rn. 8). Folgerichtig wirkt
die Rechtskraft von Urteilen in Prozessen, die Massegegenstände betreffen, auch nach Abschluss
des Insolvenzverfahrens gegen den Schuldner (MüKo-InsO/*Ott/Vuia* § 80 Rn. 95; HambK-InsO/
Kuleisa § 80 Rn. 41). Die Bindung erstreckt sich auch auf vom Insolvenzverwalter zu vertretende
Vertragsverletzungen und Leistungsstörungen (HambK-InsO/*Kuleisa* § 80 Rn. 24), doch ist die
Haftung auf den Bestand der Masse beschränkt (*BGH* NJW 1955, 339; MüKo-InsO/*Ott/Vuia*
§ 80 Rn. 9). Für unerlaubte Handlungen des Insolvenzverwalters hat hingegen nur dieser, nicht
der Schuldner einzustehen (MüKo-InsO/*Ott/Vuia* § 80 Rn. 41; *K. Schmidt* KTS 1984, 393).

Nach *BVerfG* (ZIP 1993, 686) soll es nicht gegen die Eigentumsgarantie von Art. 14 GG verstoßen, dass dem Schuldner ein Beschwerderecht gegen Maßnahmen des Insolvenzverwalters versagt ist. Der Insolvenzverwalter ist nicht berechtigt, einen Antrag auf Auszahlung der vorzeitigen Altersrente für einen Schuldner zu stellen (*OVG Münster* ZInsO 2012, 1473).

3. Sonstige Rechte des Schuldners

20 Trotzdem bleibt der Schuldner weiter Inhaber der von ihm vor Verfahrenseröffnung erworbenen Rechte und wird auch Inhaber der nach Verfahrenseröffnung vom Insolvenzverwalter erworbenen Rechte (HK-InsO/*Kayser* § 80 Rn. 19). Lediglich die Verwaltungs- und Verfügungsbefugnis darüber steht ihm nicht mehr zu. Gleichwohl vorgenommene Verfügungen des Schuldners sind nach § 81 InsO unwirksam, eingegangene Verpflichtungen sind im Außenverhältnis wirksam, erzeugen aber keine Bindungswirkung für die Masse (MüKo-InsO/*Ott/Vuia* § 80 Rn. 11 m.w.N.). Der Schuldner bleibt ungeachtet der Eröffnung des Insolvenzverfahrens rechtsfähig (auch im Falle einer juristischen Person), geschäftsfähig, parteifähig und prozessfähig (HK-InsO/*Kayser* § 80 Rn. 23; K. Schmidt/*Sternal* InsO, § 80 Rn. 9 f.) und ist darum weder materiell-rechtlich noch verfahrensrechtlich daran gehindert, sich durch Rechtsgeschäfte neu zu verpflichten (so zutr. HK-InsO/*Kayser* § 80 Rn. 23), wobei indessen seine evtl. Neuverschuldung das laufende Insolvenzverfahren nicht berührt (vgl. K. Schmidt/*Sternal* InsO, § 80 Rn. 6). Hinsichtlich des insolvenzfreien Vermögens bleibt der Schuldner auch verwaltungs-und verfügungsbefugt (*Uhlenbruck/Mock* InsO, § 80 Rn. 28). Ist streitig, ob ein Gegenstand zur Insolvenzmasse gehört, ist der Insolvenzverwalter zur Klage befugt (*Uhlenbruck/Mock* InsO, § 80 Rn. 8), m.E. in Form der Feststellungsklage.

21 Er ist auch danach Inhaber seines Vermögens, etwa als Eigentümer von beweglichen Sachen und Grundstücken und als Inhaber von Forderungen (vgl. K. Schmidt/*Sternal* InsO, § 80 Rn. 8; *Uhlenbruck* InsO, § 80 Rn. 6).

4. Kaufmannseigenschaft des Schuldners

22 Der Schuldner behält des Weiteren seine Kaufmannseigenschaft, bis der Insolvenzverwalter das Handelsunternehmen aufgibt oder es im Ganzen veräußert (HK-InsO/*Kayser* § 80 Rn. 19; *Nerlich/Römermann-Wittkowski* InsO, § 80 Rn. 33). Die Kaufmannseigenschaft geht auch nicht mit dem Übergang der Verwaltungs-und Verfügungsbefugnis auf den Verwalter über, selbst dann wenn der Verwalter den Geschäftsbetrieb fortführt (str. anders noch FK-InsO/*App* 7. Aufl. § 80 Rn. 6 m.w.N.; zu Recht verneinend: *Uhlenbruck/Mock* InsO, § 80 Rn. 21; HK-InsO/*Kayser* § 80 Rn. 19). Der *BGH* hat diese Rechtsfrage in seiner Entscheidung vom 25.02.1987 offengelassen (*BGH* ZIP 1987, 584). Die Rechtsgrundsätze über die Wirkungen eines kaufmännischen Bestätigungsschreibens sind auf das rechtsgeschäftliche Handeln des Verwalters anwendbar, wenn er im größeren Umfang am geschäftlichen Verkehr teilnimmt (*BGH* ZIP 1987, 584; MüKo-InsO/*Ott/Vuia* § 80 Rn. 100).

23 Vielfach wurde aus der fehlenden Kaufmannseigenschaft des Verwalters in der Vergangenheit abgeleitet, dass der Verwalter nicht berechtigt sei, Prokuren zu bestellen (vgl. *BGH* WM 1958, 430; *Jaeger/Windel* § 80 Rn. 68). Nach nunmehr überwiegend vertretener Auffassung ist der Verwalter berechtigt, Prokuren zu erteilen (*Uhlenbruck/Mock* InsO, § 80 Rn. 242 m.w.N.). Die Erteilung einer Prokura ist unabhängig vom Kaufmannsbegriff zu sehen. Noch zu Zeiten der Konkursordnung wurde es als zulässig angesehen, wenn der Konkursverwalter Handlungsvollmacht erteilte, weil er bei einer Betriebsfortführung auf die Unterstützung von Bevollmächtigten angewiesen war (MüKo-InsO/*Ott/Vuia* § 80 Rn. 103). Prokuren erlöschen gem. § 117 InsO mit Verfahrenseröffnung. Nach dem Willen des Gesetzgebers hat der Verwalter im Insolvenzverfahren den Geschäftsbetrieb zunächst fortzuführen. Damit ist der Verwalter gehalten, den kaufmännischen Betrieb aufrechtzuerhalten, so dass er auch auf die dafür notwendigen rechtlichen Gestaltungsmöglichkeiten, wie die Erteilung von Handlungsvollmachten und Prokuren zurückgreifen können muss. Dieses gilt zwingend für größere Unternehmenseinheiten, die ohne entsprechende personelle Unterstützung ansonsten nicht aufrecht zu erhalten wären (so auch MüKo-InsO/*Ott/Vuia* § 80 Rn. 103).

5. Beschränkungen über die Vermögenssphäre hinaus

Verschiedene Vorschriften ordnen über die Vermögenssphäre hinaus Beschränkungen des Schuldners im persönlichen Bereich an. Seine Bewegungsfreiheit ist durch § 97 Abs. 3 InsO eingeschränkt; es besteht die Möglichkeit der Anordnung einer Postsperre gem. § 99 InsO (vgl. dazu die dortige Kommentierung). 24

Die Zulassung zur Rechtsanwaltschaft kann versagt werden, wobei die BRAO seit der Änderung durch Art. 16 Nr. 1 EGInsO nur noch an den durch die Eröffnung eines Insolvenzverfahrens allerdings indizierten Vermögensverfall anknüpft (§ 7 Nr. 9 BRAO), während die Eröffnung des Insolvenzverfahrens als solche anders als nach dem aufgehobenen § 7 Nr. 10 BRAO kein Versagungstatbestand mehr ist. Hier kann von einer Rücknahme der Zulassung abgesehen werden, wenn die Interessen der Ratsuchenden nicht gefährdet sind. Diese gilt auch für Steuerberater, § 46 Abs. 2 Nr. 6 StBerG. Daneben gibt es Berufsgruppen, für deren Zulassung, Bestellung oder Widerruf das Vorliegen geordneter wirtschaftlicher Verhältnisse Voraussetzung ist (Notare § 50 Abs. 1 Nr. 6 BNotO; Wirtschaftsprüfer, §§ 16 Abs. 1 Nr. 7, 20 Abs. 1 Nr. 5 WPO). 25

Einschränkungen bestehen in staatsbürgerlicher Hinsicht für die Bestellung zum Schöffen und zum ehrenamtlichen Richter (§ 33 Nr. 5 GVG; § 21 Abs. 2 Satz 2 ArbGG; § 17 Abs. 1 Satz 2 SGG; § 21 Abs. 2 VwGO; § 18 Abs. 2 FGO), wobei die neu gefassten Vorschriften, verfassungsrechtlichen und rechtspolitischen Bedenken gegen die früheren Bestimmungen (dazu *App* MDR 1987, 106) Rechnung tragend, gegenüber den zwingenden Vorläuferregelungen nur noch als Sollvorschriften ausgestaltet sind und nicht an die Verfügungsbeschränkung, sondern an den Vermögensverfall des Schuldners anknüpfen. Das aktive und das passive Wahlrecht zum Bundestag und zu den Länderparlamenten sowie kommunale Wahlrechte werden durch die Eröffnung eines Insolvenzverfahrens nicht beeinträchtigt. 26

C. Übergang der Verwaltungs- und Verfügungsbefugnis auf den Insolvenzverwalter

Mit Verfahrenseröffnung (§ 27 InsO) geht die Verwaltungs- und Verfügungsbefugnis über die Insolvenzmasse auf den Insolvenzverwalter über. Das Verwaltungs- und Verfügungsrecht des Insolvenzverwalters berechtigt ihn der Gläubigergemeinschaft gegenüber zu allen Maßnahmen, die dem Insolvenzzweck, der größtmöglichen und gleichmäßigen Befriedigung der Insolvenzgläubiger, dienen oder sich sonst auf die Masse beziehen (K. Schmidt/*Sternal* InsO, § 80 Rn. 15). 27

I. Rechte und Pflichten des Insolvenzverwalters

1. Inbesitznahme und Sicherung der Insolvenzmasse

Nach § 148 InsO hat der Insolvenzverwalter unverzüglich nach Verfahrenseröffnung das gesamte zur Insolvenzmasse gehörende Vermögen in Besitz und Verwaltung zu nehmen. Die Besitzergreifung vollzieht sich nicht kraft Gesetzes, sondern setzt die Erlangung der tatsächlichen Sachherrschaft durch den Insolvenzverwalter voraus (*LG Köln* ZInsO 2010, 53). Bei Sachen, die der Insolvenzverwalter in seine tatsächliche Gewalt gebracht hat, ist dieser unmittelbarer Besitzer, der Schuldner weiter mittelbarer Besitzer; der Schuldner ist Eigenbesitzer, der Insolvenzverwalter Fremdbesitzer (K. Schmidt/*Sternal* InsO, § 80 Rn. 22). Der Insolvenzverwalter hat die Insolvenzmasse zu sichern. Er hat alle notwendigen Sicherungsmaßnahmen in diesem Zusammenhang zu ergreifen. Dazu gehören rein tatsächliche Handlungen wie auch die versicherungsmäßige Absicherung gegen bestimmte Risiken. Unzulässige Zugriffe auf das von ihm in Besitz und Verwaltung genommene Vermögen hat er abzuwehren. Dazu gehören auch Rechtsbehelfe gegen unzulässige Zwangsvollstreckungsmaßnahmen und die Abwehr von Zugriffen auf Sicherungsgut, solange die Berechtigung des Dritten nicht nachgewiesen wurde. Mit Hilfe einer vollstreckbaren Ausfertigung des Eröffnungsbeschlusses kann er vom Schuldner – und nur vom Schuldner – im Wege der Zwangsvollstreckung die Herausgabe erzwingen (§ 148 Abs. 2 InsO). Ist ein zur Herausgabe unwilliger Dritter im Besitz eines zur Insolvenzmasse gehörenden Gegenstandes, kann der Verwalter seinen Herausgabeanspruch nur im Klagewege geltend machen. Darüber hinaus hat er die Vermögensgegenstände aufzuzeichnen (§ 151 28

InsO), die Gläubiger zu erfassen (§ 152 InsO) und eine Vermögensübersicht zu erstellen (§ 153 InsO).

2. Verwertung der Insolvenzmasse

29 Der Insolvenzverwalter hat die Insolvenzmasse bestmöglich im Interesse der Gläubigergemeinschaft unter Beachtung der den Gläubigern zustehenden Mitwirkungsrechte (§§ 157, 158, 160 InsO) zu verwerten (§ 159 InsO). Die Insolvenzordnung bietet dem Verwalter dazu verschiedene Möglichkeiten. Auch die Betriebsfortführung im Insolvenzverfahren ist eine Verwertungshandlung des Verwalters. Beim Weiterführen der Produktion, der Fertigstellung von Waren und des daraus resultierenden neuen Forderungsbestandes wird weitere Masse geschaffen und das Unternehmen als Ganzes im Wert erhalten. Der Wert eines lebenden Unternehmens ist i.d.R. deutlich höher als die bei einer Liquidation anfallenden Erlöse. Bei Unternehmensinsolvenzen sollte zunächst der Erhalt des Unternehmens als Ganzes oder in Teilen, soweit es rechtlich und betriebswirtschaftlich möglich ist, im Vordergrund stehen. Bereits der vorläufige Insolvenzverwalter, auf den die Verwaltungs- und Verfügungsbefugnis übergegangen ist, hat nach § 22 Abs. 1 Satz 2 Nr. 2 InsO das Unternehmen bis zur Eröffnung des Insolvenzverfahrens fortzuführen, es sei denn, das Gericht stimmt einer Betriebseinstellung zu, wenn eine erhebliche Vermögensminderung zu erwarten ist. Nach dem Willen des Gesetzgebers sollte die Betriebsfortführung den Regelfall darstellen. Erst recht gilt dieses nach Verfahrenseröffnung bis zum Berichtstermin, in dem die Gläubiger darüber entscheiden, ob der Betrieb fortgeführt oder stillgelegt wird (§ 157 InsO) oder ein Insolvenzplan erarbeitet werden soll. Im Rahmen des Insolvenzplanverfahrens kann der Unternehmensträger als Ganzes erhalten werden. Auch außerhalb des Insolvenzplanverfahrens kann im Wege der übertragenden Sanierung der Betrieb (nicht der Unternehmensträger) im Ganzen oder Teilen veräußert werden. Scheidet diese Möglichkeit aus oder können nur Betriebsteile veräußert werden, ist die Insolvenzmasse zu liquidieren. Die beweglichen und unbeweglichen Vermögensgegenstände sind einzeln zu veräußern, sei es freihändig oder im Rahmen einer Versteigerung, Forderungen sind zur Masse zu ziehen. Dazu gehören auch die Geltendmachung von Ansprüchen gegen die Geschäftsführer und Gesellschafter. Für bestimmte bedeutsame Verwertungshandlungen hat der Insolvenzverwalter die Zustimmung des Gläubigerausschusses, wenn ein solcher bestellt ist, andernfalls die Zustimmung der Gläubigerversammlung einzuholen (§ 160 Abs. 2 InsO). Dazu gehören die Veräußerung des Unternehmens oder des Warenlagers im Ganzen, die Veräußerung von Grundstücken oder die Veräußerung an besonders Interessierte (§ 162 InsO).

3. Auskunftspflichten des Insolvenzverwalters

a) Auskunft gegenüber Gläubigern

30 Der Insolvenzverwalter steht unter der Aufsicht des Insolvenzgerichtes (§ 58 InsO). Er ist dem Gericht gegenüber verpflichtet, Auskünfte zu erteilen. Das Gericht kann jederzeit von ihm einen Bericht über den Sachstand und seine Geschäftsführung verlangen. Er hat den Gläubigern in der ersten Gläubigerversammlung einen umfassenden Bericht über die wirtschaftliche Lage und die Ursachen der Insolvenz wie auch, welche Aussichten für eine Fortführung des Unternehmens im Ganzen oder Teilen bestehen, zu erstatten (§ 156 Abs. 1 InsO). Gleichzeitig hat er dazu Stellung zu nehmen, ob Möglichkeiten für die Erstellung eines Insolvenzplanes bestehen und auf die Befriedigungsaussichten der Gläubiger jeweils einzugehen. Die Gläubigerversammlung beschließt im Berichtstermin in welchem zeitlichen Rahmen der Insolvenzverwalter weitere schriftliche Berichte einzureichen hat. Darüber hinaus ist der Insolvenzverwalter dem Gläubigerausschuss zur Auskunft verpflichtet (§ 69 InsO). Außerhalb einer Gläubigerversammlung ist der Insolvenzverwalter nicht verpflichtet, einzelnen Gläubigern Bericht zu erstatten (*BGH* KTS 1974, 106; *Uhlenbruck/Mock* InsO, § 80 Rn. 116). Der VID (Verband der Insolvenzverwalter Deutschlands) hat in seinen GOI (Grundsätzen ordnungsgemäßer Insolvenzverwaltung) neue Maßstäbe für eine unabhängige, transparente und qualitativ anspruchsvolle Insolvenzverwaltung gesetzt. Danach stellt der Insolvenzverwalter den am Insolvenzverfahren beteiligten Gläubigern über ein elektronisches, passwortgeschütztes Gläubigerinfor-

mationssystem kurzfristig konkrete Informationen zu Ansprechpartnern und zur Erreichbarkeit des Insolvenzverwalters sowie der Sachbearbeiter zur Verfügung. Er gewährleistet die Bereitstellung aktueller Informationen zu den Ergebnissen der Forderungsprüfung, zur voraussichtlichen Verfahrensdauer und Quote. Können Anfragen von Gläubigern nicht unter Hinweis auf das Gläubigerinformationssystem beantwortet werden, wird der Insolvenzverwalter bestrebt sein, eine gleichwertige sachgerechte Beantwortung herbeizuführen. Dagegen besteht kein Auskunftsanspruch der Gläubiger gegen den Insolvenzverwalter über den Zeitpunkt des Eintritts der Insolvenzreife (*BGH* ZIP 2005, 1325). In diesen Fällen kann der Insolvenzverwalter den Gläubiger darauf verweisen, selbst Einsicht in die Geschäftsunterlagen des Schuldners zu nehmen. Die Auskunftspflicht des Insolvenzverwalters erstreckt sich ausschließlich auf die Insolvenzmasse (*Nerlich/Römermann-Wittkowski* InsO, § 80 Rn. 147 m.w.N.).

b) Auskunft gegenüber Aus- und Absonderungsberechtigten

Auch **aus- und absonderungsberechtigten** Gläubigern gegenüber besteht keine uneingeschränkte **Auskunftspflicht.** Lediglich unter den Voraussetzungen der §§ 167 ff. InsO ist der Verwalter diesen Gläubigern zur Auskunft verpflichtet. Dabei obliegt es den **Aus- und Absonderungsberechtigten** ihre Ansprüche zunächst zu konkretisieren (*BGH* BGHZ 50, 86). Die Erfüllung der Auskunftspflicht muss für den Verwalter zumutbar sein. Es ist nicht Sache des Insolvenzverwalters hierzu zeitaufwendige Nachforschungen zu betreiben. Bei der Einziehung von Forderungen kann er anstelle dessen den Sicherungsgläubiger auf die Einsichtnahme in die Geschäftsbücher verweisen (§ 167 Abs. InsO). Wurde Sicherungsgut veräußert oder verarbeitet, muss der Verwalter die zur Erteilung der Auskunft erforderlichen Prüfungen anstellen und notfalls seinerseits Auskünfte des zu deren Erteilung verpflichteten Schuldners einholen (*BGH* BGHZ 49, 11 [13 ff.]; 70, 86 [88] zur KO). Dabei muss die Auskunftserteilung zumutbar sein (*BGH* ZIP 2000, 1061). Arbeits- und Zeitaufwand des Auskunftspflichtigen und schutzwürdiges Interesse des Auskunftsberechtigten müssen in einem ausgewogenen Verhältnis zueinander stehen, gerade, wenn es um die Pflicht des Insolvenzverwalters zur Auskunft über Vorgänge im Schuldnerbetrieb geht, an denen er selbst nicht beteiligt war; denn der Verwalter muss im Interesse aller Verfahrensbeteiligten auf eine zügige Abwicklung des Verfahrens hinwirken (*BGH* BGHZ 70, 86 [91]). Bei Großinsolvenzen wäre der für die Auskunftserteilung erforderliche Aufwand für den Verwalter unverhältnismäßig, so dass für seine eigentliche Aufgabe der Sicherung und Verwertung der Masse nur noch wenig Zeit verbliebe. Es entspricht auch nicht dem Sinn des Insolvenzverfahrens, die Masse in einem nicht unerheblichen Umfang mit Kosten zu belasten, die mit der Sicherung der Rechte der Aus- und Absonderungsberechtigten verbunden sind. Deshalb ist dem Verwalter in Fällen, in denen die geforderte Auskunft mit vertretbarem Zeit- und Arbeitsaufwand nicht möglich ist, grds. das Recht zuzugestehen, den Auskunftsberechtigten darauf zu verweisen, sich die erforderlichen Informationen durch Einsichtnahme in die Geschäftsunterlagen selbst zu beschaffen; dem Verwalter steht insoweit eine Ersetzungsbefugnis zu (*BGH* ZIP 2000, 1061; *LG Baden-Baden* ZIP 1989, 1003 [1004]; *Mohrbutter* KTS 1968, 103 [104]; *Henckel* Pflichten des Konkursverwalters gegenüber Aus- und Absonderungsberechtigten, 1979, S. 3f). Bei Sicherungsrechten mehrerer Beteiligter an derselben Sache hat der Insolvenzverwalter die Rangfolge zu klären. 31

c) Auskunft gegenüber dem Schuldner

Der Insolvenzverwalter hat gegenüber dem Schuldner grds. keine Auskunftspflicht. Im Restschuldbefreiungsverfahren hat der Verwalter dem Schuldner gegenüber Auskunft über den Stand der Verbindlichkeiten und des pfändungsfreien Einkommens zu erteilen (*K. Schmidt/Sternal* InsO, § 80 Rn. 25). Organschaftlichen Vertretern des Schuldners gegenüber ist der Insolvenzverwalter ebenso wenig zur Auskunft verpflichtet (*K. Schmidt/Sternal* InsO, § 80 Rn. 25; HambK-InsO/*Kuleisa* § 80 Rn. 19). Dagegen bestehen Unterrichtungspflichten des Verwalters gegenüber dem Schuldner, wie z.B. in § 158 Abs. 2 Satz 1 InsO für den Fall der beabsichtigten Betriebsstilllegung (*Uhlenbruck/Mock* InsO, § 80 Rn. 110), vor der Beschlussfassung über bedeutsame Rechtshandlungen (§ 161 InsO) und bei einer Betriebsveräußerung unter Wert (§ 163 Abs. 1 InsO). 32

d) Vertragliche Auskunftspflichten

33 An vertragliche Auskunftspflichten ist der Insolvenzverwalter nur gebunden, wenn er nach § 103 InsO den Eintritt in den Vertrag erklärt hat (K. Schmidt/*Sternal* InsO, § 80 Rn. 26). Im Falle einer Ablehnung der Vertragserfüllung, kann der Auskunftsanspruch nur zur Tabelle angemeldet werden (HambK-InsO/*Kuleisa* § 80 Rn. 20). Eine Zwangsvollstreckung nach § 888 ZPO gegen den Schuldner ist insoweit unzulässig (*OLG Stuttgart* ZIP 1995, 45).

e) Ende der Auskunftspflicht

34 Die Auskunftspflicht endet mit der Einstellung oder Aufhebung des Insolvenzverfahrens (*Uhlenbruck/Mock* InsO, § 80 Rn. 123); ausnahmsweise sieht die Rspr. nach Beendigung des Insolvenzverfahrens einen Auskunftsanspruch gegen den ehemaligen Insolvenzverwalter dann als gegeben an, wenn dieser die Auskunft ohne weiteren Zeitaufwand aus der Erinnerung zu erteilen vermöge (*OLG Köln* ZIP 1982, 1107; *Uhlenbruck/Mock* InsO, § 80 Rn. 124). Auch aus dem Grundsatz von Treu und Glauben (§ 242 BGB) wird eine nachträgliche Auskunftspflicht des Insolvenzverwalters hergeleitet, besonders, wenn er das Unternehmen des Insolvenzschuldners fortgeführt hatte, unter der Voraussetzungen, dass (*Uhlenbruck/Mock* InsO, § 80 Rn. 124):
– der Auskunftsbegehrende über das Bestehen oder den Umfang seines Rechtes im Ungewissen sei,
– dieses Unwissen entschuldbar sei und
– der Auskunftsbegehrende sich die benötigten Informationen nicht selbst auf zumutbare Weise verschaffen könne.

4. Sonstige Rechte und Pflichten

35 Die Insolvenzordnung weist dem Insolvenzverwalter zahlreiche weitere Pflichten zu, die hier nur exemplarisch aufgeführt werden sollen. Auf die Kommentierung der einzelnen Vorschriften wird insofern verwiesen:
– Der Verwalter hat die »Geschäftsbücher« des Schuldners in Besitz zu nehmen;
– ein Gläubigerverzeichnis zu erstellen (§ 152 InsO);
– die angemeldeten Forderungen entgegenzunehmen und daraus die Insolvenztabelle zu erstellen (§§ 174, 175 InsO);
– das Wahlrecht bei gegenseitigen Verträgen gem. §§ 103 ff. InsO auszuüben;
– Anfechtungsrecht nach §§ 129 ff. InsO;
– Kündigungsrechte nach §§ 109, 113, 120 InsO;
– Geltendmachung eines Gesamtschadensanspruchs gem. § 92 InsO;
– Aufnahme anhängiger Prozesse gem. §§ 85, 86 InsO;
– Initiativrecht zur Vorlage eines Insolvenzplans gem. §§ 218, 240 InsO.

Darüber hinaus stehen dem Insolvenzverwalter verschiedene Antragsrechte zu:
– Antrag auf Einberufung der Gläubigerversammlung gem. § 75 InsO;
– Antrag auf Anordnung der Postsperre gem. § 99 InsO;
– Antrag auf Zustimmung zur Betriebsänderung gem. § 122 InsO;
– Antrag auf Einleitung eines Beschlussverfahrens zum Kündigungsschutz gem. § 126 InsO;
– Antrag auf Setzung einer Verwertungsfrist gem. § 173 InsO;
– Antrag auf Anordnung einer Nachtragsverteilung gem. § 203 InsO;
– Antrag auf Einstellung des Verfahrens gem. § 207 InsO;
– Antrag auf Bestellung eines Abschlussprüfers nach § 155 Abs. 3 InsO.

36 Der Insolvenzverwalter kann einen Rechtsanwalt, einen Steuerberater oder einen Wirtschaftsprüfer wirksam von seiner Schweigepflicht in Angelegenheiten des Schuldnerunternehmens entbinden (so *OLG Nürnberg* NZI 2009, 817 zum Wirtschaftsprüfer). Wie § 97 Abs. 1, insb. § 97 Abs. 1 Satz 2 InsO, belegt, geht das Interesse an einer ordnungsmäßigen Insolvenzabwicklung den Geheimhaltungsinteressen des Insolvenzschuldners grds. vor (*Jaeger/Windel* InsO, § 80 Rn. 164 m.w.N.). Ebenso ist der Insolvenzverwalter berechtigt, Finanzbehörden anstelle des Insolvenzschuldners die

gem. § 30 Abs. 4 Nr. 3 AO erforderliche Zustimmung zu erteilen, anderen durch das Steuergeheimnis geschützte Kenntnisse zu offenbaren. Der Insolvenzverwalter kann grds. nicht andere und nicht mehr Rechte hinsichtlich der Masse ausüben, als der Schuldner hatte (*BGH* NJW 1971, 1750). Deshalb sind Lasten und Beschränkungen der Massegegenstände vom Insolvenzverwalter zu beachten. Veräußert der Insolvenzverwalter einen mit einem dinglichen Recht belasteten Massegegenstand, so erwirbt ihn der Erwerber nur mit der dinglichen Belastung (*RG* RGZ 157, 44). Scheitert ein Bereicherungsanspruch des Schuldners an § 814 BGB, so kann auch der Insolvenzverwalter ihn nicht geltend machen (*BGH* BGHZ 113, 98). Hat der Schuldner einen Gegenstand rechtsgrundlos (§§ 812 ff. BGB) oder anfechtbar (§§ 1 ff. AnfG) erworben, so ist die Masse und damit auch der Insolvenzverwalter diesem Anspruch ausgesetzt (*BGH* NJW 1993, 663). Der Insolvenzverwalter ist nicht berechtigt, für den Schuldner eine Unterwerfung unter die sofortige Zwangsvollstreckung abzugeben (*OLG Hamm* ZIP 2013, 788).

5. Selbstkontrahieren

Auf Rechtsgeschäfte, die der Verwalter mit sich selbst vornimmt, ist § 181 BGB entsprechend anwendbar (*Uhlenbruck/Mock* InsO, § 80 Rn. 65 m.w.N.; **a.A.** HK-InsO/*Kayser* § 80 Rn. 34). Der Verwalter ist zwar nicht Vertreter des Schuldners, jedoch ist der Rechtsgedanke dieser Vorschrift der vergleichbaren Rechtslage wegen auf diesen übertragbar. Solche Geschäfte sind unwirksam. Eine Genehmigung dieser Geschäfte durch das Gericht, den Gläubigerausschuss oder die Gläubigerversammlung scheiden qua fehlender gesetzlicher Befugnis aus. In solchen Fällen ist ein Sonderverwalter zu bestellen, der die Genehmigung erteilen kann (*Uhlenbruck/Mock* InsO, § 80 Rn. 66). 37

6. Insolvenzzweckwidriges Verhalten

Insolvenzzweckwidriges Handeln des Insolvenzverwalters ist von seinem Verwaltungs- und Verfügungsrecht nicht gedeckt; Verfügungen, die dem Insolvenzzweck der gleichmäßigen Gläubigerbefriedigung (vgl. § 1 Satz 1 InsO) offenbar zuwiderlaufen, sind nichtig. Problematisch ist die Abgrenzung der insolvenzzweckwidrigen Maßnahmen des Verwalters von solchen, die lediglich unzweckmäßig oder unrichtig sind. Nach neuerer Auffassung werden die zum Missbrauch der Vertretungsmacht entwickelten Grundsätze herangezogen (vgl. *Spickhoff* KTS 2000, 15 ff.; MüKo-InsO/*Ott/Vuia* § 80 Rn. 61; *K. Schmidt/Sternal* InsO, § 80 Rn. 34). Danach ist Voraussetzung für die Unwirksamkeit der Handlung des Verwalters außer einer objektiven Evidenz der Insolvenzzweckwidrigkeit, dass sich dem Geschäftspartner aufgrund der Umstände des Einzelfalls ohne Weiteres begründete Zweifel an der Vereinbarkeit der Handlung mit dem Zweck des Insolvenzverfahrens aufdrängen mussten (st. Rspr. *BGH* ZInsO 2013, 441; ZIP 2008, 884; *BGH* BGHZ 150, 353 [360 f.]; ZIP 1983, 589 [590]; ZIP 1993, 1886 [1891]; MüKo-InsO/*Ott/Vuia* § 80 Rn. 61; *K. Schmidt/Sternal* InsO, § 80 Rn. 34). Diese Rechtsgeschäfte verpflichten die Insolvenzmasse nicht. Dem Geschäftspartner des Verwalters muss somit der Sache nach zumindest grobe Fahrlässigkeit vorzuwerfen sein (vgl. *Kübler/Prütting/Bork-Lüke* InsO, § 80 Rn. 29). Der Vertragspartner kann allenfalls den Insolvenzverwalter persönlich mit seinem Privatvermögen in Anspruch nehmen. Rechtsgeschäfte, die lediglich unzweckmäßig oder unrichtig sind, bleiben im Außenverhältnis wirksam. Grundsätzlich dürfen Vertragspartner allerdings davon ausgehen, dass sich ein Insolvenzverwalter rechtmäßig verhält, zumal er unter der Aufsicht des Insolvenzgerichts, des Gläubigerausschusses und teilweise der Gläubigerversammlung steht und außerdem im Falle eines Fehlverhaltens seine Haftung mit seinem gesamten Privatvermögen riskiert (§ 60 InsO). Krasse Beispiele dafür sind etwa Schenkungen aus der Insolvenzmasse, Anerkennung einer Insolvenzforderung als Masseforderung ohne einleuchtenden Grund oder offensichtlich fälschliche Anerkennung von Aus- oder Absonderungsrechten (*K. Schmidt/Sternal* InsO, § 80 Rn. 35 m.w.N.). 38

7. Der Insolvenzverwalter als Arbeitgeber

Mit dem Übergang der Verwaltungs- und Verfügungsbefugnis im Insolvenzverfahren über das Vermögen des Rechtsträgers eines Unternehmens werden die **Arbeitgeberfunktionen** vom Insolvenzver- 39 walter ausgeübt. Arbeit-geber bleibt der Schuldner, der Verwalter übt lediglich die Funktionen als Arbeitgeber aus (HK-InsO/*Kayser* § 80 Rn. 53), wobei er an die arbeitsrechtliche Situation gebunden ist, die er bei Antritt seines Amtes vorgefunden hatte (*BAG* NJW 1975, 182; *Uhlenbruck/Mock* InsO, § 80 Rn. 141 m.w.N.). Nach Verfahrensende fällt diese Funktion an den Schuldner zurück (*Jaeger/Henckel* KO § 6 Rn. 53). Die Verfahrenseröffnung beendet nicht automatisch die Arbeitsverhältnisse, sie stellt auch keinen wichtigen Grund zur Kündigung dar (MüKo-InsO/*Caspers* § 113 Rn. 36). Die Arbeitsverhältnisse bestehen gem. § 108 Abs. 1 Satz 1 InsO mit Wirkung für die Insolvenzmasse fort. Das Insolvenzrecht enthält verschiedene Sonderregelungen (§§ 113, 120–128 InsO). Die Kündigungsfristen für Arbeitsverhältnisse betragen maximal 3 Monate, soweit nicht eine kürzere Frist maßgeblich ist. Der Verwalter ist auch der Adressat für Zeugnisansprüche von Arbeitnehmern (*BAG* DB 1991, 1626; *K. Schmidt* DB 1991, 1930), auch für die Zeit vor Insolvenzeröffnung (*BAG* ZIP 2004, 1974), wenn er den Geschäftsbetrieb fortgeführt hat. Zur Erfüllung dieser Verpflichtung hat der Insolvenzverwalter einen Auskunftsanspruch nach § 97 InsO gegenüber dem Schuldner (*BAG* ZIP 2004, 1974). Waren die Arbeitsverhältnisse bereits vor Eröffnung beendet, ist der Zeugnisanspruch gegen den Schuldner zu richten (vgl. *Uhlenbruck/Mock* InsO, § 80 Rn. 94). Der Insolvenzverwalter ist im Rahmen eines allgemein verbindlichen Tarifvertrags auskunftspflichtig, wenn er nur noch mit der Liquidation verbundene Arbeiten ausführen lässt (*BAG* ZIP 1987, 727). Im Insolvenzverfahren gelten generell die Bestimmungen des BetrVG; der Insolvenzverwalter ist daher verpflichtet, bei allen Maßnahmen, die Arbeitnehmer betreffen, die Mitwirkungs- und Mitbestimmungsrecht des Betriebsrats zu beachten (*BAG* BAGE 23, 72; *Uhlenbruck* BB 1973, 1362). Der Betriebsrat ist bei allen Ermessensentscheidungen des Insolvenzverwalters anzuhören. Hingegen ist der Insolvenzverwalter bereits ausgeschiedenen Arbeitnehmern über den Zeitpunkt der Insolvenzreife nicht auskunftspflichtig (*BGH* NZI 2005, 628; dazu *Schröder* EWiR 2006, 147). Im Rahmen seiner Arbeitgeberfunktion hat der Verwalter sämtliche Sozialversicherungspflichten zu erfüllen. Dazu gehören Meldepflichten (§ 28a SGB IV), Nachweispflichten (§ 165 SGB VII) wie auch die Abführung von Beiträgen zur Kranken-, Renten- und Pflegversicherung.

8. Steuerrecht

40 Die Insolvenzeröffnung ändert zunächst nicht an der steuerlichen Stellung des Schuldners, der für alle Steuerarten Steuersubjekt i.S.d. § 33 AO verbleibt.

Mit Übergang der Verwaltungs- und Verfügungsbefugnis obliegen die steuerlichen Pflichten nach § 34 AO dem Insolvenzverwalter. Dazu gehören Mitwirkungspflichten (§§ 90, 93a AO), Auskunftspflichten (§§ 93f AO), Anzeigepflichten (§§ 137 f. AO), Buchführungs-, Aufzeichnungs-, Aufbewahrungs- und Abgabepflichten (§ 149 f. AO) und die Zahlung der die Masse treffenden Steuern (MüKo-InsO/*Ott/Vuia* § 80 Rn. 131; *K. Schmidt/Sternal* InsO, § 80 Rn. 72; *Jan Roth* Insolvenz-Steuerrecht Rn. 3.16). Darüber hinaus haftet der Verwalter persönlich bei Verletzung der ihm obliegenden Pflichten nach § 69 AO. Zudem kommt eine Haftung nach §§ 60, 61 InsO in Betracht, wenn er in Kenntnis der Unerfüllbarkeit Steuerverbindlichkeiten begründet (s. *Jahntz* § 61 Rdn. 14). Auf eine weitere Kommentierung wird hier verzichtet, zur ausführlichen Kommentierung s. *Boochs/Nickel* § 155 Rdn. 260 ff.).

9. Ordnungsrecht

41 Öffentlich-rechtliche Pflichten bestehen im Insolvenzverfahren fort. Ein spezifisches Insolvenzprivileg enthält die Insolvenzordnung nicht (*BGH* BGHZ 148, 252; 150, 305; *BVerwG* ZInsO 2004, 1206; MüKo-InsO/*Ott/Vuia* § 80 Rn. 136 m.w.N.). Nach Verfahrenseröffnung ist eine Ordnungsverfügung gegen den Verwalter zu erlassen, unabhängig davon, in welchem Zeitpunkt die Störung eingetreten ist. Eine damit verbundene Haftung trifft ihn nicht persönlich sondern allenfalls die Masse, wenn die Ordnungspflicht als Masseverbindlichkeit einzuordnen ist. Die insolvenzrechtliche Einordnung von Altlasten – als Masseschulden oder Insolvenzforderungen –, insbesondere die Kosten für eine von der Umweltbehörde angeordnete Ersatzvornahme sind höchst umstritten (s. ausf. hierzu *Bornemann* § 55 Rdn. 28).

Die Verantwortlichkeit im Ordnungsrecht, insbesondere im Umweltrecht ist umstritten (dazu einge- 42
hend *Häsemeyer* FS Uhlenbruck, S. 97). Es ist zwischen Zustandshaftung und Handlungshaftung zu
unterscheiden. Ist der Insolvenzverwalter infolge der Masseverwaltung Handlungsstörer, so haftet
für festgesetztes Zwangsgeld wie auch für die Kosten einer Ersatzvornahme die Insolvenzmasse
gem. § 55 Abs. 1 Nr. 1 InsO (*BVerwG* NZI 1999, 37), während unmittelbarer Zwang nur gegen
den Insolvenzverwalter selbst ausgeübt werden kann (vgl. *Engelhardt/App* § 11 VwVG Rn. 10). Handelt es sich hingegen um einen Fall der Zustandsstörung, wie namentlich bei Altlasten, die auf massezugehörigen Grundstücken entsorgt werden müssen (dazu *Lwowski/Tetzlaff* NZI 2001, 57), erscheint die verwaltungsgerichtliche Rechtsprechung (*BVerwG* NZI 1999, 246) verfehlt, wonach
die vom Insolvenzverwalter aufzubringenden Beseitigungskosten vorrangig zu befriedigende Masseverbindlichkeiten i.S.v. §§ 53, 55 Abs. 1 Nr. 1 InsO seien, wenn die Beseitigungsverfügung nach der
Eröffnung des Insolvenzverfahrens ergehe oder wenn sie eine früher erlassene Beseitigungsverfügung
ersetze. Diese Rechtsprechung eröffnet den Ordnungsbehörden im Widerspruch zu der insolvenzrechtlichen Haftungsordnung die Möglichkeit, allein durch die Wahl des Zeitpunktes der Ordnungsverfügung die Insolvenzmasse mit Masseverbindlichkeiten zu belasten (so zutr. *Häsemeyer*
FS Uhlenbruck, S. 104). Als Handlungspflicht trifft die Beseitigungspflicht den Insolvenzverwalter.
Solange er den Besitz ausübt, sind Ordnungsverfügungen betreffend der gebotenen Maßnahmen zur
Beseitigung von Altlasten an ihn zu richten (*VGH Kassel* NZI 2000, 47). Der Insolvenzverwalter
kann die Handlungspflicht nur durch Freigabe des kontaminierten Grundstücks aus der Insolvenzmasse beenden; dann scheidet seine Inanspruchnahme aus (*BVerwG* ZIP 2004, 2145); wobei entgegen *BGH* NZI 2007, 173 und *VGH Kassel* NJW 2010, 1545 im Insolvenzverfahren über das Vermögen einer juristischen Person ein Freigaberecht mit guten Gründen verneint wird (*K. Schmidt*
NJW 2010, 1489) – insoweit sollte der Gesetzgeber eine klarstellende Regelung treffen. Indessen
hat die Masse die aus den notwendigen Maßnahmen erwachsenden Kosten nur nach Maßgabe
der insolvenzrechtlichen Haftungsordnung zu tragen. Vor Eröffnung des Insolvenzverfahrens begründete Kontaminierungen und darauf beruhende Beseitigungspflichten führen dazu, dass Kostenerstattungsforderungen bloße Insolvenzforderungen sind (*Uhlenbruck/Mock* InsO, § 80 Rn. 255).
Sind Kontaminierungen nach Eröffnung des Insolvenzverfahrens begonnen oder fortgesetzt worden,
sind die dadurch ausgelösten Beseitigungskosten vorrangig zu tilgende Masseverbindlichkeiten i.S.v.
§§ 53, 55 Abs. 1 Nr. 1 InsO. Zur strafrechtlichen Verantwortlichkeit des Insolvenzverwalters im
Umweltrecht vgl. MüKo-InsO/*Ott/Vuia* § 80 Rn. 152 f.

10. Strafantragsrecht des Insolvenzverwalters

Das Recht zur Stellung eines Strafantrags wegen die Insolvenzmasse schädigenden nur auf Antrag 43
verfolgbarer Straftaten steht dem Insolvenzverwalter zu (vgl. *Uhlenbruck/Mock* InsO, § 80 Rn. 139
m.w.N.). Falls die Straftaten das insolvenzfreie Vermögen des Schuldners schädigen, wie es etwa
beim Haus- und Familiendiebstahl der Fall sein kann, ist indessen anerkannt, dass nur der Schuldner
selbst das Strafantragsrecht ausüben kann (*Uhlenbruck/Mock* InsO, § 80 Rn. 139). Die Strafantragsrechte der Insolvenzgläubiger kann der Insolvenzverwalter hingegen nach einhelliger Meinung nicht
ausüben (*Uhlenbruck/Mock* InsO, § 80 Rn. 140 m.w.N.). Das gilt namentlich bei dem für die Strafverfolgung notwendigen Antrag (§ 288 Abs. 2 StGB) im Falle des Vereitelns der Zwangsvollstreckung.

II. Der Insolvenzverwalter im Prozess

1. Unterbrechung der Verfahren

Grundsätzlich werden alle rechtshängigen Verfahren mit der Eröffnung des Insolvenzverfahrens un- 44
terbrochen (§ 240 ZPO), bis sie nach den insolvenzrechtlichen Bestimmungen wieder aufgenommen werden (vgl. hierzu die Kommentierung bei §§ 85, 86 InsO). Die Unterbrechung ist von
Amts wegen zu beachten. Trotzdem empfiehlt es sich für den Verwalter die Prozessgerichte über
die Verfahrenseröffnung zu unterrichten, andernfalls muss er gegen jedes Urteil, das in Unkenntnis

der Verfahrenseröffnung ergangen ist, Rechtsmittel einlegen, um die Zurückverweisung der Sache an das Gericht der unteren Instanz zu erreichen (*OLG Köln* MDR 1988, 589).

2. Rechtstellung des Verwalters im Verfahren

45 Nach Verfahrenseröffnung ist aufgrund der auf den Verwalter übergegangenen Verwaltungs- und Verfügungsbefugnis ausschließlich er als Verwalter für alle massebezogenen Verfahren prozessführungsbefugt. Der Schuldner bleibt für alle insolvenzfreien Streitgegenstände prozessführungsbefugt. Der Verwalter kann für die Insolvenzmasse Klagen einreichen, bei rechtshängigen Verfahren kann er unter den Maßgaben der §§ 85, 86 InsO die Aufnahme solcher erklären. Nach der h.M. führt der Insolvenzverwalter Prozesse als Partei kraft Amtes (Amtstheorie s. Rdn. 14). Er führt die Prozesse im eigenen Namen für fremdes Vermögen mit sämtlichen Rechten und Pflichten einer Prozesspartei. Die Postulationsfähigkeit richtet sich nach dem jeweiligen Prozessrecht. Ein Rechtsanwalt als Verwalter kann sich in einem Masseprozess selbst vertreten. Er ist berechtigt, die anfallenden eigenen Kosten als Auslagen gegen die Masse geltend zu machen. Er ist nicht verpflichtet, vor der Aufnahme eines Prozesses für den Fall des Unterliegens die gegnerischen Kosten vorab sicherzustellen (*BGH* ZIP 2001, 1376). Eine Haftung des Verwalters für den gegnerischen Kostenschaden bei erfolglosen Aktivprozessen einer unzulänglichen Masse kann sich nach allgemeinen Vorschriften aus § 826 BGB ergeben.

46 Passivprozesse können auch in beschränktem Umfang vom Gegner aufgenommen werden (§ 86 InsO), wenn es die Aussonderung eines Gegenstandes aus der Masse, die abgesonderte Befriedigung oder eine Masseverbindlichkeit betrifft. Demgegenüber können die Insolvenzgläubiger ihre Forderungen nur nach den Vorschriften der Insolvenzordnung verfolgen (§ 87 InsO). Sie müssen ihre Forderungen beim Insolvenzverwalter zur Tabelle anmelden. Im Falle des Bestreitens einer Forderung kann der Gläubiger Feststellungsklage erheben (§ 180 Abs. 1 InsO). War in dieser Sache bereits eine Klage anhängig, muss der Gläubiger seine Feststellung durch Aufnahme des anhängigen Verfahrens betreiben (§ 180 Abs. 2 InsO).

3. Gerichtsstand

47 Der allgemeine Gerichtsstand eines Insolvenzverwalters für Klagen, die sich auf die Insolvenzmasse beziehen, wird durch den Sitz des Insolvenzgerichts bestimmt (§ 19a ZPO). Für die vom Insolvenzverwalter betriebenen Aktivprozesse gelten die allgemeinen Zuständigkeitsregeln.

4. Zustellungen

48 Zustellungen die die Insolvenzmasse betreffen, sind an den Insolvenzverwalter zu richten (vgl. *Uhlenbruck/Mock* InsO, § 80 Rn. 68 m.w.N.). War vor Eröffnung des Insolvenzverfahrens wegen einer privatrechtlichen Forderung eine Klage gegen den Schuldner eingereicht worden, die zur Zeit der Verfahrenseröffnung noch nicht zugestellt war, so darf die Klage dem Schuldner nicht mehr zugestellt werden (*OLG Nürnberg* KTS 1969 S. 249 m. Anm. *Uhlenbruck*). Auch wenn gegen den Schuldner bereits ein (noch vor Eröffnung des Insolvenzverfahrens verkündetes) zivilgerichtliches Urteil ergangen ist, muss dieses dem Insolvenzverwalter zugestellt werden, falls es die Insolvenzmasse betrifft (vgl. *Uhlenbruck/Mock* InsO § 80 Rn. 68).

49 Dies gilt für Zustellungen im verwaltungsgerichtlichen Verfahren gleichermaßen, ebenso für die Zustellung von Verwaltungsakten, die die Insolvenzmasse betreffen (*Uhlenbruck/Mock* InsO, § 80 Rn. 68) wie namentlich Bescheiden über Steuern, Gebühren und Beiträge.

50 Wirksam ist die Zustellung auch dann nicht, wenn sie infolge der Postsperre (§ 99 InsO) an den Insolvenzverwalter gelangt, das Urteil oder der Bescheid aber an den Insolvenzschuldner selbst adressiert war (*Nerlich/Römermann-Wittkowski* InsO, § 80 Rn. 50). Ist umgekehrt das Urteil oder der Verwaltungsakt richtigerweise an den Insolvenzverwalter adressiert, im Zustellungsauftrag jedoch der Schuldner als Zustellungsempfänger benannt, so ist die Zustellung zwar nicht ordnungsmäßig,

dieser Fehler wird jedoch geheilt, sobald das Urteil oder der Verwaltungsakt infolge der Postsperre in die Verfügungsgewalt des Insolvenzverwalters gelangt (§ 189 ZPO und § 8 VwZG).

5. Zeugenvernehmung

In Masseprozessen kann der Schuldner als Zeuge benannt und vernommen werden, da er in diesen 51 Prozessen nicht Partei ist (*Uhlenbruck/Mock* InsO, § 80 Rn. 23). Nicht Zeuge sein kann der Schuldner dagegen bei richterlichen Ermittlungen in seinem eigenen Insolvenzverfahren (*BGH* NJW 1953, 151). Der Insolvenzverwalter ist als Partei zu vernehmen. Der Schuldner und seine Angehörigen können analog § 383 Abs. 1 Nr. 1–3 ZPO ein Zeugnis verweigern (HambK-InsO/*Kuleisa* § 80 Rn. 43). Besteht eine Verschwiegenheitsverpflichtung kann in massebefangenen Prozessen ausschließlich der Verwalter den Verpflichteten von seiner Verschwiegenheit entbinden (K. Schmidt/*Sternal* InsO, § 80 Rn. 41).

6. Nebenintervention

Da der Schuldner nicht Partei ist, kann er im Interesse seines insolvenzbeschlagfrei gebliebenen oder 52 gewordenen Vermögens zudem dem Insolvenzverwalter als Nebenintervenient beitreten(*Nerlich/Römermann-Wittkowski* InsO, § 80 Rn. 29 m.w.N.). Ebenso kann er, nachdem er einer angeblichen Forderung widersprochen hat, einem widersprechenden Gläubiger als Nebenintervenient beitreten. Hinsichtlich des zur Insolvenzmasse gehörenden Vermögens ist es dem Schuldner hingegen versagt, die Prozessführung des Insolvenzverwalters im Wege der Nebenintervention zu beeinflussen (*Nerlich/Römermann-Wittkowski* InsO, § 80 Rn. 30).

7. Rechtskrafterstreckung/Titelumschreibung/Zwangsvollstreckung

Die Rechtkraft von Urteilen, die im laufenden Insolvenzverfahren für oder gegen den Verwalter er- 53 gangen sind, wirken auch für und gegen den Schuldner, jedoch beschränkt auf die Insolvenzmasse (HK-InsO/*Kayser* § 80 Rn. 44; HambK-InsO/*Kuleisa* § 80 Rn. 41).

Eine Zwangsvollstreckung aus Urteilen, die noch vor der Insolvenzeröffnung gegen den Schuldner 54 ergangen sind, ist nur in beschränktem Umfang möglich. Grundsätzlich gilt ein allgemeines Vollstreckungsverbot (§ 89 InsO, näheres s. § 89 Rdn. 7 ff., 20 ff.). Insolvenzgläubigern ist die Vollstreckung verwehrt, sie können ihre Forderungen nur zur Insolvenztabelle anmelden (§ 87 InsO). Der Auszug aus der Insolvenztabelle ersetzt insofern den bisherigen Titel (*Uhlenbruck/Mock* InsO, § 80 Rn. 173). Eine Ausnahme vom Vollstreckungsverbot besteht für Masseverbindlichkeiten unter den Voraussetzungen des § 90 InsO und für Aus- und Absonderungsgläubiger. Die Zwangsvollstreckung richtet sich ausschließlich gegen die Masse (HambK-InsO/*Kuleisa* § 80 Rn. 41). Ist der Titel noch gegen den Schuldner gerichtet, so muss dieser vor einer Vollstreckung auf den Insolvenzverwalter analog §§ 727, 728 ZPO umgeschrieben werden (MüKo-InsO/*Ott/Vuia* § 80 Rn. 96). Der Verwalter kann der Titelumschreibung mit einer Drittwiderspruchsklage begegnen, wenn Zweifel bestehen, ob der streitige Gegenstand zur Masse gehört (MüKo-InsO/*Ott/Vuia* § 80 Rn. 96). Titel, die der Schuldner vor Verfahrenseröffnung gegen Dritte erstritten hat, sind vor einer beabsichtigten Zwangsvollstreckung durch den Insolvenzverwalter ebenfalls auf diesen umzuschreiben (*Uhlenbruck/Mock* InsO, § 80 Rn. 173).

8. Ermächtigung zur Führung von Rechtsstreitigkeiten

Der Insolvenzverwalter ist berechtigt, den Schuldner zu ermächtigen, einen massebezogenen Rechts- 55 streit im eigenen Namen zu führen (*BGH* ZIP 1987, 793; K. Schmidt/*Sternal* InsO, § 80 Rn. 44). Bei einer solchen »modifizierten Freigabe« verbleibt der Prozessgegenstand so lange in der Masse, wie der Insolvenzverwalter den Prozessgegenstand für diese beansprucht. Es liegt gewillkürte Prozessstandschaft vor, für die die allgemeinen zivilprozessrechtlichen Grundsätze gelten. Der Schuldner kann den Prozess führen, sofern er hieran ein eigenes schutzwürdiges Interesse hat. Der Schuldner verliert zwar mit Verfahrenseröffnung sein Verwaltungs- und Verfügungsrecht und damit auch die

Prozessführungsbefugnis, er bleibt aber Rechtsinhaber der Forderung. Damit steht die Prozessführungsbefugnis (ausnahmsweise) einem Dritten zu, der sie dem Inhaber des materiellen Rechts zurückgibt (Rückermächtigung). In einem solchen Fall ergibt sich das eigene schutzwürdige Interesse des Prozessstandschafters regelmäßig schon aus der Tatsache, dass er der Träger des materiellen Rechts selbst ist (vgl. *BGH* BGHZ 38, 281 [288]). Ein schutzwürdiges Interesse ist zu verneinen, wenn der Verwalter den Kläger nur deshalb zur Klageerhebung ermächtigt hätte, um das Prozesskostenrisiko zu Lasten der Beklagten zu verringern oder auszuschließen (vgl. *BGH* BGHZ 96, 151 [155, 156] m.w.N.). Das ist regelmäßig im Insolvenzverfahren einer vermögenslosen juristischen Person der Fall, deren Geschäftsbetrieb nicht fortgeführt sondern liquidiert wird. Bei natürlichen Personen besteht regelmäßig ein schutzwürdiges Interesse wegen einer möglichen Haftung des Schuldners nach Verfahrensaufhebung (§ 201 InsO; vgl. *BGH* BGHZ 38, 281 [288, 289]; *Weber* JZ 1963, 225 bei II 3). Der Schuldner hat ein schutzwürdiges Interesse daran, durch Beitreibung aller berechtigten Forderungen seine Verbindlichkeiten zu tilgen und damit die Voraussetzungen für eine Fortführung oder Wiederaufnahme seiner geschäftlichen Tätigkeit zu schaffen. Das gilt selbst dann, wenn der Schuldner einen Antrag auf Restschuldbefreiung gestellt hat (HK-InsO/*Kayser* § 80 Rn. 42).

9. Freigabe der Prozessführung

56 Der Insolvenzverwalter kann einen prozessbefangenen Gegenstand aus der Insolvenzmasse freigeben (*BGH* BGHZ 163, 32; *Uhlenbruck/Mock* InsO, § 80 Rn. 231 m.w.N.). Damit verliert er die Prozessführungsbefugnis, mit der Folge, dass sie beim Schuldner wieder auflebt. Bei einem bereits anhängigen Verfahren ist das Verfahren nach § 240 ZPO zunächst unterbrochen. Erklärt der Verwalter die Freigabe in einem solchen Fall, entfällt die Unterbrechungswirkung (*BGH* BGHZ 163, 32) und es findet ein Parteiwechsel statt. § 265 ZPO ist in diesem Falle nicht anwendbar. (str. so *BGH* BGHZ 46,249; 123, 132; HK-InsO/*Kayser* § 80 Rn. 23; a.A. *OLG Nürnberg* ZIP 1994, 144: Die Freigabe des streitbefangenen Gegenstands aus der Konkursmasse zugunsten des Gemeinschuldners während eines gegen den Konkursverwalter rechtshängigen Verfahrens hat gem. § 265 Abs. 2 ZPO keinen Einfluss auf den Prozess; ebenso *Uhlenbruck* InsO, 13. Aufl., § 80 Rn. 135 m.w.N.).

10. Prozesskostenhilfe

57 Als Partei kraft Amtes kann der Insolvenzverwalter Prozesskostenhilfe erhalten, wenn die vom ihm verwaltete Masse nicht ausreicht, die Kosten aufzubringen und es den am Gegenstand des Rechtsstreits wirtschaftlich Beteiligten nicht zuzumuten ist, die Kosten aufzubringen (§ 116 Satz 1 Nr. 1 ZPO). Zudem müssen die allgemeinen Voraussetzungen des § 114 ZPO erfüllt sein.

a) Ausnahme oder Regelfall

58 Im Rahmen der Reform über die Prozesskostenhilfe (Gesetz über die PKH v. 13.06.1980 BGBl. I S. 677) sollte auch für den Insolvenzverwalter die Rechtsverfolgung zum Zwecke der Masseanreicherung erleichtert werden (MüKo-InsO/*Ott/Vuia* § 80 Rn. 86). Der BGH erklärte deshalb die Gewährung von PKH in Konkursverfahren zunächst zum Regelfall (*BGH* ZIP 1990, 1490), wich aber in der Folge von dieser Rechtsprechung ab (*BGH* BGHZ 138, 188; NZI 2013, 82). Die Gewährung von PKH wird danach als Ausnahmefall angesehen. Aus dem Wortlaut und der Stellung der Vorschrift des § 116 Satz 1 Nr. 1 ZPO im Gesamtzusammenhang des Prozesskostenhilferechts ergäbe sich die allgemeine Regel, dass jede Partei ihre Aufwendungen für die Prozessführung grds. selbst zu tragen hat. Für die Voraussetzung der Unzumutbarkeit der Kostenaufbringung für die am Gegenstand des Rechtsstreits wirtschaftlich Beteiligten (§ 116 Satz 1 Nr. 1 ZPO) enthalte das Gesetz keine abweichende Regelung (*BGH* BGHZ 138, 188 [191 f.]). Die Vorschrift des § 116 Satz 1 Nr. 1 ZPO sei auch für das Insolvenzverfahren keinesfalls darauf gerichtet, die Gewährung von Prozesskostenhilfe an Parteien kraft Amtes zur Regel und die Versagung zu einer besonderer Begründung bedürftigen Ausnahme zu machen (*BGH* BGHZ 138, 188 [192]; so auch K. Schmidt/

Sternal InsO, § 80 Rn. 44; HK-InsO/*Kayser* § 80 Rn. 47; bejahend HambK-InsO/*Kuleisa* § 80 Rn. 48; MüKo-InsO/*Ott/Vuia* § 80 Rn. 86). Der Rechtsprechung des BGH ist entgegen zu halten, dass mit Hilfe von PKH in einer Vielzahl von Fällen erhebliche Massezuflüsse erreicht wurden, die zu einer besseren Gläubigerbefriedigung geführt haben. Ist die Insolvenzmasse nicht ausreichend, um Ansprüche für die Insolvenzgläubiger im Prozesswege geltend zu machen, bleiben diese unverfolgt zum Schaden der Gläubigergesamtheit.

Damit erfolgt die Gewährung von PKH weiter einzelfallbezogen, so dass der Insolvenzverwalter nur dann einen Anspruch auf PKH geltend machen kann, wenn er den Nachweis führen kann, dass die Kosten nicht aus der Insolvenzmasse aufgebracht werden können und die Aufbringung der Kosten den am Rechtsstreit wirtschaftlich Beteiligten nicht zugemutet werden kann (*BGH* BGHZ 138, 188 [192]; K. Schmidt/*Sternal* InsO, § 80 Rn. 46; HK-InsO/*Kayser* § 80 Rn. 47). 59

b) Keine Kostenaufbringung aus der Insolvenzmasse

Nach ständiger höchstrichterlicher Rechtsprechung kann der Insolvenzverwalter auch nach Anzeige der Masseunzulänglichkeit (§ 208 InsO) noch Prozesskostenhilfe beanspruchen, wenn die übrigen Voraussetzungen der §§ 114, 116 Abs. 1 Nr. 1 ZPO erfüllt sind (*BGH* ZIP 2008, 944; ZIP 2007, 2187 [2188] m.w.N.). Dagegen scheidet die Gewährung von PKH in masselosen Verfahren, die gem. § 207 InsO einzustellen wären oder wegen fehlender Kostendeckung noch nicht einmal hätten eröffnet werden dürfen, aus. In diesen Fällen ist der Verwalter nur zur Verteilung der vorhandenen liquiden Masse verpflichtet, nicht aber zu einer weiteren Verwertung (§ 207 Abs. 3 Satz 2 InsO). Fordert das Gesetz die alsbaldige Einstellung des Insolvenzverfahrens (§ 207 Abs. 1 InsO), kann nicht zugleich ein Anspruch auf Finanzierung eines Rechtsstreits bestehen, der entweder die vom Gesetz verlangte Einstellung des Insolvenzverfahrens hinausschiebt oder – wenn das Insolvenzverfahren gleichwohl eingestellt wird – nach der Einstellung des Insolvenzverfahrens vom Schuldner nicht mehr fortgesetzt werden kann (*BGH* ZIP 2009, 1591; ZIP 1982, 467 [468]). 60

Die Aufbringung der Kosten aus der Masse bestimmt sich danach, ob nach Abzug der Masseverbindlichen noch hinreichende finanzielle Mittel für die Durchführung eines Rechtsstreites vorhanden sind (K. Schmidt/*Sternal* InsO, § 80 Rn. 49). Ggf. hat er weitere Massegegenstände einschließlich des Forderungsbestandes angemessenen zu verwerten oder zu prüfen, ob eine Darlehnsaufnahme für eine Prozessführung in Frage kommt. Die Aufnahme eines Darlehns kann ihm nur dann zugemutet werden, wenn er dieses nach Abschluss des Prozessverfahrens einschließlich sämtlicher Zinsen auch wieder tilgen kann (MüKo-InsO/*Ott/Vuia* § 80 Rn. 88; K. Schmidt/*Sternal* InsO, § 80 Rn. 50). 61

c) Wirtschaftliche Beteiligte

PKH wird nur bewilligt, wenn es den am Verfahren wirtschaftlich Beteiligten nicht zugemutet werden kann, die erforderlichen Kosten aufzubringen. **Wirtschaftlich beteiligt** i.S.d. § 116 Satz 1 Nr. 1 ZPO sind diejenigen Gläubiger, die bei einem erfolgreichen Abschluss des konkreten Rechtsstreites wenigstens mit einer teilweisen Befriedigung ihrer Ansprüche aus der Masse rechnen können (*BGH* BGHZ 119, 372 [377]). Dazu gehören sämtliche Massegläubiger und Gläubiger (auch öffentlich rechtliche), die Ansprüche zur Tabelle angemeldet haben und deren Forderungen nicht bestritten sind (*KG* ZInsO 2005, 992; *BFH* ZInsO 2005, 1216; K. Schmidt/*Sternal* InsO, § 80 Rn. 51; HK-InsO/*Kayser* § 80 Rn. 49). Nicht beteiligt sind die aus- und absonderungsberechtigten Gläubiger, wenn ihre Sicherheiten weitgehend werthaltig sind (HK-InsO/*Kayser* § 80 Rn. 48), fallen sie jedoch ganz oder teilweise aus, können sie mit ihrer Ausfallforderung zu den wirtschaftlich Beteiligten gehören (*BGH* ZInsO 2012,1941; K. Schmidt/*Sternal* InsO, § 80 Rn. 53). Bereits eine geringfügige Besserstellung der Gläubiger kann zu einer wirtschaftlichen Beteiligung führen (MüKo-InsO/*Ott/Vuia* § 80 Rn. 89). Dagegen wird der Insolvenzverwalter nicht zu den wirtschaftlich Beteiligten gerechnet, obwohl er Massegläubiger (§ 54 Nr. 2 InsO) wegen seines Vergütungsanspruches ist. Er nimmt die Prozessführung im Interesse der Masse wahr und sorgt für die Abwicklung eines geordneten Verfahrens, so dass ihm die Führung eines Prozesses auf eigene Kosten nicht zugemutet werden kann (*BGH* NJW 1998, 1229; K. Schmidt/*Sternal* InsO, § 80 Rn. 52; HK-InsO/*Kayser* § 80 62

Rn. 48), selbst wenn aus dem Ergebnis des Prozesses alleine seine Vergütung erfüllt werden kann (*BGH* ZIP 2003, 2036; *Uhlenbruck/Mock* InsO, § 80 Rn. 205; die Grenze liegt bei bereits eingetretener Massekostenarmut: *BGH* ZIP 2009, 1591).

d) Zumutbarkeit der Kostenaufbringung

63 Die von den beteiligten aufzubringenden Kosten müssen für diese zumutbar sein. Vorschüsse auf Prozesskosten sind nur solchen Beteiligten zuzumuten, welche die erforderlichen Mittel unschwer aufbringen können und für die der zu erwartende Nutzen bei vernünftiger, auch das Eigeninteresse sowie das Prozesskostenrisiko angemessen berücksichtigender Betrachtungsweise bei einem Erfolg der Rechtsverfolgung voraussichtlich deutlich größer sein wird (*BGH* ZIP 1990, 1490; ZIP 2006, 683; *BAG* ZIP 2003, 1947; HK-InsO/*Kayser* § 80 Rn. 49; K. Schmidt/*Sternal* InsO, § 80 Rn. 54). Abzustellen ist dabei auf die Gesamtumstände des Einzelfalles. Dazu gehören die Gläubigerstruktur, eine im Falle der Rechtsverfolgung zu erwartende Insolvenzquote, ebenso eine mögliche Quotenerhöhung, das Prozess- und Vollstreckungsrisiko sowie das eigenständige, schutzwürdige Interesse des Insolvenzverwalters an der Rechtsverfolgung im Rahmen eines geordneten Insolvenzverfahrens (*BGH* ZIP 2006, 682; *Uhlenbruck/Mock* InsO, § 80 Rn. 211). Dabei muss eine nennenswerte Quotenverbesserung zu erwarten sein, geringfügige Quotenverbesserungen sind nicht ausreichend (*OLG Hamm* NZI 2006, 42; *OLG Hamburg* ZInsO 2009, 1125; *Uhlenbruck/Mock* InsO, § 80 Rn. 211). Auch Gläubiger mit geringen Forderungen werden nicht mit herangezogen (*BGH* NJW 1991, 40; MüKo-InsO/*Ott/Vuia* § 80 Rn. 90). Nach neuerer Rspr. des *BGH* ist dem Verwalter auch zuzumuten, die Finanzierung eines Prozesses bei einer Gläubigeranzahl von 26 von diesen zu erreichen (*BGH* ZIP 2012, 98 (LS); anders noch *BGH* ZIP 2006, 682: unzumutbarer Koordinierungsaufwand für den Verwalter bei 5 Großgläubigern). Besteht seitens der Gläubiger keine Bereitschaft, einen Prozess zu finanzieren, muss der Verwalter die Prozessführung unterlassen (*BGH* BGHZ 138, 188; ZInsO 2012, 2198; K. Schmidt/*Sternal* InsO, § 80 Rn. 56). Das Erfordernis der Unzumutbarkeit der Kostenaufbringung durch wirtschaftlich Beteiligte gilt auch für den Steuerfiskus. Eine generelle Freistellung des Fiskus von der Kostenaufbringung gibt es nicht (*BGH* BGHZ 138, 188).

D. Unwirksamkeit von Veräußerungsverboten

I. Relative Veräußerungsverbote

64 Abs. 2 betrifft die **gesetzlichen Veräußerungsverbote**, die nur den Schutz bestimmter Personen bezwecken (§§ 135, 136 BGB). Sie verlieren zugunsten der Insolvenzmasse mit Verfahrenseröffnung ihre Wirkung. Die absoluten Veräußerungsverbote sind von § 80 Abs. 2 InsO nicht betroffen, sie wirken auch im Insolvenzverfahren. Ein Verstoß hiergegen führt zur Unwirksamkeit (*BGH* BGHZ 19, 355; MüKo-InsO/*Ott/Vuia* § 80 Rn. 154).

1. Gesetzliche relative Veräußerungsverbote

65 Gesetzliche relative Veräußerungsverbote (§§ 135, 136 BGB) sind sehr selten und haben praktisch kaum eine Bedeutung. Hierzu gehören etwa §§ 93, 94 VVG für Fälle der Wiederherstellungsklausel, nicht jedoch die in § 108 VVG geregelte Verfügungsbeschränkung zur Haftpflichtversicherung. Diese bleibt wirksam, da dem Berechtigten in der Insolvenz des Versicherungsnehmers diesbezüglich ein Absonderungsrecht zusteht (§ 110 VVG). Nicht zu den relativen Veräußerungsverboten gehören die Verfügungsbeschränkungen der Eheleute und Erben (§§ 1365, 1369, 1423 f., 1450, 1663 f., 1812 f., 2211 BGB). Diese Beschränkungen führen mangels Rechtsmacht des Verfügenden zur absoluten Unwirksamkeit und gelten im Insolvenzverfahren nicht (HK-InsO/*Kayser* § 80 Rn. 64; MüKo-InsO/*Ott/Vuia* § 80 Rn. 154). Auch eine sich aus § 719 BGB ergebende Verfügungsbeschränkung stellt kein relatives gesetzliches Veräußerungsverbot dar. Eine danach schwebend unwirksame Verfügung kann nachträglich von den Gesellschaftern genehmigt werden (*BGH* BGHZ 13, 179; HK-InsO/*Kayser* § 80 Rn. 64; K. Schmidt/*Sternal* InsO, § 80 Rn. 76).

2. Richterliche und behördliche Veräußerungsverbote

Des Weiteren nennt Abs. 2 die richterlichen und behördlichen Veräußerungsverbote (§ 136 BGB). **66** Diese Vorschrift betrifft wie § 135 BGB nur Veräußerungsverbote, die den Schutz bestimmter Personen bezwecken (*RG* RGZ 105, 75). Hierzu gehören vor allem Veräußerungsverbote auf Grund einstweiliger Verfügung (§ 938 Abs. 2 ZPO); der Insolvenzverwalter wird durch dieses Veräußerungsverbot nicht gebunden (HK-InsO/*Kayser* § 80 Rn. 65), kann also davon betroffene Gegenstände trotz einstweiliger gerichtlicher Verfügung zur Verwertung zwecks Befriedigung der Insolvenzgläubiger einsetzen. Davon ausgenommen sind Veräußerungsverbote, wenn die einstweilige Verfügung dazu dient, ein Aussonderungsrecht oder ein Absonderungsrecht des Verfügungsgläubigers durchzusetzen oder zu sichern (*Kübler/Prütting/Bork-Lüke* InsO, § 80 Rn. 110 m.w.N.). In einem solchen Fall ist das relative Veräußerungsverbot ebenso insolvenzfest wie das Aussonderungsrecht oder das Absonderungsrecht selbst. Ein relatives Veräußerungsverbot liegt dagegen vor bei der Einziehung (§ 74e StGB) und bei Beschlagnahme zur Sicherstellung nach §§ 111b, 111c StPO (§ 111c Abs. 5 StPO), die darum im Insolvenzverfahren keine Wirkung hat (*BGH* DZWIR 2007, 385; dazu *Malitz* EWiR 2007, 693). Nicht erfasst ist eine Beschlagnahme nach §§ 94 ff., 290 ff. StPO (HK-InsO/*Kayser* InsO, § 80 Rn. 66).

3. Rechtsgeschäftliche Veräußerungsverbote

Rechtsgeschäftliche Veräußerungsverbote fallen nicht in den Anwendungsbereich des § 80 Abs. 2 **67** InsO. Sie binden den Verwalter nicht. Der Verwalter kann frei darüber verfügen (K. Schmidt/*Sternal* InsO, § 80 Rn. 78). Im Falle der Belastung eines Grundstücks mit einem Erbbaurecht kann zwischen dem Grundstückseigentümer und dem Erbbauberechtigten als Inhalt des Erbbaurechts vereinbart werden, dass der Erbbauberechtigte nur mit Zustimmung des Grundstückseigentümers zu Verfügungen über das Erbbaurecht berechtigt ist (§ 5 ErbbauVO). Entsprechend kann im Falle der Belastung eines Grundstücks mit Wohnungseigentum die Veräußerungsbefugnis eines Wohnungseigentümers mit dinglicher Wirkung von der Zustimmung der anderen Wohnungseigentümer abhängig gemacht werden (§§ 12, 5 Abs. 4, 8 Abs. 2, 35 WEG). Diese Veräußerungsverbote sind insolvenzfest; Verfügungen des Insolvenzverwalters sind unwirksam, wenn er sie ohne die Zustimmung der anderen Beteiligten vornimmt (MüKo-InsO/*Ott/Vuia* § 80 Rn. 156).

II. Pfändungen und Beschlagnahme

Ausdrücklich ausgenommen sind Pfändungen und Beschlagnahmen im Wege der Zwangsvollstreckung **68** (§ 80 Abs. 2 Satz 2 InsO), wenn die Pfändung oder Beschlagnahme vor Verfahrenseröffnung wirksam begründet wurde. Diese begründen in der Insolvenz ein Absonderungsrecht des Gläubigers, es sei denn, sie verstoßen gegen § 21 Abs. 2 Nr. 3 InsO oder unterliegen der Rückschlagsperre nach § 88 InsO oder sind anfechtbar. Nicht erfasst von § 80 Abs. 2 Satz 2 InsO ist die Vorpfändung (§ 845 ZPO), die erst mit der Hauptpfändung insolvenzfest wird *BGH* BGHZ 167, 352; HK-InsO/*Kayser* § 80 Rn. 69).

§ 81 Verfügungen des Schuldners

(1) ¹Hat der Schuldner nach der Eröffnung des Insolvenzverfahrens über einen Gegenstand der Insolvenzmasse verfügt, so ist diese Verfügung unwirksam. ²Unberührt bleiben die §§ 892, 893 des Bürgerlichen Gesetzbuchs, §§ 16, 17 des Gesetzes über Rechte an eingetragenen Schiffen und Schiffsbauwerken und §§ 16, 17 des Gesetzes über Rechte an Luftfahrzeugen. ³Dem anderen Teil ist die Gegenleistung aus der Insolvenzmasse zurückzugewähren, soweit die Masse durch sie bereichert ist.

(2) ¹Für eine Verfügung über künftige Forderungen auf Bezüge aus einem Dienstverhältnis des Schuldners oder an deren Stelle tretende laufende Bezüge gilt Absatz 1 auch insoweit, als die Bezüge für die Zeit nach der Beendigung des Insolvenzverfahrens betroffen sind. ²Das Recht des

§ 81 InsO Verfügungen des Schuldners

Schuldners zur Abtretung dieser Bezüge an einen Treuhänder mit dem Ziel der gemeinschaftlichen Befriedigung der Insolvenzgläubiger bleibt unberührt.

(3) ¹Hat der Schuldner am Tag der Eröffnung des Verfahrens verfügt, so wird vermutet, dass er nach der Eröffnung verfügt hat. ²Eine Verfügung des Schuldners über Finanzsicherheiten im Sinne des § 1 Abs. 17 des Kreditwesengesetzes nach der Eröffnung ist, unbeschadet der §§ 129 bis 147 wirksam, wenn sie am Tag der Eröffnung erfolgt und der andere Teil nachweist, dass er die Eröffnung des Verfahrens weder kannte noch kennen musste.

Übersicht

		Rdn.			Rdn.
A.	Zweck und Inhalt der Vorschrift	1	I.	Allgemeines	31
I.	Allgemeines	1	II.	Grundstücke und grundstücksgleiche Rechte	32
II.	Geltungsbereich	2		1. Verkehrsschutz	33
B.	Betroffene Verfügungen	8		2. Zeitpunkt	35
I.	Verfügungen	8		3. Eintragung des Insolvenzvermerks	37
II.	Gegenstand der Verfügung	12	III.	Schiffe, Schiffbauwerke und Luftfahrzeuge	38
III.	Maßgeblicher Zeitpunkt der Verfügung	13		1. Schiffe und Schiffsbauwerke	38
	1. Eröffnungsbeschluss	14		2. Luftfahrzeuge	40
	2. Verfügung nach Verfahrenseröffnung	15	D.	Rückgewähr der Gegenleistung	41
IV.	Verfügungen Dritter	23	E.	Verfügungen über künftige Forderungen (Abs. 2)	42
V.	Rechtsfolgen	26	F.	Beweislastverteilung (Abs. 3 S. 1)	44
	1. Absolute Unwirksamkeit	26	G.	Verfügungen über Finanzsicherheiten (Abs. 3 S. 2)	45
	2. Genehmigung durch den Insolvenzverwalter	28			
C.	Schutz des guten Glaubens (Abs. 1 Satz 2)	31			

Literatur:
Kayser Aktuelle Rechtsprechung des BGH zum Insolvenzrecht ZIP 2013, 1353; *Ries* Lastschriftwiderruf bei Insolvenz des Schuldners, ZInsO 2009, 889; *von Olshausen* »Verfügung« statt »Rechtshandlung« in § 81 InsO oder: Der späte Triumph des Reichstagsabgeordneten Levin Goldschmidt, ZIP 1998, 1093.

A. Zweck und Inhalt der Vorschrift

I. Allgemeines

1   Die Vorschrift entspricht in Abs. 1 und 3 im Wesentlichen im Grundsatz § 7 KO, der lediglich allgemein von den Rechtshandlungen des Schuldners sprach und damit Verfügungs- und Verpflichtungsgeschäfte sowie sonstige Handlungen mit rechtlicher Wirkung erfasste. Dagegen beschränkt sich § 81 InsO auf Verfügungen des Schuldners. Dass Verpflichtungen, die der Schuldner nach Verfahrenseröffnung begründet hat, im Verfahren nicht geltend gemacht werden können, ergibt sich bereits aus § 38 InsO. Die Vorschrift wird ergänzt durch § 91 InsO. Sonstige Rechtshandlungen des Schuldners haben nach § 91 InsO keine Wirkung für die Insolvenzmasse (*Balz/Landfermann* § 81 BegrRegE S. 298).

II. Geltungsbereich

2   Die Regelung von § 81 Abs. 1 Satz 1 InsO ist eine Ergänzung zu § 80 InsO. Nach § 80 InsO verliert der Schuldner die Befugnis, mit Wirkung für und gegen die Masse rechtswirksam zu handeln. § 81 InsO regelt die unabdingbaren zivilrechtlichen **Folgen gleichwohl vorgenommener Verfügungen** und zieht dem Vertrauensschutz Grenzen, in dem sie eine absolute Unwirksamkeit der trotzdem vorgenommenen Verfügungen anordnet und nicht nur eine Unwirksamkeit den Insolvenzgläubigern gegenüber. Die Vorschrift bezweckt den Schutz der Insolvenzgläubiger (auch der künftigen, wie sich aus § 24 Abs. 1 InsO ergibt) gegen eine Masseminderung durch Verfügungen des Insolvenzschuldners, z.B. durch Verschleuderung oder Verschiebung von Massegut.

§ 81 InsO   Verfügungen des Schuldners

3   Der Begriff »Verfügungen« ist im weiteren Sinne zu verstehen (vgl. *Uhlenbruck/Mock* InsO, § 31 Rn. 4 m.w.N.). Dazu gehören Rechtsgeschäfte (dingliche und quasi-dingliche des Schuldrechts wie z.B. die Abtretung einer Forderung) und auch nicht-rechtsgeschäftliche Rechtshandlungen, also Handlungen und Unterlassungen, die Rechtsfolgen auslösen, ohne dass der Wille des Handelnden auf diesen Erfolg gerichtet ist (*RG* RGZ 59, 57).

4   Nicht erfasst sind Verpflichtungsgeschäfte, die wirksam sind, aber wegen § 80 InsO keinen gegen die Insolvenzmasse durchsetzbaren Anspruch begründen (vgl. *BGH* ZIP 2001, 2008; ZIP 2010, 138; *AG Hamburg* ZInsO 2005, 837; *K. Schmidt/Sternal* InsO, § 81 Rn. 3). Die Möglichkeit des Schuldners, sich Dritten gegenüber rechtsgeschäftlich zu verpflichten, bleibt von der Eröffnung des Insolvenzverfahrens unberührt. Solche eingegangenen Verpflichtungen sind wirksam, begründen aber weder einen gegen die Masse durchsetzbaren Anspruch noch stellen sie eine Insolvenzforderung nach § 38 InsO dar. Es bleibt allein der Schuldner verpflichtet, der jedoch wegen seines Insolvenzverfahrens eine solche Verpflichtung nicht erfüllen kann und dem Vertragspartner gem. §§ 275 ff., 280 ff. BGB nur mit seinem insolvenzfreien Vermögen haftet (*K. Schmidt/Sternal* InsO, § 81 Rn. 3; HK-InsO/*Kayser* § 81 Rn. 6; MüKo-InsO/*Ott/Vuia* § 81 Rn. 5). § 81 InsO nimmt, obwohl er nur den Zweck hat, die Gläubiger vor Schaden zu bewahren, nicht einmal die ihnen günstigen Schuldnerhandlungen aus (*Häsemeyer* InsR, Rn. 10.11 m.w.N.); denn die Beurteilung der Nützlichkeit muss dem pflichtmäßigen Ermessen des Insolvenzverwalters vorbehalten bleiben, wenn er in der Lage sein soll, seine Aufgaben eigenverantwortlich zu erfüllen. Darum wird auch das vorteilhafte Geschäft des Schuldners nicht als solches, sondern nur auf Grund einer (u.U. konkludenten) Genehmigung des Insolvenzverwalters für die Masse wirksam.

5   Die in § 81 Abs. 2 InsO aufgenommene Regelung stellt eine Neuerung dar, die aufgrund der Erweiterung der Insolvenzmasse durch den Neuerwerb (§ 35 InsO) notwendig wurde. Die dort angeordnete Unwirksamkeit von Verfügungen betrifft Dienst- und ähnliche Bezüge für die Zeit **nach** Beendigung des Insolvenzverfahrens (nach *Häsemeyer* InsR, Rn. 10.01 »unsystemischerweise in die massesichernden Vorschriften von §§ 80 ff. InsO eingestreut«). Die Ansprüche darauf gehören also nicht zur Insolvenzmasse. Dabei geht es nicht um Erhaltung eines Massebestandes. Vielmehr sollen diese künftigen Ansprüche im Rahmen einer etwaigen **Restschuldbefreiung** (§ 287 Abs. 2 Satz 1 InsO) oder eines **Insolvenzplans** (§§ 217 ff. InsO) zur Verfügung stehen. Deshalb sind ferner Zwangsvollstreckungen in die Ansprüche während des Insolvenzverfahrens auch für Dritte, d.h. Nicht-Insolvenzgläubiger, unzulässig (§ 89 Abs. 2 Satz 1 InsO, Ausnahme in Satz 2); außerdem sind vor Verfahrenseröffnung getätigte Verfügungen über diese Ansprüche oder Zwangsvollstreckungen in sie nur zeitlich begrenzt wirksam, ebenso eine Aufrechnung gegen sie (§ 114 InsO). Das Gesetz zur Verkürzung des Restschuldbefreiungsverfahrens und zur Stärkung der Gläubigerrechte vom 15.07.2013 (BGBl. I 2013 S. 2379), das zum 01.07.2014 in Kraft tritt, sieht eine Streichung des § 114 InsO zur Verbreiterung der Insolvenzmasse wegen der Verkürzung der Dauer des Restschuldbefreiungsverfahrens (3 Jahre) vor.

6   Durch das Gesetz zur Umsetzung der Finanzsicherheitenrichtlinie (2002/47/EG) war § 81 Abs. 3 InsO ein zweiter Satz angefügt worden.

7   § 81 InsO findet im Eröffnungsverfahren über § 24 Abs. 1 InsO entsprechende Anwendung, wenn Sicherungsmaßnahmen nach § 21 Abs. 1 Nr. 2 InsO angeordnet wurden. Die Vorschrift gilt auch im Verbraucherinsolvenzverfahren ohne Einschränkung. Dagegen gilt § 81 InsO bei Durchführung des Insolvenzverfahrens in **Eigenverwaltung** des Schuldners (§§ 270 ff. InsO) grds. nicht (*Uhlenbruck/Mock* InsO, § 81 Rn. 2; MüKo-InsO/*Ott/Vuia* § 81 Rn. 7). Verfügungen des Schuldners über Gegenstände der Insolvenzmasse bleiben bei Eigenverwaltung selbst dann wirksam, wenn der Schuldner dabei pflichtwidrig die Zustimmung des Sachwalters (§ 275 Abs. 1 InsO) oder des Gläubigerausschusses (§ 276 Satz 1 InsO) nicht eingeholt hatte; dies ergibt sich im Falle der fehlenden Zustimmung des Sachwalters daraus, dass § 275 Abs. 1 InsO als Sollvorschrift konzipiert ist, im Falle der fehlenden Zustimmung des Gläubigerausschusses aus § 276 Satz 2 InsO i.V.m. § 164 InsO. Etwas anderes gilt nur, wenn das Insolvenzgericht gem. § 277 InsO angeordnet hat, dass bestimmte Rechtsgeschäfte zu ihrer Wirksamkeit der **Zustimmung des Sachwalters** bedürfen. In die-

sem Fall gelten auch die gesetzlichen Schutzvorschriften für den Geschäftspartner (§ 81 Abs. 1 Sätze 2 und 3 InsO), wie § 277 Abs. 1 Satz 2 InsO ausdrücklich klarstellt. Hingegen ist die Beweislastregel in § 81 Abs. 3 InsO auf Verfügungen des Schuldners am Tage der Anordnung der Zustimmungsbedürftigkeit gem. § 277 InsO nicht entsprechend anwendbar.

B. Betroffene Verfügungen

I. Verfügungen

8 Die Vorschrift umfasst im Gegensatz zu § 7 KO (»Rechtshandlung«) nur Verfügungen des Schuldners. Verfügungen, die der Schuldner über sein insolvenzfreies Vermögen trifft sind weiter zulässig und wirksam. Eine Verfügung ist ein Rechtsgeschäft, durch das der Verfügende auf ein Recht unmittelbar einwirkt, indem er es auf einen Dritten überträgt oder das Recht aufhebt, es mit einem Recht belastet oder es in seinem Inhalt verändert (*BGH* BGHZ 101, 26; ZIP 2010, 138), wie bspw. die Übereignung beweglicher und unbeweglicher Gegenstände, Abtretung, Verzicht, Verpfändung und Bestellung von Grundpfandrechten. **Gestaltungsrechte**, wie Kündigung, Rücktritt, Aufrechnung oder Anfechtung werden wegen ihrer Nähe zur Verfügung ebenfalls als solche behandelt (K. Schmidt/*Sternal* InsO, § 81 Rn. 5). Verfügungen, die nicht auf vermögensrechtlichem Gebiet liegen, fallen nicht unter § 81 InsO. Dem Schuldner soll nur verwehrt sein, die der Befriedigung der Insolvenzgläubiger dienende Masse zu schmälern.

9 Str. ist, ob auch **rechtsgeschäftsähnliche Handlungen** mit verfügendem, d.h. unmittelbar rechtsgestaltendem Charakter wie Fristsetzungen, Mahnungen, Aufforderungen und Androhungen unter § 81 InsO fallen (HK-InsO/*Kayser* § 81 Rn. 8; K. Schmidt/*Sternal* InsO, § 81 Rn. 5), die ihrem Wortlaut nach weder von § 81 InsO noch von § 91 InsO erfasst scheinen. Nach überwiegender Auffassung wird dieses bejaht (*Uhlenbruck*/*Mock* InsO, § 81 Rn. 5; K. Schmidt/*Sternal* InsO, § 81 Rn. 5; HK-InsO/*Kayser* § 81 Rn. 8). Ausgehend vom Willen des Gesetzgebers, die Insolvenzmasse weitgehend vor Eingriffen des Schuldners zu schützen und die Handlungsfähigkeit des Verwalters zu sichern, erscheint es angebracht, auch solche Handlungen in den Anwendungsbereich der §§ 81, 91 InsO miteinzubeziehen (K. Schmidt/*Sternal* InsO, § 81 Rn. 5). *Kayser* will dagegen solche Handlungen des Schuldners, die für die Masse wirtschaftlich vorteilhaft sind, in analoger Anwendung zu §§ 116, 115 Abs. 2 InsO ausnehmen (HK-InsO/*Kayser* § 81 Rn. 9).

10 Zu den Verfügungen gehört auch die Annahme von Zahlungen, Überweisungsaufträge und Lastschriften (HK-InsO/Kayser § 81 Rn. 8, 22 f.), wie auch Leistungsbestimmungen nach § 267 Abs. 1 BGB (*BGH* ZIP 2014, 1037). **Realakte** (z.B. Vermischung, Verarbeitung) fallen hingegen nicht darunter. Sie sind keine Rechtsgeschäfte (K. Schmidt/*Sternal* § 81 Rn. 6; *Uhlenbruck*/*Mock* InsO, § 81 Rn. 6).

11 Zu den Verfügungen zählen des Weiteren **Prozesshandlungen** (Geständnis, Anerkenntnis, Verzicht, Vergleich) sowie die Entgegennahme empfangsbedürftiger Willenserklärungen und von Prozesserklärungen, auch von Zustellungen in Steuersachen (vgl. dazu *RFH* JW 35, 469; K. Schmidt/*Sternal* InsO, § 81 Rn. 6; HK-InsO/*Kayser* § 81 Rn. 7).

II. Gegenstand der Verfügung

12 Betroffen sind nur Verfügungen, die einen **Gegenstand der Masse** unmittelbar oder zumindest mittelbar betreffen (§ 80 Abs. 1 Satz 1 InsO). Einbezogen ist auch das Auslandsvermögen des Schuldners. Daher gehören Verfügungen über insolvenzfreies Vermögen nicht hierher (*Nerlich*/*Römermann-Wittkowski* InsO, § 81 Rn. 7), z.B. die Veräußerung einer unpfändbaren Sache (§ 36 Abs. 1 InsO i.V.m. § 811 Abs. 1 ZPO außer Nr. 4, 9; vgl. § 36 Abs. 2 Nr. 2 InsO). Diese Verfügungen bleiben wirksam. Verpflichtungen, die sich aus diesen Rechtsgeschäften ergeben, sind keine Insolvenzforderungen.

III. Maßgeblicher Zeitpunkt der Verfügung

§ 81 InsO findet ausschließlich auf Verfügungen des Schuldners Anwendung, die nach Verfahrenseröffnung vorgenommen wurden. Wurden im Eröffnungsverfahren Sicherungsmaßnahmen nach § 21 Abs. 2 Nr. 2 InsO angeordnet, findet § 81 InsO analog § 24 Abs. 1 InsO ebenfalls Anwendung. Andernfalls unterliegen Verfügungen, die der Schuldner vor Verfahrenseröffnung getroffen hatte, nur der Insolvenzanfechtung (§§ 129 ff. InsO).

1. Eröffnungsbeschluss

Der Verlust der Verfügungsbefugnis des Schuldners tritt nach § 80 Abs. 1 InsO **unmittelbar mit der Eröffnung** des Insolvenzverfahrens, also dem Erlass des – wirksamen (dazu s. § 80 Rdn. 5) – Eröffnungsbeschlusses ein, nicht erst mit der Zustellung, Bekanntmachung oder gar der Rechtskraft des Eröffnungsbeschlusses. Der Eröffnungsbeschluss sollte den Tag und die Stunde der Eröffnung angeben (§ 27 Abs. 2 Nr. 3 InsO); verschiedentlich wird sogar, über die Forderungen des Gesetzes hinausgehend, die Angabe der Minute empfohlen (etwa HK-InsO/*Kayser* § 81 Rn. 13). Enthält der Beschluss keine zeitlichen Angaben zur Eröffnung gilt als Zeitpunkt der Eröffnung die Mittagsstunde des Tages, an dem der Beschluss erlassen wurde (§ 27 Abs. 3 InsO). Andererseits wird der Verlust nicht schon vom Beginn des Eröffnungstages ab angenommen. Daher lässt sich bei Rechtshandlungen des Schuldners, die noch am Tage der Eröffnung des Insolvenzverfahrens erfolgen, mitunter schwer bestimmen, ob sie nach der Eröffnung oder früher vorgenommen worden und dementsprechend unwirksam sind. Insofern dient die Regelung in § 81 Abs. 3 Satz 1 InsO als Beweiserleichterung.

2. Verfügung nach Verfahrenseröffnung

Soll eine Rechtshandlung des Schuldners Wirksamkeit haben, so muss sie nach § 81 Abs. 1 InsO **vor der Eröffnung des Insolvenzverfahrens** »vorgenommen« sein.

Zweifelhaft ist die praktisch erhebliche Frage, wann empfangsbedürftige Willenserklärungen, wie Mahnung, Kündigung, Rücktritt, Aufrechnung, unter Abwesenden »**vorgenommen**« sind. Die Verfügungsbefugnis und ihre Ausübungsberechtigung sind sachliche Voraussetzungen für die Wirksamkeit der Erklärung und daher für den Zeitpunkt zu fordern, in dem die Wirksamkeit der rechtsgeschäftlichen Willenserklärung beginnt. Darauf weist gerade der Zusammenhang der insolvenzrechtlichen Vorschriften hin: §§ 81 und 129 InsO korrespondieren miteinander. Der Schutz durch § 81 InsO setzt dort ein, wo der von § 129 InsO aufhört (so auch MüKo-InsO/*Ott/Vuia* § 81 Rn. 11). Nach dem Zweck der Insolvenzanfechtung unterliegt es aber keinem Zweifel, dass eine vor der kritischen Frist abgegebene, aber erst während der Frist »wirksam« gewordene Rechtshandlung innerhalb der Frist vorgenommen worden ist. Unter § 81 InsO fällt danach eine die Masse betreffende empfangsbedürftige Willenserklärung (§ 130 Abs. 1 BGB) auch dann, wenn sie vom Schuldner zwar vor der Eröffnung des Insolvenzverfahrens abgegeben wird, aber dem Adressaten erst danach zugeht (vgl. *BGH* BGHZ 27, 360). Der Verlust der Geschäftsfähigkeit (§ 130 Abs. 2 BGB) oder der Tod des Erklärenden (§ 153 BGB) ist nicht dem Verlust der Verfügungsbefugnis gleichzustellen (MüKo-InsO/*Ott/Vuia* § 81 Rn. 11; HK-InsO/*Kayser* § 81 Rn. 16). Dies wird auch dadurch bestätigt, dass § 878 BGB von der Unanwendbarkeit von § 130 Abs. 2 und 3 BGB auf Verfügungsbeschränkungen – mit Einschluss des Insolvenzbeschlags – ausgeht (vgl. HambK-InsO/*Kuleisa* § 81 Rn. 7a).

Ein Angebot des späteren Schuldners zu einer Verfügung über einen zur Masse gehörenden Gegenstand kann von dem Empfänger nicht angenommen werden, wenn es diesem erst nach Verfahrenseröffnung zugeht, denn dieses Angebot ist nach § 81 InsO unwirksam. Ist das Angebot des Schuldners dem Empfänger vor Verfahrenseröffnung zugegangen, so kann durch die nach Verfahrenseröffnung erfolgte Annahme eine wirksame Verfügung ebenfalls nicht zu Stande kommen. Erfolgt das Vertragsangebot bei der Insolvenz des Angebotsempfängers, ist auch dieses unwirksam, wenn die Insolvenz vor der Annahme eingetreten ist. Will sich der Antragende auch gegenüber

§ 81 InsO Verfügungen des Schuldners

der Insolvenzmasse binden, kann das Angebot noch angenommen werden (K. Schmidt/*Sternal* InsO, § 81 Rn. 9; HK-InsO/*Kayser* § 81 Rn. 17).

18   § 153 BGB ist auf das Insolvenzverfahren nicht anwendbar (K. Schmidt/*Sternal* InsO, § 81 Rn. 9). Das ergibt sich für das Angebot des Schuldners zu einem Verfügungsgeschäft daraus, dass die Verfahrenseröffnung das Vermögen des Schuldners seinen Gläubigern haftungsrechtlich zuweist und deshalb Verfügungen des Schuldners, welche die haftende Masse verkürzen, nach §§ 80, 81 InsO unwirksam sind. Darin unterscheidet sich die Eröffnung des Insolvenzverfahrens von den in § 153 BGB geregelten Fällen des Todes oder des Eintritts der Geschäftsunfähigkeit.

19   Bei mehraktigen Verfügungen müssen nach h.M. alle tatbestandsmäßigen Verfügungsvorrausetzungen bis zur Verfahrenseröffnung, sprich dem Verlust der Verfügungsbefugnis des Schuldners eingetreten sein, damit die Verfügung des Schuldners wirksam ist. In dem Fall findet § 81 Abs. 1 Satz 1 InsO keine Anwendung. Sind bei solchen mehraktigen gestreckten Verfügungen vor Verfahrenseröffnung bereits alle Verfügungsakte erfüllt und hängt dagegen die Wirksamkeit von weiteren erst nach Verfahrenseröffnung eintretenden Voraussetzungen ab, wie dem Eintritt der Bedingung oder die Entstehung der Forderung, findet § 91 InsO Anwendung (*BGH* BGHZ 135, 140 zu § 15 KO; 162, 187; HK-InsO/*Kayser* § 81 Rn. 18; HambK-InsO/*Kuleisa* § 81 Rn. 8; **a.A.** MüKo-InsO/*Ott/Vuia* § 81 Rn. 9, der § 81 für anwendbar hält: entscheidend ist der Verfügungserfolg, also der Zeitpunkt, in dem die Verfügung vollwirksam wird).

20   Im Falle der **Abtretung einer künftigen Forderung** ist die Verfügung selbst bereits mit Abschluss des Abtretungsvertrages beendet. Der Rechtsübergang erfolgt jedoch erst mit dem Entstehen der Forderung (*BGH* BGHZ 32, 367; 88, 205; ZIP 1997, 513). Entsteht die im Voraus abgetretene Forderung nach Eröffnung des Insolvenzverfahrens, kann der Gläubiger gemäß § 91 Abs. 1 InsO kein Forderungsrecht zu Lasten der Masse mehr erwerben (*BGH* BGHZ 135, 140 zu § 15 KO; 162, 187; NJW 1955, 544; ZIP 2003, 808; MüKo-InsO/*Ganter* vor §§ 49 bis 52 Rn. 23). Nur wenn der Zessionar bereits vor der Eröffnung des Insolvenzverfahrens eine gesicherte Rechtsposition hinsichtlich der abgetretenen Forderung erlangt hat, ist die Abtretung insolvenzfest. Werden Ansprüche aus Dauerschuldverhältnissen abgetreten, kommt es deshalb darauf an, ob sie bereits mit Abschluss des zugrunde liegenden Vertrages »betagt«, also nur in ihrer Durchsetzbarkeit vom Beginn oder vom Ablauf einer bestimmten Frist abhängig sind, oder ob sie gemäß §§ 163, 158 Abs. 1 BGB erst mit der Inanspruchnahme der jeweiligen Gegenleistung entstehen. Im letztgenannten Fall hat der Abtretungsempfänger keine gesicherte Rechtsposition (*BGH* ZIP 1997, 513).

21   Der Eigentumsübergang nach § 929 BGB vollendet sich erst, wenn neben der Einigung auch die Übergabe erfolgt ist. Erfolgt die Übergabe erst nach Verfahrenseröffnung, findet § 81 InsO Anwendung. Erfolgt die Übereignung oder Abtretung aufschiebend bedingt, folgt aus § 161 Abs. 1 Satz 1 BGB, dass weder § 81 noch § 91 InsO den Rechtserwerb bei Bedingungseintritt nach Insolvenzeröffnung verhindert (*BGH* ZIP 2006, 87; HK-InsO/*Kayser* § 81 Rn. 19; K. Schmidt/*Sternal* InsO, § 81 Rn. 12). Diese ist insolvenzfest, wenn der fragliche Gegenstand bis zur Insolvenzeröffnung entstanden ist und die Verfügung nicht durch die Insolvenzeröffnung berührt wird. Entscheidend ist weiter, ob das Recht aus dem Vermögen des Schuldners bereits zum Zeitpunkt der Insolvenzeröffnung ausgeschieden war, so dass für den Schuldner keine Möglichkeit mehr bestand, es auf Grund alleiniger Entscheidung wieder zurück zu erlangen (*BGH* ZIP 2006, 87). Fehlt im Zeitpunkt der Insolvenzeröffnung für die Wirksamkeit der Verfügung nur noch der Eintritt der Bedingung, wirkt er, wenn er nach Insolvenzeröffnung erfolgt, auf den Zeitpunkt der Verfügung zurück. Werden Rechte an Grundstücken oder grundstücksgleiche Rechte übertragen, findet § 81 Abs. 1 S. 1 InsO keine Anwendung, wenn die dingliche Einigung vor Insolvenzeröffnung erfolgt ist und der Eintragungsantrag zu diesem Zeitpunkt bereits gestellt war (*BGH* ZInsO 2012, 1123; HK-InsO/*Kayser* § 81 Rn. 19; K. Schmidt/*Sternal* InsO, § 81 Rn. 12). Die Wirksamkeit dieser Verfügungen bestimmt sich nach § 91 Abs. 2 InsO. Die Vorschrift des § 81 Abs. 1 Satz 1 InsO hindert nicht den Eintritt des Verfügungserfolgs, wenn im Fall des § 24 InsO im Zeitpunkt der Anordnung der Verfügungsbeschränkung – die dingliche Einigung erfolgt und der Eintragsantrag gestellt worden

ist, die erforderliche Eintragung jedoch noch ausstand (HK-InsO/*Kayser* § 81 Rn. 19; *Jaeger/Windel* InsO, § 81 Rn. 43).

Desgleichen kann ein Pfandrecht an erst nach der Eröffnung des Insolvenzverfahrens entstehendem Vermögen nicht wirksam begründet werden (*BGH* ZIP 2009, 380). Hatte der Schuldner vor Eröffnung des Insolvenzverfahrens Forderungen abgetreten, so ist der Verfügungstatbestand auch dann bereits voll erfüllt, wenn der Ankauf der jeweiligen Forderung durch den Abtretungsempfänger zur – aufschiebenden – Bedingung der Abtretung gemacht worden war (*BGH* DB 2010, 156). 22

IV. Verfügungen Dritter

Nur Verfügungen des Schuldners fallen unter § 81 InsO. Ihnen stehen Rechtshandlungen seines gesetzlichen oder gewillkürten Vertreters (dazu gehört auch das Organ einer juristischen Person) oder eines Bevollmächtigten gleich, auch wenn die Vollmacht nach § 115 Abs. 1 InsO i.V.m. § 168 BGB erlischt, denn selbst ein Vertreter mit Vertretungsmacht kann nicht mehr Befugnisse als sein Vollmachtgeber haben. Verfügungen eines Nichtberechtigten sind nicht betroffen, da diese keinen Massebezug haben. Nach Verfahrenseröffnung kann der Schuldner nicht mehr wirksam genehmigen (§ 177 Abs. 1 BGB, § 81 Abs. 1 Satz 1 InsO). Eine Genehmigung des Insolvenzverwalters wirkt ex tunc für die Insolvenzmasse (K. Schmidt/*Sternal* InsO, § 81 Rn. 7). Nicht unter § 81 InsO fallen Verfügungen eines Treuhänders, der Gegenstände als treuhänderischer Eigentümer hält und ggf. im eigenen Namen verfügt. Soweit das Treuhandverhältnis nach Verfahrenseröffnung gem. §§ 116, 177 InsO endet, gelten in Bezug auf den Treuhänder, der für die Masse als Nichtberechtigter handelt, die Verkehrsschutzvorschriften über den Erwerb vom Nichtberechtigten unmittelbar (*BGH* ZIP 2012, 1517; K. Schmidt/*Sternal* InsO, § 81 Rn. 7; *Kayser* ZIP 2013, 1353). 23

Dagegen betrifft § 81 Abs. 1 InsO nicht den Fall, dass ein Dritter über eine in Wahrheit zur Masse gehörende Sache, die ihm vom späteren Schuldner vor Verfahrenseröffnung etwa zum Zwecke der Leihe, Verwahrung, Miete, eines Auftrags oder Werkvertrags anvertraut worden war, wie ein Eigentümer verfügt. Hier ist gutgläubiger Erwerb möglich (§§ 932 ff. BGB unter Ausschluss von § 935 BGB). Der Erwerber stützt sein Recht nicht – auch nicht mittelbar – auf eine Verfügung des Schuldners, sondern auf die Verfügung eines anderen, der sich als Eigentümer ausgibt. Für § 81 Abs. 1 InsO ist daher kein Raum. Ob der Besitzmittler die ihm anvertraute Sache vor oder nach Verfahrenseröffnung veruntreut, ist für die Anwendung der Schutzvorschriften zu Gunsten des gutgläubigen Dritterwerbers gleichgültig. Es ist auch nicht anders zu entscheiden, wenn der Schuldner die bis dahin in seiner Hand verbliebene Sache dem Besitzmittler erst nach Verfahrenseröffnung anvertraut (z.B. in Verwahrung gegeben) hat. 24

§ 81 InsO betrifft ferner nicht den Fall, dass der andere Teil, zu dessen Gunsten der Schuldner eine nach § 81 InsO unwirksame Veräußerung einer beweglichen Sache vorgenommen hat, nun seinerseits an einen gutgläubigen Dritten weiter veräußert. Hier beruht zwar der Erwerb des Dritten mittelbar auf einer unwirksamen Verfügung des Schuldners. Er hängt aber rechtlich von dieser Verfügung nicht ab. Der Geschäftspartner des Schuldners hat (von § 81 InsO unberührt) als »Nichtberechtigter« verfügt, jedoch erwirbt der Dritte um seines guten Glaubens willen das Recht. Aus welchem Grunde sein Vormann nicht erworben hatte, ist – vom Fall des Abhandenkommens abgesehen – für die Anwendung der §§ 932 ff., 1032, 1207 f., 1244 BGB, der §§ 366 f. HGB, gleichgültig. Dass durch die unwirksame Veräußerung des Schuldners die Sache der Masse oder dem Insolvenzverwalter abhandengekommen wäre, kann nicht angenommen werden. »Abhandenkommen« bedeutet unfreiwilligen Verlust des unmittelbaren Besitzes (*RG* RGZ 101, 225). Da der Besitz nicht kraft Gesetzes auf die »Masse« oder den Insolvenzverwalter übergeht, erwirbt der Insolvenzverwalter unmittelbaren Besitz erst, wenn er die Sache ergreift (vgl. § 148 InsO). Vorher kann ihm die Sache nicht abhandenkommen. 25

V. Rechtsfolgen

1. Absolute Unwirksamkeit

26 Die gegen § 81 InsO verstoßende Rechtshandlung ist **unwirksam**; sie löst keine rechtliche Wirkung aus, und zwar **absolut**, nicht nur wie nach der Rechtslage unter Geltung von § 7 KO nur den Insolvenzgläubigern gegenüber. Für die Geltendmachung des Mangels besteht keine Formvorschrift (vgl. MüKo-InsO/*Ott/Vuia* § 81 Rn. 13; *Uhlenbruck/Mock* InsO, § 81 Rn. 25). Die Unwirksamkeit tritt unmittelbar und von Anfang an ein und bedarf keines besonderen rechtsgeschäftlichen Gestaltungsakts (HK-InsO/*Kayser* § 81 Rn. 26). Soweit sie reicht, ist auch für eine Insolvenzanfechtung kein Raum. Eine zur Masse gehörende Sache, die der Schuldner nach Verfahrenseröffnung veräußert hat, kann der Insolvenzverwalter mit der Herausgabeklage gem. § 985 BGB zurückfordern. Beruft sich der Insolvenzverwalter darauf, ein vom Gegner behaupteter Erwerb falle unter § 81 Abs. 1 InsO, so erhebt er eine rechtsverneinende Einwendung, nicht eine Einrede i.S.d. BGB (K. Schmidt/*Sternal* InsO, § 81 Rn. 13). Bedeutsam wird das im Versäumnisverfahren: Wenn nämlich der andere Teil den auf die Rechtshandlung des Schuldners gestützten Anspruch durch Klage gegen den Insolvenzverwalter geltend macht und bei dessen Ausbleiben Versäumnisurteil beantragt, ist die Klage gleichwohl als unbegründet abzuweisen, falls das mündliche Vorbringen des Klägers die Unwirksamkeit seines Erwerbs ergibt (§ 331 Abs. 2 ZPO; vgl. HK-InsO/*Kayser* § 81 Rn. 26).

27 »**Unwirksam**« i.S.v. § 81 InsO ist nicht inhaltsgleich mit »**nichtig**« (vgl. *Uhlenbruck/Mock* InsO, § 81 Rn. 30); denn die Unwirksamkeit nach § 81 InsO ist heilbar, etwa durch **Genehmigung** des Insolvenzverwalters. Die Unwirksamkeit einer Verfügung nach § 81 InsO ist deshalb der Unwirksamkeit einer Verfügung eines Nichtberechtigten nach § 185 BGB gleichzustellen (vgl. MüKo-InsO/*Ott/Vuia* § 81 Rn. 13). Sie wirkt nur für die Dauer und die Zwecke des Insolvenzverfahrens (HambK-InsO/*Kuleisa* § 81 Rn. 15; *Uhlenbruck/Mock* InsO, § 81 Rn. 30).

2. Genehmigung durch den Insolvenzverwalter

28 Der Insolvenzverwalter kann eine nach § 81 Abs. 1 InsO unwirksamen Verfügung des Schuldners über einen Massegegenstand durch Genehmigung analog § 185 Abs. 2 BGB ex tunc genehmigen (h.M. K. Schmidt/*Sternal* InsO, § 81 Rn. 15; MüKo-InsO/*Ott/Vuia* § 81 Rn. 17; für ex nunc bei Verfahrensaufhebung, Einstellung oder Freigabe: *Gottwald/Eickmann* InsRHdb, § 31 Rn. 9). Dieses gilt auch für Prozesshandlungen (HambK-InsO/*Kuleisa* § 81 Rn. 17; K. Schmidt/*Sternal* InsO, § 81 Rn. 15). In analoger Anwendung von § 185 Abs. 2 Satz 1 Fall 2 BGB wird auch die Verfügung eines Berechtigten (ex nunc) wirksam, wenn er ohne Verfügungsmacht gehandelt hat und diese nachträglich wiedererlangt (*BGH* ZIP 2006, 479; BGHZ 123, 58 [62]), wie dies gerade in der Insolvenz des Schuldners zutreffen kann (vgl. *RG* RGZ 149, 19 [22]). So ist anerkannt, dass auch zunächst nach § 81 Abs. 1 Satz 1 InsO schwebend unwirksame Verfügungen des Schuldners entsprechend § 185 Abs. 2 Satz 1 Fall 2 BGB wirksam werden können, wenn der Schuldner Berechtigter geblieben und das Insolvenzverfahren beendet ist (vgl. MüKo-InsO/*Ott/Vuia* § 81 Rn. 18; *BGH* NJW 2000, 1500 für den Fall eines wieder aufgehobenen, absolut wirkenden Verfügungsverbotes mit Sequestration nach § 106 Abs. 1 Satz 3 KO). Das gilt auch, wenn der Verwalter die Sache freigibt (HambK-InsO/*Kuleisa* § 81 Rn. 15).

29 Ob der Verwalter genehmigt, ist eine im Einzelfall nach dem Wohle der Gesamtgläubigerschaft zu bestimmende Zweckmäßigkeitsfrage, was regelmäßig bei einer Massemehrung der Fall sein wird. Die Genehmigung steht dem Insolvenzverwalter in Ausübung der ihm durch § 80 Abs. 1 InsO verliehenen Befugnisse zu (vgl. HambK-InsO/*Kuleisa* § 81 Rn. 16). Mitunter veräußert ein Kaufmann aus Unkenntnis der bereits vollzogenen Eröffnung des Insolvenzverfahrens noch Waren zum Marktpreis und liefert diesen später gewissenhaft an den Insolvenzverwalter ab (Beispiel nach *Hencke/Windel* § 81 Rn. 27). Hier wird der Insolvenzverwalter Verkauf und Übereignung genehmigen, da er regelmäßig nicht mit der Erzielung höherer Preise rechnen kann. Wird die Leistung auf einen zur Masse gehörenden Sachverschaffungsanspruch unter Außerachtlassung von § 81 Abs. 1 InsO an den Schuldner statt an den Insolvenzverwalter bewirkt, ersterem z.B. unter Übereignungseinigung

eine gekaufte oder vermachte bewegliche Sache übergeben worden ist, bedeutet die rückwirkende Kraft der Genehmigung, dass die Sache bereits bei der Übergabe an den Schuldner an Massebestandteil geworden war, also von der Lieferung an zum insolvenzgebundenen Vermögen des Schuldners gehört hat.

Bei einem einseitigen Rechtsgeschäft ist allerdings keine Genehmigung möglich, sondern nur seine erneute Vornahme durch den Insolvenzverwalter (vgl. MüKo-InsO/*Ott/Vuia* § 81 Rn. 17). Das folgt aus den allgemeinen zivilrechtlichen Grundsätzen der §§ 111, 180 BGB. 30

C. Schutz des guten Glaubens (Abs. 1 Satz 2)

I. Allgemeines

Im Insolvenzverfahren ist der Schutz des Rechtsverkehrs in Bezug auf die fehlende Verfügungsbefugnis des Schuldners stark eingeschränkt. Vorrangig ist der Schutz der Masse vor Verfügungen des Schuldners zu sehen. Für den rechtsgeschäftlichen Verkehr mit **beweglichen Sachen** bestehen in der Insolvenz die Schutzvorschriften zu Gunsten gutgläubiger Geschäftspartner des Schuldners nicht, auch nicht bei Wertpapieren (dazu MüKo-InsO/*Ott/Vuia* § 81 Rn. 19; HambK-InsO/*Kuleisa* § 81 Rn. 18). 31

§ 81 Abs. 1 InsO hat den Schutz der Unkenntnis der Eröffnung des Insolvenzverfahrens zum einen deshalb auf den Liegenschaftsverkehr beschränkt, weil erfahrungsgemäß das bewegliche Vermögen eigenmächtigen Eingriffen des Schuldners in erhöhtem Maße unterliegt, gerade hier aber eine Einrichtung fehlt, die es – wie die Eintragung ins Grundbuch – ermöglicht, alsbald zu Gunsten der Masse den Verkehrsschutz auszuschalten; zum anderen im Hinblick auf die wirtschaftliche Bedeutung von Immobilien und die Bedeutung des Realkredits. Endlich sieht auch § 147 InsO eine Insolvenzanfechtung nur vor hinsichtlich der »nach §§ 892, 893 BGB wirksamen« Rechtshandlungen. Diese Fassung bestätigt, dass § 81 Abs. 1 InsO lediglich die Schutzvorschriften von §§ 892, 893 BGB ausnehmen will. Wer also den Erwerb einer beweglichen Sache oder eines Rechts an einer solchen unmittelbar auf eine nach Verfahrenseröffnung vorgenommene Verfügung des Schuldners stützt, dringt mit seinem Erwerb auch dann nicht durch, wenn er zu der für den guten Glauben maßgebenden Zeit die Eröffnung des Insolvenzverfahrens weder kannte noch kennen musste. Auch ein gutgläubiger Erwerb von Inhaber- (§§ 932, 936 BGB, § 366 HGB) oder Orderpapieren (Art. 16 Abs. 2 WG, Art. 21 ScheckG, § 365 HGB ist ausgeschlossen (*Uhlenbruck/Mock* InsO, § 81 Rn. 36).

II. Grundstücke und grundstücksgleiche Rechte

Der gute Glaube des Erwerbers bei Grundstücken und grundstücksgleichen Rechten wird auch dann geschützt, wenn über das Vermögen des eingetragenen Berechtigten das Insolvenzverfahren eröffnet worden ist (§ 81 Abs. 1 Satz 2 InsO). 32

1. Verkehrsschutz

Die Regelung des § 81 Abs. 1 S. 2 InsO i.V.m. §§ 892, 893 BGB, §§ 16,17 SchiffsRG, §§ 16,17 LuftfzRG dient dem Verkehrsschutz. Erwirbt ein Dritter solche Rechte von einem Nichtberechtigten, wird sein guter Glaube an die Verfügungsbefugnis geschützt. Der in § 892 BGB gewährte Gutglaubensschutz gilt auch dann, wenn an denjenigen, für den ein Recht im Grundbuch eingetragen ist, auf Grund dieses Rechtes eine Leistung bewirkt wird oder wenn zwischen ihm und diesem anderen in Ansehung dieses Rechtes ein nicht unter die Vorschriften des § 892 BGB fallendes Rechtsgeschäft vorgenommen wird, das eine Verfügung über das Recht enthält (§ 893 BGB). Dies betrifft etwa Verfügungen, die nicht einen Rechtserwerb i.S.v. § 892 BGB zum Gegenstand haben. Beispiele sind Änderung des Rechtsinhalts (§ 877 BGB) oder Ranges (§ 880 BGB), Rechtsaufhebung (§ 875 BGB), Zustimmung (§ 185 BGB), Kündigung eines Grundpfandrechts oder Bewilligung einer Vormerkung, wenn die Eintragung folgt (*BGH* BGHZ 57, 342). Keine Verfügungen sind **schuldrechtliche Geschäfte** (vgl. *RG* RGZ 90, 399 f.), z.B. Grundstücksvermietung, auch nicht bei Gebrauchsüberlas- 33 sung. Weiter betroffen sind Leistungen an den eingetragenen Nichtberechtigten zur Tilgung eines Anspruchs aus dem eingetragenen, existierenden Recht, z.B. Zahlung gem. §§ 1113, 268, 1142 BGB. Bei Briefgrundpfandrechten genügt die Eintragung des Gläubigers nicht, stets ist der Besitz des Briefes nötig (*RG* RGZ 150, 356; h.M.).

34 Gem. § 892 Abs. 1 BGB gilt zu Gunsten desjenigen, der ein Recht an einem Grundstück oder ein Recht an einem solchen Rechte durch Rechtsgeschäft erwirbt, der **Inhalt des Grundbuchs als richtig**, es sei denn, dass ein Widerspruch gegen die Richtigkeit eingetragen oder die Unrichtigkeit dem Erwerber bekannt ist. Der gute Glaube kann indes bei Vorliegen der Voraussetzungen von §§ 129 ff. InsO im Wege der Insolvenzanfechtung überwunden werden (MüKo-InsO/*Ott/Vuia* § 81 Rn. 19). Der Gutglaubensschutz besteht auch in der grenzüberschreitenden Insolvenz, sofern das Grundstück in Deutschland liegt und im deutschen Grundbuch registriert ist; dies folgt aus Art. 14 EuInsVO (*Becker* Insolvenzrecht Rn. 917).

2. Zeitpunkt

35 Der gute Glaube des Erwerbers hat grds. bei Vollendung des Rechtserwerbs vorzuliegen (*BGH* ZIP 2001, 26; *K. Schmidt/Sternal* InsO, § 81 Rn. 19). Darüber hinaus muss zu diesem Zeitpunkt das Grundbuch unrichtig sein. Ist das Grundbuch in diesem Zeitpunkt berichtigt, so ist ein Erwerb gem. § 892 BGB nicht möglich. Weil der Dauer des Eintragungsverfahrens jedoch keine Bedeutung für den Rechtserwerb zukommen soll, tritt gemäß § 892 Abs. 2 1. Alt. BGB der Eintragungsantrag für die Bestimmung des Zeitpunktes, an welchem der gute Glaube vorzuliegen hat, an die Stelle der Eintragung, sofern diese der Einigung nachfolgt (*BGH* ZIP 2001, 26; *K. Schmidt/Sternal* InsO, § 81 Rn. 19). Es genügt, dass das Grundbuch erst durch gleichzeitige Erledigung eines anderen Antrags unrichtig wird (*BGH* NJW 1969, 94: unberechtigte Löschung eines Erbbaurechts bei gleichzeitiger Eintragung einer Grundschuld verschafft dieser gem. § 892 BGB den Rang vor dem Erbbaurecht). Fehlt nur die Eintragung zum Rechtserwerb, so ist der Zeitpunkt der Antragstellung (§ 13 Abs. 2 GBO) maßgebend, wenn das Grundbuch unrichtig ist (*BGH* NJW 1980, 2414). Fehlt außer der Eintragung noch eine andere Voraussetzung (z.B. Einigung; bei Briefhypothek Valutierung oder Briefübergabe, §§ 1117, 1163 BGB oder die privat- oder öffentlich-rechtliche Genehmigung), so ist der Eintritt der letzten anderen Voraussetzung maßgebend. Bei einem aufschiebend bedingten Erwerbsgeschäft ist maßgebend das Vorliegen aller Erwerbsvoraussetzungen außer dem Bedingungseintritt. Daher ist die Kenntnis, die erst bei Bedingungseintritt vorliegt, unschädlich.

36 Der **öffentliche Glaube** erfasst die dinglichen Rechte am Grundstück mit buchmäßigem Inhalt und Rang (einschließlich Rangvermerk gem. §§ 880 Abs. 2 Satz 1, 881 Abs. 2 BGB); bei zulässiger Bezugnahme gehört die Eintragungsbewilligung zum Grundbuchinhalt und wird vom öffentlichen Glauben erfasst. Die Vormerkung erfasst der öffentliche Glaube nur begrenzt, die Hypothekenforderung nur in Bezug auf (»für«) die Hypothek, § 1138 BGB, und das Fehlen relativer Verfügungsbeschränkungen, z.B. Veräußerungs- und Erwerbsverbot auf Grund einstweiliger Verfügung, tatsächliche Angaben im Grundbuch nur, soweit damit das Grundstück als Rechtsgegenstand bezeichnet wird (*OLG Nürnberg* MDR 1976, 666).

3. Eintragung des Insolvenzvermerks

37 Entscheidend für die Grundbuchsperre ist die Eintragung des Insolvenzvermerks im Grundbuch. Hat das Grundbuchgericht Kenntnis vom Insolvenzverfahren oder liegt ein Eintragungsantrag auf Eintragung des Eröffnungsvermerks vor, führt dieses noch nicht zu einer Registersperre. Liegen weitere Eintragungsanträge (vgl. § 17 GBO) vor, die dem Antrag auf Eintragung Eröffnungssperrvermerk vorgehen, sind diese vorrangig einzutragen (h.M. *K. Schmidt/Sternal* InsO, § 81 Rn. 20; HK-InsO/*Kayser* § 81 Rn. 40; MüKo-InsO/*Ott/Vuia* § 81 Rn. 23; **a.A.** *RG* RGZ 71, 38; *BayObLG* RPfleger 2003, 573). Es ist nicht Aufgabe des Registergerichtes einen gutgläubigen Erwerb zu verhindern. Zudem würde der Verkehrsschutz des materiellen Rechtes unterlaufen werden. Der Schutzzweck der §§ 81 Abs. 1 Satz 1, 91 InsO betrifft den Gutglaubensschutz der Erwerber und nicht den der Insolvenzgläubiger (*Uhlenbruck/Mock* InsO, § 81 Rn. 35).

III. Schiffe, Schiffbauwerke und Luftfahrzeuge

1. Schiffe und Schiffsbauwerke

In §§ 16 und 17 SchiffsRG sind für eingetragene **Schiffe** und **Schiffsbauwerke** hinsichtlich des Rechtserwerbs die Vorschriften von § 892 BGB, für Leistungen an einen eingetragenen Berechtigten und andere Rechtsgeschäfte mit ihm § 893 BGB sinngemäß wiederholt. Jedoch sind folgende Besonderheiten zu beachten: Während für die Übereignung eines im Binnenschiffsregister oder im Schiffsbauregister eingetragenen Schiffes entsprechend § 873 BGB Einigung und Eintragung erforderlich sind (§§ 3, 78 SchiffsRG), werden im Seeschiffsregister eingetragene Schiffe durch bloße Einigung übereignet. Für den gutgläubig insolvenzbeschlagfreien Erwerb dieser Schiffe ist deshalb die Vollendung der Einigung der maßgebende Zeitpunkt. 38

Das SchiffsRG gilt nur für die im Register eingetragenen Schiffe. Nicht eingetragene Schiffe werden als bewegliche Sachen behandelt (§§ 929, 929a BGB). Ein gutgläubiger insolvenzbeschlagsfreier Erwerb kommt deshalb bei ihnen ebenso wenig in Frage wie bei anderen beweglichen Sachen. 39

2. Luftfahrzeuge

Luftfahrzeuge werden als bewegliche Sachen behandelt und deshalb nach §§ 929 ff. BGB übereignet. Ein gutgläubiger insolvenzbeschlagsfreier Erwerb nach § 81 Abs. 1 Satz 2 InsO kommt deshalb nicht in Betracht. Jedoch kann das Registerpfandrecht, das wie die Schiffshypothek der Sicherungsbuchhypothek des BGB nachgebildet ist (§§ 4, 5, 51 LuftfzRG) nach § 16 LuftfzRG entsprechend § 892 BGB gutgläubig erworben werden. § 16 LuftfzRG gilt nach § 17 dieses Gesetzes sinngemäß, wenn an denjenigen, für den ein Registerpfandrecht im Register eingetragen ist, auf Grund dieses Rechts eine Leistung bewirkt oder zwischen ihm und einem anderen ein nicht unter § 16 LuftfzRG fallendes Rechtsgeschäft vorgenommen wird, das eine Verfügung über das Recht enthält (entspricht § 893 BGB). Der Verkehrsschutz für das Registerpfandrecht gilt somit auch gegenüber dem Verfügungsverbot von §§ 80, 81 InsO, wenn der Begünstigte von der Verfahrenseröffnung nichts weiß und der Insolvenzvermerk im Register für Pfandrechte an Luftfahrzeugen nicht eingetragen ist. 40

D. Rückgewähr der Gegenleistung

Hat der durch die Verfügung des Schuldners Begünstigte eine Gegenleistung in die Masse erbracht, so ist diese aus der Masse an ihn nach bereicherungsrechtlichen Grundsätzen zurückzuerstatten (§ 81 Abs. 1 Satz 3 InsO). Der Anspruch stellt grds. eine Masseschuld i.S.d. § 55 Abs. 1 Nr. 3 InsO dar, wenn die Gegenleistung in die Masse gelangt ist und die Masse bereichert ist. Inhalt und Umfang des Anspruches bestimmen sich nach den §§ 818, 819 BGB, so dass bei einer Entreicherung der Masse (§ 818 Abs. 3 BGB) ein Anspruch sogar ausscheiden kann (MüKo-InsO/*Ott/Vuia* § 81 Rn. 25; HK-InsO/*Kayser* § 81 Rn. 45; K. Schmidt/*Sternal* InsO, § 81 Rn. 21). Wurde als Gegenleistung der Verzicht einer im Insolvenzverfahren verfolgbaren Forderung vereinbart, wird das Fortbestehen dieser unterstellt. Das hat zur Folge, dass akzessorische Sicherungsrechte, die andernfalls untergehen würden, weiter bestehen bleiben (MüKo-InsO/*Ott/Vuia* § 81 Rn. 25; HK-InsO/*Kayser* § 81 Rn. 46; K. Schmidt/*Sternal* InsO, § 81 Rn. 21). 41

E. Verfügungen über künftige Forderungen (Abs. 2)

Das Verfügungsverbot des Abs. 2 bezieht sich auch auf **Arbeitseinkommen** des Schuldners und andere künftige Bezüge; diese Regelung ist mit der Insolvenzmasseregelung in § 35 InsO koordiniert. Der Grund hierfür liegt darin, dass diese Bezüge zur Verteilung an die Insolvenzgläubiger im Rahmen der Restschuldbefreiung (§§ 286 bis 303 InsO) oder auf der Grundlage eines Insolvenzplans (§§ 217 bis 269 InsO) zur Verfügung stehen sollen (HK-InsO/*Kayser* § 81 Rn. 48). Eine Begrenzung der Verfügungsfreiheit besteht auch gem. § 114 InsO (aufgehoben durch das Gesetz zur Verkürzung des Restschuldbefreiungsverfahrens und zur Stärkung der Gläubigerrechte v. 15.07.2013, BGBl. I S. 2379). Das Verfügungsverbot steht daher einer Abtretung der Bezüge für die Zeit nach 42

Verfahrensbeendigung an einen Treuhänder (Voraussetzung für die Restschuldbefreiung) nicht im Wege (vgl. HK-InsO/*Kayser* § 81 Rn. 48).

43 Der Begriff »Bezüge aus einem Dienstverhältnis des Schuldners oder an deren Stelle tretende laufende Bezüge«, der auch in den genannten anderen Vorschriften der InsO benutzt wird, ist weit auszulegen und schließt nicht nur jede Art von Arbeitseinkommen i.S.v. § 850 ZPO ein, sondern insbesondere auch die Renten und die sonstigen laufenden Geldleistungen der Träger der Sozialversicherung und der Bundesagentur für Arbeit im Falle des Ruhestandes, der Erwerbsunfähigkeit oder der Arbeitslosigkeit. Das Arbeitsentgelt eines Strafgefangenen für die in der Justizvollzugsanstalt geleistete Arbeit (§ 43 StVollzG) gehört ebenfalls zu diesen Bezügen (MüKo-InsO/*Ott/Vuia* § 81 Rn. 27; *Kohte* EWiR 2002, 491; *a.A.* anscheinend *LG Hannover* ZVI 2002, 130 m. Anm. *Riedel*), was häufig relevant werden kann, da im Anschluss an die Eröffnung eines Insolvenzverfahrens nicht selten Strafverfahren wegen Insolvenzdelikten eingeleitet werden.

F. Beweislastverteilung (Abs. 3 S. 1)

44 Bestehen **Zweifel**, ob die Verfügung vor oder nach der Eröffnung des Insolvenzverfahrens vorgenommen worden ist, so hat der Insolvenzverwalter, der die Unwirksamkeit behauptet, die Beweislast dafür, dass die Vornahme nach der Eröffnung des Insolvenzverfahrens liegt (K. Schmidt/*Sternal* InsO, § 81 Rn. 23). Für den Fall aber, dass die Rechtshandlung am Tage der Eröffnung des Insolvenzverfahrens vorgenommen ist und der Insolvenzverwalter dies im Bestreitensfall beweisen kann (MüKo-InsO/*Ott/Vuia* § 81 Rn. 14; *von Olshausen* ZIP 1998, 1093), stellt § 81 Abs. 3 InsO die durch den Beweis des Gegenteils widerlegbare Rechtsvermutung auf, dass die Vornahme nach der Eröffnung des Verfahrens liegt; derjenige, der Rechte aus der Rechtshandlung herleiten will, muss den vollen Beweis (Hauptbeweis) führen, dass sie vor der Eröffnung vorgenommen worden ist (*Häsemeyer* InsR, Rn. 10.12a). Für diese Bestimmung war maßgebend, dass erfahrungsgemäß noch in letzter Stunde massebenachteiligende Geschäfte geschlossen werden und dass sich schwer beweisen lässt, ob die Rechtshandlung vor der in den Lauf eines Tages oder kraft der Fiktion in § 27 Abs. 3 InsO auf die Mittagsstunde fallenden Verfahrenseröffnung vorgenommen ist.

G. Verfügungen über Finanzsicherheiten (Abs. 3 S. 2)

45 Eine Ausnahme ist durch die Einfügung von § 81 Abs. 3 Satz 2 InsO für Finanzsicherheiten i.S.v. § 1 Abs. 17 KWG geschaffen worden. Art. 8 Abs. 2 der durch die eingefügte Vorschrift insoweit in nationales Recht umgesetzten Finanzsicherheiten-Richtlinie der EG (G zur Umsetzung der Richtlinie 2002/47/EG v. 06.06.2002) gebietet eine Ausnahme von dem allgemeinen insolvenzrechtlichen Grundsatz, dass Verfügungen des Insolvenzschuldners über die zur Insolvenzmasse gehörenden Gegenstände nach dem Zeitpunkt der Verfahrenseröffnung absolut unwirksam sind, für eine spezielle, in der Praxis nicht seltene Situation zuzulassen: Der Insolvenzschuldner hat nach Eröffnung des Insolvenzverfahrens, jedoch noch am Tag seiner Eröffnung, zu Gunsten eines Sicherungsnehmers eine Finanzsicherheit bestellt oder dem Sicherungsnehmer Besitz an ihr verschafft. Zu Finanzsicherheiten in diesem Sinne gehören etwa Aktien, Inhaberpapiere, Orderpapiere oder Forderungen mit einem Börsen- oder Marktwert.

46 Solche Verfügungen des Insolvenzschuldners sind gem. § 81 Abs. 3 Satz 2 InsO nicht unwirksam, sondern lediglich – bei Vorliegen der entsprechenden Tatbestandsvoraussetzungen – gem. §§ 129 ff. InsO anfechtbar (vgl. MüKo-InsO/*Ott/Vuia* § 81 Rn. 41), wenn der Sicherungsnehmer nachweisen kann, dass er von der Eröffnung des Insolvenzverfahrens keine Kenntnis hatte und auch nicht haben konnte, d.h. dass sein Nichtwissen nicht auf Fahrlässigkeit beruhte (§ 122 Abs. 2 BGB). Der Insolvenzverwalter, der die Unwirksamkeit geltend machen will, braucht nur zu beweisen, dass die Verfügung über die Finanzsicherheit nach der Eröffnung des Insolvenzverfahrens geleistet worden war; es obliegt dann dem Sicherungsnehmer, zu seiner Entlastung darzutun und im Falle des Bestreitens zu beweisen, dass er im Zeitpunkt dieser Verfügung von der Eröffnung des Insolvenzverfahrens keine Kenntnis hatte (vgl. MüKo-InsO/*Ott/Vuia* § 81 Rn. 29).

Sicherungsnehmer brauchen nach der Gesetz gewordenen Fassung nicht Kreditinstitute zu sein; 47
auch öffentlich-rechtliche Körperschaften fallen darunter (vgl. *Ehricke* ZIP 2003, 1065; HK-InsO/
Kayser § 81 Rn. 34).

Die Ausnahme von der Unwirksamkeit der Verfügung gilt nicht nur für bereits bestehende Finanz- 48
sicherheiten, sondern auch für solche, die erst nach der Eröffnung des Insolvenzverfahrens neu bestellt werden, soweit sie der Ersetzung oder der Verstärkung einer bereits bestellten gleichartigen Finanzsicherheit dienen (vgl. HK-InsO/*Kayser* § 81 Rn. 36).

§ 82 Leistungen an den Schuldner

¹Ist nach der Eröffnung des Insolvenzverfahrens zur Erfüllung einer Verbindlichkeit an den Schuldner geleistet worden, obwohl die Verbindlichkeit zur Insolvenzmasse zu erfüllen war, so wird der Leistende befreit, wenn er zur Zeit der Leistung die Eröffnung des Verfahrens nicht kannte. ²Hat er vor der öffentlichen Bekanntmachung der Eröffnung geleistet, so wird vermutet, dass er die Eröffnung nicht kannte.

Übersicht	Rdn.			Rdn.
A. Zweck und Inhalt der Vorschrift	1		2. Überweisungen in der Insolvenz des Überweisungsempfängers	32
I. Normzweck	1			
II. Geltungsbereich	2	II.	Besonderheiten im Lastschrift- und Einzugsverfahren	34
B. Leistungen an den Schuldner	4		1. Allgemeines	34
I. Leistung zur Erfüllung einer Verbindlichkeit	4		2. Insolvenz des Lastschriftberechtigten	35
II. Genehmigung durch den Verwalter	8		3. Insolvenz des Lastschriftschuldners	36
III. Leistungen an einen Dritten	10		4. Einzugsermächtigungsverfahren	37
IV. Zeitpunkt	12		a) Zahlungsverlauf	37
C. Schutz des guten Glaubens	14		b) Genehmigungstheorie und Widerspruchsrecht des Insolvenzverwalters	38
I. Guter Glaube	14			
II. Zeitpunkt des guten Glaubens	15			
III. Zurechnung des guten Glaubens	16		5. SEPA-Lastschriften	41
IV. Beweislast	18		a) Autorisierung	42
V. Rechtsfolgen einer Leistung an den Insolvenzschuldner	24		b) Wirkung im Deckungsverhältnis	44
1. Keine Leistungsbefreiung	24		c) Wirkung im Valutaverhältnis	46
2. Bereicherungsansprüche	26		6. Abbuchungsverfahren	48
D. Anwendungsfälle	27	III.	Scheck	49
I. Banküberweisungen	27	IV.	Wechsel	50
1. Überweisungen in der Insolvenz des Überweisenden	28			

Literatur:
Grundmann Das neue Recht des Zahlungsverkehrs Teil II, Lastschrift Kartenzahlung und Ausblick, WM 2009, 1157; *Hadding* Herkömmliche Einzugsermächtigungslastschrift –Fortbestand nach Umsetzung der EU-Zahlungsdiensterichtlinie oder Wegfall nach europäischem Interbankenabkommen (SEPA-Rulebook)?, FS Hüffer S. 273; *Laitenberger* Das Einzugsermächtigungslastschriftverfahren nach Umsetzung der Richtlinie über Zahlungsdienste im Binnenmarkt, NJW 2010, 192; *Nobbe* Zahlungsverkehr und Insolvenz, KTS 2007, 397; *Nobbe* Die Rechtsprechung des Bundesgerichtshofes zum Überweisungsverkehr, WM 2001 Sonderbeil. 4 S. 13; *Obermüller* Überweisungsverkehr bei Insolvenz unter Berücksichtigung des neuen Rechts der Zahlungsdienste, ZInsO 2010, 8; *Obermüller/Kuder* Sepa Lastschriften in der Insolvenz nach dem neuen Recht der Zahlungsdienste, ZIP 2010, 349; *Rogge/Leptien* Der Lastschriftwiderruf, die Kontokorrentanfechtung in der Insolvenz des Bankkunden und das »neue« Recht der Zahlungsdienste – endlich Rechtssicherheit?!, InsVZ 2010, 163; *Wegner* Handlungsoptionen des Insolvenzverwalters als Reaktion auf die neue Rechtsprechung des BGH zum Einzugsverfahren, ZIP 2011, 846.

§ 82 InsO Leistungen an den Schuldner

A. Zweck und Inhalt der Vorschrift

I. Normzweck

1 Die Vorschrift steht in Ergänzung zu § 80 InsO und soll einerseits die Masse schützen, wenn Leistungen zur Erfüllung von Verbindlichkeiten an den Schuldner erbracht werden, die nicht in die Masse gelangen. Diese bestehen fort, wenn in Kenntnis der Verfahrenseröffnung an den Schuldner geleistet wurde. Andererseits gewährt § 82 InsO ähnlich wie § 81 InsO dem Geschäftspartner des Schuldners einen beschränkten **Gutglaubensschutz** für den Fall, dass er die Verfahrenseröffnung nicht kannte, so dass der gutgläubige Dritte unter bestimmten Umständen auch mit Erfüllungswirkung an den Schuldner leisten kann.

II. Geltungsbereich

2 § 82 InsO gilt auch im Verbraucherinsolvenzverfahren ohne Einschränkung. Bei Durchführung des Insolvenzverfahrens in Eigenverwaltung (§§ 270 ff. InsO) ist § 82 InsO hingegen unanwendbar (K. Schmidt/*Sternal* InsO, § 82 Rn. 2; HK-InsO/*Kayser* § 82 Rn. 5). Der Schuldner behält in diesen Fällen seine Verwaltungs- und Verfügungsbefugnis. Der Leistende wird unabhängig davon von seiner Verbindlichkeit befreit, ob er die Eröffnung des Insolvenzverfahrens kannte. Dies gilt selbst dann, wenn der Sachwalter, wozu er befugt ist (§ 275 Abs. 2 InsO), vom Schuldner verlangt hat, dass alle eingehenden Gelder nur vom Sachwalter entgegengenommen werden. Durch dieses Verlangen verliert der Schuldner lediglich die Befugnis zur Kassenführung, nicht aber die Rechtsmacht dazu (so auch *Foltis* § 275 Rn. 19). Anderes gilt für den Fall der Anordnung eines Zustimmungsvorbehaltes gem. § 277 Abs. 1 Satz 1 InsO, in diesen Fall gilt § 82 InsO entsprechend. Im Insolvenzplanverfahren findet die Vorschrift über § 263 InsO entsprechende Anwendung.

3 Im Insolvenzeröffnungsverfahren scheidet grds. eine Anwendung von § 82 InsO aus, es sei denn, dass ein allgemeines Verfügungsverbot angeordnet wurde (§ 24 Abs. 1 InsO, vgl. *BGH* ZIP 2006, 138). Wurde das Insolvenzverfahren aufgehoben und leistet ein Dritter an den nicht mehr empfangszuständigen Insolvenzverwalter ist § 82 InsO analog anwendbar (*BGH* ZIP 2010, 1610). Dieses gilt auch im Fall einer Freigabe durch den Insolvenzverwalter (*BGH* ZIP 2011, 234).

B. Leistungen an den Schuldner

I. Leistung zur Erfüllung einer Verbindlichkeit

4 Während § 81 InsO den Fall betrifft, dass der Geschäftspartner unter Verstoß gegen § 80 InsO eine Leistung empfangen hat, betrifft § 82 InsO den umgekehrten Fall, dass der Geschäftspartner seinerseits an den Schuldner zur Erfüllung einer der Insolvenzmasse gegenüber bestehenden Verbindlichkeit geleistet hat. Der Leistungsbegriff dieser Vorschrift entspricht dem des § 362 BGB. § 82 InsO erfasst nur Leistungen auf schuldrechtliche Ansprüche (HambK-InsO/*Kuleisa* § 82 Rn. 2); Anwendungsfälle sind etwa Geldzahlungen an den Schuldner (praktisch am wichtigsten), die Übergabe einer an ihn vor Verfahrenseröffnung verkauften Sache und die Herausgabe einer dem Schuldner gehörenden Sache an ihn. Nicht von § 82 InsO erfasst sind Leistungen auf eingetragene Rechte (vgl. §§ 893 BGB, 81 Abs. 1 InsO) und die darauf entfallenden Zins- und Tilgungsleistungen auf Grundpfandrechte, Leistungen auf eine Rentenschuld oder Reallast (HambK-InsO/*Kuleisa* § 82 Rn. 2; HK-InsO/*Kayser* § 82 Rn. 4).

5 Weitere Voraussetzung ist, dass der Schuldner zur Herbeiführung der Erfüllung eines Leistungserfolgs mitwirken muss. Die Annahme einer Leistung an Erfüllungs Statt gem. § 364 Abs. 1 BGB fällt dagegen wegen § 80 Abs. 1 InsO nicht unter § 82 InsO (HambK-InsO/*Kuleisa* § 82 Rn. 4; HK-InsO/*Kayser* § 82 Rn. 6; K. Schmidt/*Sternal* InsO, § 82 Rn. 5). Nach Eröffnung des Insolvenzverfahrens über das Vermögen des Auftragnehmers kann der Auftraggeber keine schuldbefreienden Zahlungen mehr gem. § 16 Nr. 6 VOB/B an den Gläubiger des Auftragnehmers leisten (*BGH* ZIP 1986, 720; HK-InsO/*Kayser* § 82 Rn. 6).

§ 82 InsO findet nur Anwendung auf Ansprüche, die zur Insolvenzmasse (§ 35 InsO) zu erfüllen sind. Grundsätzlich muss der Anspruchsgrund vor Insolvenzeröffnung entstanden sein (HambK-InsO/*Kuleisa* § 82 Rn. 3). Dazu gehört auch der Neuerwerb, wie während des Verfahrens entstandene Lohn- und Gehaltsansprüche, soweit sie der Pfändung unterliegen (HK-InsO/*Kayser* § 82 Rn. 7). § 82 InsO unterfallen nicht Ansprüche, die nicht zur Insolvenzmasse zu erfüllen sind, wie unpfändbare Ansprüche (Sozialleistungen, unpfändbares Arbeitseinkommen, Ansprüche höchstpersönlicher Natur) und solche, die kraft Gesetzes (§§ 851 Abs. 1 ZPO, 399 Fall 1 BGB) nicht übertragbar sind (K. Schmidt/*Sternal* InsO, § 82 Rn. 5; MüKo-InsO/*Ott/Vuia* § 82 Rn. 4). 6

Zur Annahme von Teilleistungen durch den Schuldner bedarf es einer besonderen Genehmigung des Insolvenzverwalters. Anzuwenden ist § 82 InsO auch auf eine Wahlschuld (§ 262 BGB) und eine Ersetzungsbefugnis, soweit das Wahlrecht dem Schuldner zusteht (K. Schmidt/*Sternal* InsO, § 82 Rn. 4). 7

II. Genehmigung durch den Verwalter

Die mit der Leistung bezweckte Befreiungswirkung nach § 362 Abs. 1 BGB tritt mangels Empfangszuständigkeit des Schuldners ex tunc ein, wenn der Insolvenzverwalter sie ausdrücklich oder konkludent genehmigt (§ 362 Abs. 2 BGB i.V.m. § 185 Abs. 2 BGB). Allein das Herausgabeverlangen des Verwalters gegenüber dem Schuldner stellt noch keine Genehmigung der Verfügung des Schuldners dar (MüKo-InsO/*Ott/Vuia* § 82 Rn. 6). Es ist nicht davon auszugehen, dass der Verwalter damit dass Beitreibungsrisiko für die Masse übernehmen will. Selbst wenn der Verwalter zunächst den Schuldner direkt auffordert, die Leistung an der Verwalter herauszugeben, ist dieses allenfalls als Genehmigung unter der aufschiebenden Bedingung der Erbringung der Leistung in die Masse zu sehen (Str. so MüKo-InsO/*Ott/Vuia* § 81 Rn. 6; HK-InsO/*Kayser* § 82 Rn. 11; a.A. K. Schmidt/*Sternal* InsO, § 82 Rn. 11). Dem Verwalter steht es frei, zunächst den Drittschuldner in Anspruch zu nehmen (HK-InsO/*Kayser* § 82 Rn. 11). 8

Dies gilt auch dann, wenn auf eine erst nach Eröffnung des Insolvenzverfahrens entstandene Forderung des Insolvenzschuldners geleistet wurde (*Kübler/Prütting/Bork-Lüke* InsO, § 82 Rn. 6), da auch diese zur Insolvenzmasse gehört (§ 35 Abs. 1 InsO), es sei denn, die Forderung des Insolvenzschuldners wäre gesetzlich unpfändbar (§ 36 Abs. 1 InsO) oder der Insolvenzverwalter hätte sie aus der Masse freigegeben. § 82 InsO will ähnlich der Schuldnerschutzbestimmung in § 407 BGB (vgl. *Häsemeyer* InsR, Rn. 10.15) die verbleibende Unbilligkeit für die darin bezeichneten Fälle beheben. 9

III. Leistungen an einen Dritten

Als Leistung an den Schuldner ist es auch anzusehen, wenn mit seiner Einwilligung an einen **Dritten** geleistet wird, etwa an den gesetzlichen oder gewillkürten Vertreter des Schuldners oder bei juristischen Personen an deren organschaftlichen Vertreter (K. Schmidt/*Sternal* InsO, § 82 Rn. 6) oder an denjenigen, dem der Schuldner nach Eröffnung des Insolvenzverfahrens die Forderungen abgetreten hat; denn, weil die Abtretung eine unwirksame Verfügung des Schuldners ist, gilt der Zessionar nicht als forderungsberechtigter Gläubiger (Uhlenbruck/*Mock* InsO, § 82 Rn. 5). In einem solchen Fall kann der Schuldner keinen nach § 409 Abs. 1 BGB begründeten Rechtsschein setzen. § 409 Abs. BGB geht davon aus, dass der Gläubiger, der die Abtretungsanzeige oder Abtretungsurkunde ausstellt, über die Forderung verfügen kann; nur dann ist es gerechtfertigt, ihn trotz der Unwirksamkeit der angezeigten Abtretung an seiner Erklärung festzuhalten. Die Erklärung eines nicht verfügungsberechtigten Gläubigers kann diese Wirkung ebenso wenig haben wie eine Erklärung, die ein Nichtgläubiger abgibt (*BGH* ZIP 2012, 1565; BGHZ 100, 36). Die Regelung des § 409 BGB ist unanwendbar, wenn der angezeigten Abtretung ein Abtretungsverbot entgegensteht (*BGH* BGHZ 56, 339). 10

Die Rspr. sieht den Abtretungsempfänger darüber hinaus auch dann nicht als forderungsberechtigt an, wenn zwar die Abtretung vor Eröffnung des Insolvenzverfahrens vorgenommen wurde, es sich dabei aber nicht um eine Vollabtretung handelte, sondern um eine – lediglich ein Absonderungsrecht 11 begründende – Sicherungsabtretung und der Zahlende dies wusste (*BGH* NZI 2009, 425 m. Anm. *Jahn*). Bedeutsam sein kann dies vor allem bei der Überweisung von Steuererstattungsforderungen, da die Abtretung in diesem Fall nur wirksam ist, wenn sie der Finanzbehörde formularmäßig angezeigt worden ist (§ 46 Abs. 2 und 3 AO), und im Formular der Abtretungsgrund anzugeben ist, so dass die Finanzbehörde vom Sicherungszweck der Abtretung weiß.

IV. Zeitpunkt

12 Maßgeblicher Zeitpunkt ist der des Erlasses des Eröffnungsbeschlusses (Unterzeichnung durch den Insolvenzrichter) und nicht seine Zustellung, Bekanntmachung oder gar Rechtskraft. Der Eröffnungsbeschluss sollte den Tag und die Stunde der Eröffnung angeben (§ 27 Abs. 2 Nr. 3 InsO); verschiedentlich wird sogar, über die Forderungen des Gesetzes hinausgehend, die Angabe der Minute empfohlen (etwa HK-InsO/*Kayser* § 81 Rn. 12). Enthält der Beschluss keine zeitlichen Angaben zur Eröffnung gilt als Zeitpunkt der Eröffnung die Mittagsstunde des Tages, an dem der Beschluss erlassen wurde (§ 27 Abs. 3 InsO).

13 Wurde im Insolvenzeröffnungsverfahren ein allgemeines Verfügungsverbot angeordnet (§§ 21 Abs. 2 Nr. 2, 24 Abs. 1 InsO, vgl. *BGH* ZIP 2006, 138), findet § 82 InsO entsprechende Anwendung.

C. Schutz des guten Glaubens

I. Guter Glaube

14 Zum Schutz derjenigen Personen, die auf eine zur Masse gehörende Verbindlichkeit eine Leistung zu bewirken haben, bestimmt § 82 InsO, dass der Leistende befreit wird, wenn er **gutgläubig** ist, d.h. wenn ihm zur Zeit der Vollendung des Erfüllungsaktes die Insolvenzbefangenheit des Gegenstandes, auf den sich die Leistung bezog, unbekannt war. Nur positive Kenntnis schadet, fahrlässige Unkenntnis schadet nicht (MüKo-InsO/*Ott/Vuia* § 82 Rn. 13; *Uhlenbruck/Mock* InsO, § 82 Rn. 12), nicht einmal grob fahrlässige (*OLG Düsseldorf* ZInsO 2008, 44). Es besteht auch keine Informationsobliegenheit eines Leistenden, regelmäßig im Internet die Insolvenzbekanntmachungen abzufragen *BGH* ZIP 2010, 935). Insofern geht lediglich die Beweislast für die Unkenntnis dieser Rechtstatsache auf den leistenden Drittschuldner über (*BGH* ZIP 2009, 1075).

II. Zeitpunkt des guten Glaubens

15 Maßgeblich für die Kenntnis ist der Zeitpunkt, bis zu dem der Leistende den Leistungserfolg noch verhindern kann (*BGH* DB 2009, 1922; *Jaeger/Windel* InsO, § 82 Rn. 18 m.w.N.; K. Schmidt/*Sternal* InsO, § 82 Rn. 15); nach anderer Auffassung ergebe sich aus dem Schutzzweck des § 82 InsO, dass maßgeblich der Zeitpunkt der Vornahme der dem Leistenden obliegenden Leistungshandlung sei (MüKo-InsO/*Ott/Vuia* § 82 Rn. 13; *Kilger*/K. Schmidt KO, § 8 Rn. 2). Bei der Übersendung eines Schecks erfüllungshalber soll der Übersendende gehalten sein, sogleich nach Kenntniserlangung von der Eröffnung des Insolvenzverfahrens den Scheck zu »sperren« (*BGH* DB 2009, 1922). Zu den Konsequenzen für den Informationsfluss in Unternehmen, vor allem in größeren, vgl. *Gundlach/Schirrmeister* EWiR 2009, 686. Im Nachlassinsolvenzverfahren steht die Leistung an den Erben einer solchen an den Schuldner gleich. Hat der Leistende einmal Kenntnis von der Verfahrenseröffnung erlangt, so kann er sich auf ein späteres »Vergessen« nicht berufen; seine Kenntnis dauert fort, bis er zuverlässig vom Abschluss des Insolvenzverfahrens erfährt (*LG Dresden* ZIP 2008, 935).

III. Zurechnung des guten Glaubens

16 Bei Leistung durch einen gesetzlichen oder gewillkürten Vertreter des Leistungspflichtigen kommt es grds. auf die Kenntnis des Vertreters an (§ 166 Abs. 1 BGB). Dieses gilt auch dann, wenn sich der Leistende bei der Erbringung der Leistung weiterer Personen bedient (sog. »Wissensvertreter«). Eine rechtsgeschäftliche Vertretungsbefugnis ist dafür nicht erforderlich, § 166 Abs. 1 BGB gilt analog auch auf den vergleichbaren Tatbestand der Wissensvertretung (MüKo-InsO/*Ott/Vuia* § 82

Rn. 14; HK-InsO/*Kayser* § 82 Rn. 18; K. Schmidt/*Sternal* InsO, § 82 Rn. 13). »Wissensvertreter« ist jeder, der nach der Arbeitsorganisation des Geschäftsherrn dazu berufen ist, im Rechtsverkehr als dessen Repräsentant bestimmte Aufgaben in eigener Verantwortung zu erledigen und die dabei angefallenen Informationen zur Kenntnis zu nehmen sowie ggf. weiterzuleiten (*BGH* BGHZ 117, 106). Das Wissen eines vertretungsberechtigten Organmitglieds ist als Wissen des Organs anzusehen und damit auch der juristischen Person zuzurechnen (*BGH* ZIP 2006, 138; BGHZ 109, 327 [331]). Insoweit schadet bereits die Kenntnis eines Mitglieds eines Organs einer juristischen Person, auch wenn es mit dem operativen Geschäft an der Basis nicht unmittelbar etwas zu tun hat (*BGH* NJW 1984, 1953; ZIP 2006, 138). Darüber hinaus muss jede am Rechtsverkehr teilnehmende Organisation sicherstellen, dass die ihr ordnungsgemäß zugehenden, rechtserheblichen Informationen von ihren Entscheidungsträgern zur Kenntnis genommen werden können und ihre Organisation so einrichten, dass ihre Repräsentanten, die dazu berufen sind, im Rechtsverkehr bestimmte Aufgaben in eigener Verantwortung wahrzunehmen, die erkennbar erheblichen Informationen tatsächlich an die entscheidenden Personen weiterleiten (*BGH* ZIP 2006, 138; BGHZ 117, 104; 140, 54; MüKo-InsO/*Ott/Vuia* § 82 Rn. 14; HK-InsO/*Kayser* § 82 Rn. 19).

Hieraus folgt für eine Bank die Notwendigkeit eines internen Informationsaustauschs. Informationen, die auf der Führungsebene vorhanden sind, müssen – soweit sie für diejenigen bedeutsam sind, welche im direkten Kontakt mit den Kunden für die Bank Rechtsgeschäfte vornehmen – an diese weitergegeben werden; erforderlich ist also ein Informationsfluss von oben nach unten. Umgekehrt müssen Erkenntnisse, die von einzelnen Angestellten gewonnen werden, jedoch auch für andere Mitarbeiter und spätere Geschäftsvorgänge erheblich sind, die erforderliche Breitenwirkung erzielen. Dazu kann ein Informationsfluss von unten nach oben, aber auch ein horizontaler, filialübergreifender Austausch erforderlich sein (*BGH* ZIP 2006, 138; WM 1989, 1364; WM 1989, 1368; WM 2004, 720). Die Notwendigkeit eines Informationsaustauschs innerhalb der Bank bedingt entsprechende organisatorische Maßnahmen. Solche sind wegen des möglichen Zugriffs auf Datenspeicher zumutbar. Jedenfalls dann, wenn es an derartigen organisatorischen Maßnahmen fehlt, muss sich die Bank das Wissen einzelner Mitarbeiter – auf welcher Ebene auch immer diese angesiedelt sind – zurechnen lassen (*LG Dortmund* ZIP 1997, 206; MüKo-InsO/*Ott/Vuia* § 82 Rn, 14; HK-InsO/*Kayser* § 82 Rn. 19). 17

IV. Beweislast

Die **Beweislast** hinsichtlich der Gutgläubigkeit ist in § 82 InsO verschieden geregelt, je nachdem, ob die Leistung vor oder nach der öffentlichen Bekanntmachung der Eröffnung des Insolvenzverfahrens erfolgt ist. 18

Hat die Leistung vor der Bekanntmachung des Eröffnungsbeschlusses gem. § 9 InsO stattgefunden, so wird vermutet, dass der Leistende die Eröffnung nicht kannte. In dem Fall hat der Insolvenzverwalter zu beweisen, dass dem Leistenden die Eröffnung des Verfahrens bekannt war (MüKo-InsO/*Ott/Vuia* § 82 Rn. 15). Allein der Regel-Veröffentlichung kommt diese Vermutungswirkung zu, nicht dagegen weiteren Veröffentlichungen, etwa in der Regionalpresse, die ihr vorausgegangen sind (*BGH* ZIP 2006, 138; dazu *Flitsch/Schellenberger* EWiR 2006, 213). 19

Ist dagegen die Leistung nach der Bekanntmachung erfolgt, so hat der Leistende zu beweisen, dass ihm die Eröffnung des Verfahrens unbekannt war (MüKo-InsO/*Ott/Vuia* § 82 Rn. 15; diese Beweislast trifft auch Träger der öffentlichen Verwaltung, *LSG Nordrhein-Westfalen* ZIP 1992, 1159); Maßgeblich für den Übergang der Beweislast ist der Zeitpunkt, an dem die Bekanntmachung nach § 9 Abs. 1 Satz 3 InsO als bewirkt gilt (*BGH* ZIP 2009, 1726; HK-InsO/*Kayser* § 82 Rn. 21). Die öffentliche Bekanntmachung gilt demzufolge als bewirkt, wenn nach der Internetveröffentlichung zwei weitere Tage verstrichen sind (§ 9 Abs. 1 Satz 3, § 4 InsO, § 222 Abs. 2 ZPO). 20

Ist umstritten, ob die Leistung vor der Bekanntmachung der Eröffnung des Insolvenzverfahrens bewirkt worden ist, so obliegt der Beweis dem Leistenden (*Uhlenbruck* InsO, § 82 Rn. 13 m.w.N.). Die Beweisführung unterliegt der freien richterlichen Beweiswürdigung (§ 286 ZPO). 21

§ 82 InsO Leistungen an den Schuldner

22 Allerdings befreien Leistungen, die an den im Grundbuch, Schiffs- oder Schiffsbauregister eingetragenen Inhaber eines Rechts bewirkt werden, auch nach öffentlicher Bekanntmachung der Eröffnung des Insolvenzverfahrens, falls der Insolvenzvermerk oder ein Veräußerungsverbot weder eingetragen noch die Verfügungsbeschränkung dem Leistenden bekannt war (§ 81 Abs. 1 Satz 2 InsO i.V.m. § 893 BGB). Dies betrifft etwa Zins- und Tilgungsleistungen des Grundstückseigentümers auf eine Hypothek oder auf eine Grundschuld (vorausgesetzt, sie werden ausdrücklich »auf die Grundschuld« erbracht), ferner Zahlungen von Renten oder der Ablösesumme auf eine Rentenschuld und Leistungen auf eine Reallast (HK-InsO/*Kayser* § 82 Rn. 4). Hier trifft den Insolvenzverwalter in jedem Verfahrensstadium die Beweislast für die Kenntnis des Leistenden von der Eröffnung des Insolvenzverfahrens (*Uhlenbruck/Mock* InsO, § 82 Rn. 28 m.w.N.).

23 Die Beweislastverteilung gem. § 82 InsO gilt auch für ausländische Leistende insoweit, als die Leistung innerhalb der Grenzen der Bundesrepublik Deutschland im Bereich der inländischen Zwangsvollstreckungsgewalt erbracht wird, und zwar ohne Rücksicht darauf, ob der Erfüllungsort im Inland oder im Ausland belegen ist und ob die Forderung des inländischen Schuldners zu seinem inländischen oder seinem ausländischen Vermögen gehört (*RG* RGZ 90, 127; vgl. auch Art. 29 EU-Insolvenzübereinkommen).

V. Rechtsfolgen einer Leistung an den Insolvenzschuldner

1. Keine Leistungsbefreiung

24 Der Drittschuldner wird nicht von seiner Leistungspflicht frei, wenn er in Kenntnis der Verfahrenseröffnung an den Insolvenzschuldner geleistet hat und die Leistung nicht in die Masse gelangt ist. Seine Leistungsverpflichtung besteht fort. Der Insolvenzverwalter kann erneut die Leistungserbringung vom dem Drittschuldner an die Masse verlangen. Fällt die Leistung später in die Masse, wird er von seiner Leistungspflicht frei (*BGH* ZIP 2009, 1075). Der Drittschuldner wird durch die Zahlung an den Sicherungszessionar nicht von seiner Leistungspflicht frei, wenn er die Eröffnung des Insolvenzverfahrens über das Vermögen seines ursprünglichen Gläubigers und den damit – wegen Vorliegens lediglich einer Sicherungszession – verbundenen Übergang des Einziehungsrechts auf den Verwalter kennt (*BGH* ZIP 2009, 1075; *KG* ZIP 2001, 2012).

25 Steht die an den Schuldner bewirkte Leistung dem Zugriff des Insolvenzverwalters in der Art offen, dass er sie zur Masse ziehen kann, so ist er zu diesem Zugriff verpflichtet. Unterlässt er dies und verweigert er die Genehmigung der Leistung für die Masse, so kann ihm derjenige, der die Leistung an den Schuldner erbracht hat, gegenüber der nochmaligen Leistungsforderung mit der Arglisteinrede beggnen (str. so *Uhlenbruck/Mock* InsO, § 82 Rn. 20 m.w.N.; *K. Schmidt/Sternal* InsO, § 82 Rn. 8; a.A. MüKo-InsO/*Ott/Vuia* § 82 Rn. 10: Der Verwalter ist nicht verpflichtet, den Insolvenzschuldner wegen der Herausgabe des Erlangten in Anspruch zu nehmen).

2. Bereicherungsansprüche

26 Ist der Drittschuldner erneut zur Leistung an die Insolvenzmasse verpflichtet, steht ihm gegenüber dem Schuldner ein Bereicherungsanspruch zu (§ 812 Abs. 1 Satz 2 HS 2 BGB). Der Anspruch richtet sich gegen den Schuldner persönlich. Dieser haftet mit seinem insolvenzfreien Vermögen, in das auch vollstreckt werden kann (*Uhlenbruck/Mock* InsO, § 82 Rn. 22). §§ 814, 815 BGB finden keine Anwendung (*K. Schmidt/Sternal* § 82 Rn. 9; HK-InsO/*Kayser* § 82 Rn. 60). Da der Bereicherungsanspruch erst nach Eröffnung des Insolvenzverfahrens entsteht, kann er nicht als Insolvenzforderung geltend gemacht werden. Der Anspruch stellt auch keine Masseschuld dar.

D. Anwendungsfälle

I. Banküberweisungen

27 § 82 InsO findet sowohl in der Insolvenz des Überweisenden wie auch in der Insolvenz des Empfängers der Überweisung Anwendung. Zu differenzieren ist jedoch hinsichtlich der Auswirkungen.

Während in der Insolvenz des Überweisungsempfängers der Leistende grds. von seiner Leistungspflicht frei wird, wenn die Gutschrift in die Insolvenzmasse fällt, ist in der Insolvenz des Überweisenden fraglich, ob es der Bank noch gestattet ist, einen Überweisungsauftrag, der vor der Insolvenz erteilt wurde, auszuführen und damit zu Lasten der Insolvenzmasse zu leisten.

1. Überweisungen in der Insolvenz des Überweisenden

Mit der Eröffnung des Insolvenzverfahrens über das Vermögen eines Bankkunden erlischt der Girovertrag zwischen ihm und der Bank (§ 116 Satz 1 InsO; vgl. *BGH* BGHZ 11, 37). Des Weiteren erlischt prinzipiell auch ein von dem Bankkunden vor Eröffnung des Insolvenzverfahrens seiner Bank erteilter Überweisungsauftrag mit dem Wirksamwerden des Eröffnungsbeschlusses des Insolvenzgerichts (vgl. HK-InsO/*Kayser* § 82 Rn. 23). 28

Durch Erfüllung des **Überweisungsauftrags** erbringt die Bank eine Leistung an ihren Kunden, nicht aber an den Empfänger des überwiesenen Betrages (vgl. MüKo-InsO/*Ott/Vuia* § 82 Rn. 21). Führt die Bank nach Eröffnung des Insolvenzverfahrens und in dessen Kenntnis, wobei es auf die Kenntnis der kontoführenden Stelle und die Kenntnis des Filialleiters ankommt (*BGH* ZIP 1984, 809), einen Überweisungsauftrag durch, wird sie im Falle eines positiven Guthabens des Bankkunden von ihrer Leistungspflicht nicht befreit und muss nochmals an den Insolvenzverwalter leisten (HambK-InsO/ *Kuleisa* § 82 Rn. 9). Im Falle negativen Guthabens steht der Bank kein Ersatzanspruch gegen die Masse zu, weder als Masseforderung noch als Insolvenzforderung; sie kann sich nur noch an den insolventen Bankkunden selbst halten oder an den Überweisungsempfänger. 29

Allerdings gilt dies seit Inkrafttreten des Überweisungsgesetzes (ÜG) nicht mehr für Überweisungen in Mitgliedsstaaten der Europäischen Union und Vertragsstaaten des Europäischen Wirtschaftsraumes (§ 116 Satz 3 InsO i.V.m. Art. 228 EGBGB; vgl. *Obermüller* ZInsO 1999, 690). Die vor Verfahrenseröffnung abgeschlossenen Überweisungsaufträge bestehen mit Wirkung für die Insolvenzmasse fort. In diesem Fall hat die Bank solche Überweisungsaufträge durchzuführen, wenn ausreichende Deckung, sei es durch Guthaben oder eine nicht ausgeschöpfte Kreditlinie, auf dem Konto vorhanden ist und keine Kündigung des Kontokorrentvertrages vorliegt (HK-InsO/*Kayser* § 82 Rn. 24; *Uhlenbruck/Mock* InsO, § 82 Rn. 38). Die Bank erfüllt damit ihre dem Schuldner (Überweisenden) gegenüber aus dem Deckungsverhältnis zu erbringende Leistung mit schuldbefreiender Wirkung (vgl. *BGH* ZIP 2014, 32 zum vorl. Verwalter mit Zustimmungsvorbehalt). Gleichzeitig ist sie berechtigt, den daraus entstehenden Ersatzanspruch mit dem vorhandenen Guthaben zu verrechnen oder gegenüber der Masse geltend zu machen (§ 116 Satz 3 HS 2 InsO; vgl. auch *Wegener* § 116 Rdn. 62). Zu einer Ablehnung der Durchführung der Überweisung ist die Bank nur im Rahmen von § 675o Abs. 2 BGB berechtigt (vgl. HambK-InsO/*Kuleisa* § 82 Rn. 7; *Obermüller* ZInsO 2010, 8). Der Insolvenzverwalter kann die von der Bank an den Empfänger bewirkte Leistung als rechtsgrundlose Leistung kondizieren (*BGH* ZIP 2014, 32). 30

Neue Überweisungsaufträge kann der Kunde nach Verfahrenseröffnung nicht mehr abschließen (vgl. HK-InsO/*Kayser* § 82 Rn. 25). In diesem Fall greift § 81 Abs. 1 Satz 1 InsO. Ein erst nach Insolvenzeröffnung zustande gekommener Überweisungsvertrag (§ 676a BGB) ist unwirksam (vgl. MüKo-InsO/*Ott/Vuia* § 81 Rn. 12b, § 82 Rn. 21). Führt die Bank die Überweisung trotz Kenntnis der Insolvenzeröffnung aus, erwirbt sie – gleich ob das Konto kreditorisch oder debitorisch geführt wurde – keinen Aufwendungsersatzanspruch gegen die Masse (*BGH* ZInsO 2009, 659; s. *Wegener* § 116 Rdn. 62; MüKo-InsO/*Ott/Vuia* § 82 Rn. 21; HambK-InsO/*Kuleisa* § 82 Rn. 9; HK-InsO/ *Kayser* § 82 Rn. 27). Sie hat den überwiesenen Betrag der Masse zu erstatten. In diesem Fall hat die Bank mangels eines wirksamen Vertrages lediglich einen Bereicherungsanspruch gegen den Empfänger der Leistung (MüKo-InsO/*Ott/Vuia* § 82 Rn. 22; vgl. *BGH* BGHZ 167, 171). In solchen Fällen, in denen die Bank **keine Verrechnungsmöglichkeiten** gegenüber der Masse hat, ist für die Frage, ob ein Bereicherungsanspruch der Bank gegen den Zahlungsempfänger besteht, die Lösung in einer Durchgriffskondiktion der Bank gegen den Zahlungsempfänger zu suchen (*Obermüller* Insolvenzrecht in der Bankpraxis, Rn. 3.31 m.w.N.; im Ergebnis auch *BGH* NJW 1976, 1845). Eine vom Schuldner getätigte Anweisung und entsprechende Tilgungsbestimmung wirkt sich auf ein bestimm- 31 tes Konto aus, das zur Masse gehört. Es fehlt mit der Eröffnung des Insolvenzverfahrens an einer der Masse zurechenbaren zweckgerichteten Vermögenszuwendung, insbesondere an einer wirksamen Tilgungsbestimmung, da diese nach Verfahrenseröffnung gem. § 80 InsO nur noch vom Insolvenzverwalter getroffen werden kann (*Kübler* BB 1976, 805). Die Funktion der Durchgriffskondiktion liegt gerade darin, einen Bereicherungsausgleich da zu schaffen, wo das von den Parteien beabsichtigte Leistungsaustauschverhältnis zusammengebrochen ist (*Uhlenbruck/Mock* InsO, § 82 Rn. 43). Bei Gutgläubigkeit des Empfängers ist § 818 Abs. 3 BGB anzuwenden, so dass auch der herausgabepflichtige Zahlungsempfänger die Rückzahlung insoweit verweigern kann, als er nicht mehr bereichert ist (vgl. *Kübler* BB 1976, 805; *Uhlenbruck/Mock* InsO, § 82 Rn. 43; HambK-InsO/*Kuleisa* § 82 Rn. 9).

2. Überweisungen in der Insolvenz des Überweisungsempfängers

32 Wurde über das Vermögen des Überweisungsempfängers das Insolvenzverfahren eröffnet, ist dahingehend zu differenzieren, ob die Zahlung vor Verfahrenseröffnung oder danach gutgeschrieben wurde. Als Eingang der Zahlung ist die Erlangung der buchmäßigen Deckung durch die Empfängerbank, bei einer innerbetrieblichen Überweisung durch Belastung des Kontos des Überweisenden, anzusehen (*BGH* BGHZ 135, 316; ZIP 2005, 894; *Nobbe* WM 2001 Sonderbeil. 4 S. 13). Erfolgte die Gutschrift vor der Eröffnung des Insolvenzverfahrens ist der Drittschuldner gem. § 362 Abs. 1 BGB von seiner Leistungspflicht freigeworden (vgl. *BGH* WM 1978, 58). § 82 InsO findet keine Anwendung. Erfolgte der Überweisungsauftrag vor der Eröffnung des Insolvenzverfahrens und trat die Deckung erst nach Verfahrenseröffnung ein, wird der Drittschuldner gem. § 82 Satz 1 InsO von seiner Leistung frei. In diesem Fall hatte er seine Leistungshandlung noch vor Verfahrenseröffnung erbracht (MüKo-InsO/*Ott/Vuia* § 82 Rn. 18; HK-InsO/*Kayser* § 82 Rn. 29). Er wird selbst dann von seiner Leistung frei, wenn er in Unkenntnis der Verfahrenseröffnung die Überweisung getätigt hat und der Betrag dem Konto des Überweisungsempfängers gutgeschrieben wurde oder der Masse zufließt (HK-InsO/*Kayser* § 82 Rn. 29).

33 Mit Insolvenzeröffnung (§§ 116 Satz 1, 115 Abs. 1 InsO) erlischt der Girovertrag und die Verpflichtung zur Gutschrift. Die Bank ist berechtigt (nicht jedoch verpflichtet so HambK-InsO/*Kuleisa* § 82 Rn. 11), die eingegangenen Gelder gutzuschreiben und an den Insolvenzverwalter auszukehren (HK-InsO/*Kayser* § 82 Rn. 30; MüKo-InsO/*Ott/Vuia* § 82 Rn. 19). Es entspricht gängiger Praxis, dass die Zahlungen weiter dem Konto gutgeschrieben werden und an den Verwalter auf das Insolvenzhinterlegungskonto ausgekehrt werden. Bei einem debitorisch geführten Konto ist die Bank nicht berechtigt, eingehende Überweisungen mit dem Schuldsaldo zu verrechnen, da der Girovertrag samt der Kontokorrentabrede mit der Insolvenzeröffnung erloschen ist (§ 116 InsO, s.a. *Wegener* § 116 Rdn. 67 ff., 73). Tätigt ein Geschäftspartner Zahlungen auf ein durch Eröffnung des Insolvenzverfahrens erloschenes Konto des Schuldners, so wirkt diese Leistung nicht schuldbefreiend, doch kann der Geschäftspartner von der kontoführenden Bank Rückzahlung verlangen (*OLG Rostock* ZIP 2006, 1812).

II. Besonderheiten im Lastschrift- und Einzugsverfahren

1. Allgemeines

34 Auch im Lastschriftverfahren (zur Funktionsweise des Lastschriftverkehrs s. ausf. *Schmerbach* § 22 Rdn. 130 ff.) ist zu differenzieren nach der Insolvenz des Lastschriftberechtigten und der Insolvenz des Lastschriftschuldners. Zudem unterscheidet sich das Lastschriftverfahren dahingehend, ob ein Abbuchungsauftrag oder eine Einziehungsermächtigung erteilt wurde. Zudem ist danach zu differenzieren, ob es sich um Zahlungsvorgänge handelt, die bis zum 31.10.2009 begonnen wurden (§§ 675, 670 ff. BGB und AGB-Banken in der Fassung bis zum 31.10.2009) oder um solche, die nach dem 31.10.2009 (§§ 675c ff. BGB und Sonderbedingungen für den Lastschriftverkehr in der Fassung Oktober 2009) begonnen wurden, handelt (s. hierzu ausf. *Schmerbach* § 22 Rdn. 132 ff.).

2. Insolvenz des Lastschriftberechtigten

In der **Insolvenz des Lastschriftberechtigten** gelten dieselben Grundsätze wie in der Insolvenz des Überweisungsempfängers (s. schon Rdn. 32). Mit der Insolvenzeröffnung endet der Girovertrag und damit auch die Berechtigung, Lastschriften zur Einziehung der Bank vorzulegen (§§ 116 Satz 1, 115 Abs. 1 InsO). Demgegenüber bleibt die vom Drittschuldner erteilte Lastschriftermächtigung unberührt (HK-InsO/*Kayser* § 82 Rn. 32). Das ist insofern von Vorteil, als dass sich der Insolvenzverwalter über das Insolvenzhinterlegungskonto ebenfalls zum Lastschrifteinzug berechtigen lassen kann, was in der Praxis zunehmend an Bedeutung gewinnt. Werden eingehende Zahlungen seitens der Bank trotz erloschenem Girovertrag weiterhin entgegengenommen, so hat sie diese auf dem bisherigen Konto entsprechend § 676f Satz 1 BGB zu verbuchen und nach § 667 BGB an den Insolvenzverwalter herauszugeben (vgl. *BGH* BGHZ 170, 121; WM 1995, 745 m.w.N.; WM 2006, 280; HK-InsO/*Kayser* § 82 Rn. 32), es sei denn, die Bank war im Zeitpunkt der Entstehung des Anspruchs oder der Gutschrift gutgläubig. In einem solchen Fall kann sie grds. den Geldeingang mit ihren eigenen Forderungen unter den Voraussetzungen von § 82 InsO und § 96 InsO verrechnen.

35

3. Insolvenz des Lastschriftschuldners

In der **Insolvenz des Lastschriftschuldners** finden dieselben Grundsätze wie bei einer Insolvenz des Überweisenden Anwendung (s.a. Rdn. 28). Mit der Eröffnung des Insolvenzverfahrens erlischt der Girovertrag und damit auch der Abbuchungsauftrag (§§ 116 Satz 1, 115 Abs. 1 InsO) und die Einzugsermächtigung (§§ 80 Abs. 1, 81 Abs. 1 Satz 1 InsO). Leistet die Bank gutgläubig an den Lastschriftempfänger, so ist zu differenzieren, ob das Kundenkonto kreditorisch geführt wurde, in dem Fall wird sie von ihrer Schuld frei (§§ 82, 116 InsO). Bei debitorischer Kontoführung erlangt sie einen Aufwendungsersatzanspruch gegen die Masse, der als Insolvenzforderung zur Tabelle anzumelden ist (HK-InsO/*Kayser* § 82 Rn. 22).

36

4. Einzugsermächtigungsverfahren

a) Zahlungsverlauf

Beim Einzugsermächtigungsverfahren erteilt der Schuldner seinem Gläubiger eine »Ermächtigung« sein Konto zu belasten. Dieser Ermächtigung liegen unterschiedliche Rechtsverhältnisse zugrunde (dazu sehr anschaulich *Wagner* ZIP 2011, 846). Das zwischen dem Schuldner und seinem Gläubiger bestehende Valutaverhältnis betrifft die Leistungspflicht des Schuldners an den Gläubiger eine Schuld zu bezahlen. Daraus wird der Gläubiger ermächtigt, diese Forderung nunmehr als Holschuld beim Schuldner im Wege des Lastschrifteinzugs einzuziehen. Darüber hinaus muss der Gläubiger wiederum mit seiner Bank (Zahlstelle) eine Inkassovereinbarung getroffen haben (Inkassoverhältnis), die als erste Inkassostelle die eingereichte Lastschrift zunächst unter Vorbehalt dem Konto des Gläubigers vorläufig gutschreibt und dann in gleicher Höhe an die Bank des Schuldners weitergibt (Interbankenverhältnis), die wiederum das Konto des Schuldners belastet, wenn die Lastschrift als Einziehungsermächtigung gekennzeichnet ist. Andernfalls gibt sie die Lastschrift an die 1. Inkassostelle zurück, ohne das Konto des Schuldners zu belasten. Bei einer Belastung des Schuldnerkontos durch die Lastschrift wird von der Schuldnerbank ein Aufwendungsersatzanspruch gegen den Schuldner geltend gemacht. Gleichzeitig entfällt der Vorbehalt der Gutschrift beim Gläubiger, mit der Folge, dass dieser aus der Lastschrift Gutschrift von seiner Bank verlangen kann (HambK-InsO/*Kuleisa* § 82 Rn. 18; *Wagner* ZIP 2011, 846).

37

b) Genehmigungstheorie und Widerspruchsrecht des Insolvenzverwalters

In der Vergangenheit war das Widerspruchsrecht des Insolvenzverwalters in Lit. und Rspr. hoch umstritten (s. zum Meinungsstreit ausführlich MüKo-InsO/*Ott/Vuia* § 82 Rn. 25 f.; HambK-InsO/*Kuleisa* § 82 Rn. 20 f.; *Jaeger/Windel* § 82 Rn. 27 f.), insbesondere gab es auch in den Zivilsenaten des BGH unterschiedliche Rechtsauffassungen. Nach den Entscheidungen des XI. Zivilsenats (Bankrecht) konnte der Insolvenzverwalter nur insoweit widersprechen wie auch der Schuldner

38

dazu berechtigt war (*BGH* ZInsO 2008, 1076; s.a. HambK-InsO/*Kuleisa* § 82 Rn. 20a m.w.N.). Demgegenüber entschied der IX. Zivilsenat dahingehend, dass der Insolvenzverwalter zum Widerspruch verpflichtet sei, wenn die Lastschriften nicht vom Schuldner genehmigt sind (*BGH* ZIP 2007, 2273; BGHZ 167, 171 jeweils m.w.N.). Der *BGH* hat nunmehr in zwei Entscheidungen auch innerhalb der unterschiedlichen Senate die bisher unterschiedlich behandelten Rechtsfragen einheitlich geklärt (*BGH* ZInsO 2010, 1534, IX. Senat; XI. Senat ZInsO 2010, 1538) und im Lastschriftverfahren aufgrund der von der Schuldnerin erteilten Einzugsermächtigung im Deckungsverhältnis die **Genehmigungstheorie** zugrunde gelegt (erstmals ausdrücklich *BGH* WM 1989, 520; nachfolgend st. Rspr., s. nur BGHZ 144, 349; 161, 49; 162, 294; 167, 171; 174, 84; 177, 69; WM 2009, 1073). Danach beinhaltet die vom Schuldner dem Gläubiger erteilte Einzugsermächtigung nur die Gestattung, das von der Kreditwirtschaft entwickelte technische Verfahren des Lastschrifteinzugs zu nutzen (*BGH* BGHZ 167, 171). Beauftragt der Gläubiger seine Bank, den Geldbetrag einzuziehen, so leitet diese als Inkassostelle den Auftrag an die Schuldnerbank als Zahlstelle weiter, die den Betrag vom Schuldnerkonto abbucht, ohne dazu vom Schuldner eine Weisung erhalten zu haben. Mangels girovertraglicher Weisung steht der Zahlstelle im Deckungsverhältnis damit solange kein Aufwendungsersatzanspruch gem. § 670 BGB zu, bis der Schuldner die unberechtigte Belastung seines Kontos nach § 684 Satz 2 BGB genehmigt hat. Widerspricht der Schuldner der Belastungsbuchung, muss die Zahlstelle die ausgewiesene Belastung berichtigen. Erfolgt der Widerspruch innerhalb von sechs Wochen nach der Belastungsbuchung, so kann die Zahlstelle die Lastschrift im Interbankenverhältnis zurückgeben (Abschn. III Nr. 1 und 2 des Abkommens über den Lastschriftverkehr); die Inkassostelle belastet sodann das Gläubigerkonto mit dem zuvor gutgeschriebenen Betrag einschließlich Rücklastschriftgebühren (*BGH* BGHZ 177, 69). War diese Frist bei Widerspruch des Schuldners bereits abgelaufen, hat die Zahlstelle die Möglichkeit, den Zahlbetrag beim Gläubiger zu kondizieren (*BGH* BGHZ 167, 171). Bis zur Genehmigung der Belastungsbuchung oder deren Fiktion mit Ablauf der in Nr. 7 Abs. 3 Satz 3 AGB-Banken a.F. (jetzt: Abschn. A Nr. 2.4 der Sonderbedingungen für den Lastschriftverkehr) vereinbarten Frist von sechs Wochen nach Zugang des Rechnungsabschlusses besteht damit ein Schwebezustand im Deckungsverhältnis zwischen dem Schuldner und seiner Bank, der sich nach der bisherigen Rechtsprechung des Bundesgerichtshofs auch auf das Valutaverhältnis zwischen Schuldner und Gläubiger auswirkt. Auch die dem Einzug zugrunde liegende Forderung erlischt erst mit Genehmigung der Belastungsbuchung (*BGH* BGHZ 161, 49; 174, 84; WM 2008, 1327; zweifelnd – im Ergebnis jedoch offen – BGHZ 177, 69). Bei einem quartalsweisen Rechnungsabschluss kann dieser Schwebezustand bis zum Eintritt der Genehmigungsfiktion über einen Zeitraum von viereinhalb Monaten andauern.

39 Im Insolvenzverfahren hat die **Genehmigungstheorie** für die im Einzugsermächtigungsverfahren erfolgte Lastschriftbuchung zur Folge, dass diese nicht insolvenzfest ist. Ein vorläufiger Insolvenzverwalter mit Zustimmungsvorbehalt kann die Genehmigung des Schuldners und den Eintritt der Genehmigungsfiktion verhindern, indem er der Belastungsbuchung widerspricht (*BGH* BGHZ 174, 84; 177, 69; WM 2008, 1327). Die Genehmigung ist eine Verfügung i.S.d. § 21 Abs. 2 Satz 1 Nr. 2 InsO, weil erst durch sie die bis dahin unberechtigte Kontobelastung wirksam wird und der Aufwendungsersatzanspruch der Schuldnerbank entsteht (*BGH* BGHZ 177, 69 m.w.N.; im Ergebnis ebenso BGHZ 174, 84). Der »starke« vorläufige Insolvenzverwalter (§ 21 Abs. 2 Satz 1 Nr. 2 Fall 1 InsO) und der endgültige Insolvenzverwalter können die Genehmigung der Belastungsbuchung aus eigenem Recht erteilen oder verweigern (*BGH* BGHZ 174, 84; BGHZ 177, 69).

40 Eine Genehmigung kann ausdrücklich, konkludent oder stillschweigend erfolgen (s. hierzu näher FK-InsO/*Schmerbach* 7. Aufl., § 22 Rn. 105 ff. jeweils mit der Differenzierung zu AGB-Alt- und AGB-Neufälle).

5. SEPA-Lastschriften

41 Mit der Umsetzung der Richtlinie 2007/64/EG des Europäischen Parlaments und des Rates vom 13. *November 2007* über Zahlungsdienste im Binnenmarkt (Zahlungsdiensterichtlinie ABlEU Nr. L 319 S. 1) und der Neufassung des Zahlungsdiensterechts in den §§ 675c bis 676c BGB, kann der

Schuldner für Zahlungsvorgänge ab dem 31. Oktober 2009 (vgl. Art. 229 § 22 Abs. 1 Satz 2 EGBGB) nunmehr mit Erteilung der Einzugsermächtigung zugleich auch der Belastung seines Kontos zustimmen. Damit wird abweichend von der Genehmigungstheorie mit einer Parteivereinbarung im Deckungsverhältnis, indem der Schuldner mit Erteilung der Einzugsermächtigung zugleich auch der Belastung seines Kontos zustimmt, Rechtssicherheit geschaffen.

a) Autorisierung

Gemäß § 675j Abs. 1 Satz 1 BGB ist für die Wirksamkeit des Zahlungsvorgangs nunmehr maßgeblich, ob der Kunde (»Zahler«) diesem zugestimmt hat (Autorisierung). Ohne Autorisierung kann die Bank (»Zahlungsdienstleister«) gegenüber ihrem Kunden keine Rechte herleiten. Ein Aufwendungsersatzanspruch gem. § 675c Abs. 1, § 670 BGB steht ihr in dem Fall nicht zu (§ 675u Satz 1 BGB). Die Zustimmung des Kunden kann vor dem Zahlungsvorgang oder – falls zwischen ihm und seinem Kreditinstitut vereinbart – auch nachträglich erfolgen (§ 675j Abs. 1 Satz 2 BGB). 42

Die zum Oktober 2009 neu gefassten »Sonderbedingungen für den Lastschriftverkehr«, konkretisieren als Allgemeine Geschäftsbedingungen den Zahlungsdiensterahmenvertrag dahingehend, dass der Zahlungsvorgang mittels Einzugsermächtigungslastschrift durch den Kunden erst nachträglich über die Genehmigung der entsprechenden Lastschriftbuchung auf seinem Konto autorisiert wird (Abschn. A. Nr. 2.1.1 und Nr. 2.4). Demgegenüber ist die Zahlung mittels Lastschrift im SEPA-Lastschriftverfahren gegenüber der Zahlstelle bereits vorab mit Erteilung des SEPA-Lastschriftmandats autorisiert (Abschn. C. und D. jeweils Nr. 2.2.1). Das SEPA-Mandat beinhaltet nämlich nicht nur – wie die Einzugsermächtigung (Abschn. A. Nr. 2.1.1) – die Gestattung des Zahlungsempfängers, den Betrag vom Konto des Zahlungspflichtigen einzuziehen, sondern darüber hinaus auch die an die Zahlstelle gerichtete Weisung, die vom Zahlungsempfänger auf das Schuldnerkonto gezogene SEPA-Lastschrift einzulösen (Abschn. C. und D. jeweils Nr. 2.2.1). Diese Weisung stellt nach der neuen Terminologie des Gesetzes den Zahlungsauftrag dar (§ 675f Abs. 3 Satz 2 BGB). Der Kunde autorisiert diesen Zahlungsvorgang gem. Parteivereinbarung bereits vor Ausführung in Form einer Einwilligung gem. § 675j Abs. 1 Satz 2 Fall 1 BGB. Der Zahlungsauftrag, der an die Schuldnerbank zu erteilen ist, wird dieser im SEPA-Lastschriftverfahren durch den Zahlungsempfänger als Erklärungsboten (vgl. § 120 BGB) über sein Kreditinstitut übermittelt (*Hadding* FS Hüffer, S. 273, 286; *Laitenberger* NJW 2010, 192), mit der Folge, dass er dann wirksam wird (§ 675n Abs. 1 Satz 1 BGB). Da der als Generalweisung vorab erteilte Zahlungsauftrag noch der Präzisierung bedarf, ermächtigt der Zahlende mit dem Mandat zugleich den Zahlungsempfänger, diesen durch die Einreichung bezifferter Lastschriften zu konkretisieren (*Hadding* FS Hüffer, S. 287). 43

b) Wirkung im Deckungsverhältnis

Die mittels eines SEPA-Lastschriftverfahrens bewirkte Zahlung hat auch dann Bestand, wenn nach der Belastungsbuchung über das Vermögen des Zahlungspflichtigen das Insolvenzverfahren eröffnet wird oder in einem Eröffnungsverfahren entsprechende Sicherungsmaßnahmen angeordnet, werden. 44

Die im SEPA-Lastschriftverfahren vorab autorisierte Zahlung hat zur Folge, dass im **Deckungsverhältnis** der Vermögensabfluss beim Schuldner bereits mit Belastung seines Kontos stattfindet und die Buchung mit ihrer Vornahme wirksam ist. Die Bank kann ihren Aufwendungsersatzanspruch nach §§ 675c Abs. 1, 670 BGB verrechnen. Einer Zustimmungserklärung eines vorläufigen »schwachen« Insolvenzverwalters bedarf es nicht mehr. Grundsätzlich kann auch der Schuldner nicht mehr durch einseitige Erklärung seiner Bank gegenüber den Aufwendungsersatzanspruch wieder entziehen. Ist der Zahlungsauftrag seiner Bank zugegangen bzw. autorisiert, kann er diese nur noch »bis zum Ende des Geschäftstages vor dem vereinbarten Fälligkeitstag« widerrufen (§ 675j Abs. 2 Satz 1, § 675p Abs. 1, Abs. 2 Satz 2 BGB). Darüber hinaus kann der Privatkunde, nicht jedoch der Firmenkunde unter den Voraussetzungen des § 675x Abs. 1, Abs. 2 und Abs. 4 BGB innerhalb einer Frist von 8 Wochen ab der Belastungsbuchung Erstattung des Zahlbetrages verlangen. Str. ist insofern, ob hierin ein verlängertes Recht des Kunden zum Widerruf der Autorisierung zu sehen ist (so *Obermüller/Kuder* ZIP 2010, 349; *Grundmann* WM 2009, 1157). Nach höchstrichterlicher Auffassung 45

(*BGH* ZIP 2010, 1556) ist der Widerruf in § 675j Abs. 2 Satz 1, § 675p BGB abschließend geregelt. Bereits aus dem Wortlaut des § 675x BGB ergibt sich, dass der Kunde vielmehr einen eigenständigen Anspruch als aktives Gegenrecht zustehe, der die Autorisierung des Zahlungsvorgangs nicht entfallen lasse. Ebenso wenig eröffne § 675p Abs. 4 Satz 1 BGB im Fall der Lastschrift die Möglichkeit, die Frist zum Widerruf des Zahlungsauftrags durch vertragliche Vereinbarung zwischen Schuldner und Schuldnerbank zu verlängern (unzutreffend *Rogge/Leptien* InsVZ 2010, 163 [170]). Nach § 675p Abs. 4 Satz 2 BGB bedürfte eine solche Vereinbarung im Fall der Lastschrift (§ 675p Abs. 2 Satz 2 BGB) der Zustimmung des Zahlungsempfängers.

c) Wirkung im Valutaverhältnis

46 Im SEPA-Lastschriftverfahren ist die Forderung des Gläubigers bereits mit vorbehaltloser Gutschrift des Zahlbetrages auf seinem Konto erfüllt (*BGH* ZIP 2010, 1556). Das zwischen den Parteien bestehende Schuldverhältnis erlischt, wenn die Leistung bewirkt ist (§ 362 Abs. 1 BGB), somit mit der Herbeiführung des Leistungserfolges (*BGH* BGHZ 179, 298; WM 2008, 1703 jeweils m.w.N.). Mit vorbehaltloser Gutschrift erlangt der Gläubiger die erforderliche uneingeschränkte Verfügungsbefugnis über den Zahlbetrag. Im Inkassoverhältnis zwischen Gläubiger und Gläubigerbank ergeben sich insoweit im SEPA-Verfahren keine Änderungen (vgl. dazu *Obermüller/Kuder* ZIP 2010, 349). Hat die Gutschrift bis zur Eröffnung eines Insolvenzverfahrens über das Vermögen des Schuldners Bestand, ist der Lastschriftgläubiger von vorneherein kein Insolvenzgläubiger.

47 Die Zahlung ist auch dann insolvenzfest, wenn vor Ablauf der Acht-Wochen-Frist des § 675x Abs. 4 BGB das Insolvenzverfahren über das Vermögen des Zahlungspflichtigen eröffnet wird bzw. in einem Eröffnungsverfahren entsprechende Sicherungsmaßnahmen angeordnet werden (*BGH* ZIP 2010, 349).

Für SEPA-Firmenlastschriften ergibt sich dies bereits daraus, dass nach den Sonderbedingungen für den Lastschriftverkehr selbst der Zahlende keine Möglichkeit hat, den Zahlbetrag zurückzuerlangen. Der Erstattungsanspruch des § 675x Abs. 1 BGB wurde für diese Verfahrensart abbedungen (Abschn. D. Nr. 2.1.1 am Ende). Im SEPA-Basislastschriftverfahren kann zwar der Kunde innerhalb einer Frist von 8 Wochen ab der Belastungsbuchung Erstattung des Zahlbetrages verlangen. Dieser Anspruch fällt jedoch im Falle der Eröffnung eines Insolvenzverfahrens nicht in die Insolvenzmasse. Dies ergibt sich aus einer analogen Anwendung des § 377 Abs. 1 BGB. Danach ist das Recht des Schuldners, eine von ihm zur Schuldbefreiung hinterlegte Sache zurückzunehmen (§ 376 BGB), unpfändbar mit der Folge, dass der Anspruch auch nicht zur Insolvenzmasse gehört (§ 36 Abs. 1 Satz 1 InsO) mit der Folge, dass der Insolvenzverwalter insoweit keine Verfügungsbefugnis nach § 80 Abs. 1 InsO erlangt (*BGH* ZIP 2010, 349). Das gilt auch für den vorläufigen »starken« Insolvenzverwalter (vgl. *BGH* BGHZ 174, 84). Das Anfechtungsrecht (§§ 129 InsO) des Insolvenzverwalters bleibt davon unberührt (*BGH* ZIP 2010, 349 m.w.N.). Ob ein Bargeschäft i.S.d. § 142 InsO vorliegt, ist im SEPA-Verfahren auf den Zeitpunkt des Lastschrifteinzugs abzustellen (*BGH* ZIP 2010, 349; *Obermüller/Kuder* ZIP 2010, 349; für das Einzugsermächtigungsverfahren BGHZ 177, 69; *BGH* WM 2008, 1327; WM 2009, 958).

6. Abbuchungsverfahren

48 Im Abbuchungsverfahren erteilt der Kunde seiner Bank gegenüber im Rahmen des Girovertrages einen Abbuchungsauftrag dahingehend, Lastschriften bei Kontodeckung einzulösen und damit mit schuldbefreiender Wirkung gegenüber dem Einziehenden zu leisten. In diesem Fall liegt, wie bei einer Überweisung, eine Anweisung des Kunden an die Bank vor, die Lastschrift einzulösen und sein Konto zu belasten. Mit der Einlösung der Lastschrift auf dem Kundenkonto und der Gutschrift auf dem Konto des Empfängers wird dessen Forderung wie bei einer Überweisung erfüllt (§ 362 Abs. 1 BGB). Eine Genehmigung ist nicht mehr erforderlich, mit der Folge, dass der Schuldner dann auch nicht mehr zum Widerruf berechtigt ist (*BGH* ZIP 2011, 2206; BGHZ 72, 343; MüKo-InsO/*Ott/Vuia* § 82 Rn. 23; HambK-InsO/*Kuleisa* § 82 Rn. 17). Bei einer Verfahrenseröffnung erlöschen ebenso wie bei einer Überweisung der Girovertrag und der Abbuchungsauftrag

(§§ 116 S. 1, 115 Abs. 1 InsO). Leistet die Bank gutgläubig an den Lastschriftempfänger, so ist zu differenzieren, ob das Kundenkonto kreditorisch geführt wurde, in dem Fall wird sie von ihrer Schuld frei (§§ 82, 116 InsO). Bei debitorischer Kontoführung erlangt sie einen Aufwendungsersatzanspruch gegen die Masse, der als Insolvenzforderung zur Tabelle anzumelden ist.

III. Scheck

Eine Zahlung mit Scheck erfolgt erfüllungshalber, § 364 Abs. 2 BGB. Dabei ist im Rechtsverhältnis zwischen Scheckaussteller, Schecknehmer und Bezogenen zu differenzieren. 49

Gerät der Scheckaussteller in die Insolvenz erlischt neben dem Girovertrag auch der Scheckvertrag gem. § 116 InsO, mit der Folge, dass der Schuldner die Bank ermächtigen kann, die Schecksumme an den Schecknehmer auszuzahlen. Der Schuldner ist nach Verfahrenseröffnung nicht mehr berechtigt, einen Scheck auszustellen. Wurde der Scheck vor Verfahrenseröffnung ausgestellt, gelten im Wesentlichen die gleichen Grundsätze wie bei einem vor Verfahrenseröffnung erteilten Überweisungsauftrag (s. dazu schon Rdn. 28; *Wegener* § 116 Rdn. 63, 75). In der Insolvenz des Schecknehmers fällt der Scheck in seine Insolvenzmasse. Die Einlösung erfolgt durch den Insolvenzverwalter (ausf. hierzu *Wegener* § 116 Rdn. 75).

IV. Wechsel

In der Insolvenz des Bezogenen erlischt mit dem Girovertrag ebenso der Wechselvertrag (§ 116 InsO). Insofern gelten dieselben Grundsätze wie bei der Ausstellung eines Schecks. Der Bezogene ist nicht mehr berechtigt, den Wechsel mit Wirkung für die Insolvenzmasse anzunehmen (§ 80 InsO; s.a. *Wegener* § 116 Rdn. 75). Wurde der Wechsel vor der Insolvenzeröffnung ausgestellt, ist er wirksam, die daraus entstehende Forderung stellt eine Insolvenzforderung nach § 38 InsO dar. Wird der Wechsel bei Fälligkeit bei der Bank des Akzeptanten eingelöst, entsteht ein Aufwendungsersatzanspruch im Rahmen der §§ 115 Abs. 3, 116 InsO (HambK-InsO/*Kuleisa* § 82 Rn. 14). Ein kreditorisch geführtes Konto kann im Rahmen des § 82 InsO belastet werden, bei einem debitorisch geführten Konto verbleibt lediglich die Möglichkeit, den Aufwendungsersatzanspruch als Tabellenforderung geltend zu machen. 50

In der Insolvenz des Wechselausstellers bleibt die vor Verfahrenseröffnung begründete Wechselverpflichtung bestehen. Erfolgt eine Zahlung an den Inhaber wird dieser von seiner Schuld befreit. Erfolgt das Wechselakzept erst nach Verfahrenseröffnung, ist der Bezogene nicht mehr berechtigt, seine Schuld gegenüber dem Wechselaussteller dadurch zu begleichen, dass er an den Inhaber zahlt. Erfolgt trotzdem eine Zahlung, kommt dieser nur in den Grenzen des § 82 InsO eine schuldbefreiende Wirkung zu. Der Insolvenzverwalter kann vom Leistungsempfänger die Herausgabe des Erlangten beanspruchen (§ 816 Abs. 2 BGB, vgl. HK-InsO/*Kayser* § 82 Rn. 58; HambK-InsO/*Kuleisa* § 82 Rn. 15; a.A. MüKo-InsO/*Ott/Vuia* § 82 Rn. 27). Eine Bank, die einen auf ihren Kunden gezogenen, von diesem angenommenen und bei ihr zahlbar gestellten Wechsel einlöst, nachdem über das Vermögen des Kunden, wie der Empfänger der Zahlung weiß, das Insolvenzverfahren eröffnet worden ist, hat gegen diesen einen unmittelbaren Bereicherungsanspruch aus § 812 BGB (*BGH* NJW 1976, 1845 m. Anm. *Schubert* JZ 1977, 200). 51

§ 83 Erbschaft. Fortgesetzte Gütergemeinschaft

(1) ¹Ist dem Schuldner vor der Eröffnung des Insolvenzverfahrens eine Erbschaft oder ein Vermächtnis angefallen oder geschieht dies während des Verfahrens, so steht die Annahme oder Ausschlagung nur dem Schuldner zu. ²Gleiches gilt von der Ablehnung der fortgesetzten Gütergemeinschaft.

(2) Ist der Schuldner Vorerbe, so darf der Insolvenzverwalter über die Gegenstände der Erbschaft nicht verfügen, wenn die Verfügung im Falle des Eintritts der Nacherbfolge nach § 2115 des Bürgerlichen Gesetzbuchs dem Nacherben gegenüber unwirksam ist.

§ 83 InsO Erbschaft. Fortgesetzte Gütergemeinschaft

Übersicht

	Rdn.		Rdn.
A. Inhalt	1	5. Restschuldbefreiungsverfahren	14
I. Normzweck	1	II. Anfall eines Vermächtnisses	15
II. Anwendungsbereich	2	III. Pflichtteilsansprüche	16
B. Norminhalt	3	IV. Fortgesetzte Gütergemeinschaft	18
I. Erbschaft	3	V. Vorerbschaft	20
1. Recht zur Annahme und Ausschlagung der Erbschaft	5	1. Schuldner als Vorerbe	20
2. Trennung der Vermögensmassen	8	2. Insolvenzmasse und Verfügungen des Insolvenzverwalters	22
3. Testamentsvollstreckung	11	3. Gutgläubiger Erwerb vom Insolvenzverwalter	23
4. Ausschlagung der Erbschaft	12		

Literatur:
App Die Erbschaft im Insolvenzverfahren, KKZ 2003, 201; *Leipold* Erbrechtlicher Erwerb und Zugewinnausgleich im Insolvenzverfahren und bei der Restschuldbefreiung, FS Gaul, 1997, S. 367.

A. Inhalt

I. Normzweck

1 Absatz 1 dieser Vorschrift übernimmt die Regelung des § 9 KO, Abs. 2 entspricht § 128 KO. Die Vorschrift steht in Ergänzung zu §§ 80 und 81 InsO, nach denen grds. die Verwaltungs- und Verfügungsbefugnis nach Verfahrenseröffnung auf den Insolvenzverwalter übergeht. Demgegenüber ist § 83 Abs. 1 Satz 1 InsO als Ausnahme von diesem Grundsatz zu sehen, in dem er dem Schuldner die Entscheidung über die Annahme oder Ausschlagung einer Erbschaft oder eines Vermächtnisses belässt. Solche Entscheidungen sind höchstpersönlicher Natur, über die nicht der Insolvenzverwalter sondern auch weiterhin – zumindest partiell – der Schuldner zu entscheiden hat. Dabei ist es unbeachtlich, ob der Anfall der Erbschaft vor oder nach Insolvenzeröffnung eingetreten ist (*Uhlenbruck/Mock* InsO, § 83 Rn. 1).

II. Anwendungsbereich

2 Die beiden Absätze der Vorschrift betreffen unterschiedliche Regelungskomplexe. Abs. 1 stellt klar, dass Annahme und Ausschlagung von Erbschaften und Vermächtnissen auch bei deren Anfall nach Verfahrenseröffnung höchstpersönliche Rechte des Schuldners bleiben, desgleichen die Entscheidung für oder gegen die Fortsetzung der Gütergemeinschaft nach dem Tod des erstversterbenden Ehegatten.

Abs. 2 enthält eine Ausnahmeregelung von § 80 Abs. 2 Satz 1 InsO und schützt in Fortführung des Rechtsgedankens von § 2115 BGB den Nacherben vor einer Verschlechterung seiner Rechtsposition, indem er die Verfügungsbefugnis des Insolvenzverwalters bei einer Vorerbschaft des Schuldners einschränkt.

B. Norminhalt

I. Erbschaft

3 Das Vermögen des Erblassers, der Nachlass, fällt **mit seinem Tod ohne weiteren Vollzugsakt** im Wege der Gesamtrechtsnachfolge (Anfallprinzip) bei den gesetzlichen oder durch letztwillige Verfügung bestimmten Erben an (§§ 1942, 1922 Abs. 1 BGB). Der Erbe ist berechtigt, die Erbschaft innerhalb einer bestimmten gesetzlichen vorgeschrieben Frist auszuschlagen (§§ 1943 f. BGB). Vom Anfall der Erbschaft und dem Ende der Ausschlagungsfrist besteht ein Schwebezustand, der durch die Annahme der Erbschaft beseitigt werden kann (MüKo-InsO/*Schumann* § 83 Rn. 3). Die wirksame Ausschlagung beseitigt den Anfall der Erbschaft von Anfang an (§ 1953 Abs. 1 BGB). Hat der Erbe die Erbschaft angenommen, kann er sie gem. § 1943 BGB nicht mehr ausschlagen, es tritt hinsichtlich der Erbschaft Vollerwerb ein.

Ist der Schuldner vor der Eröffnung des Insolvenzverfahrens oder während des Verfahrens Erbe geworden, fällt der Nachlass bis zur Annahme oder zur Ausschlagung (§§ 1942 ff BGB) vorläufig in die Masse (§ 1922 Abs. 1 BGB, § 35 Abs. 1 InsO). Bleibt der so bestimmte Erbe untätig oder nimmt die Erbschaft an, kann er sie gem. § 1943 BGB nicht mehr ausschlagen, es tritt hinsichtlich der Erbschaft Vollerwerb ein (MüKo-InsO/*Schumann* § 83 Rn. 6). Ab diesem Zeitpunkt ist der Nachlass endgültig Bestandteil der Insolvenzmasse und damit verwertbar (MüKo-InsO/*Schumann* § 83 Rn. 6; HK-InsO/*Kayser* § 83 Rn. 8). Das hat zur Folge, dass neben den Gläubigern des Schuldners auch die Nachlassgläubiger aus dem Schuldnervermögen und Nachlassvermögen zu befriedigen sind. Dabei können sowohl Nachteile für die persönlichen Gläubiger des Schuldners bei einem überschuldeten Nachlass wie auch für die Nachlassgläubiger, die jetzt den Nachlass mit den persönlichen Gläubigern teilen müssen, entstehen. Deswegen können der Insolvenzverwalter, die Erben oder Nachlassgläubiger eine Trennung der Vermögensmassen herbeiführen etwa durch Beantragung der Nachlassverwaltung oder des Nachlassinsolvenzverfahrens, §§ 1975 ff. BGB (*BGH* BGHZ 167, 352; MüKo-InsO/*Schumann* § 83 Rn. 7 f.; HK-InsO/*Kayser* § 83 Rn. 8), so dass die Nachlassgläubiger aus dem Nachlass und die persönlichen Gläubiger aus dem Schuldnervermögen befriedigt werden. Keine Anwendung findet § 83 InsO auf echte Verträge zu Gunsten Dritter, sofern bereits vor Verfahrenseröffnung eine Anwartschaft begründet oder der Vertrag geschlossen worden ist. Hier steht das Ausschlagungsrecht allein dem Insolvenzverwalter zu (K. Schmidt/*Sternal* InsO, § 83 Rn. 2).

4

1. Recht zur Annahme und Ausschlagung der Erbschaft

Die Annahme oder Ausschlagung der Erbschaft steht wegen ihrer **höchstpersönlichen Natur** (*BGH* NZI 2013, 137; NJW 2011, 2291) ausschließlich dem Schuldner zu (§ 83 Abs. 1 InsO). Der Insolvenzverwalter ist weder zur Annahme der Erbschaft noch zur Ausschlagung berechtigt.

5

Die Ausschlagung einer Erbschaft ist der **Insolvenzanfechtung** entzogen (*BGH* NZI 2013, 137; ZIP 1992, 558 [561]), selbst wenn der Ausschlagende im Einvernehmen mit dem an seine Stelle tretenden Erben mit dem Vorsatz der Gläubigerbenachteiligung gehandelt hat. Denn die Anfechtung würde im Widerspruch zu der Regelung des § 83 Abs. 1 InsO stehen und die gesetzgeberische Entscheidung außer Kraft setzen. Aus dem Vermögen des Schuldners wird nichts veräußert, weggegeben oder aufgegeben, sondern nur ein angetragener Erwerb wird abgelehnt (*RG* RGZ 54, 289; RGZ 67, 431; so auch MüKo-InsO/*Schumann* § 83 Rn. 4). Dieses gilt auch für den Erbverzicht (§§ 2346 ff BGB). Der Verzichtende gibt – bezogen auf die Erbenstellung – noch nicht einmal eine vorläufige Rechtsposition auf, sondern nur die Aussicht auf ein künftiges Erbrecht (*BGH* NZI 2013, 137; vgl. *Jaeger/ Windel* InsO, § 83 Rn. 10; HK-InsO/*Kayser* § 83 Rn. 6). Umgekehrt ist auch die Annahme der Erbschaft, auch wenn sie im konkreten Fall für die Insolvenzmasse nachteilig ist, nicht gem. §§ 129 ff. InsO anfechtbar (vgl. *Uhlenbruck/Mock* InsO, § 83 Rn. 9).

6

Zur Annahme berechtigt ist der Schuldner auch bei überschuldetem Nachlass. Auch in diesem Fall kann der Insolvenzverwalter weder die Annahme noch die Nichtausschlagung verhindern (*Uhlenbruck/Mock* InsO, § 83 Rn. 9). Wurde bereits vorher das Nachlassinsolvenzverfahren eröffnet, ist § 83 InsO entsprechend anwendbar, so dass in diesem Fall ebenfalls der Erbe die Entscheidung über die Annahme oder Ausschlagung trifft (HK-InsO/*Kayser* § 83 Rn. 7; MüKo-InsO/*Schumann* § 83 Rn. 12; HambK-InsO/*Kuleisa* § 83 Rn. 9). Es obliegt dann dem Insolvenzverwalter, Maßnahmen zur Haftungsbeschränkung auf den Nachlass zu treffen (dazu s. Rdn. 8), wobei man ihm – rechtspolitisch wenig befriedigend – auch zeit- und kostenintensive Arbeiten zu Lasten der Insolvenzmasse zumutet wie etwa die Errichtung eines Nachlassinventars. Der Schuldner ist nicht berechtigt, haftungsbeschränkende Maßnahmen einzuleiten.

7

2. Trennung der Vermögensmassen

Den Interessen der Nachlassgläubiger, nicht unversehens mit den Gläubigern des Erben konkurrieren zu müssen, trägt das Gesetz dadurch Rechnung, dass die Nachlassgläubiger Nachlassverwaltung (§ 1981 Abs. 2 BGB) oder das Nachlassinsolvenzverfahren (§ 317 Abs. 1 InsO; s. i.E. die Erl. zu

8

§§ 315–331 InsO) beantragen können (vgl. *BGH* BGHZ 167, 352). Dadurch tritt rückwirkend (§ 1976 BGB) eine Trennung der Haftungsmassen ein, so dass die Nachlassgläubiger ausschließlich aus dem Nachlass, die Eigengläubiger des Erben ausschließlich aus dessen Vermögen zu befriedigen sind (*BGH* BGHZ 165, 352). Diese Verfahren führen zu einer Beschränkung der Haftung der Insolvenzmasse (*Jaeger/Windel* InsO, § 83 Rn. 7).

9 Auch der Insolvenzverwalter kann darum Anlass haben, eines dieser Verfahren zu beantragen (vgl. *BGH* BGHZ 167, 352); seine Befugnis dazu ergibt sich aus § 80 Abs. 1 InsO (HambK-InsO/*Kuleisa* § 83 Rn. 4). Umgekehrt ergibt sich im Falle des § 1980 BGB für den Verwalter sogar eine Verpflichtung, eine Trennung der Vermögensmassen herbeizuführen, um eine Benachteiligung der Gläubiger des Schuldners zu verhindern (HK-InsO/*Kayser* § 83 Rn. 9).

10 (Ehemalige) Nachlassgläubiger können diese Anträge ebenfalls stellen (*Uhlenbruck/Mock* InsO, § 83 Rn. 10) und haben dazu Anlass, wenn der Nachlass werthaltig erscheint und ihre Forderungen abdecken würde, durch die Konkurrenz mit den gegen den Erben gerichteten Forderungen jedoch aufgezehrt zu werden droht. Dasselbe gilt, wenn der Nachlass offensichtlich deutlich weniger stark überschuldet ist als das Vermögen des insolventen Erben.

3. Testamentsvollstreckung

11 Für den Fall der Testamentsvollstreckung gilt nichts anderes. Auch hier fällt der Nachlass mit dem Erbfall vorläufig, mit der Annahme der Erbschaft endgültig in die Masse. Die Testamentsvollstreckung besteht allerdings auch während des Insolvenzverfahrens fort mit der Folge, dass die Verfügungsbeschränkung des Erben nach § 2211 BGB auch für den Insolvenzverwalter gilt, die Erbengläubiger keine Befriedigung aus den der Testamentsvollstreckung unterliegenden Gegenständen verlangen können (§ 2214 BGB) und der Testamentsvollstrecker im Rahmen seiner Befugnisse den Nachlass verwalten und über Nachlassgegenstände verfügen kann. § 80 Abs. 2 InsO ist auf die Anordnung der Testamentsvollstreckung nicht anwendbar, weil diese Verfügungsbeschränkung nicht relativer, sondern absoluter Natur ist. Bis zur Beendigung der Testamentsvollstreckung bildet der Nachlass eine Sondermasse, auf die nur die Nachlassgläubiger nicht aber die sonstigen Gläubiger des Schuldners Zugriff nehmen können. Während der Testamentsvollstreckung darf der Insolvenzverwalter den Nachlass nicht verwerten. Danach unterliegt er seinem Verwertungsrecht (*BGH* BGHZ 167, 352; MüKo-InsO/*Schumann* § 83 Rn. 10; *Uhlenbruck/Mock* InsO, § 83 Rn. 11).

4. Ausschlagung der Erbschaft

12 Die Interessen des Erben können u.a. dahin gehen, dass der Nachlass, wenn schon nicht bei ihm selbst, so doch zumindest in der Familie des Erblassers verbleiben soll. Dies würde nicht geschehen, wenn die Nachlassgegenstände in die Masse fielen und infolgedessen verwertet würden und ihr Wert letztlich unter die Insolvenzgläubiger verteilt werden würde. Der Erbe hat die Möglichkeit, den Erbanfall rückwirkend ungeschehen zu machen, indem er die Erbschaft innerhalb der vom Gesetz bestimmten Frist (dazu i.E. § 1944 BGB) und in der vom Gesetz bestimmten Form (dazu i.E. § 1945 BGB) ausschlägt. In diesem Fall tritt der nach ihm Nächstberufene die Erbschaft an. Für den Ausschlagenden gilt der Anfall der Erbschaft als nicht erfolgt (§ 1953 Abs. 1 BGB).

13 Im Falle der Ausschlagung fällt die Erbschaft nicht in die Masse, sondern dem nächstberufenen Erben an. Hatte der Insolvenzverwalter schon Gegenstände des Nachlasses zur Masse gezogen, so hat der Ersatzerbe ein Aussonderungsrecht (so auch MüKo-InsO/*Schumann* § 83 Rn. 11; HK-InsO/*Kayser* § 83 Rn. 10). Besorgt der Schuldner vor der Erbausschlagung Geschäfte für den Nachlass, so haftet die Masse dem künftigen Erben gegenüber für diese Geschäftsführung ohne Auftrag nur dann, wenn dieser Anspruch bereits vor Insolvenzeröffnung begründet war (HK-InsO/*Kayser* § 83 Rn. 10; MüKo-InsO/*Schumann* § 83 Rn. 11).

5. Restschuldbefreiungsverfahren

Nach § 295 Abs. 1 Nr. 2 InsO ist der Schuldner während der Wohlverhaltensperiode verpflichtet, Vermögen, das er von Todes wegen oder mit Rücksicht auf ein künftiges Erbrecht erwirbt, zur Hälfte des Wertes an den Treuhänder herauszugeben. Zu dem von Todes wegen erworbenen Vermögen gehören neben einer Erbschaft auch ein Pflichtteilsanspruch und ein Anspruch aus einem Vermächtnis. Eine Erbschaft und ein Vermächtnis können jedoch ausgeschlagen werden, und von der Geltendmachung eines Pflichtteilsanspruchs kann abgesehen werden. Nach der neueren Rechtsprechung des BGH, stellt der Verzicht auf die Geltendmachung des Pflichtteilsanspruchs ebenso wie die Ausschlagung einer Erbschaft oder der Verzicht auf ein Vermächtnis keine Obliegenheitsverletzung dar. Die Entscheidung über die Ausschlagung einer Erbschaft und über die Geltendmachung des Pflichtteils ist **höchstpersönlicher** Natur, die auch in der Wohlverhaltensperiode zu beachten ist. Sie darf nicht durch einen mittelbaren Zwang zur Annahme der Erbschaft oder zur Geltendmachung des Pflichtteils unterlaufen werden, der sich ergäbe, wenn man schon die Erbausschlagung selbst oder den Verzicht auf die Geltendmachung des Pflichtteils als Obliegenheitsverletzung i.S.v. § 295 Abs. 1 Nr. 2 InsO ansähe (so *BGH* NZI 2011, 329; WM 2009, 1517; MüKo-InsO/*Schumann* § 83 Rn. 5).

14

II. Anfall eines Vermächtnisses

Das Vermächtnis ist ein **schuldrechtlicher Anspruch** des in der letztwilligen Verfügung des Erblassers damit Bedachten gegen den Erben (§ 1939 BGB); er entsteht ebenfalls ohne weiteres Zutun des Vermächtnisnehmers mit dem Erbfall (§ 2176 BGB) und kann nur durch Ausschlagung rückwirkend zum Erlöschen gebracht werden (§ 2180 BGB). Besondere Form- oder Fristvorschriften bestehen nicht. Die Annahme des Vermächtnisses erfolgt gem. § 2180 Abs. 2 BGB gegenüber dem Beschwerten. Auch hierbei handelt es sich um ein **höchstpersönliches** Recht. Die Annahme oder Ausschlagung kann nur vom Vermächtnisnehmer, nicht aber durch den Insolvenzverwalter erfolgen. Das gilt auch während der **Wohlverhaltensperiode**. Erst mit der Annahme des Vermächtnisses entsteht die Obliegenheit des Schuldners aus § 295 Abs. 1 Nr. 2 InsO, die Hälfte des Werts des Vermächtnisses an den Treuhänder abzuführen. Nimmt er während seines laufenden Insolvenzverfahrens das Vermächtnis nicht an, ist darin keine Obliegenheitsverletzung zu sehen (*BGH* NZI 2011, 329).

15

III. Pflichtteilsansprüche

Der Anspruch auf den Pflichtteil (§ 2303 BGB) entsteht mit dem Erbfall (§ 2317 Abs. 1, § 1922 Abs. 1 BGB). Von diesem Zeitpunkt an gehört er zum Vermögen des Pflichtteilsberechtigten (*BGH* BGHZ 123, 183 [187]; ZIP 1997, 1302; ZInsO 2009, 299). Nach § 852 Abs. 1 ZPO ist er der Pfändung nur unterworfen, wenn er durch Vertrag anerkannt oder rechtshängig geworden ist. Diese Vorschrift steht einer Pfändung jedoch nicht entgegen. Der Pflichtteilsanspruch kann bereits vor der vertraglichen Anerkennung oder Rechtshängigkeit als in seiner zwangsweisen Verwertbarkeit aufschiebend bedingter Anspruch gepfändet werden (st. Rspr. *BGH* BGHZ 123, 183; ZIP 1997, 1302). Alles pfändbare Vermögen, das dem Schuldner zur Zeit der Eröffnung des Verfahrens gehört und das er während des Verfahrens erlangt, wird vom Insolvenzverfahren erfasst und gehört zur Insolvenzmasse (HK-InsO/*Kayser* § 83 Rn. 3). Dass nicht der Verwalter, sondern nur der pflichtteilsberechtigte Schuldner über die Geltendmachung des Pflichtteilsanspruchs zu entscheiden hat, ändert nichts an der Zugehörigkeit des Anspruchs zur Masse.

16

Dieses gilt auch für die Wohlverhaltensphase. Der Schuldner muss diesen zur Hälfte an den Treuhänder abführen, wenn er den Anspruch rechtshängig macht oder ein Anerkenntnis vorliegt (*Balz/Landfermann* Begr. RegE § 295 Abs. 1 Nr. 2 InsO S. 557: ausdrücklicher Hinweis auf § 1374 Abs. 2 BGB). Nach dieser Vorschrift fällt auch ein Pflichtteilsanspruch in das Vermögen, das von Todes wegen erworben wird. Die Entscheidung über die Geltendmachung eines Pflichtteils ist auch in der Wohlverhaltensphase höchstpersönlicher Natur und fällt nicht unter die Obliegenheiten des Schuldners aus § 295 Abs. 1 Nr. 2 InsO. Die entsprechende Befugnis werde ihm im eröffneten Verfahren durch § 83 Abs. 1 InsO verliehen. In der Wohlverhaltensphase könnten ihn deshalb auch

17

keine weitergehenden Pflichten treffen (*BGH* NZI 2011, 329; NZI 2009, 563; *Ahrens* § 295 Rdn. 7 ff.; K. Schmidt/*Sternal* InsO, § 83 Rn. 18; HambK-InsO/*Streck* § 295 Rn. 10; MüKo-InsO/*Schumann* § 83 Rn. 4; Uhlenbruck/*Vallender* InsO, § 295 Rn. 34 f.). Nach einer Mindermeinung sollen die Ausschlagung einer Erbschaft und der Verzicht auf die Geltendmachung eines Pflichtteilsanspruchs dagegen Obliegenheitspflichtverletzungen gem. § 295 Abs. 1 Nr. 2 InsO sein, weil es zu den Pflichten des Schuldners gehöre, zumindest einen Teil der Erbschaft seinen Gläubigern zugänglich zu machen (*Leipold/Dieckmann* Insolvenzrecht im Umbruch, 1991 S. 127, 131 f.; *Bartels* KTS 2003, 41 [64 ff.]; *Thora* ZInsO 2002, 176 [178 f.]).

IV. Fortgesetzte Gütergemeinschaft

18 Nach § 1483 BGB können die Ehegatten durch Ehevertrag vereinbaren, dass nach dem Tode eines Ehegatten die Gütergemeinschaft mit dem überlebenden Ehegatten und den Abkömmlingen fortgesetzt wird. Die Fortsetzung der Gütergemeinschaft kann vom überlebenden Ehegatten abgelehnt werden (§ 1484 Abs. 1 BGB). Auf die Ablehnung finden die für die **Ausschlagung einer Erbschaft geltenden Vorschriften entsprechende Anwendung** (§§ 1484 Abs. 2, 1943–1947, 1950, 1952, 1954–1957, 1959 BGB). Wird über das Vermögen des überlebenden Ehegatten das Insolvenzverfahren eröffnet, ist allein dieser gem. § 83 Abs. 1 Satz 2 InsO berechtigt, wie bereits bei der Erbausschlagung, die Fortsetzung der Gütergemeinschaft abzulehnen. Auch hier handelt es sich um ein höchstpersönliches Recht, das nicht der Anfechtung des Insolvenzverwalters unterliegt (HK-InsO/*Kayser* § 83 Rn. 12; MüKo-InsO/*Schumann* § 83 Rn. 18). Dementsprechend gilt der Eintritt der fortgesetzten Gütergemeinschaft als nicht erfolgt. Eingetragene Lebenspartnerschaften können, abweichend vom gesetzlichen Güterstand der Zugewinngemeinschaft, ihre güterrechtlichen Verhältnisse durch Lebenspartnerschaftsvertrag (§ 7 LPartG) abweichend regeln. Für sie gilt dann § 83 Abs. 1 Satz 2 InsO, § 1363 Abs. 2 und die §§ 1364–1390 BGB entsprechend.

19 Lehnt der überlebende Ehegatte die Fortsetzung der Gütergemeinschaft ab, so ist die Gütergemeinschaft nach § 84 InsO auseinanderzusetzen (MüKo-InsO/*Schumann* § 83 Rn. 20; HK-InsO/*Kayser* § 83 Rn. 12). Die Auseinandersetzung vollzieht sich außerhalb des Insolvenzverfahrens nach Maßgabe der Bestimmungen des BGB. Bei ihr vertritt der Insolvenzverwalter die Interessen des Schuldners. Der dem Schuldner gebührende Reinanteil fällt in die Masse (§§ 1484 Abs. 3, 1482 BGB). Der Anteil des verstorbenen Ehegatten fällt an dessen Erben. Ist der überlebende Ehegatte Miterbe, so steht es ihm frei, ob er die Erbschaft annehmen oder ausschlagen will (*Kübler/Prütting/Bork-Lüke* InsO, § 83 Rn. 14; MüKo-InsO/*Schumann* § 83 Rn. 20).

Lehnt der überlebende Ehegatte die Fortsetzung der Gütergemeinschaft nicht binnen der gesetzlichen **Frist** (§ 1944 BGB) ab oder lässt die Frist verstreichen, wird die Gütergemeinschaft fortgesetzt, mit der Folge, dass gem. § 37 Abs. 3, Abs. 1 InsO das Gesamtgut in seine Insolvenzmasse fällt und die Abkömmlinge ihren Anteil am Gesamtgut verlieren.

V. Vorerbschaft

1. Schuldner als Vorerbe

20 Mit der testamentarischen Anordnung einer Vor- und Nacherbschaft verfügt der Erblasser, dass das Vermögen im Erbfall zunächst an einen sog. Vorerben fällt. Gleichzeitig ordnet er an, dass sein Vermögen zu einem von ihm zu definierenden Zeitpunkt von dem Vorerben auf einen zweiten Erben, auch Nacherben genannt, übergehen soll und wer das Vermögen nach dem Vorerben als sog. Nacherbe erhalten soll. Damit werden beide zu Erben des Erblassers (§ 2100 BGB). Der **Vorerbe** wird zwar mit dem Erbfall rechtlicher Vollinhaber des Nachlasses (§ 1922 BGB), die Substanz des Nachlasses soll aber dem **Nacherben** erhalten bleiben (§ 2139 BGB). Darum wird der Nacherbe gem. § 83 Abs. 2 InsO davor geschützt, dass die Erbschaft vom Vorerben zum Nachteil des Nacherben geschmälert wird. Im Ergebnis sollen dem Nacherben die Substanz des Nachlasses und dem Vorerben ähnlich einem Nießbraucher die Nutzungen zustehen. Im Falle einer Insolvenz des Nacherben darf der Insolvenzverwalter nicht über einen Nachlassgegenstand verfügen, wenn die Verfügung bei

Einritt der Nacherbfolge nach § 2115 BGB dem Nacherben gegenüber unwirksam ist (vgl. K. Schmidt/*Sternal* InsO, § 83 Rn. 22; HK-InsO/*Kayser* § 83 Rn. 14).

Dieser Schutz wird auch bei befreiter Vorerbschaft i.S.v. § 2136 BGB (*Uhlenbruck/Mock* InsO § 83 Rn. 37; HK-InsO/*Kayser* § 83 Rn. 15), in § 2115 BGB auf Verfügungen des Insolvenzverwalters ausgedehnt, die das Recht der Nacherben vereiteln oder beeinträchtigen würden. 21

2. Insolvenzmasse und Verfügungen des Insolvenzverwalters

Die zur Erbschaft gehörenden Sachen und Rechte fallen zwar in die Masse, können aber nur so weit 22 für die Masse verwertet werden, als es sich um Nutzungen handelt, die bis zum Eintritt des Nacherbfalls anfallen. Eine Verwertung der Substanz des Vermögens bleibt ihm verwehrt. Mit übergehen auch die Rechte und Pflichten der ordnungsgemäßen Verwaltung der Vorerbschaft. Der Insolvenzverwalter kann also z.B. die Mieten eines Miethauses für Verteilungen verwenden, nicht aber das Miethaus selbst versteigern oder sonst wie veräußern. § 83 Abs. 2 InsO findet keine Anwendung, wenn über das Vermögens des Nachlasses ein Insolvenzverfahren eröffnet wurde (vgl. MüKo-InsO/*Schumann* § 83 Rn. 22; K. Schmidt/*Sternal* InsO, § 83 Rn. 27). Tritt der Fall der Nacherbfolge ein (2139 BGB), geht die Erbschaft auf den Nacherben über. In dem Fall steht dem Nacherben ein Aussonderungsanspruch der Nachlassgegenstände gegenüber dem Insolvenzverwalter zu (§ 47 InsO). Dieses besteht vor Eintritt des Nacherbfalles nicht (HK-InsO/*Kayser* § 83 Rn. 16; K. Schmidt/*Sternal* InsO, § 83 Rn. 26).

3. Gutgläubiger Erwerb vom Insolvenzverwalter

Verfügt der Insolvenzverwalter entgegen des § 83 Abs. 2 InsO über Erbschaftsgegenstände, ist um- 23 stritten ob der Erwerber gutgläubig diese Gegenstände erwerben kann. Nach zutreffender h.M. ist ein gutgläubiger Erwerb möglich, wenn dem Erwerber weder die Vorerbenstellung des Insolvenzschuldners bekannt war oder wegen grober Fahrlässigkeit unbekannt war. § 83 Abs. 2 InsO stellt lediglich ein relatives Veräußerungsverbot i.S.d § 135 Abs. 2 BGB dar, für das die Gutglaubensvorschriften Anwendung finden (K. Schmidt/*Sternal* InsO, § 83 Rn. 25; *Uhlenbruck/Mock* InsO, § 83 Rn. 32 jeweils m.w.N.; a.A. MüKo-InsO/*Schumann* § 83 Rn. 28; HK-InsO/*Kayser* § 83 Rn. 19, § 2115 BGB enthalte keine dem § 2113 Abs. 3 BGB entsprechende Gutglaubensvorschrift, so dass diese Regelung abschließend sei und dem § 135 BGB vorgehe).

§ 84 Auseinandersetzung einer Gesellschaft oder Gemeinschaft

(1) ¹Besteht zwischen dem Schuldner und Dritten eine Gemeinschaft nach Bruchteilen, eine andere Gemeinschaft oder eine Gesellschaft ohne Rechtspersönlichkeit, so erfolgt die Teilung oder sonstige Auseinandersetzung außerhalb des Insolvenzverfahrens. ²Aus dem dabei ermittelten Anteil des Schuldners kann für Ansprüche aus dem Rechtsverhältnis abgesonderte Befriedigung verlangt werden.

(2) ¹Eine Vereinbarung, durch die bei einer Gemeinschaft nach Bruchteilen das Recht, die Aufhebung der Gemeinschaft zu verlangen, für immer oder auf Zeit ausgeschlossen oder eine Kündigungsfrist bestimmt worden ist, hat im Verfahren keine Wirkung. ²Gleiches gilt für eine Anordnung dieses Inhalts, die ein Erblasser für die Gemeinschaft seiner Erben getroffen hat, und für eine entsprechende Vereinbarung der Miterben.

Übersicht	Rdn.		Rdn.
A. Inhalt und Zweck der Regelung	1	V. Wohnungseigentümergemeinschaft	16
B. Anwendungsfälle	4	VI. Anteile an Personengesellschaften	17
I. Allgemeines	4	1. BGB-Gesellschaft	18
II. Bruchteilsgemeinschaft	10	2. Personenhandelsgesellschaften OHG	
III. Erbengemeinschaft	14	und KG (§§ 105 ff., 161 ff. HGB)	21
IV. Eheliche Gütergemeinschaft	15	3. Stille Gesellschaft	24

	Rdn.		Rdn.
4. Partnerschaftsgesellschaft (§§ 1 ff. PartGG) und Europäische Wirtschaftliche Interessenvereinigung (EWIVG)	26	C. Absonderungsrecht § 84 Abs. 1 Satz 2 InsO	28
		D. Vertragliche Beschränkung der Auseinandersetzung	31

A. Inhalt und Zweck der Regelung

1 Vom Insolvenzverfahren wird nur das Vermögen des Schuldners einschließlich seines Neuerwerbs erfasst (§ 35 InsO). Ist der Schuldner an einer Gesellschaft oder Gemeinschaft beteiligt, fällt zunächst nur sein ideeller Anteil daran bzw. sein Abfindungsanspruch in die Insolvenzmasse, nicht jedoch die Gesellschaft selbst oder Vermögensgegenstände dieser Gesellschaften (vgl. *BGH* BGHZ 170, 214). Die Vorschrift des § 84 InsO hat insoweit nur eine klarstellende Funktion und regelt wie der jeweilige Anteil des Schuldners für seine Insolvenzgläubiger zu verwerten ist. Der Gesetzgeber hat der innergesellschaftlichen Abrechnung insofern den Vorrang eingeräumt (vgl. *BGH* BGHZ 170, 214). Die Verwertung erfolgt außerhalb des Insolvenzverfahrens nach den allgemeinen gesellschaftsrechtlichen oder gemeinschaftsrechtlichen Regeln, weil nur die Beteiligung des insolventen Gesellschafters und nicht die Gesellschaft selbst zur Insolvenzmasse gehört. Die vorrangige Gesamtabrechnung aller gegenseitigen Ansprüche im Wege der Saldierung (vgl. § 84 Abs. 1 Satz 1 InsO) ist nach heutiger Rechtslage für die in Betracht kommenden Gemeinschaftsverhältnisse und Gesellschaften durch die dafür geltenden Regelungen des materiellen Rechts gewährleistet. Dies gilt gemäß §§ 728, 734, 738 BGB auch für die BGB-Gesellschaft (*BGH* BGHZ 170, 214; vgl. MüKo-InsO/*Bergmann/Gehrlein* § 84 Rn. 8, 23).

§ 84 InsO greift unabhängig davon ein, ob das Gemeinschaftsverhältnis kraft Gesetzes, durch Vertrag, durch Kündigung oder durch Ablösungsklage beendet wurde (*Uhlenbruck/Hirte* InsO, § 84 Rn. 2).

2 In § 84 Abs. 1 Satz 2 InsO wird den verbleibenden Gesellschaftern hinsichtlich möglicher eigener Ansprüche ein Absonderungsrecht dahingehend eingeräumt, dass sie wegen dieser Ansprüche aus einem Abfindungsanspruch vorrangig zu befriedigen sind und nicht auf eine bloße Insolvenzforderung beim Schuldner verwiesen werden. § 84 Abs. 2 Satz 1 InsO entspricht einem im Zwangsvollstreckungsrecht allgemein geltendem Grundsatz, nach dem Vereinbarungen, die Auseinandersetzungsausschlüsse oder Auseinandersetzungsbeschränkungen enthalten, im Insolvenzverfahren keine Wirkung entfalten.

3 § 84 Abs. 2 Satz 2 InsO stellt klar, dass nicht nur aufhebungsbeschränkende Anordnungen des Erblassers im Insolvenzverfahren unbeachtlich sind, sondern auch solche Vereinbarungen der Miterben.

B. Anwendungsfälle

I. Allgemeines

4 § 84 Abs. 1 InsO gilt für **Bruchteilsgemeinschaften** und für **Gesellschaften ohne Rechtspersönlichkeit** (GbR, Erbengemeinschaft, OHG, KG, Stille Gesellschaft, Partnerschaftsgesellschaft, EWIV). Die Vorschrift ist auch bei Anordnung der Eigenverwaltung und im Verbraucherinsolvenzverfahren anwendbar.

5 Keine Anwendung findet die Vorschrift auf **juristische Personen** und deren Gesellschafter. Ein Insolvenzverfahren über das Vermögen einer juristischen Person oder eines ihrer Gesellschafter führt weder zur Auflösung der Gesellschaft noch hat es eine Auseinandersetzung zur Folge. Das die Mitgliedschaft verkörpernde Anteilsrecht fällt mit allen sich aus ihm ergebenden Rechten und Pflichten in die Insolvenzmasse und kann von dem Insolvenzverwalter nach dem jeweils für den Anteil geltenden Recht verwertet werden. An für freiwillige Veräußerungen eines Geschäftsanteils bestehende **satzungsmäßige Beschränkungen** ist der Verwalter nicht gebunden (*RG* RGZ 142, 373 [376] m.w.N.;

BGH BGHZ 65, 22; BGHZ 144, 365; K. Schmidt/*Sternal* InsO, § 84 Rn. 3; MüKo-InsO/*Bergmann/Gehrlein* § 84 Rn. 19).

Bei einem **nichtrechtsfähigen Verein** findet § 84 InsO ebenfalls keine Anwendung, da ein Insolvenzverfahren über das Vermögen eines Mitglieds nicht zur Auflösung des Vereines führt (§ 728 BGB i.V.m. § 54 Satz 1 BGB). Außerdem hat das ausscheidende Vereinsmitglied anders als der ausscheidende Gesellschafter einer GbR (§ 730 Abs. 1 BGB) keinen Auseinandersetzungsanspruch, da das Vereinsvermögen dem Vereinszweck dauernd erhalten bleiben soll (MüKo-InsO/*Bergmann/Gehrlein* § 84 Rn. 19; K. Schmidt/*Sternal* InsO, § 84 Rn. 2).

Beim **rechtsfähigen Verein** kommt eine Übertragung des Mitgliedschaftsrechts nicht in Betracht (§ 38 Satz 1 BGB); der Insolvenzverwalter kann von dem Verein auch nicht die Auszahlung des Werts der mitgliedschaftsrechtlichen Beteiligung verlangen (was bei Vereinen mit großem Vermögen sinnvoll sein könnte!).

Bei **Kapitalanlagegesellschaften** ist nach § 38 Abs. 5 InvG die Aufhebung der in Ansehung des Sondervermögens bestehenden Gemeinschaft der Anleger auch im Insolvenzverfahren über das Vermögen eines Anlegers ausgeschlossen, so dass auch hier eine Anwendung von § 84 InsO ausscheidet. Der Insolvenzverwalter kann verlangen, dass ihm gegen Rückgabe des Anteils der Anteil an dem Sondervermögen aus diesem ausgezahlt wird (§ 37 Abs. 1 Satz 1 InvG).

Eine Ausnahme gilt im Falle einer KGaA. Soweit der persönlich haftende Gesellschafter betroffen ist, sind die Vorschriften des HGB über die KG maßgeblich (*Kübler/Prütting/Bork-Lüke* InsO, § 84 Rn. 11). Der persönlich haftende Gesellschafter scheidet aus der KGaA aus, wenn über sein Vermögen ein Insolvenzverfahren eröffnet wurde (MüKo-InsO/*Bergmann/Gehrlein* § 84 Rn. 19). Aktien und GmbH-Anteile fallen in die Insolvenzmasse (MüKo-InsO/*Bergmann/Gehrlein* § 84 Rn. 19) und sind vom Insolvenzverwalter zu verwerten, etwa durch freihändigen Verkauf (u.U. an andere Personen aus dem bisherigen Gesellschafterkreis).

II. Bruchteilsgemeinschaft

Bruchteilsgemeinschaften (§§ 741 ff., 1008 ff. BGB) bestehen vor allem an beweglichen oder unbeweglichen Sachen, die auf Grund vertraglicher Vereinbarung (dazu *Kübler/Prütting/Bork-Lüke* InsO, § 84 Rn. 18) oder kraft Gesetzes (z.B. §§ 947 Abs. 1, 963, 984 BGB) im Miteigentum mehrerer Personen stehen. Der dem Schuldner zustehende Anteil an einer solchen Gemeinschaft wird durch Aufhebung der Gemeinschaft (§§ 749 BGB) begründet. Er ist außerhalb des Insolvenzverfahren vom Insolvenzverwalter durchzusetzen, in dem dieser die Teilung der Gemeinschaft (§§ 752 ff. BGB) verlangt. Ist die Aufhebung der Gemeinschaft vertraglich nach § 749 Abs. 2 BGB ausgeschlossen (zu vertraglichen Beschränkungen s. Rdn. 31), kann gleichwohl im Insolvenzverfahren die Aufhebung verlangt werden, da ein Insolvenzverfahren einen wichtigen Grund i.S. dieser Vorschrift darstellt (MüKo-InsO/*Bergmann/Gehrlein* § 84 Rn. 3; HK-InsO/*Kayser* § 84 Rn. 6, 23).

Ist z.B. der Schuldner zusammen mit einem nicht vom Insolvenzverfahren Betroffenen **Miteigentümer** zur Hälfte an einem Hausgrundstück, so fällt der Miteigentumsanteil des Schuldners in die Masse; der Insolvenzverwalter kann den Anteil veräußern, er kann aber auch Aufhebung der Gemeinschaft und Verkauf des Grundstücks verlangen (§ 753 BGB). Er kann nach § 165 InsO die Zwangsversteigerung betreiben. Nach § 172 ZVG kann er aus eigenem Recht die Zwangsversteigerung des Miteigentumsanteils beantragen, jedoch nicht die Zwangsversteigerung des gesamten Grundstücks nach §§ 172 ff. ZVG (*BGH* ZIP 2012, 1426; vgl. K. Schmidt/*Sinz* InsO, § 165 Rn. 22; jeweils m.w.N.). Ebenso kann der Insolvenzverwalter in Ausübung des dem Schuldner zustehenden Anspruchs auf Aufhebung der Gemeinschaft nach § 749 Abs. 1 BGB gem. § 753 Abs. 1 BGB i.V.m. §§ 180, 181 ZVG die Teilungsversteigerung durchführen lassen (*BGH* ZIP 2012, 1426; vgl. MüKo-InsO/*Tetzlaff* § 165 Rn. 287; *Uhlenbruck/Brinkmann* InsO, § 165 Rn. 3 jeweils m.w.N.).

12 Eine nach § 84 InsO auseinanderzusetzende Bruchteilsgemeinschaft besteht auch in dem Fall, dass der Insolvenzschuldner zusammen mit anderen Personen bei einem Kreditinstitut ein **Gemeinschaftskonto** unterhält (*Obermüller* Insolvenzrecht in der Bankpraxis, Rn. 2.124). In Ausnahmefällen kann auch ein Gesamthandsverhältnis vereinbart sein (HK-InsO/*Kayser* § 84 Rn. 7; K. Schmidt/*Sternal* § 84 Rn. 6). Ein Insolvenzverfahren über das Vermögen eines der Kontoinhaber beendet nicht das bestehende Kontokorrentverhältnis und zwar sowohl im Falle eines Und-Kontos (vgl. HK-InsO/*Kayser* § 84 Rn. 7; *Kübler/Prütting/Bork-Lüke* InsO, § 84 Rn. 21) als auch im Falle eines Oder-Kontos (BGHZ 95, 185; vgl. *Uhlenbruck/Hirte* InsO, § 84 Rn. 4). Die Auseinandersetzung der Kontoinhaber findet außerhalb des Insolvenzverfahrens gem. § 84 Abs. 1 InsO statt.

13 Bei einem **Oder-Konto** geht die Verfügungsbefugnis des insolventen Kontoinhabers auf den Insolvenzverwalter über. Die Kontoinhaber sind Gesamtgläubiger und gemäß § 428 BGB berechtigt, jeder für sich die gesamte Leistung von der Bank zu fordern, während diese die Leistung nur einmal bewirken muss, so dass jeder einzelne Kontoinhaber hinsichtlich der ganzen Leistung selbständig forderungsberechtigt und sein Forderungsrecht vom Recht des anderen Gläubigers unabhängig ist (*BGH* BGHZ 95, 185; BGHZ 29, 364). Damit kann auch neben dem Insolvenzverwalter der nicht insolvente Kontoinhaber Guthaben von dem Konto abrufen. Wird das Konto debitorisch geführt, verbleibt den Inhabern eines **Gemeinschaftskontos** der Anspruch auf Gutschrift von Beträgen, die auf das Girokonto eingezahlt werden. Dieses Recht steht jedem Kontoinhaber selbständig und unabhängig von demjenigen des Mitinhabers zu (*BGH* BGHZ 95, 185). Beim Oder-Konto kann der Insolvenzverwalter wie auch der nicht insolvente Kontoinhaber die Einzelverfügungsbefugnis widerrufen, wenn der von dem Kontoinhaber mit dem Kreditinstitut geschlossene Vertrag wie häufig ein Widerrufsrecht vorsieht (HK-InsO/*Kayser* § 84 Rn. 9; *Obermüller* Insolvenzrecht in der Bankpraxis, Rn. 2.130). Ist das Konto als **Und-Konto** eingerichtet, können nur der Insolvenzverwalter und der weitere Kontoinhaber gemeinschaftlich verfügen (K. Schmidt/*Sternal* § 84 Rn. 6).

III. Erbengemeinschaft

14 Auf Erbengemeinschaften (§§ 2032 ff. BGB) ist § 84 InsO anwendbar (*Uhlenbruck/Hirte* InsO, § 84 Rn. 10), wie sich schlüssig aus § 84 Abs. 2 Satz 2 InsO ergibt. Zwischen den Miterben besteht eine Gesamthandsgemeinschaft. Die Erbengemeinschaft ist nach den Vorschriften der §§ 2042 ff. BGB auseinanderzusetzen. Auseinandersetzungsbeschränkungen **binden** den Insolvenzverwalter **nicht**, falls sie durch Vereinbarungen der Miterben oder durch letztwillige Verfügung des Erblassers zustande gekommen sind (*Uhlenbruck/Hirte* InsO, § 84 Rn. 27).

IV. Eheliche Gütergemeinschaft

15 Wird das **Gesamtgut** einer Gütergemeinschaft **von einem Ehegatten allein** verwaltet und über das Vermögen dieses Ehegatten das Insolvenzverfahren eröffnet, so gehört neben dem Sondergut und dem Vorbehaltsgut des Schuldners das Gesamtgut zur Insolvenzmasse (§ 37 Abs. 1 Satz 1 InsO; s. die dortige Kommentierung); für die fortgesetzte Gütergemeinschaft gilt dasselbe, nur dass an die Stelle des Ehegatten, der das Gesamtgut verwaltet, der überlebende Ehegatte und an die Stelle des anderen Ehegatten die Abkömmlinge treten (§ 37 Abs. 3 InsO). Da die Gütergemeinschaft durch die Eröffnung des Insolvenzverfahrens nicht aufgelöst wird (vgl. HK-InsO/*Kayser* § 84 Rn. 19) und die Anteile an der ehelichen Gütergemeinschaft auch nicht pfändbar sind (§ 860 Abs. 1 Satz 1 ZPO), ist § 84 InsO auf die eheliche Gütergemeinschaft nur anwendbar, wenn sie bereits vor Eröffnung des Insolvenzverfahrens beendet und nur die Auseinandersetzung noch nicht vorgenommen wurde (*Uhlenbruck/Hirte* InsO, § 84 Rn. 11; K. Schmidt/*Sternal* InsO, § 84 Rn. 9). Die Auseinandersetzung richtet sich nach §§ 1471 ff., 1487 ff. BGB (K. Schmidt/*Sternal* InsO, § 84 Rn. 9).

V. Wohnungseigentümergemeinschaft

16 Durch ausdrückliche Regelung (§ 11 Abs. 2 WEG) ist die Anwendbarkeit von § 84 InsO bei Wohnungseigentum ausgeschlossen. Die Wohnungseigentümergemeinschaft ist auch für den Insolvenz-

verwalter nicht einseitig aufhebbar; ihm bleibt allenfalls die Möglichkeit der Verwertung durch Verkauf des Wohnungseigentumsrechts (MüKo-InsO/*Bergmann/Gehrlein* § 84 Rn. 7).

VI. Anteile an Personengesellschaften

Anteile des Schuldners an einer Gesellschaft des bürgerlichen Rechts, einer OHG oder einer KG sind pfändbar und gehören deshalb zur Insolvenzmasse (§§ 859 Abs. 1 ZPO, 725 BGB, 135, 161 Abs. 2 HGB). 17

1. BGB-Gesellschaft

Ist über das Vermögen sämtlicher Gesellschafter einer **bürgerlich-rechtlichen Gesellschaft** das Insolvenzverfahren eröffnet worden, so erfasst der Insolvenzbeschlag aller Gesellschaftsanteile nicht das gesamte Gesellschaftsvermögen; die etwa von *BGH* BGHZ 23, 307 vertretene Gegenmeinung ist durch § 11 Abs. 2 Nr. 1 InsO überholt (so auch MüKo-InsO/*Bergmann/Gehrlein* § 84 Rn. 9), da der von der Rspr. rechtspolitisch befürwortete Insolvenzbeschlag des Gesellschaftsvermögens jetzt durch Eröffnung eines Insolvenzverfahrens über das Vermögen der GbR herbeigeführt werden kann. 18

Wird dagegen das Insolvenzverfahren über das Vermögen eines der BGB-Gesellschafter eröffnet, wird die Gesellschaft nach § 728 Abs. 2 Satz 1 BGB grds. aufgelöst. Mangels besonderer Vereinbarung findet die **Auseinandersetzung** einer GbR außerhalb des Insolvenzverfahrens nach den §§ 730 ff. BGB statt. Der danach verbleibende Rest des Gesellschaftsvermögens wird unter den Gesellschaftern nach dem Verhältnis ihrer Gewinnanteile verteilt; der auf den Schuldner entfallende Verteilungsbetrag ist an den Insolvenzverwalter abzuführen. Teilbare Gegenstände werden in natura geteilt, andere in Geld umgesetzt und dieses verteilt (§ 734 BGB). Reicht das Gesellschaftsvermögen zur Tilgung der Schulden und zur Rückerstattung der Einlagen nicht aus, so haben die Gesellschafter für den Fehlbetrag nach Maßgabe ihrer Verlustanteile aufzukommen. Ist ein Gesellschafter zahlungsunfähig, so haben die übrigen Gesellschafter den Ausfall nach dem gleichen Maßstab zu tragen (§ 735 BGB). 19

Enthält der Gesellschaftsvertrag der BGB-Gesellschaft dagegen für den Fall der Insolvenz eines der Gesellschafter eine Fortsetzungsvereinbarung, scheidet der insolvente Gesellschafter mit der Insolvenzeröffnung aus der Gesellschaft aus und wird die Gesellschaft mit den verbleibenden Gesellschaftern fortgesetzt (*BGH* BGHZ 170, 206). Die auf seinen Gesellschaftsanteil entfallende Vermögensbeteiligung (§§ 859 Abs. 1 ZPO, 725 BGB) fällt in die Insolvenzmasse. 20

2. Personenhandelsgesellschaften OHG und KG (§§ 105 ff., 161 ff. HGB)

Durch die Eröffnung des Insolvenzverfahrens über das Vermögen eines Gesellschafters einer **Offenen Handelsgesellschaft** und einer **Kommanditgesellschaft** scheidet der Gesellschafter kraft Gesetzes aus der Gesellschaft aus (§ 131 Abs. 3 Nr. 2 HGB), sofern im Gesellschaftsvertrag nichts anderes bestimmt ist. Das auf den insolventen Gesellschafter entfallende Auseinandersetzungsguthaben (§ 738 BGB) seines Geschäftsanteils fällt in seine Insolvenzmasse (*BGH* BGHZ 170, 210). Sieht der Gesellschaftsvertrag dagegen die Auflösung der Gesellschaft für den Fall der Insolvenz eines der beteiligten Gesellschafter vor, erfolgt die Liquidation der Gesellschaft (§§ 145 ff. HGB). Bei der OHG ist das Liquidationsverfahren etwas abweichend vom bürgerlichen Recht geregelt. Das Gesetz trägt den Besonderheiten einer Gesellschaft Rechnung, die notwendig ein vollkaufmännisches Gewerbe betreibt. Das zeigt sich vor allem darin, dass die Abwicklung von besonderen Liquidatoren durchzuführen ist (dazu §§ 146 ff. HGB). An die Stelle des insolventen Gesellschafters tritt sein Insolvenzverwalter (§ 146 Abs. 3 HGB). Die Liquidation kann unterbleiben, wenn der Insolvenzverwalter zustimmt (§ 145 Abs. 2 Satz 1 HGB). Dieses gilt auch für den Fall der Eigenverwaltung. Die Entscheidung trifft dann der Schuldner (§ 145 Abs. 2 HS 2 HGB). 21

Die Aufgaben der Liquidatoren richten sich nach dem Ziel der Liquidation. Das Gesellschaftsvermögen soll aus der Gesamthandsbindung gelöst und auf die einzelnen Gesellschafter überführt werden. Zu diesem Zweck haben die Liquidatoren die laufenden Geschäfte zu beenden, die Forderun- 22 gen einzuziehen, das übrige Vermögen in Geld umzusetzen und die Gläubiger zu befriedigen, soweit das Gesellschaftsvermögen dazu ausreicht (§ 149 HGB). Ist Letzteres nicht der Fall, so können die Liquidatoren von den Gesellschaftern keine Nachschüsse verlangen, sondern müssen es den Gläubigern überlassen, die einzelnen Gesellschafter in Anspruch zu nehmen. Das verbleibende Nettovermögen ist sodann auf Grund einer Schlussbilanz an die Gesellschafter zu verteilen (§ 155 HGB), im Falle eines insolventen Gesellschafters an den Insolvenzverwalter.

23 Die Verteilung richtet sich nach den Kapitalanteilen. Ergeben sich in der Schlussbilanz für einzelne Gesellschafter negative Kapitalanteile, so sind sie den anderen in diesem Verhältnis zum Ausgleich verpflichtet. Dieser Ausgleich ist nicht mehr Sache der Liquidatoren, sondern bleibt den Gesellschaftern überlassen.

3. Stille Gesellschaft

24 Bei der **stillen Gesellschaft** handelt es sich um eine reine Innengesellschaft. Die Einlage des stillen Gesellschafters geht in das Vermögen des Geschäftsinhabers über (§ 230 Abs. 1 HGB). Ein Gesellschaftsvermögen, auf das sich § 84 InsO beziehen könnte, wird insofern gar nicht erst gebildet, so dass es sich von selbst versteht, dass bei einer Insolvenz des Geschäftsinhabers oder des stillen Gesellschafters das Geschäftsvermögen nicht berührt wird (MüKo-InsO/*Bergmann/Gehrlein* § 84 Rn. 12). Trotzdem ist es strittig, ob § 84 InsO Anwendung findet (HK-InsO/*Kayser* § 84 Rn. 16; K. Schmidt/*Sternal* InsO, § 84 Rn. 14; MüKo-InsO/*Bergmann/Gehrlein* § 84 Rn. 13 m.w.N.). Da sich die Rechtsfolgen unmittelbar aus dem Gesetz (§ 728 BGB) ergeben, hat dieser Streit jedoch keine praktischen Auswirkungen.

25 Obwohl es sich bei der **stillen Gesellschaft** um keine Außengesellschaft handelt, wird auch sie aufgelöst, falls entweder über das Vermögen des tätigen Gesellschafters (des Geschäftsinhabers) oder über das Vermögen des Stillen ein Insolvenzverfahren eröffnet wird (HK-InsO/*Kayser* § 84 Rn. 16; MüKo-InsO/*Bergmann/Gehrlein* § 84 Rn. 12 m.w.N.). Danach findet die Auseinandersetzung nach § 235 Abs. 1 HGB statt. Ist das Insolvenzverfahren über das Vermögen des tätigen Gesellschafters eröffnet worden, so ist der Stille in diesem Verfahren wie ein ganz gewöhnlicher Darlehensgeber einfacher Insolvenzgläubiger (§ 238 Abs. 1 HGB). Wird bei einer stillen Gesellschaft das Insolvenzverfahren über das Vermögen des tätigen Gesellschafters eröffnet, braucht der stille Gesellschafter seine Forderung nicht zur Tabelle anzumelden, um eine Abrechnung des Insolvenzverwalters herbeizuführen. Vielmehr kann er unmittelbar vom Insolvenzverwalter die Berechnung des Auseinandersetzungsguthabens verlangen oder aber die Berechnung seines Anteils am Verlust. Eine daraus entstehende Forderung muss der stille Gesellschafter dann zur Insolvenztabelle anmelden. Gerät der stille Gesellschafter in die Insolvenz, kann dessen Insolvenzverwalter die aus der Abrechnung entstehende Forderung direkt zur Masse ziehen (HK-InsO/*Kayser* § 84 Rn. 16; K. Schmidt/*Sternal* InsO, § 84 Rn. 14; MüKo-InsO/*Bergmann/Gehrlein* § 84 Rn. 12 m.w.N.).

4. Partnerschaftsgesellschaft (§§ 1 ff. PartGG) und Europäische Wirtschaftliche Interessenvereinigung (EWIVG)

26 Die **Partnerschaftsgesellschaft** ist nach § 1 Abs. 1 PartGG eine Gesellschaft, in der sich Angehörige Freier Berufe zur Ausübung ihrer Berufe zusammenschließen. Sie übt kein Handelsgewerbe aus. Angehörige einer Partnerschaft können nur natürliche Personen sein. Auf die Partnerschaft finden, soweit das PartGG nichts anderes bestimmt, die Vorschriften über die BGB-Gesellschaft Anwendung (§ 1 Abs. 4 PartGG). Sie ist insolvenzfähig (§ 11 Abs. 2 Nr. 1 InsO). Wird über das Vermögen eines der Gesellschafter ein Insolvenzverfahren eröffnet, finden die Vorschriften für die OHG Anwendung (§§ 9 Abs. 1, 10 Abs. 1 PartG, 131 ff. HGB). Der Partner scheidet i.d.R. aus der Partnerschaft aus (§§ 9 Abs. 1 PartG, 131 Abs. 3 Nr. 2 HGB). Das auf den insolventen Gesellschafter entfallende Auseinandersetzungsguthaben (§ 738 BGB) seines Geschäftsanteils fällt in seine Insolvenzmasse (ausführlich zur OHG s. Rdn. 21).

§ 155 InsO Handels- und steuerrechtliche Rechnungslegung

ist. Die Ursache hierfür liegt in einer Unabgestimmtheit von Steuer- und Insolvenzrecht. Insolvenzrechtlich wird das Gesamthandsvermögen der Personengesellschaft, obwohl es weiterhin der Gesamtheit der Gesellschafter zuzurechnen ist, im Ergebnis wie eine mit Rechtssubjektivität ausgestattete Vermögensmasse behandelt. Einkommensteuerrechtlich bleibt es jedoch bei der Zurechnung bei den Gesellschaftern (vgl. *Frotscher* Besteuerung bei Insolvenz, S. 132 ff.).

1222 Probleme ergeben sich insbesondere dann, wenn über das Vermögen eines Gesellschafters das Insolvenzverfahren eröffnet wird und die Personengesellschaft nach diesem Zeitpunkt Gewinne erzielt. Die auf diese Gewinne vom Gesellschafter zu zahlende Einkommensteuer kann nicht als Insolvenzforderung angesehen werden, da sie im Zeitpunkt der Insolvenzeröffnung noch nicht i.S.d. § 38 InsO begründet war. Die Annahme einer Masseverbindlichkeit nach § 55 Abs. 1 Nr. 1 InsO scheitert daran, dass die Gewinne nicht auf Handlungen des Insolvenzverwalters im Insolvenzverfahren über das Gesellschaftsvermögen beruhen. Dennoch spricht für die Annahme einer Masseverbindlichkeit der Umstand, dass die Beteiligung des Gesellschafters an der Personengesellschaft zum Verwaltungs- und Verfügungsbereich des Gesellschafters gehört hat. Damit erscheint es gerechtfertigt, die Einkommensteuer auf Gewinne der Personengesellschaft als im Verwaltungs- und Verfügungsbereich des Insolvenzverwalters im Insolvenzverfahren über das Vermögen des Gesellschafters als angefallen anzusehen mit der Folge, dass die darauf entfallende Einkommensteuer eine Masseverbindlichkeit i.S.d. § 55 Abs. 1 Nr. 1 InsO ist (vgl. *Frotscher* Besteuerung bei Insolvenz, S. 133).

1223 Masseverbindlichkeiten sind die ESt-Schulden, die sich aus echten Gewinnen einer Mitunternehmerschaft ergeben. Zu den Masseverbindlichkeiten gehören auch die ESt-Schulden, die sich daraus ergeben, dass bei Beteiligung an einer Mitunternehmerschaft die Auflösung einer Rückstellung auf der Ebene der Gesellschaft (Mitunternehmerschaft) ein Gewinn entsteht, selbst wenn es sich dabei um keinen Gewinn handelt, der zu einer Vermögensmehrung führt.

1224 Nach der Rechtsprechung des *BFH* (BStBl. II 2011, 429) gehört die Beteiligung an einer Personengesellschaft zur Insolvenzmasse des Gesellschafters. Daher treffen die Insolvenzmasse auch die mit der Beteiligung zusammenhängenden Lasten.

1225 Ist nicht über das Vermögen eines Gesellschafters, sondern über das Vermögen der Personengesellschaft das Insolvenzverfahren eröffnet worden, so kann die auf die Gewinne entfallende und dem Gesellschafter zuzurechnende Einkommensteuer nicht Masseverbindlichkeit nach § 55 Abs. 1 Nr. 1 InsO im Insolvenzverfahren der Personengesellschaft sein. Dieses Problem lässt sich nur insoweit unter Anwendung von steuerlichen Gesichtspunkten lösen, als man die Frage stellt, ob hierdurch beim Gesellschafter eine Erhöhung der Leistungsfähigkeit eingetreten und insoweit eine Besteuerung bei ihm gerechtfertigt ist (vgl. *Frotscher* Besteuerung bei Insolvenz, S. 138). Dies gilt vor allem dann, wenn der Gesellschafter für die Verbindlichkeit der in Insolvenz gefallenen Personengesellschaft unbeschränkt persönlich haftet. Soweit nämlich durch Gewinne der Personengesellschaft deren Schulden, für die der Gesellschafter persönlich haftet, vermindert werden, ist er insoweit durch die Verminderung der ihn persönlich betreffenden Verpflichtungen bereichert. Das Gleiche gilt, wenn der Gesellschafter zwar nicht persönlich Haftender ist, seine Hafteinlage nicht voll eingezahlt hat und insoweit durch die Gewinne der Personengesellschaft von seiner Haftung freigestellt wird. Ist die Leistungsfähigkeit des Gesellschafters durch die von der Personengesellschaft erzielten Gewinne dagegen nicht erhöht, so erscheint es unbillig beim Gesellschafter die von der insolventen Personengesellschaft erzielten Gewinne zu besteuern (vgl. *Frotscher* Besteuerung bei Insolvenz, S. 140).

1226 Die gleiche Differenzierung ist zu machen, wenn sowohl über das Gesamtvermögen der Personengesellschaft als auch über das Vermögen eines Gesellschafters das Insolvenzverfahren eröffnet worden ist. Ist danach die Einkommensteuer im Insolvenzverfahren über das Vermögen des Gesellschafters geltend zu machen, so stellt sie, da sie nach Eröffnung des Insolvenzverfahrens begründet worden ist, eine Masseverbindlichkeit i.S.d. § 55 Abs. 1 Nr. 1 InsO dar. Haftet der Gesellschafter dagegen nicht persönlich und hat er seine Hafteinlage erbracht, so hat die auf den Gesellschafter dennoch entfallende Einkommensteuer keine sachliche Beziehung zum Insolvenzverfahren, sondern ist

Der *BFH* hat in einem Fall einen Zeitraum von 6 Monaten (*BFH* BStBl. II 1970, S. 719) als unschädlich angesehen und in einem anderen Fall 14 Monate noch als kurzen Zeitraum beurteilt (*BFH* BStBl. III 1967, S. 70). 1210

Schädlich ist dagegen eine allmähliche Abwicklung, die sich über mehrere Jahre hinzieht (*BFH* BStBl. II 1977, S. 66; *FG Niedersachsen* EFG 1993, 159). 1211

Da die Betriebsaufgabe ein tatsächlicher Vorgang ist, bedarf es keiner zusätzlichen Aufgabeerklärung gegenüber dem Finanzamt (*BFH* BStBl. II 1983, S. 412; BStBl. II 1985, S. 456). 1212

Auch die Abwicklung eines Insolvenzverfahrens stellt nur dann eine begünstigte Betriebsaufgabe dar, wenn die wesentlichen Betriebsgrundlagen innerhalb kurzer Zeit und damit in einem einheitlichen Vorgang veräußert werden. Soweit diese Voraussetzungen erfüllt sind, jedoch noch weitere Wirtschaftsgüter, z.B. des gewillkürten Betriebsvermögens noch nicht veräußert sind, müssen diese mit dem gemeinen Wert entnommen werden. 1213

Bei der Insolvenz einer Kommanditgesellschaft führt der Wegfall des negativen Kapitalkontos zu einem tarifbegünstigten Aufgabegewinn (verrechenbare Gewinne nach § 15a EStG sind zu beachten). Voraussetzung ist, dass im Zeitpunkt der Aufstellung der Bilanz ein Antrag auf Eröffnung des Insolvenzverfahrens abgelehnt worden ist oder ein Antrag auf Eröffnung des Insolvenzverfahrens bereits gestellt worden oder das Insolvenzverfahren eröffnet worden ist. 1214

Während in Fällen, in denen der Antrag auf Eröffnung des Insolvenzverfahrens abgelehnt worden ist, ein Ausgleich des negativen Kapitalkontos mit künftigen Gewinnanteilen eindeutig nicht mehr in Betracht kommt, gilt dies ohne weiteres nicht in den Fällen, in denen ein Antrag auf Eröffnung des Insolvenzverfahrens gestellt bzw. das Insolvenzverfahren bereits eröffnet worden ist. Eine sofortige Besteuerung des negativen Kapitalkontos als laufender Gewinn kommt in derartigen Fällen dann nicht in Betracht, wenn die Kommanditgesellschaft trotz der Eröffnung des Insolvenzverfahrens noch erhebliches Vermögen, z.B. unbewegliches Anlagevermögen mit nennenswerten stillen Reserven oder einen Geschäftswert hat, wenn also zu erwarten ist, dass im Rahmen der Durchführung des Insolvenzverfahrens noch Gewinne anfallen. 1215

Die auf der Auflösung der stillen Reserven im Rahmen des Aufgabegewinnes beruhende Steuer ist den sonstigen Masseverbindlichkeiten i.S.d. § 55 InsO zuzurechnen (für den Konkurs: *BFH* BStBl. III 1964, S. 70; BStBl. II 1984, S. 602; ZInsO 2010, 1553; vgl. Rdn. 704 ff.). 1216

4. Insolvenzrechtliche Probleme der Personengesellschaften

Ein Insolvenzverfahren kann über das Vermögen einer OHG und KG und anders als im Konkurs auch über das Vermögen einer GbR eröffnet werden, nicht jedoch über das Vermögen einer stillen Gesellschaft, bei der es nur ein Insolvenzverfahren über das Vermögen des stillen Gesellschafters gibt. 1217

Bei den Personengesellschaften ist zwischen dem Vermögen der Gesellschaft, dem Gesamthandsvermögen und den Forderungen auf rückständige Einlagen, sowie dem Vermögen der Gesellschafter einschließlich des steuerlichen Sonderbetriebsvermögens zu unterscheiden. 1218

Die Eröffnung des Insolvenzverfahrens über das Gesamthandsvermögen einer Personengesellschaft kann auch ein Insolvenzverfahren über das Vermögen der Gesellschafter nach sich ziehen. Dabei handelt es sich jeweils um selbstständige und unabhängige Insolvenzverfahren. 1219

Einkommensteuerrechtlich werden die Einkünfte den Gesellschaftern zugerechnet, da die Personengesellschaft für die Einkommensteuer kein Steuersubjekt ist. Die unterschiedliche Behandlung der Personengesellschaft im Steuer- und im Insolvenzrecht führt im Einzelfall zu unbefriedigenden Ergebnissen. 1220

Erzielt die Personengesellschaft, z.B. bei der Veräußerung von Gesellschaftsvermögen, Gewinne, so führen diese zu einer einkommensteuerfreien (nicht gewerbesteuerfreien) Vermögensmehrung der Insolvenzmasse, weil die darauf entfallende Einkommensteuer von den Gesellschaftern zu tragen 1221

1201 Bei der Veräußerung einzelner zur Masse gehörender Wirtschaftsgüter ist Veräußerungsgewinn der Betrag, um den der erzielte Erlös den (möglicherweise durch die regelmäßige AfA oder durch Sonderabschreibungen geminderten) Buchwert übersteigt.

1202 Die Veräußerung eines Betriebes im Rahmen des Insolvenzverfahrens stellt den letzten Akt der betrieblichen Tätigkeit dar. Wird hierbei vom Insolvenzverwalter ein Preis erzielt, der über dem Buchwert des Betriebsvermögens liegt, so wird der hierin liegende Gewinn als Betriebsveräußerungsgewinn versteuert. Dieser Veräußerungsgewinn ist in mehrfacher Hinsicht steuerlich begünstigt, wenn es sich um den Gewinn aus der Veräußerung des Betriebs eines Einzelunternehmens oder einer Personengesellschaft (Mitunternehmerschaft) handelt. Die Vergünstigungen bestehen u.a. in der Gewährung eines Freibetrages (§ 16 Abs. 4 EStG) und in der Anwendung eines ermäßigten Steuersatzes (§ 34 EStG). In gleicher Weise wie der Betriebsveräußerungsgewinn wird auch der Gewinn begünstigt, der bei der Veräußerung von Teilbetrieben und Mitunternehmeranteilen entsteht.

1203 Im Betriebsveräußerungsgewinn werden alle im Laufe der Zeit im Betrieb angesammelten stillen Reserven erfasst. Zur Ermittlung des Veräußerungsgewinnes wird der um die Veräußerungskosten verminderte Buchwert des Betriebsvermögens dem Veräußerungserlös gegenübergestellt. Der sich hierbei ergebende Unterschiedsbetrag ist der Veräußerungsgewinn.

1204 Als Veräußerung des ganzen Gewerbebetriebes oder eines Teilbetriebes gilt auch die Betriebsaufgabe (§ 16 Abs. 3 Satz 1 EStG).

1205 Unter Betriebsaufgabe versteht man die Auflösung des Betriebs mit der Folge, dass der Betrieb als selbstständiger Organismus des Wirtschaftslebens zu bestehen aufhört. Im Rahmen einer Betriebsaufgabe werden die bisher zum Betrieb gehörenden Wirtschaftsgüter veräußert. Die bei der Betriebsaufgabe aufgedeckten stillen Reserven werden als Betriebsaufgabegewinnn erfasst.

1206 Da die uneingeschränkte steuerliche Erfassung aller bei einer Betriebsaufgabe aufgedeckten stillen Reserven für den Steuerpflichtigen eine Härte bedeuten würde, bestehen für Betriebsaufgabegewinne ebenso wie für Betriebsveräußerungsgewinne steuerliche Vergünstigungen in Form eines Freibetrages nach § 16 Abs. 4 EStG (mit Vollendung des 55. Lebensjahrs des Steuerpflichtigen 45.000 Euro) und eines ermäßigten Steuersatzes nach § 34 EStG.

1207 Eine Betriebsaufgabe setzt voraus, dass der Steuerpflichtige oder der Insolvenzverwalter:
– aufgrund eines Entschlusses, den Betrieb aufzugeben, die bisherige gewerbliche Tätigkeit endgültig einstellt und
– alle wesentlichen Betriebsgrundlagen in einem einheitlichen Vorgang entweder klar und eindeutig, äußerlich erkennbar ins Privatvermögen überführt bzw. anderen betriebsfremden Zwecken zuführt oder
– insgesamt einzeln an verschiedene Erwerber veräußert und dadurch der Betrieb als selbstständiger Organismus des Wirtschaftslebens zu bestehen aufhört.

1208 Wichtig ist, dass die Betriebsaufgabe in einem Zuge und nicht allmählich durchgeführt wird. Dabei können die Wirtschaftsgüter dann in mehreren Schritten veräußert werden, weil die schrittweise Veräußerung noch als einheitlicher Vorgang angesehen werden kann (*BFH* BStBl. II 1977, S. 66). Ein wirtschaftlicher einheitlicher Vorgang ist dann noch gegeben, wenn zwischen Beginn und Ende der Betriebsaufspaltung nur ein kurzer Zeitraum liegt. Dabei entscheidet der Einzelfall, insbesondere die Art der zu veräußernden Wirtschaftsgüter.

1209 Von einem kurzen Zeitraum geht die Finanzverwaltung i.d.R. dann aus, wenn die Veräußerung bzw. die Abwicklung des Insolvenzverfahrens innerhalb eines halben Jahres erfolgt. Eine Ausnahme von der halbjährlichen Frist gilt allerdings, wenn eine Abwicklung aus wirtschaftlich vernünftigen Gründen in diesem Zeitraum nicht möglich ist, weil z.B. schwer verkäufliche Grundstücke zum Anlagevermögen gehören.

Ein Insolvenzverwalter, der nach § 80 Abs. 1 InsO i.V.m. § 34 Abs. 3 AO die steuerlichen Pflichten des Insolvenzschuldners zu erfüllen hat und im Besteuerungsverfahren die Erteilung eines Kontoauszuges für den Insolvenzschuldner beantragt, hat Anspruch darauf, dass das Finanzamt nach pflichtgemäßem Ermessen entscheidet. Im Rahmen der Ermessensentscheidung hat das Finanzamt das Interesse des Insolvenzverwalters an der Auskunft und den steuerrechtlichen Charakter dieser Auskunft, also den unmittelbaren Zusammenhang mit der Erfüllung steuerlicher Pflichten oder mit der Prüfung der vom Finanzamt angemeldeten Insolvenzforderungen zu berücksichtigen. Dazu hat der Insolvenzverwalter substantiiert darzulegen, aus welchen Gründen er die Auskunft begehrt und weshalb die Auskunft auf dem Steuerrechtsverhältnis beruht. Es reicht nicht aus, dass ein Insolvenzverwalter eine Auskunft im Hinblick auf die ordnungsgemäße Bearbeitung des Insolvenzverfahrens beantragt. Der Auskunftsanspruch des Insolvenzverwalters beschränkt sich auf Informationen, auf deren Mitteilung der Schuldner ohne Eröffnung des Insolvenzverfahrens einen Anspruch gehabt hätte. Der Anspruch reicht nicht weiter als der dem Insolvenzschuldner zustehende Auskunftsanspruch (*BFH* BStBl. II 2013, S. 639). 1193

Die Gesellschafter können von dem Konkursverwalter über das Vermögen einer Personenhandelsgesellschaft die Vorlage steuerlicher Jahresabschlüsse für die Konkursmasse verlangen. Entstehen der Konkursmasse dadurch Kosten, die sie allein in fremdem Interesse aufwenden muss, kann der Konkursverwalter hierfür Ersatz und einen entsprechenden Auslagevorschuss fordern (*BFH* ZInsO 2010, 2094). 1194

Das *BVerwG* hat jedoch mit Urteil vom 09.11.2010 (ZInsO 2011, 49) einem Insolvenzverwalter gegenüber Bundesbehörden (Vollstreckungsbehörde, Sozialversicherungsträger) ein solches Auskunftsrecht nach § 1 Abs. 1 Satz 1 BundesIFG zugestanden (vgl. auch *OVG Münster* ZInsO 2011, 1553 nach § 4 Abs. 1 IFG NRW). 1195

Kein Rechtsweg zu den Finanzgerichten besteht für den Anspruch auf Erteilung eines Kontoauszuges, wenn der Insolvenzverwalter als Kläger seinen Anspruch nicht auf die Vorschriften der AO, sondern auf die Vorschriften des IGF NRW stützt (*FG Münster* EFG 2012, 1953; ZInsO 2012, 1270). 1196

Liegen den Finanzbehörden Erkenntnisse zu Insolvenzstraftaten i.S.d. §§ 283 bis 283c StGB oder zu Insolvenzverschleppungsstraftaten (§ 84 Abs. 1 Nr. 2 GmbHG, § 401 Abs. 1 Nr. 2 AktG, §§ 130b, 177a HGB) vor, die sie im Besteuerungsverfahren erlangt haben, so ist eine Offenbarung dieser Erkenntnisse an die Strafverfolgungsbehörden nach § 30 Abs. 4 Nr. 5 AO zulässig (*AEAO* zu § 30, Nr. 8.11). 1197

2. Auswirkungen der Schweigepflicht der mit Steuerangelegenheiten des Schuldners befassten Personen

Die Eröffnung des Insolvenzverfahrens hat auch auf die Verschwiegenheitspflichten der Steuerberater, Wirtschaftsprüfer und Rechtsanwälte des Schuldners Auswirkungen. Sie können in Prozessen, die der Insolvenzverwalter kraft seines Amtes führt, von der Schweigepflicht entbunden werden. 1198

Der Insolvenzverwalter hat ein Recht auf Einsichtnahme bzw. Herausgabe der den Schuldner betreffenden Akten gegenüber dessen Rechtsanwalt bzw. Steuerberater. Dies folgt aus §§ 667 BGB i.V.m. § 50 BRAO. Der Insolvenzverwalter kann im Wege der einstweiligen Verfügung vom Steuerberater die Herausgabe der DATEV-Buchhaltungsausdrucke verlangen, ohne dass dem Steuerberater hierbei ein Zurückbehaltungsrecht zusteht. 1199

3. Besteuerung des Veräußerungs- und Betriebsaufgabegewinnes

Bei der Verwertung der Insolvenzmasse werden häufig stille Reserven, die in zur Masse gehörenden Gegenständen enthalten sind, aufgedeckt und dadurch ein Veräußerungsgewinn erzielt. Unter einem derartigen Veräußerungsgewinn versteht man den Gewinn, der im Rahmen der Verwertung der Masse bei der Veräußerung einzelner Wirtschaftsgüter oder eines ganzen Betriebes erzielt wird. 1200

1186 Darüber hinausgehende Mitteilungen des Finanzamtes gegenüber dem Insolvenzverwalter und anderen am Verfahren Beteiligten sind durch § 30 Abs. 4 Nr. 1 AO grds. nicht gedeckt. Für die Zulässigkeit der Erteilung von Auskünften im Insolvenzverfahren und anderen am Verfahren Beteiligten ist entscheidend, ob diese als Vertreter des Schuldners gem. § 34 Abs. 3 AO anzusehen sind und dessen steuerliche Pflichten zu erfüllen haben. Dies trifft zu auf den vorläufigen Insolvenzverwalter und den Insolvenzverwalter mit der Anordnung eines allgemeinen Verfügungsverbots (§§ 21 Abs. 2, 22 Abs. 1 InsO) bzw. mit der Eröffnung des Insolvenzverfahrens (§ 80 Abs. 1 InsO). Dadurch verliert der Schuldner die Befugnis sein zur Insolvenzmasse gehörendes Vermögen zu verwalten und über dasselbe zu verfügen.

1187 Zum Anspruch des Insolvenzverwalters auf einen Kontoauszug gegen das Finanzamt: *FG Münster* 17.09.2009 – 3 K 1514/08, *BFH*-Beschl. 15.10.2008 – II B 91/08. Für die Durchsetzung eines öffentlich-rechtlichen Anspruchs auf Erteilung von Kontoauszügen nach Maßgabe des Gesetzes über die Freiheit des Zugangs zu Informationen für das Land NRW (IFG NRW) ist der Finanzrechtsweg zumindest dann nicht gegeben, wenn der Insolvenzverwalter seinen Anspruch nicht auf Vorschriften der AO, sondern ausschließlich auf die Regelungen des IFG NRW stützt (*FG Münster* ZInsO 2012, 1270).

1188 Bei Zusammenveranlagung von Ehegatten kann der Insolvenzverwalter Einsicht in die Verhältnisse des nicht von der Insolvenz betroffenen, zusammen veranlagten Ehegatten nehmen. Das Steuergeheimnis wird dadurch nicht verletzt (*BFH* BStBl. II 2000, S. 431 und BFH/NV 2004, 842; *OFD Frankfurt* DStZ 2001, 561; *Bächer* ZInsO 2009, 1147).

1189 Bevor dem Schuldner ein allgemeines Verfügungsverbot auferlegt wird, ist bei der Erteilung von Auskünften an den vorläufigen Insolvenzverwalter dessen Rechte und Pflichten gem. § 22 Abs. 2 InsO eingeschränkt sind, das Steuergeheimnis uneingeschränkt zu wahren.

1190 Haben zur ESt zusammenveranlagte Ehegatten oder Lebenspartner Klage erhoben und ist das einen Ehegatten oder Lebenspartner betreffende Verfahren wegen Eröffnung des Insolvenzverfahrens unterbrochen, ist der Insolvenzverwalter berechtigt, vor Aufnahme des unterbrochenen Verfahrens Akteneinsicht in die, die streitige Steuersache beider betreffende, Steuerakte zu nehmen (*BFH* BStBl. II 2000, S. 413). Der Insolvenzverwalter ist insoweit berechtigt, den gesamten Prozessstoff einzusehen, der i.S.v. § 96 i.V.m. § 78 FGO die Grundlage der Entscheidung des FG bildet.

1191 Als Vertreter des Schuldners gilt auch der im vereinfachten Insolvenzverfahren (§§ 311 ff. InsO) bestellte Treuhänder, der die Aufgaben eines Insolvenzverwalters wahrnimmt (§ 313 Abs. 1 Satz 2 InsO), nicht jedoch der vom Insolvenzgericht im Restschuldbefreiungsverfahren (§§ 286 ff. InsO) bestellte Treuhänder oder der Sachverwalter i.S.d. §§ 270, 274 InsO. Ihnen dürfen jedoch die für Besteuerungszwecke erforderlichen Auskünfte und Mitteilungen erteilt werden. Außerdem ist die Finanzbehörde mit Zustimmung des Schuldners (§ 30 Abs. 4 Nr. 3 AO) jederzeit zur Auskunftserteilung berechtigt. Von einer derartigen Zustimmung ist im außergerichtlichen Einspruchsverfahren (§ 305 Abs. 1 Nr. 1 InsO) auszugehen, wenn eine nach landesspezifischen Regelungen als geeignet anerkannte Schuldnerberatungsstelle eingeschaltet ist.

1192 Dem Insolvenzverwalter steht grds. kein Auskunftsanspruch gegenüber dem Finanzamt als potenziellem Anfechtungsgegner zu (*BGH* ZInsO 2009, 1110; ZInsO 2008, 120; *BFH* Beschl. ZIP 2011, 1376; ZInsO 2010, 1705; BFH/NV 2011, 2; *FG Hamburg* EFG 2011, 1591; *Bayer. Landesamt für Steuern* v. 20.06.2012 – S 0130.2.1–102/1 St 42). Ein Auskunftsanspruch und damit ein Akteneinsichtsrecht des Insolvenzverwalters besteht nur dann, wenn ein Anfechtungsrecht nach der InsO dem Grunde nach feststeht. Bei einem vom Insolvenzverwalter geltend gemachten Auskunftsanspruch handelt es sich um einen zivilrechtlichen Anspruch, der sich aus einem durch Anfechtung nach der InsO begründeten Rückgewährschuldverhältnis ergibt. Aufgrund des zivilrechtlichen Charakters dieses Anspruchs ist der Rechtsweg zu den Finanzgerichten nicht eröffnet (*BFH* Beschl. BFH/NV 2010, 1637).

Die von dem vorläufigen Insolvenzverwalter stammenden Verbindlichkeiten gelten nach Eröffnung des Insolvenzverfahrens gem. § 55 Abs. 2 InsO als sonstige Masseverbindlichkeiten. Nach der Begründung des Regierungsentwurfes soll dies auch für die darauf entfallenden Umsatzsteuerforderungen gelten (vgl. *Kübler/Prütting* Das neue Insolvenzrecht, Bd. I, § 55 InsO sowie *Onusseit* KTS, 1994, 3 [23]. Dabei vertritt *Onusseit* die Auffassung, dass die Frage, ob der vorläufige Insolvenzverwalter zur Abführung der Umsatzsteuer verpflichtet ist, durch die Qualifizierung als sonstige Masseverbindlichkeit nicht geklärt sei, da zu diesem Zeitpunkt die Eröffnung des Insolvenzverfahrens noch nicht feststehe). 1177

Für die Verpflichtung zur Abführung der Umsatzsteuer spricht, dass der vorläufige Insolvenzverwalter gem. §§ 21 Abs. 2 Nr. 1, 61 InsO genau wie der endgültige Verwalter persönlich für Masseverbindlichkeiten haftet, die durch seine Rechtshandlungen begründet wurden und mangels ausreichender Insolvenzmasse nicht vollständig befriedigt werden können. 1178

Hat das Insolvenzgericht bestimmt, dass der gem. § 22 Abs. 2 InsO bestellte vorläufige Insolvenzverwalter das Unternehmen des Schuldners bis zur Entscheidung über die Eröffnung des Insolvenzverfahrens fortzuführen hat, kann § 55 Abs. 2 InsO auf hierdurch begründete USt-Verbindlichkeiten weder unmittelbar, noch entsprechend angewendet werden. Diese sind zur Insolvenztabelle anzumelden (*FG Saarland* EFG 2003, 594). 1179

§ 55 Abs. 2 InsO ist nicht auf den halbstarken, vorläufigen Insolvenzverwalter anwendbar, d.h. auf einen schwachen Insolvenzverwalter, der vom Insolvenzgericht partiell zu verschiedenen Rechtshandlungen ermächtigt worden ist. Gem. § 55 Abs. 4 InsO sind die von einem schwachen Insolvenzverwalter begründeten Verbindlichkeiten ebenfalls Masseverbindlichkeiten. 1180

Zur steuerlichen Haftung eines vorläufigen Insolvenzverwalters mit Zustimmungsvorbehalt nach §§ 35, 69 AO wegen des Widerrufs einer genehmigten Lastschriftbuchung im Einzugsermächtigungsverfahren vgl. *Weßeler/Schneider* ZInsO 2012, 301. 1181

IV. Besonderheiten und Einzelfragen

1. Steuergeheimnis

Nach § 30 Abs. 2 Nr. 1a AO verletzt ein Amtsträger das Steuergeheimnis, wenn er Verhältnisse eines anderen, die ihm in einem Verwaltungsverfahren oder einem gerichtlichen Verfahren in Steuersachen bekannt geworden sind, unbefugt offenbart. Wenn das Finanzamt bei Anträgen auf Eröffnung des Insolvenzverfahrens die Insolvenzforderung und den Insolvenzgrund glaubhaft macht, so wird hierdurch das Steuergeheimnis eingeschränkt. 1182

Die Beeinträchtigung des Steuergeheimnisses wird jedoch allgemein als notwendige Folge der gesetzlichen Regelungen der Insolvenz und des Besteuerungsverfahrens angesehen und als für die Durchführung des Besteuerungsverfahrens in der Insolvenz für zwingend erforderlich gehalten (für das Konkursverfahren *BMF* 17.03.1981, AO Kartei NRW, § 30 Karte 4). 1183

Dem Insolvenzschuldner steht während des Insolvenzverfahrens kein Einsichtsrecht in finanzgerichtliche Prozessakten zu, welche die Insolvenzmasse betreffen, sondern allein dem Insolvenzverwalter (*BFH* Beschl. ZInsO 2009, 2394). 1184

Die *OFD Frankfurt* hat in einer Verfügung (S 0130 A-115-St II 42) zur Frage der Auskunfterteilung in Angelegenheiten des Insolvenzrechtes Stellung genommen. Danach sind im Insolvenzverfahren folgende Angaben gegenüber dem Insolvenzgericht notwendig und zulässig: 1185
– die in dem Antrag des Finanzamtes auf Eröffnung des Insolvenzverfahrens (§§ 13, 14 InsO) zur Glaubhaftmachung eines Eröffnungsgrunds (§§ 16,19 InsO) notwendigen Angaben,
– die Anmeldung der Abgabenforderungen zum Forderungsverzeichnis der Tabelle (§§ 174, 175 InsO) und
– deren genaue Bezeichnung dem Grunde und der Höhe nach (§§ 174, 175 InsO).

spruchsfreie Tabellenauszug (§ 201 InsO). Dazu stellt das Finanzamt einen Antrag beim Insolvenzgericht auf Erteilung einer vollstreckbaren Ausfertigung des Tabellenauszuges (Tabellenauszug mit Vollstreckungsklausel gem. §§ 724, 725 ZPO).

1168 Der Tabellenauszug ist dann nicht Vollstreckungstitel, wenn der Schuldner gem. § 201 Abs. 2 Satz 1 InsO die angemeldete Steuerforderung bestritten hat. Das Finanzamt hat in diesem Fall die Möglichkeit aus dem vor Insolvenzeröffnung ergangenen Steuerbescheid zu vollstrecken oder, soweit ein solcher noch nicht ergangen ist, innerhalb von drei Monaten nach Beendigung des Insolvenzverfahrens einen solchen Steuerbescheid als Vollstreckungsgrundlage zu erlassen.

13. Insolvenzverwalter als Freiberufler oder Gewerbetreibender

1169 Nach ständiger Rechtsprechung des *BFH* (BStBl. II 2011, S. 498) erzielt ein Rechtsanwalt als Verwalter im Gesamtvollstreckungsverfahren Einkünfte aus sonstiger selbständiger Arbeit i.S.d. § 18 Abs. 1 Nr. 3 EStG. Ein Angehöriger eines freien Berufes ist auch dann freiberuflich tätig, wenn er sich der Arbeitskraft von fachlich vorgebildetem Personal bedient, aber dennoch aufgrund seiner eigenen Fachkenntnisse leitend und eigenverantwortlich tätig wird. Für die Qualifizierung einer solchen Tätigkeit nach § 18 Abs. 1 Nr. 3 EStG kommt es nicht mehr nur darauf an, ob durch die Tätigkeit der Mitarbeiter die Arbeitskraft teilweise ersetzt oder vervielfältigt wurde oder nicht.

1170 Die vom *RFH* entwickelte sog. Vervielfältigungstheorie, nach welcher die sonstige selbstständige Tätigkeit i.S.d. § 18 Abs. 1 Nr. 3 EStG grundsätzlich persönlich ausgeübt werden muss, um dem »Wesen des freien Berufs« zu entsprechen und deshalb die Mithilfe fachlich vorgebildeter Mitarbeiter zur Annahme gewerblicher Einkünfte führte, wurde damit vom *BFH* (ZInsO 2011, 789) aufgegeben.

1171 Eine aus einem beratenden Betriebswirt und einem Dipl. Ökonom bestehende Partnergesellschaft, die Insolvenzverwaltung betreibt, erzielt auch dann Einkünfte aus sonstiger selbständiger Arbeit, wenn sie fachlich vorgebildete Mitarbeiter einsetzt, sofern ihre Gesellschafter als Insolvenzverwalter selbst leitend und eigenverantwortlich tätig bleiben (*BFH* ZInsO 2011, 789). Zur Aufgabe der Vervielfältigungstheorie vgl. auch *Siemon* Der Insolvenzverwalter ist nicht gewerbesteuerpflichtig. – Das Ende der Vervielfältigungstheorie, ZInsO 2011, 764. Zur Insolvenzverwaltertätigkeit als sonstige selbständige Arbeit bei Beschäftigung qualifizierter Mitarbeit vgl. *BFH* ZInsO 2011, 764 und ZInsO 2011, 789.

III. Vorläufige Insolvenzverwaltung

1172 Der bisherige Sequester wird in der InsO durch den neu geschaffenen vorläufigen Insolvenzverwalter ersetzt, dessen Befugnisse in § 22 InsO geregelt sind. Es ist zu unterscheiden zwischen dem schwachen, einfachen vorläufigen Insolvenzverwalter ohne Verfügungsbefugnis und dem starken, qualifizierten vorläufigen Insolvenzverwalter mit Verfügungsbefugnis (vgl. Rdn. 353 ff.).

1173 Der **schwache, einfache vorläufige Insolvenzverwalter** ist kein Vermögensverwalter i.S.d. § 34 AO. Der Steuerpflichtige führt das Unternehmen weiter und behält alle steuerlichen Pflichten alleine. Er bleibt Adressat für Steuerverwaltungsakte. Das Finanzamt hat gegenüber dem schwachen, einfachen vorläufigen Insolvenzverwalter das Steuergeheimnis (§ 30 AO) zu beachten.

1174 Demgegenüber führt der starke, **qualifizierte vorläufige Insolvenzverwalter** das Unternehmen fort und hat die entsprechenden steuerlichen Pflichten zu beachten. Er ist grds. Adressat für Steuerverwaltungsakte. Das Besteuerungsverfahren wird dabei teilweise gem. § 240 AO unterbrochen.

1175 Sofern ein vorläufiger Insolvenzverwalter bestellt und dem Schuldner ein allgemeines Verfügungsverbot auferlegt wird, geht die Verwaltungs- und Verfügungsbefugnis des Schuldners auf den vorläufigen Insolvenzverwalter über. In diesem Fall ist der vorläufige Insolvenzverwalter als Vermögensverwalter i.S.d. § 34 Abs. 3 AO anzusehen.

1176 Hat das Gericht ihm über die Überwachung hinausgehende Pflichten zugeteilt, ohne ein allgemeines Verfügungsgebot gegenüber dem Schuldner zu erlassen, so kann § 35 AO einschlägig sein.

nen kann. Eine andere Beurteilung ist allerdings bei einer natürlichen oder einer werbenden juristischen Person geboten, weil eine Steuererstattung die Steuerschuld vermindert.

Erleidet der Schuldner infolge Verletzung dieser Pflicht einen Schaden, so trifft ihn daran ein mitwirkendes Verschulden, wenn er im Prüfungszeitraum der Anmeldung der Steuerforderung nicht widersprochen hat. Beruht der Steuerbescheid auf einer falschen Schätzung der Besteuerungsgrundlagen, so kann in der verspäteten Abgabe der Steuererklärung durch den Schuldner ein weiteres mitwirkendes Verschulden vorliegen. 1159

Die insolvenzrechtliche Haftung nach § 60 InsO greift z.B. auch dann ein, wenn dem Insolvenzverwalter vorgeworfen wird, Steuern begründet zu haben, obwohl er ihre Unerfüllbarkeit hätte vorhersehen müssen. 1160

Die insolvenzrechtliche und steuerrechtliche Haftung können nebeneinander bestehen, so z.B. bei den Masseverbindlichkeiten, für deren Erfüllung der Insolvenzverwalter sowohl nach Steuerrecht als auch nach Insolvenzrecht haftet. Das Gleiche gilt bei der Verletzung der Buchführungs- und Rechnungspflichten. 1161

Zur Haftung des Steuerberaters in der Krise vgl. auch *BGH*, Beschl. v. 06.02.2014 – IX ZR 53/13, JurionRS 2014, 13686. Nach Auffassung des *BGH* muss der Steuerberater im Rahmen seines rein steuerlichen Dauermandats die beratende Gesellschaft nicht ungefragt über die Insolvenzreife belehren. Erörtern der Steuerberater und der Mandant allerdings die Insolvenzreife der Gesellschaft, muss er die richtige Auskunft geben und das Vertretungsorgan darauf hinweisen, dass eine Klärung über das Vorliegen der Insolvenzreife nur durch eine Prüfung durch einen geeigneten Dritten oder ggf. durch den Steuerberater selbst erfolgen kann. 1162

12. Beendigung des Insolvenzverfahrens und Vollstreckung von Insolvenzforderungen nach Beendigung

Das Insolvenzverfahren endet nach der Schlussverteilung (§ 196 InsO) mit dem Aufhebungsbeschluss des Gerichts nach § 200 InsO. Ein eventuell daneben weiterlaufendes Widerspruchs-/Feststellungsverfahren hindert die Beendigung des Insolvenzverfahrens nach § 200 InsO nicht. 1163

Außerdem wird das Insolvenzverfahren durch Einstellung gem. §§ 207, 212 oder 213 InsO beendet. Mit der Beendigung des Insolvenzverfahrens erhält der Schuldner gem. § 215 Abs. 2 InsO sein Recht zurück über die Insolvenzmasse frei zu verfügen. 1164

Für das weitere Besteuerungsverfahren sind keine insolvenzrechtlichen Besonderheiten mehr zu berücksichtigen. Bislang ist jedoch strittig, ob Steuerberechnungen für Zeiträume vor Insolvenzeröffnung durch Steuerbescheide ersetzt werden müssen.M.E. ist dies bei einem rechtskräftig beschlossenen Insolvenzplan und bei Eintritt einer Restschuldbefreiung nicht erforderlich. Gleichwohl ist aber zu bedenken, dass zur Tabelle nur Forderungen, nicht aber die verbindliche Steuerfestsetzung festgestellt worden sind. 1165

Für das Jahr der Beendigung des Insolvenzverfahrens ergehen ein einheitlicher Steuerbescheid an den Schuldner und nicht zwei Steuerbescheide hinsichtlich von Steuermasseforderungen bis zur Beendigung des Insolvenzverfahrens und hinsichtlich der neu begonnenen Tätigkeit des Schuldners. Soweit im Einzelfall noch Steuermasseforderungen im Jahr der Beendigung des Insolvenzverfahrens anfallen, sind diese ggf. mit Vorauszahlungsbescheiden geltend zu machen. Das Gleiche gilt, soweit der nicht in Insolvenz befindliche Ehegatte des Schuldners Einkünfte erzielt. 1166

Die Vollstreckung von Insolvenzforderungen gegen den Schuldner nach Beendigung des Insolvenzverfahrens setzt voraus, dass der Schuldner nach Verfahrensbeendigung weiter existiert (anders bei Löschung einer GmbH nach Verfahrensbeendigung) und ihm nicht Restschuldbefreiung gewährt worden ist (§§ 286, 294 Abs. 1 i.V.m. § 201 Abs. 3 InsO). Sinnvoll ist eine Vollstreckung nur dann, wenn der Schuldner innerhalb eines Zeitraumes von fünf Jahren (Verjährungsfrist gem. § 231 Abs. 3 AO) nach Insolvenzbeendigung wieder zu Vermögen gelangt ist. Vollstreckungstitel ist der wider- 1167

1147 Das Finanzamt kann zur Ermittlung der Haftungsbemessungsgrundlage ggf. die Insolvenzakten des Gerichtes einsehen sowie Inventar, Bilanz und Schlussrechnung des Insolvenzverwalters prüfen.

1148 Veräußert der vorläufige Insolvenzverwalter vor Eröffnung des Insolvenzverfahrens in Abstimmung mit dem Insolvenzgericht den Betrieb des späteren Schuldners, so haftet der Erwerber ggf. gem. § 75 AO, dies gilt jedoch wegen § 75 Abs. 2 AO nicht für die bis dahin entstandenen betrieblichen Steuern (*BFH* BStBl. II 1998, S. 765).

1149 Der gesetzliche Vertreter einer GmbH ist auch in Zeiten der Krise nicht verpflichtet, von Geschäften Abstand zu nehmen, weil diese Umsatzsteuer auslösen. Dies gilt grds. auch für die Ausübung steuerlicher Gestaltungsrechte wie der Option nach § 9 UStG. Ein Insolvenzverwalter verletzt jedoch seine steuerlichen Pflichten, wenn er aufgrund einer Vereinbarung mit einem Grundpfandgläubiger ein Grundstück unter Verzicht auf die Umsatzsteuerbefreiung freihändig verkauft und den Kaufpreisanspruch an den Grundpfandgläubiger abtritt, obwohl er weiß, dass Mittel zur Tilgung der Steuerschuld nicht zur Verfügung stehen (*BFH* BStBl. II 2003, S. 337).

1150 Der im Restschuldbefreiungsverfahren gem. § 292 InsO eingesetzte Treuhänder hat nicht die Rechtstellung eines Vermögensverwalters i.S.d. § 34 Abs. 3 AO. Insoweit treffen ihn nicht die steuerlichen Pflichten des Insolvenzschuldners.

1151 Der im Rahmen eines Verbraucherinsolvenzverfahrens gem. § 313 InsO eingesetzte Treuhänder ist dagegen als Vertreter des Schuldners i.S.v. §§ 34, 35 InsO anzusehen (*Maus* ZInsO 2000, 148).

1152 Nach § 73 AO haftet die Organgesellschaft für die vom Organträger geschuldete Umsatzsteuer. Bezahlt der Organträger z.B. die auf die Organgesellschaft entfallende Umsatzsteuer nicht, so kann das Finanzamt gegen die Organgesellschaft einen Haftungsbescheid erlassen.

bb) Haftung nach Insolvenzrecht

1153 Der Insolvenzverwalter haftet den Gläubigern nach § 60 InsO in allen Fällen, in denen er die ihm kraft Insolvenzrecht zugewiesenen Obliegenheiten schuldhaft verletzt. Haftungsmaßstab ist die einfache Fahrlässigkeit.

1154 Zu den Obliegenheitsverletzungen gehören z.B.:
– fehlerhafte Prozessführung,
– unzutreffende Anerkennung von Aus- und Absonderungsrechten (§§ 47, 49 InsO),
– Unterlassen von Anfechtungen §§ 129 ff. InsO,
– Nichtbeachtung von Fristen,
– Verschleuderung von Massegegenständen,
– zu Unrecht erklärte Masseunzulänglichkeit.

1155 Der Anspruch nach § 60 InsO ist im Zivilrechtsweg geltend zu machen. Die Höhe der Schadensersatzverbindlichkeit bemisst sich nach §§ 249 ff. BGB.

1156 Die Haftung des Insolvenzverwalters endet nach § 66 InsO mit der Schlussrechnungslegung, wenn keine Einwendungen gegen die Schlussrechnung erhoben werden.

1157 Die Klage des Finanzamtes gegen einen Insolvenzverwalter auf Schadensersatz gem. § 60 InsO wegen Nichtabführung von Lohn- und Umsatzsteuer ist mangels Rechtsschutzbedürfnis unzulässig, weil auch zivilrechtlich begründete Forderungen durch Haftungsbescheid nach § 191 AO geltend zu machen sind. § 60 InsO wird durch die spezielleren Haftungsnormen der § 69 i.V.m. § 191 AO verdrängt.

1158 Der Insolvenzverwalter ist dem Schuldner gegenüber nach § 60 InsO verpflichtet, einen ihm zugegangenen Steuerbescheid auf seine Richtigkeit zu überprüfen und Einspruch einzulegen, falls der Steuerbescheid auf falschen Voraussetzungen beruht. Ein Insolvenzverwalter, der Steuererstattungsansprüche der zu liquidierenden Schuldner-GmbH nicht geltend macht, handelt aber dann nicht pflichtwidrig, wenn das Finanzamt festgestellte und titulierte Forderungen hat, mit denen es aufrech-

Die Festsetzung der Insolvenzverwaltervergütung durch das Insolvenzgericht ist keine Rechnung eines Dritten i.S.d. § 14 Abs. 2 Satz 4 UStG, die zum Vorsteuerabzug berechtigt (*BFH* BStBl. II 2013, S. 346).

Zur ertragsteuerlichen Behandlung der Vergütungsvorschüsse nach § 9 InsVV bei bilanzierenden Insolvenzverwaltern, *OFD Rheinland* ZInsO 2011, 1595. Danach sind Vergütungsvorschüsse nach § 9 InsVV bei bilanzierenden Insolvenzverwaltern erfolgswirksam zu erfassen und nicht als Anzahlungen zu passivieren.

e) Haftung des Insolvenzverwalters

Die Haftung des Insolvenzverwalters richtet sich nach steuerrechtlichen und insolvenzrechtlichen Regelungen. Haftet der Insolvenzverwalter nach steuerrechtlichen Vorschriften, scheidet seine insolvenzrechtliche Haftung nicht aus, weil der Haftungstatbestand des § 60 InsO und die Haftungstatbestände des Steuerrechtes gleichberechtigt nebeneinander stehen. Für pflichtwidrig begründete Masseverbindlichkeiten haftet der Insolvenzverwalter gem. § 61 InsO (vgl. *Webel* ZInsO 2009, 363).

aa) Haftung nach Steuerrecht

Der Insolvenzverwalter ist Vermögensverwalter i.S.d. § 34 Abs. 3 AO. Als solcher ist er verpflichtet, die steuerlichen Verpflichtungen des Schuldners wie ein gesetzlicher Vertreter zu erfüllen, insbesondere dafür zu sorgen, dass die Abgaben aus von ihm verwalteten Mitteln entrichtet werden.

Verletzt der Insolvenzverwalter seine Pflichten, haftet er nach § 69 AO bei vorsätzlichem oder grob fahrlässigem Verhalten und kann mittels Haftungsbescheides nach § 191 Abs. 1 AO in Anspruch genommen werden.

Schadensersatzansprüche aus der verspäteten Vorlage der Schlussrechnung und des sich daraus ergebenden Zinsschadens können vor dem Zivilgericht geltend gemacht werden.

Typische Fälle der steuerlichen Haftung nach § 69 AO sind:
- Der Insolvenzverwalter beschäftigt Arbeitnehmer nach Eröffnung des Insolvenzverfahrens weiter und führt Lohnsteuer nicht ab, meldet diese nicht an oder behält sie nicht ein. In diesen Fällen ist die Haftung des Insolvenzverwalters der eines Arbeitgebers nach § 42d EStG gleichgestellt.
- Entstandene Einkommen-, Körperschaft- oder Umsatzsteuer aus der Fortführung des Betriebes wird nicht entrichtet. Dabei gilt der Grundsatz der anteiligen Tilgung, d.h. der Geschäftsführer haftet nicht uneingeschränkt, sondern nur in der Höhe, als er aus den ihm zur Verfügung stehenden Mitteln die Steuern hätte tilgen können. Reichen die Geldmittel z.B. einer GmbH nicht aus, um sämtliche Geldmittel zu begleichen, so haftet der Geschäftsführer für rückständige Steuern nur in dem Umfang wie er den Steuergläubiger gegenüber anderen Gläubigern benachteiligt hat (*BFH* BStBl. II 1988, S. 172). Der Grundsatz gilt nicht nur wenn die GmbH für die angemeldete Steuer nicht zahlt, sondern auch dann, wenn Steuererklärungen oder Voranmeldungen nicht, nicht ordnungsgemäß oder nicht zeitgerecht abgegeben werden. Der Grundsatz der anteiligen Tilgung gilt selbst dann, wenn der Geschäftsführer zugleich den Haftungstatbestand des § 71 i.V.m. § 370 AO (Haftung des Steuerhinterziehers) erfüllt (*BFH* BStBl. II 1993, S. 8). Ihn trifft jedoch die Feststellungslast, dass eine uneingeschränkte Haftung nicht vorliegt. Die Geltendmachung eines Haftungsanspruchs durch das Finanzamt setzt nicht voraus, dass der Steueranspruch zuvor gegen den Steuerschuldner festgesetzt ist (*BFH* BFH/NV 1986, 125).
- Umsatzsteuer aus der Verwertung der Masse wird nicht entrichtet. Dabei ist zu beachten, dass der Insolvenzverwalter nur gehalten ist, die Gläubiger gleichmäßig zu befriedigen. Reicht die vorhandene Masse zur Befriedigung aller Gläubiger nicht aus, muss eine quotenmäßige Befriedigung, die einzelne Gläubiger weder bevorzugen noch benachteiligen darf, durchgeführt werden. Zur Haftung der Insolvenzmasse für Umsatzsteuerforderungen wegen Überwachungsverschuldens des Insolvenzverwalters vgl. *Wölber/Ebeling* ZInsO 2011, 264, für den Fall, dass ein Insolvenzschuldner sich einen Massegegenstand aneignet und damit umsatzsteuerpflichtige Leistungen ausführt.

1130 Mit den auf den Insolvenzverwalter übergegangenen steuerlichen Mitwirkungs-, Erklärungs- und Zahlungspflichten korrespondiert ein die Erteilung eines Kontoauszuges für den Insolvenzschuldner einschließendes Auskunftsrecht des Insolvenzverwalters, wenn der Insolvenzschuldner seine gegenüber dem Insolvenzverwalter bestehende umfassende Auskunfts- und Mitwirkungspflicht nicht erfüllt (*FG Münster* ZInsO 2009, 2346).

1131 Aus den steuerlichen Mitwirkungspflichten des Insolvenzverwalters erwächst jedoch kein Anspruch gegenüber dem Finanzamt auf Auskunft wegen des Verdachts anfechtbarer Zahlungen des Insolvenzschuldners (*BGH* ZInsO 2009, 1810; *BFH* ZInsO 2009, 47; *FG Düsseldorf* ZInsO 2009, 681).

b) Berichtigung von Steuererklärungen

1132 Erkennt ein Insolvenzverwalter während des Verfahrens, dass der Schuldner für die Zeit vor Eröffnung des Insolvenzverfahrens eine unrichtige oder unvollständige Steuererklärung abgegeben hat, so ist er verpflichtet, die unrichtige oder unvollständige Steuererklärung zu berichtigen. Dies ergibt sich daraus, dass der Insolvenzverwalter bei der Verwaltung der Masse die Stellung einnimmt, die der Schuldner vor Eröffnung des Insolvenzverfahrens hatte. Da der Schuldner keinen Zugang zu den Unterlagen mehr hat, kann er seiner steuerrechtlichen Berichtigungspflicht nicht mehr nachkommen. Diese geht mit der Eröffnung des Insolvenzverfahrens auf den Insolvenzverwalter über.

c) Umsatzsteuerliche Stellung des Insolvenzverwalters

1133 Der Schuldner bleibt auch nach Eröffnung des Insolvenzverfahrens Unternehmer, wenn er vor der Eröffnung des Verfahrens Unternehmer war. Die Unternehmereigenschaft geht insoweit nicht auf die Masse selbst oder auf den Insolvenzverwalter über.

1134 Andererseits hat der Insolvenzverwalter, da er über die Masse verwaltungs- und verfügungsberechtigt ist, die umsatzsteuerlichen Pflichten, insbesondere die Erklärungs- und Aufzeichnungspflichten, auch für den Zeitraum vor Eröffnung des Insolvenzverfahrens zu erfüllen.

1135 Insoweit ist er zur Erteilung einer Rechnung mit gesondertem Vorsteuerausweis nach § 14 Abs. 1 UStG berechtigt und verpflichtet.

1136 Fraglich ist das umsatzsteuerliche Verhältnis zwischen Insolvenzverwalter und dem Schuldner, insbesondere das Vorliegen eines Leistungsaustausches. Der Insolvenzverwalter ist berechtigt, über die von ihm für das Unternehmen des Schuldners erbrachten Leistung eine Rechnung mit gesondertem Steuerausweis zu erteilen. Der Schuldner kann die in der Vergütung des Insolvenzverwalters enthaltene Umsatzsteuer als Vorsteuer abziehen, wenn der Insolvenzverwalter eine Rechnung mit gesondert ausgewiesener Steuer erteilt hat. Der Insolvenzverwalter erbringt eine Leistung an die Masse und damit für das Unternehmen des Schuldners. Bei Vorliegen der sonstigen Voraussetzungen des § 15 UStG ist deshalb der Schuldner zum Abzug der für die Vergütung des Insolvenzverwalters in Rechnung gestellte Umsatzsteuer als Vorsteuer berechtigt.

d) Vergütung des Insolvenzverwalters

1137 Der Insolvenzverwalter hat seine Vergütung (§ 63 InsO) gegenüber der Masse unter gesonderter Inrechnungstellung der auf die Vergütung entfallenden und von ihm geschuldeten Umsatzsteuer abzurechnen.

1138 Der Insolvenzverwalter ist berechtigt, über die von ihm für das Unternehmen des Schuldners erbrachte Leistung eine Rechnung mit gesondertem Steuerausweis zu erteilen. Der Schuldner kann die in der Vergütung des Insolvenzverwalters enthaltene Umsatzsteuer als Vorsteuer abziehen, wenn der Insolvenzverwalter eine Rechnung mit gesondert ausgewiesener Steuer erteilt hat.

1139 Die Art der Abrechnung ist Voraussetzung dafür, dass der Verwalter für die Masse in Höhe der in Rechnung gestellten Umsatzsteuer einen Vorsteuerabzugsanspruch gegenüber dem Finanzamt geltend machen kann.

1122 Ferner ist er mit der Übernahme des Amtes nicht nur den Steuerbehörden, sondern auch dem Schuldner gegenüber verpflichtet für die ordnungsgemäße Erfüllung der steuerlichen Buchführungs- und Steuererklärungspflichten zu sorgen. Dies gilt grds. auch, soweit solche Buchführungsverpflichtungen wegen Steuertatbeständen vor der Eröffnung des Insolvenzverfahrens in Frage stehen, die der Schuldner, weil der Insolvenzverwalter die Geschäftsbücher in Besitz zu nehmen hat, mit der Eröffnung des Verfahrens nicht mehr erfüllen kann.

1123 Der Insolvenzverwalter kann alle steuerlichen Rechte geltend machen, die dem Schuldner zustehen. Insoweit kann er nach § 9 UStG zur Umsatzsteuer optieren (*BFH* BStBl. II 2003, S. 332) und steuerliche Freistellungsbescheinigungen beantragen (*BFH* BStBl. II 2003, S. 716).

1124 Soweit der Insolvenzschuldner gegenüber dem Insolvenzverwalter verheimlichte Einnahmen erzielt, treffen in erster Linie den Schuldner alle steuerlichen Pflichten. Entdeckt der Insolvenzverwalter diese Tätigkeit und zieht er die Einkünfte aus dieser Tätigkeit zur Insolvenzmasse, so muss er die steuerlichen Pflichten erfüllen (*BFH* BFH/NV 2010, 2114). Dies gilt nicht bei Einkünften aus selbständiger und nichtselbständiger Tätigkeit. Da in diesen Fällen nach Ansicht des *BFH* (BStBl. II 2011, S. 520; BFH/NV 2011, 2111; BFH/NV 2013, 411) die höchstpersönliche Arbeitskraft nicht in die vom Insolvenzverwalter zu verwaltende Insolvenzmasse fällt, treffen die steuerlichen Pflichten ausschließlich den Schuldner.

1125 Fraglich ist, ob der Insolvenzverwalter zur Abgabe von Erklärungen für die einheitliche und gesonderte Gewinnfeststellung verpflichtet ist (bejahend für den Konkursverwalter: *BGH* WM 1983, 30, verneinend: *BFH* ZIP 1994, 1969; BStBl. II 1995, S. 194; FR 1993, 309). Die Folgen der einheitlichen Gewinnfeststellung berühren nicht den nach Insolvenzrecht abzuwickelnden Vermögensbereich der Personengesellschaft, sondern betreffen die Gesellschafter persönlich (*BFH* BB 1979, 1756). Aus diesen Gründen ist der Insolvenzverwalter nicht verpflichtet die einheitliche und gesonderte Gewinnfeststellung abzugeben. Denn seine steuerlichen Pflichten bestehen nur, soweit seine Verwaltung reicht (§ 34 Abs. 3 AO). Abgabepflichtig sind statt des Insolvenzverwalters die Liquidatoren der Personengesellschaft (*BFH* ZIP 1994, 1969; *KG* ZIP 2009,1824). Die Gesellschafter einer Personengesellschaft haben gegenüber dem Insolvenzverwalter keinen Anspruch auf Erstellung und Vorlage von Jahresabschlüssen.

1126 Damit die Gesellschafter ihre steuerlichen Pflichten selbst erfüllen und ggf. Steuererstattungsansprüche geltend machen können, können die Gesellschafter einer insolventen Personengesellschaft vom Verwalter die Vorlage von Jahresabschlüssen für die Masse verlangen (*BGH* ZInsO 2010, 2094).

1127 Andererseits besteht eine Verpflichtung des Insolvenzverwalters zur Ermittlung des steuerlichen Gewinns einer Personengesellschaft aus den ihm vorliegenden Buchführungsunterlagen im Zusammenhang mit dessen Verpflichtung zur Abgabe der Gewerbesteuererklärung. Der Insolvenzverwalter ist nach § 34 Abs. 3 AO zur Abgabe der Gewerbesteuererklärung verpflichtet (*BFH* BStBl. II 1995, S. 194). Der nach §§ 4 bis 7 EStG zu ermittelnde Gewinn bildet insoweit die Grundlage des nach § 7 GewStG festzusetzenden Gewerbeertrages.

1128 Kommt der Insolvenzverwalter seiner Verpflichtung zur Erstellung der Steuererklärungen nicht nach, so ist das Finanzamt berechtigt ihn mit den allgemeinen Zwangsmitteln hierzu anzuhalten und kann unter Beachtung der maßgeblichen Gewinnermittlungsvorschriften die Besteuerungsgrundlagen gem. § 162 Abs. 2 Satz 2 AO schätzen (*BFH* BStBl. II 1993, S. 594). Die Schätzung hat das Finanzamt so vorzunehmen, dass sie im Ergebnis einen ordnungsgemäß durchgeführten Bestandsvergleich gleichkommt. Wird im vorläufigen Insolvenzverfahren nur ein schwacher Insolvenzverwalter bestellt, so bleibt der Schuldner auch dann verfügungsberechtigt, wenn der vorläufige Insolvenzverwalter zustimmen muss. Der Schuldner hat dann uneingeschränkt die steuerlichen Pflichten zu erfüllen (*BFH* BFH/NV 2005, 665).

1129 Da der Treuhänder in der Wohlverhaltensphase des Restschuldbefreiungsverfahrens nach § 34 Abs. 3 AO nicht Verfügungsberechtigter ist, ist er steuerrechtlich nicht zur Mitwirkung und Abgabe von Steuererklärungen verpflichtet oder gar berechtigt (*OFD Koblenz* Vfg. ZInsO 1999, 566).

1117 Die Verpflichtung des Insolvenzverwalters zur Abgabe von Steuererklärungen hängt nicht davon ab, ob die erforderlichen Steuerberatungskosten durch die Masse gedeckt sind; ggf. muss der Insolvenzverwalter die Steuererklärung selbst anfertigen. Die vom Verwalter behauptete Masseamut steht der Anordnung des Finanzamtes zur Abgabe der Steuererklärung für den Schuldner und ihre zwangsweise Durchsetzung gegenüber dem Verwalter grds. nicht entgegen (*BFH* BFH/NV 1996, 13; *Onusseit* ZInsO 2000, 363 [367]). Nach Auffassung des *BFH* (BFH/NV 1998, 5) ist es einem Insolvenzverwalter zuzumuten die Steuererklärung des Schuldners zu erstellen, wenn sich die Buchführung in keinem schlechteren Zustand als sonst in Insolvenzfällen üblich befindet. Dies gilt auch dann, wenn dies mit umfangreichen Buchführungs- und Abschlussarbeiten verbunden ist und die Kosten für die Beauftragung eines Steuerfachmanns aus der Insolvenzmasse nicht gedeckt werden können (*BFH* BStBl. II 1995, S. 194). Der Insolvenzverwalter hat die Pflichten auch dann zu erfüllen, soweit die betroffenen Steuerabschnitte vor der Eröffnung des Insolvenzverfahrens liegen und das Honorar eines Steuerberaters für die Erstellung der Erklärungen durch die Insolvenzmasse nicht gedeckt sein sollte (*BFH* BFH/NV 2008, 334 f.).

1118 Der Insolvenzverwalter kann sich von den Buchführungs- und Steuererklärungspflichten auch nicht mit dem Hinweis darauf befreien, dass er die notwendigen Geschäftsunterlagen nicht besitzt oder dass er deren Richtigkeit und Vollständigkeit nicht übersehen kann. Kommt der Insolvenzverwalter seinen Pflichten nicht nach, ist das Finanzamt berechtigt, die Abgabe der Erklärungen und die Erfüllung der Buchführungspflicht mit Zwangsmitteln nach §§ 328 ff. AO zu erzwingen (*Uhländer* ZInsO 2005, 1196 unter Beachtung des Grundsatzes der Verhältnismäßigkeit). Diese Zwangsmittel sind persönlich gegen den Insolvenzverwalter festzusetzen. Die Festsetzung von Zwangsgeld zur Durchsetzung der steuerlichen Erklärungspflichten des Insolvenzverwalters ist weder unverhältnismäßig noch ermessensfehlerhaft, auch wenn voraussichtlich nicht mit steuerlichen Auswirkungen zu rechnen ist (*BFH* BStBl. II 2013, S. 141). Der Schuldner haftet hierfür nicht. Besteht das Finanzamt auch in Kostenstundungsfällen bei angezeigter Masseunzulänglichkeit auf umfangreichen steuerlichen Ermittlungen des Insolvenzverwalters, so kann die Staatskasse für diese Aufwendungen in Anspruch genommen werden (*BGH* ZInsO 2004, 970).

1119 Geht es dem Finanzamt dagegen nur noch um die Feststellung einer Steuerforderung zum Zwecke der Anmeldung, so dürfen die an den Insolvenzverwalter gestellten Buchhaltungs- und Steuererklärungspflichten m.E. nicht überspannt werden. In diesen Fällen reicht es aus, wenn der Insolvenzverwalter dem Finanzamt dementsprechende Erklärungen und Erläuterungen gibt, um ihm die notwendigen Steuerberechnungen für die Anmeldung seiner Forderungen zur Tabelle zu ermöglichen (vgl. *Maus* ZInsO 1999, 68). Auch Masseamut und Anzeige der Masseunzulänglichkeit gem. § 208 Abs. 3 InsO entbindet den Insolvenzverwalter nicht, seine Verpflichtung zur Buchführung und zur Erstellung der Steuererklärungen zu erfüllen. Dem Insolvenzverwalter kann in einem massellosen Verfahren bei umfangreichen Buchführungs- und Abschlussarbeiten die Erstellung von Steuererklärungen nicht zugemutet werden (*Uhländer* ZInsO 2005, 1196). Bei Beauftragung eines Steuerberaters in masselosen Verfahren mit der Erstellung von Steuererklärungen droht gem. § 69 AO die persönliche Haftung des Insolvenzverwalters. Im Verbraucherinsolvenzverfahren steht dem Insolvenzverwalter bei Kostenstundung gem. § 4a InsO ein Anspruch auf Erstattung angemessener Kosten für die Beauftragung eines Steuerberaters als Auslagen aus der Staatskasse (§ 4 Abs. 2 InsVV) zu, sofern es ihm zuvor nicht gelungen ist, die Finanzverwaltung wegen der angezeigten Masseunzulänglichkeit zu einem Verzicht auf die Vorlage von Steuererklärungen und Bilanzen zu bewegen (*BGH* ZInsO 2004, 970).

1120 Der Insolvenzverwalter ist auch verpflichtet, vom Schuldner bereits abgegebene Steuererklärungen zu berichtigen und diejenigen Erklärungen abzugeben, die er bei Eröffnung des Insolvenzverfahrens unerledigt vorfindet. Notwendig ist die positive Kenntnis des Berichtigungsbedarfs (*Maus* ZInsO 1999, 686). Kennen oder Kennenmüssen reicht nicht aus.

1121 Zu den Pflichten eines Insolvenzverwalters gehört auch die Prüfung, ob dem Insolvenzschuldner Ansprüche auf Steuerrückerstattungen gegenüber dem Finanzamt zustehen und bei hinreichenden Erfolgsaussichten die Einlegung von Rechtsmitteln (*OLG Düsseldorf* ZInsO 2012, 2296).

AO zu treffenden Ermessensentscheidung ist dann regelmäßig die Hälfte der Zuschläge, die auf die Druckfunktion entfällt, zu erlassen (*BFH* ZIP 2006, 1266; BStBl. II 2003, S. 901). Ein weitergehender Erlassanspruch besteht wegen der Zinsfunktion nur dann, wenn im Regelfall nicht vorliegende zusätzliche besondere Gründe persönlicher oder sachlicher Billigkeit gegeben sind (*BFH* ZIP 2006, 1266).

Lag Zahlungsunfähigkeit schon vor Insolvenzeröffnung vor, sind sie auch ab diesem früheren Zeitpunkt nicht mehr festzusetzen bzw. zu erlassen *(BFH* BStBl. II 1991, S. 864).

– Verspätungszuschläge sind Forderungen im Rang des § 39 Abs. 1 Nr. 3 InsO. Zur Einordnung von Verspätungszuschlägen als nachrangige Insolvenzforderung fehlt bislang Rechtsprechung. Nach Ansicht von *Buhmann/Woldrich* (ZInsO 2004, 1241) ist eine Anmeldung der Verspätungszuschläge allein unter den Voraussetzungen des § 174 Abs. 3 InsO zulässig. Die auf Feststellung der Verspätungszuschläge gerichteten Bescheide der Finanzämter sind dagegen gem. § 251 Abs. 3 AO i.V.m. § 179 Abs. 1 InsO rechtswidrig.

11. Rechte und Pflichten des Insolvenzverwalters im Besteuerungsverfahren

a) Steuererklärungspflicht von Insolvenzverwaltern

Der Insolvenzverwalter hat als Verwalter des schuldnerischen Vermögens dieselben steuerlichen Rechte und Pflichten wie der Schuldner. Dies ergibt sich insbesondere aus § 34 Abs. 3 AO, wonach der Insolvenzverwalter diejenigen Pflichten zu erfüllen hat, die ohne Eröffnung des Insolvenzverfahrens dem steuerpflichtigen Schuldner obliegen. Der Schuldner bleibt der Eigentümer der zur Insolvenzmasse gehörenden Gegenstände. Er bleibt Steuerrechtssubjekt i.S.d. §§ 33 und 43 AO und Unternehmer im umsatzsteuerlichen Sinne. 1109

Die steuerlichen Pflichten ergeben sich im Einzelnen aus der AO, §§ 90, 93 ff., 117 ff., 140 f., 149 ff. AO sowie aus dem UStG, § 22 UStG. Dabei handelt es sich um Steuererklärungspflichten, Buchführungs- und Aufzeichnungspflichten sowie Auskunfts-, Anzeige- und Nachweispflichten. Zu den Steuererklärungspflichten des Insolvenzverwalters: *Onusseit* ZInsO 2000, 363; *Lorenz* StW 2003, 164; *Maus* ZInsO 1999, 683; *Waza* NWB F 2, 8237; *Busch/Winkens* ZInsO 2009, 2173. 1110

§ 155 InsO begrenzt die Pflichten des Insolvenzverwalters zeitlich auf die Dauer des Insolvenzverfahrens (*Maus* ZInsO 2005, 363). 1111

Der Insolvenzverwalter hat die steuerlichen Pflichten des Schuldners jedoch nur insoweit zu erfüllen, als seine Verfügungsbefugnis reicht. Soweit Besteuerungsgrundlagen den insolvenzfreien Bereich betreffen, insbesondere Umsätze bzw. Einkünfte aus dem nach § 35 Abs. 2 AO freigegebenen oder pfändungsfreien Vermögen, ist daher nicht der Insolvenzverwalter, sondern der Schuldner zur Erklärung verpflichtet, z.B. zur Abgabe von Umsatzsteuererklärungen für das freigegebene Unternehmen. Entsprechendes gilt für die Erklärung zu Besteuerungsgrundlagen, die den mit dem Schuldner zusammenveranlagten Ehegatten/Lebenspartner betreffen (*AEAO* § 251 Nr. 4.2 Abs. 2). 1112

Die insolvenzrechtlichen Buchführungs- und Aufzeichnungspflichten, insbesondere § 153 InsO, wonach der Insolvenzverwalter eine Vermögensübersicht zu erstellen hat und § 66 InsO, die Verpflichtung zur Schlussrechnungslegung treten dabei neben die steuerlichen Buchführungs- und Bilanzierungspflichten. 1113

Insbesondere bleiben gem. § 155 InsO die handelsrechtlichen Buchführungspflichten bestehen. 1114

Insoweit ergibt sich die steuerliche Buchführungspflicht bereits aus § 140 AO. Unabhängig davon besteht in der Insolvenz die Buchführungspflicht nach § 141 AO. 1115

Für den Steuerschuldner ergeben sich gegenüber dem Insolvenzverwalter gem. § 97 Abs. 1 InsO Auskunfts- und Mitteilungspflichten. Eine Verletzung dieser Pflichten kann gem. § 296 Abs. 1 Nr. 5 InsO zur Versagung der Restschuldbefreiung führen (*FG München* ZInsO 2011, 1311). 1116

worden sind, sind sonstige Masseverbindlichkeiten i.S.d. § 55 Abs. 1 Nr. 2 InsO. Sie sind durch Steuerbescheid gegen den Insolvenzverwalter festzusetzen.

10. Nebenforderungen, Säumniszuschläge, Verspätungszuschläge, Zinsen

1102 Säumniszuschläge sind Druckmittel eigener Art, die den Steuerpflichtigen zur rechtzeitigen Zahlung anhalten sollen. Säumniszuschläge enthalten ein Zinselement und sind daher in der Insolvenz den Zinsen gleichzustellen (*BFH* BStBl. II 2003, S. 901). Sie dienen der Abgeltung der durch die nicht fristgerechte Zahlung entstehenden Verwaltungsaufwendungen. Säumniszuschläge sind mit der Steuerforderung anzumelden.

1103 Nach der Abschaffung der Konkursvorrechte für Steuerforderungen spielt die Rangfrage bei den Säumniszuschlägen keine Rolle mehr.

1104 Säumniszuschläge auf Insolvenzforderungen sind nach dem Schreiben des *BMF* (BStBl. I 1998, S. 1500) nachrangige Forderungen gem. § 39 InsO. Säumniszuschläge sind wegen § 240 Abs. 1 Satz 4 AO nicht akzessorisch, da verwirkte Zuschläge von einer Änderung der Steuer auch zugunsten des Steuerpflichtigen nicht berührt werden. Dies gilt auch, wenn die Festsetzung einer Steuer, die Insolvenzforderung ist, während des laufenden Verfahrens aufgehoben wird, ohne dass der Steuerpflichtige oder später dessen Insolvenzverwalter Aussetzung der Vollziehung der Steuerforderung beantragt hatte, obwohl ihm dies möglich gewesen wäre. Eine im vorläufigen Verfahren angeordnete einstweilige Einstellung der Zwangsvollstreckung macht einen Aussetzungsantrag nicht entbehrlich (*BFH* ZIP 2006, 1266).

1105 Die Frage, ob seit der Eröffnung eines Insolvenzverfahrens laufende Säumniszuschläge nicht geltend gemacht werden dürfen, kann nicht in einem vom Insolvenzverwalter angestrengten Verfahren wegen Erlass aus Billigkeitsgründen entschieden werden, sondern nur durch Feststellungsbescheid (*BFH* BStBl. II 2003, S. 901).

1106 Zur Tabelle anzumelden sind weiterhin Verspätungszuschläge sowie die bis zur Eröffnung des Insolvenzverfahrens entstandenen Zinsen (§§ 233 ff. AO) und die Kosten der bisherigen Vollstreckungsmaßnahmen (§§ 337 ff. AO). Zinsen sowie die Kosten, die den einzelnen Insolvenzgläubigern durch ihre Teilnahme am Verfahren erwachsen, gehören gem. § 39 Abs. 1 Nrn. 1 und 2 InsO zu den nachrangigen Insolvenzforderungen, ebenso wie Geldstrafen, Geldbußen, Ordnungsgelder und Zwangsgelder sowie solche Nebenfolgen einer Straftat oder Ordnungswidrigkeit, die zu einer Geldzahlung verpflichten (§ 39 Abs. 1 Nr. 3 InsO; *Buhmann/Woldrich* ZInsO 2004, 1238).

1107 Zur Tabelle angemeldete und bestrittene Säumniszuschläge sind durch Bescheid nach § 251 Abs. 3 AO, in dem gegebenenfalls auch über einen (Teil-)Erlass zu entscheiden ist, festzusetzen (*BFH* BStBl. II 2003, S. 901).

1108 Soweit im Insolvenzverfahren vom Finanzamt steuerliche Nebenleistungen i.S.d. § 3 Abs. 4 AO geltend gemacht werden, gilt Folgendes:
– Die auf die Zeit vor Eröffnung des Insolvenzverfahrens entfallenden Zinsen (§§ 233 bis 237 AO) sind anmeldbare Insolvenzforderungen, danach anfallende Zinsen werden nach § 39 Abs. 1 Nr. 1 InsO nur nachrangig berücksichtigt.
– Verspätungszuschläge, die bis zur Insolvenzeröffnung noch vom Schuldner begründet worden sind, sind anmeldbare Insolvenzforderungen. Ab Insolvenzeröffnung ist der Insolvenzverwalter zur Abgabe von Steuererklärungen verpflichtet. Verspätungszuschläge können nach den allgemeinen Regeln gegen ihn festgesetzt werden.
– Säumniszuschläge auf Insolvenzforderungen sind selbständig neben der Hauptforderung als Insolvenzforderungen anzumelden. Sie sind jedoch allenfalls nur bis zum Tage der Insolvenzeröffnung gerechtfertigt, weil sie danach wegen der Zahlungsunfähigkeit ihren Sinn als Druckmittel verloren haben (*BFH* BStBl. II 1984, S. 415). Sachlich unbillig ist die Erhebung von Säumniszuschlägen insoweit, als dem Steuerpflichtigen die Steuerentrichtung wegen Überschuldung und Zahlungsunfähigkeit unmöglich ist und deshalb die Druckausübung ihren Sinn verliert. In der nach § 227

Ein Insolvenzverwalter ist nicht verpflichtet, dem Finanzamt den Eigentümer eines KFZ zu nennen. Die Mitteilung, dass das Fahrzeug nicht im Eigentum des Insolvenzschuldners steht, reicht aus (*FG Hamburg* 12.12.2012 – 2 K 234/12, n.v.). 1091

8. Investitionszulage

Die Berechtigung zur Inanspruchnahme der Investitionszulage bleibt bei der Eröffnung des Insolvenzverfahrens bestehen. 1092

Die Gewährung einer Investitionszulage setzt i.d.R. voraus, dass das begünstigte Wirtschaftsgut mindestens drei Jahre im Betriebsvermögen verbleibt (vgl. § 19 Abs. 2 BerlFG; §§ 1 Abs. 3 Nr. 1, 2, 4 Abs. 2 Nr. 1, 2 InvZulG). 1093

Wird im Rahmen des Insolvenzverfahrens das begünstigte Wirtschaftsgut durch den Insolvenzverwalter vor Ablauf der Drei-Jahresfrist veräußert, so fordert das Finanzamt die gezahlte Investitionszulage zurück. 1094

Der Rückforderungsanspruch des Finanzamtes ist Insolvenzforderung nach § 38 InsO, weil die begünstigte Investition vom Schuldner vor der Eröffnung des Insolvenzverfahrens vorgenommen worden ist und der Rückforderungsanspruch gem. § 38 InsO begründet war. 1095

Der dreijährige Bindungszeitraum liegt nach Auffassung der Finanzverwaltung (*BMF* EStG Kartei NRW, InvZulG, Nr. 5) auch dann vor, wenn der Anspruchsberechtigte ein begünstigtes Wirtschaftsgut an einen anderen Steuerpflichtigen veräußert, bei dem es ebenfalls Anlagevermögen eines Betriebs oder einer Betriebsstätte im Fördergebiet wird. Ein solcher Fall liegt jedoch nur dann vor, wenn sich der Übergang von einem Anlagevermögen in ein anderes nahtlos vollzieht. 1096

Investitionszulageschädlich ist auch die Überführung eines Wirtschaftsguts in das Umlaufvermögen, wenn der Anspruchsberechtigte das begünstigte Wirtschaftsgut nicht mehr in seinem Anlagevermögen nutzt, es zum Verkauf herrichtet und ausstellt, es allgemein anbietet oder einen Dritten mit der Veräußerung beauftragt. Auch die Aufnahme eines Wirtschaftsguts in einen Veräußerungskatalog aufgrund der Eröffnung eines Insolvenzverfahrens ist investitionszulageschädlich, wenn neben der durch die Aufnahme in den Veräußerungskatalog dokumentierten Veräußerungsabsicht noch andere Maßnahmen hinzutreten, die den Entschluss, das begünstigte Wirtschaftsgut nur noch durch eine Veräußerung zu verwerten, eindeutig erkennen lassen. Dies ist z.B. der Fall, wenn das Wirtschaftsgut seinem bisherigen Wirtschaftskreis entzogen wird. 1097

Unerheblich ist, dass der Rückforderungsanspruch erst aufgrund einer Verwertungshandlung des Insolvenzverwalters entstanden ist. Da der Anspruch auf die Investitionszulage rückwirkend erlischt (§ 5 Abs. 6 InvZulG; § 19 BerlFG), entsteht der Rückforderungsanspruch rückwirkend im Zeitpunkt der Eröffnung des Insolvenzverfahrens. Der Rückforderungsanspruch ist in voller Höhe ohne Abzinsung zur Tabelle anzumelden (für den Konkurs: *BFH* BStBl. II 1978, S. 204). 1098

9. Grundsteuer

Gehören zur Masse land- oder forstwirtschaftliche Grundstücke (§§ 33 ff. BewG), Betriebsgrundstücke (§ 99 BewG) oder Grundstücke i.S.d. § 68 BewG, so sind die Grundsteuern für die Zeit nach Eröffnung des Insolvenzverfahrens sonstige Masseverbindlichkeiten i.S.d. § 55 Abs. 1 Nr. 1 InsO und die vor Eröffnung des Insolvenzverfahrens angefallenen Steuern Insolvenzforderungen. 1099

Nach §§ 38 AO, 9 Abs. 2, 27 Abs. 1 GrStG entsteht die Grundsteuer zum Jahresbeginn für das ganze Jahr und wird auch dann fällig, so dass die Grundsteuer für das Jahr der Eröffnung des Insolvenzverfahrens als Insolvenzforderung zur Tabelle anzumelden ist. Unerheblich ist, dass das Finanzamt erst zu einem späteren Zeitpunkt einen geänderten Steuerbescheid erlässt. 1100

Grundsteueransprüche für die der Eröffnung des Insolvenzverfahrens folgenden Jahre hinsichtlich eines zur Masse gehörenden Grundstücks, die nach Eröffnung des Insolvenzverfahrens begründet 1101

1086 Sie ist durch einen an den Insolvenzverwalter zu richtenden Steuerbescheid festzusetzen unabhängig davon, ob der Entrichtungszeitraum (§§ 6, 11 KfzStG) vor oder nach Eröffnung des Insolvenzverfahrens über das Vermögen des Halters begonnen hat. Zwar entsteht die Steuer bei fortlaufenden Entrichtungszeitraum mit Beginn des jeweiligen Entrichtungszeitraums (§ 6 KraftStG); doch betrifft dies nicht den Kraftfahrzeugsteuertatbestand, sondern die Kraftfahrzeugsteuerschuld. Der kraftfahrzeugsteuerliche Grundtatbestand wird durch das fortlaufende, sich ständig erneuernde Halten des Kraftfahrzeugs verwirklicht, also monats-, unter Umständen tageweise (*BFH* BStBl. II 1973. S. 197; BFH/NV 1998, 86).

1087 Der *BFH* (BStBl. II 2005, S. 309) unterscheidet zwischen der Kfz-Steuer, die tageweise entsteht, und der Kfz-Steuer, die mit Beginn des Entrichtungszeitraumes (grds. ein Jahreszeitraum nach § 11 Abs. 1 KfzStG) entsteht. Er leitet daraus ab, dass vor Verfahrenseröffnung, die mit jedem Kalendertag entstandene Steuer Insolvenzforderung ist, nach diesem Zeitpunkt Masseverbindlichkeit, wenn das Fahrzeug für die Masse genutzt wird, und sich bei Nutzung durch den Schuldner außerhalb des Verfahrens gegen das freie Vermögen richtet. Die Steuer ist entsprechend aufzuteilen. Für den Zeitraum nach Verfahrenseröffnung sind gesonderte Bescheide zu erteilen. Hat der Schuldner dagegen die Kfz-Steuer ordnungsgemäß für den Entrichtungszeitraum gezahlt, so ist für die Zeit nach Verfahrenseröffnung die Steuer gegen den Verwalter festzusetzen. Bis zu diesem Zeitpunkt nicht verbrauchte Steuerzahlungen sind der Masse zu erstatten, wenn das Finanzamt nicht mit Insolvenzforderungen aufrechnen kann oder will. Rechnet es auf, ist für die Zeit nach Verfahrenseröffnung die Steuer erneut zu entrichten. Wegen der damit verbundenen Doppelzahlungsverpflichtung wird die Rechtsprechung kritisiert (*Onusseit* ZInsO 2005, 638; *Looff* ZInsO 2008, 75, *Menn* ZInsO 2009, 1189) zur Kraftfahrzeugsteuerschuld im Insolvenzverfahren nach neuester BFH-Rechtsprechung).

1088 Das Halten eines KFZ ist nach der neuesten *BFH*-Rechtsprechung (ZInsO 2011, 1502 unter Aufgabe der bisherigen Rechtsprechung in BFH/NV 2008, 250 f.) kein geldwertes Recht oder Gut und insoweit kein massezugehöriges Vermögen i.S.v. § 35 InsO. Insoweit ist die Kfz-Steuer keine Masseverbindlichkeit i.S.v. § 55 Abs. 1 Nr. 1 InsO. Dies gilt insbesondere auch für ein nach § 36 Abs. 1 InsO, § 811 Abs. 1 Nr. 5 ZPO unpfändbares Fahrzeug des Schuldners sowie ein nach § 35 Abs. 2 InsO freigegebenes Fahrzeug, das mit der Freigabe in das insolvenzfreie Schuldnervermögen fällt und keine Masseverbindlichkeit begründet; vgl. jedoch *Schleswig-Holsteinisches FG* (EFG 2012, 1382), danach ist die nach Insolvenzeröffnung tageweise entstehende Kfz-Steuer eine Masseverbindlichkeit i.S.d. § 55 Abs. 1 Nr. 1 InsO, wenn das KFZ Teil der Insolvenzmasse ist.

1089 Die nach der Insolvenzeröffnung entstandene KFZ-Steuer für ein Fahrzeug, das als Zubehör bereits vor Insolvenzeröffnung durch Anordnung der Zwangsverwaltung über ein Grundstück beschlagnahmt worden war, ist keine Masseverbindlichkeit i.S.v. § 55 Abs. 1 Nr. 1 InsO und daher nicht gegenüber dem Insolvenzverwalter, sondern gegenüber dem Zwangsverwalter festzusetzen (*BFH* ZInsO 2012, 2250; BStBl. II 2013, S. 131).

1090 Gibt der Insolvenzverwalter ein Kraftfahrzeug aus dem Insolvenzbeschlag frei, so endet seine Steuerschuldnerschaft für die Kraftfahrzeugsteuer des Fahrzeuges erst mit der ordnungsgemäßen Abmeldung bei der Zulassungsstelle (*FG München* EFG 1998, 598). Allein durch die Freigabe des zur Insolvenzmasse gehörenden Fahrzeuges und die Mitteilung der Freigabe an das Finanzamt oder die Zulassungsstelle wird die Steuerpflicht der Insolvenzmasse nicht beendet. Die Kraftfahrzeugsteuer, die nach der ordnungsgemäßen Anzeige an die Zulassungsstelle entstanden ist, ist durch den Schuldner außerhalb des Insolvenzverfahrens aus seinem insolvenzfreien Vermögen zu zahlen. Geleaste Fahrzeuge gehören nicht zur Insolvenzmasse. Der Leasinggeber hat gem. § 47 InsO ein Aussonderungsrecht. Verwendet der Insolvenzverwalter das Kraftfahrzeug jedoch weiterhin für den fortgeführten Betrieb, so hat er die Kraftfahrzeugsteuer bis zur Rückgabe des Fahrzeuges an den Leasinggeber zu entrichten (*BFH* BStBl. III 1954, S. 49). Vom Schuldner sicherungsübereignete Fahrzeuge gehören zur Insolvenzmasse. Der Sicherungsgeber hat insoweit ein Aussonderungsrecht gem. § 166 InsO.

GrEStG grunderwerbsteuerpflichtig. Die auf dem Nachforderungsbetrag lastende Grunderwerbsteuer ist eine sonstige Masseverbindlichkeit i.S.d. § 55 Abs. 1 Nr. 1 InsO und durch Steuerbescheid gegenüber dem Insolvenzverwalter geltend zu machen (*BFH* BStBl. II 1994, S. 817).

Zu beachten ist, dass im Fall der Verwertung eines Grundstücks durch den Insolvenzverwalter zugunsten eines absonderungsberechtigten Grundpfandgläubigers das Zubehör gem. §§ 1120, 1192 BGB mithaftet, steuerrechtlich fällt jedoch bezüglich des Grundstücks i.d.R. Grunderwerbsteuer an, während die Veräußerung des Zubehörs Umsatzsteuer auslöst. 1078

Eine andere Beurteilung ergibt sich jedoch, wenn der Insolvenzverwalter gem. § 9 UStG auch hinsichtlich der Grundstücksverwertung zur Umsatzsteuer optiert. 1079

Bei Verschmelzungen und übertragenden Umwandlungen liegt eine Befreiung von der Grunderwerbsteuer vor, soweit die wirtschaftliche Identität der Eigentümer im Wesentlichen gewahrt bleibt. 1080

Im Rahmen von vorinsolvenzlichen Sanierungsmaßnahmen wird häufig Grundvermögen von einer krisenbelasteten Gesellschaft auf eine neue Erwerbergesellschaft übertragen. Sofern in diesen Fällen die durch Immobilientransaktionen vor Eröffnung des Insolvenzverfahrens begründete Umsatzsteuer zur Tabelle angemeldet und durch den Insolvenzverwalter anerkannt worden ist, besteht ein Rechtsanspruch gegenüber der Finanzbehörde auf Erteilung einer grunderwerbsteuerlichen Unbedenklichkeitsbescheinigung i.S.d. § 22 Abs. 2 Satz 2 GrEStG. Das Finanzamt kann die Erteilung einer Unbedenklichkeitsbescheinigung nicht von der Zahlung der Grunderwerbsteuer aus der Masse abhängig machen, da das Finanzamt nur einen Anspruch auf Befriedigung als Insolvenzforderung, nicht als Masseforderung hat (*FG Brandenburg* EFG 2000, 1198). 1081

Mit Eröffnung des Insolvenzverfahrens verlieren die noch nicht erfüllten Ansprüche auf Grundstücksübertragung ihre Durchsetzbarkeit. Die Umänderung der Erfüllungsansprüche in Schadensersatz wegen Nichterfüllung erfolgt erst dann, wenn der Gläubiger neben der Erfüllungsablehnung durch den Insolvenzverwalter nach § 103 Abs. 2 Satz 1 InsO auch seine Forderung mit der Anmeldung zur Tabelle geltend macht (*BFH* ZIP 2007, 976). Dies ist steuerrechtlich die Voraussetzung für die Aufhebung des Grunderwerbsteuerbescheides nach § 16 Abs. 1 Nr. 2 GrEStG. 1082

7. Kraftfahrzeugsteuer

Die Kraftfahrzeugsteuer entsteht nach § 6 KfzStG mit Beginn des Entrichtungszeitraumes und wird dann gem. § 11 Abs. 1 KfzStG auch fällig. Gehört ein Kfz zur Masse, bleibt der Schuldner für die Zeit nach Eröffnung des Insolvenzverfahrens Halter. Die unbefristete Kraftfahrzeugsteuerpflicht wird durch die Eröffnung des Insolvenzverfahrens nicht unterbrochen. Die vor Eröffnung des Insolvenzverfahrens fällig gewordene Kraftfahrzeugsteuer ist Insolvenzforderung und zur Tabelle anzumelden. Dies gilt vor allem für die zu Beginn des Eröffnungsjahres entstehende KfzSt. 1083

Die nach der Eröffnung des Insolvenzverfahrens entstehende Kraftfahrzeugsteuer gehört zu den sonstigen Masseverbindlichkeiten nach § 55 Abs. 1 Nr. 1 InsO und ist vom Insolvenzverwalter aus der Masse zu entrichten, wenn das Fahrzeug, für dessen Halten die Kfz-Steuer geschuldet wird, Teil der Insolvenzmasse ist. 1084

Masseverbindlichkeiten liegen nur insoweit vor, wenn ein Massegegenstand verwaltet wird und daraus eine Steuerverbindlichkeit entsteht. Die Freigabe der selbständigen Tätigkeit des Insolvenzschuldners nach § 35 Abs. 2 InsO durch den Insolvenzverwalter ist für die Beurteilung der Kfz-Steuer als Masseverbindlichkeit oder insolvenzfreie Verbindlichkeit ohne Bedeutung, wenn sie keine Auswirkungen auf die Massezugehörigkeit eines im Zeitpunkt der Insolvenzeröffnung vorhandenen Fahrzeuges hat (*BFH* 08.09.2011 – II R 54/10; entgegen *BFH* BFH/NV 2008, 250, wonach die nach Insolvenzeröffnung entstandene Kfz-Steuer unbeschadet einer vom Insolvenzverwalter ausgesprochenen Freigabe des Fahrzeuges Masseverbindlichkeit i.S.v. § 55 Abs. 1 Nr. 1 InsO ist, solange die Steuerpflicht wegen der verkehrsrechtlichen Zulassung des Fahrzeugs auf den Schuldner noch andauert). 1085

l) Haftung des Unternehmers gemäß § 25d UStG

1072 Durch das Steuerverkürzungsbekämpfungsgesetz (StVBG) vom 19.12.2001 (BGBl. I S. 3922) wurde zum Schutz der steuerehrlichen Unternehmer vor Wettbewerbsverzerrungen in § 25d UStG eine Haftung des Unternehmers für schuldhaft nicht abgeführte Umsatzsteuer eingeführt. Danach haftet der Unternehmer für die Steuer aus einem vorangegangenen Umsatz, soweit diese in einer Rechnung des § 14 UStG ausgewiesen wurde; der Aussteller der Rechnung entsprechend seiner vorgefassten Absicht die ausgewiesene Steuer nicht entrichtet oder sich vorsätzlich außer Stande gesetzt hat, die ausgewiesene Steuer zu entrichten und den Unternehmer bei Abschluss des Vertrages über seinen Eingangsumsatz in Kenntnis gesetzt hatte.

1073 Der Haftungstatbestand soll vor allem Umsatzsteuerbetrug durch Karussellgeschäfte bekämpfen, gilt jedoch seinem Wortlaut nach auch für die Abwicklung masseärmer Insolvenzverfahren (§ 208 InsO) für die Abnehmer eines unfreiwillig insolvent gewordenen Lieferanten. Hat der Erwerber Kenntnis von der Massearmut und der sich daraus ergebenden Rechtsfolgen, haftet er gem. § 25d UStG für die vom Verwalter nicht abgeführte Umsatzsteuer. Er hat damit trotz der Möglichkeit des Vorsteuerabzuges den Bruttopreis zu entrichten. Diese Rechtsfolge steht jedoch in Widerspruch zu dem mit § 25d UStG verfolgten Zweck kriminelle Machenschaften zu bekämpfen (vgl. *Onusseit* ZInsO 2002, 1005). Die Überlegungen zu Sinn und Zweck des § 25d UStG dürfte seine Anwendbarkeit im Fall der Massearmut ausschließen, bei denen die vorgefasste Absicht des Verwalters, die ausgewiesene Steuer nicht zu entrichten, regelmäßig feststellbar sein wird (*BFH* ZIP 2008, 932; vgl. *de Weerth* ZInsO 2008, 613). In Insolvenzfällen kann nicht generell davon ausgegangen werden, dass der spätere Insolvenzschuldner die Absicht hat, die von ihm in einer Rechnung ausgewiesene Umsatzsteuer nicht zu entrichten. Insoweit liegt die Darlegungs- und Feststellungslast bei dem für den Haftungsbescheid zuständigen Finanzamt (*BFH* ZInsO 2008, 620; vgl. dazu *de Weerth* ZInsO 2008, 613). Erwirbt ein Erwerber von einer Person, über deren Vermögen ein Insolvenzverfahren anhängig ist, Gegenstände mit Umsatzsteuer und führt der vorläufige Insolvenzverwalter mit Zustimmungsvorbehalt diese Umsatzsteuer nicht an das Finanzamt ab, so haftet der Erwerber nicht gegenüber dem Finanzamt für die nicht abgeführte Umsatzsteuer (*BFH* ZIP 2008, 923 ff.).

6. Grunderwerbsteuer

1074 Die Grunderwerbsteuer ist als Insolvenzforderung i.S.d. § 38 InsO begründet, wenn ein der Grunderwerbsteuer unterliegender Erwerbsvorgang vor der Eröffnung des Insolvenzverfahrens verwirklicht worden ist. Das Gleiche gilt, wenn der Insolvenzverwalter nach § 103 InsO sich für die Erfüllung eines vom Schuldner im letzten Jahr vor der Eröffnung des Insolvenzverfahrens abgeschlossenen Grundstückskaufvertrages entscheidet. In diesem Fall ist die Grunderwerbsteuer bereits vor der Eröffnung des Insolvenzverfahrens begründet (für den Konkurs: *BFH* BStBl. II 1978, S. 204).

1075 Lehnt der Insolvenzverwalter die Erfüllung des vor Verfahrenseröffnung abgeschlossenen Kaufvertrages nach § 103 InsO ab, so ist der dadurch entstehende Grunderwerbsteuererstattungsanspruch vor Eröffnung des Insolvenzverfahrens begründet, jedoch noch nicht entstanden. Hat der spätere Schuldner die Grunderwerbsteuer aus seinem Vermögen vor Eröffnung des Insolvenzverfahrens gezahlt, ist die Grunderwerbsteuer an die Masse zu erstatten (für den Konkurs: *BFH* BStBl. II 1979, S. 639).

1076 Entsteht die Grunderwerbsteuer gem. § 14 GrEStG erst nach Eröffnung des Insolvenzverfahrens, weil sie vom Eintritt einer Bedingung abhängt oder eine Genehmigung erteilt werden muss, so ist sie dennoch schon mit Abschluss des Erwerbsgeschäfts begründet, weil ihre Entstehung nicht mehr von einer persönlichen Handlung des Schuldners abhängt.

1077 Hat der Schuldner ein Grundstück veräußert und wird der schon vor Eröffnung des Insolvenzverfahrens abgewickelte Kaufvertrag vom Insolvenzverwalter angefochten, so muss die Grunderwerbsteuer gem. § 143 InsO zur Insolvenzmasse zurückgewährt werden. Leistet der Erwerber daraufhin ein zusätzliches Entgelt, um die relative gegenüber den Konkursgläubigern bestehende Unwirksamkeit des Erwerbsvorganges zu beseitigen, ist die überschießende Gegenleistung nach § 9 Abs. 2 Nr. 1

Wird über das Vermögen des leistenden Unternehmens das Insolvenzverfahren eröffnet, können Steuerbeträge nicht mehr festgesetzt werden, das Steuerfestsetzungsverfahren wird unterbrochen. Ist die USt, für die eine Haftung nach § 13c UStG in Betracht kommt, durch den Insolvenzverwalter bzw. den Insolvenzschuldner für Zeiträume vor Eröffnung des Insolvenzverfahrens angemeldet worden, gilt die USt nach § 41 Abs. 1 InsO insoweit als fällig i.S.d. § 13c UStG. Entsprechendes gilt, wenn die USt von Amts wegen zur Insolvenztabelle angemeldet worden ist. Hierbei ist es unerheblich, ob der Insolvenzverwalter der Anmeldung widerspricht. Nur in Fällen der Aussetzung der Vollziehung ist keine Fälligkeit i.S.d. § 13c UStG gegeben. Von einer Nichtentrichtung der Steuer ist auch dann auszugehen, wenn eine Insolvenzquote zu erwarten ist. Wird tatsächlich eine Zahlung durch den Insolvenzverwalter auf die angemeldete USt geleistet, ist ein rechtmäßiger Haftungsbescheid zugunsten des Haftungsschuldners zu widerrufen (zu § 13c UStG, UStAE Abschn. 13c Abs. 17). Die Finanzverwaltung hat bisher vertreten, dass ein Abtretungsempfänger nicht haftet, soweit der dem abgetretenen Unternehmen den Nennbetrag der Forderung frei verfügbar ausgezahlt hat (UStAE Abschn. 13c 1 Abs. 27 Satz 1 und 2). Dem hat der BFH aber widersprochen, denn der Abtretungsempfänger könne mit enthaltender Wirkung auf die abgetretenen Forderungen gemäß § 13c Abs. 2 Satz UStG i.V.m. § 48 Abs. 1 AO zahlen. Tut er dies nicht, soll der Abtretungsempfänger nach § 13c UStG haften. 1068

Die von einem Insolvenzverwalter nach den §§ 129 ff. InsO erklärte Anfechtung einer Forderungsabtretung führt nicht dazu, dass die ursprüngliche Abtretungsvereinbarung rückwirkend als nichtig anzusehen ist, bzw. die für den Erlass eines auf § 13c UStG gestützten Haftungsbescheides notwendige Vereinnahmung der Forderung entfiele (*BGH* ZInsO 2006, 1217). Die Voraussetzungen des § 13c UStG liegen jedoch dann nicht vor, wenn der Haftungsbescheid zu einem Zeitpunkt erlassen wurde, an dem die Forderungsabtretung vom Insolvenzverwalter bereits wirksam angefochten und die verrechneten Beträge an die Masse zurückgeführt wurden, weil sie in diesem Fall in wirtschaftlicher Hinsicht nicht vom Abtretungsempfänger vereinnahmt worden sind. Ist die Inanspruchnahme durch Haftungsbescheid zu einem früheren Zeitpunkt erfolgt, kann das Finanzamt einen Haftungsbescheid gem. § 13c UStG erlassen, möglicherweise ist in diesen Fällen ein Widerruf des Haftungsbescheides aus sachlichen Billigkeitsgründen möglich (vgl. *Waza/Uhländer/Schmittmann* Rn. 2355). hat der Abtretungsempfänger Beträge an den Insolvenzverwalter, z.B. nach einem Vergleich zurückerstattet, so besteht in Höhe der rückerstatteten Beträge kein Grund mehr an der Haftung des Abtretungsempfängers festzuhalten. In diesem Fall beruhen die Steuerrückstände nicht mehr auf der Vereinnahmung der Bruttoforderung durch den Abtretungsempfänger (vgl. *FG Düsseldorf* EFG 2012, 2169). 1069

Bei Kettenabtretungen wird gem. § 13c Abs. 1 Satz 3 UStG fingiert, dass der erste Abtretungsempfänger die Forderung in voller Höhe erlöst hat und damit für den vollen Betrag der in der Forderung enthaltenen USt haftet. 1070

Dies gilt auch, soweit die Forderungsverwertung der Sicherheiteninhaber in der Weise geschieht, dass sie sich in einer Pool GbR zusammenschließen und ihre Sicherungsrechte, die abgetretene Forderung an den Pool weiter abtreten. In diesem Fall gilt nach § 13c Abs. 1 Satz 3 UStG für die ursprünglichen Abtretungsempfänger die Fiktion, dass sie die Forderung in voller Höhe realisiert haben und damit für die USt aus den abgetretenen Forderungen in voller Höhe haften. Dieses Ergebnis lässt sich dadurch umgehen, dass der Sicherheiteninhaber sich lediglich schuldrechtlich verpflichtet, die an ihn abgetretene Forderung an den Pool weiter abzutreten und den Pool weiter ermächtigt die Forderung im Namen der Forderungsinhaber einzutreiben. Der gesetzgeberische Zweck der Regelung des § 13c UStG ist, das USt-Aufkommen für Umsätze in der Insolvenz zu sichern, gleichgültig, ob es sich bei der USt um Masseschulden oder um Insolvenzforderungen handelt. Es ist streitig, inwieweit § 13c UStG gegen Europarecht verstößt und auch für Globalzessionen gilt, die vor dem 07.11.2003 vereinbart worden sind. Die Anwendung auf Alt-Zessionen wurde vom BFH abgelehnt (*BFH* BStBl. II 2010, S. 520). 1071

der Fall wie im Regelfall und wird dem Schuldner insbesondere kein allgemeines Verfügungsverbot auferlegt, so hat die Bestellung eines vorläufigen Insolvenzverwalters nur dann Einfluss auf die organisatorische Eingliederung, wenn aufgrund der tatsächlichen Umstände der vorläufige Insolvenzverwalter einen vom Willen des Organträgers abweichende Willensbildung bei der Organgesellschaft durchsetzen kann. Dies kann dann angenommen werden, wenn der vorläufige Insolvenzverwalter die Kassenführungsbefugnis gem. § 275 Abs. 2 InsO an sich zieht, der Organgesellschaft verboten ist, ohne Zustimmung des vorläufigen Insolvenzverwalters Verbindlichkeiten einzugehen (§ 275 Abs. 1 InsO) und auch übrige Rechtsgeschäfte der Organgesellschaft weitgehend der Zustimmung des vorläufigen Insolvenzverwalters bedürfen (*OFD Hannover* UR 1999, 462). Für die Frage einer umsatzsteuerlichen Organschaft ist insoweit allein auf die rechtlichen Befugnisse abzustellen, die dem Insolvenzverwalter durch den Beschluss des Insolvenzgerichts eingeräumt werden. Ohne Bedeutung ist ein davon abweichendes tatsächliches Verhalten des vorläufigen Insolvenzverwalters durch Geschäftsanmaßung (*BFH* UR 2007, 809).

1061 Bestellt das Insolvenzgericht für die Organgesellschaft einen vorläufigen Insolvenzverwalter und ordnet es zugleich gem. § 21 Abs. 2 Nr. 2 2. Alt. InsO an, dass Verfügungen nur noch mit Zustimmung des vorläufigen Insolvenzverwalters wirksam sind, endet die organisatorische Eingliederung.

1062 Der Vorsteuerberichtigungsanspruch nach § 17 Abs. 2 Nr. 1, Abs. 1 UStG entsteht mit der Bestellung des vorläufigen Insolvenzverwalters mit Zustimmungsvorbehalt. Endet zugleich die Organschaft, richtet sich der Vorsteuerberichtigungsanspruch für Leistungsbezüge der Organgesellschaft, die unbezahlt geblieben sind, gegen den bisherigen Organträger (*BFH* BFH/NV 2013, 1747).

1063 Zur organisatorischen Eingliederung einer Organgesellschaft, wenn die Verwaltung- und Verfügungsmacht zwar nicht vollständig auf den vorläufigen Verwalter übertragen wird, aber faktisch für den gesamten, noch verbleibenden operativen Geschäftsbetrieb übergeht (*BFH* ZIP 2011, 2411).

1064 Mit der Beendigung der Organschaft sind die bisherigen Mitglieder des Organkreises umsatzsteuerlich selbständige Unternehmer. Für Umsätze aus der Zeit des Bestehens der Organschaft bleibt diese bestehen. Dies gilt auch für Vorsteuerberichtigungsansprüche nach § 17 Abs. 2 Nr. 1 UStG wegen Uneinbringlichkeit von Lieferantenforderungen gegen die Organgesellschaft, soweit die geschuldeten Entgelte noch zur Zeit des Bestehens der Organschaft uneinbringlich werden (*BFH* BFH/NV 2004, 236; UR 2002, 429).

j) Geschäftsveräußerung im Ganzen

1065 Veräußert der Insolvenzverwalter die Insolvenzmasse als Ganzes an einen Abnehmer, so kann eine nicht steuerbare Geschäftsveräußerung im Ganzen gem. § 1 Abs. 1a UStG vorliegen. Der Insolvenzschuldner oder -verwalter ist in diesem Fall verpflichtet, dem Erwerber die für den Nachweis gem. § 15a UStG notwendigen Angaben zu machen.

k) Steuerhaftung des Abtretungsempfängers nach § 13c UStG und § 25d UStG

1066 Nach § 13c UStG kann im Falle der Insolvenz des abtretenden Unternehmers der Abtretungsempfänger in Höhe der beim Insolventen ausstehenden Umsatzsteuer von der Finanzverwaltung in Haftung genommen werden. Begrenzt ist diese Haftung auf die in den tatsächlich vereinnahmten Beträgen enthaltene Umsatzsteuer. Hierdurch wird das Insolvenzrisiko von der Finanzverwaltung auf den Abtretungsempfänger einer Forderung verlagert.

1067 ▶ **Beispiel:**

A verkauft an B Textilien im Werte von 10.000 € zuzüglich 19 % Umsatzsteuer. Diese Forderung in Höhe von insgesamt 11.900 € tritt A an das Kreditinstitut K ab. A stellt einen Insolvenzantrag und führt die USt in Höhe von 1.900 € nicht an das Finanzamt ab. Das Kreditinstitut zieht daraufhin die Forderung in Höhe von 11.900 € von B ein. Gemäß § 13c UStG haftet K in Höhe der Umsatzsteuer von 1.900 € gegenüber dem Finanzamt. Für die Haftungsinanspruchnahme des K gibt es kein Ermessen der Finanzverwaltung (§ 13c Abs. 2 S. 2 UStG).

keinen qualitativen Unterschied macht, durch welche Person seitens des Organträgers, Geschäftsführer oder Insolvenzverwalter, sie dominiert wird. Insoweit ist die Organgesellschaft auch in Fällen wirtschaftlicher Problemlagen des Organträgers unverändert in dessen Unternehmen organisatorisch eingegliedert. Es ändert sich nichts an der Abhängigkeit des Organs vom Organträger, sondern nur an der personellen Zuständigkeit für die Willensbildung innerhalb des Organträgers. Nach der neuen Rechtsprechung des BFH ist davon auszugehen, dass bei der Insolvenz des Organträgers die Organschaft in jedem Fall endet (*BFH* 15.12.2016 – V R 14/16). Nicht entschieden ist aber, ob und unter welchen Prämissen die Organschaft durch die Eröffnung des vorläufigen Verfahrens endet. Es ist aber davon auszugehen, dass die Bestellung eines starken Verwalters die Organschaft entfallen lässt. In den Fällen der Eigenverwaltung wird das Fortbestehen der Organschaft von dem Kompetenzumfang des Sachwalters abhängen, ob diesem mehr Kompetenzen als reine Prüfungs- und Überwachungskompetenzen nach § 274 Abs. 2 InsO zukommen (*de Weerth* NZI 2017, 360, 364).

Stellt sich nach Verfahrenseröffnung heraus, dass die Insolvenzgesellschaft irrtümlich selbst zur Umsatzsteuer veranlagt wurde, obwohl sie in einen inzwischen nicht mehr existenten Organträger eingegliedert war, verstößt die Geltendmachung eines daraus resultierenden Erstattungsanspruches durch den Verwalter nicht ohne weiteres gegen Treu und Glauben (*BFH* BStBl. II 2002, S. 330). 1055

Wird im Rahmen einer übertragenden Sanierung eine Auffanggesellschaft oder eine sonstige Hilfsgesellschaft gegründet, so ist diese bei Vorliegen der finanziellen Eingliederungsvoraussetzungen i.d.R. als Organgesellschaft der insolventen Organträgergesellschaft anzusehen (*BFH* BStBl. II 2002, S. 373). Ist der maßgebliche Einfluss des Insolvenzverwalters sichergestellt, so beginnt die Organschaft bereits vor Aufnahme der Geschäftstätigkeit der Auffanggesellschaft (*BFH* BStBl. II 2002, S. 373). 1056

cc) Insolvenz von Organträger und Organgesellschaft

Das Organschaftsverhältnis endet i.d.R. auch dann, wenn über das Vermögen des gesamten Organkreises, des Organträgers und der Organgesellschaft das Insolvenzverfahren eröffnet wird. Endet die Organschaft, so werden die bisherigen Tochtergesellschaften zu selbstständigen Unternehmern und Umsatzsteuersubjekten. Wird über das Vermögen von Organträger und Organgesellschaften das Insolvenzverfahren eröffnet, endet ebenfalls das Organschaftsverhältnis. 1057

Sofern über das Vermögen des Organträgers und der Organgesellschaft gleichzeitig das Insolvenzverfahren eröffnet wird, wurde zwischen zwei Fallgestaltungen unterschieden (s. FK-InsO/*Boochs* 8. Aufl. Rn. 1083). 1058

Nach der neuen Rechtsprechung des BFH ist es irrelevant, ob für den Organträger und die Organgesellschaft jeweils der gleiche Insolvenzverwalter oder ein Sachwalter im Rahmen einer Eigenverwaltung bestellt worden ist (*BFH* 15.12.2016 – V R 14/16, ZInsO 2017, 661). In jedem dieser Fälle endet die Organschaft mit der Eröffnung des Insolvenzverfahrens.

Bei einem vorläufigen Insolvenzverwalter ohne Verfügungsbefugnis (§ 22 Abs. 2 InsO) hat das Insolvenzgericht die einzelnen Pflichten des vorläufigen Insolvenzverwalters zu bestimmen. Je nach dem Umfang der auferlegten Pflichten ist im Rahmen des Einzelfalls zu prüfen, ob der Organträger weiterhin seinen Willen in der Organgesellschaft durchsetzen kann oder ob die Organgesellschaft mit der Bestellung des vorläufigen Insolvenzverwalters endet. Bei Bestellung eines schwachen vorläufigen Insolvenzverwalters verbleibt die Verwaltungs- und Verfügungsbefugnis beim Schuldner und insoweit bleibt im Regelfall auch die organisatorische Eingliederung der Organgesellschaft in den Organträger erhalten (*BFH* ZInsO 2004, 618; *Hessisches FG* EFG 2007, 684, anders im Einzelfall, wenn der schwache Verwalter sich de facto wie ein vorläufiger Verwalter mit Verfügungsmacht verhält; *BFH* BFH/NV 2007, 787). 1059

Für einen nach § 21 Abs. 2 InsO bestellten vorläufigen Insolvenzverwalter gelten die gleichen Bedingungen *für die Beendigung des Organschaftsverhältnisses* wie beim Insolvenzverwalter, soweit ihm die Verwaltungs- und Verfügungsbefugnis (§ 22 Abs. 1 InsO) übertragen worden ist. Ist dies nicht 1060

der vormaligen Organgesellschaft als nunmehr selbständiger Unternehmer diese Anzahlungen steuermindernd zu berücksichtigen. Die Umsatzsteuer auf solche Anzahlungen sind nicht dem ursprünglichen Organträger zu erstatten (*BFH* BStBl. II 2002, S. 255).

1049 Umsätze, die von der Organgesellschaft vor Beendigung der Organschaft ausgeführt werden, sind stets dem Organträger zuzurechnen und von diesem zu versteuern, auch wenn die darauf entfallende Umsatzsteuer (z.B. in den Fällen der Ist-Besteuerung oder bei Insolvenz der Organgesellschaft) erst nach Beendigung der Organschaft entsteht (*FG Düsseldorf* EFG 1993, 747). Berichtigungsansprüche nach § 17 UStG, die diese Umsätze betreffen, richten sich ebenfalls ausschließlich gegen den Organträger als leistenden Unternehmer (*OFD Hannover* DStR 2005, 157). Nach Auffassung der Finanzverwaltung steht der Vorsteuerabzug aus Leistungsbezügen vor Beendigung der Organschaft auch dann dem Organträger zu, wenn die Rechnung erst nach Beendigung der Organschaft bei der Organgesellschaft eingeht und von dieser beglichen wird. Vorsteuerberichtigungsansprüche nach § 17 UStG, die diese Leistungsbezüge betreffen, richten sich ebenfalls ausschließlich gegen den Organträger (*BFH* BFH/NV 1992, 140 und BFH/NV 1994, 277). Durch die Bestellung der Organschaft wird der Berichtigungszeitraum nach § 15a UStG nicht unterbrochen.

1050 Wird das Entgelt für eine während des Bestehens einer Organschaft bezogenen Leistung nach Beendigung der Organschaft uneinbringlich, ist der Vorsteuerabzug nicht gegenüber dem bisherigen Organträger, sondern gegenüber dem im Zeitpunkt des Uneinbringlichwerdens bestehenden Unternehmen, der früheren Organgesellschaft zu berichtigen (*BFH* BB 2007, 592).

1051 Bezahlt in einer umsatzsteuerlichen Organschaft die Organgesellschaft kurz vor Eröffnung des Insolvenzverfahrens über ihr Vermögen die Steuerschuld des Organträgers, so ist die Zahlung nach § 134 InsO anfechtbar, wenn die Steuerforderung gegenüber dem Organträger nicht werthaltig (uneinbringlich) war. Hat die Organgesellschaft die Steuerschuld des Organträgers vor Fälligkeit bezahlt, obwohl der Organträger leistungsfähig war, ist diese Zahlung nicht gem. § 131 Abs. 1 Nr. 1 InsO anfechtbar, weil das Finanzamt nicht Insolvenzgläubiger ist (*BFH* ZInsO 2010, 141).

1052 Zieht das Finanzamt in Fällen einer umsatzsteuerrechtlichen Organschaft die der Steuerschuld des Organträgers entsprechenden Beträge auf Grund einer Lastschriftermächtigung vom Konto der Organgesellschaft ein, macht es den steuerrechtlichen Haftungsanspruch aus § 73 AO gegen die Organgesellschaft geltend. Gerät diese in Insolvenz, erlangt das Finanzamt die Zahlung als deren Insolvenzgläubiger. Erbringt der Schuldner einer noch nicht durchsetzbaren steuerrechtlichen Haftungsverbindlichkeit eine Zahlung an das Finanzamt, ist davon auszugehen, dass er dadurch seine Haftungsverbindlichkeit und nicht die ihr zugrunde liegende Steuerschuld des Dritten tilgen will (*BGH* NJW 2012, 1585).

bb) Insolvenz des Organträgers

1053 Die Insolvenz des Organträgers beendet eine umsatzsteuerliche Organschaft, soweit mit der Eröffnung des Insolvenzverfahrens die organisatorische Eingliederung beendet worden ist (*BFH* NZI 1999, 207). Die organisatorische Eingliederung ist mit dem Übergang der Verwaltungs- und Verfügungsrechte auf den Insolvenzverwalter insbesondere dann beendet, wenn sie lediglich auf der Personengleichheit der Geschäftsführer beruht. In Ausnahmefällen kann die organisatorische Eingliederung weiter bestehen insbesondere dann, wenn die organisatorische Eingliederung auf andere Weise bewirkt worden ist z.B. dadurch, dass nach vertraglichen Vereinbarungen bestimmte Entscheidungen der Geschäftsführung bei der Organgesellschaft nur mit Zustimmung des Organträgers getroffen werden können. Da derartige Rechte nach Eröffnung des Insolvenzverfahrens auf den Insolvenzverwalter übergehen, ist das Erfordernis der organisatorischen Eingliederung weiterhin gegeben. Insoweit ist bei Eröffnung des Insolvenzverfahrens entscheidend, auf welche tatsächlichen Umstände sich die Annahme der Organschaft stützt und ob noch Momente einer organisatorischen Eingliederung vorhanden sind.

1054 Nach Ansicht der Finanzverwaltung endet mit der Insolvenzeröffnung über den Organträger nicht notwendigerweise die organisatorische Eingliederung, da es für die organisatorische Eingliederung

In Fällen der Restschuldbefreiung werden Leistungen des eingesetzten Treuhänders gem. § 293 InsO erst nach Beendigung des Insolvenzverfahrens ausgeführt. Entsteht hierbei ein Vorsteuerüberschuss, so kann das Finanzamt diesen uneingeschränkt mit Insolvenzforderungen aufrechnen. 1039

Der Insolvenzverwalter, der gem. § 166 Abs. 1 InsO eine bewegliche Sache freihändig verwertet, tut dies aufgrund der ihm durch die InsO zustehenden Befugnisse. Er handelt weder im Auftrag des absonderungsberechtigten Gläubigers, noch erhält er von diesem seine Verwertungskosten ersetzt. Er erbringt diesem gegenüber mit der Verwertung keine Leistung gegen Entgelt, die Verwertungskosten, die vorweg aus der Masse entnommen werden dürfen, stellen kein Entgelt dar. Die Verwertung ist keine steuerbare Leistung der Masse an den Gläubiger (*BFH* ZInsO 2005, 1214). Das Gleiche gilt für die nach §§ 170, 171 Abs. 1 InsO der Masse zugebilligte Pauschale. 1040

Anders als für die Verwertung beweglicher Sachen sind bei der freihändigen Verwertung eines Grundstücks gesetzliche Kostenbeiträge nicht vorgesehen. Vereinbart insoweit der Verwalter mit dem absonderungsberechtigten Grundpfandgläubiger, dass er das Grundstück für Rechnung des Gläubigers veräußert und vom Erlös einen bestimmten Betrag für die Masse einbehalten darf, führt der Verwalter neben der Grundstückslieferung an den Erwerber (Schuldner der Umsatzsteuer ist gem. § 13b UStG der Erwerber) eine sonstige entgeltliche Leistung (eine Art Vermittlertätigkeit) an den Gläubiger aus. Der für die Masse einbehaltene Betrag ist hier Entgelt für diese umsatzsteuerbare Leistung (vgl. zu den Kostenbeiträgen zur Umsatzsteuerpflicht der Verwertungskostenpauschale § 170 InsO; und eines vereinbarten Masseanteils bei Grundstücksveräußerungen, *Bock* ZInsO 2006, 244). 1041

i) Umsatzsteuerliche Organschaft

aa) Insolvenz der Organgesellschaft

Wird über das Vermögen eines Organträgers oder einer Organgesellschaft (§ 2 Abs. 2 Nr. 2 UStG) das Insolvenzverfahren eröffnet, endet damit die umsatzsteuerliche Organschaft (vgl. *BFH* ZInsO 2017, 661); zur USt-Organschaft zu § 2 UStG Abschn. 2.8 Abs. 12 UStAE; vgl. *Rondorf* INF 2003, 463; *OFD Hannover* DStR 2004, 157). 1042

Mit der Beendigung des Organschaftsverhältnisses scheidet die Organgesellschaft aus dem Organkreis aus und wird zum selbstständigen Umsatzsteuersubjekt. Dies hat zur Folge, dass sie ab dem Zeitpunkt der Eröffnung des Insolvenzverfahrens eigene umsatzsteuerliche Pflichten zu erfüllen hat, wobei die Umsatzsteuer durch den Insolvenzverwalter anzumelden ist. Zahlungsunfähigkeit oder Überschuldung der Organgesellschaft gehen dem Wegfall der Eingliederungsvoraussetzungen durch die Eröffnung eines Insolvenzverfahrens voraus. 1043

Eine für die umsatzsteuerliche Organschaft gem. § 2 Abs. 2 Nr. 2 UStG erforderliche finanzielle Eingliederung liegt bei der Eingliederung einer GmbH in eine Personengesellschaft nicht vor, wenn bei der Beteiligung mehrerer Gesellschafter diese nur gemeinsam über eine Anteilsmehrheit an beiden Gesellschaften verfügen (*BFH* ZInsO 2010, 1334). 1044

Das Organschaftsverhältnis endet dagegen nicht, wenn das Insolvenzverfahren mangels Masse nicht eröffnet wird (*FG München* UR 1992, 378). 1045

Nach der Rechtsprechung des BFH ist es ohne Bedeutung für die Frage der Beendigung der Organschaft, ob ein Regelinsolvenzverfahren oder ein Insolvenzverfahren in Eigenverwaltung angeordnet wird (vgl. *BFH* ZInsO 2017, 661). 1046

Endet die Organschaft durch Eröffnung des Insolvenzverfahrens über das Vermögen der Organgesellschaft, so ist eine Prüfungsanordnung mit dem Ziel einer Rückgängigmachung des zu Unrecht vorgenommenen Vorsteuerabzugs an den bisherigen Organträger zu richten (*FG Rheinland-Pfalz* VR 1989, 220). 1047

Hat ein Organträger Anzahlungen für Leistungen versteuert, die erst nach Beendigung der Organschaft wegen Insolvenz abschließend erbracht werden, sind bei der Steuerfestsetzung gegenüber 1048

h) Vorsteuerabzug aus Rechnungen über eigene Leistungen eines Insolvenzverwalters, Kostenbeiträge nach §§ 170, 171 InsO

1031 Der Insolvenzverwalter wird bei der Verwaltung als selbstständiger Unternehmer tätig und ist insoweit umsatzsteuerpflichtig. Er erbringt mit seiner Geschäftsführung eine sonstige Leistung zugunsten der Masse und damit für das Unternehmen des Schuldners. Die Vergütung des Insolvenzverwalters (§ 64 InsO), inklusive der Umsatzsteuer wird vom Insolvenzgericht durch Beschluss festgesetzt (§ 7 InsVV). Auf der Grundlage dieses Beschlusses hat der Insolvenzverwalter gegenüber dem insolventen Unternehmen eine den gesetzlichen Angaben genügende Rechnung (§ 14 UStG) zu erstellen, in der er Entgelt (§ 10 Abs. 1 Satz 2 UStG) und Umsatzsteuer gesondert auszuweisen hat.

1032 Der Beschluss des Insolvenzgerichts gem. § 64 InsO zur Festsetzung des Vergütungsanspruchs des Insolvenzverwalters ist keine Rechnung eines Dritten i.S.d. § 14 Abs. 2 Satz 4 UStG, die zum Vorsteuerabzug berechtigt (*BFH* BStBl. II 2013, S. 346).

1033 Grundlage der Vergütung des Insolvenzverwalters ist gem. § 63 Abs. 1 Satz 2 InsO der bei Beendigung des Verfahrens ermittelte Wert der Masse; hinzuzurechnen sind Massezuflüsse, die bei Schlussrechnung bereits feststehen. Dazu gehören auch Vorsteuervergütungsansprüche, die sicher festgestellt werden können, auch soweit sein aus der Vorsteuer auf die Vergütung des Verwalters resultieren. Das Insolvenzgericht hat die Vergütung auf Basis der Darlegungen des Verwalters zu ermitteln (*BGH* ZIP 2008, 81). Für den Vorsteuerabzug reicht die gerichtliche Vergütungsfestsetzung unter Ausweisung der Umsatzsteuer aus. Daneben bleibt der Insolvenzverwalter jedoch berechtigt eine Rechnung mit Umsatzsteuerausweis zu erteilen.

1034 Insoweit kann der Schuldner die für die Vergütung des Insolvenzverwalters in Rechnung gestellte Umsatzsteuer als Vorsteuer abziehen (für den Konkurs: *BFH* BStBl. II 1986, S. 578). Ein etwaiger Vorsteuerabzug steht dann der Insolvenzmasse zu.

1035 In einem an den Insolvenzverwalter gerichteten Umsatzsteuerbescheid kann die Vorsteuer nicht bereits deshalb unberücksichtigt bleiben, weil sie auf Leistungen des vorläufigen Insolvenzverwalters vor Eröffnung des Insolvenzverfahrens beruht (*BFH* BStBl. II 1998, S. 634). Rechnet der Insolvenzverwalter erst nach der Insolvenzeröffnung über seine Verwaltungsleistung ab, so steht die Vorsteuerabzugsberechtigung der Insolvenzmasse auch insoweit zu, als dass die Verwaltung auf den Zeitraum der vorläufigen Insolvenz entfällt.

1036 Bei vorläufiger, einfacher oder qualifizierter Insolvenzverwaltung werden die Leistungen des vorläufigen Insolvenzverwalters vor Insolvenzeröffnung ausgeführt. Unerheblich ist dabei der Umstand, dass durch die Handlungen des qualifizierten vorläufigen Insolvenzverwalters Masseverbindlichkeiten gem. § 55 Abs. 2 InsO ausgelöst werden. I.d.R. werden die Leistungen des vorläufigen Insolvenzverwalters erst nach der Insolvenzeröffnung abgerechnet und der Vorsteuerabzug gem. § 15 UStG erst in einem Voranmeldungszeitraum nach Insolvenzeröffnung geltend gemacht. Trotzdem kann das Finanzamt diese Vorsteuer mit Insolvenzforderungen aufrechnen. Ein Vorsteuerabzug setzt das Vorliegen einer Rechnung mit USt-Ausweis voraus. Der unter USt-Ausweis an das Insolvenzgericht gerichtete Antrag auf Vergütungsfestsetzung reicht nicht aus, wenn der Verwalter den Beschluss des Gerichts nicht vorlegt (*FG Nürnberg* Beschl. 20.10.2006 – II 174/2006, JurionRS 2006, 27847).

1037 Wenn der Insolvenzverwalter sein Honorar für sein Tätigwerden als vorläufiger Insolvenzverwalter nicht gesondert, sondern in Form eines Erschwerniszuschlags zum Insolvenzverwalterentgelt abrechnet, ist die Vorsteuer aufzuteilen. Der auf die vorläufige Insolvenztätigkeit entfallende Anteil kann vom Finanzamt mit der Einkommensteuer oder mit anderen Steuern aus der Zeit vor Insolvenzeröffnung verrechnet werden.

1038 Umsatzsteuerfreie Zinseinnahmen führen nicht stets zu entsprechender Kürzung von Vorsteuern; unschädlich sind zinsbringende Geldanlagen des Insolvenzverwalters als Hilfsumsätze bei der Unternehmensabwicklung (*FG Hamburg* EFG 1998, 96).

Steuerpflichtig ist dagegen immer die Lieferung von Zubehörstücken des Grundstücks, z.B. von Maschinen. In der Literatur wird dies für unbillig gehalten (vgl. *Onusseit* ZInsO 2000, 587) und vorgeschlagen die bei der Mitverwertung der zum Hypothekenhaftungsverband gehörenden Gegenstände der Masse von der Umsatzsteuer zu entlasten. Jedoch kann der Insolvenzverwalter nach § 9 Abs. 1 UStG zur Steuerpflicht optieren, wenn der Verzicht auf die Umsatzsteuerbefreiung im Vertrag gem. § 311b Abs. 1 BGB notariell beurkundet wird und es sich um eine Grundstückslieferung außerhalb eines Zwangsversteigerungsverfahrens handelt (§ 9 Abs. 3 Satz 2 UStG). § 9 Abs. 3 Satz 2 UStG bestimmt keine reine Beurkundungspflicht und stellt keine reine Formvorschrift dar. Insbesondere setzt § 9 Abs. 3 Satz 2 UStG voraus, dass die Option zur Steuerpflicht nicht »in einem«, sondern »in dem« gem. § 311b Abs. 1 BGB notariell zu beurkundenden Vertrag, dem Verpflichtungsvertrag, erklärt wird (vgl. *BFH* BB 2016, 413 ff.). Der Verzicht auf eine Steuerbefreiung bietet sich z.B. dann an, wenn durch eine Option ein betragsmäßig höherer Vorsteuerberichtigungsanspruch nach § 15a UStG wegen Änderung der Verhältnisse verhindert werden kann. Die dabei entstehende Umsatzsteuer gehört zu den sonstigen Masseverbindlichkeiten i.S.d. § 55 Abs. 1 Nr. 1 InsO. Das Gleiche gilt, wenn das Grundstück gem. § 49 InsO auf Antrag eines in der Insolvenz absonderungsberechtigten Gläubigers versteigert wird. Insoweit liegt nur eine Lieferung zwischen dem Ersteher und dem Schuldner vor. Auch in diesem Fall führt eine Option des absonderungsberechtigten Gläubigers zur Umsatzsteuer, die gem. § 55 Abs. 1 Nr. 1 InsO sonstige Masseverbindlichkeit ist.

Bei besonderen Fallkonstellationen kann die Option des Insolvenzverwalters zur Umsatzsteuer gem. § 9 UStG nach Ansicht des *BFH* (ZInsO 2003, 276) pflichtwidrig sein und zu einer Haftung gem. § 69 i.V.m. 34 Abs. 3 AO führen (vgl. auch *Onusseit* ZInsO 2003, 304, der die Option nur dann als haftungsbegründend ansieht, wenn der Schuldner selbst nicht hätte optieren dürfen). Neben der Option können auch andere Handlungen und Unterlassungen im Vorfeld haftungsbegründend sein, soweit sie sich auf die Vermögens- und Liquiditätslage der Masse beziehen. 1025

Zur Umsatzsteuer bei der Zwangsversteigerung eines Grundstücks: Die Zwangsversteigerung eines Grundstücks führt umsatzsteuerrechtlich zu einer entgeltlichen Lieferung des Grundstückseigentümers an den Ersteher. Dies gilt aber nicht, wenn eine Geschäftsveräußerung i.S.d. § 1 Abs. 1a UStG vorliegt. Diese setzt kein lebendes Unternehmen voraus (*BFH* ZInsO 2002, 726). 1026

Verzichtet der Insolvenzverwalter gem. § 9 UStG auf die Steuerfreiheit und entsteht damit im Rahmen der Zwangsversteigerung Umsatzsteuer, so ist der Ersteher als Leistungsempfänger Steuerschuldner (§ 13b Abs. 2 Satz 1 Nr. 3 UStG; *Maus* ZIP 2004, 1580; *Ries* ZInsO 2005, 230). Das gilt nicht, wenn der Ersteher kein Unternehmer ist. Unerheblich ist, wer das Zwangsversteigerungsverfahren betreibt. In Optionsfällen gem. § 9 UStG ist der Versteigerungserlös als Nettobetrag bei der Berechnung der Umsatzsteuer im Abzugsverfahren zugrunde zu legen (*FinMin Bayern* UR 1998, 84). 1027

Nicht dem Abzugsverfahren unterliegt der freihändige Verkauf eines Grundstücks durch den Insolvenzverwalter. Die aus dieser Lieferung entstehende Umsatzsteuer gehört gem. § 55 Abs. 1 InsO zu den sonstigen Masseverbindlichkeiten. Eine Auskehrungspflicht der Umsatzsteuer gem. § 170 Abs. 1 InsO besteht bei Grundstücken nicht. Diese Unterscheidung zwischen freihändiger Verwertung und Zwangsversteigerung wird in der Literatur als nicht gerechtfertigt angesehen (*Onusseit* ZInsO 2000, 587). 1028

Im Fall der Veräußerung der Insolvenzmasse an einen Abnehmer kann eine nicht umsatzsteuerbare Geschäftsveräußerung im Ganzen gem. § 1 Abs. 1a UStG vorliegen (vgl. *Schmittmann* ZInsO 2006, 1299). 1029

Soweit der Insolvenzverwalter in den Fällen des freihändigen Grundstücksverkaufs in entsprechender Vereinbarung mit den Grundpfandgläubigern Massekostenbeiträge einbehalten hat, handelt es sich bei diesen Beträgen nach der BFH-Rechtsprechung um Bruttoentgelte für umsatzsteuerpflichtige Geschäftsbesorgungsleistungen des Insolvenzverwalters an die Gläubigerbanken. 1030

einer vorgefassten Meinung die Umsatzsteuer nicht entrichtete und der Erwerber hiervon Kenntnis hatte oder zumindest hätte haben müssen.

ll) Veräußerung eines sicherungsübereigneten Gegenstandes durch einen starken vorläufigen Insolvenzverwalter

1020 Veräußert der starke vorläufige Insolvenzverwalter einen sicherungsübereigneten Gegenstand, so liegt nur ein Einfachumsatz vor (*OFD Frankfurt* ZInsO 2007, 1040 Rn. 2.1.1). Die Umsatzsteuer wird nach Insolvenzeröffnung vom Sicherungsgeber als Masseschuld geschuldet.

mm) Einziehung einer sicherungsübereigneten Forderung

1021 Im Gegensatz zu der Verwertung von Sachen durch den Sicherungsnehmer findet bei der Einziehung einer sicherungshalber abgetretenen Forderung kein doppelter Umsatz statt, denn die Lieferung oder sonstige Leistung, aus der die Forderung entstanden ist, hatte der Sicherungsgeber bereits vor Eröffnung des Insolvenzverfahrens bewirkt. Der Sicherungsnehmer zieht die Forderung lediglich ein, wenn die gesicherte Forderung fällig ist und der Sicherungsgeber in Verzug ist (vgl. *Lippross* SteuK 2010, 8, 11). Der eingezogene Betrag steht, soweit keine abweichende Vereinbarung getroffen wurde, in vollem Umfang dem Sicherungsnehmer zu, da die Umsatzsteuer zivilrechtlicher Bestandteil der Forderung ist. Der Insolvenzverwalter hat nach Abzug von Feststellungs- und Verwertungskosten den Zessionserlös an den Zessionar auszukehren, der Zessionar anschließend die Forderungsanmeldung zurückzunehmen. Nach Einführung der USt-Haftungsnorm des § 13c UStG ist unklar, inwieweit diese Norm gemeinschaftskonform ist und ob sie auch für Globalzessionen gilt. Die Anwendung von § 13c UStG auf Alt-Zessionen wurde vom FG München abgelehnt (*FG München* EFG 2007, 961, bestätigt durch *BFH* BStBl. II 2010, 520).

nn) Immobiliarverwertung im Rahmen einer Insolvenz

1022 Bei der Immobiliarverwertung im Rahmen einer Insolvenz steht dem Inhaber des Grundpfandrechts ein Absonderungsrecht nach § 49 InsO zu. In den Verband der Hypothekenhaftung nach § 1120 BGB fallen neben dem Grundstück selbst die im Eigentum des Grundstückseigentümers bleibenden Erzeugnisse sowie wesentliche und nicht wesentliche Bestandteile des Grundstücks (§§ 93, 94, 99 BGB) und das Zubehör nach § 97 BGB.

1023 Der Insolvenzverwalter erbringt für den Grundpfandgläubiger eine sonstige Leistung i.S.v. § 3 Abs. 9 Satz 1 UStG, wenn er eine Immobilie der Insolvenzmasse im Interesse und im Auftrag des Grundpfandgläubigers oder mit dessen Zustimmung veräußert. Damit besorgt er ein fremdes Geschäft und bewirkt damit eine steuerbare Leistung. Die Regelung des § 4 Nr. 9a UStG ist in diesem Fall auch dann nicht anwendbar, wenn der Insolvenzverwalter die Immobilie für Rechnung der Masse direkt an den Käufer veräußert (*BFH* ZInsO 2011, 1904). Mit demselben Urteil hat der BFH seine bisherige Rechtsprechung (*BFH* ZInsO 2005, 813 und ZInsO 2005, 1214) zu § 170 InsO aufgegeben. Danach soll die freihändige Verwertung von beweglichem Sicherungsgut eine steuerbare Leistung durch den Insolvenzverwalter darstellen. Zugunsten des absonderungsberechtigten Sicherungsgebers waren nach der bisherigen h.M. die Verwertungskostenbeträge gem. §§ 170, 171 InsO zugunsten der Masse keine Vergütungen für Leistungen des Insolvenzverwalters, sondern gesetzlich festgelegte Beiträge zu Lasten des Absonderungsberechtigten und von der USt freigestellt.

1024 Gem. § 165 InsO kann der Insolvenzverwalter beim zuständigen Gericht die Zwangsversteigerung eines zur Insolvenzmasse gehörenden Grundstücks betreiben, auch wenn an dem Grundstück ein Absonderungsrecht besteht. Mit der Zwangsversteigerung des Grundstücks wird durch den Eigentümer des Grundstücks eine steuerbare Grundstückslieferung ausgeführt. Das Grundstück scheidet mit Erteilung des Zuschlags nach § 90 ZVG im Wege der entgeltlichen Lieferung i.S.d. § 1 Abs. 1 Nr. 1 UStG aus der Masse aus. Durch den Zuschlag wird der Ersteher Eigentümer des Grundstücks und der Zubehörstücke. Die umsatzsteuerliche Grundstückslieferung vollzieht sich zwischen dem Grundstückseigentümer und dem Ersteher. Die Lieferung ist grds. nach § 4 Nr. 9a UStG steuerfrei.

jj) Freigabe des Sicherungsgutes durch den vorläufigen Insolvenzverwalter

Für den Fall, dass ein vorläufiger Insolvenzverwalter eingesetzt wurde (§ 21 Abs. 2 Nr. 1 InsO) und sicherungsübereignete Gegenstände vorhanden sind, hat zunächst der Sicherungsnehmer die Verwertungsbefugnis. Dabei ist entscheidend, ob die Verwertung durch einen starken Insolvenzverwalter mit Verwaltungs- und Verfügungsbefugnis für das gesamte Schuldnervermögen erfolgt oder durch einen schwachen vorläufigen Insolvenzverwalter ohne eine derartige Verwaltungs- und Verfügungsbefugnis. 1013

Der starke vorläufige Insolvenzverwalter erbringt mit der Veräußerung eines sicherungsübereigneten Gegenstandes an einen Dritten eine Lieferung an den Erwerber, ohne dass es dabei zu einer Lieferung zwischen Sicherungsgeber und Sicherungsnehmer i.S. eines Doppelumsatzes kommt. Die daraus resultierende Umsatzsteuer stellt eine Masseverbindlichkeit nach § 55 Abs. 2 InsO dar. Das Gleiche gilt bei der Veräußerung sicherungsübereigneter Gegenstände durch den vom Insolvenzgericht hierzu besonders ermächtigten schwachen Insolvenzverwalter. 1014

Gibt der vorläufige Insolvenzverwalter dem Gläubiger das Sicherungsgut heraus, so kann dieser das Sicherungsgut verwerten. Kosten für die Feststellung des Sicherungsgutes entstehen nicht, da § 170 InsO erst nach Eröffnung des Insolvenzverfahrens gilt. Insoweit kann der Gläubiger die vereinnahmte Umsatzsteuer behalten. Auch eine Umsatzsteuerpflicht des Sicherungsnehmers gem. § 13b Abs. 2 Nr. 2 UStG entfällt, da diese Vorschrift nur für Verwertungen außerhalb des Insolvenzverfahrens gilt. 1015

Da es sich um eine Sicherungsverwertung außerhalb des Insolvenzverfahrens handelt, hat der Sicherungsnehmer die Umsatzsteuer, die er dem Sicherungsgeber aus dem Erstumsatz schuldet, nicht an diesen auszuzahlen, sondern gem. § 51 Abs. 1 Nr. 2 UStDV unmittelbar an das zuständige Finanzamt abzuführen. Aus der dem Sicherungsnehmer zustehenden Gutschrift, kann der Sicherungsgeber vom Finanzamt Erstattung verlangen (*BFH* BStBl. II 1982, S. 309). Der Sicherungsnehmer muss dem Erwerber auf Verlangen eine Rechnung ausstellen (§ 14 Abs. 1 UStG) und dem vorläufigen Insolvenzverwalter eine Gutschrift erteilen. 1016

Veräußert der Sicherungsgeber den sicherungsübereigneten Gegenstand mit Zustimmung des Sicherungsnehmers und des schwachen Insolvenzverwalters, so handelt es sich um einen Dreifachumsatz, eine zeitgleiche Lieferung des Sicherungsgebers an den Sicherungsnehmer, vom Sicherungsnehmer zurück an den Sicherungsgeber und von diesem an den Erwerber (Abschn. 2 Abs. 1 Satz 2 UStR 2008; *BFH* DStR 2006, 985). Steuerschuldner für die Lieferung des Sicherungsgebers an den Sicherungsnehmer ist gem. § 13b Abs. 1 Nr. 2 UStG der Sicherungsnehmer, der für seinen Vorsteuerabzug keine Rechnung benötigt (§ 15b Abs. 1 Nr. 4 UStG). Die an ihn ausgeführte Lieferung kann der Sicherungsgeber gegenüber dem Sicherungsnehmer mittels Gutschrift abrechnen (§ 14 Abs. 2 Satz 2 UStG). Diese berechtigt ihn zum Vorsteuerabzug und bewirkt damit, dass er wirtschaftlich aufgrund der Sicherungsgutverwertung keine Umsatzsteuer schuldet. 1017

Eine Veräußerung sicherungsübereigneter Gegenstände durch den Sicherungsgeber nach Widerruf seiner Verfügungsbefugnis führt nicht zu einem Dreifachumsatz und damit nicht zu einer Umsatzsteuerschuld des Sicherungsnehmers (*FG Hessen* ZInsO 2010, 861). 1018

kk) Veräußerung des sicherungsübereigneten Gegenstandes durch den Sicherungsgeber ohne Zustimmung des Sicherungsnehmers

Veräußert der Sicherungsgeber ohne Zustimmung des Sicherungsnehmers den sicherungsübereigneten Gegenstand und liefert diesen, so liegt umsatzsteuerrechtlich ein Einfachumsatz des Sicherungsgebers an den Erwerber vor. Der Sicherungsnehmer kann vom Sicherungsgeber nach § 48 Satz 2 InsO Ersatzaussonderung verlangen. Diese stellt umsatzsteuerrechtlich echten Schadensersatz dar (vgl. zu § 1 UStG Abschn. 1.3 Abs. 1 Satz 1 UStAE; *de Weerth* ZInsO 2008, 1256). Der Erwerber haftet gem. § 25d UStG für die Umsatzsteuerschuld des Sicherungsgebers, wenn dieser nach 1019

ii) Verwertung des Sicherungsgutes vor Insolvenzeröffnung

1010 Für die Verwertung von Sicherungsgut vor Eröffnung des Insolvenzverfahrens durch Lieferung sicherungsübereigneter Gegenstände durch den Sicherungsgeber an den Sicherungsnehmer gilt § 13b Abs. 1 Satz 1 Nr. 2 UStG. Steuerschuldner ist in diesem Fall der Sicherungsnehmer als Leistungsempfänger (Abschn.13b.1 Abs. 2 Nr. 4 UStAE). Die Umsatzsteuer entsteht mit Ausstellung der Rechnung, spätestens jedoch mit Ablauf des der Ausführung der Leistung folgenden Kalendermonats.

1011 Im Einzelnen sind folgende Fallgestaltungen zu unterscheiden (*OFD Frankfurt* ZInsO 2008, 1039):

a) **Verwertung durch den Sicherungsnehmer**, z.B. durch die Bank:

Verwertet der Sicherungsnehmer den sicherungsübereigneten Gegenstand und handelt es sich bei dem Sicherungsgeber um einen Unternehmer, so liegt ein Doppelumsatz vor. Der Sicherungsgeber liefert an den Sicherungsnehmer und dieser liefert seinerseits an den Abnehmer (Drittwerber). Beide Lieferungen gelten mit der Lieferung des Sicherungsnehmers an den Abnehmer als erbracht. Der Sicherungsnehmer schuldet als Leistungsempfänger die Umsatzsteuer aus der Lieferung des Sicherungsgebers an ihn (§ 13b Abs. 1 Satz 1 Nr. 2 UStG), die im Rahmen des § 15 Abs. 1 Satz 1 Nr. 4 UStG als Vorsteuer abziehbar ist. Weiterhin schuldet der Sicherungsnehmer die Umsatzsteuer aus der Lieferung an den Abnehmer, diesem hat der Sicherungsnehmer eine Rechnung zu erteilen (Abschn. 1.2 Abs. 1 UStAE).

b) **Verwertung durch den Sicherungsgeber:**

Verwertet der Sicherungsgeber den sicherungsübereigneten Gegenstand, ist zwischen folgenden Fällen zu unterscheiden:
- Veräußert der Sicherungsgeber im Namen und für Rechnung des Sicherungsnehmers, liefert der Sicherungsgeber an den Sicherungsnehmer und dieser wiederum an den Abnehmer. Es handelt sich ebenfalls um einen Doppelumsatz und der Sicherungsnehmer schuldet die Umsatzsteuer aus der Lieferung des Sicherungsgebers an ihn.
- Veräußert der Sicherungsgeber einen zur Sicherung übereigneten Gegenstand im eigenen Namen, jedoch für Rechnung des Sicherungsnehmers an einen Dritten, so kommt es zu einem Dreifachumsatz (*BFH* BStBl. II 2006, S. 931; BStBl. II 2006, S. 933; ZInsO 2009, 2155; *BMF* BStBl. I 2006, S. 794). Die ursprüngliche Sicherungsübereignung erstarkt im Zeitpunkt der Veräußerung zu einer Lieferung i.S.d. § 1 Abs. 1 Nr. 1 UStG des Sicherungsgebers an den Sicherungsnehmer. Der Sicherungsnehmer schuldet als Leistungsempfänger die Umsatzsteuer aus dieser Lieferung gem. § 13b Abs. 1 Satz 1 Nr. 2 UStG. Diese Umsatzsteuer ist im Rahmen des § 15 Abs 1 Satz 1 Nr. 4 UStG als Vorsteuer abziehbar. Da der Sicherungsgeber dabei für Rechnung des Sicherungsnehmers handelt, sind die Voraussetzungen für ein Kommissionsgeschäft erfüllt.
- Nach § 3 Abs. 3 UStG erbringt der Sicherungsnehmer (Kommittent) an den Sicherungsgeber (Kommissionär) eine Lieferung und der Sicherungsgeber erbringt dementsprechend eine Lieferung an den Abnehmer. Der Sicherungsnehmer schuldet die Umsatzsteuer aus der Lieferung an den Sicherungsgeber, der Sicherungsgeber kann diese als Vorsteuer geltend machen und schuldet zugleich die Umsatzsteuer aus der Lieferung an den Abnehmer. Die Rechnungserteilung an den Abnehmer hat jedoch nicht durch den Sicherungsnehmer (z.B. Bank), sondern durch den Sicherungsgeber zu erfolgen. Damit ist für den Abnehmer nicht erkennbar, dass eine Sicherungsverwertung erfolgte.

1012 Hat der Sicherungsnehmer einen sicherungsübereigneten Gegenstand vor der Verfahrenseröffnung in Besitz genommen, aber erst danach verwertet, so liegt keine Lieferung eines sicherungsübereigneten Gegenstandes durch den Sicherungsgeber an den Sicherungsnehmer außerhalb des Insolvenzverfahrens i.S.d. § 13b Abs. 1 Satz 1 Nr. 2 UStG vor (*BFH* Beschl. ZIP 2007, 1998).

weiteren Voraussetzungen des § 15 UStG als Vorsteuer abziehen (*BFH* ZInsO 2006, 651; NZI 2006, 251).

Erlangt der Sicherungsnehmer den Besitz an dem ihm sicherungsübereigneten Wirtschaftsgut bereits vor Insolvenzeröffnung, verwertet er aber danach, so löst die aus der Verwertung resultierende Umsatzsteuer nach der Doppelumsatztheorie Masseverbindlichkeiten aus. Der Wechsel der Steuerschuldnerschaft nach § 13b Abs. 1 Nr. 2 UStG greift nicht, weil die Verwertung erst nach Verfahrenseröffnung erfolgt und damit nicht außerhalb des Insolvenzverfahrens (*BGH* ZInsO 2007, 605; *BFH* ZIP 2007, 1998). 1004

ff) Echte Freigabe des Sicherungsgutes an den Sicherungsnehmer

Neben der modifizierten Freigabe ist in Ausnahmefällen auch eine echte Freigabe an den Gläubiger zur Verwertung möglich insbesondere dann, wenn der Insolvenzverwalter von dem Sicherungsgut mehr Schaden als Nutzen erwartet. Die Freigabe des Sicherungsguts aus dem Insolvenzbeschlag (§ 80 InsO) stellt keine umsatzsteuerpflichtige Lieferung dar. Erst die Verwertung des Sicherungsguts durch den Gläubiger führt wie bei der modifizierten Freigabe zu einem umsatzsteuerpflichtigen Doppelumsatz. Der Sicherungsnehmer hat dem Erwerber die Umsatzsteuer in Rechnung zu stellen und ist selbst vorsteuerabzugsberechtigt. 1005

Er ist jedoch nicht verpflichtet den entsprechenden Umsatzsteuerbetrag an die Masse abzuführen. § 170 Abs. 2 InsO greift nicht ein, da die Vorschrift sich nur auf eine Überlassung zur Verwertung ohne vollständige Aufgabe aller Rechte an dem Sicherungsgut bezieht. Insoweit hat in diesem Fall der Schuldner die Umsatzsteuer aus seinem insolvenzfreien Vermögen an den Fiskus abzuführen. 1006

Zwei Umsätze liegen auch vor, wenn nach dem Eintritt der Verwertungsreife der Sicherungsgegenstand vereinbarungsgemäß vom Sicherungsgeber im eigenen oder im Namen des Sicherungsnehmers veräußert wird oder die Veräußerung zwar durch den Sicherungsnehmer, aber im Auftrag und für Rechnung des Sicherungsgebers stattfindet. 1007

gg) Verwertung des Sicherungsgutes durch den Sicherungsnehmer bei Besitz

Hat der Sicherungsnehmer das Sicherungsgut nach Verfahrenseröffnung weiter im Besitz, z.B. weil der Insolvenzverwalter das Sicherungsgut nicht rechtzeitig in Besitz genommen hat, so ist der Sicherungsgläubiger zur Verwertung befugt (§ 173 InsO). Mit der Verwertung durch den Verkauf des Sicherungsgutes liegt wie bei der modifizierten Freigabe ein umsatzsteuerpflichtiger Doppelumsatz vor. Der Sicherungsgläubiger muss dem Erwerber die Umsatzsteuer in Rechnung stellen, bleibt jedoch vorsteuerabzugsberechtigt. Die Umsatzsteuerforderung aus dem ersten Teil des Doppelumsatzes stellt eine Masseverbindlichkeit dar, die aus der Masse zu entrichten ist. Der Sicherungsgläubiger ist nicht verpflichtet die Umsatzsteuer abzuführen. § 170 Abs. 2 InsO greift nicht ein. Dies wird in der Literatur (vgl. *Onusseit* ZInsO 2000, 587) vielfach als unbillig empfunden und vorgeschlagen, § 170 Abs. 2 InsO im Rahmen der Verwertung nach § 173 Abs. 1 InsO ebenfalls für anwendbar zu erklären. 1008

hh) Freigabe des Sicherungsgutes an den Sicherungsgeber

Vermögensgegenstände, die nach Ansicht des Konkursverwalters unverwertbar waren und bei denen ein Erlös aus der Verwertung nicht zu erwarten war, konnte der Konkursverwalter im bisherigen Konkursverfahren dem Schuldner zur Verwertung freigeben. Hierdurch vermied der Konkursverwalter, der verpflichtet war, Masseminderungen zu verhindern, eine durch die Verwertung entstehende Umsatzsteuerforderung, welche die Masse belasten würde. Durch die Freigabeerklärung wurde die Massezugehörigkeit des Gegenstandes aufgegeben und dieser aus der Beschlagnahme gelöst. Diese Möglichkeit sieht die InsO nicht mehr vor. Im Gegensatz zum geltenden Konkursrecht kennt die InsO kein insolvenzfreies Vermögen. Auch ein Neuerwerb des Schuldners während des Verfahrens wird zur Insolvenzmasse gezogen. 1009

998 Ein Anspruch auf pauschale Verwertungskosten besteht dagegen nicht, weil die Verwertung von der Bank durchgeführt wird. Die Kosten sind kein Entgelt für eine an die Bank als Sicherungsnehmer erbrachte Leistung und mindern insoweit nicht das umsatzsteuerpflichtige Entgelt für die Lieferung des Insolvenzschuldners an die Bank.

999 Die bei dem Doppelumsatz nach Eröffnung des Insolvenzverfahrens jeweils entstehende Umsatzsteuer gehört zu den sonstigen Masseverbindlichkeiten i.S.d. § 55 Abs. 1 Nr. 1 InsO. Ein Doppelumsatz findet dagegen nicht statt, wenn das Sicherungsgut vor seiner Verwertung zum Zwecke der Auswechslung des Sicherungsgebers durch diesen an einen Dritten geliefert wird (*BFH* BStBl. II 1995, S. 564). Ein Doppelumsatz liegt auch vor, wenn nach Eintritt der Verwertungsreife die Veräußerung vereinbarungsgemäß im eigenen oder im Namen des Sicherungsnehmers erfolgt oder die Veräußerung zwar durch den Sicherungsnehmer, aber im Auftrag und für Rechnung des Sicherungsgebers stattfindet. Eine Vereinbarung, nach der der Sicherungsgeber dem Sicherungsnehmer das Sicherungsgut zur Verwertung freigibt und auf sein Auslöserecht verzichtet, stellt noch keine Lieferung des Sicherungsgutes an den Sicherungsnehmer dar (*BFH* BStBl. II 1994, S. 878).

1000 Werden unter Eigentumsvorbehalt gelieferte Gegenstände vor Eröffnung des Insolvenzverfahrens von dem Sicherungsnehmer, z.B. einer Bank abgeholt, ist ein erneutes Verbringen in den Betrieb des Schuldners (Sicherungsgeber) nach Eröffnung des Insolvenzverfahrens kein umsatzsteuerpflichtiger Vorgang. Holt der Sicherungsnehmer vor Insolvenzeröffnung einen sicherungsübereigneten Gegenstand beim Kunden ab, veräußert und liefert diesen nach Insolvenzeröffnung, liegt ein Doppelumsatz vor, welcher innerhalb des eröffneten Insolvenzverfahrens durchgeführt wird. Wirtschaftlich schuldet damit die Masse die Umsatzsteuer (*BFH* BStBl. II 2008, 163). Jedoch kann in diesem Fall der Insolvenzverwalter vom Sicherungsnehmer Erstattung der Umsatzsteuer verlangen.

1001 Die Bemessungsgrundlage für die Lieferung des Sicherungsgebers an den Sicherungsnehmer bestimmt sich nach der Höhe des Verwertungserlöses abzüglich der Umsatzsteuer (§ 170 Abs. 2 InsO), die zu den an die Insolvenzmasse abzuführenden Feststellungskosten gehört. Durch die Verwertung des Sicherungsgutes anfallende Verwaltungskosten mindern nur dann das Entgelt für die Lieferung des Sicherungsgebers an den Sicherungsnehmer, wenn diese Kosten vereinbarungsgemäß der Sicherungsgeber zu tragen hat (*BFH* BStBl. II 1987, S. 741). Die Abrechnung erfolgt durch Gutschrifterstellung durch den Sicherungsnehmer (vgl. zu § 14 UStG Abschn. 14.3 Abs. 1 UStAE).

1002 Die bei der Verwertung des Sicherungsgegenstandes durch den Sicherungsnehmer entstehende Umsatzsteuer ist von diesem gem. § 170 Abs. 2 InsO an die Masse abzuführen. Der Wortlaut des § 170 Abs. 2 InsO ist als Ausgleich für den Fall anzusehen, dass aufgrund der derzeitigen Rspr. des BFH die Umsatzsteuer weiterhin aus der Masse zu begleichen ist. Die Umsatzsteuer aus der Verwertung von Sicherungsgut gehört auch dann zu den Masseverbindlichkeiten gem. § 55 Abs. 1 InsO, wenn der Sicherungsnehmer das Verwertungsrecht gem. § 173 InsO hat und der Sicherungsnehmer keine Verpflichtung hat, die aus der Verwertungshandlung entstehende Umsatzsteuer gem. § 170 Abs. 2 InsO an den Insolvenzverwalter auszukehren, weil sich das Sicherungsgut bei Insolvenzeröffnung im Besitz des Sicherungsnehmers befindet. Die Verwertung des Sicherungsguts kann auch in der Weise erfolgen, dass der Sicherungsnehmer das Sicherungsgut nicht durch Lieferung an einen Dritten verwertet, sondern der Sicherungsnehmer den Sicherungsgegenstand für sein Unternehmen behält und nutzt.

1003 Veräußert der Sicherungsnehmer im eigenen Namen, aber im Auftrag und für Rechnung des Sicherungsgebers das Sicherungsgut an einen Dritten, so liegt ein Dreifachumsatz vor. Mit der Verwertung durch Veräußerung an den Dritten liefert der Sicherungsgeber das Sicherungsgut zunächst gem. § 3 Abs. 1 UStG steuerpflichtig an den Sicherungsnehmer. Zwischen dem Sicherungsgeber und dem Sicherungsnehmer kommt es zeitgleich zu einer Verkaufskommission, die nach § 3 Abs. 3 UStG bei der Veräußerung des Sicherungsguts eine steuerpflichtige Lieferung (Rücklieferung) des Sicherungsnehmers an den Sicherungsgeber nach sich zieht. Gleichzeitig führt der Sicherungsgeber im eigenen Namen handelnd eine entgeltliche Lieferung i.S.d. § 1 Abs. 1 Nr. 1 UStG an den dritten Erwerber aus. Dieser kann die vom Sicherungsgeber in Rechnung gestellte Umsatzsteuer unter den

tigt worden und veräußert er den Gegenstand dennoch, so liegt nach den UStR ebenfalls ein Doppelumsatz vor (zu § 1 UStG Abschn. 1.2 Abs. 1a Satz 1 UStAE).

dd) Verwertung des Sicherungsgutes durch den Verwalter unter Eintritt des Gläubigers

Der gesicherte Gläubiger hat gem. § 168 Abs. 3 InsO ein Eintrittsrecht und kann dem Insolvenzverwalter das Sicherungsgut abkaufen. In diesem Fall führt bereits die Übernahme des Sicherungsguts durch den Gläubiger und nicht erst die Weiterveräußerung an einen Dritten zu einer umsatzsteuerpflichtigen Lieferung des Insolvenzschuldners an den Gläubiger, so dass die bei der Übernahme entstehende Umsatzsteuer eine Masseverbindlichkeit i.S.d. § 55 Abs. 1 Nr. 1 InsO ist. Diese erhält der Insolvenzverwalter in Form des Bruttokaufpreises, den der Sicherungsnehmer an die Masse entrichtet. 991

Der Insolvenzverwalter muss darauf achten, dass der Kaufpreis einschließlich des USt-Anteils in die Masse fließt und der Sicherungsnehmer ihn nicht durch Verrechnung mit der gesicherten Forderung tilgt, sonst stünde die Masse schlechter da als beim Verkauf an einen Dritten. 992

Der Insolvenzverwalter hat dem Gläubiger als Erwerber eine Rechnung auszustellen und ihm gleichzeitig in seiner Eigenschaft als Absonderungsberechtigter eine Abrechnung zukommen zu lassen. 993

ee) Verwertung des Sicherungsgutes durch den Sicherungsnehmer (Gläubiger)

Anstatt das Sicherungsgut selbst zu verwerten, kann der Insolvenzverwalter gem. § 170 Abs. 2 InsO das Sicherungsgut auch dem Sicherungsnehmer, Gläubiger zur abgesonderten Befriedigung überlassen und aus dem Insolvenzbeschlag (§ 80 InsO) an den Insolvenzschuldner freigeben, damit dieser das Sicherungsgut veräußert (modifizierte Freigabe). Die Überlassung zur Verwertung nach § 170 Abs. 2 InsO führt i.d.R. nicht zu einem Verzicht des Insolvenzverwalters auf jegliche Rechte an dem Sicherungsgut und auf einen etwaigen Übererlös. Verwertungen durch den Sicherungsnehmer sind nach dem In-Kraft-Treten der InsO und dem Verwertungsrecht des Insolvenzverwalters in der Praxis selten. In diesen Fällen liegen nach der als gefestigt geltenden Rspr. des *BFH* (BFH/NV 1994, 274; BStBl. II 1995, S. 564; BFH/NV 1998, 628; BFH/NV 2004, 1302; NZI 2006, 251), der sich die Finanzverwaltung angeschlossen hat (zu § 1 UStG Abschn. 1.2 Abs. 1 Satz 2 UStAE 2016) aufgrund der sog. Theorie vom Doppelumsatz, zwei Umsätze vor, nämlich eine Lieferung zwischen Insolvenzverwalter/Insolvenzmasse und dem Sicherungsnehmer sowie eine Lieferung zwischen dem Sicherungsnehmer und dem Dritterwerber. Es kommt dabei nicht darauf an, ob der Sicherungsnehmer bereits vor Verfahrenseröffnung den Gewahrsam am Sicherungsgut erlangt hat (*BFH* BFH/NV 2004, 832). 994

Die Verwertung hat für den Sicherungsnehmer folgende Auswirkungen: Er hat dem Erwerber eine Rechnung zuzüglich Umsatzsteuer zu erteilen. Den Erstumsatz hat er nach der Verwertung im Wege der Gutschrift (§ 14 Abs. 5 UStG) unter Ausweis der auf die Bemessungsgrundlage entfallenden Umsatzsteuer gegenüber dem Insolvenzverwalter abzurechnen. Entgelt für den Erstumsatz ist nach § 10 Abs. 1 Satz 2 UStG die Höhe der Tilgung der Insolvenzforderung. Durch den erzielten Verwertungserlös, jedoch abzüglich der Umsatzsteuer. Darüber hat der Sicherungsnehmer dem Insolvenzverwalter eine Gutschrift zuzüglich Umsatzsteuer zu erteilen. 995

Ist Sicherungsnehmer eine Bank, so hat sie dem Insolvenzverwalter auf Verlangen eine Gutschrift über die Lieferung des Insolvenzschuldners an die Bank zu erteilen (§ 14 Abs. 5 UStG), weil nur die Bank als Verkäuferin des ihr sicherungsübereigneten Gegenstandes über die Grundlagen einer Rechnung für die Lieferung des Insolvenzschuldners an die Bank verfügt. So ist i.d.R. nur der Bank der vom Erwerber gezahlte Kaufpreis bekannt (vgl. *de Weerth* ZInsO 2003, 246 f.). 996

Neben der Gutschrift über die Lieferung ergibt sich für die Bank aus dem Sicherungsübereignungsvertrag die Verpflichtung dem Sicherungsgeber eine besondere Abrechnung über den erzielten Kaufpreis zu erteilen. 997

stellung sowie des Umsatzsteuerbetrages (§ 171 Abs. 2 Satz 3 InsO) vorweg an die Masse abzuführen. Umsatzsteuerlich führt weder die Begründung des Sicherungseigentums noch die Herausgabe des sicherungsübereigneten Gegenstandes zu einer umsatzsteuerpflichtigen Lieferung i.S.d. § 3 Abs. 1 UStG. Erst in dem Zeitpunkt, in dem der Sicherungsnehmer von seinem Verwertungsrecht tatsächlich Gebrauch macht, erlangt er die Verfügungsmacht über den Sicherungsgegenstand. Dabei führt die Verwertung des Sicherungsgutes zu zwei Umsätzen, nämlich zu einer Lieferung des Sicherungsgebers an den Sicherungsnehmer und zu einer Lieferung des Sicherungsnehmers an den Erwerber.

985 Umsatzsteuerlich gilt je nach Art der Verwertung Folgendes (vgl. *OFD Frankfurt* ZInsO 2007, 1039 m. Anm. *de Weerth* ZInsO 2008, 1041):

aa) Verwertung des Sicherungsgutes durch den Insolvenzverwalter

986 Der Insolvenzverwalter kann gem. § 166 InsO das Sicherungsgut selbst verwerten. In diesem Fall ist die Verwertungshandlung umsatzsteuerrechtlich eine unmittelbare an den Abnehmer erbrachte Leistung (§ 1 Abs. 1 Nr. 1 UStG).

987 Der Insolvenzverwalter hat in diesem Fall aus dem Verwertungserlös die Kosten der Feststellung und der Verwertung des Gegenstandes vorweg für die Insolvenzmasse zu entnehmen (§ 170 Abs. 1 Satz 1 InsO). Dies gilt gem. § 171 Abs. 2 InsO auch bezüglich der an das Finanzamt abzuführenden Umsatzsteuer. Durch die Zahlung des Bruttokaufpreises hat der Insolvenzverwalter die notwendige Deckung erhalten, so dass die Masse damit nicht belastet wird. Aus dem verbleibenden Betrag ist unverzüglich der absonderungsberechtigte Gläubiger zu befriedigen. Der Insolvenzverwalter ist nur noch zur Herausgabe des Nettoerlöses abzüglich der Umsatzsteuer verpflichtet (§§ 170 Abs. 2, 171 Abs. 2 Satz 3 InsO). Der übersteigende Teil des Erlöses gebührt der Masse. Über den Verwertungserlös hat der Insolvenzverwalter dem absonderungsberechtigten Gläubiger eine Abrechnung zu erteilen, die nicht als Rechnung im umsatzsteuerrechtlichen Sinne anzusehen ist. Nutzt der Insolvenzverwalter den sicherungsübereigneten Gegenstand, so hat er den dadurch entstehenden Wertverlust von der Insolvenzeröffnung an durch laufende Zahlungen an die Gläubiger auszugleichen (§ 172 Abs. 1 InsO). Derartige Wertausgleichszahlungen sind echter Schadensersatz im umsatzsteuerrechtlichen Sinne und damit nicht umsatzsteuerbar (zu § 1 UStG Abschn. 1.3 Abs. 1 Satz 1 UStAE).

bb) Verwertung des Sicherungsgutes im Rahmen der Eigenverwaltung

988 Das Gleiche gilt, wenn der Insolvenzschuldner das Sicherungsgut in Eigenverwaltung verwertet (vgl. § 282 InsO). Es kommt insoweit zu einer Lieferung zwischen dem Insolvenzschuldner und dem Erwerber. Die sich aus der Lieferung ergebende Umsatzsteuer gehört zu den Masseverbindlichkeiten gem. § 55 Abs. 1 InsO.

cc) Verwertung des Sicherungsgutes durch den qualifizierten vorläufigen Insolvenzverwalter

989 Verwertet der qualifizierte Insolvenzverwalter (§ 22 Abs. 1 InsO) ausnahmsweise das Sicherungsgut vor Eröffnung des Insolvenzverfahrens, so liegt umsatzsteuerrechtlich eine Lieferung zwischen dem Insolvenzschuldner und dem Erwerber vor. Die dabei anfallende Umsatzsteuer ist eine Masseverbindlichkeit i.S.d. § 55 Abs. 2 InsO, soweit das Insolvenzverfahren eröffnet wird. In diesem Fall besteht nach dem Gesetzeswortlaut des § 170 InsO keine Auskehrpflicht bezüglich der Umsatzsteuer. Dies hat zur Folge, dass der gesamte Verwertungserlös an den Sicherungsnehmer auszukehren ist und die Insolvenzmasse um die anzumeldende Umsatzsteuer geschmälert wird.

990 Ist der vorläufige schwache Insolvenzverwalter vom Insolvenzgericht zur Veräußerung sicherungsübereigneter Gegenstände ermächtigt worden, so kommt es ebenfalls wie bei dem starken vorläufigen Insolvenzverwalter zu einem Doppelumsatz. Ist der schwache Insolvenzverwalter vom Insolvenzgericht nicht ausdrücklich zur Veräußerung von sicherungsübereigneten Gegenständen ermäch-

Bei Werklieferungen bleibt das Eigentum an den vom Unternehmer zu beschaffenden Werkstoffen i.d.R. beim Unternehmer. Eine Ausnahme gilt nur gem. §§ 946, 947 BGB für Grundstücke, bei denen die Werkstoffe in das Eigentum des Grundstückseigentümers fallen. 973

Lehnt der Insolvenzverwalter in der Insolvenz des Werklieferungsunternehmers die Erfüllung des Werklieferungsvertrages ab, so bleibt das unfertige Werk im Vermögen des Unternehmers und fällt insoweit in die Masse. 974

Umsatzsteuerliche Folgen treten erst bei der Verwertung des Werks durch den Insolvenzverwalter ein. Die bei der Verwertungshandlung entstehende Umsatzsteuer gehört gem. § 55 Abs. 1 Nr. 2 InsO zu den sonstigen Masseverbindlichkeiten. 975

Wählt der Insolvenzverwalter des Werklieferungsunternehmers dagegen gem. § 103 InsO die Erfüllung des Werklieferungsvertrages, so erbringt der Insolvenzverwalter eine Werklieferung i.S.d. § 3 Abs. 4 UStG in dem Zeitpunkt, in dem er das vollständige Werk dem Besteller überlässt. 976

Die darauf entfallende Umsatzsteuer gehört zu den sonstigen Masseverbindlichkeiten nach § 55 Abs. 1 Nr. 2 InsO. Ein eventueller Vorsteuerabzug steht der Masse zu. Soweit der Vorsteuerabzug bereits an bezahlten Anzahlungen vor der Insolvenzeröffnung vorgenommen worden ist, beschränkt sich der Vorsteuerabzug zugunsten der Insolvenzmasse auf den rechtlichen Spitzenbetrag. 977

In der Insolvenz des Bestellers bleibt es bei einer Ablehnung der Vertragserfüllung durch den Insolvenzverwalter bei einer Werklieferung des unfertigen Werkes seitens des Unternehmers. Dabei entsteht ein Abrechnungsverhältnis, bei dem sich der Besteller das halbfertige Werk, soweit es für ihn einen Wert besitzt, anrechnen lassen muss. Die Werkstoffe bleiben i.d.R. beim Unternehmer. Wählt der Insolvenzverwalter des Bestellers dagegen Vertragserfüllung, so liegt in der Ablieferung des Werks durch den Unternehmer eine umsatzsteuerbare Lieferung. 978

Lehnt der Insolvenzverwalter des Empfängers von Vorbehaltsware zunächst die Erfüllung des Liefervertrages gem. § 103 InsO ab, um dann anschließend mit dem Vorbehaltslieferanten einen neuen Vertrag über den Erwerb der bis dahin unverändert in seinem Besitz befindlichen Vorbehaltsware zu schließen, so kann er erneut einen Vorsteuerabzug geltend machen. 979

Die Finanzverwaltung (*OFD Hamburg* UStR 1990, 402) sieht in dem neuen Liefervertrag lediglich eine Bestätigung des ursprünglichen Vertrags bzw. einen Missbrauch rechtlicher Gestaltungsmöglichkeiten und erkennt insoweit einen Vorsteuerabzugsanspruch für die Masse nicht an. Der *BFH* (BStBl. II 1994, S. 600) hat sich mit der Fragestellung zwar auseinander gesetzt, aber noch keine abschließende Entscheidung getroffen. Das Finanzamt kann in diesem Fall den Vorsteuerberichtigungsanspruch aus der Rückgängigmachung des ersten Vertrags nur als einfache Insolvenzforderung anmelden (*FG München* EFG 1985, 204). 980

g) Verwertung von Sicherungsgut, Absonderungsrecht

Ein Recht zur abgesonderten Befriedigung gewähren Rechte an unbeweglichen Sachen (§ 49 InsO), Pfandrechte (§ 50 InsO) sowie sonstige Rechte, die wie Pfandrechte wirken, insbesondere Sicherungsübereignung und Sicherungsabtretung (§ 51 Nr. 1 InsO). Der einfache Eigentumsvorbehalt berechtigt hingegen zur Aussonderung. 981

Die abgesonderte Befriedigung von beweglichen Sachen erfolgt nach § 166 InsO. Gem. § 166 Abs. 1 InsO darf der Insolvenzverwalter eine bewegliche Sache, an der ein Absonderungsrecht besteht, freihändig verwerten, wenn er die Sache in seinem Besitz hat. 982

Der Gläubiger kann einer derartigen Verwertung nicht widersprechen, sondern nur seine Rechte auf den Erlös geltend machen (§ 170 Abs. 1 Satz 2 InsO). 983

Gem. § 170 Abs. 2 InsO kann der Insolvenzverwalter einen Gegenstand, zu dessen Verwertung er nach § 166 InsO berechtigt ist, dem Gläubiger zur Verwertung überlassen. In diesem Fall hat der Gläubiger aus dem von ihm erzielten Veräußerungserlös einen Betrag in Höhe der Kosten der Fest- 984

hh) Halbfertige Arbeiten bei Werkverträgen über Bauleistungen

963 In der Praxis tritt die umsatzsteuerliche Behandlung von halbfertigen Arbeiten in der Insolvenz insbesondere bei Werkverträgen über Bauleistungen auf. Dabei ist zu unterscheiden zwischen der Behandlung von halbfertigen Arbeiten in der Insolvenz des Bauunternehmers und des Bauherrn.

964 Wird das vertraglich vereinbarte Werk nicht fertiggestellt und ist eine Vollendung des Werks durch den Unternehmer nicht mehr vorgesehen, entsteht ein neuer Leistungsgegenstand (Abschn. 13.2 Abs. 1 Satz 7–10 UStAE). Dieser beschränkt sich bei der Eröffnung eines Insolvenzverfahrens auf den vom Werkunternehmer bis zu diesem Zeitpunkt gelieferten Teil des Werkes, wenn der Insolvenzverwalter die weitere Erfüllung des Werkvertrages nach § 103 InsO ablehnt. In diesen Fällen ist die Lieferung im Zeitpunkt der Insolvenzeröffnung bewirkt. Wählt der Insolvenzverwalter die Erfüllung eines bei Eröffnung des Insolvenzverfahrens noch nicht oder noch nicht vollständig erfüllten Werkvertrags, wird die Werklieferung, wenn keine Teilleistungen i.S.d. § 13 Abs. 1 Nr. 1 Buchst. a Satz 2 und 3 UStG gesondert vereinbart sind, erst mit der Leistungserbringung nach Verfahrenseröffnung ausgeführt (*BFH* BStBl. II 2010, S. 138).

965 Da der Rechtsgrund für die Umsatzsteuer bereits vor Insolvenzeröffnung gelegt worden ist, handelt es sich um eine Insolvenzforderung gem. § 38 InsO.

966 Entscheidet sich der Insolvenzverwalter in der Insolvenz des Bauunternehmers dagegen für die Erfüllung des Bauvertrages und verlangt er vom Bauherrn die Gegenleistung, so erbringt der Insolvenzverwalter eine Werklieferung i.S.d. § 3 Abs. 4 UStG in dem Zeitpunkt, in dem er das vollständige Werk dem Bauherrn überlässt. Dabei ist es unerheblich, dass die Bauleistung teilweise schon vor Beginn des Insolvenzverfahrens erbracht worden ist und als Teil des fremden Grundstücks gem. §§ 946 BGB nicht zur Insolvenzmasse gehört (80 InsO). Umsatzsteuerrechtlich ist die Bauleistung als ein einheitliches Ganzes anzusehen, das erst nach der Eröffnung des Insolvenzverfahrens der Umsatzsteuer unterliegt. Die Umsatzsteuer stellt eine sonstige Masseverbindlichkeit i.S.d. § 55 Abs. 1 Nr. 2 InsO dar. Ist vor Insolvenzeröffnung bereits gem. § 13 Abs. 1 Nr. 1a Satz 4 UStG eine Anzahlungsbesteuerung vorgenommen worden, so beschränkt sich die Umsatzbesteuerung auf den restlichen Spitzenbetrag. Masseverbindlichkeiten i.S.d. § 55 Abs. 2 InsO liegen insoweit nur vor, als die Anzahlungsbesteuerung durch einen qualifizierten vorläufigen Insolvenzverwalter gem. § 22 Abs. 1 InsO ausgelöst worden ist.

967 Wird eine für die Erstellung eines Bauwerks gebildete Arbeitsgemeinschaft mehrerer Unternehmer mit Eröffnung des Insolvenzverfahrens eines ihrer Mitglieder aufgelöst, so geht das unfertige Bauwerk, d.h. die von der Arbeitsgemeinschaft bis zu diesem Zeitpunkt erbrachte Bauleistung in die Verfügungsmacht des Bauherrn über und unterliegt in diesem Zeitpunkt bei der Arbeitsgemeinschaft der Umsatzsteuer.

968 Wird über das Vermögen des Bauherrn (Bestellers) das Insolvenzverfahren eröffnet, so liegt hinsichtlich des bei der Insolvenzeröffnung vorhandenen Bauwerks eine umsatzsteuerpflichtige Leistung des Bauunternehmers vor.

969 Lehnt der Insolvenzverwalter die Erfüllung des Bauvertrages ab, so wandelt sich der bestehende Bauvertrag in ein Abrechnungsverhältnis um. Damit wird mit Eröffnung des Insolvenzverfahrens das bis zur Insolvenzeröffnung halbfertige Werk umsatzsteuerrechtlich zum neuen Gegenstand der Werklieferung.

970 Umsatzsteuerliches Entgelt ist dabei der Vergütungsanspruch, ggf. gemindert um geleistete Anzahlungen.

971 Wählt der Insolvenzverwalter des Bauherrn (Bestellers) dagegen Fertigstellung des Bauwerkes, so erfolgt durch den Bauunternehmer eine umsatzsteuerbare Lieferung.

972 Die von dem Insolvenzverwalter in diesem Fall zu entrichtende Umsatzsteuer gehört zu den sonstigen Masseverbindlichkeiten i.S.d. § 55 Abs. 1 Nr. 2 InsO.

nanzamtes ist eine Insolvenzforderung. Begründen nicht erfüllte Leistungsteile einen Anspruch auf Schadensersatz des Leistungsempfängers, so liegt insoweit eine Entgeltminderung vor, die eine Insolvenzforderung gem. § 38 InsO begründen. Anders, wenn der Steueranspruch auf eine Maßnahme des qualifizierten vorläufigen Insolvenzverwalter gem. § 22 Abs. 1 InsO zurückgeht.

Wählt der Insolvenzverwalter gem. § 103 InsO die Erfüllung des Vertrages, so wandelt sich das ursprüngliche Rechtsverhältnis in ein Rechtsverhältnis um, das nach Eröffnung des Insolvenzverfahrens begründet ist. **954**

Der Umsatzsteuer unterliegt die vollständige Leistung, nicht die einzelnen Teilleistungen vor und nach der Eröffnung des Insolvenzverfahrens. **955**

Die Umsatzsteuer ist keine Insolvenzforderung, sondern eine sonstige Masseverbindlichkeit i.S.d. § 55 Abs. 1 Nr. 2 InsO, da sie erst nach Erbringung der vollständigen Leistung und damit erst nach Eröffnung des Insolvenzverfahrens begründet ist (für den Konkurs: *BFH* BStBl. II 1978, S. 483; *FG Münster* EFG 1994, 502 sowie Auffassung der *Finanzverwaltung* BMF-Schreiben vom 17.10.1979, BStBl. I 1979 S. 624 Nr. 2). **956**

Nach der Anzahlungsbesteuerung des § 13 Abs. 1 Nr. 1a Satz 4 UStG ist die Umsatzsteuer aus Werklieferungen nur insoweit aus der Insolvenzmasse vorweg zu befriedigen, als diese noch nicht durch eine bereits vor der Eröffnung des Insolvenzverfahrens vorgenommene Anzahlungsbesteuerung abgedeckt ist (restlicher Spitzenbetrag). Die Anzahlungsbesteuerung nach § 13 Abs. 1 Nr. 1a Satz 4 UStG ist eine endgültige Besteuerung, wobei sich bei Leistungsbewirkung die Besteuerung auf die bisher nicht durch Anzahlungen vereinnahmten Entgeltsbeträge beschränkt. Nur insoweit werden Massekosten begründet, während die Umsatzsteuer auf Anzahlungen vor Insolvenzeröffnung regelmäßig Insolvenzforderungen darstellen (*BFH* BStBl. II 2002, S. 255). **957**

Veräußert der Insolvenzverwalter bei Vorliegen eines einfachen Eigentumsvorbehaltes Vorbehaltseigentum, so hat er damit insolvenzrechtlich die Erfüllung des Kaufvertrages gewählt (§ 103 Abs. 1 InsO i.V.m. § 107 InsO). Die aufgrund des Verkaufs der Vorbehaltsware anfallende Umsatzsteuer ist eine Masseschuld. Weil das Vorbehaltseigentum schon vor Insolvenzeröffnung geliefert wurde, ist die Masse nicht zum Vorsteuerabzug berechtigt, obwohl insoweit noch die Kaufpreisschuld einschließlich der Umsatzsteuer offen ist. Durch die insolvenzrechtliche Ablehnung der Erfüllung des Kaufvertrages unter gleichzeitiger Ersatzbeschaffung bei einem anderen Lieferanten, kann die Vorsteuerabzugsberechtigung der Masse erreicht werden, jedoch wurde dies bislang von der Finanzverwaltung als rechtsmissbräuchlich i.S.d. § 42 AO angesehen (*OFD Frankfurt* Vfg. 25.05.2007 Rn. 59; a.M. *de Weerth* ZInsO 2008, 1257). **958**

Übt der Insolvenzverwalter sein Wahlrecht nicht aus und unterlässt es der Besteller als Gläubiger von ihm eine Erklärung gem. § 103 Abs. 2 Satz 2 InsO zu fordern, so kann der Besteller die vertragsmäßige Werklieferung während der Insolvenz weder aus der Masse noch von dem ausgeschlossenen Schuldner verlangen (für den Konkurs: *BFH* BStBl. II 1978, S. 483; BMF-Schreiben v. 17.10.1979, BStBl. I 1979 S. 624 Nr. 2). **959**

Danach bleibt es umsatzsteuerrechtlich bei einem Schwebezustand. Die umsatzsteuerliche Erfassung der vom Schuldner bewirkten Werklieferung ist erst nach Abschluss des Insolvenzverfahrens möglich, sofern und soweit der Besteller Vorauszahlungen geleistet hatte und eine Besteuerung nach vereinnahmten Entgelten stattfindet. Es ist von vornherein nicht abzusehen, ob die auf noch nicht vollendete Leistungen entfallende Umsatzsteuer im Laufe des Insolvenzverfahrens anfallen wird. **960**

Lehnt der Insolvenzverwalter die Erfüllung des Werkvertrages ab und schließt mit dem bisherigen Besteller einen neuen Vertrag zur Fertigstellung ab, so ist nur der auf die Fertigstellung des Werkteils entfallende Anteil an Umsatzsteuer als sonstige Masseverbindlichkeit i.S.d. § 55 Abs. 1 Nr. 2 InsO zu behandeln (für den Konkurs: *Hess* KO, Anh. V Rn. 174; *Kuhn/Uhlenbruck* KO, Vorbem. 36b; Rspr. zu dieser Frage liegt, soweit ersichtlich, nicht vor). **961**

Die Finanzverwaltung sieht in dieser Gestaltung einen Rechtsmissbrauch i.S.d. § 42 AO. **962**

malig zur Ausführung von Umsätzen verwendet werden, wie z.B. Umlaufvermögen (Abs. 2), Gegenstände und sonstige Leistungen, die in ein Wirtschaftsgut eingehen bzw. zu einem Wirtschaftsgut ausgeführt werden (Abs. 3) sowie andere sonstige Leistungen (Abs. 4).

944 Eine Vorsteuerberichtigung nach § 15a UStG kommt nur dann in Betracht, wenn die auf die Anschaffungs- oder Herstellungskosten eines Wirtschaftsgutes entfallenden Vorsteuerbeträge i.S.v. § 15 Abs. 1 UStG insgesamt mehr als 1.000 Euro betragen (§ 44 Abs. 1 UStDV). § 44 Abs. 2 UStDV enthält eine Bagatellregelung, wonach eine Vorsteuerberichtigung nach § 15a UStG für das betreffende Kalenderjahr nicht durchzuführen ist, wenn die Abweichung weniger als 10 Prozentpunkte beträgt und der Betrag, um den der Vorsteuerabzug für dieses Kalenderjahr zu berichtigen wäre, 1.000 Euro nicht übersteigt. Schließlich enthält § 44 Abs. 3 UStDV eine Vereinfachungsregelung für Vorsteuerbeträge bis zu 6.000 Euro. Danach ist die Berichtigung des Vorsteuerabzugs für alle in Betracht kommenden Kalenderjahre einheitlich bei der Berechnung der Steuer für das Kalenderjahr vorzunehmen, in dem der maßgebende Besteuerungszeitraum endet.

gg) Halbfertige Arbeiten, nicht vollständig erfüllte Verträge

945 Ist ein gegenseitiger Vertrag im Zeitpunkt der Eröffnung des Insolvenzverfahrens von den Vertragspartnern noch nicht oder nicht vollständig erfüllt, so kann der eine Vertragspartner nach Eröffnung des Insolvenzverfahrens seinen Erfüllungsanspruch gegen den Schuldner nicht mehr durchsetzen.

946 Der Vertrag wird nach Eröffnung des Insolvenzverfahrens zu einem nicht erfüllbaren Vertrag, der ursprüngliche Erfüllungsanspruch wird zur Insolvenzforderung.

947 Der Insolvenzverwalter hat ein Wahlrecht gem. § 103 InsO, den Vertrag zu erfüllen oder die Erfüllung des Vertrages abzulehnen.

948 Lehnt der Insolvenzverwalter die Erfüllung des Vertrages entweder aus eigenem Antrieb nach § 103 Abs. 1 InsO oder auf Anfrage des Vertragspartners nach § 103 Abs. 2 Satz 2 InsO ab, so verbleibt das bis dahin Geleistete beim Empfänger, ohne dass er zur Rückabwicklung kommt.

949 Dies bedeutet, dass sich in der Insolvenz des Unternehmers die vertragliche Erfüllungsverpflichtung kraft Gesetzes auf die bis dahin erbrachte Leistung beschränkt.

950 Die Ablehnung der Vertragserfüllung, ist eine auf Unterlassen gerichtete Willensbetätigung, die jedoch keine umsatzsteuerrechtlich relevante Handlung darstellt. Die Bedeutung der Erklärung des Insolvenzverwalters erschöpft sich vielmehr in der Ablehnung und im Ausschluss jeglicher Erfüllungsansprüche sowie in der Klarstellung, dass er die Vertragspflichten und Vertragsrechte zu keinem Zeitpunkt als Gegenstand des Insolvenzverfahrens an sich gezogen hat.

951 Eine Lieferung ist auch dann i.S.v. § 17 Abs. 2 Nr. 3 UStG rückgängig gemacht worden, wenn der Insolvenzverwalter die Erfüllung eines zur Zeit der Eröffnung des Insolvenzverfahrens vom Schuldner und seinem Vertragspartner noch nicht- oder noch nicht vollständig erfüllten Vertrags ablehnt und der Lieferer infolgedessen die Verfügungsmacht an dem gelieferten Gegenstand zurückerhält (*BFH* BStBl. II 2003, S. 953).

952 In umsatzsteuerrechtlicher Sicht bedeutet dies, dass der Insolvenzverwalter mit seiner Erklärung nach § 103 InsO nicht nur den Gegenstand der Werklieferung neu bestimmt, sondern dass er zugleich für den Schuldner die Erklärung abgeben will, am tatsächlich erbrachten Teil der Werklieferung sei bereits mit der Insolvenzeröffnung Verfügungsmacht verschafft worden. Diese zeitliche Fixierung der Werklieferung auf den Zeitpunkt der Eröffnung des Insolvenzverfahrens ist eine logische Folge des Gesichtspunkts, dass der Schuldner den Liefervorgang tatsächlich bewirkt und der Insolvenzverwalter einen Eintritt in den Leistungsaustausch ausdrücklich abgelehnt hat.

953 Damit sind die auf die Leistungen entfallenden Umsatzsteuern wegen der gegebenen Besteuerungsart nach vereinbarten Entgelten mit Ablauf des nach Eröffnung des Insolvenzverfahrens endenden Voranmeldungszeitraums entstanden (§ 13 Abs. 1 Nr. 1a UStG). Der bei der Ablehnung der Vertragserfüllung durch den Insolvenzverwalter gem. § 17 UStG entstehende Steueranspruch des Fi-

erabzug erworben und der Insolvenzverwalter das Grundstück steuerfrei gem. § 4 Nr. 9 UStG veräußert hat oder das Grundstück zwangsversteigert wird (vgl. *Take* ZInsO 2001, 546 f.).

Veräußert z.B. der Insolvenzverwalter innerhalb der 10-Jahresfrist ein Grundstück, das der Insolvenzschuldner unter zulässigem Abzug von Vorsteuern vor Eröffnung des Insolvenzverfahrens umsatzsteuerfrei gem. § 4 Nr. 9a UStG, so löst die umsatzsteuerfreie Veräußerung eine Berichtigung gem. § 15a UStG aus. 935

Der BFH geht nunmehr in ständiger Rspr. (zum Konkurs) davon aus, dass der Anspruch des Finanzamtes anders als der nach § 17 Abs. 2 Nr. 1 UStG bei Verwertung im Konkurs Massekosten nach § 58 Nr. 2 KO, in der Insolvenz Masseverbindlichkeiten nach § 55 Abs. 1 Nr. 1 InsO auslöst (vgl. auch *BFH* ZInsO 2011, 1217). Danach stellt ein Erstattungsanspruch, der gem. § 15a UStG dadurch entsteht, dass der Insolvenzverwalter ein Wirtschaftsgut abweichend von den für den ursprünglichen Vorsteuerabzug maßgebenden Verhältnisse verwendet, eine Masseverbindlichkeit dar, die durch Steuerbescheid gegenüber dem Insolvenzverwalter festzusetzen ist, ebenso *BFH* BStBl. II 2012,466;ZInsO 2012, 746: 936

»Beruht die Berichtigung nach § 15a UStG auf einer steuerfreien Veräußerung durch den Insolvenzverwalter im Rahmen der Verwaltung und Verwertung der Masse ist der Berichtigungsanspruch eine Masseverbindlichkeit i.s.v. § 55 Abs. 1 Nr. 1 InsO. Im Verhältnis zwischen Festsetzungs- und Erhebungsverfahren ist die im Festsetzungsverfahren vorgenommene Steuerfestsetzung für das Erhebungsverfahren vorgreiflich. Dies gilt auch für die Frage, ob Berichtigungen nach § 15a UStG zu Lasten oder zu Gunsten der Masse in einem an den Insolvenzverwalter gerichteten Bescheid zu berücksichtigen sind.«

Um diese negative Konsequenz zu vermeiden, empfiehlt es sich für den Insolvenzverwalter ebenfalls eine Umsatzsteueroption vorzunehmen. Dies gilt auch für Verwertungshandlungen, die nicht auf Initiative des Insolvenzverwalters, sondern durch absonderungsberechtigte Gläubiger i.S.d. §§ 49, 50 InsO ausgelöst wurden (für den Konkurs: *BFH* UR 1991, 298). 937

Für die Prüfung, ob in den Folgejahren eine Berichtigung des Vorsteuerabzuges vorzunehmen ist, besteht regelmäßig keine Bindung an die rechtliche Beurteilung des Umsatzes im Erstjahr. Ist die Steuerfestsetzung im Erstjahr jedoch unanfechtbar, d.h. nicht mehr änderbar gem. § 164 Abs. 2; § 165 Abs. 2, § 173 Abs. 1 AO, so bewirkt die Bestandskraft i.V.m. der Unabänderbarkeit dass die der Steuerfestsetzung für das Erstjahr zugrunde liegende Beurteilung des Vorsteuerabzuges für die Anwendbarkeit des § 15a Abs. 1 UStG selbst dann maßgebend ist, wenn sie unzutreffend war (für den Konkurs: *BFH* BB 1994, 1919). Ergibt sich aus einer Berichtigung nach § 15a UStG ein Steueranspruch zu Gunsten der Masse, kann das Finanzamt hiergegen nicht aufrechnen. 938

Ein Berichtigungsanspruch gem. § 15a UStG setzt eine Änderung der Verhältnisse voraus. 939

Eine Änderung der Verhältnisse ist z.B. dann zu bejahen, wenn der Insolvenzverwalter innerhalb des Berichtigungszeitraumes von zehn Jahren ein bisher steuerpflichtig verkauftes und vermietetes Grundstück nach § 4 Nr. 9a UStG steuerfrei veräußert. Der Berichtigungsanspruch stellt eine Masseverbindlichkeit i.S.d. § 55 Abs. 1 Nr. 1 InsO dar (*BFH* BStBl. II 2012, S. 466). 940

Eine Änderung der Verhältnisse i.S.d. § 15a UStG tritt aber noch nicht damit ein, dass der Unternehmer bereits vor Eröffnung des Insolvenzverfahrens den Betrieb einstellt und das Betriebsgrundstück verlässt (für den Konkurs: *FG Köln* UR 1992, 309). 941

Zu den umsatzsteuerlichen Folgen der Anordnung einer Zwangsversteigerung über Grundstücke und die Geltendmachung eines Vorsteuerberichtigungsanspruches durch Steuerbescheid gegenüber dem Zwangsverwalter vgl. *BFH* Beschl. v. 28.06.2011 (ZInsO 2011, 1803). Danach sind die Rechtsgrundsätze zur Entstehung und Geltendmachung des Vorsteuerberichtigungsanspruches nach § 15a UStG auf den Fall der Zwangsverwaltung übertragbar. 942

Der Anwendungsbereich des § 15a UStG umfasst bewegliche und unbewegliche Wirtschaftsgüter, sowie deren nachträgliche Anschaffungs- und Herstellungskosten, Wirtschaftsgüter, die nur ein- 943

abzug verliert und seine Umsatzsteuer gem. § 17 Abs. 2 Nr. 3 UStG zu berichtigen hat (für den Konkurs: *BFH* UR 1982, 75).

926 Zieht der Insolvenzverwalter mit Eigentumsvorbehalt belastete Ware zur Insolvenzmasse, so ist die Umsatzsteuerforderung als Masseverbindlichkeit gem. § 55 Abs. 1 InsO aus der Insolvenzmasse zu erfüllen und insoweit der ursprüngliche Vorsteuerabzug gem. § 17 UStG wiederherzustellen. Erklärt der Insolvenzverwalter gegenüber dem Lieferanten von Materialien, die noch zur Abwicklung von Restaufträgen benötigt werden, den bestehenden Eigentumsvorbehalt an diesen Gegenständen durch Zahlung des Restkaufpreises auszuräumen, so werden diese Gegenstände nicht erneut an den Insolvenzverwalter geliefert. Insoweit ist ein erneuter Vorsteuerabzug nicht möglich. Nur die Aussonderung als solche, nicht aber die Anerkennung eines Rechtes zur Aussonderung hätte zur Rückübertragung (Rückgabe, Rücklieferung) und anschließend zu einer erneuten Lieferung führen können (für den Konkurs, *BFH* BFH/NV 1996, 74).

927 Die Ablehnung der Erfüllung gem. § 47 InsO und der spätere Neuerwerb von Gegenständen des Umlaufvermögens kann im Einzelfall als Scheingeschäft oder als Gestaltungsmissbrauch und damit als rechtsmissbräuchlich i.S.d. § 42 AO angesehen werden. In dem neuen Liefervertrag liegt eine Bestätigung des ursprünglichen Liefervertrages, so dass ein neuer Vorsteuerabzugsanspruch zu Gunsten der Insolvenzmasse nicht entsteht (vgl. UR 1995, 488; *FG Köln* EFG 1998, 155).

928 Ob eine nichtsteuerbare Rückgängigmachung eines Liefervorgangs oder eine entgeltliche Rücklieferung durch den Lieferungsempfänger vorliegt, bestimmt sich nach der Position des Lieferungsempfängers und nicht nach derjenigen des ursprünglichen Lieferers.

929 Die Berichtigung ist in dem Voranmeldungszeitraum vorzunehmen, in dem der Vorbehaltsverkäufer die Sache zurückgenommen hat. Damit ist der Berichtigungsanspruch zwar erst nach Eröffnung des Insolvenzverfahrens entstanden. Begründet i.S.d. § 38 InsO war der Vorsteuerberichtigungsanspruch jedoch bereits vor Eröffnung des Insolvenzverfahrens, da er seine materiell-rechtliche Grundlage in der Eigentumsübertragung unter Vorbehalt, einem vor der Eröffnung des Insolvenzverfahrens abgeschlossenen und versteuerten Rechtsgeschäft hatte.

930 Gibt der Insolvenzverwalter die Sache nach Geltendmachung des Aussonderungsanspruches an den Vorbehaltsverkäufer zurück, so liegt darin keine umsatzsteuerbare Lieferung, sondern eine tatsächliche Handlung, die nicht zur Umsatzsteuer als eine sonstige Masseverbindlichkeit i.S.d. § 55 Abs. 1 Nr. 1 InsO führen kann.

ff) Vorsteuerberichtigungsanspruch gem. § 15a UStG bei Änderung der Verhältnisse

931 Verwertungshandlungen des Insolvenzverwalters können eine Vorsteuerberichtigung nach § 15a UStG auslösen (für den Konkurs: *BFH* BStBl. II 1987, S. 527).

932 Die Eröffnung des Insolvenzverfahrens bewirkt grds. weder tatsächlich, noch rechtlich eine Änderung in der Verwendung eines Berichtigungsobjektes (*BGH* BStBl. II 2012, S. 466; Abschn. 15.a.2 Abs. 1 Satz 5 UStAE).

933 Gem. § 15a Abs. 1 UStG ist eine Berichtigung des Abzugs der auf die Anschaffungs- oder Herstellungskosten eines Wirtschaftsgutes entfallenden Vorsteuerbeträge immer dann vorzunehmen, wenn sich die Verhältnisse, die im Kalenderjahr der erstmaligen Verwendung maßgebend waren, ändern. Erst wenn diese Änderung eintritt, ist der Tatbestand der Vorsteuerberichtigung erfüllt. Im Zeitpunkt des Wechsels der Verwendungsart ist der nach den Verhältnissen des Kalenderjahres der erstmaligen Verwendung des Leistungsbezuges materiell-rechtlich abschließend gewählte Vorsteuerabzug zu berücksichtigen.

934 In der Insolvenz ist von besonderer wirtschaftlicher Bedeutung der Fall, dass der Schuldner unter Vorsteuerabzug auf seinem Grundstück in den letzten Jahren vor Eröffnung des Insolvenzverfahrens ein Betriebsgebäude errichtet oder das Betriebsgelände wegen Option des Veräußerers unter Vorsteu-

Die Vorsteuer ist für den Voranmeldungszeitraum zu berichtigen, in welchem die Insolvenzmasse die Rückzahlung der Gläubiger vereinnahmt hat. 917

Zur Vereinnahmung des Entgeltes in der vorläufigen Insolvenzverwaltung von bereits vor oder während der vorläufigen Insolvenzverwaltung nach § 17 Abs. 2 Nr. 1 Satz 1 UStG berichtigten Umsätzen *BMF* BStBl. I 2013, S. 518. 918

Werden im vorläufigen Insolvenzverfahren Entgelte aus Umsätzen durch den schwachen vorläufigen Insolvenzverwalter oder durch den Insolvenzschuldner mit Zustimmung des schwachen vorläufigen Insolvenzverwalters vereinnahmt, die vor der vorläufigen Insolvenzverwaltung durch den späteren Insolvenzschuldner nach § 17 Abs. 2 Nr. 1 Satz 1 UStG berichtigt wurden, sind die hierauf entfallenden Steuerbeträge erneut zu berichtigen. Diese auf Grund der Vereinnahmung entstehende Steuerberichtigung begründet eine sonstige Masseverbindlichkeit nach § 55 Abs. 4 InsO. Denn der sich aus § 17 Abs. 2 Nr. 1 Satz 2 UStG ergebende Steueranspruch ist erst mit der Vereinnahmung vollständig verwirklicht, mithin im vorläufigen Insolvenzverfahren (vgl. Abschn. 17.1 Abs. 11 UStAE; *BMF* BStBl. I 2013, S. 518). 919

Von diesen Berichtigungen nach § 17 Abs. 2 Nr. 1 Satz 1 UStG wegen Uneinbringlichkeit aus sonstigen Gründen, z.B. Zahlungsunfähigkeit des Entgeltschuldners während der vorläufigen Insolvenzverwaltung, sind die Berichtigungen auf Grund der Uneinbringlichkeit aus Rechtsgründen, d.h. Insolvenz des Unternehmers, abzugrenzen. Uneinbringlichkeit aus Rechtsgründen tritt erst mit Eröffnung des eigentlichen Insolvenzverfahrens (Abschn. 17.1 Abs. 11 UStAE) bzw. mit Bestellung des starken vorläufigen Insolvenzverwalters (Abschn. 17.1 Abs. 12 UStAE) ein. 920

Für Steuerbeträge aus Umsätzen, die nach der Bestellung des starken vorläufigen Insolvenzverwalters erbracht worden sind, kommt keine Berichtigung des Umsatzsteuerbetrages nach § 17 Abs. 2 Nr. 1 Satz 1 i.V.m. Abs. 1 Satz 1 UStG in Betracht. Diese Steuerbeträge gelten mit der Eröffnung des Insolvenzverfahrens als sonstige Masseverbindlichkeiten nach § 55 Abs. 2 Satz 1 InsO (Abschn. 17.1 Abs. 13 UStAE). 921

dd) Vorsteuerberichtigungsanspruch bei der Organschaft

Wird über das Vermögen einer Organgesellschaft das Insolvenzverfahren eröffnet und ergibt sich dadurch als Insolvenzforderung ein Vorsteuerrückforderungsanspruch i.S.d. § 17 Abs. 2 Nr. 1 UStG, ist Schuldner dieses Rückforderungsanspruches der Organträger, und zwar ungeachtet des Umstandes, dass mit Eröffnung des Insolvenzverfahrens die organisatorische Eingliederung i.S.d. § 2 Abs. 2 Nr. 2 UStG weggefallen ist (für den Konkurs: *FG Münster* EFG 1992, 228; *FG Düsseldorf* EFG 1993, 747). 922

Bei einer Organschaft ist zwar der Organträger Steuerschuldner und Vorsteuerabzugsberechtigter. Soweit aber die Organgesellschaft und nicht der Organträger zivilrechtlicher Schuldner des Entgelts ist, beurteilt sich die Frage der Uneinbringlichkeit nach den Verhältnissen bei der Organgesellschaft. 923

Insoweit lösen Zahlungsunfähigkeit und spätestens die Eröffnung des Insolvenzverfahrens der Organgesellschaft die Rechtsfolgen des § 17 Abs. 2 KO beim bis zum Augenblick des Zahlungsunfähigkeitseintritts bzw. der Eröffnung des Insolvenzverfahrens fungierenden Organträger aus. 924

ee) Vorsteuerberichtigungsanspruch im Fall der Aussonderung (§ 47 InsO) wegen Warenlieferung unter Eigentumsvorbehalt

Waren die unter Eigentumsvorbehalt geliefert worden sind, kann der Vorbehaltsverkäufer in der Insolvenz des Vorbehaltskäufers aussondern. Der Vorbehaltsverkäufer ist insoweit kein Insolvenzgläubiger. Sein Anspruch bestimmt sich gem. § 47 InsO nach den Gesetzen, die außerhalb des Insolvenzverfahrens gelten. Macht der Vorbehaltsverkäufer von seinem Aussonderungsrecht Gebrauch, so macht er damit die umsatzsteuerbare Lieferung rückgängig, die in der ursprünglichen Lieferung der Ware unter Eigentumsvorbehalt liegt. Dies bedeutet für den Vorbehaltskäufer, dass er durch die Ausübung des Eigentumsvorbehaltes und die Rückgabe der Ware im Nachhinein den Vorsteuer- 925

anspruch als Masseverbindlichkeit (*BFH* BStBl. II 1995, S. 808). Die Rückforderung von Vorsteuern ist für jede Einzelverbindlichkeit gesondert zu prüfen und führt nicht zu einer Gesamtkorrektur für alle Vorsteuern aus fälligen Verbindlichkeiten.

909 Die Uneinbringlichkeit von Forderungen ist regelmäßig im Augenblick der Insolvenzeröffnung unbeschadet einer möglichen Insolvenzquote in voller Höhe anzunehmen (*BFH* BStBl. II 2011, S. 988), in Einzelfällen auch bereits zu dem Zeitpunkt, wenn der Antrag auf Eröffnung des Insolvenzverfahrens durch den Schuldner oder einen Gläubiger gestellt wird und der sachliche Insolvenzgrund die Zahlungsunfähigkeit gem. § 17 InsO oder die Überschuldung gem. § 19 InsO ist, (*FG Rheinland-Pfalz* EFG 1994, 1074) oder das Gericht einen vorläufigen Insolvenzverwalter bestellt (*BFH* UR 1995, 488 zur Uneinbringlichkeit im Insolvenzverfahren Abschn.17.1 Abs. 11–17 UStAE).

910 Der wegen Uneinbringlichkeit entstandene Umsatzsteueranspruch des Finanzamtes bedarf nach Eröffnung des Insolvenzverfahrens keiner Festsetzung durch Steuerbescheid gem. § 218 Abs. 1 AO, da die zum Zeitpunkt der Eröffnung des Insolvenzverfahrens über das Vermögen des Schuldners – vorbehaltlich spezieller steuergesetzlicher Fälligkeitsbestimmungen – entstandenen Steuerforderungen zu diesem Zeitpunkt fällig werden, ohne dass es dafür ihrer Festsetzung oder Feststellung durch Verwaltungsakt oder der Anmeldung der Forderung zur Tabelle bedürfte (*FG Baden-Württemberg* ZInsO 2011, 2341).

911 Wird in einem Voranmeldungszeitraum, der vor Eröffnung des Insolvenzverfahrens endet, ein Antrag auf Eröffnung des Insolvenzverfahrens oder auf Bestellung eines vorläufigen Insolvenzverwalters gestellt, so handelt es sich um eine Uneinbringlichkeit aus tatsächlichen Gründen mit der Folge, dass der Vorsteuerrückforderungsanspruch in diesem Voranmeldungszeitraum als Insolvenzforderung zu erfassen ist.

912 Eine der USt unterliegende Entgeltforderung aus Lieferung oder sonstiger Leistung an den Insolvenzschuldner wird spätestens im Zeitpunkt der Verfahrenseröffnung in voller Höhe uneinbringlich, selbst wenn der Verwalter eine solche Forderung nach Verfahrenseröffnung noch erfüllt. Wird das Entgelt nachträglich zur Masse vereinnahmt, ist der USt-Betrag gem. § 17 Abs. 2 Nr. 1 Satz 2 UStG erneut zu berichtigen (*BFH* BStBl. II 2011, 988).

913 Wird das Entgelt für Lieferungen oder sonstige Leistungen, die nach der Eröffnung des Insolvenzverfahrens an die Masse ausgeführt und in Rechnung gestellt sind, uneinbringlich, weil z.B. der Insolvenzverwalter die Zahlung verweigert, gehört der Vorsteuerrückforderungsanspruch aus § 17 Abs. 1 Satz 2 i.V.m. Abs. 2 Nr. 1 UStG als nach Eröffnung des Insolvenzverfahrens begründete Steuerforderung zu den sonstigen Masseverbindlichkeiten i.S.d. § 55 Abs. 1 Nr. 1 InsO.

914 Da Aufzeichnungen nach § 22 UStG in Insolvenzfällen oft fehlen, ist die Höhe der Vorsteuer aus unbezahlten Rechnungen oft nur schwer zu ermitteln. Daher empfiehlt es sich in der Praxis, diese Beträge aus Anmeldungen der Gläubiger zur Tabelle zu entnehmen. Ob die angemeldeten Forderungen mit Umsatzsteuer abgerechnet worden sind, lässt sich i.d.R. aus der Art des Unternehmens schließen, das der Gläubiger führt. Dabei muss in Kauf genommen werden, dass die Vorsteuer-Rückforderungsbeträge zunächst vorläufig zur Insolvenztabelle angemeldet und später, wenn genauere Daten zur Verfügung stehen, berichtigt werden. Die Höhe des Vorsteuerrückforderungsanspruchs kann auch anhand der Bilanzposition Verbindlichkeiten aus Lieferungen und Leistungen geschätzt werden. In der Praxis werden regelmäßig die in den letzten neun Monaten vor Eröffnung des Insolvenzverfahrens geltend gemachten Vorsteuern im Schätzungsweg angemeldet.

915 Zur Vorsteuerberichtigung nach § 17 UStG aufgrund der insolvenzrechtlichen Anfechtung von Zahlungen des Insolvenzschuldners an seine Gläubiger *OFD Koblenz* v. 23.08.2013 – S 0550 A-St 34 1 – S 7333 A- St 44 1).

916 Soweit infolge einer Insolvenzanfechtung durch den Insolvenzverwalter von dem Insolvenzschuldner an seine Gläubiger gezahlte Entgelte zurückzuzahlen sind, ist die Vorsteuer nach § 17 Abs. 2 Nr. 1 Satz 1 i.V.m. Abs. 1 Satz 2 UStG in dem selbständigen Unternehmensteil Insolvenzmasse (unter der Massesteuernummer) zu berichtigen.

Für die Insolvenzmasse ist vor allem die Behandlung von Vorsteuerberichtigungsansprüchen bei unbezahlten Rechnungen von Bedeutung: 900

aa) Vorsteuerberichtigungsanspruch in der Insolvenz

Für die Insolvenzpraxis ist vor allem die Behandlung von Vorsteuerberichtigungsansprüchen bei unbezahlten Rechnungen von Bedeutung. Eine Berichtigung der Vorsteuer ist gem. § 17 Abs. 2 UStG vor allem in folgenden Fällen vorzunehmen: 901
- wenn das vereinbarte Entgelt für eine steuerpflichtige Lieferung oder sonstige Leistung uneinbringlich geworden ist,
- wenn für die vereinbarte Lieferung oder Leistung ein Entgelt entrichtet, die Lieferung oder sonstige Leistung jedoch nicht ausgeführt worden ist,
- wenn eine steuerpflichtige Lieferung oder sonstige Leistung rückgängig gemacht worden ist,
- wenn der Insolvenzverwalter den Nachweis für einen innergemeinschaftlichen Erwerb führt.

bb) Vorsteuerberichtigungsanspruch gem. § 17 Abs. 2 UStG bei unbezahlten Rechnungen

Der in der Praxis häufigste Fall einer Berichtigung des Vorsteuerabzuges in der Insolvenz ist die Berichtigung wegen unbezahlter Rechnungen. Die Rechnungen bleiben für den Gläubiger unbezahlt, weil seine Forderung mit der Insolvenz uneinbringlich geworden ist. 902

Uneinbringlichkeit ist immer dann anzunehmen, wenn der Gläubiger tatsächlich oder rechtlich nicht imstande ist, seine Forderung durchzusetzen (für den Konkurs *BFH* BStBl. II 1983, S. 389 hinsichtlich der Zusage eines Gläubigers (pactum de non petendo), er werde seine Forderung nur noch im Umfang eines festgelegten Nachbesserungsfalles geltend machen). 903

Für das Vorliegen der Uneinbringlichkeit reicht es aus, dass der Schuldner bei Fälligkeit nicht gezahlt hat und mit einer baldigen Zahlung nicht zu rechnen ist. Nicht erforderlich ist, dass erfolglose Beitreibungsversuche vorliegen. Uneinbringlichkeit ist bereits dann zu bejahen, wenn die Forderung für geraume Zeit nicht durchsetzbar ist. Soweit Insolvenzgrund eine drohende Zahlungsunfähigkeit (§ 18 InsO) ist, ist eine Lieferantenforderung nicht zwingend als uneinbringlich i.S.d. § 17 Abs. 2 Nr. 1 UStG anzusehen. 904

Hatte in diesem Fall der Schuldner aus nicht bezahlten Rechnungen den Vorsteuerabzug vorgenommen, so entsteht für das Finanzamt gegen den Schuldner ein Anspruch auf Rückgängigmachung des Vorsteuerabzuges nach § 17 UStG. Dieser Anspruch ist vom Finanzamt als unselbständiger Teil der Umsatzsteuerschuld für den mit der Eröffnung des Insolvenzverfahrens endenden Voranmeldungszeitraum zur Tabelle anzumelden. 905

Geht nach Eröffnung des Insolvenzverfahrens noch eine Zahlung des Schuldners ein, so steht der Masse der Vorsteuerabzug zu. In diesem Fall ist der Vorsteuerabzug nach § 17 Abs. 2 UStG mit Ablauf des Voranmeldungszeitraumes, in dem die Zahlung erfolgt, erneut zu berichtigen. 906

Tritt umgekehrt bezüglich von Leistungen, die der Schuldner noch vor Eröffnung des Insolvenzverfahrens erbracht hat, durch Verjährung oder Zahlungsunfähigkeit des Leistungsempfängers Uneinbringlichkeit ein, so kann der Insolvenzverwalter den Steuerbetrag gem. § 17 Abs. 1 und Abs. 2 Nr. 1 UStG berichtigen (für den Konkurs: *BFH* BFH/NV 1989, 33). 907

cc) Berichtigung des Vorsteuerabzugs wegen nicht (vollständig) erbrachter Leistungen

Gem. § 17 Abs. 2 Nr. 2 i.V.m. § 17 Abs. 1 Satz 2 UStG entsteht der Vorsteuerrückforderungsanspruch, wenn der Insolvenzverwalter Vorauszahlungen für eine noch nicht oder noch nicht vollständig erbrachte Leistung geleistet und den Vorsteuerabzug entsprechend in dem Voranmeldungszeitraum der geleisteten Anzahlung berücksichtigt hat. Dabei bestimmt sich der Zeitpunkt der Rückforderung danach, wann feststeht, dass die Leistung endgültig nicht erbracht wird. Wird z.B. ein Leasingfahrzeug erst nach der Eröffnung des Insolvenzverfahrens gegen Rückerstattung der anteiligen Leasingsonderzahlung zurückzugeben, so entsteht der Vorsteuerrückforderungs- 908

890 Die Umsatzsteuer aus der Erwerbstätigkeit von Personen, die durch ihre Arbeit und Mithilfe von nach § 811 Nr. 5 ZPO unpfändbaren Gegenständen steuerpflichtige Leistungen erbringen, zählt nach § 55 Abs. 1 Nr. 1 InsO nicht zu den Masseschulden (*BFH* 07.04.2005 – V R 5/04, n.v.). Ein Umsatzsteuerbescheid ist insoweit an den Unternehmer selbst und nicht an den Insolvenzverwalter zu richten.

f) Vorsteuer im Insolvenzverfahren

891 Der Schuldner bleibt nach Eröffnung des Insolvenzverfahrens zum Vorsteuerabzug berechtigt und kann die ihm von anderen Unternehmern in Rechnung gestellte Umsatzsteuer als Vorsteuer von seiner Umsatzsteuerschuld abziehen.

892 Bei der Vorsteuer ist zu unterscheiden, ob es sich um Vorsteuer auf Leistungen handelt, die vor oder nach Eröffnung des Insolvenzverfahrens an den Schuldner erbracht worden sind.

893 Handelt es sich um Vorsteuern auf Leistungen, die vor Eröffnung des Insolvenzverfahrens an den Schuldner erbracht worden sind, so mindern diese die als Insolvenzforderung anzumeldende Umsatzsteuer.

894 Handelt es sich dagegen um Vorsteuern auf Leistungen, die nach Eröffnung des Insolvenzverfahrens an die Masse erbracht worden sind, so mindert die Vorsteuer zunächst die als sonstige Masseverbindlichkeit i.S.d. § 55 Abs. 1 Nr. 1 InsO anzusetzende Umsatzsteuer, soweit ein Restbetrag verbleibt, mindert dieser die zur Tabelle angemeldete Umsatzsteuer des gleichen Veranlagungszeitraumes.

895 In den Fällen, in denen die Leistung vor Eröffnung des Insolvenzverfahrens ausgeführt worden ist, die Rechnung jedoch erst in einem Voranmeldungszeitraum eingeht, der nach Eröffnung des Insolvenzverfahrens endet, ist die Vorsteuer als Besteuerungsgrundlage zur Minderung von Insolvenzforderungen zu berücksichtigen. Dies gilt nicht, wenn die Rechnung erst in dem der Eröffnung des Insolvenzverfahrens folgenden Voranmeldungszeitraum eingeht. Hier kann die Besteuerungsgrundlage Vorsteuer nicht als Minderung von Insolvenzforderungen behandelt werden, da die Voraussetzungen des § 15 UStG erst insgesamt in dem der Eröffnung des Insolvenzverfahrens folgenden Voranmeldungszeitraum erfüllt sind. Entsprechendes gilt für die Abgrenzung von Vorsteuern, wenn vor Insolvenzeröffnung ein qualifizierter vorläufiger Insolvenzverwalter i.S.d. § 22 Abs. 1 InsO bestellt wurde.

896 Die auf die Tätigkeitsvergütung des Insolvenzverwalters entfallende Umsatzsteuer mindert die als sonstige Masseverbindlichkeit anzusetzende Umsatzsteuer.

897 Fällt Umsatzsteuer wegen zu hohem oder unberechtigtem Vorsteuerausweis aus (§ 14 Abs. 2 und Abs. 3 UStG), so ist die maßgebliche Handlung die Ausstellung der unrichtigen Rechnung. Die Einordnung der Umsatzsteuerforderung erfolgt danach, wer die Handlung vorgenommen hat *(BFH* BB 2005, 1148).

898 Umsatzsteuerfreie Zinseinnahmen führen nicht stets zur entsprechenden Kürzung von Vorsteuern, unschädlich sind zinsbringende Geldanlagen des Verwaltens als Hilfsumsätze bei der Unternehmensabwicklung (für den Konkurs: *FG Hamburg* EFG 1998, 69 n.r.).

899 Wird eine Lieferung, für die der Vorsteuerabzug in Anspruch genommen worden ist, rückgängig gemacht und dadurch die Berichtigungspflicht des Unternehmens nach § 17 Abs. 2 Nr. 3 i.V.m. Abs. 1 Satz 3 UStG ausgelöst, bewirkt die vom Finanzamt in einem nachfolgenden Voranmeldungszeitraum vollzogene Berichtigung die (Teil-)Erledigung der vorangegangenen Umsatzsteuerfestsetzung. Verfahrensrechtlich stellt der BFH damit klar, dass die Anmeldung einer Steuerforderung zur Insolvenztabelle, die nach Verfahrenseröffnung an die Stelle des Erlasses eines Steuerbescheides tritt, die gleichen Wirkungen hat wie ein solcher Bescheid. War der Vergütungsanspruch aus dieser Festsetzung abgetreten, entsteht der Rückforderungsanspruch des Finanzamtes aus § 37 Abs. 2 AO gegenüber dem Zessionar im Umfang der ursprünglich zu hoch ausgezahlten Steuervergütung (*BFH* 19.08.2008 BStBl. II 2009, 90).

die schuldnerische Tätigkeit in die Masse fallen, sondern ob es sich bei der Tätigkeit des Schuldners um Umsätze der Masse handelt, da § 55 Abs. 1 Nr. 1 InsO nur Verbindlichkeiten erfasst, die durch Verwaltung, Verwertung und Verteilung der Insolvenzmasse begründet werden. Verwendet der Schuldner für seine Arbeit ausschließlich Gegenstände, die nicht der Zwangsvollstreckung unterliegen und deshalb nicht in die Masse fallen (§ 36 Abs. 1 InsO, § 811 Nr. 5 ZPO), gehört die daraus resultierende Umsatzsteuer nicht zu den Masseverbindlichkeiten. Ein vom Schuldner während des Insolvenzverfahrens im Zusammenhang mit einer freiberuflichen Tätigkeit erlangter Umsatzsteuervergütungsanspruch fällt in die Insolvenzmasse, wenn er nicht vom Insolvenzverwalter freigegeben worden ist. Das gilt auch bei Nutzung und Verwertung ausschließlich unpfändbarer Gegenstände des Vermögens des Schuldners (*BFH* ZInsO 2010, 678).

Bei ungerechtfertigter Nutzung eines zur Masse gehörenden Gegenstandes durch den Insolvenzschuldner für seine nach Insolvenzeröffnung aufgenommene Erwerbstätigkeit gehört die durch sonstige Leistungen entstandene Umsatzsteuer dann nicht zu den Masseverbindlichkeiten, wenn die Umsätze im Wesentlichen auf dem Einsatz der persönlichen Arbeitskraft des Schuldners beruhen. Die bloße Duldung der Tätigkeit des Insolvenzschuldners erfüllt nicht den Tatbestand des Verwaltens der Insolvenzmasse, weil die Arbeitskraft des Schuldners nicht zur Insolvenzmasse gehört und der Insolvenzverwalter keine Möglichkeit hat, die Tätigkeit des Insolvenzschuldners zu unterbinden oder zu beeinflussen (*BFH* 08.09.2011 – V R 38/10). 882

Der Insolvenzverwalter hat gem. § 54 Nr. 2 InsO für seine Geschäftsführung Anspruch auf eine Vergütung. Insoweit erbringt er eine entgeltliche Leistung. 883

Der Insolvenzverwalter ist berechtigt über die von ihm für das Unternehmen des Schuldners erbrachten Leistungen Rechnungen mit gesondertem Steuerausweis auszustellen. Die Berechtigung des Insolvenzverwalters ergibt sich aus § 14 Abs. 1 UStG. Eine nach den §§ 14, 14a UStG ausgestellte Rechnung ist auch bei Abrechnung der Leistung des Insolvenzverwalters an den Schuldner erforderlich. Der Beschluss des Insolvenzgerichts über die Festsetzung der Vergütung ist für den Vorsteuerabzug nicht ausreichend (für den Konkurs: *BFH* BStBl. II 1986, S. 579). 884

Der Insolvenzverwalter erbringt danach mit seiner Geschäftsführung eine sonstige Leistung zugunsten der Masse und damit für das Unternehmen des Schuldners. Bei der Festsetzung der Insolvenzverwaltervergütung gem. § 7 InsVV ist der Regelsteuersatz des § 12 Abs. 1 UStG anzuwenden (vgl. *Schmittmann* ZInsO 2001, 984). 885

Hat der Insolvenzverwalter für seine Geschäftsführung eine Rechnung mit gesondert ausgewiesener Umsatzsteuer erteilt, so kann der Schuldner die in der Vergütung enthaltene Umsatzsteuer als Vorsteuer abziehen. 886

Umsatzsteuerfreie Zinseinnahmen führen nicht stets zur Kürzung der Vorsteuern. So sind zinsbringende Geldanlagen des Insolvenzverwalters als unschädliche Hilfsumsätze bei der Unternehmensabwicklung anzusehen (*FG Hamburg* EFG 1998, 69, n.r.). 887

Hat der Insolvenzverwalter keine Rechnung mit gesondert ausgewiesener Umsatzsteuer ausgestellt, so entfällt der Vorsteuerabzug beim Schuldner, da die Rechnungsausstellung nach § 15 Abs. 1 Nr. 1 UStG Voraussetzung für den Vorsteuerabzug ist. Dem Insolvenzverwalter ist es gestattet, der Masse neben dem festgesetzten Vorschuss gem. § 7 VergütVO die gesamte Umsatzsteuer in Rechnung zu stellen. 888

Würde der Ausgleichsbetrag erst bei der endgültigen Festsetzung der Vergütung berücksichtigt werden, so müsste der Insolvenzverwalter aus seinen Vorschüssen an das Finanzamt Umsatzsteuer abführen und würde damit die Umsatzsteuer zum Teil vorfinanzieren. Außerdem würde der Verwalter, der einen Vorschuss erhält gegenüber demjenigen benachteiligt werden, der Vergütung bezieht, ohne zuvor die Möglichkeit der Gewährung eines Vorschusses genutzt zu haben. Letzterer erhält nämlich den vollen Mehrwertsteuerausgleich, wohingegen der Verwalter, dem ein Vorschuss gewährt wurde, nur den Ausgleich für die Restvergütung erhält. 889

§ 155 InsO   Handels- und steuerrechtliche Rechnungslegung

den Fall der Soll-Besteuerung. Der BFH begründet sein Urteil mit dem Entstehen mehrerer Vermögensmassen im Insolvenzfall. Das Urteil führt im Vergleich zur bisherigen Praxis zu einer deutlichen Schmälerung der Insolvenzmasse, soweit nunmehr auch im Falle der Soll-Besteuerung der volle Umsatzsteueranteil als Masseverbindlichkeit an den Fiskus auszukehren ist. Das Urteil ist deshalb auf heftige Kritik gestoßen, weil es nach Ansicht der Kritiker eine Bevorzugung des Fiskus bedeutet, die keine Grundlage im Gesetz hat.

872 Im *BMF*-Schreiben (*BMF* ZInsO 2012, 25 und ZInsO 2012, 213) werden wesentliche Anwendungsfragen behandelt. Das *BMF*-Schreiben enthält Regelungen zum betroffenen Personenkreis, zu den betroffenen Ansprüchen aus dem Steuerschuldverhältnis (insbesondere Umsatzsteuer), zu den Steuererklärungspflichten und anderen steuerverfahrensrechtlichen Fragen, z.B. Geltendmachung von Masseverbindlichkeiten nach § 55 Abs. 4 InsO. Außerdem hat das BMF am 18. November 2015 (IV A 3 – S 0550/10/10020-05) ein weiteres Schreiben in dem Zusammenhang zur Klärung von Zweifelsfragen veröffentlicht.

873 Unternehmer i.S.d. § 2 UStG ist auch der Insolvenzverwalter, soweit er berufsmäßig Insolvenzverwaltungen durchführt. Mit der Eröffnung des Insolvenzverfahrens wird das Verwaltungs- und Verfügungsrecht über das zur Masse gehörende Vermögen durch den Insolvenzverwalter ausgeübt. Dieser hat das zur Masse gehörende Vermögen zu verwerten.

874 Die Wirkungen seines Handelns treffen dabei unmittelbar den Schuldner als den Rechtsträger des die Masse bildenden Vermögens.

875 Nach Eröffnung des Insolvenzverfahrens steht die Befugnis auf die Kleinunternehmerregelung zu verzichten dem Insolvenzverwalter zu. Er übt dieses Recht für das gesamte Unternehmen des Insolvenzschuldners aus (*BFH* BStBl. II 2013, S. 334; Abschn.19.2 Abs. 1a UStAE).

876 Die Umsätze, die der Insolvenzverwalter im Rahmen der Verwaltung und Verwertung der Masse ausführt, unterliegen der Umsatzsteuer (Abschn. 2.2 Abs. 3 S. 6 UStAE). Dabei handelt es sich um sonstige Masseverbindlichkeiten i.S.d. § 55 Abs. 1 Nr. 1 InsO.

877 Nach *BMF-Schreiben* vom 28.07.2009 (ZInsO 2009, 1741) sind die von einem für eine Rechtsanwaltskanzlei als Insolvenzverwalter tätigen Rechtsanwalt ausgeführten Umsätze der Kanzlei zuzurechnen. Dies gilt sowohl für einen angestellten, als auch für einen an der Kanzlei als Gesellschafter beteiligten Rechtsanwalt, selbst wenn dieser ausschließlich als Insolvenzverwalter tätig ist und im eigenen Namen handelt (Abschn. 2.2 Abs. 3 S. 6 UStAE). Die Rechtsanwaltskanzlei rechnet über diese Umsätze im eigenen Namen und unter Angabe ihrer eigenen Steuernummer ab (§ 14 Abs. 4 UStG). Es findet insoweit kein Leistungsaustausch zwischen der Rechtsanwaltskanzlei und dem Rechtsanwalt statt.

878 Zu den Masseverbindlichkeiten gehören auch solche Umsatzsteuerforderungen, die durch Maßnahmen des qualifizierten vorläufigen Insolvenzverwalters oder des Treuhänders im Verbraucherinsolvenzverfahren begründet worden sind, soweit das Insolvenzverfahren eröffnet wird. Das Gleiche gilt für Umsatzsteuerforderungen, die im Rahmen der Eigenverwaltung des Insolvenzschuldners stehen.

879 Erhält der vorläufige Insolvenzverwalter keine Verwaltungs- und Verfügungsbefugnis, sind die durch seine Maßnahmen begründeten Umsatzsteuerforderungen Insolvenzforderungen.

880 Nimmt der Insolvenzschuldner eine neue Tätigkeit auf, so sind entgegen der bisherigen Rechtslage aufgrund der KO die darauf beruhenden Umsatzsteuerforderungen ebenfalls Masseverbindlichkeiten i.S.d. § 55 Abs. 1 Nr. 1 InsO, da auch dieser Anspruch zur Insolvenzmasse gem. § 35 InsO gehört und insoweit in die Verwaltung des Insolvenzverwalters fällt (*Wirtsch/Dahms* ZInsO 2005, 794).

881 Bei nachinsolvenzlicher unternehmerischer Tätigkeit des Schuldners gehört die anfallende Umsatzsteuer zu den Masseverbindlichkeiten (*BFH* BStBl. II 2005, S. 848; vgl. auch *Olbrich* ZInsO 2005, 860). Danach kommt es für die umsatzsteuerliche Behandlung nicht darauf an, ob die Entgelte für

d) Die zwei umsatzsteuerlichen Tätigkeitsbereiche in der Insolvenz

Während des Insolvenzverfahrens können zwei Tätigkeitsbereiche unterschieden werden: 860
- die Tätigkeit des Schuldners vor Eröffnung des Insolvenzverfahrens und
- die Tätigkeit des Insolvenzverwalters.

Für die Umsatzsteuer sind beide Tätigkeitsbereiche gesondert zu betrachten. 861

Die Umsatzsteuern aus der vorkonkurslichen Tätigkeit und der Tätigkeit des Insolvenzverwalters 862
werden nach der Insolvenzordnung geltend gemacht.

Bei der Berechnung der Umsatzsteuer ist zu beachten, dass beide Tätigkeitsbereiche ein Unternehmen 863
bilden.

e) Schuldner und Insolvenzverwalter sind Unternehmer, Insolvenzverwaltervergütung

Die Eröffnung des Insolvenzverfahrens hat auf die Unternehmereigenschaft des Schuldners keinen 864
Einfluss. Der Schuldner verliert mit der Eröffnung des Insolvenzverfahrens lediglich die Befugnis,
sein zur Masse gehörendes Vermögen zu verwalten und darüber zu verfügen. Dem umsatzsteuerlichen
Bereich des Schuldners sind deshalb auch die Umsätze zuzurechnen, die nach der Eröffnung
des Insolvenzverfahrens durch den Insolvenzverwalter bewirkt werden.

Nach Eröffnung des Insolvenzverfahrens ist der Anspruch auf Ausstellung der Rechnung nach § 14 865
Abs. 1 UStG vom Insolvenzverwalter auch dann zu erfüllen, wenn die Leistung vor Eröffnung des
Insolvenzverfahrens bewirkt wurde (*BGH* UR 1982, 1770 zum Konkursverfahren; Abschn. 14.1
Abs. 5 S. 7 UStAE).

Auch die Umsätze, die durch Maßnahmen des vorläufigen Insolvenzverwalters (§ 22 Abs. 1 und 866
Abs. 2 InsO) oder des Treuhänders (§ 313 InsO) bewirkt werden, sind dem unternehmerischen Bereich
des Insolvenzschuldners zuzurechnen.

Die Unternehmereigenschaft geht in der Insolvenz nicht dadurch verloren, dass vom Schuldner ab 867
einem gewissen Zeitpunkt keine laufenden Umsätze mehr getätigt werden und das verflüssigte Vermögen
für die Verteilung auf Bankkonten gesammelt wird (*BFH* BStBl. II 1998, 634).

Während der Insolvenz ist auch die Besteuerungsart (Soll- oder Istbesteuerung) fortzuführen. 868

Finanzämter lehnen Anträge auf Genehmigung der Besteuerung nach vereinnahmten Entgelten 869
nach § 20 Satz 1 Nr. 3 UStG i.d.R. ab, wenn der Steueranspruch durch eine mögliche Insolvenz
des Leistungsempfängers gefährdet erscheint (*OFD Niedersachsen* USt-Kartei ND § 20 UStG
S 7368 Karte 1).

Stellt der Insolvenzverwalter bei bestehender Ist-Besteuerung einen Antrag auf Wechsel zur Soll-Besteuerung, 870
so wird das Finanzamt diesem nur dann zustimmen, wenn er der Steuervereinfachung
dient, nicht jedoch dann, wenn der Wechsel das Steueraufkommen des Fiskus gefährdet.

Vereinnahmt der Insolvenzverwalter eines Unternehmens das Entgelt für eine vor der Eröffnung des 871
Insolvenzverfahrens ausgeführte Leistung, begründet die Entgeltvereinnahmung nicht nur bei der
Ist-, sondern auch bei der Soll-Besteuerung eine Masseverbindlichkeit i.S.v. § 55 Abs. 1 Nr. 1
InsO (*BFH* BFH/NV 2011, 952 in Fortführung des BFH-Urteils zur Ist-Besteuerung *BFH* BStBl.
II 2009, S. 682) bei Eröffnung des Insolvenzverfahrens über das Vermögen eines Unternehmers mit
umsatzsteuerpflichtigen Ausgangsleistungen vereinnahmen Insolvenzverwalter oft Forderungen aus
Leistungen, die der Unternehmer bis zur Verfahrenseröffnung erbracht hat. Bisher wurde die Forderung
in der Praxis der Insolvenzverwaltung in voller Höhe für die Masse vereinnahmt, so dass der
Fiskus den Umsatzsteueranspruch nur als Insolvenzforderung zur Insolvenztabelle anmelden konnte
und er lediglich als Insolvenzgläubiger quotal befriedigt wurde. Für den Fall der Ist-Besteuerung
hatte der *BFH* (BStBl. II 2009, S. 682) bereits entschieden, dass die vom Insolvenzverwalter vereinnahmte
Umsatzsteuer für eine vor Verfahrenseröffnung erbrachte Leistung, eine voll zugunsten des
Finanzamtes zu befriedigende Masseverbindlichkeit ist. Nach dem neueren Urteil gilt dies auch für

851 Ist vor der Eröffnung des Insolvenzverfahrens ein Tatbestand verwirklicht worden, der Umsatzsteuer auslöst, so ist zwar im Zeitpunkt der Eröffnung des Insolvenzverfahrens noch keine Umsatzsteuerforderung entstanden. Diese entsteht gem. § 13 Abs. 1 UStG erst mit Ablauf des Voranmeldungszeitraumes. Dennoch ist die Umsatzsteuerforderung insolvenzrechtlich gem. § 38 InsO begründet und ist als Insolvenzforderung geltend zu machen. Dies gilt unabhängig davon, ob die Umsätze nach vereinbarten oder nach vereinnahmten Entgelten zu versteuern sind.

852 Erbringt der Unternehmer, über dessen Vermögen das Insolvenzverfahren eröffnet wird, eine Leistung vor Verfahrenseröffnung, ohne das hierfür geschuldete Entgelt bis zu diesem Zeitpunkt zu vereinnahmen, tritt spätestens mit Eröffnung des Insolvenzverfahrens Uneinbringlichkeit im vorinsolvenzrechtlichen Unternehmensteil ein (Uneinbringlichkeit aus Rechtsgründen Abschn. 17.1 Abs. 11 S. 5 UStAE). Der Steuerbetrag ist deshalb nach § 17 Abs. 2 Nr. 1 Satz 1 i.V.m. Abs. 1 Satz 1 UStG zu berichtigen. Vereinnahmt der Insolvenzverwalter später das zunächst uneinbringlich gewordene Entgelt, ist der Umsatzsteuerbetrag nach § 17 Abs. 2 Nr. 1 Satz 2 UStG erneut zu berichtigen. Diese aufgrund der Vereinnahmung entstehende Steuerberichtigung begründet eine sonstige Masseverbindlichkeit i.S.v. § 55 Abs. 1 Nr. 1 InsO (vgl. *BFH* BStBl. II 2011, S. 996). Denn der sich aus § 17 Abs. 2 Nr. 1 Satz 2 UStG ergebende Steueranspruch ist erst mit Vereinnahmung vollständig verwirklicht und damit abgeschlossen.

853 Fällt die Eröffnung des Insolvenzverfahrens in einen laufenden Voranmeldungszeitraum, so empfiehlt es sich für den Insolvenzverwalter aus Gründen der Zweckmäßigkeit und Vereinfachung zwei Umsatzsteuervoranmeldungen abzugeben, eine für den Zeitraum vom Beginn des Voranmeldungszeitraumes bis zur Eröffnung des Insolvenzverfahrens und die andere für den sich daran anschließenden Zeitraum vom Tag der Eröffnung des Insolvenzverfahrens bis zum Ende des Voranmeldungszeitraumes.

854 Hinsichtlich des Abzuges von Vorsteuerbeträgen nach § 15 Abs. 1 UStG hat der Unternehmer ein Wahlrecht, zu welchem Zeitpunkt er die in den Veranlagungszeitraum fallenden Vorsteuerbeträge abzieht, verrechnet oder deren Erstattung verlangt (§ 16 Abs. 2 Satz 1 UStG). Das bedeutet, der Unternehmer kann die Vorsteuerbeträge so verrechnen wie sie bei ihm in seinem Unternehmen anfallen. Er muss die Vorsteuern insbesondere nicht ausschließlich mit der Umsatzsteuer verrechnen, die auf die sachlich dazu gehörenden Umsätze entfällt.

855 Für den Insolvenzverwalter ist es günstiger, die Vorsteuer mit der Umsatzsteuer zu verrechnen, die auf die nach Eröffnung des Insolvenzverfahrens von ihm getätigten Umsätze entfällt.

856 Werden die Vorsteuern mit Umsatzsteuern aus Umsätzen vor Eröffnung des Insolvenzverfahrens verrechnet, so mindert sich dadurch die zur Tabelle anzumeldende Umsatzsteuer.

857 Übersteigen die in den Voranmeldungszeitraum der Eröffnung des Insolvenzverfahrens fallenden Vorsteuerabzugsbeträge, die auf vom Schuldner vor Eröffnung des Insolvenzverfahrens getätigte Umsätze entfallen, die abzuführende Umsatzsteuer, so handelt es sich bei dem dabei entstehenden Guthaben um einen Masseanspruch, den der Insolvenzverwalter zugunsten der Masse geltend zu machen hat.

858 Macht der Insolvenzverwalter die abziehbaren Vorsteuerbeträge dagegen erst im Rahmen der Jahresveranlagung geltend, so stellt die Umsatzsteuer, die auf die bis zur Eröffnung des Insolvenzverfahrens getätigten Umsätze entfällt, in voller Höhe eine Insolvenzforderung dar. Dies gilt unabhängig von dem später noch möglichen oder zulässigen Vorsteuerabzug.

859 Im Einzelfall kann es sich für den Insolvenzverwalter empfehlen, das Finanzamt zu veranlassen, den Voranmeldungszeitraum abzukürzen. Hierdurch kann erreicht werden, dass die in den einzelnen Voranmeldungszeiträumen noch nicht verrechneten Vorsteuerguthaben für die Masse frei werden.

Nach Ansicht des *BFH (*24.11.2011 ZIP 2011, 2481 f.) teilt sich das Schuldnerunternehmen nach 842
Verfahrenseröffnung in mehrere eigenständige Unternehmensteile auf:
- in die Insolvenzmasse,
- vorinsolvenzrechtliche Unternehmensteile
- sowie in das nach der Verfahrenseröffnung freigegebene Vermögen.

Dabei wird unterstellt, dass die nicht vereinnahmten Entgelte aus vor Verfahrenseröffnung erbrach- 843
ten Leistungen des Schuldners von diesem Unternehmensteil nicht mehr eingezogen werden können
und damit für diesen Unternehmensteil uneinbringlich sind. Diese Forderungen können dann nur
von den anderen eigenständigen Unternehmensteilen, d.h. der Insolvenzmasse und des aus der Insolvenz freigegebenen Vermögen realisiert werden. Die spätere Realisierung der offenen Forderungen
durch den Insolvenzverwalter, Einzug der Altforderungen im eröffneten Verfahren erfolgt dann für
einen anderen Unternehmensteil und hat eine erneute Berichtigung nach § 17 Abs. 1 Nr. 2 UStG
zur Folge. Diese Korrektur ist aber erst zu dem Zeitpunkt der Vereinnahmung, d.h. dem Zeitpunkt
der Zahlung der Entgelte zur Insolvenzmasse vorzunehmen (§ 17 Abs. 2 i.V.m. Abs. 1 Satz 7
UStG). Dies bedeutet die Begründung einer Masseverbindlichkeit nach § 55 Abs. 1 Nr. 1 InsO (gegen die Aufteilung des einheitlichen Unternehmerbegriffes: *Krüger* ZInsO 2012, 155).

Die Finanzverwaltung wendet diese neue BFH-Rechtsprechung auf Insolvenzfälle an, die **nach dem** 844
31.12.2011 eröffnet worden sind (*BMF* ZInsO 2012, 25 und ZInsO 2012, 213) Im BMF-Schreiben
werden wesentliche Anwendungsfragen behandelt. Das BMF-Schreiben enthält Regelungen zum betroffenen Personenkreis, zu den betroffenen Ansprüchen aus dem Steuerschuldverhältnis (insbesondere Umsatzsteuer), zu den Steuererklärungspflichten und anderen steuerverfahrensrechtlichen Fragen (z.B. Geltendmachung von Masseverbindlichkeiten nach § 55 Abs. 4 InsO).

Das Urteil führt im Vergleich zur bisherigen Praxis zu einer deutlichen Schmälerung der Insolvenz- 845
masse, soweit nunmehr auch im Falle der Sollbesteuerung der volle Umsatzsteueranteil als Masseverbindlichkeit an den Fiskus auszukehren ist. Das Urteil ist deshalb auf heftige Kritik gestoßen, weil es
nach Ansicht der Kritiker eine Bevorzugung des Fiskus bedeutet, die keine Grundlage im Gesetz hat
(vgl. auch *Dobler* ZInsO 2011, 1098; *Krüger* ZInsO 2012, 153, wonach durch die einseitige Bevorzugung des Fiskus das durch die Einführung des Insolvenzrechts begründete Prinzip der Verteilungsgerechtigkeit ohne sachliche Rechtfertigung gestört wird).

Umsatzsteuerforderungen sind vielfach schon i.S.d. § 38 InsO begründet, bevor die Umsatzsteuer- 846
schuld voll entstanden ist.

Dies ist insbesondere dann der Fall, wenn sie Umsätze betreffen, bei denen bei der Ist-Besteuerung 847
bis zur Eröffnung des Insolvenzverfahrens die Entgelte vereinnahmt oder bei der Soll-Besteuerung
die Lieferungen oder sonstigen Leistungen ausgeführt worden sind oder die Entnahmen, Verwendungen und die Aufwendungen getätigt worden sind.

Veräußert der Insolvenzschuldner insolvenzfreies Unternehmensvermögen, z.B. bei der Verwertung 848
eines unpfändbaren Gegenstandes (§ 36 InsO), so ist die durch die Verwertungshandlung ausgelöste
Umsatzsteuer weder eine Insolvenzforderung nach § 38 InsO, noch eine Masseverbindlichkeit gem.
§ 55 InsO. Die Umsatzsteuer ist ausschließlich gegenüber dem Insolvenzschuldner geltend zu machen. Derartige Ansprüche wird das Finanzamt im Hinblick auf § 156 Abs. 2 AO nicht festsetzen.

Zur Berücksichtigung von USt-Sondervorauszahlungen in der Insolvenz: Die Sondervorauszahlung 849
ist gem. § 48 Abs. 4 UStDV zunächst bei der Festsetzung der Vorauszahlungen für den letzten Voranmeldungszeitraum des Besteuerungszeitraumes (Kalenderjahr) anzusetzen. Dies gilt auch im Fall
der Insolvenz (*BFH* BStBl. II 2002, S. 705).

c) Einfluss der Eröffnung des Insolvenzverfahrens auf den laufenden Voranmeldungszeitraum

Der laufende Voranmeldungszeitraum wird durch die Eröffnung des Insolvenzverfahrens grds. nicht 850
unterbrochen (für den Konkurs: *BFH* BStBl. II 1987, S. 691).

830 Dabei ist zu unterscheiden:

Waren die Umsatzsteueransprüche im Zeitpunkt der Eröffnung des Insolvenzverfahrens bereits begründet i.S.d. § 38 InsO, sind sie als Insolvenzforderungen zur Masse anzumelden.

831 Bei den später begründeten Forderungen handelt es sich um sonstige Masseverbindlichkeiten i.S.d. § 55 InsO, die aus der Masse zu berichtigen sind und vom Finanzamt durch an den Insolvenzverwalter gerichtete Steuerbescheide geltend gemacht werden.

832 Das Finanzamt ist berechtigt in einem laufenden Insolvenzverfahren einen Umsatzsteuerbescheid zu erlassen, in dem eine negative Umsatzsteuer für einen Besteuerungszeitraum vor der Insolvenzeröffnung festgesetzt wird, wenn sich daraus keine Zahllast ergibt (*BFH* ZInsO 2009, 1604).

b) Begründetheit einer Umsatzsteuerforderung i.S.d. § 38 InsO

833 Begründet i.S.d. § 38 InsO ist eine Steuerforderung, wenn der Rechtsgrund bei Eröffnung des Insolvenzverfahrens bereits gelegt war, d.h. der schuldrechtliche Tatbestand, der die Grundlage des Steueranspruches bildet, zu diesem Zeitpunkt bereits vollständig abgeschlossen war.

834 Umsatzsteuerforderungen sind im Zeitpunkt der Eröffnung des Insolvenzverfahrens begründet, soweit die Umsätze vor Eröffnung des Insolvenzverfahrens vereinnahmt oder vereinbart worden sind.

835 Unerheblich ist der Zeitpunkt des Entstehens der Umsatzsteuerforderung. Soweit die Besteuerung nach vereinbarten Entgelten erfolgt, entsteht die Umsatzsteuer grds. gem. § 13 Abs. 1 UStG mit Ablauf des Voranmeldungszeitraumes, in dem die Lieferung oder sonstige Leistung ausgeführt worden ist.

836 Erfolgt die Besteuerung ausnahmsweise nach vereinnahmten Entgelten, so entsteht die Umsatzsteuer mit Ablauf des Voranmeldungszeitraumes, in dem die Entgelte vereinnahmt worden sind.

837 In den Fällen der Anzahlungsbesteuerung (Mindest-Istbesteuerung) gem. § 13 Abs. 1 Nr. 1a Satz 4 UStG ist der Entstehungszeitpunkt entscheidend. Vereinnahmt der Schuldner die Anzahlung vor Eröffnung des Insolvenzverfahrens, so stellt die darauf zu entrichtende Umsatzsteuer eine Insolvenzforderung dar, selbst wenn die Umsätze erst nach der Eröffnung des Insolvenzverfahrens ausgeführt werden.

838 Vereinnahmt der Insolvenzverwalter nach Eröffnung des Insolvenzverfahrens im Rahmen der Ist-Besteuerung gem. § 13 Abs. 1 Nr. 1 Buchst. b UStG Entgelte für Leistungen, die bereits vor Verfahrenseröffnung erbracht wurden, handelt es sich bei der für die Leistungen entstehende Umsatzsteuer um eine Masseverbindlichkeit nach § 55 Abs. 1 Nr. 1 InsO (*BFH* ZInsO 2009, 682).

839 Vereinnahmt der Insolvenzverwalter eines Unternehmens das Entgelt für eine vor der Eröffnung des Insolvenzverfahrens ausgeführte Leistung, begründet die Entgeltvereinnahmung jedoch neuerdings nicht nur bei der Ist-, sondern auch bei der Sollbesteuerung eine Masseverbindlichkeit i.S.v. § 55 Abs. 1 Nr. 1 InsO (*BFH* BFH/NV 2011, 823 und 952 in Fortführung des BFH-Urteils zur Ist-Besteuerung, *BFH* BStBl. II 2009, 682).

840 Der BFH begründet sein Urteil mit dem Entstehen mehrerer Vermögensmassen im Insolvenzfall.

841 Nach dem *BFH*-Urteil v. 24.11.2011 (ZIP 2011, 2481 f.) entsteht der sich nach § 17 Abs. 2 UStG ergebende Berichtigungsanspruch für Entgelte aus den durch den insolventen Unternehmer erbrachten Leistungen mit und damit eine juristische Sekunde vor Insolvenzeröffnung. Damit ist der Vorsteuerberichtigungsanspruch für die bezogene Leistung sowie auch der Umsatzsteuerberichtigungsanspruch für die erbrachten Leistungen vor der Verfahrenseröffnung begründet und bei der Forderungsanmeldung zu berücksichtigen ggf. aufzurechnen.

aa) Ist der Widerspruch gegen den Gewerbesteuermessbescheid begründet und liegen die Voraussetzungen einer Änderungsvorschrift oder für eine Wiedereinsetzung vor, so ist der Gewerbesteuermessbescheid zu ändern. In diesem Fall ist der Gemeinde diese Änderung durch eine Messbetragsberechnung mitzuteilen, damit diese ihre Anmeldung zur Tabelle ändern kann.

bb) Wurde die Einspruchsfrist durch die Eröffnung des Insolvenzverfahrens unterbrochen, so dass ein noch nicht bestandskräftiger Gewerbesteuermessbescheid vorliegt, besteht die Möglichkeit der Wiederaufnahme des Besteuerungsverfahrens. Äußert sich der Widersprechende auf eine diesbezügliche Anfrage des Finanzamts nicht und legt er innerhalb der neu angelaufenen Rechtsbehelfsfrist keinen Einspruch ein, so ist sein Widerspruch unzulässig geworden. Das Finanzamt kann in diesem Fall beim Insolvenzgericht die Löschung des Widerspruchs in der Tabelle beantragen. Legt der Widersprechende infolge des Anschreibens des Finanzamtes rechtzeitig Einspruch ein, erlässt dieses bei unbegründetem Widerspruch eine Einspruchsentscheidung mit feststellendem Charakter.

cc) Liegt ein noch nicht rechtskräftiger, weil mit Einspruch angefochtener Gewerbesteuermessbescheid vor, so fordert das Finanzamt den Insolvenzverwalter zur Aufnahme des Verfahrens auf. Erklärt der Insolvenzverwalter oder das Finanzamt die Wiederaufnahme des Verfahrens, so ergeht bei unbegründetem Widerspruch eine Einspruchsentscheidung an den Widersprechenden.

Bei bestands- oder rechtskräftigem Gewerbesteuermessbescheid hat das Finanzamt der Gemeinde mitzuteilen mit welchem Inhalt und in welchem Instanzenzug die Entscheidung des Finanzamtes oder des Finanzgerichts bestands- oder rechtskräftig geworden ist, damit ggf. der Gewerbesteuerbescheid oder der Feststellungsbescheid nach § 251 Abs. 3 AO und die Forderungsanmeldung zur Tabelle entsprechend geändert werden können. Der obsiegenden Partei obliegt es, beim Insolvenzgericht die Berichtigung der Tabelle zu beantragen (§ 183 Abs. 2 InsO).

dd) Liegen nur Messbetragsberechnungen vor, weil bis zur Insolvenzeröffnung noch keine Gewerbesteuermessbescheide ergangen waren, so erlässt das Finanzamt bei unbegründetem Widerspruch erstmals einen Gewerbesteuermessbescheid (*BFH* BStBl. II 1998, S. 428 LS 3). Dieser ist mit einer Rechtsbehelfsbelehrung zu versehen, was die anschließende Durchführung eines regulären Einspruchsverfahrens ermöglicht.

c) Wendet sich der Widerspruch gegen den Gewerbesteuerbescheid der Gemeinde, so wird ein durch die Insolvenzeröffnung nach § 240 ZPO unterbrochenes VwGO-Widerspruchsverfahren oder Klageverfahren (in NRW) gegen den Gewerbesteuerbescheid der Gemeinde durch den insolvenzrechtlichen Widerspruch wieder aufgenommen (§ 180 Abs. 2 i.V.m. § 185 InsO). Bei unbegründetem Widerspruch kann die Gemeinde einen Widerspruchsbescheid nach § 73 VwGO mit Feststellungstenor erlassen. Streitig ist, ob die Gemeinde einen Insolvenzfeststellungsbescheid erlassen kann (so *Frotscher* Besteuerung bei Insolvenz, S. 258; a.A. *VGH Kassel* NJW 1987, 971).

Der rechtskräftige Insolvenzplan und die Aufhebung des Insolvenzverfahrens hindern die hebeberechtigte Kommune nicht an der Festsetzung von Gewerbesteuern und Nachzahlungszinsen. Die befreiende Wirkung des rechtskräftigen Insolvenzplanes ist der Kommune vielmehr im nachgelagerten Erhebungsverfahren entgegenzuhalten. Deshalb kann ein Insolvenzschuldner darauf verwiesen werden hierzu einen Abrechnungsbescheid zu erwirken (*VG Göttingen* 29.08.2013 – 2 A 648/13, n.v.).

5. Umsatzsteuer

a) Allgemeines

In der Insolvenz ergeben sich vor allem bei der Verwaltung, der Verwertung und der Verteilung der Masse eine Reihe von umsatzsteuerrechtlichen Fragen.

Dabei gilt grds. Folgendes:

Die Geltendmachung von Umsatzsteuerforderungen durch das Finanzamt beurteilt sich nach Eröffnung des Insolvenzverfahrens ausschließlich nach Insolvenzrecht.

817 Nach der geänderten Rspr. des *BFH* (BStBl. II 1998, S. 428) dürfen Steuerbescheide, in denen ausschließlich Besteuerungsgrundlagen ermittelt und festgestellt werden, die ihrerseits die Höhe von Steuerforderungen beeinflussen, die zur Konkurstabelle anzumelden sind, nicht mehr erlassen werden. Dies gilt auch für den Erlass von Gewerbesteuermessbescheiden (§ 184 AO) und Zerlegungsbescheiden (§ 188 AO). Stattdessen sind den betreffenden Städten und Gemeinden die Besteuerungsgrundlagen durch eine Messbetrags-Berechnung mitzuteilen. Auch die Gemeinde darf nach Insolvenzeröffnung keinen Gewerbesteuerbescheid erlassen. Stattdessen hat sie auf der Grundlage der Messbetrags-Berechnung eine Steuerberechnung vorzunehmen und auf dieser Basis die Gewerbesteuer zur Tabelle anzumelden. Die Übersendung der Messbetrags-Berechnung vom Finanzamt an die Gemeinde kann dann unterbleiben, wenn ein Messbetrag nach dem GewStG nicht festzusetzen ist, z.B. weil infolge von Verlusten der Freibetrag beim Gewerbeertrag von 24.500 Euro gem. § 11 Abs. 1 Satz 3 Nr. 1 GewStG nicht überschritten wird.

818 Für das Insolvenzeröffnungsjahr ist zum Zwecke der Einhaltung des Anmeldetermins durch die Gemeinde i.d.R. durch Schätzung eine Messbetrags-Berechnung zu erstellen, die den Teil des Gewerbesteuermessbetrages erfasst, der auf den Gewerbeertrag bis zum Tag der Insolvenzeröffnung entfällt. Dabei kann der Messbetrag nach dem Gewerbeertrag nach dem Verhältnis des vor und nach Insolvenzeröffnung erzielten Gewerbeertrags aufgeteilt werden. Nach Ablauf des Insolvenzeröffnungsjahres hat eine einheitliche Gewerbesteuermessbetrags-Berechnung für das ganze Jahr zu erfolgen. Dabei ist der einheitliche Gewerbesteuermessbetrag auf den Zeitraum vor der Insolvenzeröffnung und auf den Zeitraum nach Insolvenzeröffnung aufzuteilen. Für den letzteren Zeitraum erlässt die Gemeinde einen Gewerbesteuerbescheid an den Insolvenzverwalter.

819 Die Gewerbesteuervorauszahlungen entstehen mit Beginn des Kalendervierteljahres, für das sie zu leisten sind (§ 21 GewStG). Sie werden jeweils zum 15.02., 15.05., 15.08. und 15.11. fällig. Die Vorauszahlungsbeträge für das jeweilige Kalendervierteljahr sind damit Insolvenzforderungen, wenn das Insolvenzverfahren am ersten Tag des jeweiligen Kalendervierteljahres oder nach diesem Tag eröffnet wird. Gewerbesteuervorauszahlungen, die danach noch nicht fällig, aber bereits entstanden sind, gelten gem. § 41 Abs. 1 InsO als fällig. Vorauszahlungen, die erst nach der Eröffnung des Insolvenzverfahrens entstehen, sind in aller Regel nach § 19 Abs. 3 GewStG herabzusetzen.

820 Da es sich bei der Gewerbesteuer um ein zweistufiges Verfahren handelt, gestalten sich Einspruchs- und Widerspruchsverfahren kompliziert. Zu unterscheiden ist im Einzelfall:

a) Bestreitet der Insolvenzverwalter die angemeldete Steuer gem. §§ 176, 178 InsO mit dem Widerspruch, so ist wegen der Zweistufigkeit des Verfahrens die Begründung des Widerspruchs zu untersuchen, ob er sich gegen den Gewerbesteuerbescheid der Gemeinde (z.B. wegen Anwendung des falschen Hebesatzes) oder gegen den Gewerbesteuermessbescheid des Finanzamtes (z.B. wegen unzutreffender Hinzurechnung nach § 8 GewStG) oder gegen beide Bescheide richtet. Dabei ist im Zweifel anzunehmen, dass der Widerspruch sich gegen beide Verwaltungsakte richtet.

b) Richtet sich der Widerspruch gegen den Gewerbesteuermessbescheid des Finanzamtes, so richtet sich dessen weitere Behandlung danach, in welchem Stand sich die Gewerbesteuermessbetragsveranlagung des Finanzamtes im Zeitpunkt der Insolvenzeröffnung befand.

821 Liegt bereits ein bestandskräftiger Gewerbesteuermessbescheid vor, so ergeht an den Widersprechenden ein schlichter Ablehnungsbescheid, mit dem das Finanzamt es ablehnt, den bestandskräftigen Gewerbesteuermessbescheid zu ändern, der mit der Rechtsbehelfsbelehrung des Einspruchs versehen ist. Bei der Gewerbesteuer kann kein Insolvenzfeststellungsbescheid nach § 251 Abs. 3 AO ergehen, weil das Finanzamt mit der Gewerbesteuermessbetragsfestsetzung gerade keinen Anspruch aus dem Steuerschuldverhältnis als Insolvenzforderung geltend macht. Dies macht erst die Gemeinde auf der zweiten Stufe. Es ist Aufgabe der Gemeinde, die Gewerbesteuerforderung durch Feststellungsbescheid gem. § 251 Abs. 3 AO zu verfolgen. Es sind dabei folgende Fallgestaltungen zu unterscheiden:

4. Gewerbesteuer

Bei Einzelgewerbetreibenden und Personengesellschaften endet die Gewerbesteuerpflicht erst mit der Aufgabe der werbenden Tätigkeit. Diese liegt solange nicht vor, als der Insolvenzverwalter den Gewerbebetrieb fortführt, indem er die vorhandenen Warenvorräte verkauft. 806

Keine werbende Tätigkeit ist jedoch die Veräußerung des vorhandenen Anlagevermögens. Veräußert der Insolvenzverwalter nur Anlagevermögen, so endet bereits mit der Eröffnung des Insolvenzverfahrens die Gewerbesteuerpflicht. 807

Bei Kapitalgesellschaften sowie den anderen in § 2 Abs. 2 GewStG genannten Unternehmen endet die Gewerbesteuerpflicht erst mit der Einstellung jeglicher Tätigkeit nach Verteilung des gesamten Vermögens. 808

Die Gewerbesteuerpflicht ist insoweit allein an die Rechtsform des Unternehmens geknüpft. Sie erlischt jedoch, wenn das zurückbehaltene Vermögen allein dazu dienen soll, die Gewerbesteuerschuld zu begleichen. 809

Durch die Eröffnung des Insolvenzverfahrens wird der Veranlagungszeitraum nicht unterbrochen, so dass insoweit eine gemeinsame Veranlagung für die Zeit vor und nach der Insolvenzeröffnung zu erfolgen hat. Besteuerungsgrundlage für die Gewerbesteuer ist nur noch der Gewerbeertrag. Die Gewerbekapitalsteuer ist dagegen entfallen. Der Gewerbeertrag ist nach den allgemeinen Regeln zu ermitteln. Bei der Eröffnung des Insolvenzverfahrens vorhandene Schulden können bei Nichttilgung allein durch Zeitablauf zu Dauerschulden werden mit der Folge, dass die auf sie entfallenden Zinsen gem. § 8 Nr. 1 GewStG den Gewerbeertrag erhöhen. Die hierin im Einzelfall liegende Unbilligkeit kann nur durch einen Antrag auf Erlass gem. § 227 AO oder durch ein Absehen von der Steuerfestsetzung gem. § 163 AO beseitigt werden. 810

Der in dem Zeitraum vom Beginn bis zum Ende der Abwicklung erzielte Gewerbeertrag ist gem. § 16 Abs. 2 GewStDV auf die Jahre des Abwicklungszeitraumes zu verteilen. Dies gilt nicht nur für die in § 2 Abs. 2 Nr. 2 GewStG genannten Unternehmen, sondern auch für Einzelunternehmen und Personengesellschaften, bei denen die Verteilung ebenfalls nur auf den Zeitraum der Abwicklung zu erfolgen hat. Der in dem Zeitraum vom Tag der Eröffnung des Insolvenzverfahrens bis zur Beendigung des Insolvenzverfahrens erzielte Gewerbeertrag ist auf die einzelnen Jahre des Insolvenzverfahrens nach dem Verhältnis zu verteilen, in dem die Zahl der Kalendermonate, in denen im einzelnen Jahr die Steuerpflicht bestanden hat, zu der Gesamtzahl der Kalendermonate steht. 811

Wird im Laufe eines Kalenderjahres das Insolvenzverfahren eröffnet, ist der einheitliche Gewerbesteuermessbetrag für das ganze Jahr zu ermitteln. Die Gewerbesteuerschuld entsteht nach Ablauf des Erhebungszeitraumes (§ 18 GewStG), also nach Eröffnung des Insolvenzverfahrens. 812

Im Zeitpunkt der Eröffnung des Insolvenzverfahrens ist die Gewerbesteuerschuld noch nicht entstanden, aber bereits i.S.d. § 38 InsO begründet. Insoweit handelt es sich um eine befristete Forderung, die als aufschiebend bedingte Forderung nur zur Sicherung berechtigt. 813

Betrifft die Gewerbesteuerabschlusszahlung einen Veranlagungszeitraum vor der Eröffnung des Insolvenzverfahrens, so gilt die Gewerbesteuerforderung als nicht fällige Forderung gem. § 41 Abs. 1 InsO als fällig. 814

Entfällt die Gewerbesteuer auf Erhebungszeiträume nach Eröffnung des Insolvenzverfahrens, so gehört sie zu den sonstigen Masseverbindlichkeiten i.S.d. § 55 Abs. 1 InsO. 815

Nach § 10a GewStG kann ein Verlust vorgetragen werden, soweit dieser dem gleichen Steuerpflichtigen in dem gleichen Gewerbebetrieb entstanden ist. Ausgeschlossen ist mangels Identität der Gewerbebetriebe die Übertragung eines Verlustvortrages aus dem Gewerbebetrieb auf einen vom Schuldner im Lauf eines Insolvenzverfahrens neu eröffneten Gewerbebetrieb. Einen gewerbesteuerlichen Verlustrücktrag gibt es nicht. 816

Reicht die Insolvenzmasse nicht aus, hat der Insolvenzverwalter einen Teil des Bruttoarbeitslohnes aus der Masse zu zahlen.

Erst wenn der Insolvenzverwalter bei der Entrichtung des Bruttoarbeitslohnes die Lohnsteuer nicht einbehält und an das Finanzamt abführt, entsteht zugunsten des Finanzamtes gegen die Masse ein Lohnsteuerhaftungsanspruch.

800 c) Setzt der Insolvenzverwalter ein Arbeitsverhältnis nach Eröffnung des Insolvenzverfahrens fort oder begründet er zu Lasten der Masse ein neues Arbeitsverhältnis, so hat der Arbeitnehmer einen Anspruch auf Auszahlung des Bruttoarbeitsentgeltes, das zu den sonstigen Masseverbindlichkeiten i.S.d. § 55 Abs. 1 Nr. 2 InsO gehört. Erst wenn der Insolvenzverwalter die Lohnsteuer pflichtwidrig nicht einbehält und an das Finanzamt abführt, entsteht ein Lohnsteuerhaftungsanspruch gegen die Masse. Dabei handelt es sich ebenfalls um eine sonstige Masseverbindlichkeit i.S.d. § 55 Abs. 1 Nr. 2 InsO.

801 d) Liegen die Voraussetzungen für eine pauschale Erhebung der Lohnsteuer nach § 40 Abs. 3, § 40a Abs. 4, § 40b Abs. 3 EStG vor, kann sich der Insolvenzverwalter für eine Pauschalierung entscheiden.

Dies gilt unabhängig davon, ob der Arbeitslohn vor oder nach der Eröffnung des Insolvenzverfahrens gezahlt worden ist. Wählt der Insolvenzverwalter die Pauschalregelung wird durch diese Entscheidung die pauschale Lohnsteuer begründet.

Beruht die pauschale Lohnsteuer auf einer Tätigkeit des Arbeitnehmers, die er unter Fortsetzung des Arbeitsverhältnisses nach Eröffnung des Insolvenzverfahrens erbracht hat, handelt es sich um eine sonstige Masseverbindlichkeit i.S.d. § 55 Abs. 1 Nr. 1 InsO, d.h. um Ausgaben für die Verwaltung und Verwertung der Masse.

c) Besteuerung von Insolvenzgeld

802 Für das Insolvenzgeld nach §§ 165 ff. SGB III gelten die gleichen Grundsätze wie für das bis zum 01.01.1999 geltende Konkursausfallgeld nach §§ 141a ff. AFG. Gem. § 170 SGB III gehen die entsprechenden Lohnansprüche des Arbeitnehmers in Höhe des Nettolohnanspruches kraft Gesetzes auf die Agentur für Arbeit über. Diese übergegangenen Ansprüche haben im Insolvenzverfahren des Arbeitgebers grds. den gleichen Rang wie sie ohne Übergang auf die Agentur für Arbeit hätten.

803 Grds. ist das Insolvenzgeld (§§ 165 ff. SGB III), das der Arbeitnehmer für die letzten 3 Monate vor der Eröffnung des Insolvenzverfahrens erhält, nach § 3 Nr. 2 EStG steuerfrei (R 3.2 Abs. 2 LStR 2015). Es unterliegt jedoch nach § 32b Abs. 1 Nr. 1 Buchst. a EStG dem Progressionsvorbehalt.

804 Nach § 170 SGB III kann ein Arbeitnehmer vor seinem Antrag auf Insolvenzgeld Lohnansprüche an eine Bank entgeltlich übertragen, d.h. seinen Insolvenzgeldanspruch vorfinanzieren lassen. In diesem Fall steht der auf den übertragenen Lohnanspruch entfallende Anspruch auf Insolvenzgeld der Bank zu. Die Zahlung des Insolvenzgeldes durch die Bundesagentur für Arbeit an die vorfinanzierende Bank ist dem Arbeitnehmer zuzurechnen (§ 32b Abs. 1 Satz 1 Nr. 1 Buchst. a EStG). Nach bisheriger Verwaltungsauffassung war das vorfinanzierte Insolvenzgeld dem Arbeitnehmer erst mit der Zahlung der Bundesagentur für Arbeit an die Bank zugeflossen. Im Gegensatz dazu hat der *BFH* mit Urteil vom 01.03.2012 (BStBl. II 2012, S. 596) entschieden, dass das vorfinanzierte Insolvenzgeld dem Arbeitnehmer bereits zu dem Zeitpunkt zufließt, in dem er das Entgelt von der Bank erhält.

805 Werbungskosten bei Insolvenzgeld (H 9.1 LStH 2015): Werbungskosten, die auf den Zeitraum entfallen, für den der Arbeitnehmer Insolvenzgeld erhält, sind abziehbar, da kein unmittelbarer wirtschaftlicher Zusammenhang zwischen den Aufwendungen und dem steuerfreien Insolvenzgeld i.S.d. § 3c EStG besteht (*BFH* BStBl. II 2001, S. 199).

b) Insolvenzverfahren des Arbeitgebers

Der Insolvenzverwalter hat das Recht und die Pflicht zur Verwaltung des Masse (§ 34 Abs. 3 AO). 791

Damit hat er auch die Verpflichtung, bei Auszahlung von Löhnen Lohnsteuer einzubehalten und an das Finanzamt abzuführen. Dies gilt auch für Lohnzahlungszeiträume, die vor der Eröffnung des Insolvenzverfahrens liegen. Insoweit ist er verpflichtet, auch für die vor Insolvenzeröffnung ausgezahlten Löhne Lohnsteueranmeldungen abzugeben, soweit der Schuldner dies unterlassen hat (für den Konkurs: *BFH* BStBl. III 1951, S. 212). Im Falle der Unterlassung haftet er persönlich für die Lohnsteuerforderungen des Finanzamtes gem. §§ 34, 69 AO. 792

Hinsichtlich der Einbehaltung und Abführung der Lohnsteuer gilt grds. Folgendes: 793

Das Finanzamt hat einen Anspruch auf Zahlung der Lohnsteuer in Form einer Vorauszahlung auf die Einkommensteuer gegen den Arbeitnehmer. Gegen den Arbeitgeber hat das Finanzamt dagegen keinen unmittelbar auf Zahlung gerichteten Anspruch, sondern einen Anspruch auf eine Dienstleistung, die Abführung der Lohnsteuer an das Finanzamt für den Arbeitnehmer.

Insoweit stellt die Abführung der Lohnsteuer durch den Arbeitgeber die Zahlung des Arbeitnehmers auf seine Einkommensteuerschuld dar. Diese erfolgt für Rechnung des Arbeitnehmers. 794

Dieser Anspruch auf eine Dienstleistung, d.h. die Abführung der Lohnsteuer für den Arbeitnehmer wandelt sich erst dann in einen unmittelbaren Zahlungsanspruch um, wenn der Arbeitgeber die Lohnsteuer nicht einbehält und an das Finanzamt abführt. 795

Der Zahlungsanspruch des Finanzamtes gegen den Arbeitgeber gem. § 42d EStG ist ein Haftungsanspruch, der neben den primären Zahlungsanspruch des Finanzamtes gegen den Arbeitnehmer tritt. 796

Widerruft der Insolvenzverwalter bei unverfallbarer und damit nach § 7 Abs. 2 Nr. 2 BetrAVG insolvenzgesicherter Anwartschaft das Bezugsrecht des Arbeitnehmers an einer Direktversicherung, tritt in dessen Person keine wirtschaftliche Änderung ein, die als Rückzahlung von Arbeitslohn verstanden werden könnte. Auf die Lohnsteuerschuld des insolventen pauschal nach § 40b Abs. 1 EStG versteuernden Arbeitgebers wirkt sich der Widerruf daher nicht aus (*BFH* ZIP 2007, 1569). 797

Hinsichtlich der Haftung in der Insolvenz des Arbeitgebers lassen sich folgende Fallgestaltungen unterscheiden: 798

a) Vor Eröffnung des Insolvenzverfahrens hat der Schuldner als Arbeitgeber den Nettolohn ausgezahlt, ohne die Lohnsteuer an das Finanzamt abzuführen.

Der Arbeitgeber hat damit den Haftungstatbestand des § 42d EStG vor Eröffnung des Insolvenzverfahrens erfüllt. Da das haftungsbegründende Verhalten des Arbeitgebers vor Eröffnung des Insolvenzverfahrens angefallen ist, ist der Lohnsteuerhaftungsanspruch eine Insolvenzforderung.

Ist der Haftungsanspruch vor Eröffnung des Insolvenzverfahrens entstanden, aber noch nicht durch Haftungsbescheid festgesetzt worden, so gilt die Haftungsforderung gem. § 41 Abs. 1 InsO als fällig und ist mit dem abgezinsten Betrag zur Tabelle anzumelden. Da ein Haftungsbescheid nach Eröffnung des Insolvenzverfahrens nicht mehr gegen den Schuldner ergehen kann, ist der Abzinsungsbetrag zu schätzen, wobei zu berücksichtigen ist, zu welchem Zeitpunkt die Haftungsschuld ohne Eröffnung des Insolvenzverfahrens bei einem normalen Lauf des Verfahrens fällig gewesen wäre.

b) Zahlt der Insolvenzverwalter erst nach der Eröffnung des Insolvenzverfahrens rückständige Löhne aus, so entsteht der Lohnsteueranspruch erst mit dem Lohnzufluss. Im Zeitpunkt der Eröffnung des Insolvenzverfahrens bestand seitens des Finanzamtes noch keine Lohnsteuerforderung, sondern nur der Dienstleistungsanspruch gegen den Insolvenzverwalter auf Einbehaltung und Abführung der Lohnsteuer. Der Arbeitnehmer hat gegen den Arbeitgeber als Schuldner eine Forderung auf Auszahlung des Bruttoarbeitslohnes, d.h. des Nettoarbeitslohnes an ihn und der darauf entfallenden Lohnsteuer an das Finanzamt. 799

Auszahlungszeitraumes von 2008 bis 2017 in Betracht. Das Vorhandensein von massezugehörigen Forderungen, die erst in weiter Zukunft fällig werden, hindert die Schlussverteilung und die Aufhebung des Insolvenzverfahrens jedoch nicht. Der Insolvenzverwalter hat die Möglichkeit die Forderung abzutreten oder in die Schlussrechnung oder das Schlussverzeichnis mit aufzunehmen. Die Verteilung ist ohne Anordnung eines nachgeordneten Verfahrens möglich. Es handelt sich um einen Massezufluss, der bis zum Zeitpunkt des Schlusstermins bekannt wird. Eine sofortige Berücksichtigung des Masseanspruchs kommt allerdings aufgrund der mangelnden Fälligkeit nicht in Betracht. Eine quotale Auszahlung an die Massegläubiger konnte erst ab 2008 erfolgen. Eine Nachtragsverteilung kommt nicht in Betracht, da sich derartige Sachverhalte nicht unter die abschließende Aufzählung des § 203 Abs. 1 Nr. 1–3 InsO subsumieren lassen (*OFD Münster* ZInsO 2007, 706; *OFD Koblenz* ZInsO 2008, 502; *Schmittmann/Grashoff/Kleinmanns* ZInsO 2008, 609).

3. Lohnsteuer

783 Da die Lohnsteuer nach § 38 EStG nur eine besondere Erhebungsform der Einkommensteuer ist, gelten die Ausführungen zur Einkommensteuer entsprechend. Die Lohnsteuer ist für den Arbeitnehmer vom Arbeitgeber einzubehalten und an das Finanzamt abzuführen. Bei der Lohnsteuer im Insolvenzverfahren ist zu unterscheiden, ob sich der Arbeitnehmer oder der Arbeitgeber im Insolvenzverfahren befindet.

a) Insolvenzverfahren des Arbeitnehmers

784 Hat der Arbeitgeber gegen seine Verpflichtung, die Lohnsteuer einzubehalten und abzuführen verstoßen, so kann das Finanzamt nach § 38 Abs. 4 EStG den Arbeitnehmer in Anspruch nehmen. Grds. entsteht die Lohnsteuerschuld in dem Zeitpunkt, in dem der Arbeitslohn dem Arbeitnehmer zufließt. Für die Behandlung der Lohnsteuer als Insolvenzforderung ist jedoch nicht der Zeitpunkt des Entstehens der Lohnsteuerschuld, sondern der Zeitpunkt des Begründetseins der Lohnsteuerforderung gem. § 38 InsO entscheidend.

785 Begründet i.S.d. § 38 InsO ist die Lohnsteuer mit der Arbeitsleistung, für die dem Arbeitnehmer der Lohn versprochen worden ist. Auf den Zufluss des Lohnes kommt es insoweit nicht an. War im Zeitpunkt der Erbringung der Arbeitsleistung durch den Arbeitnehmer das Insolvenzverfahren noch nicht eröffnet, so stellt die Lohnsteuerforderung eine Insolvenzforderung dar.

786 War das Insolvenzverfahren bei Erbringung der Arbeitsleistung bereits eröffnet, so stellt die Lohnsteuerforderung eine sonstige Masseverbindlichkeit i.S.d. § 55 InsO dar.

787 Dabei hat der Arbeitnehmer nach § 39a EStG die Möglichkeit sich bestimmte Freibeträge berücksichtigen zu lassen.

788 Gelangt pfändbarer Arbeitslohn des Insolvenzschuldners als Neuerwerb zur Insolvenzmasse, so liegt allein darin keine Verwaltung der Insolvenzmasse durch den Insolvenzverwalter in anderer Weise i.S.d. § 55 Abs. 1 Nr. 1 InsO, so dass die auf die Lohneinkünfte zu zahlende Einkommensteuer keine vorrangig zu befriedigende Masseverbindlichkeit ist (*BFH* BStBl. II 2011, 520).

789 Leistet der Schuldner als Arbeitnehmer nach Eröffnung des Insolvenzverfahrens weiterhin Dienste im Rahmen der Verwaltung und Verwertung der Insolvenzmasse, so ist der Schuldner nicht als Arbeitnehmer der Masse anzusehen, weil er selbst Träger der Einkünfte der Masse ist. Deshalb hat der Insolvenzverwalter von den an den Schuldner vorzunehmenden Zahlungen auch keine Lohnsteuer einzubehalten. Bei der Zahlung handelt es sich nicht um eine Lohnzahlung, sondern um eine steuerlich unerhebliche Einkommensverwendung durch den Schuldner.

790 Das Gleiche gilt, wenn ein Gesellschafter weiterhin in der Insolvenz einer Personengesellschaft tätig wird. Vorwegvergütungen i.S.d. § 15 Abs. 1 Nr. 2 EStG sind nicht lohnsteuerpflichtig.

Anspruch bereits gelegt war. Die Zahlungsverpflichtung nach § 38 Abs. 6 KStG beruht auf der nachträglichen Besteuerung thesaurierter unter Geltung des Anrechnungsverfahrens zunächst steuerfrei gestellten Gewinnen. Die Verpflichtung wurde somit bereits mit Steuerfreistellung der Gewinne von der tariflichen Körperschaftsteuer in Zeiten des Anrechnungsverfahrens unter der aufschiebenden Bedingung einer Gewinnausschüttung insolvenzrechtlich begründet. Die Rechtsprechungsgrundsätze zum Körperschaftsteuerguthaben (*BFH* ZInsO 2011, 1163) sind insoweit auch auf den Körperschaftsteuererhöhungsbetrag zu übertragen, so dass dieser insolvenzrechtlich erst am 01.01.2007 entsteht. Insoweit sind Körperschaftsteuererhöhungsbeträge nach § 38 Abs. 5 KStG nur in Insolvenzverfahren, die nach dem 01.01.2007 eröffnet wurden, mittels Berechnung als Insolvenzforderungen i.S.v. § 38 InsO zur Insolvenztabelle anzumelden.

Systemübergreifende Liquidationen, die nach dem 31.12.2007 enden, werden nach der Absenkung des Körperschaftsteuersatzes auf 15 % nur noch mit 15 % besteuert. Der gesamte Liquidationsgewinn wird nach § 11 KStG ermittelt und in einer Summe der Körperschaftsteuer unterworfen. Als rechnerische Basis gilt dabei der Liquidationsgewinn vor Gewerbesteuer, da die Gewerbesteuer gem. § 4 Abs. 5b EStG keine abziehbare Betriebsausgabe darstellt. Die Gewerbesteuer selbst errechnet sich, indem der Gesamtgewinn den jeweiligen Kalenderjahren zeitanteilig zugeordnet wird (§ 16 GewStDV). Bei der Gewerbesteuer gilt dabei die Rechtslage des jeweiligen Veranlagungszeitraums. 780

Der Liquidationsbesteuerung nach § 11 KStG unterliegen alle Körperschaften, die ihre unternehmerische Betätigung endgültig aufgeben. Die Liquidation führt zum Wegfall des Steuersubjektes und damit zur Steuerentstrickung. Noch nicht verwirklichte und nicht versteuerte Gewinne sowie die laufenden Gewinne aus einer Weiterführung des Unternehmens während der Liquidation werden durch eine Schlussbesteuerung gem. § 11 KStG sichergestellt. Bei dieser Schlussbesteuerung wird der Liquidationsgewinn durch eine Gegenüberstellung des Abwicklungs-Endvermögens und des Abwicklungs-Anfangsvermögens ermittelt. Besteuerungszeitraum ist dabei der gesamte Abwicklungszeitraum. Dabei sind folgende Fallgestaltungen denkbar: 781
– Wird der Betrieb mit der Insolvenzeröffnung eingestellt, so beginnt der Abwicklungszeitraum nach § 11 Abs. 7 KStG mit der Insolvenzeröffnung.
– Wird der Betrieb nach der Insolvenzeröffnung fortgeführt, so ist im Veranlagungsjahr eine einheitliche Gewinnermittlung vorzunehmen. Die Steuerschuld ist nach allgemeinen Grundsätzen insolvenzrechtlich den Insolvenz- oder Masseforderungen zuzuordnen.
– Wird der Betrieb nach der Insolvenzeröffnung zunächst fortgeführt und dann abgewickelt, so wird der Gewinn einheitlich bis zur Abwicklung ggf. unter Bildung eines Rumpfwirtschaftsjahres ermittelt, danach beginnt der Abwicklungszeitraum.
– Soweit am Ende der Liquidation das verbleibende Vermögen auf die Gesellschafter verteilt wird, handelt es sich im Rahmen der Eigenkapitalgliederung um eine Vollausschüttung. Die Liquidationsbesteuerung findet gem. § 11 KStG Anwendung auf alle Körperschaften nach § 1 Abs. 1 Nr. 1 bis 3 KStG, die ihren Sitz oder ihre Geschäftsleitung im Inland haben. Mit der Eröffnung des Insolvenzverfahrens wird die Kapitalgesellschaft insolvenzrechtlich aufgelöst, es unterbleibt jedoch deren Abwicklung. Gem. § 11 Abs. 7 KStG sind die für die Abwicklung geltenden Vorschriften des § 11 Abs. 1 bis 6 KStG jedoch auch im Insolvenzverfahren anwendbar.

Durch das **SESTEG** wurde die in § 37 Abs. 2, 2a KStG enthaltene, ausschüttungsabhängige Regelung bei der Mobilisierung von Körperschaftsteuerguthaben durch eine ausschüttungsunabhängige ratierliche Auszahlung des bis zum 31.12.2006 vorhandenen Körperschaftsteuerguthabens ersetzt. § 37 Abs. 4 KStG sieht insoweit vor, dass letztmalig zum 31.12.2006 oder in Umwandlungs- oder Liquidationsfällen zu einem früheren Stichtag das Körperschaftsteuerguthaben ermittelt (aber nicht mehr gesondert festgestellt) wurde und zwar unabhängig davon, ob die Körperschaft ein kalenderjahrgleiches oder ein davon unabhängiges Wirtschaftsjahr hatte (§ 37 Abs. 4 Satz 4, Abs. 5 Satz 2 KStG). Die Körperschaft hat innerhalb eines Auszahlungszeitraumes von 2008 bis 2017 einen unverzinslichen Anspruch auf Auszahlung des ermittelten Körperschaftsteuerguthabens in zehn gleichen Jahresbeträgen (§ 37 Abs. 5 KStG). Auch in Insolvenzfällen kommt eine Auszahlung des Körperschaftsteuerguthabens nach § 37 Abs. 5 KStG nur in zehn gleichen Jahresbeträgen innerhalb des 782

gige ratierliche Auszahlung des zum 31.12.2006 vorhandenen Körperschaftsteuerguthabens ersetzt. § 37 Abs. 4 KStG sieht vor, dass letztmalig zum 31.12.2006 oder in Umwandlungs- oder Liquidationsfällen zu einem früheren Stichtag das Körperschaftsteuerguthaben ermittelt (aber nicht mehr gesondert festgestellt) wird und zwar unabhängig davon, ob die Körperschaft ein kalenderjahrgleiches oder ein davon unabhängiges Wirtschaftsjahr hat (§ 37 Abs. 4 Satz 4, Abs. 5 Satz 2 KStG). Die Körperschaft hat innerhalb eines Auszahlungszeitraumes von 2008 bis 2017 einen unverzinslichen Anspruch auf Auszahlung des ermittelten Körperschaftsteuerguthabens in zehn gleichen Jahresbeträgen (§ 37 Abs. 5 KStG).

775 Soweit in Insolvenzverfahren über das Vermögen von Kapitalgesellschaften Insolvenzverwalter Anträge auf Auszahlung des Körperschaftsteuerguthabens zur Insolvenzmasse stellen, so hat hierzu eine Vfg. der *OFD Münster* (ZInsO 2007, 706) wie folgt Stellung genommen: »Da das Körperschaftsteuerguthaben kraft Gesetzes mit Ablauf des 31.12.2006 begründet ist (§ 37 Abs. 5 Satz 2 KStG), kann es nicht mit Insolvenzforderungen aufgerechnet werden (§ 96 Abs. 1 Nr. 1 InsO). Es steht daher nach § 35 InsO der Insolvenzmasse zu.«

776 Eine Auszahlung an den Insolvenzverwalter kommt nur nach den Regelungen des § 37 Abs. 5 KStG in Betracht, also in 10 gleichen Jahresbeträgen innerhalb des Auszahlungszeitraumes von 2008 bis 2017. Das Vorhandensein von massezugehörigen Forderungen, die erst in weiter Zukunft fällig werden und deren Verwertung somit nicht von Handlungen des Insolvenzverwalters abhängig ist, hindern die Schlussverteilung und die Aufhebung des Insolvenzverfahrens jedoch nicht. Der Insolvenzverwalter hat die Möglichkeit, die Forderung abzutreten oder in die Schlussrechnung oder das Schlussverzeichnis mit aufzunehmen. Die Verteilung ist ohne Anordnung eines nachgeordneten Verfahrens möglich. Es handelt sich um einen Massezufluss, der bis zum Zeitpunkt des Schlusstermins bekannt wird. Eine sofortige Berücksichtigung des Masseanspruchs kommt allerdings aufgrund der mangelnden Fälligkeit nicht in Betracht (krit. zur Verwaltungsauffassung, *Schmittmann* ZInsO 2007, 706; ZInsO 2007, 1105 und ZInsO 2008, 502; zu der Abtretungsmöglichkeit *Grashoff/Kleinmanns* ZInsO 2008, 609: danach ist es zweckmäßig aus der Sicht des Insolvenzverwalters, ein verbleibendes, noch nicht fälliges Körperschaftsteuerguthaben gegen Ende eines Insolvenzverfahrens einem Zessionar zu übertragen, soweit vorher Masseverbindlichkeiten gegenüber dem Finanzamt beglichen bzw. aufgerechnet werden oder die Steuerforderungen des Finanzamtes aus der Zeit vor Insolvenzeröffnung beglichen oder aufgerechnet werden, soweit die Insolvenzeröffnung nach dem 31.12.2006 erfolgte; zu der gleichen Thematik nunmehr die *OFD Koblenz* ZInsO 2008, 503: danach wird über § 35 Abs. 5 KStG eine Ausschüttung fingiert mit der Folge, dass das Körperschaftsteuerguthaben insolvenzrechtlich mit Ablauf des 31.12.2006 begründet wird. Insoweit ist nach Auffassung der OFD Koblenz eine Aufrechnung mit Insolvenzforderungen nur in Insolvenzverfahren möglich, die nach dem 31.12.2006 eröffnet worden sind).

777 Diese Verwaltungsauffassung wird nunmehr durch die *BFH*-Rechtsprechung bestätigt (ZInsO 2011, 1163), wonach ein Körperschaftsteuerguthaben erst mit Ablauf des 31.12.2006 begründet wird.

778 Der Körperschaftsteuererstattungsanspruch aus dem Steuerschuldverhältnis entsteht nach § 37 KStG erst dann, wenn der Tatbestand verwirklicht ist, an den das Gesetz die Erstattungspflicht knüpft. Aus der Regelung von § 37 Abs. 2 Satz 2 KStG ergibt sich, dass der Erstattungsanspruch erst zum 31.12.2006 begründet worden ist. Damit entsteht der Auszahlungsanspruch insgesamt für den Auszahlungszeitraum mit Ablauf des 31.12.2006 und nicht bloß ratierlich jedes Jahr.

779 Zur insolvenzrechtlichen Begründung des Körperschaftsteuererhöhungsbetrages nach § 38 KStG (*OFD Münster* KurzInfo 03/2011, ZInsO 2011, 2224). Gem. § 38 Abs. 5 KStG erfolgt die Nachversteuerung des EK 02 durch die Festsetzung eines Körperschaftsteuererhöhungsbetrages, der grds. ratierlich in zehn gleichen Jahresraten von 2008–2017 von der Körperschaft zu entrichten ist. Der Anspruch entsteht am 01.01.2007 (§ 38 Abs. 6 Satz 3 KStG). Für die Frage, ob ein Anspruch zur Insolvenzmasse gehört oder ob die Forderung eine Insolvenzforderung ist (§ 38 InsO) kommt es darauf an, ob in diesem Zeitpunkt nach insolvenzrechtlichen Grundsätzen der Rechtsgrund für den

▶ **Beispiel:** 763

Eröffnung des Insolvenzverfahrens am 01.08.2016 (Wirtschaftsjahr = Kalenderjahr). Die Körperschaft kann das Rumpfwirtschaftsjahr 01.01.2016 – 31.07.2016 bilden. Der Besteuerungszeitraum nach § 11 KStG beginnt am 01.08.2016.

In den Fällen des Insolvenzverfahrens unterbleibt eine Abwicklung (§§ 264 Abs. 1 AktG, 66 Abs. 1 GenG). Durch § 11 Abs. 7 KStG sind jedoch die Konkurs- und Insolvenzfälle den Fällen der Abwicklung gleichgestellt. 764

Der Gewinn entspricht dem Unterschiedsbetrag zwischen den Buchwerten des Vermögens zu Beginn und bei Beendigung der Auflösung und den dabei erzielten Erlösen abzüglich der abziehbaren Aufwendungen. 765

Durch § 11 Abs. 7 KStG wird die Anwendung des § 16 EStG in den Insolvenzfällen der in der Vorschrift bezeichneten Körperschaften ausgeschlossen. Ansonsten liegt die materiell-rechtliche Bedeutung des § 11 Abs. 7 KStG in der Anordnung eines einheitlichen Gewinnermittlungs- und Veranlagungszeitraumes. Dieser beginnt mit der Eröffnung des Insolvenzverfahrens und läuft mit seinem Ende oder mit dem Abschluss der anschließenden Abwicklung ab. 766

Soweit im Rahmen der Abwicklung des Insolvenzverfahrens das vorhandene Vermögen regelmäßig aufgebraucht wird, bleibt für eine Abwicklung nach Beendigung des Insolvenzverfahrens kein Raum. § 11 Abs. 7 KStG setzt das Flüssigmachen des Vermögens und seine Verteilung an die Gläubiger der Abwicklung gleich. 767

Erfolgt nach Abschluss des Insolvenzverfahrens eine Abwicklung, endet der Besteuerungszeitraum mit dem Abschluss der Abwicklung. 768

Auch bei einem mehrjährigen Besteuerungszeitraum der Abwicklung einer Kapitalgesellschaft nach § 11 KStG ist der sog. Sockelbetrag der Mindestbesteuerung nach § 10d Abs. 2 EStG von 1 Mio. Euro (§ 10d Abs. 2 Satz 1 EStG) nur einmal und nicht mehrfach für jedes Kalenderjahr des verlängerten Besteuerungszeitraumes anzusetzen (*BFH* BStBl. II 2013, S. 508). 769

Ab dem VZ 2009 wurde das Halbeinkünfteverfahren durch das Teileinkünfteverfahren abgelöst. Danach sind Einnahmen nur noch zu 40 % einkommensteuerbefreit (§ 3 Nr. 40 EStG). Die damit im Zusammenhang stehenden Ausgaben können dann zu 60 % steuermindernd berücksichtigt werden (§ 3c Abs. 2 EStG) Das Teileinkünfteverfahren gilt nicht für im Privatvermögen realisierte Einkünfte, die ab dem 01.01.2009 der Abgeltungsteuer unterliegen. Hierzu gehören auch Gewinne aus der Veräußerung von privat gehaltenen, nach dem 01.01.2008 angeschafften Kapitalgesellschaftsanteilen, wenn die Beteiligung innerhalb der letzten 5 Jahre weniger als 1 % betragen hat. 770

Das Teileinkünfteverfahren gilt in erster Linie für Dividenden und Gewinne aus der Veräußerung von Kapitalgesellschaftsanteilen, die im Betriebsvermögen erzielt worden sind. Daneben ist das Teileinkünfteverfahren auf Gewinne aus der Veräußerung von Kapitalgesellschaften anzuwenden, wenn die Beteiligung innerhalb der letzten 5 Jahre die 1 % Grenze überschritten hat und damit die Gewinne gem. § 17 EStG den gewerblichen Einkünften zuzurechnen sind. Dabei ist es unerheblich, zu welchem Zeitpunkt die Anteile erworben wurden. 771

Zahlungen des Gesellschafters wegen Insolvenz der GmbH wirken sich, je nach der Lage des Einzelfalles, nach dem geltenden Teileinkünfteverfahren durch ein 40 %iges Abzugsverbot für Aufwendungen im Zusammenhang mit den zu 40 % befreiten Gewinnausschüttungen (§ 3c Abs. 2 EStG) nur zu 40 % steuermindernd aus. Das Teilabzugsverbot gilt in den Fällen, in denen die Aufwendungen des Gesellschafter-Geschäftsführers als Anschaffungskosten der Beteiligung gewertet werden. 772

Der aktuelle Körperschaftsteuersatz beträgt 15 %. 773

Durch das *SEStEG* wurde die in § 37 Abs. 2, 2a KStG enthaltene und ausschüttungsabhängige Regelung bei der Mobilisierung von Körperschaftsteuerguthaben durch eine ausschüttungsunabhän- 774

– Wird der Betrieb nach der Insolvenzeröffnung fortgeführt, so ist im Veranlagungsjahr eine einheitliche Gewinnermittlung vorzunehmen. Die Steuerschuld ist nach allgemeinen Grundsätzen insolvenzrechtlich den Insolvenz- oder Masseforderungen zuzuordnen.
– Wird der Betrieb nach der Insolvenzeröffnung zunächst fortgeführt und dann abgewickelt, so wird der Gewinn einheitlich bis zur Abwicklung ggf. unter Bildung eines Rumpfwirtschaftsjahres ermittelt, danach beginnt der Abwicklungszeitraum.

753 Soweit am Ende der Liquidation das verbleibende Vermögen auf die Gesellschafter verteilt wird, handelt es sich im Rahmen der Eigenkapitalgliederung um eine Vollausschüttung. Die Liquidationsbesteuerung findet gem. § 11 KStG Anwendung auf alle Körperschaften nach § 1 Abs. 1 Nr. 1–3 KStG, die ihren Sitz oder ihre Geschäftsleitung im Inland haben. Mit der Eröffnung des Insolvenzverfahrens wird die Kapitalgesellschaft insolvenzrechtlich aufgelöst, es unterbleibt jedoch deren Abwicklung. Gemäß § 11 Abs. 7 KStG sind die für die Abwicklung geltenden Vorschriften der § 11 Abs. 1–6 KStG jedoch auch im Insolvenzverfahren anwendbar.

2. Körperschaftsteuer

754 Gem. § 31 Abs. 1 KStG gelten für die Besteuerung von Kapitalgesellschaften die für die Einkommensteuer geltenden Vorschriften zum größten Teil sinngemäß.

755 Eine Körperschaft wird durch die Eröffnung des Insolvenzverfahrens aufgelöst (§ 262 Abs. 1 Nr. 3 AktG; § 60 Abs. 1 Nr. 4 GmbHG; § 101 GenG). Steuerrechtlich enden damit aber nicht jegliche Pflichten, denn selbst eine im Handelsregister bereits gelöschte juristische Person wird solange als fortbestehend angesehen, als sie noch steuerrechtliche Pflichten zu erfüllen hat. Die Körperschaftsteuerpflicht endet mit der Eröffnung des Insolvenzverfahrens nicht. Die Körperschaft ist nach insolvenzrechtlichen Grundsätzen abzuwickeln.

756 Grds. gelten für die Besteuerung von Körperschaften die Vorschriften des EStG hinsichtlich der Einkommensermittlung, Veranlagung und Steuerentrichtung (§ 8 KStG). Insoweit ist auch in der Insolvenz einer Körperschaft zwischen Vorauszahlungen und Abschlusszahlung, begründeten, entstandenen, fälligen, betagten und aufschiebend bedingten Steuerforderungen zu unterscheiden.

757 Bei der Besteuerung von Körperschaften wird wie bei der Einkommensteuer ein einjähriger Besteuerungszeitraum zugrunde gelegt. Dies gilt insbesondere, wenn der Insolvenzverwalter den Gewerbebetrieb fortführt.

758 Für die Besteuerung der Liquidation einer aufgelösten Körperschaft gilt mit § 11 KStG eine Sondervorschrift. Diese ist auch auf Körperschaften anzuwenden, die durch die Eröffnung eines Insolvenzverfahrens aufgelöst worden sind (§ 11 Abs. 7 KStG).

759 Durch § 11 KStG ist ein längerer, i.d.R. dreijähriger Bemessungszeitraum zugelassen, innerhalb dem ein einheitliches Einkommen ermittelt wird. Dieser Zeitraum endet spätestens mit der Beendigung der Liquidation.

760 Der veranlagungsletzte Veranlagungszeitraum beginnt gem. § 11 Abs. 4 KStG mit dem Schluss des vorhergehenden Veranlagungszeitraumes auf den der Beginn der Liquidation durch Eröffnung des Insolvenzverfahrens folgt.

761 Da handelsrechtlich auf den Tag der Auflösung, d.h. der Eröffnung des Insolvenzverfahrens abzustellen ist, entsteht zwischen dem Ende des letzten Wirtschaftsjahres und der Eröffnung des Verfahrens ein Rumpfwirtschaftsjahr, dessen Ergebnis nicht in die Liquidationsbesteuerung einzubeziehen ist (für Konkurs *BFH* BStBl. II 1974, S. 692).

762 Im Falle der Eröffnung eines Insolvenzverfahrens im Laufe eines Wirtschaftsjahres, besteht kein Wahlrecht hinsichtlich der Bildung eines Rumpfwirtschaftsjahres (vgl. R 11 KStR 2015). Die Spezialregelung des § 155 Abs. 2 InsO, welche bestimmt, dass mit der Eröffnung des Insolvenzverfahrens ein neues Geschäftsjahr beginnt, geht der allgemeinen Regelung des § 11 Abs. 4 KStG vor.

noch diejenige der Tochtergesellschaft zu einer automatischen Beendigung eines Ergebnisabführungsvertrages. Die Insolvenz stellt jedoch einen wichtigen Kündigungsgrund nach § 297 Abs. 1 Satz 2 AktG dar, der zur Vertragsbeendigung ohne Einhaltung einer Kündigungsfrist berechtigt. Während der Vertragslaufzeit des Gewinnabführungsvertrages bestehen keine Insolvenzabwendungspflichten oder eine Verpflichtung der Muttergesellschaft die Zahlungsfähigkeit der Tochtergesellschaft zu garantieren.

Im Rahmen eines Insolvenzverfahrens wird eine Betriebsaufspaltung dann beendet, wenn die Voraussetzungen der personellen Verflechtung nicht mehr vorliegen. 746

Wird über das Vermögen des Besitz- oder Betriebsunternehmens das Insolvenzverfahren eröffnet geht die Verwaltungs- und Verfügungsbefugnis über das zur Insolvenzmasse gehörende Vermögen vom Schuldner auf den Insolvenzverwalter über (§ 80 Abs. 1 InsO). Soweit die Voraussetzungen der personellen Verflechtung nicht mehr vorliegen, ist die Betriebsaufspaltung mit der Eröffnung des Insolvenzverfahrens beendet (*BFH* BStBl. II 1997, S. 460). Das Gleiche gilt, wenn ein vorläufiger Insolvenzverwalter mit Verfügungsbefugnis (§ 22 Abs. 1 InsO) die allgemeine Verwaltungs- und Verfügungsbefugnis über das Vermögen des Schuldners erlangt. Hat das Insolvenzgericht einen vorläufigen Insolvenzverwalter ohne Verfügungsbefugnis (§ 22 Abs. 2 InsO) bestellt, so ist die Betriebsaufspaltung nur dann weiterhin gegeben, wenn der Schuldner im Besitz- und Betriebsunternehmen noch einen einheitlichen geschäftlichen Betätigungswillen ausüben kann. 747

Eine Betriebsaufspaltung besteht weiterhin fort, wenn in Besitz- und Betriebsunternehmen derselbe Insolvenzverwalter (§ 80 InsO) oder derselbe vorläufige Insolvenzverwalter mit Verfügungsbefugnis (§ 22 Abs. 1 InsO) tätig ist. Sind dagegen in Besitz- und Betriebsunternehmen verschiedene Insolvenzverwalter oder verschiedene vorläufige Insolvenzverwalter tätig, so ist eine Betriebsaufspaltung nicht mehr gegeben. Mit der Beendigung der Betriebsaufspaltung kommt es zur Betriebsaufgabe des Besitzunternehmens gem. § 16 Abs. 3 EStG und der Versteuerung stiller Reserven. 748

Die Eröffnung des Insolvenzverfahrens über das Vermögen eines Betriebsunternehmens führt regelmäßig zur Beendigung der persönlichen Verflechtung mit dem Besitzunternehmen und damit zur Beendigung der Betriebsaufspaltung. Die Insolvenz führt i.d.R. zur Betriebsaufgabe des Besitzunternehmens und damit zur Auflösung der stillen Reserven (*BFH* BStBl. II 1997, S. 460). Dieser Vorgang ist i.d.R. als Betriebsaufgabe des Besitzunternehmens anzusehen mit der Folge, dass die im Betriebsvermögen des Besitzunternehmens enthaltenen stillen Reserven aufzulösen sind. 749

Die Grundsätze über die Betriebsverpachtung finden keine Anwendung, wenn die tatsächlichen Voraussetzungen einer Betriebsaufspaltung fortgefallen sind. Die verpachteten Wirtschaftsgüter verlieren in diesem Zeitpunkt ihre Eigenschaft als Betriebsvermögen (*BFH* BStBl. II 1997, 460). 750

Dies hat bei der Investitionszulage zur Folge, dass sich für das Besitzunternehmen die Überlassung eines Gebäudes an das Betriebsunternehmen nicht mehr als eigenbetriebliche Verwendung des Gebäudes i.S.d. § 1 Abs. 3 Nr. 2 InvZulG darstellt (*FG Münster* EFG 1996, 771). 751

k) Liquidationsbesteuerung

Der Liquidationsbesteuerung nach § 11 KStG unterliegen alle Körperschaften, die ihre unternehmerische Betätigung endgültig aufgeben. Die Liquidation führt zum Wegfall des Steuersubjektes und damit zur Steuerentstrickung. Noch nicht verwirklichte und nicht versteuerte Gewinne sowie die laufenden Gewinne aus einer Weiterführung des Unternehmens während der Liquidation werden durch eine Schlussbesteuerung gem. § 11 KStG sichergestellt. Bei dieser Schlussbesteuerung wird der Liquidationsgewinn durch eine Gegenüberstellung des Abwicklungs-Endvermögens und des Abwicklungs-Anfangsvermögens ermittelt. Besteuerungszeitraum ist dabei der gesamte Abwicklungszeitraum. Dabei sind folgende Fallgestaltungen denkbar: 752
– Wird der Betrieb mit der Insolvenzeröffnung eingestellt, so beginnt der Abwicklungszeitraum nach § 11 Abs. 7 KStG mit der Insolvenzeröffnung.

InsO nur den Neuerwerb und nicht das bei Eröffnung vorhandene Vermögen erfasst (*BFH* BFH/NV 2012, 133).

741 Nach einem *BFH*-Urteil vom 18.09.2012 (BFH/NV 2013, 411) macht die Duldung einer freiberuflichen Tätigkeit des Insolvenzschuldners durch den Insolvenzverwalter oder dessen bloßer Kenntnis hiervon die ESt, die aufgrund dieser Einkünfte entsteht, nicht zu einer Masseverbindlichkeit i.S.d. § 55 Abs. 1 Nr. 1 InsO. Die echte insolvenzrechtliche Freigabe eines Vermögensgegenstandes, der zur Insolvenzmasse gehört hat, verhindert das Entstehen einer Masseverbindlichkeit i.S.d. § 55 Abs. 1 Nr. 1 InsO im Zusammenhang mit der Nutzung des Gegenstandes. Eine massebezogene Verwaltungshandlung des Treuhänders über das Vermögen einer Schuldnerin, die die ESt aus dem Neuerwerb als Masseverbindlichkeit i.S.d. § 55 Abs. 1 Nr. 1 HS 2 InsO qualifiziert, kann darin zu sehen sein, dass der Treuhänder von der Freigabemöglichkeit keinen Gebrauch macht und die freiberufliche Tätigkeit der Schuldnerin zumindest geduldet und den pfändbaren Betrag zur Insolvenzmasse gezogen hat (*FG Köln* EFG 2013, 1686).

742 Gibt der Insolvenzverwalter das Vermögen des Schuldners aus einer selbständigen Tätigkeit frei, können auf die selbständige Tätigkeit bezogene vertragliche Ansprüche von Gläubigern, die nach dem Zugang der Erklärung beim Schuldner entstehen, nur gegen den Schuldner und nicht gegen die Masse verfolgt werden (*BGH* ZInsO 2012, 533; ZIP 2012, 533).

743 In der Praxis fasst das Finanzamt derzeit alle Besteuerungsgrundlagen aus der Erzielung von Masseeinkünften durch den Insolvenzverwalter und die aus dem Neuerwerb des Schuldners in einem an den Insolvenzverwalter adressierten Steuerbescheid zusammen mit dem Zusatz, dass es sich um Masseforderungen handelt (a.M. *Casse* ZInsO 2008, 795, danach sind Einkommensteuerverbindlichkeiten des Schuldners nach Eröffnung des Insolvenzverfahrens nicht per se Masseverbindlichkeiten. Es ist zu unterscheiden, ob die Steuernachforderungen die Insolvenzmasse betreffen oder aus dem insolvenzfreien Vermögen des Schuldners zu befriedigen sind).

744 Der Neuerwerb schließt auch Einkünfte des Schuldners aus selbständiger Tätigkeit ein. Steueransprüche auf den Neuerwerb des Schuldners stellen Masseverbindlichkeiten nach § 55 Abs. 1 Nr. 1 InsO dar und sind nach § 53 InsO vorweg zu berichtigen. Diese Masseverbindlichkeiten werden dabei in anderer Weise als durch Handlungen des Insolvenzverwalters begründet. Damit sind Steuerforderungen gegenüber der Masse festzusetzen und Steuerbescheide dem Insolvenzverwalter bekannt zu geben (vgl. *AEAO* zu § 122 Nr. 2.9). Die Steuerforderungen sind aus der Insolvenzmasse zu begleichen. Dieses Ergebnis versuchen einige Insolvenzverwalter dadurch zu umgehen, dass sie pauschal die Freigabe des gesamten Betriebes erklären. Eine solche Freigabe wird von der Finanzverwaltung nicht anerkannt, weil sich eine Freigabe grds. nur auf einzelne Vermögensgegenstände beschränken kann. Für den gesamten Betrieb des Schuldners oder dessen selbständige Tätigkeit ist damit eine pauschale Freigabe nicht möglich.

i) Insolvenzverfahren und Organschaftsverhältnis, Betriebsaufspaltung

745 Durch die Eröffnung des Insolvenzverfahrens ändert sich nichts hinsichtlich der Voraussetzungen und Folgen eines einkommen- oder körperschaftsteuerlichen Organschaftsverhältnisses. Die Eröffnung des Insolvenzverfahrens infolge Zahlungsunfähigkeit und Überschuldung der Organgesellschaft führt zum Wegfall der Eingliederungsvoraussetzungen bei der Organschaft. In diesem Fall ist der Organträger stets Schuldner des Vorsteuerberichtigungsanspruches (*BFH* BFH/NV 1996, 275). Bei Organschaften, bei denen der Organträger Geschäftsführer der Organgesellschaft (späteren Schuldnerin) ist, endet die Organschaft bereits vor Eröffnung des Insolvenzverfahrens mit der Anordnung der vorläufigen Insolvenzverwaltung, wenn der vorläufige Insolvenzverwalter maßgeblichen Einfluss auf die Organgesellschaft erhalten hat und ihm eine vom Willen des Organträgers abweichende Willensbildung in der Organgesellschaft nach den Umständen des Einzelfalles möglich ist (*BFH* VR 96/96). Zur Rückstellung wegen Freihaltungs- und Verlustausgleichsansprüchen in der Insolvenz der Organgesellschaft *FG Köln* EFG 2006, 648; zum Gewinnabführungsvertrag in der Insolvenz, vgl. *Bultmann* ZInsO 2007, 785; danach führt weder die Insolvenz der Muttergesellschaft

ist, nicht zu den sonstigen Masseverbindlichkeiten i.S.d. § 55 InsO (für den Konkurs: *BFH* BStBl. II 1978, S. 356), selbst dann nicht, wenn ein Teil des Erlöses der Insolvenzmasse zugeflossen ist). Sie ist vielmehr eine Insolvenzforderung.

Die vom *BFH* (BStBl. II 1978, S. 356; BStBl. II 1984, S. 602) entwickelten Grundsätze über die Aufteilung der Steuerschuld infolge einer Veräußerung von Sicherungsgut gelten auch insoweit, als die Inhaber von besitzlosen Mobiliarsicherheiten künftig in das Insolvenzverfahren einbezogen werden. Entscheidend ist danach der Zeitpunkt der formellen Gewinnrealisierung. Insoweit ist insbesondere nicht zwischen Veräußerungsvorgängen im Rahmen der Fortführung des Schuldnerunternehmens und Veräußerungen im Rahmen der eigentlichen Liquidation zu unterscheiden. Auch im Sanierungsverfahren wird es immer wieder nötig sein, durch Liquidation betrieblicher Überkapazitäten die Voraussetzungen für eine Sanierung erst zu schaffen. 736

h) Besteuerung des Schuldners während der Insolvenz nach dem Insolvenzeröffnungsjahr

In der Insolvenz gehört gemäß § 35 InsO der sog. Neuerwerb des Schuldners, d.h. die Vermögenswerte, die der Schuldner während des Insolvenzverfahrens erlangt, zur Insolvenzmasse. Konkursfreie Einkünfte gibt es daher nicht. § 35 InsO wird jedoch durch die Regelung in § 36 InsO und deren Schuldnerschutzvorschriften eingeschränkt. Danach verbleibt der nach den Vorschriften der ZPO nicht pfändbare Grundbetrag dem Schuldner. Danach gelten für Einkünfte des Schuldners aus nichtselbstständiger Tätigkeit § 850e ZPO, für Einkünfte aus selbstständiger Tätigkeit § 850i ZPO, für Einkünfte aus Vermietung und Verpachtung § 851b ZPO sowie für Einkünfte aus Kapitalvermögen gem. § 850c ZPO Schuldnerschutzvorschriften, so dass dem Schuldner letztlich nur der nach der ZPO nicht pfändbare Grundbetrag verbleibt. 737

In der Praxis tritt die Freigabe des der selbständigen Tätigkeit des Schuldners dienenden Vermögens häufig an die Stelle einer Betriebsstilllegung. Für die Masse ergibt sich bei einer Freigabe ein Nachteil dadurch, dass die zwingend zur Ausübung dieser Tätigkeit erforderlichen Gegenstände nach § 36 Abs. 1 InsO i.V.m. § 811 Abs. 1 Nr. 5, 7 ZPO unpfändbar sind und damit der Masse nicht mehr zur Verfügung stehen. Bei einer Betriebsstilllegung sind sie jedoch weiterhin insolvenzverhaftet. 738

Nach § 35 Abs. 2 InsO besteht für den Insolvenzverwalter die Möglichkeit eine selbständige Tätigkeit des Schuldners freizugeben. Übt der Schuldner eine selbständige Tätigkeit aus oder beabsichtigt er eine solche Tätigkeit auszuüben, hat der Insolvenzverwalter ihm gegenüber zu erklären, ob Vermögen aus dieser Tätigkeit zur Insolvenzmasse gehört und ob Ansprüche daraus im Insolvenzverfahren geltend gemacht werden können. Der Insolvenzschuldner hat nach § 295 Abs. 2 InsO seine Gläubiger so zu stellen, als sei er ein angemessenes Dienstverhältnis eingegangen. Das bedeutet, dass der Insolvenzverwalter mit dem Schuldner eine Vereinbarung über die Freigabe zu treffen hat, in der sich der Schuldner verpflichtet, den Teil seines Einkommens, der die pfändungsfreien Beträge übersteigt, an den Insolvenzverwalter abzutreten. Mit der Freigabe verzichtet der Insolvenzverwalter bezüglich der freigegebenen Tätigkeit auf seine Verwaltungs- und Verfügungsbefugnis. Dies hat zur Folge, dass die Steuerpflicht des Insolvenzverwalters endet und wieder den Schuldner trifft. Deshalb ist die aus der freigegebenen Tätigkeit entstehende Umsatzsteuer nicht der Masse zuzurechnen, soweit der Schuldner nur seine Arbeitsleistung erbringt und keine Massegegenstände nutzt (*BFH* BStBl. II 2005, S. 848). Entsprechendes gilt bei einer echten Freigabe für ein Umsatzsteuerguthaben aus der neuen Tätigkeit. 739

Zu unterscheiden hiervon ist die Freigabe einzelner Gegenstände aus der Masse. So kann der Insolvenzverwalter ein zur Insolvenzmasse gehörendes KFZ, das nicht zum unpfändbaren Vermögen des Insolvenzschuldners gehört, freigeben, wenn es zur Fortsetzung der Erwerbstätigkeit des Schuldners erforderlich ist und dieser keine zumutbare andere Möglichkeit hat, zu seiner Arbeitsstelle zu gelangen. In diesem Fall ist die KFZ-Steuer bis zur Freigabe Masseverbindlichkeit und anschließend insolvenzfreies Vermögen. Die Freigabe nach § 35 Abs. 2 InsO hat jedoch auf die KFZ-Steuer für ein bei der Insolvenzeröffnung in der Masse vorhandenes KFZ keine Auswirkung, da § 35 Abs. 2 740

nis des Gläubigers (§ 173 InsO). Dies gilt vor allem für das Sicherungseigentum, bei der die Sache in seinem Besitz ist.

729 Soweit bei der Verwertung des Gegenstandes durch die Realisierung von stillen Reserven steuerpflichtige Gewinne anfallen, wendet der BFH im Konkurs seine Rspr. zur Auflösung von stillen Reserven durch Verwertungshandlungen des Konkursverwalters an (*BFH* BStBl. II 1978, S. 356; BStBl. II 1984, S. 602). Danach gehört die bei der Verwertung eines mit einem Absonderungsrecht belasteten Gegenstandes entstehende Einkommensteuer zu den sonstigen Masseverbindlichkeiten i.S.d. § 55 InsO, soweit die stillen Reserven nach Eröffnung des Insolvenzverfahrens aufgedeckt werden und der Erlös zur Insolvenzmasse fließt.

730 Nach Ansicht des BFH gehört die bei der Verwertung eines mit einem Absonderungsrecht belasteten Gegenstandes entstehende Einkommensteuer jedoch nur insoweit zu den sonstigen Masseverbindlichkeiten i.S.d. § 55 InsO als die stillen Reserven nach Eröffnung des Insolvenzverfahrens aufgedeckt werden und der Erlös in die Insolvenzmasse fließt. Der BFH lässt offen, wie die Einkommensteuer auf den Verwertungserlös zu behandeln ist, der für den Gläubiger zur abgesonderten Befriedigung verwendet wird.

731 Gegen die vom BFH vertretenen Auffassung werden in der Literatur (*Frotscher* Besteuerung bei Insolvenz, S. 128 ff.) systematische Bedenken erhoben. Dabei unterscheidet *Frotscher* zwischen dem Fall, in dem der Verwertungserlös ausschließlich dem absonderungsberechtigten Gläubiger zufließt, und dem Fall, in dem ein Übererlös in die Masse fließt. Fließt der Verwertungserlös ausschließlich dem absonderungsberechtigten Gläubiger zu, so ist entscheidend, welcher insolvenzrechtlichen Vermögensmasse der Gegenstand zuzuordnen ist und auf welche Vermögensmasse sich der Einkommensteueranspruch sachlich bezieht. Das dingliche Absonderungsrecht an dem belasteten Gegenstand lässt sich nur der hierdurch gesicherten Forderung zuordnen. Insoweit beziehen sich der mit dem Absonderungsrecht belastete Gegenstand und damit auch die an seine Verwertung anknüpfende Einkommensteuer sachlich auf die Insolvenzforderung und damit auf das vorinsolvenzliche Vermögen des Schuldners. Deshalb ist nach Ansicht *Frotschers* auch die Einkommensteuerforderung nach § 38 InsO als Insolvenzforderung einzuordnen.

732 Soweit jedoch Teile des Verwertungserlöses in die Masse gelangen, z.B. bei einem erzielten Übererlös, kommt es nach Ansicht *Frotschers* (Besteuerung bei Insolvenz, S. 31) darauf an, ob die realisierten stillen Reserven vor Eröffnung des Insolvenzverfahrens (Insolvenzforderungen) oder danach begründet worden sind (Masseverbindlichkeit).

733 Die Einschränkung der BFH-Rspr. im Konkurs, dass die bei der Verwertung entstehenden Einkommensteuern nur insoweit Massekosten sind, als der Verwertungserlös in die Konkursmasse fließt, ergibt sich aus den Erfordernissen des Konkursverfahrens und gilt insoweit auch für das Insolvenzverfahren. Müsste die den Veräußerungsgewinn belastende Einkommensteuer ungeachtet der Verwendung des Erlöses zugunsten absonderungsberechtigter Gläubiger als sonstige Masseverbindlichkeiten befriedigt werden, so könnte sich ergeben, dass die Vorwegbelastung der Insolvenzmasse größer ist als der Zuwachs aus dem Veräußerungsgeschäft.

734 Dafür spricht auch, dass bei einer Verwertung durch die Absonderungsberechtigten, z.B. bei Sicherungseigentum die Einkommensteuerschuld nicht zu den Massekosten gehört (für den Konkurs: *BFH* BStBl. II 1978, S. 356). Auch aus der Eigenart der Abgabe folgt, dass die Einkommensteuer nur insoweit zu einer Masseverbindlichkeit werden kann, als das Objekt der Besteuerung – der Veräußerungserlös – zur Insolvenzmasse gelangt. Nur soweit Mehrerlöse von dem Absonderungsberechtigten an die Masse abgeführt werden, sind diese mit der auf sie entfallenden Einkommensteuer als der Masse zugehörig anzusehen. Dabei ist es unerheblich, ob der Mehrerlös auf eine Betätigung des Absonderungsberechtigten oder des Insolvenzverwalters zurückgeht.

735 Betreibt im Insolvenzverfahren ein Absonderungsberechtigter die vor Eröffnung des Insolvenzverfahrens eingeleitete Zwangsversteigerung eines Grundstückes des Schuldners, so gehört die durch die Veräußerung entstehende Einkommensteuer, die durch die Aufdeckung stiller Reserven entstanden

amtes. Zunächst wird das Finanzamt denjenigen in Anspruch nehmen, der im Innenverhältnis die Steuer zu tragen hat. Ist über dessen Vermögen ein Insolvenzverfahren eröffnet worden, reicht bereits dieser Umstand aus, den anderen Gesamtschuldner zur Steuer heranzuziehen (*BFH* BStBl. II 2004, S. 658).

Diese nachteiligen Folgen kann der andere Ehegatte dadurch vermeiden, dass er bei einer Inanspruchnahme durch das Finanzamt die **Aufteilung** der Steuerschuld in entsprechender Anwendung des § 268 AO beantragt. Die auf die Ehegatten entfallende Gesamtsteuer ist analog einer Einzelveranlagung gem. § 26a EStG auf den sich in Insolvenz befindenden Ehegatten und den Ehegatten ohne Insolvenz aufzuteilen. Der Ehegatte, der sich nicht in Insolvenz befindet, erhält dabei über den vollen Betrag einen Steuerbescheid, da er Gesamtschuldner ist. Dieser Bescheid ist nur an diesen Ehegatten bekannt zu geben. Er kann danach gem. § 268 AO die Aufteilung der Steuerschuld beantragen. 721

Die sich auf den in Insolvenz befindenden Ehegatten entfallende Steuerschuld ist in eine Insolvenzforderung und eine Masseforderung aufzuteilen. 722

Für den Schuldner kann wegen eines Verlustes seines Verwaltungs- und Verfügungsrechtes nur der Insolvenzverwalter die Aufteilung beantragen. In diesem Fall ergeht dann ein Aufteilungsbescheid nach § 279 AO. Dieser enthält die auf jeden Ehegatten entfallende Steuerschuld. Der Aufteilungsbescheid hat keine Rückwirkung auf die ihnen zugrunde liegenden Steuerbescheide, auch die Gesamtschuldnerschaft bleibt bestehen, es wird lediglich die Vollstreckung beschränkt (§§ 268, 278 Abs. 1 AO). 723

Bei der Wahl der Einzelveranlagung werden jedem Ehegatten die von ihm erzielten Einkünfte zugerechnet. Dies hat zur Folge, dass Verlustausgleich zwischen den Einkünften der Ehegatten und Verlustabzug nach § 10d EStG entfallen. Nach § 62d Abs. 1 EStDV kann nur derjenige Ehegatte den Verlust geltend machen, der ihn erlitten hat. Der Insolvenzverwalter kann insoweit nur einen im Vorjahr durch den Schuldner selbst erlittenen vortragsfähigen Verlust von den Einkünften der Masse abziehen. 724

Die Aufteilung von Sonderausgaben und außergewöhnlichen Belastungen bei der Einzelveranlagung nach § 26a Abs. 2 und 3 EStG bedarf hinsichtlich des Schuldners der Zustimmung durch den Insolvenzverwalter. Kommt es zu keiner Einigung, werden die Sonderausgaben und außergewöhnliche Belastung bei jedem der Ehegatten je zur Hälfte berücksichtigt. Führt die Einkommensteuerveranlagung im Insolvenzjahr zu einer Einkommensteuererstattung, so sind die Ehegatten gem. § 37 Abs. 2 AO Gesamtgläubiger (*BFH* BStBl. II 1983, S. 162). Das Guthaben ist entsprechend zu verteilen auf den sich in Insolvenz befindlichen Ehegatten (Insolvenzmasse) und den anderen Ehegatten. Leistet ein Ehegatte Vorauszahlungen zur Einkommensteuer ohne ausdrückliche Bestimmung, dass damit nur seine Schuld beglichen werden soll, erfolgt eine aufgrund von Überzahlung sich ergebende Erstattung jeweils hälftig an beide Ehegatten (*BFH* LNR 2008, 24712). Insoweit ist das Finanzamt auch bei Insolvenzeröffnung über das Vermögen eines Ehepartners nicht gehalten, im Zeitpunkt der Vorauszahlungen Vermutungen über eine bestimmte wirtschaftliche Interessenlage auf Seiten der Ehegatten für den Fall anzustellen, dass die Vorauszahlungen zu einem späteren Zeitpunkt zu einem Erstattungsanspruch führen. 725

g) Einkommensteuer bei abgesonderter Befriedigung

Die Verwertung obliegt bei einer abgesonderten Befriedigung allein dem Insolvenzverwalter. Ohne seine Zustimmung tritt für die absonderungsberechtigten Gläubiger ein Verwertungsstopp ein. 726

Der absonderungsberechtigte Gläubiger hat das Recht, sich aus dem mit einem Absonderungsrecht belasteten Gegenstand zu befriedigen. 727

Grds. kann gem. § 166 InsO der Insolvenzverwalter bewegliche Sachen und Forderungen, an denen ein Absonderungsrecht besteht, verwerten. Der Gläubiger hat nach § 170 Abs. 1 InsO einen Anspruch darauf, dass der Erlös aus der Verwertung des Gegenstandes nach Abzug der Kosten vorrangig zur Befriedigung seiner Forderung verwendet wird. Andernfalls bleibt es bei der Verwertungsbefug- 728

angemeldete Anspruch von einem Beteiligten am Insolvenzverfahren bestritten wird, ist der jeweilige Anspruch nach § 251 Abs. 3 AO durch schriftlichen Verwaltungsakt festzustellen. Bei der Zusammenveranlagung von Ehegatten zur Einkommensteuer erhält der Insolvenzverwalter bzw. der Schuldner bei Eigenverwaltung die Steuerberechnung nur für den in Insolvenz geratenen Ehegatten.

714 Für den Ehegatten, der sich nicht im Insolvenzverfahren befindet, ist wie folgt zu verfahren: Der Ehegatte bzw. dessen Vertreter ist im Anschriftenfeld aufzuführen (Einzelbekanntgabe). Bescheide an den nicht in Insolvenz befindlichen Ehegatten werden nie in Berechnungen geändert. Der Bescheid wird vom Finanzamt um den folgenden Erläuterungstext ergänzt: »Sie schulden die nach diesem Bescheid zu entrichtenden Beträge gemeinsam mit ihren Ehegatten (§ 44 AO). Für Ihren Ehegatten wurde eine Steuerberechnung erteilt.«

715 Die Insolvenzeröffnung und das laufende Insolvenzverfahren schließen einen Verlustausgleich zwischen den positiven und negativen Einkünften des Schuldners und seines Ehegatten nicht aus, auch ein Verlustrücktrag und -vortrag nach § 10d EStG sind möglich (*BFH* BStBl. II 1969, S. 726; BStBl. II 1984, S. 602). Bei der Aufteilung (vgl. *Benne* BB 2001, 1977) sind die Verluste, je nachdem mit welcher Forderung sie in wirtschaftlichem Zusammenhang stehen, bei den Insolvenzforderungen (Zurechnung der wirtschaftlichen Betätigung des Schuldners) oder bei den Masseforderungen (Zurechnung der wirtschaftlichen Betätigung des Verwalters) anzusetzen. Ggf. sind sie auch im Schätzungsweg aufzuteilen.

716 Um die der Insolvenz unterliegende Vermögensmasse des Schuldners von der nicht dem Insolvenzverfahren unterworfenen Vermögensmasse des Ehegatten dennoch steuerlich trennen zu können, ist eine Aufteilung nach dem Maßstab der Einzelveranlagungen durchzuführen.

717 Der Anspruch eines Ehegatten auf Zustimmung zur steuerlichen Zusammenveranlagung richtet sich nach der Eröffnung des Insolvenzverfahrens über das Vermögen des anderen Ehegatten gegen den Insolvenzverwalter (im Anschluss an *BGH* 24.05.2007 FamRZ 2007, 1320 und v. 18.11.2010 FamRZ 2011, 210). Der Insolvenzverwalter kann die Zustimmung nicht davon abhängig machen, dass der Ehegatte unabhängig von eventuell eintretenden steuerlichen Nachteilen, einen Ausgleich für die Nutzung eines dem anderen Ehegatten zustehenden Verlustabzugs an die Insolvenzmasse leistet. Ebenso wenig kann der Insolvenzverwalter verlangen, dass sich der Ehegatte zur Auszahlung der erzielten Steuerersparnis verpflichtet.

718 Da die zusammen veranlagten Ehegatten bei der Einkommensteuer nach § 44 Abs. 1 AO für die Gesamtsteuer haften, kann das Finanzamt wählen, an wen es sich halten will. Es kann gem. § 26 EStG, § 44 AO für sämtliche Steuerschulden den Ehegatten des Schuldners in Anspruch nehmen, weil das Leistungsgebot an den einzelnen Ehegatten sowohl die Insolvenzforderung, als auch die Masseforderung und die Steuer auf seine eigenen Einkünfte umfasst.

719 In diesem Fall kann der Ehegatte des Schuldners gem. §§ 268 ff. AO Aufteilung beantragen. Für den Schuldner kann wegen eines Verlusts seines Verwaltungs- und Verfügungsrechts nur der Insolvenzverwalter die Aufteilung beantragen. In diesem Fall ergeht dann ein Aufteilungsbescheid nach § 279 AO. Dieser enthält die auf jeden Ehegatten entfallende Steuerschuld. Der Aufteilungsbescheid hat keine Rückwirkung auf die ihnen zugrunde liegenden Steuerbescheide, auch die Gesamtschuldnerschaft bleibt bestehen, es wird lediglich die Vollstreckung beschränkt (§§ 268, 278 Abs. 1 AO).

720 Bei der Zusammenveranlagung sind die Einkünfte der Ehegatten nach getrennter Einkünfteermittlung gem. § 26b EStG zusammenzurechnen und ein durch einen Ehegatten erlittener Verlust trotz Eröffnung des Insolvenzverfahrens auszugleichen. Bei der Zusammenveranlagung ist auch ein Verlustabzug gem. § 10d EStG möglich. Insoweit kommt bei der Zusammenveranlagung ein Verlustvortrag des einen Ehegatten auch dem anderen zugute. Da die zusammen veranlagten Ehegatten gem. § 44 Abs. 1 AO als Gesamtschuldner haften, kann der Steuergläubiger eine Steuerforderung gegen die Insolvenzmasse oder gegen den anderen Ehegatten, über dessen Vermögen kein Insolvenzverfahren eröffnet worden ist, geltend machen. Die Entscheidung über die Inanspruchnahme eines Gesamtschuldners (§ 44 AO) als Steuerschuldner liegt im pflichtgemäßen Ermessen des Finanz-

Tipke/Kruse AO, § 251 Rn. 72; *Hess* KO, Anh. V Rn. 127). Nach Ansicht des BFH kommt es nicht auf die Wertsteigerungen durch vorkonkursliche Handlungen des Gemeinschuldners, sondern auf die Handlung des Konkursverwalters an, der den Gewinn durch die Veräußerungshandlung tatsächlich realisiert hat. Zieht der Insolvenzverwalter den Veräußerungserlös zur Masse, so gilt das auch dann, wenn durch die Veräußerung stille Reserven realisiert werden, die bereits vor Eröffnung des Insolvenzverfahrens entstanden sind. Dabei ist es auch unerheblich, ob der gesamte Veräußerungserlös zur Insolvenzmasse gezogen werden kann oder Teile davon an absonderungsberechtigte Dritte (*FG Düsseldorf* ZIP 2011, 2070).

Der BFH hält es nach dem Gewinnrealisierungsprinzip insoweit für entscheidend, in welchem Zeitpunkt der Gewinn nach steuerbilanziellen Grundsätzen realisiert worden ist. Da dieser Zeitpunkt nach Eröffnung des Insolvenzverfahrens liegt, sind die Steuern in der Insolvenz sonstige Masseverbindlichkeiten i.S.d. §§ 55 InsO. Es spricht jedoch einiges dafür, die Steuerschulden aus der Veräußerung von Wirtschaftsgütern als Insolvenzforderungen zur Tabelle anzumelden, soweit die aufgedeckten stillen Reserven vor Eröffnung des Insolvenzverfahrens angesammelt wurden und als sonstige Masseverbindlichkeiten, soweit sie auf den Zeitraum nach Eröffnung des Insolvenzverfahrens entfallen (*Frotscher* Besteuerung bei Insolvenz, S. 124). 707

Die Einkommensteuerschuld, die aus der Verwertung der zur Insolvenzmasse und zum Betriebsvermögen gehörenden Wirtschaftsgüter resultiert, ist als sonstige Masseverbindlichkeit i.S.d. § 55 Abs. 1 Nr. 1 InsO zu qualifizieren. Diese Einkommensteuerschuld ist auch dann in voller Höhe Masseverbindlichkeit, wenn das verwaltete Wirtschaftsgut mit Aussonderungsrechten belastet war und nach Vorwegbefriedigung der absonderungsberechtigten Gläubiger aus dem Verwertungserlös der tatsächlich zur Masse gelangte Erlös nicht ausreicht, um die aus der Verwertungshandlung resultierende ESt-Forderung zu befriedigen (*BFH* BStBl. II 2013, S. 759 unter Aufgabe der anders lautenden *BFH*-Rspr. BStBl. II 1984, S. 602). 708

Soweit man entgegen der BFH-Rspr. zur Versteuerung der stillen Reserven in der Insolvenz die auf stillen Reserven beruhenden Steuerforderungen den Insolvenzforderungen zurechnet, gelten sie gem. § 38 InsO als im Zeitpunkt der Eröffnung des Insolvenzverfahrens begründet, obwohl sie steuerlich erst mit der Veräußerung der Wirtschaftsgüter durch den Insolvenzverwalter entstehen. 709

Diese Insolvenzforderung wird das Finanzamt i.d.R. nur mit einem geschätzten Betrag anmelden können. Dabei ergeben sich im Einzelfall Schwierigkeiten hinsichtlich der Feststellung, ob nach Insolvenzeröffnung überhaupt stille Reserven realisiert werden. 710

f) Zusammenveranlagung mit dem Ehegatten des Schuldners, Aufteilung

Im Fall der Zusammenveranlagung von Ehegatten/Lebenspartnern zur Einkommensteuer wirken sich aufgrund der Gesamtschuldnerschaft (§ 44 Abs. 1 AO) die Einkünfte des nicht insolventen Ehepartners/Lebenspartners auch auf die gegenüber den jeweiligen insolvenzrechtlichen Vermögensbereichen festzusetzenden Steuern bzw. zur Tabelle anzumeldenden Steuerforderungen aus, so dass eine Verteilung der Einkünfte des nicht insolventen Ehegatten/Lebenspartners auf die unterschiedlichen Vermögensbereiche zu erfolgen hat (*AEAO* zu § 251 Nr. 9.1.2.). 711

Die Verteilung der Einkünfte des nicht insolventen Ehegatten/Lebenspartners auf den Zeitraum vor und nach Insolvenzeröffnung erfolgt zeitanteilig, es sei denn, diese Verteilung ist offensichtlich unzutreffend. Die Verteilung des nicht insolventen Ehegatten/Lebenspartners, die nach der Insolvenzeröffnung entstanden sind, auf die Insolvenzmasse sowie das insolvenzfreie Vermögen erfolgt im Verhältnis der Einkünfte des insolventen Ehegatten/Lebenspartners in diesen insolvenzrechtlichen Vermögensbereichen (vgl. hierzu Beispiele 3 und 4 in *AEAO* zu § 251 Nr. 9.1.2.). 712

Will der Schuldner mit seinem Ehegatten zusammen veranlagt werden, steht das Wahlrecht gem. § 26 Abs. 2 EStG als vermögensmäßiges Recht dem Insolvenzverwalter zu (§ 80 Abs. 1 InsO; für den Konkurs: *BFH* BStBl. III 1965, S. 86). Das Finanzamt darf einen Leistungsbescheid wegen des Teils der gemeinschaftlichen Steuerschuld, der auf den Ehegatten entfällt, erlassen. Wenn der 713

700 Soweit die Vorauszahlungen und Steuerabzugsbeträge höher sind als der Teil der Jahressteuerschuld mit der sie verrechnet werden können, ist der überschießende Betrag an die Insolvenzmasse zu erstatten (*BFH* BStBl. II 2003, S. 716; *BMF* BStBl. I 2003, S. 431).

701 Die Eröffnung des Insolvenzverfahrens lässt die Vorschriften über den Verlustrück- und Verlustvortrag gem. § 10d EStG grds. unberührt. I.E. bedeutet dies, dass ein Verlust, der aus der Insolvenzmasse entstanden ist, zunächst die vom Insolvenzverwalter erzielten Einkünfte und dann die vor Eröffnung des Insolvenzverfahrens erzielten Einkünfte mindert.

702 Die Anrechnung von Einkommensteuervorauszahlungen richtet sich danach, wann und in welchem Umfang sie begründet wurden. Sie sind insolvenzrechtlich nach den allgemeinen Grundsätzen von Begründung und Fälligkeit zu behandeln, selbst wenn sie nicht entrichtet worden sind. Insoweit darf eine Vorauszahlung nur mit dem Teil der Einkommensteuerschuld verrechnet werden, der zur selben Vermögensmasse gehört.

703 Vorauszahlungen aufgrund eines an beide Ehegatten/Lebenspartner gemeinsam gerichteten Vorauszahlungsbescheids ohne individuelle Tilgungsbestimmung sind unabhängig davon, ob die Ehegatten/Lebenspartner später zusammen oder getrennt veranlagt werden, zunächst auf die festgesetzten Steuern beider Ehegatten/Lebenspartner anzurechnen (*BFH* BStBl. II 2011, S. 607; *BMF* BStBl. I 2013, S. 70 zu § 37 Abs. 2 AO). Die vom Insolvenzverwalter geleisteten Vorauszahlungen sind dem insolventen Ehegatten/Lebenspartner zuzurechnen, wobei er ausschließlich die auf die Insolvenzmasse entfallende Steuerschuld zahlt. Die vom nichtinsolventen Ehegatten/Lebenspartner auch nach Insolvenzeröffnung geleisteten Vorauszahlungen aufgrund eines an beide Ehegatten/Lebenspartner gemeinsam gerichteten Vorauszahlungsbescheides sind bei fehlender ausdrücklicher Tilgungsbestimmung beiden Ehegatten/Lebenspartnern zuzurechnen (*BFH* BStBl. II 2009, S. 38). Ist eine Festsetzung von Vorauszahlungen gegenüber dem nicht insolventen Ehegatten/Lebenspartner erfolgt und hat der nicht insolvente Ehegatte/Lebenspartner entsprechend Vorauszahlungen geleistet, findet eine Aufteilung der Vorauszahlungen nach dem Zahlungszeitpunkt auf den vor- und nachinsolvenzrechtlichen Bereich statt. Innerhalb der nachinsolvenzrechtlichen Vermögensbereiche erfolgt eine Verteilung im Verhältnis der Einkünfte des insolventen Ehegatten/Lebenspartners in diesem Bereich. (*BMF* BStBl. I 2014, S. 1393).

e) **Versteuerung der stillen Reserven**

704 Führt der Insolvenzverwalter den Betrieb nach Eröffnung des Insolvenzverfahrens nicht fort, sondern liquidiert ihn, so ist nach allgemeinen Grundsätzen zu entscheiden, ob eine Betriebsaufgabe vorliegt oder nicht. Dabei kommt es darauf an, ob der Betrieb innerhalb eines einheitlichen Aufgabevorganges innerhalb kurzer Zeit oder allmählich abgewickelt wird (vgl. R 16 [2] EStR 2012 und H 16 [2] EStH 2012 zu § 16 EStG). Die Insolvenzeröffnung stellt noch keine Betriebsaufgabe dar. Die Veräußerungshandlungen des Insolvenzverwalters stehen denen des Schuldners gleich. Liegt im Rahmen des Insolvenzverfahrens eine Betriebsaufgabe oder eine Veräußerung vor, so ist der Freibetrag des § 16 EStG und die Tarifvergünstigung des § 34 EStG zu gewähren.

705 Veräußert der Insolvenzverwalter im Rahmen der Verwertung der Insolvenzmasse Wirtschaftsgüter, so werden dadurch vielfach stille Reserven realisiert. Da diese Aufdeckung der stillen Reserven durch eine Handlung des Insolvenzverwalters nach der Eröffnung des Insolvenzverfahrens erfolgt, spricht dies zunächst dafür, dass die aufgrund der Aufdeckung der stillen Reserven entstehende Steuerschuld den sonstigen Masseverbindlichkeiten zuzurechnen ist. Andererseits waren die aufgedeckten stillen Reserven bei Eröffnung des Insolvenzverfahrens bereits vorhanden und der Steueranspruch damit bereits begründet.

706 Die Frage der Zuordnung der Steuern bei der Aufdeckung von stillen Reserven hat der *BFH* (BStBl. III 1964, S. 70; BStBl. II 1978, S. 356; BStBl. II 1984, S. 602; BFH/NV 1994, 477; ZInsO 2010, 1553; *FG Düsseldorf* ZIP 2011, 2070) für den Konkurs dahingehend entschieden, dass er die auf der Auflösung der stillen Reserven beruhende Steuer den Massekosten zurechnet (für den Konkurs ebenso: *Hübschmann/Hepp/Spitaler* AO, § 251 Anm. 343; *Geist*, Insolvenzen und Steuern., Anm. 115;

bindlichkeiten i.S.d. § 55 Abs. 1 Nr. 1 InsO. Sind die Vorauszahlungen im Zeitpunkt der Eröffnung des Insolvenzverfahrens noch nicht fällig, so gelten sie gem. § 41 Abs. 1 InsO als fällig.

Die auf den Zeitraum vor Eröffnung des Insolvenzverfahrens entfallende Vorauszahlungsschuld wird in der Insolvenz wie eine durch die Jahressteuerschuld auflösend bedingte Forderung angesehen, die gem. § 42 InsO wie eine unbedingte Forderung berücksichtigt wird. **691**

Ist die Jahressteuerschuld geringer als die entrichteten Vorauszahlungen und Abzugsbeträge, fällt der übersteigende Betrag in die Insolvenzmasse. **692**

In allen Fällen, in denen Vorauszahlungsbescheide vorliegen, bestehen allein nach Zweckmäßigkeitsgesichtspunkten mehrere Möglichkeiten: **693**
– es werden nur die rückständigen Beträge aus den Vorauszahlungsbescheiden zur Tabelle angemeldet,
– es erfolgt innerhalb der Anmeldefrist für die Vorjahre eine Jahres-Steuerberechnung und für das Insolvenzeröffnungsjahr eine Teil-Jahressteuerberechnung, wobei Vorauszahlungsbeträge und die Differenz zur Berechnung angemeldet werden oder es werden nur die offenen Beträge aus der Berechnung angemeldet.

Bei der Vorgehensweise ist zu berücksichtigen, dass abgesehen von der nach § 177 InsO möglichen Nachmeldung von Insolvenzforderungen, spätestens ab dem Zeitpunkt der Widerspruchseinlegung im Prüfungstermin gegen die angemeldete Forderung diese nicht mehr vom Gläubiger ausgetauscht oder geändert werden kann. Insoweit kann das Finanzamt die angemeldete Steuerforderung weder austauschen und auf einen anderen Rechtsgrund stellen, noch ändern, insbesondere ihn nicht erhöhen (§ 181 InsO). Das Finanzamt kann eine einmal angemeldete und im Prüfungstermin bestrittene Steuerforderung nach diesem Zeitpunkt weder vom Grund, noch vom Betrag her erhöhend ändern. Das bedeutet, dass das Finanzamt von den Vorauszahlungsbeträgen nicht einfach auf die Jahresbeträge umstellen darf, wenn es die rückständigen Beträge aus dem Vorauszahlungsbescheid zur Tabelle angemeldet hat und im weiteren Verlauf des Insolvenzverfahrens die Jahresveranlagung für die Vorjahre oder das Insolvenzeröffnungsjahr stattfindet. **694**

Eine Änderung von den angemeldeten Vorauszahlungsbeträgen auf die nachträglich ermittelten Jahresbeträge kann dadurch erfolgen, dass die schon vorgenommene Anmeldung der Vorauszahlungsbeträge dem Insolvenzverwalter gegenüber zurückgenommen wird und das Anmeldungsverfahren mit dem neuen Rechtsgrund Jahressteuer und dem neuen Betrag neu durchlaufen wird bzw. wie in der Praxis üblich die Differenz zwischen Vorauszahlungsbeträgen und Jahresbetrag nachgemeldet wird. **695**

Gelegentlich erfolgen in der Praxis auch Doppelanmeldungen, wobei Vorauszahlungsbeträge und Jahressteuerschuld für dasselbe Veranlagungsjahr angemeldet werden. **696**

Die zu wählende Verfahrensweise richtet sich nach dem Einzelfall, wobei darauf zu achten ist, dass die einmal gewählte Vorgehensweise im Widerspruchs- und Feststellungsverfahren auch konsequent zu Ende geführt wird, z.B. dürfen im Feststellungsverfahren nur Vorauszahlungen und nicht stattdessen Jahresbeträge festgestellt werden. **697**

Führt die Anrechnung von geleisteten Vorauszahlungen zu einer Erstattung, so prüft das Finanzamt zunächst, ob eine Aufrechnung gem. § 226 AO, §§ 94–96 InsO in Frage kommt. Sind für abgelaufene Vorjahre noch Vorauszahlungen offen, so hat das Finanzamt unter Berücksichtigung der Einkommensverhältnisse des Steuerpflichtigen zu prüfen, ob die Vorauszahlungen nicht unter Aufhebung des Vorauszahlungsbescheides auf 0 Euro herabgesetzt werden können. **698**

Für das noch nicht abgelaufene Insolvenzeröffnungsjahr ergangene Vorauszahlungsbescheide sind ebenfalls auf 0 Euro herabzusetzen, wenn der Schuldner auf den Vorauszahlungsbescheid nicht gezahlt hat. Gegebenenfalls sind sie Steuerforderungen für den Zeitraum 01.01. bis zum Tag der Insolvenzeröffnung *im Wege der Steuerberechnung* sorgfältig zu schätzen. **699**

der Anlage berechnete Steuermasseforderung von ... an die Finanzkasse des Finanzamts ... zu zahlen.«

681 Die sich aufgrund der Aufteilung ergebende Steuerinsolvenzforderung geht als Steuerberechnung an den Insolvenzverwalter zur Anmeldung zur Tabelle zusammen mit einer erläuternden Schlussbemerkung z.B.: »Die Jahressteuerberechnung hat gegenüber der Anmeldung zu keiner/zu folgender Abweichung geführt. Der Erhöhungsbetrag von ... wird nachgemeldet oder das Finanzamt wird seine Anmeldung um ... ermäßigen.«

682 ▶ **Beachte:**
Das Veranlagungs- und Aufteilungsverfahren für das Insolvenzeröffnungsjahr sollte vom Finanzamt zweckmäßigerweise erst nach dem Prüfungstermin vorgenommen werden. Liegen zu diesem Zeitpunkt schon Widersprüche vor, so kann dies bei der Veranlagung des Insolvenzeröffnungsjahres berücksichtigt werden. Nach Vollzug der Änderung ist der Verwalter um Rücknahme des Widerspruchs zu bitten. Anschließend kann das Finanzamt beim Insolvenzgericht einen widerspruchsfreien Tabellenauszug anfordern.

683 Vorauszahlungsbescheide (bestandskräftige oder vom Schuldner oder vom Insolvenzverwalter angefochtene) auf den Zeitraum des Insolvenzeröffnungsjahres sind mit den Steuerforderungen des Insolvenzeröffnungsjahres abzurechnen, über die der Insolvenzverwalter einen Jahressteuerbescheid erhält

c) Einkommensteuererstattungen

684 Einkommensteuererstattungen, die sich bei einer nach Insolvenzeröffnung vorgenommenen Veranlagung ergeben, stellen, soweit sie nicht ausnahmsweise dem insolvenzfreien Vermögen zuzurechnen sind, grds. Vermögenswerte der Insolvenzmasse dar (§ 35 Abs. 1 InsO). Sie sind daher grds. an die Insolvenzmasse auszukehren, sofern keine Aufrechnungsmöglichkeit besteht (*AEAO* zu § 251 Nr. 9.1.4.).

685 Einkommensteuererstattungen, die während des Insolvenzverfahrens begründet werden und aus einer Lohnsteuerüberzahlung resultieren, gehören in vollem Umfang zur Insolvenzmasse (*BFH* BFH/NV 2010, 1243).

686 Hat der Schuldner nach Freigabe der selbständigen Tätigkeit Einkommensteuervorauszahlungen aus dem insolvenzfreien Vermögen geleistet und ergeben sich hieraus Einkommensteuererstattungen, fallen diese grds. in das insolvenzfreie Vermögen und sind vorbehaltlich der Aufrechnung mit Insolvenzforderungen an den Schuldner auszukehren (*BFH* BStBl. II 2015, S. 561).

687 Ergibt sich bei Eheleuten/Lebenspartnern bei der Zusammenveranlagung eine Steuererstattung, liegt im Gegensatz zur Gesamtschuldnerschaft bei Steuerschulden keine Gesamtgläubigerschaft vor. Für die Verteilung zwischen ihnen sind die sich aus § 37 Abs. 2 AO ergebenden Grundsätze anzuwenden (vgl. *AEAO* zu § 37 und *BMF* BStBl. I 2015, S. 83).

688 Ergibt sich aus dieser Verteilung ein Erstattungsbetrag für den insolventen Ehegatten/Lebenspartner, so ist der Erstattungsbetrag auf die Insolvenzmasse oder das insolvenzfreie Vermögen zu verteilen (vgl. *AEAO* zu § 251 Nr. 9.1.4 Beispiel 6).

d) Einkommensteuer-Vorauszahlungen

689 Einkommensteuer-Vorauszahlungen sind jeweils am 10.03., 10.06., 10.09. und 10.12. zu entrichten (§ 37 Abs. 1 EStG). Die Vorauszahlungsschuld entsteht mit Beginn des Vierteljahres, in dem die Vorauszahlungen zu entrichten sind, also am 01.01., 01.04., 01.07. und 01.10. Die Art der Durchsetzung der Einkommensteuer-Vorauszahlungen richtet sich nach dem Zeitpunkt ihrer Entstehung.

690 Als Insolvenzforderungen sind die Einkommensteuer-Vorauszahlungen anzumelden, die im Zeitpunkt der Eröffnung des Insolvenzverfahrens bereits entstanden sind (für den Konkurs: *BFH* BStBl. II 1984, S. 602). Die danach entstehenden Vorauszahlungen gehören zu den sonstigen Massever-

künfte aus Gewerbebetrieb ist eine einkommensteuerliche Aufteilung nach dem Verhältnis der Umsätze denkbar, wenn sowohl der Schuldner vor Insolvenzeröffnung, als auch der Insolvenzverwalter nach Insolvenzeröffnung jeweils Umsatzsteuervoranmeldungen abgegeben haben. Bei den Einkünften aus Vermietung und Verpachtung kommt eine zeitliche Aufteilung in Frage.

Im Rahmen der Neuerung der AEAO durch das BMF-Schreiben vom 10.12.2015, haben sich umfangreiche Änderungen bezüglich der Verteilung der Steuerforderungen und der Steuererstattungsansprüche auf die verschiedenen insolvenzrechtlichen Vermögensbereiche ergeben (vgl. AEAO zu § 251 Nr. 9.1). Differenziert wird zwischen folgenden Vermögensbereichen: 673
- Vorinsolvenzrechtlich
- Insolvenzmasse
- Insolvenzfreies Vermögen.

Die einheitlich ermittelte Jahressteuer ist den unterschiedlichen insolvenzrechtlichen Kategorien grds. im Verhältnis der Einkünfte zuzuordnen. Im zuletzt gültigen BMF-Schreiben vom 22.07.2015 vertrat die Finanzverwaltung die Auffassung, dass es aufgrund der Verteilung einer einheitlichen Steuerschuld nicht möglich sein solle, dass sich für einen Vermögensbereich eine Steuererstattung und für einen anderen Vermögensbereich eine Steuernachzahlung ergibt.

Der BFH hat nun klargestellt, inwieweit sich insolvenzfeste Aufrechnungspositionen bei Einkommensteuervorauszahlungen ergeben können, die nach Eröffnung des Insolvenzverfahrens geleistet wurden (vgl. *BFH* 24.02.2015 BStBl. II 2015, S. 993; NZI 2015, 475). 674

Die einheitlich ermittelte Steuer wird in Höhe des auf den jeweiligen insolvenzrechtlichen Vermögensbereich entfallenden Betrages gegenüber diesem festgesetzt (Insolvenzmasse bzw. insolvenzfreies Vermögen) oder berechnet (Insolvenzforderungen) und Vorauszahlungen und Steuerabzugsbeträge im Rahmen der Anrechnungsverfügung bei dem insolvenzrechtlichen Vermögensbereich berücksichtigt, bei dem sie geleistet wurden. Eine Verrechnung von Erstattungs- mit Nachzahlungsbeträgen verschiedener Vermögensbereiche ist im Rahmen der Jahresveranlagung nicht statthaft. Zwar besteht eine einheitliche Jahressteuerschuld, jedoch sind die insolvenzrechtlichen Vermögensbereiche weiterhin zu trennen. Insbesondere solle die Insolvenzmasse gem. § 38 InsO der gleichmäßigen Befriedigung aller Insolvenzgläubiger dienen. Aufgrund des Vorrangs der InsO gem. § 251 Abs. 2 AO im Steuererhebungsverfahren, zu welchem auch das Anrechnungsverfahren gehört, ist dieses o.g. Prinzip auch im Rahmen des § 36 Abs. 2 Nr. 1 EStG zu beachten (vgl. *BFH* BStBl. II 2001, S. 353). 675

Die einheitlich ermittelte Einkommensteuerjahresschuld ist im folgendem Verhältnis aufzuteilen: 676

$$\text{Anteiliger Steuerbetrag} = \frac{\text{anteilige Einkünfte des Vermögensbereichs}}{\text{Summe der Einkünfte}} \times \text{Gesamtsteuerbetrag}$$

Werbungskosten oder Betriebsausgaben sind bei der Einkunftsart abzuziehen, durch die sie veranlasst sind. 677

Ist eine Einkunftsart, sowohl vor wie nach der Insolvenzeröffnung verwirklicht, so entscheidet für den Ansatz der Ausgabe der Zeitpunkt des Abfließens. Das Gleiche gilt für Sonderausgaben und außergewöhnliche Belastungen. Pauschbeträge, die nicht von der Höhe der Einkünfte abhängig sind, sind zeitanteilig aufzuteilen. 678

Soweit sich nach diesen Grundsätzen nicht feststellen lässt, bei welchen Einkünften oder welchen Forderungskategorien die Absetzung vorzunehmen ist, ist ebenfalls eine zeitanteilige Absetzung vorzunehmen. 679

Die Aufteilung in vorinsolvenzliche und nachinsolvenzliche Steuerforderungen geschieht beim Leistungsgebot und ist in einer gleich lautenden Anlage zum Steuerbescheid bzw. zur Steuerberechnung durchzuführen und zu erläutern. Bezüglich der nachinsolvenzlichen Masseforderung bedeutet dies, dass sie *als Steuerbescheid* an den Insolvenzverwalter in Form eines Leistungsgebots ergeht unter Beifügung der kompletten Aufteilungsberechnung in der Anlage, z.B.: »Sie werden aufgefordert, die in 680

RFH RStBl. 1938, S. 669). Die insolvenzrechtliche Einordnung richtet sich danach, in welcher Höhe die Einkommensteuer begründet worden ist, dass die Einkommensteuer erst mit Ablauf des Veranlagungszeitraums entsteht, ist nicht entscheidend (*BFH* BStBl. II 1979, S. 640).

663 Besonderheiten treten bei der Veranlagung während des Insolvenzeröffnungsjahres auf.

664 Hatte das Finanzamt auf die gerichtliche Aufforderung hin seinerzeit für das Insolvenzeröffnungsjahr schon eine i.d.R. geschätzte Steuerinsolvenzforderung angemeldet, so ist dies für einen Zeitraum vom 01. 01. bis zur Insolvenzeröffnung erfolgt. Infolge einer nunmehr erfolgenden Jahresveranlagung, die das gesamte Insolvenzeröffnungsjahr betrifft, kann eine Änderung der seinerzeitigen Anmeldung des Teil-Jahressteuerbetrages notwendig werden.

665 Dabei ist die Frage zu stellen, ob die für das Insolvenzeröffnungsjahr schon vorgenommene Anmeldung durch die Jahresveranlagung überholt ist und deshalb geändert werden kann. Entscheidend ist dafür, ob die ursprüngliche Anmeldung im Prüfungstermin mit Widerspruch bestritten wurde oder nicht, und ob es sich um eine Ermäßigung oder um eine Erhöhung der Anmeldung handelt.

666 Ist die Insolvenzforderung bestritten, so kann die für das Insolvenzeröffnungsjahr angemeldete Steuerberechnung ohne die Voraussetzungen der §§ 164, 172 ff. AO ermäßigt werden. Dabei ist auch im Wege der Nachmeldung eine Erhöhung der Anmeldung möglich, soweit noch kein Feststellungsbescheid über diese bestrittene Forderung ergangen ist (§ 177 InsO). In diesem Fall wird das Insolvenzgericht entweder einen neuen besonderen Prüfungstermin oder aber eine erneute Prüfung im schriftlichen Verfahren anordnen (§ 177 Abs. 1 Satz 3 InsO).

667 Ist über die angemeldete und bestrittene Forderung bereits ein Feststellungsbescheid ergangen, so ist eine Erhöhung des Steuerbetrags im Feststellungsbescheid wegen des Grundsatzes der Identität von angemeldeter und festgestellter Forderung gem. § 181 InsO ausgeschlossen. Insoweit bleibt dem Finanzamt nur übrig den alten Feststellungsbescheid nach § 131 Abs. 1 AO aufzuheben, die alte Anmeldung zurückzunehmen und eine Neuanmeldung durchzuführen.

668 Ist die Insolvenzforderung nicht bestritten, so hat das Finanzamt i.d.R. einen widerspruchsfreien Tabellenauszug erhalten, welcher die Wirkung eines Steuerbescheids und eines rechtskräftigen Urteils hat. Fraglich ist, ob dieser Tabellenauszug nach Durchführung der Steuerjahresveranlagung für das Insolvenzeröffnungsjahr änderbar ist.

669 Nach h.M. (*Tipke/Kruse* FGO, § 110 Tz. 24–35) kann, soweit es sich um eine Ermäßigung der Forderungsanmeldung geht, der rechtskräftige Tabellenauszug nach den Änderungsvorschriften der §§ 164, 172 ff. AO ermäßigt werden. Dies gilt im Ergebnis deshalb, weil der Tabellenauszug das Ergebnis einer Anmeldung war, die nur den Zeitraum bis zur Insolvenzeröffnung umfasste und somit im Grunde immer unter dem Vorbehalt stand, dass eine abschließende, das ganze Jahr erfassende Veranlagung oder Steuerberechnung zu abweichenden Werten führen könnte.

670 Geht es dagegen um eine Erhöhung der Forderungsanmeldung, so kann die Anmeldung nicht mehr geändert werden, soweit diese zu einem widerspruchsfreien Tabellenauszug geführt hat. Die Anwendung der Änderungsvorschriften der AO würde in diesem Fall gegen den Grundsatz des § 181 InsO verstoßen. In diesem Fall kann das Finanzamt die überhöhte Forderung jedoch neu anmelden.

671 Gibt der Insolvenzverwalter jedoch -wie in den meisten Fällen- trotz Aufforderung für das Insolvenzeröffnungsjahr keine Steuererklärung ab, so wird das Finanzamt die Steuerinsolvenzforderungen für das gesamte Insolvenzeröffnungsjahr schätzen und an der damaligen Schätzung der Steuerinsolvenzforderungen festhalten.

672 Nimmt er keine Aufteilung vor, so ist er gem. §§ 88, 90, 93 AO um Auskunft darüber zu ersuchen, wie sich die erklärten Einkünfte und die anderen erklärten Besteuerungsgrundlagen auf die Zeit vor Insolvenzeröffnung und die Zeit danach aufteilen. Kommt der Verwalter dieser Aufforderung nicht nach, wird das Finanzamt die Aufteilung im Schätzungsweg vornehmen. Anhaltspunkt dafür, dass Steuermasseforderungen durch Handlungen des Insolvenzverwalters entstanden sein können, ist die Abgabe von Umsatzsteuervoranmeldungen durch den Verwalter. Für die Aufteilung der Ein-

Grds. hat jeder Steuerpflichtige eine Einkommensteuererklärung für den abgelaufenen Veranlagungszeitraum einzureichen, soweit eine Veranlagung nicht nach § 43 Abs. 5 EStG und § 46 EStG unterbleibt (vgl. § 25 Abs. 1 EStG). 651

Die Erklärung ist nach amtlich vorgeschriebenem Vordruck abzugeben (§ 25 Abs. 4 EStG). Sie muss vom Steuerpflichtigen und in den Fällen der gemeinsamen Erklärung der Ehegatten von beiden Ehegatten eigenhändig unterschrieben sein (§ 25 Abs. 3 EStG). 652

Die Einkommensteuer berechnet sich nach § 25 EStG nach Ablauf des Veranlagungszeitraumes nach dem Einkommen, welches der Steuerpflichtige in diesem Zeitraum bezogen hat. Hat die Steuerpflicht nicht während des vollen Veranlagungszeitraumes bestanden, so wird das während der Dauer der Steuerpflicht bezogene Einkommen zugrunde gelegt. 653

Grds. wird jeder Steuerpflichtige einzeln veranlagt. Ehegatten können zwischen der Zusammenveranlagung (§ 26b EStG) und der Einzelveranlagung (§ 26a EStG) wählen. Bei der Zusammenveranlagung werden die Einkünfte der Ehegatten zunächst getrennt voneinander ermittelt und sodann im Rahmen der Ermittlung des Gesamtbetrags der Einkünfte zusammengerechnet und den Ehegatten gemeinsam zugerechnet. 654

Bei der Einzelveranlagung von Ehegatten gem. § 26a EStG werden die Ehegatten einzeln zur Einkommensteuer veranlagt, so dass jedem Ehegatten die von ihm bezogenen Einkünfte gesondert zuzurechnen sind. Durch die Einzelveranlagung wird jeder Ehegatte selbst Steuerschuldner für die nach seinem zu versteuerndem Einkommen festgesetzte Einkommensteuer. Insoweit tritt keine gesamtschuldnerische Haftung der Ehegatten für die festgesetzten Steuern ein. Sonderausgaben, außergewöhnliche Belastungen und die Steuerermäßigung nach § 35a EStG werden demjenigen Steuerpflichtigen zugerechnet der sie wirtschaftlich getragen hat. Alternativ können die Ehegatten beantragen, dass ihnen die Aufwendungen jeweils zur Hälfte zugerechnet werden (vgl. § 26a Abs. 2 EStG). 655

Die Einkommensteuer entsteht grds. erst mit Ablauf des Veranlagungszeitraumes (§ 36 Abs. 1 EStG). 656

b) Begriff des Einkommens in der Insolvenz

Ermittlungszeitraum für die Einkommensteuer ist nach § 2 Abs. 7 Satz 2 EStG das Kalenderjahr. 657

Die Einkommensteuer wird aufgrund des im Kalenderjahr bezogenen Einkommens berechnet und vom Finanzamt durch Veranlagung für das Kalenderjahr festgesetzt. Die Eröffnung des Insolvenzverfahrens hat zur Folge, dass das Gesamtvermögen des Schuldners in insolvenzrechtlicher Sicht in die Insolvenzmasse fällt. 658

Einkommensteuerrechtlich ist die Eröffnung des Insolvenzverfahrens für die Ermittlung des steuerpflichtigen Einkommens ohne Bedeutung. Dies folgt aus den unterschiedlichen Funktionen vom insolvenzrechtlichen und einkommensteuerrechtlichen Vermögensbegriff. 659

Der einkommensteuerrechtliche Vermögensbegriff dient allein der Ermittlung des einkommensteuerpflichtigen Gewinnes durch einen Vermögensvergleich. Gewinn ist nach § 4 Abs. 1 EStG der Unterschiedsbetrag zwischen dem Betriebsvermögen am Schluss des Wirtschaftsjahres und dem Betriebsvermögen am Schluss des vorangegangenen Wirtschaftsjahres, vermehrt um den Wert der Entnahmen und vermindert um den Wert der Einlagen. 660

Dieser Gewinnermittlungszeitraum wird durch die Eröffnung des Insolvenzverfahrens nicht unterbrochen. Demgegenüber stellt der insolvenzrechtliche Vermögensbegriff allein auf einen bestimmten Zeitpunkt, den der Eröffnung des Insolvenzverfahrens ab. 661

Das steuerpflichtige Einkommen ist deshalb unabhängig von der Eröffnung des Insolvenzverfahrens zu ermitteln und der Steuerberechnung zugrunde zu legen. Insoweit ist im Insolvenzfall Ermittlungs-, Bemessungs- und Veranlagungszeitraum weiterhin das Kalenderjahr (für den Konkurs: 662

646 Die Ergebnisse der einzelnen Einkunftsarten werden zu der Summe der Einkünfte zusammengerechnet. Von dieser Summe werden bestimmte Freibeträge und Pauschbeträge oder Pauschalen zur Berücksichtigung der persönlichen Leistungsfähigkeit abgezogen. Daraus ergibt sich das zu versteuernde Einkommen nach folgendem Schema:

Summe der Einkünfte aus den sieben Einkunftsarten
+ nachzuversteuernder Betrag nach § 10a EStG
− Verlustabzugsbetrag nach § 2 Abs. 1 Satz 1 AIG (Auslandsinvestitionsgesetz)
+ Hinzurechnungsbetrag nach § 2 Abs. 1 AIG
= **Summe der Einkünfte (§ 2 Abs. 1 EStG)**
− Altersentlastungsbetrag nach § 24a EStG
− Entlastungsbetrag für Alleinerziehende (§ 24b EStG)
− Freibetrag für Land- und Forstwirte (§ 13 Abs. 3 EStG)
= **Gesamtbetrag der Einkünfte (§ 2 Abs. 3 EStG)**
− Sonderausgaben nach §§ 10, 10b und 10c EStG
− Freibetrag für freie Berufe nach § 18 Abs. 4 EStG
− außergewöhnliche Belastungen nach den §§ 33 bis 33b EStG
− Verlustabzug nach § 10d EStG, 2 Abs. 1 AIG
= **Einkommen (§ 2 Abs. 4 EStG)**
− Kinderfreibetrag nach § 32 Abs. 6 EStG
− Härteausgleich nach § 46 Abs. 3 EStG, § 70 EStDV
= **zu versteuerndes Einkommen (§ 2 Abs. 5 EStG).**

647 Die tarifliche Einkommensteuer bemisst sich nach dem zu versteuernden Einkommen. Der Wert der Einkommensteuer ergibt sich aus der Tarifformel nach § 32a EStG bzw. nach der von der Finanzverwaltung veröffentlichten Grundtabelle für ledige- und nach der Splittingtabelle für verheiratete Steuerpflichtige. Dabei wird die festzusetzende Einkommensteuer nach folgendem Schema ermittelt:

tarifliche Einkommensteuer
− ausländische Steuern nach § 34c Abs. 1 und 6 EStG, § 12 AStG
− Steuerermäßigung nach § 35 EStG
− Steuerermäßigung nach § 34f EStG
− Steuerermäßigung nach § 35a EStG
− Steuerermäßigung bei Zuwendungen an politische Parteien und unabhängige Wählervereinigungen (§ 34g EStG)
+ Steuern nach § 34c Abs. 5 EStG
− Steuerermäßigung bei Belastung mit Erbschaftsteuer (§ 35b EStG)
+ Nachsteuern nach § 10 Abs. 5 EStG i.V.m. §§ 30 EStDV
+ Anspruch auf Zulage für Altersvorsorge, wenn Beiträge als Sonderausgabe abgezogen werden sind § 10a Abs. 2 EStG
+ Anspruch auf Kindergeld oder vergleichbare Leistungen, soweit in den Fällen des § 31 EStG das Einkommen um Freibeträge für Kinder gemindert wurde
= **festzusetzende Einkommensteuer (§ 2 Abs. 6 EStG).**

648 Steuerbefreit sind die in § 3 EStG aufgeführten Einnahmen, die vor allem für Arbeitnehmer von Bedeutung sind.

649 Neben diesen steuerbefreiten Einnahmen gibt es solche Einnahmen, die nicht in eine der sieben Einkunftsarten eingeordnet werden können und deshalb nicht einkommensteuerbar sind. Es handelt sich dabei um Schenkungen, Erbschaften, Vermächtnisse, Spiel- und Wettgewinne und Liebhabereien.

650 Die Einkommensteuer gehört zu den Veranlagungssteuern. Die Veranlagung wird nach Ablauf eines Kalenderjahres vom Finanzamt durchgeführt (§§ 2 Abs. 7, 25 Abs. 1 EStG).

Die Insolvenzordnung kennt in § 286 InsO eine Restschuldbefreiung. Danach wird der Schuldner, soweit er eine natürliche Person ist, auf einen entsprechenden Antrag hin (§ 287 InsO), nach Maßgabe der §§ 286–303 InsO von den im Insolvenzverfahren nicht erfüllten Verbindlichkeiten gegenüber den Insolvenzgläubigern befreit. Insoweit kann das Finanzamt nach Aufhebung des Insolvenzverfahrens seine Steuerforderungen nicht mehr unbeschränkt gegen den Schuldner geltend machen. 637

Die Finanzämter können im Rahmen der außergerichtlichen Schuldenbereinigung oder bei einem Schuldenbereinigungsplan auf Steuerforderungen im Rahmen der Billigkeitsvorschriften §§ 163, 227 AO verzichten. 638

Dabei haben sie sich bei der Auslegung des Begriffes »persönliche Unbilligkeit« auch an der Zielsetzung der Insolvenzordnung zu orientieren. Die Rspr. zu den §§ 163, 227 AO ist insoweit nicht uneingeschränkt anwendbar. Für die Beurteilung von Erlassanträgen im außergerichtlichen Schuldenbereinigungsverfahren müssen daher von der Finanzverwaltung sich an der Zielsetzung der Insolvenzordnung orientierende Kriterien festgelegt werden. 639

II. Behandlung der Einzelsteuern im Verfahren nach der InsO

1. Einkommensteuer

Für die Ermittlung der Einkommensteuer, gelten die allgemeinen Regeln, so dass alle relevanten Besteuerungsgrundlagen herangezogen werden müssen. 640

Dabei ist es gleichgültig, ob die Einkünfte, die dem Schuldner zuzurechnen sind, vor oder nach der Eröffnung des Insolvenzverfahrens erzielt worden sind, ob sich Verlustvorträge gem. § 10d EStG auswirken, ob die Einkünfte insolvenzbehaftet sind oder nicht. Ermittlungs-, Bemessungs- und Veranlagungszeitraum bleibt das Wirtschafts- bzw. Kalenderjahr. Eine Aufteilung auf Zeiträume vor und nach Eröffnung des Insolvenzverfahrens findet nicht statt. 641

Im Einzelnen gilt:

a) Ermittlung des zu versteuernden Einkommens

Die Einkommensteuer bemisst sich gem. § 2 Abs. 5 EStG nach dem zu versteuernden Einkommen des Steuerpflichtigen während des Kalenderjahres. 642

Einkommensteuerpflichtig sind nur die sieben im EStG genau umrissenen Einkunftsarten. Dies sind: 643
– Einkünfte aus Land- und Forstwirtschaft (§ 13 EStG),
– Einkünfte aus Gewerbebetrieb (§ 15 EStG),
– Einkünfte aus selbstständiger Arbeit (§ 18 EStG),
– Einkünfte aus nichtselbstständiger Arbeit (§ 19 EStG),
– Einkünfte aus Kapitalvermögen (§ 20 EStG),
– Einkünfte aus Vermietung und Verpachtung (§ 21 EStG),
– sonstige Einkünfte i.S.d. § 22 EStG.

Die ersten drei Einkunftsarten werden betriebliche Einkunftsarten genannt, die Einkünfte aus Kapitalvermögen (§ 20 EStG) und aus Vermietung und Verpachtung (§ 21 EStG) sind Einkunftsarten aus Privatvermögen. folgenden drei sind die Nebeneinkunftsarten. Unterschiedlich ist im Rahmen der Einkunftsarten jeweils die Art der Einkünfteermittlung. 644

Für die ersten drei Einkunftsarten wird ein Gewinn ermittelt, in dem die Betriebseinnahmen (Erlöse) den Betriebsausgaben (Aufwendungen) gegenübergestellt werden. Maßgeblich für die Gewinnermittlung sind §§ 4 und 5 EStG. Für die restlichen vier Einkunftsarten erfolgt eine Überschussermittlung, indem grundsätzlich die Einnahmen um die Werbungskosten gem. § 9 EStG gekürzt werden. 645

die Insolvenzmasse, sondern gegen das insolvenzfreie Vermögen des Steuerpflichtigen richtet, gegen den Steuerpflichtigen geltend gemacht werden (*Sächsisches FG* v.18.10.2013 – 4 K 579/13, n.v.).

629 Dies bedeutet, dass der Insolvenzverwalter nach § 36 i.V.m. § 34 Abs. 3 AO und § 18 Abs. 1 und 2 UStG weiterhin zur Abgabe von Umsatzsteuer-Voranmeldungen verpflichtet ist, soweit die Verpflichtung zur Abgabe der Umsatzsteuer-Voranmeldung vor Beendigung des Insolvenzverfahrens entstanden und der Insolvenzverwalter noch im Besitz der entsprechenden Bücher und Aufzeichnungen ist.

630 Ist das Vertretungsverhältnis erloschen, so darf sich die Finanzbehörde nicht mehr an den früheren Vertreter, sondern nur noch an den Vertretenen oder den neuen Vertreter wenden. Das bedeutet, dass Steuerbescheide nach Beendigung des Insolvenzverfahrens dem früheren Insolvenzschuldner und nicht mehr dem Insolvenzverwalter bekannt zu geben sind. Umsatzsteueransprüche des Finanzamtes sind gegenüber dem Insolvenzschuldner geltend zu machen, Steuererstattungsansprüche durch Leistung an ihn zu erfüllen, soweit nicht eine Aufrechnung mit Steuerforderungen, die vor oder während des Insolvenzverfahrens entstanden sind, in Betracht kommt.

631 Bekanntgaben an den Insolvenzverwalter können nur dann erfolgen, wenn dieser vom früheren Insolvenzschuldner zur Entgegennahme von Bescheiden und ggf. Erstattungszahlungen ausdrücklich ermächtigt worden ist (vgl. § 122 Abs. 1 Satz 3 AO).

632 Mit der Beendigung des Insolvenzverfahrens endet auch die Befugnis des Insolvenzverwalters, gegen einen den früheren Insolvenzschuldner betreffenden Steuerbescheid Einspruch einzulegen. Etwas anderes kann gelten, wenn der frühere Insolvenzschuldner den Insolvenzverwalter mit der Wahrnehmung seiner steuerlichen Interessen aus der Zeit des Insolvenzverfahrens beauftragt und ihn nach § 80 AO bevollmächtigt hat.

633 Wird das Insolvenzverfahren mit Vorbehalt der Nachtragsverteilung beendet, so bleibt hinsichtlich eines noch nicht erstatteten Umsatzsteuerguthabens das Verwaltungs- und Verfügungsrecht des Insolvenzverwalters bestehen. Er ist in Bezug auf die betroffenen Gegenstände befugt, anhängige Prozesse weiterzuführen und erforderlichenfalls neue Prozesse anhängig zu machen. Ist der Umsatzsteuerüberschuss, dessen Erstattung begehrt wird, noch nicht festgesetzt, so hat der Insolvenzverwalter das Recht, einen Antrag auf Steuerfestsetzung durch eine einen Überschuss ausweisende Umsatzsteuer-Voranmeldung zu stellen und die betreffenden Besteuerungsgrundlagen mitzuteilen.

634 Ergibt sich statt eines Umsatzsteuerguthabens eine Zahllast, so ist eine Festsetzung der Umsatzsteuer-Vorauszahlung vorzunehmen. Diese ist sowohl dem Insolvenzverwalter als auch dem Unternehmer bekannt zu geben. Die Zahlungsaufforderung ist an den Insolvenzverwalter zu richten, wenn es aus anderen Gründen zu einer Nachtragsverteilung kommt und wenn die Steuerfestsetzung einen nachträglichen Masseanspruch darstellt, der dem Insolvenzverwalter bekannt war oder hätte bekannt sein müssen (§ 206 InsO).

635 Der Insolvenzverwalter ist berechtigt, dem Insolvenzschuldner für seine Tätigkeit eine Rechnung mit Umsatzsteuerausweis zu erteilen und darauf für die Masse den Vorsteuerabzug geltend zu machen (*BFH* BStBl. II 1986, S. 579; *FG Hamburg* EFG 1998, 69). Voraussetzung hierfür ist, dass das Insolvenzverfahren noch nicht mit dem Schlusstermin (§ 197 InsO) abgeschlossen oder dass im Schlusstermin eine Nachtragsverteilung vorbehalten ist. Rechnet der Insolvenzverwalter seine Vergütung verspätet, d.h. nach dem Schlusstermin ohne Vorbehalt der Nachtragsverteilung ab, so kann der Erstattungsanspruch mit Forderungen des Finanzamtes aus der Zeit vor Eröffnung des Insolvenzverfahrens im Wege der Aufrechnung ausgeglichen werden. Gleiches gilt, wenn das Insolvenzverfahren mangels Masse eingestellt worden ist, da insoweit eine Nachtragsverteilung nicht in Betracht kommt.

636 Rechnet der vorläufige Insolvenzverwalter seine ihm zustehende Vergütung nach Eröffnung des Insolvenzverfahrens ab, so entsteht im Voranmeldungszeitraum der Erteilung der ordnungsmäßigen Rechnung ein Anspruch auf Vorsteuerabzug.

Zusammenfassung:
Teilungsmasse
./. sonstige Masseverbindlichkeiten
./. Kosten des Insolvenzverfahrens
Positiver oder negativer Restbetrag

Ergibt sich aufgrund dieser Zusammenstellung, dass die Teilungsmasse zur Deckung der sonstigen Masseverbindlichkeiten und der Kosten des Insolvenzverfahrens nicht ausreicht (negativer Restbetrag) ist die Masse unzulänglich. 620

Folgt aus der Berechnung, dass das Finanzamt quotenmäßig Befriedigung verlangen kann, ist der Insolvenzverwalter zur Zahlung der Quote aufzufordern. 621

9. Steuerforderungen nach Abschluss des Insolvenzverfahrens, Restschuldbefreiung

Das Insolvenzverfahren wird durch Aufhebung (§§ 200, 258 InsO) oder Einstellung (§§ 211 ff. InsO) beendet. Aufhebungsgründe sind die Abhaltung des Schlusstermins und die rechtskräftige Bestätigung des Insolvenzplans. Einstellungsgründe sind Masseunzulänglichkeit, Wegfall des Eröffnungsgrundes sowie Insolvenzverzicht der Gläubiger. Mit der Verfahrensbeendigung entfallen die Wirkungen des Insolvenzverfahrens und der Schuldner erhält das Recht zurück, über die Insolvenzmasse frei zu verfügen (§§ 215, 259 InsO). 622

Für die weitere steuerliche Behandlung des Schuldners ist entscheidend, ob vor Insolvenzeröffnung schon Steuerbescheide ergangen sind und ob der Anmeldung zur Tabelle widersprochen wurde. 623

– War vor Eröffnung des Insolvenzverfahrens noch kein Steuerbescheid ergangen und hat der Schuldner der Anmeldung zur Tabelle nicht widersprochen, gelten die §§ 178, 201 InsO, so dass der Tabelleneintrag wie eine bestandskräftige Festsetzung wirkt und auf dieser Grundlage vollstreckt werden kann.

– War noch kein Steuerbescheid ergangen und hatte der Schuldner der Anmeldung widersprochen, ist das unterbrochene Verfahren nach Beendigung des Insolvenzverfahrens wieder aufzunehmen und durch Steuerbescheid abzuschließen. Der Ablauf der Festsetzungsfrist ist insoweit gem. § 171 Abs. 13 AO bis drei Monate nach Beendigung des Insolvenzverfahrens gehemmt.

Waren bei Insolvenzeröffnung bereits Steuerbescheide ergangen und wurde die Anmeldung zur Tabelle auch vom Schuldner nicht bestritten, werden die bei Insolvenzeröffnung schwebenden Steuerfestsetzungs-, Rechtsbehelfs- und Gerichtsverfahren endgültig eingestellt. Grundlage der Geltendmachung der Steuerforderung ist jetzt nicht mehr die Steuerfestsetzung, sondern der Tabelleneintrag. Alle Verfahren, die die Steuerfestsetzung betreffen sind gegenstandslos geworden und können nicht mehr fortgesetzt werden (*FG Münster* EFG 1976, 194). 624

Waren Steuerbescheide ergangen und wurde die Anmeldung bestritten, ist das unterbrochene Verwaltungsverfahren wieder aufzunehmen. Die Prozessführungsbefugnis von anhängigen Gerichtsverfahren geht wieder auf den Schuldner über (*FG Saarland* EFG 1983, 218). 625

Mit Beendigung des Insolvenzverfahrens entfällt neben der Verwaltungs- und Verfügungsbefugnis zugleich die Prozessführungsbefugnis des Insolvenzverwalters; dies gilt selbst dann, wenn er Adressat des angefochtenen Steuerbescheids ist (*BFH* ZInsO 2012, 232). 626

Bei Beendigung des Insolvenzverfahrens ohne Vorbehalt der Nachtragsverteilung bleiben die dem Insolvenzverwalter nach § 34 Abs. 3 AO entstandenen Pflichten unberührt, soweit sie den Zeitraum betreffen, in dem seine Verwaltungs- und Verfügungsbefugnis gem. § 80 Abs. 1 InsO bestanden hat. 627

Hat der Insolvenzverwalter Grundstücke aus dem Insolvenzbeschlag freigegeben und kommt es infolge der Zwangsversteigerung, die von den dinglichen, gem. § 49 InsO zur abgesonderten Befriedigung nach Maßgabe des ZVG berechtigten Gläubiger betrieben wird, zur Veräußerung (§ 23 Abs. 1 Satz 1 Nr. 1 EStG) so kann die auf den Veräußerungsgewinn entfallende ESt, die sich nicht gegen 628

619 Die Masseunzulänglichkeit kann nach folgender Berechnung geprüft werden:

Teilungsmasse

Gegenstand	Wertansatz	Abzugsbeträge	zur Masse
Grundstücke	Verkehrswert hiervon 7/10	Grundpfandrecht + Nebenleistungen nach ZVG	…/€ …/€
Sonstiges Anlagevermögen	Zerschlagungswert	Aussonderungsrechte Absonderungsrechte	…/€
Gegenstand	Wertansatz	Abzugsbeträge	zur Masse
Warenlager	Zerschlagungswert	Aussonderungsrechte Absonderungsrechte	…/€
Halbfertige Erzeugnisse	bisher erbrachte Teilleistungen ./. Wertberichtigungen	Aussonderungsrechte, Absonderungsrechte	…/€
Forderungen	Nennwert ./. Wertberichtigung	Aussonderungsrechte, Absonderungsrechte (Abtretung) Aufrechnungsbeträge	…/€
Vorschuss an Gerichtskasse	Nennbetrag		…/€
Anderkonto	Nennbetrag		…/€
Summe	Nennbetrag		…/€

Hiervon sind als Schuldenmasse abzusetzen:

sonstige Masseverbindlichkeiten, § 55 InsO:
- Arbeitslöhne/Gehälter einschl. Arbeitnehmersozialbeiträge und Lohnsteuer;
- die auf das Arbeitsamt gem. § 177 Arbeitsförderungsgesetz übergeleiteten Beträge;
- Gebühren für beauftragte Rechtsanwälte und Steuerberater, evtl. Erstattungsansprüche der Gegenpartei, soweit der Insolvenzverwalter im Rechtsstreit unterliegt oder sofern Prozesskostenrückstellungen wegen dieser Gebühren, Kosten und Auslagen erforderlich sind;
- Gläubigeransprüche aus neu abgeschlossenen Verträgen;
- Miet- und Pachtzinsen (hierzu gehören jedoch nicht Kosten, die im Zusammenhang mit der Abwicklung eines gekündigten Miet- oder Pachtvertrages entstehen);
- Gebühren der Versorgungsunternehmen (insbesondere Elektrizitätswerk);
- Umsatzsteuer aus neu abgeschlossenen Verträgen;
- Umsatzsteuer aus der Vertragserfüllung alter Verträge;
- evtl. Schadensersatzansprüche aus Handlungen des Insolvenzverwalters;
- Arbeitgeberanteile zur Sozialversicherung für die Zeit nach Insolvenzeröffnung;
- Umsatzsteuer aus der Verwertung der Insolvenzmasse;
- Einkommensteuer aus der Verwaltung, Verwertung und Verteilung der Masse, die z.B. infolge der Gewinnerzielung bei Veräußerung von Massegegenständen bzw. bei der Betriebsfortführung durch den Insolvenzverwalter entstanden sind;
- sonstige Steuern, insbesondere KFZ-, Gesellschafts-, Gewerbesteuer (§§ 4, 16 GewStDV);
- Verbindlichkeiten, die von einem vorläufigen Insolvenzverwalter begründet worden sind, auf den die Verfügungsbefugnis über das Vermögen des Schuldners übergegangen ist.

Kosten des Insolvenzverfahrens, § 54 InsO:
- Gerichtskosten für das Insolvenzverfahren;
- Vergütungen und die Auslagen des vorläufigen Insolvenzverwalters und der Mitglieder des Gläubigerausschusses.

chender steuerlicher Kenntnisse die Erklärungen nicht selbst erstellen kann und die Gesellschaft nicht über ausreichende Mittel verfügt, um einen Angehörigen der steuerberatenden Berufe mit der Erklärungserstellung zu beauftragen (*FG Berlin* EFG 2000, 1223).

Von der Abweisung mangels Masse (§ 26 InsO) ist die Einstellung mangels Masse (§ 207 InsO) zu unterscheiden, bei der sich erst nach der Eröffnung des Insolvenzverfahrens herausstellt, dass die Masse nicht ausreicht um die Verfahrenskosten (§ 54 InsO) zu decken. In diesen Fällen treten für den Zeitraum der Eröffnung des Insolvenzverfahrens bis zu dessen Einstellung die Insolvenzwirkungen ein. 611

Die Feststellung der Masseunzulänglichkeit ist dem Insolvenzgericht übertragen worden, um eine Überprüfung der Einschätzung des Insolvenzverwalters zu ermöglichen. 612

Bei Gesellschaften zeigt die Abweisung mangels Masse, dass kein Gesellschaftsvermögen mehr vorhanden und die Gesellschaft vermögenslos ist. Dies führt zur Löschung der Gesellschaft im Handelsregister von Amts wegen ohne Liquidation (§ 141a Abs. 1 FGG für die AG und GmbH sowie § 141a Abs. 3 FGG für die kapitalistische OHG und KG). Stellt sich nach Löschung ausnahmsweise heraus, dass noch zu verteilendes Vermögen vorhanden ist, so findet gem. § 66 Abs. 5 GmbHG bzw. § 145 Abs. 3 HGB eine Nachtragsliquidation statt. 613

Nach Anzeige der Masseunzulänglichkeit können sog. Neumasseverbindlichkeiten entstehen. Hier ist zu beachten, dass nach der Anzeige einer Masseunzulänglichkeit entstehende Guthaben zu Gunsten der Neumasse an den Verwalter auszukehren sind. Diese dürfen auch nicht unmittelbar mit Neumasseverbindlichkeiten, welche nach Anzeige der Masseunzulänglichkeit gegründet worden sind, aufgerechnet werden. Die nach § 209 InsO vorgegebene Reihenfolge für die Befriedigung der Massegläubiger kann allein durch den Insolvenzverwalter überwacht und ausgeführt werden. Hinsichtlich der Lohnsteuer ist zu beachten, dass diese durch den Insolvenzverwalter auch bei Neumasseverbindlichkeiten insoweit auszugleichen ist, als entsprechende Lohnzahlungen vorgenommen worden sind. 614

Um Massegläubiger von Vollstreckungsmaßnahmen abzuhalten wird Masseunzulänglichkeit in der Praxis verhältnismäßig schnell eingewandt, so dass das Finanzamt nicht jede vom Insolvenzverwalter angezeigte Masseunzulänglichkeit ungeprüft hinnehmen wird. Zur Prüfung der Frage der Masseunzulänglichkeit kann das Finanzamt den Insolvenzverwalter zur Mitwirkung verpflichten (§§ 249 Abs. 2, 93 Abs. 1, 34 Abs. 3 AO). 615

Das Finanzamt kann für die Prüfung beim Insolvenzgericht folgende Prüfungsunterlagen anfordern: 616
– Insolvenzbericht des Insolvenzverwalters,
– eine vom Insolvenzverwalter erstellte Bilanz,
– das Inventarverzeichnis,
– ggf. gefertigte Wertgutachten.

Bei der Überprüfung ist zu beachten, dass bei bereits vollständig verwerteter Masse die Teilungsmasse nur aus dem Guthaben auf dem Anderkonto und dem geleisteten Gerichtskostenvorschuss besteht. Ist die Masse noch nicht oder nicht vollständig verwertet, sind die Vermögenswerte mit dem ggf. geschätzten Zeitwert anzusetzen. 617

Wird die Masseunzulänglichkeit unrechtmäßigerweise erklärt, kann dies die Haftungsinanspruchnahme des Insolvenzverwalters rechtfertigen. 618

603 Werden die Masseverbindlichkeiten nicht entrichtet, so fordert die Vollstreckungsstelle des Finanzamtes den Insolvenzverwalter zur unverzüglichen Zahlung auf. Gleichzeitig teilt das Finanzamt dem Insolvenzverwalter mit, dass er sich durch die Nichtanmeldung und Nichtentrichtung der Fälligkeitssteuern nach § 69 AO haftbar, nach § 60 Abs. 1 InsO schadensersatzpflichtig und nach §§ 370, 378 und 380 AO ggf. verantwortlich machen kann. Beachtet der Insolvenzverwalter die Hinweise des Finanzamtes nicht, so wird es durch die Festsetzungsstelle unverzüglich die Haftungsfrage prüfen lassen.

604 Die Vollstreckung wegen steuerrechtlicher Masseansprüche erfolgt außerhalb des Insolvenzverfahrens. Als Gegenstand der Vollstreckung eignet sich für das Finanzamt insbesondere das vom Insolvenzverwalter bei einem Geldinstitut geführte Anderkonto, weil es der Sammlung der Insolvenzmasse dient. Das Finanzamt kann eine Forderungspfändung nach § 309 AO anbringen. Darüber hinaus kann es eine Sicherungshypothek auf ein zur Insolvenzmasse gehörendes Grundstück eintragen lassen, wobei es dem Grundbuchamt in einem Begleitschreiben zum Eintragungsantrag mitteilt, dass die dem Eintragungsantrag zugrunde liegenden Abgabenrückstände als sonstige Masseverbindlichkeiten i.S.d. § 55 InsO geltend gemacht werden. Der im Grundbuch eingetragene Insolvenzvermerk hindert insoweit nicht.

605 Unstatthaft ist die Vollstreckung in das persönliche Vermögen des Insolvenzverwalters, es sei denn, er ist durch Haftungsbescheid in Anspruch genommen worden.

k) Masseunzulänglichkeit

606 Reicht die Insolvenzmasse nicht aus, um die Kosten des Insolvenzverfahrens zu decken, so wird der Antrag auf Eröffnung des Insolvenzverfahrens mangels Masse abgewiesen und das Insolvenzverfahren nicht eröffnet (§ 26 Abs. 2 InsO).

607 Dies hat zur Folge, dass kapitalistische Gesellschaften wie AG, GmbH, OHG oder KG, bei denen persönlich haftende Gesellschafter keine natürliche Personen sind, von Gesetzes wegen aufgelöst werden, ohne dass es einer besonderen Liquidation bedarf. Schon die Abweisung mangels Masse zeigt bei derartigen Gesellschaften, dass kein Vermögen mehr vorhanden ist. Diese vermögenslosen Gesellschaften werden deshalb grds. ohne Liquidation von Amts wegen im Handelsregister gelöscht (§ 141a Abs. 1 und 3 FGG). Stellt sich nach der Löschung ausnahmsweise heraus, dass noch zu verteilendes Vermögen vorhanden ist, findet eine sog. Nachtragsliquidation statt.

608 Für Einzelunternehmen und »normale« OHGs und KGs ist keine Auflösung angeordnet. Diese Unternehmen bleiben weiter bestehen. Um zu verhindern, dass diese Unternehmen – ohne das Finanzamt hierüber zu informieren – weiterhin wirtschaften, kann das Finanzamt rückstandsunterbindende Maßnahmen einleiten. Z.B. kann ein Gewerbeuntersagungsverfahren oder die Abgabe einer eidesstattlichen Versicherung der Gesellschaft durch deren Geschäftsführer (§§ 284 i.V.m. § 34 Abs. 1 und 2 AO) angeregt werden. Bei rückständigen, nicht beitreibbaren persönlichen Steuern eines Gesellschafters einer insolventen OHG oder KG kann das Finanzamt auch ein Insolvenzverfahren gegen den Gesellschafter beantragen mit der möglichen Rechtsfolge des Ausscheidens des Gesellschafters aus der Gesellschaft (§ 131 Abs. 3 Nr. 2 HGB).

609 Steuerlich hat die Abweisung mangels Masse zur Folge, dass bei kapitalistischen Gesellschaften nach deren Löschung im Handelsregister eine Bekanntgabe von Bescheiden an die Gesellschaft nicht mehr möglich ist. In diesen Fällen ist zwar die Bestellung eines Liquidators nur zum Zweck der Entgegennahme eines Steuerbescheides möglich. Sie kommt jedoch nur in seltenen Ausnahmefällen in Betracht, wenn wirklich noch mit Zahlungseingängen zu rechnen ist. Ansonsten gelten die Regelungen in §§ 156 Abs. 2 und 261 AO.

610 Wird ausnahmsweise trotz Abweisung mangels Masse eine Liquidation nach Handels- und Gesellschaftsrecht durchgeführt, so sind die Bescheide an die Liquidatoren unter Angabe des Vertretungsverhältnisses zu richten. Dabei kann die Erzwingung der Abgabe von Steuererklärungen mittels Zwangsgeld gegenüber dem Liquidator ermessenswidrig sein, wenn der Liquidator mangels ausrei-

Für den Abwicklungszeitraum wird der Gewerbeertrag gem. § 16 Abs. 2 GewStDV ermittelt. Dabei 595
ist der Ertrag des Abwicklungszeitraumes, d.h. der Ertrag, der in dem Zeitraum vom Beginn der Abwicklung bis zu deren Beendigung erzielt wird, auf die einzelnen Jahre des Abwicklungszeitraumes zu verteilen, nach dem Verhältnis, in dem die Zahl der Kalendermonate, für die in dem jeweiligen Jahr die Steuerpflicht bestanden hat, zu der Gesamtzahl der Kalendermonate des Zeitraumes steht, in dem die Gewerbesteuerpflicht während des Insolvenzverfahrens bestanden hat.

Wird der Betrieb einer Kapitalgesellschaft zunächst weitergeführt, so beginnt der Abwicklungszeitraum 596
nach § 16 Abs. 2 GewStDV mit dem Jahr, auf dessen Anfang oder in dessen Ablauf der Beginn der Abwicklung des Insolvenzverfahrens fällt. I.d.R. fällt im Abwicklungszeitraum nur dann Gewerbesteuer an, wenn erhebliche Veräußerungsgewinne erzielt worden sind.

f) Grunderwerbsteuer

Grunderwerbsteuern können sonstige Masseverbindlichkeiten i.S.d. § 55 Abs. 1 Nr. 1 InsO sein, 597
wenn der Insolvenzverwalter im Rahmen des Insolvenzverfahrens Grundstücke veräußert oder erwirbt. Bei der Veräußerung von Grundstücken übernimmt jedoch i.d.R. der Erwerber die Grunderwerbsteuer. Lehnt der Insolvenzverwalter nach § 17 GrEStG die Erfüllung eines Grundstückskaufvertrages ab, so entsteht nach § 17 Abs. 1 GrEStG zugunsten der Insolvenzmasse ein Erstattungsanspruch, der vom Insolvenzverwalter gegenüber dem Finanzamt geltend zu machen ist.

g) Grundsteuer

Grundsteuern sind sonstige Masseverbindlichkeiten i.S.d. § 55 InsO, wenn land- oder forstwirtschaftliche 598
Betriebe i.S.d. §§ 33–67, 31 BewG, Betriebsgrundstücke nach § 99 BewG oder Grundstücke (§§ 68 ff. BewG) zur Insolvenzmasse gehören und die Steuerforderung nach Eröffnung des Insolvenzverfahrens entstanden ist (für den Konkurs: *RFH* RFHE 25, 328 [332]; *RG* RGZ 116, 111; *Hess* KO, Anh. V Rn. 219).

Die Grundsteuer entsteht jeweils mit Beginn des Kalenderjahres, für das die Steuer erhoben wird. Sie 599
ist nach § 28 GrStG durch Vorauszahlungen jeweils anteilig zu tilgen.

h) Kraftfahrzeugsteuer

Für die Entstehung der Kraftfahrzeugsteuer ist entscheidend, ob der Schuldner zu Beginn des Entrichtungszeitraumes 600
Halter des Fahrzeuges ist. Dabei gilt die unwiderlegbare Rechtsvermutung, dass das Fahrzeug bis zu seiner Außerbetriebsetzung oder bis zum Eingang der Änderungsanzeige bei der Zulassungsbehörde von demjenigen gehalten wird, für den es zugelassen ist (§§ 1, 5 KraftStG). Veräußert der Insolvenzverwalter im Rahmen der Verwertung der Insolvenzmasse ein Kraftfahrzeug, so bleibt der Schuldner so lange kraftfahrzeugsteuerpflichtig, bis der Insolvenzverwalter den Übergang des Eigentums der Zulassungsbehörde angezeigt hat. Die Kraftfahrzeugsteuer ist sonstige Masseverbindlichkeit i.S.d. § 55 InsO, soweit sie für einen Zeitraum zu entrichten ist, der nach der Eröffnung des Insolvenzverfahrens neu zu laufen beginnt.

i) Investitionszulage

Der Anspruch auf Rückerstattung von Investitionszulagen ist, soweit er im Zeitpunkt der Eröffnung 601
des Insolvenzverfahrens bereits begründet war, keine sonstige Masseverbindlichkeit i.S.d. § 55 InsO. Dies gilt selbst dann, wenn er durch die Veräußerung von Wirtschaftsgütern durch den Insolvenzverwalter entstanden ist (für den Konkurs: *BFH* BStBl. II 1978, S. 204).

j) Vollstreckung des Finanzamtes wegen Masseforderungen

Zu den sonstigen Masseverbindlichkeiten gehörende Steuerforderungen i.S.d. § 55 InsO werden 602
durch an den Insolvenzverwalter bekannt zu gebende Steuerbescheide festgesetzt, soweit dieser die Steuern nicht selbst zu errechnen und anzumelden hat (z.B. Lohn- und Umsatzsteuer).

588 Der Gewinn entspricht dem Unterschiedsbetrag zwischen den Buchwerten des Vermögens zu Beginn der Auflösung und dem Abschluss der Abwicklung, sowie den dafür erzielten Erlösen abzüglich der abziehbaren Aufwendungen.

c) Lohnsteuer

589 Beschäftigt der Insolvenzverwalter nach der Eröffnung des Insolvenzverfahrens Arbeitnehmer weiter oder stellt er neue ein, so hat er bei den an diese gezahlten Löhnen oder Gehältern Lohnsteuer einzubehalten und an das Finanzamt abzuführen. Die Lohnsteuer stellt sonstige Masseverbindlichkeiten i.S.d. § 55 Abs. 1 Nr. 1 InsO dar.

d) Umsatzsteuer

590 Die umsatzsteuerliche Unternehmereigenschaft (§ 2 UStG) endet nicht mit der Eröffnung des Insolvenzverfahrens. Insoweit unterliegt die Veräußerung von Gegenständen des Betriebsvermögens im Verlauf des Insolvenzverfahrens weiter der Umsatzsteuer. Die Umsatzsteuerforderung ist in dem Voranmeldungszeitraum anzumelden, in den die jeweilige Veräußerung fällt. Soweit die Umsatzsteuer vor der Eröffnung des Insolvenzverfahrens begründet war, handelt es sich um Insolvenzforderungen; nach der Eröffnung des Insolvenzverfahrens begründete Umsatzsteuer stellt eine sonstige Masseverbindlichkeit i.S.d. § 55 Abs. 1 Nr. 1 InsO dar. Das Gleiche gilt für die Umsatzsteuer, die auf Lieferungen und sonstige Leistungen bzw. den Eigenverbrauch entfällt, wenn der Insolvenzverwalter den Betrieb des Schuldners zunächst weiterführt.

591 Wird das Insolvenzverfahren über das Vermögen des leistenden Unternehmers eröffnet, wird das Unternehmen in mehrere selbständige Unternehmensteile – einen vorinsolvenzrechtlichen Vermögensteil, die Insolvenzmasse und das insolvenzfreie Vermögen – aufgespalten. Die Zuordnung der Eingangs- und Ausgangsumsätze erfolgt jeweils bei dem Unternehmensteil bei dem sie ausgeführt wurden. Die Summe der auf die einzelnen Unternehmensteile entfallenden festgesetzten oder angemeldeten Umsatzsteuer hat dabei der Summe der Umsatzsteuer für das gesamte Unternehmen zu entsprechen, um so dem Grundsatz der Unternehmenseinheit zu genügen (vgl. *BFH* BStBl. II 2011, S. 996). Hierbei kann sich für den einen Unternehmensteil ein Umsatzsteuererstattungsanspruch ergeben, während ein anderer Unternehmensteil eine Nachzahlung vornehmen muss (*AEAO* zu § 251 Nr. 9.2.).

592 Die Umsatzsteuerschuld, die aus der unternehmerischen Tätigkeit eines Insolvenzschuldners nach Eröffnung des Insolvenzverfahrens resultiert, ist auch dann keine Masseverbindlichkeit nach § 55 Abs. 1 Nr. 1 InsO, wenn der Schuldner mit Billigung des Verwalters Massegegenstände genutzt hat. Die Nutzungsüberlassung allein kann noch nicht als Verwaltung i.S.v. § 55 Abs. 1 Nr. 1 InsO bewertet werden (*BFH* ZInsO 2010, 1390).

e) Gewerbesteuer

593 Das gewerbliche Unternehmen besteht i.d.R. über die Eröffnung des Insolvenzverfahrens hinaus weiter. Als Unternehmer ist der Schuldner weiterhin gewerbesteuerpflichtig (§ 4 Abs. 2 GewStDV). Die Gewerbesteuerpflicht endet erst mit der Einstellung des Unternehmens, d.h. mit der tatsächlichen Aufgabe jeglicher werbenden Tätigkeit (für den Konkurs: vgl. *Hess* KO, Anh. V Rn. 135; *Kuhn/Uhlenbruck* KO, § 6 Rn. 48). Nur soweit die Eröffnung des Insolvenzverfahrens und die Betriebseinstellung zusammenfallen, erlischt die Gewerbesteuerpflicht mit der Eröffnung des Insolvenzverfahrens. Der Gewerbebetrieb einer Personengesellschaft wird i.d.R. nicht schon mit der Eröffnung des Insolvenzverfahrens über das Gesellschaftsvermögen aufgegeben (für den Konkurs: *BFH* BStBl. II 1993, S. 594).

594 Bei Kapitalgesellschaften und den anderen Unternehmen i.S.d. § 2 Abs. 2 GewStG ist die Abwicklungstätigkeit nach Eröffnung des Insolvenzverfahrens als gewerblich anzusehen. Die Gewerbesteuerpflicht endet erst dann, wenn das gesamte Betriebsvermögen verteilt ist.

a) Einkommensteuer

Der Einkommensteuer unterliegen alle Einkünfte, die der Insolvenzverwalter aus den Mitteln und Gegenständen der Insolvenzmasse erzielt. Schuldner der Einkommensteuer bleibt auch nach der Eröffnung des Insolvenzverfahrens der Schuldner. Die Eröffnung des Insolvenzverfahrens hat grds. weder eine Betriebsaufgabe noch eine Betriebsveräußerung i.S.d. § 16 EStG zur Folge (für den Konkurs: *Niedersächsisches FG* EFG 1993, 159). 579

Eine Betriebsaufgabe ist nur dann anzunehmen, wenn der Betrieb nach Eröffnung des Insolvenzverfahrens tatsächlich eingestellt wird, und damit die selbstständige und nachhaltige Beteiligung des Schuldners am allgemeinen wirtschaftlichen Verkehr endet. Die bei der Auflösung des Betriebes erzielten Gewinne sind einkommensteuerpflichtig und unterliegen unter den Voraussetzungen des § 16 EStG dem ermäßigten Steuersatz nach § 34 EStG. 580

Nicht begünstigt sind Veräußerungsgewinne, die sich aus der allmählichen Verwertung der einzelnen Gegenstände des Betriebsvermögens im Rahmen des Insolvenzverfahrens ergeben. Diese Gewinne gehören nach § 15 EStG zu den laufenden Einkünften aus Gewerbebetrieb. Die dabei verwirklichte Einkommensteuer gehört zu den sonstigen Masseverbindlichkeiten nach § 55 Abs. 1 Nr. 1 InsO, soweit der Erlös der Insolvenzmasse zugeflossen ist (für den Konkurs: *BFH* ZIP 1984, 853; *Weiss* FR 1990, 539 [544]; *Hess* KO, Anh. V Rn. 125, 456 ff.). 581

Diese Einschränkung folgt aus den Besonderheiten des Insolvenzverfahrens, da ansonsten die Vorwegbelastung der Masse z.T. größer wäre als der ihr zufließende Gewinn (*Hess* KO, Anh. V Rn. 125). Dabei ist unerheblich, ob die durch die Veräußerung aufgedeckten stillen Reserven aus der gewerblichen Tätigkeit des Schuldners vor der Eröffnung des Insolvenzverfahrens oder aus der Tätigkeit des Insolvenzverwalters herrühren (für den Konkurs: *BFH* NJW 1964, 613; NJW 1985, 511; *Hess* KO, Anh. V Rn. 127, 462; **a.A.** *Jaeger/Henckel* KO, § 3 Rn. 74; *Kuhn/Uhlenbruck* KO, § 56 Rn. 9a; *Kilger/Karsten Schmidt* KO, § 3 Rn. 4k). 582

Generiert der Insolvenzschuldner ohne Wissen und Billigung des Insolvenzverwalters Erträge aus einer wirtschaftlichen Tätigkeit, zählt diese aber nicht zur Insolvenzmasse, so begründen die hierauf anfallenden Einkommen- und Gewerbesteuern keine Masseverbindlichkeiten (*BFH* ZInsO 2010, 1556). 583

Die durch Tätigkeiten des Insolvenzschuldners an den Neuerwerb gebundene Neuverbindlichkeiten sind auch dann keine Masseverbindlichkeiten, wenn sie sich auf unpfändbare Beträge nach § 36 Abs. 1 InsO, §§ 850 ff. ZPO beziehen bzw. durch die Nutzung insolvenzfreien Vermögens oder durch den Einsatz der eigenen Arbeitskraft des Schuldners begründet worden sind (*Krüger* ZInsO 2011, 596 Rn. 33). 584

Die Duldung der freiberuflichen Tätigkeit des Insolvenzschuldners durch den Insolvenzverwalter oder dessen bloße Kenntnis hiervon macht die Einkommensteuer, die aufgrund dieser Einkünfte entstehen, nicht zu einer Masseverbindlichkeit i.S.d. § 55 Abs. 1 Nr. 1 InsO (*BFH* BFH/NV 2013, 411). 585

b) Körperschaftsteuer

Die Eröffnung des Insolvenzverfahrens hat nur die Auflösung der Kapitalgesellschaft zur Folge (§ 262 AktG, § 60 GmbHG). § 11 KStG stellt für die Besteuerung der Liquidation einer aufgelösten Körperschaft eine Sondervorschrift dar. Diese ist auch auf Körperschaften anzuwenden, die durch die Eröffnung eines Insolvenzverfahrens aufgelöst worden sind (§ 11 Abs. 7 KStG). 586

Die materiell-rechtliche Bedeutung des § 11 Abs. 7 KStG liegt vor allem in der Anordnung eines einheitlichen Gewinnermittlungs- und Veranlagungszeitraumes, der mit der Eröffnung des Insolvenzverfahrens beginnt und mit seinem Ende oder mit dem Abschluss der anschließenden Abwicklung abläuft. 587

§ 155 InsO   Handels- und steuerrechtliche Rechnungslegung

- die Frage, ob Säumniszuschläge und Verspätungszuschläge zu den öffentlichen Abgaben i.S.v. § 61 Abs. 1 Nr. 2 KO gehören;
- die Frage, wie sich Stundung, Aussetzung der Vollziehung, Vollstreckungsaufschub, Zahlungsaufschub und dergleichen auf die Jahresfrist von § 61 Abs. 1 Nr. 2 KO auswirken;
- die Frage, ob der Steuergläubiger ohne Weiteres von der Geltendmachung des Vorrechtes absehen kann oder ob die Voraussetzungen des § 227 AO vorliegen müssen.

571 Die Aufhebung von Konkurs- und Vergleichsordnung und der damit verbundene Wegfall der Konkursvorrechte machte eine Änderung des Wortlautes von § 251 AO notwendig. Der sachliche Inhalt von § 251 AO bleibt jedoch unverändert, so dass die verfahrensrechtliche Stellung der Finanzbehörde in einem Insolvenzverfahren der in einem Konkursverfahren gleicht. Unter der Geltung der KO war die Anmeldung von Steuerforderungen aus Vorauszahlungsbescheiden möglich, weil damit vielfach ein Rangvorteil (§ 61 Nr. 2 AO) zu erreichen war. Dieser Grund ist nach Abschaffung der Rangklassen durch die InsO entfallen. Stattdessen ist für die abgelaufenen Vorjahre aus einer jetzt vorzunehmenden Jahres-Steuerberechnung anzumelden und für das Insolvenzeröffnungsjahr aus einer Teil-Jahressteuerberechnung, die den Zeitraum 01.01. bis Insolvenzeröffnung umfasst. Damit entfällt für das Finanzamt auch die Gefahr einer Doppelanmeldung in der Form, dass es für dasselbe Jahr sowohl Vorauszahlungsbeträge als auch aufgrund späterer nachfolgender Veranlagung einen Jahressteuerbetrag anmeldet.

572 Aufgrund des Wegfalls des Konkursvorrechts für Steuerforderungen hat sich die praktische Handhabung von Stundung und Vollstreckungsaufschub geändert. Die Praxis von Stundung und Vollstreckungsaufschub ist strenger geworden, da die Finanzbehörde nicht mehr davon ausgehen kann, dass sie bei einer Insolvenz infolge ihres gesetzlichen Vorrechtes doch noch in voller Höhe befriedigt wird.

8. Die während des Insolvenzverfahrens entstehenden Steuerforderungen

573 Durch Handlungen des Insolvenzverwalters sowie unter Umständen auch des Schuldners, die im Zusammenhang mit der Verwaltung, Verwertung und Verteilung der Insolvenzmasse stehen, können Steuerforderungen entstehen. Die durch Handlungen des Verwalters begründeten Steuerforderungen sind als sonstige Masseverbindlichkeiten (§ 55 InsO) vorweg zu begleichen (§ 53 InsO). Sie können nur dann zu Masseverbindlichkeiten führen, wenn sie nach Eröffnung des Insolvenzverfahrens begründet werden. Sie sind durch Steuerbescheid geltend zu machen.

574 Die Masse betreffenden Steuerbescheide sowie sonstige Verwaltungsakte, z.B. Prüfungsanordnungen dürfen nicht an den Schuldner, sondern nur an den Insolvenzverwalter adressiert und bekannt gegeben werden. Eine fehlerhafte Adressierung, z.B. wenn der Zusatz »als Insolvenzverwalter« fehlt, führt zur Nichtigkeit des Verwaltungsaktes (*BFH* BStBl. II 1994, S. 600).

575 Der Insolvenzverwalter ist verpflichtet, die entsprechenden Steuererklärungen oder Steueranmeldungen abzugeben (§ 34 Abs. 3 AO). Er ist dem Massegläubiger zum Schadensersatz verpflichtet, wenn er durch eine Rechtshandlung eine Masseverbindlichkeit begründet, die aus der Masse nicht erfüllt werden kann, und er bei der Begründung der Verbindlichkeit erkennen konnte, dass die Masse voraussichtlich zur Erfüllung nicht ausreichen würde (§ 61 InsO).

576 Dieselben Grundsätze gelten im vereinfachten Insolvenzverfahren. Die die Masse betreffenden Verwaltungsakte sind an den Treuhänder zu adressieren.

577 Bei der Eigenverwaltung tritt an die Stelle des Insolvenzverwalters der Insolvenzschuldner und nicht der Sachwalter gem. § 274 InsO mit der Adressierung an den Insolvenzschuldner.

578 Gem. § 55 Abs. 1 Nr. 1 InsO sind Masseverbindlichkeiten die Verbindlichkeiten, die durch Handlungen des Insolvenzverwalters oder in anderer Weise durch die Verwaltung, Verwertung und Verteilung der Insolvenzmasse begründet werden, ohne zu den Kosten des Insolvenzverfahrens zu gehören. Im Einzelnen gilt:

Falle einer titulierten Forderung, obliegt es dem Schuldner binnen einer einmonatigen Frist, den Widerspruch zu verfolgen. Die Frist beginnt ab dem Prüfungstermin oder im schriftlichen Verfahren mit dem Bestreiten der Forderung. Nach fruchtlosem Fristablauf gilt ein Widerspruch als nicht erhoben (§ 184 Abs. 2 Satz 2 InsO). Ein unterbrochenes Einspruchsverfahren kann vom Finanzamt fortgeführt werden, sofern der Widerspruch des Schuldners innerhalb der Frist erfolgt (§ 184 Abs. 2 InsO).

War die Steuerschuld vor Eröffnung des Insolvenzverfahrens noch nicht festgesetzt und ein Steuerbescheid noch nicht bekannt gegeben, darf das Finanzamt dem Schuldner nach Abschluss des Insolvenzverfahrens erstmalige Steuerbescheide mit Leistungsgebot als Vollstreckungsgrundlage erteilen. Die Festsetzungsfrist läuft nicht vor Ablauf von drei Monaten nach Abschluss des Insolvenzverfahrens ab (§ 171 Abs. 13 AO). Eine Vollstreckung aus diesem Bescheid ist jedoch ausgeschlossen. 564

War der Steuerbescheid schon bestandskräftig, kann das Finanzamt nach Abschluss des Insolvenzverfahrens aus ihm gegen den Schuldner vollstrecken. Der Schuldner hat lediglich noch die Möglichkeit Wiedereinsetzungsgründe nach § 110 AO oder § 56 FGO geltend zu machen oder einen Antrag auf Änderung des bestandskräftigen Bescheids nach §§ 129, 172 ff. AO zu stellen. War ein Steuerbescheid bereits erlassen, aber vom Schuldner angefochten, kann der Steuergläubiger das schwebende, durch die Insolvenzeröffnung zunächst unterbrochene, Einspruchs- oder Gerichtsverfahren wieder aufnehmen (§ 184 Abs. 2 InsO). Ein bei der Eröffnung des Insolvenzverfahrens anhängiger Rechtsstreit über eine titulierte Forderung kann nach dem Prüfungstermin gegen den Schuldner aufgenommen werden (§ 180 Abs. 2 InsO). Außerdem hat das Finanzamt bei einem Widerspruch des Schuldners auch die Möglichkeit den Widerspruch noch während des Verfahrens im Wege eines Feststellungsverfahrens zu verfolgen (§ 184 i.V.m. § 185 Satz 1 und 2 InsO, Abschn. 58 Abs. 4 Satz 4 und 5 VollstrA). 565

Wird über das Vermögen eines Rückforderungsschuldners einer Investitionszulage während des Klageverfahrens das Insolvenzverfahren eröffnet, so kann das Finanzamt seinen Anspruch bei Bestreiten des Insolvenzverwalters nicht durch Feststellung gem. § 251 Abs. 3 AO, sondern nur durch Aufnahme des Rechtsstreits weiterverfolgen (*FG Münster* EFG 1997, 565). 566

Sonderfall: Vor Verfahrenseröffnung eingelegte Einsprüche, die nicht zu einer Forderungsanmeldung zur Insolvenztabelle geführt haben: 567

Hierzu gehören Einsprüche gegen Steuerfestsetzungen, aus denen sich noch Steuererstattungsansprüche ergeben können sowie Einsprüche gegen Steuerfestsetzungen mit einer Abrechnung über 0 Euro – soweit Beschwer (§ 350 AO) gegeben ist –, Steuerbescheide (§ 184 AO) und Einsprüche gegen Feststellungsbescheide (§§ 179, 180 AO).

In diesen Fällen fragt das Finanzamt beim Insolvenzverwalter schriftlich an, ob das Steuerstreitverfahren wieder aufgenommen wird. Liegt keine Antwort oder kein Antrag seitens des Insolvenzverwalters vor, wird das Verfahren durch das Finanzamt wieder aufgenommen (vgl. *BFH* BStBl. II 2008, S. 790). Bei Fortführung des Steuerstreitverfahrens schließt sich ein reguläres Einspruchsverfahren an.

7. Die Vorrechte im Verfahren nach der InsO

Die Insolvenzrechtsreform hat alle allgemeinen Vorrechte, insbesondere die des § 61 Abs. 1 Nr. 2 KO für Steuern beseitigt. 568

Bestehen bleiben lediglich Vorrechte an Sondermassen wie z.B. das Vorrecht der Versicherten am Deckungsstock einer Lebensversicherung, weil solche Rechte den Absonderungsrechten näher stehen als den allgemeinen Konkursvorrechten. 569

Durch den Wegfall des Vorrechtes für Steuern verlieren auch folgende Fragen an Bedeutung: 570
– die Frage, ob Lohnsteuerrückstände der Rangklasse des § 61 Abs. 1 Nr. 1 KO oder des § 61 Abs. 1 Nr. 2 KO angehören, oder ob sie gar Masseschulden i.S.v. § 59 Abs. 1 Nr. 1 KO sind;

hält das Finanzamt den streitig gewesenen und zurückbehaltenen bzw. hinterlegten Steuerbetrag, um dessentwillen das Feststellungsverfahren geführt wurde, in Höhe der allgemeinen Quote, der auf den angemeldeten Betrag entfällt (§§ 189, 198 InsO). Ist das eigentliche Insolvenzverfahren schon beendet, so erhält das Finanzamt diesen Betrag im Wege einer Nachtragsverteilung (§ 203 Abs. 1 Nr. 1 InsO). Obsiegt dagegen der Widersprechende, so ist die angemeldete Steuerforderung zu ermäßigen oder die Anmeldung ganz zurückzunehmen. Der hinterlegte oder zurückbehaltene Betrag ist in diesem Fall an die übrigen Insolvenzgläubiger auszuzahlen.

557 f) Eine Änderung von zur Tabelle angemeldeten Beträgen ist möglich. Soweit aufgrund eines Steuerbescheids angemeldet worden ist, kann im Zeitraum zwischen dem Anmeldetermin und dem Prüfungstermin die Anmeldung geändert werden, soweit auch der Steuerbescheid nach den Vorschriften der §§ 164, 172 ff. AO geändert werden kann. Ist aufgrund einer Steuerberechnung angemeldet worden, so unterliegt die Änderung nicht den Voraussetzungen der Änderungsvorschriften der AO. Insoweit ist auch eine Nachmeldung nach § 177 InsO möglich (vgl. *BGH* ZInsO 2012, S. 488).

Der widerspruchslosen Eintragung in die Insolvenztabelle kommt dieselbe Wirkung wie der beim Bestreiten vorzunehmenden Feststellung gem. § 185 InsO i.V.m. § 251 Abs. 3 AO zu und kann entsprechend unter den Voraussetzungen der §§ 130, 131 AO geändert werden (vgl. *BFH* BStBl. II, S. 298; *BFH* BFH/NV 2012, S. 711).

558 g) Ab dem Prüfungszeitraum gilt der Grundsatz des § 181 InsO. Danach ist in den im Widerspruchsverfahren ergehenden Entscheidungen eine Ermäßigung durch Stattgabe eines begründeten Einspruchs oder einer Klage im Widerspruchsverfahren, nicht jedoch eine Erhöhung über den angemeldeten Betrag hinaus möglich. Eine Erhöhung des angemeldeten Betrags in schon laufenden Feststellungsverfahren ist dagegen nur im Wege der Neuanmeldung möglich.

559 h) Bestrittene Forderungen berechtigen nicht ohne weiteres zur Abstimmung. Die Gläubiger, deren Forderungen bestritten sind, sind gem. § 77 Abs. 2 InsO nur stimmberechtigt, wenn sich in der Gläubigerversammlung der Insolvenzverwalter und die erschienenen stimmberechtigten Gläubiger über das Stimmrecht geeinigt haben. Kommt es dabei zu keiner Einigung, entscheidet das Insolvenzgericht.

560 i) Ein der angemeldeten Forderung Widersprechender kann einen Abrechnungsbescheid i.S.d. § 218 Abs. 2 AO beantragen, wenn er einen Widerspruch damit begründet, dass der Steueranspruch ganz oder teilweise erloschen sei.

561 Adressat des Feststellungsbescheides ist der Widersprechende. Der Bescheid kann mit dem Einspruch nach § 346 Abs. 1 Nr. 11 AO und anschließender Klage vor dem Finanzgericht angegriffen werden. Mit Bestands- oder Rechtskraft der Entscheidung über den Feststellungsbescheid steht nach InsO endgültig fest, ob die Steuerforderung besteht oder nicht.

562 Sind vor Eröffnung des Insolvenzverfahrens Einsprüche eingelegt worden, die nicht zu einer Forderungsanmeldung zur Insolvenztabelle geführt haben, z.B. Einsprüche gegen Steuerfestsetzungen, aus denen sich noch Steuererstattungsansprüche ergeben können sowie Einsprüche gegen Steuerfestsetzungen mit einer Abrechnung über 0 Euro, soweit Beschwer (§ 350 AO) gegeben ist, Steuerbescheide (§ 184 AO) und Einsprüche gegen Feststellungsbescheide (§§ 179, 180 AO), so fragt das Finanzamt in diesen Fällen beim Insolvenzverwalter schriftlich an, ob das Steuerstreitverfahren wieder aufgenommen wird. Liegt keine Antwort oder kein Antrag seitens des Insolvenzverwalters vor, wird das Verfahren durch das Finanzamt wieder aufgenommen. Bei Fortführung des Steuerstreitverfahrens schließt sich ein reguläres Einspruchsverfahren an.

i) Widerspruch des Schuldners

563 Ein Widerspruch des Schuldners gegen die Steuerforderung hindert die Feststellung der angemeldeten Forderung nicht (§ 178 Abs. 1 Satz 2 AO). Er hat nur die Wirkung, dass das Finanzamt nach Aufhebung des Insolvenzverfahrens (§ 200 InsO) nicht aus dem Tabelleneintrag vollstrecken kann (§ 251 Abs. 2 Satz 2 AO, § 178 Abs. 3 InsO; vgl. AEAO zu § 251 zu Nr. 5.3.2, 5.3.4). Im

gestellt, fehlt einer Klage des Finanzamtes auf Feststellung der Wirksamkeit dieser Feststellung wegen § 183 Abs. 1 InsO das Rechtsschutzinteresse (*BFH* BStBl. II 2005, S. 591).

Dem Gericht ist dabei auch mitzuteilen, wer die Steuerforderung im Prüfungstermin bestritten hat. Die nach Insolvenzeröffnung und ohne Aufnahme des Rechtsbehelfsverfahrens durch den Insolvenzverwalter oder das Finanzamt ergangene Rechtsmittelentscheidung ist dem Insolvenzverwalter gegenüber unwirksam (*FG Köln* EFG 1997, 362).

Geht es im Einspruchsverfahren um einen Erstattungsanspruch, der vom Steuerpflichtigen nicht als Forderung zur Insolvenztabelle angemeldet werden kann, so ist der Insolvenzverwalter über das Einspruchsverfahren zu unterrichten. Lehnt der Insolvenzverwalter es danach ausdrücklich ab, das Verfahren aufzunehmen, kann das Finanzamt davon ausgehen, dass ein etwaiger Erstattungsanspruch als von ihm freigegeben gilt. Damit kann es das Einspruchsverfahren mit dem Schuldner selbst fortführen. Dies gilt nicht, wenn der Insolvenzverwalter das Einspruchsverfahren aufnimmt oder er nicht reagiert (*OFD Hannover* ZInsO 2008, 668, Tz. 3).

c) War die Steuerforderung vor der Eröffnung des Insolvenzverfahrens bereits bestandskräftig festgesetzt, wirkt die Bestandskraft auch gegen den Bestreitenden. Diesem obliegt die Verfolgung seines Widerspruchs. Dabei muss er das Verfahren in der Lage übernehmen, in der es sich bei Eröffnung des Insolvenzverfahrens befand. Dem Widersprechenden soll mit dem Widerspruch kein neues Mittel an die Hand gegeben werden, die bestandskräftigen Bescheide nun doch anzufechten. Der Widersprechende kann deshalb nur noch vorbringen, dass Wiedereinsetzungsgründe nach § 110 AO vorliegen, dass trotz Bestandskraft die Voraussetzungen nach den §§ 129, 164, 172 ff. AO vorliegen oder dass die Abrechnung unrichtig ist. In diesem Fall kann er einen Abrechnungsbescheid gem. § 218 Abs. 2 AO beantragen. Das Finanzamt kann einen Feststellungsbescheid erlassen, in dem lediglich festgestellt wird, dass die angemeldete Forderung bestandskräftig festgesetzt ist und Wiedereinsetzungsgründe und Korrekturvoraussetzungen (§§ 129 ff., 164, 165, 172 ff. AO) nicht vorliegen. Gegen den Insolvenzfeststellungsbescheid ist der Rechtsbehelf des Einspruchs gegeben. Liegt bei Eröffnung des Insolvenzverfahrens eine bestandskräftige Steuerfestsetzung vor, ist das Finanzamt berechtigt, das Bestehen der angemeldeten Forderung durch Bescheid festzustellen, wenn der Insolvenzverwalter seinen Widerspruch auf die von ihm behauptete Unwirksamkeit der Forderungsanmeldung stützt. Die Betreibungspflicht des Widersprechenden nach § 179 Abs. 2 InsO bedeutet nicht, dass das Finanzamt als Gläubiger gehindert ist seinerseits die Feststellung seiner Forderung zu verfolgen, wenn der Insolvenzverwalter an seinem Widerspruch festhält (*BFH* BStBl. II 2010 S. 562). Hatte der Schuldner gegen eine Steuerfestsetzung mit Steuererstattungen (ohne Anmeldung zur Tabelle) Einspruch eingelegt, so fordert das Finanzamt den Insolvenzverwalter zur Fortsetzung des Einspruchsverfahrens nach § 85 Abs. 1 InsO auf. Lehnt dieser die Fortsetzung des Einspruchsverfahrens ab, so nimmt das Finanzamt das Verfahren gegen den Schuldner auf oder erledigt das Verfahren durch Abhilfe oder durch Erlass einer Einspruchsentscheidung.

Erklärt der Insolvenzverwalter die Fortsetzung des Einspruchsverfahrens und nimmt der Insolvenzverwalter den Einspruch nicht zurück, so erlässt das Finanzamt, soweit der Einspruch begründet ist, einen Berichtigungsbescheid, bei Unbegründetheit des Einspruchs eine Einspruchsentscheidung, gegen die der Klageweg offen steht.

d) Ergeht gegenüber dem Schuldner eine Einspruchsentscheidung und erhebt dieser Klage, obwohl nach Bekanntgabe der Einspruchsentscheidung, jedoch vor Klageerhebung das Insolvenzverfahren eröffnet wurde, kann der Insolvenzverwalter die Klageerhebung durch den Schuldner genehmigen und im Wege der subjektiven Klageänderung in den Rechtsstreit eintreten. Nach dem Eintritt in den Rechtsstreit ist der Schuldner kein Beteiligter mehr und kann insoweit als Zeuge vernommen werden (*BFH* BStBl. II 1997, S. 464).

e) Die im Feststellungsverfahren ergehende letzte bestands- oder rechtskräftige Entscheidung ergeht dahin, dass entweder das Finanzamt oder dass der Bestreitende obsiegt. Obsiegt das Finanzamt, so beantragt es beim Insolvenzgericht unter Vorlage dieser letzten rechts- oder bestandskräftigen Entscheidung die Beseitigung des Widerspruchs in die Tabelle (§ 183 Abs. 2 InsO). Darüber hinaus er-

h) Titulierte Forderung

550 Wird eine titulierte Steuerforderung bestritten, so obliegt es grds. dem Bestreitenden den Widerspruch zu verfolgen (§ 179 Abs. 2 InsO). Das Finanzamt kann jedoch auch in diesem Fall die Feststellung der Forderung im Wege des § 251 Abs. 3 AO selbst betreiben (*AEAO* zu § 251 Nr. 5.3.1.2.).

551 Bei den titulierten Steuerforderungen ist je nach Verfahrensstand, in dem sich der Steuerbescheid befindet, zu unterscheiden (*BFH* BStBl. II 1988, S. 126):

552 a) War der Steuerbescheid vor Eröffnung des Insolvenzverfahrens noch nicht bestandskräftig und noch kein Rechtsbehelf eingelegt, so wird der Lauf der Rechtsbehelfsfrist unterbrochen.

Verfahren im Finanzamt: Im Widerspruchsverfahren bei titulierten, nicht bestandskräftigen Forderungen ohne Einspruch erklärt das Finanzamt dem Insolvenzverwalter die Wiederaufnahme des Einspruchsverfahrens. Die durch die Verfahrenseröffnung unterbrochene Einspruchsfrist beginnt mit der Bekanntgabe der Erklärung des Rechtsstreits neu. Legt der Insolvenzverwalter fristgerecht Einspruch ein, so ergehen bei Begründetheit des Einspruchs Berichtigungsbescheide, bei Unbegründetheit des Einspruchs eine Einspruchsentscheidung mit feststellendem Tenor (§ 251 Abs. 3 AO), mit der das Finanzamt in das Feststellungsverfahren überleitet (*AEAO* zu § 251 Nr. 5.3.1.2.2.). Hiergegen besteht eine Klagemöglichkeit (zum Einspruchsverfahren in Insolvenzfällen bei Unterbrechung von Einspruchsverfahren bei Einsetzung eines vorläufigen Insolvenzverwalters analog § 240 Satz 1 und 2 ZPO, *OFD Hannover* ZInsO 2008, 607).

553 b) War der Steuerbescheid vor Eröffnung des Insolvenzverfahrens noch nicht bestandskräftig, aber vom Schuldner angefochten, wird das Rechtsbehelfsverfahren durch die Verfahrenseröffnung unterbrochen. Durch den Widerspruch werden diese Einspruchsverfahren wieder aufgenommen und werden in Form des Widerspruchsverfahrens solange fortgesetzt bis ein rechtskräftiger Tabellenauszug und damit ein bestandskräftiger Steuerbescheid vorliegt. Der Fortgang des Verfahrens nach Einlegung eines Widerspruchs im Prüfungstermin kann entweder dadurch erfolgen, dass die schon anhängigen, aber durch Insolvenzeröffnung unterbrochenen Rechtsbehelfsverfahren wieder aufgenommen werden (§ 180 Abs. 2 InsO) oder dadurch, dass ein Insolvenzfeststellungsbescheid gem. § 185 Satz 1 InsO, § 251 Abs. 3 AO erlassen wird. Nicht zulässig ist es, dass der Insolvenzverwalter das Verfahren zur Aufnahme durch den Gemeinschuldner freigibt, er muss es vielmehr selbst betreiben (§ 240 AO). Das Finanzamt fordert den Bestreitenden innerhalb einer angemessenen Frist auf, entweder den Widerspruch gegen die Forderungsanmeldung zurückzunehmen oder den Rechtsstreit aufzunehmen. Die unterbrochenen Rechtsbehelfsverfahren werden abgelöst durch den Widerspruch in anderer Gestalt, nämlich als Feststellungsverfahren fortgesetzt. Nimmt der Bestreitende seinen Widerspruch nicht zurück und nimmt er auch den Rechtsstreit nicht auf, hat das Finanzamt wegen des Amtsprinzips (§§ 86, 88 AO) von sich aus das Einspruchsverfahren wieder aufzunehmen und durchzuführen oder beim Finanzgericht die Fortführung des Klageverfahrens zu veranlassen. Die Anträge sind entsprechend umzustellen, da sich das finanzgerichtliche Feststellungsverfahren kraft Gesetzes in ein Insolvenz-Feststellungsverfahren wandelt (*BFH* ZIP 2006, 968). Dabei wandelt sich das ursprüngliche Anfechtungsverfahren in ein Insolvenzfeststellungsverfahren (Feststellung der Steuerforderungen zur Tabelle).

Dagegen ist die Aufnahme dem Schuldner auch dann verwehrt, wenn er der Anmeldung des Finanzamtes zur Tabelle, sogar als einziger widersprochen hat (§ 184 Satz 1 InsO; *BFH* ZIP 2006, 968).

Neben dem im auf Feststellung zur Tabelle gerichteten finanzgerichtlichen Verfahren zur Überprüfung stehenden, der Forderungsanmeldung zugrunde liegenden Steuerbescheid kommt der Erlass eines gesonderten Feststellungsbescheides nach § 251 Abs. 3 AO nicht in Betracht (*BFH* ZIP 2006, 968; BStBl. II 2005, S. 591). Das gilt entsprechend, wenn bislang nur ein Einspruchsverfahren anhängig war. In beiden Fällen hat sich die Entscheidung, entweder das finanzgerichtliche Urteil oder die Einspruchsentscheidung, mit der Anmeldbarkeit der Forderung zur Tabelle und mit der Rechtmäßigkeit der Steuerforderung zu befassen (*BFH* BStBl. II 2005, S. 591). Ist eine Steuerforderung gegenüber dem Insolvenzverwalter bestandskräftig durch Einspruchsbescheid oder Urteil fest-

g) Nichttitulierte Forderung

Ist vor Eröffnung des Insolvenzverfahrens noch kein Steuerbescheid über die Insolvenzforderung erlassen worden, hat die Festsetzungsstelle bei Bestreiten durch den Insolvenzverwalter das Bestehen der Steuerforderung und ihre Fälligkeit mittels Feststellungsbescheides gem. § 251 Abs. 3 AO festzustellen. Ist der Steuerbescheid von einem gesonderten Feststellungsbescheid i.S.d. §§ 179 ff AO abhängig, ist im Rahmen des Feststellungsverfahrens nach § 251 Abs. 3 AO auch hierüber eine Entscheidung zu treffen. Adressat des Feststellungsbescheides ist der Widersprechende, d.h. nach § 179 Abs. 1 InsO der Insolvenzverwalter oder -gläubiger (*AEAO* zu § 251 Nr. 5.3.1.1.). Der Bescheid kann mit dem Einspruch nach § 346 Abs. 1 Nr. 11 AO und anschließender Klage vor dem Finanzgericht angegriffen werden. — 543

Verfahren im Finanzamt: Im Widerspruchsverfahren bei nicht titulierten Forderungen (Steuerberechnungen) fordert das Finanzamt den Insolvenzverwalter zur Rücknahme seines Widerspruchs auf. Nimmt er den Widerspruch nicht zurück, erlässt das Finanzamt gem. § 251 Abs. 3 AO einen Feststellungsbescheid. Legt der Insolvenzverwalter gegen diesen Einspruch ein und ist dieser Einspruch begründet, wird das Finanzamt den Feststellungsbescheid gem. §§ 129, 130, 131 AO ändern (*BFH* 24.11.2011 – V R 13/11). Ist der Einspruch unbegründet ergeht eine Einspruchsentscheidung, wobei das Finanzamt, soweit der Einspruchsführer keine neuen Gründe vorgetragen hat, i.d.R. auf seine Ausführungen zum Feststellungsbescheid verweisen wird. Dagegen besteht eine Klagemöglichkeit. — 544

Mit Bestands- oder Rechtskraft der Entscheidung über den Feststellungsbescheid steht nach der InsO endgültig fest, ob die Steuerforderung besteht oder nicht. — 545

Der Regelungsinhalt des Feststellungsbescheids nach § 251 Abs. 3 AO geht dahin, dass dem Steuergläubiger eine bestimmte Steuerforderung als Insolvenzforderung zusteht (*BFH* BStBl. II 1988, S. 199). Der Feststellungsbescheid darf sich seinem Inhalt nach weder in Form noch in der Begründung von einem Feststellungsurteil der ordentlichen Gerichte (§ 180 InsO) unterscheiden (*RFH* RFHE 27, 40). Eine vorläufige Feststellung der zur Tabelle angemeldeten Forderung in analoger Anwendung des § 165 AO ist durch Feststellungsbescheid unzulässig (*BFH* DB 1978, 1963). — 546

Der Bescheid wird durch § 181 InsO, § 251 Abs. 3 AO auf den Entstehungsgrund und die Höhe der angemeldeten Forderung begrenzt (*BFH* UR 1988, 53). In dem Bescheid darf folglich weder ein anderer Entstehungsgrund, noch eine andere Höhe und Fälligkeit für die angemeldete Forderung angegeben werden. Die festgestellte Forderung muss vielmehr identisch mit der angemeldeten sein (*BFH* BStBl. II 1984, S. 545). Ein abweichender Bescheid wäre im Rechtsbehelfsverfahren aufzuheben. — 547

Der Tenor des Bescheids enthält die Feststellung, ob und mit welchem Betrag der Steueranspruch besteht. In der Begründung ist die Höhe der angemeldeten Forderung unter Angabe der Rechtsgrundlagen zu berechnen. Dabei ist, sofern der Widersprechende sein Bestreiten begründet, dessen Vorbringen zu würdigen. — 548

Weil der Feststellungsbescheid keine Steuerfestsetzung enthält, ist er kein Steuerbescheid nach § 155 AO (*BFH* BStBl. II 1988, S. 126). Er kann nach seiner Bestandskraft auch nur nach den §§ 129 ff. AO geändert werden. Die Feststellung eines höheren Betrages als gegenüber dem Inhalt der Anmeldung ist ausgeschlossen. Ggf. muss eine neue Anmeldung erfolgen und ein neuer Feststellungsbescheid erlassen werden. Da dem Feststellungsbescheid die Vollziehbarkeit fehlt, ist ein Aussetzungsantrag nach § 361 AO oder § 69 FGO oder ein Antrag auf einstweilige Anordnung mangels Rechtsschutzbedürfnisses unzulässig. Als Rechtsbehelf ist gem. § 347 Abs. 1 Nr. 2 AO der Einspruch mit anschließender Anfechtungsklage gegeben. — 549

536 Mit dem Ergehen des widerspruchsfreien Tabellenauszuges erledigen sich anhängige Einsprüche durch Wegfall des Feststellungsinteresses sowie infolge der Urteilswirkung des widerspruchsfreien Tabellenauszuges (§ 178 Abs. 3 InsO) auch anhängige Klagen. Widerspruchslos zur Tabelle eingetragene Steuerforderungen können nur eingeschränkt geändert werden (vgl. *AEAO* zu § 251 Nr. 5.3.5). Unrichtige Tabelleneinträge können sowohl von Amts wegen als auch auf Antrag des Insolvenzverwalters berichtigt werden. Sie unterliegen nicht der Rechtskraftbindung des § 178 Abs. 3 InsO. Richtige Tabelleneinträge können jedoch nur sehr eingeschränkt geändert werden. Die Voraussetzungen hierfür sind umstritten, z.B. gem. §§ 130 ff. AO bzw. §§ 172 ff. AO oder m.E. allein nach allgemeinen Vorschriften der Nichtigkeits- und Restitutionsklage gem. § 4 InsO i.V.m. §§ 587 ff. ZPO (*Roth/Schütz* ZInsO 2008, 186 ff.).

Zulässig ist eine Nachmeldung von Insolvenzforderungen zur Tabelle für solche Besteuerungszeiträume, für die bereits ein festgestellter Tabelleneintrag vorliegt (vgl. *BGH* ZInsO 2012, S. 488).

537 Wird im Prüfungstermin vom Insolvenzverwalter oder von einem Insolvenzgläubiger Widerspruch erhoben oder vorläufig bestritten, so hat das Finanzamt die Feststellung seiner Forderung zu betreiben (§ 179 Abs. 1 InsO i.V.m. § 251 Abs. 3 AO). Zu diesem Zweck beantragt die Vollstreckungsstelle des Finanzamtes zunächst die Erteilung eines beglaubigten Auszuges aus der Insolvenztabelle (§ 179 Abs. 3 InsO).

538 Der Insolvenzverwalter hat trotz der Widerspruchsmöglichkeit des Schuldners auch dann ein Interesse, angemeldete Steuerforderungen zu bestreiten, wenn eine Vollstreckung nach Beendigung des Verfahrens aussichtslos erscheint (*BFH* ZIP 2005, 945). Seiner Klage gegen den die Forderung zur Tabelle feststellenden Bescheid des Finanzamtes fehlt auch dann nicht das Rechtsschutzbedürfnis, wenn mit einer Quote nicht zu rechnen ist (*BFH* ZIP 2005, 954).

539 Das vorläufige Bestreiten steht dem allgemeinen Bestreiten gleich, soweit nicht ein unabweisbares Bedürfnis besteht, dem Bestreitenden die Prüfung der angemeldeten Forderung über den Prüfungstermin hinaus offen zu halten (für den Konkurs: *OLG Hamm* KTS 1974, 178). Bei vorläufigem Bestreiten wird der Bestreitende von der Vollstreckungsstelle des Finanzamtes aufgefordert, die vorläufig bestrittene Forderung anzuerkennen oder endgültig zu bestreiten. Nach ergebnislosem Fristablauf unterstellt das Finanzamt, dass die angemeldete Forderung endgültig bestritten ist. Solange das Widerspruchsverfahren läuft, wird der streitige Steuerbetrag vom Insolvenzverwalter aus der Masse entnommen und zurückbehalten (§ 189 InsO), oder er wird hinterlegt, wenn das eigentliche Insolvenzverfahren schon beendet ist (§ 198 InsO).

540 Nach Eingang des beglaubigten Tabellenauszuges mit den bestrittenen Forderungen wird von der Festsetzungsstelle des Finanzamtes ggf. das Feststellungsverfahren i.S.d. §§ 251 Abs. 3 AO, 179 InsO betreiben. Zulässigkeitsvoraussetzungen für das Feststellungsverfahren nach § 251 AO ist die Anmeldung und Prüfung der Forderung. Eine Feststellung ist deshalb nur hinsichtlich solcher Forderungen möglich, gegen die im Prüfungstermin Widerspruch erhoben wurde (für den Konkurs: für den Fall einer nachgemeldeten Forderung, *FG Niedersachsen* UR 1981, 31).

541 Die weitere Bearbeitung hängt wesentlich davon ab, ob der Anspruch tituliert oder nicht tituliert ist (vgl. § 179 Abs. 2 InsO; *AEAO* zu § 251 Nr. 5.3.1)). Von einer Titulierung im insolvenzrechtlichen Sinne ist auszugehen, wenn vor Insolvenzeröffnung ein Bescheid bekannt gegeben oder eine Steueranmeldung abgegeben worden ist, Arrestforderungen sind keine Titel i.S.d. § 179 InsO. Der Erlass von Feststellungsbescheiden ist nur in Fällen erforderlich, soweit eine Frage streitig zu entscheiden ist, die in einem steuerlichen Verwaltungsakt bisher noch nicht entschieden ist, z.B. die Frage nach der Nachrangigkeit nach § 39 InsO.

542 Im Rahmen des Feststellungsverfahrens prüft die Festsetzungsstelle des Finanzamtes zunächst, ob über die bestrittene Forderung ein titulierter Steuerbescheid vorliegt oder nicht.

Sofern die angemeldeten Forderungen im Prüfungstermin weder vom Insolvenzverwalter noch vom Insolvenzschuldner bestritten werden, gelten sowohl die titulierten als auch die nicht titulierten Forderungen als festgestellt (§ 178 Abs. 1 InsO).

venzverwalter insoweit auch kein Anfechtungs- oder Klagerecht. Dies gilt nicht, wenn auch über das Vermögen eines Gesellschafters das Insolvenzverfahren eröffnet worden ist. In diesem Fall muss der für den betroffenen Gesellschafter bestimmte Bescheid dessen Insolvenzverwalter bekannt gegeben werden. Bei der Anordnung der Eigenverwaltung durch das Insolvenzgericht (§ 270 InsO) sind die Verwaltungsakte weiterhin an den Insolvenzschuldner als Inhalts- und Bekanntgabeadressat bekannt zu geben (vgl. *AEAO* zu § 251 Nr. 4.3.1).

Im Verbraucherinsolvenzverfahren bleibt der Insolvenzschuldner bis zur Eröffnung des gerichtlichen 528 Schuldenbereinigungsverfahrens verfügungsberechtigt. Ihm sind deshalb alle Verwaltungsakte bekannt zu geben. Er bleibt bis zur Entscheidung des Finanzgerichts Inhalts- und Bekanntgabeadressat (*AEAO* zu § 122 Nr. 2.10; § 251 Nr. 12.2, 12.3). Hat das Insolvenzgericht nach Scheitern der Schuldenbereinigung das vereinfachte Insolvenzverfahren gem. § 311 InsO eröffnet, werden die Aufgaben des Schuldners durch den Treuhänder wahrgenommen. Ihm sind als Vertreter nach § 34 Abs. 3 AO als Bekanntgabeadressat alle Verwaltungsakte bekannt zu geben. Schließt sich an das vereinfachte Insolvenzverfahren ein Restschuldbefreiungsverfahren an, so sind Verwaltungsakte wieder dem Insolvenzschuldner als Inhalts- und Bekanntgabeadressat bekannt zu geben.

f) Widerspruch wegen Steuerforderungen, Feststellungsverfahren

Wird im Prüfungstermin weder vom Insolvenzverwalter noch von einem Insolvenzgläubiger ausdrücklich Widerspruch gegen die angemeldete Forderung erhoben oder wird ein erhobener Widerspruch beseitigt, so gelten sowohl die titulierten, als auch die nicht titulierten Forderungen gem. § 178 Abs. 1 InsO als festgestellt. Die Feststellung wird gem. § 178 Abs. 2 InsO in die Tabelle eingetragen. Ist eine streitige Steuerforderung gem. § 178 Abs. 1 InsO festgestellt und in die Insolvenztabelle eingetragen worden, gilt die Eintragung -unabhängig davon, ob ein Steuerbescheid ergangen ist- wie ein rechtskräftiges Urteil gegenüber dem Insolvenzverwalter und allen Insolvenzgläubigern (§ 178 Abs. 3 InsO). Diese Wirkung kann durch die Revision der klageabweisenden Vorentscheidung nicht mehr beseitigt werden (*BFH* BFH/NV 1998, 42). 529

Ist eine Steuerforderung auf der Grundlage eines vor Insolvenzeröffnung ergangenen Steuerbescheides angemeldet worden, so tritt der widerspruchsfreie Tabellenauszug an die Stelle des Steuerbescheides, d.h. er ersetzt diesen. Der Tabellenauszug entfaltet damit die Wirkung eines bestandskräftigen Steuerbescheids. Gemäß § 251 Abs. 2 Satz 2 AO sind rechtskräftig in die Insolvenztabelle eingetragene Steuerforderungen nach den Regeln der AO zu vollstrecken. Nach AO-Regeln bestimmen sich auch Erlass (§ 227 AO) aus Billigkeitsgründen sowie Verjährungsfragen (*BFH* ZIP 1988, 1266 ff.). 530

Ist auf der Grundlage einer Steuerberechnung angemeldet worden, so entfaltet der widerspruchsfreie Tabellenauszug zugleich die Wirkung eines erstmaligen bestandskräftigen Steuerbescheides. 531

Erfasst der Tabellenauszug das ganze Jahr, weil die Anmeldung aus einem Jahressteuerbescheid oder aus einer Jahres-Steuerberechnung vorgenommen wurde, so ist der widerspruchsfreie Tabellenauszug die abschließende Jahresveranlagung und der jetzt maßgebliche Jahressteuerbescheid. 532

Auch eventuelle weitere Vollstreckungsmaßnahmen nach Beendigung des Insolvenzverfahrens erfolgen aus dem Tabellenauszug (§ 201 Abs. 2 InsO) wie sonst aus einem Steuerbescheid. 533

Wird eine angemeldete Steuerforderung nicht bestritten und deshalb zur Tabelle festgestellt, sind in einem Billigkeitsverfahren geltend gemachte Einwendungen des Insolvenzverwalters gegen die sachliche Richtigkeit der Forderungsanmeldung des Finanzamtes nur nach denselben Grundsätzen zu berücksichtigen wie in einem Erlassverfahren erhobene Einwendungen gegen bestandskräftig festgesetzte Steuern (*BFH* BStBl. II 2003, 901). 534

Keine Veranlagungswirkung ergibt sich aus dem Tabellenauszug für das Insolvenzeröffnungsjahr, weil der Tabellenauszug insoweit nur die Steuerforderungen des Finanzamtes bis zum Zeitpunkt der Insolvenzeröffnung enthält. Es fehlt deshalb noch an einer abschließenden Veranlagung i.S. einer Jahressteuerberechnung, die auch den Rest des Insolvenzjahres mit einbezieht. 535

sie zu einem Verlustrücktrag führen oder zusammen mit einer Steuerfestsetzung Grundlagen für die Erstattung von Vorauszahlungen sind. In diesen Fällen kann der Insolvenzverwalter beantragen, die Feststellungen oder Festsetzungen von Besteuerungsgrundlagen und Steuern zuzulassen (*BFH* BStBl. II 2003, 630).

517 Gehört ein Steuererstattungsanspruch zur Insolvenzmasse, so gelten die Grundsätze für Steuerforderungen entsprechend. Auch insoweit dürfen über die Zeit vor Eröffnung des Insolvenzverfahrens keine Leistungsbescheide ergehen, insbesondere keine Steuerbescheide, selbst wenn sie infolge der Erstattung für den Schuldner günstig wären.

518 Anstelle eines Steuerbescheides kann ein **Abrechnungsbescheid** nach § 218 Abs. 2 AO erlassen werden, in dem der Steueranspruch und die vom Schuldner geleisteten Zahlungen der Erstattungsanspruch gegenübergestellt wird. Diesen Abrechnungsbescheid kann der Insolvenzverwalter anfechten.

519 Im Rahmen seiner Verwaltungs- und Verfügungstätigkeit hat der Insolvenzverwalter die steuerlichen Pflichten des Schuldners zu erfüllen (§ 34 Abs. 3 AO).

520 Mit der Eröffnung des Insolvenzverfahrens enden die dem Schuldner erteilten Vollmachten, auch Zustellungsvollmachten.

521 Stattdessen ist der Insolvenzverwalter Adressat für:
– Steuerbescheide wegen Steueransprüchen, die nach Eröffnung des Insolvenzverfahrens entstanden und sonstige Masseverbindlichkeiten i.S.d. § 55 InsO sind,
– Verwaltungsakte nach § 218 Abs. 2 AO
– Steuermessbescheide (§ 184 AO),
– Zerlegungsbescheide (§ 188 AO),
– Prüfungsanordnungen
– Steuerbescheide, wegen Steueransprüchen aus einem nicht vom Insolvenzverwalter freigegebenen Neuerwerb des Schuldners i.S.v. § 35 InsO.

522 In der Adressierung an den Insolvenzverwalter ist klarzustellen, dass sich der Verwaltungsakt an den Insolvenzverwalter in dieser Eigenschaft für einen bestimmten Schuldner richtet (vgl. *AEAO* zu § 251 Nr. 4.3.3).

523 Ein Steuerbescheid, der sich an den Schuldner »zu Händen Herrn« ohne Bezeichnung als Insolvenzverwalter richtet, ist dem Insolvenzverwalter daher nicht wirksam bekannt gegeben worden (für den Konkurs: *BFH* BStBl. II 1994, S. 600).

524 Nicht ordnungsgemäß bekannt gemachte Verwaltungsakte werden nicht dadurch wirksam, dass der Insolvenzverwalter, z.B. über die Postsperre davon Kenntnis erlangt (*FG Berlin* EFG 2005, 1326).

525 Verwaltungsakte, welche insolvenzfreies Vermögen betreffen, sind an den Schuldner zu richten und diesem bekannt zu geben (vgl. AEAO zu § 251 Nr. 4.3.2).

Hat das Insolvenzgericht nach § 21 Abs. 2 Nr. 1 InsO zur Sicherung der Masse die vorläufige Insolvenzverwaltung angeordnet und geht auf den vorläufigen (starken) Insolvenzverwalter nach § 22 Abs. 1 InsO die Verwaltungs- und Verfügungsbefugnis über, so sind ihm bis zur Eröffnung des Insolvenzverfahrens Verwaltungsakte bekannt zu geben; anders bei einem schwachen vorläufigen Insolvenzverwalter ohne Übergang der Verwaltungs- und Verfügungsbefugnis, Verwaltungsakte sind weiterhin dem Insolvenzschuldner bekannt zu geben (*AEAO* zu § 122 Nr. 2.9, BStBl. I 2000, S. 215).

526 Der Insolvenzverwalter ist dagegen nicht Bekanntgabeadressat für Feststellungsbescheide nach §§ 179 ff. AO bei Personengesellschaften, wenn über das Vermögen der Gesellschaft, aber nicht ihrer Gesellschafter das Insolvenzverfahren eröffnet worden ist (*BFH* BStBl. II 1979, S. 790).

527 Die Bekanntgabe von Feststellungsbescheiden bei einer Personengesellschaft hat nach Eröffnung des Insolvenzverfahrens an die Gesellschafter der Personengesellschaft einzeln zu erfolgen (vgl. Rdn. 484). Das Gleiche gilt für Verwaltungsakte, die das insolvenzfreie Vermögen des Schuldners betreffen (vgl. *AEAO* zu § 251 Nr. 4.3.2). Da die Insolvenzmasse nicht betroffen ist, hat der Insol-

Maßnahmen im Verwaltungszwangsverfahren, die in den letzten drei Monaten vor dem Antrag auf Eröffnung des Insolvenzverfahrens vorgenommen worden sind, können nach § 132 Abs. 1 Nr. 1 InsO angefochten werden, wenn der Beamte, der die Vollstreckungsmaßnahmen angeordnet hatte, Kenntnis von der Zahlungsunfähigkeit des Schuldners hatte oder Kenntnis von der Benachteiligung der Gläubiger oder Umstände kannte, die zwingend auf sie schließen lassen. 510

Die Finanzverwaltung führt sog. Liquiditätsprüfungen durch. Diese dienen in erster Linie dazu, Vollstreckungsmöglichkeiten zu ermitteln. Der Liquiditätsprüfer wird aufgrund eines schriftlichen Ermittlungsauftrages tätig, der dem Vollstreckungsauftrag nach § 285 Abs. 2 AO vergleichbar ist. Die Tätigkeit des Liquiditätsprüfers erstreckt sich auf die Feststellung der wirtschaftlichen Verhältnisse, die Feststellung haftungs- und anfechtungsrelevanter Tatbestände sowie gleichsam als Nebenprodukt die Feststellung steuermindernder oder steuererhöhender Tatbestände. Über das Ergebnis der Liquiditätsprüfung wird ein interner Bericht erstellt, der weder dem Steuerpflichtigen noch sonstigen dritten Personen außerhalb der Finanzverwaltung bekannt gegeben wird. Da erklärtes Ziel der Liquiditätsprüfungen ist, anderen Gläubigern bei der Forderungsrealisierung zuvorzukommen, können sich vor allem in Insolvenzfällen für den Insolvenzverwalter Anfechtungsmöglichkeiten ergeben. In diesen Fällen kann der Insolvenzverwalter sich die Feststellungen des Finanzamtes zu eigen machen und damit die Früchte der Arbeit des Liquiditätsprüfers ernten (*Maus* ZInsO 2004, 837). 511

Auswirkungen der InsO auf gewerberechtliche Maßnahmen: 512

Nach § 12 GewO finden Vorschriften, welche die Untersagung oder die Rücknahme oder den Widerruf einer Zulassung wegen Unzuverlässigkeit des Gewerbebetreibenden, die auf ungeordnete Vermögensverhältnisse zurückzuführen ist, ermöglichen, während eines Insolvenzverfahrens, während der Zeit, in der Sicherungsmaßnahmen nach § 21 InsO angeordnet sind, und während der Überwachung der Erfüllung eines Insolvenzplanes (§ 260 InsO) keine Anwendung in Bezug auf das Gewerbe, das zurzeit des Antrages auf Eröffnung des Insolvenzverfahrens ausgeübt wurde. Innerhalb der in § 12 GewO genannten Zeiträume ist die Anregung einer Gewerbeuntersagung bzgl. des insolvenzbefangenen Gewerbes daher nicht zulässig und die Offenbarung entsprechender Daten nicht durch § 30 Abs. 4 Nr. 5 AO (zwingendes öffentliches Interesse) gestattet (*BMF* v. 14.12.2013 – IV A 3-S 0130/10/10019).

e) Erlass und Bekanntgabe von Steuerverwaltungsakten

Bereits mit der Eröffnung des Insolvenzverfahrens, ggf. auch schon mit der Bestellung eines vorläufigen Insolvenzverwalters, verliert der Schuldner die Befugnis, sein Vermögen zu verwalten und darüber zu verfügen. 513

Das Finanzamt darf nach Eröffnung des Insolvenzverfahrens keinen Steuerbescheid mehr wegen einer vor Eröffnung des Insolvenzverfahrens begründeten Steuerforderung erlassen, auch nicht soweit der Bescheid die Steuerforderung nur nach Grund und Betrag festsetzt, ohne gleichzeitig deren Zahlung aus der Insolvenzmasse zu verlangen. Das gilt nach der BFH-Rspr. (*BFH* BStBl. II 1998, S. 429) auch für Gewinnfeststellungs- und Gewerbesteuermessbescheide. Vor Eröffnung des Insolvenzverfahrens begründete Steuerforderungen, nicht fällige-, noch nicht festgesetzte- oder nicht angemeldete Steuern sind ausschließlich dem Insolvenzverwalter zur Anmeldung zur Insolvenztabelle zu melden. 514

Wird gleichwohl ein Steuerbescheid über einen Steueranspruch erlassen, der eine Insolvenzforderung betrifft, ist dieser unwirksam (vgl. *BFH* BStBl. II 2003, S. 630).

Gegen den Ehegatten des Schuldners kann auch während eines anhängigen Insolvenzverfahrens ein Einkommensteuerbescheid erlassen werden, soweit die Zusammenveranlagung gewählt wurde. 515

Nach Eröffnung des Insolvenzverfahrens können Steuerverwaltungsakte, welche die Insolvenzmasse betreffen, nicht mehr durch Bekanntgabe an den Schuldner wirksam werden, sondern sind dem Insolvenzverwalter bekanntzugeben. Feststellungen von Besteuerungsgrundlagen, die sich auf Insolvenzforderungen auswirken, können für den Insolvenzverwalter auch vorteilhaft sein, z.B. wenn 516

Hauptsache, beendet aber nicht zugleich die Unterbrechung des finanzgerichtlichen Verfahrens (*BFH* BStBl. II 2013, S. 585 unter Aufgabe der bisherigen *BFH*-Rspr. BFH/NV 2008,1691; BFH/NV 2011, 649 sowie BFH/NV 2011, 650; ebenso *BFH* BFH/NV 2012, 1638). Ist das finanzgerichtliche Verfahren über eine Anfechtungsklage durch die Eröffnung des Insolvenzverfahrens unterbrochen worden, so endet die Unterbrechung nicht allein dadurch, dass der Insolvenzverwalter die dem Klageverfahren zugrunde liegende Steuerforderung des Finanzamt widerspruchslos in die Insolvenztabelle einträgt, ohne aber das Klageverfahren aufzunehmen.

502 Da das Finanzamt seine Ansprüche nur noch innerhalb des Insolvenzverfahrens verfolgen kann, ist eine Aussetzung der Vollziehung nach §§ 361 AO, 69 FGO eines vor der Eröffnung des Insolvenzverfahrens ergangenen Steuerbescheides während des Insolvenzverfahrens nicht möglich (*BFH* BStBl. II 1975, S. 208). Anträge auf Aussetzung der Vollziehung haben sich mit der Eröffnung des Insolvenzverfahrens erledigt (§ 124 Abs. 2 AO i.V.m. 41 Abs. 1 InsO). Die Beträge sind zur Tabelle anzumelden (*AEAO* zu § 251 Nr. 4.1.3).

503 Hiermit fehlt einem Antrag an das Finanzamt oder das Gericht, die Vollziehung eines vor der Eröffnung des Insolvenzverfahrens erlassenen Steuerbescheides auszusetzen, das Rechtsschutzbedürfnis.

504 Das Gleiche gilt entsprechend für Rechtsbehelfe und Rechtsmittel gegen die Ablehnung der Aussetzung der Vollziehung (für den Konkurs: *BFH* BStBl. II 1975, S. 208).

505 Die nach Insolvenzeröffnung und ohne Aufnahme des Rechtsbehelfsverfahrens durch den Insolvenzverwalter oder das Finanzamt ergangene Einspruchsentscheidung ist dem Insolvenzverwalter gegenüber unwirksam. Das gilt auch für die Entscheidung über einen vom Schuldner vor Insolvenzeröffnung eingelegten Einspruch gegen den Gewerbesteuermessbescheid (*BFH* BStBl. II 1998, 428). Die Revisionszulassung im Insolvenzverfahren ist nicht wirksam, wenn der Beschluss über die Zulassung dem Prozessbevollmächtigten des Klägers nach Eröffnung des Insolvenzverfahrens zugestellt wird (*BFH* Beschl. BFH/NV 1998, 42 für den Konkurs).

d) Stundungs- und Vollstreckungsverfahren

506 Erledigt haben sich mit der Insolvenzeröffnung auch Verfahren wegen Stundung und Vollstreckungsaufschub, da eine Zahlungsverpflichtung des Schuldners einzelnen Insolvenzgläubigern gegenüber nicht mehr besteht (§§ 81 Abs. 1 Satz 1, 91 Abs. 1 und 130 Abs. 1 Nr. 2 InsO; vgl. AEAO zu § 251 Nr. 4.1.4).

507 Dem Finanzamt ist es wie allen anderen Gläubigern verboten, Vollstreckungsmaßnahmen wegen Insolvenzforderungen in die Insolvenzmasse oder in das sonstige Vermögen des Schuldners durchzuführen (§ 89 Abs. 1 InsO). Ein Verwaltungszwangsverfahren (§§ 328 ff. AO) gegen den Schuldner ist sofort einzustellen.

508 Wird der Vollstreckungsstelle des Finanzamtes bekannt, dass ein Insolvenzverfahren eröffnet ist, so haben alle weiteren Vollstreckungsmaßnahmen gegen den Schuldner wegen § 89 InsO zu unterbleiben. Pfändungen nach Eröffnung des Insolvenzverfahrens sind aufzuheben und die Beauftragung des Vollziehungsbeamten zur Vollstreckung in das bewegliche Vermögen hat zu unterbleiben. Eine rechtmäßig erlassene Arrestanordnung ist nicht gem. § 325 AO wegen der Eröffnung des Insolvenzverfahrens über das Vermögen des Arrestschuldners aufzuheben, wenn das Finanzamt die Arrestanordnung bereits vollzogen und dadurch ein Absonderungsrecht erlangt hat (*BFH* BStBl. II 2004, S. 392).

509 Mit Eröffnung des Insolvenzverfahrens geht die Anfechtungskompetenz aus §§ 4, 11 AnfG auf den Insolvenzverwalter über. Der Rechtsstreit gegen einen Duldungsbescheid des Finanzamts wandelt sich in eine Leistungsklage gegen den mit dem Duldungsbescheid in Anspruch genommenen bisherigen Kläger. Der Insolvenzverwalter übernimmt die Rolle des Klägers. Die zunächst als Anfechtungsklage gegen den Duldungsbescheid erhobene, dem Finanzrechtsweg zugewiesene Klage ist auch nach Übernahme durch den Insolvenzverwalter vom FG zu entscheiden. Eine Verweisung an das Zivilgericht kommt nicht in Betracht (*BFH* BFH/NV 2013, 288).

durch das Finanzamt wandelt sich das ursprüngliche Anfechtungsverfahren in ein Insolvenzfeststellungsverfahren, mit dem gegenüber dem Insolvenzverwalter die Feststellung der Forderung zur Insolvenztabelle begehrt werden kann (*BFH* BStBl. II 2008 S. 790). Aus dem so erstrittenen Titel kann das Finanzamt erst nach Beendigung des Insolvenzverfahrens vollstrecken. Aktivrechtsstreite des Schuldners, die einen Erstattungsanspruch zum Gegenstand haben, kann der Insolvenzverwalter jederzeit nach § 85 Abs. 1 InsO wieder aufnehmen, sofern der Anspruch während des Insolvenzverfahrens nicht durch Aufrechnung erloschen ist. Nimmt der Insolvenzverwalter das Verfahren nicht auf, so kann das Finanzamt gem. § 85 Abs. 2 InsO i.V.m. § 239 Abs. 2–4 ZPO die Aufnahme des Verfahrens verlangen. Lehnt der Insolvenzverwalter die Aufnahme des Rechtsstreites ab, so gilt der Anspruch als freigegeben und scheidet damit aus der Insolvenzmasse aus (für den Konkurs: *Hess* KO, Anh. V Rn. 68; *Geist* Insolvenzen und Steuern, Rn. 12). In diesem Fall kann der Schuldner selbst den Rechtsstreit aufnehmen und Zahlung an sich verlangen.

494 Wie die Rechtsbehelfs- und Rechtsmittelverfahren werden auch gerichtliche Verfahren unterbrochen (§§ 155 FGO, 240 ZPO).

495 Ein bereits vor Insolvenzeröffnung anhängiger Rechtsstreit vor dem Finanzgericht ist nach § 240 ZPO analog unterbrochen. Der Rechtsstreit kann jedoch gem. §§ 85 ff., 180 Abs. 2, 185 InsO wieder aufgenommen werden. Dabei ist zwischen sog. Aktivprozessen (§ 85 InsO) und Passivprozessen (§§ 86, 87 InsO) zu unterscheiden.

496 Ein Aktivprozess liegt vor, wenn bei einem Obsiegen die Insolvenzmasse vergrößert wird (Erstattungsanspruch des Stpfl.), ein Passivprozess liegt vor, wenn die Insolvenzmasse bei einem Obsiegen verkleinert wird (z.B. Zahlungsanspruch des Finanzamt gegen den Stpfl. (*BFH* BStBl. II 2006, S. 573).

497 Einen Aktivprozess kann der Insolvenzverwalter aufnehmen. Tut er dies nicht, steht dem Schuldner mit Einwilligung des Insolvenzverwalters die Befugnis zur Aufnahme zu. Erst wenn beide den Rechtsstreit nicht aufnehmen, hat das Finanzamt das Recht zur Aufnahme (*BFH* BFH/NV 2004, 349).

498 Erkennt der Insolvenzverwalter bei einem Passivprozess die Forderung des Finanzamtes, die dem unterbrochenen Rechtsstreit zugrunde liegt, im Prüfungstermin an, ist der Rechtsstreit in der Hauptsache erledigt. Die Erledigungserklärung müssen Insolvenzverwalter und Finanzamt gegenüber dem Gericht abgeben (*BFH* BStBl. II 1976, S. 506; BStBl. II 2006, S. 573). Widerspricht der Insolvenzverwalter muss er den Rechtsstreit aufnehmen. Nimmt der den Rechtsstreit nicht auf, so ist dies als Rücknahme seines Widerspruchs zu werten (*BFH* v. 07.03.2006 – VII R 11/05, n.v.). Andererseits kann bei einer Nichtaufnahme des Rechtsstreits durch den Insolvenzverwalter das Finanzamt gem. § 184 InsO den Antrag stellen, festzustellen, dass seine angemeldete Forderung berechtigt ist. Bestreitet der Schuldner die Forderung des Finanzamtes, kann nur das Finanzamt den Rechtsstreit aufnehmen (*BFH* BStBl. II 2006, S. 573; BStBl. II 2008, S. 790).

499 Eine Unterbrechung des gerichtlichen Verfahrens hat selbst dann zu erfolgen, wenn das Insolvenzverfahren nach Verkündung, aber vor Zustellung des Urteils eröffnet worden ist (für den Konkurs: *BFH* BStBl. II 1970, S. 665). Eine Unterbrechung nach §§ 240 ZPO i.V.m. 155 FGO erfolgt aber dann nicht, wenn die Eröffnung des Insolvenzverfahrens zum Wegfall des Rechtsschutzinteresses und damit zur Unzulässigkeit der Klage geführt hat (für den Konkurs: *FG Baden-Württemberg* EFG 1994, 711). Ein in Erkenntnis des Insolvenzverfahrens ergangenes Urteil des FG entfaltet keine Rechtswirkung und ist aus Gründen der Rechtsklarheit aufzuheben (*BFH* BFH/NV 2013, 1426).

500 Eine Klage ist wegen fehlender Prozessführungsbefugnis unzulässig, wenn sie nach Eröffnung des Insolvenzverfahrens über das Vermögen des Klägers erhoben wurde und der Insolvenzverwalter die Klageerhebung nicht genehmigt (*FG Hamburg* v. 30.11.2012 – 4 K 127/12, n.v.).

501 Wird während eines finanzgerichtlichen Verfahrens über einen Steueranspruch das Insolvenzverfahren eröffnet und das Klageverfahren dadurch unterbrochen, bewirkt die widerspruchslose Feststellung der Steuerforderung zur Insolvenztabelle zwar die Erledigung des Finanzgerichtsstreits in der

führen und mit Gewinnfeststellungsbescheid abzuschließen, der seinerseits dem Bestreitenden bekannt zu geben ist, der Schuldner selbst scheidet aus dem Verfahren aus.
Eine zweigliedrige Personengesellschaft, über deren Vermögen das Insolvenzverfahren eröffnet wurde, ist im finanzgerichtlichen Verfahren über die gesonderte und einheitliche Feststellung von Einkünften nicht mehr gem. § 48 Abs. 1 Nr. 1 FGO klagebefugt, wenn ein Gesellschafter wegen Eröffnung des Insolvenzverfahrens über sein Vermögen aus der Personengesellschaft ausscheidet und die Personengesellschaft ohne Liquidation beendet wird (*BFH* BFH/NV 2013, 376).

c) Außergerichtliches Rechtsbehelfsverfahren, Aussetzung der Vollziehung

488 Zur Zeit der Eröffnung des Insolvenzverfahrens laufende Rechtsbehelfsverfahren sowie Fristen werden durch die Eröffnung des Insolvenzverfahrens nach § 155 FGO i.V.m. § 240 ZPO unterbrochen, soweit es die Insolvenzmasse betrifft (für den Konkurs: *RFH* RFHE 19, 355; *FG Münster* EFG 1975, 228; *FG Rheinland-Pfalz* EFG 1978, 471; *Frotscher* Besteuerung bei Insolvenz, S. 297; *Geist* Insolvenzen und Steuern, Rn. 9 f.; *Hess* KO, Anh. V Rn. 37). Das bedeutet, dass Rechtsbehelfe und Rechtsmittel nach Eröffnung des Insolvenzverfahrens weder eingelegt noch weiterverfolgt werden dürfen. Eine Weiterverfolgung ist erst im Rahmen des Feststellungsstreites möglich, wenn die angemeldete Forderung im Prüfungstermin bestritten wird (§ 179 InsO). Unterbrochen wird ein anhängiges Einspruchsverfahren auch durch die Anordnung des allgemeinen Verfügungsverbots bei Einsetzung eines vorläufigen Insolvenzverwalters. Insolvenzforderungen können nach § 87 InsO nur durch Anmeldung zur Insolvenztabelle geltend gemacht werden. Da dies die Eröffnung des Insolvenzverfahrens voraussetzt, gibt es während der Zeit der vorläufigen Insolvenzverwaltung keine Möglichkeit die Insolvenzforderung zu verfolgen, d.h. der Erlass einer Einspruchsentscheidung ist unzulässig (*OFD Hannover* ZInsO 2008, 667, Tz. 1).

Im Einzelnen gilt Folgendes:

489 Ist der Bescheid, auf dem die zur Tabelle angemeldete Steuerforderung (mittelbar oder unmittelbar) beruht, noch vor Eröffnung des Insolvenzverfahrens bekannt gegeben und durch den Schuldner angefochten worden, so führt die Eröffnung des Insolvenzverfahrens zur Unterbrechung des Einspruchsverfahrens.

490 Ist der betreffende Bescheid vor Eröffnung des Insolvenzverfahrens bekannt gegeben worden und wird das Insolvenzverfahren während des Laufs der Einspruchsfrist eröffnet, so führt die Eröffnung des Insolvenzverfahrens zur Unterbrechung der Einspruchsfrist. Legt sodann der Insolvenzverwalter gegen den Bescheid Einspruch ein, so ist das Einspruchsverfahren ebenfalls entsprechend §§ 240, 249 ZPO analog unterbrochen.

491 In beiden Fällen ist der Fortgang des Einspruchsverfahrens von dem Ergebnis des Prüfungsverfahrens abhängig. Wird die angemeldete Steuerforderung im Prüfungstermin durch den Insolvenzverwalter bestritten, so ist dem Insolvenzverwalter die Aufnahme des Einspruchsverfahrens zu erklären und ihm Gelegenheit zur Begründung des Einspruchs zu geben. Das Bestreiten der Steuerforderung im Prüfungstermin durch den Insolvenzverwalter ist für sich allein noch nicht als Aufnahme des Einspruchsverfahrens anzusehen, sondern ermöglicht lediglich die Möglichkeit zur Aufnahme des Verfahrens. Das Einspruchsverfahren kann erst dann fortgeführt werden, wenn es entweder durch den Insolvenzverwalter oder durch das Finanzamt aufgenommen worden ist. Die Einspruchsentscheidung oder der Abhilfebescheid ist an den Insolvenzverwalter zu richten.

492 Die Unterbrechung der Rechtsbehelfs- und Rechtsmittelverfahren gilt sowohl gegenüber dem Insolvenzverwalter, den Insolvenzgläubigern als auch gegenüber dem Schuldner.

493 Das Finanzamt kann den unterbrochenen Rechtsstreit auch dann wieder aufnehmen, wenn es darauf verzichtet, mit dem streitbefangenen Steueranspruch an dem Insolvenzverfahren (weiter) teilzunehmen (für den Konkurs: *BGH* WM 1978, 1319). Dies gilt auch für einen Rechtsstreit über die Rechtmäßigkeit eines Haftungsbescheides, der durch die Eröffnung des Insolvenzverfahrens über das Vermögen des Haftungsschuldners unterbrochen worden ist. Im Falle der Aufnahme des Rechtsstreites

Soweit auch nur die Möglichkeit einer Auswirkung zur Anmeldung zur Tabelle besteht, dürfen keine 486
Bescheide erteilt werden. Die Festsetzung und Feststellung von Besteuerungsgrundlagen und Steuern ist jedoch insoweit zulässig, als sie für den Insolvenzschuldner vorteilhaft ist und der Insolvenzverwalter einen entsprechenden Antrag stellt (*BFH* BStBl. II 2003, S. 630).

Im Rahmen der gesonderten und einheitlichen Gewinnfeststellung von Personengesellschaften ist zu 487
differenzieren, ob über das Vermögen der Personengesellschaft oder über das Vermögen eines Gesellschafters das Insolvenzverfahren eröffnet wurde:
- Soweit ausschließlich über das Vermögen einer Gesellschaft oder Gemeinschaft das Insolvenzverfahren bzw. ein vorläufiges Insolvenzverfahren mit Bestellung eines starken vorläufigen Insolvenzverwalters eröffnet wurde, wird hierdurch nicht das Gewinnfeststellungsverfahren unterbrochen. Dies begründet sich darin, dass die steuerlichen Folgen des Feststellungsverfahrens nicht die Insolvenzmasse der Gesellschaft-, sondern allein die Gesellschafter treffen (*BFH* BStBl. II 1992, S. 508). Bei der Insolvenz einer Personengesellschaft gehört die Gewinnfeststellung zu den insolvenzfreien Angelegenheiten, so dass die Pflicht zur Abgabe einer Feststellungserklärung nicht den Insolvenzverwalter-, sondern weiterhin die einzelnen Beteiligten trifft (vgl. §§ 179 Abs. 1, 181 Abs. 2 AO). Jedoch hat der Insolvenzverwalter den Jahresabschluss zu erstellen, und zwar auch dann, wenn die betroffenen Zeiträume vor Eröffnung des Insolvenzverfahrens liegen und wenn das Honorar eines Steuerberaters für die Erstellung der Abschlüsse durch die Masse nicht gedeckt sein sollte (*BFH* BFH/NV 2008, 334).
Aufgrund der Auflösung der Gesellschaft durch die Insolvenzeröffnung, findet eine Einzelbekanntgabe des Feststellungsbescheids an die Beteiligten statt (§ 183 Abs. 2 AO), sofern keine Empfangsvollmacht gem. § 183 Abs. 1 Satz 1 AO an einen Empfangsbevollmächtigten (§ 183 Abs. 3 AO) erteilt wurde (vgl. *AEAO* zu § 122 Nr. 2.9, 2.5.5; § 251 Nr. 4.4.1.1). Der Insolvenzverwaltererhält jedoch eine Berechnung zur gesonderten und einheitlichen Gewinnfeststellung. Nicht in Insolvenz befindliche Gesellschafter erhalten jeweils einen Bescheid gleichen Inhalts (*AEAO* zu § 122 Nr. 2.9; § 251 Nr. 4.4.1).
- Wird hingegen über das Vermögen eines Feststellungsbeteiligten das Insolvenzverfahren bzw. ein vorläufiges Insolvenzverfahren mit Bestellung eines starken vorläufigen Insolvenzverwalters eröffnet, findet allein hinsichtlich des Anteils des sich in Insolvenz befindenden Gesellschafters eine Unterbrechung des Feststellungsverfahrens statt; gegenüber den übrigen Beteiligten wird das Gewinnfeststellungsverfahren weiter durchgeführt. Insoweit wird von dem Grundsatz der Einheitlichkeit des Feststellungsverfahrens i.S.d. § 179 Abs. 2 Satz 2 AO abgewichen. Neben der Bekanntgabe des Feststellungsbescheides an den Empfangsbevollmächtigten nach § 183 AO ist zusätzlich die Bekanntgabe einer Berechnung an den Insolvenzverwalter bzw. an den starken vorläufigen Insolvenzverwalter des Gesellschafters erforderlich, dessen Vermögen Gegenstand eines vorläufigen Insolvenzverfahrens ist (für den Konkurs: *BGH* WM 1978, 1319).

Liegt bei der Eröffnung des Insolvenzverfahrens über das Vermögen eines Beteiligten noch kein Gewinnfeststellungsbescheid vor, ist bereits im Gewinnfeststellungsbescheid für die Besteuerung des Anteils des insolventen Beteiligten zwischen Insolvenz- und Masseforderungen zu unterscheiden. Hierbei sind Besteuerungsgrundlagen, die der Anmeldung von Insolvenzforderungen dienen von den Besteuerungsgrundlagen, die der Festsetzung von Masseforderungen dienen zu separieren und dem Insolvenzverwalter bekannt zu geben. Hinsichtlich der Besteuerungsgrundlagen, die der Anmeldung von Insolvenzforderungen dienen, ist darauf hinzuweisen, dass der Bescheid lediglich einen »informatorischen Bescheid« über die Besteuerungsgrundlagen darstellt (vgl. *BFH* BStBl. II 2005, S. 246)

Wird gegen die Anmeldung einer Steuerforderung, bei der die ihr zugrunde liegende einheitliche und gesonderte Feststellung wegen Unterbrechung analog § 240 ZPO nicht abgeschlossen werden konnte, vom Insolvenzverwalter oder einem anderen Gläubiger Widerspruch erhoben, so ist die Steuerforderung im Regelfall nach § 251 Abs. 3 AO außerhalb des Gewinnfeststellungsverfahrens durch gesonderten Bescheid zur Tabelle festzustellen. Hiergegen steht dem Bestreitenden der Finanzgerichtsweg offen.

Im Verfahren nach § 251 Abs. 3 AO ist das Gewinnfeststellungsverfahren inzident zu Ende zu

sie hindert nicht den Fortgang des Feststellungsverfahrens gegen die übrigen Gesellschafter. Insoweit wird von dem Grundsatz der Einheitlichkeit des Feststellungsverfahrens i.S.d. § 179 Abs. 2 Satz 2 AO abgewichen. Die auf die übrigen Gesellschafter beschränkte Bindungswirkung kann das Finanzamt in der Weise kenntlich machen, dass es den auf den Schuldner entfallenden Anteil am Gesamtgewinn nur zum Zweck der Anmeldung der Insolvenzforderung ermittelt und dies im Gewinnfeststellungsbescheid und in der Mitteilung an das für die Anmeldung zuständige Wohnsitz- oder Betriebsfinanzamt deutlich zum Ausdruck bringt, dass es sich dabei nur um eine Berechnungsgrundlage für die anzumeldende Insolvenzforderung handelt. Der Gewinnfeststellungsbescheid ist insoweit ein lediglich informatorischer Bescheid (*BFH* BStBl. II 2005, S. 246).

476 Ist der Bescheid nicht deutlich als gegenüber dem Schuldner lediglich informatorischer Bescheid zu erkennen, ist er insoweit wie jeder andere Festsetzungs- oder Feststellungsbescheid nach Insolvenzeröffnung nichtig. Ist auch über das Vermögen der Personengesellschaft das Insolvenzverfahren eröffnet worden, ist der Feststellungsbescheid nach § 183 Abs. 2 AO allen Gesellschaftern als den materiell Betroffenen bekannt zu geben.

477 Für Gewerbesteuermessbescheide hat der *BFH* bereits mit Urteil vom 02.07.1997 (BStBl. II 1998, S. 428) entschieden, dass Steuerfestsetzungen bzw. Feststellungen von Besteuerungsgrundlagen im Insolvenzverfahren zu unterbleiben haben.

478 Soweit durch die Feststellungen Gesellschafter betroffen sind, die nicht von der Insolvenz erfasst sind, wird ihnen gegenüber das Gewinnfeststellungsverfahren fortgeführt. Im Einzelnen gilt Folgendes:

aa) Gesonderte Feststellung von Besteuerungsgrundlagen (§§ 179, 180 AO)

479 Z.B. gesonderte Feststellung des verbleibenden Verlustabzugs nach § 10d EStG, gesonderte Feststellung nach § 36 Abs. 7 bzw. §§ 27, 28, 37 und 38 KStG.

480 Bescheide über die gesonderte Feststellung von Besteuerungsgrundlagen (§§ 179, 180 AO) werden grds. in eine Steuerberechnung abgeändert (*BFH* BStBl. II 2003, S. 630 und 779; *AEAO* zu § 122 AO Nr. 2.9). Diese Berechnung ist dem Insolvenzverwalter bzw. dem Schuldner (Eigenverwaltung) zuzustellen. Die Erstellung eines Bescheides ist auf Antrag des Insolvenzverwalters ausnahmsweise zulässig, wenn das Ergebnis für den Schuldner von Vorteil ist, z.B. in einem anderen Veranlagungszeitraum für eine Verlustnutzung oder für eine Erstattung bei einer KSt-Minderung.

481 Bei der gesonderten Gewinnfeststellung nach § 180 Abs. 1 Nr. 2b) AO teilt das Betriebsstättenfinanzamt dem Wohnsitzfinanzamt des Schuldners die Besteuerungsgrundlagen durch formlose Berechnung mit. Eine Durchschrift dieser Berechnung wird außerdem dem Insolvenzverwalter bzw. dem Schuldner bei Eigenverwaltung zugestellt.

bb) Gewerbesteuermessbescheide (§ 184 AO)

482 Das Steuerverfahren ist durch Eröffnung des Insolvenzverfahrens bzw. bei Bestellung des vorläufigen Insolvenzverwalters mit Verfügungsbefugnis unterbrochen (§ 240 ZPO; *BFH* BStBl. II 1968, S. 428).

483 Die Berechnungen werden vom Betriebsstättenfinanzamt an die Gemeinde gesandt, im Falle der Zerlegung an den Insolvenzverwalter bzw. bei Eigenverwaltung an den Schuldner (vgl. *AEAO* zu § 251 Nr. 4.3.1).

cc) Gesonderte und einheitliche Feststellung von Besteuerungsgrundlagen (§§ 179, 180 Abs. 1 Nr. 2a AO)

484 bei einheitlicher und gesonderter Feststellung von Einkünften bei Personengesellschaften.

485 Bescheide über einheitliche und gesonderte Feststellung sind in Berechnungen abzuändern (*BFH* BStBl. II 2005, S. 246; BFH/NV 2006, 12).

Hierbei ist darauf zu achten, dass der Steuerbescheid an den **Ehegatten als Gesamtschuldner** adressiert ist und nicht an die Eheleute. Macht der Ehegatte von der Möglichkeit Gebrauch eine Aufteilung der Gesamtschuld gem. §§ 268 bis 280 AO zu beantragen, so ist die Steuerschuld aufzuteilen in die Steuerschuld des Ehegatten (Steuerbescheid) und die Steuerschuld des Insolvenzschuldners (Anmeldung zur Tabelle). 469

Bei der Zusammenveranlagung von Ehegatten zur Einkommensteuer erhält der Verwalter bzw. der Schuldner (Eigenverwaltung) den Bescheid bzw. die Steuerberechnung nach den vorgenannten Grundsätzen nur für den in Insolvenz geratenen Ehegatten. 470

Fraglich ist, ob nach Eröffnung des Insolvenzverfahrens noch ein **Erstattungsbescheid** erlassen werden darf (bejahend *Tipke/Kruse* AO, § 251 Rn. 12f unter Hinweis auf *BFH* BStBl. II 1994, S. 207; jedoch behandelt der BFH in diesem Urteil nur die Frage der Zugehörigkeit der zugeflossenen Erstattungsansprüche zur Konkursmasse, nicht deren Feststellung). Steuerfestsetzungsverfahren, die zu einer Steuererstattung zu Gunsten der Insolvenzmasse führen oder EUR 0 lauten, werden nicht unterbrochen. Der Erlass eines Steuerbescheides bleibt insoweit zulässig (so *BFH* BStBl. II 1994, S. 207; *FG Münster* EFG 1975, 226; str. aufgrund der neuesten Urteile des *BFH* BStBl. II 2005, S. 246 und BStBl. II 2003, S. 630, wonach im Insolvenzverfahren grds. der Erlass von Bescheiden, die auch nur möglicherweise eine Auswirkung auf die Anmeldungen zur Tabelle haben können, nicht erlassen werden dürfen. Es sind insoweit Berechnungen zu fertigen). In diesen Fällen soll an die Stelle des Steuerbescheides die formlose Errechnung der Steuerschuld oder des Steuerguthabens treten. Unabhängig davon ist jedoch der Erlass eines Abrechnungsbescheides zulässig, in dem der Erstattungsanspruch als Differenz zwischen dem Steueranspruch und der Zahlung ermittelt wird. Ein derartiger Abrechnungsbescheid ist an den Insolvenzverwalter zu richten. 471

Was bislang nur für Steuerbescheide im Steuerfestsetzungsverfahren galt, gilt nunmehr nach der BFH-Rechtsprechung (*BFH* BStBl. II 1998, S. 428 für den Konkurs) auch für **gesonderte Gewinnfeststellungsbescheide** nach § 180 Abs. 1 Nr. 2b AO und **Steuermessbescheide**. Bislang wurde der Erlass von Feststellungsbescheiden (§§ 179, 180 AO) oder Steuermessbescheiden (§ 184 AO) auch nach Konkurseröffnung als zulässig angesehen, weil im Steuerfeststellungsverfahren kein Steuerbetrag festgesetzt wird. Nach der jetzigen Entscheidung des *BFH* (BStBl. II 1998, S. 428) dürfen nach Eröffnung des Konkursverfahrens bis zum Prüfungstermin Steuern, die zur Konkurstabelle anzumelden sind, nicht mehr festgesetzt werden. Das gilt auch für Steuerbescheide, wie z.B. Gewerbesteuermessbescheide, Gewinnfeststellungsbescheide oder Einheitswertbescheide, in denen ausschließlich Besteuerungsgrundlagen ermittelt und festgestellt werden, die ihrerseits die Höhe von Steuerforderungen beeinflussen, die zur Konkurstabelle anzumelden sind. Was für das Konkursverfahren gilt, gilt in entsprechender Weise auch für das Insolvenzverfahren (a.M. *FG Brandenburg* EFG 2007, 708, das die BFH-Rspr. nicht auf den Erlass von Einheits- und Grundsteuermessbescheiden anwendet). 472

Im Rahmen eines gesonderten **Gewinnfeststellungsverfahrens** nach § 180 Abs. 1 Nr. 2b) AO teilt das Betriebsstättenfinanzamt den Gewinn des Schuldners durch eine formlose Steuerberechnung mit. Handelt es sich um eine Insolvenzforderung, meldet das Wohnsitzfinanzamt diese zur Tabelle an. 473

Unterbrochen werden durch die Insolvenzeröffnung auch **Zerlegungsverfahren** nach §§ 185 bis 189 AO. 474

Das Finanzamt darf nach Eröffnung des Insolvenzverfahrens bis zum Prüfungstermin keine Feststellungsbescheide mehr erlassen, in denen Besteuerungsgrundlagen mit Auswirkung für das Vermögen des Schuldners festgestellt werden. Dies gilt auch für Besteuerungsgrundlagen, die einheitlich und gesondert festzustellen sind. In der Insolvenz über das Vermögen eines Gesellschafters kann damit diesem gegenüber kein gesonderter und einheitlicher Feststellungsbescheid erlassen werden; ein solcher Bescheid wirkt nur gegenüber den anderen Gesellschaftern. Ihnen gegenüber wird das Gewinnfeststellungsverfahren nicht unterbrochen. Die Unterbrechung des Gewinnfeststellungsverfahrens ist auf die Feststellung des Gewinnanteils des in Insolvenz gefallenen Gesellschafters beschränkt; 475

das Finanzamt in der Form, dass es das Wort »Bescheid« in »Berechnung« abändert, das Wort »Festsetzung« und gegebenenfalls die Art der Festsetzung (z.B. § 165 AO) streicht, die Formulierung »festgesetzt werden« durch »berechnet werden« ersetzt sowie die Worte Zahlungsaufforderung (Leistungsgebot) und Rechtsbehelfsbelehrung streicht. In der Praxis werden die Veranlagungen ganz normal maschinell oder personell gerechnet, wobei die maschinellen Bescheide beim Versand auszuschließen sind. Diese informatorischen Bescheide stellen keine Steuerbescheide dar, sondern sind lediglich Berechnungen der angemeldeten Steuerschulden. Diese brauchen auch nicht unter Vorbehalt der Nachprüfung gem. § 164 Abs. 1 AO oder vorläufig gem. § 165 AO ergehen.

461 Für das noch nicht beendete Insolvenzeröffnungsjahr sind zum Zwecke der Anmeldung der Steuerinsolvenzforderungen (Schätzungs-)Berechnungen durchzuführen und diese dem Insolvenzverwalter bekannt zu geben. Dabei wird in der Praxis neben dem Hinweis auf die Schätzung z.B. folgende Erläuterung für den Insolvenzverwalter in die Steuerberechnung aufgenommen:

> »Es handelt sich nicht um eine Steuerfestsetzung, sondern um eine Steuerberechnung für den Zeitraum vom 01.01. bis zum ... (Vortag der Insolvenzeröffnung), die zum Zwecke der Anmeldung zur Tabelle erfolgt.«

462 Eine derartige zeitliche Beschränkung im Insolvenzeröffnungsjahr ist auch rechtlich zulässig (*BFH* BFH/NV 1994, 477).

Überzogene Schätzungen sind im laufenden Verfahren ggf. zu korrigieren. Daraufhin angemeldete Forderungen werden bestritten und können allenfalls im Feststellungsverfahren (§§ 179 ff. InsO, § 251 Abs. 3 AO) weiter verfolgt werden. Unter wirtschaftlichen Gesichtspunkten sollte daher stets abgewogen werden, welche Realisierung auch hinsichtlich festgestellter Forderungen zu erwarten ist. Im Durchschnitt liegt die zu erwartende Quote unter 5 %; selbst zunächst hohe Erwartungen reduzieren sich mit der Dauer des Verfahrens meist erheblich.

463 Ergeht nach Eröffnung des Insolvenzverfahrens trotzdem ein Steuerbescheid, so ist dieser als nichtig anzusehen (für den Konkurs: *BFH* BStBl. III 1970, S. 665). Gegen diesen nichtigen Bescheid kann ein Rechtsbehelf eingelegt werden, um den von diesem ausgehenden Rechtsschein zu beseitigen. Dies gilt auch für Änderungsbescheide.

464 Für die Änderung/Berichtigung von Steuerbescheiden gelten die Vorschriften der AO bzw. der Einzelsteuergesetze (z.B. § 10d EStG). Eine Berichtigung der erstellten Berechnungen ist jederzeit ohne Änderungsbescheid möglich, da die Berechnungen lediglich Begründungen zur Anmeldung einer Forderung zur Insolvenztabelle darstellen.

465 Die oben dargestellten Ausführungen zu Berichtigungen/Änderungen gelten auch dann, wenn eine Forderung später nach § 178 InsO als unanfechtbar festgestellt gilt, weil die ursprüngliche Forderung z.B. nicht im Prüfungstermin bestritten wurde.

466 Zulässig ist der Erlass eines Steuerbescheides, wenn er zur Befriedigung außerhalb des Insolvenzverfahrens notwendig ist, z.B. in den Fällen, in denen der Steuergläubiger absonderungsberechtigt und deshalb befugt ist, sich außerhalb des Insolvenzverfahrens zu befriedigen (für den Konkurs: *Tipke/Kruse* AO, § 251 Rn. 44; *Jaeger/Lent* KO, § 47 Rn. 10).

467 Wirkungen der Insolvenzeröffnung auf Verfahren gegen Dritte:

Verfahren gegen Dritte, die sich nicht in Insolvenz befinden, bleiben grds. von den Wirkungen der Eröffnung des Insolvenzverfahrens unberührt. Dies gilt z.B. für das Besteuerungsverfahren des nichtinsolventen Ehegatten/Lebenspartners des Schuldners, für das Besteuerungsverfahren der nichtinsolventen Gesellschafter einer Personengesellschaft und für das Haftungsverfahren gegen GmbH-Geschäftsführer (*AEAO* zu § 251 Nr. 4.1.5).

468 Gegen den Ehegatten des Schuldners kann auch während des anhängigen Insolvenzverfahrens ein Einkommensteuerbescheid erlassen werden, wenn die Zusammenveranlagung gewählt wurde.

6. Die Wirkungen des Insolvenzverfahrens auf das Besteuerungsverfahren

a) Steuerermittlungs- und Steueraufsichtsverfahren

Vor der Insolvenzeröffnung begründete Steueransprüche können nicht mehr durch Festsetzung oder (Vor-)Anmeldung rechtswirksam werden. Ihre Geltendmachung erfolgt durch schriftliche Anmeldung zur Forderungstabelle, die anders als im Konkursverfahren (Führung durch das Konkursgericht) vom Insolvenzverwalter zu führen ist (*BMF* 16.12.1998 Rn. 5). 454

Durch die Eröffnung des Insolvenzverfahrens werden gem. § 240 ZPO analog Streitverfahren unterbrochen. Nicht betroffen durch die Eröffnung des Insolvenzverfahrens sind Steuerermittlungs- und Steueraufsichtsverfahren, da es sich nicht um Streitverfahren handelt. Insoweit kann das Finanzamt ohne Rücksicht auf die Eröffnung des Insolvenzverfahrens Steuerermittlungs- und Steueraufsichtsverfahren einleiten, sowie bereits laufende Verfahren fortsetzen oder abschließen. Dabei treffen die steuerlichen Mitwirkungspflichten ab der Eröffnung des Insolvenzverfahrens grds. den Insolvenzverwalter. 455

b) Steuerfestsetzungsverfahren und Steuerfeststellungsverfahren

Die AO enthält keine Vorschriften über den Einfluss der Eröffnung des Insolvenzverfahrens auf die Geltendmachung vorher entstandener Steuerschulden des Insolvenzschuldners. Dem Steuergläubiger kommt hiernach gegenüber anderen Insolvenzgläubigern keine Sonderstellung im Insolvenzverfahren zu. Nach § 38 InsO ist das Finanzamt als Steuergläubiger einer der Insolvenzgläubiger, zu deren gemeinschaftlicher Befriedigung die Insolvenzmasse bestimmt ist. Folge der Insolvenzeröffnung ist gem. § 240 ZPO analog, dass laufende Verfahren unterbrochen werden, soweit sie Insolvenzforderungen betreffen und auf eine Zahlungspflicht des Schuldners gerichtet sind. 456

Ein zur Zeit der Eröffnung des Insolvenzverfahrens laufendes Steuerfestsetzungsverfahren (§§ 155 ff., 148 AO) wird gem. § 240 ZPO analog unterbrochen, soweit es die insolvenzmäßige Befriedigung zum Ziel hat (*BFH* BStBl. II 2005, S. 246). Es kann erst wieder fortgesetzt werden, wenn das Insolvenzverfahren wegen Unzulänglichkeit der Masse (§ 207 InsO) oder wegen Wegfalls des Eröffnungsgrundes auf Antrag des Schuldners mit Zustimmung aller Insolvenzgläubiger (§ 212 InsO) eingestellt wird. 457

Nach Eröffnung des Insolvenzverfahrens und vor Abschluss der Prüfungen gem. §§ 176, 177 InsO dürfen grds. keine Bescheide mehr erlassen werden, in denen Besteuerungsgrundlagen festgestellt oder festgesetzt werden, die die Höhe der zur Insolvenztabelle anzumeldenden Steuerforderungen beeinflussen können (*AEAO* zu § 251 Nr. 4.3.1). Wird gleichwohl ein Steuerbescheid über einen eine Insolvenzforderung betreffenden Steueranspruch erlassen, ist dieser unwirksam (*BFH* BStBl. II 2003, 630). Unerheblich ist, dass Bescheide, durch die lediglich Besteuerungsgrundlagen festgestellt oder festgesetzt werden, nicht unmittelbar auf eine Befriedigung der Steuergläubiger gerichtet sind. Es genügt insoweit, dass die festgestellten oder festgesetzten Besteuerungsgrundlagen für das Insolvenzverfahren insoweit präjudiziell sind, als sie Steuern betreffen, die Insolvenzforderungen sein können (*BFH* BStBl. II 2003, S. 630 für Bescheide über die gesonderte Feststellung von Besteuerungsgrundlagen gem. § 47 Abs. 1 KStG a.F. und über die verbleibenden Verlustabzüge zur Körperschaftsteuer). Somit sind die vor Eröffnung des Insolvenzverfahrens begründeten Steuerforderungen ausschließlich zur Insolvenztabelle anzumelden. Das betrifft auch nicht fällige bzw. noch nicht festgesetzte oder nicht angemeldete Steuern. 458

Auch gegen den Insolvenzschuldner darf während des anhängigen Insolvenzverfahrens kein Steuerbescheid wegen Steuerforderungen erlassen werden, die vor Eröffnung des Insolvenzverfahrens begründet sind. 459

In der Praxis erlässt das Finanzamt keinen Steuerbescheid, sondern gibt lediglich dem Insolvenzverwalter eine Ausfertigung des Steuerbescheides unter Weglassung der Rechtsbehelfsbelehrung informatorisch zur Kenntnis und meldet die sich nach diesem informatorischen Bescheid ergebenden Steuerschulden des Insolvenzschuldners zur Tabelle an. Derartige Berechnungen ergehen durch 460

Rangstelle zu bezeichnen. Im Prüfungstermin werden auch die Steuerforderungen geprüft, die nach Ablauf der Anmeldefrist angemeldet werden. Falls der Insolvenzverwalter oder ein Insolvenzgläubiger der Prüfung widerspricht oder sofern die Steuerforderung erst nach dem Prüfungstermin angemeldet wird, erfolgt die Prüfung in einem gesonderten Prüfungstermin (§ 177 InsO).

445 Die Steuerforderungen gelten als festgestellt, wenn weder Insolvenzgläubiger noch der Insolvenzverwalter der Feststellung widersprochen haben (§ 178 InsO).

446 Zur Steuerberechnung und Wirkung des Tabelleneintrages im Insolvenzverfahren (vgl. *BFH* ZInsO 2012, 185). Grundlage für die Anmeldung einer Umsatzsteuerforderung im Insolvenzverfahren nach §§ 174 ff. InsO ist der gem. §§ 16 ff. UStG berechnete Steueranspruch für das Kalenderjahr. Im Jahr der Insolvenzeröffnung ist die anzumeldende Steuer für den Zeitraum bis zur Insolvenzeröffnung zu berechnen. Werden zur Insolvenztabelle angemeldete Ansprüche aus dem Steuerschuldverhältnis ohne Widerspruch in die Tabelle eingetragen, kommt der Eintragung dieselbe Wirkung wie der beim Bestreiten vorzunehmenden Feststellung gem. § 185 InsO i.V.m. § 251 Abs. 3 AO zu und kann wie diese unter den Voraussetzungen des § 130 AO geändert werden.

447 Masseforderungen können nicht zur Tabelle angemeldet und durch Feststellungsbescheide festgestellt werden, sondern müssen nach Eröffnung des Insolvenzverfahrens gegenüber dem Insolvenzverwalter durch Steuerbescheid festgesetzt werden (*BFH* ZInsO 2012, 229).

448 Meldet das Finanzamt nichttitulierte Umsatzsteuerforderungen in einer Summe zur Insolvenztabelle an, so ist die Anmeldung wirksam erfolgt, wenn durch den Inhalt der Anmeldung sichergestellt ist, dass nur bestimmte Sachverhalte erfasst sind, die zur Verwirklichung der gesetzlichen Tatbestände des UStG geführt haben. Das ist bei einer durch Betrag und Zeitraum bezeichneten Umsatzsteuerforderung regelmäßig der Fall (*BFH* ZInsO 2012, 229).

5. Der Prüfungstermin

449 Im Insolvenzverfahren werden nach § 176 Abs. 1 InsO die angemeldeten Steuerforderungen ihrem Betrag und ihrem Rang nach geprüft. Die Forderungen, die vom Insolvenzverwalter, vom Schuldner oder von einem Insolvenzgläubiger bestritten werden, sind einzeln zu erörtern.

450 Nach § 178 Abs. 1 Satz 1 InsO gilt eine Forderung als festgestellt, wenn gegen sie weder vom Insolvenzverwalter noch von einem Insolvenzgläubiger im Prüfungstermin Widerspruch erhoben wird. Das Gleiche gilt, wenn ein zunächst erhobener Widerspruch beseitigt ist. Ist eine Steuerforderung auf der Grundlage eines vor Insolvenzeröffnung ergangenen Steuerbescheides angemeldet worden, so tritt der widerspruchsfreie Tabellenauszug an die Stelle des Steuerbescheids, d.h. er ersetzt diesen. Der Tabellenauszug ist damit Steuerbescheid mit der Wirkung eines rechtskräftigen Urteils. Erfasst der Tabellenauszug das ganze Jahr, weil auch die Anmeldung aus einem Jahressteuerbescheid oder einer Jahressteuerberechnung vorgenommen wurde, so ist der widerspruchsfreie Tabellenauszug die abschließende Jahresveranlagung und der jetzt maßgebliche Jahressteuerbescheid. Bei Vorliegen von Einsprüchen ist davon auszugehen, dass ein Feststellungsinteresse und damit eine Sachentscheidungsvoraussetzung für die Fortführung von vor Insolvenzeröffnung anhängigen Einspruchsverfahren fehlt, wenn im Prüfungstermin kein Widerspruch erhoben wurde.

451 Das Insolvenzgericht trägt nach § 206 Abs. 1 Satz 1 InsO bei jeder angemeldeten Forderung in die Tabelle ein, inwieweit die Forderung ihrem Betrag und ihrem Rang nach festgestellt ist oder wer der Feststellung widersprochen hat.

452 Ist eine Steuerforderung vom Insolvenzverwalter oder von einem Insolvenzgläubiger bestritten worden, so bleibt es gem. § 179 Abs. 1 InsO dem Finanzamt als Gläubiger überlassen durch Erlass eines Feststellungsbescheides, die Feststellung gegen den Bestreitenden zu betreiben.

453 Liegt für eine bestrittene Steuerforderung bereits ein bestandskräftiger Steuerbescheid vor, so obliegt es dem Bestreitenden den Widerspruch weiter zu verfolgen (*FG Baden-Württemberg* EFG 2012, 1382).

vorheriger Festsetzung durch Verwaltungsakt, Feststellung oder Anmeldung zur Insolvenztabelle bedarf (*BGH* DB 2013, 109; ZInsO 2013, 184).

Sind sie unverzinslich, so sind sie mit dem gesetzlichen Zinssatz abzuzinsen (§ 41 Abs. 2 InsO). Sie vermindern sich dadurch auf den Betrag, der bei Hinzurechnung der gesetzlichen Zinsen für die Zeit von der Eröffnung des Insolvenzverfahrens bis zur Fälligkeit dem vollen Betrag der Forderung entspricht. 436

Als fällig zur Insolvenztabelle anzumelden sind auch Steuerforderungen, deren Vollziehung gem. § 361 AO ausgesetzt ist. Da bei einer ausgesetzten Steuerforderung gem. § 237 AO Aussetzungszinsen zu zahlen sind, entfällt bei einer Anmeldung der Forderung zur Insolvenztabelle die Abzinsung. Das Gleiche gilt für gestundete oder nicht fällige hinterzogene Steuern, soweit diese als fällig zur Insolvenztabelle anzumelden sind. Auch in diesen Fällen ergibt sich die Verzinsung unmittelbar aus der AO, § 234 AO für Stundungszinsen und § 235 AO für Hinterziehungszinsen. 437

I.d.R. sind Steuerforderungen unverzinslich. Eine Ausnahme gilt für Abschlusszahlungen i.S.d. § 233a AO, die Grunderwerbsteuer, § 3 Abs. 2 GrEStG (alt), § 19 Abs. 9 BerlinFG, § 5 Abs. 7 InvZulG, wo eine Verzinsung ausdrücklich gesetzlich vorgesehen ist. Säumniszuschläge sind ein Druckmittel eigener Art und insoweit nicht als Verzinsung anzusehen. Die Möglichkeit der Errichtung von Säumniszuschlägen macht die Steuerforderung nicht zu einer verzinslichen Forderung. 438

Eine unverzinsliche Steuerforderung ist mit dem gesetzlichen Zinsfuß von 4 % (§ 246 BGB) abzuzinsen. 439

Ist eine Steuer im Zeitpunkt der Eröffnung des Insolvenzverfahrens zwar entstanden, aber noch nicht festgesetzt worden, so entfallen wegen der Eröffnung des Insolvenzverfahrens die Steuerfestsetzung und damit auch die Fälligkeit der Steuerforderung. In diesem Fall ist gem. § 69 KO der Abzinsungsbetrag der unverzinslichen Steuerforderung unter Zugrundelegung eines Zinssatzes von 4 % zu schätzen. Grundlage hierfür ist der Zeitraum, in dem die Steuerforderung nach dem gewöhnlichen Lauf der Dinge und dem Fortgang der Veranlagungsarbeiten von dem zuständigen Finanzamt festgesetzt worden wäre. 440

Befristete Forderungen sind Forderungen, die bereits i.S.d. § 38 InsO begründet, aber steuerrechtlich noch nicht entstanden sind, weil die Steuerschuld erst nach Ablauf eines hierfür maßgebenden Besteuerungszeitraumes entsteht. Dies gilt insbesondere für die Einkommensteuer gem. § 26 Abs. 1 EStG, die Körperschaftsteuer nach § 30 Nr. 3 KStG und die Gewerbesteuer nach § 18 GewStG. Bei diesen Steuerarten ist der Teil der bei der Eröffnung des Insolvenzverfahrens begründeten, aber nach Eröffnung des Insolvenzverfahrens entstandenen Steuerforderung befristet, da das Entstehen von einem zukünftigen gewissen Ereignis, dem Ablauf des jeweiligen Besteuerungszeitraumes, abhängig ist. 441

Befristete Steuerforderungen sind analog § 163 BGB wie aufschiebend bedingte Steuerforderungen zu behandeln. Da sie gem. § 38 InsO als im Zeitpunkt der Eröffnung des Insolvenzverfahrens begründet gelten, sind sie als Insolvenzforderungen geltend zu machen. 442

Die Unterscheidung zwischen betagten und befristeten Forderungen hatte im Konkurs für das Konkursvorrecht Bedeutung. Im Insolvenzrecht ist die Unterscheidung wegen Wegfalls der Vorrechte ohne Bedeutung. 443

4. Anmeldung von Steuerforderungen

Die im Zeitpunkt der Eröffnung des Insolvenzverfahrens begründeten Steuerforderungen (§ 38 InsO) hat die Vollstreckungsstelle des Finanzamtes unter Angabe von Grund und Betrag beim Insolvenzverwalter anzumelden (§ 174 InsO). Dieser trägt die Forderungen in die Insolvenztabelle ein (§ 175 InsO). Die Forderungen nachrangiger Gläubiger sind nur anzumelden, soweit das Insolvenzgericht besonders zur Anmeldung dieser Forderungen auffordert (§ 174 Abs. 3 InsO). Bei der Anmeldung solcher Forderungen ist auf den Nachrang hinzuweisen und die dem Gläubiger zustehende 444

ii) Erstattungsanspruch

429 Ein Erstattungsanspruch bezieht sich gem. § 37 Abs. 2 AO auf eine Steuer, eine Steuervergütung, einen Haftungsbetrag oder eine steuerliche Nebenleistung, die ohne rechtlichen Grund gezahlt oder zurückgezahlt worden ist und vom Zahlungsempfänger zu erstatten ist. Durch einen derartigen Erstattungsanspruch werden ohne rechtlichen Grund bewirkte unmittelbare Vermögensverschiebungen wieder ausgeglichen.

430 Ein Erstattungsanspruch des Finanzamtes ist insolvenzrechtlich gem. § 38 InsO begründet mit der Rückzahlung der Beträge ohne rechtlichen Grund. Ist die Zahlung vor der Eröffnung des Insolvenzverfahrens geleistet worden, so ist der Erstattungsanspruch selbst dann als Insolvenzforderung zur Tabelle anzumelden, wenn der Anspruch vor diesem Zeitpunkt noch nicht festgesetzt war, oder wenn der ursprüngliche Steuerbescheid weder geändert noch aufgehoben worden ist (für den Konkurs, vgl. *BFH* BStBl. II 1968 S. 496 = BB 1972, 1258).

431 Der dem Insolvenzschuldner zustehende Steuererstattungsanspruch aus zuviel gezahlter Lohn-, Einkommen-, Umsatz-, Gewerbesteuer und sonstigen Steuerarten ist pfändbar und gehört zur Insolvenzmasse (für den Konkurs: *Hess* KO, § 1 Rn. 77; zur dogmatischen Einordnung s. *Jaeger/Henckel* KO, § 1 Rn. 135; *Kuhn/Uhlenbruck* KO, § 1 Rn. 73b; *Kilger/Karsten Schmidt* KO, § 1 Rn. 2 B, d). Dies gilt auch für nach Eröffnung des Insolvenzverfahrens entstandene Ansprüche auf Erstattung von Kraftfahrzeugsteuer, wenn der Rechtsgrund für die Erstattung auf Steuer(voraus-)zahlungen zurückzuführen ist, die der Insolvenzschuldner vor der Eröffnung des Insolvenzverfahrens geleistet hat (für den Konkurs: *BFH* ZIP 1993, 934 = HFR 1993, 496).

432 Im Insolvenzverfahren dürfen Bescheide, die auch nur möglicherweise eine Auswirkung auf die Anmeldungen zur Tabelle haben könnten, nicht erlassen werden (*BFH* BStBl. II 2005, S. 246; BStBl. II 2003, S. 630). Dies gilt auch für Erstattungsbescheide. Es sind insoweit Berechnungen zu fertigen, die an den Insolvenzverwalter bekannt zu geben sind. Fraglich ist, ob auf Grundlage von Berechnungen auch Auszahlungen an die Masse erfolgen dürfen, oder ob der Insolvenzverwalter vor einer Erstattung einen entsprechenden Bescheid beantragen muss.

433 Der Anspruch auf Rückgewähr in anfechtbarer Weise geleisteter Steuern nach § 143 Abs. 1 InsO ist kein Anspruch aus dem Steuerschuldverhältnis i.S.d. § 37 Abs. 1 AO, sondern ein bürgerlich-rechtlicher Anspruch. Es ist daher ernstlich zweifelhaft, ob das auf einen solchen Anspruch Geleistete mit Hilfe eines hoheitlich ergehenden Bescheides zurückgefordert werden kann (*BFH*-Beschl. ZInsO 2012, 2048 = BStBl. II 2012, S. 854) In dem vom BFH entschiedenen Fall hatte das Finanzamt Lohnsteuerbeträge im Wege der Lastschrift eingezogen. Nach Eröffnung des Insolvenzverfahrens hatte der Insolvenzverwalter die Zahlungen angefochten, so dass das Finanzamt sie an die Insolvenzmasse erstattete. Nach erneuter Prüfung forderte das Finanzamt die Beträge nach den Vorschriften der AO mittels Rückforderungsbescheides vom Insolvenzverwalter zurück.

jj) Haftungsansprüche

434 Haftungsansprüche sind gem. § 38 InsO begründet, wenn der ihnen zugrunde liegende Anspruch aus dem Steuerschuldverhältnis gem. § 37 AO begründet ist. Voraussetzung für die Geltendmachung und das Begründetsein des Haftungsanspruchs ist das Vorliegen eines wirksamen Haftungsbescheides gem. § 191 AO. Liegt im Zeitpunkt der Eröffnung des Insolvenzverfahrens noch kein Haftungsbescheid vor, so kann ein möglicher Haftungsanspruch dennoch dem Grunde und der Höhe nach durch Anmeldung zur Insolvenztabelle geltend gemacht werden.

b) Nicht fällige Forderungen

435 Nicht fällige Forderungen gelten gem. § 41 Abs. 1 InsO als fällig und sind deshalb als fällige Forderungen zur Tabelle anzumelden. Wird über das Vermögen des Steuerschuldners das Insolvenzverfahren eröffnet, werden vorbehaltlich spezieller gesetzlicher Fälligkeitsbestimmungen die in diesem Zeitpunkt entstandenen Steuerforderungen gem. § 220 Abs. 2 Satz 1 AO fällig, ohne dass es deren

§ 55 Abs. 1 Nr. 1 InsO (vgl. *BFH* BFH/NV 2011, 952 in Fortführung des BFH-Urteils zur Ist- Besteuerung, *BFH* BStBl. II 2009, 682).

ff) Grunderwerbsteuer

Die Grunderwerbsteuer ist insolvenzrechtlich i.S.d. § 38 InsO begründet, soweit grunderwerbsteuerlich relevante Erwerbsvorgänge vor Eröffnung des Insolvenzverfahrens verwirklicht worden sind.

425

gg) Kraftfahrzeugsteuer

Die Kraftfahrzeugsteuer ist insolvenzrechtlich i.S.d. § 38 InsO begründet mit dem Beginn des Haltens eines Kraftfahrzeuges oder eines Anhängers zum Verkehr auf öffentlichen Straßen (§ 1 KraftStG). Die Kraftfahrzeugsteuerforderung ist gem. §§ 4, 13 KraftStG grds. auf den Zeitraum eines Jahres begrenzt. Liegen gem. § 13 Abs. 2 KraftStG die Voraussetzungen für ein Entrichten der Kraftfahrzeugsteuer für ein halbes Jahr, ein Vierteljahr oder für einen Monat vor, so wird die Steuerforderung nur für diesen verkürzten Zeitraum begründet. Die auf Zeiträume nach der Eröffnung des Insolvenzverfahrens bzw. nach Wirksamwerden des allgemeinen Veräußerungsverbots bei Bestellung eines vorläufigen Insolvenzverwalters entfallende KFZ-Steuer gehört zu den Masseverbindlichkeiten (*BFH* BFH/NV 1998, 86).

426

Die Steuerpflicht endet mit der Beendigung der Haltereigenschaft, insbesondere bei der endgültigen Außerbetriebsetzung des Kraftfahrzeuges oder bei einer Betriebsuntersagung durch die Verwaltungsbehörde (§§ 5–7 KraftStG). Setzt der Insolvenzschuldner nachdem seine Steuerpflicht zu einem bestimmten Zeitpunkt nach Eröffnung des Insolvenzverfahrens beendet war, das Halten des Fahrzeuges fort, so entsteht ab diesem Zeitpunkt eine neue Kraftfahrzeugsteuerforderung des Finanzamtes.

427

hh) Investitionszulage

Die Investitionszulage wird i.d.R. unter der Voraussetzung gewährt, dass die begünstigten Wirtschaftsgüter in bestimmter Weise verwendet werden und einen bestimmten Zeitraum, zumeist drei Jahre nach ihrer Herstellung und Anschaffung, in einem Unternehmen oder einer Betriebsstätte verbleiben. Das Finanzamt kann die Investitionszulage zurückfordern, wenn diese Voraussetzungen vom Zulageempfänger nicht erfüllt werden. Eine Rückzahlung der Investitionszulage gilt auch für Wirtschaftsgüter, die im Rahmen eines Insolvenzverfahrens innerhalb des schädlichen Zeitraumes veräußert worden sind. Die Investitionszulage wird damit gleichsam unter dem Vorbehalt gewährt, dass sie bei Nichterfüllen der begünstigten Verwendung der Wirtschaftsgüter und/oder bei Nichteinhaltung des Begünstigungszeitraumes zurückzuzahlen ist. Damit ist der Rechtsgrund für das Entstehen des Rückzahlungsanspruches bereits vor Eröffnung des Insolvenzverfahrens vollständig gelegt worden. Der Anspruch auf Rückzahlung zu Unrecht gewährter Investitionszulagen ist insoweit insolvenzrechtlich i.S.d. § 38 InsO schon vor Eröffnung des Insolvenzverfahrens begründet, wenn das zulagebegünstigte Wirtschaftsgut vor Eröffnung des Insolvenzverfahrens zulageschädlich verwendet wurde, z.B. dadurch, dass es veräußert oder vom Anlagevermögen in das Umlaufvermögen umqualifiziert wurde. Die nach Eröffnung des Insolvenzverfahrens erfolgte zulageschädliche Verwendung des Wirtschaftsguts führt ebenfalls zu einer Insolvenzforderung. Der Rückforderungsanspruch war schon vor Eröffnung des Insolvenzverfahrens begründet, weil das schuldrechtliche Verhältnis, aus dem später der Rückforderungsanspruch entstanden ist, bereits zum Zeitpunkt der Verfahrenseröffnung bestand (*BMF* 16.12.1998 Tz. 4.2). Wird über das Vermögen des Rückforderungsschuldners einer Investitionszulage das Insolvenzverfahren eröffnet, kann die Finanzbehörde ihren Rückforderungsbescheid nicht durch Feststellung gem. § 251 Abs. 3 AO, sondern nur durch Aufnahme des Rechtsstreites gem. § 146 Abs. 3 i.V.m. Abs. 5 KO verfolgen (*FG Münster* EFG 1997, 565 für den Konkurs).

428

muss die Vorsteuern insbesondere nicht ausschließlich mit den Steuern verrechnen, die auf die sachlich dazu gehörenden Umsätze entfallen.

418 Werden die Vorsteuern mit Umsatzsteuern aus Umsätzen vor Eröffnung des Insolvenzverfahrens verrechnet, so mindert sich dadurch die zur Tabelle (§ 175 InsO) anzumeldende Umsatzsteuer. Übersteigen die in den Voranmeldungszeitraum der Eröffnung des Insolvenzverfahrens fallenden Vorsteuerabzugsbeträge die Umsatzsteuer, die auf vom Insolvenzschuldner vor Insolvenzeröffnung getätigte Umsätze entfällt, so handelt es sich bei dem dabei entstehenden Guthaben um einen Anspruch der Insolvenzmasse, den der Insolvenzverwalter zugunsten der Insolvenzmasse geltend zu machen hat (im Konkurs, vgl. *FG Münster* UR 1987, 178 [180]). Macht der Insolvenzverwalter die abziehbaren Vorsteuerbeträge dagegen erst im Rahmen der Jahresveranlagung geltend, so stellt die Umsatzsteuer, die auf bis zur Eröffnung des Insolvenzverfahrens getätigte Umsätze entfällt, in voller Höhe eine Insolvenzforderung dar. Dies gilt unabhängig von dem später noch möglichen oder zulässigen Vorsteuerabzug. Im Einzelfall kann es sich für den Insolvenzverwalter empfehlen, das Finanzamt zu veranlassen, den Veranlagungszeitraum abzukürzen. Hierdurch kann erreicht werden, dass die in den einzelnen Veranlagungszeiträumen noch nicht verrechneten Vorsteuerguthaben für die Masse frei werden.

419 Ändert sich die Bemessungsgrundlage für die Umsatzsteuer, so führt dies beim Leistungsempfänger gem. § 17 UStG zu einer Berichtigung des Vorsteuerbetrages. Im Fall der Eröffnung des Insolvenzverfahrens ändert sich die Bemessungsgrundlage, insbesondere bei Uneinbringlichkeit des Entgeltes. Die Uneinbringlichkeit des Entgeltes führt gem. § 17 Abs. 1 UStG zu einer Berichtigung der Umsatzsteuer beim Leistenden sowie der Vorsteuer beim Schuldner als Leistungsempfänger. Die Berichtigungen sind gem. § 17 Abs. 1 Satz 2 UStG für den Voranmeldungs- oder Veranlagungszeitraum vorzunehmen, in dem die Änderung des Entgeltes eingetreten oder die Forderung uneinbringlich geworden ist.

420 Bei Eröffnung des Insolvenzverfahrens können die Gläubiger grds. mit einem (Teil-) Ausfall ihrer Forderungen gegen den Insolvenzschuldner rechnen. Die Ausfallhöhe stellt sich i.d.R. erst im Verlauf oder nach Abschluss des Insolvenzverfahrens heraus. Soweit die Gläubiger mit einer Befriedigung ihrer Forderungen nicht mehr rechnen können, sind sie berechtigt, die Entgelte und die darauf bereits entrichtete Umsatzsteuer zu mindern.

421 In gleicher Höhe wie bei der Minderung des Entgeltes ist der Insolvenzverwalter verpflichtet, den vom Insolvenzschuldner noch vorgenommenen Vorsteuerabzug zu berichtigen. Unterlässt der Insolvenzverwalter dies, so wird das Finanzamt i.d.R. nach Vornahme einer Umsatzsteuersonderprüfung die Voranmeldung für den Zeitraum der Eröffnung des Insolvenzverfahrens berichtigen und gem. § 18 Abs. 3 Satz 3 UStG die zutreffende Vorauszahlung vornehmen.

422 In der Praxis lässt sich die genaue Höhe des Forderungsausfalles innerhalb der Anmeldefrist nicht feststellen. Insoweit ist das Finanzamt vielfach gezwungen, die Höhe des Forderungsausfalles anhand der bis zur Eröffnung des Insolvenzverfahrens unbezahlten Rechnungen zu schätzen und den sich danach ergebenden Umsatzsteueranspruch mit dem Hinweis zur Insolvenztabelle anzumelden, dass die endgültige Höhe der Umsatzsteuerforderung von dem endgültigen Ausfall der Forderung der übrigen Gläubiger abhänge.

423 Der Berichtigungsanspruch besteht gem. § 17 Abs. 1 Satz 2 UStG und § 18 Abs. 2 UStG für den Veranlagungszeitraum bzw. Voranmeldungszeitraum, in dem sich die Bemessungsgrundlage geändert hat. Dies ist spätestens der Zeitpunkt, in dem über den Antrag auf Eröffnung des Insolvenzverfahrens entschieden worden ist – in diesem Zeitpunkt – der vor Eröffnung des Insolvenzverfahrens liegt, ist der Berichtigungsanspruch i.S.d. § 38 InsO begründet und damit als Insolvenzforderung geltend zu machen.

424 Vereinnahmt der Insolvenzverwalter eines Unternehmens nach Insolvenzeröffnung das Entgelt für eine vor der Eröffnung des Insolvenzverfahrens ausgeführten Leistung, begründet die Entgeltvereinbarung nicht nur bei der Ist-, sondern auch bei der Sollbesteuerung eine Masseverbindlichkeit i.S.v.

(§ 187 SGB III) von der zuständigen Agentur für Arbeit in Höhe des vollen Nettoverdienstes für die letzten drei Monate des Arbeitsverhältnisses. Mit Stellung des Antrages auf Insolvenzgeld geht gem. § 187 SGB III der Anspruch auf das Nettoarbeitsentgelt auf die Agentur für Arbeit über. Steuerlich unterliegen die Auszahlungen der Insolvenzgelder durch die Agentur für Arbeit an die Arbeitnehmer als übrige Leistungen nach dem SGB III gem. § 3 Nr. 2 EStG weder der Einkommen- noch der Lohnsteuer. Spätere Erstattungen des Insolvenzgeldes durch den Insolvenzverwalter an die Agentur für Arbeit berühren nicht mehr das Arbeitsverhältnis. Da es sich insoweit nicht um Auszahlungen von Arbeitslohn handelt, sind sie steuerfrei (vgl. insoweit für den Konkurs, *Hess* KO, Anh. II § 141d Rn. 4, 7 ff.; *Jaeger/Henckel* KO, § 3 Rn. 83).

dd) Gewerbesteuer

Bei der Gewerbesteuer wird für das Jahr der Eröffnung des Insolvenzverfahrens ein einheitlicher Messbetrag ermittelt. Die auf dieser Grundlage erhobene Gewerbesteuer ist aufzuteilen in eine Insolvenzforderung und in eine sonstige Masseverbindlichkeit i.S.d. § 55 InsO für den Zeitraum nach Eröffnung des Insolvenzverfahrens. 412

ee) Umsatzsteuer

Umsatzsteuerforderungen sind im Zeitpunkt der Eröffnung des Insolvenzverfahrens i.S.d. § 38 InsO begründet, soweit die Umsätze vor Eröffnung des Insolvenzverfahrens vereinnahmt oder vereinbart worden sind. Nicht entscheidend ist der Zeitpunkt des Entstehens der Umsatzsteuerforderung. Die Umsatzsteuer entsteht gem. § 13 Abs. 1 UStG mit Ablauf des Voranmeldungszeitraumes, in dem, soweit die Besteuerung nach vereinbarten Entgelten erfolgt, die Lieferung und sonstigen Leistungen (auch Teilleistungen) ausgeführt worden sind. Erfolgt die Besteuerung nach vereinnahmten Entgelten, so entsteht die Umsatzsteuer mit Ablauf des Voranmeldungszeitraumes, in dem die Entgelte vereinnahmt worden sind. 413

Umsatzsteuerforderungen sind vielfach jedoch schon i.S.d. § 38 InsO begründet, bevor die Steuerschuld voll entstanden ist. Dies ist dann der Fall, wenn sie Umsätze betreffen, bei denen bei der Ist-Besteuerung bis zur Eröffnung des Insolvenzverfahrens die Entgelte vereinnahmt oder bei der Soll-Besteuerung die Lieferungen oder sonstigen Leistungen ausgeführt worden sind oder die Entnahmen, Verwendungen und die Aufwendungen getätigt worden sind. 414

Durch die Eröffnung des Insolvenzverfahrens wird der laufende Veranlagungszeitraum nicht unterbrochen (für den Konkurs: *BFH* UR 1987, 291 [293] m. Anm. *Weiss*; a.A. *Weiss* Insolvenz und Steuern, S. 294; *Probst* UR 1988, 39 [41]; vgl. *Fischer* BB 1989, 1 [2] m.w.N.). Soweit der umsatzsteuerauslösende Tatbestand vor Eröffnung des Insolvenzverfahrens verwirklicht worden ist, ist zwar umsatzsteuerrechtlich im Zeitpunkt der Eröffnung des Insolvenzverfahrens noch keine Umsatzsteuerforderung entstanden. Dennoch ist die Umsatzsteuerforderung nach § 38 InsO begründet und insoweit als Insolvenzforderung geltend zu machen, unabhängig davon ob die Umsätze nach vereinbarten oder nach vereinnahmten Entgelten zu versteuern sind. 415

Wenn die Eröffnung des Insolvenzverfahrens in einen laufenden Voranmeldungszeitraum fällt, empfiehlt es sich für den Insolvenzverwalter aus Gründen der Zweckmäßigkeit und Vereinfachung zwei Umsatzsteuervoranmeldungen abzugeben, eine für den Zeitraum vom Beginn des Voranmeldungszeitraumes bis zur Eröffnung des Insolvenzverfahrens und die andere für den sich daran anschließenden Zeitraum vom Tag der Eröffnung des Insolvenzverfahrens bis zum Ende des Voranmeldungszeitraumes. Auf die Abgabe von zwei Voranmeldungen in diesem Fall hat das Finanzamt jedoch keinen Anspruch. 416

Hinsichtlich des Abzuges von Vorsteuerbeträgen nach § 15 Abs. 1 UStG hat der Unternehmer ein Wahlrecht, zu welchem Zeitpunkt er die in den Veranlagungszeitraum fallenden Vorsteuerbeträge abzieht, verrechnet oder deren Erstattung verlangt (§ 16 Abs. 2 Satz 1 UStG). Grds. kann der Unternehmer die Vorsteuerbeträge so verrechnen, wie sie bei ihm in seinem Unternehmen anfallen. Er 417

verfolgt, den Steuerpflichtigen zu einer rechtzeitigen Abgabe der Steuererklärung anzuhalten und den Zinsvorteil, der dem Steuerpflichtigen durch die verspätete Abgabe der Steuererklärung entstanden ist, auszugleichen. Der Verspätungszuschlag stellt insoweit kein Zwangsgeld dar.

404 Das Gleiche gilt für den Säumniszuschlag, der ebenfalls ein Druckmittel eigener Art und kein Zwangsgeld ist.

405 Das Erfordernis des Begründetseins der Steuerforderung nach § 38 InsO gilt für alle Steuerforderungen. Bei den einzelnen Steueransprüchen gelten dabei folgende Besonderheiten:

aa) Einkommensteuer- und Körperschaftsteuervorauszahlungen

406 Die Einkommensteuer- bzw. Körperschaftsteuervorauszahlungen entstehen mit Beginn des jeweiligen Kalendervierteljahres, in dem die Vorauszahlungen zu entrichten sind (§ 37 Abs. 1 EStG, § 48 Buchst. b KStG). Die vor der Eröffnung des Insolvenzverfahrens begründete Steuerschuld ist dabei auflösend bedingt durch die Jahressteuerschuld. Sie werden gem. § 42 InsO, solange die Bedingung nicht eingetreten ist wie unbedingte Forderungen berücksichtigt. In der Praxis ist es unzweckmäßig, bereits Einkommensteuer- oder Körperschaftsteuervorauszahlungen als Insolvenzforderung anzumelden, soweit sich ein dagegen richtender Widerspruch im Wege der Jahresveranlagung erledigen kann.

bb) Einkommen- und Körperschaftsteuerjahresschuld

407 Die Eröffnung des Insolvenzverfahrens führt zu einer Einkommensbesteuerung der Insolvenzmasse. Dabei sind alle während der Dauer des Insolvenzverfahrens erzielten Einkünfte für den jeweiligen Veranlagungszeitraum zusammenzufassen. Mit Ablauf des jeweiligen Veranlagungszeitraumes entsteht eine Einkommensteuer als Jahressteuer. Die einheitlich ermittelte Einkommensteuer- oder Körperschaftsteuerjahresschuld ist eine Insolvenzforderung, soweit sie auf den Zeitraum vor der Eröffnung des Insolvenzverfahrens entfällt und eine sonstige Masseverbindlichkeit i.S.d. § 55 InsO für die Steuer, die auf die durch den Insolvenzverwalter nach Eröffnung des Insolvenzverfahrens erzielten Gewinne entfällt. Die Jahressteuerschuld ist entsprechend aufzuteilen.

408 Die Einkommensteuer auf einen Veräußerungsgewinn gehört nach einem Vorbescheid des *BFH* (für den Konkurs: ZIP 1984, 853) nur insoweit zu den Massekosten, als sie auf dem endgültig zur Insolvenzmasse gelangten Betrag lastet (a.A. *Jaeger/Henckel* KO, § 3 Rn. 74; *Kilger/Karsten Schmidt* KO, § 3 Rn. 4h, wonach es sich um eine Konkursforderung handeln soll).

409 Stellt sich bei der Jahresveranlagung heraus, dass die Einkommensteuer bzw. Körperschaftsteuerjahresschuld geringer ist, als die entrichteten Vorauszahlungen und Abzugsbeträge, so fällt der danach vom Finanzamt zu erstattende Betrag in die Insolvenzmasse (*BFH* BFHE 128, 146 für den Konkurs).

cc) Lohnsteuerforderungen

410 Lohnsteuerforderungen in der Insolvenz des Arbeitgebers sind mit dem Zeitpunkt begründet, in dem der Lohn dem Arbeitnehmer zufließt (§ 38 Abs. 2 Satz 2 EStG). Der Zufluss des Lohnes ist dann anzunehmen, wenn der Arbeitnehmer die wirtschaftliche Verfügungsmacht darüber erhält. Zu den Lohnzahlungen gehören auch vorläufige Zahlungen, Vorschüsse auf erst später fällige oder später abzurechnende Arbeitslöhne sowie Abschlagszahlungen. Da der Lohnzufluss und nicht die Entstehung der Lohnforderung für das Begründetsein i.S.d. § 38 InsO entscheidend ist, stellen Lohnsteuerbeträge, die auf im Zeitpunkt der Eröffnung des Insolvenzverfahrens rückständige aber nach Eröffnung des Insolvenzverfahrens ausgezahlte Löhne entfallen, keine Insolvenzforderungen sondern sonstige Masseverbindlichkeiten i.S.d. § 55 Abs. 1 Nr. 2 InsO dar (a.A. für den Konkurs, *BFH* BB 1975, 1047; *Jaeger/Henckel* KO, § 3 Rn. 81, 82; *Kilger/Karsten Schmidt* KO, § 3 Rn. 4k; *Hess* KO, § 3 Rn. 32; *BMF* v. 16.12.1998, Tz. 4.2).

411 Besonderheiten gelten hinsichtlich des Insolvenzausfallgeldes, das der Arbeitnehmer auch im Insolvenzverfahren bei Zahlungsunfähigkeit des Arbeitgebers (§ 183 SGB III) auf entsprechenden Antrag

399 Das **Begründetsein der Steuerforderung** bedeutet nicht, dass sie zu diesem Zeitpunkt bereits durchsetzbar in Form einer fälligen Forderung bestanden haben muss. Ausreichend ist, wenn der den Steueranspruch sachlich-rechtlich begründende Tatbestand bei Verfahrenseröffnung gegeben war. Im Unterschied zur KO stellt die InsO für die Einordnung der zum Insolvenzverfahren anzumeldenden Ansprüche nur noch auf den Zeitpunkt der Begründetheit ab. Auf die steuerrechtliche Entstehung der Forderung kommt es im Insolvenzverfahren nicht mehr an. Das bedeutet, dass eine Steuerforderung unabhängig von der steuerrechtlichen Entstehung immer dann als Insolvenzforderung i.S.d. § 38 AO anzusehen ist, wenn ihr Rechtsgrund zum Zeitpunkt der Verfahrenseröffnung bereits gelegt war. Die insolvenzrechtliche Regelung des § 38 InsO gilt für alle Steueransprüche. Das Begründetsein vor Insolvenzeröffnung ist deshalb für jeden Steueranspruch eines jeden Jahres und für jede Steuerart gesondert zu prüfen. Die Prüfung bezieht sich darauf, ob diese Steuerforderung zur Tabelle anzumelden ist oder ob sie als Steuerforderung in einem Steuerbescheid gegenüber dem Insolvenzverwalter geltend zu machen ist.

400 Das Begründetsein einer Steuerforderung ist von ihrer Entstehung und ihrer Fälligkeit zu unterscheiden.

401 So kann eine Steuerforderung i.S.d. § 38 InsO begründet sein, bevor sie im steuerrechtlichen Sinne (§ 38 AO) entstanden ist. Dies gilt insbesondere für Steuerforderungen, die wie die Einkommensteuer (§ 36 Abs. 1 EStG), die Umsatzsteuer (§ 13 Abs. 1 UStG), die Gewerbesteuer (§ 18 GewStG), die Grundsteuer (§ 9 Abs. 2 GrStG) sowie die Erbschaftsteuer (§ 9 Abs. 1 ErbStG) an den Ablauf eines bestimmten Zeitraumes, z.B. des Veranlagungs- oder des Voranmeldungszeitraumes gebunden sind.

402 Das Begründetsein einer Steuerforderung ist von **der Fälligkeit** zu unterscheiden. Fällig werden (§ 220 AO) kann eine Steuerforderung erst, nachdem sie entstanden ist. Insofern reicht es nicht aus, dass sie bereits i.S.d. § 38 InsO begründet ist. Bedürfen entstandene Steuerforderungen, bei denen es keine Fälligkeitsregelungen in den Steuergesetzen gibt, für den Eintritt der Fälligkeit gem. § 220 Abs. 2 Satz 2 InsO der Bekanntgabe ihrer Festsetzung durch Steuerbescheid, so scheint die Aufrechnung des Finanzamtes zuvor unzulässig. Um dem Finanzamt dennoch die Aufrechnung zu ermöglichen, soll sich die Fälligkeit aller Steuerforderungen mit Verfahrenseröffnung nach § 220 Abs. 2 Satz 1 AO richten, wonach die Forderungen mit ihrem Entstehen fällig werden, soweit keine besonderen gesetzlichen Regelungen bestehen (*BFH* ZInsO 2005, 654, BFH/NV 2005, 1211, BStBl. II, 2004 S. 815). Vor Inkrafttreten der InsO war die Fälligkeit einer Steuerforderung für den Rang entscheidend, welche die Steuerforderung als Konkursforderung einnahm (§ 61 Abs. 1 Nr. 2 und 3 KO). Die seit Eröffnung des Insolvenzverfahrens laufenden Zinsen, Geldstrafen und -bußen sowie das Zwangsgeld i.S.d. § 329 AO können gem. § 39 InsO als nachrangige Insolvenzforderungen geltend gemacht werden. § 39 InsO weicht insoweit vom bisher geltenden Recht der Konkursordnung ab. Bisher konnten die Zins- und Kostenforderungen, die den Konkurs- oder Vergleichsgläubigern während des Konkursverfahrens entstanden waren, die Geldstrafen und die Forderungen aus einer Freigebigkeit des Schuldners im Verfahren nicht geltend gemacht werden (§ 63 KO, § 29 VerglO). In der Praxis wird § 39 InsO in den meisten Fällen bei der Verteilung eines im Insolvenzverfahren liquidierten Vermögens ohne praktische Bedeutung sein. Ein Unterschied zu der bisherigen Regelung, des völligen Ausschlusses von der Verfahrensteilnahme ergibt sich nur in den seltenen Fällen, in denen das Insolvenzverfahren zur vollständigen Befriedigung aller übrigen Gläubiger führt und dann noch ein Überschuss verbleibt. In diesen Fällen erscheint es sachgerecht, den verbliebenen Überschuss nicht an den Schuldner herauszugeben, bevor nicht die im Verfahren aufgelaufenen Zins- und Kostenforderungen der Insolvenzgläubiger oder die Geldstrafen getilgt sind. Außerdem wird es durch die Einbeziehung der Gläubiger mit diesen Forderungen in das Insolvenzverfahren möglich, die Rechtsstellung dieser Gläubiger im Falle eines Planes sachgerechter zu bestimmen als es im bisherigen Recht des Vergleichs und des Zwangsvergleichs im Konkurs der Fall war.

403 Zu den Insolvenzforderungen gehören auch Säumnis- und Verspätungszuschläge. Bei den Verspätungszuschlägen i.S.d. § 152 AO handelt es sich um ein Druckmittel eigener Art, das den Zweck

hung oder sonstigen Verwertung auf eigene Rechnung gem. § 46 Abs. 4 AO unwirksam (vgl. hierzu krit. *Zimmer* ZInsO 2009, 2372).

j) Abweisung der Insolvenzeröffnung

392 Die Eröffnung des Insolvenzverfahrens ist abzuweisen, wenn das Vermögen des Schuldners so gering ist, dass die Kosten des Insolvenzverfahrens nicht gedeckt werden können. Die Abweisung der Insolvenzeröffnung mangels Masse erfolgt gem. § 26 InsO durch einen Beschluss des Insolvenzgerichts.

393 War ein vorläufiger Insolvenzverwalter bestellt worden, so sind die bis dahin entstandenen Steuern nur dann zu zahlen, wenn durch das Insolvenzgericht Sicherungsmaßnahmen angeordnet wurden und diese gem. § 25 Abs. 2 InsO aufgehoben wurden. In diesem Fall hat der vorläufige Insolvenzverwalter mit Verfügungsbefugnis vor der Aufhebung seiner Bestellung aus dem von ihm verwalteten Vermögen die Steuern zu bezahlen. Dies gilt insbesondere für die bis dahin entstandene Umsatzsteuer.

394 Wurden Vollstreckungsmaßnahmen seitens des Finanzamts durchgeführt, so bleiben bei Abweisung eines Insolvenzantrages mangels Masse alle Pfandrechte wirksam. Vom Finanzamt gepfändete Sachen werden von diesem abgeholt und verwertet, gepfändete Forderungen und Rechte eingezogen.

395 Steuerlich hat die Abweisung mangels Masse zur Folge, dass bei kapitalistischen Gesellschaften nach deren Löschung im Handelsregister eine Bekanntgabe von Bescheiden an die Gesellschaft nicht mehr möglich ist. In diesen Fällen ist zwar die Bestellung eines Liquidators nur zum Zweck der Entgegennahme eines Steuerbescheides möglich. Sie kommt jedoch nur in seltenen Ausnahmefällen in Betracht, wenn wirklich noch mit Zahlungseingängen zu rechnen ist. Ansonsten gelten die Regelungen in §§ 156 Abs. 2 und 261 AO.

396 Wird ausnahmsweise trotz Abweisung mangels Masse eine Liquidation nach Handels- und Gesellschaftsrecht durchgeführt, so sind die Bescheide an die Liquidatoren unter Angabe des Vertretungsverhältnisses zu richten. Dabei kann die Erzwingung der Abgabe von Steuererklärungen mittels Zwangsgeld gegenüber dem Liquidator ermessenswidrig sein, wenn der Liquidator mangels ausreichender steuerlicher Kenntnisse die Erklärungen nicht selbst erstellen kann und die Gesellschaft nicht über ausreichende Mittel verfügt, um einen Angehörigen der steuerberatenden Berufe mit der Erklärungserstellung zu beauftragen (*FG Berlin* EFG 2001, 1225).

397 Von der Abweisung mangels Masse (§ 26 InsO) ist die Einstellung mangels Masse (§ 207 InsO) zu unterscheiden, bei der sich erst nach der Eröffnung des Insolvenzverfahrens herausstellt, dass die Masse nicht ausreicht um die Verfahrenskosten (§ 54 InsO) zu decken. In diesen Fällen treten für den Zeitraum der Eröffnung des Insolvenzverfahrens bis zu dessen Einstellung die Insolvenzwirkungen ein.

3. Die vor Eröffnung des Insolvenzverfahrens nach der InsO begründeten Steuerforderungen und Erstattungsansprüche

a) Forderungen im Verfahren nach der InsO

398 Die Insolvenzmasse dient gem. § 38 InsO zur Befriedigung der persönlichen Gläubiger, die einen zur Zeit des Insolvenzverfahrens begründeten Vermögensanspruch gegen den Schuldner haben (Insolvenzgläubiger). § 38 InsO enthält die Begriffsbestimmung der Insolvenzgläubiger und entspricht inhaltlich § 3 Abs. 1 KO. Insolvenzforderungen des Finanzamtes sind danach solche Forderungen, die im Zeitpunkt der Eröffnung des Insolvenzverfahrens begründet waren. In entsprechender Anwendung der Grundsätze des § 3 KO zum Begründetsein einer Forderung im Zeitpunkt der Konkurseröffnung ist eine Steuerforderung i.S.d. § 38 InsO begründet, wenn der Rechtsgrund ihrer Entstehung im Augenblick der Eröffnung des Insolvenzverfahrens bereits gelegt war, d.h. der schuldrechtliche Tatbestand, der die Grundlage des Steueranspruchs bildet, zu diesem Zeitpunkt bereits vollständig abgeschlossen war.

– Zwangsvollstreckungen für einzelne Insolvenzgläubiger sind gem. § 89 Abs. 1 InsO während der Dauer des Insolvenzverfahrens weder in die Insolvenzmasse noch in das sonstige Vermögen des Schuldners zulässig. Da nach der InsO auch der Neuerwerb in die Insolvenzmasse fällt (§ 35 InsO), entfaltet die letzte Alternative nur bei freigegebenen Gegenständen Bedeutung.

Mit der Eröffnung des Verfahrens können zu diesem Zeitpunkt begründete Ansprüche aus dem Steuerschuldverhältnis nur noch nach Maßgabe der InsO geltend gemacht werden. Das gilt auch für Ansprüche, auf die steuerliche Verfahrensvorschriften entsprechend anzuwenden sind, wie z.B. die Rückforderung von Investitionszulage. 384

Mit Insolvenzeröffnung erlöschen gem. §§ 115, 116 InsO alle Aufträge und Geschäftsbesorgungsverträge und damit auch das Mandatsverhältnis zum bisherigen Steuerberater. Solange der Beauftragte keine Kenntnis von der Eröffnung des Verfahrens hat, gilt der Vertrag als fortbestehend. Bisher erteilte Vollmachten erlöschen gem. § 117 InsO. Der Insolvenzverwalter kann jedoch den Steuerberater mit der weiteren steuerlichen Betreuung beauftragen, dann besteht der Honoraranspruch hierfür gegenüber dem Insolvenzverwalter als Masseanspruch. 385

Das Steuerfestsetzungsverfahren, das Rechtsbehelfsverfahren und der Lauf der Rechtsbehelfsfristen werden analog § 240 ZPO unterbrochen. Unberührt bleibt der Erlass von Steuerbescheiden, die zu einem Erstattungsanspruch führen. Vertreter des Schuldners und damit Bekanntgabeadressat ist der Insolvenzverwalter sowie auch der vorläufige Insolvenzverwalter, wenn das Insolvenzgericht dem Schuldner ein allgemeines Verfügungsverbot auferlegt hat (vgl. *AEAO* zu § 122 Nr. 2.9; § 251 Nr. 4.3, 4.4, 6.1, 12.2, 12.3). 386

Die Ermittlungsrechte und -pflichten der Finanzbehörde (§ 88 AO) und die Mitwirkungspflichten des Schuldners, des vorläufigen Insolvenzverwalters und des Insolvenzverwalters (vgl. § 34 Abs. 3 AO) bleiben unberührt. 387

Nach § 35 InsO gehört auch das Vermögen, das der Schuldner während des Insolvenzverfahrens erwirbt (Neuerwerb) zur Insolvenzmasse. Dieser Grundsatz gilt aber nur bedingt für Verbindlichkeiten, die mit einem solchen Neuerwerb im Zusammenhang stehen. In den Fällen, in denen der Schuldner während des Insolvenzverfahrens eine neue Erwerbstätigkeit aufnimmt, indem er durch seine Arbeit und mit Hilfe von nach § 811 Nr. 5 ZPO unpfändbaren Gegenständen steuerpflichtige Leistungen erbringt, zählt die hierfür geschuldete Umsatzsteuer nach § 55 Abs. 1 Nr. 1 InsO nicht zu den Masseschulden. Wegen dieser neuen Rückstände kann das Finanzamt grds. Zwangsvollstreckungsmaßnahmen gegen den Schuldner ergreifen. Da für diese Forderungen allerdings der Zugriff auf die Insolvenzmasse verwehrt ist, darf sich die Zwangsvollstreckung nur gegen das nicht insolvenzbefangene Vermögen richten, was regelmäßig unpfändbar oder nicht werthaltig ist. Einzelvollstreckungsmaßnahmen werden daher grds. keinen Erfolg haben, zumal die vom Schuldner erzielten Einkünfte aus der neuen Tätigkeit, im Gegensatz zu der hieraus entstehenden Umsatzsteuer, zur Insolvenzmasse gehören. Auch für einen weiteren Insolvenzantrag besteht nach derzeitiger Rechtsprechung kein Rechtsschutzbedürfnis. Zur Vermeidung weiterer Rückstände besteht für das Finanzamt lediglich die Möglichkeit ein Gewerbeuntersagungsverfahren anzuregen. 388

Zur Abtretung von Steuererstattungsansprüchen (§ 46 AO) im Zusammenhang mit einem Insolvenzverfahren (*OFD Münster* Kurzinformation Verfahrensrecht Nr. 10/2009 v. 28.09.2009, ZInsO 2009, 1050): 389

Reicht der Insolvenzverwalter eine vom Insolvenzschuldner unterschriebene Abtretungsanzeige nach Eröffnung und vor Aufhebung des Insolvenzverfahrens ein, so ist die Abtretung mangels Verfügungsbefugnis des Insolvenzschuldners als unwirksam anzusehen. 390

Reicht ein Treuhänder nach Aufhebung des Insolvenzverfahrens und während der Wohlverhaltensphase eine vom ehemaligen Insolvenzschuldner unterschriebene Abtretungsanzeige ein, so ist diese als geschäftsmäßiger Erwerb von Erstattungs- oder Vergütungsansprüchen zum Zweck der Einzie- 391

Umsatzsteuervoranmeldungen in Masseverbindlichkeiten und Insolvenzforderungen aufzuteilen. Nach Auffassung der Finanzverwaltung berechnet sich die Höhe der Umsatzsteuerverbindlichkeit aus der Summe der Ergebnisse der Umsatzsteuervoranmeldungszeiträume für den Zeitraum des vorläufigen Insolvenzverfahrens (*BMF* 20.05.2015 ZIP 2015, 1093 Rn. 33).

378 Das Finanzamt kann die vom späteren Insolvenzschuldner nach Bestellung eines schwachen Insolvenzverwalters angemeldeten und zum Zeitpunkt der Insolvenzeröffnung noch nicht gezahlten Umsatzsteuer-Vorauszahlungen, die sich zudem der Höhe nach geändert haben gem. § 55 Abs. 4 InsO wie Masseverbindlichkeiten gegenüber dem Insolvenzverwalter durch Steuerbescheid festsetzen, wenn der schwache Insolvenzverwalter indiziert aus der Zustimmung zu einzelnen Eingangsleistungen und dem aktiven Bemühen um Auftragsvergaben offensichtlich mit der Fortführung des Unternehmens in der Phase des Insolvenzeröffnungsverfahrens ausdrücklich einverstanden war (vgl. dazu *BFH* 24.09.2014 – V R 48/13, ZInsO 2014, 2589). Um den Tatbestand der Zustimmung in § 55 Abs. 4 InsO zu verwirklichen, reicht es in Bezug auf Umsatzsteuerverbindlichkeiten aus, wenn der schwache vorläufige Insolvenzverwalter mit der Fortführung der Umsatztätigkeit im Insolvenzeröffnungsverfahren sich aktiv durch Wort oder Schrift oder konkludent (stillschweigend) einverstanden erklärt (vgl. *BMF* BStBl. I 2012, S. 120 Rn. 63). Die Vorschrift des § 55 Abs. 4 InsO begründet, soweit Verbindlichkeiten aus Steuerschulden betroffen sind, eine Gleichstellung zwischen schwachen und starken Insolvenzverwaltern (*FG Düsseldorf* ZIP 2013, 2224).

379 Die Neuregelung wird vielfach als Wiedereinführung des Fiskalprivilegs durch die Hintertür bemängelt.

i) Die Stellung des Steuerschuldners nach der Eröffnung des Insolvenzverfahrens

380 Mit dem Zeitpunkt, der im Eröffnungsbeschluss genannt ist, wird die Beschlagnahme des gegenwärtigen und auch des während des Verfahrens erworbenen Schuldnervermögens wirksam. Aufgrund des bekanntzumachenden Eröffnungsbeschlusses wird das gesamte der Zwangsvollstreckung unterliegende in- und ausländische Vermögen des Schuldners beschlagnahmt.

381 Das damit ausgesprochene **Verfügungsverbot** erstreckt sich auf das gesamte, der Zwangsvollstreckung unterliegende Vermögen, einschließlich der Geschäftsbücher des Schuldners, aller im Besitz des Schuldners befindlicher Sachen und aller von ihm genutzter Grundstücke und Gebäude (§§ 35, 36 InsO).

382 Die Gläubiger können ihre Ansprüche nicht mehr im Wege der Einzelverfolgung wahrnehmen, sondern müssen sie in den Formen des Insolvenzverfahrens geltend machen. Wird die Zwangsvollstreckung eines Grundstücks betrieben, das für die Fortführung des zu sanierenden Unternehmens unentbehrlich ist, so hat der Insolvenzverwalter die Möglichkeit, das Zwangsvollstreckungsverfahren durch Antrag an das Vollstreckungsgericht einstellen zu lassen.

383 ▶ **Im Einzelnen bewirkt die Eröffnung des Insolvenzverfahrens:**

- den Übergang des Verwaltungs- und Verfügungsrechtes auf den Insolvenzverwalter (§ 80 InsO);
 (Der Übergang der Verwaltungs- und Verfügungsbefugnis auf den Insolvenzverwalter berührt steuerrechtlich nicht das Eigentumsrecht, vgl. *BFH* BStBl. II 2000, S. 46 für den Konkurs);
- die Unwirksamkeit von Verfügungen des Schuldners über Gegenstände der Insolvenzmasse nach Eröffnung des Insolvenzverfahrens (§ 81 InsO);
- die Insolvenzgläubiger können gem. § 87 InsO ihre Forderungen nur noch nach den Vorschriften des Insolvenzverfahrens verfolgen;
- Vollstreckungshandlungen eines Insolvenzgläubigers im letzten Monat vor dem Antrag auf Eröffnung des Insolvenzverfahrens werden gem. § 88 InsO mit der Eröffnung des Insolvenzverfahrens unwirksam. Abweichend von der Konkursordnung verlieren Pfändungen vor Verfahrenseröffnung damit nicht erst über das Anfechtungsrecht ihre Wirkung;

dass der schwache vorläufige Insolvenzverwalter aktiv tätig geworden ist, das bloße Fällig werden einer Steuervorauszahlung oder das bloße Halten eines vorhandenen Kraftfahrzeuges reichen nicht aus. In erster Linie kommen als Anwendungsfälle damit Umsatzsteuer aufgrund vom Insolvenzverwalter getätigten Umsatzgeschäften, Lohnsteuer bei länger als drei Monate andauernden Beschäftigungsverhältnissen (bis drei Monate ist Insolvenzgeld zu zahlen), sowie beim Kauf eines Grundstücks anfallende Grunderwerbsteuer in Frage. Die Finanzverwaltung geht jedenfalls davon aus, dass sich § 55 Abs. 4 InsO auch auf die Lohnsteuer, ebenso wie auf die Einkommen-, Körperschaft- und Gewerbesteuer, erstreckt (vgl. *BMF* v. 20. Mai 2015, ZIP 2015, 1093 Rn. II.4.2).

Mit Schreiben vom 20. Mai 2015. (*BMF*, ZIP 2015, 1093) nimmt die Finanzverwaltung Stellung zu den Anwendungsfragen des § 55 Abs. 4 InsO. Das *BMF*-Schreiben enthält Regelungen zum betroffenen Personenkreis, zu den betroffenen Ansprüchen aus dem Steuerschuldverhältnis (insbesondere Umsatzsteuer), zu den Steuererklärungspflichten und anderen steuerverfahrensrechtlichen Fragen (z.B. zur Geltendmachung von Masseverbindlichkeiten nach § 55 Abs. 4 InsO) und geht auch auf das *BFH*-Urteil vom 09.12.2010 (BStBl. II 2011, S. 996) ein. 372

§ 55 Abs. 4 InsO gilt für den schwachen vorläufigen Verwalter, unerheblich ob mit Zustimmungsvorbehalt oder nicht. Durch Handlungen des vorläufigen schwachen Insolvenzverwalters wie z.B. Verwertung von Anlagevermögen, Einziehen von Forderungen und Handlungen des Schuldners, die mit Zustimmung des vorläufigen Insolvenzverwalters erfolgen, werden Masseverbindlichkeiten begründet. Dies gilt nur dann nicht, wenn der vorläufige Insolvenzverwalter den Handlungen des Schuldners ausdrücklich widerspricht. Die umsatzsteuerliche Verbindlichkeit muss dabei im Rahmen der für den schwachen vorläufigen Insolvenzverwalter bestehenden rechtlichen Befugnissen begründet werden, was insbesondere der Fall ist, wenn er durch das Insolvenzgericht zum Forderungseinzug ausdrücklich ermächtigt wird (*BFH* 24.09.2014 – V R 48/13, BStBl 2015 II S. 506). Für den starken vorläufigen Insolvenzverwalter auf den die Verwaltungs- und Verfügungsbefugnis nach § 22 Abs. 1 InsO übergegangen ist, ist § 55 Abs. 2 InsO anwendbar, da der starke vorläufige Insolvenzverwalter sonstige Masseverbindlichkeiten begründet. 373

Umsatzsteuerverbindlichkeiten fallen unter § 55 Abs. 4 UStG, wenn sie nicht auf Umsätzen beruhen, denen der vorläufige Insolvenzverwalter ausdrücklich widersprochen hat. Ungeklärt ist die Behandlung von Umsätzen infolge von sonstigen Leistungen ohne Vermögensverfügung i.S.v. § 1 Abs. 1 Nr. 1 bzw. § 3 Abs. 9 UStG, die weder mit dem Verbrauch noch der Übertragung von Vermögensgegenständen, sondern allein mit Arbeitskraft verbunden sind, z.B. Haareschneiden durch einen Friseur, Vertragsvermittlung durch einen Makler. 374

Vorsteuerrückforderungsansprüche nach § 17 Abs. 1 Satz 2 UStG wegen Uneinbringlichkeit der Forderungen gegen den Schuldner fallen nicht unter § 55 Abs. 4 UStG, sondern stellen Insolvenzforderungen dar. Zu Masseverbindlichkeiten i.S.v. § 55 Abs. 4 InsO führt dagegen: 375
– die Istversteuerung bei Vereinnahmung der Entgelte durch den vorläufigen Insolvenzverwalter;
– die Vorsteuerberichtigung nach § 15a UStG im Eröffnungsverfahren, soweit die Änderung der Verhältnisse durch den schwachen vorläufigen Insolvenzverwalter veranlasst wurde;
– die Vorsteuer für Lieferungen und sonstige Leistungen nach Bestellung des vorläufigen Insolvenzverwalters, wenn der vorläufige Insolvenzverwalter dem zugrunde liegenden Umsatzgeschäft zugestimmt hat;
– sowie Ertragsteuern, die durch den vorläufigen Insolvenzverwalter oder durch den Schuldner mit dessen Zustimmung begründet wurde;

nicht jedoch die Vereinnahmung der Entgelte für Umsätze aus der Zeit vor dem Insolvenzeröffnungsverfahren bei der Sollbesteuerung.

Nicht unter § 55 Abs. 4 InsO fällt das weitere Halten eines vorher zugelassenen KFZ, wenn der Schuldner das KFZ mit Zustimmung des Insolvenzverwalters neu zulässt. 376

Die Masseverbindlichkeiten i.S.v. § 55 Abs. 4 InsO entstehen erst mit Eröffnung des Insolvenzverfahrens. Nach Eröffnung des Insolvenzverfahrens sind die im vorläufigen Verfahren abgegebenen 377

365 Grundsätzlich hindert ein Antrag auf Eröffnung des Insolvenzverfahrens weitere Vollstreckungsmaßnahmen nicht.

366 Die Anordnung eines vorläufigen Insolvenzverfahrens hat je nach Inhalt folgende Auswirkungen auf das finanzamtliche Vollstreckungsverfahren:
   – Wurden vom Insolvenzgericht keine Sicherungsmaßnahmen (§ 21 Abs. 2 Nr. 3 InsO) bzw. Sicherungsmaßnahmen ohne allgemeines Verfügungsverbot und keine vorläufige Vollstreckungseinstellung angeordnet, so sind weitere Vollstreckungsmaßnahmen seitens des Finanzamts ungehindert zulässig. Die Einziehung und Verwertung gepfändeter Rechte und Sachen ist weiterhin bis zur Verfahrenseröffnung zulässig.
   – Wurde vom Insolvenzgericht im Rahmen vorläufiger Sicherungsmaßnahmen ein allgemeines Verfügungsverbot ohne vorläufige Vollstreckungseinstellung (§ 21 Abs. 2 Nr. 2 InsO) angeordnet, so sind weitere Vollstreckungsmaßnahmen mit der Maßgabe zulässig, dass bei der Pfändung von Forderungen keine Einziehung und bei Sachpfändungen keine Verwertung erfolgt. Der Sinn solcher Maßnahmen seitens des Finanzamts kann darin liegen, Sicherungsvollstreckung für den Fall der Abweisung des Insolvenzantrags mangels Masse zu betreiben. Kommt es zur Insolvenzeröffnung war die Pfändung wenigstens insoweit sinnvoll, als das beschlagnahmte Gut der Masse erhalten wird und dem Finanzamt Verwertungserlöse noch im Rahmen der quotalen Befriedigung im Verfahren zugutekommen.
   – Wurde vom Insolvenzgericht die vorläufige Einstellung von Vollstreckungsmaßnahmen gem. § 21 Abs. 2 Nr. 3 InsO angeordnet, so sind weitere Vollstreckungsmaßnahmen unzulässig, soweit bewegliche Gegenstände betroffen sind. Vollstreckungsmaßnahmen, die entgegen dieser Anordnung nach deren Veröffentlichung durchgeführt worden sind, sind unwirksam und damit aufzuheben.

367 Weiterhin möglich sind dagegen Vollstreckungsmaßnahmen in das unbewegliche Vermögen, z.B. Anträge auf Eintragung von Zwangshypotheken oder Anordnung der Zwangsversteigerung.

368 In der Praxis setzen die Insolvenzgerichte fast nur schwache Insolvenzverwalter ein, die sie aber i.d.R. gem. § 21 Abs. 2 Nr. 2 2. Alt. InsO mit umfangreichen Zustimmungsvorbehalten ausstatten. Dadurch kann der Insolvenzschuldner ohne Zustimmung des Insolvenzverwalters faktisch keine Geschäfte tätigen, so dass der schwache Insolvenzverwalter, ohne wie ein starker vorläufiger Insolvenzverwalter gem. § 34 AO der Haftung eines Vermögensverwalters zu unterliegen, praktisch eine Stellung wie ein starker vorläufiger Insolvenzverwalter erhält.

369 Durch die Umsatztätigkeit des schwachen vorläufigen Insolvenzverwalters können im Insolvenzeröffnungsverfahren Steuerrückstände entstehen, insbesondere Umsatzsteuerrückstände, die bislang nur einfache Insolvenzforderungen waren und bei den derzeitigen durchschnittlichen Befriedigungsquoten in Insolvenzverfahren nahezu wertlos sind. Dabei kam es sogar vor, dass ein schwacher vorläufiger Insolvenzverwalter die bei der Veräußerung von Ware anfallende Umsatzsteuer vereinnahmt, aber nicht an das Finanzamt abführt und nach Eröffnung des Insolvenzverfahrens nunmehr als bestellter Insolvenzverwalter dieselbe Ware von demselben Kunden zurückkauft, den dabei entstehenden Vorsteueranspruch zugunsten der Insolvenzmasse geltend macht und die Masse auf Kosten des Fiskus zweimal anreichert.

370 Die dem Fiskus dadurch entstehenden Steuerausfälle werden nunmehr ab dem 01.01.2011 durch das Haushaltsbegleitgesetz 2011 vom 09.12.2010 (BGBl. I S. 1885) mit Einführung des § 55 Abs. 4 InsO verhindert.

371 Danach gelten Verbindlichkeiten des Insolvenzschuldners aus dem Steuerschuldverhältnis, die von einem vorläufigen Insolvenzverwalter oder vom Schuldner mit Zustimmung eines vorläufigen Insolvenzverwalters begründet worden sind, nach Eröffnung des Insolvenzverfahrens als Masseverbindlichkeit (vgl. *BFH* BFH/NV 2013, 1647 = ZInsO 2013, 1739). Da für den starken vorläufigen Insolvenzverwalter bereits vorher in § 55 Abs. 2 InsO eine entsprechende Regelung besteht, gilt die Neuregelung in erster Linie für den schwachen vorläufigen Insolvenzverwalter, unerheblich ob mit Zustimmungsvorbehalt oder nicht. Voraussetzung für die Anwendung des § 55 Abs. 4 InsO ist,

Zu den Aufgaben des qualifizierten vorläufigen Insolvenzverwalters gehören im Einzelnen: 354
- die Sammlung, Sichtung, Sicherung und Erhaltung der Vermögensmasse,
- die Inbesitznahme der Vermögensmasse,
- das Unternehmen des Schuldners bis zur Entscheidung über die Eröffnung des Insolvenzverfahrens fortzuführen, es sei denn, das Insolvenzgericht stimmt einer Stilllegung zu,
- die Feststellung, ob die Vermögensmasse ausreicht, um das Insolvenzverfahren kostendeckend zu führen.

Steuerlich ist der qualifizierte starke Insolvenzverwalter als Vermögensverwalter i.S.d. § 34 Abs. 3 AO anzusehen. Er ist damit zur Erfüllung der steuerlichen Pflichten des Insolvenzverwalters verpflichtet und damit auch Adressat von Verwaltungsakten des Finanzamts. 355

Er kann durch eigene Maßnahmen Verbindlichkeiten begründen, die dann nach Eröffnung des Insolvenzverfahrens gem. § 55 Abs. 2 InsO unter Durchbrechung des Grundsatzes, dass die vor der Verfahrenseröffnung begründeten Ansprüche Insolvenzforderungen sind, als Masseverbindlichkeiten gelten. Das Gleiche gilt für die sich aus diesen Maßnahmen ergebenden Steuerverbindlichkeiten, die ebenfalls als Masseverbindlichkeiten vorab aus der Insolvenzmasse zu befriedigen sind. 356

Mit der Bestellung eines starken Insolvenzverwalters tritt bereits die Unterbrechungswirkung des § 240 ZPO (analog) ein, d.h. anhängige Prozesse sowie das Besteuerungs- und das Rechtsbehelfsverfahren werden unterbrochen. Die Steuererklärungspflichten des Schuldners gehen auf den starken vorläufigen Insolvenzverwalter über. 357

Hat das Insolvenzgericht nur einen **einfachen vorläufigen Insolvenzverwalter** bestellt, so behält der Schuldner grds. die Verfügungsbefugnis über sein Vermögen. Ordnet das Insolvenzgericht einen Zustimmungsvorbehalt an, sind Verfügungen des Schuldners nur noch mit Zustimmung des vorläufigen Insolvenzverwalters wirksam, entgegenstehende Verfügungen des Schuldners sind schwebend unwirksam. Die Aufgaben des einfachen vorläufigen Insolvenzverwalters ergeben sich aus dem Gerichtsbeschluss. In der Regel gehören zu seinen Aufgaben die Überwachung des Schuldners und die Sicherung von dessen Vermögen. Dazu darf er die Geschäftsräume des Schuldners betreten und dort Nachforschungen anstellen und Einsicht in alle Unterlagen nehmen. Außerdem hat er festzustellen, ob die Insolvenzmasse ausreicht um eine kostendeckende Durchführung des Insolvenzverfahrens zu gewährleisten. 358

Anders als der qualifizierte vorläufige Insolvenzverwalter ist der einfache vorläufige Insolvenzverwalter **steuerlich kein Vermögensverwalter** i.S.d. § 34 AO. Auch die Steuerpflichten, z.B. die Abgabe von Steuererklärungen obliegen weiterhin dem allein verfügungsberechtigten Schuldner. 359

Der vorläufige starke Insolvenzverwalter hat grds. die gleichen Rechte und Pflichten wie ein Insolvenzverwalter, er ist daher als Vermögensverwalter i.S.d. § 34 Abs. 3 AO anzusehen. 360

Dies hat zur Folge, dass nach Bestellung eines starken vorläufigen Insolvenzverwalters Steuerbescheide ab diesem Zeitpunkt grds. nicht mehr ergehen dürfen (§ 240 Satz 2 ZPO). Ergehen dürfen Steuerbescheide nur bezüglich solcher Ansprüche, die nach der Verfahrenseröffnung als Masseansprüche nach § 55 Abs. 2 InsO gelten. Diese sind dem vorläufigen Verwalter vor dem Ende seiner Tätigkeit aus dem von ihm verwalteten Vermögen zu begleichen (§ 25 Abs. 2 InsO). 361

Wurde ein schwacher vorläufiger Insolvenzverwalter bestellt, können Steuerbescheide weiterhin ergehen und sind dem Schuldner bekannt zu geben. 362

Die Bestellung eines vorläufigen Insolvenzverwalters führt nicht zur Unterbrechung eines finanzgerichtlichen Verfahrens, wenn dem Kläger kein allgemeines Verfügungsverbot auferlegt wird (*BFH* BFH/NV 2013, 1805). 363

Das Insolvenzgericht kann den vorläufigen Insolvenzverwalter im Wege des besonderen Verfügungsverbotes ermächtigen eine Forderung des Schuldners im eigenen Namen einzuziehen (*BGH* ZInsO 2012, 693). 364

ämter wegen eventuell bestehender Steuerrückstände wie z.B. Erbschaftsteuer, Grunderwerbsteuer oder Kraftfahrzeugsteuer anzuschreiben. Können Steuerfestsetzungen mangels Entscheidungsreife nicht sofort verfügt werden, so sind die Forderungen von den Festsetzungsstellen zu schätzen.

348 Unter Mitarbeit der anderen Stellen des Finanzamtes stellt die Vollstreckungsstelle sämtliche Steuerforderungen zusammen, die zur Insolvenztabelle anzumelden sind und führt die entsprechenden Anmeldungen zur Tabelle durch. Anzumelden sind im Insolvenzverfahren alle Forderungen, die Insolvenzforderungen sind. Eine Steuerforderung ist Insolvenzforderung, wenn sie vor Eröffnung des Insolvenzverfahrens begründet ist. Anzumelden sind nicht nur die zur Zeit der Insolvenzeröffnung vollstreckbaren Rückstände, sondern auch die gestundeten, ausgesetzten, niedergeschlagenen und noch nicht fälligen Steuerforderungen ohne Rücksicht auf Mahnungen und Schonfristen. Steuerforderungen, die nach der Eröffnung des Insolvenzverfahrens begründet worden sind, sind dagegen Masseforderungen. Sie sind nicht zur Insolvenztabelle anzumelden.

h) Sicherungsmaßnahmen vor Eröffnung des Insolvenzverfahrens

349 Das Insolvenzgericht hat gem. § 21 InsO alle Maßnahmen zu treffen, die erforderlich erscheinen, um in der Zeit zwischen der Antragstellung und der Eröffnung des Insolvenzverfahrens eine den Gläubigern nachteilige Veränderung in der Vermögenslage des Schuldners zu verhüten. Dies gilt insbesondere in den Fällen, in denen die Feststellung des Eröffnungsgrundes und der Kostendeckung Feststellungen erfordern, die eine gewisse Zeit in Anspruch nehmen.

350 Mögliche Sicherungsmaßnahmen nach § 21 Abs. 2 InsO sind:
– Bestellung eines vorläufigen Insolvenzverwalters,
– allgemeines Verfügungsverbot oder Zustimmungsvorbehalt,
– Untersagung der Zwangsvollstreckung,
– vorläufige Postsperre,
– Einsetzung eines vorläufigen Gläubigerausschusses. Dies ist nach § 22a InsO zwingend, wenn der Schuldner im vorangegangenen Geschäftsjahr mindestens zwei der folgenden Merkmale erfüllt: mindestens 6.000.000 € Bilanzsumme nach Abzug eines auf der Aktivseite ausgewiesenen Fehlbetrages i.S.v. § 268 Abs. 3 HGB, mindestens 12.000.000 € Umsatzerlöse in den vergangenen zwölf Monaten, durchschnittlich mindestens 50 Arbeitnehmer; dies gilt nicht, wenn der Geschäftsbetrieb eingestellt ist und der vorläufige Gläubigerausschuss unverhältnismäßig wäre oder zu Verzögerungen führen würde.
– Anordnung eines Verwertungs- und Einziehungsverbots.

351 Dagegen steht dem Schuldner die sofortige Beschwerde zu (vgl. § 21 Abs. 1 Satz 2 InsO).

352 Nach § 21 Abs. 3 InsO kommen unter Umständen auch die zwangsweise Vorführung des Schuldners oder eine Anordnung der Haft in Betracht.

353 Als Sicherungsmaßnahme im Insolvenzeröffnungsverfahren wird in der Praxis i.d.R. nach § 21 Abs. 2 Nr. 1 InsO ein **vorläufiger Insolvenzverwalter** bestellt. Der vorläufige Insolvenzverwalter wird vom Insolvenzgericht ausgewählt. Dabei muss es sich um eine sachkundige, von Gläubigern und Schuldner unabhängige Person handeln. Er unterliegt der Aufsicht des Insolvenzgerichts und kann aus wichtigem Grund entlassen werden. Die Wahl fällt in der Praxis regelmäßig auf einen Rechtsanwalt, Wirtschaftsprüfer oder Steuerberater. Die InsO unterscheidet zwischen einem vorläufigen Insolvenzverwalter ohne Verwaltungs- und Verfügungsbefugnis (§ 22 Abs. 2 InsO) und einem vorläufigen Insolvenzverwalter mit Verwaltungs- und Verfügungsbefugnis (§ 22 Abs. 1 InsO). Die Entscheidung des Insolvenzgerichts, ob es einen qualifizierten oder einen einfachen vorläufigen Insolvenzverwalter bestellt, entscheidet das Insolvenzgericht je nach Einzelfall. Die durch das Insolvenzgericht angeordneten Sicherungsmaßnahmen erfolgen durch Gerichtsbeschluss, der öffentlich bekannt gemacht wird (§ 23 InsO).

In massearmen Insolvenzverfahren ist die Aufrechnung von Forderungen, die erst nach Feststellung 341
der Masseunzulänglichkeit begründet worden sind (Neuforderungen), unzulässig (*FG Düsseldorf*
EFG 1998, 1500; *FG Köln* EFG 2006, 553, bestätigt durch *BFH* ZIP 2008, 886). Ist die Neumasse
erneut unzulänglich, gilt dies entsprechend für Gläubiger, die zuvor eine Forderung gegen die Masse
erworben haben, wenn die Forderung der Masse danach begründet wurde.

§ 96 Abs. 1 Nr. 1 InsO ist auf die Situation nach angezeigter Masseunzulänglichkeit (§ 208 InsO) 342
sinngemäß anzuwenden. Somit ist eine Aufrechnung in der Insolvenz unzulässig, wenn ein Massegläubiger erst nach Anzeige der Masseunzulänglichkeit etwas zur Neumasse schuldig geworden
ist. Dies gilt in den Fällen, in denen die Neumasse nicht zur vollständigen Befriedigung aller Neumassegläubiger ausreicht auch für Neumassegläubiger. Auch wenn die Forderung im Zeitpunkt
der Insolvenzeröffnung noch nicht entstanden, wohl aber insolvenzrechtlich begründet i.S.d. § 38
InsO war, handelt es sich um Insolvenzforderungen, für welche Einschränkungen bei der Aufrechnung gelten (*BFH* BStBl. II 2005, S. 195 und 309).

Die Aufrechnungserklärung ist kein mit dem Einspruch anfechtbarer Verwaltungsakt, sondern die 343
rechtsgeschäftliche Ausübung eines Gestaltungsrechts (zur Aufrechnung im Konkurs, *BFH* BStBl.
II 1987, S. 536; BFH/NV 2013, 508). Sie bedarf keiner Bekanntgabe gem. § 122 AO, sondern
wird mit ihrem Zugang wirksam. Soweit das Finanzamt zur Aufrechnung befugt ist, braucht es seine
Steuerforderung im Insolvenzverfahren nicht geltend zu machen. Hat es die Steuerforderung gleichwohl angemeldet, so muss es nach wirksamer Aufrechnung die Ermäßigung der Anmeldung erklären.

In der Regel erklärt das Finanzamt die Aufrechnung durch Bekanntgabe eines Abrechnungsbeschei- 344
des gem. § 218 Abs. 2 AO. Der Abrechnungsbescheid kann mit dem Rechtsmittel des Einspruchs
gem. § 347 AO angefochten werden. Bei einer Klage gegen einen Abrechnungsbescheid i.S.d. § 218
Abs. 2 AO ist der Finanzrechtsweg gegeben (*FG Münster* EFG 2012, 1420).

Im Zeitraum der Wohlverhaltensphase bis zur endgültigen Erteilung der Restschuldbefreiung kann 345
die Finanzverwaltung die in diesem Zeitraum entstehenden Steuererstattungsansprüche wirksam
aufrechnen, da die Regelung des § 96 InsO nach der Aufhebung des Insolvenzverfahrens nicht
mehr anwendbar ist und die Erstattungsansprüche auch nicht der Abtretung nach § 287 Abs. 2
InsO unterliegen (*BFH* ZIP 2007, 347; *FG Düsseldorf* ZInsO 2004, 1368).

Zur Aufrechnung mit Körperschaftsteuerguthaben nach § 37 Abs. 5 KStG, vgl. Rdn. 775. 346

g) Zuständigkeiten der Dienststellen der Finanzämter im Insolvenzverfahren

Hinsichtlich der örtlichen Zuständigkeit der Finanzämter in Insolvenzfällen gilt für natürliche Per- 347
sonen deren Wohnsitz oder gewöhnlicher Aufenthalt (§ 19 AO). Bei Wohnsitzverlegung kann das
bisherige Finanzamt bei Zustimmung des nunmehr zuständigen Finanzamtes das Verfahren fortführen (§ 26 Satz 2 AO), für Personen- oder Kapitalgesellschaften ist das Finanzamt zuständig, in dessen Bezirk sich die Geschäftsleitung der Gesellschaft bzw. das Büro des Insolvenzverwalters befindet
(§§ 18, 20 AO). Grds. ist es Aufgabe der Vollstreckungsstelle eines Finanzamtes darauf zu achten,
dass ihr die Eröffnung eines Insolvenzverfahrens sofort bekannt wird. Zu diesem Zweck hat sie
sich über die öffentlichen Bekanntmachungen i.S.d. § 9 InsO im Bundesanzeiger, Justizblatt oder
in der örtlichen Presse zu informieren. Außerdem sind die Mitteilungen der Amtsgerichte über
die Eröffnung von Insolvenzverfahren unverzüglich auszuwerten. Im Insolvenzverfahren haben in
diesem Fall alle weiteren Vollstreckungsmaßnahmen gegen den Insolvenzschuldner zu unterbleiben.
Vom Finanzamt nach Eröffnung des Insolvenzverfahrens vorgenommene Pfändungen sind aufzuheben. Die Beauftragung des Vollziehungsbeamten zur Vollstreckung in das bewegliche Vermögen hat
zu unterbleiben. Noch nicht erledigte Vollstreckungsersuchen i.S.d. § 250 AO werden vom Finanzamt zurückgefordert. Weiterhin möglich bleiben dagegen Vollstreckungsmaßnahmen wegen Masseforderungen und Maßnahmen wegen abgesonderter Befriedigung. Nach Kenntnisnahme von der Insolvenzeröffnung hat die Vollstreckungsstelle unverzüglich alle anderen betroffenen Stellen im
Finanzamt mittels entsprechender Vordrucke zu benachrichtigen und darauf hinzuwirken, dass ausstehende Steuerfestsetzungen vorrangig bearbeitet werden. Soweit erforderlich, sind andere Finanz-

335 ▶ **Die Aufrechnungsmöglichkeiten sind negativ abgegrenzt. Die Aufrechnung ist gem. § 96 InsO unzulässig, wenn:**

- ein Insolvenzgläubiger erst nach Eröffnung des Verfahrens etwas zur Masse schuldig geworden ist, z.B. eine vor Verfahrenseröffnung fällige Umsatzsteuerforderung kann nicht gegen einen Lohnsteueranspruch des Schuldners aufgerechnet werden, den dieser aufgrund seiner neuen Erwerbstätigkeit als Arbeitnehmer erlangt hat. Der Erstattungsanspruch, den der Schuldner während des Insolvenzverfahrens erlangt, gehört zur Insolvenzmasse (§ 35 InsO; vgl. BMF v. 17.12.1998, BStBl. I 1998 S. 1500).
- Hinsichtlich aus der Insolvenzmasse freigegebene Umsatzsteuervergütungsansprüche bestehen weder insolvenzrechtliche Aufrechnungsverbote, noch stehen der Aufrechnung gegen solche Forderungen Pfändungsschutzvorschriften entgegen (*BFH* BFH/NV 2013, 712).
- ein Insolvenzgläubiger seine Forderung erst nach der Verfahrenseröffnung von einem anderen Gläubiger erworben hat,
- ein Insolvenzgläubiger die Möglichkeit zur Aufrechnung durch eine anfechtbare Handlung erlangt hat,
- ein Gläubiger, dessen Forderung aus dem freien Vermögen des Schuldners zu erfüllen ist, etwas zur Insolvenzmasse schuldet.

336 Gemäß § 96 Abs. 1 Nr. 1 InsO ist die Aufrechnung unzulässig, wenn das Finanzamt als Insolvenzgläubiger etwas zur Masse schuldig geworden ist. Das Finanzamt kann deshalb nicht mit vor Insolvenzeröffnung begründeten Umsatzsteuerforderungen gegen nach Insolvenzeröffnung begründete Vorsteueransprüche aufrechnen. Andererseits ist die Aufrechnung zulässig, wenn die nach Insolvenzeröffnung festgesetzten Vorsteuerbeträge bereits vor Insolvenzeröffnung begründet waren. Dabei ist es insolvenzrechtlich unbedenklich, dass ein Vorsteueranspruch umsatzsteuerrechtlich lediglich den Charakter einer unselbständigen Besteuerungsgrundlage hat und keinen steuerrechtlich selbständigen Auszahlungsanspruch darstellt (*BFH* BStBl. II 1994, S. 83). Außerhalb eines Insolvenzverfahrens ist die isolierte Aufrechnung gegen einen Vorsteueranspruch dagegen nicht möglich (*BFH* BStBl. II 1983, S. 612; ZInsO 2005, 364).

337 Verrechnung von vor Eröffnung des Insolvenzverfahrens begründeten Umsatzsteuerforderungen des Finanzamt gegen vorinsolvenzliche Schulden (aus Investitionszulage) ist nach § 96 Abs. 1 Nr. 3 InsO unwirksam, weil sie Masse schmälert und dadurch die mit dem Finanzamt konkurrierenden Gläubiger benachteiligt (*BFH* ZIP 2013, 379; abw. *BFH* BStBl. II 2012, S. 298).

338 Die Aufrechnung während des insolvenzrechtlichen Schuldenbereinigungsverfahrens wird nicht durch ein Aufrechnungsverbot des § 96 InsO gehindert (*FG Sachsen* EFG 2013, 748). Das Finanzamt kann nach Aufhebung des Insolvenzverfahrens seine angemeldeten Forderungen, soweit sie nicht durch eine Quote erfüllt worden waren, auch nach Ablauf der sog. Wohlverhaltensphase bis zur Rechtskraft der stattgebenden Entscheidung über den Antrag auf Erteilung der Restschuldbefreiung mit Forderungen des Insolvenzschuldners (USt-Erstattung) aufrechnen (*Sächsisches FG* v. 16.02.2012 – 6 1234/09, n.v.).

339 Das Finanzamt kann den Anspruch auf Erstattungszinsen für vorinsolvenzlich begründete Hauptforderungen nach § 233a AO, soweit sie auf Zeiträume nach Insolvenzeröffnung entfallen, gem. § 96 Abs. 1 Nr. 1 InsO nicht mit vorinsolvenzlichen Steuerforderungen aufrechnen (*BFH* Beschl. ZIP 2007, 1277).

340 Soweit der Anspruch des Insolvenzschuldners auf Vorsteuervergütung aus dem in der Rechnung des vorläufigen Insolvenzverwalters ausgewiesenen Umsatzsteuerbetrag resultiert, ist er vor Eröffnung des Insolvenzverfahrens begründet und kann mit Insolvenzforderungen des Finanzamt verrechnet werden. Dass die Vergütung des vorläufigen Insolvenzverwalters zu den Masseverbindlichkeiten gehört, bedeutet nicht, dass der Vorsteuervergütungsanspruch des Insolvenzverwalters, soweit er auf der vom vorläufigen Insolvenzverwalter mit in Rechnung gestellten Umsatzsteuer beruht, allein den Massegläubigern zur Verfügung stehen muss (*BFH* Beschl. ZInsO 2009, 1068).

den. Dabei ist es unerheblich, ob die Steuerschulden auf die Zeit vor oder nach Insolvenzeröffnung entfallen.

Das Guthaben des in Insolvenz befindlichen Ehegatten ist entsprechend danach zu verwenden, ob es sich um ein Guthaben für einen Zeitraum vor Insolvenzeröffnung oder um ein Guthaben für einen Zeitraum nach Insolvenzeröffnung handelt.

Ein Einkommensteuer-Erstattungsanspruch, der im Zusammenhang mit einer aus dem Insolvenzbeschlag ohne Einschränkung freigegebenen Tätigkeit des Insolvenzschuldners steht, gehört zum insolvenzfreien Vermögen und kann vom Finanzamt mit vorinsolvenzlichen Steuerschulden verrechnet werden. Die vom BFH für Umsatzsteuervergütungsansprüche entwickelte Rspr. ist auf Einkommensteuer-Erstattungsansprüche zu übertragen. Zu beachten ist, dass der Erstattungsanspruch je nach Art der erzielten Einkünfte ggf. aufzuteilen ist in einen Teil, der zum insolvenzfreien Vermögen gehört und einen Teil, der in die Insolvenzmasse fällt (*FG Münster* ZInsO 2013, 2453; ZIP 2013, 2420), sowie *Sächsisches FG* (v. 21.09.2010 – 3 K 1110/07, n.v.) für ein in das insolvenzfreie Vermögen fallendes USt-Guthaben, das mit einer Einkommensteuer-Insolvenzforderung verrechnet wurde, anders, wenn die neue Tätigkeit nur mit Zustimmung des Insolvenzverwalters erfolgt, aber nicht von ihm freigegeben wurde (vgl. auch *FG Berlin-Brandenburg* EFG 2010, 1568; *FG Thüringen* v.10.04.2008 – 1 K 757/07, n.v.).

– **Aufrechnung von Steuerforderungen mit Kraftfahrzeugsteuer-Erstattungsansprüchen**; der *BFH* (BStBl. II 2005, S. 309) unterscheidet zwischen der Kfz-Steuer, die tageweise entsteht, und der Kfz-Steuer Zahlungsschuld, die mit Beginn des Entrichtungszeitraums (grds. ein Jahreszeitraum nach § 11 Abs. 1 KfzStG) entsteht. Er leitet daraus ab, dass vor Verfahrenseröffnung, mit jedem Kalendertag entstandene Steuer Insolvenzforderung ist, nach diesem Zeitpunkt Masseverbindlichkeit, wenn das Fahrzeug für die Masse genutzt wird, und sich bei Nutzung durch den Schuldner außerhalb des Verfahrens gegen das freie Vermögen richtet. Die Steuer ist entsprechend aufzuteilen. Für den Zeitraum nach Verfahrenseröffnung sind gesonderte Bescheide zu erteilen (*BFH* BFH/NV 2005, 1111). Hat der Schuldner dagegen die Kfz-Steuer ordnungsgemäß für den Entrichtungszeitraum gezahlt, so ist für die Zeit nach Verfahrenseröffnung die Steuer gegen den Verwalter festzusetzen. Bis zu diesem Zeitpunkt nicht verbrauchte Steuerzahlungen sind der Masse zu erstatten, wenn das Finanzamt nicht mit Insolvenzforderungen aufrechnen kann oder will. Rechnet es auf, ist für die Zeit nach Verfahrenseröffnung die Steuer erneut zu entrichten. Wegen der damit verbundenen Doppelzahlungsverpflichtung wird die Rechtsprechung kritisiert (*Onusseit* ZInsO 2005, 638).

Eine Aufrechnung gegen fehlerhaft festgesetzten Erstattungsanspruch mit vor Insolvenzeröffnung begründetem Steueranspruch nach Insolvenzeröffnung ist ausgeschlossen, z.B. für den Fall, dass die Finanzbehörde eine negative Steuerschuld im Rahmen einer während des Insolvenzverfahrens eingeleiteten Entscheidungsfindung aufgrund falscher Sachverhaltsannahme zu Unrecht festgesetzt hat (vgl. *FG Baden-Württemberg* EFG 1996, 682, bezüglich der Frage einer erneuten Lieferung durch den Konkursverwalter bei der Rückgabe von Vorbehaltsgut, wenn die unter Eigentumsvorbehalt gelieferte Ware bei Sicherungsgeber verblieben ist und vom Vergleichsverwalter bloß registriert und gesondert gelagert worden ist). Die Aufrechnung des Finanzamts gegen einen Vorsteueranspruch der Insolvenzmasse, der sich aus der anteiligen Insolvenzverwaltervergütung für den Zeitraum bis zur Feststellung der Masseunzulänglichkeit ergibt, ist jedenfalls dann nicht zulässig, wenn der Insolvenzverwalter seinen sich bis zu diesem Zeitpunkt ergebenden Vergütungsanspruch nicht abgerechnet hat und das Bestehen eines derartigen Vorsteuerguthabens als Altforderung der Insolvenzmasse in der masseatmen Insolvenz nicht festgestellt worden ist (*BFH* BStBl. II 2002, S. 323). 333

Nach Aufhebung des Insolvenzverfahrens entstandene, aber bereits während seiner Dauer begründete Steuererstattungsansprüche (ESt) des Insolvenzschuldners unterliegen weiterhin dem Insolvenzbeschlag, falls mit der Aufhebung ihre Nachtragsverteilung vorbehalten worden ist. Für solche dem Insolvenzbeschlag weiterhin unterliegende Ansprüche gelten die insolvenzrechtlichen Aufrechnungsverbote (*BFH* BStBl. II 2012, S. 451). 334

Insolvenzeröffnung fällig gewordenen Umsatzsteuerverbindlichkeiten für den gleichen Veranlagungszeitraum aufrechnen *(FG Berlin* EFG 2005, 128 n.r.). Die Zahlung erfolgt von vornherein unter der auflösenden Bedingung, dass sie mit der Vorauszahlung des letzten Voranmeldungszeitraums des Besteuerungszeitraums (§ 48 Abs. 4 UStDV) zu verrechnen bzw. in diesem Zeitpunkt zu erstatten ist *(BFH* BFH/NV 2005, 1745; BFH/NV 2005, 1210). Ist die Vorauszahlung durch diese Anrechnung noch nicht verbraucht, ist sie auf die restliche noch offene Jahressteuer anzurechnen *(BFH* ZIP 2003, 85). Ist sie dann noch nicht verbraucht, steht der Erstattungsanspruch der Masse zu (§ 37 Abs. 2 AO; *BFH* BStBl. II 2003, S. 39).

Nach der Rechtsprechung des *BFH* (BStBl. II 2006, 193) sind die Vorsteuern vor Insolvenzeröffnung aufgrund des Vorranges der umsatzsteuerlichen Saldierung (§ 16 UStG) zunächst mit der Umsatzsteuer des gesamten Voranmeldungszeitraumes zu verrechnen. Ein danach verbleibender Überhang kann mit anderen vorinsolvenzlichen Steuerforderungen verrechnet werden, soweit er nicht nach Verfahrenseröffnung begründete Vorsteuern enthält (z.B. aus der Rechnung des vorläufigen Verwalters). Ein ggf. dann noch verbleibender Vorsteuervergütungsanspruch, soweit er sich weiterhin aus vor- und nachinsolvenzlich begründeten Beträgen zusammensetzt, ist entsprechend aufzuteilen. Gegen den vorinsolvenzlichen Teil kann das Finanzamt mit Insolvenzforderungen aufrechnen, gegen den nachinsolvenzlichen Teil nur mit Masseforderungen *(BFH* ZIP 2007, 490). Können wegen Eröffnung eines Insolvenzverfahrens positive Umsatzsteuerbeträge und negative Berichtigungsbeträge (§ 16 Abs. 2 UStG) im Rahmen einer Steuerfestsetzung durch Bescheid des Finanzamt nicht mehr saldiert werden, erledigt sich ein Streit um die Wirksamkeit einer hinsichtlich dieser Beträge vom Finanzamt abgegebenen Aufrechnungserklärung, sobald die Steuer für das mit Insolvenzeröffnung endende (Rumpf) Steuerjahr berechnet werden kann und nicht ausnahmsweise von der Aufrechnungserklärung als solche fortbestehende Rechtswirkungen ausgehen, welche die Rechte des Schuldners berühren *(BFH* BStBl. II 2013, S. 33).

Besteht ein Vorsteuervergütungsanspruch aus Vorsteuerbeträgen, die sowohl vor als auch nach Insolvenzeröffnung entstanden sind, so können nur die Beträge aufgerechnet werden, die bereits vor Verfahrenseröffnung begründet worden sind *(BFH* ZIP 2007, 490). Der aus § 14c Abs. 1 Satz 2 i.V.m. § 17 Abs. 1 UStG begründete Erstattungsanspruch wegen Berichtigung des unrichtigen Steuerbetrages ist insolvenzrechtlich bereits mit der Ausgabe der unrichtigen Rechnung begründet *(FG Schleswig-Holstein* ZInsO 2010, 1848; Bestätigung von *BFH* BStBl. II 2010, S. 55).

Ein durch eine insolvenzfreie Tätigkeit nach Einstellung des Insolvenzverfahrens während der Wohlverhaltensphase erworbener USt-Vergütungsanspruch darf vom Finanzamt mit vorinsolvenzlichen Steuerschulden verrechnet werden *(BFH* ZInsO 2012, 2104).

– **Aufrechnung von Steuerforderungen gegenüber überbezahlten Einkommen- und Körperschaftsteuervorauszahlungen** *(BFH* BStBl. II 1979, S. 639; BFH/NV 1991, 792). Bei diesen handelt es sich um zur Masse gehörende aufschiebend bedingte Ansprüche, auch wenn die aufschiebende Bedingung erst nach Eröffnung des Insolvenzverfahrens eintritt.

§ 95 Abs. 1 Satz 3 InsO hindert nicht die Aufrechnung des Finanzamts mit Steuerforderungen aus der Zeit vor Eröffnung des Insolvenzverfahrens gegen einen durch die Abgabe einer berichtigten Anmeldung nach Verfahrenseröffnung entstandenen Lohnsteuererstattungsanspruch *(BFH* BFH/NV 2005, 1210).Soweit ein Anspruch auf Erstattung von Einkommensteuer auf nach Eröffnung des Insolvenzverfahrens abgeführter Lohnsteuer beruht (die Jahressteuerschuld ist ggf. auf die einzelnen Zeiträume fiktiv aufzuteilen) ist eine Aufrechnung des Finanzamtes mit Steuerforderungen gem. § 96 Abs. 1 Nr. 1 InsO unzulässig. Das gilt solange, wie das Insolvenzverfahren andauert. Die gerichtliche Ankündigung der Restschuldbefreiung stellt die Aufrechenbarkeit der Forderungen noch nicht her *(BFH* BStBl. II 2006, 741).

Befindet sich bei zusammen veranlagten Ehegatten nur ein Ehegatte in Insolvenz, so ist das Guthaben auf die beiden Ehegatten aufzuteilen. Das anteilige Guthaben des Ehegatten, der nicht in Insolvenz ist, kann in voller Höhe zur Verrechnung seiner eigenen Steuerschulden verwendet wer-

die der Insolvenzverwalter oder der Insolvenzschuldner durch Abgabe von Umsatzsteuer-Voranmeldungen oder Umsatzsteuer-Jahreserklärungen zur Auszahlung an die Masse oder zur Verrechnung mit anderen Masseverbindlichkeiten begehrt, immer daraufhin überprüfen, ob eine Aufrechnungsmöglichkeit besteht.

Die Finanzverwaltung ist bestrebt Steuerforderungen in Insolvenzverfahren vermehrt als Masseverbindlichkeiten anstatt als Insolvenzforderungen geltend zu machen, indem sie die insolvenzrechtliche Begründung in Richtung des steuerlichen Entstehungszeitpunktes auslegt. 327

▶ **Beispiel:** 328

> Das *BMF-Schreiben* vom 17.12.1998, BStBl. I 1998, S. 1500 ff. erläutert dies anhand des folgenden Beispiels:
>
> Mit nicht festgesetzten Ansprüchen auf Rückforderung der Vorsteuer gem. § 17 Abs. 1 Nr. 1 UStG, die das Finanzamt für den Voranmeldungszeitraum der Verfahrenseröffnung oder einem früheren Voranmeldungszeitraum zum Insolvenzverfahren angemeldet hat, kann mangels Festsetzung nicht gegen vor der Eröffnung entstandene Erstattungsansprüche aufgerechnet werden. Das Aufrechnungserfordernis der Fälligkeit für den Vorsteuerrückforderungsanspruch zum Zeitpunkt der Verfahrenseröffnung liegt nicht vor (vgl. § 94 InsO).

Die Zulässigkeit der Aufrechnung hängt entscheidend davon ab, ob die Erstattungs- und Vergütungsansprüche, mit denen aufgerechnet werden soll, vor oder nach der Eröffnung des Insolvenzverfahrens begründet waren. Der Zeitpunkt der insolvenzrechtlichen Entstehung eines steuerlichen Vergütungs- oder Erstattungsanspruchs ist nach den gleichen Grundsätzen zu beurteilen, die für die insolvenzrechtliche Zurechnung von Steuerforderungen anzuwenden sind (vgl. *BFH* BStBl. II 1994, S. 83 für die konkursrechtliche Aufrechnung, a.M. *BFH* 17.12.1998 – VII R 47/98, n.v., der darauf abstellt, wann die zivilrechtliche Grundlage für die Entstehung des materiell-rechtlichen Steueranspruchs gelegt worden ist). 329

Für das insolvenzrechtliche Begründetsein von Erstattungs- und Vergütungsansprüchen ist damit nicht die Vollrechtsentstehung im steuerrechtlichen Sinne, sondern der Zeitpunkt, in dem nach insolvenzrechtlichen Grundsätzen der Rechtsgrund für den Anspruch gelegt worden ist, entscheidend. 330

Beginnt der Zinslauf für Umsatzsteuern gem. § 233a AO erst nach Eröffnung des Insolvenzverfahrens, gehören die zur Umsatzsteuer entstandenen Erstattungszinsen vollständig zur Masse und können nicht mit rückständiger, vorinsolvenzlicher Umsatzsteuer aufgerechnet werden (*FG Berlin-Brandenburg* EFG 2013, 1201). 331

▶ **Danach ergeben sich für das Finanzamt folgende Möglichkeiten für eine Aufrechnung:** 332

> – **Aufrechnung von Steuerforderungen gegenüber einem Umsatzsteuererstattungsanspruch**, der sich aus der Rückgängigmachung der Versteuerung von Leistungen vor Eröffnung des Insolvenzverfahrens wegen Uneinbringlichkeit der Entgelte ergibt (§ 17 Abs. 2 Nr. 1 UStG), auch wenn dieser Anspruch erst nach Eröffnung des Insolvenzverfahrens entsteht (*BFH* BFH/NV 1987, 707). Die *BFH*-Rspr. wurde mit Urt. v. 25.07.2012 (BStBl. II 2013, S. 36 = ZInsO 2012, 2142) geändert. Danach ist für die Anwendung des Aufrechnungsverbotes nach § 96 InsO entscheidend, wann der materiell-rechtliche Berichtigungstatbestand des § 17 Abs. 2 UStG verwirklicht wird. Nicht entscheidend ist, wann die zu berichtigende Steuerforderung begründet worden ist. Ohne Bedeutung ist, ob der Voranmeldungs- oder Besteuerungszeitraum erst während des Insolvenzverfahrens abläuft. Ohne Bedeutung ist ebenso wie der Zeitpunkt der Abgabe der Steueranmeldung oder des Erlasses eines Steuerbescheides, in dem der Berichtigungsfall erfasst wird, ob der Voranmeldungszeitraum oder Besteuerungszeitraum erst während des Insolvenzverfahrens abläuft.
>
> Der Anspruch auf Erstattung der USt-Sondervorauszahlung wird i.S.d. §§ 95, 96 InsO im Zeitpunkt der Zahlung der Sondervorauszahlung begründet. Insoweit darf das Finanzamt gegen die vor Insolvenzeröffnung begründete Forderung auf Erstattung der Sondervorauszahlung mit vor

Bedeutung, dass seine Forderung früher fällig wird als die des Schuldners. Dies kann z.B. mit Aufrechnungsvereinbarungen erreicht werden, z.B. dadurch, dass bei Insolvenz eines Vertragspartners die Fälligkeit sofort eintritt.

318 Die Prüfung der Aufrechnungslage obliegt der Finanzkasse.

319 Bei der Prüfung der Aufrechnungsfähigkeit ist zu klären auf welchen Zeitraum (vor oder nach der Insolvenzeröffnung) das Guthaben entfällt. Betrifft das Guthaben das Jahr der Insolvenzeröffnung ist es auf den Zeitraum vor und nach Eröffnung des Insolvenzverfahrens aufzuteilen.

320 Die Aufrechnung kann aber erst dann erfolgen, wenn die Aufrechnungslage eingetreten ist. Sind zur Zeit der Eröffnung des Insolvenzverfahrens die aufzurechnenden Forderungen oder eine von ihnen noch aufschiebend bedingt oder nicht fällig oder die Forderung noch nicht auf gleichartige Leistungen gerichtet, kann die Aufrechnung erst dann erfolgen, wenn die Voraussetzungen eingetreten sind (§ 95 Abs. 1 InsO). Die Aufrechnungsverbote der §§ 95, 96 AO betreffen nur Insolvenzgläubiger und richten sich nicht gegen Massegläubiger (*BGH* ZIP 2007, 490) oder gegen den Insolvenzverwalter (*FG Berlin* – 8 K 8517/02). § 96 InsO enthält bestimmte Aufrechnungsverbote für den Fall, dass ein Insolvenzgläubiger erst nach Eröffnung des Insolvenzverfahrens etwas zur Masse schuldig wird.

321 Im Unterschied zur Gesamtvollstreckungsordnung ist eine Aufrechnung nunmehr auch bei bedingten oder betagten (nicht fälligen) Forderungen möglich.

322 Das Finanzamt kann im Insolvenzverfahren mit Forderungen aufrechnen, die vor Verfahrenseröffnung entstanden sind, ohne dass es deren vorheriger Festsetzung, Feststellung oder Anmeldung zur Insolvenztabelle bedarf (*BFH* BStBl. II 2004 S. 815; BFH/NV 2005, 1210 und 2147; a.M. *Frotscher* Besteuerung bei Insolvenz, S. 72, wonach es ausgeschlossen ist, dass eine Steuerforderung auf Grund steuerrechtlicher Vorschriften nur wegen der Eröffnung des Insolvenzverfahrens fällig wird und dadurch eine Aufrechnungslage geschaffen wird, die ohne die Eröffnung des Insolvenzverfahrens nicht bestehen würde).

323 Die Steuerberechnung nach § 16 UStG unterliegt weder den Beschränkungen der Aufrechnung nach § 96 InsO, noch denen der Insolvenzanfechtung (*BFH* ZIP 2011, 1784). Die gesamte Umsatzsteuer eines Voranmeldungszeitraumes kann mit sämtlichen Vorsteueransprüchen desselben Zeitraumes im Wege der umsatzsteuerlichen Zwangsverrechnung nach § 16 Abs. 2 Satz 1 UStG saldiert werden. Diese Verrechnung ist unabhängig davon durchzuführen, ob die Umsatz- oder Vorsteuer bereits vor oder erst nach der Verfahrenseröffnung steuerrechtlich entstanden ist. Die zu saldierenden Steueransprüche, Vorsteuerbeträge und Berichtigungen sind lediglich unselbständige Besteuerungsgrundlagen innerhalb einer Steuerberechnung und -festsetzung.

324 Bedürfen entstandene Steuerforderungen, bei denen es keine Fälligkeitsregelungen in den Steuergesetzen gibt, für den Eintritt der Fälligkeit gem. § 220 Abs. 2 Satz 2 InsO der Bekanntgabe ihrer Festsetzung durch Steuerbescheid, so scheint die Aufrechnung des Finanzamts zuvor unzulässig. Um dem Finanzamt dennoch die Aufrechnung zu ermöglichen, soll sich die Fälligkeit aller Steuerforderungen mit Verfahrenseröffnung nach § 220 Abs. 2 Satz 1 AO richten, wonach die Forderungen mit ihrem Entstehen fällig werden, soweit keine besonderen gesetzlichen Regelungen bestehen (*BFH* ZInsO 2005, 654, BFH/NV 2005, 1211, BStBl. II 2004 S. 815).

325 Wird eine vorinsolvenzliche Steuer zu hoch und werden auf diese Forderung Säumniszuschläge festgesetzt und mit vorinsolvenzlichen Forderungen des Schuldners verrechnet, so kann der aufgrund nachinsolvenzlicher Korrektur der unzutreffenden Steuerfestsetzung und Billigkeitserlass der Säumniszuschläge sich ergebende Erstattungsanspruch wegen der Säumniszuschläge mit Steuerinsolvenzforderungen aufgerechnet werden. § 96 Abs. 1 Nr. 1 InsO steht insoweit nicht entgegen (*BFH* Beschl. BFH/NV 2007, 1452).

326 Die Aufrechnung ist gegen einen Erstattungsanspruch immer dann möglich, wenn der Rechtsgrund des nach Eröffnung des Insolvenzverfahrens begründeten Erstattungsanspruchs bereits bei Verfahrenseröffnung gelegt war. In der Praxis wird die Finanzverwaltung vor allem Erstattungsansprüche,

Ist ein Gegenstand, dessen Aussonderung hätte verlangt werden können, vom Insolvenzverwalter unberechtigt veräußert worden, so kann der Aussonderungsberechtigte nach § 48 InsO die Abtretung des Rechts auf die Gegenleistung verlangen, soweit diese noch aussteht. Soweit sie in der Masse unterscheidbar vorhanden ist, kann er die Gegenleistung von der Insolvenzmasse verlangen.

e) Der Steuergläubiger als Absonderungsberechtigter nach der InsO

Im Insolvenzverfahren steht bzgl. des Sicherungsgutes das Verwertungsrecht grds. dem Insolvenzverwalter zu. In Fällen der Zwangsversteigerung eines zur Insolvenzmasse gehörigen Grundstücks ist in Höhe des Grundpfandrechtes ein Erlösanteil an die Masse abzuführen.

Die Rechte der Inhaber besitzloser Mobiliarsicherheiten werden beschränkt. Der Insolvenzverwalter kann bestimmen, zu welchem Zeitpunkt das Sicherungsgut als wichtigste Form der besitzlosen Mobiliarsicherheit verwertet wird (§§ 50, 51 InsO). Dem Sicherungsgläubiger steht hinsichtlich des Verwertungsrechts kein Initiativrecht zu. Die Auskehrung des Verwertungserlöses wird erst fällig, wenn der Erwerber des Sicherungsgutes seine Zahlungspflicht erfüllt. Für die Feststellung und Verwertung des Sicherungsgutes erhält der Insolvenzverwalter von den Absonderungsgläubigern einen Kostenbeitrag (§ 171 InsO). Soweit die Insolvenzmasse mit Umsatzsteuer belastet wird, hat diese ebenfalls der Absonderungsgläubiger nach § 171 Abs. 2 Satz 3 InsO zu tragen.

f) Aufrechnung durch den Steuergläubiger

Die Aufrechnung ist die wechselseitige Tilgung zweier sich gegenüberstehender Forderungen durch Verrechnung aufgrund einseitiger Erklärung einer der Beteiligten. Sie bewirkt, dass die sich gegenüberstehenden Forderungen, soweit sie sich decken, rückwirkend auf den Zeitpunkt erlöschen, in dem sie sich erstmals gegenüberstanden. Durch die Möglichkeit der Aufrechnung kann ein Insolvenzgläubiger Forderungsverluste im Insolvenzverfahren vermeiden.

Das bedeutet, dass das Finanzamt mit einer Steuerforderung gegen einen Erstattungsanspruch des Schuldners aufrechnen kann, soweit folgende Voraussetzungen gegeben sind:
– die Forderungen müssen gleichartig sein,
– sie müssen im Gegenseitigkeitsverhältnis stehen,
– der Erstattungsanspruch des Schuldners muss erfüllbar sein,
– die Steuerforderung des Finanzamtes muss fällig sein,
– es darf kein gesetzliches Aufrechnungsverbot bestehen (z.B. §§ 393–395 BGB, § 19 Abs. 2 GmbHG).

Insolvenzgläubiger und damit auch die Finanzverwaltung als Insolvenzgläubiger verlieren durch die Verfahrenseröffnung bzw. im weiteren Verlauf des Insolvenzverfahrens nicht das Recht zur Aufrechnung. Eine zur Zeit der Eröffnung bestehende, auf gesetzliche oder auf vertraglicher Grundlage beruhende Aufrechnungsbefugnis wird im Insolvenzverfahren uneingeschränkt anerkannt (§ 94 InsO).

War das Finanzamt als Steuergläubiger zum Zeitpunkt der Eröffnung des Insolvenzverfahrens zur Aufrechnung berechtigt, so kann es die Aufrechnung auch noch im Insolvenzverfahren erklären (vgl. § 94 InsO). Grundsätzlich bestimmt § 94 InsO, dass eine Aufrechnungslage erhalten bleibt. Auch im Eröffnungszeitpunkt bedingte und betagte (nicht fällige) Steuerforderungen berechtigen das Finanzamt noch im Insolvenzverfahren zur Aufrechnung.

Gem. § 94 InsO wird das Recht zur Aufrechnung durch die Insolvenzeröffnung grds. nicht berührt, sofern ein Insolvenzgläubiger zur Zeit der Eröffnung des Insolvenzverfahrens kraft Gesetzes oder aufgrund einer Vereinbarung zur Aufrechnung berechtigt war, es sei denn, dass die Möglichkeit der Aufrechnung durch eine anfechtbare Handlung erlangt wurde (*FG Baden Württemberg* ZInsO 2011, 2341). Die sog. Aufrechnungslage bleibt also erhalten. Wird die Forderung des Insolvenzgläubigers erst während des laufenden Verfahrens fällig, kommt eine Aufrechnung dann nicht in Betracht, wenn die Gegenforderung des Schuldners oder der Masse früher fällig ist. Für den Gläubiger ist also von

Ertragsteuern begründen selbst keine Masseforderung i.S.v. § 55 Abs. 1 InsO, auch wenn Einnahmen aus dieser Fortführung zur Insolvenzmasse gelangt sind.

302 Erzielt der Schuldner Einkünfte aus selbstständiger Tätigkeit, gilt die Schutzvorschrift des § 850i ZPO. Nach § 850i Abs. 1 Satz 3 ZPO soll ein solcher Schuldner nicht besser oder schlechter stehen, als wenn er ein Arbeitseinkommen erzielte. In der Praxis wendet das Finanzamt in diesen Fällen § 850c ZPO auch auf den Gewerbetreibenden und Freiberufler an, gegebenenfalls mit dem dort genannten maximal unpfändbaren Betrag, wenn der Schuldner nur gegenüber seiner Ehefrau unterhaltspflichtig ist (zur Steuerpflicht des Verwalters bei insolvenzrechtlichen Neuerwerb, vgl. *Olbrich* ZInsO 2004, 1282; *Dahms* ZInsO 2005, 794).

303 Einkommensteuer, die auf einen Neuerwerb entfällt, ist ebenso wie die Aufwendungen von Werbungskosten oder Betriebsausgaben eine mit dem Neuerwerb in Verbindung stehende Verbindlichkeit und insoweit aus dem insolvenzfreien Vermögen des Insolvenzschuldners zu begleichen (*Maus* ZInsO 2001, 493; *Frotscher* Besteuerung bei Insolvenz, S. 78).

304 Erzielt der Schuldner nach Insolvenzeröffnung von ihm neu begründete Einkünfte aus Vermietung und Verpachtung gilt die Schutzvorschrift des § 851b ZPO, erzielt er nach Insolvenzeröffnung von ihm neu begründete Einkünfte aus Kapitalvermögen, aus denen er einzig seinen Lebensunterhalt bestreitet, so wird man § 811 Nr. 2 ZPO analog und die Tabelle zu § 850c ZPO anwenden können. Der Bereich des konkursfreien Vermögens ist damit nur auf wenige Ausnahmefälle begrenzt (§ 36 Abs. 1 und 3 sowie § 37 InsO).

305 Bei nachinsolvenzlicher unternehmerischer Tätigkeit des Schuldners gehört die dabei anfallende Umsatzsteuer zu den Masseverbindlichkeiten, soweit der Insolvenzschuldner Gegenstände einsetzt, die zur Insolvenzmasse gehören (BFH BStBl. II 2005, 848; ZInsO 2005,774; vgl. auch *Olbrich* zur Umsatzsteuerpflicht des Verwalters bei Neuerwerb des Schuldners, ZInsO 2005, 860). Danach kommt es für die umsatzsteuerliche Behandlung nicht darauf an, ob die Entgelte für die schuldnerische Tätigkeit in die Masse fallen, sondern ob es sich bei der Tätigkeit des Schuldners um Umsätze der Masse handelt, da § 55 Abs. 1 Nr. 1 InsO nur Verbindlichkeiten erfasst, die durch Verwaltung, Verwertung und Verteilung der Insolvenzmasse begründet werden. Verwendet der Schuldner für seine nichtselbständige oder selbständige Arbeit ausschließlich Gegenstände, die nicht der Zwangsvollstreckung unterliegen und deshalb nicht in die Masse fallen (§ 36 Abs. 1 InsO, § 311 Nr. 5 ZPO), gehört die daraus resultierende Umsatzsteuer nicht zu den Masseverbindlichkeiten.

306 Umsatzsteuerforderungen aus einer unternehmerischen Tätigkeit nach Eröffnung des Insolvenzverfahrens begründen keine Masseverbindlichkeiten, wenn die Umsätze im Wesentlichen auf den Einsatz der persönlichen Arbeitskraft des Schuldners und nicht im Wesentlichen auf einer unberechtigten Nutzung von Gegenständen beruhen, die zur Masse gehören (BFH BB 2012, 86).

307 Zur Freigabe eines Bauvorhabens nach § 35 InsO und dessen steuerrechtlicher Wirkung s. *FG Köln* ZInsO 2011, 1851. Die Freigabe eines zur Masse gehörenden bzw. künftig in diese fallenden Vermögensgegenstandes (eines Bauvorhabens) und dessen Überführung in das insolvenzfreie Vermögen des Schuldners setzt eine Willenserklärung des Insolvenzverwalters voraus, aus welcher sich unmissverständlich dessen Wille zu einem dauernden Verzicht auf die Massezugehörigkeit ergibt.

308 Zum Anspruch eines Insolvenzverwalters auf Auszahlung des während der Dauer des Insolvenzverfahrens insolvenzrechtlich entstandenen Anspruchs auf Erstattung der Einkommensteuer des Insolvenzschuldners s. *FG Berlin-Brandenburg* ZInsO 2011, 1804.

d) Der Steuergläubiger als Aussonderungsberechtigter nach der InsO

309 Nach § 47 InsO ist kein Insolvenzgläubiger, wer aufgrund eines dinglichen oder persönlichen Rechts geltend machen kann, dass ein Gegenstand nicht zur Insolvenzmasse gehört. Sein Anspruch auf Aussonderung des Gegenstandes bestimmt sich nach den Gesetzen, die außerhalb des Insolvenzverfahrens gelten.

menzufassen. Der Ehegatte erhält auch einen Steuerbescheid, der die Gesamteinkünfte von beiden und die darauf entfallende Gesamtsteuer enthält. Der nicht in Insolvenz befindliche Ehegatte kann gem. §§ 268 ff. AO Aufteilung beantragen, um die Vollstreckung zu beschränken.

Zu den Masseverbindlichkeiten gehören auch die Steueransprüche, die durch Maßnahmen des qualifizierten Insolvenzverwalters begründet worden sind. Die durch derartige Maßnahmen begründeten Steuerforderungen sind durch Steuerbescheid gegenüber dem Insolvenzverwalter geltend zu machen. 295

c) Insolvenzfreies Vermögen, Neuerwerb des Insolvenzschuldners

Nach der Insolvenzordnung gibt es abweichend vom bisherigen Recht der Konkursordnung kein insolvenzfreies Vermögen. Nach § 1 KO gehörte ein sog. **Neuerwerb** des Gemeinschuldners während des Konkursverfahrens nicht zur Konkursmasse, da § 1 KO auf das Vermögen abstellte, das dem Gemeinschuldner zur Zeit der Eröffnung des Verfahrens gehörte. Nach § 35 InsO fließt dagegen jeder Neuerwerb des Schuldners während des Insolvenzverfahrens in das Schuldnervermögen und damit in die Insolvenzmasse, z.B. Einkünfte aus einer beruflichen Tätigkeit nach Verfahrenseröffnung sowie Erbschaften und Schenkungen (§ 35 InsO). Insoweit vergrößert der Neuerwerb die Insolvenzmasse zu Gunsten der Insolvenzgläubiger, jedoch nur insoweit, als der Neuerwerb pfändbar ist (§ 36 InsO i.V.m. §§ 811 ff., 812 ZPO) oder über den Pfändungsfreigrenzen liegt (§ 36 InsO i.V.m. §§ 850 ff., 851 ZPO). Nach § 36 InsO gehören Gegenstände, die nicht der Zwangsvollstreckung unterliegen, nicht zur Insolvenzmasse. Damit sind die Schuldnerschutzvorschriften der §§ 811, 812, 850 bis 851b ZPO angesprochen. Danach ist dem Schuldner ein unpfändbarer Grundbetrag zu belassen. Nur der darüber hinausgehende Betrag ist pfändbar und dieser Betrag geht in die Insolvenzmasse ein; er vergrößert die Insolvenzmasse und kommt damit allen Insolvenzgläubigern zugute. 296

Der Neuerwerb wird in dem Zeitpunkt Insolvenzmasse i.S.v. § 35 InsO, in dem das Eigentum an dem vom Schuldner erworbenen Gegenstand auf den Schuldner übergeht bzw. der Anspruch des Schuldners auf eine Gegenleistung entsteht. Mit dem Neuerwerb werden Masseverbindlichkeiten insoweit begründet, als der Insolvenzverwalter vom Neuerwerb Kenntnis erlangt und dieser daraufhin von ihm gem. § 55 Abs. 1 Nr. 1 Alt. 2 InsO verwaltet wird. Um Masseverbindlichkeiten zu vermeiden, kann der Insolvenzverwalter den Neuerwerb aus der Masse freigeben, wobei sich die Freigabeerklärung auf einzelne Gegenstände beziehen kann (*Maus* ZInsO 2005, 363). 297

Einkünfte sind als Neuerwerb nicht insolvenzbefangen, wenn sie gem. § 36 InsO unpfändbar oder wirksam vom Insolvenzverwalter freigegeben worden sind (*FG München* ZInsO 2011, 1311). 298

Erzielt der Schuldner während der Insolvenz Einkünfte aus nichtselbstständiger Tätigkeit, so ergeben sich der nicht pfändbare und der pfändbare Anteil aus den Vorschriften der §§ 850 bis 850h ZPO, insbesondere aus § 850e ZPO (Abzug von Steuern und gesetzlichen Sozialversicherungsabgaben und freiwilligen Versicherungsleistungen vom Bruttoarbeitseinkommen) und aus der Tabelle zu § 850c ZPO, die von dem nach § 850e ZPO ermittelten Nettolohn ausgeht. 299

Die Einkommensteuer, die auf Lohneinkünfte entfällt (pfändbarer Arbeitslohn des Insolvenzschuldners, der zur Insolvenztabelle gelangt) stellt keine Masseverbindlichkeit nach § 55 Abs. 1 Nr. 1 InsO dar, weil sie nicht durch eine Handlung des Insolvenzverwalters oder in anderer Weise durch die Verwaltung, Verwertung oder Verteilung der Insolvenzmasse begründet worden sind (*BFH* ZInsO 2011, 927; bestätigt durch *BFH* ZInsO 2011, 2186). Das Finanzamt muss die Forderung gegen den Schuldner geltend machen. Sofern sich nach Eröffnung des Insolvenzverfahrens ein Erstattungsanspruch ergibt, ist dieser massezugehörig unabhängig davon, welche Einkünfte der Schuldner bezogen hat. Der Bescheid muss deshalb gegenüber dem Insolvenzverwalter/Treuhänder ergehen. 300

Selbst die Duldung einer selbständigen Tätigkeit durch den Insolvenzverwalter begründet im eröffneten Insolvenzverfahren nicht das Tatbestandsmerkmal des Verwaltens der Insolvenzmasse (*FG Köln* ZInsO 2011, 1117). Die auf die Fortführungseinnahmen des Insolvenzschuldners lautenden 301

des Gegenstandes bestimmt sich nach den Gesetzen, die außerhalb des Insolvenzverfahrens gelten (§ 47 InsO). Gläubiger, die abgesonderte Befriedigung an einem Gegenstand der Insolvenzmasse beanspruchen können, sind nach Maßgabe der §§ 166 ff. InsO zur abgesonderten Befriedigung aus dem Gegenstand berechtigt. Der Insolvenzverwalter hat, wenn er im Besitz des Sicherungsgutes ist, ein eigenes Verwertungsrecht (§ 166 Abs. 1 InsO). Er muss allerdings dem Absonderungsberechtigten auf dessen Verlangen Auskunft über den Zustand der Sache erteilen. Verwertet der Insolvenzverwalter, so steht dem absonderungsberechtigten Gläubiger ein Eintrittsrecht nach § 168 InsO zu. Nach der Verwertung einer beweglichen Sache oder einer Forderung durch den Insolvenzverwalter sind aus dem Verwertungserlös die Kosten der Feststellung und der Verwertung des Gegenstandes vorweg aus der Insolvenzmasse zu entnehmen (§ 170 InsO).

b) Der Massegläubiger nach der InsO

291 Masseverbindlichkeiten nach der InsO sind die Kosten des Insolvenzverfahrens und die sonstigen Masseverbindlichkeiten (§ 53 InsO). Kosten des Insolvenzverfahrens sind die Gerichtskosten für das Verfahren sowie die Vergütung und die Auslagen des vorläufigen Insolvenzverwalters, des Insolvenzverwalters und der Mitglieder des Gläubigerausschusses (§ 54 InsO). Zu den sonstigen Masseverbindlichkeiten gehören im Wesentlichen Verbindlichkeiten, die durch Handlungen des Insolvenzverwalters entstanden sind sowie die Verbindlichkeiten, die aus gegenseitigen Verträgen herrühren, soweit die Erfüllung zur Insolvenzmasse verlangt wurde sowie der Anspruch aus ungerechtfertigter Bereicherung der Insolvenzmasse (§ 55 InsO). Zu den sonstigen Masseverbindlichkeiten i.S.d. § 55 InsO gehören die Steuern, insbesondere die Umsatzsteuer, die durch Handlungen des Insolvenzverwalters entstanden ist. Aus dem Erlös aus der Veräußerung von Gegenständen, die nicht mit Sicherheiten belastet sind, hat der Insolvenzverwalter die Kosten des Verfahrens abzudecken und die sonstigen Masseverbindlichkeiten zu erfüllen. Der Rest des Erlöses ist bei gleicher Quote an die übrigen Insolvenzgläubiger zu verteilen.

292 Vereinnahmt der Insolvenzverwalter eines Unternehmens das Entgelt für eine vor der Eröffnung des Insolvenzverfahrens ausgeführte Leistung, wird nicht nur bei der Ist-, sondern auch bei der Sollbesteuerung eine Masseverbindlichkeit i.S.d. § 55 Abs. 1 Nr. 1 InsO begründet (*BFH* ZInsO 2011, 823). Der BFH begründet dies im Kern damit, dass durch die Insolvenz mehrere Unternehmensteile entstehen. Die im vorinsolvenzlichen Unternehmensteil entstandene Forderung wird bei Insolvenzeröffnung wertlos und ist deshalb zu berichtigen; sie entsteht in der Insolvenzmasse neu, was dann zu einer weiteren Berichtigung führt. Die durch die Berichtigung entstehende USt ist auch bei der Sollsteuer eine Masseverbindlichkeit i.S.v. § 55 Abs. 1 Nr. 1 InsO (Fortführung des *BFH*-Urteils v. 29.01.2009, BStBl. II S. 682 zur Ist-Besteuerung, vgl. *de Weerth* ZInsO 2011, 853 Anm. zum Urteil v. 09.12.2010; *Dobler* ZInsO 2011, 1098 und 1775; *Schacht* ZInsO 2011, 1787).

293 Zu den Masseverbindlichkeiten gehören nach Einführung des § 55 Abs. 4 InsO durch das Haushaltsbegleitgesetz 2011 vom 09.12.2010 (BGBl. 2010 I S. 1885) auch Ansprüche aus dem Steuerschuldverhältnis, die ein schwacher vorläufiger Insolvenzverwalter oder der Insolvenzschuldner mit seiner Zustimmung während des Insolvenzverfahrens begründet haben. Die Einführung des § 55 Abs. 4 InsO wird von vielen als ersten Schritt zur Wiedereinführung des Fiskalprivilegs kritisiert (vgl. *Onusseit* ZInsO 2011, 764 ff.). Die durch derartige Maßnahmen begründeten Steuerforderungen sind durch Steuerbescheid gegenüber dem vorläufigen Insolvenzverwalter geltend zu machen. Mit Schreiben vom 20.05.2015 (ZIP 2015, 1093) nimmt die Finanzverwaltung Stellung zu den Anwendungsfragen des § 55 Abs. 4 InsO. Keine Stellung bezieht die Finanzverwaltung zu der Frage, ob § 55 Abs. 4 InsO auch in der vorläufigen Eigenverwaltung anwendbar ist. Nach dem Wortlaut ist dies nicht der Fall, da der (vorläufige) Sachwalter in der Vorschrift nicht genannt wird. Die zivilgerichtliche Rechtsprechung hält § 55 Abs. 4 InsO in der vorläufigen Eigenverwaltung ebenfalls für nicht anwendbar (*OLG Jena* 22.06.2016 – 7 U 753/15, JurionRS 2016, 27389). Eine Klärung durch die Finanzgerichte steht aus.

294 Erzielt der nicht in Insolvenz befindliche Ehegatte des Schuldners auch Einkünfte, sind die Einkünfte des Verwalters und des Ehegatten des Schuldners zu einer einheitlichen Jahressteuer zusam-

ben, wenn kein Insolvenzgrund vorliegt, z.B. wenn sich dem Akteninhalt nicht entnehmen lässt, dass der Schuldner zahlungsunfähig ist i.S.d. § 17 Abs. 2 InsO (in der Literatur vgl. *Tipke/Kruse* AO, § 251 Rn. 8) oder der Insolvenzantrag trotz Bestehens des Eröffnungsanspruchs unverhältnismäßig und damit ermessensfehlerhaft ist.

Sieht das Finanzamt vor Stellung des Insolvenzantrages davon ab die Vorlage eines Vermögensverzeichnisses zu verlangen oder weitere Vollstreckungsversuche zu unternehmen, von denen es aufgrund der Gesamtumstände annehmen muss, dass diese ebenfalls fruchtlos verlaufen werden, handelt das Finanzamt nicht ermessensfehlerhaft (*FG München* DStRE 2013, 1397). 285

Gegen eine ablehnende Entscheidung des Insolvenzgerichts steht dem antragstellenden Gläubiger gem. §§ 6, 34 InsO das Rechtsmittel der sofortigen Beschwerde zu (§§ 567 ff., 793 ZPO). Die Beschwerde ist innerhalb der Notfrist von zwei Wochen ab dem in § 6 Abs. 2 InsO genannten Zeitpunkt (Verkündigung und Zustellung der Entscheidung) beim Insolvenzgericht oder dem zur Entscheidung berufenen Landgericht einzulegen (§ 569 ZPO). 286

Die Finanzämter sind angehalten Insolvenzanträge möglichst frühzeitig zu stellen, da im Insolvenzverfahren im Unterschied zum früheren Konkursrecht fachkundig geprüft und gerichtlich geklärt werden soll, ob und ggf. inwieweit eine Unternehmenserhaltung möglich ist. Die früher mit Konkursanträgen verbundenen einschneidenden Folgen für den Vollstreckungsschuldner treten erst dann ein, wenn das Unternehmen tatsächlich nicht sanierungsfähig ist. Je länger das Finanzamt zuwartet und den für die Unternehmenskrise verantwortlichen Inhabern die Möglichkeit gibt, weiter unkontrolliert und meist wirtschaftlich falsch zu handeln, umso geringer werden die Chancen einer Unternehmenserhaltung. Auch der *BFH* hat in seinem Urteil vom 03.08.1995 (ZIP 1995, 1425) dazu ausgeführt, dass oftmals ein frühzeitig gestellter Antrag auf Gesamtvollstreckung die bessere Gewähr bietet, ein in wirtschaftliche Bedrängnis geratenes Unternehmen aufzufangen und so die Arbeitsplätze zu erhalten, als die stehen gelassene Vollstreckung. Wirtlichkeitsüberlegungen und das Bestreben nach Einnahmenerzielung um jeden Preis sind im Hinblick auf § 258 AO und auch wegen des scharfen Anfechtungsrechts keine bei der Antragstellung zu berücksichtigenden Gründe. Das Finanzamt hat weder die rechtlichen Möglichkeiten, ein Unternehmen langfristig zu sanieren, noch verfügen die Mitarbeiter über die hierfür notwendigen Fachkenntnisse. Scheitert eine Sanierung des Unternehmens im Rahmen eines Insolvenzverfahrens, so wäre diese Folge erst recht eingetreten, wenn sich das Finanzamt unter Missachtung des § 258 AO selbst als Sanierer versucht hätte. 287

Entfallen die Voraussetzungen für den Insolvenzantrag nach der Antragstellung, z.B. bei Zahlung oder Änderung der Steuerfestsetzung, so wird das Finanzamt wegen der sich daraus ergebenden Kostenfolge den Insolvenzantrag nicht zurücknehmen, sondern dem Insolvenzgericht eine Erledigungserklärung übersenden. 288

bb) Das Finanzamt als Insolvenzgläubiger

Nach § 38 InsO dient die Insolvenzmasse zur Befriedigung der persönlichen Gläubiger, die einen zur Zeit der Eröffnung des Insolvenzverfahrens begründeten Vermögensanspruch gegen den Schuldner haben. Durch die Insolvenzordnung sind die früheren allgemeinen Konkursvorrechte des Fiskus beseitigt worden. In § 39 InsO sind die nachrangigen Insolvenzgläubiger geregelt. Danach werden nachrangig Insolvenzgläubiger wegen folgender Forderungen befriedigt: 289
– Laufende Zinsen,
– Kosten der Verfahrensteilnahme,
– Geldstrafen,
– Geldbußen,
– Ordnungsgelder und Zwangsgelder,
– Forderungen auf eine unentgeltliche Leistung des Schuldners, sowie
– Forderungen auf Rückgewähr kapitalersetzender Leistungen.

Kein Insolvenzgläubiger ist, wer aufgrund eines dinglichen oder persönlichen Rechtes geltend machen kann, dass ein Gegenstand nicht zur Insolvenzmasse gehört. Sein Anspruch auf Aussonderung 290

haftmachung des Insolvenzgrundes und zur Praxis der Finanzverwaltung). Bei elektronisch übermittelten Lohnsteuer- und Umsatzsteuer-Voranmeldungen werden von den Finanzämtern als Nachweis der Steuerforderungen unter Hinweis auf die gesetzlichen Vorschriften zur ausschließlich elektronischen Übermittlung von Anmeldungssteuern (§ 18 Abs. 1 Satz 1 UStG, § 41a Abs. 1 EStG) sog. Bescheiddurchschriften übersandt.
- die Erklärung, dass die Steueransprüche vollstreckbar sind,
- alle Tatsachen, aus denen sich die Zahlungsunfähigkeit oder die Überschuldung des Vollstreckungsschuldners ergibt.

278 Zur Glaubhaftmachung des Insolvenzgrundes reicht es aus, wenn das Finanzamt eine beglaubigte Abschrift einer zeitnah erstellten Pfändungsniederschrift oder den Bericht des Liquiditätsprüfers vorlegt bzw. den fruchtlosen Verlauf aller bekannten Vollstreckungsmöglichkeiten darlegt. Bei dem Insolvenzgrund Überschuldung reicht auch die Vorlegung einer Bilanz aus. Unzulässig ist die Praxis des Finanzamtes einen Insolvenzantrag auf der Grundlage von Vollstreckungsprotokollen zu stellen, wenn der Schuldner nicht angetroffen wird und dessen Vermögensverhältnisse nicht anderweitig ermittelt werden können.

279 Der Insolvenzantrag darf weder eine Bedingung noch eine Befristung enthalten. Er kann zurückgenommen werden, wenn der Vollstreckungsschuldner sämtliche Rückstände beglichen oder Sicherheiten i.S.d. §§ 241 ff. AO beigebracht hat.

280 Der Antrag auf Eröffnung des Insolvenzverfahrens (Insolvenzantrag) ist Verfahrenshandlung und kein Verwaltungsakt, weil er keine auf unmittelbare Rechtswirkung nach außen gerichtete Maßnahme ist und durch ihn nicht bereits eine Regelung getroffen, sondern erst eine Regelung, nämlich die Eröffnung des Insolvenzverfahrens angestrebt wird (*BFH* BFH/NV 2004, 464; für den Konkursantrag vgl. *Hess. FG* EFG 1982, 419; *FG Baden-Württemberg* EFG 1985, 357; *FG Rheinland-Pfalz* EFG 1987, 103; *FG München* EFG 1989, 239). Umstritten ist in diesem Zusammenhang auch die Frage, ob die Insolvenzantragstellung als hoheitliches oder privatrechtliches Handeln zu qualifizieren ist.

281 Eine **Mindesthöhe** der Insolvenzforderung ist nicht vorgeschrieben. Zum Teil wird jedoch die Meinung vertreten, dass das Rechtsschutzinteresse bei der Insolvenzantragstellung wegen Kleinforderungen fehle.

282 Gegen einen Insolvenzantrag kann der Schuldner sich auf zweierlei Art zur Wehr setzen:
- Gegen den Insolvenzeröffnungsbeschluss kann der Schuldner nach § 34 Abs. 2 InsO sofortige Beschwerde einlegen. Dabei kann er geltend machen, dass der Gläubiger keine fällige Forderung hat oder kein Insolvenzgrund vorliegt. Durch Zahlung der Forderung, die dem Insolvenzantrag zugrunde liegt, kann der Schuldner bis zur rechtskräftigen Entscheidung des Gerichts den Insolvenzantrag unzulässig machen.
- Außerdem kann der Schuldner nach den Regeln des Steuerverfahrensrechts den Insolvenzantrag überprüfen lassen.

283 Dabei ist gegen den Insolvenzantrag der Vollstreckungsbehörde nur Leistungsklage auf Rücknahme bzw. Unterlassen des Antrags gegeben (§ 40 Abs. 1 3. Alt. FGO (*FG Baden-Württemberg* KTS 1985, 679; *Uhländer* ZInsO 2005, 1194). Diese Leistungsklage ist nur bis zur Wirksamkeit des Eröffnungsbeschlusses oder der rechtskräftigen Abweisung des Eröffnungsantrages begründet, weil die Vollstreckungsbehörde nur bis zu diesem Zeitpunkt den Antrag zurücknehmen kann (*Tipke/Kruse* AO, § 251 Rn. 22). Ein Einspruch gegen den Insolvenzantrag ist unzulässig, weil der Antrag kein Verwaltungsakt ist, sondern eine reine Prozesshandlung. In diesem Verfahren kann der Schuldner geltend machen, dass der Antrag ermessensfehlerhaft ist.

284 **Vorläufiger Rechtsschutz** gegen den Insolvenzantrag der Vollstreckungsbehörde ist nur durch Erwirken einer einstweiligen Anordnung (§ 114 FGO) und nicht durch Aussetzung der Vollziehung gem. § 69 FGO möglich (für das Insolvenzverfahren *FG Bremen* EFG 1999, 1245; *Uhländer* ZInsO 2005, 1195); ein Anordnungsanspruch i.S.d. § 114 Abs. 3 FGO i.V.m. § 920 Abs. 2 ZPO ist gege-

Ermessensfehlerfrei ist ein Insolvenzantrag i.d.R. dann, wenn neben dem Insolvenzgrund die folgenden Tatbestände erfüllt sind: 272
- der Betrieb ist nicht mehr lebensfähig, d.h. mit seiner wirtschaftlichen Gesundung ist auf Dauer nicht zu rechnen,
- die Einzelvollstreckungsmaßnahmen sind ausgeschöpft oder nicht Erfolg versprechend,
- die Rückstände erhöhen sich laufend, der Schuldner lebt von den nicht entrichteten Steuern. Durch den Antrag auf Eröffnung des Insolvenzverfahrens wird insoweit das weitere Anwachsen der Steuerrückstände und die weitere Verschuldung des Stpfl. verhindert (*FG München* v. 29.08.2013 – 5 V 2425/13, n.v.),
- das Finanzamt hat keine Sicherheiten, aus denen es sich gem. § 327 AO befriedigen kann,
- die Abgabenforderungen, derentwegen Insolvenzantrag gestellt werden sollen, sind zumindest teilweise bestandskräftig festgesetzt.

Solange sämtliche Forderungen durch Rechtsbehelf angefochten sind, ist die Stellung eines Antrages auf Eröffnung des Insolvenzverfahrens grds. ermessensfehlerhaft. Etwas anderes gilt nur dann, wenn ein Einspruch trotz angemessener Fristsetzung nicht begründet wird, offensichtlich unbegründet ist oder der Verschleppung des Besteuerungsverfahrens dient. 273

Bei natürlichen Personen wird das Finanzamt bei Vorliegen von Insolvenzgründen einen Insolvenzantrag in bestimmten Ausnahmefällen stellen, z.B.: 274
- zur Unterstützung und Beschleunigung gewerbe- oder berufsrechtlicher Maßnahmen,
- als Alternative zur eidesstattlichen Versicherung, z.B. wenn der Schuldner sich durch wiederholte Rechtsmittel der Abgabe zu entziehen versucht,
- wegen undurchsichtiger Vermögensverhältnisse, z.B. Kauf und Verkauf von Grundstücken innerhalb kürzester Zeit, so dass Einzelvollstreckungsmaßnahmen keine Aussicht auf Erfolg haben,
- bei vorhandenem Auslandsvermögen, insbesondere wenn kein Rechtshilfeabkommen besteht,
- bei Vermögensverschleierung.

Das Finanzamt wird den Insolvenzantrag i.d.R. erst nach Mitteilung der Gewerbebehörde über die Einleitung eines gewerberechtlichen Verfahrens oder einen Monat nach der entsprechenden Anregung bei der Gewerbebehörde stellen, da die Einleitung gewerberechtlicher Maßnahmen nach Eröffnung des Insolvenzverfahrens nicht mehr zulässig und nach dessen Abschluss weitestgehend nicht mehr möglich ist. Ein Unterlassen gewerberechtlicher Maßnahmen gibt dem Schuldner die Möglichkeit, nochmals gewerblich tätig zu werden und sich den daraus ergebenden steuerlichen Verpflichtungen erneut zu entziehen. 275

Bestehen Landesbürgschaften für den Ausfall von dem Insolvenzschuldner gewährten Darlehen, so tritt bei Eröffnung des Insolvenzverfahrens der Bürgschaftsfall ein. 276

Das Finanzamt hat i.d.R. den Insolvenzantrag **schriftlich** zu stellen (vgl. *App* DStZ 1983, 237). In dem Insolvenzantrag hat es anzugeben: 277
- die vollstreckbaren Forderungen. Die nicht unanfechtbaren Forderungen sind mit Hinweis auf die Vollstreckbarkeit besonders zu kennzeichnen. Hierzu hat das Finanzamt zeitnahe Aufstellungen der Rückstände nach Angabe des Schuldgrundes (Steuerart und Veranlagungszeitraum) und der Fälligkeit einzureichen. Eine Liste der in der Vollstreckung befindlichen Rückstände reicht regelmäßig nicht aus (*BGH* ZInsO 2012, 1418). Aufgrund des *BGH*-Beschlusses vom 08.12.2005 (ZInsO 2006, 97) gehen die Insolvenzgerichte verstärkt dazu über, bei Insolvenzanträgen der Finanzämter die Beifügung von Steuerbescheiden und Steueranmeldungen zur Glaubhaftmachung der Insolvenzforderungen zu verlangen. Auf Anforderung des Insolvenzgerichts hat das Finanzamt zur Glaubhaftmachung seiner Steuerforderungen Durchschriften der Steuerbescheide und Steueranmeldungen nachzureichen bzw. dem Insolvenzantrag beizufügen. Die alleinige Übersendung von Forderungsaufstellungen reicht insoweit nicht aus. Die Vorlage von Steuerbescheiden zur Glaubhaftmachung einer Forderung ist nur dann entbehrlich, wenn das Finanzamt die ausstehende *Steuer* genau beschreibt und der Schuldner sich lediglich auf Erlassanträge und Gegenansprüche beruft (*BFH* Beschl. ZInsO 2011, 1614; vgl. auch *Jacobi* ZInsO 2011, 1094 zur Glaub-

Nr. 9 und 10 BRAO geboten (*FG Düsseldorf* EFG 1993, 592). Die Ermessenausübung hat sich bei einem Wirtschaftsprüfer oder Steuerberater auch auf die beruflichen Folgen des Antrags zu erstrecken (*BFH* BFH/NV 2005, 1002). Stellt das Finanzamt einen ungerechtfertigten Insolvenzantrag – etwa um den Schuldner unter Druck zu setzen – und erleidet dieser infolgedessen einen Schaden, so kann er nach der Rechtsprechung des BGH einen Schadensersatzanspruch gem. § 839 BGB geltend machen (*BGH* ZIP 1990, 805; zu den Voraussetzungen *App* ZIP 1992, 460). Unzulässig ist, dass die Finanzverwaltung den Insolvenzantrag als Druckmittel für die Abgabe von Steuererklärungen und Steueranmeldungen nutzt (*BFH* BFH/NV 1990, 787) oder angebotene, werthaltige Sicherheiten ohne nachvollziehbaren Grund ausschlägt (*BFH* BFH/NV 1988, 762).

266 Für die Beurteilung der Frage, ob die Stellung des Insolvenzantrags seitens des Finanzamts ermessensfehlerfrei war, kommt es auf die Sach- und Rechtslage am Schluss der mündlichen Verhandlung an. Ein Ermessensfehler seitens des Finanzamtes liegt z.B. dann vor, wenn es sich vor der Antragstellung nicht hinreichend davon überzeugt hat, dass die Voraussetzungen für einen solchen Antrag vorlagen und keine im Rahmen des Verhältnismäßigkeitsgrundsatzes zu beachtende weniger einschneidende Einzelvollstreckungsmaßnahmen zur Verfügung standen (*FG Köln* ZInsO 2009, 1296).

267 Ein Insolvenzantrag des Finanzamtes ist unzulässig, wenn für das Finanzamt von vornherein feststeht, dass eine kostendeckende Masse nicht vorhanden ist und der Antrag daher lediglich der Existenzvernichtung des Schuldners dienen würde. Davon ist aber nicht auszugehen, wenn der Antrag zur Unterbindung des weiteren Auflaufens von Abgabenrückständen gestellt wird, weil er auch dazu dient, den Schuldner vor einer weiteren Verschuldung zu bewahren und bei günstigem Verlauf seine Existenz zu sichern. Der Insolvenzantrag ist nicht in jedem Fall ermessensfehlerhaft, wenn die Finanzbehörde zuvor nicht alle Vollstreckungsmöglichkeiten einschließlich der Aufforderung zur eidesstattlichen Versicherung nach § 284 AO ausgeschöpft hat (*BFH* Beschl. BFH/NV 2007, 1270).

268 Das Finanzamt kann ermessensfehlerfrei einen Antrag auf Eröffnung des Insolvenzverfahrens stellen, wenn eine durchgeführte Einzelzwangsvollstreckung erfolglos geblieben ist und die vom Schuldner angebotene Ratenzahlung einen Vollstreckungsaufschub i.S.d. § 258 AO nicht rechtfertigt.

269 Besteht gem. § 15a InsO eine Insolvenzantragspflicht, ist ein Insolvenzantrag dann ermessensfehlerhaft, wenn der Schuldner innerhalb der gesetzlichen Frist hinsichtlich der Steuerschulden den Insolvenzgrund beseitigt. Der Antrag auf Aussetzung der Vollziehung nach § 361 AO, Stundung nach § 222 AO oder auf Vollstreckungsaufschub nach den §§ 257 ff. AO beseitigt nicht die Zahlungsunfähigkeit. Maßgeblich ist erst die positive Entscheidung der Finanzverwaltung bzw. des Finanzgerichts (*OLG Brandenburg* DStR 2013, 1844). Auch eine Überschuldung wird nicht durch den Einspruch gegen den Steuerbescheid oder durch den Antrag auf Erlass (§ 227 AO) bzw. abweichende Steuerfestsetzung (§ 163 AO) beseitigt, sondern es ist eine positive Entscheidung des Finanzamt oder des Finanzgerichts erforderlich. Steuerschulden sind dabei nicht erst mit Erlass des Steuerbescheides in der Überschuldungsprüfung zu berücksichtigen, z.B. wenn im Rahmen einer Betriebsprüfung ein Mehrergebnis erkennbar ist.

270 Zur Zulässigkeit eines Antrages auf Eröffnung des Insolvenzverfahrens bei nicht eingehaltener Ratenzahlungsvereinbarung *BFH* Beschl. ZInsO 2011, 975. Ist eine Aussetzung der Vollziehung nicht angeordnet, sondern die Vollstreckung nur ruhend gestellt, kann das Finanzamt die Genehmigung einer Ratenzahlung formlos widerrufen und die Forderung fällig stellen. Primäres eines Insolvenzverfahrens ist nicht die Zerschlagung von Vermögenswerten, sondern die Schuldenbereinigung.

271 Eine eidesstattliche Versicherung ist nur dann vorrangig abzunehmen, wenn dadurch voraussichtlich weitere Erkenntnisse über die Vermögenslage des Schuldners gewonnen werden (*BFH* BFH/NV 2006, 900). Für die Ermessensentscheidung über einen Insolvenzantrag sind zivilrechtliche Beweisgrundsätze nicht maßgeblich. Hiernach ist auch für den Fall, dass das Finanzamt der einzige Gläubiger des Vollstreckungsschuldners ist, nicht der volle Beweis für das Bestehen der Insolvenzforderung zu verlangen (*BFH* BFH/NV 2004, 464).

aa) Insolvenzantrag des Finanzamtes

Für einen **Insolvenzantrag** fehlt jedoch das **Rechtsschutzinteresse**, wenn der Antrag nur gestellt wird, um eigene Vollstreckungsmaßnahmen zu ersparen und einen zahlungsfähigen, wenn auch böswilligen, Schuldner unter Druck zu setzen. Es genügt auch nicht, dass der Schuldner allein seinen Zahlungsverpflichtungen gegenüber dem Finanzamt nicht nachkommt. 262

Für den Insolvenzantrag ist **keine bestimmte Form** vorgeschrieben. Er muss jedoch den in der InsO vorgeschriebenen Inhalt haben (Glaubhaftmachung der [drohenden] Zahlungsunfähigkeit und/oder Überschuldung) und darf weder bedingt noch befristet gestellt werden. Zur Glaubhaftmachung der Zahlungsunfähigkeit als Schuldgrund reicht z.B. ein einfacher Kontoauszug aus. Zur Glaubhaftmachung muss das Finanzamt die zu vollstreckenden Steueransprüche ernsthaft eingefordert haben. Allein der Umstand, dass Rückstände vorliegen, reicht nicht aus. Die Glaubhaftmachung der Zahlungsunfähigkeit ist zu belegen, z.B. dadurch, dass ein Protokoll über eine fruchtlose Pfändung oder ein Rechenschaftsvermerk des Vollziehungsbeamten vorgelegt wird, aus denen sich die Erfolglosigkeit der Vollstreckungshandlungen ergibt. Der Antrag kann nur bis zum Erlass des Eröffnungsbeschlusses zurückgenommen werden. Bevor das Finanzamt einen Antrag auf Eröffnung des Insolvenzverfahrens stellt, wird es den Schuldner i.d.R. darauf hinweisen, dass es die Eröffnung des Insolvenzverfahrens beantragen müsse, wenn er sich nicht ernsthaft um die Bereinigung seiner Steuerschulden, z.B. durch Leistung von angemessenen Abschlagszahlungen und pünktliche Entrichtung der laufend fällig werdenden Steuerzahlungen bemühe. Gegebenenfalls wird das Finanzamt vor Antragstellung ein Gutachten der zuständigen Industrie- und Handelskammer darüber einholen, ob ein volkswirtschaftliches Interesse an der Fortführung des Unternehmens besteht und ob die Weiterführung des Betriebes gesichert ist. 263

Die Frage, ob ein Insolvenzantrag gerechtfertigt ist, hat das Finanzamt nach pflichtgemäßem Ermessen zu prüfen. Diese Ermessensentscheidung kann von den Gerichten gem. § 102 FGO nur daraufhin überprüft werden, ob die Grenzen des Ermessens überschritten sind oder ob von dem Ermessen in einer dem Zweck der Ermächtigung nicht entsprechender Weise Gebrauch gemacht wurde (*BFH* ZInsO 2011, 975). 264

Dabei hat es die wirtschaftliche und soziale Bedeutung des betreffenden Unternehmens, so z.B. die Zahl der Arbeitnehmer und die Bedeutung des Wirtschaftszweiges und sonstige öffentliche Belange, z.B. die Höhe einer staatlichen Finanzierungshilfe, mit zu berücksichtigen. Für die Ermessensentscheidung des Finanzamts einen Insolvenzantrag zu stellen, bedarf es keiner positiven Anhaltspunkte dafür, dass eine die Kosten deckende Insolvenzmasse vorhanden ist. Es darf für das Finanzamt nur nicht feststehen, dass eine die Kosten deckende Insolvenzmasse nicht vorhanden ist, da in einem solchen Fall der Antrag auf Eröffnung des Insolvenzverfahrens nur der Existenzvernichtung des Steuerschuldners dienen würde (*BFH* BFH/NV 2004,464; BFH/NV 2005,1002; ZInsO 2006, 603). Davon ist nicht auszugehen, wenn der Antrag zur Unterbindung des weiteren Auflaufens von Steuerrückständen gestellt wird, weil er auch dazu dient, den Schuldner vor einer weiteren Verschuldung zu bewahren und bei günstigem Verlauf seine Existenz zu sichern. Der Insolvenzantrag ist nicht in jedem Fall ermessensfehlerhaft, wenn die Finanzbehörde zuvor nicht alle Vollstreckungsmöglichkeiten einschließlich der Aufforderung zur eidesstattlichen Versicherung nach § 284 AO ausgeschöpft hat (*BFH* BFH/NV 2007, 1270). Ein fruchtloser Pfändungsversuch reicht hierfür noch nicht aus. Das Finanzamt handelt auch nicht unbillig und damit rechtsmissbräuchlich, wenn es keinen Vollstreckungsaufschub nach § 258 AO gewährt, sofern die angebotenen Ratenzahlungen eine vollständige Begleichung der Steuerrückstände erst nach mehreren Jahren erwarten lassen (*BFH* ZInsO 2006, 603). Rechtsmissbrauch liegt dagegen vor, wenn feststeht, dass aufgrund einer durchzuführenden Wertberichtigung oder eines Erstattungsanspruches die zur Vollstreckung anstehende Steuerforderung keinen Bestand mehr haben kann oder wenn es sich um eine ausgesprochene Bagatellforderung handelt (*BFH* BFH/NV 2005, 1002). Wegen der einschneidenden Folgen des Insolvenzantrags muss das Finanzamt alle möglich erscheinenden Einzelzwangsvollstreckungsmaßnahmen ausschöpfen (*FG Düsseldorf* EFG 1993, 592). Besondere Zurückhaltung ist insbesondere bei einem Insolvenzantrag gegen einen Rechtsanwalt wegen der einschneidenden Folgen des § 14 Abs. 1 i.V.m. § 7 265

XXIII. Handelsrechtliche Rechnungslegungspflichten bei Massearmut

257 Die handelsrechtlichen Rechnungslegungspflichten gelten auch bei Massearmut eines Insolvenzverfahrens. Deren Einhaltung garantieren, dass das Unternehmen geordnet aus dem Markt ausscheidet. § 155 Abs. 1 InsO gilt insoweit auch bei Massearmut bis zur Verfahrenseinstellung. Er umfasst auch die Pflicht zur Aufstellung einer Schlussbilanz der werbenden Gesellschaft (ZInsO 2009, 183 [40]; *BGH* ZInsO 2004, 970).

XXIV. Reform der Insolvenzrechnungslegung, Ergebnisbericht des ZEFIS und dessen Reformvorschläge

258 Der Ergebnisbericht des ZEFIS zur Reformierung der Insolvenzrechnungslegung (*Haarmeyer/ Hillebrand* ZInsO 2010, 416 ff. und 702 ff.) hat gezeigt, dass die handelsrechtlichen Rechnungslegungsvorschriften in der Insolvenzpraxis keine Rolle spielen, da sie von den Insolvenzverwaltern nicht beachtet und von den Insolvenzgerichten i.d.R. auch nicht eingefordert werden.

259 Insoweit kommt der ZEFIS Ergebnisbericht zu folgenden Reformvorschlägen bezüglich der handelsrechtlichen Rechnungslegung im Insolvenzverfahren (ZInsO 2010, 703):
– Rechnungslegungspflicht nur für fortgeführte Unternehmen. Bei nicht fortgeführten Unternehmen kann auf die handelsrechtliche Rechnungslegung verzichtet werden, weil der rechnungsmäßige Nachweis der ordnungsgemäßen Verfahrensabwicklung durch die interne insolvenzrechtliche Rechnungslegung garantiert wird.
– Die durch das BilMoG für Kaufleute geschaffenen Rechnungslegungserleichterungen gelten auch für das Insolvenzverfahren, sodass in vielen Kleinfällen auf die handelsrechtliche Rechnungslegung verzichtet werden kann.
– Wegfall der Rechnungslegungspflicht bei Massearmut zumindest dann, wenn das Unternehmen nicht fortgeführt wird.
– Wegfall der Veröffentlichungspflicht von Jahresabschlüssen, da die damit verfolgte verbesserte Einblicksmöglichkeit in das Unternehmen durch das Insolvenzverfahren selbst durch Prüfungs- und Informationsmöglichkeiten von Insolvenzverwalter und Gläubigerausschuss gewährleistet ist.

B. Steuern in der Insolvenz

I. Grundsätzliche Auswirkungen des Verfahrens nach der Insolvenzordnung

1. Allgemeines

260 Das Insolvenzrecht gilt auch für Steuerforderungen. Grds. können auch die Steuerforderungen nach Eröffnung des Insolvenzverfahrens nur nach den Regeln der Insolvenzordnung durchgesetzt werden, da das Insolvenzrecht dem Steuerrecht regelmäßig vorgeht. Nur ausnahmsweise sind die Bestimmungen des Steuerrechtes gegenüber denen des Insolvenzrechts vorrangig. Die Insolvenzordnung beinhaltet, von wenigen Ausnahmen abgesehen, keine Regelung von steuerrechtlichen Problemen. Änderungen des Steuerrechts im Hinblick auf die Insolvenzordnung fehlen bislang.

2. Die Stellung des Steuergläubigers nach dem Verfahren der InsO

a) Der Steuergläubiger nach der InsO, Antrag des Finanzamtes auf Eröffnung des Insolvenzverfahrens

261 Steuerforderungen, die zum Zeitpunkt der Eröffnung des Insolvenzverfahrens begründet sind, sind als Insolvenzforderungen nach § 174 Abs. 1 InsO beim Insolvenzverwalter anzumelden. Als Steuergläubiger ist das Finanzamt auch Insolvenzgläubiger. Bei vollstreckbaren Steuerrückständen kann auch die Finanzbehörde als Gläubiger den Antrag auf Eröffnung des Insolvenzverfahrens stellen. Eine Zustimmung der Oberfinanzdirektion zum Antrag auf Eröffnung eines Insolvenzverfahrens ist i.d.R. nicht mehr erforderlich.

sellschaften und ggf. von Lageberichten gelten gem. § 155 Abs. 2 Satz 2 InsO i.V.m. § 270 Abs. 2 Satz 2 AktG, § 71 Abs. 2 Satz 2 GmbHG die Regelungen der §§ 325–329 HGB.

Da der Insolvenzverwalter nach § 155 Abs. 1 InsO u.a. auch verpflichtet ist, die Handelsbilanz des Insolvenzschuldners aufzustellen, ist er gem. § 325 HGB auch zur Offenlegung verpflichtet (*LG Frankfurt* NZI 2007, 294 ff.). 248

Die Pflicht zur Offenlegung gilt auch für die Insolvenzeröffnungsbilanz sowie den Erläuterungsbericht. Die Offenlegungsverpflichtung gilt im Gegensatz zur Prüfungspflicht auch für kleine Kapitalgesellschaften i.S.d. § 267 Abs. 1 HGB mit der Möglichkeit der Inanspruchnahme von Erleichterungen gem. § 326 bzw. gem. § 327 HGB für mittelgroße Kapitalgesellschaften. 249

Die Feststellung der Jahresabschlüsse und der Eröffnungsbilanz obliegt gem. § 80 Abs. 1 InsO dem Insolvenzverwalter. Sie kann gem. § 316 Abs. 1 Satz 2 HGB erst nach erfolgter Abschlussprüfung erfolgen. 250

Bei Verletzung der Offenlegungspflicht kann ein Ordnungsgeldverfahren nur gegen das Unternehmen der Schuldnerin und gegen die vertretungsberechtigten Organe, nicht jedoch gegen den Insolvenzverwalter durchgeführt werden. Auf den Insolvenzverwalter findet § 335 HGB keine Anwendung (*Krüger* ZInsO 2010, 166; *LG Bonn* ZInsO 2009, 332 [341 f.] bezüglich des insolvenzfreien Vermögens der Gesellschaft; *Schlauß* DB 2008, 2824). 251

XXI. Aufstellung von Konzernabschlüssen in der Insolvenz

Für Konzerne in der Insolvenz gelten die Konzernrechnungslegungsvorschriften der §§ 290 ff. HGB, § 11 PublG unverändert fort. Bei Vorliegen der Voraussetzungen hat der Insolvenzverwalter, soweit keine Befreiungstatbestände gem. §§ 291, 292, 292a, 293 HGB oder gesetzlichen Verbote oder Wahlrechte vorliegen, zum Zeitpunkt der Eröffnung des Insolvenzverfahrens sowie zu den verschiedenen Abschlussstichtagen Konzernabschlüsse bzw. Konzernlageberichte aufzustellen (ZInsO 2009, 182 [32]). 252

Dabei ist in jedem Einzelfall zu überprüfen, ob die Voraussetzungen des Konzeptes der einheitlichen Leistung (§ 290 Abs. 1 HGB) oder des Control-Konzepts (§ 290 Abs. 2 HGB) vorliegen. Sie liegen insbesondere dann nicht mehr vor, wenn das Amtsgericht für die Konzernmutter und die Konzerntöchter verschiedene Insolvenzverwalter eingesetzt hat oder wenn das Konzernmutterunternehmen nicht mehr die Möglichkeit hat, die Verwaltungs-, Leitungs- oder Aufsichtsorgane zu bestellen oder einen beherrschenden Einfluss aufgrund eines abgeschlossenen Beherrschungsvertrages auszuüben. Das Gleiche gilt, wenn der Insolvenzverwalter des Mutterunternehmens die Stimmrechtsmehrheit in der Insolvenz des Tochterunternehmens nur noch beschränkt ausüben kann (ZInsO 2009, 182 [33]). 253

Tochterunternehmen unterliegen im Insolvenzverfahren dem Einbeziehungswahlrecht nach § 296 Abs. 1 Nr. 1 HGB, da erhebliche und andauernde Beschränkungen die Ausübung der Rechte des Mutterunternehmens behindern (ZInsO 2009, 182 [34]). 254

Das Vorliegen von Tatbeständen zur Befreiung von der Konzernrechnungslegungspflicht ist im Einzelfall zu prüfen. Gegebenenfalls können durch insolvenzbedingte Abwertungen, Teilverkäufe etc. die Größenkriterien des § 293 HGB unterschritten werden (ZInsO 2009, 182 [35]). 255

XXII. Fristen für die Aufstellung und Offenlegung der handelsrechtlichen Bilanzen

Nach § 155 Abs. 2 Satz 2 InsO werden die für die Aufstellung und Offenlegung eines Jahresabschlusses vorgesehenen gesetzlichen Fristen um die Zeit bis zum Berichtstermin verlängert (§ 29 Abs. 1 Nr. 1 InsO). Damit verlängert sich die Frist zur Aufstellung (§ 264 HGB) und zur Offenlegung (§ 325 HGB) der Schlussbilanz der werbenden Gesellschaft sowie der handelsrechtlichen Eröffnungsbilanz um ca. sechs Wochen bis drei Monate. 256

im Abwicklungszeitraum, nicht jedoch für die Schlussrechnung, die nach § 273 Abs. 1 AktG zu erstellen ist. Bei der Prüfung der Abwicklungs-Eröffnungsbilanz erstreckt sich die Prüfungspflicht auch auf den Erläuterungsbericht. Soweit das Insolvenzgericht verpflichtet ist, die Schlussrechnung noch auf ihre rechnerische und inhaltliche Richtigkeit hin zu prüfen, handelt es sich nicht um eine Spezialvorschrift zu den handelsrechtlichen Prüfungsvorschriften (§ 71 Abs. 1–3 GmbHG, § 270 AktG verweisen für Abwicklungsbilanzen und damit auch für die Rechnungslegung in Insolvenzverfahren auf §§ 316–324 HGB, die neben der Prüfung der Rechnungslegung eine Prüfung der handelsrechtlichen Abschlüsse erfordern).

243 Kleine Kapitalgesellschaften i.S.d. § 267 Abs. 1 HGB sind gem. § 316 Abs. 1 Satz 1 HGB von der Prüfungspflicht befreit. Dies gilt auch, soweit in der Satzung oder im Gesellschaftsvertrag einer kleinen Kapitalgesellschaft eine Prüfungspflicht vorgesehen ist.

244 Die Bestellung des Abschlussprüfers erfolgt entgegen § 318 Abs. 1 Satz 1 HGB nicht durch die Gesellschafter, sondern ausschließlich durch das Registergericht auf Antrag des Insolvenzverwalters (§ 155 Abs. 3 Satz 1 InsO; ZInsO 2009,183 [43]). Ist für das (Rumpf-)Geschäftsjahr vor der Eröffnung bereits ein Abschlussprüfer bestellt, so bleibt es gem. § 155 Abs. 3 Satz 2 InsO bei dieser Bestellung. Ihre Rechtsposition bleibt durch die Insolvenz insoweit unberührt, da die Wahl des Abschlussprüfers nicht dem Insolvenzzweck entgegensteht. Soweit bei Gesellschaften mit beschränkter Haftung der Gesellschaftervertrag vorsieht, dass der Abschlussprüfer durch den Geschäftsführer zu wählen ist, geht dieses Recht in der Insolvenz auf den Insolvenzverwalter über. Er kann sich jedoch nicht selbst beauftragen, selbst wenn er die berufsmäßigen Voraussetzungen (Wirtschaftsprüfer, Buchprüfer) erfüllt. Der Abschlussprüfer soll jeweils vor Ablauf des Geschäftsjahres gewählt werden, auf das sich seine Prüfungstätigkeit erstreckt (§ 318 Abs. 1 Satz 3 HGB).

245 Die Auftragserteilung an den Abschlussprüfer erfolgt in entsprechender Anwendung von § 318 Abs. 1 Satz 4 HGB durch den Insolvenzverwalter. Der Auftrag muss unverzüglich nach der Wahl des Abschlussprüfers erteilt werden. Der Kreis der möglichen Abschlussprüfer ergibt sich aus § 319 HGB. Danach können Wirtschaftsprüfer und Wirtschaftsprüfungsgesellschaften jederzeit Abschlussprüfer sein. Abschlussprüfer von Jahresabschlüssen und Lageberichten mittelgroßer Gesellschaften mit beschränkter Haftung können stattdessen auch vereidigte Buchprüfer und Buchprüfungsgesellschaften sein. Zu den Ausschlussgründen für die Tätigkeit als Abschlussprüfer vgl. § 319 Abs. 2 HGB. Bei mittelgroßen oder großen Kapitalgesellschaften i.S.d. § 267 Abs. 2 bzw. 3 HGB kann das Registergericht (§ 145 FGG) die Gesellschaft in entsprechender Anwendung von § 270 Abs. 3 AktG und § 71 Abs. 3 GmbHG von der Prüfungspflicht befreien, z.B. wenn infolge der Überschaubarkeit der Gesellschaftsverhältnisse eine Prüfung im Gläubiger- und Aktionärsinteresse nicht geboten erscheint (ZInsO 2009, 183 [44]). Dies ist im Einzelfall zu bejahen, wenn die Verwertung der Masse bereits fortgeschritten ist oder nach Einstellung des Geschäftsbetriebes, nicht jedoch wenn das Unternehmen fortgeführt werden soll (ZInsO 2009, 183 [45]). Eine Befreiung von der Prüfungspflicht kann auch nachträglich dadurch eintreten, dass die Gesellschaft auf einen kleingewerblichen Umfang gem. § 1 Abs. 2 HGB herabsinkt und insoweit die Voraussetzungen für eine kleine Kapitalgesellschaft gem. § 267 Abs. 1 HGB vorliegen. Eine Befreiung von der Prüfungspflicht wird insbesondere für den letzten Jahresabschluss und die Schlussbilanz in Betracht kommen. Bei einer Unternehmensfortführung in der Insolvenz wird eine Befreiung von der Prüfungspflicht dagegen i.d.R. nicht möglich sein (ZInsO 2009, 183 [46]).

246 Bei großen Kapitalgesellschaften wird die Vermögens- und Kapitalstruktur entscheidend sein. Die Befreiungsmöglichkeit gilt allerdings nicht für den letzten Jahresabschluss der werbenden Gesellschaft.

XX. Offenlegung von Jahresabschlüssen

247 Die in Betracht kommenden Abschlüsse von Einzelunternehmen und Personenhandelsgesellschaften sind grds. nicht offenlegungspflichtig. Für die Offenlegung der Abwicklungs-Eröffnungsbilanz und der laufenden Abwicklungsjahresabschlüsse einschließlich der Schlussbilanzen von Kapitalge-

XVI. Anhang, Erläuterungsbericht

Der im Abwicklungsverfahren von Kapitalgesellschaften für die Schlussbilanz des werbenden Unternehmens und die laufenden Abwicklungsbilanzen zu erstellende Anhang ist nach den für den Anhang für werbende Gesellschaften geltenden Regeln zu erstellen (*Baumbach/Hueck* GmbHG, § 71 Rn. 26). Zum Anhang im Abwicklungsverfahren gehören vor allem die Erläuterung der Bilanzierungs- und Bewertungsmethoden nach § 284 Abs. 2 Nr. 1 HGB sowie gem. § 284 Abs. 2 Nr. 3 HGB die Darstellung von Abweichungen der Bilanzierungs- und Bewertungsmethoden gegenüber dem vorangegangenen Abwicklungsjahresabschluss. Darzustellen ist auch die Bewertung von Gegenständen des Anlage- und Umlaufvermögens (§ 71 Abs. 2 Satz 3 GmbHG). Im weiteren Verlauf des Abwicklungsverfahrens werden manche Angaben, die ansonsten für den Erläuterungsbericht der werbenden Gesellschaft notwendig sind, entbehrlich werden. Ein Bedürfnis zur Darstellung der Unterschiede der angewandten Bilanzierungs- und Werbemethoden gegenüber denen des Jahresabschlusses der werbenden Gesellschaft besteht nicht, da diese Abweichungen schon im erläuternden Bericht zur Abwicklungs-Eröffnungsbilanz darzustellen sind (vgl. *Baumbach/Hueck* GmbHG § 71 Rn. 26; a.M. *Rowedder/Rasner* GmbHG Rn. 10). 236

XVII. Lagebericht

Während des Abwicklungsverfahrens von Kapitalgesellschaften ist für die Schlussbilanz des werbenden Unternehmens und für die laufenden Abwicklungsbilanzen ein Lagebericht nach den für den Lagebericht der werbenden Gesellschaft bestehenden Regeln aufzustellen. In diesem Lagebericht ist vor allem über den Stand der Abwicklung und über einen zu erwartenden Überschuss oder Fehlbetrag zu berichten (*Baumbach/Hueck* GmbHG, § 71 Rn. 27; *Hachenburg/Hohner* GmbHG, § 71 Rn. 15). Das Gleiche gilt, wenn im Insolvenzverfahren die Fortführung der Gesellschaft beabsichtigt ist. Die Verpflichtung zur Aufstellung eines Lageberichtes für Jahresabschlüsse innerhalb des Insolvenzverfahrens gilt auch für kleine Kapitalgesellschaften. 237

XVIII. Handelsrechtliche Schlussbilanz

Nach Beendigung des Insolvenzverfahrens durch Aufhebung (§ 200 InsO) oder Einstellung (§§ 207 ff. InsO) hat der Insolvenzverwalter nach den allgemeinen Rechnungslegungsregeln des § 155 InsO i.V.m. § 238 ff. HGB eine handelsrechtliche Schlussbilanz, eine Gewinn- und Verlustrechnung sowie für Kapitalgesellschaften und diesen gleichgestellte Personengesellschaften zusätzlich einen Anhang und ggf. einen Lagebericht gem. § 242 bzw. § 264 HGB aufzustellen (ZInsO 2009, 182 [28]). 238

Mit der handelsrechtlichen Schlussbilanz schließt das insolvente Unternehmen seine externe periodische Rechnungslegung ab. Die Schlussbilanz ist von der internen Schlussrechnung des Insolvenzverwalters zu unterscheiden (ZInsO 2009,182 [29]). 239

Stichtag für die Aufstellung der Schlussbilanz ist grds. der Tag der Aufhebung oder der Einstellung des Verfahrens, mit dem gem. § 215 Abs. 2 InsO das Amt des Insolvenzverwalters endet (ZInsO 2009, 182 [30]). 240

Wird das Unternehmen nach Beendigung des Insolvenzverfahrens fortgeführt, so haben die nunmehr vertretungsberechtigten Organe des Unternehmens eine Schlussbilanz sowie auch eine Eröffnungsbilanz aufzustellen (ZInsO 2009, 182 [31]). 241

XIX. Prüfung von Jahresabschlüssen

Die in Betracht kommenden Abschlüsse von Einzelunternehmen und Personenhandelsgesellschaften unterliegen grds. nicht der Prüfungspflicht. Demgegenüber unterliegen bei mittelgroßen und großen Kapitalgesellschaften sowohl der letzte Jahresabschluss der werbenden Gesellschaft als auch die (Abwicklungs-)Eröffnungsbilanz und die laufenden Abwicklungsjahresabschlüsse der Prüfung gem. §§ 316–324 HGB (ZInsO 2009, 183 [41]). Dies gilt auch für den letzten Jahresabschluss 242

227 Für die von einer AG gem. § 270 AktG zu erstellende (Abwicklungs-)Eröffnungsbilanz gelten die Grundsätze der GmbH entsprechend.

XIV. Jahresabschlüsse während des Insolvenzverfahrens

228 Einzelkaufleute und Personenhandelsgesellschaften (OHG, KG) sind gem. §§ 238 ff. HGB verpflichtet, soweit Insolvenzverfahren nicht innerhalb eines Jahres nach Verfahrenseröffnung beendet werden, für den Zeitraum innerhalb des Insolvenzverfahrens Jahresabschlüsse zu erstellen. Für Kapitalgesellschaften (AG und GmbH) besteht dieselbe Verpflichtung (auch bezüglich Aufstellung eines Anhanges und Lageberichtes) nach § 270 AktG sowie § 71 GmbHG.

229 Gem. § 71 Abs. 1 GmbHG (analog) ist der Insolvenzverwalter verpflichtet, für den Schluss eines Jahres einen Jahresabschluss und einen Lagebericht aufzustellen. Maßgebend für den Jahresabschluss ist nicht das Geschäftsjahr der Gesellschaft, sondern der Zeitraum zwischen der Eröffnung des Insolvenzverfahrens (Auflösungszeitpunkt) und dem Schluss des Jahres. In diesem Fall beginnt mit dem Tag der Eröffnung des Insolvenzverfahrens ein neues Geschäftsjahr. Bis zum Ende des Kalenderjahres ist dann ein Rumpfwirtschaftsjahr zu bilden.

230 Für den Ansatz und die Bewertung der Bilanzposten der Abwicklungsjahresabschlüsse gelten die für die Eröffnungsbilanz maßgebenden Regeln (s. Rdn. 215 ff.).

231 Die Umstellung des Geschäftsjahres auf das Insolvenzgeschäftsjahr gilt auch für die steuerliche Rechnungslegung. Die Zustimmung des Finanzamtes gem. § 4a Abs. 1 Satz 1 Nr. 2 Satz 2 EStG ist nicht erforderlich (IDW Life 11/2015, 610 ff.; ZInsO 2009, 181 [27]).

XV. Abwicklungs-»Gewinn- und Verlustrechnung«

232 Für die Geschäftsjahre des Abwicklungszeitraumes ist eine Gewinn- und Verlustrechnung jeweils nach den für das werbende Unternehmen geltenden Regeln §§ 242 ff., 265, 275–277 HGB zu erstellen (*Baumbach/Hueck* GmbHG, § 71 Rn. 5 ff.). Für Einzelkaufleute und Personenhandelsgesellschaften ergibt sich die Verpflichtung zur Aufstellung einer Gewinn- und Verlustrechnung im Abwicklungsverfahren aus § 242 Abs. 2 HGB.

233 Bei der Gewinn- und Verlustrechnung sind die sich für den Abwicklungszeitraum ergebenden Besonderheiten zu berücksichtigen. Dies gilt insbesondere für bereits erfüllte schwebende Geschäfte, neu eingegangene und abgewickelte Geschäfte, die Realisierung von stillen Reserven sowie für die im Insolvenzverfahren getätigten Aufwendungen.

234 Innerhalb der Gewinn- und Verlustrechnung sind Abwicklungskosten sowie Verluste aus dem Abgang von Vermögensgegenständen, Verfahrenskosten, Gutachter- und Prüfungskosten sowie Abwicklungserträge, z.B. Verwertungserlöse unter Realisierung der stillen Reserven, und sonstige Erträge, z.B. aus Rückstellungsauflösungen, durch entsprechende Untergliederungen besonders hervorzuheben.

235 Für das letzte Geschäftsjahr bzw. Rumpfgeschäftsjahr ist gem. § 242 Abs. 1 Satz 1 HGB ebenfalls eine Bilanz aufzustellen, bei der es sich handelsrechtlich um die Schlussbilanz des Insolvenzverfahrens handelt. Außerdem ist gem. § 242 Abs. 2 HGB eine Gewinn- und Verlustrechnung, sowie bei Kapitalgesellschaften gem. (§ 264 Abs. 1 Satz 1 HGB ein Anhang und ein Lagebericht zu erstellen. Stichtag für diesen Jahresabschluss ist nicht der Tag der Aufhebung oder der Einstellung des Insolvenzverfahrens, sondern der Zeitpunkt des Vollzugs der Schlussverteilung (§ 200 InsO) und der Verteilung der Insolvenzmasse (§ 209 InsO). Nur so ist gewährleistet, dass der Insolvenzverwalter seine handelsrechtlichen Rechnungslegungspflichten im Rahmen der Schlussrechnungslegung erfüllt (*Kübler/Prütting/Bork* InsO, § 155 Rn. 51; *Pelka/Niemann* Rn. 204).

– Überschuss der Verbindlichkeiten über die Aktivposten als nicht durch Eigenkapital gedeckter Fehlbetrag.

Eigene Anteile sind nicht zu aktivieren, da sie bei der Vermögensverteilung nicht zu berücksichtigen sind (*Baumbach/Hueck* GmbHG § 71 Rn. 17; *Hachenburg/Hohner* GmbHG § 71 Rn. 27; a.M. *Budde/Förschle* K Rn. 218). Bilanzierungshilfen, aktivierte Ingangsetzungs- und Erweiterungsaufwendungen sowie aktiver Saldo aus latenten Steuern, sind aufzulösen, da sie keinen Veräußerungswert haben. 222

3. Passivseite

Zu passivieren (vgl. *Baumbach/Hueck* GmbHG § 71 Rn. 18; *Hachenburg/Hohner* GmbHG § 71 Rn. 22) sind: 223
– Eigenkapital oder Abwicklungskapital, Abwicklungsvermögen oder Reinvermögen; Dabei handelt es sich um einen Posten, der den Überschuss der Aktivposten über die Verbindlichkeiten nach Abzug der eigenen Geschäftsanteile beinhaltet; Wegen des im Abwicklungsverfahren geltenden umfassenden Ausschüttungsgebotes ist das Eigenkapital nicht besonders aufzugliedern; Die während des Insolvenzverfahrens erzielten Jahresergebnisse sind im Posten Jahresüberschuss/Jahresfehlbetrag zusammenzufassen;
– Rückstellungen nach den allgemeinen Grundsätzen, so insbesondere Rückstellungen für Pensionen und Pensionsanwartschaften oder ähnliche Verpflichtungen, Kosten der Abwicklung, die der Tätigkeit der werbenden Gesellschaft zuzurechnen sind, wie z.B. Sozialplanverpflichtungen oder drohende Verluste aus schwebenden Geschäften;
– Erhaltene Anzahlungen sowie passive Rechnungsabgrenzungsposten, soweit sie auf anzahlungsähnlichen Zahlungen beruhen, nicht jedoch Verbindlichkeiten aus schwebenden Geschäften.

4. Bewertung

Hinsichtlich der Bewertung der Aktiv- und Passivposten in der (Abwicklungs-)Eröffnungsbilanz gelten die für den Jahresabschluss der werbenden Gesellschaft geltenden Regeln. Dabei ist zu berücksichtigen, dass das Unternehmen abgewickelt und nicht fortgeführt werden soll. Insoweit wird auf die unter Rdn. 126 ff. dargestellten Bewertungsvorschriften verwiesen. Grds. gilt für Vermögensgegenstände des Umlaufvermögens gem. § 253 Abs. 4 HGB das strenge Niederstwertprinzip und für Vermögensgegenstände des Anlagevermögens gem. § 253 Abs. 3 HGB das gemilderte Niederstwertprinzip. Das gemilderte Niederstwertprinzip kennzeichnet sich dadurch, dass eine Abschreibung des Anlagevermögens auf den niedrigeren Zeitwert nur dann zwingend ist, wenn die Wertminderung voraussichtlich von Dauer ist. . Darüber hinaus gilt bei Fortfall des Grundes für eine frühere Abschreibung handelsrechtlich gem. § 253 Abs. 5 S. 1 HGB, sowie steuerrechtlich gem. § 6 Abs. 1 Nr. 1 S. 4 und Nr. 2 S. 3 EStG ein rechtsformunabhängiges Wertaufholungsgebot. Die Obergrenze der Zuschreibungen stellen sowohl nach HGB als auch nach EStG grds. die, ggf. um planmäßige Abschreibungen verminderten, Anschaffungs- oder Herstellungskosten dar. 224

Forderungen sind unter Berücksichtigung ihrer zu erwartenden Realisierbarkeit, selbst geschaffene immaterielle Vermögensgegenstände des Anlagevermögens mit den Herstellungskosten bzw. dem voraussichtlich erzielbaren Erlös zu bewerten. Das Gleiche gilt für unentgeltlich erworbene immaterielle Vermögensgegenstände des Anlagevermögens. Ein selbst geschaffener Geschäfts- oder Firmenwert wird i.d.R. mit einem Erinnerungswert von 1 Euro anzusetzen sein (*Baumbach/Hueck* § 71 GmbHG Rn. 20). 225

An die Stelle von Anhang und Lagebericht tritt bei der (Abwicklungs-)Eröffnungsbilanz der ergänzende Bericht. Auf ihn sind nach § 71 Abs. 2 Satz 2 GmbHG die Vorschriften über den Jahresabschluss entsprechend anzuwenden. Das hat zur Folge, dass der erläuternde Bericht die Bestandteile des Anhanges (§§ 284 ff. HGB), nicht jedoch Angaben über die GuV-Rechnung sowie Daten des Geschäftsjahres enthalten und die Jahresbilanz erläutern muss. 226

216 Da bei der Abwicklung von Unternehmen im Insolvenzverfahren die Unternehmensfortführungsprämisse entfällt, gilt der Grundsatz der Unternehmensfortführung nicht mehr. Auf die Dauer des Insolvenzverfahrens kommt es nicht an. Zu berücksichtigen sind die Art und Weise der bei der Abwicklung geplanten Veräußerungen, z.B. ob das Unternehmen im Ganzen veräußert werden soll oder nur einzelne Vermögensgegenstände des Unternehmens bzw. ob das Unternehmen zerschlagen werden soll. Soll das Unternehmen im Ganzen veräußert werden, kommt der Ansatz von Fortführungswerten in Betracht. Auch in diesem Fall dürfen, selbst wenn höhere Veräußerungserlöse erwartet werden, nach dem Realisations- und Imparitätsprinzip die ursprünglichen Anschaffungs- und Herstellungskosten nach § 253 Abs. 1 HGB nicht überschritten werden.

217 Die Gliederung der Bilanz nach § 266 HGB ist für die Abwicklungs-Eröffnungsbilanz nicht geeignet. Der Insolvenzverwalter hat im Rahmen seiner Rechnungslegung das Vermögen festzustellen und nach verfügbarem Vermögen und nicht verfügbarem Vermögen zu gliedern. Insoweit muss die Gliederung der Bilanz ihm einen sicheren und schnellen Einblick in das Vermögen des Schuldners vermitteln. Hierzu dienen unter anderem eindeutige Bezeichnungen der Bilanzposten, aus Gründen der Übersichtlichkeit eine Zusammenfassung wesensgleicher Vermögensgegenstände und Schulden zu jeweils einer Position unter Darstellung von Einzelheiten in einem Anhang oder Erläuterungsbericht, sowie bei den aufrechenbaren Forderungen und Verbindlichkeiten die Beachtung des Saldierungsverbotes.

218 Die Eröffnungsbilanz ist auf den Zeitpunkt der Insolvenzeröffnung (§ 27 Abs. 3 InsO) aufzustellen.

219 Der Insolvenzverwalter ist verpflichtet ein Inventar anzufertigen. Sämtliche Vermögensgegenstände sind durch eine körperliche Bestandsaufnahme und die Schulden durch Buchinventur nach den Grundsätzen ordnungsmäßiger Inventur zu erfassen, um dem Zweck der vollständigen Vermögensermittlung gerecht zu werden. Dazu ist eine umfassende Stichtagsinventur erforderlich.

220 An die Durchführung der Inventur anlässlich der Erstellung der Eröffnungsbilanz sind keine unangemessenen Anforderungen zu stellen, insbesondere, wenn eine kurz vor der Insolvenzeröffnung erstellte Jahresinventur vorliegt. Im Einzelfall können für die Inventur anlässlich der Erstellung der Eröffnungsbilanz auch die Grundsätze für die permanente Inventur (§ 241 Abs. 2 HGB) oder die vor- oder nachverlegte Stichtagsinventur herangezogen werden, soweit damit nicht gegen Grundsätze ordnungsmäßiger Buchführung (GoB) verstoßen wird. Zur Bestandsaufnahme im Insolvenzverfahren sowie insbesondere zur Anwendung von Inventurvereinfachungsverfahren wird auf IDW RH HFA 1.010 verwiesen (ZInsO 2009,181 [17]).

2. Aktivseite

221 Auf der Aktivseite der (Abwicklungs-)Eröffnungsbilanz sind alle im Rahmen des Insolvenzverfahrens verwertbaren Vermögensgegenstände anzusetzen. Da bei der Abwicklung im Rahmen des Insolvenzverfahrens Gewinnausschüttungen nicht mehr erfolgen, gilt das Vorsichtsprinzip für werbende Unternehmen nicht weiter. Sachanlagegüter des Anlagevermögens sind in der Insolvenzeröffnungsbilanz in das Umlaufvermögen umzugliedern, soweit eine Fortführung des Unternehmens nicht angezeigt ist. Das bedeutet, dass nach HGB zu aktivieren sind (vgl. *Baumbach/Hueck* GmbHG § 71 Rn. 16; *Hachenburg/Hohner* GmbHG § 71 Rn. 27–29):
– nicht entgeltlich erworbene, insbesondere selbst geschaffene immaterielle Vermögensgegenstände des Anlagevermögens, auch selbst geschaffene Geschäfts- oder Firmenwerte (abweichend von § 248 Abs. 2 HGB. *Baumbach/Hueck* GmbHG § 71 Rn. 17);
– geleistete Anzahlungen, nicht jedoch Ansprüche aus schwebenden Geschäften;
– Rechnungsabgrenzungsposten, soweit sie Anzahlungscharakter haben, außer sie dienen lediglich der periodengerechten Ergebnisermittlung (z.B. vorausgezahlte Miete oder Pacht);
– i.d.R. Ansprüche gegen Gesellschafter, z.B. aus ausstehenden Einlagen auf das gezeichnete Kapital oder aus eingeforderten Nachschüssen, es sei denn sie sind für die Abwicklung und den Ausgleich unter den Gesellschafter nicht relevant;

Der Insolvenzverwalter stimmt die (Abwicklungs-)Eröffnungsbilanz mit dem Verzeichnis der Masse- 207
gegenstände nach § 151 InsO und dem Gläubigerverzeichnis nach § 152 InsO ab (ZInsO 2009, 181
[20]).

Die handelsrechtliche (Abwicklungs-)Eröffnungsbilanz ist nicht gleichzusetzen mit der Vermögens- 208
übersicht gem. § 153 InsO. Die Vermögensübersicht unterscheidet sich im Ansatz und in der Bewertung der Vermögensgegenstände und Schuldposten von den handelsrechtlichen Rechenwerken.
Während z.B. in der Vermögensübersicht die handelsrechtlichen Bilanzierungs- und Bewertungsgrundsätze für Vermögensgegenstände nicht zu beachten sind, ist deren Beachtung auch in der Insolvenz für die handelsrechtlichen Rechenwerke dringend geboten (ZInsO 2009, 181 [21]).

Der (Abwicklungs-)Eröffnungsbilanz ist ein die Bilanz erläuternder Bericht beizufügen. Diese Verpflichtung ergibt sich für Kapitalgesellschaften aus der analogen Anwendung von § 270 Abs. 1 AktG 209
bzw. § 71 Abs. 1 GmbHG, die für die Liquidationseröffnungsbilanz gleichzeitig einen erläuternden
Bericht fordern. Die Insolvenzordnung sieht zwar in § 155 InsO eine Pflicht zur Aufstellung eines
Erläuterungsberichtes nicht ausdrücklich vor, die Begründung zu § 155 InsO verweist in diesem Zusammenhang jedoch auf § 270 AktG bzw. § 71 GmbHG. Für Personenhandelsgesellschaften, die
nicht unter § 264a HGB fallen, kann dagegen derzeit ein Erläuterungsbericht nicht zwingend gefordert werden. Aufgrund der weitgehenden insolvenz- und haftungsrechtlichen Gleichstellung von
Personenhandelsgesellschaften, bei denen kein Gesellschafter eine natürliche Person ist, erscheint
die Erstellung eines Erläuterungsberichtes auch bei diesen Gesellschaften sachgerecht (arg. ex
§§ 130a, 172a HGB; ZInsO 2009, 181 [22]).

Insbesondere die insolvenzspezifischen Besonderheiten der Eröffnungsbilanz (z.B. die abweichende 210
Gliederung der Eröffnungsbilanz) sind zu erläutern. Weiterhin sind Erläuterungen einzelner Bilanzposten dann erforderlich, wenn diese in Ansatz und Bewertung von der Schlussbilanz der werbenden
Gesellschaft abweichen (ZInsO 2009, 181 [23]).

Eine Erläuterung sämtlicher Bilanzposten ist nicht erforderlich. Für den Erläuterungsbericht ist es 211
ausreichend, die wesentlichen Posten darzustellen, die in ihrer Höhe bedeutsam sind und die auf
das Insolvenzergebnis erhebliche Auswirkungen haben. Hierzu zählen insbesondere die wesentlichen
Anlagegegenstände, Grundstücke und Beteiligungen (ZInsO 2009, 181 [24]).

Darüber hinaus enthält der Erläuterungsbericht Ausführungen zum Verfahrensstand, zur erwarteten 212
Dauer des Verfahrens sowie zu den geplanten bzw. bereits ergriffenen Maßnahmen (ZInsO 2009,
181 [25]).

Zur Aufstellung der (Abwicklungs-)Eröffnungsbilanz verpflichtet ist der Insolvenzverwalter. Es han- 213
delt sich um eine ihm persönlich obliegende öffentlich-rechtliche Pflicht, deren schuldhafte Verletzung zum Schadensersatz verpflichtet. Die Aufstellungsfrist beträgt nach § 71 Abs. 2 Satz 1
GmbHG i.V.m. § 264 Abs. 1 Satz 2 HGB drei Monate ab Auflösung der Gesellschaft/Eröffnung
des Insolvenzverfahren (vgl. *Baumbach/Hueck* GmbHG § 71 Rn. 12; *Baumbach/Hueck* AktG § 270
Rn. 5; *Lutter/Hommelhoff* GmbHG § 71 Rn. 6).

Die Abwicklungs-Eröffnungsbilanz ist auf den Tag der Eröffnung des Insolvenzverfahrens aufzustel- 214
len.

1. Allgemeine Grundsätze

Für die Aufstellung der Abwicklungs-Eröffnungsbilanz gelten die Regeln über den Jahresabschluss 215
der werbenden Gesellschaft entsprechend, insbesondere die Grundsätze der Einzelbewertung sowie
das Realisations-, Imparitäts- und Anschaffungswertprinzip. Gewinne sind erst dann auszuweisen,
wenn sie realisiert sind. Insoweit unterscheidet sich die Abwicklungs-Eröffnungsbilanz von der Überschuldungsbilanz, welche den Zweck hat, Möglichkeiten einer Gläubigerbefriedigung auszuweisen
(vgl. *Schmerbach* § 19 Rn. 18 f.).

197 Bei der Bewertung in der Schlussbilanz der werbenden Gesellschaft ist zu prüfen, inwieweit unter dem Gesichtspunkt der Wertaufhellung dem Umstand des Eintritts der Insolvenz Rechnung zu tragen ist. Dabei wird im Regelfall nicht von der Unternehmensfortführung auszugehen sein, so dass die Bilanzierung und Bewertung i.S.v. IDW RS HFA 1710 zu erfolgen hat. Das Going-Concern-Prinzip kann nur dann weiterhin zugrunde gelegt werden, wenn hinreichend Anhaltspunkte dafür vorliegen, dass trotz Eröffnung des Insolvenzverfahrens von einer Fortführung der Unternehmenstätigkeit auszugehen ist. Grundlage für die Beurteilung ist das vom Insolvenzverwalter verfolgte Unternehmenskonzept (ZInsO 2009, 181 [15]).

XIII. Handelsrechtliche (Abwicklungs-)Eröffnungsbilanz

198 Die Verpflichtung zur Aufstellung der handelsrechtlichen (Abwicklungs-) Eröffnungsbilanz ergibt sich aus § 155 Abs. 2 Satz 1 InsO, wonach mit der Eröffnung des Insolvenzverfahrens ein neues Geschäftsjahr beginnt. Dieses neue Geschäftsjahr dauert ab Insolvenzeröffnung höchstens zwölf Monate (§ 240 Abs. 2 Satz 2 HGB). Es kann aber auch zu einem weiteren Rumpfwirtschaftsjahr neben dem vor Insolvenzeröffnung abschließenden Geschäftsjahr verkürzt werden (ZInsO 2009,181 [16]).

199 Die Verpflichtung zur Bilanzerstellung ergibt sich aus § 155 Abs. 1 i.V.m. Abs. 2 InsO. Danach haben die Liquidatoren bei Beginn und Beendigung der Liquidation eine Bilanz zu erstellen.

200 Grundsätzlich sind in der Insolvenz die allgemeinen Bilanzierungs- und Bewertungsvorschriften der §§ 238 ff., §§ 264 ff. HGB anzuwenden, wobei die Insolvenz als ansatz-, bewertungs- und ausweisrelevanter Tatbestand im Rahmen der handelsrechtlichen Bilanzierung und Bewertung besonders zu würdigen ist (ZInsO 2009,182 [37]).

201 Bilanzierung und Bewertung in der Eröffnungsbilanz richten sich insbesondere danach, ob das insolvente Unternehmen nach Insolvenzeröffnung zerschlagen (dann Bilanz als Abwicklungsbilanz) oder zunächst weitergeführt wird. In der Eröffnungsbilanz sind insolvenzspezifische Ansprüche (§§ 129 ff. InsO; §§ 32a, 32b GmbHG) und insolvenzrechtliche Verpflichtungen anzusetzen. Bezüglich der Anwendung der Going-Concern-Prämisse (§ 252 Abs. 1 Nr. 2 HGB) hat der Insolvenzverwalter für die Eröffnungsbilanz dieselbe Entscheidung wie für die Schlussbilanz zu treffen (ZInsO 2009, 181 [18]).

202 Für Gesellschaften in der Insolvenz kann im Allgemeinen nicht mehr von der Going-Concern-Prämisse ausgegangen werden, es sei denn, es liegen hinreichende Anhaltspunkte dafür vor, dass trotz dieser rechtlichen Gegebenheiten im Einzelfall von einer Fortführung der Unternehmenstätigkeit auszugehen ist (ZInsO 2009, 182 [38]).

203 Die Auswirkungen einer Abkehr von der Going-Concern-Prämisse für die Bilanzierung und Bewertung sind in IDW RS HFA 17 dargestellt (ZInsO 2009, 182 [39]).

204 Ist eine Zerschlagung bzw. Liquidation des Unternehmens geplant, sind in der (Abwicklungs-)Eröffnungsbilanz grds. Einzelveräußerungswerte unter Berücksichtigung des jeweiligen Konzepts zur Beendigung des Unternehmens sowie der Finanzplanung anzusetzen. Eine Bewertung über die fortgeführten Anschaffungs- oder Herstellungskosten ist nicht zulässig (ZInsO 2009, 181 [19]).

205 Zweck der (Abwicklungs-)Eröffnungsbilanz ist, dem Liquidator und in der Insolvenz dem Insolvenzverwalter einen Überblick über den Stand der Aktiva und Passiva zu geben, um die Aussichten für die Durchführung des Abwicklungsverfahrens beurteilen zu können (vgl. *Baumbach/Hopt* InsO § 154 Rn. 2 für die Personengesellschaft). Hierfür sind die Kapitalanteile aus dem letzten Jahresabschluss der Personenhandelsgesellschaft zu übernehmen und das Mehr oder Weniger an Eigenkapital eingeteilt gesondert auszuweisen (vgl. *RG* RGZ 98, 360).

206 Die (Abwicklungs-)Eröffnungsbilanz ist von der Überschuldungsbilanz zu unterscheiden, die nach betriebswirtschaftlichen Erkenntnissen im Rahmen der Überschuldungsprüfung zu erstellen ist und bei der Bewertungsfragen im Vordergrund stehen (vgl. *Schmerbach* § 19 Rdn. 16 ff.).

weitern, die mit der Bilanz, Gewinn- und Verlustrechnung und dem Anhang eine Einheit bilden. Sie können den Jahresabschluss um eine Segmentberichterstattung erweitern. Hierdurch soll der Informationsgehalt des Einzelabschlusses dem des Konzernabschlusses angeglichen werden.

XII. Schlussbilanz des werbenden Unternehmens

Personenhandelsgesellschaften (OHG, KG) sowie Kapitalgesellschaften sind handelsrechtlich verpflichtet, mit der Auflösung des Unternehmens eine Abwicklungs-Eröffnungsbilanz zu erstellen (§ 154 HGB für die OHG; §§ 161, 154 HGB für die KG; § 71 GmbHG für die GmbH sowie § 270 AktG für die AG). Die Eröffnung des Insolvenzverfahrens bewirkt bei Kapitalgesellschaften deren Auflösung (§ 60 Abs. 1 Nr. 4 GmbHG, § 262 Abs. 1 Nr. 3 AktG). **189**

Als abschließende Rechnungslegung der werbenden Gesellschaft für den verkürzten Zeitraum zwischen dem Schluss des letzten regulären Geschäftsjahres und dem Zeitpunkt der Insolvenzeröffnung ist auf den Tag vor Insolvenzeröffnung eine Rumpfgeschäftsjahres-Schlussbilanz des werbenden Unternehmens aufzustellen, die um eine Gewinn- und Verlustrechnung, einen Anhang und ggf. für Kapitalgesellschaften und Personenhandelsgesellschaften i.S.v. § 264a HGB um einen Lagebericht zu ergänzen ist (*ZInsO Dokumentation* IDW Rechnungslegungshinweis, Externe [handelsrechtliche] Rechnungslegung im Insolvenzverfahren, IDW RH HFA 1.012, ZInsO 2009,180 [11]). **190**

Die Pflicht zur Aufstellung der handelsrechtlichen Schlussbilanz ergibt sich aus den allgemeinen Rechnungslegungsgrundsätzen der §§ 238, 242 Abs. 1 Satz 1 HGB. Die Grundsätze ordnungsmäßiger Buchführung verpflichten den Insolvenzverwalter zur lückenlosen Rechnungslegung und Dokumentation sämtlicher Geschäftsvorfälle in der letzten Rechnungsperiode vor Eröffnung des Insolvenzverfahrens. Dazu gehört auch die Ermittlung des Gewinnes bzw. Verlustes der letzten Rechnungsperiode (ZInsO 2009, 180 [12]). **191**

Die Verpflichtung zur Aufstellung der Schlussbilanz für das Rumpfwirtschaftsjahr der werbenden Gesellschaft obliegt dem Insolvenzverwalter anstelle der geschäftsführenden Organe des insolventen Unternehmens, da die Verwaltungs- und Verfügungsbefugnis der Gesellschaftsorgane über die Insolvenzmasse auf den Insolvenzverwalter übergegangen ist (§ 80 InsO). **192**

Für die Schlussbilanz der werbenden Gesellschaft gelten grds. die allgemein für Jahresabschlüsse zu beachtenden Grundsätze und Vorschriften. **193**

Umstritten ist die Beurteilung des Verhältnisses zwischen der Insolvenz-Eröffnungsbilanz und der Schlussbilanz der werbenden Gesellschaft. Dies gilt insbesondere für die Frage, ob die Eröffnung der Insolvenzverfahrens einen Ausnahmefall i.S.d. § 252 Abs. 2 HGB von dem in § 252 Abs. 1 Nr. 1 HGB geregelten Grundsatz des Bilanzenzusammenhangs darstellt (für die Weitergeltung des Bilanzzusammenhanggrundsatzes *Kübler/Prütting/Bork* InsO, § 155 Rn. 63 unter Hinweis darauf, dass die Eröffnungsbilanz als externe Bilanz allein nach handelsrechtlichen Grundsätzen aufzustellen ist). **194**

Soll der Betrieb nach Abschluss des Insolvenzverfahrens eingestellt werden, ist der Grundsatz der Unternehmensfortführung, das sog. Going-Concern-Prinzip des § 252 Abs. 1 Nr. 2 HGB, nicht mehr anwendbar. Zu berücksichtigen sind wegen der notwendigen Identität mit der Abwicklungs-Eröffnungsbilanz bereits durch die Abwicklung eintretende Vermögensminderungen, z.B. Abschreibungen auf voraussichtliche Veräußerungserlöse oder durch die Abwicklung entstehende Kosten (so im Ergebnis auch *BayObLG* GmbHR 1994, 331; *Lutter/Hommelhoff* GmbHG § 71 Rn. 9; a.M. *Baumbach/Hueck* GmbHG § 71 Rn. 3; *Hachenburg/Hohner* GmbHG § 71 Rn. 4 f., danach gilt der Grundsatz der Bilanzidentität zwischen Schlussbilanz und Abwicklungs-Eröffnungsbilanz nicht). **195**

Insolvenzspezifische Ansprüche, z.B. Anfechtungsansprüche nach den §§ 129 ff. InsO und Ansprüche aus Eigenkapitalersatz gem. der §§ 32a, 32b GmbHG sowie insolvenzspezifische Verpflichtungen sind in der Schlussbilanz noch nicht zu erfassen (ZInsO 2009,180 [14]). **196**

nach § 266 Abs. 1 Satz 3 HGB für kleine Kapitalgesellschaften. In der Praxis empfiehlt sich insoweit die Anwendung dieser Gliederungsvorschriften.

181 Die Gliederungsvorschriften knüpfen in ihren Anforderungen an die Größenklassen der Kapitalgesellschaften an. Diese ergeben sich aus § 267 HGB und sind alle fünf Jahre zu prüfen und ggf. anzupassen.

182 Nach § 267 Abs. 1 HGB in der Fassung des BilRUG sind **kleine Kapitalgesellschaften** solche, die mindestens zwei der drei nachstehenden Merkmale nicht überschreiten:
1. Sechs Millionen Euro (6 000 000 €) Bilanzsumme nach Abzug eines auf der Aktivseite ausgewiesenen Fehlbetrags (§ 268 Abs. 3);
2. Zwölf Millionen Euro (12 000 000 €) Umsatzerlöse in den zwölf Monaten vor dem Abschlussstichtag;
3. Im Jahresdurchschnitt 50 Arbeitnehmer.

183 **Mittelgroße Kapitalgesellschaften** sind nach § 267 Abs. 2 HGB solche, die mindestens zwei der drei in Abs. 1 bezeichneten Merkmale überschreiten und jeweils mindestens zwei der drei der nachstehenden Merkmale nicht überschreiten:
1. Zwanzig Millionen Euro (20 000 000 €) Bilanzsumme nach Abzug eines auf der Aktivseite ausgewiesenen Fehlbetrags (§ 268 Abs. 3 HGB);
2. Vierzig Millionen Euro (40 000 000 €) Umsatzerlöse in den zwölf Monaten vor dem Abschlussstichtag;
3. Im Jahresdurchschnitt 250 Arbeitnehmer.

184 **Große Kapitalgesellschaften** sind nach § 267 Abs. 3 HGB solche, die mindestens zwei der drei in Abs. 2 bezeichneten Merkmale überschreiten. Eine Kapitalgesellschaft gilt stets als große, wenn Aktien oder andere von ihr ausgegebene Wertpapiere an einer Börse in einem Mitgliedstaat der Europäischen Wirtschaftsgemeinschaft zum amtlichen Handel oder zum geregelten Markt zugelassen oder in den geregelten Freiverkehr einbezogen sind oder die Zulassung zum amtlichen Handel oder zum geregelten Markt beantragt ist.

185 Für die Umschreibung der Größenklassen sieht § 267 Abs. 4 HGB eine Mindestdauer vor. Danach sind Zufallsausschläge in einem Jahr nicht maßgeblich. Die Größenmerkmale nach Abs. 1–3 müssen nach Abs. 4 Satz 1 an den Abschlussstichtagen von zwei aufeinander folgenden Geschäftsjahren erfüllt sein. Ausnahmen gelten bei Verschmelzungen, Umwandlungen und Neugründungen (Abs. 4 Satz 2). In diesen Fällen reicht es aus, dass die Merkmale von Abs. 1–3 am ersten Abschlussstichtag nach der Verschmelzung, Umwandlung oder Neugründung vorliegen.

186 Die in § 267 HGB vorgenommene Unterscheidung nach Größenklassen gilt auch während der Abwicklung im Insolvenzverfahren. Insoweit ist trotz Eröffnung des Insolvenzverfahrens auf die Vorjahreszahlen abzustellen. Für die Eröffnungsbilanz und die während des Insolvenzverfahrens zu erstellenden Jahresabschlüsse gelten grds. die für die werbende Gesellschaft geltenden Gliederungsvorschriften weiter.

187 Infolge der **Anhebung der Größenklassen für Kapitalgesellschaften** ergeben sich Erleichterungen hinsichtlich der Bilanz (§§ 266 Abs. 1 Satz 3, 274a HGB), GuV (§ 276 HGB), Anhang (§ 288 HGB), Prüfung (§ 316 Abs. 1 HGB) sowie Offenlegung (§ 326 ff. HGB).

188 Das BilMoG hat in § 264d HGB weiterhin eine **Generaldefinition für kapitalmarktorientierte Kapitalgesellschaften** geschaffen. Danach ist eine Kapitalgesellschaft kapitalmarktorientiert, wenn sie einem organisierten Markt i.S.d. § 2 Abs. 5 des Wertpapierhandelsgesetzes durch von ihr ausgegebene Wertpapiere i.S.d. § 2 Abs. 1 Satz 1 des Wertpapierhandelsgesetzes in Anspruch nimmt oder die Zulassung solcher Wertpapiere zum Handel an einem organisierten Markt beantragt hat. Aus der Regelung ergibt sich eine erhebliche Verkürzung und bessere Lesbarkeit einer Reihe handelsrechtlicher Vorschriften. Gemäß § 264 Abs. 1 Satz 2 HGB haben die gesetzlichen Vertreter einer kapitalmarktorientierten Kapitalgesellschaft, die nicht zur Aufstellung eines Konzernabschlusses verpflichtet ist, den Jahresabschluss um eine Kapitalflussrechnung und einen Eigenkapitalspiegel zu er-

(§ 277 Abs. 5 HGB). Dabei empfiehlt sich die Aufstellung eines Rückstellungsspiegels unter Berücksichtigung der Ab- und Aufzinsung. Steuerrechtlich ist gem. § 6 Abs. 1 Nr. 3a lit e EStG eine Abzinsung mit 5,5 % vorzunehmen.

Bei der Bewertung von Pensionsrückstellungen gibt es zwei Alternativen: 174
- die Einzelbewertung gem. § 253 Abs. 2 Satz 1 HGB, bei der bei jeder Rückstellung der durchschnittliche Marktzinssatz der vergangenen sieben Jahre unter Berücksichtigung der Restlaufzeit der zugrunde liegenden Verpflichtung angewendet wird sowie
- die Pauschalbewertung gem. § 253 Abs. 2 Satz 2 HGB, bei der alle Pensionsrückstellungen pauschal mit einer angenommenen Restlaufzeit von 15 Jahren abgezinst werden.

Art. 67 Abs. 1 Satz 1 EGHGB sieht eine Übergangsregelung vor, wonach, soweit nach der Neuregelung durch das BilMoG eine Zuführung zu den Rückstellungen erforderlich ist, dieser Zuführungsbetrag bis spätestens zum 31.12.2024 in jedem Geschäftsjahr zu mindestens einem Fünfzehntel anzusammeln ist. Soweit demgegenüber eine Auflösung der Rückstellung erforderlich ist, darf die Rückstellung beibehalten werden, soweit der aufzulösende Betrag bis spätestens zum 31.12.2024 wieder zugeführt werden müsste. Wird von diesem Wahlrecht kein Gebrauch gemacht, so sind die aus der Auflösung resultierenden Beträge unmittelbar in die Gewinnrücklagen einzustellen. 175

Steuerrechtlich gelten entsprechend dem Maßgeblichkeitsgrundsatz nach § 5 Abs. 1 Satz 1 EStG grds. die handelsrechtlichen Bewertungsgrundsätze. Aufgrund des Bewertungsvorbehalts nach § 5 Abs. 6 EStG sind jedoch die für Rückstellungen zwingenden die Bewertungsvorschriften des § 6 Abs. 1 Nr. 3a EStG und § 6a EStG anzuwenden. Wegen der unterschiedlichen handelsrechtlichen und steuerrechtlichen Bewertungsvorschriften kommt es u.U. dazu, dass der steuerliche Rückstellungswert höher ist als der nach HGB. In diesem Fall ist aufgrund des Maßgeblichkeitsgrundsatzes davon auszugehen, dass -mit Ausnahme der Bewertung von Pensionsrückstellungen- der handelsrechtliche Rückstellungsbetrag die Wertobergrenze für den steuerrechtlich zu bildenden Rückstellungswert bildet (vgl. R 6.11 (3) EStR 2012). 176

Zu beachten ist weiterhin, dass die Pensionsrückstellungen mit dem Planvermögen der Rückdeckungsversicherung bis zur Höhe der Pensionsrückstellung zu verrechnen sind. Dabei ist das Planvermögen gem. § 253 Abs. 1 Satz 4 HGB unter Durchbrechung des Realisationsprinzips mit dem Zeitwert anzusetzen unter Erfassung etwaiger stiller Reserven. Für die die Anschaffungskosten in Höhe der gezahlten Beiträge übersteigenden stillen Reserven gilt gem. § 268 Abs. 8 HGB eine Ausschüttungssperre. Darüber hinaus verhindert § 301 Satz 1 AktG die Abführung der ausschüttungsgesperrten Beträge über einen Ergebnisabführungsvertrag. 177

Für Altzusagen und mittelbare Verpflichtungen z.B. über eine Unterstützungskasse gilt ein Wahlrecht hinsichtlich ihrer Passivierung. Soweit diese Altzusagen oder mittelbare Verpflichtungen bisher nicht passiviert waren, so kann dies weiterhin unterbleiben. 178

Zusätzlich ergeben sich bei der Bildung von Pensionsrückstellungen gem. § 285 Nr. 24 HGB die Verpflichtung zu Anhangangaben in Form von Aussagen über das angewandte versicherungsmathematische Berechnungsverfahren sowie über die grundlegenden Annahmen der Berechnung (Ermittlung des Zinssatzes, Rententrends usw.). 179

XI. Gliederungsvorschriften

Die Gliederungsvorschriften der §§ 265 ff. HGB gelten nur für Kapitalgesellschaften, nicht für die anderen Kaufleute wie Einzelkaufleute und Personengesellschaften. Für sie gilt für den Inhalt der Bilanz § 247 HGB. § 247 Abs. 1 HGB fordert nur eine hinreichende Gliederung der Bilanz. Dabei sind vor allem die Grundsätze der Bilanzklarheit und Bilanzübersichtlichkeit (§ 243 Abs. 2 HGB) sowie die Grundsätze ordnungsgemäßer Buchführung zu beachten. Obwohl § 247 HGB nur eine hinreichende Aufgliederung der Bilanz fordert, folgt eine Mindestgliederung der Gewinn- und Verlustrechnung ebenfalls über die Grundsätze der ordnungsgemäßen Buchführung. Im Ergebnis gilt nach den Grundsätzen der ordnungsmäßigen Buchführung als Mindestgliederung die Gliederung 180

165 Eine Verbindlichkeit unter Vereinbarung eines allumfassenden Rangrücktritts hinter alle weiteren Gläubiger und der Erfüllung nur aus künftigen Jahresüberschüssen bzw. aus dem Liquidationsüberschuss fällt unter § 5 Abs. 2a EStG.

166 Bei Erlass einer Verbindlichkeit mit der Maßgabe, dass die Forderung wieder aufleben soll, wenn künftige Jahresüberschüsse oder ein Liquidationsüberschuss erzielt werden, ist die durch einen solchen Besserungsschein begründete Leistungspflicht beim Schuldner zunächst nicht als Verbindlichkeit zu passivieren. Die Verpflichtung stellt noch keine wirtschaftliche Last dar.

167 Unter dem Gesichtspunkt der wirtschaftlichen Leistungsfähigkeit besteht wirtschaftlich kein Unterschied zwischen einem Erlass mit Besserungsabrede und der Vereinbarung, dass eine Verbindlichkeit nur aus einem etwaigen Liquidationsüberschuss bedient werden muss.

168 Offen gelassen hat der BFH im Entscheidungsfall die Frage, ab wann im Falle der Liquidation die Verbindlichkeit in der Steuerbilanz zu passivieren ist. Für denkbar hält er es, dass die Verbindlichkeit erst dann passiviert werden muss, wenn nach Beginn der Liquidation ohne Berücksichtigung dieser Verpflichtung verteilbares Eigenkapital ausgewiesen werden müsste. Möglich sei auch, eine Verpflichtung zum Ausweis bereits dann anzunehmen, wenn zum Zeitpunkt des Bilanzstichtages eine Liquidation droht und im Fall der Liquidation mit einem Überschuss zu rechnen ist.

5. Bilanzposten Rentenverpflichtungen

169 Rentenverpflichtungen, für die eine Gegenleistung nicht mehr zu erwarten ist, sind handelsrechtlich wie Rückstellungen zu behandeln und mit ihrem Barwert anzusetzen (§ 253 Abs. 2 Satz 3 HGB). Rentenverpflichtungen mit noch laufender Gegenleistung sind handelsrechtlich nach den Grundsätzen für schwebende Geschäfte zu bilanzieren. Steuerrechtlich sind sie höchstens mit dem Teilwert bzw. mit dem Gegenwartswert anzusetzen (vgl. § 6a Abs. 3 EStG; *Baumbach/Hopt* § 253 Rn. 3).

170 Gem. § 253 Abs. 2 HGB sind Rentenverpflichtungen bei einer Restlaufzeit von mehr als einem Jahr mit dem ihrer Restlaufzeit entsprechenden durchschnittlichen Marktzinssatz der vergangenen sieben- bei Altersversorgungsverpflichtungen der vergangenen zehn- Geschäftsjahre abzuzinsen. Dieser Zinssatz soll von der Deutschen Bundesbank nach Maßgabe einer Rechtsverordnung ermittelt und monatlich bekannt gegeben werden. Hierdurch soll erreicht werden, dass Rückstellungen und Rentenverpflichtungen einheitlichen Abzinsungssätzen, d.h. denen nach Maßgabe des § 253 Abs. 2 HGB zu unterwerfen sind, sodass die Vergleichbarkeit handelsrechtlicher Jahresabschlüsse verbessert wird.

6. Bilanzposten Rückstellungen

171 Gem. § 253 Abs. 1 Satz 2 HGB sind Rückstellungen in Höhe des nach vernünftiger kaufmännischer Beurteilung **notwendigen Erfüllungsbetrages** anzusetzen. Damit wird klargestellt, dass bei der Rückstellungsbewertung in der Zukunft unter Einschränkung des Stichtagsprinzips künftige Preis- und Kostensteigerungen zu berücksichtigen sind. Insoweit sind im Sinne eines zukunftsorientierten Erfüllungsbetrages künftige Preis- und Kostensteigerungen, insbesondere Gehalts-, Renten- und ggf. Inflationstrends, welche bis zur Erfüllung wahrscheinlich anfallen, bei der Rückstellungsbewertung zu berücksichtigen.

172 Nach § 253 Abs. 2 Satz 1 HGB sind Rückstellungen mit einer Restlaufzeit von mehr als einem Jahr mit dem ihrer Restlaufzeit entsprechenden durchschnittlichen Marktzinssatz der vergangenen sieben Geschäftsjahre abzuzinsen. Dadurch wird berücksichtigt, dass die in den Rückstellungen gebundenen Finanzmittel investiert und daraus Erträge erzielt werden können. Aufgrund der Übergangsbestimmungen dürfen gem. Art. 67 Abs. 1 EGHGB Rückstellungen dann beibehalten werden, wenn die nach dem BilMoG erforderliche Auflösung bis 2024 wieder zugeführt werden müsste. Damit wird keine Abzinsung von Alt-Rückstellungen erfolgen, wenn die Restlaufzeit vor 2024 endet.

173 Erträge aus der Abzinsung sind in der GuV in den Posten »Sonstige Zinsen und ähnliche Erträge« und Aufwendungen gesondert in den Posten »Zinsen und ähnliche Aufwendungen« einzustellen

158 Das tatsächliche Erlöschen der Schuld im Rahmen des Insolvenzverfahrens ist gewinnwirksam. Daher kann eine erfolgswirksame Minderung der Verbindlichkeiten erfolgen, wenn ein Gläubiger wirksam auf seine Forderung verzichtet; bei einem gesellschaftsrechtlich veranlassten Verzicht wird regelmäßig in Höhe des noch werthaltigen Teils der Forderung eine verdeckte Einlage ausgeschlossen sein (*BMF* BStBl. I 2003 S. 648). Das Gleiche gilt, soweit nach rechtskräftiger Bestätigung des keine abweichenden Regelungen enthaltenen Insolvenzplanes durch das Gericht die Forderungen nachrangiger Gläubiger erlöschen bzw. eine Befreiung gegenüber nicht nachrangigen Gläubigern im gestaltenden Teil des Insolvenzplanes vorgesehen ist.

159 Ein gewinnwirksamer Wegfall betrieblicher Verbindlichkeiten kann sich in Ausnahmefällen auch dann ergeben, wenn die Regelungen über die Restschuldbefreiung für natürliche Personen (§ 286 InsO) greifen.

160 Vor MoMiG wurde bei der Passivierung von Verbindlichkeiten zwischen der Vereinbarung eines einfachen oder qualifizierten Rangrücktritts unterschieden s. *BMF* BStBl. I 2006, 497 sowie *Kahlert/Rühland* ZInsO 2006, 1009. Mit dem MoMiG wurde der **Rangrücktritt** durch **§§ 19 Abs. 2 Satz 2, 39 Abs. 2 InsO** geregelt. Eine Unterscheidung zwischen einfachen und qualifizierten Rangrücktritt ist daher nicht mehr nötig.

161 Die zivilrechtliche Natur des Rangrücktritt nach §§ 19 Abs. 2 Satz 2, 39 Abs. 2 InsO, ist durch das Urteil des IX Senats des BGH vom 5.3.2015 – IX ZR 133/14 konkretisiert worden. Damit eine Nichtpassivierung der Verbindlichkeit in der Überschuldungsbilanz gegeben ist, muss demnach eine Vereinbarung zwischen der Gesellschaft und einem Gesellschafter oder Nichtgesellschafter getroffen werden. Nach den Grundsätzen des Urteils des BGH muss der Rangrücktritt so ausgestaltet sein, dass **vor** Insolvenzeröffnung eine Durchsetzungssperre vereinbart wird, also im Zeitpunkt der Krise nicht auf die Verbindlichkeit geleistet werden darf. Zu diesem Zeitpunkt ist eine Aufhebung der Rangrücktrittsvereinbarung nur mit Zustimmung der anderen Gläubiger zulässig (Vertrags zugunsten Dritter gem. § 328 BGB). Für den Zeitraum **nach** Insolvenzeröffnung muss die Rangrücktrittsvereinbarung vorsehen, dass eine Zahlung nach § 19 Abs. 2 Satz 2 InsO nur auf den Rang nach § 39 Abs. 1 Nr. 1 bis Nr. 5 InsO erfolgen darf. Verstößt eine Zahlung gegen solche Vereinbarungen der Rangrücktrittserklärung ist diese gemäß § 812 Abs. 1 Satz 1 Fall 1 BGB ohne Rechtsgrund erfolgt und kann zudem nach § 134 InsO anfechtbar sein.

162 Die Vereinbarung eines Rangrücktritts hat keinen Einfluss auf die Bilanzierung der Verbindlichkeit. Im Gegensatz zu einem Forderungsverzicht mindert sich oder erlischt die Verbindlichkeit nicht. Diese wird weiterhin geschuldet und stellt für den Steuerpflichtigen eine wirtschaftliche Belastung dar. Lediglich die Rangfolge der Tilgung ändert sich. Die Verbindlichkeit ist weiterhin als Fremdkapital in der Steuerbilanz der Gesellschaft auszuweisen.

163 Nach Ansicht des *BMF* (BStBl. I 2006, S. 497) ist § 5 Abs. 2a EStG auf Rangrücktrittsvereinbarungen nicht anwendbar. Diese Ansicht des BMF bezieht sich allerdings auf Rangrücktritte vor MoMiG. Zu Rangrücktrittsvereinbarungen, die nach MoMiG gemäß §§ 19 Abs. 2 Satz 2, 39 Abs. 2 InsO vereinbart worden sind, hat sich das BMF noch nicht geäußert.

164 Zur Passivierung von Verbindlichkeiten aus Gesellschafterdarlehen bei Vereinbarung eines qualifizierten Rangrücktrittes nunmehr *BFH* 30.11.2011 – I R 100/10 (ZIP 2012, 570): Danach ist eine Verbindlichkeit erst zu bilanzieren, wenn der Unternehmer zu einer dem Inhalt und der Höhe nach bestimmten Leistung an einen Dritten verpflichtet ist, die vom Gläubiger erzwungen werden kann und diese eine wirtschaftliche Belastung darstellt. An einer wirtschaftlichen Belastung fehlt es, wenn Darlehensverbindlichkeiten nur aus künftigen Überschüssen, soweit sie bestehende Verlustvorträge übersteigen, oder aus einem Liquidationsüberschuss zurückbezahlt werden müssen. Das Urt. des *BFH* v. 30.11.2011 behandelt – im Gegensatz zum veröffentlichten Leitsatz – im konkreten einen einfachen Rangrücktritt. Entscheidend für die Passivierung der Verbindlichkeit ist die Vereinbarung der Befriedigungsmöglichkeit aus dem sonstigen freien Vermögen.

gebot. Für Kapitalgesellschaften besteht die Möglichkeit, für Eigenkapitalanteile von Wertaufholungen eine gesonderte Wertaufholungsrücklage zu bilden (§ 29 Abs. 4 GmbHG).

153 Hinsichtlich der Bewertung einzelner Vermögensgegenstände im Insolvenzverfahren bestehen folgende Besonderheiten:
– Handelswaren und fertige Erzeugnisse sind mit dem am Absatzmarkt erzielbaren Preisen zu bewerten;
– Unfertige Erzeugnisse und Leistungen sind i.d.R. abzuschreiben, soweit nicht eine Fertigstellung möglich und zweckmäßig ist;
– Roh-, Hilfs- und Betriebsstoffe: die Bewertung richtet sich danach, inwieweit diese in einem anderen Betrieb verwendet werden können; bei einem möglichen Verkauf können nur selten die eigenen Einstandspreise erzielt und angesetzt werden;
– Wertpapiere sind mit dem Verkaufspreis am Stichtag abzüglich der Verkaufskosten zu bewerten;
– Forderungen aus Lieferungen und Leistungen oder sonstige Forderungen sind i.d.R. mit dem Nennwert zu bewerten; Abschreibungen sind erforderlich z.B. bei Minderung der Forderung wegen Wegfalls von Service- und Garantieleistungen für Kunden, oder bei Mitarbeiterdarlehen, z.B. wenn der Mitarbeiter nicht mehr zu deren Rückzahlung imstande ist;
– Schecks und Wechsel, Kassenbestand, Bankguthaben, Bundesbank- und Postgiroguthaben, sind grds. mit dem Nennwert zu bewerten; im Einzelfall sind Abschreibungen vorzunehmen.

4. Bilanzposten Verbindlichkeiten

154 Verbindlichkeiten sind zu ihrem Nennbetrag bzw. Erfüllungsbetrag anzusetzen (§ 253 Abs. 1 Satz 2 HGB). Das gilt auch für nicht marktüblich hochverzinsliche Schulden (kein höherer Rückzahlungsbetrag, jedoch Rückstellung gem. § 249 Abs. 1 Satz 1 2. Alt. HGB in Höhe des Barwertes der Zinsdifferenz, vgl. *Baumbach/Hopt* § 253 Rn. 2). Ungeachtet dessen, ob eine unverzinsliche oder niedrig verzinsliche Verbindlichkeit vorliegt, besteht handelsrechtlich ein Abzinsungsverbot. Einzelheiten zur steuerlichen Bewertung von Verbindlichkeiten, vgl. 6.10 EStH 2012, zur ertragsteuerlichen Behandlung von Verbindlichkeiten in Fällen der Unternehmensinsolvenz, *OFD Münster* ZInsO 2006,135 m. krit. Anm. *Schmittmann* ZInsO 2006, 136).

155 Zur Abzinsung unverzinslicher Gesellschafterdarlehen *BFH* Beschl., BStBl. II 2010, 177. Danach unterliegt eine unverzinsliche Darlehensverbindlichkeit dem Abzinsungsgebot. Das Gebot der Abzinsung von Verbindlichkeiten beruht ebenso wie das ihm entsprechende Abzinsungsgebot für Verbindlichkeitsrückstellungen (§ 6 Abs. 1 Nr. 3alit. e EStG) auf der Vorstellung, dass eine erst in der Zukunft zu erfüllende Verpflichtung den Schuldner weniger belastet als eine sofortige Leistungspflicht.

156 Steuerlich besteht ein Abzinsungsgebot, so dass Rückstellungen und Verbindlichkeiten mit einem Zinssatz von 5,5 % pro Jahr abzuzinsen sind. (§ 6 Abs. 1 Nr. 2, 3 und 3a lit. e EStG, *BMF* BStBl. I 2005, 699, IV B 2 – S 2175 – 7/05).

157 Verbindlichkeiten dürfen nicht mehr passiviert werden, wenn sie keine wirtschaftliche Belastung darstellen. Eine solche wirtschaftliche Belastung fehlt dann, wenn der Schuldner mit an Sicherheit grenzender Wahrscheinlichkeit nicht mehr mit einer Inanspruchnahme durch den Gläubiger rechnen muss (*BFH* 22.11.1988 – VIII R 62/85, BStBl. 1989 II S. 359). Allein die Tatsache, dass der Schuldner die Verbindlichkeit mangels ausreichenden Vermögens nicht oder nur teilweise tilgen kann, begründet noch nicht die Annahme einer fehlenden wirtschaftlichen Belastung (*BFH* 09.02.1993 – VIII R 29/91, BStBl. II 1993 S. 747). Dabei ist zu dem Zeitpunkt, zu dem das Vorliegen eines Insolvenzgrundes zu prüfen ist, und auch während des Insolvenzverfahrens von einer wirtschaftlichen Belastung des Schuldners in Höhe des Nennbetrages der Verbindlichkeit auszugehen. Da der Gläubiger seine Forderung grds. auch nach Aufhebung des Insolvenzverfahrens noch geltend machen kann (§ 201 InsO), ist eine wirtschaftliche Belastung des Schuldners auch nach Aufhebung des Insolvenzverfahrens weiterhin anzunehmen. Das gilt auch dann, wenn Kapital- oder Personengesellschaften nach der Auflösung und Liquidation im Handelsregister gelöscht werden.

zeitraum kann der Steuerpflichtige jedoch erneut eine Abschreibung auf den niedrigeren Teilwert durchführen, wenn er diesen nachweisen kann. Das strikte Wertaufholungsgebot ist für bilanzierende Steuerpflichtige auch nach Vornahme außergewöhnlicher technischer oder wirtschaftlicher Absetzungen zu beachten (§ 7 Abs. 1 Satz 6 EStG):
- bei immateriellen Vermögensgegenständen bestimmt sich der Wert nach dem Umfang, in dem sie (außerhalb des Insolvenzverfahrens) von dem Unternehmen noch genutzt werden können;
- bei der Bewertung von Grundstücken und Gebäuden sind im Rahmen der Abwicklung eines Unternehmens anhand von Vergleichsobjekten und ggf. nach Einholung eines Sachverständigengutachtens eventuelle stille Reserven zu ermitteln und aufzulösen;
- für die Betriebs- und Geschäftsausstattung (z.B. Betriebs-Kfz) sind die Verkaufswerte am Gebrauchtmarkt anzusetzen.

3. Bilanzposten Umlaufvermögen

Zum Umlaufvermögen gehören die Wirtschaftsgüter, die zur Veräußerung, Verarbeitung oder zum Verbrauch angeschafft oder hergestellt worden sind, insbesondere Roh-, Hilfs- und Betriebsstoffe, Erzeugnisse und Waren sowie Kassenbestände (R 6.1 Abs. 2 EStR 2012). 147

Bei Vermögensgegenständen des Umlaufvermögens sind nach § 253 Abs. 4 HGB Abschreibungen vorzunehmen, um diese mit dem niedrigeren Teilwert anzusetzen, der sich aus einem Börsen- oder Marktpreis am Abschlussstichtag ergibt. Börsenpreis ist der im amtlichen Handel oder im geregelten Markt festgestellte Preis (§§ 29, 75 BörsG), Marktpreis der Durchschnittspreis der Ware am jeweils relevanten Markt. Relevanter Markt ist je nach Art des zu bewertenden Umlaufvermögens der Absatz- oder Beschaffungsmarkt. Ist ein Börsen- oder Marktpreis nicht festzustellen und übersteigen die Anschaffungs- oder Herstellungskosten den Wert, der den Vermögensgegenständen am Abschlussstichtag beizulegen ist, so ist steuerrechtlich auf diesen Wert abzuschreiben (§ 253 Abs. 4 Satz 2 HGB) oder mit einem Wert anzusetzen, der zwischen den Anschaffungs- oder Herstellungskosten und dem niedrigeren Teilwert liegt, wenn und soweit bei vorsichtiger Beurteilung aller Umstände damit gerechnet werden kann, dass bei einer späteren Veräußerung der angesetzte Wert zuzüglich der Veräußerungskosten zu erlösen ist (R 6.8 EStR 2012 für die Bewertung des Vorratsvermögens). 148

Grds. sind die Vermögensgegenstände des Umlaufvermögens einzeln zu bewerten. Ggf. ist der Wert dieser Wirtschaftsgüter zu schätzen. Zur Erleichterung der Bewertung können steuerrechtlich gleichartige Wirtschaftsgüter des Vorratsvermögens jeweils zu einer Gruppe zusammengefasst und mit dem Durchschnittswert angesetzt werden, soweit diese Gruppenbewertung mit den Grundsätzen ordnungsgemäßer Buchführung in Einklang steht (R 6.8 (4) EStR 2012). 149

Gem. § 256 HGB kann für den Wertansatz gleichartiger Vermögensgegenstände des Vorratsvermögens unterstellt werden, dass die zuerst oder dass die zuletzt angeschafften oder hergestellten Vermögensgegenstände zuerst verbraucht oder veräußert worden sind (LiFo-Methode, FiFo-Methode). 150

Nach § 6 Abs. 1 Nr. 1 Satz 2 und Nr. 2 Satz 2 i.V.m. Nr. 3 EStG ist eine Teilwertabschreibung steuerrechtlich nur zulässig, wenn die Wertminderung voraussichtlich von Dauer ist. Handelsrechtlich gilt für Vermögensgegenstände des Umlaufvermögens dagegen das strenge Niederstwertprinzip gem. § 253 Abs. 4 HGB. Abschreibungen auf den niedrigeren Teilwert sind danach handelsrechtlich auch vorzunehmen, wenn es sich nur um eine vorübergehende Wertminderung handelt. Dies hat zur Folge, dass bei Vorliegen einer vorübergehenden Wertminderung die Bilanzansätze für Vermögensgegenstände des Umlaufvermögens nach Handels- und Steuerrecht unterschiedlich sind. Ist im Zeitpunkt der Bilanzaufstellung von einer dauernden Wertminderung bei Wirtschaftsgütern des Umlaufvermögens auszugehen, so gelten die Ausführungen zu Wirtschaftsgütern des Anlagevermögens entsprechend; insbesondere ist eine handelsrechtliche Teilwertabschreibung steuerrechtlich nicht zwingend nachzuvollziehen (vgl. 6.8 (1) EStR 2012). 151

Wie für Wirtschaftsgüter des Anlagevermögens gilt auch für Wirtschaftsgüter des Umlaufvermögens steuerlich gem. § 6 Abs. 1 Nr. 1 Satz 4 und Nr. 2 Satz 3 i.V.m. Nr. 3 EStG ein Wertaufholungs- 152

für die in § 255 Abs. 1 Satz 3 HGB normierten Materialgemeinkosten, die Fertigungsgemeinkosten und den Wertverzehr des der Fertigung dienenden Anlagevermögens, da sie genau wie die Einzelkosten durch den Herstellungsvorgang veranlasst sind. (vgl. § 255 Hk Lexikon, Rn. 20 ff.).

141 Abschreibungen sind die Beträge, um die die Anschaffungs- oder Herstellungskosten im Jahresabschluss entsprechend der Wertminderung des Vermögensgegenstandes vermindert werden. I.d.R. handelt es sich um planmäßige Abschreibungen, so z.B. bei zeitlich nur begrenzt nutzbaren Vermögensgegenständen (§ 253 Abs. 3 Satz 1, 2 HGB). Nach § 253 Abs. 3 Satz 2 HGB ist bei jährlichen Abschreibungen ein Abschreibungsplan notwendig, der die Anschaffungs- oder Herstellungskosten nach der gewählten Abschreibungsmethode auf die Zeit der voraussichtlichen Nutzungsdauer verteilt. In der Insolvenz sind die planmäßigen Abschreibungen auf die voraussichtlichen Abwicklungsjahre zu verteilen, in denen die Vermögensgegenstände im Rahmen der Abwicklung noch genutzt werden können.

142 Außerplanmäßige Abschreibungen sind bei voraussichtlich dauernden Wertminderungen auch bei zeitlich unbegrenzt nutzbaren Vermögensgegenständen vorzunehmen (§ 253 Abs. 3 Satz 5 HGB). Lediglich bei Finanzanlagen sind gem. § 253 Abs. 3 Satz 6 HGB außerplanmäßige Abschreibungen auch bei vorübergehenden Wertminderungen zulässig.

143 Überdies sind steuerliche Sonderabschreibungen wie z.B. §§ 6b, 7g EStG in der Steuerbilanz möglich.

144 Gem. § 253 Abs. 5 HGB gilt rechtsformunabhängig für alle Kaufleute ein Wertaufholungsgebot. Danach darf ein niedrigerer Wertansatz nach § 253 Abs. 3 Satz 5 oder 6 HGB und § 253 Abs. 4 HGB nicht beibehalten werden, wenn die Gründe dafür nicht mehr bestehen. Ein niedrigerer Wertansatz eines entgeltlich erworbenen Geschäfts- oder Firmenwertes ist jedoch beizubehalten. Danach ist eine Wertaufholung nicht mehr möglich, wenn ein entgeltlich erworbener Geschäfts- oder Firmenwert einmal zutreffend auf einen niedrigeren beizulegenden Wert abgeschrieben wurde, weil eventuelle Wertsteigerungen im Bereich des Geschäfts- und Firmenwertes dann auf einen neuen originär geschaffenen Wert zurückzuführen sind, für den nach wie vor ein Aktivierungsverbot besteht.

145 Auch für die steuerrechtliche Bewertung gilt nach § 6 Abs. 1 Nr. 1 Satz 2 und Nr. 2 Satz 2 i.V.m. Nr. 3 EStG, dass eine Teilwertabschreibung nur zulässig ist, wenn die Wertminderung voraussichtlich von Dauer ist. Eine dauernde Wertminderung liegt dann vor, wenn der Wert eines Wirtschaftsguts nachhaltig unter dem maßgeblichen Buchwert absinkt, d.h. wenn der Steuerpflichtige am Bilanzstichtag aufgrund objektiver Anzeichen mit einer Wertminderung ernsthaft zu rechnen hat (vgl. BMF 16.7.2014, IV C 6 – S 2171-b/09/10002, BStBl I S. 1162 Rn. 5–13) Steuerlich hat der Steuerpflichtige nach § 6 Abs. 1 Nr. 1 Satz 2, Nr. 2 Satz 2 EStG bei dauernder Wertminderung ein Bewertungswahlrecht zwischen den u.U. fortgeführten Anschaffungs- oder Herstellungskosten und dem dauerhaft niedrigeren Teilwert. Dieses steuerrechtliche Wahlrecht besteht unabhängig von dem handelsrechtlichen Abschreibungsgebot und wird insoweit nicht durch die Maßgeblichkeit der handelsrechtlichen Grundsätze ordnungsgemäßer Buchführung beschränkt (vgl. § 5 Abs. 1 Satz 1 Halbsatz 1 EStG).

146 Außerdem gilt gem. § 6 Abs. 1 Nr. 1 Satz 4 und Nr. 2 Satz 3 i.V.m. Nr. 3 EStG ein striktes Wertaufholungsgebot für alle Wirtschaftsgüter und Verbindlichkeiten des Betriebsvermögens. Danach hat der Stpfl. nach einer Teilwertabschreibung im vorangegangenen Wirtschaftsjahr für jedes der folgenden Jahre einen Nachweis darüber zu erbringen, dass die Gründe für die frühere Teilwertabschreibung noch bestehen. Er muss insoweit eine entsprechende Beweisvorsorge treffen. Das Wertaufholungsgebot gilt für alle noch bis einschließlich Veranlagungszeitraum 1998 beibehaltenen Teilwertabschreibungen auf Wirtschaftsgüter, auch wenn diese bereits Jahrzehnte Bestand haben; also auch für entsprechende Abschreibungen auf nichtabnutzbare Wirtschaftsgüter des Anlagevermögens, z.B. Beteiligungen oder Grund und Boden in den DM-Eröffnungsbilanzen 1948 bzw. 1990. Für Wirtschaftsgüter des abnutzbaren Anlagevermögens erübrigt sich eine Wertaufholung, soweit der Wert nach § 6 Abs. 1 Nr. 1 Satz 1 EStG durch vorgenommene Abschreibungen und Abzüge unter den Teilwert sinkt. Nach erfolgter Wertaufholung in einem vorangegangenen Veranlagungs-

Im Hinblick auf die Ansatzmethoden wird in § 246 Abs. 3 HGB auf § 252 Abs. 2 HGB verwiesen, 132
so dass das Stetigkeitsgebot auch hier gilt und die auf den vorhergehenden Jahresabschluss angewandten Ansatzmethoden beizubehalten sind. Insoweit muss die erstmalige Entscheidung für eine Bewertungsmethode genau überlegt sein.

Im Zusammenhang mit der Inanspruchnahme von steuerlichen Sonderabschreibungen ergibt sich 133
nach § 5 Abs. 1 Satz 1 EStG die Verpflichtung neben den handelsrechtlichen Anlagespiegeln auch steuerliche Verzeichnisse für das Anlagevermögen zu führen. Daraus ergibt sich in vielen Fällen die Notwendigkeit neben der Handelsbilanz auch eine gesonderte Steuerbilanz zu erstellen.

§ 254 HGB sieht die Bildung von Bewertungseinheiten bei Sicherungsbeziehungen (Hedging) vor. 134
Demnach gilt, dass die § 249 Abs. 1 (Bilanzierung von Rückstellungen), § 252 Abs. 1 Nr. 3 und 4 (Grundsatz der Einzelbewertung, Vorsichtsprinzip und Realisationsprinzip), § 253 Abs. 1 Satz 1 (Höchstwertprinzip) und § 256a HGB (Währungsumrechnung) in dem Umfang und für den Zeitraum nicht anzuwenden sind, in dem die gegenläufigen Wertänderungen oder Zahlungsströme sich hinsichtlich bestehender Vermögensgegenstände, Schulden, schwebender Geschäfte oder mit hoher Wahrscheinlichkeit erwartete Transaktionen ausgleichen, so dass diese nach § 254 HGB zu einer Bewertungseinheit zusammzufassen sind. Damit können Grund- und Sicherungsgeschäft zu einem Geschäft zusammengefasst werden, was der handelsrechtlichen Praxis entspricht. Als Finanzinstrumente i.S.d. § 254 Satz 1 HGB gelten nach § 256 Satz 2 HGB auch Termingeschäfte über den Erwerb oder die Veräußerung von Waren. Die Regelung des § 254 HGB erfordert einen hohen Dokumentationsaufwand in Bezug auf den Zusammenhang zwischen Grundgeschäft und Sicherungsgeschäft.

§ 256a HGB regelt, dass auf fremde Währung lautende Vermögensgegenstände und Verbindlichkei- 135
ten zum Devisenkassamittelkurs am Abschlussstichtag umzurechnen sind. Bei einer Restlaufzeit von einem Jahr oder weniger sind § 253 Abs. 1 Satz 1 HGB und § 252 Abs. 1 Nr. 4 HS 2 HGB nicht anzuwenden.

2. Bilanzposten Anlagevermögen

Bei Vermögensgegenständen des Anlagevermögens, deren Nutzung zeitlich begrenzt ist, sind die han- 136
delsrechtlichen Anschaffungs- oder Herstellungskosten um planmäßige Abschreibungen zu vermindern (§ 253 Abs. 2 Satz 1 HGB).

Der handelsrechtliche Herstellungsbegriff ist in § 255 Abs. 2 HGB geregelt. Zu den Herstellungs- 137
kosten gehören die Materialkosten, die Fertigungskosten und die Sonderkosten der Fertigung sowie angemessene Teile der Materialgemeinkosten, der Fertigungsgemeinkosten und des Wertverzehrs des Anlagevermögens, soweit dieser durch die Fertigung veranlasst ist.

Der steuerliche Herstellungskostenbegriff wird ab dem Veranlagungszeitraum 2016 zumindest in 138
Grundzügen in § 6 Abs. 1 Nr. 1b EStG erstmals gesetzlich geregelt (vgl. Steuermodernisierungsgesetz vom 22.07.2016, StModG, BGBl. I 2016, S. 1679). Bei der Berechnung der Herstellungskosten brauchen angemessene Teile der Kosten der allgemeinen Verwaltung, sowie angemessene Aufwendungen für soziale Einrichtungen des Betriebs für freiwillige soziale Leistungen und für die betriebliche Altersversorgung i.S.d. § 255 Abs. 2 Satz 3 HGB nicht einbezogen werden, soweit diese auf den Zeitraum der Herstellung entfallen.

Mit dieser Neuregelung wird die handelsrechtlich geltende Herstellungskostenuntergrenze auch 139
steuerlich anerkannt, wodurch es zu einer erheblichen Vereinfachung kommen kann. Insbesondere kann durch die neue Regelung auf die Feststellung nicht produktionsbezogener Gemeinkosten verzichtet werden. Die wertmäßige Ermittlung dieser Gemeinkosten und die darauf folgende verursachungsgerechte Zurechnung stellen einen erheblichen Arbeitsaufwand dar, der durch die neue Regelung wegfällt.

Aufgrund des Maßgeblichkeitsgrundsatzes gilt das handelsrechtliche Aktivierungsgebot, nach wel- 140
chem zumindest die Einzelkosten zu aktivieren sind, auch im Steuerrecht. Dies gilt auch für die

oder wenn handelsrechtlich zulässige Rückstellungen steuerrechtlich nicht gebildet werden dürfen, z.B. bei Drohverlustrückstellungen.

123 Verlustvorträge sind, um Überbewertungen zu vermeiden, in Höhe der innerhalb der nächsten fünf Jahre zu erwartenden Verlustverrechnung bei der Ermittlung aktiver latenter Steuern zu berücksichtigen.

124 Kleine Kapitalgesellschaften sind gem. § 274a Nr. 5 HGB von einem Ausweis der latenten Steuern gem. § 274 HGB befreit.

125 Guthaben und Verbindlichkeiten aus Steuerlatenzen sind nicht abzuzinsen, da der Zeitpunkt für die Realisierung der latenten Steuern nicht genau bestimmbar und somit eine detaillierte Berechnung nicht möglich ist (§ 274 Abs. 2 Satz 1 HGB)

X. Bewertungsvorschriften

1. Allgemeine Grundsätze

126 Die Bewertung der Vermögensgegenstände und Schulden ist geregelt in §§ 252–256 HGB Darüber hinaus sind die Wertermittlungsvorschriften über Inventar in § 240 Abs. 3 HGB (Festbewertung) und § 240 Abs. 4 HGB (Gruppenbewertung) gem. § 256 Satz 2 HGB beim Jahresabschluss heranzuziehen.

127 Für die Wertansätze im Insolvenzverfahren werden in der Praxis verschiedene Begriffe verwendet wie z.B. Veräußerungs- oder Versilberungswert, Verschleuderungswert, Liquidationswert, Schätzungswert, Versteigerungswert oder Zeitwert. Dadurch werden die Besonderheiten bei der Wertbestimmung im Insolvenzverfahren ausgedrückt.

128 Der Insolvenzverwalter hat gem. § 151 InsO die zur Insolvenzmasse gehörenden Vermögensgegenstände unter der Angabe ihres Wertes aufzuzeichnen (vgl. insoweit *Wegener* § 151 Rn. 15 ff.).

129 Gem. § 253 Abs. 1 HGB sind Vermögensgegenstände höchstens mit den Anschaffungs- oder Herstellungskosten, vermindert um Abschreibungen nach den Abs. 2 und 3 anzusetzen. Maßgeblich für die Bewertung sind die Verhältnisse am Stichtag der Eröffnung des Insolvenzverfahrens. Werden im Rahmen des Insolvenzverfahrens Sachgesamtheiten, z.B. ganze Betriebsteile veräußert, so ist auch eine Gruppen- oder Gesamtbewertung zulässig. Das Going-Concern-Prinzip (§ 252 Abs. 1 Nr. 2 HGB) gilt, soweit eine Fortführung des Betriebes vorgesehen ist. Ist dagegen die Einstellung des Betriebes geplant, so sind bei der Bewertung ungünstige Veräußerungsbedingungen bei der Abwicklung, z.B. durch zeitlichen Druck und die unbedingte Notwendigkeit der Veräußerung, entsprechend zu berücksichtigen. Ungünstige Veräußerungsbedingungen werden i.d.R. dadurch berücksichtigt, dass die voraussichtlich bei der Abwicklung zu erzielenden Erlöse vorsichtig zu schätzen sind, wobei üblicherweise die bisherigen Buchwerte als Anhaltswerte herangezogen werden können.

130 Bei der Bewertung anderer Vermögensgegenstände, wie von Grundstücken oder Gebäuden, sowie von Vermögensgegenständen, die nach dem Grundsatz der Vorsicht (§ 252 Abs. 1 Nr. 4 HGB), dem Anschaffungswertprinzip (§ 253 Abs. 1 HGB) und dem strengen Niederstwertprinzip (§ 253 Abs. 4 HGB) bewertet worden sind, sind die in den Vermögensgegenständen enthaltenen stillen Reserven aufzulösen.

131 Nach dem in § 252 Abs. 1 Nr. 6 HGB normierten sog. »Stetigkeitsgebot« gilt, dass die auf den vorhergehenden Jahresabschluss angewandten Bewertungsmethoden grundsätzlich beizubehalten sind. Aus Gründen der Vergleichbarkeit der einzelnen Bilanzen über mehrere Jahre ist ein Methodenwechsel in der Bewertung von Vermögensgegenständen gem. § 252 Abs. 2 HGB nur in begründeten Ausnahmefällen möglich, wie beispielsweise im Fall der Verbesserung des Einblicks in die Vermögens-, Finanz- und Ertragslage, einer Gesetzes- oder Rechtsprechungsänderung sowie der Anpassung an das Ergebnis einer Betriebsprüfung. Beim Wechsel der Bewertungsmethode sind weitere Erläuterungen im Anhang und ggf. im Lagebericht erforderlich.

Abschlussstichtag zuzurechnen sind (R 5.6 Abs. 1 EStR 2012). Die Bildung eines Rechnungsabgrenzungspostens ist nur zulässig, soweit die vor dem Abschlussstichtag angefallenen Ausgaben oder Einnahmen Aufwand oder Ertrag für eine bestimmte Zeit nach dem Abschlussstichtag darstellen (R 5.6 Abs. 2 EStR 2012). Antizipative Posten, d.h. Ausgaben oder Einnahmen nach dem Bilanzstichtag, die Aufwand oder Ertrag für einen Zeitraum vor diesem Tag darstellen, dürfen als Rechnungsabgrenzungsposten nur in den Fällen des § 5 Abs. 5 Satz 2 EStG ausgewiesen werden. Soweit sich aus den ihnen zugrunde liegenden Geschäftsvorfällen bereits Forderungen oder Verbindlichkeiten ergeben haben, sind sie als solche zu bilanzieren (R 5.6 Abs. 3 EStR 2012).

6. Haftungsverhältnisse

Unter der Bilanz oder im Anhang sind gem. § 251 Satz 1 HGB Verbindlichkeiten aus der Begebung und Übertragung von Wechseln, aus Bürgschaften, Wechsel- und Scheckbürgschaften und aus Gewährleistungsverträgen sowie Haftungsverhältnisse aus der Bestellung von Sicherheiten für fremde Verbindlichkeiten zu vermerken, sofern sie nicht auf der Passivseite auszuweisen sind. Die Haftungsverhältnisse sind in Satz 1 abschließend aufgezählt. Sie dürfen in einem Betrag angegeben werden, wobei der tatsächlich geschuldete Betrag zugrunde zu legen ist. Haftungsverhältnisse sind gem. § 251 Satz 2 HGB auch anzugeben, wenn ihnen gleichwertige Rückgriffsforderungen gegenüberstehen (Verrechnungsverbot nach § 248 Abs. 2 HGB).

7. Weitere Änderungen von Bilanzierungsvorschriften durch das BilMoG

§ 246 Abs. 2 HGB regelt ein Saldierungsgebot für bestimmte Vermögensgegenstände und Schulden, die dem Zugriff aller übrigen Gläubiger entzogen sind und ausschließlich der Erfüllung von Schulden aus Altersversorgungsverpflichtungen oder vergleichbaren langfristig fälligen Verpflichtungen dienen, oder mit diesen Schulden zu verrechnen sind; entsprechend ist mit den zugehörigen Aufwendungen und Erträgen aus der Abzinsung und aus dem zu verrechnenden Vermögen zu verfahren.

Das Planvermögen muss dem Zugriff aller übrigen Gläubiger entzogen sein und ausschließlich der Erfüllung von Schulden aus Altersversorgungs- oder ähnlicher Verpflichtungen gegenüber Arbeitnehmern dienen und dadurch insolvenzsicher sein.

Ist der Zeitwert des Planvermögens höher als der Zeitwert der Schulden, erfolgt gem. § 246 Abs. 2 Satz 3 HGB eine Aktivierung in einem gesonderten Posten »Aktiver Unterschiedsbetrag aus der Vermögensverrechnung« auf der Aktivseite (vgl. § 266 Abs. 2 E HGB) Insoweit besteht jedoch eine Ausschüttungssperre gem. § 268 Abs. 8 HGB.

Die umgekehrte Maßgeblichkeit der Steuerbilanz für die Handelsbilanz gem. § 5 Abs. 1 Satz 2 EStG ist durch das BilMoG weggefallen (vgl. insoweit *Ortmann-Babel/Bolik/Gageur* DStR 2009, 934).

Das System der Berechnung der latenten Steuern wurde durch das BilMoG vollständig verändert. Nach der Neufassung des § 274 HGB gilt in Anlehnung an die IFRS Bilanzierung eine bilanzorientierte Betrachtungsweise (Temporary Konzept). Danach werden nur noch die handelsrechtlichen und steuerrechtlichen Bilanzansätze verglichen. Zukünftig entsteht bei Abweichung des Handelsbilanzansatzes vom Steuerbilanzansatz eine Steuerlatenz. Ergibt sich insgesamt eine passive Steuerlatenz besteht ein Passivierungsgebot; ergibt sich dagegen eine aktive Steuerlatenz, so besteht ein Aktivierungswahlrecht. Möglich ist auch der getrennte unverrechnete Ausweis aktiver und passiver Steuerlatenzen. Aufwendungen und Erträge sind in der GuV gesondert unter dem Posten Steuern vom Einkommen und Ertrag auszuweisen.

Bei erwarteten zukünftigen Steuerbelastungen ist ein Passivposten für latente Steuern zu bilden. Dies ist z.B. dann der Fall, wenn Entwicklungsposten in der Handelsbilanz angesetzt werden, ein Sonderposten mit Rücklageanteil in der Handelsbilanz nicht gebildet wird oder steuerliche Sonderabschreibungen handelsrechtlich nicht zum Abzug gebracht werden.

Bei erwarteten zukünftigen Steuerentlastungen darf ein Aktivposten für latente Steuern gebildet werden, z.B. wenn der Firmenwert handelsrechtlich schneller abgeschrieben wird als steuerrechtlich

Rechtsanspruch aufgrund einer unmittelbaren Zusage nach dem 31.12.1986 erworben hat, sog. Neuzusagen, gelten die steuerrechtlichen Grundsätze von R 6a (2) ff. EStR 2012.

107 Soweit die Höhe einer Steuerschuld eines Unternehmens ungewiss ist, ist gem. § 249 Abs. 1 Satz 1 HGB grundsätzlich für alle Steuern, insbesondere Gewerbesteuer, Umsatzsteuer, Grundsteuer, Lohnsteuer und Körperschaftsteuer, eine Steuerrückstellung in der Handelsbilanz auszuweisen. Aufgrund des Maßgeblichkeitsgrundsatzes gilt dies auch für die Steuerbilanz.

Obgleich mit dem UntStRefG 2008 die Abzugsfähigkeit der Gewerbesteuer und der darauf entfallenden Nebenleistungen gem. § 4 Abs. 5b EStG entfallen ist, ist für die Gewerbesteuerabschlusszahlung auch in der Steuerbilanz eine **Gewerbesteuerrückstellung** zu bilden. Die hierdurch verursachte Gewinnminderung ist sodann außerbilanziell zu korrigieren (vgl. R 5.7 EStR 2012).

108 Für die **Körperschaftsteuer** des abgelaufenen Wirtschaftsjahres ist in der Handelsbilanz eine **Rückstellung** zu bilden (vgl. § 249 Abs. 1 Satz 1 HGB). Nach § 8 Abs. 1 KStG i.V.m. § 5 Abs. 1 Satz 1 EStG gilt dies für die Steuerbilanz mit der Maßgabe, dass die hierdurch ausgelöste Gewinnminderung aufgrund der Nichtabzugsfähigkeit von Körperschaftsteueraufwendungen nach § 10 Nr. 2 KStG außerhalb der Bilanz wieder hinzuzurechnen ist.

5. Rechnungsabgrenzungsposten

109 In der Abwicklungsphase ist grds. die Weiterführung oder Neubildung von Rechnungsabgrenzungsposten i.S.d. § 250 HGB in der Handelsbilanz sowie gem. § 5 Abs. 5 EStG in der Steuerbilanz möglich.

110 Als Rechnungsabgrenzungsposten sind gem. § 250 Abs. 1 Satz 1 HGB auf der Aktivseite Ausgaben vor dem Abschlussstichtag auszuweisen, soweit sie Aufwand für eine bestimmte Zeit nach diesem Tag darstellen. Ferner dürfen gem. § 250 Abs. 1 Satz 2 HGB als Rechnungsabgrenzungsposten ausgewiesen werden: als Aufwand berücksichtigte Zölle, soweit sie auf am Bilanzstichtag auszuweisende Vermögensgegenstände des Vorratsvermögens entfallen (Nr. 1), sowie als Aufwand berücksichtigte Umsatzsteuer auf am Abschlussstichtag auszuweisende oder von den Vorräten offen abgesetzte Anzahlungen (Nr. 2).

111 Auf der Passivseite sind gem. § 250 Abs. 2 HGB als Rechnungsabgrenzungsposten Einnahmen vor dem Abschlussstichtag auszuweisen, soweit sie Ertrag für eine bestimmte Zeit nach diesem Tag darstellen.

112 Durch das BilMoG wurden ab 2010 diverse Aktivierungswahlrechte abgeschafft. Dies gilt insbesondere hinsichtlich des Wahlrechtes zur Bildung von aktiven Rechnungsabgrenzungsposten bei der aktiven Abgrenzung für als Aufwand berücksichtigte Zölle und Verbrauchsteuern, soweit sie auf am Abschlussstichtag auszuweisende Vermögensgegenstände des Vorratsvermögens entfallen sowie als Aufwand berücksichtigte Umsatzsteuer auf am Abschlussstichtag auszuweisende oder von den Vorräten offen abgesetzte Anzahlungen (§ 250 Abs. 1 Satz 2 HGB). Die steuerrechtlichen Abgrenzungsgebote (§ 5 Abs. 5 Satz 2 EStG) bleiben bestehen. Die vor Anwendung des BilMoG gebildeten Abgrenzungsposten (§ 250 Abs. 1 Satz 2 HGB) dürfen beibehalten werden. Diese Abgrenzungsposten dürfen aber auch zu Lasten der Gewinnrücklage aufgelöst werden (Art. 67 Abs. 3 EGHGB).

113 Ist im Fall eines Disagios, Abgeldes oder bei einem Hypothekendamnum der Rückzahlungsbetrag einer Verbindlichkeit höher als der Ausgabebetrag, so darf der Unterschiedsbetrag (auch Teilbetrag) nach § 250 Abs. 3 Satz 1 HGB in den Rechnungsabgrenzungsposten auf der Aktivseite aufgenommen werden. Der Unterschiedsbetrag ist durch planmäßige jährliche Abschreibungen zu tilgen, die auf die gesamte Laufzeit der Verbindlichkeit verteilt werden können. Steuerrechtlich besteht in diesen Fällen dagegen Aktivierungs- und Abschreibungspflicht.

114 Nach § 5 Abs. 5 Satz 1 EStG ist die steuerrechtliche Rechnungsabgrenzung auf die sog. transitorischen Posten beschränkt. Es kommen demnach für die Rechnungsabgrenzung i.d.R. nur Ausgaben und Einnahmen in Betracht, die vor dem Abschlussstichtag angefallen, aber erst der Zeit nach dem

stichtag objektiv gegebenen und bis zur Aufstellung der Bilanz subjektiv erkennbaren Verhältnissen damit rechnen muss, dass seine Verbindlichkeit besteht und er hieraus in Anspruch genommen wird (*BFH* BStBl. II 1988 S. 592 sowie BStBl. II 1992 S. 488). Es müssen mehr Gründe dafür als dagegen sprechen (z.B. 51 %: *BFH* BStBl. II 1985 S. 44). Die Rückstellung muss sich auf Verbindlichkeiten beziehen, die im abgelaufenen Wirtschaftsjahr oder in den Vorjahren entstanden oder wirtschaftlich verursacht worden sind (*BFH* BStBl. II 1987 S. 848). Unzulässig ist die Rückstellungsbildung deshalb für künftige Verbindlichkeiten (*BFH* BStBl. II 1990 S. 550). Dieses Erfordernis widerspricht der überwiegenden Bilanzierungspraxis im Insolvenzverfahren. Bei künftiger Entstehung von Verbindlichkeiten, z.B. bei Schadensersatzansprüchen wegen (künftiger) Erfüllungsablehnung nach § 103 InsO, kann demnach erst in späteren Jahren eine Rückstellungsbildung erfolgen.

Nicht rückstellungsfähig sind zukünftige Abwicklungsposten, z.B. in Zukunft anfallende Masseverbindlichkeiten, mit denen der Insolvenzverwalter bei Eröffnung des Insolvenzverfahrens rechnet. Rückstellungen für Leistungen an ausscheidende Arbeitnehmer aufgrund eines Sozialplanes nach §§ 111, 112 BetrVG sind allgemein ab dem Zeitpunkt zulässig, in dem der Unternehmer den Betriebsrat über die geplante Betriebsänderung nach § 111 Satz 1 BetrVG unterrichtet hat. Bei Insolvenzverfahren ist die Rückstellungsbildung schon vor Aufstellung entsprechender Sozialpläne zulässig, soweit ernsthaft mit sozialplanpflichtigen Betriebsänderungen zu rechnen ist. Die Voraussetzungen für die Bildung einer Rückstellung liegen am Bilanzstichtag auch vor, wenn der Betriebsrat erst nach dem Bilanzstichtag, aber schon vor der Aufstellung oder Feststellung der Bilanz unterrichtet wird und eine wirtschaftliche Notwendigkeit bestanden hat, eine zur Aufstellung eines Sozialplanes verpflichtende Maßnahme durchzuführen. Bei der Bemessung der Rückstellung sind grds. alle Leistungen zu berücksichtigen, die aufgrund des Sozialplanes zusätzlich oder vorzeitig zu erbringen sind. Ggf. ist die Höhe dieser Ansprüche zu schätzen. Für künftige Leistungen auf Lohnfortzahlung können Rückstellungen gebildet werden (*BFH* BStBl. II 1988 S. 886). 103

Als ungewisse Verbindlichkeiten rückstellungsfähig sind Ansprüche der Arbeitnehmer aus betrieblicher Altersversorgung. Insoweit besteht eine handelsrechtliche Passivierungsverpflichtung in dem Sinne, dass für laufende Pensionen und für Pensionsanwartschaften Pensionsrückstellungen zu bilden sind (R 6a (1) EStR 2012). 104

Entsprechend dem Grundsatz der Maßgeblichkeit der Handelsbilanz hat die handelsrechtliche Passivierungspflicht die Passivierungspflicht **für Pensionszusagen** in der Steuerbilanz zur Folge, wenn die Voraussetzungen des § 6a Abs. 1 Nr. 1 bis 3 EStG vorliegen, insbesondere bei Bestehen eines Rechtsanspruches des Arbeitnehmers und Schriftform der Pensionszusage (R 6a (2) EStR 2012). 105

Für laufende Pensionen und Anwartschaften auf Pensionen, die vor dem 01.01.1987 rechtsverbindlich zugesagt worden sind, sog. Altzusagen, gilt nach Art. 28 des EGHGB in der durch Gesetz vom 19.12.1985 (BGBl. I S. 2355; BStBl. II 1986 S. 94) geänderten Fassung weiterhin das handels- und steuerrechtliche Passivierungswahlrecht, soweit der Pensionsberechtigte seinen Rechtsanspruch vor dem 01.01.1987 erworben hat oder sich ein vor diesem Zeitpunkt erworbener Rechtsanspruch nach dem 31.12.1986 erhöht hat (insoweit sind die Anweisungen in Abschn. 41 EStR 1984 mit Ausnahme des Abs. 24 Satz 5 und 6 weiter anzuwenden, R 6a (1) Satz 3 EStR 2012). Für die Frage, wann eine Pension oder eine Anwartschaft auf eine Pension rechtsverbindlich zugesagt worden ist, ist die erstmalige, zu einem Rechtsanspruch führende arbeitsrechtliche Verpflichtungserklärung maßgebend (R 6a (1) Satz 4 EStR 2012). 106

Zu weiteren Einzelfällen betreffend die steuerliche Behandlung der betrieblichen Altersvorsorge für vor dem 01.01.2013 verwirklichte Steuertatbestände finden sich entsprechende Verwaltungsanweisungen im *BMF- Schreiben vom 13.03.1987* (vgl. BStBl. I 1987 S. 365 (H 6a (1) EStH 2012). Die Aufhebung des BMF-Schreibens vom 13.03.1987 durch die Nichtaufnahme in die Positivliste des BMF-Schreibens vom 24.03.2014 (vgl. BStBl. I S. 606) gilt für nach dem 31.12.2012 verwirklichte Steuertatbestände. Damit wendet sich die Verwaltung nicht gegen ihre bisherige Auffassung, sondern bereinigt lediglich die Weisungslage. Für Pensionsverpflichtungen, für die der Berechtigte einen

96 Die Inanspruchnahme des Aktivierungswahlrechtes für die Entwicklungskosten hat Folgeauswirkungen bezüglich der Berichterstattung, es sind Angaben im Anhang erforderlich, beim Werthaltigkeitstext, die Ertragsfähigkeit der Entwicklung ist abzuschätzen, bei der Dokumentation durch hohe Dokumentationsanforderungen sowie hinsichtlich einer Ausschüttungssperre gem. § 268 Abs. 8 HGB in Höhe der aktivierten Entwicklungskosten abzüglich der in diesem Zusammenhang gebildeten latenten Steuern. Diese wurde aus Gründen des Gläubigerschutzes in das Gesetz aufgenommen.

97 Diese handelsrechtliche Regelung hat keine Auswirkung auf die Steuerbilanz. Insoweit bleibt das steuerliche Bilanzierungsverbot des § 5 Abs. 2 EStG bestehen.

98 Für den entgeltlich erworbenen Firmenwert gilt nach § 246 Abs. 1 Satz 3 HGB ein Aktivierungsgebot. Damit wird der entgeltlich erworbene Firmenwert einem Vermögensgegenstand mit zeitlich begrenzter Nutzung gleichgestellt. Mit der Ansatzpflicht ist das bisher bestehende Aktivierungswahlrecht des § 255 Abs. 4 HGB weggefallen. Gemäß § 285 Nr. 13 HGB ist der Firmenwert auf maximal fünf Jahre abzuschreiben. Soll der Abschreibungszeitraum ausnahmsweise überschritten werden, so sind die dafür erforderlichen Gründe im Anhang anzugeben. Kein ausreichender Grund für eine längere Nutzungsdauer des Firmenwertes ist der Hinweis auf die steuerrechtliche Regelung des § 7 Abs. 1 Satz 3 EStG. Bei außerplanmäßiger Abschreibung gibt es keine Wertaufholungsmöglichkeit (vgl. § 253 Abs. 5 Satz 2 HGB).

4. Rückstellungen

99 Nach den handelsrechtlichen Grundsätzen ordnungsgemäßer Buchführung sind Rückstellungen gem. § 249 HGB zu bilden für:
- ungewisse Verbindlichkeiten und für drohende Verluste aus schwebenden Geschäften (§ 249 Abs. 1 Satz 1 HGB),
- im Geschäftsjahr unterlassene Aufwendungen für Instandhaltung, die imfolgenden Geschäftsjahr innerhalb von drei Monaten nachgeholt werden oder für Abraumbeseitigung, die im Verlauf des folgenden Geschäftsjahrs nachgeholt werden (§ 249 Abs. 1 Satz 2 Nr. 1 HGB) und
- Gewährleistungen, die ohne rechtliche Verpflichtung erbracht werden (§ 249 Abs. 1 Satz 2 Nr. 2 HGB).

100 Für andere als die vorgenannten Zwecke dürfen gem. § 249 Abs. 2 HGB keine Rückstellungen gebildet werden.

Im Rahmen der Bilanzierung von Rückstellungen in der Steuerbilanz gilt der Maßgeblichkeitsgrundsatz nach § 5 Abs. 1 Satz 1 EStG. Hiernach können handelsbilanzrechtlich passivierungspflichtige Rückstellungen auch in der Steuerbilanz passiviert werden, soweit das EStG keine eigenen Regelungen enthält. Bis zum Inkrafttreten des BilMoG galt handelsrechtlich ein Wahlrecht zur Bildung einiger Rückstellungen (vgl. § 249 Abs. 1 Satz 3 und Abs. 2 HGB a.F.), welches zu einem steuerlichen Passivierungsverbot führte. Mit der Aufhebung dieses handelsrechtlichen Passivierungswahlrechts sind steuerlich keine Änderungen verbunden, da für die entsprechenden Rückstellungen aufgrund des Maßgeblichkeitsgrundsatzes auch früher bereits ein Passivierungsverbot galt.

101 Vor Anwendung des BilMoG gebildete Wahlrückstellungen i.S.d. § 249 Abs. 1 Satz 3 und Abs. 2 HGB a.F., d.h. Aufwandsrückstellungen, die für das letzte vor dem 01. Januar 2010 beginnende Geschäftsjahr gebildet wurden, dürfen entweder beibehalten- oder unmittelbar gewinnneutral einer Gewinnrücklage zugeführt werden (vgl. Art. 67 Abs. 3 EGHGB). Für Aufwandsrückstellungen, die erst im Jahre 2009 gebildet wurden, gilt diese Übergangsregelung nicht.

102 Im Hinblick auf den Grundsatz der Maßgeblichkeit der Handelsbilanz für die Steuerbilanz darf in der Steuerbilanz keine höhere Rückstellung ausgewiesen werden als in der Handelsbilanz. Hat der Steuerpflichtige aufgrund einer allgemeinen Schätzung die Rückstellung höher bemessen als es der Sachlage am Bilanzstichtag entspricht, so kann sie nur in der angemessenen Höhe anerkannt werden. Rückstellungen für ungewisse Verbindlichkeiten sind handelsrechtlich geboten und einkommensteuerrechtlich nur zulässig, wenn und soweit der ordentliche Kaufmann nach den am Bilanz-

räumt worden ist (R 5(5) EStR 2012). Das Aktivierungsverbot des § 5 Abs. 2 EStG wird nicht wirksam, wenn ein beim Rechtsvorgänger aktiviertes immaterielles Wirtschaftsgut des Anlagevermögens im Rahmen der unentgeltlichen Übertragung eines Betriebes, Teilbetriebes oder Mitunternehmeranteils auf einen anderen übergeht. In diesem Fall hat der Erwerber gem. § 7 Abs. 1 EStDV dieses immaterielle Wirtschaftsgut mit dem Betrag zu aktivieren, mit dem es beim Rechtsvorgänger aktiviert war.

Durch eine Änderung des § 248 Abs. 2 HGB im BilMoG wurde ein Aktivierungswahlrecht für selbst erstellte immaterielle Vermögensgegenstände eingeführt. Danach können selbst geschaffene immaterielle Vermögensgegenstände des Anlagevermögens als Aktivposten in die Bilanz aufgenommen werden. **89**

Auch im neuen § 248 HGB sind jedoch weiterhin Bilanzierungsverbote genannt. Danach dürfen in die Bilanz nicht als Aktivposten aufgenommen werden Aufwendungen für die Gründung eines Unternehmens, Aufwendungen für die Beschaffung des Eigenkapitals, Aufwendungen für den Abschluss von Versicherungsverträgen sowie Marken, Drucktitel, Verlagsrechte, Kundenlisten oder vergleichbare immaterielle Vermögensgegenstände des Anlagevermögens, die nicht entgeltlich erworben wurden. **90**

Die Neufassung des § 248 HGB bringt für selbst geschaffene immaterielle Vermögensgegenstände darüber hinaus die nachfolgenden Änderungen. **91**

Durch den § 255 Abs. 2a HGB wurde ein Aktivierungswahlrecht für die auf die Entwicklungsphase immaterieller Vermögensgegenstände entfallenden Herstellungskosten eingeführt. **92**

Dabei sind im Rahmen der Forschung und Entwicklung entsprechend der IFRS-Bilanzierung zwei Phasen, die Forschungs- und Entwicklungsphasen, voneinander zu trennen: **93**
– Die Forschungsphase besteht gem. § 255 Abs. 2a Satz 3 HGB in der eigenständigen und planmäßigen Suche nach neuen wissenschaftlichen oder technischen Erkenntnissen oder Erfahrungen allgemeiner Art i.S.v. Grundlagenforschung, über deren technische Verwertbarkeit und wirtschaftliche Erfolgsaussichten grds. keine Aussagen gemacht werden können. Für diese Forschungskosten besteht gem. § 255 Abs. 2 letzter Satz HGB ein Aktivierungsverbot. Die Aufwendungen sind sofort abzugsfähiger Aufwand.
– Die auf die Forschungsphase folgende Entwicklungsphase beinhaltet gem. § 255 Abs. 2a Satz 2 HGB die Anwendung von Forschungsergebnissen oder von anderem Wissen für die Neuentwicklung von Gütern oder Verfahren oder die Weiterentwicklung von Gütern oder Verfahren mittels wesentlicher Änderungen. Nach der Gesetzesbegründung erfolgt der Eintritt in die Entwicklungsphase dann, wenn im Zeitpunkt der Aktivierung mit hoher Wahrscheinlichkeit davon ausgegangen werden kann, dass ein einzeln verwertbarer immaterieller Vermögensgegenstand als Anlagevermögen zur Entstehung gelangt, d.h. wenn die Suche nach der technischen Lösung (Forschung) bereits abgeschlossen ist und der Eintritt der Suche nach der wirtschaftlichen Umsetzung der Lösung eingeleitet worden ist. Hilfsweise können die Kriterien der IAS 38.57 immaterielle Vermögenswerte als Orientierungsmaßstab herangezogen werden, wenn es um den Eintritt in die Entwicklungsphase geht.

Ab Eintritt in die Entwicklungsphase besteht gem. § 255 Abs. 2a HGB ein Aktivierungswahlrecht. Ist eine Trennung zwischen Forschungs- und Entwicklungsphase nicht möglich, besteht gemäß § 255 Abs. 2a letzter Satz HGB ein Aktivierungsverbot. **94**

Hinsichtlich der zeitlichen Anwendung bestimmt Art. 66 Abs. 7 EGHGB, dass Aufwendungen für nicht entgeltlich erworbene immaterielle Vermögensgegenstände des Anlagevermögens erst dann in die Herstellungskosten einbezogen werden, wenn mit der Entwicklung nach dem 31.12.2009 begonnen wurde. Dabei ist eine Aktivierung bereits dann zuzulassen, wenn unwesentliche Teile der Entwicklung in dem vorhergehenden Geschäftsjahr liegen. Ausgeschlossen ist jedoch eine Nachaktivierung der Kosten des vorhergehenden Geschäftsjahres. **95**

Im Einzelnen gilt:

1. Anlagevermögen

82 Beim Anlagevermögen sind gem. § 247 Abs. 2 HGB nur die Gegenstände auszuweisen, die bestimmt sind, dauernd dem Geschäftsbetrieb zu dienen. Insoweit ist das Anlagevermögen vom Umlaufvermögen abzugrenzen.

83 Ob ein Wirtschaftsgut zum Anlagevermögen gehört, ergibt sich aus dessen Zweckbestimmung, nicht aus seiner Bilanzierung. Ist die Zweckbestimmung nicht eindeutig feststellbar, kann die Bilanzierung Anhaltspunkt für die Zuordnung zum Anlagevermögen sein. Zum Anlagevermögen können immaterielle Wirtschaftsgüter, Sachanlagen und Finanzanlagen gehören, zum abnutzbaren Anlagevermögen die auf Dauer dem Betrieb gewidmeten Gebäude, technischen Anlagen und Maschinen sowie die Betriebs- und Geschäftsausstattung, zum nichtabnutzbaren Anlagevermögen Grund und Boden, Beteiligungen und andere Finanzanlagen, wenn sie dazu bestimmt sind, dauernd dem Betrieb zu dienen. Ein Wirtschaftsgut des Anlagevermögens, dessen Veräußerung beabsichtigt ist, bleibt so lange Anlagevermögen, wie sich seine bisherige Nutzung nicht ändert, auch wenn bereits vorbereitende Maßnahmen zu seiner Veräußerung getroffen worden sind.

84 Bei Grundstücken des Anlagevermögens, die bis zu ihrer Veräußerung unverändert genutzt werden, ändert somit selbst eine zum Zwecke der Veräußerung vorgenommene Parzellierung des Grund und Bodens oder Aufteilung des Gebäudes in Eigentumswohnungen nicht die Zugehörigkeit zum Anlagevermögen (R 4.2 (3) EStR 2012).

85 Die Gegenstände des Anlagevermögens müssen dauernd dem Geschäftsbetrieb zu dienen bestimmt sein. Dabei kommt es nicht auf den subjektiven Willen des Unternehmers, sondern auf die Zweckbestimmung an, die sich zum maßgeblichen Zeitpunkt objektiv niederschlagen muss (*BFH* BStBl. 1977 II S. 685).

86 Soll das Unternehmen nach Abschluss des Insolvenzverfahrens eingestellt werden, sind die Unternehmensgegenstände nicht mehr als dauernd dem Geschäftsbetrieb des Unternehmens dienend i.S.d. § 247 Abs. 2 HGB anzusehen. Soweit sie mit der Auflösung des Unternehmens veräußert werden sollen, sind sie vom Anlagevermögen in das Umlaufvermögen zu überführen. Dies folgt für Kapitalgesellschaften aus § 71 Abs. 2 Satz 3 GmbHG bzw. § 270 Abs. 2 Satz 3 AktG, die von einer Veräußerung innerhalb eines übersehbaren Zeitraumes sprechen. Als übersehbar wird im Allgemeinen ein Zeitraum angesehen, wenn die Veräußerung innerhalb eines Jahres nach Bilanzstichtag vorgesehen ist (vgl. *Baumbach/Hueck* § 71 Rn. 19; 2 Jahre nach *Hachenburg/Hohner* § 71 Rn. 25; *Sarx* Beckscher Bilanzkommentar, Anh. 3 Anm. 26).

2. Sonderposten mit Rücklageanteil

87 Gem. § 247 Abs. 3 HGB dürfen Passivposten, die für Zwecke der Steuern vom Einkommen und vom Ertrag zulässig sind, zwecks Gleichklang mit der Steuerbilanz in der Handelsbilanz gebildet werden. Sie sind als Sonderposten mit Rücklageanteil auszuweisen und nach Maßgabe des Steuerrechtes aufzulösen, ohne dass es der Bildung einer Rückstellung bedarf (Abs. 3 Satz 2). Handelsrechtlich sind derartige Sonderposten nur so lange zulässig, soweit steuerliche Gründe hierfür vorliegen.

3. Bilanzierungsverbot

88 Für **immaterielle Wirtschaftsgüter galt bis 2009** gem. § 248 Abs. 2 HGB ein handelsrechtliches Bilanzierungsverbot. Das bedeutet, dass für sie kein Aktivposten angesetzt werden darf. Dieses Bilanzierungsverbot galt insbesondere für selbstgeschaffene Patente und andere Schutzrechte sowie für immaterielle Vermögensgegenstände wie Modelle oder Pläne. Für die steuerliche Gewinnermittlung gilt gem. § 5 Abs. 2 EStG das Aktivierungsverbot entsprechend. Danach ist ein Aktivposten nur anzusetzen, wenn das immaterielle Wirtschaftsgut entgeltlich erworben, d.h. durch einen Hoheitsakt oder ein Rechtsgeschäft gegen Hingabe einer bestimmten Gegenleistung übergegangen oder einge-

Unternehmensfortführung, dass neben dem Einzelveräußerungswert auch der Fortführungswert anzugeben ist.

Zweck der Eröffnungsbilanz ist es, den Zustand des Unternehmens im Zeitpunkt der Eröffnung des Verfahrens auszudrücken, ohne die Werte der handelsrechtlichen Buchführung einfach zu übernehmen. Die Eröffnungsbilanz gibt als insolvenzspezifische Zusammenstellung den tatsächlichen Zeitwert aller Vermögens- und Schuldteile im Zeitpunkt der Eröffnung des Insolvenzverfahrens wieder. Insoweit stellt sie eine Zustandsbeschreibung i.S. eines Insolvenzstatus dar. Diese verfolgt den Zweck, verschiedene am Verfahren Interessierte zu informieren, insbesondere das Insolvenzgericht, den Insolvenzverwalter sowie die anspruchsberechtigten Gläubiger. 74

Der Überschuldungsstatus gem. § 19 Abs. 2 InsO dient dem Insolvenzgericht als Grundlage für seine Prüfung, ob die Masse ausreicht, um das Insolvenzverfahren zu eröffnen. Anhand des Überschuldungsstatus prüft der Verwalter, ob er die Insolvenzverwaltung übernimmt bzw. fortsetzen soll, indem er entweder die Verwertung und Verteilung der Masse vornimmt oder den Betrieb fortführt. 75

Im Hinblick auf die Verwertung und Verteilung der Masse muss der Status die Höhe der Quote angeben. Für die anspruchsberechtigten Gläubiger ist der Status ein wichtiges Hilfsmittel für die Prüfung, ob sie mit ihren Forderungen am Verfahren teilnehmen sollen, ob sie die Kosten einer Klage auf Feststellung der Insolvenzforderung übernehmen sollen. Der Insolvenzschuldner kann aus dem Status erkennen, inwieweit er nach Abschluss des Insolvenzverfahrens durch die von der Masse nicht gedeckten Gläubigeransprüche belastet wird. 76

IX. Ansatzvorschriften

Grds. gelten für die Abwicklung im Insolvenzverfahren die Ansatzvorschriften der §§ 246 bis 256 HGB. Für Kapitalgesellschaften (insbesondere GmbH und AG) sind sie gem. § 71 Abs. 1–3 GmbHG bzw. § 270 AktG entsprechend anzuwenden. 77

Zu den im Insolvenzverfahren anzuwendenden Ansatzvorschriften gehört insbesondere das Vollständigkeitsgebot des § 246 Abs. 1 HGB. Danach hat der Jahresabschluss sämtliche Vermögensgegenstände, Schulden, Rechnungsabgrenzungsposten, Aufwendungen und Erträge zu enthalten, soweit gesetzlich nichts anderes bestimmt ist. Vermögensgegenstände, die unter Eigentumsvorbehalt erworben oder an Dritte für eigene oder fremde Verbindlichkeiten verpfändet oder in anderer Weise als Sicherheit übertragen worden sind, sind in der Bilanz des Sicherungsgebers aufzunehmen. In die Bilanz des Sicherungsnehmers sind sie nur aufzunehmen, wenn es sich um Bareinlagen handelt. 78

§ 246 Abs. 1 Satz 2 HGB enthält eine Klarstellung, wonach ein Vermögensgegenstand, der nicht dem (zivilrechtlichen) Eigentümer, sondern einem anderen wirtschaftlichen Eigentümer zuzurechnen ist, von diesem in seiner Bilanz auszuweisen ist. Auch bisher wurde handelsrechtlich z.B. im Leasingbereich der Leasinggegenstand dem wirtschaftlichen Eigentümer zugerechnet, wenn die Voraussetzungen auch für steuerliche Zwecke nach den Verwaltungsanweisungen der Finanzverwaltung erfüllt waren. 79

Darüber hinaus gilt nach § 246 Abs. 2 HGB ein Verrechnungsverbot. Danach dürfen Posten der Aktivseite nicht mit Posten der Passivseite, Aufwendungen nicht mit Erträgen, Grundstücke nicht mit Grundstückslasten verrechnet werden. 80

In der Bilanz sind das Anlage- und Umlaufvermögen, das Eigenkapital, die Schulden sowie die Rechnungsabgrenzungsposten gesondert auszuweisen und hinreichend aufzugliedern (§ 247 Abs. 1 HGB). 81

67 Soweit § 246 Abs. 2 Sätze 2 f. HGB für die Handelsbilanz vorschreibt, dass Vermögensgegenstände, die dem Zugriff aller übrigen Gläubiger entzogen sind und ausschließlich der Erfüllung von Schulden aus Altersversorgungsverpflichtungen oder vergleichbaren langfristig fälligen Verpflichtungen dienen, mit diesen Schulden zu verrechnen sind, so gilt dies gem. § 5 Abs. 1a Satz 1 EStG nicht für die Steuerbilanz. Damit dürfen in der Steuerbilanz Posten der Aktivseite nicht mit Posten der Passivseite verrechnet werden.

VI. Formalaufbau von Bilanzen sowie GuV-Rechnung

68 Bei der formalen Gestaltung von Jahresabschlüssen hat der Insolvenzverwalter unterschiedlichen Spielraum. Auch in der Insolvenz muss der Verwalter anstelle des Schuldners die Vorschriften über die Handelsbücher (§§ 238–263 HGB) beachten.

69 Für Einzelunternehmen und Personenhandelsgesellschaften braucht der Verwalter außer den allgemeinen Ansatzvorschriften gem. §§ 246–251 HGB keine bestimmte Gliederung für die Bilanz sowie für die Gewinn- und Verlustrechnung einzuhalten. Es ist ihm daher ohne weiteres möglich, Bestände sowie Aufwendungen und Erträge in einer für die Verfahrensabwicklung gewünschten Form darzustellen.

70 Anderes gilt für die Kapitalgesellschaften. Für die Aufstellung des Jahresabschlusses muss der Verwalter die Gliederungsvorschriften für Bilanzen (§ 266 HGB) sowie für Gewinn- und Verlustrechnungen (§ 275 HGB) berücksichtigen. Es ist zumindest fraglich, ob diese Vorschriften für in der Insolvenz befindliche Unternehmen abweichende Gliederungen zulassen. Angebracht und möglich erscheint es aber, insolvenzrechtliche Anpassungen bestimmter Positionen vorzunehmen. So ist z.B. die Unterteilung der Vermögenspositionen in Masse und Sicherungsgut sowie der Verbindlichkeiten in gesicherte und ungesicherte Schulden möglich. Damit ist nicht gesagt, dass auch die zu veröffentlichende Bilanz diese Unterteilungen ausweisen muss.

71 Für den Jahresabschluss einer Kapitalgesellschaft gilt dabei auch der angelsächsische Bilanzierungsgrundsatz des »fair and true view«, wonach der Jahresabschluss ein den tatsächlichen Verhältnissen entsprechendes Bild der Vermögens-, Finanz- und Ertragslage vermitteln muss. Außerdem sind die zu Handelszwecken erworbenen Finanzinstrumente gem. § 253 Abs. 1 Satz 3 HGB zum beizulegenden Zeitwert zu bewerten.

VII. Vervollständigung von Buchführung und Bilanz

72 In der Praxis sind die vom Verwalter vorgefundenen Handelsbuchführungen vielfach unvollständig und insoweit nicht geeignet, aus ihnen Bilanzen zu entwickeln. In diesen Fällen muss der Insolvenzverwalter versuchen, die fehlenden Buchungen nachzuholen, um zu einer Bilanz zu gelangen. Ist dies nicht möglich, so muss er unter weitergehender Verwendung der vorhandenen Buchungsunterlagen eine Handelsbilanz außerhalb der Buchführung aufstellen. Da die Handelsbilanz Ausgangspunkt der eigentlichen Insolvenzbilanz ist, kann auf die Aufstellung nicht verzichtet werden.

VIII. Aufstellung der Insolvenzbilanz

73 Der Insolvenzverwalter ist verpflichtet auf den Zeitpunkt der Eröffnung des Insolvenzverfahrens die Insolvenzbilanz aufzustellen. Gemäß § 151 InsO sind zunächst alle zur Masse gehörenden Gegenstände nach Menge und Wert aufzuzeichnen unter Ansatz der objektiven gewöhnlichen Verkehrswerte, d.h. des Versilberungs- oder Zeitwertes. Aus dieser Aufzeichnung hat der Verwalter ein Inventar anzufertigen (§ 153 InsO). Dabei handelt es sich um eine nach kaufmännischen Grundsätzen geordnete Zusammenstellung von Vermögens- und Schuldteilen. In der Regel werden die in dem Inventar ausgewiesenen Werte in die Bilanz übernommen. Dabei ist durch den Ausweis sämtlicher Unter- und Überbewertungen ein Zusammenhang zwischen den objektiven Werten des Inventars und der handelsrechtlichen Buchführung herzustellen. Für die Aufstellung der Insolvenzbilanz gelten nicht die Grundsätze des Bilanzenzusammenhangs über den Zeitpunkt der Aufstellung und der Bewertung. § 151 InsO bestimmt darüber hinaus für die Insolvenz-Eröffnungsbilanz im Falle einer möglichen

4. Bewertungsstetigkeit (§ 252 Abs. 1 Nr. 6 HGB)

Nach dem Grundsatz der Bewertungsstetigkeit sind die Ansatz- und Bewertungsmethoden des Vorjahres beizubehalten. Dies gilt insbesondere für die AfA-Methode (linear, degressiv), für die pauschale Bemessung von Forderungsausfällen oder für die Festbewertung. Begründete Ausnahmen sind gem. § 246 Abs. 3, § 252 Abs. 2 HGB zugelassen. Dies gilt insbesondere im Fall der Abwicklung von Unternehmen. 60

Für den Fall der Erstellung von Abwicklungsbilanzen ist der Grundsatz der Bewertungsstetigkeit nicht zwingend, im Gegenteil: Die unterschiedlichen Gegebenheiten einer Abwicklung machen es regelmäßig erforderlich, die auf den vorhergehenden Jahresabschluss angewandten Bewertungsmethoden zu ändern. 61

5. Going-Concern-Prinzip (§ 252 Abs. 1 Nr. 2 HGB)

Die gesetzliche Unterstellung des **Going Concern** gilt nur, soweit eine Unternehmensfortführung beabsichtigt ist. In der Praxis hat dies überall dort Auswirkungen, wo sich die Going-Concern-Prämisse in gesetzlichen Bewertungsregelungen konkretisiert hat: 62
– Die Bewertung der Vermögensgegenstände erfolgt nicht mehr auf der Basis der historischen Anschaffungs- oder Herstellungskosten, sondern nur auf der Basis von Verkehrs- oder Liquidationswerten; die Bewertungsobergrenze bilden weiterhin die Anschaffungs- oder Herstellungskosten.
– Der Verbleib langlebiger Vermögensgegenstände im Unternehmen wird nicht mehr bis zum Ende der voraussichtlichen Nutzungsdauer unterstellt; die Anschaffungs- und Herstellungskosten können auf die verbleibende Restnutzungsdauer periodisiert werden.
– Aufwendungen für die Ingangsetzung des Geschäftsbetriebs und dessen Erweiterung dürfen, soweit sie nicht als Vermögensgegenstand bilanzierungsfähig sind, nicht als Bilanzierungshilfe aktiviert werden.
– Bei der Bilanzierung des Umlaufvermögens nach dem **Niederstwertprinzip** (§ 252 Abs. 3 HGB) ist nicht von der planmäßigen Verwertung der Vermögensgegenstände im Rahmen der normalen Unternehmenstätigkeit, sondern von der Zerschlagung des Unternehmens auszugehen.
– Die mit der Liquidation verbundenen spezifischen Verbindlichkeiten und Rückstellungen (z.B. aufgrund eines Sozialplanes) sind zu bilanzieren.

Das Going-Concern-Prinzip gilt im Insolvenzverfahren insoweit, als beabsichtigt ist, den Betrieb ganz oder teilweise fortzuführen oder zu veräußern, da nur dann die Fortsetzung der Unternehmenstätigkeit anzunehmen ist. 63

6. Prinzip der Einzelbewertung (§ 252 Abs. 1 Nr. 3 HGB)

Jedes Wirtschaftsgut und jede Schuld sind einzeln zu bilanzieren und zu bewerten (§ 246 Abs. 2 Satz 1, § 252 Abs. 1 Nr. 3 HGB), Saldierungen sind unzulässig. So dürfen z.B. Grundstücke und die auf ihnen ruhenden Hypotheken nicht verrechnet werden. Ebenso dürfen stille Reserven in Vermögensgegenständen mit stillen Lasten in gleichartigen Wirtschaftsjahren nicht verrechnet werden. Auch hier ist jedes Wirtschaftsgut einzeln zu bewerten. Eine Ausnahme gilt bei einer Forderung nach Eintritt eines Wertverlustes. Der Unternehmer hat die Wahl den Wertverlust unmittelbar vom Forderungswert abzuschreiben oder aber den Wertverlust als Wertberichtigung (Delkredere) zu passivieren. 64

§§ 240, 241 HGB erlaubt nach dem Grundsatz der Bewertungseinheitlichkeit Abweichungen von der Einzelbewertung z.B. im Rahmen der Sammel-, Durchschnitts-, Gruppen- und Festbewertung, bei denen gleiche Bewertungsobjekte unter gleichen Bedingungen einheitlich zu bewerten sind. 65

Im Insolvenzverfahren können einzelne Gruppen von Vermögensgegenständen als Bewertungseinheit angesehen werden, sofern sie nur als Einheit verkauft werden können. Sie bilden im Hinblick auf das geänderte Unternehmensziel – Liquidation der Gesellschaft – eine Einheit, ohne dass eine streng am Gegenständlichen ausgerichtete Bildung von Bewertungseinheiten erforderlich wäre. 66

- gesonderter Ausweis einzelner Posten und deren hinreichende Untergliederung (§ 247 Abs. 2 HGB),
- Zuordnung von Vermögensgegenständen zum Anlage- und Umlaufvermögen (§ 247 Abs. 2 HGB),
- Erläuterungen von Bilanz und Gewinn- und Verlustrechnung im Anhang (§ 284 HGB),
- Angaben im Lagebericht (§ 289 HGB).

V. Insolvenzbedingte Modifikationen im Rahmen der GoB

54 Für die Rechnungslegung im Insolvenzverfahren ergeben sich gegenüber der Bilanzierung bei werbenden Unternehmen verschiedene Modifikationen bei der Anwendung der GoB.

1. Stichtagsprinzip (§ 242 Abs. 1 und 2 HGB)

55 Für Abwicklungsbilanzen bilden § 71 Abs. 1 GmbHG, § 270 Abs. 1 AktG, §§ 154, 161 HGB eine Sonderregelung zu § 242 Abs. 1 HGB. Für den Stichtag vor Beginn der Abwicklung ist eine Schlussbilanz der werbenden Gesellschaft zu erstellen, wobei sich i.d.R. ein Rumpfgeschäftsjahr ergibt. Für den Beginn der Abwicklung sind eine Abwicklungs-Eröffnungsbilanz sowie Abwicklungs-Jahresabschlüsse zu erstellen.

2. Vollständigkeitsprinzip (§ 246 Abs. 1 HGB)

56 Die Beachtung des Prinzips der Vollständigkeit ist bei Jahresabschlüssen von besonderer Bedeutung, da der Insolvenzverwalter aufgrund des Zustandes des Rechnungswesens häufig keinen Überblick über das gesamte Betriebsvermögen erhält. Welche Positionen in die Bilanz aufzunehmen sind, richtet sich nach den GoB und den Regelungen der §§ 4 Abs. 1, 5 Abs. 1 EStG und §§ 140–146 AO. Aufzunehmen sind handelsrechtlich alle betrieblichen Vermögensgegenstände und Schulden sowie die aktiven und passiven Rechnungsabgrenzungsposten. Im Einzelfall kann es erlaubt sein, unwesentliche Positionen je nach ihrer Bedeutung für das Unternehmen (vgl. *BFH* BFH/NV 2010, 1796) außer Ansatz zu lassen. In einem Urteil vom 19.07.2011 auf welches im Urteil vom 12.12.2013 verwiesen wird (*BFH* DStR 2011, 1990 bezüglich der Pflicht zur Bildung von Rückstellungen auf wesentliche Verpflichtungen; *BFH* DStR 2014, 842) rückt der BFH von dem Wesentlichkeitsgrundsatz unter Betonung der Vollständigkeit und sachlichen Richtigkeit der Steuerbilanz ab.

57 Nicht zu passivierende Verbindlichkeiten aus Haftungsverhältnissen sind handelsrechtlich unter der Bilanz oder im Anhang zu vermerken.

58 Während der Abwicklung von insolventen Unternehmen besteht die Gefahr, dass die zu führenden Bücher nicht in der erforderlichen Weise fortgeschrieben werden. Mit dem Vollständigkeitsprinzip eng verbunden ist das Saldierungsverbot des § 264 Abs. 2 HGB. Eine ursprünglich im BilMoG geplante Aufnahme der latenten Steuern in das Vollständigkeitsgebot wurde fallengelassen, da keine generelle Bilanzierungspflicht aktiver latenter Steuern besteht, sondern nur ein Bilanzierungswahlrecht.

3. Bilanzidentität (§ 252 Abs. 1 Nr. 1 HGB)

59 Für die Erstellung der Abwicklungs-Eröffnungsbilanz bei Kapitalgesellschaften wird die Auffassung vertreten, der Grundsatz der Bilanzidentität gelte nur für das zu bewertende Mengengerüst, die Wertansätze könnten hingegen von denjenigen der Schlussbilanz der werbenden Gesellschaft abweichen (z.B. infolge von Zuschreibungen beim Anlagevermögen, Höherbewertungen der Vorräte durch Einbeziehung der Fremdkapitalzinsen in die Herstellungskosten etc.). Dieser Auffassung kann nicht gefolgt werden, da sie zur Folge hat, dass handelsrechtlich Erfolgsbestandteile nicht ausgewiesen werden. Die Beachtung der Bilanzidentität ist daher auch bei einer Abwicklungs-Eröffnungsbilanz erforderlich. Eventuelle Neubewertungen sollten unmittelbar nach Erstellung der Abwicklungs-Eröffnungsbilanz erfolgen, sofern sie nicht bereits in der Schlussbilanz der werbenden Gesellschaft vorzunehmen sind.

3. Grundsätze ordnungsgemäßer Buchführung (GoB)

Bei der Aufstellung des handelsrechtlichen Jahresabschlusses sind außer den Bewertungs- und Gliederungsvorschriften die **Grundsätze ordnungsgemäßer Buchführung** (GoB) zu beachten (§ 243 Abs. 1 HGB). 50

Die GoB sind für alle Kaufleute wie folgt normiert: 51
- Stichtagsprinzip (§ 242 Abs. 1 und 2 HGB),
- persönliche Zuordnung seines Vermögens und seiner Schulden (§ 242 Abs. 1 HGB),
- Klarheit und Übersichtlichkeit (§§ 243 Abs. 2, 247 Abs. 1 HGB),
- Vollständigkeit (§ 246 Abs. 1 HGB),
- Verrechnungsverbot (§ 246 Abs. 1 HGB),
- Kontinuität,
- Bilanzidentität (§ 252 Abs. 1 Nr. 1 HGB),
- Bewertungsstetigkeit (§ 252 Abs. 1 Nr. 6 HGB),
- Going-Concern-Prinzip (§ 252 Abs. 1 Nr. 2 HGB),
- Prinzip der Einzelbewertung (§ 252 Abs. 1 Nr. 3 HGB),
- Grundsatz der Vorsicht (§ 252 Abs. 1 Nr. 4 HGB,) danach sind alle vorhersehbaren Risiken und Verluste zu berücksichtigen. Darunter fällt auch der Grundsatz der Nichtbilanzierung schwebender Geschäfte. Gewinne sind nur auszuweisen, wenn sie am Abschlussstichtag bereits realisiert sind, nicht realisierte Verluste sind handelsrechtlich auszuweisen, z.B. als Rückstellung, wobei Rückstellungen für drohende Verluste ertragsteuerlich nicht mehr gebildet werden dürfen.
- Imparitätsprinzip (§ 252 Abs. 1 Nr. 4 1. HS HGB),
- Niederstwertprinzip (§ 253 Abs. 1–3 HGB),
- Realisationsprinzip (§ 252 Abs. 1 Nr. 4 2. HS HGB),
- periodengerechte Zuordnung von Aufwendungen und Erträgen (§ 252 Abs. 1 Nr. 5 HGB).

Für Kapitalgesellschaften werden diese Grundsätze zum Teil noch ergänzt durch: 52
- Klarheit und Übersichtlichkeit: Gliederungsvorschriften für den Jahresabschluss (§§ 265, 266, 275, 277 HGB),
- Grundsatz der Vorsicht: spezielle Bewertungsregeln (§§ 279–282 HGB).

Die GoB konkretisieren die im HGB normierten Einzelvorschriften, wenn für einen Sachverhalt, der bei der Aufstellung von Jahresabschlüssen zu berücksichtigen ist, keine anwendbare gesetzliche Einzelvorschrift vorhanden ist. Diese Funktion ist von nicht unerheblicher Bedeutung, da die überwiegende Zahl der gesetzlichen Einzelvorschriften konkretisierungsbedürftig ist und eine Vielzahl von Sachverhalten nicht explizit im HGB geregelt wird, z.B.: 53

Ansatzvorschriften:
- Definition von Vermögensgegenständen, Schulden und Rechnungsabgrenzungsposten, soweit im Gesetz nicht festgelegt (§§ 246 Abs. 1, 250 HGB),
- Konkretisierung der einzelnen Rückstellungsarten und Haftungsverhältnisse (§§ 249, 251 HGB).

Bewertungsvorschriften:
- Bewertung von Rückstellungen (§ 253 Abs. 1 HGB),
- Festlegung sämtlicher Aufwandsarten, die Bestandteile der Anschaffungs- und Herstellungskosten sind (§ 255 Abs. 1–3 HGB),
- Schätzung von Nutzungsdauer und Wahl der Abschreibungsmethoden beim abnutzbaren Anlagevermögen und Geschäfts- oder Firmenwert (§§ 253 Abs. 2, 255 Abs. 4 HGB),
- Berechnung des niedrigeren, am Abschlussstichtag beizulegenden Wertes von Abschreibungen aufgrund von Wertschwankungen in der nächsten Zukunft (§ 253 Abs. 2 und 3 HGB),
- Anwendung von Bewertungsvereinfachungen (§ 256 HGB).

Ausweisvorschriften:
- Gebot der Klarheit (§ 243 Abs. 2 HGB),
- Aufstellungsfrist (§ 243 Abs. 3 HGB),

46 Die **Abwicklungs-Rechnungslegung** ersetzt die handelsrechtliche Rechnungslegung, so dass neben den Abwicklungsbilanzen nicht noch herkömmliche Bilanzen aufzustellen sind. Für Personenhandelsgesellschaften gilt entsprechendes. Für sie erfordert die nach §§ 154, 161 HGB geforderte Abwicklungs-Rechnungslegung die Erstellung einer Abwicklungs-, Eröffnungs- und einer Schlussbilanz. Auf diese Bilanzen sind, wie bei Kapitalgesellschaften, die handelsrechtlichen Vorschriften über den Jahresabschluss entsprechend anzuwenden. Aus §§ 3, 154, 161 HGB kann nicht die Notwendigkeit zur Erstellung einer Vermögensbilanz abgeleitet werden.

47 Die Abwicklungs-Rechnungslegung für Kapitalgesellschaften i.S.d. §§ 71 Abs. 1–3 GmbHG, 270 AktG gilt auch für das Insolvenzverfahren. Dies bedeutet, dass die für Abwicklungen vorgesehenen laufenden Bilanzen sowie die für Personenhandelsgesellschaften und Kapitalgesellschaften zusätzlich aufzustellenden Abwicklungs-Eröffnungsbilanzen den Handelsbilanzen entsprechen und auch im Insolvenzverfahren zu erstellen sind, soweit nicht die bereits dargestellten Einschränkungen Platz greifen.

48 Somit sind folgende Bilanzen zu unterscheiden und nach den jeweiligen Stichtagen aufzustellen:

	Einzelkaufmann	Personenhandelsgesellschaften	Kapitalgesellschaften
Schlussbilanz des werbenden Unternehmens		Bilanz, Gewinn- und Verlustrechnung	Bilanz, Gewinn- und Verlustrechnung, Anhang, Lagebericht §§ 242, 264 HGB
Abwicklungs-, Eröffnungsbilanz		Bilanz §§ 154, 161, 242 HGB	Bilanz, Erläuterungsbericht § 270 Abs. 1 AktG § 71 Abs. 1 GmbHG i.V.m. §§ 242, 244 HGB
Laufende Abwicklungsabschlüsse	Bilanz, Gewinn- und Verlustrechnung § 242 HGB	Bilanz, Gewinn- und Verlustrechnung § 242 HGB	Bilanz, Gewinn- und Verlustrechnung, Anhang Lagebericht § 270 Abs. 1 AktG § 71 Abs. 1 GmbHG i.V.m. §§ 242, 264 HGB
Schlussrechnung		Bilanz, Gewinn- und Verlustrechnung §§ 154, 161 HGB	Bilanz, Gewinn- und Verlustrechnung § 273 AktG
Abwicklungs-Schlussbericht	Bilanz, Gewinn- und Verlustrechnung § 242 HGB	Bilanz, Gewinn- und Verlustrechnung § 242 HGB	Bilanz, Gewinn- und Verlustrechnung, Anhang, Lagebericht, § 270 Abs. 1 AktG § 71 Abs. 1 GmbHG i.V.m. §§ 242, 264 HGB

2. Inventar

49 Die vorstehenden Bilanzen werden aus der Inventur, den Bestandsverzeichnissen hinsichtlich der Grundstücke, Forderungen, Schulden, der liquiden Mittel und der sonstigen Vermögensgegenstände, zu deren Aufstellung der Kaufmann zu Beginn des Handelsgewerbes und fortlaufend jährlich verpflichtet ist (§ 240 HGB), abgeleitet. Zu den Grundsätzen, wie die Bestandsverzeichnisse (Inventare) durch die Aufnahme der Aktiva und Passiva (**Inventur**) zu erstellen sind, gehören:

§ 142 AO gilt gegenüber § 140 AO nur subsidiär. § 141 AO normiert originäre steuerrechtliche Buchführungs- und Aufzeichnungspflichten. Die Buchführungspflicht nach § 141 AO knüpft an das Vorliegen bestimmter Merkmale (Umsätze, Betriebsvermögen, Gewinn) an. Unberührt von den Buchführungspflichten nach §§ 140, 141 AO bleiben Aufzeichnungspflichten aus anderen Gesetzen (z.B. § 22 UStG). 35

Die Buchführungs- und Rechnungslegungspflichten des Insolvenzverwalters erstrecken sich auch auf den Neuerwerb, d.h. das Vermögen, das der Schuldner während des Insolvenzverfahrens erlangt (§ 35 InsO). 36

Bei Gewerbetreibenden, deren Firma im Handelsregister eingetragen ist, kann der Insolvenzverwalter gem. § 4a Abs. 1 Satz 2 Nr. 2 Satz 2 EStG beim Finanzamt eine Umstellung des Geschäfts- bzw. Wirtschaftsjahres beantragen. Einem willkürlichen Wechsel des Wirtschaftsjahres aus steuerlichen Gründen muss das Finanzamt nicht zustimmen, insbesondere ist die Ermessensentscheidung der Finanzbehörde dahingehend auszuüben Missbräuchen entgegenzuwirken. Eine Umstellung des Wirtschaftsjahres ist grundsätzlich aus wirtschaftlichen und/oder organisatorischen Gründen gerechtfertigt. Die Zustimmung des Finanzamtes gem. § 4a Abs. 1 Satz 2 Nr. 2 Satz 2 EStG zur Umstellung des Wirtschaftsjahres auf das Insolvenzgeschäftsjahr ist nicht erforderlich (vgl. IDW Life 11/2015, 610 ff.). 37

Es ist zu beachten, dass die Rechnungslegungspflicht des Insolvenzverwalters (§ 66 InsO) sowie die Aufzeichnungspflichten (§§ 151, 154 InsO) nicht die Buchführungspflichten nach Handels- und Steuerrecht ersetzen. Mängel der Buchführung, die der Insolvenzverwalter verschuldet hat, muss sich der Schuldner zurechnen lassen. 38

Das Registergericht ist weder verpflichtet noch berechtigt, unter Androhung von Zwangsmitteln den Insolvenzverwalter zur Abgabe der steuerlichen Erklärungen des Schuldners anzuhalten. Sinn und Zweck des § 155 InsO ist es, die externen Rechnungslegungspflichten eines Insolvenzverwalters gegenüber der Finanzverwaltung zu gewährleisten und nicht, im Ergebnis den nicht am Verfahren beteiligten Gesellschafter zu entlasten Die Regelung des § 155 InsO lässt sich insoweit nicht dafür instrumentalisieren, die Kosten der Bilanzerstellung auf die Gläubiger abzuwälzen, um sich als Gesellschafter einen steuerlichen Vorteil zu verschaffen (*LG Mönchengladbach* ZInsO 2005, 948). 39

IV. Erstellung, Prüfung und Offenlegung des handelsrechtlichen Jahresabschlusses

1. Bilanz

Die **handelsrechtliche Rechnungslegung** für Gesellschaften, die sich in Abwicklung befinden, ist für die AG, KG a.A. und die GmbH in §§ 270 AktG, 71 Abs. 1–3 GmbHG geregelt. Danach ist eine (Abwicklungs-Eröffnungsbilanz) in entsprechender Anwendung der Vorschriften über den Jahresabschluss, laufende Abwicklungs-Jahresabschlüsse sowie eine Schlussrechnung zu erstellen. 40

Für Einzelkaufleute gelten für die laufenden handelsrechtlichen Jahresabschlüsse die §§ 238 ff. HGB. 41

Für nicht eingetragene Kleingewerbetreibende gilt in der Insolvenz nicht die handelsrechtliche Buchführungspflicht. 42

Wird ein größeres Unternehmen im Rahmen der Abwicklung des Insolvenzverfahrens zum Kleingewerbetreibenden, so entfällt damit die handelsrechtliche Buchführungspflicht, es sei denn, das Unternehmen ist im Handelsregister eingetragen. 43

Die Buchführungs- und Rechnungslegungspflicht entfallen nicht aufgrund des Eintritts der Massearmut eines Insolvenzverfahrens. 44

Für Personenhandelsgesellschaften sehen §§ 154, 161 HGB die Erstellung einer Abwicklungs-Eröffnungsbilanz und einer Abwicklungs-Schlussbilanz vor. Weitere Einzelheiten sind – abweichend zu den Kapitalgesellschaften – nicht gesetzlich geregelt. 45

solvenzverwalter ab Eröffnung des Insolvenzverfahrens eine ordnungsgemäße Buchführung einzurichten und aufrechtzuerhalten. Kommt der Insolvenzverwalter seinen insolvenz- und handelsrechtlichen Pflichten schuldhaft nicht nach, so haftet er bei Verschulden für einen entstehenden Schaden der Beteiligten nach § 60 InsO. Das Insolvenzgericht kann außerdem in Ausübung seiner nach § 58 Abs. 1 InsO bestehenden Aufsichtspflicht ein Zwangsgeld gem. § 58 Abs. 2 InsO festsetzen.

28 Wenn nur eine sehr unvollständige oder fehlerhafte Buchführung vorliegt, hat der Insolvenzverwalter nur die Fehler zu beseitigen und die Buchführung zu vervollständigen, soweit er aus ihr gem. § 155 Abs. 2 Satz 1 InsO die Eröffnungsbilanz erstellt. Damit erfüllt er seine Pflicht in Bezug auf die Insolvenzmasse. Kann er die Mängel der Buchführung und Rechnungslegung bei Insolvenzeröffnung nicht mehr beheben, so hat er mit Beginn der Insolvenzeröffnung eine Buchführung einzurichten, die den Erfordernissen des Handels- und Steuerrechts entspricht. Im Einzelfall kann der Insolvenzverwalter, um vermögensrechtliche und/oder strafrechtliche Folgen der Verletzung seiner Buchführungs- und Rechnungslegungspflichten zu vermeiden, sich von der Finanzbehörde oder den Gerichten einen entsprechenden Dispens von der Einhaltung der Buchführungs- und Rechnungslegungspflichten erteilen lassen.

29 Durch das BilMoG sind die Rechnungslegungsvorschriften geändert worden. So sind kleine Einzelkaufleute gem. § 241a HGB von der Buchführungs- und Bilanzierungspflicht befreit worden. Damit wird das Rechtsinstitut des nicht zur doppelten Buchführung verpflichteten Kaufmannes geschaffen. So sind Einzelkaufleute von der Pflicht zur Buchführung und zur Erstellung eines Inventars befreit, soweit sie die folgenden Schwellenwerte unterschreiten:
– Umsatzerlöse gleich oder weniger als 600.000 €,
– Jahresüberschuss gleich oder weniger als 60.000 €.

30 Voraussetzungen für den Wegfall der Bilanzierungspflicht ist ein Unterschreiten der Schwellenwerte an zwei aufeinander folgenden Bilanzstichtagen (nach der Gesetzesbegründung soll hierdurch eine gewisse Kontinuität gewährleistet werden). Bei einer Neugründung reicht es aus, wenn die Werte am ersten Abschlussstichtag nicht überschritten werden. Die Regelung des § 241a HGB gilt nicht für kleine Personenhandelsgesellschaften.

31 Ziel der Einfügung des § 241a HGB war die Anpassung an die Schwellenwerte für Nichtkaufleute für steuerliche Zwecke gem. § 141 AO. Durch die Neuregelung wurde insbesondere auch eine klare Abgrenzung für die Bilanzierungspflicht anhand objektiv nachprüfbarer Kriterien ermöglicht. Die durch die Neuregelung geschaffene Möglichkeit eines Wechsels zur Einnahmen- Überschussrechnung ermöglicht interessante Gestaltungsmöglichkeiten z.B. Nutzung eines Übergangsverlustes.

32 Die BMF-Schreiben vom 12.03.2010 (BStBl. I S. 239) sowie vom 22.06.2010 (BStBl. I S. 597) enthalten Regelungen zur Maßgeblichkeit der handelsrechtlichen Grundsätze ordnungsmäßiger Buchführung für die steuerliche Gewinnermittlung.

III. Steuerrechtliche Buchführungsverpflichtung

33 Die **steuerrechtliche Buchführungsverpflichtung** ergibt sich aus §§ 140 AO i.V.m. 238 HGB bzw. 141 AO und bleibt im Rahmen des Insolvenzverfahrens unberührt (vgl. § 155 Abs. 1 InsO), sodass der Insolvenzverwalter hinsichtlich des Schuldnervermögens zur Buchführung verpflichtet ist.

34 § 140 AO macht die zahlreichen außersteuerlichen Buchführungs- und Aufzeichnungspflichten für das Steuerrecht nutzbar (abgeleitete bzw. derivative Buchführungspflichten). Die wichtigsten außersteuerlichen Buchführungsvorschriften finden sich im Bilanzrichtlinien-Gesetz, das alle wesentlichen Rechnungslegungsvorschriften aus dem Aktiengesetz, dem GmbH-Gesetz, dem Genossenschafts-Gesetz und dem Handelsgesetzbuch im 3. Buch des Handelsgesetzbuches zusammenfasst. Seit Inkrafttreten des Bilanzrichtlinien-Gesetzes sind nur die besonderen Rechnungslegungsvorschriften für Personenhandelsgesellschaften und Einzelkaufleute, die je nach ihrer Größe unter das Publizitätsgesetz fallen, weiterhin außerhalb des HGB geregelt.

II. Handelsrechtliche Buchführungsverpflichtung

Der Insolvenzverwalter ist handelsrechtlich verpflichtet, unter Beachtung der Grundsätze ordnungsgemäßer Buchführung vor und nach Insolvenzeröffnung Bücher zu führen und Jahresabschlüsse zu erstellen. Dieses ergibt sich aus §§ 238 ff. HGB, wonach jeder Kaufmann verpflichtet ist, Bücher zu führen und aus diesen seine Handelsgeschäfte und die Lage seines Vermögens nach den Grundsätzen ordnungsgemäßer Buchführung ersichtlich zu machen und zum Schluss eines jeden Geschäftsjahres einen das Verhältnis seines Vermögens und seiner Schulden darstellenden Abschluss aufzustellen. 21

Die handelsrechtliche Bilanzierungspflicht von Kapitalgesellschaften wird für den Insolvenzzeitraum in § 270 AktG und § 71 Abs. 1–3 GmbHG modifiziert. Für Personenhandelsgesellschaften wird in §§ 154, 161 HGB die handelsrechtliche Bilanzierungspflicht nach §§ 238 ff. HGB im Hinblick auf den Bilanzierungszeitpunkt ergänzt. Der Insolvenzverwalter ist deshalb verpflichtet, während des Zeitraumes der Insolvenz die bisherigen Handelsbilanzen fortzuführen. 22

Die **Buchführungs- und Bilanzierungspflicht** ergibt sich aus den Vorschriften **des HGB,** da mit der Eröffnung des Insolvenzverfahrens die Kaufmannseigenschaft des Schuldners nicht entfällt. Dies gilt nicht nur für den Fall der Betriebsfortführung, sondern auch für den Fall der Schließung des Geschäftsbetriebes. Die Abwicklung des Unternehmens bleibt weiterhin Gewerbebetrieb, da die Absicht der bestmöglichen Verwertung des vorhandenen Vermögens eine Gewinnerzielungsabsicht darstellt. Die Geltung der handelsrechtlichen Vorschriften für den Schuldner hat zur Folge, dass sich die Buchführungs- und Bilanzierungspflicht des Insolvenzverwalters während der Verfahrensabwicklung ändern kann. Erreicht der Geschäftsbetrieb des Schuldners einen Umfang, der seine Kaufmannseigenschaft entfallen lässt, so entfällt auch die Buchführungs- und Rechnungslegungspflicht. 23

Mit der Erlangung der Kaufmannseigenschaft sind auch die Vorschriften über das Führen von Handelsbüchern (§§ 238–263 HGB) zwingend zu beachten. 24

Nach Handelsrecht ist ein Gewerbetreibender nach § 238 i.V.m. § 1 Abs. 2 HGB buchführungspflichtig, wenn ein in kaufmännischer Weise eingerichteter Geschäftsbetrieb erforderlich ist. Anhaltspunkte hierfür sind hoher Umsatz, hohe Mitarbeiterzahl, vielseitiges Angebot und vielseitige Geschäftskontakte. Im Gegensatz zum Steuerrecht ist die Buchführungspflicht im HGB nicht starr definiert, sondern es kommt immer auf die Umstände des jeweiligen Einzelfalles an. Insoweit kann auch der Insolvenzverwalter handelsrechtlich verpflichtet sein, unter Beachtung der Grundsätze ordnungsgemäßer Buchführung Bücher zu führen und Jahresabschlüsse zu erstellen. Hinsichtlich der Kapitalgesellschaften bleibt der Insolvenzverwalter bis zum Abschluss der Liquidation voll buchführungs- und bilanzierungspflichtig. Im Falle der Betriebsfortführung reicht die Fortführung einer Buchhaltung aus, der Insolvenzverwalter muss jedoch auf Verlangen des Gerichts das auf die Betriebsfortführung entfallende Ergebnis nachvollziehbar darstellen. 25

Der Insolvenzverwalter ist verpflichtet, die Handelsbücher des Schuldners fortzuführen (§ 238 HGB), auf den Zeitpunkt der Verfahrenseröffnung eine handelsrechtliche Eröffnungsbilanz (nebst Erläuterungsbericht, soweit es sich nicht um eine Personenhandelsgesellschaft mit mindestens einer natürlichen Person als Vollhafter handelt) und für den Schluss eines jeden Geschäftsjahres eine Bilanz und eine Gewinn- und Verlustrechnung anzufertigen (§ 242 HGB) bzw. im Falle von Kapitalgesellschaften oder Personenhandelsgesellschaften, die unter § 264a HGB fallen, einen Jahresabschluss nebst Lagebericht aufzustellen (Aufstellungskompetenz) und gem. § 245 HGB zu unterzeichnen. Kleine Kapitalgesellschaften oder diesen gleichgestellte Personenhandelsgesellschaften i.S.v. § 267 Abs. 1 HGB brauchen gem. § 264 Abs. 1 Satz 3 HGB keinen Lagebericht aufzustellen. 26

Die handelsrechtliche Pflicht zur Buchführung und Bilanzierung ist unabhängig vom Massebestand und besteht sowohl für die Zeit vor Eröffnung des Insolvenzverfahrens als auch für die Zeit danach. Sie hat nur dort ihre Grenzen, wo Mängel hinsichtlich der Buchführungs- und Jahresabschlüsse vorliegen, die der Insolvenzverwalter weder kennen noch beheben kann. Liegt eine grob fehlerhafte *Buchführung* vor, *und ist es* mit zumutbaren Mitteln nicht mehr möglich, eine richtige Bilanz nebst Gewinn- und Verlustrechnung für den jeweiligen Veranlagungszeitraum aufzustellen, so hat der In- 27

schaftsjahr in den ersten, der Insolvenzeröffnung folgenden Jahresabschluss der insolventen Gesellschaft einbezogen werden kann (so *Förschle/Kropp/Deubert* DB 1994, 998 ff. und *Onusseit/Kunz* Rn. 205–207). Soweit eine Verpflichtung zur Aufstellung einer Schlussbilanz für erforderlich gehalten wird (vgl. *Kübler/Prütting/Bork* InsO, § 155 Rn. 44; *Pink* ZIP 1997, 177; *Weisang* BB 1998, 1749) trifft diese Verpflichtung den Insolvenzverwalter und nicht den Schuldner.

14 Um den Insolvenzverwalter in der Eingangsphase des Insolvenzverfahrens nicht allzu stark zu belasten, sieht § 155 Abs. 2 Satz 2 InsO vor, dass die gesetzlichen Fristen für die Aufstellung und Offenlegung von Jahresabschlüssen (insbesondere § 264 Abs. 1 Satz 2, § 325 Abs. 1 Satz 1, § 336 Abs. 1 Satz 2 HGB, § 5 Abs. 1 Satz 1, § 9 Abs. 1 Satz 1 Publizitätsgesetz und die §§ 140, 141 AO), die für die Eröffnungsbilanz entsprechend gelten (§ 242 Abs. 1 Satz 2 HGB), um die Zeit bis zum Prüfungstermin verlängert werden. In dieser Zeit hat die insolvenzrechtliche Rechnungslegung, d.h. die Aufstellung der Vermögensübersicht auf der Grundlage des Verzeichnisses der Massegegenstände und des Gläubigerverzeichnisses, Vorrang vor der handels- und steuerrechtlichen Rechnungslegung.

15 Auch im Insolvenzverfahren umfasst das Geschäftsjahr einen Zeitraum von höchstens zwölf Monaten. Dauert das Insolvenzverfahren länger, so beginnt ein neues Insolvenzgeschäftsjahr. Nach § 4a Abs. 1 Satz 2 Nr. 2 Satz 2 EStG ist die Umstellung des Wirtschaftsjahres steuerlich nur wirksam, wenn sie im Einvernehmen mit dem Finanzamt vorgenommen wird. Das auf das Insolvenzgeschäftsjahr umgestellte Geschäftsjahr ist auch für die steuerliche Rechnungslegung maßgebend; eine Zustimmung durch das Finanzamt bedarf es in diesem Fall nicht (vgl. IDW Life 11/2015, 610 ff.).

16 Führt der Schuldner nach einer Einstellung des Verfahrens oder nach dessen Aufhebung aufgrund der Bestätigung eines Insolvenzplanes sein Unternehmen fort, so beginnt damit ebenfalls ein neues Geschäftsjahr. Dies entspricht der Regelung des § 155 Abs. 2 Satz 1 InsO bei der Eröffnung des Insolvenzverfahrens, ist im Gesetz jedoch nicht ausdrücklich erwähnt.

17 § 155 Abs. 1 InsO tritt mit der Verpflichtung des Insolvenzverwalters zur Rechnungslegung nach Steuerrecht neben die Pflicht, die der Insolvenzverwalter als Vermögensverwalter nach § 34 Abs. 3 AO zu beachten hat (vgl. *Birk* ZInsO 2007, 745). Der Insolvenzverwalter hat als Vermögensverwalter die steuerlichen Pflichten des Insolvenzschuldners in Bezug auf das von ihm verwaltete Vermögen in vollem Umfang zu erfüllen. Dies gilt auch für den Zeitraum vor Insolvenzeröffnung (*BFH* BStBl. II 1993 S. 265)

18 Zur Orientierung für Wirtschaftsprüfer bei der Erstellung und Prüfung der handelsrechtlichen (externen) Rechnungslegung im Insolvenzverfahren haben der Fachausschuss Recht (FAR) und der Hauptfachausschuss (HFA) der Wirtschaftsprüferkammer in 2015 neue IDW-Rechnungslegungshinweise verabschiedet (Externe [handelsrechtliche] Rechnungslegung im Insolvenzverfahren, *WPg Supplement 4/2015, S. 48 ff.*). Die in diesen IDW-Rechnungslegungshinweisen beschriebenen Rechnungslegungspflichten werden von Wirtschaftsprüfern bei der Erstellung der externen handelsrechtlichen Rechnungslegung sowie bei deren Prüfung zugrunde gelegt. Darüber hinaus können sie auch Unternehmen in freiwilligen Liquidationsverfahren als Grundlage dienen oder auch anderen Beteiligten wie z.B. dem Insolvenzverwalter oder den Mitgliedern des Gläubigerausschusses Hinweise zur Konkretisierung ihrer gesetzlichen Rechte und Pflichten geben (*Hillebrand* WPg 2016, 465 ff.).

19 Ziele der externen Rechnungslegung sind im Unterschied zur internen Rechnungslegung die Information der Öffentlichkeit, soweit bei ihr wie z.B. bei potenziellen Erwerbern, Kreditgebern, Lieferanten und Abnehmer oder bei der Finanzverwaltung ein besonderes Informationsbedürfnis besteht. Zugleich dient sie aber auch der Information der Adressaten der internen Rechnungslegung wie Insolvenzgericht, Schuldner oder Gläubiger.

20 Der Insolvenzverwalter ist gem. § 155 Abs. 1 InsO verpflichtet neben den internen insolvenzrechtlichen Rechnungslegungspflichten auch nach handelsrechtlichen Grundsätzen Bücher zu führen und jährlich Bilanzen aufzustellen.

sind und auch sonst von der handelsrechtlichen Rechnungslegung während des Insolvenzverfahrens keinerlei Erkenntnisse zu erwarten sind. Ein Absehen von der handelsrechtlichen Rechnungslegung kommt nicht in Betracht, wenn sich die Abwicklung über Jahre hinzieht und die Masse durch die Masseverbindlichkeiten nicht erschöpft ist. (vgl. *Onusseit/Kunz* Rn. 266).

Die handels- und steuerrechtlichen Rechnungslegungspflichten beginnen grds. erst mit der Insolvenzeröffnung (so auch *Maus* § 155 Rn. 6; a.M. *Onusseit* ZInsO 2000, 363 f., der die Rechnungslegungspflichten auch für die Zeit vor Insolvenzeröffnung annimmt). Für den vorläufigen Insolvenzverwalter ergeben sich damit keine Rechnungslegungspflichten aus § 155 InsO. 6

Die Rechnungslegungspflichten des Insolvenzverwalters dauern solange wie seine Amtstätigkeit andauert und er das Verwaltungs- und Verfügungsrecht über die Insolvenzmasse (§ 80 InsO) hat, sie enden erst mit dem Vollzug der Schlussverteilung (§ 200 Abs. 1 InsO) bzw. mit dem Vollzug der Nachtragsverteilung (§ 205 InsO). 7

Bis zum Inkrafttreten des Handelsrechtsreformgesetzes zum 01.07.1998 galt, dass im Insolvenzverfahren ein ursprünglich vollkaufmännisches Unternehmen je nach dem Stand der Abwicklung zu einem minderkaufmännischen Geschäftsbetrieb i.S.d. § 4 Abs. 1 HGB a.F. werden konnte, der nicht mehr den handelsrechtlichen Buchführungs- und Bilanzierungsvorschriften unterlag. Ab dem 01.07.1998 ist die Rechtsfigur des Minderkaufmannes entfallen. Damit sind alle Gewerbetreibenden ohne Rücksicht auf die Branche vom Kaufmannsbegriff erfasst. Insoweit werden die bisherigen Begriffe des Musskaufmannes (§ 1 HGB) und des Sollkaufmannes (§ 2 HGB) zu einem einheitlichen Kaufmannsbegriff (neuer Musskaufmann) zusammengefasst. Kleingewerbetreibende, deren Unternehmen nach Art und Umfang einen in kaufmännischer Weise eingerichteten Geschäftsbetrieb nicht erfordert, sind damit keine Kaufleute mehr. Sie haben jedoch die Möglichkeit, die Kaufmannseigenschaft durch Eintragung in das Handelsregister zu erwerben (§ 3 HGB, zusätzlicher Kannkaufmann). Sie werden jedoch erst mit der Eintragung zu Kaufleuten, die Eintragung ist somit rechtsbegründend (konstitutiv). 8

Der Insolvenzverwalter hat zu prüfen, ob nach den Gegebenheiten des Einzelfalles in der Handelsbilanz das vorhandene Vermögen mit Fortführungs- oder mit Liquidationswerten anzusetzen ist. Wird der Geschäftsbetrieb sofort eingestellt, ist nach Eröffnung des Insolvenzverfahrens nur noch der Ansatz von Liquidationswerten gerechtfertigt. Führt der Insolvenzverwalter dagegen das insolvente Unternehmen aufgrund eines Beschlusses der Gläubigerversammlung fort, so sind die Fortführungswerte anzusetzen. 9

Mit der Eröffnung des Insolvenzverfahrens beginnt gem. § 155 Abs. 2 InsO ein neues Geschäftsjahr. Insoweit hat der Insolvenzverwalter auf den Zeitpunkt der Verfahrenseröffnung gem. § 242 Abs. 1 Satz 1 HGB sowie in entsprechender Anwendung der § 154 HGB, § 270 Abs. 1 AktG und § 71 Abs. 1 GmbHG eine Eröffnungsbilanz aufzustellen. 10

Das neue Geschäftsjahr ist kein Rumpfgeschäftsjahr, sondern ein volles Geschäftsjahr, das gem. § 240 Abs. 2 Satz 2 HGB einen Zeitraum von höchstens zwölf Monaten umfasst. Dauert das Insolvenzverfahren länger als zwölf Monate, so beginnt erneut ein neues Geschäftsjahr. Dabei beginnt das Geschäftsjahr mit der Stunde des Eröffnungszeitpunktes, z.B. bei einer Eröffnung am 1. April 11.00 Uhr. Beginnt das neue Geschäftsjahr zu diesem Zeitpunkt so endet es am 1. April des darauffolgenden Jahres um 11:00 Uhr. 11

Für den Vorzeitraum, den Zeitraum zwischen dem Beginn des letzten regulären Geschäftsjahres und der Insolvenzeröffnung entsteht dagegen zwingend ein Rumpfwirtschaftsjahr. Da § 155 Abs. 2 Satz 1 InsO disponibel ist, können die Gesellschafter jedoch auch die Beibehaltung des bisherigen satzungsmäßigen Geschäftsjahres beschließen. 12

Zweifelhaft ist, ob außerdem eine Schlussbilanz des werbenden Unternehmens aufzustellen ist. Hierfür spricht der Wortlaut des § 155 Abs. 2 Satz 1 InsO, wonach mit Liquidationsbeginn ein neues Geschäftsjahr beginnt. Dagegen wird eingewendet, dass die Gesellschafter durch Beschluss das bisherige Geschäftsjahr beibehalten können (§ 211 Abs. 1 2. HS AktG) und insoweit das Rumpfwirt- 13

der Insolvenz, ZInsO 2006, 1299; *ders.* Neues zum Körperschaftsteuerguthaben in der Insolvenz, ZInsO 2007, 1105; *ders.* Nochmals Körperschaftsteuerguthaben im Insolvenzverfahren, ZInsO 2008, 502; *ders.* Vorsicht Falle: Haftung des Steuerberaters der Schuldnerin für den Erstattungsanspruch, ZInsO 2008, 1170; *ders.* Auskunftsansprüche des Insolvenzverwalters gegen die Finanzverwaltung anhand der aktuellen Rechtsprechung, ZInsO 2010, 1469; *ders.* Vernichtung virtueller Insolvenzmasse von Amts wegen: Ein Trauerspiel in drei Akten, ZInsO 2011, 105; *ders.* Handels- und steuerrechtliche Pflicht in der Insolvenz und ihre Durchsetzung, StuB 2013, 68; *Schöler* Existenzgefährdung durch den Fiskus – Rechtsschutz gegen Insolvenzanträge des Finanzamtes, Die Steuerberatung 2012, 385; *Seehaus* Den BGH richtig verstehen: Zur Festsetzung der Vergütung des vorläufigen Insolvenzverwalters bei nicht eröffneten Insolvenzverfahren, ZInsO 2011, 1783; *Siemon* Zur Gewerbesteuerpflicht des Rechtsanwaltes als Insolvenzverwalter, ZInsO 2009, 1526; *ders.* Der Insolvenzverwalter ist nicht gewerbesteuerpflichtig. – Das Ende der Vervielfältigungstheorie, ZInsO 2011, 64; *Slahor/Weber* Gestaltungsmöglichkeit in IFRS Abschlüssen, Herausforderung für das Insolvenzgericht und den Insolvenzverwalter, ZInsO 2009, 2313; *Stapper* Finaler Todesschuss durch den behandelnden Arzt oder das Fiskalprivileg im Insolvenzrecht, ZInsO 2010, 1880; *Thouet* Der Sanierungserlass des BMF (k)eine Rechtswohltat contra legem, ZInsO 2008, 664; *Uhländer* Aktuelle Besteuerungsfragen in der Insolvenz, ZInsO 2005, 1192; *Viertelhausen* Verrechnung von negativer Umsatzsteuer im Insolvenzverfahren, ZInsO 2010, 2213; *Vortmann* Aufrechnung mit der Eigenheimzulage nach Eröffnung der Insolvenz, ZInsO 2006, 924; *Wäger* Insolvenzforderung und Masseverbindlichkeit bei der Umsatzbesteuerung im Insolvenzfall, ZInsO 2012, 520; *Webel* Haftung des Insolvenzverwalters aus § 61 InsO für ungerechtfertigte Bereicherungen der Masse und USt-Verbindlichkeiten, ZInsO 2009, 1147; *de Weerth* Haftung für nicht abgeführte Umsatzsteuer, ZInsO 2008, 613; *ders.* Aktuelle insolvenzrechtlich bedingte Problembereiche der Umsatzsteuer, ZInsO 2008,1252; *ders.* Umsatzsteuer als Masseverbindlichkeit bei der Entgeltvereinnahmung durch Insolvenzverwalter und Sicherungszession, ZInsO 2011, 853; *ders.* Neues zur Besteuerung in der Insolvenz. – die BMF-Schreiben vom 9.12.2011 und vom 17.1.2012, ZInsO 2012, 212; *Weitzmann* Insolvenzverwalter kein Adressat von Offenlegungspflichten, ZInsO 2008, 662; *Weßeler/Schneider* Die steuerliche Haftung des vorläufigen Insolvenzverwalters mit Zustimmungsvorbehalt nach §§ 35, 69 AO wegen des Widerrufs einer genehmigten Lastschriftbuchung im Einzugsermächtigungsverfahren, ZInsO 2012, 301; *Wölber/Ebeling* Haftung der Insolvenzmasse für Umsatzsteuerforderungen wegen Überwachungsverschuldens des Insolvenzverwalters, ZInsO 2011, 264; *Zimmer* Die Abtretung von Einkommensteuererstattungen in der Wohlverhaltensphase, ZInsO 2009, 2372; *ders*, Haushaltsbegleitgesetz 2011 (§ 55 Abs. 4 InsO n.F.) – erste Anwendungsprobleme, ZInsO 2010, 2299.

A. Handelsrechtliche und steuerrechtliche Buchführungsverpflichtung

I. Allgemeines

1 Die Insolvenzordnung enthält mit § 155 InsO eine einzige Norm zur handelsrechtlichen Rechnungslegung in der Insolvenz. Neben den in § 155 InsO normierten insolvenzrechtlichen gibt es handelsrechtliche Rechnungslegungspflichten.

2 Durch § 155 Abs. 1 InsO wird klargestellt, dass die Bestimmungen über die insolvenzrechtliche Rechnungslegung die Buchführungs- und Rechnungslegungspflichten des Handels- und Steuerrechts unberührt lassen und dass diese Pflichten, soweit es um die Insolvenzmasse geht, vom Insolvenzverwalter zu erfüllen sind.

3 Daneben bestehen in § 151 Abs. 1 InsO, dem Gebot an den Insolvenzverwalter ein Verzeichnis (Inventar) der einzelnen Gegenstände der Insolvenzmasse aufzustellen, § 153 InsO, der Verpflichtung zur Erstellung einer Vermögensübersicht, sowie § 197 InsO, der Verpflichtung zur Erstellung einer Schlussrechnung, weitere spezifisch insolvenzrechtliche Rechnungslegungsnormen.

4 Grds. hat der Insolvenzverwalter Handelsbücher zu führen (§ 239 HGB) und für den Schluss eines jeden Geschäftsjahres eine Bilanz und eine Gewinn- und Verlustrechnung aufzustellen (§ 242 HGB), wenn das Insolvenzverfahren ein vollkaufmännisches Unternehmen i.S.d. § 1 Abs. 1 HGB betrifft.

5 Mit dem Finanzamt kann jedoch im Einzelfall gem. §§ 148, 162 Abs. 2 AO eine Befreiung von den Buchführungs- und Bilanzierungspflichten vereinbart werden. Von der Fortführung der Buchführung und Jahresabschlüsse kann auch abgesehen werden, wenn der Geschäftsbetrieb des insolventen Unternehmens eingestellt worden ist, Auswirkungen auf die Insolvenzforderungen ausgeschlossen

Treuhänders, ZInsO 2009, 2173; *Carle* Gegen einen Insolvenzverwalter kann ein Zwangsgeld wegen Nichtabgabe der Steuererklärung festgesetzt werden, DStZ 2013, 98; *Casse* Einkommensteuer als Masseverbindlichkeit?, ZInsO 2008, 795; *Dahms* Steuerpflicht des insolvenzrechtlichen Neuerwerbs (§ 35 InsO), ZInsO 2005, 794; *ders.* Umsatzbesteuerung des (angestellten) Insolvenzverwalters, ZInsO 2008, 1174; *Dobler* Umsatzsteuer aus Forderungseinzug in der Insolvenz – Ein visueller Praxisleitfaden, ZInsO 2012, 1256; *Dober* Was nun? Handlungsmöglichkeiten beim Umgang mit dem Urteil des BFH v. 9.12.2010-V R 22/10, ZInsO 2011, 238; *Ehlers/Meimberg* Fallstudie: Die Betriebsaufgabe und ihre Alternativen, ZInsO 2010, 1169; *ders.* Die steuerrechtlichen Konsequenzen der Betriebsaufgabe einer GmbH in der Krise, ZInsO 2010, 1726; *Endres* Zinsabschlagsteuern und Insolvenzrechnungslegung, ZInsO 2011, 258; *Fichtelmann* Die Rechtsstellung des Geschäftsführers der GmbH in der Insolvenz der Gesellschaft, GmbHR 2008, 76; *Fölsing* Auch mit Insolvenzplan: Vorstand in der Steuerhaftung, ZInsO 2012, 1409; *Graeber* Die Auswirkungen der Umsatzsteuererhöhung zum 01.01.2007 auf bereits festgesetzte Vergütungen und insbesondere auf Vergütungen im Altverfahren, ZInsO 2007, 27; *Grashoff/Kleinmanns* Vorsicht Falle. Die Abtretung von Körperschaftsteuerguthaben in der Insolvenz, ZInsO 2008, 609; *Haarmeyer/Hillebrand* Insolvenzrechnungslegung I und II, ZInsO 2010, 412 und 702; *Hillebrand* Externe (handelsrechtliche) Rechnungslegung im Insolvenzverfahren, WPg 2016, 465; *Janca* Die Umsatzsteueranhebung zum 01.01.2007 auf 19 % und die Auswirkungen auf die Gutachter- und Verwaltervergütung, ZInsO 2006, 1191; *Jacobi* Die Glaubhaftmachung des Insolvenzgrundes: Eine Tendenz in der Praxis der Finanzverwaltung, ZInsO 2011, 1094; *Kahlert* Hat ein Ehegatte gegen seinen insolventen Ehegatten einen Anspruch auf Zusammenveranlagung, um dessen Verlustvortrag zu nutzen, ZInsO 2006, 1314; *Kahlert/Rühland* Die Auswirkungen des BMF-Schreibens v. 08.09.2006 auf Rangrücktrittsvereinbarungen, ZInsO 2006, 1009; *Klasmeier* Der Umsatzsteuer-Anspruch im Insolvenzfall, ZInsO 2011, 1340; *Kleine/König* Zur Steuerschuldnerschaft bei Bauleistungen gemäß § 13b UStG, DStZ 2014, 2; *dies.* Aufrechnung im Insolvenzverfahren, DStZ 2013, 7; *Klusmeier* Richtige Formulierung des qualifizierten Rangrücktritts aus steuerlicher Sicht, ZInsO 2012, 966; *Krüger* Insolvenzsteuerrecht Update 2010, ZInsO 2010,164; *ders.* Insolvenzsteuer-Update 2011, ZInsO 2011, 593; *Ladiges* Nochmals: Aufrechnung gegen den Auszahlungsanspruch gemäß § 37 Abs. 5 KStG, ZInsO 2011, 1001; *Laws* Keine Haftung des Insolvenzverwalters aus § 61 InsO für ungerechtfertigte Bereicherungen der Masse und USt Masseverbindlichkeiten, ZInsO 2009, 996; *Lind* Die Aufrechnung des Insolvenzverwalters gegen eine Insolvenzforderung nach ihrer Feststellung, ZInsO 2012, 2179; *Looff* Kraftfahrzeugsteuerschuld im Insolvenzverfahren nach neuester BFH- Rechtsprechung, ZInsO 2008, 75; *Marotzke* Sinn und Unsinn einer insolvenzrechtlichen Privilegierung des Fiskus, ZInsO 2010, 2163; *Maus* Streitige steuerrechtliche Forderungen in der Insolvenzabwicklung, ZInsO 2005, 363; *ders.* Aufrechnung des Finanzamtes gegen den Vorsteuervergütungsanspruch der Masse aus der Rechnung des vorläufigen Insolvenzverwalters, ZInsO 2005, 583; *Menn* KFZ Steuer im Insolvenzverfahren: Masseverbindlichkeit oder Forderung gegen das insolvenzfreie Vermögen des Schuldners?, ZInsO 2009, 1189; *Moritz* Kapitalanlagen im Schnittpunkt zwischen §§ 17 und 20 EStG (Teil I), DStR 2014, 1636; *Mork/Heß* Das Veranlagungswahlrecht nach §§ 3, 26 ff. EStG im Insolvenzverfahren, ZInsO 2007, 314; *Nawroth* Der neue § 55 Abs. 4 InsO – die Gedanken sind frei, ZInsO 2011, 107; *Nayel* Aufrechterhaltung der Beschlagnahme. Wirkung im Schlusstermin am Beispiel von Steuererstattungsansprüchen, ZInsO 2011, 153; *Obermair* Angestellte Rechtsanwälte als Insolvenzverwalter, NWB F 7, 6979; *Olbrich* Zur Umsatzsteuerpflicht des Verwalters bei Neuerwerb des Schuldners, ZInsO 2005, 860; *Onusseit* Aufrechnung des Finanzamtes in der Insolvenz, ZInsO 2005, 638; *ders.* Die Rechtsprechung des BFH mit insolvenzrechtlichem Bezug in der Zeit vom 01.01.2000 bis 30.06.2006, ZInsO 2006, 1084; *ders.* Die steuerrechtliche Rechtsprechung mit insolvenzrechtlichem Bezug in der Zeit v. 01.07.2006 bis 31.12.2007, ZInsO 2008, 638; *Ortmann-Babel/Bolik/Gageur* Ausgewählte steuerliche Chancen und Risiken des BilMoG, DStR 2009, 934; *Probst* Die steuerrechtliche Rechtsprechung mit insolvenzrechtlichem Bezug in der Zeit v. 01.07.2006 – 31.12.2007, ZInsO 2008, 638; *ders.* Umsatzsteuerrechtliche Behandlung der Insolvenzverwalterleistung, ZInsO 2008, 1337; *ders.* Was lange währt …, ZInsO 2009, 1740; *ders.* Zur Einbeziehung der Vorsteuer in die Berechnungsgrundlage, ZInsO 2009, 2285; *ders.* Zur Neuregelung des § 55 Abs. 4 InsO, ZInsO 2011, 641; *Pöhlmann/Fölsing* Das Steuerprivileg von Stiftungen im Insolvenzverfahren, ZInsO 2010, 612; *Ramme* Insolvenzschuldner und selbständiger Unternehmer als Doppelgänger, StB 2013, 438; *Rennert/Bergenthal/Dähling* Die Handhabung des § 55 Abs. 4 in der Praxis, ZInsO 2011, 1922; *Richter* Deckungsanfechtung versus dingliche Aussonderung, eine wenig überzeugende Schlussfolgerung aus § 13b Abs. 1 Nr. 2 UStG, ZInsO 2007, 650; *ders.* § 13b Abs. 1 Nr. 2 UStG – Ende aller Diskussion; ZInsO 2010, 689; *Rosenmüller/Schulz* Die Rechtsprechung des V. Senates des BFH ein Glücksfall für (viele) Insolvenzverwalter?, ZInsO 2010, 558; *Roth* Die Wirkungen des § 178 Abs. 3 InsO bei widerspruchlos zur Tabelle festgestellten Steuerforderungen, ZInsO 2008, 186; *Sämisch/Adam* Fiskalische Begehrlichkeiten: Insolvenzforderung oder Masseverbindlichkeit, ZInsO 2010, 934; *Sauer* Lohnsteuerzahlungen als insolvenzrechtlich anfechtbare Rechtshandlungen?, ZInsO 2006, 1200; *Schacht* Erneute Stärkung der Fiskusvorrechte im Insolvenzverfahren, ZInsO 2011, 1787; *Schlie* Die Steuerhinterziehung als Fallstrick der Restschuldbefreiung, ZInsO 2006, 1126; *Schmittmann* Umsatzsteuerliche Probleme bei Immobilienverkäufen in

		Rdn.
cc)	Umfang der Haftung	1261
dd)	Quotenermittlung	1262
ee)	Haftung für Lohnsteuer	1267
7.	Abgeltungsteuer in der Insolvenz	1288
8.	Auflösungsverluste wesentlich beteiligter Gesellschafter gem. § 17 Abs. 4 EStG	1292
a)	Persönlicher Geltungsbereich	1292
b)	Voraussetzungen des § 17 Abs. 1–4 EStG	1294
c)	Auflösungsverluste bei Darlehen gem. § 17 EStG	1305
aa)	Risikobehaftetes Darlehen	1306
bb)	Fremdwährungsdarlehen als nachträgliche Anschaffungskosten auf eine Beteiligung gem. § 17 EStG	1316
cc)	Änderung des Eigenkapitalersatzrechtes durch das MoMiG und Auswirkungen auf § 17 EStG	1318
d)	Auflösungsverluste bei Bürgschaften gem. § 17 EStG	1323
aa)	Risikobehaftete Bürgschaft	1324
bb)	Zunächst krisenfreie, später risikobehaftete Bürgschaften	1326
cc)	Rückgriffs- und Ausgleichsansprüche	1328
dd)	Drittaufwand	1329
ee)	Zeitpunkt der Bürgschaftsübernahme	1330
ff)	Zeitpunkt der Berücksichtigung von Auflösungsverlusten	1333
e)	Nachträgliche Werbungskosten bei der Einkunftsart Kapitalvermögen (§ 20 EStG)	1334
f)	Nachträgliche Werbungskosten bei den Einkünften aus nichtselbstständiger Arbeit (§ 19 EStG)	1336
g)	Haftungsschulden nach § 69 AO	1341
9.	Besondere Probleme bei der Ertrags- und Umsatzbesteuerung in Insolvenzfällen	1350
a)	Forderungsverzicht	1350
b)	Rückstellungen	1357
c)	Rücklage nach § 7g Abs. 3 EStG	1358
d)	Forderungsverzicht durch einen Gesellschafter oder eine dem Gesellschafter nahe stehende Person	1359
e)	Verzicht auf eine Pensionszusage	1362
f)	Zinslose oder zinsgünstige Darlehensgewährung	1363
g)	Verlustabzug bei einer Körperschaft (§§ 8c, 8d KStG)	1364
10.	Bauabzugsteuer	1376
11.	Auswirkungen der Insolvenzeröffnung auf die steuerliche Gemeinnützigkeit eines Vereins	1379
12.	Ertragsteuerliche Behandlung von Sanierungsgewinnen	1382
13.	Erbschaftsteuer	1399
C.	Das Insolvenzrecht der Europäischen Union	1400

Literatur:
Ackermann/Reck Die Ertragsteuer im Spannungsfeld der Zwangs- und Insolvenzverwaltung, ZInsO 2012, 1969; *App* Unrichtige oder unvollständige Angabe als Handhabe des Finanzamtes für einen Antrag auf Versagen der Restschuldbefreiung, DStZ 2012, 594; *ders.* Zur Abwehr von Maßnahmen der Insolvenzverwaltung, die dem Gläubigerinteresse des Finanzamtes zuwiderlaufen, DStZ 2012, 630; *Bächer* Steuergeheimnis bei Zusammenveranlagung?, ZInsO 2009,1147; *ders.* Umsatzsteuer als Masseverbindlichkeit bei Istbesteuerung, ZInsO 2009,1526; *ders.* KFZ- Erstattungsansprüche bei unpfändbaren Fahrzeugen, ZInsO 2010, 939; *ders.* Massekosten bei Immobilienverwertung, ZInsO 2010, 1084; *Bauer* Unzulässigkeit der Wiedereinführung eines Fiskalvorrechtes im Insolvenzverfahren, ZInsO 2010, 1432; *ders.* Insolvenzgläubiger als Einnahmequelle des Fiskus und der Sozialversicherungen, ZInsO 2010,1917; *Beck* Umsatzsteuer aus der Verwertungskostenpauschale, ZInsO 2003, 509; *ders.* Abermals: Umsatzsteuer aus der Verwertungspauschale, ZInsO 2003, 890; *ders.* Zur Umsatzsteuerpflicht der Verwertungskostenpauschale (§ 170 InsO) und eines vereinbarten Masseanteils bei Grundstücksveräußerungen, ZInsO 2006, 244; *Birk* Umsatzsteuer im Insolvenzverfahren, ZInsO 2007, 743; *Blank* Der Auskunftsanspruch des Insolvenzverwalters nach IFG bei fiskalischem Handeln der Behörde zur Vorbereitung einer insolvenzrechtlichen Anfechtung, ZInsO 2009, 1881; *ders.* Der Auskunftsanspruch des Insolvenzverwalters nach IFG bei fiskalischem Handeln der Behörde zur Vorbereitung einer insolvenzrechtlichen Anfechtung. ZInsO 2009, 1881; *Bultmann* Der Gewinnabführungsvertrag in der Insolvenz, ZInsO 2007, 785; *Busch/Hilbertz* Aufrechnung und Insolvenzordnung, NWB F 2, 8751; *Busch/Winkens* Verpflichtung zur Abgabe von Steuererklärungen, Veranlagungswahlrecht und eigenhändige Unterschrift des Insolvenzverwalters bzw. des

		Rdn.			Rdn.
cc)	Verwertung des Sicherungsgutes durch den qualifizierten vorläufigen Insolvenzverwalter	989	j)	Geschäftsveräußerung im Ganzen	1065
dd)	Verwertung des Sicherungsgutes durch den Verwalter unter Eintritt des Gläubigers	991	k)	Steuerhaftung des Abtretungsempfängers nach § 13c UStG und § 25d UStG	1066
ee)	Verwertung des Sicherungsgutes durch den Sicherungsnehmer (Gläubiger)	994	l)	Haftung des Unternehmers gemäß § 25d UStG	1072
			6.	Grunderwerbsteuer	1074
			7.	Kraftfahrzeugsteuer	1083
			8.	Investitionszulage	1092
ff)	Echte Freigabe des Sicherungsgutes an den Sicherungsnehmer	1005	9.	Grundsteuer	1099
			10.	Nebenforderungen, Säumniszuschläge, Verspätungszuschläge, Zinsen	1102
gg)	Verwertung des Sicherungsgutes durch den Sicherungsnehmer bei Besitz	1008	11.	Rechte und Pflichten des Insolvenzverwalters im Besteuerungsverfahren	1109
			a)	Steuererklärungspflicht von Insolvenzverwaltern	1109
hh)	Freigabe des Sicherungsgutes an den Sicherungsgeber	1009	b)	Berichtigung von Steuererklärungen	1132
ii)	Verwertung des Sicherungsgutes vor Insolvenzeröffnung	1010	c)	Umsatzsteuerliche Stellung des Insolvenzverwalters	1133
			d)	Vergütung des Insolvenzverwalters	1137
jj)	Freigabe des Sicherungsgutes durch den vorläufigen Insolvenzverwalter	1013	e)	Haftung des Insolvenzverwalters	1142
				aa) Haftung nach Steuerrecht	1143
				bb) Haftung nach Insolvenzrecht	1153
kk)	Veräußerung des sicherungsübereigneten Gegenstandes durch den Sicherungsgeber ohne Zustimmung des Sicherungsnehmers	1019	12.	Beendigung des Insolvenzverfahrens und Vollstreckung von Insolvenzforderungen nach Beendigung	1163
			13.	Insolvenzverwalter als Freiberufler oder Gewerbetreibender	1169
ll)	Veräußerung eines sicherungsübereigneten Gegenstandes durch einen starken vorläufigen Insolvenzverwalter	1020	III.	Vorläufige Insolvenzverwaltung	1172
			IV.	Besonderheiten und Einzelfragen	1182
			1.	Steuergeheimnis	1182
			2.	Auswirkungen der Schweigepflicht der mit Steuerangelegenheiten des Schuldners befassten Personen	1198
mm)	Einziehung einer sicherungsübereigneten Forderung	1021	3.	Besteuerung des Veräußerungs- und Betriebsaufgabegewinnes	1200
nn)	Immobiliarverwertung im Rahmen einer Insolvenz	1022	4.	Insolvenzrechtliche Probleme der Personengesellschaften	1217
h)	Vorsteuerabzug aus Rechnungen über eigene Leistungen eines Insolvenzverwalters, Kostenbeiträge nach §§ 170, 171 InsO	1031	5.	Verlustausgleich und Verlustabzug	1229
			6.	Haftung von Gesellschaftern oder Geschäftsführern	1233
i)	Umsatzsteuerliche Organschaft	1042	a)	Gesellschafter oder Geschäftsführer einer Personengesellschaft	1233
aa)	Insolvenz der Organgesellschaft	1042	b)	Geschäftsführer von Kapitalgesellschaften	1237
bb)	Insolvenz des Organträgers	1053		aa) Voraussetzung der Haftung nach § 69 AO	1243
cc)	Insolvenz von Organträger und Organgesellschaft	1057		bb) Haftungszeitraum	1260

	Rdn.
e) Erlass und Bekanntgabe von Steuerverwaltungsakten	513
f) Widerspruch wegen Steuerforderungen, Feststellungsverfahren	529
g) Nichttitulierte Forderung	543
h) Titulierte Forderung	550
i) Widerspruch des Schuldners	563
7. Die Vorrechte im Verfahren nach der InsO	568
8. Die während des Insolvenzverfahrens entstehenden Steuerforderungen	573
a) Einkommensteuer	579
b) Körperschaftsteuer	586
c) Lohnsteuer	589
d) Umsatzsteuer	590
e) Gewerbesteuer	593
f) Grunderwerbsteuer	597
g) Grundsteuer	598
h) Kraftfahrzeugsteuer	600
i) Investitionszulage	601
j) Vollstreckung des Finanzamtes wegen Masseforderungen	602
k) Masseunzulänglichkeit	606
9. Steuerforderungen nach Abschluss des Insolvenzverfahrens, Restschuldbefreiung	622
II. Behandlung der Einzelsteuern im Verfahren nach der InsO	640
1. Einkommensteuer	640
a) Ermittlung des zu versteuernden Einkommens	642
b) Begriff des Einkommens in der Insolvenz	657
c) Einkommensteuererstattungen	684
d) Einkommensteuer-Vorauszahlungen	689
e) Versteuerung der stillen Reserven	704
f) Zusammenveranlagung mit dem Ehegatten des Schuldners, Aufteilung	711
g) Einkommensteuer bei abgesonderter Befriedigung	726
h) Besteuerung des Schuldners während der Insolvenz nach dem Insolvenzeröffnungsjahr	737
i) Insolvenzverfahren und Organschaftsverhältnis, Betriebsaufspaltung	745
k) Liquidationsbesteuerung	752
2. Körperschaftsteuer	754
3. Lohnsteuer	783
a) Insolvenzverfahren des Arbeitnehmers	784

	Rdn.
b) Insolvenzverfahren des Arbeigebers	791
c) Besteuerung von Insolvenzgeld	802
4. Gewerbesteuer	806
5. Umsatzsteuer	828
a) Allgemeines	828
b) Begründetheit einer Umsatzsteuerforderung i.S.d. § 38 InsO	833
c) Einfluss der Eröffnung des Insolvenzverfahrens auf den laufenden Voranmeldungszeitraum	850
d) Die zwei umsatzsteuerlichen Tätigkeitsbereiche in der Insolvenz	860
e) Schuldner und Insolvenzverwalter sind Unternehmer, Insolvenzverwaltervergütung	864
f) Vorsteuer im Insolvenzverfahren	891
aa) Vorsteuerberichtigungsanspruch in der Insolvenz	901
bb) Vorsteuerberichtigungsanspruch gem. § 17 Abs. 2 UStG bei unbezahlten Rechnungen	902
cc) Berichtigung des Vorsteuerabzugs wegen nicht (vollständig) erbrachter Leistungen	908
dd) Vorsteuerberichtigungsanspruch bei der Organschaft	922
ee) Vorsteuerberichtigungsanspruch im Fall der Aussonderung (§ 47 InsO) wegen Warenlieferung unter Eigentumsvorbehalt	925
ff) Vorsteuerberichtigungsanspruch gem. § 15a UStG bei Änderung der Verhältnisse	931
gg) Halbfertige Arbeiten, nicht vollständig erfüllte Verträge	945
hh) Halbfertige Arbeiten bei Werkverträgen über Bauleistungen	963
g) Verwertung von Sicherungsgut, Absonderungsrecht	981
aa) Verwertung des Sicherungsgutes durch den Insolvenzverwalter	986
bb) Verwertung des Sicherungsgutes im Rahmen der Eigenverwaltung	988

		Rdn.			Rdn.
	5. Bilanzposten Rentenverpflichtungen	169	g)	Zuständigkeiten der Dienststellen der Finanzämter im Insolvenzverfahren	347
	6. Bilanzposten Rückstellungen	171	h)	Sicherungsmaßnahmen vor Eröffnung des Insolvenzverfahrens	349
XI.	Gliederungsvorschriften	180	i)	Die Stellung des Steuerschuldners nach der Eröffnung des Insolvenzverfahrens	380
XII.	Schlussbilanz des werbenden Unternehmens	189	j)	Abweisung der Insolvenzeröffnung	392
XIII.	Handelsrechtliche (Abwicklungs-)Eröffnungsbilanz	198	3.	Die vor Eröffnung des Insolvenzverfahrens nach der InsO begründeten Steuerforderungen und Erstattungsansprüche	398
	1. Allgemeine Grundsätze	215	a)	Forderungen im Verfahren nach der InsO	398
	2. Aktivseite	221		aa) Einkommensteuer- und Körperschaftsteuervorauszahlungen	406
	3. Passivseite	223		bb) Einkommen- und Körperschaftsteuerjahresschuld	407
	4. Bewertung	224		cc) Lohnsteuerforderungen	410
XIV.	Jahresabschlüsse während des Insolvenzverfahrens	228		dd) Gewerbesteuer	412
XV.	Abwicklungs-»Gewinn- und Verlustrechnung«	232		ee) Umsatzsteuer	413
XVI.	Anhang, Erläuterungsbericht	236		ff) Grunderwerbsteuer	425
XVII.	Lagebericht	237		gg) Kraftfahrzeugsteuer	426
XVIII.	Handelsrechtliche Schlussbilanz	238		hh) Investitionszulage	428
XIX.	Prüfung von Jahresabschlüssen	242		ii) Erstattungsanspruch	429
XX.	Offenlegung von Jahresabschlüssen	247		jj) Haftungsansprüche	434
XXI.	Aufstellung von Konzernabschlüssen in der Insolvenz	252	b)	Nicht fällige Forderungen	435
XXII.	Fristen für die Aufstellung und Offenlegung der handelsrechtlichen Bilanzen	256	4.	Anmeldung von Steuerforderungen	444
XXIII.	Handelsrechtliche Rechnungslegungspflichten bei Massearmut	257	5.	Der Prüfungstermin	449
XXIV.	Reform der Insolvenzrechnungslegung, Ergebnisbericht des ZEFIS und dessen Reformvorschläge	258	6.	Die Wirkungen des Insolvenzverfahrens auf das Besteuerungsverfahren	454
B.	Steuern in der Insolvenz	260	a)	Steuerermittlungs- und Steueraufsichtsverfahren	454
I.	Grundsätzliche Auswirkungen des Verfahrens nach der Insolvenzordnung	260	b)	Steuerfestsetzungsverfahren und Steuerfeststellungsverfahren	456
	1. Allgemeines	260		aa) Gesonderte Feststellung von Besteuerungsgrundlagen (§§ 179, 180 AO)	479
	2. Die Stellung des Steuergläubigers nach dem Verfahren der InsO	261		bb) Gewerbesteuermessbescheide (§ 184 AO)	482
	a) Der Steuergläubiger nach der InsO, Antrag des Finanzamtes auf Eröffnung des Insolvenzverfahrens	261		cc) Gesonderte und einheitliche Feststellung von Besteuerungsgrundlagen (§§ 179, 180 Abs. 1 Nr. 2a AO)	484
	aa) Insolvenzantrag des Finanzamtes	262	c)	Außergerichtliches Rechtsbehelfsverfahren, Aussetzung der Vollziehung	488
	bb) Das Finanzamt als Insolvenzgläubiger	289	d)	Stundungs- und Vollstreckungsverfahren	506
	b) Der Massegläubiger nach der InsO	291			
	c) Insolvenzfreies Vermögen, Neuerwerb des Insolvenzschuldners	296			
	d) Der Steuergläubiger als Aussonderungsberechtigter nach der InsO	309			
	e) Der Steuergläubiger als Absonderungsberechtigter nach der InsO	311			
	f) Aufrechnung durch den Steuergläubiger	313			

5 Den Beteiligten ist es gestattet, sich auf ihre Kosten Abschriften der genannten Verzeichnisse erteilen zu lassen (§ 4 InsO, § 299 Abs. 1 ZPO).

6 Das Insolvenzgericht kann im Einzelfall entscheiden, dass Abschriften über das Gläubigerverzeichnis nicht erteilt werden. Dies wird dann der Fall sein, wenn die Gefahr eines **Missbrauchs** besteht, z.B. wenn Konkurrenten des Schuldners Einsicht begehren oder die Informationen aus Gründen des Wettbewerbs verwendet werden sollen (MüKo-InsO/*Füchsl/Weishäupl/Jaffé* § 154 Rn. 3: Gläubiger einer Bankinsolvenz als potentielle Kunden einer Kreditversicherung). Auch wenn die Gefahr besteht, dass die Verzeichnisse ausschließlich verwendet werden, um die Gläubiger zur Mandatsgewinnung zu kontaktieren, kann die Einsicht verweigert werden.

7 Verweigert das Insolvenzgericht die Einsichtnahme, bleibt dem Antragsteller nur die Möglichkeit der Rechtspflegererinnerung gem. § 11 RPflG. Da die InsO für diesen Sachverhalt keine Rechtsmittel vorsieht, ist eine Beschwerde nicht möglich, § 6 InsO.

§ 155 Handels- und steuerrechtliche Rechnungslegung

(1) ¹Handels- und steuerrechtliche Pflichten des Schuldners zur Buchführung und zur Rechnungslegung bleiben unberührt. ²In bezug auf die Insolvenzmasse hat der Insolvenzverwalter diese Pflichten zu erfüllen.

(2) ¹Mit der Eröffnung des Insolvenzverfahrens beginnt ein neues Geschäftsjahr. ²Jedoch wird die Zeit bis zum Berichtstermin in gesetzliche Fristen für die Aufstellung oder die Offenlegung eines Jahresabschlusses nicht eingerechnet.

(3) ¹Für die Bestellung des Abschlussprüfers im Insolvenzverfahren gilt § 318 des Handelsgesetzbuchs mit der Maßgabe, dass die Bestellung ausschließlich durch das Registergericht auf Antrag des Verwalters erfolgt. ²Ist für das Geschäftsjahr vor der Eröffnung des Verfahrens bereits ein Abschlussprüfer bestellt, so wird die Wirksamkeit dieser Bestellung durch die Eröffnung nicht berührt.

Übersicht

	Rdn.			Rdn.
A. Handelsrechtliche und steuerrechtliche Buchführungsverpflichtung	1		5. Going-Concern-Prinzip (§ 252 Abs. 1 Nr. 2 HGB)	62
I. Allgemeines	1		6. Prinzip der Einzelbewertung (§ 252 Abs. 1 Nr. 3 HGB)	64
II. Handelsrechtliche Buchführungsverpflichtung	21	VI.	Formalaufbau von Bilanzen sowie GuV-Rechnung	68
III. Steuerrechtliche Buchführungsverpflichtung	33	VII.	Vervollständigung von Buchführung und Bilanz	72
IV. Erstellung, Prüfung und Offenlegung des handelsrechtlichen Jahresabschlusses	40	VIII.	Aufstellung der Insolvenzbilanz	73
1. Bilanz	40	IX.	Ansatzvorschriften	77
2. Inventar	49		1. Anlagevermögen	82
3. Grundsätze ordnungsgemäßer Buchführung (GoB)	50		2. Sonderposten mit Rücklageanteil	87
V. Insolvenzbedingte Modifikationen im Rahmen der GoB	54		3. Bilanzierungsverbot	88
1. Stichtagsprinzip (§ 242 Abs. 1 und 2 HGB)	55		4. Rückstellungen	99
2. Vollständigkeitsprinzip (§ 246 Abs. 1 HGB)	56		5. Rechnungsabgrenzungsposten	109
3. Bilanzidentität (§ 252 Abs. 1 Nr. 1 HGB)	59		6. Haftungsverhältnisse	115
4. Bewertungsstetigkeit (§ 252 Abs. 1 Nr. 6 HGB)	60		7. Weitere Änderungen von Bilanzierungsvorschriften durch das BiMoG	116
		X.	Bewertungsvorschriften	126
			1. Allgemeine Grundsätze	126
			2. Bilanzposten Anlagevermögen	136
			3. Bilanzposten Umlaufvermögen	147
			4. Bilanzposten Verbindlichkeiten	154

2011, 61 [62]). Vielmehr ist er verpflichtet, die Übersicht durch seine Erkenntnisse zu vervollständigen (*Uhlenbruck/Maus* InsO, § 153 Rn. 6).

III. Rechtsmittel

Ein **Rechtsmittel** gegen die **Anordnung der Abgabe der Versicherung** ist nicht zulässig (§ 6 InsO). 19
Dem Antragsteller und dem Schuldner steht die Rechtspflegererinnerung nach § 11 RPflG zur Verfügung. Die Erinnerung hat keine aufschiebende Wirkung. In der Literatur wird die analoge Anwendung des § 570 ZPO erwogen (*Schmerbach* ZVI 2002, 538 [540]). Bei den in Frage kommenden Konstellationen kommt eine Aussetzung nur in Frage, wenn der Eröffnungsantrag noch nicht rechtskräftig ist (dazu MüKo-InsO/*Ganter* § 6 Rn. 51). Im Übrigen ist für eine Aussetzung kein Raum. Gegen Entscheidungen des Vollstreckungsgerichts ist kein Rechtsmittel möglich, § 6 InsO. Erscheint der Schuldner nicht im Termin oder verweigert er die Abgabe der eidesstattlichen Versicherung, entscheidet das Insolvenzgericht über die **Anordnung der Haft**. Erforderlich ist nach §§ 153 Abs. 2 Satz 2, 98 Abs. 3 InsO, §§ 802g ff. ZPO n.F. ein Antrag des Verwalters oder eines Gläubigers. Zuständig ist der Insolvenzrichter (§ 4 Abs. 2 Satz 2 RPflG). Gegen die Anordnung der Haft ist nach §§ 153 Abs. 2 Satz 3, 98 Abs. 3 Satz 3 die sofortige Beschwerde möglich.

Zur Erinnerung des Schuldners gegen den unzulässigen Antrag wegen fehlender Gläubigereigen- 20
schaft s. Rdn. 11.

§ 154 Niederlegung in der Geschäftsstelle

Das Verzeichnis der Massegegenstände, das Gläubigerverzeichnis und die Vermögensübersicht sind spätestens eine Woche vor dem Berichtstermin in der Geschäftsstelle zur Einsicht der Beteiligten niederzulegen.

Damit alle am Verfahren Beteiligten auch tatsächlich die Möglichkeit besitzen, sich vor dem Be- 1
richtstermin nach § 156 InsO über die Vermögensverhältnisse zu informieren, müssen das Verzeichnis der Massegegenstände, das Gläubigerverzeichnis sowie die Vermögensübersicht rechtzeitig vor diesem Termin in der Geschäftsstelle des Gerichts niedergelegt werden. Das Siegelungsprotokoll ist nach § 150 InsO zu hinterlegen. In der Eigenverwaltung ergibt sich die Pflicht zur Niederlegung für den Schuldner aus § 281 InsO. Er hat die Verzeichnisse zu erstellen und muss sie, auch wenn ausdrücklich nicht angeordnet, der Geschäftsstelle zur Niederlegung übermitteln.

Beteiligte und damit auch zur Einsichtnahme Befugte sind der Schuldner, jeder Insolvenzgläubiger, 2
die Massegläubiger sowie die Mitglieder des Gläubigerausschusses gem. § 69 InsO, auch wenn letztere nicht Insolvenzgläubiger sind (vgl. § 67 Abs. 3 InsO). Als Beteiligter im Sinne dieser Vorschrift soll teilweise auch der Erwerber, der die Insolvenzmasse im Ganzen erwirbt, gelten (*Jaeger/Weber* KO, § 124 Rn. 4). Dem ist nicht zuzustimmen. Gerade beim Unternehmenserwerb droht die Gefahr, dass Informationen missbräuchlich verwendet werden. Gegenüber den Erwerbern ist die Informationserteilung durch Gewährung von Einsicht in Geschäftspapiere Sache des Verwalters.

Der Begriff des Beteiligten ist weit zu fassen. Ein Recht zur Einsichtnahme haben auch die aus- und 3
absonderungsberechtigten Gläubiger, da auch sie Beteiligte sind (*Uhlenbruck/Maus* InsO, § 154 Rn. 3; MüKo-InsO/*Füchsl/Weishäupl/Jaffé* § 154 Rn. 2). Gerade die Aus- und absonderungsberechtigten Gläubiger haben ein Interesse daran, festzustellen, ob der ihnen haftende Vermögensgegenstand vom Verwalter für die Masse erfasst wurde. Massegläubiger sind ebenfalls Beteiligte (*Uhlenbruck/Maus* InsO, § 154 Rn. 3; zu den Beteiligten s. *Jahntz* § 60 Rdn. 8 ff.).

Die Pflicht zur Auslegung bezieht sich lediglich auf die genannten Verzeichnisse der §§ 151, 152 und 4
153 InsO. Alle anderen Unterlagen, wie z.B. die **Geschäftsbücher** des Schuldners oder Unterlagen im Rahmen der externen Rechnungslegungspflicht des Insolvenzverwalters werden von der Vorschrift nicht erfasst (*LG Berlin* KTS 1957, 190). Auch der schriftliche **Bericht des Verwalters** ist nicht auszulegen. Der Wortlaut des Gesetzes ist eindeutig.

14 Auf den zulässigen Antrag wird der Schuldner vom Insolvenzgericht von Amts wegen geladen. Der Antragsteller wird benachrichtigt. Der Termin ist nicht öffentlich. Die Vermögensübersicht ist mit dem Schuldner detailliert, mithin in jeder Position zu erörtern (*BGH* NZI 2011, 61 [62]). Der Schuldner ist insbesondere über die strafrechtlichen Folgen (bspw. § 156 StGB) zu belehren; die Erklärungen sind zu protokollieren (*Kübler/Prütting/Bork-Wipperfürth* InsO, § 153 Rn. 31). Die Form des § 802f ZPO (elektronisches Dokument) greift nicht, da es sich um eine gerichtliche Aufnahme einer Erklärung handelt, so dass über § 4 InsO die gerichtlichen Protokollvorschriften der §§ 159 ff. ZPO greifen.

15 Die Verpflichtung zur Abgabe der eidesstattlichen Versicherung obliegt dem Schuldner. Wenn er nicht prozessfähig ist, gibt sie sein gesetzlicher Vertreter ab. Bei **juristischen Personen** ist das vertretungsberechtigte Organ zur Abgabe verpflichtet, bei den **Personengesellschaften** (§ 11 Abs. 2 Nr. 1 InsO) die persönlich haftenden Gesellschafter, bei der GmbH & Co. KG die Geschäftsführer der GmbH. **Angestellte** des Unternehmens sind nicht verpflichtet, die eidesstattliche Versicherung nach § 153 InsO abzugeben; dieser Pflicht unterliegen nur die Organe (anders als die allgemeine Auskunftspflicht nach § 101 Abs. 2 InsO). Bei der **Nachlassinsolvenz sind die Erben** verpflichtet.

II. Inhalt

16 Der **Inhalt** der eidesstattlichen Versicherung bezieht sich nur auf das zur Insolvenzmasse gehörende Aktivvermögen (*BGH* NJW 1953, 151; *LG Frankenthal* KTS 1986, 160). Wertlose Gegenstände (*BGH* NJW 1953, 151), geschäftliche Einzelvorfälle (*OLG Stuttgart* ZIP 1981, 254; *BGH* KTS 1989, 651) müssen nicht angegeben werden. Dagegen müssen **Anfechtungslagen**, die dem Aktivvermögen zuzurechnen sind, in die eidesstattliche Versicherung miteinbezogen werden (*BGH* BGHSt 3, 310; *Uhlenbruck/Maus* InsO, § 153 Rn. 5). Dabei kann vom Schuldner oder den Organen wegen der schwierigen Rechtslage nur die Angabe des Sachverhalts, etwa der fraglichen Rechtshandlung, gefordert werden. Zudem müssen auch die vermögenswerten Anwartschaften mit aufgeführt werden (*Hess* InsO, § 153 Rn. 19). Dementsprechend sind Aussonderungsrechte des Schuldners anzugeben, sofern Anwartschaftsrechte entstanden sind, die zur Insolvenzmasse gehören (*Uhlenbruck/Maus* InsO, § 153 Rn. 6). Angaben über **insolvenzfreie Gegenstände** werden von der Sanktion des § 153 Abs. 2 InsO ebenfalls nicht erfasst (*BGH* BGHZ 3, 310). Auch die Richtigkeit und Vollständigkeit der **Passivseite** der Vermögensübersicht ist zu versichern. Der Wortlaut erfasst die gesamte Vermögensübersicht einschließlich der Passiva (*Uhlenbruck/Maus* InsO, § 153 Rn. 6; MüKo-InsO/*Füchsl/Weishäupl/Jaffé* § 153 Rn. 28; **a.A.** *Hess* InsO, § 153 Rn. 16). Zu beachten ist, dass bei der **Eidesleistung durch ein vertretungsberechtigtes Organ** der Umfang seiner Versicherung durch seinen Kenntnisstand beschränkt wird. So darf nicht gefordert werden, dass ein Geschäftsführer, der allein den Produktionsbereich wahrgenommen hat, eine Versicherung über die Richtigkeit der Bilanz abgibt. Hinsichtlich einer Versicherung über die Richtigkeit und Vollständigkeit des Inventars bestehen jedoch keine Bedenken (*Uhlenbruck* Die GmbH & Co. KG in Krise, Konkurs und Vergleich, S. 591).

17 Bei der **Formulierung** der eidesstattlichen Versicherung sind jeweils die besonderen Umstände des Einzelfalles zu berücksichtigen. So könnte die Formulierung folgendermaßen lauten: »Ich bin nach bestem Wissen nicht imstande, noch weiteres zur Insolvenzmasse gehöriges Vermögen anzugeben« Etwas ausführlicher formuliert: »Der Inhalt des vom Insolvenzverwalter angefertigten Inventars ist mir bekannt. Zur Zeit der Insolvenzeröffnung befanden sich weiter keine Sachen, Rechte oder Forderungen in meinem Vermögen. Ich kann nach gewissenhafter Prüfung und nach bestem Wissen an Eides Statt versichern, dass das vom Insolvenzverwalter aufgezeichnete Aktivvermögen zur Insolvenzmasse gehört und diese vollständig darstellt und die Verbindlichkeiten vollständig erfasst sind.« (*Siegelmann* KTS 1963, 158; *ders.* DB 1966, 412).

18 Sollte die vom Insolvenzverwalter aufgestellte **Vermögensübersicht nicht vollständig** sein, ist der Schuldner verpflichtet, die Übersicht zu ergänzen. Er hat nicht die Möglichkeit, die Abgabe der eidesstattlichen Versicherung wegen der Unvollständigkeit der Übersicht zu verweigern (*BGH* NZI

Von der eidesstattlichen Versicherung nach § 98 Abs. 1 InsO unterscheidet sich die des § 153 InsO dadurch, dass sie sich ausschließlich auf die Vollständigkeit und Richtigkeit der Vermögensübersicht bezieht; auf die Bewertung der einzelnen Vermögensgegenstände kommt es nicht an (*BGH* 20.10.2010 ZInsO 2010, 2292 Rn. 5). Während nach § 153 InsO ein Antrag des Verwalters oder eines Gläubigers erforderlich ist, kann das Insolvenzgericht die Versicherung des § 98 Abs. 1 InsO nach eigenem Ermessen anordnen.

I. Voraussetzungen

Voraussetzung der eidesstattlichen Versicherung sind zum einen die Aufstellung der Vermögensübersicht (§ 153 Abs. 1 InsO), zum anderen ein zulässiger Antrag (§ 153 Abs. 2 InsO). Berechtigt, einen Antrag auf Abgabe einer eidesstattlichen Versicherung zu stellen, sind der Insolvenzverwalter und die Insolvenzgläubiger. Die Gläubigereigenschaft ergibt sich aus § 38 InsO. **Aussonderungsberechtigte** sind daher nur antragsberechtigt, wenn sie neben dem Anspruch aus Aussonderung einen vermögensrechtlichen Anspruch gegen den Schuldner haben (*Kübler/Prütting/Bork-Holzer* InsO, § 153 Rn. 27; zum Aussonderungsrecht *Uhlenbruck* InsO, § 38 Rn. 20; MüKo-InsO/*Füchsl-Weishäupl/Jaffé* InsO, § 153 Rn. 14 bezweifeln das Rechtsschutzbedürfnis). Das folgt bereits aus § 47 InsO. Gleiches gilt für **absonderungsberechtigte Gläubiger** (§ 52 InsO). **Massegläubiger** (§ 53 InsO) sind keine Insolvenzgläubiger und damit auch nicht antragsberechtigt (**a.A.** MüKo-InsO/*Füchsl/Weishäupl/Jaffé* § 153 Rn. 14; *Kübler/Prütting/Bork-Wipperfürth* InsO, § 153 Rn. 27; *Uhlenbruck/Sinz* InsO, § 153 Rn. 4). **Nachrangige Gläubiger** sind antragsberechtigt, wenn das Insolvenzgericht zur Anmeldung aufgefordert hat (§ 174 Abs. 3 InsO).

Die Gläubiger haben nicht die Möglichkeit, die Abgabe der Vermögensauskunft nach § 807 ZPO zu erwirken, da es sich hierbei um eine nach § 89 Abs. 1 InsO unzulässige Maßnahme der Einzelvollstreckung handelt (*Kübler/Prütting/Bork-Wipperfürth* InsO, § 153 Rn. 25). Für die Abgabe der Vermögensauskunft ist die Zulässigkeit der Zwangsvollstreckung Voraussetzung (*Zöller/Stöber* ZPO, § 807 Rn. 2). Ein bereits im Rahmen der Einzelzwangsvollstreckung erlassener Haftbefehl zur Vorführung darf mit Verfahrenseröffnung nicht mehr vollstreckt werden. In der Praxis werden Zwangsvollstreckungsmaßnahmen bereits im Eröffnungsverfahren gem. § 21 Abs. 1 Nr. 3 InsO eingestellt. Nach Verfahrenseröffnung folgt die Unzulässigkeit aus § 89 InsO, da der Haftbefehl Bestandteil der Zwangsvollstreckung in das Vermögen des Schuldners ist. Unzulässig sind Zwangsvollstreckungsmaßnahmen nach § 89 Abs. 1 InsO auch in das insolvenzfreie Vermögen des Schuldners.

Sofern ein Gläubiger den Antrag auf Abgabe der eidesstattlichen Versicherung stellt, muss er zuvor seine Forderung angemeldet haben. Nicht notwendig ist, dass sie schon festgestellt ist. Bestreitet der Schuldner, dass er zur Abgabe der eidesstattlichen Versicherung verpflichtet ist, bleibt ihm nur die Erinnerung analog § 766 ZPO (*Zöller/Stöber* ZPO, § 802f Rn. 27). Der ursprüngliche Widerspruch des § 900 Abs. 4 ZPO wurde in die Novelle nicht übernommen. Nur in diesem Verfahren ist nach dem Grundsatz des § 77 Abs. 2 InsO die Gläubigereigenschaft im Termin zu klären.

Der **Antrag** ist schriftlich oder zu Protokoll der Geschäftsstelle zu stellen. Die Formvorgabe des § 496 ZPO (§ 4 InsO) greift, da die Ladung zur Abgabe der eidesstattlichen Versicherung zuzustellen ist (s. *Schmerbach* § 4 Rdn. 20; MüKo-InsO/*Füchsl/Weishäupl/Jaffé* § 153 Rn. 16).

Der Wortlaut des Gesetzes deutet darauf hin, dass das Insolvenzgericht die Abgabe der e.V. nur anordnet und für die Abnahme nicht zuständig ist. Die Gesetzesmotive befassen sich mit der Zuständigkeit nicht. Die umfassende **Zuständigkeit** des Insolvenzgerichts für das gesamte Verfahren begründet indes auch die Zuständigkeit für die Abnahme der eidesstattlichen Versicherung (BK-InsO/*Breutigam/Kahlert* § 153 Rn. 20; ausf. *Schmerbach* NZI 2002, 538; **a.A.** HK-InsO/*Depré* § 153 Rn. 10; die Entscheidung des *BGH* 21.10.2010 – ZInsO 2010, 2292, diskutiert Zweifel an der Zuständigkeit nicht). Die Abnahme durch den nach § 899 ZPO zuständigen Gerichtsvollzieher ist zudem wenig sachgerecht, da die eidesstattliche Versicherung der InsO nicht mit der eidesstattlichen Versicherung des allgemeinen Vollstreckungsrechts identisch ist.

des keine Grundlage. Der Verwalter muss dem Gericht regelmäßig über den Fortgang berichten. In der Praxis werden je nach Umfang des Verfahrens Abstände zwischen sechs Monaten und einem Jahr festgelegt. Mit diesen Zwischenberichten sind das Gericht und die Beteiligten über den Verlauf des Verfahrens und damit auch Abweichungen von den Verzeichnissen zu informieren. Eine Aktualisierung der Verzeichnisse fordert das Gesetz nicht. Auch für den Abschluss des Verfahrens ist kein aktualisiertes Verzeichnis vorgesehen. § 188 InsO schreibt hierfür in § 188 InsO das Verteilungsverzeichnis vor.

II. Inhalt

5 Der Inhalt der Vermögensübersicht bestimmt sich allein nach rechtlichen Gesichtspunkten. Entsprechend dem Verzeichnis der Massegegenstände nach § 151 InsO sollen sämtliche Gegenstände, die zur Insolvenzmasse gehören, auf der Aktivseite aufgeführt werden. Auf der Passivseite sollen alle Verbindlichkeiten des Schuldners, entsprechend dem Gläubigerverzeichnis nach § 152 InsO, angegeben werden. Das bedeutet, dass das Vermögensverzeichnis auf Grundlage der Verzeichnisse nach §§ 151, 152 InsO zu erstellen ist. Demzufolge darf, sofern ein Aussonderungsrecht besteht, weder der auszusondernde Gegenstand noch der aussonderungsberechtigte Gläubiger, soweit er aus dem **Aussonderungsrecht** befriedigt wird, genannt werden. Hingegen werden Gegenstände, an denen **Absonderungsrechte** bestehen, auf der Aktivseite und die korrespondierenden Gläubigerforderungen auf der Passivseite ausgewiesen. Ebenso wird mit Aufrechnungsmöglichkeiten verfahren, die einerseits aktivisch und andererseits in gleicher Höhe passivisch dargestellt werden müssen. Ergänzungen der Vermögensübersicht sieht das Gesetz nicht vor (s. Rdn. 4).

6 Der Verweis in Satz 2 1. HS auf die Bewertungsvorschrift des § 151 Abs. 2 InsO stellt klar, dass ein Ansatz der Positionen zu Buchwerten nicht zulässig ist und mithin der handelsrechtliche Jahresabschluss keine Bewertungsgrundlage für die Vermögensgegenstände und Schulden sein kann. Vielmehr sind bei einer möglichen Fortführung des schuldnerischen Unternehmens nebeneinander die Fortführungs- und die Einzelveräußerungswerte für die entsprechenden Positionen anzugeben. Grundlage für die im Vermögensverzeichnis erfassten Gegenstände und Schulden sind demnach die in § 151 Abs. 2 InsO aufgestellten Bewertungsgrundsätze (vgl. § 151 Rdn. 15 ff.). Anzugeben sind die Bruttowerte; die an das Finanzamt abzuführende Umsatzsteuer ist bei den Masseschulden zu berücksichtigen (*Heyn* InsBüro 2009, 214 [218]).

III. Form

7 Satz 2 2. HS verweist auf die Gliederungsvorschriften für die Verbindlichkeiten nach § 152 Abs. 2 Satz 1 InsO. Danach müssen auf der Passivseite, analog zum Gläubigerverzeichnis, die Gläubiger entsprechend der verschiedenen Gläubigerkategorien aufgegliedert werden (vgl. § 152 Rdn. 9 ff.). Das Gesetz erwähnt nur die Verbindlichkeiten des Schuldners, die in § 152 Abs. 3 Satz 2 InsO erwähnten, aus der Verwertung resultierenden Masseverbindlichkeiten finden sich in § 153 InsO nicht wieder. Auch die Verweise auf §§ 151 und 152 beziehen sich nur auf die Bewertung. Ein Redaktionsversehen kann nicht angenommen werden. Nach dem ausdrücklichen Wortlaut soll die Vermögensübersicht auf den Zeitpunkt der Eröffnung erstellt werden. Sie soll eine Übersicht für die Verhältnisse des Schuldners sein. Zukünftige Entwicklungen sollen nicht erfasst werden (s. Rdn. 4; *Kübler/Prütting/Bork-Holzer* § 153 Rn. 24; a.A. wohl *Uhlenbruck/Maus* InsO, § 153 Rn. 1; MüKo-InsO/ *Füchsl/Weishäupl/Jaffé* § 153 Rn. 7).

C. Eidesstattliche Versicherung (Abs. 2)

8 Die hier geregelte eidesstattliche Versicherung soll die Vollständigkeit der Vermögensübersicht sicherstellen. Die eidesstattliche Versicherung des § 153 Abs. 2 InsO ist ein Sonderfall des § 807 ZPO. Im Unterschied zur Abnahme der Vermögensauskunft nach der ZPO (zur Zulässigkeit s. Rdn. 10) erstreckt sich die eidesstattliche Versicherung des § 153 InsO nur auf das zur Insolvenzmasse gehörige Vermögen (*Uhlenbruck/Maus* InsO, § 153 Rn. 6). § 807 ZPO erfasst das gesamte Aktivvermögen des Schuldners (*BGH* BGHSt 3, 310; *Gottwald/Eickmann* HdbInsR § 30 Rn. 19).

A. Grundgedanke

Die Vermögensübersicht soll den Beteiligten am Verfahren einen vollständigen Überblick über die Insolvenzmasse und die Verbindlichkeiten des Schuldners ermöglichen. Die Verfahrenskosten und die Masseverbindlichkeiten sind, anders als im Gläubigerverzeichnis, nicht anzugeben. Das Verzeichnis der Vermögensgegenstände (§ 151 InsO) stellt zusammen mit dem Gläubigerverzeichnis (§ 152 InsO) die Grundlage für die Vermögensübersicht dar. Wegen der besonderen Bedeutung der Vermögensübersicht für das Verfahren stellt die InsO mit der eidesstattlichen Versicherung zur Vollständigkeit durch den Schuldner ein besonderes Zwangsmittel zur Verfügung (*BGH* NZI 2001, 61 [62]). In der **Insolvenz der Genossenschaft** hat die Vermögensübersicht Bedeutung für die Nachschusspflicht der Genossen, § 106 GenG; sie ist Grundlage der **vollstreckbaren Nachschussberechnung** nach § 106 Abs. 3 GenG.

Das Gesetz bezeichnet die Vermögensübersicht als eine geordnete Übersicht der Aktiva und der Verbindlichkeiten des Schuldners. Die Verwendung des Begriffes Insolvenzeröffnungsbilanz (*Kübler/Prütting/Bork-Holzer* InsO, § 153 Rn. 1) ist verwirrend, weil es sich hierbei um die auf den Eröffnungszeitpunkt nach steuerlichen Grundsätzen zu erstellende Bilanz handelt (s. *Nickel* § 155 Rdn. 48 ff.). Die Vermögensübersicht ist nicht nach handels- und steuerrechtlichen Grundsätzen aufzustellen. Grundlage sind die tatsächlichen wirtschaftlichen Werte, wie sie der Verwalter ermittelt hat (*Uhlenbruck/Maus* InsO, § 153 Rn. 1). Die Erstellung der Vermögensübersicht ist Bestandteil der insolvenzrechtlichen Rechnungslegungspflicht; die Eröffnungsbilanz hatte der Verwalter nach der handelsrechtlichen Rechnungslegung gem. § 155 InsO zu erstellen (zur Unterscheidung *Kunz/Mundt* DStR 1997, 664 [665]; *Pink* ZIP 1997, 177 [178]). Als bilanzähnliches Rechenwerk (so MüKo-InsO/*Füchsl/Weishäupl/Jaffé* § 153 Rn. 2) sind die Grundsätze der ordnungsgemäßen Buchhaltung und Bilanzierung zu beachten. Bei der Eigenverwaltung ist der Schuldner zur Erstellung der Übersicht verpflichtet, der Sachwalter muss kontrollieren, und gegenüber dem Insolvenzgericht schriftlich Stellung nehmen (§ 281 Abs. 1). Die Erstellung der Vermögensübersicht ist zwingend. Eine Befreiung wie § 151 Abs. 3 InsO sie für das Masseverzeichnis ermöglicht, gibt es nicht.

Die Vermögensübersicht ist Bestandteil der internen insolvenzspezifischen Rechnungslegungspflicht des Insolvenzverwalters. Hier soll dokumentiert werden, was der Verwaltungs- und Verfügungsbefugnis des Insolvenzverwalters unterliegt. Sie dient der gerichtlichen Kontrolle der Tätigkeit des Insolvenzverwalters nach § 58 InsO und der Überwachung durch den Gläubigerausschuss nach § 69 InsO. Den Adressaten der internen Rechnungslegung soll dadurch die Prüfung der ordnungsgemäßen Verfahrensabwicklung ermöglicht werden. Zugleich ermöglicht das Vermögensverzeichnis aber auch eine Selbstkontrolle des Insolvenzverwalters in der weiteren Verfahrensabwicklung und vermittelt Informationen über den Massebestand zur Vorbereitung der Entscheidung über die Einstellung des Verfahrens mangels Masse oder die Fortführung der Betriebstätigkeit.

B. Aufstellung (Abs. 1)

I. Grundsatz

Dem Insolvenzverwalter obliegt die Pflicht, eine geordnete Übersicht in Form einer Gegenüberstellung über die Gegenstände der Insolvenzmasse und die Verbindlichkeiten des Schuldners auf den Zeitpunkt der Eröffnung des Insolvenzverfahrens aufzustellen. Die Vermögensübersicht ist somit, ähnlich einer handelsrechtlichen Bilanz, eine summarische Gegenüberstellung der Vermögensgegenstände und der Verbindlichkeiten. Dementsprechend empfiehlt es sich, die Gliederung einer Bilanz nach § 266 HGB zu verwenden. Die Vermögensübersicht ist auf den **Zeitpunkt der Verfahrenseröffnung** zu erstellen (Abs. 1 Satz 1). Sie muss dem Insolvenzgericht eine Woche vor dem Berichtstermin zum Auslegen auf der Geschäftsstelle vorliegen. Gerade in größeren Verfahren ist es dem Verwalter häufig nicht möglich, sämtliche Werte bis zu diesem Zeitpunkt zuverlässig zu ermitteln; er ist auf Schätzungen angewiesen. Das gilt für die Wertermittlungen ebenso wie für Forderungen, die nachträglich angemeldet werden. Für eine nachträgliche Ergänzung oder Weiterentwicklung der Vermögensübersicht (so MüKo-InsO/*Füchsl/Weishäupl/Jaffé* Vor §§ 151 bis 155 Rn. 24) findet sich in-

von Gewährleistungsrückstellungen und Altlastenrückstellungen. Zugleich müssen Abwertungen bei zu hoch bewerteten Passiva, z.B. bei Fremdwährungsverbindlichkeiten, vorgenommen werden.

D. Aufrechnung und Höhe der Masseverbindlichkeiten (Abs. 3)

16 Abs. 3 verlangt zudem vom Insolvenzverwalter die Angabe von **Aufrechnungsmöglichkeiten** der Insolvenzgläubiger mit Gegenansprüchen des Schuldners (Satz 1). Dadurch wird die Aussagekraft des Gläubigerverzeichnisses vervollständigt. Denn eine bestehende Aufrechnungslage kann ebenso wie ein Absonderungsrecht zur vollen Befriedigung des Gläubigers führen (vgl. RegE BT-Drucks. 12/2443 S. 171). Sie hat zudem Einfluss auf die freie Masse, weil die Gegenforderung nicht für die Masse realisiert werden kann. Der Verwalter darf mithin die gegenseitigen Ansprüche nicht saldieren sondern muss bei debitorischen Gläubigern beide Positionen angeben.

17 Im Gläubigerverzeichnis sind die gesamten Masseverbindlichkeiten zu beziffern. Dadurch wird den Verfahrensbeteiligten ein Überblick über die später zu verteilende Masse ermöglicht. Für die Fallkonstellation der Stilllegung und Verwertung soll der Verwalter die **Masseverbindlichkeiten** schätzen. Nach den Gesetzesmotiven betrifft diese Regelung die Verbindlichkeiten, welche bei Verfahrenseröffnung noch nicht feststehen (RegE BT-Drucks. 12/2443 S. 171; s.a. Rdn. 8). Es handelt sich damit ausschließlich um Masseverbindlichkeiten nach § 55 Abs. 1 Nr. 1 InsO. Die weiteren in §§ 54 und 55 Abs. 1 Nr. 2, 3 und Abs. 2 InsO bezeichneten Masseschulden stehen bei Verfahrenseröffnung bereits fest und sind konkret zu beziffern. Der Verwalter darf demnach im Wesentlichen nur die Kosten der Verwertung schätzen und auf eine konkrete Ermittlung verzichten. Die Verfahrensbeteiligten erhalten mit der ungefähren Angabe der Verwertungskosten und der konkreten Bezifferung der weiteren Masseverbindlichkeiten sämtliche Informationen für die Entscheidung Stilllegung/Fortführung. Nur dadurch erhalten die Beteiligten eine vollständige Übersicht über die Alternativen Stilllegung und daraus folgender Verwertung sowie Fortführung. Ohnehin sind diese Werte für die Gläubigerversammlung oder den Gläubigerausschuss unverzichtbar. Parallel dazu kann der Verwalter im Verzeichnis der Massegegenstände etwaige Mehrwerte, die durch eine Ausproduktion oder Fortführung entstehen (Bewertung Warenlager), berücksichtigen. Gleiches gilt für bereits entstandene Forderungen aus einem Unternehmensverkauf (*Uhlenbruck/Maus* InsO, § 152 Rn. 6). Verbindlichkeiten, die durch einen möglichen Neuerwerb entstehen, sind nicht anzugeben (*Uhlenbruck/Maus* InsO, § 152 Rn. 6).

§ 153 Vermögensübersicht

(1) ¹Der Insolvenzverwalter hat auf den Zeitpunkt der Eröffnung des Insolvenzverfahrens eine geordnete Übersicht aufzustellen, in der die Gegenstände der Insolvenzmasse und die Verbindlichkeiten des Schuldners aufgeführt und einander gegenübergestellt werden. ²Für die Bewertung der Gegenstände gilt § 151 Abs. 2 entsprechend, für die Gliederung der Verbindlichkeiten § 152 Abs. 2 Satz 1.

(2) ¹Nach der Aufstellung der Vermögensübersicht kann das Insolvenzgericht auf Antrag des Verwalters oder eines Gläubigers dem Schuldner aufgeben, die Vollständigkeit der Vermögensübersicht eidesstattlich zu versichern. ²Die §§ 98, 101 Abs. 1 Satz 1, 2 gelten entsprechend.

Übersicht		Rdn.			Rdn.
A.	Grundgedanke	1	C.	Eidesstattliche Versicherung (Abs. 2)	8
B.	Aufstellung (Abs. 1)	4	I.	Voraussetzungen	9
I.	Grundsatz	4	II.	Inhalt	16
II.	Inhalt	5	III.	Rechtsmittel	19
III.	Form	7			

Literatur:
Heyn Die Erstellung der Verzeichnisse gem. §§ 151–153 InsO, InsBüro 2009, 214 u. 246.

weit ihre Forderung durch das Aussonderungsrecht nicht vollständig erfüllt wird. Sie sind nicht nachrangige Insolvenzgläubiger. Aus dem **einfachen Eigentumsvorbehalt** folgen Aussonderungsansprüche. Wählt der Verwalter Erfüllung nach § 107 Abs. 2 InsO, ist der Kaufpreis Masseverbindlichkeit. Lehnt der Verwalter Erfüllung ab, ist der Kaufgegenstand ggf. zurückzugeben. Dieser Herausgabeanspruch ist im Gläubigerverzeichnis nicht aufzunehmen. Mit dem **Schadensersatzanspruch aus § 103 Abs. 2 Satz 1 InsO** ist der Verkäufer als nicht nachrangiger Insolvenzgläubiger aufzunehmen.

Die Verbindlichkeiten, die der Insolvenzverwalter in sein Verzeichnis aufnimmt, müssen genau bestimmt sein. Daher muss die Anschrift des Gläubigers, der Grund der Forderung sowie deren genauer Forderungsbetrag im Verzeichnis aufgeführt werden (Satz 2). Diese Vorschrift korrespondiert mit § 174 InsO, wonach die Forderungsanmeldungen unter Angabe der Forderungssumme und des Forderungsgrundes vom Gläubiger beim Insolvenzverwalter einzureichen sind. Dem Insolvenzverwalter wird dadurch die Möglichkeit gegeben, die angemeldeten Forderungen der Insolvenzgläubiger mit dem Gläubigerverzeichnis zu vergleichen. Das Gläubigerverzeichnis kann somit vom Insolvenzverwalter als Hilfsmittel zur Prüfung der angemeldeten Forderungen gem. § 176 InsO herangezogen werden. 11

Handelt es sich um einen **absonderungsberechtigten Gläubiger**, muss der Gegenstand, an dem das Absonderungsrecht besteht, und die Höhe des vermeintlichen Ausfalls ebenfalls verzeichnet werden (Satz 3, 1. HS). Der Ausfall des absonderungsberechtigten Gläubigers ist ggf. vom Verwalter zu schätzen. Diese vorgegebene Schätzung ist praxisfremd. Gerade bei zu Absonderungsrechten führenden **Grundpfandrechten** kann der Verwalter wegen des unsicheren Verwertungserlöses den Ausfall des Gläubigers häufig nur ohne sichere Grundlage schätzen. Die Praxis zeigt, dass SV-Gutachten zwar den Verkehrswert aber nicht den am Markt zu erzielenden Erlös wiedergeben. Insofern ist der Erkenntnisstand für die übrigen Gläubiger wenig zuverlässig. Bedeutung hat der Ausfall des Gläubigers gem. § 190 InsO im Verteilungsverzeichnis. Dieses ist die Grundlage der Ausschüttung. Zu Absonderungsrechten führen auch **verlängerter Eigentumsvorbehalt, Sicherungsübereignung und -zession**. Die bei der Bewertung des Ausfalls auftretenden Probleme kann der Verwalter nur durch Schätzung lösen. Das gilt auch bei der Kollision verschiedener Sicherungsrechte. Bei den absonderungsberechtigten Gläubigern ist auch der haftende Vermögensgegenstand anzugeben. Dadurch können die weiteren Beteiligten am Verfahren dem Verzeichnis entnehmen, welche Vermögensgegenstände nicht für die Gläubigergesamtheit zur Verfügung stehen. Bei der Bewertung des Ausfalls ist zu berücksichtigen, dass der absonderungsbelastete Gegenstand auch für die Zinsen nach Verfahrenseröffnung (über § 39 Abs. 1 Nr. 1 InsO hinaus) haftet (BGHZ 134, 195 zum alten Recht; *BGH* NJW 2008, 3064; **a.A.** *Mitlehner* EWIR 2007, 569). Ist die Sicherheit anfechtbar, bleibt es bei der Angabe des Absonderungsrechts, solange die Anfechtung nicht durchgeführt ist (MüKo-InsO/*Füchs/Weishäupl/Jaffé* § 152 Rn. 19; **a.A.** HambK-InsO/*Jarchow* § 152 Rn. 8). 12

Bei **Anfechtungssachverhalten** ergibt sich die Gläubigerstellung häufig erst aus der durchgeführten Anfechtung, wenn der Gläubiger an die Masse erstattet hat und seine Forderung wieder auflebt. Wegen der Erfassung sämtlicher möglicher Gläubiger sollte der Verwalter die möglichen Anfechtungsgegner vorsorglich in das Gläubigerverzeichnis aufnehmen. 13

Analog zum Vermögensverzeichnis nach § 151 Abs. 2 Satz 2 InsO soll auch das Gläubigerverzeichnis eine Bewertung der Schulden unter Fortführungs- bzw. Liquidationsgesichtspunkten enthalten, sofern sich dadurch ein unterschiedlicher Wertansatz ergibt (Satz 3, 2. HS); gemeint ist der Wertansatz nach Befriedigung aus den Absonderungsrechten. Die unterschiedlichen Werte ergeben sich zwingend aus der Bewertung der absonderungsbelasteten Gegenstände nach dem Fortführungs- oder Liquidationswert (s. § 151 Rdn. 17 ff.). Die Schulden sind -natürlich- unabhängig von einer Stilllegung oder Fortführung grds. mit ihrem Rückzahlungsbetrag anzusetzen. Grundlage zur Wertfindung sind die handelsrechtlich bilanzierten Passiva. 14

Bei einer Fortführung müssen die Bilanzpositionen, in Abhängigkeit vom Beschaffungsmarkt, neu bewertet werden. Unterbliebene Passivierungen müssen nachgeholt werden, z.B. durch die Bildung 15

4 Der handelsrechtliche Jahresabschluss bildet bei Kaufleuten die Grundlage für die Ermittlung der Schulden. Dort sind bereits sowohl die bestehenden Verbindlichkeiten als auch die zukünftigen Verbindlichkeiten, die dem Grunde oder der Höhe nach noch ungewiss sind, letztere durch Rückstellungen, erfasst. Zudem besteht für alle Kaufleute gem. § 251 HGB die Pflicht, Haftungsverhältnisse, z.B. Verbindlichkeiten aus der Begebung und Übertragung von Wechsel- und Scheckbürgschaften, unter der Bilanz zu vermerken. Der Insolvenzverwalter kann zudem der laufenden Buchhaltung des Schuldners eine Gläubigeraufstellung in Form einer offenen Postenliste der Kreditoren entnehmen.

5 Häufig wird, mangels vorhandener Buchhaltung, kein aktuelles Kreditorenverzeichnis vorliegen. In diesem Fall dienen die vorliegenden Geschäftspapiere, insbesondere die Eingangsrechnungen als Basis zur Ermittlung der Gläubiger. Bei der Ermittlung der Schulden, die in der Buchhaltung auch durch Rückstellungen nicht erfasst sind (z.B. anhängige Rechtsstreite), wird der Insolvenzverwalter auf die Angaben des Schuldners nicht verzichten können.

6 Die Forderungsanmeldungen der Gläubiger sind ebenso ein wichtiges Instrument zur Feststellung der Schulden. Der Hinweis, dass der Insolvenzverwalter auch die Gläubiger im Verzeichnis aufnehmen muss, von denen er auf andere Weise als die bereits genannten Möglichkeiten, Kenntnis erlangt hat, macht deutlich, dass der Verwalter allen Hinweisen nach Verbindlichkeiten nachgehen muss. Der Verwalter muss das Gläubigerverzeichnis bis zur Einreichung beim Insolvenzgericht wenigstens eine Woche vor dem Berichtstermin (§ 154 InsO) ständig aktualisieren.

7 Das nach dieser Norm aufzustellende Verzeichnis darf nicht mit der **Tabelle nach § 175 InsO** verwechselt werden, in die der Insolvenzverwalter die angemeldeten Forderungen der Insolvenzgläubiger einträgt. Das Gläubigerverzeichnis dient lediglich der Vorbereitung der Gläubigerversammlung. Es enthält alle Verbindlichkeiten des Schuldners; auf die Anmeldung zur Insolvenztabelle kommt es nicht an. Bei Zweifeln über das Bestehen der Verbindlichkeit wird der Verwalter den Gläubiger zunächst aufnehmen. Die Prüfung der Forderung findet im Rahmen des dafür vorgesehenen Verfahrens nach §§ 174 ff. InsO statt. Zu unterscheiden ist das Gläubigerverzeichnis auch vom **Verteilungsverzeichnis** gem. § 188 InsO. Dieses Verzeichnis ist das Ergebnis der Tabelle nach Prüfung der Forderungen und unter Berücksichtigung der Befriedigung der absonderungsberechtigten Gläubiger (§ 190 InsO).

8 Auch für das Gläubigerverzeichnis schreibt das Gesetz keine gesonderte **Form** vor. Die Praxis wählt eine Gliederung in Tabellenform; die horizontale Gliederung gewährleistet einen guten Überblick. Entscheidend ist, dass die gesetzlich geforderten Angaben übersichtlich enthalten sind. Aufzunehmen sind Name, Adresse des Gläubigers, Einteilung in Insolvenz- und Massegläubiger, Absonderungsrechte und Aufrechnungsmöglichkeiten. Die **nachrangigen Gläubiger** sind nach den Rangklassen des § 39 InsO aufzuteilen. Das Gläubigerverzeichnis ist auf den **Zeitpunkt** der Verfahrenseröffnung aufzustellen. Der konkrete Zeitpunkt findet sich zwar nicht im Wortlaut der Norm. Insolvenzgläubiger sind nur diejenigen, die bis zur Verfahrenseröffnung eine Forderung gegen den Schuldner erworben haben. Auch die anzugebenden Masseschulden sind kein Anhaltspunkt dafür, dass das Gläubigerverzeichnis im weiteren Verlauf nach dem Prüfungstermin zu aktualisieren ist (**a.A.** *Kübler/ Prütting/Bork-Holzer* InsO, § 152 Rn. 5). Zum Abschluss des Verfahrens ist das **Schlussverzeichnis** auszulegen; ein aktualisiertes Gläubigerverzeichnis sieht das Gesetz nicht vor.

C. Gläubigerkategorien (Abs. 2)

9 Wegen der unterschiedlichen Stellung der verschiedenen Gläubigerkategorien im Verfahren wird vorgeschrieben, dass im Gläubigerverzeichnis die absonderungsberechtigten Gläubiger und die verschiedenen Rangklassen der nachrangigen Insolvenzgläubiger gesondert von den übrigen Insolvenzgläubigern aufzuführen sind (Satz 1; vgl. §§ 39, 327 InsO).

10 Die aussonderungsberechtigten Gläubiger hingegen müssen, analog zum Verzeichnis der Massegegenstände nach § 151 InsO, bei der Aufstellung des Gläubigerverzeichnisses nicht berücksichtigt werden (s. § 151 Rdn. 9). Vermögensgegenstände der aussonderungsberechtigten Gläubiger sind nicht Bestandteil der Masse. Die aussonderungsberechtigten Gläubiger müssen erfasst werden, so-

§ 152 Gläubigerverzeichnis

(1) Der Insolvenzverwalter hat ein Verzeichnis aller Gläubiger des Schuldners aufzustellen, die ihm aus den Büchern und Geschäftspapieren des Schuldners, durch sonstige Angaben des Schuldners, durch die Anmeldung ihrer Forderungen oder auf andere Weise bekannt geworden sind.

(2) ¹In dem Verzeichnis sind die absonderungsberechtigten Gläubiger und die einzelnen Rangklassen der nachrangigen Insolvenzgläubiger gesondert aufzuführen. ²Bei jedem Gläubiger sind die Anschrift sowie der Grund und der Betrag seiner Forderung anzugeben. ³Bei den absonderungsberechtigten Gläubigern sind zusätzlich der Gegenstand, an dem das Absonderungsrecht besteht, und die Höhe des mutmaßlichen Ausfalls zu bezeichnen; § 151 Abs. 2 Satz 2 gilt entsprechend.

(3) ¹Weiter ist anzugeben, welche Möglichkeiten der Aufrechnung bestehen. ²Die Höhe der Masseverbindlichkeiten im Falle einer zügigen Verwertung des Vermögens des Schuldners ist zu schätzen.

Übersicht

		Rdn.			Rdn.
A.	Grundgedanke	1	D.	Aufrechnung und Höhe der	
B.	Aufzeichnung der Gläubiger (Abs. 1)	2		Masseverbindlichkeiten (Abs. 3)	16
C.	Gläubigerkategorien (Abs. 2)	9			

A. Grundgedanke

§ 152 InsO schreibt die Erfassung aller Verbindlichkeiten des Schuldners vor. Zusammen mit den 1 Vorschriften der §§ 151, 153 InsO bildet diese Norm die Grundlage der internen (insolvenzrechtlichen) Rechnungslegungspflicht des Insolvenzverwalters gegenüber dem Insolvenzgericht, den Gläubigern und dem Schuldner. Dem Gläubigerverzeichnis sollen alle Verbindlichkeiten des Schuldners zu entnehmen sein. Eine Gegenüberstellung des Gläubigerverzeichnisses und des Verzeichnisses der Massegegenstände bietet einen ersten Überblick zur möglichen Gläubigerbefriedigung und damit zur Quote. Mit der Vorgabe, Gegenrechte und die voraussichtlichen Masseverbindlichkeiten anzugeben, soll ein umfassender Überblick zu einer freien Masse ermöglicht werden. Die sorgfältige Erstellung der Verzeichnisse ist unverzichtbar; bei einigen Insolvenzgerichten führen Fehler bei der Erstellung zum Delisting (*Frind/Schmidt* NZI 2004, 533 [534]). Bei der Eigenverwaltung hat der Schuldner auch das Gläubigerverzeichnis zu erstellen, der Sachwalter ist zur Überprüfung und zur schriftlichen Stellungnahme gegenüber dem Insolvenzgericht verpflichtet (§ 281 Abs. 1).

B. Aufzeichnung der Gläubiger (Abs. 1)

Das Gläubigerverzeichnis enthält nur die Passivseite (*Pink* ZIP 1997, 177 [178]) und ist damit das 2 Pendant zum Verzeichnis der Massegegenstände nach § 151 InsO.

Um die Beteiligten am Verfahren vollständig zu unterrichten, hat der Insolvenzverwalter die Verbind- 3 lichkeiten unter Berücksichtigung des **Vollständigkeitsgebots** zu ermitteln und aufzuführen. Das Vollständigkeitsgebot ist hier, anders als in der Vorschrift des § 151 InsO, konkreter formuliert; das Gesetz nennt die verschiedenen Möglichkeiten zur Ermittlung der Schulden ausdrücklich. Das Gläubigerverzeichnis hat demnach alle Gläubiger des Schuldners zu enthalten, die dem Insolvenzverwalter auf irgendeine Art und Weise bekannt geworden sind. Aufzunehmen sind auch **Eventualverbindlichkeiten** etwa aus Gewährleistungsrisiken. Die Aufstellung obliegt dem Verwalter; sie kann nicht an den Schuldner delegiert werden. Auf die vom Schuldner gemachten Angaben darf sich der Verwalter nicht beschränken. Erforderlich sind eigene Ermittlungen und gezielte Nachforschungen, bis hin zur Postsperre nach § 99 InsO. Über §§ 98, 153 Abs. 2 InsO kann der Schuldner verpflichtet werden, die Richtigkeit und Vollständigkeit des Gläubigerverzeichnisses an Eides statt zu versichern.

die Massegegenstände nur stellen, wenn der Gläubigerausschuss ihm die Zustimmung dazu gegeben hat (Satz 3). Diese Regelung ist praxisfremd. Der Gläubigerausschuss wird regelmäßig nur in größeren Verfahren bestellt. In diesen Verfahren ist eine Befreiung von der Inventarpflicht ausgeschlossen.

27 Der **Verzicht auf die Aufzeichnung** ist nur in Ausnahmefällen möglich. Zum einen kommt eine Befreiung in Frage, wenn keine Vermögensgegenstände zu erfassen sind. Diese Konstellation ist in Regelinsolvenzverfahren unwahrscheinlich, weil ohne Vermögenswerte eine Eröffnung nicht hätte erfolgen dürfen (zu den Stundungsverfahren siehe sogleich). Darüber hinaus wird das Gericht die Befreiung nur dann vornehmen können, wenn sich auch ohne Befolgung dieser Vorschriften der Zweck der Aufzeichnung, eine vollständige und zuverlässige Übersicht über die vorhandene Masse und deren Wert zu gewinnen, erreichen lässt. Das kann dann der Fall sein, wenn erst kurz zuvor eine zuverlässige Inventur stattgefunden hat. Diesen Ausnahmefall wird man nur annehmen können, wenn die Buchführung durch Dritte erstellt wurde und entsprechende Testate vorliegen. Darüber hinaus müssen vollständige und aktuelle Inventare vorliegen, die den Anforderungen an die Einzelerfassung genügen und deren Vollständigkeit vom Verwalter bestätigt wird. Auf die Erstellung des Masseverzeichnisses soll auch dann verzichtet werden können, wenn das Schuldnerunternehmen als Ganzes verkauft werden soll (*Veit* Konkursrechnungslegung, S. 82; *Uhlenbruck/Maus* InsO, § 151 Rn. 10). Dem kann nicht gefolgt werden. Einerseits hängt die Verwertung des Unternehmens als Ganzes von der Zustimmung der Gläubigerversammlung ab (§ 160 Abs. 2 Satz 1 InsO); im Zeitpunkt der Erstellung des Masseverzeichnisses besteht über die Art der Verwertung noch keine Gewissheit. Vielmehr bedarf es eines vollständigen Masseverzeichnisses, um die Entscheidung der Gläubigerversammlung vorzubereiten. Ist ein Gläubigerausschuss bestellt, muss auch dieser durch vollständige Verzeichnisse über den Wert des Unternehmens zur Entscheidung über das Angebot zur Übernahme des Schuldnerunternehmens informiert werden. Von der Erstellung des Verzeichnisses kann beim Unternehmensverkauf nach den o. g. Grundsätzen nur abgesehen werden, wenn die vorliegenden Rechenwerke und Bilanzen aktuell, vollständig und zutreffend sind. Ohnehin ist zusätzlich nach Abs. 3 Satz 2 die Zustimmung des Gläubigerausschusses erforderlich.

28 In Verbraucherinsolvenzverfahren und den masselosen Verfahren, die unter Anwendung der Stundungsregelung nach §§ 4a InsO eröffnet werden, ist die Befreiung von der Inventarpflicht sinnvoll. Häufig findet der Insolvenzverwalter in Verbraucherinsolvenzverfahren nur Vermögensgegenstände vor, die nicht der Zwangsvollstreckung und damit gem. § 36 InsO nicht dem Insolvenzbeschlag unterliegen. Es bestehen deshalb keine Hindernisse, den Insolvenzverwalter bei masselosen Verfahren von der Pflicht zur Erstellung des Inventarverzeichnisses zu entbinden.

29 Für die Befreiung von der Pflicht zur Erstellung des Verzeichnisses ist das Insolvenzgericht zuständig. Lehnt das Gericht den Antrag ab, kann der Verwalter gegen diese Entscheidung die befristete Erinnerung gem. § 11 RPflG einlegen (vgl. *Eickmann/Mohn* Hdb. für das Konkursgericht, Rn. 356); eine Beschwerde ist nicht möglich, § 6 InsO. Die Entscheidung über die Erstellung des Masseverzeichnisses trifft ausschließlich das Insolvenzgericht. Die Gläubigerversammlung oder der Gläubigerausschuss können die Verwalter hiervon nicht befreien. Ein Rechtsmittel gegen die Befreiung von der Inventarerstellung durch das Insolvenzgericht ist nicht vorgesehen.

30 Nimmt der Verwalter seine Aufzeichnungspflicht schuldhaft nicht wahr, so kann das Insolvenzgericht nach vorheriger Androhung ein Zwangsgeld gem. § 58 Abs. 2 InsO verhängen. In schwerwiegenden Fällen kann das Gericht den Insolvenzverwalter entlassen (§ 59; vgl. *Klasmeyer/Kübler* BB 1978, 369 [373]; *Uhlenbruck/Maus* InsO, § 151 Rn. 11). Denkbar ist hierzu nur die (praxisfremde) andauernde Weigerung des Verwalters, ein Masseverzeichnis zu erstellen.

Ist der Insolvenzverwalter nicht in der Lage, den Wert eines Vermögensgegenstandes genau zu bestimmen, kann er einen **Sachverständigen** hinzuziehen (Satz 3). Die Beauftragung eines Sachverständigen zählt zu den gesondert in § 4 Abs. 1 Satz 3 InsVV zugelassenen Werkverträgen. Diese Situation wird immer dann auftreten, wenn kein Markt für den entsprechenden Vermögensgegenstand existiert und sich somit auch kein Marktpreis herleiten lässt. Das Heranziehen eines Sachverständigen ist i.d.R. bei der Bewertung von Immobilien und Grundstücken sinnvoll (insbesondere vor dem Hintergrund der Altlastenproblematik von Industriegebäuden und -grundstücken). Gleiches gilt für die Bewertung von Schutzrechten. Der Verwalter wird oftmals nicht in der Lage sein, eine realistische Bewertung nach Marktpreisen unter Berücksichtigung wertbeeinflussender Faktoren vorzunehmen. Er sollte vor dem kostspieligem Auftrag berücksichtigen, dass der sachverständig ermittelte Verkehrswert nur ein Anhaltspunkt bietet; entscheidend ist für ihn, ob der Markt bereit und in der Lage ist, den ermittelten Wert als Preis zu zahlen. 23

Unabhängig von den in Rdn. 18 dargestellten Problemen ergeben sich bei der Bewertung folgende insolvenzrechtliche Besonderheiten: Die Bewertung **immaterieller Rechte** ist regelmäßig nur sachverständig möglich. Vor einem Sachverständigengutachten sollte der Verwalter die Möglichkeiten einer Verwertung dem Grunde nach prüfen; besondere Vorsicht bei der Bewertung ist für den Fall der Liquidation des Unternehmens geboten. Ist der Verkauf des Unternehmens realistisch, kann auch ein derivativer Geschäfts- oder Firmenwert erfasst werden. Für die **Bewertung einzelner Marken** sind verschiedene Methoden möglich (*Jörg* DZWIR 2013, 155 ff.). Bei **Immobilien** ist häufig bereits ein Zwangsversteigerungsverfahren anhängig; die Verwaltung sollte die dortige Wertermittlung abwarten. Wegen der regelmäßig vorliegenden wertausschöpfenden Belastung sollten die Kosten einer sachverständigen Wertermittlung darüber hinaus mit der Grundpfandgläubigerin abgestimmt werden, die von einem möglichen Erlös als absonderungsberechtigte Gläubigerin überwiegend profitiert. Eine umfangreiche **Betriebsausstattung** kann regelmäßig nur sachverständig bewertet werden. Gerade für Maschinen gibt es Sondermärkte, die sich nur den Spezialisten erschließen. **Vorräte** können mit dem Anschaffungspreis bewertet werden, wenn eine Ausproduktion möglich ist. Bei Liquidation kommt nur eine Pauschalverwertung in Frage; in diesem Fall müssen erhebliche Abschläge vorgenommen werden. **Teilfertige Leistungen** können mit den gängigen Methoden nur bewertet werden, wenn eine Fortführung möglich erscheint. Anderenfalls bleibt nur eine massive Abwertung. Bei der Bewertung von **Forderungen** kommt es auf die Durchsetzbarkeit an. Der Verwalter sollte frühzeitig dafür sorgen, dass er sämtliche Informationen und Urkunden erhält. Wenn es zu Rechtsstreiten mit Drittschuldnern kommt, sind die Schuldner oder deren Organe häufig zur Mitarbeit nicht mehr bereit oder in der Lage. Bei Bauinsolvenzen sollten regelmäßig erhebliche Abwertungen vorgenommen werden, da immer mit Gewährleistungseinwendungen zu rechnen ist. **Forderungen gegen Organe** aus Kapitalersatz oder etwa § 64 GmbHG sind regelmäßig zurückhaltend zu bewerten. Geschäftsführer oder Gesellschafter haben sich häufig bei der Geschäftsbank verbürgt und sind nicht mehr leistungsfähig. Sind **Finanzanlagen** Massebestandteil, ist § 104 InsO zu beachten. Wertpapiere, die sich im Depot der Hausbank befinden, unterliegen dem AGB-Pfandrecht; eine gesonderte Verpfändung ist nicht erforderlich. 24

Anzugeben sind die Bruttowerte, es kommt darauf an, welche Mittel der Masse zufließen (HambK-InsO/*Jarchow* § 151 Rn. 19). Die zu berücksichtigende Umsatzsteuer ist als Masseverbindlichkeit im Gläubigerverzeichnis aufzunehmen (*Heyn* InsBüro 2009, 214 [218]), ebenso die Kosten der Verwertung, § 152 Abs. 3 Satz 2 InsO. 25

D. Unterlassen der Aufzeichnung (Abs. 3)

Das Verzeichnis der insolvenzbefangenen Vermögensgegenstände ist grds. eine Pflichthandlung des Insolvenzverwalters. Eine Befreiung von dieser Pflicht ist nur auf begründeten Antrag beim Insolvenzgericht möglich. Dieses Verfahren dient dem Gläubigerschutz. Dadurch wird vermieden, dass auf Inventarisierungen regelmäßig verzichtet wird. Im Übrigen besteht auch für die Verfahrensbeteiligten die Möglichkeit des Rechtsschutzes. Wenn ein Gläubigerausschuss bestellt worden ist, kann der Verwalter seinen Antrag auf Befreiung von der Aufstellung des Verzeichnisses über 26

tionswert definieren lässt (so auch *Hess* InsO, § 151 Rn. 18 ff.; *Kübler/Prütting/Bork-Holzer* InsO, § 151 Rn. 23, *Steffan* ZInsO 2003, 106 [110] die das Teilwertverfahren nach § 6 EStG anwenden wollen, das wegen der gleichen Berechnung nicht zu unterschiedlichen Ergebnissen führt). All diesen Lösungen fehlt der Bezug zur Zukunft, die ein Fortführungswert erfordert (*Schmitt/Möhlmann-Mahlau* NZI 2007, 703 [706]). Auch der Weg, nach dem **Ertragswertverfahren** einen Gesamtwert zu bilden, der dann zumindest de lege lata auf einzelne Gegenstände aufgeteilt werden muss, bereitet Schwierigkeiten (*Möhlmann* DStR 1999, 163 [165]; zur zeitlichen Komponente MüKo-InsO/*Füchsl/Weishäupl/Jaffé* § 151 Rn. 11). Der Praxis bleibt nur die Möglichkeit, Fortführungswerte fundiert zu schätzen und den Weg der Ermittlung im Bericht an die Gläubigerversammlung zu erläutern.

19 Grundlage zur Wertfindung sind die handelsrechtlich bilanzierten Aktiva. Die stillen Reserven und Lasten der Vermögensgegenstände werden in diesem Fall aufgedeckt. Außerdem werden handelsrechtlich nicht bilanzierungsfähige oder einem Bilanzierungsverbot unterworfene selbstständig verwertbare Vermögensgegenstände einer Bewertung unterzogen. Das bedeutet, dass für Dritte verwertbare, von der Rechtsordnung geschützte Rechtspositionen bewertet werden können, wie z.B. Know-how und Markenrechte (s. Rdn. 7). Falls dem Unternehmen darüber hinaus noch ein Firmenwert zuzumessen ist, gilt für dessen Bewertung ein strenger Maßstab, da es sich nicht um einen selbstständig verwertbaren Vermögensgegenstand handelt. Nur wenn eine konkrete Veräußerungsmöglichkeit für das Unternehmen als Ganzes besteht, ist der sog. **originäre Firmenwert** auf der Grundlage objektivierter Maßstäbe bestimmbar und bewertbar sowie unter Gläubigerschutzgesichtspunkten zu rechtfertigen. Teilweise wird für die Bestimmung der Fortführungswerte auch die Anwendung von handelsrechtlichen Buchwerten befürwortet (*Nerlich/Römermann-Andres* InsO, § 151 Rn. 15), obwohl hiergegen nicht nur sachliche Gründe wie die unterschiedliche Zielsetzung der beiden Rechenwerke sprechen, sondern auch schon die Motive des Gesetzgebers (vgl. BT-Drucks. 12/2443 S. 172).

20 Während die Zielsetzung des § 151 InsO, eine fundierte Entscheidung zu den Alternativen Fortführung oder Zerschlagung zu ermöglichen, zu begrüßen ist, führt die Regelung in der Praxis zu erheblichen Schwierigkeiten. Zunächst ist offen, wie die geforderten Fortführungswerte ermittelt werden sollen (s. Rdn. 18). Hierzu schweigt sowohl das Gesetz als auch die amtliche Begründung. Nach betriebswirtschaftlichen Grundsätzen können nur **dynamische Rechenwerke** verlässliche Ergebnisse liefern (*Heni* ZInsO 1999, 609 [610]). Diese wird jeder Verwalter den Gläubigern außerhalb der §§ 151 ff. InsO nur im Rahmen eines Insolvenzplanes vorlegen müssen, um seiner Informationspflicht im Berichtstermin zu genügen (s. § 157 Rdn. 6). Im Verfahren außerhalb des Insolvenzplanes sind diese Berechnungen nicht erforderlich und zu aufwendig. Der Einwand der »Zahlenfriedhöfe« (*Heni* ZInsO 1999, 609 [610]) ist durchaus berechtigt. Dennoch kann die Norm nicht einfach ignoriert werden, wie es vereinzelt vertreten wird (Nachweise hierzu und Zusammenfassung zu diesem Problemkreis bei *Förster* ZInsO 2000, 21 f.; ausführlich auch *Mitlehner* ZIP 2000, 1825 ff.). Die Fortführung des Unternehmens kommt nur im Rahmen eines Insolvenzplanes oder bei der übertragenden Sanierung in Frage (s. § 157 Rdn. 2). Während für den Insolvenzplan ohnehin dynamische Rechenwerke erforderlich sind, kann für den Fall der übertragenden Sanierung der Fortführungswert als Rekonstruktionswert (s. Rdn. 18) ermittelt werden.

21 In jedem Fall kann auf die alternativen Werte nicht verzichtet werden, wenn eine Fortführung des Unternehmens nicht ausgeschlossen werden kann. Der Insolvenzverwalter darf bei der Bewertung nicht nach seinem Ermessen entweder die Fortführung der Betriebstätigkeit oder die Stilllegung zugrunde zu legen und dadurch die Entscheidung der Gläubiger über den Fortgang des Verfahrens vorwegnehmen (*Schmitt/Möhlmann-Malau* NZI 2007, 703 [705]). Die **Verfahrenszielbestimmung** (so *Häsemeyer* Insolvenzrecht, Rn. 7.58) trifft die Gläubigerversammlung.

22 Auch die nicht vom Verwalter in Besitz genommenen Vermögensgegenstände sind in das Verzeichnis aufzunehmen. I.d.R. kann der Verwalter Herausgabe fordern. Sofern dies ausgeschlossen ist, z.B. weil die Sache im Besitz eines absonderungsberechtigten Gläubigers ist, kann er gem. §§ 809, 811 BGB verlangen, dass ihm die Besichtigung der Sache gestattet wird.

zu ermitteln. Die Terminologie in der Literatur ist nicht einheitlich. In Anlehnung an den Gesetzeswortlaut wird der Begriff Stilllegungswert verwendet (*Uhlenbruck/Maus* InsO, § 151 Rn. 6); der RegE nennt den tatsächlichen Wert. In der Literatur wird daneben der Zerschlagungswert, Realisationswert und Zeitwert genannt. Das Gesetz fordert vom Verwalter die Ermittlung des voraussichtlichen Verwertungserlöses für den Fall der Einzelverwertung (*Mohlmann* DStR 1999, 163 [164]). Der Veräußerungswert bzw. der Verkaufswert ist somit absatzmarktabhängig (*Steffan* ZInsO 2003, 106 [107]). Die der Verwertungsprognose zugrunde liegende Verwertungsstrategie bestimmt einerseits die Liquidationsintensität und andererseits die Liquidationsgeschwindigkeit. Das bedeutet, dass der Grad der Zerschlagung des Unternehmens sowie der Zeitraum, in dem die Verwertung der Vermögensgegenstände oder Unternehmensteile erfolgen soll, maßgeblich die Höhe der Veräußerungserlöse prägen. Denn es ist zu berücksichtigen, dass die für die Verwertung zur Verfügung stehende Zeit immer eine entscheidende Restriktion darstellt, weil durch die Insolvenz des Unternehmens eine Zwangssituation auf dem Markt entstanden ist. Die Werte der Handelsbilanz sind nicht maßgebend, da die hierfür geltenden Grundsätze (Niedrigstwertprinzip, Bilanzkontinuität) in der Insolvenz nicht gelten (*Kübler/Prütting/Bork-Holzer* InsO, § 151 Rn. 15). Bei der Ausproduktion in der Insolvenz kann der Liquidationswert mit dem Marktpreis identisch sein (*Uhlenbruck/Maus* InsO, § 151 Rn. 7).

Bei der Ermittlung der Veräußerungswerte ist auf Grundlage der Verwertungsprognose von der jeweils wahrscheinlichsten Verwertungsmöglichkeit auszugehen. So sind z.B. bei Forderungen, die rechtlich zweifelhaft oder schwer einbringlich sind, Wertberichtigungen vorzunehmen. 16

Besteht die Möglichkeit einer Unternehmensfortführung in der Insolvenz, so muss zusätzlich zum Veräußerungswert ein **Fortführungswert** für die Vermögensgegenstände angegeben werden (Satz 2). Die Aufnahme beider Werte in das Masseverzeichnis dient der Vorbereitung der Entscheidung der Gläubigerversammlung über die Verwertung des schuldnerischen Unternehmens oder über einen Insolvenzplan. Die Fortführungswerte ergeben sich nicht nur im Planverfahren, wenn das Unternehmen fortgeführt werden soll. Auch bei der übertragenden Sanierung wird das Unternehmen als Ganzes erhalten, so dass für diese Alternative Fortführungswerte entscheidend sind. Bei der Vorlage eines Insolvenzplans wird vorgeschlagen, die Werte nach dem Cash-Flow-Verfahren zu ermitteln, um auf diesem Weg den Massezufluss während der Plandauer darzustellen (HambK-InsO/*Jarchow* § 151 Rn. 22). Mit diesem Verfahren wird die Bewertung auf die Massezuflüsse reduziert, der Wert der Vermögensgegenstände ergibt sich wegen der begrenzten Dauer des Plans nicht. Dieser Ansatz ist zutreffend, wenn der Insolvenzplan auch eine Teilverwertung von Massegegenständen nicht vorsieht. In jedem Fall sind alternativ zum Fortführungswert die Werte anzugeben, die sich bei der vollständigen Liquidation nach Schließung des Betriebes ergeben. Unter Fortführung ist nicht die Ausproduktion in der Insolvenz sondern die dauerhafte Fortführung im Rahmen eines Insolvenzplanes oder einer übertragenden Sanierung gemeint (*Uhlenbruck/Maus* InsO, § 151 Rn. 8). In der Literatur werden zur Ermittlung des Fortführungswertes verschiedene Möglichkeiten diskutiert (Überblick *Nickert* ZInsO 2013, 1722 [1726 ff.]). 17

Die Betriebswirtschaft kennt den Fortführungswert einzelner Vermögensgegenstände nicht (ausf. *Heni* ZInsO 1999, 609 [611]). Eine verlässliche Bewertungsvorgabe besteht nicht. Die Praxis behilft sich mit Schätzungen, die von dem Anteil einzelner Gegenstände am Gesamtunternehmen ausgehen; Ausgangswert ist der Gesamtwert des Unternehmens, der unter dem Gesichtspunkt der Fortführung zuverlässig ermittelt werden kann (so auch die *IDW-Richtlinien* Bestandsaufnahme im Insolvenzverfahren [IDW RH HFA 1.010], ZInsO 2009, 75 [79]). Es bleibt das Problem der Aufteilung des Gesamtwertes auf einzelne Vermögensgegenstände. Die schlichte Addition der Werte einzelner Vermögensgegenstände ergibt aber gerade nicht den Wert des fortgeführten Unternehmens. *Heni* (ZInsO 1999, 607 [611]) nennt diese Aufteilung ein Relikt der untergegangenen Teilwertidee. Ein sachlich nachprüfbarer Fortführungswert lässt sich nach alldem nicht ermitteln. Mit der Forderung nach Abschaffung des § 151 Abs. 2 Satz 2 (*Heni* ZInsO 1999, 607 [609]) ist der Praxis indes nicht geholfen. Deshalb bemüht sich die Literatur, Ansätze zu finden, um der Praxis Maßstäbe an die Hand zu geben. Ermittelt wird ein Wert auf dem Beschaffungsmarkt, der sich als sog. Rekonstruk- 18

zur Erfüllungswahl noch nicht getroffen ist, bleibt es beim Aussonderungsrecht. Immobilien sind in der Insolvenz regelmäßig wertausschöpfend belastet. Grundpfandrechte begründen nach § 49 InsO Absonderungsrechte, sind mithin in das Verzeichnis aufzunehmen.

2. Einzelerfassungsgebot

10 Nach dem **Einzelerfassungsgebot** muss der Insolvenzverwalter alle insolvenzbefangenen Vermögensgegenstände einzeln aufführen.

11 Bei Gegenständen des Anlagevermögens wie z.B. Grundstücken oder der Büroausstattung, aber auch bei Forderungen ist die Einzelerfassung unproblematisch. Dem Einzelerfassungsgebot kann dann nicht mehr gefolgt werden, wenn aus pragmatischen und tatsächlichen Gründen eine einzelne Aufzählung der Gegenstände nicht möglich ist.

12 Der Verwalter kann die **handelsrechtlichen Vereinfachungsmaßnahmen** nutzen. Er wird im Rahmen dieser Erleichterung handeln können, wenn z.B. das Verbrauchsmaterial eines Warenlagers (Nägel, Schrauben etc.) aufgenommen werden muss. In diesem Fall ist eine analoge Anwendung der handelsrechtlichen Vorschriften (§§ 240 Abs. 4 und 241 Abs. 1 HGB) über Erleichterungen und Vereinfachungen bei der Inventur zulässig. Allerdings sind diese Vereinfachungen dann nicht anwendbar, wenn es sich bei den Gegenständen um besonders wertvolle Bestände handelt und die Bestände einem unkontrollierbarem Schwund unterliegen (z.B. Nahrungsmittel). Die Anwendbarkeit der genannten Vereinfachungen darf sich lediglich auf das Warenlager beziehen und liegt im pflichtgemäßen Ermessen des Insolvenzverwalters. Ihm obliegt dann eine Hinweispflicht im Verzeichnis, dass er die Vereinfachungen bzw. die Erleichterungen angewendet hat.

3. Stichtag

13 Das Verzeichnis der Massegegenstände ist auf den **Zeitpunkt** der Verfahrenseröffnung aufzustellen (HambK-InsO/*Jarchow* § 151 Rn. 5; unklar MüKo-InsO/*Füchsl/Weishäupl/Jaffé* § 151 Rn. 4). Das ergibt sich nicht unmittelbar aus § 151 InsO. Das Verzeichnis ist Grundlage der Vermögensübersicht des § 153 InsO, die auf den Eröffnungszeitpunkt zu erstellen ist. Eine **Frist zur Erstellung** des Verzeichnisses sieht § 151 nicht vor. Die Verzeichnisse müssen dem Gericht spätestens eine Woche vor dem Berichtstermin vorliegen (§ 154 InsO), damit sie ordnungsgemäß ausgelegt werden können. Eine **vorläufige Bewertung** zum Berichtstermin, die wegen der Bewertungsprobleme teilweise in der Literatur gefordert wird (MüKo-InsO/*Füchsl/Weishäupl/Jaffé* § 151 Rn. 12 ff.) kennt das Gesetz nicht. Nach dem Regelungszweck des § 151 InsO muss der Verwalter der Gläubigerversammlung zur Entscheidung über die Alternativen Fortführung/Liquidation abschließende Zahlen vorlegen.

II. Form

14 Zur **Form des Masseverzeichnisses** enthält das Gesetz keine Vorgabe. Zu empfehlen ist eine tabellarische Aufstellung, deren Gliederung sich an die der Bilanz gem. § 266 HGB orientiert (Bsp. bei *Möhlmann* DStR 1999, 163 [166]; *IDW-Richtlinien* Bestandsaufnahme im Insolvenzverfahren, ZInsO 2009, 75 [82 ff.]). Die Gliederung sollte sich nach dem Grad der Liquidität und nach der Flüssigkeit (*Heyn* InsBüro 2009, 214 [215 ff.]) richten. Da das Masseverzeichnis Grundlage der Vermögensübersicht ist, muss es mit der Vermögensübersicht nach § 153 InsO abgestimmt sein. Nach dem Gesetz ist die **Angabe von Absonderungsrechten**, die auf einzelnen Vermögensgegenständen lasten, nicht vorgesehen. Gleichwohl empfiehlt es sich, diese Belastungen wegen der Übersichtlichkeit auch in das Verzeichnis der Massegegenstände aufzunehmen. Ohnehin enthalten die gängigen Rechnungslegungsprogramme für die Insolvenz entsprechende Verknüpfungen.

C. Bewertung der Masse (Abs. 2)

15 Die Vermögensgegenstände sind unter Liquidationsgesichtspunkten zu ihren Veräußerungswerten anzusetzen; zu ermitteln ist damit der **Liquidationswert**. Diese Werte sind für den Fall der Stilllegung

1. Vollständigkeitsgebot

Nach dem **Vollständigkeitsgebot** sind alle Vermögensgegenstände des Schuldners aufzunehmen, die zu den Masseaktiva gehören. Dazu gehören nicht nur gegenständliche Vermögenswerte wie z.B. das Warenlager oder das bewegliche, unbewegliche Anlagevermögen, sondern auch immaterielle Vermögensgegenstände sowie Rechte und Ansprüche des Schuldners. Der Umfang der Masse ergibt sich aus §§ 35 ff. InsO. Zu erfassen sind auch die insolvenzspezifischen Ansprüche aus Anfechtung nach den §§ 129 ff. InsO und die gesonderten Haftungsansprüche aus § 64 GmbHG, §§ 92, 93 AktG. 6

Die Massegegenstände sind durch **körperliche Bestandserfassung** zu ermitteln und aufzuzeichnen. Die insolvenzrechtlichen Verzeichnisse sind der Sache nach Inventare, so dass für deren Erstellung die §§ 240 ff. HGB gelten (MüKo-InsO/*Füchsl/Weishäupl/Jaffé* § 151 Rn. 2). Ein Hilfsmittel zur Ermittlung der Vermögensgegenstände kann der handelsrechtliche Jahresabschluss sein, den alle Kaufleute gem. § 242 HGB in Form einer Bilanz und Gewinn- und Verlustrechnung aufstellen müssen sowie das Ergebnis der letzten Inventur (z.B. durch Vorlage sog. Zähllisten), die jeder Kaufmann gem. § 240 HGB durchführen muss. Die **handels- und steuerrechtlichen Ansatzverbote** gelten nicht. Die bilanzierten Aktivposten und das aufgenommene Warenlager in den Zähllisten können dem Insolvenzverwalter eine Orientierungshilfe über die tatsächlich vorhandenen Vermögensgegenstände geben. Da Kapitalgesellschaften gem. § 268 Abs. 2 HGB verpflichtet sind, die Entwicklung der einzelnen Posten des Anlagevermögens in Form eines Anlagenspiegels im Jahresabschluss darzustellen, bietet sich hier für den Insolvenzverwalter ein zusätzliches Instrument zur Feststellung der Masseaktiva. Dem Insolvenzverwalter wird es dadurch ermöglicht, aktivierte immaterielle Vermögensgegenstände wie z.B. einen derivativen Geschäfts- oder Firmenwert oder lizenzierte Software als Bestandteil der Insolvenzmasse aufzunehmen und ggf. bei Veräußerung des gesamten Unternehmens in den Verkaufspreis einfließen zu lassen. Sofern konkrete Aussichten bestehen, das gesamte Unternehmen zu veräußern, kann auch ein **originärer Geschäfts- oder Firmenwert** angesetzt werden. Bei Fortführung der Betriebstätigkeit ist es zudem denkbar, für Dritte verwertbare Kostenvorteile anzusetzen. Solche Kostenvorteile können z.B. in einem günstigen langfristigen Mietvertrag für bevorzugte Standorte bestehen, die das insolvente Unternehmen konzeptgemäß (z.B. wegen Arbeitsplatzabbau) aufgeben will. Allerdings ist hier im Einzelfall sorgfältig zu prüfen, ob eine Verwertung rechtlich und tatsächlich möglich ist. Ebenso müssen Forderungen aus Lieferungen und Leistungen und andere Forderungen z.B. gegenüber dem Finanzamt aus Vorsteuerguthaben als Masseaktiva aufgezeichnet werden. 7

Hinzu kommen **Ansprüche** des Schuldners z.B. **aus Schadensersatz** oder aus **schwebenden Geschäften**, die mangels Konkretisierung im handelsrechtlichen Jahresabschluss nicht erwähnt werden, aber insolvenzbefangen sind und somit im Verzeichnis der Massegegenstände aufgeführt werden müssen. Ebenso sind **insolvenzspezifische Forderungen** aufzunehmen, die sich erst aus **anfechtbaren Rechtsgeschäften** nach den §§ 129 InsO ergeben. Gleiches gilt für Schadenersatzansprüche gegen Organe der Schuldnerin (etwa aus § 64 GmbHG) oder kapitalersetzenden Rechtshandlungen. In das Verzeichnis sind auch die Gegenstände aufzunehmen, die sich nicht im Besitz des Verwalters befinden. 8

Bestehen **Absonderungsrechte** an einzelnen Vermögensgegenständen, so sind diese anzugeben. Absonderungsbelastete Vermögensgegenstände sind nach §§ 49 ff. InsO Massebestandteil, nur der Verwertungserlös unterliegt dem Auskehrungsanspruch des Gläubigers. Dagegen sind **auszusondernde Gegenstände** nicht im Verzeichnis aufzuführen (*Kübler/Prütting/Bork-Holzer* InsO, § 151 Rn. 13, HambK-InsO/*Jarchow* § 151 Rn. 12; a.A. BK-InsO/*Kießling* § 151 Rn. 4; *Uhlenbruck/Maus* InsO, § 151 Rn. 3; MüKo-InsO/*Füchsl/Weishäupl/Jaffé* § 151 Rn. 6, die es dem Verwalter überlassen wollen, diese Gegenstände zur Information der Gläubiger aufzunehmen.). Die Verzeichnisse sollen ausschließlich die dem Insolvenzbeschlag unterliegenden Gegenstände erfassen. Die ausgesonderten oder noch auszusondernden Gegenstände sind im Bericht des Verwalters darzustellen; dadurch werden die Gläubiger informiert. Anderes gilt beim **einfachen Eigentumsvorbehalt**, wenn der Verwalter von seinem Recht auf Erfüllung gem. § 107 Abs. 2 InsO Gebrauch gemacht hat oder machen will. Damit werden die Gegenstände Massebestandteil und sind aufzunehmen. Wenn die Entscheidung 9

tung für die Weiterführung und Sanierung der Insolvenzschuldnerin, NZI 2007, 703; *Veit* Die Konkursrechnungslegung, 1982.

A. Grundgedanke

1 Die Vorschrift dient der Feststellung der Insolvenzmasse, mithin der Masseaktiven. Sie bildet zusammen mit den nachfolgenden §§ 152, 153, 155 InsO die Grundlage für ein dreiteiliges Rechenwerk und ist Basis für die ergänzende und insolvenzspezifische Rechnungslegung mit dem Zweck, die Abwicklungstätigkeit des Insolvenzverwalters richtig darstellen und ordnungsgemäß prüfen zu können. Neben dieser insolvenzspezifischen Rechnungslegung muss der Verwalter die handels- und steuerrechtlichen Rechnungslegungspflichten, als externe Rechnungslegung bezeichnet, beachten (krit. dazu *Kunz/Mundt* DStR 1997, 620 [623]). Die Vorschrift ist auch im Verbraucherinsolvenzverfahren anwendbar. § 313 InsO sieht für den Treuhänder keine Befreiung von der Inventarpflicht vor (s. aber Rdn. 28). Die korrekte Erstellung der Verzeichnisse wird von den Gerichten zunehmend bei der Auswahl der Verwalter als Kriterium herangezogen (*Frind/Schmidt* NZI 2004, 533 [534]). Bei der Eigenverwaltung obliegt dem Schuldner die Erstellung und Vorlage der Verzeichnisse, der Sachwalter hat sie zu überprüfen. § 281 Abs. 1 schreibt ausdrücklich eine schriftliche Stellungnahme des Sachwalters vor, die gegenüber dem Insolvenzgericht abzugeben ist.

B. Erstellung des Masseverzeichnisses

2 Die Aufzeichnung der im Zeitpunkt der Verfahrenseröffnung vorhandenen Massegegenstände zu Verfahrensbeginn obliegt dem Insolvenzverwalter und ist für ihn Amtspflicht (*OLG Celle* KTS 1973, 200). Die Erstellung und Vorlage der Verzeichnisse ist eine der zentralen Pflichten des Verwalters. Die Verzeichnisse sind die grundlegenden Informationen der Beteiligten zu den Aktiva und Passiva (*BGH* ZInsO 2010, 2234 [2235]).

3 Dem Insolvenzverwalter obliegt die Pflicht, den Schuldner hinzuzuziehen, sofern die Aufzeichnung der Massegegenstände dadurch zeitlich nicht beeinträchtigt wird (Abs. 1 Satz 2). Dabei kommt es nicht darauf an, dass der Schuldner bei der Aufnahme permanent anwesend ist. Der Schuldner soll beteiligt werden, um eine Erfassung aller Vermögensgegenstände sicherzustellen. Insbesondere muss der Insolvenzverwalter den Schuldner auffordern, ihm die notwendigen Unterlagen und Informationen zu übermitteln, um eine ordnungsgemäße Aufzeichnung der Massegegenstände vornehmen zu können. Ist es dem Schuldner durch Abwesenheit, Krankheit oder aus einem sonstigen Grund nicht möglich, dem zur Aufzeichnung festgesetzten Termin beizuwohnen, steht es im pflichtgemäßen Ermessen des Insolvenzverwalters, den Aufzeichnungstermin zu verlegen. Dem Schuldner hingegen steht es nicht zu, die Terminverlegung zu beantragen.

I. Erfassung der Massegegenstände

4 Die Aufzeichnung der Massegegenstände dient der detaillierten Erfassung der Masse und der Transparenz gegenüber den Verfahrensbeteiligten. Sie erhalten einen genauen Überblick über die in der Insolvenzmasse befindlichen Gegenstände. Der Insolvenzverwalter erfüllt damit seine **interne Rechnungslegungspflicht** gegenüber dem Insolvenzgericht, den Gläubigern und dem Schuldner (zum Hintergrund des Fortführungswertes s. Rdn. 17). Er sollte sich an den handelsrechtlichen Grundsätzen einer ordnungsgemäßen Buchhaltung orientieren (*Frystatzki* NZI 2009, 581 ff. zu den Hinweisen des IDW v. 13.06.2008).

5 Erforderlich ist eine Aufzeichnung der einzelnen insolvenzbefangenen Gegenstände, soweit sie dem Insolvenzverwalter bekannt sind. Entscheidend für den Insolvenzverwalter ist hierbei zum einen das Vollständigkeitsgebot und zum anderen das Einzelerfassungsgebot (s. Rdn. 10 f.) der Insolvenzmasse.

Die Siegelung kann auch durch den **vorläufigen Insolvenzverwalter** mit oder ohne Verwaltungs- und 4
Verfügungsbefugnis (a.A. nur der starke HambK-InsO/*Jarchow* § 150 Rn. 2) vorgenommen werden, da es sich um eine Sicherungsmaßnahme handelt (s. *Schmerbach* § 22 Rdn. 43; MüKo-InsO/*Haarmeyer* § 22 Rn. 45). Einer besonderen Ermächtigung durch das Insolvenzgericht bedarf es nicht (*Uhlenbruck/Maus* InsO, § 150 Rn. 3).

Das Siegel steht unter strafrechtlichem Schutz. Die Beschädigung, das Ablösen oder Unkenntlich- 5
machen wird nach § 136 Abs. 2 StGB bestraft. Die Entfernung oder Zerstörung der Sache ist als Verstrickungsbruch nach § 136 Abs. 1 StGB strafbar. Sind beide Tatbestände erfüllt, besteht Idealkonkurrenz, dient der Siegelbruch der Verdeckung des Verstrickungsbruchs, ist § 136 Abs. 2 StGB lex spezialis. Eine **Entsiegelung** der Gegenstände muss auf Anordnung der Person erfolgen, die auch die Siegelung veranlasst hatte, also i.d.R. von Seiten des Insolvenzverwalters. Auch der Verwalter darf die Siegel nicht entfernen. Sowohl über die Siegelung wie auch über die Entsiegelung ist ein Protokoll zu erstellen. Diese sind vom Insolvenzverwalter auf der Geschäftsstelle zur Einsicht der Beteiligten niederzulegen.

C. Rechtsmittel

Gegen die Siegelung ist ein Rechtsmittel nicht möglich, da keine gerichtliche Entscheidung zu- 6
grunde liegt. Auch, wenn das Insolvenzgericht einen deklaratorischen Beschluss erlassen würde, wäre ein Rechtsmittel nicht zulässig, da nicht gesondert vorgesehen, § 6 InsO. Eine Vollstreckungserinnerung ist nicht möglich, da keine Maßnahme der Zwangsvollstreckung vorliegt (*Uhlenbruck/Maus* InsO, § 150 Rn. 8; *Kübler/Prütting/Bork-Holzer* InsO, § 150 Rn. 12; **a.A.** MüKo-InsO/*Füchsl/Weishäupl/Jaffé* § 150 Rn. 7 für analoge Anwendung des § 766 ZPO). Einwendungen gegen Maßnahmen des Insolvenzverwalters müssen beim Insolvenzgericht geltend gemacht werden (s. Rdn. 3). Ein möglicher Dritteigentümer muss die Herausgabe/Entsiegelung im Zivilrechtsweg verfolgen (*OLG Düsseldorf* ZIP 2008, 1930, 1931; *Kübler/Prütting/Bork-Holzer* InsO, § 150 Rn. 12; *Uhlenbruck/Maus* InsO, § 150 Rn. 8).

§ 151 Verzeichnis der Massegegenstände

(1) ¹Der Insolvenzverwalter hat ein Verzeichnis der einzelnen Gegenstände der Insolvenzmasse aufzustellen. ²Der Schuldner ist hinzuzuziehen, wenn dies ohne eine nachteilige Verzögerung möglich ist.

(2) ¹Bei jedem Gegenstand ist dessen Wert anzugeben. ²Hängt der Wert davon ab, ob das Unternehmen fortgeführt oder stillgelegt wird, sind beide Werte anzugeben. ³Besonders schwierige Bewertungen können einem Sachverständigen übertragen werden.

(3) ¹Auf Antrag des Verwalters kann das Insolvenzgericht gestatten, dass die Aufstellung des Verzeichnisses unterbleibt; der Antrag ist zu begründen. ²Ist ein Gläubigerausschuss bestellt, so kann der Verwalter den Antrag nur mit Zustimmung des Gläubigerausschusses stellen.

Übersicht	Rdn.		Rdn.
A. Grundgedanke	1	3. Stichtag	13
B. Erstellung des Masseverzeichnisses	2	II. Form	14
I. Erfassung der Massegegenstände	4	C. Bewertung der Masse (Abs. 2)	15
1. Vollständigkeitsgebot	6	D. Unterlassen der Aufzeichnung (Abs. 3)	26
2. Einzelerfassungsgebot	10		

Literatur:
Frystatzki Die Hinweise des Instituts der Wirtschaftsprüfer zur Rechnungslegung in der Insolvenz, NZI 2009, 581; *Heyn* Die Erstellung der Verzeichnisse gem. §§ 151–153 InsO, InsBüro 2009, 214 u. 246; *Jörg* Die Markenbewertung in der Insolvenz, DZWIR 2013, 155; *Nickert* Erfordernis einer Unternehmensbewertung in der Insolvenz?, ZInsO 2013, 1722; *Schmitt/Möhlmann-Mahlu* Die Insolvenzeröffnungsbilanz und ihre Bedeu-

§ 150 InsO Siegelung

wordenen Missbrauchsfällen und der intensiv geführten Diskussion zur Aufsicht über die Verwalter wird sich ein Verwalter dem Insolvenzgericht auf Anforderung kurzfristig über den Stand und den Verlauf der Hinterlegungsstelle informieren.

§ 150 Siegelung

¹Der Insolvenzverwalter kann zur Sicherung der Sachen, die zur Insolvenzmasse gehören, durch den Gerichtsvollzieher oder eine andere dazu gesetzlich ermächtigte Person Siegel anbringen lassen. ²Das Protokoll über eine Siegelung oder Entsiegelung hat der Verwalter auf der Geschäftsstelle zur Einsicht der Beteiligten niederzulegen.

Übersicht	Rdn.		Rdn.
A. Grundgedanke	1	C. Rechtsmittel	6
B. Siegelung	2		

A. Grundgedanke

1 § 148 verpflichtet den Insolvenzverwalter, das gesamte zur Insolvenzmasse gehörende Vermögen in Besitz und Verwaltung zu nehmen. Zur Sicherung dieser Inbesitznahme hat er die Möglichkeit der Siegelung gem. § 150 InsO; diese Sicherungsmaßnahme steht in seinem Ermessen (*OLG Düsseldorf* ZIP 2008, 1930). Auf Anordnung des Verwalters werden auf die einzelnen Vermögensgegenstände hoheitliche Siegel angebracht. Dadurch wird jeder einzelne Vermögensgegenstand als massezugehörig gekennzeichnet; die Entfernung des Siegels ist strafbewehrt. Auch Geschäftspapiere und das Rechnungswesen können gesiegelt werden. Die Siegelung steht im Ermessen des Verwalters. Das Insolvenzgericht kann im Wege der Aufsicht nur eingreifen, wenn die Nichtdurchführung der Siegelung zu einer Pflichtwidrigkeit führen würde (*Uhlenbruck/Maus* InsO, § 150 Rn. 1). Derartige Konstellationen sind in der Praxis kaum denkbar. Kommt es zur Siegelung auf Veranlassung des Insolvenzverwalters, hat das Gericht nicht das Recht, die Siegelung auf ihre Zweckmäßigkeit hin zu überprüfen (*Uhlenbruck/Maus* InsO, § 150 Rn. 1). In der Praxis hat die Siegelung wohl keine Bedeutung mehr. Besteht die Gefahr, dass dem Verwalter Massegegenstände entzogen werden, wird er sie auf anderem Wege sichern, ggf. umlagern.

B. Siegelung

2 Die Siegelung wird durch den Gerichtsvollzieher oder durch eine andere dazu gesetzlich ermächtigte Person im Auftrag des Insolvenzverwalters vorgenommen. Der Insolvenzverwalter ist, da keine hoheitliche Person, nicht zur Siegelung berechtigt. Der Gerichtvollzieher hat auf den einzelnen Vermögensgegenständen ein Pfandsiegel anzubringen. Die konkrete Vornahme ist den jeweiligen GVGA'S der einzelnen Länder vorgegeben. Der Gerichtsvollzieher hat über die Siegelung ein Protokoll zu erstellen, das der Verwalter auslegen muss. Neben der Siegelung durch den Insolvenzverwalter nach § 150 InsO kann auch das Insolvenzgericht die Siegelung nach § 21 InsO anordnen (HambK-InsO/*Jarchow* § 150 Rn. 3). Die Kosten der Siegelung sind Masseschulden nach § 55 Abs. 1 Ziff. 1 InsO.

3 Die Siegelung stellt lediglich eine Sicherungsmaßnahme zur äußeren Kenntlichmachung der Massezugehörigkeit dar. Folglich ist sie noch kein Vollstreckungsakt (*BGH* NJW 1962, 1392; *LG Berlin* KTS 1963, 58). Sofern daher Einwendungen gegen die Maßnahmen des Gerichtsvollziehers erhoben werden, müssen sie beim Insolvenzgericht und nicht beim Vollstreckungsgericht vorgetragen werden (*LG Berlin* KZW 1963, 55; zu den Rechtsmitteln s. Rdn. 6). Die Siegelung wird durch den Gerichtsvollzieher oder durch eine andere dazu gesetzlich ermächtigte Person vorgenommen. Dies kann z.B. ein Notar oder die Geschäftsstelle der Amtsgerichte sein. Die einzelnen Ermächtigungen finden sich in landesrechtlichen Vorschriften.

gungsstelle und des Mitglieds eines Gläubigerausschusses in Frage, liegt ein Gesamtschuldverhältnis mit der daraus folgenden Ausgleichspflicht vor (RGZ 149, 182 [186]; **a.A.** HambK-InsO/*Jarchow* § 149 Rn. 30).

Die Hinterlegung erfolgt durch Anlage und Betreiben eines Bankkontos, bei **Wertpapieren** ist regelmäßig Depotverwahrung vorzunehmen. Wertpapiere sind nur die Urkunden i.S.d. Wertpapierrechts. Weitere Urkunden, die Vermögensrechte des Schuldners dokumentieren (z.B. Sparbücher) müssen nicht verwahrt werden (MüKo-InsO/*Füchsl/Weishäupl/Jaffé* § 149 Rn. 6; **a.A.** *Uhlenbruck* InsO, § 149 Rn. 10). **Kostbarkeiten** sind Vermögensgegenstände, deren Wert im Vergleich zur Größe besonders hoch ist, entscheidend ist die Verkehrsanschauung (*Ermann/Westermann* BGB, § 372 Rn. 5). Beispiele sind Münz- und Briefmarkensammlungen oder ein wertvoller Kunstgegenstand. Für sie sind Verwahrverhältnisse mit der Hinterlegungsstelle zu schließen. Unter den Begriff der Wertpapiere fallen alle Papiere, die Vermögensrechte des Schuldners zum Gegenstand haben. Dazu zählen Sparkassenbücher, Versicherungsscheine, Hypotheken- und Grundschuldbriefe wie auch Urkunden. 11

Der am 1. Januar 2009 eingeführten **Abgeltungssteuer auf Kapitalerträge** kann sich der Verwalter nicht entziehen. Die Hinterlegungsstelle muss die Steuer abführen. Der Verwalter kann weder eine Nichtveranlagungsbescheinigung erhalten noch eine Freistellungsbescheinigung (*BFH* ZIP 1995, 661 [662]). Der Vorschlag, Gelder bei ausländischen Kreditinstituten anzulegen (*Obermüller* Insolvenzrecht in der Bankpraxis Rn. 2.264) birgt für den Verwalter Risiken. In jedem Fall muss er die Zustimmung des Gläubigerausschusses oder der -versammlung einholen (**a.A.** HambK-InsO/*Jarchow* § 149 Rn. 12; MüKo-InsO/*Füchsl/Weishäupl/Jaffé* § 149 Rn. 20). In der Insolvenz der Personengesellschaft kann der Verwalter Erstattung vom Gesellschafter fordern (*OLG Dresden* GmbHR 2005, 238: Schadensersatzanspruch; *OLG Jena* 2.5.2011 – 9 U 927/10: Bereicherungsanspruch). 12

C. Mitzeichnung

Nach der Streichung des Abs. 2 ist eine zwingende Mitzeichnung des Gläubigerausschusses nur noch bei ausdrücklicher Anordnung der Gläubigerversammlung zu beachten. Eine solche Anordnung ist in der Praxis die Ausnahme, da nicht umsetzbar. 13

D. Bankgeheimnis

Auch die Bankverbindung mit der Hinterlegungsstelle unterliegt dem Bankgeheimnis. Diese Geheimhaltungspflicht besteht für die Hinterlegungsstelle auch **gegenüber dem Insolvenzgericht** (MüKo-InsO/*Füchsl/Weishäupl/Jaffé* § 149 Rn. 27). Um Verfügungen des Verwalters nachvollziehen zu können, kann aber das Insolvenzgericht dem Verwalter aufgeben, das Geldinstitut von seiner Geheimhaltungspflicht zu befreien (*Hess* InsO, § 149 Rn. 20; *Uhlenbruck* InsO, § 149 Rn. 20; **a.A.** *Nerlich/Römermann-Andres* InsO, § 149 Rn. 13); auch ist der Verwalter jederzeit zur Auskunft verpflichtet. Gegenüber dem Gläubigerausschuss soll das Bankgeheimnis nicht bestehen, weil es gegen zwingende Grundsätze des Insolvenzverfahrens verstößt (MüKo-InsO/*Füchsl/Weishäupl/Jaffé* § 149 Rn. 29; **a.A.** *Uhlenbruck* InsO, § 149 Rn. 20). Diese Differenzierung ist zweifelhaft. Der Gläubigerausschuss ist ein Organ der Gläubiger und besitzt keine besonderen Rechte gegenüber der Hinterlegungsstelle. 14

E. Gesetzgebungsverfahren

Der **Gesetzesentwurf zur Verbesserung und Vereinfachung der Aufsicht im Insolvenzverfahren** (GAVI) sah in § 5a die elektronische Verfahrensführung und damit den unmittelbaren Zugriff des Insolvenzgerichts auf die Hinterlegungsstelle vor. Darüber hinaus wird ein § 149a InsO vorgeschlagen, der Grundsätze für das vom Verwalter zu führende Anderkonto aufstellt und eine **Anderkontenliste vorschlägt.** Nach dem aktuellen Stand der Gesetzgebungsverfahren ist kurzfristig mit einer gesetzlichen Regelung nicht zu rechnen. Die Grundsätze ordnungsgemäßer Insolvenzverwaltung (GoI) des VID sehen gesonderte Konten mit Bezug zum Verfahren vor. Nach den bekannt ge- 15

7   Wird die Hinterlegungsstelle von dem Gläubigerausschuss, dem Insolvenzgericht oder später der Gläubigerversammlung bestimmt, darf der Verwalter keine weiteren Hinterlegungsstellen auswählen und andere Konten bei weiteren Kreditinstituten unterhalten (*LG Freiburg* ZIP 1983, 1093; *Obermüller* Insolvenzrecht in der Bankpraxis, Rn. 2.235). Wenn der Verwalter zur zinsgünstigen Anlage **Termingelder** anlegen will, muss er ggf. einen ergänzenden Beschluss des zuständigen Organs herbeiführen. Ist die Anlage von Termingeldern im Berichtstermin vorhersehbar, empfiehlt es sich, die Gläubigerversammlung um die Anlage von Termingeldern zu ersuchen, wenn die Konditionen günstiger als die der eingerichteten Hinterlegungsstelle sind. In der Praxis werden offensichtlich **Sonderkonten auf den Namen des Verwalters** ohne Bezug zum Verfahren angelegt, um Vollstreckungen von Massegläubigern zu entgehen (MüKo-InsO/*Füchsl/Weishäupl/Jaffé* § 149 Rn. 12; *Kießling* NZI 2006, 440 [442]). Diese Praxis ist weder erforderlich noch zulässig (*Uhlenbruck* InsO, § 149 Rn. 11; *Nerlich/Römermann-Andres* InsO, § 149 Rn. 13; HambK-InsO/*Jarchow* § 149 Rn. 10; *Obermüller* Insolvenzrecht in der Bankpraxis, Rn. 2.151a; *Schulte-Kaubrügge* ZIP 2011, 1400 [1403]; **a.A.** *Kübler/Prütting/Bork-Holzer* § 149 Rn. 8; BK-InsO/*Kießling* § 149 Rn. 29). Die Regelungen zur Einrichtung einer Hinterlegungsstelle dienen der Kontrolle des Geldverkehrs durch das Insolvenzgericht und die Gläubigerorgane. Mit der Begründung von Bankverbindungen außerhalb dieser Bestimmungen entzieht sich der Verwalter diesen Kontrollmöglichkeiten (**zum GAVI** s. Rdn. 15). Gegen Vollstreckungen von Massegläubigern bietet § 210 InsO ausreichend Schutz, Neugläubiger sind über § 209 Abs. 1 Nr. 2 InsO privilegiert (MüKo-InsO/*Füchsl/Weishäupl/Jaffé* § 149 Rn. 12). Heftig diskutiert wird die Frage, ob der vorläufige Verwalter zur Absicherung von Lieferanten im **Eröffnungsverfahren Treuhandkonten** anlegen darf (*Frind* ZInsO 2003, 778 [780]; *Pape/Uhlenbruck* ZIP 2204, 417 [420]).

8   Mit der Qualifizierung als Hinterlegungsstelle wird das **Kreditinstitut Beteiligter** i.S.d. §§ 60, 61, 71 InsO und Erfüllungsgehilfe für die Durchführung des Insolvenzverfahrens (RGZ 140, 185). Daraus resultiert die Pflicht, die Einhaltung der Grundsätze des § 149 InsO zu kontrollieren (*Obermüller* Insolvenzrecht in der Bankpraxis, Rn. 2.235 ff.). In erster Linie betrifft dies die Einhaltung der Zeichnungsberechtigung, wenn die Gläubigerversammlung die Mitzeichnung weitere Organe beschlossen hat. Eine erhöhte Prüfung und ggf. Information des Insolvenzgerichts kann auch bei der Verlagerung größerer Beträge an eine andere Bankverbindung bestehen. Die schlichte Anlegung von Termingeldern bei einem anderen Bankinstitut dürfte indes noch keine Prüfungspflicht auslösen (**a.A.** *Uhlenbruck* InsO, § 149 Rn. 16; *Obermüller* Insolvenzrecht in der Bankpraxis, Rn. 2.235). Wenn Anhaltspunkte für die zweckwidrige Verwendung der Gelder vorliegen (BGH NJW 1962, 869), ist die Hinterlegungsstelle zur Prüfung der Rechtmäßigkeit verpflichtet. Verdachtsmomente können Überweisungen auf das Privatkonto des Verwalters oder hohe Barabhebungen sein (MüKo-InsO/*Füchsl/Weishäupl/Jaffé* § 149 Rn. 26). Nachdem die generelle Mitzeichnung weiterer Gläubigerorgane in Abs. 2 ersatzlos gestrichen wurde, dürfte keine Pflicht der Hinterlegungsstelle mehr bestehen, weitere Mitzeichnungspflichten zu prüfen (so noch *RG* RGZ 143, 263 [267] zum alten Recht). Weitergehende Pflichten bestehen nicht. Insbesondere hat die Hinterlegungsstelle nicht zu überprüfen, ob der Verwalter im Rahmen der §§ 160 ff. InsO berechtigt ist.

9   Die Bank, die das Konto des Insolvenzschuldners oder das offene Treuhandkonto des Verwalters führt, aber nicht zur Hinterlegungsstelle i.S.d. § 149 InsO bestimmt wurde, muss die Kontoverfügungen des Insolvenzverwalters grds. nicht überwachen. Eine automatische Nachforschungspflicht entsteht nicht einmal bei Anhaltspunkten für einen Missbrauch. Die Bank hat sich zunächst nur nach den Weisungen aus dem Kontovertrag zu richten (vgl. *LG Osnabrück* v. 12.12.2006 – 18 O 732/05). Es verbleibt allerdings für die Bank das Risiko, dass eine entsprechende Rechtshandlung des Verwalters unwirksam ist, wenn die Handlung den Aufgaben des Insolvenzverfahrens zuwiderläuft (*Kuder* ZInsO 2009, 584 [589 f.]).

10 Nach herrschender Meinung ist die Hinterlegungsstelle bereits dann verpflichtet, eigene Erkundigungen vorzunehmen, wenn Geld oder andere Wertgegenstände für eine Insolvenzmasse angelegt werden (*Obermüller* Insolvenzrecht in der Bankpraxis Rn. 2.236). I.d.R. muss sie dann davon ausgehen, dass sie als Hinterlegungsstelle bestimmt worden ist. Kommt eine Haftung der Hinterle-

(so schon *Jaeger/Weber* KO, 8. Aufl., § 132 Rn. 4). Mit dieser Verwahrung kann aber gleichzeitig die Mehrung des hinterlegten Gutes, etwa durch Zinseinkünfte, verbunden sein.

B. Hinterlegung

Die Hinterlegung muss nicht bei einer öffentlichen Hinterlegungsstelle erfolgen. Es reicht, dass diese Stelle ausreichend Sicherheit dafür bietet, dass die Hinterlegungsgegenstände nicht verloren gehen. Die Erlangung der Eigenschaft als Hinterlegungsstelle erfolgt kraft Gesetzes, indem eine bestimmte Bank, Sparkasse oder sonstige Stelle vom Verwalter, Insolvenzgericht oder dem Gläubigerausschuss dazu bestimmt wird. Sofern bei dieser Stelle ein Konto auf den Namen der Insolvenzmasse eröffnet worden ist, muss sie in diesem Fall nicht einmal über ihre Bestimmungen unterrichtet werden. Zur Hinterlegungsstelle wird das Institut unmittelbar durch das Gesetz nach Bestimmung durch das zuständige Organ. Die Mitteilung durch das Insolvenzgericht ist nicht erforderlich (*Uhlenbruck* InsO, § 149 Rn. 15). Vom **vorläufigen Verwalter** im Eröffnungsverfahren eingerichtete Sonderkonten sind keine Hinterlegungsstellen nach § 149 InsO, dazu können sie auch nicht durch den Beschluss der Gläubigerversammlung umqualifiziert werden (*BGH* ZIP 2007, 2279 [2280]). Der vorläufige Verwalter kann sie als Anderkonten oder als Sonderkonten einrichten. Diese Unterscheidung hat für Zwangsvollstreckungen und den Übergang des Guthabens in das eröffnete Verfahren Bedeutung (*Schulte-Kaubrügge* ZIP 2011, 1400 [1402 ff. Die Hinterlegungsstelle kann auf den Namen der Masse, wenigstens aber als offenes Treuhandkonto geführt werden (*Obermüller* Insolvenzrecht in der Bankpraxis, Rn. 2.254). Das gebräuchliche Anderkonto ist nur bestimmten Berufsgruppen eröffnet, ein Konto auf den Namen des Verwalters ist nach der hier vertretenen Auffassung pflichtwidrig, da es an einer Vermögenszuordnung zur Masse fehlt (s. Rdn. 7).

Die **Auswahl der Hinterlegungsstelle** obliegt grds. dem Verwalter. Das ergibt sich nicht aus dem Wortlaut. Die Möglichkeit der Bestimmung durch den Gläubigerausschuss oder das Insolvenzgericht macht deutlich, dass die Auswahl der Hinterlegungsstelle und die Aufbewahrung von Geld und Wertsachen in den Verantwortungsbereich des Insolvenzverwalters fällt (Rechtsausschuss BT-Drucks. 12/7302 S. 174). Dieses Verfahren ist ständige Praxis. Die Auswahl der Hinterlegungsstelle kann der Verwalter nach freiem Ermessen treffen. Er wird sich in der Praxis davon leiten lassen, dass Institute als Hinterlegungsstelle ausscheiden, mit denen eine Auseinandersetzung im Rahmen des Verfahrens zu erwarten ist. Wenn kein Gläubigerausschuss bestellt ist, folgt aus der Anlage der Massegelder vor Durchführung der Gläubigerversammlung die Festlegung als Hinterlegungsstelle durch den Verwalter. Voraussetzung ist, dass dieser ausdrücklich in seiner Funktion als Verwalter handelt. Sog. Poolkonten für mehrere Verfahren sind unzulässig (*BGH* ZInsO 2013, 986 Rn. 3).

Ist ein **Gläubigerausschuss** bestellt, hat dieser das Recht, die Hinterlegungsstelle zu bestimmen. In der Praxis wird dieses Bestimmungsrecht regelmäßig vom vorläufigen Gläubigerausschuss, der vom Insolvenzgericht gem. § 68 Abs. 1 Satz 2 InsO bestellt werden kann, ausgeübt werden. Im Zeitpunkt der Gläubigerversammlung, die den endgültigen Gläubigerausschuss bestellt, sind die Entscheidungen zu der Hinterlegungsstelle bereits getroffen. Regelmäßig wird der Insolvenzverwalter sogar vor der Bestellung des vorläufigen Gläubigerausschusses die Hinterlegungsstelle bestimmen, um die eingehenden Gelder zu hinterlegen. Die Einsetzung eines Gläubigerausschusses erfolgt regelmäßig nur bei großen Insolvenzen. In diesen Fällen sind kurzfristige Entscheidungen zur Hinterlegung erforderlich. In der Praxis wird der Gläubigerausschuss regelmäßig der Bestimmung des Verwalters folgen.

Für den Fall, dass ein Gläubigerausschuss nicht bestellt ist oder dieser keine Entscheidung trifft, kann das **Insolvenzgericht die Bestimmung der Hinterlegungsstelle** vornehmen. Auch das Insolvenzgericht wird diese Entscheidungskompetenz gegen den Willen des Verwalters nur in Ausnahmefällen an sich ziehen. Allenfalls wenn sich abzeichnet, dass einzelne Gläubiger gegen eine mögliche Bestimmung des Verwalters stimmen werden, hat das Insolvenzgericht bereits jetzt die Möglichkeit, entsprechende Anordnungen zu treffen.

31 Eine Beschlagnahme nach Verfahrenseröffnung wird nur in Ausnahmefällen zulässig sein, wenn die Gefahr besteht, dass die Vermögensgegenstände als Beweismittel ohne die Durchsuchung verlorengehen können (*Uhlenbruck/Sinz* InsO, § 48 Rn. 16). Davon ist regelmäßig nicht auszugehen, da der durch das Insolvenzgericht überwachte Verwalter die Beweismittel schon im Interesse des Insolvenzverfahrens sichert.

E. Rechtsmittel/Rechtsweg

32 Hat der Schuldner Einwendungen gegenüber der Art und Weise der Zwangsvollstreckung oder gegenüber dem vom Gerichtsvollzieher zu beobachtenden Verfahren, so tritt gem. § 148 Abs. 2 Satz 2 InsO im Rahmen der Vollstreckungserinnerung nach § 766 ZPO das Insolvenzgericht an die Stelle des Vollstreckungsgerichts (*BGH* ZIP 2006, 340). Gegen die Entscheidung des Insolvenzgerichts ist die sofortige Beschwerde nach § 793 ZPO möglich (*BGH* ZIP 2006, 2008).

Die Zuständigkeit des Insolvenzgerichtes ist für Auseinandersetzungen über die Herausgabe zuständig (*BGH* ZInsO 2012, 969 [970]). Ein Streit über die Massezugehörigkeit von Vermögensgegenständen wird nicht vom Insolvenzgericht entschieden. Hierfür ist das allgemeine Prozessgericht zuständig (*BGH* ZInsO 2012, 1260 [1261]).

§ 149 Wertgegenstände

(1) ¹Der Gläubigerausschuß kann bestimmen, bei welcher Stelle und zu welchen Bedingungen Geld, Wertpapiere und Kostbarkeiten hinterlegt oder angelegt werden sollen. ²Ist kein Gläubigerausschuß bestellt oder hat der Gläubigerausschuß noch keinen Beschluß gefasst, so kann das Insolvenzgericht entsprechendes anordnen.

(2) Die Gläubigerversammlung kann abweichende Regelungen beschließen.

Übersicht

		Rdn.			Rdn.
A.	Allgemeines	1	D.	Bankgeheimnis	14
B.	Hinterlegung	3	E.	Gesetzgebungsverfahren	15
C.	Mitzeichnung	13			

Literatur:
Kießling Die Kontenführung im Insolvenzverfahren, vor allem durch Rechtsanwälte, NZI 2006, 440; *Kuder* Kontoführung im Insolvenzverfahren, ZInsO 2009, 584; *Mohrbutter/Mohrbutter* Handbuch der Konkurs- und Vergleichsverwaltung, 1990; *Schulte-Kaubrügger* Kontoeinrichtung durch den vorläufigen Insolvenzverwalter: Sonderkonto oder Anderkonto?, ZIP 2011, 1400.

A. Allgemeines

1 § 149 InsO legt die Grundsätze zur Auswahl der Hinterlegungsstelle (Abs. 1) und zur Hinterlegung von Geld und Wertgegenständen fest. Dadurch soll insbesondere ein Schutz der Masse gegen eine zweckwidrige oder gar missbräuchliche Verwendung durch den Verwalter bezweckt werden (HambK-InsO/*Jarchow* § 149 Rn. 1). Allerdings scheint dieses Misstrauen des Gesetzgebers unbegründet, was schon die geringe praktische Relevanz dieser Norm zeigt (MüKo-InsO/*Füchsl/Weishäupl/Jaffé* § 149 Rn. 1). Die InsO schreibt die Mitzeichnung des Gläubigerausschusses auch nicht zwingend vor, sie räumt dem Gläubigerausschuss, der Gläubigerversammlung und dem Insolvenzgericht das Recht ein, von dieser Kompetenz Gebrauch zu machen. Dementsprechend geht der Rechtsausschuss in seiner Begründung des endgültigen Wortlautes davon aus, dass die Anlage und Verwahrung von Geld und Kostbarkeiten grds. dem Verwalter obliegt (Begr. zum Ausschussbericht BT-Drucks. 12/7302 S. 174). Dem Verwalter obliegt die Auswahl der Hinterlegungsstelle, wenn die weiteren Organe von ihrem Recht zur Auswahl keinen Gebrauch machen.

2 Die Hinterlegung in der Insolvenz ist nicht mit der zivilrechtlichen aus §§ 372 ff. BGB zu verwechseln. Hinterlegung in der Insolvenz ist die Sicherung durch Hingabe in eine zuverlässige Verwahrung

Sofern sich ein Teil des **Schuldnervermögens im Ausland** befindet, muss sich der Insolvenzverwalter ggf. im Inland einen Titel erstreiten, der ihn dann nach dem ausländischen Recht zur Vollstreckung berechtigt (*BGH* NJW 1977, 900). Wenn ein Gläubiger auf die Insolvenzmasse, die sich im Ausland befindet, zugreift, so muss er sich in Deutschland entgegenhalten lassen, dass er nach § 812 Abs. 1 Satz 1 2. Alt. BGB ungerechtfertigt bereichert ist (*BGH* BGHZ 88, 147 [153]), bei Bösgläubigkeit greift entsprechend auch die verschärfte Haftung des §§ 819 Abs. 1, 818 Abs. 4, 292, 987 ff. BGB ein, § 342 Abs. 1 InsO (*Uhlenbruck* InsO, § 148 Rn. 24). 26

Hat ein **Dritter** einen zur Insolvenzmasse gehörigen Gegenstand in seinem **Besitz** und will diesen nicht freiwillig herausgeben, so muss der Verwalter seinen Herausgabeanspruch gerichtlich geltend machen (*OLG Düsseldorf* NJW 1965, 2409), da der Eröffnungsbeschluss gegenüber einem Dritten keinen zur Wegnahme im Zwangsvollstreckungswege geeigneten Titel darstellt (MüKo-InsO/*Füchsl/Weishäupl/Jaffé* § 148 Rn. 69). Da der Verwalter seine Rechte unmittelbar aus § 80 InsO ableitet, muss er den Anspruch des Schuldners vorher nicht pfänden und sich überweisen lassen. Besitzt ein Dritter Massegegenstände, muss er indes die Besichtigung des Verwalters dulden; das gilt auch bei Immobilien (*OLG Braunschweig* 17.01.2000 – 2 W 276/99; s. Rdn. 23). Gegenüber dem Herausgabeanspruch von Aussonderungsberechtigten ist der Insolvenzverwalter mangels Besitz nicht passiv legitimiert. Das soll z.B. aber dann gelten, wenn der Verwalter in den Leasingvertrag eingetreten ist (*OLG Frankfurt* ZIP 1991, 1505 [1506]). 27

Ein **Steuerberater**, bei dem sich Geschäftsunterlagen des Schuldners befinden, kann an diesen kein Zurückbehaltungsrecht gegenüber dem Verwalter geltend machen (*OLG Stuttgart* ZIP 1982, 80; *OLG Düsseldorf* NJW 1977, 1201; ZIP 1982, 471; *LG Düsseldorf* ZIP 1982, 303 [306]; *LG Köln* NZI 2004, 671). Zur Herausgabe eigener Arbeitsergebnisse ist er nicht verpflichtet (*BGH* ZIP 2004, 1267 [1268]). Auch die Handakten des Rechtsanwalts sind herauszugeben; Zurückbehaltungsrechte stehen ihm nicht zu (*OLG Hamburg* ZInsO 2005, 550). Das Gleiche gilt für Geschäftsunterlagen bei einem Buchhalter. Gemäß §§ 675, 667 BGB hat der Insolvenzverwalter gegenüber dem Steuerberater im Übrigen Anspruch auf Herausgabe der zum Zweck der Buchhaltung erstellten Computerlisten, da letztlich alle Sachen und Rechte aus der Geschäftsführung erlangt sind, die der Beauftragte infolge der Geschäftsbesorgung erhalten hat. Hierzu zählen daher auch die Unterlagen, die er im Rahmen seiner Geschäftsbesorgungspflichten selbst oder durch Angestellte bzw. Dritte hat anfertigen lassen. Dabei ist es unerheblich, dass der Geschäftsführer zunächst Eigentum an diesen erlangt hat, da die Herausgabepflicht des § 667 BGB in solchen Situationen die Pflicht zur Eigentumsübertragung mit umschließt (vgl. *OLG Stuttgart* ZIP 1982, 80). Die Rechtsprechung gewährt dem Verwalter wegen der notwendigen Ermittlungen einstweiligen Rechtsschutz (*OLG Düsseldorf* ZIP 1982, 471). 28

D. Hoheitliche Beschlagnahme

In der Praxis treten bei der Inbesitznahme des Insolvenzverwalters Probleme auf, wenn die Ermittlungsbehörden Vermögensgegenstände des Schuldners nach § 98 StPO beschlagnahmt und sichergestellt haben. Bei Ermittlungen im Rahmen eines Steuerstrafverfahrens werden regelmäßig sämtliche Geschäftsunterlagen des Schuldners beschlagnahmt und von der Steuerfahndung in Besitz genommen. Im Einzelnen gilt Folgendes: 29

Waren die einzelnen Vermögensgegenstände/die Geschäftsunterlagen des Schuldners im Zeitpunkt des Insolvenzantrages bereits beschlagnahmt, war bis zur Neuregelung der strafrechtlichen Vermögensabschöpfung zum 01.07.2017 streitig, ob der Insolvenzbeschlag die strafrechtliche Beschlagnahme durchbricht (zum Streitstand MüKo-InsO/*Füchsl/Weishäupl/Jaffé* § 148 Rn 14 ff.). Der neu geschaffene § 111d Abs. 2 Satz 2 StPO ordnet ausdrücklich den Vorgang der strafprozessualen Beschlagnahme an. Die Neuregelung geht einher mit der Vermögensabschöpfung zugunsten des Verletzten, die sodann über das Insolvenzverfahren erfolgen soll (§ 111i stopp; dazu *Bittmann* ZInsO 2016, 873 [882 ff.]). In jedem Fall ist die Beschlagnahmeanordnung aufzuheben und die Vermögensgegenstände an den Verwalter herauszugeben, wenn die Unterlagen nicht mehr für Beweiszwecke benötigt werden (*Kleinknecht/Meyer-Goßner* § 98 StPO Rn 30). 30

ter gem. § 148 Abs. 2 InsO die Herausgabe mit Hilfe einer vollstreckbaren Ausfertigung des Eröffnungsbeschlusses durchsetzen. Dabei handelt es sich um einen Vollstreckungstitel i.S.v. § 794 Abs. 1 Nr. 3 ZPO (*BGH* ZIP 2006, 2008). Im Eröffnungsbeschluss müssen die einzelnen Vollstreckungsgegenstände nicht näher bezeichnet werden (*LG Düsseldorf* KTS 1957, 143; *Eickmann* Konkurs- und Vergleichsrecht, S. 45, Fn. 68). Der Verwalter ist kein Vollstreckungsorgan, er muss den Gerichtsvollzieher mit der Wegnahme beauftragen (§ 90 GVGA).

23 Der Insolvenzverwalter kann mit dem von ihm beauftragten Gerichtsvollzieher jederzeit auch die Privat- und Geschäftsräume des Gemeinschuldners betreten, um Gegenstände der Insolvenzmasse in Besitz zu nehmen. Art. 13 GG stellt kein Hinderungsgrund dar. Ein besonderer richterlicher Durchsuchungsbeschluss ist nicht notwendig (*Uhlenbruck* InsO, § 148 Rn. 20; *Kübler/Prütting/Bork-Holzer* InsO, § 148 Rn. 18; **a.A.** *Häsemeyer* Insolvenzrecht, Rn. 13.04; MüKo-InsO/*Füchsl/Weishäupl/Jaffé* § 148 Rn. 66). Der Beschluss über die Eröffnung des Insolvenzverfahrens beinhaltet den Insolvenzbeschlag des gesamten dem Schuldner gehörenden Vermögens. Darunter fällt auch das, was dieser in seiner Privatwohnung hat. Aus § 148 InsO obliegt dem Insolvenzverwalter die Pflicht, alle diese Gegenstände an sich zu nehmen. Der Eröffnungsbeschluss reicht zum Betreten der Wohnung auch dann aus, wenn der Schuldner in einer Wohngemeinschaft, in Ehegemeinschaft oder in eheähnlicher Gemeinschaft lebt (*Kuhn/Uhlenbruck* KO, § 117 Rn. 6b). Im Rahmen der Vollstreckung gilt die Vermutung des § 1362 BGB. Der Insolvenzverwalter kann, ebenfalls unter Einschaltung des Gerichtsvollziehers, die Wohnung des Schuldners betreten, um die in der Masse befindliche Immobilie zu besichtigen. Wenn sich die Wohnung im Drittbesitz befindet, ergibt sich das Besichtigungsrecht des Verwalters aus § 80 InsO. Zu den übergegangenen Verwaltungs- und Verfügungsrechten zählt auch das Recht des Eigentümers zur Besichtigung (*LG Göttingen* 27.08.2002 – 10 T 48/02). Gegen die Besichtigung steht dem Schuldner im übrigen Vollstreckungsschutz aus § 765a ZPO nicht zu, weil die Besichtigung nur eine Vorbereitungsmaßnahme ist (*OLG Köln* NJW 1994, 1743; *AG Göttingen* 13.05.2003 – 74 IN 83/99).

24 Der Eröffnungsbeschluss kann vom Insolvenzverwalter auch als Vollstreckungstitel zur **Räumung der Wohnung** des Schuldners eingesetzt werden (*Uhlenbruck* InsO, § 148 Rn. 31; *LG Düsseldorf* KTS 1963, 58). Dies gilt allerdings nur, wenn entweder die Wohn- und Geschäftsräume in die Insolvenzmasse fallen oder die Mietwohnung des Schuldners für die Masse verwertet werden soll. Bei Mietwohnungen dürfte das Problem in der Praxis regelmäßig nicht mehr auftreten. Der Verwalter wird das Mietverhältnis **regelmäßig** nach § 109 Abs. 1 Satz 2 InsO freigeben, um Masseverbindlichkeiten zu vermeiden. Pfändbare Haushaltsgegenstände, die dem Insolvenzbeschlag unterliegen könnten, werden regelmäßig nicht vorgefunden; im Übrigen gilt § 36 Abs. 3 InsO. Vollstreckungsschutz kann dem Schuldner nur gem. § 765a ZPO gewährt werden. Eine Anwendung der Vorschrift des § 721 ZPO kommt auch analog nicht in Betracht (*Nerlich/Römermann-Andres* InsO, § 148 Rn. 46; *Burkhardt* NJW 1968, 687; *Eickmann* RWS-Skripten 88, 26 f.; **a.A.** *Schmidt-Futterer* NJW 1968, 143).

25 Nach der Entscheidung des *BGH* v. 25.06.2004 (BGHZ 159, 383 [386]) ist ein Räumungstitel gegen einen Schuldner keine Ermächtigung, um die Räumung gegen den Lebenspartner durchzusetzen. Mit dieser Grundsatzentscheidung hat der BGH einen jahrelangen Streit beendet. Der Eröffnungsbeschluss ist deshalb kein Räumungstitel gegen den Familienangehörigen des Schuldners (*LG Trier* ZInsO 2005, 780; ausf. *Uhlenbruck* § 148 Rn. 32). Diese Grundsätze gelten nach §§ 739 ZPO, 8 LPartG auch für **eingetragene Lebenspartnerschaften**. Bei **nichtehelichen Lebensgemeinschaften** muss der Räumungstitel auch dann gegen den Lebenspartner erwirkt werden, wenn er Mitmieter ist (*Zöller/Stöber* ZPO, § 885 Rn. 10). Auch, wenn der Vermieter der Aufnahme des Lebenspartners in die Wohnung zugestimmt hatte, wird ebenfalls ein Räumungstitel gegen den Lebenspartner für erforderlich gehalten (*KG* NJW-RR 1994, 713; *Zöller/Stöber* ZPO, § 885 Rn. 10). Auch gegen Untermieter oder Mitmieter des Schuldners kann Räumung aufgrund des Eröffnungsbeschlusses nicht durchgesetzt werden (MüKo-InsO/*Füchsl/Weishäupl/Jaffé* § 148 Rn. 71). Vom Schuldner kann der Verwalter Nutzungsentschädigung nach Bereicherungsgrundsätzen fordern (*BGH* NJW 1985, 1082 [1083]).

sich aus §§ 861 f., 869 BGB. Diese gehören ebenfalls zur Insolvenzmasse und werden ausschließlich durch den Verwalter ausgeübt. Allerdings besteht die Möglichkeit, den Schuldner zur Geltendmachung zu ermächtigen oder die Freigabe der Ansprüche zu erklären (MüKo-InsO/*Füchsl/Weishäupl/Jaffé* § 148 Rn. 35).

Regelmäßig ist die Inbesitznahme mit nicht unerheblichen Kosten verbunden. Der Verwalter wird immer zu prüfen haben, ob er die Gegenstände beim Gemeinschuldner oder bei Dritten bis zur Verwertung belässt. Wenn der Verwalter so verfährt, muss er sicherstellen, dass die unmittelbaren Besitzer seinen Anweisungen zum Verbleib und der Verwertung der Vermögensgegenstände Folge leisten. In der Praxis werden regelmäßig Besitzmittlungsverhältnisse vereinbart. Solange der Verwalter von der Herausgabebereitschaft des Gemeinschuldners oder des Dritten ausgehen kann, muss der unmittelbare Besitz nicht begründet werden (*OLG Hamburg* ZIP 1996, 386 [387]). 17

Dem Verwalter steht aufgrund seines Besitzrechtes gegenüber dem Schuldner, aber auch gegenüber jedem Dritten, der im Besitz eines zur Masse zugehörigen Gegenstandes ist, ein Herausgabeanspruch zu. Eine Ausnahme gilt nur für die Gegenstände, die der Schuldner unter Verstoß gegen ein Gesetz oder die guten Sitten erlangt hat. In einem solchen Fall besitzt der Verwalter kein Rückforderungsrecht (*BGH* WM 1989, 191). 18

Nach dem Universalitätsprinzip des § 35 InsO ist der Insolvenzverwalter verpflichtet, nicht nur das Inlandsvermögen, sondern auch das **Auslandsvermögen** in seinen Besitz zu nehmen (s. nur *BGH* BGHZ 118, 151). Um seine Pflichten erfüllen zu können, kann der Verwalter nach h.M. vom Schuldner Auskunft und Mitwirkung verlangen (HambK-InsO/*Jarchow* § 148 Rn. 11; *Graf-Schlicker/Kalkmann* InsO, § 148 Rn. 9). Hierunter fällt vor allem die Erteilung einer Vollmacht, die den Insolvenzverwalter ermächtigt, über die im Ausland befindlichen Vermögensgegenstände zu verfügen, falls der jeweilige Staat die Wirkungen der Eröffnung des Verfahrens in Deutschland nicht anerkennt (*BGH* ZIP 2003, 2123 [2124] m. Anm. *Uhlenbruck*). Hiergegen sprechen auch keine verfassungsrechtlichen Bedenken (*BVerfG* ZIP 1986, 1336). Zur Anerkennung der Verfahrenseröffnung im Ausland s. *Wenner/Schuster* Art. 16 EuInsVO. 19

Der Schuldner ist verpflichtet, dem Verwalter Auskunft über den Verbleib sämtlicher Vermögensgegenstände zu erteilen. Der Pflicht zur Auskunftserteilung sind bei Gesellschaften nach § 101 InsO die organschaftlichen Vertreter unterworfen. Um Auskunft über den derzeitigen Vermögensstand des Schuldners zu erhalten, ist es dem Insolvenzverwalter jedoch untersagt, von dessen früheren Arbeitnehmern Auskünfte über von diesen dem Gemeinschuldner erteilten Krediten und deren anschließende Abwicklung zu fordern (*BAG* WM 1991, 378). Hierfür bietet auch die InsO keine Rechtsgrundlage. So muss der Schuldner auf Verlangen des Insolvenzverwalters gem. § 97 InsO Auskunft über alle für das Insolvenzverfahren wichtigen Verhältnisse geben. Kommt er diesem nicht nach, kann der Verwalter sein Auskunftsverlangen im Wege des § 98 InsO erzwingen. Aus diesem Grunde ist ein Auskunftsanspruch nach § 148 InsO i.V.m. § 242 BGB nur möglich, wenn der Verwalter in entschuldbarer Weise über Bestehen und Umfang eines Rechts im Ungewissen ist. Dies kann jedoch nur dann der Fall sein, wenn ihm der Weg der §§ 97, 98 InsO nicht zumutbar ist. Zu der Frage, inwieweit der Insolvenzverwalter zeugnisverweigerungsberechtigte Berufsgeheimnisträger wirksam von der Verschwiegenheitspflicht entbinden kann, vgl. *Schäfer* WiStra 1985, 209. 20

Bei **Verwalterwechsel** geht der Besitz als tatsächliche Sachherrschaft nicht automatisch auf den neuen Verwalter über. Dieser erhält mit seiner Bestellung zwar das Recht zum Besitz, muss aber diesen tatsächlich neu begründen (MüKo-InsO/*Füchsl/Weishäupl/Jaffé* § 148 Rn. 32; *Uhlenbruck* InsO, § 148 Rn. 27). 21

C. Zwangsmaßnahmen

Der Verwalter ist nicht berechtigt, sich den Besitz gegen den Willen des Schuldners zu verschaffen. Diese Inbesitznahme wäre verbotene Eigenmacht nach § 858 Abs. 1 BGB, der sich der Schuldner mit Gewalt widersetzen darf, § 859 Abs. 1 BGB (*Uhlenbruck* InsO, § 148 Rn. 9; *Kübler/Prütting/Bork-Holzer* InsO, § 148 Rn. 10). Wenn der Schuldner die Herausgabe verweigert, kann der Verwal- 22

scheiden, ob das Unternehmen fortgeführt oder stillgelegt wird. Dabei hat er umgehend zu prüfen (in der Praxis wird diese Prüfung im Eröffnungsverfahren erfolgt sein), ob die Fortführung mit Verlusten verbunden ist, die eine Masseschmälerung bedeuten. Zudem muss der Verwalter die Haftung aus § 61 InsO beachten, wenn möglicherweise Masseverbindlichkeiten, die im Rahmen der Fortführung begründet wurden, nicht mehr erfüllt werden können. Will der Verwalter diese Haftung vermeiden, kommt er um eine detaillierte Ertrags- und Liquiditätsplanung, die ständig aktualisiert werden muss, nicht herum (anschaulich die Haftungsentscheidungen *BGH* ZInsO 2005, 205 ff.; *OLG Celle* ZInsO 2003, 334 ff.). Die endgültige Entscheidung über die Einstellung trifft die Gläubigerversammlung, § 157 InsO, im Berichtstermin. Will der Verwalter vorher einstellen, hat er nach § 158 InsO den Gläubigerausschuss zu beteiligen oder den Schuldner zu informieren, um diesen die Möglichkeit zu eröffnen, die Untersagung der Einstellung durch das Insolvenzgericht nach § 158 Abs. 2 zu bewirken.

13 Übt der Schuldner eine **freiberufliche Tätigkeit** aus, hat der Verwalter auch diese Tätigkeit in die Masse zu übernehmen. Bei der Prüfung der Massezugehörigkeit von beweglichem Anlagevermögen hat er über § 36 InsO § 811 Nr. 5 ZPO zu beachten. Dieser Pfändungsschutz besteht nur, wenn die Praxis fortgeführt wird (*Bange* ZInsO 2006, 362 [364]). Fraglich ist das, wenn der Schuldner seine Tätigkeit nach einem Einstellungsbeschluss der Gläubigerversammlung fortsetzt. Nach zutreffender Auffassung kann die Gläubigerversammlung dem Schuldner nicht die (Mindest-)Existenzgrundlage entziehen und den Pfändungsschutz der ZPO außer Kraft setzen (*AG Köln* ZInsO 2003, 667 [669]; HambK-InsO/*Jarchow* § 148 Rn. 37; **a.A.** *AG Dresden* ZVI 2002, 119; *Tetzlaff* EWIR 2003, 1151 f.). Der Pfändungsschutz ist aufgehoben, wenn der Schuldner einzelne Gegenstände sicherungsübereignet hat; damit ist ein Verzicht auf den Pfändungsschutz verbunden (*AG Köln* ZInsO 2003, 667 [669]). Mit der Übernahme werden sämtliche Einnahmen Massebestandteil. Der Schuldner kann nach § 850i ZPO beantragen, dass ihm der pfandfreie Anteil belassen wird (*BGH* ZVI 2007, 78). Kommt der Verwalter zu dem Ergebnis, dass die Einnahmen die Masse nicht erhöhen, sollte er nach § 35 Abs. 2 Satz 1 freigeben. Der Schuldner muss dann nach § 295 Abs. 2 InsO verfahren.

14 Die Inbesitznahme muss **sofort nach Verfahrenseröffnung** erfolgen. Die schuldhaft verzögerte Besitzergreifung kann zu Schadenersatzansprüchen gegen den Verwalter nach § 60 InsO führen (*Kübler/Prütting/Bork-Holzer* InsO, § 148 Rn. 7; *Uhlenbruck* InsO, § 148 Rn. 7). Die Pflicht zur sofortigen Inbesitznahme gilt nicht uneingeschränkt. Bei vom Schuldner genutzten Immobilien genügt es, wenn der Verwalter die Verfügungsmacht der Masse durch Eintragung des Insolvenzvermerks in das Grundbuch nach § 32 InsO bewirkt (MüKo-InsO/*Füchsl/Weishäupl/Jaffé* § 148 Rn. 26). Wertlose Gegenstände muss der Verwalter nicht in Besitz nehmen, er kann sie sofort freigeben. Das gilt insbesondere, wenn die Inbesitznahme und Verwaltung mit Kosten für die Masse verbunden ist. Die Pflicht zur Inbesitznahme besteht während der **gesamten Dauer** des Verfahrens auch zu dem Masseneuerwerb gem. § 35 Abs. 1 2. Alt. (*Häsemeyer* Insolvenzrecht, Rn. 13.02).

15 Durch die Besitzergreifung wird der Insolvenzverwalter nach h.M. **unmittelbarer Fremdbesitzer** mit der Konsequenz, dass ihm auch die Besitzschutzrechte zustehen; der Schuldner ist mittelbarer Besitzer (*Kübler/Prütting/Bork-Holzer* InsO, § 148 Rn. 11; *Uhlenbruck* InsO, § 148 Rn. 11). Belässt der Verwalter Massegegenstände beim Schuldner, ist dieser nicht Besitzdiener; es fehlt an der von § 855 BGB geforderten Weisungsbefugnis (MüKo-InsO/*Füchsl/Weishäupl/Jaffé* § 148 Rn. 28; **a.A.** *Uhlenbruck* InsO, § 148 Rn. 12; *Nerlich/Römermann-Andres* InsO, § 148 Rn. 31; HambK-InsO/*Jarchow* § 148 Rn. 14). Der Verwalter hat indes ohnehin aus § 148 Abs. 2 jederzeit das Recht, Herausgabe zu fordern; zur Praxis s. Rdn. 17. Bei unkörperlichen Gegenständen wie Forderungen und Rechten gehören die hierüber ausgestellten Urkunden (z.B. Sparbücher, Wechsel, Grundschuld- und Hypothekenbriefe) zur Insolvenzmasse, so dass diese vom Verwalter in Besitz genommen werden müssen. Die Inbesitznahme von Immobilien erfolgt durch Räumung und Besitzeinweisung des Verwalters.

16 Dem Verwalter stehen nach der Begründung des unmittelbaren Besitzes die Besitzschutzansprüche aus §§ 859 ff. sowie § 1007 BGB zu. Ansprüche des Schuldners als mittelbarem Besitzer, ergeben

die der Masse zustehenden Forderungen durch die Anzeige gegenüber den Drittschuldnern nicht ausreichend und entsteht der Masse dadurch ein Schaden, macht er sich nach § 60 InsO schadenersatzpflichtig (*BGH* ZIP 1993, 1886 [1887]).

Bei **Gesellschaftsanteilen** des Schuldners stehen dem Verwalter im Rahmen der Verwaltung der Masse alle Mitgliedschafts- und Stimmrechte zu. Das gilt auch, wenn der Schuldner sich nach dem Gesellschaftsvertrag nicht vertreten lassen darf (*Uhlenbruck* InsO, § 35 Rn. 160). Die Ausübungsrechte stehen dem Verwalter umfassend auch für nicht vermögensrechtliche Angelegenheiten der Gesellschaft zu (*Bergmann* ZInsO 2004, 225 [228]; *Uhlenbruck* InsO, § 35 Rn. 160). Gesellschaftsvertragliche Regelungen, nach denen das Stimmrecht in der Insolvenz des Gesellschafters ruht, sind unzulässig. Sie verstoßen gegen die zwingende Vorgabe der §§ 80, 148 InsO (*Uhlenbruck* InsO, 12. Aufl., § 35 Rn. 105; *Rowedder/Schmidt-Leithoff/Bergmann* GmbHG, § 15 Rn. 151; **a.A.** *Bergmann* ZInsO 2004, 225 [229]; *Hachenburg-Zutt* GmbHG, 8. Aufl., Anh. § 15 Rn. 95; *Scholz/Winter* GmbHG, 11. Aufl., § 15 Rn. 254; *Baumbach/Hueck/Fastrich* GmbHG, 19. Aufl., § 15 Rn. 64). 8

Die Sicherung der **Immobilien** zugunsten der Masse erfolgt durch Eintragung des Insolvenzvermerkes in das Grundbuch, § 32 InsO. Die Inbesitznahme bei vermieteten Immobilien erfolgt durch Anzeige gegenüber den Mietern. Wird die Immobilie ausschließlich vom Schuldner genutzt, muss der Verwalter umgehend prüfen, ob die Kosten für die Verwaltung (Steuern, Energie etc.) getragen werden können, ohne dass Masseminderung eintritt. Gleichzeitig hat er den Anspruch aus Bereicherung gegenüber dem Schuldner geltend zu machen, wenn dieser die Immobilie weiterhin nutzt. Anders als bei der Zwangsverwaltung (§ 149 ZVG) hat der Schuldner keinen Anspruch auf unentgeltliche Nutzung (*BGH* NJW 1985, 1082 [1083]; *OLG Nürnberg* ZInsO 2005, 892). Gegenüber Familienangehörigen kann der Anspruch auf Nutzungsentgelt nur in Ausnahmefällen bei gesonderter Vereinbarung oder wenn diese unterhaltsverpflichtet sind, geltend gemacht werden (*OLG Nürnberg* ZInsO 2005, 892). Wenn die Immobilie nicht genutzt wird, muss der Verwalter umgehend prüfen, ob die Kosten bestritten werden können. Aus Mitteln der Masse darf der Verwalter sie nur bestreiten, wenn sie erstattet werden. In der Praxis werden regelmäßig mit den Grundpfandgläubigern Vereinbarungen getroffen, da sie an einer ordnungsgemäßen Verwaltung und Verwertung durch den Verwalter interessiert sind. Kommt es zu keiner Vereinbarung und besteht auch keine Aussicht, bei einer Verwertung Erlösanteile für die Masse zu erhalten, muss der Verwalter die Immobilie kurzfristig freigeben (dazu *Pape* ZInsO 2008, 465 [471]). Bei Immobilien muss er zudem immer die Möglichkeit von **Altlasten** prüfen. Ist das Grundstück Massebestandteil, kann der Verwalter für die Sanierung als Zustandsstörer in Anspruch genommen werden. Durch die Freigabe kann er die Haftung der Masse vermeiden, da er dann nicht mehr die tatsächliche Gewalt zur Beseitigung der Altlasten innehat (*BVerwG* NZI 2005, 51 [52 ff.] auch zur Haftung der Masse; *Lwowski/Tetzlaff* NZI 2004, 225 [228]). 9

Ein dem Schuldner eingeräumtes schuldrechtliches **Wohnrecht** kann vom Verwalter nicht in Besitz genommen werden, wenn es vom Schuldner nicht übertragen werden kann. Nach § 36 InsO gehören Gegenstände, die nicht gepfändet werden können, nicht zur Insolvenzmasse. Eine beschränkte, persönliche Dienstbarkeit (§ 1092 Abs. 1 Satz 1 BGB) ist nicht übertragbar und damit ein unveräußerliches Recht i.S.d. § 857 Abs. 3 ZPO, sodass eine Inbesitznahme in diesem Fall ausscheidet (*LG Hamburg* Beschl. v. 23.02.2009 – 326 T 83/08). Ausführlich s. *Bornemann* § 55 Rn. 28. 10

Bei der **Inbesitznahme der Buchhaltung** aus Zeiträumen vor dem Insolvenzverfahren, können für den Verwalter umfangreiche Pflichten im Zusammenhang mit der Rechnungslegung und Veröffentlichung von Jahresabschlüssen bestehen. Für die vom Schuldner nicht erstellten Abschlüsse und fehlenden Erklärungen ist der Verwalter uneingeschränkt verantwortlich (MüKo-InsO/*Füchsl/Weishäupl/Jaffé* § 155 Rn. 4). 11

Die **Übernahme des schuldnerischen Unternehmens** ist ein komplexer Vorgang. Der Verwalter hat das gesamte Anlage- und Umlaufvermögen zu übernehmen und tritt im Rahmen der §§ 103 ff. InsO in die zivil- und öffentlich-rechtlichen Pflichten ein. Der Verwalter hat zudem unverzüglich zu ent- 12

§ 148 InsO   Übernahme der Insolvenzmasse

Auch die **Geschäftsbücher des Unternehmens** sind Massebestandteil, § 36 Abs. 2 Nr. 1 InsO. Verbliebene Geschäftsbücher sind nach der Verfahrensbeendigung wieder an den Schuldner herauszugeben (*OLG Stuttgart* ZIP 1998, 1880). Auch der Neuerwerb des Schuldners ist in Besitz zu nehmen.

3 Mit der Eröffnung des Verfahrens gehen die Verwaltungs- und Verfügungsrechte über, § 80 InsO. Um diesen Rechtsübergang zu vollziehen, muss der Insolvenzverwalter die zur Insolvenzmasse gehörenden Gegenstände in Besitz nehmen. Inbesitznahme ist die **Begründung der tatsächlichen Sachherrschaft** i.S.d. § 854 BGB.

4 Ob die Vermögensgegenstände mit Drittrechten belastet sind, ist – für die erste Inbesitznahme – nicht von Bedeutung. Gegenstände, die mit Absonderungsrechten nach §§ 50 ff. InsO belastet sind, darf der Verwalter ohnehin verwerten (§ 166 InsO) und muss sie in Besitz nehmen und halten. Solange **Aussonderungsrechte** nicht abschließend geprüft sind, greift zugunsten der Masse die Eigentumsvermutung des § 1006 BGB. Bei ungeprüfter Freigabe macht sich der Verwalter nach § 60 InsO schadenersatzpflichtig, wenn sich später herausstellt, dass keine Aussonderungsrechte bestehen. Aus- oder absonderungsberechtigte Dritte können sich deshalb gegen die Inbesitznahme nicht wehren; unzulässig ist die Verwertung. Haben die Ermittlungen im Eröffnungsverfahren ergeben, dass Aussonderungsrechte bestehen, muss der Verwalter sie nicht in Besitz nehmen (BGHZ 127, 156 [161]; MüKo-InsO/*Füchsl/Weishäupl/Jaffé* § 148 Rn. 12; *Graf-Schlicker/Kalkmann* InsO, § 148 Rn. 11; **a.A.** *Uhlenbruck* InsO, § 148 Rn. 7; *Häsemeyer* Insolvenzrecht, Rn. 13.02). Nach dem Wortlaut bezieht sich die Pflicht zur Inbesitznahme auf die Masse. Dazu zählen absonderungsbelastete Gegenstände nicht. Dieser Grundsatz gilt nur, wenn die Gegenstände für die Masse, insbesondere bei der Unternehmensfortführung, nicht mehr benötigt werden. Die Möglichkeit, in Leasingverträge einzutreten oder das Wahlrecht nach § 107 Abs. 2 InsO auszuüben, muss der Verwalter selbstverständlich prüfen.

5 Ein Verzicht auf die Besitzergreifung ist nur dann zulässig, wenn die Gegenstände für die Masse wertlos sind oder wegen ihrer Belastung mit Absonderungsrechten keinen Überschuss für die Masse versprechen (*Uhlenbruck/Sinz* § 148 Rn. 2). Im letztgenannten Fall ist der Verwalter nicht verpflichtet, bei Herausgabeverweigerung durch den Schuldner oder Dritter Klage zu erheben. Es reicht aus, dass er den Absonderungsberechtigten von der Weigerung des Dritten unterrichtet (*OLG Hamburg* ZIP 1996, 386). Auf eine Inbesitznahme kann der Verwalter auch dann verzichten, wenn der über die Verfahrenseröffnung hinaus andauernde Besitz des Schuldners die spätere Verwertung zugunsten der Masse nicht gefährdet. Das kann bei Immobilien, die der Schuldner bewohnt, der Fall sein, wenn der Insolvenzvermerk im Grundbuch eingetragen ist (MüKo-InsO/*Füchsl/Weishäupl/Jaffé* § 148 Rn 26).

6 Unpfändbare Vermögensgegenstände sind gem. § 36 InsO nicht Massebestandteil. Schwierigkeiten bei der Abgrenzung gibt es, wenn selbstständig tätige Schuldner sich auf § 811 Nr. 5 ZPO berufen. Da der Verwalter zunächst die Massezugehörigkeit prüfen muss, hat er das gesamte Anlage- und Umlaufvermögen in Besitz zu nehmen. Zum weiteren Verlauf s. Rdn. 13.

7 Auch **Rechte** muss der Verwalter in Besitz nehmen. Die tatsächliche Sachherrschaft ist an den Urkunden (Wertpapiere, Sparbücher, Grundpfandbriefe etc.) zu begründen. Im Übrigen muss der Verwalter sicherstellen, dass die Rechte nicht beeinträchtigt werden. Die **Inbesitznahme von Forderungen** (rechtlich handelt es sich um die Übernahme in die Verwaltung) erfolgt durch die Anzeige gegenüber den Drittschuldnern und dem Hinweis, dass erfüllungswirksam nur an die Masse geleistet werden kann. Die Ermittlung der Forderungen (dazu *Bork* ZIP 2005, 1120 [1122 ff.]) erfolgt in der Praxis regelmäßig bereits im Eröffnungsverfahren; in diesem Stadium ermittelt der Sachverständige oder vorläufige Verwalter die Masse. Zu den Ermittlungspflichten zählt auch die Prüfung des rechtlichen und wirtschaftlichen Bestandes (zum Umfang der rechtlichen Prüfung und den damit verbundenen Haftungsrisiken *Bork* ZIP 2005, 1120 [1121]). Der Einzug der Forderungen ist grundsätzlich Verwertungshandlung und richtet sich nach § 159. Bei einer Unternehmensfortführung ist der Einzug der Forderungen aus Lieferung und Leistung Verwaltungstätigkeit (HK-InsO/*Kirchhof* § 22 Rn. 13; zur Abgrenzung Übernahme in die Verwaltung und Einzug s. § 159 Rdn. 4). Sichert der Verwalter

Vierter Teil Verwaltung und Verwertung der Insolvenzmasse

Erster Abschnitt Sicherung der Insolvenzmasse

§ 148 Übernahme der Insolvenzmasse

(1) Nach der Eröffnung des Insolvenzverfahrens hat der Insolvenzverwalter das gesamte zur Insolvenzmasse gehörende Vermögen sofort in Besitz und Verwaltung zu nehmen.

(2) ¹Der Verwalter kann auf Grund einer vollstreckbaren Ausfertigung des Eröffnungsbeschlusses die Herausgabe der Sachen, die sich im Gewahrsam des Schuldners befinden, im Wege der Zwangsvollstreckung durchsetzen. ²§ 766 der Zivilprozessordnung gilt mit der Maßgabe, dass an die Stelle des Vollstreckungsgerichts das Insolvenzgericht tritt.

Übersicht	Rdn.			Rdn.
A. Allgemeines	1	D.	Hoheitliche Beschlagnahme	29
B. Inbesitznahme (Abs. 1)	2	E.	Rechtsmittel/Rechtsweg	32
C. Zwangsmaßnahmen	22			

Literatur:
Bittman Neuregelung der strafrechtlichen Vermögensabschöpfung: Folgen für das Insolvenzverfahren, ZInsO 2016, 873; *Bork* Verfolgungspflichten – Muss der Insolvenzverwalter alle Forderungen einziehen?, ZIP 2005, 1120; *Gundlach/Frenzel* Die Inbesitznahme durch den vorläufigen schwachen Insolvenzverwalter mit Zustimmungsvorbehalt, ZInsO 2010, 122; *Maus* Offenlegungspflichten des Insolvenzverwalters nach dem »Gesetz über elektronische Handelsregister und Genossenschaftsregister sowie das Unternehmensregister« (EHUG), ZInsO 2008, 5; *Mohrbutter/Mohrbutter* Handbuch der Konkurs- und Vergleichsverwaltung, 1990; *Pape* Die Immobilie in der Insolvenz, ZInsO 2008, 465.

A. Allgemeines

§ 148 InsO schreibt die **Inbesitznahme** der Insolvenzmasse vor. Bei Sachen ist die Begründung der tatsächlichen Sachherrschaft erforderlich. Bei Rechten erfolgt die Übernahme in die Verwaltung durch die Sicherungsmaßnahmen des Verwalters. Die spätere Verwertung wird in §§ 159 ff. InsO gesondert geregelt. Mit der Übernahme in die Verwaltung ordnet der Gesetzgeber den Erhalt der Massegegenstände an. Die Vorschrift sichert die Übernahme der Insolvenzmasse durch den Insolvenzverwalter und regelt die Rechte und Pflichten des Insolvenzverwalters sowie des Schuldners. So hat der Verwalter das Recht und die Pflicht auf Inbesitznahme der zur Masse gehörenden Sachen, während der Schuldner verpflichtet ist, den Verwalter in die Lage zu versetzen, das Vermögen tatsächlich verwalten zu können. Dazu gehört unter anderem, dass er dem Verwalter die notwendigen Vollmachten oder Ermächtigungserklärungen erteilt. Während der **vorläufigen Insolvenzverwaltung** kann die Inbesitznahme erfolgen, wenn das Insolvenzgericht einen Verwalter mit Verwaltungs- und Verfügungsbefugnis eingesetzt hat (§ 22 Abs. 1 Satz 1 InsO). Der vorläufige starke Verwalter ist dann bereits, allerdings mit Einschränkungen, zur Inbesitznahme verpflichtet (s. *Schmerbach* § 22 Rdn. 39). Der vorläufige schwache Verwalter ist nicht zur Inbesitznahme verpflichtet und berechtigt (*OLG Celle* ZInsO 2003, 31 [32]; a.A. *Gundlach/Frenzel/Jahn* ZInsO 2010, 122 [123]), er muss aber für die Sicherung der Masse sorgen (i.E. *Schmerbach* § 22 Rdn. 39). 1

B. Inbesitznahme (Abs. 1)

Die Insolvenzmasse i.S.d. §§ 148 ff. InsO ist die Aktivmasse des Insolvenzverfahrens (§§ 35, 37 InsO). Es handelt sich dabei um die »Ist-Masse«, die von der Teilungsmasse zu unterscheiden ist. Hierzu zählen alle körperlichen Gegenstände, Forderungen einschließlich der Rückgewähransprüche nach § 143 InsO (s. *Bornemann* § 35 Rdn. 14), Rechte sowie alle sich im Ausland befindlichen Vermögensgegenstände, soweit sie nach dem dortigen Recht der Zwangsvollstreckung unterliegen. 2

fasst werden Ansprüche zwischen Kredit- und ähnlichen Institutionen, die nach Art. 2 Buchst. a) bis f) der Richtlinie 98/26/EG an den Zahlungssystemen teilnehmen können.

Die Verjährungsfrist nach § 146 Abs. 1 InsO i.V.m. § 195 BGB kann, da die anfechtbare Rechtshandlung erst nach der Verfahrenseröffnung vorgenommen worden ist, nicht mit Eröffnung des Insolvenzverfahrens zu laufen beginnen. Vielmehr beginnt die Frist mit dem Schluss des Jahres, in welchem die rechtlichen Wirkungen der Rechtshandlung eintreten (§ 140 InsO) und der Verwalter nach § 199 Abs. 1 Nr. 2 BGB Kenntnis erlangt. 4

D. Fristberechnung

25 Die Verjährungsfrist berechnet sich nach §§ 187 Abs. 1, 188 Abs. 2 Alt. 1 BGB. Dies gilt auch bei einer Verfahrenseröffnung um 0:00 Uhr (*BGH* ZInsO 2005, 204 [205]). Beginn der Frist, ist der im Eröffnungsbeschluss genannte Eröffnungszeitpunkt (*BGH* ZIP 2004, 766 [768]). Art. 229 § 6 EGBGB ist zur Bestimmung welches Verjährungsrecht anzuwenden ist, heranzuziehen. Zeitpunkt für die Bestimmung ist der Tag des Inkrafttretens des Gesetzes zur Anpassung der Verjährungsvorschriften, mithin der 15.12.2004. Bereits vor dem 15.12.2004 verjährte Ansprüche sind und bleiben verjährt. Für nicht verjährte Ansprüche ist zwar nach Art. 229 § 6 Abs. 1 Satz 1 EGBGB neues Recht anzuwenden, da aber die Verjährungsfrist des alten Rechtes kürzer war, bleibt es nach § 6 Abs. 3 EGBGB bei der zweijährigen Frist. Die neue Verjährungsfrist ist daher erst für Insolvenzverfahren, die am 15.12.2004 oder später eröffnet wurden, anzuwenden.

§ 147 Rechtshandlungen nach Verfahrenseröffnung

¹Eine Rechtshandlung, die nach Eröffnung des Insolvenzverfahrens vorgenommen worden ist und die nach § 81 Abs. 3 Satz 2, §§ 892, 893 des Bürgerlichen Gesetzbuchs, §§ 16, 17 des Gesetzes über Rechte an eingetragenen Schiffen und Schiffsbauwerken und §§ 16, 17 des Gesetzes über Rechte an Luftfahrzeugen wirksam ist, kann nach den Vorschriften angefochten werden, die für die Anfechtung einer vor der Verfahrenseröffnung vorgenommenen Rechtshandlung gelten. ²Satz 1 findet auf die den in § 96 Abs. 2 genannten Ansprüchen und Leistungen zugrunde liegenden Rechtshandlungen mit der Maßgabe Anwendung, dass durch die Anfechtung nicht die Verrechnung einschließlich des Saldenausgleichs rückgängig gemacht wird oder die betreffenden Zahlungsaufträge, Aufträge zwischen Zahlungsdienstleistern oder zwischengeschalteten Stellen oder Aufträge zur Übertragung von Wertpapieren unwirksam werden.

1 Die Vorschrift erweitert den Anwendungsbereich der §§ 130–134 InsO auf solche Geschäfte, die, obwohl nach Verfahrenseröffnung vorgenommen, nach § 81 Abs. 3 Satz 2 oder § 81 Abs. 1 Satz 2 i.V.m. §§ 892, 893 BGB, §§ 16, 17 SchiffsRG und §§ 16, 17 LuftfzRG den Insolvenzgläubigern gegenüber wirksam sind. Als Anfechtungsgründe kommen die §§ 130–134, 145 InsO in Betracht. Die dort genannten Fristen fallen für die Anfechtbarkeit nach § 147 InsO weg. Die Ausnahmetatbestände des § 147 InsO erfassen Lohnzahlungen nicht (MüKo-InsO/*Kirchhof* § 133 Rn. 10, § 129 Rn. 74). Zur Anwendung bei Gesellschaftersicherheiten (*BGH* 01.12.2011 JurionRS 2011, 29701 Rn. 8; ZInsO 2012, 81 [82]. Bestand beim Anfechtungsgegner keine Kenntnis von der Verfahrenseröffnung sind aber weiterhin die subjektiven und objektiven Voraussetzungen eines Anfechtungstatbestandes erfüllt, so wird der Gutglaubensschutz durch Satz 1 damit überwunden. (so auch HambK-InsO/*Schmidt/Rogge/Leptien* § 147 Rn. 1).

2 Die Vorschrift ist auf den Erwerb nach § 878 BGB, § 3 Abs. 3 SchiffsRG oder § 5 Abs. 5 LuftfzRG entsprechend anwendbar, wenn der Schuldner den Antrag auf Eintragung gestellt hat (s. § 140 Rdn. 15; MüKo-InsO/*Kirchhof* § 140 Rn. 8; HK-InsO/*Kreft* § 140 Rn. 5; a.A. *Bork* Insolvenzrecht, Rn. 211; *Jauernig* Insolvenzrecht, § 80 V 1; vgl. zur KO: *RG* RGZ 81, 426 [427]; eingehend *Jaeger/Henckel* InsO, § 147 Rn. 2). Maßgebender Zeitpunkt für die Anfechtung ist hier nämlich nicht nach § 140 Abs. 2 InsO die bindende Einigung und die Stellung des Eintragungsantrages, sondern gem. § 140 Abs. 1 InsO die danach erfolgte Eintragung. Liegt diese nach Verfahrenseröffnung, käme, folgte man dem Wortlaut des § 147 InsO, eine Anfechtung überhaupt nicht in Betracht. Dieses Ergebnis kann jedoch nicht gewollt sein. Dass sich die Begr. RegE (BT-Drucks. 12/2443 S. 169) gegen die Einbeziehung von § 878 BGB ausspricht, ist damit zu erklären, dass sie aus dem Referentenentwurf unverändert übernommen wurde, dieser jedoch den vorliegenden Fall noch bei § 140 Abs. 2 InsO einbezog (vgl. *Jauernig* Insolvenzrecht, § 80 V 1).

3 Der Satz 2 betrifft Zahlungsaufträge, Aufträge zwischen Zahlungsdienstleistern oder zwischengeschalteten Stellen oder Aufträge zur Übertragung von Wertpapieren, die vor einer Eröffnung des Insolvenzverfahrens über das Vermögen eines Beteiligten in das System eingebracht wurden. Er-

Nr. 3 InsO muss der Verwalter innerhalb der Frist des § 146 InsO die gerichtliche Durchsetzung des Anfechtungsbegehrens betreiben, ansonsten verbleibt es bei der zivilrechtlichen Auswirkung der Verrechnung/Aufrechnung (*BGH* InVo 2007, 408).

Der Insolvenzverwalter kann nach § 146 Abs. 1 InsO die Freigabe von Anwartschaften des Arbeitnehmers aus einem unwiderruflichen Bezugsrecht an einer Lebensversicherung, das in anfechtbarer Weise eingeräumt worden ist, auch dann verweigern, wenn er die Anfechtung nicht innerhalb der Verjährungsfrist geltend gemacht hat (*OLG Düsseldorf* ZIP 1996, 1476). Seinem Sinn und Zweck nach ist Abs. 2 weit auszulegen, jedenfalls dann, wenn der Insolvenzverwalter sich gegen ein Aussonderungsbegehren des Anfechtungsgegners verteidigt (*OLG Düsseldorf* ZIP 1996, 1476). 18

Dem Insolvenzverwalter ist es nicht verwehrt, auf Feststellung des Nichtbestehens eines Absonderungsrechtes zu klagen, wie z.B. auf Feststellung der Unwirksamkeit eines Pfändungspfandrechts, wenn der Gerichtsvollzieher die gepfändete Sache bei dem Insolvenzschuldner belassen hatte (*BGH* ZIP 19982, 464; *Kilger/Karsten Schmidt* KO, § 41 Anm. 8). Auf die Parteistellung kommt es daher nicht an, sondern lediglich darauf, ob der Insolvenzverwalter angriffsweise oder verteidigungsweise vorgeht (*BGH* NJW 1984, 874). 19

Abs. 2 ist anwendbar, wenn die Erfüllung einer anfechtbar begründeten Schuld begehrt wird (*RG* RGZ 56, 315). Er greift nicht ein, wenn der Anspruch des Anfechtungsgegners eine andere Rechtsgrundlage als die anfechtbare Handlung hat (*BGH* BGHZ 30, 248 [254 f.]). Allerdings ist unter den Voraussetzungen des § 390 Satz 2 BGB auch nach Eintritt der Verjährung eine Aufrechnung gegen einen solchen Anspruch möglich (offen lassend für die InsO und ablehnend zur KO: *BGH* ZIP 2001, 1250 [1253]). Hat der Insolvenzschuldner eine Forderung wirksam abgetreten, steht dem Insolvenzverwalter bei Klage des Zessionars auf Einwilligung des Insolvenzverwalters in die Auszahlung durch den Schuldner die Einrede nicht zu (*OLG Düsseldorf* ZIP 1990, 1013). Hatte der spätere Insolvenzschuldner in anfechtbarer Weise eine Grundschuld bestellt, und versäumt es der Insolvenzverwalter, dies innerhalb der Verjährungsfrist geltend zu machen, so kann er den Verzicht auf die Grundschuld oder die Einwilligung in ihre Löschung nicht mit der Begründung verlangen, der Geltendmachung der Grundschuld stehe eine dauernde Einrede entgegen (*OLG Hamm* MDR 1977, 668). 20

Als Leistungsverweigerung i.S.v. § 146 Abs. 2 InsO ist auch der anfechtungsweise im Verteilungstermin einer Zwangsversteigerung vom Insolvenzverwalter erhobene Widerspruch gegen eine Hypothek und die anschließende Widerspruchsklage aufzufassen (*Jaeger/Henckel* InsO, § 146 Rn. 80). 21

Ist ein streitiger Wert hinterlegt worden, so steht dem Insolvenzverwalter gegenüber der Klage auf Einwilligung in die Auszahlung die Einrede nach § 146 Abs. 2 InsO zu (*Kilger/Karsten Schmidt* KO, § 41 Anm. 7). Umstritten war, ob der Insolvenzverwalter auch noch nach Ablauf der Anfechtungsfrist Klage auf Einwilligung in die Auszahlung des Hinterlegungsbetrages an die Masse erheben konnte (*Jaeger/Henckel* InsO, § 145 Rn. 81 m. Darstellung der jeweiligen Fallgruppen). Der Streit kann nach der Umgestaltung dahinstehen. Eine Klage auf Einwilligung ist immer zulässig. Die Frage ist nur, ob der Anfechtungsgegner sich auf Verjährung beruft oder nicht. 22

Der Insolvenzverwalter ist nicht berechtigt, in einem Prozess, der gegen einen Dritten gerichtet ist, als Nebenintervenient (§§ 66 ff. ZPO) verteidigungsweise die Einrede des § 146 Abs. 2 InsO geltend zu machen, denn der Nebenintervenient ist nur berechtigt, solche Verteidigungsmittel vorzubringen, die der von ihm unterstützten Partei zustehen (*BGH* BGHZ 106, 127; *OLG Hamm* ZIP 1986, 725). 23

Nach der Gesetzesbegründung soll auch ein mittelbarer Zusammenhang zwischen anfechtbarer Handlung und Leistungspflicht genügen (Begr. RegE BT-Drucks. 12/2443 S. 169). Dieser Zusammenhang ist zu bejahen, wenn der Insolvenzverwalter eine vom Insolvenzschuldner anfechtbar abgetretene Forderung mit Wirkung gegen den Zessionar einzieht und deshalb aus § 816 Abs. 2 BGB belangt wird (*BGH* KTS 1971, 31). 24

(*BGH* KTS 1961, 107), deren Erhebung, bei Vorliegen aller Zulässigkeitsvoraussetzungen, die Frist wahrt. Es reicht aber nicht aus, dass der Insolvenzverwalter seine Klage nicht auf Insolvenzanfechtung stützt und dementsprechend einen schuldrechtlichen Rückgewähranspruch geltend macht, sondern nach § 772 ZPO begehrt, eine Veräußerung für unzulässig zu erklären, weil sie gegen ein allgemeines Veräußerungsverbot verstoßen habe. Der Klagegrund darf nämlich nicht willkürlich gewechselt werden (*BGH* WM 1960, 546; 1969, 888; *Kuhn/Uhlenbruck* KO, § 41 Rn. 10a). Eine spätere Änderung des klagebegründenden Vorbringens ist keine Klageänderung, wenn die Klage erkennen lässt, welche Rechtshandlung vorgenommen wurde und das neue Vorbringen die bisherigen tatsächlich nur berichtigt oder ergänzt (*BGH* ZIP 1985, 427; NJW 1992, 1626). Andernfalls liegt eine neue Anfechtung wie beim Wechsel des Anfechtungsgegenstandes vor, welche nur fristgerecht erfolgen kann (*Kilger/Karsten Schmidt* KO, § 41 Anm. 4).

14 Die Klageschrift muss auch erkennen lassen, welche Partei verklagt worden ist. Die Bezeichnung der beklagten Partei ist aber nicht ausschlaggebend. Nach dem BGH kommt es vielmehr darauf an, welche der von der klagenden Partei in der Klageschrift gewählten Parteibezeichnung bei objektiver Würdigung des Erklärungsinhaltes beizulegen ist. Bei unrichtiger äußerer Parteibezeichnung ist grds. die Person als Partei anzusprechen, die erkennbar von der Parteibezeichnung betroffen werden soll (*BGH* ZIP 1983, 858; NJW-RR 1995, 764).

15 Bei **Teilklagen** wird die Verjährungsfrist nur hinsichtlich des eingeklagten Teilanspruchs gewahrt (*Palandt/Heinrichs* BGB, § 204 Rn. 16). Auch ein – erfolgloser – Antrag auf Zuständigkeitsbestimmung hemmt bei nachfolgender Klage (*BGH* ZIP 2004, 2194). Verhandlungen über den Anfechtungsanspruch hemmen die Verjährung (*Palandt/Heinrichs* § 203 Rn. 2). Die Hemmung endet bei Verweigerung oder Beendigung der Verhandlungen (*Palandt/Heinrichs* § 203 Rn. 4).

III. Klage mit PKH-Antrag

16 Eine Einreichung eines Klageentwurfs mit Prozesskostenhilfeantrag wirkt noch nicht alleine verjährungshemmend (§ 204 Abs. 1 Nr. 14 BGB). Der Antragsteller muss das Gericht anhalten, unabhängig von den Erfolgsaussichten der Klage die Bekanntgabe an die Gegenseite zu veranlassen. Das Gericht muss diesem Verlangen entsprechen (*BGH* ZIP 2008, 698 [699]).

C. Leistungsverweigerungsrecht (Abs. 2)

17 Der Insolvenzverwalter kann die Erfüllung einer Leistungspflicht, die auf einer anfechtbaren Handlung beruht, verweigern, wenn der Anfechtungsanspruch verjährt ist. Dem Insolvenzverwalter steht somit (wie auch in der Konkursordnung) ein Leistungsverweigerungsrecht zu. Die **Einrede der Anfechtung** steht dem Insolvenzverwalter gegen jeden zu, durch den der Anfechtungsgegner aufgrund der anfechtbaren Handlung etwas erlangt hat (*RG* RGZ 62, 197 [200]). Nach Ansicht des BGH ist der Verwalter nicht verpflichtet, innerhalb der Verjährungsfrist des § 146 InsO zur Hemmung der Verjährung der Einrede der Anfechtbarkeit nach Abs. 2 Klage zu erheben (*BGH* ZInsO 2008, 913 ff.). Das Leistungsverweigerungsrecht gilt nicht nur gegenüber persönlichen Leistungspflichten der Masse, sondern auch gegenüber einer sachenrechtlichen Leistungspflicht und gegenüber Ansprüchen, welche aus einem dinglichen Recht erwachsen sind (*Kilger/Karsten Schmidt* KO, § 41 Anm. 8). Weiter ist nicht erforderlich, dass die Leistungspflicht schon in der Person des Insolvenzschuldners begründet ist. Es genügt, wenn sie erst infolge der Eröffnung des Insolvenzverfahrens aufgrund einer Maßnahme des Insolvenzverwalters entstanden ist (*RG* RGZ 84, 227). Der Insolvenzverwalter kann die Erfüllung von Aus- und Absonderungsansprüchen auch nach Ablauf der Verjährungsfrist verweigern (*OLG Düsseldorf* ZIP 1996, 1476 [1478]; *OLG Karlsruhe* ZIP 1980, 260). Das Gleiche gilt hinsichtlich der aufgrund anfechtbarer Sicherungszession oder Sicherungsübereignung durch den Insolvenzverwalter erzielten Beträge (*BGH* BGHZ 30, 238; *Kuhn/Uhlenbruck* KO, § 41 Rn. 12; *Kilger/Karsten Schmidt* KO, § 41 Anm. 8). Möglich ist auch die Gegeneinrede der Anfechtbarkeit. So etwa, wenn der Verwalter eine Forderung einklagt und zur Abwehr einer erhobenen Einwendung, etwa Erlass, die Anfechtbarkeit geltend macht (HK-InsO/*Kreft* § 146 Rn. 15; a.A. *BGH* ZIP 1998, 2165). Bei der Geltendmachung der Unzulässigkeit einer Aufrechnung nach § 96 Abs. 1

bruck KO, § 41 Rn. 4). Die Frist ist dann auch gewahrt (früherer Rechtsgedanke aus § 212 Abs. 2 BGB a.F.; *Palandt/Heinrichs* § 204 Rn. 4).

Durch einen ordnungsgemäß begründeten und vollständigen **Antrag auf Prozesskostenhilfe** wird gem. § 203 Abs. 2 BGB a.F., § 204 Abs. 1 Nr. 14 BGB die Verjährung gehemmt, wenn der Antrag oder zumindest die Entscheidung hierüber in die letzten sechs Monate der Verjährungsfrist fallen (*BGH* ZIP 2001, 889 [893]; vgl. näher *Palandt/Heinrichs* BGB, § 204 Rn. 29 ff.) und der Antrag der Gegenseite bekannt gemacht wurde. Das Gesuch muss allerdings einen Sachverhalt, der die Voraussetzungen eines Anfechtungstatbestandes erfüllt, hinreichend erkennen lassen (*BGH* ZIP 2000, 898 [899]). Nach der Entscheidung über den PKH-Antrag muss die Klage innerhalb angemessener Frist eingereicht werden. Die angemessene Frist (mind. zwei Wochen, *BGH* BGHZ 70, 235 [240]) beginnt dabei erst in dem Zeitpunkt, in dem die Bewilligung dem Insolvenzverwalter mitgeteilt wurde und die verbleibende Frist abgelaufen war. Dies gilt auch dann, wenn der beigeordnete Rechtsanwalt bereits zuvor den Bewilligungsbeschluss erhalten hat (*OLG Celle* ZInsO 1999, 474 [475 f.]). Wird nach der Bewilligung der Prozesskostenhilfe zur Sache ohne Rüge des Anfechtungsgegners mündlich verhandelt, ist es unerheblich, wenn lediglich ein nicht unterzeichneter Klageschriftentwurf eingereicht wurde (*BGH* ZIP 2001, 1248 [1250]). Ein Anspruch auf Prozesskostenhilfe besteht aber dann nicht, wenn bei bestehender Massearmut der geltend gemachte Anfechtungsanspruch die Massearmut nicht beseitigt (*BGH* Beschl. v. 16.07.2009 – IX ZB 221/08, ZInsO 2009, 1556). 9

Darüber hinaus stehen einer **Klage die in § 204 Abs. 1 BGB genannten Maßnahmen gleich**. Danach unterbricht insbesondere auch die Zustellung eines **Mahnbescheids** die Frist (§ 204 Abs. 1 Nr. 3 BGB). Erfolgt die Zustellung dabei demnächst nach Fristablauf wirkt sie gem. § 693 Abs. 2 ZPO auf den Zeitpunkt der Einreichung oder Anbringung des Antrags auf Erlass des Mahnbescheids zurück. Wird ein Widerspruch nicht erhoben, entfällt die hemmende Wirkung jedoch, wenn der Antrag auf Erlass eines Vollstreckungsbescheids zurückgewiesen oder ein solcher nicht innerhalb von sechs Monaten eingereicht wird (§ 204 Abs. 1 Nr. 3 BGB). Die Frist bleibt auch dann unterbrochen, wenn nach Erhebung des Widerspruchs die Sache nicht alsbald i.S.v. § 696 Abs. 3 ZPO an das Streitgericht abgegeben wurde (*BGH* WM 1960, 1035 [1036]; *Hess/Weis* AnfR, § 146 InsO Rn. 16 ff.; *Thomas/Putzo* ZPO, § 696 Rn. 13; **a.A.** *Kübler/Prütting/Bork-Paulus* InsO, § 146 Rn. 4; anders auch die Rspr. zu § 41 KO, der auf § 203 Abs. 2 a.F. und § 207 BGB, aber nicht auf § 209 BGB a.F. verwies; vgl. *BGH* ZIP 1993, 605 [607]; *OLG Hamburg* WM 1999, 1223 [1225]; dazu *Siemon* ZIP 1991, 283 ff.). Kommt es nach Widerspruch zum Stillstand des Verfahrens, weil z.B. keine Partei den Antrag auf Durchführung des streitigen Verfahrens gestellt hat oder ein weiterer Kostenvorschuss nicht gezahlt wurde, gilt § 204 Abs. 1 Satz 2 BGB. 10

Die Anfechtungsfrist wird durch einen nicht richterlich unterschriebenen oder verkündeten Beschluss über die Verfahrenseröffnung auch dann nicht in Gang gesetzt, wenn der Beschluss dem Schuldner zugestellt und öffentlich bekannt gemacht worden ist (*BGH* InVO 1998, 37). 11

II. Fristwahrung durch Klage oder gleichgestellte Rechtshandlung

Die Klage muss geeignet sein, zu einer sachlichen Entscheidung zu führen. Sie muss vor allem allen gesetzlichen Prozessvoraussetzungen entsprechen (*RG* RGZ 132, 286). Fehlende Prozessvoraussetzungen, die der Heilung zugänglich sind, verhindern nicht die Wahrung der Frist (*Kuhn/Uhlenbruck* KO, § 41 Rn. 10). Es ist nicht notwendig, dass die Klage bereits vor Ablauf der Frist schlüssig erhoben war (*BGH* ZIP 1996, 552 m. Anm. *Vollkommer* EWiR 1996, 429; *BGH* WM 1969, 888). Eine Anfechtungsklage ist damit auch dann rechtzeitig erhoben, wenn innerhalb der Frist des § 146 InsO unter Bezugnahme des Klägers auf einen inhaltlich den Anforderungen des § 253 Abs. 2 ZPO entsprechenden Klageentwurf mündlich verhandelt wird und der Beklagte nicht rügt, dass eine ordnungsgemäße Klageschrift fehle (*BGH* WM 1969, 888). Zum weiteren notwendigen Inhalt der Klageschrift s. § 143 Rdn. 70. 12

Eine **Drittwiderspruchsklage** nach §§ 771, 772 ZPO kann einer Anfechtungsklage nach §§ 129 ff. InsO **nicht** gleichgesetzt werden. Sie kann aber mit einer Feststellungsklage gleichgesetzt werden 13

Verjährungsfrist wird vor allem auch § 208 BGB a.F. (§ 212 Abs. 1 Nr. 1) in den Bereich der unmittelbar anwendbaren Vorschriften einbezogen. Dies hat zur Folge, dass eine Anerkennung des Anfechtungsanspruchs den Lauf der Verjährungsfrist unterbricht. Schließlich bildet eine Verjährungsfrist die Möglichkeit, dem Anfechtungsgegner in besonderen Fällen mit Rücksicht auf Treu und Glauben (§ 242 BGB) zu versagen, sich auf den Ablauf der Frist zu berufen. Zum Neubeginn der Verjährung vgl. § 212 BGB und zur Hemmung §§ 203 ff. BGB.

3 Die Verjährungsfrist in § 146 Abs. 1 InsO wird durch andere Verjährungsfristen, die in dem Rechtsverhältnis gelten, in dem die anfechtbare Rechtshandlung vorgenommen worden ist, **nicht verdrängt**, da das Anfechtungsrecht auf einem anderen, gesetzlichen Schuldverhältnis beruht (vgl. *OLG Brandenburg* ZIP 1999, 1012 m. Anm. *Johlke/Schröder*). Tarifliche Ausschlussfristen greifen nicht ein (*BAG* 24.10.2013 – 6 AZR 466/12, JurionRS 2013, 50656; *BAG* ZIP 2014, 91 Rn. 17 ff.).

4 Aus der Rechtsnatur der Verjährung folgt auch, dass die Einrede der Verjährung von dem Anfechtungsgegner im Prozess geltend gemacht werden muss. Wird die Einrede nicht erhoben, so kann der Insolvenzverwalter auch nach Ablauf von drei Jahren die Anfechtung geltend machen. Die Insolvenzanfechtungsfrist wird durch einen nicht richterlich unterschriebenen oder verkündeten Beschluss über die Verfahrenseröffnung auch dann nicht in Gang gesetzt, wenn der Beschluss zugestellt und öffentlich bekannt gemacht worden ist (*BGH* ZIP 1997, 2126).

5 Abs. 2 ist an § 41 Abs. 2 KO angelehnt, erweitert jedoch in vorsichtiger Weise das Leistungsverweigerungsrecht des Insolvenzverwalters. Im Vergleich zum früheren Recht soll die gewählte Formulierung verdeutlichen, dass auch ein mittelbarer Zusammenhang zwischen anfechtbarer Handlung und Leistungspflicht genügt, so dass jede Art von Leistungspflicht genügt (z.B. sachenrechtliche Leistungspflicht) und dass die Leistungspflicht nicht schon vor der Verfahrenseröffnung gegenüber dem Schuldner bestanden haben muss.

B. Absatz 1

I. Wahrung (Hemmung) der Anfechtungsfrist

6 Die **Anfechtungsfrist kann nur durch Klage, Widerklage und Einrede und anderen in § 204 Abs. 1 genannten Rechtshandlungen** gewahrt werden. Die Frist wird dabei auch durch eine Feststellungsklage gewahrt (*BGH* ZIP 1996, 184; *OLG Düsseldorf* ZIP 1996, 185; *BGH* KTS 1961, 107). Die rechtzeitige Geltendmachung gegenüber dem Ersterwerber genügt, um auch die Frist gegenüber dem Rechtsnachfolger zu wahren (*RG* RGZ 103, 113 [121 f.]; *OLG Düsseldorf* ZIP 1996, 185 [187]).

7 Wird von dem klagenden Insolvenzverwalter nur ein gesellschaftsrechtlicher Rückgewähranspruch oder Schadensersatzanspruch geltend gemacht, so hemmt diese Klage nicht die Verjährung des Anfechtungsanspruchs (*BGH* ZInsO 2013, 780).

8 Die Verjährungsfrist wird auch durch rechtzeitigen Eingang der Klage beim sachlich unzuständigen Gericht gewahrt, wenn die Klage demnächst i.S.v. § 270 ZPO zugestellt (*BGH* ZIP 1993, 271; *Gerhardt* EWiR § 29 KO 1/93, 61) und die Unzuständigkeit nach § 38 ZPO geheilt wird oder gem. § 281 ZPO der Rechtsstreit an das zuständige Gericht verwiesen wird. Maßgebend für die Beurteilung der Frage, ob »demnächst« i.S.v. § 270 Abs. 3 ZPO zugestellt, ist dabei der Zeitraum zwischen dem Tag des Fristablaufs und der Zustellung (*Thomas/Putzo* ZPO, § 270 Rn. 9; *OLG Brandenburg* ZIP 1999, 1012). Die Frist ist auch dann gewahrt, wenn die Anfechtungsklage bei einem örtlich unzuständigen Gericht erhoben und der Rechtsstreit nach Fristablauf von diesem an das örtlich zuständige Gericht verwiesen wird (*BGH* NJW 1953, 1139; *Kilger/Karsten Schmidt* KO, § 41 Anm. 5) oder wenn verhandelt wird, ohne die Unzuständigkeit geltend zu machen (§ 39 ZPO). Zur Wahrung der Frist reicht es auch aus, wenn wegen des Anspruchs ein Güteantrag bei einer Gütestelle der in § 794 Abs. 1 Nr. 1 ZPO, § 15a EGZPO bezeichneten Art gestellt wird (§ 204 Abs. 1 Nr. 4 BGB, früher schon *BGH* 06.07.1993 – VI ZR 306/92, BGHZ 122, 23; *Jaeger/Henckel* KO, § 41 Rn. 30). Der Fristablauf ist aber nicht zu berücksichtigen, wenn sich der Anfechtungsgegner schuldrechtlich zur Rückübereignung des anfechtbar erlangten Gegenstandes verpflichtet (*Kuhn/Uhlen-*

ZPO gegen den Rechtsnachfolger und kann gegen ihn auch nicht nach § 727 ZPO vollstreckt werden (*Kilger/Karsten Schmidt* KO, § 40 Anm. 9).

§ 146 Verjährung des Anfechtungsanspruchs

(1) Die Verjährung des Anfechtungsanspruchs richtet sich nach den Regelungen über die regelmäßige Verjährung nach dem Bürgerlichen Gesetzbuch.

(2) Auch wenn der Anfechtungsanspruch verjährt ist, kann der Insolvenzverwalter die Erfüllung einer Leistungspflicht verweigern, die auf einer anfechtbaren Handlung beruht.

Übersicht	Rdn.			Rdn.
A. Allgemeines	1	II.	Fristwahrung durch Klage oder gleichgestellte Rechtshandlung	12
B. Absatz 1	6	III.	Klage mit PKH-Antrag	16
I. Wahrung (Hemmung) der Anfechtungsfrist	6	C.	Leistungsverweigerungsrecht (Abs. 2)	17
		D.	Fristberechnung	25

A. Allgemeines

Durch die Vorschrift des § 146 InsO wird die Vorschrift des § 41 Abs. 1 KO grundlegend umgestaltet. Die Ausschlussfrist des § 41 Abs. 1 Satz 1 KO für die Ausübung des Anfechtungsrechts wird durch eine **Verjährungsfrist** ersetzt. Durch die Heraufsetzung der Frist auf **drei Jahre** wurde die Ausübungsfrist im Vergleich zum Konkursrecht um ein Jahr verlängert. Die Gesamtvollstreckungsordnung enthielt im Vorgriff auf die Reform bereits eine Frist von zwei Jahren (§ 10 Abs. 2 GesO). Die Frist des § 41 Abs. 1 Satz 3 KO ist in die Anfechtungstatbestände der §§ 133 Abs. 1 Satz 1, 135 Nr. 1 InsO übernommen worden. Ursprünglich handelte es sich nach der herrschenden Meinung um eine Sondervorschrift i.S.d. § 200 BGB. Die Verjährungsfrist war um ein Jahr kürzer als die Regelverjährungsfrist des § 195 BGB. Die Verjährungsfrist knüpfte entgegen § 199 Abs. 1 BGB an die Eröffnung des Insolvenzverfahrens und nicht an den Schluss des Jahres an. Diese Abweichung ist durch das Gesetz zur Anpassung von Verjährungsvorschriften mit Wirkung zum 15.12.2004 beseitigt worden. Nunmehr gilt nach § 146 Abs. 1 InsO die Regelverjährungsfrist des § 195 BGB. Dadurch wurde auch unbemerkt die Verjährungsfrist von zwei auf drei Jahre erweitert. Der objektive Anknüpfungspunkt der Verjährung richtet sich daher nach § 199 Abs. 1 Nr. 1 an der Verfahrenseröffnung aus und beginnt erst ab diesem Zeitpunkt zu laufen (*BGH* 07.05.2015 ZInsO 2015, 1262 [1265]), da erst mit dem Zeitpunkt der Eröffnung des Insolvenzverfahrens der Anfechtungsanspruch entstanden ist. Nunmehr gilt auch § 199 Abs. 1 Nr. 2 BGB, so dass eine subjektive Komponente-Kenntnis des Insolvenzverwalters von den, den Anspruch begründenden Umständen und der Person des Anfechtungsgegners oder fahrlässige Unkenntnis hinzutritt. Diese Umstände müssen kumulativ vorliegen. Da nunmehr ein subjektives Element hinzu getreten ist, wird es dadurch noch zu einem weiteren Hinausschieben des Verjährungsbeginnes kommen. Auf die Kenntnis eines vorläufigen Insolvenzverwalters von Anfechtungstatbeständen kommt es wegen § 199 Abs. 1 Nr. 1 BGB nicht an. Kommt es zu einem Wechsel des Insolvenzverwalters, so ist der Zeitpunkt der Kenntnis des zuerst bestellten Verwalters maßgebend (*BGH* 15.12.2016 – IX ZR 224/15, ZIP 2017, 139 [140] Rn. 8; 30.04.2015 – IX ZR 1/13, ZIP 2015, 1303 Rn. 12). Zur Problematik der Anwendung des § 146 InsO im Kapitalersatzrecht – hier noch altes Recht (*BGH* ZInsO 2011, 1470 [1471]). 1

Aus der Umgestaltung zu einer Verjährungsfrist ergibt sich der Vorteil, dass die Vorschriften des BGB über Hemmung und Unterbrechung der Verjährung nunmehr unmittelbar anwendbar sind, und zwar über die Vorschriften hinaus, die kraft gesetzlicher Regelung (so § 41 Abs. 1 Satz 2 KO für §§ 203 Abs. 2 a.F. (§ 206 BGB), 207 BGB a.F.) oder nach herrschender Auffassung auf die frühere Ausschlussfrist des § 41 Abs. 1 Satz 1 KO entsprechend anzuwenden sind. Letzteres gilt für die Anwendung des Rechtsgedankens der §§ 206, 207 BGB a.F. auf einen Verwalterwechsel, für § 209 Abs. 2 a.F., (§ 204 Abs. 1 BGB) und wohl § 212 Abs. 2 a.F. Aufgrund der Umgestaltung in eine 2

grunde beruhen und verschiedenen Inhalt haben (*RG* RGZ 103, 117; *Uhlenbruck/Hirte/Ede* InsO, § 145 Rn. 15). Ist die Anfechtung gegen einen der Zwischenerwerber unbegründet, so ist sie es auch gegen sämtliche weiteren Rechtsnachfolger, mögen sie auch die Anfechtbarkeit des Ersterwerbers oder eines früheren Nachfolgeerwerbers gekannt haben (*Uhlenbruck/Hirte/Ede* InsO, § 145 Rn. 27).

23 Die Anfechtung muss innerhalb der Verjährungsfrist (§ 146 InsO) geltend gemacht werden. Wird sie später als zwei Jahre nach Eröffnung des Insolvenzverfahrens geltend gemacht, unterliegt sie der Einrede der Verjährung. Macht der Anfechtungsgegner die Einrede nicht geltend, so kann die Anfechtung auch noch nach Ablauf von drei Jahren geltend gemacht werden.

D. Verhältnis zwischen Rechtsnachfolger und Rechtsvorgänger

24 Hat der Sonderrechtsnachfolger den erworbenen Gegenstand nach § 145 InsO herauszugeben, kann dieser Erstattung seiner Gegenleistung nur von seinem Rechtsvorgänger verlangen. § 144 InsO findet entsprechend Anwendung (*Uhlenbruck/Hirte/Ede* InsO, § 145 Rn. 16; *Kilger/Karsten Schmidt* KO, § 40 Anm. 9; **a.A.** HK-InsO/*Kreft* § 145 Rn. 10; *Jaeger/Henckel* InsO, § 145 Rn. 71, wonach der Vorgänger nach § 280 BGB zum Schadensersatz verpflichtet ist.).

25 In den Fällen des Abs. 2 Nr. 1 und Nr. 2 haftet der Rechtsnachfolger nach Maßgabe des § 144 Abs. 1 InsO insoweit, als sein Erwerb reicht. Rechtsnachfolger und Rechtsvorgänger haften gesamtschuldnerisch nach § 421 BGB, soweit sich die Rückgewährverbindlichkeiten des Ersterwerbers und des Rechtsnachfolgers decken (*Uhlenbruck/Hirte/Ede* InsO, § 145 Rn. 15).

E. Prozessuales

26 Ersterwerber und Einzelrechtsnachfolger sind einfache Streitgenossen. Für jeden Beklagten ist der Gerichtsstand unabhängig von dem der anderen zu ermitteln. Es genügt, wenn die Verjährungsfrist (§ 146 Abs. 1 InsO) bei der Anfechtung gegen den Rechtsnachfolger diesem gegenüber rechtzeitig unterbrochen wird. Fristwahrend ist allerdings auch die Geltendmachung gegenüber dem Rechtsvorgänger (*OLG Düsseldorf* ZIP 1996, 185).

27 Der Übergang von einem der Tatbestände der §§ 130–135 InsO zu einem des § 145 Abs. 2 InsO ist Änderung des Klagegrundes, weil die Erfordernisse des § 145 InsO wesentlich verschieden von denen der §§ 130–135 InsO sind. § 264 ZPO findet daher keine Anwendung (*Kilger/Karsten Schmidt* KO, § 40 Anm. 10; *Kuhn/Uhlenbruck* KO, § 40 Rn. 24). Hat der Insolvenzverwalter den Rechtsnachfolger auf Rückgewähr verklagt und ist diese während des Prozesses unmöglich geworden, liegt wegen § 264 Nr. 3 ZPO keine Klageänderung vor, wenn der Insolvenzverwalter stattdessen Wertersatz verlangt (*Jaeger/Henckel* InsO, § 145 Rn. 74).

28 Die Rechtskraft einer Entscheidung im Anfechtungsprozess zwischen einem Insolvenzverwalter und einem Ersterwerber ist für den Sonderrechtsnachfolger des § 145 Abs. 2 InsO nicht bindend (*Uhlenbruck/Hirte/Ede* InsO, § 145 Rn. 24; *Kilger/Karsten Schmidt* KO, § 40 Anm. 9). Dies folgt daraus, dass die beklagte Partei in beiden Anfechtungsprozessen nicht die gleiche ist (*Uhlenbruck/Hirte/Ede* InsO, § 145 Rn. 24). Die Klageerhebung gegen den Ersterwerber wirkt aber nicht fristwahrend (§ 146 InsO) gegen den Rechtsnachfolger (*Kilger/Karsten Schmidt* KO, § 40 Anm. 5; *Kuhn/Uhlenbruck* KO, § 40 Rn. 12; *OLG Düsseldorf* ZIP 1996, 185; *Uhlenbruck/Hirte/Ede* InsO, § 145 Rn. 25; MüKo-InsO/*Kirchhof* § 145 Rn. 36).

29 Veräußert der rückgewährpflichtige Anfechtungsgegner den erworbenen Gegenstand nach Rechtshängigkeit, so findet § 265 ZPO keine Anwendung (*Uhlenbruck/Hirte/Ede* InsO, § 145 Rn. 24; *Jaeger/Henckel* InsO, § 145 Rn. 75). Der Grund dafür ist, dass Gegenstand des Anfechtungsprozesses ein schuldrechtlicher Verschaffungsanspruch ist und bei einem bloß schuldrechtlichen Anspruch gegen den Eigentümer der herausverlangte Gegenstand keine »im Streit befangene Sache« i.S.d. § 265 ZPO ist (*RG* RGZ 27, 239; *OLG Köln* ZIP 1991, 1369; *Uhlenbruck/Hirte/Ede* InsO, § 145 Rn. 24). Aus diesem Grund wirkt das gegen den Ersterwerber ergehende Urteil nicht nach § 325

ausgehändigt wird (*RG* SeuffArch 45 Nr. 154). Anders liegt es, wenn der Dritte anfechtbar übereignete Geldstücke weiter übereignet erhält (*Uhlenbruck/Hirte/Ede* InsO, § 145 Rn. 21).

Beteiligt sich der künftige Insolvenzschuldner an der Gründung einer Kapitalgesellschaft, so ist die juristische Person hinsichtlich der Pflichteinzahlungen Ersterwerberin, mögen diese auch an die Gründungsgesellschaft geleistet worden sein (*BGH* BGHZ 15, 67; *Uhlenbruck/Hirte/Ede* InsO, § 145 Rn. 21). Das Gleiche gilt für die Erbringung einer Stammeinlage durch den Mitgründer einer GmbH (*RG* RGZ 74, 18; *Kilger/Karsten Schmidt* KO, § 40 Anm. 3). 15

1. Abs. 2 Nr. 1

Abs. 2 Nr. 1 entspricht § 40 Abs. 2 Nr. 1 KO und belässt es bei der subjektiven Voraussetzung, dass der Rechtsnachfolger die zur Anfechtbarkeit des Vorerwerbs führenden Umstände gekannt hat. Grob fahrlässige Kenntnis reicht nicht aus. Dem Rechtsnachfolger müssen die Umstände positiv bekannt gewesen sein. Die zutreffenden rechtlichen Schlüsse muss der Sonderrechtsnachfolger nicht gezogen haben, insbesondere ist keine Kenntnis der Anfechtbarkeit als solche notwendig. Die Kenntnis muss zu dem Zeitpunkt vorliegen, in dem der die Sonderrechtsnachfolge auslösende Tatbestand erfüllt ist (*Uhlenbruck/Hirte/Ede* InsO, § 145 Rn. 14; *Kilger/Karsten Schmidt* KO, § 40 Anm. 6; *Kuhn/Uhlenbruck* KO, § 40 Rn. 17). Soweit bei einem für den Rechtsvorgänger in Frage kommenden Anfechtungstatbestand eine Rechtsvermutung für das Vorliegen einer Anfechtungsvoraussetzung besteht, gilt diese Vermutung auch im Rahmen des § 145 Abs. 2 InsO (*BGH* MDR 1969, 389 [390]). 16

Die Beweislast für das Vorliegen der Anfechtungsvoraussetzungen trägt der Insolvenzverwalter (*BGH* LM § 10 KO Nr. 6). 17

2. Abs. 2 Nr. 2

Abs. 2 Nr. 2 InsO unterscheidet sich von Abs. 2 Nr. 1 nur dadurch, dass die Kenntnis der die Anfechtbarkeit des Erwerbs seitens des Rechtsvorgängers begründenden Tatsachen vermutet wird, wenn der Rechtsnachfolger zur Zeit des Erwerbs zu den Personen gehörte, die dem Schuldner nach § 138 InsO nahestehen. Die gesetzliche Vermutung hat eine Umkehr der Beweislast zur Folge, d.h. der Anfechtungsgegner (der Rechtsnachfolger) muss beweisen, dass er keine Kenntnis hatte. 18

3. Abs. 2 Nr. 3

Abs. 2 Nr. 3 übernimmt geltendes Recht. Diese Norm beruht auf Billigkeitsgesichtspunkten. Unerheblich ist, aus welchem Grunde der Erwerb des Rechtsvorgängers anfechtbar ist, oder ob der Rechtsnachfolger die Anfechtbarkeit des Ersterwerbs und die Umstände, welche die haftungsrechtliche Unwirksamkeit gegenüber Zwischenerwerbern aufrechterhalten haben, zur Zeit seines Erwerbs kannte. Vorausgesetzt ist nur, dass der Ersterwerb irgendeinen der Anfechtungstatbestände der §§ 130–135 InsO erfüllt und bei allen Zwischenerwerbern die Voraussetzungen einer Rechtsnachfolge i.S.d. § 145 InsO vorlagen (*Jaeger/Henckel* InsO, § 145 Rn. 63). Gebräuchliche Gelegenheitsgeschenke sowie Pflicht- und Anstandsschenkungen gelten, wie im Rahmen des § 134 InsO, auch im Bereich des § 145 Abs. 2 Nr. 3 InsO nicht. 19

Der gutgläubige Empfänger einer unentgeltlichen Zuwendung haftet im Falle der Sonderrechtsnachfolge nur im Umfang der noch vorhandenen Bereicherung (§ 143 Abs. 2 InsO). 20

Abs. 2 Nr. 3 enthält eine abschließende spezialgesetzliche Regelung, neben der § 822 BGB nicht anwendbar ist (*BGH* ZInsO 2012, 1522). 21

C. Voraussetzung für Anfechtung

Voraussetzung einer Anfechtbarkeit nach § 145 Abs. 2 InsO ist, dass der Erwerb des Ersterwerbers und der Erwerb eines jeden Zwischenerwerbers anfechtbar ist (*BGH* NJW 1974, 57; *Uhlenbruck/Hirte/Ede* InsO, § 145 Rn. 23). Es kann dabei die Anfechtbarkeit jeweils auf einem anderen Rechts- 22

übertragen wird. Der Sonderrechtsnachfolger ist selbst Rückgewährschuldner, wenn ihm zur Zeit seines Erwerbs die Umstände bekannt waren, welche die Anfechtbarkeit des Erwerbs seines Rechtsvorgängers begründen (Nr. 1 und Nr. 2), oder wenn ihm das Erlangte unentgeltlich zugewendet worden ist (Nr. 3). Die Haftung des Rechtsnachfolgers tritt nicht an die Stelle, sondern neben die des Rechtsvorgängers. Rechtsnachfolge und mittelbare Zuwendung schließen sich aus. Der Dritte ist Ersterwerber (*RG* WarnRspr 1908 Nr. 346). Hier finden nur die §§ 130–134 InsO Anwendung. Nicht anwendbar ist § 145 Abs. 2 InsO auf Anweisungsleistungen. Hat der Insolvenzschuldner seinen Schuldner angewiesen, die geschuldete Leistung einem Dritten zu erbringen, ist der Dritte nicht Rechtsnachfolger des Angewiesenen. Er ist vielmehr Ersterwerber, weil der Insolvenzschuldner mittelbar an ihn geleistet hat.

9 Rechtsnachfolge ist jeder abgeleitete Erwerb eines Rechts durch Rechtsübertragung (Übereignung, Abtretung). Sie liegt vor bei Vollübergang (Übergang in derselben Gestalt und mit gleichen Inhalt) sowie bei Schaffung eines neuen Rechts aufgrund des anfechtbar Erworbenen, wie z.B. Begründung einer Hypothek, einer Dienstbarkeit, eines Pfandrechts am anfechtbar erworbenen Gegenstand (*RG* RGZ 9, 84; RGZ 15, 371; *Kilger/Karsten Schmidt* KO, § 40 Anm. 3). Rechtsnachfolger ist auch der Besitzer, dem die Sache aufgrund eines obligatorischen Vertrages (Miete oder Verwaltung) übertragen worden ist (*Jaeger/Henckel* InsO, § 145 Rn. 32). Eine Rechtsnachfolge tritt bei einem rein gesellschaftsrechtlichen Formwechsel nicht ein.

10 Originärer Rechtserwerb wie z.B. Fund, Ersitzung (§§ 937, 945 BGB), Aneignung, Verbindung, Vermischung, Verarbeitung (§§ 946, 947 Abs. 2, 948, 949, 950 BGB), Enteignung oder durch Zuschlag im Rahmen eines Zwangsversteigerungsverfahrens ist nicht nach § 145 InsO anfechtbar (*Jaeger/Henckel* InsO, § 145 Rn. 43; *Kuhn/Uhlenbruck* KO, § 40 Rn. 7).

11 Rechtsnachfolger ist auch der Bürge, der den Gläubiger befriedigt und auf den gem. §§ 774, 412, 401 BGB mit der Hauptforderung ein dafür anfechtbar erworbenes Pfandrecht übergeht (*Uhlenbruck/Hirte/Ede* InsO, § 145 Rn. 20). Hat der Gläubiger einer durch Bürgschaft gesicherten Forderung vom Hauptschuldner vor dessen Insolvenz auf nicht anfechtbare Weise Befriedigung erlangt, so kann der Insolvenzverwalter nicht im Wege der Anfechtung den Bürgen als Rechtsnachfolger des Gläubigers in Anspruch nehmen (*BGH* NJW 1974, 57). Rechtsnachfolger ist auch der Gläubiger, der an dem von seinem Schuldner anfechtbar erworbenen Gegenstand ein Pfändungspfandrecht erlangt hat (*RG* RGZ 39, 83), der Wechselindossatar in Bezug auf den Indossanten (*RG* SeufArch 45 Nr. 154; *Jaeger/Henckel* InsO, § 145 Rn. 28) und der Vermächtnisnehmer eines vom Erblasser anfechtbar erworbenen Gegenstandes (*Kilger/Karsten Schmidt* KO, § 40 Anm. 3; *Jaeger/Henckel* InsO, § 145 Rn. 35). Hat der Insolvenzschuldner den Nießbrauch an einem Hausgrundstück bestellt und dann einem Dritten mit Zustimmung des Nießbrauchers Mietforderungen des Hauses abgetreten, so ist der Dritte Rechtsnachfolger des Nießbrauchers (*RG* RGZ 88, 216).

12 Sonderrechtsnachfolge ist gegeben beim Erwerb vom Nichtberechtigten gem. §§ 892, 932 ff. BGB (*RG* JW 1914, 304; *Uhlenbruck/Hirte/Ede* InsO, § 145 Rn. 20; *Jaeger/Henckel* InsO, § 145 Rn. 33).

13 Der Rechtsfolge des § 145 Abs. 2 InsO ist auch derjenige ausgesetzt, dem der Ersterwerber ein Pfandrecht, eine Hypothek, Grundschuld oder Rentenschuld oder eine Dienstbarkeit an dem von ihm anfechtbar erworbenen Gegenstand bestellt hat (*RG* RGZ 25, 410 [412]; *Uhlenbruck/Hirte/Ede* InsO, § 145 Rn. 18; *Jaeger/Henckel* InsO, § 145 Rn. 31 m.w.N.). Auch der Gläubiger des Ersterwerbers, der ein Pfändungspfandrecht an dem von diesem anfechtbar erworbenen Gegenstand oder ein Recht auf Befriedigung aus dem anfechtbar erworbenen Grundstück (§ 10 Abs. 1 ZVG) erlangt hat, ist Rechtsnachfolger (*RG* RGZ 39, 79 [83]). Rechtsnachfolger i.S.d. § 145 Abs. 2 InsO ist dagegen nicht der Gläubiger, der sich im Wege der Anfechtung außerhalb der Insolvenz Deckung verschafft hat. Ihm gegenüber findet § 16 Abs. 2 AnfG 1999 Anwendung (*Jaeger/Henckel* InsO, § 145 Rn. 31). Auch wer zur Erfüllung einer Schuld an einen Ersterwerber zahlt, ist nicht dessen Rechtsnachfolger (*RG* RGZ 39, 79 [84 ff.]).

14 Der Schuldner einer anfechtbar abgetretenen Forderung ist nicht Rechtsnachfolger des Zessionars. Ebenso liegt es, wenn der anfechtbar erworbene Gegenstand veräußert und der Erlös einem Dritten

schränkt haftende Vorerbe haftet nach § 2145 Abs. 1 Satz 1 BGB weiter, soweit der nur beschränkt haftende Nacherbe nicht haftet (*Jaeger/Henckel* InsO, § 145 Rn. 16; so schon *Kilger/Karsten Schmidt* KO, § 40 Anm. 1). Stirbt der Rechtsnachfolger, so haften seine Erben. Beerbt der Schuldner den Anfechtungsgegner, so erlischt der Rückgewähranspruch, sofern der Erbfall vor der Insolvenz des Erben eingetreten war. Im Falle der Gütersonderung nach §§ 1975 ff. BGB lebt er wieder auf (*Kilger/Karsten Schmidt* KO, § 40 Anm. 1). Bei Anfall der Erbschaft nach Insolvenzeröffnung greift § 145 InsO ein; der Rückgewähranspruch besteht weiter (*Uhlenbruck/Hirte/Ede* InsO, § 145 Rn. 1). Der Begriff der Gesamtrechtsnachfolge ist weit zu verstehen (*BGH* ZInsO 2003, 761 [763]). Rechte die gegenüber dem ursprünglichen Anfechtungsgegner bestanden haben und nach dessen Tod erlöschen (Wohnrechte/Pflegeverpflichtung), lösen keine Haftung nach § 145 InsO aus (*BGH* BGHZ 130, 314).

II. Andere Gesamtrechtsnachfolger

Zu den Fällen der anderen Gesamtrechtsnachfolger gehören solche, die kraft Gesetzes als Träger der Rechte und Verbindlichkeiten an die Stelle des Rechtsvorgängers treten. Abs. 1 gilt daher beim Anfall des Vermögens eines aufgelösten Vereins an den Fiskus (§§ 45, 46 BGB), beim Erbschaftskauf (§§ 2385, 2382 BGB), bei der Fortführung eines Handelsgeschäfts unter der bisherigen Firma (§ 25 HGB), bei der Gütergemeinschaft (§§ 1415 ff. BGB) und der fortgesetzten Gütergemeinschaft (§§ 1483 ff. BGB), sowie bei der Verschmelzung, Spaltung und Vermögensübertragung von Gesellschaften (vgl. hierzu das UmwG vom 28.10.1994). Die vertragliche Vermögensübernahme nach § 419 BGB ist im Zuge der Insolvenzrechtsreform ersatzlos gestrichen worden.

Sind die Arbeitsentgelte gem. § 187 Satz 1 SGB III nach Stellung des Antrags auf Insolvenzgeld auf die Bundesagentur für Arbeit übergegangen, so kann eine begründete Insolvenzanfechtung infolge einer kongruenten Deckung nach § 169 Satz 3 SGB III gegenüber der Bundesagentur geltend gemacht werden (*BAG* 29.01.2014 ZInsO 2014, 659 [660] Rn. 13; *Berscheid* jurisPR-InsR 20/2008 Anm. 3 unter D; vgl. *Gottwald/Huber* HdbInsR, 4. Aufl., § 51 Rn. 71; *Jaeger/Henckel* InsO, § 145 Rn. 36). Ein besonderer Vertrauensschutz besteht ihr gegenüber nicht (*Eicher/Schlegel-Estelmann* SGB III, § 169 Rn. 68).

§ 169 SGB III – Anspruchsübergang

¹Ansprüche auf Arbeitsentgelt, die einen Anspruch auf Insolvenzgeld begründen, gehen mit dem Antrag auf Insolvenzgeld auf die Bundesagentur über. ²§ 165 Absatz 2 Satz 3 gilt entsprechend. ³Die gegen die Arbeitnehmerin oder den Arbeitnehmer begründete Anfechtung nach der Insolvenzordnung findet gegen die Bundesagentur statt.

§ 169 Satz 3 SGB III ist dagegen nicht auf inkongruente gewährte Sicherheiten anzuwenden, die auf die Bundesagentur übergegangen sind (*Uhlenbruck/Hirte/Ede* InsO, § 145 Rn. 2).

Wird z.B. eine AG mit einer anderen AG verschmolzen (§§ 2 ff. UmwG), so geht die aufgenommene AG mit der Eintragung der Verschmelzung in das Handelsregister ihres Sitzes unter (§ 20 UmwG). Es besteht keine Rechtspersönlichkeit mehr, die der Insolvenz zugänglich wäre. § 145 Abs. 1 InsO findet auf die sog. formwechselnde Umwandlung (§§ 190 ff. UmwG) keine Anwendung. Hier besteht die Gesellschaft in neuer Rechtsform fort, so dass das Problem des § 145 InsO nicht entsteht (*Uhlenbruck/Hirte/Ede* InsO, § 145 Rn. 8 *Kilger/Karsten Schmidt* KO, § 40 Anm. 2; *Kuhn/Uhlenbruck* KO, § 40 Rn. 3a). Gesamtrechtsnachfolge tritt auch ein, wenn bei einer Personengesellschaft alle Anteile in einer Hand zusammenfallen oder nach Ausscheiden aller Mitgesellschafter nur ein Gesellschafter übrig bleibt. Die Gesellschaft erlischt und ihr Vermögen fällt dem letztverbliebenen Gesellschafter zu (*Uhlenbruck/Hirte/Ede* InsO, § 145 Rn. 8).

III. Sonderrechtsnachfolger

Abs. 2 betrifft die Sonderrechtsnachfolge. Eine Sonderrechtsnachfolge ist gegeben, wenn bei der Übertragung das anfechtbar Erlangte in derselben Art und Weise und mit demselben Inhalt weiter

§ 145 Anfechtung gegen Rechtsnachfolger

(1) Die Anfechtbarkeit kann gegen den Erben oder einen anderen Gesamtrechtsnachfolger des Anfechtungsgegners geltend gemacht werden.

(2) Gegen einen sonstigen Rechtsnachfolger kann die Anfechtbarkeit geltend gemacht werden:
1. wenn dem Rechtsnachfolger zur Zeit seines Erwerbs die Umstände bekannt waren, welche die Anfechtbarkeit des Erwerbs seines Rechtsvorgängers begründen;
2. wenn der Rechtsnachfolger zur Zeit seines Erwerbs zu den Personen gehörte, die dem Schuldner nahestehen (§ 138), es sei denn, dass ihm zu dieser Zeit die Umstände unbekannt waren, welche die Anfechtbarkeit des Erwerbs seines Rechtsvorgängers begründen;
3. wenn dem Rechtsnachfolger das Erlangte unentgeltlich zugewendet worden ist.

Übersicht

	Rdn.		Rdn.
A. Allgemeines	1	2. Abs. 2 Nr. 2	18
B. Gesamtrechtsnachfolge	3	3. Abs. 2 Nr. 3	19
I. Erbfolge	3	C. Voraussetzung für Anfechtung	22
II. Andere Gesamtrechtsnachfolger	4	D. Verhältnis zwischen Rechtsnachfolger und Rechtsvorgänger	24
III. Sonderrechtsnachfolger	8		
1. Abs. 2 Nr. 1	16	E. Prozessuales	26

A. Allgemeines

1 Die Vorschrift knüpft an § 40 KO an. Abs. 1 dehnt die Anfechtbarkeit auf Gesamtrechtsnachfolger und Abs. 2 auf bestimmte Sonderrechtsnachfolger aus, wobei der Rechtsnachfolger immer selbst das Weggegebene erhalten haben muss. Ist eine Rückgewähr in natura nicht möglich, so entfällt die Haftung des Rechtsnachfolgers.

2 Abs. 1 bestätigt die herrschende Rechtsauffassung, dass sich die Anfechtbarkeit auch auf andere Gesamtrechtsnachfolger als den Erben erstreckt. Bei einer Rechtsnachfolge wird zunächst die Leistung an den Rechtsvorgänger erbracht. Diese Handlung ist anfechtungsrechtlich selbstständig zu bewerten. Von dem Rechtsvorgänger erwirbt dann der Rechtsnachfolger durch eine weitere anfechtungsrechtlich bedeutsame Rechtshandlung (*BGH* ZIP 2002, 404). Für die Annahme einer Gesamtrechtsnachfolge i.S. dieser Vorschrift kommt es darauf an, dass der Rechtsnachfolger kraft Gesetzes in die Verbindlichkeiten des Rechtsvorgängers eingetreten ist; dabei ist es gleichgültig, ob die Haftung des Rechtsvorgängers neben der des Rechtsnachfolgers fortdauert. Der Gesamtrechtsnachfolger haftet gleich seinem Rechtsvorgänger auf Rückgewähr auch dann, wenn ihm zur Zeit des Eintritts der Nachfolge die Anfechtbarkeit des Erwerbs seines Vorgängers nicht bekannt war. Der Sonderrechtsnachfolger (Abs. 2) ist dagegen zur Rückgewähr verpflichtet, wenn er bei seinem Erwerb die Anfechtbarkeit des Erwerbs des Rechtsvorgängers kannte oder wenn er unentgeltlich erworben hat. Bei Zahlung von Geld muss der Rechtsnachfolger die jeweils erhaltenen Geldscheine oder Münzen herausgeben (*BGH* ZIP 2008, 2183; ZIP 2003, 1554).

B. Gesamtrechtsnachfolge

I. Erbfolge

3 Abs. 1 InsO enthält eine sich bereits aus § 1967 BGB ergebende Regel. Der Erbe haftet für alle Nachlassverbindlichkeiten, denn hier liegt Gesamtrechtsnachfolge in alle Rechte und Pflichten vor (*BGH* 29.03.2012 – IX ZR 207/10, ZInsO 2012, 875 [876]). Hierzu gehört auch die Pflicht zur Rückgewähr anfechtbar erworbener Gegenstände. Dies gilt nicht für einen anfechtbaren Rechtserwerb der durch den Tod des Erblassers vollständig erlischt (*BGH* ZIP 1995, 1364). Die Pflicht zur Rückgewähr besteht auch dann, wenn das Insolvenzverfahren nach dem Erbfall eröffnet wird. Für den Umfang der Erbenhaftung und die Beitreibung der vererbten Rückgewährverbindlichkeit gelten die §§ 1975 ff. BGB (Nachlassverwaltung), §§ 2058 ff. BGB (Haftung mehrerer Erben) und die §§ 778 ff. ZPO. Der Nacherbe haftet erst mit Eintritt der Nacherbfolge (§ 2139 BGB). Der unbe-

Soweit die Masse nicht einmal mehr um den Wert der Gegenleistung bereichert ist, kann der Anfechtungsgegner den Wert der Gegenleistung nur als Insolvenzforderung anmelden, was vorsorglich während des Anfechtungsprozesses geschehen kann (*Kilger/Karsten Schmidt* KO, § 38 Anm. 4).

IV. Anspruch auf Gegenleistung als Schuldverhältnis

Da der Rückgewähranspruch nach § 143 InsO und der Anspruch nach § 144 Abs. 2 Satz 1 InsO in wirtschaftlichem Zusammenhang stehen, steht dem Anfechtungsgegner ein **Zurückbehaltungsrecht** nach § 273 BGB zu (*BGH* ZIP 1986, 787). Dies gilt nicht für die Forderung nach § 144 Abs. 2 Satz 2 InsO (*Kuhn/Uhlenbruck* KO, § 38 Rn. 5). Soweit sich die beiden Ansprüche **verrechenbar** gegenüberstehen, ist ohne Aufrechnung auf die Differenz zu erkennen (*Kuhn/Uhlenbruck* KO, § 38 Rn. 5).

Anspruchsinhaber: Der Erstattungsanspruch steht demjenigen, der die Gegenleistung erbracht hat oder dessen Gesamtrechtsnachfolger (§ 145 Abs. 1 InsO) zu. Ein Sonderrechtsnachfolger (§ 145 Abs. 2 InsO) kann sich demgegenüber wegen einer von ihm an den Vormann bewirkten Gegenleistung nur an diesen halten (*RG* JW 1897, 346). Er kann jedoch den Erstattungsanspruch seines Vormanns pfänden, an sich abtreten oder zur Einziehung überweisen lassen (*Kuhn/Uhlenbruck* KO, § 38 Rn. 6).

V. Steuerrechtliche und bilanzrechtliche Folgen

Verzichtet der Insolvenzverwalter in einem Anfechtungsprozess ganz oder teilweise auf den Anfechtungsanspruch, da der Anfechtungsgegner im Vergleichswege dann leisten will, so können daraus umsatzsteuerlich relevante Vorgänge entstehen (*BFH* XI. Senat 30.11.2011 – XI R 5/09, BFH/NV 2011, 1724; *FG Münster* 17.03.2011 – 5 K 1861/07, juris; sehr ausf. dazu *Kahlert* ZIP 2012, 1433 ff.). Werden im Rahmen der Anfechtung Forderungen wieder zurückgewährt, die mit Umsatzsteuer belastet sind, so ergeben sich hieraus noch steuerliche Konsequenzen. Die Anfechtungserklärung und die erfolgte Rückgewähr wirkt sich unmittelbar auf die vereinnahmte Umsatzsteuer bzw. auf die Vorsteuer aus. Insoweit wird das bereits vereinnahmte Entgelt nachträglich uneinbringlich (§ 17 Abs. 2 Nr. 1 Satz 1 UStG). Uneinbringlichkeit ist gegeben, wenn bei einer objektiven Betrachtungsweise der Leistende damit rechnen muss, seine Forderung in absehbarer Zeit tatsächlich oder rechtlich nicht durchsetzen zu können. In Folge dessen und nach Rückgewähr an den Insolvenzverwalter ist eine Vorsteuerberichtigung nach § 17 Abs. 2 Nr. 1, Abs. 1 Satz 2 UStG vorzunehmen, wobei der Vorsteuerberichtigungsanspruch eine Masseverbindlichkeit nach § 55 InsO auslöst (*BFH* 15.12.2016 – V R 26/16, ZIP 2017, 783). Beim Anfechtungsgegner ist die Korrektur der Umsatzsteuer spiegelbildlich durchzuführen.

Mit dem Erkennen einer Anfechtungssituation stellt sich regelmäßig die Frage im Rahmen der bilanziellen Betrachtung, ob die in anfechtungsrelevanter Weise erhaltene Zahlung zur Bildung einer Rückstellung gem. § 249 Abs. 1 HGB führt und diese entsprechend zu passivieren ist. Da der Anfechtungsanspruch erst mit Eröffnung des Insolvenzverfahrens entsteht, ist die Zulässigkeit der Passivierung als latente Verbindlichkeit erst ab diesem Zeitpunkt zulässig. Jedoch wird man, sofern die Bilanzierung für das Jahr der Vereinnahmung noch nicht abgeschlossen ist, ab dem Zeitpunkt des Erkennens die Bildung einer Rückstellung für das Jahr der Vereinnahmung als zulässig erachten müssen. Bedeutsam wird in diesem Zusammenhang, die Auffassung des BFH, dass zwischen der Wahrscheinlichkeit des rechtlichen Bestehens der Verbindlichkeit und der Wahrscheinlichkeit der tatsächlichen Inanspruchnahme des Gläubigers unterschieden werden muss. Man spricht hier von der sog. doppelten Wahrscheinlichkeit. Beide Wahrscheinlichkeiten sind anzunehmen, da der Insolvenzverwalter nach Eröffnung des Verfahrens gezwungen ist, die Anfechtungsansprüche durchzusetzen. Dies ist die Anknüpfungstatsache. Der die Bilanz aufstellende Gläubiger muss sich daher fragen, mit welcher Wahrscheinlichkeit die Inanspruchnahme droht. Einer Sachverständigenbewertung bedarf es insoweit nicht. Da sich der Insolvenzverwalter nicht insolvenzzweckwidrig verhalten darf, ist mit der Inanspruchnahme zu rechnen. Daher ist die Passivierung dem Grunde nach geboten. Auf die Problematik der Abzinsung gem. § 253 Abs. 2 Satz 1 HGB soll an dieser Stelle hingewiesen werden.

C. Gegenleistung (Abs. 2)

I. Allgemeines

4 Abs. 2 gibt in Anlehnung an § 38 KO dem Anfechtungsgegner einen Anspruch auf Rückgewähr der von ihm erbrachten Gegenleistung, soweit sie in der Masse zur Zeit der Rückgewähr nach § 143 InsO noch unterscheidbar vorhanden ist. Ist zumindest der Wert der Gegenleistung in diesem Zeitpunkt noch in der Masse vorhanden, kann dieser gleichfalls als Masseforderung (§ 55 Abs. 1 Nr. 3 InsO) geltend gemacht werden. Soweit dies nicht der Fall ist, ist der Wertersatzanspruch nur Insolvenzforderung (Abs. 2 Satz 2). Der Anspruch ist seiner Rechtsnatur nach ein solcher aus ungerechtfertigter Bereicherung, die der Masse ansonsten durch die Anfechtung entstünde (*Kuhn/Uhlenbruck* KO, § 38 Rn. 1). Er entsteht erst mit Vollzug der Rückgewähr (*BGH* ZIP 1986, 787; **a.A.** *Jaeger/Henckel* InsO, § 144 Rn. 24), da erst in diesem Zeitpunkt die Masse um die Gegenleistung des Anfechtungsgegners ungerechtfertigt bereichert ist (*RG* RGZ 16, 23 ff.; zur KO *Jaeger/Lent* KO, § 38 Rn. 2, 3).

II. Gegenleistung

5 Gegenleistung ist alles, was der Anfechtungsgegner aufgrund des anfechtbaren Verpflichtungsgeschäfts vor oder nach Verfahrenseröffnung geleistet hat (*Jaeger/Henckel* InsO, § 144 Rn. 25). Die Anwendbarkeit der Vorschrift ist nur gegeben, wenn sich das Aktivvermögen gemehrt hat. Wird das Passivvermögen nur von einer Verbindlichkeit befreit, scheidet die Anwendbarkeit aus. In diesem Fall ist der Gläubiger gehalten nach Abs. 2 die Forderung zur Insolvenztabelle anzumelden. Die Quotenzahlung ist dann die ihm zuzuwendende Gegenleistung. Nur in Höhe dieser Quote ist grds. die Masse bereichert. Ist bei einer gemischten Schenkung das Geschenk nach § 143 InsO zurückzugewähren (s. § 134 Rdn. 26), liegt die Gegenleistung in dem Teilentgelt. Die Darlehenshingabe ist keine Gegenleistung, wenn nur die Sicherstellung des Darlehens angefochten wird (*Kuhn/Uhlenbruck* KO, § 38 Rn. 1). Gewährt der Schuldner einem Dritten zur Ablösung von dessen Hypothekengläubigern ein Darlehen, ist die dafür dem Schuldner bestellte Hypothek keine Gegenleistung der befriedigten Hypothekengläubiger, denen gegenüber dieses Geschäft angefochten wird (*Eckardt* ZInsO 2004, 896; **a.A.** *RG* LZ 1909, 557 [559]). Wird bei einer Schuldübernahme die Leistung des Schuldners an den Übernehmenden diesem gegenüber angefochten, hat die Masse die Forderung, die zuvor der Gläubiger gegen den Übernehmenden innehatte, an diesen abzutreten oder, wenn dies nicht möglich ist, hierfür Wertersatz zu leisten. Die Gegenleistung ist auch dann noch in der Masse vorhanden, wenn sie von Rechts wegen vom Schuldner oder einem Dritten herausverlangt werden kann.

III. Anspruch auf Ersatz und Nutzungen

6 Ist die Herausgabe in natura nicht möglich, ist entsprechend § 818 Abs. 2 BGB der Wert zu ersetzen, soweit die Masse darum bereichert wurde. Entscheidend für den Umfang der Erstattungspflicht ist der Zeitpunkt der tatsächlichen Rückgewähr nach § 143 InsO (*Jaeger/Henckel* InsO, § 144 Rn. 25). Von da an kommt eine Haftung der Masse entsprechend §§ 818 Abs. 4, 819 BGB in Betracht. Entscheidend ist die Bösgläubigkeit und das Verschulden des Insolvenzverwalters (*Jaeger/Henckel* InsO, § 144 Rn. 26), soweit nicht ohnehin eine Zufallshaftung in Betracht kommt (§ 287 Satz 2 BGB). Ein Untergang der Sache vor dem Zeitpunkt der Rückgewähr geht nicht zu Lasten der Masse, sondern begründet, soweit der Anfechtungsgegner mit seiner Insolvenzforderung ausfällt, nur einen Anspruch gegen den Schuldner (§ 201 InsO) und möglicherweise eine Haftung des Insolvenzverwalters nach § 60 InsO (vgl. auch *BGH* BGHZ 35, 356; **a.A.** *Jaeger/Henckel* InsO, § 144 Rn. 27).

7 Entsprechend § 818 Abs. 1 BGB erstreckt sich die Verpflichtung zur Herausgabe auch auf die gezogenen Nutzungen und die dort genannten Surrogate (*BGH* ZIP 1986, 787 [791]; *Jaeger/Henckel* InsO, § 144 Rn. 25), soweit die Masse darum bereichert ist. Nicht eingeschlossen sind rechtsgeschäftliche Surrogate (*BGH* NJW 1980, 178; *Jaeger/Henckel* InsO, § 144 Rn. 25).

InsO zurückgewährt. Abs. 1 und Abs. 2 schließen sich gegenseitig aus. Abs. 2 findet nur Anwendung auf gegenseitige Verpflichtungsgeschäfte, durch deren Inhalt die Gläubiger schon unmittelbar benachteiligt werden, also auf die §§ 132, 133 (*RG* LZ 1910, 862 Nr. 6; eingehend *Jaeger/Henckel* InsO, § 144 Rn. 2 ff. m.w.N.; *Eckardt* ZInsO 2004, 888 [890]; **a.A.** *Häsemeyer* JuS 1986, 851 [855]). Abs. 1 greift demgegenüber, wenn nicht ein obligatorisches Rechtsgeschäft angefochten wird, sondern eine Leistung des Schuldners, mag sie auch zur Erfüllung eines schuldrechtlichen Vertrages erfolgen (*Jaeger/Henckel* InsO, § 144 Rn. 2 ff.). § 144 InsO ist bei einer Befreiung von einer Verbindlichkeit nicht anwendbar (*BGH* Beschl. v. 27.09.2007 – IX ZR 74/06, n.v.).

B. Wiederaufleben der Forderung (Abs. 1)

Wie schon bei § 39 KO lebt nach Abs. 1 die Forderung aus einem unanfechtbaren Verpflichtungsgeschäft mit Wirkung ex tunc und so, wie sie im Zeitpunkt ihrer Erfüllung bestand, wieder auf, wenn das in anfechtbarer Weise zur Erfüllung Empfangene an die Masse tatsächlich zurückgewährt wird (*BGH* 04.01.2016 – IX ZR 42/14, ZIP 2016, 478 [480] Rn. 29; 08.01.2015 – IX ZR 300/13, ZIP 2015, 485 [486] Rn. 17; *OLG Frankfurt* 22.01.2014 – 19 W 2/14, JurionRS 2014, 13141). Dies gilt auch im Drei- Personen-Verhältnis (*BGH* 04.02.2016 – IX ZR 42/14, ZIP 2016, 480 Rn. 29; 22.11.2012 – IX ZR 22/12, ZIP 2013, 81 [82] Rn. 12). War schon die Entstehung der Forderung anfechtbar, findet Abs. 1 keine Anwendung. Hier kann der Anfechtungsgegner seine Gegenleistung nur nach Maßgabe von Abs. 2 zurückfordern.

Aufleben der Forderung: Die Einordnung der Forderung im Insolvenzverfahren als nichtnachrangige und nachrangige Insolvenzforderung (§§ 38, 39 InsO) und als Masseverbindlichkeit nach § 55 Abs. 2 InsO wird so vorgenommen, als hätte die Forderung bei Verfahrenseröffnung bestanden (*Jaeger/Henckel* InsO, § 144 Rn. 13). Verjährte und unvollkommene Verbindlichkeiten (Spiel, Wette) leben (nur) als solche wieder auf. Bei nur teilweiser Rückgewähr lebt die Forderung nur verhältnismäßig wieder auf (*Jaeger/Henckel* InsO, § 144 Rn. 10). Die Forderung muss sich nicht gegen den Schuldner richten. Leistet der Schuldner in anfechtbarer Weise als **Mitschuldner oder als Bürge**, ohne Rückgriff nehmen zu können, lebt auch die Forderung gegen die anderen Mitschuldner und den Hauptschuldner wieder auf (*Jaeger/Henckel* InsO, § 144 Rn. 11). Die mit der Forderung verbundenen, aber nicht anfechtbaren **Neben- und Sicherungsrechte** (Hypotheken, Pfandrechte, Bürgschaften, Vertragsstrafen) treten in gleicher Weise wieder in Kraft (Begr. RegE BT-Drucks. 12/2443 S. 168; *RG* RGZ 3, 208; RGZ 20, 157 [161 f.]; *BGH* KTS 1974, 96). Hieraus kann ein Absonderungsrecht nach §§ 49 ff. InsO folgen. Gleiches gilt auch für nichtakzessorische Sicherheiten des Schuldners, wie Grundschuld oder Sicherungsübereignung (*Jaeger/Henckel* InsO, § 144 Rn. 18). Urkunden, Wechsel oder Hypothekenbriefe sind hierzu zurückzugeben bzw. wiederherzustellen, gelöschte Hypotheken im Wege der Grundbuchberichtigung wieder einzutragen. Soweit dies nicht möglich ist, z.B. weil der belastete Gegenstand veräußert wurde, besteht ein Masseanspruch nach § 55 Abs. 1 Nr. 3 InsO (*Kilger/Karsten Schmidt* KO, § 39 Anm. 1). Ist ein Dritter Geber einer akzessorischen Sicherheit, hat dieser, wenn ein Wiederaufleben der Sicherung nicht möglich ist, Wertersatz zu leisten. Nichtakzessorische Sicherheiten, die ein Dritter gewährt hat, leben demgegenüber nicht auf, da der Dritte nicht Partei des Anfechtungsstreits ist (*Obermüller/Hess* InsO, Rn. 668; **a.A.** mit einer nicht überzeugenden Begründung *OLG Frankfurt* DZWIR 2005, 36 m. Anm. *App* DZWIR 2005, 36 [37]). Die zwischen anfechtbarer Leistung und Rückgewähr abgelaufene Zeit bleibt analog §§ 206, 209 BGB für die **Verjährung** unberücksichtigt (*Jaeger/Henckel* InsO, § 144 Rn. 13). Eine im Zeitpunkt der anfechtbaren Erfüllung der Forderung bestehende **Aufrechnungslage** lebt wieder auf, wenn § 96 InsO nicht entgegensteht. Die Forderung kann nicht gegen den Anspruch aus § 143 InsO aufgerechnet werden, da sie erst im Zeitpunkt der Erfüllung des Rückgewähranspruches entsteht. Damit kann auch der Insolvenzverwalter nicht aufrechnen.

79 Durch Art. 7 Abs. 2 Satz 2 lit. m EuInsVO n.F. (Art. 4 Abs. 2 Satz 2 lit. m EuInsVO a.F.) wird das Recht des Mitgliedstaats der Verfahrenseröffnung bestimmt, »welche Rechtshandlungen nichtig, anfechtbar oder relativ unwirksam sind, weil sie die Gesamtheit der Gläubiger benachteiligen«. Dadurch werden die Voraussetzungen der Insolvenzanfechtung wie Form- und Fristfragen, aber auch deren Rechtsfolgen bestimmt. Gemäß Art. 16 EuInsVO n.F. (Art. 13 EuInsVO a.F.) gelten diese Voraussetzungen nicht, wenn der von der Anfechtung betroffene Gläubiger nachweist, dass bzgl. der streitgegenständlichen Handlung das Recht eines anderen Staats Anwendung findet und die Handlung nach diesem nicht anfechtbar ist. Der Anfechtungsgegner soll nach der lex causae auf das Bestehen des nach der lex fori concursus anfechtbaren Rechtsgeschäfts vertrauen können.

80 Die EuInsVO kann keine direkte Rechtswirkung gegenüber Drittstaaten erzielen. Insoweit trifft dann § 335 InsO eine gleichlautende Regelung unter Verweis auf die lex fori concursus. Dadurch wird dem Gläubiger die Einredemöglichkeit des § 339 InsO eröffnet. Diese Einrede wird nach der lex causae beurteilt. Beide Vorschriften sind dann unter gleichrangiger Berücksichtigung von Art. 7 und Art. 16 EuInsVO n.F. auszulegen. Dadurch will der Gesetzgeber »Wertungswidersprüche« vermeiden (BT-Drucks. 15/16, S. 1).

I. Umfang des Erstattungsanspruchs nach Abs. 3

81 Nunmehr wird der Umfang der Erstattungspflicht bei einer Anfechtung nach § 135 InsO gesetzlich durch den neu eingeführten Abs. 3 definiert. Es war bereits einhellige Meinung, dass der zurückgewährte Betrag einschließlich Zinsen, Kosten und einer eventuell gezahlten Vertragsstrafe zurück gewährt werden musste. Die Höchstgrenze des Rückerstattungsanspruchs ergab sich aus § 32b Satz 2 GmbHG. Bei einer Bürgschaft oder einer gleichzustellenden Sicherheit beschränkt sich der Anspruch auf den Betrag der Bürgschaft oder einer entsprechenden Zahlungsverpflichtung des Gesellschafters. Der Gesellschafter konnte sich von seiner Erstattungspflicht dadurch befreien, dass er der Gesellschaft die durch die Rückzahlung freigewordenen Sicherheiten zur Verwertung herausgibt, um mit dem Verwertungserlös die Gläubiger zu befriedigen. Der bereits vorher durch die Literatur und Rechtsprechung festgelegte Erstattungsumfang, wie vorstehend dargestellt, ist jetzt durch Einführung des neuen Abs. 3 gesetzlich normiert worden. Inhaltliche Änderungen sind nicht erfolgt.

§ 144 Ansprüche des Anfechtungsgegners

(1) Gewährt der Empfänger einer anfechtbaren Leistung das Erlangte zurück, so lebt seine Forderung wieder auf.

(2) ¹Eine Gegenleistung ist aus der Insolvenzmasse zu erstatten, soweit sie in dieser noch unterscheidbar vorhanden ist oder soweit die Masse um ihren Wert bereichert ist. ²Darüber hinaus kann der Empfänger der anfechtbaren Leistung die Forderung auf Rückgewähr der Gegenleistung nur als Insolvenzgläubiger geltend machen.

Übersicht

	Rdn.			Rdn.
A. Einleitung	1	III.	Anspruch auf Ersatz und Nutzungen	6
B. Wiederaufleben der Forderung (Abs. 1)	2	IV.	Anspruch auf Gegenleistung als Schuldverhältnis	9
C. Gegenleistung (Abs. 2)	4			
I. Allgemeines	4	V.	Steuerrechtliche und bilanzrechtliche Folgen	11
II. Gegenleistung	5			

Literatur:
Kahlert Umsatzsteuerfolgen von Vereinbarungen über Insolvenzanfechtung, ZIP 2012, 1433 ff.

A. Einleitung

1 Die Vorschrift befasst sich mit den bisher in §§ 38, 39 KO und ebenso in § 12 AnfG geregelten Rechten des Anfechtungsgegners, wenn er die in anfechtbarer Weise erlangte Leistung nach § 143

1757). Die **Kosten der Rückgewähr** trägt der Anfechtungsgegner (*Kilger/Karsten Schmidt* KO, § 37 Anm. 15).

VIII. Beendigung des Insolvenzverfahrens

Ein anhängiger Anfechtungsprozess wird durch die Verfahrensbeendigung in der Hauptsache erledigt. Es erfolgt dann nur noch eine Entscheidung hinsichtlich der Kosten (*RG* RGZ 58, 418). Weder die Gläubiger noch der Schuldner kommen als Rechtsnachfolger i.S.v. § 239 ZPO in Betracht, so dass eine Klage wegen Wegfalls des Anfechtungsrechts abzuweisen ist (*BGH* BGHZ 83, 102 [104 ff.]). Die einzelnen Gläubiger können fortan jedoch ihre individuellen Rechte nach dem AnfG wieder geltend machen, soweit nicht dem Anspruch entgegenstehende Einreden gegen den Insolvenzverwalter erlangt sind (§ 18 Abs. 1 AnfG). Auch der Insolvenzverwalter kann nicht ermächtigt werden, den Anfechtungsstreit fortzusetzen (*RG* RGZ 135, 350). Er kann den Prozess aber fortführen, wenn der Ertrag des Prozesses der **Nachtragsverteilung** vorbehalten ist (*BGH* BGHZ 83, 102 [103]). Gleiches gilt nach § 259 Abs. 3 InsO beim **Insolvenzplan**, wenn dies im gestaltenden Teil des Plans vorgesehen ist. 75

IX. Bedeutung eines zuvor nach dem AnfG erhobenen Anfechtungsrechts

Durch die Verfahrenseröffnung wird ein noch **anhängiger Anfechtungsprozess** unterbrochen (§ 17 Abs. 1 Satz 1 AnfG) und kann vom Insolvenzverwalter nach § 16 Abs. 1 Satz 1 AnfG aufgenommen werden. Erfolgt die Aufnahme, ist der Klageantrag entsprechend umzustellen. Eine Klageerweiterung (§ 17 Abs. 2 AnfG) hat in der Frist des § 146 InsO zu erfolgen. Wurde die Klage aus einem einheitlichen Sachverhalt neben der Anfechtung auf andere Anspruchsgrundlagen, z.B. §§ 823, 826 BGB, gestützt, kann (nur) der Insolvenzverwalter den Rückgewähranspruch auch unter diesen Gesichtspunkten geltend machen (*BGH* ZIP 2000, 238 [240]; s. *Wimmer-Amend* § 92 Rdn. 36). Im Fall der Anspruchshäufung allerdings kann der Rechtsstreit nur hinsichtlich des Anfechtungsrechts aufgenommen werden (*RG* RGZ 143, 267). Obsiegt der Verwalter, sind nach § 16 Abs. 1 Satz 2 AnfG dem Gläubiger aus dem Erstrittenen die Prozesskosten vorweg zu erstatten. Lehnt der Verwalter die Aufnahme ab, kann jede Partei den Prozess gem. § 17 Abs. 3 Satz 1 AnfG hinsichtlich der Kosten aufnehmen. Das Recht des Verwalters, nach den §§ 129 ff. InsO den Anfechtungsanspruch geltend zu machen, wird dadurch nicht ausgeschlossen (§ 17 Abs. 3 Satz 2 AnfG). 76

Hat der Insolvenzgläubiger bereits ein **rechtskräftiges Urteil** erwirkt, aber noch nicht vollstreckt, kann der Verwalter das Anfechtungsrecht weiterverfolgen, indem er nach § 727 ZPO die vollstreckbare Ausfertigung zugunsten der Masse erwirkt (*RG* RGZ 30, 67 [70]). Ein den Anfechtungsanspruch absprechendes Urteil entfaltet keine Rechtskraft zu Lasten der Masse. Soweit der anfechtende Insolvenzgläubiger vor Verfahrenseröffnung bereits Sicherung oder Befriedigung erlangt hat, kann ihm gegenüber eine Anfechtung nach § 130 InsO erfolgen (§ 16 Abs. 2 AnfG). 77

H. Insolvenzanfechtung mit Auslandsberührung

Eine Anfechtung nach den §§ 129 ff. InsO ist bei Eröffnung eines Insolvenzverfahrens im Inland auch dann möglich, wenn der zu beurteilende Vorgang Auslandsberührung hat. Für die Europäische Union folgt dies aus Art. 4 Abs. 2 Buchst. m) EuInsVO (Verordnung (EG) Nr. 1346/2000 des Rates vom 29. Mai 2000; s.a. *Wenner/Schuster* Art. 4 EuInsVO). Eine Anfechtung scheidet nur dann aus, wenn der Anfechtungsgegner nachweist, dass für die Rechtshandlung das Recht eines anderen Mitgliedstaates der EU maßgeblich und in keiner Weise nach diesem Recht angreifbar ist. Eine vergleichbare Regelung für Auslandsberührungen mit Staaten außerhalb der EU sieht § 339 InsO vor (siehe dort). Infolge der Schlussanträge des Generalanwalts im Verfahren »Deko Marty« (ZIP 2008, 2082) hat der EUGH entschieden, dass Art. 3 Abs. 1 VO (EG) Nr. 1346/2000 dahingehend auszulegen ist, dass das Gericht des Mitgliedstaates für Anfechtungsklagen gegen Anfechtungsgegner, die ihren Verwaltungssitz in einem anderen Mitgliedstaat haben, zuständig ist in dem das Verfahren eröffnet wurde. Diese Rechtsprechung wurde vom BGH aufgegriffen (*BGH* ZIP 2009, 1287). 78

V. Nebenintervention

72 Die Insolvenzgläubiger, nicht die Mitglieder des Gläubigerausschusses als solche, können dem Anfechtungsprozess als **Nebenintervenienten** beitreten (*RG* RGZ 36, 367 [369]; JW 1891, 273). Bestreitet der Insolvenzverwalter eine angemeldete Forderung aus einem anderen Grund, können die Nebenintervenienten nicht für diesen das Anfechtungsrecht ausüben (*Jaeger/Henckel* InsO, § 119 Rn. 293). Ist ein **Absonderungsberechtigter** Nebenintervenient liegt hierin kein Verzicht auf sein Absonderungsrecht (*RG* RGZ 100, 87 [89]). Bei der Nebenintervention des Absonderungsberechtigten handelt es sich nicht um eine streitgenössische i.S.v. §§ 69, 61 ZPO (*RG* JW 1889, 203). Der **Insolvenzverwalter** kann die Anfechtung nicht als Nebenintervenient geltend machen (*BGH* BGHZ 106, 127 = ZIP 1989, 183; *Bork* JR 1989, 494; **a.A.** *Gerhardt/Kreft* Insolvenzanfechtung, S. 34; HK-InsO/*Kreft* § 146 Rn. 2; *Gerhardt* KTS 1984, 177).

VI. Sicherung des Anspruchs im einstweiligen Rechtsschutz

73 Die überwiegende Anzahl der Anfechtungsansprüche die rechtshängig gemacht werden, betrifft Zahlungen des Insolvenzschuldners an Dritte. Der daraus resultierende Anfechtungsanspruch ist immer ein sekundärer auf Geldzahlung gerichteter Wertersatzanspruch. Ein solcher Anspruch kann gegenüber dem Anfechtungsgegner nur mittels Arrest des Vermögens von ihm zugunsten der Masse gesichert werden (*Uhlenbruck/Ede/Hirte* InsO, § 143 Rn. 130; *OLG Düsseldorf* NJW 1977, 1828; *OLG Stuttgart* NZI 2010, 277). Bis jetzt ist nicht abschließend geklärt, wie die Absicherung des Primäranspruches (Rückgewähr in natura) gesichert werden kann. Anderweitig wird ein individualrechtlich zu sichernder Anspruch angenommen, der durch einstweilige Verfügung gesichert werden kann. Geht insoweit der Anspruch auf Rückübertragung oder Löschung eines im Grundbuch eingetragenen Rechts, kommt Sicherung durch **Vormerkung** nach §§ 883, 885 BGB, § 935 ZPO in Betracht (*BGH* NJW-RR 1993, 1343 zu 1., *RG* RGZ 67, 39 [41]; *LG Dresden* ZInsO 2002, 140). Die Eintragung eines Widerspruchs nach §§ 892, 894 BGB scheidet aus (*RG* RGZ 67, 39 [41]; RGZ 71, 178).

VII. Kosten

74 Für die **Kosten des Anfechtungsstreites** gelten die allgemeinen Regeln der §§ 91 ff. ZPO. Hat der Insolvenzverwalter den Anfechtungsgegner vor Klageerhebung nicht zur Rückgewähr aufgefordert und erkennt dieser im Prozess sofort an, trägt nach § 93 ZPO die Masse die Verfahrenskosten (*OLG Bamberg* KTS 1972, 196). Anders nur, wenn Rückgewähranspruch in natura auf § 133 InsO gestützt wird, da hier die Gefahr besteht, dass der anfechtbar erworbene Gegenstand beiseite geschafft wird (*OLG Düsseldorf* ZIP 1984, 1381; *Jaeger/Henckel* InsO, § 143 Rn. 182). Eine persönliche Haftung des Insolvenzverwalters im Falle der Masseunzulänglichkeit hat der BGH abgelehnt (*BGH* ZInsO 2005, 146 [147]; *Pape* ZInsO 2005, 138 [139]). Erklären beide Parteien den Rechtsstreit für erledigt, weil der Anfechtungsgegenstand nachträglich weggefallen ist, hat der Anfechtungsgegner nach § 91a ZPO die Kosten zu tragen, wenn der Rechtsstreit für ihn aussichtslos war (*BGH* WM 1971, 1443). Sprechen dabei wesentliche Anhaltspunkte für die Anfechtbarkeit und erfüllt der Anfechtungsgegner im Verlauf des Prozesses, kann auf eine weitere Sachaufklärung verzichtet werden (*OLG Köln* ZIP 1993, 1804). Der Insolvenzverwalter kann **Prozesskostenbeihilfe** nach §§ 114, 116 Satz 1 Nr. 1 ZPO beantragen, wenn er die Prozesskosten für das beabsichtigte Verfahren aus der Masse nicht aufbringen kann. Den nach § 116 Satz 1 Nr. 1 ZPO wirtschaftlich beteiligten Gläubigern, die öffentliche Aufgaben wahrnehmen, ist dabei die Aufbringung eines Vorschusses nicht zuzumuten (*OLG Frankfurt/M.* ZIP 1995, 1536). Gleiches gilt für frühere Arbeitnehmer des Insolvenzschuldners auch dann, wenn der Prozess im Wesentlichen nur die Aussichten dieser Arbeitnehmer auf eine zugesprochene Abfindung verbessert (*OLG München* ZIP 1997, 1118 f.). Um die Zumutbarkeit beurteilen zu können, muss der Bestand der Forderungen derjenigen Gläubiger feststehen, die von dem Urteil wirtschaftlich profitieren würden (*OLG Celle* NZI 2000, 179). Die Entscheidung im Prozesskostenhilfeverfahren darf nicht von der Beantwortung einer schwierigen, bislang in der höchstrichterlichen Rspr. nicht geklärten Rechtsfrage abhängig gemacht werden (*BGH* ZIP 1997,

maßnahme in das Vermögen des Schuldners ist keine **Drittwiderspruchsklage** nach § 771 ZPO (*BGH* ZIP 1990, 246 [247] m.w.N.; ZIP 1997, 737 [739]; anders jetzt *BGH* ZIP 2003, 2307 [2310]; krit. *Karsten Schmidt* JZ 1990, 619 ff.). Wird das in anfechtbarer Weise erlangte Recht aufgrund eines vor Verfahrenseröffnung erwirkten Vollstreckungstitels geltend gemacht, kann **Vollstreckungsgegenklage** erhoben werden (*BGH* BGHZ 22, 128 [134]). In der **Klageschrift** muss weder die Anfechtung »erklärt« werden, noch muss der Kläger sich auf die Insolvenzanfechtung als Rechtsgrundlage berufen oder sonst den rechtlichen Gesichtspunkt bezeichnen, unter dem sein Sachvortrag den Klageantrag stützt (*BGH* BGHZ 135, 140 [149] = ZIP 1997, 737 [740]; ausführlich *Eckardt* ZIP 1997, 957 [965 ff.]; vgl. auch *Henckel* in FS für Schwab, S. 213 ff.). Vielmehr genügt es, wenn der Verwalter einen Anspruch rechtshängig macht, der seinem Inhalt nach im Wege der Anfechtung durchsetzbar ist und auf einen Sachverhalt gestützt wird, der geeignet sein kann, die Anspruchsvoraussetzungen zu erfüllen (*BGH* ZIP 2003, 488 [489]; ZIP 2001, 33 [35]; vgl. *BGH* ZIP 1993, 1653; *OLG Hamm* ZIP 2000, 2214 [2215]). Unschädlich ist es, wenn die anfechtbare Rechtshandlung unzutreffend bezeichnet ist, sofern Klageantrag und Klagebegründung die richtigerweise anzufechtende Rechtshandlung ergeben (*BGH* ZIP 1994, 40 [45]; BGHZ 117, 374 [380 f.] = ZIP 1992, 629; vgl. *BGH* ZIP 1993, 271 [275]). Ficht etwa der Kläger eine »Überweisung« an, liegt darin zugleich die Anfechtung eines der erfolgreichen Anfechtung entgegenstehenden Absonderungsrechts (*BGH* ZIP 1998, 793 [800]). Entsprechend dem Wortlaut des § 143 InsO, ist der Klageantrag grds. auf Rückgewähr zur Insolvenzmasse zu richten. Verlangt der Insolvenzverwalter Leistung an sich selbst, schadet dies jedoch nicht, wenn er den Anspruch erkennbar in seiner Eigenschaft als Insolvenzverwalter erhebt (*BGH* DB 1961, 469).

Der auf ein Absonderungsrechtsrecht gestützten Schiedsklage, die (allein) auf einer noch mit dem Schuldner getroffenen Schiedsvereinbarung beruht, kann der Insolvenzverwalter Ansprüche aus Insolvenzanfechtung weder im Wege der Einrede noch mit der Schieds(Wider-)klage entgegensetzen. Er kann jedoch die Einrede der Insolvenzanfechtung im Verfahren auf Vollstreckbarerklärung des Schiedsspruchs erheben, durch den der auf ein Absonderungsrecht gestützten Schiedsklage stattgegeben wurde (*BGH* ZInsO 2008, 269).

IV. Klageänderung

Eine Klageänderung ist nach allgemeinen Grundsätzen gem. § 263 ZPO zulässig. Nach Ablauf der Frist in § 146 InsO ist eine Abänderung der Klage nur noch im Rahmen von § 264 ZPO möglich (*BGH* ZIP 1985, 427; BGHZ 117, 374, 381 = ZIP 1992, 629; *OLG München* ZIP 1997, 1118 [1120]). Eine Klageänderung liegt nur vor, wenn der Klageantrag geändert oder der Klage ein anderer Lebenssachverhalt zugrunde gelegt wird. Ein anderer Lebenssachverhalt liegt dabei nicht schon deswegen vor, wenn zu einem anderen gesetzlichen Anfechtungstatbestand übergegangen wird (*BGH* ZIP 1999, 1764 [1767]; *OLG Köln* NZI 2004, 217). Hat der Verwalter zunächst auf Rückgewähr in natura geklagt, kann er nach § 264 Nr. 3 ZPO den Klageantrag auf Wertersatz umstellen, wenn die Herausgabe des Gegenstandes nach Rechtshängigkeit unmöglich wird oder er erst nach diesem Zeitpunkt von diesem Umstand Kenntnis erlangt (*Jaeger/Henckel* InsO, § 143 Rn. 177). Ansonsten kann er nach § 281 BGB (vgl. auch § 255 ZPO) vorgehen. Verfolgt der Insolvenzverwalter mehrere Ansprüche auf Rückgewähr, kann, nach rechtskräftiger Entscheidung über einen der Ansprüche, dieser bei Unmöglichkeit der Rückgewähr in natura im weiteren Verfahren über die Restansprüche noch als Wertersatzanspruch geltend gemacht werden (*BGH* WM 1969, 1346 f.). Eine Klageänderung ist gegeben, wenn der Insolvenzverwalter sich zunächst auf die Nichtigkeit der Rechtshandlung und erst später auf deren Anfechtbarkeit beruft (*Huber* in Gottwald, Insolvenzrechts-Handbuch, § 53 Rn. 24). Unterschiedliche Streitgegenstände liegen auch dann vor, wenn einmal auf Verzicht von Rechten, die aufgrund eines Sicherheiten-Poolvertrages erworben wurden, und andererseits auf Rückgewähr der vor dem Abschluss des Poolvertrages sicherungsübereigneten Sachen geklagt wird (*BGH* ZIP 1993, 276 [277]). Andererseits erstreckt sich die Prüfungspflicht des Gerichts auch auf einen solchen neuen Streitgegenstand, wenn der Kläger erkennen lässt, dass er seinen Anspruch hilfsweise auch darauf stützen will (*BGH* ZIP 1999, 316 [318]).

68 Ist die Rechtshandlung im Zusammenhang mit einem Handelsgeschäft vorgenommen worden, sind die **Kammer für Handelssachen** (§ 95 GVG; *LG Köln* DZWIR 2002, 217 m. zust. Anm. *App*) nur zuständig, wenn das angefochtene Rechtsgeschäft auch die Zuständigkeit der Kammer für Handelssachen begründet hätte. Das **Familiengericht** (§ 23b GVG) ist grds. für Anfechtungsklagen nicht zuständig (*RG* RGZ 96, 53 [57]; *Jaeger/Henckel* InsO, § 143 Rn. 172, 173). Es wurde die Frage diskutiert, ob ein Anfechtungsanspruch gegen einen Arbeitnehmer dem Zivil- oder Arbeitsgericht (§ 2 ArbGG) zuzuweisen ist (*BGH* Vorlagebeschl. – IX ZB 182/08 und **a.A.** *BAG* ZInsO 2008, 391). Richtigerweise muss der Anspruch vor den Zivilgerichten entschieden werden, denn die Anfechtungsvoraussetzungen sind losgelöst von den Rechtsverhältnissen, die die anfechtbaren Handlungen begründen und es handelt sich um eine bürgerlichrechtliche Streitigkeit (*BGH* ZIP 2012, 1524; NZI 2016, 86; *Jaeger/Henckel* InsO, § 143 Rn. 169; *KG* ZIP 1996, 1097; *LAG Schleswig-Holstein* ZIP 1995, 1756; *LG Bonn* ZIP 1998, 1726 [*LG Bonn* 16.06.1998 – 1 O 160/98]; *AG Rheine* AP Nr. 2 zu § 30 KO; *Kilger/Schmidt* KO, § 29 Anm. 22; MüKo-InsO/*Kirchhof* § 146 Rn. 30; *Uhlenbruck/Hirte* InsO, § 143 Rn. 63). Entgegen dieser Rechtsauffassung hat der Gemeinsame Senat der obersten Gerichtshöfe des Bundes den Anfechtungsprozess den Arbeitsgerichten zugewiesen. Dies aber nur für den Fall, wenn der anfechtende Insolvenzverwalter die Rückzahlung des Arbeitsentgeltes verlangt (GmS OGB ZIP 2010, 1418). Andere Anfechtungstatsachen werden von dieser Entscheidung nicht mit umfasst und sind weiterhin als bürgerlichrechtliche Streitigkeiten nicht vor den Arbeitsgerichten auszutragen.

69 Eine vom Schuldner vor Verfahrenseröffnung getroffene **Schiedsgerichtsabrede** begründet im Anfechtungsprozess nicht die Einrede des Schiedsvertrages nach § 1027a ZPO (*BGH* WM 1956, 1407; BGHZ 24, 15 [18]; *LG Paderborn* ZIP 1980, 967). Die Einrede der Anfechtbarkeit kann aber im Verfahren der Vollstreckbarkeitserklärung eines Schiedsspruches erfolgen (*BGH* ZInsO 2008, 269 [271] Rn. 18).

III. Klageantrag und Klageform

70 Die Insolvenzanfechtung ist keine Gestaltungserklärung, sondern kann nur durch Geltendmachung des Rückgewähranspruches nach § 143 InsO im Wege der **Klage, Widerklage, Einrede** (*RG* RGZ 95, 225) oder **Replik** (*RG* RGZ 19, 202; RGZ 27, 98) wahrgenommen werden (*BGH* ZIP 1997, 737 [739 f.]). Die Ausübung des Anfechtungsrechts kann durch **jede – auch eine konkludente – Willensäußerung** erfolgen. Maßgeblich ist nur, dass der klagende Insolvenzverwalter eine Gläubigerbenachteiligung nicht hinnehmen will und eine Masseanreicherung wertmäßig auf Kosten des Anfechtungsgegners anstrebt (*BGH* ZInsO 2008, 508 [509]; ZIP 2008, 888 [889]). Die Anfechtung muss nicht ausdrücklich erklärt werden (*BGH* ZIP 2004, 671 [672]; ZIP 2004 1370 [1371]; BGHZ 135, 140 [149 ff.]. Die Anfechtungsabsicht muss nur »erkennbar« sein (*BGH* ZIP 2008, 888). Überzogene Anforderungen an den Sachvortrag im Klageverfahren verbieten sich daher, was aber nicht immer von den Gerichten beachtet wird. Nur wenn ausdrücklich auf die Anfechtung verzichtet wird, geht das Anfechtungsrecht unter. Geht der Anspruch auf Geld, kann die Geltendmachung auch durch Zustellung eines Mahnbescheids (§§ 688 ff. ZPO; vgl. auch *Eckardt* KTS 1993, 361 ff.), durch Anmeldung im Insolvenzverfahren des Rückgewährschuldners (§ 174 InsO), durch Aufrechnungserklärung (*RG* RGZ 79, 26) erfolgen. Statthaft ist die **Leistungsklage**, wobei der Antrag dem jeweiligen Inhalt des Rückgewähranspruchs anzupassen ist. Kann der zurück zu gewährende Gegenstand nicht genau bezeichnet werden (§ 253 Abs. 2 Nr. 2 ZPO) ist eine Stufenklage nach § 254 ZPO in Betracht zu ziehen (vgl. *OLG Stuttgart* ZIP 1986, 386). Eine **Feststellungsklage** nach § 256 ZPO ist möglich, wenn ein Interesse an alsbaldiger Feststellung besteht (vgl. *RG* RGZ 133, 46 [49]). Dies ist insbesondere dann zu verneinen, wenn der Insolvenzverwalter eine sein Begehren vollständig erfüllende Leistungsklage erheben kann (*BGH* WM 1961, 601). Zu bejahen ist es etwa, wenn der (erste) Anfechtungsgegner den anfechtbar erworbenen Gegenstand weiterveräußert hat und die Bezifferung des Wertersatzanspruchs derzeit überflüssig ist, weil eine Rückgewähr vom Rechtsnachfolger in Betracht kommt (*BGH* ZIP 1996, 184; vgl. *OLG Düsseldorf* ZIP 1996, 185 [187]). Eine negative Feststellungsklage durch den Anfechtungsgegner ist unter den Voraussetzungen des § 256 ZPO ebenfalls möglich (*RG* RGZ 77, 69; *BGH* ZIP 1991, 113). Die Anfechtungsklage gegen eine Vollstreckungs-

lastung geklagt wird (*Kilger/Karsten Schmidt* KO, § 29 Anm. 22; *Jaeger/Henckel* InsO, § 143 Rn. 171; **a.A.** *KG* JW 1926, 1595; *Kuhn/Uhlenbruck* KO, § 29 Rn. 53). Der Gerichtsstand des Erfüllungsortes (§ 29 ZPO) scheidet aus (*BGH* NJW 1956, 1921; vgl. auch *RG* RGZ 30, 402 [404 f.]). Gleiches gilt für § 32 ZPO, da der Rückgewähranspruch auch im Fall des § 133 InsO kein Deliktsanspruch ist (*Kuhn/Uhlenbruck* KO, § 37 Rn. 51; **a.A.** für die Absichtsanfechtung *RG* RGZ 21, 425 (VZS); RGZ 48, 401; RGZ 50, 410; RGZ 84, 253). Die Anfechtungsklage gegen eine Vollstreckungsmaßnahme ist keine Drittwiderspruchsklage, so dass der Gerichtsstand des § 771 ZPO, d.h. die Zuständigkeit des Gerichts, in dessen Bezirk die Zwangsvollstreckung erfolgt, ausscheidet (*BGH* ZIP 1990, 246 [247] m.w.N. auch zur Gegenmeinung; *LG Frankfurt/M.* InVo 2000, 20). Das EuGVÜ ist auf die Anfechtungsklage nicht anzuwenden (*BGH* ZIP 1990, 246 [247]). Gerichtsstandvereinbarungen des Schuldners binden den Insolvenzverwalter nicht (*Jaeger/Henckel* InsO, § 143 Rn. 171). Nach der Entscheidung des *EuGH* v. 12.02.2009 (– Rs. C-339/07, ZIP 2009, 427) ist Art. 3 Abs. 1 EGV 1346/2000 dahin auszulegen, dass die Gerichte des Mitgliedstaats, in dessen Gebiet das Insolvenzverfahren eröffnet worden ist, für eine Insolvenzanfechtungsklage gegen einen Anfechtungsgegner, der seinen satzungsmäßigen Sitz in einem anderen Mitgliedstaat hat, zuständig sind (*OLG Frankfurt* JurionRS 2012, 18220). Mittlerweile hat der BGH die Rechtsfrage dem EUGH vorgelegt, ob die Gerichte des Mitgliedstaats, in dessen Gebiet das Insolvenzverfahren über das Vermögen des Schuldners eröffnet worden ist, für eine Insolvenzanfechtungsklage gegen einen Anfechtungsgegner zuständig sind, der seinen Wohnsitz oder satzungsmäßigen Sitz nicht im Gebiet eines Mitgliedstaats hat (*BGH* Beschl. v. 21.06.2012 – IX ZR 2/12, ZIP 2012, 1467).

Die Bestimmung des Art. 3 Abs. 1 Satz 1 EuInsVO ist nach der Entscheidung des europäischen Gerichtshofes dahingehend auszulegen, dass die Gerichte des Mitgliedstaates, in dessen Gebiet das Insolvenzverfahren eröffnet worden ist, für eine Insolvenzanfechtungsklage gegen einen Anfechtungsgegner, der seinen Wohnsitz oder satzungsmäßigen Sitz in einem anderen **Mitgliedstaat** hat, zuständig sind (*EuGH* WM 2012, 1449 Rn. 3). Die Insolvenzanfechtungsklage stellt ein Annex-Verfahren zum Insolvenzverfahren dar und fällt daher in den Anwendungsbereich der vorgenannten Norm (*BGH* 27.03.2014 – IX ZR 2/12, JurionRS 2014,15589 Rn. 6). 66

Der EuGH hat gleichfalls die Frage schon auf Vorlage des *BGH* (Beschl. v. 21.06.2012 ZIP 2012, 1467; *EuGH* 16.01.2014 NZI 2014, 134) beantwortet, ob die internationale Zuständigkeit für Anfechtungsklagen gegenüber einem in einem **EU-Drittland** ansässigen Anfechtungsgegner bei dem sachlich zuständigen Gericht am Sitz des Insolvenzgerichts gegeben ist. Diese Frage wurde positiv beantwortet (*EuGH* ZIP 2014, 181). Bei dem zuständigen Gericht am Sitz des Insolvenzgerichts können daher dann diese Anfechtungsklagen geführt werden. Der EuGH begründet diese Entscheidung damit, dass es sich bei Art. 3 Abs. 1 EuInsVO um eine innerhalb der EU geltende Gerichtsstandsbestimmung handelt. Dadurch wird einheitlich den Gerichten am Sitz des Insolvenzgerichtes die örtliche Zuständigkeit zugewiesen. Zum Anwendungsbereich des Art. 13 EUInsVO hat sich der *BGH* in seiner Entscheidung vom 15.10.2015 wie folgt unter Berücksichtigung der Vorabentscheidung des EuGH geäußert: 67

»Ist die Zahlungsklage des Verwalters in einem in Deutschland eröffneten Insolvenzverfahren über eine Gesellschaft nach dem Recht eines anderen Mitgliedstaates (hier: Österreich) gegen einen Insolvenzgläubiger nach deutschem Recht begründet, weil das der nach Eröffnung erfolgten Auszahlung zugrunde liegende Pfändungspfandrecht infolge der Rückschlagsperre gemäß § 88 InsO und die Auszahlung an den Gläubiger gemäß § 91 InsO unwirksam waren, steht der Umstand, dass das Pfändungspfandrecht nach der lex causae (hier: dem österreichischen Recht) wirksam geblieben ist, dem Erfolg der Klage nicht entgegen, wenn die Auszahlung ihrerseits nach der lex causae insolvenzrechtlich wirksam angefochten worden ist. Die Auszahlung des Geldes ist jedoch nach dem Recht der lex causae in keiner Weise angreifbar im Sinne des Art. 13 EuInsVO, wenn die nach diesem Recht geltenden Verjährungs-, Anfechtungs- oder Ausschlussfristen oder die Formvorschriften nicht eingehalten sind (im Anschluss an *EuGH* ZIP 2015, 1030; *BGH* JurionRS 2015, 29231; ZInsO 2015, 2377 ff.)«.

versicherungsträgern ist durch die Vorschriften des SGG gegenüber den Beitragspflichtigen kein besonderer verfahrensrechtlicher Schutz eingeräumt, den es gegenüber dem Insolvenzverwalter, der im Interesse der Gläubigergleichbehandlung Anfechtungsansprüche geltend zu machen hat, zu erhalten gilt (*BGH* Beschl. v. 24.03.2011, ZInsO 2011, 723 = ZIP 2011, 683). Dadurch hat der BGH der Entscheidung des *BFH* (Urt. v. 24.11.2011 – VR 13/11) eine Absage erteilt, das für die Entscheidung über das Bestehen des Anfechtungsrechts, wenn sich die Anfechtung auf einen Anspruch auf Abgaben bezieht, die der Gesetzgebung des Bundes unterliegen, gem. § 33 Abs. 1 Nr. 1 FGO der Finanzrechtsweg eröffnet sei. Der BFH führt in seiner vorzitierten Entscheidung aus: »Für die Entscheidung über das Bestehen des Anfechtungsrechts ist, wenn sich die Anfechtung auf einen Anspruch auf Abgaben bezieht, die der Gesetzgebung des Bundes unterliegen, gem. § 33 Abs. 1 Nr. 1 FGO der Finanzrechtsweg eröffnet.« Diese Entscheidung steht im krassen Widerspruch zur Rechtsprechung des BGH und ist abzulehnen. Nun hat in einer zweiten Entscheidung der BFH anerkannt, dass der Anfechtungsanspruch kein Anspruch aus dem Steuerschuldverhältnis nach § 31 Abs. 1 AO ist, sondern ein bürgerlich rechtlicher Anspruch (*BFH* 27.09.2012 – VII B 190/11, ZIP 2012, 2451 [2452]). Unter Aufgabe seiner Rechtsansicht aus 2011 hat nunmehr der BFH anerkannt, dass der Rückgewähranspruch zivilrechtlicher Natur ist und daher der Rechtsweg zu den Zivilgerichten gegeben ist. Demnach können auch vermeintliche Rückforderungsansprüche der Finanzverwaltung nicht mittels Rückforderungsbescheid nach § 37 Abs. 2 AO geltend gemacht werden, sondern nur vor den Zivilgerichten durchgesetzt werden. § 218 Abs. 2 AO ist nicht anwendbar (*BFH* 12.11.2013 – VII R 15/13, ZInsO 2014, 669 [670]).

63 Hält der Insolvenzverwalter eine Aufrechnung oder Verrechnung für unzulässig, weil der Insolvenzgläubiger die Möglichkeit der Aufrechnung durch eine anfechtbare Rechtshandlung erlangt hat, ist die Frage der Anfechtbarkeit insoweit nicht rechtswegbestimmend (*BGH* ZInsO 2005, 707). Anfechtungsprozesse können nicht im Schiedsverfahren geführt werden, denn der Insolvenzschuldner kann keine Schiedsgerichtsabrede für Verfahren treffen, die er gar nicht selbst führen kann (*Jaeger/Henckel* InsO, § 143 Rn. 174).

Eine Schiedsabrede bindet den Insolvenzverwalter in einem Anfechtungsprozess (s.a. *Dahl/Seel* NZI 2013, 1059 ff.; *BGH* NZI 2013, 934).

II. Zuständigkeit

64 Die **sachliche Zuständigkeit** gem. §§ 23 Nr. 1, 71 GVG bestimmt sich nach dem durch den Klageantrag bestimmten Wert des Streitgegenstandes. Den Wert eines Gegenstandes in Natur setzt das Gericht gem. § 3 ZPO nach freiem Ermessen fest. Maßgebend ist gem. § 4 Abs. 1 HS 1 ZPO der Zeitpunkt der Klageerhebung. Nebenforderungen, insbesondere Zinsen bleiben nach § 4 ZPO bei der Wertberechnung unberücksichtigt. Mehrere Rückgewähransprüche können nach Maßgabe von § 5 ZPO zusammengerechnet werden. Wurde ein schon belastetes Grundstück anfechtbar übertragen, ist der Wert des Grundstücks abzüglich der unangefochtenen Belastungen maßgebend (*RG* RGZ 34, 404 ff.; Gruch Beitr. 45, 367; Gruch Beitr. 151, 319 [320]; LZ 1933, 1210). Wird eine Pfändung, ein rechtsgeschäftlich bestelltes Pfandrecht oder eine Sicherungsübertragung angefochten, kommt es auf den Wert des Pfandes abzüglich der darauf ruhenden Belastungen und begrenzt durch den Betrag der gesicherten Forderung an (*RG* RGZ 151, 319 [320]; i. Erg. *Jaeger/Henckel* InsO, § 143 Rn. 170). Dabei ist § 3 ZPO nicht § 6 ZPO zugrunde zu legen (*RG* RGZ 151, 319 [320]; *Stein/Jonas-Roth* ZPO, § 6 Rn. 22; a.A. MüKo-ZPO/*Lappe* § 6 Rn. 14; *Jaeger/Henckel* InsO, § 143 Rn. 170). Bei Rückabtretung einer Forderung ist der Streitwert unter Berücksichtigung ihrer Einbringlichkeit, nicht nach deren Nominalwert zu bestimmen (*OLG München* ZZP 51, 274; a.A. *Stein/Jonas-Roth* ZPO, § 6 Rn. 21).

65 **Örtlich zuständig** ist das Gericht des allgemeinen Gerichtsstands des Rückgewährschuldners (§§ 12 ff. ZPO). Daneben können die besonderen Gerichtsstände der §§ 20, 23 ZPO in Betracht kommen (vgl. *RG* Gruchot 38, 488). So ist der Gerichtsstand der Mitgliedschaft (§ 22 ZPO) begründet, wenn der Insolvenzverwalter die Anfechtung gegen einen Gesellschafter auf § 135 InsO stützt (*OLG Karlsruhe* ZIP 1998, 1005). § 24 ZPO ist anwendbar, wenn auf Verzicht einer dinglichen Be-

wurde (*BGH* BB 1954, 172). Der Einwendung des Empfängers einer nicht geschuldeten, aber auch anfechtbaren Leistung des Schuldners, er könne gegen den neben § 143 InsO bestehenden Bereicherungsanspruch aufrechnen oder nur wegen § 814 BGB nicht aufrechnen, steht § 96 Abs. 1 Nr. 3 InsO entgegen (anders zur KO *BGH* ZIP 1991, 35 [38]). Das *OLG Frankfurt* (ZIP 2007, 2426 [2428] hat entgegen der h.M. in der Literatur (MüKo-InsO/*Kirchhof* § 134 Rn. 145; *Smid/Zeuner* InsO, § 134 Rn. 22 ohne direkten Hinweis auf § 814 BGB; eine Anwendung des § 814 BGB: *Gerhardt* EWiR 2002, 1054) bei der Auszahlung von Scheingewinnen § 814 BGB zur Anwendung gebracht und die Klage des Insolvenzverwalters insoweit abgewiesen. Die Begründung ist wenig überzeugend und wirkt im Hinblick auf die Tatbestandsmerkmale konstruiert. Ein **Zurückbehaltungsrecht** gem. § 273 BGB besteht hinsichtlich des Anspruchs nach § 144 Abs. 2 Satz 1 InsO (*BGH* ZIP 1986, 787 [790]). Gleiches gilt für Ansprüche des Rückgewährschuldners auf Ersatz seiner Aufwendungen. Ist die Gegenleistung nicht mehr in der Masse vorhanden, hat der Anfechtungsgegner hinsichtlich seiner Insolvenzforderung (§ 144 Abs. 2 Satz 2 InsO) kein Zurückbehaltungsrecht. Gleiches gilt hinsichtlich des Anspruchs auf Auskunft über den Verbleib von Gegenständen, an denen dem Anfechtungsgegner ein Aus- oder Absonderungsrecht zusteht (*BGH* ZIP 2000, 1061 [1066]). Ist eine Wechselzahlung trotz § 137 InsO zur Masse zurückzugewähren, braucht der Anfechtungsgegner nur gegen Rückgabe des quittierten Wechsels und einer eventuellen Protesturkunde zu zahlen (*Jaeger/Henckel* InsO, § 137 Rn. 16).

G. Verfahrensrecht

I. Rechtsweg

Bei der Klage auf Rückgewähr oder Wertersatz handelt es sich um eine bürgerlich-rechtliche Streitigkeit (§ 13 GVG), so dass der ordentliche Rechtsweg gegeben ist (*Jaeger/Henckel* InsO, § 143 Rn. 168; *BGH* ZInsO 2005, 707, bestätigt BGHZ 114, 315 [320]). Dies gilt auch, wenn die öffentliche Hand eine anfechtbare Sicherung oder Befriedigung wegen öffentlich-rechtlicher Forderungen, etwa für Steueransprüche (*OLG Braunschweig* MDR 1950, 356; *OLG Hamm* DZWIR 2003, 385 m. Anm. *App* [387]), erlangt hat. Bei anfechtbaren Handlungen im Zusammenhang mit einem Arbeitsverhältnis ist der Rechtsweg zu den Arbeitsgerichten ebenso nicht gegeben (*LAG Schleswig-Holstein* ZIP 1995, 1756; *KG* ZIP 1996, 1097; *LG Bonn* ZIP 1998, 1726; *Kuhn/Uhlenbruck* KO, § 29 Rn. 56; **a.A.** *LG Frankfurt/M.* NZA 1994, 96). Dieser Rechtsauffassung ist aber das BAG nicht gefolgt (*BAG* ZInsO 2008, 391). Das BAG sieht, entgegen jeglicher weiterer Meinung (*LAG Rheinland-Pfalz* NZI 2005, 644 ff.; *AG Gera* ZIP 2007, 2231 [2232]), den Rechtsgrund für die Insolvenzanfechtung aus dem Arbeitsverhältnis heraus gegeben und nicht aus der anzufechtenden Rechtshandlung. Damit steht das BAG im Widerspruch zur herrschenden Meinung.

Nur für das Verhältnis zwischen den ordentlichen Gerichten und der Arbeitsgerichtsbarkeit hat der *GemS* im Beschl. v. 27.09.2010, ZIP 2009, 825, ZIP 2010, 2418 den anfechtungsrechtlichen Rückgewähranspruch nicht als rechtswegbestimmend und die Rechtsnatur des Anfechtungsrechts für belanglos angesehen. Insoweit handele es sich um einen Streit aus einem Arbeitsverhältnis. Dies wird mit arbeitsrechtlichen Überlegungen, der schnelleren und kostengünstigeren Abwicklung der Verfahren in der Arbeitsgerichtsbarkeit, der Nutzung der Kenntnisse von im Arbeitsleben (nicht im Insolvenzrecht) erfahrenen Personen und mit dem geringeren Kostenrisiko vor den ArbG begründet. Auch dem Umstand, dass sich die Parteien kostenlos von volljährigen Familienangehörigen oder Gewerkschaften (von Letzteren in allen Instanzen) vertreten lassen können, wird Bedeutung beigemessen. Zudem wird auf die Möglichkeit des § 11a ArbGG Bezug genommen, wonach einem beklagten Arbeitnehmer auch dann ein Rechtsanwalt beigeordnet werden kann, wenn seine Rechtsverteidigung keine Aussicht auf Erfolg hat (*GemS* Beschl. v. 27.09.2010, ZIP 2009, 825, ZIP 2010, 2418 Rn. 10 ff.). Diese Schutzbestimmungen des ArbGG zugunsten der Arbeitnehmer sollen vollen Umfangs auch für Insolvenzanfechtungsklagen gegen Arbeitnehmer aufrechterhalten werden (*GemS* Beschl. v. 27.09.2010, ZIP 2009, 825, ZIP 2010, 2418 Rn. 13).

Diese Argumente sind auf die Sozialgerichtsbarkeit – **aber auch auf die anderen Gerichtsbarkeiten**, die über öffentlich-rechtliche Streitigkeiten zu entscheiden haben – **nicht** übertragbar. Den Sozial-

56 Nach dem IFG und den Länder-IFG besteht auch Auskunftsanspruch gegenüber der Finanzverwaltung. Das *VG Hamburg* bejahte eine Zuständigkeit mit Beschluss vom 06.09.2011 vorab nach § 17a Abs. 3 GVG, § 40 Abs. 1 Satz 1 VwGO und verneinte eine Spezialzuständigkeit der Finanzgerichte nach § 33 Abs. 1 Nr. 1, Abs. 2 FGO. Hierbei negierte es den Beschluss des *BFH* v. 10.02.2011 (ZIP 2011, 883, dazu BFH EWiR 2011, 461). Gegen diesen Vorabbeschluss legte das FA Beschwerde beim OVG Hamburg ein. Es vertrat die Ansicht, beim Anspruch auf Akteneinsicht würde es sich um eine abgabenrechtliche Streitigkeit nach § 33 Abs. 1 Nr. 1, Abs. 2 FGO handeln. Der Kläger stützte sich ergänzend noch auf die Rechtswegbeschwerdeentscheidung des *OVG Münster* vom 26.08.2009 (ZInsO 2009, 2401). Das OVG Hamburg wies die Beschwerde zurück (*OVG Hamburg* Beschl. v. 21.12.2011 – 5 So 111/11 (n.r.), ZIP 2012, 492 = ZInsO 2012, 222). Das BVerwG entschied unter Aufrechterhaltung der Entscheidung des *OVG Münster* (ZIP 2011, 1426):

»Ein gegenüber dem Finanzamt geltend gemachter Informationsanspruch des Insolvenzverwalters, der anschließend einen Anfechtungsanspruch durchsetzen will, wird vom Regelungsbereich der AO nicht umfasst. Ein Anspruch nach § 4 Abs. 1 IFG NRW ist demnach nicht nach § 4 Abs. 2 Satz 1 IFG NRW ausgeschlossen (ZIP 2012, 1258).«

57 Es ist deshalb zu empfehlen in den Ländern, die ein IFG verabschiedet haben (derzeit Brandenburg, Berlin, Schleswig-Holstein, NRW, Mecklenburg-Vorpommern, Hamburg, Bremen, Saarland, Thüringen, Sachsen-Anhalt, Rheinland-Pfalz), Auskunftsersuchen gegen das FA auf das Landes-IFG zu stützen und im Wege der Verwaltungsgerichtsbarkeit durchzusetzen. Hier sind bessere Erfolge zu erwarten (zur Frage der Auskunftsverpflichtung des FA ist eine Revision anhängig, *BFH* 19.03.2013 – II R 17/11). In den anderen Ländern kann mangels Anwendbarkeit des Bundes-IFG nur auf die weniger Erfolg versprechenden Regelungen z.B. nach § 242 BGB oder § 78 FGO und die entsprechenden Rechtswege verwiesen werden (*Dauernheim/Schörnig* EWIR 2012, 283).

58 Verweigert der Schuldner die Auskunftserteilung nach §§ 97, 98 InsO besteht allein aus diesem Grund auch dann keine Auskunftspflicht des Anfechtungsgegners, wenn feststeht, dass der Schuldner ihm in anfechtbarer Weise Vermögensgegenstände übertragen hat (*BGH* ZIP 1987, 244). Der Verwalter kann jedoch das Insolvenzgericht anregen, nach § 5 Abs. 1 InsO Zeugen zu vernehmen (krit. *Kuhn/Uhlenbruck* KO, § 37 Rn. 26).

V. Verteidigung des Anfechtungsgegners

59 In Ausnahmefällen kann die Anfechtung **rechtsmissbräuchlich** sein, wenn für den Anfechtungsgegner ein Vertrauenstatbestand geschaffen worden ist (vgl. § 129 Rdn. 37) oder wenn besondere Umstände die Rechtsausübung als treuwidrig erscheinen lassen (*BGH* ZIP 2000, 238 [241] zum AnfG). Der Anfechtungsgegner kann dabei nicht einwenden, dass der Insolvenzverwalter bei Unterlassen der anfechtbaren Leistung aufgrund einer dahingehenden Vertragsgestaltung eine höhere Leistung hätte erbringen müssen (*BGH* ZIP 1986, 448). Der Anspruch nach § 143 Abs. 1 InsO wird weiterhin nicht dadurch ausgeschlossen, dass der Rückgewährschuldner den Gegenstand an die Gläubiger des Schuldners verpfändet, ohne dazu verpflichtet zu sein (*BGH* WM 1969, 1346 oder dass ihm in der Verteilung der überwiegende Teil des rückgewährten Gegenstands später wieder zukommt (*KG* ZInsO 2002, 974). Unerheblich ist es auch, wenn der Gläubiger gesetzlich verpflichtet ist, seine Ansprüche durchzusetzen. So etwa, wenn die Krankenkasse **Sozialversicherungsbeiträge** einzieht (*BGH* ZIP 1999, 1977 [1979]; ZIP 2001, 1641 [1643]; *OLG Hamburg* ZIP 2002, 1360 [1362]). Das **Verbot der Einlagenrückgewähr** nach § 57 Abs. 1 AktG oder §§ 30, 31 GmbHG steht einer Anfechtung der Leistung der Einlage nicht entgegen (*RG* RGZ 24, 14 [23 f.]; 74, 16 ff.; LZ 1915, 300; *BGH* BGHZ 128, 184 = ZIP 1995, 134 zum AnfG; *Bork* FS Uhlenbruck, S. 279 [281]; eingehend *Hüttemann* GmbHR 2000, 357 ff. m.w.N. auch zur Gegenmeinung). Die **Aufrechnung** der Rückgewährschuld mit einer Insolvenzforderung ist wegen § 96 Nr. 1 InsO unzulässig (*BGH* NZI 2004, 248 [249]; ZIP 1986, 720 [724]; BGHZ 130, 38 [40] = ZIP 1995, 1204; ZIP 1999, 316 [318]; *Jaeger/Henckel* InsO, § 143 Rn. 185). Zulässig ist aber die Aufrechnung mit einem Masseschuldanspruch (a.A. *OLG Nürnberg* OLGZ 1977, 253). Die Aufrechnung ist nach § 393 BGB ausgeschlossen, wenn im Zusammenhang mit der anfechtbaren Handlung § 826 BGB verwirklicht

fechtung zugrunde liegende Rechtsverhältnis eine allgemeine **Schadensversicherung** abgeschlossen, wird er hierdurch weder von seiner Haftung gegenüber der Masse freigestellt, noch haftet die Versicherung daneben gem. § 143 InsO (*OLG Brandenburg* ZIP 1999, 1012 m. Anm. *Huber* EWiR 2000, 177 zu § 41 ADSp, Nr. 3 SVS/RVS a.F.). Krankenkassen sind als Einzugsstellen von Gesamtsozialversicherungsbeiträgen auch Rückgewährschuldner für Beiträge, die von ihnen im Innenverhältnis an andere Versicherungsträger auszukehren sind (vgl. *BGH* ZIP 2004, 862, dazu EWiR 2004, 713 m. Anm. *Mitlehner*; *BGH* ZIP 2005, 38, dazu EWiR 2005, 671 m. Anm. *Eckardt*). Diese Rechtsprechung ist ohne Weiteres für den Fall der Erhebung von Steuern auf die Finanzverwaltung übertragbar, die von der einziehenden Stelle an einen anderen Rechtsträger abzuführen sind (*BGH* ZIP 2004, 862).

Bei einer **mittelbaren Zuwendung** (vgl. § 129 Rdn. 40 f. und § 130 Rdn. 15 ff.) ist der mittelbare **54** Empfänger zur Leistung verpflichtet, wenn es sich für ihn erkennbar um eine Leistung des Insolvenzschuldners handelte (*BGH* BGHZ 138, 291 = ZIP 1998, 793; WM 1978, 988; *RG* RGZ 133, 291 [292]; LZ 1909, 557; *OLG Celle* NZI 2000, 179). Der Mittelsmann haftet dann nur, wenn auch er einen Vorteil erlangt (*RG* RGZ 117, 86). Letzteres liegt nicht bereits dann vor, wenn der Käufer zur Verrechnung des Kaufpreises berechtigt ist, Gläubiger des insolventen Verkäufers zu befriedigen (*BGH* ZIP 1999, 1764 [1766]). Bei geteiltem Erwerb mehrerer Personen haftet jeder für seine Beteiligung und nicht als Gesamtschuldner aufs Ganze (*RG* RGZ 24, 141 [144]). Anders nach § 431 BGB bei Rückgewähr einer unteilbaren Leistung.

IV. Auskunftspflicht

Der Anfechtungsgegner hat dem Insolvenzverwalter nach § 143 InsO i.V.m. § 242 BGB Auskunft **55** über die Umstände zu erteilen, die für die Art und den Umfang des Rückgewähranspruchs von Bedeutung sind, wenn ihm gegenüber der Anspruch dem Grunde nach feststeht (*BGH* BGHZ 74, 379 ff. = WM 1979, 921; WM 1978, 373; ZIP 1998, 1539; ZIP 1999, 316; vgl. auch *Palandt/Heinrichs* BGB, § 261 Rn. 9 ff.). Es besteht jedoch keine allgemeine Auskunftspflicht über eventuellen anfechtbaren Vermögenserwerb, selbst wenn einzelne anfechtbare Vermögensverschiebungen bereits festgestellt sind (*BGH* ZIP 1987, 244; BGHZ 74, 379 ff.; KTS 1978, 220; ZIP 1987, 244; NJW 1999, 1033; ZIP 1999, 316; *OLG Düsseldorf* KTS 1985, 725; *OLG München* NJW-RR 1998, 1144; MüKo-InsO/*Kirchhof* § 143 Rn. 14; HK-InsO/*Kreft* § 129 Rn. 90; *Gottwald/Huber* InsR-Hb § 51 Rn. 20; *Janca* NZI 2003, 188 f.; **a.A.** *OLG Stuttgart* ZIP 1986, 386 = Vorinstanz zu *BGH* KTS 1987, 290). Der bloße Verdacht, dass ein Dritter möglicherweise zur Rückgewähr verpflichtet ist, genügt allein nicht (*BGH* ZIP 1999, 316 [317]). Finanzämter, Sozialversicherungsträger und Berufsgenossenschaften sind aber verpflichtet über die Vereinnahmung von Steuern bzw. Beiträgen Auskunft zu erteilen. Dies kann insbesondere durch die Übersendung von entsprechenden »Kontoauszügen« geschehen, die die jeweilige Sollstellung der Steuern bzw. Beiträge und die dazugehörigen Zahlungen ausweist. Der Auskunftsanspruch leitet sich u.a. aus § 242 BGB ab. Er besteht aber nur dann, wenn der Insolvenzverwalter zuvor versucht hat, die Auskunft vom Insolvenzschuldner zu erhalten. Kann der Schuldner die Auskunft aus tatsächlichen Gründen nicht erteilen, ist der Auskunftsanspruch nach § 242 BGB begründet. Zum Auskunftsanspruch s.a. *Gundlach/Frenzel/Schmid* DStR 2002, 1910. Weiterhin besteht nach § 1 Abs. 1 Satz 1 IFG ein Auskunftsanspruch gegenüber dem Sozialversicherungsträger (*VG Düsseldorf* 20.04.2007 – 26 K 5324/06; *OVG Münster* ZIP 2008, 1542; zur Möglichkeit der Auskunftserlangung vom Sozialversicherungsträger nach § 1 Abs. 3 IFG siehe *Dauernheim/Behler/Heutz* ZIP 2008, 2296 ff.; *Schmittmann* ZInsO 2010, 1098 ff.; *Blank/Blank* ZIP 2009, 1881 ff.; *LSG Stuttgart* ZIV 2011, 180 Rn. 26 ff.; *VG Freiburg* 21.09.2011 – 1 K 734/10, ZInsO 2011, 1956; *VG Hamburg* 24.02.2010 – 9 K 3062/09, ZInsO 2010, 577; *OVG Rheinland-Pfalz* 12.02.2010 – 10 A 11156/09, NZI 2010, 63). Ein Ausschluss des Anfechtungsrechts nach § 3 Nr. 1 lit. g) IFG wegen nachteiliger Auswirkung auf ein Gerichtsverfahren bei Geltendmachung eines Anfechtungsanspruchs gegen einen Sozialversicherungsträger ist nicht gegeben (*BVerwG* 09.11.2010 – 7 B 43.10, ZIP 2011, 41 ff.).

48 Wieso nicht gezogene Nutzungen bei Geldschulden anders zu behandeln sind als andere nicht gezogene Nutzungen, wird vom Gesetzgeber nicht erläutert und stellt einen Bruch in der Rechtsdogmatik zu § 100 BGB dar (*Würdinger* KTS 2015, 315 [335]).

III. Beteiligte

1. Anspruchsinhaber und die Ausübung des Anfechtungsrechts

49 Die Ausübung des Anfechtungsrechts erfolgt durch Geltendmachung des Rückgewähranspruchs. Anspruchsinhaber ist der Schuldner als Masseträger, aber zur Geltendmachung ist nur der Insolvenzverwalter als Partei kraft Amtes befugt (bestätigend *App* Anm. zu *LG Köln* Beschl. v. 18.04.2001 – 21 O 39/01, DZWIR 2002, 217 [218]; a.A. *Kuhn/Uhlenbruck* KO, § 37 Rn. 7). In einem Planverfahren kann der Insolvenzverwalter gem. § 295 Abs. 3 InsO ermächtigt werden, anhängige Anfechtungsklagen fortzuführen (*BGH* ZInsO 2014, 295 [299] Rn. 34). Es ist dabei nur seinem eigenen, pflichtgemäßen Ermessen unterworfen. U.U. muss er jedoch bei erheblichem Streitwert die Genehmigung der Gläubigervertretung einholen (§ 160 Abs. 2 Nr. 3 InsO). Die Verfolgung eines Anfechtungsanspruches ist auch nicht durch einen Beschluss des Insolvenzgerichts (§ 58 InsO) oder Drohung mit Entlassung (§ 59 InsO) erzwingbar. Der Verwalter macht sich jedoch u.U. nach § 60 InsO schadenersatzpflichtig. Liegt ein Fall der **Eigenverwaltung** vor, kann nach § 280 InsO nur der Sachwalter anfechten.

50 Im **Verbraucherinsolvenzverfahren** war für die bis zum 30.06.2014 beantragten Verfahren nicht der Treuhänder, sondern nach § 313 Abs. 2 Satz 1 InsO jeder Insolvenzgläubiger zur Anfechtung berechtigt (s. FK-InsO/*Busch* 8. Aufl., § 313 Rn. 95 ff., 119 ff.; zur Problematik dieser Regelung vgl. *Jauernig* Insolvenzrecht, § 80 II 5). Sollte der Treuhänder mit der Durchsetzung des Anfechtungsrechts beauftragt werden, so musste darüber die Gläubigerversammlung (§ 313 Abs. 2 InsO) beschließen. § 313 InsO wurde aufgehoben (s. hierzu die Kommentierung in der 8. Auflage). Nunmehr ist ebenfalls der Verwalter zur Anfechtung berechtigt.

51 Ausschließlich der Anfechtungsberechtigte kann Klage, Einrede oder Gegeneinrede erheben (*BGH* ZIP 1990, 25). Die Rückgewähr kann nur an ihn (Masse) erfolgen (*Jaeger/Henckel* InsO, § 143 Rn. 36). Das Anfechtungsrecht kann auch weder vor Verfahrenseröffnung vom Sequester noch nach Verfahrensbeendigung von den einzelnen Gläubigern ausgeübt werden (*BGH* ZIP 1995, 1204 [1206] m.w.N.). Gleiches gilt für eine Anfechtung durch den Schuldner (*BGH* BGHZ 83, 102 = ZIP 1982, 467). Ein Insolvenzgläubiger kann seinen Widerspruch nach § 178 InsO nicht auf die Anfechtung gründen (*Kilger/Karsten Schmidt* KO, § 36 Anm. 1). Lehnt der Insolvenzverwalter die Ausübung ab, können die Insolvenzgläubiger nur nach § 58 InsO das Insolvenzgericht anrufen (*RG* RGZ 30, 74). Der Schuldner und die Insolvenzgläubiger können im Anfechtungsprozess als Zeugen gehört werden (*RG* RGZ 29, 29). Die Gläubiger können auch nicht den Neuerwerb des Schuldners nach dem AnfG anfechten, da auch dieser nach § 35 InsO zur Insolvenzmasse gezählt wird (vgl. Begr. RegE EGInsO § 18 AnfG).

52 Absonderungsberechtigte können jedoch nach AnfG Rechtshandlungen anfechten, soweit diese ihr Absonderungsrecht beeinträchtigen oder in der Entstehung hinderten (*RG* RGZ 117, 160; *BGH* ZIP 1990, 25). Das im Anfechtungsprozess des Insolvenzverwalters ergangene Urteil wirkt weder für noch gegen den Absonderungsberechtigten (*RG* RGZ 16, 32; *Kuhn/Uhlenbruck* KO, § 36 Rn. 4).

2. Rückgewährschuldner

53 Leistungsverpflichtet ist derjenige, zu dessen Gunsten der Rechtserfolg der anfechtbaren Rechtshandlung eingetreten ist (*Jaeger/Henckel* InsO, § 143 Rn. 100). So ist bei der Anfechtung eines Sozialplanes der einzelne Arbeitnehmer oder auch der Betriebsrat zur Rückgewähr verpflichtet (*Jaeger/Henckel* InsO, § 129 Rn. 53). Der Anspruch kann sich nach § 145 InsO gegen **Rechtsnachfolger** des Erstempfängers richten. Der Insolvenzverwalter hat dabei ein Wahlrecht, wen er von beiden in Anspruch nehmen möchte und darf diese Rechte nebeneinander und nacheinander geltend machen (*RG* RGZ 27, 23; Gruchot 27, 1140; Gruchot 36, 464). Hat der Anfechtungsgegner für das der An-

Art. 103j Abs. 2 EGInsO normiert nun:

»(2) Im Rahmen einer Insolvenzanfechtung entstandene Ansprüche auf Zinsen oder die Herausgabe von Nutzungen unterliegen vor dem 5. April 2017 den bis dahin geltenden Vorschriften. Für die Zeit ab dem 5. April 2017 ist auf diese Ansprüche § 143 Absatz 1 Satz 3 der Insolvenzordnung in der ab dem 5. April 2017 geltenden Fassung anzuwenden.«

Daher ergeben sich folgende teils gravierende Veränderungen:

1. Zins-und Nebenansprüche in Altverfahren bis zum 04.04.2017

Nach der in Art. 103j Abs. 2 eingeführten Übergangsvorschrift bleiben die Zins-und Nutzungsansprüche grds. unberührt, sofern sie bereits vor dem 05.04.2017 rechtswirksam entstanden sind. Für das rechtswirksame Entstehen ist es erforderlich, dass das Insolvenzverfahren vor dem 05.04.2017 eröffnet wurde. Daneben ist es unbeachtlich, ob der Insolvenzverwalter schon, wie es nunmehr die neue Vorschrift erfordert, den Anfechtungsgegner wirksam in Verzug gesetzt hat. Diese entsprechende Einschränkung war durch den Gesetzgeber geboten, da Art. 103j Abs. 2 tatbestandsmäßig in die ursprüngliche Rechtslage eingreifen würde. Würde dies nicht durch die Vorschrift in Abs. 2 korrigiert werden, so würde es sich hierbei um eine echte Rückwirkung handeln, die nach ständiger Rechtsprechung des BVerfG unzulässig ist (Maunz/Dürig/*Grzeszich* GG, Sept. 2016, Art. 20 Rn. 88).

§ 143 Abs. 1 Satz 3 InsO n.F beinhaltet aber tatbestandlich nur eine sog. unechte Rückwirkung, da sie nur in noch nicht abgeschlossene Sachverhalte eingreift und dies für die Zukunft. Eine unechte Rückwirkung wird durch die Rechtsprechung des BVerfG gebilligt. Aufgrund der Gesetzesmaterialien (BT-Drucks. 18/7054, S. 21 Gesetzentwurf) steht fest, dass eine Belastung des Anfechtungsgegners mit Zinsansprüchen nur dann als gerechtfertigt angesehen wird, wenn dieser dem Anfechtungsbegehren ablehnend gegenüber getreten ist. Eine Stärkung der Insolvenzmasse durch die Geltendmachung von Zinsansprüchen ist seitens des Gesetzgebers so nicht gewollt (BT-Drucks. 18/11199, S. 12 Beschlussempfehlung).

2. Zins-und Nebenansprüche nach der neuen Rechtslage ab 05.04.2017

Seit dem Inkrafttreten des Gesetzes zur Verbesserung der Rechtssicherheit bei Anfechtungen nach der Insolvenzordnung und nach dem Anfechtungsgesetz am 05.04.2017 ist die neue Fassung des Abs. 1 Satz 3 uneingeschränkt anzuwenden. Danach kann der anfechtende Insolvenzverwalter nur dann Zinsen verlangen, wenn er den Anfechtungsgegner in Verzug gesetzt oder er den Anfechtungsanspruch rechtshängig gemacht hat (BT-Drucks. 18/11199, S. 12 Beschlussempfehlung). Um den Eintritt des Schuldnerverzuges gem. § 286 Abs. 1 BGB zu erreichen, ist ein »qualifiziertes« Aufforderungsschreiben des Insolvenzverwalters erforderlich. Überspannte Anforderungen sind nicht daran zu stellen. Nach ständiger Rechtsprechung des BGH genügt es schon beim Sachvortrag den entscheidungserheblichen Lebenssachverhalt darzustellen. Weitergehend ist es ausreichend, wenn der anfechtende Insolvenzverwalter konkludent seinen Willen dahingehend äußert, eine Gläubigerbenachteiligung der Insolvenzmasse nicht hinnehmen zu wollen und diese auf Kosten des Gegners auszugleichen (*BGH* ZInsO 2008, 508). Insoweit darf für ein qualifiziertes Aufforderungsschreiben nicht mehr verlangt werden, wie für eine substantiierte Klage. Dies wird häufig von den am Rechtsstreit Beteiligten übersehen.

Ein Aufforderungsschreiben wird aber entbehrlich, wenn der Schuldner endgültig die Leistung verweigert hat (§ 286 Abs. 2 Nr. 3 BGB). Nach § 286 Abs. 4 BGB entfällt der Verzug des Schuldners, wenn dieser die Nichtleistung nicht zu vertreten hat. Beweisbelastet für die Voraussetzungen des Verzuges ist der Insolvenzverwalter. Nicht gezogene Nutzungen einer Geldschuld vor Eröffnung des Verfahrens oder danach können nicht mehr vom Anfechtungsgegner verlangt werden. Insoweit ist die indirekte Erlangung von Zinsen durch die neue Vorschrift des Abs. 1 Satz 3 2. HS nicht mehr möglich (*Thole* ZIP 2017, 401 [409]).

Anerkennung des Anspruchs schließen. Im Rahmen des Konkurszwecks ist er befugt, die inhaltliche Ausgestaltung des Anspruchs, etwa Wertersatz statt Rückgewähr in Natur, vertraglich zu regeln (*BGH* ZIP 1995, 1204 [1205]). Der Insolvenzverwalter kann von einer Verfolgung des Anspruchs absehen und nach § 103 InsO Erfüllung des anfechtbaren Vertrages verlangen (*BGH* KTS 1962, 166). Der Verwalter kann mit dem Anspruch auch gegen eine Forderung des Anfechtungsgegners, etwa eine Masseforderung, aufrechnen (vgl. § 146 Rdn. 20).

39 Der **Anspruch entsteht** grds. erst mit Vollendung des Anfechtungstatbestandes, frühestens jedoch mit Eröffnung des Insolvenzverfahrens (*BGH* ZIP 2015, 2282 Rn. 1; ZIP 1986, 720; ZIP 1995, 1204 [1206]; BGHZ 15, 333 [337]; 101, 286 [288]; 130, 38; ZIP 1995, 1204; *OLG Hamm* ZIP 1999, 1101; *Uhlenbruck/Hirte* InsO, § 129 Rn. 4; **a.A.** *Jaeger/Henckel* InsO, § 143 Rn. 103; *Henckel* JZ 1996, 531 [532]). Dies gilt auch dann, wenn der Insolvenzverwalter einen von einem Insolvenzgläubiger nach dem AnfG erhobenen Anfechtungsanspruch gem. § 16 Abs. 1 AnfG weiter verfolgt (*BGH* ZIP 1995, 1204 [1206]). Der Anspruch **verjährt** nach § 146 Abs. 1 InsO innerhalb von **drei** Jahren nach Kenntnis von den den Rückgewähranspruch begründenden Umständen seit Verfahrenseröffnung (vgl. dort).

40 Der **Anspruch erlischt** durch Verzicht des Insolvenzverwalters (*RG* Gruchot 48, 415), durch Vollzug der Rückgewähr und mit Beendigung des Insolvenzverfahrens. Der vorläufige Insolvenzverwalter, auch wenn er mit dem späteren Verwalter identisch ist, kann nicht wirksam auf den Anspruch verzichten (*LG Bremen* ZIP 1991, 1224; *Zeuner* AnfR Rn. 284). Ein stillschweigender Verzicht kann nicht angenommen werden, wenn der Insolvenzverwalter keine Kenntnis von der anfechtbaren Handlung hat (*OLG Hamburg* ZIP 1988, 927).

41 Wird die **Rückgewähr vollzogen**, indem der Insolvenzverwalter die Gegenstände entgegennimmt, werden die Gegenstände Masseteile, also Eigentum des Schuldners mit der Bestimmung den Zielen des Verfahrens (§ 1 InsO) zu dienen (*RG* RGZ 52, 333).

II. Verzinsung

42 Der Zinsanspruch ergibt sich aus § 143 Abs. 1 Satz 2 InsO, §§ 819 Abs. 1, 818 Abs. 4, 291, 288 Abs. 1 Satz 2 BGB. Es handelt sich um einen Rechtsfolgenverweis. Bei anfechtbarem Erwerb von Geld hat der Anfechtungsgegner Prozesszinsen ab Eröffnung des Insolvenzverfahrens zu entrichten (*BGH* ZInsO 2012, 1168 ff.; ZIP 2013, 1533 ff.). Dies gilt auch für den Fiskus (*BGH* ZInsO 2012, 1168 ff.; ZIP 2013, 1533 ff.; *LG Dresden* ZInsO 2012, 2345 [2346]). Die Prozesszinsen betragen 5 % über dem Basiszins. Eine teleologische Reduktion auf 4 % (§ 246 BGB) hat der BGH abgelehnt. Gezogene oder schuldhaft nicht gezogene Zinsen sind als Nutzungen ab dem Zeitpunkt der Vornahme der anfechtbaren Rechtshandlung herauszugeben (*BGH* ZIP 2007, 488; ZInsO 2007, 261). Zinsen vor Verfahrenseröffnung setzen Fälligkeit der Forderung nach § 291 Satz 1 HS 2 BGB und Verzug (*BGH* ZInsO 2008, 276) voraus. Ansonsten können keine Zinsen verlangt werden (*BGH* ZInsO 2013, 1577; ZIP 2016, 30 Rn. 14). Der Auffassung, Zinsen wären ab dem Zeitpunkt der Vornahme der Rechtshandlung zu berechnen (*BGH* ZIP 2005, 1888 [1889]), hat der BGH eine Absage erteilt (*BGH* ZIP 2007, 488).

II. Änderungen ab dem 04.04.2017 durch Art. 103j Abs. 2 EGInsO

43 Mit der Anfechtungsreform wurde in Abs. 1 ein dritter Satz angefügt und die Übergangsvorschrift des Art. 103j Abs. 2 EGInsO eingeführt.

§ 143 Abs. 1 Satz 3 InsO lautet:

»Eine Geldschuld ist nur zu verzinsen, wenn die Voraussetzungen des Schuldnerverzugs oder des § 291 des Bürgerlichen Gesetzbuchs vorliegen; ein darüber hinausgehender Anspruch auf Herausgabe von Nutzungen eines erlangten Geldbetrags ist ausgeschlossen.«

389 [391]). Die gezogenen Nutzungen sind nach § 818 Abs. 1 BGB herauszugeben, wenn der Schuldner sie auch hätte ziehen können (*Palandt/Thomas* BGB, § 818 Rn. 9). Unter die nach § 818 Abs. 1 HS 2 BGB herauszugebenden Surrogate fallen solche nicht, die durch Rechtsgeschäft erlangt wurden, also insbesondere nicht ein erzielter Verkaufserlös (*BGH* BGHZ 24, 106 [110]).

Die **Bereicherung** ist nach wirtschaftlichen Gesichtspunkten zu beurteilen. Dabei sind auch durch den Gegenstand erlangte Vorteile, etwa ersparte Aufwendungen (*RG* LZ 1910, 558 f.; *BGH* BGHZ 83, 278 [283]) und eingetretene Nachteile zu berücksichtigen (*Palandt/Thomas* BGB, § 818 Rn. 28 ff.). So sind alle **Verwendungen auf den Gegenstand** und Kosten des Erwerbs in Abzug zu bringen (vgl. näher *Palandt/Thomas* BGB, § 818 Rn. 40 ff.; *BGH* ZInsO 2010, 998 Rn. 17). Eine Entreicherung ist z.B. gegeben, wenn der Empfänger eine abgetretene Forderung verjähren ließ oder er mit den zugewandten Mitteln gutgläubig Verbindlichkeiten des Schuldners erfüllt hat (*RG* RGZ 92, 227 [229]; *BGH* WM 1969, 1346; *Jaeger/Henckel* InsO, § 143 Rn. 159). Die Bereicherung liegt noch vor, wenn eine Partei Spenden für Wahlkampfzwecke ausgegeben und damit eigene Aufwendungen gespart oder eine Wahlkampfkostenerstattung erhalten hat (*LG Lüneburg* 20.04.1978 – 4 S 683/77; *LG Lübeck* 27.05.1977 – 4a O 89/77; zit. nach *Kilger/Karsten Schmidt* KO, § 37 Anm. 13b). Auch bei Luxusaufwendungen kann ein Wegfall der Bereicherung vorliegenden (*BGH* ZIP 2016, 1326 Rn. 21). Unabhängig von Abs. 2 Satz 2 haftet der Empfänger nach § 818 Abs. 4 BGB jedenfalls vom Eintritt der Rechtshängigkeit (§ 261 ZPO) wie ein Rückgewährschuldner nach Abs. 1 Satz 2 (*BGH* WM 1956, 703 [706]). 35

III. Haftung nach Kenntnis

Im Anschluss an die h.M. zur KO (vgl. *Jaeger/Henckel* KO, § 37 Rn. 129) bestimmt Abs. 2 Satz 2, dass der Empfänger ab dem Zeitpunkt unbeschränkt nach Abs. 1 haftet, in dem er weiß oder nach den Umständen wissen muss, dass die unentgeltliche Leistung zu einer Gläubigerbenachteiligung führt (vgl. § 131 Rdn. 41; *BGH* ZIP 2013, 131 Rn. 11) auch, wenn er Umstände kennt, die den Verdacht der bestehenden Zahlungsunfähigkeit begründen und der Gläubiger nur diese Tatsache falsch bewertet (*BGH* ZInsO 2016, 1069 [1071] Rn. 18). Einfache Fahrlässigkeit genügt (HK-InsO/*Kreft* § 143 Rn. 29 ff.; MüKo-InsO/*Kirchhof* § 143 Rn. 107). Dem steht es nicht entgegen, wenn der Anfechtungsgegner rechtsirrig dem empfangenen Gegenstand keinen Vermögenswert zuspricht (vgl. *BGH* ZIP 2001, 889 [892]). Ist die Bereicherung vollständig weggefallen, bevor der Empfänger Kenntnis erlangt hat, ist seine Verpflichtung entfallen. Hierfür hat der Insolvenzverwalter Beweis, nicht der Empfänger den »Negativbeweis« zu erbringen (Begr. RegE § 162; anders die h.M. zur KO, vgl. *RG* RGZ 92, 227 [229]; *BGH* WM 1955, 407 [412]). Der Empfänger hat den Wegfall oder die Minderung der Bereicherung zu beweisen (*BGH* NJW 1995, 2627 [2628]). 36

Aus der Fassung des § 143 Abs. 2 Satz 2 InsO als Ausnahme zu Satz 1 folgt, dass der Insolvenzverwalter als Anfechtender, der Wertersatz über die vorhandene Bereicherung hinaus fordert, die Unredlichkeit des Anfechtungsgegners im maßgeblichen Zeitpunkt zu beweisen hat. Für nahestehende Personen i.S.v. § 138 InsO ist keine Ausnahme von dieser Beweislastverteilung zu machen (*OLG Rostock* ZIP 2008, 568).

F. Der Rückgewähranspruch als Schuldverhältnis

I. Allgemeines

Der Anspruch aus § 143 Abs. 1 Satz 1 InsO ist ein Schuldverhältnis i.S.d. bürgerlichen Rechts, so dass dessen Vorschriften Anwendung finden, soweit die InsO keine andere Regelung trifft. Jede anfechtbare Rechtshandlung begründet dabei ein Schuldverhältnis (vgl. *BGH* WM 1969, 1346 f., ZInsO 2006, 1218 Rn. 10; ZInsO 2014, 1318 [2319] Rn. 10). So hat der Anfechtungsgegner etwa einen Verzögerungsschaden zu ersetzen (*BGH* WM 1968, 407 [409]). Der Anspruch ist **abtretbar**. Siehe hierzu weitergehend § 129 Rdn. 90 unter Aufgabe der bisherigen Rechtsmeinung. 37

Der Verwalter kann über den Anspruch **umfassend verfügen**. Er kann ihn etwa erlassen, sich mit dem Rückgewährschuldner vergleichen, mit diesem einen Vertrag über dessen zumindest deklaratorische 38

zen sind etwa Kosten, die der Anfechtungsgegner zur Bewirkung der Erfüllung des anfechtbar erworbenen Anspruchs aufgewendet hat, da diese notwendigerweise auch bei der Masse angefallen wären (*BGH* ZIP 1992, 493). Im Übrigen kann der Rückgewährschuldner seine Aufwendungen nur als Bereicherungsanspruch nach §§ 684, 812 ff. BGB geltend machen (*RG* RGZ 117, 112 [114, 116]; *BGH* JZ 1991, 986 [990]; **a.A.** *Staudinger/Gursky* BGB, § 994 Rn. 19). Bei **nützlichen Verwendungen** (§ 996 BGB) besteht lediglich ein Wegnahmerecht nach § 997 BGB (**a.A.** MüKo-BGB/*Medicus* § 996 Rn. 9 ff.; *Jaeger/Henckel* InsO, § 143 Rn. 148: auch Bereicherungsanspruch).

30 Für den Verwendungsersatzanspruch gelten die §§ 1000–1003 BGB entsprechend (*Palandt/Heinrichs* BGB, § 292 Rn. 6). Der Anspruch auf Ersatz der Verwendungen ist bereits im Anfechtungsprozess als Masseverbindlichkeit nach § 55 Abs. 1 Nr. 3 zu berücksichtigen und begründet ein Zurückbehaltungsrecht (*BGH* ZIP 1996, 83 [88]; ZIP 1991, 807 [810]). Ist der Aufwendungsersatzanspruch sehr groß, etwa durch einen Hausbau, sollte der Insolvenzverwalter die Anfechtungsklage auf Duldung der Zwangsvollstreckung in das Grundstück richten (*Jaeger/Henckel* InsO, § 143 Rn. 150). Hier besteht nämlich kein Zurückbehaltungsrecht des Rückgewährschuldners (*RG* HRR 1929 Nr. 655). Die Masse erhält dann den Betrag des Erlöses, der dem Wert des unbebauten Grundstücks entspricht (*BGH* ZIP 1984, 753). Grundsätzlich besteht aber die Verpflichtung der Rückgewähr des bebauten Grundstücks; der Anfechtungsgegner kann aber Ersatz der Verwendungen nach §§ 994 ff. BGB geltend machen (*Jaeger/Henckel* InsO, § 143 Rn. 150).

31 Aufwendungen im Zusammenhang mit dem anfechtbaren Erwerb, etwa Grundbuchgebühren, begründen weder eine Insolvenz- noch eine Masseforderung (*OLG München* SeuffArch. 60 Nr. 226; *Kilger/Karsten Schmidt* KO, § 37 Anm. 10).

E. Haftung bei unentgeltlicher Leistung (Abs. 2)

I. Allgemeines

32 Der Empfänger einer unentgeltlichen Leistung kann sich nach Abs. 2 entsprechend § 818 Abs. 3 BGB voll auf die Entreicherung berufen. Daraus ist zu folgern, dass der Empfänger hier wie ein gutgläubiger Bereicherungsschuldner haftet, somit § 818 BGB vollumfänglich Anwendung findet. Diese Haftungserleichterung kommt auch dem Rechtsnachfolger nach § 145 Abs. 2 Nr. 3 InsO und dem Erben nach § 322 InsO im Nachlassinsolvenzverfahren zugute.

33 Die Erleichterung greift nur, wenn die Anfechtung auf § 134 BGB gestützt wird (*BGH* ZIP 2013, 131 Rn. 13). Die Rechtshandlung kann gleichzeitig nach § 131 Abs. 1, 2 InsO anfechtbar sein, da es dort nicht auf die Kenntnis des Anfechtungsgegners ankommt. Demgegenüber greift die Erleichterung wegen Abs. 2 Satz 2 nicht, wenn einer der anderen Anfechtungstatbestände zugleich verwirklicht wurde (*BGH* ZIP 2013, 131 Rn. 13). Es scheidet ebenfalls Entreicherung aus, wenn der Anfechtungsgegner die unentgeltlich erlangte Zahlung zur Tilgung bestehender Verbindlichkeiten einsetzt und nicht beweist, wofür er seine durch die Verwendung der unentgeltlichen Zuwendung zur Schuldtilgung freigewordenen Mittel anderweitig ausgegeben hat und dadurch keinen verbleibenden Vorteil erlangte (*BGH* 27.10.2016 NZI 2017, 31 [32] Rn. 15 ff.). Daneben entfällt auch die Haftungserleichterung, wenn der Anfechtungsgegner weiß oder nach den Umständen wissen muss, dass die erhaltene Zuwendung die Gläubiger benachteiligt. Eine entsprechende Unkenntnis, die zum Ausschluss der Haftung führt, muss vom Zeitpunkt der Vornahme der Leistung bis zum Wegfall der Bereicherung andauern (*BGH* NZI 2017, 71 [72] Rn. 10 ff.).

II. Umfang der Rückgewähr

34 Ist der Empfänger zur Herausgabe des Gegenstandes außerstande oder war dies wegen der Beschaffenheit des Erlangten von vornherein nicht möglich, so hat er nach § 818 Abs. 2 BGB dessen Wert zu ersetzen, soweit er in seinem Vermögen noch vorhanden ist. Eine Haftung für die schuldhafte Unmöglichkeit der Rückgewähr oder Verschlechterung des empfangenen Gegenstandes und schuldhaft nicht gezogene Nutzungen besteht nicht. Maßgeblich für die Wertermittlung ist der Zeitpunkt, in dem der Wertersatzanspruch entsteht (MüKo-BGB/*Lieb* § 818 Rn. 44 m.w.N.; **a.A.** *RG* RGZ 101,

anfechtbar die Ausstellerposition zugewandt, hat dieser die dem Schuldner durch den Wechselregress entzogenen Vermögenswerte zu ersetzen (*OLG Hamm* ZIP 1990, 1355). Bei **anfechtbarer Scheckgutschrift** auf ein Debetsaldo kann der Gegenwert des Schecks insoweit herausverlangt werden, als dieser zur Abdeckung des negativen Kontosaldos verwandt wurde (*OLG Hamm* ZIP 1992, 1565).

V. Nutzungen

Gezogene **Nutzungen** (§ 100 BGB) hat der Anfechtungsgegner herauszugeben – sofern diese keinen entgeltlichen Anspruch betreffen; für schuldhaft nicht gezogene Nutzungen hat er Schadensersatz leisten (§ 143 Abs. 1 Satz 2 i.V.m. §§ 819 Abs. 1, 818 Abs. 4, 292 Abs. 2, 987 Abs. 2 BGB). Ein Nutzungsersatz gegenüber dem Staat kommt grds. nicht in Betracht. Die vom Staat erlangten Einnahmen werden von ihm nicht gewinnbringend angelegt, sondern er verfügt über diese nur im Interesse der Allgemeinheit (*OLG Hamm* ZIP 2011, 1676 [1677] n.r.; *BGH* ZIP 2004, 659; 30.03.2004 – XI ZR 145/03, juris Rn. 32) 28

Dieser Ansicht hat sich der *BGH* (ZIP 2012, 1299) nicht angeschlossen und seine Rspr. aufgegeben und folgende Leitsätze formuliert:

»Der Fiskus ist von der Rechtshandlung an dem Insolvenzverwalter zur Herausgabe gezogener Nutzungen aus wirksam angefochtenen Steuerzahlungen verpflichtet, wobei es auf die steuerliche Ertragshoheit nicht ankommt.

Als gezogene Nutzungen herauszugeben sind Zinserträge von Einnahmeüberschüssen, die im Haushaltsvollzug ausnahmsweise zeitweilig nicht benötigt werden, und ersparte Zinsen für Kassenverstärkungskredite oder andere staatliche Refinanzierungsinstrumente, die infolge des Eingangs wirksam angefochtener Steuerzahlungen zurückgeführt oder vermieden worden sind.«

Diese Verpflichtung bestand nur nach altem Recht und ist nunmehr seit dem 05.04.2017 obsolet geworden (s. dazu Rdn. 43 ff.).

Grundsätzlich sind weiterhin herauszugeben bzw. zu ersetzen sind nur solche Nutzungen, die der Schuldner auch hätte ziehen können, die somit nicht ausschließlich auf einer persönlichen Leistung des Rückgewährschuldners beruhen (*BGH* NJW 1978, 1578; zur KO schon *RG* RGZ 24, 141 [145]; RGZ 80, 1 [8]; *Jaeger/Henckel* KO, § 37 Rn. 115). Sind die gezogenen Nutzungen nicht einmal mehr dem Wert nach beim Rückgewährschuldner vorhanden, hat er nach Maßgabe des § 989 BGB Schadensersatz zu leisten (MüKo-BGB/*Medicus* § 987 Rn. 18; *Jaeger/Henckel* InsO, § 143 Rn. 135). Auch für schuldhaft nicht gezogene Nutzungen (§ 987 Abs. 2 BGB) ist nur dann Ersatz zu leisten, wenn der Schuldner sie hätte ziehen können (anders *Palandt/Bassenge* BGB, § 987 Rn. 4). Insoweit ist eine einschränkende Auslegung geboten, da die Masse ansonsten mehr erhalten würde, als ihr vom Zweck der Anfechtung her zusteht (vgl. KS-InsO/*Henckel* 2000, Rn. 83; *Jaeger/Henckel* InsO, § 143 Rn. 136). Für einen **Vorenthaltungsschaden**, also einen Schaden, der über die entgangenen Nutzungen hinaus dadurch entsteht, dass der Gegenstand bis zu seiner Rückgabe oder seinem Untergang nicht im Schuldnervermögen vorhanden war, haftet der Anfechtungsgegner nur aus Verzug (*BGH* NJW-RR 1993, 626 [628]; WM 1968, 407; *OLG Celle* InVo 1999, 211 [212]). Geht der Rückgewähranspruch auf eine Geldsumme, sind vom Zeitpunkt seiner Entstehung **Zinsen** in gesetzlicher Höhe zu entrichten (§§ 818 Abs. 4, 291, 288 Abs. 1 BGB). Eine höhere Verzinsung nach §§ 352, 353 HGB scheidet aus, selbst wenn der Anfechtung ein Handelsgeschäft zugrunde liegt (vgl. *RG* RGZ 96, 53 [57]). Höhere Zinsen können mit Eintritt des Verzuges als Verzugsschaden verlangt werden.

D. Aufwendungen

Für **notwendige Verwendungen und Lasten** kann nach Abs. 1 Satz 2 i.V.m. §§ 994 Abs. 2, 995, 683, 684 Satz 2, 670 BGB Ersatz verlangt werden, wenn sie dem Interesse und dem wirklichen oder mutmaßlichen Willen des Insolvenzverwalters entsprachen oder dieser sie genehmigt. Zu erset- 29

lung gehabt haben würde, wenn er im Vermögen des Gemeinschuldners verblieben wäre (*Kübler/ Prütting/Bork-Paulus* InsO, § 143 Rn. 60; zur KO: *RG* RGZ 106, 163 [167]; *BGH* ZIP 1980, 250; *Jaeger/Henckel* InsO, § 143 Rn. 106; **a.A.** *BGH* BGHZ 101, 286 = ZIP 1987, 1132: Zeitpunkt der Verfahrenseröffnung, wenn Unmöglichkeit vor diesem Zeitpunkt eingetreten; *OLG Celle* InVo 1999, 211 [212]: Zeitpunkt der Klagezustellung). Der Verkehrswert ist auch dann maßgeblich, wenn der Schuldner die an den Anfechtungsgegner sicherungsübereigneten Waren zu einem Schleuderpreis verkauft hat und auch verkaufen durfte (*Kuhn/Uhlenbruck* KO, § 37 Rn. 16). Ein Ersatz kommt nicht in Betracht, soweit der Wert auf dem persönlichen Einsatz oder den nur der Masse zur Verfügung stehenden Möglichkeiten des Anfechtungsgegners beruht (vgl. *BGH* ZIP 2001, 889 [892]: Bundesligalizenz). Mangelt es an einem Verkehrswert, ist der Wert notfalls gem. § 287 ZPO zu schätzen. **Wertminderungen** sind nicht zu ersetzen, wenn sie auch im Vermögen des Schuldners eingetreten wären. **Werterhöhungen** sind, auch wenn sie auf Aufwendungen des Anfechtungsgegners beruhen, dann zu ersetzen, wenn sie im Schuldnervermögen mit aller Wahrscheinlichkeit ebenfalls eingetreten wären. Der Anfechtungsgegner kann jedoch dann seinen Aufwendungsersatzanspruch entsprechend in Abzug bringen (s. Rdn. 29 ff.). Zu ersetzen ist auch ein **Gewinn**, den der Insolvenzverwalter durch Verwertung des Gegenstandes hätte erzielen können (vgl. *BGH* NJW-RR 1993, 626 [628]). Die Naturalrestitution kann auch in der **Wiederbeschaffung des Gegenstandes** aus dem Vermögen eines Dritten oder, bei Gattungssachen, auf **Stellung gleichwertiger Stücke** gehen (*RG* RGZ 93, 284; **a.A.** zur KO *RG* RGZ 138, 84 [87]). Daran wird der Insolvenzverwalter insbesondere dann ein Interesse haben, wenn die Sache zur Fortführung eines Betriebes im Rahmen einer Unternehmenssanierung (§ 1 Satz 1 InsO) erforderlich ist. Behauptet der Rückgewährschuldner, er habe den Gegenstand veräußert, kann der Insolvenzverwalter sofort auf Wertersatz klagen bzw. die Klage entsprechend umstellen. Weiterhin kann er jedoch auch den Antrag auf die Primärleistung weiterverfolgen, um sich in der Vollstreckung selbst zu vergewissern, ob sich der Gegenstand noch im Vermögen des Rückgewährschuldners befindet (vgl. *RG* Bolze 17 Nr. 205, S. 107). Bei Erfolglosigkeit der Vollstreckung kann er dann Schadenersatz nach § 281 BGB verlangen (s. auch § 255 ZPO). Der Schadenersatzanspruch entfällt nicht dadurch, dass ein Rechtsnachfolger nach § 145 in Anspruch genommen werden kann (*BGH* WM 1969, 1346). Ist aus dem Schuldnervermögen lediglich eine formelle Rechtsposition ausgeschieden und kann der **uneigennützige Treuhänder** diese nicht mehr zurückgewähren, besteht ein Ersatzanspruch nur, soweit der Treuhänder hieraus einen, u.U. unter Verletzung der Treuhandabrede, eigenen wirtschaftlichen Vorteil, etwa durch Veräußerung oder Verbrauch, gezogen hat (*BGH* ZIP 2001, 889 [893]; BGHZ 124, 298 [301 ff.] = ZIP 1994, 218 [220]). Der Wertersatzanspruch kann nämlich nicht weitergehen, als die primär geschuldete Rückgewähr. Daneben kommen jedoch deliktische Schadensersatzansprüche in Betracht (*BGH* ZIP 1994, 218 [220]). Ist eine **anfechtbar begründete Forderung** abgetreten und gegenüber dem Zessionar nach § 145 nicht anfechtbar, hat der Zedent bei Tilgung der Forderung vor Insolvenzeröffnung den gezahlten Betrag, ansonsten die auf die Forderung fallende Insolvenzquote zu erstatten. Fehlen für die Feststellung des objektiven Werts eines Patents hinreichende Anhaltspunkte, kann die Gewinnerwartung des Anfechtungsgegners als Schutzrechtsinhaber hierfür herangezogen werden (*OLG Celle* InVo 1999, 211 [212]).

26 Ein **Ausgleich von Vorteilen**, die der Schuldner über die Gegenleistung hinaus in adäquat ursächlichem Zusammenhang mit der Rechtshandlung erlangt hat, findet nicht statt (*RG* RGZ 100, 87 [90]; *BGH* WM 1962, 1316 [1317]; WM 1969, 1346; *Staudinger/Gursky* (2006) § 987 Rn. 15; **zur Anrechnung von erlangten Vorteilen** *Eckardt* ZInsO 2004, 888). Der in der gewährten Leistung enthaltene Mehrwertsteueranteil ist etwa auch dann zurückzuerstatten, wenn das Finanzamt dem Schuldner die Vorsteuer erstattet hat (*BGH* ZIP 1995, 297 [300]).

27 Besteht bei einer **mittelbaren Zuwendung** ein Anspruch auf die vom Anfechtungsgegner erlangte Sache (vgl. Rdn. 10), ist entsprechend deren Wert zu ersetzen. Ansonsten ist der Wert der Zuwendung vom Schuldner an die Mittelsperson zu ersetzen (**a.A.** *Jaeger/Henckel* KO, § 37 Rn. 89). So ist, wenn eine Erbengemeinschaft dem Gläubiger eines Miterben einen Vermögensgegenstand unter Anrechnung auf dessen Erbteil zugewendet hat, Wertersatz für den verkürzten Reinanteil zu leisten (*BGH* BGHZ 72, 39 = WM 1978, 988). Wird bei einem **Wechselgeschäft** dem Anfechtungsgegner

II. Unmöglichkeit oder Verschlechterung der Rückgewähr

Die Rückgewähr kann schon von **vornherein unmöglich** sein, wie etwa bei der unentgeltlichen Gebrauchsüberlassung oder bei der Anfechtung des Unterlassens prozessualer Abwehrrechte, die zu einer Geldzahlung führten, so hat der Anfechtungsgegner den Wert zu ersetzen, den der anfechtbar erworbene Gegenstand zum Zeitpunkt der letzten mündlichen Verhandlung hatte. 19

Gleiches gilt, wenn ein Miterbenanteil anfechtbar an den anderen Miterben übertragen wird, da die Rückübertragung dem nunmehrigen Alleinerben rechtlich unmöglich ist (*OLG Düsseldorf* NJW 1977, 1828). Anders jedoch, wenn der Nachlass nur aus einem Grundstück besteht (*BGH* ZIP 1992, 558). Keine Unmöglichkeit in diesem Sinne liegt vor, wenn ein Miteigentumsanteil an den nunmehrigen Alleineigentümer anfechtbar übertragen wird (*Jaeger/Henckel* InsO, § 143 Rn. 121; vgl. *BGH* ZIP 1985, 372 ff.). 20

Unmöglichkeit durch **späteren Untergang** ist gegeben, wenn der Gegenstand in seiner Sachsubstanz vernichtet ist oder sonst als Rechtsobjekt untergeht, etwa nach §§ 946–950 BGB oder etwa bei Tilgung der anfechtbar übertragenen Forderung (vgl. *Staudinger/Gursky* BGB, § 989 Rn. 9). Zur Frage der Entreicherung bei Abführung der Umsatzsteuer nach § 13c UStG vgl. § 131 Rdn. 34. 21

Der Rückgewährschuldner ist aus einem **anderen Grund** zur Rückgewähr außerstande, wenn sich der Gegenstand aktuell nicht in seinem Vermögen befindet. Dies gilt auch dann, wenn es als möglich erscheint, dass er sich den Gegenstand von einem Dritten, an den er ihn etwa veräußert hat, wiederbeschafft (*Jaeger/Henckel* InsO, § 143 Rn. 122; a.A. *Kuhn/Uhlenbruck* KO, § 37 Rn. 18; vgl. auch MüKo-BGB/*Medicus* § 989 Rn. 6). Die Wiederbeschaffung kann dann jedoch die primär geschuldete Naturalrestitution sein (*Staudinger/Gursky* BGB, § 989 Rn. 10). 22

Verschlechterung ist jede körperliche Beschädigung, jede Herabsetzung der Funktionstauglichkeit oder sonstige, auch rechtliche Beeinträchtigung des Gegenstandes (vgl. *Staudinger/Gursky* BGB, § 989 Rn. 6 ff.). Eine Verschlechterung kann insbesondere auch in der Belastung mit dem Recht eines Dritten liegen, zu dessen Beseitigung der Rückgewährschuldner nicht in der Lage ist. 23

III. Verschulden

Der Empfänger haftet nach § 989 BGB nur für schuldhafte, nicht auch für die zufällige Unmöglichkeit der Herausgabe oder Verschlechterung des Gegenstandes. Das Verschulden eines Erfüllungsgehilfen ist nach § 278 BGB zuzurechnen. Verschulden ist etwa bei der freiwilligen Veräußerung des Gegenstandes zu bejahen (*Staudinger/Gursky* BGB, § 989 Rn. 17). Ist eine **Geldschuld** zurückzugewähren, kommt es auf ein Verschulden nicht an, da der Anfechtungsgegner für seine finanzielle Leistungsfähigkeit immer einzustehen hat (*BGH* BGHZ 83, 293; krit. *Staudinger/Lorenz* BGB, § 818 Rn. 50 m.w.N.). Ansonsten haftet der Anfechtungsgegner für einen **zufälligen Untergang** nur, wenn er sich im Verzug mit der Rückgewähr befindet (§ 287 Satz 2 BGB). Da § 819 BGB den Eintritt der Rechtshängigkeit und damit die Entbehrlichkeit der Mahnung fingiert, ist hierfür nur noch das Verzugsverschulden des Rückgewährschuldners gem. § 286 Abs. 4 BGB erforderlich, für das diesem im Prozess jedoch der Gegenbeweis obliegt (vgl. *Staudinger/Lorenz* BGB, § 819 Rn. 16; a.A. *Bork* Insolvenzrecht, Rn. 226). Verschulden i.S.v. § 286 Abs. 4 BGB liegt hier vor, sobald der Anfechtungsgegner um seine Rückgewährpflicht weiß, was spätestens dann der Fall ist, wenn er vom Insolvenzverwalter oder nach § 11 AnfG in Anspruch genommen wird (vgl. *OLG Düsseldorf* ZIP 1992, 1488 [1491]). Ein dahingehender entschuldbarer Rechtsirrtum schließt jedoch die Verzugsfolgen aus (*RG* JW 1925, 465 f.). § 254 BGB ist bei einem **Mitverschulden des Insolvenzverwalters** anwendbar (*BGH* WM 1968, 407). Ein mitwirkendes Verschulden des Schuldners bleibt demgegenüber unberücksichtigt (*Jaeger/Henckel* InsO, § 143 Rn. 132). 24

IV. Umfang und Inhalt des Schadenersatzanspruchs

Umfang und Inhalt bestimmen sich grds. nach den §§ 249 bis 254 BGB. Es ist derjenige Wert zu ersetzen, den der vom Schuldner weggegebene Gegenstand zur Zeit der letzten mündlichen Verhand- 25

III. Umfang der Rückgewährpflicht

16 **Belastungen**, die durch den Anfechtungsgegner oder seine Gläubiger auf den Gegenstand erfolgt sind, müssen beseitigt werden (*RG* RGZ 57, 27 [28]; *BGH* ZIP 1986, 787 [791]). Ist die Beseitigung der Belastung unmöglich, schuldet der Anfechtungsgegner Schadenersatz. Dies ist etwa der Fall, wenn nach der Veräußerung der Gegenstand durch ein dingliches Wohnrecht belastet wird (*BGH* ZIP 1986, 787 [791; ZIP 2016, 1491 Rn. 24]). Soweit die Belastung nicht in die Masse fällt, kommt daneben eine Anfechtung gegenüber dem Schuldner in Betracht (*BGH* ZIP 1986, 787 [791]; *Baur/Stürner* Insolvenzrecht, Rn. 20.6). Enthält das zurück zu gewährende Stammrecht ein **Bezugsrecht**, erstreckt sich die Rückgewährpflicht auch auf das junge Mitgliedschaftsrecht (*BGH* WM 1976, 622 [624]). Kommt bei einem Vertrag ein **Wegfall der Geschäftsgrundlage** in Betracht, ist auch eine etwaige Einschränkung der Einwendung aus § 242 BGB, die sich aus der teilweisen Abwicklung des Vertrages ergibt (vgl. *Palandt/Heinrichs* BGB, § 242 Rn. 133), bei der Anfechtung einer Erfüllungswirkung zurückzugewähren (*BGH* BGHZ 129, 236 [255] = ZIP 1995, 1021 [1028]). Der in der gewährten Leistung enthaltene **Mehrwertsteueranteil** ist auch dann zurück zu erstatten, wenn das Finanzamt dem Schuldner die Vorsteuer erstattet hat (*BGH* ZIP 1995, 297). Die vom Erlös der anfechtbaren Vollstreckung abgezogenen **Vollstreckungskosten** sind ebenfalls zurück zu gewähren (*BGH* ZIP 2004, 862 [864]; *OLG Hamburg* ZIP 2002, 1360). Bei der Anfechtung der Zahlung von **Gesamtsozialversicherungsbeiträgen** ist neben dem Arbeitgeberanteil auch der Arbeitnehmeranteil zurück zu gewähren (*BGH* ZIP 2001, 2235 [2237]; ZIP 2002, 1159 [1160]; **a.A.** *OLG Dresden* ZIP 2003, 360 [362 f.]). Etwas anderes gilt nur bei einem zwischen Arbeitnehmer und Arbeitgeber begründeten Treuhandverhältnis (*BGH* ZIP 2003, 1666 [1668]; zu den Voraussetzungen im Einzelnen vgl. *BGH* ZIP 2001, 2235 [2236 f.]; *OLG Frankfurt* ZIP 2002, 1852 [1956]). Der einziehende Sozialversicherungsträger ist dabei auch zur Rückgewähr der von ihm für andere Träger und Anstalten eingezogenen Beiträge verpflichtet (*OLG Hamburg* ZIP 2001, 708 [710]). **Ein uneigennütziger Treuhänder**, der anfechtbar erlangte Gelder des Schuldners weisungsgemäß an dessen Gläubiger auszahlt, ist zum Wertersatz verpflichtet, **ohne** sich auf einen **Wegfall der Bereicherung berufen zu können** (Aufgabe von *BGH* 09.12.1993 – IX ZR 100/93, BGHZ 124, 298 [301 ff.] = ZIP 1994, 218: *BGH* ZIP 2012, 1038).

17 Eröffnet ein Mitarbeiter eines Unternehmens auf seinen Namen und für eigene Rechnung ein Girokonto, so ist er auch dann als dessen Inhaber anzusehen, wenn über das Konto der Zahlungsverkehr des Unternehmens abgewickelt wird und weitere Mitarbeiter eine Vollmacht über das Konto besitzen. Wird über das Vermögen des Unternehmens das Insolvenzverfahren eröffnet, so hat der Insolvenzverwalter keinen Anspruch auf Herausgabe von Gutschriften auf einem solchen Konto, wenn der Mitarbeiter sie zur Tilgung von Verbindlichkeiten des Unternehmens verwendet hat (*OLG Celle* ZIP 2006, 1878). In der Insolvenz des Anfechtungsgegners gewährt der Anfechtungsanspruch ein Aussonderungsrecht (*BGH* ZIP 2003, 2307).

C. Sekundäransprüche

I. Allgemeines

18 Kann der Gegenstand aufgrund Verschlechterung, Untergangs, aus einem sonstigen Grund oder von vornherein nur unzureichend in natura zurückgewährt werden, haftet der Anfechtungsgegner nach Abs. 1 Satz 2 i.V.m. §§ 819, 818 Abs. 4, 292 Abs. 1, 989 BGB auf Schadenersatz. Auf Entreicherung kann sich der Anfechtungsgegner nicht berufen, da der Anspruch aus § 143 Abs. 1 InsO kein Bereicherungsanspruch ist und somit § 818 Abs. 1–3 BGB schon dem Grunde nach nicht anwendbar sind. Eine Ausnahme hiervon gilt bei unentgeltlicher Zuwendung (§ 143 Abs. 2) und in entsprechender Anwendung dieser Vorschrift allgemein dann, wenn der Anfechtungsgegner ein Minderjähriger ist (*BFH* BB 2004, 2112 [2115]). Hat der Anfechtungsgegner ein Surrogat, insbesondere einen durch Weiterveräußerung erzielten **Verkaufserlös** erlangt, ist dieser nach §§ 818 Abs. 4, 285 BGB herauszugeben (**a.A.** *Nerlich/Römermann* InsO, § 143 Rn. 28). Für die Entreicherung trägt der Anfechtungsgegner die volle Darlegungs- und Beweislast.

Rechte aus § 951 BGB, kann die Rückgewähr auch so zu leisten sein, wie wenn der Vertrag ohne die Klausel abgeschlossen worden wäre (*BGH* ZIP 1994, 40 [45]).

Bei **Hinterlegung** des zurückzugewährenden Geldes durch den Schuldner, den Anfechtungsgegner 12 oder einen Drittschuldner nach § 372 Satz 2 BGB ist auf Einwilligung in die Auszahlung des hinterlegten Betrages zu klagen (*RG* RGZ 91, 367 [371]; *BGH* ZIP 1984, 978; ZIP 1996, 1475; *BAG* ZIP 1998, 33 [36]; *LAG Düsseldorf* KTS 1988, 163; *Jaeger/Henckel* InsO, § 143 Rn. 46). Wird ein **gläubigerbenachteiligendes Einverständnis** zwischen Insolvenzschuldner und Sicherungsnehmer über die **Art der Verwertung des Sicherungsgegenstandes** angefochten, muss sich der Sicherungsnehmer so behandeln lassen, als habe der Insolvenzschuldner der Verwertung nicht zugestimmt. Nach erfolgreicher Anfechtung kann dann der Insolvenzverwalter Schadenersatzansprüche wegen mangelhafter Berücksichtigung der Belange des Sicherungsgebers geltend machen (*BGH* ZIP 1997, 367 [370]). Der Anfechtungsgegner kann sich im Schadenersatzprozess nicht darauf berufen, er habe auf die Zustimmung vertraut.

4. Gebrauchsüberlassung und Darlehen

Bei unentgeltlicher Gebrauchsüberlassung muss der Entleiher die Sache an den Insolvenzverwalter 13 herausgeben und ein angemessenes Entgelt für die gesamte Dauer des Leihvertrages zahlen (*Jaeger/Henckel* InsO, § 129 Rn. 55). Gleiches gilt bei anfechtbarer Vermietung einer beweglichen Sache. Bei der Grundstücks- und Raummiete muss die Interessenabwägung berücksichtigt werden, die den §§ 111 InsO, 57a ZVG zugrunde liegt (*Jaeger/Henckel* InsO, § 129 Rn. 56). Hier kann grds. nur ein angemessener Mietzins verlangt werden. Eine Rückgewähr kommt nur dann in Betracht, wenn die Benachteiligung gerade in der Vorenthaltung des Besitzes zu sehen ist (*Jaeger/Henckel* InsO, § 129 Rn. 56). Bei anfechtbarer Darlehensgewährung ist das Darlehen fristlos zurückzuzahlen und für die Vergangenheit der Wert zu ersetzen, den die Kapitalnutzungsmöglichkeit hatte, also der marktgerechte Zinssatz (*BGH* ZIP 1988, 725).

5. Unterlassen

Hat der Schuldner die Verjährung nicht rechtzeitig unterbrochen, kann der Insolvenzverwalter die 14 verjährte Forderung einklagen und der Verjährungseinrede mit der Anfechtbarkeit entgegentreten. Gleiches gilt bei der Anfechtung nach §§ 119 ff. BGB gegenüber dem Einwand des Anfechtungsgegners, dass die bürgerlich-rechtliche Anfechtung verspätet sei, bei unterlassener Mängelrüge, und dem Einwand aus § 32a GmbHG bei der Anfechtung des Stehenlassens von Gesellschafterforderungen. Hat der Schuldner den rechtzeitigen Wechselprotest unterlassen (Art. 44 WG), können der versäumte Protest nachgeholt und die Regresspflichtigen in Anspruch genommen werden. Eigentum, das der Anfechtungsgegner aufgrund unterlassener Ersitzungsunterbrechung (§§ 937 ff. BGB) erworben hat, ist zurück zu übereignen.

6. Prozesshandlungen

Werden Prozesshandlungen angefochten, sind deren materiell-rechtliche, gläubigerbenachteiligende 15 Wirkungen zu beseitigen (*Jaeger/Henckel* InsO, § 143 Rn. 76). Die formelle Rechtskraft eines rechtskräftigen Urteils bleibt unberührt. Hat der Schuldner in anfechtbarer Weise etwa eine Berufungsfrist versäumt, kann der Insolvenzverwalter nicht verlangen, dass er sie nachträglich einlegen darf (*Jaeger/Henckel* InsO, § 19 Rn. 28). Bei der Anfechtung einer im noch laufenden Verfahren bestehenden Präklusionslage hat das Gericht, u.U. durch Zwischenurteil, über das Vorliegen eines Anfechtungstatbestandes zu entscheiden und bei Begründetheit den verspäteten Vortrag zu verwerten. Die mit der Insolvenzanfechtung zu verwirklichende Gläubigergleichbehandlung hat hier Vorrang vor der in der Disposition des Gerichts stehenden Anwendung der Präklusionsvorschriften (*Kühnemund* KTS 1999, 25 [43 ff.]).

KTS 1982, 305). Ist sie schon eingezogen oder durch Aufrechnung erloschen, ergibt sich ein Wertersatzanspruch in Höhe des Nominalbetrages (*RG* RGZ 58, 105 [107]). Wird ein abgetretener Sachleistungsanspruch beim Anfechtungsgegner erfüllt, geht der Rückgewähranspruch nach § 281 BGB oder, im Fall des § 143 Abs. 2 InsO, nach § 818 Abs. 1 BGB auf Übertragung des eingezogenen Gegenstandes (vgl. *Baur/Stürner* Insolvenzrecht, Rn. 20.6). Bei anfechtbarer Übertragung eines **Lotterieloses** ist der auf dieses Los entfallende Gewinn und nicht lediglich der Lospreis herauszugeben, da das Los die Chance auf einen Gewinn erhält. Bei **anfechtbarer Geldüberlassung** zum Erwerb eines Grundstücks kommt nur eine Rückgewähr der Geldleistung in Frage (*BGH* KTS 1955, 140).

9 Bei **Veräußerung eines gewerblichen Unternehmens** muss nicht auf Rückgewähr der einzelnen (pfändbaren) Geschäftsbestandteile geklagt werden (so *RG* RGZ 70, 226 ff.; *BGH* WM 1962, 1316; WM 1964, 114), sondern es kann das Unternehmen als solches zurückverlangt werden (*Karsten Schmidt* BB 1988, 5 ff.). Die Rückgewähr ist jedoch als unmöglich anzusehen, wenn der Erwerber nicht nur unwesentliche Veränderungen, insbesondere Sanierungsmaßnahmen vorgenommen hat. Ist Wertersatz zu leisten, kann die Firma im Wege der Anfechtung nicht zurückverlangt werden (*RG* Gruchot 38, 1184).

10 Bei einer **mittelbaren Zuwendung** hat der Anfechtungsgegner den erlangten Gegenstand an die Masse zu übertragen, wenn der Schuldner einen Anspruch auf Verschaffung des Gegenstandes gegen die Mittelsperson hatte (*BGH* BGHZ 72, 39 [42 f.]). Die mittelbare Leistung wird der unmittelbaren gleichgestellt (*BGH* LM Nr. 2 zu § 3 AnfG = JR 1955, 384; NJW 2004, 214; ZIP 2003, 2307; DZWIR 2007, 423; *Uhlenbruck/Hirte* InsO, § 134 Rn. 14). Ansonsten schuldet er Wertersatz für die Zuwendung, die vom Schuldner an die Mittelsperson erfolgte, wenn nicht besondere Umstände eine andere Beurteilung erfordern (vgl. *OLG Celle* KTS 1963, 50). Bei anfechtbarer **Schuldübernahme** hat der Gläubiger seine Forderung gegen den Übernehmenden an die Masse abzutreten oder die von diesem bereits erlangte Leistung herauszugeben (*RG* RGZ 46, 101 ff.).

Der Besitzer einer durch eine anfechtbare Handlung erlangten Bürgschaftsurkunde ist bei Insolvenzanfechtung auch dann gem. § 143 Abs. 1 Satz 1 InsO zur Herausgabe der Bürgschaftsurkunde an den Insolvenzverwalter verpflichtet, wenn die durch die Bürgschaft gesicherte Forderung zuvor abgetreten worden ist. Ist die Herausgabe nicht möglich, hat er Wertersatz zu leisten (*BGH* ZIP 2005, 1564).

3. Aufhebung von Rechten

11 Eine **erlassene Forderung** (§ 397 BGB) muss nicht neu begründet werden, der Insolvenzverwalter kann unmittelbar auf Erfüllung klagen, soweit die erlassene Forderung durchsetzbar wäre (*Jaeger/Henckel* InsO, § 143 Rn. 42; *RG* Gruchot 41, 1103 [1107]; *OLG Nürnberg* KTS 1967, 170 [171]: Genehmigung einer befreienden Schuldübernahme). In die Verjährungsfrist der Forderung wird der Zeitraum zwischen Erlass und Verfahrenseröffnung nicht eingerechnet (*Jaeger/Henckel* InsO, § 143 Rn. 42). Auch bei anfechtbarer **Forderungstilgung** nach §§ 362, 364 BGB kann unmittelbar auf Leistung geklagt werden (*BGH* WM 1959, 888; *OLG Hamm* ZIP 1988, 253; *Kilger/Karsten Schmidt* KO, § 37 Anm. 2). Die Aufrechnungserklärung bzgl. einer anfechtbar geschaffenen **Aufrechnungslage** ist ohne Weiteres unwirksam (§ 96 Abs. 1 Nr. 3 InsO), so dass hier ein Rückgewähranspruch ausscheidet (vgl. FK-InsO/*Dauernheim* § 130 Rdn. 29). Bei **Verzicht auf eine Hypothek** hat der Grundstückseigentümer die entstandene Eigentümergrundschuld (§§ 1168, 1177 BGB) an die Masse zu übertragen. Eine unmittelbare Klage auf Duldung der Zwangsvollstreckung ist nicht möglich. Bei nachrangigen Hypothekeninhabern ist die Rückübertragung nach Maßgabe der §§ 883, 1179, 1179a Abs. 1 Satz 3 BGB unwirksam (). Bei **Aufhebung der Hypothek** (§ 1183 BGB) besteht nur ein Anspruch auf Wiederherstellung im letzten Rang (*Jaeger/Henckel* InsO, § 143 Rn. 50). Ist die mit der Aufhebung eintretende Rangänderung zugunsten der nachrangigen Gläubiger diesen gegenüber anfechtbar, ist die erlangte Buchposition durch Rangrücktritt zurückzugewähren (*LG Düsseldorf* KTS 1961, 45). Bei anfechtbarer **Aufgabe einer Firma** ist die Firmierung wiederherzustellen. Im Registerverfahren prüft das Amtsgericht u.U. die Befugnis des Verwalters zur Firmenänderung (*OLG Düsseldorf* ZIP 1989, 457 [458]). Verzichtet der Schuldner in einer Vertragsklausel auf seine

Erfüllung des Vertrages (§ 103 InsO) umstellen (*BGH* WM 1962, 603). Anfechtbare **Belastungen von Rechten** sind zu beseitigen. So etwa bei einem Pfandrecht an beweglichen Sachen durch Pfandrück- bzw. -aufgabe nach §§ 1253 ff. BGB oder durch Verzicht auf die Rechte aus einem Pfändungsbeschluss. Der Insolvenzverwalter kann auch die Herausgabe des Pfandgutes verlangen (LG Mönchengladbach bei *Gohlke*, EWiR 1992, 69). Der Insolvenzverwalter kann die Belastung nicht selbst geltend machen (*Jaeger/Henckel* InsO, § 143 Rn. 69). Gibt es bei einem Grundpfandrecht nachfolgende Realgläubiger, geschieht dies durch rangwahrenden Verzicht nach §§ 1168, 1177 BGB (vgl. *AG München* KTS 1970, 238; *BGH* ZIP 1999, 76), ansonsten ist auf Aufhebung nach § 875 BGB zu klagen (*RG* JW 1909, 142; *LG Hamburg* ZIP 1992, 1251 [1252]). Wird die Zwangsvollstreckung des anfechtbar belasteten Grundstücks betrieben, so ist der Insolvenzverwalter zur Vollstreckungsgegenklage (§ 767 ZPO) mit dem Ziel berechtigt, dass der Anfechtungsgegner sein Recht gegenüber dem Insolvenzverwalter nicht geltend macht (*RG* RGZ 47, 222; RGZ 70, 112; *BGH* BGHZ 22, 128 [134]; KTS 1958, 184; vgl. *BGH* ZIP 1995, 1364 [1367]). Betreibt dieser selbst die Zwangsversteigerung oder verzichtet er auf die Vollstreckungsgegenklage, hat der Anfechtungsgegner den auf ihn entfallenden Versteigerungserlös der Masse zu überlassen (*RG* RGZ 30, 90; RGZ 52, 82 [85]; RGZ 52, 337; JW 1928, 1345). Wird das Grundpfandrecht nach § 52 ZVG übernommen, ist ein Wertersatzanspruch gegeben (**a.A.** *Jaeger/Henckel* InsO, § 143 Rn. 70: Versteigerungsbedingungen sind so auszugestalten, dass das Grundpfandrecht im Mindestbargebot enthalten ist). Der Übergang vom Löschungsanspruch zum Anspruch auf Überlassung des Versteigerungserlöses ist keine Klageänderung (*RG* RGZ 52, 83). Bei der **Vormerkung** ist auf Bewilligung zur Löschung zu klagen. Wird das Grundstück zwangsweise verwertet, kann der Antrag auch dahin gehen, von der Vormerkung keinen Gebrauch zu machen (*BGH* ZIP 1996, 1516 [1517]).

2. Übertragung von Rechten

Anfechtbar **übereignete Sachen** sind nach §§ 929 ff. BGB bzw. §§ 873, 925 BGB zurück zu übertragen. Der Gegenstand ist der Verwaltungs- und Verfügungsgewalt des Insolvenzverwalters zu unterstellen (*RG* RGZ 30, 90; *BGH* WM 1978, 671). Befindet er sich noch im Besitz des Schuldners, kann der Insolvenzverwalter ihn nach § 148 Abs. 1 InsO herausverlangen und dem Herausgabeanspruch des Eigentümers die Anfechtbarkeit entgegenhalten (vgl. *BGH* ZIP 1980, 40 [41] m. Anm. *Kübler*). Bei anfechtbaren **Grundstücksübertragungen** geht der Anspruch auf Rückauflassung und Einwilligung in die Eintragung (*BGH* ZIP 1982, 857; ZIP 2016, 1491 Rn. 24). Einzutragen ist der Schuldner, wobei von Amts wegen gleichzeitig der Vermerk nach § 32 einzutragen ist. 6

Bei einer anfechtbaren Eintragung einer Grundschuld kann nur dann Löschung dieser verlangt werden, wenn keine nachrangigen Eintragungen erfolgt sind (§ 1183 BGB). Ansonsten kann nur die Abtretung der Grundschuld an den Verwalter oder Insolvenzschuldner verlangt werden. Eine rangwahrender Verzicht kommt auch in Betracht (*BGH* ZIP 2016, 1491 Rn. 24). 7

Ein **Miteigentumsanteil** ist, wenn er auf einen anderen Miteigentümer übertragen wurde, wieder herzustellen, ansonsten zurück zu übertragen. Daneben ist aber auch unmittelbare Klage auf Duldung der Zwangsvollstreckung in den Anteil (§ 864 Abs. 2 ZPO) oder in das ganze Grundstück nach Maßgabe der §§ 180 ff. ZVG möglich, allerdings nur zwecks Befriedigung aus dem Teil des Versteigerungserlöses, der dem Schuldner ohne die anfechtbare Rechtshandlung zugestanden hätte (*BGH* ZIP 1982, 1362; BGHZ 90, 207 [213 f.] = ZIP 1984, 489; ZIP 1985, 372; *OLG Köln* MDR 1984, 939; ausführlich und z.T. kritisch *Gerhardt* ZIP 1984, 397; *Jaeger/Henckel* InsO, § 143 Rn. 61 ff. m. Hinw. auf das Ergebnis nach der jeweiligen Theorie). **Abgetretene Forderungen** sind nach § 398 BGB einschließlich der zum Beweis der Forderung dienenden Urkunden zurück zu übertragen (*OLG Brandenburg* ZIP 1998, 1367 [1369]). Vorher besteht keine Einziehungsbefugnis durch den Insolvenzverwalter (*BGH* BGHZ 100, 36 [42]; *Jaeger/Henckel* InsO, § 143 Rn. 55). Vielmehr bleibt der Zessionar einer nach §§ 129 ff. InsO angefochtenen Abtretung so lange aktivlegitimiert, bis der Anspruch an den Insolvenzverwalter zurück abgetreten ist oder infolge Verurteilung des Zessionars als zurück abgetreten gilt (*BGH* ZIP 2006, 2176). Eine wegen der Abtretung ins Leere gehende Pfändung wird nicht mit der Anfechtung wirksam (*BGH* ZIP 2006, 2176; *OLG Hamburg* 8

§ 143 InsO Rechtsfolgen

2 Zur Rechtsnatur des Anspruchs vgl. § 129 Rdn. 3 ff., zu seiner Geltendmachung vgl. Rdn. 70. Wie dort ausgeführt, begründet der Anspruch in der Insolvenz des Anfechtungsgegners kein Aussonderungsrecht (§ 47 InsO), sondern nur eine Insolvenzforderung, und stellt auch kein die Veräußerung hinderndes Recht i.S.v. § 771 ZPO dar (*BGH* ZIP 1990, 246; anders jetzt *BGH* ZIP 2003, 2307 [2310]). Der Rückgewähranspruch führt daher nur zur Mehrung der Masse. An ihm können keine weiteren Rechte, wie z.B. von Absonderungsberechtigten begründet werden. Eine Sondermassenbildung zu Gunsten bestimmter Gläubigergruppen nach Rückgewähr des in anfechtbarer Weise erlangten Gegenstandes/Forderung durch den Anfechtungsgegner kommt nicht in Betracht.

B. Umfang und Inhalt der Rückgewährpflicht

I. Grundsatz

3 Für den Umfang des durch Anfechtung geltend gemachten Rückgewähranspruchs folgt § 143 Abs. 1 Satz 1 InsO dem Grundsatz des § 37 Abs. 1 KO, dass der Anfechtungsgegner alles, aber auch **nur** das zurückzugewähren hat, was dem Vermögen des Schuldners durch die anfechtbare Rechtshandlung entzogen worden ist. Die Vorschrift bezieht sich nicht auf das, was in das Vermögen des Anfechtungsgegners gelangt ist (*BGH* BGHZ 71, 61 [63]). Die Insolvenzmasse soll vielmehr in den Zustand versetzt werden, in dem sie sich befinden würde, wenn die anfechtbare Rechtshandlung unterblieben wäre (Begr. RegE BT-Drucks. 12/2443 S. 167; *BGH* ZInsO 2007, 1107; ZInsO 2010, 521). Die Anfechtung ist damit darauf gerichtet, die durch die Rechtshandlung verursachte Gläubigerbenachteiligung zu beseitigen (*BGH* ZIP 1999, 406; ZIP 2001, 885 [886]). Die Rückgewähr darf den Insolvenzgläubigern keine unberechtigten Vorteile verschaffen (*BGH* ZIP 1994, 40 [45]; BGHZ 77, 250 [255]). Der zurück zu gewährende Gegenstand ist somit so anzusehen, als hätte er schon bei Verfahrenseröffnung zur Masse gehört (*BGH* BGHZ 15, 333 [337]). Werterhöhungen, welche der Gegenstand beim Anfechtungsgegner erfahren hat, kommen der Masse nicht zugute, wenn sie nicht auch beim Schuldner eingetreten wären (*BGH* ZIP 1992, 493 [494]).

II. Inhalt des Anspruchs

4 Der durch die anfechtbare Rechtshandlung erlangte Vermögensgegenstand ist grds. in natura zurückzugewähren (*BGH* ZInsO 2007, 1107; ZInsO 2010, 521). Der Anspruch ist ein schuldrechtlicher Verschaffungsanspruch (*BGH* ZIP 2006, 2176). Danach folgt, dass die angefochtene Rechtshandlung weder absolut noch relativ unwirksam ist. Ist Rückgewähr nicht möglich, ist Wertersatz zu leisten. Eine vergleichsweise zwischen Anfechtungsgegner und Insolvenzverwalter getroffene, hiervon abweichende Regelung ist möglich (*Kilger/Karsten Schmidt* KO, § 37 Anm. 2). Möchte der Insolvenzverwalter den Gegenstand zwangsweise verwerten, kann er den Rückgewähranspruch auf Duldung der Zwangsvollstreckung in die Sache beschränken (*RG* RGZ 56, 143; RGZ 67, 22; *Kuhn/Uhlenbruck* KO, § 37 Rn. 6, 10). Er kann nicht einseitig nach seiner Wahl Wertersatz statt Rückgewähr in Natur erhalten (*BGH* ZIP 1995, 1204 [1205]). Bei Anfechtung einer Forderungsabtretung bleibt der Anfechtungsgegner bis zum Eintritt der Rechtswirkungen des § 894 ZPO Forderungsinhaber. Er ist weiterhin zum Einzug berechtigt und zur Vermeidung der Verjährung verpflichtet. Seine Herausgabeverpflichtung für das Erlangte richtet sich nach § 143 Abs. 1 Satz 2 InsO, §§ 819 Abs. 1, 818 Abs. 4, 292 Abs. 1, 989 BGB.

1. Begründung von Rechten

5 Bei anfechtbarer **Schuldbegründung** hat der Anfechtungsgegner auf seine Rechte aus dem Schuldverhältnis zu verzichten und zurückzugewähren (*Jaeger/Henckel* InsO, § 143 Rn. 39, in den Rn. 37 ff. m. Hinw. auf die Ergebnisse nach den jeweiligen Theorien; *BGH* ZInsO 2012, 931 Rn. 15; ZIP 2014, 2303) oder der Insolvenzverwalter kann zumindest der Anmeldung widersprechen (§§ 174, 178 Abs. 1 Satz 1 InsO) und im Verfahren nach § 179 Abs. 1, 2 InsO die Anfechtung als Einrede geltend machen (*Kilger/Karsten Schmidt* KO, § 37 Anm. 2; *LG Potsdam* ZIP 1997, 1383 [1384]: nachträgliche Zweckerklärung bei Sicherungsgrundschuld). Klagt der Insolvenzverwalter zunächst auf die Verzichtserklärung, kann er auch noch in der Berufungsinstanz seinen Klageantrag auf

Übersicht

		Rdn.
A.	Einleitung	1
B.	**Umfang und Inhalt der Rückgewährpflicht**	3
I.	Grundsatz	3
II.	Inhalt des Anspruchs	4
	1. Begründung von Rechten	5
	2. Übertragung von Rechten	6
	3. Aufhebung von Rechten	11
	4. Gebrauchsüberlassung und Darlehen	13
	5. Unterlassen	14
	6. Prozesshandlungen	15
III.	Umfang der Rückgewährpflicht	16
C.	**Sekundäransprüche**	18
I.	Allgemeines	18
II.	Unmöglichkeit oder Verschlechterung der Rückgewähr	19
III.	Verschulden	24
IV.	Umfang und Inhalt des Schadenersatzanspruchs	25
V.	Nutzungen	28
D.	**Aufwendungen**	29
E.	**Haftung bei unentgeltlicher Leistung (Abs. 2)**	32
I.	Allgemeines	32
II.	Umfang der Rückgewähr	34
III.	Haftung nach Kenntnis	36
F.	**Der Rückgewähranspruch als Schuldverhältnis**	37

		Rdn.
I.	Allgemeines	37
II.	Änderungen ab dem 04.04.2017 durch Art. 103j Abs. 2 EGInsO	43
	1. Zins-und Nebenansprüche in Altverfahren bis zum 04.04.2017	44
	2. Zins-und Nebenansprüche nach der neuen Rechtslage ab 05.04.2017	46
III.	Beteiligte	49
	1. Anspruchsinhaber und die Ausübung des Anfechtungsrechts	49
	2. Rückgewährschuldner	53
IV.	Auskunftspflicht	55
V.	Verteidigung des Anfechtungsgegners	59
G.	**Verfahrensrecht**	60
I.	Rechtsweg	60
II.	Zuständigkeit	64
III.	Klageantrag und Klageform	70
IV.	Klageänderung	71
V.	Nebenintervention	72
VI.	Sicherung des Anspruchs im einstweiligen Rechtsschutz	73
VII.	Kosten	74
VIII.	Beendigung des Insolvenzverfahrens	75
IX.	Bedeutung eines zuvor nach dem AnfG erhobenen Anfechtungsrechts	76
H.	**Insolvenzanfechtung mit Auslandsberührung**	78
I.	**Umfang des Erstattungsanspruchs nach Abs. 3**	81

Literatur:

Blank/Blank Der Auskunftsanspruch des Insolvenzverwalters nach IFG bei fiskalischem Handeln der Behörde zur Vorbereitung einer insolvenzrechtlichen Anfechtung, ZIP 2009, 1881; *Bork* Insolvenzanfechtung des »Stehenlassens«, in FS für Uhlenbruck 2000, S. 279; *Campe* Insolvenzanfechtung in Deutschland und Frankreich, 1995; *Eckardt* Haftungsrechtliche Restitution des Erlangten oder Ersatz des Interesses?, FS Gerhardt 2004, S. 145; *Henckel* Der Streitgegenstand im konkursrechtlichen Anfechtungsprozess, in FS für Schwab, 1990, S. 213 ff.; *Huber* Behauptung nur vermuteter Tatsachen im Anfechtungsprozess, FS Gerhardt 2004, S. 379 ff.; *Schmittmann* Auskunftsanspruch des Insolvenzverwalters gegenüber einem Sozialversicherungsträger nach dem IFG, ZInsO 2010, 1098; *Thole* Das Reformgesetz zur Insolvenzanfechtung, ZIP 2017, 401; *Würdinger* Reform und Rechtssicherheit im Recht der Insolvenzanfechtung, KTS 2015, 315.

A. Einleitung

Die Vorschrift regelt im Anschluss an § 37 KO die Rechtsfolgen der Anfechtung. Abs. 1 Satz 1 gibt einen schuldrechtlichen Anspruch auf Rückgewähr zur Insolvenzmasse. Abs. 1 Satz 2 stellt den Rückgewährschuldner dem bösgläubigen Bereicherungsschuldner nach § 819 BGB gleich. Damit sind die bisher gesetzlich nicht geregelten Fragen insbesondere hinsichtlich des Wertersatzes, der Nutzungsherausgabe und des Ersatzes von Verwendungen auf eine in das BGB eingebundene gesetzliche Grundlage gestellt. Die zu § 819 BGB und den Vorschriften, auf die § 819 BGB verweist, vorliegende Rspr. und Literatur kann deshalb herangezogen werden, wenn hierbei den mit der Insolvenzanfechtung und insbesondere den mit § 143 Abs. 1 Satz 1 InsO verfolgten Zwecken Rechnung getragen wird. Rspr. und Schrifttum, können herangezogen werden, soweit sie mit dieser, für die Insolvenzanfechtung neuartigen Regelungstechnik in Einklang zu bringen sind. Nicht dem bösgläubigen Bereicherungsschuldner gleichgestellt wird nach Abs. 2 Satz 1 der Empfänger einer unentgeltlichen Leistung, wenn er nicht um die Gläubigerbenachteiligung weiß oder wissen musste (Abs. 2 Satz 2). 1

mum durch die §§ 850 ff. ZPO verbleibt (*BAG* BAGE 147, 172 Rn. 17). Entgegen der Auffassung des BAG wird aber durch die Lohnanfechtung dem Arbeitnehmer in keinem denkbaren Fall rückwirkend das Existenzminimum entzogen. Der Befund ist ein anderer: Die anfechtbar erhaltene Lohnzahlung verbleibt bis zur tatsächlichen Rückgewähr an den Insolvenzverwalter (§ 143 Abs. 1 InsO) im Vermögen des Arbeitnehmers. Während dieser meist größeren Zeitspanne ist das Existenzminimum des Arbeitnehmers unzweifelhaft gewährleistet. Im Zeitpunkt der tatsächlichen Rückgewähr – sei es freiwillig oder im Wege der Zwangsvollstreckung – wird die (konkret) »angefochtene« Lohnzahlung bei einer am Existenzminimum lebenden Person schon längst aufgebraucht sein. Der Rückgewährbetrag kann daher nur aus künftigen Einnahmen gespeist werden, wobei die §§ 850 ff. ZPO beachtet werden müssen. Sollte noch anderweitiges Vermögen des Arbeitnehmers pfändbar sein, kann sich daraus zwangsläufig keine Existenzbedrohung ergeben (vgl. §§ 811 ff. ZPO). Bis zur vollständigen Rückzahlung des »anfechtbar Erlangten« verfügt der Arbeitnehmer daher über ausreichend »Liquidität«, um sein Existenzminimum zu gewährleisten; sein Existenzminimum bleibt im Ergebnis somit immer unangetastet (so bereits *Blank* NZA 2016, 1123 [1125 f.]). Das BAG verkennt, dass ein »rückwirkende[r] Zugriff des Insolvenzverwalters auf das Existenzminimum für den von der Anfechtung erfassten Zeitraum« (*BAG* BAGE 147, 172 Rn. 25) aufgrund der Schutzvorschriften der ZPO überhaupt nicht möglich ist.

42 Diese Diskussion muss vielmehr in eine andere Richtung gelenkt werden. Denn nicht die Insolvenzanfechtung bedroht die Existenz des Arbeitnehmers, sondern vielmehr die Nichtzahlung der Löhne durch den Arbeitgeber (weit) vor der Insolvenzanmeldung. Denn bei ausbleibenden Lohnzahlungen haben die Arbeitnehmer vielmehr das Problem, diejenigen Mittel, die zur Aufrechterhaltung eines menschenwürdigen Daseins unbedingt erforderlich sind, wie z.B. Nahrung, Kleidung, Hausrat, Unterkunft, Heizung, Hygiene und Gesundheit (*BVerfG* NJW 2010, 505 Rn. 135), aufzubringen. Bei einer späteren Rückführung von anfechtbar erhaltenem Arbeitsentgelt sind die Mittel dafür aufgrund der §§ 811 ff.; 850 ff. ZPO ausreichend geschützt.

Dieses soziale Problem wurde durch die Reform des Insolvenzanfechtungsrechts nicht gelöst und kann auch gerade nicht durch die Überlegungen des BAG gelöst werden.

§ 143 Rechtsfolgen

(1) ¹Was durch die anfechtbare Handlung aus dem Vermögen des Schuldners veräußert, weggegeben oder aufgegeben ist, muss zur Insolvenzmasse zurückgewährt werden. ²Die Vorschriften über die Rechtsfolgen einer ungerechtfertigten Bereicherung, bei der dem Empfänger der Mangel des rechtlichen Grundes bekannt ist, gelten entsprechend. ³Eine Geldschuld ist nur zu verzinsen, wenn die Voraussetzungen des Schuldnerverzugs oder des § 291 des Bürgerlichen Gesetzbuchs vorliegen; ein darüber hinausgehender Anspruch auf Herausgabe von Nutzungen eines erlangten Geldbetrags ist ausgeschlossen.

(2) ¹Der Empfänger einer unentgeltlichen Leistung hat diese nur zurückzugewähren, soweit er durch sie bereichert ist. ²Dies gilt nicht, sobald er weiß oder den Umständen nach wissen muss, dass die unentgeltliche Leistung die Gläubiger benachteiligt.

(3) ¹Im Fall der Anfechtung nach § 135 Abs. 2 hat der Gesellschafter, der die Sicherheit bestellt hatte oder als Bürge haftete, die dem Dritten gewährte Leistung zur Insolvenzmasse zu erstatten. ²Die Verpflichtung besteht nur bis zur Höhe des Betrags, mit dem der Gesellschafter als Bürge haftete oder der dem Wert der von ihm bestellten Sicherheit im Zeitpunkt der Rückgewähr des Darlehens oder der Leistung auf die gleichgestellte Forderung entspricht. ³Der Gesellschafter wird von der Verpflichtung frei, wenn er die Gegenstände, die dem Gläubiger als Sicherheit gedient hatten, der Insolvenzmasse zur Verfügung stellt.

werden muss. Im Rahmen von § 142 Abs. 2 Satz 3 trägt der Arbeitnehmer die Darlegungs- und Beweislast dafür, dass ihm die Drittzahlung nicht erkennbar war (*Thole* ZIP 2017, 401 [409]).

I. Freistellung des Existenzminimums bei der Insolvenzanfechtung von Arbeitsentgeltzahlungen?

In seiner Entscheidung vom 29.01.2014 hat das *BAG* »erwogen« (BAGE 147, 172 Rn. 15 ff.), das im Arbeitsentgelt enthaltene Existenzminimum in bestimmten Fällen **kongruenter** Deckung durch eine verfassungskonforme Auslegung der §§ 129 ff. InsO **anfechtungsfrei** zu stellen. Für inkongruente Deckungen, also insbesondere für Zwangsvollstreckungen innerhalb des Bargeschäftszeitraums, gelten diese Überlegungen des BAG nicht (**a.A.** *LAG Köln* ZIP 2015, 2183 [2185]; abl. *Stiller* EWiR 2016, 23 f.). 36

Innerhalb welcher Vorschrift des Anfechtungsrechts genau diese Einschränkung erfolgen soll, ließ das BAG jedoch offen. Ob bei dieser verfassungskonformen Auslegung an eine erweiternde Auslegung des Bargeschäfts gedacht wurde, ist nicht bekannt. Der Vorsitzende Richter des betreffenden Senats *Fischermeier* stellte zwischenzeitlich klar, dass es sich bei der Äußerung des Gerichts weder um ein obiter dictum noch um eine sog. Ankündigungsrechtsprechung gehandelt habe, sondern vielmehr um eine »Diskussionsaufforderung« an Rechtsprechung und Rechtswissenschaft (*Fischermeier* ZInsO 2015, 1237 [1240 f.]). Trotz dieser Klarstellung tauchen in den unterinstanzlichen Rechtsprechungen diese Überlegungen immer wieder auf. Selbst klare Fälle inkongruenter Deckungen werden hiermit zugunsten der Arbeitnehmer falsch entschieden. 37

Ausgangspunkt der Überlegungen des *BAG* (BAGE 147, 172) war die Frage, ob der Gesetzgeber bei der Abschaffung des Arbeitnehmerprivilegs in § 59 Abs. 1 Nr. 3 lit. a) KO möglicherweise das aus Art. 1 Abs. 1 i.V.m. Art. 20 Abs. 1 GG folgende Grundrecht auf die Gewährleistung eines menschenwürdigen Existenzminimums nicht hinreichend berücksichtigt hat (*BAG* BAGE 147, 172 Rn. 17). In der Tat ging der Gesetzgeber der InsO davon aus, dass durch die Abschaffung der Arbeitnehmervorrechte »keine sozialen Härten zu erwarten« sind, »da für die Lohnausfälle der letzten drei Monate vor der Eröffnung des Insolvenzverfahrens Konkursausfallgeld gezahlt werden soll« (BT-Drucks. 12/2443, S. 90). Ältere Rückstände seien von seltener Bedeutung (BT-Drucks. 12/2443, S. 90). Die Diskussion zur Insolvenzanfechtung von Arbeitsentgeltzahlungen hat allerdings gezeigt, dass in der Vergangenheit doch einige Fälle aufgetreten sind, bei denen es im Kern um die Rückforderung älterer Lohnrückstände außerhalb des geschützten Insolvenzgeldzeitraums von drei Monaten durch den Insolvenzverwalter ging. 38

Die »Diskussionsaufforderung« des BAG ist jedoch klar dahingehend zu beantworten, dass es einer solchen Einschränkung nicht bedarf. Das Grundrecht auf die Gewährleistung eines menschenwürdiges Existenzminimums ist ausreichend durch die §§ 811 ff.; 850 ff. ZPO geschützt. Eine Freistellung im Bereich der Insolvenzanfechtung ist nicht begründbar. 39

Das Grundrecht aus Art. 1 Abs. 1 i.V.m. Art. 20 Abs. 1 GG ist nach der Rechtsprechung des BVerfG nicht nur als Abwehrrecht des Bürgers gegen den Staat zu verstehen, sondern umfasst auch den positiven Schutz des Menschen gerade durch den Staat und einen korrespondierenden Leistungsanspruch des Grundrechtsträgers (vgl. nur *BVerfG* NJW 2010, 505 Rn. 134 ff.). »Wenn einem Menschen die zur Gewährleistung eines menschenwürdigen Daseins notwendigen materiellen Mittel fehlen, weil er sie weder aus seiner Erwerbstätigkeit, noch aus eigenem Vermögen noch durch Zuwendungen Dritter erhalten kann, ist der Staat im Rahmen seines Auftrages zum Schutz der Menschenwürde und in Ausfüllung seines sozialstaatlichen Gestaltungsauftrages verpflichtet, dafür Sorge zu tragen, dass die materiellen Voraussetzungen dafür dem Hilfebedürftigen zur Verfügung stehen.« (*BVerfG* NJW 2010, 505 Rn. 134). Der Leistungsanspruch erstreckt sich dabei nur auf diejenigen Mittel, die zur Aufrechterhaltung eines menschenwürdigen Daseins unbedingt erforderlich seien wie z.B. Nahrung, Kleidung, Hausrat, Unterkunft, Heizung, Hygiene und Gesundheit (*BVerfG* NJW 2010, 505 Rn. 135; *Höfling* in: Sachs, GG, 6. Aufl. 2011, Art. 1 Rn. 31a). 40

Das BAG geht zutreffend davon aus und beantwortet im Grunde bereits selbst die eigene Diskussionsaufforderung, dass dem Arbeitnehmer bei einer Zwangsvollstreckung das aktuelle Existenzmini- 41

grundsatz kollidiert (*Würdinger* jM 2017, 272 [276]). Auch vor dem Hintergrund, dass das Anfechtungsrecht nicht noch weiter beschränkt werden sollte, um einen »Konkurs des Konkurses« (*Kilger* KTS 1975, 142) bzw. eine »Insolvenz der Insolvenz« (*Kayser/Heidenfelder* ZIP 2016, 447) durch einen »Hydra-Effekt« (*Würdinger* KTS 2015, 315 [327 f.]) zu verhindern, muss in der Rechtsanwendung Abs. 2 Satz 2 eng am Wortlaut ausgelegt werden (so bereits *Blank/Blank* ZInsO 2015, 1705 [1713]).

31 De lege ferenda wäre eine »sozialrechtliche Lösung«, etwa in Form eines »Insolvenzanfechtungsausfallgeldes« (grundlegend *Blank* Insolvenzanfechtung gegenüber Arbeitnehmern, S. 226 ff.; *ders.* NZA 2016, 1123 [1127]), wünschenswerter gewesen (ebenso *Würdinger* KTS 2015, 315 [328]; *ders.* jM 2017, 272 [276]; *Doebert* S. 332 ff.; *Brinkmann* ZZP 125 (2012), 197 [215]; *Ganter* ZIP 2014, 2037 [2044]).

5. § 142 Abs. 2 Satz 3

32 Diese Ergänzung trägt der von Seiten der Sachverständigen in der öffentlichen Anhörung geäußerten Kritik Rechnung, dass für den Arbeitnehmer nicht erkennbare Drittzahlungen auf das Arbeitsentgelt im gleichen Umfang wie Zahlungen des Arbeitgebers selbst von der Anfechtung ausgenommen werden sollen. Satz 3 regelt nunmehr den Anfechtungsschutz im Rahmen derartiger Drittzahlungsvorgänge, die insbesondere bei der Beschäftigung in konzernverbundenen Unternehmen denkbar sind. Auch innerhalb dieser Gestaltungen sei der durch § 142 InsO gewährleistete Schutz des Arbeitsentgelts vor Anfechtungen sachgerecht. Durch die Ergänzung von Abs. 2 soll dieser Schutz sichergestellt werden (so der Rechtsausschuss BT-Drucks. 18/11199, S. 11).

33 Diese Sonderregelung für Arbeitnehmer ist aber dogmatisch höchst problematisch, da es § 142 Abs. 2 Satz 3 ermöglicht, inkongruente Deckungen zu (kongruenten) Bargeschäften hochzuzonen. Zahlt ein konzerngebundenes drittes Unternehmen den Lohn des Arbeitnehmers bei einer Anweisung »auf Schuld«, so ist dies regelmäßig mangels Parteivereinbarung eine inkongruente Deckung. Der Anwendungsbereich des Bargeschäfts wäre nicht eröffnet, da die Leistung nicht der Parteivereinbarung entspricht (vgl. zu den Anweisungsfällen bei Arbeitsentgeltzahlungen von Dritten ausführlich *Blank* Insolvenzanfechtung gegenüber Arbeitnehmern, S. 143 ff.). Hier greift nun § 142 Abs. 2 Satz 3 ein und wertet diese inkongruente Zahlung als Bargeschäft.

34 Bei einer Anweisung »auf Kredit« ist die Zahlung des Dritten (der dadurch keine eigene Verbindlichkeit beim Arbeitgeber tilgen will, sondern quasi ein Darlehen gibt) im Rahmen der Insolvenz des Arbeitgebers dagegen nicht anfechtbar (*Blank* Insolvenzanfechtung gegenüber Arbeitnehmern, S. 147). Hier scheidet die Anwendbarkeit von § 142 Abs. 2 Satz 3 aus. Bei der Insolvenz des *Dritten* ist diese Zahlung bei einer Anweisung »auf Kredit« gegenüber dem Arbeitnehmer aber dennoch nicht anfechtbar (a.A. wohl *Thole* ZIP 2017, 401 [409]). Die Zahlung des Dritten ist als mittelbare Zuwendung des Arbeitgebers an den Arbeitnehmer zu bewerten; der Dritte hat »nur« eine Forderung gegen den Arbeitgeber »erworben«. Bei wertender Betrachtung hat der Dritte nämlich dem Arbeitgeber quasi ein »Darlehen« gewährt, welches unter Abkürzung des Zahlungsweges direkt an den Arbeitnehmer zur Begleichung der Arbeitsleistung ausgezahlt wurde (vgl. *Blank* Insolvenzanfechtung gegenüber Arbeitnehmern, S. 149). Dass eine Drittzahlung nicht durch eine »Anweisung« erfolgt, ist nur schwer begründbar, da der Dritte vom Arbeitgeber die entsprechenden Daten erhalten muss.

H. Beweislast

35 Der Anfechtungsgegner, der sich auf das für ihn günstige Bargeschäft beruft, muss dessen Voraussetzungen beweisen (*BGH* BGHZ 174, 297 Rn. 42; WM 2002, 2369 [2372]; *Jaeger/Henckel* InsO, § 142 Rn. 46; *K. Schmidt/Ganter/Weinland* InsO, § 142 Rn. 52). Liegt ein solches vor und kommt eine Anfechtung nur nach § 133 Abs. 1 bis 3 InsO in Betracht, so muss der Insolvenzverwalter auch beweisen, dass der andere Teil erkannt hat, dass der Schuldner unlauter handelte. Dies impliziert, dass auch der Beweis, dass der Schuldner unlauter gehandelt hat, vom Insolvenzverwalter geführt

brachte Arbeitsleistung bezahle. Es ist eine taggenaue Abrechnung vorzunehmen, was bedeutet, dass das Bargeschäft für jeden einzelnen Arbeitstag separat berechnet werden muss. Auf den Fälligkeitszeitpunkt kommt es nicht an.

Das BAG begründet diese – sehr großzügige – Frist damit, dass es in nicht wenigen Branchen eine verzögerte Zahlung der Vergütung schon fast die Regel sei und die nicht selten schlechte Zahlungsmoral der Auftraggeber und Schuldner von Arbeitgebern bewirke, dass die verspäteten Eingänge von Forderungen auch zu verzögerten Lohn- und Gehaltszahlungen führen (*BAG* ZIP 2011, 2366 Rn. 17; ebenso *Bandte* FS Beuthin, S. 401, 405). Dass im Falle einer Kreditgewährung ein Bargeschäft nicht in Betracht komme, rechtfertige jedoch nicht den Umkehrschluss, dass ein Bargeschäft immer dann vorliege, wenn kein Kredit gewährt werde (*BAG* ZIP 2011, 2366 Rn. 17 unter Hinw. auf *BGH* BGHZ 167, 190 Rn. 33). Nach der Verkehrsanschauung seien Entgeltzahlungen von Arbeitgebern für Arbeitsleistungen in den letzten drei Monaten, die Arbeitnehmer im Hinblick auf den in § 165 Abs. 3 SGB III festgesetzten Insolvenzgeldzeitraum zumeist als abgesichert ansähen, nicht als Tilgung eines Kredits zu qualifizieren, sondern diese Leistungen stünden im engen zeitlichen Zusammenhang mit der von den Arbeitnehmern erbrachten Gegenleistung (*BAG* ZIP 2011, 2366 Rn. 17 a.E.). Zudem profitiere die Masse nicht nur von den erbrachten einzelnen Arbeitsleistungen, sondern auch am Fortbestand des Betriebs als funktionale Einheit (*BAG* ZIP 2011, 2366 Rn. 18). Für diesen Fortbestand sei es erforderlich, dass die Arbeitnehmer überhaupt »bei der Stange« blieben; dies »erkaufe« sich der Arbeitgeber durch die Begleichung von rückständigem Lohn (*BAG* ZIP 2011, 2366 Rn. 18; so bereits *Windel* AP ArbGG 1979 § 2 Zuständigkeitsprüfung Nr. 14, sub. III. 3.; a.A. *Wegener* NZI 2009, 225 [226]). Dies entspreche auch dem Zweck des § 142 InsO, sodass der Schuldner auch in der Krise vorsichtig weiterwirtschaften könne. Dieses Ziel, den Betrieb als funktionale Einheit zu erhalten, sei hingegen nicht erreichbar, wenn die Arbeitnehmer in der Insolvenz des Arbeitgebers befürchten müssen, den vom Arbeitgeber »verspätet« gezahlten Lohn für die in den letzten drei Monaten vor Insolvenzantragsstellung oder danach erbrachten Arbeitsleistungen an den Insolvenzverwalter rückzugewähren (§ 143 Abs. 1 Satz 1 InsO).

4. § 142 Abs. 2 Satz 2

Die nunmehrige gesetzliche Klarstellung soll die Rechtssicherheit für Arbeitnehmer erhöhen und ihr Vertrauen darin stärken, dass sie Arbeitsentgelt, das sie spätestens drei Monate nach der Arbeitsleistung – ausgehend von der tatsächlichen Leistungserbringung – erhalten haben, auch behalten dürfen (vgl. BT-Drucks. 18/7054, S. 20). § 142 Abs. 2 Satz 2 normiert, dass ein enger zeitlicher Zusammenhang bei der Gewährung von Arbeitsentgelt vom Schuldner an seinen Arbeitnehmer gegeben ist, wenn der Zeitraum zwischen Arbeitsleistung und Gewährung des Arbeitsentgelts drei Monate nicht übersteigt. Durch die Bezugnahme auf die Rechtsprechung des BAG und den Wortlaut »zwischen Arbeitsleistung und Gewährung des Arbeitsentgelts« wird deutlich, dass es – entgegen der Rechtsprechung des BGH – nicht auf die Fälligkeit des Arbeitsentgelts ankommt, sondern auf die tatsächliche Arbeitsleistung des Arbeitnehmers. Dieses Konstrukt wird in der Rechtspraxis noch viele Probleme mit sich bringen. Mag die Abgrenzung bei einem Tagelöhner noch einfach erscheinen, wird sie bei Arbeitnehmern die nach Stunden bezahlt werden immer komplizierter. Es wäre sinnvoller gewesen, den Anknüpfungspunkt des Bargeschäftszeitraums im Bereich von § 142 Abs. 2 Satz 2 an den neutralen Zeitpunkt des § 614 Satz 2 BGB zu koppeln (so bereits *Blank* Insolvenzanfechtung gegenüber Arbeitnehmern, S. 187 ff.).

In seinem Anwendungsbereich umfasst Abs. 2 Satz 2 vom Wortlaut her nur »Arbeitnehmer«. Der Referentenentwurf zum Reformgesetzt enthielt, um einer Verletzung von Art. 3 Abs. 1 GG entgegen zu steuern, noch ein »Analogiegebot« (*Würdinger* KTS 2015, 315 [328]). Dort heißt es: »Es kann daher im Einzelfall durchaus geboten sein, andere Gläubiger, sofern sie sich in einer den Arbeitnehmern vergleichbaren Lage befinden, diesen gleichzustellen.« (RefE-InsO, S. 12). Zu dieser Thematik schweigt der Regierungsentwurf jedoch, sodass nach dem Willen des Gesetzgebers nicht davon ausgegangen werden kann, dass eine weite Auslegung dieser Vorschrift gewünscht ist. Dafür spricht, dass diese Vorschrift auch eigentlich mit dem in § 1 InsO verankerten Gläubigergleichbehandlungs-

Abs. 2 Satz 2 unbefriedigend (ausf. *Blank* Insolvenzanfechtung gegenüber Arbeitnehmern, S. 153 ff.).

2. Überholte Rechtsprechung des BGH

24 Die Vergütung der Arbeitnehmer ist nach Zeitabschnitten bemessen und muss gem. § 614 Satz 2 BGB nach dem Ablauf jedes einzelnen Zeitabschnitts beglichen werden; bei monatlicher Vergütung ist dies grds. der erste Tag des Folgemonats, soweit der Fälligkeitszeitpunkt nicht anders vereinbart ist (*BGH* BGHZ 202, 59 Rn. 35). Arbeitnehmer sind regelmäßig zur Vorleistung gem. § 614 Satz 1 BGB verpflichtet. Mit Beginn der Tätigkeit hat ein Arbeitnehmer somit noch keinen Vergütungsanspruch, da dieser erst zum Fälligkeitszeitpunkt entsteht. Hieraus folgert der BGH, dass bei der Beurteilung des **engen zeitlichen Zusammenhangs** einer Vorleistungspflicht nicht auf den Beginn der Tätigkeit des Arbeitnehmers abgestellt werden kann (*BGH* BGHZ 202, 59 Rn. 36 m. Verw. auf *BGH* WM 2002, 1808 [1809]). Die Beurteilung der Unmittelbarkeit der Lohnzahlung richtet sich nach Ansicht des BGH somit nach dem Zeitraum zwischen der Fälligkeit des Vergütungsanspruchs und seiner tatsächlichen Erfüllung durch Zahlung der Vergütung (*BGH* BGHZ 202, 59 Rn. 37). Mit dieser Modifizierung überträgt der BGH seine Rechtsprechung zum Institut des Bargeschäfts bei anwaltlicher Beratungsleistung nunmehr auf die Lohn- und Gehaltszahlungen eines Arbeitgebers. Er sieht die Unmittelbarkeit daher noch als gegeben an, wenn im Falle einer monatlichen Vorleistungspflicht die Entgeltzahlung innerhalb von 30 Tagen nach Fälligkeit vorgenommen wird (*BGH* BGHZ 202, 59 Rn. 37 m. Verw. auf *Bork* ZIP 2007, 2337 [2338 f.]; *Ries* ZInsO 2007, 1037 [1038]; *Pieper* ZInsO 2009, 1425 [1431]; *Laws* ZInsO 2009, 1465 [1470]; *Ganter* ZIP 2012, 2037 [2040]; *Brinkmann* ZZP 125 (2012), 197 [208]; *Jacobs/Doebert* ZInsO 2012, 618 [624]. So früher auch noch ErfK-*Müller-Glöge*, 11. Aufl., Einf. InsO Rn. 24). Diese Zeitspanne von 30 Tagen leitet der BGH in Ermangelung anderer Anhaltspunkte (*BGH* BGHZ 167, 190 Rn. 35) aus § 286 Abs. 3 BGB ab (so bereits *BGH* BGHZ 167, 190 Rn. 35). Danach kommt der Schuldner einer Entgeltforderung spätestens dann in Verzug, wenn er nicht innerhalb von 30 Tagen nach Fälligkeit und Zugang einer Rechnung oder gleichwertigen Zahlungsaufstellung Zahlung leistet. Diese Zeitspanne wird nunmehr auch für die Lohnzahlungen eines Arbeitgebers herangezogen (*BGH* BGHZ 202, 59 Rn. 34).

25 Weiterhin ist für die Annahme eines Bargeschäfts unschädlich, wenn der Fälligkeitszeitpunkt des Arbeitsentgelts anstelle des ersten Tages (§ 614 Satz 2 BGB) maximal bis zum fünfzehnten Tag des Folgemonats hinausgeschoben wird (*BGH* BGHZ 202, 59 Rn. 37). Ist die Vergütung nach kürzeren Zeitabschnitten fällig, scheidet das Bargeschäftsprivileg aus, wenn zum Zeitpunkt der Zahlung bereits der Lohn für den nächsten Zeitpunkt fällig war (*BGH* BGHZ 202, 59 Rn. 37 a.E.).

3. Rechtsprechung des BAG

26 Das BAG hat seine Rechtsprechung größtenteils an die des BGH im Bereich des § 142 angeglichen. Auch nach dem BAG ist das Tatbestandsmerkmal »unmittelbar« erfüllt, soweit der Schuldner in einem engen zeitlichen Zusammenhang mit seiner Leistung aufgrund einer Vereinbarung mit dem Anfechtungsgegner eine gleichwertige Gegenleistung erhalte (*BAG* ZIP 2011, 2366 Rn. 14 m. Verw. auf BGHZ 167, 190). Die (unschädliche) Zeitspanne könne für ein Bargeschäft nicht allgemein festgelegt werden, sondern es sei auf die Verkehrsauffassung abzustellen, in welcher Zeitspanne sich der Austausch von Leistung und Gegenleistung nach den Gepflogenheiten des Geschäftsverkehrs vollziehe (*BAG* ZIP 2011, 2366 Rn. 14 m. Verw. auf BGHZ 167, 190). Im entscheidenden Punkt geht jedoch das BAG auf Konfrontationskurs zur Rechtsprechung des BGH und lehnt dessen Auffassung ab, dass im Falle der monatlichen Vorleistungspflicht des Arbeitnehmers die Entgeltzahlung unter Heranziehung des § 286 Abs. 3 Satz 1 BGB innerhalb von 30 Tagen nach Fälligkeit vorgenommen werden müsse, um die Annahme eines Bargeschäfts zu rechtfertigen (*BAG* ZIP 2011, 2366 Rn. 16); diese Zeitspanne sei zu kurz bemessen.

27 Nach Auffassung des BAG liege ein Bargeschäft grds. dann noch vor, wenn der in der Krise befindliche Arbeitgeber Arbeitsentgelt für die vom Arbeitnehmer in den vorhergehenden **drei Monaten** er-

unlauteres Verhalten des Schuldners setzt nach der Begründung des Regierungsentwurfs »mehr voraus als die Vornahme der Rechtshandlung in dem Bewusstsein, nicht mehr in der Lage zu sein, alle Gläubiger befriedigen zu können« (BT-Drucks. 18/7054, S. 19.) Liegen die Voraussetzungen eines Bargeschäfts vor, »müssen hinreichend gewichtige Umstände hinzutreten, um in dem vollzogenen Austausch einen besonderen Unwert zu erkennen« (BT-Drucks. 18/7054, S. 19). Daher liege ein unlauteres Handeln nur »bei gezielter Benachteiligung von Gläubigern vor, wie sie etwa gegeben ist, wenn es dem Schuldner in erster Linie darauf ankommt, durch die Befriedigung des Leistungsempfängers andere Gläubiger zu schädigen« (BT-Drucks. 18/7054, S. 19). Unlauter soll ein Schuldner bei Kenntnis der eigenen Zahlungsunfähigkeit auch handeln, wenn er Vermögen für Leistungen verschleudert, die den Gläubigern unter keinem erdenklichen Gesichtspunkt nutzen können, wie dies etwa bei Ausgaben für flüchtige Luxusgüter der Fall ist. Auch soll das Abstoßen von Betriebsvermögen, das zur Aufrechterhaltung des Betriebs unverzichtbar ist, unlauter sein, wenn der Schuldner den vereinnahmten Gegenwert seinen Gläubigern entziehen will. Solange der Schuldner jedoch Geschäfte führt, die allgemein zur Fortführung des Geschäftsbetriebs erforderlich sind, fehlt es demgegenüber auch dann an der Unlauterkeit, wenn er erkennt, dass die Betriebsfortführung verlustträchtig ist (BT-Drucks. 18/7054, S. 19).

Aufgrund des doppelten subjektiven Erfordernisses des § 133 Abs. 1 InsO ist der Beweis der Tatbestandsvoraussetzungen durch den Verwalter bereits bisher sehr schwierig gewesen, da Bargeschäfte bzw. bargeschäftsähnliche Rechtsgeschäfte als gemeinsame Beweisanzeichen sowohl in Bezug auf den Benachteiligungsvorsatz als auch auf die Kenntnis des anderen Teils wirken können. Sie bilden ein starkes »Indiz« **gegen** einen Benachteiligungsvorsatz des Schuldners (*BGH* BGHZ 202, 59 Rn. 44; ZIP 2014, 628 Rn. 84; *Kayser* WM 2013, 293 [298]; *Kayser* NJW 2014, 422 [427]) und spiegelbildlich gegen die entsprechende Kenntnis des späteren Anfechtungsgegners (*Uhlenbruck/Ede/Hirte* InsO, § 133 Rn. 142). Nur in eindeutigen Fällen des § 133 Abs. 1 InsO wird auch bei einem Bargeschäft der Beweis des doppelten subjektiven Erfordernisses gelingen können. 20

Der Insolvenzverwalter muss nun zusätzlich auch noch neben dem unlauteren Handeln des Schuldners auch die Kenntnis des anderen Teils von der Unlauterkeit beweisen. Einige Autoren sehen darin bereits das Aus für die Vorsatzanfechtung von kongruenten Deckungen im Rahmen von Bargeschäften (*Würdinger* jM 2017, 272 [274]; *Brinkmann/Jacoby/Thole* ZIP 2015, 2001 [2002]; *Ahrens* ZRP 2016, 5 [9]; *Dahl/Schmitz/Taras* ZInsO 2016, 20 [25]; *Berner* ZInsO 2015, 2457 [2469]). 21

Das neu eingeführte Tatbestandsmerkmal der Unlauterkeit wird zu einer verstärkten Rechtsunsicherheit führen. Die Gerichte werden zu bewerten haben, welche konkreten Umstände oder Verhaltensweisen als unlauter gelten sollen. Die Unlauterkeit ist nämlich keine Anfechtungsvoraussetzung. Sie dient ausschließlich als Ausschlussgrund. 22

G. Bargeschäft bei der Insolvenzanfechtung von Arbeitsentgelt (Abs. 2 Satz 2 und 3)

1. Hintergrund

Der Gesetzgeber hat im Hinblick auf eine übermäßige Belastung und die bestehende Ungewissheit der Arbeitnehmer im Bereich der Insolvenzanfechtung – wie es bereits im Referenten- und Regierungsentwurf beschrieben wurde (vgl. jeweils S. 1) – eine Sonderregelung für diese geschaffen und mithin die Rechtsprechung des BAG nunmehr in § 142 Abs. 2 Satz 2 InsO n.F. kodifiziert. Dass das BAG überhaupt auf dem Gebiet des Insolvenzanfechtungsrechts zuständig wurde, lag an einer kritikwürdigen Entscheidung des Gemeinsamen Senats der obersten Gerichtshöfe des Bundes (vgl. BGHZ 187, 105; krit. dazu *Blank* Insolvenzanfechtung gegenüber Arbeitnehmern, S. 22 ff.; *Kreft* ZIP 2013, 241). Es entwickelte sich ein historischer Streit zwischen BGH und BAG (»ein Stück Justizgeschichte: BGH versus BAG«, so *Würdinger* in: FS Herberger, 2016, S. 1061, 1066; zudem *Fischermeier* ZInsO 2015, 1237) im Bereich des § 142 InsO, innerhalb dessen sich BGH und BAG gegenseitig Verfassungsbruch vorwarfen (*BGH* BGHZ 202, 59 Rn. 20 ff. und *BAG* ZIP 2014, 638 Rn. 15 ff.). Letztlich löste der Gesetzgeber diesen Konflikt durch die Einführung des § 142 23

ten, möglichst früh auf Vorleistung zu bestehen, was nicht im Interesse der Gläubigergesamtheit sein kann (*BGH* BGHZ 167, 190 Rn. 39). Daher besteht kein Anlass, den anderen Teil bei einer Vorleistungspflicht des Schuldners durch eine Ausweitung des unmittelbaren zeitlichen Zusammenhangs zu privilegieren (*BGH* BGHZ 167, 190 Rn. 39; ZIP 2007, 1162 Rn. 15; ebenso HK-InsO/*Thole* § 142 Rn. 7; a.A. *Jaeger/Henckel* InsO, § 142 Rn. 18; *Henckel* Insolvenzrecht im Umbruch, S. 239, 251). Die Leistung gilt dabei in dem in § 140 InsO genannten Zeitpunkt als vorgenommen.

17 Zum Vorliegen eines Bargeschäfts bei **Verrechnungen im Kontokorrent** siehe § 130 Rdn. 31, 32; *BGH* ZIP 2002, 812; ZIP 2003, 675 (GesO); ZInsO 2003, 374; *Jaeger/Henckel* InsO, § 142 Rn. 22). Im Rahmen des ungekündigten Kontokorrentverhältnisses greift § 142 ein, soweit die Bank dem Schuldner aufgrund der Kontokorrentabrede allgemein gestattet, den durch die Gutschriften eröffneten Liquiditätsspielraum wieder in Anspruch zu nehmen, wenn und soweit der Schuldner den ihm versprochenen Kredit auch tatsächlich wieder abruft (*BGH* ZInsO 2013, 384 Rn. 15). Diese Verrechnungen müssen mit dem Einverständnis des Insolvenzschuldners erfolgen. Findet die Verrechnung im Kontokorrent gegen seinen Willen statt, liegt kein Bargeschäft vor (*BGH* ZIP 2002, 2182). Dient die erneute Inanspruchnahme des Kredits der Erfüllung von Forderungen von Fremdgläubigern, ist die Deckungsanfechtung einzelner Gutschriften mit dem Ziel, den Gegenwert nach § 143 Abs. 1 InsO zur Masse zu ziehen, ausgeschlossen. Anfechtbar ist dann nur die Rückführung des ausgereichten Dispositionskredits, zu dem es dadurch kommt, dass die Summe der in das Kontokorrent eingestellten Einzahlungen die der fremdnützigen Auszahlungen übersteigt (*BGH* ZIP 2008, 237 Rn. 6; ZInsO 2013, 384 Rn. 15). Ein Zeitraum von ca. zwei Wochen der Verrechnung der Ein- und Ausgänge ist unschädlich. Auf die Reihenfolge der Ein- und Ausgänge kommt es nicht an (*BGH* ZIP 2001, 524). Verrechnungen im Kontokorrent zur Erfüllung eigener Ansprüche der Bank sind nicht als Bardeckung unanfechtbar (*BGH* ZIP 2008, 237; ZInsO 2008, 163), denn ein Kredit zur Ablösung von Verbindlichkeiten des Schuldners, für welche die Bank sich verbürgt hat, stellt keine gleichwertige Gegenleistung für die Verrechnung von Zahlungseingängen dar, wenn und soweit die Bank endgültig von ihrer Bürgschaftsverbindlichkeit frei geworden ist. Ein Bargeschäft liegt auch vor, wenn eine Bank den Auftrag zum Kauf von Wertpapieren ausführt und in unmittelbarem Zusammenhang den vollen Gegenwert und die Provision erhält. Wird jedoch der Gegenwert von einem Kundenkonto abgebucht, ist dies als Deckungsgeschäft anfechtbar, da der Kunde hier nicht anders behandelt werden kann, als hätte er den Betrag abgehoben und bar eingezahlt (*Jaeger/Henckel* InsO, § 142 Rn. 22). Wird ein Wechsel begeben, liegt ein Bargeschäft nur vor, wenn dieser innerhalb des für die Überweisung zulässigen Zeitraums fällig wird.

F. Neues Tatbestandsmerkmal »Unlauter«

18 Das Tatbestandsmerkmal unlauter wurde in Abs. 1 neu eingefügt. Nunmehr ist eine Anfechtung im Rahmen eines Bargeschäfts nur dann möglich, wenn die Voraussetzungen des § 133 Abs. 1 bis 3 InsO gegeben sind, der Schuldner unlauter handelte und der andere Teil dies erkannt hat. Die Forderung nach einem »unlauteren« Verhalten als tatbestandliche Voraussetzung ist nicht gänzlich neu. Bereits in dem gescheiterten Reformversuch von 2006 sollte die gleiche Formulierung, nur an anderer Stelle (bei § 133 InsO) Gesetz werden (vgl. Entwurf eines Gesetzes zum Pfändungsschutz der Altersvorsorge und zur Anpassung des Rechts der Insolvenzanfechtung, BT-Drucks. 16/886, S. 5). *Huber* weist zu Recht auf systematische Mängel bei der Einfügung des Tatbestandsmerkmals »unlauter« hin und bezeichnet die Einordnung dieses Merkmals in § 142 InsO als »systematisch verfehlt« (*Huber* ZInsO 2015, 2297 [2301]). § 142 InsO behandelt nur den Begriff des Bargeschäfts und regelt nur die grundsätzliche Anwendbarkeit von § 133 Abs. 1 InsO bei einem Bargeschäft. Durch die Einfügung des Merkmals »unlauter« wird aber gerade die Reichweite der Vorsatzanfechtung im kongruenten Bereich begrenzt, obwohl sich der Regierungsentwurf in § 133 Abs. 3 InsO-RegE ohnehin mit dem Schicksal der kongruenten Deckungen befasst (*Huber* ZInsO 2015, 2297 [2301]).

19 Nunmehr muss der andere Teil im Bereich der Anfechtung von § 133 Abs. 1 InsO nicht nur Kenntnis vom Gläubigerbenachteiligungsvorsatz des Schuldners i.S.d. § 133 Abs. 1 InsO haben, sondern auch erkannt haben, dass der Schuldner bei Vornahme der Rechtshandlung »unlauter« handelt. Ein

den Leistungsvorgang eingeschaltet sind, also die Vertragsparteien auf eine damit verbundene Verzögerung keinen Einfluss nehmen können; der Dritte darf nicht »im Lager« des jeweiligen Vertragspartners stehen und die durch den Dritten herbeigeführte Verzögerung darf sich nicht als eigene des Schuldners darstellen (*Bräuer* Ausschluss der Insolvenzanfechtung bei Bargeschäften nach Maßgabe des § 142 InsO, S. 71; *Lwowski/Wunderlich* WM 2004, 1511 [1515]; MüKo-InsO/*Kayser* § 129 Rn. 47; MüKo-InsO/*Kirchhof* § 142 Rn. 15). Dies hat der Gesetzgeber für den Hauptanwendungsfall bereits in § 140 Abs. 2 InsO kodifiziert. Danach ist die Arbeitsweise der Grundbuchämter für die Anfechtung allgemein – also gerade auch für das Bargeschäft – bedeutungslos (*BGH* WM 1955, 404 [406 f.]; NJW 1977, 718; *OLG Hamburg* WM 1984, 1617; *OLG Brandenburg* ZIP 2002, 1902 [1903 ff.]).

Bei Kaufverträgen von beweglichen Sachen zwischen zwei Großbetrieben hat der BGH einen Zeitraum von rund einer Woche zwischen Lieferung und Zahlung nicht als zu lange angesehen (*BGH* ZIP 1980, 519; ZIP 2008, 1241 Rn. 21). Dienstleistungen eines Rechtsanwalts können anfechtungsrechtlich privilegierte Bargeschäfte i.S.v. § 142 InsO sein, wenn die jeweiligen Leistungen des Anwalts und die entsprechenden Honorarzahlungen des Schuldners zeitnah erbracht werden. Erstreckt sich die Tätigkeit über einen längeren Zeitraum muss die jeweilige Leistung und Gegenleistung zeitlich und gegenständlich teilbar und zeitnah – entweder in Teilen oder abschnittsweise – ausgetauscht werden (ausf. *Ganter* ZIP 2012, 2037 [2040]). Bei Sanierungsbemühungen eines Rechtsanwalts hat der BGH eine Zeitspanne von mehr als 30 Tagen zwischen Beginn der anwaltlichen Tätigkeit und Erbringung der Gegenleistung in Anlehnung an § 286 Abs. 3 BGB für zu lange empfunden (*BGH* ZIP 2006, 1261 Rn. 35; ZIP 2008, 232 Rn. 23; ZInsO 2008, 101 Rn. 23). Verlangt der Rechtsanwalt für eine Dienstleistung einen Vergütungsvorschuss, so liegt ein Bargeschäft nur dann vor, wenn er den Vorschuss in einer Höhe geltend macht, die der wertäquivalenten Vergütung für die nächsten 30 Tage entspricht (*BGH* ZIP 2008, 232; ZInsO 2008, 101). 13

Erfordert hingegen die Leistung eine Eintragung ins Grundbuch, hat der BGH Zeitspannen von einem Monat (*BGH* WM 1955, 404 [406 f.]) und mehr als zwei Monaten (*BGH* NJW 1977, 718) toleriert. Unschädlich ist es, wenn der Schuldner nach Inanspruchnahme eines Darlehens die Eintragung einer Hypothek beantragt, diese aber erst wesentlich später vollzogen wird (§ 140 Abs. 2 InsO; vgl. *BGH* WM 1955, 404; WM 1977, 254 [255]; WM 1978, 133 [135]; *OLG Hamburg* ZIP 1984, 1373). Wurden bei Darlehensgewährung künftige Forderungen abgetreten, fehlt der zeitliche Zusammenhang, da der Zeitpunkt des Entstehens der Forderung für die Beurteilung maßgebend ist (vgl. § 140 Rdn. 6 f.; **a.A.** *LG Kassel* MDR 1954, 494). Ein Bargeschäft wurde jedoch verneint, wenn zwischen Vertragsschluss und Zahlung zwei bis vier Monate lagen (*RG* RGZ 136, 152 [159]). Bei der Leistung an einen **Dienst-** oder **Geschäftsbesorgungsverpflichteten** kommt es grds. nicht auf den zeitlichen Abstand zwischen Zahlung und Auftrag, sondern auf den i.d.R. nach § 614 BGB zu bestimmenden Zeitpunkt der Fälligkeit an (*Jaeger/Henckel* InsO, § 142 Rn. 30). 14

Das Honorar für einen Sanierungsversuch wird dann nicht i.S.v. § 142 InsO rechtzeitig erbracht, wenn die Leistung trotz Vereinbarung erst zwei Monate nach Fälligkeit erfolgt (*BGH* ZIP 2002, 1540 m. Anm. *H. Meyer* DZWIR 2003, 6 ff.). Tritt eine Konzerngesellschaft einem Sicherheitenpoolvertrag erst bei, nachdem der Kredit bereits an ein anderes Poolmitglied ausgereicht war, kann dies gleichwohl ein Bargeschäft darstellen, wenn das beitretende Unternehmen vom Kreditnehmer beherrscht wurde, der Poolvertrag den Beitritt voraussetzte und der Insolvenzschuldner damit schon bei Abschluss des Poolvertrages faktisch gebunden war (*BGH* ZIP 1998, 793 [801]). 15

Im Schrifttum wird darüber hinaus diskutiert, ob der Maßstab des engen zeitlichen Zusammenhangs in den Fällen weniger streng gehandhabt werden sollte, in denen der **Schuldner** zur Vorleistung verpflichtet ist (*BGH* BGHZ 167, 190 Rn. 39; *Jaeger/Henckel* InsO, § 142 Rn. 18). Denn in diesem Bereich wurde dem Schuldner gerade kein Kredit eingeräumt, sodass dieser Grundgedanke der Annahme eines Bargeschäfts nicht entgegensteht (*Henckel* Insolvenzrecht im Umbruch, S. 239, 251). Es ist jedoch zu beachten, dass solche Fälle aufgrund der fehlenden Liquidität für die spätere Insolvenzmasse noch nachteiliger sein können als die Fälle, in denen der Vertragspartner zur Vorleistung verpflichtet ist. Zudem würden dadurch falsche Anreize gesetzt, die den anderen Teil ermuntern könn- 16

D. Vermögensverschiebung

11 Die gleichwertige Leistung des anderen Teils muss zudem in das Vermögen des Schuldners gelangt sein (§ 142 InsO). Erst durch die Mehrung des schuldnerischen Vermögens, bei gleichzeitigem Abfluss der (Gegen-)Leistung des Schuldners, erfolgt die beschriebene »Vermögensumschichtung«. Der Abfluss des schuldnerischen Vermögens ist hingegen keine Tatbestandsvoraussetzung, sodass nur die Leistung des anderen Teils tatsächlich in das Aktivvermögen des Schuldners gelangt sein muss. Der bloße Anspruch auf die Gegenleistung reicht hingegen gerade nicht aus. Ebenso ist es nicht ausreichend, dass der andere Teil seine Leistung durch Weisung des Schuldners an einen Gläubiger des Schuldners erbringt. Zwar vermindern sich hierdurch die Verbindlichkeiten des Schuldners, jedoch erlischt auch die Forderung des Schuldners gegen den anderen Teil (vgl. *Raschke* Funktion und Abgrenzung des Bargeschäftstatbestandes in § 142 InsO, S. 84). Hierbei handelt es sich um eine sog. Aktiv-Passiv-Minderung. Die notwendige Mehrung des Aktivvermögens ist in diesem Fall gerade nicht gegeben. Die Frage, ob diese Leistung auch erhalten bleibt, spielt für die Beurteilung des Bargeschäfts keine Rolle (MüKo-InsO/*Kirchhof*, § 142 Rn. 4a).

E. Unmittelbarkeit

12 Das Tatbestandsmerkmal »unmittelbar« begrenzt das Bargeschäftsprivileg in zeitlicher Hinsicht. Ein zeitlich unbeschränkter Leistungsaustausch würde dem Normzweck des § 142 InsO widersprechen, wonach nur die aktuelle Teilnahme des Schuldners am wirtschaftlichen Geschäftsverkehr gesichert werden soll. Leistung und Gegenleistung müssen daher in einem **engen zeitlichen Zusammenhang** ausgetauscht werden (BT-Drucks. 12/2443, S. 167; *BGH* ZIP 2013, 1127 Rn. 32 m.w.N.). Ein Leistungsaustausch Zug-um-Zug ist hingegen nicht erforderlich (*BGH* ZIP 2006, 1261 Rn. 31; **a.A.** noch *RG* RGZ 100, 62 [64], jedoch nur bis RGZ 136, 152 [158 f.]); ebenso ist eine Vorleistungspflicht unschädlich (*BGH* ZIP 2010, 682 Rn. 31 m.w.N.). Zudem ist seit langem anerkannt, dass eine geringe zeitliche Abweichung zwischen der Erbringung von Leistung und Gegenleistung keine Auswirkungen auf das Bargeschäftsprivileg hat (*RG* RGZ 136, 152 [158 f.]; BGHZ 118, 171 [173]; *BGH* WM 1955, 404 [406 f.]). Eine exakte Berechnung des unschädlichen Zeitraums ist nicht möglich; vielmehr hängt die zeitliche Komponente wesentlich von der Art der ausgetauschten Leistungen, sowie davon ab, in welcher Zeitspanne sich der Austausch der Leistungen nach den Gepflogenheiten des Geschäftsverkehrs bzw. nach der Verkehrsauffassung vollzieht (vgl. nunmehr die Kodifizierung der BGH-Rspr. in § 142 Abs. 2 Satz 1; *BGH* BGHZ 167, 190 Rn. 31; ZIP 2003, 488 [493]; ZIP 2008, 1241 Rn. 12; ZIP 2010, 682 Rn. 31; HK-InsO/*Thole* § 142 Rn. 6; Jaeger/*Henckel* InsO, § 142 Rn. 15; MüKo-InsO/*Kirchhof* § 142 Rn. 16; *Lwowski/Wunderlich* FS Kirchhof, S. 301, 308). Liegt zwischen Leistung und Gegenleistung somit ein »größerer« Zeitraum, so kann das zugrundeliegende Rechtsgeschäft den Charakter eines Kreditgeschäfts annehmen, welches nicht mehr dem Normzweck des Bargeschäfts entspräche (MüKo-InsO/*Kirchhof* § 142 Rn. 15; *Uhlenbruck/Ede/Hirte* InsO, § 142 Rn. 27). Jegliches Kreditieren gegenüber dem Schuldner wird nicht mehr von dem Bargeschäftsprivileg des § 142 InsO erfasst (*BGH* BGHZ 167, 190 Rn. 33; ZIP 2007, 33 Rn. 15; *Uhlenbruck/Ede/Hirte* InsO, § 142 Rn. 27; HK-InsO/*Thole* § 142 Rn. 7). Vor diesem Hintergrund ist auch die Stundung einer fälligen Forderung schädlich, da hierdurch dem Schuldner der entsprechende Betrag kreditiert wird (*BGH* ZIP 2003, 488 [493]; *OLG Celle* ZInsO 2001, 1160; MüKo-InsO/*Kirchhof* § 142 Rn. 15; HK-InsO/*Thole* § 142 Rn. 7). Entsprechendes muss gelten, wenn der Schuldner die Bezahlung der fälligen Forderung verzögert und sich somit selbst einen Kredit einräumt (*BGH* NJW 2002, 3252 [3253]; MüKo-InsO/*Kirchhof* § 142 Rn. 15; HK-InsO/*Thole* § 142 Rn. 7; **a.A.** *Lwowski/Wunderlich* FS Kirchhof, S. 301, 310 ff.). Es ist dabei unbeachtlich, von wem die Verzögerung verursacht wurde (*Bräuer* Ausschluss der Insolvenzanfechtung bei Bargeschäften nach Maßgabe des § 142 InsO, S. 75 ff.). Hintergrund ist, dass die Verzögerung der Leistung durch den Schuldner als Folge seiner Zahlungsschwäche nicht die Anfechtung zugunsten seiner Gläubiger einschränken soll (MüKo-InsO/*Kirchhof* § 142 Rn. 15; *Meyer* DZWIR 2003, 6 [8]). Es kommt entscheidend darauf an, ob das Rechtsgeschäft (noch) als Bardeckung oder (schon) als Kreditgeschäft beurteilt wird. In der Beurteilung des unschädlichen Bargeschäftszeitraums muss jedoch berücksichtigt werden, wenn neutrale Dritte notwendigerweise in

ente Leistung im Blick auf den objektiven Marktwert vorschnell zur inkongruenten Leistung werden könnte. Jedoch kann auch diese vertragliche Parteiabrede selbständig der Anfechtung, insbesondere nach §§ 132, 133 InsO, unterliegen. Daran wird deutlich, dass sowohl die Erfüllung einer (vertraglichen) Pflicht als auch die vertragliche Pflicht selbst der Insolvenzanfechtung unterliegen kann.

Beim **echten Factoring** steht sowohl der Abzug der Factoring-Gebühr als auch der einem Sperrkonto 7
zugeführte Sicherungseinbehalt der Annahme eines Bargeschäfts nicht entgegen (vgl. näher *OLG Bremen* ZIP 1980, 539 [543]). Zum Bargeschäft bei Kontokorrentverrechnungen vgl. § 130 Rdn. 32. Beim **Vertrag zugunsten Dritter** ist die Leistung des Schuldners im Deckungsverhältnis mit der Leistung des Dritten im Valutaverhältnis zu vergleichen. Bei der Anfechtung gegenüber dem Versprechenden stellt die durch diesen bewirkte Befreiung einer Verbindlichkeit des Schuldners regelmäßig keine gleichwertige Gegenleistung zur Leistung des Schuldners im Deckungsverhältnis dar, da die erloschene Forderung durch die Krise entwertet ist (vgl. *RG* JW 1894, 546; RGZ 53, 234 ff.; zur KO *Jaeger/Henckel* KO, § 30 Rn. 173). Zur Problematik beim Unternehmenskauf *Wessels* ZIP 2004, 1237 [1245].

Die Vergütung oder Sicherheitenbestellung für einen ernsthaften und objektiv sinnvoll erscheinen- 8
den **Sanierungsversuch und andere ähnlichen Geschäftsbesorgungen** ist gleichwertig, wenn das angemessene Honorar versprochen und gezahlt wird und die gewünschte Arbeit nicht von vornherein erkennbar aussichtslos und wirtschaftlich unzweckmäßig erschien (*RG* RGZ 162, 292 [295]; *BGH* BGHZ 28, 344 [347]; BGHZ 77, 250 [252 ff.] = ZIP 1980, 618 [620]; ZIP 1988, 324 [326]; ZIP 2001, 33 [35]; *Kuhn* WM 1959, 98 [101 f.]). Dies gilt selbst dann, wenn der Sanierungsversuch letztlich scheitert. Die Rechtsprechung des *BGH* (ZInsO 2008, 101 Rn. 23) verlangt jedoch, dass die Masse dadurch zumindest teilweise eine gleichwertige Gegenleistung erhalten habe. Dies ist immer dann anzunehmen, wenn die Leistungen des Sanierers dem Schuldner nach objektiver Betrachtung eine Chance eröffnet haben (*K. Schmidt/Ganter/Weinland* InsO, § 142 Rn. 51). Die im Rahmen der Insolvenzberatung gezahlten (Anwalts-)Honorare sind deshalb regelmäßig gleichwertig (*Hess/Weiss* Anfechtungsrecht, § 132 Rn. 53; zum Anwaltshonorar s.a. Rdn. 15), da allein die rechtzeitige Antragstellung sich positiv auf die Masse auswirkt. Auch ein gegenüber der gesetzlichen Gebühr höheres, nach § 3 RVG vereinbartes Honorar ist möglich, wenn es den Schwierigkeiten der Bearbeitung entspricht (*BGH* BGHZ 77, 250, [253 ff.]; *OLG Hamm* ZIP 1998, 1871). Zur Feststellung der Angemessenheit der Vergütung muss kein Gutachten der Rechtsanwaltskammer eingeholt werden. Ist die Vergütung nicht angemessen, ist nur der unangemessene Teil der Vergütung zurückzugewähren (*BGH* BGHZ 77, 250, [253 ff.]).

Die Gleichwertigkeit ist bei der **Besicherung eines Kredits** gegeben, wenn ihr Wert die Höhe des Kre- 9
dits nicht wesentlich überschreitet (*BGH* WM 1998, 248). Denn hierbei muss die durch Wertschwankungen des Sicherungsgegenstandes bedingte übliche Differenz zwischen Sicherheitenwert und Kredit berücksichtigt werden (*Obermüller* Insolvenzrecht in der Bankenpraxis, Rz. 6.92). Dienen die Sicherheiten zum Teil auch der Deckung von Altkrediten, liegt insgesamt kein Bargeschäft vor, wenn es an einer Vereinbarung über das Rangverhältnis fehlt (*BGH* ZIP 1993, 271 [274]; HK-InsO/*Thole* § 142 Rn. 8; **a.A.** offenbar *Obermüller* Insolvenzrecht in der Bankpraxis, Rn. 6.103, unter Berufung auf die hier nicht einschlägige Entscheidung *BGH* ZIP 1994, 40). Werden zuvor nicht vollvalutierte Sicherheiten mit einem Sanierungskredit aufgefüllt und bestehen daneben nicht gesicherte Altkredite, ist bei der Annahme ernsthafter Sanierungsbemühungen größte Skepsis geboten. Gleiches gilt für Zahlungen, die auf den Kredit erfolgen, da hier die Gefahr besteht, dass der neue Kredit lediglich dazu benutzt wird, durch »Umschuldung« den Altkredit zu tilgen (*Kuhn/Uhlenbruck* KO, § 30 Rn. 23d).

Die Verfahrensweise bei einem unechten Massekredit, d.h. wenn ein vorläufiger Insolvenzverwalter 10
im Rahmen der Betriebsfortführung durch Vereinbarung mit dem Globalzessionar, die von ihm eingezogenen Forderungen zum Zwecke der Betriebsfortführung verwenden darf, um neue Forderungen zu generieren, steht dem Bargeschäft nicht entgegen (*K. Schmidt/Ganter/Weinland* InsO, § 142 Rn. 47).

grund einer Zwangsvollstreckung dem anderen Teil zugeflossen sind. Dies wird zudem durch die *ratio legis* des § 142 InsO bestärkt. Denn die Teilnahme eines in der Krise befindlichen Unternehmens am wirtschaftlichen Geschäftsverkehr soll gerade durch § 142 InsO geschützt werden (BT-Drucks. 12/2443, S. 167); inkongruente Deckungen sind jedoch nicht schützenswert. Diese Auffassung korreliert auch mit der Begründung zu § 161 des Regierungsentwurfs zur Insolvenzordnung von 1992 (heute § 142 InsO), wonach das Bargeschäftsprivileg nur zur Anwendung kommt, »wenn Leistung und Gegenleistung durch *Parteivereinbarung* miteinander verknüpft sind« (BT-Drucks. 12/2443, S. 167). Eine Deckung, die dieser Parteivereinbarung nicht entspricht – also als inkongruent zu bewerten ist – soll daher nach dem Willen des Gesetzgebers nicht von § 142 InsO erfasst werden (HK-InsO/*Thole* § 142 Rn. 10; K. Schmidt/*Ganter/Weinland* InsO, § 142 Rn. 9; *Kayser* ZIP 2007, 49 [50]). Die maßgebliche Parteivereinbarung kann auch noch nachträglich abgeändert werden; jedoch ist dies nur bis zu dem Zeitpunkt möglich, in dem die erste Leistung eines Vertragsteils erbracht wird (*BGH* BGHZ 123, 320 [328 f.]; MüKo-InsO/*Kirchhof* § 142 Rn. 8). Eine Leistung, die allein aufgrund des zeitlichen Ablaufs als inkongruent (»nicht zu der Zeit«) anzusehen wäre, kann dennoch unter das Bargeschäftsprivileg fallen, soweit diese durch den unmittelbaren zeitlichen Zusammenhang i.S.d. § 142 InsO ausgeglichen werden kann (MüKo-InsO/*Kirchhof* § 142 Rn. 8). Eine Leistung, die nicht der Parteivereinbarung entspricht, stellt keine Bardeckung dar, da weder rechtlich noch wirtschaftlich ein Anlass besteht, Umsatzgeschäfte des Schuldners in der Krise zu begünstigen, wenn sie anders als vereinbart abgewickelt werden (*BGH* ZIP 1993, 1653 [1655] m. Anm. *Marotzke/Kick* JR 1995, 106).

5 Die Abführung der Lohnsteuer und der Arbeitnehmeranteile im Rahmen des Gesamtsozialversicherungsbeitrages ist kein Bestandteil des Bargeschäfts zwischen Arbeitgeber und Arbeitnehmer (HK-InsO/*Thole* § 142 Rn. 4). Es fehlt hier bereits an einer Vereinbarung zwischen dem Schuldner als Arbeitgeber einerseits und dem Fiskus bzw. dem Sozialversicherungsträger andererseits sowie an einer Gegenleistung, die in das Vermögen des Schuldners gelangt ist (*BGH* BGHZ 157, 350 [360]; ZInsO 2010, 2009 Rn. 33; HK-InsO/*Thole* § 142 Rn. 4; K. Schmidt/*Ganter/Weinland* InsO, § 142 Rn. 25; *Kayser* FS Gero Fischer, S. 267, 273 f.; **a.A.** BFH/NV 1999, 745 zu § 10 Abs. 1 Nr. 1 GesO; *Knospe* ZInsO 2014, 748 [753 ff., 760]; offen gelassen von *BFH* NZI 2006, 53; ZIP 2007, 1856 Rn. 22). In seiner Stellungnahme vom 27.11.2015 (BT-Drucks. 18/7054, S. 24 ff.) zum RegE-InsO fordert der Bundesrat, dass **klarstellend** geregelt werden soll, dass die vom Arbeitgeber abgeführte Lohnsteuer und der Arbeitnehmeranteil zur Sozialversicherung auch vom Bargeschäft umfasst sein sollten (vgl. BT-Drucks. 18/7054 S. 31). Dies ist jedoch abzulehnen (ebenso die BReg. in ihrer Gegenäußerung, vgl. BT-Drucks. 18/7054, S. 4 f.) und wurde auch nicht kodifiziert, zumal eine Insolvenzanfechtungsklage gegenüber dem Arbeitnehmer auf Rückführung der Lohnsteuer bzw. des Arbeitnehmeranteils zur Sozialversicherung überhaupt nicht möglich ist. Die vorgeschlagene Erweiterung des Bargeschäfts käme somit – wenn überhaupt – nur den Zwangsgläubigern zugute.

C. Gleichwertigkeit

6 Leistung und Gegenleistung müssen gleichwertig sein, d.h. der objektive Wert beider Leistungen muss gleich sein. Es findet nur eine Umschichtung des Vermögens statt. Die Gleichwertigkeit wird jedoch, wie das Vorliegen einer Benachteiligung, allein nach objektiven Maßstäben beurteilt (Begr. RegE BT-Drucks. 12/2443, S. 167). Dieser objektive Wert sollte möglichst dem bei einer freihändigen Veräußerung zu erzielenden Preis entsprechen (*BGH* NJW-RR 2005, 916 [918 f.]). Entscheidend ist, welchen wirtschaftlichen Wert die Gegenleistung für den Schuldner in seiner konkreten Situation hat. Wegen der Massemehrungsfunktion des Insolvenzanfechtungsrechts ist es unschädlich, dass die dem Schuldner zufließende Leistung höher ist als das vom Schuldner Geleistete (*BGH* ZIP 2014, 1491 Rn. 13; *Uhlenbruck/Ede/Hirte* InsO, § 142 Rn. 23). Es kommt dabei auf den Wert, nicht auf die Art der Leistung des Gläubigers an, so dass auch die **Leistung von Bargeld** nicht schadet, obwohl dieses leichter dem Zugriff der Gläubiger entzogen werden kann (*BGH* LM § 30 KO Nr. 2; *BGH* WM 1964, 1166; *OLG Köln* MDR 1962, 997; K. Schmidt/*Ganter/Weinland* InsO, § 142 Rn. 46). Trotz der objektiven Betrachtungsweise darf die Parteivereinbarung jedoch grds. nicht gänzlich unberücksichtigt bleiben, da eine sonst zwischen den Parteien **übliche** kongru-

JurionRS 2013, 45537; a.A. *Marotzke/Kick* JR 1995, 106 [108]). Für die Anfechtung nach § 132 InsO fehlt es aufgrund der gleichwertigen Gegenleistung schon an der zwingend erforderlichen unmittelbaren Benachteiligung (vgl. *BGH* ZIP 2004, 1464), ebenso bei § 133 Abs. 4 InsO. Nicht eingeschränkt wird auch die Schenkungsanfechtung nach § 134 InsO, bei der es an einer ausgleichenden Gegenleistung des Schuldners fehlt. Ein Bargeschäft kann nunmehr nach § 133 Abs. 1 bis 3 InsO nur noch dann angefochten werden, wenn es eine vorsätzliche Gläubigerbenachteiligung darstellt, der Anfechtungsgegner um den Vorsatz des Schuldners weiß und der andere Teil erkannte, dass der Schuldner unlauter handelt.

Mit dem »Gesetz zur Verbesserung der Rechtssicherheit bei Anfechtungen nach der Insolvenzordnung und nach dem Anfechtungsgesetz« vom 29.03.2017 (dazu krit. *Würdinger* KTS 2015, 315; *ders.* jM 2017, 272; *Blank/Blank* ZInsO 2015, 1705; *Ganter* WM 2015, 905; *ders.* WM 2015, 2117; *Brinkmann* NZG 2015, 697; *Brinkmann/Jacoby/Thole* ZIP 2015, 2001; *Huber* ZInsO 2015, 713; *ders.* ZInsO 2015, 2297; *Klinck* DB 2016, 634) wurde § 142 erstmals geändert und um einen Abs. 2 erweitert. § 142 Abs. 2 sowie das neue Tatbestandsmerkmal »unlauter« gelten gem. Art. 103j Abs. 1 EGInsO nur für Insolvenzverfahren, die nach dem 04.04.2017 eröffnet worden sind. Da § 142 Abs. 2 Satz 2 jedoch »nur« die Rechtsprechung des BAG kodifiziert, entfaltet diese Regelung faktisch – zumindest im Arbeitsgerichtsweg – schon für »Altverfahren« Geltung. 3

B. Leistungsaustausch

§ 142 InsO setzt zunächst voraus, dass zwischen dem Schuldner und dem anderen Teil (Anfechtungsgegner) ein Leistungsaustausch tatsächlich stattgefunden hat. Eine Aufrechnung ist daher nicht ausreichend (*BGH* ZIP 2010, 682 Rn. 32). Die Leistung des Schuldners und die Gegenleistung des anderen Teils sind weit zu verstehen; es kommen Leistungen mit wirtschaftlichem Wert jeder Art in Betracht (MüKo-InsO/*Kirchhof* § 142 Rn. 4). Daher fallen auch Dienstleistungen unter den Leistungsbegriff, sofern diese für den Schuldner mit Kosten verbunden sind; ansonsten würde es bereits an einer Gläubigerbenachteiligung i.S.d. § 129 Abs. 1 InsO fehlen (*Raschke* Funktion und Abgrenzung des Bargeschäftstatbestandes in § 142 InsO, S. 72). Jedoch stellt das bloße Versprechen, eine Leistung zu erbringen, noch keine Gegenleistung dar; vielmehr bedarf es eines tatsächlichen Leistungsaustauschs (MüKo-InsO/*Kirchhof* § 142 Rn. 4a). Durch die Worte »für die« soll deutlich gemacht werden, dass Leistung und Gegenleistung durch Parteivereinbarung miteinander verknüpft sind (BT-Drucks. 12/2443, S. 167; *BGH* BGHZ 123, 320 [328]; ZIP 2016, 279 Rn. 21). Entsprechen die Leistungen gerade nicht der Parteivereinbarung – weichen sie also wesentlich von dieser ab –, ist die Behandlung als Bardeckung i.S.d. § 142 InsO ausgeschlossen (MüKo-InsO/*Kirchhof* § 142 Rn. 7). Ist von vornherein eine Ersetzungsbefugnis vereinbart, so sind Abweichungen innerhalb dieser Vereinbarung unschädlich für die Anwendung von § 142 InsO (*BGH* BGHZ 70, 177 [183 f.]; ZIP 2016, 279 Rn. 21). Nach der zeitlich ersten Leistung eines Vertragsteils ist jede nachträgliche Änderung allein mit Bezug auf die Art der Gegenleistung einem Bargeschäft schädlich (*BGH* ZIP 1993, 1653 [1655]; a.A. *Kilger/Karsten Schmidt* KO, § 30 Anm. 8). Erfolgt die Leistung daher »nicht in der Art« – handelt es sich also um eine inkongruente Deckung i.S.d. § 131 Abs. 1 InsO – scheidet die Anwendung des Bargeschäfts aus (*BGH* BGHZ 123, 320 [328 f.]; NZI 2007, 456 [457]; NZI 2010, 985 [987 f.]; MüKo-InsO/*Kirchhof* § 142 Rn. 7; *Uhlenbruck/Ede/Hirte* InsO, § 142 Rn. 6; *K. Schmidt/Ganter/Weinland* InsO, § 142 Rn. 9; *Raschke* Funktion und Abgrenzung des Bargeschäftstatbestandes in § 142 InsO, S. 73; *Heublein* ZIP 2000, 161 [171 f.]; *Rigol/Homann* ZIP 2003, 15 f.; ausf. zum Meinungsstand: *Bräuer* Ausschluss der Insolvenzanfechtung bei Bargeschäften nach Maßgabe des § 142 InsO, S. 50 ff.; krit. *Bork* FS Kirchhof, S. 57, 67. *Jaeger/Henckel* InsO, § 142 Rn. 8 ff., stellt hingegen darauf ab, ob die Deckung innerhalb des normalen ordentlichen Geschäftsgangs des Schuldners liegt. Die Kongruenz der Deckung sei daher nicht entscheidend. A.A. noch zu Zeiten der Konkursordnung, *BGH* BGHZ 70, 177 [184 f.]; BGHZ 118, 171 [173]. Die Rechtsprechungsänderung erfolgte durch *BGH* BGHZ 123, 320 [328 f.]. Zum methodischen Streit, ob die Bereichsausnahme bei inkongruenten Deckungen aus dem Wortlaut des § 142 InsO oder aus einer teleologischen Reduktion des § 142 InsO folgt, vgl. ausführlich *Würdinger* Insolvenzanfechtung im bargeldlosen Zahlungsverkehr, S. 210). Dies gilt auch für Leistungen, die auf- 4

§ 142 InsO Bargeschäft

des Konkurses, KTS 1975, 142; *Klinck* Reform des Insolvenzanfechtungsrechts – Mehr Rechtssicherheit im Geschäftsverkehr mit insolvenzbedrohten Unternehmen?, DB 2016, 634; *Knospe* Insolvenzanfechtung versus Arbeitnehmerinteressen: Bringt der Koalitionsvertrag Veränderungen beim Bargeschäft?, ZInsO 2014, 748; *Kreft* Der Rechtsweg für Anfechtungsklagen, ZIP 2013, 241; *Laws* Die insolvenzrechtliche Anfechtung von Lohnzahlungen, ZInsO 2009, 1465; *Lwowski/Wunderlich* Neues zum Bargeschäft – Zugleich Anmerkungen zu *BGH* 18.07.2002 – IX ZR 480/00, FS Kirchhof 2003, S. 301; *Pieper* Lohn- und Gehaltszahlungen in der Insolvenz des Arbeitgebers, ZInsO 2009, 1425; *Raschke* Funktion und Abgrenzung des Bargeschäftstatbestandes in § 142 InsO, 1999; *Ries* Anfechtung der Zahlung von Arbeitnehmerlöhnen, ZInsO 2007, 1037; *Stiller* Anmerkung zu LAG Köln, Urt. v. 06.03.2015 – 4 Sa 726/14, EWiR 2016, 23; *Wegener* Anfechtung von Lohnzahlungen, NZI 2009, 225; *Würdinger* Insolvenzanfechtung im bargeldlosen Zahlungsverkehr, 2012; *ders.* Reform und Rechtssicherheit im Recht der Insolvenzanfechtung, KTS 2015, 315; *ders.* Das Trennungsprinzip in der Juristischen Methodenlehre, FS für Maximilian Herberger, S. 1061; *ders.* Das Neue Recht bei Anfechtungen nach der InsO und dem AnfG – Bestandsaufnahme, Analyse und Kritik, jM 2017, 272.

A. Einleitung

1 Der römisch-rechtlichen Vorläuferin des modernen Anfechtungsrechts, der *actio pauliana* (Dig. 42.8.0.[1.]), war die Bargeschäftsausnahme noch fremd (*Bräuer* Ausschluss der Insolvenzanfechtung bei Bargeschäften nach Maßgabe des § 142 InsO, S. 12 f.). Die Vorschrift greift den Grundsatz des alten Konkursrechts auf, dass Bargeschäfte nicht der Anfechtung kongruenter Deckung unterliegen (etwa *BGH* ZIP 1998, 793 [798]; ZIP 1997, 1551 [1553]; BGHZ 123, 320 [323 m.w.N.] = ZIP 1993, 1653; ZIP 1992, 778). Zwar kannte die Konkursordnung keine vergleichbare Vorschrift zu § 142 InsO, jedoch waren die Wirkungen des Bargeschäfts von der Rechtsprechung (*BGH* BGHZ 136, 152 [158 f.] und der Literatur (Jaeger/*Henckel* KO, § 30 Rn. 110 ff.) bereits anerkannt. Danach mussten Rechtsgeschäfte, die gem. § 30 Nr. 1, 1. Fall KO unanfechtbar abgeschlossen werden durften, auch erfüllbar bleiben (*BGH* BGHZ 123, 320 [323 m.w.N.]). Ohne eine solche Regelung wären alle wertäquivalenten und sogar gewinnbringenden Deckungsgeschäfte grds. anfechtbar, die in der Krise des Unternehmens getätigt werden (*Uhlenbruck/Ede/Hirte* InsO, § 142 Rn. 1). Der »kriselnde« Schuldner wäre praktisch vom Geschäftsverkehr ausgeschlossen, was wirtschaftlich nicht vernünftig sein kann (BT-Drucks. 12/2443, S. 167; *BGH* WM 1984, 1430). Niemand würde nämlich mit dem Schuldner bzw. dem vorläufigen (schwachen) Insolvenzverwalter noch Geschäfte abschließen, wenn jeder Leistungsaustausch in der Krise anfechtbar wäre. Selbst die aussichtsreichsten Sanierungsversuche wären von vornherein zum Scheitern verurteilt, da sich kein Geschäftspartner des Schuldners dem Anfechtungsrisiko aussetzen möchte. Die in § 1 InsO verankerte Massemehrungsfunktion tritt aber aufgrund von § 142 nicht in den Hintergrund, da die abfließende potentielle Masse mit dem Zufluss einer »gleichwertigen Gegenleistung« ausgeglichen werden muss, damit der Anwendungsbereich des § 142 eröffnet ist. Dadurch ändert sich zwar die **konkrete** Zusammensetzung des Schuldnervermögens, nicht jedoch dessen Wertkontinuität (*Würdinger* Insolvenzanfechtung im bargeldlosen Zahlungsverkehr, S. 52). Hier liegt nämlich nicht eine Vermögensverschiebung zu Lasten des Schuldnervermögens, sondern nur eine bloße Vermögensumschichtung vor (*Karsten Schmidt* WM 1983, 493). In diesem Fall rechtfertigt die später eintretende mittelbare Gläubigerbenachteiligung einen Vorrang der Interessen aller Gläubiger nur dann, wenn der Gläubiger wusste, dass der Schuldner mit Benachteiligungsvorsatz (§ 133 Abs. 1 InsO) und neuerdings zusätzlich unlauter gehandelt hat und der andere Teil letzteres auch erkannt hat.

2 Voraussetzung ist allerdings, dass die Leistung des Schuldners, die sowohl in der Befriedigung als auch in der Sicherung einer Gläubigerforderung liegen kann, im Vergleich zu der von dem Gläubiger erbrachten Leistung als gleichwertig betrachtet werden kann. Weiterhin müssen beide Leistungen in einem unmittelbaren (zeitlichen) Zusammenhang miteinander erbracht worden sein. Dabei müssen Leistung und Gegenleistung durch Parteivereinbarung miteinander verknüpft sein (Begr. RegE BT-Drucks. 12/2443 S. 167). Eine inkongruente Deckung ist deshalb, entgegen dem Wortlaut und der systematischen Stellung des § 142 (vgl. HK-InsO/*Thole* § 142 Rn. 9 f.; KS-InsO/*Henckel* 2000, Rn. 47), regelmäßig kein Bargeschäft (vgl. *BGH* ZIP 1993, 1653 [1656]; ZIP 1999, 76; ZIP 1999, 665; ZIP 2002, 812; ZIP 2004, 1509; ZInsO 2004, 856, NZI 2004, 492; ZIP 2007, 924 [926] = ZVI 2007, 318, dazu EWiR 2007, 529 m. Anm. *Henkel*; VG Düsseldorf 11.09.2013 – 5 K 3499/13,

bruck KO, § 35 Rn. 5; *Kilger/Karsten Schmidt* KO, § 35 Anm. 2; *Jaeger* JW 1919, 720; **a.A.** *Jaeger/ Henckel* KO, § 35 Rn. 2; *Uhlenbruck/Hirte/Ede* InsO, § 141 Rn. 3; HK-InsO/*Kreft* § 141 Rn. 2).

§ 142 Bargeschäft

(1) Eine Leistung des Schuldners, für die unmittelbar eine gleichwertige Gegenleistung in sein Vermögen gelangt, ist nur anfechtbar, wenn die Voraussetzungen des § 133 Absatz 1 bis 3 gegeben sind und der andere Teil erkannt hat, dass der Schuldner unlauter handelte.

(2) ¹Der Austausch von Leistung und Gegenleistung ist unmittelbar, wenn er nach Art der ausgetauschten Leistungen und unter Berücksichtigung der Gepflogenheiten des Geschäftsverkehrs in einem engen zeitlichen Zusammenhang erfolgt. ²Gewährt der Schuldner seinem Arbeitnehmer Arbeitsentgelt, ist ein enger zeitlicher Zusammenhang gegeben, wenn der Zeitraum zwischen Arbeitsleistung und Gewährung des Arbeitsentgelts drei Monate nicht übersteigt. ³Der Gewährung des Arbeitsentgelts durch den Schuldner steht die Gewährung dieses Arbeitsentgelts durch einen Dritten nach § 267 des Bürgerlichen Gesetzbuchs gleich, wenn für den Arbeitnehmer nicht erkennbar war, dass ein Dritter die Leistung bewirkt hat.

Übersicht	Rdn.		Rdn.
A. Einleitung	1	1. Hintergrund	23
B. Leistungsaustausch	4	2. Überholte Rechtsprechung des BGH	24
C. Gleichwertigkeit	6	3. Rechtsprechung des BAG	26
D. Vermögensverschiebung	11	4. § 142 Abs. 2 Satz 2	29
E. Unmittelbarkeit	12	5. § 142 Abs. 2 Satz 3	32
F. Neues Tatbestandsmerkmal »Unlauter«	18	H. Beweislast	35
G. Bargeschäft bei der Insolvenzanfechtung von Arbeitsentgelt (Abs. 2 Satz 2 und 3)	23	I. Freistellung des Existenzminimums bei der Insolvenzanfechtung von Arbeitsentgeltzahlungen?	36

Literatur:
Ahrens Reform der Vorsatzanfechtung nach dem Gesetzesentwurf der Bundesregierung, ZRP 2016, 5; *Berner* Die Debatte zur Reform des Insolvenzanfechtungsrechts seit 2013, ZInsO 2015, 2457; *Blank, D.* Insolvenzanfechtung gegenüber Arbeitnehmern, 2016; *ders.* Freistellung des Existenzminimums bei der Insolvenzanfechtung von Arbeitsentgeltzahlungen, NZA 2016, 1123; *ders./Blank, M.* Die Reform der Insolvenzanfechtung – eine notwendige Operation?, ZInsO 2015, 1705; *Bräuer* Ausschluss der Insolvenzanfechtung bei Bargeschäften nach Maßgabe des § 142 InsO, 2006; *Bork* Kontokorrentverrechnung und Bargeschäft, FS Hans-Peter Kirchhof, S. 57; *ders.* Die Insolvenzanfechtung von Lohnzahlungen, ZIP 2007, 2337; *Brinkmann* Der Referentenentwurf zur Reform des Insolvenzrechts. Neuer Wein in alten Schläuchen?, NZG 2015, 697; *ders.* Die Insolvenzanfechtung gegenüber Arbeitnehmern – Reflexionen über ein juristisches Lehrstück in drei Akten, ZZP 125 (2012), 197; *ders./Jacoby/Thole* Überprüfung des Insolvenzanfechtungsrechts durch Bundesregierung ergibt: Es fehlt an Fiskusprivilegien, ZIP 2015, 2001; *Dahl/Schmitz/Taras* Der aktuelle Stand der Reform des Insolvenzanfechtungsrechts, ZInsO 2016, 20; *Fischermeier* Rechtsprechung des BAG zur Insolvenzanfechtung: Auslegung oder unzulässige Rechtsfortbildung, ZInsO 2015, 1237; *Ganter* Der Regierungsentwurf vom 29. September 2015 zur »Anfechtungsrechtsreform« – Vom Regen in die Traufe –, WM 2015, 2117; *ders.* Der Referentenentwurf vom 11.3.2015 zur »Anfechtungsreform« – Gesetz zur Verbesserung der Rechtssicherheit bei Anfechtungen nach der Insolvenzordnung und nach dem Anfechtungsgesetz, WM 2015, 905; *ders.* Bargeschäfte (§ 142 InsO) von Dienstleistern, ZIP 2012, 2037; *Huber* Regierungsentwurf eines Gesetzes zur Verbesserung der Rechtssicherheit bei Anfechtungen nach der Insolvenzordnung und dem Anfechtungsgesetz, ZInsO 2015, 2297; *ders.* Referentenentwurf eines Gesetzes zur Verbesserung der Rechtssicherheit bei Anfechtungen nach der Insolvenzordnung und dem Anfechtungsgesetz, ZInsO 2015, 713; *Jacobs/Doebert* Die Insolvenzanfechtung von Lohnzahlungen in der Rechtsprechung des BAG, ZInsO 2012, 618; *Kayser* Insolvenzrechtliche Bargeschäfte (§ 142 InsO) bei der Erfüllung gesetzlicher Ansprüche?, ZIP 2007, 49; *ders.* Die Entkräftung der die Insolvenzanfechtung begründenden Vermutung und Indizien, WM 2013, 293; *ders.* Vorsatzanfechtung im Spannungsverhältnis von Gläubigerbenachteiligung und Sanierungschancen, NJW 2014, 422; *ders.* Der Rechtsgedanke des Bargeschäfts – Ein Beitrag zu den Grenzen des Anwendungsbereichs des § 142 InsO –, FS Gero Fischer, S. 267; *ders./Heidenfelder* Vom Konkurs des Konkurses zur Insolvenz der Insolvenz, ZIP 2016, 447; *Kilger* Der Konkurs

träglich zur Entstehung gelangt. Wird etwa eine Forderung auf künftigen Grundstücksmietzins zur Sicherheit abgetreten, ist eine Rechtshandlung jeweils mit Beginn des jeweiligen Nutzungszeitraums vorgenommen worden (*BGH* ZIP 1997, 513 [514]). Eine benachteiligende Treuhandvereinbarung gilt in dem Zeitpunkt als vorgenommen, in dem das Treugut entsteht (*BGH* ZIP 2007, 1274; ZInsO 2007, 662).

§ 141 Vollstreckbarer Titel

Die Anfechtung wird nicht dadurch ausgeschlossen, dass für die Rechtshandlung ein vollstreckbarer Schuldtitel erlangt oder dass die Handlung durch Zwangsvollstreckung erwirkt worden ist.

Übersicht	Rdn.		Rdn.
A. Einleitung	1	C. Vollstreckungshandlungen	4
B. Vollstreckbare Schuldtitel	2		

A. Einleitung

1   Die Vorschrift entspricht § 35 KO. Im Anfechtungsprozess kann sich der Anfechtungsgegner nicht darauf berufen, dass er für die angefochtene Rechtshandlung einen Titel zur Seite hat oder die Handlung in einem Vollstreckungsakt besteht (s.a. *BAG* 24.10.2013 – 6 AZR 467/12, JurionRS 2013, 51280; 24.10.2013 – 6 AZR 466/12, JurionRS 2013, 50656). Damit werden diese Handlungen einer freiwilligen gleichgestellt und klargestellt, dass die staatliche Autorität anfechtungsrechtlich unerheblich ist (vgl. *Jaeger/Henckel* InsO, § 141 Rn. 2). Nicht der erlassene Titel unterliegt der Anfechtung, denn da nur die Rechtshandlung des Schuldners oder Gläubigers anfechtbar ist, richtet sich die Anfechtung auf die prozessuale oder materiell-rechtliche Rechtshandlung, die von der Partei im Prozess oder dem Vollstreckungsverfahren vorgenommen wurde. Diese muss dann die Entscheidung, den Inhalt des Titels oder die Vollstreckung beeinflusst haben (*Jaeger/Henckel* InsO, § 141 Rn. 6).

B. Vollstreckbare Schuldtitel

2   Vollstreckbare Schuldtitel sind formell rechtskräftige oder für vorläufig vollstreckbar erklärte Urteile (§ 704 ZPO; *OLG Köln* JurionRS 2003, 25144), die in § 794 Abs. 1 Nr. 1–5 ZPO genannten sonstigen Vollstreckungstitel, gerichtliche Vergleiche (*BAG* ZInsO 2011, 1560 [1561]), Vollstreckungsbescheid (*OLG Karlsruhe* ZInsO 2002, 585 [586]), Arrestbefehle und einstweilige Verfügungen (§§ 928, 936 ZPO), der Zuschlagsbeschluss nach § 93 ZVG, der Auszug aus der Tabelle über die festgestellte Insolvenzforderung (§ 201 Abs. 2 InsO), vollziehbare Verwaltungsakte (§ 6 VwVG) oder die in § 168 VwGO genannten Vollstreckungstitel; weitere Beispiele bei *Zöller/Stöber* ZPO, § 794 Rn. 35.

3   Hat der Schuldner dem Anfechtungsgegner den Schuldtitel in kollusivem Zusammenwirken für eine erdichtete Forderung verschafft, bildet das betrügerische Übereinkommen i.V.m. seiner prozessualen Geltendmachung den Gegenstand der Anfechtung (*RG* JW 1906, 234; *Uhlenbruck/Hirte/Ede* InsO, § 145 Rn. 4, 7). Dass die Prozesshandlung anfechtbar ist, muss dabei nicht aus § 141 InsO abgeleitet werden (*RG* Gruchot 50, 1122 [1125]).

C. Vollstreckungshandlungen

4   § 141 HS 2 InsO erweitert nicht die Anfechtungstatbestände, vielmehr ergibt sich die Anfechtbarkeit von Vollstreckungshandlungen nur aus den §§ 130–136 InsO. Als Zwangsvollstreckung ist auch die Vollziehung eines Arrestes oder einer einstweiligen Verfügung anzusehen. Der Erwerb der durch die Vollstreckung gesicherten oder befriedigten Forderung kann neben der Vollstreckungshandlung selbstständig anfechtbar sein. Ist die Forderung unanfechtbar entstanden, ist der Erwerb des Titels selbst nur i.V.m. seiner Vollziehung anfechtbar (*RG* RGZ 126, 304, 307; *Kuhn/Uhlen-*

unterliegt. Bei einem vom Notar nach § 15 GBO gestellten Antrag entsteht für den Anfechtungsgegner keine gesicherte Rechtsposition, da der Notar jederzeit den Antrag zurücknehmen kann (*BGH* ZInsO 2001, 508). Bei Eintragungen im Zwangsweg, insbesondere bei einer Zwangs- oder Arresthypothek oder Zwangsvormerkung, scheidet Abs. 2 aus, da § 878 BGB hier nicht anwendbar ist (*RG* RGZ 68, 150; *Jaeger/Henckel* InsO, § 140 Rn. 47). Maßgebend ist hier also der Zeitpunkt der Eintragung. Die **Beweislast** für die Voraussetzungen des Abs. 2 trägt der Anfechtungsgegner, da die Vorschrift ihm als Ausnahme von dem allgemeinen Grundsatz in Abs. 1 durch die zeitliche Vorverlagerung einen Vorteil gewährt (*BGH* ZIP 1998, 513 [514]).

Mit der Vorschrift wird berücksichtigt, dass in diesen Fällen der Verfügungsempfänger nach § 878 BGB, § 3 Gesetz über die Rechte an eingetragenen Schiffen und Schiffsbauwerken und § 5 Abs. 3 Gesetz über Rechte an Luftfahrzeugen bereits eine, durch die Verfahrenseröffnung nicht beeinträchtigte, Rechtsposition inne hat (vgl. § 91 Abs. 2 InsO). Weiterhin lässt sich für diese Regelung anführen, dass mit der Antragstellung der Zeitpunkt des Rechtserwerbs dem Einfluss der Beteiligten entzogen ist und sich dahingehende Verzögerungen, insbesondere seine spätere Kenntnis (vgl. auch § 892 BGB), nicht zum Nachteil des Erwerbers auswirken dürfen. Diese Überlegung kann für die Vormerkung unter Heranziehen von § 106 InsO weiter vorverlagert werden. Konsequenterweise ist dann aber nicht nur der Rechtserwerb durch Eintragung, sondern schon das Herbeiführen der Wirkungen des § 878 BGB anfechtbar, so dass eine Anfechtung auch vor Eintragung in Betracht kommt (*Jaeger/Henckel* InsO, § 140 Rn. 46). 13

Erforderlich ist, dass die Willenserklärung des Schuldners durch notarielle Beurkundung nach § 873 Abs. 2 BGB bindend geworden ist, dass die übrigen Voraussetzungen für Rechtserwerb (z.B. eine behördliche Genehmigung) und der Antrag auf Eintragung nach § 13 GBO vorliegen. Bei einer Gesamtgrundschuld ist der Antrag auf Eintragung des letzten Grundstücks maßgebend (*Obermüller* Insolvenzrecht in der Bankpraxis, Rn. 6.181). 14

Der Antrag muss **von dem anderen Teil**, also dem Anfechtungsgegner, gestellt worden sein. Eine **Antragstellung durch den Schuldner genügt nicht** (*BGH* ZIP 1997, 423 [424]; *Nerlich/Römermann* InsO, § 140 Rn. 6; a.A. *Bork* Insolvenzrecht, Rn. 211; *Jauernig* Insolvenzrecht, § 80 V 1). Eine auch mit Verfahrenseröffnung gesicherte Rechtsposition ist in diesem Fall nämlich noch nicht gegeben, da der Schuldner bzw. der Insolvenzverwalter den Antrag noch rechtswirksam zurücknehmen kann, solange die Eintragung noch nicht erfolgt ist (*BGH* ZIP 1997, 423 [424]). §§ 91 Abs. 2 InsO, 878 BGB stehen dem nicht entgegen. Die Vorschriften behandeln nämlich einen durch die Eintragung erfolgten Rechtserwerb trotz eingetretener Verfügungsbeschränkung nur dann als wirksam, wenn im Zeitpunkt der Eintragung noch ein entsprechender Eintragungsantrag vorlag. Hat demnach der Schuldner den Antrag gestellt, ist der in § 140 Abs. 1 InsO genannte Zeitpunkt, also derjenige der Eintragung, maßgebend. Erfolgt die Eintragung gem. §§ 91 Abs. 2 InsO, 878 BGB nach Verfahrenseröffnung, gilt § 147 InsO, der entsprechend auch auf die Fälle des § 878 BGB Anwendung findet (s.a. § 147 Rdn. 2 m.w.N.). 15

D. Bedingung und Befristung (Abs. 3)

Abs. 3 stellt klar, dass es bei einer Bedingung oder Befristung nicht auf den Eintritt der Bedingung oder des Termins ankommt, sondern auf den Abschluss der rechtsbegründenden Tatumstände (vgl. hierzu ausf. *Christiansen* KTS 2003, 353; *Jaeger/Henckel* InsO, § 140 Rn. 50; *Uhlenbruck/Hirte/Ede* InsO, § 140 Rn. 39). Dies korrespondiert mit den Regelungen in §§ 42, 191 InsO, nach denen die Geltendmachung einer Forderung grds. unabhängig von ihrer Bedingung oder Befristung ist. Gleiches gilt nach § 107 InsO für den Käufer einer Sache unter Eigentumsvorbehalt. Maßgeblich ist hier der Zeitpunkt der aufschiebend bedingten Übereignung, nicht derjenige der Kaufpreiszahlung. Dass bei einer bedingten Abtretung der Zeitpunkt des Bedingungseintritts maßgebend ist, wenn die Insolvenz des Zedenten, der Eröffnungsantrag oder die Verfahrenseröffnung als Bedingung bestimmt ist (so zur KO *Jaeger/Henckel* KO, § 30 Rn. 93; *Uhlenbruck* Anm. zu *BAG* AP Nr. 4 zu § 30 KO), kann nach der klaren Regelung in Abs. 3 nicht mehr angenommen werden. Die Regelung findet keine Anwendung auf den Fall, dass das mit der Rechtshandlung übertragene Recht erst nach- 16

an, in dem die Verrechnungslage entsteht. Die Scheckeinreichung ist jedoch insoweit von Bedeutung, als die Bank mit ihr unanfechtbar Sicherungseigentum am Scheck erworben haben kann, was eine Anfechtung der Verrechnung ausschließt (*BGH* ZIP 1992, 778 [780]; *OLG Köln* ZIP 1995, 1684 [1685]). Bei Lastschriften gilt die Rechtshandlung als vorgenommen, wenn die Abbuchung vollendet ist. Dies ist nach der Rspr. des BGH der Zeitpunkt in dem der Insolvenzschuldner die Lastschrift ausdrücklich oder konkludent genehmigt (*Jaeger/Henckel* InsO, § 140 Rn. 28; *BGH* BGHZ 144, 349; NJW 1989, 1989; WM 2003, 524; BGHZ 164, 49 [52 ff.]). Nach der gefestigten Rechtsprechung des 9. Senates des BGH steht dem vorläufigen Insolvenzverwalter die Möglichkeit zu, formularmäßig und pauschal einen »Generalwiderspruch« gegen alle Lastschriften zu erklären, um so den Eintritt der Wirkungen der Nr. 7 Abs. 3 AGB-Banken zu vermeiden. In einer solchen Verfahrenssituation hat der vorläufige Verwalter genau zu überlegen, ob er einen solchen Widerspruch erklären muss, um eine eigene Haftung zu vermeiden. Nach Verfahrenseröffnung stellt sich dieselbe Frage, wenn der Zeitraum für die fiktive Genehmigung von sechs Wochen noch nicht abgelaufen ist (*BGH* ZIP 2006, 2046; ZIP 2004, 2442; NJW 2005, 675). Dazu trägt auch wesentlich bei, dass der **IX.** Zivilsenat nunmehr entschieden hat, der Insolvenzverwalter bzw. Treuhänder in Insolvenzverfahren über das Vermögen natürlicher Personen dürfe nicht mehr schematisch allen noch nicht durch den Schuldner genehmigten Lastschriften im Einziehungsermächtigungsverfahren widersprechen, er müsse vielmehr die Grenzen des pfändungsfreien Schuldnervermögens (Schonvermögen) beachten. Solange die Lastschriften nur das pfändungsfreie Schonvermögen betreffen, ist allein dem Schuldner die Entscheidung über die Genehmigung vorbehalten. Dem Treuhänder/(vorläufigen) Verwalter fehlt für einen (pauschalen) Widerspruch die Rechtsmacht. Er muss im Einzelfall prüfen, wie weit seine Rechtsmacht reicht (*BGH* BGHZ 186, 242 [247] Rn. 13). Hinsichtlich der Möglichkeit der Aufrechnung von Mietzinsansprüchen gegen Ansprüche auf Auszahlung von Guthaben aus Nebenkostenvorauszahlungen ist maßgebliche Rechtshandlung nach dem BGH der Abschluss des Mietvertrages (*BGH* ZInsO 2005, 94).

VI. Genehmigungsbedürftige Geschäfte

11 Bei einem Geschäft, das von der **Zustimmung eines Dritten** abhängig ist, ist maßgeblich der Zeitpunkt, in dem das Rechtsgeschäft aufgrund der Genehmigung für den Anfechtungsgegner bindend geworden ist (*Jaeger/Henckel* InsO, § 140 Rn. 33; vgl. Begr. RegE BT-Drucks. 12/2443 S. 166). Dies ist bei einer Genehmigung durch einen Privaten (z.B. §§ 108, 185 Abs. 2 1. Alt. BGB) der Zeitpunkt ihrer Erteilung, bei ihrer Ersetzung durch das Vormundschaftsgericht (§§ 1365 Abs. 2, 1369 Abs. 2, 1426 BGB) wegen § 1366 Abs. 2 Satz 1 BGB der in § 53 FGG genannte Zeitpunkt (*Jaeger/Henckel* InsO, § 140 Rn. 37), im Fall der Genehmigung durch ein Vormundschaftsgericht (§§ 1821, 1822 BGB) wegen § 1829 Abs. 1 Satz 2 BGB der Zeitpunkt des Mitteilungszugangs und bei einem Vertrag, der einer devisenrechtlichen Genehmigung bedarf, der Zeitpunkt des Vertragsschlusses (*BGH* WM 1958, 1417). Zur Genehmigung nach Nr. 7 Abs. 3 AGB-Bk: Nach der Rechtsprechung des BGH steht dem vorläufigen Insolvenzverwalter die Möglichkeit zu, formularmäßig und pauschal einen »Generalwiderspruch« gegen alle Lastschriften zu erklären (*BGH* ZIP 2006, 2046; ZIP 2004, 2442 = ZVI 2005, 33 = NJW 2005, 675) und so den Eintritt der Wirkungen der Nr. 7 Abs. 3 AGB-Bk zu vermeiden.

C. Registergeschäfte (Abs. 2)

12 Ist bei mehraktigen Rechtsgeschäften nur noch die Eintragung in ein Grundbuch oder ein vergleichbares Register für das Wirksamwerden erforderlich, gilt ausnahmsweise der Antrag auf diese Eintragung als maßgebender Zeitpunkt (*Uhlenbruck/Hirte/Ede* InsO, § 140 Rn. 28; anders noch die h.M. zur KO: *BGH* ZIP 1995, 134 [136]; vgl. auch *BGH* KTS 1996, 151 [155]; *Kuhn/Uhlenbruck* KO, § 30 Rn. 29; *Jaeger/Henckel* KO, § 30 Rn. 94 ff. m.w.N.). Soll zur Sicherung des Anspruchs auf Rechtsänderung eine Vormerkung eingetragen werden, kommt es nach Satz 2 für die Bestimmung des Zeitpunkts nur auf die Stellung des darauf bezogenen Antrags und nicht auf die Eintragung der Vormerkung, die Stellung des Antrags auf die Rechtsänderung oder die Eintragung der Rechtsänderung an. Gleiches gilt auch für den Erwerb nach §§ 892, 893 BGB, soweit dieser der Anfechtung

Wird ein **Wechsel** erst nach Begebung angenommen, bestimmt die Annahme den maßgeblichen Zeitpunkt für die Anfechtung der hierdurch eintretenden Sicherung und einer nachfolgenden Befriedigung durch den Akzeptanten (*Jaeger/Henckel* InsO, § 140 Rn. 14). Ansonsten ist die Begebung maßgeblich. Wird die Annahme erst nach der Indossierung erklärt oder ein indossierter Wechsel eingelöst, ist bei der Deckungsanfechtung gegenüber dem Remittenten der Zeitpunkt der Begebung für die subjektiven Voraussetzungen maßgeblich. Dies rechtfertigt sich daraus, dass der Remittent nach Indossierung auf den weiteren Verlauf keinen Einfluss mehr hat (vgl. § 137 Abs. 2 InsO). Wird ein Wechsel erst nach Übertragung datiert, ist für die Anfechtung der Übertragung das auf den Wechsel geschriebene Datum maßgeblich (*OLG Celle* NJW 1959, 1144). Maßgeblicher Zeitpunkt für die Anfechtung der Wechselzahlung auf einen auf den Schuldner bezogenen und von ihm erfüllungshalber akzeptierten Wechsel ist der Tag, an dem der Schuldner den Wechsel bezahlt (*BGH* ZIP 2007, 1469). Bei Ausstellung eines **Schecks** ist maßgebender Zeitpunkt die Einlösung und nicht die Scheckbegebung oder die Gutschrift. Anders bei Einlösungspflicht der bezogenen Bank wie beim Scheckkartenscheck und beim bestätigten Scheck der Deutschen Bundesbank: hier kommt es auf den Zeitpunkt der Begebung an, weil der Schecknehmer schon in diesem Zeitpunkt eine feste Rechtsposition besitzt (*Canaris* Bankvertragsrecht, Rn. 819). Maßgeblicher Zeitpunkt bei der **Banküberweisung** ist der, in dem der Anspruch des Empfängers auf die Gutschrift entsteht, d.h. wenn die Deckung bei der Empfängerbank eingegangen ist (*BGH* ZIP 2002, 1408). Beim **Lastschriftverfahren** ist die Rechtshandlung vorgenommen, wenn die Belastung des Schuldnerkontos gemäß den AGB Banken erfolgt, und die Zahlstelle etwa durch Bereitstellen des Kontoauszugs ihren Einlösungswillen kundgibt (Abbuchungsauftragsverfahren; *BGH* ZIP 2003, 488 [490]; ZInsO 2013, 335) bzw. mit der Genehmigung durch den Schuldner (Einzugsermächtigungsverfahren; *Fischer* ZIP 2004, 1679 [1682]). Die Genehmigungsfiktion in Nr. 7 Abs. 4 AGB-SpK wirkt auch gegenüber einem vorläufigen mitbestimmenden Insolvenzverwalter (unter Aufgabe von BGHZ 174, 84 Rn. 21 ff.: *BGH* ZIP 2010, 2105). Bei der **Akkreditivzahlung** ist die Eröffnung des Akkreditivs, nicht die Auszahlung maßgebend für die Anfechtung gegenüber dem Begünstigten (*Canaris* Bankvertragsrecht, Rn. 1077). Bei einem **Vertrag zugunsten Dritter** ist für die Anfechtung gegenüber dem Dritten der Zeitpunkt der Entstehung seines Rechts maßgebend (*BGH* WM 1984, 1194). Bei der **Schuldübernahme** ist die Schuldübernahme selbst und nicht die Leistung des Übernehmers maßgeblich. Der Anspruch auf **Vergütung für geleistete Dienste** entsteht nach st. Rspr. erst mit der Erbringung der Arbeits- bzw. Dienstleistung (RGZ 142, 291 [295]; *BGH* ZIP 2006, 1254; ZIP 1997, 513 [514]; *BAG* ZIP 1993, 940; *Jaeger/Henckel* InsO, § 140 Rn. 13; MüKo-InsO/*Kirchhof* § 146 Rn. 9c; HambK-InsO/*Rogge* § 140 Rn. 14a; a.A. *Kübler/Prütting-Paulus* InsO, § 140 Rn. 4; *Flöther/Bräuer* NZI 2006, 136 [144]). Der Abschluss des Arbeitsvertrages ist nicht maßgebend (*BGH* ZIP 2008, 1488 [1489]).

V. Aufrechnung und Verrechnung

Für die Aufrechnung ist nach Ansicht des *BGH* (ZIP 2004, 1558 [1560]; ZIP 2005, 181 [182]) auf den Zeitpunkt des Entstehens des Gegenseitigkeitsverhältnisses abzustellen. Nach einer neueren Entscheidung des BGH (Riesenposter-Fall; *BGH* 11.06.2015 – IX ZR 110/13, ZInsO 2015, 1497 [1498] Rn. 10) ist es dabei grds. unerheblich, ob die Forderung des Schuldners oder des Insolvenzgläubigers früher entstanden oder fällig geworden ist. Ausschließlich entscheidend ist, wann das Gegenseitigkeitsverhältnis begründet wurde. Richtigerweise kommt es allerdings darauf an, wie aus § 96 Abs. 1 Nr. 3 InsO folgt, wann sich die Forderungen aufrechenbar gegenüberstehen (so schon *Jaeger/Henckel* KO, § 30 Rn. 275). Eine Ausnahme hiervon ist entsprechend § 95 Abs. 1 Satz 3 InsO zu machen, wenn das Entstehen der Aufrechnungslage nur noch von der Erfüllbarkeit der Hauptforderung abhängt. Der Eintritt dieser Bedingung muss ebenso wie die Aufrechnungserklärung selbst außer Betracht bleiben (insoweit i.E. zutreffend *BGH* ZIP 2004, 1558 [1560]).

Bei Mietnebenkostenvorschüssen des Schuldners kommt es deswegen nicht auf den Zeitpunkt der Abrechnung oder des Vertragsabschlusses (so *BGH* ZIP 2005, 181), sondern auf das Ende des Abrechnungszeitraums an. Gleiches wie bei der Aufrechnung gilt bei dem, dieser wirtschaftlich entsprechenden, Zurückbehaltungsrecht (vgl. *BGH* ZIP 2000, 2207 [2210] m. Anm. *Schmitz*). Beim **Scheckinkasso** kommt es nicht auf den Zeitpunkt der Hereinnahme, sondern auf den Zeitpunkt

gebend und nicht der Zeitpunkt des Entstehens der jeweiligen Forderung (*Uhlenbruck/Hirte/Ede* InsO, § 140 Rn. 22 m.w.N.). Unerheblich ist bei der Pfändung und Überweisung einer Forderung der Zeitpunkt der Zahlung durch den Drittschuldner (*BGH* ZIP 2000, 898). Im Falle der Pfändung eines Dispositionskredites vgl. *BGH* ZIP 2004, 513; NZI 2004, 1444; ZInsO 2004, 270; ZIP 2004, 669; ZInsO 2004, 385. Bei Abtretung eines durch den Eintritt eines künftigen Ereignisses bedingten oder durch eine Zeitbestimmung befristeten Anspruchs, kommt es auf den Eintritt der Bedingung bzw. des Anfangs- oder Endtermins an (**a.A.** *OLG Hamburg* ZIP 1981, 1353: Abtretung des Rückübertragungsanspruchs von Sicherungsgut). So ist etwa bei der Abtretung einer Forderung auf künftigen Grundstücksmietzins, die Rechtshandlung jeweils mit Beginn des jeweiligen Nutzungszeitraums vorgenommen (*BGH* ZIP 1997, 513 [514]). Für die Pfändung in eine offene Kreditlinie ist maßgeblicher Zeitpunkt derjenige, in dem der Kreditnehmer das Darlehen abruft (*BGH* ZIP 2004, 513 [514 f.]). Bei einer Mantelzession kommt es auf den Zeitpunkt des Zugangs der Zessionsliste an (*Obermüller* Insolvenzrecht in der Bankpraxis, Rn. 6.187). Bei der Abtretung von zukünftig zu gestaltenden Mustern, kommt es auf den Zeitpunkt der Werkschöpfung an, da bereits in diesem Zeitpunkt ein Anwartschaftsrecht entsteht, das sich durch Eintragung in das Musterregister zum absoluten Geschmacksmusterrecht entwickelt (*BGH* ZIP 1998, 830 [835]). Bei der Abtretung eines Werklohnanspruches nach § 632 Abs. 1 BGB kommt es auf den Zeitpunkt des Abschlusses des Werkvertrages und nicht auf die Erbringung der Werkleistung (unklar *BGH* ZIP 2001, 1250 [1251 f.]) oder die Abnahme an, da bereits mit dem Abschluss der Anspruch entsteht (*Palandt/Sprau* BGB, § 632 Rn. 1). Ist die Wirksamkeit einer Forderungsabtretung oder -verpfändung von der **Anzeige an den Drittschuldner** abhängig (§ 1280 BGB; § 46 Abs. 2 AO, hierzu *OLG Nürnberg* DZWIR 1999, 37 [38] m. Anm. *Becker* [39]; § 13 Abs. 4 ALB 1986, § 14 Abs. 4 ALB 1994; hierzu *BGH* VersR 1991, 89), kommt es auf den Zugang der Anzeige bei dem Drittschuldner an (*RG* RGZ 79, 306; JW 1902, 185). Fehlt die Abtretungsanzeige, ist die Abtretung absolut unwirksam. Der Versicherer muss daher nicht an den Zessionar leisten und dieser hat bis zur Anzeige auch kein Forderungsrecht erlangt (*BGH* BGHZ 112, 387; VersR 1992, 561; *OLG Köln* VersR 1993, 1133). Wird eine Vorpfändung nach § 845 Abs. 1 ZPO mehr als drei Monate vor dem Eingang des Insolvenzantrages gestellt und fällt die Hauptpfändung dann in den Bereich von § 131 InsO, so richtet sich die Anfechtung insgesamt nach § 131 InsO (*BGH* ZIP 2006, 916).

7 Entsteht die **gesicherte Forderung** erst nachträglich, so ist bei einer zuvor für den Gläubiger eingetragenen Hypothek der Zeitpunkt der Valutierung maßgebend (*OLG Köln* WM 1979, 1342 ff.), da zuvor dem Schuldner nach §§ 1163 Abs. 1 Satz 1, 1177 BGB das Grundpfandrecht als Eigentümergrundschuld zustand. Anders ist bei der Bestellung einer Sicherungsgrundschuld und eines Pfandrechts nach §§ 1204, 1273 BGB – hier bereits bei der Bestellung des Rechtes –, der Sicherungsübertragung/-abtretung oder der Entstehung eines Vermieterpfandrechtes (§ 562 BGB) für eine künftige Forderung zu entscheiden, da hier schon vor Valutierung dem Gläubiger das Sicherungsrecht zusteht (*BGH* ZIP 1998, 793; BGHZ 86, 340, 346 ff. = ZIP 1983, 334 zum Pfandrecht; ZIP 1985, 150; ZIP 1998, 793; *Jaeger/Henckel* InsO, § 140 Rn. 18; MüKo-InsO/*Kirchhoff* § 140 Rn. 15). Auf die Zustellung des Pfändungs- und Einziehungs(Überweisungs-)beschlusses an den Drittschuldner ist bei der Pfändung einer Forderung abzustellen (hier Finanzamt *BGH* Urt. v. 10.02.2005 – IX 211/02, ZIP 2005, 645).

III. Treugut und Wechsel

8 Eine die Gesamtgläubigerschaft benachteiligende Treuhandvereinbarung ist in dem Zeitpunkt entstanden, in dem das Treugut selbst entsteht (*BGH* ZInsO 2007, 658). Bei einem Wechsel, der auf den Schuldner bezogen ist und erfüllungshalber akzeptiert wurde, ist der Zeitpunkt der Zahlung des Schuldners auf den Wechsel maßgebend (*BGH* ZIP 2007, 517).

IV. Mittelbare Zuwendung

9 Bei einer mittelbaren Zuwendung wird das Vermögen des Insolvenzschuldners im Zeitpunkt der Übertragung an die Zwischenperson verringert (*Uhlenbruck/Ede/Hirte* InsO, § 140 Rn. 22).

chung durch den Gerichtsvollzieher (§ 808 ZPO) oder bei der Forderungspfändung die Zustellung an den Drittschuldner (§ 829 Abs. 3 ZPO). Wird eine Vorpfändung (§ 845 ZPO) vorgenommen, ist nicht der Zeitpunkt der Zustellung der Pfändungsankündigung, sondern die Vornahme der Hauptpfändung durch Zustellung des Pfändungsbeschlusses maßgebend, da die Vorpfändung nicht insolvenzfest ist (*Jaeger/Henckel* InsO, § 140 Rn. 19, § 131 Rn. 58 f.; **a.A.** *RG* RGZ 151, 265; *LG Frankfurt/M.* InVo 2000, 20). Mittelbare Zuwendungen sind mit der Weggabe des schuldnerischen Vermögens an die Mittelsperson vorgenommen (*Kuhn/Uhlenbruck* KO, § 29 Rn. 18b). Vertragliche Abfindungsvereinbarungen in Gesellschaftsverträgen entfalten ihre rechtlichen Wirkungen erst mit Ausscheiden des Gesellschafters (zur KO bereits *Jaeger/Henckel* KO, § 29 Rn. 55). Eine akzessorische Sicherheit wirkt sich im Anfechtungsprozess auf die Rechtskraft des Urteils nicht aus. Die Haftung eines Bürgen ist nach den Vorschriften des BGB zu beurteilen und im Rechtsverhältnis zwischen Gläubiger und Bürgen festzustellen (*BGH* 15.04.2010 – IX ZR 86/09, JurionRS 2010, 15395 Rn. 2).

Das **Unterlassen** entfaltet frühestens in dem Zeitpunkt rechtliche Wirkung, in dem die Rechtsfolgen 5
der Unterlassung nicht mehr durch eine Handlung abgewendet werden können (Begr. RegE BT-Drucks. 12/2443 S. 166; *Jaeger/Henckel* InsO, § 140 Rn. 32). Subjektive Voraussetzungen müssen spätestens zu diesem Zeitpunkt vorgelegen haben. Es genügt aber, wenn die subjektiven Merkmale in irgendeinem Zeitpunkt innerhalb des Zeitraums, in dem positiv gehandelt werden konnte, feststellbar sind (MüKo-InsO/*Kirchhoff* § 140 Rn. 19; HK-InsO/*Kreft* § 140 Rn. 5).

II. Forderungen

Bei der **Abtretung, Verpfändung oder Pfändung (§§ 829 ff. ZPO) einer künftigen Forderung** ist 6
das Entstehen (*BGH* ZInsO 2008, 806), nicht aber das Fälligwerden dieser Forderung maßgeblich (*BGH* ZIP 2000, 932; ZIP 2004, 1819; ZIP 2009, 2347, [2350] Rn. 20 ff.; BGHZ 157, 350 [354]; BGHZ 170, 196 [201]; BGHZ 174, 297 [300] Rn. 13[zur Vorausabtretung]; *BGH* ZIP 2003, 808; *OLG Hamm* WM 2002, 2204), denn die Vorausabtretung von künftigen Forderungen wird erst mit dem Entstehen der Forderung wirksam (*OLG Karlsruhe* ZIP 2005, 1248). Dabei ist nicht auf die dingliche Einigung, sondern auf das Entstehen der Forderung abzustellen (*BGH* ZIP 1997, 513). Für den Fall einer Vorausverpfändung ist auf die gleichen Kriterien abzustellen (*OLG Frankfurt/M.* ZIP 2007, 1670 [1671]). Eine Forderungspfändung ist grundsätzlich erst dann vorgenommen, wenn der Pfändungsbeschluss dem Drittschuldner zugestellt wurde. Dies gilt auch für den Pfändungs- und Einziehungsbeschluss des Finanzamtes nach § 309 Abs. 2 Satz 1 AO (*BGH* ZIP 2008, 1488). Insoweit entsteht das Absonderungsrecht an einer Forderung erst mit dem Entstehen der Forderung selbst. Die Rechtshandlung der Pfändung in eine offene Kreditlinie bei einem Dispositionskredit gilt erst als vorgenommen, wenn der Insolvenzschuldner den Kreditbetrag abruft (*BGH* ZIP 2004, 513). So kommt es etwa bei der Pfändung künftiger Ansprüche aus einem Girovertrag auf den Zeitpunkt des Eingangs der gutgeschriebenen Geldbeträge bei der Bank an (*BGH* ZIP 1997, 737 [739]; ZIP 1987, 305 – Verpfändung einer Forderung; *LG Braunschweig* ZIP 1996, 35; zum vertraglichen Pfandrecht s. *BGH* ZIP 1996, 2080 [2081]). Dies gilt auch beim verlängerten Eigentumsvorbehalt (*BGH* ZIP 2000, 932 [934]; *Jaeger/Henckel* InsO, § 140 Rn. 7; vgl. aber auch § 129 Rdn. 74). Zur Pfändung einer künftigen Forderung (*BGH* ZIP 2003, 804; ZIP 2004, 766; ZInsO 2004, 387). Die Vorausabtretung künftiger Forderungen wird erst mit dem Entstehen wirksam (vgl. *OLG Karlsruhe* ZIP 2005, 1248). Dabei ist auch für die Vorausabtretung nicht auf die dingliche Einigung, sondern auf das Entstehen der Forderung abzustellen (*BGH* ZIP 1997, 513). Für den Fall einer Vorausverpfändung kann nichts anderes gelten (*OLG Frankfurt* ZIP 2007, 1670 [1671]). Bei Vorausabtretung der mit Verfahrenseröffnung entstehenden Schlusssaldoforderung eines Kontokorrents ist der Zeitpunkt der Begründung der kontokorrentgebundenen Einzelforderungen maßgeblich, da die Abtretung nur hinsichtlich dieser Posten, soweit sie im Schlusssaldo noch enthalten sind, und nicht hinsichtlich der Saldoforderung als solcher angefochten werden kann (*Jaeger/Henckel* InsO, § 140 Rn. 8; **a.A.** *Kuhn/Uhlenbruck* KO, § 30 Rn. 42l: Zeitpunkt der Verfahrenseröffnung; *OLG Frankfurt* ZInsO 2008, 977 [979]: Entstehen der Saldoforderung). Bei der Abtretung einer künftigen Forderung ist für die Frage der Unanfechtbarkeit der Abtretung der Zeitpunkt der Abtretung maß-

§ 140 InsO Zeitpunkt der Vornahme einer Rechtshandlung

gilt Satz 1 mit der Maßgabe, dass dieser Antrag an die Stelle des Antrags auf Eintragung der Rechtsänderung tritt.

(3) Bei einer bedingten oder befristeten Rechtshandlung bleibt der Eintritt der Bedingung oder des Termins außer Betracht.

Übersicht

	Rdn.		Rdn.
A. Einleitung	1	IV. Mittelbare Zuwendung	9
B. Grundsatz (Abs. 1)	3	V. Aufrechnung und Verrechnung	10
I. Allgemeines	4	VI. Genehmigungsbedürftige Geschäfte	11
II. Forderungen	6	C. **Registergeschäfte (Abs. 2)**	12
III. Treugut und Wechsel	8	D. **Bedingung und Befristung (Abs. 3)**	16

Literatur:
Eckert Probleme der Bestimmung des für die Insolvenzanfechtung relevanten Zeitpunktes nach § 140 InsO, Diss. Frankfurt am Main 2003.

A. Einleitung

1 Eine Vorschrift, die regelte in welchem Zeitpunkt eine Rechtshandlung als »vorgenommen« gilt, enthielt die KO nicht. Die GesO enthielt in § 10 Abs. 3 eine Regelung, die Abs. 2 entspricht. Dabei kommt diesem Zeitpunkt eine besondere Bedeutung zu, ist er doch maßgeblich dafür, ob die Rechtshandlung nach Verfahrenseröffnung mit der Unwirksamkeitsfolge der §§ 81, 89, 91 InsO oder vor derselben mit der Anfechtungsmöglichkeit nach §§ 129 ff. (Ausnahmen: vgl. §§ 88, 147 InsO) erfolgte, ob sie noch innerhalb einer bestimmten Frist vorgenommen wurde, im Fall der §§ 130, 131 InsO eine Kongruenz oder Inkongruenz vorliegt und ob spätestens in diesem Zeitpunkt die subjektiven Voraussetzungen in der Person des Schuldners, des Anfechtungsgegners oder eines Dritten vorlagen. Nach Art. 106 EGInsO scheidet darüber hinaus eine Anfechtung nach der InsO aus, wenn die Rechtshandlung **vor dem 1. Januar 1999** vorgenommen worden ist und nicht in gleicher Weise nach den Regelungen der KO anfechtbar ist.

2 Gemeinsamer Grundgedanke der einzelnen Regelungen ist, dass der Zeitpunkt entscheidet, in dem durch die Rechtshandlung eine Rechtsposition begründet worden ist, die im Falle der Eröffnung des Verfahrens beachtet werden müsste (Begr. RegE BT-Drucks. 12/2443 S. 166). Bei mehreren Rechtshandlungen ist dabei diejenige maßgebend, die zu einer Minderung des Schuldnervermögens geführt hat (vgl. *Kuhn/Uhlenbruck* KO, § 29 Rn. 18b).

B. Grundsatz (Abs. 1)

3 Abs. 1 stellt den Grundsatz auf, dass der Zeitpunkt maßgeblich ist, in dem die Rechtswirkungen einer Handlung eintreten (*BGH* Beschl. v. 18.03.2010 – IX ZR 111/08, ZInsO 2010 710 [711] Rn. 6; so schon die allg. Auffassung nach der KO, vgl. *Jaeger/Henckel* KO, § 30 Rn. 74; zur InsO nun *Jaeger/Henckel* InsO, § 140 Rn. 2; *BGH* ZIP 1998, 793; *Fischer* ZIP 2004, 1679). Besteht eine Rechtshandlung aus mehreren Teilakten, ist also der letzte zur Wirksamkeit erforderliche Teilakt maßgeblich (*BGH* ZIP 1991, 807; ZIP 2004, 1819; NZI 2004, 623; ZInsO 2004, 967).

I. Allgemeines

4 Bei schuldrechtlichen Rechtsgeschäften ist dies der Abschluss des Rechtsgeschäfts, bei Verfügungsgeschäften das letzte nach dem gesetzlichen Übertragungstatbestand zur Rechtsänderung erforderliche Tatbestandsmerkmal, insoweit nicht die Ausnahme nach Abs. 2 eingreift, und bei Erwerb im Wege der Zwangsvollstreckung die Vollendung der Pfändung. So z.B. bei der Übereignung beweglicher Sachen (§ 929 BGB) die der Einigung nachfolgende Übergabe bzw. das Übergabesurrogat oder die Annahmeerklärung, wenn sie der Übergabe nachfolgt, bei der Verpfändung einer Forderung z.B. die Anzeige an den Schuldner nach § 1280 BGB (*RGH* JW 1902, 185), bei der Sachpfändung die Inbesitznahme (s.a. *App* DStZ 2002, 279 [280]), Siegelanlegung oder sonstige Kenntlichma-

C. Mehrere Eröffnungsanträge

Abs. 2 bestimmt für den Fall, dass mehrere Eröffnungsanträge nacheinander gestellt worden sind, dass der Anfechtungszeitraum nach dem *ersten zulässigen und begründeten* Antrag zu berechnen ist. Nicht erforderlich ist, dass das Insolvenzverfahren aufgrund dieses Antrages eröffnet worden ist. Es kommt allein darauf an, dass der Antrag zur Verfahrenseröffnung geführt hätte, wenn er nicht mangels Masse (vgl. § 26 Abs. 1 InsO) rechtskräftig abgewiesen (*Jaeger/Henckel* InsO, § 139 Rn. 11) oder das Verfahren nicht aufgrund eines späteren Antrags eröffnet worden wäre. Der Antrag hat jedoch keine anfechtungsrechtliche Bedeutung, wenn er nach § 13 Abs. 2 InsO bis zur Eröffnung zurückgenommen, (zu Unrecht) als unzulässig zurückgewiesen oder als unbegründet abgewiesen worden ist (*BGH* ZIP 2008, 235; *RG* RGZ 88, 237; *OLG Düsseldorf* WM 1997, 913 [917]; vgl. auch *OLG Dresden* ZIP 1997, 1428). Gleiches gilt bei einem für erledigt erklärten Antrag (*BGH* ZIP 2002, 87). Anders, wenn erst nach Verfahrenseröffnung sich der Antrag wegen prozessualer Überholung erledigt (*BGH* ZIP 2009, 921). Ist der Insolvenzgrund nicht behoben worden, ist der erste Antrag sogar dann maßgebend, wenn ein längerer Zeitraum – z.B. bis zu drei Jahren – vergangen ist (*BGH* ZIP 2008, 235 [236]). Zur Eröffnung eines Verfahrens bei Zahlung ohne Erfüllungswirkung im Antragsverfahren (*AG Hamburg* ZIP 2005, 158). Unerheblich ist es dabei, wenn das Verfahren letztlich auf Antrag desjenigen Gläubigers eröffnet worden ist, der bereits zuvor einen ergebnislosen Antrag gestellt hat (*BGH* ZIP 1999, 1977 [1978]). Das Prozessgericht prüft weiterhin nicht, ob das Verfahren zu Recht eröffnet worden ist.

4

Abs. 2 geht von zwei Fallgestaltungen aus:
– Das Insolvenzverfahren wird unverzüglich aufgrund eines späteren Antrags eröffnet, weil dieser Antrag im Gegensatz zu den früheren Anträgen ohne weitere Ermittlungen entscheidungsreif ist.
– Ein an sich zulässiger und begründeter Antrag ist allein wegen nicht ausreichender Masse (§ 26 Abs. 1 InsO) abgewiesen worden. Aufgrund eines späteren Antrags wird das Verfahren doch noch eröffnet, nachdem ein Kostenvorschuss eingezahlt worden ist.

5

Für die Verfahrenseröffnung kommt es in beiden Fällen nicht darauf an, ob die früher gestellten Anträge zulässig und begründet waren (*Jaeger/Henckel* InsO, § 139 Rn. 13). Für die Anfechtbarkeit hat diese Feststellung dagegen erhebliche Bedeutung, denn wäre das Verfahren bereits aufgrund des ersten zulässigen und begründeten Antrags eröffnet worden, so wäre der für die Anfechtung maßgebende Zeitraum vom Zeitpunkt dieses Antrages zurückzurechnen. Die Anknüpfung an den ersten zulässigen und begründeten Antrag bietet den Vorteil, dass die Anfechtbarkeit zeitlich vorverlegt wird. Vor allem können damit auch Deckungshandlungen von der besonderen Insolvenzanfechtung erfasst werden, die der Schuldner in den letzten drei Monaten vor einem zunächst mangels kostendeckender Masse abgewiesenen Antrag noch vorgenommen hat (Begr. RegE BT-Drucks. 12/2443 S. 163; s. hierzu *BGH* ZIP 2008, 235).

6

Die Unrichtigkeit des § 22 GBO ist vor dem Prozessgericht geltend zu machen. In diesem Prozess wird auch der Zeitpunkt nach § 139 Abs. 1 InsO bestimmt (*BGH*, 13.06.2013 – IX ZR 163/10, JurionRS 2013, 40084).

7

§ 140 Zeitpunkt der Vornahme einer Rechtshandlung

(1) Eine Rechtshandlung gilt als in dem Zeitpunkt vorgenommen, in dem ihre rechtlichen Wirkungen eintreten.

(2) ¹Ist für das Wirksamwerden eines Rechtsgeschäfts eine Eintragung im Grundbuch, im Schiffsregister, im Schiffsbauregister oder im Register für Pfandrechte an Luftfahrzeugen erforderlich, so gilt das Rechtsgeschäft als vorgenommen, sobald die übrigen Voraussetzungen für das Wirksamwerden erfüllt sind, die Willenserklärung des Schuldners für ihn bindend geworden ist und der andere Teil den Antrag auf Eintragung der Rechtsänderung gestellt hat. ²Ist der Antrag auf Eintragung einer Vormerkung zur Sicherung des Anspruchs auf die Rechtsänderung gestellt worden, so

ZInsO 2012, 2335 [2337] Rn. 11). Der Beweis für das Fehlen einer konkreten Kenntnis kann auch durch den Anfechtungsgegner gegenbeweislich erbracht werden (*BGH* ZInsO 2012, 2335 [2337] Rn. 14).

§ 139 Berechnung der Fristen vor dem Eröffnungsantrag

(1) ¹Die in den §§ 88, 130 bis 136 bestimmten Fristen beginnen mit dem Anfang des Tages, der durch seine Zahl dem Tag entspricht, an dem der Antrag auf Eröffnung des Insolvenzverfahrens beim Insolvenzgericht eingegangen ist. ²Fehlt ein solcher Tag, so beginnt die Frist mit dem Anfang des folgenden Tages.

(2) ¹Sind mehrere Eröffnungsanträge gestellt worden, so ist der erste zulässige und begründete Antrag maßgeblich, auch wenn das Verfahren auf Grund eines späteren Antrags eröffnet worden ist. ²Ein rechtskräftig abgewiesener Antrag wird nur berücksichtigt, wenn er mangels Masse abgewiesen worden ist.

Übersicht	Rdn.		Rdn.
A. Allgemeines	1	C. Mehrere Eröffnungsanträge	4
B. Fristbeginn	2		

A. Allgemeines

1 Abs. 1 InsO enthält für die Berechnung des Anfechtungszeitraums Regeln, die sich an § 187 Abs. 1, § 188 Abs. 2, 3 BGB anlehnen. Sie gelten auch außerhalb des Kapitels über die Insolvenzanfechtung für den in § 88 InsO und § 312 Abs. 1 Satz 3 InsO bestimmten Zeitraum (*BGH* ZInsO 2011, 1413 [1414]; *OLG Brandenburg* ZInsO 2010, 2097 [2098]).

B. Fristbeginn

2 Ist der Tag, an dem der Antrag auf Eröffnung beim zuständigen Insolvenzgericht (vgl. §§ 2, 3 InsO) eingegangen ist (*Jaeger/Henckel* InsO, § 139 Rn. 3). Der Fristbeginn ist in etwa der Naturalkomputation i.V.m. § 187 Abs. 2 BGB gleichzusetzen. Der »Anfang des Tages« bedeutet, dass die Frist ab 0.00 Uhr beginnt. Sie endet an dem zu berechnenden Tag um 24.00 Uhr. Was nach Mitternacht geschieht, geschieht rechtlich am nächsten Tag (*Palandt/Heinrichs* BGB, § 188 Rn. 4). Im Falle der Insolvenz eines Kredit- oder Finanzdienstleistungsinstituts beginnt die Frist mit dem Erlass der in § 46a Abs. 1 KWG genannten Maßnahmen bei Insolvenzgefahr (§ 46c Abs. 1 KWG).

3 Wird der Insolvenzantrag bei einem unzuständigen Gericht angebracht und wird kein Verweisungsantrag durch den Antragsteller nach gerichtlichem Hinweis gestellt, so ist der Insolvenzantrag als unzulässig zurückzuweisen. Ein Fristlauf wird nicht ausgelöst. Wird Verweisungsantrag gestellt und verweist das Insolvenzgericht gem. § 281 Abs. 1 ZPO an das örtlich zuständige, beginnt die Frist mit Eingang der Antragsschrift bei dem unzuständigen Gericht zu laufen. § 281 Abs. 2 Satz 4 ZPO ist nicht entsprechend anwendbar, denn für den Insolvenzantrag ist keine Rechtshängigkeit maßgebend. Vielmehr muss der Gläubigerschutzgedanke an erster Stelle stehen, um Vermögensverschiebungen zu Lasten der Insolvenzmasse wegen Fristablauf (§§ 130–135 InsO) zu verhindern. Hierzu ist auch der Gedanke des Abs. 2 heranzuziehen. Unmaßgeblich ist es, wenn der Schuldner nach Eingang des Antrags stirbt und deshalb kein Regel-, sondern ein Nachlassinsolvenzverfahren eröffnet wird (*BGH* ZIP 2004, 513 [514]). Das Prozessgericht ist grds. an den rechtskräftigen Beschluss des Insolvenzgerichts über die Verfahrenseröffnung gebunden. Die Unzulässigkeit der Verfahrenseröffnung kann deshalb im Anfechtungsprozess nur geltend gemacht werden, wenn ein Mangel vorliegt, der zur Nichtigkeit führt (*BGH* ZIP 1998, 477 [478]). Dies kommt nur in Betracht, wenn der Mangel dem Akt schon äußerlich den Charakter einer richterlichen Entscheidung nimmt (*BGH* ZIP 1997, 2126). Die Unzuständigkeit des eröffnenden Gerichtes genügt hierfür nicht (*BGH* ZIP 1998, 477 [478]).

als Bindeglied und Gesellschaft keine persönliche Beziehung angenommen wird. Eine überschreitende Auslegung des Verwandtenbegriffs aus Abs. 1 nach Maßgabe der Auffassungen zur KO (vgl. *Jaeger/Henckel* KO, § 31 Rn. 33 ff.) kommt nicht in Betracht, da die Vorschrift in Abs. 2 für familienrechtliche Beziehungen zu Gesellschaften eine ausdrückliche Regelung enthält (*Jaeger/Henckel* InsO, § 138 Rn. 33; **a.A.** *BGH* BGHZ 129, 236 [244 f.] = ZIP 1995, 1021 [1025]). Vielmehr ist die Verweisung in Abs. 2 Nr. 3 dahin zu ergänzen, dass die Person zu einer der in Abs. 2 Nr. 1 oder 2 bezeichneten Personen selbst wieder in einem der in Abs. 2 Nr. 1 oder 2 genannten Verhältnisse stehen kann (s.a. *BGH* ZInsO 2012, 1146). Dies trifft etwa auf eine GmbH zu, deren Geschäftsführer zugleich Betriebsführer bei der späteren Insolvenzschuldnerin ist (i. Erg. *BGH* ZIP 1995, 1021 [1025]) oder auf ein Kreditinstitut, dass einen Vertreter in den Aufsichtsrat des Insolvenzschuldners entsandt hat (vgl. *Paulus* WM 2000, 2225 [2226]). Gleiches gilt für zwei Gesellschaften, deren wesentliche Gesellschafter (*BGH* ZInsO 2010, 588 [589]; *OLG Celle* ZInsO 1999, 474: GmbH/GbR; vgl. *BGH* BGHZ 58, 20 [24 f.]) oder Mitgesellschafter Geschäftsführer (vgl. *OLG Hamm* ZIP 1990, 1355 [1356]) identisch sind. Ebenso, wenn der Komplementär einer KG und der Mehrheitsgesellschafter Geschäftsführer einer GmbH Halbbrüder sind (*OLG Hamm* ZIP 1986, 1478). Schließlich kann auch das Bindeglied zwischen zwei Unternehmen selbst wieder ein Unternehmen sein. So etwa bei der Beziehung zweier Gesellschaften, die von demselben Unternehmen beherrscht werden (HK-InsO/*Kreft* § 138 Rn. 16; *Ehricke* KTS 1996, 209 [221]; **a.A.** Begr. RegE BT-Drucks. 12/2443 S. 163; vgl. *Kirchhof* ZInsO 2001, 825 [828]).

Der Fall, dass zwischen einer insolventen natürlichen Person und einer Gesellschaft eine natürliche Person als Kenntnis vermittelndes Bindeglied steht, hat in § 138 InsO systematisch keine Entsprechung gefunden. So, wenn der spätere Insolvenzschuldner Vermögensgegenstände an eine GmbH verkauft, deren Mehrheitsgesellschafter ein naher Angehöriger der natürlichen Person ist (*BGH* BGHZ 96, 352 = ZIP 1986, 170). Gleiches gilt auch für die Fälle, in denen es sich bei dieser Person um den Insolvenzschuldner selbst handelt, etwa, wenn der spätere Insolvenzschuldner Vermögensgegenstände an eine GmbH verkauft, deren Geschäftsführer er ist (vgl. *BGH* BGHZ 128, 184 [186]). Der BGH hat in beiden, zur KO entschiedenen Fällen die nahe Angehörigeneigenschaft der Gesellschaft bejaht. Eine solche Annahme scheidet systematisch im Rahmen von § 138 InsO aus. Denn Abs. 2 scheidet hier aus, da er nur für Insolvenzschuldner gilt, die eine juristische Person oder Gesellschaft ohne Rechtspersönlichkeit sind. Abs. 1 wiederum enthält eine dem Abs. 2 Nr. 3 entsprechende Vorschrift nicht. Auch wenn mit der Einführung der InsO eine Erweiterung und nicht eine Einschränkung der nach der KO bestehenden Anfechtungsmöglichkeiten beabsichtigt war, ist eine entsprechende Anwendung von Abs. 2 Nr. 3 abzulehnen (**a.A.** *Kirchhof* ZInsO 2001, 825 [829 f.]; HK-InsO/*Kreft* § 138 Rn. 5; *Kübler/Prütting-Paulus* InsO, § 138 Rn. 3). Denn hierdurch würde das nach der Art des Insolvenzschuldners ausdifferenzierte Verhältnis zwischen Abs. 1 und 2 aufgehoben werden. Hier kann nur ein Versäumnis des Gesetzgebers angenommen werden, das ausschließlich de lege ferenda gelöst werden kann.

Das **Vorgenannte gilt dann nicht**, wenn das Bindeglied kraft Gesetzes in Angelegenheiten der juristischen Personen oder Gesellschaft zur Verschwiegenheit verpflichtet ist. (krit. dazu: *Uhlenbruck/Hirte* InsO, § 138 Rn. 48) Diesen Personen darf nämlich nicht unterstellt werden, dass sie jene Pflicht durch Weitergabe von Kenntnissen verletzt haben, die auf ihrer besonderen Informationsmöglichkeit beruhen und der Verschwiegenheit unterliegen. Eine Verschwiegenheitspflicht ergibt sich etwa aus §§ 93 Abs. 1 Satz 2, 116 AktG für den Vorstand und Aufsichtsrat der AG oder aus § 35 GmbHG (vgl. *Baumbach/Hueck-Zöllner* GmbHG, § 35 Rn. 21) für den Geschäftsführer der GmbH. Nicht ausreichend ist eine bloß vertraglich vereinbarte Verschwiegenheitspflicht.

Wird oder ist ein Näheverhältnis angenommen worden (Abs. 2 Nr. 2) kann dieses durch Kündigung des Dienstvertrages oder seiner Änderung wieder aufgehoben werden (*BGH* ZInsO 2012, 2335 [2337] Rn. 12). Mit einem Zeitablauf von 3 Monaten kann das Näheverhältnis erlöschen. Dafür ist erforderlich, dass der Informationszufluss für 3 Monate oder mehr unterbrochen wurde (*BGH* ZInsO 2012, 2335 [2337] Rn. 11). Der Insolvenzverwalter hat das Bestehen des Näheverhältnisses zu beweisen. Der Beweis für das Erlöschen ist durch den Anfechtungsgegner zu erbringen. (*BGH*

nehmen ist insbesondere in den §§ 15–19 AktG geregelt, die auch auf die GmbH Anwendung finden (*Baumbach/Hueck-Zöllner* GmbHG, Rn. 5). Eine solche Verbindung kann auch gegeben sein, wenn der Anfechtungsgegner trotz »Zwischenschaltung« einer zweiten GmbH und dem Einsatz eines Treuhänders wirtschaftlich als Alleingesellschafter der insolventen GmbH anzusehen ist (vgl. *OLG Celle* ZInsO 2000, 378). Darüber hinaus kommt der Vorschrift auch die Funktion einer **Auffangnorm** zu. Kapitalbeteiligungen, die nicht unter die Nr. 1 fallen, weil die Beteiligung 25% und weniger beträgt, können die Annahme des § 138 InsO rechtfertigen, wenn ihr Inhaber einen qualifizierten Informationsvorsprung hat, der dem eines Anteilsinhabers von mehr als einem Viertel vergleichbar ist (*Ehricke* KTS 1996, 209 [223 ff.]; a.A. *BGH* ZIP 1996, 83 [85]; ZIP 1997, 513 [516]; *Nerlich/Römermann* InsO, § 138 Rn. 21). Die Auffassung des BGH schafft Freiräume für die Umgehung der Regelung in Abs. 2 Nr. 1 und läuft damit dem mit der InsO beabsichtigten Ziel eines besseren Schutzes der Gläubigergesamtheit entgegen.

17 Eine vergleichbare **dienstvertragliche** Verbindung aufgrund derer sich die Person über die wirtschaftlichen Verhältnisse informieren kann, ist etwa bei der Prokura oder bei einem Betriebsführungsvertrag anzunehmen, aufgrund dessen die Person das Geschäft der Schuldnerin führt (vgl. *BGH* BGHZ 129, 236 [244 f.] = ZIP 1995, 1021 [1025]). Nicht ausreichend ist regelmäßig die Stellung eines freiberuflichen Wirtschaftsprüfers, da die Beziehung zu einem selbstständigen Freiberuflicher nicht intensiv genug ist, als dass sie dem Vertrag mit einem Organ der Gesellschaft gleichgestellt werden kann (*BGH* ZIP 1997, 513 [516]). Keine nahestehende Person ist auch ein Rechtsanwalt, der ein umfassendes Mandat zur rechtlichen, steuerlichen, wirtschaftlichen und unternehmerischen Beratung der Schuldnerin hatte (*BGH* ZIP 1998, 247 [248]). Anders ist es, wenn hierbei einzelne Betriebsbereiche ausgegliedert werden, etwa die Buchhaltung auf den Steuerberater (*Kirchhof* ZInsO 2001, 825 [829]). Hieran sind aber strenge Anforderungen zu stellen (*BGH* ZInsO 2012, 2335 [2336]). Denn es müssen Informationen dem Steuerberater bekannt werden, die über das normale Maß hinausgehen. Ist der Anfechtungsgegner von dem Insolvenzschuldner als externer Helfer mit der Führung seiner Bücher und internen Konten beauftragt, kann er nicht als nahestehende Person angesehen werden, wenn zum Vornahmezeitpunkt der angefochtenen Rechtshandlung der Zufluss von Buchungsunterlagen aus dem betreuten Unternehmen länger als ein Vierteljahr stockte (*BGH* ZInsO 2012, 2335 [2336], LS 3). Dieser Ansicht ist zuzustimmen.

18 Allgemein ist eine **besondere Informationsmöglichkeit** zu bejahen, wenn die Person eine den Mitgliedern des Vertretungsorgans vergleichbare Stellung hat. So, wenn sie sich über den Stand der Betriebseinnahmen und -ausgaben sowie über Geschäftsvorfälle wesentlicher Bedeutung berichten lassen kann, Einblick in die Buchführung und Geschäftsunterlagen nehmen sowie Auskunft über den wirtschaftlichen Stand des geführten Betriebes verlangen kann (*BGH* BGHZ 129, 236 [244 f.] = ZIP 1995, 1021 [1025]). Dies setzt eine **Tätigkeit innerhalb des Schuldner-Unternehmens** voraus (*BGH* ZIP 1998, 247 [248]). Eine allgemeine geschäftliche Beziehung, wie bei Banken, Kunden oder Lieferanten genügt damit grds. nicht (a.A. offenbar *Paulus* WM 2000, 2225 [2227]). Der Informationsvorsprung wird dabei nicht dadurch beseitigt, dass die Person manche Geschäfte ebenso wie der Geschäftsführer nur mit Zustimmung des Aufsichtsrates tätigen darf (*BGH* 1998, 247 [248]).

III. Sonstige nahestehende Personen

19 Nach Abs. 2 Nr. 3 sind auch solche Personen nahestehend i.S.v. § 138 InsO, die zu den in Abs. 2 Nr. 1 und 2 bezeichneten Personen in einer der in Abs. 1 genannten persönlichen Beziehung stehen. Dabei ist eine dem Schuldner wie der zu betrachtenden Person nahestehende Person Bindeglied zwischen ihnen. Die Vorschrift berücksichtigt damit in Anlehnung zu § 108 Abs. 2 Satz 2 VglO, dass ein Informationsvorsprung auch mittelbar über eine qualifiziert tätige natürliche Person erfolgen kann. Nahestehende Personen sind danach etwa die Ehefrau oder Lebensgefährtin des persönlich haftenden Gesellschafters oder Geschäftsführers (*LG Dresden* ZIP 1999, 1364)

20 Diese Überlegung ist nicht nur gerechtfertigt, wenn es sich bei dem Empfänger einer etwaigen Information um eine natürliche Person handelt, sondern auch dann, wenn dies eine Gesellschaft ist. Eine direkte Anwendung von § 138 Abs. 2 Nr. 3 InsO scheidet aber aus, da zwischen natürlicher Person

Palandt/Diederichsen BGB, § 1567 Rn. 5). Das Zusammenleben in einer Wohnung genügt dabei alleine noch nicht (vgl. § 1567 Abs. 1 Satz 2 BGB). Bloße Zweckwohngemeinschaften, wie etwa Studenten-Wohngemeinschaften, gehören deshalb nicht hierher. Aber es werden aufgenommene Pflegekinder, klösterliche Gemeinschaften und nicht eingetragene gleichgeschlechtliche Partnerschaften mit umfasst (*Uhlenbruck/Hirte/Ede* InsO, § 138 Rn. 11).

C. Gesellschaftsrechtlich nahestehende Personen (Abs. 1 Nr. 4)

Schuldner muss hier eine juristische Person (z.B. GmbH, AG, vgl. § 11 Abs. 1 InsO) oder eine Gesellschaft ohne Rechtspersönlichkeit (etwa OHG, KG, vgl. § 11 Abs. 2 Nr. 1 InsO) sein. 11

I. Mitglieder des Vertretungs- oder Aufsichtsorgans, persönlich haftende Gesellschafter sowie am Gesellschaftsvermögen mit mehr als einem Viertel Beteiligte

Nahestehende Personen sind hier einmal die Mitglieder eines **Vertretungs- oder Aufsichtsorgans** des Schuldners. Unerheblich ist, ob das Aufsichtsorgan aufgrund Gesetzes oder freiwillig durch Gesellschaftsvertrag bzw. Satzung (etwa § 52 GmbHG und vergleichbare Bei- und Verwaltungsräte) eingerichtet ist (Begr. RegE BT-Drucks. 12/2443 S. 162). Zu den nahestehenden Personen gehören jetzt insbesondere der GmbH-Geschäftsführer, die Komplementär-GmbH einer KG, der Geschäftsführer der Komplementär-GmbH einer KG und die Vorstände der AG (*BGH* ZIP 2011, 1418), nicht aber der Kommanditist (§ 170 HGB). § 138 InsO wird interessanter Weise zur Auslegung des DCGK herangezogen. (*OLG Hamm* 28.05.2013 – 27 W 35/13, JurionRS 2013, 43957). 12

Persönlich haften etwa die Gesellschafter der OHG, KG oder Gesellschaft bürgerlichen Rechts, wobei in diesen Fällen regelmäßig zugleich ein Vertretungsverhältnis vorliegen wird. Geschäfte von Gesellschaftern einer GmbH untereinander fallen nicht unter § 138 InsO (vgl. *BGH* KTS 1976, 127). 13

Weiterhin erfasst die Vorschrift Personen, die zu mehr als **25% am Kapital einer AG, KGaA oder GmbH** beteiligt sind. Die 25 %-Grenze orientiert sich dabei an der im AktG (§§ 179, 182, 222) und GmbHG (§ 53; vgl. aber auch § 32a Abs. 3 Satz 2) vorgesehen Sperrminorität (vgl. auch §§ 18, 21 Abs. 1 Nr. 6 KWG). Diese bietet dem Gesellschafter eine besondere Informationsmöglichkeit, die weiter reicht als die Rechte jedes Gesellschafters nach § 131 AktG bzw. 51a GmbHG (Begr. RegE BT-Drucks. 12/2443 S. 162). Die 25%-Regel ist dabei als starr aufzufassen, schließt jedoch eine Anwendung von Abs. 2 Nr. 2 auf darunter liegende Kapitalbeteiligungen nicht aus. Bei der Kapitalberechnung sind auch **mittelbare Beteiligungen oder gepoolte Beteiligungen, insbesondere durch Stimmbindungen,** zu berücksichtigen. Dies betrifft etwa den Fall, dass ein Aktionär und ein von ihm abhängiges Unternehmen gemeinsam an der Schuldner-Aktiengesellschaft beteiligt sind (vgl. § 16 Abs. 4 AktG). Auch die Zusammenrechnung von Anteilen naher Angehöriger oder einer anderen Gruppe nahestehender Personen i.S.v. Abs. 1 ist nach dem in Abs. 2 Nr. 3 zum Ausdruck kommenden Rechtsgedanken möglich (*Kirchhof* ZInsO 2001, 825 [827]). Nach *OLG Düsseldorf* (ZInsO 2005, 215) sind auch die Eltern des alleinigen Geschäftsführers einer GmbH, der zugleich auch deren alleiniger Gesellschafter ist, im Verhältnis zur GmbH nahestehende Personen i.S.d. § 138 Abs. 2 Nr. 1 InsO. 14

Nunmehr ist durch § 138 Abs. 2 Nr. 1 InsO eine Divergenz zu § 39 Abs. 1 Nr. 5 InsO eingetreten. Abs. 1 Nr. 5 bestimmt nämlich, dass § 39 Abs. 1 Nr. 5 InsO nur dann zur Anwendung kommt, wenn der nicht geschäftsführende Gesellschafter mit mehr als 10 % am Haftkapital beteiligt ist. Der Gesetzgeber hat bei der Neuformulierung auch Abstand von dem Wort »Stammkapital« genommen und dieses durch »Haftkapital« ersetzt. 15

II. Vergleichbare gesellschaftsrechtliche oder dienstvertragliche Verbindung

Das Merkmal der vergleichbaren **gesellschaftsrechtlichen Verbindung** erfasst insbesondere die vom Schuldner abhängigen Unternehmen sowie die Unternehmen, von denen der Schuldner abhängig ist. Die bloße Abhängigkeit rechtfertigt nämlich die Annahme, dass dem anderen Unternehmen die wirtschaftliche Lage des Schuldnerunternehmens im Wesentlichen bekannt ist. Das verbundene Unter- 16

I. Ehegatte und Lebenspartner des Schuldners (Nr. 1 und Nr. 1a)

5 Abs. 1 Nr. 1 befasst sich mit Ehegatten des Schuldners. Ausreichend ist es dabei, wenn die Ehe erst **nach dem in § 140 InsO** genannten Zeitpunkt geschlossen worden ist. Die Heirat kann bis zum Schluss der letzten Tatsachenverhandlung des Anfechtungsprozesses erfolgen (*Jaeger/Henckel* InsO, § 138 Rn. 5; MüKo-InsO/*Stodolkowitz* § 138 Rn. 5; *Uhlenbruck/Hirte/Ede* InsO, § 138 Rn. 3). Ist die Ehe bis dahin nicht geschlossen, kommt eine Anwendung von Abs. 1 Nr. 3 in Betracht. Unerheblich ist es, ob die zuvor bestehende Ehe im letztgenannten Zeitpunkt aufgelöst worden ist.

6 Weiterhin steht die Auflösung der Ehe **vor dem in § 140 InsO** genannten Zeitpunkt der Annahme einer nahestehenden Person nicht entgegen, wenn sie erst im letzten Jahr vor diesem Zeitpunkt erfolgt ist. Die Ehe kann etwa durch Tod, Scheidung oder Wiederverheiratung nach Todeserklärung (§ 1319 BGB) aufgelöst werden. Bei Aufhebbarkeit der Ehe liegt nach § 1313 BGB eine Ehe bis zur Rechtskraft der Entscheidung vor, welche die Ehe aufhebt. Anders bei der Nichtehe, da hier eine Ehe überhaupt nicht vorliegt (vgl. *Palandt/Brudermüller* BGB, Einf. vor § 1313 Rn. 5 f.). Bei Scheidung ist die Rechtskraft des Urteils maßgeblich (§ 1564 BGB). Ein Getrenntleben der Eheleute nach § 1567 BGB reicht nicht aus.

7 Abs. 1 Nr. 1a wurde zusammen mit dem Gesetz über die Eingetragene Lebenspartnerschaft vom 16. Februar 2001 eingeführt. Die Vorschrift stellt die Eingetragene Lebenspartnerschaft zwischen zwei gleichgeschlechtlichen Personen auch für die Insolvenzanfechtung der Ehe gleich. Wie bei der Ehe ist es ausreichend, wenn die Eingetragene Lebenspartnerschaft erst nach dem Zeitpunkt der Vornahme der Rechtshandlung begründet wird. Die Aufhebung der Partnerschaft nach § 15 LPartG steht nicht entgegen, wenn die Aufhebung im letzten Jahr vor Rechtshandlung erfolgt ist.

II. Verwandte des Schuldners und seines Ehegatten bzw. Lebenspartners, sowie deren Ehegatten bzw. Lebenspartner (Nr. 2)

8 Nach Art. 51 EGBGB ist der Verwandtenbegriff in § 1589 BGB maßgebend. Erfasst werden die Verwandten in auf- und absteigender Linie und die voll- und halbbürtigen Geschwister aus der Seitenlinie. Im ersten Fall stammt der Schuldner von der Person ab oder umgekehrt, im letzteren stammen beide von derselben dritten Person ab. Nahestehende Personen sind deshalb etwa Eltern, Großeltern, Kinder, Enkelkinder, Geschwister und Halbgeschwister des Schuldners. Unerheblich ist die Nichtehelichkeit (*Palandt/Diederichsen* BGB, § 1589 Rn. 3). Bei Adoption eines Minderjährigen ist dieser nach § 1754 BGB wie ein Abkömmling des Schuldners zu behandeln und die bisherigen Verwandtschaftsverhältnisse erlöschen (§§ 1755 f. BGB). Bei Annahme eines Volljährigen wird ein Verhältnis nur zum Annehmenden, aber nicht zu dessen Verwandten begründet (§ 1770 BGB). Nicht hierher gehören Onkel, Tanten, Vettern, Kusinen, Nichten und Neffen.

9 Ausreichend ist es auch, wenn die Person das zuvor beschriebene Verwandtschaftsverhältnis zum in Nr. 1 bezeichneten Ehegatten bzw. dem in Nr. 1a genannten Lebenspartner des Schuldners hat. Nahestehende Personen sind danach etwa Schwiegereltern, Stiefkinder, Voll- und Halbgeschwister, Schwager und Schwägerin des Schuldners. Umgekehrt gehören zu Abs. 1 Nr. 2 auch die **Ehegatten bzw. Lebenspartner dieser Verwandten**. Hierunter fallen z.B. Stiefvater, Stiefmutter, Schwiegersohn und Schwiegertochter des Insolvenzschuldners oder seines Ehegatten. Für die Ehegatten der Verwandten gilt Nr. 1 bzw. Nr. 1a nicht, so dass die Ehe bzw. Lebenspartnerschaft zum Zeitpunkt der Rechtshandlung bestehen muss.

III. Häusliche Gemeinschaft (Nr. 3)

10 Zur Definition des Begriffs »häusliche Gemeinschaft« können die Grundsätze herangezogen werden, die beim Getrenntleben von Ehegatten nach § 1567 Abs. 1 BGB hierzu entwickelt worden sind (vgl. *App* FamRZ 1996, 1523 [1524]). Hierunter können nichteheliche Lebensgemeinschaften, aber etwa auch das Verhältnis zwischen Pflegeeltern und Pflegekindern fallen (Begr. RegE BT-Drucks. 12/2443 S. 162). Die häusliche Gemeinschaft muss objektiv nach außen den Eindruck erwecken, dass es sich um das Zusammenleben von Ehegatten oder Eltern und Kind handelt (vgl.

3. eine Person, die zu einer der in Nummer 1 oder 2 bezeichneten Personen in einer in Absatz 1 bezeichneten persönlichen Verbindung steht; dies gilt nicht, soweit die in Nummer 1 oder 2 bezeichneten Personen kraft Gesetzes in den Angelegenheiten des Schuldners zur Verschwiegenheit verpflichtet sind.

Übersicht	Rdn.		Rdn.
A. Allgemeines	1	C. Gesellschaftsrechtlich nahestehende Personen (Abs. 1 Nr. 4)	11
B. Persönlich nahestehende Personen (Abs. 1)	4	I. Mitglieder des Vertretungs- oder Aufsichtsorgans, persönlich haftende Gesellschafter sowie am Gesellschaftsvermögen mit mehr als einem Viertel Beteiligte	12
I. Ehegatte und Lebenspartner des Schuldners (Nr. 1 und Nr. 1a)	5		
II. Verwandte des Schuldners und seines Ehegatten bzw. Lebenspartners, sowie deren Ehegatten bzw. Lebenspartner (Nr. 2)	8	II. Vergleichbare gesellschaftsrechtliche oder dienstvertragliche Verbindung	16
III. Häusliche Gemeinschaft (Nr. 3)	10	III. Sonstige nahestehende Personen	19

Literatur:
Biel Insider im Insolvenzverfahren, 2000; *Killinger* Insolvenzanfechtung gegen Insider, 1991; *Lutter* Bankenvertreter im Aufsichtsrat, ZHR 145 (1981), 224; *Ropohl* Gesellschaftsrechtliche Insider nach § 138 Abs. 2 InsO: Einordnung – Definition – Anwendung, Diss. Frankfurt am Main 2002.

A. Allgemeines

Zahlreiche Vorschriften der InsO und auch des AnfG verweisen auf die Regelung in § 138 InsO, die den Begriff der »nahestehenden Person« näher definiert. Es kann sich dabei einmal um eine **Tatbestandsvoraussetzung** (§ 133 Abs. 2, § 145 Abs. 2 Nr. 2, § 162 Abs. 1 Nr. 1 InsO, § 3 Abs. 2 Satz 1; § 15 Abs. 2 Nr. 2 AnfG) oder um eine **Beweislastregel** zu Ungunsten der nahestehenden Person (§ 130 Abs. 3, § 131 Abs. 2 Satz 2, § 132 Abs. 3, 137 Abs. 2 Satz 2 InsO) handeln. Die verschärfte Anfechtbarkeit rechtfertigt sich dabei aus dem Umstand, dass diese Personen eine besondere Informationsmöglichkeit über die wirtschaftlichen Verhältnisse des Schuldners hatten und eher bereit sind, mit ihm zum Nachteil der Gläubiger zusammenzuarbeiten (vgl. Begr. RegE BT-Drucks. 12/2443 S. 161). Das besondere Verhältnis muss zu dem Zeitpunkt vorliegen, in dem die Rechtshandlung gem. § 140 InsO als vorgenommen gilt. Handelt ein Vertreter, ist es unerheblich, ob die Person auch ihm i.S.d. § 138 InsO nahestand. Weiterhin können auch mehrere Personen dem Schuldner gleichzeitig in diesem Sinne nahestehen (*BGH* ZIP 1995, 1021 [1025]). 1

Eine analoge Erstreckung der Vorschrift auf einen weiteren Personenkreis, etwa Stiefgeschwister, enge Freunde oder Mitarbeiter im Unternehmen des Schuldners ist nicht möglich, da die Aufzählung in § 138 InsO insoweit als erschöpfend zu betrachten ist. Eine Ausnahme ist hiervon nur Rahmen des § 138 Abs. 2 Nr. 3 InsO zu machen (vgl. dort). 2

§ 138 InsO diente bereits bei der Begriffsbestimmung der nahestehenden Person in § 10 Abs. 1 Nr. 2 und 3 GesO als Maßstab (Begr. RegE BT-Drucks. 12/2443 S. 162). Deshalb können die hierzu ergangenen Entscheidungen (*BGH* ZIP 1995, 1021; ZIP 1996, 83; ZIP 1997, 513) grds. auch bei der Auslegung von § 138 InsO berücksichtigt werden. 3

B. Persönlich nahestehende Personen (Abs. 1)

Die Vorschrift des Abs. 1 umfasst den schon in § 31 Nr. 2 KO angesprochenen Personenkreis. Darüber hinaus werden jetzt auch der frühere Ehegatte und in häuslicher Gemeinschaft mit dem Schuldner lebende Personen, also insbesondere der Partner einer nichtehelichen Lebensgemeinschaft, erfasst. Die erleichterte Anfechtung ist dabei auf ein Jahr nach Auflösung der Ehe bzw. der häuslichen Gemeinschaft begrenzt. 4

und beim bestätigten Scheck der Bundesbank nach § 23 BundesbankG. Beim normalen Scheck scheidet § 130 InsO schon wegen Art. 4 ScheckG aus.

11 Die Vorschrift schließt die Anfechtung nach § 130 InsO nicht nur aus (*BGH* ZInsO 2007, 816 [817]), wenn die Bank die Schecksumme bar auszahlt, sondern auch, wenn sie den Scheckbetrag dem Scheckinhaber gutschreibt. Beim Verrechnungscheck ergibt sich dies aus Art. 39 Abs. 2 ScheckG, beim Barscheck gilt dies kraft Verkehrssitte.

E. Beweislast

12 Die Anfechtbarkeit der Wechselzahlung hat der Insolvenzverwalter zu beweisen. Wird die Anfechtung auf § 130 Abs. 1 InsO gestützt, so kann der Anfechtungsgegner sich über den Nachweis der Voraussetzungen des hiesigen Abs. 1 dem Anfechtungsbegehren entziehen. Bei der Anwendung von Abs. 2 sind die Beweislastregel des § 130 InsO anzuwenden. Es ist zu beachten, dass anstelle des Anfechtungsgegners der Erstattungspflichtige heranzuziehen ist. Der Erstattungspflichtige muss dann beweisen, dass von ihm der Wechsel für einen Dritten begeben worden ist. Da der Erstattungspflichtige meistens ein außenstehender Dritte ist, sind die Anwendungsbereiche dieser Norm sehr eingeschränkt (*Uhlenbruck/Hirte/Ede* InsO, § 137 Rn. 11). Bei Scheckzahlungen gelten dieselben Voraussetzungen wie bei Wechselzahlungen. Wird die Anfechtung erweiternd auf Abs. 2 Satz 2 i.V.m. § 130 Abs. 3 InsO gestützt, so hat ein dem Insolvenzschuldner Nahestehender darzulegen und zu beweisen, dass er die Zahlungsunfähigkeit oder den Eröffnungsantrag nicht kannte (*K. Schmidt/Ganter* InsO, § 137 Rn. 19).

§ 138 Nahestehende Personen

(1) Ist der Schuldner eine natürliche Person, so sind nahestehende Personen:
1. der Ehegatte des Schuldners, auch wenn die Ehe erst nach der Rechtshandlung geschlossen oder im letzten Jahr vor der Handlung aufgelöst worden ist;
1a. der Lebenspartner des Schuldners, auch wenn die Lebenspartnerschaft erst nach der Rechtshandlung eingegangen oder im letzten Jahr vor der Handlung aufgelöst worden ist;
2. Verwandte des Schuldners oder des in Nummer 1 bezeichneten Ehegatten oder des in Nummer 1a bezeichneten Lebenspartners in auf- und absteigender Linie und voll- und halbbürtige Geschwister des Schuldners oder des in Nummer 1 bezeichneten Ehegatten oder des in Nr. 1a bezeichneten Lebenspartners sowie die Ehegatten oder Lebenspartner dieser Personen;
3. Personen, die in häuslicher Gemeinschaft mit dem Schuldner leben oder im letzten Jahr vor der Handlung in häuslicher Gemeinschaft mit dem Schuldner gelebt haben sowie Personen, die sich auf Grund einer dienstvertraglichen Verbindung zum Schuldner über dessen wirtschaftliche Verhältnisse unterrichten können
4. eine juristische Person oder eine Gesellschaft ohne Rechtspersönlichkeit, wenn der Schuldner oder eine der in Nummern 1 bis 3 genannten Personen Mitglied des Vertretungs- und Aufsichtsorgans, persönlich haftender Gesellschafter oder zu mehr als einem Viertel an deren Kapital beteiligt ist oder auf Grund einer vergleichbaren gesellschaftsrechtlichen oder dienstvertraglichen Verbindung die Möglichkeit hat, sich über die wirtschaftlichen Verhältnisse des Schuldners zu unterrichten.

(2) Ist der Schuldner eine juristische Person oder eine Gesellschaft ohne Rechtspersönlichkeit, so sind nahestehende Personen:
1. die Mitglieder des Vertretungs- oder Aufsichtsorgans und persönlich haftende Gesellschafter des Schuldners sowie Personen, die zu mehr als einem Viertel am Kapital des Schuldners beteiligt sind;
2. eine Person oder eine Gesellschaft, die auf Grund einer vergleichbaren gesellschaftsrechtlichen oder dienstvertraglichen Verbindung zum Schuldner die Möglichkeit haben, sich über dessen wirtschaftliche Verhältnisse zu unterrichten;

Erstattungspflichtig ist der letzte Rückgriffsverpflichtete. Zu erstatten ist nicht alleine die Wechselsumme, sondern der vom Insolvenzschuldner auf den Wechsel gezahlte Gesamtbetrag einschließlich Zinsen, Kosten und eine eventuell gezahlte Provision der Bank (*Jaeger/Henckel* InsO, § 137 Rn. 22).

C. Ersatzrückgewähr (Abs. 2)

I. Objektive und subjektive Voraussetzungen

Eine Anfechtung nach Abs. 2 Satz 1 ist nur dann durchzusetzen, wenn der objektive Tatbestand der 7 §§ 130 oder 132 InsO gegenüber den unmittelbaren Zahlungsempfängern erfüllt sind (HambK-InsO/*Schmidt/Rogge/Leptien* § 137 Rn. 9). Der Anfechtungsgegner muss Kenntnis zum Zeitpunkt (§ 140 InsO) der Zahlung der Scheck- oder Wechselschuld haben. Nach Abs. 2 Satz 2 sind die Abs. 2 und 3 des § 130 InsO analog anwendbar. Insoweit muss dann die Kenntnis von Umständen die zwingend auf das Vorliegen der Zahlungsunfähigkeit oder den Eröffnungsantrag schließen lassen, gegeben sein.

II. Umfang des Anspruchs

Ersatzrückgewähr hat der letzte Rückgriffsverpflichtete oder ein Dritter, für dessen Rechnung der 8 Wechsel begeben wurde, zu gewähren, wenn die Zahlung wegen Abs. 1 nicht angefochten werden kann und er die Zahlungsunfähigkeit oder den Eröffnungsantrag kannte. Die Vorschrift gibt einen eigenen Anspruch auf Erstattung der vom Schuldner gezahlten Wechselsumme nebst Zinsen, Kosten, Provisionen (*Uhlenbruck/Hirte/Ede* InsO, § 137 Rn. 6). Mit der Rückgewähr soll verhindert werden, dass sich der Regresspflichtige durch Begebung des Wechsels und dem sich anschließenden Verkauf oder der Übertragung zur Erfüllung einer eigenen Schuld eine unanfechtbare Befriedigung für seine Forderung gegen den Schuldner verschafft, die durch die Schuldnerzahlung auf den Wechsel und der damit verbundenen Befreiung von seiner Regresspflicht endgültig wird (*Uhlenbruck/Hirte/Ede* InsO, § 137 Rn. 6); *Jaeger/Henckel* InsO, § 137 Rn. 18). Kann der Zahlungsempfang angefochten werden, besteht kein Rückgewähranspruch nach Abs. 2 (*RG* RGZ 40, 40 [41]). Mit Erstattung lebt nach § 144 Abs. 1 die Forderung des Erstattungpflichtigen gegen den Schuldner wieder auf. Verpflichtet ist nur der **letzte Rückgriffsverpflichtete**, d.h. beim gezogenen Wechsel der Aussteller (Art. 9 Abs. 1 WG) und beim Eigenwechsel (Art. 75 ff. WG) oder beim gezogenen Wechsel nach Art. 3 Abs. 1, 2 WG der erste Indossant (Art. 15 Abs. 1 WG). Für **Rechnung eines Dritten** begeben (Art. 3 Abs. 3 WG) ist der Wechsel, wenn z.B. der Kommissionär einen Wechsel auf den Schuldner des Kommittenten zieht. Ist die Kommission nicht offenkundig, hat der in Anspruch genommene Kommissionär zu beweisen, dass die Begebung für Rechnung des Kommittenten erfolgte (*Jaeger/Henckel* InsO, § 137 Rn. 21).

Der letzte Rückgriffsverpflichtete oder der Dritte müssen die Zahlungsunfähigkeit oder den Eröff- 9 nungsantrag im Zeitpunkt der Begebung kennen. Siehe hierzu, zur Beweiserleichterung nach § 130 Abs. 2 InsO und zur Beweislastumkehr bei nahe stehenden Personen § 130 Rdn. 39 ff. Entsprechend § 166 BGB muss sich der Dritte die Kenntnis des Begebenden zurechnen lassen (*Jaeger/Henckel* InsO, § 137 Rn. 23).

D. Zahlung auf den Scheck (Abs. 3)

Für die Zahlung auf einen Scheck gelten nach § 137 Abs. 3 InsO die Abs. 1 und 2 und damit auch 10 die obige Kommentierung entsprechend. Da der Scheck nach Art. 3 ScheckG nur auf einen Bankier (Art. 54 ScheckG) gezogen werden darf und bei der Zahlung eines Rückgriffspflichtigen statt des Bezogenen sich die in Rdn. 2 beschriebene Zwangslage nicht stellt, greift die Vorschrift nur bei Bankeninsolvenzen (*Uhlenbruck/Hirte/Ede* InsO, § 137 Rn. 8; im Ergebnis *Jaeger/Henckel* InsO, § 137 Rn. 25 f.; a. A *Canaris* Bankvertragsrecht, Rn. 819). Zu beachten ist weiterhin, dass für die Anfechtung nach § 130 InsO der Scheckinhaber Gläubiger der Bank sein muss. Dies ist jedoch nur der Fall, wenn die Voraussetzungen für eine Garantiehaftung vorliegen, wie etwa beim Scheckkartenscheck

§ 137 InsO Wechsel- und Scheckzahlungen

A. Einleitung

1 Die Vorschrift entspricht § 34 KO. Abs. 2 ist jedoch den Veränderungen angepasst, die § 30 Nr. 1 KO durch § 130 InsO hinsichtlich der subjektiven Voraussetzungen erfahren hat. Die Entgegennahme der Zahlung wird der Anfechtung nach § 130 InsO (Kongruente Deckung) entzogen. Da § 30 Nr. 1 KO neben der Anfechtung wegen kongruenter Deckung (2. Fall) auch die wegen unmittelbarer Benachteiligung umfasste (1. Fall) und die Vorschrift nach der Begr. RegE zu § 152 dem § 34 KO entsprechen soll, ist der Anfechtungsausschluss auch auf Wechsel- und Scheckzahlungen zu erstrecken, die nach § 132 InsO anfechtbar sind (HambK-InsO/*Schmidt/Rogge/Leptien* § 137 Rn. 2). § 137 InsO ist daher als Sondervorschrift zu den §§ 130, 132 InsO anzusehen. Die praktische Relevanz dieser Vorschrift ist aber nur noch sehr eingeschränkt, da im Wirtschaftsverkehr die Zahlungen mittels Wechsel oder Scheck überwiegend zurückgegangen sind.

2 § 137 InsO trägt der Zwangslage des Zahlungsempfängers Rechnung, der, wenn er die angebotene Zahlung ablehnt, keinen Protest erheben darf und damit die Rückgriffsvoraussetzungen nach Art. 44 WG bzw. Art. 40 ScheckG **nicht** herbeiführen kann. Grundsätzlich ist ein Gläubiger im Rahmen seiner freien Entschlussfassung berechtigt eine Zahlung abzulehnen wenn er weiß, dass der Insolvenzschuldner zahlungsunfähig ist und Insolvenzantrag gestellt hat. Dies ist aber im Scheck- und Wechselrecht so nicht möglich. In den Fällen des Art. 43, 44, 47 WG, Art. 40 ScheckG hat dies zur Folge, dass der Anspruch auf Zahlung der Scheck- oder Wechselsumme gegen den Aussteller oder einen Indossanten verlorengeht. Bei Annahme der Zahlung würde sich der Gläubiger der Anfechtung gem. § 130 InsO aussetzen (K. Schmidt/*Ganter* InsO, § 137 Rn. 2). Durch Ausschluss der Anfechtung wird der Empfänger jetzt gegenüber anderen Rückgriffsberechtigten (z.B. Mitschuldnern oder Bürgen) wirtschaftlich gleichgestellt, da bei diesen mit der Forderung nach § 144 Abs. 1 auch die Rückgriffsmöglichkeit wieder auflebt, was wegen Versäumnis der Protestfrist bei dem Wechsel nicht der Fall ist (vgl. *Jaeger/Henckel* InsO, § 137 Rn. 3). Auf die §§ 131, 133, 134 InsO ist die Vorschrift auch nicht entsprechend anwendbar (vgl. *BGH* WM 1973, 1354). Weiterhin ist eine Ausdehnung auf andere indossable Wertpapiere (z.B. die in § 363 HGB Genannten) oder bei einer durch Bürgschaft gesicherten Forderung (*BGH* WM 1973, 1354) ausgeschlossen (HambK-InsO/*Schmidt/Rogge/Leptien* § 137 Rn. 2).

B. Zahlung auf den Wechsel

3 Zahlung auf den Wechsel ist neben der baren Einlösung auch die Aufrechnung der Wechselforderung mit einer Gegenforderung des Schuldners (*RG* RGZ 58, 105 [109]), nicht aber die übernommene Wechselverpflichtung als solche oder deren Besicherung. Für Teilzahlungen (Art. 39 Abs. 2 WG) gilt dasselbe wie für Vollzahlungen (*Jaeger/Henckel* InsO, § 137 Rn. 19). Der Schuldner muss als Wechselverpflichteter zahlen, d.h. als Akzeptant (Art. 28 WG), als Aussteller beim Eigenwechsel (Art. 78 WG) oder als Ehrenannehmer (Art. 58 WG). Bei Nichtakzeptierung des Wechsels nur, wenn mit der Wechselzahlung eine Verpflichtung aus einer Kausalbeziehung mit dem Wechselinhaber getilgt werden sollte (vgl. *Jaeger/Henckel* InsO, § 137 Rn. 6). Zugerechnet wird die Zahlung durch einen Domiziliaten (Art. 27 WG).

4 § 137 InsO greift dann nicht, wenn nach Protesterhebung, versäumter Protestfrist oder im Regressweg gezahlt wird (*Jaeger/Henckel* InsO, § 137 Rn. 8 ff.), wenn der Zahlende einziger Wechselschuldner war (*RG* RGZ 40, 40 [41]), wenn der Empfang der Zahlung infolge besonderer Vereinbarung, nicht aber von Gesetzes wegen, geboten war (vgl. *RG* LZ 1914, 1374 Nr. 9), wenn ein Protesterlass nach Art. 46 Abs. 1 WG durch den Aussteller (Art. 46 Abs. 3 Satz 1 HS 1 WG) oder alle Regresspflichtigen (Art. 46 Abs. 3 Satz 1 HS 2 WG) vorliegt oder die Empfangnahme nicht in anderer Weise zur Vermeidung des Verlustes wechselrechtlicher Rückgriffsansprüche erfolgen musste (vgl. *Jaeger/Henckel* InsO, § 137 Rn. 7).

5 Maßgeblicher Zeitpunkt der Anfechtung der Wechselzahlung ist der Tag an dem der Schuldner bezahlt (*BGH* ZInsO 2007, 816).

HGB, § 237 Rn. 8). Unter Rückgewähr ist auch die Sicherungsübereignung, sonstige Bestellung von Sicherheiten (Absonderungsrechte jeglicher Art) und die Verpfändung zu verstehen (*Uhlenbruck/Hirte/Ede* InsO, § 136 Rn. 6).

E. Erlass des Verlustanteils

Der Erlass des Verlustanteils wird regelmäßig mit der zugrunde liegenden Vereinbarung zusammenfallen. Er ist anfechtbar, wenn der Stille zur Verlusttragung verpflichtet war, und soweit er sich auf im Zeitpunkt des Erlasses bereits entstandene Verluste bezieht. Eine Vereinbarung hinsichtlich des Ausschlusses der künftigen Verlustbeteiligung ist demgegenüber nicht anfechtbar (*Riegger/Weipert/Kühn* MünchHdb, Rn. 28). Liegt eine unterjährige Vereinbarung vor, gilt dies jedoch nur vom nächsten Bilanzstichtag an, sofern nicht die Beteiligten eine Zwischenbilanz mit Gewinn- und Verlustrechnung aufstellen (*Schlegelberger/Karsten Schmidt* HGB, § 347 Rn. 16). 11

Die Rechtshandlung muss zu einer, wenn auch nur mittelbaren, Gläubigerbenachteiligung geführt haben. Hieran fehlt es, wenn dem Stillen Gegenstände zurückgegeben werden, die er dem Unternehmen zum Gebrauch überlassen hatte und an denen er ein Aussonderungsrecht (§ 47 InsO) hat. 12

F. Ausnahme von der Anfechtbarkeit

Die Anfechtung ist nach Abs. 2 ausgeschlossen, wenn der Eröffnungsgrund erst nach der Vereinbarung eingetreten ist. Entscheidend ist der Zeitpunkt des objektiven Vorliegens der Eröffnungsgründe. Dies sind die Zahlungsunfähigkeit (§ 17 Abs. 1 InsO), das Drohen der Zahlungsunfähigkeit bei einem Schuldnerantrag (§ 18 Abs. 1 InsO) und zusätzlich bei juristischen Personen auch die Überschuldung (§ 19 Abs. 1 InsO). Zum Vorliegen eines Eröffnungsgrundes vgl. die Kommentierung dort. 13

G. Beweislast

Der Insolvenzverwalter muss für das Vorliegen einer stillen Gesellschaft, die Rückgewähr oder den Verlusterlass und die Benachteiligung den Nachweis erbringen. Der Beweis, dass eine Vereinbarung vor der Jahresfrist geschlossen worden ist, obliegt dem Stillen, da bei Rechtsgrundlosigkeit ohnehin eine Masseforderung hinsichtlich des Erlangten begründet wäre (*Heymann/Horn* HGB, § 237 Rn. 14). Ihm obliegt auch der Beweis hinsichtlich der Voraussetzungen des Abs. 2. 14

§ 137 Wechsel- und Scheckzahlungen

(1) Wechselzahlungen des Schuldners können nicht auf Grund des § 130 vom Empfänger zurückgefordert werden, wenn nach Wechselrecht der Empfänger bei einer Verweigerung der Annahme der Zahlung den Wechselanspruch gegen andere Wechselverpflichtete verloren hätte.

(2) ¹Die gezahlte Wechselsumme ist jedoch vom letzten Rückgriffsverpflichteten oder, wenn dieser den Wechsel für Rechnung eines Dritten begeben hatte, von dem Dritten zu erstatten, wenn der letzte Rückgriffsverpflichtete oder der Dritte zu der Zeit, als er den Wechsel begab oder begeben ließ, die Zahlungsunfähigkeit des Schuldners oder den Eröffnungsantrag kannte. ²§ 130 Abs. 2 und 3 gilt entsprechend.

(3) Die Absätze 1 und 2 gelten entsprechend für Scheckzahlungen des Schuldners.

Übersicht	Rdn.		Rdn.
A. Einleitung	1	II. Umfang des Anspruchs	8
B. Zahlung auf den Wechsel	3	D. Zahlung auf den Scheck (Abs. 3)	10
C. Ersatzrückgewähr (Abs. 2)	7	E. Beweislast	12
I. Objektive und subjektive Voraussetzungen	7		

sellschaft, die nicht nach außen hervortritt. Die stille Gesellschaft ist insbesondere von KG (§ 161 HGB) und von dem partiarischen Darlehen abzugrenzen. Ein partiarisches Darlehen scheidet jedenfalls aus, wenn der Betroffene nicht nur am Gewinn, sondern auch am Verlust beteiligt ist (vgl. *OLG Hamm* NJW-RR 1994, 1382 [1383]; *Palandt/Putzo* BGB, Einf. vor § 607 Rn. 22). Auf andere Beteiligungsverhältnisse und Fremdfinanzierung ist § 136 nicht anwendbar, auch nicht analog (*Uhlenbruck/Hirte/Ede* InsO, § 136 Rn. 5).

7 Über das Vermögen des Geschäftsinhabers muss das Insolvenzverfahren eröffnet worden sein. Ist tätiger Gesellschafter eine Personengesellschaft, genügt hierfür nicht die Insolvenz eines Gesellschafters (*RG* RGZ 30, 33 [35 f.]).

C. Besondere Vereinbarung innerhalb Jahresfrist

8 Die Rechtshandlung muss aufgrund einer besonderen Vereinbarung **im letzten Jahr** vor dem Eröffnungsantrag oder danach vorgenommen worden sein, die in der Auflösung der Gesellschaft bestehen kann, aber nicht muss (vgl. Abs. 1 Satz 2; *LG Potsdam* 10.07.2002 – 52 O 18/01, JurionRS 2002, 30343). Eine Rechtshandlung i.S.v. § 136 InsO liegt nicht vor, wenn der Stille auf die Einlagenrückgewähr oder den Erlass des Verlustanteils einen gesetzlichen oder vertraglichen Anspruch hatte oder die Rückgewähr nach berechtigter Ausübung eines gesetzlichen oder vertraglichen Kündigungsrechtes erfolgte. So, wenn sich dies aus dem ursprünglichen Gesellschaftsvertrag oder einer vor der Frist erfolgten Vertragsänderung ergab (*RG* RGZ 27, 13 [18]; RGZ 84, 434 [437]: Einlagenrückgewähr; *RG* Gruchot 29, 994 [997]: (dingliche) Sicherung; *OLG Hamburg* HansGZ 1896 H 250 [251]: Gewinnentnahme) oder wenn ein fehlerhaftes Gesellschaftsverhältnis aus wichtigem Grund gekündigt wird (*BGH* BGHZ 55, 5 [10] = NJW 1971, 375). Einverständliche Regelungen in Aufhebungsverträgen, Prozessvergleichen etc. sind dann keine Vereinbarungen i.S.v. § 136 InsO, wenn der Stille die Leistung etwa aufgrund Anfechtung oder fristloser Kündigung ohnedies hätte verlangen können (*OLG München* NZI 2000, 180; vgl. *OLG Hamm* ZIP 1999, 1530 [1533]). Dies gilt auch dann, wenn der Vergleich den Anspruch erst konkretisiert hat (*OLG München* NZI 2000, 180) oder der Gesellschaftsvertrag erst innerhalb der Frist geschlossen wurde (*RG* RGZ 84, 434 [438]).

9 Für die Berechnung der Frist gilt § 139 InsO. Anders als in den §§ 130–135 InsO ist bei § 136 InsO maßgebender Zeitpunkt hierfür nicht die Masse schmälernde und anzufechtende Rechtshandlung, sondern die ihr zugrunde liegende Vereinbarung. Eine Rechtshandlung, die auf einer Vereinbarung beruht, die vor der Jahresfrist rechtsverbindlich wurde, ist deshalb nicht nach § 136 InsO anfechtbar.

D. Einlagenrückgewähr

10 Einlagenrückgewähr ist jede Übertragung von Vermögenswerten aus dem Vermögen des Tätigen an den Stillen, die der Rückführung der Einlagenvaluta dient (*Heymann/Horn* HGB, § 237 Rn. 6). Hierunter fällt nicht nur jede Rechtshandlung, die den Rückgewährsanspruch zum Erlöschen bringt, also Erfüllung oder jedes Erfüllungssurrogat, wie die Leistung an einen Dritten, die Leistung an Erfüllungs Statt oder die Aufrechnung, sondern auch die Bestellung einer Sicherheit (*RG* RGZ 84, 434 [435, 437]). Dabei ist auch eine Schmälerung des den vertraglichen Verlustanteil übersteigenden Einlagenwertes anfechtbar (vgl. näher *Schlegelberger/Karsten Schmidt* HGB, § 347 Rn. 10; *dies.* KTS 1977, 71). Keine Rückgewähr ist der Erlass der noch nicht erfüllten Einlageforderung. Anders aber, wenn der Stille mit seiner Einlageforderung rückständig ist und sein Einlagekonto einen Passivsaldo aufweist, weil sich dies dann als Erlass seines Verlustanteils darstellt (*Staub/Zutt* HGB, § 237 Rn. 19). Auch die alleinige Umwandlung der Einlage in ein Darlehen ist keine Rückgewähr. Die Kreditrückzahlung unterliegt aber genauso der Anfechtung wie die Rückzahlung einer stillen Einlage (*Heymann/Horn* HGB, § 237 Rn. 7). Die Umwandlung der Einlage in ein Darlehensverhältnis ist keine Rückzahlung, dies aber nur, wenn die Umwandlung nicht binnen der Jahresfrist erfolgt (*Jaeger/Henkel* § 136 Rn. 7). Die Auszahlung des Gewinns stellt nur dann eine anfechtbare Rückgewähr dar, wenn der Gewinn nach § 232 Abs. 2 Satz 2 HGB zur Deckung eines Verlustes hätte verwendet werden müssen oder, soweit der Gewinn auf den innerhalb der Jahresfrist erhöhten Teil des Gewinnbezugsrechtes fällt, der nicht durch eine Einlagenerhöhung ausgeglichen wurde (*Heymann/Horn*

Literatur:

Kirchhof Gemeinsamkeiten von sowie Unterschieden zwischen Insolvenz- und Einzelgläubigeranfechtungen, ZInsO 2013, 1813; *Koenigs* Die stille Gesellschaft, 1961; *Paulick/Blaurock* Handbuch der stillen Gesellschaft, 6. Aufl. 2003; *Riegger/Weipert (Hrsg.)* Münchener Handbuch des Gesellschaftsrechts (MünchHdb), Bd. 2 Kommanditgesellschaft, Stille Gesellschaft, 1991.

A. Einleitung

Die Vorschrift regelt in Anlehnung an § 237 HGB (früher: § 342 HGB) die Anfechtbarkeit einer Rechtshandlung, durch die einem stillen Gesellschafter die Einlage ganz oder teilweise zurückgewährt oder sein Anteil am Verlust ganz oder teilweise erlassen wird. Diese Vorschrift ist unter dem Gesichtspunkt des Gleichbehandlungsgrundsatzes zu verstehen (*Kirchhof* ZInsO 2013, 1813). Damit wird die Regelung in § 236 HGB, dass der Stille in der Insolvenz hinsichtlich seiner Einlagenrückgewähr auf die Quote verwiesen ist und den vereinbarten Verlustanteil tragen muss, auch schon im Vorfeld der Insolvenz gewährleistet (s.a. *OLG Hamm* 04.04.2000 – 27 U 154/99, JurionRS 2000, 20394 = NZI 2000, 544). Die Vorschrift hat nur objektive Voraussetzungen. Unerheblich ist es deswegen, wenn die Gesellschafter aus durchaus billigenswerten Motiven gehandelt haben (*ROHG* ROHGE 14, 92 [95]; *RGH* JW 1900, 621). Dies rechtfertigt sich nach einer Ansicht aus der engen gesellschaftlichen Beziehung zwischen tätigem Teilhaber und stillem Gesellschafter (*Koenigs* Die stille Gesellschaft, S. 345 f.), nach anderer Auffassung durch die für die stille Beteiligung typischen Kontrollrechte, die dem stillen Gesellschafter einen Insidervorteil verschaffen (*Karsten Schmidt* KTS 1977, 68). Andere Anfechtungstatbestände können neben dem des § 136 InsO bestehen. 1

Ist erst nach der Vereinbarung der Eröffnungsgrund eingetreten, ist die Anfechtung nach Abs. 2 ausgeschlossen. Damit wird die bisherige Regelung in § 237 Abs. 2 HGB präzisiert und für die Praxis handhabbarer gemacht. Anders als § 237 HGB wird die Fristberechnung nicht an die Insolvenzeröffnung, sondern an den Eröffnungsantrag geknüpft. 2

Als Gläubigerschutzbestimmung kann die Bestimmung nicht abbedungen oder eingeschränkt (*RG* RGZ 27, 13 [19]), aber auch nicht durch Gesellschaftsvertrag erweitert werden (*Staub/Zutt* HGB, § 237 Rn. 2). 3

Zur analogen Anwendung auf andere Fälle, wie etwa die stille wirtschaftliche Beteiligung an einer Hauptgesellschafterstellung (Unterbeteiligung), die langfristige Fremdfinanzierung bei anderen Unternehmen oder bei der Liquidation masseloser Gesellschaften (vgl. näher *Schlegelberger/Karsten Schmidt* HGB, § 347 Rn. 31 ff.); ist die stille Einlage nach § 32a Abs. 3 GmbHG, § 172a HGB wie ein kapitalersetzendes Darlehen zu behandeln, so kommt auch eine Anfechtung nach § 135 in Betracht (*Heymann/Horn* HGB, § 237 Rn. 17). Auch § 31 GmbHG ist dann anwendbar, was von Bedeutung vor allem in masselosen Liquidationen und bei Rückzahlungen vor Jahresfrist ist (*Schlegelberger/Karsten Schmidt* HGB, § 347 Rn. 29). 4

B. Stille Gesellschaft

Zunächst muss eine stille Gesellschaft (§§ 230–236 HGB) innerhalb der Jahresfrist rechtswirksam bestanden haben. Im Zeitpunkt der Verfahrenseröffnung kann sie jedoch bereits aufgelöst sein. § 136 scheidet aus, wenn der Gesellschaftsvertrag nichtig oder nach allgemeinen Vorschriften wirksam angefochten worden ist (*RG* JW 1895, 203 Nr. 20; *RG* Recht 1915 Nr. 629). Ist jedoch das Gesellschaftsverhältnis bereits tatsächlich vollzogen, finden die Grundsätze der fehlerhaften Gesellschaft Anwendung, so dass eine Anfechtung grds. möglich ist (*OLG Hamm* ZIP 1999, 1530 [1533]; s. aber auch Rdn. 8). 5

Die stille Gesellschaft ist nach §§ 230, 231 Abs. 2 HGB eine Gesellschaft, bei der sich jemand an dem Handelsgewerbe eines anderen mit einer in dessen Vermögen übergehenden Einlage gegen einen Anteil am Gewinn beteiligt. Die Verlustbeteiligung kann ausgeschlossen werden (§ 231 Abs. 2 HGB). Es wird kein gemeinsames Gesellschaftsvermögen gebildet. Die Gesellschaft ist eine Unterform der BGB-Gesellschaft, jedoch keine Gesamthandsgemeinschaft, sondern eine reine Innenge- 6

Forderungen vereinbart worden ist, sind nicht bei den Verbindlichkeiten nach Satz 1 zu berücksichtigen.«

53 Soweit Rückerstattungsansprüche aus Gesellschafterdarlehen in der Insolvenz nachrangig berichtigt werden (§ 39 Abs. 1 Nr. 5 i.d.F. des Entwurfs), besteht keine Notwendigkeit, diese Forderungen in der Überschuldungsbilanz im Rahmen der bestehenden Verbindlichkeiten als Passiva anzusetzen, da die Interessen der außenstehenden Gläubiger bereits durch den Rangrücktritt hinreichend gewahrt sind. Diese gesetzgeberische Erläuterung ist in sich bereits verständlich und nimmt dem Gesellschafter die Verpflichtung, für solche Darlehen Rangrücktrittserklärungen abzugeben. Eine Anfechtbarkeit kommt nur in Fällen eines Rangrücktritts dann in Betracht, wenn zugleich der gesetzliche Tatbestand des Abs. 1 erfüllt ist. Also ein Gesellschafter oder ein diesem gleichgestellter Dritter ein Darlehen hingegeben hat (*Bitter* ZIP 2013, 2 [7]).

54 Hinsichtlich der Forderungen aus Rechtshandlungen, die einem Gesellschafterdarlehen »wirtschaftlich entsprechen«, bleibt es demgegenüber bei der bisherigen Rechtslage, da eine entsprechende Qualifizierung trotz der von der Rechtsprechung bereits herausgebildeten Fallgruppen im Einzelfall noch mit Unsicherheiten verbunden sein kann.

55 Wie bisher sind zu passivieren: die einem Darlehen gleichgestellten Forderungen eines Gesellschafters, eines gesellschaftergleichen Dritten wie auch Darlehensforderungen eines einem Gesellschafter gleichgestellten Dritten oder einer Mittelsperson.

E. Rechtsfolgen

56 Rechtsfolge der Anfechtung ist, dass der Gesellschafter, der die Sicherheit bestellt hat oder als Bürge haftete, die dem Dritten gewährte Leistung der Insolvenzmasse erstatten muss. Die Anfechtung beseitigt oder macht die Rechtswirkung rückgängig, die in der Befreiung des Gesellschafters von der Haftung des Sicherungsobjekts bzw. von der Bürgschaftsverpflichtung liegt. Die Verpflichtung des Gesellschafters zur Rückgewähr an die Gesellschaft ist daher beschränkt auf die Höhe des Betrages (§ 143 Abs. 3 Satz 2 InsO), mit dem der Gesellschafter als Bürge haftet oder der dem Wert der von ihm bestellten Sicherheit im Zeitpunkt der Rückgewähr des Darlehens oder der Leistung auf die gleichgestellte Forderung entspricht. Der Gesellschafter kann sich gegenüber der Gesellschaft von der Verpflichtung befreien, indem er die Sicherungsobjekte der Insolvenzmasse zur Verfügung stellt.

§ 136 Stille Gesellschaft

(1) ¹Anfechtbar ist eine Rechtshandlung, durch die einem stillen Gesellschafter die Einlage ganz oder teilweise zurückgewährt oder sein Anteil an dem entstandenen Verlust ganz oder teilweise erlassen wird, wenn die zugrunde liegende Vereinbarung im letzten Jahr vor dem Antrag auf Eröffnung des Insolvenzverfahrens über das Vermögen des Inhabers des Handelsgeschäfts oder nach diesem Antrag getroffen worden ist. ²Dies gilt auch dann, wenn im Zusammenhang mit der Vereinbarung die stille Gesellschaft aufgelöst worden ist.

(2) Die Anfechtung ist ausgeschlossen, wenn ein Eröffnungsgrund erst nach der Vereinbarung eingetreten ist.

Übersicht	Rdn.		Rdn.
A. Einleitung	1	D. Einlagenrückgewähr	10
B. Stille Gesellschaft	5	E. Erlass des Verlustanteils	11
C. Besondere Vereinbarung innerhalb Jahresfrist	8	F. Ausnahme von der Anfechtbarkeit	13
		G. Beweislast	14

Entscheidet sich der Insolvenzverwalter zur Nutzung der Objekte, so ist er verpflichtet, ein Nutzungsentgelt zu den ursprünglich vereinbarten vertraglichen Bedingungen zu zahlen. Eine unentgeltliche Nutzung kann, wie dies noch zum alten Recht galt, nicht erfolgen. Das zu zahlende Entgelt stellt eine Masseverbindlichkeit nach § 55 Abs. 1 Nr. 2 InsO dar. Die Bestimmung des § 135 Abs. 3 InsO ordnet zugleich eine Aussonderungssperre für von einem Gesellschafter zum Gebrauch überlassene Gegenstände an, die *zur Fortführung des Unternehmens* des Schuldners von erheblicher Bedeutung sind. Im Unterschied zu §§ 39 Abs. 1 Nr. 5, 135 Abs. 1 InsO erstreckt sich der Tatbestand des § 135 Abs. 3 InsO seinem Wortlaut nach nicht ausdrücklich auf wirtschaftlich entsprechende Rechtshandlungen (*BGH* 29.01.2015 – IX ZR 279/13, ZInsO 2015, 559 [563] Rn. 47). 46

Wurde die vereinbarte Vergütung für die Überlassung vor Verfahrenseröffnung nicht gezahlt, so bemisst sich die Vergütung nach den im Jahr vor Insolvenzeröffnung geleisteten Zahlungen. Bei kürzeren Zeiträumen nach den, in diesen im Durchschnitt, geleisteten Zahlungen (*Hirte* ZInsO 2008, 689 [693]). 47

Für die für aufoktroyierte Masseverbindlichkeiten entstehenden gesetzlichen Sicherungsrechte (Vermieterpfandrecht etc.) greift weder § 91 InsO, noch § 50 Abs. 2 InsO ein. Diese Pfandrechte entstehen kraft Gesetzes mit der Folge, dass der Gesellschafter zum absonderungsberechtigten Gläubiger nach § 50 InsO wird. Der ursprünglich nachrangige Gesellschafter gewinnt insoweit eine Stellung, die in masseunzulänglichen Verfahren (§ 208 InsO) ihm einen Rang vor den Massegläubigern nach § 55 InsO und bei Masseinsuffizienz (§ 207 InsO) sogar vor den Gläubigern nach § 54 InsO verschafft. 48

Durch die vom Verwalter nach § 109 InsO ausgesprochene Kündigung entsteht der sog. Auflösungsschaden, den die Gesellschaft nach § 109 Abs. 1 Satz 3 InsO geltend machen kann. Es handelt sich dabei um eine reine Insolvenzforderung, die der Gesellschafter daher als nicht nachrangige Insolvenzforderung gem. § 38 InsO anmelden kann. Zwar geht durch § 108 InsO das Vertragsverhältnis auf die Masse über, wobei es sich dann bei dem Auflösungsschaden um eine Masseverbindlichkeit nach § 55 Abs. 1 Nr. 1 InsO handeln würde, mit der Maßgabe der bevorzugten Befriedigung. Durch § 50 Abs. 2 Satz 1 InsO (2. Variante) und § 91 InsO ergibt sich, dass dieser Rückstufungsschaden gesetzlich bestimmt nicht der strukturellen Anwendung der Insolvenzordnung unterliegen soll. Diesem Gedanken folgend ist daher § 109 Abs. 1 Satz 3 InsO auch auf den Anspruch stellenden Gesellschafter anzuwenden und dessen Forderung nimmt somit den Rang nach § 38 InsO ein. 49

Im auslaufenden Eigenkapitalersatzrecht endete im Fall einer Doppelinsolvenz über das Vermögen der Gesellschaft und des sichernden Gesellschafters die eigenkapitalersetzende Gebrauchsüberlassung spätestens einen Monat nach Eröffnung des Insolvenzverfahrens. Diese Rechtsprechung ist auch auf das neue Recht anzuwenden. 50

V. § 135 Abs. 4 InsO

Abs. 4 i.V.m. § 39 Abs. 4 Satz 2, Abs. 5 InsO gewähren 2 Ausnahmetatbestände mit dem Sanierungsprivileg und dem Kleinstbeteiligungsprivileg. Das Sanierungsprivileg stellt auf einen Anteilserwerb ab und nicht auf eine Kreditvergabe. Bei dem Sanierungsprivileg erwirbt ein Neugesellschafter ab dem Zeitpunkt der eingetretenen drohenden Zahlungsunfähigkeit einen Gesellschaftsanteil und gewährt zur Überwindung der Krise ein Darlehen. Bis zum Zeitpunkt einer vollständig durchgeführten Sanierung wird der Nachrang vermieden. 51

D. Überschuldungsstatus und Passivierungspflicht bzw. Verzicht

Der RegE führt hierzu aus: 52

Dem § 19 Abs. 2 InsO wird folgender Satz angefügt:

»Forderungen auf Rückgewähr von Gesellschafterdarlehen oder aus Rechtshandlungen, die einem solchen Darlehen wirtschaftlich entsprechen, für die gemäß § 39 Abs. 2 zwischen Gläubiger und Schuldner der Nachrang im Insolvenzverfahren hinter den in § 39 Abs. 1 Nr. 1 bis 5 bezeichneten

liegt bemisst sich anhand der Vorschrift des § 286 Abs. 3 BGB analog. Der BGH geht von einer kongruenten Deckung aus, wenn Leistung und Gegenleistung in einem Zeitraum von 30 Tagen erfolgen (*BGH* 10.07.2014 – IX ZR 192/13, ZInsO 2014, 1602 [1606] Rn. 3; 29.01.2015 – IX ZR 279/13, ZInsO 2015, 559 [568] Rn. 71).

44 **Nach Eröffnung** des Insolvenzverfahrens tritt eine markante Änderung ein. Durch den neuen § 30 Abs. 1 Satz 3 GmbHG werden nun die früheren Rechtsprechungsregeln aufgegeben (zu Nr. 20, Satz 3 BT-Drucks. 16/6140, S. 95 = ZIP Beilage Heft 23/2007, S. 16). Eine unentgeltliche Weiternutzung durch den Verwalter wird ad acta gelegt. Aus der Begründung zum RegE ergibt sich aus der Formulierung: »für eine von den §§ 103 ff. InsO abweichende Rechtsfolge ... in den Neuregelungen besteht keine Grundlage mehr«, diese Rechtsfolge (*Habersack* ZIP 2007, 2145, [2150] Nr. 20, Satz 3 BT-Drucks. 16/6140, S. 95 = ZIP Beilage Heft 23/2007, S. 16). *Haas* hat in ZInsO 2007, 617 [623] dargestellt, dass dem Verwalter gegen das Herausgabeverlangen des Gesellschafters die Anfechtungseinrede zustehen würde. Eine andere Stimme in der Literatur (*Hölzle* GmbHR 2007, 729 [735]) will die Nachrangigkeit der Forderung in das Verfahren übernehmen. Beide Meinungen müssen aber aufgrund des klaren Willens des Gesetzgebers in § 30 Abs. 1 Satz 3 GmbHG abgelehnt werden, denn er will die unentgeltliche Weiternutzung nach Verfahrenseröffnung beendet wissen und die Vorschriften der §§ 103 ff., 109 InsO uneingeschränkt zur Anwendung bringen (*Habersack* ZIP 2007, 2145, [2150]; Nr. 5 Buchst. a BT-Drucks. 16/6140, S. 130 = ZIP Beilage Heft 23/2007, S. 33). Ferner ist die Vorschrift des Abs. 3 Satz 1 nicht analogiefähig. Dies würde nur gegeben sein, wenn eine Lücke bestehen würde, die hier durch den eindeutigen Willen des Gesetzgebers gerade ausgeschlossen ist.

45 Insoweit wird durch § 135 Abs. 3 InsO klargestellt, dass diese Vorschrift sich auf alle Benutzungsverhältnisse zwischen dem Gesellschafter und der Gesellschaft bezieht. Im Falle der Wahl der Erfüllung nach § 103 InsO wird der Gesellschafter zur Gebrauchsüberlassung verpflichtet. Besteht kein wirksames Vertragsverhältnis und demnach ein Nutzungsverhältnis, so begründet Abs. 3 ein gesetzliches Schuldverhältnis zwischen den Parteien:

1. **Bis zum Zeitpunkt** der Insolvenzeröffnung rückständige Mietzinsen sind reine Insolvenzforderungen und kommen dann nur zur Anmeldung als nachrangige Forderung, wenn das Insolvenzgericht dazu aufgefordert hat. Bereits gezahlte Mieten sind nach §§ 143 Abs. 1, 144 Abs. 1 InsO zurückzuzahlen, gegen Einräumung der nachrangigen Forderung. Ein eventuell kraft Gesetzes entstandenes Vermieterpfandrecht verliert aufgrund der vorstehenden Ausführungen sein Bestandsrecht.

2. **Nach Eröffnung** kann der Insolvenzverwalter sich nur zwischen **entgeltlicher** Weiternutzung von **Mobilien** oder Aufgabe des Nutzungsrechts entscheiden (§ 103 InsO). Beendet der Verwalter das Vertragsverhältnis z.B. durch Nichterfüllungserklärung, so hat er die Mietsache an den Gesellschafter herauszugeben, wie bei einer ordnungsgemäßen Beendigung des Vertragsverhältnisses. **Bei Immobilien** kann er nur die aufoktroyierten Masseverbindlichkeiten durch Kündigung nach § 109 Abs. 1 Satz 1 InsO (Frist 3 Monate) begrenzen. Die Fristen des § 580a Abs. 2 BGB, § 109 Abs. 1 Satz 1 HS 1 InsO sind zu beachten. Aber Ansprüche aus einem gem. § 108 Abs. 1 Satz 1 InsO nach Insolvenzeröffnung fortbestehenden Mietverhältnis sind Masseverbindlichkeiten (§ 55 Abs. 1 Nr. 2 Fall 2 InsO), wenn – wie hier – ihre Erfüllung für die Zeit nach der Eröffnung des Insolvenzverfahrens erfolgen muss (*BGH* 13.12.2012 – IX ZR 9/12, ZInsO 2013, 136 Rn. 10; 09.10.2014 – IX ZR 69/14, ZInsO 2014, 2320 Rn. 8). Ansprüche für die Zeit vor Eröffnung des Insolvenzverfahrens kann der Vermieter dagegen gem. § 108 Abs. 3 InsO nur als Insolvenzgläubiger geltend machen (*BGH BGH* 13.12.2012 – IX ZR 9/12, ZInsO 2013, 136 Rn. 10). Die im Streit stehenden, nach Verfahrenseröffnung erwachsenen Mietforderungen stellen darum Masseverbindlichkeiten dar. Die Vorschrift des § 39 Abs. 1 Nr. 5 InsO belegt vor Verfahrenseröffnung erzeugte Gesellschafterforderungen unter bestimmten Voraussetzungen mit einem Nachrang. Da es sich vorliegend um nach Verfahrenseröffnung entstandene, den Regelungen der §§ 103 ff. InsO zuzuordnende (BT-Drucks. 16/6140, S. 56) Masseverbindlichkeiten handelt, ist § 39 Abs. 1 Nr. 5 InsO aus rechtssystematischen Erwägungen nicht einschlägig (vgl. *Rühle* ZIP 2009, 1358 [1359]; *BGH* 29.01.2015 – IX ZR 279/13, ZInsO 2015, 559 [563] Rn. 33).

InsO). Hat der Gesellschafter im letzten Jahr vor der Eröffnung nach Verwertung seiner Sicherheit Regress genommen, ist die Leistung der Gesellschaft nach § 135 Abs. 1 Nr. 2 InsO anfechtbar (*K. Schmidt* BB 2008, 1966 [1970]). Ist die gesicherte Forderung noch offen, kann der Drittgläubiger quotale Befriedigung nur in Höhe des Ausfalls nach Verwertung der Gesellschaftersicherheit verlangen (§ 44a InsO). Alles dies gilt unabhängig davon, ob nur der Gesellschafter eine Sicherheit gestellt hatte oder zusätzlich eine Sicherheit der Gesellschaft bestand. Die Gesellschaftersicherheit muss im wirtschaftlichen Ergebnis vorrangig verwertet werden. Dass der Gesetzgeber den hier fraglichen Fall, dass die doppelte Sicherung nach der Eröffnung des Insolvenzverfahrens noch besteht, anders bewerten wollte, also bewusst in Kauf nehmen wollte, dass die Gesellschaftssicherheit verwertet wird, die Gesellschaftersicherheit dem Gesellschafter aber – sei es in Natur, sei es im wirtschaftlichen Ergebnis – verbleibt, ist äußerst unwahrscheinlich. Der Fall der Doppelsicherung im Insolvenzverfahren ist vielmehr nicht nur nicht besonders geregelt, sondern auch im Gesetzgebungsverfahren nicht bedacht worden.« (*BGH* ZInsO 2012, 81 [82] Rn. 10).

»Das MoMiG sieht einen Erstattungsanspruch des Insolvenzverwalters gegen den freigewordenen Gesellschafter nicht vor, schließt ihn aber auch nicht aus. Bis zum Inkrafttreten des MoMiG wurde der Ausgleichsanspruch der Masse gegen den befreiten Gesellschafter gesellschaftsrechtlich, nicht anfechtungsrechtlich begründet (grundlegend *BGH* 13.07.1981 – II ZR 256/79, BGHZ 81, 252, 259 ff. zum Rechtszustand vor Einführung der Novellenregeln durch die GmbH-Reform 1980). Der novellenrechtliche Erstattungsanspruch aus §§ 32b, 32a Abs. 2, 3 GmbHG a.F. stellte sachlich zwar einen die Eröffnung des Insolvenzverfahrens voraussetzenden Anfechtungstatbestand dar (*BGH* 26.01.2009 – II ZR 260/07, BGHZ 179, 249 Rn. 16 m.w.N.). Von § 32b GmbHG a.F. wurden – jedenfalls nach dem Wortlaut der Norm – jedoch nur Rückzahlungen binnen Jahresfrist vor der Eröffnung des Insolvenzverfahrens erfasst. Der Rückzahlungsanspruch der Gesellschaft konnte daneben jedoch aus den Rechtsprechungsregeln analog §§ 30, 31 GmbHG hergeleitet werden, soweit der Gesellschafter durch die Tilgung der Schuld aus gebundenem Vermögen der Gesellschaft von seiner (vorrangigen) Sicherungspflicht befreit wurde (*BGH* 26.01.2009 – II ZR 260/07, Rn. 10). Ein Rückgriff auf die Rechtsprechungsregeln ist, wie das Berufungsgericht richtig gesehen hat, durch den Nichtanwendungsbefehl des § 30 Abs. 1 Satz 3 GmbHG ausgeschlossen. Über die Auslegung der Anfechtungsvorschriften der Insolvenzordnung ist damit jedoch nichts gesagt. Auch eine analoge Anwendung dieser Vorschriften wird von dem Nichtanwendungsbefehl nicht erfasst.« (*BGH* ZInsO 2012, 81 [83] Rn. 16).

Infolge der gesetzlichen Regelungslücke kommt der BGH zur analogen Anwendung, die er wie folgt rechtfertigend begründet: 42

»Der Fall, dass ein doppelt gesicherter Gläubiger nach der Eröffnung des Insolvenzverfahrens über das Vermögen der Gesellschaft durch Verwertung der Gesellschaftssicherheit befriedigt und die Gesellschaftersicherheit hierdurch frei wird, ist gesetzlich nicht geregelt. Es handelt sich, wie gezeigt, um eine unbeabsichtigte Regelungslücke. Bei wertender Betrachtung besteht kein Unterschied zwischen der Rückzahlung eines gesellschaftergesicherten Darlehens innerhalb der Fristen des § 135 Abs. 1 Nr. 2 InsO und derjenigen nach der Eröffnung des Insolvenzverfahrens.« (*BGH* ZInsO 2012, 81 [83] Rn. 19).

IV. Nutzungsüberlassung, § 135 Abs. 3 InsO

Durch das MoMiG wurde § 32a Abs. 3 Satz 1 GmbHG aufgehoben und durch die Regelungen in §§ 39, 135 InsO ersetzt. Nach wie vor werden Nutzungsüberlassungen als einem Darlehn wirtschaftlich entsprechend angesehen. Die Rechtsfolge **vor Insolvenzeröffnung** liegt wie vorher darin, dass die Nachrangigkeit besteht und die Zinsen der Anfechtbarkeit unterliegen (*Habersack* ZIP 2007, 2145, [2150]; Nr. 5 Buchst. a in: BT-Drucks. 16/6140, S. 130 = ZIP Beilage Heft 23/2007, S. 33). Die Tilgung von Nutzungsentgelten kann nicht als Darlehensrückforderung angefochten werden, sondern nur bei einer vorherigen Stundung oder eines Stehenlassens nach § 135 Abs. 1 Nr. 2 als Befriedigung einer darlehensgleichen Forderung (*BGH* 29.01.2015 – IX ZR 279/13, ZInsO 2015, 559 [567] Rn. 69). Inwieweit eine kongruente Leistung aus dem Vertragsverhältnis bei Nutzungen vor- 43

34 Ist zwischen der Gesellschaft und dem Gesellschafter ein echter Kontokorrentkredit vereinbart, mit entsprechender Kreditobergrenze, ist eine Gläubigerbenachteiligung nicht gegeben, wenn einzelne Kreditrückführungen erfolgen. Denn ohne die neuen Valuten, die der Schuldner erhalten hat, wären diese ihm nicht zugeflossen. Aufgrund der vertraglichen Abrede stehen nämlich dem Schuldner die entsprechenden Valuten zu. Die Kreditauszahlungen stehen in einem unmittelbaren Zusammenhang mit der Möglichkeit, die dem Schuldner eingeräumt wurde, neue Kreditauszahlungen zu beanspruchen (*BGH* 07.03.2013 JurionRS 2013, 33492 Rn. 14= ZInsO 2013, 717 [719] Rn. 16)

35 Wird durch einen Gesellschafter an der Gesellschaft gewährtes Darlehen von ihm abgelöst, so kann er seinen Rückgriffsanspruch nur als nachrangige Forderung (§ 39 Abs. 1 Nr. 5 InsO) geltend machen (*BGH* 04.07.2013 – IX ZR 229/12, ZNotP 2013, 307 [309] Rn. 21; 01.12.2011 – IX ZR 11/11, BGHZ 192, 9 Rn. 9).

36 Vollstreckungshandlungen sind unter die Formulierung der Befriedigungshandlungen zu subsumieren, denn hier wird klassisch eine Befriedigung erwirkt.

37 Wird eine für ein Gesellschafterdarlehen anfechtbar bestellte Sicherung verwertet, greift die Anfechtung mangels einer Sperrwirkung des Befriedigungstatbestandes auch dann durch, wenn die Verwertung länger als ein Jahr vor der Antragstellung erfolgte (*BGH* BGHZ 198, 64 LS. 1).

III. Anfechtung der Befriedigung gesellschafterbesicherter Drittforderungen, § 135 Abs. 2 InsO

38 § 150 Abs. 2 InsO setzt zur Begründung der Anfechtbarkeit eine Rechtshandlung der Betroffenen Gesellschaft voraus, durch die eine von einem Gesellschafter gegenüber der Gesellschaft oder für die Gesellschaft begebene Sicherheit frei wird (*BGH* 20.02.2014 – IX ZR 164/13, ZInsO 2014, 598 [599] Rn. 9). Über Abs. 2 des § 135 InsO wird die frühere Regelung des § 32b GmbHG aufgefangen. Im Gegensatz zu Abs. 1 der an Leistungen durch die Gesellschaft anknüpft, die deren Gesellschaftsvermögen schmälert, regelt Abs. 2 den Fall, in dem der Gesellschafter eine Sicherheit für die Gesellschaft stellt und durch Rechtshandlung der Gesellschaft (z.B. Zahlung) aus ihrem Vermögen von der Sicherheit befreit wird (*BGH* 20.02.2014 – IX ZR 164/13, ZInsO 2014, 598 [600] Rn. 12). Neben der in § 135 Abs. 2 InsO ausdrücklich erwähnten Bürgschaft werden vom Wortlaut der Vorschrift alle Sicherheiten im weitesten Sinne (vgl. *BGH* 12.12.1988 – II ZR 378/87, NJW 1989, 1733 [1734]), mithin auch eine Grundschuld als Sachsicherheit (*Kübler/Prütting/Bork-Preuß* InsO, 2013, § 135 Rn. 33), erfasst (vgl. *BGH* 04.12.1995 – II ZR 281/94, NJW 1996, 720, wo ebenfalls Bürgschaft und Grundschuld erbracht wurden; 20.02.2014 – IX ZR 164/13, ZInsO 2014, 598 [600] Rn. 13). Neben den bereits oben genannten Sicherheiten treten sämtliche Personalsicherheiten hinzu. Dabei kann es sich um Patronatserklärungen oder Schuldbeitritt handeln. Auch eigenkapitalersetzende Realsicherheiten werden hier umfasst.

39 Zahlungen (Rechtshandlung) werden hiervon umfasst, die im letzten Jahr vor dem Eröffnungsantrag vorgenommen worden sind (§ 135 Abs. 1 Nr. 2 InsO). Kontrovers wurde bisweilen die Frage diskutiert, ob von der vorstehenden Norm auch Rechtshandlungen umfasst werden, bei der sowohl die Gesellschaft als auch der Gesellschafter eine Sicherheit gestellt haben, bei der die Sicherheit der Gesellschaft nach Verfahrenseröffnung verwertet wird (Doppelbesicherung).

40 Die sich daraus ergebenden Rechtsfolgen wurden durch die Instanzgerichte unterschiedlich bewertet. Das *OLG Hamm* nahm in seiner Entscheidung vom 07.04.2011 (– 27 O 94/10) die Anwendbarkeit des §§ 135 Abs. 2 InsO an. Demgegenüber verneinte der 8. Senat des *OLG Hamm* in seiner Entscheidung vom 29.12.2010 (– 8 U 85/10) die Anwendbarkeit der Norm.

41 Diesen unterschiedlichen Rechtsauffassungen trat der *BGH* mit seiner Entscheidung vom 01.12.2011(– IX ZR 11/11, ZInsO 2012, 81) entgegen. Der 9. Senat fasste in seiner Entscheidung die sich aus dem vorliegenden Sachverhalt ergebende rechtliche Situation wie folgt zusammen:

»Bezogen auf Gesellschaftersicherheiten, lassen sich die genannten Regelungen wie folgt zusammenfassen: Ist die Sicherheit vor der Eröffnung des Insolvenzverfahrens verwertet worden, steht die Regressforderung des Gesellschafters im Rang nach den Insolvenzforderungen (§ 39 Abs. 1 Nr. 5

I. Sicherung nach § 135 Abs. 1 InsO

Nach § 135 Nr. 1 InsO können Vorgänge zur Besicherung kapitalersetzender Darlehen nur für einen Zeitraum von zehn Jahren vor dem Eröffnungsantrag und für die Zeit nach Antragstellung angefochten werden. 29

Unter anfechtbaren Besicherungen (s. § 130 Rdn. 14) sind nicht nur die Sicherheiten zu verstehen, die die Gesellschaft dem Gesellschafter für einen hingegebenen Kredit bestellt hat – Sicherungsübereignung, Sicherungsabtretung (*BGH* 18.07.2013 – IX ZR 219/11, ZInsO 2013, 1573 [1574] Rn. 8), Bestellung von Pfandrechten –, sondern darunter sind auch solche Ansprüche zu verstehen, die dem Gesellschafter zur Absicherung seiner Ersatz- oder Rückgriffsansprüche aufgrund eines von ihm besicherten Darlehens gegenüber einem Dritten gewährt worden sind (*BGH* 18.07.2013 – IX ZR 219/11, ZInsO 2013, 1573 [1574] Rn. 9). Hierdurch wird der Fall erfasst, dass der den Kredit eines Dritten besichernde Gesellschafter den Darlehensgeber befriedigt und er mit der auf ihn übergehenden Kreditforderung (§ 774 Abs. 1 BGB) zugleich die von der Gesellschaft einem außenstehenden Dritten eingeräumte Sicherung erwirbt (*BGH* ZIP 1981, 974 [978]). 30

Exemplarisch seien aufgezählt: 31
– Sicherungsübereignungen,
– Sicherungsabtretung,
– Schuldbeitritt,
– Hypotheken- und Grundschuldbestellungen,
– Zessionen in allen Formen,
– Garantiezusagen,
– Patronatserklärungen,
– wechselrechtliche Verpflichtungen.

Hat sich aber der Gesellschafter aus einer durch die Gesellschaft bestellten Sicherheit vor Verfahrenseröffnung befriedigt, so unterliegt er nur dann nicht der Insolvenzanfechtung, wenn die Sicherheit mehr als 10 Jahre vor der Verwertung bestellt worden ist (§ 135 Abs. 1 Nr. 1 InsO). Erfolgte die Verwertung innerhalb der vorgenannten Zehnjahresfrist so ist der Gesellschafter nicht durch die Zweijahresfrist des § 135 Abs. 1 Nr. 2 InsO (Befriedigung) geschützt (*BGH* ZInsO 2013, 1573 Rn. 21). 32

II. Befriedigungshandlungen

Befriedigungshandlungen (s. § 130 Rdn. 14), die ein Jahr vor dem Insolvenzeröffnungsantrag sowie nach dem Insolvenzantrag ausgeführt wurden, unterliegen der Anfechtung gem. § 135 Nr. 2 InsO. Nach § 135 Abs. 1 Nr. 2 InsO anfechtbar ist auch die Tilgung kurzfristiger Überbrückungskredite, die ein Gesellschafter der Insolvenzschuldnerin gewährt hat. Der Gesetzgeber hat mit § 39 Abs. 1 Nr. 5 InsO i.d.F. von Art. 9 Nr. 5 des Gesetzes zur Modernisierung des GmbH-Rechts und zur Bekämpfung von Missbräuchen (MoMiG) vom 23.10.2008 (BGBl. I S. 2026) bewusst auf das Merkmal kapitalersetzend verzichtet und verweist jedes Gesellschafterdarlehen bei Eintritt der Gesellschaftsinsolvenz in den Nachrang (Begr. RegE BT-Drucks. 16/6140 S. 56). Dasselbe gilt nach Maßgabe von Art. 9 Nr. 8 MoMiG für die Neufassung von § 135 InsO. Rückzahlungen auf Gesellschafterdarlehen sind innerhalb der Jahresfrist des § 135 Abs. 1 Nr. 2 InsO n.F. stets anfechtbar (BT-Drucks. 16/6140 S. 57). Die Anfechtung beschränkt sich nicht mehr auf solche Fälle, in denen zurückgezahlte Gesellschafterdarlehen eigenkapitalersetzend waren und die Befriedigung des Gesellschafters ihrer Finanzierungsfolgenverantwortung widersprach. Dieses Gesetzesverständnis ist eindeutig und – soweit ersichtlich – auch unumstritten (*BGH* 07.03.2013 JurionRS 2013, 33492 Rn. 14 = ZInsO 2013, 717 [719] Rn. 14; BGHZ 198, 77). Durch diese Regelung soll dem ursprünglichen Gebaren von Gesellschaftern und Geschäftsführern der GmbH's entgegengewirkt werden, die in Kenntnis des ursprünglich geltenden § 41 Abs. 1 Satz 1 KO die Konkurseröffnung soweit hinaus geschoben haben, dass die vorgenommene Rückzahlung außerhalb des Jahreszeitraumes lag und nicht mehr der Konkursanfechtung unterworfen war. 33

19 Vom Kleinstbeteiligungsprivileg ist der geschäftsführende Gesellschafter, der mit 10 % oder weniger am Stammkapital beteiligt ist, ausgenommen. Dies gilt auch für einen faktischen geschäftsführenden Gesellschafter. Zur Anfechtung ist es nun ausreichend, dass der Gesellschafter in dem nach § 135 InsO festgelegten Zeitraum zu irgendeiner Zeit mit mehr als 10 % beteiligt war. Im Unterschied zur bisherigen Rechtsprechung des BGH zu § 32a Abs. 3 Satz 2 GmbHG ist die 10 %-Grenze auf alle dem Anwendungsbereich der §§ 39, 135 InsO unterfallenden Gesellschaften, auch auf die Aktiengesellschaft, anzuwenden (weitergehend *Bornemann* § 39 Rdn. 21 f.).

20 Nicht umfasst werden aber Gesellschafter, die ihren Anteil zum **Zwecke der Sanierung** des Unternehmens erwerben. Das Sanierungsprivileg ist in Satz 2 des Abs. 4 geregelt. Das Sanierungsprivileg findet nun vom Zeitpunkt der Tatbestände der §§ 17, 18, 109 InsO an Anwendung und endet erst bei einer »nachhaltigen Sanierung« (bereits h.M. *Lutter/Hommelhoff* GmbHG, §§ 32a/b Rn 37). Dies gilt nicht nur für Gesellschafter oder diesen gleichgestellte Personen (§ 39 Abs. 5 InsO), sondern für jeden Gläubiger, der Anteile erwirbt (weitergehend *Bornemann* § 39 InsO Rn. 19 f.).

2. Umfasste Darlehen und Leistungen

21 Einhergehend mit § 32a Abs. 3 Satz 1 GmbHG bezieht nunmehr § 39 Abs. 1 Nr. 5 InsO, der wiederum Bezug auf die §§ 44a, 135, 143 InsO und die §§ 6, 6a AnfG nimmt, neben den bereits erwähnten Darlehensforderungen auch Forderungen aus Rechtshandlungen, die einem Darlehen wirtschaftlich entsprechen, in den Anwendungsbereich der Norm ein. Dadurch erstreckt sich der Anwendungsbereich nicht nur auf **andere Rechtshandlungen der Gesellschafter**, sondern auch auf **Rechtshandlungen anderer Personen – Dritter –** (früher geregelt in § 32a Abs. 3 GmbHG: »Diese Vorschriften gelten sinngemäß für andere Rechtshandlungen eines Gesellschafters oder eines Dritten, die der Darlehensgewährung nach Absatz 1 oder 2 wirtschaftlich entsprechen.« s. *Bornemann* § 39 Rdn. 27 ff., 69).

22 Darlehen von nahen Familienangehörigen oder Ehepartnern der Gesellschafter sind nicht unter die gleichgestellten Forderungen einzugruppieren. Die Beweiserleichterung des §§ 138 InsO ist insoweit nicht heranzuziehen (*BGH* ZIP 2011, 575).

23 Weiterhin ist die Gewährung eines Darlehens oder einer gleichgestellten Forderung erforderlich. Die Definition eines Darlehens ist den Vorschriften der §§ 488, 607 BGB zu entnehmen. Die Gewährung des Darlehens kann in Form eines Kredites, durch Stundungen oder Stehenlassen von Forderungen oder in einer vergleichbaren Art und Weise erfolgen (s. *Bornemann* § 39 Rdn. 64 ff.).

24 Bei der Darlehensgewährung kommt es nunmehr nicht mehr darauf an, ob in diesem Zeitpunkt die Gesellschaft in der Lage war sich auf dem Kapitalmarkt zu marktüblichen Konditionen zu refinanzieren. Nunmehr werden ohne Ausnahme sämtliche Darlehensgewährungen und entsprechende Formen erfasst (s. *Bornemann* § 39 Rdn. 64 ff.).

25 Rechtshandlungen nach Verfahrenseröffnung werden nicht erfasst (*BGH* ZInsO 2012, 81 [82]).

26 Da bereits rückständige Zinsen ohne Stundung den Nachrang nach § 39 Abs. 1 Nr. 5 InsO innehatten, so ändert sich im neuen Recht auch hier nichts. Zwar erwähnt § 39 Abs. 1 Nr. 5 InsO nur die Rückzahlung eines Darlehens, aber Zinsen werden nach der hier vertretenen Ansicht auch erfasst.

27 Die mittelbare Darlehensgewährung, Besicherung der Forderung eines Dritten gegen die Gesellschaft, ist nun in § 44a InsO normiert, die früher in § 32a Abs. 2 GmbHG geregelt war (s. *Bornemann* § 44a Rdn. 6 ff.).

C. Anfechtbarkeit

28 Wie im gesamten Insolvenzanfechtungsrecht bedarf es auch hier einer Rechtshandlung, die eine Sicherung oder Befriedigung dem Gläubiger gewährte. Unter einer Rechtshandlung ist eine willentliche Handlung zu verstehen, die eine Rechtswirkung auslöst (s. § 129 Rdn. 21 ff.). Des Weiteren muss eine Gläubigerbenachteiligung eintreten (s. § 129 Rdn. 45 ff.).

Aus dem Wortlaut des § 39 Abs. 1 Nr. 5 und Abs. 4 Satz 1 lässt sich auch schließen, dass Darlehensgewährungen von Komplementären erfasst werden. Die Erstreckung auf diese Darlehensgewährungen/Leistungen ist im Hinblick auf § 93 InsO als überflüssig anzusehen.

II. Erfasster Personenkreis

Durch das MoMiG wurde keine vergleichbare Vorschrift wie die des § 138 InsO eingeführt. Vielmehr sollen die bereits auf der Grundlage des § 32a Abs. 3 Satz 1 GmbHG entwickelten Grundsätze weiterhin gelten. Besonders evident wird auch die Frage sein, wie der einem Gesellschafter gleichgestellte Dritte i.S.d. neu geschaffenen Norm zu definieren sein wird. Bei genauer Auslegung der Normen wird man fordern müssen, dass der Dritte über gewisse Informations-, Kontroll- und Mitspracherechte sowie ein eigenes, einem Gesellschafter gleichstehendes Interesse verfügen muss, die Gesellschaft zu finanzieren. Der IX. Senat (*BGH* ZIP 2011, 575) hat in der Entscheidung offengelassen, ob und ggf. welche der zum alten Recht entwickelten Rechtsgrundsätze den durch das MoMiG herbeigeführten Systemwechsel überdauert haben.

Wie auch bei dem bisher geltenden Recht sind nach dem MoMiG zwei Ausnahmetatbestände (Sanierungs- und Kleinstbeteiligungsprivileg) gegeben. Ein weiterer etwas verdeckt liegender Ausnahmetatbestand ist in § 24 Unternehmensbeteiligungsgesetz normiert. Unternehmensbeteiligungsgesellschaften werden grds. von der Anwendung der Eigenkapitalersatzregeln ausgeschlossen.

»§ 24 UBBG – Gesellschafterdarlehn

Hat ein an der Unternehmensbeteiligungsgesellschaft beteiligter Gesellschafter einer Gesellschaft, an der die Unternehmensbeteiligungsgesellschaft ihrerseits beteiligt ist, ein Darlehn gewährt, oder eine andere der Darlehnsgewährung wirtschaftlich entsprechende Rechtshandlung vorgenommen, ist § 39 Abs. 1 Nr. 5 der Insolvenzordnung insoweit nicht anzuwenden.«

Zur Anwendung der vorstehenden Norm ist es aber erforderlich, dass der Gesellschafter sich wie eine Unternehmensbeteiligungsgesellschaft verhält. Nimmt er weitergehenden Einfluss auf die Geschicke der Gesellschaft, so darf nach der hier vertretenen Meinung ihm der Ausnahmetatbestand nicht zugutekommen.

1. Gesellschafter als Darlehensgeber

Darlehensgläubiger **muss** ein Gesellschafter sein (weitergehend dazu s.a. *Bornemann* § 39 Rdn. 27 ff.).

Gesellschafter ist nur der Inhaber eines Geschäftsanteils. Eine horizontal oder vertikal gesellschaftsrechtliche Verbindung ist ausreichend. Ebenso eine mittelbar beherrschende Gesellschafterstellung (*BGH* 21.02.2013 – IX ZR 32/12, ZInsO 2013, 543 [545] Rn. 21, 22). Eine Bündelung zur Bestimmung der beherrschenden Gesellschafterstellung erfolgt unter Anwendung des § 46 Nr. 6 GmbHG, da durch die zur Verfügung stehenden Stimmrechte maßgeblicher Einfluss auf die Gesellschafterbeschlüsse genommen werden kann. Bei einer GmbH & Co. KG ist eine Beteiligung von 50 % ausreichend (*BGH* 29.01.2015 – IX ZR 279/13, ZInsO 2015, 559 [565] Rn. 50). Ist ein Gesellschafter einer GmbH an einer anderen GmbH mit mehr als 50 % beteiligt, so ist diese GmbH für die Anwendung der Eigenkapitalersatzregeln einem Gesellschafter gleichzusetzen (*BGH* ZIP 1999, 1314 [1315]; ZIP 2001, 115 [116]; BGHZ 198, 64 LS. 2). Familienangehörige von darlehensgebenden Gesellschaftern werden bei einer Darlehensgewährung nicht erfasst. § 138 InsO bietet insoweit keine Beweiserleichterung für den Anfechtenden. Auch **Minimalanteile** eines Gesellschafters unterliegen den Regeln des eigenkapitalersetzenden Darlehens (*BGH* BGHZ 105, 168 [175]).

Im Rahmen des § 135 InsO a.F. wurde hierzu bereits vertreten, dass geringfügig beteiligte Gesellschafter mit sog. Zwergenanteilen mit einer aus der Vorschrift des § 50 Abs. 1, 2 GmbHG hergeleiteten Maximalbeteiligung von 10 % von den eigenkapitalersetzenden Regeln auszunehmen seien. Dies ist nunmehr in §§ 135 Abs. 4, 39 Abs. 5 InsO normiert.

Wertungswiderspruch gegenüber dem Sinn und Zweck des sog. Garantiekapitals setzen und ihre Gesellschaft mit völlig unzureichendem Haftkapital wirtschaften lassen. In diesem Fall wird nämlich das Verlustrisiko auf die Gesellschaftsgläubiger verlagert. In Fällen der unzureichenden Eigenkapitalausstattung favorisiert die Rechtsprechung die Inanspruchnahme der GmbH-Gesellschafter aus § 826 BGB (*BGH* NJW 1979, 2104 ff.; wohl a.A. *BGH* ZIP 1994, 207 [209]; s.a. *Noack* RWS-Forum 9, S. 200). Die Rechtsprechung hat hierbei zurzeit wenig Rechtsklarheit geschaffen. Praktisch bedeutsam ist aber nur die Tatsache, dass auf den Tatbestand der eklatanten Unterkapitalisierung nicht zurückgegriffen werden muss, wenn Gesellschafterdarlehen oder Sicherheiten gewährt worden sind die eigenkapitalersetzenden Charakter haben (*BGH* ZIP 1994, 1103 [1105 ff.]).

9   Der Bereich der eklatanten Unterkapitalisierung ist strikt von den Regeln zur Anwendbarkeit des Eigenkapitalersatzes zu trennen. Soweit keine Unterkapitalisierung vorliegt, ist die Finanzierungsfreiheit der Gesellschafter erst dann rechtlich eingeschränkt, wenn die Gesellschaft in eine Finanzierungskrise geraten ist, oder die Gefahr einer solchen Krise erkennbar bevorsteht. Dabei wird der Gesellschafter nicht in seiner Entscheidung eingeschränkt die Gesellschaft zu finanzieren, sondern nur in seiner Entscheidungsfreiheit über die Art und Weise der Finanzierung. Der Gesellschafter ist generell berechtigt, der Gesellschaft frisches Kapital nicht zuzuführen. Sollte die Gesellschaft daher nicht mehr überlebensfähig sein, so muss sie nach den gesellschaftsrechtlichen Vorschriften liquidiert werden. Ein Gesellschafter ist nämlich nicht verpflichtet, über die von ihm übernommenen Kapitalanteile hinaus weitere, irgendwie geartete Leistungen an die Gesellschaft zu erbringen. Der BGH zieht diesen Rechtsschluss aus dem Argument der für den Gesellschafter von vornherein begrenzten Investition (Argument aus § 707 BGB; *BGH* BGHZ 75, 334 [338]; ZIP 1994, 1261 [1266]; ZIP 1994, 1441 [1445]).

10 Gegenüber diesem Verhalten der Gesellschafter sind die Gesellschaftsgläubiger lediglich über die Bestimmungen der Insolvenzantragspflichten des GmbH-Geschäftsführers geschützt (§§ 15a InsO, 63 GmbHG). Entscheidet sich der Gesellschafter aber in der Krise der Gesellschaft frisches Kapital zuzuführen, so ist er nicht in seiner Entscheidung frei, ob er Eigen- oder Fremdkapital einbringt. In dieser Situation ist er gehalten, Kapital in der Form des haftenden (Eigen-) Kapitals zuzuführen. Das Risiko des Fortbestandes eines solchen Unternehmens in der Krise ist dann für Gesellschaftsgläubiger nur noch akzeptabel, wenn das Risiko des Fortbestandes des Unternehmens vorrangig von den finanzierenden Gesellschaftern getragen wird (so bereits *BGH* ZIP 1980, 361 [363]; ZIP 1984, 572 [575]).

B. Anwendungsbereich

I. Betroffene Gesellschaften

11 § 39 Abs. 1 Nr. 5 und Abs. 4 bestimmen, welche Gesellschaften vom Anwendungsbereich der entsprechenden Normen umfasst werden. Die betroffene Gesellschaft darf weder über eine natürliche Person noch über eine Gesellschaft, bei der ein persönlich haftender Gesellschafter eine natürliche Person ist, als vollhaftender/persönlich haftender Gesellschafter verfügen. Durch die Neustrukturierung werden daher sämtliche Kapitalgesellschaften des deutschen, ausländischen wie auch europäischen Rechtes über Art. 4 Abs. 2 lit. i) EUInsVO erfasst (AG, Kapitalgesellschaft und Co. KG A, GmbH und SE, Genossenschaft und Genossenschaften des europäischen Rechts, SCE (europäische Gesellschaft; *BGH* ZInsO 2011, 1792 [1795] Rn. 42). Auch die SPE (Societas Privata Europaea), die Europäische Privatgesellschaft wird von der Norm erfasst. Die englische Limited (Begr. RegE S. 137 f.) fällt ebenfalls in den Anwendungsbereich des § 135 InsO. Daneben auch Gesellschaften, die aufgrund eines Staatsvertrages (*BGH* BGHZ 153, 353 ff.) eine anzuerkennende Haftungsbeschränkung aufweisen (BT-Drucks. 16/6140, S. 57) oder auf solche Gesellschaften, über deren Vermögen ein Insolvenzverfahren nach deutschem Recht durchgeführt werden muss.

12 Durch Einführung des Kleinstbeteiligungsprivilegs in § 39 Abs. 5 InsO werden die neuen Normen **keine Anwendung auf den Verein** finden.

schaft geführt haben. Der Anwendungsbereich der vorbeschriebenen Neuregelungen bezieht sich auf sämtliche Gesellschaften, die weder eine natürliche Person noch eine Gesellschaft, bei der ein persönlich haftender Gesellschafter eine natürliche Person ist, als persönlich haftenden Gesellschafter haben.

Mittlerweile ist ein dogmatischer Rechtsstreit auch darüber entbrannt, ob die Vorschrift des § 142 InsO (Bargeschäft) auch im Rahmen des § 135 InsO Anwendung finden kann (*Bitter* ZIP 2013, 1497, ZIP 2013, 1998; *Altmeppen* ZIP 2013, 1745; *Hölzle* ZIP 2013, 1992). Nach der hier vertretenen Rechtsmeinung besteht die Möglichkeit der unmittelbaren Anwendung, wobei sich diese nicht nur auf die reine Sicherheitenbestellung beschränkt (ebenso *Bitter* ZIP 2013, 1998 [1999]). 4

II. Zeitlicher Anwendungsbereich

Nach Art. 103d EGInsO ist das alte Eigenkapitalersatzrecht in Gestalt der Novellenregelungen (§§ 32a, 32b GmbHG a.F.) und der Rechtsprechungsregeln (§§ 30, 31 GmbHG a.F. analog) auf solche Altfälle anzuwenden, in denen das Insolvenzverfahren **vor Inkrafttreten des MoMiG am 01.11.2008** eröffnet worden ist (*BGH* BGHZ 179, 249). 5

III. Kapitalausstattung und Finanzierungsverantwortung

In der Grundsatzentscheidung vom 21.02.2013 (ZInsO 2013, 543 [544] Rn. 18) erläutert der BGH die Motive des Gesetzgebers und damit die daraus resultierenden rechtlichen Wirkungen bei der Finanzierungsverantwortung: »Die ausdrückliche Bezugnahme des Gesetzgebers auf die Novellenregeln verbunden mit der Erläuterung, die Regelungen zu den Gesellschafterdarlehen in das Insolvenzrecht verlagert zu haben (BT-Drucks. 16/6140, S. 42), legt überdies die Annahme nahe, dass das durch das MoMiG umgestaltete Recht und damit auch § 135 Abs. 1 Nr. 2 InsO mit der Legitimationsgrundlage des früheren Rechts im Sinne einer Finanzierungsfolgenverantwortung harmoniert. Diese Würdigung entspricht der Zielsetzung des Gesetzgebers, fragwürdige Auszahlungen an Gesellschafter in einer typischerweise kritischen Zeitspanne einem konsequenten Anfechtungsregime zu unterwerfen (vgl. BT-Drucks. 16/6140, S. 26). Der daraus ableitbare anfechtungsrechtliche Regelungszweck, infolge des gesellschaftsrechtlichen Näheverhältnisses über die finanzielle Lage ihres Betriebs regelmäßig wohlinformierten Gesellschaftern die Möglichkeit zu versagen, der Gesellschaft zur Verfügung gestellte Kreditmittel zulasten der Gläubigergesamtheit zu entziehen (MüKo-AnfG/*Kirchhof* § 6 Rn. 1 m.w.N.; *Kleindiek* in: Lutter/Hommelhoff, GmbHG, 18. Aufl., Anh. § 64 Rn. 115; *Thole* Gläubigerschutz durch Insolvenzrecht, S. 418 f.; *Eidenmüller* FS Canaris, 2007, Bd. II, S. 49, 61 ff.), gilt infolge der gesellschaftsrechtlichen Verflechtung gleichermaßen für verbundene Unternehmen«. 6

In einer Vielzahl von Fällen reicht bei einer GmbH das gesetzliche Mindeststammkapital von 25.000 € (§ 5 Abs. 1 GmbHG) nicht aus, um unternehmerisch aktiv zu werden. Da sich eine GmbH nicht mit dem Mindestkapital finanzieren lässt, müssen die Gesellschafter den Finanzbedarf auf anderen Wegen sicherstellen. Zum einen wird über Gesellschafterdarlehen frisches Fremdkapital zugeführt oder es wird eine Finanzierung durch in Darlehen umgewandelte Dividendenansprüche oder über gestundete Gehaltsansprüche der Gesellschaftergeschäftsführer erreicht. Zum anderen werden durch die Gesellschafter Sicherheiten gestellt, damit die GmbH Fremdmittel aufnehmen kann. Zur Durchführung von Unternehmensfinanzierungen bei Gesellschaften mit beschränkter Haftung enthält die Rechtsordnung lediglich Mindestanforderungen. Soweit die beteiligten Gesellschafter die zwingenden Regeln der Kapitalaufbringung und der Kapitalerhaltung sowie die normierten Konkursantragspflichten beachten, steht es ihnen grds. frei, in welcher Art und Weise sie Finanzierungsbeiträge leisten. Grds. gilt die Finanzierungsfreiheit (*BGH* BGHZ 104, 33 [40 ff.]). 7

Von den Kapitalgesellschaften darf das im Gesellschaftsrecht fehlende Verbot zur angemessenen Eigenkapitalausstattung aber nicht dahin falsch ausgelegt werden, ihre Finanzierungsfreiheit sei insgesamt grenzenlos. Da sie durch die Haftungsabschottung nach § 13 Abs. 2 GmbHG, § 1 Abs. 1 Satz 2 AktG privilegiert sind, verlieren sie dieses Privileg jedoch dann, wenn sie sich in gesetzlichen 8

§ 135 InsO Gesellschafterdarlehen

A. Einleitung

I. Zweck der Vorschrift

1 Die Vorschrift des § 135 InsO a.F. entsprach wörtlich § 150 RegE. § 135 a.F. InsO, nahm anders als § 32 KO, nicht ausdrücklich auf § 32a Abs. 1, 3 GmbHG Bezug, sondern sprach nur allgemein von der »Forderung eines Gesellschafters auf Rückgewähr eines kapitalersetzenden Darlehens«. Dadurch sollte klargestellt werden, dass nunmehr die Fälle der §§ 129a, 172a HGB miterfasst werden. Insoweit wurde rechtstechnisch erreicht, dass kapitalersetzende Gesellschafterdarlehen bei einer offenen Handelsgesellschaft oder Kommanditgesellschaft ohne persönliche Haftung einer natürlichen Person, und die auch bisher im Rahmen der KO entwickelten Rechtsprechungsgrundsätze zu weiteren Fällen kapitalersetzender Darlehen, insbesondere bei der Aktiengesellschaft, erfasst werden. Mit der Formulierung »gleichgestellte Forderung« wurde zugleich auf den Fall des § 32a Abs. 3 GmbHG abgezielt, also auf eine Forderung aus einer Rechtshandlung, die der Gewährung eines kapitalersetzenden Gesellschafterdarlehens wirtschaftlich entsprach

2 Durch die Einführung des MoMiG (Gesetz zur Modernisierung des GmbH-Rechts und zur Bekämpfung von Missbräuchen) wird das ursprüngliche, von der Rechtsprechung im Wege der analogen Anwendung von § 30 Abs. 1 GmbHG und in den §§ 32a, 32b GmbHG, § 39 Abs. 1 Nr. 5, § 135 InsO, §§ 129a, 172a HGB, § 6 AnfG ergänzend geregelte Recht der eigenkapitalersetzenden Gesellschafterleistungen vollständig aufgehoben und insoweit auf eine reine insolvenzrechtliche und anfechtungsrechtliche Grundlage gestellt. Aus diesem Grund wurden die §§ 32a, 32b GmbHG, §§ 129a, 172a HGB ersatzlos aufgehoben. § 30 Abs. 1 GmbHG und § 57 Abs. 1 AktG wurde ein neuer Satz 3 eingefügt, wonach das in Satz 1 der jeweiligen Vorschrift normierte Auszahlungsverbot nunmehr keine Anwendung mehr findet auf die Rückgewähr eines Gesellschafterdarlehens oder vergleichbarer Leistungen, insbesondere Leistungen auf Forderungen aus Rechtshandlungen, die einem Gesellschafterdarlehen wirtschaftlich gleichgestellt sind. Dadurch wird das Eigenkapitalersatzrecht aus dem Grundsatz der Kapitalerhaltung herausgenommen, das sich nicht nur aus den sog. Rechtsprechungsregeln, sondern auch aus den Novellenregeln der §§ 32a, 32b GmbHG ergeben hatte. Das Eigenkapitalersatzrecht wird nun in das Insolvenz- und Anfechtungsrecht integriert. Der Gesetzgeber hat insoweit bewusst auf das Merkmal der Krise der Gesellschaft verzichtet (*BGH* ZIP 2011, 575), welches früher als Voraussetzung im Zeitpunkt der Gewährung oder des Belassens der Hilfe des Gesellschafters gegeben sein musste. Durch § 39 Abs. 1 Nr. 5 InsO wird erreicht, dass nach Verfahrenseröffnung Gesellschafterdarlehen oder ihr gleichgestellte Forderungen den Nachrang des § 39 Abs. 1 Nr. 5 InsO einnehmen. Rückzahlungen und Sicherungen (i.S.d. § 39 Abs. 1 Nr. 5 InsO) werden über die Vorschrift des § 135 InsO der Anfechtung unterworfen. Mit der Einführung des Tatbestandsmerkmals »gleichgestellte Forderung« will der Gesetzgeber, wie bereits zur alten Rechtslage, das Abwälzen des Darlehensrisikos auf die Allgemeinheit der Gläubiger verhindern (*BGH* 21.02.2013 ZInsO 2013, 543 [544] Rn. 12). Die Nachrangigkeit bleibt auch dann erhalten, wenn der Gesellschafter seinen Darlehensrückzahlungsanspruch nach §§ 404, 412 BGB an einen Dritten, Nichtgesellschafter abtritt (*BGH* ZIP 2006, 2272). Tritt der Gesellschafter nur seine Gesellschaftsrechte an einen Dritten ab und behält seinen Rückzahlungsanspruch, so kann nichts anderes gelten (so bereits *BGH* WM 2005, 78 ff.), denn der Rechtsgrund für die Nachrangigkeit liegt in der Darlehensgewährung und der damit für die Gläubiger bestehenden Risikoerhöhung begründet. Erwirbt der Zessionar den Anspruch auf Rückzahlung bereits vor Stellung des Insolvenzantrages, erlangt aber Befriedigung innerhalb der Jahresfrist, ist die Anfechtung nach § 135 Abs. 1 Nr. 2 InsO gegeben. Andererseits kann hierin eine Befriedigungshandlung liegen, sodass der Zessionar bei Abtretung vor Insolvenzantragstellung nur eine Insolvenzforderung erlangt (*Hirte* WM 2008, 1429 [1431]). Rechtshandlungen, die in den letzten zehn Jahren vor dem Eröffnungsantrag Sicherung oder im letzten Jahr vor dem Eröffnungsantrag eine Befriedigung gewährt haben, unterliegen der Insolvenzanfechtung nach § 135 Abs. 1 InsO.

3 Ergänzend zu den geänderten Vorschriften gewinnen die Neuregelung in § 64 Abs. 2 Satz 3 GmbHG und § 92 Abs. 2 Satz 3 AktG eine enorme Bedeutung. Danach haften Geschäftsführer und Vorstandsmitglieder für Zahlungen an Gesellschafter, die zur Zahlungsunfähigkeit der Gesell-

§ 135 Gesellschafterdarlehen

(1) Anfechtbar ist eine Rechtshandlung, die für die Forderung eines Gesellschafters auf Rückgewähr eines Darlehens im Sinne des § 39 Abs. 1 Nr. 5 oder für eine gleichgestellte Forderung
1. Sicherung gewährt hat, wenn die Handlung in den letzten zehn Jahren vor dem Antrag auf Eröffnung des Insolvenzverfahrens oder nach diesem Antrag vorgenommen worden ist, oder
2. Befriedigung gewährt hat, wenn die Handlung im letzten Jahr vor dem Eröffnungsantrag oder nach diesem Antrag vorgenommen worden ist.

(2) Anfechtbar ist eine Rechtshandlung, mit der eine Gesellschaft einem Dritten für eine Forderung auf Rückgewähr eines Darlehens innerhalb der in Absatz 1 Nr. 2 genannten Fristen Befriedigung gewährt hat, wenn ein Gesellschafter für die Forderung eine Sicherheit bestellt hatte oder als Bürge haftete; dies gilt sinngemäß für Leistungen auf Forderungen, die einem Darlehen wirtschaftlich entsprechen.

(3) ¹Wurde dem Schuldner von einem Gesellschafter ein Gegenstand zum Gebrauch oder zur Ausübung überlassen, so kann der Aussonderungsanspruch während der Dauer des Insolvenzverfahrens, höchstens aber für eine Zeit von einem Jahr ab der Eröffnung des Insolvenzverfahrens nicht geltend gemacht werden, wenn der Gegenstand für die Fortführung des Unternehmens des Schuldners von erheblicher Bedeutung ist. ²Für den Gebrauch oder die Ausübung des Gegenstandes gebührt dem Gesellschafter ein Ausgleich; bei der Berechnung ist der Durchschnitt der im letzten Jahr vor Verfahrenseröffnung geleisteten Vergütung in Ansatz zu bringen, bei kürzerer Dauer der Überlassung ist der Durchschnitt während dieses Zeitraums maßgebend.

(4) § 39 Abs. 4 und 5 gilt entsprechend.

Übersicht

		Rdn.			Rdn.
A.	Einleitung	1	I.	Sicherung nach § 135 Abs. 1 InsO	29
I.	Zweck der Vorschrift	1	II.	Befriedigungshandlungen	33
II.	Zeitlicher Anwendungsbereich	5	III.	Anfechtung der Befriedigung gesellschafterbesicherter Drittforderungen, § 135 Abs. 2 InsO	38
III.	Kapitalausstattung und Finanzierungsverantwortung	6			
B.	Anwendungsbereich	11	IV.	Nutzungsüberlassung, § 135 Abs. 3 InsO	43
I.	Betroffene Gesellschaften	11			
II.	Erfasster Personenkreis	14	V.	§ 135 Abs. 4 InsO	51
	1. Gesellschafter als Darlehensgeber	16	D.	Überschuldungsstatus und Passivierungspflicht bzw. Verzicht	52
	2. Umfasste Darlehen und Leistungen	21			
C.	Anfechtbarkeit	28	E.	Rechtsfolgen	56

Literatur:
Altmeppen Ist das besicherte Gesellschafterdarlehen im Insolvenzverfahren der Gesellschaft subordiniert oder privilegiert? Zugleich Besprechung BGH v. 18.7.2013 – IX ZR 219/11, ZIP 2013, 1579; *Bitter* Anfechtung von Sicherheiten für Gesellschafterdarlehen nach § 135 Abs. 1 Nr. 1 InsO, ZIP 2013, 1497; *ders.* Sicherheiten für Gesellschafterdarlehen: ein spät entdeckter Zankapfel der Gesellschafts- und Insolvenzrechtler – Replik zu Altmeppen, ZIP 2013, 1745 und ZIP 2013, 1992; *Habersack* Gesellschafterdarlehen nach MoMiG: Anwendungsbereich, Tatbestand und Rechtsfolgen der Neuregelung, ZIP 2007, 2145; *Hirte* Die Neuregelung des Rechts der (früher: kapitalersetzenden) Gesellschafterdarlehen durch das MoMiG, WM 2008, 1429; *ders.* Thema: Neuregelungen mit Bezug zum gesellschaftsrechtlichen Gläubigerschutz und im Insolvenzrecht durch das Gesetz zur Modernisierung des GmbH-Rechts und zur Bekämpfung von Missbräuchen (MoMiG), ZInsO 2008, 689; *Hölzle* Gesellschafterfremdfinanzierung und Kapitalerhaltung im Regierungsentwurf des MoMiG, GmbHR 2007, 729; *ders.* Zur Durchsetzbarkeit von Sicherheiten für Gesellschafterdarlehen in der Insolvenz – Erwiderung auf Bitter, ZIP 2013, 1497; *ders.* Insolvenzanfechtung nach § 135 InsO bei freiwilligem Rangrücktritt?, ZIP 2013, 2.

C. Gebräuchliches Gelegenheitsgeschenk (Abs. 2)

33 Nach § 134 Abs. 2 InsO sind Leistungen, die auf gebräuchliche Gelegenheitsgeschenke geringen Werts gerichtet sind, nicht anfechtbar. Unter gebräuchlichen Gelegenheitsgeschenken sind unentgeltliche Zuwendungen zu verstehen, die der Verkehrssitte gem. aus gewissen Anlässen üblich sind, oder zu wohltätigen oder gemeinnützigen Zwecken gegeben werden. (*BGH* 04.02.2016 – IX ZR 77/15, BGHRZ Nr. 48524 Rn. 28). Zu den gewissen Anlässen zählen z.B. Weihnachten, Nikolaus, Neujahr, Ostern, Geburts- und Namenstage, Verlobung, Hochzeit oder Taufe. Weiter fallen hierunter Geschenke zu wohltätigen oder gemeinnützigen Zwecken, nicht aber Spenden an politische Parteien (*Nerlich/Römermann* InsO, § 134 Rn. 43; **a.A.** MüKo-InsO/*Kirchhof* § 134 Rn. 46;). Zu den gebräuchlichen Gelegenheitsgeschenken gehören auch die sog. **Anstandsschenkungen** (*BFH* BFHE 138, 416 = ZIP 1983, 1122). Dies sind Schenkungen, die einer sittlichen Pflicht oder einer auf den Anstand zu nehmenden Rücksicht entsprechen (*RG* RGZ 125, 380). Das sind belohnende Schenkungen und Zuwendungen an nicht unterhaltsberechtigte nahe Verwandte oder solche zur Förderung eines sozialen oder kirchlichen Zwecks.

34 Mit Beschränkung der Ausnahme in Abs. 2 auf Gelegenheitsgeschenke »geringen Werts« soll der bisherigen, sehr weiten Auslegung der Ausnahme in § 32 Nr. 1 KO durch die Rspr. entgegengetreten werden (vgl. hierzu bereits zur KO *Jaeger/Henckel* KO, § 32 Rn. 46 ff.; zur InsO *Jaeger/Henckel* InsO, § 134 Rn. 56). Ob ein Gelegenheitsgeschenk einen geringen Wert hat, ist an der allgemeinen Verkehrsauffassung bzgl. der Üblichkeit eines Geschenkes entsprechend der Bedeutung des Anlasses und der Beziehung des Schuldners zu dem Empfänger zu orientieren. Eine relative Beurteilung nach der Üblichkeit solcher Geschenke durch Personen in der konkreten Situation des Schuldners kommt demgegenüber nicht in Betracht (**a.A.** KS-InsO/*Henckel* 2000, Rn. 57). Damit wird unabhängig von den verfügbaren Mitteln des Schuldners eine absolute Wertgrenze festgelegt, die abstufend zur Bedeutung des Anlasses höchstens bei 500 € im Kalenderjahr und bei 200 € pro Anlass je Person liegt (*BGH* 04.02.2016 – IX ZR 77/15, BGHRZ Nr. 48524 Rn. 35; nach MüKo-InsO/*Kirchhof* bis zu 1.500 €; **a.A.** *Jaeger/Henckel* InsO, § 134 Rn. 63 keine feste relative Wertgrenze).

D. Vornahmezeitraum, Benachteiligung und Beweislast

35 Die Anfechtung nach § 134 InsO ist zulässig, soweit die unentgeltliche Leistung nicht früher als vier Jahre vor dem Antrag auf Eröffnung des Insolvenzverfahrens vorgenommen wurde. Ausreichend ist es auch, wenn sie nach dem Antrag vorgenommen wurde. Maßgebend hierfür und für die Frage, ob die Leistung entgeltlich oder unentgeltlich erfolgte, ist der Zeitpunkt, in der ihre rechtlichen Wirkungen eintreten (§ 140 InsO). Ist das Schenkungsversprechen vollzogen, kommt es auf den Zeitpunkt der Erfüllung und nicht auf den des Versprechens an (vgl. Rdn. 9 und zur KO *BGH* ZIP 1988, 585 [586]; *OLG Köln* ZIP 1988, 1203).

36 Da es bei einer unentgeltlichen Leistung an einer ausgleichenden Gegenleistung fehlt, liegt bereits eine **unmittelbare Benachteiligung** der Gläubiger vor. Auf die ebenfalls ausreichende, mittelbare Gläubigerbenachteiligung kommt es danach grds. nicht an.

37 Der Verwalter muss neben der Leistung des Schuldners auch **nachweisen**, dass es sich bei der Leistung um eine unentgeltliche gehandelt hat (*BGH* ZIP 1999, 316 [317]; ZIP 1992, 1089 [1091]). Die Beweislast hinsichtlich des Zeitpunktes für den Rechtserwerb wurde umgekehrt (»es sei denn«). Der Anfechtungsgegner muss beweisen, dass die unentgeltliche Zuwendung früher als vier Jahre vor dem Antrag auf Eröffnung des Insolvenzverfahrens vorgenommen wurde. Bei einer Anfechtung gegen Ehegatten greift die Vermutung des § 1362 Abs. 1 Satz 1 BGB ein (*Jaeger/Henckel* InsO, § 134 Rn. 66).

nicht voraus, dass der Sicherungsnehmer auch dem Sicherungsgeber gegenüber zur Darlehensgewährung an den Dritten verpflichtet ist.

XI. Sonstige Fälle

Unentgeltliche Leistungen sind der Verzicht auf eine Verbindlichkeit, auf ein beschränkt dingliches Recht oder auf das Eigentum (vgl. § 129 Rdn. 89 und *BGH* WM 1991, 1053 zur Erbschaft/Pflichtteil); die Freistellung des Grundstückseigentümers von der Haftung aus einer Grundschuld trotz fortbestehenden Sicherungsgrundes (*OLG Hamburg* ZIP 1989, 777; KTS 1987, 727); die Übertragung einer Forderung gegen einen Architekten an die Erwerber des von diesem geplanten Wohn- und Geschäftsgrundstückes ohne Gegenleistung (*BGH* KTS 1982, 410 [414]); Geldleistungen aus dem Vermögen einer OHG auf Veranlassung des Schuldners, wenn dieser bei der OHG zum Ausgleich dafür sein Kapitalkonto mit entsprechenden Beträgen belastet (*BGH* ZIP 1982, 76); Anerkenntnis einer unentgeltlich begründeten Schuld (*RG* RGZ 62, 38 [45]); die Leistung einer Spende zur Erfüllung einer Bewährungsauflage (*Brömmekamp* ZIP 2001, 951 f.); das »Stehenlassen« einer Gesellschafterforderung, mit der Folge, dass diese eigenkapitalersetzenden Charakter erhält (vgl. § 129 InsO Rdn. 34); gegenüber der Gesellschaft die Übertragung eines Vermögenswertes durch den persönlich haftenden Gesellschafter auf diese zur Abwendung der Außenhaftung (*BGH* ZIP 1993, 208). Die Anfechtung wegen unentgeltlicher Leistung findet gegenüber Religionsgesellschaften in der Rechtsform von Körperschaften des öffentlichen Rechts wegen freiwilliger Spenden auch dann statt, wenn die Religionsgesellschaft an sich befugt wäre, gleich hohe Beträge als Kirchensteuer einzuziehen; das kirchliche Selbstbestimmungsrecht wird dadurch nicht in verfassungswidriger Weise verletzt (*BGH* 04.02.2016 – IX ZR 77/15, 1. Ls. BGHRZ Nr. 48524 Rn. 12–23; 27.10.2016 – IX ZR 160/14, ZInsO 2017, 2388 [2390] Rn. 17: auch bei Vortrag Spende wurde für Zahlung von Priestergehältern verwendet). 31

Nach *BGH* (ZIP 2007, 1118) können in dem Fall, in dem der Schuldner aufgrund eines »letter of intent« gegenseitige Werkleistungen erbringt, den Auftrag jedoch einem Dritten überlässt, der den vollen Werklohn erhält, die vom Schuldner erbrachten Werkleistungen im Verhältnis zum Dritten als unentgeltliche Leistung anfechtbar sein. Eine treuhänderische Übertragung von Vermögenswerten ist keine unentgeltliche Leistung, auch wenn auf den Herausgabeanspruch nach § 667 BGB verzichtet wird (*BGH* 08.12.2016 – IX ZR 257/15, ZInsO 2017, 84 [87] Rn. 21 ff.).

Keine unentgeltliche Leistung liegt vor, wenn der Schuldner eine unvollkommene Verbindlichkeit, wie z.B. eine verjährte Schuld, eine Spiel- oder Wettschuld befriedigt (*RG* JW 1897, 189; *BGH* ZIP 1991, 35 [36]); er aus einer Notlage heraus Sachen unter Wert veräußert, um sich Liquidität zu verschaffen, wenn die Beteiligten den Preis nach Lage der Umstände als gleichwertig ansehen; grundsätzlich wenn im Rahmen von Umstrukturierungsmaßnahmen Vermögensgegenstände auf Tochter- oder Joint-Venture-Gesellschaften übertragen werden (vgl. *S. Meyer* ZIP 2002, 250 ff.), wie auch der Erlass einer werthaltigen Forderung. Dies gilt auch beim vergleichsweisen Forderungsverzicht (*BGH* ZIP 2012, 984). 32

Ein **Vergleich**, der die bei verständiger Würdigung des Sachverhalts oder der Rechtslage bestehende Ungewissheit durch gegenseitiges Nachgeben beseitigen soll, enthält im Regelfall keine unentgeltlichen Leistungen (*BGH* ZIP 2006, 2391; ZInsO 2006, 1322). Scheingewinne sind unentgeltliche Leistung (*BGH* ZIP 2010, 1253 Rn. 6 m.w.N.) und nach § 134 InsO anfechtbar (*BGH* ZIP 2009, 186). Denn bei der Auszahlung von Scheingewinnen liegt kein beiderseitiger Irrtum vor, da der Auszahlende keinem Irrtum über den angeblichen Gewinn unterlag. Insoweit fehlt die subjektive Komponente. Auszahlungen, mit denen – etwa nach Kündigung einer Mitgliedschaft in der Anlegergemeinschaft – erbrachte Einlagen zurückgewährt werden, sind entgeltliche Leistungen (*BGH* ZIP 2010, 1455 Rn. 11). Scheingewinne sind nach § 134 InsO anfechtbar (*BGH* ZIP 2009, 186).

schen der Einräumung eines unwiderruflichen und der Einräumung eines widerruflicher Bezugsrechts zu unterscheiden:

27 Die Einräumung eines **unwiderruflichen Bezugsrechts** ist unabhängig davon anfechtbar, ob diese bereits bei Abschluss des Versicherungsvertrages, also ursprünglich, oder erst im Rahmen eines bereits bestehenden Vertrages, also nachträglich, erfolgt ist (*BGH* ZIP 2003, 2307 [2309] m. Anm. *Lind/Stegmann* ZInsO 2004, 413 ff.; *Prölss/Martin/Kollhosser* VVG, § 15 ALB Rn. 43; anders die früher h.M. s. *Uhlenbruck/Hirte* InsO, § 134 Rn. 15 m.w.N.: im Falle der originären Einräumung nur Anfechtung der Prämienzahlungen). Fällt die Einräumung in den Vier-Jahres-Zeitraum ist also der Anspruch auf die Versicherungssumme einschließlich einer eventuellen Überschussbeteiligung im Wege der Abtretung oder, nach dem Versicherungsfall, die erlangte Versicherungssumme einschließlich Überschussbeteiligung selbst zurückzugewähren (*RG* RGZ 153, 220; *Heilmann* VersR 1972, 997; **a.A.** MüKo-InsO/*Gottwald* BGB, § 330 Rn. 15: bezahlte Prämien). Erfolgte die Einräumung vor dem Anfechtungszeitraum, ist diese nicht wohl aber sind die jeweiligen Prämienzahlungen anfechtbar.

28 Bei dem **widerruflichen Bezugsrecht** bedarf es regelmäßig keiner Anfechtung. Aufgrund des jederzeitigen Möglichkeit des Widerrufs besitzt der Bezugsberechtigte bis zum Eintritt des Versicherungsfalles lediglich eine mehr oder weniger starke tatsächliche Aussicht auf den Erwerb eines zukünftigen Anspruchs (*BGH* ZIP 2003, 2307 [2309]). Ist danach der Versicherungsfall im Zeitpunkt der Verfahrenseröffnung noch nicht eingetreten, kann der Insolvenzverwalter ohne weiteres widerrufen. Tritt der Versicherungsfall nach Eröffnung aber vor dem Widerruf ein, bedarf es ebenfalls nicht der Anfechtung, da der Rechtserwerb des Bezugsberechtigten dann jedenfalls an § 91 Abs. 1 InsO scheitert (vgl. *Stegmann/Lind* NVersZ 2002, 193 [194 f.]; s.a. *BGH* ZIP 1993, 600 [601] sowie *Wegener* § 103 Rdn. 104). Einer Anfechtung bedarf es erst dann, wenn der Versicherungsfall vor Eröffnung eintritt. Dann gilt das Gleiche wie bei Einräumung eines unwiderruflichen Bezugsrechts (*OLG München* ZIP 1991, 1505). Dabei ist entscheidender Zeitpunkt (§ 140 Abs. 1 InsO) der Eintritt der Versicherungsfalles (*BGH* ZIP 2003, 2307 [2309 f.]) oder der Ausschluss des Widerrufs, nicht aber die Einräumung des widerruflichen Bezugsrechts.

29 Bei einer **gemischten Lebensversicherung** mit einem geteilten Bezugsrecht auf den Erlebens- und den Todesfall gilt grds. das Gleiche wie bei der reinen Risikolebensversicherung. Bei der Einräumung einer unwiderruflichen Bezugsberechtigung vor Eintritt des Versicherungsfalles hat der Begünstigte den auflösend bedingt zugewandten Versicherungsanspruch zurückzugewähren. Wählt der Verwalter nicht Erfüllung oder kündigt er, kann nach Anfechtung der Rückkaufswert in vollem Umfang für die Masse beansprucht werden. Auch eine Fortsetzung des Vertrages bis zum Eintritt des Versicherungsfalles ist möglich. Ist eine Anfechtung der Einräumung wegen Ablaufs der Vierjahresfrist nicht möglich, kommt eine Anfechtung der Prämienzahlungen in Betracht (*Bruck/Möller/Winter* VVG, Bd. V/2 Anm. H 244). Dieser Anspruch erlischt, wenn der Versicherungsfall eintritt, für welchen die Masse begünstigt wird. Denn hiermit entfällt die Benachteiligung der Gläubiger. Hat der Bezugsberechtigte bereits zuvor aufgrund der Anfechtung die Prämien an die Masse zurückgezahlt, steht ihm insofern eine Masseforderung gem. § 55 Abs. 1 Nr. 3 zu.

Werden bei einer kapitalbildenden Lebensversicherung nur Ansprüche auf den Todesfall abgetreten, so gibt es keinen generellen Vorrang für eine Zuordnung zur Abtretung des Rückkaufwertes. Ob von einer solchen Abtretung auch der Rückkaufwert erfasst wird, bedarf der richterlichen Auslegung. Haben sich die Parteien zur Anpassung an das Steueränderungsgesetz 1992 und dadurch zur Erhaltung steuerlicher Vorteile nur auf die Abtretung der Todesfallansprüche geeinigt, so wird hierdurch der Anspruch auf den Rückkaufswert nicht erfasst (*BGH* ZIP 2007, 1375 [1376]).

30 Nach *BGH* 20.12.2012 (– IX ZR 21/12, ZIP 2013, 223) ist die Abtretung der Ansprüche aus einer Lebensversicherung für den Erlebens- und den Todesfall sowie die Weiterzahlung der Prämien auf Grundlage einer in der Abtretungsvereinbarung hierzu übernommenen Verpflichtung gegenüber dem Sicherungsnehmer nicht als unentgeltliche Leistung anfechtbar, wenn dieser Zug-um-Zug oder später vereinbarungsgemäß einem Dritten ein Darlehen ausreicht; die Entgeltlichkeit setzt

dass er dem anderen Miteigentum am Eigenheim zu verschaffen oder dessen Erwerb zu finanzieren hat (*BGH* BGHZ 71, 61 [67]; vgl. *BFH* NJW 1988, 3174 [3175]).

Vereinbart der Schuldner mit seinem Vertragspartner, dass eine Belohnung für ein bestimmtes Verhalten zur Hälfte an dessen Ehegatten gezahlt wird, um insoweit den Schenkungssteuerfreibetrag auszunutzen, und wird anschließend entsprechend verfahren, so ist die Zahlung an den Ehegatten auch dann als unentgeltliche, ohne Gegenleistung erbrachte Zuwendung anfechtbar, wenn der beabsichtigte steuerliche Erfolg aus Rechtsgründen nicht eingetreten ist (*BGH* ZIP 2006, 1639; ZInsO 2006, 937).

Keine unentgeltliche Leistung i.S.v. § 134 InsO ist die von einem Elternteil einem Kind gewährte Ausstattung (vgl. § 1624 BGB), wenn sie den Umständen nach das den Vermögensverhältnissen des Elternteils entsprechende Maß nicht übersteigt (*RG* JW 1916, 588; **a.A.** *Kübler/Prütting/Bork-Paulus* InsO, § 134 Rn. 29). Nur übermäßige Ausstattungen unterliegen der Anfechtung, es sei denn, es handelt sich um einen Ausgleich für langjährige Mitarbeit im elterlichen Betrieb (*Jaeger/Henckel* InsO, § 134 Rn. 23; *BGH* FamRZ 1965, 430). Wird die Ausstattung nicht von den Eltern, sondern von einem anderen Verwandten erbracht, kommt eine Anfechtung vorbehaltlich der Wertgrenze in § 134 Abs. 2 InsO in Betracht. Die Bereitschaft des Empfängers der Ausstattung die Ehe einzugehen, stellt keine ausreichende Gegenleistung dar (**a.A.** *RG* RGZ 62, 273; JW 1906, 462; JW 1908, 71; JW 1916, 588). 23

VIII. Mittelbare Zuwendung

Auch mittelbare Zuwendungen sind nach § 134 InsO anfechtbar, wenn sich die Zuwendung an den Dritten durch eine Mittelsperson wirtschaftlich betrachtet als unentgeltliche Leistung des Schuldners darstellt (*BGH* ZIP 1982, 76; vgl. § 129 Rdn. 40). Anfechtbar ist danach etwa die Bezahlung von Rechnungen der Handwerker für Arbeiten am Grundstück der Ehefrau, auch wenn diese der Ehemann mit Mitteln einer Firma begleichen lässt, an der er persönlich beteiligt ist (*OLG Hamburg* KTS 1985, 556) oder die Anweisung des Schuldners an den Grundstücksverkäufer, dieses an seine Ehefrau aufzulassen. Anfechtungsgegner ist regelmäßig der Empfänger der unentgeltlichen Zuwendung (*BGH* ZIP 1982, 76; *OLG Hamburg* KTS 1985, 556). 24

IX. Verträge zugunsten Dritter

Ist das zwischen Insolvenzschuldner und Begünstigtem bestehende Rechtsverhältnis beim echten Vertrag zugunsten Dritter unentgeltlich, kann dies ihm gegenüber nach § 134 InsO anfechtbar sein. Zurückzugewähren ist der erworbene Anspruch oder das Erlangte selbst. Beim unechten Vertrag zugunsten Dritter kommt eine Anfechtung gegenüber diesem nur in Betracht, wenn er die Leistung empfangen hat. Anfechtbar sind etwa unentgeltliche Zuwendungen in Form von Einzahlungen auf ein auf den Namen des Begünstigten errichtetes Sparbuch, wenn der Namensträger zu einem mit einer Bank festgelegten Zeitpunkt einen unmittelbaren Anspruch auf die Auszahlung haben soll (*RG* RGZ 106, 1; vgl. *Palandt/Heinrichs* § 328 Rn. 9a). Das gleiche gilt für eine unentgeltliche Zuwendung eines Wertpapierdepots derart, dass der Zuwendende mit der Bank vereinbart, der Erwerb solle erst mit dem Tode eintreten (*BGH* BGHZ 41, 95 [96]). Hierzu gehört auch die schenkungsweise Zuwendung eines Geldbetrages durch die Erteilung eines Auftrages an die Bank, den Betrag erst nach Eintritt des Todes dem Begünstigten zukommen zu lassen (*BGH* NJW 1975, 382 [383]). Auch Leibrentenverträge zugunsten Dritter sowie Unfallversicherungsverträge zugunsten Dritter (§§ 179 ff. VVG) unterliegen der Anfechtung. Zur Anfechtung von Lebensversicherungsverträgen, s. Rdn. 26 ff. 25

X. Lebensversicherungen

Da der Lebensversicherungsvertrag als solcher ein entgeltliches Geschäft ist (anders *OLG Köln* NZI 2004, 217 im Falle der Drittzahlung; vgl. aber Rdn. 17), kann nur die Begünstigung eines Dritten durch Einräumung eines Bezugsrechtes eine unentgeltliche Leistung darstellen. Dabei ist grds. zwi- 26

19 Gewährte der Schuldner für eine von ihm eigenentgeltlich begründete Verbindlichkeit eine nachgehende Sicherheit, so stellt dieses keine Unentgeltlichkeit der Leistung dar.

VI. Unentgeltliche Leistungen im Rahmen von Dienstverhältnissen

20 **Alle Zahlungen im Rahmen eines wirksamen Arbeitsvertrages sind entgeltlich (wie z.B. Weihnachts- und sonstige Gratifikationen** sind zusätzliche Gegenleistungen für erbrachte oder noch zu erbringende Dienste und stellen damit keine unentgeltlichen Leistungen dar (*BGH* ZIP 1997, 247 [248]; *BAGE* 1, 36; vgl. *RG* RGZ 159, 385 [388]). Erfolgt eine Zahlung rechtsgrundlos bezogen auf den Arbeitsvertrag, so liegt Unentgeltlichkeit vor (*BAG* 17.12.2015 – 6 AZR 186/14. FamRZ 2016, 716 [719]. Macht etwa der Alleingesellschafter einem Angestellten der Gesellschaft aus Anlass des bevorstehenden Weihnachtsfestes eine freiwillige Zuwendung, um ihn für überdurchschnittlichen Diensteifer zu belohnen, so handelt es sich nicht um eine nach § 134 InsO anfechtbare Leistung (*BGH* ZIP 1997, 247 [248]; *LG Frankfurt* ZIP 1996, 88). Leistet der Schuldner im Einverständnis mit dem von ihm beherrschten Arbeitgeber des Empfängers, kann dies auch als direkte Leistung des Schuldners an den Arbeitnehmer verstanden werden (*BGH* ZIP 1997, 247; **a.A.** *OLG Nürnberg* ZIP 1996, 794). Unerheblich ist dabei, ob sich der Schuldner in seiner konkreten wirtschaftlichen Situation eine solche Freigiebigkeit »leisten« konnte (*BGH* ZIP 1997, 247). Wurde die Leistung nicht mit Rücksicht auf die Arbeitsleistung erbracht, kann es sich um eine unentgeltliche Leistung handeln (vgl. *RG* RGZ 94, 324; RGZ 125, 383). Zur nachträglichen Erhöhung des Dienstlohnes vgl. *RG* RGZ 94, 324.

21 **Ruhegeld (-zusagen)** sind Leistungen des Arbeitgebers im Rahmen der betrieblichen Altersversorgung an den Arbeitnehmer oder dessen Hinterbliebene. Eine solche Zuwendung aus arbeitgeberischer Fürsorge ist keine unentgeltliche Leistung (*BAG* BAGE 17, 120 [124]; BAGE 22, 105 [110]). Dies gilt auch, wenn die Zusage erst nach Beendigung des Arbeitsverhältnisses (*RG* JW 1936, 343) oder der Witwe des Arbeitnehmers gegenüber (*RAG* JW 1934, 377) erteilt wird. Überträgt etwa der Schuldner seinem Arbeitnehmer, der noch in seinen Diensten steht, eine Lebensversicherung, die er zur Rückdeckung einer diesem erteilten Versorgungszusage mit sich als Bezugsberechtigten abgeschlossen hat, so tut er dies im allgemeinen nicht schenkungshalber, sondern aufgrund seiner arbeitgeberischen Fürsorgepflicht in Anerkennung seiner Dienste (*BAG* AP Nr. 102 zu § 242 BGB).

VII. Zuwendungen an Ehegatten oder Familienangehörige

22 Zuwendungen unter Ehegatten können ebenfalls nach § 134 InsO anfechtbar sein, wenn sie ohne Gegenleistung erbracht worden sind. Dies gilt auch für die Leistungen, die der Verwirklichung der ehelichen Lebensgemeinschaft dienen (sog. unbenannte Zuwendungen; *Jaeger/Henckel* InsO, § 134 Rn. 23; *OLG Celle* NJW 1990, 720; *LG Düsseldorf* KTS 1961, 46; vgl. *BGH* BGHZ 116, 178). Auf die im Innenverhältnis der Ehepartner streitige Frage, ob es sich hierbei um eine Schenkung handelt (vgl. *Palandt/Putzo* BGB § 516 Rn. 10), kommt es in Bezug auf die Gläubiger nicht an. Auch Güterrechtsverträge sind anfechtbar, wenn sie unentgeltliche Zuwendungen enthalten (*BGH* BGHZ 57, 123 = NJW 1972, 48). Hat ein Ehegatte von dem anderen Ehegatten einen Vermögensgegenstand anfechtbar durch unentgeltliche Leistung erworben, so können die Ehegatten nicht durch eine nachträgliche Vereinbarung die unentgeltliche Zuwendung in eine entgeltliche Leistung umwandeln (*BFH* NJW 1988, 3174). Entscheidend ist auch hier, ob der Leistungsempfänger eine ausgleichende Gegenleistung erbracht hat. Dabei sind Leistungen im üblichen Rahmen der familienrechtlichen Bindung (§§ 1360 ff. BGB) grds. unentgeltlich zu erbringen. Zuwendungen, die der nicht berufstätige Ehegatte als »Entgelt« für die Haushaltsführung oder die Kinderbetreuung erhält, sind danach grds. unentgeltliche Leistungen i.S.v. § 134 InsO (*BGH* WM 1978, 371; *OLG Hamburg* KTS 1985, 556; **a.A.** *Bosch* FamRZ 1978, 400). Umgekehrt sind Leistungen des Schuldners, die sich im Rahmen seiner Unterhaltpflicht bewegen, grds. nicht unentgeltlich. Die Grenze der Unterhaltspflicht des § 1360 BGB wird überschritten, wenn der Ehegatte im Geschäft oder Beruf des anderen mitgearbeitet hat und dies über den Rahmen unbedeutender Hilfstätigkeit hinausgeht (vgl. *Palandt/Brudermüller* BGB, § 1356 Rn. 8). Weiter geht die Unterhaltspflicht des Ehegatten nicht soweit,

ner oder einem anderen erhält (*BGH* BGHZ 41, 298 [300 f.]; ZIP 2006, 957). Ist dies nicht der Fall, liegt jedenfalls eine unentgeltliche Leistung gegenüber dem Drittschuldner vor (*BGH* 17.06.2010 – IX ZR 186/08, ZInsO 2010, 1402 [1403]; BGHZ 41, 298 [302]; ZIP 1983, 32; *OLG Hamburg* KTS 1985, 556). Eine unentgeltliche Leistung auch gegenüber dem Gläubiger scheidet aus, wenn dieser überhaupt eine von den Beteiligten als Ausgleich angesehene Gegenleistung zu erbringen hatte, wenn auch zugunsten eines anderen (*BGH* BGHZ 41, 298 [302]; ZIP 1992, 1089 [1091 f.]; ZIP 1993, 1170 [1173]). Die Gegenleistung des Gläubigers ist allerdings dann unmaßgeblich, wenn seine hierdurch erworbene Forderung, die er durch Annahme der Leistung des Gemeinschuldners aufgibt, wirtschaftlich wertlos ist (*BGH* 03.04.2014 – IX ZR 236/13, ZInsO 2014, 1057 Rn. 5; *OLG Koblenz 3. Senat* ZIP 2005, 540 [541 f.]; **a.A.** *OLG Koblenz 5. Senat* ZIP 2004, 1275 [1276] m. abl. Anm. *Gundlach/Frenzel/Schmidt* InVo 2004, 485 ff.). Nach dem *BGH* (ZIP 2005, 767 [768]) muss der Leistungsempfänger hierbei keine Kenntnis von der Wertlosigkeit der Forderung haben (vgl. bereits *OLG Köln* NZI 2004, 217 [218]; anders noch FK-InsO 5. Aufl.). Die Zahlung auf ein debitorisch geführtes Konto bei einer Bank, ist keine unentgeltliche Leistung an die Bank, nur dann, wenn der Geldbetrag nicht dem Gläubiger sondern der Bank zugewendet werden sollte (*BGH* 09.07.2015 – IX ZR 207/13, ZInsO 2015, 1609 Rn. 2: ist mittelbare Zuwendung; s. dazu Rdn. 24).

Die Zahlung eines Bürgen ist allerdings auch dann gegenüber dem Gläubiger eine entgeltliche Leistung, wenn die nach § 774 BGB übergehende Forderung wirtschaftlich wertlos ist. Denn hier ist der Leistende aufgrund der Bürgschaft gegenüber dem Gläubiger zur Leistung verpflichtet. Anfechtbar ist als unentgeltliche Leistung gegenüber dem Gläubiger nur die Bürgschaft selbst, wenn sich Gläubiger und Bürge bewusst waren, dass der Hauptschuldner nicht zahlen kann (vgl. *Hirte* ZInsO 2004, 1161 ff. zur Anfechtung bei upstream guarantees).

Das zur Erfüllung und Übernahme einer fremden Schuld Gesagte gilt in gleicher Weise für die **Besicherung** einer solchen Schuld. Eine solche Besicherung kann etwa in der nachträglichen Erweiterung des Sicherungszweckes einer Grundschuld liegen (*LG Potsdam* ZIP 1997, 1383) oder einer grundsätzlich nachträglichen Besicherung liegen. Wird die Sicherheit Zug um Zug gewährt ist dies entgeltlich. Wird eine vereinbarte Sicherheit nachträglich bestellt, liegt dagegen Entgeltlichkeit vor. Wird aber eine nachträgliche Sicherheit ohne vorige vertragliche Abrede, d.h. freiwillig gegeben, liegt Unentgeltlichkeit vor (*BGH* 06.12.2012 – IX ZR 105/12, ZInsO 2013, 73 Rn. 4). Eine Anfechtung nach § 134 InsO kommt gegenüber dem Sicherungsnehmer in Betracht, wenn der Sicherungsgeber zur Bestellung der Sicherheit gegenüber dem Sicherungsnehmer nicht verpflichtet war und auch sonst keinen Gegenwert erlangt hat (*BGH* ZIP 1983, 32; vgl. *RG* JW 1905, 442 Nr. 28; JW 1913, 608). Ein solcher Gegenwert kann in einem werthaltigen Rückgriffsanspruch gegen den Schuldner der besicherten Forderung liegen. Hat der Sicherungsgeber auf diesen Anspruch verzichtet oder war er bei der Besicherung nicht werthaltig, kann zunächst eine unentgeltliche und damit anfechtbare Leistung gegenüber dem Schuldner der besicherten Forderung angenommen werden. Sind sich Sicherungsgeber und -nehmer allerdings, zumindest stillschweigend, einverständlich bewusst gewesen, dass ein solcher Rückgriff bei dem Schuldner nicht möglich ist, liegt eine unentgeltliche Leistung gegenüber dem Sicherungsnehmer vor. Allerdings kann auch in diesen Fällen eine entgeltliche Leistung angenommen werden, wenn der Zuwendende an der Leistung des Sicherungsnehmers an den Schuldner, etwa einer Kreditgewährung, ein eigenes wirtschaftliches Interesse hat und dieses durch die Sicherheitenbestellung bedingt ist (*BGH* BGHZ 12, 232 [236 f.]; ZIP 1992, 1089 [1091 f.]; ZIP 1993, 1170 [1173]; ZIP 1983, 32; *RG* JW 1905, 442 Nr. 28; JW 1913, 608; vgl. *OLG Braunschweig* OLGRspr. 27, 258). Hierfür muss der Sicherungsgeber zumindest mittelbar begünstigt werden, was bei Konzerngesellschaften regelmäßig der Fall sein wird (*BGH* ZIP 1998, 793 [802]; vgl. *OLG Stuttgart* WM 1997, 105 [108] sowie *Hirte* ZInsO 2004, 1161 ff.). So, wenn eine Grundschuld bestellt wird, mit der eine GmbH zukünftige Warenkredite an ihre 100%-ige Tochter besichert (*OLG Brandenburg* InVo 1999, 230). Es genügt jedoch nicht, wenn ein Kommanditist für Verbindlichkeiten der KG eine Sicherungshypothek bestellt (*LG Hamburg* ZIP 1992, 1251).

830 [836]). Eine objektiv wertlose Gegenleistung, der die Parteien irrtümlich Gleichwertigkeit beimessen, kann danach nur in Ausnahmefällen die Entgeltlichkeit begründen. Andererseits handelt es sich bei einer Notveräußerung unter Wert regelmäßig um eine entgeltliche Leistung.

III. Schenkung

14 Die Schenkung nach § 516 BGB ist der typische Fall einer unentgeltlichen Leistung und fällt daher stets unter § 134 InsO. Dabei ist auch eine Schenkung unter einer **Auflage** (§ 525 BGB) in vollem Umfang unentgeltlich (*RG* RGZ 92, 227 [228]; RGZ 105, 305 [308]). Als Schenkung unter Auflage wird z.B. der Hofübergabevertrag angesehen, wenn sich der Übernehmer verpflichtet, den übergebenden Eltern einen ausreichenden Lebensunterhalt zu gewähren und die Geschwister abzufinden (*OLG Bamberg* NJW 1949, 788; *BGH* WM 1970, 391). Eine Schenkung liegt auch dann vor, wenn sich ein entgeltliches Geschäft als **verdeckte oder verschleierte Schenkung** darstellt. Eine verschleierte Schenkung liegt vor, wenn das Geschäft nur zum Schein als entgeltliches abgeschlossen wird (z.B. Verkauf zu einem symbolischen Preis). Das vorgespiegelte Geschäft ist nach § 117 Abs. 1 BGB als Scheingeschäft nichtig, das verdeckte unentgeltliche Geschäft ist nach § 134 InsO anfechtbar (*RG* RGZ 29, 265 [266]).

15 Eine **gemischte Schenkung** ist ein einheitlicher Vertrag, bei dem der Wert der Gegenleistung des Zuwendungsempfängers geringer ist als die Leistung des Schuldners und beide Parteien wissentlich und übereinstimmend wollen, dass der überschießende Wert unentgeltlich gegeben wird (*BGH* NJW-RR 1996, 754). Ein solches Geschäft ist unabhängig von der Teilbarkeit (z.B. Geld) oder Unteilbarkeit (z.B. Grundstück) der Zuwendung des Schuldners sowohl nach § 134 als auch nach §§ 130–133, 135, 136 InsO anfechtbar (*LG Dresden* ZInsO 2002, 140; **a.A.** *BGH* BGHZ 57, 123 [127]: jedenfalls bei unteilbarer Leistung Hauptzweck des Geschäfts entscheidend). Hat die Anfechtung nach den letzteren Bestimmungen Erfolg, hat der Anfechtungsgegner die Zuwendung grds. in vollem Umfang zurückzugewähren. Ist das Geschäft lediglich nach § 134 InsO anfechtbar, ist die Rückgewähr auf den überschießenden Teil beschränkt. Ist die Leistung nicht teilbar, hat der Anfechtungsgegner grds. die Zuwendung in vollem Umfang an die Masse zurückzugewähren (vgl. *RG* RGZ 165, 223 f.). Allerdings steht ihm ein Zurückbehaltungsrecht auf Rückgewähr seiner Gegenleistung zu. Hinsichtlich der Gegenleistung unterliegt er nicht den Beschränkungen in § 144 InsO, da der darauf bezogene Teil des Geschäfts nicht nach § 134 InsO anfechtbar ist. Ist der Gegenstand nur wertmäßig für die Masse von Interesse, genügt es wenn er die Wertdifferenz in die Masse zahlt.

IV. Erfüllung und Sicherung eigener Schulden

16 Die **Erfüllung** einer eigenen Verbindlichkeit ist dann eine unentgeltliche Leistung, wenn die getilgte Schuld durch ein unentgeltliches Rechtsgeschäft begründet worden ist, da hier Grundgeschäft und Erfüllung als Einheit zu betrachten sind (vgl. auch Rdn. 9). In den anderen Fällen liegt eine entgeltliche Leistung vor. Wird eine Schuld allerdings vor Fälligkeit erfüllt, liegt eventuell eine unentgeltliche Leistung hinsichtlich des Zwischenzinses vor (*RG* JW 1888, 103). Die, auch nachträgliche **Besicherung** einer eigenen Verbindlichkeit stellt grds. keine unentgeltliche Leistung dar (*BGH* ZIP 2004, 1819; *BGH* ZIP 1990, 1088; **a.A.** MüKo-InsO/*Kirchof* § 134 Rn. 25). Die Besicherung einer fremden Forderung ist auch dann nicht entgeltlich, wenn der Sicherungsgeber mit der Gewährung der Sicherheit ein eigenes wirtschaftliches Interesse verfolgt (*BGH* ZIP 2006, 1362; ZInsO 2006, 771). Auch die Inkongruenz einer Sicherung begründet nicht Unentgeltlichkeit. Dementsprechend kommt es auch bei nachträglicher Besicherung nicht darauf an, ob der Gläubiger dem Schuldner etwa durch Stundung entgegenkommt (*BGH* ZIP 2004, 1819 [1820 f.]; anders noch FK-InsO 5. Aufl.).

V. Erfüllung, Sicherung und Übernahme fremder Verbindlichkeiten

17 Bei der **Erfüllung oder Übernahme** einer fremden Schuld scheidet eine unentgeltliche Leistung dann aus, wenn der Insolvenzschuldner dem Drittschuldner, dem Gläubiger oder einem anderen gegenüber hierzu verpflichtet war oder eine werthaltige Ausgleichsforderung gegenüber dem Drittschuld-

samen Vorstellungen der Parteien auch eine Gegenleistung für diejenige des Schuldners darstellt. Einer ausdrücklichen Einigung bedarf es dabei nicht. Die Gegenleistung muss aber dermaßen mit der schuldnerischen Leistung verknüpft sein, das letztere in ihrer rechtlichen Endgültigkeit von der Gegenleistung abhängig ist (*RG* DJ 1940, 654). Lediglich einseitige Vorstellungen des Schuldners über mögliche wirtschaftliche Vorteile oder die Hoffnung auf eine Gegenleistung genügen danach nicht (*BGH* ZIP 1991, 35; WM 1991, 331; 1978, 674; *OLG Celle* NJW 1990, 720). Genauso wenig genügt es, wenn der Anfechtungsgegner irrtümlich annimmt, er habe eine entsprechende Gegenleistung erbracht oder zu erbringen (*BGH* ZIP 1991, 35 [37], vgl. hierzu § 143 Rdn. 59; *RG* RGZ 51, 412 [412]: Abtretung einer unerkannt wertlosen Forderung als Gegenleistung; teilweise **a.A.** *Henckel* ZIP 1990, 137 [141]). Das gilt auch, wenn ein solcher Irrtum durch den Schuldner hervorgerufen wurde (*BGH* ZIP 1991, 35 [37]). Auch bei beiderseitigem Irrtum es würde ein gleichwertiges Austauschgeschäft vorliegen scheidet § 134 InsO aus (*BGH* 15.09.2016 – IX ZR 250/15, ZInsO 2016, 2345 [2347] Rn. 22; *Jaeger/Henckel* InsO, 2008, § 134 Rn. 20; *Ganter* NZI 2015, 249 [256 f.]; **a.A.** MüKo-InsO/*Kayser* 3. Aufl., § 134 Rn. 40; *Uhlenbruck/Ede/Hirte* InsO, § 134 Rn. 32; *Kübler/Prütting/Bork-Bork* InsO, 2012, § 134 Rn. 45; HambK-InsO/*Rogge/Leptien* InsO, § 134 Rn. 17; HK-InsO/*Thole* § 134 Rn. 13; *Pape/Uhländer/Bornheimer* InsO, § 134 Rn. 13; *Gottwald/Huber* HdbInsR, § 49 Rn. 11). Nimmt der Schuldner allerdings (rechts-)irrig eine Verpflichtung zu der Zuwendung an, liegt eine entgeltliche Leistung vor, die i.d.R. über Bereicherungsrecht rückabzuwickeln ist (*OLG Koblenz* KTS 2000, 265 LS; vgl. *BGH* BGHZ 71, 61 [69]; *RG* LZ 1914 Sp. 1912; Gruchot 59, 521 [522]: Sicherungsübereignung). Anders ist dies nur, wenn es sich gerade um eine unentgeltliche Verpflichtung handeln sollte. Bestehen Leistungsbeziehungen zwischen mehreren Personen, kommt es darauf an, wem der Schuldner etwas zugewendet und ob der in Anspruch genommene Empfänger eine den Wertzuwachs ausgleichende Verfügung vorgenommen hat (*BGH* BGHZ 41, 298 [301]; ZIP 1992, 1089 [1091]).

Für die **Bestimmung der Gegenleistung** ist dabei jeder wirtschaftliche Vorteil und jedes wirtschaftliche Interesse heranzuziehen, dass geeignet ist, sich wertmäßig im Vermögen des Schuldners abzubilden. Ausreichend ist auch der noch nicht eingeforderte oder befriedigte Anspruch auf die Gegenleistung (*BGH* ZIP 1999, 316 [317]). Anders ist es, wenn der Schuldner lediglich eine wirtschaftlich wertlose Ausgleichsforderung, sei es gegen einen Dritten oder gegen den Zuwendungsempfänger, erlangt (vgl. *BGH* WM 1964, 590). Die Gegenleistung des Empfängers, dessen gegen einen Dritten gerichtete Forderung bezahlt wird, liegt i.d.R. darin, dass er eine werthaltige Forderung gegen seinen Schuldner verliert. Die Leistung, die der spätere Insolvenzschuldner zur Tilgung einer nicht werthaltigen Forderung des Empfängers gegen einen Dritten erbringt, ist nicht deshalb entgeltlich, weil der Empfänger zu einem frühere Zeitpunkt seinerseits Leistungen an den Dritten erbracht hat, die eine Gegenleistung zu der nun erfüllten Forderung darstellten (Fortführung der Rspr. zu § 32 Nr. 1 KO für § 134 Abs. 1 InsO *BGH* ZIP 2006, 957). 12

Die Verdeckung betrugswidrigen Verhaltens allein stellt ebenfalls keinen ausreichenden wirtschaftlichen Vorteil dar (*BGH* ZIP 1991, 35 [38] u. *LG Wiesbaden* ZIP 1990, 597: Schneeballsystem; vgl. *BGH* WM 1978, 671 [674]).

Hat der Schuldner danach eine Zuwendung erhalten, kommt es auf die **subjektiven Vorstellungen der Parteien** an, ob diese Gegenleistung den Wert der Leistung des Schuldners erreicht (*BGH* BGHZ 71, 61 [66]; WM 1956, 703 [705]; WM 1971, 1435 [1436]; ZIP 1991, 35). Für die Bewertung der Gegenleistung ist in erster Linie die objektive Wertrelation zwischen der Leistung des Schuldners und der Gegenleistung des Empfängers ausschlaggebend (*BGH* 29.11.1990 – IX ZR 29/90, BGHZ 113, 98 [102]; 28.02.1991 – IX ZR 74/90, BGHZ 113, 393 [395 f.]). Anderenfalls könnten die Beteiligten allein dadurch, dass sie einer für den Schuldner objektiv wertlosen Leistung in ihren rechtsgeschäftlichen Erklärungen einen subjektiven Wert beimessen, den Zweck des Gesetzes vereiteln (*BGH* 28.02.1991 – IX ZR 74/90, BGHZ 113, 393 [396 f.]). 13

Den Parteien steht dabei ein Bewertungsspielraum zu (*BGH* ZIP 1993, 1170 [1173]; ZIP 1998, 830 [836]). Bewerten die Beteiligten die ausgetauschten Leistungen bei objektiver Betrachtungsweise allerdings willkürlich oder grob unangemessen, ist dieser Spielraum überschritten (*BGH* ZIP 1998,

II. Unentgeltlichkeit der Leistung

9 Eine Leistung ist dann **unentgeltlich**, wenn der Vermögenswert zugunsten einer anderen Person aufgeben wird, ohne dass der Empfänger eine ausgleichende Gegenleistung an den Schuldner oder mit dessen Einverständnis an einen Dritten erbringt oder zu erbringen hat (*BGH* ZIP 1991, 35 [37]; ZIP 1992, 1089 [1091 ff.]; ZIP 1993, 1170 [1173]; NZI 2006, 524 [525]; hierzu auch allgemein *Gundlach/Frenzel/Schmidt* InVo 2004, 485 ff.). So liegt auch Unentgeltlichkeit vor bei Aufgabe eines Vermögenswertes an eine andere Person ohne Vereinbarung darüber, dass dem Weggebenden ein ausgleichender Vermögenswert zufließt (*BGH* 15.09.2016 – IX ZR 250/15, ZInsO 2016, 2345 [2347] Rn. 20; 13.03.2008 – IX ZR 117/07, ZInsO 2008, 505 Rn. 7; Beschl. v. 21.12.2010 – IX ZR 199/10, ZInsO 2011, 183 Rn. 10).

Der Begriff der Unentgeltlichkeit bedarf dabei zum Schutz der Gläubiger einer weitgehenden Auslegung (*BGH* WM 1975, 1182 [1184]). Zunächst muss der vom Schuldner weggegebene Gegenstand einen Vermögenswert besitzen. Bei der Weggabe völlig wertloser Gegenstände fehlt es bereits an einer Gläubigerbenachteiligung. Grundsätzlich ist von der Werthaltigkeit auszugehen, wenn dem Vermögensgut im Geschäftsverkehr üblicherweise ein Wert zukommt und deswegen nur gegen Entgelt überlassen wird. Unmaßgeblich ist dabei, ob der Schuldner selbst das Vermögensgut noch nutzen kann (*BGH* ZIP 2004, 671 [672]: Arbeitnehmerüberlassung). Zur Unentgeltlichkeit beim Pflichtteilsverzicht *BGH* ZIP 1991, 454 und beim Vergleichsabschluss *BGH* ZIP 2006, 2391. Entscheidend für die Unentgeltlichkeit ist also nicht die Vermögensminderung beim Schuldner sondern ein Vermögensopfer des Leistungsempfängers (*BGH* ZIP 1992, 1089 [1092]). Nicht erforderlich ist, dass sich die Parteien über die Unentgeltlichkeit einigen (*BGH* BGHZ 71, 61 [69]; ZIP 1991, 35; ZIP 1993, 1170 [1173]). Unentgeltlichkeit liegt damit auch vor, wenn die Zuordnungsänderung aus moralischen, familiären oder sonstigen Gründen für geboten erachtet wird (*OLG Hamm* ZIP 1992, 1755 [1757]). Grund- und Erfüllungsgeschäft sind als Einheit zu betrachten (*BGH* ZIP 1993, 208). Die Erfüllung einer Verbindlichkeit alleine ist weder entgeltlich noch unentgeltlich und kann deshalb nicht isoliert betrachtet werden (*RG* RGZ 62, 45; *BGH* BGHZ 41, 300; BGHZ 58, 244; *Nerlich/Römermann* InsO, § 134 Rn. 12: Erfüllung entgeltlich, da Schuldner Befreiung von Verbindlichkeit erhält). Verpflichtet sich der Insolvenzschuldner zur lastenfreien Übertragung eines Grundstücks, so ist die unentgeltliche Ablöse eines Grundpfandrechtes selbstständig als unentgeltliche Leistung anfechtbar (*BGH* ZInsO 2014, 493 [494]).

10 Nach gefestigter Rechtsprechung des BGH ist die Tilgung einer fremden Schuld als unentgeltliche Leistung anfechtbar, wenn die gegen den Dritten gerichtete Forderung des Zuwendungsempfängers wertlos war; dann hat der Zuwendungsempfänger wirtschaftlich nichts verloren, was als Gegenleistung für die Zuwendung angesehen werden kann (BGHZ 174, 228 [231] Rn. 8 m.w.N.; *BGH* ZIP 2008, 232 [233] Rn. 14; ZInsO 2009, 2241 Rn. 8; ZInsO 2010, 36 [37] Rn. 8; Urt. v. 27.04.2010 – IX ZR 122/09, Rn. 6). Fällt der Dritte in die Insolvenz, so ist die Unentgeltlichkeit wegen der nur noch als Insolvenzforderung durchzusetzenden Regressforderung gegeben (*BGH* 17.06.2010 – IX ZR 186/08).

Begleicht der Schuldner aber für den Anfechtungsgegner eine gegen einen Dritten gerichtete Forderung, so liegt Entgeltlichkeit dann vor, wenn ein werthaltiger Regressanspruch gegen den Schuldner gegeben wäre, auf den der Zuwendungsempfänger hätte zugreifen können (*BGH* ZIP 2013, 87; ZIP 2010, 36). Bestellt der Schuldner für eine eigene, unentgeltlich erlangte, Verbindlichkeit eine Sicherheit, so ist dies nicht nach § 134 InsO anfechtbar (*BGH* ZIP 2004, 1819). Dieser Rechtssatz ist auch bei einer nachträglichen Besicherung einer ungekündigten Forderung anzuwenden. Im Zwei-Personen-Verhältnis ist es daher unerheblich, ob die Sicherheit bereits von Anfang an oder erst später vereinbart oder gewährt wurde (*BGH* Beschl. v. 17.09.2009 – IX ZR 222/07).

11 Ob der Zuwendung aus dem Schuldnervermögen eine ausgleichende Leistung gegenüber steht, beurteilt sich zunächst vorrangig nach **objektiven Kriterien** (*BGH* WM 1978, 671 [674]; ZIP 1991, 35; ZIP 1991, 454). Zunächst ist zu untersuchen, ob objektiv etwas in das Vermögen des Schuldners gelangt ist. Zu berücksichtigen ist dabei allerdings nur eine solche Leistung, welche nach den gemein-

Zeitpunkt des Rechtserwerbs ist umgekehrt, um betrügerische Rückdatierungen abzuwehren. Aus der Formulierung folgt weiterhin, dass auch unentgeltliche Leistungen nach dem Eröffnungsantrag von der Vorschrift erfasst werden.

Die in § 32 KO vorgesehene Ausnahme für gebräuchliche Gelegenheitsgeschenke ist von der Rspr. 4 sehr weit ausgelegt worden. Um dem für die Zukunft vorzubeugen, wird diese Ausnahme in § 134 Abs. 2 InsO ausdrücklich auf Gegenstände »geringen Werts« beschränkt (Begr. RegE BT-Drucks. 12/2443 S. 160 [161]).

Der unentgeltlichen Leistung gleichgestellt ist gem. § 322 InsO im **Nachlassinsolvenzverfahren** die 5 Erfüllung von Pflichtteilsansprüchen, Vermächtnissen oder Auflagen durch den Erben (s. *Schallenberg/Rafiqpoor* § 322).

B. Unentgeltliche Leistung

I. Begriff der Leistung i.S.v. § 134 InsO

Der Begriff der »Leistung« ist weit auszulegen. Als Leistung i.S.d. § 134 Abs. 1 InsO ist jede Rechts- 6 handlung zu verstehen, die dazu dient, einen zugriffsfähigen Gegenstand aus dem Vermögen des Schuldners zu entfernen (*BGH* 15.09.2016 – IX ZR 250/15, ZInsO 2016, 2345 [2347] Rn. 11; 21.01.1993 – IX ZR 275/91, BGHZ 121, 179 [182]; 26.04.2012 – IX ZR 146/11, ZInsO 2012, 1127 Rn. 38). Er erfasst alle Zuwendungen aus dem Vermögen des Schuldners, ohne dass die Zuwendung von dem Schuldner vorgenommen worden sein muss (HK-InsO/*Kreft* § 134 Rn. 6; a.A. MüKo-InsO/*Kirchhof* § 134 Rn. 11; *Nerlich/Römermann* InsO, § 134 Rn. 36). Anders als bei § 133 InsO bedarf es hier nämlich keiner subjektiver Voraussetzungen, die mit einer Handlung des Schuldners notwendigerweise verbunden sein müssen. Vielmehr kommt es rein objektiv auf die Vermögensentäußerung bei dem Schuldner an.

Unter den Begriff der Leistung fallen danach einmal **Verfügungen**, also solche Rechtshandlungen, 7 die ein subjektives Recht des Schuldners übertragen, belasten, inhaltlich ändern oder aufheben. Dabei muss die Verfügung nicht als Willenserklärung wirksam sein (*BGH* ZIP 2001, 889 [890]). Leistungen i.S.v. § 134 InsO sind weiterhin **Gebrauchsüberlassungen** (Leihe, § 589 BGB; *OLG Stuttgart* NJW-RR 1987, 570 [571]) und auch andere nicht **rechtsgeschäftliche Handlungen** wie die Verbindung, Vermischung oder Verarbeitung nach den § 946 ff. BGB (vgl. § 129 Rdn. 33). Auch **Vollstreckungshandlungen** zur Durchsetzung eines Schenkungsversprechens sind Leistungen i.S.d. Vorschrift (KS-InsO/*Henckel* 2000, Rn. 55; a.A. *Nerlich/Römermann* InsO, § 134 Rn. 5). Für die Masse ist es nämlich im Ergebnis unerheblich, ob der Schuldner freiwillig geleistet hat oder der Wert zwangsweise dem Vermögen entzogen wurde. Die Vollstreckungshandlung ist insbesondere dann von Bedeutung, wenn das Schenkungsversprechen nachweisbar vor der Vier-Jahresfrist abgegeben worden ist und auch die §§ 130, 131 InsO nicht einschlägig sind. Gleiches gilt dann, wenn der Anfechtungsgegner mit einer Gegenforderung gegen die Schenkungsforderung **aufrechnet**. Die Erfüllung einer Bewährungsauflage gem. § 56b Abs. 2 Nr. 2 StGB soll nach einer Literaturansicht keine Leistung i.S.d. § 134 Abs. 1 InsO darstellen (*Ahrens* NZI 2001, 456 [459]). Begründet wird dies u.a. damit, dass sich die Erfüllung der Bewährungsauflage nicht unter den zivilrechtlichen Tatbestand der freiwilligen Leistung subsumieren lässt. *Brömmekamp* sieht demgegenüber in der Erfüllung einer Bewährungsauflage eine unentgeltliche Leistung (ZIP 2001, 951 [953]).

Weiter erfasst die Vorschrift auch **verpflichtende Rechtsgeschäfte,** also insbesondere das Schen- 8 kungsversprechen (vgl. zur KO *BGH* BGHZ 41, 298 [299]; *BGH* WM 1971, 1435 [1436]; *Gerhardt* ZIP 1991, 273 ff.). Dem Empfänger eines Schenkungsversprechens, der sein Recht gem. § 39 Abs. 1 Nr. 4 InsO als nachrangiger Gläubiger aufgrund ausreichender Massen mit Erfolgsaussichten geltend macht, kann damit die Anfechtbarkeit entgegengehalten werden. Schließlich sind auch **Unterlassungen**, die Nichtunterbrechung einer Verjährungs-, Ersitzungs- oder Ausschlussfrist, sowie unterlassene Prozesshandlungen, wie das Unterlassen eines Widerspruchs gegen einen Mahnbescheid oder der Verzicht auf Klagbarkeit Leistungen i.S.v. § 134 InsO (*RG* RGZ 67, 392).

raussetzungen für die nach Abs. 4 verdächtige Rechtshandlung (HamK-InsO/*Schmidt/Rogge/Leptien* Ergänzungsbd. § 133 Rn. 73). Der Insolvenzverwalter hat nur zu behaupten und zu beweisen, dass ein entgeltlicher Vertrag geschlossen worden ist, dass der Anfechtungsgegner zu dem in § 138 InsO genannten Personenkreis gehört, und dass eine unmittelbare Gläubigerbenachteiligung eingetreten ist. Für die in Abs. 4 Satz 2 InsO genannten Ausschlussgründe ist der Anfechtungsgegner beweispflichtig.

§ 134 Unentgeltliche Leistung

(1) Anfechtbar ist eine unentgeltliche Leistung des Schuldners, es sei denn, sie ist früher als vier Jahre vor dem Antrag auf Eröffnung des Insolvenzverfahrens vorgenommen worden.

(2) Richtet sich die Leistung auf ein gebräuchliches Gelegenheitsgeschenk geringen Wertes, so ist sie nicht anfechtbar.

Übersicht

		Rdn.			Rdn.
A.	**Allgemeines**	1	VII.	Zuwendungen an Ehegatten oder Familienangehörige	22
B.	**Unentgeltliche Leistung**	6	VIII.	Mittelbare Zuwendung	24
I.	Begriff der Leistung i.S.v. § 134 InsO	6	IX.	Verträge zugunsten Dritter	25
II.	Unentgeltlichkeit der Leistung	9	X.	Lebensversicherungen	26
III.	Schenkung	14	XI.	Sonstige Fälle	31
IV.	Erfüllung und Sicherung eigener Schulden	16	C.	**Gebräuchliches Gelegenheitsgeschenk (Abs. 2)**	33
V.	Erfüllung, Sicherung und Übernahme fremder Verbindlichkeiten	17	D.	**Vornahmezeitraum, Benachteiligung und Beweislast**	35
VI.	Unentgeltliche Leistungen im Rahmen von Dienstverhältnissen	20			

Literatur:
Brandner Formen des Gläubigerzugriffs auf Ehegattenvermögen, in FS Merz 1992, S. 3; *Hasse* Interessenkonflikte bei der Lebensversicherung zugunsten Dritter, 1981; *Scherer* Die Gläubigeranfechtung der Bezugsberechtigung und der Prämienzahlung beim Lebensversicherungsvertrag zu Rechten Dritter, Diss. Karlsruhe 1991.

A. Allgemeines

1   Die Vorschrift behandelt die früher in § 32 KO geregelte Schenkungsanfechtung. Ihr entspricht § 4 AnfG in der Gläubigeranfechtung. Der Gebrauch der Worte »unentgeltliche Leistung« statt »unentgeltliche Verfügungen« (§ 32 Nr. 1 KO) soll in Übereinstimmung mit der Rechtsauffassung zur KO deutlich machen, dass der Tatbestand nicht nur rechtsgeschäftliche Verfügungen im engen materiell-rechtlichen Sinn erfasst. Allerdings ist auch dieser Begriff zu eng und muss entsprechend erweiternd interpretiert werden (vgl. Rdn. 6). Da die Vorschrift nicht nur Schenkungen i.S.v. § 516 BGB erfassen soll, wird die übliche Bezeichnung »Schenkungsanfechtung« vermieden.

2   Der **Normzweck** der Anfechtung unentgeltlicher Leistungen liegt nicht in der Durchsetzung des Prinzips der gleichen Behandlung aller Gläubiger. Vielmehr wird aus Billigkeitsgründen dem Insolvenzverwalter die Möglichkeit gegeben, freigiebige Zuwendungen des Schuldners in den letzten vier Jahren vor oder nach dem Antrag auf Eröffnung des Insolvenzverfahrens zugunsten der Insolvenzgläubiger rückgängig zu machen (*BGH* BGHZ 58, 240 = WM 1972, 471; ZIP 1992, 1089; BGHZ 113, 393). Dies deckt sich mit der allgemein im Recht wieder zu findenden geringeren Bestandskraft unentgeltlichen Erwerbs (vgl. §§ 528, 816 Abs. 1 Satz 2, 822, 988 BGB).

3   Dieser Normzweck rechtfertigt es auch, den früher in § 32 KO bestimmten Vornahmezeitraum von einem (Nr. 1) bzw. zwei (Nr. 2) Jahren einheitlich auf einen Zeitraum von **vier Jahren** vor dem Eröffnungsantrag auszudehnen. Aufgrund der Ausdehnung des Anfechtungszeitraums auf vier Jahre ist eine unterschiedliche Regelung für den Ehegatten des Schuldners oder für alle nahe stehenden Personen nicht mehr erforderlich (vgl. § 32 Nr. 2 KO, § 10 Abs. 1 Nr. 3 GesO). Die Beweislast für den

derungszession), Hingabe an Erfüllungs Statt (*RG* JW 1897, 170; LZ 1913, 311), Zwangsvollstreckungsakte (nur) dann, wenn sie in kollusivem Einvernehmen mit dem Schuldner erfolgen (*RG* RGZ 47, 224 [225]; JW 1898, 52; LZ 1909, 692; *OLG Naumburg* LZ 1913, 324 Nr. 7) oder die Gewährung einer vollstreckbaren Urkunde für eine Forderung (*RG* RGZ 9, 100 [103]).

III. Entgeltlichkeit

Entgeltlich ist der Vertrag, wenn der Erwerb des anderen Teils in seiner Endgültigkeit von einer ausgleichenden Zuwendung des anderen Teils rechtlich abhängig ist (*RG* DJ 40, 654). In Abgrenzung zu § 134 InsO (*Uhlenbruck/Ede/Hirte* InsO, § 133 Rn. 184) sind Verträge als entgeltlich anzusehen, wenn der Leistung des Schuldners eine ausgleichende Zuwendung der ihm nahestehenden Person gegenübersteht und beide rechtlich voneinander abhängen (*BGH* ZInsO 2016, 1578 [1579] Rn. 14; ZInsO 2013, 337 Rn. 26). Es genügt dabei jeder wirtschaftliche Vorteil, z.B. Zahlungserleichterung, Teilerlass, Stundung, Kreditgewährung, Rücknahme einer Kündigung. Bei reinen Erfüllungsgeschäften liegt diese in der Schuldbefreiung (*BGH* ZInsO 2016, 1578 [1579] Rn. 15; ZIP 1990, 459 [460]; ZIP 1995, 1021 [1024]; *OLG Celle* ZInsO 2000, 378; *RG* RGZ 67, 392: auch bei klagloser Schuld; a.A. *Jaeger/Henckel* InsO, § 133 Rn. 60, der nur das Grundgeschäft betrachtet). Auch wenn keine Verpflichtung zur Bestellung einer Sicherheit besteht, kann diese entgeltlich sein (*RG* 29, 300; WarnRspr 33 Nr. 158; beachte auch § 131). Beiträge zu Anschaffungen des Ehegatten sind entgeltlich, wenn diese, insbesondere bei Kfz oder Hausrat, vom Schuldner mitbenutzt werden sollen (*Jaeger/Henckel* KO, § 31 Rn. 26). Für die Entgeltlichkeit genügt es nicht, dass ein Kommanditist, der eine Verbindlichkeit der KG sichert, im gesamthänderischen Verbund der Gesellschafter von Verbindlichkeiten der KG betroffen ist (*LG Hamburg* ZIP 1992, 1251 [1252]). Die Unentgeltlichkeit des Vertrages und insbesondere der Umstand, dass die Entgeltlichkeit nicht festgestellt werden kann, steht der Anfechtung nach § 133 Abs. 2 InsO nicht entgegen, da unentgeltliche Leistungen nach § 134 InsO unter weiteren Voraussetzungen anfechtbar sind und damit erst recht nach § 133 Abs. 2 InsO anfechtbar sein müssen.

Der Schuldner oder sein Stellvertreter muss mit der anderen Vertragspartei oder deren Stellvertreter in einem in § 138 InsO genannten Verhältnis stehen (vgl. Kommentierung dort) und die Gläubiger müssen durch den Abschluss des Vertrages unmittelbar benachteiligt werden.

IV. Unmittelbare Gläubigerbenachteiligung

Die Anfechtung nach Abs. 4 setzt eine unmittelbare Gläubigerbenachteiligung voraus. Eine Benachteiligung ist unmittelbar, wenn eine Rechtshandlung des Insolvenzschuldners die Möglichkeit des Zugriffs der Gläubiger unmittelbar verschlechtert (*BGH* ZInsO 2016, 1578 [1579] Rn. 17). Das Hinzutreten weiterer Umstände ist nicht notwendig. Zur Unmittelbarkeit s. § 129 Rdn. 73 und zum rechtlichen Zusammenhang § 129 Rdn. 70.

V. Ausschluss der Anfechtung nach Abs 4

Die Anfechtung ist ausgeschlossen, wenn der Vertrag mehr als zwei Jahre **vor** dem Eröffnungsantrag (§ 13 InsO) geschlossen worden ist oder dem Anfechtungsgegner der Benachteiligungsvorsatz des Insolvenzschuldners nicht bekannt war (Satz 2, vgl. hierzu Rdn. 46, 61). Für beide Ausschlusstatbestände ist der Anfechtungsgegner darlegungs- und beweispflichtig. Dies findet seine Rechtfertigung darin, dass gegenüber nahestehenden Personen vermutet werden kann, dass sie mit den Verhältnissen des Gemeinschuldners vertraut waren und entsprechendes Insiderwissen besitzen. Der Vertrag ist in dem in § 140 InsO genannten Zeitpunkt geschlossen. Zur Berechnung der Frist vgl. § 139 InsO.

VI. Beweislast

Der Abs. 4 bewirkt nunmehr zugunsten des Insolvenzverwalters gegenüber der Vorschrift des Abs. 1 eine Beweislastumkehr und zwar im Hinblick auf den Vornahmezeitpunkt und den subjektiven Vo-

stände nicht zur Begründung der entsprechenden Vermutung führen konnte. Es bewirkt nun nur, dass ein Insolvenzverwalter dem ihm bereits obliegenden Beweis der Kenntnis des Anfechtungsgegners von der Zahlungsunfähigkeit des Insolvenzschuldners, nicht auf die Gewährung einer Zahlungserleichterung oder auf eine Stundungsbitte stützen kann. Dies ist nur dann möglich, wenn weitergehende zu beweisende und darzulegende Umstände hinzutreten. Diese sind anzunehmen, wenn der Insolvenzschuldner eine geschlossene Zahlungsvereinbarung nicht einhält und ggf. dann mit weiteren Forderungen gegenüber dem Anfechtungsgegner in Rückstand kommt. Oder, wenn der Insolvenzschuldner gegenüber weiteren Gläubigern Verbindlichkeiten aufbaut, die er dann nicht durch Begründung einer Zahlungsvereinbarung oder Zahlungserleichterung bedienen kann. Bezeugt der Schuldner gegenüber dem Gläubiger, er werde andere Gläubiger nicht befriedigen und nur seine offene Forderung tilgen, so widerlegt dies die Vermutung. Auch eine Erklärung des Insolvenzschuldners seine fälligen Verbindlichkeiten nicht befriedigen zu können, stellt einen Umstand dar. Auch dem Anfechtungsgegner bekannt gewordene fruchtlose Vollstreckungsversuche gegenüber dem Schuldner, die möglicherweise sogar durch ihn ausgelöst wurden, sind geeignet die Vermutung zu widerlegen. Ein besonderes Näheverhältnis des Anfechtungsgegners gegenüber dem Insolvenzschuldner kann zum Vermutungsausschluss führen, wenn er dazu Großgläubiger ist und eine mögliche strafrechtliche Sanktion des Handelns des Insolvenzschuldners bei diesem vorliegt. Anpassung von bestehenden Zahlungsvereinbarungen in einer solchen Situation liegen nahe, wenn der Insolvenzschuldner nicht plausibel darlegen und beweisen kann, dass Zahlungsfähigkeit besteht, dass er auch gegenüber anderen Gläubigern seine bestehenden Verbindlichkeiten nicht erfüllen oder tilgen kann (BT-Drucks. 18/7054, S. 18).

V. Beweislast

87 Der Insolvenzverwalter hat die Tatsachen, aus denen sich die Rechtshandlung des Schuldners oder sein Mitwirken bei der Vornahme durch einen anderen ergibt, dessen Benachteiligungsvorsatz, die Kenntnis hiervon beim Anfechtungsgegner und die objektive Gläubigerbenachteiligung zu beweisen. Der Beweis wird ihm in den Fällen der Verschleuderung, der inkongruenten Deckung und nach Abs. 1 Satz 2 erleichtert. Zur Beweiserleichterung und Darlegung nur der ersten Vermutungsvoraussetzung durch den Verwalter (*BGH* ZIP 2009, 573 [574]). Der Anfechtungsgegner kann die Vermutung des § 133 Abs. 1 Satz 2 InsO durch konkrete Darlegung von Umständen, die es wahrscheinlich erscheinen lassen, dass ihm der Gläubigerbenachteiligungsvorsatz nicht bekannt war, widerlegen (*BGH* ZIP 2007, 1151; DZWIR 2007, 471).

D. Entgeltliche Verträge mit nahestehenden Personen (Abs. 4 n.F.)

I. Nahestende Person

88 Abs. 4 verweist insoweit auf § 138 InsO. Eine Stellvertretung für die nahestehende Person ist nach den allgemeinen Regeln möglich, aber für die Insolvenzanfechtung nicht beachtlich.

II. Vertrag

89 Vertrag i.S.v. § 132 InsO ist jeder auf wechselseitiger Willensübereinstimmung beruhende Erwerbsvorgang, ohne dass es sich dabei um einen Vertrag i.S.d. BGB handeln muss (MüKo-InsO/*Kirchhof* § 133 Rn. 40). Wobei der Vertragsbegriff weit auszulegen ist (*BGH* ZInsO 2016, 1578 [1579] Rn. 15). Hierunter fallen u.a. reine Erfüllungsgeschäfte (*BGH* ZInsO 2014, 1602 [1603]) und etwa schuldrechtliche (*RG* Gruchot 31, 1120: Leibrentenvertrag; JW 1899, 540: Miet- und Pachtvertrag; RGZ 12, 66 ff.: Schuldanerkenntnis; JW 1888, 383; 1889, 20: Teilungsvertrag; RGZ 26, 74; SeuffArch 45 Nr. 231: Hingabe eines Wechsels), dingliche (*BGH* ZIP 1982, 856: Grundstücksübertragung; *RG* RGZ 6, 85; RGZ 9, 103; RGZ 29, 299; JW 1897, 466; JW 1898, 664; JW 1912, 307; LZ 15, 637: Pfand- und Hypothekenbestellung; Gruchot 54, 623: Sicherungsübereignungen), güterrechtliche (*OLG Zweibrücken* OLGZ 1965, 304) und Gesellschaftsverträge (*RG* LZ 15, 300), Geben und Nehmen einer Leistung als Erfüllung (*RG* RGZ 27, 134; RGZ 29, 300; RGZ 51, 76; RGZ 62, 45; WarnRspr 1915 Nr. 64; *BGH* ZIP 1990, 459; *OLG Celle* ZInsO 1999, 474 [475]: For-

satz des Insolvenzschuldners kann weiterhin aus einer vermuteten Kenntnis von der Zahlungsunfähigkeit des Insolvenzschuldners hergeleitet werden. Und zwar dann, wenn der Anfechtungsgegner Umstände kannte, die zwingend auf die Zahlungsunfähigkeit des Insolvenzschuldners schließen lassen. Der Gesetzgeber hat dadurch das von ihm im alten Recht eingeführte Indiz der Zahlungsunfähigkeit im Fall der kongruenten Deckung erheblich zurückgenommen. Da nach § 17 Abs. 2 Satz 2 InsO die Zahlungseinstellung weiterhin die Zahlungsunfähigkeit begründet, werden sich keine großen Veränderungen ergeben, wenn der Insolvenzverwalter den Nachweis von der Kenntnis der Zahlungsunfähigkeit führen kann (*Hacker* NZI 2017, 148 [149]).

2. Bei Zahlungsvereinbarung und Zahlungserleichterung (Abs. 3 Satz 2)

Nach Abs. 3 Satz 2 ist nunmehr zu vermuten, dass der andere Teil die Zahlungsunfähigkeit des Insolvenzschuldners kannte, wenn er mit ihm eine Zahlungsvereinbarung getroffen hat oder eine Zahlungserleichterung gewährte. Grundsätzlich ist sich nunmehr zu fragen, was objektiv unter einer Zahlungsvereinbarung oder einer Zahlungserleichterung zu verstehen ist (*Thole* ZIP 2017, 401 [406]). Nach der gefestigten Rechtsprechung besteht grds. immer die Nichtkenntnis der Zahlungsunfähigkeit, wenn der Schuldner eine Ratenzahlungsvereinbarung geschlossen hatte. Infolge des Abschlusses einer Ratenzahlungsvereinbarung kann nicht zwingend auf die Zahlungsunfähigkeit gefolgert werden. Um diese Erkenntnis auszulösen müssen weitere Umstände hinzutreten. Mit der Einführung des Abs. 3 Satz 2 wollte der Gesetzgeber die im Allgemeinen weitverbreitete Maßnahme der Gewährung von Ratenzahlung oder einer Zahlungsstundung einer rechtssicheren Basis zuführen. Daneben wird unter Berücksichtigung der Vorschriften der §§ 802b ZPO, 76 SGB IV, 42 StGB, 459a StPO und §§ 222, 258 AO eine weitere Rechtssicherheit den Gläubigern gegeben, die im Rahmen von Vollstreckungsmaßnahmen zur gütlichen Beilegungszahlungsvereinbarungen mit dem Schuldner bereit sind. 81

Grundsätzlich ist nicht zu erklären, wieso aus dem Abschluss einer Zahlungsvereinbarung oder der Gewährung von Zahlungserleichterungen regelmäßig auf die Kenntnis oder Unkenntnis einer Zahlungsunfähigkeit beim Schuldner geschlossen werden kann. Bei der Vereinbarung von Zahlungserleichterungen kann man wohlwollend annehmen, bei dem Schuldner könnten Zahlungsschwierigkeiten vorliegen. Gleichzeitig lässt sich aber auch der umgekehrte Schluss ziehen, mit einer Zahlungserleichterung wolle der Schuldner seine finanzielle Situation wieder in den Griff bekommen. In diesem Fall brauchte er nicht zahlungsunfähig zu sein (BT-Drucks. 18/7054, S. 18). 82

Wieso ein Gläubiger bessergestellt werden soll, der mit seinem Schuldner Zahlungserleichterungen vereinbart, als ein Gläubiger, dessen Forderungen vom Insolvenzschuldner vertragsgemäß bedient werden (*Hacker* NZI 2017, 148 [149]) ist nicht ersichtlich. 83

Die neu geschaffene Vermutungsregelung des Abs. 3 Satz 2 ändert an der bisher vorherrschenden Rechtslage nichts. Dem Anfechtungsgegner steht es nämlich frei die Vermutungsregelung durch andere Umstände zu widerlegen (BT-Drucks. 18/7054, S. 18). Eine Bitte um Ratenzahlung (Zahlungsvereinbarung) ist nach der bisherigen Rechtsprechung als unbedenklich zu betrachten, wenn sie den Gepflogenheiten des Rechtsverkehrs entspricht (*Urlaub/Rebel* ZInsO 2017, 1136 [1139]). Ist die Gepflogenheit im Rechtsverkehr nicht gegeben, so ist die Vermutung des Abs. 3 bereits widerlegt. 84

Nunmehr ist es den Gläubigen unbenommen mit einem Gläubiger, der sich in Zahlungsrückstand befindet, eine Zahlungsvereinbarung abzuschließen oder die Forderung weiter unmittelbar durchzusetzen. Zur Möglichkeit der Ausgestaltung einer solchen Ratenzahlungsvereinbarung s. *Urlaub/Riebel* ZInsO 2017, 1139 [1140]. 85

Kann der Insolvenzverwalter über die Vermutungsregelung die entsprechenden Tatsachen beweisen so wird, was anzunehmen ist, er die Vermutung des Abs. 1 Satz 2 belegen können. Der Nachweis der Umstände die zur Vermutung im Rahmen des Abs. 1 Satz 2 führten oblag bis jetzt schon dem Insolvenzverwalter, da der Abschluss einer Ratenzahlungsvereinbarung – jetzt wohl unter dem Begriff der Zahlungsvereinbarung zu subsumieren – ohne die Darlegung und den Beweis weitergehender Um- 86

Benachteiligungsvorsatz des Insolvenzschuldners nicht kannte (*BGH* ZInsO 2016, 1251 [1253] Rn. 23). Dabei sind aber im Hinblick auf die Kenntnis vom Vorliegen der Voraussetzungen eines ernsthaften Sanierungsversuches nicht die gleichen Anforderungen zu stellen, wie sie für den Schuldner selbst oder seine Organe gelten. Diesem Fall muss der Anfechtungsgegner konkrete Umstände darlegen und beweisen, die es wahrscheinlich erscheinen lassen, dass ihm im Hinblick auf den (hier gescheiterten) Sanierungsversuch der Gläubigerbenachteiligungsvorsatz des Schuldners nicht bekannt geworden ist (*BGH* ZInsO 2016, 1251 [1253] Rn. 24). Beschränkt sich ein Sanierungsversuch nur darauf, dass alle oder ein Teil der Gläubiger quotal auf ihre Forderungen verzichten, ist dies nur dann erfolgversprechend, wenn der Insolvenzgrund allein auf einem Finanzierungsproblem beruht, etwa dem Ausfall berechtigter Forderungen des Schuldners, das Schuldnerunternehmen aber grds. profitabel arbeitet. Kann in diesem Fall durch einen Schuldenschnitt die Zahlungsfähigkeit dauerhaft wiederhergestellt und die Überschuldung beseitigt werden, werden hierdurch andere, auch künftige Gläubiger nicht benachteiligt (*BGH* ZInsO 2016, 1251 [1253] Rn. 31). Dabei obliegt es aber dem Gläubiger zu prüfen, ob die Insolvenz nur auf dem Ausfall von Forderungen beruht oder ein unwirtschaftlicher Geschäftsbetrieb die Ursache war. Daher muss der Gläubiger vom Schuldner entsprechende Informationen abfordern, die in sich schlüssig sind. Erst wenn alle diese Informationen beim Gläubiger eingegangen sind, kann dieser von einem erfolgversprechenden Sanierungsplan ausgehen (*BGH* ZInsO 2016, 1251 [1253] Rn. 34–40). Damit kommt es bei der Frage der rechtlichen Umsetzbarkeit eines Sanierungskonzeptes auf die tatsächlichen Umstände an, bei deren Bewertung auch die Rechtsansicht der zuständigen Gerichte mit heranzuziehen ist (*OLG Frankfurt* NZI 2017, 265 [267]).

6. Zurechnung der Kenntnis

79 Die **Kenntnis eines Stellvertreters** ist entsprechend § 166 BGB zuzurechnen (vgl. § 130 Rdn. 60 ff.). Das Wissen eines Sachbearbeiters in einer Behörde wird dieser zugerechnet (*BGH* ZInsO 2013, 608 ff.). Im Rahmen von § 133 InsO kommt es dabei für die Anwendung von § 166 Abs. 2 BGB darauf an, ob der Vertretene Gegenstand und Inhalt des Geschäfts so festgelegt hat, dass es Gläubigerbenachteiligung bewirkt. Überträgt der Schuldner mit Benachteiligungsvorsatz dem seiner elterlichen Sorge unterliegenden Kind schenkungsweise einen Vermögensgegenstand, muss das Kind Kenntnis vom Vorsatz haben, wenn es selbst die seinerseits erforderlichen Willenserklärungen abgegeben hat (*BGH* ZIP 1985, 690). Betrieb der Insolvenzschuldner ein sog. »Schneeballsystem« und hatten die von ihm Bevollmächtigten davon Kenntnis, so kannten diese zumindest die drohende Zahlungsunfähigkeit. Bei einem solchen System bedarf es immer neuer Gläubiger, die geworben werden, um neue Liquidität zu schaffen. Dabei wird die Befriedigung der letzten eingetretenen Gläubiger immer unwahrscheinlicher. Hier wird das Bewusstsein des Handelns des Gläubigers in Kenntnis der drohenden Zahlungsunfähigkeit begründet. Ist dann die Kenntnis des Anfechtungsgegners von diesen Umständen gegeben, so liegt darin ein sicheres Zeichen für die Kenntnis des Benachteiligungsvorsatzes des Insolvenzschuldners.

IV. Kenntnis des Anfechtungsgegners nach neuem Recht (Abs. 3)

1. Kenntnis des anderen Teils

80 Im Rahmen der Änderungen des Anfechtungsrechts werden hier keine Änderungen zum Nachweis des Benachteiligungsvorsatzes vorgenommen. Vielmehr liegt das Hauptaugenmerk der Reform nur auf dem Nachweis der Kenntnis des anderen Teils. Die Vermutung der Kenntnis des anderen Teils vom Benachteiligungsvorsatz des Schuldners nach § 133 Abs. 1 Satz 2 InsO ist nunmehr anhand des § 133 Abs. 3 Satz 1 InsO n.F. vorzunehmen. Dabei kann sich die Kenntnis nur noch auf die eingetretene und nicht mehr auf die drohende Zahlungsunfähigkeit beziehen. Dies ist aber nur dann im Fall der kongruenten Deckungshandlung gegeben. Es kommt in diesen Fällen nunmehr auch wieder entscheidend auf die Abgrenzung zwischen kongruenter und inkongruente Deckungshandlung an (*Thole* ZIP 2017, 401 [405]). An der grds. ablaufenden Vermutungskette, wie vorstehend dargestellt, ändert sich nichts. Eine Vermutung der Kenntnis des Anfechtungsgegners vom Benachteiligungsvor-

noch keinen Insolvenzantrag nach § 64 GmbHG zum Zeitpunkt der Rechtshandlung gestellt hat (*OLG Stuttgart* ZIP 2004, 129). Aus der wiederholt verspäteten Abgabe von Lohn- bzw. Umsatzsteuererklärungen kann durch den Versuch des Verschaffens einer Liquiditätshilfe ein Indiz für das Vorliegen des Benachteiligungsvorsatzes des Schuldners bzw. der Kenntnis des Gläubigers von der drohenden Zahlungsunfähigkeit vorliegen (a.A. *LG Frankfurt* ZInsO 2014, 503 [505]). Werden von einem Insolvenzschuldner über einen Zeitraum von mehr als 10 Monaten die fälligen Sozialversicherungsbeiträge immer mit einer Verspätung von 3–4 Wochen gezahlt, so kann nach der Entscheidung des BGH ein Tatrichter zu der Würdigung kommen, ein solches Verhalten lasse noch nicht auf die Zahlungseinstellung schließen. Wird damit begründet, dass erst eine mehrmonatige Nichtzahlung der Sozialversicherungsbeiträge auf die Zahlungseinstellung schließen lassen würde (*BGH* ZInsO 2013, 2434 [2435] Rn. 13 ff.); diese Entscheidung wird häufig von Sozialversicherungsträgern falsch interpretiert. Dabei wird aber nicht ausreichend berücksichtigt, dass im damals entschiedenen Fall die Zahlungsrückstände nur zwischen 1.300 € und 2.300 € (*BGH* ZInsO 2013, 2434 [2435] Rn. 14) betragen haben. Damals bestanden Gesamtverbindlichkeiten in Höhe von ca. 390.000 €. (*BGH* ZInsO 2013, 2434 [2435] Rn. 14). In diesem Verhältnis sah der Senat das mögliche Indiz als nicht sehr beachtlich an. Daneben hat er aber entschieden, dass eine mehrmonatige, nicht notwendig sechsmonatige, Nichtabführung der Sozialversicherungsbeiträge ein Indiz für die Zahlungseinstellung ist (*BGH* ZInsO 2015, 1262 [1264] Rn. 20).

Kennt der der Anfechtung unterliegende Gläubiger den gestellten Insolvenzantrag im Zeitraum seiner Befriedigung, so lässt dies auf den Benachteiligungsvorsatz schließen. Die Kenntnis einer bevorzugten Befriedigung in solch einem Zeitraum ergibt sich zwangsläufig aus dem Handeln des Schuldners mit Benachteiligungsvorsatz und der Kenntnis beim Anfechtungsgegner (*BGH* ZInsO 2012, 138 [39] Rn. 15). Ein Schuldner, der den gestellten Insolvenzantrag oder die bestehende Zahlungsunfähigkeit kennt, weiß, dass bei einer eigenen Befriedigung durch den Schuldner eine Befriedigung der anderen Gläubiger vereitelt oder erschwert wird. Das Indiz wird besonders im Fall der Kenntnis der gewerblichen Tätigkeit des Schuldners beim Gläubiger verstärkt, da er hier mit dem Vorhandensein von weiteren Gläubigern rechnen muss (*BGH* ZInsO 2016, 628 [629] Rn. 11). Werden Verbindlichkeiten des Fiskus nur noch unter Vollstreckungsdruck beglichen und weiß er von einer Nichtausweitung eines bereits ausgeschöpften Kredites bei der Hausbank des Schuldners, so kann hieraus auf die Zahlungseinstellung des Insolvenzschuldners und dessen Kenntnis vom Benachteiligungsvorsatz uneingeschränkt geschlossen werden (*BGH* ZInsO 2016, 507 [508] Rn. 15 ff., 21). Ein Energieversorger kennt die Zahlungsunfähigkeit, wenn der Schuldner einen erheblichen Zahlungsrückstand hat und vereinbarte ratenweise Rückführung nicht einhält, wobei im entschiedenen Fall noch ein illegales »Anzapfen« des Stromnetzes hinzukam (*BGH* ZInsO 2009, 2148 [2149] Rn. 11 ff.). Die Rückgabe von Lastschriften stellt auch ein starkes Beweisanzeichen dafür dar. Schweigt dann der Schuldner monatelang gegenüber seinem Gläubiger bei Bestehen einer erheblichen Forderung, reagiert nicht auf die gestellten Rechnungen und Mahnungen und bietet dann, nach Einschaltung eines Inkassounternehmens eine Ratenzahlung an, die er nicht einhält, folgt darauf ein Mahnbescheidverfahren oder das Klageverfahren und vergleicht sich dann der Schuldner erneut, wobei er teilweise erklärt, die Forderung prüfen zu müssen, so stellt dies ein Indiz für die Zahlungseinstellung des Insolvenzschuldners ebenfalls dar (*BGH* ZInsO 2016, 1427 [1429] Rn. 16; ZInsO 2016, 628 [629] Rn. 13 ff.). Ein weiteres Indiz für die Kenntnis ist, wenn zwischen dem Insolvenzschuldner und dem Gläubiger Vereinbarungen geschlossen werden, nur noch nach dem jeweiligen Kassenbestand zu bezahlen. Und dies zwar so, dass bei vorhandenen liquiden Mitteln ein Teil davon auf die Altschulden verrechnet wird und der andere Teil zum Begleichen der Neuware (*BGH* ZInsO 2016, 2474 [2477] Rn. 23).

5. Bei Sanierung oder Sanierungsversuch

Im Rahmen einer Sanierung oder eines Sanierungsversuches ist der Anfechtungsgegner über das Bestehen einer Zahlungsunfähigkeit oder drohenden Zahlungsunfähigkeit vollständig unterrichtet. Dadurch greift dann die Vermutungsregelung des § 133 Abs. 1 Satz 2 InsO ein und die Beweislast wird umgekehrt. Es obliegt dann dem Anfechtungsgegner darzulegen und zu beweisen, dass er den

lass bestand, an der Zahlungsfähigkeit des Insolvenzschuldners Zweifel zu hegen (*BGH* ZInsO 2013, 2213 [2214] Rn. 14; ZInsO 2012, 2244 [2245] Rn. 13). Die Kenntnis des Anfechtungsgegners wird auch in dem Fall vermutet, indem er den Begriff der Inkongruenz selbst so nicht kennt, sondern nur die Umstände, die eine Inkongruenz generell begründen (*BGH* ZInsO 2006,94 [96]).

72 Die Indizwirkung kann jedoch entkräftet sein, wenn der Anfechtungsgegner annimmt, die Leistung beanspruchen zu dürfen (*BGH* ZIP 2004, 1370 [1373]; WM 1990, 1588). Ausreichend ist die Kenntnis der Umstände, aus denen die Inkongruenz folgt, ohne dass diese in rechtlicher Sicht richtig bewertet werden müssen (*BGH* ZIP 2004, 1060 [1062]). Eine kongruente Deckung schließt die Kenntnis nicht aus, wenn besondere Umstände hinzukommen (*RG* RGZ 51, 76 [79]). Die Kenntnis muss spätestens zu dem in § 140 InsO genannten **Zeitpunkt** vorliegen (vgl. *BGH* ZIP 1997, 513; ZIP 1999, 406: auch bei Abtretung künftiger Forderungen).

4. Kenntnis bei (drohender) Zahlungsunfähigkeit; Vermutungsregel des Abs. 1 Satz 2

73 Die Kenntnis wird vermutet, wenn der Anfechtungsgegner vom Drohen der Zahlungsunfähigkeit und der Gläubigerbenachteiligung (hierzu s. § 131 Rdn. 41) wusste (Abs. 1 Satz 2). Er wird um das Drohen der Zahlungsunfähigkeit wissen, wenn er die Tatsachen kennt, die den Schluss darauf zulassen, dass der Schuldner voraussichtlich die bestehenden Zahlungspflichten bei Fälligkeit nicht erfüllen kann (vgl. § 18 Abs. 2 InsO; *BGH* ZInsO 2016, 507 [509] Rn. 21; ZIP 2009, 189; ZIP 2003, 1900 [1902]). Kenntnis der (drohenden) Zahlungsunfähigkeit setzt auch die Kenntnis von Umständen gleich, die auf die (drohende) Zahlungsunfähigkeit schließen lassen. Eine unzutreffende Bewertung der tatsächlichen Umstände schließt die Kenntnis nicht aus (*BGH* ZInsO 2016, 507 [509] Rn. 21).

74 ennen sowohl Insolvenzschuldner als auch der Gläubiger die bestehende Zahlungsunfähigkeit, so ist generell vom Benachteiligungsvorsatz beim Schuldner und dessen Kenntnis beim Gläubiger auszugehen (*BGH* ZInsO 2016, 214 [216] Rn. 23). Die Kenntnis ist bei dem Anfechtungsgegner auch gegeben, wenn er anfangs die Illiquidität des Schuldners angenommen hat und nunmehr davon ausgeht, diese sei beseitigt worden, was objektiv nicht zutrifft (*BGH* NZI 2017, 28 [30] Rn. 12).

75 Die Kenntnis des Gläubigers von einer drohenden Zahlungsunfähigkeit des Schuldners und der damit bestehenden Kenntnis des Gläubigerbenachteiligungsvorsatzes ist immer dann noch anzunehmen, wenn Verbindlichkeiten des Schuldners gegenüber dem Gläubiger stetig und in beachtlichem Umfang ansteigen, ohne das eine nennenswerte Rückführung erfolgt. Dabei muss ihm nach den jeweiligen Umständen bewusst sein, dass neben ihm noch andere Gläubiger mit und befriedigten Forderungen bestehen. Diese vom BGH aufgestellte Annahme ist aber nicht i.S. eines unwiderleglichen Rechtssatzes zu verstehen. Dies wird nach der Rechtsprechung des BGH nur als ein Beweisanzeichen i.S. eines Erfahrungssatzes gesehen. Geht es um die Kenntnis des Gläubigers bei einer möglichen drohenden Zahlungsunfähigkeit, so ist bei einer schleppenden Zahlung des Gläubigers oder bei Zahlungen unter Vollstreckungsdruck oder gänzlich ausbleibenden Zahlungen eine Gesamtbetrachtung der Umstände durchzuführen. In diese Bewertung der Umstände ist insbesondere auf die Forderungsart, die Person des Schuldners, und den jeweils betreffenden Geschäftsbetrieb abzustellen. Ist dem Anfechtungsgegner die gewerbliche/unternehmerische Tätigkeit des Insolvenzschuldners bekannt, so muss er bei einer nicht vollständigen Begleichung seiner eigenen Forderung und Kenntnis von weiteren ungedeckten Verbindlichkeiten des Schuldners mit dem Be(ent)stehen weiterer Verbindlichkeiten rechnen (*BGH* ZInsO 2010, 807 [809] Rn. 21).

76 Dies ist etwa der Fall, wenn Anfechtungsgegner weiß, dass der Schuldner nicht einmal in der Lage ist, verhältnismäßig geringe, für die Existenz des Betriebes aber notwendige Betriebskosten wie Sozialversicherungsbeiträge für einen längeren Zeitraum zu bezahlen (*OLG Stuttgart* ZIP 2004, 129 [131]). Angesichts der partiellen Strafbewehrtheit seiner Forderungen muss sich bei Kenntnis der drohenden Zahlungsunfähigkeit einem Sozialversicherungsträger dann auch seine Bevorzugung und damit die Benachteiligung der anderen Gläubiger aufdrängen (*BGH* ZInsO 2013, 2213 ff.; ZIP 2003, 1506 [1510]). Dem steht auch nicht entgegen, dass bei einer GmbH der Geschäftsführer

den muss. In diesem Fall wird dann über die §§ 17 Abs. 2 Satz 2, 130 Abs. 2 InsO –entweder durch unmittelbare oder analoge Anwendung – grds. vermutet, dass der Anfechtungsgegner die (drohende) Zahlungsunfähigkeit. Kennen musste. Diese Vermutung führt dann über die Anwendung des § 133 Abs. 1 Satz 2 InsO zur Kenntnis des jeweiligen Benachteiligungsvorsatzes des Insolvenzschuldners. Mit anderen Worten, wenn der Anfechtungsgegner Kenntnis über eine mögliche wirtschaftliche Schieflage des Insolvenzschuldners hatte, so wird in diesem Fall vermutet, dass auch der Insolvenzschuldner die entsprechende Kenntnis hatte. Daher begründet die Kenntnis des Insolvenzschuldners von eigenen wirtschaftlichen und finanziellen Schwierigkeiten, die wiederum auf die drohende Zahlungsunfähigkeit schließen lassen, den Benachteiligungsvorsatz.

2. Kenntnis und Zeitpunkt

Die Vorsatzanfechtung nach § 133 InsO setzt im Falle des Abs. 1 voraus, dass der andere Teil, damit ist der Anfechtungsgegner gemeint, zur Zeit der Vornahme der Handlung (Zeitpunkt gem. § 140 InsO) den Vorsatz des Insolvenzschuldners kannte. Ihm muss also bekannt gewesen sein, dass die Rechtshandlung des Insolvenzschuldners die Gesamtgläubigerschaft benachteiligt. Inhalt des Benachteiligungsvorsatzes des Schuldners ist die von ihm durchgeführte Rechtshandlung, die gläubigerbenachteiligend ist. Daher muss der Anfechtungsgegner neben dem zielgerichteten Willen des Schuldners auch die von ihm veranlasste Rechtshandlung nebst der damit zusammenhängend hervorgerufenen Gläubigerbenachteiligung allgemein erkannt haben. Der Benachteiligungsvorsatz gem. Abs. 1 Satz 1 knüpft an die vom Insolvenzschuldner vorgenommene Rechtshandlung mit Gläubigerbenachteiligung direkt an. In umgekehrter Weise muss daher der Anfechtungsgegner erkennen, dass die durch den Schuldner veranlasste Rechtshandlung die Gläubiger benachteiligt werden und gerade diese Benachteiligung vom Insolvenzschuldner gewollt war. Daher bezieht sich der Gläubigerbenachteiligungsvorsatz des Schuldners und die Kenntnis dazu beim Anfechtungsgegner direkt auf die Rechtshandlung, die die Gläubiger benachteiligt (*BGH* KTS 2014, 423 [424] Rn. 17, 18 ff.). 67

Die Voraussetzungen für das Vorliegen der subjektiven Voraussetzungen dürfen nicht, wie teilweise von den Instanzgerichten vorgenommen, überspannt werden. Der Vorsatz des Schuldners muss sich nicht unbedingt auf die konkret eingetretene Benachteiligung beziehen, desgleichen ist nicht gefordert dass der Anfechtungsgegner sämtliche Umstände kennt, die den Benachteiligungsvorsatz begründen. Eine Kenntnis allgemeiner Art ist insoweit schon ausreichend. Demzufolge muss er nicht alle Umstände im Einzelnen kennen, die die dazu korrespondierende Rechtshandlung des Insolvenzschuldners betreffen (*BGH* ZInsO 2013, 2378 [2379] Rn. 14; KTS 2014, 423 [424] Rn. 19). 68

Er muss nur Kenntnis von dem Benachteiligungsvorsatz des Schuldners, nicht auch selbst Benachteiligungsvorsatz haben (*BGH* ZIP 1997, 423; ZIP 1985, 1008). Hat nur der Anfechtungsgegner, nicht auch der Schuldner Benachteiligungsvorsatz, scheidet eine Anfechtung aus (*RG* LZ 14, 1895; *BGH* WM 1957, 902; ZIP 1985, 1008). Der Vorsatz muss nur im allgemeinen, nicht aber die Art und Weise seiner Verwirklichung, erkannt worden sein (*RG* JW 1902, 24; *BGH* ZIP 2003, 488 [495]). Es ist positive Kenntnis erforderlich, Kennenmüssen genügt nicht. Dabei reicht es aus, wenn diejenigen Tatsachen bekannt sind, die bei objektiver Betrachtung die Annahme des Vorsatzes rechtfertigen (*BGH* ZIP 1998, 248 [253]; ZIP 2003, 1900 [1902]). Offensichtlich ist die Kenntnis, wenn der Gläubiger mit dem Schuldner kollusiv zusammenwirkt (vgl. FK-InsO/*Dauernheim* § 129 Rdn. 13). 69

3. Bei Inkongruenter Deckung

In gleicher Weise wie für das Vorliegen des Benachteiligungsvorsatzes ist auch hier die Gewährung einer **inkongruenten Deckung** ein starkes Beweisanzeichen für die Kenntnis des Anfechtungsgegners von dem Vorsatz (Nachweise s. Rdn. 42 ff.). 70

Dieses Indiz ist aber nur dann gegeben, wenn die Wirkungen der Rechtshandlung zu einem Zeitpunkt eintraten, zu der aus der Sicht des Anfechtungsgegners (Leistungsempfänger) begründeter An- 71

§ 133 InsO   Vorsätzliche Benachteiligung

Verbindlichkeiten vorhanden sind (*BGH* ZIP 1995, 1021 [1029]). Gleiches gilt, wenn der Schuldner in Benachteiligungsabsicht ein Schuldanerkenntnis in der Annahme abgibt, dem Anfechtungsgegner stünde der anerkannte Anspruch zu (*BGH* ZIP 2000, 238 [244]). Der **Vorsatz kann jedoch fehlen**, wenn der Schuldner persönlich annahm, eine ihm erbrachte Leistung sei gleichwertig auszugleichen (*BGH* ZIP 1992, 109) oder ein veräußertes Grundstück sei über seinen Wert hinaus belastet (*OLG Nürnberg* KTS 1966, 250), wenn er Mietzinsforderungen abtritt, um aus dem Erlös die laufenden Lasten zu decken und dadurch dessen Zwangsversteigerung abzuwenden (*RG* LZ 1915, 629 Nr. 29), wenn er sein Grundstück veräußert, um die Pfändung künftiger Mietzinsen durch persönliche Gläubiger zu verhindern und sie damit dem Zugriff der Grundpfandgläubiger nach §§ 1123, 1124 BGB zu erhalten (*RG* RGZ 64, 339 [343]), wenn er Forderungen abtritt, um den Bezug von für die Fortsetzung seines Betriebes notwendigen Materials zu sichern (*OLG Frankfurt/M.* LZ 1909, 89 Nr. 7) oder wenn er Sicherheiten gewährt, um einen wichtigen Vertragspartner von einer zumindest aus Sicht des Schuldners berechtigten Vertragsauflösung abzuhalten (*BGH* ZIP 1998, 830 [835 f.]). Wird in der Gründungsphase eines Unternehmens von diesem an die finanzierende Bank das gesamte Vermögen zur Absicherung des Gründungskredites übertragen und ist die Gründung nicht erfolgreich, ist kein Benachteiligungsvorsatz gegeben (*BGH* ZIP 2009, 922).

III. Kenntnis des Anfechtungsgegners

62 Anfechtungsgegner ist jeder, der den nach § 143 zurück zu gewährenden Wert erhalten hat, ohne dass es sich hierbei um einen Vertragspartner oder einen Insolvenzgläubiger des Schuldners handeln muss.

1. Kenntnis des anderen Teils

63 Eine mit Gläubigerbenachteiligungsvorsatz vorgenommene Rechtshandlung ist nach § 133 Abs. 1 S. 1 a.F. nur dann anfechtbar, wenn der andere Teil im/zum Zeitpunkt der Vornahme der Rechtshandlung den Benachteiligungsvorsatz des Schuldners kannte. Unter dem Merkmal »andere Teil« ist derjenige zu verstehen, der durch die anzufechtende Rechtshandlung des Schuldners etwas erlangt hat und zwar zum Nachteil der Gläubiger und insoweit nach § 143 InsO zur Rückgewähr verpflichtet ist (*Uhlenbruck/Ede/Hirte* InsO, § 133 Rn. 49). Der andere Teil muss zwangsläufig Insolvenzgläubiger sein (*Uhlenbruck/Ede/Hirte* InsO, § 133 Rn. 49).

64 Die Kenntnis des Benachteiligungsvorsatzes obliegt dem Verwalter nachzuweisen. Insoweit greift für ihn die widerlegbare Vermutung des § 132 Abs. 1 Satz 2 InsO a.F ein. § 132 Abs. 1 Satz 2 kommt bereits dann zur Anwendung, wenn der Insolvenzverwalter beweist, dass der andere Teil – der Anfechtungsgegner – die Umstände kennt, die zwingend auf die drohende Zahlungsunfähigkeit schließen lassen (*BGH* NZI 2005, 690).

65 Hieraus darf aber nicht gefolgert werden, dass die gesetzliche Vermutung des § 130 Abs. 2 InsO unmittelbar zum Tragen kommt (Kenntnis der Zahlungsunfähigkeit durch Kenntnis von Umständen, die zwingend auf die Zahlungsunfähigkeit schließen lassen). Insoweit greift aber die Vermutung des § 133 Abs. 1 Satz 2 bereits in dem Fall ein, wenn in entsprechender Anwendung des § 130 Abs. 2 InsO festgestellt wurde, dass der Anfechtungsgegner Kenntnis von Umständen hatte, die zwingend auf die Zahlungsunfähigkeit des Insolvenzschuldners schließen lassen. Kann daher der Insolvenzverwalter das Vorliegen dieser Gründe beweisen, dass der Anfechtungsgegner die drohende Zahlungsunfähigkeit kannte, wird im Rahmen des § 130 Abs. 1 Satz 2 widerlegich die Kenntnis des Benachteiligungsvorsatzes des Insolvenzschuldners vermutet. Als Indiz kann z.B. der Abschluss einer Ratenzahlungsvereinbarung gewertet werden. Wobei nach der Rechtsprechung des BGH dies nur dann als Indiz gewertet werden darf, wenn eine solche Ratenzahlungsvereinbarung sich nicht als üblich im Geschäftsverkehr herausstellt.

66 Letztendlich hat sich anhand der durch die Rechtsprechung und Literatur entwickelten Indizien eine systematisch ablaufende Vermutungskette entwickelt. Und zwar dann, wenn dem anderen Teil Umstände bekannt sind, aus denen zwingend auf die (drohende) Zahlungsunfähigkeit geschlossen wer-

erst zahlungsfähig wird. Würde man solche Sicherheitenverträge der Anfechtung nach § 133 InsO unterwerfen, so würde die Anschubfinanzierung von Unternehmen immer mit dem Makel der Möglichkeit der Anfechtung behaftet sein. Stellt sich das eingereichte Gründungskonzept im Nachhinein als objektiv unrichtig dar, so scheidet immer noch ein Benachteiligungsvorsatz aus, wenn die gründenden Gesellschafter von guten/erheblichen Marktchancen für das Unternehmen ausgegangen sind. Stellt sich die Hoffnung nachher als falsch heraus, so steht hier nur grobe Fahrlässigkeit im Raum. In den vorgenannten Fällen fehlt es daher an einer insolvenzrechtlichen Krise, wie auch an einer inkongruenten Deckung (*BGH* ZInsO 2009 873 [874]).

Verzichtet der Schuldner und Werkunternehmer in einem **Abfindungsvergleich** auf einen weiter gehenden Zahlungsanspruch, kommt es maßgeblich darauf an, welchen Wert die Parteien dem Verzicht des Auftraggebers auf die Nachbesserung zumessen (*BGH* ZIP 2004, 1370). Tritt eine sich nach Gründung (Existenzgründung) in der Aufbauphase befindliche Gesellschaft (Start-Up-Unternehmen) ihr gesamtes Vermögen an die finanzierende Institution ab, so ist eine Gläubigerbenachteiligung gegeben. § 133 Abs. 1 InsO verlangt keine unmittelbare Gläubigerbenachteiligung. Eine mittelbare erst künftige Gläubigerbenachteiligung ist ausreichend (*BGH* WM 2009, 1943 Rn. 5; Beschl. v. 26.04.2012 – IX ZR 73/11). Daher kommt es nicht darauf an, ob jemand bei Vornahme der Rechtshandlung Gläubiger des Schuldners war. Es genügt vielmehr, dass die Benachteiligung im Zeitpunkt der mündlichen Verhandlung vorliegt (*BGH* WM 1964, 1167; WM 1987, 882; ZIP 2000, 238 [241], dazu EWiR 2000, 1089 m. Anm. *Höpfner*; HK-InsO/*Kreft* § 129 Rn. 10 und 36; OLG Dresden ZIP 2007 1278 [1279]). Wird vom Schuldner an einen vom Gläubiger zum Empfang der Leistung bestimmten Dritten von diesem gezahlt, so ist der Gläubiger zur Rückzahlung verpflichtet (*BGH* ZIP 2009, 726). Es wird eine Abgrenzung Leistungskette und Empfangsbeauftragung (Wissenszurechnung nach § 166 Abs. 1 BGB) vorgenommen. Die Zahlung einer Geldauflage nach § 153a ZPO ist daher insoweit anfechtbar (*BGH* ZIP 2008, 1291). 59

Werden zwischen den Parteien ungewöhnliche Vertragsgestaltungen gewählt, um ggf. einem Gläubiger eine sehr günstige vertragliche Situation zuzuwenden, die sie möglicherweise auch im Insolvenzfall schützen soll, so kann dies ein Beweisanzeichen für einen Benachteiligungsvorsatz sein (*BGH* ZInsO 2008, 378 [381] Rn. 33 ff.). Eine Vereinbarung, die Nachteile für das Schuldnervermögen erst im Insolvenzfall begründet, erlaubt den Schluss auf den Benachteiligungsvorsatz des Schuldners und eine Kenntnis bei dem Anfechtungsgegner (*BGH* ZInsO 2012, 971 Rn. 8). Die gezielte Gewährung eines Sondervorteils gerade für den Insolvenzfall muss zwangsläufig die Rechte der anderen Gläubiger schmälern und begründet darum nach allgemeiner Erfahrung den Schluss auf einen entsprechenden Willen (*BGH* ZInsO 2013, 2376 [2378] Rn. 15). 60

8. Ausschluss des Vorsatzes

Der Vorsatz kann nämlich auch hier **ausgeschlossen sein**, wenn die inkongruente Deckung zu einer Zeit vereinbart wird, in welcher der Schuldner zweifelsfrei liquide ist oder aus der Sicht des Gläubigers zu sein scheint (*BGH* ZIP 1999, 405 [407]). Weiterhin, wenn die Umstände des Einzelfalls ergeben, dass die angefochtene Rechtshandlung von einem anderen, anfechtungsrechtlich unbedenklichen Willen geleitet war und das Bewusstsein der Benachteiligung anderer Gläubiger infolgedessen in den Hintergrund getreten ist (*BGH* ZIP 1993, 276 [279]; OLG Hamm NJW-RR 1987, 585). Ist etwa das Ausmaß der Inkongruenz nur gering (z.B. Zahlung vier Wochen vor Fälligkeit) oder besteht sie nur in Teilen (z.B. Mitbesicherung von Altkrediten), so verliert sie als Beweisanzeichen an Bedeutung (*BGH* ZIP 1997, 853 [855]; ZIP 1993, 276 [279]; ZIP 1998, 248 [250]). Weiterhin kann der Vorsatz entfallen, wenn der Schuldner den notwendigen laufenden Unterhalt für sich und seine Familie erlangen wollte (*RG* JW 1905, 442; vgl. aber auch *BGH* WM 1955, 407). Entgegen *BAG* (WM 1967, 1177) genügt hierfür nicht die Erfüllung einer sozialen Anstandspflicht (*Weber* Anm. zu AP Nr. 1 zu § 29 KO). Die Hoffnung, durch Steigerung des Geschäftsumsatzes zukünftig höhere Gewinne erzielen zu können (*BGH* WM 1960, 546) oder die Überzeugung, dass die Aktiven die Passiven übersteigen (*BGH* WM 1961, 387 [388]) **schließen den Vorsatz nicht unbedingt aus**. Unerheblich ist auch, ob der Schuldner auch andere Gläubiger befriedigt, sofern andere, noch nicht fälligen 61

§ 133 InsO   Vorsätzliche Benachteiligung

Fälligkeit (§ 140 InsO) zu erfüllen. Unmittelbar aus § 133 Abs. 1 Satz 2 InsO ist abzuleiten, dass eine Kenntnis des Benachteiligungsvorsatzes gegeben ist, wenn der Schuldner seine drohende Zahlungsunfähigkeit kennt. Wenn bereits die Kenntnis vom Gläubigerbenachteiligungsvorsatz des Schuldners zu vermuten ist, wenn diese wusste, dass die Zahlungsunfähigkeit des Insolvenzschuldners drohte, können für den Schuldner keine strengeren Anforderungen selbst gelten. Der Benachteiligungsvorsatz kann aber ausgeschlossen werden, wenn der Schuldner aufgrund konkreter Tatsachen wusste, dass die Zahlungsunfähigkeit beseitigt werden kann (*BGH* ZInsO 2015, 628 [632] Rn. 31; ZInsO 2012, 696 [697] Rn. 15).

57 Werden nicht Erfolg versprechende Umschuldungsverhandlungen mit der Hausbank geführt, so droht die Zahlungsunfähigkeit. Dieses Beweisanzeichen wird nur dann entkräftet, wenn der Schuldner weitergehende vom Erfolg wahrscheinlich gekrönte Verhandlungen mit einer anderen Bank zur Umschuldung führt und diese dann kurzfristig abgeschlossen werden. In solch einem Fall kann mit dem neu auszureichenden Darlehen dann die bestehende Verbindlichkeit bei der Altbank getilgt werden (*BGH* ZInsO 2013, 76 [77] Rn. 7). Erkennt der Schuldner, dass Fördermittel nicht zur Auszahlung gelangen und daher seine Liquidität in Kürze vollständig endet oder eingeschränkt ist, so droht Zahlungsunfähigkeit (*BGH* ZInsO 2016, 448 [450] Rn. 16). Ist eine geschäftsähnliche Lage gegeben, in der der Schuldner mit seinem Gläubiger die Leistungen austauscht, so kann alleine aus dem Wissen des Gläubigers um die zumindest drohende Zahlungsunfähigkeit nicht auf das Vorliegen der Kenntnis des Gläubigers vom Gläubigerbenachteiligungsvorsatz des Schuldners geschlossen werden. Eine solche Schlussfolgerung ist nur dann nicht geboten, wenn der Gläubiger davon weiß, dass die Belieferung des Insolvenzschuldners mit gleichwertigen Waren für die übrigen Gläubiger nicht von Nutzen für ihn ist, da der Schuldner überwiegend unrentabel arbeitet und weitergehende Verluste erwirtschaftet (*BGH* NZI 2017, 620 [621] Rn. 7).

7. In sonstigen Fällen

58 Ein Indiz für den Vorsatz des Schuldners ist auch gegeben, wenn er Gegenstände seines Vermögens **verschleudert** (*Nerlich/Römermann* InsO, § 133 Rn. 47; **a.A.** wegen § 132 InsO KS-InsO/*Henckel* 2000, Rn. 51). Allerdings bedarf es, insbesondere mit zunehmendem zeitlichem Abstand der Rechtshandlung zu dem Eröffnungsantrag, auch hier weiterer Anhaltspunkte, da es grds. dem noch zahlungsfähigen Schuldner freisteht, Gegenstände seines Vermögens unter Wert zu veräußern. Ein deutliches Indiz besteht, wenn sich die Rechtshandlung als **unentgeltliche Verfügung** eines illiquiden oder überschuldeten Schuldners darstellt und für diese Zuwendung eine sittliche Verpflichtung oder sonst ein anerkennenswertes Motiv nicht erkennbar ist (*OLG Düsseldorf* ZIP 1992, 1488 [1490]; vgl. *BGH* ZIP 2002, 85). Ebenso, wenn der Schuldner die Leistung aufgrund einer früheren Vereinbarung als unentgeltlich hätte beanspruchen können (*BGH* ZIP 1995, 297 [299]). Gleiches gilt für eine Gläubiger benachteiligende Vereinbarung, etwa die Bestellung einer Sicherheit, die **gezielt für den Insolvenzfall** abgeschlossen worden ist (*BGH* ZIP 1994, 40; ZIP 1993, 521). Dies gilt bei der Einräumung eines unwiderruflichen Bezugsrechts an einer Lebensversicherung auch dann, wenn der Schuldner weniger eine Gläubigerbenachteiligung, als eine Sicherung der Altersversorgung im Sinn gehabt hat (*OLG Düsseldorf* ZIP 1996, 1476 [1477]). Vorsatz auch dann, wenn Vermögensgegenstände im Wege einer »**Treuhandvereinbarung**« auf einen Dritten übertragen werden, um diese gezielt den andrängenden Gläubigern zu entziehen (*OLG Brandenburg* ZInsO 2002, 1102 [1105]). Bei einer sofort wirksamen und unbedingten **Sicherheitenbestellung** ist entscheidend, ob der Sicherungsgeber den Eintritt der Insolvenz während der Dauer des Sicherungsgeschäfts konkret für wahrscheinlich hielt. Allein der Umstand der Gewährung einer Sicherheit genügt auch dann nicht für den Vorsatz, wenn der Sicherungsnehmer ein mitbeherrschender Gesellschafter ist (*BGH* ZIP 1997, 1596 [1600]). Tritt der Schuldner alle Ansprüche an einen Treuhänder zur Unternehmenssanierung ab, ist Vorsatz gegeben, wenn das **Sanierungskonzept** eine ungleiche Befriedigung der Gläubiger anstrebt und diese nicht alle diesem Konzept zugestimmt haben (*OLG Hamm* ZIP 1996, 1140). Überträgt ein Unternehmen zur Sicherung eines Darlehens ihr gesamtes Vermögen auf die finanzierende Bank, so scheidet diese Rechtshandlung als Indiz für einen Benachteiligungsvorsatz aus, wenn zu diesem Zeitpunkt die zu finanzierende GmbH zahlungsfähig war oder durch die gewährten Kreditmittel

ligungsvorsatz vorgenommen hat. In solch einem Fall weiß der Schuldner nämlich sehr genau, dass eine Befriedigung der anderen Gläubiger aufgrund der Bevorzugung des einen Gläubigers nicht stattfinden wird. Eine Gesamtbefriedigung der Gläubiger wird daher von ihm bewusst nicht durchgeführt. Der Benachteiligungsvorsatz des Schuldners kann nur dann ausgeschlossen werden, wenn dieser konkrete Umstände benennen kann, die ihm konkret in Aussicht gestellt worden sind, um die Zahlungsunfähigkeit zu überwinden. Dies kann insbesondere bei der Annahme der Gewährung eines weiteren Krediتes oder in dem Fall gegeben sein, wenn er kurzfristig weitere seiner Forderungen realisieren kann (*BGH* ZInsO 2016, 215 [216] Rn. 16; ZInsO 2013, 76 Rn. 7; ZInsO 2015, 1262 [1263] Rn. 11; ZInsO 2015, 628 [630] Rn. 16; ZInsO 2015, 396 [398]; ZInsO 2013, 384 [386] Rn. 24; ZInsO 2012, 2244 [2246] Rn. 28; ZInsO 2011, 1410 [1411] Rn. 16; ZInsO 2008, 273 [275] Rn. 21 ff.; ZInsO 2006, 94 [97] Rn. 25).

Ist beiden Parteien die Zahlungsunfähigkeit bekannt, ist von einem Benachteiligungsvorsatz und der Kenntnis des Gläubigers auszugehen (*BGH* ZInsO 2015, 1262 [1263] Rn. 11; ZInsO 2014, 496). Dies gilt selbst dann, wenn eine kongruente Leistung angefochten wird. Wenn der Gläubiger dem Insolvenzschuldner einen Gegenstand zu einem adäquaten Kaufpreis abgekauft hat ist dies rechtlich nicht zu tolerieren, denn in diesem Fall entzieht der Gläubiger den anderen den Kaufpreis, wird dadurch bevorzugt und erhält die Zuwendung unter Verstoß der gleichmäßigen Befriedigung sämtlicher Gläubiger (*BGH* ZInsO 2015, 1262 [1263] Rn. 11). 52

Ein Schuldner handelt i.d.R. nicht mit Gläubigerbenachteiligungsvorsatz, wenn er eine kongruente Leistung Zug-um-Zug gegen eine zur Fortführung seines eigenen Unternehmens unentbehrliche Gegenleistung erbracht hat, die den Gläubigern im Allgemeinen nützt (*BGH* ZInsO 2014, 1602 [1607] Rn. 44; ZIP 1997, 1551, 1553; ZInsO 2010, 87 Rn. 2; ZInsO 2014, 496 Rn. 3). 53

Verbindlichkeiten können nur dann zur Begründung der drohenden Zahlungsunfähigkeit herangezogen werden, wenn diese fällig sind oder in naher Zukunft fällig gestellt werden. Dabei ist mit überwiegender Wahrscheinlichkeit die Fälligstellung zu prognostizieren (*BGH* ZInsO 2014, 1326 [1330] Rn. 33). Gewährt die Finanzverwaltung die Aussetzung der Vollziehung im Hinblick auf einen angefochtenen Steuerbescheid, so müssen ernsthafte Zweifel an der Rechtmäßigkeit des Bescheides aus Sicht der Finanzverwaltung bestehen. Die Aussetzung der Vollziehung ist noch kein Indiz dafür, dass der Steuerbescheid unwirksam ist, sondern es wird nur der Vollzug gehemmt. Die Finanzverwaltung gibt nur mit der Gewährung der Aussetzung der Vollziehung bekannt, an der Durchsetzung des Bescheides zur Zeit nicht festhalten zu wollen bis über die Rechtmäßigkeit im Rechtsbehelfsverfahren entschieden ist. Im Zeitraum der Gewährung der Aussetzung der Vollziehung ist vom Schuldner nicht die Bezahlung der Verbindlichkeit aus dem Bescheid zu erwarten. In diesem Fall kann die Forderung aus der Prognose herausgenommen werden (*BGH* ZInsO 2014, 1326 [1330] Rn. 30). 54

Es kann aber allein aus der Tatsache, dass mit einem Gerichtsvollzieher eine Zahlungsvereinbarung nach § 806b ZPO a.F. geschlossen wurde, kein zwingendes Indiz für eine Zahlungseinstellung abgeleitet werden. Zwar setzt der Abschluss einer Zahlungsvereinbarung nach § 806b ZPO a.F. das Nichtvorfinden pfändbarer Gegenstände und damit den fruchtlosen Verlauf eines Vollstreckungsversuchs voraus. Dieser Umstand kann grds. für eine Zahlungsunfähigkeit oder Zahlungseinstellung des Schuldners gewertet werden (vgl. *BGH* BGHZ 149, 178 [185 f.]). Wird jedoch im Rahmen der Vollstreckung keine über die durch den Gerichtsvollzieher mitgeteilte, grundsätzliche Fähigkeit und Bereitschaft des Schuldners, die ausstehende Schuld kurzfristig in Teilbeträgen zu tilgen, hinausgehende Tatsache bekannt, begründet der Abschlusses einer Zahlungsvereinbarung nach § 806b ZPO a.F. für sich betrachtet keine Anfechtbarkeit der empfangenen Zahlungen nach § 133 Abs. 1 ZPO (*BGH* ZIP 2017, 1678 [1679] Rn. 20). 55

6. Bei Kenntnis der drohenden Zahlungsunfähigkeit

Drohende Zahlungsunfähigkeit ist nach § 18 Abs. 2 InsO gegeben, wenn der Schuldner voraussichtlich nicht mehr in der Lage sein wird, die bestehenden Zahlungsverpflichtungen im Zeitpunkt der 56

auf die Sicherung bestand. Wird hingegen eine bereits bestehende Verbindlichkeit nachträglich besichert, kann darin eine inkongruente Deckung liegen. Inkongruent ist also eine nach Entstehen einer Verbindlichkeit gewährte Sicherung (*BGH* ZInsO 2013, 2376 [2377] Rn. 10; ZInsO 2010, 807 Rn. 16).

4. Bei einer kongruenten Deckung

48 Für den Benachteiligungsvorsatz reicht vielmehr bei kongruenten Deckungsgeschäften die Feststellung aus, der Schuldner habe sich eine Benachteiligung nur als möglich vorgestellt, sie aber in Kauf genommen, ohne sich durch die Vorstellung dieser Möglichkeit von seinem Handeln abhalten zu lassen (*BGH* ZInsO 2004, 859 [860]). Bei einer kongruenten Deckung sind somit strengere Anforderungen an die Feststellung des Benachteiligungsvorsatzes und seiner Darlegung zu stellen und eine Anfechtung kommt nur dann in Betracht, wenn es dem Schuldner weniger auf die Erfüllung seiner Vertragspflichten als auf Entziehung von Zugriffsobjekten zu Lasten der Gläubiger angekommen ist (*RG* RGZ 57, 161 [163]; RGZ 153, 352; *BGH* BGHZ 12, 232 [238]; ZIP 1998, 793 [798]; ZIP 1993, 521). Das Bewusstsein, infolge der Deckung nicht alle Gläubiger befriedigen zu können, genügt hierfür meist nicht (*BGH* ZIP 1991, 807 [808]). Ein unlauteres Zusammenwirken zwischen Schuldner und Gläubiger oder ein sonstiges, unredliches Verhalten des Schuldners ist andererseits nicht erforderlich (*BGH* ZIP 2004, 1512 [1513]; ZIP 2003, 1799; *OLG Dresden* ZIP 2003, 1716 [1719]; anders noch *BGH* BGHZ 12, 232 [238]; ZIP 1998, 208 [210]). Vorsatz ist vielmehr dann zu bejahen, wenn es dem Schuldner weniger auf die Erfüllung seiner vertraglichen Pflicht als auf die Bevorzugung eines einzelnen Gläubigers ankommt. Dies ist etwa der Fall, wenn er Forderungen derjenigen Gläubiger vorrangig befriedigt, von denen er die Stellung eines Insolvenzantrages befürchtet (*BGH* ZIP 2003, 1506 [1509]; ZIP 2003, 1799 [1800]).

49 Wird zulasten der anderen Gläubiger eine benachteiligende Klausel in einem schuldrechtlichen Vertrag aufgenommen, der gerade den Vertragspartner im Insolvenzfall begünstigt, sowie diesem einseitig einen unberechtigten Vorteil einräumt. Dieser Sondervorteil benachteiligt dann die anderen Gläubiger, da deren Rechte eingeschränkt werden. Dies lässt an als Indiz den Schluss auf den Benachteiligungsvorsatz zu (*BGH* ZInsO 2007, 600 [602] Rn. 27.

50 Im Übrigen wird eine Anfechtung im Falle eines kollusiven Zusammenwirkens in jedem Fall eröffnet sein, z.B. wenn der Schuldner vereinbarungsgemäß die Befriedigung anderer Gläubiger durch unnötige Prozesse bis zur Fälligkeit der Gläubigerforderung hinausgeschoben hat (*Plander* BB 1972, 1480 [1485 f.]). Setzt der Schuldner auf Druck eines Gläubigers seine letzten Mittel ein, um diesen zu befriedigen, so indiziert dies auch bereits den Benachteiligungsvorsatz. Gleiches gilt, wenn der Schuldner Gläubiger befriedigt oder sichert, von denen er sich Vorteile für die Zeit nach der Insolvenzeröffnung verspricht, etwa im Rahmen einer Auffanggesellschaft oder bei der Begründung einer neuen wirtschaftlichen Existenz oder die Hausbank ihn in Kenntnis der Krise zwingt, aufgrund ihrer AGB Sicherheiten zu stellen oder zu erweitern. Diese Regel kehrt sich um, wenn bereits längere Zeit vor der Krise der Anspruch auf Erbringung oder Erweiterung einer Sicherheit begründet worden ist (*BGH* ZIP 1993, 271), selbst wenn der Schuldner eine solche Sicherungsabrede nur irrig für wirksam hielt (*BGH* ZIP 1991, 807). Zahlt der Schuldner zur unmittelbaren Abwendung einer Zwangsvollstreckung, so stellt dies ein Indiz für den Benachteiligungsvorsatz dar. Eine Zahlung zur Abwendung der Zwangsvollstreckung stellt keine Erfüllung der vertraglichen Verpflichtungen dar, sondern dient alleine zur Abwendung der Vollstreckungsmaßnahmen (*BGH* 26.01.2012 JurionRS 2012, 10894 Rn. 5) Dadurch wird der vollstreckende Gläubiger bevorzugt. Dies berechtigte zur Annahme des Benachteiligungsvorsatzes. Dies gilt aber nur für Zahlungen innerhalb des sog. Dreimonatszeitraums. Zahlungen außerhalb des Dreimonatszeitraums, gerechnet von der Stellung des Insolvenzantrages an, sind unverdächtig und können nicht als Indiz für Inkongruenz angeführt werden.

5. Bei Kenntnis der Zahlungsunfähigkeit

51 Nach der ständigen Rechtsprechung des BGH geht der 9. Senat davon aus, dass bei bestehender Zahlungsunfähigkeit und Kenntnis von dieser, der Schuldner seine Rechtshandlungen mit Benachtei-

2000, Rn 50) vorgebrachten Bedenken, dass damit der Tatbestand des § 133 Abs. 1 InsO zu weit ausgedehnt werde, steht entgegen, dass selbstverständlich die »Stärke« des Beweisanzeichens nicht starr ist, sondern mit zunehmendem zeitlichen Abstand zur Krise und zum Eröffnungsantrag an Bedeutung verliert. Schwach ist das Beweisanzeichen etwa dann, wenn sich wegen § 648a BGB die Inkongruenz einer bestellten Sicherheit auf die Wahl des Sicherungsmittels beschränkt (*BGH* ZIP 2005, 769 [771]). Bei Inkongruenz der Wechselbegebung (*BGH* ZIP 2008, 467).

Die Inkongruenz verliert auch dann als Beweisanzeichen an Bedeutung, wenn die Deckungshandlung der **Unternehmenssanierung** diente und der Schuldner nicht mit deren Scheitern rechnen musste (*BGH* ZIP 1993, 276 [279]; ZIP 1991, 807 [809]) oder der Fehlschlag etwa nur im Bereich des entfernt Möglichen lag (*RG* HRR 30, HRR 168; 37, 834; WarnRspr. 29 Nr. 164; vgl. *BGH* NJW 1969, 1719; NJW 1971, 1702). Zu fordern ist hierfür ein in sich schlüssiges Konzept, das von den erkannten und erkennbaren tatsächlichen Gegebenheiten ausgeht, jedenfalls in den Anfängen schon in die Tat umgesetzt ist und infolgedessen auf Seiten des Schuldners eine ernsthafte und begründete Aussicht auf Erfolg rechtfertigt (*BGH* ZInsO 2016, 1251 [1253] Rn. 16; ZIP 1993, 276 [279]; ZIP 1984, 572). Für die Frage der Erkennbarkeit der Ausgangslage als auch der Durchführbarkeit ist auf die eines unvoreingenommenen – nicht notwendigerweise unbeteiligten –, branchenkundigen Fachmanns abzustellen, dem die vorgeschriebenen und üblichen Buchhaltungsunterlagen zeitnah vorliegen (*BGH* ZIP 1998, 248 [251]). Die Hoffnung auf weitere Kredite der Treuhandanstalt genügte hierfür nicht, wenn das Unternehmen nicht sanierungsfähig war und weitere Kredite trotz anfänglicher Sanierungsabsichten der Treuhand nicht ausgereicht werden durften (*BGH* ZIP 1995, 1021 [1029]; ZIP 1999, 406 [408]). Schießt der Alleingesellschafter eigenes Vermögen trotz unzureichenden Sanierungsplanes zu, ist dies ein Indiz für seine fehlende Gläubigerbenachteiligungsabsicht (*BGH* ZIP 1998, 248 [252]). Die Vereinbarung einer Zahlungsverpflichtung entfällt als kongruenzbegründender Schuldgrund für die angefochtene Zahlung, wenn sie selbst der Insolvenzanfechtung unterliegt. Die Beweisanzeichen für die subjektiven Voraussetzungen der Vorsatzanfechtung werden durch den Einwand eines Sanierungsversuchs nicht entkräftet, wenn es an einer inhaltlichen Darlegung und Darlegung zu den Grundlagen des Sanierungskonzepts fehlt. Ein den Gläubigerbenachteiligungsvorsatz des Schuldners ausschließender Sanierungsversuch kann vorliegen, wenn Regelungen mit einzelnen Gläubigern dem Schuldner neue Liquidität verschaffen sollen, mittels der er seine übrigen Gläubiger befriedigen kann (*BGH* ZInsO 2012, 171). Aber nur das »Hoffen« des Insolvenzschuldners auf eine Sanierung beseitigt den Benachteiligungsvorsatz nicht (*BGH* ZInsO 2013, 1004 Rn. 40), wenn die dazu erforderlichen Bemühungen über die Entwicklung von Plänen und die Erörterung von Hilfsmöglichkeiten nicht hinausgekommen sind (*BGH* ZInsO 2013, 1004 Rn. 40; ZInsO 2012, 171 Rn. 11). Den über die Zahlungsunfähigkeit des Insolvenzschuldners unterrichteten Anfechtungsgegner trifft die Darlegungs- und Beweislast dafür, dass er seine Zahlungen aufgrund eines schlüssigen Sanierungskonzeptes erhalten hat (*BGH* ZInsO 2013, 1004 Rn. 40).

Durch **Zwangsvollstreckung** oder unter dem Druck der Zwangsvollstreckung erlangte Deckungen sind nur dann inkongruent, wenn sie innerhalb der Drei-Monats-Frist vor dem Antrag erfolgen (*BGH* ZIP 2003, 1506; vgl. *Stiller* ZInsO 2002, 793; s.a. § 131 Rdn. 36 ff.). Für eine Anwendung von § 133 Abs. 1 besteht hier aber wegen § 131 regelmäßig kein Raum. Außerhalb dieser Frist sind Deckungen nach § 133 Abs. 1 (nur) als kongruente Deckungen unter weiteren Voraussetzungen anfechtbar. So etwa, wenn der Schuldner bereits zu diesem Zeitpunkt zahlungsunfähig ist (*BGH* ZIP 2003, 1900 [1902]). Demgegenüber ist eine durch Androhen oder Stellen eines **Insolvenzantrages** bewirkte Deckung stets, unabhängig von einem bestimmten Zeitraum, inkongruent (*BGH* KTS 2014, 426 [425] Rn. 16; ZInsO 2012, 2244 Rn. 10). Das Insolvenzverfahren dient der gleichmäßigen Befriedigung aller Gläubiger und wird daher zweckentfremdet, wenn der Gläubiger damit allein seine individuelle Rechtsdurchsetzung verfolgt (*BGH* ZIP 2004, 319). Eine nachträgliche Besicherung einer bestehenden Verbindlichkeit ist immer eine inkongruente Deckung (*BGH* ZInsO 2013, 2376 [2377] Rn. 10), denn die Gewährung einer Sicherheit ist nur dann kongruent, wenn der Sicherungsnehmer einen Anspruch auf gerade diese Sicherheit hatte. Wird ein Anspruch auf Sicherung in demselben Vertrag eingeräumt, durch den der gesicherte Anspruch selbst entsteht, liegt in der späteren Gewährung der Sicherheit keine inkongruente Deckung, weil von Anfang an ein Anspruch

Gericht bei der Beurteilung des Vorsatzes nicht mit der Behauptung des Anfechtungsgegners auseinandersetzt, ein vor Abschluss des Kaufvertrags eingeschalteter Makler habe ein Grundstück abweichend vom gerichtlichen Sachverständigen beurteilt (ZIP 1996, 83 [86]). Zu beachten ist aber, dass die revisionsgerichtliche Kontrolle der vom Berufungsgericht zur Feststellung der Kenntnis des Benachteiligungsvorsatzes getroffenen Feststellungen sich nur darauf beschränken, inwieweit der Tatrichter sich entsprechend der Vorschrift des § 286 ZPO mit dem ihm vorliegenden Prozessstoff in widerspruchsfreier Weise auseinandergesetzt hat und alle vorgetragenen Beweisanzeichen umfassend in seiner Beweiswürdigung berücksichtigt hat. Dabei darf er nicht gegen Erfahrungssätze und Denkgesetze verstoßen (*BGH* ZInsO 2016, 1749 [1750] Rn. 14, 15 ff.). Abs. 1 Satz 2 bewirkt daher eine Beweislastumkehr zulasten des in Anspruch genommenen Gläubigers (HambK-InsO/*Schmidt/Rogge/Leptien* Ergänzungsbd. § 129 Rn. 37).

3. Bei einer inkongruenten Deckung

42 Wie bereits *Lind* in seinen zutreffenden Ausführungen dargelegt hat, handelt es sich bei der von der Rechtsprechung entwickelten Beweiserleichterung nicht um eine Beweislastumkehr im Falle der Inkongruenz, sondern um einen Erfahrungssatz des Indizienbeweises (*Lind* S. 121).

43 Die Gewährung einer inkongruenten Deckung ist ein weiteres starkes **Beweisanzeichen** dafür, dass der Schuldner einen Benachteiligungsvorsatz hatte (*BGH* ZInsO 2014, 195 [197] Rn. 17; ZInsO 2013, 2376 [2377] Rn. 12; ZInsO 2013, 2213 Rn. 14; ZInsO 2013, 190 [195] Rn. 46; ZIP 2004, 1060 [1061]; ZIP 2004, 319 [322]; ZIP 2003, 1799; ZIP 2002, 228 [229 f.]; *Lind* S. 118; *Smid/Zeuner* InsO, § 133 Rn. 7). Dies rechtfertigt sich aus der Überlegung, dass nach allgemeiner Lebenserfahrung Schuldner nicht bereit sind, anderes oder gar mehr zu leisten, als sie schulden. Bestehen zusätzlich erste, ernsthafte Zweifel an der, auch erst zukünftigen Zahlungsfähigkeit des Schuldners, kann auf das Vorliegen des Vorsatzes geschlossen werden. Hier ist regelmäßig zu vermuten, dass sich ein gut informierter und durchsetzungskräftiger Gläubiger Sondervorteile vor der Gläubigergesamtheit verschafft hat (*BGH* ZIP 1999, 406 [407]). Verdächtig wird die Inkongruenz – in Abkehr früherer Rechtsprechung – allerdings erst, sobald ernsthafte Zweifel an der Zahlungsfähigkeit des Schuldners auftreten, die Gegenmaßnahmen gut informierter und durchsetzungskräftiger Gläubiger auslösen, welche in einer späteren Insolvenz die Gleichbehandlung aller Gläubiger durchbrechen. Der auslösende Umstand für die von einer inkongruenten Deckung vermittelte Indizwirkung liegt danach in einer ernsthaften Besorgnis bevorstehender Zahlungskürzungen oder -stockungen des Schuldners, weil sich damit die Gefährdung der anderen, nicht in gleicher Weise begünstigten Gläubiger aufdrängt (*BGH* ZInsO 2013, 2376 [2377] Rn. 12; ZInsO 2010, 807 Rn. 15; ZInsO 1999, 165).

44 Voraussetzung für dieses Beweisanzeichen ist aber, dass die Wirkungen der angefochtenen Rechtshandlungen in dem Zeitpunkt (§ 140 InsO) eintraten, in dem aus dem Empfängerhorizont heraus Anlass zu Zweifeln bestand, inwieweit ausreichend Liquidität beim Insolvenzschuldner vorhanden ist (*BGH* ZInsO 2013, 190 [195] Rn. 46). Dann entfällt aber das Beweisanzeichen, wenn der Insolvenzschuldner tatsächlich im Vornahmezeitpunkt der Handlung zahlungsunfähig war (*BGH* ZInsO 2013, 190 [195] Rn. 46).

45 Die Beweiserleichterung gilt dabei unabhängig davon, ob sich der Schuldner bereits in einer Liquiditätskrise befand oder sogar zahlungsunfähig war (*BGH* ZIP 1998, 830 [835]). Bei inkongruenten Deckungen ist zusätzlich eine Anfechtung nach § 131 InsO, insbesondere gem. § 131 Abs. 1 Nr. 3 InsO in Betracht zu ziehen, da die Vorschrift auf die bisherige Rspr. zur Absichtsanfechtung inkongruenter Deckungen zurückzuführen ist (vgl. Begr. RegE BT-Drucks. 12/2443 S. 159). Abzulehnen ist die Auffassung, die vor diesem Hintergrund aus der Regelung in § 131 Abs. 1 Nr. 3 InsO schließt, dass die bisherige Rspr. zur beweiserleichternden Wirkung der Inkongruenz nicht übernommen werden kann (so KS-InsO/*Henckel* 2000, Rn. 50; *Kübler/Prütting/Bork-Paulus* InsO, § 133 Rn. 22). Die Beweiserleichterung gilt insbesondere auch für den Zeitraum, der früher als drei Monate vor dem Eröffnungsantrag liegt. Die der bisherigen Rspr. zugrunde liegende Überlegung rechtfertigt sich nämlich unabhängig von einem bestimmten Zeitmoment. Den von *Henckel* (KS-InsO,

eines gewillkürten Vertreters wird entsprechend § 166 BGB zugerechnet (vgl. *RG* RGZ 58, 347; *BGH* BGHZ 22, 128 [134 f.]). Ausreichend ist der Vorsatz des Alleingeschäftsführers des Anfechtungsgegners, wenn dieser aufgrund eines Betriebsführervertrages auch die Interessen des Schuldners wahrzunehmen hat (*BGH* ZIP 1995, 1021 [1028]).

1. Benachteiligungsvorsatz

Der Benachteiligungsvorsatz ist als innere Tatsache durch den Insolvenzverwalter zu beweisen. Der Nachweis des Benachteiligungsvorsatzes ist eine innere Tatsache und kann daher nur nach objektiven prüfbaren Kriterien erfolgen. Hierzu wurden Beweisanzeichen entwickelt (vertiefend *Uhlenbruck/Ede/Hirte* InsO, § 133 Rn. 83 ff.). Die Prüfung der Beweisanzeichen hat aber nicht in einer schematischen Art mit einer zu widerlegenden Vermutung zu erfolgen, sondern im Rahmen einer Gesamtabwägung im Einzelfall. § 286 ZPO ist zur Anwendung zu bringen (*Uhlenbruck/Ede/Hirte* InsO, § 133 Rn. 61).

Kennt der Insolvenzschuldner seine Zahlungsunfähigkeit und nimmt im Rahmen dieser Kenntnis bzw. des Bewusstseins dessen die Rechtshandlung vor, so ist von einem Benachteiligungsvorsatz auszugehen (*Uhlenbruck/Ede/Hirte* InsO, § 133 Rn. 83). Dieser Rechtssatz ist anzunehmen, da der Schuldner, der seine Zahlungsunfähigkeit kennt allgemein weiß, dass bei bestehender Zahlungsunfähigkeit die Befriedigung eines bevorzugten Gläubigers die Befriedigungsmöglichkeit der anderen Gläubiger schmälert (*Uhlenbruck/Ede/Hirte* InsO, § 133 Rn. 67). Gleiches gilt bei Kenntnis der drohenden Zahlungsunfähigkeit. Nach der Entscheidung des *BGH* (NZI 2006, 469 Rn. 14) ergibt sich dies mittelbar aus der Vorschrift des § 133 Abs. 1 Satz 2 InsO a.F. »Die Kenntnis wird vermutet, wenn der andere Teil wusste, dass die Zahlungsunfähigkeit des Schuldners drohte und dass die Handlung die Gläubiger benachteiligte »dabei gilt als Beweisanzeichen nicht die drohende Zahlungsunfähigkeit an sich, sondern die Kenntnis des Insolvenzschuldners hiervon. Gegenläufig wurden aber auch Beweisanzeichen durch die Rechtsprechung entwickelt, die einen Benachteiligungsvorsatz negieren. Dies ist z.B. beim Vorliegen eines Bargeschäftes oder einer bargeschäftsähnlichen Situation gegeben. Denn in diesem Fall erhält der Schuldner in einem zeitlich engen Zusammenhang eine gleichwertige Leistung (*Uhlenbruck/Ede/Hirte* InsO, § 133 Rn. 142).

2. Allgemeines zum Nachweis des Vorsatzes durch Beweisanzeichen

Ob Benachteiligungsvorsatz im Einzelfall vorliegt, hat der **Tatrichter** aufgrund des Gesamtergebnisses der Verhandlung und einer etwaigen Beweisaufnahme zu entscheiden (*BGH* ZIP 1997, 853 [855]). Dabei kann er auf die von der Rechtsprechung entwickelten Beweisanzeichen zurückgreifen, die aus der allgemeinen Lebenserfahrung abgeleitet worden sind. Subjektive Tatbestandsmerkmale können, da es sich um innere, einem Beweis nur indirekt zugängliche Tatsachen handelt, meist nur mittelbar aus den objektiv vorhandenen Tatsachen hergeleitet werden. Wird dabei auf Rechtsbegriffe wie die der Zahlungsunfähigkeit zurückgegriffen, kann in einem solchen Fall nur die Kenntnis aus Anknüpfungstatsachen gewonnen werden. Leitet der Tatrichter aus objektiven Tatsachen die subjektiven anzunehmenden Tatbestandsvoraussetzungen des § 133 InsO ab, so stellen diese Beweisanzeichen dann keine unwiderlegbare Vermutung dar, sondern nur einzelne gewichtige Beweisanzeichen, denen der Anfechtungsgegner entgegentreten kann (*BGH* ZIP 2017 1677 [1678] Rn. 12; ZInsO 2016, 749 [1750] Rn. 12; ZInsO 2016, 910 [911] Rn. 7; ZIP 2009, 1909 [1910] Rn. 8). Dabei muss er auf die Sicht der Beteiligten im Zeitpunkt der Vornahme der Rechtshandlung abstellen und muss damals bestehende Unsicherheiten in Bewertungsfragen mit berücksichtigen (*BGH* ZIP 1998, 248 [250]). Entsprechend § 133 Abs. 1 Satz 2 InsO wird der Vorsatz vermutet, wenn der Schuldner wusste, dass seine Zahlungsunfähigkeit drohte und die Handlung die Gläubiger benachteiligte (*OLG Dresden* ZIP 2003, 1716 [1717]). Die Sicht des Schuldners über seine wirtschaftliche Lage ist auch dann maßgeblich, wenn sie objektiv nicht zutrifft (*BGH* WM 1985, 295). Das Urteil muss erkennen lassen, dass der Begriff des Benachteiligungsvorsatzes zutreffend verwandt sowie die entscheidungserheblichen Umstände erschöpfend berücksichtigt und gewürdigt worden sind (*BGH* ZIP 1991, 807 [809]; ZIP 1993, 276 [278]; ZIP 1994, 40 [44]). Dies ist nicht der Fall, wenn sich das

(*BGH* JurionRS 2014, 21064 Rn. 22; ZIP 1997, 853 [855]; ZIP 1997, 423; ZIP 1994, 40; LM 3 zu KO § 31; KTS 1969, 246 f.). Der Vorsatz muss sich auf die gläubigerbenachteiligende Rechtshandlung des Schuldners beziehen (*BGH* ZIP 2014, 495; ZInsO 2013, 179 ff.; ZInsO 2009, 87 ff.; ZIP 2008, 190 ff.; ZIP 2007, 1120 ff.; ZInsO 2006, 712 ff.). Hat er die Benachteiligung für möglich gehalten, aber ihren Nichteintritt erwartet oder gewünscht, ist kein Vorsatz gegeben (*BGH* ZInsO 2014, 1661 [1662] Rn. 3; *RG* RGZ 33, 120 [124]; *BGH* WM 1969, 374). Die Benachteiligung muss nicht (ausschließliches) Ziel der Handlung gewesen zu sein (*BGH* ZIP 1996, 83 [86]; ZIP 1998, 830 [835]; WM 1962, 1371), vielmehr genügt es, wenn Motiv und Anlass völlig andere waren (*BGH* MDR 1962, 1371; BGHZ 12, 232 [238]; WM 1969, 374). Es wird auch kein unlauteres Zusammenwirken von Insolvenzschuldner und Gläubiger verlangt (*BGH* ZInsO 2008, 738; ZIP 2003, 1799; HambK-InsO/*Schmidt/Rogge/Leptien* Ergänzungsbd. § 133 Rn. 21). Eine Gläubigerbenachteiligung ist z.B. auch bei Wegfall einer gesetzlichen Abzinsung gegeben (*BGH* NZI 2017, 352).

35 Ist Zahlungsunfähigkeit beim Insolvenzschuldner gegeben und kennt er diese, so ist nach den allgemeinen Regeln sein Handeln mit einem Benachteiligungsvorsatz verknüpft. Denn in diesem Zeitpunkt weiß er, dass er seine gesamten Gläubiger nicht gleichmäßig befriedigen kann (*BGH* ZInsO 2016, 910 [911] Rn. 7; HambK-InsO/*Schmidt/Rogge/Leptien* Ergänzungsbd. § 133 Rn. 68). Nach dem Eintritt der Zahlungsunfähigkeit kann der Benachteiligungsvorsatz des Schuldners nur dann entfallen, wenn er etwa mit überwiegender Sicherheit und anhand konkreter Umstände selbst erkennt, dass durch Zufluss frischer Mittel, entweder durch Kreditaufnahme oder bei der Realisierung von Forderungen, die eingetretene Krise überwinden kann (*BGH* ZInsO 2016, 215 [216] Rn. 16).

36 Aus dem objektiven Vorliegen der Gläubigerbenachteiligung allein kann nicht auf den Vorsatz geschlossen werden (*BGH* ZIP 1998, 248 [251]; WM 1985, 295). Das bloße Wissen um die Benachteiligung reicht, außer bei der Inkongruenz, nicht aus (*RG* RGZ 162, 292 [297]; DR 1940, 874), kann jedoch Indiz für den Vorsatz sein (*BGH* WM 1960, 546; KG ZIP 1983, 593). Gleiches gilt für das Bewusstsein der schon vorhandenen Zahlungsunfähigkeit oder Vermögensunzulänglichkeit (*Jaeger/Henckel* InsO, § 133 Rn. 22). Vorsatz und Kenntnis des Anfechtungsgegners liegen jedenfalls vor, wenn die Vertragschließenden zu dem Zweck zusammengewirkt haben, bei Insolvenzreife Sicherungsgut dem Sicherungsnehmer zu verschaffen und damit den übrigen Gläubiger zu entziehen (*BGH* ZIP 1998, 830 [835]; ZIP 1996, 1977; ZIP 1993, 521).

37 Wird bei einer Unternehmensgründung fast das gesamte Vermögen des Schuldners der kreditierenden Bank zur Sicherheit abgetreten, so entfällt in dieser Konstellation der Vorsatz des Schuldners, wenn seine Hoffnung die Gründung werde erfolgreich sein, objektiv unberechtigt ist (*BGH* ZIP 2009, 922). Gleicht der Schuldner gegenüber einem Gläubiger über einen längeren Zeitraum hinweg erhebliche Verbindlichkeiten nicht aus und ist dem Gläubiger bewusst, dass es noch weitere Gläubiger mit nicht beglichenen Forderungen gibt, so stellt dies ein Beweisanzeichen für die Kenntnis des Benachteiligungsvorsatzes i.S. eines Erfahrungssatzes dar (*BGH* ZIP 2009, 2253 [Stromdiebstahlfall]). Gleiches ist anzunehmen, wenn eine Bank Ratenzahlungen des Schuldners entgegennimmt, diese weiß, dass weitere Gläubiger erfolglos vollstrecken und der Schuldner seine Raten nur unregelmäßig zahlt (*BGH* ZIP 2008, 420).

38 Bei der Beurteilung des Vorsatzes kann es darauf ankommen, welche anderen Gläubiger noch vorhanden, wie hoch deren Forderungen und wann diese fällig waren (*RG* 05.12.1919 – VII 279/19). Unerheblich ist es jedoch, wenn der Schuldner noch andere Gläubiger in geringem Umfang befriedigt (*BGH* ZIP 1999, 406 [408]). Nach der Entscheidung des KG vom 07.04.2006 ist der Benachteiligungsvorsatz von dem bloßen Willen des Schuldners, seinen gesetzlichen oder vertraglichen Verpflichtungen nachzukommen, abzugrenzen (*KG* ZInsO 2006, 833 [835] im Rahmen des § 10 Abs. 1 Nr. 1 GesO).

Der Vorsatz muss spätestens zu dem in § 140 InsO genannten **Zeitpunkt** der Vornahme vorliegen (vgl. *BGH* ZInsO 2014, 495; ZIP 1997, 513; ZIP 1999, 406). Hat der Schuldner in diesem Zeitpunkt noch keine Gläubiger, kommt es darauf an, ob sein Vorsatz auf die Benachteiligung zukünftiger Gläubiger gerichtet ist (*RG* ZZP 60, 426; *BGH* KTS 1964, 243; ZIP 1983, 1008). Der Vorsatz

lung insoweit Insolvenzgläubiger des – auch späteren –Insolvenzschuldners gewesen ist (HambK-InsO/*Rogge/Leptien* Ergänzungsbd. § 133 Rn. 8). Auf die Durchsetzbarkeit ist für die Bestimmung der Rechtshandlung als Deckungshandlung unbeachtlich. Diese Bestimmung ist nur zur Unterscheidung zwischen einer kongruenten oder inkongruenten Deckung maßgebend (HambK-InsO/*Rogge/Leptien* Ergänzungsbd. § 133 Rn. 8). Zur Bestimmung ob eine Deckungshandlung vorgelegen hat ist nur maßgebend, inwieweit der Anspruch bereits dem Grunde nach entstanden war. Demgegenüber liegen Vermögensverschiebungen vor, wenn der durch die Anfechtungshandlung begünstigte Gläubiger im Zeitpunkt der Rechtshandlung gem. § 140 InsO, keinen Anspruch auf das mittels der anfechtbaren Rechtshandlung Erlangte hatte. Gleichfalls wenn die Begründung der Verbindlichkeit und deren Erfüllung zusammenfallen (*Thole* ZIP 2017, 401 [404]). Einer genauen Bestimmung des »Zusammenfallens« nach *Thole* bedarf noch einer genauen Klärung durch die Judikatur. Bestand gegenüber dem ursprünglich Begünstigten lediglich ein nicht durchsetzbarer Anspruch (bestehende Einreden etc.) so stellt eine die den Anspruch befriedigende Rechtshandlung ebenso wie eine sichernde Rechtshandlung des Insolvenzschuldners, stets eine inkongruente Deckungshandlung dar (HambK-InsO/*Rogge/Leptien* Ergänzungsbd. § 133 Rn. 8 zutreffend).

In Abs. 2 wird daher keinerlei Unterscheidung zwischen kongruenter oder inkongruenter Deckung gefordert. Die Anfechtbarkeit entsteht sowohl bei kongruenter als auch inkongruenter Deckung. 29

Unverständnis stellt sich insoweit ein, als durch die Änderung in § 133 InsO eine Deckungshandlung, die grds. nach Begründung der Forderung vorgenommen werden kann, einer verkürzten Anfechtungsfrist von 4 Jahren unterliegt, als wenn die Begründung der Forderung und deren Erfüllung zeitlich zusammenfällt. Für eine solche Privilegierung ist kein normativer Ansatzpunkt zu finden. Entweder hat der Gesetzgeber bei der vorgenommenen Unterscheidung von Deckungshandlung in Abs. 2 und der sonstigen Vermögensverschiebung in Abs. 1 den Wertungsspielraum verkannt, oder durch die Neuschaffung sollte dem politischen ebenso wie dem Lobbyistendruck stattgegeben werden. 30

Anfechtung nach Abs. 3 des § 133 InsO betrifft **ausschließlich kongruente Deckungshandlungen. Insoweit wurde die Formulierung dazu aus § 130 InsO übernommen. Eine kongruente** Deckungshandlung liegt nur dann vor, wenn der Gläubiger eine vertraglich geschuldete Leistung genau in der Art und Weise erhält, wie diese vereinbart wurde. Des Weiteren führt die neue Vorschrift des §§ 133 Abs. 3 zu einer Neuausrichtung der Beweislastverteilung (*Hacker* NZI 2017, 148 [149]). 31

Die Nachweisbarkeit des Benachteiligungsvorsatzes hat sich durch die Änderung des Abs. 3 grds. geändert. Die nunmehrige Prüfung gem. des neuen Abs. 3 liegt im Rahmen der Prüfung der subjektiven Voraussetzungen. Die neuen Voraussetzungen des Benachteiligungsvorsatzes bilden wohl den rechtspolitischen Grund der Änderung des Abs. 3. Der Benachteiligungsvorsatz ist nunmehr als das Tatbestandsmerkmal des § 133 InsO anzusehen. 32

II. Vorsatz, seine Gläubiger zu benachteiligen

Grundvoraussetzung einer Anfechtung nach § 133 ist die Vornahme einer Rechtshandlung mit Benachteiligungsvorsatz durch den Insolvenzschuldner. Dieser Vorsatz ist gegeben, wenn der Insolvenzschuldner bei der Vornahme einer Rechtshandlung (§ 140 InsO; *BGH* BGHZ 167, 190) eine Benachteiligung der Gläubiger allgemein als Erfolg seiner Rechtshandlung wollte oder diese als mutmaßliche Folge oder Nebenfolge seines Handelns erkannt und gebilligt hat (*BGH* ZInsO 2016, 910 [911] Rn. 7; ZInsO 2016, 215 [216] Rn. 16). 33

Der Vorsatz, die Gläubiger zu benachteiligen, ist wie im Strafrecht zu verstehen. D.h. der Schuldner muss um die benachteiligende Folge wissen und sie wollen, ohne dass dies gegen einen bestimmten Gläubiger gerichtet zu sein braucht (*RG* RGZ 26, 13; *BGH* LM § 3 AnfG Nr. 11). Zu den Formen des Vorsatzes und der dogmatischen Begründung s. *Lind* S. 80 ff. Es wird die schwächste Vorsatzform, nämlich der dolus eventualis gefordert. Insoweit genügt es, wenn der Insolvenzschuldner eine Benachteiligung seiner Gläubiger zur Verwirklichung seines eigentlich gewollten Ziels hinnimmt. Dabei muss die Begünstigung von ihm oder einer nahestehenden Person Gegenstand sein 34

Rechtshandlung ist gegeben, wenn der Schuldner mit dem Gläubiger überein kommt die Forderung titulieren zu lassen, damit nach Eingang einer erwarteten Zahlung diese mittels Kontopfändung beigetrieben werden kann (*BGH* ZInsO 2014, 31 Rn. 9 und 14 ff.).

22 Ist der Kontoinhaber der Vater und wird dieser von seinem Sohn angewiesen, an bestimmte Gläubiger eine Zahlung zu erbringen, so ist zwar die Überweisung eine Rechtshandlung des Vaters der aber als Vertreter des Schuldners gehandelt hat. Eine Gläubigerbenachteiligung ist in der Weggabe der Zahlungsmittel an den Anfechtungsgegner zu sehen, durch die sich das als Treugut auf dem Konto des Vaters vorhandene Guthaben sich verminderte und dadurch das haftende Vermögen des Schuldners gegenüber den Gläubigern schmälerte (Auszahlung des Treugutes; s. *BGH* ZInsO 2013, 1378.

23 Zur Rechtshandlung bei der Rückgewinnhilfe/Arrestierung nach §§ 111b, 111d StPO s. *LG Köln* 21.02.2006 – 5 O 288/05; *LG Saarbrücken* NStZ-RR 2044, 274; *LG Neubrandenburg* ZInsO 2000, 674).

24 Nach *BGH* (ZIP 2005, 494 [495]; ZIP 2003, 1506 [1507]; ZIP 2004, 1512 [1513]; ZVI 2004, 392, dazu EWiR 2005, 85 m. Anm. *Pape*) stellt eine Zahlung innerhalb des Dreimonatszeitraumes immer eine kongruente Deckung dar. Zahlungen zur Abwendung von Zwangsvollstreckungen außerhalb des Dreimonatszeitraums stellen nach ständiger Rechtsprechung des *BGH* (NJW 2006, 1348 [1351] unter Hinw. auf BGHZ 155, 75 [82 f.] = ZIP 2003, 1506 [1508 f.]; ZIP 2005, 494 [496]; ZIP 2004, 1512 [1513]; ZIP 2004, 319 [321], dazu EWiR 2004, 865 m. Anm. *Homann*; sowie zur KO ZIP 1997, 1929 [1930], dazu EWiR 1998, 37 m. Anm. *Gerhardt*) kongruente Deckungen dar. Inkongruenz wird auch für eine Zahlung zur Abwendung eines Insolvenzantrages angenommen (*BGH* NJW 2006, 1348 [1350]; ZIP 2004, 319 [320]). Gleiches gilt, wenn es der Schuldner bewusst unterlassen hat, Erfolg versprechende Rechtsbehelfe zur Abwendung oder Aufhebung der Zwangsvollstreckung zu ergreifen (*RG* RGZ 47, 223 [224 f.]; RGZ 69, 165; WarnRspr 1917 Nr. 70).

25 Unterlässt es der Schuldner, dessen Konten durch seinen Gläubiger gepfändet sind, ein weiteres Konto zu eröffnen und Zahlungen seiner Schuldner auf dieses freie Konto zu leiten, stellt dieses keine Rechtshandlung dar (*BGH* ZInsO 2014, 293).

C. Nun gesetzlicher Ausnahmecharakter der Absätze 2 und 3 n.F.

26 Nach dem nunmehr neu eingeführten Abs. 2 ist die Anfechtung bei Sicherungen und Befriedigungen (Deckungshandlungen) im Rahmen des Abs. 2 und 3 des Anfechtungsgegners nur noch innerhalb eines Zeitraumes von 4 Jahren vor dem Insolvenzantrag möglich.

I. Grundsätzliche Darstellungen zum neuen Recht

27 Die neu implementierten Abs. 2 und 3 haben grds. gesetzlichen Ausnahmecharakter. Nach der Vorschrift des Abs. 1 sind nur **noch reine Vermögensverschiebungen** des Insolvenzschuldners anfechtbar. Über die Vorschriften der Abs. 2 und 3 sind **Deckungshandlungen** der Anfechtung unterworfen. Daher ist im Rahmen der Vorsatzanfechtung nunmehr zwischen einer **sonstigen Vermögensverschiebung nach Abs. 1** und einer **Deckungshandlung nach Abs. 2** zu unterscheiden (BT-Drucks. 18/7054, S. 13) eine solche Unterscheidung zwischen Vermögensverschiebung und Deckungshandlung war dem Anfechtungsrecht bis jetzt fremd (s. dazu *Thole* ZIP 2017, 401 [403 ff.]).

28 Im Rahmen der Anfechtung nach den §§ 130, 131 ist zwar grds. zwischen einer kongruenten und inkongruenten Deckung zu unterscheiden. Eine Unterscheidung aber zwischen einer Vermögensverschiebung und einer Deckungshandlung war bis jetzt nicht Gegenstand der Prüfung von Anfechtungsvoraussetzungen. Nunmehr ist es erforderlich zwischen Deckungshandlung und Vermögensverschiebung zu unterscheiden. Eine Deckungshandlung des Insolvenzschuldners ist dann gegeben, wenn durch eine Rechtshandlung dem anderen Teil hinsichtlich seines gegen den, eventuelle späteren, Insolvenzschuldner gerichteten Anspruch auf Sicherung oder Befriedigung gewährt oder ermöglicht wird, und der Anfechtungsgegner im Zeitpunkt der Vornahme der anfechtbaren Rechtshand-

Kontokorrentkonto hier: Zustellsaldo) gepfändet und dem pfändenden Gläubiger zur Einziehung überwiesen wurde (*BGH* ZInsO 2014, 31 Rn. 9 ff.).

Versucht der Insolvenzschuldner von einem gepfändeten Konto eine Überweisung vorzunehmen, so wird dies ihm aller Wahrscheinlichkeit nach vom Kreditinstitut verweigert werden. Aufgrund der vorgehenden Pfändungen ist ein eventuell vorhandener Guthabensbetrag, aus dem die Überweisung erfolgen könnte, an den Pfändungsgläubiger abzuführen. Nimmt die Bank aber dennoch den Überweisungsauftrag an und führt diesen aus, so liegt darin dann eine Rechtshandlung des Insolvenzschuldners. Füllt der Insolvenzschuldner durch Bareinzahlung auf sein Konto das Guthaben auf, um daraus dann eine Überweisung vorzunehmen, z.B. auf das Dienstkonto des Vollstreckungsbeamten, so handelt es sich ebenfalls um Rechtshandlungen des Insolvenzschuldners (*BGH* ZInsO 2010, 226 Rn. 16). 18

Entsteht das gepfändete Bankguthaben erst durch Valutierung eines Darlehens auf dem Konto des Schuldners, so beruht das entstandene Pfandrecht auf einer Rechtshandlung des Schuldners. Ist kein wirksames Pfandrecht entstanden, so beruht die Überweisung des Schuldners auf einer Rechtshandlung und es liegt keine objektive Gläubigerbenachteiligung vor. Denn der Abruf der Darlehensmittel hat für die Gesamtgläubigerschaft eine gläubigerbenachteiligende Wirkung (*BGH* ZInsO 2013, 2213 Rn. 10; ZInsO 2012 Rn. 22). Ist aber ein wirksames Pfändungspfandrecht entstanden, so entfällt die gläubigerbenachteiligende Wirkung der Rechtshandlung, da der Pfändungspfandgläubiger zur abgesonderten Befriedigung gem. § 50 Abs. 1 InsO berechtigt war (*BGH* ZInsO 2013, 247 Rn. 9 ff.). Dies kann aber nur für den Fall gelten, dass in der Überweisung genau der Betrag an den Gläubiger überwiesen wird, der auch mittels Pfändung ihm zugestanden hätte. Überweist der Insolvenzschuldner einen anderen Betrag der nicht dem gepfändeten Zustellsaldo (Kontokorrentkonto) oder dem Guthabensaldo entspricht, so ist dennoch die Anfechtung gegeben. Ebenso beim gezielten Auffüllen der Barkasse mit Bargeld, um dadurch die Befriedigung des Gläubigers zu ermöglichen bzw. zu fördern (*BGH* ZIP 2011, 531 Rn. 12; ZInsO 2010, 226). 19

3. Zwangsversteigerung

Der Eigentumserwerb durch Zuschlag in der **Zwangsversteigerung** ist nicht anfechtbar, weil weder das Meistgebot noch der Zuschlag Rechtshandlungen des Schuldners sind (*BGH* ZIP 1986, 926; krit. *Jaeger/Henckel* InsO, § 133 Rn. 9, der darauf abstellt, ob der Schuldner den Gläubiger veranlasst hat, die Zwangsversteigerung zu betreiben und hierin eine anfechtbare Rechtshandlung sieht). Hat der Erwerber das Grundstück allerdings bereits vorher anfechtbar erworben, steht der Zuschlag in der Zwangsversteigerung der Anfechtung nicht entgegen (*BGH* ZIP 2004, 1619). Rechtshandlungen des Schuldners sind weiterhin der Empfang einer Leistung, mit der seine Forderung erlischt, die Anweisung an den Schuldner an einen Dritten zu leisten, die durch einen Strohmann vermittelte Zuwendung (*BGH* ZIP 1980, 346) oder die Zahlung im Lastschriftverfahren (*BGH* ZIP 2003, 488 [493]). Auch der Verkauf eines Vermögensgegenstandes zu einem angemessenen Preis ist anfechtbar, wenn der Anfechtungsgegner weiß, dass der Schuldner den Erlös den Gläubigern entziehen will und eine mittelbare Benachteiligung auch eintritt (Bargeschäft, vgl. § 142 InsO). Rechtshandlungen eines Vertreters werden dem Schuldner zugerechnet (vgl. § 129 Rdn. 39). Ein uneigennütziger Verwaltungstreuhänder (z.B. Steuerberater/Rechtsanwalt/WP) unterliegt der Vorsatzanfechtung, wenn er nach Kenntnis der Zahlungsunfähigkeit des Schuldners ihm überlassene Geldbeträge vereinbarungsgemäß an bestimmte, bevorzugt zu befriedigende Gläubiger des Schuldners weiterleitet (*BGH* ZIP 2012, 1038). Eine Anfechtung gegenüber der kontoführenden Bank scheidet aus (*Ganter* NZI 2013, 209 [222 f.]). 20

4. Sonstige Fälle der Rechtshandlung

Auch dann, wenn der Schuldner die Vollstreckungsmaßnahme wesentlich gefördert hat oder sie in einverständlichem Zusammenwirken mit dem Gläubiger betrieben worden ist, kommt eine Anfechtung in Betracht (*BGH* WM 1959, 891 [893]; LM § 3 AnfG Nr. 12, z.B. Benachrichtigung des Gläubigers von den beabsichtigten Vollstreckungen anderer Gläubiger). Ebenfalls eine anfechtbare 21

13 Bei der vorstehenden Konstellation ist kein willensgesteuertes Handeln des Schuldners bei der Vollstreckung mehr gegeben (*BGH* ZIP 2015, 1234 Rn. 8) denn in diesem Fall bleibt dem Schuldner nichts anderes übrig als die Zahlung sofort zu leisten oder die Vollstreckungsmaßnahme zu dulden (*BGH* ZInsO 2012, 2244 Rn. 25; ZInsO 2012, 1318 Rn. 8; BGHZ 167, 11 [14] Rn. 7).

14 Zahlungen an einen vollstreckungsbereiten Vollziehungsbeamten erfüllen daher grds. nicht die Voraussetzungen einer Rechtshandlung. Sind aber in der gegebenen Fallkonstellation Besonderheiten gegeben, die einen zwangsweisen Zugriff des Vollstreckungsbeamten nicht ermöglichen oder sogar verhindern würden, so liegt keine Rechtshandlung des Insolvenzschuldners vor. Dies ist dann gegeben, wenn z.B. der Schuldner das Bargeld vor dem Vollstreckungsbeamten versteckt oder den Aufbewahrungsort verheimlicht (*BGH* ZInsO 2012, 2244 Rn. 26) oder der Vollstreckungsbeamte den Schuldner nur einfach ohne Vollstreckungsdruck zu erzeugen, zur Zahlung auffordert. Solche Gegebenheiten sind aber substantiiert vom Insolvenzverwalter darzulegen (*BGH* ZInsO 2012, 2244). Als Indiz für das Vorliegen einer Rechtshandlung kann das Vollstreckungsprotokoll des Gerichtsvollziehers oder des Vollstreckungsbeamten des Hauptzollamtes dienen. Hat der Vollstreckungsbeamte auf dem Vollstreckungsprotokoll vermerkt »wurde weggenommen« so liegt darin eine Vollziehungshandlung, die eine Rechtshandlung des Schuldners ausschließt. Wird aber vermerkt »hat entrichtet« so spricht dies als Indiz für das Vorliegen einer Rechtshandlung des Schuldners, da in diesem Fall der Schuldner freiwillig die Zahlung/Leistung erbracht hat. Wird diese Urkunde in den Prozess eingeführt, so hat im Wege der abgestuften Darlegungs- und Beweislast der vollstreckende Gläubiger darzulegen und zu beweisen, dass eine entgegen dem Vollstreckungsprotokoll ausgewiesene Situation vorhanden war. In diesem Fall muss er die negative Tatsache des Nichtvorliegens einer Rechtshandlung beweisen.

15 Da Unterlassungen Rechtshandlungen nach § 129 Abs. 2 InsO gleichstehen, ist eine Rechtshandlung in dem Fall gegeben, in dem der Vollziehungsbeamte ohne richterlichen Durchsuchungsbeschluss, an den Vollstreckungsbeamten die Leistung bringt, ohne von diesem auf das Fehlen des richterlichen Durchsuchungsbeschlusses hingewiesen zu werden. In diesem Fall wird dem Insolvenzschuldner durch den Hinweis des Fehlens des Durchsuchungsbeschlusses (§ 758a ZPO) durch den Vollziehungsbeamten die generelle Möglichkeit genommen, wegen des Fehlens einer Vollstreckungsvoraussetzung die Leistung zu verweigern. Insoweit war nämlich dem Schuldner nicht die Notwendigkeit des Durchsuchungsbeschlusses bewusst (*BGH* ZInsO 2011, 574; HambK-InsO/*Rogge*/*Leptien* Ergänzungsbd. § 133 Rn. 7). Stellt der Schuldner zur Begleichung der Forderung gegenüber dem Vollziehungsbeamten einen Scheck aus, so ist unzweifelhaft eine Rechtshandlung gegeben. Eine Rechtshandlung ist auch bei Teilzahlungen gegeben. Diese liegt ebenfalls vor, wenn der Schuldner zur Abwendung einer bevorstehenden Zwangsvollstreckung nach Übersendung der Vollstreckungsankündigung durch den Gerichtsvollzieher/Vollziehungsbeamten zahlt. Wäre die Vollstreckung fruchtlos verlaufen und der Schuldner zahlt nun mittels einem auf ein anderes Konto gezogenen Verrechnungsscheck, wobei sein Geschäftskonto bereits gepfändet war, so ist ebenfalls eine Rechtshandlung gegeben (*BGH* ZInsO 2015, 1262 [1263] Rn. 8; ZInsO 2009, 15 [16] Rn. 4 f.).

16 Wird mit dem Vollziehungsbeamten eine Ratenzahlungsvereinbarung getroffen, wobei es unerheblich ist ob diese nach fruchtlosem Zwangsvollstreckungsversuch erfolgte, liegt in der Vereinbarung dieser eine Rechtshandlung vor (HambK-InsO/*Rogge*/*Leptien* Ergänzungsbd. § 133 Rn. 7). Ist ein Vollstreckungsversuch fruchtlos, so setzt sich die hoheitliche Zwangsmaßnahme dann nicht mehr fort, wenn später der Schuldner Leistungen erbringt. Eine später erfolgte Leistung beruht dann auf einem freien Willensentschluss (*BGH* ZInsO 2014, 1004 [1007] Rn. 30).

2. Zahlungen/Überweisungen/Lastschriften/Scheckzahlungen

17 Zahlungen, Lastschriften, Überweisungen und Scheckzahlungen erfordern grundsätzlich, dass der Schuldner über sein Konto verfügen kann. Demnach ist eine mittels Banküberweisung erfolgte Zahlung eine Rechtshandlung des Schuldners. Dies auch dann, wenn zuvor zu Gunsten des Zahlungsempfängers der Anspruch auf Auszahlung des gepfändeten Guthabens des Bankkontos (Girokonto/

muss nicht vom Insolvenzschuldner ausgehen (BGHZ 162, 143) vielmehr genügt es, wenn der Insolvenzschuldner lediglich an der Vornahme der Rechtshandlung in irgendeiner Art und Weise beteiligt ist (HambK-InsO/*Rogge/Leptien* Ergänzungsbd. § 133 Rn. 4). Zur Anwendung der Abs. 2 und 3 kommt es nur dann, wenn die zur Anfechtung anstehende Rechtshandlung eine Deckungshandlung darstellt. Von den Vorschriften der Abs. 1–3 werden auch solche Rechtshandlungen erfasst, die im Rahmen des Abs. 4 der Anfechtung unterliegen. Demzufolge sind auch Rechtshandlungen eines Mitberechtigten des Insolvenzschuldners nach den Abs. 1–3 anfechtungsrechtlich relevant (*BGH* ZInsO 2015, 2180 [2181] Rn. 13; HambK-InsO/*Rogge/Leptien* Ergänzungsbd. § 133 Rn. 3).

Nur willentlich gesteuertes und zielgerichtetes Unterlassen des Schuldners z.B. eine Nichteröffnung eines P-Kontos, um Zahlungen von Drittschuldnern entgegennehmen zu können, stellt eine Rechtshandlung dar, die anfechtbar ist. Mitteilungen an einen Gläubiger die diesem ermöglichen, einen Vollstreckungszugriff auf Forderungen zu erhalten, stellt nach der Ansicht des *OLG Düsseldorf* (ZInsO 2017, 1227 [1228]) noch keine Rechtshandlung dar. 8

Hat der Schuldner etwa durch Anerkenntnis, Geständnis oder Terminssäumnis einen Vollstreckungstitel entstehen lassen, kann dem Anfechtungsgegner, der sich auf die materielle Rechtskraft beruft, die Anfechtbarkeit entgegengehalten werden (*BGH* ZIP 2000, 238 [243]). 9

Die Rechtsprechung des BGH wird in der Literatur wegen angeblichen Fehlens des subjektiven Tatbestandes des § 133 Abs. 1 Satz 2 InsO angezweifelt (*Strandmann* ZInsO 2014 538 [541]). 10

1. Vollstreckungsmaßnahmen

Eine Anwendung des Abs. 1 ist nur dann gegeben, wie vorstehend ausgeführt, wenn der Schuldner noch Verantwortung gesteuert gehandelt hat. Scheidet ein solches verantwortungsgesteuertes Handeln im Rahmen einer Zwangsvollstreckung aus, so ist eine Anfechtung nicht gegeben. Daher sind **Vollstreckungsmaßnahmen** grds. nicht nach § 133 InsO anfechtbar (*BGH* ZIP 2005, 494 ff. gegen *Rendels* ZIP 2004, 1289 ff. und *Kreft* KTS 2004, 205), da es an einer Rechtshandlung des Schuldners fehlt. 11

Kann der Insolvenzschuldner noch selbstständig darüber entscheiden, ob er die vom Gläubiger im Rahmen der Zwangsvollstreckung geforderte Leistung erbringt oder nicht, so liegt eine Rechtshandlung i.S.d. § 129 InsO vor. Dies gilt auch bei einer zu erwartenden Vollstreckung. Dabei ist es aber erheblich, dass der Schuldner über die entsprechende Leistung noch frei verfügen kann. Als gedanklicher Prüfungsmaßstab soll daher dienen, inwieweit der Schuldner den zur Abwendung der Vollstreckung benötigten Betrag etwa einem Dritten noch zuwenden kann, diesen für sich selbst verwenden könnte oder sogar in dieser Situation noch den Insolvenzantrag stellt und den vollstreckenden Gläubiger darüber informieren könnte. Bleibt dem Schuldner dagegen im Vollstreckungsverfahren nur noch die Wahl, die beanspruchte Leistung oder den Barbetrag herauszugeben oder die Vollstreckung durch den anwesenden Gerichtsvollzieher/Vollstreckungsbeamten zwangsweise zu dulden, so scheidet jedes eigenverantwortliche Handeln des Schuldners aus. 12

Dazu bereits BGH Urt. v. 10.02.2005, IX ZR 211/02, ZIP 2005, 494 ff.) im Leitsatz: »1. Zwangsvollstreckungshandlungen des Gläubigers sind ohne eine vorsätzliche Rechtshandlung oder eine ihr gleichstehende Unterlassung des Schuldners nicht nach § 133 Abs. 1 InsO anfechtbar.

2. Hat der Schuldner nur noch die Wahl, die geforderte Zahlung sofort zu leisten oder die Vollstreckung zu dulden, ist also jede Möglichkeit eines selbstbestimmten Handelns ausgeschaltet, fehlt es an einer Rechtshandlung des Schuldners i.S.v. § 133 Abs. 1 InsO.« Dies gilt aber nicht bei Zahlung mit Schecks oder Bargeld, wenn der Schuldner mit dem Vollstreckungsorgan über eine Ratenzahlung verhandelt bzw. nur frei bestimmt Teilzahlungen leistet. Stellt ein Schuldner einen Scheck aus und übergibt diesen einem anwesenden und vollstreckungsbereiten Vollziehungsbeamten, so beruht erfolgte Zahlung durch Einlösung des Schecks auf einer Rechtshandlung des Schuldners, wenn der Vollziehungsbeamte ohne die Ausstellung des Schecks erfolgversprechend in das sonstige Vermögen des Schuldners vollstreckt hätte (BGH JurionRS 2012, 17708).

würde. Vor dem Hintergrund einer massiven Verunsicherung der Wirtschaftskreise und einer kaum vorhersehbaren Rechtsprechung der Instanzgerichte war der Gesetzgeber bemüht, eine Formulierung zu finden, die die weit verbreiteten Usancen der Zahlungserleichterungen möglichst umfassend absichert.« (*ders.* bereits zum RegE und dessen Zustandekommen s. juris PR-InsR 1/2016 Anm. 1). Inwieweit tatsächlich die durch die Lobbyarbeit strukturierte Gesetzesänderung zum gewünschten Erfolg führen wird, wird in Zukunft die Rechtsprechung des BGH weisen. Im Nachfolgenden werden bereits einige der sich doch ergebende Einschränkungen aufgezeigt.

3 Anstelle des **Dreißigjahreszeitraums** (§ 41 Abs. 1 Satz 3 KO) ist jetzt eine Frist in Abs. 1 von **zehn Jahren** vorgesehen, die **von dem Eröffnungsantrag** und nicht von der Ausübung des Anfechtungsrechtes (KO) zurückgerechnet wird. Im Übrigen beschränkt sich die Vorschrift darauf, dem Insolvenzverwalter die schwierige Beweisführung gegenüber § 31 Nr. 1 KO zu erleichtern, indem sich die Beweislast bzgl. der Kenntnis des Anfechtungsgegners von dem Benachteiligungsvorsatz zu dessen Lasten umkehrt, wenn er wusste, dass die Zahlungsunfähigkeit des Schuldners drohte (§ 18 Abs. 2 InsO) und die Handlung die Gläubiger benachteiligt. Der Nachweis der beiden Umstände wird kaum leichter zu führen sein, so dass sich die Beweissituation nicht verbessern dürfte.

4 Weiterhin erfordert Abs. 1 eine objektive Benachteiligung, die anders als in Abs. 4 auch mittelbar begründet sein kann (s. § 129 Rdn. 45).

5 Weiterhin verschärft ist die Anfechtung entgeltlicher Verträge gegenüber nahen Angehörigen (§ 31 Nr. 2 KO). Die in § 10 Abs. 1 Nr. 2 GesO vorgenommene Erweiterung auf alle Rechtshandlungen des Schuldners, wurde in § 133 Abs. 4 n.F. InsO jedoch nicht übernommen. Die Beweislast wird nicht nur für die Kenntnis des Benachteiligungsvorsatzes, sondern auch für den Zeitpunkt des Vertragsschlusses umgekehrt, um der Gefahr betrügerischer Rückdatierungen zu begegnen. Der Kreis der beweisbelasteten Personen wird mit den nahestehenden Personen (§ 138 InsO) gegenüber den nahen Angehörigen der KO wesentlich erweitert (so schon § 10 Abs. 1 Nr. 2 GesO). Im Übrigen wurde der **Anfechtungszeitraum** von einem auf **zwei Jahre** ausgedehnt. Abs. 4 regelt nun einen Sonderfall der Vorsatzanfechtung, so dass die dort genannten entgeltlichen Verträge mit nahestehenden Personen auch nach Abs. 1 angefochten werden können (MüKo-InsO/*Kirchhof* § 133 Rn. 39).

6 § 133 enthält keinen Deliktstatbestand (MüKo-InsO/*Kirchhof* § 133 Rn. 1; a.A. *RG* RGZ 74, 224 [226]) und seine Rechtsfolge ist nicht auf Schadensersatz gerichtet (*BGH* LM Nr. 1 zu § 30 KO = BB 1952, 868 m. Anm. *Berges*). Dass der Schuldner bei Vornahme des Geschäfts einen dem Anfechtungsgegner bekannten Gläubigerbenachteiligungsvorsatz hatte, begründet nur dann die Nichtigkeit nach § 138 BGB, wenn besondere Umstände hinzukommen (*BGH* ZIP 1987, 1062). Eine sehr bemerkenswerte Abhandlung zu eventuellen Nichtigkeitsfolgen bei der Insolvenzanfechtung ist bei *Zenger* (S. 168 ff.) zu finden.

B. Weiterhin der Regelfall (Abs. 1)

I. Rechtshandlung

7 Die Vorschrift erfasst nur Rechtshandlungen (s. hierzu § 129 Rdn. 21 ff.), die der Schuldner **selbst** vorgenommen hat oder bei **denen er zumindest mitgewirkt** hat (*BGH* WM 1965, 14; BB 1978, 1139 [1140]), **nicht** dagegen **Rechtshandlungen anderer**. Eine mittelbare Gläubigerbenachteiligung ist im Rahmen des § 133 Abs. 1–3 InsO ausreichend. Handlungen eines Stellvertreters oder einer eingeschalteten Mittelsperson werden über die allgemeinen Zurechnungsregeln als eigenes Handeln des Schuldners gewertet. Wird ein solcher Dritter bei einer mittelbaren Zuwendung eingeschaltet, so ist dies auch zur Anfechtung ausreichend. Die Vornahme der Rechtshandlung muss mit dem Vorsatz geschehen, die Gläubiger zu benachteiligen. Aus dieser Formulierung kann geschlossen werden, dass die Vornahme der Rechtshandlung ohne ein vom Schuldner selbst gesteuertes Verhalten nicht vorliegen kann (HambK-InsO/*Rogge/Leptien* Ergänzungsbd. § 133 Rn. 2). Demgegenüber verlangen **die §§ 130, 131 InsO** nur das generelle Vorliegen einer Rechtshandlung, die wiederum auch von einem Dritten und nicht vom Schuldner vorgenommen werden kann. Insoweit sind **Rechtshandlungen Dritter nicht** von der Anfechtung der Abs. 1–3 umfasst. Die benachteiligende Rechtshandlung

	Rdn.			Rdn.
unfähigkeit; Vermutungsregel des Abs. 1 Satz 2	73	V.	Beweislast	87
5. Bei Sanierung oder Sanierungsversuch	78	D.	**Entgeltliche Verträge mit nahestehenden Personen (Abs. 4 n.F.)**	88
6. Zurechnung der Kenntnis	79	I.	Nahestende Person	88
IV. Kenntnis des Anfechtungsgegners nach neuem Recht (Abs. 3)	80	II.	Vertrag	89
1. Kenntnis des anderen Teils	80	III.	Entgeltlichkeit	90
2. Bei Zahlungsvereinbarung und Zahlungserleichterung (Abs. 3 Satz 2)	81	IV.	Unmittelbare Gläubigerbenachteiligung	92
		V.	Ausschluss der Anfechtung nach Abs 4	93
		VI.	Beweislast	94

Literatur:
Bindseil Die Absichtsanfechtung außerhalb und innerhalb des Konkurses im Verhältnis zu den §§ 138 I, 823, 826 BGB, Diss. jur. Heidelberg 1965; *Ganter* Die Rechtsprechung des BGH zum Insolvenzrecht im Jahr 2012, NZI 2013, 209; *Hacker* Verabschiedung des Gesetzes zur Reform des Anfechtungsrechts, NZI 2017, 148; *Lind* Zur Auslegung von § 133 InsO, insbesondere im System der Anfechtungstatbestände, 2006; *Schulte* Zum Anwendungsverständnis der Absichtsanfechtung (§ 31 Nr. 1 KO) in der Konkursordnung von 1877, Diss. Frankfurt a.M. 1984; *Strandmann* Gerät der subjektive Tatbestand des § 133 Abs. 1 InsO unter die Räder?, ZInsO 2014, 538; *Thole* Das Reformgesetz zur Insolvenzanfechtung, ZIP 2017, 401; *Urlaub/Rebel* Thema: Vermeidung von Anfechtungsrisiken nach Inkrafttreten des Gesetzes zur Verbesserung der Rechtssicherheit bei Anfechtung nach der Insolvenzordnung und dem Anfechtungsgesetz, ZInsO 2017, 1136; *Wimmer* Das Gesetz zur Verbesserung der Rechtssicherheit bei Anfechtungen nach der Insolvenzordnung und nach dem Anfechtungsgesetz in juris, ders. in jurisPR-InsR 1/2016 Anm. 1; *Zenger* Die Insolvenzanfechtung aus zivilrechtlicher Perspektive, Diss. 2016.

A. Einleitung

Die Vorschrift entspricht im Wesentlichen der Absichtsanfechtung nach § 31 KO und § 10 Abs. 1 Nr. 1, 2 GesO. Sie deckt sich mit § 3 AnfG, so dass die zu dieser Vorschrift ergehenden Entscheidungen auch hier zur Auslegung herangezogen werden können. Der bisherige Ausdruck »Absicht« wurde durch den Begriff »Vorsatz« ersetzt und kodifiziert damit die weite Auslegung, die der Begriff »Absicht« durch Rspr. und Lehre erfahren hat. Der geltende Rechtszustand wird insoweit hierdurch nicht geändert (Begr. RegE BT-Drucks. 12/2443 S. 160). 1

Die Vorschrift des § 133 InsO ist durch das Gesetz zur Verbesserung der Rechtssicherheit bei Anfechtung nach der InsO und nach dem Anfechtungsgesetz vom 29.03.2017 (BGBl. I 2017, S. 654) mit Wirkung zum 05.04.2017 neu gefasst worden. Absatz 1 ist unverändert geblieben. Die Absätze 2 und 3 wurden neu implementiert. Nach Abs. 2 beträgt nunmehr die Anfechtungsfrist bei Sicherungen und Befriedigungen abweichend von Abs. 1 (10 Jahre) nur noch 4 Jahre. Dadurch beträgt die Anfechtungsfrist bei Deckungshandlungen im gesamten nur noch 4 Jahre. Der ursprüngliche Abs. 2 wurde unverändert in Abs. 4 übernommen. In Abs. 1 Satz 2 wurde eine Beweislastumkehr in bestimmten Fällen eingeführt. Abs. 3 führt nunmehr zu einer Neuregelung der Beweislastverteilung zwischen dem der Anfechtung unterliegenden Gläubiger und dem Insolvenzverwalter (*Hacker* NZI 2017, 148 [149]). Es ist eine gegenteilige gesetzliche Vermutung nunmehr eingeführt worden und zwar für den Fall, dass es sich bei der anzufechtenden Rechtshandlung um eine kongruente Deckungshandlung handelt (HambK-InsO/*Rogge/Leptien* Ergänzungsbd. § 133 Rn. 1). Mit der Gesetzesänderung des § 133 Abs. 3 Satz 2 InsO wird einem der zentralen Anliegen der Wirtschaft Rechnung getragen. So führt z.B. *Wimmer* (in juris: Das Gesetz zur Verbesserung der Rechtssicherheit bei Anfechtungen nach der InsO und nach dem Anfechtungsgesetz S. 3) zu den gesetzgeberischen Gründen wie folgt aus: ». . . Wie bereits ausgeführt, wird von interessierter Seite beklagt, die von der Rechtsprechung entwickelten Beweisanzeichen würden bereits bei Zahlungsstockungen oder bei einer Ratenzahlungsvereinbarung die Kenntnis des Vertragspartners von der Zahlungsunfähigkeit des Schuldners und von dessen Gläubigerbenachteiligungsabsicht vermuten lassen. Damit würden jedoch grundlegende wirtschaftliche Zusammenhänge verkannt, da die Notwendigkeit, saison- oder marktbedingte Engpässe abzufedern, bei einer Vielzahl von Geschäftsbeziehungen auftreten 2

§ 133 InsO   Vorsätzliche Benachteiligung

nannte. Ist das Rechtsgeschäft früher, aber gegenüber einer nahestehenden Person (§ 138 InsO) vorgenommen worden, ist eine Anfechtung nach § 133 Abs. 2 InsO in Betracht zu ziehen.

11 Die subjektiven Voraussetzungen entsprechen denen des § 130 Abs. 1 InsO, wobei wie bei § 130 Abs. 2 InsO die Kenntnis der Zahlungsunfähigkeit oder des Eröffnungsantrages der Kenntnis von Umständen gleichgestellt wird, die zwingend auf den Eröffnungsantrag oder die Zahlungsunfähigkeit schließen lassen (§ 132 Abs. 3 InsO).

F. Beweislast

12 Die Kenntnis hat der Verwalter zu beweisen. Sie muss spätestens zu dem in § 140 InsO genannten Zeitpunkt vorliegen. Nach § 132 Abs. 3 gilt die Beweiserleichterung nach § 130 Abs. 2 InsO auch hier, ebenso die Beweislastumkehr nach § 130 Abs. 3 InsO zu Lasten nahestehender Personen (§ 138 InsO). Vgl. hierzu § 130 Rdn. 39, 74.

§ 133 Vorsätzliche Benachteiligung

(1) ¹Anfechtbar ist eine Rechtshandlung, die der Schuldner in den letzten zehn Jahren vor dem Antrag auf Eröffnung des Insolvenzverfahrens oder nach diesem Antrag mit dem Vorsatz, seine Gläubiger zu benachteiligen, vorgenommen hat, wenn der andere Teil zur Zeit der Handlung den Vorsatz des Schuldners kannte. ²Diese Kenntnis wird vermutet, wenn der andere Teil wusste, dass die Zahlungsunfähigkeit des Schuldners drohte und dass die Handlung die Gläubiger benachteiligte.

(2) Hat die Rechtshandlung dem anderen Teil eine Sicherung oder Befriedigung gewährt oder ermöglicht, beträgt der Zeitraum nach Absatz 1 Satz 1 vier Jahre.

(3) ¹Hat die Rechtshandlung dem anderen Teil eine Sicherung oder Befriedigung gewährt oder ermöglicht, welche dieser in der Art und zu der Zeit beanspruchen konnte, tritt an die Stelle der drohenden Zahlungsunfähigkeit des Schuldners nach Absatz 1 Satz 2 die eingetretene. ²Hatte der andere Teil mit dem Schuldner eine Zahlungsvereinbarung getroffen oder diesem in sonstiger Weise eine Zahlungserleichterung gewährt, wird vermutet, dass er zur Zeit der Handlung die Zahlungsunfähigkeit des Schuldners nicht kannte.

(4) ¹Anfechtbar ist ein vom Schuldner mit einer nahe stehenden Person (§ 138) geschlossener entgeltlicher Vertrag, durch den die Insolvenzgläubiger unmittelbar benachteiligt werden. ²Die Anfechtung ist ausgeschlossen, wenn der Vertrag früher als zwei Jahre vor dem Eröffnungsantrag geschlossen worden ist oder wenn dem anderen Teil zur Zeit des Vertragsschlusses ein Vorsatz des Schuldners, die Gläubiger zu benachteiligen, nicht bekannt war.

Übersicht

	Rdn.		Rdn.
A. Einleitung	1	2. Allgemeines zum Nachweis des Vorsatzes durch Beweisanzeichen	41
B. Weiterhin der Regelfall (Abs. 1)	7	3. Bei einer inkongruenten Deckung	42
I. Rechtshandlung	7	4. Bei einer kongruenten Deckung	48
1. Vollstreckungsmaßnahmen	11	5. Bei Kenntnis der Zahlungsunfähigkeit	51
2. Zahlungen/Überweisungen/Lastschriften/Scheckzahlungen	17	6. Bei Kenntnis der drohenden Zahlungsunfähigkeit	56
3. Zwangsversteigerung	20	7. In sonstigen Fällen	58
4. Sonstige Fälle der Rechtshandlung	21	8. Ausschluss des Vorsatzes	61
C. Nun gesetzlicher Ausnahmecharakter der Absätze 2 und 3 n.F.	26	III. Kenntnis des Anfechtungsgegners	62
I. Grundsätzliche Darstellungen zum neuen Recht	27	1. Kenntnis des anderen Teils	63
II. Vorsatz, seine Gläubiger zu benachteiligen	33	2. Kenntnis und Zeitpunkt	67
		3. Bei Inkongruenter Deckung	70
1. Benachteiligungsvorsatz	39	4. Kenntnis bei (drohender) Zahlungs-	

ligt worden, weil dessen Vermögen **erst** durch die ihm auferlegten Zahlungen an die Staatskasse beeinträchtigt wurde. Vorher stand es dem Schuldner trotz seiner Zustimmung zu der vorläufigen Verfahrenseinstellung frei, ob er die auferlegten Zahlungen erbrachte. Eine neue Verbindlichkeit zulasten seines Vermögens war dadurch nicht begründet worden (vgl. BGHSt 28, 174 [177])«.

Grundsätzlich besteht ein anfechtungsfester Vertrauenstatbestand für den Gläubiger, wenn der vorläufige Verwalter der Zahlung einer Altverbindlichkeit zustimmt (*BGH* ZIP 2006, 431). Veranlasst aber ein Gläubiger, der mit seiner Forderung lediglich Insolvenzgläubiger wäre, durch die Weigerung andernfalls eine für die Fortführung des Unternehmens des Schuldners notwendige Leistung nicht zu erbringen, den unter Erlass eines Zustimmungsvorbehalts bestellten vorläufigen Insolvenzverwalter dazu, dem Gläubiger nicht nur das Entgelt für die neue Leistung zu zahlen, sondern ihn auch wegen seiner Altforderung voll zu befriedigen, so ist die Zusage der zweiten Leistung unmittelbar gläubigerbenachteiligend und anfechtbar (*BGH* ZIP 2003, 810; ZIP 2003, 855; s.a. *Smid* DZWIR 2007, 45 [48 ff.]). 7

Konsequent sind die nachfolgenden Entscheidungen des BGH zu diesem Themenkomplex, wie die Leitsätze zeigen: 8
– Stimmt der mit einem Zustimmungsvorbehalt ausgestattete vorläufige Insolvenzverwalter Verträgen des Schuldners über die Erfüllung von Altverbindlichkeiten vorbehaltlos zu, die im Zusammenhang stehen mit noch zu erbringenden Leistungen des Vertragspartners, begründet dies für diesen grundsätzlich einen Vertrauenstatbestand, den der Verwalter bei Vornahme der Erfüllungshandlung durch den Schuldner nicht mehr zerstören kann.
– Stimmt der mit einem Zustimmungsvorbehalt ausgestattete vorläufige Insolvenzverwalter einer Rechtshandlung des Schuldners zu, durch die gesetzliche Ansprüche oder Altverbindlichkeiten erfüllt werden, ohne dass dies mit einer noch zu erbringenden eigenen Leistung in Zusammenhang steht, kann der Insolvenzverwalter nach Eröffnung des Insolvenzverfahrens die Erfüllungshandlung nach den Regeln der Deckungsanfechtung anfechten (Ergänzung zu *BGHZ* 154, 190; *BGH* ZIP 2005, 314).

D. Gleichgestellte Handlungen (Abs. 2)

§ 132 Abs. 2 InsO stellt den unmittelbar benachteiligenden Rechtsgeschäften bestimmte Rechtshandlungen des Schuldners gleich. Die Vorschrift soll vor allem Regelungslücken bei der Anfechtung von Unterlassungen des Schuldners (vgl. § 129 Abs. 1 InsO) im Bereich der besonderen Insolvenzanfechtung schließen und ist auch auf diese zugeschnitten (Begr. RegE BT-Drucks. 12/2443 S. 159). Allerdings muss das Unterlassen ohne Hinzutreten weiterer Umstände eine der in Abs. 2 genannten Folgen nach sich ziehen. Dass Unterlassen einer Mietzinszahlung kann etwa nicht mit dem Ziel angefochten werden, die Folgen der darauf gründenden Kündigung des Vermieters zu beseitigen (KS-InsO/*Henckel* 2000, Rn. 45). Abweichend von Abs. 1 genügt auch eine **mittelbare Benachteiligung**. Im Übrigen müssen auch die weiteren Voraussetzungen des § 132 Abs. 1 InsO vorliegen: 9
– Rechte verliert: Unterlassen des Wechselprotestes und anschließendem Verlust von Rechten, die diesen voraussetzen; Nichtbehinderung der Ersitzung und Eigentumsverlust nach § 937 Abs. 1 BGB.
– Rechte nicht mehr geltend machen kann: Nichteinlegung von Rechtsmitteln oder Rechtsbehelfen (z.B. Einspruch gegen Versäumnisurteil nach § 338 ZPO) und deshalb Verlust eines aussichtsreichen Aktivprozesses; Unterlassen der Verjährungsunterbrechung; Unterlassen der Mängelrüge mit der Folge des § 377 Abs. 2 HGB.
– Anspruch erhalten wird: Unterbleiben rechtzeitiger Irrtumsanfechtung nach BGB.
– Anspruch durchsetzbar wird (zu ergänzen: oder bleibt): Unterlassen der Verjährungseinrede im Passivprozess.

E. Anfechtungszeitraum und subjektive Voraussetzungen

Das Rechtsgeschäft muss innerhalb der letzten **drei Monate** vor dem Eröffnungsantrag oder nach diesem vorgenommen worden sein. Als Zeitpunkt der Vornahme gilt dabei der in § 140 InsO ge- 10

3 Ist das Verpflichtungsgeschäft mangels ungleichwertiger Leistungen nicht nach § 132 anfechtbar, kommt eine Anfechtung der Deckung nach §§ 130, 131 InsO in Betracht, wenn der Leistungsaustausch nicht in zeitlichem Zusammenhang geschieht (vgl. § 142 InsO). Im Übrigen entspricht die Vorschrift § 130 InsO. Entweder muss das Rechtsgeschäft in den letzten drei Monaten vor dem Eröffnungsantrag, in Kenntnis des Anfechtungsgegners von der vorliegenden Zahlungsunfähigkeit des Schuldners, oder nach dem Eröffnungsantrag in Kenntnis des Anfechtungsgegners von diesem oder der Zahlungsunfähigkeit des Schuldners, vorgenommen worden sein.

4 In Abs. 2 werden Rechtshandlungen den unmittelbar benachteiligenden Rechtsgeschäften gleichgestellt, aufgrund derer der Schuldner ein Recht verliert, nicht mehr geltend machen kann oder durch die ein vermögensrechtlicher Anspruch gegen ihn erhalten oder durchsetzbar wird.

B. Rechtsgeschäft des Schuldners

5 Im Unterschied zu § 30 Nr. 1 Fall 1 KO heißt es jetzt nicht mehr »eingegangenes«, sondern »vorgenommenes« Rechtsgeschäft, so dass jetzt neben mehrseitigen Rechtsgeschäften, wie Kauf-, Darlehens-, Vergleichs-, Bürgschafts-, Erlass- und Schenkungsverträgen, auch einseitige Rechtsgeschäfte, wie die Kündigung oder ein ohne Annahmeerklärung wirksamer Verzicht erfasst werden (*Jaeger/Henckel* InsO, § 132 Rn. 32). Andere Rechtshandlungen sind nicht nach § 132 Abs. 1 InsO anfechtbar. Auf geschäftsähnliche Handlungen, wie Mahnungen und Abtretungsanzeigen findet die Vorschrift deshalb keine Anwendung (a.A. *Uhlenbruck/Hirte* InsO, § 132 Rn. 5). Auch Prozesshandlungen (vgl. § 129 Rdn. 32) und Unterlassungen (vgl. § 129 Rdn. 34) sind nicht nach Abs. 1 anfechtbar. Unter § 132 InsO kann etwa das Einverständnis zwischen Insolvenzschuldner und Sicherungsnehmer über die Art der Verwertung des Sicherungsgutes (*BGH* ZIP 1997, 367) oder die Vereinbarung einer sozialplanähnlichen Betriebsvereinbarung fallen (*LAG München* BB 1987, 194; *Jaeger/Henckel* InsO, § 132 Rn. 7 m. Verweis auf die hiesige Kommentierung).

C. Unmittelbare Benachteiligung

6 Eine unmittelbare Benachteiligung ist gegeben, wenn die Benachteiligung schon und allein durch das Rechtsgeschäft und nicht erst durch spätere Ereignisse bewirkt wird (vgl. FK-InsO/*Dauernheim* § 129 Rdn. 73). Mithin besteht das besondere Erfordernis einer über die bloße Erfüllungshandlung hinausgehenden, zusätzlichen Vereinbarung. Unerheblich ist es deshalb, wenn der Schuldner die gleichwertige Gegenleistung nach Erhalt sofort verbraucht (*RG* RGZ 136, 152 [158]). Hierunter fallen insbesondere der Verkauf unter Wert (*RG* LZ 1908, 787); der Kauf zu überhöhtem Preis oder Kauf zu einem korrekten Preis, aber verbunden mit der Abrede zur Begleichung von nicht durchsetzbaren Altverbindlichkeiten (*BGH* BGHZ 154 [190]; Schenkungen oder sonstige unentgeltiche Verfügungen; der Tausch einer wertvolleren Sache; die Leihe; die Darlehensgewährung zu unzulänglichem Zins; die Aufnahme eines Darlehens zu ungünstigen Bedingungen; der Rücktritt oder die Kündigung von für die Masse vorteilhaften Geschäften (vgl. *RG* WarnRspr 1931 Nr. 92); der Erlass (§ 397 Abs. 1 BGB) und negative Schuldanerkenntnisverträge (§ 397 Abs. 2 BGB); Bürgschaften; Vergleiche; die Eingehung von Wechselschulden; Besicherung und Befriedigung fremder Schulden ohne vollwertige Gegenleistung oder vollwertigen Rückgriffsanspruch (vgl. *BGH* ZIP 2004, 917 [919]); Abschluss eines außergerichtlichen (§ 779 BGB), aber wegen dessen Doppelnatur, auch des gerichtlichen Vergleichs. Löst die später insolvente Bank einen einfachen Scheck ein, liegt keine unmittelbare Benachteiligung vor, da die Bank Deckung durch das Guthaben des Ausstellers erhält. Unmittelbar benachteiligende Beratungsverträge sind insgesamt anfechtbar. Zu diesem Themenkomplex gibt es bisher nur eine Entscheidung zur Anfechtung eines Beraterhonorars für einen nicht durchführbaren Insolvenzplan (*BGH* ZIP 2008, 232). Bei der Zustimmung des Insolvenzschuldners zur Einstellung eines Strafverfahrens nach § 153a StPO gegen eine Geldauflage hat der BGH es offengelassen, ob eine solche Zustimmung des Schuldners als unmittelbar benachteiligendes Rechtsgeschäft anzusehen ist. Im entschiedenen Fall fehlte die unmittelbare Benachteiligung nach Ansicht des BGH (*BGH* ZInsO 2008, 738 Rn. 9). Zur fehlenden unmittelbaren Benachteiligung: »Jedenfalls sind hierdurch die Insolvenzgläubiger des angeklagten Schuldners noch nicht unmittelbar benachtei-

§ 132 Unmittelbar nachteilige Rechtshandlungen

(1) Anfechtbar ist ein Rechtsgeschäft des Schuldners, das die Insolvenzgläubiger unmittelbar benachteiligt,
1. wenn es in den letzten drei Monaten vor dem Antrag auf Eröffnung des Insolvenzverfahrens vorgenommen worden ist, wenn zur Zeit des Rechtsgeschäfts der Schuldner zahlungsunfähig war und wenn der andere Teil zu dieser Zeit die Zahlungsunfähigkeit kannte oder
2. wenn es nach dem Eröffnungsantrag vorgenommen worden ist und wenn der andere Teil zur Zeit des Rechtsgeschäfts die Zahlungsunfähigkeit oder den Eröffnungsantrag kannte.

(2) Einem Rechtsgeschäft, das die Insolvenzgläubiger unmittelbar benachteiligt, steht eine andere Rechtshandlung des Schuldners gleich, durch die der Schuldner ein Recht verliert oder nicht mehr geltend machen kann oder durch die ein vermögensrechtlicher Anspruch gegen ihn erhalten oder durchsetzbar wird.

(3) § 130 Abs. 2 und 3 gilt entsprechend.

Übersicht

	Rdn.			Rdn.
A. Einleitung	1	E.	Anfechtungszeitraum und subjektive	
B. Rechtsgeschäft des Schuldners	5		Voraussetzungen	10
C. Unmittelbare Benachteiligung	6	F.	Beweislast	12
D. Gleichgestellte Handlungen (Abs. 2)	9			

A. Einleitung

Die Vorschrift gehört zur besonderen Insolvenzanfechtung. Anfechtbar ist ein Rechtsgeschäft des späteren Insolvenzschuldners, das die Masse unmittelbar benachteiligt, wenn es in den letzten **drei Monaten** vor dem Eröffnungsantrag vorgenommen wurde und der **Anfechtungsgegner** von der **tatsächlich** vorliegenden Zahlungsunfähigkeit des Schuldners **Kenntnis** hatte (§ 132 Abs. 1 Nr. 1 InsO). Ist das Rechtsgeschäft erst **nach** dem **Antrag** vorgenommen worden, genügt zusätzlich die **Kenntnis des Antrags** (§ 132 Abs. 1 Nr. 2 InsO). Über diese Vorschrift sollen masseschädigende bzw. gläubigerbenachteiligende Begründungen von Verbindlichkeiten in der Krise durch den Insolvenzverwalter beseitigt werden können. Sie gibt dem Insolvenzverwalter die Möglichkeit an die Hand, einen auf diese Vorschrift gestützten Widerspruch zur Feststellung zur Tabelle einer solchen Forderung zu verhindern. 1

Es handelt sich um einen Auffangtatbestand. Gegenstand sind Rechtshandlungen, durch die eine Insolvenzforderung begründet wird. Solche Rechtshandlungen sind in benachteiligenden schuldrechtlichen Verträgen zu sehen, die durch den Insolvenzschuldner begründet werden. Stellvertretung ist möglich. Auch Rechtshandlungen gegenüber Dritten, die nicht Insolvenzgläubiger sind werden insoweit erfasst. Wird jedoch einem Nichtinsolvenzgläubiger, etwa dem Gläubiger eines Dritten, eine Sicherung oder Befriedigung gewährt, ist eine Anfechtung nach § 132 möglich. Dies gilt jedoch nicht mehr für nachrangige Forderungen i.S.v. § 39 InsO, da diese im Gegensatz zu § 63 KO am Verfahren teilnehmen. 2

Rechtsgeschäfte, die einem Insolvenzgläubiger eine Sicherung oder Befriedigung gewähren, fallen nicht unter § 132 Abs. 1 InsO, sondern unter die §§ 130, 131 InsO (Begr. RegE BT-Drucks. 12/2443 S. 159). Grundsätzlich werden Konkurrenz-Vereinbarungen über die Vorschriften der §§ 130, 131 der Anfechtung unterworfen. Die Vorschrift des §§ 132 InsO verdrängt daher bei Abschluss einer Konkurrenzvereinbarung die Anfechtungsmöglichkeit nach § 131 InsO, wenn hierdurch eine Sicherung oder Befriedigung auf der Grundlage eines privilegierten Bargeschäfts ermöglicht wird (*BGH* ZInsO 2016, 326 [328] Rn 19; *Jaeger/Henckel* InsO, § 131 Rn. 4, § 142 Rn. 2; MüKo-InsO/*Kirchhof* 3. Aufl., § 142 Rn. 23; *Ganter* ZIP 2012, 2037 [2038]; ebenso *BGH* BGHZ 123, 320 [323] zu § 30 Nr. 1 Fall 1 KO). Denn nachträgliche Konkurrenzvereinbarung wird auch nicht über diese Vorschrift erfasst.

§ 131 InsO Inkongruente Deckung

F. Zahlungsunfähigkeit

40 Nach § 17 Abs. 2 Satz 1 InsO ist der Schuldner zahlungsunfähig, wenn er nicht in der Lage ist, die fälligen Zahlungspflichten zu erfüllen. Nach Satz 2 der Vorschrift ist dies i.d.R. bei Zahlungseinstellung anzunehmen (vgl. hierzu näher § 130 Rdn. 41 ff.).

G. Kenntnis des Gläubigers von Benachteiligung

41 Der Insolvenzverwalter hat im Fall des Abs. 1 Nr. 3 zu beweisen, dass dem Anfechtungsgegner zur Zeit der Rechtshandlung (§ 140 InsO) bekannt war, dass diese die späteren Insolvenzgläubiger benachteiligt. Genauso wenig wie bei der Vorsatzanfechtung nach § 133 InsO (vgl. § 133 Rdn. 42 ff.) kann auch hier aus dem Vorliegen der Inkongruenz allein, wie aus Abs. 1 Satz 2 folgt, bereits der subjektive Tatbestand gefolgert werden. Der Anfechtungsgegner muss davon Kenntnis haben, dass sich die Befriedigungsmöglichkeit der späteren Insolvenzgläubiger ohne jene Rechtshandlung günstiger gestaltet hätte (vgl. § 129 Rdn. 45 ff.). Diese Kenntnis ist vorhanden, wenn er aufgrund der sich für ihn darstellenden wirtschaftlichen Lage des Schuldners nicht davon ausgehen konnte, dass das Vermögen des Schuldners zur Befriedigung aller seiner Gläubiger jetzt oder in absehbarer Zeit ausreichen wird (vgl. *BGH* ZIP 1995, 293 [296]; ZIP 1996, 1015). Maßgeblich ist dabei, inwieweit der Anfechtungsgegner über das Aktivvermögen des Schuldners, dessen Verbindlichkeiten, die Realisierbarkeit von Außenständen oder etwa auch seine Auftragslage informiert war. Handelt es sich bei der Schuldnerin um eine im Zeitpunkt der Rechtshandlung an sich wirtschaftlich gesunde Konzerngesellschaft, kann die Kenntnis vorliegen, wenn der Anfechtungsgegner von dem drohenden wirtschaftlichen Zusammenbruch des Konzerns und seiner Bedeutung für die Schuldnerin weiß (*BGH* ZIP 1998, 793 [800]). Nach Abs. 2 Satz 1 genügt auch die Kenntnis von Umständen, die zwingend auf die Benachteiligung schließen lassen. Ein solcher Umstand kann insbesondere in der Bedeutung der Rechtshandlung für das Haftungsvermögen des Schuldners liegen. Kenntnis ist etwa dann zu bejahen, wenn ein eingeräumtes Grundpfandrecht praktisch das gesamte Vermögen des Schuldners erfasst. Der Gläubiger muss positiv Kenntnis von diesen Umständen besitzen, ohne dass es jedoch darauf ankommt, ob er den daraus notwendigen Schluss auf die Benachteiligung auch gezogen hat. Gegenüber nahestehenden Personen (§ 138 InsO) wird dem Insolvenzverwalter dieser Beweis nach Abs. 2 Satz 2 abgenommen. Hier obliegt es den in § 138 genannten Personen den Gegenbeweis zu erbringen. An den Entlastungsbeweis sind dabei strenge Anforderungen zu stellen (vgl. *BGH* LM § 30 KO Nr. 12; ZIP 1984, 572, 580). Zur Zurechnung der Kenntnis s. § 130 Rdn. 60 ff. Es ist nicht Aufgabe des Insolvenzverwalters sämtliche Entlastungstatsachen vorzutragen und zu widerlegen. Dem Anfechtungsgegner obliegt vielmehr der Vortrag über die Rechtmäßigkeit seines Handelns und der Entlastungsbeweis (*BGH* ZInsO 2008, 1202; ZInsO 2012, 2342 [2343]).

H. Beweislast

42 Der Insolvenzverwalter hat die Tatsache und den Zeitpunkt des Eröffnungsantrags, der Deckungshandlung und deren Inkongruenz (vgl. hierzu *RG* JW 1936, 2406; *BGH* WM 1969, 888 [890]), der zumindest mittelbaren Benachteiligung (§ 129), der Zahlungsunfähigkeit (Nr. 2) und der Kenntnis der Benachteiligung durch den Insolvenzgläubiger (Nr. 3) darzutun und zu beweisen. Gegenüber nahestehenden Personen (§ 138 InsO) wird im Fall der Anfechtung nach Abs. 1 Nr. 3 gem. Abs. 2 Satz 2 **vermutet**, dass sie die Gläubigerbenachteiligung kannten. Bei der Inkongruenz genügt es dabei, wenn die Unrichtigkeit der Behauptung des Insolvenzgläubigers, auf die dieser seinen Deckungsanspruch stützt, widerlegt wird (*Jaeger/Henckel* InsO, § 131 Rn. 78; vgl. *RG* LZ 1911, 856). Wird eine Zahlung angefochten und macht der Gläubiger geltend, dass er Sachen, die ihm unanfechtbar zur Sicherheit übereignet waren, nach Befriedigung freigegeben hat, liegt der Beweis beim Verwalter, dass er wegen Nichtigkeit der Sicherungsübereignung Insolvenzgläubiger war (*Jaeger/Henckel* InsO, § 131 Rn. 77; *RG* WarnR 1930 Nr. 185).

Vermeidung der Zwangsvollstreckung handelt. Nicht ausreichend ist die Zahlung während des **Erkenntnisverfahrens** auch nach Erlass eines Versäumnisurteils, aber vor dessen Zustellung (*OLG Düsseldorf* ZIP 2003, 1163). Inkongruenz aber bei der Androhung solcher Maßnahmen, welche für den Schuldner einen **vollstreckungsähnlichen** Charakter wie solche der Zwangsvollstreckung haben. So z.B. Sanktionsdrohungen (Heimspielverbot, Nichtgestellung von Schiedsrichtern zur Durchführung von Meisterschaftsspielen etc.) der Sportverbände auf Grund deren Satzungen zur Durchsetzung von fälligen Zahlungen/Beiträgen. Beruht die Leistung auf hoheitlichem Zwang, ohne das die Vollstreckung bereits verfahrensrechtlich begonnen hat, so ist dies inkongruent (*BGH* ZInsO 2009, 31). Übergibt z.B. der Schuldner dem Vollstreckungsbeamten zur Abwendung der angekündigten Vollstreckung einen Scheck, liegt hoheitlicher Zwang schon vor. Zahlt der Schuldner auf einen Vollstreckungsbescheid ohne das eine Vollstreckungsdrohung gegeben ist, entfällt die Anfechtung (*BGH* ZInsO 2007, 99). Inkongruenz ist ferner anzunehmen, wenn eine Behörde ihre behördliche Zustimmung zu einem privatrechtlichen Rechtsgeschäft von der Begleichung rückständiger Abgaben (*OLG Rostock* ZIP 2004, 1515) oder ein Frachtführer auf Grundlage seines Pfandrechts nach § 441 HGB die Ablieferung beim Empfänger von der Zahlung auf Altforderungen abhängig macht (*OLG Rostock* ZIP 2004, 864). Nicht ausreichend ist allerdings die Drohung mit Handlungen, welche im Falle ihrer Umsetzung die Zahlung nicht hätten erzwingen können, wie etwa die Drohung mit einer Strafanzeige (*OLG Düsseldorf* ZIP 2003, 1163; **a.A.** *Hohmann* EWiR 2003, 1041 [1042]) oder die Drohung mit der Mandatsniederlegung durch einen Anwalt (**a.A.** *Lindemann* EWiR 2003, 1153 [1154]). Die Drohung mit der Stellung eines Insolvenzantrages zwischen den Zeilen rechtfertigt die Annahme der Inkongruenz (*BGH* ZIP 2013, 838 ff.).

Auch die zur **Abwendung oder Beseitigung eines Insolvenzantrages** bewirkte Deckung ist inkongruent (*BGH* ZInsO 2013, 779 Rn. 11; ZIP 2004, 319 [321]). Den Zwecken des Insolvenzverfahrens läuft es zuwider, wenn der Insolvenzantrag zur individuellen Rechtsdurchsetzung missbraucht wird (vgl. *AG Hamburg* ZInsO 2004, 458). Dabei ist jede im Zusammenhang mit einer Zwangsvollstreckung erlangte Deckung inkongruent, ohne dass es auf die Absichten des Gläubigers im Einzelfall ankommt. Unmaßgeblich ist es ferner, ob der Gläubiger zum wiederholten Mal oder zum ersten Mal einen solchen Antrag stellt (*BGH* ZIP 2004, 319 [321]). Die Mahnung auf ein mögliches Insolvenzverfahren darf sich nur nicht im Unverbindlichen erschöpfen. Zu sog. Druckzahlungen siehe auch *Jaeger/Henckel* InsO, § 131 Rn. 61 ff. Nach der Rechtsprechung des BGH bedarf es auch im Fall der Drohung mit einem Insolvenzantrag eines Zurechnungszusammenhangs zwischen der Drohung und der Zahlung. Entscheidend ist hierbei, ob die aus objektivierter Sicht zu beurteilende Wirkung der Androhung bis zur Zahlung fortgewirkt hat, ggf. über die gesetzte Zahlungsfrist hinaus (*BGH* ZInsO 2013, 779 [780] Rn. 17). 38

Eine umfassende Darstellung der Rechtsansichten der Finanzverwaltung mit Hinweis auf die finanzinternen Rechtsquellen findet sich bei *Viertelhausen* KKZ 2005, 65 ff. Die Möglichkeiten der Anfechtung von Vollstreckungshandlungen der Finanzverwaltung stellt *App* in DStZ 2004, 304 f., DStZ 2005, 81 f., DStZ 2002, 279 ff. dar. Zur parallelen Haftung des Geschäftsführers bzw. Gesellschafters nach § 69 AO ohne Einwendungsmöglichkeit der Anfechtbarkeit (hypothetischer Kausalverlauf) der Zahlung (*BFH* ZIP 2007, 1856 [1858]; im Ergebnis ebenso *FG Leipzig* 24.05.2005 – 1 K 2361/04, EFG 2005, 1238; *FG Köln* 12.09.2005 – 8 K 5677/01, ZIP 2006, 470 = ZVI 2005, 590 = EFG 2006, 86, dazu EWiR 2006, 293 m. Anm. *Kahlert* und – 8 K 5395/01, EFG 2006, 241; *FG Kiel* 01.12.2005 – 2 K 174/04, EFG 2006, 321; **a.A.** *FG Baden-Württemberg* 28.07.2004 – 1 V 30/04, EFG 2004, 1425, und 30.08.2004 – 1 V 49/03, EFG 2005, 2; *FG Saarbrücken* 20.12.2004 – 2 V 385/04, EFG 2005, 680; *FG Münster* 23.06.2004 – 7 K 5031/00, EFG 2006, 13; *FG Neustadt a.d. Weinstraße* 13.10.2005 – 6 K 2803/04, EFG 2006, 83; *FG Düsseldorf* 10.01.2006 – 10 K 4216/02 H (L), EFG 2006, 618). Beim Bestehen steuerlicher Organschaft zur Anfechtung der Tilgung der Steuerschuld des Organträgers *FG Köln* ZInsO 2007, 718. 39

Unmaßgeblich ist es, ob es sich um eine Geld- oder Sachpfändung handelt (vgl. *BGH* ZIP 1997, 1929). Die Deckung ist dabei deshalb als inkongruent anzusehen, weil sich der Gläubiger hier mit Hilfe von staatlichen Zwangsmitteln eine, da gegen den Gleichbehandlungsgrundsatz verstoßende, ungerechtfertigte Priorität vor anderen Gläubigern verschafft hat (*BGH* ZIP 2004, 669 f. m.w.N.). Kongruent ist aber die **Vollstreckung in Sachleistungsansprüchen** (*BGH* BGHZ 34, 254 [257 ff.]). Gleiches gilt für die **Zwangsvormerkung**, es sei denn, sie ist auf Verschaffung eines Sicherungsrechtes gerichtet). Auch die aufgrund eines **Anfechtungsanspruchs nach dem AnfG** erlangte Deckung soll nach dem als verbindlich anzusehenden § 16 Abs. 2 AnfG kongruent sein. Einer Anfechtung bedarf es nicht, wenn die **Rückschlagsperre in § 88 InsO** eingreift (vgl. § 129 Rdn. 16). Gleiches gilt für die Zwangsvollstreckung nach dem Erbfall (vgl. § 321 InsO). Im Vorverfahren kann die Verwertung eines wahrscheinlich anfechtbar durch Zwangsvollstreckung erworbenen Pfandrechtes durch vorsorgliche, einstweilige Einstellung nach § 21 Abs. 2 Nr. 3 InsO verhindert werden (*AG Hamburg* WM 2000, 895 [896]). Die durch **Arrest** erlangten Vorzugsrechte sind in gleicher Weise anfechtbar (*RG* RGZ 78, 334; *BGH* WM 1975, 6). Ist die in der Krise vorgenommene Hauptpfändung angefochten, verliert eine zuvor erfolgte **Vorpfändung** (§ 845 ff. ZPO) ihre Wirkung, ohne dass sie selbst anfechtbar oder angefochten sein muss (*BGH* ZIP 2006, 916 [917]; **a.A.** *Zöller/Stöber* § 845 ZPO Rn. 5; *RG* RGZ 83, 332 [334]; RGZ 151, 265 [266 f.]). Ist die Vorpfändung vor der Dreimonatsfrist ausgebracht worden, folgt die Hauptpfändung dann innerhalb der Monatsfrist des § 845 Abs. 2 ZPO in der kritischen Zeit des § 131, so wird die Anfechtung vollständig nach § 131 durchgeführt (*BGH* ZInsO 2006, 553). Die Anfechtung der Vorpfändung alleine genügt nicht (*BGH* ZIP 2006, 916 [917]; *Kirchberger* LZ 1908, 765). Die erfolgreiche Anfechtung der Erstpfändung beseitigt nicht die **Anschlusspfändung**. Ein in der Krise wirksam gewordenes Pfandrecht begründet kein der Anfechtung entzogenes Absonderungsrecht, wenn der Insolvenzschuldner in dieser Zeit zahlungsunfähig war (*BGH* ZIP 2004, 513). Ist das Pfandrecht vorher entstanden oder aus anderen Gründen nicht anfechtbar, so ist die darauf folgende Zahlung der Anfechtung entzogen (*BGH* ZIP 2006, 916 [917])

37 Gleiches gilt, wenn der Schuldner innerhalb dieses Zeitraums zur **Vermeidung der Zwangsvollstreckung** leistet (*BGH* ZIP 1997, 1929). Ausreichend ist dabei, wenn der Schuldner zur Zeit seiner Leistung damit rechnen muss, dass ohne sie der Gläubiger nach dem kurz bevorstehenden Ablauf einer letzten Zahlungsfrist mit der ohne Weiteres zulässigen Zwangsvollstreckung beginnt (*BGH* ZIP 2003, 1304; *OLG Jena* ZIP 2000, 1734 [1735]; *OLG München* ZIP 2003, 131 = DZWIR 2003, 300 m. Anm. *App*) bzw. der Gläubiger zum Ausdruck gebracht hat, er werde alsbald die Mittel der Zwangsvollstreckung einsetzen, wenn der Schuldner nicht zahle (*BGH* ZInsO 2010, 1324 [1325]). Dies beurteilt sich aus der objektiven Sicht des Schuldners (*BGH* ZInsO 2007, 99). Nicht nötig ist der formale Beginn einer Zwangsvollstreckung, denn auch Leistungen des Schuldners unter dem Druck der unmittelbar bevorstehenden Zwangsvollstreckung sind darunter zu verstehen. Zur Bewertung ist die objektive Sicht des Schuldners ausreichend, bei dem die »Erwartungshaltung« erzeugt wird, dass die Zwangsvollstreckung umgehend erfolgen wird. Schon die Ankündigung der Einleitung der Zwangsvollstreckung unter Setzung einer Frist in einem anwaltlichen Schreiben ist ausreichend (*BGH* ZIP 2011, 385; NZI 2012, 561).

Auch die Vollstreckung einer Abfindung ist eine inkongruente Deckung (*BAG* ZIP 2011, 1628 [1629]). Dem Rückgewähranspruch kann der Arbeitnehmer nicht den Entreicherungseinwand nach § 818 Abs. 3 BGB entgegenhalten (*BAG* ZIP 2011, 1628 [1629]).

Die Vollstreckungsmaßnahme muss dafür im verfahrensrechtlichen Sinne nicht bereits begonnen haben (*BGH* ZIP 2003, 1304 [1305]; vgl. *LG München I* EWiR 2003, 1153). Für die Anfechtung darf es nämlich nicht von Bedeutung sein, wie weit Vollstreckungszwang ausgeübt werden musste, um zum Ziel zu gelangen. Ausreichend ist es deshalb auch, wenn die Zahlung auf einer Ratenzahlungsvereinbarung beruht, diese aber nur zur Vollstreckungsabwendung geschlossen wurde (*OLG Hamm* ZIP 2002, 1591). Die Einlage von Geld (Auffüllungshandlung) in eine Barkasse, welches von einem Bankkonto abgehoben wurde, stellt eine Schuldnerhandlung dar, wenn dadurch eine Kassenpfändung ermöglicht wird (*BGH* ZIP 2011, 531), da es sich dabei um eine Abwendungshandlung zur

die Bank den Bruttobetrag oder den Nettobetrag auskehren muss. Da die Bank die Leistungen (Zahlungen) erhalten hat, ist sie auch der richtige Anfechtungsgegner. § 143 InsO verpflichtet nämlich denjenigen zur Rückgewähr der etwas erhalten hat. Auch das Tatbestandsmerkmal der Gläubigerbenachteiligung liegt vor. Eine Gläubigerbenachteiligung wäre nur dann nicht gegeben, wenn der Verwalter sofort aus dem vereinnahmten Betrag die Umsatzsteuer wiederum an das Finanzamt abführen müsste. Die relevanten Forderungen des Schuldners sind überwiegend vor Verfahrenseröffnung entstanden. Damit hat sich der umsatzsteuerliche Sachverhalt vor Verfahrenseröffnung verwirklicht (§ 1 Abs. 1 Nr. 1 UStG). Bei der nicht gezahlten Umsatzsteuer handelt es sich daher um eine Tabellenforderung. Aus diesem Grunde scheidet dann auch eine Gläubigerbenachteiligung nicht aus. Die Bank hat nämlich durch die Verrechnung der eingehenden Gelder mit ihren eigenen Forderungen die Allgemeinheit der Gläubiger insgesamt benachteiligt. Auch der Entreicherungseinwand, die Bank sei durch die Weiterleitung der erlangten Umsatzsteuer an das Finanzamt gegenüber der Insolvenzmasse entreichert, greift nicht durch. Dieser Einwand ist durch die Vorschrift des § 143 Abs. 1 Satz 2 InsO i.V.m. §§ 819 Abs. 1, 818 Abs. 4, 292, 989 BGB ausgeschlossen (*BGH* 12.02.2004 – IX ZR 70/03).

Dem Kreditinstitut steht ein Anspruch gegenüber der Finanzverwaltung aus § 37 Abs. 2 AO in Höhe der Differenz zwischen der von der Bank auf die Umsatzsteuer geleisteten Zahlung und der vom Finanzamt im Wege der Quotenzahlung erlangten Befriedigung aus der Masse zu (s.a. *Molitor* ZInsO 2006, 805 [806]). 35

E. Inkongruente Deckung und Zwangsvollstreckung

Unter § 131 InsO fallen auch Vollstreckungsmaßnahmen, ohne dass es darauf ankommt, dass der Schuldner in irgendeiner Weise daran mitgewirkt hat (*BGH* ZIP 2004, 513 [514]; ZIP 2000, 898). Die jetzige Sicht des BGH basiert auf der Tatsache der zeitlichen Vollziehung des Gleichbehandlungsgrundsatzes aller Insolvenzgläubiger und der damit verbundenen Zurückdrängung des Prioritätsprinzips. Daneben wird zur Begründung herangezogen, dass die insoweit eintretende allgemeine Ungleichbehandlung nicht durch den Einsatz staatlicher Zwangsvollstreckungsmittel durchgesetzt werden soll. Insoweit tritt der Schutz der Gesamtgläubigerschaft dann bei nicht mehr bestehender Möglichkeit der gleichmäßigen Befriedigung der Gläubiger hinter deren Befugnis zurück, sich mit der hoheitlichen Durchsetzung der Forderung mit Zwangsvollstreckungsmitteln eine insolvenzfeste Befriedigung oder Sicherung der eigenen fälligen Forderungen gegenüber dem Insolvenzschuldner zu verschaffen. Die innerhalb der Drei-Monats-Frist durch Zwangsvollstreckung erwirkte Deckung ist dabei **stets inkongruent und verdrängt das Prioritätsprinzip** (*BGH* ZInsO 2011, 432 [424] Rn. 7 ff.; ZIP 1997, 1929; EWiR 1998, 37 m. Anm. *Gerhardt*; ZIP 2002, 1159 [1160 f.]; ZIP 2003, 1506 [1508], dazu EWiR 2003, 1097 m. Anm. *G. Hölzle*; ZIP 2004, 513 [514]; ZIP 2002, 489; ZIP 2002, 1159 [1160 f.]; ZIP 2003, 1304, dazu EWiR 2003, 831 m. Anm. *Eckardt*; *Jaeger/Henckel* InsO, § 131 Rn. 49). Die Inkongruenz kann nicht durch die Anzeige von Rückständen gegenüber dem Schuldner erlangt werden. Die Inkongruenz entsteht ausschließlich über die unmittelbar bevorstehende Zwangsvollstreckung (*BGH* ZInsO 2010, 1324 Rn. 8). Weiter ist es unerheblich, ob der Schuldner in irgendeiner Weise daran mitgewirkt hat (*BGH* ZIP 1995, 293 [295]; ZIP 1996, 1015; ZIP 2000, 898). Auch dann, wenn der Gerichtsvollzieher nichts wegnehmen musste, weil der Schuldner zur Abwendung der Zwangsvollstreckung geleistet hat, liegt eine inkongruente Deckung vor (*BGH* ZIP 1997, 1929; *LG Bonn* ZIP 1997, 82 [83]; **a.A.** *BAG* ZIP 1998, 33 [35]). Dies gilt auch bei der Hingabe eines Schecks zur Vermeidung eines aussichtslosen Vollstreckungsversuches an den Gerichtsvollzieher (*BGH* ZIP 2009, 728; **a.A.** *OLG Frankfurt/M.* ZInsO 2005, 1110). Leistet der Schuldner noch in freier Entscheidung, in dem er z.B. Vollziehungsbeamten Teil- oder Ratenzahlungen anbietet, so liegt eine anfechtbare Rechtshandlung vor (*LG Aachen* ZIP 2007, 593). Erst wenn eine freie Entscheidungsmöglichkeit des Schuldners in Folge des Vollstreckungsdruckes nicht gegeben ist, durch den dann die Wegnahme (Vollstreckung) erfolgt, liegt keine Rechtshandlung mehr vor (*BGH* ZIP 2009, 728; ZIP 2005, 494 [498]). 36

durch den Mieter nicht mehr im Rahmen des Üblichen hält oder durch den Mietzweck nicht geboten erscheint. Das kaufmännische Zurückbehaltungsrecht (§ 369 HGB) fällt nicht unter § 131 InsO, wenn der Berechtigte einen anfechtungsfreien Anspruch auf Besitzübertragung hatte. Zweifelhaft ist es jedoch, ob es auch genügt, dass die Besitzerlangung in unverdächtiger Weise mit Willen des Schuldners erfolgt ist (so *Jaeger/Henckel* InsO, § 131 Rn. 41; **a.A.** *Uhlenbruck/Hirte* InsO, § 130 Rn. 20).

Wird eine Pfändung ausgesetzt und verfügt der Gläubiger dann über sein ursprünglich gepfändetes Konto, so ist nun doch eine Gläubigerbenachteiligung gegeben (*BGH* NZI 2009, 105).

II. Sicherung, die nicht in der Art zu beanspruchen war

31 Hierunter fallen insbesondere die Fälle, in denen der Sicherungsgegenstand ein anderer als der vertraglich Geschuldete ist. Dies ist etwa der Fall, wenn der Schuldner Sachen zur Sicherheit, statt der zu beanspruchenden Hinterlegung von Geld oder Wertpapieren übereignet, oder, statt der in § 232 BGB genannten Sicherheiten eine Forderung abtritt (*LG Dresden* ZIP 2001, 1428). Wird die Sicherung nur rechtlich anders ausgestaltet, scheidet eine Anfechtung i.d.R. mangels Gläubigerbenachteiligung aus. So z.B. wenn statt der versprochenen Hypothek eine Grundschuld oder statt eines Pfandrechts eine Sache zur Sicherung übereignet bzw. eine Forderung abgetreten wird.

III. Sicherung, die nicht zu der Zeit zu beanspruchen war

32 Jede Sicherung, die der Gläubiger zwar zu beanspruchen hatte, die diesem aber vorzeitig gewährt worden ist, stellt gleichfalls eine inkongruente Deckung dar (vgl. im Übrigen Rdn. 21).

IV. Zeitliche Einordnungen und subjektive Tatbestandsmerkmale

33 Eine Anfechtung nach § 131 Abs. 1 Nr. 1 InsO setzt eine Deckungshandlung innerhalb des 1. Monats vor der Insolvenzantragstellung voraus oder dass diese nach der Antragstellung vorgenommen wurde. Subjektive Komponenten werden nicht vorausgesetzt. Eine Anfechtung nach Abs. 1 Nr. 2 setzt die bestehende Zahlungsunfähigkeit des Insolvenzschuldners voraus. Diese ist vom Verwalter zu beweisen. Die Zahlungsunfähigkeit muss im Zeitpunkt der Vornahme der anzufechtenden Rechtshandlung bestanden haben. Auch bei Abs. 1 Nr. 2 sind keine subjektiven Tatbestandsmerkmale gegeben. Bei einer Anfechtung nach § 131 Abs. 1 Nr. 3 InsO muss diese Vorschrift mit dem Abs. 2 zusammen gezogen werden. Denn Abs. 2 ist nur auf Abs. 1 Nr. 3 InsO bezogen. In diesem Fall muss eine Zahlungsunfähigkeit nicht gegeben sein. Vielmehr muss dem Insolvenzgläubiger bei Vornahme der Deckungshandlung im Zeitpunkt der §§ 140 InsO die unmittelbare oder mittelbare Gläubigerbenachteiligung bekannt gewesen sein. Eine solche Kenntnis der Gläubigerbenachteiligung ist gegeben, wenn der Gläubiger weiß, dass mit der Deckungshandlung das Vermögen des Insolvenzschuldners vermindert wird und dem Insolvenzschuldner aufgrund der eingetretenen wirtschaftlichen Lage es nicht möglich sein wird, seine sämtlichen Gläubiger gleichmäßig zu befriedigen (*BGH* ZInsO 2004, 145 [147]). Wiederum bestimmt Abs. 2 Satz 1, dass die Kenntnis von der Benachteiligung der Insolvenzgläubiger der Kenntnis von Umständen gleich steht, die zwingend auf eine Benachteiligung der Gläubiger schließen lässt. Eine bestehende Inkongruenz der Deckungshandlung kann eine derartige Kenntnis nicht implizieren, da ansonsten die subjektiven Tatbestandsmerkmale überflüssig wären. Ist dem Gläubiger die wirtschaftliche Situation des Insolvenzschuldners bekannt so können im Rahmen der Anfechtung nach § 131 Abs. 1 Nr. 3 InsO Beweisanzeichen nach § 286 ZPO zu berücksichtigen sein, die die Kenntnis von einer Gläubigerbenachteiligung beweisen (im Weiteren s. Rdn. 41).

V. Steuerliche Auswirkungen

34 Hat eine Bank aufgrund einer bestehenden Zession, Pfändung oder Verpfändung Forderungen vereinnahmt, so haftet sie nach § 13c UStG auf die nicht entrichtete Umsatzsteuer aus den vereinnahmten Beträgen. Wird nunmehr die Vereinnahmung der Beträge angefochten, stellt sich die Frage, ob

gruentes Sicherungsrecht, denn das Pfandrecht an den Forderungen war bei Vertragsabschluss noch nicht hinreichend bestimmt (*BGH* ZInsO 2009, 659 [661 f.] Rn. 16).

Schuldrechtliche Verpflichtungsgeschäfte zur Bestellung von Sicherheiten müssen nicht derart individualisiert sein, dass sämtliche zur Sicherheit zu bestellender Güter oder Forderungen spezifisch bezeichnet sind. Dies bleibt der dinglichen Einigungserklärung vorbehalten. Die schuldrechtliche Verpflichtung muss nur den Umfang und die Art der zu bestellenden Sicherheit oder die zur Auswahl stehenden Sicherungsgegenstände bestimmen. Die Lockerung dieser Sichtweise durch den BGH ist dem Umstand zu danken, dass bei der Abtretung künftiger Forderungen diese nicht vollständig bestimmt werden können. Bei der Abtretung künftiger Forderungen unter der Bezeichnung des jeweiligen Schuldgrundes mit Anfangsbuchstaben A bis Z entsprechen nun dem Bestimmtheitsgebot des § 398 BGB (*BGH* ZInsO 2008, 91 [93] Rn. 26 und 27). Ist das Entstehen von künftigen Forderungen kongruent, so gilt dies auch für das Werthaltigmachen dieser (*BGH* ZInsO 2008, 803 [806]). 25

Inkongruenz gilt für eine Sicherung, die aufgrund einer mit einer Negativklausel verbundenen, nicht konkretisierten Gleichstellungsverpflichtung bestellt wird, wenn die Sicherungsgewährung für den anderen Gläubiger in der kritischen Phase erfolgt (näher *Jaeger/Henckel* InsO, § 131 Rn. 33). 26

Wird die **Sicherheit für mehrere Forderungen bestellt** und bestand nicht für alle ein gesonderter Sicherungsanspruch, etwa bei der Mitbesicherung von Altforderungen (vgl. *BGH* ZIP 2001, 1250 [1251]; ZIP 1993, 276 [278]), so kommt i.d.R. nur eine Anfechtung im Ganzen in Betracht (*RG* RGZ 114, 210; JW 1935, 118; *OLG Jena* ZInsO 1999, 534 [535]). Eine Teilanfechtung ist nur dann möglich, wenn sich das Sicherungsgeschäft in selbstständige Teile zerlegen lässt (*BGH* ZIP 1993, 276 [278]; *OLG Hamburg* ZIP 1984, 1373; *Serick* ZIP 1982, 507 [510]). Eine Anfechtung scheidet jedoch aus, wenn der Erlös für die Forderung mit dem Sicherungsanspruch verbraucht wird und diese auch in erster Linie gesichert werden sollte (*RG* RGZ 114, 210) oder die nicht sicherungsberechtigte Forderung nur geringfügig ist (*Serick* ZIP 1982, 507 [510]). Eine erneute Forderungsabtretung zur Verstärkung der Sicherheiten ist inkongruent (*BGH* ZInsO 2011, 1979). 27

Die Sicherung, die im Regelfall eines **verlängerten Eigentumsvorbehaltes** mit Begründung der vorausabgetretenen Forderung entsteht, kann inkongruent sein, wenn die Sicherheit erweitert wird. Gleiches gilt im Regelfall des § 950 BGB für den Wert des das Material übersteigenden Wertes des Produkts, wenn die Verarbeitungsklausel in der kritischen Phase vereinbart worden ist (vgl. *Jaeger/Henckel* InsO, § 131 Rn. 38). Wird bei einer Globalzession die Deckungsgrenze von 100 auf 120 % der realisierbaren Werte erhöht, tritt dadurch noch keine Inkongruenz ein (*OLG München* WM 1997, 312 [316]). Inkongruent ist regelmäßig das durch Hereinnahme eines **Inkassoschecks** erlangte Sicherungseigentum der Bank am Scheck. Verwertet die Bank mit dem Einzug auch ihr Sicherungsrecht, wird dadurch die Inkongruenz der Sicherung nicht beseitigt (*BGH* ZIP 1992, 778 [780]). AGB-Pfandrechte werden daher vom BGH als inkongruente, Globalzessionsverträge, auch bei künftig entstehenden Forderungen, als kongruente Sicherungen angesehen (*BGH* ZIP 2011, 773). 28

Das **Auffüllen nicht vollvalutierter Sicherheiten** durch Abtretung ungesicherter Drittforderungen ist inkongruent (*BGH* BGHZ 59, 230 = WM 1972, 1187; WM 1974, 1218; WM 1975, 947; a.A. *Jaeger/Henckel* InsO, § 131 Rn. 44, der mit zutreffender Begründung § 132 InsO anwenden will *Jaeger/Henckel* InsO, § 131 Rn. 45). Gleiches gilt, wenn der Bürgschaftsschuldner eine Sicherheit für die verbürgte Hauptverbindlichkeit bestellt (*RG* RGZ 152, 323). Inkongruent ist es gleichfalls, wenn die **eingeräumte Sicherheit erst nachträglich werthaltig gemacht wird**. So etwa, wenn nach Abtretung der Werklohnforderung der Weiterbau am Werk erfolgt (vgl. § 130 Rdn. 13). 29

Gesetzliche Ansprüche auf Sicherung können sich aus den §§ 648, 648a, 775 Abs. 2, 1039, 1051, 1067 Abs. 2, 2128 BGB ergeben. Anders jedoch bei § 222 Satz 2 AO, der eine Stundung im Regelfall eines Steuerschuldverhältnisses nur gegen Sicherheitsleistung zulässt (**a.A.** *App* NJW 1985, 3001 f.). Bei der als Folge der §§ 1667 Abs. 4, 1844 BGB, 54 FGG geleisteten Sicherheit kann regelmäßig Kongruenz angenommen werden (vgl. *Jaeger/Henckel* InsO, § 131 Rn. 39). Die gesetzlichen Pfandrechte nach den §§ 562, 647 BGB, 397, 410, 421, 440 HGB sind auch ohne gesonderten Sicherungsanspruch regelmäßig kongruent. Anders jedoch, wenn sich die Einbringung von Sachen 30

D. Sicherung

22 Bei einer Sicherung handelt es sich um eine Rechtsposition, die den Leistungsanspruch unter Garantie fortbestehen lässt und etwas anderes ist als die Befriedigung (*RG* RGZ 10, 33 [36]; *BGH* BGHZ 34, 254 [258]). Die Vormerkung nach § 883 BGB dient nur dem Schutz des Gläubigers vor nachteiligen Verfügungen des Schuldners und ist deshalb keine Sicherung i.S.v. § 131 InsO (*BGH* BGHZ 34, 254 [258]).

I. Sicherung, die nicht zu beanspruchen war

23 Inkongruenz ist anzunehmen, wenn der Gläubiger weder aus einer individuellen Vereinbarung noch aus Allgemeinen Geschäftsbedingungen, noch aufgrund Gesetzes einen hinreichend konkretisierten Anspruch auf die Bestellung dieser Sicherheit hatte (vgl. *BGH* ZIP 1998, 793 [799]; ZIP 1999, 76; vgl. § 130 Rdn. 34 f.). Tritt der Schuldner eine nicht vom Gläubiger zu beanspruchende Forderung ab und wäre dieser sogar berechtigt gewesen sich durch Aufrechnung zu befriedigen, liegt dennoch Inkongruenz vor. Hypothetische Kausalverläufe sind unerheblich (*BGH* ZIP 2007, 2084 [2086]). Die gesicherte Forderung gibt alleine noch keinen Anspruch auf Sicherung (*BGH* ZIP 2000, 82 [83]: aliud, kein minus des Befriedigungsanspruchs). Der Anspruch muss in anfechtungsfreier Weise entstanden sein (vgl. *RG* RGZ 114, 206 [209 f.]; *BGH* BGHZ 59, 230 [235]). Auch durch einen Vertrag zugunsten Dritter kann ein anfechtungsfreier Sicherungsanspruch begründet werden (vgl. *RG* WarnRspr 1929 Nr. 164). Schadensersatzansprüche geben einen solchen nur, wenn gerade die Bestellung der Sicherheit als Naturalrestitution geschuldet ist (vgl. *BGH* LM Nr. 2a zu § 30 KO). Eine Inkongruenz scheidet danach aus, wenn die Sicherung in demselben Vertrag eingeräumt worden ist, durch den die gesicherte Forderung entstanden ist (*RG* RGZ 114, 206 [209]; *BGH* WM 1965, 84; 1978, 133). Unerheblich ist dabei für die Inkongruenz, wenn der Wert des Sicherungsgegenstandes die gesicherte Forderung übersteigt, denn der Übererlös ist an den Schuldner auszukehren (*BGH* ZIP 2001, 1250 [1251]). Bei fehlender Gleichwertigkeit kommt jedoch eine Anfechtung nach § 130 InsO in Betracht, da dann kein **Bargeschäft** (§ 142 InsO) vorliegt.

24 Um eine Inkongruenz auszuschließen, muss der Anspruch auf die Sicherheit **hinreichend bestimmt** sein. Dies ist der Fall, wenn er Grundlage einer auf Übertragung des Sicherungsgutes gerichteten Klage sein kann (*BGH* ZIP 1993, 276 [279]; KTS 1968, 235 [236]). Er muss jedoch nicht so weit individualisiert sein, wie die dingliche Einigung selbst (*BGH* ZIP 1998, 248 [250]). Eine Vereinbarung, welche Umfang und Art der Sicherheit oder die Auswahl der Sicherungsgegenstände noch offen lässt, genügt nicht (*BGH* BGHZ 33, 389 [393]). Kongruenz ist bei einer Bestellung von Grundschulden nur anzunehmen, wenn in der Vereinbarung bestimmt ist, welches Grundstück belastet wird und welchen Rang die Grundschuld erhalten soll. Nicht hinreichend spezifiziert sind die Nachbesicherungsansprüche aus Nr. 13 Abs. 2 AGB Banken bzw. Kreditgenossenschaften und Nr. 22 Abs. 1 AGB Sparkassen, die einen Anspruch auf bankmäßige Sicherheiten geben (*BGH* BGHZ 33, 393 [394]; WM 1969, 968; ZIP 1981, 144; *Kuhn* WM 1962, 946 [950]; a.A. *Scholz* NJW 1961, 2006). Das AGB-Pfandrecht aus Nr. 14 Abs. 2 Satz 2 AGB Banken bzw. für Sparkassen in Nr. 21 Abs. 3 Satz 3 AGB Sparkassen sichert eventuelle Ansprüche der Bank aber erst ab Fälligkeit ab. Insoweit muss die Bank zur Eichung der Kongruenz die Fälligkeit ihrer eigenen Forderungen zuerst herbeiführen. Daher kann die Bank aus einem Pfandrecht nach Nr. 14 Abs. 2 Satz 1 AGB-Banken bei einem bereits bestehenden Sicherungsbedürfnis schon vor eingetretener Pfandreife von diesem Recht Gebrauch machen, indem sie das Konto gegen Verfügungen sperrt (*BGH* ZInsO 2004, 342 [343 f.]). Daneben entsteht ein Pfandrecht an einem Anspruch auf Erteilung einer Gutschrift erst dann, wenn der Zahlungseingang auf dem Konto des Insolvenzschuldners erfolgt ist. Nimmt man entgegen einer dienstlichen Einigung eine schuldrechtliche Einigung bezüglich der Pfandrechtsbestellung an, so wird das entsprechende Pfandrecht erst in dem Moment konkret bestimmt, wenn die zu verpfändende Forderung entstanden ist. Gehen insoweit Gutschriften aufgrund Überweisungen in der kritischen Zeit auf dem Konto des Insolvenzschuldners ein, so entsteht ein inkon-

getreten worden ist (*BGH* ZInsO 2009, 1254 [1256] Rn. 11). Leistet der Schuldner auf den Rückgabeanspruch nach § 346 BGB, kann nur die Vereinbarung des Rücktrittsrechts oder dessen Ausübung durch den Schuldner nach § 132, 133 InsO angefochten werden (*RG* WarnRspr 1931 Nr. 92). Inkongruenz ist ebenfalls die induzierte Weitergabe eines Kundenschecks an einen Gläubiger zur Bezahlung seiner Forderung. Die Inkongruenz entsteht dadurch, da der Gläubiger anstatt der Bezahlung die Abtretung einer Forderung gegenüber dem Scheckaussteller erhält (*BGH* ZInsO 2009, 1254 [1256] Rn. 11). Zahlung im Geschäftsverkehr mittels Überweisung ist stets kongruent. Die Tatbegehung einer Abbuchungsermächtigung bei Begründung des Vertragsverhältnisses ist ebenfalls kongruent. Ebenso die Erteilung einer Einziehungsermächtigung im SEPA-Lastschriftabkommen. Im Rahmen des Department-Lastschriftabkommens erteilte nicht mehr der Schuldner den Auftrag, sondern der Gläubiger. Bei der Einzugsermächtigung aber ist Erfüllung erst dann gegeben, wenn der Schuldner nicht mehr mittels Widerspruch dem Gläubiger die Leistung entziehen kann. Im Rahmen des Abbruchsverfahrens bedarf es einer Genehmigung durch den Insolvenzschuldner nicht mehr. Denn in der Erteilung der Abbuchungsgenehmigung liegt die abschließende Ermächtigung zum Zahlungseinzug. Insoweit wird der Gläubiger der Forderung vorab ermächtigt. Macht der Gläubiger von der Vorabermächtigung zu früh Gebrauch, kann hierin eine inkongruente Deckung enthalten sein. Diese wäre dann wiederum anfechtbar. War aber in dem Zeitpunkt der Einleitung der Abbuchung die Forderung gegenüber dem Insolvenzschuldner einredefrei fällig, so führt dies wiederum zur Kongruenz der vorgenommenen Abbuchung (*BGH* ZInsO 2013, 245 [247] Rn. 12).

Darf sich der Schuldner im Regelfall einer **Ersetzungsbefugnis**, etwa bei Verpflichtung der Bank, Lastschriften oder Kundenwechsel hereinzunehmen, gerade durch die andere Leistung befreien (facultas alternative), scheidet § 131 InsO aus (*BGH* WM 1978, 133; *RG* RGZ 71, 89 [90 f.]). Gleiches gilt für die Wahlschuld i.S.v. § 262 BGB vor Konzentration, unabhängig davon, wem das **Wahlrecht** zusteht (*RG* RGZ 71, 89 [91]). 18

Die verkehrsübliche Zahlungsweise durch **Scheck** (*BGH* BGHZ 16, 279; *OLG Düsseldorf* WM 1985, 1042), **Überweisung** oder **Anweisung** (*RG* LZ 1910, 774) ist nicht inkongruent; genauso wenig die Hinterlegung (§§ 372 ff. BGB). Nicht verkehrsüblich ist demgegenüber die Begebung eines Wechsels des Schuldners (MüKo-InsO/*Kirchhof* § 131 Rn. 35). Die durch die Ausstellerhaftung nach Art 9 WG begründete, für die Masse ungünstige Beweislastverteilung kann deshalb im Wege der Anfechtung nach § 131 InsO beseitigt werden, wenn der Gläubiger keinen Anspruch auf die Wechselbegebung hatte. Kongruent ist in der **Insolvenz der Bank** trotz Art. 39 Abs. 2 ScheckG neben der Gutschrift durch Verrechnung, Überweisung oder Ausgleichung auch die Barauszahlung auf einen Verrechnungsscheck. Gleiches gilt umgekehrt kraft Verkehrssitte beim Barscheck auf den eine Gutschrift erfolgt. Trifft der Schuldner in der kritischen Zeit eine Vereinbarung, durch die er berechtigt wird sich durch eine andere Leistung als die ursprünglich vereinbarte von seiner Schuld zu befreien, so ist Inkongruenz gegeben (*BGH* NZI 2005, 671). 19

Zur generellen Frage der Begründung der Kongruenz durch Abänderung eines Vertrages s. § 130 Rdn. 37. 20

III. Befriedigung, die nicht zu der Zeit zu beanspruchen war

Inkongruent ist die Befriedigung, wenn eine Forderung noch nicht fällig, betagt oder befristet i.S.v. § 163 BGB ist (vgl. *OLG Köln* KTS 1971, 51 [52] m.w.N.). § 271 Abs. 2 BGB steht dem nicht entgegen (*RG* JW 1898, 52). Tritt die Fälligkeit kraft Gesetzes oder aufgrund einer unanfechtbaren Vereinbarung noch vor Verfahrenseröffnung ein, kommt eine Anfechtung nur hinsichtlich des Zwischenzinses in Betracht (*BGH* ZIP 1995, 1021 [1023]). Tritt sie demgegenüber erst nach diesem Zeitpunkt ein, ist die Leistung im Ganzen anfechtbar. Zur Ersetzungsbefugnis einer Sicherheit durch eine andere *OLG Jena* DZWIR 2008, 259 (260). Zur Problematik der Abrechnung der Mautgebühren in Deutschland im Guthabenabrechnungsverfahren (*BGH* ZInsO 2013, 2271). Keine inkongruente Befriedigung liegt vor, wenn der Schuldner bereits vor Fälligkeit zur Ausnutzung des Skontos die Leistung bewirkt (*Uhlenbruck/Ede/Hirte* InsO, § 131 Rn. 8). 21

bindlichkeit eine Zahlung an das Finanzamt, ist davon auszugehen, dass er dadurch seine Haftungsverbindlichkeit und nicht die ihr zugrunde liegende Steuerschuld des Dritten tilgen will.

Kommt der Zahlung des Schuldners an einen Insolvenzgläubiger eine Doppelwirkung zu, weil dadurch neben der Forderung des Empfängers zugleich der gegen den Schuldner gerichtete Anspruch eines mithaftenden Dritten auf Befreiung von dieser Verbindlichkeit erfüllt wird, kann die Leistung nach Wahl des Insolvenzverwalters sowohl gegenüber dem Leistungsempfänger als auch gegenüber dem Dritten als Gesamtschuldner angefochten werden (Bestätigung von *BGH* WM 2008, 363; s. dazu auch *Bittner/Herwig* WuB VI A. § 130 InsO 1.12.).

II. Befriedigung, die nicht in der Art zu beanspruchen war

15 Nicht in der Art hat der Gläubiger Befriedigung zu beanspruchen, wenn ihm anstelle der Leistung, die er zu fordern hat, etwas an Erfüllungs Statt oder erfüllungshalber gegeben wird (*BGH* LM § 3 AnfG Nr. 14; BGHZ 123, 320 [324f]; zur Darlegung für die Finanzverwaltung *App* DStZ 2002, 279 [281]; *Viertelhausen* KKZ 2005, 65 ff. [68] m.w. Verweisen auf *App* KKZ 2004, 84 [85] Anm. zu BGH ZIP 2003, 1304). Hält sich dabei die andersartige Leistung noch im Regelfall des nach dem Vertrag Erlaubten oder erscheint sie nach der Verkehrssitte oder Handelsbrauch nicht als erheblich, ist sie kongruent (*Uhlenbruck/Ede/Hirte* InsO, § 131 Rn. 6). Hierbei kommt es nur auf den Inhalt des Schuldverhältnisses an, nicht darauf, was der Gläubiger aufgrund der schlechten Vermögenslage des Schuldners erwarten konnte

16 Inkongruenz ist anzunehmen, wenn **statt Barzahlung Waren hingegeben** (*BGH* WM 1971, 908 [909]) oder Forderungen abgetreten werden (*OLG Schleswig* ZIP 1982, 82; *OLG Zweibrücken* KTS 1984, 492; *OLG Brandenburg* ZIP 1998, 1367 [1368]). Gleiches gilt bei der Übernahme einer Schuld des Gläubigers (*RG* RGZ 46, 101), der Überlassung eines Erbteils zur Erfüllung einer Darlehensverbindlichkeit (*BGH* ZIP 1999, 33 [34] zu § 3 AnfG a.F.), der Abgeltung der Ehegattenmitarbeit durch Übertragung von Teilen des Geschäftsvermögens (*BGH* JR 1963, 98) oder der Rückgabe der noch unbezahlten Ware zum Ausgleich der Kaufpreisforderung (*RG* RGZ 31, 134). Bei der **Zahlung durch einen Dritten** kommt es darauf an, ob darin eine nicht unerhebliche Abweichung vom normalen Zahlungsweg zu sehen ist. Dies kann etwa bei
- der Direktzahlung des Auftraggebers an den Nachunternehmer nach § 16 Nr. 6 VOB/B (*BGH* ZInsO 2002, 766),
- bei einer nicht vereinbarten Direktzahlung des Auftraggebers des Bestellers an den Werkunternehmer ist auch dann Inkongruenz gegeben, wenn ein Leistungsverweigerungsrecht nach § 648a BGB bestand (*BGH* ZInsO 2007, 662),
- der Direktzahlung einer privaten Krankenversicherung an den Arzt des Schuldners (*OLG Karlsruhe* ZInsO 2004, 1367),
- der Zahlung eines Drittschuldners über ein Notaranderkonto an einen Gläubiger des Schuldners (*OLG Rostock* ZIP 2004, 1515),
- bei der Schuldübernahme durch einen Dritten (vgl. *RG* RGZ 46, 101 ff.) oder
- bei Direktzahlung des Endmieter auf Weisung des Hauptvermieters unter Umgehung des Zwischenvermieters (*BGH* 17.03.2011 – IX ZR 166/08, ZIP 2011, 824)

anzunehmen sein. Eine Kongruenz kann auch nicht bei hinzutretenden ausländischen Rechtsnormen entstehen, wenn diese z.B. einem Subunternehmer eine gesetzlich bestimmte akzessorische Sicherheit gewähren. Denn diese zusätzliche Sicherheit entspringt nicht dem Vertragsverhältnis, sondern den anzuwendenden Rechtsnormen (zu Art. 1798 belgisches Zivilgesetzbuch, *BGH* BauR 2015, 483 [486] Rn. 18).

17 Inkongruenz auch bei **Hingabe eines Kundenwechsels** (*RG* JW 1927, 1106) oder -schecks (*RG* RGZ 71, 89 [91]; *BGH* NJW 1962, 117; WM 1971, 908; ZIP 1993, 1653 [1654]; *OLG Stuttgart* ZIP 1996, 1621). Bekommt eine Bank durch den Schuldner einen Scheck übergeben, um damit eine bestehende Darlehensforderung zurückzuführen, so ist der überlassene Kundenscheck eine inkongruente Deckung, wenn nicht zuvor die zugrunde liegende schuldrechtliche Forderung an die Bank ab-

pertal ZInsO 2002, 337). Bei Ansprüchen aus »nichtigen« Geschäften scheidet eine Anfechtung schon grds. mangels Gläubigerbenachteiligung aus. Wird im Prozess neben der Nichtigkeit auch die Anfechtbarkeit eingewendet, ist das Geschäft hinsichtlich der Anfechtung als wirksam zu behandeln (vgl. § 129 Rdn. 86).

Nach der Grundsatzentscheidung des *BGH* vom 02.03.2002 (BGHZ 150, 122) ist die Rückführung eines debitorischen Saldos eines Kontokorrentkontos als inkongruente Deckung nach § 131 InsO anfechtbar. Eine kongruente Deckung liegt demgegenüber aber dann vor, wenn die Bank im anfechtungsrechtlich relevanten Zeitraum den Schuldner noch über das Konto verfügen lässt und dementsprechend die Zahlungseingänge dem Wert der Zahlungsausgänge entspricht. Aus diesem Grunde sind nicht nach der so genannten Rosinentheorie einzelne Verrechnungen anfechtbar. Vielmehr sind die im fraglichen Zeitpunkt eingehenden Gutschriften mit den Verfügungen des Insolvenzschuldners über das Konto zu verrechnen. Aus diesem Grunde ist nur die Differenz des zu Gunsten der Bank entstehenden Saldos der Anfechtung zu unterwerfen. Zur Berechnung des jeweiligen Saldos ist nach der Entscheidung des *BGH* vom 07.07.2011 (ZIP 2011, 1576 [1577] und ZIP 2011, 1500 [1501]) nur einheitlich für den gesamten Anfechtungszeitraum zu beantworten. Der Anfechtungszeitraum erstreckt sich daher bis zum Zeitpunkt der Insolvenzeröffnung. 9

Befriedigt der Schuldner den Gläubiger mit Mitteln des Dispositionskredits, ist die Verkürzung der Masse grds. zu bejahen (*BGH* ZInsO 2002, 276 mit Darstellung von Ausnahmen), denn ein Anspruch auf Auszahlung der Darlehensvaluta ist mit deren Abruf pfändbar (BGHZ 147, 193 [195 ff.]) und so vom Insolvenzbeschlag umfasst. Stehen dem Insolvenzschuldner nur Mittel aus einer geduldeten Kontoüberziehung zur Verfügung ist gleichfalls die mittelbare Anfechtung der Leistung (Zahlung aus den Darlehensmitteln durch die Bank) gegeben (*BGH* ZIP 2009, 2009). Nach der Entscheidung des BGH aus 2009 kommt es nicht mehr darauf an, ob durch Einräumung des Dispositionskredites für die Masse ein pfändbarer Anspruch gegen die Bank entsteht. 10

Kongruent sind Stornobuchungen gem. Nr. 8 AGB Banken zur Berichtigung von Buchungsfehlern (*BGH* BGHZ 63, 87). Anders jedoch Umbuchungen auf unterschiedlichen Konten zu Saldierungszwecken (*BGH* KTS 1972, 633; vgl. *Paulus* ZIP 1997, 569 [577]). 11

Die Bezahlung einer Geldstrafe eines Verurteilten oder als Auflage zur Einstellung eines Strafverfahrens (*BGH* ZIP 2008, 1291) unterliegt der Insolvenzanfechtung, denn der Strafcharakter der Auflage rechtfertigt keine Sonderbehandlung (*BGH* ZIP 2010, 2358). Eine Befriedigung unter dem Druck der unmittelbar bevorstehenden Ersatzfreiheitsstrafe nach § 43 StGB, ist inkongruent, obwohl diese im eröffneten Insolvenzverfahren vollstreckt werden kann. Die Zahlung muss dann von der Staatskasse zurückgefordert werden (§ 143 InsO). Die Ersatzfreiheitsstrafe lebt wieder auf. 12

Vergleicht sich ein Werkunternehmer, der ein mangelhaftes Werk abgeliefert hat, mit seinem Auftraggeber über die Höhe des zu zahlenden Werklohns derart, dass er auf einen Teil des Werklohns verzichtet und insoweit die Nachbesserung nicht zu erbringen ist, so liegt in dem Verzicht auf die weitergehende Werklohnforderung eine inkongruente Deckung vor (*BGH* ZInsO 2004 803). Vergleichen sich Gläubiger und Schuldner über die bereits erhaltene Zahlung, so kann dieser Vergleich inkongruent sein, wenn dem Gläubiger grds. kein Anspruch zugestanden hat. In diesem Fall kann der Vergleich keine kongruenzbegründende Tatsache sein, der Vergleich selbst ist insoweit anfechtbar (*BGH* ZInsO 2012, 171 [172] Rn. 10). 13

Zur Anfechtung bei steuerlicher Organschaft (*BGH* WM 2012, 326) nachstehende Leitsätze der Entscheidung: 14

Zieht das Finanzamt in Fällen einer umsatzsteuerrechtlichen Organschaft der Steuerschuld des Organträgers entsprechende Beträge aufgrund einer Lastschriftermächtigung vom Konto der Organgesellschaft ein, so macht es den steuerrechtlichen Haftungsanspruch aus § 73 AO gegen die Organgesellschaft geltend. Gerät diese in Insolvenz, erlangt das Finanzamt die Zahlung als deren Insolvenzgläubiger. Erbringt der *Schuldner* einer noch nicht durchsetzbaren steuerrechtlichen Haftungsver-

gläubiger ist eine enge Auslegung geboten (vgl. *BGH* LM § 30 KO Nr. 1). Eine inkongruente Deckung ist deshalb, ohne dass es einer einschränkenden Auslegung der Vorschrift bedarf, in aller Regel kein Bargeschäft (*BGH* ZIP 1993, 1653 [1656]).

Die Leistungen müssen in **unmittelbarem Zusammenhang**, d.h. Zug um Zug oder in engem zeitlichen Zusammenhang ausgetauscht worden sein (*BGH* ZIP 2008, 1241 [Kaufvertrag]; ZIP 2009, 1334 [Leasingraten]). Der unmittelbare Zusammenhang muss auch so von den Parteien vereinbart worden sein. Unschädlich ist es, wenn die Leistungen erst wesentlich später als das Kausalverhältnis bzw. teilweise in der Krise, aber in unmittelbarem Zusammenhang erbracht werden sollten und erbracht worden sind. Die Zeitspanne zwischen Leistung und Gegenleistung darf dabei nicht so lang sein, dass sie unter Berücksichtigung der üblichen Zahlungsbräuche den Charakter eines Kreditgeschäfts annimmt. Grundsätzlich muss allerdings auf die im jeweiligen Unternehmen übliche Dauer von innerbetrieblichen Zahlungsanweisungen Rücksicht genommen werden. Erhält eine Bank eine Scheckgutschrift, die der Schuldner aus einem beiden Parteien bekannten Geschäft erhalten hat, ist eine vorherige Absprache nur dann hinreichend konkret, wenn sie bestimmt, dass die Leistung des Schuldners gerade aus diesem Geschäft stammen soll bzw. jeder Kundenscheck allein der Bank vorgelegt werden darf (*OLG Hamm* ZIP 1992, 1565 [1566]). Eine Zahlung durch Banküberweisung die mehr als fünf Bankgeschäftstage vor Fälligkeit der zu tilgenden Forderung gutgeschrieben wird, ist inkongruent (*BGH* ZIP 2005, 1243). Der Zessionar hat nach einem Gläubigerwechsels keine weitergehenden Rechte (§ 398 Satz 2 BGB). Dies gilt auch dann, wenn er die Sicherheit nicht derivativ nach § 401 BGB über den Zedenten, sondern direkt von dem Schuldner erwirbt (*BGH* ZIP 2004, 1060).

5 Die Inkongruenz wird durch eine **kongruenzbegründende Vereinbarung** zwischen Schuldner und Gläubiger nicht beseitigt, wenn zum Zeitpunkt ihres Abschlusses die Voraussetzungen des § 131 vorlagen (*BGH* ZInsO 2013, 1419 ff.; ZIP 1993, 1653 [1655]); s. dazu auch § 130 Rdn. 37)Wie bei Abschluss eines Vergleichs (*BGH* BGHZ 166, 125 Rn. 39; InsbürO 2012, 239). Entsprechendes gilt bei einseitigem Verhalten des Schuldners, wie etwa der Kündigung eines Darlehens, oder wenn der Gläubiger durch eine unberechtigte Maßnahme, etwa Kontosperre durch die Bank, die kongruente Zahlung erst ermöglicht (*BGH* ZIP 2004, 324). Die berechtigte, einseitige Rechtshandlung des Gläubigers kann als ermöglichende Rechtshandlung (vgl. § 130 Rdn. 13) nur nach § 130 InsO angefochten werden. Eine solche, vorgelagerte Anfechtung ist jedoch in der Praxis noch schwieriger und damit wenig hilfreich. Ist die kongruenzbegründende Rechtshandlung bereits unwirksam, ist die hierauf erfolgte Deckung ohne Weiteres inkongruent.

6 Die Deckungshandlung muss einem Insolvenzgläubiger zugutekommen. Dies sind auch Inhaber nachrangiger Forderungen (§ 39 InsO), da diese im Gegensatz zu § 63 KO jetzt am Insolvenzverfahren teilnehmen. Die Zahlung, die der Schuldner als Angewiesener geleistet hat, oder die Begebung eines von diesem ausgestellten Schecks ist damit nicht gegenüber dem Empfänger nach § 131 InsO anfechtbar (*RG* JW 1900, 16 f.).

C. Befriedigung

I. Befriedigung, die nicht zu beanspruchen war

7 Damit werden Fälle erfasst, in denen der Insolvenzgläubiger zwar eine Forderung hat, trotzdem aber aus dieser, wenn der Schuldner seine Rechte ausübt, keine Befriedigung erlangen kann. In solchen Fällen ist dann auch die bargeldlose Anweisung inkongruent (*BGH* ZInsO 2002, 721). Dies ist etwa gegeben bei Forderungen, denen eine dauernde Einrede (insbesondere Verjährung) entgegensteht, bei denen das Grundgeschäft nach den §§ 119 ff. BGB anfechtbar ist oder die aufschiebend bedingt sind. Ist die Leistung des Schuldners als Bestätigung i.S.v. § 144 BGB auszulegen, ist diese anfechtbar. Gleiches gilt für das Unterlassen der Anfechtung bei Ablauf der Anfechtungsfrist.

8 Hierunter fallen auch Leistungen auf unvollkommene Verbindlichkeiten (Spiel, Wette, Differenzgeschäft) oder die heilende Erfüllung eines formungültigen Vertrages nach § 311b Abs. 1 Satz 2, § 766 Satz 2 BGB; § 15 Abs. 4 Satz 2 GmbHG, § 4 Abs. 5 Satz 2 RVG (*RG* JW 1895, 44; *LG Wup-*

Literatur:
App Die Anfechtung gesicherter Steuerforderungen durch den Insolvenzverwalter, DStZ 2005, 81; *Canaris* Aktuelle insolvenzrechtliche Probleme des Zahlungsverkehrs und Effektenwesens, in Einhundert Jahre Konkursordnung, 1977; *Fischer* Bewirken Leistungen, die zur Erledigung des Insolvenzantrags führen eine kongruente Deckung?, FS Kirchhof 2003, S. 73; *Foerste* Zwangsvollstreckung und Insolvenzanfechtung – ein Prüfstein subjektiver Auslegung, FS Musielak, 2004 S. 140; *Hüper* Zwangsvollstreckung als inkongruente Deckung, Diss. Göttingen 1983; *Molitor* Insolvenzanfechtung und Haftung des kontoführenden Institutes nach § 13c UStG, ZInsO 2006, 804; *Rebmann* Die Anfechtung von Zwangsvollstreckungsmaßnahmen nach § 131 InsO und die Vollstreckungssperren (v.a. § 88 InsO), Diss. Tübingen 2003; *Rechtmann/Tetzlaff* Reaktionen auf die Rechtsprechung des BGH zur Anfechtung von Druckzahlungen – gewusst wie!, ZInsO 2005, 196 mit Ergänzung *Obermüller* ZInsO 2005, 198; *Schoppmeyer* Besondere und allgemeine Insolvenzanfechtung am Beispiel der Anfechtung von Zwangsvollstreckungen. NZI 2005, 185; *Viertelhausen* Mit der Verwaltungsvollstreckung in die Insolvenzanfechtung?, KKZ 2005, 65 ff.

A. Einleitung

Die Vorschrift gehört zur besonderen Insolvenzanfechtung. Wie in § 130 InsO ist der Tatbestand durch die Worte »oder ermöglicht hat« erweitert. Die Anfechtungsmöglichkeiten sind gegenüber § 130 InsO wesentlich verschärft, da ein Gläubiger, der eine ihm nicht zustehende Leistung erhält, weniger schutzbedürftig und der Erwerb besonders verdächtig erscheint. Hier werden atypische Vermögensumsetzungen vorgenommen, die das Versagen der privat autonomen Steuerung der Vermögens- und Haftungsverhältnisse offenkundig machen (*Häsemeyer* Insolvenzrecht, 21.05). 1

Ursprünglich war geplant durch den Regierungsentwurf des Gesetzes zur Verbesserung der Rechtssicherheit bei Anfechtungen nach der Insolvenzordnung und nach dem Anfechtungsgesetz vom 16.12.2015 (BT-Drucks. 18/7054) eine Änderung des Abs. 1 durchzuführen, in dem ein Satz 2 mit folgendem Inhalt angefügt werden sollte: »Eine Rechtshandlung wird nicht allein dadurch zu einer solchen nach Satz 1, dass die Sicherung oder Befriedigung durch Zwangsvollstreckung erwirkt oder zu deren Abwendung bewirkt worden ist.« Infolge der massiven und einhelligen Kritik wurde durch den Gesetzgeber auf die Einführung dieses zweiten Satzes verzichtet. Hätte der Gesetzgeber diesen Satz 2 angefügt, so wären die selbsttitulierenden Gläubiger übermäßig bevorzugt worden (s. hierzu auch *Hirte* ZInsO 2017, 592) 2

Binnen eines Zeitraums von bis zu **einem** Monat vor dem Eröffnungsantrag wird auf das Vorliegen weiterer **objektiver** (insbesondere Zahlungsunfähigkeit, Überschuldung) und **subjektiver** Voraussetzungen **verzichtet** (Nr. 1). Kenntnis von der Krise sowie die Krise selbst werden insoweit unwiderleglich vermutet (Begr. RegE BT-Drucks. 12/2443 S. 158). Dies gilt auch bei einem Eigenantrag wegen drohender Zahlungsunfähigkeit (§ 18 InsO: krit. hierzu KS-InsO/*Henckel* 2000, Rn. 37). Bei Handlungen binnen einer **Drei-Monatsfrist** vor Verfahrenseröffnung wird entweder – **objektiv** – die Zahlungsunfähigkeit des Gemeinschuldners (Nr. 2) oder – **subjektiv** – die **Kenntnis** des Gläubigers von der Benachteiligung oder der Umstände, die zwingend auf sie schließen lassen (Abs. 2 Satz 1), verlangt (Nr. 3). Bei § 131 Abs. 1 Nr. 3 InsO handelt es sich um einen auf inkongruente Deckung bezogenen Sonderfall der Anfechtung wegen vorsätzlicher Benachteiligung nach § 133 InsO (Begr. RegE BT-Drucks. 12/2443 S. 159; vgl. KS-InsO/*Henckel* 2000, Rn. 40 ff.). Während es dabei in den Fällen der Nr. 1, 2 auf den Kenntnisstand des Anfechtungsgegners nicht ankommt, ist es für die **Nr. 3 irrelevant**, ob der Schuldner zum Zeitpunkt der Rechtshandlung **zahlungsunfähig** oder **überschuldet** war. 3

B. Inkongruenz

Eine Sicherung oder Befriedigung, die der Gläubiger in der Art oder zu der Zeit nicht zu beanspruchen hat, ist anzunehmen, wenn die bewirkte Leistung von dem auf eine bestimmte Leistung hinreichend spezifizierten Inhalt des mit dem Schuldner vereinbarten Schuldverhältnisses im Leistungszeitpunkt abweicht (*BGH* ZInsO 2005, 766; A/G/R-*Ringstmeier* § 131 InsO Rn. 5) Die Beurteilung der Inkongruenz ist dabei objektiv vorzunehmen und unabhängig von den Vorstellungen und der rechtlichen Wertung der Parteien (vgl. *BGH* ZIP 2000, 957 [958]). Im Interesse der Insolvenz- 4

§ 131 InsO Inkongruente Deckung

Prozessgegner möglich zur Entkräftung dieser Indizien, auf Beweisantrag hin durch einen Sachverständigen die entsprechende Liquiditätsbilanz erstellen zu lassen (*BGH* ZInsO 2015, 1056 Rn. 6).

73 Der Insolvenzverwalter braucht auch eine vermeintliche Darlehensaufnahme im Rahmen der Prüfung der Zahlungsunfähigkeit nicht miteinzubeziehen, wenn eine tatsächliche Darlehensaufnahme zur Abwendung der Zahlungsunfähigkeit durch den Schuldner nicht erfolgt ist (*BGH* ZIP 1997, 1926). Ist der Insolvenzschuldner seiner Verpflichtung zur Aufbewahrung der Geschäftsbücher einschließlich der Buchführung mit Grundaufzeichnung nicht nachgekommen, so gelten in diesem Fall die Grundsätze der Beweisvereitelung durch den Schuldner, wenn deshalb dem Insolvenzverwalter im Anfechtungsprozess die entsprechenden Darlegungen nicht möglich sind (*BGH* ZInsO 2012, 648 [649] Rn. 16).

74 Gegenüber nahestehenden Personen (§ 138 InsO) wird nach § 130 Abs. 3 InsO vermutet, dass sie von der Zahlungsunfähigkeit oder dem Eröffnungsantrag Kenntnis hatten. Eine solche Vermutung begründet sich insbesondere auf die Annahme, dass nahestehende Personen im Allgemeinen die wirtschaftlichen Verhältnisse des Insolvenzschuldners kennen. Daneben wird angenommen, sie würden eher dazu neigen mit dem Schuldner zum Nachteil der Gläubiger zu kooperieren (*BGH* BGHZ 96, 352). Der Insolvenzverwalter muss hier nur nachweisen, dass der Insolvenzschuldner zum Zeitpunkt der Rechtshandlung zahlungsunfähig war. Den nahestehenden Personen steht jedoch zu ihrer Entlastung der Beweis offen, dass sie weder die Zahlungsunfähigkeit noch den Eröffnungsantrag kannten.

§ 131 Inkongruente Deckung

(1) Anfechtbar ist eine Rechtshandlung, die einem Insolvenzgläubiger eine Sicherung oder Befriedigung gewährt oder ermöglicht hat, die er nicht oder nicht in der Art oder nicht in der Zeit zu beanspruchen hatte,
1. wenn die Handlung im letzten Monat vor dem Antrag auf Eröffnung des Insolvenzverfahrens oder nach diesem Antrag vorgenommen worden ist,
2. wenn die Handlung innerhalb des zweiten oder dritten Monats vor dem Eröffnungsantrag vorgenommen worden ist und der Schuldner zur Zeit der Handlung zahlungsunfähig war oder
3. wenn die Handlung innerhalb des zweiten oder dritten Monats vor dem Eröffnungsantrag vorgenommen worden ist und dem Gläubiger zur Zeit der Handlung bekannt war, dass sie die Insolvenzgläubiger benachteiligte.

(2) ¹Für die Anwendung des Absatzes 1 Nr. 3 steht der Kenntnis der Benachteiligung der Insolvenzgläubiger die Kenntnis von Umständen gleich, die zwingend auf die Benachteiligung schließen lassen. ²Gegenüber einer Person, die dem Schuldner zur Zeit der Handlung nahestand (§ 138), wird vermutet, dass sie die Benachteiligung der Insolvenzgläubiger kannte.

Übersicht

		Rdn.			Rdn.
A.	Einleitung	1	II.	Sicherung, die nicht in der Art zu beanspruchen war	31
B.	Inkongruenz	4	III.	Sicherung, die nicht zu der Zeit zu beanspruchen war	32
C.	Befriedigung	7	IV.	Zeitliche Einordnungen und subjektive Tatbestandsmerkmale	33
I.	Befriedigung, die nicht zu beanspruchen war	7	V.	Steuerliche Auswirkungen	34
II.	Befriedigung, die nicht in der Art zu beanspruchen war	15	E.	Inkongruente Deckung und Zwangsvollstreckung	36
III.	Befriedigung, die nicht zu der Zeit zu beanspruchen war	21	F.	Zahlungsunfähigkeit	40
D.	Sicherung	22	G.	Kenntnis des Gläubigers von Benachteiligung	41
I.	Sicherung, die nicht zu beanspruchen war	23	H.	Beweislast	42

II. Der Kenntnis

Kannte einmal ein Gläubiger die bestehende Zahlungsunfähigkeit, so muss er im Nachhinein darlegen und beweisen, wieso er nunmehr davon ausgeht, dass der Schuldner seine Zahlungen im Allgemeinen wieder aufgenommen hat (*BGH* ZInsO 2016, 628 [631] Rn. 24; ZInsO 2016, 214 [217] Rn. 27). Der Wegfall der Umstände führt nicht zum Wegfall der Kenntnis der Zahlungsunfähigkeit. Auch bei der Durchführung von Sanierungsstrategien im Unternehmen bewirkt dies nicht, dass die Kenntnis bei dem Anfechtungsgegner wegfällt (*BGH* ZInsO 2016, 214 [217 f.] Rn. 30). 71

H. Beweislast

Die Beweislast hinsichtlich des Vorliegens der Voraussetzungen nach § 130 InsO hat grds. der Insolvenzverwalter (*Jaeger/Henckel* InsO, § 130 Rn. 153; *BGH* ZInsO 2007, 1046; MüKo-InsO/*Kirchhof* § 130 Rn. 61). Der Insolvenzverwalter muss insbesondere die Tatsachen vortragen, aus denen sich die Zahlungsunfähigkeit und die Kenntnis des Anfechtungsgegners von der Zahlungsunfähigkeit oder dem Eröffnungsantrag ergeben (*BAG* ZInsO 2012, 37 [40] Rn. 29; ZInsO 2012, 271 [275] Rn. 32; 06.10.2011 JurionRS 2011, 32203 Rn. 32). Die Anforderungen dürfen dabei nicht überspannt werden. Insbesondere bedarf es keiner vollständigen Aufzählung der fälligen Verbindlichkeiten durch den Insolvenzverwalter (*RG* LZ 1913, 486 [488]). Ist bei dem Schuldner keine stehende Buchführung vorhanden oder wird oder wurde die Buchhaltung vernichtet, so genügt es für den Sachvortrag des Verwalters zur Zahlungsunfähigkeit, dass er Listen und ergänzende Anlagen vorlegt, aus der sich die Verbindlichkeiten, mit Datum und Rechtsgrund ergeben. Die Vorlage alleine von Rechnungen ist auch zulässig (*BGH* ZIP 2007, 1913). Daher ist ein Vertrag ausreichend, der zwar in bestimmten Punkten lückenhaft ist, aber eine Ergänzung fehlender Tatsachen nach Grundlage allgemeiner Erfahrung und Gebräuche im Geschäftsverkehr zulässt (*BGH* ZIP 1998, 2008 [2010]). Zur Bestimmung des genauen Zeitpunktes ist er nicht verpflichtet (*BGH* ZIP 2007, 1913). Ferner genügt hinsichtlich der Kenntnis die Behauptung einer nur vermuteten Tatsache, wenn aus unstreitigen oder unter Beweis gestellten Indizien greifbare Anhaltspunkte für einen bestimmten Sachverhalt bestehen (*BGH* ZIP 2002, 1408). Für die richterliche Beweiswürdigung kommt es maßgeblich darauf an, ob die Berufs- und Geschäftskreise des Anfechtungsgegners aus den diesem bekannten Tatsachen mit ihrer Verkehrserfahrung verständlicherweise den Rückschluss auf die Zahlungsunfähigkeit des Schuldners oder den Eröffnungsantrag gezogen hätten. Unerheblich ist es, ob der Zeuge oder die vernommene Partei, die vorgetragenen Tatsachen als Zahlungsunfähigkeit werten (*RG* JW 1895, 226). Für das Bestreiten der Zahlungsunfähigkeit genügt es nicht, wenn der Anfechtungsgegner nur erklärt, dass es möglich sei, dass der Schuldner im betrachteten Zeitraum insolvent geworden sei und die Gläubiger über die Zahlungsunfähigkeit informiert habe (*BGH* ZIP 1997, 513 [514]). Zur vereinfachten Darlegung siehe auch *OLG Frankfurt* ZInsO 2010, 1328. Die Aufnahme der Zahlungen im Allgemeinen zur Beseitigung der Zahlungsunfähigkeit hat grundsätzlich der Anfechtungsgegner zu beweisen (*BGH* ZIP 2002, 87 [90]; ZIP 2001, 2235). Es entspricht nämlich der gefestigten Rechtsprechung, dass derjenige, der sich auf den nachträglichen Wegfall der objektiv bestehenden Zahlungsunfähigkeit beruft, dies beweisen muss (*BGH* ZInsO 2016, 910 [911] Rn. 11). Die Liquiditätsbilanz ist nicht mit der Handelsbilanz vergleichbar (*BGH* ZInsO 2015, 841 [843] Rn. 12). Ebenso ist die handelsrechtliche Fortführungsprognose anders zu beurteilen wie die insolvenzrechtliche Fortführungsprognose (*BGH* ZInsO 2017, 432 [435] Rn. 27). Der Anfechtungsgegner kann auch durch einen Antrag auf Einholung eines Sachverständigengutachtens, durch Vernehmung von Zeugen oder durch eine gegenbeweislich aufgestellte Liquiditätsbilanz das Bestehen der Zahlungsfähigkeit beweisen (*BGH* WM 2012, 711 [712] Rn. 18). Im Allgemeinen wird dem Prozessgegner die Aufstellung eine Liquiditätsbilanz nicht möglich sein, da ihm die entsprechenden Unterlagen (Buchführung, Bilanzen, Inventare etc.) nicht zur Verfügung stehen. So ist es fraglich, wie er dann prozessual seinen Vortrag ausrichten muss. Zum einen kann er gem. § 810 BGB nach diesseitiger Rechtsauffassung die Vorlage der entsprechenden Urkunden vom Insolvenzverwalter verlangen. Gründet der Insolvenzverwalter seine Klage auf Beweisanzeichen zum Nachweis der Zahlungsunfähigkeit und auf die entsprechende Vermutung bei Zahlungseinstellung, so ist es dem 72

Sozius bei Anfechtung der Zahlung auf anwaltliche Honorarforderungen (*AG Hannover* ZInsO 2002, 89; *Jaeger/Henckel* InsO, § 130 Rn. 138). Die Kenntnis eines Unterbevollmächtigten (*Jaeger/Henckel* InsO, § 130 Rn. 38; vgl. *RG* LZ 1912, 236 f.).

68 Bei Behörden kommt es auf das jeweilige Wissen des zuständigen Bediensteten im Grundfall an (*BGH* BGHZ 134, 343 [346]; NJW 2007, 834). Jede am Rechtsverkehr teilnehmende Organisation muss sicherstellen, dass erhebliche Informationen tatsächlich an die entscheidenden Personen weitergeleitet werden (*BGH* ZInsO 1998, 392; ZInsO 2006, 92; ZInsO 2009, 1646, ZInsO 2010, 912). Für den Bankenbereich wurde dies in der Grundsatzentscheidung des *BGH* vom 15.12.2005 (ZInsO 2006, 92) und für die Versicherungswirtschaft in den Entscheidungen des *BGH* ZInsO 2009, 1646 und ZInsO 2010, 912 festgestellt Für andere am Rechtsverkehr teilnehmende Behörden kann nichts anderes gelten (*BGH* ZInsO 2010, 1454 [1456]). Nach dieser Entscheidung muss die Organisationseinheit sicherstellen, dass die relevanten Informationen innerhalb der Einheit an die betroffenen Stellen weitergeleitet werden. Unterlässt es die Bank oder das Unternehmen eine solche Vorsorge zu treffen, so muss sich die Bank die entsprechende Kenntnis zurechnen lassen (*BGH* ZInsO 2010, 1454 [1456]). Nutzt demgegenüber eine Behörde bei ihrer Tätigkeit in Zusammenarbeit mit anderen Behörden gezielt deren Wissen zum Vorteil des gemeinsamen Rechtsträgers bei der Abwicklung eines ganz konkreten Vertrages, so besteht insoweit auch eine Behörden übergreifenden Pflicht, sich gegenseitig über alle hierfür relevanten Umstände zu informieren (*BGH* ZInsO 2010, 1454 [1456] Rn. 19). Institutionellen Gläubigern wurde durch den BGH auch eine Beobachtungspflicht eines krisenbehafteten Unternehmens auferlegt. Dazu führt der BGH wörtlich wie folgt aus: »Der Senat hat institutionellen Gläubigern, die wie das Finanzamt oder die Sozialkasse im fiskalischen Allgemeininteresse oder im Interesse der Versichertengemeinschaft die Entwicklung eines krisenhaften Unternehmens zu verfolgen haben (*BGH* ZInsO 2009, 515 Rdn. 23), Beobachtungs- und Erkundigungspflichten auferlegt, die an besondere Umstände anknüpfen (*BGH* ZInsO 2001, 904; ZInsO 2009, 515)«. Da kein eigener Benachteiligungsvorsatz des Anfechtungsgegners maßgeblich ist, so ist auch der Benachteiligungsvorsatz einer anderen sachlich zuständigen Behörde ausreichend, sogar wenn sie nicht von allen Umständen Kenntnis hat.

69 Nicht zuzurechnen ist etwa die Kenntnis eines vom Schuldner bestellten Treuhänders (BGHZ 41, 17 [21 f.]); die Kenntnis des Schuldners, wenn er als Vermieter die überlassene Mietkaution zugunsten des Mieters auf ein Treuhandkonto einzahlt (*LG München I* ZIP 1989, 254); die Kenntnis des Steuerberaters, dass ein Schuldner des Beratenen zahlungsunfähig ist (*Jaeger/Henckel* KO, § 30 Rn. 57); die Kenntnis eines Treuhänders, mit dem der Schuldner einen Vertrag zugunsten des Anfechtungsgegners geschlossen hat (BGHZ 55, 307 [310 ff.]); die Kenntnis eines Boten, soweit dieser nicht auch Wissensvertreter des Gläubigers ist (*Jaeger/Henckel* InsO, § 130 Rn. 141).

G. Nachträglicher Wegfall

I. Der Zahlungsunfähigkeit bzw. Zahlungseinstellung

70 Die eingetretene Zahlungseinstellung kann nicht durch Erklärung des Insolvenzschuldners zu den Umständen des Eintritts der Zahlungsunfähigkeit/Zahlungseinstellung wieder beseitigt werden. Denn eine einmal eingetretene Zahlungseinstellung wirkt grds. fort. Die Zahlungsunfähigkeit kann nur durch vollständige Aufnahme der Zahlungen durch den Insolvenzschuldner beseitigt werden und er dadurch im Allgemeinen seine Zahlungsfähigkeit wiederhergestellt hat. Die bloße Zahlung einzelner oder gezielt herausgenommener Forderungen beseitigt die Zahlungseinstellung dementsprechend nicht (*BGH* ZInsO 2016, 910 [911] Rn. 11; ZInsO 2016, 628 [631] Rn. 24; ZInsO 2010, 673; ZInsO 2002, 29 [31]; JurionRS 2001, 25416; BGHRZ Nr. 26002). Durch eine harte Patronatserklärung im Konzern kann die Zahlungsunfähigkeit nicht beseitigt werden, vielmehr müssen die Zahlungen im Gesamten aufgenommen werden (*BGH* ZInsO 2011, 1115 LS).

nach den §§ 130–132 InsO genügt dabei für das »Handeln auf Weisung«, dass der Vertretene trotz Kenntnis von der Vermögenslage des Schuldners den Vertreter veranlasst hat, mit dem Schuldner ein Geschäft abzuschließen. Unerheblich ist es, ob er auf den genauen Inhalt des Geschäfts Einfluss genommen hat (*Jaeger/Henckel* InsO, § 130 Rn. 125). So genügt etwa die Kenntnis des Gläubigers, wenn sein Rechtsanwalt im Rahmen des erteilten Auftrags Vollstreckungshandlungen vornimmt (*RG* JW 1916, 317 ff.; *OLG Hamm* OLGRspr. 30, 350). Die Kenntnis des Rechtsanwalts ist aber nur dann dem Gläubiger zuzurechnen, wenn der Rechtsanwalt sein entsprechendes Wissen aus allgemein zugänglichen Quellen, Informationsdienste, Internet, Social Media Kanälen, WhatsApp oder Facebook erhalten hat oder diese Informationen über seine Internetseite selbst verbreitet hat (*BGH* ZInsO 2015, 299 [300] Rn. 13). Maßgebender Zeitpunkt für die Kenntnis ist dabei nicht derjenige der Weisung, sondern der Zeitpunkt, der im Zeitpunkt der Vornahme der Rechtshandlung andauernde Zustand der Kenntnis (*Jaeger/Henckel* InsO, § 130 Rn. 127).

Ein **Minderjähriger** muss sich nicht die Kenntnis des gesetzlichen Vertreters zurechnen lassen, wenn er durch ein nach §§ 107, 108 BGB zustimmungsfreies Rechtsgeschäft etwas von diesem erwirbt (*BGH* ZIP 1985, 690 ff.; a.A. *Tintelnot* JZ 1987, 795 ff.). Anders ist zu entscheiden, wenn eine Einwilligung oder Genehmigung des gesetzlichen Vertreters erforderlich ist (*Jaeger/Henckel* InsO, § 130 Rn. 149; *Tintelnot* JZ 1987, 795 [799 ff.]; a.A. *RG* RGZ 116, 134 [138 f.]). Wird auf Veranlassung eines hinreichend einsichtsfähigen Minderjährigen ein argloser Ergänzungspfleger bestellt, ist dem Minderjährigen seine Kenntnis in entsprechender Anwendung von § 166 Abs. 2 BGB anzurechnen (*Jaeger/Henckel* InsO, § 130 Rn. 147). Wird der Pfleger auf Anregung der Eltern bestellt, ist dem Kind auch die Kenntnis seiner Eltern zuzurechnen (*BGH* BGHZ 38, 65 ff.; *LG Braunschweig* JW 1934, 2799; *Jaeger/Henckel* InsO, § 130 Rn. 148). Die Kenntnis des Vaters ist dem Kind in dem Moment zuzurechnen, indem der Vater die Kenntnis selbst erlangt (*Jaeger/Henckel* InsO, § 130 Rn. 149). 64

Erwirbt ein Insolvenzverwalter oder ein anderer **Amtswalter** ein Recht, kommt es ohne Anwendung von § 166 BGB auf seine Kenntnis an, da er nach der herrschenden Amtstheorie die Rechte des Schuldners in eigenem Namen wahrnimmt. Zuzurechnen ist ihm dabei die Kenntnis des Vermögensinhabers, die dieser im Rahmen der eigenen Vermögensverwaltung vor Beginn der Fremdverwaltung erlangt hat (*Jaeger/Henckel* InsO, § 130 Rn. 137). 65

Die Kenntnis des **vollstreckenden** Gerichtsvollziehers ist nicht zuzurechnen, da er nicht Vertreter des Gläubigers ist (MüKo-InsO/*Kirchhof* § 130 Rn. 51; *Jaeger/Henckel* InsO, § 130 Rn. 139). Nicht anders ist zu entscheiden, wenn der Gerichtsvollzieher eine freiwillige Leistung des Schuldners annimmt (*Jaeger/Henckel* InsO, § 130 Rn. 140). Gleiches gilt für den Vollziehungsbeamten der durch ihre eigenen Organe vollstreckenden öffentlich-rechtlichen Körperschaft (*OLG München* ZIP 1992, 787 [788 f.]; *Jaeger/Henckel* InsO, § 130 Rn. 139). Zuzurechnen ist jedoch die Kenntnis des zuständigen Vollstreckungssachbearbeiters der vollstreckenden Körperschaft. Ein vollstreckendes Finanzamt muss sich dabei auch die Kenntnis eines Sachbearbeiters eines anderen Finanzamtes zurechnen lassen, wenn es dieses um Durchführung der Vollstreckungsmaßnahme ersucht hat (*OLG München* ZIP 1992, 787). 66

Zuzurechnen ist etwa die Kenntnis eines Kassierers einer Großbank (*BGH* ZIP 1984, 809 [812]; vgl. *BGH* ZIP 1989, 1180). Eine mit dem Forderungseinzug beauftragte Inkassogesellschaft ist Wissensmittlerin (*BGH* ZInsO 2013, 1004 [1008] Rn. 38; ZInsO 2002, 716 Rn. 3; ZInsO 2013, 179 Rn. 26; ZInsO 2013, 608 Rn. 4 ff.). Die Kenntnis eines vom Anfechtungsgegner beauftragten Vertrauensmannes im Unternehmen des Schuldners (*BGH* BGHZ 41, 17 [20 ff.]). Die Kenntnis eines mit der Geschäftsvermittlung betrauten Handelsvertreters (*RG* RGZ 131, 343 [345]; *OLG Frankfurt* NJW 1976, 1355). Die Kenntnis des Schuldners, wenn er vom Verbot des Selbstkontrahierens befreit ist und gleichzeitig als Vertreter des Begünstigten auftritt (*Tintelnot* JZ 1987, 795 [801]). Die Kenntnis eines Prozessbevollmächtigten ist jedenfalls insoweit dem Vollmachtgeber zuzurechnen, als dieser sie im Rahmen des ihm erteilten Auftrags erlangt hat (*BGH* ZIP 1991, 39 [41]; *OLG Köln* ZIP 2004, 919 [921]), wobei bei einer Anwaltssozietät nur die Kenntnis des bearbeitenden Anwalts in Betracht kommt (*OLG Celle* ZIP 1981, 467; *Uhlenbruck/Ede/Hirte* InsO, § 130 Rn. 99). Die Kenntnis des 67

59 Entspricht die Bitte des Schuldners um Gewährung einer Ratenzahlung, die den Gepflogenheiten des Geschäftsverkehrs entspricht, so ist die danach folgende Ratenzahlungsvereinbarung kein Indiz für die Zahlungseinstellung. Im Geschäftsverkehr kann nämlich die Bitte um Ratenzahlung diverse andere Gründe haben, wie z.B. der Erlangung von Zinsvorteilen, der Vermeidung von Kosten die in diesem Ratenzahlungszeitpunkt sonst entstanden wären, oder sonstige Gründe, die dem Schuldner einen wirtschaftlichen Vorteil verschaffen würden. Die Ratenzahlungsbitte ist nur dann ein entsprechendes Indiz, wenn der Schuldner mit seiner Bitte die Erklärung verknüpft, seine fälligen Forderungen sonst nicht begleichen zu können (*BGH* ZInsO 2015, 898 Rn. 3 ff.). Die Gepflogenheit des Geschäftsverkehrs ist nicht anzunehmen, wenn der Schuldner erst nach mehrfachen fruchtlosen Mahnungen oder Aufforderungen und damit einhergehend nicht eingehalten Zahlungszusagen seine Ratenzahlungsbitte ausspricht (*BGH* ZIP 2015, 2180). Wird in einem anhängigen Rechtsstreit eine Ratenzahlungsvereinbarung geschlossen, in dem zuvor bekannt geworden ist, dass Zahlungsschwierigkeiten bei dem Schuldner bestehen, ist dies nicht den Gepflogenheiten des Rechtsverkehrs entsprechend. Ein redlicher Insolvenzschuldner würde niemals versuchen eine berechtigte Forderung durch Aufnahme eines Rechtsstreites zu negieren, nur um seine Zahlungsverpflichtung erst später erbringen zu müssen.

V. Zurechnung der Kenntnis

60 Hat ein Stellvertreter des Anfechtungsgegners gehandelt, ist bei rechtsgeschäftlichem Erwerb § 166 BGB direkt, ansonsten entsprechend anwendbar (vgl. MüKo-InsO/*Kirchhof* § 130 Rn. 41). Bei Vertretung ohne Vertretungsmacht ist § 166 BGB anzuwenden, wenn der Vertretene das Geschäft genehmigt. Maßgeblicher Zeitpunkt für die Kenntnis ist der in § 140 InsO genannte. Bei der Genehmigung ist dies trotz § 184 BGB derjenige ihrer Erteilung (MüKo-InsO/*Kirchhof* § 130 Rn. 42).

61 Eine Wissenszurechnung findet insbesondere bei sog. Wissensvertretern statt, die ohne Bestehen einer Vertretungsmacht nach der Arbeitsorganisation des Geschäftsherrn dazu berufen sind, im Rechtsverkehr als dessen Repräsentant bestimmte Aufgaben in eigener Verantwortung wahrzunehmen und die dabei anfallenden Informationen zur Kenntnis zu nehmen und gegebenenfalls zu speichern oder weiterzuleiten hat (*Palandt/Heinrichs* BGB, § 166 Rn. 6). Nicht zuzurechnen ist allgemein das Wissen von Personen, die nicht den Anfechtungsgegner repräsentieren, sondern, wie etwa der Schuldner, im eigenen Interesse tätig werden. In einer arbeitsteiligen Unternehmensorganisation ist das Wissen der Vertreter und Wissensvertreter grds. **zusammenzurechnen**, wenn eine Pflicht zur Organisation des Informationsaustausches bestand (*BGH* NJW 1996, 1339 [1341]). Dies ist vor allem bei solchem Wissen der Fall, das typischerweise aktenmäßig festgehalten wird (*BGH* NJW 1996, 1205 [1206]).

62 Eine **juristische** Person muss sich das Wissen aller vertretungsberechtigten Organverwalter zurechnen lassen, ohne dass es darauf ankommt, ob das jeweilige Organmitglied an der betreffenden Rechtshandlung mitgewirkt oder nichts davon gewusst hat (*BGH* ZIP 1984, 809 [812]). Das Wissen eines vertretungsberechtigten Organmitglieds ist als Wissen des Organs anzusehen und damit auch der juristischen Person zuzurechnen (*BGH* BGHZ 109, 327 [331]). Auch das Ausscheiden oder der Tod des Organmitglieds stehen der Zurechnung nicht entgegen (*BGH* BGHZ 109, 327 [332]). Bei **Personengesellschaften** genügt die Kenntnis eines Gesellschafters, auch wenn dieser am Geschäftsabschluss nicht mitgewirkt hat. Nicht zuzurechnen ist dagegen das Wissen eines ausgeschiedenen oder verstorbenen Gesellschafters einer Personengesellschaft (*BGH* NJW 1995, 2159 [2160]). Bei der **GmbH & Co. KG** können die Kenntnisse des Geschäftsführers oder der Wissensvertreter der Komplementär-GmbH zugerechnet werden (*BGH* NJW 1996, 1205). Dies gilt auch für das Wissen eines im Zeitpunkt der Vornahme der Rechtshandlung ausgeschiedenen Geschäftsführers (*BGH* NJW 1996, 1339 [1341]). Unerheblich ist die Kenntnis eines **nicht vertretungsberechtigten** Gesellschafters (*RG* HRR 1938 Nr. 411 zur Genossenschaft). Dies gilt auch, wenn das Organmitglied nach § 181 BGB von der Vertretung ausgeschlossen ist (*RG* JW 1911, 778).

63 Die **Kenntnis des Vertretenen** ist nach § 166 Abs. 2 BGB neben dem Vertreterwissen zu berücksichtigen, wenn der Vertreter nach bestimmten Weisungen gehandelt hat. Im Rahmen der Anfechtung

ge, ob der Anfechtungsgegner von der Zahlungsunfähigkeit auch Kenntnis hatte. Genügend ist dabei wiederum die Kenntnis von der Verfahrenseröffnung im Ausland.

III. Kenntnis des Eröffnungsantrages

Für die Anfechtung nach § 130 Abs. 1 Nr. 2 InsO genügt auch die Kenntnis des Eröffnungsantrags (§ 13 InsO) oder der Umstände, die zwingend auf ihn schließen lassen (Abs. 2). Die Zahlungsunfähigkeit muss dann im Zeitpunkt der Rechtshandlung nicht bereits vorgelegen haben (krit. KS-InsO/ *Henckel* 2000, Rn. 37), da nach § 18 InsO bei Eigenantrag auch bereits die drohenden Zahlungsunfähigkeit und nach § 19 InsO bei juristischen Personen die Überschuldung Eröffnungsgrund sein kann. Ebenso wie für die Fristberechnung nach § 139 Abs. 2 InsO genügt es für die Kenntnis, wenn der erste zulässige und begründete Antrag oder ein dem nachfolgender Antrag bekannt ist, ohne dass das Verfahren auch aufgrund eines solchen Antrags eröffnet worden sein muss. Unberücksichtigt bleiben zurückgenommene oder für erledigt erklärte Anträge (*OLG Dresden* ZIP 2001, 621 [624]; vgl. näher § 139 Rdn. 4). Dies gilt auch, wenn gleichzeitig mit der Erledigungserklärung der neuere Antrag durch den Anfechtungsgegner aufrechterhalten wird (*OLG Hamm* ZIP 2000, 2214 [2215]). Allerdings kann trotz des entfallenen Antrags weiterhin Kenntnis von der Zahlungsunfähigkeit bestehen, insbesondere dann, wenn gerade der den Antrag zurückziehende Gläubiger von dem Schuldner zuvor befriedigt wurde. Unerheblich ist es, ob der Anfechtungsgegner den ihm bekannten Eröffnungsantrag für gerechtfertigt gehalten hat. Die Kenntnis der beabsichtigten Stellung ist nicht mit der Kenntnis des Antrages gleichzusetzen. Umstände, die zwingend den Schluss auf einen Eröffnungsantrag zulassen, sind insbesondere in Verfahrenshandlungen und deren Folgen, wie etwa der Anordnung von Sicherungsmaßnahmen nach § 21 InsO, insbesondere in der Bestellung eines vorläufigen Insolvenzverwalters (*BAG* ZIP 2005, 86 [87]), zu sehen. 56

IV. Kenntnis von Umständen die auf Zahlungsunfähigkeit zwingend schließen lassen (Abs. 2)

Nach Abs. 2 steht der Kenntnis des Eröffnungsantrages oder der eingetretenen Zahlungsunfähigkeit des Insolvenzschuldners die Kenntnis von solchen Umständen gleich, die zwingend (unerlässlich) auf die Zahlungsunfähigkeit oder den gestellten Insolvenzantrag schließen lassen. 57

Die Indizwirkung tritt u.a. ein, wenn im Rahmen von Vollstreckungsverfahren Zahlungen zur Abwendung der Vollstreckung durch Dritte geleistet werden (*BGH* ZInsO 2015, 1262 [1263] Rn. 15). Ein weiterer Umstand ist die Nichtzahlung bzw. verschleppende Zahlung von Lohn- und Lohnnebenkosten, von Lohn-, Umsatz- und Gewerbesteuer (*BGH* ZInsO 2015, 1262 [1263] Rn. 15; ZInsO 2011, 1410 [1411]; ZIP 2004, 513; ZIP 2001, 2097 f.; *Uhlenbruck/Ede/Hirte* InsO, § 130 Rn. 69), von Sozialversicherungsbeiträgen (*OLG Celle* ZInsO 2002, 979; *LG Magdeburg* DZWIR 1999, 472 [473]) an mehr als einem Fälligkeitstermin hintereinander, wobei der BGH eine mehrmonatige Nichtabführung voraussetzt (*BGH* ZInsO 2015, 1262 [1264] Rn. 20). Diese starke Indizwirkung tritt nämlich deswegen zu Tage, da die Nichtzahlung von Sozialversicherungsbeiträgen nach § 266a StGB strafbewehrt ist und der Schuldner sich nicht unter normalen Umständen einer Strafbarkeit aussetzen möchte, denn in solch einem Falle werden diese Forderungen zur Vermeidung der Strafbarkeit bis zuletzt bedient (*BGH* ZInsO 2015, 1262 [1264] Rn. 21). Auch Lastschriftrückgaben sind ein entsprechendes Indiz (*Uhlenbruck/Ede/Hirte* InsO, § 130 Rn. 73). Nichteinhaltung von selbst erteilten Zahlungszusagen, Vornahme von verspäteten Zahlungen unter dem Druck einer angedrohten Liefersperre, Kenntnis des Anfechtungsgegners von der Zahlungsunfähigkeit des Schuldners sind weitere Indizien (*BGH* 09.06.2015JurionRS 2016, 18493; ZInsO 2016, 1357 [1359] Rn. 21 ff.). Zahlt der Schuldner nur schleppend, so kann dies bereits ein Indiz für die Zahlungseinstellung sein (*BGH* ZInsO 2015, 628 [630] Rn. 19). Erklärt der Insolvenzschuldner seine fälligen Verpflichtungen nicht erfüllen zu können, so deutet diese Erklärung auf den Eintritt der Zahlungseinstellung hin. Die Indizwirkung wird nicht beseitigt, wenn der Schuldner seine Erklärung mit einer Stundungsbitte versieht. Eine Stundungsbitte kann gerade auf die Nachhaltigkeit des Nichtvorhandenseins von ausreichenden liquiden Mitteln hindeuten. (*BGH* ZInsO 2016, 1427 [1429] Rn. 18; ZInsO 2014, 1947 [1950] Rn. 28). 58

2015, 396 [399] Rn. 21). Versendet der Arbeitgeber ein Rundschreiben an seine Arbeitnehmer, indem er erklärt, wenn diese nicht einer Verminderung des Arbeitsentgeltes oder des Lohnes zustimmen, die Insolvenz droht, so ist dies ein starkes Beweisanzeichen (*BGH* ZInsO 2015, 396 [399] Rn. 21).

53 Der Umstand, dass der Arbeitnehmer die Höhe des ihm vom Arbeitgeber geschuldeten Gehalts kannte und wusste, dass der Arbeitgeber auch gegenüber anderen Arbeitnehmern mit den Lohn- und Gehaltszahlungen in Rückstand geraten war, verschaffte ihm noch nicht den erforderlichen Gesamtüberblick über die Liquiditätslage des Arbeitgebers i.S.v. § 130 Abs. 2 InsO. Daraus, dass ein Arbeitnehmer keine Kenntnis von Umständen hatte, die zwingend auf die Zahlungsunfähigkeit des Schuldners hingewiesen haben, kann nicht abgeleitet werden, dass der Arbeitnehmer auch nicht wusste, dass die Zahlungsunfähigkeit des Arbeitgebers drohte und die Zahlungen die anderen Gläubiger benachteiligte (*BAG* ZInsO 2012, 271). Demgegenüber sieht der BGH ein starkes Indiz für die Zahlungseinstellung darin, wenn der Arbeitgeber einen erheblichen Teil der fälligen Verbindlichkeiten gegenüber den Arbeitnehmern nicht berichtigt. Zur Änderung der Rechtslage durch die Neueinführung des § 142 Abs. 2 InsO s. § 142 Rdn. 23.

54 Entscheidend ist nur die Zahlungsunfähigkeit, die **kausal für die Verfahrenseröffnung war** (*BGH* ZIP 1999, 1977). Dabei wirkt eine einmal eingetretene Zahlungsunfähigkeit grundsätzlich fort. Sie kann nur dadurch beseitigt werden, dass die Zahlungen im Allgemeinen wieder aufgenommen werden (*BGH* ZIP 2002, 87 [90]; ZIP 2001, 2235). Es obliegt daher dem Gläubiger darzulegen und zu beweisen, warum er später davon ausgegangen sei, der Schuldner habe seine Zahlungen wieder aufgenommen (*BGH* ZIP 2006, 290; ZIP 2008, 420). Die erforderliche Kenntnis von der Zahlungsunfähigkeit muss im Zeitpunkt der Rechtshandlung, also bei Eintritt ihrer Rechtswirkungen (§ 140 InsO), vorgelegen haben. Eine der Rechtshandlung nachfolgende Kenntnis schadet nicht (*BGH* ZIP 2008, 930 [931]; MüKo-InsO/*Kirchhoff* § 130 Rn. 32; *Uhlenbruck/Hirte* InsO, § 130 Rn. 53; HK-InsO/*Kreft* 4. Aufl., § 130 Rn. 22). Der Gläubiger muss diese Tatsachen darlegen und beweisen (*BGH* ZIP 2008, 930 [932]). Anders jedoch, wenn ein früheres Verfahren mangels Masse eingestellt worden ist (*OLG München* BayJMBl 1953, 119). Indiz für die Wiederherstellung der Zahlungsfähigkeit ist die nachhaltige Wiederaufnahme von Zahlungen durch den Schuldner. Dazu genügt die vollständige Begleichung der Forderungen des Gläubigers nicht ohne Weiteres (*BGH* ZIP 2002, 87 [90 f.]). Nicht ausreichend ist es auch, wenn der Anfechtungsgegner von vergeblichen Versuchen des Schuldners Kenntnis erlangt, die Zahlungen wieder aufzunehmen (*RG* RGZ 132, 281 [284]; JW 1916, 1118; HRR 1932 Nr. 151) oder Zahlungen an den Gläubiger geleistet werden und dieser, ohne Kenntnis von einer nachhaltigen Besserung der Vermögenslage des Schuldners, den mit Zahlungsunfähigkeit begründeten Insolvenzantrag zurücknimmt (*BGH* ZIP 2002, 87). Die Stundung hebt die Zahlungsunfähigkeit nur auf, wenn sie zu einer allgemeinen Wiederaufnahme der Zahlungen führt (*BGH* ZIP 2007, 816; WM 1952, 868 [869]). Dies ist bei einer Stundung im Rahmen eines von vornherein zum Scheitern verurteilten Sanierungsversuchs nicht der Fall (*BGH* WM 1965, 16). Gleiches gilt, wenn der Schuldner nur einen Teil der Verbindlichkeiten, wie etwa Steuern und Löhne zahlt (*RG* JW 1892, 238; LZ 1908, 388). Unerheblich ist es, wenn der Schuldner nur seine wirtschaftliche Lage zuversichtlicher beurteilt (*BGH* ZIP 1997, 513 [515]) oder der Anfechtungsgegner irrtümlich eine spätere Aufnahme der Zahlungen annimmt (*RG* JW 1916, 1118).

55 Ist ein im **Ausland eröffnetes Verfahren** anerkannt und nach Art. 27 Satz 1 EuInsVO bzw. § 356 Abs. 1 InsO ein Sekundärinsolvenzverfahren über das Inlandsvermögens beantragt, bedarf es nach Art. 27 Satz 1 4. Hs. EuInsVO bzw. § 356 Abs. 3 InsO zur Eröffnung des inländischen (deutschen) Verfahrens **nicht des Nachweises der Zahlungsunfähigkeit**. Aus der Vorschrift lässt sich der weitere Schluss ziehen, dass im Anfechtungsprozess vor dem inländischen Prozessgericht die Zahlungsunfähigkeit in dem Zeitpunkt als unwiderleglich gegeben zu behandeln ist, in dem das ausländische Insolvenzverfahren eröffnet worden ist (a.A. MüKo-InsO/*Kirchhof* § 130 Rn. 27; Fall bei *BGH* ZIP 1991, 1014). Unerheblich ist es dann, ob die inländische Zweigniederlassung noch die bei ihr begründeten Schulden tilgt (vgl. *RG* RGZ 21, 23; WarnR 1915 Nr. 63). Davon zu unterscheiden ist die Fra-

und keine greifbaren Grundlagen für die Erwartung hat, der Schuldner werde demnächst flüssige Geldmittel zur Verfügung haben (*OLG Frankfurt* ZInsO 2003, 381); ein Steuerberater Zahlung auf seine Honorarforderung erhält, nachdem er dem Schuldner zur Antragstellung geraten hat (*AG Osnabrück* ZInsO 2001, 1021); der Spediteur sein Pfandrecht an übergebenen Frachtgütern geltend macht und aufgrund des damit verbundenen wirtschaftlichen Drucks bewusst in Kauf nimmt, seine Geschäftsbeziehungen zu dem Schuldner zu gefährden (*OLG Brandenburg* ZIP 1999, 1012 [1014]); der Schuldner nur einzelne seiner auf Zahlung drängenden Gläubiger mit Sachleistungen befriedigt (*RG* LZ 1907, 918).

Ein Kreditinstitut hat die erforderliche Kenntnis, wenn es ohne nachvollziehbaren Grund den Kontokorrentkredit des späteren Insolvenzschuldners reduziert (*OLG Brandenburg* ZIP 1996, 142) oder unter Androhung von Zwangsmitteln die Rückzahlung eines Kredits verlangt, weil es den Schuldner nicht mehr für kreditfähig hält (*BGH* ZIP 1995, 929). Die Zahlungsunfähigkeit tritt dabei erst ein, wenn der Kreditgeber seinen Entschluss verlautbart und die Schulden ernsthaft eingefordert hat (*BGH* ZIP 1992, 778 [779]). Dabei steht es nicht entgegen, wenn das Kreditinstitut erklärt, es werde auch zukünftig Kontoüberziehungen dulden. Denn dies bedeutet nur, dass es im Einzelfall Verfügungen nach vorheriger Prüfung zulassen wird (*BGH* ZIP 2001, 524 [525]). Kenntnis kann auch dann vorliegen, wenn die Bank das bei ihr eingerichtete Konto in dem Bewusstsein sperrt, dass dieses Konto das Hauptgeschäftskonto des Schuldners ist, diesem nur über dieses Konto ein Kreditrahmen eingerichtet ist und folglich Geschäftsumsätze weitgehend über dieses Konto abgewickelt werden (*BGH* ZIP 2000, 1016 [1017]). Bei der Vergabe von Großkrediten über 250.000,– € oder diesen nach § 21 KWG gleichgestellten Geschäften folgt aus § 18 KWG eine Vermutung dahin, dass das Kreditinstitut Einblick in die wirtschaftlichen Verhältnisse und damit Kenntnis von einer schon zum Zeitpunkt der Kreditvergabe bestehenden Zahlungsunfähigkeit hatte. Wird die Zahlungsunfähigkeit, etwa durch einen nachträglich bewilligten Kredit, beseitigt (*BGH* WM 1975, 6), kann nur an die spätere erneute Zahlungsunfähigkeit angeknüpft werden. Gleiches gilt, wenn der Gläubiger aufgrund neuer Tatsachen, die objektiv geeignet sind, zu der Ansicht gelangt der Schuldner sei nun wieder zahlungsfähig (*BGH* ZIP 2008, 930). Verweigert die Hausbank dem Insolvenzschuldner einen Kredit und tritt diese Erklärung nicht nach außen, so kann dies kein Indiz für die Zahlungseinstellung sein (*BGH* BGHZ 118, 171). Die offenkundig gewordene Verweigerung der Kreditgewährung oder Erweiterung der Kreditlinie kann als Indiz für die Zahlungseinstellung gewertet werden (*BGH* ZInsO 2016, 507 [508] Rn. 16). 51

Nicht ausreichend ist es im Einzelfall, wenn der Gläubiger nur die Eröffnung eines Insolvenzverfahren befürchtet (*RG* RGZ 95, 152; *OLG Karlsruhe* WM 1956, 1033); einen Zusammenbruch vermutet oder Zweifel an der Kreditwürdigkeit des Schuldners hat (*RG* JW 1896, 34 Nr. 22); Kenntnis von dem Vermögensverfall des Schuldners hat (*RG* LZ 1913, 147 Nr. 26); von einer drohenden Zahlungsunfähigkeit überzeugt ist (vgl. *RG* LZ 1910, 862 Nr. 6) oder weiß, dass der Schuldner einen finanziellen Engpass hat (*AG Wetzlar* WM 1986, 1532); ihm bekannt ist, dass bei dem Schuldner einzelne Wechselproteste vorgekommen sind (*BGH* WM 1961, 1297; WM 1978, 133 [134]) oder er fällige Steuerschulden nicht gezahlt hat, wenn er gegen die Steuerbescheide Erfolg versprechende Rechtsmittel eingelegt hat (*BGH* WM 1961, 1297); er weiß, dass der Schuldner Ware verschleudert; der Insolvenzschuldner die Zahlung an seinen Nachunternehmer von dem Erhalt von Zahlungen seines Generalunternehmers abhängig macht (*OLG Rostock* DZWIR 1999, 512 [514]); eine Bank keine Belastungsbuchungen auf dem Girokonto mehr zulässt, um die Kontoüberziehung bis zum vereinbarten Kreditlimit zu vermindern (*BGH* ZIP 1998, 477 [479]); eine Bank Pfändungs- und Überweisungsverfügungen oder Scheckretouren erhält und der Schuldner über weitere Konten verfügt, von deren Stand sie keine Kenntnis hat (*OLG München* WM 1997, 312 [315]); ein durchschnittlicher Lieferant nach Zahlungsverzögerungen und Nichteinlösung eines Schecks Zahlung während des Erkenntnisverfahrens erhält (*OLG Düsseldorf* ZIP 2003, 1163). Erkennt ein **Arbeitnehmer** dem der Arbeitgeber noch Lohn schuldet, dass dieser noch anderen weiteres Entgelt schuldet, so rechtfertigt dies noch nicht die Annahme der Kenntnis der Zahlungsunfähigkeit beim Arbeitnehmer (*BGH* ZIP 2009, 526). Ein Beweisanzeichen für die Zahlungseinstellung kann auch ein Schreiben an die Arbeitnehmer sein, keine Gratifikation, wie z.B. Weihnachtsgeld o.Ä., zahlen zu können (*BGH* ZInsO 52

§ 130 InsO Kongruente Deckung

kann (*BGH* ZIP 2003, 488 [489]). Dabei steht es der Zahlungseinstellung nicht entgegen, wenn der Schuldner noch vereinzelt Zahlungen leistet, selbst wenn diese allein beträchtlich sind, allerdings im Verhältnis zu den fälligen Gesamtschulden nicht einen wesentlichen Teil ausmachen (*BGH* ZIP 2003, 488 [491]). Hinsichtlich der Dauer des Mangels an Zahlungsmitteln liegt lediglich eine Zahlungsstockung jedenfalls dann nicht mehr vor, wenn die fälligen Schulden nicht im Wesentlichen binnen etwa einem Monat bezahlt werden können (*BGH* ZIP 2003, 488 [491 f.]; ZIP 2002, 87 [90]).

48 **Erste Anhaltspunkte für die Zahlungsunfähigkeit** sind allgemein die Einstellung des Geschäftsbetriebes, außergerichtliches Sanierungsbemühen des Schuldners, die Häufung von Klagen und Zwangsvollstreckungen insbesondere von Pfändungen (*BGH* ZIP 2006, 1056 [1057] Rn. 14) oder auch die verstärkte Inanspruchnahme von Bürgen des Schuldners. Bestehen Verbindlichkeiten, die bis zum Zeitpunkt der Eröffnung des Insolvenzverfahrens nicht mehr ausgeglichen werden, so nimmt die Rechtsprechung regelmäßig die Zahlungseinstellung an (*BGH* ZInsO 2015, 628 [630] Rn. 19; ZInsO 2015, 396; ZInsO 2015, 396 [397] Rn. 9 und 12; ZInsO 2011, 1410 [1411] Rn. 12–14). Zahlungseinstellung ist auch dann anzunehmen, wenn der Schuldner nur eine nicht unwesentliche Forderung gegenüber einem einzigen Gläubiger nicht begleicht (*BGH* ZInsO 2015, 1441 [1442] Rn. 9). In diesem Fall muss aber dieser Gläubiger als Anfechtungsgegner in Anspruch genommen werden (*BGH* ZInsO 2010, 673 Rn. 39). Auch die wiederholten Bitten um Einräumung von Ratenzahlungen, mit dem Ziel der Gewährung eines kurzfristigen oder langfristigen Zahlungsaufschubs, weißen auf die Zahlungsunfähigkeit hin (*BGH* ZInsO 2016, 910 [911] Rn. 8; ZInsO 2016, 507 [508] Rn. 17).

49 **Unerheblich** ist es im Einzelfall, wenn der Schuldner noch vereinzelt Gläubiger, sei es auch in einem beträchtlichen Umfang, befriedigt (*BGH* ZIP 1995, 929 [930]; ZIP 2001, 1155), »weiterwirtschaftet« (*BGH* ZIP 1997, 1926 [1928]), eine Zweigniederlassung noch Verbindlichkeiten erfüllt (*RG* RGZ 21, 21 [23]), die Zahlung durch Banküberweisung erfolgt, der Schuldner aber offensichtlich eine Mehrzahl von Bankverbindungen unterhält (*LG Magdeburg* DZWIR 1999, 472 [474]), der Schuldner erkennbar unzutreffend versichert, eine Zahlungsunfähigkeit läge nicht vor (vgl. *LG Magdeburg* DZWIR 1999, 473), ein Sozialversicherungsträger durch Zahlung zur Rücknahme seines Insolvenzantrags veranlasst wird (*BGH* ZIP 1999, 1977 [1978]), über ein nebensächliches Guthaben nur geringfügige Zahlungen abgewickelt werden (*BGH* ZIP 2000, 1016 [1017]), der Schuldner ein Darlehen gewährt erhält, das streng zweckgebunden der Tilgung einer bestimmten Forderung dient (*BGH* ZIP 2001, 1248 [1249]), lediglich die Nichtbezahlung einer einzigen, aber nicht unerheblichen Forderung gegeben ist (vgl. *BGH* ZIP 2001, 524 [525]) oder die Zahlungsunfähigkeit gerade durch die Deckung zugunsten des Anfechtungsgegner aufgeschoben wurde (*BGH* ZIP 1997, 1926 [1927]).

50 Der Anfechtungsgegner kann **ferner im Einzelfall dann Kenntnis von der Zahlungsunfähigkeit besitzen**, wenn er weiß, dass der Schuldner vor dem Drängen seiner Gläubiger geflohen ist (*BGH* ZIP 1996, 1015; *RG* WarnR 1923/24 Nr. 24); der Schuldner auf fortschreitend wachsende Steuerschulden nur Teilzahlungen leistet (*BGH* ZIP 2003, 410); der Schuldner seine Geschäftsräume geschlossen hat (*RG* JW 1916, 1118); er sich um Stundung oder Erlass bemüht (*BGH* ZIP 2001, 2097 [2098]); der Schuldner sein Einverständnis mit der außergerichtlichen Liquidation und der Auflösung seines Vermögens erklärt hat *(OLG Braunschweig* OLGRspr. 27, 257); der Schuldner durch einen Brand alle Mittel verloren hat (*RG* HRR 38, 655; WarnR 40 Nr. 112); der Schuldner die Gläubiger darauf hingewiesen hat, dass Maßnahmen in der Zwangsvollstreckung fruchtlos seien (*BGH* ZIP 1997, 513 [515]); ein Vollstreckungsversuch gegen den Schuldner gescheitert ist (*BGH* WM 1975, 6); der Schuldner auf Aufforderung des Gerichtsvollziehers nicht gezahlt hat (*RG* Gruchot 51, 1093); der Schuldner bewusst eine Zwangsvollstreckung geschehen lässt (*OLG Frankfurt/M.* LZ 1908, 173; s. auch *RG* LZ 1908, 388); gehäuft Wechselproteste erfolgen; Zahlungszusagen nicht eingehalten werden sowie Schecks »platzen«, auch dann, wenn der Schuldner danach per Blitzüberweisung zahlt (*BGH* ZIP 2002, 228); unter Eigentumsvorbehalt gelieferte Waren von den Lieferanten zurückgeholt werden und der Schuldner nur noch Neuschulden bedient (*OLG Stuttgart* ZIP 1997, 652); der Gläubiger seine verhältnismäßig hohe Forderung zunächst vergeblich eingefordert

Weise gestundet werden; ein Rechtsbindungswille dazu kann fehlen. Eine Stundungserklärung ist nicht notwendig (*BGH* ZInsO 2013, 190 [193] Rn. 25 ff.; ZInsO 2012 732 [733] Rn. 7; ZInsO 2013, 76 [77] Rn. 8). Ein bloßes Stillhalteabkommen zwischen Schuldner und Gläubiger ist mit der Stundung gleichzusetzen. Ebenso eine Ratenzahlungsvereinbarung. Nicht unberücksichtigt darf bei der Feststellung der Zahlungsunfähigkeit die Forderung bleiben, die der Insolvenzverwalter der Anfechtung unterwirft (*BGH* ZInsO 2009, 1254 [1257] Rn. 23).

43 Den fälligen Forderungen, insoweit den Verbindlichkeiten, sind sämtliche verfügbaren liquiden Mittel und die zu erwartenden Zahlungseingänge gegenüberzustellen. Einige Instanzgerichte haben versucht, die aus Straftaten herrührenden liquiden Mittel nicht in die Betrachtung der Zahlungsunfähigkeit einzubeziehen. Diese Ansicht ist abzulehnen (so auch *BGH* ZInsO 2009, 1254 [1256] Rn. 19).

44 Zur Feststellung der Zahlungsunfähigkeit ist, sofern diese nicht auf andere Weise bewiesen werden kann, eine Liquiditätsbilanz aufzustellen (*BGH* ZInsO 2013, 190 Rn. 19). In dieser Liquiditätsbilanz sind sämtliche Verbindlichkeiten, die fälligen und eingeforderten, in das Verhältnis zu den verfügbaren und innerhalb eines Zeitraumes von 3 Wochen liquidierbaren Zahlungsmitteln in Beziehung zu setzen (*BGH* ZInsO 2013, 190 Rn. 19). Die Aufstellung eine Liquiditätsbilanz ist aber nicht geboten, wenn eine Zahlungseinstellung gem. § 17 Abs. 2 Satz 2 InsO vorliegt. Die Zahlungseinstellung (s. zu den Indizien Rdn. 45 ff.) begründet nämlich die gesetzliche Vermutung der Zahlungsunfähigkeit (*BGH* ZInsO 2016, 2474 [2476] Rn. 18; ZInsO 2016, 1427 [1428] Rn. 9; ZInsO 2016, 507 [508] Rn. 11; ZInsO 2016, 214 [216] Rn. 17; ZInsO 2015, 628 [630] Rn. 18; ZInsO 2013, 2109 [2110] Rn. 7; ZInsO 2012, 976 [977] Rn. 12; ZInsO 2011, 1410 [1411] Rn. 12).

Der unter der KO enger verstandene Begriff der Zahlungsunfähigkeit findet danach auch für die Anfechtung keine Anwendung mehr (**a.A.** KS-InsO/*Henckel* 2000, Rn. 24; *Nerlich/Römermann* InsO, § 130 Rn. 10). Eine von § 17 Abs. 2 InsO abweichende Deutung erforderte eine ausdrückliche Stellungnahme zumindest in den Gesetzgebungsmaterialien. Ferner stellte sich im Falle der Nr. 2 dann der Frage, warum im Falle der Kenntnis vom Eröffnungsantrag, der aufgrund Zahlungsunfähigkeit gestellt wurde, eine Anfechtung möglich sein soll, nicht aber dann wenn der Gläubiger (nur) Kenntnis vom Eröffnungsgrund hat. Für die Auslegung des Merkmals der Zahlungsunfähigkeit kann danach grundsätzlich auf Kommentierung zu § 17 InsO verwiesen werden.

45 Die Zahlungsunfähigkeit in §§ 130–132 InsO ist nicht gleichzusetzen mit der **drohenden Zahlungsunfähigkeit** (§ 18 InsO; vgl. *RG* LZ 1908, 386) oder der in § 19 InsO geregelten **Überschuldung**. Auch setzt die Zahlungsunfähigkeit nicht unbedingt eine Überschuldung voraus. Denn u.U. vermag der Schuldner nicht vorhandenes Aktivvermögen rechtzeitig zu Geld zu machen. Umgekehrt ist bei einer Überschuldung nicht notwendigerweise Zahlungsunfähigkeit gegeben, da sich der Schuldner u.U. doch noch Kredit zu verschaffen vermag um seine Gläubiger zu befriedigen.

46 In der Mehrzahl der Fälle kann weiterhin auf die **Zahlungseinstellung** des Schuldners abgestellt werden, da diese die Zahlungsunfähigkeit des Schuldner nach außen hin erkennbar macht (vgl. § 17 Abs. 2 Satz 2; *BGH* ZIP 2004, 669 [670]; ZIP 2003, 410 [411]; ZIP 2002, 87 [89]). Zahlungseinstellung ist ein nach außen hervortretendes Verhalten des Schuldners, in dem sich typischerweise ausdrückt, dass er wegen eines voraussichtlich dauernden Mangels an Zahlungsmitteln seine fälligen Verbindlichkeiten nicht wird erfüllen können (*BGH* ZIP 2001, 524 [525]). Daher kann die Zahlungseinstellung aus einem oder einzelnen oder aus der Gesamtschau vieler auf die Zahlungseinstellung hinweisende Indizien zurückgegriffen werden, die durch die Rechtsprechung als Beweiszeichen entwickelt wurden. Werden solche Indizien als Beweisanzeichen festgestellt, bedarf es keiner detaillierten Feststellung der gegenüber dem Schuldner bestehenden Verbindlichkeiten, mit der Ermittlung einer eventuellen Unterdeckung von mindestens 10 %, und auch nicht einer entsprechenden Darlegungsverpflichtung durch den klagenden Insolvenzverwalter (*BGH* ZInsO 2016, 2474 [2476] Rn. 18; ZInsO 2016, 507 [508] Rn. 12; ZInsO 2011, 1410 [1411]).

47 Eines nachdrücklichen Einforderns fälliger Forderung bedarf es dabei nicht. Ausreichend ist es, dass die Verbindlichkeiten ernsthaft eingefordert wurden, wobei eine Zahlungsaufforderung genügen

etwa aus rechtlicher Unkenntnis – nicht gezogen hat, ist unerheblich (vgl. *LG Magdeburg* DZWIR 1999, 472 [474]; MüKo-InsO/*Kirchhof* § 130 Rn. 34). Gleiches gilt für die Kenntnis des Anfechtungsgegners von der Anfechtbarkeit der Deckung (*RG* WarnR 1910 Nr. 395).

40 Im Fall der Anfechtung nach § 130 Abs. 1 Nr. 1 InsO kann Gegenstand der Kenntnis nur die **tatsächlich vorliegende Zahlungsunfähigkeit** sein. Allerdings genügt es, wenn die anfechtbare Rechtshandlung die Zahlungsunfähigkeit erst begründet (*BGH* ZIP 1997, 1926). Zwingende Voraussetzung für die Anfechtung nach § 130 Abs. 1 Nr. 2 InsO ist ein **tatsächlich gestellte Eröffnungsantrag**. Das Prozessgericht hat damit festzustellen, dass der Schuldner im Zeitpunkt der Rechtshandlung zahlungsunfähig war bzw. der Eröffnungsantrag schon vorgelegen hat (vgl. §§ 157, 158 RegE, die hierfür ein gesondertes Feststellungsverfahren vor dem Insolvenzgericht vorsahen; hierzu *Gerhardt* FS Brandner, S. 618). Wird der Eröffnungsgrund auf Überschuldung oder auf drohende Zahlungsunfähigkeit gestützt (§§ 18, 19 InsO), ist eine Anfechtung nach § 130 Abs. 1 Nr. 2 InsO bei Kenntnis des Anfechtungsgegners von dem Eröffnungsantrag auch dann möglich, wenn der Schuldner **noch nicht zahlungsunfähig** war (MüKo-InsO/*Kirchhof* § 130 Rn. 53; vgl. *RG* RGZ 36, 73 f.). Eine Bank oder ein Unternehmen hat nach Rechtsprechung des BGH organisatorische Maßnahmen zu treffen, damit die entsprechenden Informationen über die Eröffnung von Insolvenzverfahren über das Vermögen ihrer Kunden oder der Einleitung eines Insolvenzverfahrens durch einen Eröffnungsantrag von den jeweiligen Gremien und Entscheidungsträgern zur Kenntnis genommen werden können. Unterlässt es die Bank oder das Unternehmen eine solche Vorsorge zu treffen, so muss sich die Bank die entsprechende Kenntnis des Mitarbeiters zurechnen lassen (*BGH* ZInsO 2006, 92 [93] Rn. 13). Eine mit dem Forderungseinzug beauftragte Inkassogesellschaft ist Wissensmittlerin (*BGH* ZInsO 2014, 1004 [1008] Rn. 38; ZInsO 2002, 716 Rn. 3; ZInsO 2013, 179 Rn. 26; ZInsO 2013, 608 Rn. 4 ff.).

II. Kenntnis der Zahlungsunfähigkeit

41 § 130 InsO stellt anders als § 30 KO auf die Zahlungsunfähigkeit anstatt auf die Zahlungseinstellung ab. Damit trägt die Regelung dem Umstand Rechnung, dass zwar die Zahlungseinstellung eine wichtige Erscheinungsform der Zahlungsunfähigkeit ist, es aber auch Fälle gibt, in denen Zahlungsunfähigkeit vorliegt, obwohl der Schuldner noch einzelne Gläubiger befriedigt (Begr. RegE BT-Drucks. 12/2443 S. 157). In diesen Fällen wird der Anfechtungsgegner jedoch nur dann die Kenntnis von einem Missverhältnis der vorhandenen bzw. kurzfristig verfügbaren Zahlungsmittel zu den notwendigen Auszahlungen besitzen, wenn er erhebliche Einblicke in die Vermögensverhältnisse des Schuldners hatte. Der Schuldner selbst muss allerdings keine Kenntnis von seiner Zahlungsunfähigkeit haben (*BGH* WM 1985, 396 f.).

42 **Zahlungsunfähigkeit** liegt nach § 17 Abs. 2 Satz 1 InsO vor, wenn der Schuldner nicht in der Lage ist, die fälligen Zahlungspflichten zu erfüllen. Diese Definition ist auch den §§ 130–133 InsO zugrundezulegen (*BGH* ZIP 2002, 87 [89]; MüKo-InsO/*Kirchhof* § 130 Rn. 28; *Uhlenbruck/Ede/Hirte* InsO, § 130 Rn. 39; **a.A.** KS-InsO/*Henckel* 2000, Rn. 24; *ders.* FS Gerhardt, S. 361 [362 ff.]). Zahlungsunfähigkeit ist auch grds. dann gegeben, wenn der Schuldner nur einen Gläubiger hat, den er nicht befriedigen kann (*BGH* BGHZ 163, 134 [137, 138]; ZInsO 2005, 807 [808]). Kann die Zahlungsunfähigkeit aber innerhalb kürzester Zeit beseitigt werden, ist nur eine Zahlungsstockung gegeben. Eine solche Illiquidität wandelt sich nur dann nicht in Zahlungsunfähigkeit um, wenn diese nicht einen Zeitraum überschreitet, den eine kreditwürdige Person benötigt, um sich am Kapitalmarkt zu refinanzieren (*BGH* BGHZ 163, 134 [137, 138]; ZInsO 2005, 807 [808]). Die Rechtsprechung geht von einem Zeitraum von 2–3 Wochen aus. Bei der Feststellung der Zahlungsunfähigkeit sind grds. alle Forderungen zu berücksichtigen, die gegen den Schuldner erhoben werden. An dem bereits zur Konkursordnung entwickelten ungeschriebenen Tatbestandsmerkmal des »Ernsthaften Einfordern« wird auch im Rahmen der InsO festgehalten. Eine Forderung ist i.S.d. §§ 17 InsO fällig, wenn der Gläubiger nach außen hin den Willen kundtut vom Schuldner die Erfüllung zu verlangen. Im Rahmen der Prüfung nach der InsO sollen durch die Heranziehung des Merkmales »Ernsthaftes Einfordern« nur solche Forderungen ausgeschieden werden, die von dem Gläubiger in tatsächlicher

der Begründung eines Dienstverhältnisses oder eines Arbeitsvertrages scheidet eine begründende Kongruenzvereinbarung mit Aufnahme der Tätigkeit aus. Hat der Mieter die Mietsache zum vertragsgemäßen Gebrauch dem Schuldner übergeben (§ 535 Abs. 1 Satz 1 BGB), so ist eine Kongruenzvereinbarung ab diesem Zeitpunkt nicht mehr möglich.

F. Ausschluss der Anfechtung bei Margensicherheit

Ausgeschlossen ist die Anfechtung soweit die Deckung auf einer Sicherungsvereinbarung beruht, welche die Verpflichtung enthält, eine Finanzsicherheit, eine andere oder eine zusätzliche Finanzsicherheit im Sinne des § 1 Abs. 17 KWG zu bestellen, um das in der Sicherungsvereinbarung festgelegte Verhältnis zwischen dem Wert der gesicherten Verbindlichkeiten und dem Wert der geleisteten Sicherheiten wiederherzustellen (Margensicherheit). § 130 Abs. 1 Satz 2 InsO wurde eingeführt durch Gesetz vom 05.04.2004 (BGBl. I 2004 S. 502), welches insbesondere der Umsetzung der Richtlinie 2002/47/EG vom 06.06.2002 über Finanzsicherheiten dient. Nach Art. 8 Abs. 3 der Richtlinie ist sicherzustellen, dass die Bestellung, der Austausch oder die Erweiterung von Finanzsicherheiten nicht allein deshalb anfechtbar ist, weil die besicherte Verbindlichkeit vor der Bestellung oder der Erweiterung der Finanzsicherheit entstanden ist. Hiermit sollen die im Bankenverkehr üblichen Vereinbarungen geschützt werden, wonach Wertschwankungen der besicherten Forderungen oder der Sicherheit selbst auszugleichen sind (vgl. etwa Nr. 10 Abs. 2 Rahmenvertrag für Finanztermingeschäfte). Praktisch dürfte ein solcher Ausgleich nach dem Eröffnungsantrag oder nach Kenntnis der Bank von der Zahlungsunfähigkeit die Ausnahme bilden, da im Falle des Eintritts eines solchen Ereignisse die hier erfassten Geschäfte regelmäßig liquidiert werden. Zu beachten ist, dass sich der Ausschluss auf die in § 1 Abs. 17 KWG i.V.m. Art. 1 Abs. 4a, Art. 2 Abs. 1d und e Finanzsicherheitenrichtlinie bestimmten Finanzsicherheiten (Barsicherheiten und Finanzinstrumente) beschränkt. Hierzu gehören weder das Sicherungseigentum an Gegenständen des Anlage- oder Umlaufvermögens noch die Sicherungsabtretung von Debitorenforderungen. Eine Anfechtung nach § 133 InsO wird von dem Ausschluss nicht berührt. Auch die Anfechtung nach § 131 InsO bleibt hiervon grds. unberührt. Allerdings dürfen die Anforderungen an die sich aus der Sicherungsvereinbarung ergebende Bestimmbarkeit der Sicherheit nicht überspannt werden. Vielmehr ist zur Erreichung richtlinienkonformer Ergebnisse im Regelfall von der Kongruenz der bestellten Sicherheit auszugehen (Begr. RegE ZIP 2003, 1566 [1570]).

38

G. Kenntnis des Anfechtungsgegners

I. Allgemeines

Weiterhin muss dem Anfechtungsgegner die Zahlungsunfähigkeit des Schuldners oder im Fall des § 130 Abs. 1 Nr. 2 InsO alternativ der Eröffnungsantrag, ein zurückgenommener Antrag ist unbeachtlich, zum Zeitpunkt der Rechtshandlung bekannt gewesen sein (vgl. hierzu *Paulus* WM 2000, 2225 [2227 ff.]). Erforderlich ist **positives Wissen bzw. die Kenntnis solcher Umstände** (*BGH* ZInsO 2011, 1115; *Uhlenbruck/Ede/Hirte* InsO, § 130 Rn. 61), die zwingend auf die Zahlungsunfähigkeit oder den Eröffnungsantrag schließen lassen (Abs. 2 Satz 1). Kenntnis ist bei einem Gläubiger gegeben, wenn er weiß, dass ein solcher Antrag bei Gericht gestellt worden ist. Ebenfalls, wenn er weiß, dass ein entsprechender Eröffnungsantrag bei Gericht vorliegt. Grobfahrlässige Unkenntnis genügt nicht (Beschl.-Empfehlung des Rechtsausschusses zu § 145 BT-Drucks. 12/7302 S. 173; vgl. *RG* RGZ 95, 152 [153]) oder »Kennen müssen« reicht nicht aus. Im Interesse der Rechtssicherheit ist die Regelung in Abs. 2 Satz 1 vielmehr der positiven Kenntnis stark angenähert. Damit wird ein neuer Haftungsmaßstab eingeführt, der zwischen positiver Kenntnis und grob fahrlässiger Unkenntnis anzusiedeln ist. Es ist die Kenntnis von Tatsachen zu fordern, an welche die Berufs- und Geschäftskreise des Anfechtungsgegners mit ihrer Verkehrserfahrung verständlicherweise die Erwartung knüpfen, dass der Schuldner seine fälligen Zahlungspflichten nicht wird erbringen können bzw. ein Eröffnungsantrag gestellt worden ist (vgl. *BGH* ZIP 1995, 929 [931 f.]; ähnlich HK-InsO/*Kreft* § 130 Rn. 25 f.; KS-InsO/*Henckel* 2000, Rn. 29). Dass der Anfechtungsgegner bei Kenntnis solcher Tatsachen den Schluss auf die Zahlungsunfähigkeit des Schuldners oder den Eröffnungsantrag –

39

wie von der Fortführung des Geschäftsbetriebs. Hieraus sollen neue Forderung begründet werden, die dann als Sicherheiten dienen. In diesem Zusammenhang stellt der Kreditgeber weitergehende Kredite zur Verfügung. Es kommt zu einer Neuausreichung der Kreditvaluta. Dies führt wiederum zur Ermöglichung des Einkaufs von neuer Ware, die wiederum dann als zukünftige Sicherheit zur Verfügung steht. Die Einzugsermächtigung verbleibt beim Schuldner. Dadurch kann der Schuldner den Geschäftsbetrieb fortsetzen und die eingehenden Gelder zur Befriedigung seiner Gläubiger verwenden (*BGH* ZInsO 2011, 778 [780] Rn. 39). Dasselbe gilt für das Werthaltigmachen dieser Forderungen aus dem verlängerten und erweiterten Eigentumsvorbehalt. Ebenso gilt dies beim erweiterten Eigentumsvorbehalt in der Form des Kontokorrentvorbehalts. Der Umfang der in Zukunft übergehenden Forderung ist in abstrakter Form auch hier bereits rechtlich bindend festgelegt, die abgetretenen Forderungen sind bestimmbar. Es ist deshalb kein Grund erkennbar, den erweiterten Eigentumsvorbehalt insoweit anders zu behandeln als eine Globalzession. Eine enge Auslegung des Begriffs der Inkongruenz, bezogen auf verlängerte und erweiterte Eigentumsvorbehalte in unverdächtiger Zeit, ist auch hier geboten, weil Sicherheiten der hier vereinbarten Art kein erhöhtes Misstrauen verdienen. Ihnen fehlt damit ein für inkongruente Deckungen typisches Merkmal (*BGH* ZInsO 2011, 778 [781] Rn. 42). Was für das Entstehen zukünftiger Forderungen aus einem verlängerten und erweiterten Eigentumsvorbehalt gilt, trifft für das Werthaltigmachen dieser Forderungen in gleicher Weise zu. Auch insoweit ergibt sich zur Globalzession kein Unterschied. Sind zukünftige Forderungen hinsichtlich ihrer Entstehung als kongruente Deckung zu behandeln, muss dies auch für Leistungen gelten, die diese Forderungen werthaltig machen (*BGH* ZInsO 2011, 778 [781] Rn. 46).

35 Erfolgt die Besicherung in unmittelbar zeitlichem Zusammenhang mit der Begründung der gesicherten Forderung und überschreitet der Wert des Sicherungsgegenstandes die Höhe der gesicherten Forderung nicht wesentlich, handelt es sich um ein der Anfechtung entzogenes **Bargeschäft** nach § 142 InsO (vgl. *BGH* ZIP 1998, 793 [798]).

36 Bringt der Sicherungsnehmer sein unanfechtbar erworbenes Sicherungsgut in einen **Sicherheitenpool** ein, scheidet eine Anfechtung mangels Benachteiligung aus, wenn sich dies lediglich als Wechsel in der Person des Sicherungsnehmers darstellt. Anfechtbar ist der Poolvertrag als die Deckung ermöglichende Rechtshandlung dann, wenn erst durch ihn das Sicherungsrecht durchsetzbar wird oder durch ihn eine zuvor nicht vollvalutierte Sicherheit mit ungesicherten Forderungen verknüpft wird (*BGH* ZIP 1993, 273 [278]; *Obermüller* Insolvenzrecht in der Bankpraxis, Rn. 6.135 ff.). Hierfür genügen bereits die durch die Poolbildung bewirkten Beweiserleichterungen, welche die Befriedigungsmöglichkeiten des jeweiligen Gläubigers verbessern (*Smid* NZI 2000, 505 [513]; vgl. *Riggert* NZI 2000, 525 [527]). Dem steht nicht entgegen, dass der Gläubiger bereits durch ein Absonderungsrecht gesichert ist, da dessen haftungsrechtlicher Schutz nur soweit reichen kann, als es auch praktisch durchsetzbar und verwertbar ist. Bei der Poolbildung handelt es sich nur dann um eine kongruente Deckung, wenn der Schuldner diesem, wiederum anfechtungsfrei, zugestimmt hat. Liegt eine anfechtungsfreie Zustimmung nicht vor, handelt es sich um eine inkongruente Deckung (vgl. *BGH* ZIP 1993, 273 [278]; *Smid* NZI 2000, 505 [513 f.]).

III. Kongruenzvereinbarung

37 Grundsätzlich sind Vereinbarung zwischen den Parteien anfechtbar, die die Kongruenz ermöglichen sollen (*BGH* BGHZ 166, 125 = ZInsO 2006, 322 Rn. 39 f.; ZInsO 2013, 1419 Rn. 13). Es besteht eine Ausnahme bei solchen Vereinbarungen, die einen Baraustausch (Bargeschäft) herbeiführen sollen (*BGH* ZInsO 2016, 326 [328] Rn. 19). Eine Vereinbarung zur Herbeiführung der Kongruenz ist materiellrechtlich aber noch so lange möglich, wie der Leistungserfolg noch nicht eingetreten ist. Dies wird aus § 321 BGB z.B. für den Werkvertrag abgeleitet. Dachte der Leistungsverpflichtete insoweit seine Leistung noch mangels Leistungserfolg zurückrufen oder zurücknehmen, so kann ihm eine Änderung des vertraglichen Inhalts der Vereinbarung nicht verweigert werden. Bis zum Erreichen der Schwelle eines 1. Leistungserfolges ist keine vertraglich geschützte Rechtsposition des Vertragspartners gegeben (*BGH* ZInsO 2016, 326 [328] Rn. 25; ZInsO 2015, 688 [690] Rn. 18). Bei

fochten werden kann. Die Gläubigerbenachteiligung, die durch die Begründung einer Aufrechnungslage gegeben ist, reicht dann jedoch nicht für die Anfechtung aus. Diese Gläubigerbenachteiligung wird nämlich schon durch die Unzulässigkeit der Aufrechnung beseitigt (*Jaeger/Henckel* InsO, § 130 Rn. 81). Die gilt auch dann, wenn die Parteien das Rechtsgeschäft vorrangig deswegen abgeschlossen haben, um eine Aufrechnungslage zu begründen (**a.A.** *Jaeger/Henckel* KO, § 30 Rn. 286 zur KO, siehe nun *Jaeger/Henckel* InsO, § 130 Rn. 95 zur Aufrechnungslage beim gegenseitigen Vertrag). Eine Anfechtung des Geschäfts kommt jedoch dann in Betracht, wenn es als Vereinbarung einer Leistung an Erfüllungs Statt auszulegen ist (s. Rdn. 31).

II. Sicherheiten

Die Besicherung eines Anspruchs ist grds. in gleicher Weise anfechtbar wie die endgültige Befriedigung des Gläubigers. Es handelt sich dabei um eine kongruente Deckung, wenn der Gläubiger aus einer individuellen Vereinbarung oder aus Allgemeinen Geschäftsbedingungen einen hinreichend konkretisierten Anspruch auf die Bestellung dieser Sicherheit hat (hierzu ausführlich auch *Kirchhof* ZInsO 2004, 465 ff.). Eine Verpflichtung, die sich allgemein auf die Bestellung von Grundschulden richtet, genügt dem nicht. Kongruenz ist hier nur anzunehmen, wenn in der Vereinbarung bestimmt ist, welches Grundstück belastet werden und welchen Rang die Grundschuld erhalten soll. Nicht hinreichend spezifiziert sind auch die **Nachbesicherungsansprüche** aus Nr. 13 Abs. 1 und 2 bis 15 AGB Banken bzw. Kreditgenossenschaften und Nr. 22 Abs. 1 AGB Sparkassen, die sich auf die Bestellung bankmäßiger Sicherheiten richten (*BGH* ZInsO 2002,426 1. LS; BGHZ 33, 393 [394]; WM 1969, 968; ZIP 1981, 144; **a.A.** *Scholz* NJW 1961, 2006). Kongruenz wird selbst dann nicht angenommen, wenn der Schuldner zuletzt nur noch über ein werthaltiges Sicherungsgut verfügt und dies der Bank zur Sicherheit übertragen wird (*BGH* ZIP 1999, 76 [77]). Gleiches gilt für Nachbesicherungsansprüche aus sog. **Financial Covenants** (*Obermüller* Insolvenzrecht in der Bankpraxis, Rn. 6.103; vgl. *Wittig* WM 1996, 1381). Die im Rahmen einer Mantelzession durch Übersendung einer Zessionsliste vorgenommene Abtretung ist kongruent (*Obermüller* Insolvenzrecht in der Bankpraxis, Rn. 6.188). Wird bei einer Globalzession die Deckungsgrenze von 100 auf 120% der realisierbaren Werte erhöht, tritt dadurch noch keine Inkongruenz ein (*OLG München* WM 1997, 312 [316]). Eine Globalzession ist grundsätzlich nur als kongruente Deckung anfechtbar (*BGH* ZIP 2008, 1435 [1436]; ZIP 2008 187 [188]; DZWIR 2008, 191; DZWIR 2008, 253; DZWIR 2008, 254; *LG Bielefeld* ZIP 2007, 1764; ähnlich *LG Berlin* ZIP 2007, 247; *LG Chemnitz* ZIP 2007, 1332). Bereits im Jahr 1959 hatte dies der BGH zu § 30 Nr. 1 HS 2 KO entschieden und die Globalzession als kongruente Sicherung behandelt. Dem nachfolgend in 1991 (ZIP 1991, 807; dazu EWiR 1991, 597 m. Anm. *Gerhardt*). Der Umfang der in Zukunft übergehenden Forderungen der Schuldnerin wurde in abstrakter Form bereits rechtlich bindend festgelegt. Der Zedent nimmt bei der Globalzession die Erfüllungshandlung sofort vor. Die Abtretung der zukünftigen Forderungen enthält daher bereits selbst alle Merkmale des Übertragungstatbestandes. Die Entstehung der abgetretenen Forderung gehört selbst dann nicht dazu, wenn noch nicht einmal der Rechtsgrund für sie gelegt ist (*BGH* ZIP 1997, 737, dazu EWiR 1997, 943 m. Anm. *Henckel;* zur Kritik: *Jacoby* »Globalzession gerettet – Handlungsbedarf bleibt. Zugleich Besprechung *BGH* v. 29.11.2007 – IX ZR 30/07, ZIP 2008, 183« in ZIP 2008, 385 ff.). Wie die Globalzession selbst unterliegt auch das **Werthaltigmachen** der abgetrennten Forderungen durch Leistungen des Insolvenzschuldners, insbesondere durch seine Arbeitnehmer, der Anfechtung als kongruente Deckung nach § 130 InsO (*BGH* ZIP 2008, 1435 [1436]). Rechtshandlungen sind, die zur Werthaltigkeit einer abgetretenen Forderung führen selbständig anfechtbar. Somit auch alle Erfüllungshandlungen wie die Herstellung eines Werks, die Übergabe der Kaufsache oder die Erbringung von Dienstleistungen (*BGH* ZIP 2008, 183 [187]; ZIP 2008, 372 [373]). Bei dem verlängerten und erweiterten Eigentumsvorbehalt sind die gleichen Überlegungen anzustellen, wie bei den vorgenannten Zessionsverträgen. Diese können grds. nur als kongruente Deckungen im Hinblick auf die zukünftig entstehenden oder zukünftig werthaltig gemachten Forderungen angefochten werden. Im Zeitpunkt der Vereinbarung eines verlängerten oder erweiterten *Eigentumsvorbehalts* können die zukünftigen Kaufpreisforderungen noch nicht bestimmt werden. Die Vertragsparteien gehen von der Fortsetzung des Kreditverhältnisses aus, ebenso

§ 130 InsO Kongruente Deckung

ausgewählte Verfügungen zulässt (*BGH* ZIP 2002, 2182) oder wenn die Gutschrift erst nach Ausführung der Belastungsbuchung erfolgt (*BGH* ZIP 1999, 665 [668]; ZIP 2001, 524 [526]). Ein Bargeschäft liegt erst dann nicht mehr vor, wenn die Rückführung des Kredits und nicht die vertragsmäßige Abwicklung des Zahlungsverkehrs erfolgt. Gleiches gilt, wenn sie Gutschriften mit sonstigen ihr zustehenden Forderungen verrechnet (*BGH* ZIP 2002, 812 [814]). Der bei § 142 InsO geforderte enge und zeitliche Zusammenhang ist jedenfalls dann gegeben, wenn zwischen den kontokorrentmäßig zu verrechnenden Soll- und Habenbuchungen weniger als zwei Wochen vergehen (*BGH* ZIP 2002, 812 [814]). Auf die Abrechnungsperiode des Kontokorrents kommt es nicht an (*BGH* ZIP 2002, 812 [814]; **a.A.** *Tappmeier* EWiR 2000, 493 [494]). Im Ergebnis bilden dann die nicht im engen zeitlichen Zusammenhang erfolgten Sollbuchungen und höhenmäßig ausgeglichenen Gutschriften den anfechtbaren Betrag. Dabei ist keine Zusammenrechnung aller im Anfechtungszeitraum eingehenden Gut- und Lastschriften möglich, vielmehr müssen die jeweiligen Verrechnungen isoliert betrachtet werden (*OLG Hamm* ZIP 2001, 1683 [1686]). Vermindern eingehende Zahlungen nur den Debetsaldo bei der Bank, denen keine Abbuchungen gegenüberstehen, und ist das **Kontokorrentverhältnis** ungekündigt, ist die damit verbundene Kredittilgung eine inkongruente Deckung zugunsten der Bank (*BGH* ZInsO 2011, 1500 Rn. 6; ZInsO 2012, 488 Rn. 8; ZIP 2009 1124 Rn. 8; BGHZ 150, 122 [133] = ZInsO 2002, 426 letzter Absatz der Entscheidung; *BGH* Beschl. v. 06.04.2006 – IX ZR 107/05, JurionRS 2006, 13831 Rn. 9; *BGH* ZInsO 2008, 159 Rn. 17). Dies wäre nämlich nur dann gegeben, wenn die Bank zum Verrechnungszeitpunkt die Rückführung des Kredites hätte verlangen können. Der Darlehensgeber kann nämlich nur dann Rückführung verlangen, wenn das Kreditverhältnis gekündigt, ausgelaufen oder durch außerordentliche Kündigung beendet wurde. Werden **Lastschriften** von der Bank dem schuldnerischen Konto belastet, die nicht der Erfüllung von Vertragspflichten gegenüber sachlich betroffenen Auftraggebern dienen, sondern nur zur Erfüllung von Forderungen des Kreditinstituts, so liegt kein Bargeschäft vor (*BGH* NZI 2005, 630; ZIP 2009, 1124).

Zahlungen aus einer **geduldeten Kreditlinie** sind nicht gläubigerbenachteiligend (*BGH* ZInsO 2008, 374, ZIP 2007, 601 [602]). Einigt sich der Gläubiger mit der Bank über eine weitere Überziehung, so liegt eine Einigung vor unter Gewährung eines weiteren Kredites (Anfechtung dann gegeben). Ansonsten entfällt bei bloßer Duldung die Anfechtung (schlichte Zahlung trotz Überziehung).

Liegt kein Bargeschäft vor, kommt es für die Anfechtbarkeit nach den §§ 130, 131 InsO darauf an, ob die Verrechnung **kongruent** oder **inkongruent** erfolgt. Die durch Verrechnung gewährte Deckung ist kongruent, soweit die Bank zur Zeit derselben einen durchsetzbaren Anspruch auf die Rückführung des Kredits hatte (**a.A.** *Bork* FS Kirchhof, S. 57 [62]: Inkongruenz immer mangels Anspruch auf Begründung der Aufrechnungslage). Dies bestimmt sich nach dem Inhalt der zwischen dem Kunden und der Bank bestehenden Kreditvereinbarung. Hat die Bank einen Überziehungskredit gewährt, muss dieser zunächst nicht anfechtbar gekündigt werden, um die Kongruenz herzustellen. Besteht eine solche Kreditvereinbarung nicht oder hat der Schuldner das Kreditlimit überzogen (*AG Wetzlar* WM 1986, 1532), ist die Rückführung, im letzteren Fall in Höhe der Überziehung, kongruent. Dies kann selbst dann anzunehmen sein, wenn die Gutschrift auf einem anderem als dem debitorischen Konto erfolgt (*Canaris* FS Einhundert Jahre KO, S. 74 [81]; **a.A.** *Paulus* ZIP 1997, 569 [577]; vgl. *BGH* BGHZ 58, 108 ff.). Insbesondere dann, wenn die Parteien vereinbart haben, dass beide Salden zur Feststellung der gegenseitigen Forderungen verrechnet werden (*OLG Düsseldorf* WM 1997, 913 [917]). Die Bezeichnung als »Überziehungskredit« steht der Kongruenz nicht entgegen (*BGH* ZIP 1998, 477 [479]). Nicht ausreichend ist die Vereinbarung »täglich fällig«, wenn die Bank den Kredit mit jeder weiteren Verfügung prolongiert (*OLG Düsseldorf* ZIP 2004, 1008). Das Setzen einer Frist zur Kreditrückführung steht einer Kündigung nicht gleich, auch wenn gleichzeitig angekündigt wird, weitere Belastungen nicht mehr zuzulassen (*BGH* ZIP 2002, 2182). Ist die Kreditlinie nicht ausgeschöpft und ferner nicht gekündigt, ist die Verrechnung inkongruent (*BGH* ZIP 2002, 812 [814]).

33 Unabhängig von § 96 Abs. 1 Nr. 3 InsO sollte im Einzelfall auch untersucht werden, ob der **Vertrag**, welcher der jeweiligen Forderung zugrunde liegt, **selbstständig nach den §§ 132–134 InsO** ange-

teiligung, da der Wert der Überlassung als unselbstständiger Rechnungsposten in die Auseinandersetzungsrechnung eingegangen wäre (*BGH* ZIP 1983, 337 [339]; ZIP 2000, 757 [759]; **a.A.** *Schmitz* Anm. zu *BGH* ZIP 2000, 2207 [2213]; *Spliedt* DZWIR 2000, 418 [425]). Eine Gläubigerbenachteiligung ist jedoch zu bejahen, wenn entsprechende Leistungen in Abwicklung eines Bauvertrages nach VOB/B erbracht werden (*BGH* ZIP 2000, 2207 [2210] m. Anm. *Schmitz*). Verrechnet eine Sozialkasse vom Schuldner zu zahlenden Beiträge mit für diesen anfallenden Erstattungsansprüchen scheidet mangels Benachteiligung eine Anfechtung aus, wenn letztere tarifvertraglich hierfür zweckgebunden sind. Anders allerdings, soweit eine Einzugsstelle diese Ansprüche auch mit Beitragsforderungen anderer Sozialkassen verrechnet (*BGH* ZIP 2005, 38 [39]). Eine Anfechtung kommt auch in Betracht, wenn ein Gläubiger in Kenntnis der Zahlungsunfähigkeit oder des Eröffnungsantrages **Waren vom Insolvenzschuldner erwirbt**. Die Schaffung der Aufrechnungslage ist dabei grundsätzlich inkongruent (*BGH* ZIP 2001, 885 [888]; *LG Saarbrücken* NJW-RR 1996, 1274). Die Rechtsfolge der Anfechtbarkeit kann dabei gem. § 96 Abs. 1 Nr. 3 InsO auf die Unzulässigkeit der Aufrechnung beschränkt werden. Der Verwalter kann die Kaufpreisforderung einklagen und muss nicht die Auflösung des Kaufvertrages insgesamt verlangen (*BGH* ZIP 2003, 2370 [2371]; *OLG Rostock* ZIP 2003, 1903 [1906]; vgl. *BGH* ZIP 2000, 2207 [2210] m. Anm. *Schmitz*; anders noch: *BGH* ZIP 1998, 2165 [2166]; *OLG Jena* ZIP 2000, 2124 [2125]; *OLG Köln* ZIP 1995, 138). Allerdings ist in diesen Fällen besonders sorgfältig durch Auslegung zu ermitteln, ob eine Leistung an Erfüllungs Statt oder ein Kaufvertrag mit eingeschlossener Verrechnungsvereinbarung vorliegt. Letzteres wird insbesondere dann gegeben sein, wenn der Gläubiger an dem gelieferten Gegenstand ein Eigeninteresse hat (vgl. *BGH* ZIP 2001, 885 [887]). Mangels Benachteiligung entfällt § 96 Abs. 1 Nr. 3 InsO, wenn der Gläubiger bereits zuvor anfechtungsfrei ein Absonderungsrecht an dem Kaufgegenstand erworben hatte (*BGH* ZIP 2004, 1912 [1914]). Anders jedoch, wenn der Absonderungsberechtigte den Gegenstand nur zugunsten des erwerbenden Gläubigers freigibt (*BGH* ZIP 2003, 2370 [2371 f.]). § 96 Abs. 1 Nr. 3 InsO scheidet ferner aus, wenn ein überhöhter Kaufpreis vereinbart wird, der Gläubiger und Käufer den tatsächlichen Wert in bar zahlt und mit dem übersteigenden Betrag die Gegenforderung des Gläubigers ausschließlich glattgestellt, letztlich also erlassen werden soll (*BGH* ZIP 2004, 1912 [1914]).

Auch die **Verrechnung innerhalb eines Kontokorrents** kann wegen Anfechtbarkeit gem. § 96 Abs. 1 Nr. 3 InsO unzulässig sein (vgl. hierzu allgemein auch das einleitend angegebene Schrifttum). Unerheblich ist, ob die Gutschrift auf einer Einzahlung des Insolvenzschuldners, der Einziehung eines Akkreditivbetrages durch die Bank (*OLG Hamburg* WM 1997, 1773), der Einreichung eines Kundenschecks (*BGH* ZIP 1992, 778; *AG Wetzlar* WM 1986, 1532), der Überweisung eines Dritten oder der Zuwendung im Rahmen eines Lastschriftverfahrens (*BGH* BGHZ 70, 177) beruht. Dabei hat die Buchung der Gutschrift nur deklaratorische Bedeutung (*BGH* WM 1979, 533). Mangels Benachteiligung scheidet jedoch eine Anfechtung aus, wenn die der Zuwendung des Dritten zugrunde liegende Forderung der Bank anfechtungsfrei abgetreten oder verpfändet worden war (*BGH* ZIP 2002, 2182; ZIP 2006, 959 = WM 2006, 915 f., dazu EWiR 2006, 503 m. Anm. *Frind*; *BGH* WM 1997, 1774; **a.A.** *OLG Hamm* ZIP 1982, 1343). Entsprechendes gilt für das Pfandrecht an den Zahlungseingängen nach Nr. 14 Abs. 1 Satz 2 AGB-Banken. Fallen diese innerhalb des Drei-Monats-Zeitraums handelt es sich allerdings nur um eine inkongruente Sicherung (*BGH* ZIP 2002, 812). Anders aber, wenn ein Termineinlagenkonto bereits vor der kritischen Zeit belastet war (*BGH* ZIP 2004, 1509 [1512]). Keine Benachteiligung auch beim Scheckinkasso, wenn die Bank das mit Einreichung des Schecks entstehende Sicherungseigentum unanfechtbar erworben hat (*BGH* ZIP 1992, 778 [780]). Eine anfechtbare Verrechnungslage ist wegen Vorliegens eines **Bargeschäfts** i.S.v. § 142 InsO ferner dann zu verneinen, wenn die Bank die Zahlungseingänge in das Kontokorrent einstellt und den Kunden zeitnah in demselben Umfang vereinbarungsgemäß wieder über den Gegenwert verfügen lässt (*BGH* ZIP 2004, 1464). Eine besondere, zweiseitige Absprache über jede Gut- und Lastschrift ist dabei nicht nötig (*BGH* ZIP 1999, 665 [668]). Unmaßgeblich ist es, ob die Verfügungen unter Berücksichtigung der von der Bank eingeräumten Kreditrahmens auch ohne Inanspruchnahme der Gutschrift hätten geschehen können (*BGH* ZIP 2002, 812; vgl. *BGH* ZIP 2004, 1464 [1465]). Ein Bargeschäft liegt auch dann vor, wenn das Kreditinstitut nur einzelne, von ihm

wenn der Insolvenzverwalter im Wege der Anfechtung gegen den Gläubiger die Forderung selbst oder die schon auf die Forderung erbrachte Leistung erlangen kann (*Jaeger/Henckel* KO, § 30 Rn. 181 f.). Die Leistung des Übernehmers an den Gläubiger begründet keine Anfechtung (a.A. *RG* LZ 1910, 474).

E. Kongruente Deckung

28 Wie sich aus einem Umkehrschluss zu § 131 InsO ergibt, soll § 130 InsO solche Befriedigungen und Sicherungen erfassen, auf die der Anfechtungsgegner einen im Zeitpunkt der Vornahme der Rechtshandlung bestehenden und unanfechtbaren Anspruch hatte. Im Prozess kann es jedoch offen bleiben, ob die Deckung kongruent oder inkongruent ist, da inkongruente Deckungen auch unter den gegenüber § 131 InsO engeren Voraussetzungen des § 130 InsO anfechtbar sind (vgl. Rdn. 3). Der BFH hegt ernstliche Zweifel daran, ob die Abführung von Lohnsteuern in den letzten drei Monaten vor dem Antrag auf Eröffnung des Insolvenzverfahrens eine nach § 130 Abs. 1 Nr. 1 InsO anfechtbare Rechtshandlung darstellt, oder ein Bargeschäft nach § 142 InsO vorliegt, das nur unter den Voraussetzungen des § 133 Abs. 1 InsO angefochten werden kann (*BFH* ZIP 2005, 1797).

I. Aufrechnung

29 Einen besonders wichtigen Fall für die Anfechtung im Rahmen der §§ 130, 131 InsO stellt die Aufrechnung, etwa in Form des Eingangs von Gutschriften auf dem debitorischen Bankkonto des Schuldners, dar. Der für die Anfechtung entscheidende Vorgang liegt dabei nicht in der Aufrechnungserklärung, sondern in der **Begründung der Aufrechnungslage** (vgl. *Gerhardt* in FS Brandner, S. 605 [612]; anders noch zur KO *BGH* ZIP 2000, 2207 [2210] m. Anm. *Schmitz*: Gesamtvorgang aus Schaffung der Aufrechnungslage und -erklärung; vgl. *OLG Stuttgart* NZI 2000, 430 [433]). Bei einer in anfechtbarer Weise herbeigeführten Aufrechnungslage bedarf es jedoch keiner besonderen Geltendmachung der Anfechtung nach §§ 143, 146 Abs. 1 InsO. Vielmehr ist die Aufrechnung, wenn das Herbeiführen der Aufrechnungslage einen Anfechtungstatbestand erfüllt, gem. **§ 96 Abs. 1 Nr. 3 InsO von vornherein unzulässig**. Ist die Aufrechnung schon vor Verfahrenseröffnung erklärt worden, wird sie mit dem Eröffnungsbeschluss automatisch rückwirkend unwirksam (*Bork* Insolvenzrecht, Rn. 265; a.A. *Gerhardt* KTS 2004, 195 [199 f.]). Danach wird gewissermaßen das Anfechtungsrecht dem Recht der Aufrechnung inkorporiert (*Paulus* ZIP 1997, 569 [576]). Entgegen des Wortlauts ist dabei § 96 Abs. 1 Nr. 3 InsO auch für den Fall anzuwenden, dass ein Schuldner des Insolvenzschuldners erst durch die anfechtbare Rechtshandlung zum Insolvenzgläubiger wird (*Paulus* ZIP 1997, 569 [576]). Der Verwalter kann wegen § 96 Abs. 1 Nr. 3 InsO die Forderung aus dem die Aufrechnungslage begründenden Schuldverhältnis unbeschränkt geltend machen. Da dem Gläubiger die Aufrechnung verwehrt ist, kann er sich auch nicht auf ein der Aufrechnung wirtschaftlich entsprechendes **Zurückbehaltungsrecht** berufen (*BGH* ZIP 2000, 2207 [2210] m. Anm. *Schmitz*). Die **Verrechnung innerhalb eines Netting-Systems** ist nach der Ausnahmevorschrift in § 96 Abs. 2 Satz 1 InsO nicht nach § 96 Abs. 1 Nr. 3 InsO unwirksam. Hier muss der Insolvenzverwalter die Anfechtung der Aufrechnung gesondert gem. § 143 InsO geltend machen.

30 Ob es sich bei der **Aufrechnungslage um eine kongruente (§ 130 InsO) oder inkongruente (§ 131 InsO) Deckung** handelt, ist jeweils für den Einzelfall zu entscheiden. Maßgeblich ist, ob der Aufrechnende die Vereinbarung, welche die Aufrechnungslage entstehen ließ, beanspruchen konnte oder nicht (*BGH* ZIP 2004, 1558 [1559 f.]). Kongruenz ist dabei auch dann noch anzunehmen, wenn gleichzeitig mit der Hauptforderung begründete Ansprüche später werthaltig und damit aufrechenbar werden (*BGH* ZIP 2004, 1558 [1559 f.]; ZIP 1983, 337 [339]; vgl. *BGH* ZIP 2000, 757; ZIP 2000, 2207).

31 Eine **anfechtbare Aufrechnungslage ist etwa zu bejahen**, wenn ein Gläubiger sich einen Vorschuss zur Sicherung entstandener, aber noch nicht fälliger Forderungen geben lässt (*BGH* ZIP 1983, 191). Hat der aus einer Gesellschaft ausgeschlossene spätere Insolvenzschuldner eine Forderung gegen diese wegen Überlassung von Geräten und Personal, ist die mit einer Gegenforderung der Gesellschaft bestehende Aufrechnungslage nicht anfechtbar. Hier fehlt es nämlich an der Gläubigerbenach-

nerbank ihren Erstattungsanspruch Zug um Zug mit einem Guthaben des späteren Insolvenzschuldners, ist dies als Bargeschäft gem. § 142 InsO der Deckungsanfechtung entzogen (*Obermüller* Insolvenzrecht in der Bankpraxis, Rn. 3.458). Wird der Kontosaldo mit der Einlösung debitorisch, ist die Verrechnung einer späteren Gutschrift mit dem Debet anfechtbar, wenn nicht die Einlösung in Anbetracht der zugesagten Kreditlinie von einer unmittelbar nachfolgenden Gutschrift abhängig war (vgl. Rdn. 31). Nach der gefestigten Rechtsprechung des 9. Senats des BGH steht dem vorläufigen Insolvenzverwalter die Möglichkeit zu, formularmäßig und pauschal einen »Generalwiderspruch« gegen alle Lastschriften zu erklären (*BGH* ZIP 2006, 2046; ZIP 2004, 2442 = ZVI 2005, 33 = NJW 2005, 675), um so den Eintritt der Wirkungen der Nr. 7 Abs. 3 AGB-Banken zu vermeiden. In einer solchen Verfahrenssituation hat der vorläufige Verwalter genau zu überlegen, ob er einen solchen Widerspruch erklären muss, um eine eigene Haftung zu vermeiden. Nach Verfahrenseröffnung stellt sich dieselbe Frage, wenn der Zeitraum für die fiktive Genehmigung von sechs Wochen noch nicht abgelaufen ist. Diese Vorgehensweise wurde nun stark durch die Rechtsprechung des BGH eingeschränkt, denn er führt nunmehr die Möglichkeit der fiktiven Genehmigung von Lastschriften ein, bei denen dann kein Widerspruch mehr möglich ist. Im Einziehungsermächtigungsverfahren wird durch die Genehmigung des Schuldners der mehraktige Rechtsvorgang abgeschlossen. Die Genehmigung kann ausdrücklich oder auch konkludent erklärt werden. Insoweit wird aus Nr. 7 Abs. 4 AGB-Sparkassen eine Genehmigungsfiktion abgeleitet (*BGH* ZIP 2010, 2015). Zur Haftung beim Lastschriftwiderruf s. *BGH* NZI 2011, 143; ZIP 2009, 1477.

Bei einem Einzug im Abbuchungsauftragsverfahren wird die Lastschrift mit Einlösung bei der Schuldnerbank wirksam. In diesem Moment endet die Befugnis des Schuldners zum Widerruf, da in diesem Moment der Auftrag beendet ist (*BGH* ZInsO 2013, 322 ff.). 24

Werden Lastschriften von der Bank dem schuldnerischen Konto belastet, die nicht der Erfüllung von Vertragspflichten gegenüber sachlich betroffenen Auftraggebern dienen, sondern nur zur Erfüllung von Forderungen des Kreditinstituts, so liegt kein Bargeschäft vor und die Anfechtung ist eröffnet (*BGH* NZI 2005, 630; ZIP 2009, 1124). 25

III. Vertrag zugunsten Dritter

Leistet der aus einem mit dem Schuldner geschlossenen entgeltlichen Vertrag zugunsten Dritter Verpflichtete an den Dritten, ist diese Leistung letzterem gegenüber als mittelbare des Schuldners anfechtbar. Eine Benachteiligung tritt bei Gleichwertigkeit der Forderungen im Valuta- und Deckungsverhältnis jedoch erst ein, wenn der Schuldner seine Verbindlichkeit aus dem Deckungsverhältnis erfüllt (*Jaeger/Henckel* InsO, § 130 Rn. 69). Vorher tritt lediglich ein neuer Gläubiger an die Stelle des befriedigten Dritten, ohne dass sich damit die Passivmasse erhöht. Ist das Valutaverhältnis unentgeltlich, ist eine Anfechtung nach § 134 InsO in Betracht zu ziehen. Gegenüber dem Versprechenden kommt eine Anfechtung der Deckung seiner Forderung aus dem Vertrag zugunsten Dritter in Betracht. Die durch ihn bewirkte Befreiung des Schuldners stellt dabei keine gleichwertige Gegenleistung zur Leistung des Schuldners dar, da die Forderung des Dritten schon durch die Krise entwertet ist (*Jaeger/Henckel* InsO, § 130 Rn. 70; vgl. *RG* JW 1894, 546; RGZ 53, 234 ff.). Ist die von dem Versprechenden erbrachte Leistung nominal der Leistung des Schuldners an ihn gleichwertig, liegt ein Bargeschäft vor (*Jaeger/Henckel* InsO, § 130 Rn. 71). 26

IV. Schuldübernahme

Die Schuldübernahme ist als Sicherung der Forderung eines Gläubigers im i.S.d. §§ 130, 131 InsO anzusehen, so dass in der Insolvenz des Altschuldners auch eine Anfechtung gegenüber dem Gläubiger in Betracht kommt (*RG* RGZ 46, 101 ff.). Eine Benachteiligung tritt jedoch erst ein, wenn der Schuldner seine gegenüber der übernommenen Schuld gleichwertige Gegenleistung auf die Forderung des Übernehmers erbracht hat. Die Deckung ist regelmäßig auch dem Übernehmer gegenüber anfechtbar. Die Befreiung des Schuldners von der Verbindlichkeit gegenüber dem Gläubiger stellt keine gleichwertige Gegenleistung dar, da diese durch die Krise bereits entwertet ist (*Jaeger/Henckel* KO, § 30 Rn. 174, 177). Diese Benachteiligung entfällt jedoch im Verhältnis zum Übernehmenden, 27

ckungsverhältnis begründete Forderung nicht mehr durchsetzen kann. Der nachfolgenden Zahlung kommt dann keine anfechtungsrechtliche Bedeutung zu (*Jaeger/Henckel* InsO, § 130 Rn. 52). Wird der **Wechsel indossiert**, kommt eine Anfechtung gegenüber dem Erwerber in Betracht, wenn der Remittent anfechtbar erworben hat und eine Rechtsnachfolge nach § 145 InsO vorliegt.

20 Die Erteilung des **Überweisungsauftrags** begründet als solche noch keine Gläubigerbenachteiligung, da sie regelmäßig bis zur Gutschrift widerrufen werden kann (vgl. § 676a Abs. 4 BGB). Die Lastschrift der Bank auf dem Konto des Überweisenden zur Deckung des mit Hereinnahme des Auftrags entstehenden Vorschussanspruchs ist **gegenüber der Bank** regelmäßig nicht nach §§ 130, 131 InsO anfechtbar. So etwa bei Überweisung zu Lasten eines Kontos des Schuldners, das ein entsprechendes Guthaben ausweist, da hier die Bank nicht schlechter behandelt werden kann, als wenn sie das Guthaben an den Schuldner ausgezahlt hätte und dieser seinen Gläubiger bar befriedigt hätte. Bei der Banküberweisung aus debitorischem Konto kommt eine Anfechtung in Betracht, wenn der Schuldner der Bank anfechtbar Deckung verschafft. Dies ist jedenfalls dann nicht der Fall, wenn die Bank den Überweisungsauftrag nur deshalb ausführt, weil sie in unmittelbarem Zusammenhang Deckung für ihren Anspruch auf Vorschuss erhält (vgl. § 142 InsO; *RG* LZ 1914, 1043 Nr. 19; RGZ 45, 110 ff.). Eine Anfechtung gegenüber der Bank kommt weiterhin dann in Betracht, wenn sie letztlich den wirtschaftlichen Vorteil aus der Überweisung hat und dies auch bezweckt war. Dies ist etwa der Fall, wenn eine Konzerngesellschaft an eine andere Konzerngesellschaft leistet und damit deren Verbindlichkeiten bei der angewiesenen Bank vermindert (*BGH* ZIP 1998, 793 [801]; kritisch hierzu *Henckel* ZIP 2004, 1671 [1672 f.]). Regelmäßig möglich ist aber eine Anfechtung **gegenüber dem Empfänger** der Leistung. Erfolgt die Banküberweisung aus debitorischem Konto, tritt jedoch eine Benachteiligung erst ein, wenn die Bank für ihren Anspruch Deckung erhält. Die Forderung der Bank als solche ist nicht nachteilig für das Vermögen des Schuldners, wenn sie mit dem erloschenen Anspruch des Empfängers gleichwertig ist (*RG* RGZ 48, 148 [151]). Maßgeblich für die Anfechtung ist dabei der Zeitpunkt, in dem die Gutschrift auf dem Empfängerkonto vollzogen wird (vgl. *BGH* BGHZ 103, 143 ff.). Wird von dem Schuldner der Bank ein ihm überlassener Kundenscheck zur Rückführung eines Darlehens überlassen, so erlangt die Bank nur dann eine kongruente Deckung, wenn ihr zuvor die Kausalforderung abgetreten wurde (*BGH* ZIP 2009, 1235). Eine AGB-mäßige Abtretung ist nicht ausreichend.

21 Unabhängig davon ist eine **Anfechtung nach § 133 InsO** sowohl gegenüber dem Angewiesenen als auch gegenüber dem Empfänger der Leistung möglich, wenn diesem bekannt ist, dass der Schuldner mit der Anweisung das Ziel verfolgt, einzelne Gläubiger zu begünstigen oder in sonstiger Weise Geld beiseite zu schaffen (vgl. *RG* RGZ 43, 83 ff.; *BGH* BGHZ 38, 44 [46]; ZIP 1980, 346).

22 In der **Insolvenz des Angewiesenen** scheidet eine Deckungsanfechtung der Zahlung oder der Begebung eines von diesem akzeptierten Wechsel gegenüber dem Empfänger aus (*RG* JW 1900, 16; zweifelhaft *OLG Düsseldorf* WM 1985, 1042). Eine Anfechtung ist jedoch gegenüber dem Anweisenden möglich. Dabei stellt die Annahme der Anweisung, mit der die Forderung des Anweisungsempfängers entsteht, noch keine Benachteiligung dar, da hiermit auch der Anweisende seine Forderung im Deckungsverhältnis nicht mehr geltend machen kann. Anders ist es nur, wenn die abstrakte Forderung des Empfängers aus Gründen der Beweislastverteilung leichter durchsetzbar ist (*Jaeger/Henckel* InsO, § 130 Rn. 67). Hat eine Bank einen Überweisungsauftrag trotz schon überzogenen Kontokorrentkredits ausgeführt, ist neben der Deckungsanfechtung auch eine Anfechtung der hierin liegenden Kreditvereinbarung nach § 132 InsO in Betracht zu ziehen.

II. Lastschrift

23 Der Lastschriftgläubiger erlangt erst mit der Lastschrifteinlösung Deckung für seine Forderung, da die Gutschrift der Gläubigerbank durch Einlösung aufschiebend bedingt ist (*Canaris* ZIP 1980, 516 [517]). Der mit der Einlösung entstehende Erstattungsanspruch der Schuldnerbank belastet das Vermögen des Schuldners, ohne dass es hierfür einer besonderen Buchung bedurfte (*Canaris* ZIP 1980, 516; a.A. *BGH* ZIP 1980, 425 [427]). Die Einlösung ist damit gegenüber dem Lastschriftgläubiger als mittelbare Zuwendung anfechtbar (*Jaeger/Henckel* InsO, § 130 Rn. 44). Verrechnet die Schuld-

Mittelbare Zuwendungen erfolgen etwa aufgrund von Anweisungen, Zahlungsaufträgen und Verträgen zugunsten Dritter. So etwa, wenn der Schuldner auf Veranlassung eines Gläubigers eine Forderung an dessen Gläubiger abtritt (*RG* JW 1900, 624). Zur Anweisung auf Schuld nach § 787 BGB gut darstellend *Staufenbiel/Brill* ZInsO 2013, 2041 und zur Anweisung auf Kredit ZInsO 2013, 2043. **Mittelbare Zuwendungen** sind von der sog. Leistungskette abzugrenzen (*BGH* ZIP 2009, 768; ZInsO 2009, 381). Bei dieser ist der erste Gläubiger nur Insolvenzgläubiger und daher Anfechtungsgegner. Hierbei handelt es sich um Zuwendungen, bei denen die Weggabe eines Vermögensgegenstandes zunächst an eine Mittelperson und von dieser an einen Dritten erfolgt. Anfechtungsgegner ist dabei grundsätzlich der Empfänger der Leistung, wenn sich beide Vorgänge wirtschaftlich betrachtet als einheitlicher Vorgang darstellen (*BGH* ZIP 1980, 346; ZIP 1992, 781; ZIP 1995, 297). § 145 Abs. 2 InsO scheidet bei mittelbaren Zuwendungen aus (*BGH* ZIP 2008, 125).

I. Anweisung

Der Begriff der Anweisung ist hier nicht im engen Sinne der §§ 783 ff. BGB zu verstehen, sondern umfasst auch die praktisch wichtigen Sonderformen der Anweisung, wie etwa Scheck und Wechsel. Aus Gründen der Übersichtlichkeit werden die Anfechtung in der Insolvenz des Angewiesenen und die Anfechtung der Überweisung, die als Anweisung im weiteren Sinne zu betrachten ist (vgl. *Canaris* Bankvertragsrecht, Rn. 322), mitbehandelt. 16

Vor der Annahme durch den Angewiesenen fehlt es an der Gläubigerbenachteiligung, da die Anweisung alleine zu nichts verpflichtet oder den Anweisenden sonst in seinen Rechten beeinträchtigt (*RG* LZ 1918, 770; *Heile* S. 72, 80). Unerheblich ist dabei, ob sich der Anweisende dazu verpflichtet hat, sein Widerrufsrecht nach § 790 BGB oder die Forderung gegen den Angewiesenen nicht geltend zu machen. Nicht anfechtbar ist auch die **Annahme der Anweisung vor Begebung** (*Jaeger/Henckel* InsO, § 130 Rn. 38. Zu einer Benachteiligung kommt es erst, wenn **die angenommene Anweisung begeben** worden ist oder der Angewiesene **die begebene Anweisung angenommen** hat. Dann kann nämlich der Schuldner seine Forderung aus dem Deckungsverhältnis nicht mehr gegen den Angewiesenen geltend machen. Der Einlösung kommt nach vorheriger Annahme keine Bedeutung mehr als anfechtbare Rechtshandlung zu. Sie ist deshalb nicht anfechtbar, wenn die vorherige Annahme bzw. Begebung anfechtungsfrei erfolgt ist (*Heile* S. 82; *Jaeger/Henckel* InsO, § 130 Rn. 52; vgl. *BGH* WM 1974, 570). Anders ist es, wenn die **Einlösung ohne vorheriges Akzept** erfolgt. Die Benachteiligung liegt dann bei der Anweisung auf Schuld in der Schuldbefreiung nach § 787 Abs. 1 BGB. 17

Bei der Anweisung auf Schuld scheidet eine Deckungsanfechtung **gegenüber dem Angewiesenen** aus, da die Tilgung einer Forderung des Schuldners nicht deswegen anfechtbar sein kann, weil der Gegenwert der Forderung dem Schuldner in Gestalt der Erfüllung seiner Verbindlichkeit gegenüber dem Empfänger zugeführt wird (i. Erg. *Jaeger/Henckel* InsO, § 130 Rn. 43 m. Verweis auf § 133 InsO). Erfolgt die Anweisung auf Kredit, kann die Deckung der Forderung des Angewiesenen durch den Schuldner anfechtbar sein. Dabei ist der Angewiesene auch dann der Deckungsanfechtung ausgesetzt, wenn er als Gefälligkeitsakzeptant vom Schuldner Vorschuss erhält (a.A. *RG* RGZ 35, 26 [27]). Der Aufwendungsersatzanspruch als solcher stellt keine Benachteiligung dar, da zugleich die Forderung des Anweisungsempfängers erlischt und somit nur eine Verbindlichkeitsauswechslung vorliegt (vgl. *RG* RGZ 48, 148 [151]). Demgegenüber ist eine Deckungsanfechtung **gegenüber dem Empfänger der Leistung** regelmäßig möglich, da auch im Fall mittelbarer Zuwendung das haftende Vermögen des Schuldners verkürzt wird (vgl. *Heile* S. 75 ff.). Wird die **Anweisung an einen anderen übertragen**, kommt eine Anfechtung ihm gegenüber in Betracht, wenn der Anweisungsempfänger anfechtbar erworben hat und eine Rechtsnachfolge nach § 145 InsO vorliegt. 18

Die Ausstellung eines Wechsel oder eines Schecks begründet die Haftung des Ausstellers nach Art. 9 WG bzw. Art. 12 ScheckG und stellt deshalb bereits vor Akzept des Bezogenen bzw. auch ohne Einlösungsverpflichtung der Bank eine Gläubigerbenachteiligung dar. Die Benachteiligung ist in der durch die zusätzliche Belastung liegenden Haftungsverschärfung und der dem Nehmer günstigeren Beweislastverteilung zu sehen (*Jaeger/Henckel* InsO, § 130 Rn. 39). Ist der Wechsel **auch akzeptiert** oder der **Scheck garantiert**, liegt ein zusätzlicher Nachteil darin, dass der Schuldner seine im De- 19

merkmal »ermöglicht haben« werden die Fälle erfasst, die im Vorfeld einer tatsächlich erfolgten Befriedigung oder Sicherung liegen.

Hierunter können drei Fallgruppen subsumiert werden:
- die Begründung von Konkurrenzvereinbarung,
- das Werthaltigmachen,
- die Lage eines Gläubigers verbessernde Rechtshandlungen, ohne dass diese dem Gläubiger eine Deckung gewähren.

Aufgrund der i.d.R. ebenfalls und sogar eher anfechtbaren nachfolgenden Deckungshandlung ist der praktische Anwendungsbereich dieser Erweiterung allerdings begrenzt. Hierunter fallen etwa Prozesshandlungen wie Anerkenntnis, Unterwerfung unter die Zwangsvollstreckung (§ 794 Abs. 1 Nr. 5 ZPO) oder Vergleich, die selbst zwar keine Deckung gewähren, jedoch zu einer solchen führen können. So kann etwa dem aufgrund des Anerkenntnisses ergangenen Urteil die Anfechtbarkeit mit der Folge entgegengehalten werden, dass die hierauf gewährte Sicherung oder Befriedigung als inkongruent anzusehen ist (KS-InsO/*Henckel* 2000, Rn. 23). Eine materiell-rechtliche, ermöglichende Rechtshandlung liegt etwa vor, wenn der Schuldner fremde Sicherungsrechte auffüllt. So etwa bei der Abtretung von Werklohnansprüchen und dem nachfolgenden Weiterbau am Werk (vgl. *Kirchhof* FS Uhlenbruck, S. 274 ff.). Da der Sicherungsnehmer keinen Anspruch auf Valutierung hat, ist die Anfechtung nach § 131 InsO eröffnet. Auch bloße Unterlassungen fallen hierunter, wenn sie bewusst geschehen sind. Dass ist etwa das Unterlassen des Einspruchs gegen einen Vollstreckungsbescheid, der Erinnerung gegen eine Vorpfändung (§ 845 ZPO).

14 **Befriedigung** ist jede Erfüllung oder teilweise Erfüllung eines materiell-rechtlichen Anspruchs. Die Befriedigung kann auch durch Erfüllungssurrogate erfolgen, stellt jedoch im Regelfall eine inkongruente Deckung dar, sofern nicht bei Vertragsschluss mehrere Erfüllungsmöglichkeiten vereinbart wurden. Auch eine Aufrechnung kann eine Befriedigung darstellen, sofern diese, immer bezogen auf die Aufrechnungslage, nicht selbst nach den Vorschriften der §§ 94–96 InsO unzulässig ist. Daneben liegt auch eine Befriedigung vor, wenn die angedachte Tilgung der Schuld scheitert. Dies ist etwa der Fall, wenn kein Schuldgrund besteht und bei der Vornahme der Tilgung der vermeintlichen Schuld es zu einer Fehlüberweisung kommt. Die Hinterlegung gem. §§ 372 ff. BGB, der Erlass einer Forderung nach § 397 BGB und die Leistung an Erfüllungsstatt gem. § 364 BGB stellen keine Befriedigung i.S.v. § 130 InsO dar (K. Schmidt/*Ganter/Weiland* InsO, § 130 Rn. 14). **Sicherung** ist nur dann kongruent, wenn der Sicherungsnehmer einen vertraglich begründeten Anspruch auf die ihm gewährte Sicherheit hat. Keine Sicherung ist die Vormerkung, da sie nur dem Schutz des Gläubigers vor nachteiligen Verfügungen des Schuldners dient (*BGH* BGHZ 34, 254 [258]). Rechtshandlungen, die eine Sicherung begründen, sind nicht nur Sicherungsverträge, sondern etwa auch das Einbringen von Sachen des Mieters in Mieträume (§ 562 BGB), die Begründung des Besitzes, die ein kaufmännisches Zurückbehaltungsrecht entstehen lässt (§ 369 HGB) oder auch die Hinterlegung (§ 233 BGB).

D. Deckung durch mittelbare Zuwendungen

15 Unter die §§ 130, 131 InsO fallen insbesondere auch Deckungen, die mittels einer dritten Person bewirkt wurden (vgl. § 129 Rdn. 40 f. und § 143 Rdn. 54). Eine mittelbare Zuwendung und keine Leistungskette ist gegeben, wenn der Schuldner Bestandteile des schuldnerischen Vermögens mit Hilfe einer Mittelsperson an den gewünschten Empfänger verschiebt, ohne dass er mit ihm äußerlich in unmittelbare Rechtsbeziehung tritt (*BGH* ZIP 2009, 726). Bei einer Leistungskette ist lediglich der erste Gläubiger Insolvenzgläubiger und daher Adressat der Deckungsanfechtung nach §§ 129, 130, 131 InsO. Mit dieser Entscheidung grenzt der IX. Senat Tatbestände der Deckungsanfechtung mittelbarer Zuwendungen von denen der Leistungskette ab. Die Abgrenzung ist erforderlich, da § 145 Abs. 2 InsO eine Anfechtung gegen den Einzelrechtsnachfolger nur in engen Grenzen ermöglicht (§ 145 Rdn. 8).

Befreiung des Eigentums von dem nach §§ 1207, 932 BGB erworbenen Pfandrecht (a.A. *RG* JW 1896, 4 f.).

Die Deckung unanfechtbarer **Absonderungsrechte** ist mangels Gläubigerbenachteiligung ebenfalls regelmäßig nicht gem. §§ 130, 131 InsO anfechtbar (vgl. Rdn. 36 und § 129 Rdn. 63; **a.A.** *OLG Frankfurt* MDR 1968, 675). Unerheblich ist es dabei, ob die Deckung durch Zwangsmittel (*RG* RGZ 17, 26; JW 1912, 250; RGZ 126, 304) oder durch freiwillige Leistung des Schuldners (*RG* JW 1902, 273; RGZ 90, 69 [71 f.]) erfolgt. Ebenso ist es nicht entscheidend, ob die Zahlung auf das Absonderungsrecht oder die persönliche Schuld erfolgt. Anfechtbar ist die Deckung nur insoweit, als sie den Wert des Absonderungsrechts übersteigt. Unanfechtbar ist etwa beim Scheckinkasso die Verrechnung des Erlöses, wenn die Bank das mit Einreichung des Schecks entstehende Sicherungseigentum in unanfechtbarer Weise erworben hat (*BGH* ZIP 1992, 778 [780]; *OLG Köln* ZIP 1995, 1684 [1685]). 10

Die Deckung einer von einem **vorläufigen Insolvenzverwalter** begründeten Verbindlichkeit ist nur im Fall der Masseunzulänglichkeit anfechtbar (vgl. § 129 Rdn. 37, 62). Bei einer Vorauszahlung des Schuldners, die sich auf die Zeit nach Verfahrenseröffnung bezog und eine Verbindlichkeit deckte, die nach § 55 Abs. 1 Nr. 2 InsO Masseverbindlichkeit gewesen wären, entfällt eine Benachteiligung gleichfalls. Wählt der Insolvenzverwalter nach § 103 InsO Erfüllung, ist eine **in der Krise von dem Schuldner erbrachte Teilleistung** ebenfalls nach §§ 130, 131 InsO anfechtbar, wenn der Anfechtungsgegner einen der Teilleistung des Schuldners entsprechenden Teil der Gegenleistung vor Verfahrenseröffnung an den Schuldner geleistet hat (vgl. § 105 Satz 1 InsO). Die **Deckung für Baugläubiger** ist wegen § 1 des Gesetzes über die Sicherung von Bauforderungen vom 01.06.1909 (RGBl. 449) gleichfalls nicht anfechtbar, wenn der Schuldner hierfür das von ihm empfangene Baugeld verwendet (*KG* KGBl. 1912, 9). 11

Bei einem durch den Schuldner erklärten Verzicht auf eine Forderung fehlt es grds. an einer Deckungshandlung, so dass hier nur eine Anfechtung nach den §§ 132, 133 oder 134 InsO in Betracht zu ziehen ist. Tilgt oder sichert der Schuldner eine fremde Verbindlichkeit, so liegt regelmäßig keine Deckung einer Insolvenzforderung vor. Eine Deckungsanfechtung kommt nur in Betracht, wenn der Gläubiger einen auf Deckung gerichteten Anspruch, etwa aus Bürgschaft gegen den Schuldner hatte. Bestellt der Schuldner für die Hauptforderung einer von ihm übernommenen Bürgschaft eine Hypothek, ist die Befriedigung aus dem Grundstück gegenüber dem Gläubiger der Hauptforderung nach §§ 130, 131 InsO anfechtbar, da dieser sich mit der Verwertung auch Deckung für den Bürgschaftsanspruch verschafft hat (i. Erg. *RG* RGZ 152, 321). Bei der Zahlung eines selbstschuldnerischen Bürgen auf eine fremde Forderung ist die Bank kein Insolvenzgläubiger. Dies ist aber unbeachtlich. Die Bank hat eine Zahlung auf die Bürgschaft erhalten, denn zu den Insolvenzgläubigern gehört jeder, der eine nichtnachrangige oder nachrangige Forderung hat, deren Erfüllung geeignet ist, die Befriedigungsmöglichkeit der Gläubiger zu verschlechtern. Die Gläubigerbenachteiligung der Rechtshandlung ist daneben zu betrachten (*BGH* ZInsO 2008, 1802). Hat die Masse einen realisierbaren Befreiungs- bzw. Rückgriffsanspruch, scheidet eine Anfechtung jedoch mangels Gläubigerbenachteiligung aus. 12

C. Rechtshandlungen

Für die Anfechtung nach den §§ 130, 131 InsO bedarf es keines Rechtsgeschäfts. Anfechtbar sind vielmehr alle Rechtshandlungen, die zu einer Deckung geführt oder diese ermöglicht haben, unabhängig davon, ob sie von dem Schuldner, dem Gläubiger oder einem Dritten vorgenommen worden sind (vgl. *BGH* WM 1965, 94; *BAG* ZIP 1998, 33 [36]). Unerheblich ist es insbesondere, ob die Rechtshandlung unter der Mitwirkung des Schuldners oder gar gegen dessen Willen vorgenommen wurde. Somit sind auch Deckungen, die durch einen Zwangszugriff erlangt wurden, oder die Begründung einer Aufrechnungslage ohne Zutun des Schuldners grds. nach §§ 130, 131 InsO anfechtbar. Ausreichend sind auch solche Rechtshandlungen, die eine Deckung oder Befriedung **nur ermöglicht haben** (vgl. hierzu insgesamt *Kirchhof* FS Uhlenbruck, S. 269 ff.). Über das Tatbestands- 13

§ 130 InsO Kongruente Deckung

Bei einer **Deckungshandlung, die sowohl § 130 als auch § 131 InsO erfüllen würde**, muss deshalb nicht geprüft werden, ob eine kongruente oder inkongruente Deckung vorliegt.

4 Auch die Anfechtung kongruenter Deckungen setzt eine **Gläubigerbenachteiligung** (vgl. hierzu § 129 Rdn. 45 ff.) voraus. Ausreichend ist eine mittelbare Gläubigerbenachteiligung. Eine Benachteiligung ist etwa dann nicht gegeben, wenn und soweit sich die Vorausabtretung auf das mit dem Vorbehaltseigentum Erlangte beschränkt (*BGH* KTS 1975, 296) oder sich der Gläubiger in dem Umfange aus Gegenständen der Masse befriedigt, wie ihm daran ein unanfechtbar erlangtes Absonderungsrecht zustand (*BGH* ZIP 1991, 1014 [1017]). Trotz mittelbarer Benachteiligung ist die Anfechtung jedoch ausgeschlossen, wenn für die Deckung unmittelbar eine gleichwertige Gegenleistung in das Vermögen des Schuldners gelangt ist (**Bargeschäft**, § 142 InsO).

5 Die Deckungsanfechtung von **Wechsel- und Scheckzahlungen** des Insolvenzschuldners ist **nach § 137 InsO ausgeschlossen**, wenn durch die Verweigerung der Zahlungsannahme der Wechsel- oder Scheckinhaber Regressansprüche verloren hätte.

B. Insolvenzgläubiger

6 Bei der erfüllten oder gesicherten Forderung muss es sich um eine Insolvenzforderung handeln. Neben den Insolvenzgläubigern nach § 38 InsO sind – anders als nach der KO – auch nachrangige Gläubiger der Anfechtung ausgesetzt, da diese nach § 39 InsO ebenfalls am Insolvenzverfahren teilnehmen. Anfechtbar sind auch Deckungshandlungen gegenüber Gläubigern unvollkommener oder verjährter Forderungen. Gewährt der Schuldner dem Gläubiger eines Dritten eine Sicherung oder Befriedigung kommt nur eine Deckungsanfechtung gegenüber dem Dritten, nicht aber gegenüber dessen Gläubiger in Betracht (*BGH* ZIP 2004, 917 [918] m. Anm. *Henckel* ZIP 2004, 1671 ff.). Tilgt der Schuldner eine Schuld, für die ein anderer eine Sicherheit bestellt hat, ist auch eine Anfechtung gegenüber dem Sicherungsgeber möglich, da dieser mit seinem durch die Tilgung ebenfalls erloschenen Befreiungsanspruch Insolvenzgläubiger gewesen wäre (vgl. *Jaeger/Henckel* InsO, § 130 Rn. 19). Auch ein Insolvenzgläubiger, der **aufgrund des Anfechtungsanspruchs nach § 11 AnfG** Sicherung oder Befriedigung erlangt hat, ist der Anfechtung nach § 130 InsO ausgesetzt (§ 16 Abs. 2 AnfG).

7 Das Finanzamt ist als Insolvenzgläubiger der Organgesellschaft bereits dann schon anzusehen, wenn es noch keinen Haftungsbescheid nach § 191 AO erlassen hat (*BGH* WM 2012, 326). Denn es kommt richtigerweise nur darauf an, ob die »spätere« Insolvenzforderung bereits vor Verfahrenseröffnung entstanden ist.

8 Abführung der Versicherungsbeiträge von freiwilligen Mitgliedern der gesetzlichen Kranken- und Pflegeversicherung durch den Arbeitgeber an die Einzugsstellen ist nach §§ 130, 131 InsO nicht anfechtbar, weil die Einzugsstellen anders als bei Beiträgen von Pflichtversicherten (§ 28e Abs. 1 Satz 1 SGB IV) nicht Insolvenzgläubiger des Schuldners sind (*BGH* JurionRS 2012, 13747).

9 Die Deckung von **Aussonderungsrechten oder Ersatzaussonderungsansprüchen** (§§ 47, 48 InsO) ist nicht nach §§ 130, 131 InsO anfechtbar (vgl. § 129 Rdn. 63 und hier Rdn. 36). Der Rückgabe einer Sache an den Vermieter, Verleiher oder etwa Verpfänder (vgl. *OLG Hamburg* OLGZ 32, 374) derselben unterliegt deshalb nicht der Deckungsanfechtung. Gleiches gilt wegen § 392 Abs. 2 HGB, wenn der Kommissionär Forderungen aus dem Ausführungsgeschäft an den Kommittenten abtritt. Hat der Schuldner als Nichtberechtigter wirksam nach den §§ 932 ff. BGB über eine Sache verfügt und gelangt diese, etwa aufgrund Wandlung, an ihn zurück, stellt der **Rückerwerb des Eigentums** durch den ehemaligen Eigentümer, sei es ipso iure oder durch Rechtsgeschäft des Schuldners, eine anfechtbare Rechtshandlung dar, wenn sein Ersatzaussonderungsanspruch (§ 48 InsO) in diesem Zeitpunkt nicht mehr bestand (i. Erg. *Jaeger/Henckel* InsO, § 130 Rn. 22). Hier wird die Masse dadurch benachteiligt, dass der ehemalige Eigentümer für seine nur noch bestehende Insolvenzforderung eine wertmäßig über der zu erwartenden Quote liegende Deckung durch Naturalrestitution erhält. Gleiches gilt, wenn der Schuldner eine an ihn verpfändete Sache, die er weiter verpfändet hatte, während der Krise wieder auslöst. Die anfechtbare Rechtshandlung liegt hier in der

	Rdn.		Rdn.
V. Zurechnung der Kenntnis	60	II. Der Kenntnis	71
G. **Nachträglicher Wegfall**	70	H. **Beweislast**	72
I. Der Zahlungsunfähigkeit bzw. Zahlungseinstellung	70		

Literatur:
Bork Lastschriften in der Insolvenz des Lastschriftschuldners, FS Gerhardt 2004, S. 69; *ders.* Kontokorrentverrechnung und Bargeschäft, FS Kirchhof 2003, S. 57; *Canaris* Aktuelle insolvenzrechtliche Probleme des Zahlungsverkehrs und des Effektenwesens, in FS Einhundert Jahre Konkursordnung, 1977; *Gerhardt* Gereimtes und Ungereimtes im Anfechtungsrecht der neuen Insolvenzordnung, in FS Brandner 1996, S. 605; *Heile* Die Anweisung im Konkurs des Anweisenden, 1976; *Henckel* Zur Auslegung anfechtungsrechtlicher Normen, FS Gerhardt 2004 S. 361; *ders.* Aufrechnung in der Insolvenz, FS Lüke 1997, S. 237; *Huth* Kreditsicherungsrecht im Lichte der neuen InsO, Diss. 2000; *Kirchhof* Die Anfechtung »ermöglichender« Deckungshandlungen nach §§ 130, 131 InsO, FS Uhlenbruck 2000, S. 269; *Lwowski* Die Anfechtung von Kreditrückzahlungen und Zahlungseingängen auf debitorischem Konten im Insolvenzverfahren, FS Uhlenbruck 2000, S. 299; *Staufenbiel/Brill* Anfechtung von Drittzahlungen – eine Fallstudie, ZInsO 2013, 2040.

A. Allgemeines

Die Vorschrift regelt die Anfechtbarkeit einer dem Gläubiger gebührenden (kongruenten) Sicherung oder Befriedigung (Deckung). Der Begriff der kongruenten Deckung ist nicht definiert. Daher ist im Umkehrschluss zur Definition der inkongruenten Deckung die Bestimmung zu erfassen. Eine kongruente Deckung ist dann gegeben, wenn die Ermöglichung oder Gewährung einer Befriedigung oder Sicherung erfolgt, die einem Insolvenzgläubiger in dem allgemein geschuldeten Umfang, überwiegend vertraglich vereinbart, gewährt wird. Anfechtbar ist nach § 130 InsO eine kongruente Deckung, die einem Insolvenzgläubiger innerhalb eines Zeitraums von drei Monaten vor (Nr. 1) oder nach (Nr. 2) dem Eröffnungsantrag gewährt wurde, wenn dieser zum Zeitpunkt der Vornahme der Rechtshandlung (§ 140 InsO) von der Zahlungsunfähigkeit oder dem Eröffnungsantrag wusste. Die Vorschrift erweitert gegenüber der KO die Gruppe der Gläubiger, die einer Anfechtung ausgesetzt werden können. Erfasst werden mit dem Begriff »Insolvenzgläubiger« auch die nachrangigen Gläubiger (§ 39 InsO). Abweichend von § 30 KO stellt die Vorschrift nicht mehr auf die Zahlungseinstellung, sondern auf die Zahlungsunfähigkeit ab. Dabei wird gegenüber der KO der Nachweis der subjektiven Voraussetzungen insoweit erleichtert, als gegenüber nahestehenden Personen (§ 138 InsO) die Kenntnis der Zahlungsunfähigkeit oder des Eröffnungsantrages vermutet wird. Weiterhin sind jetzt nicht nur Rechtshandlungen anfechtbar, die eine Deckung unmittelbar herbeigeführt haben, sondern auch solche, die eine Deckung nur ermöglicht haben. 1

Wie die §§ 131, 132 InsO gehört auch § 130 InsO zur **besonderen Insolvenzanfechtung**, die deshalb so genannt wird, weil ihre Tatbestände allein im Insolvenzverfahren, nicht aber bei der Anfechtung nach dem AnfG vorgesehen sind. Die besondere Insolvenzanfechtung beruht auf dem Gedanken, dass schon vor Eröffnung des Insolvenzverfahrens mit der Zahlungsunfähigkeit, dem Eröffnungsantrag oder innerhalb eines bestimmten Zeitraums vor Verfahrenseröffnung (§ 131 InsO) das Vermögen des Schuldners der Allgemeinheit der Gläubiger verfangen ist (vgl. BGH BGHZ 58, 240 [243]; *Häsemeyer* KTS 1982, 507 [526 f.]). Ein Gläubiger, der eine vertraglich geschuldete Leistung erhalten hat, darf zwar grds. darauf vertrauen, dass er die ihm zustehende Leistung behalten darf. Im Interesse der Gleichbehandlung aller Gläubiger im Insolvenzverfahren verdient dieses Vertrauen jedoch dann keinen Schutz, wenn er wusste, dass die Krise eingetreten ist (vgl. Begr. RegE BT-Drucks. 12/2443 S. 158). 2

Die Vorschrift ist im Zusammenhang mit der Anfechtung inkongruenter Deckungen nach § 131 InsO zu sehen. Fraglich ist, ob aus einem Umkehrschluss zu § 131 InsO und aus der Überschrift der Vorschrift der Schluss gezogen werden kann, dass nur kongruente Deckungen erfasst werden. Hiergegen lässt sich anführen, dass vom Text eine solche Einschränkung nicht gedeckt wird und die Überlegung, dass eine inkongruente Deckung erst recht als kongruente anfechtbar sein muss. 3

solvenzrecht, 4. Aufl., Rn. 21.108 mit Fn. 513; weitere Nachw. der älteren Rechtsprechung und Literatur bei *Jaeger/Henckel* InsO, § 143 Rn. 101 Fn. 240) eine kompetente Absage. Dabei geht der Senat davon aus, dass § 399 BGB, nach dem die Leistung an einen anderen als den ursprünglichen Gläubiger nicht ohne Veränderung ihres Inhalts erfolgen kann oder wenn die Abtretung durch Vereinbarung mit dem Schuldner ausgeschlossen ist, in diesem Fall nicht zur Anwendung kommt. Die Übertragung des Anspruchs kann insoweit ohne Änderung seines Inhaltes an einen Dritten erfolgen. Eine genaue Entscheidungsanalyse zeigt aber, dass die Abtretbarkeit nur deswegen bejaht wurde, weil eine ausreichende wirtschaftliche Gegenleistung für den Anfechtungsanspruch in die Masse gelangt ist.

O. Anfechtungsanspruch als Masseschuld

92 Nach der Entscheidung des *OLG Köln* (ZIP 2011, 1830 [1831]) sind Anfechtungsansprüche gegenüber einer Insolvenzmasse in der kritischen Zeit als Masseschuldansprüche und nicht als Insolvenzforderungen zu qualifizieren. Die Entscheidung ist noch nicht rechtskräftig.

P. Änderungen

93 Mit Wirkung zum 01.07.2014 wird die Norm des § 312 Abs. 1 Satz 3 InsO ersatzlos gestrichen, die eine Anfechtungsfrist von drei Monaten beinhaltete.

§ 130 Kongruente Deckung

(1) ¹Anfechtbar ist eine Rechtshandlung, die einem Insolvenzgläubiger eine Sicherung oder Befriedigung gewährt oder ermöglicht hat,
1. wenn sie in den letzten drei Monaten vor dem Antrag auf Eröffnung des Insolvenzverfahrens vorgenommen worden ist, wenn zur Zeit der Handlung der Schuldner zahlungsunfähig war und wenn der Gläubiger zu dieser Zeit die Zahlungsunfähigkeit kannte oder
2. wenn sie nach dem Eröffnungsantrag vorgenommen worden ist und wenn der Gläubiger zur Zeit der Handlung die Zahlungsunfähigkeit oder den Eröffnungsantrag kannte.

²Dies gilt nicht, soweit die Rechtshandlung auf einer Sicherungsvereinbarung beruht, die die Verpflichtung enthält, eine Finanzsicherheit, eine andere oder eine zusätzliche Finanzsicherheit im Sinne des § 1 Abs. 17 des Kreditwesengesetzes zu bestellen, um das in der Sicherungsvereinbarung festgelegte Verhältnis zwischen dem Wert der gesicherten Verbindlichkeiten und dem Wert der geleisteten Sicherheiten wiederherzustellen (Margensicherheit).

(2) Der Kenntnis der Zahlungsunfähigkeit oder des Eröffnungsantrags steht die Kenntnis von Umständen gleich, die zwingend auf die Zahlungsunfähigkeit oder den Eröffnungsantrag schließen lassen.

(3) Gegenüber einer Person, die dem Schuldner zur Zeit der Handlung nahestand (§ 138), wird vermutet, dass sie die Zahlungsunfähigkeit oder den Eröffnungsantrag kannte.

Übersicht	Rdn.		Rdn.
A. Allgemeines	1	II. Sicherheiten	34
B. Insolvenzgläubiger	6	III. Kongruenzvereinbarung	37
C. Rechtshandlungen	13	F. Ausschluss der Anfechtung bei	
D. Deckung durch mittelbare Zuwendungen	15	Margensicherheit	38
		G. Kenntnis des Anfechtungsgegners	39
I. Anweisung	16	I. Allgemeines	39
II. Lastschrift	23	II. Kenntnis der Zahlungsunfähigkeit	41
III. Vertrag zugunsten Dritter	26	III. Kenntnis des Eröffnungsantrages	56
IV. Schuldübernahme	27	IV. Kenntnis von Umständen die auf	
E. Kongruente Deckung	28	Zahlungsunfähigkeit zwingend schließen lassen (Abs. 2)	57
I. Aufrechnung	29		

Fall jedoch nicht gerechtfertigt, so dass der Insolvenzverwalter sich auf die hier zumindest entsprechend anwendbaren Anfechtungsregeln stützen kann.

Dies gilt insbesondere bei Scheingeschäften, da hier unter Umständen die formale Rechtslage, etwa durch Eintragung eines Scheinerwerbs im Grundbuch oder durch Besitzübergabe (*RG* JW 1911, 67), geändert wird und damit zu Erschwerungen oder Gefährdungen des Gläubigerzugriffs führen kann (*BGH* ZIP 1996, 1516 [1518]). Ist der Anfechtungsgegner ebenfalls insolvent, empfiehlt es sich jedoch, den Beweis für die Unwirksamkeit des Geschäfts zu erbringen, da dann in jedem Fall ein Aussonderungsrecht nach § 47 InsO besteht (vgl. Rdn. 6 a.E.). 87

Nicht anfechtbar sind ferner die Ausschlagung einer Erbschaft oder eines Vermächtnisses (vgl. § 83 Abs. 1 Satz 1 InsO), der Verzicht auf gesetzliche Erb- oder Pflichtteilsrechte vor Eintritt der Voraussetzungen nach § 852 ZPO, das Unterlassen der Geltendmachung eines Pflichtteilsanspruchs i.S.v. § 852 ZPO (*BGH* ZIP 1997, 1302), die Rücknahme oder das Unterlassen des Verlangens nach vorzeitigem Erbausgleich vor der notariellen Beurkundung gem. § 1934d Abs. 4 BGB, die Annahme einer überschuldeten Erbschaft oder eines überbeschwerten Vermächtnisses oder die Ablehnung oder Nichtablehnung der fortgesetzten Gütergemeinschaft (vgl. § 83 Abs. 1 Satz 2 InsO). 88

Unanfechtbar sind weiterhin reine Personenstandsänderungen, wie Eheschließung, Annahme an Kindes statt, Wohnsitzwechsel und die sich daraus ergebenden unselbstständigen Folgen auch auf vermögensrechtlichem Gebiet, etwa Unterhaltspflichten. Gleiches gilt für den Verzicht eines Elternteils auf das Verwaltungs- und Nutznießungsrecht am Kindesvermögen (*BGH* WM 1964, 505 [507]); die unterlassene Verwertung der Arbeitskraft auch durch Aufgabe einer beruflichen Tätigkeit (*RG* RGZ 70, 226 [230]; *BGH* WM 1964, 114 [116]); den Verzicht hinsichtlich des Verwaltungs- und Nutznießungsrechts nach § 14 HöfeO (*BGH* WM 1964, 505); den Verzicht auf ein Patent, da derjenige, der die Erfindung daraufhin nutzt, seinen Vermögensvorteil nicht aus dem Vermögen des Schuldners erlangt, sondern eine gemeinfreie Erfindung nutzt (*OLG Düsseldorf* JZ 1952, 752; *LG Düsseldorf* GRUR 1953, 165), die Dereliktion nach § 959 BGB, da hierauf die Sache herrenlos wird und Aneignung nach § 958 BGB nicht mehr die Masse schmälert (*Jaeger/Henckel* InsO, § 129 Rn. 25; Ausnahme: Kollusion); die Verfügung über eine Wirtschaftskonzession (*RG* LZ 1912, 661; *OLG Celle* DJZ 1908, 1352); der Aufgabe einer Transportgenehmigung für eine Spedition. 89

N. Abtretbarkeit des Anfechtungsanspruchs und Zession dessen

Das Anfechtungsrecht des Insolvenzverwalters ist abtretbar. Die Rechtsauffassung der Vorauflagen wird hiermit aufgegeben. Mit der Entscheidung des *BGH* vom 17.02.2011 (– IX ZR 91/10, Rn. 7 ff.) hat der IX Senat die Disponibilität des Anfechtungsanspruchs bestätigt und keinen Wertungswiderspruch zu § 18 AnfG gesehen (*BGH* 17.02.2011 – IX ZR 91/10, Rn. 19). Danach ist der Anfechtungsanspruch ein schuldrechtlicher Anspruch auf Rückführung des in anfechtbarer Weise weggegebenen Vermögensgegenstands zur Insolvenzmasse (*BGH* ZInsO 2011, 1154 [1155]; 21.09.2006 – IX ZR 235/04, Rn. 10, 14 ff.; BT-Drucks. 12/2443, S. 168 f.). 90

Somit besteht nach § 143 Abs. 1 InsO ein Rückgewähranspruch auf das, was weggegeben oder aufgegeben wurde. Der Anfechtungsanspruch unterliegt der Verfügungsmacht des Verwalters nach § 80 InsO. Der Verwalter kann den Anfechtungsgegner in Verzug setzen (§§ 286 ff. BGB), die geschuldete Leistung als Erfüllung (§ 362 Abs. 1 BGB) oder eine andere als die geschuldete Leistung an Erfüllungs statt oder erfüllungshalber (§ 364 BGB) entgegennehmen, einen Vergleich über den Anfechtungsanspruch schließen oder ihn erlassen (§ 397 BGB). Der Verwalter kann den Anspruch durch Klage oder im Wege der Einrede geltend machen oder den Schuldner ermächtigen, ihn als Prozessstandschafter einzuklagen (vgl. *BGH* 19.03.1987 – III ZR 2/86, JurionRS 1987, 13453). Insoweit kann dann auch mittels Vertrag die Forderung auf einen anderen Gläubiger übertragen werden. Aufgrund dieser rein schuldrechtlichen Betrachtung kommt der BGH zur Zulässigkeit der Abtretbarkeit und erteilt der gewichtigen Gegenmeinung (*RGZ* 30, 71, 76; *BGH* 10.02.1982 – VIII ZR 158/80, BGHZ 83, 102 [105]; *Jaeger/Henckel* KO, 9. Aufl., § 37 Rn. 83; *Kilger/Schmidt* Insolvenzgesetze, 17. Aufl., § 36 KO Anm. 2; FK-InsO/*Dauernheim* 6. Aufl., § 143 Rn. 33; *Häsemeyer* In- 91

Politisch enthält dieser Coup viel Dynamit. Wurde er noch am 14.12.2006 mit großer Mehrheit des Bundestages und auf Empfehlung des Rechtsausschusses gestoppt. Obwohl sich die Mehrheiten in Bundestag/Bundesrat nicht verändert haben, wurde dieses Gesetz nun verabschiedet und die Bundesregierung ließ das BMJ einfach außen vor (welche Rolle der Ausschuss für Arbeit und Soziales dabei gespielt hat, muss auf anderen Ebenen geklärt werden). Nach erster und sehr vorsichtiger Einschätzung wird sich die Problematik der Anfechtung nun auf den Punkt der Bildung von »Treuvermögen« für die Arbeitnehmeranteile fokussieren. Insoweit hat der BGH bereits ein, die Gläubigerbenachteiligung ausschließendes, Treuhandverhältnis zwischen Arbeitgeber und Arbeitnehmer bzgl. der Zahlungsmittel verneint (*BGH* ZIP 2006, 290; ZInsO 2004, 270). Wird die Rechtsprechung des BGH konsequent weitergeführt, kann die Gesetzesänderung keine Veränderung des Anfechtungsrechts ergeben. § 28e Abs. 1 Satz 2 SGB IV normiert ein gesetzliches Verwaltungstreuhandverhältnis. Das Treuvermögen gehört nicht zum Vermögen des Schuldners. Daher fehlt es bei einer Zahlung aus dem Treuvermögen durch den Treuhänder an einer Gläubigerbenachteiligung (s. Rdn. 77). Bei einer Treuhand wird aber sachenrechtlich das Treugut aus dem Vermögen des Treuhänders ausgeschieden. Nach dem Unmittelbarkeitsprinzip muss die Zahlung direkt aus dem Vermögen des Treugebers (hier: Arbeitnehmer) durch den als Treuhänder tätigen Arbeitgeber erfolgen. Nun legt § 28e Abs. 1 Satz 2 SGB IV fest, dass von diesem Unmittelbarkeitsprinzip abgewichen wird. Eine Trennung des Treugutes wird gesetzlich nicht mehr verlangt. Wird nun die Zahlung der Arbeitnehmeranteile als unanfechtbar erklärt, so ist aber eigenständig die Übertragung der entsprechenden finanziellen Mittel in ein treuhänderisch gebundenes Sondermögen für Arbeitnehmeranteile anfechtbar. Diese Mittel werden erst bei Zahlung von dem Arbeitgeber an den Sozialversicherungsträger in das Treuvermögen des Arbeitnehmers überführt und dann eine juristische Sekunde später aus diesem an den Sozialversicherungsträger gezahlt. Es liegt insoweit eine mittelbare Zuwendung an den Sozialversicherungsträger vor.

84 Die **Rechtsauffassung** in Rdn. 83 wurde so vom *BGH* in seinem Urteil vom 05.11.2009 (– IX ZR 233/08) bestätigt (*BGH* ZIP 2009, 2301, ZInsO 2009, 2293) **bestätigt**. Die vom Gesetzgeber eingeführte Fiktion bleibt daher anfechtungsrechtlich wirkungslos. **Eine Rückwirkung auf Altfälle vor dem 01.01.2008 besteht nicht.** Die Vorschrift des § 28e Abs. 1 Satz 2 SGB IV i.d.F. des Gesetzes zur Änderung des Vierten Buches des Sozialgesetzbuchs und anderer Gesetze vom 19. Dezember 2007 (BGBl. I S. 3024) findet keine Anwendung auf Fälle, in denen das Insolvenzverfahren vor dem 01.01.2008 eröffnet worden ist (*BGH* ZIP 2008, 747 [748]).

M. Ausschluss der Anfechtung

85 Ist die Rechtshandlung unwirksam, kommt eine Anfechtung i.d.R. nicht in Betracht, da sie dann keine rechtlichen Wirkungen auslöst, die mit Hilfe des Rückgewähranspruches nach § 143 InsO rückgängig gemacht werden müssten (*BGH* ZIP 1994, 40 [42]). Die Unwirksamkeit kann etwa aus dem Verstoß gegen ein gesetzliches Verbot (§ 134 BGB), aus der Sittenwidrigkeit (§ 138 BGB) oder aus der Geschäftsunfähigkeit (§§ 105, 106 ff. BGB) folgen. Die Anfechtung ist jedoch zulässig, wenn die Rechtshandlung darüber hinaus eine gläubigerbenachteiligende Wirkung tatsächlicher Art entfaltet, wie etwa eine Besitzveränderung. Allgemein können auch Geschäftsunfähige Realakte vornehmen, so dass diese stets angefochten werden können. Dasselbe gilt auch für Prozesshandlungen, sofern diese, wie etwa der Antrag auf Pfändung, Rechtswirkungen auslösen.

86 Der Insolvenzverwalter kann im Prozess jedoch sowohl die Nichtigkeit als auch die Anfechtbarkeit einwenden (*BGH* ZIP 2001, 889 [890]). Steht fest, dass er mit der einen oder anderen Einwendung auf jeden Fall durchdringt, so kann der Richter bei Behandlung der Anfechtungseinrede die Wirksamkeit des besagten Rechtsgeschäfts unterstellen, wenn dies auf das Ergebnis des Klageanspruchs keinen Einfluss hat (*BGH* WM 1955, 1219 [1221]; ZIP 1992, 1005 [1007]; ZIP 1993, 521 [522]). Gleiches gilt, wenn der Insolvenzverwalter auf Rückgewähr klagt. Die Wirksamkeit des Geschäfts hat etwa dann Einfluss auf den Ausgang, wenn sich der Rückgewähranspruch nach den §§ 812 ff. BGB, insbesondere wegen §§ 814, 817, 818 Abs. 3 BGB, günstiger als derjenige nach § 143 InsO für den Anfechtungsgegner gestalten würde. Eine unterschiedliche Behandlung ist in diesem

nach dem Antrag auf Eintragung (§ 140 Abs. 2 InsO), aber vor der Eintragung des Eigentumswechsels wertausschöpfend dinglich belastet (*BGH* ZIP 1995, 134 [137]). Werden Kausal- und Erfüllungsgeschäft als Einheit angefochten (vgl. Rdn. 42), kommt es hierfür grds. auf den Zeitpunkt der Vornahme der Erfüllungshandlung an (*BGH* ZIP 1995, 1021, [1023]; *Jaeger/Henckel* InsO, § 129 Rn. 109). Sinkt der Wert der zuvor vom Anfechtungsgegner erbrachten Gegenleistung, ist dies nur insoweit erheblich, als der Schuldner für die nachträgliche Störung des Vertragsgleichgewichts eine Anpassung hätte verlangen können (*BGH* ZIP 1995, 1021, [1023]). Bei einer aufschiebend bedingten Verfügung wird nach § 140 Abs. 3 InsO die Vermögensänderung bereits mit der Vornahme, nicht erst mit Eintritt der Bedingung bewirkt (vgl. *RG* RGZ 67, 430).

VIII. Beweislast für die Benachteiligung

80 Der Beweis der Gläubigerbenachteiligung und, wo gefordert, der Unmittelbarkeit obliegt dem Insolvenzverwalter (*BGH* BGHZ 58, 20 [22]; ZIP 1995, 1021 [1024 zur Darlegungslast *BGH* 11.06.2015 – IX ZR 110/13, Rn. 24 ff.; *BGH* ZIP 2007, 601; *BGH* InVo 2007, 280). Kommt es auf die Werthaltigkeit des Gegenstandes an, genügt es, wenn er darlegt und notfalls beweist, dass eine für die Masse günstige Verwertung nicht aussichtslos erscheint (vgl. *BGH* ZIP 1996, 1907). Der Anfechtungsgegner trägt die Beweislast dafür, dass trotz Eröffnung des Verfahrens die Masse zur Befriedigung aller Gläubiger ausgereicht hätte (*BGH* ZIP 1997, 853 [854]; *Jaeger/Henckel* InsO, § 129 Rn. 233; abschwächend *BGH* ZIP 1993, 271 [273]: bei Verfahrenseröffnung wegen Zahlungsunfähigkeit nur Anscheinsbeweis für Benachteiligung). Die Zahlungsunfähigkeit kann nicht durch den Nachweis der Zahlungsunwilligkeit des Schuldners widerlegt werden. Bei einem der Benachteiligung entgegenstehenden Aus- oder Absonderungsrecht (vgl. Rdn. 63) obliegt es dem Anfechtungsgegner, die Voraussetzungen eines von ihm behaupteten Erwerbstatbestandes aufgrund eines früheren Vertrages darzulegen (*BGH* 1991, 1014 [1018]). Andererseits hat der Verwalter nachzuweisen, dass die an den Anfechtungsgegner abgetretenen Forderungen nicht auf der Weiterveräußerung von Waren beruhen, die der Schuldner von diesem unter verlängertem Eigentumsvorbehalt erworben hat (*BGH* ZIP 2000, 1061 [1063]). Hat der Anfechtungsgegner eine Vergütung für Leistungen erhalten, die grds. unentgeltlich erbracht werden sollten, trägt er die Beweislast dafür, dass er überobligationsmäßige Leistungen erbracht hat (*BGH* ZIP 1995, 297 [301]).

81 Besondere Probleme bestehen bei der Beweislast der Gläubigerbenachteiligung bei der Übertragung von vollständig belasteten Grundstücken mit Absonderungsrechten. Ist ein Grundstück mit Grundpfandrechten in der Weise belastet, dass die voll valutierenden Belastungen den Grundstückswert übersteigen, so ist unzweifelhaft eine Gläubigerbenachteiligung gegeben. Zur Feststellung ist nicht nominal die Belastung des Grundstücks maßgebend, sondern die tatsächliche Valutierung des entsprechenden Darlehens bzw. der dem Grundpfandrecht zu Grunde liegenden Forderung (*BGH* 19.05.2009 – IX ZR 129/06, Rn. 20).

82 Nach der Ansicht des BGH sind institutionelle Gläubiger verpflichtet sich über Verfahrenseröffnungen im Internet zu informieren. Dadurch wird ihnen im Anfechtungsprozess die Berufung auf § 82 InsO verwehrt (*BGH* ZInsO 2010, 912; **a.A.** nun *OLG Bremen* ZInsO 2014, 498 [500, 501] Rev. zugelassen).

L. Einschränkung des Anfechtungsrechtes nach § 28e Abs. 1. Satz 2 SGB IV (Gültig ab dem 01.01.2008)

83 Praktisch durch die Hintertür hat der Gesetzgeber das Anfechtungsrecht im Bereich der Sozialversicherungsbeiträge eingeschränkt. Mit dem Gesetz zur Änderung des Vierten Buches des Sozialgesetzbuches und anderer Gesetze wurde still und heimlich folgender Satz 2 eingefügt:

»Die Zahlung des vom Beschäftigten zu tragenden Teils des Gesamtsozialversicherungsbeitrages gilt als aus dem Vermögen des Beschäftigten erbracht.«

Dadurch werden die Arbeitnehmeranteile im anfechtungsrelevanten Fall dem Vermögen des Arbeitnehmers zugeordnet und nicht dem des Arbeitgebers. Eine Anfechtung scheidet daher dann aus.

gen, dass der Wert des veräußerten Gegenstandes nachträglich gestiegen ist (*BGH* ZIP 1993, 271 [274]). Dabei sind auch solche Wertsteigerungen zu berücksichtigen, die auf einer Leistung des Anfechtungsgegners beruhen (*BGH* ZIP 1996, 1907 [1908]). Tilgt ein Gesellschafter eine Forderung gegen die Gesellschaft und ist dies als kapitalersetzendes Darlehen anzusehen, stellt die hierfür von der Gesellschaft gewährte Sicherheit eine mittelbare Benachteiligung dar. Bei § 135 InsO genügt es nämlich, wenn die gegen Gewährung einer Sicherheit gewährte Leistung des Gesellschafters für die Masse wirtschaftlich ungünstiger ist als die Zuführung eines entsprechenden Betrages an Eigenkapital (*BGH* ZIP 1996, 1830 [1831]).

VI. Rechtshandlungen, die sich auf fremdes Vermögen beziehen

77 Rechtshandlungen, die sich auf fremdes Vermögen beziehen, unterliegen grds. nicht der Anfechtung. So liegt keine Gläubigerbenachteiligung in der Herausgabe einer Sache, die hätte ausgesondert werden können (*BAG* BAGE 20, 11 [15]). Dies gilt insbesondere bei Treugut, welches der Schuldner in Händen hält (*RG* RGZ 84, 217; RGZ 91, 16; RGZ 127, 345; RGZ 133, 87; *BGH* BGHZ 11, 37; WM 1959, 686 f.). Der vor Verfahrenseröffnung erzielte Erlös tritt an die Stelle des Treuguts (§§ 48 Satz 2, 55 Nr. 3 InsO). Weist der Schuldner aber seinen Treuhänder an, über das für ihn gehaltene Treugut zu verfügen, so liegt ein Vermögensbezug selbstverständlich auf das Vermögen des Schuldners vor. Verschenkt etwa der Schuldner den Erlös, tritt folglich damit keine Verringerung der Aktivmasse ein (so noch die Rechtslage nach der KO; vgl. *Kuhn/Uhlenbruck* KO, § 29 Rn. 27). Die Schenkung ist jedoch trotzdem nach § 134 InsO anfechtbar, da mit ihr der Treugeber einen Schadenersatzanspruch in Höhe des Erlöses als Insolvenzforderung erwirbt und hierdurch die Passivmasse zum Nachteil der übrigen Gläubiger vergrößert wird. Anders liegt es jedoch, wenn der Treugeber den Erlös von dem Schuldner erhält (anders zur KO: *RG* RGZ 94, 307). Auch die Abführung der von dem Verkaufskommissionär bereits eingezogenen Gegenleistung an den Kommittenten unterliegt insoweit der Anfechtung.

78 Veräußert der Schuldner eine unter Eigentumsvorbehalt erworbene Sache, ist dies anfechtbar, wenn der Wert der Sache größer war, als der noch offene Kaufpreisrest (*Jaeger/Henckel* InsO, § 129 Rn. 103, 104). Hier hätte nämlich das Anwartschaftsrecht des Schuldners für die Masse einen Wert gehabt (*RG* RGZ 67, 20 [21]). Hat der Schuldner auf die Sache noch nichts gezahlt, liegt eine Benachteiligung auch dann nicht vor, wenn die Sache wertvoller ist als der zu zahlende Kaufpreis. Dass der Insolvenzverwalter hier das Wahlrecht nach §§ 103, 107 Abs. 2 InsO hätte ausüben können, muss als hypothetische Begünstigung außer Betracht bleiben (vgl. *OLG Hamm* ZIP 1988, 588). Der Pfändung einer vom Schuldner zur Sicherheit abgetretenen Forderung kann nicht mit der Anfechtung, sondern nur mit der Drittwiderspruchsklage entgegnet werden (*LG Berlin* KTS 1989, 205).

VII. Maßgebender Zeitpunkt

79 Maßgebender Zeitpunkt für die Beurteilung der mittelbaren Gläubigerbenachteiligung ist der Zeitpunkt der letzten mündlichen Verhandlung, auf die in der letzten Tatsacheninstanz das Urteil ergeht (*RG* RGZ 150, 42 [45]; *BGH* ZIP 1993, 271 [274]). Ist sie in diesem Zeitpunkt nicht vorhanden, etwa durch Beseitigung des nachteiligen Erfolges, kann die Anfechtung nicht mehr durchdringen (*RG* RGZ 14, 313; *OLG Hamburg* ZIP 1984, 1373 [1377]). Hierzu genügt es allerdings nicht, dass die eine Zahlung kreditierende Bank zugunsten des befriedigten Gläubigers und Anfechtungsgegners ihre im Insolvenzverfahren angemeldete Forderung in Höhe der Zahlung reduziert (**a.A.** *OLG Köln* ZIP 2004, 2152). Andererseits muss die mittelbare Benachteiligung nicht bereits zum Zeitpunkt der Rechtshandlung eintreten (*BGH* ZIP 2000, 238 [241]). Wertsteigerungen, etwa durch den Wegfall vorrangiger Sicherungsrechte Dritter, sind zu berücksichtigen, wenn sie bis dahin eingetreten sind (*BGH* ZIP 1993, 271 [274]; ZIP 1996, 1907 [1908]). Bei unmittelbarer Gläubigerbenachteiligung sind der Rechtshandlung nachfolgende Ereignisse unerheblich, so dass hier der Zeitpunkt entscheidend ist, in dem die Rechtshandlung i.S.v. § 140 InsO als vorgenommen gilt (vgl. *BGH* ZIP 1995, 134 [135]). Unerheblich ist es deshalb, wenn der Schuldner ein Grundstück

für die Masse vorteilhaften Geschäften; die Veräußerung von Sicherungsgut durch den Sicherungsgeber unter dem erzielbaren Erlös (*BGH* ZIP 1997, 364 [370]). Der Verkauf von Waren als Sonderangebot ist marktüblich, nicht jedoch zu Sonderpreisen wegen Geschäftsaufgabe (*Jaeger/Henckel* § 30 Rn. 104). Unmittelbar nachteilig ist ein Vertrag, in dem sich der Schuldner verpflichtet, das durch den Vertrag Erlangte zur Befriedigung eines einzelnen Gläubigers zu verwenden (*BGH* LM § 30 KO Nr. 2). Bei Zahlung vor Fälligkeit liegt die Benachteiligung nur in den entgangenen Nutzungsvorteilen (*BGH* ZIP 1995, 1021 [1023]; vgl. *BGH* ZIP 1990, 459). Wird etwa ein Kredit vier Wochen zu früh zurückgewährt, können nur Zinsen, nicht aber die Rückgewähr der Hauptforderung verlangt werden kann (*BGH* ZIP 1997, 853 [854]).

74 Der Umstand alleine, dass anstelle der veräußerten Sache nicht mehr die Sache selbst, sondern die Kaufpreisforderung oder der gezahlte Kaufpreis tritt, stellt für sich noch keine Benachteiligung dar (*RG* RGZ 27, 99; RGZ 29, 79; *BGH* KTS 1955, 139). Die Benachteiligung entfällt somit immer, wenn eine wertausgleichende Gegenleistung in die Insolvenzmasse eingebracht wird. Dadurch lässt sich auch eine Abgrenzung zum Bargeschäft gem. § 142 InsO vornehmen. Bei einem Bargeschäft (s. dazu § 142) kommt es ebenfalls zu einem Wertausgleich mit der Ergänzung, dass hier ein »beschleunigter« vertraglich vereinbarter Leistungsaustausch erfolgen muss (*Gehrlein* ZInsO 2017, 128 [130]).

75 Beim Tausch, insbesondere dem Austausch von Sicherheiten, fehlt es an der unmittelbaren Benachteiligung bei Gleichwertigkeit der Tauschobjekte, wenn sich etwa beim verlängerten Eigentumsvorbehalt die Vorausabtretung auf die mit der Vorbehaltsware erlangte Forderung beschränkt (*BGH* KTS 1975, 296). Die Einräumung eines Wohnrechts an dem anfechtbar übertragenen Gegenstand zugunsten des Schuldners stellt keine Gegenleistung dar, wenn dieses nach § 36 InsO nicht in die Insolvenzmasse fällt (vgl. *BGH* ZIP 1995, 1364 [1365]). Die Verpflichtung des Anfechtungsgegners zugunsten eines Dritten ein Nießbrauchsrecht zu bestellen, stellt keine für Benachteiligung relevante Gegenleistung dar (*BGH* ZIP 1990, 1420 [1422]). Das Honorar für einen Sanierungsversuch stellt selbst dann keine unmittelbare Benachteiligung dar, wenn nach § 3 BRAGO eine höhere Vergütung vereinbart wird und sich der Sanierungsversuch später als erfolglos herausstellt (*BGH* BGHZ 77, 250 ff. = ZIP 1980, 618; *OLG Hamm* NJW 1998, 1871). Im letzteren Fall liegt jedoch grds. eine mittelbare Benachteiligung vor, die nach § 130 InsO anfechtbar ist, sofern es sich nicht um ein Bargeschäft handelt (vgl. § 142 Rdn. 11). Dies gilt auch bei nach § 51 Abs. 3 KWG gezahlten Kosten (a.A. *KG* ZInsO 2000, 611).

V. Mittelbare Benachteiligung

76 Bei der mittelbaren Benachteiligung genügt es, dass zu der Rechtshandlung ein Umstand hinzugetreten ist, der die Gläubigerbenachteiligung auslöst (*BGH* ZIP 1993, 1653 [1654]). Der weitere Umstand muss dabei nicht ursächlich auf der anfechtbaren Rechtshandlung beruhen (*BGH* ZIP 2000, 238 [241]). So liegt bei der Verrechnung einer Altforderung mit einer Kaufpreisforderung die Benachteiligung darin, dass die nach Verfahrenseröffnung nur quotal zu befriedigende Altforderung mit einem auch nach diesem Zeitpunkt vollwertigen Anspruch erfüllt wurde (*BGH* ZIP 2001, 885 [887]). Für eine mittelbare Benachteiligung ist es ausreichend, wenn es zwar an einer unmittelbaren Benachteiligung durch die Rechtshandlung fehlt, sich aber im Zeitpunkt der letzten mündlichen Verhandlung ergibt, dass die Möglichkeit sich für die Gläubiger ergibt, dass sich die Befriedung aus dem Vermögen des Insolvenzschuldners durch weitere Umstände erschweren wird. (*BGH* ZInsO 2012, 2338 [2339]. Eine mittelbare Benachteiligung ist weiter anzunehmen, wenn zwar zur Zeit der Veräußerung eines Gegenstandes eine gleichwertige Gegenleistung in das Vermögen des Schuldners geflossen ist, dieser Gegenwert jedoch danach in Verlust geraten ist, weil z.B. der Schuldner einzelne Gläubiger befriedigt hat oder das Geld für sich verwendet oder beiseite geschafft hat. Gleiches gilt, wenn die Gegenleistung allenfalls noch in geringem Umfang für die Masse verwertbar ist (*BGH* ZIP 1995, 1021 [1028]). Möglich ist auch, dass der Schuldner eine *gleichwertige Leistung erhalten soll*, dieser Anspruch aber uneinbringlich ist (*RG* RGZ 10, 6 [8]; RGZ 27, 98; RGZ 29, 77; RGZ 51, 64 [65]). Eine mittelbare Benachteiligung kann auch darin lie-

Ursache nicht beseitigen. So z.B. wenn der Schuldner einen Gegenstand aus seinem Vermögen weggibt, ist dies die reale Ursache dafür, dass seine Gläubiger nicht in diesen Gegenstand vollstrecken können (*BGH* JurionRS 2005, 16363, Rn. 15, ZInsO 2005, 766 [767]). Etwa beim Wegfall der Anfechtungshandlung hypothetisch ebenfalls die Benachteiligung eingetreten wäre, ist deshalb unerheblich (*BGH* ZIP 1993, 1653 [1655] m.w.N.). Gleiches gilt für die Vereitelung hypothetischer Begünstigungen der Insolvenzmasse bei Wegfall der Rechtshandlung (*OLG Hamm* ZIP 1988, 588), den Einwand, bei Unterbleiben der angefochtenen Rechtshandlung hätten die Gläubiger auf den Gegenstand ebenfalls nicht zugreifen können, weil man über ihn in nicht anfechtbarer Weise verfügt worden wäre (*BGH* BGHZ 104, 355 [360]), den Einwand, der Schuldner habe die Sache offenkundig in der Absicht erworben, diese sofort an einen Dritten weiterzuveräußern (*BGH* WM 2000, 1459), denjenigen bei der Anfechtung einer Kontokorrentverrechnung, dass der Drittschuldner auch als Bürge unmittelbar an die Bank hätte zahlen können (*BGH* ZIP 2002, 2182 [2183]) oder den Einwand, ohne die Rechtshandlung wäre der Schuldner in Konkurs gefallen (*BGH* BGHZ 121, 179 [187]). Wird eine Erfüllungshandlung angefochten, die zu einer Einschränkung des bei dem zugrunde liegenden Vertrag in Betracht kommenden Wegfalls der Geschäftsgrundlage führt, ist für das Vorliegen der unmittelbaren Gläubigerbenachteiligung von der Rechtslage auszugehen, die ohne die Erfüllungshandlung bestanden hätte (*BGH* ZIP 1995, 1021 [1028]).

71 Nach der Rechtsprechung des BGH soll es auch unbeachtlich sein, wenn der Insolvenzschuldner ein von ihm in anfechtbarer Weise erworbenes Grundstück in der nachfolgenden Zwangsversteigerung von ihm auch erworben worden wäre (*BGH* ZIP 2004, 1619)

72 Bisher umstritten war, ob Zahlungen des Insolvenzschuldners unter Ausnutzung einer geduldeten Überziehung des Kontos zu einer Benachteiligung führt. Der *BGH* (ZIP 2001, 828) hatte die Unpfändbarkeit einer geduldeten Überziehung angenommen und dadurch faktisch die Benachteiligung in dieser Konstellation verneint (*OLG Hamburg* ZInsO 2005, 937; *OLG Stuttgart* ZInsO 2005, 942). Diese Rechtsprechung wurde nun vom BGH **aufgegeben**. Verfügt der Schuldner über Geldmittel aus einer lediglich geduldeten Überziehung, kommt eine Anfechtung ohne Rücksicht darauf in Betracht, ob aus der Einräumung des Überziehungskredites durch die Bank ein pfändbarer Anspruch gegen diese entsteht (*BGH* ZIP 2009, 2009).

IV. Unmittelbare Benachteiligung

73 Bei einer unmittelbaren Benachteiligung sind Vor- und Nachteile festzustellen, die mit der Rechtshandlung selbst ohne Hinzutreten weiterer Umstände im Vermögen des Schuldners eingetreten sind. Dies setzt nur voraus, dass der Nachteil unmittelbar durch das Rechtsgeschäft verursacht ist, nicht aber, dass er sich schon zur Zeit des Rechtsgeschäfts verwirklicht hat. Ein hypothetischer Kausalverlauf scheidet bei der Betrachtung aus. Die Feststellung hat an dem tatsächlichen Geschehensverlauf zu erfolgen (eine Benachteiligung scheidet aber aus, wenn eine Verminderung der Aktiva gleichzeitig durch eine Verminderung der Passiva ausgeglichen wird (*BGH* 09.07.2016 – IX ZR 153/15, Rn. 29; 04.02.2016 – IX ZR 77/15, Rn. 17). Bei Anfechtung einer Erfüllungshandlung stellt die Befreiung von einer rechtsgültigen, unanfechtbaren Verbindlichkeit regelmäßig einen vollwertigen wirtschaftlichen Ausgleich für die Tilgungsleistung dar (*BGH* ZIP 1995, 1021 [1023]). Unmittelbare Benachteiligungen sind etwa die Veräußerung unter Wert (*RG* LZ 1908, 787; *BGH* ZIP 1986, 787; ZIP 1995, 134 [135], 1021 [1022]); der Kauf zu überhöhtem Preis (*BGH* ZIP 1980, 618; ZIP 1995, 1021 [1022]); die Gewährung eines Darlehens zu einem geringerem als dem marktüblichen Zinssatz, wobei auf die Anlagemöglichkeiten des Insolvenzverwalters abzustellen ist (*BGH* ZIP 1988, 725); die Aufnahme eines Hypothekendarlehens durch den Schuldner, um einzelne, besonders lästige Gläubiger zu befriedigen; die Einbringung eines Grundstücks als Sacheinlage bei einer GmbH (*BGH* ZIP 1995, 134 [136]); wegen § 32a GmbHG, § 39 Abs. 1 Nr. 5 InsO das »Stehenlassen« einer überfälligen Forderung durch den Gesellschafter mit der Folge, dass diese eigenkapitalersetzenden Charakter erhält (*Bork* FS Uhlenbruck, S. 279 [287]); die Sicherungsübereignung von Maschinen an einen ehemaligen Gesellschafter, der sein Gesellschaftsvermögen als Darlehen zugunsten des Übernehmers der Gesellschaft stehen lässt (*RG* JW 1919, 34); Rücktritt oder Kündigung von

ZIP 2007, 435 [438]; ZIP 2001, 825 [828]; ZIP 1985, 339 [342]). Kann der Schuldner aber im Rahmen der Duldung sein Konto immer in gleicher Höhe überziehen, so entsteht ein geduldeter Dispositionskredit. Werden die vom Insolvenzschuldner an den Gläubiger zur Sicherheit abgetretenen Forderungen vom Drittschuldner aufgrund eines mit dem Schuldner geschlossenen Vergleichs bezahlt, wobei diese Forderungen nicht mit ihrem vollen Wert berücksichtigt worden sind, ferner der Schuldner noch zusätzliche Leistungen gegenüber dem Drittschuldner übernommen hat, bewirkt dies im Verhältnis zum Sicherungsnehmer eine Gläubigerbenachteiligung.

Zur Darlegungslast bei der Gläubigerbenachteiligung s. *BGH* ZIP 2007, 601; InVo 2007, 280.

Eine Benachteiligung entfällt, wenn der Insolvenzverwalter den Anfechtungsgegner in gleicher Höhe wie dem angefochtenen Betrag hätte vorweg befriedigen müssen (*BGH* ZIP 1991, 737; ZIP 1999, 196 [197]; ZIP 2000, 932 [934]; ZInsO 2005, 373, 375; ZInsO 2006, 544 Rn. 20f; ZInsO 2009, 828 Rn. 13; *OLG Dresden* ZIP 1997, 1428). 63

So etwa bei Befriedigung eines Absonderungsberechtigten oder der Erfüllung eines Aussonderungsanspruchs (*BGH* ZIP 1991, 1014; ZIP 1995, 630). Gleiches gilt, wenn Sicherheiten gleichwertig ausgetauscht werden (*BGH* ZIP 1986, 452 [454 f.]). 64

Der anfechtungsrechtliche Schutz des Aus- oder Absonderungsberechtigten wird allerdings durch die praktische Durchsetzbarkeit seines Rechts im Insolvenzverfahren bestimmt und begrenzt. Befriedigungshandlungen, welche hierüber hinausgehen, sind anfechtbar. Gleiches gilt für solche, die Befriedigung vorbereitenden, Handlungen welche die praktische Durchsetzbarkeit erleichtern. So etwa der Beitritt zu einem Sicherungspool, wenn dieser Beweiserleichterungen bewirkt, welche die Befriedigungsmöglichkeiten des Gläubigers tatsächlich verbessern (vgl. § 130 Rdn. 36). 65

Eine zunächst eingetretene Benachteiligung kann nachträglich dadurch wieder beseitigt werden, dass der Anfechtungsgegner den anfechtbar erhaltenen Gegenstand oder dessen vollen Wert in das Vermögen des Schuldners zurückführt (*BGH* ZIP 2007, 2084 [2086]). 66

Bei Rückzahlung eines Kredits kommt somit eine Gläubigerbeteiligung insoweit nicht in Betracht, als der Kredit durch Sicherheiten abgedeckt war, die ein Absonderungsrecht begründen (*BGH* ZIP 1998, 793 [800]; ZIP 1992, 781; *OLG Düsseldorf* ZIP 1997, 913 [918]). Unschädlich ist dabei die durch Wertschwankungen des Sicherungsgegenstandes bedingte übliche Differenz zwischen Sicherheitenwert und Kredit. Keine Benachteiligung wird dadurch begründet, dass bei einer Verwertung im Verfahren die Kostenpauschalen gem. §§ 170, 171 InsO bzw. § 10 Abs. 1 Nr. 1a ZVG zuvor von dem Verwertungserlös abzuziehen wären (*BGH* ZIP 2005, 40; ZIP 2004, 42; ZIP 2003, 2370 [2372]). 67

Bei der Verrechnung wechselseitiger Forderungen im Kontokorrentverhältnis benachteiligt die Gläubiger nicht, wenn die eingehenden Gutschriften aus der Bezahlung solcher Forderungen beruhen, welche der Bank zuvor anfechtungsfest zur Sicherheit abgetreten worden waren (*BGH* BGHZ 174, 297, Rz. 13; ZIP 2008, 1437 Rn. 20; *BGH* 26.06.2008 – IX ZR 144/05, Rn. 14 f.; 17.03.2011 – IX ZR 63/10, Rn. 32; 26.04. 2012 – IX ZR 67/09, Rn. 20 (m.Bespr. *Bartels* ZIP 2013, 1756); 02.02.2017 – IX ZR 245/14, Rn. 12). 68

Bei einer Umschuldung, bei der zwei Banken beteiligt sind, kann eine Gläubigerbenachteiligung gegeben sein, wenn die umschuldende Bank eine bessere Sicherungsstellung erhält (*BGH* 14.12.2006 – IX ZR 22/06). 69

III. Ursächlicher Zusammenhang

Es muss ein kausaler Zusammenhang zwischen der Rechtshandlung und der Gläubigerbenachteiligung bestehen (*BGH* ZIP 2000, 240 m.w.N.). Erforderlich ist dabei grds. eine reale Gegebenheit, die im natürlichen Sinne, ohne dass sie adäquat sein muss, eine Bedingung für die Gläubigerbenachteiligung darstellt. Nur gedachte Geschehensabläufe haben keine Bedeutung (*BGH* BGHZ 104, 355 [360]; BGHZ 121, 179 [187]; BGHZ 123, 183 [191]; BGHZ 123, 320 [326]) und können eine reale 70

derung eine weitere Überziehung zulässt. Es wird insoweit ein Darlehensvertrag begründet und durch die erfolgte Überweisung tritt die Gläubigerbenachteiligung ein (*BGH* DZWIR 2008, 256 [257]). Werden wechselseitige Forderungen im Kontokorrentverhältnis verrechnet, so benachteiligt dies die Gläubiger nicht, soweit die eingegangenen Gutschriften auf der Bezahlung solcher Forderungen beruhen, welche der Bank anfechtungsfest zur Sicherheit abgetreten worden waren (*BGH* 29.11.2007 – IX ZR 30/07, ZInsO 2008, 91 Rn. 13; 26.06.2008 – IX ZR 47/05, Rn. 20; 26.06.2008 – IX ZR 144/05, Rn. 14 f.; 17.03.2011 – IX ZR 63/10, Rn. 32; 26.04.2012 – IX ZR 67/09, Rn. 20; *BGH* 02.02.2017 ZInsO 2017, 494 [494] Rn. 12).

58 Eine Benachteiligung kann auch bei der Übertragung des Teilnahmerechts an einer Bundesliga vorliegen, wenn dieses einen Vermögenswert hat (*BGH* ZIP 2001, 889 [890]).

59 Ein Nachteil kann auch in einer verschärften Haftung und einer damit verbundenen Änderung der Beweislast liegen (vgl. etwa Art. 9 WG und Art. 12 ScheckG). Auch ein Heimfallanspruch kann gläubigerbenachteiligend sein (*BGH* ZIP 2007, 1120).

60 Bei, auch zwangsweiser, Herausgabe des Sicherungsgegenstandes kann es jedoch dadurch zu einer Benachteiligung kommen, dass der technisch-organisatorische Gesamtverbund des Schuldnervermögens hierdurch, etwa für den Fall der Unternehmensfortführung oder bei einem ansonsten erfolgten einheitlichen Unternehmensverkauf, nachteilig betroffen wird (vgl. § 166 Abs. 1 InsO; KS-InsO/*Henckel* 2000, Rn. 15; HK-InsO/*Kreft* § 129 Rn. 57; *Bork* FS Gaul 1997, S. 71 [76]; ausf. *Eckardt* ZIP 1999, 1734 [1739 ff.]). Anfechtungstatbestand ist dabei § 133 und nicht §§ 130, 131 InsO, da der Absonderungsberechtigte insofern nicht Insolvenzgläubiger ist (*Eckardt* ZIP 1999, 1741; a.A. HK-InsO/*Kreft* § 130 Rn. 9). Nur wenn hierdurch hinsichtlich der persönlichen Forderung eine höhere Befriedigung als bei der Verwertung durch den Insolvenzverwalter ermöglicht wird, kommt eine Deckungsanfechtung in Betracht (*Bork* FS Gaul 1997, S. 71 [76]). Der Anspruch geht auf Herausgabe oder Wiederbeschaffung des Sicherungsgegenstandes (vgl. § 143 Rdn. 25). Ein Ersatz des Substanzwertes kommt nicht in Betracht. Vielmehr ist nur der entzogene Nutzungswert abzüglich der Kompensationen gem. §§ 169, 172 InsO auszugleichen (*Eckardt* ZIP 1999, 1742 f.).

61 Bei einer Umschuldung, bei der zwei Banken beteiligt sind, kann eine Gläubigerbenachteiligung gegeben sein, wenn die umschuldende Bank eine bessere Sicherungsstellung erhält (*BGH* 14.12.2006 – IX ZR 22/06, JurionRS 2006, 29744, Rn. 2/3).

62 Keine Benachteiligung auch dann, wenn Ansprüche abgesichert werden, die als echte Masseforderungen einzuordnen sind (*BGH* ZIP 1998, 830 [834]). Bei Absicherung der in § 55 Abs. 2 und § 123 Abs. 2 Satz 1 InsO genannten Forderungen ist demgegenüber eine Anfechtung bei Masseunzulänglichkeit möglich (vgl. *BGH* ZIP 1981, 132). Eine Benachteiligung liegt auch dann nicht vor, wenn ein Vertrag aufgrund einer bestimmten Vertragsklausel angefochten wird und der Anfechtungsgegner unabhängig von der Regelung einen Anspruch auf Herbeiführung derselben Rechtslage hatte (*BGH* ZIP 1983, 337). Im Lastschriftverfahren wird das Vermögen des Schuldners erst mit der Einstellung der Lastschrift in das Kontokorrent berührt, so dass die Gutschrift zugunsten des Gläubigers keine Benachteiligung begründet (*BGH* ZIP 1980, 425). Ebenso, wenn ein zu Lasten des debitorischen Kontos des Schuldners begebender Scheck entsprechend den AGB der Bank rückgebucht wird (*OLG Koblenz* ZIP 2002, 2091). Keine Benachteiligung auch dann, wenn das Restentgelt für ein vom Schuldner zu errichtendes Werk von den Erwerbern trotz bestehendem Zurückbehaltungsrecht an einen Treuhänder mit der Maßgabe gezahlt wird, hiervon offen stehende Handwerkerforderungen zu begleichen, damit die Fertigstellung ohne Preisaufschlag erfolgen kann (*BGH* ZIP 2002, 535). Eine Gläubigerbenachteiligung ist auch in Fällen zu bejahen, in denen der Schuldner mit den Mitteln eines Dispositionskredites einen Gläubiger befriedigt (*BGH* WM 2001, 1476 [1477]; ZIP 2002, 489). Der Anspruch auf Auszahlung eines zugesicherten Darlehens ist mit dem Abruf pfändbar (*BGH* ZIP 2001, 825 [826]). Durch die Tilgung der Gläubigerforderung mit den gewährten Darlehensmitteln wird das Aktivvermögen des Schuldners zu Lasten der übrigen Insolvenzgläubiger verringert (*BGH* WM 2002, 561 [562 ff.]). Nur eine Duldung der Kontoüberziehung ergibt keinen Anspruch des Kunden auf Kreditgewährung und es entsteht keine pfändbare Forderung (*BGH*

Sind z.B. Ehegatten Inhaber eines gemeinsamen Anspruches oder eines gemeinsamen Kontos, so 51 kann anfechtungsrechtlich nur relevant sein, der Anspruch oder der Auszahlungsanspruch bei »Oder«-Konten, der dem späteren Insolvenzschuldner dem Grund und der Höhe nach zurechenbar ist (*BGH* 13.02.2014 – IX ZR 133/13, in Rn. 16 noch offengelassen, JurionRS 2014, 11158, ZInsO 2014 493 [495]).

2. Verkürzung der Haftmasse

Zahlungen an das Finanzamt benachteiligen die Gläubiger, auch wenn damit die von den Arbeitneh- 52 mern geschuldete Lohnsteuer beglichen wird (*BGH* ZInsO 2004, 270), wobei der Arbeitnehmer sogar Zweitlohnsteuerschuldner ist. Benachteiligung ist bei der Abführung von Sozialversicherungsbeiträgen auch hinsichtlich der auf den Arbeitnehmer entfallenden Anteile regelmäßig zu bejahen (vgl. § 143 Rdn. 16). Entsprechendes gilt für die Lohnsteuer (s. § 143 Rdn. 16).

Eine Verkürzung der Masse ist dann zu bejahen, wenn der Schuldner mit den Mitteln eines ihm zuvor 53 zur Verfügung gestellten Kredits einen oder seine Gläubiger befriedigt hat (*BGH* ZIP 2007, 435 [436]; ZIP 2002, 489; WM 2001, 1476 [1477]).

So auch bei der Einräumung einer Sicherheit durch einen Dritten: 54
– der Zahlung eines Bürgen, auch wenn sie auf Aufforderung der Bank unmittelbar auf das debitorische Konto des (Haupt)Schuldners erfolgt (*OLG Köln* ZInsO 2002, 444);
– der Weggabe eines Gegenstandes, den der Schuldner lediglich als uneigennütziger Treuhänder innehatte (vgl. *BGH* WM 2000, 1459 [1461]);
– der Zahlung des Grundstückskäufers zur Ablösung der der kontoführenden Bank zustehenden Grundschuld auf das debitorische Konto des Schuldners (*BGH* ZIP 2004, 1509 [1510]);
– der Befriedigung von Altgläubigern aus dem vom Schuldner an einen Dritten unanfechtbar übertragenen Unternehmen (*BGH* BGHZ 38, 44 ff.; **a.A.** *Berges* KTS 1961, 66 [67]);
– der Erfüllung einer persönlichen Schuld, die auch als öffentliche Last auf einem dem Schuldner gehörigen Grundstück ruht, soweit der Gläubiger sich nach § 10 Abs. 1 Nr. 3 ZVG aus dem Grundstück hätte befriedigen können (*BGH* ZIP 1985, 816);
– der Abtretung oder dem Verzicht auf eine für den Schuldner eingetragenen, aber noch nicht valutierten Hypothek (*RG* RGZ 51, 43; RGZ 52, 339; RGZ 60, 266);
– der Rückgabe der Kaufsache an den Eigentumsvorbehaltskäufer (*RG* Seuff-Arch. 64, 84).

Allerdings ist eine Benachteiligung anzunehmen, wenn hierdurch eine für die Masse vorteilhafte Verwertung des Grundstücks, etwa der freihändige Verkauf, verhindert werden (»Lästigkeitswert«; *OLG Hamburg* ZIP 2001, 1332 [1333 f.]).

Eine Benachteiligung scheidet auch bei der Änderung eines für den Schuldner ungünstigen Vertra- 55 ges aus (*BGH* ZInsO 2007, 596).

Gläubigerbenachteiligung auch bei Zahlung aus einem im Kontokorrent geführten Konto, wenn die 56 Bank dem Schuldner zur Zahlung auf die der Pfändung zu Grunde liegenden Forderung eine weitere Überziehung zulässt, da insoweit ein Darlehensvertrag zustande kommt und durch die erfolgte Überweisung die Gläubigerbenachteiligung eintritt (*BGH* DZWIR 2008, 256 [257]). Benachteiligung liegt auch vor, wenn eine zur Sicherheit abgetretene Forderung wegen §§ 406, 407 Abs. 1 BGB gegenüber dem Schuldner erfüllt werden kann und die absonderungsberechtigten Gläubiger hierdurch benachteiligt werden (i.E. ebenso *BGH* ZIP 2001, 885 [887]). Die Benachteiligung entfällt weiter nicht dadurch, dass der Schuldner der von dem Insolvenzschuldner abgetretenen Forderung dieselbe bestreitet (*OLG Brandenburg* ZIP 1998, 1367 [1368]) oder dass der Schuldner mit darlehensweise in Anspruch genommenen Mitteln eine Forderung erfüllt, es sei denn dem Darlehen liegt eine Zweckvereinbarung zu Grunde, aus der sich eine treuhänderische Bindung der Darlehensvaluta ergibt (*BGH* ZIP 2003, 1506 [1508]; ZIP 2002, 489; *OLG Hamburg* ZIP 2002, 1360).

Gläubigerbenachteiligung ist auch bei Zahlung aus einem im Kontokorrent geführten Konto dann 57 gegeben, wenn die Bank dem Schuldner zur Zahlung auf die der Pfändung zur Grunde liegende For-

geschäft vor, so dass eine danach eintretende Gläubigerbenachteiligung gemäß § 142 InsO nur noch nach § 133 InsO anfechtbar ist.

II. Beeinträchtigung der Gesamtheit der Insolvenzgläubiger

46 Die Feststellung hat gem. § 129 InsO vom Standpunkt der Gesamtheit der Insolvenzgläubiger aus zu erfolgen. Zu ihnen gehören auch die absonderungsberechtigten Gläubiger, sofern ihnen der Schuldner persönlich haftet (§ 52 InsO). Hierbei sind auch die Masseverbindlichkeiten nach § 55 Abs. 2 und § 123 Abs. 2 Satz 1 InsO zu berücksichtigen, da diese vor Verfahrenseröffnung entstanden und damit insoweit einer Insolvenzforderung gleichzustellen sind (vgl. *BGH* ZIP 1981, 132; ZIP 1999, 1977 [1979]; **a.A.** *Nerlich/Römermann* InsO, § 129 Rn. 89). Ausreichend ist auch die Benachteiligung von Massegläubigern i.S.v. § 55 Abs. 1 InsO (*Uhlenbruck/Hirte* InsO, 13. Aufl., § 129 Rn. 10, 109; *Uhlenbruck/Ries* InsO, § 208 Rn. 29; *Foerste* ZInsO 2013, 650). Dies gilt gerade im masseunzulänglichen Verfahren (*BGH* ZIP 2001, 1641 [1643]; *OLG Brandenburg* ZIP 2002, 1698; *OLG Hamburg* ZIP 2002, 1360; *Ahrendt/Struck* ZInsO 2000, 264 [266]; *Pape* ZIP 2001, 901; *Gundlach/Frenzel/Schmidt* NZI 2004, 184 ff.; **a.A.** *Dinsthüler* ZIP 2001, 1967 [1705 f.]; *Häsemeyer* KTS 1982, 507 [541 f.]). Zu der Gesamtheit der Gläubiger gehören auch die nachrangigen Insolvenzgläubiger nach § 39 InsO. Hier liegt eine Gläubigerbenachteiligung allerdings dann nicht vor, wenn es insgesamt oder in den einzelnen Rängen durch eine Rechtshandlung zugunsten eines Insolvenzgläubigers i.S.v. § 38 InsO oder eines ranghöheren Insolvenzgläubigers i.S.v. § 39 InsO zu einer Benachteiligung kommt (vgl. *OLG Thüringen* ZInsO 1999, 112). Gläubiger mit bestrittenen Forderungen zählen gleichfalls zur Gesamtheit der Gläubiger (*BGH* ZInsO 2014, 598), wobei dem Gläubiger die Möglichkeit des Nichtbestehens der Forderung ermöglicht werden muss. Beim Nichtbestehen entfällt die Gläubigerbenachteiligung.

47 Waren im Zeitpunkt der Rechtshandlung noch keine Gläubiger vorhanden, so entfällt die Gläubigerbenachteiligung nicht (*BGH* ZIP 2010, 841).

48 Auch bei bestehender Masselosigkeit wird das Anfechtungsrecht des Insolvenzverwalters nicht beseitigt (*BGH* ZInsO 2001, 904 Rn. 25). Die Begründungen dazu sind unterschiedlich und gegenläufig (s. dazu sehr ausf. bei *Foerste* ZInsO 2013, 659 ff.). Reicht die vorhandene oder die erwirtschaftete Insolvenzmasse vollständig zur Befriedigung der Gesamtgläubiger **ohne** die anzufechtende Forderung aus, so ist keine Benachteiligung der Gesamtheit der Gläubiger »mehr« gegeben (*BGH* ZInsO 2014, 598).

1. Zugehörigkeit zum Schuldnervermögen

49 Eine Gläubigerbenachteiligung bei schuldnerfremden, unpfändbaren (§ 36 InsO) oder nicht werthaltigen Gegenständen scheidet deshalb aus, denn die benachteiligende Rechtshandlung muss sich auf solche Gegenstände/Vermögenswerte beziehen, die im Zeitpunkt der anzufechtenden Rechtshandlung zum Vermögen des späteren Insolvenzschuldners gehört. Der Begriff des Vermögens ist nicht im sprachlichen Umfang zu verstehen, sondern der Begriff bezeichnet im Anfechtungsrecht das den Gläubigern haftende Vermögen. Zweck und Ziel der Anfechtung ist es nicht, **nicht** zum »**Haft**«-Vermögen gehörende Gegenstände durch die Anfechtung der Masse wieder zuzuführen (zur KO *BGH* ZIP 1995, 225 [227]).

50 Eine Unpfändbarkeit des Vermögenswertes führt aber nicht in jedem Fall zur Massefreiheit. Es ist vielmehr zu prüfen, ob die Unpfändbarkeit dem Ziel dient, den Schuldner zu schützen oder dem Drittgläubiger eine insolvenzfeste haftungsrechtliche Zuweisung zu verschaffen. Die Unpfändbarkeit einer Forderung nach § 851 Abs. 1 ZPO steht der Benachteiligung nicht entgegen, wenn das Pfändungsverbot nicht dem Schutz des Gemeinschuldners dient und damit die Forderung mit Verfahrenseröffnung in die Masse fällt (*BGH* ZIP 2001, 1248 [1249]). Im Falle der Arbeitnehmerüberlassung ist danach eine Benachteiligung hinsichtlich des Entgelts möglich (*BGH* ZIP 2004, 671 [672]).

(Teile) aufgliedern, so kann auch eine Teilanfechtung eröffnet sein. Insofern kommt bezogen auf den hierdurch eingetretenen gläubigerbenachteiligenden Erfolg eine isolierte Anfechtung in Betracht (*BGH* BGHZ 30, 238 [241]; vgl. *BGH* ZIP 2001, 885 [886], ZIP 2001, 2055 [2057]: zur durch Vertrag bewirkten Aufrechnungslage, vgl. jetzt hierzu § 130 Rdn. 29 ff.). Dass die Rechtshandlung auch sonstige, nicht anfechtbare Folgen hat, steht dem nicht entgegen. Davon ist auszugehen, wenn die anfechtbare Rechtshandlung das Schuldnervermögen nur in begrenztem Maße geschmälert hat und das Rechtsgeschäft insoweit teilbar ist (*BGH* ZIP 1994, 40 [45]; ZIP 1980, 618). Hier begrenzt das Ausmaß der Benachteiligung den Umfang der Anfechtungswirkung (*BGH* ZIP 1994, 40 [45]). Entscheidend ist, ob sich das Rechtsgeschäft in einzelne, voneinander unabhängige Teile zerlegen lässt (*RG* RGZ 114, 206 [210]; WarnRspr. 34 Nr. 198: Gewährung einer Sicherheit für alte und neue Schulden; *BGH* NJW 1959,1539: Vorausabtretung von künftigen Forderungen in einem Abtretungsvertrag nimmt den einzelnen Forderungen nicht ihre Selbstständigkeit, so dass sich die Frage der Anfechtbarkeit für jede Forderung gesondert stellt). War eine Beratertätigkeit teilweise unentgeltlich zu erbringen, steht die Vereinbarung eines Pauschalbetrages der Teilbarkeit nicht entgegen (*BGH* ZIP 1995, 297 [299]). Teilbar ist etwa ein allgemein ausgewogener Vertrag, der lediglich für den Fall der Insolvenz den späteren Schuldner unangemessen benachteiligt (*BGH* ZIP 1994, 40 [45]). Sind mehrere Rechtsgeschäfte in einer einheitlichen Urkunde beurkundet, so muss jedes Rechtsgeschäft für sich besonders angefochten werden.

J. Doppelinsolvenz von Gesellschaft und Gesellschafter

Wurden von dem persönlich haftenden Gesellschafter vor der Insolvenz der Gesellschaft Leistungen an einen Gläubiger der Gesellschaft erbracht, so ist grundsätzlich der Insolvenzverwalter der Gesellschaft zur Anfechtung berechtigt. Bei einer Doppelinsolvenz steht das Anfechtungsrecht dem Insolvenzverwalter des Gesellschafters zu, der von dem Gesellschaftsgläubiger in Anspruch genommen wurde (*BGH* ZIP 2008, 2224). Im vorliegenden Fall hat damit der BGH § 93 InsO auch auf den insolvenzrechtlichen Rückgewähranspruch angewendet. 44

K. Gläubigerbenachteiligung

I. Allgemeines

Eine Anfechtung kommt nach § 129 InsO nur in Betracht, wenn die Insolvenzgläubiger in ihrer Gesamtheit durch die Rechtshandlung objektiv benachteiligt werden. Entscheidend ist, dass sich die Befriedigungsmöglichkeit der Insolvenzgläubiger ohne jene Rechtshandlung günstiger gestaltet hätte (*BGH* BGHZ 86, 349; 90, 207; ZIP 1987, 305; ZIP 1989, 785 [786]; ZIP 2011, 438; ZInsO 2012, 1959; ZIP 2012, 1183; ZIP 2013, 2113; ZInsO 2014, 195; ZInsO 2014, 1655.). Eine Benachteiligung scheidet deshalb aus, wenn trotz dieser Rechtshandlung alle Gläubiger aus der Masse befriedigt werden können (*BGH* NJW 1988, 3143 [3148]; ZIP 1991, 737). Die Benachteiligung kann in einer Verminderung der Aktivmasse (*RG* RGZ 10, 9; 36, 166; 81, 145), in einer Vermehrung der Passivmasse (*BGH* ZIP 1991, 1014 [1018]; ZIP 1990, 459 [460]; 25.02.2016 – IX ZR 12/14, Rn. 6; 17.12.2015 – IX ZR 287/14, Rn. 13), in einer Erschwerung der Zugriffsmöglichkeit, etwa durch die Besitzverschiebung beweglicher Sachen (*RG* JW 1911, 67; *BGH* BGHZ 12, 238 [240 ff.]) und durch die Verzögerung der Befriedigung (*BGH* WM 1964, 505 [506]), oder in einer Erschwerung oder Verzögerung der Verwertbarkeit liegen (vgl. *BGH* BGHZ 124, 76 [78 f.]; ZIP 1990, 1420 [1422]; *OLG Hamburg* ZIP 2001, 1332). Ob eine Verkürzung vorliegt, ist nach wirtschaftlichen Gesichtspunkten zu entscheiden (*BGH* ZIP 1980, 250; ZIP 2014, 231). Eine Benachteiligung kommt nur hinsichtlich solcher Vermögensgegenstände in Betracht, die auch in die Insolvenzmasse gefallen wären (*BGH* ZIP 1980, 425). Zu unterscheiden ist weiter die unmittelbare von der mittelbaren Benachteiligung, da die Anfechtungstatbestände nur **unmittelbare Benachteiligung** genügen lassen (§§ 132 Abs. 1, 133 Abs. 2 InsO; *BGH* 09.06.2016 – IX ZR 153/15, Rn. 17; 20.12.2012 – IX ZR 130/10, Rn. 27), während im Übrigen eine mittelbare Benachteiligung genügt. Hat der Schuldner jedoch für seine Leistung unmittelbar eine gleichwertige Gegenleistung erhalten, liegt ein Bar- 45

- wenn der Schuldner beim Kauf einer Sache mit dem Käufer vereinbart, dass dieser einen Teil des Kaufpreises an einen Gläubiger des Schuldners zahlen soll (*RG* RGZ 46, 101);
- wenn der Schuldner das Entgelt für die Abtretung einer Grundschuld einem Dritten überweisen lässt (*RG* WarnRspr. 1933 Nr. 157);
- wenn der Schuldner ein Grundstück kauft und die Auflassung an seine Ehefrau vereinbart (*RG* RGZ 43, 83);
- wenn auf Anweisung des Schuldners ein Drittschuldner seine Verbindlichkeit durch Leistung an einen Gläubiger des Schuldners erfüllt (*RG* RGZ 59, 195; *OLG Celle* NZI 2000, 179; *OLG Brandenburg* ZIP 1999, 1012; vgl. *BGH* ZIP 1999, 1764 [1766]);
- wenn die Darlehenssumme des von dem Schuldner aufgenommenen Darlehens von dem Darlehensgeber zweckgebunden unmittelbar einem Dritten ausgezahlt werden soll (*BGH* ZIP 2001, 1248);
- eine Erbengemeinschaft dem Gläubiger eines Miterben einen Vermögensgegenstand unter Anrechnung auf dessen Erbteil zugewendet hat (*BGH* BGHZ 72, 39);
- Vereinbart der Schuldner mit einer Zwischenperson, sie solle für ihn fällige Beiträge an einen Sozialversicherungsträger bezahlen, bewirkt alleine schon die Mittelbarkeit dieser Zahlung i.d.R. eine inkongruente Deckung (vgl. *BGH* 09.01.2003 – IX ZR 85/02, ZIP 2003, 356 [358]);
- Übertragung der Ansprüche aus einer Lebensversicherung, wobei je nach Voraussetzung der Anfechtungstatbestände die durch die Leistung der Versicherungsprämien eingetretene Wertsteigerung oder die gesamte Versicherungsleistung zurück zu gewähren ist (*BGH* 20.12.2012 – IX ZR 21/12, Rn. 17; 22.10.2015 – IX ZR 248/14, Rn. 22.
- Inkongruent ist auch die vom Schuldner durch Anweisung einer Zwischenperson erwirkte mittelbare Zahlung an einen seiner Gläubiger, wenn jener Gläubiger keinen Anspruch auf diese Art der Erfüllung hatte (*BGH* BGHZ 123, 320 [324 f.]; ZIP 1998, 2008 [2011]).

Zur Deckung durch mittelbare Zuwendungen vgl. ausführlich § 130 Rdn. 15 ff.

G. Grund- und Erfüllungsgeschäft

42 Grund- und Erfüllungsgeschäft sind hinsichtlich ihrer Anfechtbarkeit gesondert zu behandeln, da die Zuwendung eines Anspruchs durch das Grundgeschäft etwas anderes ist, als die Zuwendung eines Gegenstandes als Erfüllung des Grundgeschäfts (MüKo-InsO/*Kirchhof* § 129 Rr.. 57). Ist das Grundgeschäft anfechtbar, folgt daraus jedoch grds. auch die Anfechtbarkeit des Erfüllungsgeschäfts (*RG* RGZ 116, 136). Möglich ist es aber auch, dass ausschließlich das Erfüllungsgeschäft anfechtbar ist (*RG* RGZ 20, 180; RGZ 27, 133). Verfügungen, die der Schuldner zur Erfüllung eines anfechtbaren Kausalgeschäfts vorgenommen hat, unterliegen dann ebenfalls der Anfechtung (a.A. MüKo-InsO/*Kirchhof* § 129 Rn. 57: Rückabwicklung nach den §§ 812 ff. BGB). Anderenfalls würde der Anfechtungsgegner nicht nach § 143 Abs. 1 Satz 2 InsO wie ein bösgläubiger Bereicherungsschuldner für die Rückgewähr verschärft haften, sondern nur, wenn die Voraussetzungen des § 819 BGB tatsächlich gegeben sind. Dies ist aber nicht gerechtfertigt, da die Erfüllung lediglich die Art der Gläubigerbenachteiligung von einer Vergrößerung der Passiv- in eine Verringerung der Aktivmasse umwandelt.

H. Teilanfechtung

43 Eine Rechtshandlung kann grds. nur insgesamt angefochten werden; die Anfechtung einzelner Bestimmungen eines Vertrages ist grds. ausgeschlossen (*BGH* WM 1971, 908 [909]; ZIP 1994, 40 [45]; vgl. *OLG Hamm* ZIP 1982, 722 [724]). Eine einheitliche Rechtshandlung kann allerdings auch einzelne, abtrennbare Wirkungen haben, die isoliert eine Gläubigerbenachteiligung verursachen. Im Anfechtungsrecht geht es grds. nur darum, die Auswirkungen einer angefochtenen Rechtshandlung rückgängig zu machen. Insoweit werden die Wirkungen beseitigt. Daher ist bei einer Teilanfechtung zu berücksichtigen, inwieweit die einheitliche Wirkung der angefochtenen Rechtshandlung rückgängig gemacht werden kann. In einem solchen Fall besteht nur eine einheitliche Anfechtung. Lassen sich aber die Auswirkungen der Rechtshandlung in einzelne Bereiche

diese selbst erhält. Denn diese Verbindlichkeiten gelten gem. § 55 Abs. 2 InsO nach Eröffnung als Masseverbindlichkeiten. Die hieraus sich ergebende Bevorzugung ist einer unmittelbaren tatsächlichen Leistung so ähnlich, dass hier von einem Bargeschäft gesprochen werden kann, welches nach § 142 InsO eine Anfechtung nach den § 130–132 InsO, nicht aber jedoch nach § 133 InsO ausschließt. Besichert oder befriedigt der vorläufige Verwalter allerdings Altforderungen, ist eine Anfechtung möglich (vgl. *BGH* ZIP 2003, 810; ZIP 2003, 855; *Kirchhof* ZInsO 2000, 297 [298]; a.A. *Obermüller* Insolvenzrecht in der Bankpraxis, Rn. 5, 224a). Ebenso, wenn die Leistung des Anfechtungsgegners nicht gleichwertig und deswegen unmittelbar benachteiligend für die Gläubiger ist (*BAG* ZIP 2005, 86 [87]). Die vorgenannte Einschränkung der Anfechtung gilt entsprechend für die Fälle eines »schwachen« vorläufigen Verwalters, soweit dieser im Rahmen einer Einzelermächtigung handelt (*BGH* 20.02.2014 – IX ZR 164/13, Rn. 11; MüKo-InsO/*Kayser* 3. Aufl., § 129 Rn. 44 m.w.N.; *Jaeger/Gerhardt* InsO, § 22 Rn. 226). Die Gläubigerbenachteiligung entfällt nicht durch eine etwaige Schadenersatzpflicht des vorläufigen Insolvenzverwalters nach § 60 InsO (*BGH* ZIP 1992, 1005 [1008]; ZIP 1992, 1008 [1009]). Dass die Rechtshandlung möglicherweise schon unwirksam ist, weil die Tätigkeit des vorläufigen Insolvenzverwalters durch die Sicherung und Erhaltung der Masse begrenzt wird (vgl. § 22 Abs. 1 Nr. 1 InsO; vgl. *BGH* ZIP 1995, 1204 [1206]), steht der Anfechtung ebenfalls nicht entgegen (*BGH* ZIP 1992, 1005 [1007]). Eine Anfechtungsmöglichkeit sieht der BGH auch bei dem sog. »halbstarken«-vorläufigen Verwalter (*BGH* ZInsO 2006, 208 [209] für »halbstarken« Verwalter bejahend). Ein treuwidriges Verhalten des vorläufigen Verwalters entfällt in den Fällen, in denen der vorläufige Verwalter Zahlungszusagen machte, die der Gläubiger durch Ausnutzen seiner wirtschaftlichen Machtstellung trotz Widerspruchs des vorläufigen Verwalters erreichte (*BGH* ZInsO 2013, 551 ff.).

4. Rechtshandlungen eines Vertreters

Rechtshandlungen eines gewillkürten oder gesetzlichen Vertreters stehen nach § 164 BGB den eigenen Handlungen des Schuldners oder anderer handelnder Personen gleich. So muss sich die vertretene juristische Person die Rechtshandlungen von Organen, vertretungsberechtigten Gesellschaftern und Abwicklern zurechnen lassen. Handelt der Vertreter ohne Vertretungsmacht, bedarf es der Genehmigung nach § 177 BGB. Rechtshandlungen des Nachlasspflegers sind solche der Erben (*RG* RGZ 106, 46). Zugerechnet werden auch Handlungen eines Amtswalters, etwa eines Testamentsvollstreckers, Nachlass- oder Insolvenzverwalters.

5. Mittelbare Zuwendungen

Mittelbare Zuwendungen, bei denen die Weggabe eines Vermögensgegenstandes zunächst an eine Mittelsperson und von dieser an einen Dritten erfolgt, können wie ein Direkterwerb des Dritten vom Schuldner angefochten werden, wenn sich beides wirtschaftlich betrachtet als einheitlicher Vorgang darstellt (*BGH* ZIP 1980, 346; ZIP 1992, 781; ZIP 1995, 297; 03.04.2012 – XI ZR 39/11, ZInsO 2012, 931 [934]; *Berges* KTS 1961, 65 ff.). Für den Dritten muss erkennbar sein, dass es sich um eine Leistung des Schuldners handelt. So z.B. wenn ein Dritter ein Darlehn zur Begleichung einer Verbindlichkeit gegenüber einem Gläubiger gewährt, auch bei einer Zahlung über ein Fremdgeldkonto eines Rechtsanwaltes (*BGH* ZIP 2011, 824). Die Gutgläubigkeit der Mittelsperson schadet dabei nicht, wenn nur der vom Schuldner erwartete und gewollte Erfolg eingetreten ist. Anfechtungsgegner ist grds. der Empfänger der Leistung, ausnahmsweise auch die Mittelsperson (vgl. § 143 Rdn. 54). Die allen Parteien bekannte Absicht, allein den Anfechtungsgegenstand an einen Dritten weiter zu übertragen, begründet allerdings keine mittelbare Zuwendung, wenn der Erwerber die erlangte Rechtsposition zeitweise faktisch ausübt (*BGH* ZIP 2001, 889 [890]). Ein Treuhandverhältnis zu dem Letzterwerber genügt allein nicht, wenn der Schuldner hierin nicht eingebunden ist.

Mittelbare Zuwendungen sind etwa gegeben:
– wenn ein Mittelsmann einen vom Schuldner ausgestellten Wechsel akzeptiert und mit von diesem überlassenen Mitteln einlöst (*RG* RGZ 35, 26);

2. Rechtsvorgänger des Gemeinschuldners

36 Rechtshandlungen eines Rechtsvorgängers des Schuldners können angefochten werden, wenn das gesamte Vermögen des Rechtsvorgängers übergegangen ist und dieser nicht mehr existiert (MüKo-InsO/*Kirchhof* vor § 129 Rn. 102). Das von dem Insolvenzverwalter durch die Anfechtung Erlangte ist dann aber als Sondermasse zu behandeln, die lediglich der Befriedigung der von dem Rechtsvorgänger begründeten Forderungen dient (*BGH* BGHZ 71, 296 ff.). Ist etwa eine Personengesellschaft in einer Kapitalgesellschaft aufgegangen, können in der späteren Insolvenz der Kapitalgesellschaft Rechtshandlungen der erloschenen Gesellschaft angefochten werden (*BGH* BGHZ 71, 296 ff.). Im Nachlassinsolvenzverfahren sind neben Rechtshandlungen des Erben (vgl. etwa § 322 InsO) auch solche des Erblassers anfechtbar. Anderenfalls kann nur der Insolvenzverwalter über das Vermögen des Rechtsvorgängers anfechten (*RG* LZ 1915, 300; *BGH* MDR 1956, 86). Auch die Tilgung der persönlichen Schuld eines Komplementärs, mit der dieser sich zur Leistung seiner Einlage außerstande setzt, kann in der Insolvenz der KG nicht angefochten werden (*OLG Schleswig* WM 1968, 137).

3. Vorläufiger Insolvenzverwalter

37 Rechtshandlungen eines vorläufigen Insolvenzverwalters (§ 22 InsO) können vom Insolvenzverwalter auch dann angefochten werden, wenn er selbst dieses Amt wahrgenommen hat (*BGH* ZIP 1983, 191; ZIP 1986, 448 m. Anm. *Henckel* JZ 1986, 694; *BGH* ZIP 1992, 1005; 1008; *OLG Köln* ZIP 1996, 1049; *OLG Hamm* KTS 1986, 643; *OLG Schleswig* ZIP 1985, 820; krit. *Häsemeyer* ZIP 1994, 418; weitergehend erläuternd *Kesseler* ZInsO 2006, 530). Die Anfechtung ist in solchen Fällen allenfalls zu versagen, wenn der spätere Insolvenzverwalter einen schutzwürdigen Vertrauenstatbestand beim Empfänger begründet hat und dieser infolgedessen nach Treu und Glauben damit rechnen durfte, an dem zugewendeten Gegenstand eine nicht mehr in Frage zu stellende Rechtsposition errungen zu haben (*BGH* ZInsO 2006, 208 [209]; BGHZ 86, 190 [197]; ZIP 1992, 1005 [1008]; ZIP 1992, 1008 [1009]; *OLG Köln* NJW-RR 1992, 1382 [1384]; vgl. *LG Kiel* ZInsO 2001, 860 [861] *BGH* 25.04.2013 – IX ZR 235/12, Rn. 37). Dies ist etwa im Einzelfall anzunehmen, wenn der vorläufige Insolvenzverwalter einen Vergleich mit einem Lieferanten schließt, in dem streitige Eigentumsvorbehaltsansprüche mitgeregelt werden (*OLG Düsseldorf* ZInsO 1999, 571 [574]) oder wenn der Verwalter der Erfüllung von Altverbindlichkeiten vorbehaltlos zustimmt, die im Zusammenhang stehen mit noch zu erbringenden Leistungen des Vertragspartners (*BGH* ZIP 2005, 314; vgl. *Kirchhof* ZInsO 2000, 297 [299]). Zu verneinen ist ein solcher Vertrauenstatbestand aber, wenn die Befriedigung einer Altforderung erst durch Druck des Gläubigers erwirkt wird (*OLG Celle* ZIP 2003, 412; *BGH* ZInsO 2006, 208 [209]; BGHZ 161, 315), von den Arbeitnehmern des Schuldners nur einzelne befriedigt werden (*LAG München* ZInsO 2004, 1157) oder der Verwalter bei der Rechtshandlung auf die spätere Anfechtung ausdrücklich hinweist (*BGH* ZIP 2005, 314 [316 f.]; ZIP 2003, 810 [813]; ZIP 2003, 855). Ein solcher Hinweis ist allerdings nicht zwingend erforderlich (vgl. *BAG* ZIP 2005, 86 [88]). Auch steht es nicht entgegen, dass der Vermerk »unter Vorbehalt der Anfechtung« auf einem zu Protest gegangenen Scheck, nicht aber auf dem daraufhin neu ausgestellten Scheck vorhanden war (*OLG Köln* ZIP 1996, 1049).

38 Grundsätzlich anfechtbar sind jedenfalls Rechtshandlungen, an denen ein vorläufiger Insolvenzverwalter ohne allgemeine Verwaltungs- und Verfügungsbefugnis beteiligt war (*BGH* BGHZ 154, 190 [194]; 161, 315 [318]; WM 2010, 2167; ZInsO 2010, 2293 Rn. 11; ZInsO 2013, 551 Rn. 16; JurionRS 2014, 11557 Rn. 11). Dies gilt insbesondere auch im Fall der vorläufigen Verwaltung mit Zustimmungsvorbehalt (*BGH* ZIP 2005, 314 [315 f.]; **a.A.** *Ganter* FS Gerhardt, S. 237 [242 ff.]). Auch bei Rechtshandlungen des »starken« vorläufigen Insolvenzverwalters kommt eine Anfechtung nicht in Betracht (*BGH* 20.02.2014 – IX ZR 164/13, Rn. 11; MüKo-InsO/*Kirchhof* § 129 Rn. 45; *Nerlich/Römermann* InsO, § 129 Rn. 47; *Gottwald/Huber* InsR, § 46 Rn. 25; wohl auch *BGH* ZIP 2005, 314 [315]; ZInsO 2006, 208 [209]: »halbstarken« Verwalter bejahend). Allerdings scheidet eine Anfechtung hier zumeist aus, wenn der vorläufige Insolvenzverwalter neue Verbindlichkeiten begründet und dafür einen Anspruch auf eine gleichwertige Gegenleistung oder

BGB gemindert, stellt sich dies als Rechtshandlung dar, wenn dem eine menschliche Willensbetätigung zugrunde liegt (a.A. *Baur/Stürner* Insolvenzrecht, Rn. 18.24). Beruht die Verbindung oder Vermischung ohne Willensbetätigung und ohne rechtlich erhebliches Unterlassen lediglich auf Naturkräften, ist nur der Verzicht auf den Ausgleichsanspruch nach § 951 BGB anfechtbar (so auch *Baur/Stürner* Insolvenzrecht, Rn. 18.24; a.A. offenbar KS-*Henckel* 2000, Rn. 19; vgl. *BGH* ZIP 1994, 40).

V. Unterlassungen

Die allgemeine Auffassung zur KO, dass sowohl materiell-rechtliche als auch prozessuale Unterlassungen der Anfechtung ausgesetzt sind, ist jetzt in § 129 Abs. 2 InsO ausdrücklich normiert (vgl. *Jaeger/Henckel* InsO, § 129 Rn. 28). Unterlassungen sind den Rechtshandlungen gleichzustellen, da sie die gleichen gläubigerbenachteiligenden Wirkungen haben können (Begr. RegE BT-Drucks. 12/2443 S. 157). Das Unterlassen muss jedoch bewusst und gewollt geschehen (*BGH* KTS 1960, 38; *Germann* Die Anfechtung von Unterlassungen, S. 60 ff.). Fälle sind etwa die Nichterhebung bestehender Einreden und Einwendungen, insbesondere die Nichterhebung von Mängelrügen oder eines Wechselprotests; die nicht erfolgte Anfechtung wegen Irrtum, arglistiger Täuschung oder Drohung (*C.G. Paulus* ZIP 1996, 2141 [2147]); die Nichtunterbrechung einer Verjährungs- oder Ersitzungsfrist; das Schweigen im Fall des § 362 HGB; die unterlassene Kündigung eines Girovertrages, die der Bank die Möglichkeit offenhält, an noch aufzubauendem Guthaben ein Pfandrecht zu erwerben (vgl. *BGH* ZIP 1996, 2080 [2081]); das Stehenlassen einer überfälligen Forderung durch den Gesellschafter durch deren Nichteinziehen oder durch Nichtstellen eines Insolvenzantrages mit der Folge, dass die Forderung eigenkapitalersetzenden Charakter erhält (*OLG Hamburg* ZIP 1984, 584 [586], eingehend *Bork* FS Uhlenbruck, S. 279 [282 ff.]); das Belassen einer Sicherung, nachdem der gesicherte Gesellschafterkredit kapitalersetzend geworden ist (*OLG Hamburg* ZIP 1987, 977); das Unterlassen des Einspruchs gegen ein Versäumnisurteil (*RG* JW 1914, 106); des Widerspruchs gegen einen Mahnbescheid (*RG* RGZ 169, 161 [163]) oder einen Arrestbefehl (*RG* RGZ 6, 367); mangels Gläubigerbenachteiligung ist die Unterlassung bzw. Ablehnung eines Erwerbs oder Vertragsabschlusses durch den Schuldner nicht anfechtbar (MüKo-InsO/*Kirchhof* § 129 Rn. 26). Unterlassungen können insbesondere nach § 132 Abs. 2 InsO anfechtbar sein. Auch die Nichteinlegung von Erfolg versprechenden prozessualen Handlungen (Angriffs- und Verteidigungsmitteln) stellt ein Unterlassen nach § 129 Abs. 2 InsO dar (*BGH* 21.11.2013 ZIP 2014, 35 Rn. 10; 16.01.2014 ZInsO 2014, 293 Rn. 13 im Rahmen des § 133 InsO entschieden).

34

VI. Handelnde Personen

1. Allgemeines

Bei einer gläubigerbenachteiligenden Rechtshandlung ist grds. eine Anfechtung ohne Rücksicht darauf möglich, ob der Schuldner diese vorgenommen oder an ihr durch positives Tun oder Unterlassen mitgewirkt hat oder ob sie allein von dem Gläubiger oder einem Dritten vorgenommen wurde (*BGH* WM 1965, 14; ZIP 2000, 364 [365]). Gläubigerhandlungen sind jedoch allgemein nur im Rahmen der besonderen Insolvenzanfechtung nach den §§ 130, 131 InsO anfechtbar. Eine Gläubigerhandlung ist nach § 133 InsO nur anfechtbar, wenn der Schuldner zumindest daran mitgewirkt hat (vgl. § 133 Rdn. 7 f.). Handlungen des Insolvenzschuldners unterliegen der Anfechtung nach §§ 132 Abs. 1 und 2, 133 Abs. 1 Satz 1, 134 Abs. 1, 142 InsO. Es bedingt nicht, dass der Schuldner alleine die Rechtshandlung vorgenommen hat. Eine Beteiligung daran von ihm genügt (*BGH* 19.09.2015 – IX ZR 2015/13, Rn. 13). Handlungen des Vollstreckungsorgans, wie etwa die Eintragung des Grundbuchamtes, unterliegen nicht der Anfechtung (*Wacke* ZZP 82, 377 [405]). Die zur Anfechtung nach § 10 GesO bestehende Streitfrage, ob neben den Rechtshandlungen des Schuldners auch solche eines Gläubigers angefochten werden können (zustimmend *BGH* ZIP 2000, 364 ff. m.w.N.), stellt sich nach der InsO nicht.

35

ZInsO 2004, 1161 ff.), Gebrauchsüberlassungs- und Darlehensverträge (*BGH* ZIP 1988, 725), Abfindungsvereinbarungen in Gesellschaftsverträgen (*Jaeger/Henckel* InsO, § 129 Rn. 53) oder die Vereinbarung zwischen Sicherungsgeber und Sicherungsnehmer über die Art und Weise der Verwertung des Sicherungsgutes (*BGH* ZIP 1997, 367). Arbeitsverträge, die der Schuldner als Arbeitnehmer abgeschlossen hat, sind grds. nicht anfechtbar, da die Arbeitskraft nicht zur Masse gehört (*RG* RGZ 70, 226 [230]; *BGH* WM 1964, 114). Etwas anderes gilt für Abreden aufgrund derer das pfändbare Arbeitseinkommen des Schuldners an dessen Vermögen vorbei an Dritte gelangt (vgl. § 850h Abs. 1 ZPO). Die von dem Schuldner als Arbeitgeber abgeschlossenen Verträge sind demgegenüber wie andere Verträge anfechtbar. Hierunter fallen insbesondere Arbeitsverträge mit nahen Angehörigen, in denen ein überhöhter Lohn vereinbart wird.

30 Rechtsgeschäftliche Verfügungen sind etwa die Übereignung von Sachen, die Abtretung von Forderungen oder anderen Rechten, die Belastung von Sachen oder Rechten oder die Einziehung von Forderungen. Zur Übertragung eines Miteigentumsanteils vgl. *J. Wilhelm/H. Wilhelm* ZIP 1999, 267 ff.

31 Bei der Einreichung eines Kundenschecks oder -wechsels muss zwischen der Hereinnahme durch die Bank, mit der diese Sicherungseigentum am Scheck bzw. Wechsel erwirbt, und der Verrechnung unterschieden werden (*BGH* ZIP 1992, 778 [780]; *OLG Stuttgart* ZIP 1996, 1621 [1622]). Bei Einreichung einer Lastschrift durch den Insolvenzschuldner ist die anfechtbare Rechtshandlung wie auch Zahlungen durch Lastschrift oder Abbuchungsverfahren (*BGH* ZIP 2003, 488), neben einer möglicherweise erfolgten Abtretung der Kausalforderung, in der von der Bank vorgenommenen Verrechnung zu sehen. Beim Einzugsermächtigungsverfahren ist maßgebend, ob der Insolvenzschuldner noch widersprechen kann (*BGH* ZIP 2003, 488; ZIP 2005, 494). Die Gutschrift ist nicht als anfechtbare Rechtshandlung anzusehen (*BGH* ZIP 1992, 778 [780]; anders noch *BGH* BGHZ 70, 177 [181 f.]). Obwohl ein Unternehmen als Ganzes nicht gepfändet werden kann, ist die Anfechtung der Unternehmensveräußerung zulässig, da sie sich letztlich als Summe der Anfechtungen der Einzelübertragungen darstellt (*Jaeger/Henckel* InsO, § 129 Rn. 70 ff.; a.A. *RG* RGZ 70, 226; RGZ 134, 91 [98]; *BGH* WM 1964, 114: Anfechtung der Einzelübertragungen; vgl. *Karsten Schmidt* 3B 1988, 5 ff.; *Wessels* ZIP 2004, 1237 ff.).

III. Prozesshandlungen

32 Anfechtbare Rechtshandlungen sind auch Handlungen und Unterlassungen mit prozessrechtlicher Wirkung (vgl. hierzu § 143 Rdn. 15 u. umfassend *Kühnemund* Anfechtung von Prozesshandlungen). Hierunter fallen etwa Anerkenntnis (§ 307 ZPO), Geständnis (§ 288 ZPO), Nichtbestreiten von Tatsachen (§ 138 Abs. 3 ZPO), Prorogation (§ 38 ZPO), Zuständigkeitsbegründung durch rügeloses Verhandeln (§ 39 ZPO); Klageverzicht (§ 306 ZPO), Verzicht oder unterlassene Rüge von Verfahrensverletzungen (§ 295 ZPO), Klage- und Rechtsmittelrücknahme, Unterlassen rechtzeitigen Vortrags von Angriffs- und Verteidigungsmitteln mit der Folge der Präklusion (eingehend *Kühnemund* KTS 1999, 25 [32 ff.]), Unterlassung eines Widerspruches gegen einen Mahnbescheid (*RG* RGZ 169, 163), Prozessvergleich, Aushändigung einer vollstreckbaren Urkunde (*RG* RGZ 126, 307) und Parteihandlungen in der Zwangsvollstreckung, etwa das Nichteinschreiten gegen Vollstreckungshandlungen. Zur Anfechtung von Vollstreckungshandlungen eines Gläubigers s. § 131 Rdn. 36.

IV. Geschäftsähnliche Handlungen und Realakte

33 Rechtsgeschäftsähnliche Handlungen und Realakte (*BGH* 12.02.2004 – IX ZR 98/03, WM 2004, 666 [667]; 14.12.2006 – IX ZR 102/03, NZI 2007, 158; 27.11.2007, ZInsO 2008, 91 [94] Rn. 37), d.h. auf einen tatsächlichen Erfolg gerichtete Erklärungen bzw. Willensbetätigungen, deren Folgen kraft Gesetzes eintreten (vgl. *Palandt/Heinrichs* vor § 104 Rn. 6, 9), sind gleichfalls der Anfechtung ausgesetzt. Hierunter fallen etwa: die Anzeige einer Abtretung nach § 409 BGB; Verwendungen auf fremde Sachen oder auf den Anteil eines Miteigentümers (*BGH* ZIP 1980, 250); die Verarbeitung nach § 950 BGB, auch wenn sie im Zusammenhang mit einer Verarbeitungsklausel erfolgt (*Serick* ZIP 1982, 507 ff.). Wurde das Schuldnervermögen durch einen Rechtsverlust nach den §§ 946–949

uneigennütziger Treuhänder (*BGH* ZIP 1993, 602; ZIP 1994, 218 [219]: Zurverfügungstellung eines Kontos zum Forderungseinzug; vgl. *BGH* ZIP 2001, 1005 [1008]).

Die Zahlung einer Geldstrafe ist eine Rechtshandlung und daher anfechtbar (*BGH* 10.07.2014 – IX ZR 280/13, InsbürO 2014, 527 [528]). 23

Der Schuldner, der eine Überweisung von seinem Bankkonto veranlasst, nimmt eine eigene Rechtshandlung vor, selbst wenn zuvor Ansprüche auf Auszahlungen von diesem Konto zugunsten des Zahlungsempfängers gepfändet und ihm zur Einziehung überwiesen wurden (*BGH* 09.06.2011 – IX ZR 179/08, Rn. 10 m.w.N.; 22.11.2012 – IX ZR 142/11, Rn. 9; 21.11.2013 ZInsO 2014, 31 [32] Rn. 9 zu § 133 InsO). 24

Führt eine Handlung des Insolvenzschuldners zum Entstehen einer Steuerverbindlichkeit, so ist dies eine anfechtbare Rechtshandlung des Insolvenzschuldners (*BGH* 22.10.2009 ZInsO 2009, 2334; *BFH* 02.11.2010 ZInsO 2011, 283; *BFH* ZInsO 2012, 185 Rn. 366 ff.). 25

Nach Ansicht des FG Stuttgart sind die von Lieferanten zugunsten des Insolvenzschuldners erbrachten »Eingangsleistungen« aus denen sich im erklärten umsatzsteuerrechtlichen Voranmeldezeitraum ergebenden Vorsteuerüberhänge anfechtbare Rechtshandlungen (*FG Stuttgart* ZIP 2011, 1784 [1785]), die der Insolvenzanfechtung unterliegen. Nach dem *BFH* (– VR 13/11): »handelt es sich bei der Steuerberechnung (Zwangsverrechnung) nach §§ 16 ff. UStG demgegenüber – entgegen dem Urteil des *FG Baden-Württemberg* vom 06.04.2011 (– 1 K 808/08, EFG 2011, 1407, Rev. VII R 30/11) – nicht um eine anfechtbare Rechtshandlung (Aufrechnung nach § 226 Abs. 1 AO i.V.m. §§ 387 ff. BGB). Anders als bei einer Aufrechnung, die selbständige Forderungen voraussetzt (*Ermann/E. Wagner* BGB, vor § 387 Rn. 6), sind die im Rahmen der Steuerberechnung nach §§ 16 ff. UStG miteinander zu saldierenden Steueransprüche, Vorsteuerbeträge und Berichtigungen lediglich unselbständige Besteuerungsgrundlagen innerhalb einer Steuerberechnung und -festsetzung, nicht aber Ansprüche mit verfahrensrechtlichem Eigenleben; erst wenn sich bei der Steuerberechnung gem. §§ 16 ff. UStG als Saldo eine Steuerschuld oder – als Vergütungsanspruch – ein rechnerischer Überschuss und damit eine »negative Steuerschuld« zugunsten des Unternehmers ergibt, besteht ein selbständiger und damit abtretbarer oder aufrechenbarer Steuer- oder Vergütungsanspruch (*BFH* 24.03.1983 – V R 8/81, BFHE 138, 498 = BStBl. II 1983, 612 unter 1.a, m.w.N. zur BFH-Rechtsprechung). Denn die Steuerberechnung gem. §§ 16 ff. UStG hat keine gläubigerbenachteiligende Wirkung und führt daher nicht zu einer anfechtbaren Rechtshandlung i.S.v. § 129 InsO (unzutreffend daher auch insoweit Urt. des *FG Baden-Württemberg* EFG 2011, 1407)«. Die Kündigung eines Vertragshändlervertrages ist ebenso eine anfechtbare Rechtshandlung (*BGH* ZInsO 2013, 1180). Das eigene Auffüllen des Guthabens eines gepfändeten Kontos stellt eine Rechtshandlung des Schuldners dar (*BGH* ZInsO 2013, 2213). Weiterhin nimmt der BGH das Vorliegen einer Rechtshandlung an, wenn der Schuldner seinen Vater anweist, Zahlungen zugunsten eines Dritten, hier des Fiskus, vorzunehmen (*BGH* ZInsO 2013, 2378). Bei den vorgenommenen Überweisungen handelt es sich dann nach konsequenter Fortführung seiner Rechtsprechung nur um Rechtshandlungen des Vaters. 26

Eine Abtretungsvereinbarung mit Saldoanerkenntnis stellt eine Rechtshandlung dar (*OLG Frankfurt* ZInsO 2014, 554 [556]). 27

Ist eine Rechtshandlung grds. unanfechtbar, wie die Ausschlagung oder Annahme einer Erbschaft, so scheidet grds. eine Anfechtung aus. Auch der Erbverzicht wird grds. davon betroffen. Konsequenterweise ist dann auch die Änderung oder die Aufhebung eines Erbvertrages nicht anfechtbar (*BGH* 20.12.2012 – IX ZR 56/12, FamRZ 2013, 374 Rn. 5). Ebenfalls nicht anfechtbar ist die nicht Ausnutzung seiner Arbeitskraft durch den Insolvenzschuldner (*BGH* WM 1964, 505). 28

II. Rechtsgeschäfte

Zu den Rechtsgeschäften gehören etwa schuldrechtliche Verträge, wie Vergleiche i.S. § 779 BGB (*Gerhardt* KTS 2004, 195 ff.), Bürgschaften (zur Anfechtung bei upstream guarantees vgl. *Hirte* 29

fen. So können Rechtshandlungen von bis zu vier Jahren vor dem Antrag nach § 134 InsO, von bis zu zwei Jahren vor dem Antrag nach § 133 Abs. 2 InsO, von bis zu einem Jahr vor dem Antrag nach §§ 136, 135 Nr. 2 InsO, von bis zu drei Monaten vor dem Antrag nach § 130 Abs. 1 Nr. 1, § 131 Abs. 1 Nr. 2 und 3, § 132 Abs. 1 Nr. 1 InsO und von bis zu einem Monat vor dem Antrag nach § 131 Abs. 1 Nr. 1 InsO angefochten werden. Nach dem Eröffnungsantrag liegende Rechtshandlungen sind nach allen Anfechtungstatbeständen anfechtbar.

19 Im Nachlassinsolvenzverfahren sind die besonderen Anfechtungstatbestände der §§ 322, 328 InsO ergänzend zu beachten.

20 Die Tatbestände stehen grds. selbstständig nebeneinander, schließen sich gegenseitig nicht aus und können auch gleichzeitig erfüllt sein (*BGH* BGHZ 58, 240 [240]; ZIP 1993, 1653). Etwas anderes gilt jedoch bei der Gewährung einer kongruenten oder inkongruenten Deckung, diese ist neben §§ 130, 131 InsO nicht auch nach § 134 InsO anfechtbar (*BGH* BGHZ 58, 240 [242 ff.]).

F. Rechtshandlung

I. Allgemeines

21 Rechtshandlungen sind alle Willensbetätigungen, an die das Gesetz rechtliche Wirkungen knüpft, ohne dass diese gewollt sein müssen (*BGH* WM 1975, 1182 [1184]) und das Vermögen des Insolvenzschuldners zum Nachteil der Gläubiger verändern kann (*BGH* 09.07.2009 – IX ZR 86/08, Rn. 21). Es kann sich dabei um Willenserklärungen als Teil eines dinglichen oder obligatorischen Rechtsgeschäfts, um auf einen tatsächlichen Erfolg gerichtete Rechtshandlungen oder Unterlassungen auf materiell-rechtlichem Gebiet oder um Handlungen und Unterlassungen auf prozessrechtlichem Gebiet handeln. Der Begriff ist weiter als die in den §§ 132, 133 Abs. 2, 134 InsO verwendeten Begriffe Rechtsgeschäft, Vertrag und unentgeltliche Leistung. Die Rechtshandlung ist nicht selbst Gegenstand der Anfechtung. Vielmehr wird die durch sie verursachte gläubigerbenachteiligende Wirkung angefochten (*BGH* ZIP 1999, 406; ZIP 2001, 885 [886]). Erfasst werden positives Tun und Unterlassungen. Ein Unterlassen muss aber willentlich und mit Wissen des Handelnden geschehen (*BGH* ZInsO 2005, 560). Mehrere Rechtshandlungen sind jeweils einzeln anzufechten (*BGH* 22.10.2015 – IX ZR 248/14, Rn. 18; *BGH* NZI 2000, 310; NZI 2002, 255 [256]), auch wenn sie sich wirtschaftlich ergänzen (*BGH* ZIP 2009, 186 [187]). Ist eine Vermögensminderung infolge eines hoheitlichen Aktes, wie z.B. bei einer Zwangsvollstreckung, eingetreten, so liegt keine Rechtshandlung vor (*BGH* 29.06.2004 – IX ZR 258/02, BGHZ 165, 343; 25.10.2012 – IX ZR 117/11, Rn. 25).

22 Rechtshandlungen sind ferner eine Betriebsaufspaltung (*Jaeger/Henckel* InsO, § 129 Rn. 74); der Spaltungsplan nach § 136 UmwG bzw. der Spaltungsbeschluss (*Roth* ZInsO 2013, 1710); die Aufgabe einer Firma, auch bei einem Einzelkaufmann oder einer Personengesellschaft (*OLG Düsseldorf* ZIP 1989, 457; *Uhlenbruck* ZIP 2000, 401 [404]) und die Firmenänderung; die Leistung einer Einlage (*RG* RGZ 24, 14 [23 f.]; RGZ 74, 16 ff.); die Einlagenrückgewähr an den stillen Gesellschafter (§ 136 InsO); die Genehmigung einer zwischen dem Alt- und Neuschuldner vereinbarten Schuldübernahme (*OLG Nürnberg* KTS 1967, 170); die nachträgliche Zweckerklärung, mit der die Sicherungsabrede bzgl. einer Grundschuld ausgefüllt wird (*LG Potsdam* ZIP 1997, 1383); ein aufgestellter Sozialplan oder eine Betriebsvereinbarung (vgl. Rdn. 15); güterrechtliche Vereinbarungen (*BGH* BGHZ 57, 123 [124]); der Scheidungsantrag, der zu einer Gläubigerbenachteiligung durch Verkürzung der Rente als Folge des Versorgungsausgleichs führt (*Jaeger/Henckel* InsO, § 129 Rn. 63, auch zum Nachentrichten von Beiträgen und zur Vereinbarung von Ersatzleistungen bei Ausschluss nach § 1408 Abs. 2 BGB); Beschlüsse eines Gesellschaftsorgans (*OLG Hamburg* MDR 1951, 497); der Ausschluss aus einer BGB-Gesellschaft (*BGH* BGHZ 86, 349 [354]; ZIP 1983, 334 [335]); die Herbeiführung einer Aufrechnungslage (vgl. § 96 Abs. 1 Nr. 3 InsO); die Sicherungsübertragung von Geschmacksmusterrechten (*BGH* ZIP 1998, 830); die Übertragung des Teilnahmerechts eines Vereins an der Bundesliga (*BGH* ZIP 2001, 889 ff.); die Erlangung einer formellen Rechtsposition als

Ein nicht früher als drei Monate vor dem Eröffnungsantrag aufgestellter Sozialplan kann nach § 124 15 Abs. 1 InsO widerrufen werden. Einer Anfechtung bedarf es deshalb nur noch für die vor diesem Zeitraum aufgestellten Sozialpläne (eingehend *Jaeger/Henckel* InsO, § 119 Rn. 50). Dabei unterliegt auch ein durch Spruch der Einigungsstelle zustande gekommener Sozialplan der Anfechtung (zur KO bereits: *Jaeger/Henckel* KO, § 29 Rn. 39; diff. *Hanau* ZfA 1974, 89 [114]; *Willemsen* ZIP 1982, 449 [451 f.]). Anfechtungsgegner ist der einzelne Arbeitnehmer (*Jaeger/Henckel* KO, § 29 Rn. 41) oder möglicherweise auch der Betriebsrat (*LAG Hamm* ZIP 1982, 615). Betriebsvereinbarungen können nach § 120 InsO mit einer Frist von drei Monaten oder aus wichtigem Grund gekündigt werden. Daneben ist auch eine Anfechtung möglich (vgl. *LAG München* ZIP 1987, 589).

Die Anfechtung einer Vollstreckungshandlung kann mit einem Rechtsbehelf des Schuldners gegen 16 die Zwangsvollstreckung konkurrieren. Hat etwa der geschäftsunfähige Gläubiger einen Antrag auf Pfändung gestellt, ist die Pfändung trotzdem wirksam und unterliegt der Anfechtung. Für die Anfechtungsklage wird dann jedoch das Rechtsschutzbedürfnis fehlen, da die gleichzeitig mögliche Vollstreckungserinnerung den einfacheren Rechtsbehelf darstellt (zur KO bereits: *Jaeger/Henckel* KO, § 29 Rn. 4). Ausgeschlossen ist die Anfechtung, wenn der Insolvenzgläubiger eine Sicherung im letzten Monat vor Verfahrenseröffnung durch Zwangsvollstreckung erlangt hat, da diese Sicherung nach § 88 InsO unwirksam ist (Rückschlagsperre, hierzu ausführlich *Grothe* KTS 2001, 205 ff.; *Nowack* KTS 1992, 161 ff.).

E. Überblick über die Insolvenzanfechtung

Eine erfolgreiche Insolvenzanfechtung setzt allgemein voraus, dass eine vor oder eine in den Fällen 17 des § 147 InsO nach Verfahrenseröffnung erfolgte Rechtshandlung zu einer Benachteiligung der Insolvenzgläubiger führt, zwischen Rechtshandlung und Benachteiligung ein Zurechnungszusammenhang besteht und der Vorgang einen der in den §§ 130–136 InsO genannten Tatbestände erfüllt. Liegen diese Erfordernisse vor, kann der Insolvenzverwalter das Anfechtungsrecht wahrnehmen, indem er innerhalb von drei Jahren nach Kenntnis von den den Rückgewähranspruch begründenden Umständen (§ 146 Abs. 1 InsO i.V.m. § 195, § 199 Abs. 1 Nr. 2 BGB) den Anspruch nach § 143 InsO geltend macht. Ist die Verjährungsfrist abgelaufen, kann er die Anfechtbarkeit zumindest noch als Einrede geltend machen (§ 146 Abs. 2 InsO). Eine Anfechtung ist auch dann möglich, wenn für die Rechtshandlung ein vollstreckbarer Schuldtitel erlangt oder die Handlung durch Zwangsvollstreckung erwirkt worden ist (§ 141 InsO). Werden der Empfänger einer anfechtbaren Leistung bzw. dessen Rechtsnachfolger (§ 145 InsO) in Anspruch genommen, bestimmen sich ihre Gegenrechte nach Maßgabe des § 144 InsO.

Die vier Haupttatbestände der Konkursanfechtung werden auch nach der InsO im Grundsatz auf- 18 rechterhalten. Zu unterscheiden sind die in den §§ 130–132 InsO geregelte besondere Insolvenzanfechtung (früher § 30 KO), die Vorsatzanfechtung nach § 133 InsO (früher § 31 KO), die Schenkungsanfechtung gem. § 134 InsO (früher § 32 KO) und die Anfechtung der Sicherung oder Befriedigung kapitalersetzender Darlehen nach § 135 InsO (früher § 32a KO). Die früher in § 237 HGB geregelte Anfechtung bei der Stillen Gesellschaft wurde aus rechtssystematischen Gründen in das Insolvenzrecht zurückgeführt. Von »besonderer« Insolvenzanfechtung spricht man, weil die in den §§ 130–132 InsO geregelten Anfechtungstatbestände nur im Insolvenzverfahren und nicht auch bei der Anfechtung nach dem AnfG geltend gemacht werden können. Soweit es bei den Anfechtungstatbeständen auf die Einhaltung einer Frist ankommt, bestimmt sich deren Berechnung nach § 139 InsO. Die anzufechtende Rechtshandlung ist dabei nach § 140 Abs. 1 InsO grds. in dem Zeitpunkt vorgenommen, in dem ihre rechtlichen Wirkungen eintreten. Besteht eine Rechtshandlung aus mehreren Teilakten ist der letzte zur Wirksamkeit erforderliche Teilakt maßgeblich. Bei Registergeschäften ist ausnahmsweise der Eintragungsantrag maßgeblich, wenn die übrigen Voraussetzungen für das Wirksamwerden erfüllt sind (§ 140 Abs. 2 InsO). Von der Anfechtung sind dabei grds. alle Rechtshandlungen betroffen, die sich in einem Zeitraum von bis zu zehn Jahren vor dem Antrag auf Eröffnung abgespielt haben (§ 133 Abs. 1 InsO, § 135 Nr. 1 InsO). Je näher der Vorgang an den Eröffnungsantrag heranrückt, desto mehr Anfechtungstatbestände können eingrei-

gen (vgl. § 399 Hs. 1 BGB. Zu den sich daraus ergebenden Rechtswirkungen, insbesondere zur Abtretbarkeit s. Rdn. 90.

D. Abgrenzung und Verhältnis der Insolvenzanfechtung zu rechtsähnlichen Tatbeständen

11 Die Gläubigeranfechtung außerhalb des Insolvenzverfahrens nach dem AnfG (hierzu *Dauernheim* AnfR, S. 193 ff.) verfolgt das Ziel, den Kreis der Vollstreckungsobjekte für einen einzelnen anfechtenden Gläubiger wegen eines bestimmten titulierten Anspruchs zu erweitern. Sowohl hinsichtlich der allgemeinen Voraussetzungen, der Anfechtungstatbestände und der Rechtsfolge decken sich beide Rechtsinstitute nur teilweise. So kennt das AnfG etwa nicht die Tatbestände der §§ 130–132 InsO (vgl. § 130 Rdn. 2). Weiter hat der Empfänger des anfechtbar weggegebenen Gegenstandes die Zwangsvollstreckung in das Vermögensstück so zu dulden, als gehöre es noch dem Schuldner (*BGH* NJW 1995, 2848). Demgegenüber wird der Gegenstand bei der Anfechtung nach den §§ 129 ff. InsO im Interesse aller Gläubiger an die Masse zurückgewährt, um diese insgesamt gleichmäßig zu befriedigen. Zum Einfluss der Verfahrenseröffnung auf einen rechtshängigen oder bereits rechtskräftig entschiedenen Gläubigeranfechtungsprozess vgl. § 143 Rdn. 76 f.

12 Mit der Anfechtung nach den §§ 119 ff., 142 BGB hat die Insolvenzanfechtung nichts gemein. Beide Rechtsinstitute sind nach Zweck, Voraussetzungen und Wirkung grundverschieden (*RG* LZ 1907, 836). Dass ein Geschäft nach der InsO anfechtbar ist, schließt jedoch nicht aus, dass es auch nach dem BGB anfechtbar ist. Der Insolvenzverwalter kann dann sowohl im Wege der insolvenzrechtlichen Anfechtung vorgehen als auch die Wirksamkeit des Geschäfts durch eine Anfechtungserklärung nach § 143 BGB beseitigen (s. Rdn. 86).

13 Das Anfechtungsrecht als solches hat nicht den Charakter eines deliktischen Anspruchs (*BGH* WM 1962, 1317). Weiterhin sind die Vorschriften des BGB über die Nichtigkeit (§§ 134, 138 BGB) und über die unerlaubte Handlung (§§ 823 ff. BGB) nicht bereits dann erfüllt, wenn ein Anfechtungstatbestand verwirklicht ist, sondern erst bei Hinzutreten weiterer, über die Gläubigerbenachteiligung hinausgehender Umstände (*BGH* ZIP 1995, 1364; ZIP 1993, 521 [522]; ZIP 1993, 602 [603]; ZIP 1994, 40 [43]; ZIP 1996, 637). Allerdings müssen die Umstände nicht über die tatbestandlichen Anforderungen der §§ 134, 138, 823 ff. BGB hinausgehen (*BGH* ZInsO 2000, 497 [498] zum AnfG). Im Verhältnis zu den Gläubigern gehen demnach die Anfechtungsvorschriften den Nichtigkeitsbestimmungen der §§ 134, 138 BGB grds. vor (*BGH* ZIP 1996, 1475). Ein die Nichtigkeit begründender besonders erschwerender Umstand ist gegeben, wenn der Schuldner planmäßig mit einem eingeweihten Dritten, etwa dem Ehegatten zusammenwirkt, um sein wesentliches pfändbares Vermögen dem Gläubigerzugriff zu entziehen (*BGH* ZIP 1995, 630; ZIP 1995, 1364 [1369]; ZIP 1996, 1178 [1179]; ZIP 2000, 238 [243]), die Gläubigergefährdung also mit einer Täuschungsabsicht oder einem Schädigervorsatz einhergeht. Es kann dabei genügen, dass der Vertragspartner die Täuschung anderer Gläubiger darüber, dass der Schuldner kein freies Vermögen mehr hat, billigend in Kauf genommen hat. Dies ist dann der Fall, wenn er Umstände kennt, die den Schluss auf einen bevorstehenden Zusammenbruch des Schuldners trotz einer mit dem Kredit angestrebten Sanierung aufdrängen und sich über diese Erkenntnis zumindest grob fahrlässig hinwegsetzt (*BGH* ZIP 1998, 793 [796]: Konzernfinanzierung; *BGH* ZIP 1984, 37). Nichtigkeit ist aber nicht schon deswegen anzunehmen, weil der Schuldner durch das anfechtbare Geschäft unterhaltsberechtigte Angehörige benachteiligen wollte (zum AnfG: *BGH* KTS 1969, 48 [50]; anders bei Mitwirkung eines Dritten: *BGH* WM 1970, 404; ZInsO 2000, 497 [498] zum AnfG). Die §§ 129 ff. InsO sind keine Verbotsgesetze i.S.v. § 134 BGB (*Jaeger/Henckel* InsO, § 129 Rn. 252).

14 Das Aufrechnungsverbot nach § 96 Abs. 1 Nr. 3 InsO geht der gesonderten Anfechtung der Herbeiführung der Aufrechnungslage vor. Erklärt also ein Insolvenzgläubiger nach Verfahrenseröffnung die Aufrechnung bzgl. einer schon vor diesem Zeitpunkt bestehenden Aufrechnungslage, ist diese ohne Weiteres unwirksam, wenn die Aufrechnungslage anfechtbar herbeigeführt worden ist. Die frühere Zweispurigkeit zwischen dem Aufrechnungsverbot nach § 55 Nr. 3 KO und der Anfechtbarkeit nach § 30 KO besteht damit nicht mehr (vgl. Begr. RegE BT-Drucks. 12/2443 S. 141; *Gerhardt* FS Brandner, S. 612; ausf. zur KO *Jaeger/Henckel* KO, § 30 Rn. 267 ff.).

sonderungsrecht in der Insolvenz des Anfechtungsgegners anerkannt hat (ZIP 2003, 2307 [2310]; zur Recht kritisch hierzu aus methodischer Sicht *Gerhardt* ZIP 2004, 1675; vgl. hierzu auch *Eckardt* KTS 2005, 15 ff.).

Der Anspruch auf Rückgewähr ist dabei, auch bei der Anfechtung nach § 133 InsO, nicht deliktischer Natur (*BGH* ZIP 1986, 787; anders zu § 31 KO *RG* RGZ 84, 253). Die angefochtene Rechtshandlung stellt sich nämlich nicht schlechthin als unerlaubte Handlung gegenüber denjenigen dar, deren Interessen die Anfechtung dient. Derselbe Sachverhalt kann jedoch über den Anfechtungstatbestand hinaus auch einen deliktischen Schadensersatzanspruch begründen (*BGH* NJW-RR 1986, 993; NJW 1990, 991). Beide Ansprüche sind aber bzgl. ihrer Voraussetzungen und Wirkungen streng voneinander zu trennen. 7

Weiterhin handelt es sich nicht um einen Bereicherungsanspruch, auch wenn § 143 Abs. 1 Satz 2 InsO hinsichtlich des anfechtungsrechtlichen Rückgewähranspruchs auf die Rechtsfolgen der Haftung eines bösgläubigen Bereicherungsschuldners verweist (*BGH* BGHZ 15, 333 [337]; BGHZ 41, 98 [103] s.a. *App* Anm. zu OLG Hamm, Beschl. v. 04.04.2003 – 27 W 2/03, DZWIR 2003, 385 [387]; anders *Gerhardt* Gläubigeranfechtung, S. 162 ff.: Fall der Eingriffskondiktion). 8

IV. Stellungnahme

Die dingliche Theorie kann nach Einführung der InsO nicht mehr aufrechterhalten werden. Der Gesetzgeber tritt einer rechtsgestaltenden, dinglich wirkenden Anfechtung entgegen, indem er auf die Formulierung »als den Gläubigern gegenüber unwirksam« bewusst verzichtet. Im Übrigen beschränkt sich die Begründung auf die Feststellung, es habe sich zum Recht der Konkursanfechtung die Auffassung durchgesetzt, dass sie im Regelfall einen obligatorischen Rückgewähranspruch begründe (§ 143 InsO). Einer weitergehenden Stellungnahme zur dogmatischen Einordnung der Insolvenzanfechtung hat sich der Gesetzgeber ausdrücklich enthalten (Begr. RegE BT-Drucks. 12/2443 S. 157; vgl. *Gerhardt* FS Brandner, S. 607). Zu folgen ist der schuldrechtlichen Theorie. Sie wird zunächst durch den Wortlaut in § 143 Abs. 1 Satz 1 InsO gestützt, wonach der Gegenstand der Anfechtung gerade aus dem Vermögen des Schuldners ausgeschieden ist. Weiterhin ist die Verwertungsbefugnis an einem Gegenstand als Teil der dinglichen Berechtigung grds. dem Inhaber des Rechts, z.B. dem Eigentümer (§ 903 BGB) zugeordnet. Mit der Übertragung auf den neuen Rechtsinhaber geht dieses Teilrecht auf diesen über und steht neben dem Übertragenden auch dessen Gläubigern nicht mehr als Haftungsmasse zur Verfügung. Nur in Ausnahmefällen (§ 392 Abs. 2 HGB, § 1121 Abs. 2 BGB) ordnet das Gesetz an, dass die Verwertungsbefugnis an einem Gegenstand dem Gläubiger einer Person zugeordnet ist, welche dinglich aber nicht an dem Gegenstand in dieser Weise berechtigt ist. Eine solche Regelung fehlt in der InsO, obwohl sich der Gesetzgeber der Problematik bewusst war. Sie lässt sich – auch wenn dies im Interesse einer Masseanreicherung zu wünschen wäre – auch nicht aus Billigkeitserwägungen herleiten. Ob sich der Gläubiger des Anfechtungsgegners die Anfechtbarkeit des Erwerbs der von ihm gepfändeten Sache entgegenhalten muss, ist in § 145 Abs. 2 Nr. 1, 2 InsO (vgl. § 145 Rdn. 13) geregelt. Diese Regelung würde umgangen werden, wenn der Masse in diesen Fällen generell die Drittwiderspruchsklage offen stehen würde. Der Rückgewähranspruch dient damit nicht der faktischen Herstellung einer schon rechtlich bestehenden Zugehörigkeit des Gegenstandes zum Haftungsvermögen des Schuldners. Vielmehr ist der Gegenstand dem Haftungsvermögen wirksam entzogen und es bedarf der Insolvenzanfechtung, um diese Entziehung rückgängig zu machen. Der BGH bezeichnet den Anfechtungsanspruch als originär bürgerlich-rechtlichen (*BGH* BGHZ 83, 102 [105 f.]; 179, 137; ZIP 2009, 186; ZIP 2009, 825; NZI 2009, 313; *Gehrlein* ZInsO 2017, 128). 9

Der Anfechtungsanspruch unterliegt dem Verfügungsrecht des Insolvenzverwalters. Dieses umfasst u.a. die Annahme einer anderen Leistung an Erfüllungs statt oder erfüllungshalber, die Vergleichbarkeit des Anspruchs und die Ermächtigung eines Dritten, den Anspruch als Prozessstandschafter einzuziehen. Insoweit ist ein Abtretungsvertrag nach § 398 BGB zulässig und eine Rückgewähr an einen anderen Gläubiger als die Insolvenzmasse kann ohne Veränderung des Anspruchsinhalts erfol- 10

B. Von der Konkurs- zur Insolvenzanfechtung

2 Die Anfechtungsregeln der KO konnten den anfechtungsrechtlichen Zweck der Masseanreicherung nur unzureichend erfüllen (Begr. RegE BT-Drucks. 12/2443 S. 156; *Henckel* ZIP 1982, 391 ff.). Das Anfechtungsrecht der InsO ist deshalb erheblich verschärft worden, um die Durchsetzung von Anfechtungsansprüchen zu erleichtern (Begr. RegE BT-Drucks. 12/2443 S. 82). So wurden die subjektiven Tatbestandsvoraussetzungen zum Teil beseitigt oder zumindest ihr Nachweis erleichtert. Nach der Übergangsvorschrift in Art. 106 EGInsO sind auf die vor dem 1. Januar 1999 vorgenommenen Rechtshandlungen die Regelungen in §§ 129–147 InsO nur anzuwenden, wenn sie auch nach der KO in gleicher Weise der Anfechtung unterlegen hätten (hierzu *Hirte* ZInsO 2001, 784 f.; *Münch* FS Gerhardt, S. 621 ff.).

C. Die Rechtsnatur der Anfechtung

3 Die dogmatische Einordnung der Anfechtung ist umstritten (vgl. eingehend *Jaeger/Henckel* InsO, § 129 Rn. 9; *Biel* KTS 1999, 314 ff.; *Hess* FS Fuchs, S. 79 ff.; zuletzt *Eckardt* KTS 2005, 15 ff.).

I. Dingliche Theorie

4 Nach der dinglichen Theorie hat die Insolvenzanfechtung in Anlehnung zur Anfechtung nach dem BGB die Unwirksamkeit der anfechtbaren Rechtshandlung zur Folge und ist danach als Gestaltungsrecht anzusehen. Diese »dingliche« Wirkung trete entweder rückwirkend mit rechtsgestaltender Anfechtungserklärung (so *Hellwig* ZZP 26 [1899], 474) oder automatisch mit Verfahrenseröffnung ein (so *Marotzke* KTS 1987, 1 ff.: »haftungsrechtlich-dingliche« Theorie; *Jaeger/Henckel* InsO, § 143 Rn. 4). Nach dieser Auffassung fällt etwa übertragenes Eigentum automatisch wieder ins Eigentum des Insolvenzschuldners zurück.

II. Haftungsrechtliche Theorien

5 Nach der im Vordringen begriffenen und in mehreren Spielarten vertretenen haftungsrechtlichen Theorie lässt die Anfechtung zwar verfügungsrechtlich die Güterzuordnung unberührt, gleichwohl muss sich der Anfechtungsgegner jedoch so behandeln lassen, als gehöre der von ihm erworbene Gegenstand haftungsrechtlich noch zum Schuldnervermögen (*G. Paulus* AcP 155, 277 [300 ff.]; *Gerhardt* Gläubigeranfechtung, S. 262 ff.; *Karsten Schmidt* JZ 1990, 619 ff; *Häsemeyer* Insolvenzrecht, Rn. 21.11 ff.; *Jaeger/Henckel* InsO, § 143 Rn. 10 mit ausf. Einzeldarstellung; *Uhlenbruck/Hirte* InsO, § 129 Rn. 136 ff.; *Kübler/Prütting/Bork-Paulus* InsO, § 129 Rn. 48 ff.; *Biel* KTS 1999, 313 [317 ff.]). Als Folge wird der Rückgewähranspruch als ein veräußerungshinderndes Recht i.S.v. § 771 ZPO und als ein Aussonderungsrecht nach § 47 InsO begriffen (*Jaeger/Henckel* InsO, § 143 Rn. 17; BGHZ 156, 300 [358 ff.]; *Biel* KTS 1999, 313 [320 f.]).

III. Schuldrechtliche Theorie

6 Die frühere Rspr. (*RG* RGZ 91, 367 [369]; *BGH* 103, 113 [121]; ZIP 1987, 601; ZIP 1990, 246) und Teile der Literatur (*Smid/Zeuner* InsO, § 143 Rn. 27; *Hess/Weis* AnfR, § 143 Rn. 62; *Jaeger/Henckel* InsO, § 143 Rn. 7) charakterisieren die Anfechtung als ein gesetzliches Schuldverhältnis, kraft dessen ein schuldrechtlicher Anspruch auf Rückgewähr (§ 143 InsO) des anfechtbar weggebenden Vermögensgegenstandes entsteht. So ist etwa eine bewegliche Sache, die anfechtbar übereignet wurde, an die Masse nach §§ 929 ff. BGB zurück zu übereignen (vgl. eingehend § 143 Rdn. 4 ff.). Die Insolvenzanfechtung erschöpft sich in einem Rückgewähranspruch, d.h. Anfechtungsrecht und Anfechtungsanspruch fallen zusammen (vgl. *BGH* NJW 1986, 2252 [2253]). Sie hat anders als die Anfechtung nach §§ 119, 142 BGB keine gestaltende Wirkung und begründet weder eine Drittwiderspruchsklage (§ 771 ZPO) in der gegen den Anfechtungsgegner betriebenen Zwangsvollstreckung (*BGH* ZIP 1990, 246), noch ein Aussonderungsrecht (§ 47 InsO) im Insolvenzverfahren über das Vermögen des Anfechtungsgegners. Der *BGH* hat sich in einer neueren Entscheidung zwar nicht dogmatisch, aber doch vom Ergebnis der haftungsrechtlichen Theorie zugewandt, indem er ein Aus-

§ 129 InsO

Literatur zu § 129:

Bork Insolvenzanfechtung des »Stehenlassens«, in FS Uhlenbruck, 2000 S. 279; *ders.* Die Verbindung, Vermischung und Verarbeitung von Sicherungsgut durch den Insolvenzverwalter, in FS Gaul 1997, S. 71; *Eckardt* Anfechtung und Aussonderung, KTS 2005, 15; *Foerste* Insolvenzanfechtung zugunsten von Massegläubigern, ZInsO 2013, 659; *Ganter* Die Ausübung unzulässigen wirtschaftlichen Drucks auf den vorläufigen Insolvenzverwalter beim Abschluss zur Fortführung des Schuldner-Unternehmens notwendiger Geschäfte, FS Gerhardt 2004, S. 237; *Gerhardt* Gereimtes und Ungereimtes im Anfechtungsrecht der neuen Insolvenzordnung, in FS Brandner 1996, S. 605; *Gehrlein* Zur Gläubigerbenachteiligung als Grundvoraussetzung der Insolvenzanfechtung, ZInsO 2017, 128; *Germann* Die Anfechtung von Unterlassungen, Diss. Würzburg 1968; *Hellwig* Anfechtungsrecht und Anfechtungsanspruch nach der neuen Konkursordnung, ZZP 26 (1899), 474; *Hess* Die Rechtsnatur der Anfechtung nach der InsO und der EGInsO, in FS Fuchs, 1996 S. 79 ff.; *Hirte* Insolvenzanfechtung im Konzern: upstream guarantees als anfechtbare Rechtshandlungen?, ZInsO 2004, 1161; *Kesseler* Anfechtung von mit Zustimmung des vorläufigen Insolvenzverwalters vorgenommenen Rechtshandlungen, ZInsO 2006, 530; *Kühnemund* Die insolvenzrechtliche Anfechtung von Prozesshandlungen des Insolvenzschuldners nach der InsO, Frankfurt a.M. 1998; *Mesch* Die Rechtsnatur der Gläubigeranfechtung inner- und außerhalb des Konkurses, Regensburg 1993; *Münch* Die Überleitung des Anfechtungsrechts, FS Gerhardt, 2004 S. 621; *G. Paulus* Sinn und Formen der Gläubigeranfechtung, AcP 155 (1956), 277; *Roth* Umwandlungsrechtliche Spaltungsvorgänge und Insolvenzanfechtung, ZInsO 2013, 1709 ff.; *Rutkowsky* Rechtsnatur und Wirkungsweise der Gläubigeranfechtung, Diss. Bonn 1969; *Vendolsky* Gläubigerbenachteiligung (§ 129 InsO): Pfändbarkeit des Überziehungskredits sowie vorgerichtliche Nachweisobliegenheit des Insolvenzverwalters (§ 93 ZPO), ZIP 2005, 786; *Wacke* Die Nachteile des Grundbuchzwangs in der Liegenschaftsvollstreckung und bei der Gläubigeranfechtung, ZZP 1982, 377; *Wessels* Unternehmenskauf im Vorfeld der Verkäuferinsolvenz, ZIP 2004, 1237.

A. Ziel der Insolvenzanfechtung

Die in den §§ 80 ff. InsO geregelten Tatbestände sollen eine Verkürzung der Aktivmasse oder die Vermehrung der Passivmasse nach Eröffnung des Insolvenzverfahrens verhindern. Vor diesem Zeitpunkt wird die Masse vor Verkürzungen zunächst nur bei Vollstreckungen im letzten Monat vor Verfahrenseröffnung (§ 88 InsO) oder durch die Anordnung von Sicherungsmaßnahmen (§ 21 InsO) geschützt. Werden in anderer Weise Vermögensgegenstände zum Nachteil der Gläubiger übertragen, ist diese Masseschmälerung grds. wirksam. Ziel der Insolvenzanfechtung ist es, diese Vermögensverschiebungen rückgängig zu machen, wenn sie in zeitlicher Nähe zur Verfahrenseröffnung oder unter Bedingungen erfolgt sind, die eine Rückgewähr an die Masse und ein Zurückstehen der Rechtssicherheit und des Verkehrsschutzes als gerechtfertigt erscheinen lassen. Damit wird insbesondere dem Grundsatz der »par conditio creditorum«, d.h. der Gleichbehandlung aller Gläubiger in der Insolvenz eines gemeinsamen Schuldners, schon im Vorfeld der Insolvenzeröffnung Geltung verschafft. Demgemäß sind die Regeln der Insolvenzanfechtung weniger unter formal-rechtlichen als vielmehr unter wirtschaftlichen Regeln zu betrachten (*BGH* BGHZ 72, 39 = WM 1978, 988; *BGH* ZIP 1981, 1229; zur KO bereits *Kuhn/Uhlenbruck* KO, § 29 Rn .1). Insgesamt soll mit der Insolvenzanfechtung die gleichmäßige Befriedigung der Gesamtheit der Gläubiger erreicht und unzulässige Vermögensverschiebungen korrigiert werden. Das Haftungsvermögen für die Gläubiger wird wieder, wie es vor der Verschiebung war, hergestellt (*BGH* ZInsO 2011, 1154). Masseverkürzende Rechtshandlungen nach Verfahrenseröffnung sind nach § 147 InsO der Anfechtung ebenfalls ausgesetzt, wenn sie den Gläubigern gegenüber zunächst wirksam sind. Das Anfechtungsrecht knüpft dabei lediglich an die Verfahrenseröffnung an und ist damit nicht nur bei der Liquidation des Schuldnervermögens, sondern auch bei dessen Sanierung anwendbar. Weiterhin ist es unabhängig davon, ob eine Zwangsverwertung durchgeführt oder das Verfahren durch einen Plan beendet wird und ob ein Insolvenzverwalter bestellt wird oder dem Schuldner die Eigenverwaltung verbleibt (Begr. RegE BT-Drucks. 12/2443 S. 82, 156; *Biel* KTS 1999, 313 f.; *KS-Henckel* 2000, Rn. 3 ff.). Das Anfechtungsrecht wird vom Insolvenzverwalter wahrgenommen. Angefochten wird die gläubigerbenachteiligende Wirkung, die durch eine Rechtshandlung verursacht wird (*BGH* ZIP 1999, 406; ZIP 2001, 885 [886]). Der Insolvenzverwalter ist verpflichtet, anfechtungsrelevante Sachverhalte aufzudecken, auch wenn dies mitunter neben der schwierigen rechtlichen Bewertung mit erheblichen Nachforschungen bei lange Zeit zurückliegenden Rechtshandlungen verbunden ist (vgl. § 143 Rdn. 49).

Dritter Abschnitt Insolvenzanfechtung

§ 129 Grundsatz

(1) Rechtshandlungen, die vor der Eröffnung des Insolvenzverfahrens vorgenommen worden sind und die Insolvenzgläubiger benachteiligen, kann der Insolvenzverwalter nach Maßgabe der §§ 130 bis 146 anfechten.

(2) Eine Unterlassung steht einer Rechtshandlung gleich.

Übersicht	Rdn.		Rdn.
A. Ziel der Insolvenzanfechtung	1	G. Grund- und Erfüllungsgeschäft	42
B. Von der Konkurs- zur Insolvenzanfechtung	2	H. Teilanfechtung	43
C. Die Rechtsnatur der Anfechtung	3	J. Doppelinsolvenz von Gesellschaft und Gesellschafter	44
I. Dingliche Theorie	4	K. Gläubigerbenachteiligung	45
II. Haftungsrechtliche Theorien	5	I. Allgemeines	45
III. Schuldrechtliche Theorie	6	II. Beeinträchtigung der Gesamtheit der Insolvenzgläubiger	46
IV. Stellungnahme	9	1. Zugehörigkeit zum Schuldnervermögen	49
D. Abgrenzung und Verhältnis der Insolvenzanfechtung zu rechtsähnlichen Tatbeständen	11	2. Verkürzung der Haftmasse	52
E. Überblick über die Insolvenzanfechtung	17	III. Ursächlicher Zusammenhang	70
F. Rechtshandlung	21	IV. Unmittelbare Benachteiligung	73
I. Allgemeines	21	V. Mittelbare Benachteiligung	76
II. Rechtsgeschäfte	29	VI. Rechtshandlungen, die sich auf fremdes Vermögen beziehen	77
III. Prozesshandlungen	32	VII. Maßgebender Zeitpunkt	79
IV. Geschäftsähnliche Handlungen und Realakte	33	VIII. Beweislast für die Benachteiligung	80
V. Unterlassungen	34	L. Einschränkung des Anfechtungsrechtes nach § 28e Abs. 1. Satz 2 SGB IV (Gültig ab dem 01.01.2008)	83
VI. Handelnde Personen	35	M. Ausschluss der Anfechtung	85
1. Allgemeines	35	N. Abtretbarkeit des Anfechtungsanspruchs und Zession dessen	90
2. Rechtsvorgänger des Gemeinschuldners	36	O. Anfechtungsanspruch als Masseschuld	92
3. Vorläufiger Insolvenzverwalter	37	P. Änderungen	93
4. Rechtshandlungen eines Vertreters	39		
5. Mittelbare Zuwendungen	40		

Allgemeine Literatur zur Insolvenz- und Gläubigeranfechtung nach der InsO und dem AnfG:
Dauernheim Das Anfechtungsrecht in der Insolvenz, 1999; *Gerhardt/Kreft* Aktuelle Probleme der Insolvenzanfechtung, 10. Aufl. 2006; *Huber* Anfechtungsgesetz (AnfG), 11. Aufl. 2016; *Maurer* Der Anfechtungsprozess, 2000; *Zeuner* Die Anfechtung in der Insolvenz, 2. Aufl. 2007; *Nerlich/Niehus* Anfechtungsgesetz (AnfG), 2000.

Allgemeine Literatur zur Konkurs- und Gläubigeranfechtung nach der KO und dem AnfG a.F.:

Cosack Anfechtungsrecht der Gläubiger eines zahlungsunfähigen Schuldners innerhalb und außerhalb des Konkurses, 1884; *Grützmann* Das Anfechtungsrecht der benachteiligten Konkursgläubiger nach gemeinem Rechte und nach der Reichs-Konkurs-Ordnung, unter teilweiser Berücksichtigung des Reichsgesetzes vom 21. Juli 1879, 1882; *Hohmann* Die Anfechtung außerhalb und innerhalb des Konkurses in vergleichender Darstellung, Diss. Jur. Heidelberg 1910; *Jaeckel* Anfechtung von Rechtshandlungen zahlungsunfähiger Schuldner außerhalb des Konkurses, 2. Aufl. 1889; *Jaeger* Gläubigeranfechtung, 2. Aufl. 1938; *Korn* Anfechtung von Rechtshandlungen der Schuldner in und außer dem Konkurse, 1882; *Krasnopolski* Das Anfechtungsrecht der Gläubiger nach österreichischem Recht/In seinen Grundzügen und mit Berücksichtigung des deutschen Reichsrechtes, 1889; *Otto* Die Anfechtung von Rechtshandlungen, welche ein Schuldner, zu dessen Vermögen Konkurs nicht eröffnet ist, zum Nachteil seiner Gläubiger vornimmt: Nach gemeinem, sächsischen und deutschem Reichsrechte, 1881.

Hat der Verwalter aber mit dem Betriebsrat einen Interessenausgleich nach § 125 InsO abgeschlossen, hilft dem Arbeitnehmer z.B. der zeitliche Zusammenhang zwischen Kündigung und Betriebsübergang nicht. Er hat seiner Darlegungslast erst dann genügt, wenn zur vollen Überzeugung des Gerichts feststeht, dass die Kündigung wegen des Betriebsübergangs erfolgt ist. Hierbei ist allerdings Voraussetzung, dass der Betriebs- oder Teilbetriebsübergang zumindest Gegenstand der Interessenausgleichsverhandlungen war, da ansonsten sich wohl die Sachlage nach Zustandekommen des Interessenausgleichs i.S.d. § 125 Abs. 1 Satz 2 InsO wesentlich geändert haben dürfte (vgl. *LAG Köln* 26.04.2010 – 2 Sa 984/09). 10

Hat das Arbeitsgericht gem. § 126 Abs. 1 Satz 1 InsO festgestellt, dass die Kündigungen der Arbeitsverhältnisse sozial gerechtfertigt sind, so ist dies bindend (§ 127 Abs. 1 Satz 1 InsO). Der Arbeitnehmer kann dann wegen der ausdrücklichen Regelung in Abs. 2 nicht mehr geltend machen, dass die Kündigung seines Arbeitsverhältnisses wegen des Betriebsübergangs erfolgt sei. 11

dungsbereich des Kündigungsschutzgesetzes lediglich **deklaratorische Bedeutung** zukommt (KDZ-Zwanziger § 128 InsO Rn. 1; Caspers RWS-Skript Nr. 18, S. 137 Rn. 312).

Für Kleinbetriebe i.S.d. § 23 Abs. 1 Satz 2 KSchG spielt die Vorschrift keine Rolle: § 125 InsO setzt – nach der hier vertretenen Auffassung im Gegensatz zu § 126 InsO – eine Betriebsänderung gem. § 111 BetrVG und damit regelmäßig mehr als 20 wahlberechtigte Arbeitnehmer voraus. Ein »freiwilliger Interessenausgleich« mit namentlicher Bezeichnung der zu entlassenden Arbeitnehmer kann die Wirkung des § 125 InsO nicht auslösen. Denkbar wäre allenfalls die Ausnahme, dass der schuldnerische Betrieb mehr als 20 teilzeitbeschäftigte Arbeitnehmer beschäftigt, so dass zwar § 111 BetrVG eingreift, infolge des Umfangs des Arbeitszeitvolumens nach § 23 Abs. 1 Satz 2 und 3 KSchG die Gesamtzahl der Arbeitnehmer 5,25 bzw. unter 10,25 bleibt.

II. Außerhalb der Geltung des Kündigungsschutzgesetzes

7 Ein Interessenausgleich gem. § 125 InsO kann aber auch solche Arbeitnehmer namentlich bezeichnen, die noch nicht sechs Monate im schuldnerischen Betrieb beschäftigt sind und damit noch nicht die Wartezeit des § 1 KSchG erfüllt haben. Für diese Arbeitnehmergruppe spielt zwar die Vermutungswirkung der sozialen Rechtfertigung nach dem Kündigungsschutzgesetz keine Rolle, über § 128 Abs. 2 InsO wird jedoch auch für diesen Personenkreis vermutet, dass die Kündigungen nicht wegen des Betriebsübergangs erfolgt sind.

C. Wirkung des Beschlusses nach § 126 InsO

8 Hat das Arbeitsgericht in seinem Beschluss nach § 126 InsO festgestellt, dass die Kündigungen sozial gerechtfertigt sind, steht ebenso wie bei § 125 InsO zugleich fest, dass sie nicht wegen des Betriebsübergangs erfolgt sind. Die obigen Ausführungen in Rdn. 7 gelten sinngemäß.

Außerhalb des Anwendungsbereichs des Kündigungsschutzgesetzes besitzt die Vorschrift einen **eigenständigen Regelungsgehalt**, da insoweit die gerichtliche Feststellung nach § 126 InsO zur Folge hat, dass auch die Kündigungen nicht wegen Verstoßes gegen das Kündigungsverbot nach § 613a Abs. 4 Satz 1 BGB rechtsunwirksam sind.

D. Darlegungs- und Beweislast

9 Die Erstreckung der Vermutungswirkung nach § 125 InsO bzw. die Feststellung des gerichtlichen Beschlusses nach § 126 InsO sind gerade im Zusammenhang mit einem Betriebs- oder Teilbetriebsübergang von eminent praktischer Bedeutung. Zwar hat nach der Rspr. des BAG der Arbeitnehmer die Voraussetzungen des Kündigungsverbotes nach § 613a Abs. 4 Satz 1 BGB darzulegen und zu beweisen, also ob der Betriebsübergang der Beweggrund, das Motiv für die Kündigung gewesen ist (*BAG* 26.05.1983 BAGE 43, 13 [21, 23] = AP Nr. 34 zu § 613a BGB zu III. 1. und V. 1. d.G.). Hierbei kommen ihm aber erhebliche Beweiserleichterungen deshalb zugute, weil der Arbeitnehmer oft vor einer Situation steht, die für ihn in ihrer Entwicklung noch unübersehbar ist. So genügt der Arbeitnehmer nach der Rspr. seiner Darlegungslast, wenn er Hilfstatsachen vortragen kann, die indiziell den Schluss auf die Haupttatsache des Betriebsübergangs zulassen. Solche Hilfstatsachen können sich aus einem funktionellen oder aber auch einem zeitlichen Zusammenhang zwischen Kündigung und behauptetem Betriebsübergang ergeben. Nicht erforderlich ist, dass tatsächlich auch ein Betriebsübergang erfolgt ist. Eine Kündigung wegen des Übergangs eines Betriebes i.S.d. § 613a Abs. 4 BGB liegt auch dann vor, wenn der Arbeitgeber zum Zeitpunkt der Kündigung den Betriebsübergang bereits geplant, dieser bereits greifbare Formen angenommen hat und die Kündigung aus der Sicht des Arbeitgebers ausgesprochen wird, um den geplanten Betriebsübergang vorzubereiten und zu ermöglichen. Bei dieser Fallgestaltung wirkt sich ein späteres Scheitern des erwarteten und eingeleiteten Betriebsübergangs ebenso wenig auf den Kündigungsgrund aus wie eine unerwartete spätere Betriebsfortführung, die einer vom Arbeitgeber endgültig geplanten und schon eingeleiteten oder bereits durchgeführten Betriebsstilllegung nach Ausspruch der Kündigung folgt (*BAG* 19.05.1988 AP Nr. 75 zu § 613a BGB).

Betriebsveräußerung § 128 InsO

Literatur:
Siehe Vor §§ 113 ff.

A. Allgemeines

Mit der Vorschrift hat der Gesetzgeber trotz entsprechender Forderungen nach Abschaffung von 1
§ 613a BGB in der Insolvenz klargestellt, dass die Norm gilt. Gleichzeitig hat er die übertragende Sanierung erleichtert, indem die Anwendung der §§ 125 bis 127 InsO nicht dadurch ausgeschlossen wird, dass die Betriebsänderung, die dem Interessenausgleich oder dem Feststellungsantrag zugrunde liegt, erst nach einer Betriebsveräußerung durchgeführt werden soll. Abs. 2 ordnet ausdrücklich an, dass im Falle eines Betriebsübergangs sich die Vermutung nach § 125 Abs. 1 Satz 1 Nr. 1 InsO oder die gerichtliche Feststellung nach § 126 Abs. 1 Satz 1 InsO auch darauf erstreckt, dass die Kündigung der Arbeitsverhältnisse nicht wegen des Betriebsübergangs erfolgt.

Nach der Rspr. erfolgt eine Kündigung wegen des Betriebsübergangs, wenn dieser der tragende 2
Grund, nicht nur der äußere Anlass für die Kündigung ist. § 613a Abs. 4 BGB hat gegenüber § 613a Abs. 1 BGB Komplementärfunktion. Die Norm soll als spezialgesetzliche Regelung des allgemeinen Umgehungsverbotes verhindern, dass der in § 613a Abs. 1 BGB angeordnete Bestandsschutz durch eine Kündigung unterlaufen wird. Das Kündigungsverbot ist dann nicht einschlägig, wenn es neben dem Betriebsübergang einen sachlichen Grund gibt, der »aus sich heraus« die Kündigung zu rechtfertigen vermag (*BAG* 26.05.1983 AP Nr. 34 zu § 613a BGB = BAGE 43, 13 [21 f.]).

Unschädlich ist, dass ein Betriebsübergang ursächlich für die Kündigung ist. Der Verwalter kann 3
auch, wenn er den Betrieb veräußern will, zuvor ein eigenes Sanierungskonzept verwirklichen (*BAG* 26.05.1983 AP Nr. 34 zu § 613a BGB = BAGE 43, 13 [21 f.], unter B. IV., V. der Gründe – sog. **Veräußerungskündigung mit Erwerberkonzept**).

Bedeutsam für die Fälle der übertragenden Sanierung in der Insolvenz ist die Entscheidung des *BAG*
vom 18.07.1996 (AP Nr. 147 zu § 613a BGB). Dort hat das BAG festgestellt, dass eine Kündigung wegen des Betriebsübergangs nicht vorliegt, wenn sie der Rationalisierung (Verkleinerung) des Betriebes zur Verbesserung der Verkaufschancen dient. Ein Rationalisierungsgrund liegt vor, wenn der Betrieb ohne die Rationalisierung stillgelegt werden müsste. Eine solche Rationalisierung ist auch während einer Betriebspause möglich. Der Betriebsinhaber muss nicht beabsichtigen, den Betrieb selbst fortzuführen (*BAG* 18.07.1996 AP Nr. 147 zu § 613a BGB).

Die Vermutungsregelungen des Abs. 2 greifen zugunsten des Betriebserwerbers aber dann nicht ein, 4
wenn sich ein Interessenausgleich mit Namensliste nicht mit einer Änderung der Betriebsorganisation für den Fall befasst, dass ein Investor den Betrieb übernimmt, aber eine Verringerung der Belegschaft wünscht. In einem solchen Fall gehen die Arbeitsverhältnisse der gekündigten Arbeitnehmer vielmehr gem. § 613a Abs. 1 BGB auf den Erwerber über (*LAG Köln* 26.04.2010 – 2 Sa 984/09, JurisPR-InsR 5/2011).

Zum Betriebsübergang und der Haftung des Betriebserwerbers in der Insolvenz vgl. im Übrigen vor 5
§§ 113 ff. Rn. 55–84.

B. Erstreckung der Rechtswirkung des § 125 Abs. 1 InsO

I. Im Anwendungsbereich des Kündigungsschutzgesetzes

Bei namentlicher Bezeichnung der zu entlassenden Arbeitnehmer im Interessenausgleich nach § 125 6
InsO greift die Vermutungswirkung des § 125 Abs. 1 Satz 1 InsO. Dies bedeutet, dass die soziale Rechtfertigung der Kündigungen dieser Personengruppe widerlegbar i.S.d. § 292 Satz 1 ZPO vermutet wird. Damit steht aber mit derselben Vermutungswirkung fest, dass die Kündigungen nicht wegen Betriebsübergangs gem. § 613a Abs. 4 Satz 1 BGB unwirksam sind (*LAG Hamm* 03.09.2003 ZInsO 2004, 820). Eine sozial gerechtfertigte Kündigung kann nie gegen das Kündigungsverbot des § 613a Abs. 4 Satz 1 BGB verstoßen. Damit steht gleichzeitig fest, dass der Vorschrift im Anwen-

Eisenbeis

der **Kündigungserklärung** entscheidend (st. Rspr. *BAG* 24.03.1983 EzA § 1 KSchG Betriebsbedingte Kündigung Nr. 21; 15.08.1984 EzA § 1 KSchG Krankheit Nr. 16; allg. Ansicht im Schrifttum, vgl. KR-*Etzel* 7. Aufl., § 1 KSchG Rn. 235 m.w.N.). Gleichwohl wird teilweise vertreten, dass auf den Zeitpunkt der letzten Anhörung (dies ist regelmäßig der Zeitpunkt der letzten Anhörung vor dem Arbeitsgericht, da in der Rechtsbeschwerdeinstanz nur um Rechtsfragen gestritten werden kann) abzustellen sei (so *Zwanziger* BB 1997, 626 [628]). Diese Auffassung verträgt sich weder mit der Rechtsnatur der Kündigung als empfangsbedürftiger Willenserklärung noch ist es hinnehmbar, dass für das Beschlussverfahren nach § 126 InsO und den Individualkündigungsschutzprozess unterschiedliche Zeitpunkte der Beurteilung angenommen werden. I.S.d. Rechtssicherheit muss es deshalb bei der ausgesprochenen Kündigung sowohl im Beschlussverfahren als auch im Urteilsverfahren bei dem Zugangszeitpunkt der Kündigung als maßgeblichem Beurteilungsdatum verbleiben.

IV. Wesentliche Änderung der Sachlage

6 Hat sich die Sachlage nach dem Schluss der letzten mündlichen Verhandlung wesentlich geändert, entfällt die Bindungswirkung des Beschlussverfahrens, Abs. 1 Satz 2. Dies ist z.B. dann der Fall, wenn die ursprünglich beabsichtigte Betriebsänderung nicht oder nur in entscheidend anderem Umfang durchgeführt wird oder der Verwalter für den schuldnerischen Betrieb doch noch einen Betriebserwerber gefunden hat. Aber ebenso wie bei der Parallelvorschrift in § 125 Abs. 1 Satz 2 InsO muss hinsichtlich der Rechtsfolgen eine **Zäsur** gemacht werden. Bei Kündigungen, die erst nach Eintritt der geänderten Sachlage ausgesprochen werden, greift Abs. 1 Satz 2 ohne weiteres ein. Das heißt: die Bindungswirkung entfällt. Bei Kündigungen, die zum Zeitpunkt der Änderung der Sachlage bereits zugegangen sind, verbleibt es bei der Präklusionswirkung des Beschlussverfahrens. In Betracht kommt dann ein Wiedereinstellungsanspruch (str., vgl. i.E. die Erl. zu § 125 Abs. 1 Satz 2 bei § 125 Rdn. 31).

C. Aussetzung (Abs. 2)

7 Ist die Kündigungsschutzklage bereits vor der Rechtskraft der Entscheidung im Verfahren nach § 126 erhoben worden, hat das Arbeitsgericht die Verhandlung über die Klage bis zu diesem Zeitpunkt auszusetzen. Im Gegensatz zu § 148 ZPO ist das Arbeitsgericht zur Aussetzung verpflichtet, wenn der Verwalter dies beantragt. Im Regelfall wird der Verwalter den Aussetzungsantrag stellen. Tut er es nicht, verbleibt dem Arbeitsgericht immer noch die Möglichkeit nach § 148 ZPO.

Gegen die Aussetzung des Verfahrens und die Ablehnung des Antrags ist die sofortige Beschwerde nach § 252 ZPO zulässig. Nach der zwingenden Konzeption des Abs. 2 sind kaum Fälle denkbar, in denen die Beschwerde erfolgreich sein könnte.

§ 128 Betriebsveräußerung

(1) ¹Die Anwendung der §§ 125 bis 127 wird nicht dadurch ausgeschlossen, dass die Betriebsänderung, die dem Interessenausgleich oder dem Feststellungsantrag zu Grunde liegt, erst nach einer Betriebsveräußerung durchgeführt werden soll. ²An dem Verfahren nach § 126 ist der Erwerber des Betriebs beteiligt.

(2) Im Falle eines Betriebsübergangs erstreckt sich die Vermutung nach § 125 Abs. 1 Satz 1 Nr. 1 oder die gerichtliche Feststellung nach § 126 Abs. 1 Satz 1 auch darauf, dass die Kündigung der Arbeitsverhältnisse nicht wegen des Betriebsübergangs erfolgt.

Übersicht	Rdn.		Rdn.
A. Allgemeines	1	II. Außerhalb der Geltung des Kündigungsschutzgesetzes	7
B. Erstreckung der Rechtswirkung des § 125 Abs. 1 InsO	6	C. Wirkung des Beschlusses nach § 126 InsO	8
I. Im Anwendungsbereich des Kündigungsschutzgesetzes	6	D. Darlegungs- und Beweislast	9

A. Allgemeines

Die Vorschrift klärt das Verhältnis zwischen § 126 InsO und dem nachfolgenden Kündigungsschutzprozess i.S. einer Bindungswirkung für das Individualverfahren. Gibt es keine wesentliche Änderung der Sachlage zu derjenigen, die Beurteilungsgrundlage für den Beschluss des Arbeitsgerichts nach § 126 InsO war, bindet die Entscheidung die Parteien. Das bedeutet, dass im Individualprozess feststeht, dass dringende betriebliche Gründe i.S.d. § 1 Abs. 2 KSchG vorliegen und die Sozialauswahl gem. § 1 Abs. 3 KSchG beachtet ist. Sonstige Unwirksamkeitsgründe außerhalb von § 1 KSchG können im nachfolgenden Urteilsverfahren geltend gemacht werden (vgl. § 126 Rdn. 10).

Hat der Arbeitnehmer schon vor der Rechtskraft der Entscheidung im Verfahren nach § 126 InsO Klage erhoben, so ist die Verhandlung über die Klage auf Antrag des Verwalters bis zu diesem Zeitpunkt auszusetzen. Anders als bei § 148 ZPO steht dem Arbeitsgericht kein Ermessen hinsichtlich der Aussetzung zu.

B. Voraussetzungen und Umfang der Bindungswirkung

I. Beteiligung der Arbeitnehmer am Beschlussverfahren

Die Bindungswirkung setzt voraus, dass der im Urteilsverfahren klagende Arbeitnehmer im Beschlussverfahren formell beteiligt war (ausführlich hierzu *Grunsky* FS Lüke, S. 191 ff.). Ohne vorherige Beteiligung scheidet eine subjektive Rechtskraft aus.

II. Bindungswirkung bezüglich § 1 KSchG

Im Beschluss nach § 126 InsO wird ausschließlich festgestellt, ob die ausgesprochenen oder vom Verwalter beabsichtigten betriebsbedingten Kündigungen sozial gerechtfertigt sind oder nicht. Demgegenüber ist im Kündigungsschutzprozess Streitgegenstand, ob die Kündigung wirksam zu einer Änderung der Arbeitsbedingungen oder zu einer Beendigung des Arbeitsverhältnisses führt. Folglich beschränkt sich die Bindungswirkung ausschließlich auf das Ergebnis der Prüfung gem. § 1 KSchG. Die Frage, ob etwa der Betriebsrat ordnungsgemäß nach § 102 BetrVG beteiligt worden ist oder der Verwalter seiner Anzeigepflicht nach § 17 KSchG nachgekommen ist oder ob Sonderkündigungsschutztatbestände eingreifen, bleibt der Prüfung im nachfolgenden Kündigungsschutzprozess vorbehalten.

Die Bindungswirkung gilt sowohl für den dem Antrag des Verwalters stattgebenden Beschluss als auch für die zurückweisende Entscheidung. Abs. 1 Satz 1 ist neutral formuliert (*Caspers* RWS-Skript Nr. 18, S. 116 Rn. 270; KDZ-*Zwanziger* § 127 InsO Rn. 2; a.A. *Grunsky* FS Lüke, S. 195 unter Hinweis auf den Zweck des Verfahrens nach § 126 InsO und wohl auch *Schrader* NZA 1997, 70 [77], der meint, der Beschluss nach § 126 InsO könne die Rechtsposition des Verwalters nur verbessern).

Wird der Antrag des Verwalters als unzulässig zurückgewiesen, entfaltet der Beschluss nach allgemeinen Grundsätzen keine Bindungswirkung. Wird der Antrag als unbegründet zurückgewiesen, weil das Kündigungsschutzgesetz erst gar nicht anwendbar ist (der im Antrag bezeichnete Arbeitnehmer hat z.B. nicht die sechsmonatige Wartefrist des § 1 KSchG erfüllt), entfällt ebenfalls eine Bindungswirkung, weil im Beschlussverfahren ja gerade nicht geprüft worden ist, ob dringende betriebliche Erfordernisse vorlagen und die Sozialauswahl beachtet wurde.

III. Maßgeblicher Beurteilungszeitpunkt

Aus Abs. 2 ergibt sich zwingend, dass der Verwalter auch bereits ausgesprochene Kündigungen zum Gegenstand seines Antrags nach § 126 InsO machen kann. In diesen Fällen stellt sich die Frage, auf welchen Zeitpunkt bei der Prüfung der Rechtswirksamkeit abzustellen ist. Grds. ist im Beschlussverfahren die Sachlage zur Zeit der letzten mündlichen Anhörung – oder im schriftlichen Verfahren nach § 83 Abs. 4 Satz 2 ArbGG der diesem Zeitpunkt entsprechende Termin – maßgeblich (vgl. *Grunsky* ArbGG, § 80 Rn. 44). Andererseits ist für die Beurteilung der Sozialwidrigkeit der **Zugang**

F. Verhältnis zum Sonderkündigungsschutz

I. Zustimmungserfordernis gemäß § 85 SGB IX

21 Die Kündigung eines Arbeitsverhältnisses eines schwerbehinderten Menschen bedarf der vorherigen Zustimmung des Integrationsamtes. Der Sonderkündigungsschutz ist grds. insolvenzfest (vgl. § 113 Rdn. 60). Anders als in dem Falle, dass der schwerbehinderte Mensch namentlich als einer der zu entlassenden Arbeitnehmer im besonderen Interessenausgleich nach § 125 InsO bezeichnet ist, ist das Ermessen des Integrationsamtes nicht eingeschränkt; § 89 Abs. 3 SGB IX greift nicht. Allerdings dürften in der Praxis sich widersprechende Entscheidungen des Arbeitsgerichts und des Integrationsamtes die seltene Ausnahme darstellen, da das Arbeitsgericht die Betriebsbedingtheit der beabsichtigten Kündigung einschließlich der eventuellen Möglichkeit zumutbarer Weiterbeschäftigung und der Sozialauswahl umfassend geprüft haben wird.

II. Zulässigkeitserklärung gemäß § 9 Abs. 3 Satz 1 MuSchG und § 18 Abs. 1 Satz 1 BEEG

22 Nach beiden Vorschriften kann ausnahmsweise die Kündigung für zulässig erklärt werden. Ein solcher Ausnahmefall liegt bei einer Betriebsstilllegung vor. Aber auch dann, wenn insolvenzbedingt der Arbeitsplatz, der nach dem Mutterschutzgesetz bzw. nach dem Bundeselterngeld- und Elternzeitgesetz geschützten Arbeitnehmerin definitiv wegfällt und eine anderweitige Weiterbeschäftigung unmöglich ist, hat die zuständige Behörde die Kündigung für zulässig zu erklären (vgl. auch § 113 Rdn. 71–78).

III. Sonderkündigungsschutz gemäß § 2 Abs. 2 ArbPlSchG und Art. 48 Abs. 2 Satz 2 GG

23 Auch dieser Personenkreis (Wehrdienstleistende und Abgeordnete) ist trotz des Schutzes nach § 2 Abs. 2 ArbPlSchG bzw. Art. 48 Abs. 2 Satz 2 GG infolge der insolvenzbedingten Betriebsstilllegung bzw. des insolvenzbedingten ersatzlosen Wegfalls des Arbeitsplatzes ohne anderweitige Weiterbeschäftigungsmöglichkeit kündbar und kann daher auch in den Antrag nach § 126 InsO aufgenommen werden (mit Inkrafttreten des WehrRÄndG 2011 am 01.07.2011 wurde der neue freiwillige Wehrdienst eingeführt, die Wehrpflicht ist ausgesetzt. Dies hat aber nicht zu einer Änderung des ArbPlSchG geführt).

§ 127 Klage des Arbeitnehmers

(1) ¹Kündigt der Insolvenzverwalter einem Arbeitnehmer, der in dem Antrag nach § 126 Abs. 1 bezeichnet ist, und erhebt der Arbeitnehmer Klage auf Feststellung, dass das Arbeitsverhältnis durch die Kündigung nicht aufgelöst oder die Änderung der Arbeitsbedingungen sozial ungerechtfertigt ist, so ist die rechtskräftige Entscheidung im Verfahren nach § 126 für die Parteien bindend. ²Dies gilt nicht, soweit sich die Sachlage nach dem Schluss der letzten mündlichen Verhandlung wesentlich geändert hat.

(2) Hat der Arbeitnehmer schon vor der Rechtskraft der Entscheidung im Verfahren nach § 126 Klage erhoben, so ist die Verhandlung über die Klage auf Antrag des Verwalters bis zu diesem Zeitpunkt auszusetzen.

Übersicht

	Rdn.			Rdn.
A. Allgemeines	1	II.	Bindungswirkung bezüglich § 1 KSchG	4
B. Voraussetzungen und Umfang der Bindungswirkung	3	III.	Maßgeblicher Beurteilungszeitpunkt	5
		IV.	Wesentliche Änderung der Sachlage	6
I. Beteiligung der Arbeitnehmer am Beschlussverfahren	3	C.	Aussetzung (Abs. 2)	7

Literatur:
Siehe Vor §§ 113 ff.

E. Verhältnis zu weiteren Beteiligungsrechten des Betriebsrats

I. Betriebsratsanhörung gemäß § 102 BetrVG

Da das Beschlussverfahren zum Kündigungsschutz im Gegensatz zur Sachlage nach § 125 InsO ohne Zustimmung des Betriebsrats geführt wird, besteht allseits Einvernehmen, dass dem Anhörungserfordernis gem. § 102 BetrVG vor Ausspruch der Kündigung Genüge getan werden muss. Teilweise wird allerdings vertreten, dass der Verwalter den Betriebsrat in entsprechender Anwendung von § 102 BetrVG vor Einreichung des Antrags beteiligen sollte; er sollte dies zum einen tun, um einer formellen Pflicht zu genügen, zum anderen, um dadurch die Auffassung des Betriebsrats kennen zu lernen und sich um eine einvernehmliche Lösung i.S.d. § 125 InsO zu bemühen (*Warrikoff* BB 1994, 2338 [2343]). 17

Dem ist nicht zu folgen. Selbstverständlich sollte und wird der Verwalter auch bei entsprechender Erfolgsaussicht mit dem Betriebsrat zur Herbeiführung eines besonderen Interessenausgleichs verhandeln und hierbei auch mitteilen, welche Arbeitnehmer er im Rahmen der Betriebsänderung zu kündigen gedenkt. Dies hat aber nichts damit zu tun, dass die Einreichung des Antrags bei Gericht nicht dem Ausspruch der Kündigung gleichzusetzen ist, zumal im Laufe des Verfahrens der ursprüngliche Entschluss des Verwalters zu bestimmten Kündigungen modifiziert (z.B. lediglich Änderungskündigungen) oder gar aufgegeben werden kann. Das Vorschalten einer zusätzlichen Anhörung analog § 102 BetrVG würde im Übrigen nur Zeit kosten, die im Regelfall nicht vorhanden sein wird (im Ergebnis ebenso: KDZ-*Zwanziger* § 126 InsO Rn. 48; *Schrader* NZA 1997, 70 [76]; *Caspers* RWS-Skript Nr. 18, S. 121 Rn. 278). 18

II. Zustimmung gemäß § 99 BetrVG

Wie sich aus Abs. 2 Satz 1, 2. HS ergibt, gilt das Beschlussverfahren auch für beabsichtigte oder bereits ausgesprochene Änderungskündigungen. Die geänderten Arbeitsbedingungen stellen regelmäßig zugleich Umgruppierungen und/oder Versetzungen dar, so dass der Betriebsrat nach § 99 BetrVG zu beteiligen ist. Der Betriebsrat hat im Gegensatz zur Sachlage nach § 125 InsO den Änderungskündigungen auch nicht zugestimmt, so dass das Beschlussverfahren das Mitbestimmungsrecht nach § 99 BetrVG unberührt lässt. 19

Will der Verwalter das Verfahren für bereits ausgesprochene Änderungskündigungen betreiben, so muss er beachten, dass er gem. der Theorie von der Wirksamkeitsvoraussetzung die Zustimmung des Betriebsrats zuvor erhalten hat oder sie arbeitsgerichtlich ersetzt ist. Versetzungen/Umgruppierungen ohne Beteiligung des Betriebsrats sind unwirksam (vgl. *BAG* 26.01.1988 AP Nr. 50 zu § 99 BetrVG; 10.08.1993 NZA 1994, 187; 03.05.1994 AP Nr. 2 zu § 99 BetrVG Eingruppierung).

In dem Falle, dass der Verwalter die soziale Rechtfertigung beabsichtigter Änderungskündigungen zur gerichtlichen Kontrolle im Beschlussverfahren stellt, kann er bei stattgebendem Beschluss diesen im Rahmen seines Antrags nach § 99 BetrVG dem Betriebsrat vorlegen. Da der Betriebsrat sowieso durch seine Verfahrensbeteiligung informiert ist, dürfte dies i.S. einer ordnungsgemäßen Unterrichtung ausreichend sein.

III. Mitbestimmung nach § 87 BetrVG

Anders als nach Abschluss eines besonderen Interessenausgleichs nach § 125 InsO (vgl. § 125 Rdn. 28) ist das Mitbestimmungsrecht nach § 87 BetrVG (bei z.B. Änderungen im Schichtbetrieb [Nr. 2], bei Fragen der betrieblichen Lohngestaltung [Nr. 10] oder bei der Einführung von Kurzarbeit [Nr. 3]) zu beachten. Kommt eine Einigung nicht zustande, entscheidet die Einigungsstelle, § 87 Abs. 2 BetrVG. 20

§§ 111–113, § 126 InsO Rn. 19; **a.A.** *Bader* NZA 1996, 1122; *Löwisch* NZA 1996, 1010; ErfK-*Gallner* § 125 InsO Rn. 12).

V. Einstweilige Verfügung

12 Fraglich ist, ob ein Antrag auf Erlass einer einstweiligen Verfügung zulässig ist. Zwar gilt über den generellen Verweis auf die Vorschriften über das Beschlussverfahren auch § 85 Abs. 2 ArbGG. § 126 InsO ist jedoch ein **Feststellungsverfahren**; an feststellenden Verfügungen besteht jedoch regelmäßig kein Rechtsschutzinteresse, weshalb ein entsprechender Antrag unzulässig ist (*Germelmann/Matthes/Prütting/Müller-Glöge* ArbGG, Rn. 29 unter Hinweis auf *VGH Bayern* 19.10.1983 PersV 1985, 336; vgl. auch *Hauck/Helml* ArbGG, § 85 Rn. 9). *Lakies* (RdA 1997, 145 [153]) begründet die Unzulässigkeit der einstweiligen Verfügung im Rahmen des § 126 InsO auch damit, dass ein **Verfügungsgrund** nicht erkennbar sei, da der Insolvenzverwalter nicht daran gehindert sei, seinerseits Kündigungen auszusprechen. Das ist richtig; insbesondere kann dem nicht entgegengehalten werden, dass ohne eine gerichtliche Entscheidung im Eilverfahren bei gleichwohl ausgesprochenen Kündigungen Nachteilsausgleichsansprüche nach § 113 BetrVG drohen. Hierüber verhält sich eine Entscheidung nach § 126 InsO nicht; das Arbeitsgericht stellt lediglich im Falle eines stattgebenden Beschlusses die soziale Rechtfertigung der Kündigungen fest.

In Eilfällen kann der Verwalter nach § 122 InsO vorgehen und die gerichtliche Zustimmung zur Durchführung der Betriebsänderung und damit zum Ausspruch der Kündigungen beantragen (inwieweit bei § 122 InsO der Erlass einer einstweiligen Verfügung zulässig ist, vgl. § 122 Rdn. 33 f.).

VI. Rechtsmittel

13 Gem. Abs. 2 Satz 2 gilt das Rechtsmittelkonzept nach § 122 Abs. 3 InsO entsprechend. »Entsprechend« nur deshalb, weil in dem Verfahren nicht nur Verwalter und Betriebsrat beteiligt sind, sondern auch die in dem Antrag bezeichneten Arbeitnehmer sowie ggf. der Betriebserwerber (§ 128 Abs. 1 Satz 2 InsO). Auch diesen muss das von dem Arbeitsgericht zugelassene Rechtsmittel eröffnet sein. Im Übrigen ergeben sich keine Abweichungen zu § 122 Abs. 3 InsO (vgl. § 122 Rcn. 27 ff.).

D. Kosten

14 Im Verfahren vor dem Arbeitsgericht gilt § 42 Abs. 4 GKG entsprechend. Das bedeutet, dass die obsiegende Partei keinen Anspruch auf Entschädigung wegen Zeitversäumnis und auf Erstattung der Kosten für die Hinzuziehung eines Verfahrensbevollmächtigten hat. Der Verfahrensbevollmächtigte hat vor Abschluss der Vereinbarung über die Vertretung auf den **Ausschluss der Kostenerstattung** hinzuweisen.

15 Der prozessuale Ausschluss der Kostenerstattung lässt allerdings den materiellen **Freistellungsanspruch** des Betriebsrats nach **§ 40 BetrVG** unberührt (allg. Meinung: *Caspers* RWS-Skript Nr. 18, S. 114 Rn. 265; KDZ-*Zwanziger* § 126 InsO Rn. 57; *Lakies* RdA 1997, 145 [154]). Danach hat der Arbeitgeber die Kosten einer Prozessvertretung des Betriebsrats zu tragen, wenn der Betriebsrat bei pflichtgemäßer und verständiger Abwägung der zu berücksichtigenden Umstände die Zuziehung eines Rechtsanwalts für notwendig erachten durfte (*BAG* 26.11.1974 EzA § 20 BetrVG Nr. 7; 17.08.2005 BAGE 115, 332 = NZA 2006, 109). Die Hinzuziehung eines Rechtsanwalts als Verfahrensbevollmächtigen erfordert einen ordnungsgemäßen Beschluss des Betriebsrats, und zwar im Allgemeinen für jede Instanz gesondert (*Fitting* BetrVG, § 40 Rn. 32 m.w.N.).

16 Im Verfahren vor dem BAG gelten die Vorschriften der ZPO über die Kostenerstattung entsprechend, Abs. 3 Satz 2. Für die Streitwertberechnung im Rechtsbeschwerdeverfahren gilt § 12 Abs. 7 Satz 1 ArbGG entsprechend. Danach ist für die Wertberechnung bei Rechtsstreitigkeiten über das Bestehen, das Nichtbestehen oder die Kündigung eines Arbeitsverhältnisses höchstens der Betrag des für die Dauer eines Vierteljahres zu leistenden Arbeitsentgelts maßgebend; eine Abfindung wird nicht hinzugerechnet (*Schrader* NZA 1997, 70 [77]; *Schmidt-Räntsch* InsO mit Einführungsgesetz, erläuternde Darstellung des neuen Rechts anhand der Materialien, § 126 Rn. 3).

In der Begründung des Antrags hat der Verwalter alle Tatsachen vorzutragen, aus denen er die Berechtigung seines Begehrens ableitet. Dies ergibt sich unmittelbar aus seiner Mitwirkungspflicht. Das Gericht ist durch den **eingeschränkten Untersuchungsgrundsatz** von sich aus nicht legitimiert, neuen Streitstoff in das Verfahren einzuführen (*BAG* 02.02.1962 BAGE 12, 244 [250]; vgl. auch *BAG* 07.01.1977 AP Nr. 7 zu § 103 BetrVG 1972; *Grunsky* ArbGG, § 83 Rn. 4; *Hauck/Helml* ArbGG, § 83 Rn. 3). Lediglich i.S. einer Konkretisierung und Vervollständigung des Vorbringens kann das Gericht von Amts wegen weitere Ermittlungen anstellen, den Beteiligten Auflagen machen und Beteiligtenvernehmungen anordnen (vgl. auch *Germelmann/Matthes/Prütting/Müller-Glöge* ArbGG, § 83 Rn. 89). Die Beschränkung der Untersuchungsmaxime erscheint im Rahmen des § 126 umso eher angezeigt, als hierdurch über einen Streitgegenstand entschieden wird, der eigentlich in das Urteilsverfahren gehört. Der Verwalter wird deshalb alle Tatsachen vorzutragen haben, die die Betriebsbedingtheit der Kündigung gem. § 1 Abs. 2 KSchG bedingen und die zudem seiner – abgestuften – Darlegungslast im Rahmen der Sozialauswahl nach § 1 Abs. 3 KSchG genügen.

IV. Umfang der gerichtlichen Überprüfung

Nach dem Wortlaut von Abs. 1 Satz 1 hat das Arbeitsgericht ausschließlich die betriebsbedingten Kündigungen auf ihre **soziale Rechtfertigung** hin zu prüfen. Die Überprüfung bezieht sich somit auf § 1 Abs. 2 KSchG wie auch auf die nach § 1 Abs. 3 KSchG erforderliche Sozialauswahl. Teilweise wird im Schrifttum vertreten, dass § 1 Abs. 3 Satz 2 KSchG ebenso wenig Anwendung finde wie § 1 Abs. 4 KSchG, da sich ein entsprechender Verweis in § 126 Abs. 1 Satz 2 InsO nicht findet (*Lakies* NZI 2000, 345 ff.; **a.A.** *Müller* DZWIR 1999, 221 [227]; *Kübler/Prütting/Bork* InsO, § 126 Rn. 30; ErfK-*Gallner* § 126 InsO Rn. 3). Diese Auffassung ist abzulehnen. Der Verwalter kann sich zwar im Beschlussverfahren nach § 126 InsO nicht auf eine gesetzliche Vermutung berufen wie auch die Überprüfung der Sozialauswahl nicht auf »grobe Fehlerhaftigkeit« beschränkt ist. Es ist jedoch kein Anhaltspunkt im Gesetz erkennbar, weshalb die Anforderungen an eine ausreichende Sozialauswahl in der Insolvenz noch höher ausfallen sollten, als dies außerhalb der Krise der Fall ist. Der Verwalter kann sich daher selbstverständlich auch auf die Leistungsträgerklausel gem. § 1 Abs. 3 Satz 2 KSchG wie auch ggf. auf § 1 Abs. 4 KSchG berufen.

Da die Vorschrift aber nicht nur auf beabsichtigte, sondern auch auf bereits ausgesprochene Kündigungen anwendbar ist, stellt sich die Frage, ob sonstige Unwirksamkeitsgründe (z.B. fehlerhafte Beteiligung des Betriebsrats nach § 102 BetrVG oder Nichtbeachtung von Sonderkündigungsschutztatbeständen) ebenfalls im Beschlussverfahren geprüft werden dürfen. Nach dem Normzweck, eine möglichst rasche Klärung der Kündigungsrechtsstreitigkeiten herbeizuführen, müsste diese Frage bejaht werden. So sehr das aus praktischen Erwägungen nachvollziehbar ist, so wenig ist es mit dem Wortlaut vereinbar. Der Gesetzgeber hatte diese Problematik offensichtlich nicht bedacht; dafür spricht auch, dass in dem Entwurf der Bundesregierung (BT-Drucks. 12/2443 S. 149) nur von »geplanten Entlassungen« die Rede ist. Nach der derzeitigen Gesetzesfassung hat sich das Arbeitsgericht in seinem Beschluss einer Bewertung sonstiger Unwirksamkeitsgründe zu enthalten. Diese Überprüfung bleibt dem nachfolgenden Individualkündigungsschutzprozess vorbehalten, sofern sich der Arbeitnehmer hierauf rechtzeitig berufen hat, § 4 KSchG. Hat der Arbeitnehmer rechtzeitig innerhalb der dreiwöchigen Klageerhebungsfrist den sonstigen Unwirksamkeitsgrund geltend gemacht, wird der Verwalter im Falle der Offensichtlichkeit des Unwirksamkeitsgrundes im Regelfall die Kündigung nicht aufrechterhalten. Es bleibt ihm allerdings unbenommen, seinen Antrag dahin gehend zu modifizieren, dass er aus den vorgetragenen Gründen die erneute Kündigung dieses Arbeitnehmers beabsichtigt.

§ 126 Abs. 1 Satz 2 stellt hinsichtlich der Überprüfbarkeit der Sozialauswahl auf die in § 125 Abs. 1 Satz 1 Nr. 2 genannten Kriterien Betriebszugehörigkeit, Lebensalter und Unterhaltspflichten ab. Wie bei § 125 Abs. 1 Satz 1 Nr. 2 ist jedoch auch hier wegen des vom Gesetzgeber gewollten Gleichklangs von § 125 InsO und § 1 Abs. 5 KSchG streitig, ob im Wege einer teleologischen Extension auch die *Schwerbehinderung* in die Kriterien des § 126 Abs. 1 Satz 2 hineinzulesen ist (vgl. § 125 Rdn. 10; für die Berücksichtigung der Schwerbehinderung DKK-*Däubler* BetrVG, Anh. zu

gungen einverstanden sind, Abs. 2 Satz 1, 2. HS. Sofern die Betriebsänderung erst nach einer Betriebsveräußerung durchgeführt werden soll, ist auch der Erwerber zu beteiligen, § 128 Abs. 1 Satz 2 InsO.

Aus Abs. 2 Satz 1, 2. HS folgt im Umkehrschluss, dass diejenigen Arbeitnehmer, die sich bereits mit der ausgesprochenen Kündigung einverstanden erklärt haben, nicht am Verfahren zu beteiligen sind. Dies kann z.B. durch den bereits erfolgten Abschluss eines Aufhebungs- oder Abwicklungsvertrages geschehen oder aber durch einen ausdrücklichen Klageverzicht. Zu beachten ist jedoch, dass das vor Ausspruch einer Verwalterkündigung seitens des Arbeitnehmers erklärte Einverständnis mit der Kündigung den Arbeitnehmer nicht bindet, insbesondere hierin kein rechtswirksamer Verzicht auf den Schutz nach dem Kündigungsschutzgesetz gesehen werden kann. Wegen des zwingender Charakters des allgemeinen Kündigungsschutzes ist es nur statthaft, dass der Arbeitnehmer nachträglich, d.h. nach Zugang der Kündigung, auf seine Ansprüche aus dem Kündigungsschutz wirksam verzichtet (allg. Meinung, vgl. nur KR-*Etzel* 7. Aufl., § 1 KSchG Rn. 36 m.w.N.). Will der Verwalter sichergehen, so muss er die Kündigung aussprechen und sodann das Einverständnis des Arbeitnehmers einholen. Erklärt der Arbeitnehmer dann sein Einverständnis, ist er in dem Verfahren nicht zu beteiligen. Der Klageverzicht muss eindeutig erklärt sein. Die Formulierung, »Ich erkläre, dass mir auch aus Anlass der Beendigung des Arbeitsverhältnisses keine Ansprüche mehr zustehen.«, ist nicht ausreichend (*BAG* 03.05.1979 EzA § 4 KSchG n.F. Nr. 15). Empfehlenswert ist deshalb eine Formulierung, dass der Arbeitnehmer die Rechtswirksamkeit der ihm erteilten Verwalterkündigung ausdrücklich anerkennt und deshalb auch auf die Erhebung einer Klage, die die Rechtswirksamkeit der Kündigung zur gerichtlichen Überprüfung stellt, verzichtet.

In allen anderen Fällen – d.h. in den Fällen, in denen die soziale Rechtfertigung der lediglich beabsichtigten, aber noch nicht ausgesprochenen Kündigung im Sammelverfahren nach § 126 InsO festgestellt werden soll, und in den Fällen, in denen die Arbeitnehmer sich mit den ihnen bereits erteilten Kündigungen nicht einverstanden erklärt haben – sind die Arbeitnehmer zu beteiligen. Ohne formelle Verfahrensbeteiligung als Voraussetzung der subjektiven Rechtskraft kann die mit dem Feststellungsantrag beabsichtigte Bindungswirkung gem. § 127 Abs. 1 InsO nicht erzielt werden (vgl. die Erläuterungen zu § 127 InsO).

III. Antrag

8 Das Arbeitsgericht erforscht den Sachverhalt im Rahmen der gestellten **Anträge** von Amts wegen, Abs. 2 i.V.m. § 83 Abs. 1 ArbGG. Die an dem Verfahren Beteiligten haben an der Aufklärung des Sachverhalts mitzuwirken. Der Verwalter hat zu beantragen, dass die – beabsichtigten oder bereits ausgesprochenen – Kündigungen der Arbeitsverhältnisse der im Antrag namentlich zu bezeichnenden Arbeitnehmer durch dringende betriebliche Erfordernisse bedingt und sozial gerechtfertigt sind. *Grunsky* (FS Lüke, 191 [198 f.]) weist zu Recht darauf hin, dass sich in vielen Fällen zeigen wird, dass weniger Kündigungen als zunächst beabsichtigt, ausgesprochen werden müssen, etwa weil andere Arbeitnehmer eigengekündigt haben oder Aufhebungsverträge zwischenzeitlich geschlossen worden sind. Dann gerät der Verwalter genau in das Dilemma, das er mit dem Verfahren vermeiden wollte: Er muss nämlich eine Sozialauswahl unter denjenigen, die ursprünglich gekündigt werden sollten, treffen, um feststellen zu können, welche Arbeitnehmer auf den anderweitig freigewordenen Arbeitsplätzen weiterbeschäftigt werden können. Dem kann dadurch begegnet werden, dass unter den zu kündigenden Arbeitnehmern sogleich im Antrag eine **Reihenfolge** festgelegt wird. Weiterhin könnte der Verwalter **Hilfsanträge** formulieren und darin Arbeitnehmer bezeichnen, denen im Falle der – auch teilweisen – Abweisung des Hauptantrages gekündigt werden solle. Dies führt allerdings dazu, dass auch die in den Hilfsanträgen bezeichneten Arbeitnehmer von Anfang an, an dem Verfahren zu beteiligen sind. Dies wiederum hat sicherlich keine Verfahrensvereinfachung bzw. Verfahrensbeschleunigung zur Folge, weshalb *Grunsky* die wohl nicht unberechtigte Befürchtung ausspricht, dass das Sammelverfahren seinen Reiz verlieren könnte und der Insolvenzverwalter Kündigungen »nach herkömmlicher Art« aussprechen wird.

II. Betriebsänderung gemäß § 111 BetrVG

Nach dem ausdrücklichen Wortlaut von Abs. 1 hat der Verwalter die Möglichkeit, das Beschlussverfahren nicht nur dann zu betreiben, wenn er mit dem Betriebsrat in der dreiwöchigen Frist nicht zum Abschluss eines Interessenausgleichs nach § 125 InsO gekommen ist, sondern auch dann, wenn ein Betriebsrat im Betrieb überhaupt nicht gebildet ist. Unklar bleibt bei der Formulierung allerdings, ob § 126 InsO das Vorliegen einer **Betriebsänderung** i.S.d. § 111 BetrVG ebenso voraussetzt wie § 125 InsO. Wird dies bejaht, kann § 126 InsO nur dann zur Anwendung kommen, wenn im Betrieb regelmäßig mehr als 20 wahlberechtigte Arbeitnehmer beschäftigt sind. In der Literatur wird dies kontrovers diskutiert. Zum Teil wird darauf hingewiesen, dass dem Verfahren gegenüber den Möglichkeiten nach § 125 InsO lediglich eine Auffangfunktion zukomme und die Vorschrift voraussetze, dass ein Interessenausgleich grds. möglich wäre. Damit entfalle ein Antrag nach § 126 InsO, wenn die Voraussetzungen des § 111 BetrVG nicht vorliegen. *Schrader* (NZA 1997, 70 [77]) geht demgegenüber davon aus, dass der Verwalter den Antrag nach § 126 ohne Rücksicht auf die Anzahl der beschäftigten Arbeitnehmer stellen könne. Andere wollen die Zulässigkeit des Verfahrens für Kleinbetriebe mit weniger als 20 Arbeitnehmern in einer wertenden Betrachtung bejahen, da der Wortlaut des § 126 InsO auch ausdrücklich den betriebsratslosen Betrieb erfasse (*Lakies* RdA 1997, 145 [151] und *Warrikoff* BB 1994, 2338 [2342]).

Caspers (RWS-Skript Nr. 18, S. 103 Rn. 235 ff.) spricht sich trotz anders lautender historischer und systematischer Argumente dafür aus, dass die Vorschrift analog angewendet werden müsse, wenn die Voraussetzungen des § 111 BetrVG nicht vorliegen.

Das **BAG** hat die Frage ausdrücklich **offen gelassen** (*BAG* 29.06.2000 EzA § 126 InsO Nr. 2). Aus dem Umstand, dass § 126 InsO nach dem ausdrücklichen Wortlaut auch für betriebsratslose Betriebe gilt, kann nichts abgeleitet werden (**a.A.** offensichtlich *Kania* DZWIR 2000, 328 [329]). Es ist auch nicht ersichtlich, dass der Gesetzgeber dem Verwalter zusätzliche Unterrichtungspflichten nach dem Betriebsverfassungsgesetz aufbürden wollte. Dies müsste jedoch angenommen werden, wenn auch »Betriebsänderungen« unterhalb der von § 111 BetrVG vorausgesetzten Betriebsgröße zum Gegenstand eines Beschlussverfahrens zum Kündigungsschutz gemacht werden könnten. Immerhin setzt der Antrag nach § 126 InsO voraus, dass der Verwalter den Betriebsrat zuvor über die Betriebsänderung rechtzeitig und umfassend unterrichtet hat. In einem Betrieb mit weniger als 20 wahlberechtigten Arbeitnehmern besteht hierfür aber nach dem Betriebsverfassungsgesetz keine Veranlassung.

C. Verfahren

I. Beschlussverfahren mit der Konzeption des § 122 InsO

Das Arbeitsgericht entscheidet über den Feststellungsantrag des Verwalters im Beschlussverfahren, dessen Vorschriften ausdrücklich für entsprechend anwendbar erklärt werden. Im Übrigen ist das Verfahren ebenso konzipiert wie das Verfahren der gerichtlichen Zustimmung zur Durchführung einer Betriebsänderung. § 122 Abs. 2 Satz 3 InsO und Abs. 3 gilt entsprechend, Abs. 2 Satz 2. Dies bedeutet, dass das Gerichtsverfahren grds. nur einzügig ausgestaltet ist, wobei das Arbeitsgericht den Feststellungsantrag nach Maßgabe des § 61a Abs. 3 bis 6 ArbGG vorrangig zu erledigen hat. Die Beschwerde an das LAG findet nicht statt. Die Rechtsbeschwerde an das BAG ist nur im Falle der ausdrücklichen Zulassung durch das Arbeitsgericht statthaft. Wegen der Einzelheiten wird auf die Erläuterungen zu § 122 InsO verwiesen.

Örtlich ist das Arbeitsgericht ausschließlich zuständig, in dessen Bezirk der schuldnerische Betrieb liegt, § 82 Abs. 1 Satz 1 ArbGG (*ArbG Bautzen* 30.11.2005 LAGE § 82 ArbGG 1979 Nr. 1).

II. Beteiligte

Beteiligte sind der Insolvenzverwalter, der Betriebsrat und die im Antrag bezeichneten Arbeitnehmer, soweit sie nicht mit der Beendigung des Arbeitsverhältnisses oder mit den geänderten Arbeitsbedin-

§ 126 InsO Beschlussverfahren zum Kündigungsschutz

A. Allgemeines

1 Das sog. präventive Beschlussverfahren zum Kündigungsschutz bietet dem Insolvenzverwalter die Möglichkeit, in einem kollektiven Verfahren eine Entscheidung des Arbeitsgerichts über die soziale Rechtfertigung beabsichtigter oder bereits ausgesprochener Kündigungen (auch Änderungskündigungen) mit bindender Wirkung für die Parteien des Individualkündigungsschutzprozesses (§ 127 InsO) herbeizuführen. Die Regelung ergänzt § 125 InsO. Da Sinn und Zweck der Regelung die Bündelung und Konzentration verschiedener Kündigungsprozesse ist, kommt bei Ausspruch nur einer Kündigung das Verfahren nach § 126 InsO nicht in Betracht (*LAG München* 02.01.2003 ZInsO 2003, 339). Im betriebsratslosen Betrieb kann der Verwalter den Antrag sofort stellen. In Betrieben, in denen ein Betriebsrat gebildet ist, ist der Antrag erst zulässig, wenn innerhalb von drei Wochen nach Verhandlungsbeginn oder schriftlicher Aufforderung zur Aufnahme von Verhandlungen ein Interessenausgleich nach § 125 Abs. 1 InsO nicht zustande gekommen ist, obwohl der Verwalter den Betriebsrat rechtzeitig und umfassend unterrichtet hat.

Das Arbeitsgericht prüft die Rechtswirksamkeit der Kündigungen gem. § 1 Abs. 2 und Abs. 3 KSchG, d.h., ohne die Vermutungswirkung des § 125 Abs. 1 Nr. 1 InsO und ohne den eingeschränkten Prüfungsmaßstab bei der Sozialauswahl nach § 125 Abs. 1 Nr. 2 InsO.

Der Insolvenzverwalter kann die beabsichtigte Betriebsänderung auch dann zum Gegenstand eines Feststellungsantrages nach § 126 InsO machen, wenn diese erst nach einer Betriebsveräußerung durchgeführt werden soll. In diesem Fall ist der Erwerber im Verfahren zu beteiligen (§ 128 InsO).

Der Antrag ist vorrangig zu erledigen, Abs. 2 Satz 2 i.V.m. § 122 Abs. 2 Satz 3 InsO. Die Entscheidung des Arbeitsgerichts ist im Regelfall sofort rechtskräftig. Die Rechtsbeschwerde zum BAG findet nur statt, wenn sie ausdrücklich zugelassen wird, Abs. 2 Satz 2 i.V.m. § 122 Abs. 3 InsO.

Die in dem Feststellungsverfahren anfallenden Kosten erster Instanz werden nicht erstattet, § 12a Abs. 1 Satz 1 und Satz 2 ArbGG gelten entsprechend. Zu beachten ist aber, dass die Regelung den materiellen Kostenfreistellungsanspruch des Betriebsrats gem. § 40 BetrVG unberührt lässt. Im Rechtsbeschwerdeverfahren vor dem BAG gelten die Vorschriften der Zivilprozessordnung über die Erstattung der Kosten des Rechtsstreits entsprechend.

B. Voraussetzungen

I. Geplante und bereits ausgesprochene Kündigungen

2 Der Insolvenzverwalter kann sich des speziellen Beschlussverfahrens zum Kündigungsschutz sowohl präventiv für beabsichtigte Kündigungen als auch für bereits ausgesprochene Kündigungen bedienen (*BAG* 29.06.2000 EzA § 126 InsO Nr. 2; *ArbG Hamburg* 13.07.2005 – 18 BV 5/05; allg. M.: *Giesen* ZIP 1998, 46 ff.; *Caspers* RWS-Skript Nr. 18, S. 106 Rn. 246; **a.A.** wohl nur *Lakies* RdA 1997, 145 [154 f.]). Aus der Gesetzesbegründung (vgl. Begr. zu § 128 des Regierungsentwurfs BT-Drucks. 12/2443 S. 149 »geplante Entlassungen«) ergibt sich, dass der Gesetzgeber offensichtlich erstrangig den Fall vor Augen hatte, dass die erst geplanten Kündigungen auf ihre soziale Rechtfertigung hin durch das Arbeitsgericht geprüft werden sollen. Dass der Insolvenzverwalter aber auch zunächst die Kündigungen aussprechen darf, um anschließend zu prüfen, ob und wenn ja, wie viele Arbeitnehmer sich hiergegen mit der Kündigungsschutzklage zur Wehr setzen, ergibt sich zwingend aus § 127 Abs. 2 InsO. Die Regelung setzt den Kündigungsausspruch jedenfalls vor Rechtskraft des Verfahrens nach § 126 InsO voraus. Die Einleitung des Verfahrens überhaupt kann aber schlechterdings nicht gefordert sein. Zum einen wollte der Gesetzgeber dem Verwalter lediglich eine weitere Möglichkeit an die Hand geben, in einem von dem Gericht mit Vorrang zu betreibenden Sammelverfahren die soziale Rechtfertigung von Kündigungen im Zusammenhang mit einer Betriebsänderung prüfen zu lassen. Zum anderen widerspräche es allgemeinen Grundsätzen der Verfahrensökonomie, wollte man den Verwalter zunächst dazu anhalten, das Verfahren nach § 126 InsO hinsichtlich aller ausgesprochenen Kündigungen einzuleiten, bevor überhaupt klar ist, ob und wenn ja, welche Arbeitnehmer Kündigungsschutzklage erheben.

Abs. 2 stellt klar, dass der Verwalter vor Abgabe der Anzeige den Betriebsrat nicht erneut um Stellungnahme zu den beabsichtigten Kündigungen ersuchen muss. Es genügt, wenn der Massenentlassungsanzeige der besondere Interessenausgleich als Anlage beigefügt wird.

Im Sinne der ratio des Abs. 2 wird man den Verwalter auch nicht für verpflichtet anzusehen haben, mit dem Betriebsrat das Konsultationsverfahren des § 17 Abs. 2 KSchG durchzuführen (anders für die Rechtslage außerhalb des Insolvenzverfahrens *BAG* 21.03.2013 – 2 AZR 60/12, EzA § 17 KSchG Nr. 31, wonach unabhängig von dem Erfordernis einer ordnungsgemäßen Massenentlassungsanzeige die Durchführung des Konsultationsverfahrens weitere Wirksamkeitsvoraussetzung für die Kündigung ist). 34

§ 126 Beschlussverfahren zum Kündigungsschutz

(1) ¹Hat der Betrieb keinen Betriebsrat oder kommt aus anderen Gründen innerhalb von drei Wochen nach Verhandlungsbeginn oder schriftlicher Aufforderung zur Aufnahme von Verhandlungen ein Interessenausgleich nach § 125 Abs. 1 nicht zustande, obwohl der Verwalter den Betriebsrat rechtzeitig und umfassend unterrichtet hat, so kann der Insolvenzverwalter beim Arbeitsgericht beantragen festzustellen, dass die Kündigung der Arbeitsverhältnisse bestimmter, im Antrag bezeichneter Arbeitnehmer durch dringende betriebliche Erfordernisse bedingt und sozial gerechtfertigt ist. ²Die soziale Auswahl der Arbeitnehmer kann nur im Hinblick auf die Dauer der Betriebszugehörigkeit, das Lebensalter und die Unterhaltspflichten nachgeprüft werden.

(2) ¹Die Vorschriften des Arbeitsgerichtsgesetzes über das Beschlussverfahren gelten entsprechend; Beteiligte sind der Insolvenzverwalter, der Betriebsrat und die bezeichneten Arbeitnehmer, soweit sie nicht mit der Beendigung der Arbeitsverhältnisse oder mit den geänderten Arbeitsbedingungen einverstanden sind. ²§ 122 Abs. 2 Satz 3, Abs. 3 gilt entsprechend.

(3) ¹Für die Kosten, die den Beteiligten im Verfahren des ersten Rechtszugs entstehen, gilt § 12a Abs. 1 Satz 1 und 2 des Arbeitsgerichtsgesetzes entsprechend. ²Im Verfahren vor dem Bundesarbeitsgericht gelten die Vorschriften der Zivilprozessordnung über die Erstattung der Kosten des Rechtsstreits entsprechend.

Übersicht	Rdn.
A. Allgemeines	1
B. Voraussetzungen	2
I. Geplante und bereits ausgesprochene Kündigungen	2
II. Betriebsänderung gemäß § 111 BetrVG	3
C. Verfahren	5
I. Beschlussverfahren mit der Konzeption des § 122 InsO	5
II. Beteiligte	7
III. Antrag	8
IV. Umfang der gerichtlichen Überprüfung	10
V. Einstweilige Verfügung	12
VI. Rechtsmittel	13
D. Kosten	14
E. Verhältnis zu weiteren Beteiligungsrechten des Betriebsrats	17
I. Betriebsratsanhörung gemäß § 102 BetrVG	17
II. Zustimmung gemäß § 99 BetrVG	19
III. Mitbestimmung nach § 87 BetrVG	20
F. Verhältnis zum Sonderkündigungsschutz	21
I. Zustimmungserfordernis gemäß § 85 SGB IX	21
II. Zulässigkeitserklärung gemäß § 9 Abs. 3 Satz 1 MuSchG und § 18 Abs. 1 Satz 1 BEEG	22
III. Sonderkündigungsschutz gemäß § 2 Abs. 2 ArbPlSchG und Art. 48 Abs. 2 Satz 2 GG	23

Literatur:
Siehe Vor §§ 113 ff.

Allerdings kommt der Wiedereinstellungsanspruch bei solchermaßen veränderter Sachlage nur innerhalb der Kündigungsfrist in Betracht (*BAG* 06.08.1997 NZA 1998, 254 f.; 13.05.2004 AP Nr. 264 zu § 613a BGB).

Obgleich der Wiedereinstellungsanspruch ein Individualanspruch ist, der bei Vorliegen seiner allgemeinen Voraussetzungen (vgl. § 113 Rdn. 123) entsteht, soll nach Ansicht von *Schubert* (ZIP 2002, 554 [561]) wegen des Zusammenhanges mit der Betriebsänderung als kollektivem Sachverhalt der Wiedereinstellungsanspruch nicht bereits dann bestehen, wenn dessen Voraussetzungen bei nur einem oder nur vereinzelten Arbeitnehmern vorliegen. Stattdessen solle der Wiedereinstellungsanspruch der einzelnen Arbeitnehmer nur dann entstehen, wenn in entsprechender Anwendung der Staffelungen von § 17 Abs. 1 KSchG mindestens 25 %, in Betrieben zwischen 6 und 20 Arbeitnehmern mindestens 30 % der gekündigten Arbeitnehmer wiedereinzustellen wären.

Diese Ansicht ist abzulehnen. Zwar ist es richtig, dass eine Verknüpfung zwischen dem Interessenausgleich als kollektivem Rechtsakt und der »wesentlichen Änderung der Sachlage« i.S.v. § 125 Abs. 1 Satz 2 InsO besteht, und deshalb auch nur dann die Wesentlichkeit zu bejahen ist, wenn bei Kenntnis der veränderten Sachlage die Betriebsänderung nunmehr nicht mehr oder in anderer Form durchgeführt worden wäre. Die Wesentlichkeit der Änderung der Sachlage in § 125 Abs. 1 S. 2 InsO soll jedoch ausschließlich dazu dienen, die Vermutungswirkung des § 125 Abs. 1 Satz 1 Nr. 1 InsO zu entkräften. Die von *Schubert* vorgenommene Ausdehnung des Tatbestandsmerkmals der »Wesentlichkeit« auf den Wiedereinstellungsanspruch findet keinerlei Stütze im Gesetz. Eine Anerkennung der von *Schubert* vorgeschlagenen Mindestquoten für das Entstehen des Anspruchs beim Arbeitnehmer stellt diesen vor extreme Beweisschwierigkeiten, da er i.d.R. nicht beurteilen kann, ob auch bei ausreichender Anzahl anderer Arbeitnehmer eine Wiedereinstellung vorzunehmen wäre.

32 Dem Wiedereinstellungsanspruch können berechtigte Interessen des Arbeitgebers entgegenstehen. Diese können auch darin bestehen, dass der Arbeitgeber den in Betracht kommenden Arbeitsplatz bereits wieder besetzt hat (*BAG* 28.06.2000 EzA § 1 KSchG Wiedereinstellungsanspruch Nr. 5). Der Arbeitgeber kann sich nur dann nicht auf die Neubesetzung des Arbeitsplatzes berufen, wenn hierdurch der Wiedereinstellungsanspruch treuwidrig vereitelt wurde (*BAG* 28.06.2000 EzA § 1 KSchG Wiedereinstellungsanspruch Nr. 5).

Ein Abfindungsvergleich kann dem Wiedereinstellungsanspruch entgegenstehen. Der Arbeitgeber kann ihn auch bei der Auswahl des wieder einzustellenden Arbeitnehmers berücksichtigen (*BAG* 28.06.2000 EzA § 1 KSchG Wiedereinstellungsanspruch Nr. 5).

Die Frage, welcher Maßstab im Übrigen bei der Auswahlentscheidung zu beachten ist, ist höchstrichterlich nach wie vor ungeklärt. Nach der Entscheidung des *BAG* vom 02.12.1999 (EzA § 1 KSchG Soziale Auswahl Nr. 42) ist wohl davon auszugehen, dass § 125 Abs. 1 Satz 1 Nr. 2 InsO auch Prüfungsmaßstab für den Wiedereinstellungsanspruch ist.

F. Ersatz der Stellungnahme nach § 17 Abs. 2 Satz 2 KSchG (§ 125 Abs. 2 InsO)

33 Die Pflicht zur Anzeige nach § 17 KSchG bei Massenentlassungen gilt auch für den Insolvenzverwalter (so schon *BSG* 05.12.1978 DB 1979, 1283). Bei einer Personalreduzierung im Gemeinschaftsbetrieb zweier Unternehmen, ist für die Anzeigepflicht nach § 17 Abs. 1 KSchG auf die Zahl der insgesamt von allen beteiligten Arbeitgebern zu Entlassenden im Verhältnis zur Zahl der im Gemeinschaftsbetrieb i.d.R. Beschäftigten abzustellen. Erstattet nur einer der Arbeitgeber für die in seinem Unternehmen erfolgenden Entlassungen eine Anzeige nach § 17 KSchG, während der andere wegen Nichterreichens der Verhältniszahlen des § 17 Abs. 1 KSchG bezogen auf die von ihm Beschäftigten die Anzeige unterlässt, kann sich ein von der Anzeige nicht erfasster Arbeitnehmer auf die zu niedrige Angabe der Anzahl der zu Entlassenden mit der Folge der Rechtsunwirksamkeit der Kündigung berufen. Die unterlassene Anzeige wird auch im Fall des § 125 Abs. 1 InsO nicht dadurch geheilt, dass der Massenentlassungsanzeige des einen Unternehmens ein Interessenausgleich mit Namensliste beigefügt wird, aus dem sich die Anzahl der insgesamt zu Entlassenden, einschließlich derer des Partnerunternehmens, ergibt (vgl. *LAG Niedersachsen* 18.12.2013 – 17 Sa 335/13).

des Rechtsausschusses wurde das Wort »wesentliche« eingefügt. Der Interessenausgleich soll nur dann die Wirkungen des Satzes 1 verlieren, wenn die Änderung der Sachlage gravierend ist. Als Beispiel wurde im Gesetzgebungsverfahren angeführt, dass ein Interessenausgleich im Hinblick auf eine Betriebsstilllegung vereinbart wurde, dann aber doch noch ein Betriebserwerber gefunden werden konnte. *Bader* (NZA 1996, 1125 [1133]) nimmt eine **wesentliche Änderung** der Sachlage an, »wenn nicht ernsthaft zweifelhaft ist, dass beide Betriebspartner oder zumindest einer von ihnen den Interessenausgleich in Kenntnis der späteren Änderung nicht oder nicht mit diesem Inhalt abgeschlossen hätte«. Dies wird sicherlich auch dann der Fall sein, wenn wesentlich weniger Arbeitnehmer gekündigt werden, als ursprünglich angenommen (vgl. *Löwisch* NZA 1996, 1009 [1012]; *ArbG Freiburg (Breisgau)* 14.01.2003 AuR 2003, 122 (LS), für den Fall, dass Unsicherheit darüber besteht, ob der Betrieb wie geplant stillgelegt wird oder nicht). Wird aber beim Abschluss eines Interessenausgleichs von einem Sanierungskonzept ausgegangen, das die Schließung von 24 von 47 Filialen des Arbeitgebers vorsieht, und werden dann aber tatsächlich nur 22 Filialen statt 24 geschlossen, so liegt kein Wegfall der Geschäftsgrundlage vor (*LAG Rheinland-Pfalz* 23.02.2010 – 1 Sa 687/09, jurisPR-ArbR 24/2010). Hinsichtlich der Rechtsfolgen ist eine **zeitliche Zäsur** zu machen: Bei Kündigungen, die erst nach Eintritt der geänderten Sachlage ausgesprochen werden, greift Satz 2 ohne weiteres ein. Das bedeutet, dass diese Kündigungen ausschließlich am Maßstab von § 1 KSchG zu prüfen sind. Die Betriebsbedingtheit wird weder vermutet noch gilt bezüglich der Sozialauswahl ein beschränkter Beurteilungsmaßstab.

Bei Kündigungen, die zum Zeitpunkt der Änderung der Sachlage bereits zugegangen sind, verbleibt es bei den Wirkungen von Satz 1 (strittig, wie hier: *Caspers* RWS-Skript Nr. 18, S. 93 Rn. 209; **a.A.** *Zwanziger* BB 1997, 626 [628], der Änderungen bis zum Schluss der mündlichen Verhandlung im Kündigungsschutzprozess berücksichtigen will; *Schrader* NZA 1997, 70 [75], unter Hinweis auf die Gesetzesbegründung).

Die Gegenmeinung ist mit der st. Rspr. des BAG nicht zu vereinbaren, wonach die Wirksamkeit einer Kündigung nur nach den objektiven Verhältnissen im Zeitpunkt des Kündigungszugangs beurteilt werden kann. Liegen zu diesem Zeitpunkt alle Wirksamkeitsvoraussetzungen einer Kündigung vor, so kann die Kündigung weder durch eine nachträgliche Veränderung der tatsächlichen Verhältnisse, also z.B. durch Wegfall eines bei ihrem Ausspruch vorliegenden Kündigungsgrundes, unwirksam werden noch ist der Arbeitgeber im Falle einer solchen Veränderung der tatsächlichen Verhältnisse nach Treu und Glauben daran gehindert, sich auf die Wirksamkeit der Kündigung zu berufen (vgl. z.B. *BAG* 19.05.1988 NZA 1989, 461; 10.10.1996 NZA 1997, 251 = AP Nr. 81 zu § 1 KSchG Betriebsbedingte Kündigung).

In Fällen dieser Art kann jedoch ein **Wiedereinstellungsanspruch** begründet sein (vgl. dazu auch § 113 Rdn. 123 ff.). So hat das BAG für den Fall, dass sich die für die Wirksamkeit der Kündigung maßgebenden Umstände noch während des Laufs der Kündigungsfrist verändern, unter bestimmten Voraussetzungen einen Wiedereinstellungsanspruch des Arbeitnehmers bejaht. Beruht eine betriebsbedingte Kündigung auf der Prognose des Arbeitgebers (Betriebsstilllegung), bei Ablauf der Kündigungsfrist könne er den Arbeitnehmer nicht mehr weiterbeschäftigen und erweist sich diese Prognose noch während des Laufs der Kündigungsfrist als falsch (Betriebsübergang auf einen Erwerber), so ist der Arbeitgeber zur Wiedereinstellung verpflichtet, solange er mit Rücksicht auf die Wirksamkeit der Kündigung noch keine Dispositionen getroffen hat und ihm die unveränderte Fortsetzung des Arbeitsverhältnisses zumutbar ist. Der Wiedereinstellungsanspruch ist ein notwendiges Korrektiv dafür, dass die Rspr. bei Prüfung des Kündigungsgrundes im Interesse der Rechtssicherheit allein auf den Zeitpunkt des Kündigungszugangs, nicht aber auf den Ablauf der Kündigungsfrist abstellt (*BAG* 10.10.1996 NZA 1997, 251 zu II. 4. b) d.G.). Im noch bestehenden Arbeitsverhältnis hat der Arbeitgeber seine Verpflichtungen so zu erfüllen, seine Rechte so auszuüben und die im Zusammenhang mit dem Arbeitsverhältnis stehenden Interessen des Arbeitnehmers so zu wahren, wie dies unter Berücksichtigung der Belange des Betriebes und der Interessen der anderen Arbeitnehmer des Betriebs nach Treu und Glauben billigerweise verlangt werden kann.

triebsrat bewusst falsche Informationen hinsichtlich der Gründe für die geplante Betriebsänderung gibt (*ArbG Wesel* 28.05.1997 NZA-RR 1997, 341).

2. Zustimmung zur Versetzung gemäß § 99 BetrVG

27 Im Rahmen der Beratungen des Rechtsausschusses (BT-Drucks. 12/7302 S. 172) wurde die Formulierung in § 125 Abs. 1 Satz 1 geändert, um die Änderungskündigung ebenfalls zu erfassen. Da die Änderungskündigung auch eine Umgruppierung und/oder Versetzung sein kann, stellt sich die Frage, ob nach Abschluss des besonderen Interessenausgleichs noch das Zustimmungsverfahren nach § 99 BetrVG betrieben werden muss. Im Ergebnis gilt das gleiche wie zuvor zu § 102 BetrVG. Will der Insolvenzverwalter sichergehen, ist ihm zu empfehlen, ausdrücklich in dem besonderen Interessenausgleich aufzunehmen, dass hinsichtlich der beabsichtigten Änderungskündigungen die Verfahren nach § 99 BetrVG ebenfalls durchgeführt sind und der Betriebsrat auch insoweit seine Zustimmung erteilt.

3. Mitbestimmung nach § 87 BetrVG

28 Wird bei Durchführung der Betriebsänderung gem. dem besonderen Interessenausgleich zugleich ein Mitbestimmungsrecht des Betriebsrats nach § 87 BetrVG betroffen, weil z.B. Arbeitszeiten geändert oder Fragen der betrieblichen Lohngestaltung mitgeregelt werden, kann der Betriebsrat nicht nochmals sein Mitbestimmungsrecht reklamieren. Mit seiner Unterschrift im besonderen Interessenausgleich ist dem Mitbestimmungsrecht Genüge getan.

D. Verhältnis zu § 126 InsO

29 Das Beschlussverfahren zum Kündigungsschutz setzt nach § 126 Abs. 1 Satz 1 InsO voraus, dass innerhalb von drei Wochen nach Verhandlungsbeginn oder schriftlicher Aufforderung zur Aufnahme von Verhandlungen ein Interessenausgleich nach § 125 Abs. 1 InsO nicht zustande gekommen ist. Die Vorschriften schließen sich insoweit unstreitig aus.

Umstritten ist aber, ob bei nur teilweisem Einvernehmen (der Betriebsrat erteilt nur in Einzelfällen seine Zustimmung i.S.d. § 125 InsO) der Verwalter bzgl. der strittigen Kündigungskandidaten das Verfahren nach § 126 InsO führen kann. *Zwanziger* (KDZ, § 126 InsO Rn. 13) will aus einem Umkehrschluss aus § 122 Abs. 1 Satz 3 InsO folgern, dass nach der Einleitung des gerichtlichen Verfahrens dieses und nicht der Interessenausgleich nach § 125 InsO vorgehe. Dem kann nicht gefolgt werden. Zunächst besagt der Umstand, dass § 122 Abs. 1 Satz 3 InsO dem Verwalter ausdrücklich die Möglichkeit belässt, entweder weiterhin einen Interessenausgleich nach § 125 InsO zu suchen oder aber das Beschlussverfahren zum Kündigungsschutz zu betreiben, nichts darüber, ob der Verwalter ohne eine inhaltsgleiche gesetzliche Anordnung in § 125 InsO oder § 126 InsO nicht gleiches tun darf. Aus den Materialien ergibt sich jedenfalls ein zwingendes »Entweder-Oder« nicht. Auch der Wortlaut in § 126 Abs. 1 Satz 1 InsO sagt nicht etwa, dass der Verwalter »nur« noch nach dieser Vorschrift vorgehen kann. Es ist auch nicht geboten, ein paralleles Vorgehen zu unterbinden (so schon *Warrikoff* BB 1994, 2338 [2343]). Ein zeitaufwendiges »Hin-und-Her«, vor dem *Zwanziger* (KDZ, § 126 InsO Rn. 13) i.S.d. Klarheit und Straffung der Verfahren warnt, entsteht hierdurch nicht. Im Gegenteil: Im Sinne der angestrebten Beschleunigung sollte der Verwalter die Betriebsänderung, soweit sie einvernehmlich i.S.d. § 125 InsO getragen wird, durchführen, im Übrigen parallel den Antrag nach § 126 InsO stellen und schließlich noch mit dem Betriebsrat gem. § 125 InsO weiterverhandeln, wenn dies aussichtsreich erscheint. Kommen die Verhandlungen doch noch zum erwünschten Abschluss, kann – und muss – der Antrag nach § 126 InsO ohne weiteres zurückgenommen werden (vgl. auch *Lakies* RdA 1997, 145 [152]).

E. Wesentliche Änderung der Sachlage

30 Die Wirkungen des Abs. 1 Satz 1 entfallen, soweit sich die Sachlage nach Zustandekommen des Interessenausgleichs wesentlich geändert hat, Abs. 1 Satz 2. In der Gesetz gewordenen Empfehlung

lich bezeichneten Arbeitnehmer erteilt hat, wird teilweise vertreten, dass ein zusätzliches Anhörungsverfahren nach § 102 BetrVG »reine Förmelei« und deshalb entbehrlich sei (vgl. *Warrikoff* BB 1994, 2338 [2342]; wohl auch *Schiefer* NZA 1997, 915 [918]; *Schrader* NZA 1997, 70 [75]; *Rinke* NZA 1998, 77 [86]).

Ob diese Auffassung insbesondere angesichts der Regelung in Abs. 2 haltbar ist, erscheint zweifelhaft; immerhin hat es der Gesetzgeber für erforderlich erachtet, dort ausdrücklich festzustellen, dass der besondere Interessenausgleich die Stellungnahme des Betriebsrats im Rahmen der Massenentlassung ersetzt. Hieraus erscheint jedenfalls dann, wenn man ein Redaktionsversehen ausschließt, der Umkehrschluss gerechtfertigt, dass alle sonstigen Beteiligungsrechte gewahrt werden müssen. Zu dem gleichen Ergebnis kommt auch *Zwanziger*, aber mit der Begründung, zwischen Interessenausgleich und Kündigungen könne sich die Sachlage zugunsten der Arbeitnehmer verändern (KDZ-*Zwanziger* § 125 InsO Rn. 53). Diese Auffassung verkennt, dass der spätere, in Satz 2 ausdrücklich geregelte und auf eine wesentliche Änderung der Sachlage beschränkte Wegfall des besonderen Interessenausgleichs keinen Rückschluss darauf zulässt, welche Wirkungen ihm zuvor zukommen konnten.

Das **BAG** hatte bereits zu § 1 Abs. 5 KSchG a.F. entschieden, dass auch beim Vorliegen eines Interessenausgleiches mit Namensliste vor Ausspruch der Kündigung eine **Betriebsratsanhörung** nach § 102 BetrVG **erforderlich** ist (*BAG* 20.05.1999 EzA § 102 BetrVG 1972 Nr. 102; ebenso *Kohls* ZInsO 1998, 220 [221]). Diese Rechtsprechung hat es auf den wieder eingeführten § 1 Abs. 5 KSchG n.F. übertragen (*BAG* 23.10.2008 EzA § 1 KSchG Interessenausgleich Nr. 16; so auch *Schiefer/Worzalla* NZA 2004, 345 [354 f.]; für den Zeitraum ohne § 1 Abs. 5 KSchG auch befürwortet von *LAG Hamm* 04.06.2002 NZA-RR 2003, 293; *LAG Düsseldorf* 23.01.2003 LAGE § 125 InsO Nr. 3; 21.04.1998 LAGE § 102 BetrVG 1972 Nr. 69). Korrespondierend dazu geht das BAG deshalb auch für § 125 InsO davon aus, dass der Interessenausgleich mit Namensliste nichts an der Notwendigkeit der Betriebsratsanhörung nach § 102 BetrVG ändere (*BAG* 28.08.2003 AP Nr. 134 zu § 102 BetrVG 1972; zust. *Leipold* SAE 2005, 48).

Weiterhin hat das BAG klargestellt, dass die Betriebsratsanhörung auch beim Vorliegen eines Interessenausgleiches mit Namensliste keinen erleichterten Anforderungen unterliegt. Soweit der Kündigungssachverhalt dem Betriebsrat allerdings schon aus den Verhandlungen über den Interessenausgleich bekannt ist, braucht er ihm bei der Anhörung nach § 102 BetrVG nicht erneut mitgeteilt werden. Solche Vorkenntnisse des Betriebsrates muss der Arbeitgeber im Prozess hinreichend konkret darlegen und ggf. beweisen (*BAG* 28.08.2003 AP Nr. 134 zu § 102 BetrVG 1972). Dies gilt umso mehr, als im Regelfall der Verwalter nach Abschluss des besonderen Interessenausgleichs zwecks Wahrung der Kündigungsfristen ggf. noch vor Ablauf der Wochenfrist des § 102 Abs. 2 Satz 1 BetrVG die Kündigungen aussprechen wird. Es ist nämlich ohne weiteres zulässig, mehreren Beteiligungsrechten gleichzeitig zu genügen; wird im Interessenausgleich individuell festgelegt, wer gekündigt werden soll, so kann das Anhörungsverfahren nach § 102 Abs. 2 BetrVG in die Verhandlung über den Interessenausgleich aufgenommen werden (ebenso *LAG Hamm* 04.06.2002 NZA-RR 2003, 293; 16.01.2002 ZInsO 2002, 644; *LAG Düsseldorf* 09.10.1997 DB 1998, 926; MüKo-InsO/*Löwisch/Caspers* § 125 InsO Rn. 47; *Nerlich/Römermann-Hamacher* InsO, § 125 Rn. 70). Auf die Frage, wann der Verwalter die Verhandlungen mit dem Betriebsrat betreffend den Interessenausgleich und die anstehenden Kündigungen aufgenommen hat, kommt es dann nicht an, wenn die Kündigungen erst später als eine Woche nach dem Zustandekommen des Interessenausgleichs und damit nach Ablauf der Stellungnahmefrist des § 102 Abs. 2 BetrVG ausgesprochen werden. Ergibt sich aus dem Wortlaut des Interessenausgleichs, dass der Verwalter die Auftrags- und Kostensituation mit dem Betriebsrat ausführlich erörtert hat, dann kommt es darauf an, ob der Betriebsrat die insoweit vom Verwalter aufgestellten Behauptungen selbstständig überprüft hat, ebenso wenig an wie darauf, ob der Betriebsrat die Rechtslage falsch eingeschätzt oder die tatsächliche Situation verkannt hat. Solche Mängel liegen in der Sphäre des Betriebsrats und können sich grds. nicht zu Lasten des Verwalters auswirken. Etwas anderes kann allenfalls dann gelten, wenn der Verwalter dem Be-

die Betriebspartner zur Schaffung einer ausgewogenen Personalstruktur gegensteuern und höheres Lebensalter in der Punktetabelle entsprechend berücksichtigen.

III. Darlegungs- und Beweislast

24 Gem. § 1 Abs. 3 Satz 3 KSchG obliegt dem Arbeitnehmer grds. die Darlegungs- und Beweislast hinsichtlich eines Sozialauswahlfehlers. Allerdings hat der Gesetzgeber den sich hieraus für den Arbeitnehmer ergebenden faktischen Schwierigkeiten mit dem Ersten Arbeitsrechtsbereinigungsgesetz durch Einfügen des letzten HS in Abs. 3 Satz 1 Rechnung getragen und den Arbeitgeber zur Auskunft über die Gründe, die zu der getroffenen sozialen Auswahl geführt haben, verpflichtet. Hieraus folgt nach h.M. eine **abgestufte Verteilung der Darlegungslast** zwischen Arbeitgeber und Arbeitnehmer (*BAG* 21.07.1988 EzA § 1 KSchG Soziale Auswahl Nr. 26; 20.09.2006 NZA 2007, 387; KR-*Etzel* 7. Aufl., § 1 KSchG Rn. 683 ff. m.w.N.): Fordert der Arbeitnehmer bei Unkenntnis der insoweit rechtserheblichen Tatsachen den Arbeitgeber zur Auskunft auf, geht die Darlegungslast auf den Arbeitgeber über. Genügt der Arbeitgeber dann seiner Darlegungslast nicht oder nicht vollständig, führt dies zu einer beschränkten Befreiung des Arbeitnehmers von seiner Darlegungslast (*BAG* 06.09.2007 EzA § 1 KSchG Interessenausgleich Nr. 14; 21.12.1983 EzA § 1 KSchG Betriebsbedingte Kündigung Nr. 29), das pauschale Bestreiten der ordnungsgemäßen Sozialauswahl genügt, und der Kündigung wird die soziale Rechtfertigung versagt.

Kommt hingegen der Arbeitgeber seiner Darlegungslast bezüglich der getroffenen Sozialauswahl vollständig nach, hat der Arbeitnehmer wieder die volle Darlegungs- und mithin auch Beweislast (*BAG* 20.09.2006 NZA 2007, 387; 17.11.2005 DB 2006, 844).

25 Dieses System der **abgestuften Verteilung der Darlegungs- und Beweislast** hat durch § 125 Abs. 1 Nr. 2 InsO **keine Veränderung** erfahren. Im Gegensatz zu Nr. 1 wird keine gesetzliche Vermutung aufgestellt, lediglich der gerichtliche Beurteilungsmaßstab wird auf die Prüfung grober Fehlerhaftigkeit beschränkt. Kommt der Verwalter nach entsprechendem Auskunftsverlangen seiner Darlegungslast hinsichtlich der Gründe, die ihn zur Sozialauswahl bewogen haben, nicht vollständig nach, kommt es nicht auf den eingeschränkten Prüfungsmaßstab an, die Kündigung ist sozialwidrig. Genügt hingegen der Insolvenzverwalter seiner Auskunftspflicht, ist es an dem Arbeitnehmer, darzulegen und zu beweisen, dass die getroffene Sozialauswahl »jegliche Ausgewogenheit vermissen lässt«, also grob fehlerhaft ist.

Der Verwalter kann sich im Prozess allerdings nicht darauf beschränken, die von den Betriebspartnern unterzeichnete Namensliste vorzulegen. Er muss vielmehr i.E. vortragen (ggf. durch Vorlage des insoweit aussagekräftigen Interessenausgleichs), welche Arbeitnehmer er in die Sozialauswahl einbezogen hat und wie er die drei wesentlichen Kriterien zueinander gewichtet hat. Nur so macht er die getroffene Entscheidung prüfbar. Ob sie dann als fehlerfrei, ausreichend oder grob fehlerhaft beurteilt werden muss, entscheidet sich anhand des eingeschränkten Bewertungsmaßstabes. Eine auf einen Interessenausgleich mit Namensliste nach § 125 InsO gestützte Kündigung ist trotz der Vermutungswirkung des § 125 Abs. 1 Satz 1 InsO sozial ungerechtfertigt, wenn sich weder die Betriebsänderung noch die von den Betriebsparteien vorgenommene Sozialauswahl aus dem prozessualen Vorbringen des Kündigenden oder dem Interessenausgleich selbst ergibt und der gekündigte Arbeitnehmer deshalb die Vermutungswirkung nicht widerlegen und die grobe Fehlerhaftigkeit der Sozialauswahl nicht darlegen kann (vgl. *ArbG Mönchengladbach* 23.07.2015 – 4 Ca 993/15).

IV. Verhältnis zu weiteren Beteiligungsrechten des Betriebsrats

1. Anhörung gemäß § 102 BetrVG

26 Nach § 102 BetrVG hat der Verwalter den Betriebsrat vor jeder Kündigung anzuhören. Eine ohne Anhörung des Betriebsrats ausgesprochene Kündigung ist unwirksam. Hat der Betriebsrat gegen die ordentliche Kündigung Bedenken, so hat er dies unter Angabe der Gründe spätestens innerhalb einer Woche schriftlich mitzuteilen. Da der Betriebsrat in dem besonderen Interessenausgleich seine durch Unterschrift dokumentierte Zustimmung zu den Kündigungen der Arbeitsverhältnisse der nament-

5. Berechtigtes betriebliches Interesse an der Weiterbeschäftigung

In die Sozialauswahl sind Arbeitnehmer nicht einzubeziehen, deren Weiterbeschäftigung, insbesondere wegen ihrer Kenntnisse, Fähigkeiten und Leistungen oder zur Sicherung einer ausgewogenen Personalstruktur des Betriebes, im berechtigten betrieblichen Interesse liegt. Unterliegt – wie hier vertreten wird – die Bestimmung des sozialauswahlrelevanten Personenkreises nur dem eingeschränkten gerichtlichen Prüfungsmaßstab, ist gleichzeitig entschieden, dass die Regelung in § 1 Abs. 3 Satz 2 KSchG hiervon mit umfasst wird. Das Recht, den Kreis der vergleichbaren Arbeitnehmer zu bestimmen, schließt die Befugnis, solche Arbeitnehmer herauszunehmen, deren Weiterbeschäftigung im berechtigten betrieblichen Interesse liegt, zwangsläufig mit ein (a.A. *Berkowsky* NZI 1999, 134; im Ergebnis wie hier: KR-*Etzel* 7. Aufl., § 1 KSchG Rn. 703h; *Kübler/Prütting/Bork* InsO, § 125 Rn. 64; vgl. auch *LAG Hamm* 02.09.1999 ZInsO 2000, 352). Bei der Tatbestandsalternative »Weiterbeschäftigung i.S. einer Sicherung einer ausgewogenen Personalstruktur« ergibt sich dies ohne weiteres aus Abs. 1 Satz 1, letzter HS, 1. Alt. Deshalb kann auch nicht *Preis* (NJW 1996, 3369 [3372]) in der Annahme gefolgt werden, der Gesetzgeber habe in § 125 nur die sozialen Gesichtspunkte gemeint, nicht aber die möglicherweise der Sozialauswahl entgegenstehenden berechtigten betrieblichen Interessen (im Ergebnis ebenso wie hier *Löwisch* RdA 1997 80 [81]; *Caspers* RWS-Skript Nr. 18, S. 90 Rn. 202). 20

6. Beispiele

a) Unvollständige Auswahlkriterien

Berücksichtigen die Betriebspartner eines der vier Auswahlkriterien überhaupt nicht, kann die vom Gesetzgeber vorausgesetzte Ausgewogenheit erst gar nicht entstehen, so dass der Auswahlfehler als grob zu bewerten ist (ebenso *Caspers* RWS-Skript Nr. 18, S. 83 Rn. 185; vgl. auch *LAG Hamm* 02.09.1999 ZInsO 2000, 352). 21

b) Unvollständige Personenauswahl

Wird ein oder werden sogar mehrere Arbeitnehmer, die vergleichbar sind, in den auswahlrelevanten Personenkreis nicht aufgenommen, kann dies entweder auf einer fehlerhaften rechtlichen Einschätzung der Betriebspartner beruhen, oder Verwalter und Betriebsrat können den- oder diejenigen schlicht vergessen haben; letzteres kann gerade in Unternehmen einer bestimmten Größenordnung nicht als ausgeschlossen gelten. 22

Für den Fall der rechtlich fehlerhaften Beurteilung nimmt *Caspers* (RWS-Skript Nr. 18, S. 85 Rn. 190) zu Recht an, dass gerade bei größerem Personalabbau und Massenentlassungen solche Fehler nicht unwahrscheinlich sind und deshalb die Festlegung des Kreises der vergleichbaren Arbeitnehmer lediglich am Maßstab der groben Fehlerhaftigkeit zu messen ist.

Nichts anderes kann aber – entgegen *Caspers* – für den Fall gelten, dass ein allgemein vergleichbarer Arbeitnehmer schlicht übersehen oder vergessen worden ist. Auch dies wird im Regelfall nur bei größerem Personalabbau und Massenentlassungen passieren. Führte ein solcher Fall bereits zu einer nicht ausreichenden Sozialauswahl i.S. einer groben Fehlerhaftigkeit, würde dies der gesetzgeberischen Intention, die soziale Rechtfertigung nur in Ausnahmefällen in Frage stellen zu lassen, zuwiderlaufen (vgl. die Begr. zu § 128 des Regierungsentwurfs BT-Drucks. 12/2443 S. 149).

c) Berechtigung zum Bezug vorgezogenen Altersruhegeldes

Nach *Caspers* (RWS-Skript Nr. 18, S. 83 Rn. 184) darf der Umstand, dass ein Arbeitnehmer gem. § 41 Abs. 4 Satz 2 SGB VI berechtigt ist, vorgezogenes Altersruhegeld zu beantragen, bei der Sozialauswahl nicht zu seinem Nachteil berücksichtigt werden. Geschieht dies trotzdem, handele es sich um einen groben Auswahlfehler. Dem kann in dieser Allgemeinheit nicht gefolgt werden. Ist nämlich im schuldnerischen Unternehmen eine Überalterung in der Personalstruktur festzustellen, dürfen 23

Anteil der zu entlassenden übrigen Arbeitnehmer an der Zahl der beschäftigten übrigen Arbeitnehmer sowie schließlich die Gesamtzahl der schwerbehinderten Menschen, die nach dem Interessenausgleich bei dem Arbeitgeber verbleiben sollen, zur Erfüllung der Verpflichtung nach § 71 SGB IX ausreicht.

4. Erhaltung bzw. Schaffung einer ausgewogenen Personalstruktur

17 Gem. Abs. 1 Satz 1, letzter HS ist die Sozialauswahl nicht grob fehlerhaft, wenn eine ausgewogene Personalstruktur erhalten bzw. (erstmals) geschaffen wird. Nach der Vorstellung des Gesetzgebers war die Einschränkung der Sozialauswahl bedeutsam, da sie gerade im Falle der Sanierung eines Unternehmens eine wichtige Rolle spielen kann. Sie wurde als notwendiges **Korrektiv** angesehen, das dem Schuldner oder auch dem Übernehmer ein funktions- und wettbewerbsfähiges Arbeitnehmerteam erhält (vgl. Bericht des Rechtsausschusses zu § 143a BT-Drucks. 12/7302 S. 171). Damit ist ein »wesentliches betriebliches Interesse in die Beschränkung der Überprüfbarkeit einbezogen« (*Löwisch* RdA 1997, 80, 81 und ihm folgend *Caspers* RWS-Skript Nr. 18, S. 90 Rn. 202).

18 Praktisch kann das Altersstrukturkonzept in dem Interessenausgleich dadurch verwirklicht werden, dass die Betriebspartner mehrere **Altersgruppen** bilden. Der Insolvenzverwalter muss jedoch darlegen, dass er mit seinem Konzept eine bestimmte Personalstruktur realisieren will. Zufallsergebnisse sollen durch § 125 Abs. 1 Satz 2, 2. HS InsO im Nachhinein nicht abgesegnet werden (*Nerlich/Römermann* § 125 Rn. 57; eingehend zu den Möglichkeiten der Altersgruppenbildung: *Berkowsky* NZI 1999, 129). Die durch Abs. 1 Nr. 2 eröffnete Möglichkeit der Schaffung einer ausgewogenen Personalstruktur durch Bildung von Altersgruppen verletzt auch nicht das unionsrechtliche Verbot der Altersdiskriminierung (*BAG* 19.12.2013 – 6 AZR 790/12, ZIP 2014, 536). Die Arbeitsgerichte haben aber zu prüfen, ob die Altersgruppenbildung im konkreten Interessenausgleich gem. § 10 AGG gerechtfertigt ist. Der Verwalter ist darlegungs- und beweispflichtig für die sanierungsbedingte Erforderlichkeit der Altersgruppenbildung.

Nach einer zu § 1 Abs. 5 Satz 2 KSchG a.F. ergangenen Entscheidung des *LAG Hamm* (02.09.1999 ZInsO 2000, 352) ist grobe Fehlerhaftigkeit bei einem Interessenausgleich mit Namensliste dann anzunehmen, wenn die Betriebspartner Altersgruppen, innerhalb derer die Sozialauswahl durchgeführt werden soll, in völlig wahllos aufeinander folgenden Zeitsprüngen (beispielsweise wechselnd in zwölfer, achter und zehner Jahresschritten) gebildet haben (vgl. auch *LAG Düsseldorf* 17.03.2000 NZA-RR 2000, 421).

19 Der Begriff der Personalstruktur ist jedoch nicht mit dem der Altersstruktur gleichzusetzen. Da dem Schuldner oder dem Übernehmer ein funktions- und wettbewerbsfähiges Team zur Verfügung stehen soll (vgl. BT-Drucks. 12/7302 S. 172), kommen als weitere Aspekte einer ausgewogenen Personalstruktur deshalb auch die Ausbildung und die Qualifikation der Arbeitnehmer im Betrieb und damit die Bildung entsprechender Qualifikationsgruppen und -bereiche in Betracht (*BAG* 28.08.2003 EzA § 125 InsO Nr. 1; *Nerlich/Römermann* InsO, § 125 Rn. 55; MüKo-InsO/ *Löwisch/Caspers* § 125 Rn. 89; zum vergleichbaren § 1 Abs. 5 KSchG i.d.F. v. 29.06.1996 bereits *Wlotzke* BB 1997, 414 [418]; *Fischermeier* NZA 1997, 1089 [1093]; *Löwisch* NZA 1996, 1009 [1011]). Nach Ansicht des *BAG* (28.08.2003 EzA § 125 InsO Nr. 1) ist auch die Differenzierung zwischen einschlägig ausgebildeten Mitarbeitern und Mitarbeitern ohne einschlägige Ausbildung regelmäßig sachgerecht, da einschlägig ausgebildete Mitarbeiter bei einer erheblich reduzierten Belegschaft die verbleibende Arbeit effektiver erledigen können. Ein solches Personalkonzept und die damit im Zusammenhang stehende Sozialauswahl ist nicht grob fehlerhaft, weil dadurch eine ausgewogene Personalstruktur i.S.v. § 125 Abs. 1 S. 1 Nr. 1 HS 2 InsO geschaffen bzw. erhalten wird. Um dieses Ziel zu erreichen, muss die Sozialauswahl in solchen Fällen auch nicht auf den ganzen Betrieb erstreckt werden, sondern kann sich hinsichtlich der Arbeitnehmer mit fehlender einschlägiger Ausbildung auf deren bisherige Einsatzabteilung beschränken (*BAG* 28.08.2003 AP Nr. 1 zu § 125 InsO).

tereinander in der Punktetabelle nicht »völlig unausgewogen«, ist die Sozialauswahl ausreichend, jedenfalls nicht grob fehlerhaft (*BAG* 21.07.2005 NZA 2006, 162; 17.11.2005 DB 2006, 844; 20.09.2006 NZA 2007, 387). Der Prüfungsmaßstab der groben Fehlerhaftigkeit bezieht sich dabei nach der Rechtsprechung des BAG auch auf die Bildung der auswahlrelevanten Gruppen (*BAG* 28.08.2003 ZIP 2004, 1271; 21.07.2005 NZA 2006, 162; 17.11.2005 DB 2006, 844).

Die Sozialauswahl ist nicht grob fehlerhaft, wenn der Verwalter als Arbeitgeber sich bei Aufstellung der Punktetabelle marginal um einige Punkte vertan hat (*BAG* 17.01.2008 BB 2008, 2187) oder verkannt wird, wie der für die Auswahl maßgebliche Betrieb abzugrenzen ist, ohne dass der Fehler evident wäre (*BAG* 03.04.2008 NZA 2008, 1060).

Weiterhin können die Betriebspartner im Rahmen des so erweiterten Beurteilungsspielraums (*Caspers* RWS-Skript Nr. 18, S. 86 Rn. 193) den auswahlrelevanten Personenkreis dergestalt bestimmen, dass Arbeitnehmer, die sich erst auf einen bestimmten Arbeitsplatz einarbeiten müssten (vgl. insoweit *BAG* 05.05.1994 AP Nr. 23 zu § 1 KSchG Soziale Auswahl) aus der Vergleichbarkeit ausscheiden. Wenn schon außerhalb der Insolvenz »alsbaldige Substituierbarkeit« (*BAG* 05.05.1994 AP Nr. 23 zu § 1 KSchG Soziale Auswahl, unter II. 3. c) a.E.) gefordert wird, erscheint es nicht unvernünftig und damit keinesfalls grob fehlerhaft, wenn die Betriebspartner in der Insolvenzkrise zur Vergleichbarkeit verlangen, dass eine »unmittelbare Substituierbarkeit« vorhanden ist. Dies bedeutet zugleich, dass die bloß mittelbare Betroffenheit nicht mehr genügt, um in die Sozialauswahl einbezogen zu werden (vgl. aber für den »Normalfall« *BAG* 30.05.1985/13.03.1987 AP Nrn. 24, 37 zu § 1 KSchG Betriebsbedingte Kündigung). Die Sozialauswahl kann dann durch die namentliche Bezeichnung der zu kündigenden Arbeitnehmer im besonderen Interessenausgleich auf z.B. die Abteilung wirksam beschränkt werden. Auch die Beschränkung der Sozialauswahl auf eine einzelne, von anderen Filialen weit entfernt liegende Filiale ist deshalb keine grob fehlerhafte Bildung von Vergleichsgruppen i.S.d. § 125 InsO (*LAG Köln* 11.12.2006 LAGE § 125 InsO Nr. 10).

Umstritten ist, ob von dem eingeschränkten Prüfungsmaßstab auch die sog. **Leistungsträgerklausel** 15 erfasst wird. Das BAG hat diese Frage ausdrücklich offen gelassen (*BAG* 07.05.1998 NZA 1998, 933). *Berkowsky* verneint dies, weil die Leistungsträgerregelung die Sozialauswahl nicht betreffe, sondern eine Vorstufe zu dieser darstelle. Nur bei der Aufstellung der sozialen Rangfolge sei ein weiter Beurteilungsspielraum vonnöten, ob der Insolvenzverwalter fehlerhaft angenommen habe, dass hinsichtlich eines nicht zu berücksichtigenden Arbeitnehmers ein hinreichendes betriebliches Bedürfnis i.S.v. § 1 Abs. 3 Satz 2 KSchG vorliege, unterfalle der vollen Nachprüfbarkeit durch das Arbeitsgericht. Dies folge auch aus § 1 Abs. 3 Satz 3 KSchG, der dem Arbeitnehmer die Beweislast für die Fehlerhaftigkeit der Sozialauswahl, aber eben nur »i.S.d. Satzes 1« auferlege; im Übrigen verbleibe die Darlegungs- und Beweislast i.S.d. § 1 Abs. 3 Satz 2 KSchG in vollem Umfange beim Insolvenzverwalter. Wenn *Berkowsky* auch zuzugestehen ist, dass § 1 Abs. 3 Satz 2 KSchG dem Arbeitnehmer die Darlegungslast nur hinsichtlich des Satzes 1 auferlegt, so kann gleichwohl nicht verkannt werden, dass es ausdrückliches Anliegen des Gesetzgebers war, die Verwalterkündigung besser berechenbar zu machen. Diesem Normzweck kann nur entsprochen werden, wenn auch die Leistungsträgerklausel dem nur beschränkten Prüfungsmaßstab unterfällt (im Ergebnis ebenso: *LAG Köln* 10.05.2005 ZIP 2005, 1524; KR-*Etzel* 7. Aufl., § 1 KSchG Rn. 703h; *Kübler/Prütting/Bork* InsO, § 125 Rn. 64; HK-InsO/*Irschlinger* § 125 Rn. 19; vgl. auch *LAG Hamm* 02.09.1999 ZInsO 2000, 352, wonach es bei Zustandekommen eines Interessenausgleiches mit Namensliste nicht als grob fehlerhaft anzusehen ist, wenn der Arbeitgeber den vorhandenen aktuellen und über eine längere Zeit im Betrieb erfolgreich angewandten Kenntnissen eines später eingestellten Elektrikers den Vorrang vor den durch Umschulung erst noch zu erwerbenden künftigen Kenntnissen des Gekündigten und nur anderthalb Jahre länger beschäftigten Arbeitnehmers gegeben hat).

Ist ein **schwerbehinderter** Mensch im besonderen Interessenausgleich namentlich bezeichnet, gilt 16 gem. § 89 Abs. 3 SGB IX: Das Integrationsamt soll die Zustimmung erteilen, wenn die Schwerbehindertenvertretung beim Zustandekommen des Interessenausgleichs gem. § 95 Abs. 2 SGB IX beteiligt worden ist und der Anteil der nach dem Interessenausgleich zu entlassenden schwerbehinderten Menschen an der Zahl der beschäftigten schwerbehinderten Menschen nicht größer ist als der

zwar nicht frei von Fehlern ist, aber gleichwohl insgesamt noch als ausgewogen angesehen werden kann, nützt dem klagenden Arbeitnehmer nicht.

13 Für den mit § 125 InsO insoweit vergleichbaren, zwischenzeitlich aufgehobenen, mit Wirkung zum 01.01.2004 wieder eingeführten § 1 Abs. 5 KSchG hat das *BAG* in den Entscheidungen vom 21.01.1999 und vom 02.12.1999 (EzA § 1 KSchG Soziale Auswahl Nr. 39 und EzA § 1 KSchG Soziale Auswahl Nr. 42) die Begründung des Gesetzgebers übernommen und klargestellt, dass die soziale Auswahl nur dann als grob fehlerhaft angesehen werden könne, wenn die Gewichtung der Kriterien Alter, Betriebszugehörigkeit und Unterhaltspflichten jede Ausgewogenheit vermissen lasse. Im Urteil vom 02.12.1999 (EzA § 1 KSchG Soziale Auswahl Nr. 39 und EzA § 1 KSchG Soziale Auswahl Nr. 42) hat der 2. Senat auch festgestellt, dass es der weit gefasste Beurteilungsspielraum der Betriebspartner zulasse, bei der Gewichtung der Sozialkriterien das Schwergewicht auf die Unterhaltspflichten der betroffenen Arbeitnehmer zu legen. Der Dauer der Betriebszugehörigket komme unter den Sozialkriterien – im Geltungsbereich des Arbeitsrechtlichen Beschäftigungsförderungsgesetzes – keine Priorität mehr zu. Soweit die Rspr. vor Inkrafttreten des Arbeitsrechtlichen Beschäftigungsförderungsgesetzes aus § 10 KSchG hergeleitet hatte, dass der Dauer der Betriebszugehörigkeit unter den Sozialkriterien Priorität einzuräumen ist (vgl. *BAG* 18.01.1990 EzA § 1 KSchG Soziale Auswahl Nr. 28), wird daran zu § 1 Abs. 5 KSchG nicht mehr festgehalten (*BAG* 18.01.1990 EzA § 1 KSchG Soziale Auswahl Nr. 28, 02.12.1999 EzA § 1 KSchG Soziale Auswahl Nr. 42 unter II. 2. b) der Gründe). Diese Begründung lässt sich auf § 125 InsO ohne weiteres übertragen, da diese Norm ebenso wie § 1 Abs. 5 KSchG eine in sich abgeschlossene Regelung darstellt, die einen Rückgriff auf § 10 KSchG verbietet.

3. Auswahlrelevanter Personenkreis

14 Nach dem Wortlaut steht fest, dass der eingeschränkte Prüfungsmaßstab sich jedenfalls auf die Gewichtung der Sozialauswahlkriterien untereinander bezieht. Nach richtiger Auffassung wird aber hiervon auch die Festlegung des auswahlrelevanten Personenkreises erfasst (*BAG* 28.08.2003 AP Nr. 1 zu § 125 InsO; 07.05.1998 EzA § 1 KSchG Interessenausgleich Nr. 5; *LAG Köln* 01.08.1997 DB 1997, 2181 f.; ebenso *Löwisch* RdA 1997, 80 f.). Zur Auswahl gehört begriffsnotwendig als »erster Akt« die Festlegung des Auswahlbereichs, also die Bestimmung, welche Arbeitnehmer miteinander vergleichbar, d.h. austauschbar sind. Die Bestimmung erfolgt arbeitsplatzbezogen. Nach ständiger Rspr. des BAG ist ein Arbeitsplatz vergleichbar i.S.d. § 1 Abs. 3 KSchG, wenn der Verwalter den Arbeitnehmer dort aufgrund seines Weisungsrechts ohne Änderung des Arbeitsvertrages weiterbeschäftigen kann (*BAG* 15.06.1989 AP Nr. 18 zu § 1 KSchG soziale Auswahl = NZA 1990, 226 f.; 29.03.1990 NZA 1991, 181 f.; 15.12.1994 NZA 1995, 521 f.). Betriebsratsmitglieder sind dabei auch im Rahmen des § 125 InsO nicht mit in die Sozialauswahl einzubeziehen, da § 125 InsO kein lex specialis zu § 15 KSchG darstellt (*BAG* 17.11.2005 NZA 2006, 370; KR-*Weigand* § 125 InsO Rn. 2; ErfK-*Gallner* § 125 InsO Rn. 1).

Die Durchführung von Betriebsänderungen gerade in der Insolvenz erfordert eine Sozialauswahl unter regelmäßig einer Vielzahl von Arbeitnehmern. Hierzu können sich die Betriebspartner nach der Rspr. des BAG eines **Punkteschemas** bedienen, wobei ihnen bei der Festlegung der Punktwerte für die Auswahlkriterien Betriebszugehörigkeit, Alter, Unterhaltspflichten und Schwerbehinderung ein **Beurteilungsspielraum** zusteht (*BAG* 18.01.1990 EzA § 1 KSchG Soziale Auswahl Nr. 28). Dieser ist – außerhalb von § 125 InsO – noch gewahrt, wenn Alter und Betriebszugehörigkeit im Wesentlichen gleich bewertet werden. Im Anwendungsbereich des § 125 InsO ist der Beurteilungsspielraum der Betriebspartner weiter; sie können bei der Gewichtung der Sozialkriterien das Schwergewicht auch auf die Unterhaltspflichten und wohl auch auf die Schwerbehinderung legen (s. Rdn. 13 sowie *BAG* 02.12.1999 EzA § 1 KSchG Soziale Auswahl Nr. 42).

Wie nunmehr vom BAG auch für § 1 Abs. 5 KSchG entschieden (*BAG* 09.11.2006 NZA 2007, 549; anders noch *BAG* 07.12.1995 EzA § 1 KSchG Soziale Auswahl Nr. 35), **kann** eine **individuelle Abschlussprüfung** der Sozialauswahl auch im Anwendungsbereich von § 125 InsO **unterbleiben** (a.A. *LAG Rheinland-Pfalz* 08.12.2006 – 8 Sa 535/06). Erscheint die Gewichtung der Sozialkriterien un-

Drucks. 15/1204 S. 9 f.), sollte sich die Ersetzung der »sozialen Gesichtspunkte« am Maßstab des § 125 InsO orientieren und dementsprechend die Begriffe »Dauer der Betriebszugehörigkeit«, »Lebensalter« und »Unterhaltspflichten« in den Wortlaut aufnehmen. Erst relativ spät während des Gesetzgebungsverfahrens wurde auf Empfehlung des Ausschusses für Wirtschaft und Arbeit auch das Kriterium der »Schwerbehinderung« aufgenommen (vgl. BT-Drucks. 15/1587, S. 31). Auf die Konsequenzen, die dadurch für § 125 InsO entstehen würden, wurde nicht eingegangen; die Norm selbst wurde in diesem Zusammenhang gar nicht erwähnt. Es ist aber davon auszugehen, dass der Gesetzgeber durch die Nichtanpassung des § 125 Abs. 1 Satz 1 Nr. 2 InsO an § 1 Abs. 3 Satz 1 KSchG in der jetzigen Fassung keine Sonderregelung für die Kündigung in der Insolvenz schaffen wollte. Durch die zu Anfang des Gesetzgebungsverfahrens angestrebte Formulierung des § 1 Abs. 3 Satz 1 KSchG nach dem Vorbild des § 125 InsO sollte eine Parallelität des Kündigungsschutzes im Regelfall des KSchG mit dem Sonderfall der Insolvenz erreicht werden. Darüber hinaus besteht auch kein vernünftiger Grund, warum der schwerbehinderte Arbeitnehmer bei einer Kündigung in der Insolvenz gerade wegen seiner Schwerbehinderung weniger schutzwürdig sein sollte, als bei der »regulären« Kündigung. Um die vom Gesetzgeber übersehene Abweichung der Normen zu überwinden müsste daher im Wege der teleologischen Extension die Schwerbehinderung in die Kriterienkette des § 125 Abs. 1 Satz 1 Nr. 2 InsO hineingelesen werden (so noch FK-InsO 6. Aufl.). Angesichts des eindeutigen Wortlauts erscheint das aber bedenklich, zumal der Gesetzgeber sich dafür entschieden hat, dass das Integrationsamt bei Kündigungen nach § 125 InsO unter den in § 89 Abs. 3 Nr. 1 SGB IX genannten Voraussetzungen die Zustimmung erteilen muss (vgl. auch ErfK-*Gallner* § 125 InsO Rn 12).

1. Sinn und Zweck

Mit der Beschränkung des Prüfungsmaßstabs auf lediglich grobe Fehlerhaftigkeit wird der Individualkündigungsschutz i.S.d. Sanierung des insolventen Unternehmens verkürzt. Um dem Schuldner oder auch dem Übernehmer eine funktions- und wettbewerbsfähige Belegschaft zur Verfügung stellen zu können, war weiterhin ein Korrektiv gegenüber den vier wesentlichen Sozialauswahlkriterien vorzusehen. Diesem Zweck dient der letzte HS in Abs. 1 Satz 1 Nr. 2, der einen korrigierenden Eingriff trotz entgegenstehender Sozialauswahl dann zulässt, wenn hierdurch nicht nur eine ausgewogene Personalstruktur erhalten, sondern erstmals geschaffen werden kann. Der Verwalter ist damit in die Lage versetzt, frühere Versäumnisse der Personalentwicklung im schuldnerischen Unternehmen zu heilen.

2. Grobe Fehlerhaftigkeit

Nach der Gesetzesbegründung ist die Sozialauswahl grob fehlerhaft, wenn die Gewichtung der drei Sozialindikatoren **jede Ausgewogenheit vermissen lässt**. *Bader* (NZA 1996, 1125 [1133]) versteht die grobe Fehlerhaftigkeit als Belastung der letztlich getroffenen Sozialauswahl mit einem schweren und ins Auge springenden Fehler, dessen Nichtberücksichtigung angesichts der Funktion der Sozialauswahl nicht hingenommen werden kann. Bezüglich der Gewichtung der Kriterien müssen ganz naheliegende Gesichtspunkte nicht in die Überlegungen einbezogen worden sein, womit die gebotene Ausgewogenheit evident verfehlt worden ist.

Einen anderen Ansatz wählen *Berkowsky* (DB 1996, 778 [780]) und ihm folgend *Caspers* (RWS-Skript Nr. 18, S. 67 Rn. 147): Wenn das Gesetz für einen Sonderfall einen weiteren Beurteilungsmaßstab einführt und die Betriebspartner sich an diesen Maßstab halten, sind die Auswahlkriterien »ausreichend berücksichtigt« i.S.d. § 1 Abs. 3 Satz 1 KSchG, die soziale Auswahl damit fehlerfrei.

Der eher theoretische Unterschied in der Herangehensweise scheint für das Verständnis der Norm in der Praxis vernachlässigenswert. Ob die allein am Einzelfall mögliche Auslegung ergibt, dass die Betriebspartner angesichts eines weiteren Beurteilungsmaßstabes die Sozialauswahl noch nach vernünftigen Kriterien getroffen haben und damit eine ausreichende und fehlerfreie Sozialauswahl vorgenommen haben oder ob festgestellt wird, dass die Sozialauswahl auf der Basis der drei Kriterien

für einen fortbestehenden Beschäftigungsbedarf zu benennen. Nur dann, wenn der Arbeitnehmer objektiv hierzu nicht in der Lage ist, kann er auch solche Umstände unter Beweis stellen, die er nur vermuten kann (*BAG* 27.09.2012 2 AZR 516/11, NZA 2013, 559).

Demgegenüber meint allerdings *Zwanziger* (KDZ, § 125 InsO Rn. 17 ff.), es verbleibe nach wie vor bei der Darlegungslast des Verwalters, der »in allen Einzelheiten« die Betriebsbedingtheit der Kündigung darlegen müsse. § 292 ZPO schließe es nicht aus, die Darlegungslast bei der nicht beweisbelasteten Partei zu belassen. Dieses Ergebnis sei auch allein unter verfassungsrechtlichen Aspekten geboten. Zwar schütze das Grundrecht nach Art. 12 GG nicht gegen den Verlust des Arbeitsplatzes, dem Staat obliege jedoch eine Schutzpflicht, mit der es nicht vereinbar sei, die Entscheidung, wer gekündigt werde, ohne weitere Überprüfung den Betriebspartnern zu überantworten. Die Auffassung verkennt das Wesen einer gesetzlichen Vermutung und steht weder mit Wortlaut noch Sinn und Zweck von § 125 InsO, wie er sich aus der Entstehungsgeschichte ableiten lässt, im Einklang. Folge der Vermutung ist gerade, dass die vermutete Tatsache nicht mehr behauptet zu werden braucht, weil sie durch das Gesetz vermutet wird (*Caspers* RWS-Skript Nr. 18, S. 77 Rn. 173). Die soziale Rechtfertigung der Kündigung soll auch nur noch in Ausnahmefällen in Frage gestellt werden können, wenn sich die Betriebspartner auf den besonderen Interessenausgleich verständigt haben. Die hierdurch bedingte Verkürzung der Rechtsposition des Arbeitnehmers im Kündigungsschutzprozess wird i.S. einer Verfahrensbeschleunigung und Arbeitserleichterung der Gerichte bewusst in Kauf genommen, um die bezweckte Erleichterung der Sanierung eines insolventen Unternehmens eher erreichen zu können. Dabei geht der Gesetzgeber davon aus, dass der Betriebsrat seiner Verantwortung gegenüber den Arbeitnehmern generell gerecht wird und nur unvermeidbaren Entlassungen zustimmen wird.

Demgegenüber können Missbrauchsfälle und Fälle kollusiven Zusammenwirkens zwischen Insolvenzverwalter und Betriebsrat entweder zur Sittenwidrigkeit der Kündigung führen oder aber Schadenersatzansprüche nach § 826 BGB begründen (vgl. hierzu *Caspers* RWS-Skript Nr. 18, S. 78 f. Rn. 175).

8 **Problematisch** ist jedoch, dass die Vermutung des § 125 Abs. 1 Nr. 1 InsO sich nicht allgemein darauf erstreckt, dass die Kündigung durch »dringende betriebliche Erfordernisse bedingt« ist, sondern nur durch solche, wie in Nr. 1 konkret definiert; d.h.: Es ist eine Weiterbeschäftigung **in diesem Betrieb** oder **zu unveränderten Arbeitsbedingungen** nicht möglich. Damit erfasst der Vermutungstatbestand nicht die eventuelle Weiterbeschäftigung auf einem anderen freien Arbeitsplatz im Unternehmen insgesamt. Besteht jedoch für den Verwalter die Möglichkeit, den Arbeitnehmer an einem anderen freien Arbeitsplatz im Unternehmen weiterzubeschäftigen, entfällt der Kündigungsgrund »betriebsbedingt« (vgl. *BAG* 06.08.1987 RzK I 5c Nr. 22). Folge der insoweit eingeschränkten Vermutung ist, dass der Verwalter nach den allgemeinen Regeln darlegen und beweisen muss, dass eine Weiterbeschäftigung zu geänderten Bedingungen nicht möglich ist (vgl. *Berkowsky* NZI 1999, 129 [132]). Die praktischen Auswirkungen dürften jedoch eher gering sein, weil der Arbeitnehmer nach der abgestuften Darlegungs- und Beweislastverteilung zunächst substantiiert darlegen muss, auf welchem freien Arbeitsplatz er meint, weiterbeschäftigt werden zu können. Erst dann muss der Verwalter ebenso substantiiert entgegnen, dass dies nicht der Fall ist (*Berkowsky* NZI 1999, 129 [132]).

II. Eingeschränkter Prüfungsmaßstab bei der Sozialauswahl

9 Abs. 1 Satz 1 Nr. 2 enthält im Gegensatz zu Nr. 1 keine gesetzliche Vermutung bzgl. der nach § 1 Abs. 3 KSchG zu beachtenden Sozialauswahl, schränkt aber den Prüfungsmaßstab hinsichtlich der Kernindikatoren Dauer der Betriebszugehörigkeit, Lebensalter und Unterhaltspflichten auf **grobe Fehlerhaftigkeit** ein. Zusätzlich legt der letzte Halbsatz fest, dass die Sozialauswahl nicht als grob fehlerhaft anzusehen ist, wenn eine ausgewogene Personalstruktur erhalten oder erst geschaffen wird.

10 Im Gegensatz zu § 1 Abs. 3 S. 1 KSchG in seiner ab dem 01.01.2004 geltenden Fassung enthält § 125 Abs. 1 Satz 1 Nr. 2 nicht die Schwerbehinderung als relevantes Kriterium für die Sozialauswahl. Nach dem Gesetzesentwurf der Fraktionen von SPD und Bündnis 90/Die Grünen (BT-

gungskündigungen als auch Änderungskündigungen beabsichtigt, muss dies bei den jeweiligen Namen kenntlich gemacht werden.

2. Schriftform

Nach § 112 Abs. 1 Satz 1 BetrVG ist der zwischen Unternehmer und Betriebsrat gefundene Interessenausgleich über die geplante Betriebsänderung schriftlich niederzulegen und von beiden Betriebspartnern zu unterschreiben. Die Wahrung der **Schriftform** ist nach der Rspr. des BAG Wirksamkeitsvoraussetzung für einen Interessenausgleich (*BAG* 18.12.1984 und 09.07.1985 AP Nrn. 11, 13 zu § 113 BetrVG). Dem folgt die absolut herrschende Meinung im Schrifttum (vgl. nur *Fitting* BetrVG, §§ 112, 112a Rn. 27; *Richardi/Annuß* § 112 BetrVG Rn. 27; DKK-*Däubler* § 112, 112a Rn. 10 f.) Das Schriftformerfordernis gilt für § 125 InsO gleichermaßen. Hieraus folgt für die Namensliste: Sie muss entweder in dem von den Betriebspartnern unterzeichneten Interessenausgleich selbst enthalten sein oder in dem Falle, dass sie als **Anlage** beigefügt wird, ihrerseits nochmals **gesondert unterzeichnet** sein. Eine bloße Bezugnahme auf eine lediglich als Anlage zum Interessenausgleich beigefügte Namensliste reicht nicht aus (*BAG* 21.02.2002 EzA § 1 KSchG Interessenausgleich Nr. 10; *ArbG Ludwigshafen* 11.03.1997 BB 1997, 1901; *ArbG Hannover* 22.08.1997 BB 1997, 2167). Ausreichend für das Schriftformerfordernis ist demgegenüber, wenn der Interessenausgleich mit einer nicht unterschriebenen Namensliste der zu kündigenden Arbeitnehmer **mittels einer Heftmaschine fest verbunden** ist (vgl. *BAG* 19.06.2007 – 2 AZR 305/06); in diesem Fall sind die betreffenden Arbeitnehmer nach der Entscheidung des *BAG* vom 07.05.1998 in einem Interessenausgleich namentlich bezeichnet. Die Unterschrift unter dem Interessenausgleich, der ausdrücklich auf die Namensliste Bezug nimmt, deckt auch die nicht unterschriebene, dem Interessenausgleich nachgeheftete Namensliste (*BAG* 07.05.1998 EzA § 1 KSchG Interessenausgleich Nr. 6; 07.05.1998 EzA § 1 KSchG Interessenausgleich Nr. 5). 6

C. Rechtsfolgen

I. Vermutung der Betriebsbedingtheit

Das Insolvenzverfahren ist grds. ohne Einfluss auf die Anwendbarkeit des Kündigungsschutzgesetzes. Hieraus folgt, dass der Verwalter im Allgemeinen die Tatsachen zu beweisen hat, die die Kündigung bedingen, § 1 Abs. 2 Satz 4 KSchG. Hiervon bildet § 125 Abs. 1 Satz 1 Nr. 1 InsO eine Ausnahme; ist ein Interessenausgleich mit namentlicher Bezeichnung der zu kündigenden Arbeitnehmer zustande gekommen, so wird vermutet, dass die Kündigung der Arbeitsverhältnisse der bezeichneten Arbeitnehmer durch dringende betriebliche Erfordernisse, die einer Weiterbeschäftigung in diesem Betrieb oder einer Weiterbeschäftigung zu unveränderten Arbeitsbedingungen entgegenstehen, bedingt ist. 7

Die Vorschrift enthält eine **widerlegbare Vermutung** i.S.v. § 292 Satz 1 ZPO. Die Darlegungs- und Beweislast des Verwalters beschränkt sich auf die tatbestandlichen Voraussetzungen des § 125 InsO; d.h., er muss lediglich dartun, dass eine Betriebsänderung i.S.d. § 111 BetrVG durchgeführt wird, die streitbefangene Kündigung aufgrund dieser Betriebsänderung ausgesprochen ist und die Betriebspartner einen Interessenausgleich mit namentlicher Bezeichnung der zu kündigenden Arbeitnehmer abgeschlossen haben. Hat der Verwalter seiner Darlegungslast insoweit genügt, also die Vermutungsbasis substantiiert dargelegt, ist es am Arbeitnehmer, den Beweis mangelnder Sozialrechtfertigung als Hauptbeweis zu führen. Der Beweis ist erst geführt, wenn das Arbeitsgericht vom Vorliegen eines Sachverhaltes überzeugt ist, der ergibt, dass die Kündigung nicht sozial gerechtfertigt ist (für den inhaltsgleichen § 1 Abs. 5 KSchG *BAG* 27.09.2012 2 AZR 516/11, NZA 2013, 559; 16.05.2002 EzA § 613a BGB Nr. 210; 07.05.1998 NZA 1998, 933; *LAG Hamm* 04.06.2002 NZA-RR 2003, 293; *Leinemann/Eisenbeis* KassArbR Bd. I, S. 870; *Bader* NZA 1996, 1125 [1133]; *Löwisch* NZA 1996, 1009 [1011]; *Caspers* RWS-Skript Nr. 18, S. 77 Rn. 171; *Grunsky/Moll* RWS-Skript Nr. 289, S. 86). Dem Arbeitnehmer können bei der Führung des Gegenbeweises gewisse Erleichterungen nach den Regeln der abgestuften Darlegungs- und Beweislast zugutekommen. Das entbindet ihn aber regelmäßig nicht von der Verpflichtung, zumindest greifbare Anhaltspunkte

Im Übrigen stellt zwar der Wortlaut von Abs. 1 Satz 1 nicht ausdrücklich klar, dass es sich nur um solche Kündigungen handelt, die aufgrund einer Betriebsänderung erfolgen sollen (vgl. im Gegensatz dazu § 1 Abs. 5 Satz 1 KSchG). Allerdings folgt sowohl aus dem Sinnzusammenhang als auch aus der Entstehungsgeschichte der Vorschrift zwingend, dass nur solche Kündigungen gemeint sein können (*Caspers* RWS-Skript Nr. 18, S. 75 Rn. 169, der zutreffend auf die Begr. zu § 128 des Regierungsentwurfs BT-Drucks. 12/2443 S. 149, verweist und im Übrigen ebenfalls zu Recht den unterschiedlichen Wortlaut als missverständlich und wenig der Rechtssicherheit dienend kritisiert).

Im Prozess hat der Verwalter allerdings den Zusammenhang zwischen Betriebsänderung und Kündigungen darzulegen (zu § 1 Abs. 5 KSchG: *ArbG Ludwigshafen* 11.03.1997 DB 1997, 1339). Befasst sich der Interessenausgleich mit Namensliste nicht mit einer Änderung der Betriebsorganisation für den Fall, dass ein Investor den Betrieb übernimmt, aber eine Verringerung der Belegschaft wünscht, besteht für die Vermutungsregeln des Abs. 1 Satz 1 Nr. 1 und 2 kein Raum (vgl. *LAG Köln* 26.04.2010 – 2 Sa 984/09, jurisPR-InsR 5/2011).

III. Namentliche Bezeichnung der zu kündigenden Arbeitnehmer

1. Notwendiger Inhalt

4   Erforderlich ist zunächst, dass die zu kündigenden Arbeitnehmer namentlich **in** dem Interessenausgleich bezeichnet werden. Ob daneben auch eine namentliche Bezeichnung der zu kündigenden Arbeitnehmer in einem Sozialplan ebenfalls genügt, ist streitig. *Schiefer* (NZA 1997, 915 [917]) will dies nach Sinn und Zweck der Norm (bessere Berechenbarkeit der betriebsbedingten Kündigungen) an sich gelten lassen, sieht aber aufgrund des anders lautenden Wortlauts Risiken. Dagegen sprechen sich *Lakies* (RdA 1997, 145 [149]) und *Berscheid* (ZAP ERW 1997, 109 [110]) aus. Da der Gesetzeswortlaut eindeutig ist und zudem die Namensliste als Teil des »Wie« systematisch zum Inhalt des Interessenausgleichs gehört, gebührt der engeren Meinung der Vorzug. Dies bedeutet allerdings nicht, dass ein Interessenausgleich nach § 112 BetrVG und/oder ein solcher nach § 125 InsO und ein Sozialplan nicht in einer einheitlichen Urkunde niedergelegt werden können. Ebenso ist es nicht erforderlich, den Interessenausgleich als solchen zu bezeichnen. Maßgebend ist insoweit nur, dass sich die Betriebspartner tatsächlich auf die Kündigung der infolge der Betriebsänderung zu entlassenden Arbeitnehmer verständigt haben (vgl. *LAG Köln* 22.02.2007 – 6 Sa 974/06 zur Wirksamkeit einer Teil-Namensliste). Eine solche Einigung kann auch in einer einheitlichen Urkunde, die ggf. nur als »Sozialplan« überschrieben ist, inhaltlich aber das Einvernehmen über das »Ob« und das »Wie« der geplanten Betriebsänderung darstellt, enthalten sein (für den Interessenausgleich nach § 112 BetrVG vgl. *BAG* 20.04.1994 AP Nr. 27 zu § 113 BetrVG 1972). Erforderlich ist jedoch in jedem Fall, dass die in § 112 Abs. 1 Satz 1 BetrVG vorgesehene Schriftform eingehalten wird. Hierfür ist der Arbeitgeber darlegungspflichtig (*BAG* 13.02.2008 – 2 AZR 79/06).

Ergibt die Auslegung der niedergeschriebenen Einigung der Betriebspartner aber, dass sie sich nur und ausschließlich über den Ausgleich oder die Milderung der wirtschaftlichen Nachteile der von der Betriebsänderung betroffenen Arbeitnehmer geeinigt haben, genügt dies nicht, die Voraussetzungen des § 125 InsO als erfüllt anzusehen, selbst wenn in dem Sozialplan noch eine Namensliste enthalten ist oder auf eine solche verwiesen wird.

5   Die Bezeichnung der zu kündigenden Arbeitnehmer setzt **eindeutige Identifizierbarkeit** voraus. Die Nennung des Vornamens ist deshalb nur bei einer Mehrzahl gleicher Familiennamen erforderlich. Keinesfalls reicht es aus, dass z.B. nur die Personalnummern genannt werden (*Caspers* RWS-Skript Nr. 18, S. 75 Rn. 167; *Schiefer* NZA 1997, 918; ebenso zu § 1 Abs. 5 KSchG: *Sowka/Meisel* KSchG, § 1 Rn. 561). Die Angabe weiterer Sozialdaten ist nicht erforderlich.

Da die Vorschrift auch für Änderungskündigungen gilt, muss i.S.d. weit reichenden Rechtsfolgen und der damit verbundenen erheblichen Verantwortung der Betriebspartner zudem gefordert werden, dass sich neben der eindeutigen Identifizierbarkeit der betroffenen Arbeitnehmer auch die **Art der Betroffenheit** aus dem besonderen Interessenausgleich ergibt. Werden also sowohl Beendi-

durch die Betriebsänderung geschaffen werden soll. Die im Insolvenzverfahren eröffnete Möglichkeit, über einen Interessenausgleich mit Namensliste eine ausgewogene Personalstruktur zu schaffen, ist mit dem Antidiskriminierungsrecht der Europäischen Union vereinbar (vgl. *BAG* 19.12.2013 – 6 AZR 790/12).

Die Rspr. des BAG zur Bindungswirkung von Auswahlrichtlinien in Interessenausgleichen (*BAG* 20.10.1983 AP Nr. 13 zu § 1 KSchG betriebsbedingte Kündigung) war im Gesetzgebungsverfahren Vorbild für § 125 InsO.

Kommt der besondere Interessenausgleich mit namentlicher Bezeichnung der zu kündigenden Arbeitnehmer zustande, kann der Insolvenzverwalter kündigen und sich in einem eventuell nachfolgenden Kündigungsschutzprozess auf die für ihn günstige Darlegungs- und Beweislastverteilung berufen. Scheitern die diesbezüglichen Verhandlungen der Betriebspartner nach drei Wochen oder ist der Betrieb betriebsratslos, kann der Verwalter das Beschlussverfahren zum Kündigungsschutz nach § 126 InsO betreiben. Hier entfällt allerdings die Beweislastumkehr, der Verwalter muss die Betriebsbedingtheit der Kündigung vollumfänglich darlegen und beweisen wie er auch zur Sozialauswahl entsprechend der hierfür nach der Rspr. des BAG abgestuften Darlegungs- und Beweislast vortragen muss (vgl. *BAG* 08.08.1985 EzA § 1 KSchG Soziale Auswahl Nr. 21; 29.03.1990 EzA § 1 KSchG Soziale Auswahl Nr. 29; 10.11.1994 EzA § 1 KSchG Soziale Auswahl Nr. 33).

B. Voraussetzungen

I. Geplante Betriebsänderung

Die Vorschrift setzt die von dem Verwalter geplante Betriebsänderung i.S.d. § 111 BetrVG voraus und macht durch den Klammerhinweis deutlich, dass insoweit keine Besonderheiten gelten. Ausreichend, aber auch erforderlich ist damit, dass in dem Betrieb mehr als 20 wahlberechtigte Arbeitnehmer beschäftigt sind und eine der Fallgruppen des § 111 Satz 3 Nr. 1 bis 5 BetrVG zur Umsetzung ansteht. Dies bedeutet im Umkehrschluss, dass dem Insolvenzverwalter in Betrieben unterhalb der relevanten Beschäftigungszahl die Möglichkeit verwehrt ist, einen »freiwilligen besonderen Interessenausgleich mit namentlicher Bezeichnung der zu kündigenden Arbeitnehmer« abzuschließen. Das ist auch sach- und interessengerecht, da im schuldnerischen Betrieb dieser Größenordnung ein berechtigtes Bedürfnis zur Kündigungserleichterung nicht anzuerkennen ist. Die Gegenmeinung, die die Möglichkeit eines besonderen Interessenausgleichs auch unterhalb der für § 111 BetrVG erforderlichen Belegschaftsstärke (mehr als 20 wahlberechtigte Arbeitnehmer) für notwendig erachtet, kann für sich in Anspruch nehmen, dass sich gerade bei kleineren Unternehmen in der Krise ein Personalüberhang schnell existenzgefährdend auswirken kann und deshalb jedes Mittel der Kündigungserleichterung willkommen ist; sie ist gleichwohl mit dem eindeutigen Wortlaut der Vorschrift, der im Klammersatz ausdrücklich auf § 111 BetrVG verweist, nicht in Einklang zu bringen. Hinsichtlich der Anforderungen von § 111 BetrVG i.E. darf auf die Erläuterungen zu § 122 verwiesen werden. 2

II. Zustandekommen des besonderen Interessenausgleichs

Der Interessenausgleich nach § 125 unterfällt den Anforderungen nach § 112 Abs. 1 Satz 1 BetrVG, setzt aber nicht zwingend voraus, dass der »normale« Interessenausgleich i.S. dieser Norm auch tatsächlich zustande kommt. Schon *Warrikoff* (BB 1994, 2338 [2341]) hat darauf verwiesen, dass der Betriebsrat ggf. den notwendigen Kündigungen mit namentlicher Bezeichnung zustimmen könnte, der von ihm für falsch gehaltenen Betriebsänderung, die er allerdings nicht verhindern kann, widerspricht (hierzu krit.: *Grunsky* FS Lüke, S. 193 [»Psychologische Sperre für Hinrichtungsliste«]). Gleichviel, wie die Chancen zum Abschluss des besonderen Interessenausgleichs gewertet werden, der Verwalter hat zunächst den Betriebsrat über die geplante Betriebsänderung umfassend zu unterrichten und mit ihm darüber zu beraten, ob, wann und wie die Betriebsänderung durchgeführt werden soll (vgl. *BAG* 27.10.1987 und 17.09.1991 AP Nrn. 41, 59 zu § 112 BetrVG 1972), da er ansonsten die Unterschrift des Betriebsrats wohl nicht erhalten wird. 3

§ 125 Interessenausgleich und Kündigungsschutz

(1) ¹Ist eine Betriebsänderung (§ 111 des Betriebsverfassungsgesetzes) geplant und kommt zwischen Insolvenzverwalter und Betriebsrat ein Interessenausgleich zustande, in dem die Arbeitnehmer, denen gekündigt werden soll, namentlich bezeichnet sind, so ist § 1 des Kündigungsschutzgesetzes mit folgenden Maßgaben anzuwenden:
1. es wird vermutet, dass die Kündigung der Arbeitsverhältnisse der bezeichneten Arbeitnehmer durch dringende betriebliche Erfordernisse, die einer Weiterbeschäftigung in diesem Betrieb oder einer Weiterbeschäftigung zu unveränderten Arbeitsbedingungen entgegenstehen, bedingt ist;
2. die soziale Auswahl der Arbeitnehmer kann nur im Hinblick auf die Dauer der Betriebszugehörigkeit, das Lebensalter und die Unterhaltspflichten und auch insoweit nur auf grobe Fehlerhaftigkeit nachgeprüft werden; sie ist nicht als grob fehlerhaft anzusehen, wenn eine ausgewogene Personalstruktur erhalten oder geschaffen wird.

²Satz 1 gilt nicht, soweit sich die Sachlage nach Zustandekommen des Interessenausgleichs wesentlich geändert hat.

(2) Der Interessenausgleich nach Absatz 1 ersetzt die Stellungnahme des Betriebsrats nach § 17 Abs. 3 Satz 2 des Kündigungsschutzgesetzes.

Übersicht	Rdn.
A. Allgemeines	1
B. Voraussetzungen	2
I. Geplante Betriebsänderung	2
II. Zustandekommen des besonderen Interessenausgleichs	3
III. Namentliche Bezeichnung der zu kündigenden Arbeitnehmer	4
1. Notwendiger Inhalt	4
2. Schriftform	6
C. Rechtsfolgen	7
I. Vermutung der Betriebsbedingtheit	7
II. Eingeschränkter Prüfungsmaßstab bei der Sozialauswahl	9
1. Sinn und Zweck	11
2. Grobe Fehlerhaftigkeit	12
3. Auswahlrelevanter Personenkreis	14
4. Erhaltung bzw. Schaffung einer ausgewogenen Personalstruktur	17
5. Berechtigtes betriebliches Interesse an der Weiterbeschäftigung	20
6. Beispiele	21
a) Unvollständige Auswahlkriterien	21
b) Unvollständige Personenauswahl	22
c) Berechtigung zum Bezug vorgezogenen Altersruhegeldes	23
III. Darlegungs- und Beweislast	24
IV. Verhältnis zu weiteren Beteiligungsrechten des Betriebsrats	26
1. Anhörung gemäß § 102 BetrVG	26
2. Zustimmung zur Versetzung gemäß § 99 BetrVG	27
3. Mitbestimmung nach § 87 BetrVG	28
D. Verhältnis zu § 126 InsO	29
E. Wesentliche Änderung der Sachlage	30
F. Ersatz der Stellungnahme nach § 17 Abs. 2 Satz 2 KSchG (§ 125 Abs. 2 InsO)	33

Literatur:
(siehe Vor §§ 113 ff.)

A. Allgemeines

1 Der den allgemeinen Kündigungsschutz modifizierende § 125 InsO stand Pate für den mit dem ArbBeschFG vom 26.09.1996 eingeführten, am 19.12.1998 mit Wirkung vom 01.01.1999 aufgehobenen und schließlich – in leicht veränderter Form (dazu s. Rdn. 10) – durch das Gesetz zu den Reformen am Arbeitsmarkt vom 24.12.2003 mit Wirkung vom 01.01.2004 wieder eingeführten § 1 Abs. 3 S. 1 und Abs. 5 KSchG. Der in der Vorschrift geregelte besondere Interessenausgleich führt im Ergebnis für diejenigen Arbeitnehmer, die in ihm namentlich bezeichnet sind, zu einer – beabsichtigten – erheblichen Rechtsverkürzung im Kündigungsschutzprozess. Der Kündigungsgrund einer im Zusammenhang mit einer Betriebsänderung stehenden Kündigung (auch Änderungskündigung) wird vermutet, die soziale Auswahl kann nur auf grobe Fehlerhaftigkeit nachgeprüft werden; sie ist nicht als grob fehlerhaft anzusehen, wenn eine ausgewogene Personalstruktur erhalten oder aber erst

Ob ein Sozialplan ordentlich oder außerordentlich **gekündigt** werden kann, ist umstritten (vgl. die 26 Nachweise in den Urteilen des *BAG* 24.03.1981 AP Nr. 12 zu § 112 BetrVG und 10.08.1994 AP Nr. 86 zu § 112 BetrVG 1972).

Haben die Betriebspartner im Sozialplan eine Kündigungsmöglichkeit nicht vorgesehen und greift 27 die Widerrufsmöglichkeit nach § 124 Abs. 1 InsO nicht ein, so gilt nach BAG: ein für eine bestimmte Betriebsänderung vereinbarter Sozialplan kann, soweit nichts Gegenteiliges vereinbart ist, **nicht ordentlich gekündigt** werden. **Anderes** kann für **Dauerregelungen** in einem Sozialplan gelten, wobei Dauerregelungen nur solche Bestimmungen sind, nach denen ein bestimmter wirtschaftlicher Nachteil durch auf bestimmte oder unbestimmte Zeit laufende Leistungen ausgeglichen oder gemildert werden soll (*BAG* 10.08.1994 AP Nr. 86 zu § 112 BetrVG 1972). Ausdrücklich **offen gelassen** hat das BAG, ob ein Sozialplan insgesamt oder hinsichtlich seiner Dauerregelungen **außerordentlich** gekündigt werden kann (*BAG* 10.08.1994 AP Nr. 86 zu § 112 BetrVG 1972).

Ist die Kündigung zulässig, so kann sie in jedem Falle mit der insolvenzspezifischen Kündigungsfrist 28 von drei Monaten gem. § 120 Abs. 1 InsO ausgesprochen werden. Den gekündigten Regelungen des Sozialplans kommt allerdings **Nachwirkung** zu, bis sie durch eine neue Regelung ersetzt werden. Die ersetzende Regelung kann Ansprüche der Arbeitnehmer, die vor dem Wirksamwerden der Kündigung entstanden sind, nicht zu Ungunsten der Arbeitnehmer abändern. Das gilt auch dann, wenn die Arbeitnehmer aufgrund bestimmter Umstände nicht mehr auf den unveränderten Fortbestand des Sozialplans vertrauen konnten (*BAG* 10.08.1994 AP Nr. 86 zu § 112 BetrVG 1972).

Etwas anderes mag für einen **vorsorglichen Sozialplan** gelten. Ein solcher Sozialplan bezieht sich 29 nicht auf eine konkrete Betriebsänderung, sondern auf alle möglichen Betriebsänderungen während seiner Geltungsdauer. Damit entfällt für ihn der Grund für die Annahme, dass ein Sozialplan ordentlich nicht kündbar ist, wenn die Betriebspartner die Möglichkeit einer ordentlichen Kündigung nicht vereinbart haben (*BAG* 10.08.1994 AP Nr. 86 zu § 112 BetrVG 1972). Ein solcher Sozialplan kann auch in jedem Falle **widerrufen** werden. Durch den Widerruf **entfällt** die **Nachwirkung**.

IV. Störung der Geschäftsgrundlage von Sozialplänen

Für Betriebsvereinbarungen und insbesondere für Sozialpläne ist anerkannt, dass diese eine **Ge-** 30 **schäftsgrundlage** haben können, bei deren Störung die getroffene Regelung den geänderten tatsächlichen Umständen anzupassen ist, wenn dem Vertragspartner im Hinblick auf die Störung der Geschäftsgrundlage das Festhalten an der Vereinbarung nicht mehr zuzumuten ist (*BAG* 17.02.1981 AP Nr. 11 zu § 112 BetrVG 1972; *BAG GS* 16.09.1986 AP Nr. 17 zu § 77 BetrVG 1972). Die Geschäftsgrundlage eines Sozialplans kann insbesondere dann gestört sein, wenn beide Betriebspartner bei Abschluss des Sozialplans von irrigen Vorstellungen über die Höhe der für den Sozialplan zur Verfügung stehenden Finanzmittel ausgegangen sind (so *BAG* 17.02.1981 AP Nr. 11 zu § 112 BetrVG 1972).

Die Störung der Geschäftsgrundlage führt jedoch nicht zur Beendigung des Sozialplans, sondern 31 lässt diesen mit einem anzupassenden Inhalt fortbestehen (vgl. § 313 Abs. 1 BGB). Derjenige Betriebspartner, der sich auf die Störung der Geschäftsgrundlage beruft, hat einen **Verhandlungsanspruch** über die **Anpassung** der im Sozialplan getroffenen Regelung. Die Einigungsstelle entscheidet verbindlich.

Die anpassende Regelung kann schon entstandene Ansprüche der Arbeitnehmer auch zu deren Un- 32 gunsten abändern. Darauf, dass die einmal entstandenen Ansprüche mit dem ursprünglichen Inhalt fortbestehen, können die Arbeitnehmer nicht vertrauen; ebenso kann der Sozialplan von Anfang an nichtig sein oder wegen Ermessensüberschreitung der Einigungsstelle nach § 76 Abs. 5 BetrVG angefochten und für unwirksam erklärt werden (*BAG* 10.08.1994 AP Nr. 86 zu § 112 BetrVG 1972).

22 Schließlich ist auch die Unterscheidung in einem Sozialplan zwischen Arbeitnehmern, die ihr Arbeitsverhältnis selbst kündigen, und solchen, die aufgrund eines von ihnen gewünschten Aufhebungsvertrages ausscheiden, i.d.R. sachlich gerechtfertigt. Der Arbeitgeber kann so entscheiden, ob er den Arbeitnehmer für die ordnungsgemäße Durchführung der Betriebsänderung oder noch darüber hinaus benötigt oder ob ihm das freiwillige Ausscheiden des Arbeitnehmers nur eine ohnehin notwendig werdende Kündigung erspart (*BAG* 19.07.1995 AP Nr. 96 zu § 112 BetrVG 1972).

Erfolgt in einem Sozialplan eine unzulässige Differenzierung zwischen bestimmten Arbeitnehmergruppen, haben die benachteiligten Arbeitnehmer einen Anspruch auf die entsprechende Leistung, wenn die Mehrbelastung des Arbeitgebers im Verhältnis zum Gesamtvolumen nicht ins Gewicht fällt (*BAG* 24.08.2004 BAGE 111, 335).

Ist der Spruch einer Einigungsstelle teilweise ermessensfehlerhaft, führt dies jedoch nicht zur Gesamtnichtigkeit des Sozialplans, wenn der verbleibende Teil des Sozialplans auch ohne die unwirksame Bestimmung eine sinnvolle und in sich geschlossene Regelung enthält (*BAG* 24.08.2004 BAGE 111, 335).

Die Delegation des Gesamtbetriebsrats zur Durchführung eines Einigungsstellenverfahrens umfasst nicht zwingend die Berechtigung, einen Spruch der Einigungsstelle gerichtlich anzufechten. Maßgeblich ist vielmehr der jeweilige Inhalt des Delegationsbeschlusses (vgl. *LAG Hessen* 31.05.2011 – 4 TaBV 153/10).

III. Kündigung von Sozialplänen

23 Gerät das Unternehmen in die Krise oder muss Insolvenzantrag gestellt werden, stellt sich schnell die wirtschaftlich unter Umständen entscheidende Frage, inwieweit Arbeitgeber bzw. Verwalter und Betriebsrat einvernehmlich einen bereits geschlossenen, im Nachhinein aber nicht mehr finanzierbaren Sozialplan zur Rettung des Unternehmens und zumindest eines Teils der Arbeitsplätze rechtswirksam wieder abändern können, und, falls ein Einvernehmen über eine Neuregelung nicht gefunden werden kann, eine Kündigung eines Sozialplans wirksam ausgesprochen werden kann.

24 Sozialpläne haben nach dem Gesetz die Wirkung einer Betriebsvereinbarung. Die Aufhebung einer Betriebsvereinbarung kann durch eine neue Betriebsvereinbarung erfolgen, die dieselbe Angelegenheit wie die frühere Betriebsvereinbarung regelt, ohne dass in der neuen Betriebsvereinbarung die Aufhebung der älteren ausdrücklich erklärt wird (*BAG* 10.08.1994 AP Nr. 86 zu § 112 BetrVG 1972; MünchArbR-*Matthes* § 328 Rn. 37). Wenn die Betriebspartner eine Angelegenheit durch Betriebsvereinbarung geregelt haben, so können sie diese Betriebsvereinbarung auch einvernehmlich wieder aufheben und dieselbe Angelegenheit durch eine neue Betriebsvereinbarung regeln. Die Aufhebung bedarf jedoch der Schriftform (MünchArbR-*Matthes* § 328 Rn. 37). Die neue Betriebsvereinbarung tritt an die Stelle der früheren und löst diese ab. Im Verhältnis zweier aufeinander folgender Betriebsvereinbarungen gilt das Ablösungsprinzip. Dies gilt auch dann, wenn die neue Regelung für Arbeitnehmer ungünstiger ist als die frühere (vgl. *BAG GS* 16.09.1986 AP Nr. 17 zu § 77 BetrVG 1972; *BAG* 19.01.1999 AP Nr. 28 zu § 87 BetrAVG 1972 Ordnung des Betriebs).

25 Davon zu unterscheiden ist die Frage, ob die neue Betriebsvereinbarung in die Ansprüche der Arbeitnehmer, die schon auf der Grundlage der früheren Betriebsvereinbarung entstanden sind, eingreifen darf, indem sie diese schmälert oder ganz entfallen lässt. Das BAG verneint das. In Ansprüche, die bereits auf der Grundlage eines aufgehobenen Sozialplans entstanden sind, kann durch eine Neuregelung nicht zu Lasten der Arbeitnehmer eingegriffen werden (*BAG* 10.08.1994 AP Nr. 86 zu § 112 BetrVG 1972). Zur Begründung führt das BAG aus, dass die Betriebspartner die Erwartungen der Arbeitnehmer nicht dadurch enttäuschen können, dass sie durch einen neuen Sozialplan die für die bereits entstandenen wirtschaftlichen Nachteile vorgesehenen Sozialplanleistungen zu Lasten der Arbeitnehmer aufheben oder kürzen (*BAG* 10.08.1994 AP Nr. 86 zu § 112 BetrVG 1972, II. 3. a) der Gründe). Soll mittels eines neuen Sozialplans in bereits entstandene Ansprüche der Arbeitnehmer eingegriffen werden, bedarf es eines weiteren Rechtsgrundes (*BAG* 10.08.1994 AP Nr. 86 zu § 112 BetrVG 1972, II. 3. c) der Gründe).

II. Anfechtung wegen Ermessensfehler der Einigungsstelle (§ 76 Abs. 5 Satz 4 BetrVG)

Beschließt die Einigungsstelle mit Mehrheit einen Sozialplan, so hat sie hierbei unter angemessener Berücksichtigung der Belange des Betriebs und der betroffenen Arbeitnehmer nach billigem Ermessen zu entscheiden (§ 76 Abs. 5 Satz 3 BetrVG). Die Überschreitung der Grenzen des Ermessens kann durch den Verwalter oder den Betriebsrat nur binnen **einer Frist von zwei Wochen**, vom Tage der Zuleitung des Beschlusses an gerechnet, beim Arbeitsgericht geltend gemacht werden (§ 76 Abs. 5 Satz 4 BetrVG). Das Arbeitsgericht darf die Ermessensentscheidung aber nur daraufhin – uneingeschränkt – überprüfen, ob sie die Grenzen des ihr zustehenden Ermessens überschritten hat. Dem Arbeitsgericht steht **keine** allgemeine **Zweckmäßigkeitskontrolle** zu, sondern nur eine Rechtskontrolle (*Fitting* BetrVG, § 76 Rn. 105). Hält sich der Spruch der Einigungsstelle innerhalb des gesetzlichen Ermessensrahmens, ist dies vom Arbeitsgericht hinzunehmen. Insbesondere darf das Arbeitsgericht nicht sein eigenes Ermessen an die Stelle des Ermessens der Einigungsstelle setzen (*BAG* 22.01.1980 AP Nr. 7 zu § 111 BetrVG 1972). Das BAG hat für die im Sozialplan vorgesehenen Leistungen Ober- und Untergrenzen aufgestellt, die sich jeweils aus der Funktion des Sozialplans ergeben. So stellt der für den vollständigen Ausgleich der mit der Betriebsänderung verbundenen Nachteile für die Arbeitnehmer benötigte Leistungsumfang den höchstmöglichen Sozialplanbedarf und damit die Obergrenze für die Bemessung der Sozialplanleistungen dar. Die Untergrenze ist dann erreicht, wenn der Sozialplan nicht einmal so dotiert ist, dass seine Leistungen als substantielle Minderung der wirtschaftlichen Nachteile der Arbeitnehmer angesehen werden kann. Des Weiteren ist die Einigungsstelle in ihrem Ermessen durch die wirtschaftliche Vertretbarkeit begrenzt: So ist von einem vollständigen Ausgleich aller wirtschaftlicher Nachteile abzusehen, wenn dies den Fortbestand des Unternehmens gefährden würde (*BAG* 06.05.2003 BAGE 106, 95; 24.08.2004 BAGE 111, 335). U.U. kann dies sogar die Einigungsstelle dazu zwingen, Sozialplanleistungen festzulegen, die nicht einmal als eine substantielle Minderung der wirtschaftlichen Nachteile anzusehen sind (*BAG* 24.08.2004 BAGE 111, 335).

Die bei der Aufstellung eines Sozialplans in der Insolvenz erforderliche Berücksichtigung der Interessen der anderen Insolvenzgläubiger muss nicht zwangsläufig dazu führen, dass der Sozialplan einen Teil der nach Berichtigung der Masseverbindlichkeiten verbleibenden Insolvenzmasse für die nachrangigen Insolvenzgläubiger übrig lässt. Vielmehr kann eine sachgerechte Interessenabwägung auch ergeben, dass angesichts der noch vorhandenen Masse den sozialen Belangen der betroffenen Arbeitnehmer der Vorrang gebührt (*BAG* 30.10.1979 AP Nr. 9 zu § 112 BetrVG 1972).

Die Einigungsstelle überschreitet nicht ihr Ermessen, wenn sie erst geraume Zeit nach der Durchführung der Betriebsstilllegung einen Sozialplan beschließt und bei der Bemessung der Sozialplanleistungen gleichwohl auf die wirtschaftlichen Nachteile der entlassenen Arbeitnehmer abstellt, mit denen im Zeitpunkt der Betriebsstilllegung typischerweise zu rechnen war. Die Einigungsstelle braucht nicht zu berücksichtigen, dass einzelne Arbeitnehmer diese Nachteile tatsächlich nicht erlitten haben (*BAG* 23.04.1985 AP Nr. 26 zu § 112 BetrVG 1972). Ein Sozialplan, der Arbeitnehmer, die aufgrund von Aufhebungsverträgen oder Eigenkündigungen ausscheiden, gänzlich von Sozialplanabfindungen ausschließt, kann ermessensfehlerhaft sein. Der Inhalt eines Sozialplans muss nämlich immer dem Normzweck von § 112 Abs. 1 Satz 2 BetrVG entsprechen, die wirtschaftlichen Nachteile zu mildern, die den Arbeitnehmern infolge der geplanten Betriebsänderung entstehen. Diesem Zweck würde es aber widersprechen, wenn Arbeitnehmer ausschließlich unter Hinweis auf den formalen Beendigungsgrund einer Eigenkündigung oder eines Aufhebungsvertrages trotz arbeitgeberseitiger Veranlassung des Ausscheidens von der Sozialplanabfindung ausgenommen werden (*BAG* 28.04.1993 AP Nr. 67 zu § 112 BetrVG 1972). Eine solche arbeitgeberseitige Veranlassung liegt dann vor, wenn der Arbeitgeber bei dem Arbeitnehmer im Hinblick auf eine konkret geplante Betriebsänderung die berechtigte Annahme hervorgerufen hat, mit der eigenen Initiative komme er lediglich einer betriebsbedingten Kündigung zuvor (*BAG* 24.08.2004 BAGE 111, 335).

Die Betriebspartner können allerdings ermessensfehlerfrei vereinbaren, dass Arbeitnehmer, die im Zusammenhang mit einer Betriebsstilllegung vorzeitig durch Eigenkündigung ausscheiden, eine niedrigere Abfindung erhalten (*BAG* 11.08.1993 AP Nr. 71 zu § 112 BetrVG 1972).

ist nach Ansicht des *LAG Köln* (17.10.2002 AP Nr. 1 zu § 124 InsO) bei Ablauf von mehr als einem Jahr nach Eintritt des Insolvenzeintritts gegeben.

III. Rechtsfolgen des Widerrufs (Abs. 2, 3)

1. Berücksichtigung bei Aufstellung eines Insolvenzsozialplans

13 Abs. 2 bestimmt, dass Arbeitnehmer, denen Forderungen aus einem widerrufenen Sozialplan zustanden, bei der Aufstellung eines Sozialplans im Insolvenzverfahren **berücksichtigt werden können**. Sie müssen nicht berücksichtigt werden. Allerdings weist *Schwerdtner* (KS-InsO, S. 1152) zu Recht unter Hinweis auf die **Materialien** (vgl. die Begr. zu § 142 des Regierungsentwurfs BT-Drucks. 12/2443 S. 155) darauf hin, dass der Wortlaut missverständlich ist. Das erklärte Ziel des Gesetzgebers ist es nämlich, die durch solche Sozialpläne begünstigten Arbeitnehmer denjenigen gleichzustellen, denen Forderungen aus einem im Verfahren aufgestellten Sozialplan zustehen. Hieraus folgt, dass sie **grds. zu berücksichtigen** sind (im Ergebnis ebenso: *Caspers* RWS-Skript Nr. 18, S. 208 Rn. 482). Wie die von einem Widerruf betroffenen Arbeitnehmer in dem Insolvenzsozialplan berücksichtigt werden, können die Betriebspartner in den Grenzen von **Recht** und **Billigkeit** bestimmen (vgl. *BAG* 28.10.1992 EzA § 112 BetrVG 1972 Nr. 66; 24.11.1993 EzA § 112 BetrVG 1972 Nr. 71; 24.01.1996 EzA § 112 BetrVG 1972 Nr. 83; 13.11.1996 EzA § 112 BetrVG 1972 Nr. 90). So kann wegen der wirtschaftlichen Krise das Sozialplanvolumen unterhalb der zulässigen Höchstgrenzen festgelegt werden, um die Sanierungschancen zu verbessern, die Beteiligung der einzelnen Arbeitnehmer an dem jetzt geringeren Gesamtvolumen kann neu festgelegt werden, die Mittel können auf besondere Fälle konzentriert werden.

14 Da der Gesetzgeber solche Sozialpläne grds. widerruflich gestaltet hat, haben begünstigte Arbeitnehmer keinen Vertrauensschutz auf erworbene, aber noch nicht erfüllte Ansprüche aus einem innerhalb der Drei-Monats-Frist aufgestellten Sozialplan (ebenso *Caspers* RWS-Skript Nr. 18, S. 209 Rn. 482).

2. Kein Rückforderungsrecht (Abs. 3 Satz 1)

15 Soweit Sozialplanleistungen aus dem widerrufenen Sozialplan bereits erbracht worden sind, stellt Abs. 3 Satz 1 i.S.d. Vertrauensschutzes und der Rechtssicherheit klar, dass die Arbeitnehmer die Leistungen behalten dürfen. Eine Rückforderung ist ausgeschlossen. Unberührt hiervon bleibt allerdings das Recht der Insolvenzanfechtung nach den §§ 129–146.

3. Anrechnung erbrachter Sozialplanleistungen (Abs. 3 Satz 2)

16 Wird ein Insolvenzsozialplan aufgestellt, sind bereits erfolgte Zahlungen aus einem widerrufenen Sozialplan bis zur absoluten Grenze des § 123 Abs. 1 (zweieinhalb Monatsverdienste der von einer Entlassung betroffenen Arbeitnehmer) in Abzug zu bringen. Dies ist nur konsequent, wenn nach dem Willen des Gesetzgebers die von einem »insolvenznahen« Sozialplan begünstigten Arbeitnehmer mit denjenigen, die aus einem Insolvenzsozialplan anspruchsberechtigt sind, möglichst gleichbehandelt werden sollen. Inwieweit die Gleichbehandlung tatsächlich erfolgt, ist von der Masse abhängig.

C. Anfechtung, Kündigung und Störung der Geschäftsgrundlage von Sozialplänen

I. Insolvenzrechtliche Anfechtung

17 Rechtshandlungen, die vor der Eröffnung des Verfahrens vorgenommen sind, können als den Insolvenzgläubigern gegenüber unwirksam nach Maßgabe der §§ 129 ff. angefochten werden. Das Anfechtungsrecht wird vom Verwalter ausgeübt. Für die insolvenzrechtliche Anfechtung von Sozialplänen kommt insbesondere der Anfechtungsgrund der **Gläubigerbenachteiligung** (§§ 130–132 InsO) in Betracht.

dass bei erfolgtem Widerruf die von dem Widerruf betroffenen Arbeitnehmer regelmäßig erneut bei Abschluss eines Insolvenzsozialplans berücksichtigt werden sollen, vgl. im Folgenden unter Rdn. 13 f.).

Unterlässt der Betriebsrat in einem solchen Fall den Widerruf, wird er hierfür regelmäßig nicht zur Verantwortung gezogen werden können. Der Betriebsrat besitzt keine eigene Rechtspersönlichkeit, er ist im allgemeinen Rechtsverkehr nicht rechtsfähig. Er haftet daher auch nicht für etwaige Amtspflichtverletzungen. Eine Schadenersatzpflicht kann sich nur für einzelne Mitglieder des Betriebsrats nach allgemeinen Regeln des Bürgerlichen Rechts ergeben, wobei aber stets die Kausalität des Verhaltens einzelner Betriebsratsmitglieder zu dem Verhalten des Betriebsrats als Organ und den sich hieraus ergebenden Konsequenzen problematisch ist (vgl. *Fitting* BetrVG, § 1 Rn. 209 ff.).

II. Zeitliche Grenze des Widerrufs

Das Widerrufsrecht ist davon abhängig, dass der Sozialplan **nicht früher als drei Monate** vor dem Eröffnungsantrag aufgestellt worden ist. Ein Sozialplan ist aufgestellt, wenn Arbeitgeber und Betriebsrat sich über den Ausgleich oder die Milderung wirtschaftlicher Nachteile einer Betriebsänderung geeinigt haben, die Einigung schriftlich niedergelegt und von den Betriebspartnern unterzeichnet ist (§ 112 Abs. 1 Satz 2 BetrVG). Die Einigung ist ein Rechtsgeschäft, das Zustandekommen richtet sich nach den allgemeinen Grundsätzen der §§ 145 ff. BGB (*Fitting* BetrVG, §§ 112, 112a Rn. 77 ff.). Maßgebend ist danach der Zeitpunkt des formwirksamen Zugangs der Annahmeerklärung eines rechtswirksamen Angebots. Unterzeichnen die Betriebspartner den Sozialplan am Ende einer Verhandlung gemeinschaftlich, ist dieser Zeitpunkt maßgeblich. Erfolgt der Vertragsschluss durch Übersendung eines bereits von einer Seite unterzeichneten Sozialplanangebots, kommt es darauf an, wann die Rücksendung des ebenfalls unterzeichneten Exemplars dem antragenden Teil wieder zugeht. Kommt die Einigung vor der Einigungsstelle zustande, sollte dies im Protokoll vermerkt werden. Wird die Einigung durch die Einigungsstelle ersetzt, ist entscheidend, wann der Spruch beiden Seiten zugeleitet worden ist (KS-InsO/*Schwerdtner* S. 1151). 9

Die Wahrung der Schriftform ist Wirksamkeitsvoraussetzung für den Sozialplan (vgl. *BAG* 09.07.1985 AP Nr. 13 zu § 113 BetrAVG 1972; *LAG Thüringen* 22.07.1998 NZA-RR 1999, 309).

Weiter kommt es für das Widerrufsrecht auf den Zeitpunkt des Eröffnungsantrags an. Antrag und Datum ergeben sich aus den Akten des Insolvenzgerichts. Gehen mehrere Anträge ein, ist wie schon zur früheren Rechtslage nach § 3 SozPlG der erste wirksame Antrag maßgeblich. Da es sich um eine Monatsfrist handelt, sind lediglich die Daten entscheidend (§§ 187, 188 BGB).

Die zeitliche Begrenzung kann nach Ansicht des LAG Niedersachsen auch nicht dadurch umgangen werden, dass die Betriebspartner früher als drei Monate vor dem Eröffnungsantrag einen Sozialplan abschließen, der unter der auflösenden Bedingung der Insolvenz des Arbeitgebers steht, mit dem Ziel für diesen Fall einen neuen, durch §§ 123, 124 InsO begünstigten, Sozialplan zu schließen. Dem steht die gesetzgeberische Wertung des § 124 InsO entgegen (*LAG Niedersachsen* 24.09.2009 ZIP 2010, 442; Rechtsbeschwerde eingelegt unter dem Aktenzeichen 1 ABR 128/09). 10

Ebenso wenig wie die Ausübung des Widerrufsrechts eines Grundes bedarf, besteht eine Frist, innerhalb derer der Widerruf dem anderen Betriebspartner gegenüber erklärt werden muss; der Widerruf kann in jeder Lage des Verfahrens (von der Eröffnung des Insolvenzverfahrens bis zur Beendigung durch Schlusstermin gem. § 197 InsO oder Einstellung des Verfahrens gem. §§ 207 ff. InsO) erfolgen, er sollte aber schon aus Gründen der Regelungen in Abs. 2 und 3 vor Aufstellung eines Sozialplans in der Insolvenz erklärt werden. Eine Rechtspflicht zum vorherigen Widerruf wird aber angesichts des Wortlauts in Abs. 2 (»... können die Arbeitnehmer ... berücksichtigt werden«) nicht angenommen werden können. 11

Das Recht zum Widerruf kann jedoch verwirkt werden. Voraussetzung für die Annahme von Verwirkung sind nach den allgemeinen Regeln das Umstandsmoment und das Zeitmoment. Letzteres 12

2 In Abs. 3 wird im Interesse der Rechtssicherheit festgelegt, dass bereits ausgezahlte Sozialplanleistungen nicht deshalb zurückgefordert werden können, weil der Sozialplan im Insolvenzverfahren widerrufen wird. Das Volumen des Sozialplans im Insolvenzverfahren ist dann unter Berücksichtigung dieser Leistungen niedriger festzusetzen (Satz 2). Eine Rückforderung aufgrund des Rechts der Insolvenzanfechtung wird durch die Vorschrift nicht ausgeschlossen.

3 Ist ein Sozialplan früher als drei Monate vor dem Antrag auf Eröffnung des Insolvenzverfahrens aufgestellt worden und sind Forderungen aus diesem Sozialplan im Zeitpunkt der Verfahrenseröffnung noch nicht berichtigt, so können diese Forderungen nur als Insolvenzforderungen geltend gemacht werden.

4 Sozialplanforderungen i.S.d. § 124 InsO sind keine Masseverbindlichkeiten, sondern Insolvenzforderungen, die nach allgemeinen Grundsätzen verteilt werden (*BAG* 31.07.2002 AP Nr. 1 zu § 38 InsO; *Fitting* BetrVG, §§ 112, 112a Rn. 302; MünchArbR-*Matthes* Bd. 3, 2. Aufl., § 363 Rn. 19; *Boemke/Tietze* DB 1999, 1391 [1394]; *Warrikoff* BB 1994, 2344). Mangels Rechtspflicht zu einem Handeln ist das Unterlassen des Widerrufs durch den Insolvenzverwalter keine Handlung i.S.v. § 55 Abs. 1 Nr. 1 InsO.

B. Widerruf »insolvenznaher« Sozialpläne (Abs. 1)

I. Widerrufsberechtigung

5 Zum Widerruf berechtigt sind **Insolvenzverwalter** und **Betriebsrat**. Die Berechtigung des Verwalters folgt aus dem Umstand, dass er mit Eröffnung des Verfahrens in die Rechtsstellung des Schuldners einrückt, auf ihn die Verwaltungs- und Verfügungsbefugnis übergeht und er damit auch betriebsverfassungsrechtlicher »Gegenspieler« des Betriebsrats ist. Da auch der Betriebsrat bei Abschluss des »insolvenznahen« Sozialplans ggf. von falschen Erwartungen ausgegangen ist und der Sozialplan zum Zeitpunkt der Eröffnung unter Umständen zu einem wesentlichen Teil noch nicht erfüllt worden ist, muss auch dem Betriebsrat das Recht zum Widerruf zustehen.

6 Das Widerrufsrecht ist **voraussetzungslos**, es bedarf keines Widerrufsgrundes (*Schwerdtner* KS-InsO, S. 1151; *Caspers* RWS-Skript Nr. 18, S. 206 Rn. 475). Nach der Begr. zum Regierungsentwurf folgt das Recht allein aus dem Umstand, dass »insolvenznahe« Sozialpläne typischerweise Nachteile ausgleichen sollen, die mit der Insolvenz bereits im Zusammenhang stehen, und dass die durch solche Sozialpläne betroffenen Arbeitnehmer denjenigen Arbeitnehmern gleichgestellt werden sollen, die aus einem Insolvenzsozialplan anspruchsberechtigt sind. Gleichzeitig kann auf das Recht zum Widerruf – jedenfalls nach Eintritt des Insolvenzfalles – wirksam verzichtet werden (*LAG Köln* 17.10.2002 AP Nr. 1 zu § 124 InsO).

7 Der Widerruf ist gegenüber dem anderen Teil zu erklären. Folglich muss der Betriebsrat gegenüber dem Insolvenzverwalter, der Insolvenzverwalter gegenüber dem Betriebsrat widerrufen; dies gilt auch, wenn die Einigung durch den Spruch einer Einigungsstelle zustande gekommen ist.

8 Insolvenzverwalter wie Betriebsrat sind grds. nur berechtigt, aber **nicht verpflichtet**, einen »insolvenznahen« Sozialplan zu widerrufen. Gleichwohl kann das Unterlassen eines Widerrufs für beide eine Pflichtverletzung darstellen, freilich mit unterschiedlichen Konsequenzen: Die Pflicht des Verwalters besteht in der Verwaltung der Masse i.S. einer optimalen Schuldenregulierung. Der Betriebsrat hat die kollektiven Rechte im Interesse der Belegschaft bestmöglich wahrzunehmen. Weist nun der »insolvenznahe« Sozialplan ein beträchtliches Volumen aus und ist er noch nicht vollends erfüllt, hat der Verwalter ihn zu widerrufen. Unterlässt er den Widerruf schuldhaft, macht er sich gegenüber den anderen Gläubigern schadenersatzpflichtig (§ 60 InsO).

Gleichfalls kann sich für den Betriebsrat im Hinblick auf die Einordnung von »Vor-Insolvenzsozialplanforderungen« als bloße Insolvenzforderungen bei noch nicht erfolgter Abwicklung des Sozialplans eine Pflicht zur Ausübung des Widerrufsrechts ergeben, um den betroffenen Arbeitnehmern bei ansonsten drohendem Forderungsausfall zumindest die Möglichkeit eines Insolvenzsozialplananspruchs als Masseforderung zu eröffnen (vgl. *BAG* 27.10.1998 AP Nr. 29 zu § 61 KO; dazu,

§ 124 Sozialplan vor Verfahrenseröffnung

(1) Ein Sozialplan, der vor der Eröffnung des Insolvenzverfahrens, jedoch nicht früher als drei Monate vor dem Eröffnungsantrag aufgestellt worden ist, kann sowohl vom Insolvenzverwalter als auch vom Betriebsrat widerrufen werden.

(2) Wird der Sozialplan widerrufen, so können die Arbeitnehmer, denen Forderungen aus dem Sozialplan zustanden, bei der Aufstellung eines Sozialplans im Insolvenzverfahren berücksichtigt werden.

(3) ¹Leistungen, die ein Arbeitnehmer vor der Eröffnung des Verfahrens auf seine Forderung aus dem widerrufen Sozialplan erhalten hat, können nicht wegen des Widerrufs zurückgefordert werden. ²Bei der Aufstellung eines neuen Sozialplans sind derartige Leistungen an einen von einer Entlassung betroffenen Arbeitnehmer bei der Berechnung des Gesamtbetrags der Sozialplanforderungen nach § 123 Abs. 1 bis zur Höhe von zweieinhalb Monatsverdiensten abzusetzen.

Übersicht	Rdn.		Rdn.
A. Allgemeines	1	C. Anfechtung, Kündigung und Störung der Geschäftsgrundlage von Sozialplänen	17
B. Widerruf »insolvenznaher« Sozialpläne (Abs. 1)	5		
I. Widerrufsberechtigung	5	I. Insolvenzrechtliche Anfechtung	17
II. Zeitliche Grenze des Widerrufs	9	II. Anfechtung wegen Ermessensfehler der Einigungsstelle (§ 76 Abs. 5 Satz 4 BetrVG)	18
III. Rechtsfolgen des Widerrufs (Abs. 2, 3)	13		
1. Berücksichtigung bei Aufstellung eines Insolvenzsozialplans	13	III. Kündigung von Sozialplänen	23
2. Kein Rückforderungsrecht (Abs. 3 Satz 1)	15	IV. Störung der Geschäftsgrundlage von Sozialplänen	30
3. Anrechnung erbrachter Sozialplanleistungen (Abs. 3 Satz 2)	16		

Literatur:
Siehe Vor §§ 113 ff.

A. Allgemeines

Die Vorschrift gilt für »insolvenznahe Sozialpläne« und trägt wie nach dem früheren Recht auch (vgl. § 3 SozPlG) dem Umstand Rechnung, dass Sozialpläne, die **vor Verfahrenseröffnung**, jedoch **nicht früher als drei Monate** vor dem Eröffnungsantrag aufgestellt worden sind, typischerweise bereits Nachteile ausgleichen sollen, die mit dem Eintritt der Insolvenz in Zusammenhang stehen. Von diesem Grundgedanken war auch das Sozialplangesetz ausgegangen, indem es einerseits die Forderungen aus derartigen Sozialplänen mit dem gleichen Konkursvorrecht versehen hatte wie Forderungen aus im Verfahren aufgestellten Plänen (§ 4 Satz 1 SozPlG), andererseits diese Forderungen der Höhe nach begrenzte, um die Einhaltung des im Verfahren zulässigen Sozialplanvolumens zu gewährleisten (§ 3 SozPlG). Nach der Begründung des Regierungsentwurfs zu § 124 InsO ist die Vorgängerregelung allerdings in der Praxis kaum zur Anwendung gekommen. § 124 InsO wählt deshalb eine andere rechtstechnische Ausgestaltung: Ein in der kritischen Zeit vor der Verfahrenseröffnung zustande gekommener Sozialplan kann **widerrufen** werden (Abs. 1); in diesem Fall können die begünstigten Arbeitnehmer bei der Aufstellung des neuen Sozialplans berücksichtigt werden (Abs. 2). Die Konstruktion ermöglicht es, dass bei der Aufstellung des Sozialplans im Insolvenzverfahren die Leistungen an die bereits in einem früheren Sozialplan berücksichtigten Arbeitnehmer neu festgesetzt werden. Auch insoweit kann die schwierige wirtschaftliche Lage, in die das Unternehmen geraten ist, voll berücksichtigt werden; z.B. kann das Sozialplanvolumen unterhalb der zulässigen Höchstgrenzen festgelegt werden, um die Sanierungschancen zu verbessern. Weiter kann die Beteiligung der einzelnen Arbeitnehmer an dem jetzt geringeren Gesamtvolumen neu festgesetzt werden, z.B. können die Mittel auf besondere Notfälle konzentriert werden.

Sozialplan also mit der aufschiebenden Bedingung zu versehen, dass der Insolvenzplan angenommen und bestätigt wird.

F. Abschlagszahlungen (Abs. 3)

24 Durch Abs. 3 wird darauf hingewirkt, dass die Arbeitnehmer möglichst frühzeitig, nämlich so oft hinreichende Barmittel in der Masse vorhanden sind, **Abschlagszahlungen** auf ihre Sozialplanforderungen erhalten. Das Gesetz sieht, wie nach der bisherigen Rspr. zum alten Recht auch erforderlich, vor, dass hierfür die Zustimmung des Insolvenzgerichts eingeholt wird.

Nach *Schwerdtner* (KS-InsO, S. 1150) unterliege es angesichts der Regelung in Abs. 3 Satz 1 rechtlichen Bedenken, wenn die Fälligkeit eines Sozialplananspruchs – wie in der Praxis regelmäßig vereinbart – bis zum Zeitpunkt des rechtskräftigen Abschlusses des Kündigungsschutzprozesses hinausgeschoben wird. Nach der Rspr. des BAG ist es aber zulässig, dass in einem Sozialplan festgehalten wird, dass bei Erhebung einer Kündigungsschutzklage die Abfindung nach § 9 KSchG auf die Sozialplanabfindung anzurechnen und dass die Fälligkeit der Abfindung auf den Zeitpunkt des rechtskräftigen Abschlusses des Kündigungsrechtsstreits hinausgeschoben ist (*BAG* 20.06.1985 EzA § 4 KSchG Ausgleichsquittung Nr. 1 = AP Nr. 33 zu § 112 BetrVG 1972; *Steffan* NZA-RR 2000, 344). Weiter ist zu beachten, dass Abs. 3 Satz 1 lediglich eine **Sollvorschrift** ist. Dem wird zwar zu Recht entgegengehalten werden können, dass nach Zustimmungserteilung des Insolvenzgerichts der Verwalter zur Verweigerung der Abschlagszahlung plausibler Gründe bedarf; kann er solche Gründe nicht vorbringen, wird man ihn gerade wegen der Funktion der Sozialplanabfindung als Überbrückungshilfe als verpflichtet ansehen müssen, auch Abschlagszahlungen an die betroffenen Arbeitnehmer zu leisten. Hierbei wird er die doppelte Summe für die Insolvenzgläubiger reservieren müssen, solange der allgemeine Prüfungstermin noch nicht stattgefunden hat (§ 187 Abs. 1 InsO). Dies ändert jedoch alles nichts daran, dass bis zur rechtskräftigen Erledigung des Kündigungsschutzprozesses überhaupt noch nicht feststeht, ob der klagende Arbeitnehmer von der Entlassung betroffen ist. Bis dies geklärt ist, ist die Verweigerung von Abschlagszahlungen im Einklang mit der Rspr. des BAG nicht zu beanstanden.

25 Eine Zwangsvollstreckung der Sozialplangläubiger in die Masse ist unzulässig (Abs. 3 Satz 2). Will der Arbeitnehmer Ansprüche aus dem Sozialplan gerichtlich geltend machen, so muss er dieses Ziel mit der Feststellungsklage nach § 256 ZPO verfolgen, da die Leistungsklage wegen des in § 122 Abs. 3 S. 2 InsO normierten Zwangsvollstreckungsverbots unzulässig ist (*BAG* 29.10.2002 ZIP 2003, 1414; 31.07.2002 NZA 2002, 1332; 30.03.2004 EzA § 112 BetrVG 2001 Nr. 10; 22.11.2005 NZA 2006, 220; eine Leistungsklage für zulässig erachtend *LAG Hamm* 27.10.2005 – 4 Sa 1709/04 – für Fallgestaltungen, in denen es um eine gleichmäßige Befriedigung der Arbeitnehmer geht). Etwas anderes ergibt sich auch nicht aus § 209 Abs. 1 Nr. 2 InsO, wenn der Sozialplan vom Insolvenzverwalter nach Anzeige der Masseunzulänglichkeit vereinbart worden ist. Diese Vorschrift ist auf Sozialplanansprüche nicht anwendbar (*BAG* 21.01.2010 NZA 2010, 413; 22.07.2010 ZInsO 2010, 2193).

26 Das erforderliche Feststellungsinteresse liegt nur vor, wenn dem Recht des Arbeitnehmers eine gegenwärtige Gefahr der Unsicherheit dadurch droht, dass der Insolvenzverwalter das Recht des Arbeitnehmers ernstlich bestreitet, und wenn das erstrebte Urteil infolge seiner Rechtskraft geeignet ist, diese Gefahr zu beseitigen. Tritt der Insolvenzverwalter dem Leistungsbegehren lediglich unter Hinweis auf die Vollstreckungsverbote der Insolvenzordnung entgegen, fehlt es an dem für eine Feststellungsklage erforderlichen Feststellungsinteresse (*BAG* 21.01.2010 NZA 2010, 413).

aus, verbleibt nichts, was an die Insolvenzgläubiger verteilt werden kann. Folglich gehen auch die Arbeitnehmer mit Sozialplanansprüchen leer aus.

Die Einordnung der Sozialplanansprüche als Masseverbindlichkeit führt aber zu dem **praktischen** 20 **Vorteil**, dass eine **Anmeldung** und **Feststellung** der Sozialplanforderungen **entfällt**.

Die relative Begrenzung des Sozialplanvolumens ist dann gegenstandslos, wenn ein **Insolvenzplan** 21 zustande kommt. Dies gilt auch unabhängig davon, ob ein Liquidationsplan, ein Übertragungsplan oder ein Sanierungsplan beschlossen und bestätigt wird. Der Gesetzgeber geht offensichtlich davon aus, dass die über den Insolvenzplan entscheidenden Gläubiger ihre Interessen mündig wahrnehmen können. Die absolute Obergrenze bleibt aber auch bei zustande gekommenem Insolvenzplan wirksam (a.A. DKK-*Däubler* BetrVG Anh. zu §§ 111–113, § 123 InsO Rn. 1 unter Hinw. auf die Gläubigerautonomie). Zu den Einzelheiten des Insolvenzplans vgl. die Erläuterungen zu den §§ 217–269 InsO.

Die Vorschriften über die relative Grenze (Abs. 2 Satz 2, 3) decken auch den Fall ab, dass in einem 22 Insolvenzverfahren zeitlich nacheinander **mehrere Sozialpläne** aufgestellt werden. In diesem Fall darf die Gesamtsumme aller Forderungen aus diesen Sozialplänen die relative Grenze nicht übersteigen (*Boemke/Tietze* DB 1999, 1391 [1393]; *Schaub* DB 1999, 217; *Lakies* BB 1999, 210). Ist dies doch der Fall, sind die einzelnen Forderungen anteilig zu kürzen (vgl. die Begr. zu § 141 des Regierungsentwurfs BT-Drucks. 12/2443 S. 154).

E. Ermessensrichtlinien zur Volumenbestimmung

Das Gesetz legt mit der absoluten und relativen Obergrenze nur Höchstgrenzen für das Sozialplan- 23 volumen fest. Diese Grenzen dürfen ausweislich der Materialien nicht dahin missverstanden werden, dass i.d.R. jeder von einer Entlassung betroffene Arbeitnehmer einen Betrag von zweieinhalb Monatsverdiensten als Sozialplanleistung erhalten soll. Vielmehr ist stets die Situation des einzelnen Arbeitnehmers zu berücksichtigen. Bei besonderen sozialen Härten sollen höhere, in anderen Fällen geringe Beträge oder auch – wenn ein entlassener Arbeitnehmer sofort einen entsprechenden neuen Arbeitsplatz gefunden hat – gar keine Leistungen vorgesehen werden (Begr. zu § 141 des Regierungsentwurfs BT-Drucks. 12/2443 S. 154). In Übereinstimmung mit der Gesetzesbegründung ist danach festzuhalten, dass die **Richtlinien** nach **§ 112 Abs. 5 BetrVG** auch dann gelten, wenn in der Insolvenz ein Sozialplan von der Einigungsstelle beschlossen wird. Danach sollen wirtschaftliche Nachteile infolge der Betriebsänderung so ausgeglichen oder gemindert werden, dass den Gegebenheiten des Einzelfalles i.d.R. Rechnung getragen wird. Die entstehenden Nachteile sollen konkret ermittelt werden, wenn auch Pauschalierungen zulässig sind. Namentlich beim Sanierungs- und Übertragungsplan ist bei der Bemessung des Gesamtbetrages der Sozialplanleistungen darauf zu achten, dass der Fortbestand des Unternehmens oder die nach Durchführung der Betriebsänderung verbleibenden Arbeitsplätze nicht gefährdet werden (§ 112 Abs. 5 Nr. 3 BetrVG). Es liegt auch keine Ungleichbehandlung wegen des Alters vor, wenn sich die Höhe der Sozialplanabfindung für rentennahe Arbeitnehmer nach der Bezugsmöglichkeit einer vorgezogenen Altersrente wegen Arbeitslosigkeit richtet und schwerbehinderte Arbeitnehmer die gleiche Sozialplanabfindung erhalten wie nicht behinderte Arbeitnehmer (*BAG* 23.04.2013 – 1 AZR 916/11, NZA 2013, 980).

Wird das schuldnerische Unternehmen zerschlagen, spielt die Ermessensrichtlinie in § 112 Abs. 5 BetrVG keine Rolle (vgl. eingehend *Caspers* RWS-Skript Nr. 18, S. 200–204 Rn. 462–471).

Hat der Betriebsrat im Vertrauen auf die beabsichtigte Sanierung des Unternehmens und damit zur Sicherung der verbleibenden Arbeitsverhältnisse einem die Grenzen des § 123 InsO ggf. deutlich unterschreitenden Sozialplan zugestimmt, wird der vom Verwalter ausgearbeitete Insolvenzplan aber nicht angenommen, dürfte regelmäßig die Geschäftsgrundlage für den Sozialplan gestört sein. Um diesbezügliche Streitigkeiten über die Rechtswirksamkeit des Sozialplans von vornherein zu vermeiden, schlägt *Caspers* RWS-Skript Nr. 18, S. 204 Rn. 470) zu Recht vor, den Sozialplan von vornherein unter den Vorbehalt zu stellen, dass der Insolvenzplan auch tatsächlich zustande kommt, den

Mangels Verweisung in § 10 Abs. 3 KSchG sind die in der Sachbezugsverordnung (vgl. § 17 Abs. 1 Nr. 4 SGB IV) festgesetzten Werte nicht entscheidend.

C. Rechtsfolgen bei Überschreitung der absoluten Obergrenze

14 Der im Gesetz genannte **Höchstbetrag** stellt eine **absolute Obergrenze** dar, die nicht überschritten werden darf. Ein Überschreiten der Höchstgrenze führt zur absoluten Unwirksamkeit des Sozialplanes (*Fitting* BetrVG, §§ 112, 112a Rn. 271; *Boemke/Tietze* DB 1999, 1391 [1392]; a.A. *ArbG Düsseldorf* 24.04.2006 DB 2006, 1384 [LS]). Fraglich ist, ob der Sozialplan innerhalb der Grenzen des Abs. 1 aufrechterhalten werden kann (§ 139 BGB). Dies ist jedoch nur bei solchen Sozialplänen möglich, wenn anzunehmen ist, dass die Parteien den Sozialplan auch mit dem verringerten Volumen abgeschlossen hätten und der Sozialplan eindeutige Verteilungsmaßstäbe zur anteiligen Kürzung aller Ansprüche erkennen lässt (*ArbG Düsseldorf* 24.04.2006 DB 2006, 1384 [LS]; DKK-*Däubler* Anh. zu §§ 111–113, § 123 InsO Rn. 16; *Fitting* BetrVG, §§ 112, 112a Rn. 274; *Boemke/Tietze* DB 1999, 1391 [1392]).

15 Kann der Sozialplan teilweise nicht aufrechterhalten werden, führt dies zum endgültigen Wegfall von Arbeitnehmeransprüchen. Insolvenzverwalter und Betriebsrat müssen jedoch einen neuen Plan aufstellen, bzw. im Falle der Nichteinigung muss ein erneutes Tätigwerden der Einigungsstelle initiiert werden (*Fitting* BetrVG, §§ 112, 112a Rn. 276).

16 Nach dem eindeutigen Wortlaut des § 123 Abs. 1 InsO gilt die absolute Obergrenze nur für solche Betriebsänderungen, die Entlassungen der Arbeitnehmer bedingen. Sozialpläne im Rahmen sonstiger Betriebsänderungen werden von § 123 Abs. 1 InsO nicht erfasst (*Boemke/Tietze* DB 1999, 1391 [1392]; für eine analoge Anwendung *Fitting* BetrVG, §§ 112, 112a Rn. 277). Mittelbar werden sich die Höchstgrenzen des § 123 Abs. 1 InsO dennoch auswirken, da der Insolvenzverwalter den von einer Betriebsänderung in sonstiger Weise betroffenen Arbeitnehmern kaum mehr zahlen wird als den von einer Betriebsänderung mit Entlassung betroffenen Arbeitnehmern (*Boemke/Tietze* DB 1999, 1391 [1393]).

D. Relative Obergrenze (Abs. 2)

17 Abs. 2 Satz 1 bestimmt zunächst, dass die Sozialplanforderungen nicht mehr wie bislang lediglich bevorrechtigte Konkursforderungen sind, sondern als Masseforderungen eingeordnet sind. Hierdurch wird die Rechtsstellung der Arbeitnehmer mit Sozialplanforderungen formell verbessert. Die Verbesserung hat jedoch nur eingeschränkte Bedeutung, da die Vorschrift über die **relative Obergrenze** des Sozialplanvolumens bewirkt, dass die Sozialplangläubiger grds. nur dann befriedigt werden, wenn die übrigen Masseverbindlichkeiten voll erfüllt werden können. Die Berichtigung der Sozialplanansprüche ist danach wie folgt vorzunehmen: Zuerst sind gem. § 53 InsO die Kosten des Insolvenzverfahrens und die sonstigen Masseverbindlichkeiten vorweg zu berichten. Von dem Betrag, der danach verbleibt, kann **bis zu einem Drittel** zur Berichtigung der Sozialplanansprüche verwandt werden. Der Rest bildet dann die Teilungsmasse, die den übrigen Insolvenzgläubigern zur Verfügung steht. *Caspers* RWS-Skript Nr. 18, S. 192 Rn. 440) bemerkt zu Recht, dass das endgültige Sozialplanvolumen danach nicht mehr als die Hälfte der zur Verteilung an die Insolvenzgläubiger zur Verfügung stehenden Teilungsmasse betragen darf bzw. die endgültige Teilungsmasse mindestens doppelt so groß wie die Gesamtsumme aller als Masseverbindlichkeit zu berücksichtigenden Sozialplanansprüche sein muss.

18 Materiellrechtlich bleibt jedoch die Forderung des Arbeitnehmers in voller Höhe bestehen. Er kann seine Forderung nach Abschluss des Insolvenzverfahrens gegen seinen früheren Arbeitgeber gem. §§ 215 Abs. 2, 201 Abs. 1 InsO geltend machen (*Fitting* BetrVG, §§ 112, 112a Rn. 283; *Boemke/Tietze* DB 1999, 1391 [1393]).

19 Liegt **Masseunzulänglichkeit** vor, werden **keine Sozialplanansprüche** berichtigt. Reicht die Masse nicht zur vollständigen Vorwegberichtigung der Massekosten und sonstigen Masseverbindlichkeiten

einvernehmlich aufzulösen, um eine sonst notwendig werdende Kündigung zu vermeiden (*BAG* 29.10.2002 EzA § 112 BetrVG 2001 Nr. 4; 25.03.2003 EzA § 112 BetrVG 2001 Nr. 6).

Der vollständige Ausschluss von Arbeitnehmern, die das sofortige Ausscheiden aus dem Arbeitsverhältnis und den Wechsel in eine Beschäftigung- und Qualifizierungsgesellschaft durch den Abschluss eines dreiseitigen Vertrages abgelehnt haben, verstößt gegen den arbeitsrechtlichen Gleichbehandlungsgrundsatz. Sinn und Zweck des Sozialplans ist es nicht, dem Insolvenzverwalter die Durchführung des Insolvenzverfahrens zu erleichtern und ihm durch ein vorzeitiges Ausscheiden der Arbeitnehmer aus dem Arbeitsverhältnis Kosten zu ersparen, so dass diese Umstände die unterschiedliche Behandlung der Arbeitnehmer wegen eines Wechsels in eine Beschäftigungs- und Qualifizierungsgesellschaft bzw. dessen Ablehnung sachlich nicht zu rechtfertigen vermögen (vgl. *LAG Hamm* 14.05.2014 – 2 Sa 1651/13; 11.11.2015 – 2 Sa 752/15, n.r.). 12

III. Monatsverdienst

Die Berechnung des Sozialplanabfindungsvolumens stellt auf den **individuellen Monatsverdienst** i.S.d. § 10 Abs. 3 KSchG aller von einer Entlassung betroffenen Arbeitnehmer ab. Im Kündigungsschutzverfahren verweist § 10 Abs. 3 KSchG i.V.m. § 9 Abs. 2 KSchG als maßgebenden Zeitpunkt für die Bemessung der Höhe der Abfindung auf den Monat, in dem das Arbeitsverhältnis bei sozial gerechtfertigter Kündigung geendet hätte. Zwar ist diese Regelung im Kündigungsschutzverfahren praktikabel, da fast ausschließlich ein in der Vergangenheit liegender Zeitpunkt behandelt wird, doch stößt sie im Sozialplanverfahren auf die Schwierigkeit, dass möglicherweise noch gar nicht feststeht, welche Arbeitnehmer entlassen werden sollen und zu welchem Zeitpunkt die Kündigungen wirksam werden sollen (GK-BetrVG/*Oetker* §§ 112, 112a Rn. 304; *Boemke/Tietze* DB 1999, 1391 [1392]). Zutreffend führt *Däubler* (DKK Anh. zu §§ 111–113, § 123 InsO Rn. 10 ff.) aus, dass anzunehmen ist, der Gesetzgeber habe diese Schwierigkeiten nicht erkannt. Vor diesem Hintergrund ist maßgeblicher Bemessungszeitpunkt der Monat, zu dem die Mehrzahl der betroffenen Arbeitnehmer entlassen wird; sprich der Zeitpunkt, in dem die Betriebsänderung durchgeführt wird (**a.A.** DKK-*Däubler* Anh. zu §§ 111–113, § 123 InsO Rn. 13; GK-BetrVG/*Oetker* §§ 112, 112a Rn. 304; *Fitting* BetrVG, §§ 112, 112a Rn. 265; *Boemke/Tietze* DB 1999, 1391[1392], die auf den Zeitpunkt abstellen, in dem das Arbeitsverhältnis des zu berücksichtigenden Arbeitnehmers endet und einen Sozialplan nach dem sog. Punktesystem aufstellen). 13

Gem. § 10 Abs. 3 KSchG gilt als Monatsverdienst, was dem Arbeitnehmer bei der für ihn maßgebenden regelmäßigen Arbeitszeit in dem Monat, in dem das Arbeitsverhältnis endet, an Geld- und Sachbezügen zusteht. Das Gesetz stellt somit auf das Merkmal der **Regelmäßigkeit** ab, weshalb alle unregelmäßigen Schwankungen in der für den Arbeitnehmer maßgeblichen Arbeitszeit auszuklammern sind. Dies gilt namentlich für Kurzarbeit wie auch für unregelmäßig anfallende Überstunden (*Fitting* BetrVG, §§ 112, 112a Rn. 266; vgl. zum Ganzen: KR-*Spilger* § 10 KSchG Rn. 32–39). Ob der Arbeitnehmer bis zum Ablauf der Kündigungsfrist arbeitet, vom Verwalter freigestellt wird oder aus krankheitsbedingten Gründen an der Arbeitsleistung gehindert ist, bleibt ohne Einfluss. Erfolgen im Bemessungszeitraum **Vergütungssteigerungen** (z.B. Tariflohnerhöhungen), ist von dem erhöhten Monatsverdienst auszugehen.

Zu den **Geldbezügen** zählen alle Grundvergütungen sowie die **Zuwendungen mit Entgeltcharakter** (z.B. 13. oder 14. Monatsgehalt, Tantiemen, Umsatzbeteiligung etc.). Diese Bezüge sind auf den Bemessungszeitraum anteilig umzulegen.

Dem entgegen werden Zuwendungen mit **Gratifikationscharakter** (z.B. Weihnachtsgratifikation, Jubiläumsgelder) nicht berücksichtigt (str., die Gegenauffassung verkennt jedoch, dass mangels Entgeltcharakter diese Zuwendungen nicht auf die einzelnen Monate eines Jahres umgelegt werden können).

Unter den Begriff des Monatsverdienstes fallen die dem Arbeitnehmer zustehenden **Sachbezüge**. Ihr Wert ist mit dem Marktwert bzw. steuerlichen Sachbezugswert (PKW) anzusetzen (vgl. *BAG* 22.09.1960 AP Nr. 27 zu § 616 BGB).

einer Fälligkeit am Ende des Arbeitsverhältnisses auszugehen, wenn der Gläubiger aufgrund der besonderen Umstände des Insolvenzverfahrens keine Möglichkeit gehabt hat, die ihm nach dem Sozialplan zustehenden Ansprüche geltend zu machen. Bei Masseunzulänglichkeit ist dies der Fall (vgl. *LAG Düsseldorf* 10.10.2013 – 5 Sa 747/13, 5 Sa 823/13).

B. Absolute Obergrenze (Abs. 1)

I. Maßgeblicher Zeitpunkt

10 Die §§ 123, 124 InsO differenzieren wie schon nach früherem Recht zwischen Sozialplänen vor der Eröffnung des Insolvenzverfahrens und solchen, die erst danach aufgestellt werden. Das Verfahren wird durch den Beschluss des Insolvenzgerichts eröffnet (§ 27 InsO). Im **Eröffnungsbeschluss** ist dieser Zeitpunkt exakt zu bestimmen (§ 27 Abs. 2 Nr. 3 InsO). Danach ist zu beurteilen, ob ein Sozialplan vor oder nach Verfahrenseröffnung aufgestellt ist. Zur Prüfung, ob ein vor Insolvenz aufgestellter Sozialplan widerruflich ist oder nicht (§ 24 Abs. 1 InsO), kommt es allerdings nur auf den Tag des Eröffnungsantrags an, von dem aus die Drei-Monats-Frist berechnet wird (§§ 187, 188 BGB).

II. Die von der Entlassung betroffenen Arbeitnehmer

11 Abs. 1 bestimmt die absolute Obergrenze der Sozialplanansprüche in der Insolvenz unter Bezug auf den Monatsverdienst der von einer Entlassung betroffenen Arbeitnehmer. Danach kann in einem Sozialplan, der nach der Eröffnung des Insolvenzverfahrens aufgestellt wird, für den Ausgleich oder die Milderung der wirtschaftlichen Nachteile, die den Arbeitnehmern infolge der geplanten Betriebsänderung entstehen, ein Gesamtbetrag von bis zu zweieinhalb Monatsverdiensten (§ 10 Abs. 3 KSchG) von einer Entlassung betroffener Arbeitnehmer vorgesehen werden. Die auf den Monatsverdienst abstellende Bezugsgröße für das Sozialplanvolumen verbietet selbstverständlich nicht die übliche Praxis, die Sozialplanleistungen nicht mit festen Euro-Beträgen zu bestimmen, sondern sie anhand von Punktesystemen und Abfindungsformeln zu ermitteln. Solche Punktesysteme bieten den Vorteil, sowohl die Verteilungsmaßstäbe transparent zu machen als auch Anpassungen bei unvorhergesehenen Störungen in der Abwicklung zu erleichtern.

Zur Ermittlung des zulässigen Gesamtvolumens ist festzustellen, **welche Arbeitnehmer** von der Betriebsänderung betroffen sind. Betroffen i.S.d. Vorschrift sind nur diejenigen Arbeitnehmer, die infolge der geplanten Betriebsänderung entlassen werden. Sonstige Arbeitnehmer, die im Übrigen anspruchsberechtigt aus dem Sozialplan sind, zählen nicht.

Ausgangspunkt ist der betriebsverfassungsrechtliche Arbeitnehmerbegriff. Arbeitnehmer i.S.d. Betriebsverfassungsgesetzes sind diejenigen, die zur Belegschaft gehören, also auch Teilzeitbeschäftigte und befristet angestellte Arbeitnehmer. Zu den Arbeitnehmern i.S.d. § 123 InsO gehören somit nicht die in § 5 Abs. 2 BetrVG aufgeführten Arbeitnehmer und die **leitenden Angestellten** i.S.v. § 5 Abs. 3 BetrVG. Neben den von dem Insolvenzverwalter gekündigten Arbeitnehmern gehören hierzu auch diejenigen, die auf Veranlassung des Verwalters einen Aufhebungsvertrag geschlossen oder von sich aus gekündigt haben, um einer Kündigung des Insolvenzverwalters zuvorzukommen (vgl. auch *BAG* 02.08.1983 AP Nr. 12 zu § 111 BetrVG 1972; *DKK-Däubler* BetrVG, Anh. zu §§ 111–113, § 123 InsO Rn. 4; *Fitting* BetrVG, §§ 112, 112a Rn. 263; *Boemke/Tietze*, DB 1999, 1391). Als Entlassung i.S.d. § 123 gilt das aufgrund der Betriebsänderung veranlasste Ausscheiden ungeachtet des formalen Beendigungstatbestands. Das BAG definiert die arbeitgeberseitige bzw. verwalterseitige Veranlassung zur Beendigung des Arbeitsverhältnisses eng (vgl. *BAG* 24.01.1996 EzA § 112 BetrVG 1972 Nr. 83). Ein bloßer Hinweis des Arbeitgebers/Insolvenzverwalters auf notwendig werdende Betriebsänderungen und selbst der Rat, sich eine neue Stelle zu suchen, rechtfertigen danach nicht die Annahme, der Arbeitgeber/Insolvenzverwalter habe die Beendigung veranlasst. Von einer Veranlassung kann demnach nur gesprochen werden, wenn der Verwalter im Hinblick auf eine konkret geplante Betriebsänderung den Arbeitnehmer bestimmt, selbst zu kündigen oder sein Arbeitsverhältnis

A. Allgemeines

Die Vorschrift über das Volumen des Sozialplans im Insolvenzverfahren knüpft an das Modell an, das die Kommission für Insolvenzrecht für das »Liquidationsverfahren« entwickelt hat (Leitsätze 4.1.1 bis 4.1.11 des Ersten Berichts) und das in einer geänderten, an die Systematik des geltenden Rechts angepassten Form bereits in das Gesetz über den Sozialplan im Konkurs- und Vergleichsverfahren aufgenommen worden ist (vgl. Begr. zu § 141 des Regierungsentwurfs BT-Drucks. 12/2443 S. 154). Eine analoge Anwendung der Vorschrift auf Nachteilsausgleichsansprüche (§ 113 BetrVG) wird abgelehnt (vgl. *LAG Sachsen-Anhalt* 12.01.2016 – 7 Sa 87/13). 1

Wie nach dem früheren Sozialplangesetz (SozPlG) sind eine **absolute Obergrenze** von **zweieinhalb Monatsverdiensten** aller von einer Entlassung betroffenen Arbeitnehmer und eine **relative Obergrenze** (nicht mehr als **ein Drittel der zur Verteilung stehenden Masse**) vorgesehen. Es werden also die Grenzen unverändert übernommen, die im Gesetz über den Sozialplan im Konkurs- und Vergleichsverfahren vorgesehen waren. 2

Die Vorschriften über die relative Grenze (Abs. 2 Satz 2, 3) decken auch den Fall ab, dass in einem Insolvenzverfahren zeitlich nacheinander mehrere Sozialpläne aufgestellt werden. In diesem Fall darf die Gesamtsumme aller Forderungen aus diesen Sozialplänen die relative Grenze nicht übersteigen (vgl. zum früheren Recht § 4 Satz 3 SozPlG). 3

Die relative Begrenzung des Sozialplanvolumens kommt aber nur zur Anwendung, wenn die Insolvenzmasse verteilt wird. Hieraus ergibt sich, dass bei einer abweichenden Regelung durch einen Insolvenzplan, insbesondere aber bei einem Absehen von der Verteilung im Falle eines Fortführungsplans, die relative Grenze nicht beachtet werden muss. Die neue Rechtslage findet insoweit ihre Entsprechung in den Bestimmungen nach dem Gesetz über den Sozialplan im Konkurs- und Vergleichsverfahren: die Grenze des § 4 Satz 2 SozPlG wirkte sich bei einer Verteilung nach den Regeln des Konkursverfahrens aus, nicht aber im Vergleichsverfahren. 4

Wie nach dem Gesetz über den Sozialplan im Konkurs- und Vergleichsverfahren sind die Begrenzungen des Sozialplanvolumens als **Höchstgrenzen** ausgestaltet. Ob sie ausgeschöpft werden, bleibt den Parteien überlassen. Insbesondere wenn eine Sanierung in Aussicht steht, wird der Betriebsrat nicht selten bereit sein, das Volumen niedriger festzusetzen. 5

Die Sozialplanforderungen sind nicht wie bisher als bevorrechtigte Konkursforderungen eingeordnet, sondern als **Masseforderungen** (Abs. 2 Satz 1). Dies gilt auch für solche Sozialplanansprüche, die nach Eröffnung eines Insolvenzverfahrens entstanden sind, aber auf eine noch von der Insolvenzschuldnerin geplante Betriebsänderung zurückgehen (*LAG Hamm* 30.04.2010 – 10 TaBV 7/10, ZInsO 2010, 1899–1902). Hierdurch wird die Rechtsstellung der Arbeitnehmer mit Sozialplanforderungen allerdings nur formell verbessert. Die Vorschrift über die relative Begrenzung des Sozialplanvolumens bewirkt nämlich, dass die Sozialplangläubiger grds. nur befriedigt werden, wenn die übrigen Masseverbindlichkeiten voll erfüllt werden können. Insofern stehen die Sozialplanforderungen trotz ihrer Höherstufung im Nachrang zu den herkömmlichen Masseverbindlichkeiten. Die Einordnung der Sozialplangläubiger als Massegläubiger hat aber immerhin den praktischen Vorteil, dass eine **Anmeldung** und **Feststellung** der Sozialplanforderungen **entfällt**. 6

Durch Abs. 3 wird darauf hingewirkt, dass die Arbeitnehmer möglichst frühzeitig, nämlich so oft hinreichende Barmittel in der Masse vorhanden sind, **Abschlagszahlungen** auf ihre Sozialplanforderungen erhalten. Das Gesetz sieht, wie nach der bisherigen Rspr. auch erforderlich, vor, dass hierfür die Zustimmung des Insolvenzgerichts eingeholt wird. 7

Eine Zwangsvollstreckung der Sozialplangläubiger in die Masse ist unzulässig (Abs. 3 Satz 2). Dies ergab sich nach früherem Recht bereits aus der Einordnung der Sozialplanforderungen als Konkursforderungen. 8

Anerkannt ist, dass ein Sozialplananspruch regelmäßig zum Ende des Arbeitsverhältnisses fällig wird, wobei dies auch bei Insolvenzsozialplänen gelten soll. Jedoch ist nicht von einem Entstehen und von 9

IV. Verhältnis zu § 126 InsO

41 Neben den zuvor dargestellten Möglichkeiten kann der Insolvenzverwalter nach dreiwöchigen ergebnislosen Verhandlungen mit dem Betriebsrat das Beschlussverfahren zum Kündigungsschutz betreiben. § 126 InsO bestimmt, dass dann, wenn der Betrieb keinen Betriebsrat hat oder aus anderen Gründen innerhalb von drei Wochen nach Verhandlungsbeginn oder schriftlicher Aufforderung zur Aufnahme von Verhandlungen ein Interessenausgleich nach § 125 Abs. 1 InsO nicht zustande kommt, obwohl der Insolvenzverwalter den Betriebsrat rechtzeitig und umfassend unterrichtet hat, der Insolvenzverwalter beim Arbeitsgericht beantragen kann festzustellen, dass die Kündigung der Arbeitsverhältnisse bestimmter, im Antrag bezeichneter Arbeitnehmer durch dringende betriebliche Erfordernisse bedingt und sozial gerechtfertigt ist. Die soziale Auswahl der Arbeitnehmer kann nur im Hinblick auf die Dauer der Betriebszugehörigkeit, das Lebensalter, die Unterhaltspflichten und die Schwerbehinderung nachgeprüft werden (zu dieser – vom Wortlaut des § 125 Abs. 1 InsO abweichenden – notwendigen teleologischen Extension vgl. § 125 Rdn. 10).

Dem Insolvenzverwalter wird somit nach Ablauf der dreiwöchigen Frist – im betriebsratslosen Betrieb kann er das Verfahren nach § 126 InsO sofort betreiben – das Recht eingeräumt, das sog. präventive Kündigungsverfahren zu betreiben. Dieses Beschlussverfahren ist grds. einzügig ausgestaltet. Die Rechtsbeschwerde zum BAG darf nur bei grundsätzlicher Bedeutung der Rechtssache oder bei Abweichung von einer divergenzfähigen Entscheidung zugelassen werden. § 122 Abs. 2 Satz 3 und Abs. 3 InsO gelten entsprechend.

Zu beachten ist jedoch, dass das Arbeitsgericht die Sozialauswahl voll nachprüft. Zu den Einzelheiten vgl. die Erläuterungen zu § 126 InsO.

§ 123 Umfang des Sozialplans

(1) In einem Sozialplan, der nach der Eröffnung des Insolvenzverfahrens aufgestellt wird, kann für den Ausgleich oder die Milderung der wirtschaftlichen Nachteile, die den Arbeitnehmern infolge der geplanten Betriebsänderung entstehen, ein Gesamtbetrag von bis zu zweieinhalb Monatsverdiensten (§ 10 Abs. 3 des Kündigungsschutzgesetzes) der von einer Entlassung betroffenen Arbeitnehmer vorgesehen werden.

(2) ¹Die Verbindlichkeiten aus einem solchen Sozialplan sind Masseverbindlichkeiten. ²Jedoch darf, wenn nicht ein Insolvenzplan zustande kommt, für die Berichtigung von Sozialplanforderungen nicht mehr als ein Drittel der Masse verwendet werden, die ohne einen Sozialplan für die Verteilung an die Insolvenzgläubiger zur Verfügung stünde. ³Übersteigt der Gesamtbetrag aller Sozialplanforderungen diese Grenze, so sind die einzelnen Forderungen anteilig zu kürzen.

(3) ¹Sooft hinreichende Barmittel in der Masse vorhanden sind, soll der Insolvenzverwalter mit Zustimmung des Insolvenzgerichts Abschlagszahlungen auf die Sozialplanforderungen leisten. ²Eine Zwangsvollstreckung in die Masse wegen einer Sozialplanforderung ist unzulässig.

Übersicht

		Rdn.			Rdn.
A.	Allgemeines	1	C.	Rechtsfolgen bei Überschreitung der absoluten Obergrenze	14
B.	Absolute Obergrenze (Abs. 1)	10	D.	Relative Obergrenze (Abs. 2)	17
I.	Maßgeblicher Zeitpunkt	10	E.	Ermessensrichtlinien zur Volumenbestimmung	23
II.	Die von der Entlassung betroffenen Arbeitnehmer	11			
III.	Monatsverdienst	13	F.	Abschlagszahlungen (Abs. 3)	24

Literatur:
Siehe Vor §§ 113 ff.

den Beratungsanspruch des Betriebsrats sichern wollte, so wäre es nur konsequent, wenn zur Sicherung dieses Anspruchs auch der Unterlassungsanspruch anerkannt würde.

Es erscheint jedoch fraglich, ob sich die Argumentation aus der Entstehungsgeschichte des § 122 InsO als dogmatisch tragfähige Grundlage für den Unterlassungsanspruch erweisen kann. **38**

Zunächst ist zu beachten, dass bei Mitbestimmungsverletzungen die Rechtsfolgen nur in Einzelfällen kodifiziert sind (z.B. §§ 102 Abs. 2 Satz 3, 113 Abs. 3 BetrVG). Hiervon macht § 122 InsO keine Ausnahme. Diese Lücke hat die Rspr. des BAG für die Mitbestimmung in sozialen Angelegenheiten nach § 87 BetrVG durch die »Theorie der Wirksamkeitsvoraussetzung« geschlossen (*BAG* 07.09.1959/01.02.1957 AP Nrn. 2, 4 zu § 56 BetrVG; AP Nr. 2 zu § 87 BetrVG 1972 Kurzarbeit; AP Nrn. 51 und 52 zu § 87 BetrVG 1972 Lohngestaltung). Diese Theorie hat sich aber als nicht hinreichende Sicherung des Mitbestimmungsrechts erwiesen, weshalb der 1. Senat schließlich von seiner bisherigen Rspr. abgewichen ist, § 23 Abs. 3 BetrVG als abschließende Spezialnorm des Unterlassungsanspruchs zu werten (*BAG* 03.05.1994 AP Nr. 23 zu § 23 BetrVG 1972 unter Aufgabe von *BAG* 22.02.1983 AP Nr. 2 zu § 23 BetrVG 1972).

Das BAG hat in seinem Beschluss vom 03.05.1994 aber sehr wohl darauf hingewiesen, dass nicht jede Verletzung von Rechten des Betriebsrats zugleich zu einem Unterlassungsanspruch führe (*BAG* 03.05.1994 AP Nr. 23 zu § 23 BetrVG 1972, unter B. III. 1. d.G.). Es müsse vielmehr die konkrete gesetzliche Ausgestaltung des Mitbestimmungsrechts und die Art der Rechtsverletzung untersucht werden. Diesen zutreffenden Ansatz greift *Richardi* (FS Wlotzke, S. 418) auf, leitet den negatorischen Beseitigungsanspruch ohne weitere – unnötige – gesetzliche Grundlage aus dem subjektiven Recht des Betriebsrats ab und trifft die Entscheidung über Pro oder Contra des Unterlassungsanspruchs danach, »ob der Betriebsrat nur an der Entscheidungsfindung des Arbeitgebers beteiligt wird oder ob darüber hinaus dessen Maßnahme selbst an die Zustimmung des Betriebsrats gebunden ist. Ein mitbestimmungswidriger Zustand, dessen Beseitigung der Betriebsrat verlangen kann, besteht nur im letzteren Fall, also nicht bei den Beteiligungsrechten, die als Mitwirkungsrecht gestaltet sind, sondern nur bei einem paritätischen Beteiligungsrecht, also dem Mitbestimmungsrecht im engeren Sinn«.

Da dem Betriebsrat aber bei der Durchführung der Betriebsänderung nur ein Beratungsrecht zusteht, er also nur an der Entscheidungsfindung beteiligt wird, bleibt kein Raum für einen Unterlassungsanspruch (dies entspricht auch der bisherigen Rspr. des BAG, wonach § 113 Abs. 1, Abs. 3 BetrVG zu entnehmen ist, dass der Unternehmer in der Durchführung von Betriebsänderungen frei sein soll, selbst wenn das Mitwirkungsverfahren noch nicht abgeschlossen ist, und dass diese Entscheidungsfreiheit nicht durch Unterlassungsansprüche unterlaufen werden darf; vgl. *BAG* 28.08.1991 AP Nr. 2 zu § 85 ArbGG 1979; ebenso *Löwisch* RdA 1997, 80 ff. [84]).

III. Anrufung der Einigungsstelle

Dem Insolvenzverwalter bleibt es unbenommen, parallel zu dem Antrag auf Erteilung der gerichtlichen Zustimmung zur Durchführung der Betriebsänderung weiter über den Ablauf der Drei-Wochen-Frist hinaus Verhandlungen zur Herbeiführung eines Interessenausgleichs mit dem Betriebsrat zu führen. Für den besonderen Interessenausgleich nach § 125 InsO stellt das Abs. 1 Satz 3 ausdrücklich klar. **39**

Gelingt es dem Insolvenzverwalter einen Interessenausgleich zu vereinbaren, kann er das Verfahren nach § 122 InsO auf Erteilung der Zustimmung zur Durchführung der Betriebsänderung gem. § 83a ArbGG für erledigt erklären. Dies muss der Insolvenzverwalter auch tun, da ansonsten der Antrag aufgrund des Sachstandes am Schluss der mündlichen Verhandlung unabhängig davon abzuweisen wäre, ob er ursprünglich zulässig und begründet war (vgl. *Grunsky/Moll* RWS-Skript Nr. 289, Rn. 321). **40**

bestimmungsrechte aus § 87 BetrVG einen Anspruch auf Unterlassung der mitbestimmungswidrigen Maßnahme zugestanden und damit seine bisherige entgegenstehende Rspr. aufgegeben (*BAG* 03.05.1994 EzA § 23 BetrVG 1972 Nr. 36). Im Bereich der wirtschaftlichen Mitbestimmung sind dem die Instanzgerichte nur teilweise gefolgt. Einerseits wird vertreten, dass es für eine Unterlassungsverfügung betreffend die Umsetzung eines eine Betriebsänderung beinhaltenden Betriebs- und Personalkonzeptes sowohl an einem Verfügungsanspruch wie auch an einem Verfügungsgrund fehle. Der Verfügungsanspruch fehle, weil die §§ 111 ff. BetrVG für den Betriebsrat keinen Anspruch auf Herbeiführung eines Interessenausgleichs begründeten. Der Verfügungsanspruch sei zu verneinen, weil die aus einer Unterlassung der Verhandlungen über einen Interessenausgleich resultierenden Ansprüche betroffener Arbeitnehmer gesetzlich gem. § 113 BetrVG garantiert und die §§ 111 bis 113 BetrVG als abschließende gesetzliche Regelung des Mitbestimmungsrechtes betreffend einen Interessenausgleich anzusehen seien (*LAG Köln* 30.03.2006 – 2 Ta 145/06; *LAG Düsseldorf* 14.12.2005 LAGE § 111 BetrVG 2001 Nr. 4). Andererseits wird vertreten, dass dem Betriebsrat bei einer geplanten Betriebsänderung i.S.d. § 111 BetrVG ein Anspruch auf Beratungen und Verhandlungen über einen Interessenausgleich zustehe, der durch einen Unterlassungsanspruch gegenüber solchen Maßnahmen (Kündigungen) gestützt wird, mit denen die Betriebsänderung durchgeführt werden solle und die den Verhandlungsanspruch des Betriebsrats, der nach Durchführung der Betriebsänderung nicht mehr gegeben ist, zunichtemachten. Dieser Anspruch könne auch durch die einstweilige Verfügung gem. § 940 ZPO gesichert werden (*LAG Hamm* 30.04.2008 – 13 TaBVGa 8/08; *LAG Schleswig-Holstein* 20.07.2007 – TaBVGa 1/07).

Die nach Inkrafttreten des ArbBeschFG ergangene instanzgerichtliche Rspr. bleibt uneinheitlich (anspruchsverneinend: *ArbG Kiel* 13.12.1996 BB 1997, 635; *LAG Düsseldorf* 19.11.1996 DB 1997, 1068 = LAGE § 111 BetrVG 1972 Nr. 14 = NZA-RR 1997, 297; 16.12.1996 LAGE § 112 BetrVG 1972 Nr. 41; 14.12.2005 LAGE § 111 BetrVG 2001 Nr. 4; *LAG Köln* 30.04.2004 NZA-RR 2005, 199; *LAG München* 24.09.2003 NZA-RR 2004, 536; 28.06.2005 ArbRB 2006, 78; anspruchsbejahend: *ArbG Kaiserslautern* 19.12.1996 AiB 1997, 179 [180]; einschränkend für die Dauer der in § 113 Abs. 3 Satz 2 und 3 BetrVG a.F. geregelten Verhandlungsfristen: *LAG Hamburg* 26.06.1997 LAGE § 113 BetrVG 1972 Nr. 6 = NZA-RR 1997, 296; *LAG Thüringen* 26.09.2000, LAGE § 111 BetrVG Nr. 17; *LAG Hamm* 28.08.2003 NZA-RR 2004, 80; 26.02.2007 – 10 TaBVGa 3/07).

37 In der Literatur zu § 113 Abs. 3 BetrVG in der – zwischenzeitlich wieder aufgehobenen – Fassung des ArbBeschFG vom 26.09.1996 wurde teilweise mit Blick auf die gesetzgeberische Intention, die Durchführung von Betriebsänderungen zu erleichtern, vertreten, dass der Gesetzgeber mit der Neuregelung jegliche Möglichkeiten ausräumen wollte, Betriebsänderungen durch Unterlassungsverfügungen zu blockieren. Insofern habe – obgleich gesetzessystematisch verfehlt – die Regelung nicht nur Folgen für den Nachteilsausgleichsanspruch, sondern auch und in erster Linie im Hinblick auf die Unzulässigkeit von einstweiligen Verfügungen (*Schiefer* NZA 1997, 915 [919]). Demgegenüber weist *Zwanziger* (BB 1998, 477 [481]) zu Recht darauf hin, dass das Interessenausgleichsverfahren durch das ArbBeschFG nicht abgeschafft, sondern lediglich verkürzt wurde. Auch der Umstand, dass der Gesetzgeber die Sanktionen wegen mangelnder Beteiligung des Betriebsrats im Bereich des individualrechtlichen Nachteilsausgleichsanspruchs belassen hatte, besagt für sich genommen nichts darüber, ob der mitbestimmungswidrigen Durchführung der Betriebsänderung kollektivrechtlich mit einer Untersagungsverfügung begegnet werden kann. Richtigerweise muss wohl davon ausgegangen werden, dass § 113 Abs. 3 BetrVG i.d.F. des ArbBeschFG 1996 hierzu nichts Entscheidendes beizutragen vermag (ebenso *Löwisch* RdA 1997, 80 [84]; *Zwanziger* BB 1998, 477 [481]; **a.A.** *Bauer/Göpfert* DB 1997, 1464 [1470 f.]).

Allerdings könnte die Entstehungsgeschichte von § 122 den Unterlassungsanspruch stützen. Die Vorschrift bestimmt nämlich, dass dann, wenn eine Betriebsänderung namentlich im Rahmen der Sanierung möglichst schnell durchzuführen ist, der Insolvenzverwalter nach dreiwöchigen ergebnislosen Verhandlungen mit dem Betriebsrat das Arbeitsgericht bemühen muss. Mit dem Erfordernis der arbeitsgerichtlichen Entscheidung sollen »Missbräuche vermieden werden« (vgl. *Schmidt-Räntsch* InsO und EGInsO Rn. 5 zu § 122). Wenn aber der Gesetzgeber sogar in der Insolvenz

zeitlichen Aspekten prüfen, ob nicht erneute Bemühungen zur Herbeiführung eines Interessenausgleichs vielversprechender sind, weil sie – selbst im Falle eines Scheiterns – schneller zum angestrebten Ziel führen (so auch *Schrader* NZA 1997, 70 [73]). Die Empfehlung gilt in gleichem Maße für den Fall der Zurückweisung des Antrags unter Zulassung der Rechtsbeschwerde.

Gem. § 122 Abs. 3 Satz 3 InsO ist die Rechtsbeschwerde in Abänderung der Fristen nach §§ 92 Abs. 2, 74 Abs. 1 ArbGG binnen Monatsfrist nach Zustellung der in vollständiger Form abgefassten Entscheidung einzulegen und zu begründen. 31

Die Frist zur Rechtsbeschwerdebegründung kann nicht verlängert werden. § 92 Abs. 2 i.V.m. § 74 Abs. 1 ArbGG ist nicht anzuwenden; § 122 Abs. 3 Satz 3 InsO geht als Spezialnorm vor (a.A. ohne Begründung: *Schrader* NZA 1997, 70 [73]; im Ergebnis wie hier: *Nerlich/Römermann* InsO, § 122 Rn. 74). 32

Die Rechtsbeschwerde hat **aufschiebende Wirkung**.

I. Einstweilige Verfügung des Insolvenzverwalters

Hat der Insolvenzverwalter den Betriebsrat rechtzeitig und umfassend über die beabsichtigte Betriebsänderung unterrichtet und ist die Drei-Wochen-Frist abgelaufen, ohne dass ein Interessenausgleich erzielt werden konnte, so kann er gleichwohl nicht ohne weiteres die Betriebsänderung durchführen, d.h. nicht einfach die Kündigungen aussprechen. Der Insolvenzverwalter ist vielmehr auf die gerichtliche Zustimmungserteilung angewiesen. Damit er diese Zustimmung erforderlichenfalls auch kurzfristig erhalten kann, darf ihm der einstweilige Rechtsschutz nicht verwehrt sein. Der Insolvenzverwalter kann deshalb im Wege des **einstweiligen Verfügungsverfahrens** (Abs. 2 Satz 2, 1. HS i.V.m. § 85 Abs. 2 ArbGG) die Erteilung der gerichtlichen Zustimmung zu der Betriebsänderung beantragen (*ArbG Hannover* 04.02.1987 ZIP 1997 474; *Berscheid* ZAP ERW 1997, 54 [56]; *Löwisch* NZA 1996, 1009 [1017]; *ders.* RdA 1997, 80 [86]; *Annuß* NZI 1999, 344 [347]; *Giesen* ZIP 1998, 142 [145]; **a.A.** DKK-*Däubler* § 122 InsO Rn. 13; *Kocher* BB 1998, 213 [215]; *Schaub* DB 1999, 217 [226]). 33

Grunsky/Moll RWS-Skript Nr. 289, Rn. 314) weisen allerdings zu Recht darauf hin, dass wegen der Vorwegnahme der Hauptsacheentscheidung die einstweilige Verfügung zum Zwecke der kurzfristigen Durchführung der Betriebsänderung nach den für eine Leistungs- oder Befriedigungsverfügung geltenden Grundsätzen nur ausnahmsweise zulässig sein wird.

Kann der Insolvenzverwalter nicht alle Arbeitnehmer weiterbeschäftigen und stellt er deshalb einen Teil der Belegschaft mit sofortiger Wirkung frei, so stellt dies eine gem. § 87 Abs. 1 Nr. 3 BetrVG mitbestimmungspflichtige Anordnung von Kurzarbeit dar (*ArbG Siegen* 03.06.1983 ZIP 1983, 1117 [1118]). Der Insolvenzverwalter muss deshalb – um einer einstweiligen Verfügung des Betriebsrats auf Unterlassung dieser Maßnahme vorzubeugen – seinerseits im Wege einstweiligen Rechtsschutzes eine vorläufige Regelung beantragen (*Berscheid* ZAP ERW 1997, 62 [64]; *ders.* ZIP 1997, 474; *ArbG Hannover* 04.02.1997 ZIP 1997, 474). 34

II. Einstweilige Verfügung des Betriebsrats auf Unterlassung

Ob und ggf. bis zu welcher zeitlichen Grenze ein dem Betriebsrat im Wege des einstweiligen Rechtsschutzes zuzubilligender Unterlassungsanspruch gegen die Durchführung der Betriebsänderung anzuerkennen ist, ist hoch streitig. Von dem Meinungsspektrum erfasst sind hierbei ebenso die generelle Leugnung des Unterlassungsanspruches wie die Position, § 113 Abs. 3 BetrVG i.V.m. § 122 InsO verhalte sich zu dieser Problematik neutral, als auch schließlich die Auffassung, gerade die Gesetzesgeschichte zu § 122 InsO gebiete es, den Unterlassungsanspruch zu bejahen. 35

Schon zur Rechtslage vor Inkrafttreten des Beschäftigungsförderungsgesetzes (ArbBeschFG) am 01.10.1996 wurde unterschiedlich beurteilt, ob der Betriebsrat einen Anspruch auf Unterlassung der Durchführung von Betriebsänderungen bis zum Abschluss der Interessenausgleichsverhandlungen besitze. Das BAG hat dem Betriebsrat mit Beschluss vom 03.05.1994 bei Verletzung seiner Mit- 36

26 Stimmt das Arbeitsgericht aus Gründen der Eilbedürftigkeit der Durchführung der Betriebsänderung ohne vorheriges Verfahren nach § 112 Abs. 2 BetrVG zu, stellt sich die Frage, welche Rechtsfolgen einem **nachträglich** zustande gekommenen **Interessenausgleich** zukommen sollen. Nach § 125 InsO können die Vermutungswirkungen nur entstehen, wenn der besondere Interessenausgleich vor Durchführung der Betriebsänderung zustande gekommen ist. Dies folgt ohne weiteres aus dem Wortlaut, da § 125 Abs. 1 Satz 1 InsO von der »geplanten Betriebsänderung« spricht. Eine analoge Anwendung der Norm auf den nachträglich zustande gekommenen Interessenausgleich scheidet angesichts des Ausnahmecharakters aus. *Berscheid* (KS-InsO 1997, S. 1100 f.) weist zwar zu Recht darauf hin, dass ein Weiterverhandeln zur Herbeiführung eines Interessenausgleichs nach Durchführung der Betriebsänderung nur dann Sinn ergibt, wenn diesem nachträglichen Interessenausgleich auch die Vermutungswirkungen des § 125 InsO zugesprochen werden. Ansonsten handelte es sich nur um einen »untauglichen Versuch«, da das Weiterverhandeln nur Zeit und Geld koste und beides in der Insolvenz nicht bzw. nicht in ausreichendem Maße vorhanden sei. Gleichwohl führt kein Weg daran vorbei, dass de lege lata einem nachträglich zustande gekommenen Interessenausgleich nicht die Wirkungen des § 125 InsO zuzubilligen sind. Folglich wird der Insolvenzverwalter nach erteilter Zustimmung zur Betriebsänderung sich den Kündigungsschutzverfahren »herkömmlicher Art« stellen oder aber das präventive Beschlussverfahren zum Kündigungsschutz nach § 126 InsO betreiben (**a.A.** *Löwisch/Caspers* ArbR, § 125 Rn. 66f, die lediglich bereits ausgesprochene Kündigungen von den Wirkungen des im Nachhinein abgeschlossenen besonderen Interessenausgleichs ausnehmen wollen).

D. Verfahren

27 Die Eilbedürftigkeit des Verfahrens hat den Gesetzgeber dazu bewogen, das Gerichtsverfahren grds. nur einzügig auszugestalten. Gegen den Beschluss des Arbeitsgerichts findet die Beschwerde an das LAG nicht statt (Abs. 3 Satz 1). Die Rechtsbeschwerde an das BAG ist nur im Falle der ausdrücklichen Zulassung durch das Arbeitsgericht statthaft (Abs. 3 Satz 2).

Auch wenn Abs. 2 Satz 2 noch generell die Vorschriften des ArbGG über das Beschlussverfahren für entsprechend anwendbar erklärt, so stellt Abs. 3 Satz 1 i.S.e. spezielleren Verfahrensvorschrift klar, dass die Nichtzulassung der Rechtsbeschwerde nicht mittels Nichtzulassungsbeschwerde gem. § 92a ArbGG erstritten werden kann. § 92a ArbGG setzt die Nichtzulassung der Rechtsbeschwerde durch das Beschwerdegericht voraus, das Beschwerdeverfahren beim LAG ist aber gerade für den Beschluss nach § 122 InsO ausgeschlossen (Abs. 3 Satz 1).

28 Das Arbeitsgericht hat den Antrag auf Zustimmung zur Durchführung der Betriebsänderung nach Maßgabe des § 61a Abs. 3 bis 6 des ArbGG vorrangig zu erledigen. Das Arbeitsgericht wird entsprechend der Sollvorschrift in § 61a Abs. 2 ArbGG schnellstmöglich einen Anhörungstermin anzuberaumen haben, zu dessen Vorbereitung dem beteiligten Betriebsrat eine Schriftsatzfrist unter Belehrung über die Folgen der Fristversäumnis (§ 61a Abs. 5 und 6 ArbGG) von – wohl nicht mehr als – zwei Wochen zu setzen ist.

29 Ob die Rechtsbeschwerde in dem arbeitsgerichtlichen Beschluss zuzulassen ist, entscheidet § 72 Abs. 2 ArbGG (Abs. 3 Satz 2, 2. HS). Danach ist zuzulassen, wenn die Rechtssache grundsätzliche Bedeutung hat oder aber der Beschluss des Arbeitsgerichts von einer Entscheidung eines divergenzfähigen Gerichts i.S.d. § 72 Abs. 2 Nr. 2 ArbGG abweicht und der Beschluss auch auf dieser Abweichung beruht. Das BAG ist an die Zulassung der Rechtsbeschwerde durch das Arbeitsgericht gebunden (Abs. 3 Satz 2, 2. HS i.V.m. § 72 Abs. 3 ArbGG).

30 Die Zulassung der Rechtsbeschwerde zum BAG dürfte in praxi die von § 122 InsO vorausgesetzte eilige Durchführung der Betriebsänderung vereiteln, gleichviel, ob das Arbeitsgericht den Antrag des Insolvenzverwalters positiv oder abschlägig bescheidet. Stimmt das Arbeitsgericht der Durchführung zu, darf der Insolvenzverwalter ohne Risiko des Nachteilsausgleichsanspruchs gem. § 113 BetrVG die Betriebsänderung erst durchführen, wenn der Beschluss formell rechtskräftig ist. Er muss also die Entscheidung des BAG zunächst abwarten; der Insolvenzverwalter sollte deshalb unter

C. Wirkung der Entscheidung

I. Durchführungsrecht

Erteilt das Arbeitsgericht die Zustimmung nach Abs. 2, kann der Insolvenzverwalter die Betriebsänderung **durchführen**, ohne dass Nachteilsausgleichsansprüche gegen die Masse entstehen können. Er kann also insbesondere die zur Umsetzung der Betriebsänderung notwendigen Änderungs- oder Beendigungskündigungen aussprechen. 20

Da die zeitnahe Durchführung der Betriebsänderung angestrebt wird, wird der Insolvenzverwalter mit Blick auf die einzuhaltenden Kündigungsfristen ggf. gut beraten sein, wenn er schon vor der Entscheidung des Arbeitsgerichts das Anhörungsverfahren nach § 102 BetrVG einleitet, damit hierdurch bedingte weitere Verzögerungen vermieden werden.

Mit der Einleitung der Anhörungsverfahren trifft der Insolvenzverwalter keine »unumkehrbaren Maßnahmen« in Bezug auf die Betriebsänderung. Ein Beginn der Betriebsänderung liegt nach der Rechtsprechung des BAG auch nicht in der Freistellung der betroffenen Arbeitnehmer, wohl aber im Ausspruch der Kündigungen. 21

Teilweise wird unter Hinweis auf den Regelungsgehalt von Abs. 2 Satz 1 problematisiert, dass der Insolvenzverwalter die Betriebsänderung erst nach **Rechtskraft** des arbeitsgerichtlichen Beschlusses durchführen dürfe, § 85 Abs. 1 Satz 1 ArbGG (vgl. KS-InsO/*Berscheid* 1997, S. 1101). Zur Begründung wird ausgeführt, dass der zustimmende Beschluss des Arbeitsgerichts vom Betriebsrat nicht mit der Beschwerde angegriffen werden könne, die formelle Rechtskraft aber erst nach Ablauf der Frist für die Einlegung der Nichtzulassungsbeschwerde eintrete. Diese Auffassung verkennt, dass eine zweite Tatsacheninstanz gerade nicht stattfindet (§ 122 Abs. 3 Satz 1 InsO). § 92a ArbGG bezieht sich jedoch ausdrücklich auf die Nichtzulassungsentscheidung durch das LAG (so schon zutreffend *Warrikoff* BB 1994, 2338 [2341]; ebenso *Schrader* NZA 1997, 70 ff. [73]; *Rummel* DB 1997, 774 f.). 22

Fraglich ist weiter, wie zu entscheiden ist, wenn der Verwalter den Betriebsrat über die geplante Betriebsänderung rechtzeitig und umfassend unterrichtet, gleichzeitig und vorsorglich jedoch den Antrag gem. § 122 Abs. 1 Satz 1 InsO beim Arbeitsgericht stellt. Ist zum Zeitpunkt der Entscheidung die Drei-Wochen-Frist noch nicht abgelaufen, ist der Antrag ohne weiteres abzuweisen. Ist allerdings die Drei-Wochen-Frist abgelaufen und kann der Insolvenzverwalter darüber hinaus zur Überzeugung des Gerichts darlegen, dass er ernsthaft die Verhandlungen mit dem Betriebsrat gesucht hat, ist dem Antrag bei Vorliegen der Voraussetzungen im Übrigen stattzugeben. Eine Benachteiligung des Betriebsrats ist in diesen Fällen nämlich nicht festzustellen. 23

II. Nachträglicher Interessenausgleich / Beschlussverfahren zum Kündigungsschutz

Unberührt von dem Antrag auf gerichtliche Zustimmung zur Durchführung der Betriebsänderung bleibt das Recht des Verwalters, einen besonderen Interessenausgleich nach § 125 InsO zustande zu bringen oder das präventive Kündigungsschutzverfahren nach § 126 InsO zu betreiben, § 122 Abs. 1 Satz 3 InsO. Die Bestimmung stellt zunächst klar, dass das Verfahren nach § 122 InsO zu den Verfahren nach § 125 InsO bzw. § 126 InsO parallel geführt werden kann. Ebenso wenig, wie § 122 InsO dem Verwalter das Vorgehen nach §§ 125, 126 InsO nimmt, wird dem Betriebsrat die Befugnis genommen, die Einigungsstelle zur Herbeiführung eines Interessenausgleichs anzurufen. In diesem Fall wird man den Verwalter zunächst zur Weiterverhandlung in der Einigungsstelle als verpflichtet ansehen müssen. 24

Wird der Antrag des Verwalters nach § 122 InsO zurückgewiesen und ist die maximal drei Monate laufende Frist des § 113 Abs. 3 BetrVG zum Zeitpunkt der Entscheidung über den Antrag nach § 126 InsO noch nicht abgelaufen, unterliegt auch der Antrag im Beschlussverfahren zum Kündigungsschutz ohne weiteres der Zurückweisung; der Insolvenzverwalter darf nämlich in diesem Fall die Betriebsänderung (noch) nicht durchführen, folglich dürfen auch die Kündigungen noch nicht ausgesprochen werden. 25

§ 122 InsO Gerichtliche Zustimmung zur Durchführung einer Betriebsänderung

IV. Wirtschaftliche Lage des Unternehmens

16 Kommt innerhalb der Drei-Wochen-Frist ein Interessenausgleich nicht zustande, so kann der Insolvenzverwalter den Antrag auf gerichtliche Zustimmung zur Durchführung der Betriebsänderung stellen, ohne dass das Verfahren nach § 112 Abs. 2 BetrVG vorangegangen ist (§ 122 Abs. 1 Satz 2 InsO). Das Gericht erteilt die Zustimmung nach § 122 Abs. 2 InsO, wenn die **wirtschaftliche Lage des Unternehmens** auch unter Berücksichtigung der sozialen Belange der Arbeitnehmer erfordert, dass die Betriebsänderung ohne vorheriges Verfahren nach § 112 Abs. 2 des Betriebsverfassungsgesetzes durchgeführt wird. Ob die »wirtschaftliche Lage« des Unternehmens als selbstständiges Tatbestandsmerkmal durch das Arbeitsgericht geprüft werden kann, erscheint äußerst fraglich und mit der durch die Vorschrift angestrebten Verfahrensbeschleunigung kaum vereinbar. Unbestritten geht es nicht darum, die Maßnahme auf ihre wirtschaftliche Sinnhaftigkeit zu überprüfen. Maßgeblich muss alleine sein, ob es die wirtschaftliche Lage des Unternehmens erfordert, die Betriebsänderung auch ohne das Verfahren nach § 112 Abs. 2 BetrVG durchzuführen, weil sie aus ökonomischen Gründen eilig umgesetzt werden muss. Das Arbeitsgericht stimmt auch nicht etwa der Betriebsänderung als solcher zu, sondern erteilt lediglich seine Zustimmung dazu, dass das Verfahren nach § 112 Abs. 2 BetrVG entbehrlich ist.

17 Die Vorschrift verfolgt offensichtlich einen Beschleunigungseffekt sowie die Befreiung der Masse von Verbindlichkeiten nach § 113 Abs. 3 BetrVG. Beides könnte aber kaum erreicht werden, wenn das Arbeitsgericht im Beschlussverfahren »die wirtschaftliche Lage des Unternehmens« als Tatbestandsmerkmal vollständig zu überprüfen hätte. Selbst unter Beachtung der dem Gericht obliegenden Pflicht zur vorrangigen Erledigung (§ 122 Abs. 2 letzter Satz InsO) müsste sich das Gericht ggf. sachverständiger Unterstützung (mit der hieraus zwangsläufig resultierenden Verfahrensverzögerung) bedienen. Das Arbeitsgericht hat daher allenfalls eine **Prognoseentscheidung** darüber zu treffen, ob die von dem Insolvenzverwalter darzulegende wirtschaftliche Lage des Unternehmens auch unter Berücksichtigung der sozialen Belange der Arbeitnehmer es noch zulässt, dass ggf. mit der Durchführung der Betriebsänderung bis zur Durchführung der ersten Einigungsstellensitzung über den Interessenausgleich noch zugewartet wird.

Legt der Insolvenzverwalter dar, dass der Zeitablauf die vorgesehene Betriebsänderung ernsthaft gefährden oder gar vereiteln kann, muss das Arbeitsgericht zustimmen, auch wenn es hierbei regelmäßig zu Kündigungen der von der Betriebsänderung betroffenen Arbeitnehmer kommen wird. Nicht erforderlich ist, dass es bei der Durchführung eines »normalen« Interessenausgleichsverfahrens zum »Konkurs im Konkurs« kommt (so *Bichlmeier/Oberhofer* AiB 1997, 161 [165]).

18 Immer dann, wenn die Wirtschaftlichkeit des Betriebes nicht gegeben ist – also die laufenden Kosten aus den laufenden Einnahmen nicht gedeckt werden können, der Betrieb zu Lasten der Masse somit mehr Finanzmittel konsumiert als er abwirft, ist von der Eilbedürftigkeit der Betriebsänderung auszugehen (vgl. *Giesen* ZIP 1998, 142 ff. [144]; vgl. auch *AG Aachen* 29.03.1999 NZI 1999, 279: gerichtliche Zustimmung zur Betriebsstilllegung gem. § 22 Abs. 1 Satz 2 Nr. 2, HS. 2 InsO durch den vorläufigen Insolvenzverwalter bei erheblichen Verlusten mangels einer konkreten Aussicht auf Sanierung, da eine wirtschaftlich unsinnige Betriebsfortführung im Rahmen des § 22 Abs. 1 Satz 2 Nr. 2 InsO nicht gefordert wird).

V. Soziale Belange der Arbeitnehmer

19 Kommt das Arbeitsgericht zu dem Ergebnis, dass die wirtschaftliche Lage des Unternehmens die Erteilung der Zustimmung erfordert, muss es gleichwohl noch prüfen, ob eventuell **soziale Belange der Arbeitnehmer** einer antragsgemäßen Entscheidung entgegenstehen. Dies kann jedoch nur dann angenommen werden, wenn noch die ernsthafte Aussicht besteht, dass durch Verhandlungen in der Einigungsstelle eine sozial verträglichere Lösung gefunden werden könnte (vgl. *Caspers* RWS-Skript Nr. 18 Rn. 414). Das Hinausschieben von Kündigungsfristen allein ist jedoch kein beachtlicher sozialer Belang in diesem Sinne (*Caspers* RWS-Skript Nr. 18 Rn. 414; ihm folgend: *Kübler/Prütting/Bork* InsO, § 122 Rn. 35a; ähnlich *ArbG Lingen* 09.07.1999 ZIP 1999, 1892).

(BB 1994, 2338 [2340]) weisen zu Recht darauf hin, dass »der Insolvenzverwalter das Verfahren nach § 122 InsO nicht an dem Betriebsrat vorbei betreiben können soll«.

III. Drei-Wochen-Frist

Haben Insolvenzverwalter und Betriebsrat mit dem ernsten Willen zur Einigung verhandelt und kommt nicht innerhalb von **drei Wochen** nach Verhandlungsbeginn oder schriftlicher Aufforderung zur Aufnahme von Verhandlungen ein Interessenausgleich zustande, so kann der Verwalter die gerichtliche Zustimmung zur Durchführung der Betriebsänderung beantragen. 13

Für die Berechnung der Frist ist maßgeblich, welcher Zeitpunkt früher liegt (KDZ-*Zwanziger* § 122 InsO Rn. 5). In jedem Falle setzt der Fristbeginn voraus, dass der Insolvenzverwalter den Betriebsrat rechtzeitig und umfassend über die Betriebsänderung unterrichtet hat (*ArbG Gelsenkirchen* 17.05.2006 – 2 BV 15/06). »Rechtzeitig« ist die Unterrichtung dann, wenn noch eine Beratung über die Betriebsänderung und ein Interessenausgleich möglich sind (vgl. *Bauer/Göpfert* DB 1997, 1464 [1467]).

»Umfassend« ist die Unterrichtung, wenn der Insolvenzverwalter den Betriebsrat über den Inhalt der Betriebsänderung, die Gründe für die Betriebsänderung sowie die Folgen der Betriebsänderung für die Arbeitnehmer informiert hat (*Bauer/Göpfert* DB 1997, 1464 [1468]).

Unterrichtung und Aufforderung zur Verhandlung können theoretisch gleichzeitig erfolgen; der Insolvenzverwalter muss allerdings beachten, dass die Aufforderung zur Verhandlung **schriftlich** ausgesprochen werden muss. Zweifelhaft ist, ob § 122 Abs. 1 Satz 1 InsO insoweit ein gesetzliches Schriftformerfordernis i.S.d. § 126 BGB statuiert. Der Gesetzesbegründung lässt sich dies nicht entnehmen. Der intendierten Beschleunigung dürfte genügen, **dem Schriftformerfordernis** lediglich **eine Dokumentationsfunktion** und keine Wirksamkeitsvoraussetzung für den Fristbeginn beizumessen (vgl. *Bauer/Göpfert* DB 1997, 1464 [1465]).

Teilweise wurde zu der inhaltsgleichen Fristenproblematik des § 113 Abs. 3 Satz 2 und 3 BetrVG a.F. außerhalb der Insolvenz die Auffassung vertreten, dass nur eine offensichtlich nicht den gesetzlichen Anforderungen genügende Unterrichtung dem Fristbeginn entgegenstünde (*Meinel* DB 1997, 170 [172]). Dem kann weder für § 113 Abs. 3 Satz 2 und 3 BetrVG a.F. noch für die erheblich kürzere Frist in § 122 InsO gefolgt werden. Der Zustimmungsantrag setzt nach dem klaren Wortlaut der Vorschrift gerade voraus, dass die Unterrichtung des Betriebsrats rechtzeitig und umfassend erfolgt ist. Dies auf eine bloße Evidenzprüfung zurückzuführen, wäre mit der gesetzgeberischen Intention, durch die Wiederholung der Unterrichtungspflicht den Verwalter dazu anzuhalten, den Betriebsrat in seiner Tätigkeit zu unterstützen und in ernsthafte Verhandlungen mit diesem einzutreten, nicht vereinbar.

Die Drei-Wochen-Frist beginnt alternativ entweder mit dem tatsächlichen Verhandlungsbeginn oder der schriftlichen Aufforderung zur Aufnahme von Verhandlungen. Der Zeitpunkt des tatsächlichen Verhandlungsbeginns wird im Regelfall äußerst schwer zu bestimmen sein, zumal der Betriebsrat möglicherweise im Verfahren einwenden wird, er sei erst zu einem späteren Zeitpunkt vollständig unterrichtet worden, so dass die tatsächlichen Verhandlungen ebenfalls erst später hätten aufgenommen werden können. Der Insolvenzverwalter ist daher gut beraten, wenn er aus Gründen der Rechtssicherheit in jedem Falle den Betriebsrat schriftlich zur Aufnahme von Verhandlungen auffordert. 14

Die Fristberechnung erfolgt gem. den §§ 187, 188 BGB.

Haben der Schuldner oder der vorläufige Insolvenzverwalter die Interessenausgleichsverhandlungen bereits eingeleitet, so kann der Insolvenzverwalter – bei unveränderter Betriebsänderung – auf diesen früheren Zeitpunkt hinsichtlich der Fristberechnung verweisen und in die Verhandlungen eintreten. 15

9 § 122 InsO unterscheidet nicht zwischen Maßnahmen **nach Verfahrenseröffnung**, aber **vor** dem **Berichtstermin** (§ 158 InsO), und solchen Maßnahmen, die **nach** dem **Berichtstermin** (§ 157 InsO) durchgeführt werden. Es ist deshalb nicht ausgeschlossen, dass mangels gesetzlicher Abstimmung Arbeitsgerichte und Insolvenzgerichte über dieselbe Betriebsänderung widersprechende Entscheidungen treffen. § 122 InsO in der derzeitigen Fassung hebt offensichtlich auf Betriebsänderungen nach dem Berichtstermin ab; wegen der unterschiedlichen Prüfungsmaßstäbe müssten beide Fälle im Gesetz allerdings gesondert erwähnt werden. Der *Bund der Richterinnen und Richter der Arbeitsgerichtsbarkeit* hat deshalb in seinen Reformvorschlägen eine entsprechende Ergänzung zu § 122 InsO angeregt und zu Recht darauf hingewiesen, dass es sicherlich unverständlich wäre, wenn das Insolvenzgericht nach erteilter Zustimmung des Gläubigerausschusses zur beabsichtigten Stilllegung des Betriebes oder wesentlicher Betriebsteile den Antrag des Schuldners auf Untersagung der Maßnahme zurückgewiesen habe, weil »diese ohne eine erhebliche Verminderung der Insolvenzmasse bis zum Berichtstermin (gerade nicht) aufgeschoben werden kann« (§ 158 Abs. 2 Satz 2 InsO), das Arbeitsgericht aber demgegenüber zum Ergebnis käme, dass die »wirtschaftliche Lage des Unternehmens unter Berücksichtigung der sozialen Belange der Arbeitnehmer (noch nicht) erfordere, dass die Betriebsänderung ohne vorheriges Verfahren nach § 112 Abs. 2 BetrVG durchgeführt werde« (§ 122 Abs. 2 Satz 1 InsO). Ein solches Ergebnis wäre mit dem Ziel der Insolvenzordnung, die Masse bestmöglich zu verwerten, kaum vereinbar.

II. Unterrichtung und Beratung

10 Der Insolvenzverwalter hat den Betriebsrat über geplante Betriebsänderungen **rechtzeitig** und **umfassend** zu **unterrichten**. Das Wort »geplant« in § 122 InsO hat ebenso wie in § 111 BetrVG eine rein zeitliche Bedeutung für die Einschaltung des Betriebsrats. Der Zeitpunkt der Unterrichtung ist erreicht, wenn der Insolvenzverwalter sich zu einer Maßnahme entschlossen hat, auch wenn noch nicht die Genehmigung des Aufsichtsrates, des Beirates oder eines ähnlichen Gremiums vorliegt (*Richardi/Annuß* BetrVG, § 111 Rn. 144 ff.). Die wirtschaftliche Zwangslage des Unternehmens, die unter Umständen eine sofortige Betriebsänderung erfordert, lässt die Notwendigkeit unberührt, den Betriebsrat vor der abschließenden Entscheidung über die Betriebsänderung einzuschalten (*BAG* 14.09.1976 AP Nr. 2 zu § 113 BetrVG 1972). Zwecks Vermeidung der Sanktion des Nachteilsausgleichsanspruchs ist der Insolvenzverwalter deshalb gehalten, den Betriebsrat über die geplante Betriebsänderung so bald als möglich zu unterrichten; auch eine nachträgliche Erklärung des Betriebsrats, er wolle keine rechtlichen Schritte wegen des unterbliebenen Versuchs eines Interessenausgleichs unternehmen, ändert nämlich nichts an dem Bestehen des Anspruchs der von der Betriebsänderung betroffenen Arbeitnehmer auf Nachteilsausgleich gem. § 113 Abs. 3 BetrVG (*BAG* 14.09.1976 AP Nr. 2 zu § 113 BetrVG 1972). Die Pflicht zum Versuch des Interessenausgleichs besteht in jedem Fall. Auch wenn die Stilllegung des Betriebs die unausweichliche Folge der wirtschaftlichen Zwangslage ist und es zu ihr keine sinnvolle Alternative gibt, muss unterrichtet und beraten werden, da stets – wenn auch sehr enge – Gestaltungsspielräume bestehen, an deren Ausfüllung der Betriebsrat beteiligt werden kann. Überdies würde es zu erhöhter Rechtsunsicherheit und größerem Haftungsrisiko für den Insolvenzverwalter nach § 60 InsO führen, wenn dieser ohne entsprechende gesetzliche Vorgaben jeweils prüfen müsste, ob er ausnahmsweise von der Beteiligung des Betriebsrats absehen kann (*BAG* 22.07.2003 NZA 2004, 93; 18.11.2003 NZA 2004, 220).

11 Der Insolvenzverwalter ist verpflichtet, mit dem Betriebsrat über die geplante Betriebsänderung zu beraten. Ziel der **Beratung** ist die Herbeiführung des Interessenausgleichs, also die Verabredung darüber, ob, wann und in welcher Form die geplante Betriebsänderung durchgeführt werden soll (*BAG* 27.10.1987 AP Nr. 41 zu § 112 BetrVG 1972; 17.09.1991 AP Nr. 59 zu § 112 BetrVG 1972).

12 Die Verpflichtung zur rechtzeitigen und umfassenden Unterrichtung des Betriebsrats sowie zur Beratung über die geplante Betriebsänderung ergibt sich bereits aus § 111 BetrVG. Die Wiederholung in § 122 InsO will verdeutlichen, dass der Insolvenzverwalter den im Betriebsverfassungsgesetz vorgesehenen Verfahrensschritten auch tatsächlich Genüge tut. *Schrader* (NZA 1997, 72) und *Warrikoff*

Beteiligungsrechte des Betriebsrats und damit die Pflicht, den Betriebsrat zu beteiligen, entstehen 3
nämlich erst in dem Moment, in dem sich derjenige Tatbestand verwirklicht, an den das Beteiligungsrecht anknüpft. Das ist bei Beteiligungsrechten nach den §§ 111 ff. BetrVG die geplante Betriebsänderung. Eine solche geplante Betriebsänderung liegt bereits dann vor, wenn der Arbeitgeber aufgrund abgeschlossener Prüfungen und Vorüberlegungen grds. zu einer Betriebsänderung entschlossen ist. Von diesem Zeitpunkt an hat er den Betriebsrat zu unterrichten und die so geplante Betriebsänderung mit ihm zu beraten (*BAG* 13.12.1978 AP Nr. 6 zu § 112 BetrVG 1972). Aus dem Betriebsverfassungsgesetz ergibt sich auch keine Verpflichtung des Arbeitgebers, mit einer an sich beteiligungspflichtigen Maßnahme so lange zu warten, bis im Betrieb ein funktionsfähiger Betriebsrat vorhanden ist, und zwar auch dann nicht, wenn mit der Wahl eines Betriebsrats zu rechnen und die Zeit bis zu dessen Konstituierung absehbar ist. Solange mit der Betriebsänderung noch nicht begonnen wurde, besteht für die Arbeitnehmer des Betriebes jedoch die Möglichkeit, einen Betriebsrat zu wählen und dadurch den Versuch des Interessenausgleichs zu erzwingen. Denn die Beteiligungsrechte des Betriebsrats hängen auch in der Insolvenz nicht davon ab, dass der Betriebsrat zum Zeitpunkt der Eröffnung des Insolvenzverfahrens bereits bestanden hat (*BAG* 18.11.2003 NZA 2004, 220).

Auch nach einer Betriebsstilllegung behält ein Betriebsrat, der zum maßgeblichen Zeitpunkt des Ent- 4
schlusses über die Betriebsänderung bestanden hat, ein **Restmandat** zur Wahrnehmung seiner mit der Betriebsstilllegung zusammenhängenden gesetzlichen Aufgaben, namentlich zur Herbeiführung eines Sozialplans (§ 21b BetrVG; vgl. auch *BAG* 30.10.1979 AP Nr. 9 zu § 112 BetrVG 1972).

Die §§ **121 ff. InsO** enthalten neuartige Regelungen, die eine **zügige Durchführung von Betriebs-** 5
änderungen einschließlich des Personalabbaus ermöglichen sollen und damit die in der Vergangenheit oft beklagte Disharmonie zwischen zu beachtendem betriebsverfassungsrechtlichen Regelwerk und insolvenzbedingt gebotener Eile bei dem Sanierungsversuch des Unternehmens entfallen lassen sollen.

Wird der Interessenausgleich nicht versucht, steht den Arbeitnehmern der Anspruch auf Nachteils- 6
ausgleich gem. § 113 Abs. 3 BetrVG zu. Dieser Anspruch ist summenmäßig nicht nach § 123 InsO analog beschränkt. Für eine analoge Anwendung der Vorschrift fehlt es bereits an der planwidrigen Regelungslücke. Zudem ist § 123 InsO auf den Fall der unterbliebenen Sozialplanverhandlung in der Insolvenz schon deshalb nicht anwendbar, weil in § 123 Abs. 1 InsO das Gesamtvolumen des Sozialplans begrenzt wird. Eine solche Begrenzung ist dem Anspruch aus § 113 Abs. 3 BetrVG jedoch fremd (*BAG* 22.07.2003 NZA 2004, 93; 04.06.2003 ZInsO 2003, 1054).

B. Antragsvoraussetzungen

I. Betriebsänderung

§ 122 InsO definiert nicht den Begriff der Betriebsänderung, sondern setzt ihn voraus. Es gilt die 7
Legaldefinition in § 111 BetrVG. Danach gelten als Betriebsänderungen:
– Einschränkung und Stilllegung des ganzen Betriebs oder von wesentlichen Betriebsteilen,
– Verlegung des ganzen Betriebs oder von wesentlichen Betriebsteilen,
– Zusammenschluss mit anderen Betrieben oder die Spaltung von Betrieben,
– grundlegende Änderungen der Betriebsorganisation, des Betriebszwecks oder der Betriebsanlagen,
– Einführung grundlegend neuer Arbeitsmethoden und Fertigungsverfahren (§ 111 Satz 3 BetrVG; zu den Anforderungen i.E. vgl. *Richardi/Annuß* § 111 BetrVG Rn. 56 ff.; ErfK-*Kania* § 111 BetrVG Rn. 9 ff.).

Zwanziger (KDZ § 122 InsO Rn. 3) weist zu Recht darauf hin, dass die Anwendbarkeit von § 122 8
InsO voraussetzt, dass die Betriebsänderung **vom Insolvenzverwalter durchgeführt** wird. Dies ergibt ein Umkehrschluss aus § 128 Abs. 1 InsO; danach wird die Anwendung der §§ 125 bis 127 InsO *nicht dadurch ausgeschlossen*, dass die Betriebsänderung, die dem Interessenausgleich oder dem Feststellungsantrag zugrunde liegt, erst nach einer Betriebsveräußerung durchgeführt werden soll. Für das Verfahren nach § 122 InsO gilt dies nicht.

§ 122 InsO Gerichtliche Zustimmung zur Durchführung einer Betriebsänderung

kann der Verwalter die Zustimmung des Arbeitsgerichts dazu beantragen, dass die Betriebsänderung durchgeführt wird, ohne dass das Verfahren nach § 112 Abs. 2 des Betriebsverfassungsgesetzes vorangegangen ist. ²§ 113 Abs. 3 des Betriebsverfassungsgesetzes ist insoweit nicht anzuwenden. ³Unberührt bleibt das Recht des Verwalters, einen Interessenausgleich nach § 125 zustande zu bringen oder einen Feststellungsantrag nach § 126 zu stellen.

(2) ¹Das Gericht erteilt die Zustimmung, wenn die wirtschaftliche Lage des Unternehmens auch unter Berücksichtigung der sozialen Belange der Arbeitnehmer erfordert, dass die Betriebsänderung ohne vorheriges Verfahren nach § 112 Abs. 2 des Betriebsverfassungsgesetzes durchgeführt wird. ²Die Vorschriften des Arbeitsgerichtsgesetzes über das Beschlussverfahren gelten entsprechend; Beteiligte sind der Insolvenzverwalter und der Betriebsrat. Der Antrag ist nach Maßgabe des § 61a Abs. 3 bis 6 des Arbeitsgerichtsgesetzes vorrangig zu erledigen.

(3) ¹Gegen den Beschluss des Gerichts findet die Beschwerde an das Landesarbeitsgericht nicht statt. ²Die Rechtsbeschwerde an das Bundesarbeitsgericht findet statt, wenn sie in dem Beschluss des Arbeitsgerichts zugelassen wird; § 72 Abs. 2 und 3 des Arbeitsgerichtsgesetzes gilt entsprechend. ³Die Rechtsbeschwerde ist innerhalb eines Monats nach Zustellung der in vollständiger Form abgefassten Entscheidung des Arbeitsgerichts beim Bundesarbeitsgericht einzulegen und zu begründen.

Übersicht	Rdn.		Rdn.
A. Allgemeines	1	ausgleich/Beschlussverfahren zum	
B. Antragsvoraussetzungen	7	Kündigungsschutz	24
I. Betriebsänderung	7	D. Verfahren	27
II. Unterrichtung und Beratung	10	I. Einstweilige Verfügung des Insolvenz-	
III. Drei-Wochen-Frist	13	verwalters	33
IV. Wirtschaftliche Lage des Unternehmens	16	II. Einstweilige Verfügung des Betriebsrats	
V. Soziale Belange der Arbeitnehmer	19	auf Unterlassung	35
C. Wirkung der Entscheidung	20	III. Anrufung der Einigungsstelle	39
I. Durchführungsrecht	20	IV. Verhältnis zu § 126 InsO	41
II. Nachträglicher Interessen-			

Literatur:
Siehe Vor §§ 113 ff.

A. Allgemeines

1 Mit der Eröffnung des Verfahrens übernimmt der Insolvenzverwalter die Rechte und Pflichten, die sich aus der Arbeitgeberstellung des Schuldners ergeben. Der Insolvenzverwalter hat deshalb bei allen seinen Rechtshandlungen, die den Arbeitnehmer berühren, die **Mitwirkungs- und Mitbestimmungsrechte des Betriebsrats zu beachten**. Diese entfallen auch nicht, wenn die Betriebsänderung des schuldnerischen Unternehmens die zwangsläufige Folge der Eröffnung des Insolvenzverfahrens ist. Das Wort »geplant« in § 111 BetrVG ist kein selbstständiges Tatbestandsmerkmal, von dessen Vorhandensein die Beteiligungsrechte des Betriebsrats nach den §§ 111 ff. BetrVG abhängen. Der Begriff soll nur sicherstellen, dass der Betriebsrat bei einer geplanten Betriebsänderung in einem möglichst frühen Stadium der Planung zu beteiligen ist (*BAG* 17.09.1974 AP Nr. 1 zu § 113 BetrVG 1972; 06.05.1986 AP Nr. 8 zu § 128 HGB).

2 Wird in einem Betrieb ein Betriebsrat erst gewählt, nachdem sich der Insolvenzverwalter zur Stilllegung des Betriebes entschlossen und mit der Stilllegung begonnen hat, so kann der Betriebsrat auch dann nicht die Vereinbarung eines Sozialplans verlangen, wenn dem Insolvenzverwalter im Zeitpunkt seines Entschlusses bekannt war, dass im Betrieb ein Betriebsrat gewählt werden soll (vgl. *BAG* 28.10.1992 AP Nr. 63 zu § 112 BetrVG 1972 im Anschluss an den Beschluss v. 20.04.1982 AP Nr. 15 zu § 112 BetrVG 1972; vgl. jedoch auch *LAG Köln* 05.03.2007 – 2 TaBV 10/07, wonach eine Einigungsstelle zur Errichtung eines Sozialplans nicht offensichtlich unzuständig ist, wenn der Betriebsrat erstmalig gewählt wird, nachdem die Betriebsänderung bereits begonnen hat).

legung durch Kündigung der Arbeitsverhältnisse begonnen hat, der Betrieb aber alsbald nach Ausspruch der Kündigungen von einem Dritten übernommen wird, der sich bereit erklärt, alle Arbeitsverhältnisse zu den bisherigen Bedingungen fortzuführen (vgl. BAG 28.08.1996 AP Nr. 104 zu § 112 BetrVG 1972). In einem solchen Fall ist der Sozialplan, der allein für den Verlust der Arbeitsplätze Abfindungen vorsah, den veränderten Umständen anzupassen. Bis zur erfolgten Anpassung ist ein Rechtsstreit über eine Abfindung aus dem zunächst vereinbarten Sozialplan in entsprechender Anwendung von § 148 ZPO auszusetzen (BAG 28.08.1996 AP Nr. 104 zu § 112 BetrVG 1972).

§ 121 Betriebsänderungen und Vermittlungsverfahren

Im Insolvenzverfahren über das Vermögen des Unternehmers gilt § 112 Abs. 2 Satz 1 des Betriebsverfassungsgesetzes mit der Maßgabe, dass dem Verfahren vor der Einigungsstelle nur dann ein Vermittlungsversuch vorangeht, wenn der Insolvenzverwalter und der Betriebsrat gemeinsam um eine solche Vermittlung ersuchen.

Literatur:
Siehe Vor §§ 113 ff.

Nach der Rspr. des BAG war der Konkursverwalter bei einem Scheitern der Einigungsbemühungen mit dem Betriebsrat verpflichtet, das für den Versuch einer Einigung über den Interessenausgleich vorgesehene Verfahren (§ 112 Abs. 1–3 BetrVG) voll auszuschöpfen und von sich aus die Einigungsstelle anzurufen (BAG 18.12.1984 EzA § 113 BetrVG 1972 Nr. 12; 03.04.1990 EzA § 113 BetrVG Nr. 20). 1

§ 121 InsO bestimmt i.S.d. beabsichtigten Beschleunigung des Verfahrens, dass im Insolvenzverfahren über das Vermögen des Unternehmers § 112 Abs. 2 Satz 1 BetrVG mit der Maßgabe gilt, dass dem Verfahren vor der Einigungsstelle nur dann ein Vermittlungsversuch des Vorstands der Bundesagentur für Arbeit vorangeht, wenn der Insolvenzverwalter und der Betriebsrat gemeinsam um eine solche Vermittlung ersuchen. Die Einschaltung des Vorstands der Bundesagentur für Arbeit als »Zwischenverfahren« vor einem Antrag nach § 98 ArbGG ist zwar auch außerhalb der Insolvenz fakultativ; ihr Unterbleiben hat keine Rechtsfolge nach § 113 BetrVG. Die den Vorstand der Bundesagentur für Arbeit nicht anrufende Seite ist aber nach § 2 Abs. 1 BetrVG verpflichtet, sich an dem Vermittlungsversuch zu beteiligen. Demgegenüber kann der Insolvenzverwalter nach § 121 entscheiden, ob eine Vermittlung durch den Vorstand der Bundesagentur für Arbeit sinnvoll ist oder nicht. Entscheidet er sich gegen die Vermittlung, kann er den Antrag auf Einsetzung einer Einigungsstelle nach § 98 ArbGG stellen und/oder die gerichtliche Zustimmung zur Durchführung der Betriebsänderung nach Maßgabe von § 122 betreiben.

Von praktischer Bedeutung ist die gesetzgeberische Klarstellung in § 98 Abs. 1 Satz 5 ArbGG; danach darf ein Richter nur dann zum Vorsitzenden bestellt werden, wenn aufgrund der Geschäftsverteilung ausgeschlossen ist, dass er mit der Überprüfung, der Auslegung oder der Anwendung des Spruchs der Einigungsstelle befasst wird. 2

§ 121 InsO richtet sich ausschließlich an die Betriebsparteien. Sie lässt die Möglichkeit des Einigungsstellenvorsitzenden, den Vorstand der Bundesagentur für Arbeit um Teilnahme an der Einigungsstelle zu ersuchen, unberührt (§ 112 Abs. 2 Satz 3 BetrVG).

§ 122 Gerichtliche Zustimmung zur Durchführung einer Betriebsänderung

(1) [1]Ist eine Betriebsänderung geplant und kommt zwischen Insolvenzverwalter und Betriebsrat der Interessenausgleich nach § 112 des Betriebsverfassungsgesetzes nicht innerhalb von drei Wochen nach Verhandlungsbeginn oder schriftlicher Aufforderung zur Aufnahme von Verhandlungen zustande, obwohl der Verwalter den Betriebsrat rechtzeitig und umfassend unterrichtet hat, so

Eisenbeis

E. Außerordentliches Kündigungsrecht (Abs. 2)

14 Abs. 2 stellt ergänzend klar, dass die in Rspr. und Lehre entwickelten Grundsätze zur Kündigung einer Betriebsvereinbarung aus wichtigem Grund unberührt bleiben (dieser für alle Dauerschuldverhältnisse geltende Grundsatz ist im Zuge der Schuldrechtsreform nunmehr in § 314 BGB kodifiziert worden; vgl. *BAG* BAGE 16, 59). Voraussetzung für die außerordentliche Kündigung der Betriebsvereinbarung ist, dass es einer Partei – regelmäßig dem Insolvenzverwalter – nicht zumutbar ist, an der Fortsetzung der Betriebsvereinbarung bis zum vereinbarten Ende oder bis zum Ablauf der ordentlichen Kündigungsfrist festzuhalten (*LAG Baden-Württemberg* 15.06.2005 – 12 TaBV 6/04). Die Eröffnung des Insolvenzverfahrens stellt für sich genommen keinen wichtigen Grund zur Kündigung einer Betriebsvereinbarung dar. Auch der Umstand, dass das insolvente Unternehmen keine Geldmittel zur Verfügung hat, um die vereinbarten Leistungen aus der Betriebsvereinbarung zu erfüllen, stellt für sich betrachtet noch keinen Grund zur außerordentlichen Kündigung der Betriebsvereinbarung dar (für den Sozialplan vgl. *BAG* 10.08.1994 DB 1995, 480 ff.). Der Insolvenzverwalter muss i.E. darlegen, dass dem Unternehmen ein Festhalten an der Betriebsvereinbarung bis zum Ablauf der ordentlichen Kündigungsfrist bzw. bis zum vereinbarten Ende der Laufzeit nicht zugemutet werden kann; hierbei darf er sich nicht auf schlagwortartige Darstellungen oder bloße Allgemeinplätze beschränken. Eine außerordentliche Kündigung der Betriebsvereinbarung kann aber grundsätzlich gem. § 140 BGB in eine ordentliche Kündigung mit dreimonatiger Kündigungsfrist nach § 120 Abs. 1 Satz 2 InsO umgedeutet werden (*LAG Baden-Württemberg* 15.06.2005 – 12 TaBV 6/04).

15 Da Abs. 2 das von der Rspr. entwickelte außerordentliche Kündigungsrecht für Betriebsvereinbarungen (aller Art) bestätigt, ist der Anwendungsbereich weiter als in Abs. 1, der ausschließlich für sog. belastende Betriebsvereinbarungen gilt. Bei der Abwägung, ob dem Insolvenzverwalter ein Festhalten an der Betriebsvereinbarung bis zum Ablauf der Kündigungsfrist zugemutet werden kann, ist deshalb nicht in jedem Fall auf die dreimonatige Kündigungsfrist nach Abs. 1 bzw. § 77 Abs. 5 BetrVG abzustellen, sondern ggf. auf die vereinbarte längere Kündigungsfrist (so auch KDZ-*Zwanziger* § 120 InsO Rn. 11 ff.).

F. Störung der Geschäftsgrundlage (§ 313 BGB)

16 Für Betriebsvereinbarungen und insbesondere für Sozialpläne ist anerkannt, dass diese eine **Geschäftsgrundlage** haben können, bei deren Störung die betroffene Regelung den geänderten tatsächlichen Umständen anzupassen ist, wenn dem Vertragspartner im Hinblick auf die Störung der Geschäftsgrundlage das Festhalten an der Vereinbarung nicht mehr zuzumuten ist (jetzt in § 313 Abs. 1 BGB geregelt; vgl. zur alten Rechtslage *BAG* 10.08.1994 AP Nr. 86 zu § 112 BetrVG 1972). Die Geschäftsgrundlage eines Sozialplans kann insbesondere dann gestört sein, wenn beide Betriebspartner bei Abschluss des Sozialplans von **irrigen Vorstellungen** über die Höhe der für den Sozialplan zur Verfügung stehenden **Finanzmittel** ausgegangen sind (so *BAG* 17.02.1981 AP Nr. 11 unter II 2b) d.G. zu § 112 BetrVG 1972).

17 Die Störung der Geschäftsgrundlage führt jedoch nicht zur Beendigung des Sozialplans, sondern lässt diesen mit einem anzupassenden Inhalt fortbestehen (§ 313 Abs. 1 BGB). Derjenige Betriebspartner, der sich auf die Störung der Geschäftsgrundlage beruft, hat einen **Verhandlungsanspruch** über die **Anpassung** der im Sozialplan getroffenen Regelung. Die Einigungsstelle entscheidet verbindlich.

18 Die anpassende Regelung kann schon entstandene Ansprüche der Arbeitnehmer auch zu deren Ungunsten abändern. Darauf, dass die einmal entstandenen Ansprüche mit dem ursprünglichen Inhalt fortbestehen, können die Arbeitnehmer ebenso wenig vertrauen, wie wenn sich der Sozialplan als von Anfang an nichtig darstellt oder wegen Ermessensüberschreitung der Einigungsstelle nach § 76 Abs. 5 BetrVG angefochten und für unwirksam erklärt wird (*BAG* 10.08.1994 AP Nr. 86 zu § 112 BetrVG 1972).

19 Ebenso denkbar ist, dass die Geschäftsgrundlage eines für die Betriebsstilllegung vereinbarten Sozialplans gestört wird, wenn der Insolvenzverwalter mit der Durchführung der geplanten Betriebsstill-

bestimmungsrecht des Betriebsrats unterliegen, sondern Gegenstand einer freiwilligen Betriebsvereinbarung gem. § 88 BetrVG sind (*BAG* 13.10.1987 AP Nr. 24, I 3b d.G. zu § 87 BetrVG 1972 Arbeitszeit). Der Insolvenzverwalter ist somit nicht nur verpflichtet, seine Position darzulegen und zu begründen, sondern auch zu der Haltung des Betriebsrats Stellung zu nehmen (vgl. *Fitting* BetrVG, § 74 Rn. 9). Ein Zwang zum Kompromiss besteht nicht. Hält der Insolvenzverwalter seine Position auch nach Erörterung der Argumente des Betriebsrats für allein sachgerecht, ist ihm dies nicht verwehrt (weitergehend KDZ-*Zwanziger* § 120 InsO Rn. 8, der darauf hinweist, dass die Betriebspartei Verhandlungen erst gar nicht aufnehmen muss, wenn schon vor Verhandlungsbeginn aus ihrer Sicht unangebrachte Verzögerungen auftreten, wobei in diesem Fall sich dies durch konkrete Vorfälle belegen lassen muss, eine bloße unfundierte Einschätzung nicht ausreicht).

D. Belastende Betriebsvereinbarung

§ 120 findet ausschließlich auf sog. **belastende Betriebsvereinbarungen** Anwendung. Die Formulierung ist ungenau. Ohne weiteres ist die Vorschrift auf alle Betriebsvereinbarungen anwendbar, die die Insolvenzmasse unmittelbar finanziell belasten, also Vergütungsregelungen (z.B. Weihnachtsgratifikationen, Sonderprämien, Essensgeldzuschuss und dgl.) beinhalten. 9

Bei einem weiten Verständnis des unbestimmten Begriffs der Belastung ließen sich hierunter aber auch Betriebsvereinbarungen subsumieren, die die Insolvenzmasse nur mittelbar belasten, weil sie den Insolvenzverwalter zu Leistungen verpflichten, die sich im Rahmen einer Sanierung als hinderlich erweisen (z.B. Betriebsvereinbarungen über Arbeitszeitregelungen). Die InsO enthält ebenso wenig eine Legaldefinition der Belastung wie das BGB den Begriff der Last definiert. Zu den Lasten i.S.d. § 103 BGB gehören all solche Belastungen, die den Eigentümer oder Besitzer einer Sache oder den Gläubiger eines Rechts in dieser ihrer Eigenschaft zu einer Leistung verpflichten. Es erscheint jedoch fraglich, ob ein derart weites Begriffsverständnis der Intention des Gesetzgebers gerecht werden kann, da dies im Ergebnis darauf hinausliefe, dass dem Adjektiv »belastend« jegliche eigenständige Bedeutung abgesprochen würde. Durch den Bezug zur Insolvenzmasse liegt es näher, dass § 120 InsO nur solche Betriebsvereinbarungen erfasst, die das dem Schuldner zum Zeitpunkt der Verfahrenseröffnung gehörende Vermögen negativ beeinträchtigen. Hierfür spricht auch der Ausnahmecharakter der Rechtsnorm, der nur eine eingeschränkte Auslegung zulässt (noch enger KDZ-*Zwanziger* § 120 InsO Rn. 2 ff.; vgl. auch *Nerlich/Römermann* InsO, § 120 Rn. 26, der alle auch mittelbar objektiv belastende Leistungen dem Anwendungsbereich der Norm unterstellt). 10

Enthält eine Betriebsvereinbarung neben Regelungen, die »belastend« i.S.d. § 120 InsO sind, auch andere Regelungen, so muss i.S.d. Masseschonung auch eine **Teilkündigung** zulässig sein (KDZ-*Zwanziger* § 120 InsO Rn. 2 ff., der zu Recht darauf hinweist, dass es unerheblich sein muss, ob bestimmte Leistungen zufällig auf mehrere Betriebsvereinbarungen verteilt sind oder in einer Betriebsvereinbarung zusammengefasst sind). 11

Hierbei wird vorausgesetzt, dass der die belastenden Regelungen enthaltende Teil der Betriebsvereinbarung einen selbstständigen und damit von dem übrigen Inhalt der Betriebsvereinbarung sachlich unabhängigen Teilkomplex betrifft (*BAG* 06.11.2007 EzA § 77 BetrVG 2001 Nr. 19; **a.A.** *Schaub* BB 1995, 1639 f. [1640], der eine Teilkündigung einer Betriebsvereinbarung grds. ausschließt, da dem Betriebspartner keine inhaltlich veränderte Betriebsvereinbarung aufgezwungen werden könne. Von diesem Grundsatz bestehe nur dann eine Ausnahme, wenn die Teilkündigung in der Betriebsvereinbarung vorbehalten sei). 12

Ist eine Teilkündigung der Betriebsvereinbarung mangels selbstständigen und sachlich unabhängigen Teilkomplexes nicht zulässig, ist die Betriebsvereinbarung insgesamt kündbar (ebenso: *Kübler/Prütting/Bork-Moll* InsO, § 120 Rn. 36).

Sozialpläne unterfallen entsprechend ihres gesetzlichen Regelungsgegenstandes (§ 112 BetrVG) ohne weiteres dem Anwendungsbereich der Norm, sofern sie nicht widerruflich i.S.d. § 124 Abs. 1 sind (dies gilt auch für vorsorgliche Sozialpläne [vgl. hierzu *BAG* 26.08.1997 EzA § 112 BetrVG 1972 Nr. 96]). 13

dem Arbeitgeber während der gesamten Dauer des Arbeitsverhältnisses erwiesene Betriebstreue und die Gesamtheit der ihm erbrachten Dienste. Die vom Arbeitgeber zugesagte Gegenleistung kann deshalb durch die Kündigung nicht wegfallen, ohne dass es dafür rechtlich billigenswerte Gründe gibt. Deshalb werden auch die aufgrund einer Betriebsvereinbarung erworbenen Besitzstände der betroffenen Arbeitnehmer kraft Gesetzes nach den Grundsätzen der Verhältnismäßigkeit und des Vertrauensschutzes geschützt. Je stärker in Besitzstände eingegriffen wird, desto gewichtiger müssen die Änderungsgründe sein (*BAG* 10.03.1992 EzA § 77 BetrVG 1972 Nr. 46 [Bestätigung des Senatsurteils vom 18.04.1989 EzA § 77 BetrVG 1972 Nr. 28]).

III. Regelungsabrede

6   Nach dem Wortlaut der Vorschrift gilt § 120 InsO ausschließlich für Betriebsvereinbarungen. Die gesetzlich nicht definierte Betriebsvereinbarung wird überwiegend zutreffend als **privatrechtlicher kollektiver Normenvertrag** verstanden, der gem. § 77 Abs. 2 BetrVG von Arbeitgeber und Betriebsrat gemeinsam beschlossen und schriftlich niedergelegt wird. Die Betriebsvereinbarung ist von beiden Seiten zu unterzeichnen. Dies bedeutet, dass die Betriebsvereinbarung von den Parteien eigenhändig durch Namensunterschrift unterzeichnet werden muss (§ 125 Abs. 1 BGB) und beide Unterschriften in einer Urkunde enthalten sein müssen (*BAG* 14.02.1978 AP Nr. 60 zu Art. 9 GG Arbeitskampf). Dies gilt nicht, soweit Betriebsvereinbarungen auf einem Spruch der Einigungsstelle beruhen (§ 77 Abs. 2 Satz 2, 2. HS BetrVG).

Neben dem Rechtsinstrument der Betriebsvereinbarung steht es den Betriebsparteien frei, sich formlos durch bloße Verabredung zu einigen. Für derartige **Regelungsabreden** gelten die allgemeinen Regelungen über die Kündigung von Betriebsvereinbarungen und deren Nachwirkung entsprechend, wenn nichts anderes vereinbart ist (*BAG* 10.03.1992 EzA § 77 BetrVG 1972 Nr. 46; 28.04.1992 DB 1992, 2643). Regelungsabreden können somit analog § 77 Abs. 5 BetrVG mit einer Frist von drei Monaten gekündigt werden, sie wirken analog § 77 Abs. 6 BetrVG nach, sofern Gegenstand der Regelungsabrede eine mitbestimmungspflichtige Angelegenheit ist.

Da § 120 bezweckt, das insolvente Unternehmen kurzfristig von Verbindlichkeiten aus Kollektivvereinbarungen zu entlasten, ist die Vorschrift ihrem Zweck entsprechend **auch auf Regelungsabreden anwendbar** (ebenso KDZ-*Zwanziger* § 120 InsO Rn. 17).

C. Beratungsgebot

7   Die **Soll-Vorschrift** konkretisiert für den Regelungsgegenstand der »belastenden Betriebsvereinbarung« ein **Beratungsgebot** mit dem Ziel, die Leistungen aus einer solchen Betriebsvereinbarung einvernehmlich herabzusetzen. Die Annahme einer Beratungspflicht wäre mit Wortlaut und Zweck der Vorschrift im Übrigen nicht zu vereinbaren (vgl. auch *Grunsky/Moll* RWS-Skript Nr. 289, S. 70, die zu Recht darauf hinweisen, dass sich an die Soll-Vorschrift keine konkreten Rechtsfolgen knüpfen). Die Norm hat die Entlastung der Masse von solchen Verbindlichkeiten im Auge und will gerade keine zusätzliche Beratungspflicht konstituieren. Kommt der Insolvenzverwalter nach Prüfung zu dem Ergebnis, dass eine auch nur verminderte Weitergewährung der Leistungen aus der belastenden Betriebsvereinbarung ausscheidet, so soll er die Betriebsvereinbarung ungeachtet einer längeren Kündigungsregelung mit der der gesetzlichen Kündigungsfrist nach § 77 Abs. 5 BetrVG entsprechenden Frist des Abs. 1 Satz 2 kündigen dürfen.

8   Es ist nicht erforderlich, dass der Insolvenzverwalter in diesem Fall vor der Kündigungserklärung mit dem Betriebsrat über eine einvernehmliche Herabsetzung der Leistungen berät. Allerdings hat der Insolvenzverwalter wie zuvor der Schuldner auch bei allen seinen Rechtshandlungen, die die Arbeitnehmer berühren, die Mitwirkungs- und Mitbestimmungsrechte des Betriebsrats zu beachten (vgl. *BAG* 06.05.1986 AP Nr. 8 zu § 128 HGB). Er unterliegt demzufolge auch der allgemeinen Einlassungs- und Erörterungspflicht gem. § 74 Abs. 1 Satz 2 BetrVG, wenn der Betriebsrat mit ihm über die Regelungen der belastenden Betriebsvereinbarung verhandeln will. Diese Pflicht gilt nach der Rspr. des BAG in allen streitigen Angelegenheiten, also auch in Angelegenheiten, die nicht dem Mit-

dass die wirtschaftliche Grundlage für eine derartige Betriebsvereinbarung zumindest in Frage gestellt ist. Gerade im Falle einer geplanten Betriebsveräußerung kann es besonders wichtig sein, eine belastende Betriebsvereinbarung rechtzeitig zu ändern oder aufzuheben. Bestehende Betriebsvereinbarungen sind gem. § 613a Abs. 1 Satz 2 BGB auch für den Erwerber des Betriebes verbindlich; dies kann zu einem Hindernis für die Betriebsveräußerung werden. Der Wegfall entsprechender Belastungen kann damit auch zur Erhaltung von Arbeitsplätzen beitragen.

B. Anwendungsbereich

I. Freiwillige Betriebsvereinbarung

Der Gesetzgeber ging bei der Beratung der Vorschrift davon aus, dass es sich bei solchen belastenden Betriebsvereinbarungen regelmäßig um **freiwillige Betriebsvereinbarungen** handele, also um solche, bei denen keine zwingende Mitbestimmung besteht. Vor allem wurde an Sozialeinrichtungen nach § 88 Nr. 2 BetrVG gedacht (z.B. Unterhaltung einer Kantine, eines Betriebskindergartens oder von Ferienwohnungen). Im Schrifttum wird teilweise vertreten, dass nur solche Sonderleistungen des Schuldners, die über die »normale« Entlohnung hinausgehen, nach § 120 InsO kündbar sein sollen (KDZ-*Zwanziger* § 120 InsO Rn. 4). 2

II. Betriebsvereinbarung in mitbestimmungspflichtigen Angelegenheiten/Nachwirkung

Die Beschränkung der Kündigungsmöglichkeiten nach § 120 InsO auf ausschließlich freiwillige Betriebsvereinbarungen ist weder mit dem Wortlaut der Vorschrift noch mit ihrem Zweck vereinbar. Wenngleich sich auch aus den Materialien ergibt, dass in erster Linie freiwillige Betriebsvereinbarungen ungeachtet einer vereinbarten Kündigungsregelung mit der der gesetzlichen Kündigungsfrist nach § 77 Abs. 5 BetrVG entsprechenden Frist des Abs. 1 Satz 2 gekündigt werden dürfen, so ist es doch nicht ausgeschlossen, dass **auch Betriebsvereinbarungen in mitbestimmungspflichtigen Angelegenheiten** belastend sein können und damit in der Insolvenz einer erleichterten Kündigungsmöglichkeit zugänglich sein sollen (so schon *Warrikoff* BB 1994, 2338 [2339]; i.E. auch *LAG Baden-Württemberg* 15.06.2005 – 12 TaBV 6/04). In § 138 Abs. 1 Satz 3 des Regierungsentwurfs wurde ausdrücklich an der Weitergeltung erzwingbarer Betriebsvereinbarungen nach der Kündigung in der Insolvenz festgehalten. Der Rechtsausschuss hielt dies allerdings für irreführend, weil er davon ausging, dass im Regelfall die belastenden Betriebsvereinbarungen keine erzwingbaren sind. Soweit sie es doch sind, ergibt sich die Weitergeltung nach Auffassung des Rechtsausschusses auch ohne einen ausdrücklichen Verweis aus dem Gesetz (§ 77 Abs. 6 BetrVG). Somit folgt schon aus der Entstehungsgeschichte der Vorschrift, dass die Kündigungsbefugnis nach § 120 InsO nicht ausschließlich auf freiwillige Betriebsvereinbarungen beschränkt ist. 3

Handelt es sich bei der belastenden Betriebsvereinbarung um eine freiwillige gem. § 88 BetrVG, endet die Pflicht zur Leistungsgewährung nach Ablauf der dreimonatigen Kündigungsfrist. Hat die Betriebsvereinbarung demgegenüber mitbestimmungspflichtigen Inhalt, verbleibt es nach Ablauf der Kündigungsfrist bei der **Nachwirkung** gem. § 77 Abs. 6 BetrVG. Der Insolvenzverwalter ist dann gehalten, über eine ablösende Betriebsvereinbarung zu verhandeln, ggf. die Einigungsstelle anzurufen. 4

Hat die Betriebsvereinbarung teilmitbestimmten Inhalt, so kommt ihr nach der Entscheidung des 1. Senats des *BAG* vom 26.10.1993 (AP Nr. 6 zu § 77 BetrVG 1972 Nachwirkung) Nachwirkung jedenfalls dann zu, wenn der Arbeitgeber den vollständigen Wegfall der Leistungen nicht will. Die Nachwirkung kann allerdings – auch konkludent – abbedungen werden (*BAG* 17.01.1995 AP Nr. 7 zu § 77 BetrVG 1972 Nachwirkung). Auch genügt danach nicht allein die Möglichkeit, die teilmitbestimmte Leistung später ggf. wieder aufzunehmen, um die Nachwirkung zu erzeugen.

Besonderheiten gelten für die Rechtsfolgen einer Kündigung einer Betriebsvereinbarung über **betriebliche Altersversorgungsleistungen**. Nach der Rspr. des Ruhegeldsenates ist hierbei zu beachten, dass die Arbeitnehmer Leistungen der betrieblichen Altersversorgung erst dann erhalten, wenn sie ihrerseits vorgeleistet haben. Die Leistungen, die durch die Versorgung entgolten werden, sind die 5

Fortbestand der Mietverträge dient zudem der im Interesse der Sanierung gewünschten Unternehmensfortführung. Dieses gesetzliche Interesse unterliegt nicht dem Gestaltungsspielraum der Vertragsparteien. Mietvertragliche insolvenzabhängige Lösungsmöglichkeiten sind daher unwirksam (*BGH* 22.10.2013 – II ZR 394/23 Rn. 12/13, ZIP 2013, 97).

16 Ausnahmen von § 110 sind unzulässig, da sonst der Massezufluss für die Zeit nach Verfahrenseröffnung nicht mehr ausreichend gesichert wäre. Das Sonderkündigungsrecht des § 111 kann ebenso nicht ausgeschlossen werden. Jedoch kann gem. § 566 BGB der Eintritt des Erwerbers bei Gewerbemietverträgen ausgeschlossen werden (s. dazu § 111 Rdn. 14).

17 Der § 113 InsO stellt ein **zwingendes Kündigungsrecht** dar, es sind nur im Voraus getroffene Vereinbarungen unwirksam (ErfK/*Müller-Glöge* § 113 InsO Rn. 6). Nach der Verfahrenseröffnung sind die Parteien jedoch nicht mehr durch Kündigungsbeschränkungen gebunden (*Uhlenbruck/Zobel* InsO, § 113 Rn. 3).

18 Zwingend ist schließlich die Unwirksamkeit von Verträgen, welche die gesetzlichen Verwalterrechte beeinträchtigen würden. Die **Fortgeltung von Aufträgen, Geschäftsbesorgungsverträgen und Vollmachten** (§§ 115–117) kann deshalb nicht über die Verfahrenseröffnung hinaus vereinbart werden. Selbst der Verwalter kann die Fortgeltung nicht vereinbaren, sondern muss die Verträge und Vollmachten ggf. neu begründen (MüKo-InsO/*Huber* § 119 Rn. 74).

19 Die Problematik von Lösungsklauseln stellt sich bei dieser Vorschrift nicht, doch sind im Voraus getroffene Vereinbarungen unzulässig, die die Qualifizierung der in § 118 InsO erfassten Ansprüche ausschließen oder ändern, (s. § 118 Rdn. 9; MüKo-InsO/*Huber* § 119 Rn. 76). Unzulässig ist es z.B., Ansprüche aus der Fortführung der Geschäfte, wenn sie nicht eilbedürftig sind, als Masseschulden zu vereinbaren.

§ 120 Kündigung von Betriebsvereinbarungen

(1) ¹Sind in Betriebsvereinbarungen Leistungen vorgesehen, welche die Insolvenzmasse belasten, so sollen Insolvenzverwalter und Betriebsrat über eine einvernehmliche Herabsetzung der Leistungen beraten. ²Diese Betriebsvereinbarungen können auch dann mit einer Frist von drei Monaten gekündigt werden, wenn eine längere Frist vereinbart ist.

(2) Unberührt bleibt das Recht, eine Betriebsvereinbarung aus wichtigem Grund ohne Einhaltung einer Kündigungsfrist zu kündigen.

Übersicht	Rdn.		Rdn.
A. Normzweck	1	C. Beratungsgebot	7
B. Anwendungsbereich	2	D. Belastende Betriebsvereinbarung	9
I. Freiwillige Betriebsvereinbarung	2	E. Außerordentliches Kündigungsrecht (Abs. 2)	14
II. Betriebsvereinbarung in mitbestimmungspflichtigen Angelegenheiten/Nachwirkung	3	F. Störung der Geschäftsgrundlage (§ 313 BGB)	16
III. Regelungsabrede	6		

Literatur:
Siehe Vor §§ 113 ff.

A. Normzweck

1 Die Norm soll nach dem Willen des Gesetzgebers dem Umstand Rechnung tragen, dass Betriebsvereinbarungen das Unternehmen des Schuldners mit erheblichen Verbindlichkeiten belasten können. In der Insolvenz soll es möglich sein, das Unternehmen kurzfristig von solchen Verbindlichkeiten zu entlasten, und zwar unabhängig davon, ob der Betrieb stillgelegt, im Rahmen des bisherigen Unternehmens fortgeführt oder an einen Dritten veräußert werden soll. Der Eintritt der Insolvenz zeigt,

Grenzen des § 103 Abs. 2 InsO hinaus. Auch die **dingliche Absicherung von Vertragsstrafen**, die für den Fall der insolvenzbedingten Auflösung des Vertrages vereinbart wurden, zählt dazu. Dadurch wird § 103 Abs. 2 Satz 1 InsO durchbrochen, weil der Vertragspartner mit seinem Anspruch auf Schadenersatz wegen Nichterfüllung nicht auf die Quote beschränkt ist. Die KO hatte solche Absicherungen zugelassen, indem sie in § 26 Satz 2 KO Absicherungen über abgesonderte Befriedigungen als Ausnahme ausdrücklich zuließ. Die InsO enthält keine entsprechende Einschränkung, sondern legt in § 103 InsO fest, dass der Schadenersatz wegen Nichterfüllung **nur** als Insolvenzforderung geltend gemacht werden könne. Die hier diskutierten Absicherungen könnten Umgehungsgeschäfte sein, die nach den allgemeinen Grundsätzen unwirksam sind, wenn auch die gewählte Gestaltung nach der Gesetzesauslegung verboten sein soll (MüKo-BGB/*Armbrüster* § 134 Rn. 11 ff.). Auch § 105 InsO, der wegen des Rückgabeanspruchs § 26 KO nachgebildet ist, enthält keine Ausnahme im Hinblick auf mögliche Absonderungsrechte. Der Gesetzgeber der InsO äußert sich zu diesem Problem nicht. In der Begründung zu § 105 InsO nimmt der RegE ausdrücklich Bezug auf § 26 Satz 1 KO und betont, dass eine Masseschuld wegen Rückgewähr von Teilleistungen, die vor Verfahrenseröffnung gewährt wurden, verhindert werden soll. Die Lösung dieser Frage ergibt sich aus § 119 InsO: Die dingliche Absicherung der Nichterfüllungsschäden des § 103 InsO verstößt gegen § 103 Abs. 2 Satz 1 InsO. Über das Absonderungsrecht wird die Qualifizierung als Insolvenzforderung umgangen. Das gilt indes nur für die Wirksamkeit von dinglichen Absicherungen, die sich ausdrücklich auf die Forderung wegen Nichterfüllung durch den Verwalter gem. § 103 InsO beziehen (**a.A.** dingliche Absicherung des Anspruchs aus § 103 Abs. 2 InsO zulässig: MüKo-InsO/*Huber* § 119 Rn. 58; *Uhlenbruck/Sinz* InsO, § 119 Rn. 5; HK-InsO/*Marotzke* § 103 Rn. 168). Die dingliche Absicherung der allgemeinen zivilrechtlichen Schadenersatzansprüche ist zulässig.

II. §§ 104 ff.

Unzulässig sind solche Klauseln die das automatische Erlöschen von Fix- und Finanzierungsdienstleistungen gem. § 104 InsO zum Inhalt haben (*Schwörer* Rn. 532 ff.). Insofern ist § 104 eine differenzierte Lösungsklausel (MüKo-InsO/*Huber* § 119, Rn. 58). **10**

Zwingend ist auch die Teilbarkeit von Leistungen in der Insolvenz nach § **105 InsO**. Eine individuelle Regelung zur Teilung der Vertragsleistungen für den Fall der Insolvenz wird deshalb ebenso unwirksam sein wie die Qualifizierung von Gegenansprüchen aus dem Zeitraum vor der Insolvenz als Masseschulden (MüKo-InsO/*Huber* § 119 Rn. 61). **11**

In der Praxis ist es kaum vorstellbar, dass vom Regelungsbereich des § 106 abweichende Vereinbarungen getroffen werden, da die Parteien dadurch das Anwartschaftsrecht entwerten würden. Daher sind nur solche Lösungsklauseln denkbar die dem Schutz der Masse dienen (s. § 116 Rdn. 28). **12**

In der Praxis ist es kaum vorstellbar, dass Regelungen vereinbart werden die die Anwendung des § **107 Abs. 1** einschränken oder ausschließen wollen. Sollte eine wirksame Lösungsklausel vertraglich vereinbart worden sein, so entfällt auch der Anspruch des Vorbehaltskäufers und der Regelungsbereich des § 107 Abs. 1 InsO ist nicht mehr betroffen (MüKo-InsO/*Huber* § 119 Rn. 66). **13**

§ **107 Abs. 2** ist nicht abdingbar und Vereinbarungen im Voraus, welche die Länge der Erklärungsfrist des Verwalters betreffen, sind unwirksam (dazu § 107 Rdn. 36; MüKo-InsO/*Huber* § 119 Rn. 67). Vertragliche Lösungsklauseln würden zum Entzug der Kaufgegenstände aus der Masse führen. Der Sanierungszweck würde so vereitelt werden. Entwickelt man diesen Grundgedanken fort, muss auch der Bestand von Dauerschuldverhältnissen, welche ebenfalls der Unternehmensfortführung dienen, vor abweichenden vertraglichen Vereinbarungen Vorrang haben. Das macht die Grundsatzentscheidung zu den Energielieferungsverträgen deutlich. **14**

Zwingende gesetzliche Anordnungen, die Lösungsmöglichkeiten untersagen, finden sich in der InsO mehrfach. So schreibt § **108 InsO** ausdrücklich die Fortgeltung von **Miet- und Pachtverträgen** vor. § **112 InsO** untersagt insolvenzbedingte Kündigungen. Der Vermieter kann nach § **109 Abs. 2 InsO** nur bei noch nicht erfolgter Besitzübergabe zurücktreten. Eine generelle Lösungsklausel würde gegen diese detaillierten Gestaltungsrechte verstoßen (MüKo-InsO/*Huber* § 119 Rn. 68, 70). Der **15**

§ 119 InsO   Unwirksamkeit abweichender Vereinbarungen

solvenzabhängige Lösungsklauseln). In jedem Einzelfall ist zu prüfen, ob die streitbefangene Vereinbarung eine eigenständige Beendigung des Vertrages begründet und/oder den Kernbereich der §§ 103 ff. InsO verletzt. Insolvenzunabhängige Lösungsklauseln im Falle des Verzugs, der Zahlungseinstellung oder der Vermögensverschlechterung werden zu Recht von der h.L. anerkannt (MüKo-InsO/*Huber* § 119 Rn. 19; HambK-InsO/*Ahrendt* § 119 Rn. 4;) und auch der BGH bestätigt diesen Grundsatz in seiner Energieentscheidung v. 15.11.2012 unter Bezugnahme auf die übereinstimmende Rspr. und Literatur (*BGH* NZI 2013, 178 Rn. 9). Insolvenzabhängige Lösungsklauseln nehmen Bezug auf den Insolvenzantrag, die Verfahrenseröffnung oder einen materiellen Insolvenzgrund. Bei der Rechtsfolge kommt es nicht darauf an, ob die Konsequenz in der Lösungsmöglichkeit oder als auflösende Bedingung vereinbart wird (HambK-InsO/*Schmidt* § 119 Rn. 6).

5 **Insolvenzabhängigen Lösungsklauseln** wird von einer wohl vorherrschenden Ansicht die Wirksamkeit abgesprochen (*Abel* NZI 2003, 121 [128]; *Dahl* NJW-Spezial 2008, 373 [374]; *Wegener* ZInsO 2013, 1105 [1106]; Hk-InsO/*Marotzke* § 119 Rn. 3 u. 4; **a.A.** Jaeger/Henckel/Gebhardt/*Jacoby* § 119 Rn. 25; MüKo-InsO/*Huber* § 119 Rn. 40, der im Einzelfall entscheiden will). Auftrieb erhält die vorherrschende Ansicht durch die grundsätzliche Entscheidung zu der soeben erwähnten Energieentscheidung des BGH v. 15.11.2012. Danach sind Lösungsklauseln, die an den Insolvenzantrag oder die Verfahrenseröffnung anknüpfen, unwirksam (*BGH* BGHZ 195, 348 ff. = NJW 2013, 1159 ff = ZIP 2013, 274 ff.; *BGH* NZI 2013, 178 ff. = ZInsO 2013, 292 ff.). Die Entscheidung ist auf Ablehnung gestoßen (*Jacoby* ZIP 2014, 649 [653] zum Streitstand), darüber wird die Reichweite ebenso heftig diskutiert. Teilweise wird die Auffassung vertreten, die Entscheidung könne auch zu insolvenzabhängigen Lösungsklauseln nicht verallgemeinert werden (*Huber* ZIP 2013, 493 [496]); zudem biete die Insolvenzanfechtung bessere Alternativen (*Jacoby* ZIP 2014, 649 [653]). Aufgrund der grundsätzlichen Ausführungen des Senates im Rahmen seiner Urteilsbegründung ist auszugehen, dass er insolvenzabhängige Lösungsklauseln weiterhin grds. für unwirksam hält (so auch: *Feißel/von Hoff* EnWZ 2013, 184 ff.; *Römermann* NJW 2013, 1159 [1162]; *Eckhoff* NZI 2013, 178 [182]; ausf. zur Auswirkung auf § 8 VOB/B: *Wegener* ZInsO 2013, 1105 ff., ausf. *Foerste* ZInsO 2015, 601 ff.). Nur, wenn die insolvenzabhängige Lösungsklausel einer gesetzlichen Lösungsmöglichkeit entspricht, ist sie anzuerkennen (*Obermüller* ZInsO 2013, 476 [477]). Zur **Lösungsklausel in DFB-Ligastatuten** *Korff* ZInsO 2013, 1277 ff. Zu den **bankrechtlichen Lösungsklauseln** *Obermüller* ZInsO 2013, 476 ff.).

6 Lösungsklauseln, welche die vorgenannten Bestimmungen nicht verletzen, sind damit zulässig. Sie verstoßen insbesondere nicht gegen **§ 103 InsO** (MüKo-InsO/*Huber* § 119 Rn. 23).

7 Der *BGH* hat zur Kündigungsmöglichkeit des Bauvertrages in der Insolvenz die Lösungsklausel **des § 8 Nr. 2 VOB/B** (BGHZ 96, 34 ff.; zunächst zur KO: *OLG Schleswig* NZI 2012, 293 [295]) weiterhin für wirksam erklärt (ZIP 2016, 981; abl. *Foerste* ZInsO 2015, 601, ausf. *Wegener* ZInsO 2013). Der BGH hatte in seinen ursprünglichen Entscheidungen zur KO Bezug darauf genommen, dass die Kündigung des Bauvertrages immer nach § 649 BGB zulässig sei und betonte, dass die Lösungsmöglichkeiten isoliert betrachtet nicht gegen die §§ 103, 119 InsO verstoßen (ausf. s. dazu § 103 Rdn. 100). Der VII. Senat hat diesen Grundsatz für die InsO bestätigt. Bei den gesetzlich vorgesehenen Lösungsmöglichkeiten z.B. der §§ 490 BGB, 36 VerlG ist diese Wertung des Gesetzgebers zu berücksichtigen. Das gesetzliche **Lösungsrecht des Versicherers in der Insolvenz** des Versicherungsnehmers wurde mit der Reform des VVG zum 01.01.2008 abgeschafft.

8 Insolvenzunabhängige Lösungsklauseln können auch in **AGB** wirksam vereinbart werden (MüKo-InsO/*Huber* § 119 Rn. 20). Daher werden auch gegen die **Kündigungsrechte der Kreditinstitute in §§ 19 AGB-Banken/26 AGB-Sparkassen** von der h.M. keine Bedenken geltend gemacht (Überblick *Obermüller* ZInsO 2013, 476 ff.; *Uhlenbruck/Sinz* InsO, § 119 Rn. 18). Die aktuellen Fassungen knüpfen nicht an ein Insolvenzereignis an (hierzu auch MüKo-InsO/*Huber* § 119 Rn. 37a, *Foerste* ZInsO 2015, 601 ff.).

9 Fraglich ist, ob Vereinbarungen vor § 119 InsO Bestand haben, welche die Rechtsfolge des § 103 InsO modifizieren. Zu denken ist an die Vereinbarung eines pauschalen Schadenersatzes über die

samkeit der Lösungs- und Insolvenzklauseln in den DFB-Regelwerken, ZInsO 2013, 1277; *Obermüller* Lösungsklauseln im Bankgeschäft, ZInsO 2013, 476; *Jacoby* Lösungsklauseln in der Insolvenz, ZIP 2014, 649; *Römermann* Anm. zu BGH vom 15.11.2012 – IX ZR 169/11, NJW 2013, 1159; *Schwörer* Lösungsklauseln für den Insolvenzfall, 2000; *Wegener* Untergang des § 8 Nr. 2 Abs. 1 VOB/B?, ZInsO 2013, 1105; *Wilmowsky* Lösungsklauseln für den Insolvenzfall – Wirksamkeit, Anfechtbarkeit, Reform, ZIP 2007, 553.

A. Allgemeines

§ 119 hat von seinem Normzweck her keine Entsprechung in der KO. Die §§ 103–118 InsO werden zu **zwingendem Recht** durch § 119 InsO erklärt. Nach der **Vorstellung des Gesetzgebers** verhindert § 119 InsO vertragliche Vereinbarungen, welche die Gestaltungsrechte des Verwalters aus den §§ 103 ff. InsO beeinträchtigen oder gegen zwingende dort niedergelegte Rechtsfolgen verstoßen. Dabei sind zwei Gesichtspunkte zu beachten. § 119 InsO schützt das Wahlrecht des Verwalters und die in den §§ 104 ff. InsO niedergelegten Modifikationen, wobei der Begriff der Vereinbarung weit auszulegen ist (MüKo-InsO/*Huber* § 119 Rn. 14.) Zur Entstehungsgeschichte der Norm sei auf die Ausführungen bei MüKo-InsO/*Huber* § 119 Rn. 55 ff. verwiesen. Dabei liegt der Schwerpunkt der Diskussion in den Lösungsklauseln für den Fall der Insolvenz. Die Diskussion ist nach der Grundsatzentscheidung des IX. Senates des BGH v. 15.11.2012 (BGHZ 195, 348 ff.) zur Unwirksamkeit der insolvenzbedingten Lösungsklausel eines Energieversorgers neu entflammt (ausf. *Foerste* ZInsO 2015, 601 ff.) und hält nach der Entscheidung des für Bausachen zuständigen VII. Senates zur Wirksamkeit des § 8 VOB/B v. 07.04.2016 (– VII ZR 56/15) an (s. Rdn. 7). 1

B. Einzelheiten

§ 119 InsO findet Anwendung auf Vereinbarungen, die im Vorfeld der Insolvenz das Verwalterwahlrecht beschränken und die Anwendung der §§ 103–118 InsO ausschließen. 2

I. § 103 InsO

1. Wahl- und Gestaltungsrechte des Verwalters

Unzulässig ist eine **Beeinträchtigung der einzelnen Wahl- und Gestaltungsrechte** des Verwalters. So kann das Recht zur Erfüllungsablehnung nicht eingeschränkt werden. Mittelbare Beeinträchtigungen der Verwalterwahlrechte sind ebenfalls nicht möglich. So können dem Schuldner für den Fall der Insolvenz keine höhere Vergütung oder insolvenzbedingte Zusatzaufwendungen auferlegt werden. Insgesamt können die Vertragsbedingungen für den Fall der Fortführung in der Insolvenz nicht verschlechtert werden. Das gilt selbst für Zahlungsbedingungen. Dieser Grundsatz hat gerade bei der Betriebsfortführung im Eröffnungsverfahren Bedeutung. Die Lieferanten des schuldnerischen Unternehmens knüpfen die Weiterbelieferung regelmäßig an zusätzliche Bedingungen. Die Forderung nach einer **Vorkasse** ist ebenso fast üblich wie ein **Zuschlag für insolvenzbedingte Sonderaufwendungen**. All das ist unwirksam. Die mit dem schuldnerischen Unternehmen geschlossenen Verträge bestehen in der Insolvenz uneingeschränkt fort. Die Praxis bemüht sich zur Absicherung der Betriebsfortführung indes regelmäßig um Sondervereinbarungen. Dabei ist immer die Anfechtbarkeit von Zusatzleistungen im eröffneten Verfahren zu prüfen. Auch der Verwalter muss den Vertrag uneingeschränkt erfüllen, wenn er Erfüllung gewählt hat. Die Qualifizierung des Nichterfüllungsschadens bei Erfüllungsablehnung durch den Verwalter als Masseschuld verstößt gegen § 103 Abs. 2 InsO und ist unwirksam (*Kübler/Prütting/Bork-Tintelnot* InsO, § 119 Rn. 10). 3

2. Lösungsklauseln

Die Zulässigkeit von sog. **Lösungsklauseln** ist heftig umstritten und die Literatur hierzu wird, wie *Huber* (MüKo-InsO § 119 Rn. 27) zu Recht anmerkt, zunehmend unübersichtlich (zum Streitstand ausf. *Blank/Möller* ZInsO 2003, 437 [441 ff.]; *Wilmowsky* ZIP 2007, 553; Jaeger/Henckel/Gerhardt/*Jacoby* § 119 Rn. 16 ff.). Systematisch werden die insolvenzunabhängigen Lösungsklauseln von denen unterschieden, die an den Insolvenzantrag oder die Verfahrenseröffnung anknüpfen (in- 4

rungen aus dem **Zeitraum vor der Auflösung** kann der Mitgesellschafter nur als Insolvenzforderung geltend machen.

7 Nach Gesellschaftsrecht besteht die Geschäftsführungsbefugnis des Gesellschafters nach der Auflösung zunächst fort, § 729 BGB. Aus der InsO ergibt sich, ob der Gesellschafter Ansprüche als Masseforderungen in der Insolvenz des Mitgesellschafters geltend machen kann. Masseschulden können nur aus der **Fortführung eilbedürftiger Geschäfte** geltend gemacht werden. Eine gesetzliche Definition dieser Geschäfte findet sich weder in der InsO noch im Gesellschaftsrecht. Die Maßnahmen dürfen nur für eine Übergangsphase vorgenommen werden und der Gefahrenabwehr dienen (MüKo-BGB/*Ulmer/Schäfer* § 727 Rn. 16). Bei der Kasuistik kann auf die Notgeschäftsführung des Erben gem. § 727 Abs. 2 Satz 2, 3 BGB zurückgegriffen werden. Abzustellen ist auf den Einzelfall. So ist der verbleibende Gesellschafter z.B. verpflichtet, **Patentgebühren zu entrichten**, um den Verfall des Schutzrechtes zu vermeiden (*Staudinger/Habermeier* BGB, § 727 Rn. 6).

8 Sind die Voraussetzungen der Notgeschäftsführung nicht gegeben, kann der geschäftsführende Gesellschafter seine Ansprüche in der Insolvenz des Mitgesellschafters bei Nichtbefriedigung aus Gesellschaftsmitteln (s. Rdn. 5) als **Insolvenzforderung** geltend machen, wenn er unverschuldet von der Eröffnung des Verfahrens und der damit verbundenen Auflösung keine Kenntnis hatte. Auch unter dieser Voraussetzung besteht die Befugnis zur Geschäftsführung fort, § 729 BGB. Dem Gesellschafter verbleiben aber die Absonderungsansprüche aus § 84 InsO (MüKo-InsO/*Ott/Vuia* § 118 Rn. 18).

9 Gemäß § 119 InsO stellt § 118 InsO zwingendes Recht dar. Die Norm knüpft an die Auflösung an. **Gesellschaftsvertragliche Fortsetzungsklauseln** in einer GbR, die ein Ausscheiden des insolventen Gesellschafters vorsehen, **sind zulässig.** Gesellschaftsverträge sind keine gegenseitigen Vereinbarungen, die unter §§ 103 ff. InsO fallen. Vereinbarungen, die Abweichungen von den gesellschaftsvertraglichen gesetzlichen Regelungen treffen, verstoßen nicht gegen die InsO. Die Gesellschaft kann deshalb auch mit dem insolventen Gesellschafter – nach Freigabe durch den Verwalter – fortgesetzt werden (MüKo-BGB/*Ulmer/Schäfer* § 728 Rn. 44). Vorstellbar ist auch der Erhalt des Anteils in der Masse im Rahmen eines Insolvenzplanes. Der Verwalter kann aber der Fortführung der Gesellschaft ohne den Schuldner auch dann zustimmen, wenn dies im Gesellschaftsvertrag nicht vorgesehen war (*Hess* InsO, § 118 Rn. 3). Er ist dann auf den Abfindungsanspruch beschränkt. Unzulässig, weil gegen § 118 InsO verstoßend sind Vereinbarungen, welche die Qualität der in § 118 InsO geregelten Ansprüche aus der Notgeschäftsführung als Masseschulden oder aus der gutgläubigen Fortführung als Insolvenzforderungen ändert oder ausschließt (MüKo-InsO/*Huber* § 119 Rn. 76).

§ 119 Unwirksamkeit abweichender Vereinbarungen

Vereinbarungen, durch die im voraus die Anwendung der §§ 103 bis 118 ausgeschlossen oder beschränkt wird, sind unwirksam.

Übersicht

	Rdn.		Rdn.
A. Allgemeines	1	1. Wahl- und Gestaltungsrechte des Verwalters	3
B. Einzelheiten	2	2. Lösungsklauseln	4
I. § 103 InsO	3	II. §§ 104 ff.	10

Literatur:
Dahl (Un-)zulässigkeit insolvenzbedingter Lösungsklauseln, NJW-Spezial 2008, 373; *Eckhoff* Anm. zu BGH vom 15.11.2012 – IX ZR 169/11, NZI 2013, 178; *Feißel/von Hof* Anm. zu BGH vom 15.11.2012 – IX ZR 169/11, EnWZ 2013, 182; *Foerste* Lösungsklauseln bei Insolvenz im Lichte der BGH-Entscheidung v. 15.11.2012, ZInsO 2015, 601; *Huber* Unwirksamkeit von insolvenzbedingten Lösungsklauseln – Vertragspraxis, was nun?, ZIP 2013, 493; *Huber/Riewe* Erwerb eines Nutzungsrechts durch Kündigung in de Insolvenz des Lizenzgebers – Oder: Ein Fall zum Anfang vom Ende des Wahlrechts samt Diskussion um die insolvenzrechtliche Wirksamkeit einer Lösungsklausel, ZInsO 2006, 290; *Korff* Der Fall Alemania Aachen – die Rechtswirk-

eröffnung erfolgte Geschäftsfortführung über die Verfahrenseröffnung hinaus Insolvenzforderungen des Geschäftsführers zur Folge hat.

B. Anwendungsbereich

Personengesellschaften werden nach dem Handelsrechtsreformgesetz vom 22.06.1998 grundsätzlich nicht mehr aufgelöst. § 118 InsO ist nicht anwendbar. Regelmäßig scheidet der insolvente Gesellschafter aus, die Gesellschaft wird mit den verbliebenen fortgesetzt. Das gilt nach § 131 Abs. 3 Nr. 2 HGB für die OHG, aus der KG scheiden der insolvente Komplementär und Kommanditist über § 161 Abs. 2 HGB aus. Für die **Partnerschaft** folgt dies aus § 9 Abs. 1 PartGG. **Die GbR** wird nach § 728 Abs. 2 BGB aufgelöst, auch die **stille Gesellschaft** (*Blaurock* Handbuch der stillen Gesellschaft, S. 375; *Baumbach/Hopt* HGB, § 234 Rn. 5). Der **nicht rechtsfähige Verein** ist vom Bestand seiner Mitglieder unabhängig; die Insolvenz eines Mitglieds berührt seinen Bestand nicht. Auch die **Gemeinschaft der** §§ 741 ff. BGB wird nicht erfasst (*Uhlenbruck/Hirte* InsO, § 118 Rn. 3). § 118 InsO beschränkt sich auch nach dem Wortlaut auf die Rechtsfolgen bei der **Auflösung von Personengesellschaften und der KGaA**.

Voraussetzung ist die **Auflösung der Gesellschaft**. Diese tritt mit Erlass des Eröffnungsbeschlusses ein. Die Auflösung kann auch Folge der gesellschaftsvertraglichen Regelung sein oder durch einen Gesellschafterbeschluss herbeigeführt werden (*Kübler/Prütting/Bork-Tintelnot* InsO, § 118 Rn. 2). Wird gegen den Eröffnungsbeschluss Beschwerde eingelegt, bleibt es bei der Auflösung; die Beschwerde hat keine aufschiebende Wirkung, § 6 Abs. 3 InsO. Die Aufhebung des Eröffnungsbeschlusses beseitigt die Auflösung rückwirkend, die Gesellschaft wird wieder zur werbenden (MüKo-BGB/ *Ulmer/Schäfer* § 728 Rn. 8).

In der Praxis sehen die Gesellschaftsverträge regelmäßig das Ausscheiden des insolventen Gesellschafters vor. Diese Bestimmungen sind wirksam (*BGH* ZIP 2007, 383 [385]). Der Verwalter ist dann darauf beschränkt, die vertraglichen Abfindungsansprüche geltend zu machen. Die Fortsetzung der Gesellschaft mit dem Schuldner kann er nicht erzwingen. Vergütungsansprüche aus der Notgeschäftsführung eines Mitgesellschafters können nicht entstehen.

C. Rechtsfolgen

Die Rechtsfolgen der Auflösung der Gesellschaft ergeben sich aus dem Gesellschaftsrecht, nicht aus der InsO. Schon nach dem Gesetz sind die Gesellschafter verpflichtet, die Geschäfte zur Vermeidung von Schäden fortzuführen, §§ 728, 727 Abs. 2 BGB. Diese **Notgeschäftsführung** dient auch der Insolvenzmasse, da der Wert des in die Masse fallenden Anteils erhalten wird. Im Rahmen der vorzunehmenden Gesellschaftsliquidation sind zunächst die Drittverbindlichkeiten und sodann die Ansprüche der Gesellschafter zu befriedigen. Erst wenn die Ansprüche der Gesellschafter aus dem Gesellschaftsvermögen nicht mehr befriedigt werden können, bestehen Ansprüche der Gesellschafter untereinander. Dabei ist § 733 Abs. 2 BGB zu berücksichtigen. Eine Vergütung für geleistete Dienste kann grds. nicht verlangt werden, § 733 Abs. 2 Satz 3 BGB. Abweichende Vereinbarungen sind möglich (MüKo-BGB/ *Ulmer/Schäfer* 5. Aufl., § 733 Rn. 17). Die Forderung des geschäftsführenden Gesellschafters in der Insolvenz des Mitgesellschafters ist keine Masseverbindlichkeit, weil der Gesellschaftsvertrag kein gegenseitiger Vertrag i.S.d. § 55 Abs. 1 Nr. 2 InsO ist (s. § 103 Rdn. 53). Die Auseinandersetzung findet nach allgemeinen Grundsätzen statt, § 84 Abs. 1 InsO. Nach den Voraussetzungen des § 84 Abs. 1 Satz 2 InsO stehen den Mitgesellschaftern **Absonderungsansprüche** zu.

Der geschäftsführende Gesellschafter soll durch seine auch der Masse dienenden Notgeschäftsführung keine Nachteile erleiden und kann seine Ersatz- und Vergütungsansprüche als Masseforderung geltend machen. Von der **Privilegierung werden Aufwendungsersatzansprüche und vertragsgemäße Vergütungen** erfasst. § 118 InsO regelt sämtliche Ansprüche des geschäftsführenden Gesellschafters, die aus der Fortführung der Geschäfte nach der insolvenzbedingten Auflösung resultieren. Sonstige Ansprüche der Gesellschafter untereinander werden von § 118 InsO nicht erfasst. Forde-

Abs. 3 BGB zu berücksichtigen; ein Mitverschulden des Geschäftsgegners wirkt sich schadensmindernd aus. Dabei kommt es immer darauf an, ob sich für den Geschäftsgegner konkrete Anhaltspunkte ergaben, an der Vertretungsmacht zu zweifeln. Die Veröffentlichung der Insolvenzeröffnung ist ein solcher Anhaltspunkt. Das ergibt sich aus dem Grundsatz des § 82 InsO, der die widerlegbare Vermutung der Kenntnis und damit Verlust der Ansprüche mit Veröffentlichung für den Geschäftsverkehr begründet (*Uhlenbruck* InsO, § 82 Rn. 20). Mit der Vollmacht erlöschen auch die vom Bevollmächtigten erteilten Untervollmachten (*Uhlenbruck* InsO, § 117 Rn. 9; MüKo-InsO/*Ott/Vuia* § 117 Rn. 9). Die **Untervollmacht** ist als abgeleitete Rechtsmacht vom Bestand der Hauptvollmacht abhängig. Der Untervertreter haftet bei fehlender Hauptvollmacht nicht, wenn er die Untervertretung offen gelegt hatte (*Palandt/Ellenberger* § 179 BGB Rn. 3). Zudem wird man den Haftungsausschluss des § 117 Abs. 3 InsO unmittelbar auf den Unterbevollmächtigten anwenden müssen.

11 Der Verwalter kann das vollmachtlose Handeln des Vertreters genehmigen, soweit das Vertretergeschäft sich auf die Masse bezieht. Bis zur Genehmigung kann der Geschäftsgegner widerrufen (*Uhlenbruck/Sinz* InsO, Rn. 14). Handlungsvollmachten und Prokura darf der Verwalter im Fall der Betriebsfortführung neu erteilen (*Schmidt* BB 1989, 229 [232, 233, 234]). Die unter der KO vertretene Auffassung, derartige umfassende Handlungsvollmachten seien mit dem Amt des Verwalters nicht zu vereinbaren (*BGH* WM 1958, 430 [431]) wird der Praxis im Fall der Betriebsfortführung nicht gerecht. Die Erteilung der Prokura lässt sich mit den Zielen des Insolvenzverfahrens vereinbaren und genießt größeren Vertrauensschutz als eine Handlungsvollmacht. Die Richtigkeit dieser Ansicht ist bei großen Verfahren evident. Allerdings gilt auch unter der InsO der Grundsatz fort, dass sich der Verwalter bei insolvenzspezifischen Tätigkeiten nicht vertreten lassen darf.

D. Abdingbarkeit

12 § 117 InsO ist zwingend. Eine Vereinbarung mit dem Schuldner oder dem Verwalter, dass die Vollmacht fortbestehen solle, ist unwirksam. Der Verwalter muss die Vollmacht neu erteilen, wenn er die Bevollmächtigten weiterhin handeln lassen will (*Schmidt* BB 1989, 229 [234]).

§ 118 Auflösung von Gesellschaften

[1]Wird eine Gesellschaft ohne Rechtspersönlichkeit oder eine Kommanditgesellschaft auf Aktien durch die Eröffnung des Insolvenzverfahrens über das Vermögen eines Gesellschafters aufgelöst, so ist der geschäftsführende Gesellschafter mit den Ansprüchen, die ihm aus der einstweiligen Fortführung eilbedürftiger Geschäfte zustehen, Massegläubiger. [2]Mit den Ansprüchen aus der Fortführung der Geschäfte während der Zeit, in der er die Eröffnung des Insolvenzverfahrens ohne sein Verschulden nicht kannte, ist er Insolvenzgläubiger; § 84 Abs. 1 bleibt unberührt.

Übersicht	Rdn.		Rdn.
A. Allgemeines	1	C. Rechtsfolgen	5
B. Anwendungsbereich	2		

Literatur:
Blaurock Handbuch der Stillen Gesellschaft, 1998.

A. Allgemeines

1 § 118 InsO dient dem Schutz des geschäftsführenden Gesellschafters einer durch die Insolvenz des Mitgesellschafters aufgelösten Gesellschaft. Über diesen Schutz wird gleichzeitig sichergestellt, dass die schwebenden Geschäfte der Gesellschaft fortgeführt werden, da der Mitgesellschafter nicht befürchten muss, vollständig auszufallen. Die Regelung entspricht dem Grundgedanken beim Erlöschen der Vollmachten und Geschäftsbesorgungsverträge. Die Fortführung von Geschäften zur Vermeidung von Schäden führt zu Masseverbindlichkeiten, während die in Unkenntnis der Verfahrens-

seiner Befugnis in der Eigenverwaltung Vollmachtgen neu erteilen (MüKo-InsO/*Ott/Vuia* § 117 Rn. 14).

C. Rechtsfolgen

Die Vollmacht erlischt mit Eröffnung des Verfahrens (zur nach Verfahrenseröffnung erteilten Vollmacht s. Rdn. 5). Im Eröffnungsverfahren greift § 117 InsO noch nicht (*FG Hamburg* ZIP 2011, 2275 [2276]; HK-InsO/*Marotzke* § 117 Rn. 11; HambK-InsO/*Ahrendt* § 117 Rn. 7). Will der **vorläufige Insolvenzverwalter** verhindern, dass der Bevollmächtigte seine Rechtsmacht weiterhin ausübt, muss er die Vollmacht widerrufen; hierzu ist er berechtigt, wenn die Verwaltungs- und Verfügungsrechte auf ihn übergegangen sind, § 22 Abs. 1 Satz 1 InsO (Uhlenbruck/*Sinz* InsO, § 117 Rn. 20; MüKo-InsO/*Ott/Vuia* § 117 Rn. 12; a.A. Jaeger/Henckel/Gerhardt/*Jacoby* InsO, § 117 Rn. 26). Der schwache Verwalter kann daher nicht widerrufen. Die Vollmacht erlischt ex nunc. Bis dahin durchgeführte Rechtshandlungen des Bevollmächtigten im Namen des Schuldners bleiben wirksam. Die Vollmacht erlischt endgültig (*OLG Karlsruhe* NZI 2005, 39). Wird das Verfahren durch Aufhebung des Eröffnungsbeschlusses beendet, lebt sie wieder auf. Nicht jedoch beim Abschluss des Verfahrens auch durch Einstellung gem. § 207 InsO (*FG Hamburg* ZInsO 2011, 2005 [2006]). 6

Einen Gutglaubensschutz des Geschäftsgegners gewährt die InsO nicht. Das gilt auch, wenn der Schuldner dem Vertreter die Vollmacht nach Verfahrenseröffnung erteilt, ohne dass der Dritte Kenntnis von der Eröffnung hatte (*OLG München* 18.06.2009 ZInsO 2010, 145). Rechtshandlungen des Bevollmächtigten sind nach §§ 81, 82 InsO unwirksam. Handelt der Bevollmächtigte im eigenen Namen für Rechnung des Schuldners, ist der Dritte nach den allgemeinen Regeln geschützt, wenn er gutgläubig ist. Geschützt ist der Geschäftsgegner auch bei dem gesetzlich fingierten Fortbestand des Auftrages oder Geschäftsbesorgungsvertrages gem. §§ 115 Abs. 2, 116 InsO. Dieser Schutz gilt ausschließlich bei der Notgeschäftsführung, § 117 Abs. 2 InsO. Auf die Kenntnis des Geschäftsgegners von der Insolvenz kommt es nicht an (*Uhlenbruck/Sinz* InsO, § 117 Rn. 17). Bei dieser Notgeschäftsführung wird die Masse über die Vollmacht verpflichtet, die Ansprüche des Geschäftsgegners sind Masseschulden (*Kübler/Prütting/Bork-Tintelnot* InsO, § 117 Rn. 23). 7

Die Vollmacht erlischt unabhängig vom Bestand des Schuldverhältnisses zwischen Schuldner und Bevollmächtigten. Damit hat der Gesetzgeber die Streitfrage entschieden, ob die Vollmacht auch erlischt, wenn das Grundverhältnis fortbesteht. Diese Auffassung war insbesondere für die Prokura und Handlungsvollmacht vertreten worden, weil der Dienstvertrag mit Eröffnung nicht beendet wird (*Uhlenbruck/Sinz* InsO, §§ 115, 116 Rn. 7b). 8

Die Rechtsfolgen der unwirksamen Vollmacht ergeben sich aus den allgemeinen Grundsätzen. Die Masse wird durch die Handlungen des vollmachtslosen Vertreters nicht verpflichtet oder berechtigt, § 164 BGB. §§ 168–176 BGB werden durch die InsO verdrängt. Gleiches gilt für die Anscheins- und Duldungsvollmacht (MüKo-InsO/*Ott/Vuia* § 117 Rn. 17). Diese Bestimmungen widersprechen dem Schutz der Masse. Der Geschäftsgegner erwirbt auch keine Insolvenzforderung, da mangels Vollmacht keine Bindung entsteht (**a.A.** HambK-InsO/*Ahrendt* § 117 Rn. 10). 9

Die Haftung des **vollmachtslosen Handelnden** ist nach § 117 Abs. 3 InsO auf fahrlässiges Handeln beschränkt. Bei unverschuldeter Nichtkenntnis von der Verfahrenseröffnung haftet der vollmachtslose Vertreter nicht. Bei verschuldeter Nichtkenntnis muss der Handelnde dem Geschäftsgegner Schadenersatz leisten. Zum Ersatz des **Erfüllungsschadens** ist der vollmachtslose Vertreter indes nicht verpflichtet. Die Haftung des Vertreters richtet sich nach dem Anspruch gegenüber dem Vertretenen. Hätte der Schuldner den Vertrag geschlossen, würde die Masse nicht haften, §§ 80, 81 InsO. Das Vertrauen des Vertragspartners auf Erfüllung wird im Interesse aller Gläubiger nicht geschützt. Der vollmachtslose Vertreter haftet nach alledem nur auf das negative Interesse (HK-InsO/*Marotzke* § 117 Rn. 7; Jaeger/Henckel/Gerhardt/*Jacoby* InsO, § 117 Rn. 60; **a.A.** *Kübler/Prütting/Bork-Tintelnot* InsO, § 117 Rn. 26; MüKo-InsO/*Ott/Vuia* § 117 Rn. 19 die eine Haftung vollständig ausschließen). Bei der Frage des Schadenersatzes ist darüber hinaus der Grundsatz des § 179 10

§ 117 InsO Erlöschen von Vollmachten

A. Grundsatz

1 § 117 InsO legt fest, dass jede Vollmacht, die sich nur in irgendeiner Weise auf das zur Insolvenzmasse gehörende Vermögen bezieht, durch die Eröffnung des Insolvenzverfahrens erlischt. Hintergrund dieser Regelung ist die Tatsache, dass ansonsten durch das Fortbestehen einer Vollmacht die Verwaltungs- und Verfügungsbefugnis des Insolvenzverwalters auch nach der Verfahrenseröffnung beeinträchtigt werden kann (in wertender Betrachtung schon *RG* RGZ 81, 332 [336]). Für die Mehrzahl der bestehenden Vollmachten hat § 117 InsO nur deklaratorische Bedeutung, da sich das Erlöschen der Vollmacht schon aus der allgemeinen Vorschrift des § 168 Satz 1 BGB ergibt, nämlich durch die Beendigung des zugrunde liegenden Rechtsverhältnisses. Doch darf nicht verkannt werden, dass es auch noch anders erteilte Vollmachten gibt, die dann – ohne die Regelung des § 117 InsO – plötzlich im Rahmen des Insolvenzverfahrens eine wichtige Rolle spielen könnten. Insbesondere zu beachten sind dabei Vollmachten, die auf der Grundlage eines Dienstverhältnisses erteilt worden sind, da diese über den Zeitpunkt der Verfahrenseröffnung hinaus fortbestehen können oder sog. isolierte Vollmachten darstellen, bei denen das zugrunde liegende Rechtsverhältnis unwirksam ist oder ganz fehlt (*Uhlenbruck/Sinz* InsO, § 117 Rn. 3; MüKo-InsO/*Ott/Vuia* § 117 Rn. 8).

B. Voraussetzungen

2 § 117 InsO bezieht sich auf sämtliche vom Schuldner erteilten Vollmachten, soweit sie die Masse betreffen. Erfasst werden insbesondere auch die handelsrechtlichen Vollmachten einschließlich der Prokura (vgl. zur Prokura *BGH* WM 1958, 430 [431]; *Flume* Das Rechtsgeschäft, S. 855; *Schmidt* BB 1989, 229 [233]). Nicht erfasst werden Vollmachten, die sich auf persönliche Angelegenheiten des Schuldners beziehen (soweit in diesen Angelegenheiten überhaupt eine Stellvertretung zulässig ist, MüKo-InsO/*Ott/Vuia* § 117 Rn. 6) oder insolvenzfreie, z.B. unpfändbare (§ 36 InsO) Gegenstände betreffen. Ein Sonderfall ist die **Vollmacht des besonderen Vertreters der Hauptversammlung in der AG** gem. § 147 Abs. 3 Satz 1 AktG. Diese erlischt mit Verfahrenseröffnung über das Vermögen der AktG nicht, sondern ruht solange, wie die Rechte nicht ausgeübt werden können (*BGH* ZIP 1981, 178 [179]). Auch **unwiderrufliche Vollmachten** werden von § 117 InsO erfasst (*RG* LZ 1910, 216; *Uhlenbruck/Sinz* InsO, § 117 Rn. 3).

3 Für die Praxis sind die **Prozessvollmachten** von erheblicher Bedeutung (vgl. die typische Konstellation bei *BGH* NJW-RR 1989, 183). Nach dem eindeutigen Wortlaut des § 117 InsO erlischt auch die Prozessvollmacht (*BAG* ZIP 2013, 2456 Rn. 9), sofern der Streitgegenstand die Masse betrifft; die gewillkürte Prozessvollmacht erlischt mit der Insolvenz des Ermächtigenden (*BGH* NJW 2000, 738 [740]). Mit der Entscheidung des Gesetzgebers ist die unter der KO vertretene gegenteilige Auffassung des *BFH* (DB 1978, 776) obsolet. Prozessvollmachten in Ehesachen werden von § 117 InsO nicht erfasst, weil regelmäßig der Bezug zur Masse fehlt (s. Rdn. 2). Im Eröffnungsverfahren erteilte Vollmachten des Schuldners zu seiner Vertretung im Insolvenzverfahren werden von § 117 InsO nicht erfasst (*BGH* ZIP 2011, 1014 [1015]).

4 **Gesetzliche Vollmachten** werden von § 117 InsO schon nach dem Wortlaut nicht erfasst. Die Beendigung der gesetzlichen Vertretungsmacht richtet sich nach den jeweiligen Sonderrechten. So endet die gesetzliche Vertretungsmacht des Geschäftsführers einer GmbH mit Eröffnung des Insolvenzverfahrens, weil der Geschäftsführer nicht Liquidator ist, § 66 GmbHG. Auch der Vorstand der AG ist im Fall der Insolvenz nicht Abwickler, § 264 Abs. 1 AktG. Diese gesetzlichen Formen enden mit dem Amt. Die Rechte werden gem. § 80 InsO vom Verwalter wahrgenommen.

5 Vollmachten, die ein **vorläufiger Verwalter** mit Verfügungsbefugnis erteilt hat, werden von § 117 InsO nicht erfasst. Der Wortlaut des Gesetzes bezieht sich ausdrücklich auf Vollmachten des Schuldners. Der endgültige Verwalter kann die Vollmacht allerdings für die Zukunft widerrufen (HK-InsO/*Marotzke* § 117 Rn. 12). In der **Eigenverwaltung** ist § 117 InsO ebenfalls anwendbar (MüKo-InsO/*Ott/Vuia* § 117 Rn. 14; HK-InsO/*Marotzke* § 117 Rn. 2). Der Schuldner kann kraft

gefunden hat. Es liegt ein unanfechtbares Bargeschäft vor (ZIP 2002, 812 ff., bestätigt *BGH* ZIP 2008, 237).

Die im Rahmen des Überweisungsverkehrs zum alten Recht geltenden Grundsätze gelten auch für den **Einzug von Schecks und Wechseln**. Unterschiedlich ist nur der Zeitpunkt der Verrechnungsbefugnis. Wesentlich ist hier immer der Zeitpunkt der Einreichung des Schecks bzw. Wechsels, da die Bank mit der Annahme des Einzugsauftrags des Schecks oder Wechsels das Sicherungseigentum daran erlangt und somit ein Recht zur abgesonderten Befriedigung besitzt (*BGH* NJW 1970, 41; WM 1977, 50; WM 1977, 970; WM 1984, 1073; WM 1985, 1057). Allerdings ist die Verwendung des Gegenwertes eines Schecks bzw. Wechsels zur Rückführung eines debitorischen Saldos nicht möglich, wenn diese erst nach der Anordnung eines Veräußerungsverbots eingereicht werden. Dies gilt auch, wenn die Bank keine Kenntnis von dem Veräußerungsverbot hatte. Der Grund hierfür ist darin zu suchen, dass das Veräußerungsverbot gem. § 24 i.V.m. § 81 keinen gutgläubigen Erwerb zulässt. Folglich kann die Bank kein Absonderungsrecht erwerben. 75

Im Rahmen des Lastschriftverfahrens gelten die gleichen Grundsätze. Eine Abweichung besteht jedoch aufgrund der Widerrufsmöglichkeit des Lastschriftabkommens. Kommt es zum grundlosen Widerspruch des Zahlungspflichtigen, ist die erste Inkassostelle verpflichtet, diesen Widerruf zu beachten und den eingezogenen Betrag zurück zu vergüten. Allerdings kann sie gegenüber dem Zahlungspflichtigen einen Schadensersatzanspruch aus § 826 BGB geltend machen (vgl. *BGH* WM 1979, 698; WM 1979, 831; WM 1985, 82). 76

G. Abdingbarkeit

Die Beendigung des Geschäftsbesorgungsvertrages mit Verfahrenseröffnung ist zwingend. Dritte sollen neben dem Verwalter keine Rechtsgeschäfte mit Wirkung für die Masse abschließen können. Vereinbarungen, wonach Verträge über die Verfahrenseröffnung hinaus fortbestehen sollen, sind deshalb unwirksam (*BGH* ZInsO 2006, 1055 [1057]; MüKo-InsO/*Huber* § 119 Rn. 74); die Fortgeltung bestehender Überweisungsverträge ergibt sich dagegen aus dem Gesetz. 77

Mit seiner Entscheidung zu den in eine Unterstützungskasse eingezahlten Beiträgen (s. Rdn. 25) lässt der BGH im Ergebnis die Möglichkeit zu, durch Vereinbarung auf die Rückzahlung der eingezahlten Beiträge zu verzichten. Zwar begründet er die Nichtanwendbarkeit des § 116 damit, dass die Beiträge kraft Vereinbarung aus dem Vermögen des schuldnerischen Unternehmens ausgeschieden seien (*BGH* 08.12.2016 – IX ZR 257/16, Rn. 35). Zu Recht weist die Kritik darauf hin, dass diese Argumentation eher ein Zirkelschluss ist (*Tintelnot* EWIR 2017, 211). 78

§ 117 Erlöschen von Vollmachten

(1) Eine vom Schuldner erteilte Vollmacht, die sich auf das zur Insolvenzmasse gehörende Vermögen bezieht, erlischt durch die Eröffnung des Insolvenzverfahrens.

(2) Soweit ein Auftrag oder ein Geschäftsbesorgungsvertrag nach § 115 Absatz 2 fortbesteht, gilt auch die Vollmacht als fortbestehend.

(3) Solange der Bevollmächtigte die Eröffnung des Verfahrens ohne Verschulden nicht kennt, haftet er nicht nach § 179 des Bürgerlichen Gesetzbuchs.

Übersicht

		Rdn.			Rdn.
A.	Grundsatz	1	C.	Rechtsfolgen	6
B.	Voraussetzungen	2	D.	Abdingbarkeit	12

Literatur:
Flume Das Rechtsgeschäft, 3. Aufl. 1979.

die Rechtsgüter Bankgeheimnis und Schutzpflicht gegenüber dem Dritten abzuwägen sind (*BGH* ZIP 2008, 1222 [1224 ff.]).
– in allen anderen Situationen ist die Bank verpflichtet und berechtigt, die Überweisung ohne Nachfrage auszuführen (*Pohl* Der Zahlungsverkehr der Bank mit dem Kunden während der Krise nach Vergleichseröffnung, S. 32, 33).

70 Auch wenn der Girovertrag wegen der Verfahrenseröffnung erloschen ist, hat die Bank weiter das Recht, eingehende Zahlungen ohne Nachfrage dem Konto des Schuldners gutzuschreiben. Da die Eröffnung des Insolvenzverfahrens öffentlich bekannt gegeben wird, kann die Bank davon ausgehen, dass der Überweisende Kenntnis von der Insolvenz des Empfängers hat. Außerdem führen Zahlungen, die rechtsgrundlos nach der Eröffnung des Verfahrens dem Konto gutgeschrieben wurden, zu einer ungerechtfertigten Bereicherung der Masse und damit zu einem bevorrechtigten Befriedigungsrecht des Überweisenden. Die Überweisung erzeugt somit auf Seiten des Überweisenden regelmäßig keinen Schaden.

71 Im Gegensatz zu den Überweisungsaufträgen obliegt der Bank bei der **Annahme von Schecks und Wechseln** von einem insolventen Scheckeinreicher gegenüber dem Aussteller oder Akzeptanten nicht die gleiche Sorgfaltspflicht (*OLG Düsseldorf* WM 1975, 18). Sie muss auf dessen Interessen keine Rücksicht nehmen und diesen daher weder warnen, noch auf die Insolvenz des Scheckeinreichers hinweisen. Dies gilt auch im Wechselinkasso.

72 Aufgrund des Girovertrages ist die Bank verpflichtet, Überweisungen, die vor der Eröffnung des Insolvenzverfahrens über das Vermögen des Empfängers bei ihr eingehen, auf dessen Konto gutzuschreiben. Die Befugnis der Bank, Überweisungseingänge ggf. mit einem debitorischen Saldo zu verrechnen, ist während der kritischen Zeit nur eingeschränkt zulässig, da die Aufrechnung oder auch die Verrechnung anfechtbar sein können (*LG Köln* KTS 1958, 94; *BGH* WM 1972, 309 ff.). So dürfen Überweisungseingänge, die innerhalb der Fristen des § 131 InsO bei der Bank eingehen, nicht mehr mit einem debitorischen Saldo verrechnet werden, wenn die Bank keinen fälligen Anspruch auf die Rückführung des Saldos besaß. Ein fälliger Anspruch der Bank, welcher eine Anfechtung der Verrechnung ausschließt, liegt bei Überziehungskrediten, Kontokorrentkrediten, gekündigten Krediten und Krediten vor, deren vereinbarte Laufzeit beendet ist. Handelt es sich dagegen um einen ungekündigten Kredit mit fester Laufzeit, besteht in Höhe der fälligen Rate ein Anspruch.

73 **Überweisungseingänge nach Zahlungseinstellung** oder **Eröffnungsantrag** kann die Bank nicht zur Rückführung eines debitorischen Saldos verwenden, wenn ihr bei beim Eingang die Zahlungseinstellung oder die Antragstellung bekannt war, da die Verrechnung nach § 130 Abs. 1 Nr. 2 InsO anfechtbar ist (*Gottwald/Obermüller/Kuder* HdbInsR, § 99 Rn. 20 ff.). Ebenso ist eine Rückführung dann nicht möglich, wenn ein allgemeines Veräußerungsverbot angeordnet war und der Bank dies oder die Zahlungseinstellung bzw. die Stellung des Eröffnungsantrages bekannt war (*LG Bremen* ZIP 1982, 201 [202 f.]; *OLG Koblenz* WM 1984, 546; *OLG Düsseldorf* WM 1986, 626; *BGH* WM 1987, 603; WM 1990, 248). Die Verrechnung ist als Bardeckung nach der neueren Rechtsprechung regelmäßig der Anfechtung entzogen (*BGH* ZIP 2002 812 [814]). Wenn die Bank ihren Saldo reduzieren will, ist die Anfechtung möglich (*BGH* ZIP 2004 1509 [1510]).

74 Von der Anfechtbarkeit der Verrechnung von Überweisungseingängen vor der Eröffnung des Insolvenzverfahrens gibt es zwei Ausnahmen:
– Wenn der Überweisungsempfänger die Forderung, die der Überweisende begleichen wollte, der Bank zur Sicherheit abgetreten hatte, so hat die Bank durch die Verrechnung nur das erhalten, was ihr aufgrund der Sicherungszession als Absonderungsberechtigte ohnehin zugestanden hätte. Für eine Anfechtung fehlt wegen des Absonderungsrechtes die erforderliche Gläubigerbenachteiligung.
– Hat die Bank den **Kunden** wieder über den Betrag des Überweisungsauftrags **verfügen lassen**, ist eine Anfechtbarkeit der Verrechnung unzulässig, da eine Gläubigerbenachteiligung nicht statt-

Zur Widerrufsmöglichkeit des vorläufigen Verwalters unter altem Recht s. FK-InsO 7. Auflage. Der 66
11. Senat hält die Belastungen, die im SEPA-Lastschriftverfahren erfolgten, für insolvenzfest (*BGH*
20.07.2010 BGHZ 186 [269 ff.]) und verneint daher einen Anspruch des Insolvenzverwalters aus
§ 675x BGB (zust. i.E. Jaeger/Henckel/Gerhardt/*Jacoby* InsO, §§ 115 f. Rn. 156, der bei einer Geltendmachung des § 675x Abs. 2 BGB durch den Insolvenzverwalter, diesen gegenüber dem Zahlungsempfänger gem. § 280 ff. BGB, § 826 BGB schadensersatzpflichtig macht; ebenso *Obermüller/Kuder* ZIP 2010, 349 [352]). Dem Verwalter bleibt nur die Anfechtung (*BGH* BGHZ 186, 269
Rn. 34).

III. Zahlungseingänge

Bei Zahlungseingängen muss im Falle der Insolvenz festgestellt werden, ob die Bank noch die Berech- 67
tigung besitzt, die Zahlungen entgegen zu nehmen. Wenn ja, ist zu prüfen, ob sie diese mit einem
debitorischen Saldo verrechnen darf. Dabei ist zwischen verschiedenen Situationen zu differenzieren.

Im Rahmen des redlichen Geschäftslebens ist es mittlerweile einhellig anerkannt, dass eine Bank, 68
sobald sie in Erfahrung bringt, dass die Empfängerbank zu einer Gutschrift nicht mehr in der
Lage ist, den Erfolg der Überweisung, d.h. die Gutschrift auf dem Konto des Empfängers, zu gewährleisten, den Giroverkehr mit dieser nicht mehr fortführen darf (*OLG Hamburg* BB 1961, 1075; *BGH*
WM 1978, 589). Entscheidend hierfür ist die **Kenntnis der Überweisungsbank von der Zahlungseinstellung** bzw. der Eröffnung des Insolvenzverfahrens über das Vermögen der Empfängerbank. Allerdings gibt es auch Situationen, die eine Ausnahme hiervon zulassen. So kann die Überweisungsbank dann den Zahlungsaufträgen nachkommen, wenn Stützungsverhandlungen vorgenommen
werden (*OLG Hamburg* BB 1961, 1075; *BGH* WM 1963, 829 [839]). Das gleiche gilt zudem,
wenn eine Sicherungseinrichtung eines Verbandes der Kreditinstitute (**Einlagensicherungsfonds**)
die volle Befriedigung der Empfänger übernommen hat. In allen übrigen Fällen ist die Bank verpflichtet, den Auftraggeber zu unterrichten und bei diesem über die Aufrechterhaltung des Auftrags
nachzufragen. Ferner kann sie den Auftrag auch gleich zurückgeben, wenn der Auftrag nicht durch
Einschaltung einer anderen Bank abgewickelt werden kann (*BGH* WM 1986, 1409). Kommt die
Bank dieser Verpflichtung nicht nach, muss sie dem Auftraggeber für den ihm daraus resultierenden
Schaden haften. Gegenüber der Empfängerbank macht sich die Überweisungsbank nicht durch die
Nachfrage bei ihrem Auftraggeber schadenersatzpflichtig, wenn dieser daraufhin den Zahlungsauftrag widerruft und die insolvente Bank diesen Betrag nicht mehr erhält, um ihre eigenen Forderungen zu begleichen (*LG Frankfurt* WM 1985, 224).

Die Tatsache, dass für einen insolventen Kunden bei seiner Bank Überweisungsaufträge eingehen, 69
kann für diese **Warnpflichten** gegenüber dem Auftraggeber der Überweisung auslösen (*BGH*
WM 1960, 1321; WM 1961, 511; WM 1978, 588; *OLG Frankfurt* WM 1983, 162; *Canaris* Bankvertragsrecht, Rn. 110; a.A. *Meyer/Cording* Das Recht der Banküberweisung, 1951, S. 19 ff.; *Rehbein* JR 1987, 153 [155]). Um zu einer vertretbaren Lösung zu kommen, ist eine Abwägung zwischen
den Interessen der Bank an einer möglichst reibungslosen und schnellen Abwicklung des Zahlungsverkehrs (*BGH* WM 1983, 410), denen des Überweisungsbegünstigten an einer Aufrechterhaltung
möglicher Sanierungschancen (*OLG Düsseldorf* WM 1981, 960; *OLG Schleswig* WM 1982, 25 [27])
und denen des Überweisenden (*BGH* WM 1991, 85) vorzunehmen. Hieraus resultiert folgende Differenzierung (dazu ausf. *Obermüller* Insolvenzrecht in der Bankpraxis, Rn. 3.111 ff.):
– Wünscht der Überweisende im Zusammenhang mit dem Überweisungsauftrag von der Bank eine
  Auskunft über die wirtschaftlichen Verhältnisse des Empfängers, ist diese verpflichtet, die Überweisung anzuhalten und zurückzufragen, wenn sich die wirtschaftliche Lage des Empfängers seitdem negativ verändert hat (*Hellner* ZHR 1981, 109 [124]; *OLG Zweibrücken* WM 1985, 86).
– Besitzt die Bank an dem beabsichtigten Geschäft des Kunden ein eigenes Interesse, d.h. sie wird
  nicht bloß als Zahlungsmittlerin tätig, und bringt das Geschäft besondere, der Bank bekannte Risiken für den Auftraggeber mit sich, so trifft die Bank eine Warnpflicht (*Kirchherr/Stützle* Bankgeheimnis und Bankauskunft – Aktuelle Probleme aus der Rspr. und Rechtspraxis, S. 64), wobei

§ 116 InsO Erlöschen von Geschäftsbesorgungsverträgen

61 Zu differenzieren ist jedoch in den Fällen, bei denen die Bank während der Bearbeitung eines Schecks oder einer Lastschrift von der Verfahrenseröffnung oder einem Veräußerungsverbot Kenntnis erlangt. Bei allen Zahlungsarten ist die Bank grds. dann von einer Guthabenforderung des Kunden befreit, wenn sie im Zeitpunkt der Gutschrift des Scheck- bzw. Lastschriftengegenwertes auf dem Empfängerkonto weder von dem Veräußerungsverbot wusste noch Kenntnis von der Verfahrenseröffnung besaß (*BGH* WM 1988, 321).

62 Noch nicht ausgeführte **Überweisungverträge** erlöschen, anders als der Girovertrag, nicht mit Verfahrenseröffnung (Satz 3; *OLG Schleswig* ZIP 2016, 1787 [1789]). Das Gesetz stellt bewusst auf Verträge ab. Dieser kommt nach § 675n Abs. 1 Satz 1 BGB zustande. Führt die Bank die Überweisung ohne Kenntnis des Insolvenzantrages oder der Verfahrenseröffnung aus, ist die Belastung des Schuldnervermögens gem. § 82 InsO wirksam (*BGH* ZIP 20143, 32 Rn. 9; *OLG Schleswig* ZIP 2016, 1787 [1790]; zur anfechtungsrechtlichen Konsequenz *Mordhorst* EWIR 2016, 707). Bei einem debitorischen Saldo erwirbt sie eine Forderung gegenüber der Masse, wenn der Auftrag nach Eröffnung ausgeführt wird (*BGH* ZIP 2009, 673; für Zahlungsauftrag nach SEPA-Mandat ZIP 2010, 1556 [1561]). Kennt die Bank den Insolvenzantrag oder die Verfahrenseröffnung erwirbt sie weder eine Forderung gegen die Masse noch eine Insolvenzforderung; sie ist auf einen Bereicherungsanspruch gegenüber dem Zahlungsempfänger angewiesen. Überweisungen aus einem Guthabensaldo hat sie der Masse zu erstatten (zu den verschiedenen Konstellationen *Gottwald/Obermüller/Kuder* HdbInsR, § 99 Rn. 1 ff. u. ZInsO 2010, 8 ff.).

63 Bei der **Einlösung eines Schecks** kommt es darauf an, ob die Einlieferung innerhalb oder außerhalb des Abrechnungssystems der Zentralbanken erfolgt. Innerhalb des Abrechnungssystems ist der Zeitpunkt entscheidend, zu dem der Scheck von der Bank des Ausstellers spätestens hätte zurückgegeben werden können (*Obermüller* Insolvenzrecht in der Bankpraxis, Rn. 3.375). Wird der Scheck nicht fristgemäß zurückgeliefert, ist dies als Einlösung des Schecks zu werten (*BGH* WM 1972, 1379; WM 1987, 400). Außerhalb des Abrechnungssystems ist der Zeitpunkt maßgeblich, zu dem die kontoführende Niederlassung der bezogenen Bank ihren endgültigen Einlösungswillen zum Ausdruck bringt (*Steuer* Die Bank 1978, 497). Im herkömmlichen Buchungsverfahren erfolgt dies durch die sog. Vordisposition, d.h. durch die Disposition, die vor der Buchung des Schecks vorgenommen wird. Werden dagegen Datenverarbeitungsanlagen eingesetzt, kommt es auf die sog. Nachdisposition an. Hierbei ist nicht der elektronische Buchungsvorgang entscheidend, sondern die nachträgliche Bekundung eines Bindungswillens durch die kontoführende Stelle nach Prüfung der Ordnungsmäßigkeit der Belastung.

64 Bei der **Einlösung einer Lastschrift** ist der maßgebliche Zeitpunkt die Buchung auf dem Konto des Zahlungspflichtigen, welche vom Einlösungswillen der Zahlstelle getragen wird. Nach Umsetzung der EU-Zahlungsdiensterichtlinie ist zwischen der SEPA-Firmenlastschrift (für Kunden, die keine Verbraucher sind) und der SEPA-Basislastschrift zu unterscheiden (Übersicht bei *Gottwald/Obermüller/Kuder* HdbInsR, § 99 Rn. 42 ff.; *Werner* BKR 2012, 221 ff.; vollständiger Text: *Obermüller* Insolvenzrecht in der Bankpraxis, S. 734 ff.; zur vorherigen Rechtslage s. FK-InsO 7. Aufl.). Der entscheidende Unterschied zwischen dem SEPA-Basislastschriftverfahren und des Einzugsermächtigungsverfahrens liegt darin, dass der Zahlungspflichtige zeitgleich mit seiner Ermächtigung gegenüber dem Zahlungsempfänger, eine Autorisierung gegenüber der Zahlstelle ausspricht (vgl. ausf. *Jacoby* ZIP 2010,1725 [1733]). Insoweit scheiden Korrekturansprüche aus § 675u BGB grundsätzlich aus. Dem Zahler verbleiben jedoch die Ansprüche aus § 675x BGB, die er innerhalb von acht Wochen geltend machen kann (vgl. § 675x Abs. 4 BGB).

65 Mit der Einlösung entfällt das Recht der Zahlstelle, die Lastschrift etwa wegen fehlender Deckung zurückzugeben. Die vom Schuldner erteilten Abbuchungsaufträge und Einzugsermächtigungen erlöschen mit Verfahrenseröffnung, da sie sich auf den Girovertrag beziehen (*Obermüller/Kuder* ZIP 2010, 349 [355]); **Sepa-Lastschriftmandate** sind selbständige Geschäftsbesorgungsverträge und erlöschen ebenfalls (*Obermüller* Insolvenzrecht in der Bankpraxis, Rn. 3.730, zur Abwicklung insgesamt Rn. 3.706 ff.).

ferenzierung zwischen der Streifbandverwaltung und der Sammelverwahrung herangezogen. Bei der Streifbandverwaltung erlöschen nur die Verwahrungspflichten gem. § 116 InsO, während die Verwaltungspflichten dem § 103 InsO unterfallen. Im Fall der **Sammelverwahrung** erlöschen dagegen alle Pflichten einheitlich, weil es sich insgesamt um einen Geschäftsbesorgungsvertrag handelt. Diese Differenzierung ist mit den §§ 103, 116 InsO unvereinbar. Zutreffend (*Obermüller* Insolvenzrecht in der Bankpraxis, Rn. 2.217) ist der Depotvertrag als ein einheitlicher Vertrag zu bewerten, der aus verschiedenen Elementen besteht. Daher kann er nur insgesamt erlöschen (*Uhlenbruck/Sinz* InsO, §§ 115, 116 Rn. 25 f.; Jaeger/Henckel/Gerhardt/*Jacoby* InsO, §§ 115 f. Rn. 165). Im Notfall ist die Bank gem. § 116 i.V.m. § 115 Abs. 2 Satz 1 InsO weiter zur Geschäftsbesorgung berechtigt und verpflichtet.

Ist über das **Vermögen der Bank**, d.h. über das des Geschäftsbesorgers, das **Insolvenzverfahren eröffnet** worden, ist nicht § 116 InsO, sondern § 103 InsO anwendbar. § 116 InsO verdrängt die allgemeine Regelung des § 103 nur für die Kunden des Geschäftsherrn (*Uhlenbruck/Sinz* InsO, §§ 115, 116 Rn. 5 f.). Bei Insolvenz der Bank steht dem Insolvenzverwalter das Wahlrecht zu. 57

II. Zahlungsausgänge

Wesentliches Kriterium für die Behandlung von Zahlungsausgängen, insbesondere bei Überweisungsaufträgen des Kunden, bei Einlösungen von Schecks und Lastschriften zu Lasten des Kunden, ist das Stadium der Insolvenz, in der sich der Kunde befindet. Bis zur Zahlungseinstellung oder bis zur Stellung des Insolvenzantrages ist die Bank berechtigt, unbeschränkt Überweisungsaufträge des Kunden auszuführen, Schecks und Lastschriften einzulösen und dessen Konto mit dem Gegenwert zu belasten. Ein etwaiges Guthaben ermäßigt sich entsprechend. Führt die Bank einen Auftrag nach der Zahlungseinstellung oder nach der Stellung des Insolvenzantrages aus, ist sie weiterhin befugt, eine Verrechnung des Gegenwertes mit einem etwaigen Guthaben vorzunehmen. Die Verrechnung ist allenfalls anfechtbar, wobei der BGH auch in der Krise regelmäßig von einem unanfechtbaren Bargeschäft nach § 142 InsO ausgeht, solange die Bank nicht ihre eigenen Forderungen befriedigt (dazu grds. *BGH* ZIP 2002, 812 ff.; bestätigt *BGH* ZIP 2008, 237). Nach dieser Grundsatzentscheidung ist auch eine Kenntnis der Bank von der Krise unschädlich, solange der Schuldner verfügen kann (umfassend zur Anfechtung *Kirchhof* ZInsO 2003, 149 ff.; *Dauernheim* § 130 Rdn. 32). 58

Wird während des Insolvenzantragsverfahrens ein allgemeines Verfügungsverbot angeordnet, darf die Bank keine **Schecks und Lastschriften** zu Lasten des Kunden einlösen (*Obermüller* Insolvenzrecht in der Bankpraxis, Rn. 3.359), da es sich sonst um die Einziehung einer Forderung handelt (*LG Kiel* WM 1981, 887; *OLG Karlsruhe* NJW 1986, 63). Die Verfügung ist nach §§ 24 Abs. 1, 81 Abs. 1 Satz 1 InsO unwirksam. Bei Überweisungen ist nach den angeordneten Sicherungsmaßnahmen zu differenzieren (*Obermüller* ZInsO 1999, 690 [692 f.]). 59

Ist das Insolvenzverfahren eröffnet, enden damit automatisch die Geschäftsbesorgungsverträge. Die Bank ist nicht mehr berechtigt, Schecks, die von dem Kunden ausgestellt worden, und Lastschriften, die auf ihn gezogen sind, einzulösen (*Obermüller* Insolvenzrecht in der Bankpraxis, Rn. 3.353). Bestehende Überweisungsverträge bleiben bestehen. Hatte die Bank keine Kenntnis von der Verfahrenseröffnung, wird sie in Höhe dieser Zahlung aufgrund des § 82 InsO von einer späteren Guthabenforderung des Kunden befreit (MüKo-InsO/*Vuia* § 82 Rn. 30; *Obermüller* Insolvenzrecht in der Bankpraxis, Rn. 3.371; **a.A.** Jaeger/Henckel/Gerhardt/*Jacoby* InsO, §§ 115 f. Rn. 157). Gleiches gilt, wenn die Bank wegen Fahrlässigkeit keine Kenntnis besaß. Besteht auf dem Konto des Kunden ein Debetsaldo, stellt der Aufwendungsersatzanspruch der Bank eine einfache Insolvenzforderung dar. Ansonsten kann sie ihn auch unter die Deckung etwa noch freier Sicherheiten nehmen. In den Fällen, in denen die Bank von der Eröffnung des Insolvenzverfahrens wusste und trotzdem eine Zahlung geleistet hat, verbleibt ihr nur die Möglichkeit, gegenüber dem Zahlungsempfänger einen Bereicherungsanspruch geltend zu machen (*Canaris* Bankvertragsrecht, Rn. 503; *Obermüller* Insolvenzrecht in der Bankpraxis, Rn. 3.371). 60

der (*OLG Köln* WM 1987, 1279; Jaeger/Henckel/Gerhardt/*Jacoby* InsO, §§ 115 f. Rn. 137). Sofern ein Debetsaldo besteht, haftet der Treuhänder (*OLG Düsseldorf* WM 1989, 211). Wenn die Bank den Treuhandcharakter des Kontos kannte, kann i.d.R. angenommen werden, dass die Aufrechnungsbefugnis der Bank konkludent abbedungen ist (*BGH* WM 1987, 922). Liegt dagegen ein verdecktes Treuhandkonto vor, steht der Aufrechnung der Bank nichts im Wege.

51 Vergleichbar mit Treuhandkonten und daher genauso zu behandeln sind **Tankstellen- und Agenturkonten**, die häufig bei Reisebüros und Versicherungsagenten anzufinden sind. Obwohl i.d.R. der Tankstellenpächter, der Versicherungsagent oder der Reisebüroinhaber die Kontoinhaber sind, werden bei der Eröffnung der Kontos die Verträge zwischen dem Kontoinhaber, der Bank und der Mineralölgesellschaft, dem Versicherungsunternehmen bzw. dem Reiseveranstalter derart gestaltet, dass die auf dem Konto eingehenden Gelder Treugut bilden (*Sperl* ZKW 1979, 892). Dementsprechend kann die Bank nicht den direkten Weisungen des Treugebers folgen. Dies gilt auch im Vergleichsverfahren. Die sog. **Anderkonten** bilden eine Unterart der Treuhandkonten (*BGH* WM 1989, 1779). Gem. Nr. 15 Satz 2 der Geschäftsbedingungen für Anderkonten können der Insolvenzverwalter und der Kontoinhaber bei dessen Insolvenz nur gemeinsam über das Konto verfügen (zu den standesrechtlich geprägten Anderkontenbedingungen: *Obermüller* Insolvenzrecht in der Bankpraxis, Rn. 2.156). Damit wird verhindert, dass der nur formal berechtigte Kontoinhaber abredewidrig verfügt.

52 Bei einem **Sperrkonto** handelt es sich um ein Konto, über das nur bei Erfüllung bestimmter Voraussetzungen verfügt werden darf, z.B. bei Zustimmung eines Dritten (*Obermüller* Insolvenzrecht in der Bankpraxis, Rn. 2.159 ff.). Will der Insolvenzverwalter aus dem Konto, das zugunsten eines Dritten gesperrt ist (*Kollhosser* ZIP 1984, 389), einen Anspruch geltend machen, so kann er dies nur im gleichen Rahmen machen wie zuvor der Kontoinhaber (*Bork* NJW 1981, 905). Ob dem Sperrbegünstigten auch bei der Insolvenz des Kontoinhabers seine Rechte weiter zustehen, hängt von den Vereinbarungen zwischen diesen beiden ab. Ist der Sperrbegünstigte Inhaber eines dinglichen Rechts, wie z.B. eines Pfandrechts, so besitzt er ein Absonderungsrecht. Ebenso verhält es sich, wenn der Sperrvermerk ein Treuhandverhältnis darstellt (*OLG Düsseldorf* BB 1988, 293; *OLG Hamburg* ZIP 1990, 115 [116]). Haben beide Parteien aber nur einen schuldrechtlichen Anspruch vereinbart, steht dem Sperrbegünstigten kein Absonderungsrecht zu (*BGH* WM 1984, 799).

53 Konten von Minderjährigen werden durch die Insolvenz eines Elternteils nicht berührt, das Verfügungsrecht erlischt nicht durch die Insolvenz. Das Familiengericht hat nach § 1666 BGB mögliche Anordnungen zu treffen. Nach § 166 Abs. 2 BGB wird eine Gefährdung des Kindeswohls vermutet, wenn die Eltern ihrer Unterhaltspflicht nicht mehr nachkommen können. Dann ist zu entscheiden, wie die Vermögensverwaltung des Minderjährigen fortgeführt wird.

54 Der **Schrankfachmietvertrag** zwischen der Bank und dem Kunden erlischt nicht mit der Eröffnung des Insolvenzverfahrens. Es handelt sich um einen Mietvertrag über einen unbeweglichen Gegenstand, der nach §§ 108 ff. InsO zu behandeln ist und gem. § 109 InsO durch den Verwalter gekündigt werden muss (*Obermüller* ZInsO 1998, 252 [253]).

55 Der **Verwahrungsvertrag** fällt als gegenseitiger Vertrag in den Anwendungsbereich des § 103 InsO (zur Einordnung: *Obermüller* Insolvenzrecht in der Bankpraxis, Rn. 2.211). Dem Verwalter steht das Wahlrecht zu. Die Banken oder Sparkassen können aber aufgrund ihrer AGB den Vertrag kündigen (Nr. 19 AGB-Banken bzw. Nr. 26 AGB-Sparkassen; *OLG Düsseldorf* DB 1981, 1924). Die mietrechtliche Kündigungssperre ist nicht anzuwenden. Anders der Schrankfachmietvertrag, s. § 108 Rdn. 10.

56 Bei einem **Depotvertrag** handelt es sich um einen gemischttypischen Vertrag, der Elemente der Verwahrung und der Verwaltung enthält. Eine vereinzelt gebliebene Auffassung wendet daher beim Vorliegen eines derartigen Vertrages die sog. Trennlösung an, d.h. nur der Teil des Vertrages, der das geschäftsbesorgungsrechtliche Element enthält, erlischt durch die Vorschrift des § 116 InsO. Für den Rest des Vertrages soll dagegen die Regelung des § 103 InsO (*Canaris* Bankvertragsrecht, Rn. 2203) herangezogen werden. Als Begründung dieser Argumentation wird zum Teil auch die Dif-

Unterhält der Schuldner im Zeitpunkt der Verfahrenseröffnung **Fremdwährungskonten**, sind diese 45
ebenfalls zu beenden. Die Bank kann die Fremdwährung nach dem sich aus der amtlichen Börsennotiz ergebenden Briefkurs in Euro umrechnen und die auf den verschiedenen Konten der Kunden sich ergebenden Forderungen und Guthaben gegeneinander aufrechnen (*Obermüller* Insolvenzrecht in der Bankpraxis, Rn. 2.122). Debitorische Fremdwährungskonten sind nach § 45 Satz 2 InsO auf den Zeitpunkt der Verfahrenseröffnung umzurechnen. Für die Verpflichtung eines Bürgen bleibt es bei der Fremdwährung (*KG* WM 1988, 1385; *Arend* ZIP 1988, 69 [74] m.w.N.; a.A. *Maier/Reimer* NJW 1985, 2049).

Der **Spareinlagenvertrag** bleibt trotz der Eröffnung des Insolvenzverfahrens bestehen (*Obermüller* 46
Insolvenzrecht in der Bankpraxis, Rn. 2.118). Der Insolvenzverwalter kann daher nicht sofort die Auszahlung der Spareinlage verlangen, sondern muss sich an die gesetzliche (§ 22 Abs. 1 Satz 1 KWG) oder die vertraglich vereinbarte Kündigungsfrist halten. Ein Wahlrecht gem. § 103 InsO steht dem Verwalter nicht zu, da der Vertrag bereits von beiden Seiten voll erfüllt wurde (*Obermüller* ZInsO 1998, 252 [253]).

Bei **Gemeinschaftskonten** (dazu *Obermüller* Insolvenzrecht in der Bankpraxis, Rn. 2.124 ff.) ist zu 47
unterscheiden zwischen einem sog. **Oder-Konto** (Gemeinschaftskonto mit Einzelverfügungsbefugnis) und einem sog. **Und-Konto** (Gemeinschaftskonto mit gemeinschaftlicher Verfügungsbefugnis). Beim Vorliegen eines Oder-Kontos bleibt das Kontokorrentverhältnis trotz der Insolvenz eines Mitinhabers bestehen; das ergibt sich aus § 84 InsO. Eine sofortige Saldierung ist nicht notwendig. Existiert auf dem Konto ein debitorischer Saldo, können Eingänge dem Konto weiter gutgeschrieben werden und zur Rückführung des Saldos verwendet werden (*BGH* WM 1985, 1059). Besteht ein Guthaben, verliert allein der Schuldner seine Verfügungsbefugnis. An seine Stelle tritt dann der Insolvenzverwalter (*OLG Koblenz* WM 1990, 1532).

Gleiches gilt für die **Und-Konten.** Auch hier wird das Kontokorrentverhältnis nicht durch die Insol- 48
venz eines der Kontoinhaber berührt. Gutschriften auf dem Konto können noch nach der Verfahrenseröffnung erfolgen und zur Verringerung des debitorischen Saldos herangezogen werden. Im umgekehrten Fall, d.h. beim Vorliegen eines Guthabens, müssen der Insolvenzverwalter und die übrigen Kontoinhaber eine gemeinsame Entscheidung über dessen Verfügung treffen (*Obermüller* Insolvenzrecht in der Bankpraxis, Rn. 2.128). Besteht zwischen den Inhabern eines Und-Kontos eine Auseinandersetzungsvereinbarung bzgl. des Kontoguthabens, kann der Insolvenzverwalter Gelder, die mit seinem Einverständnis auf das Konto gelangt sind, nicht beanspruchen, wenn diese einem anderen Mitinhaber zustehen (*BGH* WM 1987, 318).

Bei einer **BGB-Gesellschaft** führt die Insolvenz eines Gesellschafters zur Auflösung der Gesellschaft 49
(§ 728 Abs. 2 BGB). Grds. gilt innerhalb einer solchen Gesellschaft gemeinschaftliche Vertretung. Im Falle der Insolvenz eines Gesellschafters übernimmt der Insolvenzverwalter dessen Befugnisse. Vom Zeitpunkt der Verfahrenseröffnung an kann nur noch der Verwalter zusammen mit den anderen Gesellschaftern als Gesamtvertretungsberechtigte über das Konto verfügen. Dies gilt selbst dann, wenn zuvor Einzelvertretung bestanden hat (*Uhlenbruck/Sinz* InsO, §§ 115, 116 Rn. 23). Bei der Insolvenz der BGB-Gesellschaft nach § 11 Abs. 2 Nr. 2 InsO gelten die allgemeinen Grundsätze. Die Bankverbindung endet mit Verfahrenseröffnung nicht (*Obermüller* Insolvenzrecht in der Bankpraxis, Rn. 2.141), da die Gesellschaft als solche in Liquidation fortbesteht.

Der **Treuhandvertrag** ist ein Geschäftsbesorgungsvertrag, der mit der Eröffnung des Insolvenzver- 50
fahrens gem. §§ 116, 115 InsO erlischt (*RG* RGZ 145, 253 [256]; *BGH* NJW 1962, 1201; WM 1975, 79; *OLG Köln* ZIP 1987, 867 [868]). Bei der Insolvenz des Treuhänders besitzt der Treugeber ein Aussonderungsrecht (*BGH* BGHZ 11, 37 [40]; WM 1964, 1038; *OLG Düsseldorf* BB 1988, 293 [294]; ausf. *Fridgen* ZInsO 2004, 530 ff.). Die Aussonderung hat die Bank aber nicht unmittelbar nach Verfahrenseröffnung vorzunehmen; der Treugeber muss sie zunächst gegenüber dem Insolvenzverwalter geltend machen (*Obermüller* Insolvenzrecht in der Bankpraxis, Rn. 2.145). Im Falle der Insolvenz des Treugebers gehört das Treugut in die Insolvenzmasse. Das Ende des Treuhandvertrages mit dem Treuhänder verändert aber grds. nicht das Verhältnis zwischen der Bank und dem Treuhän-

(*OLG Naumburg* JW 1935, 1346; *Kübler/Prütting/Bork-Tintelnot* InsO, §§ 115, 116 Rn. 11; MüKo-HGB/*v. Hoynigen-Huene* § 84 Rn. 104; *BGH* NJW 1990, 1665).

41 § 116 Satz 2 InsO stellt den Grundsatz auf, dass für Vergütungsansprüche im Rahmen der Geschäftsbesorgung das zu § 115 gesagte gilt. Dementsprechend sind **Vergütungsansprüche Masseverbindlichkeiten**, wenn der Auftrag zur Vermeidung von Gefahren über die Verfahrenseröffnung hinaus fortgesetzt wurde. Diese Notbesorgungspflicht, die aus § 672 BGB übernommen wurde, gewährt dem Geschäftsbesorger eine Forderung unmittelbar gegenüber der Masse.

F. Die bankmäßigen Geschäftsbesorgungsverhältnisse

42 Die Banken werden gegenüber ihren Kunden i.d.R. als Geschäftsbesorger tätig. Die Beziehung zwischen Bank und Schuldner ist in nahezu jedem Verfahren von Bedeutung. Auf die Auswirkungen der Insolvenz ist daher gesondert einzugehen.

I. Erfasste Verträge

43 Das Vertragsverhältnis zwischen der Bank und ihrem Kunden wird i.d.R. durch die Eröffnung eines Girokontos begründet. Dieser Girovertrag wird von § 116 Abs. 1 Satz 1 InsO erfasst. Früher wurde überwiegend durch das Entstehen eines Girovertrages zugleich die Begründung eines allgemeinen Rahmenvertrages, des sog. Bankvertrags, angenommen (*Pikart* WM 1957, 1238). Dieses wird nun von der vorherrschenden Ansicht abgelehnt (*BGH* BGHZ 152, 114; MüKo-BGB/*Berger* vor § 488 Rn. 69), ohne dass dieser Streit eine praktische Wirksamkeit entwickelt (vgl. Jaeger/Henckel/Gerhardt/*Jacoby* InsO, §§ 115 f. Rn. 111). Vom Girovertrag sind die **Überweisungsverträge** zu unterscheiden. Diese bestehen gem. Satz 3 fort, s. Rdn. 2.

44 Das **Kontokorrent** endet mit der Insolvenz des Kunden (BGHZ 157, 350 [357]; diff. HK-InsO/*Marotzke* § 116 Rn. 5, wobei der Ansicht die gesetzlich Grundlage fehlt). Dies lässt sich zwar nicht direkt aus § 116 InsO ableiten, ergibt sich aber aus der Unvereinbarkeit der gegenseitigen Verrechnung mit dem Insolvenzzweck (vgl. *BGH* BGHZ 70, 86 [93]; *BGH* WM 1979, 719; m.w.N. *BGH* NJW 1978, 538; *Canaris* Bankvertragsrecht, Rn. 495; *Obermüller* Insolvenzrecht in der Bankpraxis, Rn. 2.105). Wegen der Beendigung des Vertragsverhältnisses muss ein außerordentlicher Saldenabschluss vorgenommen werden (*BGH* WM 1972, 309; WM 1978, 137), die fällige Saldoforderung entsteht ohne weitere Rechtsgestaltungen wie etwa ein Anerkenntnis (*BGH* BGHZ 74, 253 [254]; *Heublein* ZIP 2000, 161 [163]). Dabei können wegen § 91 InsO nur die Forderungen verrechnet werden, die vor der Verfahrenseröffnung entstanden sind (*BGH* WM 1979, 719; Uhlenbruck/*Sinz* InsO, §§ 115, 116 Rn. 20). Sofern dabei ein Saldo zugunsten des Kreditinstituts entsteht, ist die Forderung zur Insolvenztabelle anzumelden (BGHZ 74, 129 [133,136]; Jaeger/Henckel/Gerhardt/*Jacoby* InsO, §§ 115 f. Rn. 129). Etwas anderes gilt nur, wenn Sicherheiten bestellt worden sind. **Zinsen** seit Verfahrenseröffnung können nur noch als nachrangige Forderungen gem. § 39 Abs. 1 Nr. 1 InsO geltend gemacht werden (*Obermüller* ZInsO 1998, 525), wobei Absonderungsrechte auch für die Zinsen nach Verfahrenseröffnung haften (*BGH* ZIP 2008, 1539 [1540]). Ergibt sich zugunsten des Schuldners ein Guthaben, muss dieses auf Verlangen des Verwalters an diesen ausgezahlt werden; wegen der gesetzlichen Erlöschenswirkung kann der Verwalter das Konto des Schuldners nicht fortführen. Eine solche Handhabung verbietet sich schon im Interesse einer auf die Insolvenzmasse beschränkte Buchführung. Die Fortführung des Schuldnerkontos ist wie der Abschluss eines neuen Girovertrages zu werten (*BGH* WM 1991, 60; *Hellner* Bank-Betrieb, 1962, 92). Ist der Kontokorrentvertrag erloschen, besitzt die Bank kein Stornorecht mehr. Unter Umständen besteht aber noch ein girovertraglicher Berichtigungsanspruch (*Kümpel* WM 1979, 378). In einem solchen Fall kann die Bank z.B. einen zu hohen Betrag, den sie an den Verwalter ausgezahlt hat, nach § 55 Abs. 1 Nr. 3 InsO als Masseschuld zurückfordern (*OLG Celle* DB 1977, 2137; *OLG Köln* ZIP 1980, 972 [973]). Zu dem am 01.07.2010 mit § 850k ZPO eingeführten **Pfändungsschutzkonto s. Rdn. 9**. Avalverträge erlöschen ebenfalls mit Verfahrenseröffnung; für sie gelten die Grundsätze zu den Kautionsverträgen (*BGH* ZIP 2011, 2163), dazu s. Rdn. 15.

Das Erlöschen des Geschäftsbesorgungsvertrages löst **keine Schadenersatzansprüche** aus (s. *Wegener* 35
§ 115 Rdn. 12; *Uhlenbruck/Sinz* InsO, §§ 115, 116 Rn. 12). Es fehlt an der besonderen gesetzlichen Anordnung wie z.B. in § 103 oder § 109 InsO.

E. Treuhandverhältnisse

Die entgeltlichen Treuhandverträge sind Geschäftsbesorgung und erlöschen nach dem Wortlaut des 36
Gesetzes mit Verfahrenseröffnung. Das **Treugut ist Massebestandteil**, wenn der Treuhänder – wie bei der unechten Treuhand – nur verfügungsbefugt war, während der Schuldner Eigentümer blieb. Bei der echten Treuhand war das Treugut aus dem Vermögen des Schuldners in das des Treuhänders übertragen worden. Im Zeitpunkt der insolvenzbedingten Beendigung des Treuhandvertrages ist der Treuhänder regelmäßig verpflichtet, das Treugut an den Verwalter zu übertragen (*BGH* NJW 1962, 1200; *Henckel* FS für Coing, S. 132 ff.; Jaeger/Henckel/Gerhardt/*Jacoby* InsO, §§ 115 f. Rn. 102). Die Anwendbarkeit des § 116 folgt indes nicht aus der Bezeichnung der Vereinbarung als Treuhand. Entscheidend ist, in welchem Interesse die Treuhand vereinbart wurde, s.a. Rdn. 38.

§ 116 InsO lässt nach diesen Grundsätzen auch ein Treuhandverhältnis erlöschen, das zum Zweck 37
der Sanierung des Schuldners durch einen außergerichtlichen Vergleich begründet worden ist. Im Einzelfall ist zu unterscheiden, ob dem Treuhänder das Vermögen unter der auflösenden Bedingung des Scheiterns des Sanierungsversuchs überlassen worden war oder nicht. Existiert eine derartige Bedingung, fällt das Vermögen automatisch an die Insolvenzmasse (*BGH* NJW 1962, 1200). Ansonsten ist der Treuhänder verpflichtet, das Vermögen in einem besonderen Übertragungsakt an die Insolvenzmasse zurück zu übertragen (MüKo-InsO/*Ott/Vuia* § 116 Rn. 23). Die Gläubiger haben auch bei der Treuhandkonstruktion zur Vermeidung eines Insolvenzverfahrens keinen Aussonderungsanspruch (*Kübler/Prütting/Bork-Tintelnot* InsO, §§ 115, 116 Rn. 31; diff. MüKo-InsO/*Ott/Vuia* § 116 Rn. 25; zur Verwaltungstreuhand *Jaeger/Henckel* § 47 Rn. 61 ff.). Die Aussonderung aus dem Schuldnervermögen soll nur erfolgen, wenn alle Gläubiger mit dem Vorschlag des Treuhänders zum Forderungsverzicht einverstanden sind. Haben alle Gläubiger der Treuhandlösung zugestimmt, ist nach h.M. § 116 InsO nicht anwendbar, der Treuhandvertrag und die Vermögenszuordnung bleiben bestehen (*Jaeger/Henckel* § 47 Rn. 77; *Uhlenbruck/Brinkmann* InsO, § 47 Rn. 39; HambK-InsO/*Ahrendt* § 116 Rn. 5).

Nach der Grundsatzentscheidung des BGH i.S. »Schmidt/MobilCom« ist danach zu differenzieren, 38
ob es sich um eine fremdnützige Verwaltungstreuhand oder um eine eigennützige Sicherungstreuhand handelt. Hält der Treugeber das Treugut ausschließlich im Interesse des Treugebers, bleibt es bei der Anwendbarkeit des § 116; hält der Treugeber das Treugut im eigenen oder im Drittinteresse, bleibt der Vertrag in der Insolvenz bestehen (*BGH* 24.09.2015 – IX ZR 272/13, ZIP 2015, 2285 Rn. 41; zust. *Jacoby* EWIR 2015, 739; zur Abgrenzung *Bitter* ZIP 2015, 2249). Diese Qualifizierung hat Einfluss auf das Verwertungsrecht des Verwalters (ausf. *Bitter* ZIP 2015, 2249 [2252]; s.a. § 166). Häufiger Anwendungsfall der drittschützenden Treuhand sind die Übertragungen von Gesellschaftsanteilen zur Absicherung der Sanierungskredite bei der Restrukturierung (HambK-InsO/*Schmidt* § 116 Rn. 6).

Die Sicherungstreuhand, in der Praxis zur Absicherung von Guthaben als Altersteilzeit begründet, 39
hat in der Insolvenz des Arbeitgebers Bestand (*BAG* ZInsO 2013, 2120 [2126]; MüKo-InsO/*Ott/Viua* § 116 Rn. 25; Jaeger/Henckel/Gerhardt/*Jacoby* §§ 115 f. Rn. 103; *Rüger* NZI 2012, 488 [491]).

Setzt der Geschäftsbesorger seine Tätigkeit gutgläubig fort, weil er von der Verfahrenseröffnung 40
keine Kenntnis hatte, kann er demgegenüber entsprechend dem Grundsatz des § 115 Abs. 3 InsO seine **Aufwendungsersatzansprüche** nur als Insolvenzgläubiger geltend machen. Aufwendungsersatzansprüche aus einem Zeitraum vor der Verfahrenseröffnung können in jedem Fall nur als Insolvenzforderung gefordert werden. Dies gilt für sämtliche Ansprüche des Beauftragten: Auch **Provisionsansprüche** eines Handelsvertreters für einen vor Verfahrenseröffnung geschlossenen Hauptvertrag sind Insolvenzforderungen, auch wenn der Verwalter diesen gem. § 103 InsO erfüllt

28 – **Vertriebsvereinbarungen** gehen grds. über den einfachen Ankauf oder die Vermittlung des Verkaufes im Namen des Geschäftsherren hinaus. Sobald Verpflichtungen bestehen, den Verkauf zu fördern, liegt eine Geschäftsbesorgung vor (zum Handelsvertreter und Vertragshändler s. Rdn. 18).

29 Dies gilt auch für einen **Werkvertrag** (ausf. zur Abgrenzung Jaeger/Henckel/Gerhardt/*Jacoby* InsO, §§ 115 f. Rn. 38 f.), der eine Geschäftsbesorgung zum Gegenstand hat. Der Besteller wird durch sein zu jeder Zeit bestehendes Kündigungsrecht gem. § 649 BGB geschützt. Macht er davon keinen Gebrauch, steht dem Verwalter das Wahlrecht zu, er wird nur dann Erfüllung wählen, wenn ihm die Herstellung des versprochenen Werkes möglich ist und einen Massezufluss verspricht.

D. Rechtsfolgen

30 Mit der Verfahrenseröffnung erlischt der Geschäftsbesorgungsvertrag. Die Wirkung der Vorschrift tritt unabhängig von einer Erklärung des Verwalters kraft Gesetzes ein. Sie gilt für die Zukunft. Eine Rückwirkung ist nicht möglich (*Uhlenbruck/Sinz* InsO, §§ 115, 116 Rn. 8; HK-InsO/*Marotzke* § 115 Rn. 4). Sofern es zu einem Beschwerdeverfahren kommt und der Eröffnungsbeschluss in dessen Rahmen aufgehoben wird, lebt der Geschäftsbesorgungsvertrag wieder auf (*Uhlenbruck/Sinz* InsO, §§ 115, 116 Rn. 8).

31 § 116 InsO beendet sowohl die sog. **Abbuchungsaufträge**, bei denen laufend anfallende Schulden vom Konto des Schuldners abzubuchen sind (*Skrotzki* KTS 1974, 136 [137]; *Fallscheer/Schlegel* Das Lastschriftverfahren, 1977, S. 36), wie auch die erteilten Einzugsermächtigungen. Bei letzteren besteht zudem die Besonderheit des Widerspruchsrechts (vgl. Abkommen über den Lastschriftverkehr, KTS 1974, 140 ff.). Durch die Eröffnung des Insolvenzverfahrens geht dieses auf den Verwalter über. Er hat die Möglichkeit, innerhalb von sechs Wochen nach der Belastung des Kontos des Schuldners die Buchung zu widerrufen und den Gläubiger auf diese Weise auf die Insolvenzquote zu verweisen (*Skrotzki* KTS 1974, 136 [137, 138]). Das Recht zum Widerruf steht dem (vorläufigen) Verwalter nach der geänderten Rspr. des neunten Senats nur noch eingeschränkt (*BGH* ZIP 2010, 1552 ff.) zu.

32 Die Rechte und Pflichten, die sich für die Vertragsteile nach der Vertragsauflösung ergeben, werden durch die Bestimmungen des BGB festgelegt (§§ 662 ff.). Folglich ist der Geschäftsbesorger verpflichtet, über das Vermögen des Auftraggebers **Auskunft** zu geben und über die Geschäftsbesorgung **Rechenschaft** abzulegen (§§ 666, 675 BGB, 384, 406 HGB), wobei er dabei Belege vorzulegen hat (*RG* RGZ 56, 118; *Kübler/Prütting/Bork-Tintelnot* InsO, §§ 115, 116 Rn. 9). Der Beauftragte muss alles herausgeben, was er im Rahmen der Geschäftsbesorgung erlangt hat.

33 Im Wege der einstweiligen Verfügung kann der Insolvenzverwalter von dem **Steuerberater** des Schuldners die Herausgabe aller Buchhaltungsausdrucke verlangen (§§ 675, 667 BGB). Hat der Steuerberater gegenüber dem Schuldner Vergütungsansprüche, kann er diese nicht mit einem daraus resultierenden Zurückbehaltungsrecht (§ 273 BGB) durchsetzen, da ein persönliches Recht keine Absonderungsrechte zur Folge hat (*OLG Hamm* ZIP 1987, 1330 [1331]). Der BGH entscheidet danach, ob die Unterlagen das persönliche Arbeitsergebnis wiedergeben. Geht es nur um die Verarbeitung der vom Schuldner übermittelten Daten, seien auch die Datev-Bestände herauszugeben und die Zustimmung zur Übertragung zu erteilen (*BGH* ZIP 2004, 1267 [1268]). Letztlich muss der Steuerberater auch die Gegenstände herausgeben, die er von Dritten erhalten hat, wie z.B. den Steuerbescheid. Gleiches gilt für Arbeitsunterlagen, die er selbst erstellt hat. Eigene Arbeitsergebnisse muss er nicht herausgeben (MüKo-InsO/*Ott/Viua* § 116 Rn. 49).

34 Eine ähnliche Situation besteht für den **Rechtsanwalt**. Sofern er ein Mandat besitzt, das sich auf die Insolvenzmasse bezieht, ist er zur Herausgabe der Handakten verpflichtet (*BGH* ZIP 1990, 48; *AG München* KTS 1969, 190). Ein Zurückbehaltungsrecht auf Grund einer noch offenen Gebührenforderung kann nicht geltend gemacht werden. Er muss die unverbrauchten Prozesskostenvorschüsse gem. §§ 669, 675 BGB herausgeben und gem. §§ 666, 675 BGB Auskunft und Rechenschaft über die bisherige Prozessführung erteilen.

Wird über das Vermögen des Handelsvertreters das Insolvenzverfahren eröffnet, erlischt das Handelsvertreterverhältnis nicht. Die Norm greift nur in der Insolvenz des Geschäftsherrn. Fraglich ist, ob §§ 108 oder 103 InsO anzuwenden sind. Die Schutznorm des § 108 InsO greift nach zutreffender Ansicht nur beim Einfirmenvertreter (*Krüger* ZInsO 2010, 507 ff. [508]; a.A. *OLG Düsseldorf* ZInsO 2010, 143 [144] m. zust. Anm. *Ströbl* EWiR 2010, 159; *Wente* ZIP 2005, 335 [337]). Der normale Handelsvertretervertrag ist Geschäftsbesorgung. Da § 116 InsO nicht anwendbar ist, bleibt es beim Wahlrecht des Verwalters gem. § 103 InsO.

- **Mandatsverträge** mit einem Rechtsanwalt (*RG* RGZ 75, 98; RGZ 88, 226; *BGH* NJW-RR 1989, 183) oder Patentanwalt (RG RGZ 69, 26) sind grds. Geschäftsbesorgungsverträge, bei Dauermandat kann ein Dienstvertrag vorliegen (*Palandt/Weidenkaff* BGB, Vor § 611 Rn. 20). Bei Vorauszahlungen des Schuldners wird die Frage aufgeworfen, den Vertrag dem Wahlrecht des Verwalters zu unterwerfen, um eine erneute kostenpflichtige Mandatserteilung durch den Verwalter zu vermeiden (HK-InsO/*Marotzke* § 115 Rn. 6). Dieser Auffassung fehlt die dogmatische Grundlage. Der Anwaltsvertrag ist Geschäftsbesorgung. Zutreffend hat der Verwalter zu prüfen, ob Vorschüsse, weil noch nicht zweckgerichtet verwendet, zurückgefordert werden können (MüKo-InsO/*Ott/Vuia* § 116 Rn. 49). Bei einer erneuten Beauftragung durch den Verwalter können die Gebühren gem. § 15 Abs. 5 RVG angerechnet werden (*Paulus* NJW 2010, 1633 [1634]; s.a. Rdn. 35). 19
- **Verträge mit einem Notar**, sofern dieser nicht als Amtsperson bei der Beurkundung von Rechtsgeschäften tätig wird (HK-InsO/*Marotzke* § 116 Rn. 4). 20
- **Pfändungsschutzkonten** sollen, da sie wegen der Unpfändbarkeit nicht Massebestandteil sind, nicht von § 116 InsO erfasst werden (*LG Verden* ZIP 2013, 1954 f.; HambK-InsO/*Schmidt* § 116 Rn. 1; *Obermüller* Insolvenzrecht in der Bankpraxis, Rn. 2.185; *Büchel* ZInsO 2010, 20 [26]; *Bitter* ZIP 2001, 149 [158]; a.A. *Knees* ZInsO 2011, 511 [512]; *Du Carrois* ZInsO 2010, 2276 [2279 f.]). Der Gesetzgeber hat sich mit der Einführung des P-Kontos zu dieser Frage nicht geäußert. Da das Guthaben auf dem Konto unpfändbar und damit nicht Massebestandteil ist, greift § 116 InsO nicht, weil sich der Bankvertrag auf massefremdes Vermögen bezieht (s. § 115 Rdn. 6). 21
- **Steuerberaterverträge** sind grds. Geschäftsbesorgung, bei Einzelaufträgen, wie Gutachten zu einer Steuerproblematik oder Erstellung eines Jahresabschlusses liegt ein Werkvertrag vor (*Palandt/Sprau* BGB, § 675 Rn. 26; Jaeger/Henckel/Gerhardt/*Jacoby* InsO, §§ 115 f. Rn. 95). 22
- entgeltliche **Treuhandverträge** (hierzu auch Rdn. 36 ff.; *BGH* NJW 1962, 1201; zu den einzelnen Erscheinungsformen MüKo-InsO/*Ott/Vuia* § 116 Rn. 21 ff.; zur Zuordnung des Treuhandvermögens in der Insolvenz s. Rdn. 36 ff.; zur Sicherungs-Treuhand, die nicht unter § 116 InsO fällt, s. Rdn. 37). 23
- Geschäftsbesorgung ist auch die **Sanierungstreuhand**, wonach dem Treuhänder Sachen übereignet oder Forderungen abgetreten werden, um aus den Verwertungserträgen die Schuldenbereinigung des späteren Schuldners durchzuführen (MüKo-InsO/*Ott/Vuia* § 116 Rn. 22). Bei außergerichtlichen Treuhandliquidationen soll § 116 InsO nicht anzuwenden sein, wenn alle Gläubiger der Treuhandvereinbarung zugestimmt haben; dann sei das Treugut unwiderruflich aus dem Vermögen des Schuldners ausgeschieden, es sei nicht mehr Massebestandteil (*Uhlenbruck/Brinkmann* InsO, § 47 Rn. 39; *Jaeger/Henckel* InsO, § 47 Rn. 77; *Kübler/Prütting/Bork-Tintelnot* InsO, § 116 Rn. 31). Im Zweifel ist der Inhalt des Treuhandvertrages auszulegen (s. Rdn. 37). 24
- Verträge mit sog. **Unterstützungskassen** gem. § 1b Abs. 4 Satz 1 BetrAVG, die gegen Entgelt Pensionsverpflichtungen von Unternehmen übernehmen, sind Geschäftsbesorgungen (*BGH* 08.12.2016 IX ZR 257/15, ZIP 2017, 91 Rn. 17; krit. zur Dogmatik *Tintelnot* EWIR 2017, 211). Zur Wirksamkeit des Verzichts auf Rückzahlung der Beiträge (s. Rdn. 78). 25
- **Vermögensverwaltungsverträge** (*Uhlenbruck/Sinz* InsO, §§ 115,116 Rn. 1). 26
- **Vertragshändlerverträge** haben ebenfalls eine Geschäftsbesorgung zum Inhalt (a.A. *Kübler/Prütting/Bork-Tintelnot* InsO, § 103 Rn. 52; MüKo-InsO/*Ott/Vuia* § 116 Rn. 12 und offensichtlich *OLG München* ZInsO 2006, 1060 [1062]:grundsätzlich das Wahlrecht des Verwalters). Nur in der Insolvenz des Vertragshändlers steht dem Verwalter das Wahlrecht aus § 103 zu. 27

11 – Auch eine **Abrechnungsvereinbarung**, aufgrund derer eine Clearingstelle Forderungen und Verbindlichkeiten mehrerer Beteiligter ohne Rücksicht auf Gegenseitigkeit verrechnet, endet mit Verfahrenseröffnung über das Vermögen einer der Beteiligten (*BGH* WM 1985, 617 [618]).

12 – Die Anstellungsverträge von Organen juristischer Personen sind keine Geschäftsbesorgungsverträge. Hieran hält der BGH entgegen heftiger Kritik der Literatur auch bei Allein-Gesellschaft-**Geschäftsführern der GmbH** fest, ausf. § 108 Rdn. 31.

13 – Auch der **Factoringvertrag** ist Geschäftsbesorgung (*Brink* ZIP 1987, 817 [819]; ausf. *Uhlenbruck/Sinz* InsO, §§ 115, 116 Rn. 37 ff.; diff. MüKo-InsO/*Ott/Vuia* § 116 Rn. 13 ff.; Jaeger/Henckel/Gerhardt/*Jacoby* InsO, §§ 115 f. Rn. 105 ff.). Dabei ist zwischen dem Rahmenvertrag und den einzelnen Forderungskäufen zu unterscheiden. Mit der Verfahrenseröffnung ist der Factor zum Ankauf weiterer Forderungen nicht mehr berechtigt, die noch nicht abgetretenen Forderungen darf er nicht mehr einziehen. Factoringgebühren, die für zukünftige Leistungen gezahlt wurden, sind zu erstatten (*Uhlenbruck/Sinz* InsO, §§ 115, 116 Rn. 39). Die Grundsätze, die der BGH zur Kautionsversicherung entwickelt hat (dazu Rdn. 15) gelten auch für den Rahmenvertrag. Bei Unkenntnis des Factors von der Insolvenz gilt § 115 Abs. 3. Der Factor darf einziehen, mit seinen Aufwendungen ist er nur Insolvenzgläubiger. Gegenüber den Eingängen aus diesen Forderungen kann er nicht aufrechnen. Bereits abgetretene Forderungen sind nicht Massebestandteil, der Verwalter hat kein Wahlrecht; der Factor darf einziehen. Geht die Forderung beim Schuldner/Verwalter ein, hat der Factor ein Aussonderungsrecht (*Uhlenbruck/Sinz* InsO, §§ 115, 116 Rn. 43, 44; Jaeger/Henckel/Gerhardt/*Jacoby* InsO, §§ 115 f. Rn. 107). Nach anderer Auffassung soll der Factor beim unechten Factoring nur ein Absonderungsrecht haben (MüKo-InsO/*Ganter* § 47 Rn. 94; s.a. *Imberger* § 47 Rdn. 36; *Uhlenbruck/Brinkmann* InsO, § 47 Rn. 94). Bei der **Insolvenz des Factors** steht dem Verwalter das Wahlrecht des § 103 InsO zu (*Uhlenbruck/Brinkmann* InsO, § 47 Rn. 96).

14 – **Inkassoverträge** (*RG* JW 1906, 109; MüKo-InsO/*Ott/Vuia* § 116 Rn. 32).

15 – Die **Kautionsversicherung** ist Geschäftsbesorgung und unterfällt § 116 InsO. Die Pflicht, einzelne Bürgschaften zu stellen, hat eine Geschäftsbesorgung zum Inhalt. Damit greift § 116 InsO (*BGH* ZIP 2006, 1781; *OLG München* ZIP 2009, 1240; *Proske* ZIP 2006, 1035 [1036]; *Vosberg* ZIP 2002, 968 [970]; *OLG Frankfurt* EWiR 2005, 573 m. Anm. *Spliedt*). Die Verträge erlöschen unmittelbar mit Verfahrenseröffnung mit der Folge, dass Prämien für die Zeit nach Verfahrenseröffnung nicht geltend gemacht werden können; im Voraus entrichtete Prämien sind der Masse zu erstatten (*BGH* ZIP 2011, 282 [283]). Mit seiner Entscheidung v. 24.06.2010 NZI 2010, 859 [860]) hat der BGH bereits deutlich gemacht, dass dem Versicherer trotz Fortgeltung der Bürgschaften keine Ansprüche gegenüber der Masse zustehen. Anders ist es nur, wenn die Prämie mit der Ausreichung der Bürgschaften als Einmalprämie berechnet wird (*BGH* 18.11.2010 ZIP 2011, 282 [283]). Die Rechtsprechung gilt auch für die **Avalverträge** der Kreditinstitute (*BGH* ZIP 2011, 2163).

16 – **Kommissionsverträge:** § 116 InsO erfasst auch Geschäftsbesorgungen, die auf Anschaffungen ausgerichtet sind. Hierzu gehören die **Einkaufs- wie auch Verkaufskommission**, die jeweils durch die Insolvenz des Kommittenten aufgehoben werden (Jaeger/Henckel/Gerhardt/*Jacoby* InsO, §§ 115 f. Rn. 92; MüKo-InsO/*Ott-Vuia* § 116 Rn. 12; a.A. *Kübler/Prütting/Bork-Tintelnot* InsO, §§ 115, 116 Rn. 12; HK-InsO/*Marotzke* § 115 Rn. 11: Wahlrecht bei der Einkaufskommission).

17 – **Maklerverträge** sind im BGB in den §§ 652 ff. gesondert geregelt. Dem Rechtscharakter nach handelt es sich um Geschäftsbesorgung (*OLG Karlsruhe* ZIP 1990, 1143 [1144]; *Wirth/Mintas* ZInsO 2012, 1002 [1004]; MüKo-InsO/*Ott/Vuia* § 116 Rn. 30).

18 – **Handelsvertreterverträge** (*BGH* ZIP 2003, 216 [217] zur KO; *Emde/Kelm* ZIP 2005, 58 ff.; *Staub/Brüggemann* HGB § 89 Anm. 20, 21; MüKo-InsO/*Ott/Vuia* § 116 Rn. 12; vgl. aber § 108 Rn. 27 zu den Einfirmenvertretern). Der Handelsvertretervertrag ist ein klassischer Geschäftsbesorgungsvertrag. Bei Eröffnung des Insolvenzverfahrens über das Vermögen des Unternehmens wird der Vertrag nach §§ 115, 116 InsO beendet. Eine weitergehende Verpflichtung des Handelsvertreters besteht nach §§ 116, 115 Abs. 2, 117 Abs. 2 InsO nur im Rahmen der Notgeschäftsführung, wenn der Insolvenzmasse durch das Erlöschen des Vertrages Schäden drohen.

B. Voraussetzungen

§ 116 InsO findet nur Anwendung auf Dienst- oder Werkverträge, die eine **Geschäftsbesorgung** 3
i.S.v. § 675 BGB zum Gegenstand haben, sog. Geschäftsbesorgungsverträge. Diese sind abzugrenzen von den reinen Dienst- und Werkverträgen. Der Geschäftsbesorgungsvertrag zeichnet sich durch die Ausübung einer selbstständigen Tätigkeit wirtschaftlicher Art in fremden Interesse aus (MüKo-BGB/*Seiler* § 662 Rn. 12, 18 f.). Der Geschäftsbesorger führt fremde Geschäfte für fremde Rechnung im eigenen oder fremden Namen, immer unter der Wahrung seiner Selbstständigkeit aus.

Der Schuldner muss Auftraggeber sein (*Uhlenbruck/Sinz* InsO, §§ 115, 116 Rn. 5). Bei Dienstverträgen mit Geschäftsbesorgungscharakter besteht keine Regelung, die den Vertrag aufgrund der Insolvenz des Dienstverpflichteten zum Erlöschen bringt. Jedoch bleibt es dem Dienstherrn unbenommen, sich aufgrund der Insolvenz vorzeitig vom Vertrag zu lösen. Nimmt der Geschäftsherr sein Kündigungsrecht nicht wahr, bleibt das Vertragsverhältnis im Schwebezustand des § 103 InsO, ohne dass der Insolvenzverwalter zwischen Erfüllung oder Nichterfüllung des Vertrages gem. § 103 InsO entscheiden kann, da der Verwalter nicht über die Arbeitskraft des Gemeinschuldners verfügt und in den meisten Fällen selbst nicht in der Lage ist, an dessen Stelle die Leistung zu bewirken (*Staub/Brüggemann* HGB, § 89 Rn. 18). In der Insolvenz des Treuhänders ist § 103 InsO anwendbar (*Jaeger/Henckel* InsO, § 47 Rn. 78). 4

Der Geschäftsbesorgungsvertrag muss sich auf das zur Insolvenzmasse zugehörige Vermögen beziehen. Der Vertrag wird von § 116 InsO nur erfasst, wenn er Verfügungen oder andere tatsächliche Einwirkungen auf die Insolvenzmasse regelt. In der Praxis hat dies für Prozessmandate in Ehe- und Familiensachen Bedeutung. 5

C. Geschäftsbesorgungen

Zu Avalvereinbarungen s. Rdn. 15. 6

Beispiele für Geschäftsbesorgungsverträge: 7
– Dienstverträge mit **Aufsichtsratsmitgliedern** einer juristischen Person werden als Organverträge 8
nach überwiegender Auffassung dem Kündigungsrecht des § 113 InsO unterworfen (Jaeger/Henckel/Gerhardt/*Giesen* InsO, § 113 Rn. 33 ff.; *Scholz-Schmidt/Bitter* GmbHG, vor § 64 Rn. 115). Beim Aufsichtsrat ist ebenso, wie beim Organ Geschäftsführer oder Vorstand einer AG zwischen organschaftlicher Bestellung und schuldrechtlicher Vereinbarung zu unterscheiden (ausf. *Fetter* ZIP 2008, 1 ff.; Jaeger/Henckel/Gerhardt/*Giesen* InsO, § 113 Rn. 36 ff.). Der *BGH* deutet in einer Entscheidung vom 27.04.2009 an, die schuldrechtliche Vereinbarung sei als Geschäftsbesorgungsvertrag einzuordnen (ZIP 2009, 1661 [1662]). Die Zuordnung zu § 113 InsO hätte zur Konsequenz, dass der Vertrag mit dem Aufsichtsratsmitglied durch den Verwalter gesondert gekündigt werden müsste. Zutreffend scheint die Andeutung des BGH zu sein, dass der schuldrechtliche Teil der Vereinbarung als Geschäftsbesorgung zu werten ist und dieser schuldrechtliche Teil mit Verfahrenseröffnung endet, so dass im eröffneten Verfahren keine Vergütungsansprüche entstehen (im Ergebnis ebenso *Kübler/Prütting/Bork-Tintelnot* §§ 115/116 Rn. 4b).
– **Bankverträge** (ausf. hierzu Rdn. 42 ff.), insbesondere der Girovertrag erlöschen mit Verfahrenseröffnung (*BGH* ZInsO 2009, 659 [661]; *Obermüller* Insolvenzrecht in der Bankpraxis, Rn. 2.105). Der vor der Verfahrenseröffnung erteilte **Überweisungsauftrag** besteht dagegen fort (*BGH* ZInsO 2009, 659 [661]). Die Masse wird mit dem Aufwendungsersatz nach Satz 3 2. Alt. belastet (*Obermüller* Insolvenzrecht in der Bankpraxis, Rn. 3.8; *Uhlenbruck/Sinz* InsO, §§ 115, 116 Rn. 34). Führt die Bank Überweisungsaufträge aus, die nach Verfahrenseröffnung vom Schuldner erteilt werden, kann sie die Masse mit dem Aufwendungsersatzanspruch nicht belasten. 9
– **Baubetreuungsverträge** (*BGH* NJW 1978, 1054; *Koeble* NJW 1974, 721; Jaeger/Henckel/Gerhardt/*Jacoby* InsO, §§ 115 f. Rn. 109; grds. zum Baubetreuungsvertrag MüKo-BGB/*Heermann* § 675 Rn. 94 ff.). Anders der **Bauträgervertrag** (s. § 103 Rdn. 11). 10

§ 116 Erlöschen von Geschäftsbesorgungsverträgen

¹Hat sich jemand durch einen Dienst- oder Werkvertrag mit dem Schuldner verpflichtet, ein Geschäft für diesen zu besorgen, so gilt § 115 entsprechend. ²Dabei gelten die Vorschriften für die Ersatzansprüche aus der Fortsetzung der Geschäftsbesorgung auch für die Vergütungsansprüche. ³Satz 1 findet keine Anwendung auf Zahlungsaufträge sowie auf Aufträge zwischen Zahlungsdienstleistern oder zwischengeschalteten Stellen und Aufträge zur Übertragung von Wertpapieren; diese bestehen mit Wirkung für die Masse fort.

Übersicht

		Rdn.			Rdn.
A.	Zweck	1	F.	Die bankmäßigen Geschäftsbesorgungsverhältnisse	42
B.	Voraussetzungen	3			
C.	Geschäftsbesorgungen	6	I.	Erfasste Verträge	43
D.	Rechtsfolgen	30	II.	Zahlungsausgänge	58
E.	Treuhandverhältnisse	36	III.	Zahlungseingänge	67
			G.	Abdingbarkeit	77

Literatur:
Bitter Das neue Pfändungsschutzkonto (P-Konto) – eine Zwischenbilanz, ZIP 2011, 149; *Büchel* Das neue Pfändungsschutzkonto in der Insolvenz des Schuldners, ZInsO 2010, 20; *du Carrois* Aktuelle Probleme beim P-Konto in der Insolvenz des Schuldners, ZInsO 2010, 2276; *Emde/Kelm* Der Handelsvertretervertrag in der Insolvenz des Unternehmers, ZIP 2005, 58; *Fallscheer/Schegel* Das Lastschriftverfahren, 1977; *Fetter* Aufsichtsratsvergütung und Verträge mit Aufsichtsratsmitgliedern, ZIP 2008, 1; *Hellner* Bank – Betrieb, 1962; *Henckel* in: Festschrift für Coing zum 70. Geburtstag, Band II 1982; *Jacoby* Die Insolvenzfestigkeit von Lastschriften gestern, heute und morgen, ZIP 2010, 1725; *Kirchherr/Stützle* Bankgeheimnis und Bankauskunft – Aktuelle Probleme aus der Rspr. und Rechtspraxis, 2. Aufl., 1983; *Knees* Und es erlischt doch!, ZInsO 2011, 511; *Krüger* Die Wirkung der Verfahrenseröffnung bei einem insolventen Handelsvertreter auf seinen Handelsvertretervertrag, ZInsO 2010, 507; *Mordhorst* Rückabwicklung eines nach Eröffnung des Insolvenzverfahrens durch den Schuldner persönlich veranlassten Überweisungsauftrags, EWiR 2016, 707; *Obermüller* Überweisungsverkehr in der Insolvenz, ZInsO 2010, 8; *Obermüller/Kuder* SEPA-Lastschriften in der Insolvenz nach dem neuen Recht der Zahlungsdienste, ZIP 2010, 349; *Paulus* Vorsicht Falle – Wiederaufnahme eines durch ein Insolvenzverfahren unterbrochenen Prozesses, NJW 2010, 1633; *Proske* Die Kautionsversicherung in der Insolvenz des Unternehmers, ZIP 2006, 1035; *Rüger* Das Doppeltreuhandmodell zur Insolvenzsicherung von Altersteilzeitentgeltansprüchen im Blockmodell, NZI 2012, 488; *Tintelnot* Insolvenzfestigkeit von im Auftragsverhältnis erklärten Verzicht auf Rückforderungsansprüche des Auftraggebers, EWiR 2017, 211; *Wente* Findet § 103 InsO bei Insolvenz des dienstverpflichteten Unternehmens Anwendung?, ZIP 2005, 335; *Werner* Zivilrechtliche Neuerungen im Recht der Lastschrift – insbesondere im Einziehungsermächtigungsverfahren, BKR 2012, 221; *Wirth/Mintas* Die Anforderungen an den Makler bei der Insolvenz des Versicherungsnehmers, ZInsO 2012, 2002.

A. Zweck

1 § 116 InsO hat dieselbe Zielrichtung wie § 115 InsO. Die Vorschrift soll sicherstellen, dass der Insolvenzverwalter nicht durch einen Dritten in seiner Tätigkeit behindert wird. Zwar ist beim Vorliegen eines Geschäftsbesorgungsvertrages die Anwendung des § 103 InsO möglich, doch kann aufgrund dieser Vorschrift nicht die Möglichkeit ausgeschlossen werden, dass trotz der Eröffnung des Insolvenzverfahrens noch Eingriffe in den Aufgabenbereich des Insolvenzverwalters erfolgen. § 116 InsO ist seinem Zweck entsprechend ebenso wie § 115 InsO unabdingbar.

2 Satz 3 soll der Sicherung eines funktionierenden Zahlungssystems dienen. Die mit **Überweisungen** beauftragte Sparkasse oder Bank kann den erteilten Auftrag ausführen und den Aufwendungsersatz als Masseverbindlichkeit geltend machen (ausf. hierzu BK-InsO/*Goetsch* § 116 Rn. 31 ff.; *Obermüller* ZInsO 1999, 690 ff.). Voraussetzung ist, dass die Überweisung vor Verfahrenseröffnung angenommen wurde, mithin ein Überweisungsvertrag i.S.d. § 676a BGB vor Verfahrenseröffnung entstanden ist. Das Aufrechnungsverbot des § 96 InsO greift dann nicht, weil die Bank wegen Satz 3 2. HS Massegläubiger ist (*Obermüller* ZInsO 1999, 690 [695]). Die Anfechtbarkeit etwaiger Verrechnungen mit Guthaben-Salden wird dadurch nicht ausgeschlossen.

des Fortbestehens des Auftragsverhältnisses besteht zudem solange, wie der Beauftragte die Eröffnung des Verfahrens ohne Verschulden nicht erkennt (Abs. 3). Den Beweis der Bösgläubigkeit hat der Insolvenzverwalter zu erbringen (*Kübler/Prütting/Bork-Tintelnot* InsO, §§ 115, 116 Rn. 13).

Handelt der Beauftragte trotz **Erlöschens des Auftrags** und ohne die gesetzliche Fiktion des Fort- 15 bestehens nach Abs. 2 und 3 weiter, regelt sich das Rechtsverhältnis nach den Vorschriften der Geschäftsführung ohne Auftrag gem. §§ 677 ff. BGB (*Uhlenbruck/Sinz* InsO, §§ 115, 116 Rn. 14; *Gottwald/Huber* HdbInsR, § 36 Rn. 51). Kraft der besonderen gesetzlichen Einordnung der Vergütungsansprüche als Insolvenz- oder Masseforderung, sind die aus § 683 Satz 1 BGB folgenden Ersatzansprüche Insolvenzforderungen (*Uhlenbruck/Sinz* InsO, §§ 115, 116 Rn. 14).

Nur die Fortsetzung eines Auftrags, bei dem der Aufschub mit einer Gefahr verbunden ist, macht den 16 Beauftragten im Rahmen dieser **Notgeschäftsführung** zu einem Massegläubiger gem. § 115 Abs. 2 Satz 3 InsO wegen der **nach Verfahrenseröffnung entstehenden Ersatzansprüche**. Ansprüche, die vor der Eröffnung des Insolvenzverfahrens begründet wurden, bleiben einfache Insolvenzforderungen (*Gottwald/Huber* HdbInsR, § 36 Rn. 48). Der Beauftragte hat die Beweislast für die Notgeschäftsführung.

Setzt der Beauftragte den Auftrag aufgrund seiner **Unkenntnis über die Verfahrenseröffnung** fort, 17 wird der Fortbestand des Auftrages zum Schutz des Beauftragten ebenfalls fingiert, eine Haftung des Beauftragten nach § 179 BGB ist nach §§ 117 Abs. 3 InsO ausgeschlossen. Die Ersatzansprüche des Beauftragten sind, auch wenn sie nach der Verfahrenseröffnung bestehen, einfache Insolvenzforderungen (§ 115 Abs. 3 Satz 2 InsO). Nach Auffassung in der konkursrechtlichen Literatur sollte der Ersatzanspruch des Beauftragten Masseschuld nach § 55 Abs. 1 Nr. 3 InsO sein, wenn der Masse aus der weiteren Durchführung des Auftrages Vorteile zufließen (*Jaeger/Henckel* KO, § 27 Rn. 5; *Kilger/Karsten Schmidt* KO, § 27 Anm. 3). Hieran bestehen erhebliche Zweifel, weil die Vorteile für die Masse und die (rechtsgrundlose) Leistung nicht in einem Gegenseitigkeitsverhältnis stehen. Mit der Bereicherung korrespondieren die Aufwendungen nicht; zudem ist der Wortlaut des Gesetzes eindeutig (so auch *Uhlenbruck/Sinz* InsO, §§ 115, 116 Rn. 14).

Da die Abs. 2 und 3 des § 115 InsO nur den Rang der Ersatzansprüche regeln, bleiben **Sicherungs-** 18 **und Vorzugsrechte**, die daneben bestehen, davon unberührt. Bestehende Pfandrechte begründen Absonderungsansprüche. Diese Sicherheiten können aber nur die vor Verfahrenseröffnung entstandenen Vergütungsansprüche absichern.

Zurückbehaltungsrechte an den durch die Durchführung des Auftrages erlangten Gegenständen 19 kann der Beauftragte nur geltend machen, wenn hierfür ein Absonderungsrecht besteht. Das einfache Zurückbehaltungsrecht aus § 273 BGB, sowie das vertragliche, sind im Insolvenzverfahren nicht zu berücksichtigen (*OLG Düsseldorf* ZIP 1982, 471 [472]; *Gottwald/Huber* HdbInsR, § 36 Rn. 49). Der Beauftragte kann ein Zurückbehaltungsrecht danach nur geltend machen, wenn es sich um das kaufmännische Zurückbehaltungsrecht der §§ 369 ff. HGB handelt oder er unmittelbare Verwendungen auf die dem Insolvenzbeschlag unterliegende Sache machte. In diesem Fall bestehen gem. § 51 Nr. 2 und 3 InsO Absonderungsrechte.

E. Abdingbarkeit

Aufgrund der Ziel- und Zwecksetzung des § 115 InsO ist die Vorschrift unabdingbar (*BGH* BGHZ 20 168, 276 [284]). Es ist eine zwingende Grundvoraussetzung des Verfahrens, dass Dritte von der Verwaltung der Masse ausgeschlossen sind. Es ist gerade Zweck des Insolvenzverfahrens, dass die bestehenden Verfügungs- und Verwaltungsrechte mit Verfahrenseröffnung auf den Verwalter übergehen. Auch der Verwalter kann über die Rechtsfolge des § 115 InsO nicht entscheiden und den Auftrag nicht aufrechterhalten; er muss ihn neu erteilen (*MüKo-InsO/Huber* § 119 Rn. 74).

§ 115 InsO   Erlöschen von Aufträgen

Zustimmungsvorbehalt kann nicht kündigen. Die Beendigung des Auftrages ist nicht relativ; auch gegenüber dem Schuldner besteht keine Rechtsbeziehung mehr.

8   Die Wirkung des § 115 InsO erstreckt sich nicht auf Aufträge, die der **vorläufige Verwalter** mit Verwaltungs- und Verfügungsbefugnis im Rahmen des § 22 Abs. 1 InsO erteilt hat. Nach dem Wortlaut bezieht sich die Norm ausschließlich auf Aufträge, welche vom Schuldner erteilt wurden. Der Verwalter hat im Verlauf des weiteren Verfahrens nur die Möglichkeit, den durch ihn erteilten Auftrag gem. § 671 BGB zu widerrufen (*Uhlenbruck/Sinz* InsO, §§ 115, 116 Rn. 6). Auch Aufträge, die der Schuldner mit Zustimmung des vorläufigen schwachen vorläufigen Verwalters erteilt, kann der Verwalter im eröffneten Verfahren nur widerrufen (zum Streitstand s. § 111 Rdn. 6).

9   Der Verwalter kann den Auftrag nicht aufrechterhalten, sondern muss ihn neu erteilen. Mit **Beendigung des Verfahrens** tritt der Auftrag nicht wieder in Kraft. Kommt es zur Aufhebung des Eröffnungsbeschluss im Wege des Beschwerdeverfahrens, leben die Aufträge wieder auf (MüKo/InsO-*Ott/Vuia* § 115 Rn. 11; **a.A.** Jaeger/Henckel/Gerhardt/*Jacoby* InsO, §§ 115 f. Rn. 105).

10 Die weiteren Rechtsfolgen, die sich aus der Auflösung des Auftrags ergeben, richten sich nach den allgemeinen Vorschriften der §§ 662 ff. BGB. Dementsprechend ist der Beauftragte verpflichtet, das durch die **Geschäftsführung Erlangte herauszugeben** (§ 667 BGB) und über die Ausführung des Auftrags Rechenschaft abzulegen (§ 666 BGB).

11 Stehen dem Beauftragten **Aufwendungsersatzansprüche** aus der Tätigkeit bis zur Verfahrenseröffnung gem. § 670 BGB zu, kann er diese nur als einfache Insolvenzforderung ersetzt verlangen (MüKo-InsO/*Ott/Vuia* § 115 Rn. 11). Dabei dürfen die Ersatzansprüche nicht mit allgemeinen Vergütungsansprüchen verwechselt werden, die im Rahmen des unentgeltlichen Auftrages nicht entstehen können. Aufwendungen sind freiwillige Vermögensopfer, die der Beauftragte auf sich nimmt (*Staudinger/Wittmann* BGB, § 670 Rn. 5 ff.). Nur diese Ansprüche sind Gegenstand der InsO und können als Insolvenzforderung angemeldet werden. Diese in § 27 KO noch ausdrücklich festgelegte Rechtsfolge findet auch unter der InsO Anwendung. Nach den Vorstellungen des Gesetzgebers sollten die Regelungen der §§ 23, 27 KO inhaltlich unverändert übernommen werden (RegE BT-Drucks. 12/2443 S. 151). Gesetzessystematisch ergibt sich diese Rechtsfolge aus der Gegenüberstellung mit den Sondervorschriften der Abs. 2 und 3. Nur für den Fall der Notgeschäftsführung kann der Beauftragte seine Aufwendungen unmittelbar gegenüber der Masse geltend machen. Auch der gutgläubige Auftragnehmer muss sich mit der Insolvenzquote begnügen (Abs. 3).

12 **Schadenersatzansprüche** wegen der insolvenzbedingten Aufhebung des Auftrages stehen dem Beauftragten nicht zu (*BGH* ZInsO 2006, 1055 [1057]; *Uhlenbruck/Sinz* InsO, §§ 115, 116 Rn. 12). Anderenfalls hätte der Gesetzgeber diesen Schadenersatzanspruch wie in § 103 Abs. 2 InsO gesondert erwähnt.

13 Der Beauftragte kann mit seinen Ansprüchen auf Aufwendungsersatzanspruch **nicht** gegenüber dem Herausgabeanspruch des Verwalters **aufrechnen** (*Uhlenbruck/Sinz* InsO, §§ 115, 116 Rn. 9). Der Aufwendungsersatzanspruch entsteht vor Verfahrenseröffnung, während die Pflicht zur Herausgabe des Erlangten erst mit Eingang beim Beauftragten entsteht (*BGH* BGHZ 107, 88 [90] zur KO). Deshalb ist der Steuerberater verpflichtet, die Unterlagen des Schuldners an den Verwalter herauszugeben (*OLG Düsseldorf* ZIP 1982, 471 ff.); ein Zurückbehaltungsrecht besteht nicht.

D. § 115 Abs. 2 und Abs. 3 InsO

14 Die Abs. 2 und 3 enthalten gesetzliche Fiktionen. Die InsO normiert die Rechtsfolgen der **Notgeschäftsführung** und der entschuldigten Fortführung des Auftrages gesondert. Das Auftragsverhältnis gilt als fortbestehend, wenn mit dem Aufschub objektiv Gefahr verbunden wäre, bis der Insolvenzverwalter anderweitig Fürsorge treffen kann (Abs. 2). Die klassische Grundkonstellation ist die **Verwertung verderblicher Ware**. Dabei ist es weder erforderlich, dass mit der Ausführung schon bei der Eröffnung des Verfahrens begonnen war, noch dass der Beauftragte von der Verfahrenseröffnung erfahren hat oder dass die Masse durch die Ausführung des Auftrags einen Vorteil erlangt. Die Fiktion

§ 115 InsO befasst sich mit den Auswirkungen, welche die Verfahrenseröffnung auf die vom Schuldner erteilten Aufträge hat. Ziel dieser Regelung ist es, die Verwaltung der Masse vom Zeitpunkt der Verfahrenseröffnung an allein in die Hände des Insolvenzverwalters zu legen. Aus diesem Grund erlischt ein Auftrag mit der Eröffnung des Insolvenzverfahrens (Abs. 1). Nur so kann sichergestellt werden, dass der Insolvenzverwalter nicht durch einen Dritten, der von dem Schuldner vor der Verfahrenseröffnung mit Geschäften betraut worden ist, in seiner Tätigkeit behindert wird (*RG* RGZ 81, 336; Gesetzesbegründung BT-Drucks. 12/2443, S. 151). Die aus § 671 BGB resultierende Widerrufsmöglichkeit des Auftrags wäre bei der Insolvenz des Auftraggebers zur Wahrung der Interessen nicht ausreichend. Bis zum Widerruf würde der Beauftragte weiter in die ansonsten allein dem Verwalter vorbehaltene Verwaltung und Verwertung der Masse eingreifen können (*Uhlenbruck/Sinz* InsO, §§ 115, 116 Rn. 1). Da es sich bei einem Auftrag i.S.v. §§ 662 ff. BGB um einen unvollkommen zweiseitigen, d. h. einseitig verpflichtenden Vertrag handelt, ist eine Anwendung des § 103 InsO nicht möglich. 2

B. Auftrag

Die Norm erfasst nur Aufträge. Der Begriff des Auftrags entspricht dabei dem des § 662 BGB. Hierunter wird i.d.R. jede Tätigkeit für einen anderen verstanden, unabhängig davon, ob sie rechtlicher oder tatsächlicher, selbstständiger oder unselbstständiger, wirtschaftlicher oder nichtwirtschaftlicher Art ist (MüKo-BGB/*Seiler* § 662 Rn. 16). Abzugrenzen ist der Auftrag insbesondere von rechtlich unverbindlichen **Gefälligkeitsverhältnissen** (MüKo-BGB/*Seiler* § 662 Rn. 59 ff.). 3

Die Abgrenzung zwischen Auftrag und der in § 116 InsO geregelten Geschäftsbesorgung findet anhand der Entgeltlichkeit statt. Der Auftrag ist die unentgeltliche Tätigkeit in fremden Interesse (MüKo-BGB/*Seiler* § 662 Rn. 2). Die **Schiedsabrede** ist kein Auftrag (*BGH* ZInsO 2004, 88; *Kück* ZInsO 2006, 11 ff.; *Dahl/Thomas* NZI 2012, 534). Schiedsverträge unterliegen nicht dem Wahlrecht des Verwalters (s.a. § 103 Rdn. 63). Zum **Handelsvertretervertrag** s. § 116 Rdn. 18. 4

Der Schuldner muss Auftraggeber sein. Ist er **Auftragnehmer**, greift § 115 InsO nicht. Die bürgerlich-rechtliche Möglichkeit des Auftraggebers, den Auftrag jederzeit widerrufen zu können (§ 671 Abs. 1 BGB), reicht zu dessen Schutz aus (*Uhlenbruck/Sinz* InsO, §§ 115, 116 Rn. 5). Auch der Verwalter kann gem. § 671 BGB jederzeit kündigen; bei höchst persönlichen Leistungen nur der Schuldner (Jaeger/Henckel/Gerhardt/*Jacoby* InsO, §§ 115 f. Rn. 86). Der Auftraggeber hat gegenüber dem Verwalter sodann Aussonderungsrechte an den von ihm übermittelten Unterlagen und Daten (*Bultmann* ZInsO 2011, 992 [994]), nicht aber an den Gegenständen, die durch den Auftrag erlangt wurden (*Uhlenbruck/Brinkmann* InsO, § 47 Rn. 75b; **a.A.** *Bultmann* ZInsO 2011, 992 [994]). 5

§ 115 InsO findet nur Anwendung, wenn der Auftrag sich auf das zur **Insolvenzmasse gehörende Vermögen** bezieht (Abs. 1). Auftragsverhältnisse, die das insolvenzfreie Vermögen oder die rein persönlichen Verhältnisse des Schuldners betreffen, werden von § 115 InsO nicht erfasst. Der erteilte Auftrag muss somit Verfügungen über die Insolvenzmasse betreffen oder andere tatsächliche Einwirkungen auf diese haben. Hauptanwendungsfälle der fehlenden Vermögensbeziehung sind der Pfleger oder Betreuer. Die **Beweislast** für die Massebezogenheit trägt der Verwalter (MüKo-InsO/*Ott/Vuia* § 115 Rn. 9 FN 19; **a.M.** BK-InsO/*Blersch/Goetsch* § 115 Rn. 11). 6

C. Rechtsfolgen

Mit der Eröffnung des Insolvenzverfahrens erlöschen unmittelbar alle Aufträge (dogmatisch hierzu HK-InsO/*Marotzke* § 115 Rn. 4). Diese Wirkung tritt kraft Gesetzes ein und gilt nur für die Zukunft (*BGH* ZInsO 2006, 1055; MüKo-InsO/*Ott/Vuia* § 115 Rn. 11). Der Verwalter muss alles, was der Beauftragte bis zu diesem Zeitpunkt im Rahmen des Auftrags getan hat, für und gegen die Masse gelten lassen (*Uhlenbruck/Sinz* InsO, §§ 115, 116 Rn. 8). Will der vorläufige Insolvenzverwalter die weitere Tätigkeit des Beauftragten beenden, muss er – soweit er Verwaltungs- und Verfügungsbefugnis besitzt – kündigen (*LG Lübeck* DZWIR 2000, 78). Der **vorläufige Verwalter** mit 7

§ 114 a.F. Bezüge aus einem Dienstverhältnis

(1) Hat der Schuldner vor der Eröffnung des Insolvenzverfahrens eine Forderung für die spätere Zeit auf Bezüge aus einem Dienstverhältnis oder an deren Stelle tretende laufende Bezüge abgetreten oder verpfändet, so ist diese Verfügung nur wirksam, soweit sie sich auf die Bezüge für die Zeit vor Ablauf von zwei Jahren nach dem Ende des zur Zeit der Eröffnung des Verfahrens laufenden Kalendermonats bezieht.

(2) ¹Gegen die Forderung auf die Bezüge für den in Absatz 1 bezeichneten Zeitraum kann der Verpflichtete eine Forderung aufrechnen, die ihm gegen den Schuldner zusteht. ²Die §§ 95 und 96 Nr. 2 bis 4 bleiben unberührt.

(3) ¹Ist vor der Eröffnung des Verfahrens im Wege der Zwangsvollstreckung über die Bezüge für die spätere Zeit verfügt worden, so ist diese Verfügung nur wirksam, soweit sie sich auf die Bezüge für den zur Zeit der Eröffnung des Verfahrens laufenden Kalendermonat bezieht. ²Ist die Eröffnung nach dem fünfzehnten Tag des Monats erfolgt, so ist die Verfügung auch für den folgenden Kalendermonat wirksam. ³§ 88 bleibt unberührt; § 89 Abs. 2 Satz 2 gilt entsprechend.

(Aufgehoben mit Wirkung ab dem 01.07.2014)

1 § 114 a.F. (Fassung für die bis zum 30.06.2014 beantragten Verfahren) und die Kommentierung hierzu siehe FK-InsO 8. Auflage.

§ 115 Erlöschen von Aufträgen

(1) Ein vom Schuldner erteilter Auftrag, der sich auf das zur Insolvenzmasse gehörende Vermögen bezieht, erlischt durch die Eröffnung des Insolvenzverfahrens.

(2) ¹Der Beauftragte hat, wenn mit dem Aufschub Gefahr verbunden ist, die Besorgung des übertragenen Geschäfts fortzusetzen, bis der Insolvenzverwalter anderweitig Fürsorge treffen kann. ²Der Auftrag gilt insoweit als fortbestehend. ³Mit seinen Ersatzansprüchen aus dieser Fortsetzung ist der Beauftragte Massegläubiger.

(3) ¹Solange der Beauftragte die Eröffnung des Verfahrens ohne Verschulden nicht kennt, gilt der Auftrag zu seinen Gunsten als fortbestehend. ²Mit den Ersatzansprüchen aus dieser Fortsetzung ist der Beauftragte Insolvenzgläubiger.

Übersicht	Rdn.		Rdn.
A. Allgemeines	1	D. § 115 Abs. 2 und Abs. 3 InsO	14
B. Auftrag	3	E. Abdingbarkeit	20
C. Rechtsfolgen	7		

Literatur:
Bultmann Aussonderung von Daten in der Insolvenz, ZInsO 2011, 992; *Dahl/Thomas* Die Bindungswirkungen von Schiedsklauseln im Insolvenzverfahren, NZI 2012, 534; *Kück* Schiedsgerichtsvereinbarungen und Schiedsabreden im Insolvenzverfahren, ZInsO 2006, 11.

A. Allgemeines

1 In der Insolvenz sollen die vermögensbezogenen Rechtshandlungen ausschließlich dem Verwalter obliegen. Um diese Verwaltung unmittelbar mit der Verfahrenseröffnung umzusetzen, sieht die InsO das Erlöschen von Aufträgen, Geschäftsbesorgungsverträgen und Vollmachten per legem vor. Die InsO sieht für die genannten Rechtsinstitute in den §§ 115–117 InsO gesonderte Regelungen vor. Damit verhindert die InsO gleichzeitig, dass die Masse aus der Fortgeltung der Aufträge mit Verbindlichkeiten belastet wird (MüKo-InsO/*Ott/Vuia* § 115 Rn. 1; ausf. zur Kritik an den §§ 115 ff. InsO: Jaeger/Henckel/Gerhardt/*Jacoby* InsO, §§ 115 f. Rn. 8 ff.).

tracht kommen dürfte daher auch im Bereich des § 8a ATZG n.F. lediglich eine Haftung des Geschäftsführers über § 823 Abs. 2 BGB i.V.m. § 263 StGB (Betrug) bzw. § 266 StGB (Untreue), wenn dem organschaftlichen Vertreter zumindest bedingter Vorsatz nachweisbar ist (*BAG* 23.02.2016 – 9 AZR 293/15).

Ein Betrug i.S.d. § 263 Abs. 1 StGB kann auch durch Täuschung des Betriebsrats zu Lasten eines Arbeitnehmers begangen werden. Es reicht aus, wenn der Betriebsrat eine Vermögensschutzfunktion gegenüber dem Arbeitnehmer hat. Diese kann sich auch aus einer Betriebsvereinbarung ergeben. Ist der Arbeitgeber nach dieser verpflichtet, dem Betriebsrat die Insolvenzsicherung nachzuweisen, begründet dies eine entsprechende Vermögensschutzfunktion des Betriebsrats. Teilt der Geschäftsführer dem Betriebsrat dann wahrheitswidrig mit, dass die Insolvenzsicherung erfolgt sei, kann dies seine Schadensersatzpflicht nach § 823 Abs. 2 BGB i.V.m. § 263 StGB begründen. Der Geschäftsführer haftet dann persönlich für den Schaden, der dem Arbeitnehmer durch die (teilweise) Nichterfüllung seines erarbeiteten Wertguthabens in der Insolvenz entsteht, weil das vor Insolvenzeröffnung erarbeitete Wertguthaben nach § 108 Abs. 2 InsO nur als Insolvenzforderung anteilig berichtigt wird (*BAG* 13.02.2007 DB 2007, 1690). 350

Da es sich bei dem Schadensersatzanspruch gegen den Geschäftsführer nicht um einen Gesamtschaden i.S.d. § 92 InsO handelt, hat den Schadensersatzanspruch nicht der Insolvenzverwalter, sondern der Arbeitnehmer gegen den Geschäftsführer geltend zu machen (*Zwanziger* RdA 2005, 226 [240]). 351

V. Altersteilzeit und Insolvenzgeld

Das Insolvenzgeld erfasst auch die Altersteilzeitvergütung soweit sie in den Insolvenzgeldschutzzeitraum fällt. Bei der Höhe des Insolvenzgeldes berücksichtigt werden auch die vom Arbeitgeber zu zahlenden Aufstockungsbeträge, da sie Teil des Arbeitsentgelts sind. Bei der Höhe des zu zahlenden Insolvenzgeldes ist jedoch nicht auf die tatsächlich geleisteten monatlichen Arbeitsstunden und damit das erarbeitete Entgelt, d.h. also in der Arbeitsphase auf das Vollzeitarbeitsentgelt, sondern auf das abgesenkte Altersteilzeitentgelt abzustellen (*SG Berlin* 03.11.2005 – S 60 AL 5563/03). Dies ergibt sich aus § 165 Abs. 2 Satz 2 SGB III, wonach für Zeiten, in denen auch während der Freistellung eine Beschäftigung gegen Arbeitsentgelt besteht, als Arbeitsentgelt der auf Grund der schriftlichen Vereinbarung zur Bestreitung des Lebensunterhalts im jeweiligen Zeitraum bestimmte Betrag gilt. Für den Arbeitnehmer ergibt sich im Regelfall hierdurch keine unangemessene Benachteiligung, da die nicht vom Insolvenzgeld erfasste Differenz als Wertguthaben insolvenzgesichert ist (vgl. *BSG* 25.06.2002 BSGE 89, 289 für Arbeitszeitkonten). 352

Anhang zu § 113   Vergütungsansprüche des Arbeitnehmers

2. Rechtsfolgen unterbliebener Sicherung

a) Konkretisierter Anspruch

344   Erfolgt keine Insolvenzsicherung durch den Arbeitgeber, hat dies keine Auswirkungen hinsichtlich der Wirksamkeit des Altersteilzeitarbeitsvertrages. Auch die Nichterfüllung des Informationsanspruchs berührt nicht die Wirksamkeit des Altersteilzeitarbeitsverhältnisses. Allerdings kann in beiden Fällen der Arbeitnehmer den Arbeitgeber schriftlich auffordern, ihm binnen eines Monats einen geeigneten Nachweis über die Insolvenzsicherung zu erbringen. Kommt der Arbeitgeber der Aufforderung nicht nach, kann der Arbeitnehmer eine Sicherheitsleistung vom Arbeitgeber in Höhe des bestehenden Wertguthabens verlangen, wobei er unter den im Gesetz aufgeführten verschiedenen Formen wählen kann (vgl. *BAG* 30.10.2006 NZA 2007, 647).

b) Geschäftsführerhaftung

345   Da im Falle einer unterbliebenen Insolvenzsicherung die Ansprüche der Arbeitnehmer gegen ihren Arbeitgeber, soweit sie Insolvenzforderungen sind, praktisch wertlos sind, stellt sich die Frage, ob nicht neben dem insolventen Unternehmen Dritte, d.h. insbesondere Geschäftsführer einer GmbH oder der Vorstand einer AG für die unterbliebene Insolvenzsicherung haftbar gemacht werden können.

346   Für Altersteilzeitverhältnisse, für die nur eine Insolvenzsicherung i.S.d. § 7e SGB IV n.F. vorgesehen ist, wurde zu der bis zum 31.12.2008 gültigen Vorgängerregelung des § 7d SGB IV a.F. eine Haftung des Geschäftsführers bzw. des Vorstands vom BAG in ständiger Rechtsprechung abgelehnt, da ein Wertguthaben kein sonstiges Recht i.S.d. § 823 Abs. 1 BGB und § 7d SGB IV a.F. kein Schutzgesetz i.S.d. § 823 Abs. 2 BGB sei (*BAG* 16.08.2005 NZA 2006, 1057; 13.12.2005 NZA 2006, 729; 21.11.2006 NZA 2007, 693; 13.02.2007 DB 2007, 1690; 23.02.2010 ZIP 2010, 1361; ebenso aus der Literatur *Baldringer* ZInsO 2006, 690; *Cisch/Ulbrich* DB 2007, 1029; *Hertzfeld* EWiR 2006, 333; *Kohte-Heggemann* GmbHR 2007, 605; **a.A.** *Zwanziger* RdA 2005, 226 [240]). Der zum 01.01.2009 neu geschaffene § 7e SGB IV benennt allerdings in Abs. 7 Satz 2 nunmehr ausdrücklich eine gesamtschuldnerische Haftung organschaftlicher Vertreter, sofern der Arbeitgeber eine juristische Person oder eine Gesellschaft ohne Rechtspersönlichkeit ist. Die Haftung ist nur ausgeschlossen, wenn sie den Schaden nicht zu vertreten haben. In Betracht kommt daneben eine Haftung des Geschäftsführers über § 823 Abs. 2 BGB i.V.m. § 263 Abs. 1 StGB, wenn der Geschäftsführer eine nicht erfolgte Insolvenzsicherung vorspiegelt (*BAG* 13.02.2007 ZIP 2007, 1334).

347   Auch für Wertguthaben ist § 8a ATZG i.d.F. vom 01.07.2004 bis zum 31.12.2008 nach Ansicht des BAG nur im Verhältnis zum Arbeitgeber Schutzgesetz i.S.v. § 823 Abs. 2 BGB. Die Vorschrift begründet keine Durchgriffshaftung der gesetzlichen Vertreter juristischer Personen (*BAG* 23.02.2016 – 9 AZR 293/15).

348   In § 8a Abs. 1 Satz 1 a.E. ATZG i.d.F. seit dem 01.01.2009 wurde zusätzlich die Formulierung eingefügt, dass § 7e SGB IV keine Anwendung findet. Das BAG hat nunmehr entschieden, dass diese Regelung nicht nur auf den Vorrang des § 8a ATZG im Verhältnis des Arbeitnehmers zum Arbeitgeber hinweist, sondern dass eine Durchgriffshaftung nach § 7e Abs. 7 Satz 2 SGB IV für die Insolvenzsicherung nach § 8a ATZG n.F. insgesamt ausgeschlossen ist. Zwar sei eine Durchgriffshaftung von gesetzlichen Vertretern juristischer Personen wegen unzureichender Sicherung von Wertguthaben grds. möglich, durch den 8a Abs. 1 Satz 1 HS 2 ATZG sei die Anwendbarkeit des § 7e SGB IV jedoch vom Gesetzgeber bezüglich Altersteilzeitwertguthaben ausdrücklich ausgeschlossen worden (*BAG* 23.02.2016 – 9 AZR 293/15).

349   Die zu § 8a ATZG a.F. genannten Erwägungen dürften jedoch auch zu § 8a ATZG n.F. weiterhin Bestand haben. Im Gegensatz zu dem ebenfalls zum 01.01.2009 neu eingefügten § 7e Abs. 7 Satz 2 SGB IV hat das Gesetz in § 8a ATZG die für eine juristische Person handelnden Organe nicht ausdrücklich in die Haftung einbezogen (s. *LAG Berlin-Brandenburg* 06.10.2009 – 16 Sa 530/09). Damit handelt es sich auch bei § 8a ATZG n.F. um kein Schutzgesetz i.S.d. § 823 Abs. 2 BGB. In Be-

stellungsphase zu zahlende Entgelt ist mithin für den Zeitraum Masseforderung, der in seiner Lage dem Zeitraum der Arbeitsphase entspricht, der nach der Insolvenzeröffnung liegt (*BAG* 30.10.2008 EzA § 613a BGB 2002 Nr. 101; 19.10.2004 BAGE 112, 224; 19.12.2006 DB 2007, 1707; *LAG Hamm* 13.10.2006 – 4 Sa 180/06; *Lembke* BB 2007, 1333 [1336]; *Zwanziger* RdA 2005, 226 [238]). Spiegelbildlich bedeutet somit eine parallele Verschiebung der Zeitabschnitte.

Entsprechend erfolgt auch die Einordnung von Vergütungsansprüchen in Alt- und Neumasseverbindlichkeiten, wenn der Insolvenzverwalter Masseunzulänglichkeit nach § 208 InsO angezeigt hat. Nimmt der Insolvenzverwalter somit die Arbeitsleistung des sich in Altersteilzeit befindlichen Arbeitnehmers nach Anzeige der Masseunzulänglichkeit entgegen bzw. kündigt er nicht zum erstmöglichen Zeitpunkt nach Anzeige der Masseunzulänglichkeit, handelt es sich bei den für diesen Zeitraum geschuldeten Vergütungsansprüchen um Masseverbindlichkeiten i.S.d. § 209 InsO. 336

Die Einordnung als Insolvenz- oder Masseforderung ist insbesondere im Falle einer Betriebsübernahme i.S.d. § 613a BGB von Bedeutung, da der Betriebserwerber aufgrund der insolvenzrechtlichen Beschränkung des Eintritts der Haftung nach § 613a Abs. 1 Satz 1 nur Insolvenz-, nicht jedoch Masseforderungen erfasst *BAG* 18.11.2003 EzA § 613a BGB 2002 Nr. 19; 19.10.2004 BAGE 112, 224; *LAG Hamm* 13.10.2006 – 4 Sa 180/06). Ist die Arbeitsphase vor Insolvenzeröffnung abgeschlossen, haftet der Erwerber nicht für die restlichen Vergütungsansprüche des Altersteilzeit-Arbeitnehmers während der Freistellungsphase (*BAG* 30.10.2008 ZIP 2009, 682). Der Arbeitnehmer kann vom Betriebserwerber regelmäßig nur die Vergütung verlangen, die auf Arbeitsleistungen beruht, die nach Insolvenzeröffnung erbracht worden sind. 337

IV. Insolvenzsicherung des Wertkontos

Da der Arbeitnehmer beim Blockmodell hinsichtlich seines Vergütungsanspruchs somit in erhebliche Vorleistung tritt, zugleich aber seine »angesparten« Vergütungsansprüche im Falle einer Insolvenz regelmäßig lediglich Insolvenzforderungen sind, besteht ein erhebliches Risiko für den Arbeitnehmer. Der Gesetzgeber hat daher eine Insolvenzsicherung für Wertguthaben eingeführt. 338

1. Gesetzliche Regelung

Bis zum 31.06.2004 erfolgte die Insolvenzsicherung von Wertguthaben allein aufgrund einer privatrechtlichen Vereinbarung der Vertragsparteien, wozu diese jedoch nach § 7e SGB IV verpflichtet sind. 339

Mit Wirkung zum 01.07.2004 trat eine zusätzliche, weitergehende Vorschrift zur Insolvenzsicherung für Wertguthaben aus Altersteilzeitarbeit in Kraft (§ 8a ATZG). Danach hat der Arbeitnehmer nunmehr einen Anspruch auf angemessene Absicherung des Wertguthabens (zu beiden Normen umfassend *Podewin* RdA 2005, 295; *Knospe* NZA 2006, 187). 340

§ 8a ATZG gilt gem. der Übergangsregelung des § 15g ATZG **nicht** für Altersteilzeitarbeitsverhältnisse, die **vor dem 01.07.2004 begonnen** wurden. Entscheidend ist der tatsächliche Beginn, nicht der Abschluss des Altersteilzeitarbeitsverhältnisses. 341

Zu beachten ist, dass die vom Arbeitgeber nach § 8a ATZG zu leistende Sicherheit nicht die Aufstockungsbeträge nach § 3 Abs. 1 Nr. 1 lit. a ATZG erfasst (*ArbG Berlin* 31.01.2007 – 9 Ca 19205/06). Es sind also nur diejenigen 50 % einschließlich des darauf entfallenden Arbeitgeberanteils am Gesamtversicherungsbeitrag abgesichert, die der Arbeitnehmer erarbeitet, aber noch nicht ausgezahlt bekommen hat. Das bedeutet zugleich, dass die Insolvenzsicherung nicht das Altersteilzeitgehalt, sondern nur das angesparte Wertguthaben erfasst. Die Insolvenzsicherung ist somit keine »Lohnversicherung«. Die Sicherungs- und Informationspflicht trifft auch den Insolvenzverwalter, soweit er das Altersteilzeitarbeitsverhältnis nach Insolvenzeröffnung fortführt. 342

Zulässig ist jede Sicherung, bei der das Sicherungsvermögen vom sonstigen Vermögen des Arbeitgebers eindeutig getrennt ist und somit nicht in die Insolvenzmasse fällt. 343

bierte Arbeitszeit vergütet. Nach der ständigen Rechtsprechung des BAG tritt der Arbeitnehmer während der Arbeitsphase mit seinen vollen Arbeitsleistungen im Hinblick auf die anschließende Freistellungsphase in Vorleistung. Während der Arbeitsphase erbringt er Vorleistungen und erarbeitet Entgeltteile, die nicht im Monat der Arbeitsphase ausgezahlt, sondern für die spätere Freistellungsphase angespart werden (*BAG* 19.10.2004 BAGE 112, 214). Es entsteht dadurch ein Wertguthaben des Arbeitnehmers. Der Arbeitnehmer erarbeitet sich mit anderen Worten im Umfang seiner Vorleistungen in der Arbeitsphase zum einen Ansprüche auf die spätere Zahlung der Bezüge und zum anderen einen entsprechenden Anspruch auf Freistellung von der Arbeitsleistungspflicht (*BAG* 19.10.2004 BAGE 112, 214).

331 Das zunächst als gesetzlicher Grundfall konzipierte, aber in der Praxis nur **selten** vorkommende **Teilzeitmodell** (seltener auch Kontinuitäts- oder Halbschichtmodell genannt) entspricht demgegenüber in seiner Ausgestaltung einem normalen Teilzeitarbeitsverhältnis nach dem TzBfG, anderen Gesetzen oder Tarifverträgen: Die Arbeitszeit wird für jede Woche reduziert. Zulässig sind ferner Zwischenmodelle, solange durch sie eine Halbierung der bisherigen Arbeitszeit erfolgt (*Zwanziger* RdA 2005, 226 [229]). Beispiele sind etwa ein täglicher, wöchentlicher oder monatlicher Wechsel zwischen Freistellung und Arbeit. Denkbar ist auch eine degressive Verteilung der Arbeitszeit, so dass der Anteil der Arbeitsphase umso geringer wird, je näher der Renteneintritt rückt.

332 Im Insolvenzfall problematisch sind die im Blockmodell durchgeführten Altersteilzeitarbeitsverhältnisse.

II. Kündigungsmöglichkeiten in der Insolvenz

333 Auch im Falle der Insolvenz besteht das Altersteilzeitarbeitsverhältnis nach § 108 Abs. 1 InsO fort. Obwohl es sich beim Altersteilzeitarbeitsverhältnis um ein befristetes Arbeitsverhältnis handelt, kann es unter Einhaltung der Kündigungsfrist des § 113 InsO und § 1 KSchG ordentlich gekündigt werden. § 113 InsO verdrängt als insolvenzspezifische Norm §§ 15 Abs. 3, 21 TzBfG (*Zwanziger* RdA 2005, 226 [238]). Eine betriebsbedingte Kündigung scheidet jedoch selbst im Falle einer Betriebsstilllegung aus, wenn sich der Arbeitnehmer beim Blockmodell bereits in der Freistellungsphase befindet (*BAG* 05.12.2002 BAGE 104, 131).

III. Vergütungsansprüche des Arbeitnehmers als Insolvenz- oder Masseforderung

334 Die Einordnung der offenen Vergütungsansprüche von sich in Altersteilzeit befindlichen Arbeitnehmern als Insolvenz- oder Masseforderung richtet sich danach, wann die Arbeitsleistung, die den Ansprüchen zugrunde liegt, erbracht wurde, da der **Zeitpunkt der Arbeitsleistung** bestimmt, inwieweit die Leistungen der Masse zukommen (*BAG* 19.10.2004 BAGE 112, 214; *Zwanziger* RdA 2005, 226 [238]). Nicht entscheidend ist dagegen, wann der Arbeitnehmer die Zahlung der Vergütung verlangen kann (*BAG* 19.10.2004 BAGE 112, 214; 19.12.2006 DB 2007, 1707). Das bedeutet, dass ein Arbeitnehmer in der Arbeitsphase Entgeltansprüche für die Zeit seiner Freistellung erarbeitet. Diese Entgeltansprüche sind jedoch Gegenleistung für die bereits während der Arbeitsphase über die verringerte Arbeitszeit hinausgehende geleistete Arbeit. Somit ist der Entgeltanspruch auch für diese Zeit geschuldet (*BAG* 19.10.2004 BAGE 112, 214; 31.01.2008 EzA § 613a BGB 2002 Nr. 89). Wurde die Arbeitsleistung somit vor Insolvenzeröffnung erbracht, sind alle darauf beruhenden Entgeltansprüche in vollem Umfang Insolvenzforderungen (*BAG* 30.10.2008 ZIP 2009, 682). Zu den Entgeltansprüchen gehören auch die vom Arbeitgeber zusätzlich zu zahlenden Aufstockungsbeträge. Auch sie sind somit, obwohl sie eigentlich keine Gegenleistung für die geleistete Arbeit sind, sondern der Absicherung des Lebensstandards des Arbeitnehmers dienen, Insolvenzforderung (*BAG* 19.10.2004 BAGE 112, 214; *LAG Hamm* 13.10.2006 – 4 Sa 180/06).

335 Wird die Insolvenz jedoch noch während der Arbeitsphase eröffnet und erbringt der Arbeitnehmer auch nach Insolvenzeröffnung Arbeitsleistungen, handelt es sich bei den Vergütungsforderungen um Masseforderungen. Das gilt auch für das auf diesen Zeitraum entfallende und in der Freistellungsphase auszuzahlende, »gestundete« Entgelt. Es gilt insoweit die »Spiegelbildtheorie«: Das in der Frei-

Forderung, die zur Insolvenzmasse gehört, aufgerechnet werden kann, entspricht der Trennung von Insolvenzmasse und freiem Vermögen des Schuldners.

IV. Verfügung im Wege der Zwangsvollstreckung (§ 114 Abs. 3 InsO)

§ 114 Abs. 3 InsO bestimmt, dass eine Verfügung über die Bezüge für die spätere Zeit, die im Wege der Zwangsvollstreckung vor Eröffnung des Verfahrens erfolgt ist, nur wirksam ist, soweit sie sich auf die Bezüge für den zur Zeit der Eröffnung des Verfahrens **laufenden Kalendermonat** bezieht. Ist die Eröffnung nach dem 15. Tag des Monats erfolgt, so ist die Verfügung auch für den folgenden Kalendermonat wirksam (Satz 2). Mit dieser starken Einschränkung der Wirksamkeit einer Pfändung der Bezüge soll der häufig zufällige Vorsprung eines Gläubigers vor den übrigen wieder gegenstandslos gemacht werden. Satz 3 behält die noch weitergehende Wirkung der »Rückschlagsperre« vor: Gem. § 88 InsO wird ein Pfändungspfandrecht, das nicht früher als einen Monat vor dem Eröffnungsantrag erlangt worden ist, durch die Eröffnung des Verfahrens rückwirkend unwirksam. Unberührt bleiben allerdings gem. Satz 3, 2. HS die Vollstreckungsmaßnahmen von Unterhalts- und Deliktsgläubigern in den erweitert pfändbaren Teil der Bezüge. Soweit danach Vollstreckungsmaßnahmen dieser Gläubiger wirksam vorgenommen werden können, sind nach allgemeinen Grundsätzen auch Abtretungserklärungen zugunsten dieser Gläubiger wirksam (vgl. § 400 BGB). 327

V. Rechtsbehelf

Werden Einwendungen gegen die Zulässigkeit einer Zwangsvollstreckung in künftige Forderungen auf Bezüge aus einem Dienstverhältnis des Schuldners oder an deren Stelle tretende laufende Bezüge geltend gemacht, so ist wie nach allgemeinem Vollstreckungsrecht die Erinnerung statthaft. Über diese entscheidet nach § 89 Abs. 3 InsO allerdings nicht das Vollstreckungsgericht, sondern aus Gründen der Sachnähe das Insolvenzgericht. Einstweilige Anordnungen können ebenfalls vom Insolvenzgericht erlassen werden (§ 89 Abs. 3 Satz 2 InsO). 328

F. Altersteilzeitarbeitsverhältnisse im Insolvenzverfahren

Die Altersteilzeitarbeit dient dem Zweck, älteren Arbeitnehmern einen gleitenden Übergang vom Erwerbsleben in die Altersrente zu ermöglichen (§ 1 Abs. 1 ATZG). Das ATZG selbst sieht keinen Rechtsanspruch auf Altersteilzeit vor. Es regelt im Wesentlichen das Rechtsverhältnis zwischen Arbeitgeber und der Bundesagentur für Arbeit, insbesondere bezüglich der Mindestvoraussetzungen für die finanzielle Förderung durch die Bundesagentur für Arbeit und hat somit nur mittelbar Auswirkungen auf das Verhältnis zwischen Arbeitnehmer und Arbeitgeber (*BAG* 14.10.2003 BAGE 108, 95 = NZA 2004, 860). Das ATZG ist ein **sozialrechtliches Subventionsgesetz** (*Zwanziger* RdA 2005, 226 [227]). Die Subventionierung erfolgt neben der im ATZG geregelten Erstattung der Aufstockungsleistungen bei ursächlicher Neueinstellung eines arbeitslos gemeldeten Arbeitnehmers (vgl. hierzu *BSG* 10.02.2004 AuB 2004, 215) durch die Steuer- und Beitragsfreiheit von Aufstockungsleistungen sowie den günstigen Voraussetzungen der sog. Altersrente nach Altersteilzeit (vgl. § 237 und Anlage 19 SGB VI; vgl. *Zwanziger* RdA 2005, 226 [232 ff.]). Das ATZG ist bis zum 31.12.2009 befristet. Altersteilzeitarbeitsverhältnisse werden nur noch gefördert, wenn die Arbeitszeit spätestens ab dem 31.12.2009 verringert wird (§ 1 Abs. 1 ATZG) und die Voraussetzungen der Förderung vor dem 01.01.2010 vorlagen (§ 16 ATZG). Ein Anspruch des Arbeitnehmers auf Vereinbarung von Altersteilzeit kann sich nur aus kollektivvertraglichen Vorschriften ergeben. Die kollektivvertraglichen Regelungen lehnen sich in aller Regel stark an die im ATZG aufgestellten Mindestvoraussetzungen für die finanzielle Förderung an, gehen aber auch oftmals zugunsten des Arbeitnehmers darüber hinaus. 329

I. Arten der Altersteilzeit

Altersteilzeitarbeit wird ganz überwiegend im sog. **Blockmodell** durchgeführt. Das Blockmodell ist durch eine Aufteilung in die Arbeitsphase und die Freistellungs- bzw. Freizeitphase gekennzeichnet. Während der gesamten Dauer des Altersteilzeitarbeitsverhältnisses wird durchgehend nur die hal- 330

III. Aufrechnung (§ 114 Abs. 2 InsO)

1. Im Insolvenzverfahren

324 Für den gleichen Zeitraum, für den eine Abtretung oder Verpfändung der Bezüge wirksam ist, ist nach § 114 Abs. 2 InsO eine Aufrechnung gegen die Forderung auf Zahlung der Bezüge zulässig. Die Aufrechnungsbefugnis wird somit in gleichem Umfang respektiert wie eine Vorausabtretung. So ist z.B. der Arbeitgeber, der seinem Arbeitnehmer vor der Eröffnung des Insolvenzverfahrens ein Darlehen gegeben hat, ebenso geschützt wie ein anderer Darlehensgeber, dem der Arbeitnehmer die Forderung auf seine künftigen Bezüge zur Sicherheit abgetreten hat. Auch mit sonstigen Forderungen, etwa mit Schadensersatzforderungen aus dem Arbeitsverhältnis, kann der Arbeitgeber aufrechnen; dies gilt allerdings nur, soweit die §§ 95 und 96 Nrn. 2 bis 4 InsO nicht entgegenstehen. Bei einem Zusammentreffen von Pfändung oder Abtretung der Bezüge einerseits und Aufrechnungsbefugnis des zur Zahlung der Bezüge Verpflichteten andererseits gelten die allgemeinen Vorschriften des Bürgerlichen Gesetzbuchs (§§ 392, 406 BGB). Soweit eine Aufrechnung nicht zulässig ist, kann nach allgemeinen Grundsätzen auch ein Zurückbehaltungsrecht nicht ausgeübt werden.

2. Nach Beendigung des Insolvenzverfahrens (§ 294 Abs. 3 InsO)

325 § 294 Abs. 3 InsO bestimmt, dass der Verpflichtete gegen die Forderung auf die Bezüge, die von der Abtretungserklärung an den Treuhänder erfasst werden, mit einer Forderung gegen den Schuldner nur aufrechnen kann, soweit er bei einer Fortdauer des Insolvenzverfahrens nach § 114 Abs. 2 InsO zur Aufrechnung berechtigt wäre; mit anderen Worten: Konnte der Verpflichtete nach Abs. 2 aufrechnen, steht ihm auch nach Beendigung des Insolvenzverfahrens in der anschließenden Wohlverhaltensperiode ein Aufrechnungsrecht zu. Erwirbt der Arbeitgeber neue Forderungen gegen den Schuldner, so ist die Aufrechnung bis zum Ende der Wohlverhaltensperiode ganz ausgeschlossen, § 114 Abs. 2 Satz 2 i.V.m. § 96 Nr. 4 InsO. Eine Aufrechnung gegen den unpfändbaren Teil der Bezüge, den die Abtretung an den Treuhänder nicht erfasst, wird durch die Regelung nicht ausgeschlossen; eine solche Aufrechnung kommt nach den in der Rechtsprechung entwickelten Grundsätzen zur Auslegung des § 394 BGB in Betracht, wenn der Schuldner seinem Arbeitgeber vorsätzlich Schaden zufügt (*BAG* 28.08.1964 NJW 1965, 70 ff.; 18.03.1997 AP Nr. 30 zu § 394 BGB; *LAG Köln* 27.07.2007 – 11 Sa 172/07). Danach ist stets anhand der Umstände des Einzelfalles zu untersuchen, ob und inwieweit der den gesetzlichen Aufrechnungsgrenzen zu entnehmende Sozialschutz gegenüber den schützenswerten Interessen des Geschädigten zurücktreten muss. Hierbei sind die Interessen des Berechtigten auf der einen und das Ausgleichsinteresse des geschädigten Arbeitgebers auf der anderen Seite miteinander abzuwägen. Die individuellen Schutzinteressen des Schädigers müssen jedenfalls dann zurücktreten, wenn der vorsätzlich verursachte Schaden so hoch ist, dass er ihn unter normalen Umständen nicht ausgleichen kann, falls ihm der pfändungsfreie Teil seines Einkommens verbleibt. Wird in Versorgungsansprüche eingegriffen, so darf im Interesse der Allgemeinheit die Aufrechnung nicht dazu führen, dass der Anspruchsberechtigte auf Sozialhilfe angewiesen ist, so dass die Schadensersatzansprüche bei wirtschaftlicher Betrachtung teilweise aus Mitteln der öffentlichen Hand befriedigt werden. Dem Schädiger muss deshalb das Existenzminimum verbleiben, das in Anlehnung an § 850d ZPO unter Berücksichtigung sonstiger Einkünfte zu ermitteln ist (*BAG* 18.03.1997 AP Nr. 30 zu § 394 BGB).

3. Geltung der §§ 95, 96 Nrn. 2 bis 4 InsO

326 § 114 Abs. 2 Satz 2 InsO bestimmt, dass die §§ 95 und 96 Nrn. 2 bis 4 InsO bei der Aufrechnung gem. Satz 1 zu beachten sind. Die Aufrechnung durch einen Insolvenzgläubiger ist danach nicht möglich, wenn der Gläubiger die Forderung erst nach der Verfahrenseröffnung erworben hat (Nr. 2), bzw. wenn die Aufrechnungslage vor der Verfahrenseröffnung in einer Weise herbeigeführt worden ist, die den Insolvenzverwalter gegenüber dem Gläubiger zur Insolvenzanfechtung berechtigt (Nr. 3). § 96 Nr. 4 InsO betrifft den Fall, dass nach der Eröffnung des Insolvenzverfahrens eine Forderung gegen den Schuldner persönlich begründet worden ist. Dass eine solche Forderung nicht gegen eine

Hat der Schuldner am Tag der Eröffnung des Verfahrens verfügt, greift die widerlegbare Vermutung 318
des § 81 Abs. 3 InsO ein, wonach nach der Eröffnung des Verfahrens verfügt wurde (zu dem Begriff
der Verfügung und namentlich zu der Ersetzung des Begriffs »Rechtshandlung« in § 7 KO gegen den
Begriff »Verfügungen« in § 81 InsO vgl. ausführlich von *Olshausen* ZIP 1998, 1093 ff.).

2. Dienstverhältnis

Der Begriff des Dienstverhältnisses ist gleichbedeutend mit demjenigen in § 113 InsO. Er ist entspre- 319
chend der Terminologie der §§ 621, 622 BGB der Oberbegriff für das Arbeitsverhältnis und für das
Vertragsverhältnis über die Leistung von Diensten anderer Art. Wegen der Einzelheiten wird auf
Rdn. 93 ff. verwiesen.

3. Bezüge

Von dem Begriff der Bezüge aus einem Dienstverhältnis oder an deren Stelle tretende laufende Be- 320
züge werden nicht nur alle Arten von Arbeitseinkommen i.S.d. § 850 ZPO erfasst, sondern insbesondere auch die **Renten** und die **sonstigen laufenden Geldleistungen** der Träger der Sozialversicherung und der Bundesagentur für Arbeit im Falle des Ruhestands, der Erwerbsunfähigkeit oder der Arbeitslosigkeit. Das Arbeitsentgelt eines Strafgefangenen für im Strafvollzug geleistete Arbeit (§ 43
StVollzG) gehört ebenfalls zu diesen Bezügen. Unter den Begriff der »Bezüge« fallen damit die Vergütungen für Dienstleistungen aller Art, die die Erwerbstätigkeit des Schuldners vollständig oder zu
einem wesentlichen Teil in Anspruch nehmen. Unerheblich ist, ob Entgelte aufgrund eines freien
oder eines abhängigen Dienstvertrages gewährt werden. Es muss sich allerdings um wiederkehrend
zahlbare Vergütungen für (selbstständige oder unselbstständige) Dienste handeln, die die Existenzgrundlage des Dienstpflichtigen bilden, weil sie seine Erwerbstätigkeit ganz oder zu einem wesentlichen Teil in Anspruch nehmen (*BAG* 10.02.1962 AP Nr. 2 zu § 850 ZPO = NJW 1962, 1221;
BGH 08.12.1977 MDR 1978, 387 = NJW 1978, 756; *BAG* 05.12.1985 BGHZ 96, 324). Die Karenzentschädigung nach §§ 74 ff. HGB zählt ebenso zu den Bezügen wie der Ausgleichsanspruch
eines Handelsvertreters gem. §§ 87, 89b, 90a HGB (wegen der Einzelheiten vgl. *Zöller/Stöber* § 850
ZPO Rn. 2 ff.). Auch eine anlässlich der Beendigung eines Arbeitsvertrages gezahlte Abfindung fällt
nach Ansicht des BGH unter § 114 InsO (str., vgl. *BGH* 11.05.2010 NZA-RR 2010, 425; ebenso
MüKo-InsO/*Löwisch/Caspers* § 114 Rn. 11; *Uhlenbruck* InsO, § 114 Rn. 10; *Nerlich/Römermann*
InsO, § 114 Rn. 24a; **a.A.** *Hess* Insolvenzrecht § 114 Rn. 14; *Braun/Kroth* InsO, § 114 Rn. 3; *Küb-
ler/Prütting/Bork-Moll* InsO, § 114 Rn. 14).

Nicht zu den Bezügen zählen Schadenersatzleistungen, z.B. für vorzeitige Vertragsbeendigung 321
(§ 628 Abs. 2 BGB; vgl. *Kübler/Prütting* Das neue Insolvenzrecht, Bd. I, § 114 Rn. 12).

Da das Gesetz nur Bezüge **für die spätere Zeit** erfasst, fallen rückständige Bezüge aus dem Dienst- 322
verhältnis oder an deren Stelle tretende Bezüge nicht in den Anwendungsbereich der Vorschrift. Verfügungen über bei Verfahrenseröffnung bereits entstandene Ansprüche sind in ihrer Wirksamkeit
nicht eingeschränkt (*Nerlich/Römermann-Kießner* InsO, § 114 Rn. 30).

4. Zwei-Jahres-Zeitraum

Um die vertraglichen Sicherheiten an den laufenden Bezügen nicht zu entwerten, sieht Abs. 1 vor, 323
dass Abtretungen und Verpfändungen für eine Zeit von **zwei Jahren** nach der **Eröffnung** des Insolvenzverfahrens wirksam sind; erst für die Folgezeit stehen die Bezüge des Schuldners für eine Verteilung an die Gesamtheit der Insolvenzgläubiger zur Verfügung. Hierbei hat der Gesetzgeber nicht verkannt, dass in dieser Regelung eine erhebliche Einschränkung der Rechtsstellung des gesicherten
Gläubigers liegt. Andererseits ging er davon aus, dass der wirtschaftliche Wert seiner Sicherheit regelmäßig dadurch erhöht wird, dass der Schuldner durch die Aussicht auf die Restschuldbefreiung stärker motiviert ist, einer geregelten Arbeit nachzugehen, und durch die Wohlverhaltensobliegenheiten
in der Zeit bis zur Restschuldbefreiung davon abgehalten wird, sein Arbeitsverhältnis oder einen Teil
der erzielten Einkünfte zu verheimlichen.

sich beim Abfindungsanspruch nach § 1a KSchG um eine Masseverbindlichkeit handelt (*Stiller* NZI 2005, 77).

311 Kündigt nach Insolvenzeröffnung der Insolvenzverwalter betriebsbedingt und mit einem Hinweis auf eine Abfindung, so handelt es sich ebenfalls um eine Masseverbindlichkeit, § 55 Abs. 1 Nr. 1 InsO (KR-*Spilger* § 1a KSchG Rn. 105; *Stiller* NZI 2005, 77).

312 Im Falle einer zulässigen Nachkündigung durch den Insolvenzverwalter zur Ausnutzung der kurzen Kündigungsfrist des § 113 InsO führt dies nicht zu einer Masseforderung nach § 55 Abs. 1 Nr. 1 InsO. Denn diese Kündigung hat nur eine Fristverkürzung zur Folge, hat aber keine Auswirkung auf den durch die vorherige Kündigung begründeten Abfindungsanspruch (vgl. KR-*Spilger* § 1a KSchG Rn. 107; KR-*Weigand* §§ 113, 120–124 InsO Rn. 126; **a.A.** *Nägele* ArbRB 2003, 274 [275]).

V. Tarifvertragliche Abfindungen

313 Ist in einem Tarifvertrag für den Fall der Kündigung des Arbeitsverhältnisses auf Grund von Rationalisierungsmaßnahmen ein Abfindungsanspruch vorgesehen, ist diese selbst dann bloße Insolvenzforderung i.S.v. § 38 InsO, wenn die Kündigung erst nach Eröffnung des Insolvenzverfahrens durch den Insolvenzverwalter erklärt wird (*BAG* 27.04.2006 NZA 2006, 1282). Denn entscheidend für die Einordnung als Insolvenz- oder Masseforderung ist die Begründung des Abfindungsanspruchs – aufschiebend bedingt durch die Kündigung – durch den Tarifvertrag und nicht das Entstehen des konkreten Anspruchs durch Ausspruch der Kündigung oder Ausscheiden des Arbeitnehmers.

E. Bezüge aus dem Dienstverhältnis (§ 114 InsO)

I. Normzweck

314 Ein Ziel der Insolvenzordnung ist die Restschuldbefreiung gem. §§ 286 ff. InsO. Danach sollen natürliche Personen, wenn sie dessen »würdig« sind, unter bestimmten Voraussetzungen von ihren Schulden befreit werden, sofern die Verbindlichkeiten im Insolvenzverfahren ungedeckt geblieben sind. In diesem Rahmen ist eine sechsjährige »Wohlverhaltensperiode« vorgesehen, während der die laufenden pfändbaren Einkünfte des Schuldners an die Insolvenzgläubiger verteilt werden. Dieses System der Restschuldbefreiung setzt voraus, dass die laufenden Bezüge während einer längeren Zeit nach Verfahrensbeendigung für die Verteilung an die Insolvenzgläubiger zur Verfügung stehen. Daher werden die regelmäßig vorliegenden Vorausabtretungen, Verpfändungen und Pfändungen der Bezüge in ihrer Wirksamkeit zwar nicht aufgehoben, aber zeitlich beschränkt.

315 Für den gleichen Zwei-Jahres-Zeitraum, für den eine Abtretung oder Verpfändung der Bezüge wirksam ist, ist nach § 114 Abs. 2 InsO eine Aufrechnung gegen die Forderung auf Zahlung der Bezüge zulässig.

316 § 114 Abs. 3 InsO schränkt die Wirksamkeit einer vor Verfahrenseröffnung erfolgten Zwangsvollstreckung in die Bezüge des Schuldners stark ein; die Pfändung hat nur für rund einen Monat nach der Verfahrenseröffnung Bestand. Damit soll der eher zufällige Vorsprung eines Gläubigers vor den übrigen wieder rückgängig gemacht werden.

II. Wirksamkeit von Vorausverfügungen (§ 114 InsO Abs. 1)

1. Verfügungen vor Verfahrenseröffnung

317 § 114 Abs. 1 InsO setzt voraus, dass der Schuldner **vor Verfahrenseröffnung** über eine Forderung für die spätere Zeit auf Bezüge aus einem Dienstverhältnis oder an deren Stelle tretende laufende Bezüge verfügt hat. Nach Verfahrenseröffnung sind solche Verfügungen unwirksam, und zwar auch für die Zeit nach Verfahrensbeendigung, wie ausdrücklich § 81 Abs. 2 Satz 1 InsO i.V.m. § 114 Abs. 1 InsO bestimmt. Ausgenommen ist lediglich das Abtretungsrecht des Schuldners an den Treuhänder im Rahmen der Restschuldbefreiung für die sechsjährige »Wohlverhaltensperiode« nach Aufhebung des Insolvenzverfahrens (§ 81 Abs. 2 Satz 2 i.V.m. § 287 Abs. 2 Satz 1 InsO).

III. Abfindung aus einem Auflösungsurteil (§ 9 KSchG)

Nach § 9 Abs. 1 KSchG kann das Gericht im Kündigungsschutzprozess sowohl auf den Antrag des Arbeitnehmers wie auch auf den Antrag des Arbeitgebers unter bestimmten Voraussetzungen das Arbeitsverhältnis auflösen und den Arbeitgeber zur Zahlung einer angemessenen Abfindung verurteilen, wenn zuvor festgestellt ist, dass das Arbeitsverhältnis durch die Kündigung nicht aufgelöst ist. 301

Im Unterschied zur Sozialplanabfindung und auch zur Abfindung als Nachteilsausgleich ist in diesem Falle ein rechtswidriges Verhalten des Arbeitgebers durch Ausspruch einer **sozial ungerechtfertigten** Kündigung Voraussetzung des Auflösungsurteils. 302

Für den zeitlichen Anknüpfungspunkt zur Entscheidung über die insolvenzrechtliche Behandlung des Abfindungsanspruchs aus einem Auflösungsurteil ist schon fraglich, an welchen Zeitpunkt angeknüpft werden sollte: Entstehung der Auflösungsgründe, Stellung des Auflösungsantrags, Erlass des Urteils oder Rechtskraft des Urteils. 303

Ist die sozial ungerechtfertigte Kündigung erst **nach** Insolvenzeröffnung durch den Insolvenzverwalter ausgesprochen worden, ist der Abfindungsanspruch aus einem Auflösungsurteil in einem über diese Kündigung geführten Kündigungsschutzprozess stets sonstige **Masseverbindlichkeit** nach § 55 Abs. 2 Nr. 1 InsO (KR-*Weigand* §§ 113, 120–124 InsO Rn. 116). 304

Der **Erlass** des Auflösungsurteils vor Eröffnung des Insolvenzverfahrens soll nach h.M. zur Folge haben, dass der Abfindungsanspruch aus dem Auflösungsurteil stets **nur einfache Insolvenzforderung** ist (so schon zu dem rechtlich vergleichbaren Schadenersatzanspruch aus § 628 Abs. 2 BGB: *BAG* 13.08.1980 EzA § 59 KO Nr. 10). Diese Auffassung hat zur Folge, dass auch alle übrigen zeitlich früheren Anknüpfungspunkte stets nur zu einer einfachen Insolvenzforderung führen können. 305

Eine weitergehende Differenzierung für die Entscheidung über die insolvenzrechtliche Behandlung danach, auf wessen Antrag das Auflösungsurteil ergeht oder welche Partei die Auflösungsgründe verursacht hat, erscheint aus Gründen der Rechtssicherheit nicht vertretbar (so schon zu dem rechtlich vergleichbaren Schadenersatzanspruch aus § 628 Abs. 2 BGB: *BAG* 13.08.1980 EzA § 59 KO Nr. 10). 306

Auch der Abfindungsanspruch aus einem Auflösungsurteil ist **nicht insolvenzgeldfähig** (§ 166 Abs. 1 Nr. 1 SGB III), da die Auflösung des Arbeitsverhältnisses durch das Urteil des Gerichts den Abfindungsanspruch erst auslöst und daher diese Abfindung ein Anspruch wegen der Beendigung des Arbeitsverhältnisses ist, es sich im Übrigen auch wiederum um Entschädigungen »als Ersatz für entgangene oder entgehende Einnahmen« (§ 24 Satz 1 Nr. 1a EStG) handelt. 307

IV. Abfindungsanspruch nach § 1a KSchG

Beim Abfindungsanspruch nach § 1a KSchG handelt es sich um eine Insolvenzforderung, wenn die betriebsbedingte Kündigung mit dem erforderlichen Hinweis nach § 1a Abs. 1 Satz 2 KSchG vor Insolvenzeröffnung ausgesprochen wurde. 308

Das gilt auch dann, wenn die Frist des § 4 Satz 1 KSchG erst nach Insolvenzeröffnung abläuft, der Abfindungsanspruch somit erst nach Insolvenzeröffnung durchsetzbar ist. Entscheidend ist vielmehr, dass er vor der Insolvenzeröffnung mit Ausspruch der Kündigung begründet wurde i.S.d. § 38 InsO, d.h. dass die Forderung ihrem Rechtsgrund nach bereits vor Insolvenzeröffnung entstanden ist. Eine Masseverbindlichkeit nach § 55 Abs. 1 Nr. 1 oder Nr. 2 InsO liegt ebenfalls nicht vor, da die Verbindlichkeit nicht durch eine Handlung des Insolvenzverwalters begründet wurde und auch nicht auf einem gegenseitigen Vertrag, sondern auf einer Kündigung, also einseitigen Gestaltserklärung, beruht (vgl. *Eichholz/Schmittmann* ZInsO 2004, 409 [411]; KR-*Spilger* § 1a KSchG Rn. 104; *Stiller* NZI 2005, 77; a.A. KR-*Weigand* §§ 113, 120–124 InsO Rn. 115). 309

Bei Ausspruch einer betriebsbedingten Kündigung unter entsprechendem Hinweis nach § 1a Abs. 1 Satz 2 KSchG durch einen »starken« vorläufigen Verwalter greift freilich § 55 Abs. 2 InsO, so dass es 310

Anhang zu § 113 Vergütungsansprüche des Arbeitnehmers

295 Ein Anspruch auf **Insolvenzgeld** wegen einer nicht gezahlten Sozialplanabfindung kann auch dann **nicht entstehen**, wenn die Beendigung des Arbeitsverhältnisses im Insolvenzgeld-Zeitraum vor Insolvenzeröffnung erfolgt und der Anspruch zu diesem Zeitpunkt entstanden ist. Dies ergibt sich aus § 166 Abs. 1 Nr. 1 SGB III, wonach Ansprüche **wegen der Beendigung** des Arbeitsverhältnisses und Ansprüche für die Zeit nach der Beendigung des Arbeitsverhältnisses einen Anspruch auf Insolvenzgeld nicht begründen können. Da es sich bei dem in § 112 Abs. 1 BetrVG vorgegebenen Zweck der Sozialplanabfindung um einen Ausgleich **künftig entstehender** wirtschaftlicher Nachteile handelt, können Sozialplanabfindungen nicht als rückständige Ansprüche aus einem Arbeitsverhältnis angesehen werden.

II. Anspruch auf Nachteilsausgleich (§ 113 Abs. 3 BetrVG)

296 Ein Anspruch auf Zahlung einer Abfindung aus § 113 Abs. 3 i.V.m. Abs. 1 BetrVG entsteht dann, wenn entweder vor Insolvenzeröffnung der Schuldner oder nach Insolvenzeröffnung der Insolvenzverwalter es unterlassen, den erforderlichen Versuch zur Herbeiführung eines Interessenausgleichs vor der Durchführung einer Betriebsänderung (regelmäßig Betriebsstilllegung oder Betriebsteilstilllegung) überhaupt oder bis zu der erforderlichen Durchführung der Sitzung einer Einigungsstelle zu betreiben (*BAG* 30.05.2006 EzA § 113 BetrVG 2001 Nr. 7).

297 Aus dem **Sanktionscharakter** (vgl. *BAG* 04.06.2003 AP Nr. 2 zu § 209 InsO) des Anspruchs auf einen Nachteilsausgleich ergibt sich, dass der Anspruch sich durch die Verhaltensweise entweder des Schuldners vor Insolvenzeröffnung oder des Insolvenzverwalters nach Insolvenzeröffnung im Umgang mit seinem Betriebsrat ergibt und der Anspruch zu dem Zeitpunkt entsteht, zu welchem der Unternehmer mit der Durchführung der Betriebsänderung beginnt, ohne zuvor das erforderliche Verfahren der Abstimmung zum Zwecke der Herbeiführung eines Interessenausgleichs mit dem Betriebsrat betrieben zu haben. Bei einer Betriebsstilllegung oder Betriebsteilstilllegung ist dieser Zeitpunkt regelmäßig mit dem Zeitpunkt des **Ausspruchs von Kündigungen** identisch, wenn ein Interessenausgleichsverfahren vor Ausspruch dieser Kündigungen noch nicht bis in eine Sitzung einer Einigungsstelle betrieben wurde.

298 Werden die Handlungen zur Durchführung einer Betriebsänderung durch den Insolvenzverwalter nach Insolvenzeröffnung vorgenommen, sind sich daraus ergebende Ansprüche auf Nachteilsausgleich **Masseverbindlichkeiten** i.S.v. § 55 Abs. 1 Nr. 1 InsO (*BAG* 30.05.2006 EzA § 209 InsO Nr. 7), da es keinen Unterschied macht, ob der Insolvenzverwalter selbst einen Sozialplan nach der Insolvenzeröffnung abschließt oder die Ansprüche auf Nachteilsausgleich verursacht (so auch *BAG* 25.09.1997 DB 1998, 138 [139]). Liegt die Handlung nach der Anzeige der Masseunzulänglichkeit, so entsteht eine Neumasseverbindlichkeit nach § 209 Abs. 1 Nr. 2 InsO (*BAG* 30.05.2006 EzA § 209 InsO Nr. 7).

Werden die Handlungen zur Durchführung einer Betriebsänderung ohne Versuch eines Interessenausgleichs vor der Eröffnung des Insolvenzverfahrens durch den Schuldner begangen, bleiben spätere Ansprüche auf Nachteilsausgleich auch dann **einfache Insolvenzforderungen**, wenn die Handlungen (z.B. Kündigungen) in Absprache und mit Zustimmung des vorläufigen Insolvenzverwalters erfolgt sind (*BAG* 04.12.2002 BAGE 104, 94 = NZA 2003, 665).

299 Insolvenzgeld kann auch für einen Anspruch auf Nachteilsausgleich **nicht** verlangt werden, da der Nachteilsausgleich wegen der Beendigung des Arbeitsverhältnisses entsteht und auf den Ausgleich der Nachteile gerichtet ist, die sich für den Arbeitnehmer **nach dem Ende** des Arbeitsverhältnisses ergeben. Der Insolvenzgeldfähigkeit steht damit ebenfalls § 166 Abs. 1 Nr. 1 SGB III entgegen.

300 Ein Schadensersatzanspruch gem. § 113 Abs. 3 BetrVG ist ausgeschlossen, wenn die Parteien im Rahmen eines Kündigungsschutzprozesses einen Vergleich über den Beendigungszeitpunkt und damit materiell-rechtlich einen Aufhebungsvertrag schließen. Der Prozessvergleich ist dann ein neuer, eigenständiger Beendigungstatbestand, welcher dazu führt, dass die Kündigung gegenstandslos wird und somit auch ein Anspruch auf Nachteilsausgleich aus § 11 Abs. 3 BetrVG nicht länger besteht (*BAG* 19.11.2015 – 6 AZR 558/14).

- tarifvertraglicher Abfindungsanspruch,
- Abfindungsanspruch nach § 1a KSchG,
- Prozessvergleich im Kündigungsschutzprozess,
- Auflösungsurteil gem. §§ 9, 10 KSchG im Kündigungsschutzprozess,
- Nachteilsausgleich gem. § 113 Abs. 3, Abs. 1 BetrVG,
- Sozialplan gem. § 112 Abs. 4, Abs. 5 BetrVG.

Abfindungen sind i.d.R. kein Entgelt für nach Insolvenzeröffnung erbrachte Arbeitsleistungen, sondern stellen einen Ausgleich für durch den Verlust des Arbeitsplatzes entstehende Nachteile und/oder eine Honorierung der Zustimmung des Arbeitnehmers zur vorzeitigen Vertragsauflösung dar. Eine vor Insolvenzeröffnung einzelvertraglich vereinbarte Abfindung ist daher auch dann nur einfache Insolvenzforderung i.S.v. § 38 InsO und keine Masseschuld, wenn sie erst nach Insolvenzeröffnung mit der Beendigung des Arbeitsverhältnisses entsteht (*BAG* 27.09.2007 ZIP 2008, 374).

I. Sozialplanabfindung

Die insolvenzrechtliche Behandlung der Sozialplanabfindung ist nunmehr in den §§ 123 und 124 InsO abschließend geregelt. Die frühere Regelung des Gesetzes über den Sozialplan im Insolvenz- und Vergleichsverfahren gilt nicht mehr.

Die Formulierung in § 123 Abs. 2 Satz 1 InsO »Verbindlichkeiten aus einem solchen Sozialplan« erfasst auch und in erster Linie Ansprüche auf Zahlung einer Abfindung.

Nach § 123 Abs. 2 Satz 2 InsO darf für die Berichtigung derartiger Sozialplanforderungen insgesamt nicht mehr als 1/3 der Insolvenzmasse verwendet werden, die ohne einen Sozialplan für die Verteilung an die Insolvenzgläubiger zur Verfügung stünde. Wenn der Gesamtbetrag aller Forderungen aus einem Sozialplan, also neben den Abfindungsansprüchen auch sonstige finanzielle Ansprüche der anspruchsberechtigten Arbeitnehmer aus dem Sozialplan diese Grenze von 1/3 der Insolvenzmasse übersteigt, werden die einzelnen Forderungen anteilig gekürzt.

Die Höhe des Abfindungsanspruchs ergibt sich aus dem jeweiligen Sozialplan. Der Sozialplan ist in seiner Gesamtdotierung gem. § 123 Abs. 1 InsO auf den Gesamtbetrag von bis zu 2 1/2 Monatsverdiensten der von einer Entlassung betroffenen Arbeitnehmer begrenzt. Für die Berechnung der Monatsverdienste findet die Bestimmung des § 10 Abs. 3 KSchG entsprechende Anwendung.

Abfindungsansprüche aus einem Sozialplan, der vor der Eröffnung des Insolvenzverfahrens, jedoch nicht früher als 3 Monate vor dem Eröffnungsantrag aufgestellt worden ist, unterliegen der Möglichkeit eines **Widerrufs** durch den Insolvenzverwalter oder alternativ auch durch den Betriebsrat gem. § 124 Abs. 1 InsO.

Eine **Rückforderung** von bereits erfolgten Zahlungen auf Abfindungen aus einem solchen Sozialplan findet im Falle des Widerrufs allerdings gem. § 124 Abs. 3 Satz 1 InsO nicht statt.

Wird der vor der Verfahrenseröffnung innerhalb des Drei-Monats-Zeitraums vor dem Eröffnungsantrag aufgestellte Sozialplan widerrufen, können die betroffenen Arbeitnehmer in einem Sozialplan gem. § 123 InsO Ansprüche erhalten.

Für den **Zweck** von Sozialplanansprüchen hat das BAG, orientiert an der gesonderten Regelung des § 112 Abs. 1 BetrVG, zutreffend erkannt: »Sozialplanansprüche sind ihrem Zweck nach keine Entschädigung für den Verlust des Arbeitsplatzes« (*BAG* 09.11.1994 EzA § 112 BetrVG 1972 Nr. 78).

Das BAG weist zutreffend darauf hin, dass nach der Vorgabe in § 112 Abs. 1 BetrVG Sozialplanregelungen dem Ausgleich oder der Minderung wirtschaftlicher Nachteile zu dienen haben, die den Arbeitnehmern infolge der Betriebsänderung künftig entstehen. Diese Leistungen aus Sozialplänen haben damit eine **Ausgleichs- und Überbrückungsfunktion** und stellen keine Entschädigungen dar (*BAG* 09.11.1994 EzA § 112 BetrVG 1972 Nr. 78; 09.12.2014 – 1 AZR 406/13).

Anhang zu § 113 Vergütungsansprüche des Arbeitnehmers

kündigen »können«. Hierunter ist nicht die tatsächliche Kündigungsmöglichkeit, sondern ein »rechtliches Können« zu verstehen. Das heißt, dass der Insolvenzverwalter in der Lage sein muss, formell wirksame Kündigungen auszusprechen (*BAG* 04.06.2003 NZA 2003, 1087; *LAG Hamm* 13.10.2005 ZInsO 2007, 51; *Berscheid* FS Greiner (2005), S. 1, 20). Er muss also zuvor evtl. erforderliche Zustimmungen (z.B. bei schwerbehinderten Menschen) einholen, Betriebsratsanhörungen durchführen, aber auch Interessenausgleichsverhandlungen i.S.d. § 111 BetrVG abwarten (*BAG* 04.06.2003 NZA 2003, 1087; 23.02.2005 BAGE 114, 13; *LAG Hamm* 13.10.2005 ZInsO 2007, 51). Ob dagegen die Kündigung auch nach § 1 KSchG, insbesondere dem Gesichtspunkt der zutreffenden Sozialauswahl, wirksam ist, ist nicht entscheidend (*BAG* 31.03.2004 BAGE 110, 135 = NZA 2004, 1093; 23.02.2005 BAGE 114, 13; 21.07.2005 BAGE 115, 225 = NZA 2006, 162; *LAG Hamm* 13.10.2005 ZInsO 2007, 51; a.A. *Adam* SAE 2004, 307 [308]). Nimmt der Insolvenzverwalter die Arbeitsleistung des Arbeitnehmers nach Anzeige der Masseunzulänglichkeit entgegen, sind Urlaubsvergütung und -abgeltung als Neumasseverbindlichkeiten anteilig geschuldet, und zwar in dem Umfang, der rechnerisch auf den Zeitraum des aktiven Beschäftigungsverhältnisses nach Anzeige der Masseunzulänglichkeit im Verhältnis zum Urlaubsjahr entfällt (*BAG* 21.11.2006 NZA 2007, 696 mit Berechnungshinweisen).

2. Gerichtliche Geltendmachung

282 Erhebt der Arbeitnehmer Zahlungsklage nach Insolvenzeröffnung wegen Entgeltansprüchen aus der Zeit nach der Insolvenzeröffnung, ist eine Leistungsklage mangels Rechtsschutzbedürfnisses aufgrund des Vollstreckungsverbots nach § 210 InsO unzulässig, wenn der Insolvenzverwalter die (drohende) Masseunzulänglichkeit nach § 208 InsO angezeigt hat (*BAG* 04.06.2003 NZA 2003, 1087; 31.03.2004 BAGE 110, 135 = NZA 2004, 1093). Der Arbeitnehmer muss seine Klage dann auf eine Feststellungsklage umstellen. Dies gilt allerdings nur, wenn es sich bei dem eingeklagten Entgelt um Masseverbindlichkeiten i.S.d. § 209 Abs. 1 Nr. 3 InsO handelt (sog. Altmasseverbindlichkeiten). Handelt es sich dagegen um Neumasseverbindlichkeiten i.S.d. § 209 Abs. 1 Nr. 2 InsO, sind sie also erst nach Anzeige der Masseunzulänglichkeit begründet worden, können sie weiterhin mit der Leistungsklage verfolgt werden; sie sind nicht vom Vollstreckungsverbot erfasst (*BAG* 04.06.2003 NZA 2003, 1087; 31.03.2004 BAGE 110, 135 = NZA 2004, 1093; *LAG Hamm* 13.10.2005 ZInsO 2007, 51). Stellt sich dann im Prozess jedoch heraus, dass die vorhandene Masse auch diese Ansprüche nicht mehr voll erfüllen kann und nur noch eine anteilige Befriedigung möglich ist, ist auf eine entsprechende Einwendung des Insolvenzverwalters bzw. eine erneute Anzeige der Masseunzulänglichkeit und ihre Veröffentlichung hin wiederum nur noch eine Feststellungsklage zulässig (*BGH* 03.04.2003 ZIP 2003, 914; *BAG* 04.06.2003 NZA 2003, 1087; 31.03.2004 BAGE 110, 135 = NZA 2004, 1093; 15.06.2004 NZA 2005, 354; *LAG Hamm* 13.10.2005 ZInsO 2007, 51). Zu beachten ist allerdings, dass der Insolvenzverwalter die (weitere) Masseunzulänglichkeit darlegen und nachweisen muss. Die rechtsverbindliche Wirkung einer Anzeige nach § 208 InsO kommt ihr nicht zu (*BAG* 04.06.2003 NZA 2003, 1087).

III. Arbeitsentgeltbegriff

283 Soweit Ansprüche auf Entgelt aus einem Arbeitsverhältnis betroffen sind, entspricht der in § 55 Abs. 1 Nr. 2 InsO verwendete Begriff der Verbindlichkeit aus einem gegenseitigen Vertrag inhaltlich dem **Begriff** des Arbeitsentgelts i.S.v. **§ 165 Abs. 1 SGB III**.

D. Abfindungen

284 Für die insolvenzrechtliche Behandlung eines Anspruchs des Arbeitnehmers auf Zahlung einer Abfindung anlässlich der Beendigung des Arbeitsverhältnisses ist eine Differenzierung nach der Rechtsgrundlage der Abfindung sowie nach dem Zeitpunkt der Entstehung des Anspruchs erforderlich.

285 Abfindungsansprüche können sich sowohl vor wie auch nach Eröffnung des Insolvenzverfahrens aus folgenden Rechtsgrundlagen ergeben:
– einzelvertragliche Vereinbarung,

Kommt es nach der Eröffnung des Insolvenzverfahrens zu einer Beendigung des Arbeitsverhältnisses 278
durch vor oder nach Eröffnung ausgesprochene Kündigung, durch Aufhebungsvereinbarung oder
durch Fristablauf und konnte der Urlaub wegen Beendigung des Arbeitsverhältnisses zuvor ganz
oder teilweise nicht mehr gewährt werden, besteht ein Anspruch auf **Urlaubsabgeltung**, der in voller
Höhe sonstige Masseverbindlichkeit gem. § 55 Abs. 1 Nr. 2 InsO ist (*BAG* 25.03.2003 BAGE 105,
345; 18.11.2003 BAGE 108, 357; 15.02.2005 BAGE 113, 371; 21.06.2005 EzA § 209 InsO Nr. 5;
21.11.2006 NZA 2007, 696). Denn Urlaubsabgeltungsansprüche entstehen erst mit Beendigung des
Arbeitsverhältnisses und können nicht einem früheren Zeitraum zugeordnet werden, da dies eine mit
dem geltenden Urlaubsrecht unvereinbare Aufteilung in einen vor und einen nach Verfahrenseröffnung entstehenden Teil-Urlaubsanspruch darstellen würde (*BAG* 21.11.2006 NZA 2007, 696). Unerheblich ist es für die Einordnung als Masse- oder Insolvenzforderung, ob die Zeit nach Eröffnung
des Insolvenzverfahrens bis zur Beendigung des Arbeitsverhältnisses ausgereicht hätte, den Urlaubsanspruch durch Freistellung von der Arbeitspflicht zu erfüllen (*BAG* 25.03.2003 BAGE 105, 345).

II. Geltendmachung der Entgeltansprüche aus der Zeit nach der Insolvenzeröffnung

1. Außergerichtliche Geltendmachung

Da es sich bei den Ansprüchen aus der Zeit nach der Insolvenzeröffnung um sonstige Masseverbind- 279
lichkeiten gem. § 55 Abs. 1 Nr. 2 InsO handelt, sind diese gem. § 53 InsO aus der Insolvenzmasse
vorweg zu berichtigen.

Die Geltendmachung in einem separaten Verfahren, etwa die Anmeldung zur Insolvenztabelle ist für 280
diese Masseverbindlichkeiten **nicht** erforderlich. Allerdings gelten auch für diese sonstigen Masseverbindlichkeiten die allgemeinen **Verfallklauseln** aus Tarifverträgen oder ggf. auch aus Einzelarbeitsverträgen (*BAG* 18.12.1984 EzA § 4 TVG Ausschlussfristen Nr. 63; *LAG Hamm* 20.03.1998 NZA-RR
1999, 370; *Krause* RdA 2004, 106 [117]). Wenn der Insolvenzverwalter daher die Ansprüche auf Arbeitsentgelt nicht befriedigt, muss der Arbeitnehmer zur Erhaltung seiner Ansprüche die in vertraglichen oder tariflichen Bestimmungen vorgesehene Frist zur Geltendmachung einhalten. Insofern ergibt sich keine Änderung der Situation gegenüber dem normalen Arbeitsverhältnis außerhalb des
Insolvenzverfahrens.

Zur Berichtigung der sonstigen Masseverbindlichkeiten ist der Insolvenzverwalter im Übrigen verpflichtet, selbst die Initiative zur ordnungsgemäßen Abwicklung zu ergreifen.

Zeigt der Insolvenzverwalter während des Insolvenzverfahrens die Masseunzulänglichkeit an (§ 208 281
InsO), ist zwischen den sog. Altmasseverbindlichkeiten, also den Verbindlichkeiten, die vor der Masseunzulänglichkeitsanzeige begründet worden sind, und den sog. Neumasseverbindlichkeiten i.S.d.
§ 209 Abs. 1 Nr. 2 InsO, also Verbindlichkeiten, die der Insolvenzverwalter nach Anzeige der Masseunzulänglichkeit (§ 208 InsO) begründet hat, deren Erfüllung er nach Anzeige der Masseunzulänglichkeit verlangt hat (§ 209 Abs. 1 Nr. 2 i.V.m. Abs. 2 Nr. 1 InsO), die im Rahmen eines
Dauerschuldverhältnisses für die Zeit nach dem ersten Kündigungstermin für den Insolvenzverwalter entstanden sind (§ 209 Abs. 1 Nr. 2 i.V.m. Abs. 2 Nr. 2 InsO) oder deren Gegenleistung er in
Anspruch genommen hat (§ 209 Abs. 1 Nr. 2 i.V.m. Abs. 2 Nr. 3 InsO), zu differenzieren. Neumasseverbindlichkeiten sind vom Insolvenzverwalter vorrangig zu befriedigen. Stellt der Insolvenzverwalter die Arbeitnehmer spätestens mit der Anzeige der Masseunzulänglichkeit frei, nimmt er keine
Gegenleistung mehr in Anspruch, so dass keine Neumasseverbindlichkeiten mehr entstehen (zum
insolvenzbedingten Freistellungsrecht *BAG* 15.06.2004 NZA 2005, 354; *LAG Hamm* 13.10.2005
ZInsO 2007, 51). Das gilt auch für den Fall der Freistellung »unter Anrechnung auf offenen Urlaub«
(*BAG* 15.06.2004 NZA 2005, 354; 21.11.2006 NZA 2007, 696). Dass durch eine Freistellung Entgeltansprüche unter dem Gesichtspunkt des Annahmeverzugs (§ 615 i.V.m. §§ 293 ff. BGB) entstehen, ist unerheblich. Versäumt es der Insolvenzverwalter, nach Anzeige der Masseunzulänglichkeit
die Arbeitnehmer – auch wenn sie bereits freigestellt sind (*BAG* 31.03.2004 BAGE 110, 135 = NZA
2004, 1093; 23.02.2005 BAGE 114, 13; *LAG Hamm* 13.10.2005 ZInsO 2007, 51) – frühestmöglich zu kündigen, entstehen Neumasseverbindlichkeiten. Allerdings muss der Insolvenzverwalter

Anhang zu § 113 Vergütungsansprüche des Arbeitnehmers

271 Erst dann, wenn sich herausstellt, dass die Insolvenzmasse zwar die Kosten des Insolvenzverfahrens deckt, jedoch nicht ausreicht, um die fälligen sonstigen Masseverbindlichkeiten zu erfüllen, findet die Befriedigung der Massegläubiger nach Maßgabe der Bestimmungen des § 209 InsO statt. Ist zu diesem Zeitpunkt der Feststellung der Masseunzulänglichkeit bereits vollständiges Arbeitsentgelt für die Zeit nach Eröffnung des Insolvenzverfahrens gezahlt worden, obwohl dies bei richtiger Beurteilung nicht in voller Höhe hätte erfolgen dürfen, muss eine rückwirkende Korrektur der Abrechnung für die Zeit ab Eröffnung des Insolvenzverfahrens durchgeführt werden. Die Rückabwicklung erfolgt allerdings nur nach den Grundsätzen der ungerechtfertigten Bereicherung gem. §§ 812 ff. BGB mit der Folge, dass der Arbeitnehmer sich ggf. auf einen Wegfall der Bereicherung berufen kann (vgl. hierzu grundlegend *BAG* 18.01.1995 EzA § 818 BGB Nr. 8) und dass andererseits die Geltendmachung einer Rückforderung durch Abzug von der laufenden Vergütung durch den Insolvenzverwalter nur unter Beachtung der Pfändungsfreigrenzen erfolgen kann.

272 Die Höhe des Anspruchs auf Arbeitsentgelt aus der Zeit nach der Insolvenzeröffnung kann der Insolvenzverwalter nur wie jeder andere Arbeitgeber außerhalb des Insolvenzverfahrens beeinflussen.

273 Im Falle einer **Freistellung** kann sich eine Situation der Anrechnung anderweitigen Einkommens gem. § 615 Satz 2 BGB ergeben. Die Anrechnung richtet sich nach den allg. Grundsätzen, wonach es für die Entscheidung über die Anrechnung und deren Umfang auf die zeitliche und inhaltliche Vereinbarkeit der arbeitsvertraglich geschuldeten Tätigkeit mit der Nebentätigkeit ankommt (vgl. *BAG* 06.09.2006 NZA 2007, 36).

274 Ein besonderes **Recht** des Insolvenzverwalters zur einseitigen **Freistellung** in der Situation des Insolvenzverfahrens besteht **nicht**. Für die Möglichkeit der Freistellung durch den Insolvenzverwalter kommt es deshalb darauf an, ob eine solche Freistellung einzelvertraglich vereinbart ist, ob sie ggf. nach Ausspruch einer Kündigung möglich oder wegen eines ausnahmsweise überwiegenden Interesses des Insolvenzverwalters an der Freistellung zulässig ist. Ein solches überwiegendes Interesse des Insolvenzverwalters an der Nichtbeschäftigung kann sich in der Situation der Insolvenz ausnahmsweise dann ergeben, wenn eine Gefährdung oder Behinderung der für die ordnungsgemäße Abwicklung des Insolvenzverfahrens erforderlichen Maßnahmen durch die tatsächliche Weiterbeschäftigung des einzelnen oder einer Vielzahl von Arbeitnehmern konkret darstellbar ist. Von der nunmehr überwiegenden Rechtsprechung wird ein derartiges insolvenzspezifisches Freistellungsrecht bejaht, wenn der Insolvenzverwalter die Masseunzulänglichkeit nach § 208 InsO angezeigt hat und der Beschäftigungsbedarf für den Arbeitnehmer entfallen ist (*BAG* 15.06.2004 NZA 2005, 354; *LAG Hamm* 27.09.2000 NZA-RR 2001, 654; 06.09.2001 AR-Blattei ES 915 Nr. 13; *LAG Nürnberg* 30.08.2005 NZA-RR 2006, 161; *LAG Frankfurt/M.* 06.06.2002 – 11 Sa 505/01).

275 Auch eine Urlaubsgewährung durch den Insolvenzverwalter kann die Höhe der Entgeltansprüche des Arbeitnehmers beeinflussen, wenn eine anwendbare tarifliche oder betriebliche Regelung eine spezielle Berechnung des Urlaubsentgelts vorsieht oder zusätzliches Urlaubsgeld zu zahlen ist.

276 Ein spezielles **Recht** des Insolvenzverwalters zu einer einseitigen **Zuweisung des Urlaubs** ohne Ausspruch einer Kündigung des Arbeitsverhältnisses für die Situation des Insolvenzverfahrens besteht ebenfalls **nicht**. Die Entscheidung über die zeitliche Lage des Erholungsurlaubs des Arbeitnehmers richtet sich daher nach den anwendbaren tariflichen oder betrieblichen Regelungen oder nach den Bestimmungen des Bundesurlaubsgesetzes, nach dessen § 7 Abs. 1 bei der zeitlichen Festlegung die Urlaubswünsche des Arbeitnehmers zu berücksichtigen sind, soweit diesen Urlaubswünschen nicht Urlaubswünsche anderer sozial stärker schutzbedürftiger Arbeitnehmer oder dringende betriebliche Belange entgegenstehen.

277 Auch solche dringenden betrieblichen Belange können sich ausnahmsweise aus den Notwendigkeiten der Abwicklung des Insolvenzverfahrens ergeben. Nimmt ein Insolvenzverwalter die Arbeitsleistung eines Arbeitnehmers nach Anzeige der Masseunzulänglichkeit nicht in Anspruch, so handelt es sich bei der Entgeltforderung des Arbeitnehmers nicht um eine »Neumasseverbindlichkeit« (*LAG Nürnberg* 15.03.2012 – 5 Sa 799/10, LAGE § 209 InsO Nr. 5).

der Insolvenz sind ferner die §§ 121 ff. InsO zu beachten. Fraglich ist, ob der Betriebsrat auch die Einschaltung einer externen BQG oder einer internen betriebsorganisatorisch eigenständigen Einheit (beE) im Wege des Einigungsstellenverfahrens erzwingen kann (vgl. hierzu *Küttner/Kania* Beschäftigungsgesellschaft Rn. 8; *Krieger/Fischinger* NJW 2007, 2289 [2291]).

C. Arbeitsentgeltansprüche aus der Zeit nach Eröffnung des Insolvenzverfahrens

Durch die Eröffnung des Insolvenzverfahrens wird das Arbeitsverhältnis nicht beendet und werden auch die Konditionen des Arbeitsverhältnisses nicht geändert. Will der Insolvenzverwalter das Arbeitsverhältnis beenden oder die Konditionen des Arbeitsverhältnisses verändern, muss er hierüber entweder mit den Arbeitnehmern eine entsprechende Vereinbarung treffen oder von der Möglichkeit der Kündigung oder Änderungskündigung Gebrauch machen, wobei er sich der gerichtlichen Überprüfung seines Vorgehens mit einer Kündigungsschutz- oder Änderungsschutzklage stellen muss.   264

Auch die übrigen Insolvenzereignisse, durch welche ein Anspruch auf Gewährung von Insolvenzgeld nach § 165 Abs. 1 u. 2 SGB III ausgelöst werden kann, nämlich die Abweisung des Antrages auf Eröffnung des Insolvenzverfahrens mangels Insolvenzmasse und die vollständige Beendigung der Betriebstätigkeit ohne Antragstellung bei offensichtlicher Masseunzulänglichkeit, sind ebenso wenig geeignet, zu einer automatischen Beendigung oder Inhaltsänderung des Arbeitsverhältnisses zu führen.   265

Mit dem Fortbestand des Arbeitsverhältnisses entstehen auch weiterhin neue Ansprüche des Arbeitnehmers auf Arbeitsentgelt und auf sämtliche vertragsgemäßen Leistungen des Arbeitgebers.   266

I. Nachinsolvenzliche Ansprüche auf Arbeitsentgelt als Masseverbindlichkeiten

Ansprüche aus zweiseitigen Verträgen, deren Erfüllung zur Insolvenzmasse für die Zeit nach Eröffnung des Verfahrens erfolgen muss, sind gem. § 55 Abs. 1 Nr. 2 InsO sonstige Masseverbindlichkeiten. Fortbestehende Arbeitsverhältnisse gehören zu diesen zweiseitigen Verträgen. Ansprüche des Arbeitnehmers auf Arbeitsentgelt oder alle sonstigen Gegenleistungen aus dem Arbeitsverhältnis sind damit **sonstige Masseverbindlichkeiten** gem. § 55 Abs. 1 Nr. 2 InsO. Diese sonstigen Masseverbindlichkeiten werden nach § 53 InsO aus der Insolvenzmasse **vorweg** berichtigt. Arbeitnehmer, die Ansprüche aus der Zeit nach der Eröffnung des Insolvenzverfahrens aus einem fortbestehenden Arbeitsverhältnis haben, gehören damit zu den Massegläubigern und sind nicht auf die für Insolvenzgläubiger geltenden Bestimmungen der §§ 174 ff. InsO verwiesen.   267

Die Ansprüche aus dem Arbeitsverhältnis aus der Zeit nach Eröffnung des Insolvenzverfahrens teilen sich die Rangstufe mit Ansprüchen, welche aus Geschäften oder Handlungen des Insolvenzverwalters entstehen (§ 55 Abs. 1 Nr. 1 InsO) sowie mit solchen Ansprüchen aus zweiseitigen Verträgen, deren Erfüllung zur Insolvenzmasse verlangt wird (§ 55 Abs. 1 Nr. 2, 1. Alt. InsO).   268

Hat der Insolvenzverwalter nach der Eröffnung des Insolvenzverfahrens einen neuen Arbeitsvertrag geschlossen, sind die Ansprüche des neu eingestellten Arbeitnehmers auf Arbeitsentgelt aus einem Geschäft des Insolvenzverwalters entstanden und damit sonstige Masseverbindlichkeiten gem. § 55 Abs. 1 Nr. 2 InsO. **Nicht** als Masseverbindlichkeit anzusehen sind die Ansprüche auf Arbeitsentgelt in dem Spezialfall, dass der Insolvenzverwalter dem Schuldner die weitere Erwerbstätigkeit erlaubt und die dazu benötigten Betriebsmittel »freigegeben« hat. Wird im Zusammenhang mit einer solchen Freigabe zwischen dem Schuldner und dem Insolvenzverwalter eine den Erfordernissen des § 295 Abs. 2 InsO entsprechende Vereinbarung über die abzuführenden Beträge geschlossen, haftet die Insolvenzmasse nicht mehr für Ansprüche der Arbeitnehmer aus danach vom Schuldner begründeten Arbeitsverhältnissen. Diese hat allein der Schuldner zu erfüllen (*BAG* 10.04.2008 EzA § 55 InsO Nr. 16).   269

Die **Höhe** des Anspruchs auf Arbeitsentgelt für die Zeit nach Insolvenzeröffnung ergibt sich aus der jeweiligen Vereinbarung oder dem anwendbaren Tarifvertrag, der dem Arbeitsverhältnis zugrunde liegt. Der Insolvenzverwalter schuldet daher 100 % der regulären Vergütung.   270

Anhang zu § 113 Vergütungsansprüche des Arbeitnehmers

jedoch unerheblich, da es sozialrechtlich als ein sozialversicherungspflichtiges Beschäftigungsverhältnis angesehen wird.] zwischen Arbeitnehmer und BQG. Der Vertrag sollte dabei unter der Bedingung stehen, dass die zuständige Arbeitsagentur Transferkurzarbeitergeld nach § 111 SGB III gewährt. Das bedeutet, dass die in § 111 SGB III aufgeführten sozialrechtlichen, betrieblichen und persönlichen Voraussetzungen vorliegen müssen. Dazu gehört u.a., dass der Arbeitnehmer vor der Überleitung an einem sog. Profiling teilgenommen hat (§ 111 Abs. 4 Nr. 4b SGB III). Aufgrund der Höchstdauer von zwölf Monaten für die Gewährung von Transferkurzarbeitergeld wird auch das »Arbeitsverhältnis« mit der BQG entsprechend befristet. Die Vergütung des Arbeitnehmers setzt sich zum einen aus dem Transferkurzarbeitergeld, das der Höhe nach dem Arbeitslosengeld I entspricht, sowie eventuell noch aus Aufstockungsleistungen, Eintritts- und Austrittsprämien aus der Insolvenzmasse zusammen. Die Masse hat ferner noch die sog. Remanenzkosten zu tragen. Dies sind die Sozialversicherungsbeiträge ohne Arbeitslosenversicherung, Urlaubs- und Feiertagsentgelt einschließlich der darauf entfallenden Sozialversicherungsbeiträge (inklusive Arbeitslosenversicherung) sowie die Berufsgenossenschaftsbeiträge. Aufgrund dieser Kosten kann im Insolvenzfall zumeist nicht die Höchstdauer von zwölf Monaten ausgeschöpft werden.

261 Die Einschaltung einer BQG bietet für den Insolvenzverwalter neben der besseren Möglichkeit des Verkaufs des Betriebs oder eines Betriebsteils den Vorteil, dass er durch den Abschluss von Aufhebungsverträgen Kündigungsschutzklagen vermeidet und somit die Insolvenzmasse schonen kann. Dem Arbeitnehmer drohen nicht wie sonst beim Abschluss von Aufhebungsverträgen Sperrzeiten beim Arbeitslosengeld nach §§ 148, 159 SGB III. Findet der Arbeitnehmer nach Abschluss der Qualifizierungsmaßnahme in der BQG dennoch keine neue Arbeitsstelle, hat er weiterhin Anspruch auf Arbeitslosengeld, wobei sich dann die Höhe nach dem letzten Bruttomonatsgehalt vor dem Eintritt in die BQG richtet (§§ 151 Abs. 3 Nr. 1, 111 Abs. 10 SGB III). Auch vom Insolvenzverwalter veranlasste Aufhebungsverträge fallen unter den Begriff »Entlassung« i.S.d. § 17 KSchG und lösen die Pflicht zur Anzeige von Massenentlassungen aus. Nach dem Sinn und Zweck des § 17 KSchG, der die sozioökonomischen Auswirkungen von Massenentlassungen auffangen und deshalb der Agentur für Arbeit die Möglichkeit geben soll, Maßnahmen zur Vermeidung oder Verzögerung von Belastungen des Arbeitsmarktes einzuleiten, gilt dies jedoch nicht für Arbeitnehmer, die ursprünglich zur Entlassung anstanden und denen nur deshalb nicht gekündigt worden ist, weil sie aufgrund eines Sozialplans in eine Transfergesellschaft gewechselt sind (*LAG Köln* 24.02.2011 – 13 Sa 1367/10; **a.A.** noch KR-*Weigand* § 17 KSchG Rn. 61; offen gelassen *BAG* 28.06.2012 BAGE 142, 202).

262 Diese Konstruktion ist nach ständiger Rechtsprechung (*BAG* 10.12.1998 NZA 1999, 422; 18.08.2005 NZA 2006, 145; 23.11.2006 ZIP 2007, 643) und der herrschenden Meinung in der Literatur rechtlich zulässig (*Krieger/Fischinger* NJW 2007, 2289 [2291]; *Lembke* BB 2005, 665 [670]; *ders.* BB 2007, 1333 [1337 ff.]; krit. ErfK-*Preis* § 613a BGB Rn. 155). Beim Abschluss der Aufhebungsverträge ist jedoch darauf zu achten, dass keine Umgehung des Kündigungsverbots des § 613a Abs. 4 BGB vorliegt, da ansonsten der Aufhebungsvertrag nach § 134 BGB unwirksam ist und mithin die – unerwünschten – Folgen des § 613a BGB eintreten. Dies ist dann der Fall, wenn dem Arbeitnehmer zugleich ein neues Arbeitsverhältnis beim Betriebserwerber verbindlich zugesagt wird (sog. Lemgoer Modell; *BAG* 28.04.1987 NZA 1988, 198; **a.A.** *Annuß* ZInsO 2001, 49 [57]; *Krieger/Fischinger* NJW 2007, 2289 [2291]). Wird dagegen dem Arbeitnehmer beim Abschluss des Aufhebungsvertrags nur dargelegt, dass die Möglichkeit besteht, mit dem Betriebserwerber einen neuen Arbeitsvertrag abzuschließen, liegt keine Umgehung von § 613a Abs. 4 BGB vor. Denn in diesem Fall ist mit dem Abschluss des Aufhebungsvertrags das endgültige Ausscheiden aus dem Arbeitsverhältnis und nicht die bloße Änderung gewollt. Nur wenn der hierfür darlegungs- und beweisbelastete Arbeitnehmer nachweisen kann, dass die Übernahme in eine BQG nur zum Schein vorgeschoben wurde oder offensichtlich bezweckt wurde, die Sozialauswahl zu umgehen, ist der dreiseitige Vertrag nach § 134 BGB unwirksam (*BAG* 23.11.2006 NZA 2007, 866).

263 Ferner sind selbstverständlich auch die Mitbestimmungsrechte des Betriebsrats zu beachten, sobald es sich bei dem geplanten Personalabbau um eine Betriebsänderung i.S.d. § 111 BetrVG handelt. In

zu ermöglichen. Ziel ist es, den von der Arbeitslosigkeit bedrohten Arbeitnehmern durch Qualifizierungs- und Fortbildungsmaßnahmen unter Vermeidung von Arbeitslosigkeit den Übergang in ein neues Arbeitsverhältnis zu ermöglichen. Neben den in § 110 SGB III geregelten Zuschüssen zu den Transfermaßnahmen sowie dem in § 111 SGB III normierten Transferkurzarbeitergeld kann noch eine Förderung mit Mitteln aus dem Europäischen Sozialfonds (ESF) und durch zusätzliche Mittel von Bund, Ländern und Gemeinden hinzutreten (vgl. hierzu *Gaul/Kliemt* NZA 2000, 674 [677]).

Durch die Möglichkeit der Überleitung der Arbeitsverhältnisse auf einen externen Dritten (möglich, wenngleich selten ist auch die Bildung einer internen »betriebsorganisatorisch eigenständigen Einheit (beE)«. Eine externe BQG ist ein selbständiger Rechtsträger, der entweder eigens für den jeweiligen Fall gegründet wird oder generell als BQG fungiert) werden zugleich die Chancen einer Sanierung des insolventen Betriebs erhöht, weil die Risiken des aus dem auch in der Insolvenz geltenden § 613a BGB weitgehend ausgeschlossen werden können und zugleich die Attraktivität des insolventen Betriebs oder zumindest eines Betriebsteils für einen Erwerber erhöht wird. 256

Eine externe BQG ist ein selbstständiger Rechtsträger, der entweder eigens für den jeweiligen Fall gegründet wird oder generell als Transfergesellschaft Beschäftigungs- und Qualifizierungsleistungen anbietet. Möglich ist auch die Bildung einer internen »betriebsorganisatorisch eigenständigen Einheit (beE)«. 257

1. Transfermaßnahmen (§ 110 SGB III)

Die Transfermaßnahmen erfolgen in der Zeit zwischen Abschluss des (Transfer-)Sozialplans und der Beendigung des Beschäftigungsverhältnisses mit dem insolventen Arbeitgeber, also vor einem anschließend möglichen Übertritt in eine Transfer- oder Beschäftigungs- und Qualifizierungsgesellschaft. Beispiele für diese Transfermaßnahmen sind das sog. Profiling, d.h. eine Maßnahme zur Feststellung von Eingliederungschancen, Bewerbungs- und Orientierungsmaßnahmen, kurze Qualifizierungsmaßnahmen, Praktika, Seminare zur Vorbereitung einer selbständigen Tätigkeit oder die Ermittlung eines Qualifizierungsbedarfs. Eine Förderung ist nur möglich, wenn der Arbeitgeber mindestens die Hälfte der Maßnahmekosten trägt, wobei der Zuschuss auf 2.500 € je Arbeitnehmer beschränkt ist. 258

2. Transferkurzarbeitergeld (§ 111 SGB III)

Das Transferkurzarbeitergeld ist das entscheidende Instrument für die erfolgreiche Einrichtung und Durchführung einer BQG. Die Voraussetzungen seiner Gewährung bestimmen daher auch die rechtliche Ausgestaltung der BQG. Wie bereits erwähnt, kann durch die Einrichtung einer BQG im Falle einer Insolvenz oder einer drohenden Insolvenz die Möglichkeit einer Übertragung des insolventen oder insolvenzgefährdeten Betriebs erhöht werden. Grund hierfür ist, dass durch die BQG die Risiken des § 613a BGB für den Erwerber weitgehend ausgeschaltet werden, indem zunächst die Arbeitnehmer aus dem insolventen Betrieb in die BQG überführt werden und anschließend der Betrieb oder zumindest ein Betriebsteil »ohne Arbeitnehmer« übertragen werden kann. Die Rechtsfolgen des § 613a BGB treten somit nicht ein. Der Betriebserwerber kann danach unter Berücksichtigung des AGG entscheiden, ob und wenn ja welche Arbeitnehmer aus der BQG er zu welchen Konditionen übernehmen will, ohne dass eine Sozialauswahl zu erfolgen hat. Der Arbeitnehmer hat insbesondere keinen sich aus § 242 BGB ergebenden Fortsetzungsanspruch gegen den Erwerber, da sich dieser durch die Betriebsübernahme ohne Arbeitnehmer keine Rechtsstellung unredlich erworben hat (*BAG* 23.11.2006 NZA 2007, 866; *Krieger/Fischinger* NJW 2007, 2289 [2293]). 259

Um dieses Ergebnis zu erreichen, wird i.d.R. ein dreiseitiger Vertrag zwischen Insolvenzverwalter, Arbeitnehmer und der BQG geschlossen. Dieser Vertrag enthält zum einen eine Aufhebungsvereinbarung zwischen Insolvenzverwalter und Arbeitnehmer und zum anderen den »Arbeitsvertrag« (ob es sich tatsächlich um einen Arbeitsvertrag handelt, ist umstritten, da der Arbeitnehmer im Rahmen der BQG regelmäßig keine Arbeitsleistungen erbringt (»Kurzarbeit Null«). Für den Arbeitnehmer ist dies 260

245 Erhebt der Arbeitnehmer wegen seiner rückständigen Ansprüche auf Arbeitsentgelt **Zahlungsklage** gegen den Schuldner vor der Eröffnung des Insolvenzverfahrens, wird der Prozess vor dem Arbeitsgericht gem. § 240 ZPO, § 46 Abs. 2 ArbGG **unterbrochen**.

246 Rückständige Ansprüche auf Arbeitsentgelt sind durch den Arbeitnehmer gem. § 174 Abs. 1 InsO schriftlich beim Insolvenzverwalter anzumelden.

247 Der angemeldete Anspruch auf rückständiges Arbeitsentgelt wird in die Tabelle eingetragen. Wenn ein Widerspruch gegen die Feststellung weder durch den Insolvenzverwalter noch von einem anderen Insolvenzgläubiger erhoben wird, erhält die Eintragung des Anspruchs auf rückständiges Arbeitsentgelt gem. § 178 Abs. 3 InsO die Wirkung eines rechtskräftigen Urteils gegenüber dem Insolvenzverwalter und allen Insolvenzgläubigern.

248 Ansprüche auf rückständiges Arbeitsentgelt aus der Zeit vor Eröffnung des Insolvenzverfahrens können nach der Insolvenzeröffnung nicht mit einer Zahlungsklage vor dem Arbeitsgericht geltend gemacht werden. Vielmehr beinhaltet § 87 InsO eine **abschließende Sonderregelung** mit dem Inhalt, dass auch der Arbeitnehmer als Insolvenzgläubiger seine Forderung nur nach den Vorschriften über das Insolvenzverfahren durch Anmeldung zur Tabelle geltend machen kann.

249 Eine Zahlungsklage vor dem Arbeitsgericht ist nur möglich, wenn es sich ausnahmsweise um einen Fall der Masseverbindlichkeit gem. § 55 Abs. 2 InsO handelt (*BAG* 25.06.2014 – 5 AZR 283/12).

250 Bestreitet der Insolvenzverwalter oder ein anderer Insolvenzgläubiger die Ansprüche des Arbeitnehmers auf rückständiges Arbeitsentgelt aus der Zeit vor der Eröffnung des Insolvenzverfahrens ganz oder teilweise, erfolgt **gem. § 178 Abs. 2 InsO** eine Eintragung in die Tabelle, inwieweit die Forderung ihrem Betrag und ihrem Rang nach festgestellt ist oder wer der Feststellung widersprochen hat.

251 Im Falle des Widerspruchs kann der Arbeitnehmer dann **Feststellungsklage gem. § 179 Abs. 1 InsO** erheben mit dem Ziel, die Feststellung seiner Ansprüche gegen den Bestreitenden zu betreiben. Dies gilt auch dann, wenn der Insolvenzverwalter die angemeldete Forderung »vorläufig bestreitet« (*LAG Niedersachsen* 10.07.2003 NZA-RR 2004, 317).

252 Wenn der Arbeitnehmer **vor der Eröffnung des Insolvenzverfahrens** eine Zahlungsklage wegen rückständigen Arbeitsentgelts gegen den Schuldner bereits erhoben hatte, kann der durch die Eröffnung des Insolvenzverfahrens gem. §§ 240 ZPO, 46 Abs. 2 ArbGG unterbrochene Rechtsstreit nach einem Bestreiten der Ansprüche durch den Insolvenzverwalter oder einen anderen Insolvenzgläubiger **durch Aufnahme des Rechtsstreits gem. § 180 Abs. 2 InsO** fortgeführt werden. In diesem Fall ist der Zahlungsantrag auf einen **Feststellungsantrag** umzustellen. Der Rechtsstreit ist weiterhin vor dem **Arbeitsgericht** zu führen, da es sich um die Aufnahme desselben Rechtsstreits handelt.

253 Ist eine Zahlungsklage wegen rückständigen Arbeitsentgelts aus der Zeit vor Eröffnung des Insolvenzverfahrens zum Zeitpunkt seiner Eröffnung **noch nicht anhängig** gewesen und hat der Insolvenzverwalter oder ein anderer Insolvenzgläubiger nach der Anmeldung der Forderung des Arbeitnehmers diese ganz oder teilweise zur Tabelle bestritten, kann die Feststellung der Forderung durch **Feststellungsklage gem. § 180 Abs. 1 InsO** betrieben werden (*BAG* 25.06.2014 – 5 AZR 283/12).

254 In diesem Falle ist gem. § 180 Abs. 1 Satz 3 InsO das Arbeitsgericht ausschließlich zuständig, zu dessen Bezirk das Insolvenzgericht gehört, da der Streitgegenstand als Streitigkeit aus einem Arbeitsverhältnis nicht zur Zuständigkeit der Amtsgerichte, sondern gem. § 2 Abs. 1 Nr. 3 ArbGG zur ausschließlichen Zuständigkeit der Arbeitsgerichte gehört.

IV. Transferleistungen

255 Neben dem Insolvenzgeld spielen im Insolvenzfall die ebenfalls im SGB III (§§ 110, 111 SGB III) geregelten Transfermaßnahmen eine zunehmende Rolle, um den in aller Regel unvermeidlichen Personalabbau beim insolventen Unternehmen im Wege einer einvernehmlichen Überleitung der betroffenen Arbeitnehmer in eine durch den Arbeitgeber finanzierte, aber auch durch öffentliche Mittel geförderte sog. Beschäftigungs- und Qualifizierungsgesellschaft (BQG) bzw. Transfergesellschaft

c) Wahlrecht des Arbeitnehmers

Aus § 38 InsO ergibt sich, dass die insolvenzgeldfähigen Ansprüche auf Arbeitsentgelt aus den letzten drei Monaten vor dem Insolvenzereignis durch den Arbeitnehmer auch als Insolvenzgläubiger im Insolvenzverfahren geltend gemacht werden können. Da der Arbeitnehmer zur Beantragung von Insolvenzgeld nicht verpflichtet ist, hat er insofern ein **echtes Wahlrecht**, ob er Insolvenzgeld beantragen oder seine Ansprüche lediglich als Forderung im Insolvenzverfahren geltend machen will.

Die Beantragung von Insolvenzgeld führt **nicht** zu einer **Entlastung der Insolvenzmasse**, weil zwar weiterhin die den Anspruch auf Insolvenzgeld begründenden Ansprüche auf Arbeitsentgelt gem. § 169 Satz 1 SGB III bereits mit der Antragstellung auf die Bundesagentur für Arbeit kraft Gesetzes übergehen, die früher in der Konkursordnung enthaltene Nachrangigkeit der Ansprüche der (damals noch Bundesanstalt genannten) Bundesagentur (vgl. § 57 Abs. 2 KO) jedoch in den §§ 38–55 InsO nicht mehr vorgesehen ist. Vielmehr sind die Ansprüche der Bundesagentur wie auch die Ansprüche des Arbeitnehmers in gleicher Weise einfache Insolvenzforderung. Hat der Arbeitnehmer seine Ansprüche auf rückständige Vergütung in einem **Prozess** geltend gemacht, der zum Zeitpunkt des gesetzlichen Übergangs dieser Ansprüche auf die Bundesagentur wegen Insolvenzgeld-Antragstellung noch läuft, gelten § 46 Abs. 2 ArbGG, § 325 Abs. 1 ZPO. Der Arbeitnehmer muss den Klageantrag auf Zahlung an die Bundesagentur in Höhe des Übergangs **umstellen** und führt den Prozess im Übrigen in **Prozessstandschaft** für die Bundesagentur im eigenen Namen fort.

d) Höhe des Insolvenzgeldes

Die **Höhe des Insolvenzgeldes** entspricht gem. § 167 Abs. 1 SGB III dem ausgefallenen Nettoarbeitsentgelt. Das Nettoarbeitsentgelt ergibt sich aus dem Abzug der gesetzlichen Abzüge vom Arbeitsentgelt. Der Insolvenzgeldanspruch überschreitet jedoch nicht das auf die in § 341 Abs. 4 SGB III geregelten Beitragsbemessungsgrenzen begrenzte Bruttoarbeitsentgelt.

Steht das auf jeden Monat des Insolvenzgeld-Zeitraumes entfallende Arbeitsentgelt fest, ist dieses auf den Wert einer monatlichen Beitragsbemessungsgrenze (BBG) und sodann um die üblichen Abzüge (Steuern, Sozialversicherungsbeiträge) zu kürzen. Eine Gegenüberstellung der im Insolvenzgeld-Zeitraum insgesamt offen gebliebenen Ansprüche mit dem Wert der dreifachen monatlichen BBG findet nicht statt (*BSG* 11.03.2014 – B 11 AL 21/12 R).

Zur Ermittlung der »gesetzlichen Abzüge« gem. § 167 Abs. 1 Satz 1 SGB III sind die für den Lohnabrechnungszeitraum geltenden Lohnsteuertabellen für den Lohnsteuerabzug zugrunde zu legen. Dies gilt auch für einmalige Entgeltzahlungen (Jahressondervergütungen, Gratifikationen, 13. Gehalt). **Freibeträge**, die auf der Lohnsteuerkarte eingetragen sind, sind jedoch zugunsten des Arbeitnehmers auch bei der Bemessung der Höhe des Insolvenzgeldes zu berücksichtigen (*BSG* 10.08.1988 SozR 4100 § 141d Nr. 3).

Ist der Arbeitnehmer im Inland nicht einkommensteuerpflichtig oder bei bestehender Einkommensteuerpflicht die Steuer nicht durch Abzug vom Arbeitslohn erhoben, ist gem. § 167 Abs. 2 SGB III trotzdem eine fiktive Berechnung der Lohnsteuerabzüge wie bei einer Inlandstätigkeit durchzuführen.

III. Prozessrechtliche Behandlung – Insolvenzrechtliche Behandlung

Die Ansprüche können gegenüber dem Insolvenzverwalter geltend gemacht werden. Sie müssen gem. § 174 Abs. 1 InsO (nach Abs. 4 auch elektronisch) schriftlich **gegenüber dem Insolvenzverwalter** geltend gemacht werden. Tarifliche Ausschluss- und Verfallfristen sind bis zur Insolvenzeröffnung zu beachten. Sind zu diesem Zeitpunkt die Ansprüche noch nicht ausgeschlossen bzw. verfallen, werden die Fristen von der insolvenzrechtlichen Anmeldefrist verdrängt. Es gilt dann die Anmeldefrist für die Insolvenztabelle (*BAG* 18.12.1984 BAGE 47, 343; *LAG Hamm* 23.01.2008 ZInsO 2008, 1159; *Krause* RdA 2004, 106 [117]).

ordnung mit dessen Bericht (BT-Drucks. 13/5963, 05.11.1996, S. 29) wieder eingeführt worden mit der Begründung:

232 »Die angestiegene Zahl von Insolvenzverfahren und die Schwierigkeit bei der Feststellung der Vermögenslage des Arbeitgebers führen vielfach zu Verzögerungen bei der Entscheidung über die Eröffnung des Insolvenzverfahrens. Die Ergänzung soll es ermöglichen, bei Vorliegen bestimmter Fallgestaltungen einen Vorschuss auf das Insolvenzgeld bereits vor der Eröffnung des Insolvenzverfahrens oder der Ablehnung der Eröffnung mangels Masse zu leisten«.

b) Mitwirkungspflichten des Insolvenzverwalters

233 Die **Mitwirkungspflicht des Insolvenzverwalters** bei der Gewährung von Insolvenzgeld beinhaltet **Auskunftspflichten und Mitwirkungspflichten**.

234 Nach § 316 Abs. 1 SGB III ist auch der Insolvenzverwalter neben dem Arbeitgeber und sonstigen Personen, die Einblick in die Arbeitsunterlagen hatten, zur Erteilung aller für die Durchführung des Verfahrens zur Gewährung von Insolvenzgeld erforderlichen Auskünfte an die Agentur für Arbeit verpflichtet. Auf Verlangen der Agentur für Arbeit ist der Insolvenzverwalter darüber hinaus gem. § 314 Abs. 1 u. 2 SGB III verpflichtet, für jeden Arbeitnehmer, für den ein Anspruch auf Insolvenzgeld in Betracht kommt, eine **Verdienstbescheinigung** über die Höhe des Arbeitsentgelts für die letzten der Eröffnung des Insolvenzverfahrens vorausgegangenen drei Monate des Arbeitsverhältnisses sowie über die Höhe der gesonderten Abzüge zu bescheinigen. Er muss außerdem die bereits erfolgten Zahlungen und eventuell ihm bekannte Pfändungen, Verpfändungen oder Abtretungen bescheinigen. Für die Erteilung der Bescheinigung wird ihm gem. § 314 Abs. 1 Satz 5 SGB III die Verwendung des von der Bundesagentur für Arbeit hierfür vorgesehenen Vordrucks auferlegt. Für eine Klage auf Erteilung einer Insolvenzgeldbescheinigung ist der Rechtsweg zu den Arbeitsgerichten gegeben. Der Insolvenzverwalter ist nach § 314 SGB III nur verpflichtet, eine Lohnabrechnung zu erstellen und schriftlich zu bescheinigen, in welchem Umfang Arbeitsentgelt noch geschuldet wird. Ein konstitutiver Charakter ist einer solchen Bescheinigung allerdings nicht beizumessen. Soll die inhaltliche Rechtmäßigkeit und die damit verbundenen Wirkungen öffentlich-rechtlicher Art einer solchen Bescheinigung überprüft werden, sind die Sozialgerichte zuständig (*LSG Bayern* 09.12.2010 – L 10 AL 123/06).

235 In den Insolvenzfällen ohne Eröffnung des Insolvenzverfahrens gem. § 165 Abs. 1 Nr. 2 u. 3 SGB III sind diese Pflichten vom Arbeitgeber zu erfüllen (§ 316 Abs. 1 SGB III).

236 Zur Erleichterung für die anspruchsberechtigten Arbeitnehmer geht die Bundesagentur für Arbeit grds. davon aus, dass der Insolvenzverwalter nur bestehende und nicht verjährte oder verfallene Ansprüche auf Arbeitsentgelt bescheinigt, so dass der **Inhalt** der Verdienstbescheinigung regelmäßig als **zutreffend unterstellt** wird. Für die Wirkung der Verdienstbescheinigung geht die Bundesagentur für Arbeit weiter davon aus, dass der Insolvenzverwalter oder Arbeitgeber mit der Verdienstbescheinigung das Bestehen der darin aufgeführten Arbeitsentgeltansprüche anerkennt und es deshalb zur Wahrung eventueller tariflicher Verfallfristen einer zusätzlichen Geltendmachung durch den Arbeitnehmer nicht mehr bedarf (*BAG* 21.04.1993 EzA § 4 TVG Ausschlussfristen Nr. 103). Gegenüber dem Erwerber eines Betriebes aus der Insolvenzmasse treten diese Wirkungen einer erteilten Verdienstbescheinigung nur dann ein, wenn sie **vor Betriebsübergang ausgestellt** worden sind (*LAG Schleswig-Holstein* 19.09.1995 EzA § 141h SGB III Nr. 3).

237 Die weitestgehende Verpflichtung trifft den Insolvenzverwalter aus § 320 Abs. 2 SGB III, wonach er auf Verlangen der Agentur für Arbeit verpflichtet ist, unverzüglich das Insolvenzgeld in eigener Verantwortung zu errechnen und unter Verwendung der ihm dafür von der Agentur für Arbeit zur Verfügung gestellten Mittel auszuzahlen. Eine Erstattung von Kosten für die Bearbeitung wird in § 320 Abs. 2 Satz 3 SGB III ausdrücklich ausgeschlossen.

ist, bestimmt sich der Zeitpunkt des Beginns der Antragsfrist nach dem Zeitpunkt dieses Ablehnungsbeschlusses. Wird ein Antrag auf Eröffnung des Insolvenzverfahrens nicht gestellt, die Betriebstätigkeit jedoch vollständig beendet und kommt ein Insolvenzverfahren offensichtlich mangels Insolvenzmasse nicht in Betracht (§ 165 Abs. 1 Nr. 2 SGB III), ist das für den Beginn der Frist gem. § 187 Abs. 1 BGB maßgebliche Ereignis die vollständige Beendigung der Betriebstätigkeit.

Begehrt der Arbeitnehmer Insolvenzgeld wegen Arbeitsaufnahme in Unkenntnis des maßgeblichen Insolvenzereignisses der früheren Abweisung des Insolvenzantrags mangels Masse, beginnt die zweimonatige Antragsfrist mit der Kenntnis von jenem Insolvenzereignis (vgl. *BSG* 27.08.1998 NZA 1999, 166). Liegt ein Fall der Weiterarbeit des Arbeitnehmers in Unkenntnis des Insolvenzereignisses gem. § 165 Abs. 3 SGB III vor, ist das für den Fristbeginn gem. § 187 Abs. 1 BGB maßgebliche Ereignis die Kenntnisnahme des Arbeitnehmers von dem Insolvenzereignis. Für die **unverschuldete Versäumung** der Ausschlussfrist zur Beantragung des Insolvenzgeldes gewährt § 324 Abs. 3 Satz 2 SGB III dem Arbeitnehmer eine Nachfrist von zwei Monaten, die mit dem »Wegfall des Hindernisses« beginnt. Nach § 324 Abs. 3 Satz 3 SGB III hat der Arbeitnehmer die Versäumung der Ausschlussfrist zu vertreten, wenn er sich nicht mit der erforderlichen Sorgfalt um die Durchsetzung seiner Ansprüche bemüht hat. 226

Unverschuldet kann demnach eine Unkenntnis von dem Insolvenzereignis dann sein, wenn der Arbeitnehmer urlaubsbedingt oder krankheitsbedingt abwesend war und aus diesem Grunde von dem Insolvenzereignis keine Kenntnis erhalten hat. Gleiches kann gelten, wenn der Arbeitgeber vor der Insolvenzeröffnung die Arbeitnehmer von der Arbeitsleistung freigestellt hat. Nach § 324 Abs. 3 Satz 3 SGB III hat der Arbeitnehmer jedoch die Pflicht, sich über die Situation zu informieren, deren Reichweite sich nach den Umständen des Einzelfalles bestimmt. Auch **fahrlässige Unkenntnis** oder Untätigkeit können dazu führen, dass die Nachfrist nicht zum Tragen kommt (*LSG Hessen* 24.04.2006 – L9 AL 118/04). Die unverschuldete Unkenntnis von einem Insolvenzereignis führt nur dann zur Eröffnung einer weiteren Antragsfrist gem. § 324 Abs. 3 Satz 2 SGB III, wenn sich der Arbeitnehmer um die Durchsetzung seiner rückständigen Lohnansprüche bemüht hat. Ein Arbeitnehmer hat in diesem Zusammenhang jede **Fahrlässigkeit zu vertreten**. Ein etwaiges zögerliches Verhalten seines Bevollmächtigten muss er sich uneingeschränkt anrechnen lassen (*LSG Berlin-Brandenburg* 14.03.2012 – L 18 AL 340/09). Der Insolvenzverwalter und seine Mitarbeiter sind regelmäßig keine Vertreter oder Bevollmächtigte der von der Arbeitgeberinsolvenz betroffenen Arbeitnehmer, so dass eine eventuelle Falschauskunft durch diese dem Arbeitnehmer nicht zugerechnet wird (*LSG Sachsen* 17.04.2007 – L 1 AL 282/04). **Versäumt** der Arbeitnehmer **auch die Nachfrist**, so ist der Anspruch auf Insolvenzgeld insgesamt verfallen. Eine weitere Nachfrist oder die Ermöglichung einer verspäteten Antragstellung aus anderen Gründen (»Wiedereinsetzung in den vorherigen Stand«) sind im Gesetz nicht vorgesehen. Die Härtefallregelung des § 324 Abs. 1 Satz 2 SGB III bezieht sich nur auf die vor Eintritt des leistungsbegründenden Ereignisses zu beantragenden Leistungen der Arbeitsförderung nach § 324 Abs. 1 Satz 1 SGB III und ist daher auf das nachträglich zu beantragende Insolvenzgeld nicht anwendbar (*LSG Baden-Württemberg* 12.04.2012 – L 12 AL 5192/11). 227

Die Nachfrist des § 324 Abs. 3 Satz 2 SGB III gilt **auch für den antragstellenden Dritten**, dem der Anspruch auf Arbeitsentgelt – etwa im Rahmen einer Insolvenzgeld-Vorfinanzierung – abgetreten worden ist. Dies ergibt sich aus §§ 170 Abs. 1 i.V.m. 323 Abs. 1 Satz 1 u. 324 Abs. 3 SGB III. Für die Nachfrist in § 324 Abs. 3 Satz 2 SGB III kann insofern nichts anderes gelten. 228

Eine vorläufige Zahlung von Insolvenzgeld gem. § 328 Abs. 1 Satz 1 Nr. 3, Satz 3 SGB III ist vor der Verfahrenseröffnung nicht zulässig (*LSG Nordrhein-Westfalen* 12.04.2000 ZIP 2000, 1119). 229

Die **Vorschussgewährung** war in dem ursprünglichen Gesetzentwurf zur Neuregelung der Arbeitsförderung im SGB III nicht mehr vorgesehen. 230

Die jetzige Regelung über die fakultative Gewährung eines Vorschusses nach Ermessen der Agentur für Arbeit in § 168 SGB III ist als Ergebnis der Beratungen des Ausschusses für Arbeit und Sozial- 231

Anhang zu § 113 Vergütungsansprüche des Arbeitnehmers

a) **Antragsverfahren**

220 Insolvenzgeld wird gem. § 323 Abs. 1 Satz 1 SGB III nur auf Antrag **gewährt. Der Antrag** muss durch die anspruchsberechtigte Person gestellt werden. Dies ist im Regelfall der betroffene Arbeitnehmer, der noch Ansprüche auf Arbeitsentgelt hat. In Fällen der Übertragung des Anspruchs auf eine dritte Person, insbesondere bei Insolvenzgeld-Vorfinanzierung, ist der Dritte anspruchsberechtigt. Eine Antragstellung durch den Arbeitnehmer oder Mitwirkungshandlungen des Arbeitnehmers bei der Antragstellung sind in diesem Falle nicht vorgesehen.

221 Nicht vorgeschrieben ist die Form der Antragstellung, da eine den früheren Regelungen der §§ 314 Abs. 1 SGB III entsprechende Verpflichtung zur Benutzung eines entsprechenden Vordrucks der Bundesagentur für Arbeit für die Antragstellung selbst im SGB III nicht mehr enthalten ist. Es ergibt sich jedoch aus § 60 SGB I, dass der jeweilige Antragsteller den für den Antrag auf Gewährung von Insolvenzgeld vorgesehenen Vordruck der Bundesagentur für Arbeit verwenden soll.

222 Für den Antrag auf Gewährung von Insolvenzgeld gilt gem. § 324 Abs. 3 SGB III eine **Ausschlussfrist von zwei Monaten** nach Eröffnung des Insolvenzverfahrens. Eine Versäumung der Ausschlussfrist führt zum Verlust des Anspruchs auf Insolvenzgeld, wenn nicht eine Heilung nach § 324 Abs. 3 Satz 2 SGB III erfolgt. Diese Ausschlussfrist verstößt nach zutreffender Ansicht des *EuGH* (18.09.2003 ZIP 2003, 2173 »Pflücke«, die Entscheidung befasste sich allerdings mit § 141e Abs. 1 AFG, der mit § 324 Abs. 3 SGB III jedoch weitgehend inhaltsgleich ist; *LSG Sachsen* 17.04.2007 – L 1 AL 282/04) nicht gegen die Richtlinie 80/987/EWG, da zum einen der »Grundsatz der Gleichwertigkeit« dadurch gewahrt wird, dass die Frist nicht weniger günstig ist, als bei vergleichbaren innerstaatlichen Anträgen und weil andererseits auch der »Grundsatz der Effektivität« eingehalten wird, indem die Frist nicht so ausgestaltet ist, dass die Ausübung des von der Gemeinschaftsordnung eingeräumten Rechts praktisch unmöglich ist. Dem Antragsteller auf Insolvenzgeld ist **eine Nachfrist von zwei Monaten** nach Wegfall eines Hinderungsgrundes einzuräumen, wenn er die Antragsfrist **unverschuldet** versäumt hat. Bei der Zurechnung des Verschuldens eines Dritten kommt es darauf an, ob der Dritte ausdrücklich mit der Stellung des Antrags beauftragt worden ist (*LSG NRW* 12.01.2012 – L 16 AL 264/10, ZInsO 2013, 36).

223 Die **Antragsfrist beginnt** mit der Eröffnung des Insolvenzverfahrens. Für die Fristberechnung gelten die Bestimmungen der §§ 187 ff. BGB. Nach § 188 Abs. 2 BGB endet eine Frist, die nach Monaten bestimmt ist, mit dem Ablauf desjenigen Tages des letzten Monats dieser Frist, welcher durch seine Zahl dem Tag entspricht, in den das für die Bestimmung des Fristbeginns maßgebende Ereignis fällt. Da der Eröffnungsbeschluss gem. § 27 Abs. 2 u. 3 InsO die Stunde der Eröffnung anzugeben hat und bei Versäumung dieser Angabe gem. § 27 Abs. 3 InsO die Mittagsstunde des Tages des Beschlusses als Zeitpunkt der Insolvenzeröffnung gilt, ergibt sich für die Berechnung der Antragsfrist z.B.:

Insolvenzeröffnung:	27. Februar
Beginn der Antragsfrist:	28. Februar
Ende der Antragsfrist:	27. April

224 Ist in dem Monat des Fristablaufs ein Tag mit der Bezifferung des Tages, in den das die Frist auslösende Ereignis fällt, nicht vorhanden, so gilt der entsprechende Tag des Monatsendes.

Insolvenzeröffnung:	31. Dezember
Beginn der Antragsfrist:	01. Januar
Ende der Antragsfrist:	28. Februar

225 Wird das Insolvenzverfahren nicht eröffnet, sondern ergeht ein Ablehnungsbeschluss nach § 26 Abs. 1 InsO, weil eine den Kosten des Verfahrens entsprechende Insolvenzmasse nicht vorhanden

Im Umfang der Anrechnung entfallen die Ansprüche auf Arbeitsentgelt und damit entsprechend der Anspruch auf Insolvenzgeld. 211

g) Anrechnung von Sozialleistungen

Nicht anspruchsberechtigt ist der Arbeitnehmer für Insolvenzgeld schließlich auch dann, wenn er zuvor Arbeitslosengeld im Rahmen der sog. **Gleichwohlgewährung** erhalten hat (§ 157 Abs. 3 Satz 1 SGB III). Der offene Anspruch auf Arbeitsentgelt gegen den zahlungsunfähigen Arbeitgeber geht in der Höhe des geleisteten Arbeitslosengeldes auf die Bundesagentur für Arbeit gem. § 115 SGB X über und steht allein ihr zu (§ 170 SGB III). Dem Arbeitnehmer verbleibt der Anspruch auf das Insolvenzgeld abzüglich des bezogenen Arbeitslosengeldes. 212

h) Rückwirkung durch Vergleich, Klagerücknahme

Nicht anspruchsberechtigt für Insolvenzgeld ist der Arbeitnehmer auch dann, wenn sich ein Wegfall der Entgeltansprüche aus **rückwirkenden Entscheidungen** ergibt. 213

Dies ist der Fall, wenn über eine von dem Arbeitgeber ausgesprochene Kündigung ein Kündigungsschutzprozess durchgeführt wird, als dessen Ergebnis ein **Vergleich** zustande kommt, in welchem die Parteien des Arbeitsvertrages entweder ausdrücklich oder im Rahmen einer **Erledigungsklausel** vereinbaren, dass rückständige Ansprüche auf Arbeitsentgelt mit dem übrigen Inhalt des Vergleichs (regelmäßig insbesondere einer Abfindungszahlung) erledigt sein sollen. Dies gilt dann auch rückwirkend für die Insolvenzgeldfähigkeit dieser Ansprüche. 214

Rückwirkung kann auch eine Vereinbarung in einem solchen Vergleich haben, wonach eine tatsächlich erfolgte Freistellung den Urlaubsanspruch erfüllt haben soll, was zur Folge hat, dass im Umfang des erfüllten Urlaubsanspruchs ein Anspruch auf Urlaubsabgeltung und damit dessen Berücksichtigung bei der Gewährung von Insolvenzgeld entfällt. 215

Rückwirkung auf den Umfang insolvenzgeldfähiger Ansprüche auf Arbeitsentgelt kann schließlich auch die mitbestimmte Korrektur einer zunächst mitbestimmungswidrig vorgenommenen **Anrechnung von Tariferhöhungen** haben, die sich für einen Teil der Arbeitnehmer des Betriebes gegenüber der mitbestimmungswidrigen Anrechnung nachteilig auswirkt (*BAG* 19.09.1995 EzA § 76 BetrVG 1972 Nr. 67). Auch für die Berechnung des Insolvenzgeldes ist in einem solchen Fall von dem rückwirkend reduzierten Arbeitsentgelt auszugehen. 216

Hat der Arbeitgeber eine Kündigung des Arbeitsverhältnisses mit Wirkung zu einem Zeitpunkt ausgesprochen, der vor oder im Insolvenzgeld-Zeitraum liegt, sind Arbeitsentgeltansprüche nicht vorhanden oder entfallen durch Verkürzung des Insolvenzgeld-Zeitraumes auch dann, wenn eine gegen die Kündigung erhobene Kündigungsschutzklage mit der Rechtsfolge des Wirksamwerdens der Kündigung gem. § 7 KSchG zurückgenommen wird. Ansprüche auf Insolvenzgeld können dann für Zeiten nach Auslaufen der Kündigungsfrist nicht geltend gemacht werden (ausdrücklich so: *BSG* 12.08.1987 NZA 1988, 180). 217

Dasselbe gilt, wenn in einem Vergleich die Beendigung der Arbeitsverhältnisse zum vorgesehenen Kündigungstermin bestätigt wird. 218

9. Zum Verfahren der Insolvenzgeld-Gewährung, Antragstellung, Vorschuss, Mitwirkung des Insolvenzverwalters, Höhe des Insolvenzgeldes

Das im Dritten Buch Sozialgesetzbuch vorgesehene Verfahren der Gewährung von Insolvenzgeld ist insgesamt so ausgestaltet, dass es dem Arbeitnehmer eine kurzfristige Verfügbarkeit liquider Mittel ermöglichen soll. Zu diesem Zweck sind eine Vorschussgewährung sowie umfassende Mitwirkungspflichten der am Insolvenzverfahren beteiligten Informationsträger vorgesehen. 219

partner vorliegen, ein rechtzeitiger Eingang bei Gericht wahrt die Frist dahingegen nicht (*BAG* 16.03.2016 – 4 AZR 421/15). Sieht eine zweistufige Ausschlussklausel die Notwendigkeit der Klageerhebung nach Ablehnung der Zahlung durch den Arbeitgeber oder nach Ablauf einer bestimmten Frist vor, beginnt die Frist für die Klageerhebung bereits mit dem Bestreiten des Anspruchs durch den Arbeitgeber (*BAG* 16.03.1995 AP Nr. 129 zu § 4 TVG Ausschlussfristen).

206 Hat der Arbeitgeber allerdings den Anspruch des Arbeitnehmers auf Zahlung von Arbeitsentgelt durch Erteilung einer Abrechnung vorbehaltlos ausgewiesen, ist die zusätzliche Geltendmachung durch den Arbeitnehmer zur Vermeidung des tariflichen Verfalls nicht mehr erforderlich (*BAG* 28.07.2010 NZA 2010, 1241). Im umgekehrten Fall der Zahlung des Arbeitgebers »unter Vorbehalt« ist Erfüllungswirkung eingetreten und ein insolvenzgeldrechtlich relevanter Anspruch des Arbeitnehmers nicht mehr gegeben, wenn die spätere Rückforderung des Arbeitgebers durch eine tarifliche Verfallklausel ausgeschlossen ist, weil der »Vorbehalt« den tariflichen Verfall des Rückforderungsanspruchs nicht ausschließt (*BAG* 27.03.1996 EzA § 4 TVG Ausschlussfristen Nr. 124; *LAG Rheinland-Pfalz* 05.06.2008 ZInsO 2008, 1160). Außerdem genügt bei Ansprüchen auf wiederkehrende Leistung i.d.R. die einmalige Geltendmachung der fortlaufenden Zahlungen zur Vermeidung des tariflichen Verfalls (*BAG* 26.10.1994 DB 1995, 2534).

207 Ist ein tariflicher Verfall der Ansprüche eingetreten, können diese Ansprüche auf rückständiges Arbeitsentgelt einen Anspruch auf Insolvenzgeld nicht begründen. Dies gilt auch, wenn der Verfall erst nach dem Insolvenzereignis oder nach Antragstellung eintritt. Wenn die Berufung auf einen Verfall von Ansprüchen wegen Treuwidrigkeit ausgeschlossen ist, gilt dies auch für den Anspruch auf Insolvenzgeld. Der Betriebserwerber kann sich nicht auf den Ablauf einer Ausschlussfrist berufen, wenn weder er noch der Betriebserwerber der Unterrichtungspflicht nach § 613a Abs. 5 BGB nachgekommen sind und ein innerer Zusammenhang zwischen dieser Pflichtverletzung und der Fristversäumung gegeben ist (*BAG* 22.08.2012 – 5 AZR 526/11, ZIP 2013, 86).

f) Anrechnung anderen Einkommens

208 Nicht anspruchsberechtigt ist der Arbeitnehmer für Insolvenzgeld auch dann, wenn der Anspruch auf Arbeitsentgelt durch **Anrechnung anderer Einkünfte** reduziert wird. Hat der Arbeitgeber den Arbeitnehmer im Insolvenzgeld-Zeitraum bereits freigestellt und ist der Arbeitgeber deshalb gem. § 615 BGB im Annahmeverzug, so muss er die vereinbarte Vergütung für die infolge des Verzugs nicht geleisteten Dienste nur mit der Maßgabe zahlen, dass eine Anrechnung dessen erfolgt, was der Arbeitnehmer infolge des Unterbleibens der Dienstleistung erspart oder durch anderweitige Verwertung seiner Dienste erworben oder zu erwerben böswillig unterlassen hat.

209 Die Anrechnung anderweitigen Zwischenverdienstes findet dann statt, wenn der Arbeitnehmer gerade durch die Freistellung in die Lage versetzt worden ist, durch anderweitige Tätigkeit den Zwischenverdienst zu erwerben. Dies bedeutet umgekehrt, dass eine solche Anrechnung nicht stattfindet, wenn der Arbeitnehmer (etwa bei Teilzeitbeschäftigung oder Nebentätigkeit in den Abendstunden) auch ohne die Freistellung in der Lage gewesen wäre, den anderweitigen Zwischenverdienst ohne zeitliche Überschneidung mit der Inanspruchnahme aus dem Arbeitsverhältnis zu erzielen.

210 Hat der Arbeitgeber das Arbeitsverhältnis gekündigt und wird über diese Kündigung ein **Kündigungsschutzprozess** geführt, nach dessen Ergebnis das Arbeitsverhältnis fortbesteht, so muss sich der Arbeitnehmer nach § 11 KSchG ebenfalls für seinen Anspruch auf Annahmeverzug für die Zeit nach der Entlassung anrechnen lassen, was er durch anderweitige Arbeit verdient hat und was er hätte verdienen können, wenn er es nicht böswillig unterlassen hätte, eine ihm zumutbare Arbeit anzunehmen. Wird in diesem Prozess jedoch ein Vergleich geschlossen, der auch eine Freistellung des Arbeitnehmers von der Arbeitspflicht beinhaltet, soll wegen der besonderen Situation des Vergleichs im Kündigungsschutzprozess eine Anrechnung anderweitigen Einkommens abweichend von der gesetzlichen Regelung nur dann erfolgen, wenn hierüber eine ausdrückliche Vereinbarung im Vergleich getroffen ist (*LAG Hamm* 27.02.1991 LAGE § 615 BGB Nr. 26; *LAG Köln* 21.08.1991 NZA 1992, 123).

Die Anfechtung von arbeitsrechtlichen Vereinbarungen zur Begründung von Ansprüchen auf Arbeitsentgelt außerhalb des speziellen insolvenzrechtlichen Anfechtungsrechts, etwa wegen arglistiger Täuschung gem. § 123 BGB, kann wegen der ex-nunc-Wirkung einer solchen Anfechtung rückständige Ansprüche auf Arbeitsentgelt und damit Ansprüche auf Insolvenzgeld nicht beeinträchtigen.

Fordert der Insolvenzverwalter von Arbeitnehmern Rückzahlung der vom Schuldner vor Insolvenzeröffnung geleisteten Vergütung wegen Anfechtbarkeit nach §§ 129 ff. InsO so ist hierfür der Rechtsweg zu den Arbeitsgerichten eröffnet (*BAG* 27.02.2008 EzA § 2 ArbGG 1979 Nr. 69; ErfK-*Koch* § 2 ArbGG Rn. 4; **a.A.** *Humberg* ZInsO 2008, 487 [489]). Im Falle einer auf § 134 Abs. 1, § 143 Abs. 1 InsO gestützten Klage auf Rückgewähr von als Arbeitsvergütung bezeichneten Leistungen, ist der Rechtsweg zu den Arbeitsgerichten gem. § 2 Abs. 1 Nr. 3 Buchst. a ArbGG auch eröffnet, wenn in Frage steht, ob ein Arbeitsvertrag überhaupt wirksam geschlossen wurde (*BAG* 25.11.2014 – 10 AZB 52/14).

d) Erfüllung, Aufrechnung

Nicht anspruchsberechtigt für Insolvenzgeld ist der Arbeitnehmer schließlich dann, wenn der Anspruch auf Arbeitsentgelt **durch Erfüllung erloschen** ist.

Dies ist der Fall, wenn der Insolvenzverwalter das insolvenzgeldfähige rückständige Arbeitsentgelt ganz oder teilweise zahlt (§ 362 Abs. 1 BGB).

Die Erfüllungswirkung kann auch durch Aufrechnung mit einer Gegenforderung des Arbeitgebers eintreten. Nach § 398 BGB gilt der Anspruch auf Arbeitsentgelt als in dem Zeitpunkt erloschen, zu welchem er mit der zur Aufrechnung geeigneten Gegenforderung erstmals zeitgleich existiert hat. Zur Aufrechnung geeignet sind beispielsweise **Rückforderungsansprüche aus Überzahlung**, wenn die Überzahlung einen Rückzahlungsanspruch aus ungerechtfertigter Bereicherung gem. § 812 Abs. 1 BGB begründet. Zur Aufrechnung geeignet sind ferner **Schadenersatzansprüche des Arbeitgebers** aus einer Haftung des Arbeitnehmers für von ihm während der Arbeitsleistung verursachte Schäden am Vermögen des Arbeitgebers unter Anwendung der Grundsätze der Haftungsbeschränkung des Arbeitnehmers bei betrieblicher Tätigkeit (*BAG* [GS] 27.09.1994 NZA 1994, 1083).

Die Wirkung der Aufrechnung ist gem. § 394 Satz 1 BGB insofern beschränkt, als die Aufrechnung nur den pfändungsfreien Teil der Ansprüche auf Arbeitsentgelt unter Berücksichtigung der Pfändungsfreigrenzen der §§ 850a–i ZPO erfasst. Die Wirkung der Aufrechnung tritt schließlich nur dann ein, wenn die Aufrechnung gem. § 388 Satz 1 BGB auch tatsächlich erklärt wird, wobei diese Erklärung sich auch aus den Umständen, etwa aus der Erteilung einer entsprechenden Abrechnung ergeben kann.

e) Tariflicher Verfall

Nicht anspruchsberechtigt für Insolvenzgeld ist der Arbeitnehmer auch dann, wenn der insolvenzgeldfähige Anspruch auf Arbeitsentgelt nach einer **tariflichen Verfallklausel** verfallen ist und nicht mehr geltend gemacht werden kann.

Die Anwendbarkeit einer tariflichen Verfallklausel kann sich dabei sowohl aus der originären Anwendung des Tarifvertrages gem. § 3 TVG, wie auch aus einer Allgemeinverbindlichkeit gem. § 5 TVG oder aus einer einzelvertraglichen Bezugnahmeklausel ergeben.

Welche Anforderungen an eine anspruchserhaltende Geltendmachung durch den Arbeitnehmer zu stellen sind, ob es sich um eine einstufige oder um eine zweistufige Verfallklausel handelt, muss der jeweils anwendbaren Regelung entnommen werden. Seit dem 1. Oktober 2016 dürfen jedoch auf der ersten Stufe an die Form der schriftlichen Geltendmachung vermeintlicher Ansprüche dem Vertragspartner gegenüber innerhalb der Ausschlussfrist, keine strengeren Anforderungen als die Textform gestellt werden. Wird in Arbeitsverträgen nach dem 30. September 2016 eine Geltendmachung »schriftlich« bzw. »in Schriftform« verlangt, ist diese Regelung unwirksam. Bei einer einfachen Ausschlussfrist muss dann der fristgerechte Zugang der schriftlichen Geltendmachung beim Vertrags-

192 Im Übrigen kann der Anspruch auf Insolvenzgeld nach der Beantragung gem. § 171 SGB III wie der Anspruch auf Arbeitseinkommen gepfändet, verpfändet oder übertragen werden. Mit der Übertragung sowie mit der Pfändung und Überweisung des Anspruchs entfällt in dieser Höhe die Berechtigung des Arbeitnehmers zum Insolvenzgeld-Bezug.

c) Wegfall durch Anfechtung, § 166 Abs. 1 Nr. 2 SGB III

193 Nicht anspruchsberechtigt ist der Arbeitnehmer, wenn der Insolvenzverwalter in berechtigter Weise von einem **Anfechtungsrecht** nach §§ 129 bis 147 InsO im Hinblick auf ein Rechtsgeschäft Gebrauch gemacht hat, durch welches Ansprüche auf Arbeitsentgelt begründet worden sind. Eine solche Anfechtung kommt für arbeitsrechtlich relevante Rechtshandlungen im vorinsolvenzlichen Zeitraum insbesondere in Betracht, wenn der Arbeitgeber als Schuldner nach der Zahlungseinstellung einen Arbeitnehmer eingestellt hat, um ihm Ansprüche aus dem Insolvenzgeld zukommen zu lassen. Ein solcher Anstellungsvertrag wäre gem. §§ 130, 132 InsO anfechtbar. Selbst unter Anwendung der Grundsätze über den Bestand eines faktischen Arbeitsverhältnisses und die ex-nunc-Wirkung einer Anfechtung für den rechtlichen Bestand des Arbeitsverhältnisses können hierdurch wegen der Spezialregelung in § 166 Abs. 1 Nr. 2 SGB III Ansprüche auf Arbeitsentgelt jedenfalls einen Anspruch auf Insolvenzgeld nicht begründen.

194 Weitere Anwendungsfälle können die Zusage einer Lohnerhöhung oder Gehaltserhöhung sowie die Zusage einmaliger Sonderleistungen sein, wenn diese Zusage entweder erst nach der Zahlungseinstellung oder dem Antrag auf Eröffnung des Insolvenzverfahrens durch den Arbeitgeber als Schuldner erteilt wurde (§ 132 Abs. 1 Nr. 2 InsO) oder unabhängig hiervon in der Absicht der Gläubigerbenachteiligung (§ 133 InsO) erfolgt ist. Liegt eine absichtliche Gläubigerbenachteiligung sowie die Kenntnis derer durch den Arbeitnehmer vor, so kann gem. der zum 05.04.2017 in Kraft getretenen Neufassung des § 133 Abs. 2 InsO die Anfechtung nur noch innerhalb von vier Jahren erklärt werden, falls die anfechtbare Rechtshandlung dem Arbeitnehmer eine Sicherung oder Befriedigung gewährte (§ 3 Abs. 2 AnfG). Ist dies der Fall und handelte es sich dabei um eine Sicherung oder Befriedigung die ihrer Art nach und zu der Zeit der Gewährung beansprucht werden konnte, wird eine Kenntnis des Gläubigers vermutet, wenn eine Zahlungsunfähigkeit des Schuldners bereits eingetreten ist (§ 133 Abs. 3 Satz 1 InsO, § 3 Abs. 3 Satz 1 AnfG).

195 Anwendungsfälle sind ferner die zum Zwecke der Gläubigerbenachteiligung erfolgte Einstellung naher Verwandter (Ehegatten und dessen Verwandten, § 138 InsO) oder die Zusage von Lohn- oder Gehaltserhöhungen an derartige Personen vor der Eröffnung des Insolvenzverfahrens (§ 133 Abs. 4 InsO), soweit hierdurch Ansprüche auf Arbeitsentgelt begründet worden sind, die insolvenzgeldfähig sind.

196 Die Berechtigung zum Bezug von Insolvenzgeld in diesen Fällen entfällt nur dann, wenn der Insolvenzverwalter das nur ihm zustehende (§ 129 InsO) Anfechtungsrecht durch Abgabe der **Anfechtungserklärung** auch tatsächlich ausübt und dies innerhalb der Verjährungsfrist von zwei Jahren seit Eröffnung des Insolvenzverfahrens gem. § 146 Abs. 1 InsO tut. § 146 InsO ist eine für das Insolvenzrecht abschließende Regelung, sodass der insolvenzrechtliche Rückforderungsanspruch keinen einzelvertraglich verabredeten Ausschlussfristen unterliegen kann (*BAG* 24.10.2013 – 6 AZR 466/12). Die Entscheidung über die Durchführung einer solchen Anfechtung trifft allein der Insolvenzverwalter, der gem. § 58 InsO der Aufsicht des Insolvenzgerichts unterliegt.

197 Für die Insolvenztatbestände ohne Insolvenzeröffnung gem. § 165 Abs. 1 Nrn. 2 u. 3 SGB III genügt für die Verweigerung des Insolvenzgeldes im Hinblick auf dessen Begründung durch ein anfechtbares Rechtsgeschäft die hypothetische Anfechtungsmöglichkeit im hypothetischen Falle der Insolvenzeröffnung gem. § 166 Abs. 1 Nr. 2, 2. Alt. SGB III. Für diese schwer zu erfassenden Sachverhalte sieht auch die Dienstanweisung der Bundesagentur für Arbeit (Pkt. 3.2 der DA zu § 184 SGB III a.F.) vor, dass diese Möglichkeit nur zu prüfen sei, wenn dafür konkrete Anhaltspunkte vorliegen.

a) Übertragung auf Dritte, § 170 SGB III

Nicht anspruchsberechtigt für Insolvenzgeld ist der Arbeitnehmer, wenn und soweit seine Ansprüche 187
auf Arbeitsentgelt vor Stellung des Antrages auf Insolvenzgeld auf einen Dritten durch Abtretung
gem. §§ 398 ff. BGB wirksam übertragen worden sind (§ 170 Abs. 1 SGB III).

Hierzu gehören neben der Abtretung im Rahmen einer **Insolvenzgeld-Vorfinanzierung** (hierzu vgl. 188
§ 170 Abs. 4 SGB III und Rdn. 58 ff.) auch die Fälle der Abtretung an persönliche Finanzierungsgläubiger des Arbeitnehmers, z.B. eine von ihm im Rahmen einer Bankfinanzierung für andere Verbindlichkeiten vorgenommene Abtretung von Lohn- und Gehaltsansprüchen. Für die Wirksamkeit derartiger Abtretungen außerhalb von Insolvenzgeld-Vorfinanzierungen ist § 400 BGB anwendbar, wonach Forderungen grds. nicht wirksam abgetreten werden können, soweit sie der Pfändung nicht unterliegen (*BSG* 01.07.2010 ZIP 2010, 2215; 08.04.1992 BSGE 70, 265). Arbeitseinkommen, das in Geld zahlbar ist, kann gem. § 850 Abs. 1 ZPO nur nach Maßgabe der Pfändungsbeschränkungen und nur innerhalb der hiernach bestehenden Pfändungsfreigrenzen der Regelungen der § 850a bis § 850i ZPO gepfändet werden. Wird die **Pfändungsfreigrenze** bei der Abtretung nicht berücksichtigt, ist die Abtretung insoweit wegen Gesetzesverstoßes teilweise unwirksam gem. § 134 BGB mit der Folge, dass trotz der weitergehenden teilunwirksamen Abtretung des Anspruchs der Arbeitnehmer weiterhin Anspruchsinhaber und damit insolvenzgeldberechtigt ist. Soweit die Abtretung jedoch wirksam ist, steht auch der Anspruch auf Insolvenzgeld nicht dem Arbeitnehmer, sondern dem Abtretungsempfänger gem. § 398 BGB zu (§ 170 Abs. 1 SGB III). Die für die Wirksamkeit der Abtretung erforderliche Einhaltung des Bestimmtheitserfordernisses der Abtretungserklärung wie auch die Reichweite der Wirksamkeit der Abtretung im Hinblick auf Pfändungsfreigrenzen sind von der Bundesagentur für Arbeit im Rahmen der Entscheidung über die Gewährung von Insolvenzgeld und dessen Höhe zu klären und zu berücksichtigen.

Die Beschränkung der Übertragbarkeit von Ansprüchen auf Arbeitsentgelt findet in Fällen des **ge-** 189
sonderten Forderungsübergangs keine Anwendung (§ 115 Abs. 2 SGB X), wenn der Anspruch des Arbeitnehmers gegen den Arbeitgeber auf den Leistungsträger bis zur Höhe der erbrachten Sozialleistung übergeht, nachdem der Leistungsträger Sozialleistungen erbracht hat, weil der Arbeitgeber den Anspruch des Arbeitnehmers auf Arbeitsentgelt nicht erfüllt hat (§ 115 Abs. 1 SGB X). Relevant werden kann dies im Falle der Gewährung von **Krankengeld** an den Arbeitnehmer durch die Krankenkasse, wenn bei rechtlich zutreffender Beurteilung für diesen Zeitraum ein Anspruch auf Entgeltfortzahlung gegen den Arbeitgeber nach Maßgabe der §§ 3 f. EFZG bestand. In Höhe des übergegangenen Anspruchs ist dann gem. § 170 Abs. 1 SGB III die Krankenkasse anspruchsberechtigt für Insolvenzgeld. Gem. § 169 SGB III gehen Ansprüche auf Arbeitsentgelt, die einen Anspruch auf Insolvenzgeld begründen, abweichend von § 115 SGB X bereits mit der Stellung des Insolvenzgeldantrags auf die Bundesagentur für Arbeit über. Es handelt sich um einen **vorläufigen Rechtsübergang,** der sich erst verfestigt, wenn dem Arbeitnehmer bindend und rechtskräftig Insolvenzgeld bewilligt wird. Wird der Antrag abgelehnt, fällt der Anspruch auf Vergütung auf den Arbeitnehmer zurück und erhält wieder die Rangstellung des § 55 InsO (vgl. *LAG Hamm* 17.02.2000 ZInsO 2000, 468).

b) Pfändung, § 170 Abs. 2 SGB III

Für eine **Pfändung** von Ansprüchen auf Arbeitsentgelt gilt gem. § 170 Abs. 2 Satz 1 SGB III, dass 190
hiervon auch der Anspruch auf Insolvenzgeld erfasst wird, soweit die Pfändung rechtlich wirksam vor der Stellung des Antrages auf Insolvenzgeld erfolgt ist.

Bezieht sich die Pfändung in rechtlich wirksamer Weise nicht nur auf Arbeitsentgelt, sondern auch 191
auf Ersatzleistungen für Arbeitsentgelt oder ist die Pfändung ausdrücklich bereits auf einen Anspruch auf Insolvenzgeld gerichtet gewesen, so gilt diese Pfändung gem. § 171 SGB III als mit der Maßgabe ausgesprochen, dass sie den Anspruch auf Insolvenzgeld ab dem Zeitpunkt der Antragstellung für Insolvenzgeld erfasst.

Anhang zu § 113 Vergütungsansprüche des Arbeitnehmers

179 Der ungekündigte Bestand des Arbeitsverhältnisses zu einem definierten Stichtag als Anspruchsvoraussetzung für die volle Jahressondervergütung, die volle Rückzahlungsverpflichtung bei Ausscheiden durch Eigenkündigung des Arbeitnehmers innerhalb eines definierten Bindungszeitraums nach erfolgter Zahlung sowie vollständiger Wegfall oder volle Rückzahlung bei Beendigung des Vertragsverhältnisses durch Vertragsbruch des Arbeitnehmers bestätigen regelmäßig den Belohnungscharakter für Betriebstreue.

180 Konsequenz des Belohnungscharakters für Betriebstreue ist die Insolvenzgeldfähigkeit der Jahressondervergütung in **voller Höhe**, wenn die Anspruchsvoraussetzungen im Insolvenzgeld-Zeitraum erfüllt oder vollendet worden sind und der Anspruch entstanden ist (vgl. *BSG* 07.09.1988 SozR 4100 § 141b Nr. 42; *LSG NRW* 01.04.1987 ZIP 1987, 926).

181 Liegt der Zeitpunkt der Erfüllung sämtlicher Anspruchsvoraussetzungen (z.B. Ablauf des Kalenderjahres, für welches die Jahressonderzahlung zugesagt ist) **vor** Beginn des Insolvenzgeld-Zeitraums, ist die rückständige Leistung **nicht** insolvenzgeldfähig.

182 Mischcharakter hat die jährlich geleistete Sondervergütung, wenn sich aus der Definition der Anspruchsvoraussetzungen in der Rechtsgrundlage für die Leistung ergibt, dass diese Sondervergütung sowohl eine zusätzliche Bezahlung der im Bezugszeitraum tatsächlich geleisteten Arbeit als auch eine Belohnung für Betriebstreue sein soll (*BAG* 18.01.2012 ZIP 2012, 938). Da es für die Zuordnung rückständiger Ansprüche zum Insolvenzgeld-Zeitraum bei Jahressondervergütungen darauf ankommt, ob ein Entgeltbezug im Insolvenzgeld-Zeitraum feststellbar ist, ist für derartige Vergütungen mit Mischcharakter danach zu differenzieren, ob in der Rechtsgrundlage für die Gewährung für bestimmte Situationen (Ausscheiden im Bezugszeitraum, teilweiser Eintritt eines Erfolges) eine **anteilige Gewährung** vorgesehen ist oder ob die Regelung nur entweder die vollständige Gewährung oder das vollständige Unterbleiben der Leistung kennt.

183 Ist eine anteilige Gewährung vorgesehen, ist die Jahressondervergütung mit Mischcharakter wie eine solche mit Entgeltcharakter zu behandeln mit der Folge, dass der Anspruch in **voller Höhe** insolvenzgeldfähig ist, wenn die Anspruchsvoraussetzungen im Insolvenzgeld-Zeitraum erfüllt werden. Ist eine anteilige Gewährung nicht vorgesehen, erfolgt die Behandlung des Anspruches auf eine Jahressondervergütung mit Mischcharakter entsprechend den Grundsätzen für die Behandlung einer solchen Leistung mit Belohnungscharakter mit der Folge, dass der Anspruch mit **maximal 25 %** insolvenzgeldfähig ist.

184 Ohne Definition der Anspruchsvoraussetzungen gilt die Auslegungsregel, dass die zusätzliche Leistung des Arbeitgebers im Zweifel Entgeltcharakter hat und demnach nur in Höhe von **25 %** der Leistung insolvenzgeldfähig ist.

8. Nichtberücksichtigung von Arbeitsentgeltansprüchen in besonderen Fällen

185 Der Anspruch auf Insolvenzgeld ist abhängig davon, dass der Arbeitnehmer »noch Ansprüche auf Arbeitsentgelt hat« (§ 165 Abs. 1 Nr. 1 SGB III).

186 Diese Akzessorietät des Insolvenzgeld-Anspruchs von dem arbeitsrechtlichen Anspruch auf Arbeitsentgelt hat zur Konsequenz, dass ein Insolvenzgeld-Anspruch nicht entsteht oder nachträglich entfällt, wenn der Anspruch auf Arbeitsentgelt nicht entstanden ist oder nachträglich entfällt. Dies ist neben den getrennt geregelten Sonderfällen der Übertragung des Anspruchs auf Arbeitsentgelt (§ 170 Abs. 1 SGB III), der Pfändung des Anspruchs auf Insolvenzgeld (§ 171 SGB III) und des Erlöschens von Arbeitsentgeltansprüchen infolge Anfechtung von Rechtshandlungen (§ 166 Abs. 1 Nr. 2 SGB III) immer dann der Fall, wenn nach allgemeinen arbeitsrechtlichen Grundsätzen ein Anspruch auf Arbeitsentgelt untergeht. Im Zusammenhang mit einer Situation der Insolvenz sind dies insbesondere die Fälle des Anspruchsuntergangs durch Erfüllung, Verfall durch Fristversäumnis (tarifliche Verfallfristen), Anrechnung (§ 615 Satz 2 BGB, § 11 KSchG) und Aufrechnung (z.B. mit Schadenersatzansprüchen gegen den Arbeitnehmer) sowie Wegfall von Ansprüchen durch rückwirkende Entscheidungen (Auflösung oder Klagerücknahme im Kündigungsschutzprozess).

Leistung bei Beginn oder Ende des Arbeitsverhältnisses im Laufe des Bemessungszeitraums (unterjähriger Eintritt und Austritt) sowie anteilige Reduzierung der Sondervergütung bei längeren Abwesenheitszeiten (Erziehungsurlaub, langfristige Erkrankung, Wehrdienst).

Auch der **Leistungs- oder Erfolgsbezug** der Sondervergütung spricht für den Entgeltcharakter, wenn der Arbeitnehmer durch sein Verhalten oder seine Leistung diesen Erfolg bestimmen oder herbeiführen kann (*BAG* 26.10.1994 EzA § 611 BGB Gratifikation, Prämie Nr. 115). 172

Der Entgeltcharakter kann sich auch aus der Berechnung der Sonderzahlung ergeben, wenn deren Höhe von tatsächlich erzieltem Verdienst abhängig gemacht wird (*BAG* 08.12.1993 DB 1994, 1623). 173

Entgeltcharakter besteht auch bei einer Zusage mit einer Stichtagsregelung (Bestand des Arbeitsverhältnisses zum Stichtag als Anspruchsvoraussetzung) dann, wenn es sich bei der Stichtagsregelung nur um eine Regelung der Fälligkeit einer (Weihnachts-)Gratifikation handelt, die als Bestandteil des Arbeitsentgelts im Übrigen jedoch fest und ohne Freiwilligkeitsvorbehalt vereinbart ist. In einem solchen Fall besteht auch ein Anspruch auf eine anteilige Gratifikation, wenn das Arbeitsverhältnis im Laufe des Jahres endet und zum Stichtag nicht mehr besteht (*BAG* 21.12.1994 EzA § 611 BGB Gratifikation, Prämie Nr. 119). 174

Konsequenz des reinen Entgeltcharakters einer Jahressondervergütung für die insolvenzgeldrechtliche Beurteilung ist, dass dieser Anspruch nur im Umfang von **25 %** der für das volle Kalenderjahr zustehenden Leistung (also für drei von zwölf Monaten) bei der Berechnung des Insolvenzgeldes Berücksichtigung finden kann. 175

Liegt der Insolvenzgeld-Zeitraum nicht in voller Höhe in einem Bezugszeitraum (regelmäßig: Kalenderjahr oder Geschäftsjahr) der Jahressonderzahlung, erfolgt eine zeitanteilige Zuordnung. Das könnte z.B. wie folgt aussehen: 176

Anfang Insolvenzgeldzeitraum:	16. Dezember
Zahlung der letzten Sondervergütung:	30. November
Ende des Bezugszeitraums:	31. Dezember
Ende Insolvenzgeldzeitraum:	15. März

Insolvenzgeldfähigkeit der Sondervergütung des neuen Jahres
(für Zeitraum 01.01.–15.03. = 2,5 Monate): 2,5/12 = 20,8 %

Belohnungscharakter für Betriebstreue hat die jährlich geleistete Sondervergütung, wenn sich aus der Definition der Anspruchsvoraussetzungen in der Rechtsgrundlage für die Leistung ergibt, dass diese Sondervergütung nicht an die tatsächlich erbrachte Arbeitsleistung, sondern an die Betriebstreue, den vergangenen und zukünftigen Bestand des Arbeitsverhältnisses anknüpft. Dies ist insbesondere indiziert, wenn die Höhe der Jahressondervergütung von der **Dauer der Betriebszugehörigkeit** abhängig ist und etwa nach der Anzahl der Jahre des Bestehens des Arbeitsverhältnisses gestaffelt ist (insbesondere: Jubiläumsprämie, Treueprämie). 177

Der Zweck einer Jahressondervergütung als Belohnung für Betriebstreue wird indiziert, wenn in der Rechtsgrundlage für die Leistung nur die **volle Gewährung** der Jahressondervergütung oder der **vollständige Wegfall** der Jahressondervergütung bzw. deren **vollständige Rückforderung** vorgesehen sind und die jeweilige Regelung eine anteilige Zahlung nicht kennt. Handelt es sich bei der Sonderzahlung nicht um einen Teil der im Austauschverhältnis zur Arbeitsleistung stehenden Vergütung, darf der Arbeitgeber eine anteilige Kürzung der Sonderzahlung für Zeiten, in denen das Arbeitsverhältnis geruht hat, ohne ausdrückliche Vereinbarung nicht vornehmen (*BAG* 10.05.1995 EzA § 611 BGB Gratifikation, Prämie Nr. 125). 178

Anhang zu § 113   Vergütungsansprüche des Arbeitnehmers

166 Bei einem ausdrücklichen Freiwilligkeitsvorbehalt entsteht ein Anspruch auf eine (Weihnachts-)Gratifikation für ein bestimmtes Jahr entweder mit einer vorbehaltlosen Zusage, auch im laufenden Jahr eine Weihnachtsgratifikation zahlen zu wollen, oder erst mit der tatsächlichen Zahlung der Gratifikation. Bis zu diesem Zeitpunkt entsteht auch kein im Laufe des Jahres anwachsender Anspruch auf eine ggf. anteilige Gratifikation. Der erklärte Freiwilligkeitsvorbehalt hindert vielmehr das Entstehen eines solchen Anspruchs und lässt dem Arbeitgeber die Freiheit, in jedem Jahr neu zu entscheiden, ob und ggf. unter welchen Voraussetzungen auch in diesem Jahr eine Weihnachtsgratifikation gezahlt werden soll. Erst mit der Verlautbarung dieser Entscheidung gegenüber den Arbeitnehmern kann ein Anspruch auf eine Gratifikation entstehen (so ausdrücklich: *BAG* 06.12.1995 EzA § 611 BGB Gratifikation, Prämie Nr. 134).

167 Ein wirksamer Freiwilligkeitsvorbehalt betrifft nicht nur zukünftige Leistungsfälle einer Gratifikation, sondern schließt auch für den **laufenden Bezugszeitraum** einen Anspruch aus (*BAG* 05.06.1996 EzA § 611 BGB Gratifikation Prämie Nr. 141; 12.01.2000 EzA § 611 BGB Gratifikation Prämie Nr. 158).

168 Nicht zu berücksichtigen ist eine einmalige Sonderzahlung auch dann, wenn wegen der konkreten Situation des Arbeitnehmers nach der Definition der Voraussetzungen für die Zahlung in der Rechtsgrundlage ein Anspruch nicht besteht. Dies betrifft insbesondere die Fälle des **Ruhens des Arbeitsverhältnisses**. Für Ausfallzeiten wegen Inanspruchnahme des Erziehungsurlaubs kann eine Reduzierung der Sonderzahlung vorgesehen werden (*BAG* 24.11.1993 EzA § 15 BErzGG Nr. 5).

169 Auch soweit es sich bei der Sonderzahlung um ein 13. Monatsgehalt handelt, entsteht ein anteiliger Anspruch für Zeiten der Inanspruchnahme des Erziehungsurlaubs (heute Elternzeit) nicht (*BAG* 19.04.1995 EzA § 611 BGB Gratifikation, Prämie Nr. 126).

170 Schließlich besteht ein zu berücksichtigender Anspruch auf eine einmalige Sonderzahlung auch dann nicht, wenn sich aus der Rechtsgrundlage ergibt, dass der rechtliche Bestand des Arbeitsverhältnisses zu einem bestimmten Stichtag Anspruchsvoraussetzung sein soll und dieser Stichtag im Arbeitsverhältnis nicht erreicht wird. Wird in einem Arbeitsvertrag allein die Zahlung eines »Weihnachtsgeldes« in bestimmter Höhe als Anspruch zugesagt, kann diese Zusage regelmäßig dahingehend verstanden werden, dass dieser Anspruch auf ein Weihnachtsgeld nur dann gegeben sein soll, wenn auch das Arbeitsverhältnis zu Weihnachten noch besteht mit der Folge, dass auch ein anteiliger Anspruch nicht gegeben ist (*BAG* 30.03.1994 DB 1994, 2142). Allerdings hängt dies von den Umständen im Einzelfall ab. Kann aus diesen geschlussfolgert werden, dass das im Arbeitsvertrag versprochene Weihnachtsgeld Entgeltcharakter haben soll, so ist eine anteilige Zahlung zu leisten (*BAG* 21.05.2003 EzA § 611 BGB 2002 Gratifikation Prämie Nr. 8). Knüpft der Arbeitgeber bei Bemessung der Höhe einer Sonderzahlung an die erbrachte Arbeitsleistung im Bezugsjahr an, so ist die Zahlung zumindest teilweise Vergütung für geleistete Arbeit. Wird neben der Anknüpfung an bereits erbrachte Arbeitsleistung in der Zusage als Leistungszweck »Honorierung der Betriebstreue« bestimmt, so handelt es sich um eine Sonderzahlung mit Mischcharakter. Eine Bestimmung in einem Formularvertrag, wonach eine solche Sonderzahlung vom ungekündigten Bestand des Arbeitsverhältnisses zu einem Zeitpunkt außerhalb des Bezugszeitraums, in dem die Arbeitsleistung erbracht wurde, abhängen soll, steht im Widerspruch zu § 611 Abs. 1 BGB. Sie entzieht dem Arbeitnehmer bereits erarbeiteten Lohn und erschwert unzulässig die Ausübung des Kündigungsrechts. Die Klausel benachteiligt den Arbeitnehmer unangemessen und ist deshalb gem. § 307 Abs. 1 Satz 1 BGB unwirksam (*BAG* 18.01.2012 ZIP 2012, 938).

171 Entgeltcharakter hat die jährlich geleistete Sondervergütung, wenn sich aus der Definition der Anspruchsvoraussetzungen in der Rechtsgrundlage für die Leistung ergibt, dass diese Sondervergütung eine zusätzliche Bezahlung der im Bezugszeitraum tatsächlich geleisteten Arbeit sein soll. Dies ist insbesondere indiziert, wenn der Arbeitgeber die Höhe der Leistung an den Umfang der tatsächlichen Arbeitsleistung angeknüpft hat. Eine solche Anknüpfung besteht insbesondere dann, wenn in der Leistungszusage eine anteilige Zahlung der Sondervergütung für unterjährige Arbeitsleistung vorgesehen wird: **anteilige Zahlung** der für ein gesamtes Kalenderjahr oder Geschäftsjahr zugesagten

e) Gratifikationen, Jahressondervergütungen, Weihnachtsgeld

Jährliche Einmalzahlungen, **Gratifikationen, Jahressondervergütungen und Weihnachtsgelder** können dem Insolvenzgeld-Zeitraum zugeordnet werden, wenn der Anspruch arbeitsrechtlich entstanden ist und auch für den Insolvenzgeld-Zeitraum beansprucht werden kann. 160

Die Trennlinie zwischen den Forderungen, die als Masseverbindlichkeit vorweg zu befriedigen sind, und Insolvenzforderungen bestimmt sich danach, ob der Rechtsgrund der Entstehung der Forderung im Augenblick vor Verfahrenseröffnung bereits gelegt war. Das ist dann der Fall, wenn der anspruchsbegründende Tatbestand vor der Verfahrenseröffnung materiell-rechtlich abgeschlossen war. Es braucht weder die Forderung selbst schon entstanden zu sein noch ist Fälligkeit erforderlich. In den Fällen einer **Retention-Prämie**, deren Auszahlung voraussetzt, dass der Arbeitnehmer das Arbeitsverhältnis bis zu einem definierten Stichtag nicht von sich aus gekündigt hat, liegt eine Insolvenzforderung vor (*LAG München* 13.06.2012 – 10 Sa 1150/11) 161

Für den Umfang der Zuordnung der Sondervergütung zum Insolvenzgeld-Zeitraum kommt es entscheidend auf den arbeitsrechtlichen Charakter der Leistung an, der wiederum aus dem Zweck der Leistung zu bestimmen ist. Hiernach ist zu differenzieren zwischen Sondervergütungen mit reinem Entgeltcharakter, Sondervergütungen mit reinem Belohnungscharakter und Sondervergütungen mit Mischcharakter. Jahressonderzahlungen mit Mischcharakter, mit denen sowohl die erbrachte Arbeitsleistung entlohnt als auch eine Belohnung der Betriebstreue gegeben werden soll, sind nur zu 3/12 des Gesamtbetrages durch Insolvenzgeld gesichert. Lässt sich anhand der arbeitsvertraglichen Vereinbarungen nicht feststellen, ob eine Jahressonderzahlung mit reinem Entgeltcharakter, eine Belohnung der Betriebstreue oder eine Jahressonderzahlung mit Mischcharakter vorliegt, ist davon auszugehen, dass lediglich eine zusätzliche Vergütung für die in der Vergangenheit geleistete Arbeit bezweckt wird. Die Sonderzahlung ist in diesen Zweifelsfällen zu 3/12 durch Insolvenzgeld gesichert (*LSG Bayern* 25.07.2013 – L 9 AL 274/11). 162

Eine aufgrund tariflicher Regelung oder betrieblicher Übung allen an einem Stichtag in einem ungekündigten Arbeitsverhältnis stehenden Arbeitnehmern grds. ungekürzt zustehende Jahressonderzahlung ist nicht einzelnen Monaten zuzuordnen. Eine nicht einzelnen Monaten zuzuordnende Jahressonderzahlung ist bei der Berechnung des Insolvenzgeldes nicht zu berücksichtigen, wenn der für die Jahressonderzahlung aufgrund Tarifvertrages oder betrieblicher Übung maßgebliche Auszahlungstag nicht in die letzten dem Insolvenzereignis vorausgehenden drei Monate des Arbeitsverhältnisses fällt (*BSG* 02.11.2000 SozR 3 – 4100 § 141b Nr. 21; 21.07.2005 SozR 4-4300 § 183 Nr. 5). 163

Voraussetzung für die Berücksichtigung einer jährlichen Einmalzahlung ist in jedem Falle, dass hierauf ein **Anspruch** des Arbeitnehmers besteht. Damit bleiben Gratifikationen, die ohne rechtlich bindende Zusage als freiwillige einmalige Leistung des Arbeitgebers gezahlt worden sind, auch für die Ermittlung der Insolvenzgeldfähigkeit unberücksichtigt. 164

Kein Anspruch besteht, wenn auch durch die wiederholte Gewährung **keine betriebliche Übung** entstanden ist, weil der Arbeitgeber ausdrücklich für die Zahlung des jeweiligen Jahres einen **Freiwilligkeitsvorbehalt** in deutlicher Weise, etwa durch Aufdruck auf der Gehaltsabrechnung (»Die Zahlung des Weihnachtsgeldes erfolgt freiwillig und begründet keinen Rechtsanspruch«) zum Ausdruck gebracht hat (*BAG* 14.09.2011 ZIP 2012, 385). In der Kombination eines Freiwilligkeitsvorbehalts mit einem Widerrufsvorbehalt liegt regelmäßig ein zur **Unwirksamkeit der Klausel** führender Verstoß gegen das Transparenzgebot (§ 307 Abs. 1 Satz 2 BGB). Folgt die Intransparenz einer vertraglichen Regelung und damit ihre Unwirksamkeit nach § 307 Abs. 1 Satz 2 i.V.m. Satz 1 BGB gerade aus der Kombination zweier Klauselteile, kommen die Annahme einer Teilbarkeit der Klausel und ihre teilweise Aufrechterhaltung nicht in Betracht. Das ist unabhängig davon, ob die einzelnen Klauselteile isoliert betrachtet wirksam wären. Ein vertraglicher Freiwilligkeitsvorbehalt, der alle zukünftigen Leistungen unabhängig von ihrer Art und ihrem Entstehungsgrund erfasst, benachteiligt den Arbeitnehmer regelmäßig unangemessen i.S.v. § 307 Abs. 1 Satz 1, Abs. 2 Nr. 1 und Nr. 2 BGB und ist deshalb unwirksam (*BAG* 14.09.2011 NZA 2012, 81). 165

406/11, ZInsO 2013, 1191). Ein durch Mehrarbeit außerhalb des Insolvenzgeldzeitraums erarbeitetes Arbeitszeitguthaben auf dem Arbeitszeitkonto ist nicht bei der Berechnung des Insolvenzgelds zu berücksichtigen. Unbeachtlich ist dabei der Fälligkeitszeitpunkt. Sowohl eine vertraglich vereinbarte Verschiebung des Fälligkeitszeitpunktes auf den Dreimonatszeitraum als auch eine Stundung der Arbeitsentgeltansprüche durch die Arbeitnehmer können daran nichts ändern (*LSG Niedersachsen* 27.09.2001 – L 8 AL 125/00, ZInsO 2002, 392).

155 Der finanzielle Abgeltungsanspruch eines Guthabens aus einem Arbeitszeitkonto ist damit im Ergebnis wie die Urlaubsabgeltung ein Anspruch auf Arbeitsentgelt, der in einem unlösbaren Zusammenhang mit der Beschäftigung steht und der durch fortgeschriebene Saldierung der Mehrarbeitsanlässe und der Minderarbeitsanlässe täglich in aktueller Höhe neu bestimmt wird. Ein solches Arbeitszeitkonto kann sowohl vom Arbeitgeber, als auch vom Arbeitnehmer geführt werden. In letzterem Fall muss der Arbeitnehmer dann die den behaupteten Saldo begründenden Tatsachen darlegen, bevor sich der Arbeitgeber dazu erklären muss (*BAG* 23.09.2015 – 5 AZR 767/13).

156 Sinn und Zweck der betrieblichen Regelungen zur Flexibilisierung der Arbeitszeit durch Einrichtung von Arbeitszeitkonten rechtfertigen es, den finanziellen Abgeltungsanspruch aus einem Arbeitszeitkonto **anders zu behandeln** als einen Anspruch auf Urlaubsabgeltung, da es sich bei dem Zeitguthaben auf dem Arbeitszeitkonto um bereits durch tatsächliche Arbeitsleistung verdientes Arbeitsentgelt handelt, welches lediglich im Hinblick auf eine künftige Verrechnungsmöglichkeit noch nicht zur Auszahlung gelangt ist.

157 Der Anspruch auf finanzielle Abgeltung entsteht daher nicht nur »wegen der Beendigung des Arbeitsverhältnisses« i.S.d. § 166 Abs. 1 Nr. 1, 1. HS SGB III.

Wegen des **Entgeltcharakters** des Anspruches auf finanzielle Abgeltung eines Arbeitszeitkontos kommt es für die insolvenzgeldrechtliche Zuordnung des Anspruchs auf den in der betrieblichen Regelung definierten **Abrechnungszeitraum** an, für den eine Saldierung und ggf. Ansammlung von Arbeitszeitguthaben erfolgt.

158 Entscheidend ist, ob sich das angesparte Arbeitszeitguthaben eindeutig dem Insolvenzgeldzeitraum zuordnen lässt. Der vor dem Insolvenzgeldzeitraum erarbeitete positive Saldo muss also bereits im Voraus für einen Zeitraum erarbeitet worden sein, der innerhalb des Insolvenzgeldzeitraums liegt. Ist eine solche exakte Zuordnung nicht möglich, weil das Arbeitszeitguthaben auch für Zeiträume außerhalb des Insolvenzgeldzeitraums erarbeitet worden sein kann, scheidet die Zahlung von Insolvenzgeld für diesen Zeitraum grundsätzlich aus (*BAG* 25.06.2002 AP Nr. 3 zu § 141a AFG). Das BSG hat sich in der zitierten Entscheidung dahingehend ausgedrückt, dass eine von dem Erarbeitungsprinzip abweichende zeitliche Zuordnung dann in Betracht komme, wenn der Zweck des Arbeitszeitkontos in der Überbrückung beschäftigungsschwacher Phasen liege. Dies sei der Fall, wenn in diesen beschäftigungsschwachen Zeiträumen das angesparte Arbeitszeitguthaben abgeschmolzen werden solle.

159 Diese teilweise Durchbrechung des Erarbeitungsprinzips ist mittlerweile auch Gesetz geworden. So bestimmt § 165 Abs. 2 Satz 2 SGB III, dass als Arbeitsentgelt für Zeiten, in denen auch während der Freistellung eine Beschäftigung gegen Arbeitsentgelt besteht, der auf Grund der schriftlichen Vereinbarung zur Bestreitung des Lebensunterhalts im jeweiligen Zeitraum bestimmte Betrag gilt (Lebensunterhaltsprinzip). Für die flexible Arbeitszeitregelung bedeutet dies, dass für Zeiten der Freistellung bzw. für Zeiten, für die das Guthaben angespart wurde, von dem Zeitraum auszugehen ist, für den das Arbeitsentgelt zum Lebensunterhalt bestimmt ist (vgl. BT-Drucks. 14/7347, S. 74). Für Wertguthaben im Rahmen von Arbeitszeitkonten sollen die Vertragsparteien im Übrigen gem. § 7d SGB IV einen Insolvenzschutz vereinbaren. Die Insolvenzsicherung von Wertguthaben bei Altersteilzeit richtet sich seit 01.07.2004 nach § 8a AltersteilzeitG (zu Einzelheiten s. Rdn. 329 ff.).

nisses – ggf. nach § 7 Abs. 4 BUrlG abzugelten ist. Das Bundesarbeitsgericht hat sich dieser Rechtsprechung angeschlossen und legt nunmehr bei langjährig arbeitsunfähigen Arbeitnehmern § 7 Abs. 3 Satz 3 BUrlG, wonach im Fall der Übertragung der Urlaub in den ersten drei Monaten des folgenden Kalenderjahres gewährt und genommen werden muss, unionsrechtskonform so aus, dass der Urlaubsanspruch 15 Monate nach Ablauf des Urlaubsjahres verfällt (*BAG* 07.08.2012 – 9 AZR 353/10). Soweit über den Mindesturlaub nach dem Bundesurlaubsgesetz hinaus durch den Arbeitsvertrag noch Zusatzurlaub gewährt wird, kann insoweit für den Verfall eine Regelung getroffen werden. Dass dieser überobligatorische Urlaubsanteil vorzeitig verfallen soll, muss sich aus der Regelung aber eindeutig ergeben (*BAG* 24.03.2009 NZA 2009, 538). Ebenfalls abzugelten ist der Zusatzurlaub für schwerbehinderte Menschen nach § 125 SGB IX (*BAG* 23.03.2010 ZTR 2010, 376).

Sofern für den Verfall des Urlaubsanspruchs keine Regelung getroffen wurde und ein Abgeltungsanspruch bei Beendigung des Arbeitsverhältnisses gemäß § 7 Abs. 4 BUrlG entstanden ist, kann auf diesen zwar gemäß § 13 Absatz 1 Satz 3 BUrlG nicht durch einzelvertragliche Abreden verzichtet werden, im Rahmen eines gerichtlichen Vergleichs sei dies jedoch möglich und stehe auch im Einklang mit Unionsrecht (*BAG* 14.05.2013 – 9 AZR 844/11). 149

Der Urlaubsanspruch des Arbeitnehmers ist durch tatsächliche Erfüllung auch dann erloschen, wenn der vorläufige Insolvenzverwalter nach Ausspruch einer Beendigungskündigung **Resturlaub** zur tatsächlichen Urlaubsnahme **zuweist**. Eine solche Zuweisung des Resturlaubs erfolgt nicht allein durch Freistellung, sondern durch die ausdrückliche Erklärung der Bestimmung des Urlaubsantritts zum Zwecke der Urlaubsgewährung, so dass der Arbeitnehmer sich auch nicht mehr verfügbar halten muss (*BAG* DB 1994, 1243). Eine solche einseitige Zuweisung des Resturlaubs durch den Arbeitgeber in der Kündigungsfrist des Arbeitsverhältnisses muss jedenfalls in einem Insolvenzereignis als zulässig anerkannt werden (offen gelassen in *BAG* 22.09.1992 EzA § 7 BUrlG Nr. 87). 150

Die Erfüllungswirkung aus der Zuweisung des Resturlaubs in der Kündigungsfrist ist nicht davon abhängig, dass der vorläufige Insolvenzverwalter das Urlaubsentgelt tatsächlich zahlt oder hierüber eine entsprechende Erklärung abgibt. Ist er zur Zahlung des Urlaubsentgelts nicht in der Lage, ist dieses in voller Höhe insolvenzgeldfähig. 151

Nach § 166 Abs. 1 Nr. 1, 1. HS SGB III hat der Arbeitnehmer keinen Anspruch auf Insolvenzgeld für Ansprüche auf Arbeitsentgelt, die er wegen der Beendigung des Arbeitsverhältnisses hat, unabhängig davon, für welchen Zeitraum diese Ansprüche entstanden sind. Der Anspruch auf Urlaubsabgeltung entsteht jedoch erst **wegen der Beendigung des Arbeitsverhältnisses**. Es ist nach der Gesetzesbegründung der Zweck der Formulierung in § 166 Abs. 1 Nr. 1, 1. HS SGB III für das Insolvenzgeld Ansprüche auf Urlaubsabgeltung aus der Insolvenzgeldfähigkeit herauszunehmen. **Urlaubsabgeltung ist damit grds. nicht insolvenzgeldfähig** (ebenso *BSG* 20.02.2002 AP Nr. 1 zu § 184 SGB III; a.A. *Gagel* ZIP 2000, 257 ff.; *Gagel/Peters-Lange* § 184 SGB III Rn. 9a). 152

d) **Arbeitszeitkonten**

Für Zeitguthaben auf Arbeitszeitkonten aus einer Regelung zur Flexibilisierung der Arbeitszeit stellt sich in gleicher Weise die Frage der Zuordnung dieser Guthaben zum Insolvenzgeld-Zeitraum. Die betrieblichen Regelungen zur Flexibilisierung der Arbeitszeit sehen teilweise Kurzzeitkonten und **Langzeitkonten** vor, auf denen die Arbeitnehmer die Möglichkeit haben, auch über einen längeren Zeitraum – regelmäßig ein Jahr – Zeitguthaben aus Mehrarbeitsanlässen anzusammeln. Die Regulierung eines solchen Guthabens steht häufig zur Disposition der Arbeitnehmer, denen in bestimmten Grenzen ein Wahlrecht über finanzielle Abgeltung oder Abgeltung in Freizeit eingeräumt ist. Hat der Arbeitnehmer eine Abgeltung in Freizeit gewählt und bestehen keine abweichenden normativen oder einzelvertraglichen Regelungen, darf der Arbeitgeber das Arbeitszeitkonto mit der für diesen Zeitraum maßgeblichen Soll-Arbeitszeit belasten (*BAG* 29.06.2016 – 5 AZR 617/15). 153

Ansprüche auf Mehrarbeitsvergütung für vor Insolvenzeröffnung geleistete sog. Mehrarbeit sind keine Masseverbindlichkeiten nach § 53 i.V.m. § 55 Abs. 1 Nr. 1 oder § 55 Abs. 1 Nr. 2 Alt. 2 InsO. Sie sind Insolvenzforderungen i.S.v. §§ 38, 108 Abs. 3 InsO (*BAG* 21.02.2013 – 6 AZR 154

...gungen) als Ausfluss der Lehre vom Betriebsrisiko. Der Tantiemenanspruch ist entnissen/-gen zu schätzen, wobei es nicht zu beanstanden ist, wenn als Schätzungsgrundlage die durchsprechenden monatlichen Tantiemenansprüche der vergangenen zwölf Monate herangezogen werden (*LSG Hessen* 20.08.2010 ZIP 2010, 2019).

142 Eine nach Eintritt der Zahlungsunfähigkeit des Arbeitgebers geschlossene Betriebsvereinbarung, die der Fälligkeitszeitpunkt einer Jahressonderzahlung in den Insolvenzgeld-Zeitraum vorverlegt, ist wegen Verstoßes gegen die guten Sitten nichtig (*BSG* 18.03.2004 BSGE 92, 254 = ZIP 2004, 1376). Auch eine dem Arbeitgeber gewährte Stundung bewirkt nicht, dass eine ursprünglich nicht in den Insolvenzgeld-Zeitraum fallende Sonderzahlung etc. nunmehr bei der Höhe des zu gewährenden Insolvenzgeldes zu berücksichtigen ist (*BSG* 02.11.2000 ZInsO 2002, 94; 21.07.2005 ZIP 2005, 193).

c) **Urlaubsabgeltung**

143 Für Ansprüche auf **Urlaubsabgeltung** sowie für Ansprüche auf finanzielle Abgeltung von **Zeitguthaben auf Arbeitszeitkonten** aus Regelungen zur **Flexibilisierung der Arbeitszeit** gilt Folgendes: Ein Anspruch auf **Urlaubsabgeltung** entsteht nach § 7 Abs. 4 des Bundesurlaubsgesetzes, wenn der Urlaub wegen Beendigung des Arbeitsverhältnisses ganz oder teilweise nicht mehr gewährt werden kann. Die Beendigung des Arbeitsverhältnisses ist damit Voraussetzung für das Entstehen des Anspruchs auf Urlaubsabgeltung und führt dazu, dass der Anspruch dann regelmäßig sofort fällig wird. Eine einzelvertragliche Abweichung von diesem Grundsatz ist jedoch grds. möglich (*BAG* 08.04.2014 – 9 AZR 550/12).

144 Dem § 55 Abs. 1 Nr. 2 Alt. 2 InsO unterfallen alle sonstigen Entgeltansprüche, die sich aus dem bloßen Fortbestand des Arbeitsverhältnisses nach Verfahrenseröffnung ergeben (*BAG* 21.02.2013 – 6 AZR 406/11, ZIP 2013, 1033).

145 Da der Abgeltungsanspruch von dem Bestehen des Urlaubsanspruchs abhängig ist, muss stets geprüft werden, ob der Urlaubsanspruch aus früheren Zeiträumen nach arbeitsrechtlichen Grundsätzen noch besteht. Sind der Urlaubsanspruch und die Frage einer evtl. **Übertragung** des Urlaubs aus dem Vorjahr nicht kollektiv-rechtlich in einem Tarifvertrag oder einer anwendbaren Betriebsvereinbarung geregelt, gelten insofern die Regelungen des Bundesurlaubsgesetzes. Danach findet eine Übertragung des Urlaubs nur dann statt, wenn dringende betriebliche oder in der Person des Arbeitnehmers liegende Gründe dies rechtfertigen. Im Fall der Übertragung muss der Urlaub in den ersten drei Monaten des folgenden Kalenderjahres gewährt und genommen werden (§ 7 Abs. 3 Satz 2 u. 3 BUrlG). Die Anerkennung des Abgeltungsanspruchs für die Gewährung des Insolvenzgeldes bedarf daher auch der Feststellung, dass die Übertragungsvoraussetzungen vorgelegen haben. Außerhalb der gesonderten Regelung kann die Übertragung des Urlaubsanspruchs auch durch **einzelvertragliche** Vereinbarung zwischen Arbeitgeber und Arbeitnehmer erfolgen.

146 Der EuGH hat jedoch die vorgenannten Grundsätze zur Übertragbarkeit von Urlaubsansprüchen für langzeiterkrankte Mitarbeiter modifiziert (*EuGH* 20.01.2009 »Schultz-Hoff« ZInsO 2009, 292).

147 Der EuGH stellte fest, dass Art. 7 Abs. 1 der Richtlinie 2003/88 dahingehend auszulegen ist, dass er der deutschen Rechtsprechung entgegensteht, wonach der Anspruch auf bezahlten Jahresurlaub bei Ablauf des Bezugszeitraumes und des Übertragungszeitraumes auch dann – ersatzlos – erlischt, wenn der Arbeitnehmer während des gesamten Bezugszeitraumes oder eines Teils davon krankgeschrieben war und seine Arbeitsunfähigkeit bis zum Ende seines Arbeitsverhältnisses fortdauert. Es ist aber zulässig, die Möglichkeit der Ansammlung von Urlaubsansprüchen über mehrere Bezugszeiträume wegen fortdauernder Arbeitsunfähigkeit nach dem Ende des Urlaubsjahres auf einen Übertragungszeitraum von 15 Monaten zu begrenzen, nach dessen Ablauf der Anspruch auf bezahlten Jahresurlaub erlischt (*EuGH* 22.11.2011 »Schulte« ZIP 2011, 2375).

148 Dies heißt konkret, dass bei langzeiterkrankten Mitarbeitern, die auf Grund ihrer Krankheit auch während des Übertragungszeitraumes von drei Monaten gehindert sind den Urlaub zu nehmen, der Urlaubsanspruch nicht automatisch erlischt und – im Falle einer Beendigung des Arbeitsverhält-

maßgebliche Arbeitsentgelt gekürzt, selbst wenn die Beiträge vom Arbeitgeber nicht abgeführt wurden.

War das Arbeitsverhältnis vor dem Insolvenzereignis bereits beendet, endet die Dreimonatsfrist mit 135
dem letzten Tag des Arbeitsverhältnisses, wobei dieser mitzählt. Dabei ist ohne Bedeutung, wie lange
das Ende des Arbeitsverhältnisses vor dem Insolvenzantrag liegt (*LSG Bayern* 23.09.2010 – L9 AL
35/06).

b) Provisionen

Für Ansprüche auf **Provision, Erfolgsprämie, Gewinnbeteiligung (Tantieme)** u. Ä. als Entgelt ver- 136
einbarte Leistungen des Arbeitgebers, die von dem Eintritt eines bestimmten Erfolges abhängig sind,
kommt es für die Zuordnung zum Insolvenzgeld-Zeitraum und damit für die Frage der vollen oder
nur anteiligen Insolvenzgeldfähigkeit in erster Linie auf die vertragliche oder in einer kollektiv-recht-
lichen Regelung enthaltene Definition der tatbestandlichen Voraussetzungen für die Entstehung des
unbedingten Anspruchs an.

Handelt es sich um eine Provisionsvereinbarung i.S.d. §§ 87 f. HGB, hat der Arbeitnehmer (Hand- 137
lungsgehilfe) »Anspruch auf Provision für alle während des Vertragsverhältnisses abgeschlossenen
Geschäfte, die auf seine Tätigkeit zurückzuführen sind oder mit Dritten abgeschlossen werden,
die er als Kunden für Geschäfte der gleichen Art geworben hat« (§ 87 Abs. 1 Satz 1 HGB). Der Anspruch ist fällig, »sobald und soweit der Unternehmer das Geschäft ausgeführt hat« (§ 87a Abs. 1
Satz 1 HGB). Für die zeitliche Zuordnung zum Insolvenzgeld-Zeitraum kommt es demnach darauf
an, ob der nach einer solchen Regelung provisionsberechtigte Arbeitnehmer den Vertragsabschluss
im Insolvenzgeld-Zeitraum getätigt hat. Die spätere Ausführung des Geschäfts durch den Unternehmer begründet lediglich die Fälligkeit der Provision und ist für die Zuordnung des Anspruches zum
Insolvenzgeld-Zeitraum unerheblich. Provisionen aus im Insolvenzgeld-Zeitraum abgeschlossenen
Geschäften sind daher in **voller Höhe** insolvenzgeldfähig (*BAG* 21.01.2015 – 10 AZR 84/10). Es
muss jedoch stets die im konkreten Falle geltende Regelung über den Provisionsanspruch geprüft
und beurteilt werden. Sind nach der anwendbaren Regelung weitere Voraussetzungen durch den Arbeitnehmer zu erfüllen, kommt es für die Insolvenzgeldfähigkeit des Provisionsanspruches ebenfalls
darauf an, ob diese weiteren Voraussetzungen im Insolvenzgeld-Zeitraum realisiert worden sind.

Die gleichen Grundsätze gelten für alle anderen Arten von Erfolgsprämien: Für die volle Insolvenz- 138
geldfähigkeit kommt es darauf an, ob der Arbeitnehmer nach den definierten tatbestandlichen
Voraussetzungen für die Entstehung des Anspruchs alle von ihm zu erbringenden Handlungen
oder Verhaltensweisen im Insolvenzgeld-Zeitraum erbracht oder abgeschlossen hat. Die Fälligkeit
der Zahlung kann auch zu einem späteren Zeitpunkt, auch nach dem Insolvenzereignis eintreten.

Ist der Arbeitnehmer im Insolvenzgeld-Zeitraum **freigestellt** worden und wird der Arbeitnehmer 139
durch diese Freistellung daran gehindert, die von ihm zu erbringenden Tätigkeiten zur Entstehung
eines Provisionsanspruchs im Insolvenzgeld-Zeitraum zu erbringen, so gehört die Zahlung einer
Durchschnittsprovision zu dem gem. § 615 Satz 1 BGB für den Insolvenzgeld-Zeitraum zu zahlenden Annahmeverzugslohn (vgl. *BSG* 20.03.1984 – 10 RAr 4/83, SozSich 1984, 290).

Bei **Umsatzbeteiligungen** und **Gewinnbeteiligungen (Tantiemen)** hängt die Zuordnung zum Insol- 140
venzgeld-Zeitraum und damit die Entscheidung über die nur anteilige oder volle Berücksichtigung
der Leistung entscheidend von dem Inhalt der einzelvertraglichen Zusage ab. Umsatzbeteiligungen
und Gewinnbeteiligungen werden üblicherweise bezogen auf ein Kalenderjahr oder ein Geschäftsjahr vereinbart. Ist dies der Fall, richtet sich die Zuordnung nach den Grundsätzen für Einmalzahlungen (s. Rdn. 19 ff.) und erfolgt regelmäßig nur eine anteilige Berücksichtigung, sofern sich nicht
aus der einzelvertraglichen Regelung ausnahmsweise ein spezieller Bezug der Leistungszusage auf
den Insolvenzgeld-Zeitraum ergibt (*LSG Hessen* 20.08.2010 ZIP 2010, 2019).

Auch bei erfolgsabhängig vereinbarten Vergütungen findet § 615 Satz 3 BGB Anwendung. Das gilt 141
für sämtliche Risiken des Betriebes, auch die rechtlichen Risiken (z.B. Wegfall von Betriebserlaub-

Anhang zu § 113   Vergütungsansprüche des Arbeitnehmers

naten berechnet. Das anteilige Entgelt für die Zeit vom 27. November bis einschließlich 30. November muss durch Teillohnberechnung ermittelt werden.

128 Für die Durchführung einer solchen Teillohnberechnung können kollektiv-rechtliche Regelungen aus anwendbaren Tarifverträgen oder aus Betriebsvereinbarungen existieren, die dann auch für die zeitliche Zuordnung des Arbeitsentgelts zum Insolvenzgeld-Zeitraum Anwendung finden. Existieren kollektiv-rechtliche Regelungen hierfür nicht, erfolgt nach der Rspr. des BAG eine mathematische Ermittlung des Teillohnanspruchs dadurch, dass der gesamte Entgeltanspruch für die Abrechnungsperiode (z.B. Monatsgehalt) zu den tatsächlich angefallenen Arbeitstagen des Monats in Relation gesetzt und hieraus der Entgeltanspruch pro Arbeitstag ermittelt wird. Beispiel: Für vier Arbeitstage vom 27. bis 30. November entsteht bei einem Grundgehalt von 2.200,– € und 22 Arbeitstagen im Monat November ein Teillohnanspruch von 2.200,– €: 22 × 4 = 400,– €, der insolvenzgeldfähig ist.

129 Es können alle Bestandteile von Arbeitsentgelt, welches durch Arbeitsleistung im Insolvenzgeld-Zeitraum verdient ist, in voller Höhe insolvenzgeldfähig sein. Auch ein Anspruch des Arbeitnehmers auf Ersatz verauslagter Kosten für die Reparatur eines Firmenwagens kann ein Anspruch auf Entgelt im insolvenzrechtlichen Sinne sein. (*BSG* 08.09.2010 – B 11 AL 34/09 R, NZA-RR 2011, 437). Durch das Insolvenzgeld sind solche Ansprüche auf Arbeitsentgelt auszugleichen, die noch nicht befriedigt worden sind. Hat der Arbeitgeber den Anspruch des Arbeitnehmers auf Arbeitsentgelt innerhalb der letzten drei Monate des Arbeitsverhältnisses erfüllt, so besteht kein Anspruch auf Insolvenzgeld (*LSG NRW* 22.08. 2013 – L 9 AL 133/13 B, ZInsO 2013, 2324).

130 Urlaubsentgelt für Urlaubstage, die im Insolvenzgeld-Zeitraum tatsächlich genommen werden, ist ebenfalls in voller Höhe insolvenzgeldfähig. Für **zusätzliches Urlaubsgeld** kommt es für die Berücksichtigung im Rahmen der Höhe des Insolvenzgeldes darauf an, ob das Urlaubsgeld bezogen auf den einzelnen Urlaubstag des im Insolvenzgeld-Zeitraum tatsächlich genommenen Urlaubs berechnet und gewährt wird. Dies sind diejenigen Fälle, in denen das zusätzliche Urlaubsgeld aufgrund einer tariflichen Regelung, einer Betriebsvereinbarung oder aufgrund einzelvertraglicher Vereinbarung in Form eines pauschalen Betrages pro Urlaubstag oder eines Prozentsatzes des Arbeitsentgelts pro Tag gezahlt wird. Besteht der Anspruch auf ein zusätzliches Urlaubsgeld jedoch in Form einer Einmalzahlung, die für den gesamten Jahresurlaubsanspruch zugesagt ist, richtet sich die Insolvenzgeldfähigkeit nach den Grundsätzen der Behandlung von Einmalzahlungen.

131 Schadenersatzansprüche des Arbeitnehmers gegen den Arbeitgeber gehören zum Insolvenzgeld-Zeitraum und sind in voller Höhe insolvenzgeldfähig, wenn es um den Ausgleich entgangenen Kurzarbeitergeldes, Wintergeldes oder Winterausfallgeldes geht, welches bei pflichtgemäßer Behandlung durch den Arbeitgeber im Insolvenzgeld-Zeitraum zu realisieren gewesen wäre.

132 Auch Ansprüche auf **Ersatz von Aufwendungen** können insolvenzgeldfähig sein, wenn sie mit der Erbringung der Arbeitsleistung so eng verknüpft sind, dass eine Erstreckung der Sicherung auf den Ersatzanspruch gerechtfertigt ist. Dies ist z.B. der Fall bei Auslagen des Arbeitnehmers für die Reparatur des Firmenwagens (*BSG* 08.09.2010 ZIP 2011, 47).

133 Ansprüche aus **Annahmeverzug** gem. § 615 Abs. 1 BGB aus einer Freistellung des Arbeitnehmers vor dem Insolvenzereignis sind für die im Insolvenzgeld-Zeitraum liegende Freistellungszeit in voller Höhe insolvenzgeldfähig.

134 Des Weiteren ist § 165 Abs. 2 Satz 3 SGB III zu beachten. Danach gelten umgewandelte Entgeltanteile zur betrieblichen Altersversorgung als Arbeitsentgelt, wenn der Arbeitgeber noch keine Beiträge zum Versorgungsträger abgeführt hat. Dadurch wird dem Arbeitnehmer Insolvenzschutz für umgewandelte Entgeltbestandteile gewährt, wenn diese noch nicht seine Versorgungsanwartschaft erhöht haben. Für Zeiträume vor Inkrafttreten der Vorschrift war dies nicht der Fall. Sowohl nach der Rechtsprechung des *BAG* (26.06.1990 BAGE 65, 215) als auch des *BSG* (05.12.2006 ZIP 2007, 929) wurde durch eine auf einem Gehaltsverzicht beruhende Umwandlung von Entgeltansprüchen zugunsten einer Direktversicherung für die betriebliche Altersversorgung das für das Insolvenzgeld

Diese erforderlichen Maßnahmen werden nur durch den neu gefassten Art. 4 begrenzt, wo in dessen 122
Absatz 2 den Mitgliedsstaaten die Möglichkeit eröffnet wird, die Dauer des Zeitraums festzulegen,
für welchen die Ansprüche befriedigt werden sollen. Dieser darf einen Zeitraum, der die letzten drei
Monate des Arbeitsverhältnisses und die damit verbundenen Ansprüche auf Arbeitsentgelt umfasst
und der vor und/oder nach dem von den Mitgliedsstaaten festgelegten Zeitpunkt liegt, nicht unterschreiten. Dadurch wird den Mitgliedsstaaten die Festlegung des Zeitpunktes insoweit freigestellt, als
er nur diesen genannten Mindestzeitrahmen abdecken muss. Diesen Anforderungen genügt jedoch
die in Deutschland gehandhabte Praxis des Abstellens auf den Zeitpunkt der gerichtlichen Entscheidung über die Eröffnung des Verfahrens (ebenso *Gagel/Peters-Lange* § 183 SGB III Rn. 88; *Peters-Lange* ZIP 2003, 1877; **a.A.** *Berscheid* ZInsO 2003, 498; *Wolff* BB 2003, 1444).

7. Zeitliche Zuordnung der Arbeitsentgeltansprüche zum Insolvenzgeld-Zeitraum

Die Notwendigkeit der Zuordnung rückständiger Ansprüche auf Arbeitsentgelt zum Insolvenzgeld- 123
Zeitraum ergibt sich daraus, dass nach § 165 Abs. 1 SGB III zwar grds. alle Ansprüche aus dem Arbeitsverhältnis unabhängig von der Zeit, für die sie geschuldet werden, zum Arbeitsentgelt i.S.d. Insolvenzgeld-Regelung gehören, dass jedoch gem. § 165 Abs. 1 SGB III Insolvenzgeld nur für solche
Ansprüche gezahlt wird, die der Arbeitnehmer **für** die letzten der Eröffnung des Insolvenzverfahrens
vorausgegangenen drei Monate hat. Es ist daher für jede Form des Arbeitsentgelts dessen zeitliche
Zuordnung zu prüfen. Wurde das Arbeitsentgelt außerhalb des Insolvenzgeld-Zeitraums erarbeitet,
so ist der Anspruch auf ausgefallenes Arbeitsentgelt nicht geschützt (sog. »Erarbeitungsprinzip«, vgl.
BSG 25.06.2002 AP Nr. 3 zu § 141a AFG; *LSG Niedersachsen* 22.06.1999 ZInsO 2000, 174 f.).
Entscheidend ist allein, wann der Lohn- oder Gehaltsanspruch erarbeitet wurde. Es kommt nicht
darauf an, wann er fällig oder bezifferbar wurde. Die Kriterien der zeitlichen Zuordnung rückständiger Ansprüche auf Arbeitsentgelt gehen grds. von der arbeitsrechtlichen Beurteilung der einzelnen
Ansprüche aus.

Der dreimonatige Insolvenzgeldzeitraum wird durch das Insolvenzereignis festgelegt (*BSG* 124
01.07.2010 – B 11 AL 6/09 R, ZIP 2010, 2215). Endet das Arbeitsverhältnis vor dem Eintritt des
Insolvenzereignisses, ist der letzte Tag des Arbeitsverhältnisses der letzte Tag des Insolvenzgeldzeitraums (*BSG* 23.10.1984 – 10 Rar 12/83, ZIP 1985, 109). Die Beendigung des Arbeitsverhältnisses
ist von anspruchsentscheidender Bedeutung, weil der Beendigungszeitpunkt den Beginn des Dreimonatszeitraums bestimmt. Nur die formwirksame Beendigung eines Arbeitsverhältnisses führt dazu, dass im Fall einer Beendigung des Arbeitsverhältnisses vor dem Eintritt des Insolvenzereignisses
der Insolvenzgeldzeitraum mit dem letzten Tag des Arbeitsverhältnisses endet (*LSG Baden-Württemberg* 10.07.2013 – L 3 AL 2836/11, info also 2014, 17).

a) Laufendes Arbeitsentgelt

Laufendes Arbeitsentgelt in Form von Lohn oder Gehalt als unmittelbar zeitgebundene Gegenleis- 125
tung für die in einem bestimmten Zeitraum erbrachte Arbeitsleistung ist in **voller Höhe** insolvenzgeldfähig, wenn es im Insolvenzgeld-Zeitraum erarbeitet wurde.

Unter Arbeitsentgelt i.S.d. § 183 SGB III sind alle Arten von Bezügen aus dem Arbeitsverhältnis, d.h. 126
Zahlungen des Arbeitgebers zu verstehen, die im weitesten Sinne als eine Gegenleistung für geleistete
Arbeit oder das Zurverfügungstellen der Arbeitskraft angesehen werden können. Hierunter kann
grds. auch **Verzugslohn** nach §§ 611, 615 BGB fallen (*LSG Baden-Württemberg* 10.04.2013 – L 3
AL 1014/11). Auch **Kurzarbeitergeld** ist Einkommen aus Erwerbstätigkeit (*BSG* 14.03. 2012 – B
14 AS 18/11 R, SozR 4-4200 § 30 Nr. 2).

Wenn der Insolvenzgeld-Zeitraum mit den Abrechnungszeiträumen des laufenden Arbeitsentgelts 127
(Monatslohn, Wochenlohn, Tagelohn, Stundenlohn, Monatsgehalt) nicht unmittelbar erfasst werden
kann, entsteht die Notwendigkeit der Durchführung einer **Teillohnberechnung**. Beispiel: Beginn
des Insolvenzgeld-Zeitraums am 27. November. Das Gehalt des Arbeitnehmers ist jedoch nach Mo-

117 Nach dem Wortlaut der Regelung kommt es auf positive Kenntnis **des Arbeitnehmers von** dem Abweisungsbeschluss an und nicht etwa darauf, ob der Arbeitnehmer aufgrund äußerer Indizien für eine Zahlungsunfähigkeit bei Durchführung eigener Nachforschungen von dem Abweisungsbeschluss hätte Kenntnis erlangen können.

118 Der Zeitpunkt der Herstellung der positiven Kenntnis von dem Abweisungsbeschluss ist entscheidend für die Bestimmung des Insolvenzgeld-Zeitraums in diesen Fällen. Der Insolvenzgeld-Zeitraum **endet** im Falle des § 165 Abs. 3 SGB III mit Ablauf des **letzten Tages der Arbeitsleistung**, die **in Unkenntnis** des Abweisungsbeschlusses noch erbracht wird. Eine Fortsetzung der Arbeitsleistung nach Erlangung der positiven Kenntnis von dem Abweisungsbeschluss führt nicht zu einer Verschiebung des Insolvenzgeld-Zeitraums nach § 165 Abs. 3 SGB III.

119 Der Tag der Kenntnisnahme wird demnach nicht mehr zum Insolvenzgeld-Zeitraum gezählt.

120 Wegen der Publizitätswirkung des Eröffnungsbeschlusses soll es bei dieser Fallgestaltung jedoch darauf ankommen, ob die Unkenntnis des Arbeitnehmers von der Insolvenzeröffnung unverschuldet ist. Hiervon geht die Bundesagentur für Arbeit in ihrer Dienstanweisung (Pkt. 6.4 der DA zu § 183 SGB III a.F.) für den Fall aus, dass sich der Arbeitnehmer im Zeitpunkt der Insolvenzeröffnung im Urlaub befindet und erst nach seiner Urlaubsrückkehr vom Insolvenzereignis Kenntnis erlangt. Ferner wendet die Bundesagentur für Arbeit § 165 Abs. 3 SGB III auch auf diejenigen Fälle an, in denen ohne tatsächliche Weiterarbeit ein Anspruch auf Lohnersatz aus Urlaubsentgelt, Entgeltfortzahlung im Krankheitsfalle und Anspruch auf Arbeitsentgelt ohne Arbeitsleistung aus anderen Gründen (Zeitguthaben, Freischichten etc.) besteht.

121 Das Abstellen auf den Zeitpunkt der Eröffnung des Insolvenzverfahrens als für das Entstehen des Anspruchs auf Insolvenzgeld maßgeblichem Ereignis durch den deutschen Gesetzgeber war hinsichtlich seiner Vereinbarkeit mit den europarechtlichen Vorgaben in den letzten Jahren einer Berg- und Talfahrt unterworfen. War schon für das Entstehen eines Anspruchs auf Konkursgeld nach herrschender Meinung auf den Zeitpunkt des gerichtlichen Beschlusses über die Verfahrenseröffnung abzustellen (vgl. die Nachweise bei *Krause* ZIP 1998, 56 [Fn. 3]), so entschied der EuGH in zwei Entscheidungen vom 10.07.1997 in zwei Rechtssachen mit Bezug zum italienischen Recht (*EuGH* 10.07.1997 ZIP 1997, 1663 [»Bonifaci und Berto«]; 10.07.1997 ZIP 1997, 1658 [»Maso«]), dass ein Abstellen auf den Zeitpunkt der gerichtlichen Entscheidung nicht mit den Vorgaben nach Art. 3 Abs. 2 und Art. 4 Abs. 2 der Richtlinie 80/987/EWG zu vereinbaren sei, sondern vielmehr der Zeitpunkt der Antragstellung maßgeblich für den Eintritt des Insolvenzfalls sei. Dies ergebe sich bereits aus Art. 2 Abs. 1 der Richtlinie, wonach ein Arbeitgeber bereits dann als zahlungsunfähig gilt, »wenn die Eröffnung eines nach den Rechts- und Verwaltungsvorschriften des betreffenden Mitgliedsstaats vorgesehenen Verfahrens über das Vermögen des Arbeitgebers zur gemeinschaftlichen Befriedigung seiner Gläubiger beantragt worden ist« und aus Art. 3 Abs. 2 und Art. 4 Abs. 2 der Richtlinie, die auf die Zahlungsunfähigkeit des Arbeitgebers abstellen. Durch diese Entscheidungen wurde plötzlich auch die bislang in der Bundesrepublik gehandhabte Praxis unvereinbar mit europäischem Recht (vgl. nur *Wimmer* ZIP 1997, 1635; *Krause* ZIP 1998, 56). In seiner Entscheidung vom 15.03.2003 (ZIP 2003, 1000 [»Mau«]) hatte der EuGH auf Vorlage des SG Leipzig seine Rechtsprechung hinsichtlich der Maßgeblichkeit des Zeitpunkts der Antragstellung nunmehr ausdrücklich auch für einen deutschen Sachverhalt bestätigt. Gleichwohl hatte den EuGH zu diesem Zeitpunkt die europäische Richtliniengebung bereits überholt. Denn im Zuge der Änderung der Richtlinie 80/987/EWG durch die Richtlinie 2002/74/EG vom 23.09.2002 (ABlEG L 270/10) ist das deutsche Abstellen auf den Zeitpunkt der gerichtlichen Entscheidung über die Verfahrenseröffnung wieder im Einklang mit den europarechtlichen Vorgaben. Der Grund hierfür liegt in der Neufassung von Art. 3 der Richtlinie, dessen auf die Zahlungsunfähigkeit abstellender Absatz 2 gestrichen und demgemäß auch Art. 4 Abs. 2 modifiziert wurde. Nach dem Wortlaut des Art. 3 in der durch die Richtlinie 2002/74/EG gegebenen Fassung haben die Mitgliedsstaaten die »erforderlichen Maßnahmen« zu treffen, damit die Befriedigung der Ansprüche der Arbeitnehmer sichergestellt werden.

Die Eröffnung des Insolvenzverfahrens erfolgt durch Beschluss des Insolvenzgerichts, in welchem gem. § 27 Abs. 2 InsO die Stunde der Eröffnung anzugeben ist. Ist die Stunde der Eröffnung im Beschluss nicht angegeben worden, so gilt gem. § 27 Abs. 3 InsO als Zeitpunkt der Eröffnung des Insolvenzverfahrens die Mittagsstunde des Tages, an welchem der Beschluss erlassen worden ist.

Aus der Formulierung des Gesetzes in § 165 Abs. 1 SGB III, wonach es auf die »vorausgegangenen« drei Monate ankommen soll, ergibt sich, dass der Tag der Eröffnung des Insolvenzverfahrens nicht zum Insolvenzgeld-Zeitraum gehört. Dies hat das *BSG* in seinem Urteil vom 22.03.1995 (BSGE 76, 67) unter Aufgabe der früheren Rechtsprechung ausdrücklich festgestellt und begründet:

»Eine gleichmäßige Behandlung aller Insolvenzgeld-Ereignisse entspricht nicht nur der gebotenen Klarheit der Rechtsanwendung; sie ist nach Überzeugung des Senats auch allein mit dem Gesetz vereinbar. Bereits § 141b Abs. 1 AFG schränkte den Insolvenzgeld-Zeitraum auf »die letzten der Eröffnung des Insolvenzverfahrens vorausgehenden drei Monate des Arbeitsverhältnisses« ein. Für die Bestimmung jenes Zeitraumes wäre es zudem kaum praktikabel, in jedem Einzelfall stets das Insolvenzereignis nicht nur datumsmäßig, sondern darüber hinaus hinsichtlich der genauen Tageszeit zu bestimmen und, auch drei Monate zurückgehend, jeweils das Entgelt für den Bruchteil eines Arbeitstages zu ermitteln und als Insolvenzgeld auszuzahlen.

Dem entspricht die – über § 26 Abs. 1 SGB X – auch im Insolvenzgeld-Verfahren anzuwendende Vorschrift des § 187 Abs. 1 BGB, wonach eine Frist nur nach vollen Tagen gerechnet wird. Diese Bestimmung betrifft zwar unmittelbar nur den Fall, dass der Fristbeginn festgelegt ist und das Fristende ermittelt werden soll. Sie ist aber entsprechend anwendbar, wenn die Frist von einem Endzeitpunkt aus zurück zu berechnen ist. Das für die Bestimmung des Insolvenzgeld-Zeitraums maßgebende Ereignis ist die Eröffnung des Insolvenzverfahrens. **Nach dem eindeutigen Wortlaut des § 187 Abs. 1 BGB bleibt der Tag, an dem das Ereignis eintritt, außer Betracht.**«

Nach § 188 Abs. 2 BGB endet eine Frist, die nach Monaten bestimmt ist, mit dem Ablauf desjenigen Tages des letzten Monats dieser Frist, welcher durch seine Zahl dem Tage entspricht, in den das für die Bestimmung des Fristbeginns maßgebende Ereignis fällt. Für die nach § 165 Abs. 1 SGB III erforderliche Rückrechnung bedeutet dies:

Der Insolvenzgeld-Zeitraum beginnt drei Monate vor dem Insolvenzereignis mit dem Tage, dessen Monatsdatum dem Monatsdatum des Insolvenztages entspricht, z.B. Insolvenzeröffnung: 27. Februar, Anfang Insolvenzgeld-Zeitraum: 27. November, Ende Insolvenzgeld-Zeitraum: 26. Februar.

Ist das danach maßgebende Monatsdatum am Ende des Kalendermonats Februar nicht vorhanden, gilt jeweils der letzte Februartag, z.B. Insolvenzeröffnung: 31. Mai, Anfang Insolvenzgeld-Zeitraum: 28. Februar (in Schaltjahren: 29. Februar), Ende Insolvenzgeld-Zeitraum: 30. Mai.

Ist das Arbeitsverhältnis innerhalb der letzten drei Monate vor der Eröffnung des Insolvenzverfahrens **beendet** worden, so endet der Insolvenzgeld-Zeitraum mit dem Ende des Arbeitsverhältnisses. Hierbei kommt es auf die arbeitsrechtlich **wirksame** Beendigung des Vertragsverhältnisses an, nicht jedoch auf eine tatsächliche Einstellung der Arbeitsleistung oder auf eine Freistellung. Ist die rechtliche Beendigung des Vertragsverhältnisses **ungeklärt**, weil etwa noch ein Kündigungsschutzprozess gegen eine ausgesprochene Kündigung durchgeführt wird, ist die abschließende Feststellung des Insolvenzgeld-Zeitraums von dem Ergebnis der rechtlichen Klärung abhängig.

Einen Sonderfall regelt § 165 Abs. 3 SGB III: Der Insolvenzgeld-Zeitraum verschiebt sich, wenn der Arbeitnehmer in Unkenntnis des Insolvenzereignisses eines Abweisungsbeschlusses mangels Insolvenzmasse **weitergearbeitet** oder die Arbeit aufgenommen hat, auf die letzten dem Tag der Kenntnisnahme vorausgegangenen drei Monate des Arbeitsverhältnisses. Diese gesonderte Regelung trägt der Tatsache Rechnung, dass der Beschluss über die Abweisung eines Antrages auf Eröffnung des Insolvenzverfahrens mangels Insolvenzmasse nicht allgemein veröffentlicht wird. Ist der Abweisungsbeschluss dem Arbeitnehmer unbekannt geblieben und setzt er seine Arbeitsleistung trotz dieses Abweisungsbeschlusses wegen dieser Unkenntnis fort, soll für diesen Zeitraum ausgefallenes Arbeitsentgelt von der Insolvenzausfallversicherung gedeckt sein.

5. Insolvenzfälle mit Auslandsbezug

107 Voraussetzung für einen Anspruch auf Insolvenzgeld ist immer ein inländisches Beschäftigungsverhältnis. Dieser in Absatz 1 Satz 1 enthaltene Grundsatz hat nunmehr auch durch die Anfügung von Satz 2 zum 01.01.2002 Bestätigung erfahren. Nicht erforderlich ist hingegen, dass zusätzlich zu dem Beschäftigungsverhältnis auch der Wohnsitz des Beschäftigten im Inland liegt, wie sich aus § 167 Abs. 2 SGB III ergibt. Voraussetzung für die Annahme eines im Inland befindlichen Arbeitsverhältnisses ist, dass der Schwerpunkt der rechtlichen und tatsächlichen Merkmale des Arbeitsverhältnisses im Inland liegt und damit der Anknüpfungspunkt für den insolvenzgeldgeschützten Arbeitsentgeltanspruch ein dem Schwerpunkt der deutschen Rechtsordnung unterliegendes Arbeits- und Beschäftigungsverhältnis ist (*BSG* 21.09.1983 ZIP 1984, 469; 29.02.1984 ZIP 1984, 1249). Indizien hierfür sind unter anderem ein Arbeitsvertrag mit einem inländischen Unternehmen, eine Befristung der Auslandstätigkeit, die Anwendung deutschen Arbeitsrechts auf das Beschäftigungsverhältnis, die Vereinbarung eines deutschen Gerichtsstandes oder ein Anspruch auf Heimaturlaub. In einem solchen Fall handelt es sich immer noch um ein inländisches Beschäftigungsverhältnis, so dass einem Anspruch auf Insolvenzgeld auch ein ausländischer Wohn- und Beschäftigungsort nicht entgegensteht. Umgekehrt begründen aber Wohnsitz und/oder Beschäftigung im Inland nicht zwangsläufig auch einen Anspruch auf Insolvenzgeld. Auch hier müssen die zur Bestimmung des Schwerpunktes des Beschäftigungsverhältnisses aufgestellten Grundsätze angewandt werden, wenn eine Entsendung eines Mitarbeiters eines ausländischen Unternehmens in die Bundesrepublik erfolgt. Es muss danach geprüft werden, ob es sich bei der Entsendung aufgrund der tatsächlichen und rechtlichen Umstände um ein vom Schwerpunkt her im Inland anzusiedelndes Beschäftigungsverhältnis handelt, oder ob lediglich eine Auslandsbeschäftigung mit Einstrahlungswirkung vorliegt. Ein dem Schwerpunkt nach im Inland anzusiedelndes Beschäftigungsverhältnis hat das BSG beispielsweise für den Fall angenommen, dass die Tätigkeit eines britischen Staatsangehörigen nach Abschluss dessen Beschäftigung im früheren Jugoslawien vollständig in die Bundesrepublik verlagert werden sollte (*BSG* 23.02.1994 SozR 3-4100 § 141b Nr. 9).

108 Begründeten im Ausland eintretende Insolvenzen bis zum 31.12.2001 grds. keinen Anspruch auf Insolvenzgeld (vgl. zum alten Recht *BSG* 29.06.2000 ZInsO 2001, 370; 08.02.2001 ZIP 2001, 1336), so ist diese Auffassung seit der Änderung von § 165 Abs. 1 Satz 1 SGB III und vor allem der Neueinfügung von Satz 2 nunmehr obsolet. Nach dem eindeutigen Wortlaut von § 165 Abs. 1 Satz 2 SGB III begründet auch ein ausländisches Insolvenzereignis einen Anspruch auf Insolvenzgeld für im Inland beschäftigte Arbeitnehmer. Voraussetzung ist demnach lediglich, dass eine Inlandsbeschäftigung vorliegt. Dadurch ist gleichzeitig auch die Rechtsprechung des EuGH und des BSG hinfällig geworden, wonach Ansprüche auf Insolvenzgeld des im Inland beschäftigten Arbeitnehmers eines im Ausland insolvent gewordenen Unternehmens nur dann geltend machen konnten, wenn dieses zumindest eine registrierte Zweigniederlassung im Inland hatte (*EuGH* 16.12.1999 ZIP 2000, 89; *BSG* 29.06.2000 ZInsO 2001, 372). Der Anspruch ergab sich dabei, wie das BSG richtig erkannt hatte, direkt aus der Richtlinie 80/987/EWG, da das deutsche Recht insofern lückenhaft war. Nachdem diese Richtlinie jedoch durch die Änderungsrichtlinie 2002/74/EG v. 23.09.2002 (ABlEG L 270/10) neu gefasst und insbesondere ein neuer Art. 8a eingeführt worden ist, bestehen insofern auch keine Diskrepanzen mehr zwischen § 165 SGB III und den europarechtlichen Vorgaben. Denn in Abs. 1 des Art. 8a der Richtlinie wird festgelegt, dass bei Zahlungsunfähigkeit eines Unternehmens, welches im Hoheitsgebiet mindestens zweier Mitgliedstaaten tätig ist, die Einrichtung desjenigen Mitgliedstaates für die Befriedigung der nicht erfüllten Arbeitnehmeransprüche zuständig ist, in dessen Hoheitsgebiet die betreffenden Arbeitnehmer ihre Arbeit gewöhnlich verrichten oder verrichtet haben. Auch die Richtlinie geht damit nunmehr davon aus, dass allein der Beschäftigungsort maßgeblich für die Zuständigkeit eines Mitgliedstaates ist.

6. Bestimmung des Insolvenzgeld-Zeitraums

109 Anspruch auf Ausgleich des ausgefallenen Arbeitsentgelts besteht gem. § 165 Abs. 1 SGB III für die vorausgegangen drei Monate des Arbeitsverhältnisses bei einem Insolvenzereignis.

keit vollständig beendet ist und ein Insolvenzantrag nicht gestellt worden ist. Zweifel an der Masseunzulänglichkeit berechtigen den Träger der Arbeitslosenversicherung nicht, einen Anspruch auf Insolvenzgeld abzulehnen. Lassen die objektiv erkennbaren Umstände allenfalls Zahlungsschwierigkeiten, aber keine Zahlungsunfähigkeit des Arbeitgebers erkennen, so ist ein Anschein bestehender Masselosigkeit auch dann zu verneinen, wenn objektiv tatsächlich bereits Masselosigkeit vorgelegen hat. In einem solchen Fall ist allein maßgebliches Insolvenzereignis die Eröffnung des Insolvenzverfahrens (*LSG Berlin-Brandenburg* 03.05.2012 – L 18 AL 54/11).

Problematisch kann die Feststellung des Insolvenzereignisses sein, wenn der Arbeitgeber eine **BGB-Gesellschaft** ist. Bei der BGB-Gesellschaft ist die Gesamthand Träger der Rechte und Pflichten, auch soweit die BGB-Gesellschaft Arbeitgeberfunktion hat. Für Pflichten und Schulden der BGB-Gesellschaft haften die einzelnen Gesellschafter unmittelbar und unbeschränkt. Wenn über das Vermögen eines BGB-Gesellschafters das Insolvenzverfahren eröffnet wird, wird nach der gesonderten Regelung des § 728 BGB die Gesellschaft aufgelöst. Dies gilt dann nicht, wenn im Gesellschaftsvertrag die Fortsetzung der Gesellschaft unter den übrigen Gesellschaftern für diesen Fall vereinbart ist. Das Insolvenzereignis als Anspruchsvoraussetzung für Insolvenzgeld sowohl in Form der Eröffnung des Insolvenzverfahrens wie auch in den Sonderformen der Nrn. 2 u. 3 des § 165 Abs. 1 SGB III liegt bei einer BGB-Gesellschaft jedoch nur dann vor, wenn eine Haftung bei keinem der verbleibenden Gesellschafter mehr realisiert werden kann und bei allen Gesellschaftern eines der Insolvenzereignisse eingetreten ist. 103

Problematisch und in diesem Zusammenhang weitgehend ungeklärt ist die Rechtslage bei einem **Gemeinschaftsbetrieb mehrerer juristisch selbstständiger Rechtsträger**. In der Rechtsprechung des *BAG* (23.03.1984 DB 1984, 1684) wird anerkannt, dass mehrere rechtlich selbstständige Arbeitgeber (natürliche oder juristische Personen) mit jeweils mindestens einem eigenen Betrieb einen einheitlichen Gemeinschaftsbetrieb bilden können. Dies ist der Fall, wenn rechtlich selbstständige Arbeitgeber sich zusammengeschlossen haben, um: 104

»... mit ihren Arbeitnehmern arbeitstechnische Zwecke innerhalb einer organisatorischen Einheit fortgesetzt zu verfolgen. Die Einheit der Organisation ist zu bejahen, wenn ein einheitlicher Leitungsapparat vorhanden ist, der die Gesamtheit der für die Erreichung der arbeitstechnischen Zwecke eingesetzten personellen, technischen und immateriellen Mittel lenkt. Dies setzt voraus, dass die beteiligten Unternehmen sich zur gemeinsamen Führung eines Betriebes rechtlich verbunden haben.«

Ein solcher einheitlicher Gemeinschaftsbetrieb kann auch dann vorliegen, wenn die rechtlich selbstständigen Arbeitgeber unter einheitlicher Leitungsmacht verschiedene arbeitstechnische Zwecke fortgesetzt verfolgen (*BAG* 13.06.1985 NZA 1986, 600). 105

Die hierfür erforderliche rechtliche Vereinbarung eines einheitlichen Leitungsapparates kann nicht nur ausdrücklich erfolgen, sondern auch anzunehmen sein, wenn sich eine solche Vereinbarung konkludent aus den näheren Umständen des Einzelfalles ergibt (*BAG* 23.09.2010 ZInsO 2011, 344). Wenn diese für die Anwendbarkeit des Kündigungsschutzgesetzes und für die Betriebsverfassung (*BAG* 18.01.2012 DB 2012, 1754) geltenden Grundsätze dazu führen würden, die rechtlich selbstständigen Arbeitgeber auch im Hinblick auf die Haftung für Ansprüche auf Arbeitsentgelt aller Arbeitnehmer des Gemeinschaftsbetriebes als Gesellschafter einer BGB-Gesellschaft anzusehen, würde dies dazu führen, ein Insolvenzereignis i.S.d. § 165 Abs. 1 SGB III erst dann anzunehmen, wenn ein insolventer Arbeitgeber auch den oder die anderen Arbeitgeber des Gemeinschaftsbetriebes in die Insolvenz hineingezogen hätte und der Insolvenzfall bei allen Gesellschaftern der BGB-Gesellschaft eingetreten wäre. Im Rahmen des § 165 Abs. 1 SGB III findet eine Zuordnung der Haftung für Arbeitsentgelt jedoch nicht nach wirtschaftlicher Betrachtung oder Zurechnungskriterien statt, die an tatsächliche Gegebenheiten anknüpfen, sondern ausschließlich auf der Grundlage arbeitsrechtlich begründeter Rechtsverhältnisse (*BSG* 28.06.1983 ZIP 1983, 1224). Auch das BAG hat es abgelehnt, den individual-arbeitsrechtlichen Gleichbehandlungsgrundsatz auf einen derartigen Gemeinschaftsbetrieb anzuwenden (*BAG* 19.11.1992 DB 1993, 843). 106

97 Zur Beantragung von Insolvenzgeld genügt nach der Dienstanweisung der Bundesagentur für Arbeit (Pkt. 5.2 der DA zu § 183 SGB III a.F.) zum Nachweis der Abweisung eines Insolvenzantrages mangels Insolvenzmasse auch eine schriftliche Auskunft des Insolvenzgerichts oder die Einsichtnahme in das Schuldnerverzeichnis nach § 26 Abs. 2 InsO.

c) Beendigung der Betriebstätigkeit

98 Schwieriger zu handhaben ist das Insolvenzereignis gem. § 165 Abs. 1 Nr. 3 SGB III, da für diesen Vorgang ein förmliches Verfahren weder in der Insolvenzordnung noch in anderen spezialgesetzlichen Regelungen existiert. Anknüpfungspunkt ist zunächst die Beendigung der Betriebstätigkeit des Arbeitgebers. Diese **Beendigung der Betriebstätigkeit** muss **vollständig** im Geltungsbereich des Dritten Buches Sozialgesetzbuch (§ 30 SGB I) sein. Eine vollständige Beendigung der Betriebstätigkeit in diesem Sinne ist demnach **nicht** gegeben, wenn ein Arbeitgeber mit mehreren im Inland gelegenen Betrieben lediglich in einem dieser Betriebe die Betriebstätigkeit einstellt, einen oder mehrere andere Betriebe jedoch weiterführt.

99 Vollständig ist die Beendigung der Betriebstätigkeit erst dann, wenn jegliche der Verfolgung des arbeitstechnischen Zweckes des Betriebes dienende Arbeitstätigkeit mit der Absicht der Dauerhaftigkeit, ausgenommen reine Erhaltungs-, Abwicklungs- oder Liquidationsarbeiten, eingestellt ist (*BSG* 05.06.1981 SozR 4100 § 141b Nr. 19; *LSG Berlin-Brandenburg* 10.05.2007 – L 4 AL 140/06; *LSG Hessen* 24.04.2006 – L 9 AL 118/04). Auflösung der Betriebsgemeinschaft, Entfernung der produktiven Arbeitsmittel, Löschung im Handelsregister oder sonstige Voraussetzungen sind ergänzend nicht erforderlich (*LSG Hessen* 24.04.2006 – L 9 AL 118/04). Ob eine solche auf Dauer angelegte Einstellung der Tätigkeit zur Realisierung des arbeitstechnischen Zwecks des Betriebes erfolgt ist, kann nur im Einzelfall beurteilt werden. Diese Beurteilung muss auf den Zeitpunkt der Beendigung der Tätigkeit bezogen sein. Eine spätere Änderung der unternehmerischen Entscheidung des Arbeitgebers, etwa über eine spätere Wiederaufnahme der gesamten Betriebstätigkeit oder von Teilen hiervon für einen längeren oder kürzeren Zeitraum, bleibt für die Beurteilung unerheblich, selbst wenn die Abgrenzung im konkreten Einzelfall insoweit schwierig sein kann.

100 Weitere Voraussetzung des Insolvenzereignisses gem. § 165 Abs. 1 Nr. 3 SGB III ist es, dass ein **Insolvenzantrag nicht** gestellt worden ist. Dem Unterbleiben eines Insolvenzantrages stehen dessen Rücknahme durch den Antragsteller und die Zurückweisung des Antrages durch das Amtsgericht wegen Unzulässigkeit ohne Sachentscheidung gleich (*BSG* 30.10.1991 BSGE 70, 9; *LSG Schleswig-Holstein* 03.06.2004 – L 3 AL 73/03).

101 **Auskunft** darüber, ob ein Antrag auf Eröffnung eines Insolvenzverfahrens gestellt ist, erteilt das zuständige **Amtsgericht**.

102 Die weitere Voraussetzung der **offensichtlichen Masseunzulänglichkeit** orientiert sich an § 26 Abs. 1 InsO, wonach es darauf ankommt, ob das Vermögen des Schuldners voraussichtlich nicht ausreichen wird, um die Kosten des Verfahrens zu decken. Die Massel0sigkeit muss vor oder gleichzeitig mit der vollständigen Beendigung der Betriebstätigkeit eintreten, so dass eine spätere Masselosigkeit nicht ausreichend ist (*LSG Berlin-Brandenburg* 08.12.2005 – L 28 AL 75/04; 10.05.2007 – L 4 AL 140/06). Da diese Beurteilung gem. § 22 Abs. 1 Nr. 3 InsO durch den vorläufigen Insolvenzverwalter erfolgt, kann im Rahmen der Feststellung der Voraussetzungen für die Gewährung von Insolvenzgeld zu Lasten der anspruchsberechtigten Arbeitnehmer eine definitive Klärung der Masseunzulänglichkeit nicht verlangt werden. Ausreichend für die Gewährung von Insolvenzgeld sind vielmehr die **äußeren Indizien** für eine Masseunzulänglichkeit (*BSG* 4.3.1999 B 11/10 AL 3/98 R; *LSG Berlin-Brandenburg* 08.12.2005 – L 28 AL 75/04; 10.05.2007 – L 4 AL 140/06; LSG Hessen 24.04.2006 – L 9 AL 118/04). Solche Indizien werden sich regelmäßig in eigenen Erklärungen des Arbeitgebers finden lassen. Von dem Arbeitnehmer kann nicht verlangt werden, im Rahmen des § 165 Abs. 1 Nr. 3 SGB III weitere Feststellungen vorzutragen, die regelmäßig seiner Wahrnehmungssphäre entzogen sind. Regelmäßig ausreichend, aber auch erforderlich ist, dass der Arbeitgeber die **Lohnzahlungen** unter Hinweis auf seine Zahlungsunfähigkeit einstellt bzw. verweigert, die betriebliche Tätig-

bekanntmachungen.de (§ 9 InsO). Das Insolvenzgericht kann weitere Bekanntmachungen veranlassen, soweit dies landesrechtlich bestimmt ist (§ 9 Abs. 2 Satz. 1 InsO). Außerdem erfolgt eine Eintragung in das zuständige Handelsregister (§ 31 Abs. 1 InsO). Eine automatische Mitteilung an die Arbeitnehmer des Betriebes, etwa durch Bekanntmachung am Schwarzen Brett oder die im Betrieb angewendeten Mitteilungsformen sowie eine Mitteilung an den im Betrieb gewählten Betriebsrat ist in der Insolvenzordnung **nicht** vorgesehen. Lediglich die Gläubiger des Schuldners sind durch das Insolvenzgericht gem. § 30 Abs. 2 InsO durch besondere Zustellung des Eröffnungsbeschlusses zu informieren. Auch die gesonderten Regelungen über die Gewährung von Insolvenzgeld im Dritten Buch Sozialgesetzbuch enthalten lediglich Bestimmungen über Auskunfts- und Mitwirkungspflichten des Arbeitgebers, des Insolvenzverwalters und der Arbeitnehmer **gegenüber der Bundesagentur für Arbeit** (§§ 316 Abs. 1, Abs. 2 SGB III), eine Informationspflicht **gegenüber den Arbeitnehmern** jedoch nur gem. § 165 Abs. 5 SGB III für den Fall der Ablehnung des Insolvenzantrages mangels Masse.

Eine **Mitteilungspflicht** des Arbeitgebers (Schuldners) und des Insolvenzverwalters **gegenüber den** 94
Arbeitnehmern muss jedoch auch über § 165 Abs. 5 SGB III hinausgehend für den Fall der Eröffnung des Insolvenzverfahrens wegen dessen gravierender Auswirkungen auf Arbeitsverhältnisse und die Ansprüche auf Arbeitsentgelt aus dem Gesichtspunkt der **Fürsorgepflicht des Arbeitgebers angenommen werden.** Diese Fürsorgepflicht über betriebsinterne Veröffentlichung der Eröffnung des Insolvenzverfahrens ist Ausdruck eines allgemeinen Rechtsgrundsatzes, der beispielsweise in § 8 TVG, § 77 Abs. 2 Satz 3 BetrVG, § 18 Abs. 1 MuSchG, § 21 Abs. 1 LSchlG, § 47 JArbSchG und § 16 Abs. 1 ArbZG zum Ausdruck gekommen ist. Eine derartige Verpflichtung zur Mitteilung an den Arbeitnehmer ist sowohl für den Schuldner wie auch für den Insolvenzverwalter ohne weiteres zumutbar, da der Eröffnungsbeschluss beiden zugestellt wird.

Wenn der Schuldner und/oder der Insolvenzverwalter die sich aus der Fürsorgepflicht des Arbeit- 95
gebers hiernach ergebende Mitteilungsverpflichtung gegenüber dem Arbeitnehmer über die Eröffnung des Insolvenzverfahrens verletzen, begründet dies einen **Schadenersatzanspruch** des betroffenen Arbeitnehmers, wenn ihm hierdurch kausal bedingt Ansprüche auf Insolvenzgeld oder sonstige Leistungen tatsächlich entgehen. Die Schadenersatzhaftung des Arbeitgebers bei der Verletzung von Hinweis- und Mitteilungspflichten gegenüber dem Arbeitnehmer als Ausfluss der Fürsorgepflicht des Arbeitgebers ist in der Rechtsprechung des BAG anerkannt (BAG 03.07.1990 DB 1990, 2431; 15.12.2016 – 6 AZR 578/15). Da ein solcher Schadenersatzanspruch aus einem Verhalten des Insolvenzverwalters nach Eröffnung des Insolvenzverfahrens resultiert, kann er nicht Gegenstand eines Anspruchs auf Insolvenzgeld sein, sondern ist gem. § 55 Abs. 1 Nr. 1 InsO Masseverbindlichkeit. Stellt ein Unternehmen erneut Insolvenzantrag (z.B. nach einer Aufhebung des ersten Insolvenzverfahrens aufgrund der Durchführung eines Insolvenzplanverfahrens gem. § 258 Abs. 1 InsO) tritt nur dann ein neues Insolvenzereignis ein und werden folglich auch keine Ansprüche auf Insolvenzgeld ausgelöst, wenn die auf einem bestimmten Insolvenzereignis andauernde Zahlungsunfähigkeit des Arbeitgebers nicht mehr fortdauert. Die Zahlungsunfähigkeit endet jedoch nicht bereits dann, wenn der Schuldner einzelnen Zahlungsverpflichtungen wieder nachkommt, sondern erst dann, wenn er uneingeschränkt in der Lage ist, seine fälligen Geldschulden im Allgemeinen zu erfüllen (vgl. *LSG NRW* 06.09.2006 – L 12 AL 19/06).

b) Abweisung mangels Insolvenzmasse

Für die nach § 165 Abs. 1 Nr. 2 SGB III der Eröffnung des Insolvenzverfahrens gleichstehende **Ab-** 96
weisung des Antrages auf Eröffnung des Insolvenzverfahrens **mangels Insolvenzmasse** ist eine Mitteilungspflicht des Arbeitgebers gegenüber dem Betriebsrat oder den Arbeitnehmern in § 165 Abs. 5 SGB III ausdrücklich normiert. In diesen Fällen handelt es sich um das Verfahren gem. § 26 Abs. 1 InsO, in welchem ein ausdrücklicher Beschluss des Insolvenzgerichts ergeht, der dem Schuldner zugestellt wird. An die Ablehnung des Antrages auf Eröffnung des Insolvenzverfahrens mangels Insolvenzmasse schließt sich die Eintragung in das Schuldnerverzeichnis gem. § 26 Abs. 2 InsO an.

beitsentgelts zur Ermöglichung der Weiterführung des Betriebes nur aus Mitteln der Masse erfolgen könnte (vgl. *Wimmer* ZIP 1997, 1635 [1637]).

88 Durch die Regelung der Richtlinie 80/987/EWG des Rates vom 20.10.1980 zur Angleichung der Rechtsvorschriften der Mitgliedsstaaten über den Schutz der Arbeitnehmer bei Zahlungsunfähigkeit des Arbeitgebers in ihrer nach der Änderung durch die Richtlinie 2002/74/EG geltenden Form wird jedoch die nationale Regelung in § 165 Abs. 1 SGB III nicht außer Kraft gesetzt mit der Folge, dass in Ermangelung einer Angleichung beider Regelungen ein **kumulatives Nebeneinander** beider Regelungen gilt mit der Folge, dass ein Arbeitnehmer nach § 183 Abs. 1 SGB III Insolvenzgeld für rückständiges Arbeitsentgelt aus dem Zeitpunkt vor der Eröffnung des Insolvenzverfahrens in Anspruch nehmen kann und sich für ihn ggf. zusätzlich die Frage eines Anspruches auf Schadenersatz wegen fehlerhafter Umsetzung der EG-Richtlinie durch die Bundesrepublik Deutschland für den Zeitraum von drei Monaten vor der Antragstellung stellt (vgl. *Krause* ZIP 1998, 56 [61]).

89 Die Möglichkeit einer Vorfinanzierung des Insolvenzgeldes wird damit durch die Rechtsprechung des EuGH im Ergebnis nicht beeinträchtigt.

4. Insolvenzereignis

90 § 165 Abs. 1 SGB III regelt die Insolvenzereignisse.

Nach § 165 Abs. 1 SGB III ist Voraussetzung für die Gewährung von Insolvenzgeld neben Ansprüchen auf Arbeitsentgelt für die vorausgegangenen drei Monate des Arbeitsverhältnisses bei einem Insolvenzereignis:
– entweder die **Eröffnung des Insolvenzverfahrens**
– oder die **Abweisung des Antrages** auf Eröffnung des Insolvenzverfahrens mangels Insolvenzmasse
– sowie schließlich die **vollständige Beendigung der Betriebstätigkeit** im Inland, wenn ein Antrag auf Eröffnung des Insolvenzverfahrens nicht gestellt worden ist und ein Insolvenzverfahren offensichtlich mangels Insolvenzmasse nicht in Betracht kommt.

Zudem haben bei einem ausländischen Insolvenzereignis im Inland beschäftigte Arbeitnehmerinnen und Arbeitnehmer einen Anspruch auf Insolvenzgeld.

91 Nach § 165 Abs. 1 Nr. 1 SGB III ist die **Eröffnung des Insolvenzverfahrens** anspruchsbegründende Voraussetzung für die Gewährung von Insolvenzgeld. Die vorläufige Zahlung von Insolvenzgeld vor tatsächlichem Eintritt des Insolvenzereignisses kommt – auch im Hinblick auf die Schaffung eines vorläufigen Insolvenzverwalters und der Möglichkeit, den Eintritt des Insolvenzereignisses im Voraus festzulegen – nach § 328 Abs. 1 Satz 1 Nr. 3 SGB III nicht in Betracht (*LSG NRW* 12.04.2000 NZS 2000, 624). Zur Realisierung des von der gesonderten Regelung bezweckten Arbeitnehmerschutzes vor einem Ausfall der Ansprüche auf Arbeitsentgelt bei Insolvenz ihres Arbeitgebers wurde der Anwendungsbereich der Gewährung von Insolvenzgeld in § 165 Abs. 1 Nrn. 2 u. 3 SGB III für solche Fälle, in denen es nicht zu einer Eröffnung des Insolvenzverfahrens kommt, auf den Fall einer **Abweisung** des Antrags auf Eröffnung des Insolvenzverfahrens **mangels Insolvenzmasse** sowie auf die vollständige **Beendigung der Betriebstätigkeit** erweitert, wenn bei dieser Beendigung der Betriebstätigkeit ein Antrag auf Eröffnung des Insolvenzverfahrens nicht gestellt worden ist und ein Insolvenzverfahren **offensichtlich mangels Insolvenzmasse** nicht in Betracht kommt.

a) Eröffnung des Insolvenzverfahrens

92 Die **Eröffnung des Insolvenzverfahrens** erfolgt durch den förmlichen Eröffnungsbeschluss des Insolvenzgerichts gem. § 27 InsO. Dieser Eröffnungsbeschluss wird i.d.R. formularmäßig erlassen und wirksam mit dem Zeitpunkt der Unterzeichnung. Fehlt die Angabe der Stunde der Eröffnung, gilt gem. § 27 Abs. 3 InsO 12 Uhr Mittag.

93 Nach § 30 Abs. 1 InsO hat die Geschäftsstelle des Insolvenzgerichts die Formel des Eröffnungsbeschlusses, den offenen Arrest, die Anmeldefrist und die Termine sofort öffentlich bekanntzumachen. Seit dem 01.07.2007 erfolgt eine Bekanntmachung nur noch im Internet unter www.insolvenz

zierung des Insolvenzgeldes übergegangenen Ansprüche der Arbeitnehmer auf Arbeitsentgelt nicht zu Masseverbindlichkeiten werden.

Das *BAG* (03.04.2001 ZInsO 2001, 1174) ist der Auffassung von *Wiester* gefolgt. Beschäftigt ein sog. »starker« vorläufiger Insolvenzverwalter mit Verwaltungs- und Verfügungsbefugnis i.S.d. § 22 Abs. 1 InsO vor der Eröffnung des Insolvenzereignisses Arbeitnehmer und erhalten diese hierfür von der Bundesagentur für Arbeit Insolvenzgeld, so sind die auf diese nach den §§ 165, 169 SGB III übergegangenen Arbeitsentgeltansprüche nach seiner Auffassung keine Masseverbindlichkeiten i.S.d. § 55 Abs. 2 InsO. Diese Auffassung hatte die Bundesagentur für Arbeit (damals noch »Bundesanstalt«) vertreten und vom beklagten Insolvenzverwalter vorweg die Berichtigung der in Höhe des Insolvenzgeldes auf sie übergegangenen Entgeltansprüche als Masseverbindlichkeiten gefordert. Die Bundesagentur für Arbeit ist hingegen lediglich Insolvenzgläubigerin i.S.v. § 38 InsO. Entgeltansprüche, die auf sie übergehen, sind daher Insolvenzforderungen nach dem § 108 Abs. 2 InsO, wie sich aus einer im Wege der teleologischen Reduktion vorzunehmenden einschränkenden Auslegung des § 55 Abs. 2 InsO ergibt. Andernfalls würde ein Vorrang der Bundesagentur für Arbeit in vielen Fällen den Großteil der zur Verfügung stehenden Masse aufzehren, was die Einstellung der Insolvenzverfahren wegen Masseunzulänglichkeit zur Folge hätte. 83

Mit Wirkung ab 01.12.2001 ist durch das Gesetz zur Änderung der Insolvenzordnung und anderer Gesetze dem § 55 InsO ein Absatz 3 hinzugefügt worden, der dieses Problem inhaltlich entsprechend der Grundsatzentscheidung des BAG v. 03.04.2001 wie folgt klarstellend regelt: 84

»Gehen nach Absatz 2 begründete Ansprüche auf Arbeitsentgelt nach § 187 des Dritten Buches Sozialgesetzbuch auf die Bundesagentur für Arbeit über, so kann die Bundesagentur diese nur als Insolvenzgläubiger geltend machen. Satz 1 gilt entsprechend für die in § 208 Abs. 1 des Dritten Buches Sozialgesetzbuch bezeichneten Ansprüche, soweit diese gegenüber dem Schuldner bestehen bleiben.«

Europarechtliche Vorgaben für die Bestimmung des Insolvenzgeld-Zeitraums ergaben sich aus der Richtlinie 80/987/EWG des Rates vom 20.10.1980 zur Angleichung der Rechtsvorschriften der Mitgliedsstaaten über den Schutz der Arbeitnehmer bei Zahlungsunfähigkeit des Arbeitgebers. 85

Der **Europäische Gerichtshof** hat mit zwei Urteilen aus dem Jahre 1997 entschieden, dass der »Eintritt der Zahlungsunfähigkeit des Arbeitgebers« i.S.d. Art. 3 Abs. 2 u. 4 Abs. 2 der Richtlinie der Zeitpunkt der **Stellung des Antrags** auf Erhöhung des Verfahrens zur gemeinschaftlichen Gläubigerbefriedigung ist, wobei die durch nationalstaatliche Regelung garantierte Leistung nicht vor der Entscheidung über die Eröffnung eines solchen Verfahrens oder – bei unzureichender Vermögensmasse – der Feststellung der endgültigen Schließung des Unternehmens gewährt werden kann (*EuGH* 10.07.1997 ZIP 1997, 1658). Nach diesen Urteilen des EuGH entstehen Arbeitnehmeransprüche aus der Richtlinie, wenn sowohl ein Antrag auf Eröffnung eines Verfahrens zur gemeinschaftlichen Gläubigerbefriedigung bei der zuständigen nationalen Behörde eingereicht worden ist als auch eine Entscheidung über die Eröffnung oder die Feststellung der Stilllegung mangels Vermögensmasse ergangen ist (*EuGH* 10.07.1997 ZIP 1997, 1658). Nach hier vertretener Ansicht ist durch die mittlerweile erfolgte Änderung der Richtlinie das Abstellen auf den Zeitpunkt der gerichtlichen Entscheidung wieder zulässig (vgl. Rdn. 121–125). 86

Auch eine solche Bestimmung des Insolvenzgeld-Zeitraums durch den Stichtag der Antragstellung würde zu einer **Vorverlagerung des Schutzzeitraums** für die Arbeitnehmer und zugleich zu einer **Beeinträchtigung der Fortführung des Unternehmens** durch den vorläufigen Insolvenzverwalter gem. §§ 22 Abs. 1 Nr. 2, 157 InsO durch Inanspruchnahme der Vorfinanzierung des Insolvenzgeldes führen. 87

Diese Möglichkeit der Vorfinanzierung entfällt jedoch, wenn es mit der Rechtsprechung des EuGH auf den Stichtag der Antragstellung ankommt und nur der vor diesem Stichtag liegende Zeitraum durch die staatliche Garantieeinrichtung abgesichert wird, da in diesem Falle die Zahlung des Ar-

resse bestimmter Gläubiger zu Lasten der übrigen Gläubiger ging, können allenfalls noch im Rahmen der Ermessensentscheidung der Agentur für Arbeit zur prognostischen Beurteilung des Sanierungskonzepts neben anderen Beurteilungskriterien herangezogen werden.

74 Nachdem für die Insolvenzgeld-Vorfinanzierung die vorherige Zustimmung der Agentur für Arbeit gem. § 170 Abs. 4 Satz 2 SGB III erforderlich ist, bestehen auch keine Bedenken mehr, im Verhältnis des anspruchsberechtigten Dritten zu der Bundesagentur die Regelung des § 407 BGB über die befreiende Wirkung durch Zahlung an den Arbeitnehmer nicht anzuwenden (*SG Kassel* 02.06.1981 ZIP 1981, 1013; KR-*Weigand* Anh. I nach § 128 InsO Rn. 69).

75 Durch die Einbringung der Agentur für Arbeit bereits bei der Entscheidung über die Zulässigkeit der Vorfinanzierung durch Abtretung der rückständigen Ansprüche auf Arbeitsentgelt besteht nach Erteilung der Zustimmung kein schützenswertes Interesse auf Seiten der Agentur an der Ermöglichung einer befreienden Wirkung durch Zahlung an den Arbeitnehmer unmittelbar.

76 Gem. **§ 55 Abs. 2 InsO** gilt, dass die durch einen vorläufigen Insolvenzverwalter mit Verfügungsbefugnis gem. § 22 Abs. 1 InsO begründeten Verbindlichkeiten **als Masseverbindlichkeiten** ebenso gelten, wie die Verbindlichkeiten **aus einem Dauerschuldverhältnis** gem. § 55 Abs. 2 Satz 2 InsO, wenn der vorläufige Insolvenzverwalter die Gegenleistung aus diesen Dauerschuldverhältnissen in Form der Arbeitsleistung der Arbeitnehmer in Anspruch genommen hat.

77 Wenn die durch eine Inanspruchnahme der Arbeitsleistung der Arbeitnehmer im Eröffnungszeitraum durch den vorläufigen Insolvenzverwalter mit Verfügungsbefugnis geschaffenen Masseverbindlichkeiten später nicht voll erfüllt werden können, tritt grds. die **persönliche Haftung** des Insolvenzverwalters gem. § 61 InsO ein, obwohl der Insolvenzverwalter zur vorläufigen Fortführung des Unternehmens verpflichtet ist und eine Verletzung dieser Fortführungspflicht ebenfalls Schadenersatzansprüche begründen kann.

78 Die Vorschriften stehen im Widerspruch zueinander. Dies führt zu einer **Gefährdung der Vorfinanzierung**, wenn dem vorläufigen Insolvenzverwalter keine Möglichkeiten zur Auflösung dieser durch einen Wertungswiderspruch der gesetzlichen Regelungen (vgl. *Wiester* ZInsO 1998, 99 [100]) verursachten Konfliktsituation zur Verfügung stehen.

79 Ob eine Auflösung dieser Konfliktsituation mit den **Lösungsmöglichkeiten** erreicht werden kann, die in der Literatur hierzu vertreten werden, erscheint indes fraglich.

80 Eine **einschränkende Auslegung des § 61 InsO** durch Differenzierung der Rechtsstellung des vorläufigen und des endgültigen Insolvenzverwalters erscheint ebenso wie eine Anerkennung des **§ 108 Abs. 2 InsO** als vorrangige Spezialvorschrift im Verhältnis zu § 55 Abs. 2 Satz 2 InsO mit dem Ziel der Qualifizierung der auf die Bundesagentur übergegangenen Lohnansprüche der Arbeitnehmer als einfache Insolvenzforderung (vgl. *Wiester* ZInsO 1998, 99 [102, 103]) mit dem eindeutigen Wortlaut des Gesetzes schwer vereinbar.

81 Die Lösungsmöglichkeit einer **Rangrücktrittsvereinbarung** mit der Bundesagentur für Arbeit für die auf die Bundesagentur übergegangenen Ansprüche auf Arbeitsentgelt (vgl. *Hauser/Havelka* ZIP 1998, 1261 [1263]) bietet zwar eine saubere Auflösung der Konfliktsituation, ist jedoch von der Zustimmung der Bundesagentur im Einzelfall und von der Bewältigung des für den Entscheidungsgang bei der Bundesagentur notwendigen Zeitablauf abhängig.

82 Möglich und im Hinblick auf den eindeutigen Wortlaut der gesetzlichen Regelung unbedenklich erscheint die Lösungsmöglichkeit, bei der Bestellung des vorläufigen Insolvenzverwalters von der Verhängung eines allgemeinen **Veräußerungs- und Verfügungsverbotes** abzusehen. Dies wird insbesondere dann gefahrlos möglich sein, wenn der vorläufige Insolvenzverwalter zunächst auf eine intakte Geschäftsleitung zurückgreifen kann (vgl. *Hauser/Havelka* ZIP 1998, 1261 [1264]). Das Unterlassen einer Übertragung der Verfügungsbefugnis über das Vermögen des Schuldners auf den vorläufigen Insolvenzverwalter führt dazu, dass mangels tatbestandlicher Voraussetzung des § 55 Abs. 2 Satz 1 InsO auch die auf die Bundesagentur im Falle der Inanspruchnahme einer Vorfinan-

Der vorläufige Insolvenzverwalter mit Verfügungsbefugnis über das Vermögen des Schuldners hat gem. § 22 Abs. 1 Satz 2 Nr. 2 InsO die Pflicht, das Unternehmen des Schuldners vorläufig fortzuführen. 63

Diese gesetzliche Verpflichtung kann der vorläufige Insolvenzverwalter nur dann erfüllen, wenn er die Arbeitnehmer des Schuldners veranlassen kann, auch während der Dauer des Eröffnungsverfahrens ihre Arbeitsleistung für das Unternehmen weiterhin zu erbringen. Dies wiederum setzt voraus, dass eine zeitnahe Erfüllung der durch die Fortsetzung der Arbeitsleistung entstehenden Ansprüche auf Lohn und Gehalt in Aussicht gestellt werden kann. Dies wird durch die in der Praxis weit verbreitete Inanspruchnahme des Instruments der **Vorfinanzierung von Insolvenzgeld** gewährleistet. Erst durch diese Vorfinanzierung zum Zwecke der Schaffung weiterer Vermögenswerte durch Ausnutzung der Produktivität während des Eröffnungsverfahrens ist es regelmäßig in zahlreichen Verfahren überhaupt erst ermöglicht worden, eine geordnete Verfahrensabwicklung durchzuführen. 64

Die Insolvenzgeld-**Vorfinanzierung** regelt § 170 Abs. 4 SGB III. Der Anspruch des Abtretungsempfängers auf Zahlung des Insolvenzgeldes ist davon abhängig, dass die vor dem Insolvenzereignis erfolgte Übertragung der Ansprüche auf Arbeitsentgelt mit einer ausdrücklichen **Zustimmung der Agentur für Arbeit** erfolgt ist. 65

Nach der Formulierung in § 170 Abs. 4 Satz 1 SGB III und unter Berücksichtigung der in der Begründung zum Gesetzentwurf wiedergegebenen gesetzgeberischen Absicht (vgl. BT-Drucks. 13/4941 v. 18.06.1996) ist die vorherige Zustimmung für die Anspruchsberechtigung des Dritten zwingend und ist eine **nachträgliche Genehmigung nicht ausreichend**. 66

Nach § 170 Abs. 4 Satz 2 SGB III darf die Agentur für Arbeit der Übertragung oder Verpfändung der Ansprüche auf Arbeitsentgelt zum Zwecke der Vorfinanzierung nur dann zustimmen, wenn **Tatsachen die Annahme rechtfertigen**, dass durch die Vorfinanzierung der Arbeitsentgelte ein **erheblicher Teil der Arbeitsstellen erhalten bleibt**. 67

In diesem Verfahren trifft die Agentur für Arbeit eine **eigene Ermessensentscheidung** über das Vorliegen dieser Voraussetzungen. Entsprechend der Begründung zur gesetzlichen Neuregelung muss die »**Prognose eines Sanierungsversuches**« getroffen werden. 68

Die Ermessensentscheidung der Agentur für Arbeit über die Zustimmung zur Abtretung zum Zwecke der Vorfinanzierung unterliegt im Streitfall, der regelmäßig nur bei Verweigerung der Zustimmung auftreten wird, der rechtlichen Überprüfung im vorgegebenen Verfahren des Widerspruchs und ggf. der Klageerhebung. 69

Der Erlass einer **einstweiligen Verfügung** ist regelmäßig **nicht möglich**, da bei eingeschränkter Nachprüfung im summarischen Verfahren des vorläufigen Rechtsschutzes die Ermessensausübung durch das Gericht nicht an die Stelle der Ermessensausübung durch die Agentur für Arbeit ersetzt werden kann. 70

Wegen der regelmäßig besonderen Eilbedürftigkeit der Entscheidung über die Ermöglichung der Vorfinanzierung werden daher an die Tatsachen zur Ermöglichung einer positiven Prognose für einen Sanierungsversuch **keine überzogenen Anforderungen** gestellt werden können und wird es als ausreichend anzusehen sein, wenn ein plausibles Sanierungskonzept präsentiert wird, welches auch die Erhaltung eines erheblichen Teils der Arbeitsplätze beinhaltet. 71

Nach der Formulierung in § 170 Abs. 4 Satz 2 SGB III bleibt offen, ob die Annahme einer **dauerhaften oder vorübergehenden** Erhaltung von Arbeitsstellen Voraussetzung für die Zustimmung der Agentur für Arbeit ist. Aus der Formulierung in den Gesetzgebungsmaterialien, wonach es sich um einen »**Sanierungsversuch**« handeln muss, ergibt sich jedoch, dass die Annahme einer **dauerhaften Erhaltung** eines erheblichen Teiles der Arbeitsstellen **erforderlich ist**. 72

Die früheren Abgrenzungskriterien zwischen der zulässigen und der nicht-zulässigen Abtretung zum Zwecke der Vorfinanzierung (vgl. BSG 22.03.1995 EzA AFG § 141 Nr. 1), wonach es um die Vermeidung von Missbrauch zur Verschaffung von Sondervorteilen aus eigenem wirtschaftlichen Inte- 73

Anhang zu § 113 Vergütungsansprüche des Arbeitnehmers

54 Die Anspruchsberechtigung des Erben bezieht sich auf alle Formen des Arbeitsentgelts, soweit diese nicht durch den Tod des Arbeitnehmers untergegangen sind.

55 **Nicht** durch den Erben geltend gemacht werden kann demnach der Anspruch auf **Urlaubsabgeltung** im Rahmen des Insolvenzgeldes, da nach der Rechtsprechung des BAG der unerfüllte Urlaubsanspruch mit dem Tod des Arbeitnehmers erlischt und sämtliche evtl. Ansprüche auf Urlaubsabgeltung dieses rechtliche Schicksal teilen (*BAG* 20.09.2011 NZA 2012, 326). Das Arbeitsverhältnis müsste dann bereits vor dem Tod des Arbeitnehmers beendet worden sein, sodass der Anspruch auf Urlaubsabgeltung noch in seiner Person entstanden ist. Anders dazu die Auffassung des EuGH im Rahmen eines Vorabentscheidungsverfahrens. Der EuGH spricht einem Erben einen Anspruch auf Urlaubsabgeltung dann zu, wenn zum Zeitpunkt der Beendigung des Arbeitsverhältnisses durch den Tod des Arbeitnehmers ein offener Urlaubsanspruch bestand. Ob der Anspruch bei dem Arbeitnehmer oder seinem Erben entsteht sei dabei unerheblich. Art. 7 Richtlinie 2003/88 stehe somit einem rückwirkenden Verlust des Anspruchs auf bezahlten Jahresurlaub entgegen (*EuGH* 12.06.2014 – C-118/13). Wie das BAG diese Frage in Zukunft beurteilen wird, bleibt abzuwarten.

56 Die Frage der Erbberechtigung richtet sich nach den allgemeinen erbrechtlichen Bestimmungen des BGB. Anspruchsberechtigt kann daher auch eine Erbengemeinschaft sein. Der Nachweis der Erbberechtigung wird regelmäßig durch Vorlage eines Erbscheins geführt.

57 Nach der Dienstanweisung der Bundesagentur für Arbeit (Pkt. 5.4 der DA zu § 183 SGB III a.F.) kann der Nachweis in Ausnahmefällen jedoch auch vereinfacht durch Glaubhaftmachung der Voraussetzungen unter Vorlage geeigneter Urkunden geführt werden.

3. Vorfinanzierung aus Insolvenzgeld, dritte Personen als Anspruchsberechtigte

58 Soweit Ansprüche auf Arbeitsentgelt vor der Stellung des Antrags auf Insolvenzgeld auf einen Dritten übertragen worden sind, steht diesem Dritten gem. § 170 Abs. 1 SGB III der Anspruch auf Insolvenzgeld zu.

59 Die Begründung der Anspruchsberechtigung eines Dritten auf Insolvenzgeld kann nur durch Übertragung des Anspruches auf Arbeitsentgelt erfolgen, da die Anspruchsberechtigung für Insolvenzgeld von der Anspruchsberechtigung für das ausgefallene Arbeitsentgelt abhängig ist. Eine solche Übertragung kann – abgesehen von einem gesonderten Forderungsübergang kraft Gesetzes (§ 412 BGB, z.B. § 115 SGB X, § 157 Abs. 3 SGB III) – nur durch Abtretung der Ansprüche nach §§ 398 ff. BGB erfolgen. Auch der Dritte hat die Voraussetzungen für die Geltendmachung gem. § 324 Abs. 3 SGB III zu wahren.

60 Eine solche **Abtretung** von bereits fällig gewordenen oder auch zukünftig fällig werdenden Ansprüchen auf Arbeitsentgelt ist jedoch gem. §§ 400, 134 BGB teilweise **unwirksam**, soweit ein Teil des abgetretenen Anspruchs auf Arbeitsentgelt nach den Bestimmungen über die Unpfändbarkeit von Arbeitseinkommen der Pfändung entzogen ist (*BSG* 01.07.2010 ZIP 2010, 2215; 08.04.1992, SozR 3-4100 § 141k Nr. 1 und *BAG* 21.11.2000 DB 2001, 650).

61 Der Arbeitnehmer kann jedoch seinen Anspruch auf Arbeitsentgelt im Wege des Forderungsverkaufs gem. § 433 BGB an den vorfinanzierenden Dritten verkaufen und zur Erfüllung dieses Forderungsverkaufs seine Forderung Zug um Zug gegen Zahlung des Arbeitsentgelts durch den Dritten an diesen **wirksam** gem. § 398 BGB abtreten (*BSG* 01.07.2010 ZIP 2010, 2215; 22.03.1995 EzA § 141k Nr. 1). Rechtliche Bedenken aus §§ 400, 134 BGB gegen diese Art der Übertragung bestehen deshalb nicht, weil der Arbeitnehmer vor der Abtretung den vollen Gegenwert seines Anspruchs erhalten hat bzw. die Abtretung durch die Zahlung bedingt war.

62 Einer Ermöglichung der **Vorfinanzierung des Insolvenzgeldes** kommt regelmäßig entscheidende Bedeutung für die Möglichkeit **der vorläufigen Betriebsfortführung** durch den Insolvenzverwalter zu.

2185; 18.12.2001 NZA-RR 2002, 758). Eine hiervon abweichende Beurteilung kommt nur dann in Betracht, wenn besondere Umstände des Einzelfalles den Schluss zulassen, es liege keine Weisungsgebundenheit vor (*BSG* 04.07.2007 ZIP 2007, 2185). Ist der Geschäftsführer allein vertretungsberechtigt und vom Verbot des Selbstkontrahierens nach § 181 BGB befreit, soll dagegen keine Weisungsgebundenheit mehr vorliegen (*LSG Baden-Württemberg* 19.07.2006 – L 7 AL 1433/05).

Ebenfalls **nicht** zu den Arbeitnehmern mit Anspruchsberechtigung zum Insolvenzgeld gehören bei einer **Kommanditgesellschaft** die Geschäftsführer der Komplementär-GmbH einer GmbH & Co KG, wenn sie beherrschenden Einfluss auf die Komplementär-GmbH, sei es durch hälftige Beteiligung am Stammkapital, haben (*BSG* 20.03.1984 SozR 4100 § 168 Nr. 16). 49

Weiterhin **nicht** zu den anspruchsberechtigten Arbeitnehmern gehören grds. **Vorstandsmitglieder einer Aktiengesellschaft**, da sie nicht weisungsabhängig tätig sind, sondern unternehmerähnliche, unabhängige Stellungen im Unternehmen haben (*BSG* 22.04.1987 SozR 4100 § 141a Nr. 8). Diese Beurteilung gilt für alle Vorstandsmitglieder einer Aktiengesellschaft unabhängig von ihrer Größe und unabhängig davon, ob die Vorstandsmitglieder am Kapital der AG beteiligt sind (*LSG Rheinland-Pfalz* 29.06.2006 – L 1 AL 248/05). Dies gilt auch für stellvertretende Mitglieder eines Vorstands einer Aktiengesellschaft (*LSG Baden-Württemberg* 18.07.2006 – L 13 AL 1766/06). 50

Nicht als anspruchsberechtigte Arbeitnehmer gelten Hausgewerbetreibende, die im Unterschied zu Heimarbeitern regelmäßig ohne eigene Mitarbeit oder auch mit eigener Mitarbeit zusätzliche Hilfskräfte beschäftigen. Diese Ausgrenzung der Hausgewerbetreibenden aus dem Kreis der anspruchsberechtigten Arbeitnehmer ist verfassungsrechtlich nicht zu beanstanden (*BSG* 27.11.1980 ZIP 1981, 134). 51

Nicht zu dem durch die Regelung des Insolvenzgeldes geschützten Personenkreis gehören Arbeitnehmer, die jedenfalls überwiegend im **Ausland** tätig sind (*BSG* 29.07.1982 ZIP 1982, 1230). Für diese Personengruppe soll es nach der Rechtsauffassung der Bundesagentur für Arbeit darauf ankommen, ob »erhebliche Berührungspunkte zur deutschen Rechtsordnung bestehen, aus denen zu folgern ist, dass der Schwerpunkt der rechtlichen und tatsächlichen Merkmale des Arbeitsverhältnisses im Inland lag«, wobei die Vereinbarung der Anwendbarkeit des deutschen Arbeitsrechts, die Vergütung in deutscher Währung, die Gewährung von Heimaturlaub in Deutschland und die Vereinbarung eines deutschen Gerichtsstandes wesentliche Indizien sein können. Nach der Rechtsprechung des EuGH gilt, dass bei den Arbeitnehmern, die in der Zweigniederlassung eines zahlungsunfähigen Arbeitgebers in einem Mitgliedstaat tätig sind, der indes nach dem Recht eines anderen Mitgliedstaates gegründet wurde, dort seinen Sitz hat und in dem das Insolvenzverfahren eröffnet wurde, nach Art. 3 RL 80/987/EWG des Rates vom 20.10.1980 zur Angleichung der Rechtsvorschriften der Mitgliedstaaten über den Schutz der Arbeitnehmer, bei Zahlungsunfähigkeit des Arbeitgebers für die Befriedigung der Ansprüche der Arbeitnehmer zuständige Garantieeinrichtung die Einrichtung des Mitgliedstaates ist, in dem der Arbeitnehmer seine Tätigkeit ausgeübt hat (*EuGH* 16.12.1999 ZInsO 2000, 173). 52

2. Erben als Anspruchsberechtigte

Nach § 165 Abs. 4 SGB III ist der Anspruch auf Insolvenzgeld nicht dadurch ausgeschlossen, dass der Arbeitnehmer vor der Eröffnung des Insolvenzverfahrens gestorben ist. Danach kann der Erbe wie ein Arbeitnehmer einen eigenen Anspruch auf Insolvenzgeld geltend machen. Voraussetzung ist, dass der Erbe Inhaber der zum Zeitpunkt der Eröffnung des Insolvenzverfahrens rückständigen Ansprüche auf Arbeitsentgelt des verstorbenen Arbeitnehmers geworden ist. Dies kann nach den erbrechtlichen Bestimmungen nur auf solche Ansprüche zutreffen, die schon zu Lebzeiten des verstorbenen Arbeitnehmers diesem zugestanden haben. Ansprüche des Erben, die nach den Regelungen eines Tarifvertrages, einer Betriebsvereinbarung oder eines Einzelarbeitsvertrages erst kausal durch den Tod des Arbeitnehmers entstanden sind, wie z.B. die Fortzahlung des Entgelts für einen definierten Zeitraum oder die Gewährung eines Zuschusses zu Beerdigungskosten, können demnach nicht der Absicherung durch Insolvenzgeld unterfallen. 53

40 Nach § 13 SGB III sind auch die Heimarbeiter als Arbeitnehmer anzusehen. Gem. § 12 Abs. 2 SGB IV sind **Heimarbeiter** sonstige Personen, die in eigener Arbeitsstätte im Auftrag und für Rechnung von Gewerbetreibenden, gemeinnützigen Unternehmen oder öffentlich-rechtlichen Körperschaften erwerbsmäßig arbeiten, auch wenn sie Roh- oder Hilfsstoffe selbst beschaffen. Grds. anspruchsberechtigt für Insolvenzgeld sind auch Auszubildende (§ 14 SGB III), Praktikanten und Volontäre.

41 Da der Arbeitnehmerbegriff des SGB III jedoch auch Personen erfasst, die von der Beitragspflicht zur Bundesagentur für Arbeit befreit sind (§ 27 Abs. 1 SGB III), können grds. auch **Studenten, Schüler, Rentner** oder aus sonstigen Gründen **beitragspflichtbefreite Arbeitnehmer** Anspruch auf Insolvenzgeld haben.

42 Dies gilt auch für **geringfügig Beschäftigte** (§ 27 Abs. 2 SGB III).

43 Familiäre Beziehungen zwischen Betriebsinhaber und dem im Betrieb tätigen Ehegatten stehen der Annahme der Arbeitnehmereigenschaft nicht entgegen, solange die persönliche Abhängigkeit von dem Betriebsinhaber besteht (*LSG NRW* 19.07.2010 ZInsO 2010, 179).

44 Anspruchsberechtigt können auch **Handlungsgehilfen** i.S.d. § 59 HGB sein, wenn sie in abhängiger Beschäftigung Provisionsgeschäfte abschließen oder vermitteln.

45 Auch **Handelsvertreter** gem. § 84 Abs. 2 HGB können anspruchsberechtigt sein, wenn sie für einen Unternehmer ständig Geschäfte vermitteln oder in dessen Namen abschließen, ohne ein selbstständiges Gewerbe zu betreiben (*BSG* 29.07.1982 ZIP 1982, 1230).

46 **Leiharbeitnehmer** sind anspruchsberechtigt zum Insolvenzgeld nicht nur in der Insolvenz des Verleihers, sondern im Falle des unwirksamen Leihverhältnisses über die Fiktion des Arbeitsverhältnisses zum Entleiher aus Art. 1 § 10 Abs. 1 Satz 1 AÜG auch in der Insolvenz des Entleihers, wenn sie im Hinblick auf die Unwirksamkeit des Leihverhältnisses gutgläubig waren (*BSG* 20.03.1984 ZIP 1984, 988).

47 **Geschäftsführer** als Organmitglieder einer Gesellschaft können trotzdem zu den anspruchsberechtigten Arbeitnehmern i.S.d. § 165 Abs. 1 SGB III gehören, wenn sie bei zutreffender Einzelfallbeurteilung der tatsächlichen Verhältnisse keinen maßgeblichen Einfluss auf die geschäftspolitischen Entscheidungen der Gesellschaft nehmen können, sondern anderen Geschäftsführern oder mitarbeitenden Gesellschaftern gegenüber weisungsabhängig dienend für die Gesellschaft tätig sind und hierfür lediglich ein übliches Arbeitsentgelt erhalten (*BSG* 06.02.1992 BSGE 70, 81). Für den Gesellschafter-Geschäftsführer einer GmbH setzt die Gewährung von Insolvenzgeld nach § 183 Abs. 1 SGB III die Arbeitnehmereigenschaft des Antragstellers voraus. Der durch die Insolvenzgeld-Vorschriften nicht geregelte Begriff des Arbeitnehmers ist anhand der Vorschriften über die Versicherungspflicht in der Arbeitslosenversicherung zu konkretisieren. Bei einem am Stammkapital einer GmbH beteiligten Geschäftsführer ist der Umfang der Beteiligung und das Ausmaß des sich daraus für ihn ergebenden Einflusses auf die Gesellschaft ein wesentliches Merkmal (*LSG NRW* 19.07.2012 – L 9 AL 291/11).

48 **Keine Arbeitnehmer** i.S.d. § 165 Abs. 1 SGB III sind **Geschäftsführer** als Organmitglieder juristischer Personen, wenn sie die Gesellschaft faktisch beherrschen, insbesondere durch eine entsprechende Beteiligung am Stammkapital (*BSG* 07.09.1988 ZIP 1988, 1592). Bei den Geschäftsführertätigkeiten von Minderheitengesellschaftern ist für die Bewertung die kapitalmäßige Beteiligung zwar ein Indiz, letztlich aber darauf abzustellen, inwieweit sie nach dem Gesellschaftsvertrag die rechtlichen Möglichkeiten haben, auf Entscheidungen der anderen Gesellschafter Einfluss zu nehmen (*BSG* 04.07.2007 ZIP 2007, 2185; 24.09.1992 NZS 1993, 268). Verfügt ein Gesellschafter-Geschäftsführer weder über die Mehrheit der Gesellschaftsanteile noch über eine Sperrminorität, ist er i.d.R. abhängig Beschäftigter der GmbH, wenn er bei seiner Tätigkeit der Kontrolle der Gesellschafter unterliegt und diese ihre Gesellschaftsrechte tatsächlich ausüben (*BSG* 04.07.2007 ZIP 2007, 2185; 06.03.2003 GmbHR 2004, 494). Ebenso sind Fremdgeschäftsführer, die keine Anteile an der Gesellschaft halten, regelmäßig Beschäftigte i.S.d. Sozialrechts (*BSG* 04.07.2007 ZIP 2007,

solvenzereignisses hinaus fort, ist ein Anspruch auf Urlaubsabgeltung nicht insolvenzgeldfähig (*BSG* 30.06.1997 ZIP 1998, 483).

Nicht zum insolvenzgeldfähigen Arbeitsentgelt gehören gem. § 166 Abs. 1 Nr. 1 SGB III Ansprüche auf Arbeitsentgelt, die »wegen der Beendigung des Arbeitsverhältnisses oder für die Zeit nach der Beendigung des Arbeitsverhältnisses« entstehen. 34

Hierzu gehören Ansprüche auf Urlaubsabgeltung für bis zur Beendigung des Arbeitsverhältnisses aus Anlass des Insolvenzereignisses nicht gewährten Erholungsurlaubs. Hintergrund ist, dass entgegen der früheren Regelung im AFG zukünftig »Insolvenzgeld nur für Ansprüche auf Arbeitsentgelt bis zur Beendigung des Arbeitsverhältnisses gezahlt werden soll« (vgl. BT-Drucks. 13/4941 v. 18.06.1996, S. 188; *BSG* 20.02.2002 ZInsO 2002, 689; *LSG NRW* 25.02.2008 – L 19 AL 64/07). Auch der in Geld abzugeltende Schadensersatzanspruch wegen nicht gewährten Ersatzurlaubs ist – vergleichbar einem Urlaubsabgeltungsanspruch – nicht insolvenzgeldfähig (*BSG* 06.05.2009 – B 11 AL 12/08 R, BSGE 103, 142). 35

15. Nicht: Lohnsteueranteil

Der Arbeitnehmer hat bei Inanspruchnahme von Insolvenzgeld keinen Anspruch auf Auszahlung des Lohnsteueranteils neben dem Insolvenzgeld gegen den Arbeitgeber bzw. Insolvenzverwalter (*BAG* 11.02.1998 ZIP 1998, 868). Der Anspruch von Arbeitnehmern auf Konkursausfallgeld umfasst nur den Nettolohn. Insolvenzgeld ist gem. § 3 Nr. 2 EStG steuerfrei. Diese Steuerfreiheit soll nicht den durch das Insolvenzgeld abgesicherten Arbeitnehmern zugutekommen, sondern der Verwaltungsvereinfachung dienen. Der Anspruch auf Arbeitsentgelt geht mit dem Antrag auf Insolvenzgeld auch insoweit auf die Bundesagentur für Arbeit über, als der Arbeitnehmer Lohnsteuer zu zahlen hätte. Der Arbeitnehmer würde anderenfalls mehr erhalten, als ihm bei Zahlungsfähigkeit des Arbeitgebers zustände (*BSG* 20.06.2001 SozR 3-4100 § 141m Nr. 3). 36

II. Anspruchsvoraussetzungen des Insolvenzgeldes

Nach § 165 Abs. 1 Nr. 1 SGB III hat ein Arbeitnehmer Anspruch auf Insolvenzgeld, wenn er bei Eröffnung des Insolvenzverfahrens über das Vermögen seines Arbeitgebers für die letzten der Eröffnung des Insolvenzverfahrens vorausgegangenen **drei Monate** des Arbeitsverhältnisses noch Ansprüche auf Arbeitsentgelt hat. 37

1. Arbeitnehmereigenschaft

Der Arbeitnehmerbegriff ist in den Bestimmungen über das Insolvenzgeld nicht separat geregelt. Es gilt daher der allgemeine Arbeitnehmerbegriff des SGB III (*BSG* 23.09.1982 SozR 2100 § 7 Nr. 7; *LSG NRW* 19.07.2010 ZInsO 2010, 179; vgl. Pkt. 2.2 der DA der Bundesagentur für Arbeit zu § 183 SGB III). Für die Abgrenzung der Arbeitnehmer von Personen, die selbstständig tätig sind, können die von der Rechtsprechung entwickelten Abgrenzungskriterien für die Beitragspflicht zur Bundesagentur für Arbeit herangezogen werden (vgl. §§ 24 bis 28 SGB III). 38

Danach ist auch im Arbeitsförderungsrecht auf die Definition in § 7 SGB IV abzustellen. Unter einer Beschäftigung i.S. dieser Vorschrift ist die nichtselbstständige Arbeit, insbesondere in einem Arbeitsverhältnis, zu verstehen (Abs. 1 Satz 2). Zur Definition des Begriffs der Beschäftigung kann auf die von der arbeits- und sozialrechtlichen Rechtsprechung entwickelten Kriterien zurückgegriffen werden, wie sie auch in Abs. 1 Satz 2 der Vorschrift zum Ausdruck kommen. Danach ist als Arbeitnehmer anzusehen, wer auf Dauer angelegt in persönlicher Abhängigkeit zu einem Arbeitgeber eine Erwerbstätigkeit ausübt. Die **persönliche Abhängigkeit** kommt regelmäßig durch die Eingliederung in den fremden Betrieb des Arbeitgebers und dadurch zum Ausdruck, dass der Arbeitnehmer mangels ausdrücklicher Regelung oder Vereinbarung dem Weisungsrecht des Arbeitgebers für Zeit, Dauer, Ort und Art der Arbeitsausführung unterliegt. Maßgeblich sind dabei nicht der formale Inhalt des Arbeitsvertrages, sondern die tatsächlichen Verhältnisse im konkreten Fall. 39

Anhang zu § 113 Vergütungsansprüche des Arbeitnehmers

Masse entscheidend, ob der insolvente Arbeitgeber aus dem Rechtsverhältnis zwischen ihm und dem Versorgungsträger noch Zugriff auf die Vermögenswerte hätte. Es gilt das zum insoweit gleichgelagerten Fall der Direktversicherung Gesagte (*BAG* 29.09.2010 ZIP 2011, 347).

25 Hat die Unterstützungskasse eine Rückdeckungsversicherung abgeschlossen, kann im Fall einer Insolvenz des Arbeitgebers der Insolvenzverwalter keine Auskehrung des Rückkaufwertes der Rückdeckungsversicherung verlangen. Versicherungsnehmer ist die Unterstützungskasse selbst und nur ihr stehen Rechte aus dem Versicherungsvertrag zu und nicht dem Arbeitgeber (*BAG* 29.09.2010 ZIP 2011, 347).

9. Abfindungen

26 **Abfindungen** ausnahmsweise und ggf. teilweise, soweit sie als Entschädigung für entgehendes Arbeitsentgelt gezahlt werden. Eine Abfindung nach §§ 9, 10 KSchG ist nicht insolvenzgeldfähig, wenn es keine Anhaltspunkte dafür gibt, dass diese Arbeitsentgeltansprüche abgelten soll (*LSG Bayern* 30.06. 2011 – L 10 AL 55/09, juris).

10. Schadenersatzansprüche

27 Weiterhin zum Arbeitsentgelt gehören Ansprüche gegenüber dem Arbeitgeber auf **Schadenersatz** wegen Versäumung der rechtzeitigen Beantragung von Kurzarbeitergeld, Wintergeld (§§ 95, 102 SGB III) oder Saison-Kurzarbeitergeld (§ 101 SGB III), wenn dem Arbeitnehmer hierdurch die Ersatzleistung für Arbeitsentgelt entgangen ist.

11. Fehlerhafte Leiharbeitsverhältnisse

28 Bei **fehlerhaften Leiharbeitsverhältnissen** gehören im Verhältnis zum Entleiher auch die Ansprüche auf Arbeitsentgelt aus einem gem. § 10 Abs. 1 Satz 1 AÜG fingierten Arbeitsverhältnis zum Arbeitsentgelt i.S.d. § 165 Abs. 1 SGB III.

29 Nach Art. 1 § 10 Abs. 1 Satz 5 AÜG hat der Leiharbeitnehmer gegen den Entleiher »mindestens Anspruch auf das mit dem Verleiher vereinbarte Arbeitsentgelt«, wenn der Vertrag zwischen dem Verleiher und dem Leiharbeitnehmer unwirksam ist, weil der Verleiher nicht die nach Art. 1 § 1 AÜG erforderliche Erlaubnis hat.

30 Auch der in dem Rechtsverhältnis zum Verleiher bei Unwirksamkeit des Vertrages gem. Art. 1 § 10 Abs. 2 Satz 1 AÜG entstehende Anspruch auf Ersatz des Vertrauensschadens gehört nach der Rechtsprechung des *BSG* (20.03.1984 ZIP 1984, 988) zum Arbeitsentgelt.

12. Nicht: Nebenforderungen

31 Nicht zum Arbeitsentgelt gehören **Nebenforderungen**, die nicht unmittelbar dem Austauschverhältnis von Arbeitsleistung und Entgelt zuzuordnen sind. Hierbei handelt es sich um Verzugszinsen, Ansprüche auf Ersatz der Kosten der Geltendmachung von Forderungen gegen den Arbeitgeber, Ansprüche auf Ersatz der Kosten der Beantragung des Insolvenzverfahrens oder der Kosten der gerichtlichen Geltendmachung rückständiger Vergütung.

13. Nicht: Betriebliche Altersversorgung

32 Nicht zum Arbeitsentgelt gehören auch laufende Leistungen aus einer Zusage auf **betriebliche Altersversorgung**.

14. Nicht: Urlaubsabgeltung

33 Geht das Arbeitsverhältnis durch Betriebsübergang oder Betriebsteilübergang nach § 613a BGB auf einen Rechtsnachfolger des alten Arbeitgebers über und besteht deshalb über den Zeitpunkt des In-

ge. Maßgeblich ist damit der Zeitpunkt des Vertragsabschlusses und nicht der Auszahlungszeitpunkt (*LSG Sachsen-Anhalt* 27.05.2010 – L 2 AL 110/06, juris).

7. Gratifikation, Urlaubsgeld, Weihnachtsgeld

Einmalzahlungen und Zahlungen aus Sonderanlässen wie **Urlaubsentgelt, Urlaubsgeld, Gratifikation, Weihnachtsgeld, Jubiläumszuwendungen,** die auf unterschiedlicher Rechtsgrundlage aus tariflichen Regelungen, aus Betriebsvereinbarungen, aus einer kollektiven Gesamtzusage, aus einer betrieblichen Übung, aus dem Grundsatz der Gleichbehandlung oder aus einzelvertraglichen Vereinbarungen gezahlt werden oder zu zahlen sind; bei diesen Leistungen des Arbeitgebers stellt sich in besonderer Weise die Frage der zeitlichen Zuordnung der Ansprüche zu den Zeiträumen, die vom Insolvenzgeld erfasst werden. Hinsichtlich der Vereinbarung einer derartigen Sonderzahlung in einem Tarifvertrag gilt: Kann keine Zuordnung der Sonderzahlung zu den einzelnen Monaten vorgenommen werden und wird sie im Insolvenzgeld-Zeitraum fällig, muss die Sonderzahlung beim Insolvenzgeld in voller Höhe berücksichtigt werden (vgl. *LAG Nürnberg* 13.04.2010 – 6 Sa 633/09, zu einem erst am tariflich vorgesehenen Auszahlungstag entstehenden Anspruch auf eine jährliche Sonderzahlung nach dem Tarifvertrag über die Absicherung eines 13. Monatseinkommens in der Metallindustrie in Bayern TR 5/10 – 300a 101). Tritt ihre Fälligkeit außerhalb des Insolvenzgeldzeitraums ein, findet die Sonderzahlung keine Berücksichtigung. Ist hingegen dem Tarifvertrag zu entnehmen, dass die Sonderzahlung die Gegenleistung für die im gesamten Jahr geleistete Arbeit darstellt, muss sie unabhängig von ihrer Fälligkeit anteilig für den Insolvenzgeld-Zeitraum von drei Monaten zu 3/12 berücksichtigt werden (*BSG* 09.12.1997 ZIP 1998, 481; 18.03.2004 BSGE 92, 254 = ZIP 2004, 1376; 21.07.2005 ZIP 2005, 1933; für tarifliches, zusätzliches Urlaubsgeld *LSG NRW* 17.10.2005 – L 19 (12) AL 272/04).

8. Beiträge des Arbeitgebers

Zuschüsse des Arbeitgebers zum Krankenversicherungsbeitrag, zum Krankengeld oder zum Mutterschaftsgeld.

Bei **Beiträge** des Arbeitgebers zu Direktversicherungen oder Unterstützungskassen in Erfüllung einer Zusage auf Leistungen der betrieblichen Altersversorgung ist zu differenzieren. Ob die Rechte aus einem Versicherungsvertrag zur Durchführung einer betrieblichen Altersversorgung in der Insolvenz des Arbeitgebers dem Arbeitnehmer oder der Masse zustehen, richtet sich danach, ob das **Bezugsrecht** nach den Regelungen im Versicherungsvertrag **noch widerrufen werden kann** (*BAG* 15.06.2010 ZIP 2010, 1915).

Nur wenn eine Widerrufsmöglichkeit besteht, stehen die Rechte der Masse zu. Hat der Arbeitgeber als Versicherungsnehmer dem Arbeitnehmer als Versichertem nach dem gesetzlichen Normalfall des § 159 VVG lediglich ein widerrufliches Bezugsrecht eingeräumt, hat der versicherte Arbeitnehmer vorher lediglich eine Hoffnung auf die später fällig werdende Leistung. Die Rechte aus dem Versicherungsvertrag stehen der Masse zu. Räumt der Arbeitgeber als Versicherungsnehmer dem Arbeitnehmer als Versichertem dagegen abweichend vom gesetzlichen Normalfall ein unwiderrufliches Bezugsrecht ein, stehen die Rechte aus dem Versicherungsvertrag von vornherein dem Arbeitnehmer zu. Mit der Unwiderruflichkeit erhält das Bezugsrecht dingliche Wirkung. Die Rechte aus dem Vertrag stehen dem Arbeitnehmer zu (*BAG* 15.06.2010 ZIP 2010, 1915).

Hat der Arbeitgeber dem Arbeitnehmer im Versicherungsvertrag ein unwiderrufliches Bezugsrecht eingeräumt, dieses jedoch unter bestimmten Voraussetzungen mit einem Widerrufsvorbehalt versehen, sog. »eingeschränkt unwiderrufliches Bezugsrecht«, kommt es darauf an, ob die Voraussetzungen für den Widerrufsvorbehalt vorliegen. Nur dann stehen die Rechte aus dem Versicherungsvertrag der Masse zu (*BAG* 15.06.2010 ZIP 2010, 1915).

Hat der Arbeitgeber für die Altersversorgung seiner Arbeitnehmer keine Direktversicherung abgeschlossen, sondern eine Unterstützungskasse mit der Durchführung der Altersversorgung beauftragt, ist für die Zuordnung der beim externen Versorgungsträger aufgelaufenen Vermögenswerte zur

delt es sich unabhängig davon, dass der Anspruch auf die Prämie auflösend bedingt ist, um eine Masseverbindlichkeit i.S.v. § 55 Abs. 1 Nr. 2 Alt. 2 InsO. Die Zusage einer solchen Halteprämie ist keine unentgeltliche Leistung i.S.v. § 134 Abs. 1 InsO, da mit ihr die Betriebstreue honoriert werden soll. Die Betriebstreue stellt eine objektiv werthaltige Gegenleistung für die zugesagte Halteprämie dar (*BAG* 12.09. 2013 – 6 AZR 913/11, ZIP 2014, 139). Ob Sonderleistungen, d.h. Zuwendungen zum laufenden Arbeitsentgelt, als Insolvenzforderungen oder Masseverbindlichkeiten einzuordnen sind, hängt vom **Zweck der Leistungen** ab. Bei einer Halteprämie handelt es sich daher dann nicht um eine Masseverbindlichkeit, wenn der Stichtag für die erwiesene Betriebstreue vor Insolvenzeröffnung lag (*BAG* 12.09.2013 – 6 AZR 953/11, ZIP 2013, 2414).

3. Überstunden, Samstags-, Sonntags- und Feiertagsarbeit

13 **Überstundenvergütung** einschließlich der für die geleisteten Überstunden zu zahlenden Zuschläge sowie das Entgelt und die Zuschläge für **Samstags- und Sonntagsarbeit, Feiertagsarbeit und Nachtarbeit**. Ein Anspruch auf Überstundenvergütung entsteht nach deren Ableistung durch den Arbeitnehmer nur, wenn der Arbeitgeber diese angeordnet, gebilligt oder geduldet hat bzw. diese zur Erfüllung der von ihm übertragenen Aufgaben notwendig gewesen sind (BAG 10.04.2013 NZA 2013, 1100). Erhält der Arbeitnehmer neben seiner Festvergütung für einen Teil seiner Arbeitsleistung Provisionen in nicht unerheblichen Umfang, kommt ein Anspruch auf Überstundenvergütung nur bei Hinzutreten besonderer Umstände in Betracht (BAG 27.06.2012 NZA 2012, 1147).

14 Der von der Insolvenz betroffene Arbeitnehmer kann für die Höhe des Insolvenzgeldes nur die Berücksichtigung derjenigen Nettoarbeitsentgelte verlangen, welche der Arbeitgeber für die Arbeitsleistung im Insolvenzgeld-Zeitraum zahlen müsste, aber aufgrund der Insolvenz nicht zahlen kann. Ein Insolvenzgeldanspruch aus geleisteter Mehrarbeit kann entweder durch Arbeitsvertrag, kollektivrechtliche Regelung oder betriebliche Übung nachgewiesen werden (*LSG NRW* 07.03. 2006 – L 1 AL 43/04).

4. Auslösung

15 Aufwandbezogene Vergütungen wie **Auslösungen**, die beispielsweise für den Arbeitsplatz auf externen Baustellen gezahlt werden (Bundesmontagetarifvertrag), Antrittsgelder für Samstagsarbeit in der Druckindustrie, Kleidergeld oder pauschales Verpflegungsgeld zum Ausgleich des Verpflegungsmehraufwandes bei auswärtiger Tätigkeit.

5. Fahrgeld/Wegzeiten

16 **Fahrgeld** für die Fahrten von der Wohnung zur Arbeitsstelle, Reisekosten einschließlich der pauschalen Zahlung für die Benutzung des eigenen Fahrzeugs des Arbeitnehmers zur Durchführung von Geschäftsfahrten (Kilometergeld) sowie Werkzeuggeld.

17 Wegzeitgeld für vom Arbeitgeber im Rahmen seines Direktionsrechts aufgetragene Tätigkeit, sofern sie zusätzlich anfällt und nicht an die Stelle der nicht vergütungspflichtigen Zeit des Zurücklegens des Weges zwischen Wohnung und Arbeitsstelle tritt (*BAG* 19.03.2014 NZA 2014, 787).

6. Tantieme, Provisionen

18 Umsatz- oder gewinnabhängige Vergütungen, wie **Tantiemen** oder **Provisionen**, Umsatzprämien oder Stückprämien sowie Zielvereinbarungen. Kommt eine Zielvereinbarung aus Gründen, die der Arbeitnehmer nicht zu vertreten hat, nicht zustande, obwohl die zuvor festgelegten Ziele erreicht worden sind, besteht dennoch ein Anspruch auf die variable Vergütung (vgl. *Gelhaar* NZA-RR 2007, 113 ff.). Auch dieser Anspruch ist insolvenzgeldfähig (*BSG* 23.03.2006 ZIP 2006, 1414). Bei Provisionsansprüchen erfüllt der Arbeitnehmer die von ihm geschuldete Arbeitsleistung i.d.R. zu dem Zeitpunkt, in dem der Abschluss des Geschäfts erfolgt. Hängt der Provisionsanspruch noch von der späteren Ausführung des Geschäfts oder von einer anderen Sondervereinbarung ab, so stellt dies als lediglich aufschiebende Bedingung die zeitliche Zuordnung des Entstehungszeitpunkts nicht in Fra-

Seit Inkrafttreten der Insolvenzordnung gilt für die zum Zeitpunkt der Verfahrenseröffnung rückständigen Ansprüche der Arbeitnehmer auf Entgelt lediglich § 38 InsO. Danach sind Ansprüche auf rückständiges Arbeitsentgelt **einfache Insolvenzforderungen** ohne Vorrang. Es ist den Betriebspartnern untersagt in diese Wertung einzugreifen. Wird also der in einer Betriebsvereinbarung vorgesehene Verdienstschutz nach Ausspruch der Kündigung in eine Einmalzahlung umgewandelt, so ist diese keine Masseforderung sondern bleibt Insolvenzforderung (*BAG* 19.07.2007 ZIP 2007, 2173).

Die früheren Regelungen der Konkursordnung über die Qualifizierung rückständigen Arbeitsentgelts als Masseschulden (§ 59 Abs. 1 Nr. 3 KO) und über rückständiges Arbeitsentgelt als vorrangige Insolvenzforderung (§ 61 Abs. 1 Nr. 1a KO) wurden **ersatzlos gestrichen**.

I. Zum Begriff des Arbeitsentgelts

Der Begriff des Arbeitsentgelts ist in den Bestimmungen des Dritten Buches Sozialgesetzbuch über die Gewährung von Insolvenzgeld und in den Bestimmungen der Insolvenzordnung über Qualifizierung und Rang von Ansprüchen gegen den Schuldner **einheitlich**.

Danach zählen zum Arbeitsentgelt alle Leistungen des Arbeitgebers aus dem Arbeitsverhältnis, die als Gegenwert für die von dem Arbeitnehmer geleistete Arbeit sowohl in Form von Geldleistungen wie auch in Form von Naturalleistungen und geldwerten Vorteilen erbracht werden (*BSG* 08.09.2010 ZIP 2011, 47; 09.12.1997 ZIP 1998, 481; *LSG Hessen* 20.08.2010 ZIP 2010, 2019; Pkt. 5.1. der DA zu § 183 SGB III a.F. der Bundesagentur für Arbeit).

Dies entspricht in vollem Umfang den Vorgaben des Art. 2 Abs. 2 und des Art. 3 Abs. 1 der Richtlinie 80/987/EWG vom 20.10.1980 »zur Angleichung der Rechtsvorschriften der Mitgliedsstaaten über den Schutz der Arbeitnehmer bei Zahlungsunfähigkeit des Arbeitgebers«, die mittlerweile durch die Richtlinie 2002/74/EG teilweise geändert wurde (AblEG Nr. L 283, 20.10.1980, S. 23). Denn nach Art. 2 Abs. 2 der RL bleibt das einzelstaatliche Recht u.a. bzgl. der Begriffsbestimmung »Arbeitsentgelt« unberührt. Welches Arbeitsentgelt überhaupt mittels Insolvenzgeld geschützt werden soll, bestimmt sich deshalb nicht nach der Richtlinie, sondern allein nach innerstaatlichem Recht bzw. der dazu ergangenen höchstrichterlichen Rechtsprechung (*BSG* 09.12.1997 ZIP 1998, 481 [482]).

Hierzu gehören insbesondere:

1. Lohn und Gehalt

Lohn und Gehalt in allen arbeitsrechtlichen Erscheinungsformen (vgl. die Beispiele bei § 19 Abs. 1 Nr. 1 EStG).

Hierzu gehören im Bereich der gewerblichen Arbeitnehmer Zeitlohn oder Akkordlohn, der sich aus einer Akkordlohnvereinbarung eines anwendbaren Tarifvertrages oder aus einer Betriebsvereinbarung ergeben kann.

Für die Angestellten gehört hierzu das vereinbarte oder in einem Tarifvertrag vorgesehene Monatsgehalt.

2. Zulagen, Prämien

Zulagen, die von dem Arbeitgeber aufgrund einer einzelvertraglichen Vereinbarung, aufgrund einer kollektiven Gesamtzusage, aufgrund einer Betriebsvereinbarung oder eines anwendbaren Tarifvertrages gezahlt werden. Hierzu gehören allgemein übertarifliche Zulagen, Funktionszulagen für die Wahrnehmung bestimmter Aufgaben und Zulagen für bestimmte Situationen wie Schmutzzulagen, Wegezulagen oder Gefahrenzulagen.

Sagt der Arbeitgeber dem Arbeitnehmer eine Prämie zu, wenn er bis zu einem bestimmten Stichtag keine Eigenkündigung erklärt (**Halteprämie**), und liegt der Stichtag nach Insolvenzeröffnung, han-

Anhang zu § 113   Vergütungsansprüche des Arbeitnehmers

	Rdn.		Rdn.
1. Verfügungen vor Verfahrenseröffnung	317	F. Altersteilzeitarbeitsverhältnisse im Insolvenzverfahren	329
2. Dienstverhältnis	319	I. Arten der Altersteilzeit	330
3. Bezüge	320	II. Kündigungsmöglichkeiten in der Insolvenz	333
4. Zwei-Jahres-Zeitraum	323		
III. Aufrechnung (§ 114 Abs. 2 InsO)	324	III. Vergütungsansprüche des Arbeitnehmers als Insolvenz- oder Masseforderung	334
1. Im Insolvenzverfahren	324		
2. Nach Beendigung des Insolvenzverfahrens (§ 294 Abs. 3 InsO)	325	IV. Insolvenzsicherung des Wertkontos	338
		1. Gesetzliche Regelung	339
3. Geltung der §§ 95, 96 Nrn. 2 bis 4 InsO	326	2. Rechtsfolgen unterbliebener Sicherung	344
		a) Konkretisierter Anspruch	344
IV. Verfügung im Wege der Zwangsvollstreckung (§ 114 Abs. 3 InsO)	327	b) Geschäftsführerhaftung	345
V. Rechtsbehelf	328	V. Altersteilzeit und Insolvenzgeld	352

Literatur:
Siehe Vor §§ 113 ff.

A. Gesetzliche Regelung des Insolvenzgelds

1 Mit dem Inkrafttreten der Insolvenzordnung wurde das bisherige Konkursausfallgeld der §§ 141a bis 141n AFG zum Insolvenzgeld. Die Rahmenbedingungen über die Gewährung des Insolvenzgeldes sind mit der Eingliederung der gesamten Arbeitsförderung im **3. Buch des Sozialgesetzbuchs (SGB III)** geregelt.

2 Die Bestimmungen über die Gewährung des Insolvenzgeldes sind ab 01.04.2012 im 2. Abschnitt des 4. Kapitels »Arbeitslosengeld und Insolvenzgeld« des SGB III enthalten (§§ 165 bis 172 SGB III), während die Bestimmungen des Leistungsverfahrens in den Abschnitten des 8. Kapitels »Pflichten« des SGB III auch die Einzelheiten der Leistungsgewährung des Insolvenzgeldes regeln. Das Beitragsverfahren zur Aufbringung der Mittel für das Insolvenzgeld ist im zweiten Unterabschnitt des 10. Kapitels »Finanzierung« in den §§ 358 bis 361 SGB III geregelt (zur Verfassungsmäßigkeit der Insolvenzgeldumlage vgl. *BSG* 09.05.2006 BG 2007, 102; *LSG NRW* 28.04.2006 – L4 81/04; *BVerfG* 05.10.1993 BVerfGE 89, 132 [zum Konkursausfallgeld]).

B. Arbeitsentgeltansprüche aus der Zeit vor Insolvenzeröffnung

3 Die Absicherung der Ansprüche des Arbeitnehmers auf Zahlung von Arbeitsentgelt, welches zum Zeitpunkt der Eröffnung des Insolvenzverfahrens von dem Arbeitgeber als Schuldner trotz Fälligkeit noch nicht gezahlt worden ist, richtet sich nach dem Alter der Ansprüche. Durch das Insolvenzgeld sind solche Ansprüche auf Arbeitsentgelt auszugleichen, die noch nicht befriedigt worden sind. Hat der Arbeitgeber den Anspruch des Arbeitnehmers auf Arbeitsentgelt innerhalb der letzten drei Monate des Arbeitsverhältnisses erfüllt, so besteht kein Anspruch auf Insolvenzgeld (*LSG NRW* 22.08.2013 – L 9 AL 133/13 B, ZInsO 2013, 2324).

4 Nach den Regelungen des **Dritten Buches Sozialgesetzbuch über die Gewährung von Insolvenzgeld** gibt es nur eine zeitliche Differenzierung danach, ob der Arbeitnehmer bei Eintritt des Insolvenzereignisses noch Ansprüche auf Arbeitsentgelt für die letzten der Eröffnung des Insolvenzverfahrens vorausgegangenen **drei Monate** hat. Nur die aus diesem Zeitraum stammenden Ansprüche auf Arbeitsentgelt können einen Anspruch auf Insolvenzgeld entstehen lassen (§ 165 Abs. 1 SGB III). Wenn ein Arbeitnehmer in Unkenntnis eines Insolvenzereignisses weitergearbeitet oder die Arbeit aufgenommen hat, besteht der Anspruch auf Insolvenzgeld für die dem Tag der Kenntnisnahme vorausgegangenen drei Monate des Arbeitsverhältnisses (§ 165 Abs. 3 SGB III). Ältere Ansprüche auf ständiges Arbeitsentgelt werden vom Insolvenzgeld nicht abgesichert, können jedoch unabhängig hiervon als Insolvenzforderungen geltend gemacht werden.

Anhang zu § 113 InsO Vergütungsansprüche des Arbeitnehmers in der Insolvenz, Insolvenzgeld, Masseverbindlichkeiten und Insolvenzforderungen

Übersicht

	Rdn.
A. Gesetzliche Regelung des Insolvenzgelds	1
B. Arbeitsentgeltansprüche aus der Zeit vor Insolvenzeröffnung	3
I. Zum Begriff des Arbeitsentgelts	7
1. Lohn und Gehalt	10
2. Zulagen, Prämien	11
3. Überstunden, Samstags-, Sonntags- und Feiertagsarbeit	13
4. Auslösung	15
5. Fahrgeld/Wegzeiten	16
6. Tantieme, Provisionen	18
7. Gratifikation, Urlaubsgeld, Weihnachtsgeld	19
8. Beiträge des Arbeitgebers	20
9. Abfindungen	26
10. Schadenersatzansprüche	27
11. Fehlerhafte Leiharbeitsverhältnisse	28
12. Nicht: Nebenforderungen	31
13. Nicht: Betriebliche Altersversorgung	32
14. Nicht: Urlaubsabgeltung	33
15. Nicht: Lohnsteueranteil	36
II. Anspruchsvoraussetzungen des Insolvenzgeldes	37
1. Arbeitnehmereigenschaft	38
2. Erben als Anspruchsberechtigte	53
3. Vorfinanzierung aus Insolvenzgeld, dritte Personen als Anspruchsberechtigte	58
4. Insolvenzereignis	90
a) Eröffnung des Insolvenzverfahrens	92
b) Abweisung mangels Insolvenzmasse	96
c) Beendigung der Betriebstätigkeit	98
5. Insolvenzfälle mit Auslandsbezug	107
6. Bestimmung des Insolvenzgeld-Zeitraums	109
7. Zeitliche Zuordnung der Arbeitsentgeltansprüche zum Insolvenzgeld-Zeitraum	123
a) Laufendes Arbeitsentgelt	125
b) Provisionen	136
c) Urlaubsabgeltung	143
d) Arbeitszeitkonten	153
e) Gratifikationen, Jahressondervergütungen, Weihnachtsgeld	160
8. Nichtberücksichtigung von Arbeitsentgeltansprüchen in besonderen Fällen	185
a) Übertragung auf Dritte, § 170 SGB III	187
b) Pfändung, § 170 Abs. 2 SGB III	190
c) Wegfall durch Anfechtung, § 166 Abs. 1 Nr. 2 SGB III	193
d) Erfüllung, Aufrechnung	199
e) Tariflicher Verfall	203
f) Anrechnung anderen Einkommens	208
g) Anrechnung von Sozialleistungen	212
h) Rückwirkung durch Vergleich, Klagerücknahme	213
9. Zum Verfahren der Insolvenzgeld-Gewährung, Antragstellung, Vorschuss, Mitwirkung des Insolvenzverwalters, Höhe des Insolvenzgeldes	219
a) Antragsverfahren	220
b) Mitwirkungspflichten des Insolvenzverwalters	233
c) Wahlrecht des Arbeitnehmers	238
d) Höhe des Insolvenzgeldes	240
III. Prozessrechtliche Behandlung – Insolvenzrechtliche Behandlung	244
IV. Transferleistungen	255
1. Transfermaßnahmen (§ 110 SGB III)	258
2. Transferkurzarbeitergeld (§ 111 SGB III)	259
C. Arbeitsentgeltansprüche aus der Zeit nach Eröffnung des Insolvenzverfahrens	264
I. Nachinsolvenzliche Ansprüche auf Arbeitsentgelt als Masseverbindlichkeiten	267
II. Geltendmachung der Entgeltansprüche aus der Zeit nach der Insolvenzeröffnung	279
1. Außergerichtliche Geltendmachung	279
2. Gerichtliche Geltendmachung	282
III. Arbeitsentgeltbegriff	283
D. Abfindungen	284
I. Sozialplanabfindung	287
II. Anspruch auf Nachteilsausgleich (§ 113 Abs. 3 BetrVG)	296
III. Abfindung aus einem Auflösungsurteil (§ 9 KSchG)	301
IV. Abfindungsanspruch nach § 1a KSchG	308
V. Tarifvertragliche Abfindungen	313
E. Bezüge aus dem Dienstverhältnis (§ 114 InsO)	314
I. Normzweck	314
II. Wirksamkeit von Vorausverfügungen (§ 114 InsO Abs. 1)	317

Wiedereinstellungsanspruchs, wenn dieser vor Ablauf der Kündigungsfrist entstünde (vgl. hierzu die umfassenden Nachweise bei *BAG* 13.05.2004 AP Nr. 264 zu § 613a BGB). Dabei wird teilweise unter Hinweis auf die §§ 113, 125–128 InsO vertreten, dass ein Wiedereinstellungsanspruch bei Betriebsübergang nicht möglich sei (*Hanau* ZIP 1998, 1817 [1819]; zweifelnd auch *LAG Hamm* 04.06.2002 AR-Blattei ES 915 Nr. 23; auch das BAG scheint in diese Richtung zu tendieren, vgl. *BAG* 13.05.2004 AP Nr. 264 zu § 613a BGB). Es handele sich bei den zitierten Normen um Sonderregelungen, die im Interesse der Rechtssicherheit den individuellen Kündigungsschutz beschränkten, um die Kündigung der Arbeitsverhältnisse zu erleichtern und so den Betrieb attraktiver für potentielle Erwerber zu machen. Die Gegenauffassung geht dagegen vom Bestehen eines Wiedereinstellungsanspruchs gegen den Erwerber aus (*Schubert* ZIP 2002, 554 [558]; *Annuß* ZInsO 2001, 49 [59]) Dies ergebe sich nach den allgemeinen Grundsätzen daraus, dass dieser durch den Betriebsübergang in die Rechte und Pflichten des bestehenden Arbeitsverhältnisses eintrete. Davon umfasst sei jedoch auch der Anspruch auf Wiedereinstellung, solange dieser nur vor dem Ablauf der Kündigungsfrist entstehe. Diese Ansicht überzeugt jedoch nicht. In der Tat wird man davon ausgehen müssen, dass die kündigungsrechtlichen Sonderregelungen in den §§ 113, 125 ff. InsO vor allem dazu dienen, den Betrieb durch Verringerung des Arbeitnehmerstammes für potentielle Erwerber attraktiver zu machen. Ein eventueller Wiedereinstellungsanspruch liefe dieser Funktion jedoch entgegen (in diese Richtung auch *BAG* 13.05.2004 AP Nr. 264 zu § 613a BGB).

127 Ein Wiedereinstellungsanspruch gegen den Betriebsübernehmer scheidet auch dann aus, wenn ein Arbeitnehmer im Zusammenhang mit einem Betriebsübergang aus dem Arbeitsverhältnis auf Grund eines Aufhebungsvertrages ausgeschieden ist und solange die Wirksamkeit des Aufhebungsvertrages nicht wegen Anfechtung, Wegfalls der Geschäftsgrundlage oder aus einem anderen Grunde beseitigt worden ist (*BAG* 23.11.2006 ZIP 2007, 643). Ein Aufhebungsvertrag kann dann anfechtbar sein, wenn der Arbeitgeber dem Arbeitnehmer wahrheitswidrig vorspiegelt, der Betrieb solle stillgelegt werden, obwohl eine Betriebsveräußerung geplant ist.

Das Zeitfenster, innerhalb dessen der Arbeitnehmer den Anspruch geltend machen muss, ist dagegen aus Gründen des arbeitgeberseitigen Bedürfnisses nach Rechtssicherheit enger gefasst. Hier wird teilweise auf die Drei-Wochen-Frist des § 4 KSchG (*Hambitzer* NJW 1985, 2239 [2242]; GK-*Dörner* § 1 KSchG Rn. 819a) oder im Falle eines Betriebsübergangs auf die Monatsfrist entsprechend § 613a Abs. 6 BGB abgestellt (KR-*Griebeling/Rachor* § 1 KSchG Rn. 743). Nach anderer Ansicht bestimmt sich die zeitliche Grenze nach den allgemeinen Regeln der Verwirkung, der Verjährung und der tariflichen Ausschlussfristen (KR-*Griebeling/Rachor* § 1 KSchG Rn. 742; *Raab* RdA 2000, 147 [154]; *Oetker* ZIP 2000, 643 [651]; *Zwanziger* BB 1997, 42 [45]).

Zu beachten ist ferner, dass seit Inkrafttreten des § 311a Abs. 1 BGB zum 01.01.2002 auch die Verurteilung zu einer rückwirkenden Wiedereinstellung des Arbeitnehmers zulässig ist (*BAG* 09.11.2006 DB 2007, 861).

Inwieweit ein solcher Wiedereinstellungsanspruch auch in der Insolvenz besteht, ist seit längerem umstritten (vgl. *LAG Hamm* 04.06.2002 AR-Blattei ES 915 Nr. 23; *Hanau* ZIP 1998, 1817 [1819 f.]; *Schubert* ZIP 2002, 554 ff.; *Berscheid* MDR 1998, 1129 ff.; sowie die Nachweise bei *BAG* 13.05.2004 AP Nr. 264 zu § 613a BGB; offen gelassen von *BAG* 16.05.2002 AP Nr. 237 zu § 613a BGB; ausweichend ebenfalls *BAG* 13.05.2004 AP Nr. 264 zu § 613a BGB). Dabei müssen zwei unterschiedliche Sachverhalte voneinander getrennt werden: Einerseits der Wiedereinstellungsanspruch bei der Unternehmensfortführung durch den Insolvenzverwalter und andererseits der Wiedereinstellungsanspruch bei Unternehmensveräußerung. 124

I. Unternehmensfortführung durch den Insolvenzverwalter

Kündigt der Insolvenzverwalter das Arbeitsverhältnis mit der dreimonatigen Kündigungsfrist gem. § 113 Satz 2 InsO nach der Eröffnung des Insolvenzverfahrens, so gilt diese Frist nach den allgemeinen Regeln spiegelbildlich auch für das Entstehen des Wiedereinstellungsanspruchs. Die Tatsachenänderung muss also ebenfalls innerhalb der Drei-Monats-Frist eintreten. Nach teilweise vertretener Ansicht soll darüber hinaus auch bei Kündigungen, die vor der Eröffnung des Insolvenzverfahrens ausgesprochen wurden, die Drei-Monats-Frist des § 113 S. 2 InsO analog für das Entstehen des Wiedereinstellungsanspruchs angewandt werden. Dadurch würden die eigentlich geltenden gesetzlichen, arbeits- oder tarifvertraglichen Kündigungsfristen verdrängt werden (*LAG Hamm* 04.06.2002 AR-Blattei ES 915 Nr. 23; *Schubert* ZIP 2002, 554 [556]; *Berscheid* MDR 1998, 1129 [1132]; *ders.* ZInsO 1998, 159 [172]; *Nerlich/Römermann-Hamacher* § 125 InsO Rn. 302; a.A. *Beckschulze* DB 1998, 417 [421]). Zur Begründung wird das Beschleunigungsinteresse der Insolvenzgläubiger angeführt, welches dem Bestandsinteresse der Arbeitnehmer entgegenstehe. Gegen die Verkleinerung des Zeitfensters zur Entstehung des Wiedereinstellungsanspruchs bei vor Verfahrenseröffnung ausgesprochenen Kündigungen durch analoge Anwendung von § 113 Satz 2 InsO bestehen jedoch rechtliche Bedenken, da man bereits an der Analogiefähigkeit von § 113 InsO zweifeln muss, weil die Vorschrift eine den allgemeinen Kündigungsschutz modifizierende Sondernorm darstellt. Wegen ihres Ausnahmecharakters eignen sich Sondernormen aber grundsätzlich nicht für Analogien. 125

II. Unternehmensveräußerung

Geht der Betrieb nach Eröffnung des Insolvenzverfahrens im Wege des Betriebsübergangs nach § 613a Abs. 1 BGB auf einen Erwerber über, so scheidet er aus der Insolvenzmasse aus. Gleichzeitig tritt der Erwerber in die bestehenden Arbeitsverhältnisse ein. In einem solchen Fall richtet sich der Wiedereinstellungsanspruch des gekündigten Arbeitnehmers gegen den Erwerber (*BAG* 12.11.1998 AP Nr. 5 zu § 1 KSchG 1969; *LAG Rheinland-Pfalz* 09.11.2006 – 11 Sa 400/06). Umstritten ist jedoch, ob ein Eintritt auch insoweit anzunehmen ist, als der Erwerber auch Wiedereinstellungsansprüche von Arbeitnehmern, denen vor dem Betriebsübergang gekündigt wurde, gegen sich gelten lassen muss. Das BAG hat dies für die Fallkonstellation verneint, in welcher der Anspruch erst nach Ablauf der Kündigungsfrist entstehen würde (*BAG* 13.05.2004 AP Nr. 264 zu § 613a BGB; bestätigt von *BAG* 28.10.2004 NZA 2005, 405). Offen ist deshalb die Frage nach dem Bestehen eines 126

121 Endet das Arbeitsverhältnis jedoch erst nach Eröffnung des Insolvenzverfahrens, ist der Insolvenzverwalter zur Zeugniserteilung verpflichtet und zwar unabhängig davon, wie lange das Arbeitsverhältnis nach der Insolvenzeröffnung fortbestand (*BAG* 30.01.1999 AP Nr. 13 zu § 630 BGB; 23.06.2004 NZA 2004, 1392; *LAG Köln* 30.07.2001 NZA-RR 2002, 181; KR-*Weigand* §§ 113, 120 ff. InsO Rn. 118). Kann der Insolvenzverwalter bei nur kurzem Fortbestand den Arbeitnehmer nicht persönlich beurteilen, hat er entsprechende Auskünfte beim Schuldner einzuholen. Dieser ist hierzu nach § 97 InsO verpflichtet (*BAG* 23.06.2004 NZA 2004, 1392; **a.A.** *LAG Nürnberg* 05.12.2002 NZA-RR 2003, 463; *Staudinger/Preis* § 630 BGB Rn. 24; *Kuhn/Uhlenbruck* KO, § 22 Rn. 27, wonach der Insolvenzverwalter nur dann zur Zeugniserteilung verpflichtet ist, wenn der Arbeitnehmer nach Insolvenzeröffnung noch längere Zeit unter ihm gearbeitet hat). Unerheblich ist ebenfalls, ob der Arbeitnehmer tatsächlich nach Insolvenzeröffnung noch gearbeitet hat oder ob er von der Erbringung seiner Arbeitspflicht freigestellt ist. Entscheidend ist nach Auffassung des BAG allein der rechtliche Bestand des Arbeitsverhältnisses (*BAG* 23.06.2004 NZA 2004, 1392).

E. Klageerhebungsfrist (§ 4 KSchG)

122 Im Zuge der Neufassung des § 4 Satz 1 KSchG durch das Gesetz zu den Reformen am Arbeitsmarkt vom 24.12.2003 (BGBl. I S. 3002; vgl. dazu *Bader* NZA 2004, 65 ff.; *Schiefer/Worzalla* NZA 2004, 345 ff.) ist § 113 Abs. 2 InsO gestrichen worden. Die bislang als Sonderregelung im Insolvenzrecht geltende Obliegenheit des Arbeitnehmers, auch bei anderen Unwirksamkeitsgründen als der Sozialwidrigkeit der Kündigung beim Arbeitsgericht Kündigungsschutzklage innerhalb der Frist des § 4 Satz 1 KSchG zu erheben ist seit dem 01.01.2004 allgemein für alle Unwirksamkeitsgründe angeordnet worden. Sofern – wie bei Kündigungen nach § 85 SGB IX, § 9 MuSchG oder § 18 BEEG – die Kündigung von der Zustimmung einer Behörde abhängig ist, beginnt der Lauf der Frist erst mit der Bekanntgabe der behördlichen Entscheidung (§ 4 Satz 4 KSchG; vgl. auch KR-*Weigand* §§ 113, 120 ff. InsO Rn. 88). § 4 Satz 4 KSchG findet aber nur dann Anwendung, wenn der Arbeitgeber Kenntnis der den besonderen Kündigungsschutz begründenden Umstände hat, ansonsten ist § 4 Satz 1 KSchG maßgeblich (*LAG Nürnberg* 04.12.2006 BB 2007, 447).

F. Wiedereinstellungsanspruch

123 Ändern sich nach der dem Arbeitnehmer gegenüber ausgesprochenen Kündigung die Umstände, die die Kündigung bedingt hatten, so wird ihm nach allgemeinen arbeitsrechtlichen Grundsätzen von Rechtsprechung und herrschender Lehre ein Anspruch auf Wiedereinstellung gegen den Arbeitgeber eingeräumt (*BAG* 27.02.1997 AP Nr. 1 zu § 1 KSchG 1969 Wiedereinstellung; 04.12.1997 AP Nr. 4 zu § 1 KSchG Wiedereinstellung; 13.05.2004 AP Nr. 264 zu § 613a BGB; 16.05.2007 – 7 AZR 621/05; *Raab* RdA 2000, 147 ff., *Oetker* ZIP 2000, 643 ff.; *Zwanziger* BB 1997, 42 ff.; *Stahlhacke/Preis/Vossen* Kündigung und Kündigungsschutz im Arbeitsverhältnis, Rn. 1026 ff.; ErfK-*Ascheid* § 1 KSchG Rn. 158 ff. m.w.N.). Dieser Anspruch soll ein Korrektiv dafür sein, dass bei der Prüfung des Kündigungsgrundes im Interesse der Rechtssicherheit, Verlässlichkeit und Klarheit allein auf den Zeitpunkt des Kündigungszugangs, nicht aber auf den Ablauf der Kündigungsfrist abgestellt wird. Beruht die Kündigung auf einer Prognose und erweist sich diese Prognose als falsch, so hat der Arbeitnehmer einen Anspruch auf Fortsetzung des Arbeitsverhältnisses, wenn der Arbeitgeber mit Rücksicht auf die Kündigung noch keine Dispositionen getroffen hat und ihm die unveränderte Fortsetzung des Arbeitsverhältnisses zumutbar ist (*BAG* 27.02.1997 AP Nr. 1 zu § 1 KSchG 1969 Wiedereinstellung; 04.12.1997 AP Nr. 4 zu § 1 KSchG 1969 Wiedereinstellung; 13.05.2004 AP Nr. 264 zu § 613a BGB; 09.11.2006 DB 2007, 861; 16.05.2007 – 7 AZR 621/05). Die zeitliche Grenze für das Entstehen des Wiedereinstellungsanspruchs bildet nach herrschender Auffassung die für das jeweilige Arbeitsverhältnis geltende Kündigungsfrist (*BAG* 06.08.1997 AP Nr. 2 zu § 1 KSchG 1969 Wiedereinstellung; *BAG* 16.05.2007 – 7 AZR 621/05; *LAG Rheinland-Pfalz* 09.11.2006 – 11 Sa 400/06; offen gelassen bei *BAG* 04.12.1997 AP Nr. 4 zu § 1 KSchG 1969; krit. dazu u.a. *Raab* RdA 2000, 147 [154]; *Meinel/Bauer* NZA 1999, 575 [579]; *Nägele* BB 1998, 1686 [1688]). Der Wiedereinstellungsanspruch entsteht nur dann, wenn die Tatsachenänderungen noch innerhalb der Kündigungsfrist eintreten und das Arbeitsverhältnis mithin noch nicht beendet wurde.

3. Rang des Karenzentschädigungsanspruchs

Gem. § 55 Abs. 1 Ziff. 2, 2. Alt. InsO sind Ansprüche aus gegenseitigen Verträgen, deren **Erfüllung nach der Eröffnung des Insolvenzverfahrens** erfolgen muss, **Masseschulden** und als solche vorab aus der Masse zu befriedigen. Hierunter fällt auch die Karenzentschädigung, soweit sie für Zeiträume nach der Eröffnung des Insolvenzverfahrens zu leisten ist (*Grunsky* Wettbewerbsverbot für Arbeitnehmer, S. 138). 114

Ansprüche auf rückständige Karenzentschädigungen, die nach dem früheren Recht (§ 59 Abs. 1 Nr. 3 KO) ebenfalls Masseschulden waren, sind nicht mehr qualifiziert. In der Gesetzesbegründung heißt es hierzu lapidar: »§ 59 Abs. 1 Nr. 3 KO, der rückständige Forderungen auf Arbeitsentgelt und ähnliche Ansprüche **systemwidrig** als Masseansprüche einordnet (vgl. § 13 Abs. 1 Nr. 3 GesO), enthält in der Sache ein Konkursvorrecht. Er wird ebenso wie die Vorrechte des § 61 KO **nicht in den Entwurf übernommen**« (vgl. die Begr. zum Regierungsentwurf zu § 64 BT-Drucks. 12/2443 S. 126). 115

Fällt der Arbeitnehmer in der Insolvenz mit seinem Entschädigungsanspruch aus, so kann er deswegen **kein Insolvenzgeld** verlangen. Die Karenzentschädigung ist kein »Arbeitsentgelt« i.S.d. SGB III, da sie nicht für eine Tätigkeit gezahlt wird (*Gagel/Peters-Lange* SGB III, § 183 Rn. 91). 116

Übt der Insolvenzverwalter das ihm zustehende Wahlrecht nicht aus, kann der Arbeitnehmer sich dadurch absichern, dass er den Verwalter gem. § 103 Abs. 2 InsO zur Ausübung seines Wahlrechts auffordert. Übt der Insolvenzverwalter das Wahlrecht nicht aus, kann er nicht auf Erfüllung bestehen. Das Wettbewerbsverbot wird für den Arbeitnehmer ohne weiteres unverbindlich (*Bauer/Diller* Wettbewerbsverbote, Rn. 699). 117

Löst sich der Arbeitnehmer vom Wettbewerbsverbot, kann er die entgangene Karenzentschädigung als einfache Insolvenzforderung (§ 38 InsO) geltend machen. 118

IV. Abfindungsanspruch gemäß §§ 9, 10 KSchG

Die Insolvenzeröffnung selbst ist auf den Bestand des Arbeitsverhältnisses ohne Einfluss. Sie gibt dem Arbeitnehmer kein Kündigungsrecht, erst recht resultiert aus der Eröffnung des Verfahrens kein Anspruch auf Abfindung nach den §§ 9, 10 KSchG. 119

V. Zeugnis

Mit Beendigung des Arbeitsverhältnisses hat der Arbeitnehmer trotz der Insolvenz Anspruch auf ein qualifiziertes Zeugnis über seine Leistung und sein Verhalten im Arbeitsverhältnis. Seit dem 01.01.2003 ist der Zeugnisanspruch in § 109 GewO geregelt. Für arbeitnehmerähnliche Personen und sonstige Dienstverhältnisse ergibt sich der Zeugnisanspruch weiterhin aus § 630 BGB. Ob der Zeugnisanspruch vom (vorläufigen) Insolvenzverwalter oder vom Schuldner zu erfüllen ist, richtet sich allein nach dem Zeitpunkt des Ausscheidens aus dem Arbeitsverhältnis. Ist der Arbeitnehmer bereits **vor Insolvenzeröffnung ausgeschieden**, richtet sich der Anspruch weiter gegen den **Schuldner** und kann auch nur gegen diesen eingeklagt werden (*BAG* 23.06.2004 NZA 2004, 1392). Dies gilt auch dann, wenn das Arbeitsverhältnis noch während des Insolvenzeröffnungsverfahrens besteht, jedoch nur ein »schwacher« vorläufiger Verwalter bestellt worden ist (*BAG* 23.06.2004 NZA 2004, 1392). Die Insolvenzeröffnung während des Verfahrens ändert hieran nichts. Insbesondere tritt keine Unterbrechung des Verfahrens nach § 240 ZPO ein (*BAG* 28.11.1966 BAGE 19, 146 [152]; 30.01.1991 BAGE 67, 112; 23.06.2004 NZA 2004, 1392; *LAG Düsseldorf* 07.11.2003 ZIP 2004, 631; *LAG Nürnberg* 05.12.2002 NZA-RR 2003, 463; *KR-Weigand* §§ 113, 120 InsO Rn. 129). Auch die Vollstreckung nach § 888 ZPO richtet sich gegen den Schuldner. Es handelt sich nicht um eine Insolvenzforderung (*LAG Düsseldorf* 07.11.2003 ZIP 2004, 631). Anders ist jedoch die Rechtslage, wenn ein »starker« vorläufiger Insolvenzverwalter nach § 22 Abs. 1 InsO bestellt ist. Dieser tritt in die Rechtsstellung als Arbeitgeber ein, so dass ihn auch die Pflicht zur Zeugniserteilung trifft (*BAG* 23.06.2004 NZA 2004, 1392; *KR-Weigand* §§ 113, 120 ff. InsO Rn. 129). 120

während des Bestandes des Arbeitsverhältnisses eröffnet wird. Ein bereits ausgeschiedener Arbeitnehmer hat somit weiter Wettbewerb zu unterlassen, wofür ihm Karenzentschädigung zusteht. Voraussetzung für den Fortbestand des Wettbewerbsverbotes ist aber die **Fortführung des Unternehmens**.

106 Bei Aufgabe des Geschäftsbetriebes in der Insolvenz ist ein Wettbewerb nicht mehr möglich. Der Arbeitnehmer ist dann aus der Pflicht entlassen, der Anspruch auf Karenzentschädigung bleibt ihm deshalb nach § 326 Abs. 2 BGB erhalten, weil die Geschäftsaufgabe und damit der die Unmöglichkeit auslösende Umstand im Risikobereich des Arbeitgebers liegt (so auch *Grunsky* Wettbewerbsverbot für Arbeitnehmer, S. 118).

1. Vor Insolvenzeröffnung ausgeschiedene Arbeitnehmer

107 Das Wettbewerbsverbot ist ein gegenseitiger Vertrag (*BAG* 14.07.1981, 05.10.1982, 10.09.1985 AP Nrn. 38, 42, 49 zu § 74 HGB). Es ist deshalb **§ 103 InsO anwendbar**, d.h., der Insolvenzverwalter kann wählen, ob er auf Einhaltung der Wettbewerbsabrede besteht oder die Erfüllung ablehnt (KR-*Weigand* §§ 113, 120 ff. InsO Rn. 125; *Hess* KO, § 17 Rn. 11).

108 Lehnt der Insolvenzverwalter die Erfüllung ab, steht dem Arbeitnehmer wegen der entfallenden Karenzentschädigung ein Schadenersatzanspruch nach § 103 Abs. 2 Satz 1 (einfache Insolvenzforderung) zu.

109 Rückstände auf Karenzentschädigung aus der Zeit zwischen der Eröffnung des Insolvenzverfahrens und der Ausübung des Wahlrechts sind nach zutreffender Auffassung auch dann Masseschulden gem. § 55 Abs. 1 Ziff. 2, wenn der Insolvenzverwalter die Erfüllung ablehnt (*Bauer/Diller* Wettbewerbsverbote, Rn. 698; *Grunsky* Wettbewerbsverbot für Arbeitnehmer, S. 136; **a.A.** *Kuhn/Uhlenbruck* KO, § 59 Rn. 15n einfache Konkursforderung).

110 Wählt der Insolvenzverwalter Erfüllung, so macht dies den Anspruch auf Karenzentschädigung zur Masseschuld nach § 55 Abs. 1 Ziff. 2 InsO. In diesem Fall muss der Arbeitnehmer das Wettbewerbsverbot weiter erfüllen. Ein § 103 InsO vergleichbares Wahlrecht steht ihm in der Insolvenz grds. nicht zu. Nach h.M. kann der Arbeitnehmer die Wettbewerbsabrede allerdings **außerordentlich kündigen**, wenn die **Masse** voraussichtlich **nicht ausreicht**, um den Anspruch auf Karenzentschädigung zu erfüllen (vgl. *Bauer/Diller* Wettbewerbsverbote, Rn. 696; *Jaeger/Henckel* KO, § 17 Rn. 222; *Kuhn/Uhlenbruck* KO, § 22 Rn. 26; *Grunsky* Wettbewerbsverbot für Arbeitnehmer, S. 136). Würde der Arbeitnehmer auch im Falle der voraussichtlichen Massearmut an der Wettbewerbsabrede festgehalten werden, so zwänge man ihn zu einer unsicheren Vorleistung, wozu in der Insolvenz auch kein anderer Gläubiger verpflichtet ist (*Grunsky* Wettbewerbsverbot für Arbeitnehmer, S. 136).

2. Nach Insolvenzeröffnung ausscheidende Arbeitnehmer

111 Auch in dem Fall, dass der Arbeitnehmer erst nach Eröffnung des Verfahrens aus dem Arbeitsverhältnis ausscheidet, ist § 103 InsO grds. anwendbar. Auch wenn der Insolvenzverwalter das Arbeitsverhältnis erst kündigt, kann er hinsichtlich des Wettbewerbsverbots das Wahlrecht nach § 103 InsO ausüben. In diesem Fall tritt das Wahlrecht ggf. neben das Lösungsrecht aus § 75 Abs. 3 HGB. Selbst wenn der Insolvenzverwalter zuvor eine Lösungsmöglichkeit nach § 75 Abs. 3 HGB hat verstreichen lassen, ist es ihm nach Treu und Glauben nicht verwehrt, im Anschluss das Wahlrecht nach § 103 InsO auszuüben (*Bauer/Diller* Wettbewerbsverbote, Rn. 695 unter Hinweis auf die unterschiedlichen Wertungen beider Rechte).

112 Für die Ausübung des Wahlrechts nach § 103 läuft **keine Frist**.

113 Wird das Wettbewerbsverbot allerdings erst **vom Insolvenzverwalter vereinbart**, steht ihm **kein Wahlrecht** nach § 103 InsO zu (*Grunsky* Wettbewerbsverbot für Arbeitnehmer, S. 137).

Eine Klausel in einem Insolvenzplan, die vorsieht, dass Gläubiger, die ihre Forderung angemeldet, **98** aber nach Bestreiten innerhalb einer Ausschlussfrist von einem Monat nach Bestandskraft des den Insolvenzplan bestätigenden Beschlusses des Amtsgerichts nicht im Klagewege weiterverfolgt haben, bei der Verteilung analog § 189 InsO nicht berücksichtigt werden, lässt den Anspruch der Insolvenzgläubiger materiell-rechtlich unberührt, wenn die Frist versäumt wird. Eine solche Klausel begegnet keinen rechtlichen Bedenken. Es bleibt den Insolvenzgläubigern, die die Frist versäumt haben, unbenommen, nach Aufhebung des Insolvenzverfahrens die Planquote mit einer Leistungsklage gegenüber dem Schuldner durchzusetzen (vgl. *BAG* 19.11.2015 NZA 2015, 6).

II. Schadenersatz gemäß § 628 Abs. 2 BGB

Die Rechtsnorm bestimmt, dass im Falle einer durch **vertragswidriges Verhalten** des anderen Teiles **99** veranlassten Kündigung dieser zum Ersatz des durch die Aufhebung des Dienstverhältnisses entstehenden Schadens verpflichtet ist. Aus dem Wortlaut folgt somit zunächst nur, dass lediglich eine fristlose Kündigung i.S.d. § 626 BGB gemeint ist. Das BAG hat den Anwendungsbereich der Norm jedoch auch auf all diejenigen Fälle erstreckt, in denen das Arbeitsverhältnis in anderer Weise als durch fristlose Kündigung beendet wurde, sofern nur der andere Vertragsteil durch ein vertragswidriges schuldhaftes Verhalten den Anlass für die Beendigung gegeben hat (*BAG* 11.02.1981 EzA § 4 KSchG n.F. Nr. 20). Maßgeblich ist danach nicht die Form der Vertragsauflösung, sondern ihr Anlass (vgl. KR-*Weigand* § 628 BGB Rn. 20).

Das Auflösungsverschulden muss allerdings die Merkmale des wichtigen Grundes i.S.d. § 626 **100** Abs. 1 BGB aufweisen (st. Rspr. des *BAG* vgl. Urteil vom 22.06.1989 EzA § 628 BGB Nr. 17).

Ebenso wie die außerordentliche Kündigung nach § 626 Abs. 1 BGB setzt der Schadenersatz- **101** anspruch nach § 628 Abs. 2 BGB voraus, dass die **Zwei-Wochen-Frist** des § 626 Abs. 2 BGB gewahrt ist (*BAG* 22.06.1989 EzA § 628 BGB Nr. 17; KR-*Weigand* § 628 BGB Rn. 22).

Der Schadenersatzanspruch umfasst grds. alle tatsächlichen Schäden und unterliegt keiner zeitlichen **102** Begrenzung. Das BAG schränkt den Anspruch allerdings für den Zeitraum der Kündigungsfrist ein; danach soll der Kündigende gem. § 628 Abs. 2 BGB so gestellt werden, als wäre das Arbeitsverhältnis ordnungsgemäß durch eine fristgerechte Kündigung beendet worden (*BAG* 09.05.1975 EzA § 628 BGB Nrn. 5, 10; vgl. auch *BAG* 03.03.1993 EzA § 89a HGB Nr. 1).

Der Schadenersatzanspruch des Arbeitnehmers gem. § 628 Abs. 2 BGB in der Insolvenz ist nach **103** BAG eine einfache Insolvenzforderung; dies gilt sowohl für Ansprüche aus Zeiten vor der Insolvenz als auch nach der Insolvenzeröffnung (*BAG* 03.08.1980 EzA § 59 KO Nr. 10).

Die durch das BAG schon zum früheren Recht erfolgte Einordnung des Schadenersatzanspruches als **104** einfache Konkursforderung begegnete im Schrifttum überwiegender Kritik (*Gagel* ZIP 1981, 122 [124]; *Uhlenbruck* Anm. zu BAG 13.08.1980 AP Nr. 11 zu § 59 KO; *Staudinger/Preis* § 628 BGB Rn. 59; MünchArbR-*Hanau* § 75 Rn. 29). Wesentlich wurde hierbei darauf abgestellt, dass der Schadenersatzanspruch Entgeltersatzfunktion habe und deshalb eine Gleichstellung mit dem entsprechenden Vergütungsanspruch geboten sei. *Moll* ordnet den Schadenersatzanspruch nach § 628 Abs. 2 BGB wohl auch aus systematischen Gründen ohne weiteres als **Masseverbindlichkeit** (§ 55 Abs. 1 Nr. 1) ein. Dem ist zuzustimmen. Auch die mit der Insolvenzordnung angestrebte Entlastung der Masse kann keine hinreichende Rechtfertigung dafür bieten, den durch ein Verhalten des Verwalters ausgelösten Schadenersatzanspruch als einfache Insolvenzforderung zu begreifen. Eine Verdrängung von § 628 Abs. 2 BGB durch § 113 Satz 3 InsO kommt schon vom Wortlaut her nicht in Betracht (im Ergebnis **a.A.** *Hess* InsO, § 113 Rn. 703 m.w.N.).

III. Nachvertragliches Wettbewerbsverbot

Ein vereinbartes nachvertragliches Wettbewerbsverbot bleibt von der Eröffnung des Insolvenzverfah- **105** rens grds. **unberührt** (*Grunsky* Wettbewerbsverbot für Arbeitnehmer, S. 134; *Bauer/Diller* Wettbewerbsverbote, Rn. 691). Unerheblich ist, ob die Insolvenz erst während der Karenzzeit oder schon

triebsstilllegung geeignet ist, sofern keine Möglichkeit zur Weiterbeschäftigung in einem anderen Betrieb des Unternehmens besteht, eine außerordentliche Kündigung zu rechtfertigen (*BAG* 28.03.1985 EzA § 626 BGB n.F. Nr. 96). Hierbei muss der Arbeitgeber die gesetzliche oder tarifliche Kündigungsfrist einhalten, die gelten würde, wenn die ordentliche Kündigung nicht ausgeschlossen wäre (*BAG* 28.03.1985 EzA § 626 BGB n.F. Nr. 96; *Günther* RdA 1974, 153; **a.A.** *ArbG Freiburg* 22.10.1985 NZA 1986, 295). Ob die Betriebsstilllegung in oder außerhalb der Insolvenz erfolgt, kann für die Kündigungsmöglichkeit ordentlich unkündbarer Arbeitnehmer keine Rolle spielen. Eine entsprechende Anwendung scheidet ferner dann aus, wenn wie bei Organmitgliedern (§ 14 Abs. 1 Nr. 1 KSchG) überhaupt kein Kündigungsschutz bestand (*LAG Köln* 02.05.2006 AR-Blattei ES 915 Nr. 65).

90 Für das **Vorstandsmitglied einer AG** ist der Schadenersatzanspruch auf maximal **zwei Jahre** beschränkt, § 87 Abs. 3 AktG (ob die Norm entsprechend auf GmbH-Geschäftsführer angewendet werden kann, ist umstritten: offen gelassen von *LAG Köln* 02.05.2006 AR-Blattei ES 915 Nr. 65).

91 Der auszugleichende Schaden erstreckt sich auf die **gesamte** entgangene **Vergütung einschließlich Provisionen, Naturalbezügen etc.** (*LAG Bremen* 13.05.1953 BB 1953, 472; KR-*Weigand* §§ 113, 120 ff. InsO Rn. 92).

92 Der Schaden kann in dem Verlust einer Pensionsberechtigung liegen, wenn der Arbeitnehmer infolge der verkürzten Kündigungsfrist vor Ablauf der Unverfallbarkeitsgrenze ausscheidet (*LAG Düsseldorf* 11.05.1979 ARSt 1979, 134).

93 Voraussetzungen und Umfang des Schadenersatzanspruches aus § 113 Satz 3 können grds. rechtswirksam im Voraus vertraglich geregelt werden (KR-*Weigand* §§ 113, 120 ff. InsO Rn. 96). Die Dispositionsfreiheit findet jedoch immer dort ihre Grenze, wo die Vereinbarung zur unzulässigen Besserstellung gegenüber anderen Insolvenzgläubigern führt (vgl. *LAG Wiesbaden* 20.03.1980 ZIP 1980, 1074).

94 Die **Rechtsnatur** des Schadenersatzanspruches war zu der gesetzlichen Vorgängerregelung in § 22 Abs. 2 KO umstritten (vgl. *Leinemann/Eisenbeis* KassArbR Bd. 1, S. 802). Nunmehr ist der Schadenersatzanspruch ausdrücklich als **einfache Insolvenzforderung** bestimmt (§ 113 Satz 3 InsO). Seine Geltendmachung erfolgt im Verfahren nach den §§ 174 ff. InsO, eine unmittelbare Klage gegen den Insolvenzverwalter ist somit unzulässig (*LAG Thüringen* 28.03.2006 NJ 2007, 192 [LS]). Soweit der Anspruch auf die Zukunft gerichtet ist, wird er nach den §§ 191, 198 InsO berücksichtigt.

95 Im Falle der **Eigenkündigung** des Arbeitnehmers in der Insolvenz steht diesem **grds. kein Schadenersatzanspruch** zu. Etwas anderes soll ausnahmsweise dann gelten, wenn die Eigenkündigung durch eine vom Schuldner verschuldete Insolvenz bzw. aus von diesem verschuldeten Begleitumständen der Insolvenz veranlasst ist. Zur Begründung wird ausgeführt: Wenn der Gesetzgeber schon einen Anspruch unabhängig vom Verschulden des Arbeitgebers gem. § 113 Satz 3 gewährt, so müsse dem Arbeitnehmer erst recht der Schaden ersetzt werden, den er durch ein schuldhaftes Verhalten des Arbeitgebers erleide (KR-*Weigand* §§ 113, 120 ff. InsO Rn. 94).

96 Diese Auffassung begegnet nicht unerheblichen Bedenken (vgl. *BAG* 25.04.2007 EzA § 113 InsO Nr. 19; *LAG Hessen* 10.04.2006 – 17 Sa 1459/05); sie erscheint zudem wegen der Regelung in § 628 Abs. 2 BGB nicht geboten. Wann eine Insolvenz »vom Schuldner verschuldet« ist, wird sich in vielen Fällen nicht hinreichend sicher klären lassen. Die Insolvenz selbst ist nach einhelliger Auffassung weder Kündigungsgrund noch Basis für einen Schadenersatzanspruch. Erreicht das Verschulden des Schuldners ein solches Maß, dass der Arbeitnehmer zur Kündigung aus wichtigem Grund berechtigt ist, so kann er nach § 628 Abs. 2 BGB vorgehen. Pflichtverletzungen des Schuldners unterhalb dieser Schwelle berechtigten nach dem Willen des Gesetzgebers nicht zum Schadenersatz.

97 Der Schadenersatzanspruch kann nach § 254 BGB eine **Minderung** erfahren, wenn der Arbeitnehmer sich nicht ernsthaft um eine ihm zumutbare Tätigkeit bemüht (vgl. *Nerlich/Römermann-Hamacher* InsO, § 113 Rn. 255; *Kübler/Prütting/Bork-Moll* InsO, § 113 Rn. 77).

nung selbst ist aber kein wichtiger Grund in diesem Sinne (*BAG* 25.10.1968 EzA § 626 BGB Nr. 10). Der Insolvenzverwalter kann das Berufsausbildungsverhältnis im Falle der Betriebsstilllegung in entsprechender Anwendung von § 15 Abs. 4, 5 KSchG ordentlich mit der insolvenzspezifischen Kündigungsfrist von drei Monaten zum Monatsende kündigen (zum Meinungsstreit hinsichtlich der einschlägigen Kündigungsfrist vgl. Rdn. 20 f.).

Hierbei hat der Insolvenzverwalter das Schriftformerfordernis nach § 22 Abs. 3 BBiG n.F. bzgl. der Kündigungsbegründung zu beachten.

VII. Sonderkündigungsschutz für besondere Funktionsträger

Neben dem bereits dargestellten Sonderkündigungsschutz für Betriebsräte genießen auch einige andere Personen, die gesetzlich vorgeschriebene Funktionen in einem Betrieb ausüben, einen besonderen Schutz vor Kündigungen. Danach ist eine Kündigung nur dann gerechtfertigt, wenn ein wichtiger Grund i.S.d. § 626 BGB zur Beendigung des Arbeitsverhältnisses vorliegt. Eine entsprechende Regelung gilt beispielsweise für Datenschutzbeauftragte nach dem BDSG (§ 4f Abs. 3 BDSG) und den Immissionsschutz- und Störfallbeauftragten nach dem BImSchG (§§ 58, 58d BImSchG). 86

D. Rechtsfolgen der Kündigung

I. Schadenersatz gemäß § 113 Satz 3 InsO

Die Vorschrift ist § 22 Abs. 2 KO nachgebildet. Der Gesetzgeber der Insolvenzordnung hat lediglich redaktionelle Änderungen vorgenommen und im Übrigen ausdrücklich klargestellt, dass es sich bei dem Schadenersatzanspruch i.S.d. bisher zu § 22 Abs. 2 KO h.M. um eine einfache Insolvenzforderung handelt. Auf die zu § 22 Abs. 2 KO ergangene Rspr. und das einschlägige Schrifttum kann deshalb nach wie vor zurückgegriffen werden. 87

Kündigt der Insolvenzverwalter, so bestimmt § 113 Satz 3 InsO, dass der Arbeitnehmer Ersatz des ihm wegen der vorzeitigen Beendigung durch die Aufhebung des Dienstverhältnisses entstehenden Schadens verlangen kann. Der gesetzliche Schadenersatzanspruch gilt somit nur für die vom **Insolvenzverwalter ausgesprochene Kündigung**. § 113 Satz 3 InsO ist nicht anwendbar, wenn das Arbeitsverhältnis nicht durch eine Kündigung des Insolvenzverwalters, sondern durch Aufhebungsvertrag erfolgte (*BAG* 25.04.2007 EzA § 113 InsO Nr. 19; *Hess. LAG* 10.04.2006 – 17 Sa 1459/05; KR-*Weigand* §§ 113, 120 ff. InsO Rn. 91). Der Schadenersatzanspruch ist **verschuldensunabhängig** und stellt einen Ausgleich für die insolvenzbedingte vorzeitige Beendigung des Arbeitsverhältnisses dar (sog. **Verfrühungsschaden**). Der Schadenersatzanspruch umfasst die Zeitspanne zwischen der Kündigungsfrist nach § 113 Satz 2 InsO und der längeren vertraglichen bzw. tariflichen Kündigungsfrist. Ist die ordentliche Kündigung infolge Befristung des Arbeitsverhältnisses ausgeschlossen, setzt das Befristungsende die Grenze für den Schadenersatzanspruch (*BAG* 16.05.2007 EzA § 113 InsO Nr. 20). 88

In dem Fall, dass die **Kündigung** entweder einzelvertraglich oder tariflich **ausgeschlossen** ist, wird teilweise vertreten, dass die dann erst durch § 113 Satz 1 InsO ermöglichte Kündigung bei der Schadenberechnung mit berücksichtigt werden müsse; in diesem Falle könne nämlich nicht allein auf den Verfrühungsschaden abgestellt werden. Es müsse vielmehr berücksichtigt werden, dass die Kündigung überhaupt erst ermöglicht worden ist. Dieser Schaden, der durch die Ermöglichung der Kündigung entstehe, sei in entsprechender Anwendung von §§ 9, 10 KSchG zu berechnen. Dies seien die einschlägigen Vorschriften, die den Wert eines Arbeitsplatzes bestimmten (KDZ-*Zwanziger* § 113 InsO Rn. 32; a.A. *Uhlenbruck/Berscheid* InsO, § 113 Rn. 113). 89

Dem kann in dieser Allgemeinheit nicht gefolgt werden. Jedenfalls dann, wenn der unkündbare Arbeitnehmer vom Insolvenzverwalter aus Anlass der Betriebsstilllegung gekündigt wird, ist der Schadenersatzanspruch zeitlich auf die längste gesetzliche bzw. tarifliche Kündigungsfrist beschränkt (*BAG* 16.05.2007 EzA § 113 InsO Nr. 20). Für den Fall der Betriebsstilllegung hat das BAG nämlich entschieden, dass bei einem tariflichen Ausschluss des ordentlichen Kündigungsrechts die Be-

der Schwangeren gem. § 9 Abs. 3 Satz 2 MuSchG schriftlich erfolgen und weiterhin der Kündigungsgrund angegeben werden muss. Eine gegen diese Formvorschriften verstoßende Kündigung ist nichtig.

79 § 113 InsO ist eine in sich geschlossene Regelung, die dem Arbeitnehmer auch keinen Anspruch darauf gewährt, dass der Insolvenzverwalter von der Höchstfrist des § 113 Satz 2 InsO keinen oder nur eingeschränkten Gebrauch macht, wenn die Beendigung des Arbeitsverhältnisses sozialversicherungsrechtliche Nachteile nach sich zieht. So hat das *BAG* (27.02.2014 – 6 AZR 301/12) die Klage einer Arbeitnehmerin abgewiesen, deren Arbeitsverhältnis durch den Insolvenzverwalter während der Elternzeit mit der insolvenzspezifischen Kündigungsfrist von 3 Monaten gekündigt worden war und die hierdurch die Möglichkeit verlor, sich weiter beitragsfrei in der gesetzlichen Krankenversicherung zu versichern (§ 192 SGB V). Die Klägerin hatte die Auffassung vertreten, der Insolvenzverwalter habe ermessensfehlerhaft von der Möglichkeit Gebrauch gemacht, die Kündigungsfrist nach § 113 Satz 2 InsO abzukürzen. Unter Berücksichtigung der Wertentscheidung des Art. 6 GG habe sie Anspruch auf Einhaltung der vertraglichen Kündigungsfrist. Das BAG war zu Recht der Meinung, dass der Insolvenzverwalter den Zeitpunkt der Beendigung des Arbeitsverhältnisses nicht an den sich aus § 192 SGB V ergebenden sozialrechtlichen Folgen ausrichten muss.

80 Entsprechend dem Sonderkündigungsschutz für Arbeitnehmer in Elternzeit und Mütter findet sich eine Parallelvorschrift in § 5 PflegeZG, wonach die Kündigung eines Arbeitnehmers, von der Ankündigung bis zur Beendigung der Pflegezeit, nur dann erfolgen kann, wenn die zuständige Landesbehörde dies ausnahmsweise für zulässig erklärt. Wegen des ansonsten gleichen Wortlautes zu § 18 Satz 2, 3 BEEG, § 9 Abs. 3 MuSchG kann man sich aber an den dargestellten Grundsätzen zur Kündigung in Elternzeit und Mutterschutz orientieren.

IV. Sonderkündigungsschutz für Wehrdienstleistende

81 Gem. § 2 Abs. 2 ArbPlSchG darf der Arbeitgeber von der Zustellung des Einberufungsbescheides bis zur Beendigung des Grundwehrdienstes sowie während einer Wehrübung das Arbeitsverhältnis nicht kündigen. Gleiches gilt für in **Heimarbeit** Beschäftigte (§ 7 Abs. 1 ArbPlSchG) bzw. für **Handelsvertreter** (§ 8 Abs. 4 ArbPlSchG). Für anerkannte Kriegsdienstverweigerer gilt § 2 Abs. 2 ArbPlSchG entsprechend (§ 78 Abs. 1 Nr. 1 ZivildienstG).

82 Kann infolge der insolvenzbedingten Betriebsstilllegung bzw. des insolvenzbedingten ersatzlosen Wegfalls des Arbeitsplatzes ohne Weiterbeschäftigungsmöglichkeit das Arbeitsverhältnis nicht aufrechterhalten werden, so ist auch in diesen Fällen die ordentliche Kündigung gem. § 113 InsO zulässig (KR-*Weigand* §§ 113, 120 ff. InsO Rn. 65; KDZ-*Zwanziger* § 113 InsO Rn. 8).

V. Abgeordnetenschutz

83 Gem. Art. 48 Abs. 2 Satz 2 GG ist die Kündigung aus Gründen der Ausübung des Amtes eines Abgeordneten unzulässig. Ferner bestimmt § 2 Abs. 3 AbgG, dass eine Kündigung oder Entlassung wegen der Annahme oder Ausübung des Bundestagsmandates unzulässig ist. Der Kündigungsschutz beginnt mit der Aufstellung des Bewerbers durch das dafür zuständige Organ der Partei oder mit der Einreichung des Wahlvorschlages. Er gilt ein Jahr nach Beendigung des Mandates fort. Entsprechende Regelungen finden sich in den landesrechtlichen Vorschriften (vgl. KR-*Weigand* ParlKSch Rn. 26 ff.; z.B. § 2 Abs. 3 AbgG NW).

84 Auch bzgl. der Arbeitsverhältnisse der Parlamentarier kann ausnahmsweise aus Gründen der **Betriebsstilllegung** gekündigt werden (KR-*Weigand* ParlKSch Rn. 47). Auch in diesen Fällen gilt die Kündigungsfrist gem. § 113 InsO.

VI. Kündigungsschutz der Auszubildenden

85 § 22 Abs. 2 Nr. 1 BBiG n.F. bestimmt, dass das Berufsausbildungsverhältnis vom Auszubildenden nach Ablauf der Probezeit nur aus wichtigem Grund gekündigt werden kann. Die Insolvenzeröff-

tracht, entsprechend § 580 Nr. 6 ZPO die Wiederaufnahme des arbeitsgerichtlichen Verfahrens zu betreiben (*OLG Hamm* 08.03.2007 – 17 Sa 1695/06; KR-*Gallner* §§ 85–90 SGB IX Rn. 162).

Die Durchführung des in § 84 Abs. 1 SGB IX geregelten Präventionsverfahrens ist dagegen keine 70 formelle Wirksamkeitsvoraussetzung für den Ausspruch einer Kündigung (*BAG* 07.12.2006 NZA 2007, 617).

III. Mutterschutz, Eltern- und Pflegezeit

Der Sonderkündigungsschutz für Schwangere und Mütter ist **insolvenzfest** (*BAG* 25.10.1968 AP 71 Nr. 1 zu § 22 KO; *Boewer* RdA 2001, 380 [391]). Die Insolvenzordnung hat lediglich zu redaktionellen Änderungen des Mutterschutzgesetzes (Art. 92 EGInsO) geführt.

Der Kündigungsschutz wird maßgeblich bestimmt durch die Kündigungsverbote in § 9 MuSchG, 72 § 18 BEEG. Danach ist die Kündigung während der Schwangerschaft und bis zum Ablauf von vier Monaten nach der Entbindung unzulässig (§ 9 Abs. 1 Satz 1 MuSchG). Des Weiteren darf der Arbeitgeber das Arbeitsverhältnis ab dem Zeitpunkt, von dem an Elternzeit verlangt worden ist, höchstens jedoch acht Wochen vor Beginn der Elternzeit und während der Elternzeit nicht kündigen (§ 18 Abs. 1 BEEG).

Nach beiden Vorschriften kann **in besonderen Fällen** ausnahmsweise **die Kündigung** für **zulässig** 73 erklärt werden, § 9 Abs. 3 Satz 1 MuSchG bzw. § 18 Abs. 1 Satz 1 BEEG. Die **Betriebsstilllegung** kennzeichnet in aller Regel eine Lage, in der dem Interesse des Arbeitgebers an der Auflösung des Arbeitsverhältnisses während der in § 9 Abs. 1 Satz 1 MuSchG bestimmten Schutzfrist Vorrang vor dem Interesse der Arbeitnehmerin an der Erhaltung ihres Arbeitsplatzes gebührt (*BVerwG* 18.08.1977 AP Nr. 5 zu § 9 MuSchG 1968; *BAG* 20.01.2005 EzA § 18 BErzGG Nr. 7).

Ein »besonderer Fall« liegt allerdings nicht vor, wenn die nach dem Mutterschutzgesetz Kündigungs- 74 schutz genießende Arbeitnehmerin umgesetzt werden kann (*BVerwG* 18.08.1977 AP Nr. 5 zu § 9 MuSchG 1968; vgl. auch z.B. den Runderlass des *Ministers für Arbeit, Gesundheit und Soziales NRW* vom 11.02.1981 [MBL NW 1981, 411], Ziffer 2.5.2 bzw. die Allgemeinen Verwaltungsvorschriften des *Bundesministers für Arbeit und Sozialordnung* zum Kündigungsschutz bei Erziehungsurlaub vom 02.01.1986 [BAnz 1986 Nr. 1 S. 4], § 2 Ziff. 1–4).

Entfällt insolvenzbedingt der Arbeitsplatz der nach dem Mutterschutzgesetz bzw. nach dem Bundes- 75 elterngeld- und Elternzeitgesetz geschützten Arbeitnehmerin, so hat die für den Arbeitsschutz zuständige oberste Landesbehörde bei Unmöglichkeit der Weiterbeschäftigung auf einem anderen Arbeitsplatz die Kündigung für zulässig zu erklären (vgl. auch *Nerlich/Römermann-Hamacher* InsO, § 113 Rn. 239).

Bestehen im konkreten Fall die Kündigungsverbote nach § 9 Abs. 1 MuSchG und § 18 BEEG ne- 76 beneinander, bedarf der Arbeitgeber bei Vorliegen von Mutterschaft und zusätzlich Elternzeit für eine Kündigung der Zulässigkeitserklärung der Arbeitsschutzbehörde nach beiden Vorschriften (*BAG* 31.03.1993 AP Nr. 20 zu § 9 MuSchG 1968).

Der Kündigungsschutz nach dem Mutterschutzgesetz gilt auch für **Auszubildende** (*BVerwG* 77 26.08.1970 AP Nr. 32 zu § 9 MuSchG; *Meisel/Sowka* § 1 MuSchG Rn. 8). Für die in der Elternzeit befindlichen Auszubildenden gilt dies nach § 8 Abs. 1 der Allgemeinen Verwaltungsvorschriften des Bundesministers für Arbeit und Sozialordnung zum Kündigungsschutz bei Elternzeit entsprechend.

Nach behördlicher Zulässigerklärung der Kündigung kann der Insolvenzverwalter das Arbeitsver- 78 hältnis ordentlich gem. § 113 kündigen. Der Insolvenzverwalter muss auch nicht vor Ausspruch der Kündigung die sofortige Vollziehbarkeit des Zulässigkeitsbescheids erwirken. Auch ein Widerspruch oder eine verwaltungsgerichtliche Klage der Arbeitnehmerin gegen den Bescheid führt somit nicht zur Unzulässigkeit der Kündigung. Die Kündigung wird dann aber erst mit Bestandskraft des Bescheids rechtswirksam (*BAG* 25.03.2004 AP Nr. 36 zu § 9 MuSchG 1968). Nach der Fassung des MuSchG vom 17.01.1997 muss der Insolvenzverwalter allerdings darauf achten, dass die Kündigung

65 Die Ermessenseinschränkung gilt nicht, wenn eine Weiterbeschäftigung auf einem anderen Arbeitsplatz desselben Betriebes mit Einverständnis des schwerbehinderten Arbeitnehmers möglich und für den Arbeitgeber zumutbar ist. Ist dem Arbeitgeber die **Weiterbeschäftigung zumutbar** (vgl. hierzu i.E. KR-*Gallner* §§ 85–90 SGB IX Rn. 103 ff.) und ist der Arbeitnehmer mit dem Arbeitsplatzwechsel einverstanden, hat das Integrationsamt in aller Regel die Zustimmung zur Kündigung zu versagen.

66 Gem. § 89 Abs. 2 SGB IX soll das Integrationsamt die Zustimmung erteilen, wenn dem schwerhinderten Menschen ein anderer angemessener und zumutbarer Arbeitsplatz gesichert ist Der **andere Arbeitsplatz** kann sich sowohl bei dem bisherigen Arbeitgeber als auch bei einem **fremden Arbeitgeber** befinden (*BVerwG* 12.01.1966 AP Nr. 6 zu § 18 SchwbG).

67 Zu beachten ist des Weiteren § 89 Abs. 3 SGB IX:

»(3) Ist das Insolvenzverfahren über das Vermögen des Arbeitgebers eröffnet, soll das Integrationsamt die Zustimmung erteilen, wenn
1. der schwerbehinderte Mensch in einem Interessenausgleich namentlich als einer der zu entlassenden Arbeitnehmer bezeichnet ist (§ 125 der Insolvenzordnung),
2. die Schwerbehindertenvertretung beim Zustandekommen des Interessenausgleichs gemäß § 95 Abs. 2 beteiligt worden ist,
3. der Anteil der nach dem Interessenausgleich zu entlassenden schwerbehinderten Menschen an der Zahl der beschäftigten schwerbehinderten Menschen nicht größer ist als der Anteil der zu entlassenden übrigen Arbeitnehmer an der Zahl der beschäftigten übrigen Arbeitnehmer und
4. die Gesamtzahl der schwerbehinderten Menschen, die nach dem Interessenausgleich bei dem Arbeitgeber verbleiben sollen, zur Erfüllung der Beschäftigungspflicht nach § 71 ausreicht.«

68 Nach der Entscheidung der *Hauptfürsorgestelle Niedersachsen* vom 27.01.2000 (27.2.218 – 403/12419K11583, ZInsO 2000, 173) ist es nicht Aufgabe der Hauptfürsorgestelle (jetzt Integrationsamt) bei der Frage der Zustimmung zur Kündigung eines Schwerbehinderten, die allgemeinen sozialen Interessen des einzelnen Schwerbehinderten zu wahren, da diesem, neben dem Schutz des § 85 SGB IX (§ 15 SchwbG a.F.), auch der allgemeine arbeitsrechtliche Schutz zusteht. Bei der Entscheidung können vielmehr nur Erwägungen eine Rolle spielen, die sich speziell aus der Schwerbehindertenfürsorge herleiten. Rechtfertigen solche Erwägungen eine Versagung der Zustimmung nicht, so hat die behördliche Zustimmung dem Gekündigten diejenige Rechtsstellung zurückzugeben, die er auch ohne den besonderen Kündigungsschutz für Schwerbehinderte hätte.

69 Erteilt das Integrationsamt die Zustimmung zur Kündigung, kann der Verwalter die Kündigung nur innerhalb eines Monats nach Zustellung erklären, § 88 Abs. 3 SGB IX. Widerspruch und Anfechtungsklage gegen die Zustimmung des Integrationsamtes zur Kündigung haben keine aufschiebende Wirkung, § 88 Abs. 4 SGB IX. Wehrt sich der Arbeitnehmer sowohl gegen den zustimmenden Bescheid als auch gegen die in der Folge erklärte Kündigung, ist der Rechtsweg gespalten. Das Arbeitsgericht kann, muss aber nicht den Kündigungsschutzprozess gem. § 148 ZPO **aussetzen** (*BAG* 26.09.1991 EzA § 1 KSchG Personenbedingte Kündigung Nr. 10; *LAG Schleswig-Holstein* 06.04.2004 NZA-RR 2004, 614; *LAG Hamm* 08.03.2007 – 17 Sa 1695/06). Die Aussetzung des Kündigungsschutzprozesses liegt im pflichtgemäßen Ermessen des Arbeitsgerichts. Gegenüber dem vorrangigen Zweck der Aussetzung, einander widersprechende Entscheidungen in parallel geführten Prozessen zu verhindern, sind der Nachteil einer langen Verfahrensdauer und die daraus für die Parteien entstehenden Folgen abzuwägen. In Rechtsstreitigkeiten über das Bestehen, Nichtbestehen oder die Kündigung eines Arbeitsverhältnisses kommt dem allgemeinen Beschleunigungsgebot besondere Bedeutung zu, wie sich schon daraus ergibt, dass die Kündigungsschutzverfahren nach dem Arbeitsgerichtsgesetz vorrangig zu erledigen sind. Da in der Insolvenz eine schnelle Klärung der Bestandsstreitigkeiten erforderlich ist, sollte das Arbeitsgericht von der Aussetzungsmöglichkeit nur zurückhaltend Gebrauch machen. Sollte die zunächst erteilte Zustimmung des Integrationsamtes später im Verwaltungsrechtsweg aufgehoben werden, kommt zudem die Möglichkeit in Be-

mentlich zur Herbeiführung eines Sozialplans, zu (*BAG* 30.10.1979 EzA § 76 BetrVG Nr. 26; *Fitting* BetrVG, § 21b Rn. 16 ff.).

Die Wahrnehmung der Aufgaben innerhalb des Restmandates führt **nicht** zu einer **Verlängerung des** 59 **Arbeitsverhältnisses.** Dies wäre zum einen mit dem Wortlaut von § 15 Abs. 4 KSchG nicht in Einklang zu bringen, wonach auch das Arbeitsverhältnis eines Betriebsratsmitglieds unter Einhaltung der Kündigungsfrist wirksam zum Zeitpunkt der Betriebsstilllegung beendet werden kann; zum anderen führte eine solche Verlängerung des Arbeitsverhältnisses zu einer nach § 78 BetrVG unzulässigen Bevorzugung. Das dem Betriebsrat zukommende Restmandat zwingt auch nicht aus anderen Gründen zu einer Verlängerung des Arbeitsverhältnisses. Insbesondere reicht es aus, die Zeit, die Betriebsratsmitglieder nach Beendigung des Arbeitsverhältnisses für Betriebsratsaufgaben aufwenden, ihnen in entsprechender Anwendung von § 37 Abs. 3 BetrVG als Arbeitszeit zu vergüten (*BAG* 14.10.1982 AP Nr. 1 zu § 1 KSchG 1969 Konzern B I 3b der Gründe).

II. Kündigungsschutz schwerbehinderter Arbeitnehmer

Der Sonderkündigungsschutz bei schwerbehinderten Arbeitnehmern bzw. diesen gem. § 2 Abs. 3 60 SGB IX Gleichgestellten nach den §§ 85 ff. SGB IX ist **insolvenzfest** (*BAG* 04.06.2003, EzA § 209 InsO Nr. 1; *Nerlich/Römermann-Hamacher* InsO, § 113 Rn. 215; MüKo-*Löwisch/Caspers* InsO, § 113 Rn. 20; KR-*Weigand* §§ 113, 120 ff. InsO Rn. 60).

Die Zustimmungsbedürftigkeit gilt für alle Arten von Kündigungen, auch für die außerordentliche 61 Kündigung in der Insolvenz.

Ob der Insolvenzverwalter **Kenntnis von der Schwerbehinderteneigenschaft** des Arbeitnehmers hat, 62 ist unerheblich. Kündigt der Insolvenzverwalter in Unkenntnis der Schwerbehinderteneigenschaft ohne vorherige Einschaltung des Integrationsamtes, ist der Arbeitnehmer gehalten, **binnen einer Frist von 3 Wochen** ab Zugang der Kündigung Kündigungsklage zu erheben, selbst wenn der Sonderkündigungsschutz dem Insolvenzverwalter noch nach des Kündigung mitgeteilt werden kann (*BAG* 12.01.2006 NZA 2006, 1035). Lässt der Arbeitnehmer diese Frist verstreichen, ist der Sonderkündigungsschutz verwirkt (*BAG* 12.01.2006 NZA 2006,1035). Diese Rechtsprechung ist auch nach Inkrafttreten des § 90 Abs. 2a SGB IX zum 01.05.2004 weiter zu beachten (*LAG Düsseldorf* 22.03.2005 LAGE § 90 SGB IX Nr. 1). Nach dieser Vorschrift muss der Arbeitgeber vor der Kündigung eines schwerbehinderten Menschen nicht die Zustimmung des Integrationsamtes einholen, wenn zum Zeitpunkt der beabsichtigten Kündigung die Eigenschaft als schwerbehinderter Mensch nicht nachgewiesen ist, d.h. entweder nicht offenkundig oder der Nachweis über die Eigenschaft als schwerbehinderter Mensch nicht durch einen Feststellungsbescheid nach § 69 Abs. 1 SGB IX erbracht ist. Außerdem bedarf die Kündigung dann keiner Zustimmung, wenn im anhängigen Anerkennungsverfahren das Integrationsamt aufgrund fehlender Mitwirkung des Antragstellers noch keine Feststellungen treffen konnte. Die Norm ist auch auf gleichgestellte behinderte Menschen anwendbar (*BAG* 01.03.2007 EzA § 90 SGB IX Nr. 1; *Göttling/Neumann* NZA-RR 2007, 281 [283 f.]; **a.A.** *Düwell* BB 2004, 2811; *Schlewing* NZA 2005, 1218 [1223]).

Im Falle der **Betriebsstilllegung in der Insolvenz** hat das Integrationsamt der beabsichtigten Kündi- 63 gung zuzustimmen, wenn zwischen dem Tage der Kündigung und dem Tage, bis zu dem Gehalt oder Lohn gezahlt wird, mindestens drei Monate liegen (§ 89 Abs. 1 Satz 1 SGB IX). Ist die **Insolvenzmasse nicht ausreichend**, um die Vergütung für drei Monate zu zahlen, so bleibt hiervon die Rechtswirksamkeit der Kündigung unberührt (*LAG Düsseldorf* 06.09.1989 ZIP 1990, 529).

Unter der gleichen Voraussetzung soll das Integrationsamt die Zustimmung erteilen, wenn der Insol- 64 venzverwalter sich bei Fortführung des Betriebes zur **dauerhaften und wesentlichen Einschränkung des Betriebes** entschließt und die Gesamtzahl der verbleibenden schwerbehinderten Menschen zur Erfüllung der Pflichtzahl der nach § 71 SGB IX zu beschäftigenden schwerbehinderten Menschen ausreicht; hierbei ist von der Belegschaftsstärke nach der Betriebseinschränkung auszugehen.

§ 113 InsO   Kündigung eines Dienstverhältnisses

samtbetriebes dient (*BAG* 11.10.1989 AP Nr. 47 zu § 1 KSchG 1969 Betriebsbedingte Kündigung unter Bezug auf Senatsurteil v. 09.02.1989 – 2 AZR 405/88, n. v.; vgl. auch *Fitting* BetrVG, § 4 Rn. 7 m.w.N.).

52 Wenn eine den Anforderungen an eine Betriebsabteilung nicht genügende Arbeitseinheit stillgelegt wird, kommt eine ordentliche Kündigung einer nach § 15 KSchG geschützten Person von vornherein nicht in Betracht (*Fitting* BetrVG, § 103 Rn. 20).

53 Löst der Insolvenzverwalter die Arbeits- und Produktionsgemeinschaft zwischen Unternehmer und Belegschaft der Betriebsabteilung auf, so muss er vor der Kündigung eines dort beschäftigten, nach § 15 KSchG geschützten Arbeitnehmers die **Übernahme in eine andere Betriebsabteilung** prüfen. Übernahme in diesem Sinne heißt, dass der Insolvenzverwalter den Arbeitnehmer auf einem gleichwertigen Arbeitsplatz beschäftigen muss; das Angebot eines geringerwertigen Arbeitsplatzes mit geringerer Entlohnung genügt nicht (*BAG* 01.02.1957 AP Nr. 5 zu § 13 KSchG; 02.03.2006 NZA 2006, 988; KR-*Etzel/Kreft* § 15 KSchG Rn. 154).

54 Sind **gleichwertige Arbeitsplätze** in einer anderen Betriebsabteilung zwar vorhanden, aber **besetzt**, so ist **streitig**, ob diese Arbeitsplätze für den durch § 15 KSchG geschützten Funktionsträger freigekündigt werden müssen und ob und in welcher Gewichtung die sozialen Belange der Betroffenen zu berücksichtigen sind.

55 Nach der Rechtsprechung des BAG ist dem Betriebsratsmitglied und dem ihm nach § 15 KSchG Gleichgestellten grundsätzlich der Vorrang einzuräumen (*BAG* 02.03.2006 NZA 2006, 988; 13.06.2002 BAGE 101, 328; 18.10.2000 BAGE 96, 78; zust. *Horcher* NZA-RR 2006, 393 [397]; abl. *Leuchten* NZA 2007, 585 [587]). Denn das Kollegialorgan Betriebsrat soll möglichst vor personeller Inkontinuität geschützt werden (*BAG* 02.03.2006 NZA 2006, 988). Von Teilen der Literatur werden die sozialen Belange des betreffenden Arbeitnehmers und die berechtigten betrieblichen Interessen an seiner Weiterbeschäftigung gegen die Interessen der Belegschaft an der Fortführung des Mandats und des durch § 15 KSchG geschützten Arbeitnehmers an seiner Weiterbeschäftigung gegeneinander abgewogen, um unbillige Ergebnisse zu vermeiden (vgl. KR-*Etzel/Kreft* § 15 KSchG, Rn. 154 m.w.N.). Wenngleich auch diese Meinung weder im Wortlaut von § 1 Abs. 3 KSchG noch im Wortlaut von § 15 Abs. 5 KSchG eine Stütze findet, verdient sie gleichwohl den Vorzug, da nur so unerträgliche Ergebnisse – die ggf. auch in der Kündigung von Arbeitnehmern bestehen könnten, die ebenfalls Sonderkündigungsschutz genießen – vermieden werden können.

56 Da § 15 Abs. 5 KSchG die Weiterbeschäftigung des Arbeitnehmers möglichst sicherstellen will, ist der Insolvenzverwalter auch verpflichtet, dem Arbeitnehmer mangels eines gleichwertigen Arbeitsplatzes einen **geringerwertigen zumutbaren Arbeitsplatz** im Rahmen einer Änderungskündigung anzubieten (*BAG* 02.03.2006 NZA 2006, 988; 28.10.1999 NZA 2000, 825). Lehnt der Arbeitnehmer ab, ist der Weg für die Kündigung frei.

57 Die Kündigung ist weiterhin in eng begrenzten **Ausnahmefällen** zulässig, wenn die Übernahme in eine andere Abteilung aus **zwingenden betrieblichen Gründen nicht möglich** ist (*BAG* 02.03.2006 NZA 2006, 988; vgl. hierzu *Berkowsky* NZA-RR 2007, 169 [178 f.]). Nach dem Urteil des *BAG* vom 25.11.1981 (AP Nr. 1 zu § 15 KSchG 1969) ist der Arbeitgeber verpflichtet, materiell alle denkbaren Übernahmemöglichkeiten besonders eingehend zu prüfen und prozessual den Umfang der von ihm angestellten Überlegungen und ihr Ergebnis so substantiiert darzulegen, dass das Gericht zu der notwendigen Überzeugung gelangen kann, der Ausnahmetatbestand der Unmöglichkeit der Übernahme liege tatsächlich vor.

58 Unabhängig von der arbeitsvertraglichen Situation gilt für das **Betriebsratsamt** in den Fällen des § 15 Abs. 4 und 5 KSchG: Bei vollzogener Betriebsstilllegung verliert das Betriebsratsmitglied im Allgemeinen sein Amt. Denn Basis für die Existenz und Tätigkeit des Betriebsrats ist der Betrieb (*Fitting* BetrVG, § 21b Rn. 1 ff.). Dem Betriebsrat steht jedoch für die Abwicklung ein **Restmandat** zur Wahrnehmung seiner mit der Betriebsstilllegung zusammenhängenden gesetzlichen Aufgaben, na-

KSchG n.F. Nr. 39; *BAG* 20.01.1984 AP Nr. 16 zu § 15 KSchG 1969; KDZ-*Zwanziger* § 15 KSchG Rn. 67).

Der Insolvenzverwalter kann den durch § 15 KSchG geschützten Personenkreis frühestens **zum Zeitpunkt der Betriebsstilllegung kündigen**. Die Zustimmung nach § 103 BetrVG ist hierzu nicht notwendig, da das Zustimmungserfordernis nicht für die ordentliche Kündigung gilt. Der Insolvenzverwalter muss aber die **Anhörung nach § 102 BetrVG** durchführen wie bei allen anderen Arbeitnehmern auch (KR-*Weigand* §§ 113, 120 ff. InsO Rn. 54). 43

Erfolgt die Betriebsstilllegung etappenweise, so müssen die Betriebsratsmitglieder und die ihnen in § 15 KSchG gleichgestellten Personen bei der letzten Gruppe der zu entlassenden Arbeitnehmer sein (*BAG* 26.10.1967 DB 1968, 134; 21.11.1985 – 2 AZR 33/85). 44

Eine absolut zuverlässige Prognose darüber, zu welchem Termin der Betrieb stillgelegt werden wird, wird dem Insolvenzverwalter häufig nicht möglich sein. Der Stilllegungstermin kann regelmäßig nur ungefähr bestimmt werden. Kündigungen im Hinblick auf eine Betriebsstilllegung, die einen planmäßigen Abbau der Belegschaft ermöglichen sollen, können daher nur zu dem **voraussichtlichen Stilllegungstermin** ausgesprochen werden. Wollte man die Wirksamkeit der Kündigung von Betriebsratsmitgliedern davon abhängig machen, dass dieser Termin auch eingehalten wird, zwänge man den Arbeitgeber unter Umständen zu einer überstürzten und damit wirtschaftlich unvernünftigen Stilllegung und hielte ihn davon ab, sich bietende Möglichkeiten zur Fortführung des Betriebes – etwa durch eine Veräußerung – noch zu nutzen (*BAG* 23.04.1980 NJW 1980, 2543). 45

Kündigt somit der Insolvenzverwalter das Arbeitsverhältnis eines Betriebsratsmitglieds zum voraussichtlichen Termin der Betriebsstilllegung, so endet das Arbeitsverhältnis – falls sich die Betriebsstilllegung verzögert – mit dem nächst zulässigen Termin nach der Betriebsstilllegung (*BAG* 23.04.1980 NJW 1980, 2543). Da die Kündigungsfrist nach § 113 Satz 2 InsO auf das Monatsende abstellt, endigt das Arbeitsverhältnis des Betriebsratsmitglieds dann mit dem Monatsletzten, der auf die Betriebsstilllegung folgt. 46

Für die Annahme der Betriebsstilllegung ist unerheblich, wie lange noch einzelne Arbeitnehmer mit **Restarbeiten** beschäftigt werden. Maßgeblich ist allein, wann die Produktionsgemeinschaft aufgelöst worden und damit die Grundlage für das Amt des Betriebsrats weggefallen ist (*BAG* 06.11.1959 BAGE 8, 207 [212 f.]). 47

Hat das Betriebsratsmitglied nach dem Stilllegungstermin im Zusammenhang mit der Abwicklung noch Amtspflichten zu erfüllen, so ist es hierzu aufgrund seines **Restmandates** befugt (*BAG* 30.10.1979 EzA § 76 BetrVG 1972 Nr. 26). Einer Verlängerung des Arbeitsverhältnisses bedarf es insoweit nicht. 48

3. Ordentliche Kündigung bei Stilllegung einer Betriebsabteilung

Wird eine der in § 15 Abs. 1–3a KSchG genannten Personen in einer Betriebsabteilung beschäftigt, die stillgelegt wird, so ist sie in eine andere Betriebsabteilung zu übernehmen. Ist dies aus betrieblichen Gründen nicht möglich, so findet auf ihre Kündigung die Vorschrift des Abs. 4 über die Kündigung bei Stilllegung des Betriebes sinngemäß Anwendung (§ 15 Abs. 5 KSchG). 49

Unter **Betriebsabteilung** versteht man einen **räumlich und organisatorisch abgegrenzten Teil eines Betriebes** oder Betriebsteils, der eine personelle Einheit erfordert, über eigene technische Betriebsmittel verfügt und eigene Betriebszwecke verfolgt, die Teil des arbeitstechnischen Zweckes des Gesamtbetriebes sind oder sich in einem bloßen Hilfszweck für den arbeitstechnischen Zweck des Gesamtbetriebes erschöpfen können (*BAG* 20.01.1984 EzA § 15 KSchG n.F. Nr. 33; 02.03.2006 NZA 2006, 988; vgl. auch die ausführliche Darstellung bei KR-*Etzel* § 15 KSchG Rn. 121 ff.). 50

Demgegenüber ist ein **Betriebsteil** eine zwar abgrenzbare, von ihrer Organisation her aber nicht unabhängig von anderen funktionsfähige Einheit, die eine begrenzte, von denjenigen anderer Einheiten unterscheidbare Aufgabe wahrnimmt, welche in aller Regel dem arbeitstechnischen Zweck des Ge- 51

nichts geändert. Insbesondere hat der Insolvenzverwalter auch weiterhin **gesetzliche Kündigungsverbote bzw. Kündigungseinschränkungen** zu beachten. Kann der in den einzelnen Vorschriften verfolgte erhöhte Bestandsschutz wegen der Besonderheiten in der Insolvenz – insbesondere bei der Betriebsstilllegung – nicht mehr aufrechterhalten werden, so ist die Lösung der Arbeitsverhältnisse dieses besonders geschützten Personenkreises unter Einhaltung des jeweiligen Verfahrens möglich.

I. Schutz der Betriebsratsmitglieder

1. Ausschluss der ordentlichen Kündigung gemäß § 15 Abs. 1–3a KSchG

36 Die Kündigung eines Mitglieds eines Betriebsrats, einer Jugend- und Auszubildendenvertretung, einer Bordvertretung oder eines Seebetriebsrats ist unzulässig, es sei denn, dass Tatsachen vorliegen, die den Arbeitgeber zur Kündigung aus wichtigem Grund ohne Einhaltung einer Kündigungsfrist berechtigen, und dass die nach § 103 BetrVG erforderliche Zustimmung vorliegt oder durch gerichtliche Entscheidung ersetzt ist. Nach Beendigung der Amtszeit besteht für den vorgenannten Personenkreis nachwirkender Sonderkündigungsschutz innerhalb eines Jahres bzw. innerhalb von sechs Monaten nach Maßgabe von § 15 Abs. 1 Satz 2 KSchG.

37 Das Gleiche gilt für die in § 15 Abs. 2, 3 und 3a KSchG genannten Personen. Der Insolvenzverwalter kann somit die Arbeitsverhältnisse des in § 15 KSchG genannten Personenkreises **nicht** gem. § 113 InsO **ordentlich kündigen.**

38 **Arbeitnehmervertreter im Aufsichtsrat** genießen grds. keinen besonderen Kündigungsschutz (*BAG* 04.04.1974 BAGE 26, 116).

39 Die Insolvenzeröffnung selbst stellt keinen wichtigen Grund dar, der die außerordentliche Kündigung der Betriebsratsmitglieder rechtfertigen könnte (*BAG* 29.03.1977 AP Nr. 11 zu § 102 BetrVG 1972; KR-*Weigand* §§ 113, 120 ff. InsO Rn. 50 ff. m.w.N.).

40 Eine außerordentliche Kündigung der Betriebsratsmitglieder und der ihnen in § 15 KSchG gleichgestellten Arbeitnehmer durch den Insolvenzverwalter kommt nur in solchen Fällen in Betracht, in denen auch außerhalb der Insolvenz die fristlose Kündigung möglich wäre. Der Insolvenzverwalter hat dann die nach § 103 BetrVG erforderliche Zustimmung einzuholen bzw. sie gerichtlich ersetzen zu lassen. Hierbei ist der Insolvenzverwalter insbesondere auch zur Einhaltung der **Zwei-Wochen-Frist** des § 626 Abs. 2 BGB verpflichtet (*Nerlich/Römermann-Hamacher* InsO, § 113 Rn. 214). Da der Insolvenzverwalter mit der Übernahme seines Amtes lediglich in die Rechte und Pflichten des Schuldners eintritt, muss er bei einem vor Insolvenzeröffnung liegenden wichtigen Kündigungsgrund auch dartun und ggf. beweisen, dass die Kündigung nicht bereits durch eine frühere Kenntnis des Schuldners vom Kündigungssachverhalt verfristet ist (KR-*Weigand* §§ 113, 120 ff. InsO Rn. 78 unter Hinweis auf *LAG Stuttgart* 18.12.1980 – 11 Sa 86/80).

2. Ordentliche Kündigung bei Betriebsstilllegung

41 Wird der Betrieb in der Insolvenz stillgelegt, so ist die Kündigung der in § 15 Abs. 1–3a KSchG genannten Personen frühestens zum Zeitpunkt der Stilllegung zulässig, es sei denn, dass ihre Kündigung zu einem früheren Zeitpunkt durch zwingende betriebliche Erfordernisse bedingt ist (§ 15 Abs. 4 KSchG).

42 Obgleich die Vorschrift lediglich davon spricht, dass bei einem Vorliegen des Tatbestandes der »Betriebsstilllegung« eine Kündigung möglich ist, ist nach h.M. hiermit die Zulässigkeit einer ordentlichen Kündigung gemeint (*BAG* 29.03.1977 AP Nr. 11 zu § 102 BetrVG 1972; *BAG* 20.01.1984 AP Nr. 16 zu § 15 KSchG 1969; KR-*Etzel/Kreft* § 15 KSchG Rn. 98 m.w.N.). Damit der Sonderkündigungsschutz sich nicht in sein Gegenteil verkehrt, ist die ordentliche Kündigung nach § 113 InsO im Falle der Betriebsstilllegung nur dann zulässig, wenn eine **Weiterbeschäftigung in einem anderen Betrieb** des Unternehmens des Schuldners **nicht möglich** ist (*BAG* 13.08.1992 EzA § 15

Aushöhlung geschützt werden sollten, hätten Verfassungsrang, da die Forderungen der Gläubiger als Eigentum i.S.v. Art. 14 GG rechtlich geschützte Rechtsgüter darstellten.

Zuletzt hat das *LAG Düsseldorf* (18.11.2015 – 4 Sa 478/15) entschieden, dass die Vereinbarung in einem Sanierungstarifvertrag, wonach betriebsbedingte Kündigungen für eine bestimmte Dauer grds. ausgeschlossen und nur in unvorhergesehenen, wirtschaftlich dringenden Fällen mit ausdrücklicher Zustimmung des Betriebsrats und der Gewerkschaft zulässig sind, vom Sonderkündigungsrecht des Insolvenzverwalters aus § 113 Satz 1 InsO verdrängt werden. 32

§ 113 InsO ist des Weiteren auch eine Spezialregelung zu § 323 UmwG. Nach dieser Vorschrift verschlechtert sich die kündigungsrechtliche Stellung der betroffenen Arbeitnehmer auf Grund der Spaltung für die Dauer von zwei Jahren ab dem Zeitpunkt des Wirksamwerdens der Spaltung nicht. Aufgrund § 113 InsO kann der Insolvenzverwalter wegen Betriebsstilllegung des abgespaltenen Unternehmens dennoch kündigen (*BAG* 22.09.2005 NZA 2006, 658). 33

III. Nachkündigung

Hat der Schuldner oder der vorläufige Verwalter vor Eröffnung des Verfahrens das Arbeitsverhältnis mit einer längeren Kündigungsfrist als derjenigen nach § 113 Satz 2 InsO gekündigt, stellt sich die Frage, ob der Verwalter im eröffneten Verfahren nochmals mit der insolvenzspezifischen kürzeren Kündigungsfrist nachkündigen darf/muss. Das *ArbG Köln* verneint in seinem Urteil vom 08.12.1998 (NZI 1999, 282) die Zulässigkeit einer solchen Nachkündigung: Der rechtswirksam bereits verwendete Kündigungsgrund der Betriebsstilllegung sei verbraucht und könne daher nicht noch einmal zur Begründung einer neuen Kündigung herangezogen werden. Dem widersprechen das *BAG* (Urt. v. 22.05.2003 ZInsO 2003, 866; 08.04.2003 ZIP 2003, 1260; 13.05.2004 NZA 2004, 1037) und das *LAG Hamm* (Urt. v. 13.08.1997 ZIP 1998, 161): Zwar könnten Gestaltungsrechte – und damit auch das Kündigungsrecht – verbraucht werden. Dies betreffe aber nur den Fall, dass zwei Kündigungen auf denselben Kündigungssachverhalt gestützt würden. Im Falle der Nachkündigung durch den Insolvenzverwalter sei von einer solchen Identität der Kündigungssachverhalte jedoch nicht auszugehen, da schon die Stellung des vorläufigen Insolvenzverwalters eine ganz andere sei, als die des Insolvenzverwalters. Außerdem enthalte der Gesetzestext keine Einschränkung für den Fall, dass aus dem gleichen Grund bereits vorher vom Schuldner oder vom vorläufigen Insolvenzverwalter unter Einhaltung der ordentlichen Kündigungsfrist gekündigt worden sei. Ziel der Regelung sei es, im Insolvenzfall die Arbeitsverhältnisse innerhalb eines überschaubaren Zeitraums beenden zu können. Diesem Ziel liefe es zuwider, würde man das Kündigungsrecht des § 113 InsO auf die Fälle beschränken, in denen nicht bereits vor Insolvenzeröffnung vom Schuldner oder vom vorläufigen Insolvenzverwalter gekündigt worden sei (im Ergebnis ebenso: *Kübler/Prütting/Bork-Moll* InsO, § 113 Rn. 66; *Zwanziger* BB 2004, 824 [825]; für einschränkungslose Zulässigkeit der Nachkündigung: *Nerlich/Römermann* InsO, § 113 Rn. 93; vgl. auch *Ascheid/Preis/Schmidt* § 4 KSchG Rn. 146; KR-*Weigand* §§ 113, 120 ff. InsO Rn. 48). Der herrschenden Meinung ist zuzustimmen, insbesondere kann die Rspr. des BAG zur sog. Wiederholungskündigung nicht zum Beleg des Gegenteils bemüht werden (vgl. *BAG* 26.08.1993 NZA 1994, 70). Danach wird dem Arbeitgeber lediglich versagt, eine erneute Kündigung auf solche Gründe zu stützen, die bereits in einem »Vorprozess« verworfen worden sind. Wenn aber der Kündigungsgrund greift und z.B. die Betriebsstilllegung noch innerhalb der Frist des Satz 2 abgeschlossen wird, ist kein einleuchtender Grund ersichtlich, dem Verwalter zu versagen, von der erst mit Verfahrenseröffnung gegebenen kürzeren Kündigungsfrist masseschonend Gebrauch zu machen. Unterlässt er es, macht er sich schadenersatzpflichtig nach § 60 InsO. Die Nachkündigung ist auch dann noch möglich, wenn die vorherige Kündigung wegen Ablaufs der Kündigungsfrist des § 7 i.V.m. § 4 Satz 1 KSchG bereits rechtswirksam geworden ist (KR-*Weigand* §§ 113, 120 ff. InsO Rn. 48). 34

C. Sonderkündigungsschutz

Für den gesetzlichen Sonderkündigungsschutz gilt im Grundsatz das Gleiche wie für den allgemeinen Kündigungsschutz; er ist **insolvenzfest**. Hieran hat sich nach Inkrafttreten von § 113 InsO 35

20.09.2006 NZA 2007, 387; *LAG Schleswig-Holstein* 28.04.2004 ZInsO 2004, 1328). Beruht der Ausschluss des ordentlichen Kündigungsrechts auf einer **einzelvertraglichen Vereinbarung**, so ist er in der Insolvenz unbestritten unbeachtlich.

2. Tariflicher Kündigungsausschluss

29 Das Kündigungsrecht nach § 113 Satz 1 InsO soll jedoch nach teilweise vertretener Meinung für den Fall nicht gelten, wenn sich die längere Kündigungsfrist oder der Kündigungsausschluss aus einem kraft Tarifbindung einschlägigen **Tarifvertrag** ergebe. Insoweit seien nämlich gegenüber der Vorschrift verfassungsrechtliche Bedenken anzumelden (KDZ-*Zwanziger* § 113 InsO Rn. 12 ff.; *Bichlmeier/Oberhofer* AiB 1997, 161 [162]). Von diesen Autoren wird zwar zugestanden, dass der Gesetzgeber – neben Regelungen, die das Verhältnis der Tarifvertragsparteien zueinander ordnen – auch Vorschriften über Gegenstände erlassen dürfe, die in Tarifverträgen geregelt werden können. Dies sei zumindest dann der Fall, wenn er andere verfassungsrechtliche Güter schütze und das Verhältnismäßigkeitsgebot beachte (KDZ-*Zwanziger* § 113 InsO Rn. 15, unter Hinweis auf *BVerfG* 24.04.1996 DB 1996, 2082). Ob der Gesetzgeber aber auch nicht verfassungsrechtlich geschützte Rechtsgüter gegen die Tarifautonomie durchsetzen könne, sei fraglich. Jedenfalls nehme die Wirkungskraft des Grundrechtes in dem Maße zu, je mehr die Tarifvertragsparteien die gegenseitigen Interessen zum Ausgleich bringen können, was vor allem beim Lohn und materiellen Arbeitsbedingungen der Fall sei. Bestehende tarifliche Regelungen genössen einen höheren Schutz als nur mögliche. Je gewichtiger der Schutz, desto schwerwiegender müssten die Gründe sein, die einen Eingriff rechtfertigen sollen.

30 Da Kündigungsfristen aber ein klassischer Regelungsbereich für die Tarifparteien seien und es keinen Mantel- oder Rahmentarifvertrag gebe, in dem nicht Kündigungsfristen geregelt sind, richte sich § 113 InsO gegen bestehende Tarifverträge. Aus der Entstehungsgeschichte des Gesetzes ergebe sich aber, dass der Gesetzgeber nicht etwa bestimmte Rechtsgüter habe schützen wollen, sondern dass es ihm darum gegangen sei, die Interessen der Insolvenzgläubiger stärker zur Geltung zu bringen. Somit habe er praktisch seine Abwägung an die Stelle der Abwägung durch die Tarifparteien gesetzt, was ihm allerdings durch Art. 9 Abs. 3 GG verwehrt sei (KDZ-*Zwanziger* § 113 InsO Rn. 15; vgl. auch *ArbG Limburg* 02.07.1997 EzA § 113 InsO Nr. 1 = BB 1998, 220 = AuR 1998, 92; **a.A.** *BAG* 16.06.1999 BAGE 92, 41).

31 Dieser Auffassung kann nicht gefolgt werden. Zunächst ergibt sich aus der Entstehungsgeschichte eindeutig, dass Kollektivvereinbarungen eine »Vereinbarung« i.S.d. § 113 InsO sind. § 113 soll nach der ratio der Vorschrift Tarifverträgen und Betriebsvereinbarungen vorgehen. Dieser gesetzgeberische Vorrang ist verfassungsrechtlich nicht zu beanstanden, da hiermit nicht erstrangig eine Bevorzugung anderer Insolvenzgläubiger bezweckt wird, sondern vielmehr die negativen Folgen des bisherigen Konkurs- und Vergleichsrechts für die Sanierung und insbesondere die Übernahme von insolventen Unternehmen beseitigt werden sollen (vgl. *Löwisch* NZA 1996, 1009 ff.). Dieses Ziel ist prinzipiell geeignet, auch eine Regelung im Bereich der Tarifautonomie zu rechtfertigen, da es letztlich der Arbeitsplatzerhaltung zumindest in Teilen des insolventen Unternehmens dient. Die generelle Kündbarkeit von Arbeitsverhältnissen in der Insolvenz ist gemessen an diesem Ziel auch nicht unverhältnismäßig. Das *BVerfG* hat mit Beschluss vom 08.02.1999 den Vorlagebeschluss des ArbG Stuttgart verworfen (NZA 1999, 597; vgl. auch *BAG* 03.12.1999, BB 1999, 745 f.). Auch das *BAG* (16.06.1999 EzA § 113 InsO Nr. 9; 16.05.2002 ZInsO 2003, 43) sieht in der kurzen Kündigungsfrist keinen Verstoß gegen Art. 9 Abs. 3 GG. Zwar greife § 113 InsO in bestehende Tarifverträge ein. Zu einem derartigen Eingriff sei der Gesetzgeber jedoch befugt, wenn er auf eine verfassungsrechtliche Fundierung eines legislatorisch umgesetzten Gemeinwohlbelanges verweisen könne. Eben dies sei durch die Abwägung der sozialen Belange der Beschäftigten als einer Gruppe der Insolvenzgläubiger mit den Interessen der sonstigen Insolvenzgläubiger geschehen. Das Entstehen von Masseschulden solle begrenzt werden, da der Insolvenzverwalter i.d.R. keinen Beschäftigungsbedarf mehr habe und zu Lasten der anderen Gläubiger Ansprüche ohne Gegenleistung entstünden. Diese Interessen der Insolvenzgläubiger, die durch § 113 InsO gegen eine übermäßige

liches Kündigungsrecht für alle Dienstverhältnisse in der Insolvenz bildet, seien sie angetreten oder nicht. Die Vorschrift geht der allgemeineren Regelung in § 103 InsO insoweit vor (im Ergebnis ebenso: *Caspers* Personalabbau und Betriebsänderung im Insolvenzverfahren, S. 40 Rn. 92 ff., der zu Recht darauf verweist, dass ein außerordentliches Kündigungsrecht, das in seinen Wirkungen mit dem Wahlrecht des Verwalters vergleichbar ist, mit der Insolvenzeröffnung gerade nicht besteht [Rn. 95]; vgl. *Kübler/Prütting/Bork-Moll* InsO, § 113 Rn. 32–34, der zu Recht ergänzend darauf verweist, dass § 108 Abs. 1 InsO das Fortbestehen der Dienstverhältnisse statuiert und diese Regelung durch § 113 Satz 1 und 2 InsO flankiert wird; sie würde durch Heranziehung des § 103 InsO gegenstandslos werden).

Bis zu einer Klärung dieser Streitfrage durch die Rspr. kann dem Insolvenzverwalter nur empfohlen werden, nach einer eventuellen Erfüllungsablehnung gem. § 103 InsO vorsorglich eine Beendigungskündigung gem. § 113 InsO auszusprechen. 24

B. Kündigungsfrist (§ 113 Satz 2 InsO)

§ 113 Satz 2 InsO bestimmt, dass der Insolvenzverwalter das Dienstverhältnis unter ggf. erleichterten Voraussetzungen und mit einer ggf. verkürzten Kündigungsfrist kündigen kann. Die Entscheidung des Insolvenzverwalters, von dieser Kündigungsbefugnis Gebrauch zu machen, unterliegt keiner gerichtlichen Billigkeitskontrolle, da § 315 Abs. 3 BGB auf einseitige Leistungsbestimmungsrechte, nicht aber auf gesetzliche Kündigungsfristen Anwendung findet (vgl. *BAG* 27.02.2014 NZA 2014, 897). 25

Nach allgemeinen Grundsätzen muss die Kündigungserklärung bestimmt sein und unmissverständlich erklärt werden. Dies setzt voraus, dass der Erklärungsempfänger erkennen kann, wann das Arbeitsverhältnis enden soll. Hierzu genügt bei einer ordentlichen Kündigung regelmäßig die Angabe des Kündigungstermins oder der Kündigungsfrist. Ein Hinweis auf die maßgebliche gesetzliche Regelung reicht aus, wenn der Erklärungsempfänger dadurch unschwer ermitteln kann, zu welchem Termin das Arbeitsverhältnis enden soll. Nach dem *BAG* (20.06.2013 NZA 2013, 1137) ist eine »zum nächstmöglichen Zeitpunkt« ausgesprochene Kündigung, in der sowohl auf die Vorschrift des § 622 BGB als auch auf die mögliche Begrenzung der Kündigungsfrist auf drei Monate gem. § 113 InsO hingewiesen wird, hinreichend bestimmt und daher wirksam. 26

I. Befristetes Arbeitsverhältnis

§ 620 BGB bestimmt, dass ein Dienstverhältnis mit dem Ablauf der Zeit endigt, für die es eingegangen ist. Ist für ein Dienstverhältnis eine bestimmte Zeitdauer festgelegt, so folgt hieraus die selbstverständliche Rechtsfolge der Befristung, dass das Dienstverhältnis unter den vereinbarten Voraussetzungen (Fristablauf oder Zweckerfüllung) von selbst endet, ohne dass es einer Kündigung bedarf (*BAG* 22.09.1961 AP Nr. 20 zu § 620 BGB Befristeter Arbeitsvertrag). Eine ordentliche Kündigung ist bei einer rechtswirksamen Befristung des Dienstverhältnisses regelmäßig ausgeschlossen (§ 15 Abs. 3 TzBfG). Demgegenüber sieht § 113 Satz 1 InsO ausdrücklich vor, dass das Dienstverhältnis sowohl vom Insolvenzverwalter als auch vom anderen Teil **ohne Rücksicht auf eine vereinbarte Vertragsdauer** gekündigt werden kann. Dies bedeutet, dass die insolvenzspezifische Kündigungsbefugnis gegenüber dem vereinbarten Ausschluss der ordentlichen Kündigung voll wirksam wird (einhellige Meinung: *BAG* 06.07.2000 EzA § 113 InsO Nr. 11; KR-*Weigand* §§ 113, 120 ff. InsO Rn. 46; *Schrader* NZA 1997, 70; KDZ-*Zwanziger* § 113 InsO Rn. 10; *Warrikoff* BB 1994, 2338; *Berscheid* Anwaltsbl. 1995, 8; *Leinemann/Eisenbeis* KassArbR Bd. 1, S. 783). 27

II. Vereinbarter Kündigungsausschluss

1. Einzelvertraglicher Kündigungsausschluss

Ebenso eindeutig ergibt sich schon aus dem Wortlaut von § 113 Satz 1 InsO, dass die Kündigungsbefugnis ungeachtet eines vereinbarten Ausschlusses des Rechts zur ordentlichen Kündigung besteht (*BAG* 03.12.1998 EzA § 113 InsO Nr. 6; 16.06.1999 BAGE 92, 41; 17.11.2005 NZA 2006, 661; 28

Einhaltung einer ordentlichen Kündigungsfrist, die für das Arbeitsverhältnis gelten würde, wenn die Ausbildung zu dem erstrebten Beruf geführt hätte.

19 An der danach grds. für den Fall der **Betriebsstilllegung** gegebenen Möglichkeit des Insolvenzverwalters, das Ausbildungsverhältnis zu kündigen, hat sich durch § 113 InsO nichts geändert. Die insoweit gegebene Begründung überzeugt nach wie vor.

20 Fraglich kann nur sein, mit **welcher Kündigungsfrist** das Ausbildungsverhältnis in der Insolvenz gekündigt werden kann. Das *BAG* (27.05.1993 EzA § 22 KO Nr. 5) hatte zu § 22 KO zu Recht darauf erkannt, dass es nicht der ratio der Norm entspreche, dem Konkursverwalter ein außerordentliches Kündigungsrecht im Ausbildungsverhältnis zuzubilligen; über § 22 KO komme deshalb § 622 BGB zur Anwendung mit der Folge, dass der Konkursverwalter die Kündigungsfrist einzuhalten habe, die für das Arbeitsverhältnis gelten würde, wenn die Ausbildung zu dem erstrebten Beruf geführt hätte. Der Auffassung, dass die dargelegten Grundsätze zur Kündigungsfrist auch auf die Insolvenzordnung übertragen werden können, kann nicht gefolgt werden.

21 Das *BAG* hat in seinem Urteil vom 27.05.1993 die gesetzliche Kündigungsfrist nach § 622 BGB deshalb zur Anwendung gebracht, weil im Geltungsbereich des § 22 KO nur der Rückgriff auf die gesetzlichen Kündigungsfristen möglich war. Nimmt man die tragenden Gründe der Entscheidung ernst, wonach der besondere Schutz, den der Auszubildende durch die eingeschränkte Kündigungsmöglichkeit genieße, nicht dazu führen dürfe, dass er in der Insolvenz schlechter gestellt werde als ein ordentlich kündbarer Arbeitnehmer, so führt dies nach Inkrafttreten von § 113 InsO unweigerlich dazu, dass auch für die **Kündigung des Ausbildungsverhältnisses** durch den Insolvenzverwalter die insolvenzspezifische Kündigungsfrist von **drei Monaten zum Monatsende** gilt. Eine Beschränkung auf die erheblich kürzere Kündigungsfrist nach § 622 BGB wäre mit der grundsätzlichen Wertung, den Auszubildenden in der Insolvenz nicht schlechter zu stellen als die übrige Belegschaft, nicht vereinbar (im Ergebnis ebenso: *Zwanziger* Das Arbeitsrecht der Insolvenzordnung, § 113 InsO Rn. 8, der sich für eine entsprechende Anwendung von § 113 bei einem durch Betriebsstilllegung bedingten Wegfall des Ausbildungsplatzes ausspricht).

III. Abgrenzung zu § 103 InsO

22 Nach dem Wortlaut des bis zum 30.09.1996 gültigen § 22 Abs. 1 KO war klargestellt, dass die Vorschrift nur für Dienstverhältnisse galt, die bei Eröffnung des Verfahrens **angetreten** waren; das heißt, die Tätigkeit musste bereits tatsächlich begonnen worden sein.

23 War das Dienstverhältnis bei Konkurseröffnung **noch nicht angetreten**, galt § 17 KO. **Streitig** ist, ob sich an dieser Rechtslage durch die Insolvenzordnung etwas geändert hat. Einerseits ist das Wahlrecht gem. § 17 KO inhaltlich unverändert in § 103 InsO übernommen worden, andererseits fehlt in § 113 InsO die bisherige Einschränkung auf »angetretene« Dienstverhältnisse. Dennoch wird teilweise vertreten, dass § 103 InsO der Regelung in § 17 KO inhaltlich nachgebildet sei und entsprechend dem bisherigen Rechtszustand auch zukünftig ein Wahlrecht des Insolvenzverwalters hinsichtlich der Erfüllung aller beiderseits noch nicht vollständig erfüllter gegenseitiger Verträge vorgesehen ist (*Hess/Pape* InsO und EGInsO, Rn. 325; *Lohkemper* KTS 1996, 1 [4]; *Lakies* RdA 1997, 145; *Hess* Insolvenzarbeitsrecht, Rn. 407). Demgegenüber weist *Düwell* (KS-InsO 1997, S. 1111) darauf hin, dass die Erfüllungsablehnung nach § 17 KO eine mit dem allgemeinen Prinzip des Arbeitnehmerschutzes unvereinbare Beendigungsart war und es deshalb sinnvoll sei, dass hinsichtlich der Beendigung von Dienstverhältnissen zukünftig kein Unterschied mehr gemacht werde, ob das Beschäftigungsverhältnis bereits angetreten ist oder nicht. Dafür spricht auch, dass die Insolvenzordnung Sanierungen erleichtern will und somit auch ein Interesse der Gläubiger anzuerkennen ist, einen hochqualifizierten Arbeitnehmer zumindest vorübergehend zu beschäftigen. Des Weiteren kann das Weglassen des Adjektivs »angetreten« wohl auch nur so verstanden werden, dass der Gesetzgeber für alle Dienstverhältnisse ein einheitliches Kündigungsrecht schaffen wollte. Auch stellt der Ausschluss des »fristlosen« Ablehnungsrechts keine besondere Belastung für die Insolvenzgläubiger dar (KS-InsO/*Düwell* 1997, S. 1111). Es ist deshalb davon auszugehen, dass § 113 InsO ein einheit-

des Dienstverhältnisses ist entsprechend der Terminologie der §§ 621, 622 BGB der Oberbegriff für das Arbeitsverhältnis und für das Vertragsverhältnis über die Leistung von Diensten anderer Art. Neben den Arbeitsverhältnissen von Arbeitern und Angestellten, für die seit dem Inkrafttreten des Kündigungsfristengesetzes die gesetzlichen Kündigungsfristen in § 622 BGB zusammengefasst sind, werden auch die Dienstverhältnisse erfasst, für die sich die gesetzlichen Kündigungsfristen aus dem Seemannsgesetz, aus dem Heimarbeitsgesetz oder aus den allgemeinen Bestimmungen des § 621 BGB ergeben.

Wie schon bei § 22 KO ist es aber auch nach dem Willen des Gesetzgebers für die Anwendung von § 113 erforderlich, dass die Dienstleistungen einen gewollten sachlichen Zusammenhang aufweisen. Einzelne Dienstleistungen, die nicht auf Dauer angelegt sind, unterfallen nicht der Norm (vgl. zu § 22 KO: *Motive II* S. 83). Dienstverhältnisse mit Geschäftsbesorgungscharakter nach den §§ 662, 675 BGB unterfallen der Regelung des § 115 InsO mit der Folge, dass sie durch die Eröffnung des Verfahrens erlöschen, es sei denn, dass der Auftrag sich nicht auf das zur Insolvenzmasse gehörige Vermögen bezieht. 13

1. Dienstverhältnis von Organen

§ 113 InsO ist auch auf das Dienstverhältnis von Organen juristischer Personen anwendbar. Für das Vorstandsmitglied einer Aktiengesellschaft ergibt sich dies ohne weiteres aus § 87 Abs. 3 AktG. Gleiches gilt für den Geschäftsführer einer GmbH (*BGH* 29.01.1981 WM 1981, 377; *OLG Brandenburg* 11.12.2002 NZI 2003, 324; *OLG Hamm* 29.03.2000 NZI 2000, 475) bzw. einer GmbH & Co. KG (*BGH* 25.06.1979 WM 1983, 120). 14

Schon zu § 22 KO war streitig, ob nur die Dienstverhältnisse solcher Organe, die auch fremdbestimmte Arbeit in persönlicher Abhängigkeit leisten, unter den Anwendungsbereich jener Norm fielen. Nach *BGH* (25.06.1979 BGHZ 75, 209) war § 22 KO auch auf die Alleingesellschafter einer Aktiengesellschaft, GmbH oder GmbH & Co. KG anwendbar. Diesem Ergebnis trat *Heilmann* (ZIP 1980, 344) unter Hinweis auf die soziale Bedeutung der Vorschrift entgegen. Ausgehend von den §§ 59 Abs. 1 Nr. 3 und 61 Abs. 1 KO, in denen von Arbeitnehmern und von einem Arbeitsverhältnis gesprochen werde, müsse es sich im Rahmen des § 22 KO stets auch um weisungsgebundene Arbeitnehmer handeln. Der soziale Schutz solle Organmitgliedern, die nicht wirklich Arbeitnehmer, sondern Unternehmer in ihrer Funktion als Alleingesellschafter sind, nicht zuteil werden. Der Meinungsstreit wurde durch die Neuregelung in § 113 InsO nicht beendet (vgl. *OLG Hamm* 29.03.2000 NZI 2000, 475). 15

Die Kündigung betrifft jedoch nur das Dienstverhältnis des Organs, die Abberufung als Sozialakt bleibt dem zuständigen Gesellschaftsorgan vorbehalten (§ 84 Abs. 2 AktG; § 104 GenG; § 46 Nr. 5 GmbHG). 16

2. Berufsausbildungsverhältnis

Obgleich das Berufsausbildungsverhältnis kein Dienstverhältnis ist, kann es in der Insolvenz gekündigt werden. Dies hat das *BAG* mit Urteil vom 27.05.1993 (EzA § 22 KO Nr. 5) für den Fall der Betriebsstilllegung und damit für den Fall des ersatzlosen Wegfalls der Ausbildungsmöglichkeit entschieden. Das BAG hat sich in der Begründung hierbei zu Recht auf § 10 Abs. 2 BBiG n.F. (§ 2 BBiG a.F.) gestützt, wonach ein Ausbildungsverhältnis wie ein Arbeitsverhältnis zu behandeln ist (so schon: *ArbG Bochum* 16.08.1985 ZIP 1985, 1515). 17

Da aber die Möglichkeit einer ordentlichen Kündigung des Ausbildungsverhältnisses nach Ablauf der Probezeit im Berufsbildungsgesetz nicht vorgesehen ist, musste schon unter der Geltung des § 22 KO entschieden werden, ob das Ausbildungsverhältnis vom Konkursverwalter außerordentlich oder lediglich ordentlich mit der entsprechenden Kündigungsfrist gekündigt werden kann. Weil einerseits die Insolvenz als solche nie einen Kündigungsgrund darstellt und andererseits der besondere Schutz, den der Auszubildende durch die eingeschränkte Kündigungsmöglichkeit genießt, nicht in sein Gegenteil verkehrt werden durfte, kam das BAG folgerichtig zur Kündigungsmöglichkeit unter 18

10 Spricht der Insolvenzverwalter die Kündigung aus, wozu er auch ohne Zustimmung des Gläubigerausschusses oder der Gläubigerversammlung berechtigt ist, ist er im Kündigungsschutzprozess die beklagte Partei kraft Amtes, so dass die Klage nur gegen ihn und nicht gegen den Schuldner zu richten ist (*BAG* 17.01.2002 ZInsO 2002, 1202; 18.04.2002 NZA 2002, 1207). Dies ist insbesondere im Hinblick auf die Klagefrist des § 4 KSchG von Bedeutung. Allerdings ist die Rechtsprechung bei der Auslegung falscher Parteibezeichnungen im Beklagtenrubrum sehr arbeitnehmerfreundlich: Wenn sich aus der Klageschrift oder dem beigefügten Kündigungsschreiben ergibt, dass sich die Klage gegen den Insolvenzverwalter als Partei kraft Amtes richten soll, hat eine Berichtigung des Klagerubrums zu erfolgen (*BAG* 27.03.2003 NZA 2003, 1391). Anders ist die Rechtslage bei einer Kündigung durch den **vorläufigen Insolvenzverwalter**. Ob einem vorläufigen Insolvenzverwalter die Kündigungsbefugnis zusteht und ob er Beklagter in einem Kündigungsrechtsstreit ist, hängt davon ab, welche Stellung ihm vom Insolvenzgericht eingeräumt wurde. Einem »**schwachen**« vorläufigen Insolvenzverwalter steht **keine Kündigungsbefugnis** zu. Die Befugnisse des Schuldners bleiben somit unberührt. Eine Ausnahme ist die selektive Übertragung von Rechtshandlungen auf den vorläufigen Insolvenzverwalter (§ 21 Abs. 2 Nr. 1 i.V.m. § 22 Abs. 2 InsO), wonach die Kündigungsbefugnis vom Insolvenzgericht explizit dem vorläufigen Insolvenzverwalter übertragen werden kann. Wird jedoch – wie vielfach – dem Schuldner nur ein Zustimmungsvorbehalt des vorläufigen Insolvenzverwalters für Verfügungen nach § 21 Abs. 2 Nr. 2 Alt. 2 InsO auferlegt, sind Kündigungen weiterhin vom Schuldner auszusprechen, bedürfen dann allerdings der Zustimmung durch den vorläufigen Insolvenzverwalter. Fehlt diese Zustimmung oder ist die schriftliche Zustimmungserklärung nicht im Original der Kündigungserklärung beigefügt, ist eine unverzügliche Zurückweisung der Kündigung nach §§ 182 Abs. 3, 111 Satz 2, 3 BGB durch den Arbeitnehmer möglich (*BAG* 10.02.2002 BAGE 103, 123; KR-*Weigand* §§ 113, 120 ff. InsO Rn. 5). Einem »**starken**« vorläufigen Insolvenzverwalter (§ 21 Abs. 2 Nr. 2 Alt. 1 i.V.m. § 22 Abs. 1 Satz 1 InsO) steht dagegen die **Kündigungsbefugnis** zu. Er bedarf keiner Zustimmung des Schuldners oder des Insolvenzgerichts. Die Zustimmung des Insolvenzgerichts zu einer Unternehmensstilllegung ist auch keine Wirksamkeitsvoraussetzung für die Kündigung der Arbeitsverhältnisse wegen der von ihm beabsichtigten Stilllegung (*BAG* 27.10.2005 ZIP 2006, 585; anders noch *LAG Düsseldorf* 08.05.2003 NZA-RR 2003, 466). Aus dieser Differenzierung folgt auch, dass nur im Falle der Anordnung eines »starken« vorläufigen Verwalters eine Kündigungsschutzklage gegen diesen zu richten ist; ansonsten ist der Schuldner der richtige Beklagte (*LAG Hamm* 02.02.2002 NZA-RR 2003, 151). Nach Auffassung des BAG kann sich der vorläufige Insolvenzverwalter dagegen nicht auf § 113 InsO berufen, selbst wenn ihm die Verwaltungs- und Verfügungsbefugnis nach § 22 Abs. 1 InsO übertragen wurde (sog. »starker« vorläufiger Insolvenzverwalter) und er damit auch in die Arbeitgeberfunktion eintritt (*BAG* 20.01.2005 ZIP 2005, 1289; KR-*Weigand* §§ 113, 120 ff. InsO Rn. 5). Auch eine analoge Anwendung soll mangels planwidriger Regelungslücke ausscheiden (*BAG* 20.01.2005 ZIP 2005, 1289). Ist der Schuldner richtiger Beklagter, wird der Kündigungsrechtsstreit durch Eröffnung der Insolvenz nach § 240 ZPO unterbrochen, da eine Kündigungsschutzklage den Weg für vermögensrechtliche Ansprüche ebnet und folglich immer die Insolvenzmasse betrifft (*BAG* 12.04.1983 NJW 1984, 998; 18.10.2006 NZI 2007, 300). Etwas anderes gilt nur dann, wenn die Kündigungsschutzklage ausschließlich einen Zeitraum vor Insolvenzeröffnung betrifft, etwa weil nur die Dauer der Kündigungsfrist im Streit ist. In diesem Fall kann der Rechtsstreit nur nach Durchführung des insolvenzrechtlichen Feststellungsverfahrens wieder aufgenommen werden (*BAG* 18.10.2006 NZI 2007, 300).

11 Das *BAG* (24.09.2015 NZA 2016, 102) hat entschieden, dass der sog. »debtor in possession« in einem Verfahren nach Chapter 11 des US-amerikanischen Bankruptcy Code dem Schuldner in einem in Eigenverwaltung durchgeführten Insolvenzverfahren so weit angenähert ist, dass hinsichtlich beider Befugnisse Funktionsäquivalenz besteht. Auf die Kündigung des »debtor in possession« ist § 113 InsO daher grds. anwendbar.

II. Dienstverhältnis

12 Die dreimonatige Höchstfrist für die Kündigung im Insolvenzverfahren ist für **alle Arten von Dienstverhältnissen** anwendbar, bei denen der insolvente Schuldner der Dienstberechtigte ist. Der Begriff

Teilweise wird auch vertreten, dass der Dienstnehmer das noch nicht angetretene Dienstverhältnis bei Insolvenzeröffnung **außerordentlich** kündigen kann (*Brill/Matthes/Oehmann* S. 26). Der h.M. ist der Vorzug einzuräumen, da die Insolvenzeröffnung als solche grds. keinen wichtigen Grund i.S.d. § 626 Abs. 1 BGB bildet.

Ausnahmsweise soll dem Dienstnehmer/Arbeitnehmer das außerordentliche Kündigungsrecht dann zustehen, wenn die Insolvenzmasse noch nicht einmal die Masseschulden abdeckt (KR-*Weigand* §§ 113, 120 ff. InsO Rn. 84 m.w.N.; **a.A.** *LAG Hamm* 06.12.1967 BB 1968, 218, unter Hinweis darauf, dass den besonderen Verhältnissen der Insolvenz, insbesondere der Unzulänglichkeit der Insolvenzmasse, durch die Regelung des § 22 KO bereits Rechnung getragen sei).

Andere wichtige Gründe im Umfeld der Insolvenz können es allerdings dem Dienstnehmer/Arbeitnehmer unzumutbar machen, den Ablauf der Kündigungsfrist hinzunehmen. Dies gilt namentlich für den Fall, dass der Schuldner oder Insolvenzverwalter erhebliche Zeit oder mit einem erheblichen Vergütungsbetrag in Rückstand geraten ist und der Arbeitnehmer ihn vor Kündigung zur Zahlung aufgefordert hat (*BAG* 25.07.1963 AP Nr. 1 zu § 448 ZPO; 25.09.1980 – 3 AZR 119/78; *Schaub* § 125 Rn. 143 erkennt in der Insolvenz das außerordentliche Kündigungsrecht des Arbeitnehmers an, wenn die Vergütungsforderungen, die nach Insolvenzeröffnung entstehen, aus der Masse nicht gedeckt werden können).

Allein die Tatsache, dass dem Arbeitnehmer von dritter Seite ein Angebot zum Abschluss eines Arbeitsvertrages zu wesentlich günstigeren Konditionen unterbreitet worden ist, führt nicht zur Entstehung des außerordentlichen Kündigungsrechts. Dem Arbeitnehmer wird zugemutet, das Arbeitsverhältnis bis zum Ablauf der insolvenzspezifischen Kündigungsfrist fortzusetzen, auch wenn er dadurch die Aussicht auf die besseren Arbeitsbedingungen verliert. Die Grundsätze der Vertragstreue, der Rechtssicherheit und des ultima-ratio-Prinzips bei der außerordentlichen Kündigung gelten auch bei der arbeitnehmerseitigen Kündigung (*LAG Schleswig-Holstein* 30.01.1991 LAGE § 626 BGB Nr. 55).

Gerade in der Insolvenz kann z.B. eine teilweise Fortführung des Betriebes davon abhängen, dass der Insolvenzverwalter auf eingearbeitete Arbeitskräfte nicht unter Missachtung der Kündigungsfrist verzichten muss).

Dem Arbeitnehmer steht auch nicht deshalb ein außerordentliches Kündigungsrecht zu, weil der Arbeitgeber die **Insolvenz verschuldet** hat (*Hess* KO, § 22 Rn. 858; *Gottwald* HdbInsR, § 96 Rn. 181). Hieraus können allenfalls Schadenersatzansprüche gem. § 628 Abs. 2 BGB bzw. aus § 280 Abs. 1 BGB resultieren.

Für die Eigenkündigung des **Auszubildenden** in der Insolvenz gilt das oben ausgeführte, jedenfalls für den Fall, dass infolge der Insolvenz der Betrieb stillgelegt wird und die Ausbildungsmöglichkeit entfällt.

Bis zur Entscheidung des *BAG* vom 27.05.1993 (EzA § 22 KO Nr. 5) war höchstrichterlich ungeklärt, ob Ausbildungsverhältnisse überhaupt unter die Vorgängerregelung des § 22 KO fallen, obgleich sie keine Dienstverhältnisse sind (vgl. *ArbG Oldenburg* 01.02.1985 ZIP 1985, 952; *Hess* KO, § 22 Rn. 5; *Grunsky* EWiR, § 22 KO 2/85 501). Unter Hinweis auf § 3 Abs. 2 BBiG a.F. (jetzt § 10 Abs. 2 BBiG n.F.), wonach Ausbildungsverhältnisse wie Arbeitsverhältnisse zu behandeln sind, hat das BAG die Anwendbarkeit von § 22 KO zutreffend bejaht und für den Fall der Kündigung durch den Konkursverwalter darauf erkannt, dass das Ausbildungsverhältnis im Konkurs für den Regelfall nicht außerordentlich, sondern nur unter Einhaltung einer ordentlichen Kündigungsfrist aufgekündigt werden kann. Diese Grundsätze gelten für § 113 InsO entsprechend.

Für die Eigenkündigung des Auszubildenden in der Insolvenz kann nichts anderes gelten. Die Insolvenzeröffnung ist für den Auszubildenden ebenso wenig ein wichtiger Grund zur außerordentlichen Kündigung wie für sonstige Arbeitnehmer (KR-*Weigand* §§ 113, 120 ff. InsO Rn. 57). Wegen des besonderen Bestandsschutzes, den der Gesetzgeber dem Auszubildenden gewährt, kann er in der Insolvenz aber auch nicht schlechter gestellt werden als die übrigen Arbeitnehmer.

§ 113 Kündigung eines Dienstverhältnisses

¹Ein Dienstverhältnis, bei dem der Schuldner der Dienstberechtigte ist, kann vom Insolvenzverwalter und vom anderen Teil ohne Rücksicht auf eine vereinbarte Vertragsdauer oder einen vereinbarten Ausschluss des Rechts zur ordentlichen Kündigung gekündigt werden. ²Die Kündigungsfrist beträgt drei Monate zum Monatsende, wenn nicht eine kürzere Frist maßgeblich ist. ³Kündigt der Verwalter, so kann der andere Teil wegen der vorzeitigen Beendigung des Dienstverhältnisses als Insolvenzgläubiger Schadenersatz verlangen.

Übersicht

	Rdn.
A. Anwendungsbereich	1
I. Kündigung	1
II. Dienstverhältnis	12
1. Dienstverhältnis von Organen	14
2. Berufsausbildungsverhältnis	17
III. Abgrenzung zu § 103 InsO	22
B. Kündigungsfrist (§ 113 Satz 2 InsO)	25
I. Befristetes Arbeitsverhältnis	27
II. Vereinbarter Kündigungsausschluss	28
1. Einzelvertraglicher Kündigungsausschluss	28
2. Tariflicher Kündigungsausschluss	29
III. Nachkündigung	34
C. Sonderkündigungsschutz	35
I. Schutz der Betriebsratsmitglieder	36
1. Ausschluss der ordentlichen Kündigung gemäß § 15 Abs. 1–3a KSchG	36
2. Ordentliche Kündigung bei Betriebsstilllegung	41
3. Ordentliche Kündigung bei Stilllegung einer Betriebsabteilung	49
II. Kündigungsschutz schwerbehinderter Arbeitnehmer	60
III. Mutterschutz, Eltern- und Pflegezeit	71
IV. Sonderkündigungsschutz für Wehrdienstleistende	81
V. Abgeordnetenschutz	83
VI. Kündigungsschutz der Auszubildenden	85
VII. Sonderkündigungsschutz für besondere Funktionsträger	86
D. Rechtsfolgen der Kündigung	87
I. Schadensersatz gemäß § 113 Satz 3 InsO	87
II. Schadensersatz gemäß § 628 Abs. 2 BGB	99
III. Nachvertragliches Wettbewerbsverbot	105
1. Vor Insolvenzeröffnung ausgeschiedene Arbeitnehmer	107
2. Nach Insolvenzeröffnung ausscheidende Arbeitnehmer	111
3. Rang des Karenzentschädigungsanspruchs	114
IV. Abfindungsanspruch gemäß §§ 9, 10 KSchG	119
V. Zeugnis	120
E. Klageerhebungsfrist (§ 4 KSchG)	122
F. Wiedereinstellungsanspruch	123
I. Unternehmensfortführung durch der Insolvenzverwalter	125
II. Unternehmensveräußerung	126

Literatur:
Siehe Vor §§ 113 ff.

A. Anwendungsbereich

I. Kündigung

1 Der in § 113 InsO verwendete Begriff der Kündigung ist weit zu verstehen; sowohl die Beendigungskündigung als auch die Änderungskündigung werden erfasst; letzteres ist selbstverständlich, da in der Insolvenz das Kündigungsschutzgesetz und damit auch § 2 KSchG gilt. Gleichwohl hat sich der Rechtsausschuss in seinem Bericht zu § 113 InsO wegen der großen praktischen Bedeutung der Änderungskündigung in der Insolvenz veranlasst gesehen, dies ausdrücklich hervorzuheben (vgl. auch *Schrader* NZA 1997, 70).

Weiterhin gilt das Kündigungsrecht für beide Teile, also auch für den Dienstnehmer. Der Dienstnehmer hat das Kündigungsrecht nach zutreffender h.M. auch dann, wenn das Dienstverhältnis **noch nicht angetreten** ist. Mangels einer § 103 InsO entsprechenden Vorschrift ist eine analoge Anwendung von § 113 InsO für das noch nicht angetretene Dienstverhältnis geboten; wenn der Dienstnehmer sogar ein schon angetretenes Dienstverhältnis kündigen kann, so muss ihm diese Möglichkeit vor Antritt erst recht zugestanden werden (KR-*Weigand* §§ 113, 120 ff. InsO Rn. 20; *Marotzke* S. 247; *Gottwald* § 96 Rn. 180; *Herbert/Oberrath* NZA 2004, 121 [124]).

88 Da die Haftungserleichterung durch Einschränkung des Anwendungsbereichs des § 613a BGB mit der Geltung der Verteilungsgrundsätze des Insolvenzverfahrens nach dessen Eröffnung begründet wird (*BAG* 17.01.1980 EzA § 613a BGB Nr. 24), kann diese Haftungsprivilegierung des Betriebserwerbers nur für solche rückständigen Ansprüche aus Arbeitsverhältnissen zum Tragen kommen, die durch den Arbeitnehmer im Insolvenzverfahren geltend gemacht werden können. Hieraus ergibt sich insbesondere für **Sonderzahlungen und Gratifikationen** die Notwendigkeit der zeitlichen Zuordnung der Ansprüche, die sich an dem **Zweck** der Zahlung anhand der im Tarifvertrag oder Einzelvertrag normierten Voraussetzungen, der Ausschluss- und Kürzungstatbestände ergibt (*BAG* 24.03.1993 EzA § 611 BGB Gratifikation Prämie Nr. 102).

89 Danach handelt es sich um einen Vergütungsbestandteil mit Entgeltcharakter, wenn eine arbeitsleistungsbezogene Sonderzahlung als Vergütungsbestandteil in den jeweiligen Arbeitsmonaten verdient, jedoch aufgespart und erst dann am vereinbarten Fälligkeitstag ausbezahlt wird. Ansprüche auf derartige Sonderzahlungen mit Entgeltcharakter nehmen in dem Umfang des auf die Zeit vor Insolvenzeröffnung entfallenden Zeitanteilsfaktors am Insolvenzverfahren teil und gehen in diesem Umfang nicht auf den Betriebserwerber über. Der Betriebserwerber haftet nur für den nach Insolvenzeröffnung zeitanteilig entstandenen Anteil dieser Sonderzahlung.

90 Ergibt sich jedoch aus den definierten Voraussetzungen und Konditionen für die Sonderzahlung, dass der Anspruch erst am Fälligkeitstage entstehen soll und liegt dieser Fälligkeitstag nach Insolvenzeröffnung, haftet auch der Betriebserwerber hierfür in **vollem Umfang** (*BAG* 11.10.1995 EzA § 611 BGB Gratifikation Prämie Nr. 132). Soweit die Haftung des Betriebserwerbers für einen übergegangenen Anspruch von der Einhaltung einer anwendbaren Ausschlussfrist durch den Arbeitnehmer abhängig ist, kann der Betriebserwerber sich nicht auf den Ablauf einer Ausschlussfrist berufen, wenn weder er noch der Betriebsveräußerer der Unterrichtungspflicht nach § 613a Abs. 5 BGB nachgekommen sind und ein innerer Zusammenhang zwischen dieser Pflichtverletzung und der Fristversäumung gegeben ist (*BAG* 22.08.2012 ZIP 2013, 86).

91 Für die zeitanteilige Zuordnung gelten die Grundsätze für die zeitliche Zuordnung des Arbeitsentgelts zum Insolvenzgeld-Zeitraum entsprechend.

92 Problematisch ist die Haftung des Betriebserwerbers für Sozialansprüche, wenn diese nach Eröffnung des Insolvenzverfahrens vom Insolvenzverwalter abgeschlossen wurden. Nach § 123 Abs. 2 Satz 1 InsO sind derartige Forderungen Masseverbindlichkeiten. Dennoch wird unter Hinweis auf die in § 123 Abs. 2 Satz 2 InsO enthaltenen besonderen insolvenzrechtlichen Verteilungsgrundsätze vertreten, dass auch weiterhin die insolvenzrechtliche Haftungsbeschränkung für den Betriebserwerber gelten muss (*Hess* BB 2002, 1969 [1979]; *Hergenröder* AR-Blattei ES 915 Nr. 18; *Lembke* BB 2007, 1333 [1336]).

93 Für Abfindungsansprüche aus einem unternehmensweit – vor dem Betriebsübergang – vereinbarten vorsorglichen Sozialplan, haftet der Betriebserwerber uneingeschränkt, wenn die definierten tatbestandlichen Voraussetzungen des Abfindungsanspruchs nach dem Betriebsübergang realisiert werden. Allerdings beansprucht ein solcher vorsorglicher Sozialplan als Ausgleichsregelung für eine Vielzahl denkbarer Betriebsänderungen – wegen seiner typischen Auffangfunktion – regelmäßig nur in solchen Fällen Geltung, in denen die örtlichen Betriebsparteien im Falle einer konkreten Betriebsänderung, die in ihren Zuständigkeitsbereich fällt, von einer eigenen Ausgleichsregelung absehen und keinen speziellen Sozialplan vereinbaren (*BAG* 17.04.2012 BAGE 141, 101 ff. = NZA 2012, 1240).

94 Im **Anhang zu § 113 InsO** werden die **Vergütungsansprüche** des Arbeitnehmers in der Insolvenz und das **Insolvenzgeld** behandelt.

95 Im **Anhang II** wird die **betriebliche Altersversorgung** in der Insolvenz behandelt.

mutbaren Erwerbs i.S.v. § 615 BGB zum **Verlust der Vergütungsansprüche** führen (*BAG* 19.03.1998 ZIP 1998, 1080).

83 Der Betriebsveräußerer kann sich ferner auf den – durch die Betriebsveräußerung eingetretenen – Arbeitsplatzwegfall berufen und den »zurückkehrenden« Arbeitnehmer betriebsbedingt kündigen (*BAG* 24.05.2005 BAGE 114, 374). Widerspricht der Arbeitnehmer dem Übergang seines Arbeitsverhältnisses, trägt er das Risiko, dass für ihn kein Beschäftigungsbedarf beim Betriebsveräußerer mehr besteht, weil aufgrund des Betriebsübergangs sein alter Betrieb nicht mehr existiert. Der Arbeitgeber ist grds. nicht verpflichtet, dem Arbeitnehmer dieses Risiko dadurch zu nehmen, dass er ihn in einen anderen Betrieb seines Unternehmens versetzt (*BAG* 21.02. 2013 EzA § 613a BGB 2002 Nr. 143). Wird dem Arbeitnehmer nach einem Widerspruch durch den Betriebsveräußerer betriebsbedingt gekündigt, kann dies die Verhängung einer Sperrzeit für den Bezug von Arbeitslosengeld zur Folge haben, da durch einen Widerspruch eine betriebsbedingte Kündigung erheblich erleichtert wird (*LSG Baden-Württemberg* 11.05.2007 – L8 AL 271/05).

84 Kommt es während des Laufs der Kündigungsfrist wegen einer vorgesehenen Betriebsstilllegung zu einem Betriebsübergang auf einen neuen Inhaber, hat der Arbeitnehmer einen Anspruch auf Fortsetzung des Arbeitsverhältnisses. Diesen muss er »unverzüglich«, d.h. binnen drei Wochen nach Kenntniserlangung der maßgeblichen und tatsächlichen Voraussetzungen für einen solchen Anspruch gegenüber dem Erwerber geltend machen (*BAG* 12.11.1998 NZA 1999, 311 ff.). Hierfür ist es geboten, dass der Arbeitnehmer beim neuen Inhaber persönlich vorstellig wird und seine Arbeitsleistung anbietet. Zur Wahrung der Frist ist weder eine Klageerhebung noch eine andere Prozesshandlung erforderlich. Ungeachtet dessen wahrt die Geltendmachung des Fortsetzungsverlangens in einer Kündigungsschutzklage, die erst nach Ablauf der Frist dem neuen Inhaber zugestellt wird, nicht die Drei-Wochen-Frist. Die §§ 46 Abs. 2 ArbGG i.V.m. §§ 498, 270 Abs. 3 ZPO finden keine Anwendung (*LAG Hamm* 11.05.2000 DZWIR 2000, 457).

85 Geht das Arbeitsverhältnis durch Betriebsübergang oder Betriebsteilübergang nach § 613a BGB auf einen Rechtsnachfolger des alten Arbeitgebers über und besteht deshalb über den Zeitpunkt des Insolvenzereignisses hinaus fort, ist ein Anspruch auf Urlaubsabgeltung nicht insolvenzgeldfähig (*BSG* 30.06.1997 ZIP 1998, 483).

III. Umfang der Haftung des Betriebserwerbers

86 Geht ein zum Vermögen des Schuldners gehörender Betrieb oder Betriebsteil nach Eröffnung des Insolvenzverfahrens durch Rechtsgeschäft auf einen anderen Inhaber über, so haftet der Betriebserwerber **uneingeschränkt nur** für solche Ansprüche aus den gem. § 613a Abs. 1 BGB übergegangenen Arbeitsverhältnissen, die **nach dem Zeitpunkt des Übergangs** entstehen. Diese können sich auch aus nach dem Übergang vereinbarten branchenfremden tariflichen Regelungen ergeben, wenn im Arbeitsvertrag des Arbeitnehmers eine dynamische Bezugnahmeklausel auf den Tarifvertrag enthalten ist, da die dynamische Bezugnahmeklausel auch nach dem Betriebsübergang weiterhin gilt (*EuGH* 27.04.2017 – Rs. C-680/16 und C-681/15). Die Haftung des Erwerbers eines Betriebs in der Insolvenz ist aufgrund einer teleologischen Reduktion des § 613a Abs. 1 Satz 1 BGB beschränkt. Der Betriebserwerber haftet nur für Masseverbindlichkeiten nach § 55 InsO, nicht für Insolvenzforderungen nach § 38 InsO (*BAG* 14.11.2012 AuR 2013, 226; 09.12.2009 NZA 2010, 461).

87 Dies gilt auch für Verbindlichkeiten, die durch die Tätigkeit des Betriebsrats vor Veräußerung entstanden und vom Arbeitgeber nach § 40 BetrVG zu tragen sind. Wurde ein Berater vom Betriebsrat vor der Eröffnung des Insolvenzverfahrens hinzugezogen und dauert dessen Tätigkeit bis nach der Insolvenzeröffnung an, sind die Honoraransprüche für die vor Insolvenzeröffnung erbrachten Beratungsleistungen keine Masseverbindlichkeiten, sondern Insolvenzforderungen (*BAG* 09.12.2009 NZA 2010, 461). Denn die Kostentragungspflicht des Arbeitgebers nach § 40 Abs. 1 BetrVG geht bei einem Betriebsübergang auf den Betriebserwerber über. Der bisherige Betriebsinhaber haftet nicht neben dem neuen Betriebsinhaber gesamtschuldnerisch (*BAG* 20.08.2014 NZA 2015, 1530).

Der Arbeitnehmer kann einem **Übergang** seines Arbeitsverhältnisses gem. § 613a Abs. 6 BGB **79** schriftlich, § 126 BGB (vgl. hierzu *BAG* 13.07.2006 NZA 2006, 1406 = NJW 2007, 250; ebenso bereits *Franzen* RdA 2002, 258, 263; vgl. auch *LAG Hamm* 28.11.2006 – 9 Sa 712/06, JurionRS 2006, 30256), **widersprechen**, ohne für die Ausübung dieses Widerspruchsrechts im Einzelfall auf bestimmte Gründe angewiesen zu sein (*BAG* 30.10.2003 BAGE 108, 199 = NZA 2004, 481; *Staudinger/Annuß* § 613a Rn. 180).

Macht der Arbeitnehmer von diesem Widerspruchsrecht Gebrauch, tritt die gesetzlich vorgesehene **80** Rechtsfolge, nämlich der Übergang des Arbeitsverhältnisses auf den Betriebserwerber nicht ein, sondern es besteht das Arbeitsverhältnis mit dem bisherigen Arbeitgeber unverändert fort (das Widerspruchsrecht ist somit ein Gestaltungsrecht in Form eines Rechtsfolgenverweigerungsrechts, vgl. *BAG* 13.07.2006 NZA 2006, 1268 = NJW 2007, 246; 13.07.2006 NZA 2006, 1406 = NJW 2007, 250; 30.09.2004 BAGE 112, 124; 30.10.2003 BAGE 108, 199 = NZA 2004, 481; *Lembke/Oberwinter* ZIP 2007, 310 [313]; *Worzalla* NZA 2002, 353; krit. zur ex-tunc-Wirkung: *Rieble* NZA 2004, 1 ff.). Der **Widerspruch** hat somit **ex-tunc-Wirkung**, d.h. es hat nie ein Arbeitsverhältnis mit dem Betriebserwerber bestanden (*BAG* 16.04.2013 NZA 2013, 850). Er kann gegenüber dem bisherigen oder dem neuen Inhaber erklärt werden (§ 613a Abs. 6 Satz 2 BGB), unabhängig davon, von wem die Unterrichtung nach § 613a Abs. 5 BGB stammt (*Gaul/Otto* DB 2002, 634 [636]; *Worzalla* NZA 2002, 353). Bei mehreren aufeinander folgenden Betriebsübergängen kann der Widerspruch jedenfalls nach Ablauf der Monatsfrist des § 613 Abs. 6 BGB nicht gegenüber einem früheren Arbeitgeber ausgesprochen werden, bei dem es sich nicht um den letzten bisherigen Arbeitgeber handelt (*BAG* 19.11.2015 ZIP 2016, 990; 11.12.2014 NJW 2015, 1262 = NZA 2015, 481). Die Monatsfrist gilt im Übrigen auch dann, wenn die Unterrichtung – was zulässig ist – erst nach Betriebsübergang erfolgt ist (*BAG* 13.07.2006 NZA 2006, 1268 = NJW 2007, 246; 13.07.2006 NZA 2006, 1406 = NJW 2007, 250). Der Widerspruch wirkt auch in diesem Fall auf den Zeitpunkt des Betriebsübergangs zurück (*BAG* 16.04.2013 NZA 2013, 850; 13.07.2006 NZA 2006, 1406; *LAG Köln* 11.06.2004 ZIP 2005, 591; *Franzen* RdA 2002, 258 [270]; *Worzalla* NZA 2002, 353 [358]).

Der Widerspruch des Arbeitnehmers gegen den Übergang seines Arbeitsverhältnisses ist gem. § 613a **81** Abs. 6 Satz 1 BGB nur innerhalb eines Monats nach Zugang einer Unterrichtung i.S.v. § 613a Abs. 5 BGB möglich. Hat eine dem Abs. 5 entsprechende Unterrichtung gar nicht, oder nicht in der notwendigen Art und Weise stattgefunden, so beginnt auch die Monatsfrist des Absatz 6 nicht zu laufen, unabhängig davon, ob es sich um einen erheblichen oder unerheblichen Fehler handelt oder ob der Fehler überhaupt eine Auswirkung auf die Entscheidungsfindung des Arbeitnehmers hat (*BAG* 24.05.2005 BAGE 114, 374 = NZA 2005, 1302; 13.07.2006 EzA § 613a BGB Nr. 57 = NZA 2006, 1406; 13.07.2006 NZA 2006, 1268 = NJW 2007, 246; 13.07.2006 NZA 2006, 1273 = NJW 2007, 244; *Bauer/von Steinau-Steinrück* ZIP 2002, 457 [464]; *Franzen* RdA 2002, 258 ff.; *Gaul/Otto* DB 2002, 634 [638]; *Olbertz/Ungnad* BB 2004, 213; krit. hierzu *Willemsen* NJW 2007, 2065 [2070 ff.]). Das Widerspruchsrecht steht dem Arbeitnehmer im Falle einer fehlerhaften Unterrichtung somit grds. zeitlich unbegrenzt zu und kann im Einzelfall allein unter dem Gesichtspunkt der Verwirkung und/oder der allgemeinen Treuwidrigkeit gem. § 242 BGB ausgeschlossen sein (*BAG* 13.07.2006 EzA § 613a BGB Nr. 57 = NZA 2006, 1406; 27.11.2008 NZA 2009, 552). Das für die Verwirkung des Widerspruchsrechts erforderliche Umstandsmoment ist erfüllt, wenn der Arbeitnehmer über den Bestand seines Arbeitsverhältnisses disponiert hat, so dass der frühere Arbeitgeber auf die Nichtausübung des Widerspruchsrechts nach § 613a Abs. 6 BGB vertrauen durfte. Eine solche Disposition liegt vor, wenn der Arbeitnehmer einen Aufhebungsvertrag mit dem Betriebserwerber schließt (*BAG* 24.02.2011 AP Nr. 396 zu § 613a BGB). Jedoch stellt allein die Erhebung einer Feststellungsklage zur Sicherung bisheriger Vertragsbedingungen des Arbeitsverhältnisses kein Umstandsmoment dar, das für Verwirkung spricht (*BAG* 11.12.2014 NJW 2015, 1262 = NZA 2015, 481).

Wird der Arbeitnehmer nach Ausübung seines Widerspruchsrechts bei seinem alten Arbeitgeber tat- **82** sächlich nicht weiter beschäftigt und weiter bezahlt, kann die Ausübung des Widerspruchsrechts und das Unterlassen einer Tätigkeit bei dem neuen Betriebsinhaber als böswilliges Unterlassen eines zu-

- unverzichtbar für die auftragsgemäße Verrichtung der Tätigkeit sind,
- auf dem freien Markt nicht erhältlich sind oder
- ihr Gebrauch vom Arbeitgeber zwingend vorgeschrieben ist.

Die Neuvergabe eines Objektschutzauftrages kann dann einen Betriebsübergang i.S.d § 613a BGB darstellen, wenn der Auftraggeber verlangt, dass für die Bewachung des Objekts ein von ihm angeschafftes und auf seine Bedürfnisse angepasstes zentrales Alarmmanagementsystem benutzt wird, das bereits vom alten Sicherheitsdienstleister eingesetzt wurde (*BAG* 23.05.2013 – 8 AZR 207/12, EzA § 613a BGB 2002 Nr. 145).

77 Dieser Bereich ist durch die neuere Rechtsprechung des EuGH und des BAG von großer Unsicherheit geprägt. Nach der früheren Rechtsprechung des BAG wurden einem Auftragnehmer fremde Betriebsmittel, die er jedoch nutzen durfte, nur dann zugerechnet, wenn ihm eine wirtschaftliche Nutzung gestattet war, d.h. er über Art und Weise ihres Einsatzes in eigenwirtschaftlichem Interesse entscheiden durfte (*BAG* 22.01.1998 NZA 1998, 638; 14.05.1998 NZA 1999, 483). Dieses Kriterium hat der EuGH jedoch abgelehnt und einen Betriebsübergang auch für den Fall bejaht, dass der neue Auftragsnehmer zur Nutzung fremder Betriebsmittel verpflichtet ist (*EuGH* 15.12.2005 NJW 2006, 889 [Güney-Görres]; 20.11.2003 NJW 2004, 45 [Carlito Abler]). Das BAG hat sich dieser Rechtsprechung angeschlossen, so dass auch in diesem Bereich eine am Einzelfall zu orientierende Gesamtbetrachtung erforderlich ist (*BAG* 13.06.2006 NJW 2007, 106; 02.03.2006 NZA 2006, 1105; 06.04.2006 NJW 2006, 2138; vgl. *Houben* NJW 2007, 2075 ff.; *Schlachter* NZA 2006, 80; *Willemsen/Müntefering* NZA 2006, 1185 ff.).

78 Beabsichtigt der Insolvenzverwalter den schuldnerischen Betrieb oder einen Betriebsteil zu veräußern, muss er die hiervon betroffenen Arbeitnehmer nach § 613a Abs. 5 BGB in Textform unterrichten. Bei dieser Unterrichtung handelt es sich um eine echte Rechtspflicht (*BAG* 24.05.2005 BAGE 114, 374; 20.03.2008 EzA § 613a BGB Nr. 91; *Franzen* RdA 2002, 258 [267]). Die Unterrichtung der von einem Betriebsübergang betroffenen Arbeitnehmer nach § 613a Abs. 5 BGB soll eine ausreichende Wissensgrundlage für die Ausübung oder Nichtausübung ihres Widerspruchsrechts schaffen. Es soll die Möglichkeit eröffnet werden, sich weitergehend zu erkundigen und ggf. beraten zu lassen (*BAG* 14.11.2013 ZIP 2014, 839 = ZInsO 2014, 1217). Die Unterrichtung kann sowohl vom Betriebsveräußerer als auch vom -erwerber vorgenommen werden. Die Unterrichtung muss Aussagen über den Zeitpunkt oder den geplanten Zeitpunkt des Übergangs, den Grund des Übergangs, die rechtlichen, wirtschaftlichen und sozialen Folgen des Übergangs für die Arbeitnehmer und die hinsichtlich der Arbeitnehmer in Aussicht genommenen Maßnahmen enthalten. Das BAG hat dabei insbesondere sehr hohe Anforderungen an eine ordnungsgemäße Unterrichtung über die rechtlichen Folgen des Betriebsübergangs gestellt (*BAG* 13.07.2006 NZA 2006, 1268 = NJW 2007, 246). So soll sogar die reine Wiederholung des Gesetzeswortlauts nicht ausreichend sein, sondern eine konkrete betriebsbezogene Darstellung in einer auch für juristische Laien verständlichen Sprache erforderlich sein (*BAG* 13.07.2006 NZA 2006, 1268 = NJW 2007, 246; krit. hierzu *Willemsen* NJW 2007, 2065 [2068]). Die Unterrichtung ist auch dann nicht ordnungsgemäß, wenn sie einen vom Erwerber gestellten Insolvenzantrag verschweigt, da auch über die wirtschaftlichen Folgen des Übergangs zu unterrichten ist (*BAG* 31.01.2008 BB 2008, 1342). Die Formulierung eines Unterrichtungsschreibens hat sehr sorgfältig zu erfolgen, wobei allerdings ein Standardschreiben, das auf die Besonderheiten einzelner Arbeitsverhältnisse Rücksicht nimmt, zulässig ist (*BAG* 13.07.2006 NZA 2006, 1268 = NJW 2007, 246). Eine Unterrichtung über komplexe Rechtsfragen ist dann nicht fehlerhaft, wenn der Arbeitgeber zu ihnen nach angemessener Prüfung der Rechtslage, die ggf. die Einholung von Rechtsrat über die höchstrichterliche Rechtsprechung verlangt, eine rechtlich immerhin vertretbare Position einnimmt (*BAG* 26.03.2015 NZA 2015, 866). Die Einzelheiten zum Inhalt und Umfang der Unterrichtungspflicht sind im Einzelfall klärungsbedürftig, was zu einer erheblichen Rechtsunsicherheit führt (vgl. zum Inhalt und Umfang der Unterrichtung: *Hohenstatt/Grau* NZA 2007, 13; *Meyer* DB 2007, 858; *Lembke/Oberwinter* ZIP 2007, 310; *Willemsen* FS Küttner, S. 417 ff.).

und Sachkunde wesentlichen Teil des Personals übernimmt (*BAG* 22.05.2014 ZIP 2014, 1750 = ZInsO 2014, 1904).

71 Bei einem infrage stehenden Betriebsteilübergang muss festgestellt werden, ob beim Veräußerer ein Betriebsteil i.S. einer wirtschaftlichen Einheit bestanden hat. Auch bei einem Betriebsteil muss es sich um eine Einheit handeln, die aus einer hinreichend strukturierten und selbständigen Gesamtheit von Personen und/oder Sachen zur Ausübung einer wirtschaftlichen Tätigkeit mit eigenem Zweck besteht (*BAG* 21.08.2014 NZA 2015, 167).

72 Der Übergang eines Arbeitsverhältnisses ist anzunehmen, wenn der betroffene Arbeitnehmer dem übertragenen Betriebsteil angehört oder überwiegend für den vom Übergang erfassten Betriebsteil tätig war. Hierfür genügt bei einer Beschäftigung in einem Filialunternehmen die Übertragung einer Mehrzahl der Filialen eines bestimmten Gebietes, für das der Arbeitnehmer betriebs- oder betriebsteilübergreifend verantwortlich gewesen ist (*LAG Hamm* 07.01.1999 ZInsO 1999, 363).

73 Die **Zwangsverwaltung** über ein Betriebsgrundstück ist kein Betriebsübergang. Allerdings kann in der Rückabwicklung eines Kaufvertrages zwischen dem Insolvenzverwalter und einer gescheiterten Auffanggesellschaft ein Betriebsübergang liegen, wenn die Auffanggesellschaft den Betrieb nicht vor der Rückübertragung an den Insolvenzverwalter stillgelegt hat und dieser ihn fortführen will. Die Fortführung muss über bloße Verwertungshandlungen und Abwicklungen durch den Insolvenzverwalter hinausgehen (*LAG Köln* 11.05.1999 NZA 2000, 36). Kündigt etwa der Zwangsverwalter eines Grundstücks den Pachtvertrag über ein auf dem Grundstück betriebenes Hotel und führt er den Hotelbetrieb dann selbst weiter, so liegt ein Betriebsübergang nach § 613a Abs. 1 BGB vom früheren Pächter auf den Zwangsverwalter vor (*BAG* 18.08.2011 ZIP 2011, 2215).

74 Scheiden jedoch Gesellschafter aus einer Personengesellschaft aus und wachsen deren Anteile den oder dem anderen Gesellschafter an mit der Folge eines Rechtsformwechsels z.B. von KG zu GmbH (bei Austritt des einzigen Kommanditisten einer GmbH & Co. KG) oder von der BGB-Gesellschaft zum Einzelkaufmann, ist ein Betriebsübergang zu bejahen (*BAG* 21.02.2008 EzA § 613a BGB 2002 Nr. 90; *LAG Baden-Württemberg* 31.01.2007 – 22 Sa 5/06; vgl. auch *LAG Hessen* 20.07.2004 MDR 2005, 459). Allerdings besteht in diesem Fall kein Widerspruchsrecht nach § 613a Abs. 6 BGB (*BAG* 21.02.2008 NZA 2008, 815). Für den Fall der Verschmelzung oder Vermögensübertragung ist § 324 UmwG zu beachten, wonach § 613a Abs. 1, 4 bis 6 BGB Anwendung finden (vgl. hierzu *Altenburg* NZA 2005, 15).

75 Vom Betriebsübergang ist ferner die reine **Funktionsnachfolge** zu unterscheiden, was u.a. bei Auftragsneuvergaben im Dienstleistungsbereich eine Rolle spielt. Eine bloße Funktionsnachfolge liegt vor, wenn etwa eine Reinigungsfirma den Auftrag zur Reinigung eines bestimmten Objekts an eine Wettbewerbsfirma verliert und es nicht zu einer Übernahme einer organisierten Gesamtheit von Arbeitnehmern kommt (*BAG* 15.12.2011 EzA § 613a BGB 2002 Nr. 130). Im Falle der Übernahme eines Auftrags, die für sich allein keinen Betriebsübergang darstellt, müssen einzelne Umstände darauf geprüft werden, ob sie durch die Konstellation einer Auftragsnachfolge naturgemäß ausgelöst werden. Eine Auftragsnachfolge bedeutet regelmäßig einen identischen Auftraggeber, eine nahtlose oder fast nahtlose Fortsetzung des Auftrags und eine große Art der Ähnlichkeit der Tätigkeiten. Umstände, die beim neuen Auftragnehmer schon vor der Übernahme des Auftrags vorgelegen haben, sind schon deswegen vom früheren Auftragnehmer nicht übernommen (*BAG* 19.3.2015 EzA § 613a BGB 2002 Nr. 163).

76 Soweit es auf die **sächlichen Betriebsmittel** ankommen soll, sind einem Betrieb i.S.v. § 613a BGB auch solche Gebäude, Maschinen, Werkzeuge oder Einrichtungsgegenstände als sächliche Betriebsmittel zuzurechnen, die nicht im Eigentum des Betriebsinhabers stehen, sondern die dieser aufgrund einer mit einem Dritten getroffenen **Nutzungsvereinbarung** zur Erfüllung seines Betriebszwecks einsetzen kann. Die Nutzungsvereinbarung kann als Pacht, Nießbrauch oder als untypischer Vertrag ausgestaltet sein (*BAG* 31.01.2008 ZInsO 2008, 928). **Sächliche Betriebsmittel** sind für den Betrieb identitätsprägend, wenn bei wertender Betrachtung ihr Einsatz den eigentlichen Kern des zur Wertschöpfung erforderlichen Funktionszusammenhangs ausmacht und sie:

durchgeführt wurde (*BAG* 14.08.2007 EzA § 613a BGB 2002 Nr. 74; 04.05.2006 NZA 2006, 1096).

66 Durch die »Klarenberg« Entscheidung des *EuGH* (12.02.2009 BB 2009, 1133) ist dieses Kriterium jedoch stark eingeschränkt worden. Das Gericht hat klargestellt, dass ein identitätswahrender Übergang eines Betriebes oder Betriebsteils auch bei der Beibehaltung der »Verknüpfung von Produktionsfaktoren« vorliegen kann. Diese sei dann gewährleistet, wenn sie dem Erwerber erlaube, derselben oder gleichartigen wirtschaftlichen Tätigkeit nachzugehen, was auch dann der Fall sein könne, wenn der Erwerber den Betrieb(steil) in seine eigene Organisationsstruktur vollständig eingliedere (*EuGH* 12.02.2009 BB 2009, 1133).

67 Das BAG hat seine Rechtsprechung zum Erhalt der organisatorischen Einheit als Voraussetzung für einen Betriebsübergang modifiziert (unter Bezug auf »Klarenberg« *BAG* 17.12.2009 EzA § 613a BGB 2002 Nr. 117, auch wenn i.E. kein Betriebsübergang angenommen wurde), verlangt jedoch weiterhin, dass die übernommenen Betriebsmittel und/oder Beschäftigten bereits beim Veräußerer eine abgrenzbare organisatorische wirtschaftliche Einheit, d.h. einen Betriebsteil dargestellt haben (*BAG* 13.10.2011 »Klarenberg« ZIP 2012, 488). Die Erforderlichkeit einer Prüfung, ob eine »Verknüpfung von Produktionsfaktoren« (vgl. die Kritik bei *Willemsen* NZA 2009, 289; *Wißmann/ Schneider* BB 2009, 1126) vorliegt, hat im Ergebnis nicht zu einer grundlegenden Änderung der bisherigen Rechtsprechung der Arbeitsgerichte geführt.

68 Für die Beurteilung der tatbestandlichen Voraussetzungen eines Betriebsübergangs gem. § 613a BGB, insbesondere im Hinblick auf die Identitätswahrung, muss eine **Gesamtbeurteilung aller Faktoren im Einzelfall** erfolgen. Dazu gehören namentlich die **Art** des betreffenden Unternehmens oder Betriebes, der etwaige Übergang der **materiellen Betriebsmittel**, wie Gebäude und bewegliche Güter, der Wert der **immateriellen Aktiva** im Zeitpunkt des Übergangs, die etwaige **Übernahme der Hauptbelegschaft** durch den neuen Inhaber, der etwaige Übergang der **Kundschaft** sowie der **Grad der Ähnlichkeit** zwischen den vor und nach dem Übergang verrichteten Tätigkeiten und die **Dauer einer evtl. Unterbrechung** dieser Tätigkeit. Diese Umstände sind jedoch nur Teilaspekte der vorzunehmenden Gesamtbewertung und dürfen deshalb nicht isoliert betrachtet werden (*EuGH* 11.03.1997 EzA § 613a BGB Nr. 145 Ziff. 14). Die Richtlinie 77/187/EWG des Rates vom 14.02.1977 zur Angleichung der Rechtsvorschriften der Mitgliedsstaaten über die Wahrung von Ansprüchen der Arbeitnehmer beim Übergang von Unternehmen, Betrieben oder Unternehmens- oder Betriebsteilen ist durch die Richtlinie 98/50/EG vom 29.06.1998 dieser Entwicklung der Rspr. des EuGH angepasst und modifiziert worden. Auch nach der geänderten Richtlinie kommt es nunmehr auf den Übergang **einer ihre Identität bewahrenden wirtschaftlichen Einheit i.S. einer organisierten Zusammenfassung von Ressourcen zur Verfolgung einer wirtschaftlichen Haupt- oder Nebentätigkeit** an.

69 Für die Beurteilung der Frage, ob und wann die wesentlichen Betriebsmittel übergegangen sind, kann es auch auf das Know-how einzelner Arbeitnehmer ankommen, wenn andere sächliche und/ oder immaterielle Betriebsmittel auf den Erwerber übergegangen sind und das Know-how des Betriebes überwiegend in der Person eines einzelnen Arbeitnehmers verkörpert wird, der im allseitigen Einverständnis zu dem Erwerber überwechselt.

70 Auf das **Know-how** und auf die **Übernahme von Arbeitnehmern** kann es für die Beurteilung der Frage des Vorliegens eines Betriebs-(Teil)Übergangs in Branchen ankommen, in denen es im Wesentlichen auf die menschliche Arbeitskraft ankommt. Kommt es im Wesentlichen auf die menschliche Arbeitskraft an, kann eine strukturierte Gesamtheit von Arbeitnehmern trotz des Fehlens nennenswerter materieller oder immaterieller Vermögenswerte eine wirtschaftliche Einheit darstellen. Wenn eine Einheit ohne nennenswerte Vermögenswerte funktioniert, kann die Wahrung ihrer Identität nach ihrer Übernahme nicht von der Übernahme derartiger Vermögenswerte abhängen. Die Wahrung der Identität der wirtschaftlichen Einheit ist in diesem Fall anzunehmen, wenn der neue Betriebsinhaber nicht nur die betreffende Tätigkeit weiterführt, sondern auch einen nach Zahl

stellung des Insolvenzverfahrens an einen Erwerber ohne Belastung aus § 613a BGB zu ermöglichen, obwohl bei zutreffender Entscheidung der Beschluss über die Eröffnung des Insolvenzverfahrens gar nicht hätte ergehen dürfen. Diese Rspr. über die eingeschränkte Anwendbarkeit des § 613a BGB wird daher um eine Möglichkeit der Korrektur von Missbrauchsvarianten zu ergänzen sein. Allein der Abschluss des Kaufvertrags und die Übernahme der Leitungsmacht nach Insolvenzeröffnung soll jedoch ebenso keinen Rechtsmissbrauch darstellen (*BAG* 26.03.1996 NZA 1997, 94; *Lembke* BB 2007, 1333 [1334]) wie der rechtliche und tatsächliche Übergang der Leitungsmacht unter der Bedingung der Insolvenzeröffnung (*BAG* 12.11.1991 EzA § 613a BGB Nr. 96).

II. Tatbestandliche Voraussetzungen des Betriebsübergangs

Für die Zuordnung des **Zeitpunkts** des Betriebsübergangs zu dem Zeitpunkt der Insolvenzeröffnung und für die daran anknüpfende Entscheidung über die uneingeschränkte oder eingeschränkte Anwendbarkeit des § 613a BGB kommt es entscheidend auf die Feststellung an, **wann** ein Betriebsübergang erfolgt ist. 61

Hierbei ist der Abschluss des Vertrages als Rechtsgeschäft i.S.d. § 613a Abs. 1 BGB dann nicht maßgebend, wenn der Erwerber die Leitungsmacht zur Verfolgung der arbeitstechnischen Zwecke des Betriebes unter **Nutzung der Betriebsmittel** bereits zu einem Zeitpunkt vor dem Vertragsschluss und/oder vor der Eigentumsübertragung ausübt (*BAG* 12.11.1991 EzA § 613a BGB Nr. 96). 62

Ein Betriebsübergang liegt bereits dann vor, wenn der Betriebserwerber aufgrund einer rechtsgeschäftlichen Einigung mit dem Veräußerer in der Lage ist, die Leitungsmacht mit dem Ziel der Betriebsfortführung auszuüben. In welchem Umfang er von dieser Möglichkeit tatsächlich Gebrauch macht, ist nicht entscheidend (*BAG* 27.10.2005 NZA 2006, 668; 15.12.2005 NZA 2006, 597; *Lembke* BB 2007, 1333 [1334]). Deshalb geht zum Beispiel der Betrieb einer Grundstücksverwaltung nicht allein deshalb über, weil es einem Grundstückserwerber möglich wäre, die Tätigkeit der Grundstücksverwaltung an sich zu ziehen und die hierfür maßgeblichen Unterlagen herauszuverlangen (*BAG* 27.10.2005 NZA 2006, 668; 15.12.2005 NZA 2006, 597). Der Zeitpunkt des Beginns der »Eigensubstrat-Nutzung« ist in diesen Fällen der Zeitpunkt des Übergangs der Arbeitsverhältnisse (*BAG* 27.04.1995 EzA § 613a BGB Nr. 126). 63

Wenn die Betriebsmittel in einzelnen Schritten dem Erwerber übertragen werden, kommt es insofern auf eine Gesamtbeurteilung an (*BAG* 16.02.1993 EzA § 613a BGB Nr. 106). 64

Ein **Teilbetriebsübergang** auf die verbliebenen Teilhaber eines gemeinsam unterhaltenen Betriebs kann vorliegen, wenn ein Unternehmen aus einem gemeinsamen Betrieb ausscheidet und diese den bisherigen gemeinsamen Betrieb fortführen (*LAG Hamm* 23.11.2000 ZInsO 2001, 234). Ein Sonderproblem ergibt sich, wenn der Erwerber den Betrieb oder Betriebsteil durch Rechtsgeschäft vom Insolvenzverwalter übernimmt, um eine **örtliche Verlagerung** des Betriebes durchzuführen und den Betrieb an einem anderen Ort fortzuführen, nicht jedoch am bisherigen Standort. Verlagert der Erwerber den Betrieb an einen Ort, an dem die Arbeitnehmer nach dem Inhalt ihrer bestehenden Arbeitsverhältnisse nicht zur Arbeitsleistung verpflichtet sind, so tritt ein Übergang der Rechte und Pflichten aus den zum Zeitpunkt des Übergangs bestehenden Arbeitsverhältnissen nach § 613a BGB nur für diejenigen Arbeitnehmer ein, »die bereit sind, die Arbeit am neuen Leistungsort zu bringen« (*BAG* 20.04.1989 EzA § 1 KSchG Betriebsbedingte Kündigung Nr. 61). Die Verlagerung eines Betriebs oder Betriebsteils steht einem Betriebsübergang i.S.d. § 613a BGB jedoch nicht entgegen, wenn die räumliche Entfernung zwischen alter und neuer Betriebsstätte nicht so erheblich ist, dass allein aus diesem Grunde bereits die Wahrung der Identität bezweifelt werden kann. Dies ist der Fall, wenn die Wegstrecke zur neuen Betriebsstätte von den Arbeitnehmern in weniger als einer Autostunde bewältigt werden kann (*BAG* 26.05.2011 ZIP 2011, 2023). 65

Ein Betriebsübergang setzt die im Wesentlichen unveränderte, dauerhafte Fortführung der wirtschaftlichen Einheit unter tatsächlicher Wahrung der Identität voraus (*BAG* 18.03.1999 ZIP 1999, 1496). Daran fehlte es nach ständiger Rechtsprechung des BAG etwa, wenn die Aufgabe der wirtschaftlichen Einheit künftig im Rahmen einer wesentlich anderen größeren Organisationsstruktur

nahme dieser Verbindlichkeiten in der Bemessung des Kaufpreises mit dem Betriebserwerber regelmäßig berücksichtigt wird.

52 Aus diesen Gründen ist § 613a BGB bei der Veräußerung eines Betriebes in einem Insolvenzverfahren nicht anwendbar, soweit die Vorschrift die Haftung des Betriebserwerbers für bereits vor Insolvenzeröffnung entstandene Ansprüche vorsieht. Insoweit haben die Verteilungsgrundsätze des Insolvenzverfahrens Vorrang (*BAG* 17.01.1980 EzA § 613a BGB Nr. 24; 18.11.2003 EzA § 613a BGB 2002 Nr. 19; 19.10.2004 BAGE 112, 214; 19.05.2005 BAGE 114, 349; 19.12.2006 DB 2007, 1707).

53 Aus diesem Grunde nehmen insbesondere sowohl unverfallbare Anwartschaften auf Leistungen der betrieblichen Altersversorgung wie auch verfallbare Versorgungsanwartschaften mit dem bis zur Verfahrenseröffnung erdienten Wert am Insolvenzverfahren des Schuldners teil und gehen nicht auf den Erwerber über (*BAG* 29.10.1985 EzA § 613a BGB Nr. 52; 19.05.2005 BB 2006, 943; *Lembke* BB 2007, 1333 [1334]).

54 Die eingeschränkte Anwendbarkeit der Bestimmungen des § 613a BGB bei Übernahme eines Betriebs oder Betriebsteils aus dem eröffneten Insolvenzverfahren führt zu der Notwendigkeit der zeitlichen Zuordnung von vor der Eröffnung des Insolvenzverfahrens ganz oder teilweise entstandenen Ansprüchen.

55 Anders ist die Lage jedoch, wenn das Insolvenzverfahren **nicht vor** dem Betriebsübergang, sondern **erst später** eröffnet wird: Wird ein insolventer Betrieb **vor Insolvenzeröffnung** durch Verwertung im Rahmen der Insolvenz veräußert oder verpachtet, gelten die Bestimmungen des § 613a BGB uneingeschränkt mit der Folge, dass der Erwerber auch für sämtliche bisher entstandenen Ansprüche ohne Einschränkung einstehen muss (*BAG* 15.11.1978 EzA § 613a BGB Nr. 21).

56 Würde man in einem solchen Fall ohne Eröffnung des Insolvenzverfahrens die Veräußerung oder Verpachtung des Betriebes an einen anderen Inhaber von der Geltung des § 613a BGB ausnehmen, würde dies zu dem absurden Ergebnis führen, dass ein insolvenzreifes Unternehmen nur vorübergehend eine Auffanggesellschaft gründen und die laufenden Geschäfte treuhänderisch betreiben lassen müsste, um sich von seiner Belegschaft und den rückständigen Verpflichtungen aus den Arbeitsverhältnissen lösen zu können. Liquidationen außerhalb des Insolvenzverfahrens können daher nicht zu einer Einschränkung der Haftung des § 613a BGB führen (ausdrückl. *BAG* 20.11.1984 EzA § 613a BGB Nr. 41).

57 Für die Beurteilung der Frage, ob ein Betrieb im Rahmen eines Insolvenzverfahrens oder außerhalb eines Insolvenzverfahrens übergeht, kommt es somit auf den **Zeitpunkt** der Insolvenzeröffnung und auf den Zeitpunkt der Betriebsübernahme an. Für die Bestimmung des Zeitpunkts der Betriebsübernahme stellt sich damit die Frage nach den tatbestandlichen Voraussetzungen für die Anwendbarkeit des § 613a BGB.

58 Die durch die Eröffnung des Insolvenzverfahrens eingetretene **Haftungsbeschränkung** des Betriebserwerbers durch eingeschränkte Anwendung des § 613a BGB wird durch die **spätere Einstellung des Insolvenzverfahrens** mangels einer die Kosten des Verfahrens deckenden Masse (§ 207 InsO) **nicht berührt** (vgl. *BAG* 11.02.1992 EzA § 613a BGB Nr. 97 zum früheren Recht nach § 207 KO).

59 Diese Rspr. ist jedoch nicht auf den Fall anwendbar, dass die Eröffnung des Insolvenzverfahrens von vornherein mangels Masse abgelehnt wird (*BAG* 11.02.1992 EzA § 613a BGB Nr. 97).

60 Lehnt der Betriebsübernehmer es ab, die **Leitungsmacht** für die Zeit vor Eröffnung des Insolvenzverfahrens zu übernehmen, obwohl er dies im Einvernehmen mit dem Veräußerer könnte, so findet auch ein Betriebsübergang gem. § 613a Abs. 1 BGB vor der Eröffnung nicht statt, ohne dass der Vorwurf der Umgehung oder des sittenwidrigen Verhaltens erhoben werden kann (so bereits *LAG Köln* 29.06.1990 ZIP 1990, 1283). Diese Rspr. erscheint deshalb bedenklich, weil sie am Insolvenzverfahren beteiligte Entscheidungsträger veranlassen kann, einen Beschluss über die Eröffnung des Insolvenzverfahrens nur deshalb herbeizuführen, um eine spätere Veräußerung des Betriebes nach der Ein-

Unterlässt der Insolvenzverwalter die Massenentlassungsanzeige, so führt dies dazu, dass das Arbeitsverhältnis nicht aufgelöst werden kann und deshalb der Kündigungsschutzklage stattzugeben ist (*BAG* 13.07.2006 NZA 2007, 25). Erfolgt eine Anzeige, ist diese jedoch fehlerhaft, soll dies ebenfalls gelten (KR-*Weigand* § 17 Rn. 01; *Lembke/Oberwinter* NJW 2007, 721 [727]; *Osnabrügge* NJW 2005, 1093 [1095]; für den Fall des Fehlens einer der Anzeige beigefügten ordnungsgemäßen Stellungnahme des Betriebsrats: *BAG* 26.02.2015 NZA 2015, 881). Beteiligt der Insolvenzverwalter den Betriebsrat nicht, nicht rechtzeitig oder fehlerhaft, kann er die Massenentlassung grds. nicht wirksam anzeigen und daher das Arbeitsverhältnis nicht wirksam kündigen (*BAG* 21.03.2013 NZA 2013, 966). 48

Nach überholter Rechtsauffassung galt, dass für den Fall, dass die Agentur für Arbeit einer nach § 17 KSchG anzeigepflichtigen Entlassung zu einem bestimmten Zeitpunkt durch bestandskräftigen Verwaltungsakt zustimmte und damit inzident feststellte, dass eine wirksame Massenentlassung vorlag, die Arbeitsgerichte durch die Bestandskraft des Verwaltungsakts gehindert waren, im Kündigungsschutzprozess die Entscheidung der Arbeitsverwaltung nachzuprüfen (*BAG* 24.10.1996 EzA § 17 KSchG Nr. 6). Unter Verweis auf die Entscheidung des *EuGH* vom 27.01.2005 (Rs. C-188/01, NZA 2005, 213) ist diese Rechtsprechung durch das BAG aufgegeben worden. Der Sechste Senat hat vielmehr festgestellt, dass entsprechende Verwaltungsakte der Arbeitsverwaltung die Arbeitsgerichte nicht binden, weswegen diese nicht gehindert sind, trotz bestandskräftigem VA die Unwirksamkeit der Massenentlassungsanzeige und damit der Kündigung selbst festzustellen (*BAG* 28.06.2012 EzA § 17 KSchG Nr. 26). 49

C. Betriebsübergang und Haftung des Betriebserwerbers in der Insolvenz

I. Zur Anwendbarkeit des § 613a BGB in der Insolvenz

Wenn es im Zuge eines Insolvenzfalls mit oder ohne, vor oder nach Eröffnung eines Insolvenzverfahrens zu der Veräußerung eines Betriebes oder Betriebsteils an einen neuen Inhaber kommt, tritt dieser gem. § 613a Abs. 1 Satz 1 BGB in die Rechte und Pflichten aus den im Zeitpunkt des Übergangs bestehenden Arbeitsverhältnissen ein. Dies gilt auch für betriebsverfassungsrechtliche Rechtspositionen des bisherigen Betriebserwerbers (*BAG* 09.12.2009 NZA 2010, 461). Zu den bestehenden Arbeitsverhältnissen gehören auch Altersteilzeitverhältnisse, die sich bereits in der sog. Freistellungsphase befinden, d.h. der Arbeitnehmer bereits von seiner Arbeitsleistung freigestellt ist (*BAG* 31.10.2008 ZIP 2009, 682; *LAG Niedersachsen* 19.12.2005 – 5 Sa 1326/04; ErfK-*Preis* § 613a BGB Rn. 67; **a.A.** *Hanau* RdA 2003, 230). Sind diese Rechte und Pflichten durch Rechtsnormen eines Tarifvertrages oder durch eine Betriebsvereinbarung geregelt, so werden sie Inhalt des Arbeitsverhältnisses zwischen dem neuen Inhaber und dem Arbeitnehmer und dürfen nicht vor Ablauf eines Jahres nach dem Zeitpunkt des Übergangs zum Nachteil des Arbeitnehmers geändert werden. **§ 613a BGB** ist daher auch bei einem Betriebsübergang in der Insolvenz **grds. anwendbar**. 50

Erfolgt die Veräußerung eines Betriebes oder Betriebsteiles jedoch nach der **Eröffnung des Insolvenzverfahrens** durch den Insolvenzverwalter, tritt die Rechtsfolge des Übergangs aller rückständigen Verbindlichkeiten aus den übergegangenen Arbeitsverhältnissen auf den neuen Inhaber gem. § 613a Abs. 1 BGB **nur eingeschränkt** ein. Die maßgebende Überlegung für die eingeschränkte Anwendung des § 613a BGB im Falle der Veräußerung durch den Insolvenzverwalter ist die insolvenzrechtliche Erwägung, dass der Grundsatz der Gläubigerbefriedigung nach Maßgabe der Regeln des gerichtlichen Verfahrens der InsO durchbrochen wäre, wenn sich die Übernahme der Haftung für rückständige Ansprüche aus den Arbeitsverhältnissen bei der Ermittlung des Kaufpreises für den Betrieb oder Betriebsteil negativ auswirkt (*BAG* 20.11.1984 EzA § 613a BGB Nr. 41; 20.06.2002 EzA § 613a BGB Nr. 211; vgl. insgesamt *Lembke* BB 2007, 1333 ff.). Eine einschränkungslose Übernahme der Haftung für rückständige Verbindlichkeiten aus den Arbeitsverhältnissen aus der Zeit vor Insolvenzeröffnung würde zu einer mit den Grundsätzen des Insolvenzverfahrens nicht zu vereinbarenden ungleichen Lastenverteilung führen, da die übernommene Belegschaft einen neuen zahlungskräftigen Schuldner für die schon entstandenen Ansprüche erhielte und dieser Vorteil letztlich durch die übrigen Gläubiger des Insolvenzverfahrens insoweit zu finanzieren wäre, als die Über- 51

das Konsultationsverfahren durchführt und beendet, bevor er die Massenentlassungsanzeige erstattet und erst danach die Kündigungen ausspricht bzw. die Aufhebungsverträge (§ 17 KSchG gilt auch für Aufhebungsverträge, wenn sie vom Arbeitgeber veranlasst worden sind, vgl. *Lemke/Oberwinter* NJW 2007, 721; KR-*Weigand* § 17 KSchG Rn. 66) abschließt. Des Weiteren müssen noch die allgemeinen Mitwirkungsrechte des Betriebsrats (z.B. §§ 111 ff. BetrVG) beachtet werden. Eine Einigung (z.B. ein Interessenausgleich) mit dem Betriebsrat vor Erstattung der Massenentlassungsanzeige ist allerdings nicht erforderlich (BAG 13.07.2006 NZA 2007, 25; *Bauer/Krieger/Powietzka* DB 2005, 445 [446]; *Lembke/Oberwinter* NJW 2007, 721 [728]). Nach der Rspr. des BAG schließt eine in einem Aufhebungsvertrag enthaltene umfassende Ausgleichsklausel nicht aus, dass der Arbeitnehmer sich nachträglich auf die Unwirksamkeit der Aufhebungsvereinbarung wegen Verstoßes gegen § 17 KSchG beruft (BAG 11.03.1999 EzA § 17 KSchG Nr. 8).

44 Bei der Ermittlung der **regelmäßigen Beschäftigtenzahl** (§ 17 Abs. 1 KSchG), die – ebenso wie die Zahl der zu entlassenden Arbeitnehmer – europarechtlich determiniert ist (*EuGH* 11.11.2015 NZA 2015, 1441), ist nunmehr ebenfalls auf den Zeitpunkt der Entlassung, d.h. den Zugang der Kündigungserklärung, abzustellen (*Bauer/Krieger/Powietzka* DB 2005, 445 [446]; *Lembke/Oberwinter* NJW 2007, 621 [723]). Maßgeblich ist jedoch nicht die tatsächliche Beschäftigtenzahl zu diesem Zeitpunkt, sondern die normale Beschäftigtenzahl des Betriebes, d.h. diejenige Personalstärke, die für den Betrieb im Allgemeinen kennzeichnend ist (BAG 31.07.1986 EzA § 17 KSchG Nr. 3). Auch Leiharbeitnehmer, die über einen längeren Zeitraum in dem Entleiherbetrieb beschäftigt werden, können dort im Zusammenhang mit der Berechnung der Betriebsgröße zu berücksichtigen sein (ErfK/*Kiel* § 17 KSchG Rn. 11; *Fuhlrott/Fabritius* NZA 2014, 122, 124).

45 Die **regelmäßige Sperrfrist** nach § 18 Abs. 1 KSchG beträgt **einen Monat**; sie kann nur mit Zustimmung der Agentur für Arbeit verkürzt werden. Die Zustimmung kann auch rückwirkend bis zum Tage der Antragstellung erteilt werden. Nach der Rechtsprechungsänderung hat die Sperrfrist nunmehr zur Folge, dass die Beendigungswirkung der ausgesprochenen Kündigung oder des vom Arbeitgeber veranlassten Aufhebungsvertrages gehemmt sind, bis die Sperrfrist abgelaufen ist. Eine Rolle spielt dies bei Kündigungsfristen, die kürzer sind als die Sperrfrist. Die Sperrfrist wirkt somit wie eine Mindestkündigungsfrist (*Lembke/Oberwinter* NJW 2007, 721 [726]).

46 Im **Einzelfall** kann die Sperrfrist auf **längstens zwei Monate** verlängert werden (§ 18 Abs. 2 KSchG). Der für die Entscheidung der Agentur für Arbeit nach § 18 Abs. 1 und 2 KSchG zuständige Ausschuss (§ 20 KSchG) hat bei der Festsetzung der Entlassungssperrfrist sowohl das Interesse des Arbeitgebers als auch das der zu entlassenden Arbeitnehmer, das öffentliche Interesse und die Lage des gesamten Arbeitsmarktes unter besonderer Beachtung des Wirtschaftszweiges, dem der Betrieb angehört, zu berücksichtigen (§ 20 Abs. 4 KSchG). § 18 KSchG ist allerdings keine Schutzvorschrift für die Bundesagentur für Arbeit zur Vermeidung von Leistungen an Arbeitslose; sie dient vielmehr dazu, eine Klärung des Sachverhalts sowie Hilfsmaßnahmen zur Vermeidung oder Einschränkung von Entlassungen oder aber auch die alsbaldige Unterbringung der gekündigten Arbeitnehmer in einem Arbeitsverhältnis zu ermöglichen. Nur zur Erreichung dieser Ziele darf daher die Sperrfrist verlängert werden (*BayLSG* 08.08.1985 NZA 1986, 654). In der **Insolvenz** ist danach eine **Verlängerung** der Sperrfrist regelmäßig **ausgeschlossen**. Die Regelung zur sog. »Freifrist« des § 18 Abs. 4 KSchG ist nach dem nunmehrigen Begriffsverständnis zur »Entlassung« obsolet.

47 Auch die in der Praxis häufig anzutreffende **Zustimmung zur Massenentlassung unter Auflagen**, insbesondere unter der Auflage der Zahlung einer Abfindung, erscheint im Insolvenzausfall nicht ermessensgerecht (vgl. *Hess* KO, § 22 Rn. 477 ff.). *Hess* weist zu Recht darauf hin, dass das Landesarbeitsamt (jetzt: Agentur für Arbeit) sein Ermessen grds. nur dann richtig ausübt, wenn es darauf achtet, dass die Sperrfrist nicht länger als die zu beachtenden Kündigungsfristen läuft. Des Weiteren ist die Arbeitsverwaltung bei Massenentlassungen nicht berechtigt, ihre Zustimmung von Auflagen abhängig zu machen, die die Masse über Gebühr belasten und die bereits in der InsO durch Anerkennung von Arbeitnehmerforderungen als Masseschulden berücksichtigt sind.

walter das Arbeitsverhältnis ohne Rücksicht auf einen vereinbarten Ausschluss des Rechts zur ordentlichen Kündigung gem. § 113 S. 1 InsO kündigen kann.

Der Insolvenzverwalter ist bei Ausspruch einer außerordentlichen Kündigung an die **2-Wochen-Frist** 38
des § 626 Abs. 2 BGB gebunden (KR-*Weigand* §§ 113, 120 ff. InsO Rn. 78; *Nerlich/Römermann-Hamacher* InsO, § 133 Rn. 214). Für den Lauf der Frist ist der Zeitpunkt der Kenntniserlangung des Insolvenzverwalters als Kündigungsberechtigtem entscheidend. Da der Insolvenzverwalter mit Übernahme seines Amtes lediglich in die Rechte und Pflichten des Schuldners eintritt, muss er allerdings bei einem vor Insolvenzeröffnung liegenden wichtigen Kündigungsgrund dartun und ggf. beweisen, dass die Kündigung nicht bereits durch eine frühere Kenntnis des Schuldners vom Kündigungssachverhalt verfristet ist (KR-*Weigand* §§ 113, 120 ff. InsO Rn. 78, unter Hinw. auf *LAG Stuttgart* 18.12.1980 – 11 Sa 86/80).

V. Massenentlassung in der Insolvenz

Der dritte Abschnitt des Kündigungsschutzgesetzes regelt das von dem Arbeitgeber zu beachtende 39
Verfahren bei Massenentlassungen. Der Arbeitgeber ist unter den Voraussetzungen der §§ 17 ff. KSchG verpflichtet, der Agentur für Arbeit **Anzeige** zu erstatten. Entlassungen, die nach § 17 KSchG anzuzeigen sind, werden vor Ablauf eines Monats nach Eingang der Anzeige bei der Agentur für Arbeit nur mit deren Zustimmung wirksam; die Zustimmung kann auch rückwirkend bis zum Tage der Antragstellung erteilt werden (s. zum Verfahren auch die Durchführungsanweisungen [DA] der Bundesagentur für Arbeit zum Dritten und Vierten Abschnitt des Kündigungsschutzgesetzes).

Die Vorschriften der §§ 17 ff. KSchG verfolgen einen **arbeitsmarktpolitischen Zweck** (*BAG* 40
20.01.2016 NZA 2016, 490), **haben jedoch auch individualschützende Wirkung**. Eine Kündigung, vor deren Ausspruch eine Anzeige oder eine Beteiligung des Betriebsrats beispielsweise unterlassen wurde, ist unwirksam (*BAG* 21.02.2013 NZA 2013, 966).

Der **Insolvenzverwalter** unterliegt den Anzeige- und Unterrichtungspflichten nach den §§ 17 ff. 41
KSchG ebenso wie der Schuldner (*BAG* 18.01.2012 NZA 2012, 817; *BSG* 05.12.1978 DB 1979, 1283; KR-*Weigand* §§ 113, 120 ff. InsO Rn. 79). Die Insolvenzordnung lässt die Anzeigepflicht bei Massenentlassungen nach § 17 KSchG unberührt. Lediglich in § 125 InsO ist bestimmt, dass der Interessenausgleich nach § 125 Abs. 1 InsO die Stellungnahme des Betriebsrats nach § 17 Abs. 3 Satz 2 KSchG ersetzt.

Die Massenentlassungsanzeige ist **schriftlich** unter Beifügung der Stellungnahme des Betriebsrats zu 42
den Entlassungen zu erstatten (§ 17 Abs. 3 Satz 1 KSchG). **Telefax** ist zur Erfüllung der Schriftform ausreichend (*Kittner/Däubler/Zwanziger* § 17 KSchG Rn. 40 unter Hinweis auf *BAG* 24.06.1986 DB 1987, 183). Im Insolvenzfalle ist der Verwalter für die Anzeigenerstattung zuständig (*BSG* 21.03.1978 BSGE 46, 99; *LAG Hamm* 21.05.1985 ZIP 1986, 246).

Die Anzeige ist **rechtzeitig** vor den Entlassungen zu erstatten. Die bisherige ständige Rechtsprechung 43
des BAG, wonach unter »Entlassung« die rechtliche Beendigung des Arbeitsverhältnisses und nicht die Kündigungserklärung des Arbeitgebers zu verstehen ist (vgl. nur *BAG* 13.04.2000 NZA 2001, 144; 18.09.2003 BAGE 107, 318; 24.02.2005 NZA 2005, 766), ist durch Urteil des *EuGH* vom 27.01.2005 (Rs. C-188/01, NZA 2005, 213 [»Junk«]), dem nunmehr auch das BAG folgt (*BAG* 23.03.2006 NJW 2006, 313; 13.07.2006 NZA 2007, 25), obsolet geworden (zur Frage des Vertrauensschutzes für Massenentlassungen vor der Rechtsprechungsänderung vgl. *BAG* 23.03.2006 NJW 2006, 313; 13.07.2006 NZA 2007, 25; *Berkowsky* NZA-RR 2007, 169, 179; *Lembke/Oberwinter* NJW 2007, 721 [722 f.]; KR-*Weigand* § 17 KSchG Rn. 166 ff.). Danach ist unter »Entlassung« i.S.d. § 17 KSchG die Kündigungserklärung zu verstehen, so dass nunmehr maßgeblicher Zeitpunkt der Zugang der Kündigungserklärung ist (*Lembke/Oberwinter* NJW 2007, 721; **a.A.** *Bauer/Krieger/Powietzka* BB 2006, 2023 [2025]: Ausspruch der Kündigungserklärung). Auch vom Insolvenzverwalter veranlasste Aufhebungsverträge sind Entlassungen i.S.d. § 17 KSchG und können daher die Anzeigepflicht auslösen. Für den Insolvenzverwalter hat dies zur Folge, dass er nunmehr zunächst

verhältnis aus in seiner Person oder in seinem Verhalten liegenden Gründen belastet bzw. verletzt, nur unter Einhaltung vertraglich oder tariflich vereinbarter längerer Kündigungsfristen gekündigt werden könnte. Schließlich kommt hinzu, dass auch dort, wo aus personen- bzw. verhaltensbedingten Gründen eine Kündigung möglich ist, dies nach Sinn und Zweck des Gesetzes in der ggf. kürzeren gesetzlichen Frist zur Entlastung der Masse möglich sein muss (*Hess* KO, § 22 Rn. 542). Schon nach altem Recht durfte deshalb der Insolvenzverwalter mit gesetzlicher Frist aus personen- und verhaltensbedingten Gründen kündigen.

33 § 113 InsO ändert hieran nichts. Die Vorschrift soll im Hinblick auf die Interessen der Gläubiger eine kurzfristige Personalreduzierung möglich machen. Dieses Interesse gilt für alle Kündigungen ungeachtet ihrer Begründung (so auch *Obermüller/Hess* InsO, Rn. 558).

IV. Außerordentliche Kündigung in der Insolvenz

34 Die Befugnis zur außerordentlichen Kündigung des Arbeitsverhältnisses richtet sich auch in der Insolvenz nach § 626 BGB. Insbesondere bildet die Insolvenzeröffnung als solche keinen wichtigen Grund für eine fristlose Kündigung (*BAG* 23.01.2014 NZA 2014, 895; 24.01.2013 NZA 2013, 959; 25.10.1968 EzA § 626 BGB Nr. 10; *LAG Hamm* 18.05.2004 DZWIR 2004, 508). Wenn die Insolvenzeröffnung zur Kündigung eines Arbeitsverhältnisses ausdrücklich nur mit der dreimonatigen Kündigungsfrist berechtigt, dann kann sie nicht gleichzeitig noch als Grund zur fristlosen Kündigung dienen. Nach Insolvenzeröffnung kann ein Arbeitsverhältnis nur dann fristlos gekündigt werden, wenn außer ihr ein anderer Grund vorliegt, der wichtig genug ist, eine fristlose Kündigung zu rechtfertigen. Dies soll etwa dann der Fall sein, wenn sich der weiterbeschäftigte Arbeitnehmer vor oder nach Eröffnung der Insolvenz untreu verhalten hat (*BAG* 25.10.1968 EzA § 626 BGB Nr. 10).

35 Die Kenntnis eines Insolvenzverwalters, den Arbeitnehmer mit hoher Wahrscheinlichkeit nicht mehr aus der Masse bezahlen zu können, macht jenem die Fortsetzung des Arbeitsverhältnisses noch nicht unzumutbar. Wenn der Arbeitnehmer bei der Abwicklung der Insolvenz wegen der sich aus der Weiterbeschäftigung ergebenden Forderungen gegenüber anderen Gläubigern bevorzugt wird, so beruht dies auf der ausdrücklichen gesetzlichen Regelung, ist somit gerechtfertigt.

36 Nach einer Entscheidung des *LG Siegen* (24.09.1985 ZIP 1985, 1282) ist die fristlose Kündigung eines Gesellschafter-Geschäftsführers in der Insolvenz der GmbH zulässig, wenn dem Insolvenzverwalter die Fortsetzung des Dienstverhältnisses nicht zugemutet werden kann. Dies soll dann der Fall sein, wenn bei einer Betriebsaufspaltung in der Insolvenz der Geschäftsführer durch Fortsetzung seiner Tätigkeit für die schuldnerische Betriebsgesellschaft mit der gleichzeitigen Tätigkeit als Geschäftsführer der Besitzgesellschaft in Interessenkollision geraten würde. Ebenso unzumutbar ist die Fortführung des Dienstverhältnisses eines GmbH-Geschäftsführers, wenn dieser die Insolvenz schuldhaft verschleppt hat. Auch in diesem Fall ist eine außerordentliche Kündigung gerechtfertigt (*BGH* 20.06.2005 NJW 2005, 174).

37 Die **Betriebsstilllegung** rechtfertigt in aller Regel nur eine ordentliche Kündigung. Dies ergibt sich aus § 1 Abs. 2 KSchG, dem ultima-ratio-Prinzip und dem Grundsatz, dass der Arbeitgeber nicht das Wirtschaftsrisiko auf den Arbeitnehmer abwälzen darf. Das BAG hatte aber zum früheren Recht mit Zustimmung der h.M. im Schrifttum entschieden, dass ausnahmsweise auch eine Betriebsstilllegung geeignet sein kann, eine außerordentliche Kündigung zu rechtfertigen (*BAG* 28.03.1985 NJW 1985, 2606; 08.10.1957 BAGE 5, 20; 12.09.1974 EzA § 1 TVG Nr. 3 Auslegung; KR-*Fischermeier* § 626 BGB Rn. 158 m.w.N.). Genießt der Arbeitnehmer Sonderkündigungsschutz und ist die ordentliche Kündigung des Arbeitsverhältnisses ausgeschlossen, kann sich der Arbeitgeber nur unter besonders strengen Voraussetzungen von dem übernommenen Beschäftigungs- und Wirtschaftsrisiko lösen. Nach dem *BAG* (18.6.2015 NZA 2015, 1315; 20.6.2013 NZA 2014, 139) erfordert eine außerordentliche betriebsbedingte Kündigung eine längerfristige »Sinnentleerung« des Arbeitsverhältnisses trotz der intensiven Bemühungen des Arbeitgebers um eine Beschäftigung des Arbeitnehmers. In der Insolvenz dürfte dieser Argumentation jedoch der Boden entzogen sein, da der Insolvenzver-

walter ein dringendes betriebliches Erfordernis bestehen, und für den Arbeitnehmer müssen die geänderten Bedingungen zumutbar sein (vgl. *BAG* 20.03.1986 AP Nr. 14 zu § 2 KSchG 1969).

Nach wohl h.M. soll es für die Beurteilung der sozialen Rechtfertigung einer Änderungskündigung durchaus von Belang sein, dass der Insolvenzverwalter nicht die Beendigung des Arbeitsverhältnisses, sondern nur dessen inhaltliche Veränderung anstrebt. Die im Vergleich zum Verlust des Arbeitsplatzes lediglich geforderte Änderung der Arbeitsbedingungen soll dem Arbeitnehmer danach eher zugemutet werden können (*Hillebrecht* ZIP 1985, 257 ff.; *BAG* 07.06.1973 AP Nr. 1 zu § 626 BGB Änderungskündigung). 26

Die Unrentabilität des Betriebes ohne weitere Rationalisierungsmaßnahmen kann ein Grund für eine betriebsbedingte Änderungskündigung sein, wenn durch die Senkung der Personalkosten die Stilllegung des Betriebes oder die Reduzierung der Belegschaft verhindert werden kann und soll (*BAG* 20.03.1986 AP Nr. 14 zu § 2 KSchG 1969 unter Hinweis auf *Hillebrecht* ZIP 1985, 257). 27

Entsprechend der stets zu wahrenden Verhältnismäßigkeit muss aber in jedem Fall auch geprüft werden, ob weniger einschneidende Maßnahmen als dauerhafte Lohn- oder Zulagenkürzungen zur Behebung der Existenzkrise ausreichen, etwa eine stufenweise Kürzung oder eine zeitweise Aussetzung von Zuschlagszahlungen (vgl. *LAG Köln* 30.11.1989 LAGE § 12 KSchG Nr. 10). Regelmäßig ist daher ein Sanierungsplan vorzulegen, der alle gegenüber der beabsichtigten Änderungskündigung milderen Mittel ausschöpft (*BAG* 23.05.2005 NZA 2006, 92; 12.01.2006 NZA 2006, 587; 01.03.2007 DB 2007, 1413). 28

Ausdrücklich mit einem **Freiwilligkeitsvorbehalt** versehene übertarifliche Ansprüche können vom Insolvenzverwalter grds. eingestellt werden (*Kania* DStR 1996, 823 f.). Zu beachten ist jedoch die immer restriktivere Rspr. hinsichtlich der Wirksamkeit von Freiwilligkeitsvorbehalten (*BAG* 14.09.2011 EzA § 307 BGB 2002 Nr. 54; *LAG Köln* 17.09.2012 JurionRS 2012, 32081). Ermessensboni oder Boni, die (auch) von dem Unternehmenserfolg abhängen, können im Rahmen billigen Ermessens reduziert oder ggf. sogar gestrichen werden (*BAG* 03.08.2016 EzA § 315 BGB 2002 Nr. 3; 19.03.2014 EzA § 611 BGB 2002 Gratifikation, Prämie Nr. 39). 29

Auch die vorherige Einführung von Kurzarbeit schließt den Ausspruch von Änderungs- und Beendigungskündigungen nicht aus. Die Einführung der Kurzarbeit spricht zunächst zwar indiziell dafür, dass der Insolvenzverwalter nur von einem vorübergehenden Arbeitsmangel ausgegangen ist, der eine betriebsbedingte Kündigung nicht rechtfertigen kann. Dieses Indiz kann jedoch der nach § 1 Abs. 2 Satz 4 KSchG beweisbelastete Insolvenzverwalter durch konkreten Sachvortrag entkräften, wonach eine Beschäftigungsmöglichkeit für einzelne von der Kurzarbeit betroffene Arbeitnehmer auf Dauer entfallen ist (*BAG* 26.06.1997 EzA § 1 KSchG Betriebsbedingte Kündigung Nr. 93). 30

III. Personen- und verhaltensbedingte Kündigung in der Insolvenz

Zum früheren Recht (§ 22 KO) war streitig, ob die Verkürzung der Kündigungsfrist auf das gesetzliche Maß auch für eine personen- oder verhaltensbedingte Kündigung galt. *Grunsky* (RWS Script Nr. 86, S. 29) lehnte dies unter Hinweis auf den mit der Vorschrift verfolgten Zweck ab. § 22 KO wolle dem Insolvenzverwalter eine Anpassung des Personalbestandes an die veränderte wirtschaftliche Lage des Betriebes ermöglichen, wobei es sich um eine Sonderregelung ausschließlich für betriebsbedingte Kündigungen handele. Soweit für die Kündigung keine betriebliche Notwendigkeit bestehe, soll der Insolvenzverwalter an dieselben Kündigungsgrenzen wie der Gemeinschuldner gebunden sein. § 22 KO sei insoweit restriktiv auszulegen, d.h. die Kündigungsfrist reduziere sich nicht auf die gesetzlich vorgesehene Dauer. 31

Nach der zutreffenden Gegenmeinung (*Hess* KO, § 22 Rn. 542) lässt sich dem Gesetzeswortlaut eine Beschränkung auf ausschließlich betriebsbedingte Kündigungen nicht entnehmen. Des Weiteren führte die Reduzierung des Anwendungsbereichs der Norm auf ausschließlich betriebsbedingte Kündigungen zu einem Wertungswiderspruch. Der betriebstreue Arbeitnehmer könnte danach nämlich mit der ggf. verkürzten Frist gekündigt werden, während derjenige, der das Arbeits- 32

zeichneten Grunddaten, muss der Insolvenzverwalter keine weiteren Kriterien berücksichtigen, so dass ein zulässiges Punkteschema auch keine individuelle Abschlussprüfung zur Vermeidung unbilliger Härten vorsehen muss (*BAG* 09.11.2006 NZA 2007, 549; anders noch *BAG* 07.12.1995 EzA § 1 KSchG Soziale Auswahl Nr. 35). Andererseits schließt die Verwendung eines Punkteschemas eine gewisse »Handsteuerung« durch den Arbeitgeber nicht generell aus (*BAG* 29.01.2015 EzA § 1 KSchG Soziale Auswahl Nr. 87). Erfolgt die Sozialauswahl anhand eines zulässigen Punkteschemas, kann der Arbeitnehmer nicht mit Erfolg eine fehlerhafte Anwendung des Punkteschemas rügen, wenn er auch bei einer korrekten Sozialauswahl zur Kündigung angestanden hätte (*BAG* 09.11.2006 NZA 2007, 549; anders die bis dahin st. Rspr. des BAG, vgl. nur *BAG* 18.01.1990 BAGE 64, 34).

20 Bei der individuellen Abschlussprüfung der Auswahl darf der Insolvenzverwalter das Angebot eines sozial schutzwürdigeren und deshalb nicht zur Kündigung vorgesehenen Arbeitnehmers berücksichtigen, für den Fall einer Weiterbeschäftigung seines zur Kündigung vorgesehenen Sohnes auf seinen Arbeitsplatz zu verzichten, weil im Verhältnis des Vaters zum Sohn letzterer vorrangig zum Unterhalt verpflichtet ist (§ 106 BGB).

21 Nimmt der Insolvenzverwalter ein solches Angebot an, begründet die Weiterbeschäftigung des Sohnes i.d.R. nicht die Sozialwidrigkeit anderer Kündigungen aus dem Gesichtspunkt einer fehlerhaften Sozialauswahl (*BAG* 07.12.1995 EzA § 1 KSchG Soziale Auswahl Nr. 35).

22 Nach § 125 InsO wird das **Kündigungsschutzgesetz** bei der Durchführung von **Betriebsänderungen** i.S.d. § 111 BetrVG modifiziert. Kommt ein Interessenausgleich zustande, in dem die **Arbeitnehmer**, denen gekündigt werden soll, **namentlich bezeichnet sind**, gilt eine **Vermutung**, dass dringende betriebliche Erfordernisse der Weiterbeschäftigung entgegenstehen. Des Weiteren kann die **soziale Auswahl** nur im Hinblick auf die Dauer der Betriebszugehörigkeit, das Lebensalter und die Unterhaltspflichten und die Schwerbehinderung und auch insoweit nur auf **grobe Fehlerhaftigkeit** nachgeprüft werden. Die Beschränkung der Überprüfungsmöglichkeit bei der Sozialauswahl bezieht sich hierbei nicht nur auf die Sozialindikatoren und deren Gewichtung, sondern auch bereits auf die Bildung der auswahlrelevanten Gruppe; auch dabei entscheidet nur »grobe Fahrlässigkeit« (vgl. *LAG Köln* 01.08.1997 LAGE § 1 KSchG Interessenausgleich Nr. 1 zu dem mit § 125 inhaltsgleichen § 1 Abs. 5 Satz 1 KSchG n.F.; bestätigt durch *BAG* 07.05.1998 EzA § 1 KSchG Interessenausgleich Nr. 5).

23 Ein weiterer Unterschied bei der Durchführung von Betriebsänderungen in und außerhalb der Insolvenz besteht in Folgendem:

24 Außerhalb der Insolvenz darf der Insolvenzverwalter nur solche Arbeitnehmer aus der Sozialauswahl herausnehmen, die er zur Sicherung einer ausgewogenen Personalstruktur des Betriebes benötigt. Im Gegensatz dazu bestimmt § 125 InsO, dass es nicht als grob fehlerhaft anzusehen ist, wenn eine ausgewogene **Personalstruktur erhalten** bzw. **geschaffen** wird (§ 125 Abs. 1 Nr. 2 InsO). In der Insolvenz ist es daher auch möglich, eine nach Leistungsstärke und Altersstruktur gleichwertige Belegschaft (erstmals) zu schaffen. Durch das legitime Ziel der Sanierung eines insolventen Unternehmens ist die Möglichkeit der Korrektur einer Personalstruktur gerechtfertigt; die Gerichte müssen allerdings die Vereinbarkeit der konkreten Altersgruppenbildung mit § 10 AGG prüfen (*BAG* 19.12.2013 EzA § 125 InsO Nr. 12).

II. Änderungskündigung in der Insolvenz

25 Trifft der Insolvenzverwalter die Entscheidung, den Betrieb ganz oder teilweise fortzuführen, so ist dies regelmäßig nur dann möglich, wenn die fortzuführende Einheit umorganisiert und neu ausgerichtet wird. Dies wiederum bedingt regelmäßig die Änderung der Arbeitsbedingungen der Beschäftigten. Da die Eröffnung des Insolvenzverfahrens aber auf den Inhalt und Bestand des Arbeitsverhältnisses ohne Einfluss ist, kann die Änderung der Arbeitsbedingungen nur nach den allgemeinen Regeln durchgeführt werden. Insbesondere wird das Direktionsrecht des Arbeitgebers durch die Eröffnung des Insolvenzverfahrens nicht erweitert. Es muss deshalb für den Insolvenzver-

sozialen Auswahl geführt haben. In die soziale Auswahl sind aber Arbeitnehmer nicht einzubeziehen, deren Weiterbeschäftigung, insbesondere wegen ihrer Kenntnisse, Fähigkeiten und Leistungen oder zur Sicherung einer ausgewogenen Personalstruktur des Betriebes im berechtigten betrieblichen Interesse liegt (§ 1 Abs. 3 Satz 2 KSchG).

Die Pflicht zur ordnungsgemäßen Sozialauswahl gilt auch bei **Massenentlassungen** und bei einer **etappenweisen Betriebsstilllegung**, bei der die sozial schutzwürdigsten Arbeitnehmer grds. mit den Restarbeiten zu beschäftigen sind und zuletzt aus dem Betrieb ausscheiden (*BAG* 10.01.1994 NJW 1994, 2246). Von einer etappenweisen Betriebsstilllegung ist allerdings nicht auszugehen, wenn der Arbeitgeber die werbende Tätigkeit mit sofortiger Wirkung einstellt, allen Arbeitnehmern gleichzeitig kündigt und einzelne Arbeitnehmer während der Kündigungsfristen nur noch mit Abwicklungsarbeiten beschäftigt (*BAG* 18.01.2007 DB 2009, 1078). 15

Im Unterschied zu der unternehmensbezogenen Möglichkeit der anderweitigen Beschäftigung nach § 1 Abs. 2 KSchG ist die soziale Auswahl **betriebsbezogen** (*BAG* 05.06.2014 NZA 2015, 832; abzulehnen ist *LAG Köln* 11.04.2011 – 2 Sa 1420/10, jurisPR-ArbR 9/2012, wonach in einer Krisensituation zwecks Vermeidung eines Versetzungskarussels ein sachlicher Grund bestehe, die Vergleichbarkeit von Mitarbeitern verschiedener Betriebsabteilungen abzulehnen). 16

Unterhalten mehrere Unternehmen einen **Gemeinschaftsbetrieb**, ist die Sozialauswahl unternehmensübergreifend innerhalb dieses Betriebs durchzuführen (*BAG* 05.05.1994 EzA § 1 KSchG 1969 Soziale Auswahl Nr. 31). Wird der Gemeinschaftsbetrieb **aufgelöst**, so erlischt jedoch auch die Pflicht zur unternehmensübergreifenden Sozialauswahl (*BAG* 13.09.1995 EzA § 1 KSchG Nr. 48). 17

Die sozialen Gesichtspunkte i.S.d. § 1 Abs. 3 Satz 1 KSchG sind **arbeitsplatzbezogen**. In den sozialauswahlrelevanten Personenkreis sind alle **vergleichbaren** Arbeitnehmer einzubeziehen. Die Vergleichbarkeit wird nur auf derselben hierarchischen Ebene »horizontal« im Betrieb geprüft. Der Insolvenzverwalter hat weder einen geringer bewerteten Arbeitsplatz, der mit einem sozial stärkeren Arbeitnehmer besetzt ist, »freizukündigen« und damit ggf. eine Kündigungskette »nach unten« in Gang zu setzen, noch besteht die Pflicht, dem Arbeitnehmer eine **Beförderungsstelle** anzubieten (vgl. *BAG* 23.02.2010 EzA § 15 n.F. KSchG Nr. 66; 29.03.1990 NZA 1991, 181). Verlagert allerdings der Insolvenzverwalter Beschäftigungsmöglichkeiten von einem Betrieb des Unternehmens in einen anderen, so genießt das Arbeitsverhältnis des bisherigen Arbeitsplatzinhabers auch dann Bestandsschutz (§ 1 Abs. 2 und 3 KSchG), wenn die Arbeit **höher vergütet** wird, sofern sie nur dieselbe oder **zumindest ganz überwiegend gleich geblieben** ist (*BAG* 05.10.1995 – 1 AZR 269/95 – im Anschluss an *BAG* 10.11.1994 EzA § 1 KSchG Betriebsbedingte Kündigung Nr. 77). Nach ständiger Rspr. des BAG ist ein Arbeitsplatz vergleichbar i.S.d. § 1 Abs. 3 KSchG, wenn der Insolvenzverwalter den Arbeitnehmer dort aufgrund seines Weisungsrechts ohne Änderung des Arbeitsvertrages weiterbeschäftigen kann (*BAG* 15.06.1989 AP Nr. 18 zu § 1 KSchG 1969 Soziale Auswahl = NZA 1990, 226 f.; 29.03.1990 NZA 1991, 181 f.; 15.12.1994 NZA 1995, 521 f.). 18

Entgegen der früheren Rspr. des *BAG* (DB 1983, 1822 ff.) können die zu berücksichtigenden Sozialdaten Betriebszugehörigkeit, Lebensalter, Unterhaltspflichten und Schwerbehinderung (zur diesbezüglichen Reihenfolge nach altem Recht vgl. *BAG* 18.10.1984 EzA § 1 KSchG Betriebsbedingte Kündigung Nr. 34; zur Problematik weiterhin *Bader* NZA 1996, 1125 [1127] u. *Löwisch* NZA 1996, 1009 [1010]) bei der Vorauswahl auch in ein **Punkteschema** eingebracht werden (*BAG* 18.01.1990 EzA § 1 KSchG Soziale Auswahl Nr. 28). Bei der Festlegung der Punktwerte der Auswahlkriterien Alter, Betriebszugehörigkeit, Unterhaltspflicht und Schwerbehinderung steht den Betriebspartnern ein **Beurteilungsspielraum** zu. Dieser ist noch gewahrt, wenn Alter und Betriebszugehörigkeit im Wesentlichen gleich bewertet werden. Auch nach Inkrafttreten des AGG ist die Berücksichtigung des Alters bei der Sozialauswahl ein zulässiges Auswahlkriterium (*BAG* 06.11.2008 EzA § 1 KSchG Soziale Auswahl Nr. 8; *Bauer/Krieger* NZA 2007, 674). Dies ergibt sich bereits aus der Ausnahmevorschrift des § 2 Abs. 4 AGG, wonach für Kündigungen ausschließlich die Bestimmungen zum allgemeinen und besonderen Kündigungsschutz gelten. Neben den vier im Gesetz ausdrücklich be- 19

mittelbaren Ausdruck darin findet, dass der Unternehmer die bisherige wirtschaftliche Betätigung in der ernstlichen Absicht einstellt, die Weiterverfolgung des bisherigen Betriebszwecks oder -teilzwecks dauernd oder für eine ihrer Dauer nach unbestimmte, wirtschaftlich nicht unerhebliche Zeitspanne nicht weiter zu verfolgen (*BAG* 09.02.1994 AP Nr. 105 zu § 613a BGB; *LAG Köln* 09.01.2007 AuR 2007, 227 [LS]).

11 Dabei ist der Insolvenzverwalter nicht gehalten, die Kündigung erst nach Durchführung der Stilllegung auszusprechen. Eine Kündigung aus Anlass einer **geplanten Betriebsstilllegung** ist wegen dringender betrieblicher Erfordernisse schon dann sozial gerechtfertigt, wenn die **betrieblichen Umstände** bereits **greifbare Formen** angenommen haben und eine vernünftige, betriebswirtschaftliche Betrachtung die Prognose rechtfertigt, dass bis zum Ablauf der Kündigungsfrist der gekündigte Arbeitnehmer entbehrt werden kann (*BAG* 21.05.2015 NZG 2016, 35; 20.06.2013 NZA 2013, 1137). Die Ernsthaftigkeit und Endgültigkeit der Betriebsstilllegungsabsicht erfordert nicht, dass diese Absicht dem eigenen Wunsch des Unternehmens entspricht. Sieht sich der Unternehmer zu dem Entschluss durch außerbetriebliche Umstände gezwungen, so ist auch unschädlich, wenn er sich vorbehält, seinen Entschluss dann nicht zu verwirklichen, wenn sich die Verhältnisse wider Erwarten anders als bei vernünftiger Betrachtung vorhersehbar entwickeln (*BAG* 27.02.1987 DB 1987, 1896). Allein die Eröffnung des Insolvenzverfahrens bietet jedoch keinen hinreichend verlässlichen Anhaltspunkt für die Ernsthaftigkeit eines Stilllegungsbeschlusses (*BAG* 16.02.2012 NZA 2012, 999).

12 Eine Stilllegungsabsicht liegt nicht vor, wenn die Veräußerung des Betriebes beabsichtigt wird. Die Veräußerung des Betriebes allein ist, wie sich aus der Wirkung des § 613a BGB ergibt, keine Betriebsstilllegung, weil die Identität des Betriebs gewahrt bleibt und lediglich ein Betriebsinhaberwechsel stattfindet (*BAG* 15.02.1984 AP Nr. 39 zu § 613a BGB B III 2 der Gründe; 06.04.2006 NJW 2006, 2138). Die Betriebsstilllegung wie auch die Stilllegung eines Teilbetriebes ist eine Unternehmerentscheidung, die durch die Arbeitsgerichte grds. nicht auf ihre Notwendigkeit und Zweckmäßigkeit hin zu überprüfen ist, sondern ausschließlich der **Willkürkontrolle** unterliegt (*BAG* 20.11.2014 NZA 2015, 679). Die Unternehmerentscheidung unterliegt auch keinem Formzwang und bedarf bei einem mehrköpfigen Entscheidungsgremium keines förmlichen Beschlusses (*BAG* 31.07.2014 NZA 2015, 101). Die Gerichte für Arbeitssachen sind aber zur Überprüfung befugt, ob überhaupt eine Unternehmerentscheidung getroffen wurde (*BAG* 20.02.1986 DB 1986, 2236). Die Kündigung selbst ist keine Unternehmerentscheidung i.S.d. KSchG, sondern setzt diese voraus. Anderenfalls würde das KSchG keinen Bestandsschutz gewähren, da der Arbeitgeber stets die ausgesprochene Kündigung erfolgreich mit dem Hinweis verteidigen könnte, die Kündigung sei eine nicht zu überprüfende Unternehmerentscheidung.

13 Wenn sich der Insolvenzverwalter auf außerbetriebliche oder innerbetriebliche Umstände beruft, darf er sich nicht auf schlagwortartige Umschreibungen beschränken. Er muss seine **tatsächlichen Angaben** vielmehr so im Einzelnen **darlegen**, dass sie vom Arbeitnehmer mit Gegentatsachen bestritten und vom Gericht überprüft werden können. Vom Insolvenzverwalter ist darüber hinaus insbesondere darzulegen, wie sich die von ihm behaupteten Umstände unmittelbar oder mittelbar auf den Arbeitsplatz des gekündigten Arbeitnehmers auswirken. Der Vortrag des Insolvenzverwalters muss erkennen lassen, ob durch eine innerbetriebliche Maßnahme oder durch einen außerbetrieblichen Anlass das Bedürfnis an der Tätigkeit des gekündigten Arbeitnehmers wegfällt (*BAG* 30.05.1985 EzA § 1 KSchG Betriebsbedingte Kündigung Nr. 36; zum Umfang der Darlegungs- und Beweislast des Arbeitgebers für die dringenden betrieblichen Erfordernisse sowie die Voraussetzungen einer Betriebsstilllegung: *BAG* 03.10.1985 KTS 1986, 340).

2. Sozialauswahl

14 Ist die Kündigung aus dringenden betrieblichen Erfordernissen notwendig, so bleibt sie gleichwohl sozial ungerechtfertigt, wenn der Insolvenzverwalter bei der Auswahl des Arbeitnehmers die Sozialauswahlkriterien **Dauer der Betriebszugehörigkeit, Lebensalter, Unterhaltspflichten** und **Schwerbehinderung** des Arbeitnehmers nicht oder nicht ausreichend berücksichtigt hat. Der Insolvenzverwalter hat auf Verlangen des Arbeitnehmers diesem die Gründe anzugeben, die zu der getroffenen

(§§ 17, 18 KSchG) sowie die insolvenzspezifischen Regeln in den §§ 113 und 120 bis 122 sowie 125 bis 128 InsO.

B. Geltung des Kündigungsschutzgesetzes in der Insolvenz

Bei einer Kündigung nach § 113 InsO sind die **Vorschriften des KSchG zu beachten** (*BAG* 28.10.2004 EzA § 1 KSchG Soziale Auswahl Nr. 56; 05.12.2002 ZInsO 2003, 480; 16.09.1982 EzA § 1 KSchG Betriebsbedingte Kündigung Nr. 18). § 113 InsO räumt dem Insolvenzverwalter **kein Sonderkündigungsrecht** wegen der Insolvenz ein. Allein das Fehlen ausreichender finanzieller Mittel für eine Betriebsfortführung stellt noch keinen Kündigungsgrund i.S.d. Kündigungsschutzgesetzes dar (*BAG* 05.12.2002, NZA 2003, 789). 5

Teilweise wurde demgegenüber in der Literatur vertreten, dass die Anwendung des KSchG und in der Folge die Überprüfung der Wirksamkeit einer Kündigung voraussetze, dass der Betrieb nach der Insolvenzeröffnung wenigstens vorübergehend ganz oder teilweise weitergeführt werde (*Kuhn/Uhlenbruck* KO, § 22 Rn. 19). Richtigerweise kann allerdings die Anwendbarkeit des Kündigungsschutzgesetzes in der Insolvenz nicht mit dem Argument verneint werden, die Kündigung sei ohne weiteres sozial gerechtfertigt, weil der Betrieb nach Insolvenzeröffnung überhaupt nicht mehr weitergeführt worden ist. Mit der h.M. ist deshalb von der uneingeschränkten Anwendbarkeit des KSchG in der Insolvenz auszugehen. Bei der Bestimmung der Betriebsgröße i.S.d. § 23 Abs. 1 Satz 3 KSchG sind nach der Rechtsprechung des BAG **Leiharbeitnehmer** dann zu berücksichtigen, wenn ihr Einsatz auf einem »in der Regel vorhandenen Personalbedarf beruht«. Zeiten außergewöhnlich hohen oder niedrigen Beschäftigungsbedarfs sind dabei nicht zu berücksichtigen (*BAG* 24.01.2013 ZIP 2013, 1442). Für den Insolvenzfall dürfte aber regelmäßig eine Berücksichtigung ausscheiden. 6

Für den **Abschluss befristeter Arbeitsverträge** ist auch in der Insolvenz § 14 TzBfG maßgeblich. Die Insolvenzabwicklung als solche stellt keinen derartigen Sachgrund dar. Auch reicht der pauschale Hinweis des Insolvenzverwalters, er müsse bei der Abwicklung flexibel reagieren können und außerdem möglichst masseschonend handeln, hierfür nicht aus (*LAG Düsseldorf* 08.03.1994 DB 1994, 1880; KR-*Lipke* § 14 TzBfG Rn. 83). Sachlich begründet ist aber etwa die befristete Einstellung eines Arbeitnehmers in der Insolvenz, wenn dies für die Abwicklungsarbeiten notwendig ist. Unter den Voraussetzungen des § 14 Abs. 2 TzBfG ist auch in der Insolvenz eine sachgrundlose Befristung möglich (KR-*Lipke* § 14 TzBfG Rn. 215). 7

I. Betriebsbedingte Kündigung in der Insolvenz

Gem. § 1 KSchG ist eine Kündigung in der Insolvenz nur dann sozial gerechtfertigt und damit rechtswirksam, wenn sie durch dringende betriebliche Erfordernisse, die einer Weiterbeschäftigung des Arbeitnehmers im Betrieb entgegenstehen, bedingt ist, eine Weiterbeschäftigung auf einem anderen Arbeitsplatz in demselben Betrieb oder in einem anderen Betrieb des Unternehmens nicht möglich ist und schließlich der Insolvenzverwalter bei der Auswahl des Arbeitnehmers soziale Gesichtspunkte ausreichend berücksichtigt hat. 8

1. Dringende betriebliche Erfordernisse

Die **Stilllegung** des gesamten Betriebes stellt i.d.R. ein dringendes betriebliches Erfordernis i.S.d. § 1 Abs. 2 Satz 1 KSchG dar (st. Rspr. des BAG: z.B. *BAG* 16.02.2012 NZA 2012, 999; 27.02.1987 DB 1987, 1896; 09.02.1994 AP Nr. 105 zu § 613a BGB). Voraussetzung ist jedoch, dass die Beschäftigungsmöglichkeit des Arbeitnehmers im stillzulegenden Betrieb noch von Relevanz ist. Spielt die Beschäftigungsmöglichkeit keine Rolle mehr, weil beispielsweise der in Altersteilzeit im Blockmodell beschäftigte Arbeitnehmer sich bereits in der Freistellungsphase befindet, weil er bereits seine volle Arbeitsleistung erbracht hat, fehlt es selbst bei einer Betriebsstilllegung in der Insolvenz an einem dringenden betrieblichen Erfordernis (*BAG* 05.12.2002 ZInsO 2003, 480). 9

Unter Betriebsstilllegung ist die Auflösung der zwischen Arbeitgeber und Arbeitnehmer bestehenden Betriebs- und Produktionsgemeinschaft zu verstehen, die ihre Veranlassung und zugleich ihren un- 10

Der Interessenausgleich im Konkurs, DB 1997, 774 ff.; *Schaub* Die höchstrichterliche Rspr. zum Arbeitsrecht im Konkurs, ZIP 1993, 969 ff.; *Schiefer* Das Arbeitsrechtliche Beschäftigungsförderungsgesetz in der Praxis – Instanzgerichtliche Entscheidungen zu § 1 V KSchG und § 113 III BetrVG, NZA 1997, 915 ff.; *Schiefer/Worzalla* Neues – altes – Kündigungsrecht, NZA 2004, 345 ff.; *Schlachter* Betriebsübergang bei »eigenwirtschaftlicher Nutzung« von Betriebsmitteln des Auftraggebers, NZA 2006, 80; *Schlewing* Der Sonderkündigungsschutz schwerbehinderter Menschen nach der Novelle des SGB IX – Zur Auslegung des neu eingefügten § 90 IIa SGB IX, NZA 2005, 1218; *Schmid* Kündigung und Kündigungsschutz in der Insolvenz, RWS Script Nr. 10; *Schaub* Insolvenzgeld, NZI 1999, 215 ff.; *Schmidt-Räntsch* Insolvenzordnung mit Einführungsgesetz, erläuternde Darstellung des neuen Rechts anhand der Materialien, Bundesanzeiger, Beilagen 1995, Nr. 111a; *Schrader* Übergangsregelungen zum Konkursrecht, NZA 1997, 70 ff.; *Schubert* Der Wiedereinstellungsanspruch des Arbeitnehmers nach betriebsbedingter Kündigung in der Insolvenz, ZIP 2002, 554; *Schwerdtner* Der Sozialplan im Eröffnungsverfahren und nach der Verfahrenseröffnung, Kölner Schrift zur Insolvenzordnung, 1997, S. 1127 ff.; *Stiller* Der Abfindungsanspruch nach § 1a I KSchG in der Insolvenz des Arbeitgebers, NZI 2005, 77; *Uhlenbruck* Arbeitsrechtliche Probleme im Insolvenzeröffnungsverfahren, Festschrift für Schwerdtner, S. 623; *Warrikoff* Die Stellung der Arbeitnehmer nach der neuen Insolvenzordnung, BB 1994, 2338 ff.; *Wichmann* Der Arbeitnehmer, Lehrling und Pensionär im Konkurs- und Vergleichsverfahren des Arbeitgeber; *Wiester* Die Fortführungspflicht des vorläufigen Insolvenzverwalters und ihre Auswirkung auf die Vorfinanzierung des Insolvenzgeldes, ZInsO 1998, 99; *ders.* Zur vorläufigen Bewilligung von Insolvenzgeld vor Verfahrenseröffnung, NZI 1999, 397 ff.; *Willemsen* Aktuelles zum Betriebsübergang – § 613a BGB im Spannungsfeld von deutschem und europäischem Recht, NJW 2007, 2065; *ders.* Erneute Wende im Recht des Betriebsübergangs – ein »Christel-Schmidt II«-Urteil des EuGH?, NZA 2009, 289; *Willemsen/Annuß* Betriebsübergang bei Neuvergabe eines Reinigungsauftrages: Rücknahme der Vorlage des BAG zum Europäischen Gerichtshof nach Anfrage des EuGH, DB 1997, 1875 ff.; *Willemsen/Müntefering* Outsourcing nach »Güney-Görres« – Von der eigenwirtschaftlichen Nutzung zum Kern der Wertschöpfung, NZA 2006, 1185; *Willemsen/Tiesler* Interessenausgleich und Sozialplan in der Insolvenz, RWS Script Nr. 269; *Wimmer* Die Auswirkungen der EuGH-Rspr. auf die Vorfinanzierung von Konkursausfallgeld, ZIP 1997, 1635 ff.; *Wißmann/Schneider* Europa hat gesprochen: Betriebsübergang ohne Erhalt der organisatorischen Einheit, BB 2009, 1126; *Wlotzke* Einschränkungen des Kündigungsschutzes durch Anhebung der Schwellenzahl und Veränderungen bei der Sozialauswahl, BB 1997, 414 ff.; *Worzalla* Neue Spielregeln bei Betriebsübergang – Die Änderungen des § 613a BGB, NZA 2002, 353; *Zwanziger* Das Arbeitsrecht der Insolvenzordnung, 2002; *ders.* Neue Tatsachen nach Zugang einer Kündigung, BB 1997, 42 ff.; *ders.* Insolvenzordnung und materielle Voraussetzungen betriebsbedingter Kündigungen, BB 1997, 626 ff.; *ders.* Der Interessenausgleich – betriebliches Regelungsinstrument oder Muster ohne kollektiven Wert?, BB 1998, 477 ff.; *ders.* Neue Masseverbindlichkeiten durch Vorfinanzierung von Insolvenzgeld?, ZIP 1998, 2135 ff.; *ders.* Neue Tatsachen nach Zugang einer Kündigung BB 1997, 42; *ders.* Aktuelle Rechtsprechung des Bundesarbeitsgerichts in Insolvenzsachen, BB 2004, 824; *ders.* Struktur, Probleme und Entwicklung des Altersteilzeitrechtes – ein Überblick, RdA 2005, 226; *ders.* Die neuere Rechtsprechung des Bundesarbeitsgerichtes in Insolvenzsachen, BB 2008, 946; *ders.* Die im Jahre 2008 bekannt gewordene Rechtsprechung des Bundesarbeitsgerichtes in Insolvenzsachen, BB 2009, 668.

A. Allgemeines

1 Die Eröffnung des Insolvenzverfahrens selbst hat auf den Bestand des Arbeitsverhältnisses keine Auswirkungen, insbesondere kann eine Beendigung des Arbeitsverhältnisses nicht ohne Kündigung herbeigeführt werden.

2 Dies ergibt sich im Umkehrschluss aus § 113 InsO, wonach ein Dienstverhältnis, bei dem der Schuldner der Dienstberechtigte ist, vom Insolvenzverwalter wie auch vom Arbeitnehmer mit einer Kündigungsfrist von drei Monaten zum Monatsende gekündigt werden kann.

3 Nach (bestrittener) Auffassung hat der Insolvenzverwalter entgegen der früheren Rechtslage nach § 17 KO kein Wahlrecht mehr, die Erfüllung noch nicht angetretener Dienst- und Arbeitsverhältnisse mit sofortiger Wirkung abzulehnen. In § 113 InsO fehlt das bislang in § 22 KO enthaltene Adjektiv »angetretenes«, so dass im Ergebnis die Vorschrift die Beendigung für alle Dienstverhältnisse – seien sie angetreten oder nicht – regelt.

4 Für die Kündigung in der Insolvenz gelten der allgemeine und besondere Kündigungsschutz, das Anhörungserfordernis nach § 102 BetrVG, die Vorschriften über die Massenentlassungsanzeige

Betriebsnachfolge; Unterrichtung; Neuregelung, DB 2002, 634; *Gelhaar* Rechtsfolgen unterbliebener Zielvereinbarungen und Zielvorgaben – eine Übersicht, NZA-RR 2007, 113; *Giesen* Das neue Kündigungsschutzrecht in der Insolvenz, ZIP 1998, 46 ff.; *ders.* Die Betriebsverfassung nach dem neuen Insolvenzrecht, ZIP 1998, 142 ff.; *Göttling/Neumann* Leicht verständlicher Kündigungsschutz schwerbehinderter Menschen NZA-RR 2007, 281; *Grunsky* Das Arbeitsverhältnis im Konkurs- und Vergleichsverfahren, RWS Script Nr. 86; *ders.* Wettbewerbsverbote für Arbeitnehmer, RWS Script Nr. 104; *ders.* Anmerkung zu LAG Frankfurt vom 04.05.1981, ZIP 1982, 107 ff.; *ders.* Festschrift für Lüke, S. 191 ff.; *Grunsky/Moll* Arbeitsrecht und Insolvenz, RWS Script Nr. 289; *Haarmeyer* Das Ende der Betriebsfortführung im Insolvenzantragsverfahren? – Plädoyer für ein gesetzgeberisches Handeln –, ZInsO 1998, 157 ff.; *Hambitzer* Wiedereinstellungsanspruch nach wirksamer betriebsbedingter Kündigung?, NJW 1985, 2239; *Hanau* Perversion und Prävention bei § 613a BGB, ZIP 1998, 1817 ff.; *Hauser/Hawelka* Neue Masseverbindlichkeiten und Gefährdung der »Kaug«-Vorfinanzierung durch die InsO, ZIP 1998, 1261; *Heilmann* Arbeitsverhältnisse von Organen juristischer Personen im Konkurs, ZIP 1980, 344; *Henssler* Die Rechts- und Pflichtenstellung des GmbH-Geschäftsführers nach Einführung der Insolvenzordnung, ZInsO 1999, 121 ff.; *Herbert/Oberrath* Rechtsprobleme des Nichtvollzugs eines abgeschlossenen Arbeitsvertrags, NZA 2004, 121; *Hertzfeld* Zur Insolvenzsicherung bei Altersteilzeitverträgen, EWiR 2006, 333; *Hess* Anmerkung zu BAG vom 15.01.2002, 1 AZR 58/01, BB 2002, 1967 BAG: Haftungsbeschränkung für nachkonkurslichen Sozialplan, BB 2002, 1969; *Hess/Pape* InsO und EGInsO, Grundzüge des neuen Insolvenzrechts, 1995, RWS Script Nr. 278; *Hess/Weis* Insolvenzrecht, 2004; *Heupgen* Anspruch des Betriebsrats auf Unterlassung betriebsbedingter Kündigungen vor Einigung über einen Interessenausgleich und einen Sozialplan, NZA 1997, 1271 ff.; *Hillebrecht* Dringende betriebliche Erfordernisse (§ 1 Abs. 2 KSchG) zur Kündigung von Arbeitsverhältnissen durch den Konkursverwalter, ZIP 1985, 257 ff.; *Hohenstatt/Grau* Arbeitnehmerunterrichtung beim Betriebsübergang, NZA 2007, 13; *Horcher* Wann muss der Arbeitgeber einen Arbeitsplatz freikündigen? Oder gibt es einen Verdrängungswettbewerb außerhalb der Sozialauswahl?, NZA-RR 2006, 393; *Houben* § 613a BGB im Wandel der Rechtsprechung – Der Kern der Wertschöpfung als Ei des Kolumbus?, NJW 2007, 2075; *von Hoyningen-Huene/Linck* Neuregelungen des Kündigungsschutzes und befristete Arbeitsverhältnisse, DB 1997, 41 ff.; *Kania* Arbeitsrecht in Konkurs und Insolvenz, DStR 1996, 832 ff.; *Kempter* Der Betriebsübergang in der Insolvenz, NZI 1999, 93 ff.; *Kocher* Statt Kündigungsschutz: Ein kollektives Kündigungsverfahren, BB 1998, 213 ff.; *Kohls* Notwendigkeit einer Betriebsratsanhörung bei Umsetzung der Einzelmaßnahmen aus einem Interessenausgleich nach § 125 InsO?, ZInsO 1998, 220 ff.; *Kohte-Heggemann* Zur Frage der Haftung eines Geschäftsführers wegen unterbliebener Insolvenzsicherung eines Wertguthabens aus einem Altersteilzeitarbeitsverhältnis, GmbHR 2007, 605; *Krause* Europarechtliche Vorgaben für das Konkursausfallgeld, ZIP 1998, 56 ff.; *Krieger/Fischinger* Umstrukturierung mit Hilfe von Beschäftigungs- und Qualifizierungsgesellschaften, NJW 2007, 2289; *Lakies* Zu den seit 01.10.1996 geltenden arbeitsrechtlichen Vorschriften der Insolvenzordnung, RdA 1997, 145 ff.; *Lembke* BB-Kommentar zu LAG Bremen, 26.08.2004 – 3 Sa 80/04 und 1 Sa 81/04: Transfer von Arbeitnehmern in BQG und Betriebsübergang, BB 2005, 670; *Lembke* Besonderheiten beim Betriebsübergang in der Insolvenz, BB 2007, 1333; *Lembke/Oberwinter* Massenentlassungen zwei Jahre nach »Junk« – Eine Bestandsaufnahme, NJW 2007, 721; *dies.* Betriebsübergang; Unterrichtungspflicht; Widerspruch, ZIP 2007, 310; *Leuchten* Freikündigungspflicht zur Weiterbeschäftigung, NZA 2007, 585; *Löwisch* Das Arbeitsrechtliche Beschäftigungsförderungsgesetz, NZA 1996, 1009 ff.; *ders.* Neugestaltung des Interessenausgleiches durch das Arbeitsrechtliche Beschäftigungsförderungsgesetz, RdA 1997, 80 ff.; *Lohkemper* Die Bedeutung des neuen Insolvenzrechts für das Arbeitsrecht, KTS 1996, 1 ff.; *Lorenz* Das Arbeitsrechtliche Beschäftigungsförderungsgesetz, DB 1996, 1973 ff.; *Marotzke* Gegenseitige Verträge in Konkurs und Vergleich, 1997; *Matthes* Probleme des Kündigungsschutzes von Betriebsratsmitgliedern, DB 1980, 1165 ff.; *Meinel* Zur Beschleunigung des Interessenausgleichsverfahrens durch das Arbeitsrechtliche Beschäftigungsförderungsgesetz, DB 1997, 170 ff.; *Meinel/Bauer* Der Wiedereinstellungsanspruch, NZA 1999, 575 ff.; *Meyer* Betriebsübergang; Unterrichtungspflicht, DB 2007, 858; *Nägele* Die Renaissance des Wiedereinstellungsanspruchs, BB 1998, 1686; *Obermüller/Hess* Insolvenzordnung, 2003; *Olbertz/Ungnad* Zeitliche Grenze des Widerspruchsrechts nach § 613a Abs. 6 BGB im Falle fehlerhafter Unterrichtung der Arbeitnehmer, BB 2004, 213; *von Olshausen* »Verfügung« statt »Rechtshandlung« in § 81 InsO oder: Der späte Triumph des Reichstagsabgeordneten Levin Goldschmidt, ZIP 1998, 1093 ff.; *Paulsdorff* Die Rechtsstellung des Pensions-Sicherungs-Vereins auf Gegenseitigkeit nach neuem Insolvenzrecht, Kölner Schrift zur Insolvenzordnung, 1997, S. 1155 ff.; *Perreng* Insolvenz des Arbeitgebers, AiB 2009, 168; *Peters-Lange* Konsequenzen der EuGH-Rechtsprechung für den Insolvenzanspruch nach §§ 183 ff. SGB III, ZIP 2003, 1877 ff.; *Preis* Das Arbeitsrechtliche Beschäftigungsförderungsgesetz, NJW 1996, 3369 ff.; *Pünnel* Die Einigungsstelle des Betriebsverfassungsgesetzes, 1985; *Raab* Der Wiedereinstellungsanspruch des Arbeitnehmers bei Wegfall des Kündigungsgrundes, RdA 2000, 147; *Richardi* Der Beseitigungs- und Unterlassungsanspruch in der Dogmatik des Betriebsverfassungsrechts, Festschrift für Wlotzke, 1996, S. 407 ff.; *Rieble* Widerspruch nach § 613a VI BGB – die (ungeregelte) Rechtsfolge, NZA 2004, 1; *Rinke* Anhörung des Betriebsrats: Vorgezogenes Kündigungsschutzverfahren?, NZA 1998, 77 ff.; *Rummel*

vor §§ 113 ff. InsO Vorbemerkungen

		Rdn.			Rdn.
	1. Dringende betriebliche Erfordernisse	9	C.	**Betriebsübergang und Haftung des Betriebserwerbers in der Insolvenz**	50
	2. Sozialauswahl	14	I.	Zur Anwendbarkeit des § 613a BGB in der Insolvenz	50
II.	Änderungskündigung in der Insolvenz	25			
III.	Personen- und verhaltensbedingte Kündigung in der Insolvenz	31	II.	Tatbestandliche Voraussetzungen des Betriebsübergangs	61
IV.	Außerordentliche Kündigung in der Insolvenz	34	III.	Umfang der Haftung des Betriebserwerbers	86
V.	Massenentlassung in der Insolvenz	39			

Literatur:
Adam Insolvenz – Arbeitsvergütungen als Neumasseverbindlichkeiten, SAE 2004, 307; *Altenburg* Der Widerspruch des Arbeitnehmers beim umwandlungsbedingten Betriebsübergang und seine Folgen, NZA 2005, 15; *Annuß* Der Betriebsübergang in der Insolvenz – § 613a BGB als Sanierungshindernis?, ZInsO 2001, 49; *Bader* Neuregelung im Bereich des Kündigungsschutzgesetzes durch das Arbeitsrechtliche Beschäftigungsförderungsgesetz, NZA 1996, 1125 ff.; *ders.* Das Gesetz zu Reformen am Arbeitsmarkt: Neues im Kündigungsschutzgesetz und im Befristungsrecht, NZA 2004, 65; *Baldringer* Die Absicherung von Wertguthaben aus Altersteilzeitarbeit in der Insolvenz, ZInsO 2006, 690; *Balz* Das neue Gesetz über den Sozialplan im Konkurs- und Vergleichsverfahren, RWS Script Nr. 149; *ders.* Der Sozialplan im Konkurs- und Vergleichsverfahren, DB 1995, 692 ff.; *Bauer* Aktuelle Probleme des Personalabbaus im Rahmen von Betriebsänderungen, DB 1994, 217; *Bauer/Diller* Wettbewerbsverbote, 2002; *Bauer/Göpfert* Beschleunigtes Interessenausgleichsverfahren, DB 1997, 1464 ff.; *Bauer/Krieger* Verkehrte Welt: Gleichmäßige Verteilung von Kündigungen über alle Altersgruppen als unzulässige Altersdiskriminierung?, NZA 2007, 674; *Bauer/Krieger/Powietzka* Geklärte und ungeklärte Probleme der Massenentlassung, BB 2006, 2023; *dies.* Massenentlassungen; Kündigungserklärung; Konsultationsverfahren, DB 2005, 445; *Beckschulze* Der Wiedereinstellungsanspruch nach betriebsbedingter Kündigung, DB 1998, 417; *Berkowsky* Neue Perspektiven im Kündigungsrecht, DB 1996, 778 ff.; *ders.* Vorfinanzierung von Insolvenzgeld – Mittel zur Sanierung insolventer Unternehmen?, NZI 2000, 253 ff.; *ders.* Aktuelle Entscheidungen zur betriebsbedingten Kündigung, NZA-RR 2007, 169; *Berscheid* Konkurs, Gesamtvollstreckung, Sanierung, Schriften zur AR-Blattei, Band 25; *ders.* Unzulässigkeit betriebsbedingter Kündigungen wegen Betriebsänderung im Konkurs innerhalb der Drei-Wochen-Frist ohne vorherigen Interessenausgleich, ZIP 1997, 474 ff.; *ders.* Kündigungsbefugnis in der Sequestration, ZIP 1997, 1569 ff.; *ders.* Personalabbau vor und in der Insolvenz unter Berücksichtigung des Betriebsüberganges, Anwaltsblatt 1995, 8 ff.; *ders.* Probleme der Massenentlassung und Sozialauswahl nach künftigem Insolvenzrecht und bei »übertragender (Teil-)Sanierung«, Kölner Schrift zur Insolvenzordnung, 1997, S. 1043 ff.; *ders.* Die Kündigung von Arbeitsverhältnissen nach § 113 InsO, ZInsO 1998, 159 ff.; *ders.* Rang übergeleiteter Arbeitnehmeransprüche nach der InsO, ZInsO 1998, 259 ff.; *ders.* Interessenausgleich mit Namensliste – Wiedereinstellungsanspruch bei Betriebsveräußerung im Konkurs, MDR 1998, 1129 ff.; *ders.* Rang der Entgeltansprüche bei Bestellung eines vorläufigen Insolvenzverwalters mit und ohne Arbeitgeberfunktion, ZInsO 1999, 697 ff., *ders.* Kaug-Anspruch für erarbeitetes Arbeitsentgelt und Zuordnung von Entgeltzahlungen im Insg-Zeitraum, ZInsO 2000, 134 ff.; *ders.* Antrag auf Insolvenzeröffnung als EG-rechtlich maßgeblicher Zeitpunkt für den Insolvenzgeld-Anspruch, ZInsO 2003, 498 ff.;*ders.* Aktuelle arbeitsrechtliche Fragen in Krise und Insolvenz Februar/März 2010, NZI 2010, 333; *Bichlmeier/Oberhofer* Neues Arbeitsrecht im Konkurs, AIB 1997, 161 ff.; *Boewer* Ausgewählte Aspekte des Kündigungsschutzprozesses, RdA 2001, 380 ff.; *Braun/Wierzioch* Das Insolvenzgeld im Gesamtgefüge der neuen Insolvenzrechts, ZInsO 1999, 496 ff.; *Caspers* Personalabbau und Betriebsänderung im Insolvenzverfahren, 1998, RWS Script Nr. 18; *Cisch/Ulbrich* Wertguthaben aus Altersteilzeit; Insolvenzsicherung; Reformfragen, DB 2007, 1029; *Düwell* Änderungs- und Beendigungskündigung nach dem neuen Insolvenzrecht, Kölner Schrift zur Insolvenzordnung, 1997, S. 1103 ff.; *ders.* Der Kündigungsschutz schwerbehinderter Beschäftigter nach der Novelle vom 23.04.2004, BB 2004, 2811; *Ehlers/Drieling* Unternehmenssanierung nach neuem Insolvenzrecht, 1998; *Eichholz/Schmittmann* Abfindungsanspruch bei betriebsbedingter Kündigung und Insolvenz, ZInsO 2004, 409; *Eisenbeis* Kasseler Handbuch zum Arbeitsrecht, Konkurs/Vergleich, S. 773 ff.; *Fischer* Interessenausgleich, Unterlassungsanspruch und Gesetzgeber – Der neue § 113 Abs. 3 BetrVG, AUR 1997, 177 ff.; *Fischermeier* Die betriebsbedingte Kündigung nach der gesetzlichen Neuregelung, NZA 1997, 1089 ff.; *Franzen* Informationspflichten und Widerspruchsrecht beim Betriebsübergang nach § 613a Abs. 5 und 6 BGB, RdA 2002, 258; *Fuhlrott/Fabritius* Besonderheiten der betriebsbedingten Kündigung von Leiharbeitnehmern, NZA 2014, 122; *Gagel* Schadensersatzansprüche nach § 628 Abs. 2 BGB im Konkurs, ZIP 1981, 122 ff.; *ders.* Sozialrechtliche Behandlung von Urlaubsabgeltungen, insbesondere ihre Berücksichtigung in der Insolvenz, ZIP 2000, 257 ff.; *Gaul/Kliemt* Aktuelle Aspekte einer Zusammenarbeit mit Beschäftigungsgesellschaften, NZA 2000, 674; *Gaul/Otto*

Von der Kündigungssperre werden Rückgabeansprüche des Vermieters aufgrund vor Verfahrens- 16
antrag erklärter Kündigungen nicht berührt; der Vermieter ist zur Aussonderung berechtigt. Das Gericht kann nach § 21 Abs. 2 Nr. 3 und 5 InsO dem absonderungsberechtigten Vermieter-/Pächter von Mobilien den Zugriff auf die Mietsache – auch zeitlich begrenzt – untersagen (*BGH* ZIP 2010, 1411 [1414]; zu den verfassungsrechtlichen Bedenken HK-InsO/*Marotzke* § 112 Rn. 16).

Vermieterpfandrechte werden durch die Kündigungssperre nicht berührt. Dem Vermieter steht das 17
Absonderungsrecht aus § 50 Abs. 2 InsO wegen der im letzten Jahr vor Eröffnung ausgefallenen Mietzinsen zu. Auf Schadenersatzansprüche wegen der insolvenzbedingten vorzeitigen Kündigung können Absonderungsansprüche nicht gestützt werden, § 50 Abs. 2 Satz 1 InsO.

Problematisch ist die **Kündigung des Lizenzvertrages**, wenn die Lizenz insolvenzbedingt nicht mehr 18
ausgeübt wird. Der Lizenzgeber hat ein nachvollziehbares Interesse daran, die Lizenz einer wirtschaftlichen Ausübung zuzuführen. Eine Lizenz, die nicht ausgeübt wird, verliert schnell an Wert. In der Literatur wird deshalb die Möglichkeit der Kündigung der Lizenz bei Nichtausübung unter Berufung auf § 242 BGB gefordert (*Cepl* NZI 2000, 357 [361]). Die Zulassung der Kündigung würde indes eine Umgehung des § 112 InsO ermöglichen. Es sind durchaus Konstellationen denkbar, dass die zunächst nicht ausgeübte Lizenz nach Sanierungsbemühungen des Verwalters zugunsten der Masse wieder genutzt werden kann. Bei endgültiger Nichtausübung wird der Verwalter die Lizenz zudem wieder freigeben. Es muss deshalb auch bei dieser Konstellation bei dem Kündigungsverbot bleiben (MüKo-InsO/*Eckert* § 112 Rn. 30). Nachdem der geplante § 108a InsO nicht Gesetz geworden ist (s. § 103 Rdn. 24), kann der Lizenzgeber den Verwalter gem. § 103 InsO auffordern, sich zur Erfüllung des Lizenzvertrages zu erklären.

Nach übereinstimmender Auffassung kann der Vermieter trotz Kündigungssperre die Übergabe der 19
Mietsache gem. § 321 BGB verweigern, wenn keine Sicherheit geleistet wird (HK-InsO/*Marotzke* § 112 Rn. 12; MüKo-InsO/*Eckert* § 112 Rn. 32; HambK-InsO/*Ahrendt* § 112 Rn. 14). Ob diese Einrede nicht mehr ausgeübt werden kann, wenn ein vorläufiger Verwalter die weiteren Mietzinszahlungen zusichert (so *Kübler/Prütting/Bork-Tintelnot* § 112 Rn. 4; MüKo-InsO/*Eckert* § 112 Rn. 32), erscheint zweifelhaft. Wird das Verfahren nicht eröffnet oder tritt Masseunzulänglichkeit ein, ist der Vermieter auf die Haftung des vorläufigen Verwalters beschränkt, die er erst durchsetzen muss. Das ist ihm nicht zuzumuten.

D. Abdingbarkeit

Die Kündigungssperre des § 112 InsO ist zwingend, § 119 InsO. Das gilt auch für Vertragsaufhe- 20
bungen, die für den Fall der Insolvenz vor dem Eröffnungsantrag mit dem Schuldner vereinbart wurden. Die grds. auch unter der InsO anerkannte Möglichkeit vorverfahrensrechtlicher Aufhebungsvereinbarungen (s. § 103 Rdn. 119), die das Wahlrecht des Verwalters einschränken, gilt nicht für die Kündigungssperre. Auch eine Beendigung des Vertrages durch auflösende oder aufschiebende Bedingungen ist nicht möglich. Solche Auflösungsklauseln widersprechen der Rechtsfolge des § 112 InsO unmittelbar. Es handelt sich um unzulässige Umgehungen (*Kübler/Prütting/Bork-Tintelnot* InsO, § 112 Rn. 13; *Eckert* ZIP 1996, 897 [902]). Anders aber, wenn das Nutzungsrecht dinglich im Rahmen einer beschränkt persönlichen Dienstbarkeit mit auflösender Bedingung für den Fall der Insolvenz vereinbart wurde. § 112 InsO erfasst schuldrechtliche Nutzungsbefugnisse (*BGH* ZIP 2011, 1063 [1065]; *Graf-Schlicker/Breitenbücher* InsO, § 112 Rn. 5; **a.M.** *Wilmowsky* EWIR 2011, 473).

Vorbemerkungen vor §§ 113 ff. InsO

Übersicht	Rdn.		Rdn.
A. Allgemeines	1	I. Betriebsbedingte Kündigung in der In-	
B. Geltung des Kündigungsschutzgesetzes in der Insolvenz	5	solvenz	8

des Schuldners, da es am Verschulden fehle (*AG Hamburg* ZInsO 2007, 721 [722]; **a.A.** *Cymutta* ZInsO 2008, 191 [197]; zum Ganzen *Uhlenbruck/D. Wegener* InsO, § 112 Rn. 10). Mit seiner Entscheidung hat der BGH deutlich gemacht, dass der vorläufige Verwalter/Treuhänder vor Lastschriftwiderruf prüfen muss, ob die Lastschrift unter Verwendung des unpfändbaren Schonvermögens des Schuldners eingelöst worden sei. Widerruft der Verwalter bei dieser Konstellation, muss er ggf. nach § 826 BGB Schadenersatz leisten (*Kuder* ZInsO 2010, 1665). Der Widerruf von Lastschriften in der Insolvenz natürlicher Personen wird damit die Ausnahme sein.

III. Verschlechterung der Vermögensverhältnisse

12 Unzulässig ist die Kündigung zudem, wenn sie auf die **Verschlechterung der Vermögensverhältnisse** des Schuldners gestützt wird. Die Verschlechterung der Vermögensverhältnisse ist kein gesetzlicher Kündigungsgrund, eine gesetzliche Definition gibt es nicht. § 112 InsO erfasst neben der Kündigung auch vertragliche Lösungsklauseln jeder Art. Betroffen sind damit Vereinbarungen, die bei der Vermögensverschlechterung die Kündigung oder den Rücktritt des Vermieters zulassen. § 112 InsO ist entsprechend seinem Schutzzweck weit auszulegen (**a.A.** Jaeger/Henckel/Gerhardt/*Jacoby* InsO, § 112 Rn. 47). Betroffen sind bereits Vertragsklauseln, die Lösungsmöglichkeiten bei den ersten Anzeichen der Insolvenz wie Einzelzwangsvollstreckungen oder sonstige Anzeichen vorsehen (HK-InsO/*Marotzke* § 112 Rn. 18). Damit werden auch die in der Praxis gebräuchlichen Kreditunwürdigkeitsklauseln in der Insolvenz unzulässig (MüKo-InsO/*Eckert* § 112 Rn. 28).

13 § 112 InsO regelt dabei nur die **nach Vertragsschluss** eingetretene Vermögensverschlechterung. Der Wortlaut ist deutlich. Auch ist § 112 InsO § 321 BGB nachempfunden, der ebenfalls auf eine nachteilige Änderung der Vermögensverhältnisse nach Vertragsschluss abstellt. Die Vermögensverhältnisse im Zeitpunkt des Vertragsschlusses können allenfalls zur Anfechtung wegen Irrtums oder Täuschung führen. Hat der Vermieter-/Pächter wegen Täuschung über die finanzielle Situation des Mieters wirksam angefochten, ist das Schuldverhältnis § 112 InsO entzogen (s. Rdn. 2). § 112 Nr. 2 InsO hindert auch Kündigungen, die auf vertragliche Auflösungsklauseln für den Fall der Vermögensverschlechterung gestützt werden. Die Rspr. hielt vor Inkrafttreten des § 112 InsO entsprechende Vereinbarungen grds. auch in AGB für wirksam (*BGH* ZIP 1994, 1114 ff. m.w.N.; differenziert *BGH* NJW 1991, 102 [104]). Dem Vermieter bleibt bei diesen Konstellationen nur die Möglichkeit, die Kündigung noch vor dem Antrag auf Verfahrenseröffnung auszusprechen.

C. Rechtsfolgen

14 Die Kündigungssperre erfasst nur **Gestaltungserklärungen**, die **nach dem Antrag auf Verfahrenseröffnung** zugehen. Eine Rückwirkung der Kündigungssperre auf bereits vor dem Eröffnungsantrag erklärte Kündigungen ergibt sich weder aus dem Wortlaut noch aus dem Gesetzeszweck. Die gegenüber dem Schuldner vor dem Eröffnungsantrag erklärte Kündigung wegen Zahlungsverzug bleibt wirksam. Das gilt auch dann, wenn die Kündigung fristgemäß erklärt wurde und die Kündigungsfrist über den Zeitpunkt des Eröffnungsantrages oder der Verfahrenseröffnung hinaus wirkt (*Eckert* ZIP 1996, 897 f.). Die Kündigungssperre des § 112 InsO greift auch dann, wenn die schriftliche Kündigung vor Stellung des Antrags abgesandt worden ist, aber dem Schuldner erst nach dem Eingang des Insolvenzantrags bei Gericht zugeht (*OLG Düsseldorf* ZInsO 2009, 771; MüKo-InsO/*Eckert* § 112 Rn. 23; *Uhlenbruck/D. Wegner* InsO, § 112 Rn. 8). Der Verwalter kann die Räumung oder Entfernung der Mietsache auch nicht dadurch abwenden, dass er den rückständigen Mietzins entrichtet. Nur bei Wohnraummietverhältnissen kann der Verwalter den Mietzins entrichten und damit gem. § 569 Abs. 3 Nr. 2 BGB der Kündigung die Wirkung nehmen (Jaeger/Henckel/Gerhardt/*Jacoby* InsO, § 112 Rn. 50). Darüber hinaus kann der vorläufige Verwalter die Räumungsvollstreckung nach § 21 Abs. 2 Nr. 3 oder Nr. 5 InsO untersagen lassen.

15 § 112 InsO ist ein gesetzliches Verbot, die Kündigung ist nach § 134 BGB unwirksam. Der Vertrag besteht gem. § 108 InsO fort. Zur Frage, ob Mietzinsforderungen – bei Einsetzung eines starken vorläufigen Verwalters – die im Eröffnungsverfahren entstehen, bereits Masseschulden sind, vgl. Rdn. 10 und § 108 Rdn. 35.

II. Verzug

Die vertraglichen und gesetzlichen Kündigungsrechte des Vermieters werden eingeschränkt, wenn die Kündigung mit dem **Verzug des Schuldners** begründet wird. Angesprochen ist damit die Kündigung nach § 569 Abs. 3 BGB. Der Schuldner muss mit zwei Mietzinsraten in Verzug geraten sein. Die Kündigung wegen Zahlungsverzuges ist unzulässig, wenn sie auf einen Zeitraum vor dem Antrag auf Eröffnung des Verfahrens gestützt wird. Stand vor dem Antrag auf Eröffnung des Verfahrens nur eine Rate aus, ist die fristlose Kündigung schon nach dem allgemeinen Mietrecht nicht möglich (*Eckert* ZIP 1996, 897 f.). Tritt der Verzug in Höhe von zwei Raten nach dem Eröffnungsantrag ein, ist die Kündigung zulässig (*BGH* ZInsO 2002, 819 [824]; *OLG Köln* ZIP 2003, 543; *OLG Celle* ZInsO 2004, 207 [208]; RegE BT-Drucks. 12/2443 S. 148; *Eckert* ZIP 1996, 897 f.; *Braun* InsO, § 112 Rn. 10; **a.A.** *Nerlich/Römermann-Balthasar* InsO, § 112 Rn. 13). Beruht bei einem **Wohnraummietverhältnis** die Nichtzahlung des Mietzinses auf dem Widerruf der Lastschrift durch den Verwalter/Treuhänder will das *AG Hamburg* (ZInsO 2011, 342) den Schuldner dadurch schützen, dass ihm die Nichtzahlung des Mietzinses nicht zugerechnet wird (zur weiteren Begründung *Uhlenbruck/D. Wegener* InsO, § 112 Rn. 10). Diese Konstellation wird nach der Beschränkung des Lastschriftwiderrufs selten sein, dazu s. Rdn. 11.

Besteht die Gefahr des Verzuges im Eröffnungsverfahren, ist zu unterscheiden: Der **vorläufige (schwache) Verwalter** mit Zustimmungsvorbehalt ist nach der Grundsatzentscheidung des BGH ohne gesonderte Ermächtigung des Insolvenzgerichtes nicht berechtigt, Masseverbindlichkeiten zu begründen oder gar zu befriedigen (*BGH* ZIP 2002, 1625 ff.). Er kann entweder der Mietzinszahlung durch den Schuldner im Eröffnungsverfahren zustimmen oder mit gesonderter Ermächtigung des Insolvenzgerichtes zahlen. Der Vermieter muss sich nicht darauf verweisen lassen, dass im Eröffnungsverfahren Zahlungen nicht möglich sind; § 112 InsO gilt im Eröffnungsverfahren uneingeschränkt (*BGH* ZIP 2002, 1625 obiter dictum; Jaeger/Henckel/Gerhardt/*Jacoby* InsO, § 112 Rn. 34). Der vorläufige Verwalter mit Zustimmungsvorbehalt muss dafür Sorge tragen, dass die Mietzinszahlungen erfolgen, wenn er die Mietsache nutzen will. Andererseits kann der Vermieter Zahlungen im Eröffnungsverfahren auch nicht mit der Begründung zurückweisen, sie seien anfechtungsbelastet. Zwar können auch Zahlungen des vorläufigen Verwalters nach Eröffnung angefochten werden (BGHZ 154, 190). Indes handelt es sich bei Zahlungen für die Überlassung der Mietsache im Eröffnungsverfahren um eine unanfechtbare Bardeckung nach § 142 InsO (HK-InsO/*Marotzke* § 112 Rn. 8; **a.A.** *Obermüller/Livonius* DB 1995, 27). Ist ein **(starker) Verwalter mit Verfügungsbefugnis** bestellt und nimmt er die Mietsache in Anspruch, sind die Mietzinsen als Masseschulden und nach § 55 Abs. 2 InsO erst nach Eröffnung zu erfüllen. Nimmt der vorläufige Verwalter die Mietsache nicht in Anspruch, soll deshalb Verzug in der Eröffnungsphase nicht begründet werden können. Eine Kündigung sei nicht möglich (KS-InsO/*Pape* 2000, S. 531; *Häsemeyer* Insolvenzrecht, 2. Aufl., Rn. 20.48, 20.51; *Kübler/Prütting/Bork-Tintelnot* InsO, § 112 Rn. 12; *Pohlmann* Befugnisse, S. 178 f., Rn. 367 u. FK-InsO 5. Aufl.). Dem kann nicht gefolgt werden. § 112 InsO gilt im Eröffnungsverfahren uneingeschränkt (*BGH* ZIP 2002, 1615). Es ist keine Rechtfertigung vorhanden, dem Vermieter die Duldung der Nutzung im Eröffnungsverfahren ohne die Sicherheit der Mietzinszahlung aufzugeben. Im Eröffnungsverfahren besteht über die Eröffnung Ungewissheit. Für den Fall der Eröffnung darf der Vermieter nicht darauf vertrauen, die nach § 55 Abs. 2 InsO als Masseschulden begründeten Mietzinsen zu erhalten. Auf die persönliche Inanspruchnahme des Verwalters aus § 61 InsO (über § 21 Abs. 2 Nr. 1 InsO) muss sich der Vermieter nicht verweisen lassen, da diese Inanspruchnahme regelmäßig streitig verlaufen wird. Auch der vorläufige starke Verwalter muss dafür Sorge tragen, dass die Mietzinsen im Eröffnungsverfahren beglichen werden (so auch *Marotzke* JZ 1995, 803 [813]; *Uhlenbruck/D. Wegener* InsO, § 112 Rn. 15; *Graf-Schlicker/Breitenbücher* InsO, § 112 Rn. 7; Jaeger/Henckel/Gerhardt/*Jacoby* InsO, § 112 Rn. 37).

Bis zur Entscheidung des *BGH* v. 20.07.2010 (ZIP 2010, 1552 [1554]) konnte der vorläufige Verwalter **Lastschriften** des Schuldners generell widerrufen. Diese Praxis konnte dazu führen, dass Verzug des Schuldners mit der Folge der Kündigungsmöglichkeit eintrat. Die Praxis nahm überwiegend an, die aus dem Lastschriftwiderruf folgende Rückbuchung der Mieten führe nicht zu einem Verzug

5 Die Kündigungssperre ist nicht auf Sachmiet-/Pachtverhältnisse beschränkt. Nach dem Gesetzeszweck sollen dem Verwalter sämtliche Betriebsmittel für die Betriebsfortführung zur Verfügung stehen (RegE BT-Drucks. 12/2443 S. 148). Dieser umfassende Sanierungszweck rechtfertigt die Einbeziehung auch der Rechtspachtverhältnisse (*Uhlenbruck/D. Wegener* InsO, § 112 Rn. 3; HK-InsO/*Marotzke* § 112 Rn. 24). Dazu zählen auch die **Lizenz- und die Softwarelizenzverträge** (*BGH* ZInsO 2006, 35 [37]; dazu *Paulus* ZIP 1996, 2 [7]; *Cepl* NZI 2000, 357). Die Sportlizenz wird von der Kündigungssperre nicht erfasst (*Haas* NZI 2003, 177 [182 f.]). Anders die Rechtspachtverträge, wie Fischerei- und Jagdpacht (Jaeger/Henckel/Gerhardt/*Jacoby* InsO, § 112 Rn. 14). Auch der **know-how-Vertrag** ist Pachtvertrag (*BGH* NJW 1981, 2684; *OLG Hamm* NJW-RR 1993, 1270), wenn er keine schutzrechtsfähigen Kenntnisse oder Fertigungen zum Gegenstand hat. Rechtspacht ist auch die **Unternehmenspacht** einschließlich der in der Praxis häufig vorkommenden Apothekenpachtverträge (s. dazu § 108 Rdn. 18). Beim **Franchise- oder Vertragshändlervertrag** soll das pachtrechtliche Element ebenfalls überwiegen (*Skaupy* NJW 1992, 1785 [1789]). Das ist zweifelhaft. Zwar enthalten diese Verträge auch Pachtelemente, das Schwergewicht besteht indes im Vertriebsvertrag (*Palandt/Weidenkaff* vor § 581 BGB Rn. 21 ff.). § 112 InsO ist deshalb regelmäßig nicht anwendbar (*OLG Braunschweig* ZIP 2009 1336 zum Vertragshändlervertrag; *Torz* ZInsO 2009, 1235 [1237] zum Franchise-Vertrag; diff. MüKo-InsO/*Eckert* § 112 Rn. 8; Jaeger/Henckel/Gerhardt/*Jacoby* InsO, § 112 Rn. 25).

6 **Wohnraummietverhältnisse** des Schuldners werden von § 112 InsO ebenfalls erfasst. Zwar ist zweifelhaft, ob der Gesetzgeber auch diese Mietverträge schützen wollte (MüKo-InsO/*Eckert* § 112 Rn. 3). Der Gesetzeszweck besteht im Wesentlichen darin, die wirtschaftliche Einheit zur weiteren Nutzung durch die Masse nicht auseinander zu reißen. Indes ist der Gesetzeswortlaut eindeutig. Das zeigt insbesondere die Neufassung des § 109 InsO. Der Verwalter hat die Möglichkeit, die Masse von der Verbindlichkeit zu lösen, dem Vermieter werden zusätzliche Rechte nicht eingeräumt. Es besteht zudem kein Anlass, den Vermieter von Wohnraum gesondert zu schützen. § 112 InsO ist deshalb anwendbar (*Vallender/Dahl* NZI 2000, 246 [248]; MüKo-InsO/*Eckert* § 112 Rn. 3; *AG Köln* NZI 2010, 306; **a.A.** HK-InsO/*Marotzke* § 112 Rn. 4; Jaeger/Henckel/Gerhardt/*Jacoby* InsO, § 112 Rn. 10). Eine **Analogie** des § 112 InsO (ausf. zur generellen Ablehnung: Jaeger/Henckel/Gerhardt/*Jacoby* InsO, § 112 Rn. 15 ff.) auf **Kaufverträge** in der Insolvenz ist abzulehnen. Hierzu sehen die §§ 103, 107 InsO spezielle Regelungen vor; für eine Regelungslücke gibt es keine Anhaltspunkte (*Nerlich/Römermann-Balthasar* InsO, § 112 Rn. 16; MüKo-InsO/*Eckert* § 112 Rn. 10; *Huber* NZI 2004, 57 [60]; **a.A.** HK-InsO/*Marotzke* § 112 Rn. 24; HambK-InsO/*Ahrendt* § 112 Rn. 5). Auch eine Anwendung auf **Darlehen**, weil damit im Kern Geld vermietet wird, ist nicht möglich (HK-InsO/*Marotzke* § 112 Rn. 24; **a.A.** *Schwörer* Lösungsklauseln, S. 161, Rn. 405 ff.). Beruht das Nutzungsrecht auf einer **beschränkt persönlichen Dienstbarkeit** ist § 112 InsO nicht anwendbar, s. Rdn. 20.

7 Nach der Freigabeerklärung des Verwalters gem. § 109 Abs. 1 Satz 2 InsO greift die Kündigungssperre nicht mehr. In seiner ausführlich begründeten Entscheidung v. 17.06.2015 (– VIII ZR 19/14, NZI 2015, 809 ff. m. zust. Anm. *Cymutta*) hat der *BGH* deutlich gemacht, dass § 112 dem Schutz der Masse und nicht des Schuldners dient (krit. *Kluth* VIA 2016, 17 ff. mit den Konsequenzen für die Schuldner in der Praxis). Der Schutz des Mieters sei in § 569 BGB geregelt (*BGH* 17.06.2015 – VIII ZR 19/14, Rn 35). Die Kündigungssperre endet mit Abschluss des Insolvenzverfahrens, in der Wohlverhaltensphase greift sie nicht mehr. Das folgt aus der Wertung der BGH-Entscheidung zum fehlenden Schuldnerschutz (*BGH* 17.06.2015 – VIII ZR 19/14, Rn 32, 33; **a.A.** *Kluth* VIA 2016, 17 [19]). Zutreffend weist *Jacoby* (in: Jaeger/Henckel/Gerhardt InsO, § 112 Rn. 57) darauf hin, dass die während der Kündigungssperre erklärte Kündigung mit der Freigabe oder dem Abschluss des Verfahrens erklärte (unwirksame) Kündigung wirksam wird.

8 Zur Frage, ob die Kündigungssperre bei der Freigabe der Selbständigkeit nach § 35 InsO bestehen bleibt, hat sich der BGH noch nicht geäußert. Da diese Freigabe dazu dient, die Selbständigkeit des Schuldners zu ermöglichen und der Masse über § 295 Abs. 2 InsO Mittel zufließen, spricht einiges dafür, die Kündigungssperre aufrecht zu erhalten (HambK-InsO/*Schmidt* § 112 Rn. 1).

sungsrechtliche Bedenken angemeldet (*Eckert* ZIP 1996, 897 [898 f.]). Diesen Bedenken ist der BGH mit seiner ausführlichen Grundsatzentscheidung zur Einzelermächtigung des vorläufigen Insolvenzverwalters nicht gefolgt (*BGH* BGHZ 151, 353 [373 ff.]). Ausgelöst wird die Kündigungssperre bereits durch den Insolvenzantrag. Auch unzulässige oder unbegründete Anträge lösen die Sperre aus (Jaeger/Henckel/Gerhardt/*Jacoby* InsO, § 112 Rn. 25).

B. Voraussetzungen

I. Erfasste Rechtsverhältnisse

Der Schuldner muss einen **wirksamen Vertrag** als Mieter oder Pächter geschlossen haben. Nach §§ 119 ff. BGB angefochtene Verträge sind gem. § 142 BGB ex tunc nichtig. Die Vertragsparteien sind verpflichtet, empfangene Leistungen zurückzugewähren. Dieses **Rückgewährschuldverhältnis** wird von § 112 InsO nicht erfasst. Rückgewährschuldverhältnisse unterliegen dem Wahlrecht des Verwalters aus § 103 InsO (s. § 103 Rdn. 30). **Gekündigte Verträge** unterfallen § 112 InsO nicht, wenn die Kündigung dem Schuldner vor dem Antrag auf Verfahrenseröffnung zugegangen war (allg. Auffassung nur MüKo-InsO/*Eckert* § 112 Rn. 18; zur Abgrenzung s. Rdn. 14). Dabei schadet auch eine Kenntnis des Vermieters vom bevorstehenden Antrag nicht. Die Abwicklung des Vertrages erfolgt ebenfalls nach den allgemeinen Grundsätzen, ggf. nach § 103 InsO. Das gilt auch, wenn die Kündigungsfristen über die Verfahrenseröffnung oder sogar die Beendigung hinaus läuft (Uhlenbruck/*D. Wegener* InsO, § 112 Rn. 8). Das Insolvenzgericht kann indes für das Eröffnungsverfahren nach § 21 Abs. 1 Nr. 5 InsO eine Herausgabe untersagen; von dieser Regelung sind auch Aussonderungsansprüche erfasst. 2

Der Gesetzeswortlaut unterscheidet nicht zwischen vollzogenen und nicht vollzogenen Verträgen. Von Bedeutung wird diese Frage immer dann sein, wenn der Verwalter bereits gemietete Gegenstände für die Unternehmensfortführung dringend benötigt, während der Vermieter den Vertrag wegen der Insolvenz nicht mehr erfüllen möchte. Aus der Gesetzesbegründung ergibt sich, dass durch § 112 InsO wie auch durch § 107 InsO »die wirtschaftliche Einheit im Besitz des Schuldners nicht zur Unzeit auseinander gerissen werden darf« (RegE BT-Drucks. 12/2443 S. 148). Die Begründung macht deutlich, dass in die Vermögensgegenstände des Vermieters (wie die des Eigentumsvorbehaltslieferanten) nur eingegriffen werden soll, wenn dieser den Besitz bereits aufgegeben hatte. Die Anwendung des § 112 InsO bei **nicht vollzogenen Verträgen** wäre zudem bei Immobilien systemwidrig, weil dem Vermieter für den Fall des Nichtvollzuges gem. § 109 Abs. 2 Satz 1 InsO ein Rücktrittsrecht zusteht. Vor dem Schutz des noch besitzenden Vermieters muss das Interesse des Verwalters, zu dem Zweck der Unternehmensfortführung in den Besitz der Gegenstände zu gelangen, zurücktreten. Dementsprechend kann der Vermieter insolvenzbedingt vor Überlassung der Mietgegenstände an den Schuldner kündigen (HK-InsO/*Marotzke* § 112 Rn. 5; Nerlich/Römermann-*Balthasar* InsO, § 112 Rn. 11; Jaeger/Henckel/Gerhardt/*Jacoby* InsO, § 112 Rn. 25; **a.A.** MüKo-InsO/*Eckert* § 112 Rn. 11 ff.; *Cepl* NZI 2000, 357 [359]; HambK-InsO/*Ahrendt* § 112 Rn. 3; Uhlenbruck/*D. Wegener* InsO, § 112 Rn. 5; *Wilmowsky* ZInsO 2004, 882 [884]; diff. *Kübler/Prütting/Bork-Tintelnot* InsO, § 112 Rn. 4). 3

Die Kündigungssperre erfasst sämtliche Miet- und Pachtverträge. Dazu zählen nach der ausdrücklichen Begründung des Gesetzgebers auch die **Leasingverträge** (ausf. zu den einzelnen Verträgen einschließlich der gemischten Verträge s. § 108 Rdn. 10 ff.). Die in den vorhergehenden Normen festgelegte Beschränkung auf Nutzungsverträge über unbewegliche Gegenstände nimmt § 112 InsO nicht auf. Der Gesetzgeber wollte sämtliche Betriebsmittel im Verfügungsbereich des Schuldners belassen (Begr. RegE zu § 126 BT-Drucks. 12/2443 S. 48), so dass die Vermietung beweglicher Gegenstände erfasst wird (*Graf-Schlicker/Breitenbücher* InsO, § 112 Rn. 2; Uhlenbruck/*D. Wegener* InsO, § 112 Rn. 3). Neben den von § 108 InsO erfassten Immobilien, regelt § 112 InsO auch Leasingverträge für bewegliche Sachen (*OLG Düsseldorf* OLGR 2009, 265); gerade diese Gegenstände werden für die Betriebsfortführung benötigt. 4

D. Abweichende Vereinbarungen

14 Das Sonderkündigungsrecht des Erwerbers aus § 111 InsO kann zwischen Mieter und Vermieter wegen § 119 InsO nicht ausgeschlossen werden. Der Eintritt des Erwerbers in den Mietvertrag nach § 566 BGB kann bei Gewerbemietverträgen ausgeschlossen werden, bei Wohnraummietverträgen ist das streitig. Ein Ausschluss per AGB wird allgemein für unwirksam gehalten (*Ermann/Jendrek* BGB, § 566 Rn. 3). Ist der Nichteintritt vereinbart, entsteht kein Kündigungsrecht des Erwerbers, der Vertrag bindet über § 108 InsO weiterhin die Masse. Da der Mieter gegenüber dem Erwerber kein Recht zum Besitz hat, kann dieser Herausgabe der Miträume verlangen (MüKo-InsO/*Eckert* § 111 Rn. 34). Der Verwalter kann gem. § 536 Abs. 3 BGB keine Mietzinsen fordern. Der Schadensersatzanspruch des Mieters nach § 536a BGB dürfte nicht bestehen, weil der Ausschluss des § 566 BGB gleichzeitig einen Verzicht auf Schadenersatzansprüche gegenüber dem Vermieter enthält (a.A. MüKo-InsO/*Eckert* § 111 Rn. 34). Unabhängig von dieser Konstruktion ist daran zu denken, auch dem Ausschluss des Eintritts wegen § 119 InsO die Wirksamkeit zu versagen. Zwar wird durch den Ausschluss des § 566 BGB nur der Tatbestand des § 111 InsO ausgeschlossen; die Vereinbarung führt indes zu einem Ausschluss des Kündigungsrechtes und damit gegen den vom Gesetzgeber verfolgten Zweck, dem Erwerber mit dem Ziel der bestmöglichen Verwertung ein Kündigungsrecht einzuräumen.

§ 112 Kündigungssperre

Ein Miet- oder Pachtverhältnis, das der Schuldner als Mieter oder Pächter eingegangen war, kann der andere Teil nach dem Antrag auf Eröffnung des Insolvenzverfahrens nicht kündigen:
1. wegen eines Verzugs mit der Entrichtung der Miete oder Pacht, der in der Zeit vor dem Eröffnungsantrag eingetreten ist;
2. wegen einer Verschlechterung der Vermögensverhältnisse des Schuldners.

Übersicht

	Rdn.			Rdn.
A. Allgemeines	1	III.	Verschlechterung der Vermögens-	
B. Voraussetzungen	2		verhältnisse	12
I. Erfasste Rechtsverhältnisse	2	C.	Rechtsfolgen	14
II. Verzug	9	D.	Abdingbarkeit	20

Literatur:
Cymutta Das außerordentliche Kündigungsrecht des Vermieters nach dem Lastschriftwiderruf des Insolvenzverwalters, ZInsO 2008, 191; *Kuder* Die einheitliche Rechtsprechung des BGH zum Lastschriftwiderspruch des vorläufigen Insolvenzverwalters und ihre Folgen für die Praxis, ZInsO 2010, 1665; *Pohlmann* Befugnisse und Funktionen des vorläufigen Insolvenzverwalters, 1978; *Schwörer* Lösungsklauseln für den Insolvenzfall, 2000; *Torz* Franchise und Insolvenz, ZInsO 2009, 1235.

A. Allgemeines

1 Die Kündigungssperre des § 112 InsO soll die wirtschaftliche Einheit der Masse im Interesse einer Betriebsfortführung zusammenhalten. Die vom Schuldner gemieteten und gepachteten Gegenstände sollen in der Verfügungsgewalt des Verwalters bleiben, um alle Möglichkeiten der Sanierung und Fortführung zu erhalten. Die Vorschrift ist zusammen mit § 107 InsO die tragende Norm zur Ermöglichung der Fortführung und Sanierung. Die Kündigungssperre gilt auch für Nutzungsverträge über bewegliche Gegenstände; in der Praxis ist die Norm für Leasingverträge von besonderer Bedeutung. Für den Vermieter/-pächter kann die Kündigungssperre einen zusätzlichen Nachteil bedeuten. Die weiteren Miet-/Pachtzinsraten nach Verfahrenseröffnung sind zwar Masseverbindlichkeiten gem. § 55 Abs. 1 Nr. 2 InsO. Auch die Inanspruchnahme der Nutzungsgegenstände durch den vorläufigen – starken – Verwalter begründet die Pflicht, die Miet-/Pachtzinsen aus der Masse zu erstatten, § 55 Abs. 2 InsO. Wenn das Verfahren jedoch nicht eröffnet oder wegen Massearmut eingestellt wird, erhöht sich der Ausfall durch die gesetzliche Anordnung (ausf.: Jaeger/Henckel/Gerhardt/*Jacoby* InsO, § 112 Rn. 4). In der Literatur wurden wegen Verletzung des Eigentums verfas-

Dabei ist dem Ersteher eine angemessene Zeit zur Prüfung der Sach- und Rechtslage zuzubilligen (*Zeller/Stöber* ZVG, § 57a Anm. 5.2.). Fällt der Erwerbsvorgang mit dem dritten Werktag zusammen oder zwischen beiden Terminen besteht nur eine kurze Frist, ist die Kündigung bis zum nächsten Dritten zulässig (*Stöber* ZVG, Anm. 5.2. zum Zuschlag in der Zwangsversteigerung). Wird der Termin versäumt, bleibt es bei den ursprünglich vom Schuldner vereinbarten Bedingungen über den Miet-/Pachtvertrag.

Mit der Streichung des Satz 3 zum 31.12.2006 (s. Rdn. 1) stehen dem Mieter Einwendungen gegen die Kündigung wegen **geleisteter Baukostenzuschüsse** nicht mehr zu. 10

Das Sonderkündigungsrecht des Erwerbers wird durch die **Kündigungsschutzbestimmungen des Zivilrechts** eingeschränkt. Zu § 57a ZVG hat der BGH unmissverständlich ausgeführt, dass der Kündigungsschutz des vertragstreuen Mieters dem Kündigungsrecht des Ersteigerers vorgeht (BGHZ 84, 90 [100]; so auch MüKo-InsO/*Eckert* § 111 Rn. 21; *Uhlenbruck/D. Wegener* InsO, § 111 Rn. 11). Der Mieter kann also nach § 574 BGB der Kündigung widersprechen. 11

Entsteht dem Mieter durch die vorzeitige insolvenzbedingte Kündigung ein Schaden, soll nach überwiegender Auffassung dieser **Schadenersatzanspruch** einfache Insolvenzforderung sein (ausf. zum Streitstand: Jaeger/Henckel/Gerhardt/*Jacoby* InsO, § 111 Rn. 37 ff.). § 111 InsO enthält hierzu keine ausdrückliche Regelung. Die Literatur stützt sich auf § 109 InsO. Der Grundsatz, dass Schadenersatzansprüche des Vertragsgegners wegen insolvenzbedingter vorzeitiger Kündigung keine Masseschulden sind, sondern nur als Insolvenzforderung geltend gemacht werden können wird auch auf § 111 InsO angewandt (*Gottwald/Huber* HdbInsR, § 37 Rn. 44; *Kübler/Prütting/Bork-Tintelnot* InsO, § 111 Rn. 14; HK-InsO/*Marotzke* § 111 Rn. 9). Die InsO ordnet die Qualifizierung von Ansprüchen als Insolvenzforderung oder Masseschuld ausdrücklich an, §§ 103 Abs. 2, 104 Abs. 3 Satz 3, 105 Satz 1, 106 Abs. 1, 108 Abs. 3, 109 Abs. 1 und 2. Es gibt keinen Anhaltspunkt dafür, dass der Gesetzgeber diese Anordnung für § 111 InsO übersehen hat. Auch wenn man einen allgemeinen Grundsatz annehmen wollte, dass Verbindlichkeiten aus dem Zeitraum bis zur Verfahrenseröffnung Insolvenzforderungen sind (so zur Begründung: HK-InsO/*Marotzke* § 111 Rn. 8), gilt dies nicht für die Kündigung des Erwerbers. Der Schaden des Mieters entsteht nach Verfahrenseröffnung. Vielmehr greift für den Verkauf der Immobilie § 55 Abs. 1 Nr. 1 InsO, wonach Verbindlichkeiten, die durch die Verwertung der Masse entstehen, Masseschulden sind. Der Masse fließt im Gegenzug auch der Verwertungserlös zu. Dementsprechend ist der aus der insolvenzbedingten Kündigung resultierende **Schaden des Mieters Masseschuld** (MüKo-InsO/*Eckert* § 111 Rn. 30, 31; *Uhlenbruck/D. Wegener* InsO, § 111 Rn. 13; **a.A.** HambK-InsO/*Ahrendt* § 11 Rn. 5; *Graf-Schlicker/Breitenbücher* InsO, § 11 Rn. 1; Insolvenzforderung). In der Praxis kann der Verwalter diese Ansprüche dem Grundschuldgläubiger vertraglich auferlegen, wenn dieser überwiegend von der Verwertung profitiert. Eine Begrenzung der Ansprüche ergibt sich aus den allgemeinen Grundsätzen zur Kausalität und Höhe des Schadens sowie zur Minderungspflicht des Mieters. Inhaltlich beschränkt sich dieser Schadensersatzanspruch auf die Differenz zwischen dem vertraglich festgelegten Miet- oder Pachtzins und dem Marktwert des Miet- oder Pachtobjekts (*Kübler/Prütting/Bork-Tintelnot* InsO, § 111 Rn. 15). Da auch andere Insolvenzgläubiger keine Vollzugsschäden verlangen können, sind Folgeschäden des Mieters, wie insbesondere Umzugskosten, nicht mit umfasst (ähnlich Jaeger/Henckel/Gerhardt/*Jacoby* InsO, § 111 Rn. 44). 12

Die Qualifizierung des Schadens als Masseschuld hat zur Folge, dass der Mieter gegen Forderungen des Verwalters aus dem Zeitraum vor Eröffnung aufrechnen kann (MüKo-InsO/*Eckert* § 111 Rn. 32). Diese Möglichkeit ergibt sich auch, wenn man den Schadenersatzanspruch als Insolvenzforderung qualifiziert. Der BGH hatte bereits 1954 entschieden, dass der wegen der insolvenzbedingten Beendigung von Verträgen bestehende Schadenersatzanspruch schon vor Konkurseröffnung aufschiebend bedingt entstanden ist, so dass die **Aufrechnung** mit diesem Schadenersatzansprüchen durch die konkursrechtlichen Aufrechnungsverbote nicht ausgeschlossen werde (BGHZ 15, 333 [336]; bestätigt in BGHZ 68, 379 [382]; *Gottwald/Huber* HdbInsR, § 37 Rn. 45). 13

§ 111 InsO Veräußerung des Miet- oder Pachtobjekts

Entscheidend ist allein der dingliche Eigentumswechsel. Nicht erforderlich ist ein Verkauf, auch unentgeltliche Übertragungen oder Eigentumsübergänge kraft Gesetzes erfüllen die Voraussetzungen (MüKo-BGB/*Häublein* § 566 Rn. 17). Beim **Gesellschafterwechsel** ist zu unterscheiden. Der Wechsel im Bestand der Gesellschafter von Kapitalgesellschaften führt, weil sich der Eigentümer nicht ändert, nicht zu einer das Kündigungsrecht auslösenden Übertragung. Bei einer nicht rechtsfähigen Personengesellschaft soll § 111 InsO analog anwendbar sein (BGHZ 138, 82 [85]). Auf Verwertungen der Immobilie im Wege der **Zwangsversteigerung** ist § 111 InsO nicht anwendbar, das Kündigungsrecht des Erstehers ergibt sich aus § 57a ZVG. Kein Eigentumsübergang liegt bei einer wirksamen Anfechtung nach §§ 119 ff. BGB vor, da sie nach § 142 BGB ex tunc wirkt; anders der Rücktritt (MüKo-BGB/*Häublein* 5. Aufl., § 566 Rn. 18).

5 Vor Übergang des Eigentums kann der Verwalter den Erwerber zur **Kündigung ermächtigen** (*Palandt/Weidenkaff* § 566 BGB Rn. 6). Mit dieser Ermächtigung kann der Erwerber nur ein Recht des Verwalters ausüben; das Recht des Erwerbers entsteht erst mit Eigentumsübergang.

6 Der Veräußerungsgegenstand muss bereits vermietet oder verpachtet gewesen sein. Damit ist nur erforderlich, dass ein wirksamer Vertrag vorliegt. Dieser muss von dem Schuldner geschlossen worden sein; **Verträge, die der Insolvenzverwalter geschlossen hat**, fallen nicht unter § 111 InsO. Dies würde eine Benachteiligung der Mieter zur Folge haben, die nach § 55 Abs. 1 Nr. 1 InsO Massegläubiger sind (MüKo-InsO/*Eckert* § 111 Rn. 3; HK-InsO/*Marotzke* § 111 Rn. 12). Gleiches gilt für Mietverträge, die ein **vorläufiger starker Verwalter** abgeschlossen hat (Jaeger/Henckel/Gerhardt/*Jacoby* InsO, § 111 Rn. 9). Für Mietverträge, welche der Schuldner mit Zustimmung eines vorläufigen schwachen Verwalters abgeschlossen hat, soll dagegen das Sonderkündigungsrecht des (endgültigen) Verwalters bestehen (HK-InsO/*Marotzke* § 111 Rn. 4; Uhlenbruck/D. *Wegener* InsO, § 111 Rn. 3). Diese Auffassung verkennt, dass die endgültige Entscheidung über den Abschluss des Mietvertrages von der Zustimmung des vorläufigen Verwalters abhängt. Auch bei diesem Vertragsschluss entsteht das Vertrauen des Mieters in den Bestand des Vertrages durch ein Handeln des Verwalters (ebenso *Derleder* NZM 2004, 568 [576]).

7 Der Wortlaut fordert nicht die **Überlassung des Mietgegenstandes** an den Mieter noch vor Verfahrenseröffnung. Für den Fortbestand des Mietvertrages in der Insolvenz fordert der BGH indes die Übergabe der Mietsache (s. FK-InsO/*Wegener* § 108 Rdn. 24). Wenn der Vertrag in der Insolvenz keinen Bestand hat, greift auch § 111 InsO nicht (Uhlenbruck/D. *Wegener* InsO, § 111 Rn. 7; HK-InsO/*Marotzke* § 111 Rn. 5).

8 § 111 InsO setzt den Eintritt des Erwerbers in das Vertragsverhältnis voraus. Dieser **Vertragseintritt** wiederum ist nur nach **Überlassung des Grundstücks** an den Mieter möglich (BGHZ 65, 137 [140]). Auch der RegE fordert die Überlassung vor Veräußerung (BT-Drucks. 12/2443 S. 147). Ebenso greift das Kündigungsrecht des § 57a ZVG, dem § 111 InsO nachempfunden ist nur, wenn die Besitzüberlassung schon vor der Versteigerung erfüllt war (*Zeller/Stöber* ZVG, § 57a Anm. 2.4). Für Schiffe und Luftfahrzeuge ist die Eintragung in die Register erforderlich. Das Sonderkündigungsrecht des Erwerbers entsteht nach alledem erst, wenn dem Mieter der Mietgegenstand bei Veräußerung überlassen war (MüKo-InsO/*Eckert* § 111 Rn. 7; *Kübler/Prütting/Bork-Tintelnot* InsO, § 111 Rn. 4 fordert die Überlassung schon vor Verfahrenseröffnung; zur Überlassung s. § 109 Rdn. 30). Vor der Überlassung kann der Verwalter nach § 109 InsO vom Vertrag zurücktreten. § 109 Abs. 2 InsO gilt nur in der Mieterinsolvenz. Da bei der Vermieterinsolvenz eine dem § 109 Abs. 2 InsO entsprechende Vorschrift fehlt, wird ein entsprechendes Rücktrittsrecht vor Übergabe in der Vermieterinsolvenz abgelehnt (KS-InsO/*Pape* 1997, S. 450).

C. Rechtsfolgen

9 Dem Erwerber steht nach Eigentumsübergang das Recht zu, den Miet-/Pachtvertrag unter Beachtung der gesetzlichen Frist zu kündigen. Die Kündigung muss zum ersten möglichen Termin ausgesprochen werden. Das ist der Zeitpunkt, an dem die Kündigung für den Ersteher ohne schuldhaftes Zögern möglich ist. Im Wohnungsmietrecht ist damit § 573d Abs. 2 BGB zu berücksichtigen.

Veräußerung des Miet- oder Pachtobjekts § 111 InsO

Übersicht

	Rdn.			Rdn.
A.	Einleitung	1	C. Rechtsfolgen	9
B.	Voraussetzungen	2	D. Abweichende Vereinbarungen	14

A. Einleitung

Die Norm soll dem Verwalter die freihändige Verwertung der Immobilie erleichtern. Langfristige 1
unkündbare Mietverträge können die Verwertung verhindern und sich auf die Angebote auswirken.
Die freihändige Veräußerung des Verwalters wird in den Rechtsfolgen der Zwangsversteigerung
angeglichen und gewährt dem Erwerber besondere Kündigungsrechte. Der Erwerber muss diese
Kündigungsrechte frühzeitig ausüben. Die Sonderkündigungsrechte ergeben sich nur bei der Veräußerung von Immobilien und Räumen; entsprechend dem allgemeinem Grundsatz der Zwangsvollstreckung sind Schiff- und Luftfahrzeuge den Immobilien gleichgestellt (§ 49 InsO). Die **Einschränkung des Kündigungsrechts** zugunsten der Mieter, die Baukostenzuschüsse geleistet haben, wurde
2007 gestrichen.

B. Voraussetzungen

Erforderlich ist die **Veräußerung einer vermieteten Immobilie oder eines Raumes.** Der Wortlaut des 2
Gesetzes nimmt eingetragene Schiffe und damit auch Luftfahrzeuge nicht in die privilegierte Veräußerung durch den Verwalter auf. Die Begründung zum RegE (BT-Drucks. 12/2443 S. 147)
geht aber davon aus, dass auch die Veräußerung von **Schiffs- oder Luftfahrzeugen** durch den Verwalter zu der erleichterten Kündigungsmöglichkeit durch den Erwerber führt. Der Erfassung der
Schiffs- und Luftfahrzeuge erfolgt über § 49 InsO. Unbewegliche Gegenstände sind auch nach
der InsO diejenigen, welche der Zwangsvollstreckung in das unbewegliche Vermögen unterliegen.
Die Immobilienzwangsvollstreckung findet gem. §§ 864, 870a ZPO auch auf Schiffe Anwendung
(*Schmid-Burgk/Ditz* ZIP 1996, 1123 [1125 FN 9]). Die Gleichstellung mit den Luftfahrzeugen hat
der Gesetzgeber offensichtlich übersehen. Unter dem alten Recht war diese Gleichstellung über § 98
Abs. 3 LuftRG erfolgt. Diese Bestimmung ist durch Art. 38 EGInsO aufgehoben, weil, so die Begründung zum RegE, die Luftfahrzeuge jetzt ausdrücklich erwähnt würden. Die Begründung
zum RegE wiederum lässt keinen Zweifel daran, dass auch der Verkauf von Luftfahrzeugen privilegiert sein soll. Auf Miet- oder Pachtverhältnisse über **bewegliche Gegenstände** ist § 111 InsO nicht
anwendbar. Gleiches gilt auch für **Leasinggegenstände**, wobei das Immobilienleasing im Falle der
Leasinggeberinsolvenz wiederum von § 111 InsO erfasst wird (*Nerlich/Römermann-Balthasar* InsO,
§ 111 Rn. 3). **Beschränkt persönliche Dienstbarkeiten** werden von § 111 InsO nicht erfasst (*BGH*
ZIP 2011, 1063 [1065]). Diese Rechte sind insolvenzfest, so dass sich der Mieter seine Nutzung auf
für die Insolvenz sichern kann (*Graf-Schlicker/Breitenbücher* InsO, § 111 Rn. 1; zweifelnd HK-
InsO/*Marotzke* § 111 Rn. 14).

Der Schuldner muss Alleineigentümer gewesen sein. War er **Miteigentümer des Mietgegenstandes** 3
und veräußert der Verwalter den Gegenstand im Einvernehmen mit den weiteren Eigentümern, steht
dem Erwerber das Sonderkündigungsrecht nicht zu (*Kübler/Prütting/Bork-Tintelnot* InsO, § 11
Rn. 7; MüKo-InsO/*Eckert* § 111 Rn. 4; Jaeger/Henckel/Gerhardt/*Jacoby* InsO, § 111 Rn. 10).
Auch in Fall der Teilungsversteigerung ist der Ersteher gem. § 183 ZVG an die vertragsgemäßen
Kündigungsrechte gebunden. Dieser Grundsatz muss für die nachempfundene freihändige
(Mit-)Veräußerung des Verwalters gelten.

Die **Veräußerung** ist erst mit **Eigentumsübergang** abgeschlossen. Der Veräußerungsbegriff ist mit 4
dem des §§ 566, 578 BGB identisch (MüKo-InsO/*Eckert* § 111 Rn. 5, 6). Das Gesetz führt als zusätzliches Erfordernis des Sonderkündigungsrechtes den Eintritt des Erwerbers in das Mietverhältnis
auf. Damit ist auf §§ 566, 578 BGB Bezug genommen, der den gesetzlichen Vertragseintritt des Erwerbers normiert. Eine Veräußerung gem. §§ 566, 578 BGB liegt erst bei **Eigentumsumschreibung
im Grundbuch** vor; auch die Eintragung einer Vormerkung genügt nicht (BGHZ 154, 171 [175];
Jaeger/Henckel/Gerhardt/*Jacoby* InsO, § 111 Rn. 10; **a.A.** *Palandt/Bassenge* BGB, § 883 Rn. 20).

Mieter sich auf Vorauszahlungen uneingeschränkt berufen. Der Verwalter sollte indes immer prüfen, ob die Verfügung oder die Zwangsvollstreckungsmaßnahmen anfechtbar sind oder wegen der Rückschlagsperre nach § 88 InsO unterliegen. Beide Rechtsinstitute sind neben § 110 InsO anwendbar (MüKo-InsO/*Eckert* § 110 Rn. 7; *Graf-Schlicker/Breitenbücher* InsO, § 110 Rn. 6; Jaeger/Henckel/Gerhardt/*Jacoby* InsO, § 110 Rn. 52; **a.A.** HK-InsO/*Marotzke* § 110 Rn. 12 zu § 88 InsO).

16 Mit der Unwirksamkeit der Verfügung muss der Mieter/Pächter die Miet-/Pachtzinsen für den Zeitraum nach Verfahrenseröffnung noch einmal zur Masse entrichten. Die (unwirksame) Vorauszahlung ist damit ohne Rechtsgrund geleistet. Der Mieter-/Pächter hat einen Bereicherungsanspruch gegenüber dem Schuldner, der als Insolvenzforderung zur Tabelle angemeldet werden kann (*Kübler/Prütting/Bork-Tintelnot* InsO, § 110 Rn. 8; MüKo-InsO/*Eckert* § 110 Rn. 21).

17 Die Beendigung des Verfahrens hat auf die Unwirksamkeit keinen Einfluss. Der Schuldner kann sich auch nach Verfahrensende auf die Unwirksamkeit seiner Verfügung berufen.

18 Mit **Gegenforderungen**, gleich aus welchem Rechtsgrund, kann der Mieter-/Pächter gegenüber den Miet-/Pachtzinsforderungen der Masse für den Zeitraum nach Verfahrenseröffnung nur innerhalb der Grenzen des in § 110 Abs. 1 InsO genannten Zeitraumes aufrechnen. Das gilt für die Ausfallforderung des Mieters als Gläubiger der Masse (*BGH* ZIP 1983, 332 f.) sowie für die Verwendungsersatzansprüche nach § 536a Abs. 2 und § 539 Abs. 1 BGB (MüKo-InsO/*Eckert* § 110 Rn. 24). Dieses Aufrechnungsverbot schränkt die Aufrechnungsmöglichkeit nach § 94 InsO ein. Im Übrigen sind Aufrechnungen nach den §§ 95, 96 InsO zu beurteilen. Der BGH legte für die hier in Frage kommenden Konstellationen § 95 InsO extensiv aus und ließ Aufrechnungen des Mieters mit **Nebenkostenguthaben** aus dem Zeitraum vor der Insolvenz zunächst zu, weil die Forderung im Kern bereits vor der Insolvenz entstanden sei (*BGH* NZI 2007, 164). Von dieser Rechtsprechung ist der IX. Senat zu Recht wieder abgerückt (*BGH* NZI 2011, 936) und betont den Grundsatz, dass gegenüber Leistungen der Masse nur mit Gegenforderungen aus dem Zeitraum nach Eröffnung aufgerechnet werden könne. Daraus folgt, dass der Mieter gehindert ist, mit einem Nebenkostenguthaben bzw. einer überbezahlter Miete gegenüber der laufenden Miete aufzurechnen (*Ghassemi-Tabar/Schweitzer* ZfIR 2012, 224 [229]).

19 **Zurückbehaltungsrechte** werden vom Wortlaut des § 110 InsO nicht ausdrücklich erfasst. Die Ausübung von Zurückbehaltungsrechten wegen fälliger Forderungen ist den Gläubigern aber schon deshalb untersagt, weil die Befriedigung der Insolvenzgläubiger gem. dem in §§ 174 ff. InsO geregelten Verfahren zu erfolgen hat. Zurückbehaltungsrechte stehen nur privilegierten Gläubigern (§ 51 Nr. 2, 3 InsO) zu. Auf Zurückbehaltungsrechte sollte § 110 Abs. 3 InsO deshalb analog angewendet werden (HK-InsO/*Marotzke* § 110 Rn. 16; MüKo-InsO/*Eckert* § 110 Rn. 25; **a.A.** Jaeger/Henckel/Gerhardt/*Jacoby* InsO, § 110 Rn. 52; HambK-InsO/*Ahrendt* § 110 Rn. 9), so dass der Mieter für den in Abs. 1 genannten Zeitraum zurückhalten kann.

E. Abdingbarkeit

20 § 110 InsO ist zwingend, § 119 InsO. § 110 InsO sichert den Massezufluss für den Zeitraum nach Verfahrenseröffnung. Davon werden Ausnahmen nicht zugelassen. Abweichende Vereinbarungen sind unwirksam.

§ 111 Veräußerung des Miet- oder Pachtobjekts

¹Veräußert der Insolvenzverwalter einen unbeweglichen Gegenstand oder Räume, die der Schuldner vermietet oder verpachtet hatte, und tritt der Erwerber anstelle des Schuldners in das Miet- oder Pachtverhältnis ein, so kann der Erwerber das Miet- oder Pachtverhältnis unter Einhaltung der gesetzlichen Frist kündigen. ²Die Kündigung kann nur für den ersten Termin erfolgen, für den sie zulässig ist.

57c ZVG durch das Modernisierungsgesetz v. 22.12.2006 (BGBl. I S. 3416, 3423) ist der Sonderkündigungsschutz des Mieters bei diesen Leistungen entfallen (dazu *Dötsch* NZI 2009, 713 ff.). Die abwohnbaren Baukostenzuschüsse sind Vorauszahlungen auf den Mietzins und wirken zu Lasten der Masse; sie sind nach den Grundsätzen des § 110 InsO aufzuteilen.

Die **Hinterlegung der Mietkaution** ist keine Vorauszahlung des Mietzinses. Die Annahme aber auch 10 der Erlass der Kaution ist daher keine Verfügung i.S.d. § 110 InsO. Streitig ist in diesem Zusammenhang nur, ob der Rückzahlungsanspruch Masseschuld oder Insolvenzforderung ist. Nach zutreffender Auffassung stehen dem Mieter bei richtiger Hinterlegung der Kaution Aussonderungsansprüche zu (vgl. dazu *Imberger* § 47 Rdn. 53). Dafür ist es nicht erforderlich, dass die Kaution unmittelbar vom Mieter auf das Kautionskonto gelangte. Es reicht aus, wenn der Vermieter das Kautionskonto vor Verfahrenseröffnung anlegte und dort – aus seinem Vermögen – den Kautionsbetrag einzahlte (*BayObLG* ZIP 1988, 789 [792]).

Bei der **eigenkapitalersetzenden Nutzungsüberlassung** soll § 110 InsO auf die unentgeltliche Nut- 11 zungsmöglichkeit des Verwalters der Betriebsgesellschaft in der Doppelinsolvenz anwendbar sein (Einzelheiten u. Nachw. s. 7. Aufl.). Mit Abschaffung des Eigenkapitalrechts durch das MoMiG und der Einführung des § 135 Abs. 3 InsO hat sich die Diskussion über die analoge Anwendung des § 110 InsO erledigt. § 135 Abs. 3 InsO regelt den Ausgleich des Verwalters. Von einer Verfügung des Schuldners kann keine Rede mehr sein (*Göcke/Henkel* ZInsO 2009, 170 ff. [173 f.]; zweifelnd *Bitter* ZIP 2010, 1 [13]).

Nach § 110 InsO sind auch **Abtretungen** der Mietzinsforderungen zugunsten der Grundpfandgläu- 12 biger oder die **Pfändungen** der **Grundpfandgläubiger** unwirksam. Die Beschlagnahme der Mietzinsen in der Insolvenz zugunsten der Grundpfandgläubiger erfordert Zwangsverwaltung (*BGH* ZInsO ZIP 2006, 1554 [1555]). Für den Zeitraum bis zur Verfahrenseröffnung hat der BGH diesen Grundsatz eingeschränkt und die Grundpfandhaftung in vollem Umfang bestätigt (*BGH* ZIP 2007, 35 [36]; dazu *Hofmann* EWIR 2007, 83; MüKo-InsO/*Ganter* § 49 Rn. 29; *Mitlehner* ZIP 2007, 804 ff.).

Zu den Verfügungen zählen nach dem ausdrücklichen Wortlaut des Abs. 2 auch solche im Wege der 13 **Zwangsvollstreckung**. Das gilt auch für die Vollziehung einstweiliger Rechtsschutzmaßnahmen wie Arrest und einstweilige Verfügung. Die Pfändung künftiger Mietzinsansprüche muss der Verwalter damit nicht gegen sich gelten lassen (*BGH* ZIP 2006, 1554). Auch die Pfändung der Mietzinsen durch Grundpfandgläubiger wird von § 110 InsO erfasst (*BGH* ZIP 2006, 1554; Uhlenbruck/*D. Wegener* InsO, § 100 Rn. 12; *Graf-Schlicker/Breitenbücher* InsO, § 110 Rn. 5; jetzt auch HK-InsO/*Marotzke* § 110 Rn. 13). Der Grundpfandgläubiger kann aber über die Zwangsverwaltung auf die Mieten zugreifen (*BGH* ZIP 2006, 1554).

Vorausverfügungen des Verwalters werden von § 110 InsO nicht erfasst (Jaeger/Henckel/ 14 Gerhardt/*Jacoby* InsO, § 110 Rn. 9). Denkbar sind Maßnahmen des Verwalters zur Liquiditätsbeschaffung, um die Immobilie fertig zu stellen. Derartige Rechtsgeschäfte bleiben im Fall der Nachfolgeinsolvenz wirksam. Das gilt für den Fall der Insolvenz in der Insolvenz wie im Fall der Wiedereröffnung des Verfahrens nach Masseunzulänglichkeit (Uhlenbruck/*D. Wegener* InsO, § 110 Rn. 9). Für Verfügungen des vorläufigen Verwalters mit Verfügungsmacht gilt das gleiche. Verfügungen des Schuldners mit Zustimmung des vorläufigen schwachen Verwalters sind unwirksam; hierbei handelt es sich um Rechtshandlungen des Schuldners (MüKo-InsO/*Eckert* § 110 Rn. 9; Uhlenbruck/*D. Wegener* § 110 Rn. 9).

D. Rechtsfolgen

Vorausverfügungen und Zwangsvollstreckungsmaßnahmen persönlicher Gläubiger sind wirksam, 15 wenn sie sich auf den bei Verfahrenseröffnung laufenden Monat erstrecken. Wird das Verfahren nach dem 15. eröffnet, ist die Verfügung für den Zeitraum vom übernächsten Monat an unwirksam. Die Unwirksamkeit tritt qua legem ein, weitere Handlungen des Verwalters sind nicht erforderlich. Die Rechtsfolge des § 110 InsO greift mit Verfahrenseröffnung. **Im Eröffnungsverfahren** kann der

verwaltung geltend gemacht werden (*BGH* ZIP 2006, 1554 [1555]). Dieser Grundsatz wird für den Zeitraum der Eröffnung auch durch die Entscheidung des *BGH* v. 09.11.2006 (ZIP 2007, 35) nicht relativiert (s. Rdn. 12).

C. Verfügungen

7 § 110 InsO schützt die Masse vor Vorausverfügungen des Schuldners. Dieser Schutz ist erforderlich, weil der Vertrag gem. § 108 InsO fortbesteht. Anderenfalls müsste der Verwalter hinnehmen, dass der Miet-/Pachtgegenstand genutzt wird, ohne dass der Masse eine entsprechende Gegenleistung zufließt. Mit dem Begriff der **Verfügung** knüpft die InsO an die zivilrechtliche Terminologie an. Erfasst werden Rechtsgeschäfte, die Rechte aufheben, übertragen, belasten oder inhaltlich belasten, verändern (*Palandt/Ellenberger* Überbl. v. § 104 BGB Rn. 16). Einer der Hauptanwendungsfälle der Verfügung sind **Vorausabtretungen der Miete**; diese werden für den auf die Verfahrenseröffnung folgenden Monat unwirksam (*OLG Hamm* ZInsO 2006, 776 [778]; *Dobmeier* NZI 2006, 144 [147 ff.]). Keine Verfügung i.S.v. § 110 InsO soll vorliegen, wenn der spätere Schuldner den mittelbaren Besitz der Mietsache auf einen Dritten überträgt (*OLG Hamburg* ZIP 2010, 744 = ZInsO 2010, 233; dagegen zutreffend *Eckert* EWiR 2010, 299 [300]). Vorausabtretungen sind nach Verfahrenseröffnung in den Zeitgrenzen des § 110 InsO auch dann unwirksam, wenn sie durch ein im **Refinanzierungsregister** nach §§ 22a ff. KWG eingetragenes **Wohnungsunternehmen** erfolgen. Die Eintragung in das Register und die daraus folgende Aussonderung nach § 22j KWG rechtfertigen keine Bevorzugung der Zessionare (a.A. *Peter/Greß* ZInsO 2007, 455 [461 ff.]). Auch die Einziehung der Miet-/Pachtzinsen ist nach § 110 Abs. 2 Satz 1 InsO eine Verfügung. Diese Klarstellung ist deshalb notwendig, weil nach der herrschenden Theorie der realen Leistungsbewirkung für die Erfüllung gerade kein »Erfüllungsvertrag« notwendig ist und daher auch keine Verfügung vorliegen würde. Verfügungen sind neben der Einziehung der Miete in erster Linie Abtretungen, Nießbrauchbestellung und Verpfändung. Auch der **Erlassvertrag** gem. § 397 BGB ist ebenfalls eine Verfügung. Zu diesen Rechtsgeschäften zählt neben der Aufhebung des Schuldverhältnisses der Änderungsvertrag (*Palandt/Ellenberger* vor 104 BGB Rn. 16). Damit unterfallen auch die Stundung oder Änderung der Zahlungsart hinsichtlich Ort, Zeit oder Gegenstand dem § 110 InsO (*Uhlenbruck/D. Wegener* InsO, § 110 Rn. 8).

8 Die Annahme von **Mietzinsvorauszahlungen** zählt nach dem Wortlaut des Abs. 2 ausdrücklich zu den Verfügungen des § 110 InsO. Vorauszahlungen der Miete sind deshalb nur in dem Zeitraum des Abs. 1 zu Lasten der Masse anzuerkennen. Das Gesetz unterscheidet nicht nach der im Mietvertrag festgelegten Fälligkeit. Wenn der Mietzins im Quartal oder sogar jährlich fällig wird, kann nur eine zeitanteilige Erfüllung zu Lasten der Masse angenommen werden. Die Literatur (*Uhlenbruck/D. Wegener* InsO, § 110 Rn. 8 ff.; MüKo-InsO/*Eckert* § 110 Rn. 13; *Kübler/Prütting/Bork-Tintelnot* InsO, § 110 Rn. 5) will im Rahmen des § 110 InsO die Rechtsprechung des BGH zu §§ 574 a.F. BGB, §§ 57 ff. ZVG (*BGH* BGHZ 15, 295 [299]; BGHZ 37, 346 [350]; NJW 1998, 595 [596]) anwenden und Einmalzahlungen des Mieters an den Schuldner in vollem Umfang gegenüber der Masse anerkennen, wenn sie im Ursprungsvertrag vereinbart wurde. Die Anerkennung als Erfüllung gegenüber der Masse schränkt nicht das Kündigungsrecht des Erwerbers bei Veräußerung durch den Verwalter aus § 111 InsO ein. Allgemeine Vorauszahlungen des Mieters werden nicht geschützt. Ergibt die Auslegung der Vereinbarungen, dass der Mieter dem Vermieter ein **Darlehen** gewährt hat, ist § 110 InsO ebenfalls nicht anwendbar. Der Rückzahlungsanspruch ist nach allgemeinen Grundsätzen zu behandeln. Gegenüber den nach Verfahrenseröffnung entstehenden Mietzinsansprüchen der Masse kann der Mieter nicht aufrechnen, § 96 Abs. 1 Nr. 1 InsO.

9 Mietzinsvorauszahlungen in Form eines **Baukostenzuschusses** sind differenziert zu bewerten (so wohl auch MüKo-InsO/*Eckert* § 110 Rn. 14; ohne Differenzierung: Jaeger/Henckel/Gerhardt/*Jacoby* InsO, § 110 Rn. 41). So genannte verlorene Baukostenzuschüsse sind keine Verfügungen über Mietzinsen, sondern eine Gegenleistung für die Gebrauchsüberlassung; sie können mit Mietzinszahlungen zusammentreffen (Überblick *Stöber* ZVG, § 57c Rn. 4.2). Die Rückzahlung richtet sich wie die der Mieterdarlehn nach allgemeinen Grundsätzen. Nach der Aufhebung der §§ 111 Satz 3 InsO,

stehen. Der Zweck des § 110 InsO besteht darin, der Masse die Erträge aus der Vermietung und Verpachtung zu sichern. In der Praxis sind Versuche der Schuldner, Immobiliennutzungen für bestimmte Personenkreise unentgeltlich zu gestalten, nicht selten. Auch gegen diese Gestaltungen richtet sich § 110 InsO. Der Verwalter muss dann nicht das mit Beweisproblemen verbundene Anfechtungsrecht bemühen. § 110 verdrängt § 91 InsO. Sind Vorausverfügungen nach § 91 InsO unwirksam, kann § 110 InsO nicht angewandt werden (*BGH* ZIP 2013, 1082 [1084], m. Anm. *Marotzke* EWIR 2013, 417).

B. Voraussetzungen

§ 110 InsO erfordert einen **Miet- oder Pachtvertrag über einen unbeweglichen Gegenstand**, bei dem der Schuldner Vermieter/Verpächter ist (zu den Verträgen i.E. vgl. § 108 Rdn. 10 ff.). Es reicht aus, dass der Schuldner nachträglich gem. §§ 566, 1956 oder gem. § 2135 BGB vor Verfahrenseröffnung in den Vertrag eingetreten ist. Unbewegliche Gegenstände sind nach § 49 InsO solche, die der Zwangsvollstreckung in das unbewegliche Vermögen unterliegen. Damit sind von § 110 InsO, abweichend von § 21 KO, der nur Grundstücke nannte, auch eingetragene Flugzeuge und Schiffe erfasst (MüKo-InsO/*Eckert* § 110 Rn. 2). Die Ausdehnung wird in der Praxis deshalb Bedeutung haben, weil die Absicherung der refinanzierenden Bank bei Leasingverträgen für den Fall der Insolvenz nur noch über Grundpfandrechte möglich ist. Diese Absicherung ist bei eingetragenen Schiffen und Luftfahrzeugen rechtlich nur eingeschränkt möglich und wirtschaftlich unsinnig (*Schmidt-Borgk/Ditz* ZIP 1996, 1123 [1125]).

Eine Ausdehnung des Verfügungsverbotes auf Verträge über **bewegliche Mietgegenstände** ist angesichts des klaren Wortlautes der Norm nicht möglich und nicht erforderlich, da diese Verträge dem Wahlrecht des Verwalters unterfallen. Das Gleiche gilt auch für die **drittfinanzierten Leasingverträge** des § 108 Abs. 1 Satz 2 InsO. Diese Verfügungen zugunsten der finanzierenden Banken haben Bestand, auch wenn der Gesetzgeber die Ergänzung in § 108 Abs. 1 Satz 2 InsO in § 110 InsO nicht aufnahm (*Kübler/Prütting/Bork-Tintelnot* InsO, § 110 Rn. 3; ausf. MüKo-InsO/*Eckert* § 110 Rn. 29). Denn die einzelnen Leasingraten sind betagte Forderungen, die im Zeitpunkt des Vertragsschlusses entstehen, im Vertrag ist lediglich die Fälligkeit festgelegt; zudem sind in den Leasingraten auch die Vergütungen für die Finanzierung enthalten (*BGH* ZIP 2013, 1082 [1085]). Auch der Auffassung in der Literatur, die Leasingraten aufzuteilen und die Abtretung für den Nutzungsanteil als unwirksam zu bewerten, ist der *BGH* (ZIP 2013, 1082 [1085]) nicht gefolgt.

§ 110 InsO fordert nicht die **Überlassung des Miet-/Pachtgegenstandes** vor Verfahrenseröffnung (*Eckert* ZIP 1996, 897 [908]). Entscheidend ist der wirksame Vertragsschluss (s. § 108 Rdn. 8). Der Verwalter hat damit die Möglichkeit, an dem Vertrag festzuhalten, ohne Vorauszahlungen gegen sich gelten lassen zu müssen (RegE BT-Drucks. 12/2443 S. 301).

Miet-und Pachtzinsen i.S.d. Gesetzes sind sämtliche Gegenleistungen des Mieters für die Gebrauchsgewährung. Von § 110 InsO werden auch Verfügungen und damit auch der Verzicht auf die Durchführung von **Schönheitsreparaturen** erfasst (MüKo-InsO/*Eckert* § 110 Rn. 4). Sonstige Sonderzahlungen, die gerade beim Leasing üblich sind, zählen regelmäßig zu den Gegenleistungen (MüKo-InsO/*Eckert* § 110 Rn. 4). Die **Kaution** ist keine Gegenleistung (s. Rdn. 10).

§ 110 InsO hat auf **Immobilienleasingverträge**, in deren Rahmen die Leasingraten an die finanzierende Bank des Leasinggebers abgetreten wurden, erheblichen Einfluss (*OLG Brandenburg* ZIP 2012, 1523 zu einem **Sale-and-lease-back** Vertrag). Auch die Abtretung dieser Leasingraten ist allenfalls für den Monat der Verfahrenseröffnung oder den Folgemonat wirksam. Werden Leasingraten vom Leasingnehmer in Unkenntnis von der Insolvenzeröffnung über das Vermögen des Leasinggebers an die refinanzierende Bank gezahlt, sind diese an den Insolvenzverwalter gem. § 816 Abs. 2 BGB herauszugeben. Die Bank kann mit ihren Forderungen aus dem Kreditvertrag nicht aufrechnen (*Obermüller/Hess* InsO, Rn. 889). Der finanzierenden Bank bleibt jetzt nur noch die Möglichkeit, sich durch Eintragung von Grundpfandrechten auf den Leasinggegenstand abzusichern (*OLG Brandenburg* ZIP 2012, 1523). Die Haftung der Mietzinsen kann im Verfahren nur im Wege der Zwangs-

Auflösungsklauseln für den Fall der Insolvenz verstoßen gegen den zwingenden § 112 InsO (*OLG Hamm* NZI 2002, 162. Das gilt für die Vereinbarung eines besonderen Kündigungsrechtes wie für insolvenzbedingte auflösende Bedingungen (*Eckert* ZIP 1996, 897 [903]).

43 Tritt der Vermieter zurück, kann er keinen Ersatzanspruch geltend machen (*Eckert* ZIP 1996, 897 [900]). Ein solcher Ersatzanspruch kann wegen § 119 InsO auch nicht vertraglich vereinbart werden. Gleiches gilt für **Vertragsstrafen** (s. Rdn. 26). Auch Schadenspauschalisierungen sind unwirksam (MüKo-InsO/*Eckert* § 109 Rn. 84).

§ 110 Schuldner als Vermieter oder Verpächter

(1) ¹Hatte der Schuldner als Vermieter oder Verpächter eines unbeweglichen Gegenstands oder von Räumen vor der Eröffnung des Insolvenzverfahrens über die Miet- oder Pachtforderung für die spätere Zeit verfügt, so ist diese Verfügung nur wirksam, soweit sie sich auf die Miete oder Pacht für den zur Zeit der Eröffnung des Verfahrens laufenden Kalendermonat bezieht. ²Ist die Eröffnung nach dem fünfzehnten Tag des Monats erfolgt, so ist die Verfügung auch für den folgenden Kalendermonat wirksam.

(2) ¹Eine Verfügung im Sinne des Absatzes 1 ist insbesondere die Einziehung der Miete oder Pacht. ²Einer rechtsgeschäftlichen Verfügung steht eine Verfügung gleich, die im Wege der Zwangsvollstreckung erfolgt.

(3) ¹Der Mieter oder der Pächter kann gegen die Miet- oder Pachtforderung für den in Absatz 1 bezeichneten Zeitraum eine Forderung aufrechnen, die ihm gegen den Schuldner zusteht. ²Die §§ 95 und 96 Nr. 2 bis 4 bleiben unberührt.

Übersicht	Rdn.		Rdn.
A. Allgemeines	1	D. Rechtsfolgen	15
B. Voraussetzungen	2	E. Abdingbarkeit	20
C. Verfügungen	7		

Literatur:
Bitter Die Nutzungsüberlassung in der Insolvenz nach dem MoMiG (§ 135 Abs. 3 InsO) ZIP 2010, 1; *Bräuer* Der Fortfall der Einrede eigenkapitalersetzender Nutzungsüberlassung in der Insolvenz des Gesellschafters als Folge der §§ 103 Abs. 1, 108 Abs. 1 S. 1 InsO, ZIP 2007, 306; *Dobmeier* Die Behandlung der Vorausabtretungen von Mietzinsen und pfändbaren Arbeitsentgeltansprüchen in der Insolvenz des Zedenten, NZI 2006, 144; *Dötsch* Ende des »Baukostenzuschusses« als Einwendung »fauler« Mieter in der Insolvenzverwaltung?, NZI 2009, 713; *Ghassemi-Tabar/Schweitzer* Aufrechnungsbeschränkungen im Gewerbemietrecht, ZfIR 2012, 224; *Göckel/Henkel* Zur Anwendbarkeit des § 135 Abs. 3 in der Doppelinsolvenz von Gesellschaft und Gesellschafter sowie bei Zwangsverwaltung, ZInsO 2009, 170; *Henkel* Die Kollision von Gesellschafterinsolvenz und eigenkapitalersetzender Nutzungsüberlassung, § 110 Abs. 1 InsO, § 32a Abs. 3 Satz 1 GmbHG, ZInsO 2006, 103; *Mitlehner* Anfechtungsanspruch bei Absonderungsrechten an Mietforderungen und wegen Mietforderungen, ZIP 2007, 804; *Peter/Greß* Das Refinanzierungsregister und die Wohnungswirtschaft, ZInsO 2007, 455; *Rendels* Entfällt der Eigenkapitalersatzeinwand bei der Gebrauchsüberlassung in der Gesellschafter-Insolvenz?, ZIP 2006, 1273.

A. Allgemeines

1 § 110 InsO ist Ausprägung des § 81 und schränkt diesen zum Zeitraum der Unwirksamkeit der Schuldnerverfügung ein. Der Verwalter kann in der Vermieterinsolvenz die Miet-/Pachtzinsen einziehen, ohne nachteilige Vorausverfügungen des Schuldners berücksichtigen zu müssen. Nach Abs. 2 sind auch Verfügungen im Wege der Zwangsvollstreckung für den konkret genannten Zeitraum unwirksam. Davon werden auch Pfändungen der Grundpfandgläubiger erfasst. Abs. 3 schließlich regelt die Zulässigkeit der Aufrechnung in dem relevanten Monatszeitraum. § 110 InsO ist im Zusammenhang mit § 108 InsO zu sehen. § 108 InsO bestimmt, dass die genannten Dauerschuldverhältnisse bestehen bleiben, § 110 InsO stellt sicher, dass der Masse hieraus keine Nachteile ent-

walter. Nach dem eindeutigen Wortlaut des Gesetzes geht das Rücktrittsrecht nur nach der Aufforderung durch die Gegenseite verloren. Der Auffordernde kann also auch seinerseits vom Vertrag noch zurücktreten, wenn die Zwei-Wochen-Frist verstrichen ist. Ein solcher Rücktritt ist indes an dem Grundsatz von Treu und Glauben zu messen. Wenn der Auffordernde selbst nicht zurücktritt, ruft er den Eindruck hervor, den Vertrag vollziehen zu wollen. Ein dann erklärter Rücktritt widerspricht diesem Verhalten und verstößt somit gegen § 242 BGB (so auch MüKo-InsO/*Eckert* § 109; Jaeger/Henckel/Gerhardt/*Jacoby* InsO, § 109 Rn. 90 will dem Auffordernden ebenfalls die 2-Wochen-Frist zubilligen; a.A. Uhlenbruck/*D. Wegener* § 109 Rn. 32).

Die Zweiwochenfrist wird in der Literatur (*Kübler/Prütting/Bork-Tintelnot* InsO, § 109 Rn. 58; KS-InsO/*Pape* 1997, S. 531, 584) kritisiert und dagegen eine analoge Anwendung des § 107 Abs. 2 InsO gefordert (*Kübler/Prütting/Bork-Tintelnot* InsO, § 109 Rn. 60). Diese Auffassung überzeugt nicht. Zum einen besteht ein Unterschied zu § 107 Abs. 2 InsO, da dieser eine in besitzrechtlicher Hinsicht unterschiedliche Konstellation regelt, wobei die Stärke des Unterschiedes hier dahinstehen kann. Eine Übertragung der Frist verbietet sich angesichts des eindeutigen Wortlauts des § 109 InsO, der schließlich auch begründet (BT-Drucks. 12/7302 S. 169) eingefügt wurde. Das geltende Recht gilt es zu akzeptieren (so auch HK-InsO/*Marotzke* § 109 Rn. 39; HambK-InsO/*Ahrendt* § 109 Rn. 26). 37

IV. Rechtsfolgen

Nach **Untergang der Rücktrittsrechte** besteht der Vertrag fort. Er kann dann aber noch vom Verwalter gekündigt werden. Rücktritt und Kündigung sind unterschiedliche Rechtsinstitute, die unabhängig voneinander bestehen. Der Vermieter kann nur sein vertragliches Rücktrittsrecht ausüben und ist im Übrigen dem Kündigungsrecht des Verwalters unterworfen (s. Uhlenbruck/*D. Wegener* InsO, § 109 Rn. 35; *Kübler/Prütting/Bork-Tintelnot* InsO, § 109 Rn. 66; *Eckert* ZIP 1996, 897 [899]). 38

Mit der Ausübung des Rücktrittsrechtes wandelt sich der Vertrag in ein **Rückgewährschuldverhältnis**. Die vertraglichen Rücktrittsregeln des BGB sind anwendbar. Bei den zurückzugewährenden Leistungen aus der Masse kann es sich wegen nicht erfolgten Besitzüberganges nur um Nebenleistungen des Vermieters handeln. Eine Teil-Inbesitznahme der Mietsache schließt die Anwendung des Abs. 2 bereits aus (s. Rdn. 31). Hatte der Schuldner Miet-/Pachtzinsen im Voraus entrichtet, kann der Verwalter diese durch Ausübung des Rücktrittsrechtes zur Masse fordern. 39

Erleidet der Vermieter/Verpächter wegen der insolvenzbedingten Ausübung des Rücktrittsrechtes durch den Verwalter einen Schaden, kann dieser nur als Insolvenzforderung geltend gemacht werden Abs. 2 Satz 2 2. HS (zum Schaden s. Rdn. 25 ff.). Von diesem Schadenersatzanspruch ist die vertragliche Rückgewährforderung zu unterscheiden. Diese ist Masseforderung nach § 55 Abs. 1 Nr. 1 InsO. Mit seiner Rücktrittserklärung begründet der Verwalter die Pflicht zur Rückgabe. Wenn der Verwalter seine Pflichten aus dem Rückgewährschuldverhältnis verletzt, sind die daraus folgenden Schadenersatzansprüche Masseverbindlichkeiten. 40

Der Vermieter kann mit den ihm wegen der insolvenzbedingten vorzeitigen Beendigung des Vertrages zustehenden Schadenersatzansprüchen gegenüber Forderungen aus dem Zeitraum vor Verfahrenseröffnung aufrechnen MüKo-InsO/*Eckert* § 109 Rn. 66; Kübler/Prütting/Bork-*Pape/Schalke* § 55 Rn. 150). Zwar sind diese Schadenersatzansprüche ausdrücklich als Insolvenzforderungen festgelegt. Diese Einordnung des Gesetzgebers hindert die Aufrechnungsbefugnis nicht. Bereits 1954 hatte der BGH entschieden, dass der Schadenersatzanspruch wegen insolvenzbedingter Beendigung von Verträgen mit der Verfahrenseröffnung aufschiebend bedingt entstanden ist (*BGH* BGHZ 15, 333 [336]; bestätigt in BGHZ 68, 379 [382]; *Gottwald/Huber* HdbInsR, § 37 Rn. 37). 41

D. Abdingbarkeit

Das Sonderkündigungsrecht des Verwalters kann durch Parteivereinbarung nicht abgedungen, die Kündigungsfrist durch Vereinbarung nicht verlängert werden (*Eckert* ZIP 1996, 897 [903]). Eine Verkürzung der Frist verstößt indes nicht gegen § 119 InsO (MüKo-InsO/*Eckert* § 109 Rn. 77). 42

Besitzübergang setzt voraus, dass die tatsächliche Inbesitznahme sogleich erfolgen kann (*Soergel/ Mühl* BGB, § 854 Rn. 14). Bei Mieträumen ist der Besitzübergang erfolgt, wenn die **Schlüssel übergeben wurden** (MüKo-BGB/*Häublein* § 566 Rn. 15), so dass bereits ab diesem Zeitpunkt nur noch die Kündigung möglich ist.

32 Der Besitzübergang darf bis zur Verfahrenseröffnung nicht erfolgt sein. Eine Teilübergabe ist bei Miet-/Pachtverträgen über unbewegliche Gegenstände nur schwer vorstellbar. Ohnehin wird man jede Teilbesitzeinräumung für die Anwendung des § 109 Abs. 1 InsO genügen lassen, weil sich eine Teilanwendung des Abs. 1 verbietet (Jaeger/Henckel/Gerhardt/*Jacoby* InsO, § 109 Rn. 78). Das Mietobjekt muss sich noch nicht in einem vertragsgemäßen Zustand befinden, die Inbesitznahme durch den Mieter genügt (MüKo-InsO/*Eckert* § 109 Rn. 18). Besitzerlangung durch **verbotene Eigenmacht** vor Verfahrenseröffnung führt zum Rücktrittsrecht, weil durch verbotene Eigenmacht nur fehlerhafter Besitz erworben wird.

33 Der insolvenzbedingte Rücktritt ist auch möglich, wenn neben dem Schuldner weitere (solvente) Mieter-/Pächter Vertragspartner sind. Regelmäßig kommt es für den Vermieter-/Verpächter darauf an, dass sämtliche Vertragspartner leistungsfähig sind. Nur wenn sich aus dem Vertrag konkrete Anhaltspunkte ergeben, dass der Bestand des Mietvertrages nicht von der Leistungsfähigkeit des Schuldners abhängt, ist ein Rücktritt unzulässig. Die Rechtsprechung zum Kündigungsrecht der KO hatte grds. ein Kündigungsrecht des Vermieters bei Mietermehrheit verneint (*BGH* BGHZ 26, 102 [106]). Dieser Grundsatz kann auf das Recht zum Rücktritt nicht angewandt werden. Wenn vor Vollzug des Mietverhältnisses ein Mieter insolvent wird, muss der Vermieter die Möglichkeit haben, zurückzutreten (MüKo-BGB/*Bydlinsky* § 425 Rn. 11; a.A. *Uhlenbruck/D. Wegener* InsO, § 109 Rn. 30; MüKo-InsO/*Eckert* § 109 Rn. 72).

II. Rücktritt

34 Die Rücktrittserklärung ist eine **einseitige gestaltende Willenserklärung**, die dem Vertragsgegner oder dem Verwalter zugehen muss; sind mehrere Personen Vermieter/Verpächter oder neben dem Schuldner weitere Mieter/Pächter vorhanden, muss sie allen Vertragsgegnern zugehen. Die Erklärung muss zum Ausdruck bringen, dass der Vertrag nicht vollzogen werden soll. Sie ist als Gestaltungsrecht nicht widerruflich (*Palandt/Ellenberger* vor § 104 BGB Rn. 17). Grds. ist der Rücktritt bedingungsfeindlich. Nur wenn für den Erklärungsempfänger keine unzumutbare Unsicherheit über die Vertragslage entsteht, soll der bedingte Widerruf zulässig sein (*BGH* BGHZ 97, 264 [267]). Diese Konstellation ist bei einer Rechtsbedingung oder einer Bedingung, die vom Verhalten des Erklärungsempfängers abhängt, gegeben (*BGH* BGHZ 97, 264 [267]). Eine Frist für die Ausübung des Widerrufes schreibt die InsO nicht vor. Solange eine der Vertragsparteien den Gegner nicht zur Entscheidung über den Rücktritt aufgefordert hat, muss der Erklärungsgegner keine Fristen beachten. Die Rücktrittserklärung wird mit Zugang wirksam.

35 Die Rücktrittserklärung des Vermieters ist auch dann nicht unzulässig, wenn es sich bei dem Mietvertrag um einen **Vertrag über Wohnraum** handelt (a.A. *Marotzke* KTS 1999, 269 [286 f.]; *Uhlenbruck/D. Wegener* InsO, § 109 Rn. 29). Für eine Privilegierung von Wohnraummietverträgen bietet das Gesetz keinen Anhaltspunkt, außerdem erscheint sie nicht notwendig (ausf. zu dieser Problematik auch *Vallender/Dahl* NZI 2000, 246 ff.). Die gesetzliche Regelung ist eindeutig, so dass eine Einschränkung des Rücktrittsrechts aus dem Grundsatz von Treu und Glauben nicht möglich ist. Der Verwalter hat deshalb keine Möglichkeit, das Rücktrittsrecht über die Grenzen des § 109 Abs. 2 InsO hinaus zu verhindern.

III. Ausübungsfrist

36 Jede der Vertragsparteien kann sich durch die **Aufforderung zur Erklärung** über das Rücktrittsrecht Gewissheit über das Vertragsverhalten des Vertragsgegners verschaffen. Erfolgt innerhalb von zwei Wochen nach Zugang der Aufforderung keine Erklärung des Rücktritts, kann der Rücktritt später nicht mehr erklärt werden. Unzulässig ist dann nur die insolvenzbedingte Kündigung durch den Ver-

sich den entgangenen Mietzins, § 254 BGB (*BGH* NJW 1968, 985) und ersparte Aufwendungen anrechnen lassen (*OLG Frankfurt* DB 1979, 2125; hingegen will Jaeger/Henckel/Gerhardt/*Jacoby* InsO, § 109 Rn. 33 eine insolvenzrechtliche Berechnung vornehmen). **Vertraglich vereinbarte Vertragsstrafen** können nicht gefordert werden (*Uhlenbruck/D. Wegener* InsO, § 109 Rn. 12). Auch nach der InsO soll nur der insolvenzbedingte Schaden gefordert werden können. Anderenfalls könnte der Vermieter auf Grund vertraglicher Vereinbarungen den Restmietzins für die gesamte Vertragslaufzeit fordern. Das würde gegen den zwingenden Charakter der §§ 103 ff. InsO verstoßen (*Uhlenbruck/D. Wegener* InsO, § 109 Rn. 12; *Nerlich/Römermann-Balthasar* InsO, § 109 Rn. 13). Dementsprechend hat der BGH den Anspruch der Deutschen Bundespost auf Ersatz der Restgebühren aus dem vom Verwalter gekündigten Vertrag verneint (*BGH* BGHZ 39, 35 [38 ff.]). Die Schadenersatzansprüche entsprechend den vorgenannten Grundsätzen entstehen nach dem ausdrücklichen Wortlaut der Neufassung auch, wenn der Verwalter die **Enthaftungserklärung** nach Abs. 1 Satz 2 abgibt. Zur Abgrenzung zwischen Insolvenzforderung und Masseschulden bei der Abwicklung des Mietverhältnisses s. § 108 Rdn. 40.

Der **Anspruch auf Nutzungsentschädigung und der Schadenersatzanspruch des § 546a BGB** wegen verspäteter Rückgabe der Mietsache durch den Verwalter ist Masseverbindlichkeit (*OLG Koblenz* ZInsO 2013, 1746; *OLG Saarbrücken* ZInsO 2006, 779 [781]; *Eckert* ZIP 1983, 770 [774]). Es handelt sich hierbei nicht um den in § 109 Abs. 1 Satz 2 InsO geregelten Schaden wegen insolvenzbedingter Kündigung. Wegen der Nichtrückgabe durch den Verwalter ist der Mietgegenstand dem Vermieter weiterhin entzogen, während der Masse wenigstens die Möglichkeit der Nutzung zufließt. Ist der Mietvertrag vor Verfahrenseröffnung bereits beendet, ist indes auch der Anspruch aus § 546a BGB Insolvenzforderung, wenn die Mieträume im Zeitpunkt der Eröffnung noch nicht geräumt waren (s. Rdn. 24). 27

C. Nicht vollzogene Verträge/Rücktrittsrecht

Für den Fall, dass die Mietsache dem Mieter noch nicht überlassen war, räumt die InsO sowohl dem Verwalter als auch dem Vermieter/Verpächter die Möglichkeit ein, vom Vertrag zurückzutreten. Der Verwalter kann entscheiden, ob er den Rücktritt oder die Kündigung wählt. Diese Entscheidung wird neben der Frage von Mietvorauszahlungen auch davon abhängen, ob die Mietsache für den Zeitraum bis zum Ablauf der Kündigungsfrist noch benötigt wird. 28

Dieses gesonderte Rücktrittsrecht auch zugunsten des Vermieters widerspricht dem gesetzlichen Reformziel Sanierung durch Fortführung. Es sind zahlreiche Sachverhalte denkbar, bei denen das bereits angepachtete Grundstück für die Sanierung dringend erforderlich ist. Abs. 2 erscheint insgesamt systemwidrig (*Tintelnot* ZIP 1995, 616 [621]; *Eckert* ZIP 1996, 897 [900]; MüKo-InsO/*Eckert* § 109 Rn. 5 f.; eher positiv: Jaeger/Henckel/Gerhardt/*Jacoby* InsO, § 109 Rn. 9). 29

I. Überlassung

Der zum Rücktrittsrecht führende **Nichtvollzug des Vertrages** ist immer dann anzunehmen, wenn der Schuldner vor Verfahrenseröffnung nicht in den Besitz der Miet-/Pachtsache gelangt war. Die vom Gesetzgeber als Entscheidungskriterien vorgesehene »**Überlassung**« ist dem Mietrecht, § 566 BGB, entnommen. Der Grundfall der Überlassung besteht in der Übergabe und damit der Einräumung des unmittelbaren Besitzes (*BGH* BGHZ 65, 137 [139]). Da ausschließlich unbewegliche Gegenstände oder Räume Vertragsgegenstand sein können, ist der notwendige Besitzübergang regelmäßig mit dem **Einzug des Mieters** vollzogen). Von diesem Zeitpunkt an ist der Rücktritt nicht mehr möglich. Hat der Mieter den Besitz **freiwillig wieder aufgegeben**, greifen nicht §§ 108, 109 sondern § 103 InsO, so dass dem Verwalter das Wahlrecht zusteht (*BGH* 11.12.2014 – IX ZR 87/14, Rn. 17 ff.). 30

Die schlichte **Bereitstellung der Mietsache** bewirkt demnach noch keinen Vollzug i.S.d. § 109 InsO (MüKo-InsO/*Eckert* § 109 Rn. 13). Ausreichend ist die **Möglichkeit der Nutzung**, wenn sich die Vertragsparteien bereits über den Besitzübergang einigen, § 854 Abs. 2 BGB. Dieser unkörperliche 31

Mietausfall bestehen, der bis zum Ablauf der Kündigungsfrist entstanden ist (i.E. zum Schadenersatz s. Rdn. 25).

2. Kündigung

22 Die Kündigungserklärung des Verwalters bewirkt die **Beendigung des gesamten Mietverhältnisses**. Sind neben dem Schuldner **weitere Mieter-**/Pächter vorhanden, wird der Vertrag insgesamt beendet (**a.A.** *Ahrendt/Pohlmann-Weide* ZVI 2013, 374 [375]; ausf. zum folgendem Streitstand: Jaeger/Henckel/Gerhardt/*Jacoby* InsO, § 109 Rn. 38 ff.). Das Interesse des nicht insolventen Mieters/Pächters an der Vertragsfortführung tritt hinter dem Schutz der Masse zurück (*BGH* ZIP 2013, 835 [für gewerbliches Mietverhältnis] m. Anm. *Eckert* EWIR 2013, 353; *Braun/Groth* InsO, § 109 Rn. 24; *Nerlich/Römermann-Balthasar* InsO, § 109 Rn. 10; *Graf-Schlicker/Breitenbücher* InsO, § 109 Rn. 2; krit. *Kübler/Prütting/Bork-Tintelnot* InsO, § 109 Rn. 44; MüKo-InsO/*Eckert* § 109 Rn. 37). Sowohl Mieter als auch Vermieter können sich hiergegen durch die vertragliche Vereinbarung schützen, dass im Falle einer Kündigung durch einen Insolvenzverwalter das Mietverhältnis für die übrigen Mieter bestehen bleibt (*OLG Celle* NJW 1974, 2012).

23 Eine gesetzliche Ausnahme gilt für **Jagdpachtverhältnisse**. Nach § 13a BJagdG bleibt der Pachtvertrag mit den übrigen Pächtern bestehen. Den Pächtern bleibt die Möglichkeit den Pachtvertrag zu kündigen, wenn die Fortsetzung für sie wegen des Ausfalls eines Pächters nicht zumutbar ist.

24 Bei Beendigung des Mietvertrages hat der Verwalter die Mietsache herauszugeben. Dem Vermieter steht ein **Aussonderungsrecht** zu (*BGH* BGHZ 127, 156 [160]). Der Verwalter kann auch im ungeräumten Zustand zurückgeben (*Braun* NZI 2005, 255 [257]). Die Herausgabepflicht besteht indes nur, wenn der Verwalter die **Wohnung in Besitz genommen hatte** (*BGH* BGHZ 148, 252 [260]; ZIP 2007, 340 [341]). Der BGH hat deutlich gemacht, dass die tatsächliche Inbesitznahme erforderlich ist, § 148 InsO ist keine gesetzliche Besitzfiktion (*BGH* 19.06.2008 ZIP 2008, 1736 [1738]). Zweifelhaft deshalb *OLG Rostock* ZMR 2007, 367 [369] mit der Annahme des Besitzes, wenn der Verwalter die Mietsache nach Eröffnung dem Schuldner überlässt.

25 Der Verpächter/Vermieter kann bei insolvenzbedingter Kündigung **Schadenersatz** (ausf. Jaeger/Henckel/Gerhardt/*Jacoby* InsO, § 109 Rn. 25 ff.) wegen der vorzeitigen Beendigung des Vertrages verlangen. Der Schadensersatzanspruch setzt voraus, dass die Kündigung des Verwalters eine vorzeitige Beendigung des Vertrages bewirkt. War ohnehin die gesetzliche Kündigungsfrist einschlägig, fehlt es an dem insolvenzbedingten Schaden (*Uhlenbruck/D. Wegener* InsO, § 109 Rn. 11). Ob ein Schadensersatzanspruch auch zu verneinen ist, wenn der Verwalter mit dem Vermieter eine Aufhebungsvereinbarung trifft ist zweifelhaft (*Graf-Schlicker/Breitenbücher* InsO, § 109 Rn. 7 m. Hinw. auf die Rspr. des BAG zum Dienstvertrag). In der Praxis dienen diese Aufhebungsvereinbarungen der vorzeitigen Beendigung des Mietvertrages; der Vermieter stimmt regelmäßig nur unter dem Druck des Kündigungsrechts zu. Für diese Konstellationen ist eine entsprechende Anwendung zu erwägen. Der Schadensersatzanspruch ist Insolvenzforderung, § 109 Abs. 1 Satz 2 InsO. Absonderungsrechte können wegen des Schadensersatzanspruches nicht geltend gemacht werden. § 50 Abs. 2 Satz 1 InsO beschränkt das Pfandrecht auf Forderungen wegen ausstehender Miet- oder Pachtzinsen (s. *Imberger* § 50 Rdn. 51 ff.). Das Vermieterpfandrecht erstreckt sich auf die im Zeitpunkt der Insolvenz eingebrachten Sachen; es entsteht bereits mit dem Einbringen der Sache (*Palandt/Weidenkaff* 72. Aufl., § 562 BGB Rn. 5). An nach Verfahrenseröffnung eingebrachten Sachen kann es wegen § 91 InsO nicht mehr begründet werden. Bei mehreren Mietern richtet sich der Schadensersatzanspruch nur gegen die Masse (*OLG Düsseldorf* NJW-RR 1987, 1369; *OLG Celle* MDR 1974, 673). Ist eine Bürgschaft nicht auf die Mietzinsen beschränkt, haftet der Bürge auch für den insolvenzbedingten Schaden (*OLG Köln* ZIP 1995, 46 [47]).

26 Der als Insolvenzforderung anzumeldende Schadensersatzanspruch umfasst ausschließlich den tatsächlich entstandenen Schaden. Dieser besteht regelmäßig in den entgangenen Mietzinsansprüchen bis zur ersten Kündigungsmöglichkeit. Durch Weitervermietung erzielte Mietzinsansprüche sind anzurechnen. Unterlässt es der Vermieter schuldhaft, den Mietgegenstand weiterzuvermieten, muss er

die Kündigung nach Abs. 1 Satz pflichtgemäß ebenfalls erklären, um die Masse von Risiken zu entlasten. Die Enthaftung aus Abs. 1 Satz 2 sollte deshalb nur bei **reinen Mietverhältnissen** möglich sein (*Dahl* NZM 2008, 585 [587]). Bei äußerlich getrennten aber inhaltlich zusammenhängenden Verträgen (Pacht von Gaststättenräumen und Wohnraummietvertrag) muss der Verwalter pflichtgemäß den Gewerbemietvertrag nach Abs. 1 Satz 1 kündigen und für die Wohnung die Enthaftung bewirken (*Ahrendt/Pohlmann-Weide* ZVI 2013, 374 [375]). Wenn der Schuldner in der Insolvenz seine **Selbständigkeit** fortführt, kann der Verwalter diese Selbständigkeit und das Gewerbemietverhältnis nach § 35 InsO freigeben (s. Rdn. 4). In der Praxis wird der Verwalter sich bemühen müssen, mit dem Vermieter eine gemeinsame Regelung herbeizuführen. Die Sonderregelung bezieht sich nur auf die vom Schuldner für sich und seine Familie genutzte Wohnung. Sollte dieser, z.B. für nahe Angehörige, weitere Wohnungen angemietet haben, kann der Verwalter kündigen (*Kübler/Prütting/Bork-Tintelnot* InsO, § 109 Rn. 15; *Jaeger/Henckel/Gerhardt/Jacoby* InsO, § 109 Rn. 54; a.A. MüKo-InsO/*Eckert* § 109 Rn. 49). Gleiches gilt für Räume, die der Schuldner untervermietet hat. Ist der Schuldner einer von mehreren Mietern (dazu s. Rdn. 22), entstehen keine Probleme, da der Mietvertrag fortbesteht.

V. Rechtsfolgen

1. Enthaftungserklärung

Die Erklärung nach Abs. 1 Satz 2 bewirkt die **Befreiung** der Masse von sämtlichen, zukünftigen Ansprüchen aus dem Mietverhältnis. Die Einzelheiten dieser Enthaftung sind höchst streitig (Übersicht zum Streitstand: *Eckert* NZM 2006, 803 [806]). Nach der Grundsatzentscheidung des BGH geht der gesamte Mietvertrag vollumfänglich wieder auf den Schuldner über (*BGH* 22.05.2014 – IX ZR 136/13, Rn. 10 ff. auch zum bisherigen Streitstand). Das Mietverhältnis wird nach Fristablauf allein vom Schuldner fortgesetzt (*AG Göttingen* ZVI 2009, 460; *Ahrendt/Pohlmann-Weide* ZVI 2013, 374 [375]). Die Masse wird von sämtlichen Ansprüchen nach Fristablauf aus dem Mietverhältnis befreit (*BGH* 19.06.2008 ZIP 2008, 1736 [1738]), namentlich von **Mietzinsansprüchen, Nebenkosten und Aufwendungen für Schönheitsreparaturen**. Auch die Abwicklungskosten bei einer späteren Kündigung kann der Vermieter nur vom Schuldner fordern. Die Verbindlichkeiten aus dem Mietverhältnis ab Verfahrenseröffnung bis zur Wirkung der Befreiung sind Masseverbindlichkeiten (*BGH* ZIP 2012, 784 [785]; *Graf-Schlicker/Breitenbücher* InsO, § 109 Rn. 12; a.A. HK-InsO/*Marotzke* § 109 Rn. 11: Insolvenzforderung). 18

Die **Kaution** des Schuldners kann während der Dauer des Mietverhältnisses vom Vermieter nicht herausverlangt werden. Eine freiwerdende **Kaution** nach Beendigung des Mietverhältnisses steht der Masse zu, weil der Rückzahlungsanspruch im Zeitpunkt der Verfahrenseröffnung zugunsten der Masse aufschiebend bedingt entstanden ist (*BGH* 09.10.2014 – IX ZA 20/14, Rn. 7). Wie mit der Kaution nach der Enthaftungserklärung zu verfahren ist, war zunächst streitig. In der Literatur wird zutreffend die Auffassung vertreten, die Kaution stehe dem Schuldner zu, weil die Kaution Bestandteil des freigegebenen Mietvertrages sei (*AG Göttingen* NZM 2009, 617; ausf. *Heyer* ZInsO 2015, 1181 ff.; *Gehrlein* ZInsO 2016, 1456 [1458]; *Heinze* ZInsO 2016, 2067 [2068]). Nach der Gegenauffassung sollte die Kaution Massebestandteil sein, weil sie als aufschiebend bedingter Rückzahlungsanspruch mit Verfahrenseröffnung vom Insolvenzbeschlag umfasst wurde (*Hain* ZInsO 2007, 192 [197], u. 2010, 1073 ff.; MüKo-InsO/*Eckert* § 109 Rn. 61; *Jaeger/Henckel/Gerhardt/Jacoby* InsO, § 109 Rn. 54). Der *BGH* spricht die Kaution mit seiner Entscheidung v. 16.03.2017 (– IX ZB 45/15, NZI 2017, 444 m. Anm. Cymutta/Schädlich) dem Schuldner zu, weil der Anspruch auf die Auszahlung der Kaution erst mit Beendigung des Mietverhältnisses entsteht (Rn. 10;). 19

Auch die weiteren Ansprüche des Schuldners gegenüber dem Vermieter, wie Guthaben aus Nebenkostenvorauszahlungen oder Mietvorauszahlungen stehen ihm nach Enthaftung zu. 20

Nach Abs. 1 Satz 3 kann der Vermieter den aus der Enthaftungserklärung folgenden Schadenersatz als Insolvenzgläubiger geltend machen. Ein solcher Schaden ist regelmäßig ausgeschlossen. Gemeint ist der auf die insolvenzbedingte Befreiung zurückzuführende Schaden. Dieser kann nur in dem 21

Ihm bleibt nur die Möglichkeit, den Schuldner dazu zu bewegen, das ihm zustehende allgemeine Kündigungsrecht auszuüben. Das Sonderkündigungsrecht der InsO kann erst nach Verfahrenseröffnung ausgeübt werden (*Uhlenbruck/D. Wegener* InsO, § 109 Rn. 6; *Kübler/Prütting/Bork-Tintelnot* InsO, § 109 Rn. 25; Jaeger/Henckel/Gerhardt/*Jacoby* InsO, § 109 Rn. 16).

III. Eigenverwaltung

14 Bei der **Eigenverwaltung** kann der Schuldner kündigen (§ 279 InsO). Die im Gesetz vorgesehene Zustimmung des Sachwalters ist keine Voraussetzung der Wirksamkeit, es sei denn, das Insolvenzgericht hätte die Zustimmung des Sachwalters nach § 277 InsO als zwingend angeordnet (i.E. s. § 279).

IV. Enthaftungserklärung

15 Nach **Abs. 1 Satz 2** kann der Verwalter statt der Kündigung eines **Wohnraummietverhältnisses** die Masse dadurch von zukünftigen Verbindlichkeiten befreien, dass er den Ausgleich der Mietzinsen nach Ablauf der Kündigungsfrist ablehnt. Mit dieser gesetzlichen Neuregelung aus dem InsOÄndG 2001 hat der Gesetzgeber dem Verwalter in vereinfachten Insolvenzverfahren die Möglichkeit eröffnet, die Masse vor Risiken aus Verbindlichkeiten von Wohnraummietverhältnissen zu befreien, ohne zugleich den Mietvertrag beenden zu müssen (*Eckert* NZM 2006, 803 [805]). Eine Freigabe des Mietverhältnisses war bisher nur mit Zustimmung des Vermieters möglich gewesen (zur Rechtslage bis 2001 s. 7. Aufl. Rn. 14). Mit der Erklärung nach Abs. 1 Satz 2 wird eine Haftung der Masse vermieden. Dem Verwalter wird mit der Neuregelung das Recht entzogen, das Sonderkündigungsrecht aus Abs. 1 Satz 1 auszuüben. Da die Haftungsbeschränkung einer Freigabe ähnelt, ist der Verwalter auch nicht zur Ausübung des ordentlichen Kündigungsrechtes berechtigt (*BGH* 19.06.2008 ZIP 2008, 1736 Rn. 22; *Kübler/Prütting/Bork-Tintelnot* InsO, § 109 Rn. 28; MüKo-InsO/*Eckert* § 109 Rn. 51; *Horst* ZMR 2007, 167 [173]; *Hain* ZInsO 2007, 192 [196]). In der Praxis war diskutiert worden, das insolvenzbedingte Sonderkündigungsrecht auch auf die Anteile des Schuldners an der Wohnungsgenossenschaft zu erstrecken. Damit war häufig auch eine Beendigung des Mietverhältnisses verbunden. Der Gesetzgeber hat diese für den Schuldner gravierenden Folgen gesehen. Durch das Gesetz zur Verkürzung des Restschuldbefreiungsverfahrens und zur Stärkung der Gläubigerrechte vom 15.07.2013 (BGBl. I S. 2379) m.W.v. 19.07.2013 hat der Gesetzgeber § 67c GenG eingeführt. Danach kann der Verwalter den Genossenschaftsanteil nicht kündigen, wenn die Mitgliedschaft Bedingung für den Wohnungsmietvertrag ist und das Geschäftsguthaben vier Kaltmieten oder 2.000 € nicht erreicht (ähnlich schon *Pape* ZInsO 2011, 1 [8]).

16 Die **Enthaftungserklärung** nach Abs. 1 S. 2 ist keine Kündigung. Der Verwalter muss durch diese einseitige Erklärung zum Ausdruck bringen, dass die Masse nach Ablauf der Kündigungsfrist nicht mehr für die Mietzinsen haftet (zur Auslegung einer unzureichenden Erklärung *BGH* ZIP 2012, 784 [785]). Daraus folgt, dass der Verwalter bei der Abgabe der Freigabeerklärung ebenfalls an die **Fristen** der Kündigungserklärung (s. Rdn. 9) gebunden ist. Eine **Form für die Erklärung** des Verwalters ist im Gesetz nicht vorgesehen. Da die Erklärung an die Kündigung im Mietrecht angelehnt ist, ist Schriftform erforderlich, § 568 Abs. 1 BGB (so auch: *Dahl* NZM 2008, 585 [587]; **a.A.** MüKo-InsO/*Eckert* § 109 Rn. 50; *Uhlenbruck/D. Wegener* InsO, § 109 Rn. 18; Jaeger/Henckel/Gerhardt/*Jacoby* InsO, § 109 Rn. 59). Die Erklärung ist gegenüber dem Vermieter abzugeben. War die Wohnung im Zeitpunkt der Erklärung verkauft, ohne dass der Verwalter Kenntnis hatte, muss sich der Erwerber die Kenntnis zurechnen lassen (*BGH* ZIP 2012, 785). Eine ausdrückliche Freigabe aus dem Insolvenzbeschlag gegenüber dem Schuldner ist nicht erforderlich. Der Schuldner sollte indes informiert werden, um auch für ihn Rechtssicherheit zu schaffen. Betroffen von der Sonderregelung sind **Wohnraummietverhältnisse des Schuldners**.

17 Bei **Mischmietverhältnissen** soll auf die überwiegende Nutzung abzustellen sein (MüKo-InsO/*Eckert* § 109 Rn. 49; Jaeger/Henckel/Gerhardt/*Jacoby* InsO, § 109 Rn. 55; zweifelnd *Kübler/Prütting/Bork-Tintelnot* InsO, § 109 Rn. 16). Für die Praxis bedeutet das wegen der Bewertungsspielräume nicht nur eine erhebliche Rechtsunsicherheit. Der Verwalter wird vielmehr bei Unklarheiten

Der Verwalter kann auch unter Ausnutzung längerer Fristen kündigen (MüKo-InsO/*Eckert* § 109 Rn. 23). Eine Wohnraumkündigung des Vermieters wegen ausstehender Mieten infolge eines **Lastschriftwiderrufs** durch den Insolvenzverwalter/Treuhänder ist nicht wirksam, da der Insolvenzverwalter/Treuhänder weder Erfüllungsgehilfe noch gesetzlicher Vertreter des Schuldners ist. Ein dem Mieter nach § 278 BGB zuzurechnendes schuldhaftes Verhalten liegt damit nicht vor (*LG Hamburg* ZInsO 2010, 958 f.). Diese Problematik ist durch die differenzierte Rechtsprechung des BGH zum Lastschriftwiderruf beseitigt. Der Verwalter muss sorgfältig prüfen, ob er mit dem Widerruf in den insolvenzfreien Bereich des Schuldners eingreift (*BGH* ZIP 2010, 1552 [1554]).

Die **Kündigungserklärung** des Verwalters muss den allgemeinen Grundsätzen entsprechen. Sie muss deutlich zum Ausdruck bringen, dass der Vertrag beendet werden soll. Für Wohnraummietverhältnisse schreibt § 568 Abs. 1 BGB Schriftform vor. Die bloße Rückgabe der Mietsache ist nicht mit der Kündigung gleichzusetzen. Nimmt der Vermieter die Mietsache unmittelbar nach der Rückgabe in Besitz und nutzt sie, wird man von einer konkludenten Vertragsaufhebung ausgehen können (zweifelnd MüKo-InsO/*Eckert* § 109 Rn. 19). 10

Die in der Praxis häufig erklärte **Freigabe des Miet-/Pachtgegenstandes** gegenüber dem Vermieter ist ebenfalls keine Kündigung. Insbesondere kann sich der Verwalter den nach Verfahrenseröffnung anfallenden Miet-/Pachtzinsen (Masseverbindlichkeiten) nicht durch Freigabe des Vertragsgegenstandes entziehen (*BGH* ZIP 2006, 583 [584]; *OLG Rostock* ZInsO 2007, 996; *LG Dortmund* ZInsO 2005, 724). In der Praxis erklärt der Verwalter regelmäßig die Freigabe der Privatwohnung aus der Masse. Diese Freigabe gegenüber dem Schuldner führt ebenfalls nicht zur Befreiung der Masse von Verbindlichkeiten aus dem Miet-/Pachtverhältnis. Der Vermieter muss sich eine Freigabe gegenüber dem Schuldner nicht als Vertragsbeendigung anrechnen lassen. Die Freigabe gegenüber dem Schuldner befreit die Masse nur, wenn der Vermieter mit einbezogen wurde (*Vallender/Dahl* NZI 2000, 246 [249]). Bei **Wohnraummietverhältnissen** gilt die Sonderregelung des Abs. 1 Satz 2 (s. Rdn. 15). 11

Die insolvenzbedingte Sonderkündigung ist während der **Dauer des gesamten Verfahrens** zulässig. Auch die InsO sieht für den Verwalter keine Pflicht vor, die Kündigung zum erstmöglichen Termin auszusprechen (*OLG Hamm* ZMR 1994, 225; *Eckert* ZIP 1996, 897 [901]). Gegen **Treu und Glauben** verstößt die Kündigung des Verwalters auch dann nicht, wenn er das Mietverhältnis in der Insolvenz längere Zeit fortgeführt hat. Auch wenn der Verwalter einen gesonderten Vertrauenstatbestand geschaffen hat, dass er von seinem Kündigungsrecht keinen Gebrauch machen wird, bleibt das Kündigungsrecht bestehen (*Uhlenbruck/D. Wegener* InsO, § 109 Rn. 8). Konstellationen, wonach eine Kündigung nach längerer Verfahrensdauer gegen Treu und Glauben verstößt (MüKo-InsO/*Eckert* § 109 Rn. 26) erfordern eine Zusicherungen des Verwalters. Der Vermieter muss die Unsicherheiten des Insolvenzverfahrens in Kauf nehmen und ist durch die Kündigungsfristen hinreichend geschützt. 12

In der Praxis besteht häufig das Bedürfnis, Mietverhältnisse bereits vor Verfahrenseröffnung zu kündigen, um die Masse von weiteren Verbindlichkeiten zu entlasten. Ob die InsO dem **vorläufigen Verwalter** entsprechende Gestaltungsrechte verleiht, ist fraglich. In Frage kommt ein Kündigungsrecht allenfalls für den sog. **starken vorläufigen Verwalter**, auf den die Verwaltungs- und Verfügungsbefugnis über das Vermögen des Schuldners mit Auferlegung eines allgemeinen Veräußerungsverbotes übergegangen ist. Diese Befugnis soll nach dem Willen des Gesetzgebers indes nur der Vermögenssicherung dienen (RegE BT-Drucks. 12/2443 S. 185). Darüber hinaus kann der Verwalter mit Zustimmung des Insolvenzgerichtes das Unternehmen stilllegen, wenn die wirtschaftliche Situation dies erfordert (§ 22 Abs. 2 Nr. 1 InsO). Ansonsten hat er den Status quo zu erhalten. Aus § 55 Abs. 2 InsO ergibt sich weiterhin, dass der vorläufige Verwalter berechtigt ist, Masseverbindlichkeiten zu begründen. Dementsprechend wird in der Literatur gefordert, bereits dem vorläufigen Verwalter das Kündigungsrecht zu gewähren (*Eckert* ZIP 1996, 897). Dieser Forderung widerspricht indes der eindeutige Wortlaut des § 109 InsO und die systematische Stellung in dem dritten Abschnitt der InsO, der entsprechende Rechte erst nach Verfahrenseröffnung verleiht. Der vorläufige Insolvenzverwalter kann nicht kündigen (so auch *Graf-Schlicker/Breitenbücher* InsO, § 109 Rn. 2). 13

lung (BT-Drucks. 12/2443 zu § 123 S. 147). Diese Anmerkung deutet darauf hin, dass das Sonderkündigungsrecht des Abs. 1 nur greifen soll, wenn der Vertrag vor Verfahrenseröffnung vollzogen wurde. Zu Recht führt *Eckert* (ZIP 1996, 898 [901]) aus, dass eine verdrängende Sonderregelung dem Verfahrenszweck widersprechen würde. Es ist kein Anhaltspunkt ersichtlich, dass der Verwalter bei nicht vollzogenen Verträgen auf das Rücktrittsrecht beschränkt ist. Vielmehr muss er auch die Möglichkeit haben, ein noch nicht in Besitz genommenes benötigtes Grundstück nach Verfahrenseröffnung in Besitz zu nehmen und für die Masse zeitlich begrenzt zu nutzen. Der Vermieter-/Pächter wird nicht unbillig belastet, da ihm das Rücktrittsrecht in jedem Fall zusteht. Der Verwalter kann sich also entscheiden, ob er den Vertrag kündigen oder davon zurücktreten will (MüKo-InsO/*Eckert* § 109 Rn. 73; *Kübler/Prütting/Bork-Tintelnot* InsO, § 109 Rn. 53 ff.; *Nerlich/Römermann-Balthasar* InsO, § 109 Rn. 3; *Uhlenbruck/Wegener* InsO, § 109 Rn. 29; *Gottwald/Huber* HdbInsR, § 37 Rn. 28; HambK-InsO/*Ahrendt* § 109 Rn. 25; Jaeger/Henckel/Gerhardt/*Jacoby* InsO, § 109 Rn. 16; **a.A.** HK-InsO/*Marotzke* § 109 Rn. 32 ff.). Dabei hat er zu berücksichtigen, dass die Kündigung nach Abs. 1 anders als der Rücktritt nach Abs. 2 keine Schadenersatzansprüche auslöst.

6 Der Miet- oder Pachtvertrag muss vom **Schuldner geschlossen worden** sein. Schließt der Verwalter in der Insolvenz einen Mietvertrag ab, besteht das Sonderkündigungsrecht aus § 109 InsO nicht. Der Wortlaut des Gesetzes ist eindeutig. Bei Modifikationen der im Zeitpunkt der Verfahrenseröffnung bestehenden Verträge bleibt es indes beim Sonderkündigungsrecht. Der Verwalter sollte bei den Vereinbarungen darauf achten, dass die Modifikationen nicht als Neuabschluss zu bewerten sind. Auch Mietverträge, die ein **vorläufiger starker Verwalter** abgeschlossen hat, können nicht nach § 109 InsO gekündigt werden (MüKo-InsO/*Eckert* § 109 Rn. 9). Verträge, die der Schuldner mit Zustimmung des **vorläufigen schwachen Verwalters** geschlossen hat, sollen demgegenüber nach § 109 InsO kündbar sein. Dass diese Verträge noch dem Schuldner zuzurechnen sind (MüKo-InsO/*Eckert* § 109 Rn. 9; *Uhlenbruck/D. Wegener* InsO, § 109 Rn. 2), entspricht nicht dem Verlauf des Eröffnungsverfahren. Die Entscheidung über den Abschluss des Mietvertrages trifft auch der vorläufige Verwalter mit Zustimmungsvorbehalt. Der Schuldner ist an die Vorgabe des vorläufigen Verwalters gebunden. Diese Verträge sind nicht nach § 109 InsO kündbar.

7 Die **Fortdauer des Besitzes** im Zeitpunkt der Verfahrenseröffnung ist nicht erforderlich. Der Besitzentzug durch verbotene Eigenmacht oder unzulässige vorläufige Räumung führt ebenso zur Anwendung des § 109 Abs. 1 InsO (MüKo-InsO/*Eckert* § 109 Rn. 19) wie ein vorzeitiger Auszug des Schuldners vor Verfahrenseröffnung, während der Mietvertrag weiter besteht. Beim vorzeitigen Auszug in Kenntnis des Vermieters ist indes immer zu prüfen, ob damit eine konkludente Vertragsaufhebung verbunden ist.

8 Bei vollzogenen Miet- oder Pachtverhältnissen sieht § 109 Abs. 1 InsO für den Verwalter ein Kündigungsrecht vor, während der Vermieter/Verpächter auf die vertraglich vereinbarten oder gesetzlichen Kündigungsrechte beschränkt bleibt. Die Kündigung wegen der Insolvenz ist dem Vermieter/Verpächter ausdrücklich verwehrt, § 112 InsO. Ist der Verwalter nicht in der Lage, die Miet-/Pachtzinsen für den Zeitraum nach Verfahrenseröffnung zu erbringen, kann der Vermieter wegen Zahlungsverzuges kündigen. Verzug vor der Verfahrenseröffnung berechtigt nicht zur Kündigung, § 112 Nr. 1 InsO.

II. Kündigung

9 Die Kündigungsfrist ist auf drei Monate begrenzt (zur Rechtslage und Diskussion bis 2001 s. 7. Aufl. Rn. 9). Die im Gesetz vorgesehene Dreimonatsfrist ist nur gewahrt, wenn die Kündigungserklärung dem Vermieter am letzten Tag des Vormonats zugeht. Eine Übertragung der im Mietrecht vorgesehenen Karenztage (§ 580a Abs. 1 Nr. 3 BGB: am dritten Werktag eines Kalendermonats) hat der Gesetzgeber der InsO nicht übernommen. Auch aus der Gesetzesbegründung ergibt sich kein Anhaltspunkt, dass die im Mietrecht üblichen Karenztage in das Insolvenzrecht übernommen werden sollten. Der Gesetzeswortlaut macht deutlich, dass die Dreimonatsfrist **die Obergrenze** ist; kürzere vertragliche oder gesetzliche Fristen gehen vor. **Mietverträge über Flugzeuge** können mit der kurzen Dreitagesfrist des § 580a Abs. 3 Nr. 2 BGB gekündigt werden (MüKo-InsO/*Eckert* § 109 Rn. 24).

Insolvenzverfahren natürlicher Personen, NZI 2012, 689; *Schmerbach/Wegener* Insolvenzänderungsgesetz 2006, ZInsO 2006, 400; *Tetzlaff* Analoge Anwendung des § 109 Abs. 1 S. 2 InsO auf Dauernutzungsverhältnisse des Schuldners bei Wohnungsgenossenschaften?, ZInsO 2007, 590; *Ahrendt/Pohlmann-Weide* § 109 InsO: Die Mietwohnung des Schuldners in der Insolvenz, ZVI 2013, 374; *Wimmer* Die Kündigung des Mietvertrages über die vom Schuldner bewohnte Wohnung durch den Insolvenzverwalter/Treuhänder, FS Uhlenbruck, 2000, S. 605.

A. Allgemeines

§ 109 InsO knüpft an § 108 InsO an und vermeidet durch das Rücktritts- und Kündigungsrecht des Verwalters Masseaufzehrungen, die durch den langfristigen Fortbestand der Mietverträge entstehen könnten. Bei vollzogenen Verträgen steht dem Verwalter ein Kündigungsrecht zu, wenn der Schuldner Mieter oder Pächter war. Dieses einseitige Sonderrecht des Verwalters dient dem Reformziel Fortführung (*Tintelnot* ZIP 1995, 616 [620]). Die Masse soll nicht mit Mietansprüchen belastet werden, obwohl eine wirtschaftliche Nutzung des Objekts nicht möglich ist. Ist der Besitz noch nicht übergegangen, können beide Parteien vom Vertrag nach den §§ 346 ff. BGB zurücktreten (Abs. 2). Neben zusätzlichen Kündigungs- und Rücktrittsrechten werden Schadensersatzansprüche wegen Kündigung oder Rücktritt nach § 109 InsO Insolvenzforderung. Die allgemeinen Kündigungsrechte werden dadurch nicht eingeschränkt (*Kübler/Prütting/Bork-Tintelnot* InsO, § 103 Rn. 12). Bei Verzug oder Vermögensverfall des Schuldners greift zugunsten einer Fortführung die Kündigungssperre des § 112 InsO. 1

Voraussetzung für diese Rechte ist ein Miet- oder Pachtvertrag, der den Schuldner als Mieter-/Pächter ausweist. **Bereits gekündigte Verträge** werden von § 109 InsO nicht erfasst, wenn die Beendigung vor Verfahrenseröffnung eintritt. Es handelt sich dann um ein Rückgewährschuldverhältnis, das dem Wahlrecht des Verwalters nach § 103 InsO unterliegt. Bewirkt eine vor Verfahrenseröffnung erklärte Kündigung den Ablauf des Vertrages nach Eröffnung, kann der Verwalter die Frist durch eigene Kündigung verkürzen. Dabei wird er zu berücksichtigen haben, dass seine insolvenzbedingte Kündigung zu Schadenersatzansprüchen nach Satz 2 führt. 2

Die Möglichkeit des **Treuhänders** (jetzt Insolvenzverwalters) in Verbraucherinsolvenzverfahren, Wohnungsmietverträge zu kündigen, hatte zu erheblichen Kontroversen geführt, weil diese Gestaltung des Treuhänders (aber auch des Verwalters in Regelinsolvenzverfahren) erhebliche Auswirkungen auf den insolvenzfreien Lebensbereich des Schuldners haben kann (zu der Diskussion über die Möglichkeiten, den Schuldner zu schützen, s. 7. Aufl. Rn. 3). Daher hat der Gesetzgeber mit der Novelle 2001 in Abs. 1 Satz 2 die Enthaftungserklärung geschaffen. Mit der Erklärung kann der Verwalter die Masse von Verbindlichkeiten aus dem weiterhin bestehenden Wohnraummietvertrag entlasten; der Schuldner wird vor einer insolvenzbedingten Kündigung des Mietverhältnisses geschützt (i.E. s. Rdn. 15). 3

§ 109 InsO ist auf sämtliche Miet- und Pachtverhältnisses über Immobilien anwendbar. Nur die Erklärung nach Abs. 1 Satz 2 ist auf Wohnraummietverhältnisse beschränkt. Gegen eine analoge Anwendung auf Büro- oder Werkstatträume des selbständigen Schuldners spricht der deutliche Wortlaut und der fehlende Schutzzweck (MüKo-InsO/*Eckert* § 109 Rn. 8). Der Insolvenzverwalter kann das Wohnmietverhältnis und gleichzeitig die selbständige Tätigkeit nach § 35 InsO freigeben (*BGH* 09.02.2012 – IX ZR 75/11, Rn. 17 ff.; HambK-InsO/*Pohlmann-Weide* § 109 Rn. 22). § 109 InsO unterscheidet auch nicht zwischen befristeten und unbefristeten Verträgen. Immobilienleasingverträge werden ebenfalls erfasst (MüKo-InsO/*Eckert* § 109 Rn. 8). 4

B. Schuldner als Mieter

I. Besitz

Der **Besitz** an der Miet-/Pachtsache muss auf den Schuldner vor Verfahrenseröffnung noch nicht übergegangen sein. § 109 Abs. 1 InsO setzt dagegen nur einen vor Verfahrenseröffnung geschlossenen Miet-/Pachtvertrag voraus. Der Gesetzgeber bezeichnet Abs. 2 indes als vorgehende Sonderrege- 5

D. Abdingbarkeit

48 § 108 InsO ist zwingend, § 119 InsO. Unwirksam sind aufgrund der in § 112 InsO niedergelegten Kündigungssperre auch Vereinbarungen, die für den Fall der Insolvenz oder der wirtschaftlichen Schwierigkeiten eine Auflösung des Mietvertrages vorsehen. Etwaige Auflösungsklauseln wollte der Gesetzgeber für Mietverträge auch nach der Überarbeitung des Regierungsentwurfes nicht zulassen (ausf. *Eckert* ZIP 1996, 897 [902]). Das gilt insbesondere auch für Schadenersatzpauschalen für den Fall der Insolvenz (MüKo-InsO/*Huber* § 119 Rn. 68). Auch die Qualifizierung von Verbindlichkeiten aus Dauerschuldverhältnissen in Masseschulden oder Insolvenzforderungen nach dem Zeitpunkt des Entstehens gem. Abs. 3 kann durch Vereinbarungen zum Abrechnungszeitraum nicht abgeändert werden (s. Rdn. 46).

§ 109 Schuldner als Mieter oder Pächter

(1) ¹Ein Miet- oder Pachtverhältnis über einen unbeweglichen Gegenstand oder über Räume, das der Schuldner als Mieter oder Pächter eingegangen war, kann der Insolvenzverwalter ohne Rücksicht auf die vereinbarte Vertragsdauer oder einen vereinbarten Ausschluss des Rechts zur ordentlichen Kündigung kündigen; die Kündigungsfrist beträgt drei Monate zum Monatsende, wenn nicht eine kürzere Frist maßgeblich ist. ²Ist Gegenstand des Mietverhältnisses die Wohnung des Schuldners, so tritt an die Stelle der Kündigung das Recht des Insolvenzverwalters zu erklären, dass Ansprüche, die nach Ablauf der in Satz 1 genannten Frist fällig werden, nicht im Insolvenzverfahren geltend gemacht werden können. ³Kündigt der Verwalter nach Satz 1 oder gibt er die Erklärung nach Satz 2 ab, so kann der andere Teil wegen der vorzeitigen Beendigung des Vertragsverhältnisses oder wegen der Folgen der Erklärung als Insolvenzgläubiger Schadenersatz verlangen.

(2) ¹Waren dem Schuldner der unbewegliche Gegenstand oder die Räume zur Zeit der Eröffnung des Verfahrens noch nicht überlassen, so kann sowohl der Verwalter als auch der andere Teil vom Vertrag zurücktreten. ²Tritt der Verwalter zurück, so kann der andere Teil wegen der vorzeitigen Beendigung des Vertragsverhältnisses als Insolvenzgläubiger Schadenersatz verlangen. ³Jeder Teil hat dem anderen auf dessen Verlangen binnen zwei Wochen zu erklären, ob er vom Vertrag zurücktreten will; unterlässt er dies, so verliert er das Rücktrittsrecht.

Übersicht

		Rdn.			Rdn.
A.	Allgemeines	1		2. Kündigung	22
B.	Schuldner als Mieter	5	C.	Nicht vollzogene Verträge/Rücktrittsrecht	28
I.	Besitz	5			
II.	Kündigung	9	I.	Überlassung	30
III.	Eigenverwaltung	14	II.	Rücktritt	34
IV.	Enthaftungserklärung	15	III.	Ausübungsfrist	36
V.	Rechtsfolgen	18	IV.	Rechtsfolgen	38
	1. Enthaftungserklärung	18	D.	Abdingbarkeit	42

Literatur:
Braun Die Pflicht des Insolvenzverwalters zur Rückgabe von Mietsachen, NZI 2005, 255; *Delhaes* Zur Kündigung von Wohnraummietverhältnissen durch den Treuhänder im Verbraucherinsolvenzverfahren, FS Uhlenbruck, 2000, S. 585; *Eckert* Im Überblick: Die Schuldnerwohnung im Verbraucherinsolvenzverfahren, NZM 2006, 803; *Emmert* Kündigung und Einziehung des Genossenschaftsanteils durch den Insolvenzverwalter trotz § 109 Abs. 1 S. 2 InsO, ZInsO 2005, 852; *Gehrlein* Rechte an einer Kaution nach Enthaftungserklärung des Insolvenzverwalters, ZInsO 2016, 1456; *Hain* Das Wohnraummietverhältnis des Insolvenzschuldners unter besonderer Berücksichtigung der Räumungs- und Herausgabeverpflichtung des Insolvenzverwalter/Treuhänders, ZInsO 2007, 192; *ders.* Die Barkaution des Mieters in der Insolvenz, ZInsO 2010, 1073; *Heinze* Umfasst die Freigabe des Wohnmietvertrages eine vom Schuldner hinterlegte Kaution?, ZInsO 2016, 2067; *Heyer* Wem gehört die Mietkaution? Die Wirkung der Enthaftungserklärung bleibt offen, ZInsO 20155, 1181; *Horst* Mietforderungen in der Insolvenz der Mieters, ZMR 2007, 167; *Kohte* Wohnraummiete und Insolvenz, FS Uhlenbruck, 2000, S. 217; *Mork/Heß* Mieterschutz contra Freigabe, ZInsO 2005, 1206; *Pape* Zum Fortgang der Arbeiten auf der Dauerbaustelle InsO, ZInsO 2011, 1; *Schmerbach* Der Regierungsentwurf v. 18.7.2012 – Änderungen im

venzgerichtes ausgestattet ist (*BGH* ZIP 2002, 1625 [1628]). Für die Qualifizierung von Masseschulden ist es erforderlich, dass die Ermächtigung konkret auf die Inanspruchnahme der Mietsache gerichtet ist, die in der Praxis verwendeten allgemeinen Ermächtigungen genügen nicht (*OLG Hamm* ZIP 2003, 1165; *AG Duisburg* ZIP 2002, 1700; *Haarmeyer/Pape* ZInsO 2002, 845 [848]). Verbindlichkeiten, die im Eröffnungsverfahren nach der Einsetzung eines vorläufigen schwachen Verwalters ohne Ermächtigung entstehen, sind Insolvenzforderungen (*BGH* ZIP 2002, 1625 [1627]). Eine analoge Anwendung des § 55 Abs. 2 InsO ist nicht möglich (*Spliedt* EWIR 2002, 919 [920]; HK-InsO/*Marotzke* § 108 Rn. 45).

Die Wirkung des **Vermieterpfandrechtes** durchbricht den Grundsatz des Abs. 2 für diesen Geltungsbereich. Dem Vermieter stehen an den eingebrachten Sachen des Mieters Absonderungsrechte im Rahmen des § 50 Abs. 2 InsO zu. Er ist wegen der Rückstände für das letzte Jahr vor Verfahrenseröffnung abgesichert, der Schadenersatzanspruch des § 109 unterliegt dagegen nicht dem Vermieterpfandrecht (*Gottwald/Huber* HdbInsR, § 37 Rn. 39). Dabei ist zu berücksichtigen, dass das Vermieterpfandrecht unabhängig von der Geltendmachung mit Einbringen der Sachen in die Miträume entsteht (*Palandt/Weidenkaff* § 562 BGB Rn. 5). 44

In der **Vermieter-Insolvenz** sind die Herstellungspflichten des Vermieters problematisch. Nach der alten Rspr. sollten diese auch dann Masseschulden sein, wenn der Mangel der Mietsache vor der Verfahrenseröffnung entstanden ist (*BGH* ZIP 2003, 854). In der Literatur wurde erwogen, dem Verwalter bei nicht vorhandener Mietsache das Wahlrecht aus § 103 InsO einzuräumen (*Kübler/Prütting/Bork-Tintelnot* InsO, § 108 Rn. 20; HK-InsO/*Marotzke* § 108 Rn. 23; *Fehl* DZWIR 1999, 89 [91]). Diese Auffassung findet im Gesetz keine Grundlage (MüKo-InsO/*Eckert* § 108 Rn. 12a). Der BGH schützt mit einer neueren Entscheidung die Masse durch eine einschränkende Auslegung des § 108 InsO dahin, dass die Norm bei der Vermieter-Insolvenz nur greift, wenn das Mietobjekt bereits übergeben wurde (*BGH* ZInsO 2007, 1111 ff.). 45

II. Dienstverträge

Der Fortbestand der **Dienstverträge** über die Verfahrensöffnung hinaus führt ebenfalls zur Masseverbindlichkeiten für den Zeitraum nach Eröffnung, während rückständiges Entgelt für den Zeitraum vor Eröffnung Insolvenzforderung ist. Entscheidend ist der Zeitraum der Leistung. Diese Unterscheidung kann auch durch individuelle Vereinbarungen nicht beeinflusst werden. Entscheidend ist, in welchem Zeitraum die Dienste geleistet wurden (*LAG Berlin-Brandenburg* ZIP 2011, 1833 [1835]). Schadenersatzansprüche wegen insolvenzbedingter vorzeitiger Beendigung des Dienstverhältnisses sind Insolvenzforderungen, § 113 Abs. 1 Satz 3 InsO. 46

Ansprüche, die nach Verfahrenseröffnung fällig werden, aber in dem Zeitraum vor Eröffnung verdient wurden, sind getrennt zu bewerten. Bei Ansprüchen aus **Gratifikationen** kommt es zunächst darauf an, ob die Vergütung bestimmten Zeiträumen zugeordnet werden kann, bei **Treue- oder Halteprämien** kommt es auf den Stichtag an (*BAG* NZI 2013, 357 [358] m. Anm. *Lohmann*; *BAG* ZIP 2013, 2414 [2417] zu den **Halteprämien**). **Abfindungen** sind regelmäßig der Ausgleich für den Verlust des Arbeitsplatzes; entscheidend ist, wann sie vereinbart wurden (*LAG Hessen* ZInsO 2013, 2175 [2177 f.]). Auch **Wiedereinstellungszusagen** des Schuldners vor der Insolvenz sind Insolvenzforderungen (*LAG Rheinlad-Pfalz* ZInsO 2013, 2027 [2030]). Ansprüche aus **Urlaubsabgeltung** wegen Beendigung des Arbeitsverhältnisses gem. § 7 Abs. 4 BUrlG sind dagegen in vollem Umfang Masseverbindlichkeiten, weil dieser Anspruch erst mit Beendigung entsteht (ausf. dazu *Mues* Anh. § 113 Rdn. 150 ff., anders beim Insolvenzgeld, vgl. *Mues* Anh. § 113 Rdn. 32). Besondere Probleme wirft die Altersteilzeit auf (dazu im Überblick: *Schrader/Stramme* ZInsO 2005, 184 ff. u. 234 ff.). Das BAG geht von dem Grundsatz aus, dass auch beim Blockmodell pro rata temporis aufzuteilen ist (*BAG* ZIP 2005, 457 [459]). Im Arbeitsvertrag bereits für den Fall der Beendigung vereinbarte Abfindungen können auch auf den Zeitraum nach Verfahrenseröffnung nicht aufgeteilt werden; sie sind Insolvenzforderung (*BAG* ZIP 2008, 374 [376]). Dieser Grundsatz gilt für alle Abfindungen, gleich, ob sie aus individueller Vereinbarung, Sozialplänen oder Tarifverträgen beruhen (zur Rspr. des BAG *Holzer* EWIR 2008, 335 [336]). 47

40 Ansprüche aus dem Zeitraum vor Verfahrenseröffnung sind Insolvenzforderungen, § 108 Abs. 3 InsO. Fällt die Verfahrenseröffnung in den Abrechnungszeitraum, sind die Ansprüche aufzuteilen. Auch diese Regelung dient der Fortführung, da eine Weiternutzung der Mietgegenstände möglich ist, ohne dass die Masse mit Verbindlichkeiten aus der Zeit vor Verfahrenseröffnung belastet wird. Die **Abgrenzung zwischen Masseschulden und Insolvenzforderungen** ist bei Mietverhältnissen problematisch, wenn der Verwalter das Mietverhältnis kündigt; insbes. die **Abwicklungskosten und Schönheitsreparaturen** führen in der Praxis immer wieder zu Streitigkeiten. Darüber hinaus ist zwischen Mieter- und Vermieterinsolvenz zu unterscheiden: Abwicklungs- und Räumungskosten sind in der **Mieterinsolvenz** nicht aus der Masse zu befriedigen sind, weil sie wegen der fehlenden Gegenseitigkeit nicht Erfüllungsansprüchen gleichgesetzt werden können (BGHZ 72, 263 [265]; durch *BGH* ZIP 2001, 1469 [1471] gegen BGHZ 156, 165 ff. bestätigt; so auch die Obergerichte, *OLG Stuttgart* ZInsO 2005, 498 [499]; *OLG Celle* EWIR 1996, 369 m. Anm. *Pape*; *Eckert* ZIP 1996, 897 [905]; *OLG Hamm* ZIP 2014, 186 [189]). Dieser Grundsatz muss umso mehr unter der InsO gelten, weil die Masse nunmehr ausschließlich mit Verbindlichkeiten belastet werden soll, die nach Verfahrenseröffnung entstehen. Der Rechtsgrund für die Rückgabe der Mietsache und Wiederherstellung des vertraglichen Zustandes, wie der Renovierung, ist vor Verfahrensöffnung gelegt worden. Bei der Beurteilung ist zusätzlich zwischen **Räumungs- und Herausgabeansprüchen** zu unterscheiden (*Braun* NZI 2005, 255 [257 ff.]). So ist der Verwalter zur Herausgabe verpflichtet, muss indes **Einbauten des Schuldners** nicht beseitigen (*OLG Celle* ZIP 2007, 1914 [1916]). Ansprüche des Vermieters aus **Nebenkostenabrechnungen** aus dem Zeitraum vor der Insolvenz sind auch dann Insolvenzforderungen, wenn die Abrechnung nach Verfahrenseröffnung erstellt wurde (*BGH* ZIP 2011, 924 [925]).

41 Zweifelhaft wird diese Rechtsfolge, wenn der Verwalter den Mietgegenstand nutzt und damit zur weiteren Abnutzung beiträgt. In diesem Fall kommt der Masse auf Kosten des Vermieters ein Vorteil zugute. Nach dem Grundsatz, dass die Masse nur mit Verbindlichkeiten belastet werden darf, die nach Verfahrenseröffnung entstanden sind, ist eine Aufteilung notwendig. **Kosten für Schönheitsreparaturen** sind deshalb nur zeitanteilig der Masse zuzurechnen. Instandsetzungskosten hat die Masse nur zu tragen, wenn Abnutzungen und Schäden nach Verfahrenseröffnung eingetreten sind (*BGH* ZIP 2001, 1469 [1471]); die Beweislast trägt der Vermieter (BGHZ 125, 270 [272 ff.]). Bei lediglich kurzfristiger Nutzung nach Verfahrenseröffnung findet eine solche Aufteilung nicht statt und die Forderung des Vermieters wird vollständig als Insolvenzforderung charakterisiert (*OLG Celle* EWiR 1996, 369 noch zur KO; MüKo-InsO/*Eckert* § 108 Rn. 127). **Abwicklungs- und Räumungskosten** sind immer Insolvenzforderungen (BGHZ 72, 263 [265]). Der Verwalter schuldet lediglich die Verschaffung des unmittelbaren Besitzes. Ist der Schuldner Vermieter, muss der Verwalter auch die Mängel aus dem Zeitraum vor der Insolvenz beseitigen (*BGH* ZIP 2003, 854 [855]; *Graf-Schlicker/Breitenbücher* InsO, § 108 Rn. 16 unterscheidet dagegen nicht zwischen Mieter- und Vermieter-Insolvenz). Ist der Besitz am Mietgegenstand bei Verfahrenseröffnung noch nicht übergegangen, schützt der BGH die Masse mit der einschränkenden Auslegung des § 108 InsO in der Vermieter-Insolvenz (s. Rdn. 8).

42 Die Abgrenzung zwischen Insolvenzforderung und Masseverbindlichkeit wird im Hinblick auf die Pacht-/-Mietzahlungen i.d.R. keine Probleme bereiten. Die Gegenleistung für den Zeitraum bis zur Verfahrenseröffnung kann anhand der vertraglichen Vereinbarungen zeitanteilig ermittelt werden. Dabei wird man auch bei **Leasingverträgen** auf die vertragliche Fälligkeit abzustellen haben. Bei **Teilamortisationsverträgen** wird durch die Abschlussleistung auch ein Teil der Nutzungsüberlassung vor Verfahrenseröffnung vergütet. Indes ist auch hier auf die Fälligkeit nach dem Vertrag abzustellen. Mit diesem Kriterium ist die Unterscheidung der bis zur Verfahrenseröffnung entstandenen Leistungen sachgerecht möglich. Die Ausübung der Option nach Vertragsbeendigung hat nach § 103 InsO zu erfolgen, weil dieses Gestaltungsrecht als Antrag auf einen Kaufvertrag zu werten ist.

43 Eine Ausnahme gilt, wenn im Eröffnungsverfahren ein **vorläufiger starker Verwalter** die Mietsache genutzt hat. Dann sind die Mietzinsen Masseschulden, § 55 Abs. 2 Satz 2 InsO geht der allgemeinen Anordnung des § 108 Abs. 2 vor (*BGH* ZIP 2003, 1625 [1626]). Masseschulden aus Mietzinsen entstehen auch dann, wenn ein schwacher Verwalter mit einer konkreten Ermächtigung des Insol-

wendbarkeit des § 103 InsO beseitigen. Ein weiteres Motiv lässt sich in den durch Risikoaufschläge erhöhten Finanzierungskosten auf dem deutschen Finanzmarkt vermuten. Durch die Regelung wird den Kreditinstituten die rechtliche Handhabe verschafft, ihre Darlehensrückzahlungsansprüche zu Refinanzierungszwecken mit der Folge abzutreten, dass der Zessionar auch im Fall einer späteren Insolvenz der Zedentin Forderungsinhaber bleibt (vgl. *Marotzke* ZInsO 2004, 1237).

C. Rechtsfolgen

Die erfassten Schuldverhältnisse bestehen über die Verfahrenseröffnung hinaus fort. Dem Verwalter ist kein Wahlrecht eingeräumt. An die Stelle des Wahlrechts treten die gesondert geregelten Kündigungsrechte des allgemeinen Rechts und bei Mietverträgen Rücktrittsrechte beider Vertragsteile (§ 109 InsO), wenn der Besitzübergang noch nicht erfolgte. Dienstverträge können von beiden Vertragsteilen gekündigt werden, § 113 InsO. 37

I. Mietverträge

Die Aufrechterhaltung über die Verfahrensöffnung hinaus führt dazu, dass die Zahlungsansprüche des Vertragspartners für den Zeitraum nach Eröffnung **Masseverbindlichkeiten** sind, § 55 Abs. 1 Nr. 2 InsO (HK-InsO/*Marotzke* § 108 Rn. 35; *Nerlich/Römermann-Balthasar* InsO, § 108 Rn. 16). Bei Mietverträgen wird in der Praxis die Zahlung des Mietzinses regelmäßig für den dritten Kalendertag des Monats vereinbart. Bei einer Verfahrenseröffnung zum ersten Kalendertag ist der Mietzins für den laufenden Monat Insolvenzforderung, da es für die Abgrenzung zur Masseschuld auf das Entstehen der Forderung ankommt (*AG Tempelhof* ZInsO 2012, 1137 [1138]; zust. *Rosenmüller* ZInsO 2012, 1110; **a.A.** pro rata *Geißler* ZInsO 2012, 1206 [1209]; Jaeger/Henckel/Gerhardt/*Jacoby* InsO, § 108 Rn. 147). Auch Verbindlichkeiten, die der vorläufige starke Verwalter des § 21 Abs. 1 InsO begründet hat, sind vollständig aus der Masse zu begleichen, § 55 Abs. 2 Satz 1 InsO, sofern der vorläufige Verwalter die Gegenleistung tatsächlich in Anspruch genommen hat (BK-InsO/*Goetsch* § 108 Rn. 30). Ansprüche aus Rechtshandlungen des vorläufigen schwachen Verwalters sind nur dann Masseverbindlichkeiten, wenn der vorläufige Verwalter die Mietsache aufgrund einer ausdrücklichen Ermächtigung des Insolvenzgerichts in Anspruch genommen hat. Der BGH hat diese konkrete **Einzelermächtigung** zur Begründung einer Masseverbindlichkeit gefordert und eine analoge Anwendung des § 55 Abs. 2 InsO für den Verwalter ohne Verfügungsbefugnis abgelehnt (*BGH* ZIP 2002, 1625 ff.; **a.M.** *Wilmowsky* ZInsO 2004, 882 [886 ff.]). Einen Anspruch gegenüber dem vorläufigen Verwalter, diese Verfügungsermächtigung vorzulegen, hat der Vermieter nicht (MüKo-InsO/*Eckert* § 108 Rn. 188). Der Schutz des Vermieters im Eröffnungsverfahren beschränkt sich mithin auf sein Pfandrecht, ohne gegen die Nutzung des vorläufigen Verwalters einschreiten zu können. 38

Erfüllt der Verwalter den Vertrag nicht, sind die hieraus resultierenden Schadenersatzansprüche Masseverbindlichkeiten (MüKo-InsO/*Eckert* § 108 Rn. 107), während Schadenersatzansprüche wegen der insolvenzbedingten, vorzeitigen Beendigung des Vertrages Insolvenzforderungen sind, § 109 Abs. 1 Satz 2 InsO für Miet-/Pachtverträge, § 113 Abs. 1 Satz 3 InsO für Dienstverträge. Die Ansprüche des Vermieters wegen Vorenthaltung der Mietsache sind demnach Masseverbindlichkeiten (*Eckert* ZIP 1996, 897 [905]). Bei der **Freigabe** ist zu differenzieren: In der Insolvenz des Mieters führt eine Freigabe außerhalb des § 109 Abs. 1 InsO bei Wohnraummietverhältnissen (s. *Wegener* § 109) nur zu Befreiung von Masseschulden, wenn sie mit Zustimmung des Vermieters erfolgt (*Gottwald/Huber* HdbInsR, § 37 Rn. 40). Der Räumungsverpflichtung kann sich der Verwalter auch nicht dadurch entziehen, dass er die in den Mieträumen befindlichen Gegenstände an den Schuldner aus der Masse freigibt (*BGH* ZIP 2006, 583 gegen *OLG Stuttgart* ZInsO 2005, 498 [499]). Darüber hinaus bleibt dem Verwalter nur die Kündigung oder Freigabeerklärung des § 109 InsO mit der Folge, dass für den Zeitraum der Kündigungsfrist von jetzt maximal drei Monaten Mietzinsen zu entrichten sind. In der Vermieter-Insolvenz kann der Verwalter das Mietobjekt aus der Masse freigeben. Diese Freigabe entbindet die Masse indes nicht aus dem Vertrag (*BGH* ZIP 2006, 583 [584]; MüKo-InsO/*Eckert* § 108 Rn. 56). 39

sofortigen Kündigung aus wichtigem Grund ein ausreichendes Gestaltungsmittel (BGHZ 75, 209; *Scholz-Schneider/Sethe* GmbHG, § 35 Rn. 326 ff.; *Baumbach-Zöllner/Noack* GmbHG, § 35 Rn. 220 ff.). Für die Praxis bedeutsam ist die fristlose Kündigung wegen Verletzung der Insolvenzantragsfrist (*BGH* ZInsO 2008, 164 [165], m. Hinw. auf die bisherige Rspr.).

32 § 108 InsO erfasst nur den klassischen Dienstvertrag. Handelt es sich bei dem Dienstverpflichteten um ein Unternehmen, für dessen Fortführung und Dienstleistungen der Verwalter Masseschulden begründen muss, greift § 108 InsO nicht, der Verwalter hat das Wahlrecht nach § 103 InsO (*BGH* ZIP 2011, 2262 m. Anm. *Sauer* EWIR 2012, 119 zum **Schulvertrag**).

33 Der Wortlaut des Gesetzes fordert **kein vollzogenes Dienstverhältnis** (Jaeger/Henckel/Gerhardt/*Jacoby* InsO, § 108 Rn. 235 m.w.N.). § 22 KO hatte noch ein »angetretenes Dienstverhältnis« vorausgesetzt. Anders als bei der Frage des Besitzüberganges (s. Rdn. 19) kann aus den nachfolgenden Regelungen zur Beendigung von Dienstverträgen die Auffassung des Gesetzgebers nicht ermittelt werden. Auch aus den Gesetzesbegründungen ergibt sich kein Hinweis. Ob der Schutz der Arbeitnehmer im Rahmen der InsO bereits vor Dienstantritt wünschenswert ist, mag dahinstehen. Der von der KO abweichende Wortlaut der InsO lässt nur den Schluss zu, dass der Vollzug des Dienstvertrages nicht erforderlich ist (*Graf-Schlicker/Breitenbücher* InsO, § 108 Rn. 12; 50; ausf. s. *Eisenbeis* § 113 Rdn. 23).

IV. Darlehen

34 Mit dem 2007 eingeführten Abs. 2 werden Darlehen, die der Schuldner gewährt hatte, dem Wahlrecht des Verwalters entzogen. Ist der Schuldner Darlehensnehmer kann das Darlehen nach den allgemeinen Grundsätzen gekündigt werden. Der Wortlaut des Gesetzes beschränkt sich nicht auf Gelddarlehen, so dass auch die **Sachdarlehen** der §§ 607 ff. BGB in der Insolvenz Bestand hätten. Die Entstehungsgeschichte und die Begründung des Gesetzes machen allerdings deutlich, dass der Gesetzgeber den Gelddarlehensnehmer in der Insolvenz des Darlehensgebers vor frühzeitigen Rückforderungen durch den Insolvenzverwalter schützen wollte. Das Sachdarlehen des § 607 BGB entspricht mit der Verpflichtung der Rückgabe gleicher Art, Güte und Menge denn auch eher der Miete oder Leihe. § 108 Abs. 2 InsO ist hierauf nicht anwendbar (MüKo-InsO/*Eckert* § 108 Rn. 210; *Uhlenbruck/D. Wegener* InsO, § 108 Rn. 61; HK-InsO/*Marotzke* § 108 Rn. 74; diff. Jaeger/Henckel/Gerhardt/*Jacoby* InsO, § 108 Rn. 247).

35 Die Darlehensvaluta müssen im Zeitpunkt der Insolvenz **ausbezahlt** sein. Das nicht valutierende Darlehen wird vom Wahlrecht des Verwalters aus § 103 InsO erfasst. Ohnehin wird der Verwalter über keine Mittel zur Auszahlung verfügen. Etwaige schlechtere Konditionen aus einem Ersatzdarlehen kann der Darlehensnehmer als Insolvenzforderung gem. § 103 Abs. 2 InsO anmelden. Der Verwalter kann bei teilweise ausbezahlten Darlehen auch die Auszahlung der Restvaluten unter Berufung auf sein Wahlrecht ablehnen. Der Fortbestand des Vertrages beschränkt sich auf den ausbezahlten (soweit) Darlehensteil.

36 Der Gesetzeswortlaut enthält auch keine Beschränkung auf das entgeltliche, mithin **verzinsliche Darlehen**. Da das unentgeltlichen Darlehen nicht unter § 103 InsO fällt (s. § 103 Rdn. 49), ist dieser Vertrag nach den allgemeinen Regeln der §§ 488 ff. BGB abzuwickeln (unter § 108 Abs. 2 kann es mangels Regelungszweck auch nicht fallen, vgl. Jaeger/Henckel/Gerhardt/*Jacoby* InsO, § 108 Rn. 247). Insolvenzrechtlich ist bei unentgeltlichen Darlehen immer nur die Schenkungsanfechtung zu prüfen, insbesondere wenn die Darlehenshingabe im engen zeitlichen Zusammenhang mit der Insolvenz erfolgte. Nach der Gesetzesbegründung soll Abs. 2 nur auf langfristige Darlehen anzuwenden sein, **Kontokorrentkredite** des Schuldners enden gem. §§ 115, 116 InsO mit Verfahrenseröffnung (BT-Drucks. 16/3227 S. 19; HK-InsO/*Marotzke* § 108 Rn. 70). Ist der Darlehensgeber insolvent, kann der Verwalter nur die vertraglichen Kündigungsrechte ausüben oder nach Ablauf nicht verlängern. Zudem ist auch der Kontokorrent-Kreditnehmer schutzwürdig (so auch *Marotzke* ZInsO 2006, 300 [301]; MüKo-InsO/*Eckert* § 108 Rn. 205; **unklar** *Graf-Schlicker/Breitenbücher* InsO, § 108 Rn. 13). Die Einführung des neuen Abs. 2 soll einerseits die Rechtsunsicherheit zur An-

279/13, nach Streichung des Eigenkapitalersatzes (Rn. 53) von einem Vorrang des § 108 InsO aus (Rn. 58). Endet der Mietvertrag, greift § 135 InsO (Rn. 63).

III. Dienstverhältnisse

Von § 108 InsO werden alle Dienstverträge erfasst. 26

Unter einem Dienstverhältnis ist ein Vertrag i.S.d. § 611 BGB zu verstehen. Geschäftsbesorgungsverträge gem. § 675 BGB werden von § 116 InsO geregelt, für Aufträge (§ 662 BGB) gilt § 115 InsO. Abgrenzungsmerkmal zwischen diesen Vertragstypen ist die selbstständige Interessenwahrnehmung (Jaeger/Henckel/Gerhardt/*Jacoby* InsO, § 108 Rn. 236). Der Dienstvertrag muss die Verpflichtung zu fortgesetzter Dienstleistung enthalten; ist der Vertrag auf vorübergehende Dienstleistung gerichtet, liegt kein Dauerschuldverhältnis vor. Auch Ausbildungsverhältnisse sind Dienstverträge i.S.d. Gesetzes (*BAG* ZIP 1993, 1316). Lange war fraglich ob der Ausbildungsvertrag gem. § 15 BBiG a.F. (§ 22 BBiG n.F.) überhaupt gekündigt werden kann (ZIP 1993,1316). Die Kündigungsmöglichkeit wird jetzt eingehend bejaht (ausf. s. *Eisenbeis* § 113 Rdn. 9, 17). Schließlich zählen zu den Dienstverträgen auch die Schuldverhältnisse, welche aufgrund sonderrechtlicher Bestimmungen eine arbeitnehmerähnliche Position verschaffen. Deshalb gilt § 108 InsO auch für Prokuristen und Handlungsgehilfen des HGB. Sinn der Regelung im Hinblick auf die Dienstverhältnisse ist der Schutz sozial abhängiger Dienstverpflichteter in der Insolvenz des Dienstberechtigten. Es gilt hier die einheitliche Kündigungsfrist des § 113 InsO, ungeachtet vertraglicher oder tarifvertraglicher Sonderregelungen. 27

Bei Dienstverhältnissen, deren Leistung in der Insolvenz den Einsatz von Mitteln der Masse voraussetzt, will der BGH § 108 InsO nicht anwenden, weil der Verwalter zu der Begründung von Masseschulden nicht gezwungen werden könne (s. Rdn. 32 zu Schulverträgen, zum **Arztvertrag** BGHZ 167, 363 Rn. 16). 28

Handelsvertreterverhältnisse sind durch die Selbständigkeit des Handelsvertreters geprägt. Sie sind keine Dienstverhältnisse; regelmäßig erlöschen sie mit Verfahrenseröffnung (s. § 116 Rdn. 18). Auch der Vertrag mit dem Einfirmen-Handelsvertreter des § 92a HGB soll Geschäftsbesorgung sein und mit Verfahrenseröffnung enden (*Jaeger/Henckel* KO, § 23 Rn. 9 a.E.; so wohl auch *Hoffstadt* DB 1983, 645). Der Gesetzgeber stellt diese Einfirmenvertreter unter besonderen Schutz und wertet sie insbesondere in § 5 ArbGG als arbeitnehmerähnlich. Dementsprechend waren die Provisionsansprüche dieser Berufsgruppe unter der KO Masseschulden gem. § 59 Abs. 1 Nr. 3c KO. Anlass dieser gesetzlichen Privilegierung ist die besondere Schutzbedürftigkeit, die u.a. aus der Abhängigkeit von einem Unternehmer herrührt. Es ist deshalb geboten, auch den **Einfirmenvertretern** des § 92a HGB den Bestandsschutz des § 108 InsO zu gewähren (*Graf-Schlicker/Breitenbücher* InsO, § 108 Rn. 12; a.A. *Kübler/Prütting/Bork-Tintelnot* InsO, §§ 155, 116 Rn. 15c; *Emde/Kelm* ZIP 2005, 58 [65]). 29

Zu den Dienstverhältnissen zählen auch die **Anstellungsverhältnisse der Vorstandsmitglieder** von Aktiengesellschaften (BGHZ 75, 209), **Genossenschaften und Vereinen** (s. *Eisenbeis* § 113 Rdn. 14 ff.). Davon geht der Gesetzgeber in § 87 Abs. 3 AktG aus, indem er den Vorstandsmitgliedern für den Fall der insolvenzbedingten vorzeitigen Beendigung des Dienstverhältnisses – so die Wortwahl des Gesetzgebers – Schadenersatzansprüche zubilligt. 30

Für die Praxis hat die Einordnung der **Anstellungsverträge von GmbH-Geschäftsführern** erhebliche Bedeutung. Dienstverträge mit GmbH-Geschäftsführern zählen zu den Anstellungsverhältnissen des § 108 InsO und müssen gesondert gekündigt werden (*BGH* ZIP 2005, 1365 [1367]). Dieser von der Rspr. aufgestellte Grundsatz ist für den Angestellten-Geschäftsführer allgemeine Auffassung. Der *BGH* will auch den Allein-Gesellschafter-Geschäftsführer dem Schutz des § 108 InsO unterstellen (BGHZ 75, 209 [211 ff.]; ausf. *OLG Hamm* ZIP 1987, 121 [123]). Diese noch zur KO ergangene Rspr. ist nach wie vor anwendbar (Jaeger/Henckel/Gerhardt/*Jacoby* InsO, § 108 Rn. 239). Die Fortdauer des Vertrages führt zudem zur Fortdauer der vertraglichen Verpflichtungen, die gerade bei der Fortführung ein zusätzliches Hilfsmittel des Verwalters ist. Dem Verwalter bleibt im Übrigen mit der 31

InsR, 2. Aufl., Rn. 18.66; *Kübler/Prütting/Bork-Tintelnot* InsO, § 108 Rn. 21b; *Hölzle/Geßner* ZIP 2009, 1641 [1642]; MüKo-InsO/*Eckert* § 108 Rn. 45; **a.A.** *Peters* ZIP 2000, 1759 [1764]; *Seifert* NZM 1998, 217 [218]; Jaeger/Henckel/Gerhardt/*Jacoby* § 108 Rn. 211). Anderenfalls besteht die Gefahr der Masseverkürzung, weil mit Massegegenständen weitere Darlehn abgesichert und bedient werden. Nach dem Gesetzeswortlaut sollen Anschaffungsfinanzierungen privilegiert werden. Hatte der Schuldner die Gegenstände zunächst aus eigenen Mitteln angeschafft und sodann eine spätere Umfinanzierung abgesichert, greift die Norm nicht mehr. Bei diesen Konstellationen handelt es sich um Sicherungsübereignungen und Zessionen, die nach den allgemeinen Grundsätzen zu behandeln sind (MüKo-InsO/*Eckert* § 108 Rn. 46; **a.A.** *Kübler/Prütting/Bork-Tintelnot* InsO, § 108 Rn. 21; *Peters* ZIP 2000, 1759 [1764]). Nur wenn die Finanzierung von vornherein geplant war und die Eigenfinanzierung oder der Lieferantenkredit kurzfristig in Anspruch genommen wurde, ist der Zusammenhang noch gegeben (MüKo-InsO/*Eckert* § 108 Rn. 46). Nach Erledigung der Finanzierung bleibt der Vertrag insolvenzfest (MüKo-InsO/*Eckert* § 108 Rn. 47; **a.A.** HK-InsO/*Marotzke* § 108 Rn. 17). Ob es für die Anwendung des § 108 InsO erforderlich ist, dass die Leasingraten auf das konkrete Anschaffungskreditkonto der Bank überwiesen werden (so *Kübler/Prütting/Bork-Tintelnot* InsO, § 108 Rn. 21b), ist zweifelhaft. Entscheidend sind Finanzierung und Sicherungsübertragung; die praktische Handhabung hat darauf keinen Einfluss.

23 Als **Sicherungsübertragung** ist die Übereignung des Leasinggegenstandes, Übertragung von Rechten und, beim Software-Leasing, die Abtretung der Rechte zu verstehen. Gemeint ist die dingliche Übertragung. Sie muss vor Verfahrenseröffnung erfolgt und bei Eröffnung noch wirksam sein (*Uhlenbruck/Sinz* InsO, § 108 Rn. 109; MüKo-InsO/*Eckert* § 108 Rn. 48, 49). Die Sicherungsübertragung muss bei Anschaffung des Leasinggegenstandes erfolgt sein, anderenfalls fehlt es an dem sachlichen und zeitlichen Zusammenhang (äußerst umstritten, s. Rdn. 22). Ist die Sicherungsübertragung nach allgemeinen Grundsätzen unwirksam oder wird vom Verwalter angefochten, steht dem Verwalter das Wahlrecht aus § 103 InsO zu. Ausländische Sicherungsrechte, auch besitzlose Pfandrechte führen zur Anwendung des § 108 InsO, wenn dem Sicherungsnehmer ein Aussonderungsrecht zusteht. In diesem Fall kann die Masse aus der Verwertung des Leasinggegenstandes keine Erlöse erwarten (*Peters* ZIP 2000, 1759 [1763]).

24 Die **Besitzüberlassung** ist für die Anwendung der §§ 108 ff. InsO grds. keine Voraussetzung. Anders in der Insolvenz des Vermieters (*BGH* ZInsO 2007, 1111 f., [Streitstand s. Rdn. 8]). Der IX. Senat vermeidet damit die Pflicht des Verwalters, Investitionen in das Mietobjekt vorzunehmen.

II. Kapitalersetzende Nutzungsverhältnisse

25 Kapitalersetzende Nutzungsverhältnisse sind dadurch geprägt, dass der Gesellschafter der GmbH Gegenstände gegen Entgelt zur Nutzung überlässt. Ist eine Immobilie Gegenstand der Nutzungsüberlassung, greift § 108 InsO. **Vor Inkrafttreten des MoMiG** war der Insolvenzverwalter nach der Rechtsprechung des *BGH* (grds.: Lagergrundstück I BGHZ 109, 55 ff.; Übersicht zur Rspr. s. FK-InsO/*Dauernheim* 7. Aufl., § 135 Rn. 89 ff.) berechtigt, die Immobilie in der Insolvenz unentgeltlich zu nutzen. Die sich aus § 108 InsO ergebende Mietzinszahlungspflicht wurde durch diese Rechtsprechung verdrängt (ausf. dazu *Scholz/K. Schmidt* GmbHG 10. Aufl., §§ 32a, 32b Rn. 129 ff. zum Verhältnis auch *BGH* 29.01.2015 – IX ZR 279/13, Rn. 35 ff. mit einem rechtshistorischen Exkurs). Das am 01.11.2008 in Kraft getretene **MoMiG** hat das Eigenkapitalrecht neu gestaltet. Für die Insolvenz ist § 135 Abs. 3 InsO von Bedeutung. Der Gesellschafter kann das Grundstück für die Dauer von einem Jahr ab Verfahrenseröffnung nicht herausverlangen, wenn es für die Betriebsfortführung benötigt wird. Ihm ist aus der Masse ein Ausgleich für die Nutzung zu gewähren. Bis zur Entscheidung des BGH v. 29.01.2015 war das Verhältnis zwischen § 108 und § 135 Abs. 3 InsO höchst umstritten (*OLG Hamm* ZIP 2014, 186 [187]; *OLG Celle* 22.3.2012 – 2 U 129/11, n.v.; *OLG Schleswig* ZIP 2012, 885 [887]; *LG Kiel* ZInsO 2012, 181 [182]: für einen Vorrang des § 108 InsO, ebenso Jaeger/Henckel/Gerhardt/*Jacoby* InsO, § 108 Rn. 172; a.M. *Bitter* ZIP 2010, 1 [13]: Vorrang des § 135). Der BGH geht in seiner ausführlichen Entscheidung v. 29.01.2015 – IX ZR

Rechten, Kundenstamm und Personal verpachtet wird (so auch: Jaeger/Henckel/Gerhardt/*Jacoby* InsO, § 108 Rn. 77).

Räume, die nicht bereits unter die erste Alternative fallen, können wegen §§ 94, 95 BGB z.B. bewegliche Wohncontainer oder Scheinbestandteile i.S.d. § 95 BGB sein. Hierher gehört z.B. ein Behelfsheim (BGHZ 8, 5) oder Baulichkeiten, die nur zu einem vorübergehenden Zweck errichtet wurden. Dabei kommt es nicht auf die Bauweise an, sondern ausschließlich auf den Willen des Errichtenden zur vorübergehenden Nutzung. Eine massive Bauweise soll allerdings Indiz dafür sein, dass der Mieter das Gebäude nach Ablauf seiner Nutzung dem Vermieter überlassen will (*Palandt/Ellenberger* BGB, § 95 Rn. 3). 19

Nach **Abs. 1 Satz 2** bestehen in der Insolvenz auch Miet-/Pachtverhältnisse über vom Schuldner vermietete bewegliche Sachen und Rechte fort, wenn der **Pachtgegenstand finanziert und einem Dritten zur Sicherheit übereignet wurde.** Erfasst werden durch diese Regelung im Wesentlichen Mobilienleasingverträge in der Insolvenz des Leasinggebers, wenn die Anschaffung des Leasinggegenstandes finanziert wurde. Die Ergänzung des Abs. 1 wurde nachträglich eingeführt, um die Refinanzierungsmöglichkeiten für banken- und herstellerunabhängige Leasingverträge über bewegliche Gegenstände aufrechtzuerhalten (Rechtsausschuss BT-Drucks. 13/4699 S. 1). Die Rechtslage ist für den Verwalter regelmäßig sehr problematisch. Sonderkündigungsrechte stehen ihm überhaupt nicht zu. Die Abtretung der Mietzinsforderungen an die finanzierenden Bankinstitute bleibt wirksam, weil § 110 InsO nicht greift (*BGH* 25.04.2013 – IX ZR 62/12, Rn. 31). Der Verwalter muss damit die Pflichten aus den Leasingverträgen zu Lasten der Masse hinnehmen, während die Leasingraten der finanzierenden Bank zufließen. In die Masse könnte allenfalls der Mietzinsanteil fließen, der nach der pflichtgemäßen Auskehrung bzw. unmittelbaren Zahlung an den Sicherungsgeber verbleibt. Da der Leasingvertrag aufrechterhalten wird, kann der Verwalter den Leasinggegenstand auch nicht verwerten, um den dann absonderungsberechtigten Sicherungseigentümer (§ 51 Nr. 1 InsO) zu befriedigen. Die gesamte Situation mag für die sicherungsgebenden Banken befriedigend sein (*Schmidt/Burgk/Ditz* ZIP 1996, 1123 [1124]). Die Masse wird mit unnötigen Verbindlichkeiten belastet, ohne dass ihr entsprechende Vorteile zufließen. Für eine Kostenbeteiligung der Masse fehlt es an einer entsprechenden Rechtsgrundlage (dazu auch *Eckert* ZIP 1996, 897 [908]). Der Gesetzgeber hat dieses Problem gesehen, indes nicht befriedigend gelöst. Die Begründung führt aus, dass falls aus der Masse noch zusätzliche Leistungen zu erbringen seien, eine Aufteilung der abgetretenen Forderungen vorgenommen werden müsste (Rechtsausschuss BT-Drucks. 13/4699 S. 6). Die Praxis wird eine solche Aufteilung nach den Grundsätzen des § 105 InsO vornehmen müssen. 20

Der ergänzende Satz 2 in Abs. 1 ist weit auszulegen. Gedacht wurde insbesondere an die **Vermietung und Verpachtung von Rechten** (Jaeger/Henckel/Gerhardt/*Jacoby* InsO, § 108 Rn. 77), also Software, Schutzrechtsüberlassungen und sonstige Rechtspachtverträge. Auch diese Verträge sind damit insolvenzfest unter der Voraussetzung, dass eine Sicherungsabtretung- oder Übereignung vorlag. Der Gesetzgeber hat mit dieser weiten Fassung den Bedenken der Praxis Rechnung getragen, die insbesondere zu den **Lizenz- und Softwareverträgen** aufgezeigt worden war (*Paulus* ZIP 1996, 2 [5 ff.]). Erfasst werden sämtliche Pacht-, Leasing- und Mietverträge (*Livonius* ZInsO 1998, 111 [114]). Im Übrigen unterliegen **Lizenzverträge** nach wie vor dem Wahlrecht des Verwalters (s. § 103 Rdn. 24; *LG München I* NZI 2014, 887: zur Anwendbarkeit des § 103 InsO bei Lizenzverträgen), da § 108a RegE nicht Gesetz geworden ist (ausf. zum Stand der Diskussion *Seegel/Remertz* ZInsO 2015, 1993). 21

Nach dem Gesetzeszweck ist die Privilegierung darauf beschränkt, die Finanzierung der im Einzelnen genannten Vertragsgegenstände aufrecht zu erhalten. Der Fortbestand der Verträge setzt voraus, dass zwischen der Sicherungsübertragung und der Finanzierung ein **zeitlicher und sachlicher Zusammenhang** besteht (*Peters* ZIP 2000 1759 [1763]). Schwierigkeiten entstehen bei Poolfinanzierungen (dazu: Jaeger/Henckel/Gerhardt/*Jacoby* InsO, § 108 Rn. 77) sowie bei Gegenständen, die der Schuldner aus seinem Vermögen zur Absicherung übertragen hatte. Da § 108 Abs. 1 Satz 2 InsO ohnehin eine Ausnahmevorschrift darstellt, ist für dessen Anwendung eine konkrete Zuordnung zwischen dem übertragenen Gegenstand und dessen Finanzierung erforderlich (*Häsemeyer* 22

§ 108 InsO Fortbestehen bestimmter Schuldverhältnisse

abgedeckt. Der Restkaufpreis wird über eine Abschlusszahlung oder Verwertung des Leasinggutes geleistet. Nach übereinstimmender Auffassung wurden Finanzierungs-Leasing-Verträge als Mietverträge i.S.d. § 19 KO bewertet, wenn keine Kaufoption zugunsten des Leasingnehmers vereinbart ist (*BGH* ZIP 1990, 180; *Fehl* DZWIR 1999, 89). Dieser Grundsatz gilt uneingeschränkt für die InsO fort (Uhlenbruck/*Sinz* InsO, § 108 Rn. 65). Sale-and-lease-back-Verträge unterliegen § 108 InsO, wenn die Leasing-Phase begonnen hat. Derartige Verträge sind entsprechend dem Vertragsstadium gesondert zu beurteilen (MüKo-InsO/*Eckert* § 108 Rn. 30).

15 Mietrecht ist auch auf **Verträge mit Kaufoptionen** des Leasingnehmers anwendbar (*BGH* ZIP 1990, 180 [182]; MüKo-InsO/*Eckert* § 108 Rn. 35; einschränkend für Verträge mit unbedingtem Ankaufsrecht: HK-InsO/*Marotzke* § 108 Rn. 27; nicht hingegen auf Verträge mit Kaufpflicht, dazu: Jaeger/Henckel/Gerhardt/*Jacoby* InsO, § 108 Rn. 57). Bei Verträgen mit Kaufoptionen ist bei den Rechtsfolgen zu differenzieren (MüKo-InsO/*Eckert* § 108 Rn. 63). Auch Leasingverträge mit Kaufoptionen haben die Verpflichtung zur entgeltlichen Gebrauchsüberlassung zum Gegenstand. Die eingeräumte Option zum Erwerb des Leasingobjektes nach Ablauf der Vertragszeit ist nicht Verpflichtung zur Eigentumsverschaffung. Zutreffend muss man deshalb bei der Bewertung des Vertrages zwischen der Gebrauchsüberlassung und der rechtlichen Einordnung des Optionsrechtes unterscheiden. Erst die Ausübung der Option durch den Verwalter unterliegt dem Kaufrecht, so dass dann § 103 InsO gilt (*OLG Düsseldorf* ZInsO 2009, 2250 [2253]; Uhlenbruck/*Sinz* InsO, § 108 Rn. 90; Jaeger/Henckel/Gerhardt/*Jacoby* InsO, § 108 Rn. 57). Verträge mit Verlängerungsoptionen unterliegen § 108 InsO in vollen Umfang (*BGH* ZIP 1990, 180 ff.). Der Insolvenzverwalter hat in der Insolvenz des Leasinggebers eine vom Leasingnehmer rechtzeitig ausgeübte Verlängerungsoption gegen sich gelten zu lassen und damit die Pflicht, dem Leasingnehmer das Leasingobjekt weiterhin bis zum Vertragsende zum Gebrauch zu überlassen. Gleichgültig ist dabei, ob er gem. § 103 InsO die Erfüllung des Leasingvertrages gewählt hat oder wegen einer Fremdfinanzierung gem. § 108 Abs. 1 Satz 2 InsO überhaupt kein Wahlrecht hatte (*OLG Düsseldorf* ZInsO 2009, 2250 [2253]).

16 § 108 InsO betrifft Schuldverhältnisse, welche die entgeltliche Überlassung von **unbeweglichen Gegenständen oder Räumen** regeln. In erster Linie betrifft dies Grundstücke. Die Abgrenzung zu den beweglichen Gegenständen ergibt sich aus der Legaldefinition des § 49 InsO. Unbewegliche Gegenstände sind mithin die, welche der Zwangsvollstreckung in das unbewegliche Vermögen unterliegen (§§ 864, 865 ZPO). Damit werden von § 108 InsO auch Mietverträge über Schiffe und Flugzeuge erfasst (MüKo-InsO/*Eckert* § 108 Rn. 37). Betrifft der Vertrag bewegliche und unbewegliche Gegenstände, greift § 108, wenn die Vermietung des unbeweglichen Gegenstandes den Schwerpunkt des Vertrages bildet (*BGH* 29.01.2015 – IX ZR 279/13, Rn 30, 31 zur Vermietung von Lagerhallen und Maschinen).

17 Die Überlassung eines Rechtes zur Ausübung ist auch dann kein Pachtverhältnis i.S.d. § 108 InsO, wenn die Ausübung mit der Nutzung von Grundstücken zusammenhängt. Die Abgrenzung zu Rechtspachtverträgen ist problematisch. **Jagdpachtverträge** sowie **Fischereipachtverträge** haben die Ausübung eines Rechtes zum Gegenstand und nicht die Überlassung eines Grundstückes und fallen somit nicht unter die §§ 108–111 InsO (Jaeger/Henckel/Gerhardt/*Jacoby* InsO, § 108 Rn. 74; zum Jagdpachtvertrag: *BGH* NZM 2008, 462). Die Überlassung eines geschlossenen Gewässers zur Ausübung der Fischerei soll dagegen als Pachtvertrag zu werten sein (*BGH* NJW-RR 1994, 558; MüKo-InsO/*Eckert* § 108 Rn. 43). **Bergwerkpachtverhältnisse** dagegen dienen der Ausbeute eines Grundstücks und werden deshalb von §§ 108 ff. InsO erfasst. Die Überlassung von Krankenzimmern an angestellte Ärzte zur Behandlung von Privatpatienten soll kein Mietvertrag sein (*RG* DR 1942, 1333), während der **Belegarztvertrag** als Mietvertrag gewertet wird (zum Streitstand: Jaeger/Henckel/Gerhardt/*Jacoby* InsO, § 108 Rn. 75).

18 Die **Unternehmenspacht** ist grds. Rechtspacht und unterfällt nicht § 108 InsO. Nur wenn die Immobilienüberlassung im Vordergrund steht, wie etwa bei der Verpachtung eines Gastronomiebetriebes, ist Pachtrecht anzuwenden (MüKo-InsO/*Eckert* § 108 Rn. 44). Die **Apothekenpacht** im Rahmen des § 9 Abs. 2 ApothG ist Unternehmenspacht, da die gesamte Apotheke mit Räumen,

leistung des Vertrages ist. Häufig treten Abgrenzungsschwierigkeiten bei Vereinbarungen über die **Ausbeute von Bodenschätzen** auf. Die Praxis bewertet diese Verträge regelmäßig als Pachtverträge, solange die Ausbeutung des Grundstücks durch den Pächter im Vordergrund steht (*BGH* NJW 1985, 1025). Ein Kriterium hierfür ist die Frage der Risikoverteilung. Wenn der vermeintliche Pächter das Risiko des zufälligen Untergangs der Ausbeute trägt, wird man von einem Kaufvertrag ausgehen müssen. In der Literatur wird dem »Überlassungsgegenstand« entscheidende Bedeutung beigemessen. Liegt der Schwerpunkt auf der Überlassung der Muttersache, ist von einem Pachtvertrag auszugehen, werden nur die Bestandteile überlassen, ist von einem Kaufvertrag auszugehen (MüKo-BGB/*Harke* § 581 Rn. 10). Die Überlassung von Grundstücksflächen gegen Entgelt zur **Errichtung von Netzstationen** ist kein Mietvertrag mit dem Netzbetreiber sondern ein Vertrag sui generis, da der Grundstückseigentümer gem. § 8 AVBElt zur Duldung verpflichtet ist (*BGH* NJW-RR 1993, 271). Die Überlassung von Erfassungsgeräten zur Erstellung von Heizkosten- und Warmwasserabrechnungen ist ein Werkvertrag, wenn die Erstellung der Abrechnungen im Vordergrund steht (*OLG Koblenz* ZIP 1989, 659). Bei der Belegung von Heimplätzen bildet regelmäßig das Dienstvertragsrecht den Schwerpunkt (*BGH* NJW 2003, 1453 [1454]). Der **Automatenaufstellungsvertrag** ist ebenfalls kein Mietvertrag (MüKo-InsO/*Eckert* § 108 Rn. 24; *BGH* NJW 1983, 159). **Schrankfachmietverträge** im Bankverkehr werden ebenfalls von § 108 InsO erfasst (*Obermüller* Insolvenzrecht in der Bankpraxis, Rn. 2.111). Ebenfalls dem Mietrecht zuzuordnen sind Verträge über die **Nutzung eines externen Großrechners** (*BGH* NJW-RR 1993, 178) oder die **Nutzung des Luftraums über einem Grundstück für eine Stromleitung** (*BGH* NJW-RR 1992, 780). **Erbbaurechtsverträge** sind keine Mietverträge i.S.d. § 108 InsO (*BGH* ZInsO 2005, 1322).

Partiarische Miet- oder Pachtverhältnisse zählen ebenfalls zu den Dauerschuldverhältnissen der §§ 108 ff. InsO (MüKo-InsO/*Eckert* § 108 Rn. 24). Mit dem Kriterium des gemeinsamen Zwecks, der sich in der gleichmäßigen Beteiligung am Gewinn und Verlust ausdrückt (MüKo-BGB/*Harke* § 581 Rn. 16), gelingt die Unterscheidung zwischen Pacht- und **Gesellschaftsvertrag** (Jaeger/Henckel/Gerhardt/*Jacoby* InsO, § 108 Rn. 47). Dagegen ist die Frage, ob der Vertragspartner an den Umsätzen der Masse beteiligt ist (*Jaeger/Henckel* KO, § 19 Rn. 11) kein geeignetes Kriterium (*BGH* NJW-RR 1988, 417; MüKo-InsO/*Eckert* § 108 Rn. 24). Ein Verbot der Massebeteiligung kennt die InsO – ebenso wie die KO – nicht. Ist der vermeintliche Vermieter auch an den Verlusten beteiligt, überwiegt das Gesellschaftsrecht (MüKo-BGB/*Harke* vor § 581 Rn. 16; MüKo-InsO/*Eckert* § 108 Rn. 24). 11

Leasingverträge haben – mietähnlich – die mittel- und langfristige Gebrauchsüberlassung von Wirtschaftsgütern zum Gegenstand. Die Rspr. bewertet dementsprechend Leasingverträge durchgehend als Mietverträge i.S.d. Insolvenzrechts (st. Rspr.: BGHZ 128, 255; zum Immobilienleasing: *BGH* ZIP 1997, 513). Dabei darf nicht übersehen werden, dass die Vertragsbezeichnung für die rechtliche Einordnung nicht entscheidend ist. Es gibt durchaus Verträge, die zwar als Mietvertrag bezeichnet werden, ihren rechtlichen Verpflichtungen nach indes Kaufverträge sind (*BGH* WM 1978, 512). Mietverträge sind nach der InsO unterschiedlich zu bewerten. Während oft für Leasingverträge über bewegliche Sachen, ausgenommen die finanzierten Verträge (§ 108 Satz 2 InsO), das Wahlrecht des Verwalters aus § 103 InsO greift, bleiben Leasingverträge über Immobilien und Räume über die Verfahrenseröffnung hinaus mit unterschiedlichen Sonderkündigungsrechten bestehen. Dieses Wahlrecht des Verwalters wird in der Praxis erheblichen Einfluss auf Teilamortisationsverträge haben. Im Einzelnen gilt für Leasing-Verträge folgende Einordnung: 12

Operating-Leasing-Verträge werden auf unbestimmte Zeit geschlossen und sehen ein ordentliches Kündigungsrecht des Leasingnehmers vor; Erwerbsoptionen werden nicht vereinbart. Diese Verträge sind nach übereinstimmender Auffassung (BGHZ 71, 196 [202]; MüKo-InsO/*Eckert* § 108 Rn. 29; Jaeger/Henckel/Gerhardt/*Jacoby* § 108 Rn. 67) Mietverträge und werden von § 108 InsO erfasst. 13

Finanzierungs-Leasing-Verträge sehen vor Ablauf der Vertragslaufzeit keine Kündigungsmöglichkeit vor. Die Leasingraten dienen – neben dem Ertrag des Leasinggebers – der Finanzierung des Kaufpreises. Bei sog. Teilamortisationsverträgen wird der Kaufpreis zum Teil über die Leasingraten 14

B. Voraussetzungen

6 § 108 InsO regelt die Insolvenzfestigkeit bestimmter Schuldverhältnisse. Die gesetzliche Aufzählung ist abschließend. Es besteht kein Anlass, den Fortbestand von Verträgen über die Verfahrenseröffnung hinaus und die nachfolgenden Sonderkündigungsrechte auf weitere Dauerschuldverhältnisse auszudehnen (so auch *Tintelnot* ZIP 1995, 616 [620]). Bei anderen Dauerschuldverhältnissen kann neben dem allgemeinen Wahlrecht des Verwalters aus § 103 InsO bei teilbaren Leistungen § 105 InsO herangezogen werden.

7 § 108 InsO setzt **wirksame Verträge** voraus. War der Vertrag bereits vor Verfahrenseröffnung angefochten, so besteht ein bereicherungsrechtliches Rückgewährschuldverhältnis, das nach § 103 InsO zu beurteilen ist. Dem Verwalter steht das dort festgelegte Wahlrecht zu. Gleiches gilt für unerfüllte Rückgewährschuldverhältnisse aus Rücktritt. **Verträge, die der Verwalter abgeschlossen hat**, werden von § 108 InsO nicht erfasst. Die Masse wird aus diesen Verträgen über § 55 InsO verpflichtet.

8 In der Literatur wird zutreffend die Auffassung vertreten, auch noch nicht vollzogene Verträge würden von § 108 InsO erfasst. Der Gesetzeswortlaut beschränkt sich nicht auf Mietsachen, die bereits in den Besitz des Schuldners übergegangen waren (*Nerlich/Römermann-Balthasar* InsO, § 108 Rn. 9). Die Differenzierung zwischen vollzogenen und nicht vollzogenen Verträgen findet sich in § 109 InsO. Das Gesetz unterscheidet dort zwischen Rücktritt und Kündigung. § 108 schreibt dagegen den zwingenden Grundsatz vor, dass die Verfahrenseröffnung auf den Bestand der Mietverhältnisse keinen Einfluss haben soll. Der *BGH* (ZInsO 2007, 1111 ff.) geht dagegen beim Vermieter-Schuldner davon aus, dass die Mietsache dem Mieter im Zeitpunkt der Verfahrenseröffnung bereits überlassen sein muss. Die Begründung ist ersichtlich von dem Bestreben des 9. Senats getragen, unbefriedigende Ergebnisse für die Masse zu vermeiden, wenn die Mietsache im Zeitpunkt der Verfahrenseröffnung noch nicht errichtet ist (Urteilsgründe Rn. 18 ff.; wie BGH *Graf-Schlicker/Breitenbücher* InsO, § 108 Rn. 3; *Uhlenbruck/D. Wegener* InsO, § 108 Rn. 11; Jaeger/Henckel/Gerhardt/*Jacoby* InsO, § 108 Rn. 85, der zutreffend die Begründung des IX. Senats als »rechtsschöpferisch...« bezeichnet). In der Literatur war für diese Konstellationen eine analoge Anwendung des § 103 InsO erwogen worden. Bei diesen Sachverhalten ist ein Bestand des Mietverhältnisses mit Verfahrenseröffnung für die Masse belastend, da der Verwalter die Fertigstellung des Mietobjektes regelmäßig nicht vornehmen wird. Die InsO sieht für diese Konstellation kein Sonderkündigungsrecht vor, so dass der Rückgriff auf das Wahlrecht des § 103 InsO gerechtfertigt erschien (so auch HK-InsO/*Marotzke* § 108 Rn. 23; *Kübler/Prütting/Bork-Tintelnot* InsO, § 108 Rn. 19). Der eindeutige Wortlaut des Gesetzes lässt für diese Analogie und für die Auslegung des BGH keinen Raum. Auch die Begründung des RegE bietet keinen Anlass, über den Wortlaut hinaus eine Einschränkung des § 108 InsO anzunehmen (ausf. *Eckert* ZIP 1996, 897 [907]). Der Verwalter kann die Masse vor etwaigen Belastungen mit der Freigabe des Objektes schützen (KS-InsO/*Pape* S. 531, 586 Rn. 88) oder auf die allgemeinen Grundsätze des Schuldrechts zurückgreifen (*Wegener* ZInsO 2005, 1259 ff.; MüKo-InsO/*Eckert* § 108 Rn. 66). Mit seiner Entscheidung v. 11.12.2014 hat der *BGH* die Rspr. bestätigt und die teleologische Reduktion auch auf Mietverhältnisse angewandt, wenn der Mieter vor Eröffnung die Wohnung verlassen hatte (NZI 2015, 123 Rn. 18 ff.).

9 **Vorinsolvenzlich beendete Mietverhältnisse** werden von § 108 InsO nicht erfasst. Mit der (wirksamen) Kündigung des Mietvertrages wird das Rückgewährsschuldverhältnis vom Wahlrecht des Verwalters erfasst (s. § 103 Rdn. 30).

I. Miet- und Pachtverhältnisse

10 Zu den Miet- und Pachtverhältnissen zählen sowohl der Hauptvertrag, als auch der Untermiet- und Pachtvertrag (zu **Untermietverträgen** ausf. *Marotzke* ZIP 2007, 1 ff.; Jaeger/Henckel/Gerhardt/*Jacoby* InsO, § 108 Rn. 85). § 108 InsO greift bei den Verträgen des Schuldners, gleich, ob dieser **Mieter oder Vermieter** ist (*BGH* 29.01.2015 – IX ZR 279/13, Rn 28). Unentgeltliche Überlassung und Verwahrung ist von § 108 InsO nicht erfasst (MüKo-InsO/*Eckert* § 108 Rn. 14, 17). Für die Abgrenzung zu Kaufverträgen ist entscheidend, ob die entgeltliche Nutzungsüberlassung die Haupt-

Übersicht

		Rdn.			Rdn.
A.	Grundsatz	1	IV.	Darlehen	34
B.	**Voraussetzungen**	6	C.	**Rechtsfolgen**	37
I.	Miet- und Pachtverhältnisse	10	I.	Mietverträge	38
II.	Kapitalersetzende Nutzungsverhältnisse	25	II.	Dienstverträge	46
III.	Dienstverhältnisse	26	D.	**Abdingbarkeit**	48

Literatur:
Bitter Die Nutzungsüberlassung in der Insolvenz nach dem MoMiG (§ 135 Abs. 3 InsO), ZIP 2010, 1; *Braun* Die Pflicht des Insolvenzverwalters zur Rückgabe von Mietsachen, NZI 2005, 255; *Emde/Kelm* Der Handelsvertretervertrag in der Insolvenz des Unternehmers, ZIP 2005, 58; *Geißler* Die insolvenzrechtliche Qualität des Anspruchs des Vermieters auf Miete für unbewegliche Gegenstände oder Räume bei Eröffnung des Insolvenzverfahrens, ZInsO 2012, 1206; *Grote* Wohnraummiete und Arbeitseinkommen während des eröffneten Verbraucherinsolvenzverfahrens, NZI 2000, 66; *Hölzle/Geßner* Die Insolvenz des Leasinggebers – Zweifelsfragen bei der Besicherung des Refinanziers, ZIP 2009, 1641; *Kohte* Wohnraummiete und Insolvenz, FS Uhlenbruck, 2000, S. 217; *Marotzke* Klartext: Vorsicht, Elefanten!, ZInsO 2006, 300; *ders.* Insolvenzrechtliche Probleme bei Untermietverträgen über Immobilien, ZInsO 2007, 1; *ders.* Gesellschaftsinterne Nutzungsverhältnisse nach Abschaffung des Eigenkapitalersatzrechts, ZInsO 2008, 1281; *Rosenmüller* Zur Qualität von Mietzinsforderungen bei Verfahrenseröffnung am Monatsersten, ZInsO 2012, 1110; *Schrader/Straube* Die Behandlung von Entgeltansprüchen aus einem Altersteilzeitverhältnis nach Insolvenzeröffnung und nach einem Betriebsübergang, ZInsO 2005, 184 u. 294; *Seegel/Remmertz/Kast* Insolvenzfestigkeit von (Software-)Lizenzen ZInsO 2015, 1993; *Spliedt* MoMiG in der Insolvenz – ein Sanierungsversuch, ZIP 2009 149; *Wegener* Die Herstellungspflicht des Verwalters in der Insolvenz, ZInsO 2005, 1259; *ders.* § 108a InsO zur Insolvenzfestigkeiten von Insolvenzen – des Guten zu viel, ZInsO 2008, 352; *Wilmowsky* Vermieter (Verpächter, Lizenzgeber) in der Insolvenz, ZInsO 2011, 1473.

A. Grundsatz

Die Vorschrift bestimmt die Aufrechterhaltung bestimmter Vertragsverhältnisse wie Miete, Pacht, Darlehen und Dienstverträgen über die Verfahrenseröffnung hinaus. § 108 InsO enthält damit für die genannten Dauerschuldverhältnisse eine Abweichung vom Wahlrecht des Verwalters nach § 103 InsO. In den §§ 108 ff. InsO finden sich besondere Kündigungsrechte mit begrenzten Kündigungsfristen. Miet- und Pachtverhältnisse über bewegliche Gegenstände unterliegen nach wie vor dem Wahlrecht des Verwalters (krit. zu dieser Unterscheidung *Wilmowsky* ZInsO 2011, 1473). Zu gemischten Verträgen s. Rdn. 16. § 108 Abs. 1 Satz 2 InsO wurde nachträglich (BGBl. I 1996 S. 1013) eingefügt, um finanzierte Leasingverträge über **bewegliche Gegenstände** einschließlich Softwareverträgen über die Verfahrenseröffnung hinaus aufrecht zu erhalten (krit. KS-InsO/*Pape* 1997, S. 405, 442; umfassend zu dieser Konstellation *Peters* ZIP 2000, 1759 ff.). Mit dem Gesetz zur Vereinfachung des Insolvenzverfahrens vom 13.07.2007 wurde Abs. 2 eingefügt, der den Fortbestand von Darlehensverträgen regelt. Der für **Lizenzverträge** geplante § 108a InsO (dazu *Wegener* ZInsO 2008, 352 ff.) ist nicht Gesetz geworden (s. § 103 Rdn. 24). 1

Mit § 108 Abs. 3 legt die InsO fest, dass Ansprüche für die Zeit vor Verfahrenseröffnung Insolvenzforderungen sind. Die Norm folgt damit dem bereits in § 105 InsO festgelegten Grundsatz, dass die Masse von Ansprüchen für die Zeit vor Verfahrenseröffnung freigehalten wird. 2

Die §§ 109–112 InsO treffen detaillierte Regelungen zur Stellung des Schuldners als Vermieter/Pächter oder Mieter/Pächter. § 113, InsO regelt die gesonderte Kündigungsmöglichkeit von Dienstverträgen. 3

Bei **Wohnmietverträgen** in Verbraucherinsolvenzverfahren hat der Verwalter mit § 109 Abs. 1 Satz 2 InsO die Möglichkeit, die Masse von weiteren Verbindlichkeiten aus dem fortbestehenden Mietvertrag zu entlasten (s. § 109 Rdn. 3). 4

Abs. 2 ist nachträglich eingeführt worden, um Darlehnsverträge bei denen der Schuldner Darlehnsgeber ist, dem Wahlrecht des Verwalters zu entziehen (krit. zur Gesetzesentstehung *Marotzke* ZInsO 2006, 300; *Kuder* ZInsO 2004, 1180). 5

staltungsraum nicht gerecht. In der Phase bis zum Berichtstermin prüft der Verwalter nicht nur die Alternativen Fortführung oder Stilllegung. Gerade in der Insolvenz stellt sich auch die Frage der Teilstilllegung unrentabler Betriebsteile. Diese Sanierungsmaßnahme erschließt sich dem Verwalter erst nach eingehender Prüfung. Dieser Prüfung dient das Wahlrecht bis zum Berichtstermin. Der Verwalter muss auch die Möglichkeit haben, die Erfüllung der Verträge nach dem Berichtstermin abzulehnen, die der Unternehmenssanierung nicht dienen.

35 Droht eine **Wertminderung der Ware**, darf der Verwalter nicht bis zum Berichtstermin abwarten (*Nerlich/Römermann-Balthasar* InsO, § 107 Rn. 17). Der Gesetzgeber wollte die Sonderrechte des Verwalters beim Vorbehaltskauf nicht auf Kaufverträge über leicht verderbliche Waren oder Saisonartikel (Ausschussbericht BT-Drucks. 12/7302 S. 169) erstrecken (§ 107 Abs. 2 Satz 2 InsO). Bei diesen Kaufgegenständen ist es dem Eigentumsvorbehaltsverkäufer i.d.R. unzumutbar, die Erklärung des Insolvenzverwalters bis zum Berichtstermin abzuwarten. Die Waren könnten dann schon verdorben sein, die Saisonartikel hätten an Aktualität verloren. Folglich findet hier wieder die allgemeine Regelung des § 103 InsO Anwendung (MüKo-InsO/*Ott/Vuia* § 107 Rn. 22; *Marotzke* JZ 1995, 803 [812]). Die erhebliche Wertminderung kann auch auf anderen Gründen beruhen. Allerdings ist hier eine restriktive Auslegung vorzunehmen, damit nicht durch die Hintertür die § 103 Abs. 2 Satz 2 u. 3 InsO im Rahmen des § 107 InsO doch wieder Geltung erlangen (Jaeger/Henckel/ *Gerhardt*/*Jacoby* InsO, § 107 Rn. 62). Daher können veränderte Marktbedingungen auch nicht ausreichen, um eine Wertminderung i.S.d. Abs. 2 Satz 2 begründen (so aber MüKo-InsO/*Ott/Vuia* § 107 Rn. 22; dagegen Uhlenbruck/*D. Wegener* InsO, § 107 Rn. 14).

D. Zwingendes Recht

36 Das Recht des Verwalters aus Abs. 2, bis zum Berichtstermin mit einer Erklärung über den Bestand des Vertrages abwarten zu können, ist nicht abdingbar, § 119 InsO. Vereinbarungen, die für den Fall der Insolvenz die Auflösung und Rückabwicklung des Vertrages vorsehen, sind gleichwohl wirksam (vgl. dazu ausf. § 103 Rdn. 119 ff.). Ein gesetzliches Spannungsverhältnis besteht zu § 323 Abs. 4 BGB. Die zum Rücktritt führende Offensichtlichkeit der Nichterfüllung könnte auch in der drohenden Insolvenz zu sehen sein. Die Anwendung des gesetzlichen Rücktrittsrechts wegen Vermögensverschlechterung in der Insolvenz ist indes keine Frage des § 119 InsO, da die Norm sich nur auf vertragliche Vereinbarungen bezieht (*Meyer* in: Smid InsO, 2. Aufl., § 119 Rn. 1; *Mossler* ZIP 2002, 1831 [1835]). Nach zutreffender Auffassung ist § 323 Abs. 4 BGB in der Insolvenz nicht mehr anwendbar, weil das Wahlrecht des Insolvenzverwalters das Gestaltungsrecht des Gläubigers verdrängt (*Huber* NZI 2004, 57 [59]; s. Rdn. 19). Dieses Ergebnis lässt sich auch mit einer einschränkenden Auslegung des § 323 Abs. 4 BGB erreichen (MüKo-InsO/*Ott/Vuia* § 107 Rn. 17a; HambK-InsO/ *Ahrendt* § 107 Rn. 19; *Mossler* ZIP 2002 1831 [1832]).

§ 108 Fortbestehen bestimmter Schuldverhältnisse

(1) ¹Miet- und Pachtverhältnisse des Schuldners über unbewegliche Gegenstände oder Räume sowie Dienstverhältnisse des Schuldners bestehen mit Wirkung für die Insolvenzmasse fort. ²Dies gilt auch für Miet- und Pachtverhältnisse, die der Schuldner als Vermieter oder Verpächter eingegangen war und die sonstige Gegenstände betreffen, die einem Dritten, der ihre Anschaffung oder Herstellung finanziert hat, zur Sicherheit übertragen wurden.

(2) Ein vom Schuldner als Darlehensgeber eingegangenes Darlehensverhältnis besteht mit Wirkung für die Masse fort, soweit dem Darlehensnehmer der geschuldete Gegenstand zur Verfügung gestellt wurde.

(3) Ansprüche für die Zeit vor der Eröffnung des Insolvenzverfahrens kann der andere Teil nur als Insolvenzgläubiger geltend machen.

käufers nicht mehr, wenn der Verwalter das **Unternehmen vor diesem Zeitpunkt gem. § 158 InsO stilllegt**. Diese Maßnahme kann aus wirtschaftlichen Erwägungen heraus zwingend sein, um Masseschwund zu verhindern. Es besteht dann kein Rechtfertigungsgrund, dem Verwalter das Recht zuzugestehen, die Herausgabe der Kaufsache zu verweigern. Der Verwalter hat nur noch die Möglichkeit, den Kaufvertrag zu erfüllen, um die Kaufsache zugunsten der Masse zu verwerten. In diesem Fall besteht keine Notwendigkeit, die Entscheidung über die Erfüllung des Kaufvertrages bis zum Berichtstermin hinauszuschieben. Dementsprechend greift die Sonderregel des § 107 Abs. 2 InsO nur bis zur Stilllegung des Betriebes durch den Verwalter (zust. MüKo-InsO/*Ott/Vuia* § 107 Rn. 29; Jaeger/Henckel/Gerhardt/*Jacoby* InsO, § 107 Rn. 28; **a.A.** *Graf-Schlicker/Breitenbücher* InsO, § 107 Rn. 11).

Entscheidet sich der Verwalter für die **Erfüllung des Kaufvertrages**, muss er den vertraglich vereinbarten Kaufpreis aus der Masse entrichten. Der Verkäufer kann einen etwaigen Verzugsschaden nicht geltend machen. Der Verwalter konnte, da der Erfüllungsanspruch mit Verfahrenseröffnung nicht durchsetzbar geworden war, nicht in Verzug geraten. Einen vor Verfahrenseröffnung entstandenen **Verzugsschaden** muss der Verwalter nicht ausgleichen. Dieser Schaden ist keine Masseverbindlichkeit, da dieser vor Verfahrenseröffnung eingetreten ist. Er beruht auch nicht auf der Erfüllungswahl des Verwalters, so dass § 55 Abs. 2 Nr. 2 InsO nicht einschlägig ist. Für den Zeitraum nach Verfahrenseröffnung ist kein Verzug eingetreten. Rechte aus erweitertem Eigentumsvorbehalt muss der Verwalter nicht befriedigen (MüKo-InsO/*Ott/Vuia* § 107 Rn. 24). 31

Lehnt der Verwalter die Erfüllung des Vorbehaltskaufes ab, entfällt das Recht zum Besitz. Das Eigentumsrecht des Verkäufers bleibt bestehen. Der Verwalter kann dem Herausgabeverlangen des Verkäufers kein Besitzrecht entgegensetzen, dem Verkäufer steht ein Recht zur Aussonderung zu. Dem Vorbehaltskäufer bleibt darüber hinaus nur der Schadenersatz wegen Nichterfüllung. § 107 InsO stellt für die Rechtsfolgen der Erfüllungsablehnung beim Eigentumsvorbehaltskauf keine besonderen Regeln auf. Es gelten aufgrund der Bezugnahme des Gesetzes in Abs. 2 die Grundsätze des § 103 InsO. Dem Verkäufer stehen Schadenersatzansprüche nur als Insolvenzforderung zu. Er kann aber mit diesem Anspruch gegenüber Teilleistungen des Schuldners aufrechnen. Auch hierzu und zur Berechnung des Schadens auf das negative Interesse gelten die Grundsätze des § 103 InsO (*Gottwald/Huber* HdbInsR, § 36 Rn. 21; s.a. § 103 Rdn. 3, 101 ff.). 32

Etwaige **Nutzungsentschädigungen** (ausf. und differenzierend Jaeger/Henckel/Gerhardt/*Jacoby* InsO, § 107 Rn. 69 f.) als Ausgleich für die »vertragslose« Zeit kann der Verkäufer allenfalls aus Bereicherung der Masse gem. § 55 Abs. 1 Nr. 3 InsO verlangen. Der Nachteilsausgleich des § 169 InsO steht dem Verkäufer nicht zu. Die Norm gilt ausweislich der Verweisung auf § 166 InsO nur für absonderungsberechtigte Gläubiger. Auf das Aussonderungsrecht des Vorbehaltsverkäufers ist § 169 InsO nicht anwendbar (*Obermüller/Hess* InsO, Rn. 840). § 172 InsO, der einen Ausgleich für den Werteverlust vorsieht, greift ebenfalls nicht (a.A. Kübler/Prütting/Bork/*Tintelnot* InsO, § 107 Rn. 22), da sich auch diese Norm auf Absonderungsrechte bezieht (BT-Drucks. 12/2443, S. 182). Deshalb ist eine Analogie auch nicht möglich (s. § 172 Rdn. 3; Uhlenbruck/D. Wegener InsO, § 107 Rn. 16; **a.A.**; MüKo-InsO/*Ott/Vuia* § 107 Rn. 31; *Kübler/Prütting/Bork-Tintelnot* InsO, § 107 Rn. 22). Schließlich kann über §§ 346 Abs. 1, 347 Abs. 1 BGB eine Nutzungsentschädigung nicht begründet werden (so aber HK-InsO/*Marotzke* § 107 Rn. 34). Wählt der Verwalter nicht die Erfüllung, bleibt es beim Schadenersatzanspruch des Verkäufers, der mit Verfahrenseröffnung eingetreten ist. Nach der Rechtsprechung wird der Vertrag nicht in ein Rückgewährschuldverhältnis umgewandelt (s. § 103 Rdn. 3). Rücktrittsrecht ist folglich nicht anwendbar. 33

In der Literatur wird die Auffassung vertreten, der Verwalter könne die Erfüllung des Kaufvertrages nur ablehnen, wenn die Gläubigerversammlung die Stilllegung des Betriebes beschließt (so wohl *Hess/Pape* InsO und EGInsO, Rn. 720). Für diese **Einschränkung des Verwalterwahlrechts** ergibt sich aus dem Gesetzeswortlaut kein Anhaltspunkt. Der Gesetzgeber scheint auch davon ausgegangen zu sein, dass »die Erfüllung noch abgelehnt (werden kann), wenn im Berichtstermin die Stilllegung des Unternehmens beschlossen wird« (Begr. RegE BT-Drucks. 12/2443 S. 146). Eine Einschränkung des Wahlrechts in diesem Sinn wird den Aufgaben des Verwalters und dem notwendigen Ge- 34

Käufer zur Begründung eines Zurückbehaltungsrechtes nicht stützen. Das gesetzliche Zurückbehaltungsrecht des § 273 BGB erfordert einen fälligen Gegenanspruch.

26 Im Rahmen eines Vorbehaltskaufes kann der Verkäufer weitere Pflichten übernehmen. Gemeint sind hiermit nicht die gesetzlichen **Nebenpflichten** des Verkäufers, sondern zusätzliche, die Übereignung übersteigende Pflichten (s. Rdn. 15). Die Nichterfüllung dieser Pflichten durch den Verwalter berührt den Erfüllungsanspruch des Käufers nicht. Wie die Vormerkung gem. § 106 Abs. 1 Satz 2 InsO besitzt auch der Eigentumsvorbehalt partielle Wirkung (*Tintelnot* ZIP 1995, 616 [618]).

27 Keine Aussage trifft das Gesetz zu der Frage, welches Schicksal der Erfüllungsanspruch des Käufers wegen der genannten weiteren Nebenpflichten erleidet. Gegenüber dem Anspruch auf Erfüllung der genannten weiteren Pflichten steht dem Verwalter das Wahlrecht aus § 103 InsO zu (*Marotzke* JZ 1995, 803 [809f]; s. Rdn. 16). Jedes andere Verständnis würde die Masse unbillig belasten. Der Verwalter wird häufig nicht in der Lage sein, die weiteren Pflichten zu erfüllen. Schadensersatzansprüche wegen Nichterfüllung wären Masseschuld. Probleme werden in der Praxis bei der Bemessung des Kaufpreises auftreten. Wenn der Kaufpreis auf der Grundlage sämtlicher Vertragspflichten einschließlich der vom Verwalter nicht erfüllten Nebenpflichten vereinbart wurde, wird der Käufer nur einen **Teilkaufpreis** entrichten wollen. Entsprechend der für § 106 InsO vorgesehenen Regelung wird man den endgültigen Kaufpreis durch ergänzende Vertragsauslegung oder nach §§ 316 ff. BGB bestimmen müssen (s. § 106 Rdn. 21 m.w.N.).

II. Käuferinsolvenz

28 Ist über das Vermögen des Käufers das Insolvenzverfahren eröffnet worden, behält der Verwalter sein Wahlrecht gem. § 103 InsO. § 107 Abs. 2 InsO schafft jedoch eine Sonderregelung zum Zeitpunkt der Ausübung des Wahlrechts. Nach der Aufforderung des Verkäufers ist der Verwalter gem. § 103 InsO gezwungen, unverzüglich eine Erklärung hinsichtlich der Erfüllung abzugeben. Diese sehr kurze Frist verlängert § 107 Abs. 2 InsO. Die Erklärung des Verwalters muss grds. (zu den Ausnahmen Abs. 2 und Rdn. 34) erst nach dem Berichtstermin abgeben werden. Dieser Zeitraum ist beachtlich. Nach § 29 InsO soll der Berichtstermin zwar möglichst binnen sechs Wochen stattfinden; diese Frist kann auf bis zu drei Monate ausgedehnt werden. Hinzu kommt die Zeit zwischen Antragstellung und Eröffnung. Auch in dieser Phase können Monate verstreichen. Die Vorschrift greift damit erheblich in die Eigentumsrechte der Vorbehaltseigentümer ein. Der Gesetzgeber hat die Interessen der Gläubigergesamtheit an der Unternehmensfortführung auch in diesem Punkt hoch bewertet. § 107 Abs. 2 InsO dient dazu, dem Verwalter bis zur Entscheidung der Gläubigerversammlung über die Betriebsfortführung die Aufrechterhaltung des Unternehmens zu ermöglichen (s. Rdn. 20).

29 Innerhalb dieser Frist sind dem Vorbehaltsverkäufer gleichsam die Hände gebunden. Er kann sein **Eigentumsrecht auf Herausgabe der Kaufsache** nicht geltend machen. Auch etwaige Auskunftsansprüche, die mit einem Herausgabeanspruch korrespondieren und diesen vorbereiten, stehen ihm (noch) nicht zu (hierzu *AG Düsseldorf* DZWIR 2000, 347 f.). Mit der Verfahrenseröffnung tritt ein Schwebezustand ein; der Verwalter ist auch nicht verpflichtet, die vertraglich vereinbarten Kaufpreisraten zu entrichten. Das in § 107 Abs. 2 InsO niedergelegte Wahlrecht des Verwalters entspricht dem des § 103 InsO. Das wird durch die Bezugnahme in Abs. 2 deutlich. Mit Verfahrenseröffnung verschiebt sich auch nach der neuen Rechtsprechung des BGH zu § 103 InsO (*BGH* NJW 2002, 2783; *BGH* NJW 2003, 2744) die Fälligkeit des Herausgabeanspruchs bis zum Berichtstermin (*Huber* NZI 2004, 57 [62]). Diesen Schwebezustand muss der Verkäufer hinnehmen. Er kann insbesondere das vom Gesetzgeber festgelegte Wahlrecht dadurch nicht zerstören, dass er vom Verwalter innerhalb der gesetzlichen Frist Zahlung der Kaufpreisraten fordert, um ihn dann in Verzug zu setzen. Diesen Mechanismus hat der Gesetzgeber im Interesse der Masse außer Kraft gesetzt.

30 Nach der Vorstellung des Gesetzgebers dient der Schwebezustand zwischen Verfahrenseröffnung und Berichtstermin dazu, die Masse zusammenzuhalten, um eine mögliche Unternehmensfortführung zu sichern. Der Gesetzeszweck rechtfertigt die Beeinträchtigung der Rechte des Vorbehalts-

InsO, § 107 Rn. 4; MüKo-InsO/*Ott/Vuia* § 107 Rn. 18; Jaeger/Henckel/Gerhardt/*Jacoby* § 107 Rn. 58).

Aus diesem Schutzzweck heraus wird deutlich, dass auch der **mittelbare Besitz** des Schuldners geschützt ist, wenn diese Besitzposition notwendiger Bestandteil des schuldnerischen Unternehmens ist (so auch: Uhlenbruck/*D. Wegener* InsO, § 107 Rn. 12; Jaeger/Henckel/Gerhardt/*Jacoby* InsO, § 107 Rn. 59; **a.A.** Nerlich/Römermann/*Balthasar* InsO,§ 107 Rn. 13; generell ohne weitere Begründung *OLG Düsseldorf* ZInsO 2013, 327 [328]). Hat der Schuldner die unter Eigentumsvorbehalt gekaufte Sache im Rahmen des Unternehmenszwecks vermietet, muss der Mietvertrag zur Aufrechterhaltung des Unternehmens weiterhin Bestand haben (etwas anders kann nur gelten, wenn der Verkäufer selbst Besitzmittler ist, vgl. MüKo-InsO/*Ott/Veit* 107 Rn. 18). Der Masse sollen die Nutzungsentgelte weiterhin zufließen, ohne dass der Verkäufer die Möglichkeit hat, sein Eigentum zurückzufordern. Für den Mitbesitz muss das gleiche gelten. Auch in diesem Fall übt der Schuldner neben Dritten die tatsächliche Gewalt aus, § 866 BGB. Der Vermögensgegenstand wird durch die Masse genutzt. 21

Schwierig ist die Abgrenzung bei den **Streckengeschäften**. Ist die Kaufsache – vor Verfahrenseröffnung – noch nicht beim Schuldner eingetroffen, fehlt es an der Ausübung der tatsächlichen Gewalt durch den Schuldner. Mit der Verfahrenseröffnung findet der Verwalter ein Unternehmen vor, das ohne die Kaufsache betrieben wird. Anderseits kann die von der InsO zu sichernde Unternehmenskontinuität gerade den Zugang der Kaufsache erfordern. Eine Sicherheit bietende Abgrenzung ermöglicht bei Streckengeschäften der formale Besitzbegriff. Besitz erlangt der Schuldner erst mit Zugang der Ladepapiere und Übergabe des Gutes an den Frachtführer, § 450 HGB. Von diesem Zeitpunkt an kann die Kaufsache vom Verkäufer nicht mehr zurückgefordert werden. 22

C. Rechtsfolgen

I. Verkäuferinsolvenz

Im Fall der Verkäuferinsolvenz stehen dem Insolvenzverwalter nur die Rechte zu, die ansonsten dem Verkäufer zustanden. Der Vorbehaltskäufer kann nach den allgemeinen Gründen, die in § 107 Abs. 1 InsO bestätigt werden, die Erfüllung des Kaufvertrages verlangen, wenn ihm bei der Eröffnung des Insolvenzverfahrens über das Vermögen des Verkäufers bereits der Besitz übertragen war. Der Verwalter muss diesem Verlangen nachkommen. Beim Vorbehaltsverkauf ist die Einigung durch den Verkäufer unter der aufschiebenden Bedingung der vollständigen Zahlung des Kaufpreises bei der Besitzübergabe erklärt (MüKo-BGB/*Westermann* § 449 Rn. 13). Mit der vollständigen Zahlung des Kaufpreises tritt diese Bedingung ein. Die Übereignung erfolgt damit ohne weiteres Zutun des Verwalters mit der Zahlung der letzten Kaufpreisrate. Der Verwalter kann dementsprechend nicht durch Ablehnung der Erfüllung das Anwartschaftsrecht des Käufers zerstören (*Marotzke* Gegenseitige Verträge in Konkurs und Vergleich, S. 78 ff.; *Musielak* AcP 179, 189 [210]; MüKo-InsO/*Ott/Vuia* § 107 Rn. 12). Zahlt der Eigentumsvorbehaltskäufer den Restkaufpreis und verhält sich damit vertragstreu, so erstarkt die dingliche Rechtsposition des Anwartschaftsrechts zum Vollrecht. 23

Erst wenn der Käufer mit den **Kaufpreisraten in Verzug** gerät oder anderweitige Pflichtverletzungen begeht (Jaeger/Henckel/Gerhardt/*Jacoby* InsO, § 107 Rn. 28), kann der Verwalter vom Vertrag zurücktreten und Herausgabe der Sache zur Masse fordern, wahlweise aus § 449 Abs. 2, § 985, § 346 Abs. 1 BGB. Der Kaufvertrag ist rückabzuwickeln (zu den Alternativen *Rugullis* KTS 2005, 459 ff.). 24

Auch in der Insolvenz gilt § 162 BGB, so dass der Verwalter den **Eintritt der Bedingung** nicht treuwidrig verhindern darf. Der Käufer weiß in der besonderen Situation häufig nicht, an wen die vereinbarten Zahlungen zu leisten sind. Insbesondere bestehen Zweifel, unter welchen Voraussetzungen erfüllungswirksame Zahlungen geleistet werden können. Der Käufer wird ohne eine Zahlungsaufforderung durch den Verwalter deshalb nicht in Verzug geraten. Weitere Verzögerungen muss der Verwalter indes nicht hinnehmen. Dabei ist auch von Bedeutung, dass der Verwalter nicht verpflichtet ist, etwaige weitere Nebenpflichten zu erfüllen (s. Rdn. 16). Auf diese Nichterfüllung kann sich der 25

II. Käuferinsolvenz (Abs. 2)

17 Ist der Insolvenzschuldner Vorbehaltskäufer, bleibt das Wahlrecht des Verwalters bestehen. Abs. 2 sieht zu Lasten des Verkäufers eine modifizierte Ausübung vor. Auch für die Anwendbarkeit von Abs. 2 ist ein vor Verfahrenseröffnung geschlossener wirksamer Kaufvertrag unter Vereinbarung der aufschiebend bedingten Kaufpreiszahlung erforderlich. Eine Ausdehnung der Anwendung auf ähnliche Vertragstypen verbietet sich auch bei der Käuferinsolvenz. Bei Leasing-, Miet- oder sonstigen Verträgen muss der Verwalter sich unverzüglich erklären (s. Rdn. 4; MüKo-InsO/*Ott/Vuia* § 107 Rn. 7; **a.A.** HK-InsO/*Marotzke* § 107 Rn. 39; HambK-InsO/*Ahrendt* § 107 Rn. 3).

18 Ist der Schuldner bereits vor der Verfahrenseröffnung mit den Kaufpreisraten in Verzug geraten, besteht das Wahlrecht des Verwalters gleichwohl. Verzug allein lässt den Bestand des Kaufvertrages unberührt. Der Vorbehaltsverkäufer hat allerdings die Möglichkeit, vom Vertrag zurückzutreten (§ 449 Abs. 2 BGB). War dem Schuldner vor Verfahrenseröffnung die **Rücktrittserklärung** noch nicht zugegangen, bleibt es beim Wahlrecht des Verwalters (*Uhlenbruck/D. Wegener* InsO, § 107 Rn. 17). Erst mit Zugang der Rücktrittserklärung wandelt sich der Vertrag in das Rückgewährschuldverhältnis, § 349 BGB. Nach diesem Zeitpunkt kann der Verwalter Erfüllung nicht mehr verlangen, weil in die Masse kein Erfüllungsanspruch fällt (*Huber* NZI 2004, 57 [60]). Das Rückabwicklungsschuldverhältnis wiederum unterfällt dem Wahlrecht des Verwalters (s. § 103 Rdn. 30).

19 War der Verkäufer vor der Verfahrenseröffnung nach § 323 Abs. 1 BGB vorgegangen (weil das Rücktrittsrecht für den Fall des Verzuges abgedungen war), ist ein Wahlrecht des Verwalters nach § 107 InsO zu verneinen, wenn der Verkäufer mit der Fristsetzung bereits den Rücktritt ausgeübt hat (zur Zulässigkeit MüKo-BGB/*Ernst* § 323 Rn. 148). Ist die Frist im **Zeitpunkt des Insolvenzantrags** noch nicht abgelaufen, wird erwogen, sie wegen der notwendigen Prüfung durch den vorläufigen Insolvenzverwalter angemessen zu verlängern oder eine Hemmung der Frist anzunehmen. Ob diese Rechtsfolgen mit dem aus dem Eigentum folgenden entstehenden Aussonderungsrecht des Verkäufers zu vereinbaren ist, erscheint fraglich. Nach zutreffender Auffassung muss der vorläufige Insolvenzverwalter durch Vereinbarung oder Kaufpreiszahlung den Eintritt der Rücktrittsvoraussetzungen verhindern (*Huber* NZI 2004, 57 [61]). In jedem Fall wird der weitere Fristablauf gehemmt, wenn der Verwalter den Antrag aus § 21 Abs. 2 Ziff. 5 InsO stellt; der Nachteil des Verkäufers im Eröffnungsverfahren ist entsprechend der Anordnung des Insolvenzgerichts auszugleichen. Mit **Verfahrenseröffnung** tritt eine **Rücktrittssperre** in Kraft (MüKo-InsO/*Ott/Vuia* § 107 Rn. 17a; *Huber* NZI 2004, 57 [61]), weil mit der Verfahrenseröffnung der Zahlungsanspruch seine Fälligkeit verliert (Jaeger/Henckel/Gerhardt/*Jacoby* InsO, § 107 Rn. 68). Auf die Fristsetzung kann auch in der Insolvenz nicht verzichtet werden, § 323 Abs. 2 Nr. 2 BGB ist nicht anwendbar (*Huber* NZI 2004, 57 [59]); HambK-InsO/*Ahrendt* § 107 Rn. 19; **a.A.** MüKo-InsO/*Ott/Vuia* § 107 Rn. 23; HK-InsO/*Marotzke* § 107 Rn. 20). Auch **§ 323 Abs. 4 BGB** ist nicht anwendbar. Hat der Verwalter bereits erklärt, dass er nicht erfüllen wird, ist eine Rücktrittserklärung entbehrlich (Jaeger/Henckel/Gerhardt/*Jacoby* InsO, § 107 Rn. 77).

20 Der Schuldner muss vom Verkäufer – ebenfalls vor Verfahrenseröffnung – den **Besitz an der Sache erlangt haben**. Abs. 2 ist damit deutlicher als die »Besitzübertragung« des Abs. 1. Der Wortlaut knüpft an die gesetzliche Definition des § 854 BGB an, der vom Besitzerwerb mit der Erlangung der tatsächlichen Gewalt ausgeht. Damit würde Abs. 2 zusätzliche Voraussetzungen gegenüber der Besitzaufgabe in Abs. 1 fordern. Diese zusätzlichen Erfordernisse erscheinen gerechtfertigt. § 107 Abs. 2 InsO fordert vom Verkäufer ein nicht unerhebliches Opfer. Es ist nicht ausgeschlossen, dass der Verkäufer über Monate bis zum Berichtstermin (max. drei Monate nach Eröffnung, § 29 InsO) den Verbleib seines Eigentums in der Masse dulden muss, um dann zu erfahren, dass der Kaufvertrag nicht erfüllt wird. Die Erlangung der tatsächlichen Gewalt über die Kaufsache durch den Schuldner ist schon aus diesem Grund ein nachvollziehbares Erfordernis. Auch der Schutzzweck zeigt das. Durch Abs. 2 soll sichergestellt werden, dass dem Verwalter die Fortführung des Unternehmens in der Übergangsphase bis zum Berichtstermin ermöglicht wird. Der Masse sollen keine Vermögensgegenstände entzogen werden (RegE BT-Drucks. 12/2443 S. 146; HK-InsO/*Marotzke* § 107 Rn. 23; *Kübler/Prütting/Bork-Tintelnot* InsO, § 107 Rn. 2; *Nerlich/Römermann-Balthasar*

Dem Käufer muss der **Besitz** an der Kaufsache (zum Rechtskauf s. HK-InsO/*Marotzke*, der für den Fall einer Abtretung mit aufschiebender Bedingung § 107 InsO analog anwendet) übertragen worden sein. Die gesetzliche Formulierung ist unscharf. Der Gesetzeswortlaut lässt nicht erkennen, welche Form des Besitzerwerbes das Wahlrecht des Verwalters einschränken soll (*Marotzke* JZ 1995, 803 [810], der den Besitz des Käufers für entbehrlich erachtet). Die Motive des Gesetzgebers gehen von einer »Auslieferung« vor Verfahrenseröffnung aus (RegE BT-Drucks. 12/2443 S. 146). Die Terminologie deutet darauf hin, dass entscheidendes Kriterium die Aufgabe der tatsächlichen Gewalt über die Sache (§ 854 BGB) durch den Schuldner ist. Die Beschränkung auf die Übertragung des unmittelbaren Besitzes wird indes den vielfältigen Erscheinungsformen des Wirtschaftslebens zur Besitz- und Eigentumsübertragung nicht gerecht. Ausreichend ist damit auch die Übertragung des mittelbaren Besitzes (h.M. *OLG Düsseldorf* ZIP 2013, 327 [328]; MüKo-InsO/*Ott/Vuia* § 107 Rn. 11; *Uhlenbruck/D. Wegener* InsO, § 107 Rn. 6; *Graf-Schlicker/Breitenbücher* InsO, § 107 Rn. 8; *Dahl* in: Runkel AHB-Insolvenzrecht, § 7 Rn. 149; *Nerlich/Römermann-Balthasar* InsO, § 107 Rn. 8; *Kübler/Prütting/Bork-Tintelnot* InsO, § 107 Rn. 7). Ein vollständiger Verzicht auf das Besitzelement (*Marotzke* JZ 1995, 803 [810 f.]; und HK-InsO/*Marotzke* § 107 Rn. 6) widerspricht dagegen dem Gesetzeswortlaut. 11

Bei Streckengeschäften des täglichen Wirtschaftslebens entsteht diese Problematik nicht. Bereits mit Aushändigung der Ladepapiere an den berechtigten Empfänger und der Übergabe der Kaufsache an den Frachtführer ist der Käufer gem. §§ 448, 475g, 650 HGB. Der Schuldner ist nicht mehr unmittelbarer Besitzer. Die Übergabe des Ladescheins hat dingliche Wirkung auch für die Übergabe des Gutes (*Baumbach/Hopt/Merkt* HGB, 36. Aufl., § 448 Rn. 2). Nach **anderer Ansicht** kommt man zu diesem Ergebnis über die analoge Anwendung des § 107 InsO (MüKo-InsO/*Ott/Vuia* § 107 Rn. 11). 12

Beim **Sale-and-Lease-back** verkauft der Schuldner-Eigentümer eine Sache an den zukünftigen Leasinggeber, um sie dann unter Aufrechterhaltung der Nutzung zu leasen. Für die Anwendbarkeit des § 107 InsO ist regelmäßig kein Platz, da der Kaufpreis unmittelbar mit Vertragsschluss gezahlt und kein Eigentumsvorbehalt des Schuldners vereinbart wird. Ist bei diesem Vertrag ein Eigentumsvorbehalt vereinbart, greift § 107 InsO, da ein Besitzverlust des Schuldners nicht erforderlich ist (s. Rdn. 11; MüKo-InsO/*Ott/Vuia* § 107 Rn. 7). 13

Unproblematisch sind schließlich Konstellationen, bei denen der Käufer den unmittelbaren Besitz an der Sache nie erlangt, weil er die Kaufsache unmittelbar an seinen Erwerber ausliefern lässt. § 931 BGB fingiert den Besitz. 14

Der Besitz muss vor Verfahrenseröffnung übertragen worden sein. Der Gesetzeswortlaut macht deutlich, dass der Tatbestand der Übertragung vollständig abgeschlossen sein muss. So müssen z.B. die Ladepapiere im Fall der Beauftragung eines Frachtführers beim Empfänger eingegangen sein. 15

Das Wahlrecht des Verwalters ist auch dann ausgeschlossen, wenn der Schuldner neben der Pflicht zur Übereignung **weitere Pflichten** übernommen hatte, § 107 Abs. 1 Satz 2 InsO. Diese zusätzliche Regelung dient der Sicherstellung des Erfüllungsrechtes des Käufers, wenn der Schuldner nicht nur Übereignung schuldet. So ist es gerade in der Wirtschaftspraxis häufig der Fall, dass sich der Verkäufer zur Installation von Maschinen, Einweisung von Personal oder kostenlosen Wartung für einen festen Zeitraum verpflichtet. Der Käufer der Vorbehaltsware kann mithin auch dann Erfüllung verlangen, wenn neben der Übereignung weitere Pflichten des Verkäufers bestehen. Der Verwalter kann die Erfüllung der weiteren Verpflichtungen verweigern. Für diesen Teilbereich des Vertrages kann er von seinem Wahlrecht aus § 103 InsO Gebrauch machen (Jaeger/Henckel/Gerhardt/*Jacoby* InsO, § 107 Rn. 31). Der Vertrag wird nach dem Grundsatz des § 105 InsO aufgeteilt. Wegen des nicht erfüllten Teils kann der Käufer den Schadenersatz aus § 103 Abs. 2 InsO zur Tabelle anmelden. Ist ein Gesamtkaufpreis vereinbart, ist dieser entsprechend zu reduzieren (*Uhlenbruck/D. Wegener* InsO, § 107 Rn. 9; HambK-InsO/*Ahrens* § 107 Rn. 9; HK-InsO/*Marotzke* § 107 Rn. 10; s.a. Rdn. 26). 16

§ 107 InsO   Eigentumsvorbehalt

träge des Schuldners als Leasinggeber dem Wahlrecht des Verwalters nicht mehr unterworfen sind, wenn sie finanziert wurden. Gerade diese vom Gesetzgeber eingefügte Ergänzung zeigt, dass finanzierte Leasingverträge ausschließlich dem Mietrecht unterfallen. Auch im Rahmen von **Konsignationslagerverträgen** wird kein Eigentumsvorbehalt vereinbart (*Schulz* ZInsO 2002, 979 [980 f.]). § 107 kann nicht analog angewendet werden (**a.A.** HK-InsO/*Marotzke* § 107 Rn. 39). Auf **Mietkaufverträge** ist § 107 anwendbar, wenn die Option ausgeübt wurde (zu pauschal *Hackenberg* ZInsO 2014, 1698 [1699]).

7   Der Kaufvertrag muss vor Verfahrenseröffnung geschlossen worden sein. Ein **Angebot** des Käufers kann der Schuldner nach Eröffnung nicht mehr annehmen. Mit Eröffnung gehen die Verwaltungsbefugnisse auf den Verwalter über, § 80 InsO. Rechte an Massegegenständen können nach Eröffnung gem. § 91 InsO nicht mehr begründet werden. Auch die Annahme eines Angebotes des Schuldners durch den Käufer kann keine Verpflichtung des Verwalters begründen, den Kaufvertrag zu erfüllen.

8   Der Kauf muss unter **Vereinbarung eines Eigentumsvorbehaltes** erfolgt sein. Die bedingte dingliche Eigentumsübertragung gem. §§ 929 ff., 158 BGB muss also abgeschlossen sein (Jäger/Henckel/Gebhardt/*Jacoby* InsO, § 107 Rn. 17). Nach den vertraglichen Vereinbarungen muss sich der Schuldner die Übereignung der Sache bis zur vollständigen Zahlung des Kaufpreises vorbehalten haben, § 449 BGB. Bei einer **auflösenden Bedingung** greift § 107 InsO nicht, da der Kaufgegenstand bereits in das Eigentum des Vertragspartners übergegangen war (*Uhlenbruck/D. Wegener* InsO, § 107 Rn. 5; **a.A.** *Kübler/Prütting/Bork-Tintelnot* InsO, § 107 Rn. 5). § 103 InsO ist nicht anwendbar, so dass für § 107 InsO in diesen Fällen auch kein Bedürfnis besteht (Jaeger/Henckel/Gerhardt/*Jacoby* InsO, § 107 Rn. 21).

9   Ausreichend ist, dass die aufschiebende Bedingung beim dinglichen Rechtsgeschäft vereinbart wird. Der Eigentumsvorbehalt wird im Wirtschaftsleben in vielfältigen Erscheinungsformen vereinbart (allg. *Reinicke/Tiedtke* Kreditsicherung, Rn. 722; MüKo-BGB/*Westermann* § 449 Rn. 80 ff.; *Gottwald/Huber* HdbInsR, § 36 Rn. 36 ff.). Neben dem einfachen Eigentumsvorbehalt gibt es den weitergeleiteten, bei dem der Käufer den Vorbehalt seines Verkäufers weitergeben muss. Beim nachgeschalteten Eigentumsvorbehalt darf der Käufer seinerseits nur unter Vereinbarung eines Eigentumsvorbehaltes veräußern. Beim verlängerten Eigentumsvorbehalt erstreckt sich der Vorbehalt auf sonstige Vermögenswerte, die an die Stelle der Kaufsache treten, während beim erweiterten Eigentumsvorbehalt weitere Forderungen des Verkäufers gegenüber dem Käufer abgesichert werden. Dabei ist § 107 InsO nur für den **einfachen, weitergeleiteten und nachgeschalteten Eigentumsvorbehalt** von Bedeutung. Bei diesen Erscheinungsformen bleibt das Eigentum an der Kaufsache beim Verkäufer. § 107 Abs. 1 InsO will die sich daraus ergebenden Herausgabeansprüche des Verwalters gegenüber dem vertragstreuen Käufer verhindern. Bei den weiteren Erscheinungsformen des erweiterten Eigentumsvorbehaltes ist das Eigentum an der Kaufsache auf Dritte übergegangen. Der Verwalter könnte Herausgabe nicht mehr fordern, sondern sich nur noch an den sich aus der Verwendung der Kaufsache ergebenden Forderungen zugunsten der Masse befriedigen. Diese Rechtsausübung soll dem Verwalter nicht untersagt werden. In der Praxis wird der Verwalter davon keinen Gebrauch machen, sondern den Kaufpreis fordern. Beim Kontokorrentvorbehalt entsteht wegen der Sicherungsfunktion ein Absonderungsrecht des Verkäufers (*Gottwald/Huber* HdbInsR, § 36 Rn. 41). § 107 InsO ist nicht anwendbar. Ein **Konzernvorbehalt**, auch der eingeschränkte (*Gottwald/Huber* HdbInsR, § 43 Rn. 29), ist nach § 449 Abs. 3 BGB nichtig. Die einfachen Eigentumsvorbehalte der Lieferanten bleiben wirksam (*BGH* BGHZ 176, 86 [89]).

10   Die **Zahlung eines Kaufpreisteils** ist für den Schutz des § 107 InsO nicht erforderlich. Das insolvenzfeste Anwartschaftsrecht erwirbt der Käufer mit bedingter Einigung und Übergabe. Die Fälligkeit der Kaufpreisraten hängt von den vertraglichen Vereinbarungen ab. Gerät der Käufer in Verzug, kann der Verwalter nach § 449 BGB zurücktreten und Herausgabe der Kaufsache fordern. Dieses Recht nimmt die InsO nicht. Bis zum Rücktritt besteht das Recht zum Besitz.

im Besitz des Schuldners zusammenzuhalten, damit so die Fortführungs- und Sanierungschancen gewahrt werden. Dies wäre nicht möglich, wenn die unter Eigentumsvorbehalt gelieferte Sache bereits kurz nach der Eröffnung des Verfahrens aus dem Unternehmen des Gemeinschuldners herausgefordert werden könnte. Darüber hinaus berücksichtigt der Gesetzgeber, dass der Verwalter in der ersten Phase des Verfahrens nicht über ausreichende Liquidität verfügt, um in die für die Fortführung notwendigen Verträge einzutreten (Begründung RegE BT-Drucks. 12/2443 S. 146).

§ 107 InsO greift nur beim Kauf beweglicher Gegenstände; bei **Immobilien** besteht der Schutz des § 106 InsO. Im Übrigen lassen sich Immobilien nicht unter Eigentumsvorbehalt veräußern, § 925 Abs. 2 BGB. 3

B. Voraussetzungen

I. Verkäuferinsolvenz (Abs. 1)

Die das Verwalterrecht einschränkende Sonderregelung erfasst wirksame **Kaufverträge**. Anzuwenden ist § 107 InsO auch auf **Werklieferungsverträge**, für die gem. § 651 BGB Kaufrecht gilt (*Gottwald/Huber* HdbInsR, § 36 Rn. 13; *Uhlenbruck/D. Wegener* InsO, § 107 Rn. 4). Eine **analoge Anwendung** des § 107 InsO auf ähnliche Vertragsarten verbietet sich (MüKo-InsO/*Ott/Vuia* § 107 Rn. 7; *Nerlich/Römermann-Balthasar* InsO, § 112 Rn. 16; a.A. HK-InsO/*Marotzke* § 107 Rn. 7; HambK-InsO/*Ahrendt* § 107 Rn. 3 für eine analoge Anwendung auf Leasingverträge; Jaeger/Henckel/Gerhardt/*Jacoby* InsO, § 107 Rn. 12 ff.). Grund hierfür ist, dass die Einschränkung der Verwalterrechte, aber auch die Pflicht des Vertragspartners, die Ungewissheit des Vertragsschicksals bis zum Berichtstermin (§§ 156 ff. InsO) zu dulden, eine Einbeziehung weiterer Verträge nicht zulässt. Nach dem Wortlaut des Gesetzes erfasst § 107 InsO Kaufverträge über bewegliche Sachen. Die Anwendung auf **Tauschverträge** würde z.B. zu einer Pflicht des Verwalters führen, Tauschgegenstände zur Masse zu fordern, für die er keine Verwendung hat. In diesen Fällen muss es auch bei Vereinbarung eines Eigentumsvorbehaltes bei dem Wahlrecht des § 103 InsO bleiben. Im Fall der **Schenkung** muss, soweit diese noch nicht vollzogen ist, der Verwalter die Möglichkeit haben, eine Schmälerung der Masse zu verhindern. 4

In der Literatur wird die Anwendbarkeit des § 107 InsO auch für den **Rechtskauf** erörtert (Jaeger/Henckel/Gerhardt/*Jacoby* InsO, § 107 Rn. 15 f.). Was für den Sachkauf gelte, sei auch auf den Rechtskauf anwendbar. Dementsprechend soll gerade beim **Unternehmenskauf** das Verwalterwahlrecht eingeschränkt sein, wenn ein Eigentumsvorbehalt vereinbart sei (*Wessels* ZIP 2004, 1237 [1244]; *Graf-Schlicker/Breitenbücher* InsO, § 107 Rn. 4). Für diese erweiternde Auslegung sprechen sicherlich praktische Erwägungen beim Unternehmenskauf. Es erscheint unbillig, diese umfassende Vereinbarung dem Wahlrecht des Verwalters zu unterstellen. Indes macht der klare Wortlaut der Norm deutlich, dass es dem Gesetzgeber nicht um den Schutz aller Anwartschaftsrechte (so aber HK-InsO/*Marotzke* § 107 Rn. 7) ging. Die Einschränkung des Verwalter-Wahlrechts ist deshalb auf den Sachkauf zu beschränken (ebenso MüKo-InsO/*Ott/Vuia* § 107 Rn. 7; *Strotmann* ZInsO 2010, 1314 [1317]). 5

Auf **Leasingverträge** ist § 107 InsO schon nach dem Wortlaut nicht anwendbar. In der Literatur wird gefordert, die Vorschrift auch auf Leasingverträge im Gewande des Mietkaufes anzuwenden (*Marotzke* JZ 1995, 803 [807]; HambK-InsO/*Ahrendt* § 107 Rn. 3). Soweit der Vertrag tatsächlich eine aufschiebend bedingte Übereignung enthält, ist dem zuzustimmen. Dann handelt es sich indes nicht um einen Leasingvertrag. Die praktizierten Leasingverträge enthalten regelmäßig, schon aus steuerlichen Gründen, nur eine Option und keine Verpflichtung des Leasingnehmers zum Erwerb (zu den einzelnen Verträgen FK-InsO/*Wegener* § 108 Rdn. 12 ff.). Das kaufrechtliche Element tritt bis zur Ausübung der Option zurück (so auch MüKo-InsO/*Ott/Vuia* § 107 Rn. 7; *Uhlenbruck/D. Wegener* InsO, § 107 Rn. 7; *Kübler/Prütting/Bork-Tintelnot* InsO, § 107 Rn. 8). Die Erfüllung des Leasingvertrages ist dem Wahlrecht des Verwalters unterworfen oder der Vertrag unterfällt § 108 InsO. § 107 InsO ist dementsprechend auf Leasingverträge nicht anwendbar. Das ergibt sich schließlich auch aus der Neufassung des § 108 Abs. 1 Satz 2 InsO, nach der auch Leasingver- 6

F. Unabdingbarkeit

26 Im Rahmen des § 106 InsO sind nur **Lösungsklauseln** denkbar, die dem Schutz der Masse dienen. Bei Wirksamkeit dieser Lösungsklauseln entfällt der Schutz des Vertragspartners. Dieser Schutz ist nicht Zweck des § 119 InsO. Zu Recht werden deshalb mit der teleologischen Reduktion im Geltungsbereich des § 106 InsO Lösungsklauseln anerkannt (*Uhlenbruck/Berscheid* InsO, 12. Aufl. § 106 Rn. 44; MüKo-InsO/*Ott/Vuia* § 106 Rn. 35; zur geringen Praxisrelevanz: MüKo-InsO/*Huber* § 119 Rn. 63).

§ 107 Eigentumsvorbehalt

(1) ¹Hat vor der Eröffnung des Insolvenzverfahrens der Schuldner eine bewegliche Sache unter Eigentumsvorbehalt verkauft und dem Käufer den Besitz an der Sache übertragen, so kann der Käufer die Erfüllung des Kaufvertrages verlangen. ²Dies gilt auch, wenn der Schuldner dem Käufer gegenüber weitere Verpflichtungen übernommen hat und diese nicht oder nicht vollständig erfüllt sind.

(2) ¹Hat vor der Eröffnung des Insolvenzverfahrens der Schuldner eine bewegliche Sache unter Eigentumsvorbehalt gekauft und vom Verkäufer den Besitz an der Sache erlangt, so braucht der Insolvenzverwalter, den der Verkäufer zur Ausübung des Wahlrechts aufgefordert hat, die Erklärung nach § 103 Abs. 2 Satz 2 erst unverzüglich nach dem Berichtstermin abzugeben. ²Dies gilt nicht, wenn in der Zeit bis zum Berichtstermin eine erhebliche Verminderung des Wertes der Sache zu erwarten ist und der Gläubiger den Verwalter auf diesen Umstand hingewiesen hat.

Übersicht

	Rdn.			Rdn.
A. Allgemeines	1	C.	Rechtsfolgen	23
B. Voraussetzungen	4	I.	Verkäuferinsolvenz	23
I. Verkäuferinsolvenz (Abs. 1)	4	II.	Käuferinsolvenz	28
II. Käuferinsolvenz (Abs. 2)	17	D.	Zwingendes Recht	36

Literatur:
Hackenberg Zivilrechtliche und umsatzsteuerrechtliche Rückabwicklung von Mietkaufverträgen in der Insolvenz, ZInsO 2014, 1698; *Musielak* Die Erfüllungsablehnung des Konkursverwalters. Zur Auslegung des § 17 Abs. 1 der Konkursordnung, AcP 179, 189; *Strotmann* Das Wahlrecht des Insolvenzverwalters gem. § 103 InsO bei bedingten Beteiligungskaufverträgen in der Verkäuferinsolvenz, ZInsO 2010, 1314; *Reinicke/Tiedtke* Kreditsicherung, 5. Aufl. 2006; *Rugullis* Der Zahlungsrückstand des Vorbehaltskäufers in der Insolvenz des Verkäufers, KTS 2005, 459; *Runkel* Praktische und rechtliche Probleme des Eigentumslieferanten in der Insolvenz, FS Kirchhof 2003, S. 455; *Strotmann* Das Wahlrecht des Insolvenzverwalters gem. § 103 Abs. 1 InsO bei bedingten Beteiligungskaufverträgen in der Verkäuferinsolvenz, ZInsO 2010, 1314.

A. Allgemeines

1 § 107 InsO regelt das Schicksal der Kaufverträge mit dem Schuldner, bei denen die Kaufsache vor der Eröffnung des Insolvenzverfahrens unter Eigentumsvorbehalt geliefert worden ist. Dabei ist zu unterscheiden zwischen der Verkäufer- und der Käuferinsolvenz. Bei einem Kauf unter Eigentumsvorbehalt handelt es sich zwar auch um einen gegenseitigen Vertrag, der unter § 103 InsO fallen würde; um der speziellen Situation eines Kaufes unter Eigentumsvorbehalt gerecht zu werden, war es notwendig, eine Sonderregelung zu schaffen (*Hess* InsO, § 107 Rn. 2; umfassend zu der Verfügungsermächtigung des Vorbehaltskäufers *Gundlach* KTS 2000, 307 ff.). § 107 InsO schränkt in der Verkäufer-Insolvenz das Wahlrecht des Verwalters ein; bei der Käufer-Insolvenz bleibt es beim Wahlrecht des Verwalters, die Norm erweitert die Möglichkeiten zur Ausübung bis zum Berichtstermin. § 107 InsO gestaltet damit das Anwartschaftsrecht des Schuldner-Käufers insolvenzfest.

2 Im Fall der Verkäuferinsolvenz erkennt die InsO an, dass der Käufer durch den Kauf unter Eigentumsvorbehalt ein unentziehbares Anwartschaftsrecht an der Sache erlangt hat. Der Insolvenzverwalter kann daher nicht mehr über das vorbehaltene Eigentum als Massebestandteil zu Lasten des vertragstreuen Käufers verfügen. Bei der Käuferinsolvenz soll die Regelung dazu dienen, das Vermögen

entscheiden (MüKo-InsO/*Ott/Vuia* § 106 Rn. 27; *Uhlenbruck/D. Wegener* InsO, § 106 Rn. 38). Diese Aufspaltung des Vertrages hebt **§ 106 Abs. 1 Satz 2** InsO noch einmal hervor. So ist der Verwalter eines **Bauträgers** nur zur Übereignung eines Grundstücks, nicht aber zur **Erbringung der Bauleistung** verpflichtet (BGHZ 79, 103 [107]; 96, 275 [281]; zur Absicherung der Bauherren *Grziwotz* MDR 2005, 1270 ff.). Der Vertrag wird aufgeteilt (*OLG Koblenz* ZInsO 2007, 1353 [1354]; *OLG Stuttgart* ZInsO 2004, 1087 [1089]; zum rechtspolitischen Diskussionsstand: Jaeger/Henckel/Gerhardt/*Jacoby* InsO, § 106 Rn. 64 ff.). Diese Aufteilung hat auch zur Folge, dass der Verwalter die Eintragung des vormerkungsgesicherten Anspruches nicht mit dem Argument verweigern kann, der Bauherr habe die Vergütung der Bauleistung noch nicht vollständig entrichtet. Der Vertrag unterliegt isoliert § 103 InsO (*OLG Stuttgart* ZInsO 2004, 1087 [1089]). Schwierigkeiten kann die Abwicklung des Vertrages bereiten, wenn die Parteien für die Grundstücksübertragung und die – nicht mehr zu erfüllende – Errichtung des Gebäudes einen Gesamtpreis vereinbart hatten. Die Rechtsprechung und Literatur ermitteln in diesen Fällen den Kaufpreis durch ergänzende Vertragsauslegung oder nach § 316 BGB (BGHZ 79, 103 [110]; *OLG Koblenz* ZInsO 2007, 1353 [1355]; *Uhlenbruck/D. Wegener* InsO, § 106 Rn. 38; *Kübler/Prütting/Bork-Tintelnot* InsO, § 106 Rn. 24). Diese Auslegung hat auch Auswirkung auf die Fälligkeit des Auflassungsanspruches. Diese tritt erst ein, wenn der auf den Grundstückserwerb entfallende Kaufpreis entrichtet wurde (*OLG Koblenz* ZInsO 2007, 1353 [1355]). Eine Minderung des Kaufpreises kann nicht durchgesetzt werden (s. Rdn. 19). Die Beschränkung auf den vormerkungsgesicherten Eigentumsverschaffungsanspruch berechtigt den Verwalter auch, vertraglich durch den Schuldner übernommene **Lastenfreistellungen** zu verweigern (*BayObLG* ZInsO 2003, 1143 [1145]).

§ 106 InsO bewirkt, dass der zwischen dem Schuldner und dem Gläubiger geschlossene Vertrag vollständig (s. aber Rdn. 20) erfüllt wird. Der Gläubiger erhält trotz des insoweit missverständlichen Wortlauts des § 106 Abs. 1 Satz 2 nicht die Möglichkeit, zwischen Vertragserfüllung und -aufhebung zu wählen. § 106 InsO will ihm nur eine Sonderstellung gegenüber den anderen Gläubigern im Falle der Insolvenz des Schuldners einräumen. Seiner Gegenleistungspflicht kann er sich aufgrund des § 106 InsO nicht entziehen (**a.A.** zu Bauträgerverträgen Jaeger/Henckel/Gerhardt/*Jacoby* InsO, § 106 Rn. 75). 22

Nimmt der Insolvenzverwalter Verfügungen vor, welche die Rechte des Vormerkungsberechtigten vereiteln oder beeinträchtigen, sind diese gem. 883 Abs. 2 BGB unwirksam (*Uhlenbruck/D. Wegener* InsO, § 106 Rn. 26; dies gilt auch im Falle eines Insolvenzplans, HK-InsO/*Marotzke* § 106 Rn. 8). Der Verwalter kann die Wirkung der Vormerkung – zum Vorkaufsrecht s. Rdn. 12 – auch nicht dadurch zerstören, dass er das Grundstück im Wege der **Zwangsversteigerung** verwertet. Die Auflassungsvormerkung ist nach § 48 ZVG in das geringste Gebot aufzunehmen. Die Versteigerung ist eine vormerkungswidrige Verfügung, der Vormerkungsberechtigte kann Übereignung durch den Verwalter an sich verlangen und vom Erwerber die Zustimmung zu seiner Eintragung als Eigentümer (Jaeger/Henckel/Gerhardt/*Jacoby* InsO, § 106 Rn. 55). Anders nur, wenn ein Gläubiger nach § 174 ZVG vorgeht (dazu *Blomeyer* DNotZ 1979, 515 [526]; ausf. auch *Stöber* NJW 2000, 3600 ff.). 23

E. Entsprechende Anwendung

Wenn eine Vormerkung sich auf **Wohnungseigentum** bezieht, ist § 106 InsO bereits anwendbar, wenn der Kaufvertrag geschlossen ist, die Wohnungsgrundbücher müssen noch nicht angelegt sein (s. Rdn. 3). 24

Wie bereits im allgemeinen Zwangsvollstreckungsrecht, § 864 ZPO, werden Luftfahrzeuge und Schiffe sowie Schiffsbauwerke den Immobilien gleichgestellt, § 106 Abs. 2 InsO. Auch die in den dortigen Registern eingetragenen Vormerkungen sind insolvenzfest. Dabei ist zu berücksichtigen, dass nach § 10 Abs. 1 Satz 2 LuftfzRG auch künftige oder bedingte Ansprüche durch Vormerkung geschützt werden können. 25

§ 106 InsO   Vormerkung

17   In der **Nachlassinsolvenz** ist bei Zwangsvormerkungen § 321 InsO zu beachten. Gläubiger des Erblassers erwerben kein Absonderungsrecht, wenn die Zwangsvollstreckungsmaßnahmen nach dem Erbfall erfolgen. Der Schutz der Nachlassmasse greift für Gläubiger des Erblassers und Nachlassgläubiger (s. *Schallenberger/Rafiqpoor* § 321 Rdn. 3; MüKo-InsO/*Siegmann* § 321 Rn. 3; *Uhlenbruck/Lüer* InsO, § 321 Rn. 2). Sie sind mit Verfahrenseröffnung verpflichtet, die Vormerkung löschen zu lassen.

18   In der Nachlassinsolvenz ist gerade bei Grundstückübertragungen immer zu prüfen, ob die Übertragung des Grundstückes in **Erfüllung eines Pflichtteils, eines Vermächtnisses oder einer Auflage** erfolgte. Diese Übertragungen sind als Schenkung anfechtbar, § 322 InsO. Dementsprechend ist die Vormerkung anfechtbar, wenn sie innerhalb der Frist des § 134 InsO eingetragen wurde.

D. Wirkung

19   Der durch die Vormerkung gesicherte Anspruch muss aus der Insolvenzmasse erfüllt werden. Daraus folgt indes nicht, dass der Berechtigte Massegläubiger ist (*Uhlenbruck/D. Wegener* InsO, § 106 Rn. 27). Der Berechtigte ist auch nicht Insolvenzgläubiger (vgl. Jaeger/Henckel/Gerhardt/*Jacoby* InsO, § 106 Rn. 42 f.). Die Vormerkung sichert Aussonderungsansprüche (s. Rdn. 1). Der Verwalter muss auch bei Masseunzulänglichkeit (gegen Kostenzusicherung) auflassen (*OLG Stuttgart* ZInsO 2004, 1087 [1090]; Jaeger/Henckel/Gerhardt/*Jacoby* InsO, § 106 Rn. 45). Der Vollstreckungsschutz des § 210 InsO greift nicht (*OLG Stuttgart* ZInsO 2004, 1087 [1090]). Der Verwalter muss erfüllen. Verzögert er die Erfüllung, haftet er nach § 60 InsO (*OLG Hamm* ZInsO 2006, 1276 [1277]). Dabei ist zu beachten, dass durch die Vormerkung nur die in Abs. 1 enumerativ benannten Ansprüche geschützt sind. Der Verwalter ist deshalb nur zur Eintragungsbewilligung verpflichtet. Eine lastenfreie Übertragung folgt aus § 106 InsO nicht. Die Vormerkung zielt nur auf Eintragung (*BGH* Beschl. v. 22.09.1994 WM 1994, 2134; ausf. *OLG Koblenz* VersR 1982, 250). Die weitere Abwicklung des Vertrages wird von § 106 InsO nicht beeinflusst. Kann der Verwalter etwa eine Bedingung des Vertrages, z.B. Vollvermietung einer Gewerbeimmobilie, nicht erfüllen, ist der Vertrag nach Kaufrecht abzuwickeln. Wenn aber die Leistungen teilbar sind, wie beim Bauträgervertrag Grundstücksübereignung und Gebäudeerstellung, ist der Kaufpreis anteilig zu ermitteln, da der Verwalter wegen der Teilleistung Gebäudeerstellung sein Wahlrecht ausüben kann (s. Rdn. 21). Kommt es nicht zur Durchführung des Vertrages, ist dieser nichtig oder unwirksam, sind die Ansprüche des Erwerbers nicht durch die Vormerkung geschützt. Diese Ansprüche sind nach den allgemeinen Grundsätzen Insolvenzforderungen, der Erwerber kann deswegen auch nicht ein Zurückbehaltungsrecht ausüben und die Löschung der Vormerkung verweigern (*BGH* ZIP 2002, 858 [860 ff.]).

20   § 106 InsO stellt für den Insolvenzverwalter aber nicht nur eine Verpflichtung zur vollständigen Erfüllung des Anspruchs dar, sondern er verleiht diesem auch Rechte. Dem Verwalter stehen alle **Einreden und Einwendungen** des Schuldners zu. Dies entspricht dem allgemeinen Grundsatz (§ 80 InsO). Eine Stärkung des Vormerkungsberechtigten ist nicht beabsichtigt (MüKo-InsO/*Ott/Vuia* § 106 Rn. 19). Der Verwalter ist, um eine Haftung nach § 60 InsO zu vermeiden, sogar zur Geltendmachung dieser Rechte verpflichtet. Wegen der Akzessorietät der Vormerkung (BGHZ 54, 56 [63]) sind immer der Bestand und die Wirksamkeit des zu sichernden Anspruches zu prüfen. Der Verwalter kann dann den Beseitigungsanspruch des § 886 BGB geltend machen. Dazu gehört nicht nur die Bewilligung der Löschung, sondern auch deren Beantragung durch den Gläubiger (*Jaeger/Henckel* KO 8. Aufl., § 24 Rn. 28).

21   § 106 InsO stellt eine Ausnahmeregelung zu § 103 InsO dar (dogmatisch ist § 106 InsO wohl eher eine Ergänzung der allgemeinen Grundsätze: vgl. MüKo-InsO/*Ott/Vuia* § 106 Rn. 21). Der Insolvenzverwalter hat gegenüber dem geschützten Anspruch kein Wahlrecht (*BGH* ZIP 1998, 836; Kübler/Prütting/Bork-Tintelnot InsO, § 106 Rn. 4; **a.A.** *Hess* InsO, § 106 Rn. 3; *Häsemeyer* Rn. 20.38 ff.). Der Schutz des § 106 InsO erfasst den Teil des Vertrages, der durch die Vormerkung gesichert wird. Erfolgt mit der Realisierung des vormerkungsgesicherten Anspruchs keine vollständige Erfüllung des gesamten Vertrages, bleibt es dem Insolvenzverwalter für den übrigen Teil des Vertrages unbenommen, sein Wahlrecht auszuüben und sich ggf. für die Ablehnung der Erfüllung zu

mung des Zeitpunktes der Rechtshandlung ist § 140 InsO zu beachten. Die unanfechtbare Vormerkung kann allerdings ein anfechtbares Grundgeschäft nicht retten. Die Anfechtung der Vormerkung und des zu sichernden Grundgeschäftes sind getrennt zu beurteilen. Dementsprechend unterliegt eine unentgeltliche Grundstücksübertragung der Schenkungsanfechtung auch dann, wenn die Vormerkung außerhalb der Anfechtungsfrist eingetragen wurde (*BGH* ZIP 1988, 585 [586]; MüKo-InsO/*Ott/Vuia* § 106 Rn. 16; **a.A.** *Kübler/Prütting/Bork-Tintelnot* § 106 Rn. 19; krit. *Gerhardt* ZIP 1988, 749 ff.). Fraglich ist, ob die bisher h.M., die Zwangsvormerkung sei eine kongruente Leistung, bestehen bleiben kann (BGHZ 34, 254 [258]; *OLG Stuttgart* ZIP 1994, 722 [723]; *Kilger/ Schmidt* KO, § 30 Anm. 20; *Uhlenbruck/Hirte* InsO, 13. Aufl. § 130 Rn. 22; *Dauernheim* § 131 Rdn. 32; HK-InsO/*Kreft* § 131 Rn. 15; *Paulus* ZInsO 2001, 241; **a.A.** ausf. *Jaeger/Henckel* KO, § 30 Rn. 251 ff.; offensichtlich auch *OLG Stuttgart* ZIP 2005, 588 [589]). Die Rechtsprechung bewertet Sicherungen, die im Wege der Zwangsvollstreckung entstanden sind, generell als inkongruente Leistung (BGHZ 128, 196 [199]; BGHZ 136, 309 [312]; ZIP 2002, 1159 [1160]; bestätigt in ZIP 2004, 319 [320]). Dieser Grundsatz muss auch für die Zwangsvormerkung gelten. Denn einen Anspruch auf eine **Zwangsvormerkung** gibt es nicht. § 885 BGB sieht für den Gläubiger lediglich den Verfahrensweg vor. § 648 BGB regelt nur die Möglichkeit der Sicherungshypothek, nicht aber die kurzfristige Sicherung. Das muss auch für die Zwangsvormerkung gelten, so dass diese gem. § 131 InsO anfechtbar ist. Der Insolvenzverwalter ist dann bei der Anfechtung der Vormerkung für die Kenntnis der Zahlungsunfähigkeit nicht beweispflichtig.

Die Vormerkung muss **vor Verfahrenseröffnung** eingetragen sein (*BGH* ZInsO 2005, 370 [371] zur 15 Vormerkung zugunsten einer einzutragenden Grundschuld des Kreditgebers). Nach Verfahrenseröffnung können an Massegegenständen nach § 91 Abs. 1 InsO keine Rechte mehr begründet werden (zur bedingten Vormerkung s. Rdn. 7). Wurden im Eröffnungsverfahren Sicherungsmaßnahmen nach § 21 InsO angeordnet, kann die Vormerkung ebenfalls nicht mehr eingetragen werden (*BGH* ZIP 2006, 859 [861] zur GesO). Das gilt auch bei der vorläufigen schwachen Insolvenzverwaltung (*OLG Frankfurt* ZInsO 2005, 269 [271]). Bei der Vormerkung sind §§ 91 Abs. 2, 140 Abs. 2 Satz 2 InsO zu beachten. Danach kann eine Vormerkung auch noch nach Verfahrenseröffnung eingetragen werden, wenn der Eintragungsantrag vor Eröffnung gestellt wurde. Entscheidend ist der **bindende Eintragungsantrag** nach § 878 BGB vor Verfahrenseröffnung (*BGH* ZInsO 2005, 370 [371]). Fraglich ist dieser Sonderschutz, wenn der Schuldner den Eintragungsantrag gestellt hat. Nach bestr. Auffassung tritt die Bindungswirkung auch beim Schuldnerantrag ein (MüKo-InsO/ *Ott/Vuia* § 106 Rn. 22; *Kübler/Prütting/Bork-Tintelnot* InsO, § 103 Rn. 42 f.; HambK-InsO/*Ahrendt* § 106 Rn. 9; *Scholz* ZIP 1999, 1693 [1697]). Nach anderer Ansicht kann der Schuldner den Antrag bis zur Verfahrenseröffnung zurücknehmen, danach ist der Verwalter zur Rücknahme berechtigt (*Kessler* ZfIR 2006, 117 [119]; *Gottwald/Eickmann* HdbInsR, § 31 Rn. 72; HK-InsO/ *Marotzke* § 106 Rn. 13; *Staudinger/Gursky* § 878 BGB Rn. 45). Der *BGH* hat die Frage in ZIP 1998, 1612 [1613] ausdrücklich offen gelassen. Zuzustimmen ist der Auffassung, nach der Schuldner und Verwalter den Eintragungsantrag des Schuldners zurücknehmen können (so auch: Jaeger/ Henckel/Gerhardt/*Jacoby* InsO, § 106 Rn. 32). Gerade § 140 Abs. 2 InsO, der für Grundstücksgeschäfte wegen der vor Eintragung eintretenden Bindungswirkung im Grundstücksrecht die Wirksamkeit anfechtungsrelevanter Rechtshandlungen gesondert regelt, bestätigt diese Auffassung. Nach dem Wortlaut ist der Antrag ». . . des anderen Teils . . .« Voraussetzung für die Bindungswirkung vor Eintragung. Zudem findet sich keine Rechtsgrundlage, die dem Schuldner die Rücknahme untersagt. Es ist Sache des Erwerbers, für seine Sicherung Sorge zu tragen. Wurde im Antragsverfahren ein allgemeines Veräußerungsverbot (§ 21 InsO) erlassen, ist die Vormerkung nur wirksam, wenn sie vor dem Wirksamwerden des Verbots eingetragen wurde. Ansonsten ist sie gem. § 135 Abs. 2 BGB unwirksam (*BGH* ZIP 2006, 859 [861] zur GesO; *OLG Frankfurt* ZInsO 2006, 269 [271]; *Kübler/Prütting/Bork-Tintelnot* InsO, § 106 Rn. 11; MüKo-InsO/*Ott/Vuia* § 106 Rn. 14).

War die Eintragung der Vormerkung aus formellen Gründen z.B. wegen Unvollständigkeit des An- 16 trages vor dem Veräußerungsverbot zurückgewiesen worden, bewirkt eine Heilung dieses Mangels nicht mehr die Eintragung (*BGH* ZIP 1997, 1585 m. Anm. *Stürner* EWiR § 878 BGB 1/97, 887).

ren absichern. Die rechtlichen Konstruktionen sind unterschiedlich. Probleme treten immer dann auf, wenn der endgültige Eigentümer zunächst anonym bleiben will oder noch gar nicht bekannt ist. Liegt ein echter **Vertrag zugunsten Dritter** vor, der die Übereignung eines Grundstücks an einen vom Versprechensempfänger noch zu benennenden Dritten zum Gegenstand hat, ist nur der Anspruch des Versprechensempfängers (§ 335 BGB) auf Übereignung an den Dritten vormerkungsfähig. Für den Anspruch des unbenannten Dritten ist die Eintragung einer Vormerkung nicht möglich (*BGH* WM 1983, 311); eine »Vormerkung für unbekannt« gibt es nicht (*Holch* JZ 1958, 724 f.). Die Auflassungsvormerkung gegenüber dem Versprechensempfänger ist nur möglich, wenn dieser ein eigenes Forderungsrecht gegen den Grundstückseigentümer auf Leistung an den Dritten hat. Nicht möglich ist es, den »noch zu benennenden Dritten« für den Insolvenzfall durch Vormerkung abzusichern (a.A. *Ludwig* NJW 1983, 2792 [2798]). Allerdings soll die Auflassungsvormerkung des Versprechensempfängers auch dem Schutz des Dritten bei der Insolvenz des Grundstückseigentümers dienen, wenn die Benennung des Dritten und die Entstehung des Auflassungsanspruchs erst nach der Eröffnung des Insolvenzverfahrens erfolgt (*Denck* NJW 1984, 1009; *Ludwig* NJW 1983, 2792; MüKo-InsO/*Ott/Vuia* § 106 Rn. 7). Zur Abwicklung der Bauträgerverträge im Hinblick auf Grundstücksübereignung und Bauleistung s. Rdn. 21.

12 Das **dingliche Vorkaufsrecht** hat nach § 1098 Abs. 2 BGB die Wirkung einer Vormerkung. Das Vorkaufsrecht gewährt keinen Anspruch auf Eigentumsübertragung, § 106 InsO findet keine unmittelbare Anwendung (*BGH* ZIP 2006, 1141 [1143]). Das dingliche Vorkaufsrecht bleibt auch in der Insolvenz bestehen, so dass der Vorkaufsberechtigte seinen Anspruch in der Insolvenz geltend machen kann, § 1098 Abs. 1 Satz 2 BGB. Fraglich ist nur, wann der Vormerkungsberechtigte sein Recht ausüben kann. Die Antwort ergibt sich aus § 1098 Abs. 1 Satz 2 BGB: Verkauft der Verwalter das Grundstück freihändig, kann das Vorkaufsrecht ausgeübt werden. Gleiches gilt aber auch, wenn noch der Schuldner verkauft hatte und der Verwalter den Kaufvertrag erfüllen muss. Verweigert der Verwalter im Rahmen seines Wahlrechts aus § 103 InsO die Erfüllung, erlischt das Vorkaufsrecht für diesen Verkaufsfall. Verkauft der Verwalter, kann ihm gegenüber das Vorkaufsrecht nach § 1098 Abs. 1 Satz 2 BGB geltend gemacht werden. Die Ausübung des Vorkaufsrechts kann der Verwalter dadurch verhindern, dass er die Zwangsversteigerung des Grundstückes betreibt. Bei der Versteigerung nach § 172 ZVG ist das Vorkaufsrecht ausgeschlossen (*Stöben* NJW 1988, 3121 [3122]; s. Rdn. 24). Das schuldrechtliche Vorkaufsrecht, zu dem die Rechte nach Reichssiedlungsgesetz, Landbeschaffungsgesetz, Reichsheimstättengesetz und das Vorkaufsrecht der Miterben zählen, ist gem. § 471 BGB in der Insolvenz ausgeschlossen. Das vertragliche Vorkaufs- oder Wiederkaufsrecht kann indes durch Vormerkung gesichert werden (*Palandt/Bassenge* § 883 BGB Rn. 17).

C. Entstehung

13 Die Vormerkung wird nach § 885 BGB kraft Bewilligung oder durch einstweilige Verfügung eingetragen. Die Sicherung des § 106 InsO besteht für die freiwillige und die Zwangsvormerkung. Bei der Eintragung durch **einstweilige Verfügung ist die Rückschlagsperre** des § 88 InsO zu beachten. Die Eintragung einer Vormerkung durch einstweilige Verfügung ist eine Maßnahme der Zwangsvollstreckung (*BGH* ZIP 2000, 931 zur GesO; *BayObLG* ZInsO 2000, 455; s. *Wimmer-Amend* § 88 Rdn. 13). Durch die **Rückschlagsperre** wird die (Zwangs)Vormerkung mit Verfahrenseröffnung absolut unwirksam (*BGH* DZWIR 2006, 343 [344]). Nach zutreffender Auffassung ist bei der Zwangsvormerkung § 140 InsO nicht anwendbar. Entscheidend ist für die Berechnung der Monatsfrist des § 88 InsO die Eintragung, nicht schon der Antrag (*LG Berlin* ZIP 2001, 2293; MüKo-InsO/*Ott/Vuia* § 106 Rn. 15; *Nerlich/Römermann-Wittkowski* InsO, § 88 Rn. 9; a.A. *Kübler/Prütting/Bork-Lüke* InsO, § 88 Rn. 17). § 140 InsO bezieht sich auf rechtsgeschäftliche Belastungen. Bei Freigabe des Grundstücks durch den Verwalter erstarkt die Vormerkung gem. § 185 Abs. 2 Satz 1 BGB erneut (*BGH* DZWIR 2006, 343 [345]).

14 Die **Anfechtung** der Vormerkung erfolgt nach den allgemeinen Grundsätzen (*BGH* ZIP 1988, 585 [586]; *Uhlenbruck/D. Wegener* InsO, § 106 Rn. 18; *Jaeger/Henckel/Gerhardt/Jacoby* InsO, § 106 Rn. 35), so dass auf die Kommentierungen zu § 129 ff. InsO verwiesen werden kann. Für die Bestim-

über § 106 InsO zu einem Absonderungsrecht des Unternehmers führt. (so auch *Uhlenbruck/ D. Wegener* InsO, § 106 Rn. 33).

Vormerkungsfähig sind nach § 883 Abs. 1 Satz 2 BGB auch **zukünftige Ansprüche**. Diese Ansprüche 7 müssen während der Insolvenz noch entstehen können. Hierfür reicht es aus, wenn zugunsten des Berechtigten eine feste Rechtsgrundlage besteht (*BGH* ZIP 2001, 2008 [2010]). Diese Rechtsgrundlage liegt bereits dann vor, wenn der Schuldner die zur Anspruchsbegründung notwendige Willenserklärung nicht einseitig widerrufen kann oder zu ihrer Abgabe verpflichtet ist (BGHZ 54, 56). Die Rechtsprechung fordert noch keine erstarkte Anwartschaft sondern einen »Rechtsboden«, der für die Entstehung des Anspruchs vorbereitet sein muss (BGHZ 134, 182 [184], ZIP 2006, 1141 [1142] m.w.N.). Wenn der zukünftige Anspruch nur vom Willen des Schuldners abhängt, greift der Schutz der Vormerkung nicht (Jaeger/Henckel/Gerhardt/*Jacoby* InsO, § 106 Rn. 16f m. Überblick über den Meinungsstand). Seit der Änderung der §§ 9a Abs. 2 ErbbauVO, 1105 Abs. 1 Satz 2 BGB kann auch die Änderung des Erbbauzinses für die Zukunft vereinbart und gesichert werden. Dieser Änderungsanspruch ist ebenfalls vormerkungsfähig und insolvenzfest (MüKo-InsO/*Ott/Vuia* § 106 Rn. 5).

Dementsprechend reicht zur Sicherung des Anspruches in der Insolvenz das Bestehen eines form- 8 wirksamen **Grundstücksverkaufsangebots** (*BGH* ZIP 2006, 1141 [1142]) bzw. eines Grundstückskaufvertrages, der zu seiner Wirksamkeit lediglich noch die Zustimmung eines Dritten (*KG* NJW 1973, 428) oder eine behördliche Genehmigung (RGZ 108, 91) benötigt, aus. Daraus folgt, dass auch eine nach Verfahrenseröffnung erfolgte Annahme des Angebots zu einem Übertragungsanspruch des Erwerbers führt (*BGH* ZIP 2001, 2008 [2009]; bestätigt in ZIP 2006, 1141 [1142]). Bei Unwirksamkeit des Vertrages besteht kein zu sichernder Anspruch, so dass eine Vormerkung wegen der Akzessorietät ebenfalls wirkungslos bleibt (BGHZ 54, 56). Das gilt auch bei nachträglichen Heilungsmöglichkeiten durch Eintragung in das Grundbuch (s. Rdn. 4). Ein wirksamer **Vorvertrag** begründet eine gesicherte Position und ist vormerkungsfähig, ein freibleibendes Angebot dagegen nicht (MüKo-InsO/*Ott/Vuia* § 106 Rn. 16a).

Rechte, die unter einer **auflösenden oder aufschiebenden Bedingung** stehen, sind ebenfalls schutz- 9 fähig. Bei den Bedingungen muss es sich um solche gem. § 158 BGB handeln; die Willenserklärung des Schuldners ist Wollensbedingung und damit gegenüber den Potestativbedingungen nicht vormerkungsfähig (*BGH* ZIP 2006, 1141 [1142] m.w.N.). Nach der Rechtsbodentheorie (s. Rdn. 7) ist es für den insolvenzrechtlichen Schutz unschädlich, wenn die Bedingung nach Verfahrenseröffnung eintritt (*OLG Köln* ZInsO 2005, 268 [270]). Bei diesen Konstellationen tritt § 91 InsO hinter § 106 InsO zurück (s. *Wimmer-Amend* § 91 Rdn. 15). Schutzfähig sind auch **schwebend unwirksame** Ansprüche, wenn die Genehmigung nicht im Belieben des Schuldners steht, so bei einer notwendigen behördlichen Genehmigung oder bei dem Auftreten eines vollmachtlosen Vertreters für den Erwerber (§ 177 BGB); ebenso bei unerlaubtem Insichgeschäft. Wurde dagegen der Schuldner vollmachtslos vertreten, ist die Vormerkung nicht eintragungsfähig (zu den versch. Konstellationen MüKo-BGB/*Kohler* § 883 Rn. 30).

Nach den vorgenannten Grundsätzen ist auch der **Rückübereignungsanspruch** für den Fall des 10 Rücktritts oder der Unwirksamkeit des Vertrages durch Vormerkung absicherbar und durch § 106 InsO geschützt (BGHZ 134, 182 [184 f.]; MüKo-InsO/*Ott/Vuia* § 106 Rn. 13). In der Praxis werfen diese Vormerkungen für den Verwalter erhebliche Probleme auf. Ein Grundstück, das mit einer Rückauflassungsvormerkung belastet ist, kann vom Verwalter regelmäßig nicht verwertet werden, da die Rechtsstellung des Erwerbers unsicher ist. Eine Verwertung kann deshalb nur erfolgen, wenn es dem Verwalter gelingt, die Vormerkung löschen zu lassen. Eine Löschungsbewilligung kann nur im Verhandlungswege und regelmäßig nicht unentgeltlich erhalten werden. Die **Rückabwicklung eines unwirksamen Vertrages** ist durch die Vormerkung nicht geschützt, s. Rdn. 20. Ist der Käufer vor der Insolvenz **zurückgetreten**, sichert die Vormerkung nicht die Rückabwicklungsansprüche, hierfür fehlt es am Gegenseitigkeitsverhältnis (*BGH* ZInsO 2009, 378 [380]).

Bei der Erschließung großer Grundstücksflächen werden regelmäßig **Bauträgergesellschaften** einge- 11 schaltet, die einzelne Grundstücke durch Vormerkung zugunsten der noch nicht bekannten Bauher-

§ 106 InsO   Vormerkung

– Anspruchs auf Änderung des Inhalts oder des Rangs eines beschränkt dinglichen Rechts (Inhalts- und Rangänderung beschränkt dinglicher Rechte)

dienen. § 106 InsO sichert in der Insolvenz eine dingliche, eintragungsfähige Rechtsänderung, deshalb sind **Verfügungsverbote und Verfügungsbeschränkungen** nicht erfasst (MüKo-InsO/*Ott/Vuia* § 106 Rn. 5). Hauptanwendungsfall in der Praxis sind die Auflassungsvormerkungen beim Grundstückskauf.

3   Geschützt wird durch § 106 InsO auch die Absicherung der Übertragung von Wohnungseigentum (*Jaeger/Henckel* KO, 9. Aufl., § 24 Rn. 45). Voraussetzung ist, dass der kaufvertragliche Übereignungsanspruch bereits durch Vormerkung gesichert ist, die Wohnungsgrundbücher müssen noch nicht angelegt sein (*BGH* 05.06.2008 NJW 2008, 2639 Rn. 14 f.). Die **Amtsvormerkung** wird von § 106 InsO nicht erfasst. Sicherungsinstitute, die zwar als Vormerkung bezeichnet werden, aber allein der Rangwahrung dienen (z.B. §§ 18 Abs. 2, 76 Abs. 1 GBO), sind nicht geschützt (*Gottwald/Huber* HdbInsR, § 38 Rn. 13; *Uhlenbruck/D. Wegener* InsO, § 106 Rn. 6). Das **schuldrechtliche Vorkaufsrecht** des § 464 BGB wird durch § 106 InsO nicht geschützt, das folgt bereits aus § 471 BGB (ausf. Jaeger/Henckel/Gerhardt/*Jacoby* InsO, § 106 Rn. 90 ff.).

4   Der Anspruch muss sich auf ein eintragungsfähiges dingliches Recht, wie z.B. Eigentum, Nießbrauch, Hypothek o. ä beziehen. Schuldrechtliche Ansprüche an einem Grundstück, wie bspw. Miete, reichen nicht aus. **Erbrechtliche Ansprüche** können grds. nicht durch Vormerkung gesichert werden, weil der Erblasser seine Verfügung jederzeit widerrufen kann. Das gilt auch für Erbverträge und Vermächtnisansprüche, denn der Erblasser kann unter Lebenden auch dann verfügen, wenn er durch den Erbvertrag gebunden ist (MüKo-InsO/*Kohler* § 883 BGB Rn 38). Ebenso ist die Schenkung von Todes wegen nicht vormerkungsfähig (BGHZ 12, 115 [117]; *OLG Hamm* NJW-RR 2000, 1389). Nach § 883 Abs. 1 Satz 2 BGB können auch künftige und bedingte Ansprüche durch Vormerkung gesichert werden. Diese Schutzfähigkeit führt in der Insolvenz zu erheblichen Problemen bei der Verwertung von Grundstücken. (s. Rdn. 7). Der Anspruch muss wirksam bestehen, da die Vormerkung akzessorisch ist (MüKo-BGB/*Wacke* § 883 Rn. 14). Für Grundstückskaufverträge ist von Bedeutung, dass formunwirksame Verträge durch Eintragung gem. § 311b Abs. 1 Satz 2 BGB ex nunc geheilt werden. Es fehlt damit an einem wirksamen zu sichernden Anspruch (BGHZ 54, 56 [63]). Der **gesetzliche Löschungsanspruch** des nachrangigen Grundpfandgläubigers aus § 1179a BGB ist ebenfalls durch § 106 InsO geschützt (*BGH* ZInsO 2012, 1070 [1072], gegen die bisherige Rspr. ZIP 2006, 1141 [1143]; krit. *Schwarz/Doms* ZInsO 2013, 1292 [1294]). Es ist nicht mehr erforderlich, dass der Grundpfandgläubiger sich bei der Bestellung der Grundschuld den Löschungsanspruch durch eine Vormerkung absichert. Für den Fall der Verwertung setzt sich der Löschungsanspruch am Erlös fort. Gesichert ist der nachrangige Grundpfandgläubiger auch, wenn der Löschungsanspruch nach Verfahrenseröffnung entsteht (*BGH* ZInsO 2012, 1070 Rn. 16).

5   Zu den durch § 106 InsO geschützten Rechten zählt auch die **Bauhandwerkersicherungshypothek**. Durch dieses Sicherungsinstrument werden in erster Linie die Vergütungsansprüche des Unternehmers geschützt. Nach dem Gesetzeswortlaut werden von § 648 BGB alle Ansprüche aus dem Vertrag erfasst. Das sind nach allgemeiner Auffassung die Vergütungsansprüche des Unternehmers, Schadenersatzansprüche wegen Schlechtleistung und Verzug (*BGH* BGHZ 51, 190; *Werner/Pastor* Der Bauprozess, Rn. 228; *Palandt/Sprau* § 648 BGB Rn. 4; MüKo-BGB/*Busche* § 648 BGB Rn. 19 ff.). Ist das Werk noch nicht vollendet, wird nach § 648 Abs. 1 Satz 2 BGB der entsprechende Teil der Vergütung gesichert.

6   Der Verwalter ist trotz Bauhandwerkersicherungshypothek nicht gehindert, die Erfüllung des Vertrages zu verweigern. **Der aus der Erfüllungsverweigerung resultierende Schadenersatz aus § 103 Abs. 2 InsO** (zur Rechtsnatur s. § 103 Rdn. 2) ist durch § 106 InsO nicht geschützt. Dieser weite Schutzgedanke würde der Anordnung des § 103 InsO widersprechen, der den Schadenersatzanspruch ausdrücklich als Insolvenzforderung nach § 38 InsO einordnet. Bei genauer Betrachtung besteht indes kein Widerspruch. Der Schadenersatzanspruch aus § 103 InsO ist kein vertraglicher Anspruch sondern ein Anspruch sui generis, der von § 648 BGB nicht erfasst und damit auch nicht

§ 106 Vormerkung

(1) ¹Ist zur Sicherung eines Anspruchs auf Einräumung oder Aufhebung eines Rechts an einem Grundstück des Schuldners oder an einem für den Schuldner eingetragenen Recht oder zur Sicherung eines Anspruchs auf Änderung des Inhalts oder des Ranges eines solchen Rechts eine Vormerkung im Grundbuch eingetragen, so kann der Gläubiger für seinen Anspruch Befriedigung aus der Insolvenzmasse verlangen. ²Dies gilt auch, wenn der Schuldner dem Gläubiger gegenüber weitere Verpflichtungen übernommen hat und diese nicht oder nicht vollständig erfüllt sind.

(2) Für eine Vormerkung, die im Schiffsregister, Schiffsbauregister oder Register für Pfandrechte an Luftfahrzeugen eingetragen ist, gilt Absatz 1 entsprechend.

Übersicht

		Rdn.			Rdn.
A.	Grundsatz	1	D.	Wirkung	19
B.	Schutzbereich	2	E.	Entsprechende Anwendung	24
C.	Entstehung	13	F.	Unabdingbarkeit	26

Literatur:
Grziwotz Hinweisbrief und Bauträgervertrag, MDR 2005, 1270; *Holch* Vormerkung für Unbekannt, JZ 1958, 724; *Kessler* Einseitige Eintragungsanträge des späteren Insolvenzschuldners im Grundbuchverfahren, ZfIR 2006, 117; *ders.* Der Schutzumfang der Vormerkung im Insolvenzverfahren, MittBayNot 2005, 108; *Rein* Der Löschungsanspruch eines nachrangigen Grundschuldgläubigers in der Insolvenz, NJW 2006, 3470; *Schwarz/Doms* Praktische Probleme bei der Insolvenzverwalterversteigerung nach § 165 InsO im Hinblick auf den Löschungsanspruch nach § 1179a Abs. 1 S. 1 BGB, ZInsO 2013, 1292; *Stürner* Anm. zu BGH, Urt. v. 17.06.1997 – XI ZR 119/96 –, EWiR § 878 BGB, 1/97, 887 f.

A. Grundsatz

Inhaltlich handelt es sich bei der Rechtsfolge des § 106 InsO um eine Aussonderung (BGHZ 155, 227 [236]; *Jaeger/Henckel/*Gerhardt*/Jacoby* InsO, § 106 Rn. 1; MüKo-InsO/*Ganter* § 47 Rn. 333; a.A. HK-InsO/*Marotzke* § 106 Rn. 20, 48: einem Aussonderungsrecht vergleichbar). Die quasi-dingliche (RGZ 151, 389 [393]), sich auf das Eigentumsrecht erstreckende Wirkung der Vormerkung (§ 883 ff. BGB), die auch in anderen Rechtsgebieten sichergestellt ist (vgl. §§ 439 Abs. 2 Satz 2 a.F., 883 Abs. 3, 1971, BGB, § 48 ZVG), bleibt auch in der Insolvenz gewahrt (s. auch Begr. zu § 120 RegE, BT-Drucks. 12/2443 S. 146). Der durch die Vormerkung gesicherte Vermögensgegenstand ist der Masse entzogen. Vormerkungswidrige Verfügungen des Verwalters sind unwirksam. § 106 InsO schränkt damit das Wahlrecht des Verwalters ein, weil die Erfüllung vormerkungsgesicherter Kaufverträge nicht verweigert werden kann. Geschützt werden nicht nur Ansprüche an Grundstücken, sondern auch Rechte, die im Schiffsregister, Schiffsbauregister oder in die Luftfahrzeugrolle bzw. in das Register für Pfandrechte an Luftfahrzeugen eingetragen sind. 1

B. Schutzbereich

§ 106 InsO schützt nur die enumerativ aufgezählten Vormerkungen (zum Schutzumfang der Vormerkung im Insolvenzverfahren sehr ausführlich *Kesseler* MittBayNot 2005, 108, insbes. zu der Frage ob der Insolvenzverwalter ausnahmsweise verpflichtet ist einen durch Vormerkung gesicherten aber vor der Eröffnung des Insolvenzverfahrens entstandenen schuldrechtlichen Anspruch aus der Insolvenzmasse zu befriedigen; dazu auch Uhlenbruck/*D. Wegener* InsO, § 106 Rn. 1). Der Wortlaut des Gesetzes ist § 883 Abs. 1 BGB entnommen. Dadurch wird deutlich, dass die Vormerkungen des § 883 BGB durch § 106 InsO geschützt und die gesicherten Ansprüche dem Wahlrecht des Verwalters aus § 103 InsO entzogen sind. Die Eintragung muss der Sicherung eines 2
– Anspruchs auf Einräumung oder Aufhebung eines Rechts an einem Grundstück, Schiff oder Luftfahrzeug, (Auflassungsvormerkung, Bestellung eines Grundpfandrechtes, Löschungsvormerkung),
– Anspruchs auf Einräumung oder Aufhebung eines Rechts an einem Recht (beschränkt dingliche Rechte, z.B. Pfandrecht an einer Grundschuld) oder

wegen Nichterfüllung ausschließt (RegE BT-Drucks. 12/2443 S. 146). Das Rückgabeverbot greift indes nur, wenn die Teilleistung in das Vermögen des Schuldners gelangt ist. Das setzt voraus, dass der Vertragspartner die Teilleistung mit dinglicher Wirkung an den Schuldner übertragen hat. Aussonderungsrechte des Vertragspartners werden durch § 105 InsO nicht überwunden. Beim Kauf unter Eigentumsvorbehalt greift deshalb die Sonderregelung des § 107 InsO. Haben die Vertragsparteien die Nichtzahlung des Kaufpreises als auflösende Bedingung vereinbart, greift § 105 Satz 2 InsO, da der Schuldner eine Eigentumsposition erlangt hat (*Kübler/Prütting/Bork-Tintelnot* InsO, § 105 Rn. 20; Jaeger/Henckel/Gerhardt/*Jacoby* InsO, § 119 Rn. 46). Deshalb ist eine abweichende Beurteilung gegenüber dem üblichen Eigentumsvorbehalt, der in § 107 InsO geregelt wird, gerechtfertigt (a.A. HK-InsO/*Marotzke* § 105 Rn. 23). Bei einer wirksamen Anfechtung wegen Täuschung oder Drohung nach §§ 119 ff. BGB soll nach überwiegender Literaturauffassung differenziert werden. Eine Anfechtung wegen Irrtums erfasse nur das Verfügungsgeschäft, sie beseitige regelmäßig nur das Verpflichtungsgeschäft, die dingliche Übertragung bleibe wirksam. Bei der Anfechtung wegen Drohung oder Täuschung soll das Verfügungsgeschäft deshalb regelmäßig auch von der Nichtigkeit erfasst werden (*Kübler/Prütting/Bork-Tintelnot* InsO, § 105 Rn. 20; so wohl auch *Jaeger/ Henckel* KO, § 26 Rn. 6). Dieser Doppelmangel besteht indes nur bei Fehleridentität (MüKo-BGB/ *Busche* § 142 Rn. 15). Verpflichtungs- und Verfügungsgeschäft müssen beide auf der fraglichen Willenserklärung beruhen. Der Schutz des getäuschten Vertragspartners ist nicht entscheidend (so aber *Jaeger/Henckel* KO, § 26 Rn. 6).

23 Der Gläubiger ist auch nicht etwa berechtigt, Wertersatz für die von ihm bis zur Verfahrenseröffnung erbrachten Teilleistungen zu fordern. Dieses Verbot ergibt sich zwar nicht aus dem Gesetzeswortlaut; es folgt aus dem Grundgedanken des Gesetzes, dem Gläubiger den Rücktritt wegen der Leistungen vor Verfahrenseröffnung insgesamt zu nehmen.

24 Ein vor Verfahrenseröffnung erklärter Rücktritt bleibt unberührt. Das setzt voraus, dass dem Schuldner die Rücktrittserklärung vor der Insolvenz zugegangen ist.

25 In der Konsequenz des Rücktrittsverbotes kann der andere Teil auch kein Zurückbehaltungsrecht geltend machen (a.A. *Marotzke* Gegenseitige Verträge, Rn. 4158 ff.; wie hier KS-InsO/*Pape* 2000, S. 531, 558; *Kübler/Prütting/Bork-Tintelnot* InsO, § 105 Rn. 16; *Graf-Schlicker/Breitenbücher* InsO, § 105 Rn. 13). Verrechnungen von Zahlungen des Verwalters auf nicht beglichene Leistungen vor Eröffnung sind unzulässig. Gegenüber einem bereits vor Verfahrenseröffnung entstandenen Werklohnanspruch für erbrachte Teilleistungen kann der Gläubiger mit Insolvenzforderungen aufrechnen (*BGH* BGHZ 129, 336 [338]; ZIP 1997, 688 f.; ZIP 2001, 1380 [1381]).

E. Abdingbarkeit

26 Die Bestimmungen des § 105 InsO sind zwingend und können nicht durch vorherige Abreden zwischen den Vertragspartnern abbedungen werden. Das gilt insbes. für den Ausschluss des Rückgabeverbotes oder der Vereinbarung einer auflösenden Bedingung für den Fall der Insolvenz (s. Rdn. 20). Wenn das Rückgabeverbot greift, kann auch die dingliche Absicherung eines Rückübertragungsanspruches über § 106 InsO das Rückgabeverbot nicht überwinden. Die Vereinbarung einer Vormerkung zur Absicherung der Teilleistung verstößt gegen § 119 InsO. Auflösungsklauseln für den Fall der Insolvenz verstoßen nicht gegen § 119 InsO (s. § 103 Rdn. 117; Jaeger/Henckel/ Gerhardt/*Jacoby* InsO, § 119 Rn. 45). Den Vertragsparteien ist es auch verwehrt, die Teilleistung, deren Ermittlung oder den Anteil der erbrachten Leistung vertraglich abweichend von den gesetzlichen Vorgaben festzulegen (MüKo-InsO/*Kreft* § 105 Rn. 37). § 105 InsO knüpft die Vergütung an die erbrachte Leistung (»... entsprechenden Betrag ...«).

recht in der Bankpraxis, Rn. 5.470). Ist der **Schuldner Darlehnsgeber**, ergibt sich die Teilung des Vertrages im Hinblick auf die ausbezahlten Valuten aus § 108 Abs. 2 InsO. Der Verwalter kann für diesen Teil die vertraglichen Gegenleistungen fordern. Ein **unverzinsliches Darlehen** fällt schon deshalb nicht unter diese Norm, weil es sich hierbei nicht um einen gegenseitigen Vertrag i.S.d. §§ 103 ff. InsO handelt.

Die selbstständige Teilleistung muss vor Verfahrenseröffnung vollständig erfüllt sein. Anderenfalls ist die Forderung des Vertragspartners bei Erfüllungswahl des Verwalters Masseschuld (HK-InsO/*Marotzke* § 105 Rn. 15; **a.A.** *Uhlenbruck/D. Wegener* InsO, § 105 Rn. 12). 16

Die Anwendung des § 105 InsO setzt immer **Vorleistungen** des Vertragspartners voraus. Entsprechen sich Leistung des Vertragspartners und des Schuldners vor der Insolvenz, ist für § 105 InsO kein Raum (*Uhlenbruck/D. Wegener* InsO, § 105 Rn. 14; *Kübler/Prütting/Bork-Tintelnot* InsO, § 105 Rn. 13), das weitere Schicksal des Vertrages richtet sich nach § 103 InsO. 17

Bei der Aufnahme des Rechtsstreits durch den Verwalter können die **Prozesskosten** innerhalb der Instanzen aufgeteilt werden (*BGH* ZInsO 2016, 1520 [1521] zur Aufnahme in der Revision). Die bisherige Auffassung von der Einheitlichkeit der Kostenentscheidung (Übersicht zum unübersichtlichen Streitstand *Froehner* NZI 2016, 425 [426]) ist damit für die Praxis nicht mehr relevant. Die Festsetzung der Kosten und die Aufteilung in Insolvenzforderung und Masseverbindlichkeit erfolgt in einer Kostengrundentscheidung (*BGH* ZInsO 2016, 1520 Rn. 11). 18

D. Rechtsfolge

Die Rechtsfolge des § 105 InsO besteht zunächst darin, dass der Vertragspartner mit seinem Anspruch wegen der vor Eröffnung des Verfahrens erbrachten Leistungen Insolvenzgläubiger in Höhe seiner bereits erbrachten Teilleistungen wird. Seine Forderung ist Insolvenzforderung nach § 38 InsO. Diese Rechtsstellung besteht unabhängig davon, ob der Verwalter Erfüllung wählt. Lehnt er die Erfüllung des Vertrages ab, gilt § 103 Abs. 2 Satz 1 InsO. 19

Entscheidet sich der Insolvenzverwalter für die Erfüllung des Vertrages, wird der Vertragspartner für die Leistungen von dem Zeitpunkt der Eröffnung des Insolvenzverfahrens an Massegläubiger nach § 55 Abs. 1 Nr. 2 InsO. Problematisch ist die Rechtsfolge bei ungleichartigen Sachleistungen des Schuldners. In der Literatur (*Henckel* JZ 1998, 155 [157]) wird die Lieferung eines Porzellanservices durch den Schuldner diskutiert. Während teilweise ein Kündigungsrecht des Vertragspartners wegen Interessenfortfall nach § 323 Abs. 5 BGB angenommen oder die Teilbarkeit verneint wird (*Kübler/Prütting/Bork-Tintelnot* InsO, § 105 Rn. 15), wollen andere den Vertragspartner bei Erfüllungswahl des Verwalters verpflichten, den Kaufpreis erneut in gesamter Höhe zu erbringen (*Uhlenbruck/D. Wegener* InsO, § 105 Rn. 18). Entscheidend ist bei diesen Konstellationen die Teilbarkeit der Leistung (s. Rdn. 7). Ist die Leistung des Schuldners teilbar, wird das **Rücktrittsrecht aus § 323 BGB** durch die §§ 103 ff. InsO verdrängt. So wird ein gegenseitiger Vertag weder durch die Verfahrenseröffnung, noch durch die Erfüllungswahl des Insolvenzverwalters aufgehoben, noch steht den Vertragsparteien grds. ein Kondiktionsanspruch zu (*Uhlenbruck/D. Wegener* InsO, § 106 Rn. 32). Der Vorrang des § 105 InsO vor dem Rücktrittsrecht des BGB zeigt sich ausdrücklich in Satz 2 des § 105 InsO. **Vorauszahlungen** muss der Vertragspartner bei vollständiger Erfüllung des Verwalters erneut entrichten (*Graf-Schlicker/Breitenbücher* InsO, § 105 Rn. 11). 20

Drittrechte an den vor der Insolvenz erbrachten Teilleistungen bleiben bestehen. Rechte an den nach Verfahrenseröffnung erbrachten Leistungen können schon nach allgemeinen Grundsätzen nicht begründet werden (BGHZ 106, 236 [243]; s. § 103 Rdn. 3 ff.). Das gilt insbes. für Globalzessionen. Die in der Insolvenz entstehenden Forderungen werden von ihr nicht erfasst, wenn nicht der Ausnahmefall des § 114 InsO greift. 21

Der Gläubiger kann § 105 InsO nicht dadurch umgehen, dass er die Rückgabe der bereits vor Verfahrenseröffnung erbrachten Teilleistung fordert. Wie schon in der VerglO ist in Satz 2 eine Rücktrittsschranke festgelegt, welche die Ausübung gesetzlicher oder vertraglicher Rücktrittsrechte 22

§ 105 InsO   Teilbare Leistungen

kann der Verwalter vermeiden, indem er Nichterfüllung wählt und für die in der Insolvenz zu erbringenden Teilleistungen einen neuen Vertrag abschließt (*Uhlenbruck/D. Wegener* InsO, § 105 Rn. 26). § 105 InsO greift nicht nur bei Werkverträgen. Auch bei **Werklieferungsverträgen** ist § 105 InsO anwendbar, obwohl der Lieferant nach dem Vertrag die Lieferung des gesamten Werkes schuldet (BGHZ 147, 28 [33; ausf. zur Teilbarkeit von Werklieferungsverträgen *Susel* S. 31).

11 Auch **Tauschgeschäfte** unterfallen der Norm, soweit die Gegenleistung unter Berücksichtigung der bereits erfolgten Lieferungen berechnet werden kann (*Neuschäfer* JW 1935, 3516 [3519]). Rahmen- oder Mantelverträge zur Regelung langfristiger Lieferbeziehungen sind keine Gesamtleistungen i.S.d. § 105 InsO, weil sich die einzelnen Leistungen nach gesonderten Verträgen richten (*Bley/Mohrbutter* VerglO, § 36 Rn. 49). Nur wenn sich die gesamte Leistungsbeziehung unmittelbar aus dem Rahmenvertrag ergibt, greift § 105 InsO. Anderenfalls kann der Verwalter aus dem Rahmenvertrag keine Rechte herleiten.

12 **Energielieferungsverträge** konnten unter der KO wegen der Unteilbarkeit regelmäßig vom Verwalter nicht fortgeführt werden, wenn vor Verfahrenseröffnung Rückstände aufgelaufen waren. Nach der Vorstellung des Gesetzgebers sind diese Verträge eine der Hauptanwendungsfälle des § 105. § 105 ermöglicht dem Verwalter die Fortführung von Energielieferungsverträgen mit günstigen Sonderkonditionen (so auch *Tintelnot* ZIP 1995, 616 [619]; HK-InsO/*Marotzke* § 105 Rn. 10) auch bei erheblichen, vor Verfahrenseröffnung aufgelaufenen Rückständen. Die Entscheidung des BGH zur Unwirksamkeit der insolvenzbedingten Kündigungsklauseln in Energielieferungsverträgen (*BGH* 15.11.2012 ZInsO 2013, 292) stärkt die Position des Verwalters bei der Unternehmensfortführung.

13 Für **Miet- und Pachtverhältnisse** gelten zur Beendigung der dort erwähnten Verträge die Sonderregelungen der §§ 108 ff. InsO. Die vor der Insolvenz erbrachten Teilleistungen sind nach § 105 InsO zu beurteilen; die Norm wird zu dieser Rechtsfolge nicht verdrängt (s. Rdn. 3). Dieser Grundsatz gilt auch für **Dienstverträge** (zu Beratungsleistungen für den Betriebsrat im Rahmen des Betriebsübergangs *BAG* ZIP 2010, 635 m. Anm. *Tintelnot/Graf* EWIR 2010, 543). Nicht aufteilbar ist allerdings der Anspruch des Arbeitnehmers auf Abgeltung des nicht genommenen Urlaubs. Der **Urlaubsabgeltungsanspruch** des § 7 Abs. 4 BUrlG kann nicht auf die Zeiträume vor und nach Eröffnung entsprechend den Jahrestagen aufgeteilt werden; der Anspruch ist unteilbar (*BAG* ZInsO 2007, 834 [835]). **Fernsprechteilnehmerverhältnisse** waren von der Rechtsprechung als mietähnliche Verträge behandelt worden (BGHZ 39, 35 [37]; ausf. *Jaeger/Henckel* KO, § 17 Rn. 13 u. § 19 Rn. 10). § 105 InsO ist im Hinblick auf die vor der Insolvenz erfolgten Leistungen anwendbar § 105 InsO greift bei **Lizenz- und Leasingverträgen** (*Uhlenbruck/D. Wegener* InsO, § 105 Rn. 22; *Kübler/Prütting/Bork-Tintelnot* InsO, § 105 Rn. 9). Teilbare Leistungen bei **Kaufverträgen** liegen vor, wenn mehrere Sachen geschuldet sind. Dabei kommt es nicht darauf an, dass es sich um gleichartige Sachen handelt (MüKo-InsO/*Kreft* § 105 Rn. 15). Zu den Besonderheiten des Vorbehaltskaufes s. Rdn. 4.

14 **Versicherungsverträge** zählen zu den gegenseitigen Verträgen. Gegenüber der Pflicht zur Prämienzahlung steht die Verpflichtung zur Deckungsgewährung aus dem Versicherungsvertrag. Wegen der rückständigen Prämien greift § 105 InsO (*OLG Düsseldorf* NZI 2006, 297; *Uhlenbruck/D. Wegener* InsO, § 105 Rn. 24; *Kübler/Prütting/Bork-Tintelnot* InsO, § 105 Rn. 12).

15 Strittig ist die Anwendung des § 105 InsO auf ein verzinsliches **Darlehen** (bejaht wird dies von *Kübler/Prütting/Bork-Tintelnot* InsO, § 105 Rn. 9; *Hess* InsO, § 105 Rn. 7; *Uhlenbruck/D. Wegener* InsO, § 105 Rn. 23; Jaeger/Henckel/Gerhardt/*Jacoby* InsO, § 105 Rn. 50; a.A. HK-InsO/*Marotzke* § 105 Rn. 13; *Obermüller* Insolvenzrecht in der Bankpraxis, Rn. 5.468). Eine Einschränkung des § 105 InsO zu Darlehensverträgen ergibt sich aus dem Gesetz nicht. Bei Erfüllungswahl durch den Verwalter sind deshalb die vor der Insolvenz ausbezahlten Valuten Insolvenzforderung (MüKo-InsO/*Kreft* § 105 Rn. 15). Der Streit dürfte in der Praxis angesichts des auch in der Insolvenz bestehenden Kündigungsrechtes (s. § 103 Rdn. 13) kaum Bedeutung erlangen. Dieses Kündigungsrecht besteht auch, wenn der Bank ausreichende Sicherheiten zur Verfügung stehen (*Obermüller* Insolven-

dung zur Erlöschenstheorie v. 25.04.2002 (ZIP 2002, 1093; schon BGHZ 129, 336 [340] u. BGHZ 147, 28 [34]) aufgegeben. Vielmehr ist der Begriff der Teilbarkeit i.S.d. § 103 InsO weit auszulegen. Es genügt demnach, wenn sich die Teilleistungen feststellen und bewerten lassen. Die fertige Werkleistung muss nicht teilbar sein. Das zeigt deutlich der Schiffsbaufall des BGH, dem ein Werklieferungsvertrag zugrunde lag. Es kommt nicht darauf an, dass sich das Werk in einzelne Teile zerlegen lässt; entscheidend ist, dass der Werklohn den einzelnen Bauphasen zugeordnet werden kann (BGHZ 147, 28 [34]). Es ist daher kaum eine Leistung denkbar, die nicht teilbar ist. Bauleistungen sind nach der neuen Rechtsprechung immer teilbar (BGHZ 129, 336 [344 f.]; *Heidland* ZInsO 2011, 201 [204]; krit. dazu *Kessler* ZIP 2005, 2046 ff.). Diese weite Auslegung der teilbaren Leistung entspricht der Intention des Gesetzgebers, Verträge ohne die Verbindlichkeiten aus dem Zeitraum vor der Insolvenz fortführen zu können. Die extensive Auslegung wird auch in der Literatur nahezu einhellig bejaht (*Uhlenbruck/D. Wegener* InsO, § 105 Rn. 7; *Kübler/Prütting/Bork-Tintelnot* InsO, § 105 Rn. 4; *Gottwald/Huber* HdbInsR, § 36 Rn. 4; MüKo-InsO/*Kreft* § 105 Rn. 12; Jaeger/Henckel/Gerhardt/*Jacoby* InsO, § 105 Rn. 25; enger: ausf. mit Übersicht über den Streitstand *Susel* S. 66). Teile der Literatur halten jedoch an einer engen Auslegung fest, da insb. werkvertragliche Leistungen vom Teilbarkeitsbegriff auszunehmen sind, da der geschuldete Erfolg sich nicht teilen ließe (*Meyer* NZI 2014, 697 ff., *ders.* NZI 2001, 294; *Heidland* Der Bauvertrag in der Insolvenz, Rn. 714 ff.; grundsätzlich HK-InsO/*Marotzke* § 105 Rn. 8; *Kessler* ZIP 2005, 2046 [2048]).

Teilbar ist grundsätzlich auch jede **mangelhafte Leistung**. Begründet wird dies damit, dass eine Leistung nur in dem Umfang erbracht ist, in dem sie mangelfrei geleistet wurde (*Uhlenbruck/D. Wegener* InsO, § 105 Rn. 21; **a.A.** HK-InsO/*Marotzke* § 105 Rn. 16). Für Kaufverträge unter Vereinbarung eines **Eigentumsvorbehaltes** gilt indes Sonderrecht, § 107 InsO (s. Rdn. 4). 8

Unteilbar sind **höchstpersönliche Leistungen**, die weder ganz oder zu Teilen von Dritten erbracht werden können (differenzierend: *Uhlenbruck/D. Wegener* InsO, § 105 Rn. 11). Die **Herstellung von Kunstwerken** unterfällt daher nicht § 105 InsO (MüKo-InsO/*Kreft* § 105 Rn. 22). Zweifelhaft ist die Anwendbarkeit bei ungleichartiger Sachgesamtheit, wie etwa einem **Tafelservice** (*Kübler/Prütting/Bork-Tintelnot* InsO, § 105 Rn. 15; MüKo-InsO/*Kreft* § 105 Rn. 23; *Scheffler* ZIP 2001, 1182 [1186]; ausf. *Henckel* JZ 1998, 155). Zur Frage der Teilbarkeit muss differenziert werden, ob die Sachgesamtheit ihren Wert nur insgesamt aufweist und Einzelteile wegen des notwendigen Sachzusammenhanges keinen dem Gesamtpreis entsprechenden Wert darstellen. Diese Konstellation wird regelmäßig bei antiken Unikaten vorliegen (MüKo-InsO/*Kreft* § 105 Rn. 23). Anderenfalls ist die Sachgesamtheit teilbar. 9

C. Anwendungsbereich

Ein Hauptanwendungsfall des § 105 InsO ist der **Werkvertrag**. Die Rechtsprechung und überwiegende Literatur bejaht die Teilbarkeit von Bauleistungen grundsätzlich (*BGH* BGHZ 129, 336 [342 ff.]; ZIP 2002, 1093; *Jäger/Jacobi* InsO, § 105 Rn. 41; MüKo-InsO/*Kreft* § 105 Rn. 15; *Uhlenbruck/D. Wegener* § 105 Rn. 17). Die Gegenauffassung, nach der Werkverträge nur einheitlich erfüllt werden können (*Kessler* ZIP 2005, 2046 [2048]; *Meyer* NZI 2014, 679 ff.) überzeugt nicht (zur Auslegung des § 105 grundsätzlich s. Rdn. 8). Werkleistungen sind regelmäßig technisch, wenn auch aufwendig, abgrenzbar (beim Bauvertrag durch Aufmaß). Zudem würde die einheitliche Erfüllung den Grundgedanken der möglichen Fortführung und Sanierung im Verfahren verhindern. Die §§ 103 ff. sollen es ermöglichen, dass der Verwalter Teilleistungen erbringt, um Vorteile für die Masse zu erzielen. Die Frage der Teilbarkeit ist damit der Disposition der Parteien entzogen, entscheidend ist allein die objektive Sicht (s. Rdn. 7; zu den einzelnen Konstellationen *Kreft* FS Uhlenbruck, S. 387 ff.). Die Aufteilung des Werkvertrages hat nach *BFH* (ZIP 2009, 1677 [1679]) keine **Aufteilung der Umsatzsteuer** zur Folge. Die Aufteilung hängt nach § 13 Abs. 1 Ziff. 1a UStG davon ab, dass Teilleistungen gesondert vereinbart wurden. Für vor der Insolvenz vereinnahmte Zahlungen sind aus der Masse auch dann keine Umsatzsteuern zu entrichten, wenn der Verwalter Teilleistungen erbringt (*BFH* ZIP 2009, 1677 [1679]). Rechnet der Verwalter nach Erfüllung das gesamte Bauwerk ab, muss er für den gesamten Werklohn Umsatzsteuer entrichten. Diese Masseverbindlichkeiten 10

§ 105 InsO Teilbare Leistungen

2 Ziel der Vorschrift ist es, dem Insolvenzverwalter die Fortführung des Unternehmens zu erleichtern. Er muss bei der Ausübung seines Wahlrechts aus § 103 InsO nur noch die zukünftigen Leistungen für die Insolvenzmasse berücksichtigen. Dadurch behält er die Möglichkeit, auch günstige Verträge unter den gleichen Bedingungen fortzusetzen. Eine Rückabwicklung der vor der Eröffnung des Insolvenzverfahrens erbrachten Teilleistungen ist selbst bei der Wahl der Erfüllung ausgeschlossen.

3 § 105 InsO ergänzt daher das allgemeine Wahlrecht des Verwalters aus § 103 InsO und hat somit konstitutiven Charakter (so auch: Jaeger/Henckel/Gerhardt/*Jacoby* InsO, § 105 Rn. 1; **a.A.** *Uhlenbruck/D. Wegener* InsO, § 105 Rn. 3). Die nachfolgenden Bestimmungen zu den **Miet-/Pachtverträgen** über Immobilien und Dienstverhältnisse gehen als Sondervorschriften dem Wahlrecht des Verwalters vor. § 105 InsO bleibt anwendbar (zur gesonderten Vergütung **nach § 8 Nr. 3 Abs. 3 VOB/B und die Unzulässigkeit der Aufrechnung** BGHZ 145, 249 [253]). Die §§ 108 ff. InsO regeln die Beendigung, § 105 InsO die vor der Insolvenz erbrachten Teilleistungen; eine Gesetzeskonkurrenz zueinander besteht nicht. Es ist zudem kein Anhaltspunkt ersichtlich, dass der Gesetzgeber den Vermieter bei der Erfüllungswahl des Verwalters besser stellen wollte als den Verkäufer (*Tintelnot* ZIP 1995, 616 [620]; dagegen: *Obermüller/Livonius* DB 1995, 27 [28]).

4 § 107 InsO verdrängt § 105 InsO. Die Nichterfüllung der vor Verfahrenseröffnung fällig gewordenen Teilleistungen würde bei dem **einfachen Eigentumsvorbehalt** dazu führen, dass das Eigentum auf den Verwalter nicht übergehen würde. Diese dingliche Zuordnung soll durch § 105 InsO nicht durchbrochen werden. Unter der InsO hat das Aussonderungsrecht des Vorbehaltskäufers Bestand, § 47 InsO. Daraus folgt weiterhin, dass § 105 InsO auf Teillieferungen anzuwenden ist, für die der Eigentumsvorbehalt gegenstandslos geworden ist, weil der Schuldner die Waren bereits weiterveräußert hatte. Es kommt dabei nicht darauf an, ob die Weiterveräußerung durch die Ermächtigung des Verkäufers gedeckt war oder der Erwerber gutgläubig Eigentümer geworden ist. Auch beim verlängerten, erweiterten oder nachgeschalteten Eigentumsvorbehalt kann § 105 bei teilbaren Leistungen anwendbar sein (*Uhlenbruck/D. Wegener* InsO, § 105 Rn. 19).

B. Voraussetzungen

5 Von § 105 InsO werden sämtliche Verträge erfasst, deren vertragliche Leistungen getrennt beurteilt werden können. § 105 InsO setzt daher den Tatbestand des § 103 InsO, insb. einen gegenseitigen Vertrag gem. § 320 BGB (dazu s. § 103 Rdn. 7 ff.) voraus. Erfasst werden auch Dauerschuldverhältnisse und Sukzessivlieferungsverträge (*Kreft* FS Uhlenbruck, S. 387, 392).

6 Weitere Voraussetzung ist, dass ein Vertrag, der **beiderseits teilbare Leistungen** zum Gegenstand hat, vorliegt. Ist eine der Leistungen im Synallagma unteilbar, bleibt der Verwalter auf die Anwendung des Wahlrechts aus § 103 InsO beschränkt (*Uhlenbruck/D. Wegener* InsO, § 105 Rn. 6). Die Rechtsprechung des BGH zum Werklieferungsvertrag (s. Rdn. 10) zeigt allerdings, dass nicht auf den vertraglichen Leistungserfolg sondern auf die Leistungen abzustellen ist. Die Teilbarkeit bezieht sich dabei auf die geschuldete Leistung als Vertragsgegenstand. Bei der Anwendung des § 105 InsO auf Dauerschuldverhältnisse (hierzu KS-InsO/*Pape* 2000, S. 531, 556 f., insbes. S. 567 zum Leasing) und Wiederkehrschuldverhältnisse kommt es im Wesentlichen auf die Parteiabreden an (*OLG Frankfurt* BB 1978, 1087). Die Teilbarkeit ergibt sich immer nach objektiven Grundsätzen; **abweichende Parteivereinbarungen** entfalten keine Wirksamkeit (MüKo-InsO/*Kreft* § 105 Rn. 37; Jaeger/Henckel/Gerhardt/*Jacoby* § 119 Rn. 45).

7 Eine gesetzliche **Definition** der teilbaren Leistung fehlt. Die zu § 266 BGB ergangene Rechtsprechung kann uneingeschränkt herangezogen werden. Eine Leistung ist danach teilbar, wenn sie ohne Wertminderung und ohne Beeinträchtigung des Leistungszwecks in Teilleistungen zerlegt werden kann (*Palandt/Grüneberg* 72. Aufl., § 266 BGB Rn. 3). Die Leistung von Geld oder die Lieferung vertretbarer Sachen sind der Hauptanwendungsfall (MüKo-BGB/*Krüger* 5. Aufl., § 266 Rn. 7). Der BGH hatte in seinen Entscheidungen zu § 36 VerglO die Teilbarkeit restriktiv ausgelegt und gerade bei Bauleistungen selbstständige Teilabschnitte gefordert, die gesondert bewertet werden können (BGHZ 67, 242 [249]). Diese Rechtsprechung hat der BGH mit seiner Grundsatzentschei-

unternehmen. Sie kann mangels Anwendbarkeit der EuInsVO n.F. auch in der Insolvenz anderer Unternehmen bestehen, wenn diese in den bankaufsichtsrechtlichen Konsolidierungskreis von Instituts- oder Finanzholdinggruppen einbezogen sind und deshalb gem. § 1 Nr. 3 des Sanierungs- und Abwicklungsgesetzes (SAG) i.V.m. § 10a Abs. 1 KWG zum Adressaten von Abwicklungsmaßnahmen i.S.d. SAG werden. Sie fallen dann nämlich nach Art. 1 Abs. 4 der Bankensanierungs- und Liquidationsrichtlinie 2001/24/EG in den Anwendungsbereich derselben, so dass die EuInsVO n.F. auf sie nicht anwendbar ist (Art. 1 Abs. 2 Buchst. c EuInsVO n.F.).

Die vorgenannten Grundsätze gelten auch für die Frage der Wirksamkeit und der Insolvenzfestigkeit eines **vertraglichen Liquidationsnettings**, das an ein **vorinsolvenzliches Ereignis** wie die Stellung des Insolvenzantrags, die Anordnung von Sicherungsmaßnahmen und das Eintreten von Eröffnungsgründen anknüpft. Denn soweit hier die Insolvenz- und Anfechtungsfestigkeit des Vorgangs in Frage steht, kann diese nur nach insolvenzrechtlichen Normen beurteilt werden. Daher sind die §§ 104 Abs. 4, 119 InsO auch insolvenzrechtlich zu qualifizieren. 133

§ 105 Teilbare Leistungen

¹Sind die geschuldeten Leistungen teilbar und hat der andere Teil die ihm obliegende Leistung zur Zeit der Eröffnung des Insolvenzverfahrens bereits teilweise erbracht, so ist er mit dem der Teilleistung entsprechenden Betrag seines Anspruchs auf die Gegenleistung Insolvenzgläubiger, auch wenn der Insolvenzverwalter wegen der noch ausstehenden Leistung Erfüllung verlangt. ²Der andere Teil ist nicht berechtigt, wegen der Nichterfüllung seines Anspruchs auf die Gegenleistung die Rückgabe einer vor der Eröffnung des Verfahrens in das Vermögen des Schuldners übergegangenen Teilleistung aus der Insolvenzmasse zu verlangen.

Übersicht	Rdn.		Rdn.
A. Allgemeines	1	D. Rechtsfolge	19
B. Voraussetzungen	5	E. Abdingbarkeit	26
C. Anwendungsbereich	10		

Literatur:
Damerius Masseverbindlichkeit oder Insolvenzforderung? Zur Einordnung der Kosten eines vom Insolvenzverwalter nach Verfahrenseröffnung fortgesetzten Prozesses, ZInsO 2007, 569; *Froehner* Die Qualifikation der Kosten nach Aufnahme eines Zivilrechtsstreits im Insolvenzverfahren, NZI 2016, 4255; *Henckel* Gegenseitige Verträge in Konkurs und Vergleich, ZZP 99 (1986), 419; *Heidland* Rechtliche und tatsächliche Folgen der Erfüllungswahl eines Bauvertrages durch den Insolvenzverwalter gem. § 103 InsO, ZInsO 2011, 201; *Kessler* § 105 InsO und die teilbaren unteilbaren Leistungen, ZIP 2005, 2046; *Kreft* Teilbare Leistungen nach § 105 (unter besonderer Berücksichtigung des Bauvertragsrechts, FS Uhlenbruck, 2000, S. 387 ff.; *Meyer* Zur Begründung der »engen Auslegung« des § 105 InsO im Zusammenhang mit werkvertraglichen Leistungen, NZI 2014, 697; *Pape* Ablehnung und Erfüllung schwebender Rechtsgeschäfte durch den Insolvenzverwalter, in: Kölner Schrift zur Insolvenzordnung, 2000, S. 531 ff.; *Susel* Der Teilbarkeitsbegriff des § 105 InsO am Beispiel des BGB-Bauvertrags, 2015.

A. Allgemeines

Der Grundgedanke der Teilbarkeit von Verträgen zum Erhalt der werthaltigen Vertragsteile zugunsten der Insolvenzmasse hatte keine Entsprechung in der KO. Dort galt mit § 17 KO das »Alles-oder-nichts-Prinzip«. Mit § 105 kann der Insolvenzverwalter Vertragsteile erhalten, wenn deren Erfüllung Vorteile für die Masse verspricht. § 105 InsO hat in der Praxis insbes. bei der Unternehmensfortführung in der Insolvenz erhebliche Bedeutung. Nach den grundsätzlichen Entscheidungen des BGH zur Teilbarkeit von Bauleistungen (*BGH* ZIP 2002, 1093 und NJW 2001, 3704 zum Werklieferungsvertrag) ist die Bedeutung von § 105 InsO gestiegen. Dogmatisch widersprach § 105 InsO der Erlöschenstheorie des BGH (s. § 103 Rdn. 3). Mit der Aufgabe dieser Dogmatik hat der BGH diesen Widerspruch beseitigt. Im Zusammenhang mit den nachfolgenden Bestimmungen schafft § 105 InsO die Gleichbehandlung aller Gläubiger (*Tintelnot* ZIP 1995, 616 [619]). 1

verstößt gegen die wesentlichen Grundgedanken der Vorschrift. Denn ein solches einseitiges Kündigungsrecht verschafft dem Vertragsgegner gerade jene mit dem Verwalterwahlrecht auf Schuldnerseite vergleichbare Rechtsmacht, die durch den gesetzlichen Beendigungs- und Abrechnungsmechanismus ausgeschlossen wird, um schnell für Rechtssicherheit in der Frage zu sorgen, ob das Geschäft durchgeführt wird. Zwar hat § 104 InsO insoweit in erster Linie das **Interesse des Vertragsgegners** im Blick, von den Unwägbarkeiten und Unsicherheiten verschont zu bleiben, die mit dem Verwalterwahlrecht einhergehen. Allerdings bedeutet dies gerade nicht, dass die Vorschrift in ihrem Grundgedanken mit einer Regelung vereinbar ist, welche die Verhältnisse umkehrt und den Schuldner in die **Position des machtlosen Stillhalters** versetzt. Demgegenüber beruht der gesetzliche Beendigungs- und Abrechnungsmechanismus auf der Annahme, dass der Schutz des Vertragsgegners nicht systematisch zulasten des Schuldners geht. Insbesondere würde ein einseitiges Kündigungsrecht zugunsten des Vertragsgegners dem Schuldner die vom gesetzlichen Mechanismus vorausgesetzte (BT-Drucks. 12/2443, S. 145) Möglichkeit nehmen, sich wirksam gegen die geschäftsbezogenen Risiken durch Neueindeckung zu schützen. Umgekehrt wäre der Vertragsgegner in die Lage versetzt, auf Kosten des Schuldners zu spekulieren. Eine solche Klausel ist daher wegen Verstoßes gegen die wesentlichen Grundgedanken des gesetzlichen Beendigungs- und Abrechnungsmechanismus **unwirksam**.

130 Anders dürften demgegenüber **symmetrisch eingeräumte Kündigungsrechte** zu beurteilen sein, da diese keine der Parteien in die Rolle des machtlosen Stillhalters drängen. Zudem haben beiderseitig eingeräumte Kündigungsrechte gegenüber automatischen Beendigungsmechanismen wie auflösenden Bedingungen den Vorteil, dass die Beendigung der Geschäfte nicht ohne die Kenntnis der Parteien eintreten kann und dass sich so vermeiden lässt, dass eine Vielzahl von Leistungen und Zahlungen rückabgewickelt werden müssen, die im Zeitraum zwischen Beendigung und Kenntniserlangung rechtsgrundlos in der Annahme des Fortbestands der Leistungspflichten erbracht werden. Daher sind Kündigungsregelungen gegenüber Beendigungsregelungen mit größerer Rechtssicherheit verbunden und insoweit mit einem zentralen Grundanliegen des § 104 InsO vereinbar. Allerdings wird man wohl eine umgehende Ausübung des Kündigungsrechts verlangen müssen, um Spekulationen der kündigenden Partei gegenüber der anderen (ggf. noch unwissenden) Partei zu unterbinden.

I. Rang einer dem Vertragsgegner zustehenden Nichterfüllungsforderung (Abs. 5)

131 Die Nichterfüllungs(netto)forderung steht nach Abs. 5 im Rang einer (einfachen) Insolvenzforderung (§ 38 InsO). Das gilt nicht nur für die aus dem gesetzlichen Beendigungsmechanismus folgende Nichterfüllungsforderung nach Abs. 1 und 2, sondern auch für die Forderungen, die sich aus einem nach Abs. 3 und 4 vertraglich ausgestalteten Beendigungs- und Abrechnungsmechanismus ergeben.

J. Internationales Insolvenzrecht

132 Da sich die Wirkungen des Insolvenzverfahrens grds. nach dem **Recht des Eröffnungsstaats** richten (§ 335 InsO; Art. 7 EuInsVO n.F.), ist § 104 InsO bei einer Verfahrenseröffnung im Inland nur dann nicht maßgeblich, wenn eine der **Sonderanknüpfungen** des § 340 oder des Art. 9 EuInsVO greift. Wurden die Finanzleistungsverträge nebst Rahmenvertrag im Zusammenhang mit der Teilnahme an einem **organisierten Finanzmarkt** oder einem **System** i.S.d. § 1 Abs. 16 KWG geschlossen, ist nach diesen Bestimmungen das Recht maßgeblich, dem der Markt bzw. das System unterliegt (§ 340 Abs. 1, 3; Art. 9 Abs. 1 EuInsVO). Jenseits der Teilnahme an solchen Systemen eröffnet § **340 Abs. 2** eine insolvenzfeste **Rechtswahlmöglichkeit**, die allerdings nur **außerhalb des Anwendungsbereichs der EuInsVO** verfügbar ist, welche eine entsprechende Bestimmung nicht enthält (im Zuge der Verhandlungen zu der neugefassten Europäischen Insolvenzverordnung hat sich der Vorschlag der Kommission nicht durchgesetzt, welche den Parteien auch im Anwendungsbereich der EuInsVO eine freie Rechtswahl für Liquidationsnettingklauseln eröffnet hätte, näher dazu Wimmer/*Bornemann*/Lienau Die neue EuInsVO, Rn. 290, 297). Die Rechtswahl nach § 340 Abs. 2 besteht daher nur in der Insolvenz von **Kreditinstituten**, **Wertpapierfirmen** und **Versicherungs-**

ners und Neueindeckungsaufwand gleich sind. Will jedoch der Schuldner ein konkretes Ersatzgeschäft abschließen, wird sein künftiger Vertragsgegner dessen zweifelhafte Solvenz in die Bewertung des Geschäfts einbeziehen und sich zur Eingehung des Geschäfts nur dann bereit finden, wenn er eine Gegenleistung erhält, die nicht nur den aus seiner Sicht negativen Zahlungssaldo aus dem Geschäft kompensiert, sondern auch das Risiko abdeckt, dass dieser Zahlungssaldo infolge der in den finanziellen Schwierigkeiten des Schuldners angelegten Möglichkeit höher ausfällt, dass der Schuldner seinen Pflichten nicht wie geschuldet nachkommt. Mithin kann der dem Schuldner erwachsene Schaden hinter dem Preis zurück bleiben, den er infolge einer konkreten Ersatzeindeckung aufzuwenden hätte. Dürfte der Schuldner dann den Ersatzbeschaffungsaufwand zugrunde legen, würde er letztlich **aus dem Umstand seiner Insolvenz auf Kosten des Vertragsgegners Vorteile ziehen können**. Diese wären aber ungerechtfertigt, wie man unmittelbar daran ablesen kann, dass der Vertragsgegner einen Vorteil nur in Höhe der Differenz zwischen den (marktmäßig bewerteten) Leistungs- und Gegenleistungspflichten erlangt und dass er, seine Solvenz unterstellt (zur Berücksichtigung der [In-]Solvenz des Vertragsgegners s. Rdn. 128), durch Aufwendung eines solchen Betrags am Markt auch ein Ersatzgeschäft tätigen könnte. Die Zugrundelegung des konkreten Ersatzbeschaffungsaufwands führt hier also zu dem **vom Normzweck des § 104 InsO weder geforderten noch auch nur getragenen Ergebnis**, dass der **Schuldner bzw. die Masse** allein aufgrund der schlechten Bonität des Schuldners **einen vom Vertragsgegner zu finanzierenden Vorteil erlangt**. Dieses sinnwidrige und nicht rechtfertigbare Ergebnis wird durch Klauseln wie die Nr. 8 Abs. 2 Satz 1 des Deutschen Rahmenvertrags für Finanztermingeschäfte angemessen korrigiert, welche deshalb im Einklang mit den wesentlichen Grundgedanken der gesetzlichen Regelung steht und insoweit **wirksam** ist.

dd) Bonitätsbezogene Bewertungsfaktoren

Aus den gerade (Rdn. 127) genannten Gründen kann auch eine **explizite Anknüpfung an bonitätsbezogene Bewertungsfaktoren** problematisch sein. Soll z.B. der Vertragsgegner bei der Bestimmung des Ersatzeindeckungsaufwands Angebote heranziehen dürfen, in welche die Bonität des Vertragsgegners einfließen (vgl. die Definition von Close-out Amounts in Nr. 14 Abs. 4 [i] des ISDA Master Agreement 2002: »quotations ... by ... third parties that may take into account the creditworthiness oft he Determining Party«), erwächst daraus – spiegelbildlich zur soeben betrachteten Problematik der Auswirkungen der in Zweifel stehenden Bonität des Schuldners (s. Rdn. 127) – ein Problem, wenn insoweit auch eine *zweifelhafte* Bonität des Vertragsgegners berücksichtigt werden darf. Denn dies kann sich einseitig zulasten des Schuldners auswirken, wie sich anhand des in England entschiedenen Falls *Peregrine Fixed Income Ltd v Robinson Department Store Plc* [2000] EWHC Commercial 99 (18.05.2000) veranschaulichen lässt. Hier hatte der Vertragsgegner für den Neuabschluss eines Geschäfts mit Zahlungsströmen, die ihn zu Nettozahlungen i.H.v. 87 Mio. US$ verpflichtet hätten, nur rund 10 Mio. US$ erlösen können, weil die abschlussbereiten Marktteilnehmer die zweifelhafte Bonität des Vertragsgegners einpreisten. Sieht die Klausel nicht vor, dass bei **erheblichen Diskrepanzen** zwischen den konkret möglichen Ersatzeindeckungsgeschäften des Vertragsgegners und den Preisen bei Abschluss mit Marktteilnehmern mit durchschnittlicher Bonität auf den Schaden des Schuldners abgestellt wird, dürften diese Klauseln wegen einer nicht aus den Zwecken des § 104 InsO heraus rechtfertigbaren einseitigen Benachteiligung des Schuldners **unwirksam** sein.

4. Kündigungsrechte

Problematisch dürfte die Vereinbarung von Kündigungsrechten für den Fall des Eintritts eines insolvenzbezogenen Beendigungsgrunds jedenfalls dann sein, wenn sie einseitig einer Partei eingeräumt werden. Ein **einseitiges Kündigungsrecht** zugunsten des Schuldners kann schon deshalb nicht mit den wesentlichen Grundgedanken des gesetzlichen Beendigungs- und Abrechnungsmechanismus vereinbar sein, weil sie auf die Wiederherstellung des durch die Vorschrift ausgeschlossenen Verwalterwahlrechts hinausliefe. Aber auch die einseitige Einräumung eines Kündigungsrechts zugunsten des Vertragsgegners als der Partei, in deren Person der Beendigungsgrund nicht eingetreten ist,

venz hier auch kaum als sanktionswürdige »Vertragsbrüchigkeit« rekonstruierbar ist. Eine einseitige und systematische Benachteiligung, wie sie der Schuldner bzw. die Masse unter der First Method des ISDA Master Agreement 1992 zu erdulden hat, lässt sich auch unter keinem Gesichtspunkt unter Rekurs auf die Normzwecke des § 104 InsO rechtfertigen. Vielmehr ist der gesetzliche Beendigungs- und Abrechnungsmechanismus **bidirektional** ausgestaltet (vgl. *Reiner* ISDA Master Agreement, Nr. 6 Rn. 57: wertneutrale und bidirektionale Ausgestaltung des Ausgleichsmechanimus des ISDA Master Agreement 2002), indem er ohne Ansehung der Parteien den Nichterfüllungsanspruch derjenigen Partei zuweist, aus deren Sicht das beendete Geschäft(-sbündel) einen positiven Marktwert hat. Ist dies der Schuldner, steht dieser Marktwert daher der Masse zu. Eine Regelung, die dies unterbindet, ist nicht mit den Grundgedanken der gesetzlichen Regelung vereinbar und daher **unwirksam**. Die Praxisrelevanz derartiger Klauseln dürfte sich mittlerweile aber ohnehin relativiert haben, da derartige, einseitig den Vertragsgegner begünstigende Klauseln zum Verlust der **bankaufsichtsrechtlichen Anerkennungsfähigkeit** des Liquidationsnetting führen (Art. 296 Abs. 2 Buchst. d CRR).

bb) Zuweisung einseitiger Bestimmungs- oder Berechnungsbefugnisse

126 Gängige Klauseln bestimmen, dass der Vertragsgegner als die Partei, in deren Person der insolvenzbezogene Beendigungsgrund nicht eingetreten ist, berechtigt sein soll, die Nichterfüllungsforderung zu berechnen (vgl. Nr. 6 [d] [i] ISDA Master Agreement 2002). Das äußert sich teils darin, dass die Nichterfüllungsforderung auf der Grundlage konkreter Ersatzgeschäfte zu bestimmen ist, die der Vertragsgegner abzuschließen berechtigt ist (Nr. 8 Abs. 1 des Deutschen Rahmenvertrags für Finanztermingeschäfte). Derartige Klauseln scheinen dem Schuldner die Möglichkeit zu nehmen, den von ihm im Zuge der Eingehung konkreter Ersatzgeschäfte aufgewandten oder vereinnahmten Preis zugrunde legen zu dürfen. Dennoch liegt darin **kein Verstoß gegen die wesentlichen Grundgedanken** der gesetzlichen Regelung. Denn der gesetzliche Beendigungs- und Abrechnungsmechanismus **schützt in erster Linie den Vertragsgegner**. Da und soweit dessen Solvenz i.d.R. unangezweifelt ist (zu Besonderheiten bei Zweifeln an der Solvenz des Vertragsgegners s. Rdn. 128), wird der Vertragsgegner in aller Regel einen **besseren und ungehinderteren Zugang zu den Märkten und zu Marktpreisen** haben als der Schuldner, dessen drohende oder eingetretene Insolvenz den Zugang zum Markt erschweren und jedenfalls die Erlangbarkeit von »reinen« Marktpreisen (i.S.v. Preisen, in die nicht auch Abschläge für die zweifelhafte Leistungsfähigkeit des Schuldners eingepreist sind) ausschließen wird (s. dazu auch Rdn. 127). Der zuletzt genannte Aspekt ist eine natürliche und zwingende Folge der (drohenden) Insolvenz des Schuldners, an den sich der gesetzliche Beendigungs- und Abrechnungsmechanismus knüpft. Daher sind entsprechende Zuweisungen des Bestimmungsrechts an den Vertragsgegner grds. mit dem Grundgedanken des gesetzlichen Beendigungs- und Abrechnungsmechanismus **vereinbar** und damit auch nach Abs. 4 Satz 1 wirksam.

cc) Begrenzung der Nichterfüllungshaftung des Vertragsgegners auf den Schaden des Schuldners (Nr. 8 Abs. 2 Satz 1 des Deutschen Rahmenvertrags)

127 Eine Vereinbarung, durch welche die dem Schuldner bzw. der Masse zustehende Forderung auf den Schaden des Schuldners als derjenigen Partei begrenzt wird, in deren Person das Insolvenz- und damit Beendigungsereignis eingetreten ist, scheint den Schuldner und die Masse grundlos einseitig zu benachteiligen. Der BGH hat aus diesem Grund **Nr. 8 Abs. 2 Satz 1 des Deutschen Rahmenvertrags für Finanztermingeschäfte** unter altem Recht als eine Klausel beanstandet, die das von § 104 InsO gewährleistete Masseschutzniveau herabsetzt und die daher unwirksam sein sollte (BGHZ 210, 321 Rn. 60). Eine solche Klausel greift dann, wenn die den Vertragsgegner treffenden Leistungslasten die den Schuldner treffenden Leistungslasten übersteigen, mithin insbesondere dann, wenn das Geschäft per saldo einen Zahlungsanspruch des Schuldners begründet. Zudem setzt die Klausel voraus, dass der dem Schuldner entstehende Schaden in Höhe dieses Saldos niedriger ist als der im Zuge einer tatsächlichen oder hypothetischen Ersatzeindeckung für den Erwerb der Position mit positivem (Markt-)Wert aufzuwendende Betrag. Unter gewöhnlichen Umständen würde der Markt das Geschäft diesen Saldo bei der Bewertung des Geschäfts zugrunde legen, so dass Schaden des Schuld-

Da Bezugspunkt für die Berechnung des Nichterfüllungsanspruchs der Zeitpunkt der Beendigung ist, können die Forderungen, die **zwischen der Beendigung dem Zeitpunkt der Ersatzeindeckung fällig geworden wären**, ohne Weiteres der Berechnung zugrunde gelegt werden, wenn diese nicht bereits im Markt- oder Börsenpreis des konkreten oder hypothetischen Ersatzgeschäfts eingepreist sind. Denn kommt es eigentlich auf ein Ersatzgeschäft an, das unmittelbar nach der Beendigung abgeschlossen worden wäre und unter dem die fraglichen Forderungen noch fällig und damit preisrelevant geworden wären, sind sie bei späterem Abschluss des Ersatzgeschäfts uneingeschränkt zu berücksichtigen. 121

Hieraus sollte sich aber im Umkehrschluss ergeben, dass **vor dem Beendigungszeitpunkt fällig gewordene Forderungen**, die nach den allgemeinen Regeln etwa deshalb nicht im Rahmen einer Aufrechnung verrechnet werden könnten, weil sie (noch) nicht auf Geld gerichtet sind, **nicht erfasst** werden können. Denn auch der gesetzliche Mechanismus erfasst nur die bis zum Eröffnungszeitpunkt noch nicht fällig gewordenen Forderungen aus dem Geschäft. 122

3. Ermittlung der Nichterfüllungsforderung

a) Abweichende oder ergänzende Methoden der Bestimmung des Markt- oder Börsenwerts

Klauseln, welche von Abs. 2 abweichende Methoden für die Bestimmung des Nichterfüllungsanspruchs vorsehen, müssen, um mit den Grundgedanken des gesetzlichen Mechanismus vereinbar zu sein, sicherstellen, dass sich die Nichterfüllungsforderung nach dem **Markt- oder Börsenwert der beendeten Geschäfte** richtet. Dabei muss aber dem Gedanken Rechnung getragen werden, dass der Bestimmung des Markt- und Börsenwerts aufgrund **konkret möglicher Ersatzeindeckungsgeschäfte** ein gewisser **Vorrang** zukommt (BT-Drucks. 18/9983, S. 22: »Vorrang der konkreten oder hypothetischen Ersatzbeschaffung bei aktiven Märkten, auf denen sich Markt- oder Börsenpreise bilden (§ 104 Abs. 2 Satz 2 Nr. 1 und 2 InsO), gehört allerdings zu diesen Grundgedanken«). Eine **Berechnungsmethode, die vom tatsächlichen Marktgeschehen abstrahiert**, ist daher **nicht zulässig**. Zulässig sind demgegenüber Regelungen, die das Erfordernis der Bestimmung eines dem tatsächlichen Marktgeschehen durch konkrete und operationalisierbare Vorgaben in nachvollziehbarer Weise einzulösen suchen. Dies gilt etwa für die *market quotation* unter dem ISDA Master Agreement 2002 (s. Nr. 14, Definition von »Close-out Amount« Abs. 4 [i]), wonach Angebote von qualifizierten Marktakteuren wie z.B. Market Maker zugrunde gelegt werden können. 123

b) Asymmetrische Ausgestaltungen zulasten einer Vertragspartei

Asymmetrische Vereinbarungen, die systematisch eine der Vertragsparteien benachteiligen, sind **i.d.R.** (wenn auch nicht ausnahmslos, s. Rdn. 126 f.) **unwirksam**. Der gesetzliche Beendigungs- und Abrechnungsmechanismus ist in dem Sinne **ausgewogen**, dass er beiden Parteien die Möglichkeit einer unverzüglichen Ersatzeindeckung einräumen möchte und dass der im Zuge solcher Ersatzeindeckungen aufzuwendende bzw. zu vereinnahmende Markt- und Börsenwert der Position im Rahmen der Nichterfüllungshaftung zwischen den Parteien ausgeglichen wird (s. Rdn. 5 ff.). Mithin beruht § 104 InsO insbesondere auf der Annahme, dass die Beendigung und die Nichthaftung den Schuldner bzw. die Masse **nicht einseitig und systematisch benachteiligt**. 124

aa) Walk-away- und One-way-Klauseln

In der Marktpraxis wurden (zwischenzeitlich) Klauseln verwandt, welche **den Vertragsgegner einseitig begünstigen** und **den Schuldner bzw. die Masse** damit **systematisch benachteiligen**. Ein Beispiel für derartige Walk-away- oder One-way-Klauseln ist die sog. »First Method« nach Nr. 6 (2) (i) (1) & (2) des ISDA Master Agreement 1992. Hiernach kann ein Ersatzanspruch allein zugunsten des Vertragsgegners, nicht aber zugunsten des Schuldners oder der Masse entstehen. Der dieser Klausel zugrunde liegende, dem *common law* entspringende Rechtsgrundsatz, dass einer vertragsbrüchigen Partei kein Schadensersatz zustehen kann (dazu *Reiner* ISDA Master Agreement, Nr. 6 Rn. 92), lässt sich unter keinem erdenklichen Gesichtspunkt auf das deutsche Recht übertragen, zumal die Insol- 125

am Beispiel eines **perpetuellen**, d.h. **auf unbestimmte Zeit abgeschlossenen Wertpapierfinanzierungsgeschäfs** verdeutlichen. Zum einen besteht auch bei solchen Geschäften in Anbetracht der Preisvolatilitäten des Referenzpapiers das von § 104 InsO aufgenommene Bedürfnis, dem Vertragsgegner sofortige Rechtssicherheit in der Frage zu gewähren, ob das Geschäft durchgeführt wird. Deswegen ist ein entsprechendes Wertpapierfinanzierungsgeschäft jedenfalls dann als Finanzleistungsvertrag anzusehen, wenn es einen vereinbarten Endtermin hat, der nach der Verfahrenseröffnung bzw. dem nach Abs. 4 Satz 2 Nr. 1 maßgeblichen vertraglichen Fälligkeitstermin liegt (s. Rdn. 59; BT-Drucks. 15/1853, S. 15). Unter teleologischen Gesichtspunkten, die ihrerseits für die Bestimmung des auf die Grundgedanken der Regelung zurückfallenden Maßstabs für die Inhaltskontrolle nach Abs. 4 Satz 1 maßgeblich sind (s. Rdn. 101), wäre die Einbeziehung derartiger Geschäfte daher konsequent. Eine ungebührliche oder gar missbräuchliche Ausuferung und Infragestellung des Insolvenzverwalterwahlrechts und anderer Wertungen des Insolvenzvertragsrechts der §§ 103 InsO ff. wäre auch nicht zu befürchten, da das (erfüllte) Merkmal der Markt- und Börsengängigkeit des Vertrags hinreichend Gewähr dafür bietet, dass die von § 104 InsO vorausgesetzte Möglichkeit einer Ersatzeindeckung auf beiden Seiten besteht. Andererseits ist in Rechnung zu stellen, dass der Gesetzgeber sich anlässlich der Umsetzung der Finanzsicherheitenrichtlinie nicht dazu entscheiden konnte, die Bindung an eine Frist- oder Terminbestimmung vollständig aufzugeben (BT-Drucks. 18/1853, S. 15), und dass er sie auch im Zuge der jüngsten Novellierung nicht aufgegeben hat. Letzteres wäre allerdings nur insoweit entscheidend, wie man die Fristbindung zu den wesentlichen Grundgedanken des gesetzlichen Beendigungs- und Abrechnungsmechanismus zählen könnte. Das ist allerdings nicht der Fall, da die Frist- oder Terminbindung **ein für den gesetzlichen Mechanismus nicht wesens- oder zweckprägendes Merkmal** ist. Selbst die Begründung zum Regierungsentwurf des Finanzsicherheiten-Umsetzungsgesetzes stellt insoweit nur auf den historischen Regelungsansatz und nicht aber auf die innere, teleologische oder systematische Normlogik ab (BT-Drucks. 15/1853, S. 15). Insoweit dürfte **kein Verstoß gegen wesentliche Grundgedanken** vorliegen. **Anderes** gilt für das **Fixgeschäftserfordernis** des Abs. 1 Satz 1. Denn dieses ist nicht nur historisch prägend, sondern schafft im Kontext von Warengeschäften erst den Bezugspunkt für den Markt- und Börsenhandel und damit für die von der Vorschrift unterstellte Möglichkeit einer konkreten Ersatzeindeckung.

2. Insbesondere: Einbeziehung bereits fällig gewordener Forderungen (»Unpaid Amounts«); Aufrechnungsklauseln

119 Marktübliche Vertragsmuster sehen vor, dass in den Gesamtverrechnungsprozess nicht nur die Markt- oder Börsenwerte der Einzelgeschäfte einbezogen werden, sondern auch die unter den Einzelgeschäften bereits fällig oder überfällig gewordenen Zahlungs- und Leistungspflichten (vgl. Nr. 9 Abs. 1 des Deutschen Rahmenvertrags für Finanztermingeschäfte). Motiviert ist die Unterscheidung zwischen diesen beiden Posten durch die im ISDA Master Agreement 2002 besonders anschaulich werdende Unterscheidung zwischen zum Beendigungszeitpunkt noch nicht fälligen und damit **zukünftigen Leistungspflichten** (welche nach Gesamtverrechnung im »**Close-out-Amount**« i.S.v. aufgehen) und **bereits fällig gewordenen Leistungspflichten** (»**Unpaid Amounts**« i.S.v. Nr. 6 (d) & (e) ISDA Master Agreement 2002; s. dazu *Reiner* ISDA Master Agreement, Nr. 6 Rn. 54 ff.). Der gesetzliche Beendigungs- und Abrechnungsmechanismus nimmt eine solche Differenzierung nicht vor, sondern stellt in Abs. 2 auf den Markt- und Börsenwert der erfassten Geschäfte ab.

120 Unproblematisch erscheint die Einbeziehung bereits fällig gewordener Forderungen dann, wenn auch **nach den allgemeinen Bestimmungen** (§§ 387 ff. BGB, §§ 94 ff. InsO) eine **Verrechnung im Rahmen einer (auch antizipierten) Aufrechnung möglich** wäre. Denn dann vollzieht die rahmenvertragliche Gesamtverrechnung lediglich die Wirkungen einer entsprechenden zulässigen Aufrechnungsvereinbarung nach. Unter diesem Gesichtspunkt ist es indessen nicht möglich, nicht auf Geld gerichtete Forderungen einzubeziehen, da es insoweit an der aufrechnungsrechtlich zu fordernden Gleichartigkeit (§ 387 BGB) fehlt.

erweitern. In jedem Fall bleibt es beim Erfordernis, das eine **Ersatzeindeckung unverzüglich** zu erfolgen hat. Der Zeitraum darf daher **nur insoweit in Anspruch genommen** werden, als dies für eine unverzügliche Ersatzbeschaffung erforderlich ist. Verzögert der Vertragsgegner die Vornahme des Ersatzgeschäfts, trägt er das Risiko, dass er den aufgewendeten Markt- oder Börsenpreis nicht vollständig der Berechnung der Nichterfüllungsforderung zugrunde legen kann.

Abs. 4 Satz 2 Nr. 3 Buchst. c erlaubt den Parteien – wie bisher § 104 Abs. 3 Satz 2 InsO a.F. – zwecks Bestimmung des Markt- oder Börsenwerts auf der Grundlage eines hypothetischen Ersatzgeschäfts einen Zeitpunkt zu wählen, der im Zeitraum zwischen der Beendigung des Geschäfts und dem fünften darauf folgenden Werktag liegt. Die einzige Änderung gegenüber der früheren Rechtslage besteht darin, dass explizit geregelt ist, dass für Zwecke der Bestimmung des Markt- oder Börsenwerts des Geschäfts der vertragliche Beendigungszeitpunkt an die Stelle der Verfahrenseröffnung tritt. 115

III. Nicht ausdrücklich geregelte Klauseln

Der **Beispielkatalog** des Abs. 4 Satz 2 ist **nicht abschließend**, sondern bildet lediglich marktübliche Gestaltungen ab, die nach der Beurteilung des Gesetzgebers einerseits mit dem Zweck des gesetzlichen Beendigungs- und Abrechnungsmechanismus vereinbar und andererseits für eine bankaufsichtsrechtliche Anerkennung erforderlich sind (BT-Drucks. 18/9983, S. 9). Der im Gesetzgebungsverfahren nachdrücklich erhobenen Forderung, Abs. 4 die Form eines abschließenden Katalogs zu geben (so unter anderem die schriftlichen und mündlichen Stellungnahmen der Sachverständigen *Köndgen* und *Paulus* im Rahmen der öffentlichen Anhörung im Rechts- und Verbraucherschutzausschuss am 09.11.2016) kam man nicht nach, da man das Bedürfnis der Praxis anerkennen wollte, im Rahmen der Zweckbestimmungen des § 104 InsO die Einzelheiten des Beendigungs- und Abrechnungsmechanismus privatautonom zu regeln. Bei dieser **bewussten Entscheidung des Gesetzgebers** kam auch dem Umstand besondere Bedeutung zu, dass jede gesetzliche Regelung angesichts der Komplexität des Regelungsgegenstandes geradezu zwangsläufig rudimentär bleiben muss und daher einer den praktischen Anforderungen gerecht werdenden Ausgestaltung durch die Parteien bedarf (BT-Drucks. 18/9983, S. 13). Auch insoweit sollte die Regelung gegenüber der gängigen Praxis und künftigen Entwicklungen auf den betroffenen Märkten offen bleiben (vgl. BT-Drucks. 12/7302, S. 168). 116

1. Einbeziehung von nicht in Absatz 1 genannten Geschäften und Positionen

Bei der Einbeziehung von nicht in Abs. 1 genannten Geschäften ist zu **differenzieren**. Einerseits ist bereits der Begriff der Finanzleistung nicht abschließend definiert. So handelt es sich bei der Aufzählung des Abs. 1 Satz 3 um einen **nicht abschließenden Beispielkatalog**, der insbesondere solchen Erweiterungen zugänglich ist, mit denen die Marktpraxis und -entwicklung widergespiegelt wird (s. Rdn. 49). Andererseits steht der **Anwendungsbereich** des § 104 InsO **nicht zur Disposition der Parteien** (BT-Drucks. 18/10470, S. 12 f.). Ansonsten käme Abs. 4 einem weder seinem Zweck (s. Rdn. 5 f.) noch seiner systematischen Stellung innerhalb des § 104 InsO gerecht werdenden Freibrief für die Aushöhlung des Insolvenzvertragsrechts der §§ 103 ff. InsO und insbesondere des praktisch bedeutsamen Verwalterwahlrechts des § 103 InsO gleich. Durch die **Bindung** privatautonomer Vereinbarungen an die Zweckbestimmungen des § 104 InsO wollte der Gesetzgeber insbesondere einer »missbräuchliche[n] Ausdehnung auf Geschäfte« vorbeugen, »die nach dem **Normzweck des § 104 InsO** nicht in den Anwendungsbereich der Vorschrift fallen« (BT-Drucks. 18/10470, S. 13). Daher erfordert der Zweck der Vorschrift insbesondere, dass es sich um einen markt- oder börsengehandelten Gegenstand handelt, da andernfalls die vom gesetzlichen Beendigungs- und Abrechnungsmechanismus vorausgesetzte Möglichkeit der Ersatzeindeckung zu einem Markt- oder Börsenpreis nicht besteht (BT-Drucks. 18/10470, S. 13). 117

Einer näheren Betrachtung bedarf die zwischen den oben aufgezeigten Polen angesiedelte Konstellation, in denen die Erfassung eines Kontrakts allein deshalb zweifelhaft ist, weil die Anforderungen an den Fälligkeitstermin oder die Fälligkeitsfrist nicht eingehalten werden. Die Problematik lässt sich 118

111 Die Aufzählung der (insolvenzbezogenen) Gründe, an welche die vertragliche Beendigung anknüpfen kann, reflektiert den Inhalt gängiger Rahmenverträge; sie ist daher **nicht abschließend** (BT-Drucks. 18/9983, S. 15). Zulässig ist daher auch die Vereinbarung anderer **insolvenzbezogener Anknüpfungstatbestände** wie insbesondere die Anordnung vorläufiger Maßnahmen nach § 21 InsO und die Stellung eines Insolvenzantrags durch einen Gläubiger oder eine Aufsichtsbehörde. Zulässig ist auch die Anknüpfung an die Verhängung eines aufsichtsrechtlichen Moratoriums nach § 46a KWG (BT-Drucks. 18/9983, S. 15). Erst recht müssen **insolvenzunabhängige Anknüpfungen** wie z.B. an die Verschlechterung der Vermögenslage oder der Werthaltigkeit von Sicherheiten (§ 490 Abs. 1 BGB) zulässig sein, da diese schon am Maßstab des § 119 InsO unproblematisch sind.

112 Im Falle einer vorgezogenen vertraglichen Beendigung können die Vertragsparteien auch solche Geschäfte in den Beendigungs- und Abrechnungsmechanismus einbeziehen, deren **Leistungszeit** möglicherweise noch **vor der Verfahrenseröffnung** fällig wird (Abs. 4 Satz 2 Nr. 2). Das Erfordernis des Abs. 1 InsO, wonach eine Leistungszeit oder -frist vereinbart sein muss, die erst nach der Eröffnung des Verfahrens eintritt oder abläuft, wird dahingehend modifiziert, dass an die Stelle der Verfahrenseröffnung der vereinbarte Beendigungszeitpunkt tritt. Dem vertraglichen Beendigungsmechanismus unterfallen somit alle Geschäfte, in denen eine Leistungszeit oder -frist vereinbart ist, die nach dem für die vertragliche Beendigung vorgesehenen Zeitpunkt liegt oder abläuft.

2. Bestimmung der Nichterfüllungsforderung (Abs. 4 Satz 2 Nr. 3)

113 Nach Abs. 4 Satz 2 Nr. 3 Buchst. a und c kann vereinbart werden, dass die Ermittlung des für die Höhe der Nichterfüllungsforderung maßgeblichen Markt- oder Börsenwerts anstatt auf den Zeitpunkt bzw. Zeitraum nach Verfahrenseröffnung (Abs. 2 Satz 2) auf den Zeitpunkt bzw. Zeitraum nach einer vertraglichen Beendigung im Sinne von Abs. 4 Satz 2 Nr. 1 bezogen werden soll. Zum alten Recht ist gegen die Zulässigkeit einer solchermaßen vorgezogenen Ermittlung der Nichterfüllung eingewandt worden, dass der Masse im Vergleich zur gesetzlichen Berechnungsweise Gewinne verloren gehen könnten, die auf die Position im Zeitraum zwischen der vorinsolvenzlichen Beendigung und der Verfahrenseröffnung entfallen (Kübler/Prütting/Bork/*Köndgen* InsO, § 104 Rn. 36 ff.; *Fuchs* Close-out Netting, Collateral und systemisches Risiko, 2013, S. 117 f.; *Kieper* Abwicklungssysteme in der Insolvenz, 2004, S. 91). Hiergegen konnte man indessen schon unter altem Recht geltend machen, dass solche Gewinne aus **zufälligen Marktpreisschwankungen** resultieren, die sich im Vorhinein nicht voraussagen lassen und die sich daher genauso gut in Verlusten für die Masse niederschlagen können (Graf-Schlicker/*Bornemann* InsO, § 104 Rn. 42). Zudem schützt § 104 InsO gerade die Fähigkeit der Parteien, insbesondere des Vertragsgegners, die mit solchen Preisschwankungen verbundenen Risiken effektiv zu steuern (Graf-Schlicker/*Bornemann* § 104 Rn. 42). Damit wäre es nicht vereinbar, den Parteien trotz bereits erfolgter Beendigung und der durch diese ausgelösten Notwendigkeit einer Ersatzbeschaffung zuzumuten, die Berechnung des Ausgleichsanspruchs auf einen späteren Zeitpunkt zu beziehen. Umgekehrt dürfte daher umgekehrt eine vertragliche Regelung, die dies vorsähe, gegen einen wesentlichen Grundgedanken der gesetzlichen Regelung verstoßen, der darin besteht, dass zwischen den Parteien der Aufwand bzw. Erlös für eine Ersatzeindeckung über den Markt oder die Börse abgerechnet werden soll.

114 Nach Abs. 4 Satz 2 Nr. 3 Buchst. b können die Parteien den für die Vornahme eines Ersatzgeschäfts maßgeblichen Zeitraum **bis zum zwanzigsten Werktag nach dem maßgeblichen Beendigungszeitpunkt** erweitern, sofern dies für eine wertschonende Abwicklung des Geschäfts erforderlich ist. Der verlängerte Zeitraum für die Vornahme der Ersatzeindeckung wird oftmals im Zusammenhang mit **komplexen oder umfangreichen Portfolien** erforderlich sein, die über einen Rahmenvertrag nach Abs. 3 Satz 1 zusammengefasst sind. Diese lassen sich **nicht ohne Weiteres binnen kurzer Zeit in werterhaltender Weise reproduzieren**. Der zwanzigtägige Zeitraum ist an bankaufsichtsrechtlichen Vorgaben zur Vorsorge gegen Preisänderungsrisiken angelehnt. Nach Art. 285 CRR wird bei Portfolien von über 5.000 Geschäften oder mit illiquiden Geschäften oder Sicherheiten ein abzusichernder Mindestzeitraum von zwanzig Handelstagen zugrunde gelegt. Daher sollen die Parteien die Möglichkeit erhalten, den Zeitraum auf bis zu zwanzig Werktage nach der vertraglichen Beendigung zu

Abs. 4 Satz 1 maßgeblichen Grundgedanken des gesetzlichen Beendigungs- und Abwicklungsmechanismus (BT-Drucks. 18/9983, S. 14). Allerdings beruht dieser auch auf der Annahme, dass sich das **Erfüllungsinteresse der Masse** grds. auch über eine Ersatzeindeckung am Markt oder an der Börse wahren lässt (BT-Drucks. 12/2443, S. 145: »der Verwalter hat, wenn er die Ware zur Fortführung des Unternehmens des Schuldners benötigt, ohne Schwierigkeiten die Möglichkeit, sich anderweitig einzudecken«; vgl. bereits Motive KO 1877, S. 71: »Die Gewißheit, daß das Geschäft nicht zur Ausführung kommt und stattdessen Entschädigung gewährt wird, gereicht beiden Theilen zum Vortheil«). Insoweit stellt der gesetzliche Beendigungs- und Abwicklungsmechanismus einen **Ausgleich** zwischen dem intendierten **Schutz des Vertragsgegners** und dem **Schutz der Masse** her. Der durch die Beendigung des Geschäfts gewährte Schutz soll grds. nicht auf Kosten der Masse gehen.

Das heißt aber nicht, dass der gesetzliche Beendigungs- und Abwicklungsmechanismus die Masse vor jedweden Nachteilen bewahren will (BT-Drucks. 18/9983, S. 14). So ist § 104 InsO, anders als noch § 18 KO, unabhängig davon anwendbar, ob die Masse tatsächlich ein Ersatzgeschäft zu einem Markt- oder Börsenpreis abschließen kann oder ob ein Markt- oder Börsenpreis überhaupt feststellbar ist (BT-Drucks. 12/7302, S. 168). Weitere Beeinträchtigungen und Nachteile mutet der gesetzliche Mechanismus der Masse mit Blick auf die **praktischen Schwierigkeiten** zu, die mit der Vornahme von Ersatzgeschäften unmittelbar nach Verfahrenseröffnung verbunden sind. Und schließlich beinhaltet die von § 104 Abs. 2 Satz 3 InsO a.F. in Abs. 4 Satz 2 Nr. 1 übernommene Möglichkeit einer Beendigung zu einem Zeitpunkt vor Verfahrenseröffnung die Möglichkeit, dass der Insolvenzmasse etwaige Gewinne vorenthalten bleiben, die infolge der Markt- oder Börsenpreisentwicklung zwischen der vorzeitigen Beendigung und dem nach § 104 Abs. 3 InsO maßgeblichen Zeitpunkt hätten vereinnahmt werden können: Bei einer solchen vorzeitigen Beendigung wäre es kaum mit dem Zweck des gesetzlichen Mechanismus vereinbar, die Nichterfüllungsforderung auf der Grundlage der Markt- oder Börsenpreise zu einem Zeitpunkt nach der Verfahrenseröffnung zu berechnen. Dies setzte den Vertragsgegner den Unwägbarkeiten aus, die durch die sofortige Beendigung und Abrechnung im Zuge des gesetzlichen Beendigungs- und Abwicklungsmechanismus ausgeschlossen werden sollen (Graf-Schlicker/*Bornemann* InsO, § 104 Rn. 42).

Einseitige Benachteiligungen der Masse hingegen, die nicht durch den auf die Bewahrung der Marktrisikosteuerungsfähigkeit des Vertragsgegners gerichteten Zweck des gesetzlichen Beendigungs- und Abrechnungsmechanismus bedingt sind, können hingegen gegen die wesentlichen Grundgedanken verstoßen und unwirksam sein. Insoweit sind der Vereinbarung von Klauseln zulasten der Insolvenzmasse Grenzen gesetzt. Unzulässig sind dabei ohne Weiteres sog. **Ausstiegsklauseln** (walk away clauses), welche dem Vertragsgegner ein voraussetzungsloses Leistungsverweigerungsrecht einräumen und damit der Wertung widersprechen, dass ein positiver Marktwert des Geschäfts der Masse zusteht (*Reiner* ISDA Master Agreement, 2013, § 6 Rn. 169; Graf-Schlicker/*Bornemann* InsO, § 104 Rn. 45; näher Rdn. 124 ff.).

II. Ausdrücklich zulässige Abweichungen (Abs. 4 Satz 2)

1. Vertragliche Beendigung vor Verfahrenseröffnung (Abs. 4 Satz 2 Nr. 1 und 2)

Nach Abs. 4 Satz 2 Nr. 1 können die Parteien vereinbaren, dass die von Abs. 1 angeordnete Aufhebung der Leistungspflichten in einer Nichterfüllungsforderung bereits zu einem Zeitpunkt vor der Verfahrenseröffnung erfolgt, insbesondere wenn dabei an die Stellung eines Eigenantrags auf Eröffnung eines Insolvenzverfahrens oder an das Vorliegen eines Eröffnungsgrundes angeknüpft wird. Die Zulässigkeit einer solchen vorgezogenen **vertraglichen Beendigung** ließ sich auch schon unter altem Recht begründen (Graf-Schlicker/*Bornemann* InsO, § 104 Rn. 37 ff.; vgl. die Anknüpfung der Rahmenvertragsregelung des § 104 Abs. 2 Satz 3 InsO a.F. an das Vorliegen von Insolvenzgründen). Dies war aber nicht unumstritten (BGHZ 210, 321 Rn. 55). Mit Abs. 4 Satz 2 Nr. 1 besteht nun Rechtssicherheit in der Frage.

102 Zu differenzieren ist stets nach der von einer Vertragsklausel konkret betroffenen gesetzlichen Regelung, von der abgewichen wird. Insoweit kommt der **Funktion**, der **konkreten Regelung zur Erreichung oder Sicherstellung der Normzwecke des § 104 InsO** maßgebliche Bedeutung zu.

103 Hiernach sind Abweichungen von den **Regelungen des Abs. 1** kaum denkbar. Abs. 1 umreißt mit den dort definierten Warenfix- und Finanzleistungsgeschäften im Wesentlichen den Anwendungsbereich der Vorschrift und steht deshalb **grds. nicht zur Disposition der Vertragsparteien** (BT-Drucks. 18/10479, S. 12 [13]). Denn mit den Merkmalen der erfassten Warentermin- und Finanzleistungsgeschäften, vor allem aber mit dem Erfordernis eines **Markt- und Börsenpreises** wird **der Normzweck der Vorschrift abgesichert**: Erst der Markt- und Börsenhandel und die mit ihm einhergehenden Marktpreisrisiken lösen das von § 104 InsO aufgenommene Schutzbedürfnis zugunsten des Vertragsgegners aus. Und allein dieser sichert die zugleich vorausgesetzte Möglichkeit ab, dass sich der Vertragsgegner, aber auch der Schuldner neu eindecken können. Damit repräsentiert das Merkmal **der Markt- und Börsengängigkeit** einen **wesentlichen Grundgedanken**, von dem nicht abgewichen werden darf (vgl. BT-Drucks. 18/10479, S. 12: »Zu den Grundgedanken des § 104 InsO gehört, dass die in dieser Vorschrift enthaltene Ausnahme vom Verwalterwahlrecht des § 103 InsO nur gerechtfertigt ist bei Geschäften, die **auf einem Markt oder einer Börse gehandelt** werden und für die deshalb grds. **zu jedem Zeitpunkt über den Markt oder die Börse ein Ersatzgeschäft abgeschlossen werden kann**«). Ein weniger strenger Maßstab ist im Hinblick auf die Begriffe der Finanzleistung und des Warentermingeschäfts schon deshalb anzulegen, weil die gesetzlichen Definitionen hier ohnehin nicht trennscharf sind und gegenüber künftigen Entwicklungen auf den Märkten bewusst offen gelassen wurden (BT-Drucks. 12/7308, S. 168). Hinsichtlich des Merkmals der festbestimmten Leistungszeit und -frist (Abs. 1 Satz 2) dürften angesichts der fehlenden Relevanz für den Normzweck Abweichungen insoweit zulässig sein, als auch Verträge ohne bestimmten Endtermin erfasst sind. Entscheidend ist allein, dass die Leistungszeit zum Zeitpunkt der Verfahrenseröffnung noch nicht eingetreten ist (s. Rdn. 118).

104 Die durch die Verfahrenseröffnung ausgelöste **Aufhebung der Leistungspflichten** in einer Nichterfüllungsforderung (Abs. 1) schafft die von § 104 InsO im Interesse des Vertragsgegners erforderliche Rechtssicherheit hinsichtlich des Schicksals des Geschäfts und gehört damit zu den wesentlichen und unabdingbaren Grundgedanken. Folglich sind Klauseln **unwirksam**, die eine **Vertragsdurchführung** ungeachtet der Insolvenzeröffnung oder ein **Wahlrecht des Schuldners oder des Verwalters** vorsehen (BT-Drucks. 18/9983, S. 14; vgl. zum alten Recht Graf-Schlicker/*Bornemann* InsO, § 104 Rn. 38). Problematisch sind insoweit aber auch **Kündigungsrechte**, die auf die Verfahrenseröffnung bedingt werden, da diese in ihren Wirkungen einem Wahlrecht gleichkommen und die Parteien daher gerade den Unwägbarkeiten und Unsicherheiten aussetzen, vor denen § 104 InsO sie schützen möchte (näher Rdn. 129 f.).

105 Dass die **Modalitäten** der in **Abs. 2** enthaltenen Vorgaben für die **Bestimmung der Nichterfüllungsforderung** abdingbar sind, ergibt sich unmittelbar aus Abs. 4 Satz 2 Nr. 3. Danach können die Parteien vor allem die **zeitlichen Aspekte** der Ermittlung des maßgeblichen Markt- oder Börsenpreises in den dort vorgegebenen Zeitfenstern privatautonom bestimmen. Auch weitere Modalitäten der Bestimmung der Nichterfüllungsforderung sind zulässig, solange sie dem Grundgedanken folgen, dass der Markt- und Börsenwert des beendeten Geschäfts innerhalb der in Abs. 4 Satz 2 vorgegebenen zeitlichen Vorgaben maßgeblich ist (näher Rdn. 123 ff.).

106 Nicht abdingbar ist die in **Abs. 3 Satz 2** enthaltene Regelung, wonach Geschäfte, die nicht als Warenfixgeschäfte oder Finanzleistungsgeschäfte qualifizierbar sind, von den Fiktionswirkungen des Abs. 3 Satz 1 ausgenommen bleiben. Andernfalls stünde es den Parteien frei, Geschäfte den Wirkungen des Verwalterwahlrechts zu entziehen (s. Rdn. 117 f.).

2. Praktische Konkordanz mit Masseschutzerwägungen

107 Da § 104 InsO, anders als § 103 InsO, nicht dem Schutz der Masse, sondern dem **Schutz des Vertragsgegners** dient (s. Rdn. 5 f., 11), widerspricht nicht jede Benachteiligung der Masse den nach

cker/*Bornemann* InsO, § 104 Rn. 26: »Die hieraus resultierenden Unsicherheiten, auf deren Vermeidung § 104 an sich zielt, lassen sich ohne rechtsgeschäftliche Konkretisierungen in den einschlägigen Rahmenverträgen kaum verlässlich beseitigen«.

Abs. 4 trat i.d.F. des Art. 1 Nr. 3 des Dritten Gesetzes zur Änderung der Insolvenzordnung und zur Änderung des Gesetzes, betreffend die Einführung der Zivilprozessordnung vom 22.12.2016 **bereits am 10.06.2016 in Kraft**, um im Einklang mit der am selben Tag in Kraft getretenen **Allgemeinverfügung der BaFin** (s. Rdn. 33) das Vertrauen darin zu stärken, dass die für die bankaufsichtsrechtliche Anerkennung der marktüblichen Rahmenverträge wesentlichen Klauseln ungeachtet des Urteils des BGH vom 09.06.2016, aber im Einklang mit den bis dahin bestehenden Erwartungen wirksam und insolvenzfest sind (vgl. BT-Drucks. 18/9983, S. 23).

I. Grundgedanke der abbedungenen gesetzlichen Regelung (Abs. 4 Satz 1)

1. Maßgeblichkeit von Sinn und Zweck des gesetzlichen Beendigungs- und Abrechnungsmechanismus

Abweichende Vereinbarungen sind nach Abs. 4 Satz 1 zulässig, wenn sie sich in den Grenzen halten, die durch die **wesentlichen Grundgedanken** der abbedungenen gesetzlichen Regelungen gezogen werden. Der damit benannte Prüfungsmaßstab ist **dem AGB-Recht entnommen**, nach welchem eine Abweichung von wesentlichen Grundgedanken eine unangemessene Benachteiligung indiziert (§ 307 Abs. 2 Nr. 1 BGB) und damit die Unwirksamkeit von Vertragsklauseln nach sich ziehen kann (§ 307 Abs. 1 Satz 1 BGB). Die am Maßstab des Abs. 4 Satz 1 zu vollziehende Inhaltskontrolle ist indessen nicht auf die Feststellung einer unangemessenen Benachteiligung im AGB-rechtlichen Verständnis gerichtet. Daher sind auch die zur Konkretisierung des AGB-rechtlichen Maßstabs der Abweichung von wesentlichen Grundgedanken (wie insbesondere die von der Rspr. herangezogene Unterscheidung zwischen Zweckmäßigkeitserwägungen und Gerechtigkeitsgeboten, vgl. *BGH* NJW-RR 1996, 1009) nicht einschlägig. Durch die Verankerung eines an den wesentlichen Gedanken der gesetzlichen Regelung orientierten Prüfungsmaßstabs hat der Gesetzgeber **keine AGB-rechtlichen Ziele** verfolgt, sondern wollte vielmehr zum Ausdruck bringen, dass es sich um einen **von § 119 InsO losgelösten Prüfungsmaßstab** handelt, der allein auf die **spezifischen Normzwecke des § 104 InsO** Bezug nimmt und insbesondere von den über weite Strecken auf die Funktionen des Insolvenzverwalterwahlrechts nach § 103 InsO abstellenden Erwägungen zur Reichweite des § 119 InsO abstrahiert (vgl. *BMJV* Änderungsvorschlag, S. 11 f., abgedruckt in ZInsO 2016, 1629 [1635]). Zum anderen sollte durch die Maßgeblichkeit der *wesentlichen* Grundgedanken sichergestellt werden, dass hohe Anforderungen an die Beachtlichkeit geltend gemachter Grundgedanken gestellt werden, so dass nur erhebliche Abweichungen schädlich sind und mithin ein weitreichender Gestaltungsspielraum abgesichert wird, der seine Grenze allein in den **Normzwecken** des § 104 InsO findet (BT-Drucks. 18/9983, S. 4: »Für die Prüfung, ob eine von § 104 InsO-E abweichende vertragliche Regelung nach § 119 InsO unwirksam ist, kommt es deshalb allein auf solche Abweichungen an, die dem Zweck des gesetzlichen Beendigungs- und Abwicklungsmechanismus widersprechen.«).

Für die Konkretisierung des auf die wesentlichen Grundgedanken der gesetzlichen Regelung abstellenden Prüfungsmaßstabs ist auf die **Normzwecke des § 104 InsO** abzustellen (BT-Drucks. 18/9983, S. 4). Diese bestehen darin, den Vertragsgegner von den Unsicherheiten zu entlasten, denen er ausgesetzt wäre, wenn er im Ungewissen darüber bliebe, ob der Vertrag erfüllt wird oder nicht (BT-Drucks. 18/9983, S. 14; s.a. Rdn. 5 f.). Der Vertragsgegner (aber auch der Schuldner/die Masse) soll die Möglichkeit haben, sein Erfüllungsinteresse durch den Abschluss eines Ersatzgeschäfts zu wahren. Im Idealfall soll das Ersatzgeschäft im Verhältnis zwischen dem Vertragsgegner und dem Schuldner zu ebendem Markt- und Börsenpreis abrechnet werden, der dem Preis entspricht, der bei einer Ersatzbeschaffung erlöst werden könnte oder aufzuwenden wäre.

einbarung mit der einheitlichen Nichterfüllungsforderung nach Abs. 3 Satz 1 zu verrechnen, doch folgt dies dann aus der Anwendung der insoweit einschlägigen Bestimmungen und nicht aus Abs. 3 Satz 1. Umgekehrt schadet es nach Abs. 3 Satz 2 HS 1 der Einheitsfiktion und der sich daran knüpfenden Einheitlichkeit der Berechnung der Nichterfüllungsforderung nicht, wenn in den Rahmenvertrag auch andere Geschäfte einbezogen wurden: Für die einbezogenen Warenfix- und Finanzleistungsverträge (und nur für diese) gilt die Einheitsfiktion des Abs. 3 Satz 1 daher ungeachtet der »**Verunreinigung**« durch die Einbeziehung auch anderer Geschäfte.

96 Abs. 3 Satz 1 stellt zudem klar, dass Geschäfte nach Abs. 1 auch durch das Regelwerk einer **zentralen Gegenpartei** zu einem einheitlichen Vertrag zusammengefasst werden können. Damit ist gewährleistet, dass Vereinbarungen über Liquidationsnetting für die Zwecke der bankaufsichtsrechtlichen Eigenkapitalunterlegung auch im Rahmen der Abwicklung von Geschäften über zentrale Gegenparteien anerkannt werden können. Zwar wird die Anwendung der Regelwerke zentraler Gegenparteien bereits durch den vorrangig anzuwendenden **Art. 102b EGInsO i.V.m. Art 48 EMIR** gewährleistet. Dies gilt allerdings nur in der **Insolvenz von Clearingmitgliedern** und nicht in der **Insolvenz der zentralen Gegenpartei**. Mit Abs. 3 Satz 1 wird daher Klarheit in der Frage geschaffen, ob in der Insolvenz einer zentralen Gegenpartei auch § 104 InsO, insbesondere die Abs. 3 und 4 zur Anwendung kommen (BT-Drucks. 18/9983, S. 21).

H. Vertragliches Liquidationsnetting (Abs. 4)

97 Die in der Praxis der Finanz- und Warenterminmärkte **gängigen Rahmenverträge** erschöpfen sich nicht in der von Abs. 3 allein in Bezug genommenen und anerkannten *single agreement clause*, kraft derer die Gesamtheit der abgeschlossenen Einzelgeschäfte einen einheitlichen Vertrag bildet. Vielmehr enthalten sie auch **eigenständige Regelungen** für die Beendigung der in den Rahmenvertrag einbezogenen Geschäfte und für die Bestimmung der aus der Beendigung dieser Geschäfte resultierenden Ausgleichsforderungen. Nach Abs. 4 Satz 1 sind derartige Vereinbarungen **in den Grenzen zulässig**, die durch die **wesentlichen Grundgedanken der gesetzlichen Regelung** gezogen werden, von denen abgewichen wird. Abs. 4 Satz 2 nennt beispielhaft besonders praxisrelevante Klauseln zur Bestimmung des Beendigungszeitpunkts sowie zur Berechnung der Nichterfüllungsforderung und weist diese damit als mit den wesentlichen Grundgedanken des § 104 InsO vereinbar und damit zulässig aus.

98 Das **Konkurrenzverhältnis** von gesetzlichem Beendigungs- und Abrechnungsmechanismus einerseits und vertraglichem Liquidationsnetting andererseits **war** in der bis zum 09.06.2016 geltenden Vorgängerfassung **unvollständig geregelt**. Explizite Regelungen fanden sich allein zur Zulässigkeit von rahmenvertraglichen Gesamtbeendigungsklauseln (§ 104 Abs. 2 Satz 3 InsO a.F.) sowie zur Zulässigkeit der vertraglichen Bestimmung des Zeitpunkts, auf den sich die Ermittlung der Nichterfüllungsforderung beziehen soll (§ 104 Abs. 3 Satz 1 InsO a.F.). Kernfragen des Konkurrenzverhältnisses zwischen dem rahmenvertraglichen Liquidationsnetting und dem gesetzlichen Lösungsmechanismus waren aber offengelassen worden (Kübler/Prütting/Bork-*Köndgen* InsO, § 104 Rn. 7). Insbesondere ließen **Wortlaut** und **systematischer Aufbau** der Vorschrift die Lesart zu, dass die Rechtsfolgenbestimmung des § 104 Abs. 3 InsO a.F. auch für den Fall des vertraglichen Liquidationsnettings gilt und unabdingbar ist (BGHZ 210, 321 Rn. 54, 56; Kübler/Prütting/Bork-*Köndgen* InsO, § 104 Rn. 39 f.; HK-InsO/*Marotzke* § 104 Rn. 16; FK-InsO/*Wegener* 8. Aufl., § 104 Rn. 34; *Uhlenbruck/Lüer* InsO, § 104 Rn. 38; KS-InsO/*Berger* 3. Aufl. 2009, S. 351; *Kieper* Abwicklungssysteme in der Insolvenz, 2004, S. 69; *Ehricke* NZI 2006, 564 [566]). Andererseits konnte man geltend machen, dass der Gesetzgeber mit der Schaffung von § 104 Abs. 2 InsO a.F. gerade die internationale Vertragspraxis, die für diese maßgeblichen aufsichtsrechtlichen Anforderungen sowie rechtsvergleichende Vorbilder aufgreifen wollte (vgl. BT-Drucks. 12/7302, S. 168) und dass er schon aufgrund der Unzulänglichkeiten und Unvollständigkeit der gesetzlichen Regelung darauf angewiesen war, dass die Einzelfragen des Beendigungs- und Abrechnungsmechanismus in praxisgerechter Weise privatautonom geregelt werden, um die von § 104 InsO bezweckte Rechtssicherheit gewährleisten zu können (*Ebenroth/Benzler* ZVglRW 95 [1996], 335 [359], Graf-Schli-

ökonomischen Verfahrens- und Berechnungsweisen für die Bewertung von Finanzinstrumenten übereinstimmen. Sie haben sich dabei auf tatsächliche **im Marktgeschehen beobachtbare Preise** zu stützen oder müssen zumindest anhand solcher Preise kalibriert und regelmäßig überprüft werden. Obgleich dies bei einer **aufsichtsrechtlichen Genehmigung** von Modellen grds. angenommen werden kann (vgl. *Kieper* Abwicklungssysteme in der Insolvenz, 2004, S. 63 mit Blick auf aufsichtsrechtliche Marktbewertungen), müssen die von solchen Modellen erzeugten Preise ggf. um solche Komponenten **bereinigt** werden, die dem **aufsichtsrechtlichen Vorsichtsprinzip** geschuldet sind. Dies gilt für Modelle nach Art. 11 Abs. 2 EMIR, welche bei der Bestimmung der Höhe der aufsichtsrechtlich erforderlichen Margin-Sicherheiten **vorsichtige Bewertungen** vornehmen und daher zur Wahrung dieses Vorsichtsprinzips einen **tendenziell höheren Preis ausgeben**.

G. Rechtsfolgen bei Zusammenfassung in einem Rahmenvertrag (Abs. 3)

Abs. 3 Satz 1 erkennt **rahmenvertragliche Vereinbarungen** an, mit denen zwei Parteien die zwischen ihnen geschlossenen Warenfix- und Finanzleistungsgeschäfte derart miteinander verklammern, dass die Geschäfte bei Vorliegen bestimmter Gründe nur **einheitlich beendet** werden können. Eine derartige Verklammerung hat zur Folge, dass alle unter dem Rahmenvertrag geschlossenen Geschäfte **als ein einziges Geschäft** i.S.d. Abs. 1 (*single agreement*) **gelten** und dass für sie folglich auch nur eine **einheitliche Nichterfüllungsforderung nach Abs. 1** ermittelt wird. Diese Fiktionswirkung setzt keine vertragliche Einheit i.S.d. § 139 BGB voraus, sondern knüpft allein an eine alle einbezogenen Geschäfte erfassende einheitliche Beendigungsklausel an (BT-Drucks. 18/9983, S. 20; Kübler/Prütting/Bork-*Köndgen* InsO, § 104 Rn. 44). 93

Während die Vorgängerbestimmung in § 104 Abs. 2 Satz 3 InsO a.F. eine rahmenvertragliche Verklammerung allein für Finanzleistungsgeschäfte vorsah, erlaubt Abs. 3 Satz 1 auch **Rahmenverträge für Warenfixgeschäfte** sowie **gemischte** (*cross product*) **Rahmenverträge**, unter denen Warenfix- und Finanzleistungsverträge zusammengefasst werden. Freilich ließ sich schon unter altem Recht begründen, dass auch Warenfixgeschäfte der rahmenvertraglichen Einheitsfiktion unterworfen werden können (Graf-Schlicker/*Bornemann* InsO, § 104 Rn. 46; *Fuchs* Close-out Netting, Collateral und systemisches Risiko, S. 106 ff.). Denn die Nichterfüllungsforderungen aus Warenfixgeschäften standen sich auch schon unter altem Recht zum Zeitpunkt der Verfahrenseröffnung in aufrechenbarer Weise gegenüber (vgl. BT-Drucks. 12/2443, S. 145) und waren darum seit jeher einer (auch **antizipierten**) **Aufrechnungsvereinbarung** zugänglich (BT-Drucks. 18/9983, S. 21; BT-Drucks. 18/10470, S. 13; *Benzler* ZInsO 2000, 1 [7]; Graf-Schlicker/*Bornemann* InsO, § 104 Rn. 46; *Fuchs* Close-out Netting, Collateral und systemisches Risiko, S. 104 ff.; *Kieper* Abwicklungssysteme in der Insolvenz, S. 71 ff.). 94

In einen Rahmenvertrag können aber nur **Warenfixgeschäfte** nach Abs. 1 Satz 1 und **Finanzleistungsgeschäfte** nach Abs. 1 Satz 2 einbezogen werden. Andere Geschäfte mögen zwar nach dem Inhalt der getroffenen Vereinbarung einbezogen werden und damit **zivilrechtlich** den rahmenvertraglichen Regelungen einschließlich der einheitlichen Beendigungsklausel unterworfen werden, an welche Abs. 3 Satz 1 anknüpft. **Insolvenzrechtlich** wird aber allein die Einbeziehung von Warenfix- und Finanzleistungsgeschäfte anerkannt (Abs. 3 Satz 2 HS 2). Denn die Einbeziehung von Geschäften, deren Erfüllungsansprüche nicht nach Abs. 1 in einer Nichterfüllungsforderung aufgehoben werden, liefe i.d.R. auf eine **Umgehung des Insolvenzverwalterwahlrechts** und damit auf einen Verstoß gegen das daraus folgende **Verbot insolvenzabhängiger Lösungsklauseln** hinaus (Graf-Schlicker/*Bornemann* InsO, § 104 Rn. 43). Die zur Vorgängerbestimmung in § 104 Abs. 2 Satz 3 InsO a.F. vertretene Gegenauffassung, wonach die Einbeziehung auch anderer Geschäfte bis auf den Fall der völligen Sachfremdheit und Willkür auch insolvenzrechtlich anzuerkennen ist (MüKo-InsO/*Jahn/Fried* § 104 Rn. 180), lässt sich unter geltendem Recht nicht mehr vertreten: Abs. 3 Satz 2 HS 2 stellt für **andere Geschäfte** als die von Abs. 1 erfassten Warenfix- und Finanzleistungsverträge klar, dass diese allein den **allgemeinen Regeln** unterstehen. Wo hier ausnahmsweise anderweitige gesetzliche Lösungsmöglichkeiten bestehen (vgl. BGHZ 195, 348 Rn. 13, 16), ist es denkbar, die aus der entsprechenden Loslösung resultierenden Ansprüche über eine (antizipierte) Aufrechnungsver- 95

§ 104 InsO   Fixgeschäfte, Finanzleistungen, vertragliches Liquidationsnetting

dass sich die Parteien zu eben dem Markt- oder Börsenpreis Ersatz beschaffen können, zu dem sie das Geschäft im Verhältnis zueinander abwickeln (BT-Drucks. 18/9983, S. 20).

86 Als Ersatzgeschäft ist ein Geschäft anzusehen, das einen **Anspruch auf dieselbe Finanzleistung** vermittelt, die zum **gleichen Ausübungs- oder Terminpreis** und zur **selben Leistungszeit** oder nach Ablauf **derselben Leistungsfrist** zu erbringen ist. So muss z.B. das Ersatzgeschäft für ein Optionsgeschäft auf denselben Basiswert bezogen sein, denselben Ausübungszeitpunkt oder -zeitraum vorsehen und denselben Ausübungspreis haben. Möglich ist aber, vor allem bei komplexeren Geschäften, auch eine Ersatzeindeckung nach Maßgabe einer **finanzingenieurtechnischen Replikation** des Geschäfts durch die Beschaffung der basalen Geschäfte, aus denen sich das komplexere Geschäft rekonstruieren lässt (s. Rdn. 53).

2. Aufwand einer unterbliebenen (hypothetischen) Ersatzeindeckung (Abs. 2 Satz 2 Nr. 2)

87 Wird ein Ersatzgeschäft nicht abgeschlossen, so ist nach Abs. 2 Satz 2 Nr. 2 der Markt- oder Börsenpreis für ein **hypothetisches Ersatzgeschäft** zugrunde zu legen, das am **zweiten Werktag nach der Verfahrenseröffnung** hätte abgeschlossen werden können. In der Sache bildet diese Regelung die nach der Rechtsprechung des *BGH* (BGHZ 210, 321 Rn. 71) und nach herrschender Auffassung in der Literatur (vgl. nur *Uhlenbruck/Lüer* InsO, § 104 Rn. 40; *Jaeger/Jacoby* InsO, § 104 Rn. 63) zu § 104 Abs. 3 Satz 1 InsO a.F. maßgebliche Berechnungsweise ab, nach der eine **abstrakte Schadensberechnung** vorzunehmen ist. Sie wirft damit allerdings auch dieselben Schwierigkeiten wie die h.M. zur früheren Fassung auf, welche sich ohne Rückgriff auf eine rechtsgeschäftliche Konkretisierung zu den Modalitäten der abstrakten Berechnung kaum bewältigen lassen (s. dazu Graf-Schlicker/*Bornemann* InsO, § 104 Rn. 26).

3. Modellierung des Ersatzeindeckungsaufwands bei Marktlagen, die den Abschluss eines Ersatzgeschäfts nicht zulassen (Abs. 2 Satz 3)

88 Lässt das Marktgeschehen den Abschluss eines Ersatzgeschäfts oder die Bildung von Markt- oder Börsenpreisen nicht zu, ist nach Abs. 2 Satz 3 eine Wertbestimmung auf der Grundlage von **Verfahren und Methoden** vorzunehmen, die **Gewähr für eine angemessene Wertbestimmung** bieten.

89 Die für den Rückgriff auf solche Methoden und Verfahren erforderliche **Marktstörung** liegt insbesondere dann vor, wenn der oder die relevanten **Märkte inaktiv** sind oder wenn die sich auf ihnen bildenden **Preise die unter marktüblichen Bedingungen sich gewöhnlich bildenden Preise nicht angemessen repräsentieren** (vgl. Art. 16 der delegierten Verordnung [EU] Nr. 149/2013 vom 19.12.2012 zur Ergänzung der Verordnung [EU] Nr. 648/2012 über OTC-Derivate, zentrale Gegenparteien und Transaktionsregister).

90 Zu den hiernach zulässigen Verfahren und Methoden gehört in erster Linie die **finanzmathematische Ableitung** des Werts aus dem Markt- oder Börsenwert anderer Geschäfte, anhand derer sich das fragliche Geschäft rekonstruieren lässt (sog. »synthetische Marktpreise«, vgl. *Ehricke* NZI 2006, 564 (567); MüKo-InsO/*Jahn/Fried* § 104 Rn. 58).

91 Weiterhin kann die Ermittlung eines Preises im Rahmen einer **Auktion** für maßgeblich erklärt werden, sofern die Zugangs- und Teilnahmebedingungen ein **offenes, transparentes und diskriminierungsfreies Verfahren** gewährleisten und damit Voraussetzungen für die Preisbildung schaffen, die mit dem gewöhnlichen Marktgeschehen vergleichbar sind (*Ehricke* ZInsO 2009, 547 ff.).

92 Schließlich kommen auch **Modelle zur Messung von Marktrisiken** in Betracht. Das setzt voraus, dass die dem Modell zugrunde liegenden **Annahmen und Methoden** sowie dessen **statistische Grundlagen** Gewähr für eine angemessene Wertbestimmung bieten. In Anlehnung an die aufsichtsrechtlichen Anforderungen an die Ausgestaltung von Modellen nach **Art. 11 Abs. 2** der Verordnung (EU) Nr. 648/2012 vom 12.07.2012 über OTC-Derivate, zentrale Gegenparteien und Transaktionsregister (European Market Infrastructure Regulation – **EMIR**) müssen derartige Modelle insbesondere **sämtliche für die Preisbildung relevanten Faktoren** einbeziehen und mit den anerkannten

ditderivate werden nunmehr bereits als Finanzinstrumente i.S.v. Abs. 1 Satz 3 Nr. 4 i.V.m. Abs. 8 Abschn. C Anhang I der neugefassten Finanzmarktrichtlinie erfasst, wenn ihre Standardisierung und die Market Maker-Aktivitäten von Finanzinstituten einen liquiden Handel gewährleisten. Für börsenmäßig gehandelte Kreditderivate, wie die auf einen Credit Default Index (wie z.B. itraxx) bezogenen Instrumente, versteht sich letzteres von selbst.

F. Rechtsfolgen

I. Aufhebung der Leistungspflichten in einer Nichterfüllungsforderung (Abs. 1)

Nach Abs. 1 Satz 1 und 2 ist mit der Verfahrenseröffnung die Erfüllung der erfassten Warenfixgeschäfte und Finanzleistungsverträge ausgeschlossen und kann nur ein Nichterfüllungsanspruch geltend gemacht werden. Das **Leistungsprogramm wird auf eine Nichterfüllungsforderung in Geld** zugunsten der Partei **reduziert**, aus deren Sicht das Geschäft einen positiven Markt- oder Börsenwert hatte. Das Geschäft wandelt sich insoweit kraft Gesetzes in ein **Differenzgeschäft** um (vgl. Motive KO 1877, S. 71: Auflösung des Liefergeschäfts in ein Differenzgeschäft). 82

II. Bestimmung der Nichterfüllungsforderung (Abs. 2)

Die **Höhe** des Nichterfüllungsanspruchs bestimmt sich nach Abs. 2. Zu ersetzen ist der **für eine Wiederbeschaffung** der weggefallenen Position **aufzuwendende Markt- oder Börsenwert** des Geschäfts (Abs. 2 Satz 1). Dabei kann der Markt- oder Börsenpreis für eine konkrete Wiederbeschaffung zugrunde gelegt werden, wenn eine solche Ersatzeindeckung tatsächlich erfolgt (Abs. 2 Satz 2 Nr. 1). Unterbleibt die **konkrete Ersatzeindeckung**, ist der Markt- oder Börsenpreis für ein **hypothetisches Ersatzgeschäft** i.S. einer abstrakten Berechnung zugrunde zu legen (Abs. 2 Satz 2 Nr. 2). Lässt hingegen das Marktgeschehen den Abschluss eines Ersatzgeschäfts nicht zu, ist auf **Verfahren und Methoden** zur Bestimmung des Markt- oder Börsenwerts zurückzugreifen, die Gewähr für eine **angemessene Wertbestimmung** geben (Abs. 2 Satz 3). 83

Die Vorschrift übernimmt den Regelungsgedanken der Vorgängerfassung in § 104 Abs. 3 Satz 1 InsO a.F., **vereinfacht** diese aber durch die Bezugnahme auf den Markt- und Börsenwert des Geschäfts. Die Vorgängerregelung hatte – historisch bedingt – noch recht umständlich auf die Differenz zwischen dem vereinbarten Preis für die Leistung und dem Markt- oder Börsenpreis abgestellt. Das führte zwar zu denselben Ergebnissen wie die nun verankerte Maßgeblichkeit des Markt- und Börsenwerts des Geschäfts (vgl. *Kieper* Abwicklungssysteme in der Insolvenz, 2004, S. 67 ff.), provozierte aber, weil die Vorschrift auf die Besonderheiten des Fixhandelskaufs zugeschnitten war, bei derivativen Instrumenten wie z.B. Optionen oder Swaps Unsicherheiten und Auslegungsprobleme (vgl. *Kieper* Abwicklungssysteme in der Insolvenz, 2004, S. 67 ff.; *Piekenbrock/Ludwig* WM 2014, 2197 [2205]; *Reiner* Derivative Finanzinstrumente, 2002, S. 187). Zudem wurde die Bestimmung gegenüber ihrer Vorgängerfassung um **konkrete Vorgaben zur Bestimmung des Markt- und Börsenwerts** ergänzt; die Vorgängerfassung enthielt insoweit keine Vorgaben und warf damit eine Reihe von Auslegungsfragen – etwa im Hinblick auf die Zulässigkeit einer Berechnung des Anspruchs auf der Grundlage des Preises eines konkreten Ersatzgeschäfts (dazu Graf-Schlicker/*Bornemann* InsO, § 104 Rn. 27 ff.) – auf. 84

1. Berechnung auf Grundlage des Markt- oder Börsenpreises für ein konkret abgeschlossenes Ersatzgeschäft (Abs. 2 Satz 2 Nr. 1)

Wird unverzüglich ein Ersatzgeschäft abgeschlossen, so ist nach Abs. 2 Satz 2 Nr. 1 InsO-E dessen Markt- oder Börsenpreis maßgeblich. Die Unverzüglichkeit der Eindeckung und der Umstand, dass das Ersatzgeschäft zu einem Markt- oder Börsenpreis zustande kommt, verbürgen die **Objektivität und Manipulationsfreiheit der Wertbestimmung** und **verhindern Spekulationen zulasten der anderen Partei** (BT-Drucks. 18/9983, S. 20; vgl. zum alten Recht bereits Graf-Schlicker/*Bornemann* InsO, § 104 Rn. 28). Die Möglichkeit, auf den Markt- oder Börsenpreis für das konkret abgeschlossene Ersatzgeschäft abzustellen, sichert zudem die von § 104 InsO vorausgesetzte Möglichkeit ab, 85

ferung zu erfüllen sind. Auch besteht das von § 104 InsO aufgegriffene Schutzbedürfnis, da der Vertragsgegner andernfalls den normtypischen Marktpreisrisiken ausgesetzt wäre. Der Gesetzgeber wollte in diesem Zusammenhang vor allem den **Energiegroßhandel** erfasst sehen (vgl. BT-Drucks. 18/9983, S. 19). Einbezogen werden sollte jedenfalls der nach Maßgabe der Verordnung (EU) Nr. 1227/2011 über die Integrität und Transparenz des Energiegroßhandelsmarkts (Regulation on Energy Market Integrity – **REMIT**) regulierte Handel, so dass insbesondere die Erfassung von Energiegroßhandelsprodukten i.S.v. Art. 2 Nr. 4 REMIT nicht daran scheitert, dass die Kontrakte die an ein Warenfixgeschäft nach Abs. 1 Satz 1 zu stellenden Anforderungen nicht erfüllt (s. Rdn. 46 f.).

77 Schließlich erfasst Nr. 5 nun auch **Optionen und andere Rechte an Optionen und anderen Rechten** i.S.d. Nr. 1 bis 5. Damit werden **komplexere Geschäftstypen** erfasst, die, wie mehrstufige Optionen (z.B. compound options und andere **exotische Optionen**), ihrerseits auf Optionen oder andere Finanzleistungen bezogen sind. Damit wird nicht zuletzt zum Ausdruck gebracht, dass auch gleich- und mehrstufige Kombinationen aus Finanzleistungen jedenfalls dann Finanzleistungen darstellen, wenn sie dem Risiko von Markt- oder Börsenpreisschwankungen unterliegen.

g) Finanzsicherheiten (Nr. 6)

78 Abs. 1 Satz 3 Nr. 6 erfasst t Finanzsicherheiten(-arrangements) i.S.d. **§ 1 Abs. 17 KWG**. Es sind dies vor allem Geldbeträge und Wertpapiere, die zwecks Absicherung einer möglichen Nichterfüllungsforderung infolge eines close-out gestellt werden (vgl. BT-Drucks. 15/1853, S. 15). Der Umfang der nach den üblichen Sicherheitenarrangements zu stellenden Sicherheiten ist zum einen von der Marktpreisentwicklung des abzusichernden Portfolios/Nettingsets abhängig (sog. *variation margin*). Mit den gestellten Sicherheiten wird aber zum anderen auch das Risiko abgedeckt, dass sich die Marktpreise zwischen dem close-out und der Neueindeckung in einer Weise entwickeln, die zur Erhöhung der abzusichernden Nichterfüllungsforderung führen (sog. *initial margin*).

79 Mit der Aufnahme der Finanzsicherheiten in den Beispielkatalog des Abs. 1 Satz 3 hat der Gesetzgeber die Vorgaben aus **Art. 7 der Finanzsicherheitenrichtlinie 2002/47/EG** umgesetzt, wonach das Liquidationsnetting (dort »Aufrechnung infolge Beendigung« genannt) auch im Fall der Insolvenz einer Vertragspartei »vereinbarungsgemäß« durchgeführt werden kann. Zu beachten ist, dass die Finanzsicherheitenrichtlinie nicht nur insoweit Anwendung findet, wie es um die Absicherung von Ansprüchen aus Finanzleistungen oder Warenfixgeschäften geht (*EuGH* 10.11.2016 – C-156/15 – Private Equity Insurance Group, Rn. 31 f.).

6. Unbenannte Fälle

80 Die Aufzählung des Abs. 2 Satz 2 ist nicht abschließend (»insbesondere«). Deshalb fallen auch weitere, nicht genannte Geschäftstypen in den Kreis der Finanzleistungsverträge. Die Identifizierung solcher unbenannten Typen hat sich an **Sinn und Zweck der Vorschrift** zu orientieren, wonach die Fähigkeit des Vertragsgegners geschützt werden soll, die mit dem Geschäft verbundenen Finanzmarktrisiken auch in der Insolvenz des Schuldners effektiv steuern zu können (s. Rdn. 5 f.). Maßgebliches Kriterium zur Bestimmung von unbenannten Fällen ist damit die **Sensitivität des Instruments gegenüber Finanzmarktrisiken**. Darin begrifflich eingeschlossen, aber mit Blick auf den Wortlaut der Vorschrift eigens zu erwähnen, ist das Erfordernis, dass das Instrument an einer Börse oder auf einem Markt gehandelt wird (s. Rdn. 52 f.). Im Übrigen darf für die Erfüllung des Geschäfts kein Zeitpunkt vereinbart sein, der vor der Verfahrenseröffnung liegt (s. dazu Rdn. 51).

81 **Typenkombinationen** von Finanzleistungsverträgen sind ebenfalls Finanzleistungsverträge, nach der Novellierung der Vorschrift aber über weite Strecken bereits durch Abs. 1 Satz 3 Nr. 5 erfasst (Beispiel: Optionen auf Verträge, die in den Nr. 1 bis 5 genannt werden). Auch sind unter diesem Blickwinkel Rahmenverträge i.S.d. Abs. 2 Satz 3 selbst erfasst, so dass sie selbst in einen übergeordneten Rahmenvertrag einbezogen werden können (sog. **Master-Master-Agreements**, vgl. UNIDROIT Principles on the Operation of Close Out Netting Provisions, 2013, Ziff. 3 Abs. 1 Buchst. c). **Kre-**

c) Devisengeschäfte (Nr. 3 Buchst. a)

Abs. 1 Satz 3 Nr. 3 Buchst. a entspricht § 104 Abs. 2 Satz 2 Nr. 3 InsO a.F. und spricht unver- 72
ändert die klassischen **Devisen- und Währungstermingeschäfte** an, erfasst dabei aber auch Kassageschäfte sowie Swapgeschäfte auf Devisen oder Währungen (Nerlich/Römermann-*Balthasar* InsO, § 104 Rn. 36 f.; *Uhlenbruck/Lüer* InsO, § 104 Rn. 20; Graf-Schlicker/*Bornemann* InsO, § 104 Rn. 18).

d) Geldleistungen aus als Festgeschäften ausgestalteten derivativen Instrumenten (Nr. 3 Buchst. b)

Abs. 1 Satz 3 Nr. 3 Buchst. b entspricht § 104 Abs. 2 Satz 2 Nr. 4 InsO a.F. und erfasst unver- 73
ändert **generalklauselartig** den Komplex der **Festgeschäfte mit marktvariablen Zahlungsverpflichtungen**. Als **Basiswerte**, von denen die variablen Zahlungsverpflichtungen abhängen können, kommen neben den genannten ausländischen Währungen oder Rechnungseinheiten auch Zinssätze sowie der Preis »anderer Güter oder Leistungen« in Betracht. Dazu gehören auch **finanzielle Indizes oder Messgrößen**. Anders als unter § 104 Abs. 2 Satz 2 Nr. 4 InsO a.F. haben Instrumente **außer Betracht** zu bleiben, die sich auf den **Preis oder Kurs von Finanzinstrumenten** oder vergleichbaren Rechten beziehen. Die auf sie bezogenen derivativen Instrumente werden von Nr. 4 erfasst und unterliegen dort der von Nr. 2 übernommenen Einschränkung hinsichtlich des Aufbaus einer Unternehmensbeteiligung, die unterlaufen würde, wenn die Instrumente unter Nr. 3 Buchst. b zu subsumieren wären. Zwar erscheint die auf die **Lieferung** von Finanzinstrumenten bezogene Ausnahme für den Aufbau von Unternehmensbeteiligung ihrem Wortlaut nach von vornherein nicht auf die von Nr. 3 Buchst. b erfassten **Geldleistungen** anwendbar zu sein. Allerdings ist die Ausnahmeregelung der Nr. 2 über ihren Wortlaut hinaus auch auf **Eigenkapitalderivate** anwendbar, sofern diese zum Zwecke des Aufbaus einer Unternehmensbeteiligung eingesetzt werden (s. Rdn. 71).

e) Lieferungen und Geldleistungen aus derivativen Finanzinstrumenten (Nr. 4)

Abs. 1 Satz 3 Nr. 4 erfasst **Lieferungen oder Geldleistungen aus derivativen Finanzinstrumenten**, 74
soweit diese nicht durch Nr. 2 ausgeschlossen werden (BT-Drucks. 18/9983, S. 19). Von Nr. 4 werden allerdings nur derivative Finanzinstrumente, d.h. die in Abs. 4 bis 10 von Anhang I Abschnitt C der neugefassten Finanzmarktrichtlinie genannten Geschäfte erfasst. Lieferungen aus diesen Instrumenten werden von Nummer 4 dann nicht erfasst, wenn sie Finanzinstrumente oder vergleichbare Rechte zum Inhalt haben, bei denen die Absicht besteht, eine Beteiligung an einem Unternehmen zum Zwecke der dauerhaften Verbindung aufzubauen.

f) Optionen und andere Rechte auf und an Finanzleistungen (Nr. 5)

Abs. 1 Satz 3 Nr. 5 übernimmt die bislang in § 104 Abs. 2 Satz 2 Nr. 5 InsO a.F. enthaltene Rege- 75
lung zu den Optionen und anderen Rechten an **Finanzleistungen**, erweitert diese aber zum einen um die Optionen und Rechte an **Warenfixgeschäften** nach Abs. 1 Satz 1 sowie um **mehrstufige Optionen und Rechte** auf bzw. an Optionen und Rechten. Optionen werden zwar bereits über weite Strecken von Nr. 4 erfasst (vgl. Anh. I Abschnitt C Nr. 4 bis 7 der neugefassten Finanzmarktrichtlinie). Mit ihrer expliziten Nennung wollte der Gesetzgeber aber klarstellen, dass Optionsgeschäfte auch dann in den Anwendungsbereich der Vorschrift fallen, wenn sie einseitig vorerfüllt sind (BT-Drucks. 18/9983, S. 19; zu dem unter der alten Fassung der Vorschrift geführten Streit, ob § 104 InsO einen beiderseitig noch nicht voll erfüllten gegenseitigen Vertrag voraussetzt, s. Rdn. 36 f.).

Anders als bislang schließt Nr. 5 nicht mehr nur Optionen und andere Rechte auf Finanzleistungen 76
ein, sondern auch **Optionen und andere Rechte auf Warengeschäfte** nach Satz 1. Derartige Optionen werden über weite Strecken bereits von Nr. 4 erfasst (vgl. Anh. I Abschnitt C Nr. 5 bis 7 der neugefassten Finanzmarktrichtlinie). Das von § 104 InsO aufgegriffene Bedürfnis, dem Vertragsgegner möglichst rasch Klarheit über das Schicksal des Geschäfts zu verschaffen, besteht aber nicht nur bei den von Nr. 4 erfassten Geschäften, sondern auch dann, wenn die Verträge durch physische Lie-

an Geldmarktfonds i.S.d. Art. 3 der Verordnung (EU) 2017/1131/EU über Geldmarktfonds (ABl. L 169/8) zu den Geldmarktinstrumenten (BT-Drucks. 13/7142, S. 100).

ccc) Anteile an Organismen für gemeinsame Anlagen (OGAW)

67 Erfasst sind auch die Anteile an **Investmentvermögen** (§ 1 Abs. 1 KAGB) und an anderen Organismen für Gemeinsame Anlagen (§ 1 Abs. 2 KAGB), d.h. an Vermögensfonds, die aufgrund gesetzlicher Bestimmungen in Umsetzung der OGAW-Richtlinie 2009/65/EG ausgegeben oder deren Ausgabe nach Maßgabe dieser Richtlinie anerkannt wird.

ddd) Swaps, Optionen und andere Derivate

68 Bei den in Nr. 4 bis 10 Abschn. C von Anhang I der neugefassten Finanzmarktrichtlinie 2014/65/EU aufgeführten Finanzinstrumenten handelt es sich um **derivative Instrumente**, welche weitgehende **Überschneidungen mit den in Abs. 1 Satz 3 Nr. 3 bis 5 genannten Instrumenten** aufweisen. Zudem dürfte die praktische Bedeutung dieser Instrumente im Kontext der von Nr. 2 erfassten Lieferungsgeschäften überschaubar sein. In der Regel werden keine Geschäfte über die **Lieferung** solcher Instrumente geschlossen (Ausnahme: börsengehandelte Derivate, die allerdings bereits unter den Begriff des Wertpapiers oder eines ähnlichen Rechts fallen). Vielmehr ist bereits das zwischen den Parteien geschlossene Derivatgeschäft selbst ein Instrument i.S.d. Nr. 4 bis 10 Abschn. C von Anhang I der neugefassten Finanzmarktrichtlinie 2014/65/EU.

eee) Emissionszertifikate

69 Erfasst sind Emissionszertifikate, die den Anforderungen der Richtlinie 2003/87/EG des Europäischen Parlaments und des Rates vom 13. Oktober 2003 über ein System für den Handel mit Treibhausgasemissionszertifikaten (ABl. L 275/32) entsprechen.

cc) Vergleichbare Rechte

70 Neben der Lieferung von Finanzinstrumenten wird auch die Lieferung vergleichbarer Rechte erfasst. Hierunter lassen sich nach den Vorstellungen des Gesetzgebers der InsO **nicht verbriefte Beteiligungs- oder Schuldtitel** wie Schuldbuchforderungen und Schuldscheindarlehen fassen (BT-Drucks. 12/7302, S. 168). Nach geltendem Recht dürften diese Instrumente wie auch **andere Wertrechte** bereits vom Begriff des Finanzinstruments erfasst werden, der eine Verbriefung nicht zwingend voraussetzt (s. Rdn. 61). Insoweit fungiert die Fallgruppe der vergleichbaren Rechte eher als **Auffangtatbestand** zur Erfassung von Instrumenten, bei denen eine zweifelsfreie Subsumtion unter den Begriff des Finanzinstruments nicht möglich ist. Wegen der auf den Begriff des Organismus für Gemeinsame Anlagen beschränkten Erfassung von Anteilen an Investmentvermögen (Abs. 3 Abschn. C von Anhang I der neugefassten Finanzmarktrichtlinie) dürfte dies zutreffen auf Anteile an **geschlossenen Fonds**, sofern die Eigenarten des Fonds nicht der Annahme entgegenstehen, dass die Anteile **handelbar** sind.

dd) Kein Aufbau einer Unternehmensbeteiligung

71 Liefergeschäfte werden nicht von Abs. 1 Satz 3 Nr. 2 erfasst, wenn ihr Erwerb dem Aufbau einer dauerhaften Unternehmensbeteiligung dient. In einem solchen Fall geht es nicht um ein Finanzgeschäft, sondern um den **Erwerb eines Unternehmensanteils**; die Anwendung des § 104 InsO hätte daher die unsachgerechte Folge, dass das Geschäft in ein Handelsgeschäft umgewandelt würde (BT-Drucks. 12/7302, S. 168). Der Erwerb eines Finanzinstruments kann auch dann dem Erwerb einer dauerhaften Unternehmensbeteiligung dienen, wenn es sich um Schuldtitel handelt. Das ist selbstverständlich, wenn der Schuldtitel ein **Umtausch- oder Bezugsrecht** auf einen Beteiligungstitel gewährt, aber auch dann möglich, wenn es sich um einen **reinen Schuldtitel** oder ein **Eigenkapitalderivat** handelt, dessen Erwerb Teil einer Übernahmestrategie (»Loan-to-Own« oder »Heranschleichen«) ist.

den Art. 5 bis 11 der **Delegierten Verordnung 2017/565** der Europäischen Kommission vom 25.04.2016 (ABl. L 87/1). Der Begriff des Finanzinstruments fungiert als Oberbegriff für eine Reihe unterschiedlichster Gegenstände des Handels auf den Kapital- und Finanzmärkten. Die Bandbreite der erfassten Gegenstände reicht dabei von Wertpapieren über Geldmarktinstrumente, die unterschiedlichsten Ausgestaltungen von Termin-, Derivat- und Optionsgeschäften bis hin zu Emissionszertifikaten.

aaa) Wertpapiere

62 Wertpapiere sind gattungsmäßig ausgestaltete, ihrer Art nach an einem Markt handelbaren und übertragbaren Anteils- und Schuldtitel, unabhängig davon, ob über sie Urkunden ausgestellt sind oder nicht (§ 2 Abs. 1 WpHG 2018). Eine **gattungsmäßige Ausgestaltung** ist gegeben, wenn eine Bestimmung anhand gemeinsamer standardisierter Ausstattungsmerkmale möglich ist, so dass für den Handel die Angabe von Art und Zahl der Stücke ausreicht (vgl. MüKo-HGB/*Eckenga* Effektengeschäft, Rn. 16; Kapitalmarktrechtskommentar-*Kumpan* § 2 WpHG 7). Die **Handelbarkeit** an einem Markt ist gegeben, wenn der Titel übertragbar ist und wenn dabei dessen Umlauffähigkeit nicht in einer Weise eingeschränkt ist, welche die freie Handelbarkeit beeinträchtigt. Eine insoweit schädliche Beeinträchtigung der Umlauffähigkeit liegt vor, wenn die Übertragung – wie im Falle der GmbH-Anteile (vgl. § 15 GmbHG) an rechtliche Voraussetzungen gebunden ist, welche darauf gerichtet sind, die freie Übertragung zu erschweren. Satzungs- oder Vereinbarungsmäßige Beschränkungen wie Vinkulierungen oder Veräußerungsbeschränkungen im Rahmen eines Lock-Up zwecks Kursstabilisierung im Gefolge von Aktienplatzierungen sollen hingegen unschädlich sein (Kapitalmarktrechtskommentar-*Kumpan* § 2 WpHG Rn. 10 m.w.N.).

63 Zu den Wertpapieren zählen zum einen Titel, die **Mitgliedschaftsrechte** verkörpern, wie z.B. Aktien, andere Anteile an in- oder ausländischen juristischen Personen, soweit sie Aktien vergleichbar sind (was insbesondere bei GmbH-Anteilen nicht der Fall ist, s. Rdn. 62) sowie **Hinterlegungsscheine**, die solche Anteilstitel vertreten (Beispiele: American Depositary Receipts oder Crest Depositary Receipts). Neben diesen Anteilstiteln gehören auch **Schuldtitel** zu den Wertpapieren, unabhängig davon, ob sie als Inhaber- oder Orderschuldverschreibungen ausgestaltet sind, sowie davon, ob sie auf fixe oder variable Zahlungen gerichtet sind, deren Höhe sich z.B. nach dem Gewinn des Emittenten oder verbundener Unternehmen, dem Wert von Wertpapieren, Währungen, Zinssätzen oder anderen Erträgen, von Waren, Indices oder Messgrößen handelt (vgl. § 2 Abs. 1 Nr. 3 Buchst. b WpHG 2018).

64 Nicht erforderlich ist eine Verbriefung der Anteile und Titel. Daher werden auch **Vermögensanlagen i.S.d. § 1 Abs. 2 VermAnlG** erfasst, obgleich hier im Einzelfall zu prüfen ist, ob diese handelbar sind. Da überhaupt irrelevant ist, ob **Urkunden** ausgestellt sind, erfüllen auch **Schuldbuchforderungen** sowie andere Registerforderungen die an Wertpapiere zu stellenden Anforderungen.

65 Nicht zu den Wertpapieren gehören mangels gattungsmäßiger Ausgestaltung, jedenfalls aber mangels Handelbarkeit und damit eines fehlenden Markt- und Börsenpreises, **Zahlungsinstrumente** wie Scheck und Wechsel (BT-Drucks. 12/7203, S. 168).

bbb) Geldmarktinstrumente

66 Geldmarktinstrumente sind auf Geldmärkten, d.h. auf Märkten für kurzfristige Kredite und Guthaben, gehandelte Titel mit einer **Höchstfälligkeit von 397 Tagen**, sofern deren Wert jederzeit bestimmt werden kann (§ 2 Abs. 2 WpHG 2018, Art. 11 Delegierte Verordnung [EU] 2017/565). Das Erfordernis eines »Gehandeltwerdens« auf Geldmärkten und der jederzeitigen »Bestimmbarkeit des Werts« verdeutlichen, dass insoweit mehr zu verlangen ist als eine abstrakte Möglichkeit des Handels oder eine entsprechende Eignung zum Handel. Erforderlich ist vielmehr ein **tatsächlicher und anhaltender Handel in der Position** (vgl. Kapitalmarktrechtskommentar-*Kumpan* § 2 WpHG Rn. 32). Unter diesen Voraussetzungen zählen Schatzwechsel, Schuldscheindarlehen sowie Anteile

sichts des Entwicklungsstands der heutigen Rohstoffmärkte dieses Erfordernis jedenfalls dann erfüllt sein, wenn die Geschäfte im Rahmen einer entsprechenden Marktinfrastruktur abgeschlossen werden (vgl. BeckOK-*Berberich* § 104 Rn. 19a).

b) Lieferung von Finanzinstrumenten und vergleichbaren Rechten (Nr. 2)

aa) Liefergeschäfte

58   Erfasst sind Geschäfte, welche auf die **Lieferung** von Finanzinstrumenten oder vergleichbaren Rechten gerichtet sind. Davon zu unterscheiden sind Zahlungen und Lieferungen, die aufgrund solcher Finanzinstrumente geschuldet sind. Bei Letzteren ist zu differenzieren: Soweit es um Zahlungen und Lieferungen aus derivativen Finanzinstrumenten geht, werden diese von Nr. 4 erfasst (so dass hier das Geschäft über die Zahlung oder Lieferung mit dem Finanzleistungsvertrag zusammenfällt). Ist der durch ein Instrument gewährte Anspruch hingegen auf die Lieferung von Finanzinstrumenten oder ähnlichen Rechten gerichtet, fällt er (auch) unter Nr. 2. Erfasst sind insoweit auch Instrumente, die **Rechte auf die Zeichnung von Wertpapieren** gewähren (§ 2 Abs. 4 Nr. 6 WpHG).

59   Zu den Liefergeschäften gehören nicht nur **Kaufverträge**, sondern alle Geschäfte, die auf die Übertragung von Finanzinstrumenten oder vergleichbaren Rechten gerichtet sind. Dazu gehören auch **Pensions-, umgekehrte Pensions- oder Leihgeschäfte**, die durch die Übertragung der den Gegenstand des Geschäfts bildenden Finanzinstrumente zu erfüllen sind oder erfüllt werden können (vgl. zu den Leihgeschäften BT-Drucks. 15/1853, S. 15: Wertpapierdarlehen erfasst, wenn Endtermin vereinbart, der zeitlich hinter der Verfahrenseröffnung liegt).

60   Im Zuge der **Modernisierung des Beispielskatalogs** durch das Dritte Gesetz zur Änderung der Insolvenzordnung zum 29.12.2016 (s. Rdn. 32) wurde das Regelbeispiel der Nr. 2 erweitert. Nunmehr sind Lieferungen von **Finanzinstrumenten** (und vergleichbaren Rechten) erfasst und nicht mehr (nur) Lieferungen von **Wertpapieren** (und vergleichbaren Rechten). Die darin liegende Änderung ist allerdings überschaubar und beschränkt sich letztlich in der Klarstellung, dass eine Reihe von zuvor nicht explizit genannten, wohl aber unter teleologischen, genetischen und systematischen Gesichtspunkten zu erfassende Instrumente einbezogen sind: Schon der Gesetzgeber der InsO hatte neben den Wertpapieren »ähnliche Rechte« erfasst sehen wollen und insoweit insbesondere seiner Erwartung Ausdruck verliehen, dass diese Öffnung auch Finanzinstrumente abdeckt, die im Zuge **künftiger Entwicklungen auf den Finanzmärkten** in einer den Wertpapieren vergleichbaren Weise gehandelt werden (BT-Drucks. 12/7302, S. 168). Insoweit ließ sich schon zum alten Recht die Auffassung begründen, dass der Gesetzgeber neben den Wertpapieren jedenfalls alle Handelsgegenstände erfasst sehen wollte, die gleich den Wertpapieren einen **Anknüpfungspunkt für das Wertpapierhandelsrecht** bilden und der Wertpapierhandelsaufsicht nach dem WpHG unterstehen. Denn mit dem finanzmarktregulatorischen Begriff des Finanzinstruments zeichnet der Gesetzgeber die Entwicklungen im Finanzmarkt für regulatorische und aufsichtsrechtliche Zwecke nach, denen gegenüber § 104 InsO nach Auffassung des historischen Gesetzgebers offen bleiben sollte (so bereits zur alten Fassung Graf-Schlicker/*Bornemann* InsO, § 104 Rn. 23). So war unter dem alten Recht ohne Weiteres auch die Lieferung von Geldmarktinstrumenten erfasst (BT-Drucks. 12/7203, S. 168), was sich heute unmittelbar aus dem Begriff des Finanzinstruments ableiten lässt (Nr. 2 Abschn. C Anhang I der neugefassten Finanzmarktrichtlinie 2014/65/EU).

bb) Finanzinstrumente im Sinne von Abschnitt C von Anhang I der neugefassten Finanzmarktrichtlinie 2014/65/EU

61   Maßgeblich ist gem. Abs. 1 Satz 4 der Finanzinstrumentebegriff der neugefassten Finanzmarktrichtlinie (Richtlinie 2014/65/EU über Märkte in Finanzinstrumenten, »**MiFiD II**«). Dieser wird durch Abschnitt C des Anhang I zu dieser Richtlinie ausgeformt und hat mit dem **Zweiten Finanzmarktnovellierungsgesetz** vom 23.06.2017 (BGBl. I S. 1693) seine deutsche Umsetzung in der ab dem 03.01.2018 geltenden Fassung des Wertpapierhandelsgesetzes (**WpHG 2018**) in § 2 Abs. 4 WpHG gefunden. Konkretisierungen zu einzelnen Finanzinstrumenten finden sich schließlich in

dem sich Besonderheiten des Gegenstandes oder der Vertragsparteien ausdrücken. Maßgeblich ist die durch den Markthandel gewährleistete **Möglichkeit einer** späteren **Ersatzeindeckung** (BT-Drucks. 12/7302, S. 168; BGHZ 210, 321 Rn. 65). Eine strenge Standardisierung des Vertragsgegenstands aber gerade deshalb nicht zwingend erforderlich. Eine Ersatzeindeckung kann auch auf Grundlage einer **finanzingenieurtechnischen Replikation** durch Rückführung des Geschäfts auf eine Kombination von basalen Geschäften möglich sein, sofern die Aggregierung der aus den basalen Geschäften resultierenden Zahlungs- und Lieferungsansprüche auf das Leistungsprogramm des replizierten Geschäfts hinausläuft (näher zu den Grundannahmen und Grundsätzen der finanzingenieurtechnischen Replikation, insbesondere zum No-Arbitrage Theorem s. *Kosowski/Neftci* Principles of Financial Engineering, 3. Aufl. 2015, S. 53 ff.; *Neftci* An Introduction to the Mathematics of Financial Derivatives, 3. Aufl. 2014, S. 13 ff.). Besteht für die basalen Geschäftstypen ein Markt- und Börsenpreis kann eine Ersatzeindeckung für das replizierbare Geschäft durch den Erwerb der erforderlichen Kombination der basalen Geschäfte erfolgen (Graf-Schlicker/*Bornemann* InsO, § 104 Rn. 14).

4. Finanzleistung als charakteristische Leistung

Die vereinbarte Finanzleistung muss dem Vertrag das **charakteristische Gepräge** verleihen. Die Vereinbarung einer Leistungspflicht, die einem Finanzmarktrisiko unterworfen ist (Beispiel: Kaufpreis ist in fremder Währung zu begleichen), reicht deshalb für sich genommen nicht aus (MüKo-InsO/*Jahn/Fried* § 104 Rn. 53; KS-InsO/*Bosch* 1. Aufl., S. 1018; Graf-Schlicker/*Bornemann* InsO, § 104 Rn. 15). 54

5. Regelbeispielkatalog (Abs. 1 Satz 3)

Abs. 1 Satz 3 enthält einen **Beispielkatalog** zur Verdeutlichung des Begriffs der Finanzleistung. Es handelt sich um einen **nicht abschließenden** Beispielskatalog, der klarstellt, dass jedenfalls die im Katalog genannten Geschäftstypen als Finanzleistungen anzusehen sind (s. Rdn. 49). 55

a) Edelmetalllieferungen (Nr. 1)

Nach Nr. 1 ist die **Lieferung von Edelmetallen** eine Finanzleistung i.S.d. Abs. 1 Satz 2. Zu den Edelmetallen werden herkömmlicherweise Gold, Platin und Silber gezählt. In chemischer Hinsicht ist der Kreis weiter zu ziehen und umfasst auch andere schwer oxidierbare und damit korrosionsbeständige Metalle. Chemisches und physikalisches Abgrenzungskriterium ist das sog. **Standardpotential**, das die Reaktionsresistenz mit Wasser und wässrigen Säurelösungen abbildet (*Riedel/Janiak* Anorganische Chemie [2011], S. 359). Diese fachwissenschaftliche Vorgabe ist auch für die Auslegung des Rechtsbegriffs des Edelmetalls maßgeblich. Entgegen MüKo-InsO/*Jahn/Fried* § 104 Rn. 60 steht die Abgrenzung daher nicht zur Disposition der Anschauungen im Markt. Andernfalls würden die vom Gesetzgeber vorausgesetzten Grenzen zwischen den Edelmetallen und anderen Metallen und Rohstoffen aufgehoben. Auf den wirtschaftlichen Wert eines Metalls oder anderen Rohstoffs kann es aus denselben Gründen nicht ankommen (MüKo-InsO/*Jahn/Fried* § 104 Rn. 60; Beck-OK-InsO/*Berberich* § 104 Rn. 19a: »seltene Erden« daher nicht erfasst). Die **Abgrenzung zu anderen Metallen** ist nicht eindeutig, da sich keine einheitliche Konvention hinsichtlich des maßgeblichen Standardpotentialwerts herausgebildet hat (vgl. *Riedel/Janiak* Anorganische Chemie [2011], S. 359, wonach jedes Metall als Edelmetall gilt, wenn es ein gegenüber Wasserstoff positives Standardpotential hat). Palladium, Osmium und Iridium werden allerdings regelmäßig zu den Edelmetallen gezählt (vgl. MüKo-InsO/*Jahn/Fried* § 104 Rn. 60), je nach Grenzziehung zählt man auch Quecksilber, Rhodium, Ruthenium und Kupfer dazu. Soweit ein Metall nicht als Edelmetall anzusehen ist, kann ein auf dieses bezogenes Geschäft unter den Voraussetzungen des Abs. 1 Satz 1 (als Warenfixgeschäft) und Abs. 1 Satz 3 Nr. 5 (als Option oder anderes Recht auf ein solches Warenfixgeschäft) in den Anwendungsbereich des § 104 InsO fallen. 56

Auf Edelmetalle bezogene Liefergeschäfte müssen freilich, um in den Anwendungsbereich des § 104 Abs. 1 InsO zu fallen, **an einem Markt oder einer Börse gehandelt** werden. Allerdings dürfte ange- 57

trifft, dass die Erfüllungsansprüche ausgeschlossen sind und nur ein Anspruch wegen Nichterfüllung verlangt werden kann.

1. Begriff der Finanzleistung

49 Der Gesetzgeber hat – wie bereits in der Vorgängerfassung – von einer abschließenden Definition des Begriffs der Finanzleistungen Abstand genommen, um den Anwendungsbereich der Vorschrift nicht ungebührlich einzuengen und um die **Anschlussfähigkeit der Vorschrift** nicht nur an die **gängige Praxis**, sondern vor allem auch die **künftigen Entwicklungen** des Finanzmarkts sicherzustellen (BT-Drucks. 12/7302, S. 168; Graf-Schlicker/*Bornemann* InsO, § 104 Rn. 12). Insbesondere sind die in Abs. 2 Satz 3 aufgezählten Geschäftstypen lediglich Regelbeispiele (»insbesondere«), welche Raum für die Einbeziehung weiterer Typen lassen (s. Rdn. 80 f.).

50 Der Begriff der Finanzleistung ist daher im Wege einer **Abstraktion über die genannten Regelbeispiele** unter Berücksichtigung der in Abs. 1 Satz 2 festgelegten Voraussetzungen hinsichtlich der **Leistungszeit und der Markt- und Börsengängigkeit** sowie vor allem von **Sinne und Zweck des § 104 InsO** zu gewinnen, wonach die Fähigkeit des Vertragsgegners geschützt werden soll, die mit dem Geschäft verbundenen Finanzmarktrisiken auch in der Insolvenz des Schuldners effektiv steuern zu können (s. Rdn. 5 f.). Maßgebliches Kriterium ist damit die **Sensitivität des Geschäfts gegenüber Finanzmarktrisiken**, die sich daraus ergibt, dass der Preis für die durch das Geschäft vermittelte Position Schwankungen ausgesetzt ist, die aus dem Handel der Position auf einem Markt oder an einer Börse resultieren (vgl. Graf-Schlicker/*Bornemann* InsO, § 104 Rn. 22). Dieser Handel sichert zugleich die von der Vorschrift vorausgesetzte Möglichkeit einer Ersatzeindeckung über den Markt oder die Börse ab.

2. Bestimmte Erfüllungszeit oder -frist

51 Für die Erbringung der Finanzleistung muss eine bestimmte Zeit oder eine bestimmte Frist vereinbart sein, die nach der Eröffnung des Verfahrens eintritt oder abläuft. Gegenüber den an die Warengeschäfte des Abs. 1 Satz 1 zu stellenden Anforderungen (s. Rdn. 43), stellt dies eine Abschwächung dar. Die **Merkmale eines Fixgeschäfts** müssen deshalb **nicht zwingend** erfüllt sein (BT-Drucks. 15/1583, S. 15). Es reicht aus, wenn der Vertrag spätestens zu einem nach der Verfahrenseröffnung liegenden Zeitpunkt erfüllt werden muss. Unter diesen Voraussetzungen sind sogar noch unerfüllt gebliebene **Kassageschäfte** erfasst (BT-Drucks. 15/1853, S. 14), für die eine Erfüllungsfrist von i.d.R. zwei Handelstagen gilt (vgl. Art. 38 Abs. 2 Buchst. a der Verordnung [EU] Nr. 1287/2006). Erfasst sind auch Geschäfte, für die ein Endtermin vereinbart ist.

3. Markt- und Börsenpreis

52 Vertragsgegenstände können als Finanzleistung nur dann erfasst werden, wenn sie einen Markt- oder Börsenpreis haben. **Börsenpreis** ist der an einem **staatlich regulierten und überwachten (organisierten) Markt** festgestellte Preis, insbesondere der nach § 24 BörsG an einer inländischen Wertpapier- oder Derivatebörse festgestellte Preis. **Marktpreis** ist der Preis, der sich außerhalb eines organisierten Markts einstellt. Die Bandbreite der insoweit erfassten Märkte reichen von börsenähnlichen **multilateralen Handelssystemen** (vgl. §§ 72 ff. WpHG 2018) über die Zusammenführung von Marktteilnehmern durch **systematische Internalisierer** (vgl. § 79 WpHG 2018) bis hin zum **dezentralen OTC-Handel**, der freilich, soweit die Clearingpflichten des Art. 4 der Verordnung (EU) Nr. 648/2012 (European Market Infrastructure Regulation – **EMIR**) reicht, über die Vorkehrungen und Sicherheitenanforderungen der insoweit ein- und zwischenzuschaltenden zentralen Gegenparteien (Art. 40 ff. EMIR) einer vereinheitlichenden Instanz unterworfen ist und der über die Transaktionsregister hinreichend transparent ist (Art. 78 ff. EMIR).

53 Voraussetzung für die Möglichkeit eines Marktpreises ist, dass es sich um einen **hinreichend standardisierten Vertragsgegenstand** handelt, an den das Marktgeschehen anknüpfen kann und der es daher erlaubt, von einem Marktpreis anstatt von einem **idiosynkratischen Preis** zu sprechen, in

werden, dass am Stichtag nur eine Lieferpflicht bzw. ein Bezugsrecht in Höhe der Nettomenge besteht (*Behrens/Glück* ZInsO 2016, 2321 [2324]).

Im Schrifttum bestehen Zweifel daran, ob und inwieweit die gängigen **Energiegroßhandelsprodukte** 47
von § 104 InsO erfasst werden (vgl. *Behrens/Glück* ZInsO 2016, 2321 [2324 ff.]). Die Zweifel betreffen nicht so sehr die den Energiebörsenhandel bestimmenden Geschäfte, die durch **Barausgleich** zu erfüllen sind (vgl. 1.1.2.1, 1.2.2, 1.3.2 der Kontraktspezifikationen der Leipziger European Energy Exchange vom 25.9.2017 – Version 59a) und damit zweifelsfrei zu den Finanzinstrumenten i.S.d. Abs. 1 Satz 3 Nr. 4 i.V.m. Abs. 5 Abschnitt C des Anhang I der neugefassten Finanzmarktrichtlinie 2014/65/EU gehören. Auch soweit die Erfüllung der Geschäfte durch **physische Lieferung, Abtretung von Herausgabeansprüchen oder Übertragung von Konnossementen** erfolgt (vgl. Nr. 6 ff. des Standard Coal Trading Agreement), handelt es sich ohne Weiteres um Liefergeschäfte i.S.d. Abs. 1 Satz 1. In Frage gestellt wird aber, ob die nach Maßgabe der **EFET-Rahmenverträge** geschlossenen und abgewickelten Geschäfte als Liefergeschäfte anzusehen sind. Es wird geltend gemacht, dass die Erfüllung dieser Verträge aus (abwicklungs-)technischen Gründen über die von **Übertragungsnetzbetreibern** zur Verfügung gestellten **Infrastrukturen** durch sog Fahrplan-Buchungen innerhalb sog. **Bilanzkreise** i.S.d. § 3 Abs. 10a EnWG und § 2 Nr. 4 GasNZV erfolgt, in denen zu jedem Zeitpunkt die Einspeisungen und Entnahmen durch die Handelsteilnehmer verbucht werden. Die Erfüllung erfolgt dabei durch entsprechende **Ein- oder Ausbuchungen in den Bilanzkreisen** (vgl. § 4 EFET-Rahmenvertrag-Strom, § 4 EFET-Rahmenvertrag-Gas). Hierdurch wird die Erfüllung der Verträge von der tatsächlichen Lieferung und Abnahme rechtlich abstrahiert und abgekoppelt (*Behrens/Glück* ZInsO 2016, 2321 [2329 f.]); Störungen bei der Einspeisung werden nicht im Verhältnis der Kontrahenten, sondern im Verhältnis des zur Einspeisung Verpflichteten zum Übertragungsnetzbetreiber reguliert. Rechtlich lässt sich daher davon sprechen, dass nicht die Energiemenge selbst, sondern allein das Recht zur Entnahme der Energiemengen aus dem Netz den Gegenstand der Kaufverträge bilden (vgl. die von *Behrens/Glück* ZInsO 2016, 2321 [2324 ff.] zitierte Entscheidung des Bundeskartellamts v. 12.03.2007 – B8-40000-U-62/06, S. 26 f., in der von einem **Rechtskauf** die Rede ist). Insoweit stünde einer Erfassung durch Abs. 1 Satz 1 entgegen, dass es sich bei derartigen Rechten nicht um eine **Ware** i.S. einer handelbaren beweglichen Sache handelt (*Behrens/Glück* ZInsO 2016, 2321 [2324 ff.]). Dem kann allerdings entgegengehalten werden, dass schon die vom Gesetzgeber der Konkursordnung 1877 vorgefundene und nach dessen Vorstellung von § 16 KO 1877 (= § 18 KO 1898) erfasste Marktpraxis an der Berliner Produktenbörse vorsah, dass die Erfüllung der Geschäfte im Wege der Übertragung von »**Kündigungszetteln**« zu erfolgen hatte, die entlang der Vertragsketten von Marktteilnehmer zu Marktteilnehmer übertragen wurden (vgl. Motive KO 1877, S. 70). Zwar war insoweit keine rechtlich separate Infrastruktur zwischengeschaltet wie sie im Fall des heutigen Energiegroßhandels in Gestalt der Bilanzkreise der Übertragungsnetzbetreiber besteht, doch ließe sich die damalige Praxis auch dahingehend interpretieren, dass sie auf die Übertragung des Rechts zum Bezug der verkauften Ware gerichtet war oder sich zumindest in dieser Weise hätte rechtlich konstruieren lassen. Dass nach **heutigem Recht** kein Zweifel daran besteht, dass auch die nach Maßgabe der EFET-Rahmenverträge abgewickelten Geschäfte von § 104 InsO erfasst sind, hat der Gesetzgeber dadurch zum Ausdruck gebracht, dass er die gängigen Produkte des Energiegroßhandels als erfasst betrachtete (BT-Drucks. 18/9983, S. 19; BT-Drucks. 18/10470, S. 12 f.). Letzte Zweifel werden dadurch ausgeräumt, dass **Abs. 1 Satz 3 Nr. 5** auch Optionen und Rechte auf die Lieferung von Waren als Gegenstand einer von § 104 InsO erfassten Finanzleistung genügen lässt.

II. Markt- und börsengängige Finanzleistungen (Abs. 1 Sätze 2 bis 4)

Abs. 2 Satz 1 stellt die als »Verträge über Finanzleistungen« bezeichneten **Finanzmarktgeschäfte** den 48
in Abs. 1 Satz 1 genannten Warentermingeschäften gleich. Im Zuge der Vereinfachung und Straffung der Binnensystematik der Vorschrift durch Art. 2 des Dritten Gesetzes zur Änderung der Insolvenzordnung wurden die Bestimmungen zu den Finanzleistungen (Abs. 2 a.F.) neu in Abs. 1 verortet, der nunmehr einheitlich für Warenfixgeschäfte und Finanzleistungsverträge die Anordnung

schluss der unter Abs. 2 Satz 1 Nr. 1 fallenden Edelmetalle), landwirtschaftliche Produkte sowie Energien wie vor allem **Strom und andere Energien** (vgl. Art. 2 Nr. 6 der Delegierten Verordnung [EU] 2017/565 v. 25.04.2017, ABl. L 87/1; Näheres zu den praktisch bedeutsamen Energiegroßhandelsprodukten s. Rdn. 46 f.). Irrelevant ist, ob der Schuldner die Rolle des Lieferanten/Verkäufers oder Beziehers/Käufers einnimmt.

2. Fixgeschäft

43 Die Lieferung muss zu einer **festbestimmten Zeit** oder innerhalb einer **festbestimmten Frist** vereinbart sein. Dieses Erfordernis ist den **handelsrechtlichen Bestimmungen zum Fixhandelskauf (§ 376 HGB)** entnommen (Motive KO 1877, S. 69). Insoweit muss es sich zumindest um (relative) Fixgeschäfte handeln, bei denen sich die Parteien darüber einig sind, dass der Vertrag mit der Einhaltung oder Nichteinhaltung der vereinbarten Lieferzeit »stehen oder fallen« (vgl. BGHZ 110, 88 [96]) soll (Nerlich/Römermann-*Balthasar* InsO, § 104 Rn. 16; Graf-Schlicker/*Bornemann* InsO, § 104 Rn. 9; Uhlenbruck/*Lüer* InsO, § 104 Rn. 6, 8), erst recht sind absolute Fixgeschäfte zu erfassen (Kübler/Prütting/Bork-*Köndgen* InsO, § 104 Rn. 10). Allein die Vereinbarung einer fest bestimmten Liefer(end)zeit reicht nicht (BGHZ 110, 88 [96]).

3. Waren mit Markt- oder Börsenpreis

44 Die Waren müssen einen Markt- oder Börsenpreis haben. Der Handel mit den Waren muss daher so beschaffen sein, dass sich für **Geschäfte gleicher Fälligkeit** täglich ein Börsen- oder Marktpreis ermitteln lässt (Kübler/Prütting/Bork-*Köndgen* InsO, § 104 Rn. 9). Börsenpreis ist der an einem staatlich regulierten und überwachten (organisierten) Markt festgestellte Preis, insbesondere der nach **§ 24 BörsG** an einer inländischen Warenbörse (§ 2 Abs. 3 BörsG) ermittelte Preis. Marktpreis ist der sich außerhalb eines organisierten Markts einstellende Preis. Letztlich reicht es aus, wenn sich aufgrund eines hinreichenden Handels für jeden Tag ein Marktpreis **auch nachträglich** – etwa aufgrund sachverständiger Feststellungen und Berechnungen – ermitteln lässt (Motive KO 1877, S. 74; MüKo-InsO/*Jahn/Fried* § 104 Rn. 39; Nerlich/Römermann-*Balthasar* InsO, § 104 Rn. 15; Kübler/Prütting/Bork-*Köndgen* InsO, § 104 Rn. 9).

4. Erfüllungszeitpunkt nach Verfahrenseröffnung

45 Der fixierte Liefertermin bzw. die fixierte Lieferfrist muss an einem **Zeitpunkt nach der Verfahrenseröffnung** liegen (Uhlenbruck/*Lüer* InsO, § 104 Rn. 9; MüKo-InsO/*Jahn/Fried* § 104 Rn. 41; Kübler/Prütting/Bork-*Köndgen* InsO, § 104 Rn. 12). Ist er bereits eingetreten, bestehen die von der Vorschrift vorausgesetzten Unsicherheiten nicht, derentwegen der Vertragsgegner durch die sofortige Beendigung und Reduzierung auf eine Nichterfüllungsforderung geschützt werden soll. Hier sind i.d.R. bereits die Voraussetzungen für den Nichterfüllungsanspruch gegeben und kann die Erfüllung schon nach allgemeinen Regeln nicht ohne Weiteres verlangt werden (vgl. § 376 Abs. 1 HGB).

5. Insbesondere: Produkte des Energiegroßhandels

46 Von besonderer praktischer Relevanz ist die Vorschrift im Energiegroßhandel (vgl. *Riewe* Die EFET-Rahmenverträge für den Handel mit Strom und Erdgas, S. 131 ff., 366 ff.; *Behrens/Glück* ZInsO 2016, 2321 [2324 ff.]). Infolge der weitgehenden Liberalisierung der Energiemärkte unterliegen die Preise für Energien zuweilen erheblichen Schwankungen. Daraus folgt das praktische Bedürfnis der Teilnehmer von Energiegroßhandelsmärkten (Kraftwerksbetreiber, Händler und Endkunden mit hohen Verbrauchskapazitäten), sich durch den Abschluss von **Terminkontrakten** gegen Preisrisiken abzusichern. Zwecks Anpassung der langfristig verkauften oder gekauften Mengen an die zu einem Stichtag tatsächlich produzierbaren oder benötigten Mengen werden dann weitere und zuweilen gegenläufige Geschäfte abgeschlossen, die über Rahmenverträge (wie vor allem die EFET-Rahmenverträge, http://www.deutschland.efet.org/Rahmenvertrage) derart miteinander verklammert

schaffenen Sonderregimes sollte ausschließlich vom Gesetzgeber und nicht von den Parteien bestimmt werden (vgl. zuletzt BT-Drucks. 18/10470, S. 12 »Der Anwendungsbereich des § 104 InsO, d.h. der Kreis der von dieser Vorschrift erfassten Geschäfte, wird auch künftig ausschließlich im Gesetz, nunmehr: § 104 Absatz 1 InsO-E, festgelegt«). Diesem Gedanken Rechnung tragend (vgl. BT-Drucks. 18/9983, S. 19: »Daher sollte es nicht auf das formale Kriterium des Vorliegens eines Vertrags im Sinne des § 103 InsO ankommen, sondern allein auf die Frage, ob die Marktrisiken, denen das Geschäft unterliegt, unter das von § 104 InsO aufgegriffene Schutzbedürfnis der Parteien und insbesondere des Vertragsgegners fallen«) bezeichnet die durch das Dritte Gesetz zur Änderung der Insolvenzordnung abgeänderte **Rahmenvertragsregelung des Abs. 3 Satz 1** die durch den Rahmenvertrag zusammengefasste Einheit nicht mehr als einen »gegenseitigen Vertrag im Sinne der §§ 103, 104«, sondern als **ein »Geschäft im Sinne des Absatzes 1«.**

Richtigerweise ist Absatz 2 deshalb **nicht** als *lex specialis* zu § 103 zu sehen, sondern als eine § 103 ergänzende Vorschrift mit überwiegend überlappendem Anwendungsbereich (Leonhardt/Smid/Zeuner-*Zeuner* InsO, § 104 Rn. 1; Graf-Schlicker/*Bornemann* InsO, § 104 Rn. 8). Um von § 104 Abs. 1 InsO erfasst zu werden, ist es daher weder erforderlich, dass es sich um einen beiderseitig nicht voll erfüllten gegenseitigen Vertrag handelt, noch muss es sich überhaupt um einen gegenseitigen Vertrag handeln (vgl. zur a.F. Graf-Schlicker/*Bornemann* InsO, § 104 Rn. 8; Leonhardt/Smid/Zeuner-*Zeuner* InsO, § 104 Rn. 1; Nerlich/Römermann-*Balthasar* InsO, § 104 Rn. 31; Kübler/Prütting/Bork-*Köndgen* InsO, § 104 Rn. 13). 39

E. Tatbestand

I. Markt- und börsengängige Warenfixgeschäfte (Abs. 1 Satz 1)

1. Lieferung von Waren

Abs. 1 Satz 1 erfasst Verträge über die Lieferung von Waren. Gemeint sind Verträge, die auf die **effektive Lieferung der Ware** gerichtet sind (sog. *physical delivery*). Verträge, bei denen am Fälligkeitstag ein Barausgleich auf der Grundlage des (Markt- oder Börsen-)Preises erfolgt (sog. *cash settlement*), sind demgegenüber keine Liefergeschäfte i.S.d. Abs. 1 Satz 1, sondern fallen als Finanzleistung unter Abs. 1 Satz 3 Nr. 3 Buchst. b. 40

Paradigmatisches Beispiel für einen auf die Lieferung der Ware gerichteten Vertrag ist der **Kaufvertrag**. Allerdings können auch andere Vertragstypen auf die Lieferung von Waren gerichtet sein. In Betracht kommen – in Analogie zu den Wertpapierleih- und -pensionsgeschäften (vgl. § 340b HGB) zu denkende – **Rückkauf-, Leih-, Pensions- und ähnliche Geschäfte** (vgl. Art. 2 Nr. 7–9 der Verordnung [EU] 2015/2365 über die Transparenz von Wertpapierfinanzierungsgeschäften vom 25.11.2015, ABl. L 337/1). Unter der bis zum 29.12.2016 geltenden Fassung war unklar, ob auch **Optionen** auf Liefergeschäfte erfasst sind. Denn eine Option ist selbst nicht auf die Lieferung der Ware, sondern auf den Abschluss eines Liefergeschäfts gerichtet. Der **Normzweck** – die Beseitigung der mit Blick auf die Marktpreisrisiken aus der Schwebelage resultierenden Unsicherheiten (s. Rdn. 5 f.) – spricht allerdings für die Einbeziehung solcher, nur mittelbar auf die Lieferung gerichteten Geschäfte (vgl. auch Motive KO 1877, S. 71 f., wonach auch Geschäfte bereits von § 18 KO erfasst wurden, bei denen eine Vertragspartei den genauen Liefertermin bestimmen kann und ihm mithin zumindest hinsichtlich des Leistungszeitpunkts ein Optionsrecht zukommt). Seit dem Inkrafttreten von Art. 2 des Dritten Gesetzes zur Änderung der Insolvenzordnung zum 29.12.2016 hat diese Frage an praktischer Relevanz verloren, da **Options- und andere derivative Geschäfte auf die Lieferung von Waren** jedenfalls als Finanzleistung von Abs. 1 Satz 3 Nr. 5 erfasst werden. 41

Gegenstand der Lieferpflicht müssen **Waren** sein. Darunter sind in Anlehnung an § 1 Abs. 2 Nr. 1 HGB a.F. **handelbare (d.h. i.S.v. § 91 BGB vertretbare) bewegliche Sachen** zu verstehen (Nerlich/Römermann-*Balthasar* InsO, § 104 Rn. 14; Kübler/Prütting/Bork-*Köndgen* InsO, § 104 Rn. 8). Nicht erfasst sind deshalb Grundstücke. Auch die (allerdings von Abs. 1 Satz 3 Nr. 2 erfassten) Wertpapiere sind insoweit keine Waren, da sie in § 1 Abs. 2 Nr. 1 HGB a.F. neben den Waren selbständig genannt wurden. Vom Warenbegriff werden demgegenüber erfasst: Metalle (unter Aus- 42

stünden. Der hieraus gezogene Umkehrschluss, dass § 104 nur in den Fällen greife, in denen auch die Voraussetzungen des § 103 Abs. 1 vorliegen (MüKo-InsO/*Jahn/Fried* § 104 Rn. 34; *Uhlenbruck/Lüer* InsO, § 104 Rn. 5, 25; FK-InsO/*Wegener* 8. Aufl., § 104 Rn. 13; HK-InsO/*Marotzke* § 104 Rn. 2), trifft allerdings nicht zu.

36 Zwar hat der Gesetzgeber im Hinblick auf die **Warenfixgeschäfte** des Abs. 1 Satz 1 die Rechtslage unter § 18 KO fortschreiben wollen, zu der es allgemeine Meinung war, dass es sich um eine Ausnahmevorschrift zu § 17 KO handelte (Motive KO 1877, S. 69: »Ausnahme von dem im § 15 festgesetzten Wahlrecht«; vgl. Jaeger/*Henckel* KO, § 18 Rn. 3). Auch lässt sich aus den Motiven für die Einführung der Rahmenvertragsregelung des § 104 Abs. 2 Satz 3 a.F. (BT-Drucks. 12/7302, S. 168) herauslesen, dass der Gesetzgeber im Hinblick auf die **Finanzleistungsgeschäfte** des Abs. 1 Satz 2 bis 4 von der Annahme ausging, dass diese nur dann erfasst würden, wenn sie beiderseitig noch nicht vollständig erfüllt sind und damit die Voraussetzungen des § 103 InsO erfüllen (BT-Drucks. 12/7302, S. 168: »§ 118 des Regierungsentwurfs, der wie § 117 des Entwurfs einen von beiden Seiten noch nicht voll erfüllten Vertrag voraussetzt«): Ausgehend von dieser Annahme sah sich der Gesetzgeber nämlich veranlasst, eine Regelung zu den Rahmenverträgen zu schaffen, über welche auch einseitig vorerfüllte Geschäfte qua Einbeziehung in einen Rahmenvertrag den Rechtsfolgen des § 104 InsO unterstellt werden können. Daher sprach der in diesem Zusammenhang geschaffene § 104 Abs. 2 Satz 3 auch davon, dass die unter dem Rahmenvertrag zusammengefassten Geschäfte als »ein gegenseitiger Vertrag i.S.d. §§ 103, 104« gelten.

37 Mit diesen Annahmen setzte sich der historische Gesetzgeber allerdings in einen **Selbstwiderspruch**, der eine **korrigierende und normzweckkonforme Auslegung** rechtfertigt, zumal diese durch die jüngeren Änderungen der Vorschrift gestützt wird. Nach dieser korrigierenden Auslegung kommt es für die Anwendung des § 104 InsO grds. nicht darauf an, ob ein beiderseits noch unerfüllter gegenseitiger Vertrag vorliegt. Die Unterstellung, dass nur beiderseits noch nicht voll erfüllte gegenseitige Verträge erfasst werden, ließ sich von Anfang an nicht mit der Intention des Gesetzgebers vereinbaren, die im Beispielkatalog des Abs. 1 Satz 3 (= Abs. 2 Satz 2 a.F.) genannten Geschäfte wirkungsvoll zu erfassen. Dies gilt nicht nur für einseitig vorerfüllte Optionsgeschäfte, von denen in den Gesetzesmaterialien die Rede ist (BT-Drucks. 12/7302, S. 168), sondern auch und besonders für **Differenzgeschäfte** (Abs. 1 Satz 3 Nr. 3 Buchst. b = Abs. 2 Satz 2 Nr. 4 a.F.), bei denen bereits zweifelhaft ist, ob es sich überhaupt um gegenseitige Verträge handelt (*Reiner* Derivative Finanzinstrumente im Recht, S. 203 ff.; MüKo-InsO/*Jahn/Fried* § 104 Rn. 70; Leonhardt/Smid/Zeuner-*Zeuner* InsO, § 104 Rn. 21). Gleiches gilt für die später in den Katalog aufgenommenen **Finanzsicherheiten** (zu dem nach h.M. fehlenden Gegenseitigkeitscharakter der Sicherheitsabrede vgl. *Ruzik* Finanzmarktintegration durch Insolvenzrechtsharmonisierung, S. 575). Besteht man auf dem Erfordernis eines beiderseitig nicht voll erfüllten gegenseitigen Vertrags, müssten derartige Geschäfte aus dem Anwendungsbereich des § 104 InsO herausfallen, obgleich sie in den Beispielkatalog des Abs. 1 Satz 3 (= Abs. 2 Satz 2 a.F.) aufgenommen wurden und damit als paradigmatische Beispiele für Geschäfte gelten, deretwegen das Regime des § 104 InsO geschaffen wurde.

38 Um nicht mehr als eine äußerst **zweifelhafte und dogmatisch kaum haltbare** (wenn auch vom Gesetzgeber in BT-Drucks. 12/7302, S. 168 vorgezeichnete) **Krücke** handelt es sich bei der Annahme, dass solche Geschäfte dann in den Anwendungsbereich des § 104 InsO fallen, wenn sie in einen Rahmenvertrag nach Abs. 3 (= Abs. 2 Satz 3 a.F.) einbezogen werden. Der hierdurch gewiesene Weg löst nicht nur nicht den Widerspruch auf, dass ein explizit genanntes Geschäft nicht in den Genuss des Schutzes des § 104 InsO kommt, wenn es isoliert abgeschlossen und nicht in einen Rahmenvertrag aufgenommen wird (vgl. Graf-Schlicker/*Bornemann* InsO, § 104 Rn. 8), sondern schreibt der Rahmenvertragsregelung daneben die zweifelhafte Kraft zu, ein an sich nicht unter § 104 InsO fallendes Geschäft den Wirkungen des § 104 InsO allein deshalb unterstellen zu können, weil die Parteien sich für eine Einbeziehung in den Rahmenvertrag entschieden haben. Hierdurch wird aber die vom Gesetzgeber getroffene Entscheidung für einen begrenzten Anwendungsbereich der Vorschrift ausgehebelt und zur Disposition der Parteien gestellt. Das ist weder dogmatisch schlüssig, noch rechtspolitisch zielführend. Denn die Reichweite des Geltungsanspruchs des durch § 104 InsO ge-

fern und soweit die darin **vereinbarten Rechtsfolgen von den in § 104 InsO a.F. vorgesehenen Rechtsfolgen abweichen** (BGHZ 210, 321 Rn. 54 ff.). Da sich an die Insolvenzfestigkeit der damit angesprochenen rahmenvertraglichen Bestimmungen weitreichende wirtschaftliche und aufsichtsrechtliche Konsequenzen knüpfen und da insbesondere zu befürchten war, dass dies einen (auch aufsichtsrechtlich induzierten) Kapitalbedarf im Bankensektor auslösen würde, der zu krisenhaften Weiterungen im deutschen und europäischen Banken- und Finanzsystem hätte führen können, kündigte die **Bundesregierung** noch am 09.06.2016 an, unmittelbar auf die Vornahme der erforderlichen gesetzlichen **Klarstellungen und Präzisierungen** hinzuwirken (Gemeinsame Stellungnahme von BMF und BMJV v. 09.06.2016, https://www.bmjv.de/SharedDocs/Artikel/DE/2016/06092016_Urteil_BGH.html). Zugleich ordnete die Bundesanstalt für Finanzdienstleistungsaufsicht (BaFin) im Rahmen einer **Allgemeinverfügung nach § 4a WpHG** an, dass ungeachtet der durch die Entscheidung des BGH gesäten Zweifel an der Wirksamkeit der gängigen Klauseln, die Verträge gemäß ihres Inhalts durchzuführen seien (*BaFin* Allgemeinverfügung zu Nettingvereinbarungen im Anwendungsbereich des deutschen Insolvenzrechts, https://www.bafin.de/SharedDocs/Veroeffentlichungen/DE/Aufsichtsrecht/Verfuegung/vf_160609_allgvfg_nettingvereinbarungen.html). Da der infolge des BGH-Urteils eingetretene Zustand mit der Gefahr einer Destabilisierung des deutschen Bankensektors einherging, schickte sich der Gesetzgeber an, die erforderlichen Klarstellungen und Präzisierungen noch im Jahr 2016, namentlich vor Auslaufen der auf den 31.12.2016 befristeten Allgemeinverfügung der BaFin, vorzunehmen und in Kraft treten zu lassen; teilweise wurden die Regelungen rückwirkend mit dem Tag der Verkündung der Entscheidung des BGH in Kraft gesetzt (Art. 4 Abs. 2 des Dritten Gesetzes zur Änderung der Insolvenzordnung, s. Rdn. 32).

2. Veranlasste Klarstellungen und Präzisierungen

Im Kern ging es dem Gesetzgeber darum, eine der Grundannahmen, auf denen das Urteil des *BGH* vom 09.06.2016 – IX ZR 314/14 (BGHZ 210, 321) beruhte, im Einklang mit den durch die Gesetzesmaterialien nicht nur zur InsO (s. Rdn. 5 f., 9, 26), sondern auch zur KO (dazu Rdn. 24 f.) und zur PrKO (dazu Rdn. 23), zu korrigieren: Die vom BGH zugrunde gelegte Annahme, dass der in § 104 InsO angelegte Ausschluss des Verwalterwahlrechts dem Schutz der Masse diene (BGHZ 210, 321 Rn. 59 f.), lässt sich nicht nur nicht durch die Gesetzesmaterialien belegen. Vielmehr weisen diese darauf hin, dass die Vorschrift in erster Linie dem Schutz des Vertragsgegners dient (s. Rdn. 5 f., 9, 26). Da sich derartige Meta-Überlegungen schlecht zum Gegenstand gesetzlicher Regelungen machen lassen, verlegte sich der Gesetzgeber darauf, die aus dieser Grundeinsicht zu ziehenden Konsequenzen im Normtext zu verankern, namentlich durch Anpassung der Regelungen zur Berechnung der Nichterfüllungsforderung (Abs. 2), vor allem aber durch die Schaffung einer umfassenden Regelung zur Klarstellung eines durch den Zweck der Vorschrift gedeckten weitgehenden Spielraums für die privatautonome Ausgestaltung des Beendigungs-, Abrechnungs- und Verrechnungsmechanismus (Abs. 4). Da sich sämtliche dieser Rechtsfolgen auch bereits unter dem alten Recht aus dem in den Gesetzesmaterialien dokumentierten Normzweck hatten ableiten lassen (vgl. Graf-Schlicker/*Bornemann* InsO, § 104 Rn. 35 ff.), handelte es sich um wenig mehr als Klarstellungen und Präzisierungen des geltenden Rechts (BT-Drucks. 18/9983, S. 9 ff., 13 ff.). Aus Anlass dieser Klarstellungen und Präzisierungen wurden auch andere Zweifelsfragen einer gesetzlichen Lösung zugeführt – ebenfalls im Einklang mit den durch die historischen Materialen gestützten Annahmen hinsichtlich des Normzwecks. Hiernach wurde der Katalog der zu erfassenden Geschäfte modernisiert (Abs. 1 Satz 2 bis 4) und die Rahmenvertragsregelung dahingehend klargestellt, dass die Einbeziehung von nicht einbeziehbaren Geschäften unschädlich ist, soweit es die Behandlung der einbeziehungsfähigen Geschäfte und deren Zusammenfassung zu einem einheitlichen Vertrag angeht (Abs. 3).

D. Verhältnis zu § 103 InsO

§ 104 **gilt als Ausnahmevorschrift zu § 103** (MüKo-InsO/*Jahn/Fried* § 104 Rn. 75; HK-InsO/ *Marotzke* § 104 Rn. 2; *Uhlenbruck/Lüer* InsO, § 104 Rn. 1). Daran ist richtig, dass die Vorschrift innerhalb ihres Anwendungsbereichs Wahlrechte ausschließt, die ansonsten nach § 103 Abs. 1 be-

S. 2911), welche die beabsichtigte Neuregelung der Finanztermingeschäfte für die Zwischenzeit bis zum Inkrafttreten der Insolvenzordnung vorwegnehmen und **auf Konkurs-, Vergleichs- und Gesamtvollstreckungsverfahren übertragen** sollte (BT-Drucks. 12/7303, S. 118). Welche Dringlichkeit man der Regelung beimaß, wird daran erkennbar, dass der Gesetzgeber parallel hierzu eine inhaltsgleiche Regelung in das Zweite Finanzmarktförderungsgesetz vom 26.07.1994 (BGBl. I S. 1749) aufnahm, um dem Risiko zu begegnen, dass sich die Beratungen zum EGInsO verzögern könnten. So konnte die Regelung als **Art. 15 des Zweiten Finanzmarktförderungsgesetzes** bereits am 01.08.1994 (statt erst zum 19.10.1994) in Kraft treten (Art. 20 Satz 1 des Zweiten Finanzmarktförderungsgesetzes).

III. Änderungen durch das Finanzsicherheitenrichtlinienumsetzungsgesetz

29 Anlässlich der Umsetzung der Finanzsicherheitenrichtlinie 2002/47/EG wurden **Finanzsicherheiten in den Katalog der Finanzleistungen** nach § 104 Abs. 2 Satz 2 InsO a.F. aufgenommen. Dies diente der Umsetzung von Art. 7 Abs. 1 Buchst. a der Finanzsicherheitenrichtlinie (BT-Drucks. 15/1853, S. 15), wonach das Liquidationsnetting (dort genannt: »Aufrechnung infolge Beendigung«) im Falle der Stellung von Finanzsicherheiten und deren Einbeziehung in einen Rahmenvertrag ungeachtet der Eröffnung eines Insolvenzverfahrens »vereinbarunggemäß« wirksam werden kann.

30 Sodann wurde die **Rahmenvertragsregelung** des § 104 Abs. 2 Satz 3 abgeändert. Diese hatte ihre Klammerwirkungen davon abhängig gemacht, dass der Rahmenvertrag für den Fall einer Vertragsverletzung eine einheitliche Beendigung der einbezogenen Einzelgeschäfte vorsieht. Um der Befürchtung vorzubeugen, dass ein an jedwede Vertragsverletzung anknüpfender Beendigungsautomatismus in Einzelfällen übermäßige Konsequenzen hätte und zu unerwünschten und unnötigen Liquidationen ganzer Portfolien führen würde, wurde die Rahmenvertragsregelung an das »Vorliegen eines Insolvenzgrundes« angeknüpft (BT-Drucks. 15/1853, S. 15).

31 Auf Rechtsfolgenseite wurde die strikte Anknüpfung an den zweiten Werktag nach Verfahrenseröffnung für Zwecke der **Berechnung der Nichterfüllungsforderung** aufgegeben und durch die Möglichkeit der **Vereinbarung eines Zeitpunkts oder -raums innerhalb der ersten fünf Werktage nach Verfahrenseröffnung** geschaffen. Hierdurch sollte vor allem dem Befund Rechnung getragen werden, dass sich die Handelsmöglichkeiten gegenüber dem 19. Jahrhundert, in dem die auf den zweiten Werktag nach Verfahrenseröffnung bezogene Regelung geschaffen worden war (s. Rdn. 24), verbessert haben und daher insbesondere oft auch eine sofortige Ersatzeindeckung ermöglichen. Zum anderen wurde auch das Bedürfnis anerkannt, einen anderen Zeitpunkt zu bestimmen, so dass der Gesetzgeber sich darauf beschränkte ein fünftägiges Zeitfenster für privatautonome Regelungen festzulegen (BT-Drucks. 15/1853, S. 15). Zugleich wurde mit Blick darauf, dass angesichts des hohen internationalen Vernetzungsgrades und der ausgeprägten Informationseffizienz moderner Finanzmärkte Preisunterschiede auf unterschiedlichen Handelsplätzen ihre Bedeutung verloren haben, das Erfordernis aufgehoben, dass es für Zwecke der Berechnung der Nichterfüllungsforderung auf den »maßgeblichen Handelsplatz« ankommt (BT-Drucks. 15/1853, S. 15).

IV. Novellierung durch das Dritte Gesetz zur Änderung der Insolvenzordnung

32 Die Vorschrift wurde jüngst durch das Dritte Gesetz zur Änderung der Insolvenzordnung und zur Änderung des Gesetzes, betreffend die Einführung der Zivilprozessordnung vom 22.12.2016 (BGBl. I S. 3147) abgeändert. Obgleich das äußere Erscheinungsbild dieser Vorschrift den Eindruck einer grundlegenden Novellierung vermittelt, handelt es sich bei Lichte betrachtet um Klarstellungen und Präzisierungen des vorgefundenen Rechts.

1. Anlass: Urteil des Bundesgerichtshofs vom 09.06.2016

33 Den Anlass für die jüngste Novellierung gab das Urteil des *BGH* vom 09.06.2016 – IX ZR 314/14 (BGHZ 210, 321). Hiernach sind **vertragliche Bestimmungen in Rahmenverträgen unwirksam**, so-

Bestimmung in die Schlusszettelformulare den Kurs schon desjenigen Tages als entscheidend hinzustellen, in welchem die ›Insolvenz sich erwiesen‹ oder die ›Zahlungseinstellung, der ein Nachsuchen um Zahlungsfrist gleichgestellt wird, dem anderen Kontrahenten bekannt geworden‹ ist«).

Die **Revision der Konkursordnung im Jahre 1898** brachte keine Änderungen mehr, führte aber durch die Einfügung neuer Vorschriften dazu, dass die Regelung um zwei Paragraphen verschoben und daher inhaltlich unverändert in **§ 18 KO** verortet wurde (RGBl. 1898, 612 [615 f.]). 25

II. Übergang zur Insolvenzordnung (§ 104 InsO, Art. 15 Zweites Finanzmarktförderungsgesetz und Art. 105 EGInsO)

Bis zur Einführung der Insolvenzordnung blieb die Vorschrift unverändert, wobei sie auch in der höchstrichterlichen Rechtsprechung bis auf die Entscheidung des *RG* v. 19.12.1914 (LZ 1915 Sp. 539 ff. = Bank-Archiv 1914, 194 ff.) kaum Beachtung fand. Auch der Regierungsentwurf für die Insolvenzordnung übernahm die konkursrechtliche Vorgängerbestimmung im Kern unverändert, ergänzte sie aber in zweierlei Hinsicht: zum einen sollte klargestellt werden, dass unter den Begriff der Ware auch **Wertpapiere** fallen (§ 118 Abs. 1 Satz 2 InsO-RegE; BT-Drucks. 12/2443, S. 27), zum anderen sollten auch **Swap-Geschäfte** und andere **Geschäfte mit marktvariablen Zahlungsverpflichtungen** von der Vorschrift erfasst werden (§ 118 Abs. 2 InsO-RegE, BT-Drucks. 12/2443, S. 27), um die Zweifel in der Frage zu beseitigen, ob § 18 KO auf diese Geschäfte anwendbar war (BT-Drucks. 12/2443, S. 145). Insoweit wurde darauf abgestellt, dass bei diesen Geschäften wie auch bei den Warenfixgeschäften des § 18 KO das Bedürfnis besteht, Unsicherheiten und Spekulationen auszuschließen (BT-Drucks. 12/2443, S. 145). Für diese Geschäfte wurde das von § 18 KO übernommene und für die Warengeschäfte beibehaltene Erfordernis gelockert, dass es sich um Fixgeschäfte handeln muss. Auf **Rechtsfolgenseite** sollten gegenüber § 18 KO **keine Änderungen** vorgenommen werden. Insbesondere sollte die Berechnung des Nichterfüllungsanspruchs auf den zweiten Werktag nach der Verfahrenseröffnung bezogen werden. Dabei ging der Regierungsentwurf explizit davon aus, dass bei **Bestehen einer Mehrzahl von Geschäften** zwischen zwei Parteien **gegenläufige Nichterfüllungsforderungen einer Aufrechnung zugänglich** sind (BT-Drucks. 12/2443, S. 145). Was den **Zweck** der Vorschrift insgesamt anging, übernahm der Regierungsentwurf den Begründungsansatz der Konkursordnung und der Preußischen Konkursordnung und stellte insbesondere auf das **Interesse des Vertragsgegners** ab, eine **schnelle Klärung** der Rechtslage herbeizuführen (s. i.E. bereits Rdn. 9; zugleich könne auch der Verwalter, sollte die Masse auf das Geschäft angewiesen sein, dieses durch ein an Markt oder Börse verfügbares Ersatzgeschäft ersetzen (BT-Drucks. 12/2443, S. 145). 26

Im parlamentarischen Verfahren behielt man die Grundstruktur des Regierungsentwurfs bei, ging aber zu einer anderen **Terminologie** zur Bezeichnung der in Abs. 2 neu aufzunehmenden Geschäftstypen über (»Finanzleistungen« statt »Geldleistung«, BT-Drucks. 7302, S. 43, 167 f.). Zudem wurde der Katalog der unter diesen Oberbegriff fallenden Geschäfte ausgeweitet. Regelungstechnisch wurden diese Geschäfte in einen **nicht abschließenden Beispielkatalog** aufgenommen, der ausdrücklich auch **gegenüber künftigen Entwicklungen auf den Finanzmärkten** offen sein sollte (BT-Drucks. 12/7302, S. 168). Daneben wurde in Anlehnung an die vorgefundene Finanzmarktpraxis (»in Anlehnung an den Inhalt üblicher Rahmenverträge«, BT-Drucks. 12/7302, S. 168) eine Regelung zu den gängigen **Rahmenverträgen** aufgenommen, auf deren Grundlage die Finanzmarktteilnehmer die zwischen ihnen abgeschlossenen Geschäfte zu einer wirtschaftlichen und rechtlichen Einheit verklammern. Hiernach sollte die rahmenvertragliche Verklammerung auch insolvenzrechtlich mit der Folge anerkannt werden, dass eine einheitliche Nichterfüllungsforderung für die Gesamtheit der rahmenvertraglich verklammerten Geschäfte zu ermitteln ist (BT-Drucks. 12/7302, S. 168). 27

Da die Erweiterung, welche § 104 InsO gegenüber der Vorgängerfassung des § 18 KO brachte, vom Gesetzgeber für so bedeutsam und »**dringend geboten**« befunden wurde, dass mit dem Inkrafttreten nicht bis zum 01.01.1999 zugewartet werden sollte, schuf er eine inhaltsgleiche Regelung in **Art. 105 des Einführungsgesetzes zur Insolvenzordnung** (EGInsO) vom 05.10.1994 (BGBl. I 28

C. Entstehungsgeschichte

I. § 17 der Preußischen Konkursordnung und §§ 16, 18 der Reichskonkursordnung (1877/98)

23 Vorläufer der Vorschrift finden sich bereits in der Preußischen Konkursordnung von 1855 (PrKO), deren § 17 vorsah, dass bei Verträgen »über fungible Sachen, welche einen marktgängigen Preis haben, oder über geldwerthe Papiere« keine Erfüllung, sondern nur eine »Entschädigung« verlangt werden konnte. Damit wurde insbesondere das Wahlrecht der Gläubigerschaft nach § 16 PrKO ausgeschlossen. Die Vorschrift beruhte auf der Erwägung, dass das Wahlrecht der Gläubigerschaft **für den Vertragsgegner Unsicherheiten** schaffe, gegen welche dieser **keine effektive Vorsorge** treffen könne (Motive PrKO, zit. nach *Goltdammer* Preußische Konkursordnung, S. 103): Zwar könne der Vertragsgegner gegen eine Erfüllungsablehnung vorsorgen, indem er in ein Ersatzgeschäft tätig. Wird dann jedoch seitens der Gläubigerschaft die Erfüllung gewählt, hat sich der Vertragsgegner doppelt eingedeckt und ist auch den Risiken aus dem Vertrag doppelt ausgesetzt. Geht er hingegen von der Erfüllungswahl durch die Gläubigerschaft aus und trifft keine Vorkehrungen, ist er, sofern die Gläubigerschaft später die Nichterfüllung wählt, dem Risiko ausgesetzt, dass er sein Erfüllungsinteresse verfehlt. **Verluste** wären bei Bestehen des Wahlrechts daher »**in der Regel unvermeidlich**«, wobei derlei Unsicherheiten »auf den Handelsverkehr lähmend« wirkten. Wenn aber, wie durch § 17 PrKO sichergestellt, **alsbaldig Sicherheit** in der Frage geschaffen wird, dass das Geschäft nicht zur Ausführung kommt, so kann sich der **Vertragsgegner umgehend neu eindecken und so sein Verlustrisiko ausschließen** (Motive zur PrKO, zit. nach *Goltdammer* Preußische Konkursordnung S. 103 f.). Freilich hat man damals übersehen, dass der intendierte **Schutz des Vertragsgegners** durch § 17 PrKO nur **unvollständig und unbefriedigend** war: Denn hinsichtlich der Ausfüllung des Entschädigungsanspruchs sah die Vorschrift vor, dass die maßgebliche Vergleichsgröße der **Marktpreis oder Börsenkurs am vertraglich vorgesehenen Erfüllungszeitpunkt** maßgeblich ist; demgegenüber kommt es für Schadloshaltung auf beiden Seiten auf den Marktpreis zum Zeitpunkt der Verfahrenseröffnung an, an dem die Ersatzeindeckung erfolgen muss. Stellt man demgegenüber auf den **Zeitpunkt am vereinbarten Erfüllungstag** ab, riskiert der Vertragsgegner, dass sich der Betrag der (Entschädigungs-)Forderung bis dahin infolge einer ungünstigen Marktpreisentwicklung erhöht und mit ihr der Ausfall im Insolvenzverfahren (vgl. Motive KO 1877, S. 74).

24 Diese Inkonsequenz wurde mit der **Reichskonkursordnung von 1877** (KO 1877) behoben (vgl. Motive KO 1877, S. 71 f., wonach sich die Regelung in § 17 PrKO als »unzutreffend« erwiesen habe). In Erkenntnis des Befunds, dass die Maßgeblichkeit des kontraktlichen Erfüllungszeitpunkts zu willkürlichen, manipulationsanfälligen und *ex ante* auch nicht vorhersehbaren Ergebnissen führt, welche die Parteien eben den Risiken aussetzen, die durch den Beendigungsmechanismus an sich ausgeschlossen werden sollen (vgl. Motive KO 1877, S. 72), sah § 16 KO 1877 bei im Wesentlichen unverändert gebliebenem Tatbestand (in welchem sich allerdings die Geschäfte »über geldwerthe Papiere« nicht wiederfanden, da die Auffassung bestand, dass es sich insoweit ebenfalls um »Waren« handelte) vor, dass sich die (nun Nichterfüllungsforderung genannte) Entschädigungsforderung auf den **Unterschied zwischen dem vereinbarten Preis und dem Markt- oder Börsenpreis** am **zweiten Tag nach der Verfahrenseröffnung** richten sollte. Dabei war durchaus bewusst geworden, dass es konsequenterweise auf den Zeitpunkt der Verfahrenseröffnung hätte ankommen müssen (Motive KO 1877, S. 73). Dass man dennoch auf den zweiten Tag nach der Verfahrenseröffnung abstellte, war allein dem Umstand geschuldet, dass nach den Kommunikations- und Handelsmöglichkeiten im ausgehenden 19. Jahrhundert eine sofortige Neueindeckung noch am Tage der Verfahrenseröffnung nicht praktikabel war (Motive KO 1877, S. 74). Angesichts der gegenwärtigen rechtspolitischen Kritik an den durch den Gesetzgeber geschaffenen **privatautonomen Spielräumen** für die Ausgestaltung des Beendigungs- und Abrechnungsmechanismus erscheint erwähnenswert, dass sich in den **Handelskreisen des 19. Jahrhunderts** bereits frühzeitig eine Handelspraxis praeter oder gar contra legem entwickelte, welche die Beendigung und Abrechnung der Geschäfte auf einen **vorinsolvenzlichen Zeitpunkt vorbezog** (vgl. Motive KO 1877, S. 73: »Es hat sich in der Handelswelt schon früh und an allen Orten übereinstimmend eine lebhafte Opposition gegen den [von § 17 PrKO festgelegten] Kurs des Stichtages ... erhoben. Man hat versucht, durch Aufnahme einer entsprechenden

Vor diesem Hintergrund setzt auch die Finanzmarktregulierung zunehmend auf Instrumente, die 22
nicht so sehr auf die sofortige Beendigung und Abwicklung der betroffenen Positionen im bilateralen
Verhältnis der Vertragsparteien als vielmehr auf deren (**temporäre**) **Fortführung** setzen, um entweder
eine Übertragung oder aber eine (markt- und wertschonende) Abwicklung zu ermöglichen (Graf-
Schlicker/*Bornemann* InsO, § 104 Rn. 7). Auf eine Übertragung bzw. geordnete Abwicklung der
Positionen setzte z.B. der (letztlich nicht Gesetz gewordene) **Entwurf eines § 104a InsO** im Regierungsentwurf zum ESUG (BT-Drucks. 17/5712, S. 8 f.). Auf europäischer Ebene wurden entsprechende Mechanismen in **Art. 48 der Europäischen Marktinfrastrukturverordnung** (European
Market Infrastructure Regulation, **EMIR** – Verordnung [EU] Nr. 648/2012 über OTC-Derivate,
zentrale Gegenparteien und Transaktionsregister vom 27.07.2012, ABl. EU L 201/1) verankert.
Diese kommen in der Insolvenz von sog. Clearingmitgliedern, d.h. den Mitgliedern eines von einer
zentralen Gegenpartei betriebenen Abwicklungssystems, zur Anwendung und sehen vor, dass die
durch das Clearingmitglied vermittelten **Kundenpositionen auf ein anderes Clearingmitglied übertragen** werden können (Art. 48 Abs. 5 Satz 1 EMIR). Unterbleibt eine solche Übertragung, kann
die zentrale Gegenpartei die Position in wert- und marktschonender Weise abwickeln; an die Stelle
des sofortigen close-outs können dann auch andere Abwicklungsmöglichkeiten wie z.B. die Auktio-
nierung von Positionen treten. Ein wesentliches Charakteristikum der im Nachgang zur Finanzkrise
von 2007 bis 2009 geschaffenen besonderen Bankenabwicklungsregime liegt zudem darin, dass das
Liquidationsnetting zum Zwecke der Ermöglichung einer Übertragung der Positionen temporär ausgesetzt und unter bestimmten Bedingungen sogar kategorisch ausgeschlossen wird. So schloss das im
Zuge des Restrukturierungsgesetzes vom 09.12.2010 (BGBl. I S. 1900) eingeführte aufsichtsrechtliche Übertragungsverfahren der §§ 48a ff. KWG a.F. eine Beendigung von Vertragsverhältnissen
aus, soweit diese an die Anordnung einer Übertragung oder an den der Übertragungsanordnung zugrunde liegenden Sachverhalt anknüpfte (§ 48g KWG a.F.). Eine Berufung auf Vertragsklauseln, die
eine entsprechende Beendigung vorsehen war im Kern nur möglich, wenn Beendigungsgründe nach
der Übertragung in der Person des übernehmenden Rechtsträgers begründet wurden (etwa, weil dieser seinen Zahlungspflichten nicht nachkommt) oder wenn bei der Übertragung die durch eine Rahmenvereinbarung zu einem Netting-Set zusammengeschlossenen Transaktionsportfolien durch die
Übertragung auseinandergerissen wurden und damit den Schutzzweck des Close-out zu vereiteln
drohten (§ 48 Abs. 7 KWG a.F.). Im zwischenzeitlich geschaffenen europäischen Bankenrestruktu-
rierungsregime, das seine Grundlagen in der sog. Bankensanierungs- und -abwicklungsrichtlinie
2014/59/EU (Bank Recovery and Resolution Directive – BRRD) findet, sind entsprechende Einschränkung bei der Geltendmachung von Liquidationsnettingklauseln vorgesehen (vgl. Art. 68 f.
BRRD, in deutsches Recht umgesetzt in §§ 82–84, 144 des Sanierungs- und Abwicklungsgesetzes
[SAG]). Hiernach kann die Geltendmachung von Beendigungs- und sonstigen Lösungsklauseln für
einen Zeitraum von bis zu 48 Stunden suspendiert (Art. 69 Abs. 1 BRRD, § 82 Abs. 1 SAG) bzw.
sachlich auf Bedingungen und Gründe beschränkt werden, die sich nicht in der ergriffenen Maßnahme oder dem dieser zugrunde liegenden Sachverhalt erschöpfen (Art. 68 Abs. 2 BRRD, § 144
Abs. 1 SAG). Ein derzeit auf EU-Ebene diskutierter Vorschlag für eine Fortentwicklung des Banken-
sanierungs- und -abwicklungsrahmens sieht deshalb vor, dass eine temporäre Suspendierung auf
einen Zeitraum von bis zu fünf Geschäftstagen ausgedehnt werden können soll, um im Schutze eines
entsprechenden Wochen-Moratoriums die Restrukturierungsmaßnahmen planen und umsetzen zu
können (vgl. den Vorschlag der Europäischen Kommission zur Änderung der BRRD in Bezug auf die
Verlustabsorptions- und Rekapitalisierungsfähigkeit von Kreditinstituten, COM [2016] 852). Um
Rechtsunsicherheiten im Hinblick auf die Funktionsweise solch temporärer Aussetzungen des close-
outs auszuschließen, schließen sich die Marktteilnehmer im internationalen Handels- und Finanz-
verkehr diesen regulatorischen Entwicklungen an, indem sie in die Vertragsmuster Klauseln aufnehmen, nach denen entsprechende Maßnahmen vertraglich anerkannt werden (so etwa beim **ISDA
2015 Resolution Stay Protocol**, dem die größten Banken und Finanzmarktteilnehmer weltweit
beigetreten sind, s. https://www2.isda.org/functional-areas/protocol-management/protocol-adhe
rence/22).

und in sämtlichen entwickelten Finanzmarktordnungen umgesetzte (zur Entwicklung in den USA *Mooney* 49 Texas Int. L.J. [2014], 243; *Edwards/Morrison* 22 Yale J. Reg. [2005], 101, 105 ff.; Umsetzung auf EU-Ebene durch Nr. 2 des Anhangs II zur Nettingrichtlinie 96/20/EG (heute: Art. 295 ff. der Europäischen Bankenverordnung [Verordnung (EU) Nr. 575/2013 über Aufsichtsanforderungen an Kreditinstitute und Wertpapierfirmen und zur Änderung der Verordnung [EU] Nr. 646/2012 – Capital Requirement Regulation, »CRR«]) Entscheidung, entsprechende Nettingvereinbarungen – unter der Bedingung ihrer Insolvenzfestigkeit – bankaufsichtsrechtlich mit der Folge anzuerkennen, dass die **eigenkapitalunterlegungspflichtigen Kontrahentenrisiken** aus Finanzmarktkontrakten miteinander verrechnet werden dürfen. In Umsetzung dieser Entscheidung müssen Kreditinstitute die von Abs. 1 erfassten Positionen **nur in der Höhe des Nettobetrags mit Eigenkapital unterlegen** (Art. 195 f., 205 ff., 219 ff., 295 ff. CRR) und auch nur mit diesem Nettobetrag auf die **aufsichtsrechtlichen Großkreditobergrenzen** anrechnen (Art. 390 i.V.m. Art. 295 ff. CRR). Der internationale Konsens über die Unerlässlichkeit des Liquidationsnetting für das Management von Markt- und Ausfallrisiken von Finanzmarktteilnehmern ist zuletzt durch die UNIDROIT Grundsätze zur Funktionsweise von Liquidationsnettingklauseln (UNIDROIT Principles on the Operation of Close-out Netting Provisions, 2013) bekräftigt worden.

21 Während sich die Finanzmarktregulierung lange Zeit überzeugt davon zeigte, dass die durch das Liquidationsnetting geförderte **Eliminierung von Kontrahentenrisiken im bilateralen Verhältnis** von Marktteilnehmern als Patentrezept zur **Reduzierung systemischer Risiken** taugt (zusammenfassend *Paech* WM 2010, 1965 [1967]), sind spätestens im Nachgang zur jüngsten Finanzkrise auch nachdenklichere und skeptischere Töne im rechts- und finanzpolitischen Diskurs vernehmbar (zusammenfassend *Mokal* 10 Brooklyn J. Corp. Fin. & Comm. L. [2015] S. 15). Hingewiesen wird unter anderem darauf, dass durch die Reduzierung der Kontrahentenrisiken und deren aufsichtsrechtliche Anerkennung Spielräume für die Ausdehnung des Geschäftsvolumens einzelner Marktakteure geschaffen werden und dass sich hierdurch auf systemischer Ebene die Risiken eines Zusammenbruchs erhöhen, zumal infolge der (kredit-)sichernden Wirkungen des Liquidationsnetting die Anreize zu einem eigenverantwortlichen Monitoring mit der Folge einer nachlassenden Marktdisziplin schwinden (eingehend *Mokal* 10 Brooklyn J. Corp. Fin. & Comm. L. [2015] S. 15 ff.; vgl. für einen knappen Überblick über die Topoi *Rauch* Close-out Netting für Finanzunternehmen [2017], S. 37 ff.). Auch wird zunehmend erkannt, dass das Liquidationsnetting selbst Nebenwirkungen zeitigen kann, die sich nachteilig auf die Stabilität des Finanzsystems auswirken können. So schafft der simultane *close out* einer Vielzahl von Positionen in aller Regel die Notwendigkeit einer kurzfristigen Neueindeckung in den betroffenen Positionen, welche zu abrupten Ungleichgewichten und Störungen auf den Märkten führen kann, auf denen die Positionen gehandelt werden (vgl. Beck/Samm/Kokemoor-*Bornemann* InsO, § 48a KWG Rn. 51; *Hartenfels* ZInsO 2011, 1835 [1838]). Negative Auswirkungen drohen auch den Märkten, auf denen die zur Sicherheit gestellten Finanzinstrumente gehandelt werden, da diese durch die zeitgleiche Verwertung unter Druck geraten können (President's Working Group on Financial Markets, Hedge Funds, Leverage and the Lessons of Long-Term Capital Management, S. E-6: »[Where a market participant has substantial positions in a particularly illiquid security or type of security,] conditions in such markets could be adversely affected if many of the fund's counterparties simultaneously sought to terminate and net their exposures. These disruptions would result from creditors' attempts to realize upon their illiquid collateral, from the resulting impact on market prices and from market participants' subsequent reevaluation of their remaining exposures«). Ganz unabhängig hiervon sind bei der Beurteilung der systemweiten Auswirkungen nicht nur die Vorteile für die begünstigten Kontrahenten, sondern auch die Nachteile in Rechnung zu stellen, durch welche die übrigen Gläubiger belastet werden (Anschaulich *Westbrook* Exemption of Financial Assets from Bankruptcy, S. 6: »If I favor Jones over Smith in bankruptcy, Jones will undoubtedly have lower costs, but it is nearly certain that those costs will be offset by Smith's increased costs.«). Auch ist die von § 104 InsO vorausgesetzte sofortige Neueindeckung mit der in Wegfall geratenen Position zumindest bei solchen Parteien problematisch, denen der sofortige Zugang zu den relevanten Märkten und Börsen allein über die (durch den Insolvenzfall gestörte) Geschäftsbeziehung zum Schuldner möglich ist (Graf-Schlicker/*Bornemann* InsO, § 104 Rn. 7).

Rn. 10). Für die Annahme, dass die Normzwecke des § 104 InsO hinter denen des Anfechtungsrechts zurückzustehen haben, gibt es jedenfalls keinerlei Anhaltspunkte.

III. Eröffnung privatautonomer Gestaltungsspielräume für das Liquidationsnetting (Abs. 4)

Abs. 4 stellt das gesetzliche Beendigungs-, Abrechnungs- und Verrechnungsregime der Abs. 1 bis 3 in den durch die Grundgedanken dieser Regelungen gezogenen Grenzen **dispositiv**. Dass entsprechende Gestaltungsspielräume bestehen, lässt (und ließ) sich zwanglos aus den Normzwecken der gesetzlichen Regelungen ableiten (vgl. – zur bis zum 10. Juni 2017 geltenden Rechtslage – Graf-Schlicker/*Bornemann* InsO, § 104 Rn. 40). Auch unter der durch das Dritte Gesetz zur Änderung der Insolvenzordnung abgelösten Fassung der Vorschrift waren abweichende Parteivereinbarungen in den Grenzen des Normzweck ohne weiteres zulässig (Graf-Schlicker/*Bornemann* InsO, § 104 Rn. 36 ff.). Auch Abs. 4 hat daher gegenüber der Vorgängerfassung des § 104 InsO **klarstellenden Charakter** und trägt dem Bedürfnis der Praxis nach einer **klaren und möglichst eindeutigen Rechtslage** Rechnung. Insbesondere besteht in der **Finanzmarkt- und -aufsichtspraxis** ein Bedürfnis danach, ausländischen Behörden, Marktteilnehmern und Marktinfrastrukturen die Insolvenzfestigkeit von Liquidationsnettingklauseln unter Hinweis auf explizite gesetzliche Regelungen zu verdeutlichen, ohne zu diesem Zweck auf subtile historische, genetische und systematische Auslegungsargumente angewiesen sein zu müssen. 18

IV. (Bank-)wirtschaftliche und regulatorische Bedeutung

Die **(bank-)wirtschaftliche Relevanz** des Liquidationsnetting resultiert daraus, dass zur Absicherung des Ausfallrisikos aus den zwischen zwei Parteien bestehenden Verträgen Sicherheiten lediglich in Höhe des hypothetischen Saldos der Nichterfüllungsforderungen aus den Einzelgeschäften bestellt werden müssen, d.h. Besicherungen können auf Basis des Nettomarktwerts der Geschäfte (zuzüglich eines das Risiko einer zwischenzeitigen Erhöhung dieses Saldos abdeckenden Aufschlags, sog. *initial margin*) berechnet werden. Das **schont** auf beiden Seiten die zu Sicherungszwecken vorzuhaltende **Vermögens- und Liquiditätsbasis**. Für Kreditinstitute ergibt sich die besondere praktische Bedeutung darüber hinaus daraus, dass die **Eigenkapitalanforderungen** zur Unterlegung des Kreditrisikos aus Einzelgeschäften mit positivem Marktwert bei Vorliegen einer den Anforderungen des Art. 296 ff. CRR genügenden Vereinbarung auf der Basis von Nettomarktwerten berechnet werden können; dies erlaubt eine signifikante Reduktion der **Kapitalkosten der Institute**. Da die Regelung auf den Basler Eigenkapitalakkord zurückgeht (vgl. *Basler Ausschuss für Bankenaufsicht* Internationale Konvergenz der Kapitalmessung und Eigenkapitalanforderungen: Überarbeitete Rahmenvereinbarung, Anh. 4 Tz. 96 [i] – [vi] des Anhangs 4) und damit einen globalen Standard verbürgt, hat die aufsichtsrechtliche Anerkennung des Liquidationsnettings auch unmittelbare Auswirkungen auf den Zugang deutscher Banken zu ausländischen Märkten und Marktinfrastruktureinrichtungen, jedenfalls aber auf die Konditionen, zu denen dieser Zugang möglich ist. Damit stellt das Liquidationsnetting zugleich auch einen bedeutenden **Faktor für die Wettbewerbsfähigkeit** im europäischen und globalen Wettbewerb dar. Dass Letzteres nicht nur für Banken, sondern auch für nichtbankäre Unternehmen gilt, ergibt sich zum einen unmittelbar daraus, dass deren Kontrahenten oftmals Banken sind, im Übrigen aber auch daraus, dass das Liquidationsnetting zum globalen Marktstandard nicht nur auf den Finanzmärkten, sondern auch auf den Warenterminmärkten einschließlich des Energiegroßhandels gehört (dazu *Riewe* Die EFET-Rahmenverträge für den Handel mit Strom und Erdgas, S. 131 ff.). 19

Weitergehende Wirkungen haben insolvenzfeste Liquidationsnettingklauseln für Kreditinstitute, da sich an die kreditrisikomindernden Wirkungen des Liquidationsnetting **weitergehende bankaufsichtsrechtliche Konsequenzen** knüpfen. Diese können in historischer Perspektive sogar als Treiber für die globale Ausbildung insolvenzrechtlicher Sonderregime für das Liquidationsnetting ausgemacht werden. Den Ausgangspunkt bildet hier die im **Basler Ausschuss für Bankenaufsicht** (Basle Committee on Banking Supervision, Treatment of credit risk associated with certain off-balance sheet items [1994]; Treatment of potential exposure for off-balance sheet items [1995]) getroffene 20

2. Selbständige Bedeutung und eigenständiger Normzweck?

14 Obgleich die insolvenzrechtliche Anerkennung der Verrechnung der einzelnen Nichterfüllungsforderungen einen **eigenständigen und bedeutsamen Beitrag zum Schutz der Vertragsgegner** insolventer Vertragsparteien leistet, beruhen diese Schutzwirkungen nicht auf Abs. 3. Bei den infolge der Beendigung der Geschäfte nach Abs. 1 entstehenden Nichterfüllungsforderungen handelt es sich in den für Abs. 3 relevanten Fällen um wechselseitig sich gegenüberstehende Geldforderungen, die einer Aufrechnung nach § 387 BGB zugänglich sind (BT-Drucks. 18/9983, S. 21; 12/2443, S. 145; Großkomm/*Hess*, § 104 Rn. 83 f.; Graf-Schlicker/*Bornemann* InsO, § 104 Rn. 46; *Ehricke* ZIP 2003, 273 [277]; *Fuchs* Close-out Netting, Collateral und systemisches Risiko, S. 104 ff.; *Reiner* Derivative Finanzinstrumente im Recht, S. 217). Da einer solchen Aufrechnung keine **insolvenzrechtlichen Aufrechnungshindernisse** entgegenstehen (nachfolgend Rdn. 15 ff.), vollzieht die Rahmenvertragsregelung des Abs. 3 lediglich das Resultat einer entsprechenden Aufrechnung nach (vgl. BT-Drucks. 18/9983, S. 21), die auch aufgrund eines Aufrechnungsvertrags antizipiert werden kann (vgl. *Berger* Aufrechnungsvertrag, S. 195 ff. und *passim*; *Benzler* ZInsO 2000, 1 [7]; *Ehricke* ZIP 2003, 273 [277]); konstitutive Wirkungen kommen ihr insoweit nicht zu (vgl. *Reiner* Derivative Finanzinstrumente, S. 217: Rahmenvertragsregelung »überflüssig«).

15 Eine Aufrechnung der einzelnen Nichterfüllungsforderungen würde bei Fehlen der Rahmenvertragsregelungen des Abs. 3 insbesondere nicht an **§ 95 Abs. 1 Satz 3 InsO** scheitern. Diese Vorschrift setzt voraus, dass die der Masse zustehende (Haupt-)Forderung vor der (Aufrechnungs-)Forderung des Vertragsgegners unbedingt und fällig wird. Die Einzelnichterfüllungsforderungen entstehen demgegenüber **zeitgleich zum Zeitpunkt der Verfahrenseröffnung** (vgl. *Reiner* Derivative Finanzinstrumente im Recht, S. 218; *Fuchs* Close-out Netting, Collateral und systemisches Risiko, S. 105). Irrelevant ist weiterhin, dass die Höhe der Nichterfüllungsforderungen erst nach Ablauf der in Abs. 2 vorgesehenen Zeiträume für die (tatsächliche oder hypothetische) Vornahme der Ersatzgeschäfte feststeht. Im Falle der hypothetischen Ersatzeindeckung nach § 104 Abs. 2 Satz 1 Nr. 2 oder Satz 2 InsO folgt dies schon daraus, dass auch hier die maßgeblichen Zeiträume zeitgleich mit dem Ablauf des zweiten Werktags nach Eröffnung enden. Im Falle der tatsächlichen Ersatzeindeckung nach Abs. 2 Satz 1 Nr. 1 hängt die Bestimmung der Forderungshöhe zwar vom Abschluss der jeweiligen Ersatzgeschäfte ab. Insoweit ist es auch denkbar, dass sich die der Masse zustehenden Forderungen ganz oder teilweise vor den Forderungen des Vertragsgegners konkretisieren. Dies hinge jedoch vollkommen von den Zufälligkeiten ab, von denen die Reihenfolge der Vornahme der Ersatzeindeckungsgeschäfte im Einzelfall abhängt. Da es zudem in erster Linie auf die vom Vertragsgegner vorgenommenen Ersatzgeschäfte ankommen muss (vgl. Rdn. 124, hätte es der Vertragsgegner ohnehin in der Hand, diese Reihenfolge zu beeinflussen.

16 Aus den genannten Gründen wäre bei Fehlen der Rahmenvertragsregelung auch **§ 96 Abs. 1 Nr. 1 InsO** nicht einschlägig. Nach dieser Vorschrift ist die Aufrechnung gegen eine Hauptforderung ausgeschlossen, die erst nach Verfahrenseröffnung entsteht (*Reiner* Derivative Finanzinstrumente im Recht, S. 218; *Fuchs* Close-out Netting, Collateral und systemisches Risiko, S. 105). Denn die Nichterfüllungsforderungen entstehen **bereits mit der Verfahrenseröffnung**. Soweit man insoweit darauf abstellen wollte, dass die Forderungen der Höhe nach Maßgabe des Abs. 2 erst nach Verfahrenseröffnung bestimmt werden, bliebe es jedenfalls dabei, dass sie insoweit auch **zeitgleich**, jedenfalls aber beide nach der Verfahrenseröffnung entstehen, so dass es in jedem Fall an dem in § 96 Abs. 1 Nr. 1 InsO vorausgesetzten Auseinanderfallen der Entstehenszeitpunkte fehlt.

17 Der Aufrechnung der einzelnen Nichterfüllungsansprüche stünde auch **§ 96 Abs. 1 Nr. 3 InsO** nicht im Wege, wonach Aufrechnungen ausgeschlossen sind, wenn die Aufrechnungslage in anfechtbarer Weise begründet wurde. Die kraft Gesetzes entstehende Aufrechnungslage kann nicht als »durch eine anfechtbare Rechtshandlung erlangt« angesehen werden, zumal es insoweit schon an einer Rechtshandlung fehlt, an welche das Anfechtungsrecht anknüpfen könnte (*Ebenroth/Benzler* ZVglRW 95 (1996), 335 [373]; *Fuchs* Close-out Netting, Collateral und systemisches Risiko, S. 105; Großkomm/*Hess* § 104 Rn. 12; HK-InsO/*Marotzke* § 104 Rn. 9; *Uhlenbruck/Lüer* InsO, § 104

rung der **Funktionsfähigkeit und Stabilität der Märkte**, auf denen der Gegenstand des Vertrags gehandelt wird (Motive KO 1877, S. 70 f.: »Der Verkehr, den das Recht nicht hemmen, sondern schützen soll, verbietet das Wahlrecht«).

2. Schutz des Vertragsgegners (und nicht der Masse)

Unabhängig davon, wie man die auf die Markt- bzw. Systemstabilisierung gerichteten **objektiven Dimensionen des Schutzzwecks** gewichtet, welche über den **(Individual-)Schutz der Marktrisikosteuerungsfähigkeit des Vertragsgegners** vermittelt werden (s. Rdn. 10), lässt sich in jedem Fall festhalten, dass die Vorschrift dem Schutz des Vertragsgegners (sei dies individuell oder als Vertreters des Marktgeschehens) und nicht etwa der Insolvenzmasse dient (BT-Drucks. 18/9983, S. 9, 14; zum alten Recht bereits Graf-Schlicker/*Bornemann* InsO, § 104 Rn. 4; Nerlich/Römermann/*Balthasar* InsO, § 104 Rn. 7). Darin unterscheidet sie sich von den übrigen Bestimmungen des Insolvenzvertragsrechts der §§ 103 ff. InsO. **Masseschutzerwägungen** können daher allenfalls **in zweiter Linie** als **Begrenzung des auf den Schutz des Vertragsgegners ausgerichteten Primärzwecks** zum Tragen kommen (näher Rdn. 107 ff.). 11

II. Anerkennung der rahmenvertraglichen Zusammenfassung einer Mehrzahl von Einzelgeschäften (Abs. 3)

1. Bedeutung und Wirkung der Zusammenfassung

Die in Abs. 3 zum Ausdruck kommende **insolvenzrechtliche Anerkennung der rahmenvertraglichen Zusammenfassung von Einzelverträgen** i.S.v. Abs. 1 gewährt dem Vertragsgegner einen Schutz, der über das Maß hinausgeht, das von dem zunächst auf die einzelnen Verträge bezogenen Beendigungs- und Abrechnungsmechanismus der Abs. 1 und 2 gewährt wird. Während dieser für Rechtssicherheit allein in der Frage nach dem Schicksal der jeweiligen Einzelverträge sorgen kann, erlaubt jene die Zusammenfassung und **Saldierung aller** aus der Beendigung nach Abs. 1 resultierenden **Nichterfüllungsforderungen zu einer einheitlichen Nichterfüllungs(netto)forderung**. Damit wird das Verwalterwahlrecht nicht nur in Bezug auf die Frage der Erfüllung oder Nichterfüllung der einzelnen Verträge, sondern mittelbar auch dadurch ausgeschlossen, dass es dem Verwalter verwehrt bleibt, in selektiver Weise positive Vertragswerte zur Masse zu ziehen und den Vertragsgegner in Bezug auf negative Vertragswerte auf das Insolvenzverfahren zu verweisen. 12

Die Wirkungen und die Bedeutung der insolvenzrechtlichen Anerkennung der rahmenvertraglichen Zusammenfassung von Einzelgeschäften lassen sich anhand des nachfolgenden, idealisierten **Beispiels** veranschaulichen: Bestehen zwischen den Parteien drei Geschäfte, von denen zwei Geschäfte einen aus Sicht des Vertragsgegners positiven Marktwert von jeweils 50.000 EUR haben, während der Wert des dritten Geschäfts aus Sicht des Schuldners einen Marktwert von 50.000 EUR hat, gewährleistet der Beendigungs- und Abrechnungsmechanismus der Abs. 1 und 2 allein, dass die Erfüllung dieser Geschäfte ausgeschlossen ist und dass dem Vertragsgegner zwei Nichterfüllungsforderungen in Höhe von jeweils 50.000 EUR und dem Schuldner eine Nichterfüllungsforderung in Höhe von 50.000 EUR zustehen. Die **insolvenzrechtliche Anerkennung der rahmenvertraglichen Zusammenfassung** der drei Geschäfte zu einem einzigen Geschäft führt dann dazu, dass dem Vertragsgegner eine aus dem Saldo der einzelnen Nichterfüllungsforderungen zu berechnende einheitliche Nichterfüllungsforderung i.H.v. 50.000 EUR zusteht, mit welcher er am Verfahren teilnimmt. Beträgt die Quote hier 20 % kann er unter dem Strich mit einem Erlös von 10.000 EUR rechnen. Wäre die rahmenvertragliche Zusammenfassung insolvenzrechtlich nicht anerkennungsfähig, müsste der Vertragsgegner mit seinen Nichterfüllungsforderungen in Höhe von insgesamt 100.000 EUR teilnehmen, würde bei einer Quote von 20 % daher 20.000 EUR im Verfahren erlösen können, bliebe dafür der Masse wegen der dem Schuldner zustehenden Nichterfüllungsforderungen aber 50.000 EUR schuldig, so dass er per Saldo in Höhe von 30.000 EUR draufzuzahlen hätte. 13

nanzkontrakte auch zu Spekulationszwecken verwendet werden, doch ist dies **nicht zwingend oder auch nur typisch**, da die Kehrseite dieser Spekulationseignung die Eignung ist, präexistente Risiken abzusichern (vgl. *Stout* Derivatives and the Legal Origins of the 2008 Credit Crisis 1 Harvard Business Law Review (2011) 1 [7]: »*Yet bets and wagers can serve a valuable and important economic purpose, because bets can be used to hedge against preexisting risks. In other words, bets are useful for insurance*«). Deshalb ist bei der Klassifizierung bestimmter Geschäfte als spekulativ und der damit oft einhergehenden Abwertung als weniger produktiv oder schützenswert Vorsicht angebracht (vgl. insoweit bereits die zur Zurückhaltung mahnenden Erwägungen der Kommission zur Preußischen Konkursordnung von 1855: »..., weil man nicht bloß an die Börsen-Spekulation und Zeitkäufe von geldwerthen Papieren, sondern auch an die vielen anderen Verträge denken muß, die sehr häufig dahin getroffen werden, daß z.B. Getreide, Wolle, Spiritus oder andere Produkte eines Fabrikanten oder Landbauers erst nach längerer Zeit abgeliefert werden sollen«), zumal sich Spekulations- und Absicherungscharakter sogar bei konkret abgeschlossenen Kontrakten, erst recht aber bei der Betrachtung von Transaktionsgattungen kaum jemals klar voneinander unterscheiden lassen (*Johnson* Theory of Hedging and Speculation in Commodity Futures, 27 Review of Economic Studies (1960), 139 ff.; *Banner* Speculation – A History of the Fine Line Between Gambling and Investing (2017), S. 279 ff.). Bedenkt man zudem, dass die von § 104 Abs. 1 InsO erfassten Geschäfte insbesondere auch zur Absicherung gegen finanzwirtschaftliche Risiken geeignet sind, die im Zuge realwirtschaftlicher Tätigkeit anfallen (insbesondere: Zins-, Preis- und Währungsrisiken), und dass sie von realwirtschaftlichen Unternehmen i.d.R. auch zu ebendiesen Absicherungszwecken nachgefragt werden, so kann man sich nicht der Erkenntnis verschließen, dass umgekehrt der **Verzicht auf den Abschluss eines solchen Geschäfts** auf eine **Spekulation** hinauslaufen kann, wenn hierdurch ein absicherbares Risiko unabgesichert bleibt. Das gilt übrigens auch unter der Geltung des § 104 Abs. 1 InsO, so dass vom Insolvenzverwalter gerade verlangt werden kann, ein Ersatzgeschäft abzuschließen, um die durch den Beendigungsmechanismus des § 104 Abs. 1 InsO offen gestellte Risikoposition wieder zu schließen (*Reiner* Derivative Finanzinstrumente, S. 197: »Im Gegenteil wäre es ›spekulativ‹, die Position mit Eintritt der Insolvenz zu schließen, ohne gleichzeitig für Ersatz zu sorgen«). Der Vorschrift lässt sich daher ebensowenig wie der Vorgängerfassung ein an den Verwalter adressiertes und zugunsten der Masse wirkendes Spekulationsverbot entnehmen.

10 Demgegenüber ist es treffend, wenn dem Beendigungs- und Abrechnungsmechanismus **finanzmarkt- und -systemstabilisierende Zwecke** zugeschrieben werden (vgl. *Paech* WM 2010, 1965 [1967]; ablehnend Kübler/Prütting/Bork-*Marotzke* InsO, § 104 Rdn. 47, 49 ff.). Zwar kannte der historischen Gesetzgeber weder der Begriff der Finanzmarktstabilität noch der des systemischen Risikos. Gleichwohl knüpfte schon der Gesetzgeber der Konkursordnung an ebenjene Verhältnisse und Wirkmechanismen des Markt- und Börsenhandels an, die heute den Bezugpunkt für regulatorische Maßnahmen zur **Gewährleistung der Funktionsfähigkeit und Stabilität dieser Märkte** bilden und zu denen unter anderem gehören: die Einrichtung zentraler Gegenparteien zwecks Kanalisierung und Absorption der Gegenparteiausfallrisiken und eine weitgehende Verpflichtung der Marktteilnehmer, ihre Geschäfte über solche zentralen Gegenparteien abzuwickeln (Art. 1, 4 ff. der Verordnung (EU) Nr. 648/2012 über OTC-Derivate, zentrale Gegenparteien und Transaktionsregister (European Market Infrastructure Regulation – **EMIR**), sowie die **Finalität von Buchungen in solchen und anderen Systemen** der Abwicklung von Markttransaktionen (§§ 21 Abs. 1 Satz 2 und 3, 96 Abs. 2, 166 Abs. 3 Nr. 1, 223 Abs. 1 Satz 2 Nr. 1, 340 Abs. 1 und 3 InsO). So hoben bereits die Motive zur Konkursordnung von 1877 darauf ab, dass auf den damals im Fokus stehenden Terminmärkten und -börsen ein Geflecht von Vertragsketten über die jeweils gehandelten Gegenstände bestand, in dem das Risiko angelegt war, dass die Auswirkungen des Ausfalls eines Marktteilnehmers nicht auf dessen Kontrahenten beschränkt blieben, sondern sich auch auf weitere Marktteilnehmer ausdehnten, mit denen der Kontrahent des Schuldners unmittelbar oder mittelbar über denselben Gegenstand kontrahiert hatte (Motive KO 1877, S. 70: »Aber es ist bei einem entwickelten Handelsverkehr die Regel, daß die zu liefernde Waare den Gegenstand nicht blos des einen Geschäfts, sondern einer ganzen Reihe von Geschäften bildet«). Der Schutz des Kontrahenten erfolgt daher nicht nur in dessen **Individualinteresse**, sondern – im Sinne eines **Funktionenschutzes** – auch zwecks Wah-

allein die Frage danach stellen (und verneinen), ob die Besonderheiten der von § 104 InsO erfassten Vertragstypen eine Ausnahme von § 103 InsO rechtfertigen).

b) Andere Normzweckumschreibungen

Andere Normzweckumschreibungen laufen in der Sache entweder ebenfalls auf den Schutz der Marktrisikosteuerungsfähigkeit des Vertragsgegners hinaus oder erweisen sich als problematisch.

Soweit darauf abgestellt wird, dass die Vorschrift der **schnellen Klärung der Rechtslage** dient, welche es dem Vertragsgegner (aber auch dem Verwalter) ermöglicht, sich durch den **Abschluss von Neueindeckungsgeschäften** rechtzeitig und effektiv vor den geschäftsbezogenen Marktpreisrisiken zu schützen (zum alten Recht bereits Graf-Schlicker/*Bornemann* InsO, § 104 Rn. 3; nunmehr BT-Drucks. 18/9983, S. 9 und im Anschluss hieran nun auch BeckOK-InsO/*Berberich* Rn. 2), handelt es sich um eine verkürzte Umschreibung des hier auf den Begriff der Marktrisikosteuerungsfähigkeit gebrachten und zugleich konkretisierten Befunds, dass es um den Schutz des Vertragsgegners vor den marktrisikobedingten Verlusten geht, denen er schutzlos ausgesetzt wäre, wenn das Geschäft ungeachtet der Preisvolatilitäten, denen der Gegenstand des Geschäfts unterliegt, nicht sofort beendet würde (näher Rdn. 5 f.).

Nicht unproblematisch, weil zu Fehlschlüssen verleitend, ist demgegenüber die Annahme, dass die Vorschrift einer **Spekulation des Verwalters** vorbeugen wolle (so für die Vorgängerfassung zuletzt BGHZ 210, 321 Rn. 59 m.w.N.). Zwar trifft es im Kern zu, dass in dem durch § 104 InsO ausgeschlossenen Verwalterwahlrecht Spekulationsmöglichkeiten angelegt sind, handelt es sich bei diesem doch ökonomisch um nichts anderes als eine Option (treffend Nerlich/Römermann-*Balthasar* InsO, § 104 Rn. 8, wonach die Position des Vertragsgegners ökonomisch der eines Stillhalters einer Option entspricht). Auch ist es nicht zu beanstanden, wenn man den Ausschluss des Verwalterwahlrechts als Vorkehrung gegen eine Spekulation des Verwalters zulasten des Vertragsgegners interpretiert (so zum alten Recht bereits Graf-Schlicker/*Bornemann* InsO, § 104 Rn. 3; Leonhardt/Smid/Zeuner-*Zeuner* InsO, § 104 Rn. 2; Nerlich/Römermann-*Balthasar* InsO, § 104 Rn. 8). Denn § 104 Abs. 1 InsO will diesen von den Nachteilen und Unwägbarkeiten des Wahlrechts verschonen (s. Rdn. 5 f.). Es ist demgegenüber unzutreffend, wenn angenommen wird, **die Masse** solle vor einer Spekulation durch den Verwalter **geschützt** werden (so aber BGHZ 210, 321 Rn. 59; Kübler/Prütting/Bork-*Köndgen* InsO, § 104 Rn. 5; Jaeger/*Jacoby* InsO, § 104 Rn. 4, 7; HambK-InsO/*Ahrendt* § 104 Rn 1; *Benzler* ZInsO 2000, 1 [11]; FK-InsO/*Wegener* 8. Aufl., § 104 Rn. 2). Es handelt sich um eine **Fehlinterpretation** der Ausführungen im Bericht des Rechtsausschusses zum Regierungsentwurf zur Insolvenzordnung (BT-Drucks. 12/7302, S. 168), in denen von einer Spekulation des Verwalters die Rede ist. Gemeint war damit aber keine Spekulation zulasten der Insolvenzmasse, sondern eine Spekulation zulasten des Vertragsgegners. Auf die mit Spekulationen einhergehenden Unsicherheiten und **Nachteile für den Vertragsgegner** hatten bereits die Erwägungen abgestellt, die dem Regierungsentwurf zur InsO (BT-Drucks. 12/2443, S. 168), der Vorgängervorschrift in § 18 KO (Motive KO 1877, S. 70 ff.) sowie deren Vorgängervorschrift in § 17 der Preußischen Konkursordnung (Motive PrKO 1855, zitiert nach *Goltdammer* Preußische Konkursordnung, S. 103) zugrunde lagen. Es gibt keine Anhaltspunkte dafür, dass der Rechtsausschuss ein hiervon abweichendes Verständnis von den spekulativen Dimensionen des Verwalterwahlrechts hatte. Unabhängig hiervon ist die Vorschrift **schon gar nicht geeignet, eine Spekulation zulasten der Masse zu unterbinden**. Einer etwaigen Spekulationsabsicht kann der Verwalter ebensogut auf der Grundlage eines Ersatzgeschäfts nachgehen, mit dem er das durch § 104 InsO a.F. in Wegfall geratene Geschäft ersetzt (Graf-Schlicker/*Bornemann* InsO, § 104 Rn. 4; *Reiner* Derivative Finanzinstrumente, S. 197; Leonhardt/Smid/Zeuner-*Zeuner* InsO, § 104 Rn. 3). Effektive Schranken können einer spekulativen Tätigkeit des Verwalters allein durch die verfahrensrechtlichen Vorkehrungen und die haftungsrechtlichen Korrektive der §§ 60, 160 InsO gesetzt werden (Graf-Schlicker/*Bornemann* InsO, § 104 Rn. 4; *Reiner* Derivative Finanzinstrumente im Recht, S. 197; Leonhardt/Smid/Zeuner-*Zeuner* InsO, § 104 Rn. 3). Überdies ist schon die **Redensart von einer Spekulation des Verwalters nicht unproblematisch**. Zwar können die von § 104 InsO erfassten Fi-

B. Normzweck

I. Beendigungs- und Abrechnungsmechanismus (Absätze 1 und 2)

1. Schutz der Marktrisikosteuerungsfähigkeit des Vertragsgegners

a) Erhaltung der Marktrisikosteuerungsfähigkeit des Vertragsgegners

5 Der in den Absätzen 1 und 2 angelegte Beendigungs- und Abwicklungsmechanismus schützt die **Marktrisikosteuerungsfähigkeit des Vertragsgegners** (so zum alten Recht bereits Graf-Schlicker/*Bornemann* § 104 Rn. 2 ff.). Indem die Erfüllung der noch offenen Leistungspflichten ausgeschlossen wird, bleibt dem Vertragsgegner die mit dem Verwalterwahlrecht des § 103 InsO einhergehende **Schwebelage erspart**. Das ist eine **notwendige Voraussetzung** dafür, dass er die mit dem Geschäft verbundenen Marktrisiken effektiv steuern kann: Zwar wäre es ihm auch bei Bestehen eines Wahlrechts möglich, sich im Falle einer Erfüllungsverweigerung mit der wegfallenden Position über den Markt neu einzudecken (vgl. Motive KO 1877, S. 70 zur Vorgängerbestimmung in § 18 KO). Allerdings wäre er dabei schutzlos dem **Risiko** ausgesetzt, dass sich der hierfür **aufzuwendende Preis** im Zeitraum zwischen Eröffnung und Erfüllungsverweigerung **erhöht** (vgl. Motive KO 1877, S. 70; Jaeger/*Henckel* § 18 KO Rn. 2, jeweils zur Vorgängervorschrift in § 18 KO). Diesen Verlust könnte er – wenn überhaupt (denn der maßgebliche Zeitpunkt für die Bestimmung der Höhe der Nichterfüllungsforderung nach § 103 Abs. 2 InsO ist streitig; teilweise wird angenommen, es komme auf den Zeitpunkt der Verfahrenseröffnung an (so Kübler/Prütting/Bork-*Tintelnot* InsO, § 103 Rn. 317), teilweise wird auf den Zeitpunkt der Erfüllungsverweigerung abgestellt (so Leonhardt/Smid/*Zeuner* InsO, § 103 Rn. 50) – nur teilweise über die Nichterfüllungsforderung auf den Schuldner abwälzen, da diese nach Abs. 5 im Rang einer Insolvenzforderung steht und daher nur eine Bedienung zur Quote verspricht (unzutreffend daher v. *Wilmowsky* WM 2002, 2264 [2268], der meint, dass sich die vorzeitige Beendigung des Geschäfts nicht auf die Befriedigungsaussichten des Vertragsgegners auswirke). Gegen dieses Risiko kann sich der Vertragsgegner auch nicht durch eine **vorsorgliche Ersatzeindeckung** schützen. Denn insoweit besteht das **Risiko**, dass der Verwalter später die Erfüllung wählt und der Vertragsgegner dann nicht nur das Geschäft mit dem Schuldner, sondern auch das Ersatzgeschäft durchführen muss – mithin wäre er **den geschäftsbezogenen Marktrisiken doppelt ausgesetzt** (anschaulich Motive KO 1877, S. 70: »wählte trotzdem der Konkursverwalter die Erfüllung des Vertrages, so hätte der Kontrahent unnütz und, bei ungünstiger Konjunktur, mit doppeltem Verlust gekauft«). Diesem Dilemma hilft § 104 InsO ab, indem die Vorschrift durch den Ausschluss der Erfüllungspflichten **klare und kalkulierbare Verhältnisse** schafft: Um ihr **Erfüllungsinteresse** zu **wahren**, können (und müssen) die Parteien ein **Ersatzgeschäft** abschließen. Über die Nichterfüllungshaftung wird ein Ausgleich dafür geschaffen, dass der Markt- bzw. Börsenwert des Geschäfts im Zuge der Ersatzeindeckung über den Markt oder die Börse von der einer Seite aufzuwenden ist und von der anderen Seite vereinnahmt werden kann.

6 **Während** der Ausschluss des Verwalterwahlrechts – gerade mit Blick auf die zuweilen hohen **Marktpreisvolatilitäten**, denen die von § 104 erfassten Geschäfte unterliegen können – für den Erhalt der Marktrisikosteuerungsfähigkeit des Vertragsgegners unerlässlich ist (Graf-Schlicker/*Bornemann* § 104 Rn. 2 unter Verweis auf die »regelmäßigen ... und erheblichen Preisschwankungen«, auf welche schon die Motive zur Vorgängervorschrift in § 18 KO abstellten (Motive KO 1877, S. 69 f.), sowie die Volatilität der Gegenstände von Finanzleistungsverträgen), hat er **für die Masse keine substantiellen Nachteile**: Auch der Verwalter kann das wegfallende Geschäft durch den Abschluss eines Neueindeckungsgeschäfts im Idealfall zu eben dem Markt- oder Börsenpreis (und damit grds. verlustfrei) ersetzen, zu welchem das wegfallende Geschäft abgerechnet wird (BT-Drucks. 18/9983, S. 9; Graf-Schlicker-*Bornemann* InsO, § 104 Rn. 3 m.w.N.). Mangels Schutzbedürftigkeit der Masse bliebe das **Verwalterwahlrecht des § 103 deshalb ohnehin funktionslos** (Nerlich/Römermann-*Balthasar* InsO, § 104 Rn. 6 f.; Graf-Schlicker/*Bornemann* InsO, § 104 Rn. 3; dies wird von Kübler/Prütting/Bork-*Köndgen* InsO, § 104 Rn. 4 und von v. *Wilmowsky* WM 2002, 2264 [2266 f.] verkannt, welche ein Schutzbedürfnis der Masse stillschweigend voraussetzen, indem sie

nanzverkehr übliche Begriff des **Close-out Netting**. Das vertragliche Liquidationsnetting wird in § 104 Abs. 3 und 4 InsO grds. anerkannt, was sich auch in der Überschrift der Vorschrift (»Fixgeschäfte, Finanzleistungen, vertragliches Liquidationsnetting«) wiederspiegelt.

Über das **Liquidationsnetting** werden sämtliche zwischen zwei Parteien abgeschlossene Geschäfte i.S.v. § 104 Abs. 1 InsO **zu einer insolvenzfesten Einheit zusammengefasst**. Damit wird ausgeschlossen, dass der Verwalter auf die selektive Durchführung einzelner (für die Masse werthaltiger) Verträge oder auch nur auf die Erfüllung der aus diesen Einzelverträgen resultierenden Nichterfüllungsforderungen bestehen und den Vertragsgegner im Übrigen auf die nach Abs. 5 im Rang einer Insolvenzforderung stehenden Nichterfüllungsforderungen verweisen kann (gängigerweise als **»cherry picking«** bezeichnet, vgl. nur *Reiner* Derivative Finanzinstrumente im Recht, S. 197 f.). Die **praktische Relevanz** resultiert aus Sicht der Marktteilnehmer daraus, dass, die zivilrechtliche Wirksamkeit und Insolvenzfestigkeit der Verrechnung unterstellt, Besicherungen auf den jeweiligen Nettobetrag (d.h. den Betrag des zu einem Zeitpunkt ermittelbaren hypothetischen Saldos der Nichterfüllungsforderungen aus den Einzelgeschäften) beschränkt werden können; dies **schont** auf beiden Seiten die zu Sicherungszwecken vorzuhaltende **Vermögens- und Liquiditätsbasis**. Für Kreditinstitute ergibt sich die besondere praktische Bedeutung darüber hinaus daraus, dass die Eigenkapitalanforderungen zur Unterlegung des Kreditrisikos aus Einzelgeschäften mit positivem Marktwert bei Vorliegen einer den Anforderungen des **Art. 296 ff.** der Verordnung (EU) Nr. 575/2013 über Aufsichtsanforderungen an Kreditinstitute und Wertpapierfirmen vom 26.06.2013 (ABl. L 176/1; Capital Requirements Regulation – **CRR**) genügenden Vereinbarung auf der Basis von Nettomarktwerten berechnet werden können; dies erlaubt eine mitunter signifikante Reduktion der aufsichtsrechtlichen Kapitalbindung und damit auch der Kapitalkosten der Institute. Da die Regelung auf den Basler Eigenkapitalakkord zurückgeht (vgl. *Basler Ausschuss für Bankenaufsicht* Internationale Konvergenz der Kapitalmessung und Eigenkapitalanforderungen, Anh. 4 Tz. 96 [i] – [vi]), der einen globalen Standard verbürgt, hat die aufsichtsrechtliche Anerkennung des Liquidationsnettings auch unmittelbare Auswirkungen auf den Zugang deutscher Banken zu ausländischen Märkten und Marktinfrastruktureinrichtungen, jedenfalls aber auf die Konditionen, zu denen dieser Zugang möglich ist. Damit stellt das Liquidationsnetting einen bedeutenden **Faktor für die Wettbewerbsfähigkeit** deutscher Banken im europäischen und globalen Wettbewerb dar. Dass Letzteres nicht nur für Banken, sondern auch für nichtbankäre Unternehmen gilt, ergibt sich zum einen unmittelbar daraus, dass deren Kontrahenten oftmals Banken sind, im Übrigen aber auch daraus, dass das Liquidationsnetting zum globalen Marktstandard nicht nur auf den Finanzmärkten, sondern auch auf den Warenterminmärkten einschließlich des Energiegroßhandels gehört (dazu *Riewe* Die EFET-Rahmenverträge für den Handel mit Strom und Erdgas, S. 131 ff.).

II. Klarstellung des Normzwecks und Präzisierung der Normreichweite durch das Dritte Gesetz zur Änderung der Insolvenzordnung vom 22.12.2016

Die Vorschrift wurde jüngst durch das **Dritte Gesetz zur Änderung der Insolvenzordnung** und zur Änderung des Gesetzes, betreffend die Einführung der Zivilprozessordnung vom 22.12.2016 (BGBl. I S. 3147) **weitgehend neu gefasst**. Diese Neufassung diente, veranlasst durch das Urteil des BGH vom 09.06.2016 (BGHZ 210, 321), der Klarstellung von Grund, Trag- und Reichweite der **Zulässigkeit des vertraglichen Liquidationsnettings** und der **Verdeutlichung des Zweckes**, den bereits der Gesetzgeber der Insolvenzordnung in Anlehnung an die Motive zur Vorgängervorschrift in der Konkursordnung bei der Schaffung von § 104 InsO verfolgt hatte (BT-Drucks. 18/9983, S. 8). Trotz der an einer veränderten Struktur und Binnensystematik sowie an vielen Modifikationen und Ergänzungen ablesbaren Änderungen im Normtext hat die Neufassung in der Sache **keine wesentlichen inhaltlichen Neuerungen oder Änderungen** gebracht (näher Rdn. 34).

(2012), 152; *ders.* Bankruptcy Boundary Games, 4 Brooklyn Journal of Corporate, Financial and Commercial Law (2009), 1; *Smid* Vorprüfung des Insolvenzplans, insbesondere in Schutzschirm- und Eigenverwaltungsverfahren, ZInsO 2016, 128; *Siegfried* Börsen-Papiere, 4. Aufl. 1884; *Sherril* In Defense of the Bankruptcy Safe Harbors, 70 Business Lawyer (2015), 1008; *Schäfer* BaFin vs. BGH, BKR 2016, 321; *Scholl* Teilweise Unwirksamkeit des deutschen Rahmenvertrags für Finanztermingeschäfte, RdF 2016, 340; *Stout* Derivatives and the Legal Origin of the 2008 Credit Crisis, 1 Harvard Business Law Review (2011), 301; *dies.* Why the Law Hates Speculators: Regulation and Private Ordering in the Market for OTC Derivatives, 48 Duke Law Journal (1999) 701; *Weber* Die Ergebnisse der deutschen Börsenenquete, ZHR 43 (1889), 83 ff., 457 ff.; *Thole* Grenzen vorinsolvenzlicher Lösungsklauseln, ZHR 181 (2017), 548; *Weigel/Wollsiffer* Teilunwirksamkeit des Rahmenvertrags für Finanztermingeschäfte, WPg 2016, 1287; *Wenzel* Die preußische Konkursordnung. Die Gesetze vom 8. und 9. Mai 1855 betreffend die Einführung derselben und die Befugniß der Gläubiger zur Anfechtung der Rechtshandlungen zahlungsunfähiger Schuldner außerhalb des Konkurses und die Verordnung vom 4. Juni 1855 betreffend die im Konkurse und erbschaftlichen Liquidationsprozessen zu erhebenden Gerichtskosten mit den Materialien (1855); *Wentzel/Klose* Die Preußische Konkursordnung, 1855; *Wesche/Harder* Die Reform des § 104 InsO – Rechtssicherheit für Rahmenverträge in der Real-, insbesondere der Energiewirtschaft, NZI 2017, 246; *v. Wilmowski* Reichs-Konkursordnung, 5. Aufl. (1906); *v. Wilmowsky* Termingeschäft und Insolvenz: Die gesetzliche Regelung – Plädoyer für ein neues Verständnis des § 104 InsO, WM 2002, 2264; *Wimmer* Eine Lösung für Lösungsklauseln?, FS Vallender, S. 793; *Wöllner* Die Wirksamkeit vertraglicher Lösungsklauseln im Insolvenzfall, 2008; *Zerey* Finanzderivate, 4. Aufl. 2016; *Zimmer/Fuchs* Die Bank in Krise und Insolvenz: Ansätze zur Minderung des systemischen Risikos, ZGR 2010, 597; *Zobl/Werlen* 1992 ISDA Master Agreement unter besonderer Berücksichtigung der Swaps (1995).

A. Allgemeines

I. Überblick, Binnensystematik und praktische Bedeutung

1 Die Vorschrift schließt die Erfüllung der zum Eröffnungszeitpunkt noch unerfüllt gebliebenen Leistungspflichten aus bestimmten **markt- und börsengängigen Geschäften aus**; das **vertragliche Leistungsprogramm wird auf eine Nichterfüllungsforderung reduziert** (Abs. 1). Die Nichterfüllungsforderung besteht in Höhe des (tatsächlichen oder hypothetischen) Aufwands für eine Ersatzeindeckung zu einem Markt- oder Börsenpreis und steht deshalb der Partei zu, aus deren Sicht der Markt- oder Börsenpreis des Geschäfts zum Zeitpunkt der Eröffnung positiv war (Abs. 2). Haben die Parteien einen **Rahmenvertrag** geschlossen, durch den eine Mehrzahl von Geschäften zusammengefasst ist, wird die Gesamtheit der einbezogenen Geschäfte als ein einheitlicher Vertrag im Sinne der Vorschrift behandelt, sofern und soweit es sich um Geschäfte i.S.v. Abs. 1 handelt; es entsteht insoweit eine einzige Nichterfüllungs(netto)forderung (Abs. 3 Satz 1). Die Regelungen in Abs. 1 und 2 sind **in den Grenzen, die durch ihre wesentlichen Grundgedanken gezogen werden, dispositiv** (Abs. 4). Die dem Vertragsgegner zustehende Nichterfüllungsforderung steht stets im Rang einer **Insolvenzforderung** (Abs. 5).

2 Der in den Abs. 1 und 2 verankerte **gesetzliche Beendigungs- und Abwicklungsmechanismus** tritt in seiner praktischen Bedeutung hinter die im Rahmen der Abs. 3 und 4 zulässigen **vertraglichen Nachbildungen und Modifikationen** zurück. Ausgestaltet sind letztere vor allem in **Rahmenvertragsmustern**, welche breite Verwendung nicht nur auf den Finanzmärkten (vgl. z.B. den vom Bundesverband deutscher Banken [BdB] bereitgestellten Deutschen Rahmenvertrag für Finanztermingeschäfte nebst Anhängen, das von der European Banking Federation [EBF] bereitgestellten European Master Agreement nebst Anhängen sowie die im internationalen Handel gängigen Master Agreements der International Swap Dealers Association [ISDA]), sondern auch auf den Warenterminmärkten einschließlich des Energiegroßhandels (vgl. die von der European Federation of Energy Traders [EFET] bereit gestellten Rahmenverträge für Strom und Gas) finden. Diese sehen ungeachtet der Nuancen im Detail allesamt vor, dass die unter dem jeweiligen Rahmenvertrag geschlossenen und darunter zusammengefassten **Einzelgeschäfte** im Falle des Eintritts bestimmter Ereignisse (wie vor allem der Stellung eines Insolvenzantrags) **beendet und die daraus resultierenden Nichterfüllungsforderungen zu einer einheitlichen Nichterfüllungs(netto)forderung saldiert** werden. Man spricht bei diesem Gesamtvorgang vom **Liquidationsnetting** der unter dem Rahmenvertrag begründeten Einzeltransaktionen. Gängig ist auch der englische und im internationalen Handels- und Fi-

ting, 33 Boston University International Law Journal (2015), 101; *Kannan* ISDA 2014 Resolution Stay Protocol et suspension des accords de close-out netting: vers une reconnaissance extraterritoriale de mésure de résolution?, Revue de droit bancaire et financier 3/2015, étude 5; *Kerkemeyer* Systemrettend oder – destabilisierend? – Das Close-out Netting in der Diskussion, ZBB 2017, 272; *Kilgus* Keine Zahlungspflicht unter internationalen Derivaten bei Insolvenz des Vertragspartners? ZIP 2010, 613; *Kliebisch/Linsenbarth* Insolvenzsicherung bei Rahmenverträgen über Finanztermingeschäfte im Lichte der BGH-Entscheidung zur Unwirksamkeit insolvenzabhängiger Lösungsklauseln, DZWIR 2013, 449; *Köhling* Die Clearing-Rahmenvereinbarung – deutsche Vertragsdokumentation für das Kundenclearing BKR 2013, 491; *Kollmann* Zur Umsetzung der Richtlinie 2002/47/EG vom 6. Juni 2002 über Finanzsicherheiten in das deutsche Recht WM 2004, 1012; *Kurzberg* (Un)Wirksamkeit von Netting-Vereinbarungen?, BKR 2016, 324; *Lehmann* Bail-In and Private International Law: How to Make Bank Resolution Measures Effective Across Borders, 66 International and Comparative Law Quaterly (2017) 107; *Lehmann/Flöther/Gurlit* Die Wirksamkeit von Close-out-netting-Klauseln in Finanzderivaten nach § 104 InsO n.F. WM 2017, 597; *Levitin* The Politics of Financial Regulation and the Regulation of Financial Politics: A Rview Essay, 127 Harvard Law Review (2014), 1992; *Lubben* Repeal the Safe Harbors, 18 American Bankruptcy Institute Law Review 319 (2010); *ders.* The Bankruptcy Code Withgout Safe Harbors, 84 American Bankruptcy Law Journal (2010), 123; *ders.* Derivatives and Bankruptcy: The Flawed Case for Special Treatment, 12 University of Pennsylvania Journal of Business Law (2009), 61; *Luz/Neu/Schaber/Scharpf/Schneider/Weber* KWG und CRR, 3. Aufl. 2014; *Matthews* Capital Adequacy, Netting and Derivatives, 2 Stanford Journal of Law, Business & Finance (1995), 167; *Marotzke* Risikobeteiligung und Verantwortung als notwendige Machtkorrektive – selbstverständlich auch bei Banken, ZInsO 2017, 677; *Martens* Unwirksamkeit von Nettingvereinbarungen bei Finanztermingeschäften im Lichte des § 104 InsO und dessen europarechtskonformer Auslegung, jurisPR-BKR 7/2016 Anm. 2; *Mengle* The Importance of Close-out Netting, ISDA Research Note (2010); Mevorach Beyond the Search for Certainty: Addressing the Cross-Border Resolution Gap, 10 Brook. J. Corp. Fin. & Com. L. (2015) 183; *Möhlenkamp/Harder* Die umgekehrte Wandelschuldverschreibung (CoCo-Bonds) – ein neues Sanierungsinstrument?, ZIP 2016, 1093; *Mokal* Liquidity, Systemic Risk, and the Bankruptcy Treatment of Financial Contracts, 10 Brooklyn Journal of Corporate, Financial and Commercial Law (2015) 15; *Mooney* The Bankruptcy Code's Safe Harbors for Settlement Payments and Securities Contracts: When Is Safe Too Safe? 49 Texas International Law Journal (2014), 243; *Morrison* Is the Bankruptcy Code an Adequate Mechanism for Resolving the Distress of Systemically Important Institutions? 82 Temple Law Review (2009), 449; *Morrison/Riegel* Financial Contracts and the New Bankruptcy Code: Insulating Markets from Bankruptcy, Debtors and Bankruptcy Judges, Columbia Law and Economics Working Paper no. 291 (2006); *Nastold* (Muster-)Rahmenvertrag für Finanztermingeschäfte vs. § 104 InsO, jM 2017, 56; *Neftci* Principles of Financial Engineering, 2nd ed. 2008; *ders.* An Introduction to the Mathematics of Financial Derivatives, 3rd ed. 2013; *Obermüller* Lösungsklauseln im Bankgeschäft, ZInsO 2013, 476; *ders.* Zero Recovery Swaps, FS Kümpel, 2003, S. 425 ff.; *ders.* Die Wiedergeburt des § 104a InsO, ZInsO 2012, 1982; *Paech* Netting, Finanzmarktstabilität und Bankenrestrukturierung, WM 2010, 1965; *ders.* The Value of Financial Market Insolvency Safe Harbours, 36 Oxford Journal of Legal Studies (2016), 1; *Paulus* (Teil-)Unwirksamkeit von Nettingvereinbarung bei Widerspruch zu § 104 InsO – Anmerkung zum Urteil des BGH vom 09.06.2016, ZIP 2026, 2033; *ders.* Multinationale Unternehmen und nationale Insolvenzrechte ZIP 2014, 2374; *ders.* The Wonderful World of Privileges – the par conditio creditorum vs. Close-out Netting, ECFR 2014, 531; *ders.* Close-out Netting und weitere Privilegien der Finanzindustrie, FS Vallender 2015, S. 397; *Peck/Mokal/Janger* Financial Engineering Meets Chapter 11 Safe Harbors and the Bankruptcy Code, Eighty-fifth Annual Meeting of the National Conference of Bankruptcy Judges (Oct. 14, 2011); *Petersen/Kleinfeller* Konkursordnung für das Deutsche Reich nebst dem Einführungsgesetz, 1890; *Piekenbrock* Die Insolvenz des Finanzdienstleisters bei Finanzgeschäften nach § 104 InsO, BB 2016, 1795; *ders./Ludwig* Die Insolvenz des Optionsberechtigten – eine kritische Betrachtung zu § 104 lnsO, WM 2014, 2197; *The President's Working Group on Financial Markets* Hedge Funds, Leverage, and the Lessons of Long-Term Capital Management (1999); *Primozic/Schaaf* Die Rechtsprechung des Bundesgerichtshofs zur Unwirksamkeit Close-out-Netting-Regelungen im Rahmenvertrag für Finanztermingeschäfte, WM 2016, 2110; *Rausch* Close-out Netting für Finanzunternehmen. Eine kritische Würdigung unter Beachtung der Wechselwirkungen zwischen Insolvenz- und Wettbewerbsrecht (2017); *Reiner* ISDA Master Agreement, Kommentar 2013; *ders.* Derivative Finanzinstrumente im Recht (2002); *Riehm* Erfüllungswahl des Insolvenzverwalters und Allgemeines Leistungsstörungsrecht, KTS 2016, 143; *Riewe* Die EFET-Rahmenverträge für den Handel mit Strom und Erdgas, 2015; *Roe* The Derivative Market's Payment Priorities as Financial Crisis Accelerator, in: 63 Stanford Law Review (2011), 539; *Schwarcz* Derivatives and Collateral: Balancing Remedies and Systemic Risk, 2015 University of Illinois Law Review (2015), 699; *Ruzik* Finanzmarktintegration durch Insolvenzrechtsharmonisierung (2010); *Schmies* Die Leistung von Initial Margin bei Derivatgeschäften – nicht »insolvenzfest«?, FS Köndgen, S. 533 ff.; *Schwintowski* Handbuch Energiehandel, 2. Aufl. 2013; *Schwörer* Lösungsklauseln für den Insolvenzfall (2000); *Skeel* Transaction Consistencs and the New Finance in Bankruptcy, 112 Columbia Law Review

Stand 9/2017; *Becker/Christ/Denter* CRR-Handbuch Solvabilität, 3. Aufl. 2014; *Behrens* Reichweite des Urteils des BGH vom 15.11.2012 zur Unwirksamkeit von insolvenzabhängigen Lösungsklauseln in Energielieferverträgen, RdE 2014, 424; *Behrens/Glück* Bringt der Gesetzentwurf zu § 104 InsO Rechtssicherheit für den Energiehandel? ZInsO 2016, 2321; *Benjamin* Narratives of Financial Law, 30 Oxford Journal of Legal Studies (2010), 787; *Benzler* Nettingvereinbarungen im außerbörslichen Derivatehandel, 1999; *ders.* Das deutsche Nettinggesetz, ZInsO 2000, 1; *Berger* Der Aufrechnungsvertrag: Aufrechnung durch Vertrag, Vertrag über Aufrechnung, 1996; *Bergman/Bliss/Johnson/Kaufmann Netting*, Financial Contracts, and Banks: The Economic Implications; *Böger* Close-out Netting Provision in Private International and Insolvency Law, 18 Uniform Law Review (2013), 232 ff. (Teil I), 532 ff. (Teil II), *Bosch* Finanztermingesäfte in der Insolvenz, Teil I, WM 1995, 365; Teil II, WM 1995, 413 ff.; *ders.* Differenz und Finanztermingeschäfte nach der Insolvenzordnung, in: Kölner Schrift zur Insolvenzordnung. 1. Aufl. (2000), S. 775; *Bornemann* Resolution Regimes for Financial Institutions and the Rule of Law, in: Haentjens/Wessel, Bank Recovery and Resolution (2014), 87; *Caspar* Der Optionsvertrag (2005); *Caillemer du Ferrage* L'impact de la résolution sur le netting, revue de droit bancaire et financier 4/2013 dossier 38; *Duffie/Skeel* A Dialogie on the Costs and Benefits of Automatic Stays for Derivatives and Repurchase Agreements, U. Penn. Law School Faculty Scholarship (2012), *Ebenroth/Benzler* Close-out Netting nach der neuen Insolvenzordnung, ZVglRWiss 1996, 335; *Edwards/Morrison* Derivatives and the Bankruptcy Code: Why the Special Treatment? 22 Yale Journal on Regulation 91 (2005); *Ehricke* Zur Ermittlung eines Marktpreises im Sinne des § 104 Abs. 3 InsO durch eine Auktion, ZInsO 2009, 547; *ders.* Die Zulässigkeit von vertraglich festgelegten Bestimmungen eines Stichtags und zur Ermittlung eines Markt- und Börsenpreises gem. § 104 III InsO, NZI 2006, 564; *ders.* Zum anwendbaren Recht auf ein in einem Clearing-System vereinbartes Glattstellungsverfahren im Fall der Insolvenz ausländischer Clearing-Teilnehmer, WM 2006, 2109; *ders.* Finanztermingeschäfte im Insolvenzverfahren, ZIP 2003, 273; *Financial Crisis Inquiry Commission* The Financial Crisis Inquiry Report (2011); *Finch* Security, Insolvency and Risk: Who Pays the Price?, 62 Modern Law Review (1999), 633; *Florstedt* Die umgekehrte Wandelschuldverschreibung – eine Kapitalklasse im Spannungsfeld zwischen europäischem Bankrecht und deutschem Aktienrecht, ZHR 180 (2016), 152; *Fried/Voelcker* Abwicklung von Finanzderivatekontrakten in der Insolvenz einer Vertragspartei: Änderung des § 104 InsO, DB 2017, 300; *Fuchs* Close-out Netting, Collateral und systemisches Risiko (2013); *Gaudemet* Proposition de directive Résolution: une occasion d'en finir avec les articles 25 et 26 de la directive du 4 avril 2001 concernant l'assainissement et la liquidation des établissement de credit, Revue de droit bancaire et financier 3/2013, comm. 108; *Geltdammer* Kommentar und vollständige Materialien zur Konkurs-Ordnung vom 8. Mai 1855 und zu dem Gesetze betreffend die Befugniß der Gläubiger zur Anfechtung der Rechtshandlungen (1858); *Gendrisch/Gruber/Hahn* Handbuch Solvabilität – aufsichtsrechtliche Kapitalanforderungen an Kreditinstitute, 2. Aufl. 2014; *Golden* Judges and Systemic Risk in the Financial Markets, 18 Fordham Journal of Corporate & Financial Law (2013), 327; *ders.* Suspension de la réalisation des accords de close-out netting conclus par un établissement de crédit ou une entreprise d'investissement en situation de défaillance, Revue de droit bancaire et financier 1/2013, comm. 27 ; *Hahn* Die gesamten Materialien zu den Reichsjustizgesetzen, Bd. IV (1881; Neudruck 1983); *von Hall* Insolvenzverrechnung in bilateralen Clearingsystemen (2011); *ders.* Warum EMIR den Finanzplatz Deutschland stärkt und trotzdem eine Wettbewerbsverzerrung im Binnenmarkt droht WM 2013, 673; *ders.* Die Bestimmung des Börsenpreises gem. § 104 Abs. 3 InsO in zentralisierten, elektronischen Handelssystemen, WM 2011, 2161; *ders.* Der vergessene Kontrahent – warum die bestehenden Nettingkonzepte des börslichen Handels im Ernstfall zu scheitern drohen, ZInsO 2011, 505; *Hartenfels* § 104a InsO und seine Folgen, ZInsO 2011, 1831; *Herring/Christea* Die Umsetzung der Finanzsicherheiten-Richtlinie und ihre Folgen für Kapitalanlagegesellschaften, deutsche Single-Hedgefonds und Prime Broker, ZIP 2004, 1627; *Hölken* Teilunwirksamkeit eines Rahmenvertrages für Finanztermingeschäfte bei Widerspruch gegen § 104 InsO, jurisPR-InsR 15/2016, Anm. 1; *Holzer* Insolvenzverfahren und zentrale Vertragspartei. Zur geplanten Einführung des § 104a InsO-E durch den Entwurf eines Gesetzes zur weiteren Erleichterung der Sanierung von Unternehmen (ESUG) BKR 2011, 366; *Huang* A Normative Analysis of New Financially Engineered Derivatives 73 Southern California Law Review (2000) 471; *ders./Ratnovski* The Dark Side of Bank Wholesale Funding, IMF WP/10/170 (2010); *Hübler* Aktuelles und europäisches Insolvenzrecht, NZI 2017, 144; *Jackson/Skeel* Dynamic Resolution of Large Financial Institutions, 2 Harvard Business Law Review (2012), 435; *Jahn/Schmitt/Geier* Handbuch Bankensanierung und -abwicklung (2016); *Johnson* The Theory of Hedging and Speculation in Commodity Futures, 27 Review of Economic Studies (1960), 139; *Kieper* Abrechnungssysteme in der Insolvenz (2004); ders. Die Finanzsicherheitenrichtlinie und ihre Umsetzung, ZInsO 2003, 1109; *Köndgen/Theissen* »Internalisierter« Börsenhandel zu Börsenpreisen?, WM 2003, 1497; *Scott/Taylor* Bankruptcy, Not Bailout (2012); *Janger/Pottow* Implementing Symmetric Treatment of Financial Contracts in Bankruptcy and Bank Resolution, 10 Brooklyn Journal of Corporate, Financial and Commercial Law, issue 1 (2015); *Jaskulla* Werden zentrale Gegenparteien durch die Umsetzung von EMIR zum Risiko? Eine Untersuchung unter Berücksichtigung der rechtlichen Rahmenbedingungen für die Eurex Clearing AG, BKR 2012 441; *Johnson* International Financial Law: The Case Against Close-out Net-

	Rdn.			Rdn.
b) Lieferung von Finanzinstrumenten und vergleichbaren Rechten (Nr. 2)	58	G.	Rechtsfolgen bei Zusammenfassung in einem Rahmenvertrag (Abs. 3)	93
aa) Liefergeschäfte	58	H.	Vertragliches Liquidationsnetting (Abs. 4)	97
bb) Finanzinstrumente im Sinne von Abschnitt C von Anhang I der neugefassten Finanzmarktrichtlinie 2014/65/EU	61	I.	Grundgedanke der abbedungenen gesetzlichen Regelung (Abs. 4 Satz 1)	100
		1.	Maßgeblichkeit von Sinn und Zweck des gesetzlichen Beendigungs- und Abrechnungsmechanismus	100
aaa) Wertpapiere	62	2.	Praktische Konkordanz mit Masseschutzerwägungen	107
bbb) Geldmarktinstrumente	66	II.	Ausdrücklich zulässige Abweichungen (Abs. 4 Satz 2)	110
ccc) Anteile an Organismen für gemeinsame Anlagen (OGAW)	67	1.	Vertragliche Beendigung vor Verfahrenseröffnung (Abs. 4 Satz 2 Nr. 1 und 2)	110
ddd) Swaps, Optionen und andere Derivate	68	2.	Bestimmung der Nichterfüllungsforderung (Abs. 4 Satz 2 Nr. 3)	113
eee) Emissionszertifikate	69	III.	Nicht ausdrücklich geregelte Klauseln	116
cc) Vergleichbare Rechte	70	1.	Einbeziehung von nicht in Absatz 1 genannten Geschäften und Positionen	117
dd) Kein Aufbau einer Unternehmensbeteiligung	71			
c) Devisengeschäfte (Nr. 3 Buchst. a)	72	2.	Insbesondere: Einbeziehung bereits fällig gewordener Forderungen (»Unpaid Amounts«); Aufrechnungsklauseln	119
d) Geldleistungen aus als Festgeschäften ausgestalteten derivativen Instrumenten (Nr. 3 Buchst. b)	73			
		3.	Ermittlung der Nichterfüllungsforderung	123
e) Lieferungen und Geldleistungen aus derivativen Finanzinstrumenten (Nr. 4)	74	a)	Abweichende oder ergänzende Methoden der Bestimmung des Markt- oder Börsenwerts	123
f) Optionen und andere Rechte auf und an Finanzleistungen (Nr. 5)	75	b)	Asymmetrische Ausgestaltungen zulasten einer Vertragspartei	124
g) Finanzsicherheiten (Nr. 6)	78		aa) Walk-away- und One-way-Klauseln	125
6. Unbenannte Fälle	80			
F. Rechtsfolgen	82		bb) Zuweisung einseitiger Bestimmungs- oder Berechnungsbefugnisse	126
I. Aufhebung der Leistungspflichten in einer Nichterfüllungsforderung (Abs. 1)	82			
II. Bestimmung der Nichterfüllungsforderung (Abs. 2)	83		cc) Begrenzung der Nichterfüllungshaftung des Vertragsgegners auf den Schaden des Schuldners (Nr. 8 Abs. 2 Satz 1 des Deutschen Rahmenvertrags)	127
1. Berechnung auf Grundlage des Markt- oder Börsenpreises für ein konkret abgeschlossenes Ersatzgeschäft (Abs. 2 Satz 2 Nr. 1)	85			
2. Aufwand einer unterbliebenen (hypothetischen) Ersatzeindeckung (Abs. 2 Satz 2 Nr. 2)	87		dd) Bonitätsbezogene Bewertungsfaktoren	128
		4.	Kündigungsrechte	129
3. Modellierung des Ersatzeindeckungsaufwands bei Marktlagen, die den Abschluss eines Ersatzgeschäfts nicht zulassen (Abs. 2 Satz 3)	88	I.	Rang einer dem Vertragsgegner zustehenden Nichterfüllungsforderung (Abs. 5)	131
		J.	Internationales Insolvenzrecht	132

Literatur:

Admati/Hellwig The Bankers' New Clothes (2014); *Bader* Contingent Convertible, Wandelanleihe und Pflichtwandelanleihe im Aktienrecht, AG 2014, 472; *Baird/Morrison* Dodd-Frank für Bankruptcy Lawyers, 19 American Bankruptcy Institute Law Review (2011) 287; *Banner* Speculation – A History of the Fine Line Between Gambling and Investing (2017); *Beck/Samm/Kokemoor*, Kreditwesengesetz mit CRR, Kommentar, Loseblatt,

§ 104 InsO Fixgeschäfte, Finanzleistungen, vertragliches Liquidationsnetting

(4) ¹Die Vertragsparteien können abweichende Bestimmungen treffen, sofern diese mit den wesentlichen Grundgedanken der jeweiligen gesetzlichen Regelung vereinbar sind, von der abgewichen wird. ²Sie können insbesondere vereinbaren,
1. dass die Wirkungen nach Absatz 1 auch vor der Verfahrenseröffnung eintreten, insbesondere bei Stellung des Antrags einer Vertragspartei auf Eröffnung eines Insolvenzverfahrens über das eigene Vermögen oder bei Vorliegen eines Eröffnungsgrundes (vertragliche Beendigung),
2. dass einer vertraglichen Beendigung auch solche Geschäfte nach Absatz 1 unterliegen, bei denen die Ansprüche auf die Lieferung der Ware oder die Erbringung der Finanzleistung vor der Verfahrenseröffnung, aber nach dem für die vertragliche Beendigung vorgesehenen Zeitpunkt fällig werden,
3. dass zwecks Bestimmung des Markt- oder Börsenwerts des Geschäfts
    a) der Zeitpunkt der vertraglichen Beendigung an die Stelle der Verfahrenseröffnung tritt,
    b) b) die Vornahme des Ersatzgeschäfts nach Absatz 2 Satz 2 Nummer 1 bis zum Ablauf des 20. Werktags nach der vertraglichen Beendigung erfolgen kann, soweit dies für eine wertschonende Abwicklung erforderlich ist,
    c) anstelle des in Absatz 2 Satz 2 Nummer 2 genannten Zeitpunkts ein Zeitpunkt oder Zeitraum zwischen der vertraglichen Beendigung und dem Ablauf des fünften darauf folgenden Werktags maßgeblich ist.

(5) Der andere Teil kann die Forderung wegen Nichterfüllung nur als Insolvenzgläubiger geltend machen.

Übersicht

	Rdn.
A. Allgemeines	1
I. Überblick, Binnensystematik und praktische Bedeutung	1
II. Klarstellung des Normzwecks und Präzisierung der Normreichweite durch das Dritte Gesetz zur Änderung der Insolvenzordnung vom 22.12.2016	4
B. Normzweck	5
I. Beendigungs- und Abrechnungsmechanismus (Absätze 1 und 2)	5
1. Schutz der Marktrisikosteuerungsfähigkeit des Vertragsgegners	5
a) Erhaltung der Marktrisikosteuerungsfähigkeit des Vertragsgegners	5
b) Andere Normzweckumschreibungen	7
2. Schutz des Vertragsgegners (und nicht der Masse)	11
II. Anerkennung der rahmenvertraglichen Zusammenfassung einer Mehrzahl von Einzelgeschäften (Abs. 3)	12
1. Bedeutung und Wirkung der Zusammenfassung	12
2. Selbständige Bedeutung und eigenständiger Normzweck?	14
III. Eröffnung privatautonomer Gestaltungsspielräume für das Liquidationsnetting (Abs. 4)	18
IV. (Bank-)wirtschaftliche und regulatorische Bedeutung	19
C. Entstehungsgeschichte	23
I. § 17 der Preußischen Konkursordnung und §§ 16, 18 der Reichskonkursordnung (1877/98)	23
II. Übergang zur Insolvenzordnung (§ 104 InsO, Art. 15 Zweites Finanzmarktförderungsgesetz und Art. 105 EGInsO)	26
III. Änderungen durch das Finanzsicherheitenrichtlinienumsetzungsgesetz	29
IV. Novellierung durch das Dritte Gesetz zur Änderung der Insolvenzordnung	32
1. Anlass: Urteil des Bundesgerichtshofs vom 09.06.2016	33
2. Veranlasste Klarstellungen und Präzisierungen	34
D. Verhältnis zu § 103 InsO	35
E. Tatbestand	40
I. Markt- und börsengängige Warenfixgeschäfte (Abs. 1 Satz 1)	40
1. Lieferung von Waren	40
2. Fixgeschäft	43
3. Waren mit Markt- oder Börsenpreis	44
4. Erfüllungszeitpunkt nach Verfahrenseröffnung	45
5. Insbesondere: Produkte des Energiegroßhandels	46
II. Markt- und börsengängige Finanzleistungen (Abs. 1 Sätze 2 bis 4)	48
1. Begriff der Finanzleistung	49
2. Bestimmte Erfüllungszeit oder -frist	51
3. Markt- und Börsenpreis	52
4. Finanzleistung als charakteristische Leistung	54
5. Regelbeispielkatalog (Abs. 1 Satz 3)	55
a) Edelmetalllieferungen (Nr. 1)	56

Prütting/Bork-Tintelnot InsO, § 103 Rn. 100). War die Verjährungsfrist von Gewährleistungsansprüchen z.B. kraft Abnahme gem. § 634a BGB bereits vor der Eröffnung in Gang gesetzt, bleibt es bei diesen Fristen (MüKo-InsO/*Huber* § 103 Rn. 195; *Uhlenbruck/D. Wegener* InsO, § 103 Rn. 176). Mit der Anmeldung zur Tabelle wird der Lauf der Verjährungsfrist gehemmt, § 204 Abs. 1 Nr. 10 BGB.

§ 104 Fixgeschäfte, Finanzleistungen, vertragliches Liquidationsnetting

(1) ¹War die Lieferung von Waren, die einen Markt- oder Börsenpreis haben, genau zu einer festbestimmten Zeit oder innerhalb einer festbestimmten Frist vereinbart und tritt die Zeit oder der Ablauf der Frist erst nach Eröffnung des Insolvenzverfahrens ein, so kann nicht Erfüllung verlangt, sondern nur eine Forderung wegen Nichterfüllung geltend gemacht werden. ²Dies gilt auch für Geschäfte über Finanzleistungen, die einen Markt- oder Börsenpreis haben und für die eine bestimmte Zeit oder eine bestimmte Frist vereinbart war, die nach der Eröffnung des Verfahrens eintritt oder abläuft. ³Als Finanzleistungen gelten insbesondere
1. die Lieferung von Edelmetallen,
2. die Lieferung von Finanzinstrumenten oder vergleichbaren Rechten, soweit nicht der Erwerb einer Beteiligung an einem Unternehmen zur Herstellung einer dauernden Verbindung beabsichtigt ist,
3. Geldleistungen,
   a) die in ausländischer Währung oder in einer Rechnungseinheit zu erbringen sind oder
   b) deren Höhe unmittelbar oder mittelbar durch den Kurs einer ausländischen Währung oder einer Rechnungseinheit, durch den Zinssatz von Forderungen oder durch den Preis anderer Güter oder Leistungen bestimmt wird,
4. von Nummer 2 nicht ausgeschlossene Lieferungen und Geldleistungen aus derivativen Finanzinstrumenten,
5. Optionen und andere Rechte auf Lieferungen nach Satz 1 oder auf Lieferungen, Geldleistungen, Optionen und Rechte im Sinne der Nummern 1 bis 5,
6. Finanzsicherheiten im Sinne des § 1 Absatz 17 des Kreditwesengesetzes.

⁴Finanzinstrumente im Sinne von Satz 3 Nummer 2 und 4 sind die in Anhang I Abschnitt C der Richtlinie 2014/65/EU des Europäischen Parlaments und des Rates vom 15. Mai 2014 über Märkte für Finanzinstrumente sowie zur Änderung der Richtlinien 2002/92/EG und 2011/61/EU (ABl. L 173 vom 12.6.2014, S. 349; L 74 vom 18.3.2015, S. 38; L 188 vom 13.7.2016, S. 28; L 273 vom 8.10.2016, S. 35), die zuletzt durch die Richtlinie (EU) 2016/1034 (ABl. L 175 vom 30.6.2016, S. 8) geändert worden ist, genannten Instrumente.

(2) ¹Die Forderung wegen Nichterfüllung bestimmt sich nach dem Markt- oder Börsenwert des Geschäfts. ²Als Markt- oder Börsenwert gilt
1. der Markt- oder Börsenpreis für ein Ersatzgeschäft, das unverzüglich, spätestens jedoch am fünften Werktag nach der Eröffnung des Verfahrens abgeschlossen wird, oder
2. falls kein Ersatzgeschäft nach Nummer 1 abgeschlossen wird, der Markt- oder Börsenpreis für ein Ersatzgeschäft, das am zweiten Werktag nach der Verfahrenseröffnung hätte abgeschlossen werden können.

³Sofern das Marktgeschehen den Abschluss eines Ersatzgeschäfts nach Satz 2 Nummer 1 oder 2 nicht zulässt, ist der Markt- und Börsenwert nach Methoden und Verfahren zu bestimmen, die Gewähr für eine angemessene Bewertung des Geschäfts bieten.

(3) ¹Werden Geschäfte nach Absatz 1 durch einen Rahmenvertrag oder das Regelwerk einer zentralen Gegenpartei im Sinne von § 1 Absatz 31 des Kreditwesengesetzes zu einem einheitlichen Vertrag zusammengefasst, der vorsieht, dass die einbezogenen Geschäfte bei Vorliegen bestimmter Gründe nur einheitlich beendet werden können, gilt die Gesamtheit der einbezogenen Geschäfte als ein Geschäft im Sinne des Absatzes 1. ²Dies gilt auch dann, wenn zugleich andere Geschäfte einbezogen werden; für letztere gelten die allgemeinen Bestimmungen.

118 Gibt weder der Insolvenzverwalter eine Erklärung ab noch fordert der Vertragspartner diesen zur Abgabe dieser Erklärung auf, liegt beiderseitige Untätigkeit vor. Der Schwebezustand wird entgegen anderer Auffassung (*Hess* KO, § 17 Rn. 65) dadurch nicht beendet (zu den Konsequenzen bei Selbständigen *Wegener* ZVI 2016, 425). Erst die Anmeldung der Schadenersatzforderung verbunden mit der Nichteintrittserklärung des Verwalters beendet die Ungewissheit und damit den Schwebezustand.

F. Abdingbarkeit

119 Ausführlich dazu die Kommentierung zu § 119. Nach dem Grundgedanken der InsO sind Vereinbarungen unwirksam, welche das Wahlrecht des Insolvenzverwalters ausschließen oder beeinträchtigen. Das Recht des Insolvenzverwalters, über die Erfüllung von Verträgen zu entscheiden, ist eines der zentralen Gestaltungsrechte, um die Masse zu schützen und zu erhöhen. Nach dem Wortlaut des Gesetzes können die Vertragsparteien das Wahlrecht des Verwalters mit vorinsolvenzlichen Vereinbarungen nicht ausschließen. Dieser schlichte Satz findet in der Praxis der Insolvenz nur eingeschränkt Anwendung. Die Rechtsprechung und Literatur zu den sog. Lösungsklauseln wird zunehmend unübersichtlich. Nachdem verschiedene Senate des BGH sich mit dieser Frage befassten, ist eine einheitliche Linie nicht mehr zu erkennen (ausf. *Schwörer* Lösungsklauseln für den Insolvenzfall, S. 85 Rn. 226 und die Kommentierung zu § 119 InsO). So hat der IX. Senat des *BGH* (15.11.2012 ZInsO 2013, 292) **AGB-Lösungsklauseln eines Energieanbieters** die Wirksamkeit versagt, während der für Bausachen zuständige VII. Senat das **in § 8 Abs. 2 Nr. 1 VOB/B** auch für den Fall der Insolvenz festgelegte Kündigungsrecht für wirksam erachtet (zust. *Huber* NZI 2014, 49 ff.; abl. *Schmidt* ZInsO 2016, 2464 mit Übersicht zum Streitstand und grundlegender Kritik). Soweit die Auffassung vertreten wird, § 8 Abs. 2 Nr. 1 VOB/B gebe nur das Kündigungsrecht des BGB wieder (HK-InsO/*Marotzke* § 119 Rn. 7) wird übersehen, dass nach § 649 BGB jederzeit gekündigt werden kann, indes gleichzeitig der Werklohn abzüglich ersparter Aufwendungen gefordert werden kann. Diese Rechtsfolge sieht die VOB selbst nicht vor (dazu *Wegener* ZInsO 2013, 1105 [1107]). Noch nicht entschieden ist die Frage, ob **§ 16 Abs. 1 Nr. 2a VOB/A**, wonach Bieter wegen der Insolvenz ausgeschlossen werden können, gegen § 119 InsO verstößt. Bei **Bau-ARGE-Verträgen** ist eine Regelung, wonach, der insolvente Partner ausscheidet, über §§ 84 InsO, 736 BGB zulässig. Der Gesetzgeber hat ausdrücklich die mittelbare Beeinträchtigung des Verwalterwahlrechts in Kauf genommen. Insofern sind auch Close-Out-Netting-Vereinbarungen wirksam (vgl. § 104 Rdn. 20 ff. zu den Sonderbedingungen für Termingeschäfte). Auch **§ 14 Abs. 1 AVB**, der dem Kreditversicherer ein Kündigungsrecht einräumt, verdrängt § 103 InsO (*BGH* ZIP 2004, 176 [177]). **Lösungsklauseln in Vertriebsverträgen** sollen nach allgemeiner Auffassung in der Literatur ebenfalls nicht gegen das Wahlrecht des Verwalters verstoßen (*Ströbl/Woltmann* ZVertriebsR 2014, 236 [237]; *Eckhoff* NZI 2015, 972; *Meyer/Knaub* ZVertriebsR 2016, 275). Auch die Kündigungsrechte der Banken in **Ziff. 19 AGB-Banken** werden für wirksam erachtet (*Obermüller* ZInsO 2013, 476 ff.). Unwirksam sind weiterhin Vereinbarungen, die den Vertragspartner für den Zeitpunkt nach Insolvenzeröffnung ein Wahlrecht einräumen, um ihm die Möglichkeit zu geben, zunächst mit dem Verwalter über den Fortbestand des Vertrages zu verhandeln (so zutr. *Jäger/Henkel* noch zur KO § 17 Rn. 214).

120 **§ 323 Abs. 4 BGB,** der nach dem Regelungszweck ein vorzeitiges Rücktrittsrecht auch für den offensichtlichen Vermögensverfall des Vertragspartners vorsieht, ist einschränkend auszulegen. Der Rücktritt ist in der Insolvenz vor Entscheidung des Verwalters nicht zulässig, wenn er auf insolvenzspezifische Gründe gestützt wird. Mit der Begründung sonstiger Vertragsstörungen ist er zulässig (*Mosler* ZIP 2002, 1831 [1833 ff.]).

G. Verjährung

121 Der Anspruch aus Abs. 2 verjährt nach den **Fristen** des Hauptleistungsanspruches. Die Verjährungsfristen beginnen mit Verfahrenseröffnung, nicht erst mit Ablehnung der Erfüllung durch den Verwalter (MüKo-InsO/*Huber* § 103 Rn. 195; **a.A.** *Uhlenbruck/D. Wegener* InsO, § 103 Rn. 176; *Kübler/*

113 Die Erfüllungsverweigerung des Insolvenzverwalters bedeutet gleichzeitig, dass dieser nicht aus einem vom Schuldner gegen den Erfüllungsanspruch erlangten Urteil die Zwangsvollstreckung einleiten darf (*BGH* WM 1986, 398; WM 1987, 380).

114 Wählt der Insolvenzverwalter einer OHG die Erfüllungsablehnung, haftet für den dadurch dem Vertragspartner entstehenden Schadensersatzanspruch wegen Nichterfüllung auch **der ausgeschiedene Gesellschafter** gem. §§ 129, 159 HGB, sofern er für den Erfüllungsanspruch ebenfalls hätte einstehen müssen (BGHZ 48, 203 = NJW 1967, 2203, *Kilger/Karsten Schmidt* KO, § 17 4c). Die Haftung des ausgeschiedenen Gesellschafters greift auch, wenn ein Gesellschafter allein das Unternehmen übernommen hat, und bei dessen Insolvenz der Insolvenzverwalter die Erfüllung eines gegenseitigen Vertrages ablehnt (BGHZ 48, 203 = NJW 1967, 2203; vgl. aber auch *Jaeger/Henckel* KO, § 17 Rn. 200, der dem Vertragspartner gegenüber dem ausgeschiedenen Gesellschafter den Erfüllungsanspruch gewährt, wenn dieser nicht an der Insolvenz teilnehmen will).

115 Der Anspruch des Vertragsgegners ist bei Erfüllungsablehnung grds. Schadensersatz wegen Nichterfüllung. Dementsprechend ist der Vertragspartner so zu stellen, wie er bei ordnungsgemäßer Erfüllung des Vertrages durch den Schuldner bzw. den Insolvenzverwalter stünde .In das Abrechnungsverhältnis sind sämtliche Ansprüche der Vertragspartner einzustellen. Strittig ist die Berechnung des Schadens des Vertragspartners. Nach zutreffender Auffassung kann der Vertragspartner den entgangenen Gewinn nicht fordern. Diese zusätzliche Position würde ihn gegenüber den anderen Gläubigern unangemessen bevorzugen. Für diese Begrenzung spricht auch die Gesetzgebungsgeschichte. § 111 Abs. 1 RefE, der ausdrücklich den Schadensersatz wegen Nichterfüllung nannte, ist nicht Gesetz geworden (HK-InsO/*Marotzke* § 103 Rn. 48; *Kübler/Prütting/Bork-Tintelnot* InsO, § 103 Rn. 98; *Uhlenbruck/Wegner* InsO, § 103 Rn. 173; *Dahl* in: Runkel AHB-Insolvenzrecht, Sonderdruck 2005, § 7 Rn. 56; **a.A.** MüKo-InsO/*Huber* § 103 Rn. 190; HambK-InsO/*Ahrendt* § 103 Rn. 41; Jäger/Henckel/Gerhardt/*Jacoby* InsO, § 103 Rn. 243).

116 Ob der Vertragsgegner mit den ihm wegen der insolvenzbedingten vorzeitigen Beendigung des Vertrages zustehenden **Schadenersatzansprüchen** gegenüber Forderungen aus dem Zeitraum vor Verfahrenseröffnung **aufrechnen kann**, ist strittig. Unter der KO hatte der BGH entschieden, dass der Schadensersatzanspruch wegen der Möglichkeit der insolvenzbedingten Beendigung von Verträgen mit der Verfahrenseröffnung aufschiebend bedingt entstanden ist (BGHZ 15, 333 [336]; bestätigt in BGHZ 68, 379 [382]; *Gottwald/Huber* HdbInsR, 4. Aufl., § 35 Rn. 36; *Henckel* in: *Jaeger/Henckel* KO, § 17 Rn. 202 lässt mit anderer Begründung die Aufrechnung zu). Unter der InsO greift diese Argumentation nicht. § 103 Abs. 2 Satz 1 InsO qualifiziert den Schadensersatzanspruch als Insolvenzforderung. Gegen eine Aufrechnung spricht auch § 95 Abs. 1 Satz 3 InsO, wonach die Aufrechnung ausgeschlossen ist, wenn die Gegenforderung unbedingt und fällig wird, bevor die Aufrechnung erfolgen kann (MüKo-InsO/*Kreft* § 103 Rn. 23 ausführlich zum Streitstand; Jaeger/Henckel/Gerhardt/*Jacoby* InsO, § 103, Rn. 23; **a.A.** *Kübler/Prütting/Bork-Tintelnot* InsO, § 103 Rn. 102). Der BGH hat diese Frage nach wie vor offen gelassen. Aufrechnen kann der Vertragspartner gegenüber Ansprüchen des Verwalters aus der Rückabwicklung des Kaufvertrages, wenn der Verkäufer aussondert (*BGH* ZIP 2013, 527 Rn. 12, m. Anm. *Tintelnot* EWIR 2013, 351).

E. Nichtausübung des Wahlrechts

117 Gem. § 103 Abs. 2 Satz 2 InsO besteht bis zur Erklärung des Insolvenzverwalters ein Schwebezustand. In dieser Zeit bleibt der Vertragspartner im Ungewissen, ob es zur Vertragserfüllung kommt oder nicht. Um diese Unsicherheit für den Vertragspartner zu beenden, räumt ihm das Gesetz die Möglichkeit ein, den Insolvenzverwalter aufzufordern, ihm das Ergebnis seiner Wahl mitzuteilen (§ 103 Abs. 2 Satz 2 InsO). Daraufhin hat sich der Insolvenzverwalter unverzüglich zu äußern. »Unverzüglich« bedeutet dabei »ohne schuldhaftes Zögern« i.S.v. § 121 BGB (zur Frist bei der Unternehmensfortführung s. Rdn. 89). Gibt der Insolvenzverwalter trotz Aufforderung keine Erklärung ab, ist sein Schweigen als Erfüllungsablehnung zu werten.

§ 103 InsO   Wahlrecht des Insolvenzverwalters

Bei Erfüllungsablehnung kann der Verwalter Teilleistungen nur dann vom Auftraggeber zurückfordern, wenn der Wert dieser Leistungen des Gemeinschuldners den Schaden des Vertragspartners aus der Erfüllungsverweigerung übersteigt (BGHZ 68, 379). Hat der Verwalter die Mietsache nicht in Besitz genommen, ist der Herausgabeanspruch keine Masseschuld (*BGH* ZIP 2007, 340 [342]). Denn mit der Erfüllungsverweigerung erlöschen sämtliche vertraglichen Verpflichtungen.

109 Noch nicht geklärt ist, ob dem Vermieter für den Zeitraum von der Verfahrenseröffnung an bis zur Ablehnungserklärung die Mietzinsen als Masseforderung zustehen. Teilweise wird die Auffassung vertreten, bis zur Erklärung über die Erfüllungsablehnung seien die Mietzinsen Insolvenzforderung, teilweise sollen die Mietzinsen lediglich im Rahmen der Bereicherung gefordert werden können (Übersicht über den Meinungsstand *Wortberg* ZInsO 2006, 1256 [1257 f.]). Für eine solche Einschränkung der Vermieterrechte ergibt sich aus der InsO kein Anhaltspunkt. Vielmehr ergibt sich aus § 55 Abs. 2 InsO der Grundsatz, dass bei Nutzungen der Mietsache das Entgelt aus der Masse zu entrichten ist (vgl. *Eckert* ZIP 1996, 897 [904]; *Wortberg* ZInsO 2006, 1256 [1258]). Für die hier vertretene Auffassung spricht auch die Suspensivtheorie des BGH, nach der die vertraglichen Ansprüche mit Verfahrenseröffnung nicht erlöschen (s. Rdn. 3). Die vertraglichen Ansprüche bestehen bis zu Beendigung fort. In jedem Fall sind die Mietzinsen Masseschulden, wenn der Verwalter die Mietsache im Besitz hat (*BGH* ZIP 2007, 778 Rn. 21).

110 Die Erfüllungsablehnung eines **Lizenzvertrages** hat allerdings in analoger Anwendung des § 9 VerlG das Erlöschen der Lizenz zur Folge (*LG Mannheim* ZIP 2004, 576 [578]; str. **a.A.** *Wallner* NZI 2002, 70 [74]; *Abel* NZI 2003, 121 [126]).

111 **Teilleistungen** des Schuldners vor der Insolvenz kann der Verwalter nicht zur Masse fordern. Nach Aufgabe der Erlöschenstheorie verliert der Vertrag mit Verfahrenseröffnung nur die Durchsetzbarkeit. Auch die ausdrückliche Erfüllungsablehnung durch den Verwalter bewirkt keine Beendigung des Vertrages (*BGH* ZIP 2003, 1208 [1211]; s. Rdn. 3). Der Vertrag ist deshalb auch nicht nach Bereicherungsgrundsätzen abzuwickeln (*BGH* ZIP 2007, 1164 [1165]; *Uhlenbruck/D. Wegener* InsO, § 103 Rn. 186). Wenn der Vertragspartner seinen Anspruch aus § 103 Abs. 2 InsO zur Tabelle anmeldet, entsteht ein Abrechnungsverhältnis, in das die einzelnen Positionen einzustellen sind; die dogmatischen Grundlagen sind bisher nicht geklärt (s. Rdn. 2; MüKo-InsO/*Huber* § 103 Rn. 184; *Uhlenbruck/D. Wegener* InsO, § 103 Rn. 187; *Gottwald/Huber* InsRHdb, § 35 Rn. 40; Jaeger/Henckel/Gerhardt/*Jacoby* InsO, § 103 Rn. 141 f.). Ob ein Anspruch des Verwalters nach dem Grundsatz des § 326 Abs. 4 BGB entsteht, wenn das Interesse für die Durchführung des Vertrages entfallen ist, hat die Rspr. bisher offen gelassen (*BGH* ZIP 2003, 1208 [1211]; bejahend *Uhlenbruck/D. Wegener* InsO, § 103 Rn. 186; *Kübler/Prütting/Bork-Tintelnot* InsO, § 103 Rn. 95; einschränkend MüKo-InsO/*Kreft* § 103 Rn. 34). Der BGH will für den Ausnahmefall, dass die von der Gegenseite erbrachten Teilleistungen unbrauchbar sind, dem Verwalter einen Rückzahlungsanspruch zubilligen (*BGH* BGHZ 155, 97 [96]; best. ZIP 2013, 527 Rn. 9; MüKo-InsO/*Kreft* § 103 Rn. 34). Dieser Rückzahlungsanspruch setzt zudem voraus, dass die Leistung des Vertragspartners teilbar war (*Uhlenbruck/D. Wegener* § 103 Rn. 186).

112 Die **Kündigung des Bauvertrages** durch den Insolvenzverwalter ist gleichzusetzen mit der Erfüllungsablehnung, so dass der Vertragsgegner des Schuldners einen Anspruch nach § 103 Abs. 2 InsO erhält (*BGH* NJW 1977, 1345; WM 1982, 188; WM 1984, 231; WM 1984, 265 f.). § 103 InsO erfasst ebenfalls die aus einem Bauträgervertrag neben der Übereignungsverpflichtung enthaltene Pflicht, den Erschließungsbeitrag zu übernehmen. Dies gilt unabhängig davon, ob die Übereignungsverpflichtung gem. § 106 InsO dem Wahlrecht entzogen ist bzw. das Entgelt für das Grundstück gesondert ausgewiesen ist. Ist jedoch der Erschließungsbeitrag bereits übernommen, findet das Wahlrecht keine Anwendung mehr. Dabei kommt es nicht darauf an, ob die anderen Pflichten aus dem Vertrag erfüllt sind. Verlangt der Insolvenzverwalter nach der Übernahme den Erschließungsbeitrag von der Gemeinde zurück, ist darin eine nachvertragliche Pflichtverletzung zu sehen, so dass dafür die Insolvenzmasse gem. § 55 Abs. 1 Satz 1 InsO haftet (*OLG Karlsruhe* ZIP 1985, 1404).

eingetreten, gehört der Versicherungsanspruch bzw. die Anwartschaft nicht zur Insolvenzmasse. Der Bezugsberechtigte kann sein Anwartschaftsrecht ohne Weiteres aussondern (s. *Imberger* § 50 Rdn. 39 ff.; *Kayser* ZInsO 2004, 1321 [1323]; *Westhelle/Micksch* ZIP 2003, 2054 [2056]). Beim Tod des Versicherungsnehmers fällt der Anspruch auf die Versicherungssumme in das Vermögen des begünstigten Dritten und nicht in die Nachlassinsolvenzmasse (BGHZ 13, 232; BGHZ 32, 47; zur Auslegung der bezugsberechtigten Person § 160 VVG). Sind die Ansprüche aus der Versicherung für den Todesfall abgetreten, kann die interessengerechte Auslegung der Zession zu dem Ergebnis führen, dass der durch die Kündigung entstehende Anspruch auf den Rückkaufswert in die Masse fällt (*BGH* ZIP 2012, 638 [639]; *LG Hamburg* ZInsO 2011, 303 [304]). Für den Fall, dass der Lebensversicherungsvertrag zugunsten der im Unternehmen des Schuldners tätigen Arbeitnehmer zum Zwecke der betrieblichen Altersversorgung abgeschlossen worden ist, gilt das gleiche (*BAG* NJW 1991, 717; *OLG München* ZIP 1991, 1505).

Hatte der Arbeitnehmer im Rahmen einer **Gehaltsumwandlung** die Direktversicherung selbst finanziert, fällt das Guthaben ebenfalls nicht in die Masse, wenn dem Arbeitnehmer ein unwiderrufliches Bezugsrecht eingeräumt wurde. Dem Arbeitnehmer steht ein Aussonderungsrecht zu (*OLG Düsseldorf* NJW-RR 1992, 798). Voraussetzung ist, dass die Unwiderruflichkeit im Versicherungsvertrag vereinbart wurde; eine Vereinbarung im Arbeitsvertrag begründet keine Aussonderungsansprüche. Das BAG und der BGH haben dieses Abstraktionsprinzip mehrfach bestätigt (*BGH* NJW 2002, 3253 [3255]; *BAG* ZIP 1991, 1205; 1995, 2012 u. 1996, 965; *Imberger* § 47 Rdn. 42; *Janca* ZInsO 2003, 449 [453]). Ist die Unwiderruflichkeit nur im Arbeitsvertrag vereinbart worden, begründet auch die Prämienzahlung mit Lohn- oder Gehaltsbestandteilen kein Aussonderungsrecht (*Kayser* ZInsO 2004, 3121 [1323]; *Janca* ZInsO 2003, 453). Ist das Bezugsrecht widerruflich vereinbart oder der Arbeitnehmer hat noch keine unwiderrufliche Anwartschaft erworben, besteht auch bei der Gehaltsumwandlung kein Aussonderungsrecht des Arbeitnehmers (*BGH* NJW 2002, 3253 [3254]; *OLG Karlsruhe* ZIP 2007, 286 [289]; s. *Imberger* § 47 Rdn. 40). **105**

2. Erfüllungsablehnung

Die Ablehnung der Erfüllung durch den Verwalter hat nur deklaratorische Bedeutung. Die rechtsgestaltende Wirkung der Nichtdurchsetzbarkeit der beiderseitigen Ansprüche ist bereits mit Verfahrenseröffnung eingetreten (s. nur MüKo-InsO/*Kreft* § 103 Rn. 14 ff.). Der Vertragsgegner hat mit der ausdrücklichen Erklärung des Verwalters Gewissheit, dass der Vertrag nicht erfüllt wird. Er muss sich entscheiden, ob er sich mit dem ihm aus Abs. 2 zustehenden Anspruch am Verfahren beteiligt oder abwartet und nach Beendigung des Verfahrens vom Schuldner Erfüllung fordert (MüKo-InsO/*Huber* § 103 Rn. 176; zu der Problematik bei der Selbständigkeit natürlicher Schuldner *Wegener* ZVI 2016, 425). Mit der Erfüllungsverweigerung werden die beiderseitigen Ansprüche in ein Abrechnungsverhältnis eingestellt. Die dogmatischen Grundlagen sind auch nach der neueren Rechtsprechung noch nicht geklärt (s. Rdn. 3; *Uhlenbruck/D. Wegener* InsO, § 103 Rn. 166; *Graf/Wunsch* ZIP 2002, 2117 [2121]). Im Einzelnen gilt Folgendes: **106**

Wählt der Vertragsgegner die Aussonderung des in seinem Eigentum verbliebenen Kaufgegenstandes, kann der Verwalter die Zahlung des Schuldners zur Masse fordern (*BGH* ZIP 2013, 527 Rn. 10; MüKo-InsO/*Ganter* § 103 Rn. 76); der Vertragspartner kann aber mit seinem Schadenersatzanspruch aufrechnen (*BGH* ZIP 2013, 527 Rn. 12; s.a. Rdn. 74). **107**

Bei der Ablehnung der Erfüllung eines **Mietverhältnisses** über eine bewegliche Sache, erhält der Vermieter grds. einen Anspruch wegen Nichterfüllung und wird Insolvenzgläubiger. Der Verwalter ist verpflichtet, die Mietsache zurückzugeben. Hat er sie mit Verfahrenseröffnung in Besitz genommen, ist er bei Erfüllungsablehnung von diesem Zeitpunkt an zur Herausgabe verpflichtet (*BGH* ZIP 2007, 778 [779]). Gibt er die Mietsache nicht unverzüglich zurück, hat der Vermieter gem. § 55 Abs. 1 Nr. 3 InsO einen Anspruch gegen die Masse wegen ungerechtfertigter Bereicherung durch Nutzung der Mietsache (*Obermüller/Livonius* DB 1995, 27 [28]; *Eckert* ZIP 1983, 770). Kosten, die dem Vermieter durch die Rückholung des Mietgegenstandes entstehen, sind demgegenüber nur Insolvenzforderungen (BGHZ 72, 261 [263]; bestätigt durch *BGH* ZIP 2001, 1469 [1471]). **108**

§ 103 InsO Wahlrecht des Insolvenzverwalters

101 Bei Ablehnung der Erfüllung steht dem Vertragsgegner ein Anspruch nach § 103 Abs. 2 Satz 1 InsO zu, der Insolvenzforderung ist (zur Rechtsgrundlage s. Rdn. 2). Der Auftraggeber hat die Möglichkeit, sich innerhalb des entstandenen Abrechnungsverhältnisses unabhängig von den allgemeinen Verjährungsfristen des Gewährleistungsrechts auf Mängel an Teilleistungen zu berufen (*BGH* NJW 1977, 1345; WM 1986, 398).

b) **Gegenrechte**

102 **Die Aufrechnung** des Vertragsgegners ist nach der neueren Rechtsprechung des BGH nur mit Ansprüchen, die vor Verfahrenseröffnung entstanden sind und gegenüber Forderungen des Schuldners vor Verfahrenseröffnung zulässig (*BGH* ZIP 2001, 2055 [2056]; BGHZ 147, 28 [32]; BGHZ 143, 332 [336 f.]; BGHZ 130, 76 [80]; *Uhlenbruck/D. Wegener* InsO, § 103 Rn. 152 zur Entwicklung der Rechtsprechung; *Dahl* in: Runkel AHB-Insolvenzrecht, Sonderdruck 2005, § 7 Rn. 50; *Kübler/ Prütting/Bork-Tintelnot* InsO, § 103 Rn. 84). Gegenüber Masseansprüchen ist die Aufrechnung unzulässig; entscheidend ist das Entstehen der Forderung. Der BGH und ihm folgend die Literatur verwenden dabei den Begriff der **originären Masseforderung** zur Abgrenzung von den Forderungen der Masse, die vor der Verfahrenseröffnung entstanden sind. Der Begriff geht auf *Kreft* (MüKo-InsO 1. Aufl., § 103 Rn. 41) zurück und wird vom BGH seit der Absage an die Erlöschenstheorie (BGHZ 150, 353 ff.) ständig verwendet (ZIP 2005, 2267 zu Erbbauzinsen; *Uhlenbruck/D. Wegener* InsO, § 103 Rn. 133). Die dogmatischen Grundlagen dieses Aufrechnungsverbotes lässt der BGH offen (zum Streitstand Jaeger/Henckel/Gerhardt/*Jacoby* InsO, § 103 Rn. 371 ff.). Bei dieser Problematik wird die besondere Bedeutung der teilbaren Leistung und der Rechtsprechung des BGH zu § 105 InsO deutlich. Denn bei einer unteilbaren Leistung übernimmt der Verwalter mit der Erfüllungswahl den gesamten Vertrag einschließlich bereits entstandener Gegenansprüche. Er muss dann die Aufrechnung mit vor der Insolvenz entstandenen Forderungen gelten lassen.

103 **Abtretungen und Verpfändungen** des Schuldners können ebenfalls nur Rechte an Forderungen begründen, die vor der Insolvenz entstanden sind (BGHZ 150, 353 [359 f.]; *BGH* ZIP 2002, 1093 [1095]; *Uhlenbruck/D. Wegener* InsO, § 103 Rn. 149; MüKo-InsO/*Kreft/Huber* § 103 Rn. 51). Gegenüber den mit der Erfüllungswahl des Verwalters entstehenden originären Masseforderungen entstehen keine Drittrechte (zu den dogmatischen Streitigkeiten Jaeger/Henckel/Gerhardt/*Jacoby* InsO, § 103 Rn. 351 ff.). Auch diese Rechtsfolge ist konsequente Anwendung des § 105 InsO. An den Forderungen der Masse können schon nach § 91 InsO keine Rechte begründet werden. Eine Ausnahme zu diesem Grundsatz bildete der bis zum 30.06.2014 geltende § 114 InsO. Eine besondere Konstellation ist das Auffüllen einer abgetretenen Forderung durch den (vorläufigen) Insolvenzverwalter. Diese Sachverhalte sind über die Anfechtung zu lösen (*BGH* ZIP 2008, 1435 ff.). In der Praxis vermeidet der vorläufige Verwalter etwaige Diskussionen durch eine Vereinbarung mit dem Zessionar.

c) **Lebensversicherungen**

104 Die vorgenannten Grundsätze gelten auch für **Lebensversicherungsverträge**, die keine oder widerrufliche Bezugsberechtigungen eines Dritten vorsehen und das Bezugsrecht des Versicherten noch widruflich ist. Der Verwalter kann die Versicherung kündigen und die Bezugsberechtigung widerrufen (*BGH* ZIP 2005, 909). Nach Aufgabe der Erlöschenstheorie des BGH (s. Rdn. 3) fällt der Rückkaufswert (zur Berechnung *Prölls/Martin* VVG, 28. Aufl., § 169 Rn. 30 ff.) erst in die Masse, wenn der Verwalter den Vertrag kündigt (*BGH* 01.12.2011 NZI 2012, 76 Rn. 17 f.; MüKo-InsO/ *Huber* § 103 Rn. 118). Ob die Erfüllungsverweigerung auch als Kündigung ausgelegt werden kann, ist streitig (MüKo-InsO/*Huber* § 103 Rn. 118; *Uhlenbruck/D. Wegener* InsO, § 103 Rn. 44; *Kayser* ZInsO 2004, 1321 [1322]: ja; *Güther/Koly* ZIP 2006, 1229 [1234 f.]: nein; von *BGH* NJW 2005, 2231 [2232]: offen gelassen). Der Praxis kann nur die ausdrückliche Kündigung empfohlen werden. Der Verwalter hat auch die Möglichkeit, Erfüllung zu wählen und die Versicherung zu verkaufen (*Janca* ZInsO 2003, 449). Diese Art der Verwertung kann zu höheren Erlösen als der Rückkaufswert führen. Liegt eine unwiderrufliche Bezugsberechtigung vor und ist der Versicherungsfall noch nicht

InsO/*Hefermehl* § 55 Rn. 121). Einschränkung findet dieser Grundsatz nur durch § 105 InsO. Wenn die Leistung teilbar ist, schuldet die Masse Gewährleistung nur für den geleisteten Teil (*Uhlenbruck/D. Wegener* InsO, § 103 Rn. 244; *Kübler/Prütting/Bork-Pape* InsO, § 55 Rn. 44; HK-InsO/ *Marotzke* § 103 Rn. 105; HambK-InsO/*Ahrendt* § 103 Rn. 32; ausf. für den Werkvertrag *Huber* ZInsO 2005, 449 [451]; a.A. *Hess* § 103 Rn. 152). Beim Kaufvertrag wird in der Praxis nur selten eine teilbare Leistung vorliegen (s. § 105 Rdn. 13). In diesen Fällen bleibt dem Verwalter nur die eingeschränkte Erfüllungswahl (s. Rdn. 88).

Die Rechte des Vertragsgegners des Schuldners werden durch das Wahlrecht des Insolvenzverwalters 95 nicht geschmälert. Durch die Erfüllungswahl bleibt der Vertrag in dem Umfang bestehen, wie er zwischen den ursprünglichen Vertragspartnern vereinbart worden war (*BGHZ* 106, 236 [241]). Es kommt zum Austausch von Leistung und Gegenleistung.

Wenn der Insolvenzverwalter Erfüllung gem. § 103 InsO wählt, kommt der Erlös der Masse zugute. 96 Dies gilt auch, wenn die – **noch nicht vollständig erfüllte** – Forderung vor Eröffnung des Verfahrens abgetreten worden war (ausf. zur dogmatischen Begründung: Jaeger/Henckel/Gerhardt/*Jacoby* InsO, § 103 Rn. 346 ff.). Mit dem Erfüllungsverlangen des Verwalters entsteht die Forderung als originäre Masseverbindlichkeit neu (*BGH* ZIP 2002, 1093; ZIP 2008, 372 [374]; ZIP 2006, 859 [860]). Die jetzt entstandene Forderung der Masse kann der Zessionar nicht mehr erwerben (zur dogmatischen Begründung MüKo-InsO/*Kreft* § 103 Rn. 42; *Uhlenbruck/D. Wegener* InsO, § 103 Rn. 149).

Wählt der Verwalter die **Erfüllung des Mietvertrages**, ist er zur Entrichtung der vor Verfahrenseröff- 97 nung aufgelaufenen rückständigen Mietzinsraten nicht verpflichtet. Es ist kein Anhaltspunkt ersichtlich, dass allein Mietverträge als Dauerschuldverhältnisse nicht dem Grundsatz des § 105 InsO unterfallen sollten (HK-InsO/*Marotzke* § 105 Rn. 12; *Tintelnot* ZIP 1995, 616 [620]; **a.A.** *Obermüller/Livonius* DB 1995, 27 f.).

Verzugsfolgen oder Vertragsstrafen, die vor Verfahrenseröffnung eingetreten sind, sollen mit der Er- 98 füllungswahl keine Masseschuld werden, da hierfür Verschulden des Verwalters erforderlich sei (*Kübler/Prütting/Bork-Tintelnot* InsO, § 103 Rn. 76; *Uhlenbruck/D. Wegener* InsO, § 103 Rn. 143; **a.A.** *Graf/Wunsch* ZIP 2002, 2117 [2121]). Nach zutreffender Auffassung ist zu differenzieren: Ist der Verzugsschaden vor Verfahrenseröffnung eingetreten oder die Vertragsstrafe verwirkt, können diese Forderungen nicht Masseschuld werden, anderenfalls würden die Vertragspartner gegenüber den weiteren Gläubigern bevorzugt (so ausf. *Kübler/Prütting/Bork-Tintelnot* InsO, § 103 Rn. 76; *Dahl* in: Runkel AHB-Insolvenzrecht, Sonderdruck 2005, § 7 Rn. 49; KS-InsO/*Pape* 2. Aufl., S. 531, 555; HambK-InsO/*Ahrendt* § 103 Rn. 30). Ist Verzug noch nicht eingetreten, die Vertragsstrafe noch nicht verwirkt, müssen die Fristen gegenüber dem Verwalter angemessen verlängert werden (*Nerlich/Römermann-Balthasar* InsO, § 103 Rn. 52; *Dahl* in: Runkel AHB-Insolvenzrecht, Sonderdruck 2005, § 7 Rn. 49; **a.A.** Jaeger/Henckel/Gerhardt/*Jacoby* InsO, § 103 Rn. 332, der eine erneute Fristsetzung verlangt). Schadenersatzansprüche werden nur Masseschulden, wenn sie der Verwalter zu vertreten hat (MüKo-InsO/*Huber* § 103 Rn. 164).

Kommt es zur Verwertung von beweglichen Gegenständen durch den Insolvenzverwalter gem. 99 § 166 InsO, ist in jedem Einzelfall zu prüfen, ob diese **Verwertung eine Erfüllungswahl** ist (s. Rdn. 85). Der Verwalter hat bei der Verwertung von Vorbehaltsware, die unter verlängerten oder erweiterten Eigentumsvorbehalt geliefert wurde, den Nettoerlös abzüglich der Masseanteile gem. §§ 170, 171 InsO an Vorbehaltsgläubiger herauszugeben. Der einfache Eigentumsvorbehalt begründet Aussonderungsansprüche des Gläubigers: § 166 ff. InsO greifen nicht, so dass der gesamte Bruttoerlös herausgegeben werden muss (s. §§ 170, 171 Rdn. 3).

Trotz Erfüllungsverlangens des Insolvenzverwalters kann der Auftragnehmer bei vertraglicher Ein- 100 beziehung der VOB den Vertrag gem. **§ 8 Nr. 2 VOB/B kündigen**. Mit seiner ausführlichen Entscheidung v. 07.04.2016 (ZIP 2016, 981) hat der VII. Senat des *BGH* die vorher intensiv diskutierte Frage des Verstoßes gegen §§ 103, 119 InsO zugunsten des VOB-Kündigungsrechts entschieden (abl. m. ausf. Darstellung des Streitstandes *Schmidt* ZInsO 2016, 2464 ff.; s.a. Rdn. 119).

ZInsO 2011, 201 [203]). Diese Unbilligkeit ist durch die Entscheidung des BGH zur insolvenzbedingten Kündigung des Bauvertrages (s. Rdn. 11) beseitigt.

90 Bei **Mietverträgen über bewegliche Gegenstände** wird im Zusammenhang mit der Unternehmensfortführung die analoge Anwendung des § 107 Abs. 2 InsO diskutiert. Eine Entscheidung über das Wahlrecht soll vom Verwalter auch bei gemieteten Gegenständen, die für die Fortführung benötigt werden, erst nach dem Berichtstermin gefordert werden (*Wilmowsky* ZInsO 2007, 731 [733]; HK-InsO/*Marotzke* § 107 Rn. 37–39; HambK-InsO/*Ahrendt* § 103 Rn. 26 für eine grundsätzliche Analogie; in diesem Sinn auch *Kögel* Die Rechtsfolgen, S. 53; *Dahl* AHB-Insolvenzrecht, § 7 Rn. 43). Zuzustimmen ist dieser Auffassung darin, dass für den Verwalter die Interessenlage nahezu identisch ist. Beim Kauf unter Eigentumsvorbehalt hat der Schuldner indes schon Anwartschaftsrechte erworben, während die Eigentumszuordnung beim Mietvertrag zugunsten des Vermieters uneingeschränkt fortbesteht. Eine weitere Einschränkung dieses Eigentums ist verfassungsrechtlich nicht mehr hinnehmbar. Ohnehin wird der Vermieter nach der Neufassung des § 21 Abs. 2 Nr. 5 InsO schon im Eröffnungsverfahren erheblich in seinen Rechten beschränkt. Wenn der Verwalter die Mietsache für die Fortführung des Unternehmens benötigt, muss er für den Ausgleich der Mietzinsen Sorge tragen. Der Schutz des § 112 InsO ist ausreichend. Der besondere Schutz des Mietvertrages in der Insolvenz zeigt, dass eine die Analogie rechtfertigende Lücke nicht vorliegt. Die Praxis löst diese Problematik bei der Unternehmensfortführung durch eine angemessene Verlängerung der Überlegungsfrist (*OLG Köln* ZInsO 2003, 336). Mithin ist eine für die Analogie benötigte Regelungslücke nicht ersichtlich.

91 Der Insolvenzverwalter ist bei seiner Ausübung des Wahlrechts nach § 103 InsO nicht an den Grundsatz von Treu und Glauben gebunden (HK-InsO/*Marotzke* § 103 Rn. 146 ff.; HambK-InsO/*Ahrendt* § 103 Rn. 17; **a.A.** *Obermüller* Insolvenzrecht in der Bankpraxis, 8. Aufl., Rn. 5.773 zum Avalkredit). Der Verwalter hat sich ausschließlich zum Wohle der Insolvenzmasse zu entscheiden. Auch wenn der Vertragspartner des Schuldners nahezu vollständig erfüllt oder Vorleistungen erbracht hatte, darf der Verwalter nicht aus **Billigkeitserwägungen** Vertragserfüllung wählen (*BGH* ZInsO 2003, 1138 [1139 f.]). Der Verwalter muss allerdings, will er seine Haftung aus § 60 f. InsO vermeiden, sämtliche erkennbaren Umstände berücksichtigen. Sofern er Vertragserfüllung wählt, muss er den Vertrag erfüllen können. Die Zustimmung des Gläubigerausschusses ist nur unter den Voraussetzungen des § 160 InsO notwendig; im Außenverhältnis entfaltet sie keine Wirkung (§ 164 InsO).

92 Bei Erfüllungsablehnung durch den Insolvenzverwalter liegt auch dann kein Verstoß gegen Treu und Glauben vor, wenn der Vertragspartner schon seit mehreren Jahren auf die Endgültigkeit des Vertrages vertraut hat. Hatte der Schuldner bereits Leistungen erbracht, können diese vom Verwalter nur in der Höhe zurückgefordert werden, in der sie den Schaden des Vertragspartners aus der Erfüllungsverweigerung übertreffen (*BGH* WM 1988, 1576).

III. Rechtsfolgen

1. Erfüllung

a) Grundsatz

93 Hat sich der Insolvenzverwalter für die Erfüllung des Vertrages entschieden, muss er von beiden Vertragspartnern erfüllt werden. Im Falle einer Vorleistung gilt das in Rdn. 3 Gesagte. Dabei tritt der Insolvenzverwalter in die Rechte und Pflichten des Schuldners ein. Inhalt und Umfang des Schuldverhältnisses ergeben sich aus dem im Zeitpunkt der Eröffnung des Insolvenzverfahrens bestehenden Vertrags (*BGH* ZInsO 2006, 933 [935]).

94 Da der Insolvenzverwalter durch die Erfüllungswahl direkt an die Stelle des Schuldners tritt, bleiben für ihn die Vorschriften der §§ 320 ff. BGB anwendbar. Er ist vorleistungspflichtig, wenn der Schuldner dies war (*Uhlenbruck/D. Wegener* InsO, § 103 Rn. 136). Beim Kaufvertrag werden Gewährleistungsansprüche des Vertragspartners über § 55 Abs. 1 Nr. 2 Masseschulden (MüKo-

gen, wenn lediglich Vorbehaltsware veräußert wird. Der Schutz des Vertragspartners wird in diesen Fällen über die §§ 989, 990 BGB i.V.m. § 55 Abs. 1 Nr. 1 InsO, 816 Abs. 1 Satz 1 BGB i.V.m. § 55 Abs. 1 Nr. 3 InsO sichergestellt. In der Bauträgerinsolvenz ist die Abtretung von Gewährleistungsansprüchen an den Erwerber keine Erfüllungswahl. Der Verwalter macht mit der Zession deutlich, dass er in die Vertragspflichten nicht eintritt. Er begibt sich der Pflicht des Schuldners, Gewährleistungsrechte selbst geltend zu machen (a.A. *Feuerborn* ZIP 1994, 14 [17]). Anders, wenn der Verwalter für die Abtretung Restwerklohn einzieht. Dann tritt er in den Vertrag ein. Diese Konstellation ist für den Verwalter dann gefährlich, wenn das Bauvorhaben noch nicht abgeschlossen ist. Die neuere Rechtsprechung tendiert dazu, eine konkludente Erfüllungswahl nur in Ausnahmefällen anzunehmen. So soll bei bekannten Minderungsansprüchen des Vertragspartners aus einem Kaufvertrag die Aufforderung der Zahlung noch keine konkludente Erfüllungswahl sein (*OLG Stuttgart* ZIP 2005, 588 [589]). **Nutzungen durch den vorläufigen Verwalter** sind keine Erfüllungswahl (*OLG Düsseldorf* ZInsO 2005, 820 [822]).

Der Insolvenzverwalter kann seine Erklärung nicht **widerrufen** (*Uhlenbruck/D. Wegener* InsO, § 103 Rn. 125). Nach wohl übereinstimmender Auffassung kann er seine Erklärung aufgrund eines Irrtums oder eines Willensmangels gem. §§ 119 ff., 142 ff. BGB **anfechten** (*Adam* DZWIR 2000, 89 [91]; MüKo-InsO/*Huber* § 103 Rn. 206; *Uhlenbruck/D. Wegener* InsO, § 103 Rn. 125). Die Anfechtung ist nach allgemeinen Grundsätzen ausgeschlossen, wenn der Insolvenzverwalter die Erfüllung in bewusster Unkenntnis der Sachlage gewählt hat (RGZ 62, 201). Gleichfalls ist eine Anfechtung nach allgemeinen Regeln ausgeschlossen, wenn sich der Insolvenzverwalter über Rechtsfolgen irrt, die kraft Gesetzes an seine Erklärung geknüpft sind (MüKo-InsO/*Huber* § 103 Rn. 206). Ein Irrtum über den Umfang der vorinsolvenzlich erbrachten Leistungen ist ein reiner Motivirrtum (*Heidland* ZInsO 2011, 201 [203]). 87

Der Insolvenzverwalter kann mit dem Wahlrecht nur über die Erfüllung oder Nichtabwicklung des ursprünglichen Vertrages entscheiden. Verlangt er Erfüllung unter veränderten Bedingungen, so liegt darin nach dem Rechtsgedanken des § 150 Abs. 2 BGB eine Erfüllungsablehnung verbunden mit einem neuen Vertragsangebot (*BGH* ZIP 2007, 1736 [1738]; *Uhlenbruck/D. Wegener* InsO, § 103 Rn. 123; MüKo-InsO/*Huber* § 103 Rn. 161). Diese Konstellation liegt regelmäßig bei **Fortführungsvereinbarungen** vor (*Schaaf/Mushardt* BB 2013, 2056, 2059 ff.). Eine **eingeschränkte Erfüllungswahl** gibt es nicht. Der Verwalter kann auf diesem Wege das Risiko der Gewährleistung reduzieren, wenn er der Durchführung des Kaufvertrages mit der Einschränkung zustimmt, für die Mängel nicht eintreten zu wollen. Stimmt der Vertragspartner zu, kommt ein neuer Vertrag zustande (BGHZ 103, 250 [253]). Behauptet der Verwalter den Abschluss von Neuverträgen, so ist der Abschluss von ihm zu beweisen (*OLG Frankfurt* NJW 1988, 1338). 88

Die Ausübung des Wahlrechts ist an **keine Fristen** gebunden. Der Insolvenzverwalter kann das Wahlrecht auch lange nach Verfahrenseröffnung noch geltend machen, ohne sich schadensersatzpflichtig zu machen (*Uhlenbruck/D. Wegener* InsO, § 103 Rn. 126). Erst die Aufforderung des Vertragspartners nach § 103 Abs. 2 Satz 2 InsO verpflichtet den Verwalter, unverzüglich eine Entscheidung zu treffen. Unter unverzüglich ist hier im Rechtssinn ohne schuldhaftes Zögern zu verstehen (ausf. auch zu den widerstreitenden Interessen Jaeger/Henckel/Gerhardt/*Jacoby* InsO, § 103 Rn. 173). Bei dieser Beurteilung ist dem Verwalter eine angemessene Überlegungsfrist zuzubilligen, die gerade bei Unternehmensfortführungen wegen der Komplexität der Entscheidungsgrundlagen angemessen verlängert werden muss (*OLG Köln* ZInsO 2003, 336). Andererseits ist eine Fortführung des Unternehmens im Eröffnungsverfahren, in der Praxis nicht selten über Monate, zu berücksichtigen (HK-InsO/*Marotzke* § 103 Rn. 79). Hängt die Durchführung des Vertrages von der Fortführung des Unternehmens ab, kann der Verwalter die dafür erforderliche Entscheidung der Gläubigerversammlung im Berichtstermin abwarten (*OLG Köln* ZIP 2003, 543 [544]; *Uhlenbruck/D. Wegener* InsO, § 103 Rn. 129; MüKo-InsO/*Huber* § 103 Rn. 173; *Wortberg* ZInsO 2007, 1256 [1257]). Diese lange Frist soll gerade in der Bauinsolvenz des Auftragnehmers zu nahezu unbilligen Ergebnissen führen, weil er bis zu diesem Zeitpunkt nicht zur Kündigung des Vertrages berechtigt ist (*Heidland* 89

§ 103 InsO Wahlrecht des Insolvenzverwalters

ckel/Gerhardt/*Jacoby* InsO, § 103 Rn. 165 ff.). Zuzustimmen ist den Vertretern dieser Auffassung, dass die Entscheidung über die Erfüllung zu den höchstpersönlichen Aufgaben des Verwalters zählt (so *Uhlenbruck/Berscheid* InsO, § 103 Rn. 63). Sie wird indes den Anforderungen der Abwicklung von Großinsolvenzen nicht gerecht. Wenn auch der Verwalter in diesen Fällen die Grundsatzentscheidung trifft, muss es möglich sein, für bestimmte Bereiche einen Vertreter einzusetzen.

85 Die **konkludente Erfüllungswahl** hat in der Praxis erhebliche Bedeutung. Der Verwalter muss damit rechnen, dass Verwertung oder Forderungseinzug als Erfüllungswahl gewertet werden. Allerdings sind an eine konkludente Erfüllungswahl strenge Anforderungen zu stellen, da dem Vertragspartner keine zu große Schutzwürdigkeit zuzubilligen ist. Er kann sich über § 103 Abs. 2 InsO ohne Schwierigkeiten Gewissheit verschaffen (Jaeger/Henckel/Gerhardt/*Jacoby* InsO, § 103, Rn. 170). Problematisch erweist sich hier die Rechtsprechung, die nicht immer einheitlich urteilt. Die Annahme geschuldeter Leistungen ist keine Erfüllungswahl (bedenklich deshalb *OLG Naumburg* ZInsO 2004, 1145 [1146 f.] zur Annahme der Stromlieferungen, die Erfüllungswahl durch den vorl. Verwalter bindet den Verwalter entgegen der Auffassung des OLG nicht; s.a. *Dahl* AHB-Insolvenzrecht, § 7 Rn. 39; *Hess* 2. Aufl., § 103 Rn. 70). Auch in der aktuellen Entscheidung v. 25.02.2016 (ZIP 2016, 682 Rn. 19 m. Hinw. auf BGHZ 83, 369 [363] u. *OLG Brandenburg* ZInsO 2009, 525) hat der *BGH* noch einmal deutlich gemacht, dass der schlichte Bezug von Energie ohne weitere Sonderumstände keine konkludente Erfüllungswahl ist. Die Anforderung der Leistung ist dagegen Ausübung des Wahlrechts (zum Forderungseinzug sogleich). Verwertungsmaßnahmen hat die Rspr. früher immer als Erfüllungswahl bewertet (*OLG Celle* ZIP 1988, 384). Schon die Verarbeitung der Waren sollte als konkludente Erfüllungswahl zu werten sein. Nach Auffassung des BGH ist Zurückhaltung bei der Annahme einer Erfüllungswahl geboten. Der IX. Senat hat nunmehr mit einer ausführlich begründeten Entscheidung dargelegt, dass allein Verwertungshandlungen noch nicht als konkludente Erfüllung gewertet werden können. Die verschiedenen Gestaltungsmöglichkeiten des Verwalters auch bei der Verwertung der Ware verbötten es, generell von einer Erfüllungswahl auszugehen. Deshalb muss in jedem Einzelfall sorgfältig geprüft werden, wie die Verwertungshandlung des Verwalters durch Dritte zu verstehen ist; das erfordern die allgemeinen Auslegungsgrundsätze der §§ 133, 157 BGB (*BGH* ZIP 1998, 298 f.; *OLG Düsseldorf* NZI 2003, 379 [380]). Die Obergerichte tendieren dazu, eine Erfüllungswahl nur dann zu bejahen, wenn dies deutlich zum Ausdruck kommt (*OLG Brandenburg* ZInsO 2007, 525; *OLG Stuttgart* ZIP 2005, 588 [589] zur Anforderung eines Kaufpreises bei bekannten Gegenansprüchen; *OLG Dresden* ZIP 2002, 815).

86 Der **Forderungseinzug** durch den Verwalter ist regelmäßig bei schlichter Zahlungsaufforderung keine Erfüllungswahl (*OLG Stuttgart* ZIP 2005, 588 [589]; *Uhlenbruck/D. Wegener* InsO, § 103 Rn. 116; BK-InsO/*Blersch* § 103 Rn. 78; zweifelhaft die pauschalen Ausführungen des *OLG Frankfurt* ZInsO 2007, 548 [550], die ersichtlich nur dazu dienen sollen, die Ausführungen zum Vertrauenstatbestand zu stützen). Auch wenn der Verwalter klagt, weil Gegenrechte eingewandt wurden, kann keine Erfüllungswahl angenommen werden (*OLG Stuttgart* ZIP 2005, 588 [589]; a.A. HK-InsO/*Marotzke* § 103 Rn. 129). Anders nur, wenn der Verwalter sogleich Zug um Zug fordert (Jaeger/Henckel/Gerhardt/*Jacoby* InsO, § 103 Rn. 176). Kommt man dazu, dass die Verwertungshandlung des Verwalters als Erfüllung zu werten ist, muss der Kaufpreis auch dann in voller Höhe entrichtet werden, wenn der Erlös diesen nicht deckt (*OLG Celle* WM 1987, 1569). Ein konkludentes Erfüllungsverlangen soll dann vorliegen, wenn der Insolvenzverwalter die vom Schuldner geschuldete Leistung mit Mitteln der Insolvenzmasse erbringt (*AG Zweibrücken* ZIP 2005, 679: Entrichtung der Leasingraten ist Erfüllungswahl für den Leasingvertrag; Jaeger/Henckel/Gerhardt/*Jacoby* InsO, § 103 Rn. 173; *Uhlenbruck/D. Wegener* InsO, § 103 Rn. 118; a.A. *OLG Brandenburg* NZI 2009, 117, das darauf abstellt, dass trotz Zahlung des Verwalters keine Leistung erbracht wurde). Möglich ist auch die Erbringung durch beauftragte Dritte, beispielsweise um das vom Schuldner herzustellende Werk zu vollenden (*OLG Stuttgart* ZIP 2005, 588 [589]; *OLG Frankfurt* NJW-RR 1988, 1338; Jaeger/Henckel/Gerhard/*Jacoby* § 103 Rn 173; *Uhlenbruck/D. Wegener* InsO, § 103 Rn 118). In derartigen Fällen muss jedoch feststehen, dass der Insolvenzverwalter nicht von einem bereits erfüllten Vertrag ausgegangen ist. Die erforderliche Auslegung vom objektiven Empfängerhorizont (§§ 133, 157 BGB) ergibt nach Rechtsprechungsansicht kein konkludentes Erfüllungsverlan-

nicht annehmen können (*Huber* ZInsO 2005, 449 [450]; *Uhlenbruck/D. Wegener* InsO, § 103 Rn. 63). Bei einem Sicherheitseinbehalt ist der Vertrag auf Seiten des Bestellers noch nicht vollständig erfüllt, ebenso bei Ablösung des Einbehalts durch Bürgschaft (MüKo-InsO/*Huber* § 103 Rn. 134; a.A. *Uhlenbruck/D. Wegener* InsO, § 103 Rn. 64). Fordert der Verwalter den Werklohn, ist damit keine konkludente Erfüllungswahl verbunden. Auch wenn der Verwalter den Werklohn in Kenntnis von Mängeleinwänden geltend macht, folgt daraus keine Erfüllungswahl und Pflicht zur Mängelbeseitigung, wenn sich später herausstellt, dass das Werk mangelhaft war. Eine Erfüllungswahl kann erst angenommen werden, wenn der Verwalter die Zahlung Zug um Zug geltend macht oder die Mängel vorher anerkannt hat (*OLG Stuttgart* ZIP 2005, 588 [589]; *Uhlenbruck/D. Wegener* InsO, § 103 Rn. 117).

Ausstehenden Werklohn für die bereits erbrachten Leistungen kann der Verwalter aus Bereicherungsrecht nur fordern, wenn der Wert der Teilleistungen den durch die Nichterfüllung entstandenen Schaden des Bauherrn übersteigt (*BGH* BGHZ 68, 379 [380 ff.]; ZIP 1983, 709 [711]). Den Leistungsstand kann der Verwalter regelmäßig nur durch Sachverständige ermitteln. Die Grundsätze des BGH zu § 649 BGB a.F. (*BGH* NJW 1997, 733 [735]) sind nicht anwendbar, weil die Erfüllungsverweigerung keine Kündigung des Vertrages ist. Die ersparten Aufwendungen muss der Verwalter unter Aufdeckung der Kalkulation nicht darlegen. 81

IV. Mietverträge

Mietverträge über **bewegliche** Sachen unterliegen dem Wahlrecht des Verwalters (*BGH* ZIP 2007, 778 [779]). Dabei muss berücksichtigt werden, dass dem Verwalter das Wahlrecht nur zusteht, wenn beide Pflichten aus dem Synallagma noch nicht vollständig erfüllt sind. Im Hinblick auf den Charakter des Mietverhältnisses als Dauerschuldverhältnis gelangt man zu diesem Ergebnis, wenn man die Pflichten bis zum Ablauf der Vertragszeit gegenüberstellt (Jaeger/Henckel/Gerhardt/*Jacoby* InsO, § 103 Rn. 124). Dieser Gedanke ist verallgemeinerungsfähig. Laufende Dauerschuldverhältnisse sind stets nicht vollständig erfüllt. Ist der Schuldner Vermieter und hat die Anschaffung des Mietgegenstandes finanziert, greift für den Fall der Sicherungsübereignung § 108 Abs. 1 Satz 2 InsO. 82

D. Wahlrecht

I. Grundsatz

Nach früherem Verständnis (s. Rdn. 3) wurde die Forderung gegen den Schuldner bei Eröffnung des Insolvenzverfahrens zu einer Insolvenzforderung gem. § 38 InsO (BGHZ 106, 236 [242]; *BGH* ZIP 1987, 304 [305]) umgewandelt, da die Erfüllungsansprüche der Parteien aus dem gegenseitigen nicht vollständig erfüllten Vertrag erloschen (*BGH* WM 1987, 380; *BGH* WM 1989, 229). Nach neuer Sichtweise (*BGH* ZIP 2002, 1093; s. Rdn. 3) ist dies anders. Die Forderung bleibt bestehen, ist indes gegen die Masse nicht durchsetzbar. Die Qualifizierung als Masseschuld oder Insolvenzforderung hängt von der Entscheidung des Verwalters ab. 83

II. Erfüllungswahl

Das Erfüllungsverlangen des Insolvenzverwalters ist eine **einseitige empfangsbedürftige Willenserklärung** (*BGH* ZIP 1998, 298), auf die §§ 130 ff. BGB anwendbar sind. Sie kann also ausdrücklich oder konkludent (RGZ 96, 292 [295]; BGHZ 15, 334 [335]) abgegeben werden, ist wie jede andere einseitige empfangsbedürftige Willenserklärung bedingungsfeindlich (*BGH* WM 1958, 430 [432]) und wirkt unabhängig davon, ob dem Insolvenzverwalter bewusst ist, dass er eine Erklärung gem. § 103 InsO abgibt (*OLG Frankfurt* ZInsO 2007, 548 [550]) Sie unterliegt nicht der Form des zugrunde liegenden Rechtsgeschäfts (*Uhlenbruck/D. Wegener* InsO, § 103 Rn. 113; MüKo-InsO/*Huber* § 103 Rn. 154; Kübler/Prütting/Bork-Tintelnot InsO, § 103 Rn. 53). Nach h.M. soll **Stellvertretung bei der Ausübung des Wahlrechts** unzulässig sein (*OLG Düsseldorf* ZIP 1996, 337; HambK-InsO/*Ahrendt* § 103 Rn. 20; krit. HK-InsO/*Marotzke* § 103 Rn. 60; diff. Jaeger/Hen- 84

§ 103 InsO Wahlrecht des Insolvenzverwalters

noch keine Erfüllungswirkung eingetreten. Wesentlich ist die Mitwirkung bei der Übereignung (*BGH* NJW 1972, 875). Bei Zahlung des Kaufpreises auf ein Notaranderkonto ist nur erfüllt, wenn dies im Vertrag ausdrücklich vorgesehen wurde (*OLG Naumburg* ZInsO 2002, 677 [678], s. aber Rdn. 75).

74 Verweigert der Insolvenzverwalter bei Käuferinsolvenz die Erfüllung des Vertrages, kann der Käufer den Schadensersatzanspruch nach § 103 Abs. 2 geltend machen oder nach § 47 InsO aussondern. Einen gezahlten Teilkaufpreis kann der Verwalter zur Masse fordern, gegenüber diesem Anspruch kann der Verkäufer mit seinem Anspruch nach § 103 Abs. 2 aufrechnen.

75 Bei Verkäuferinsolvenz dagegen ist § 103 InsO i.d.R. nicht anwendbar, wenn vor Eröffnung des Insolvenzverfahrens die **Auflassung erfolgt** ist und beide Parteien den Eintragungsantrag gestellt haben, da gem. § 91 Abs. 2 i.V.m. § 878 BGB unberührt bleibt. Das Insolvenzverfahren hat dann keinen Einfluss auf den Eigentumserwerb weil der Verwalter über die vom Schuldner zu erbringende Leistung nicht mehr verfügen kann. Anders nur, wenn nur der Schuldner-Verkäufer den Eintragungsantrag gestellt hatte, dann kann der Verwalter den Antrag zurücknehmen (**a.A.** *Kübler/Prütting/Bork-Tintelnot* InsO, § 103 Rn. 43; ausf. s. § 106 Rdn. 15).

76 Beim Erwerb eines Grundstückes im Wege der **Zwangsversteigerung** greift § 103 InsO nicht, da durch Meistgebot und Zuschlag kein wechselseitiges Austauschverhältnis zustande kommt (MüKo-InsO/*Huber* § 103 Rn. 94).

77 Bei **Leistung einer mangelhaften Sache vor Eröffnung** des Insolvenzverfahrens kann der Käufer zum einen gem. § 320 BGB die Zahlung des Kaufpreises verweigern. Zum anderen kann er auch während des Insolvenzverfahrens noch den **Rücktritt erklären.** Hat der Käufer vor Eröffnung sein Gewährleistungsrecht ausgeübt, ist § 103 InsO nicht mehr anwendbar, der Käufer ist Insolvenzgläubiger. Hat der Käufer vor Eröffnung eine Frist gesetzt, die noch nicht verstrichen ist, tritt eine Ausübungssperre ein. Im Anschluss daran kommt es darauf an, ob sich der Insolvenzverwalter für oder gegen Erfüllung entscheidet. Bei Erfüllung muss der Verwalter den Kaufpreis Zug um Zug gegen Rückgabe der Kaufsache erstatten. Bei Erfüllungsablehnung behält der Käufer die Kaufsache und erlangt zudem einen Schadensersatzanspruch nach der Differenztheorie. Dadurch wird er Insolvenzgläubiger.

78 Ist die vom Käufer bereits vollständig bezahlte Sache mangelhaft, so kann der **Insolvenzverwalter vom Verkäufer** die Rückgabe des Kaufpreises, d.h. Rücktritt, verlangen. Kommt es zum Vollzug des Rücktritts, ist der Verkäufer verpflichtet, den Kaufpreis Zug um Zug gegen die Rückgabe der mangelhaften Sache zu erstatten. Gemäß § 55 Abs. 1 Nr. 2 InsO ist die Rückgabeverpflichtung Masseschuld.

79 Besondere Bedeutung hat **§ 323 Abs. 4 BGB.** Bis zum Insolvenzantrag kann der Gläubiger mit der Begründung des Vermögensverfalles zurücktreten. Im Eröffnungsverfahren kann dieses Rücktrittsrecht nur noch ausgeübt werden, wenn der Gläubiger darlegen kann, dass der Verwalter keine Vertragserfüllung wählen wird. Im eröffneten Verfahren wird § 323 BGB durch die §§ 103 ff. InsO als lex specialis verdrängt, wenn der Gläubiger die Insolvenz als Rücktrittsgrund heranzieht (*Mossler* ZIP 2002 1831 [1835]; *Uhlenbruck/D. Wegener* InsO, § 107 Rn. 8 nehmen eine befristete Rücktrittssperre an; s.a. § 107 Rdn. 19).

III. Werkvertrag über Bauleistungen

80 Beim Werkvertrag tritt Erfüllung bis zur Beseitigung sämtlicher Mängel nicht ein. Der Anspruch auf Beseitigung der Mängel steht im Gegenseitigkeitsverhältnis mit dem Anspruch auf den Werklohn. Auch mit der Abnahme des Werkes tritt keine Erfüllung ein, wenn beseitigungsfähige Mängel bestehen (*BGH* 19.11.2015 – IX ZR 198/14, Rn. 17; *Gottwald* NZI 2005, 588 [589]). Solange noch selbständige Nebenpflichten bestehen, ist keine Erfüllung eingetreten (*Heidland* ZInsO 2011, 201 m. Hinw. auf die einzelnen Nebenpflichten in VOB/B und VOB/C). Weil bis zum Ablauf der Verjährungsfrist der Mangeleinwand erhoben werden kann, wird man bis zu diesem Zeitpunkt Erfüllung

§ 103 InsO, weil mit der Annahme regelmäßig der Vorbehalt akzeptiert wird (*BGH* NJW 1989, 162). Ob der Vertragspartner zur Annahme verpflichtet war, ist nicht von Bedeutung.

Die beiderseits nicht erfüllten Pflichten müssen nicht im Synallagma stehen (*Uhlenbruck/D. Wegener* InsO, § 103 Rn. 58; MüKo-InsO/*Huber* § 103 Rn. 123; **a.A.** *Kübler/Prütting/Bork-Tintelnot* InsO, § 103 Rn. 37; *Graf-Schlicker/Breitenbücher* § 103 Rn. 8; Jaeger/Henckel/Gerhardt/*Jacoby* InsO, § 103 Rn. 111). § 103 InsO stellt auf den Leistungserfolg ab, die Gegenseitigkeit hat nur Bedeutung für die grundsätzliche Anwendbarkeit. Hat der Schuldner beim Kaufvertrag eine mangelhafte Sache geliefert oder beim Werkvertrag ein mangelhaftes Werk erbracht, ist nicht erfüllt (*BGH* ZInsO 2016, 90 Rn 18; HambK-InsO/*Ahrendt* § 103 Rn. 13). Denn auch die Abnahme bewirkt bei mangelhafter Leistung keine Erfüllung i.S.d. § 103 InsO (*BGH* ZInsO 2016, 90 Rn. 17). Selbst die Feststellung des Werklohnanspruchs zur Tabelle bewirkt keine Erfüllung, es kommt auf die vollständige tatsächliche Erfüllung an (*BGH* ZInsO 2016, 90 Rn 16). Bei Erfüllungswahl durch den Verwalter entsteht die Erfüllungspflicht auch für die vorinsolvenzlichen Leistungen, etwaige Mängel muss der Verwalter beseitigen (Jaeger/Henckel/Gerhardt/*Jacoby* InsO, § 103 Rn. 311; *Hess* 2. Aufl., § 103 Rn. 100; HK-InsO/*Marotzke* § 103 Rn. 46; *Kübler/Prütting/Bork-Tintelnot* InsO, § 103 Rn. 76; **a.A.** *Schmitz* ZIP 2001, 765 [768]; *Huber* ZInsO 2005, 449 [451]; HambK-InsO/*Ahrendt* § 103 Rn. 31). Gerade bei der Erfüllung von Bauverträgen geht der Verwalter deshalb ein nicht unerhebliches Risiko ein, weil der Besteller jederzeit vorinsolvenzrechtliche Mängel nachschieben kann. Vor der Entscheidung über die Erfüllung sollte er deshalb die Aufrechnung/Zurückbehaltung wegen nicht bekannter Mängel ausschließen.

69

Der nach Verfahrenseröffnung eintretende Leistungserfolg führt nicht zum Untergang des Wahlrechts. In der Annahme der Leistung durch den Verwalter kann ein konkludentes Erfüllungsverlangen zu sehen sein (ausf. s. Rdn. 85). Leistet der Drittschuldner nach Verfahrenseröffnung an den Schuldner, tritt Erfüllung wegen der Kenntnisfiktion der öffentlichen Bekanntmachung nur ein, wenn er beweisen kann, dass er die Veröffentlichung nicht kannte (*BGH* ZIP 2009, 1726 [1727]). Die Anfechtung der Leistung durch den Insolvenzverwalter bewirkt –rückwirkend – keine Nichterfüllung. Abzustellen ist auf den tatsächlichen Leistungserfolg nicht auf die nach § 144 InsO erneut entstehende Forderung (dazu *BGH* ZInsO 2015, 447 Rn. 17).

70

II. Kaufvertrag

Entsprechend den vorgenannten Grundsätzen hat der Verkäufer bei einem **Versendungskauf** erst dann, wenn der Käufer Eigentümer wird, seine Vertragspflicht erfüllt. Es genügt nicht, dass er die Ware an eine Versendungs- oder Transportperson gem. § 447 BGB abgegeben hat (MüKo-InsO/*Huber* § 103 Rn. 131). Im Zeitpunkt der Eröffnung des Insolvenzverfahrens muss die Kaufsache gem. §§ 929 ff. BGB übereignet und übergeben sein. Der Gefahrenübergang allein genügt nicht (Jaeger/Henckel/Gerhardt/*Jacoby* InsO, § 103 Rn. 114). Ob der Verkäufer als Berechtigter oder Nichtberechtigter gehandelt hat, ist unerheblich, da der gutgläubige Käufer gem. §§ 892, 932 BGB auch Eigentümer werden kann, wenn der Verkäufer Nichtberechtigter war. Der Käufer hat erfüllt, wenn er den Kaufpreis gem. § 433 Abs. 2 BGB gezahlt hat (zur Erfüllung beim Eigentumsvorbehalt, s. Jaeger/Henckel/Gerhardt/*Jacoby* InsO, § 103 Rn. 114).

71

Erhält der Käufer eine **mangelhafte Sache** vom Schuldner-Verkäufer, so hat dieser seine Leistungspflicht noch nicht erfüllt. Es kommt auch nicht darauf an, ob ein Sach- oder Rechtsmangel vorliegt (s. Rdn. 68; i.E. MüKo-InsO/*Huber* § 103 Rn. 135 ff.; Jaeger/Henckel/Gerhardt/*Jacoby* InsO, § 103 Rn. 128).

72

Beim **Grundstücksverkauf** ist zu unterscheiden zwischen der Käufer- und der Verkäuferinsolvenz. Grundsätzlich erfüllt der Verkäufer erst mit der Auflassung und Eintragung des Käufers in das Grundbuch (§§ 873, 925 BGB) seine Verpflichtung. Die bloße Abgabe der Auflassungserklärung und die Beantragung der Eintragung des Käufers gem. §§ 925 BGB, 13, 19, 20 GBO reicht nicht aus. Ebenso genügt der Eintritt der Gebundenheit gem. § 873 Abs. 2 BGB nicht für die Erfüllung. Hat der Käufer schon den Kaufpreis gezahlt und das Grundstück in Besitz genommen, ist trotzdem

73

C. Fehlende Vertragserfüllung

I. Grundsatz

66 § 103 InsO ist nur anwendbar, wenn keine der Vertragsparteien den Vertrag vollständig erfüllt hat. Für die Frage der Erfüllung ist der Vertrag in dem Umfang hinzunehmen, der mit dem Schuldner geschlossen wurde. Etwaige Sondervereinbarungen sind auch zu erfüllen, wenn sie nicht zum gesetzlichen Leitbild des Vertrages zählen (*BGH* ZIP 2017, 89 zur Vorlage von fälligkeitsbegründenden Bescheinigungen beim Werkvertrag). Sobald durch einen Vertragspartner Leistungserfüllung eingetreten ist, sind die allgemeinen Regeln anzuwenden (*BGH* NJW 1980, 226 [227]). Bei Erfüllung durch den Schuldner fällt die Gegenleistung vollständig in die Masse. Die Eröffnung des Insolvenzverfahrens hat hierauf keine Auswirkungen mehr. Erfüllt der Geschäftspartner des Schuldners vor der Eröffnung des Verfahrens, so erhält er für seine Forderung nur die Insolvenzquote; erfüllte der Insolvenzschuldner vor Eröffnung des Verfahrens, kann der Verwalter die gesamte Gegenleistung zur Masse ziehen. Für die Anwendung des § 103 InsO spielt es keine Rolle, aus welchen Gründen bisher noch keine Erfüllung des Vertrages eingetreten ist. Selbst bei unverschuldeter Nichterfüllung ist § 103 InsO anwendbar (RGZ 85, 402 [404]).

67 Ob Erfüllung i.S.v. § 103 InsO eintritt, wenn nur noch eine **Nebenpflicht** nicht erbracht wurde, ist str. (zum Streitstand *BGH* ZIP 2017, 89 Rn. 15, der die Frage offen lässt). Teilweise wird vertreten, nur selbständige Nebenpflichten seien für die Beurteilung entscheidend (*Uhlenbruck/D. Wegener* § 103 Rn 58), andere wollen nur Pflichten im Synallagma berücksichtigen (*Jäger/Jacoby* § 103 Rn. 111). Für diese Einschränkung ergibt sich aus dem Gesetz kein Anhaltspunkt. Das Verwalterwahlrecht kann nur in Ausnahmefällen eingeschränkt werden. Grundsätzlich sind auch Nebenpflichten bei der Erfüllung zu berücksichtigen (BGHZ 58, 246 [249] zur VerglO, hier fehlte nur die Abnahme). Nur, wenn eine völlig unbedeutende Nebenpflicht, wie unbedeutende Informationspflichten oder die Änderung des Versandweges ausstehen, wird man von Erfüllung ausgehen müssen (*Gottwald/Huber* HdbInsR, 4. Aufl., § 34 Rn. 22; MüKo-InsO/*Huber* § 103 Rn. 123). Gerade beim komplexen **Unternehmenskauf** bergen die (nicht erfüllten) Nebenpflichten erhebliche Risiken (*Wessels* ZIP 2004, 1237 [1241]). Bei **Abfindungsvereinbarungen mit Arbeitnehmern** ist Erfüllung durch den Arbeitnehmer mit Abschluss der Vereinbarung eingetreten; § 103 ist nicht mehr anwendbar. Wenn die Abfindung im Zeitpunkt des Antrages noch nicht gezahlt wurde, kann sie nur als Insolvenzforderung geltend gemacht werden (*BAG* ZInsO 2012, 450 [454]). **Leistungsverzug** des Gläubigers hindert die Anwendung des § 103 InsO nicht (MüKo-InsO/*Huber* § 103 Rn. 121; HK-InsO/*Marotzke* § 103 Rn. 33).

68 Erfüllung i.S.v. § 103 InsO liegt erst vor, wenn der zur Erfüllung notwendige Leistungserfolg tatsächlich eingetreten ist. Nicht ausreichend ist, dass der Schuldner aus seiner Sicht alles zur Leistung Erforderliche getan hat. Zugrunde zu legen ist der Erfüllungsbegriff des § 362 BGB. Wesentlich ist allein der Eintritt des Leistungserfolges und nicht das Bewirken der Leistungshandlung (*OLG Naumburg* ZInsO 2002, 677 [678]; MüKo-InsO/*Huber* § 103 Rn. 122; *Uhlenbruck/D. Wegener* InsO, § 103 Rn. 59). Für vom Schuldner gewährte Darlehn ist das Wahlrecht jetzt in § 108 Abs. 2 InsO ausgeschlossen. Bei den zivilrechtlichen **Erfüllungssurrogaten** gelten die §§ 362 ff. BGB, insbesondere mit der Abgrenzung zwischen der Leistung an Erfüllungs statt und erfüllungshalber in § 364 BGB. Drittleistungen, Hinterlegung, Aufrechnung, und Erlass bewirken Erfüllung (*OLG Naumburg* ZInsO 2002, 677 [678]; MüKo-InsO/*Huber* § 103 Rn. 125; HambK-InsO/*Ahrendt* § 103 Rn. 10). Die Hereinnahme eines Schecks oder Wechsels erfolgt regelmäßig erfüllungshalber (§ 364 Abs. 2 BGB) und bewirkt Erfüllung erst bei Befriedigung aus dem Surrogat. Im Lastschriftverfahren ist die Forderung erst erfüllt, wenn der Schuldner genehmigt hat (*BGH* ZIP 2004, 2442 [2443]). Ist die Genehmigung mit Verfahrenseröffnung noch nicht erteilt, fehlt es an der Erfüllung, da der Schuldner nicht mehr genehmigen kann. In der vorgenannten Entscheidung hat der BGH bestätigt, dass der Verwalter sich gegenüber den Gläubigern bei Widerruf der Lastschriftermächtigung nicht schadenersatzpflichtig macht. Diese Lastschriftproblematik ist durch das SEPA-Lastschriftverfahren erledigt. Bei diesem Verfahren tritt Erfüllung mit Eingang der Gutschrift ein (*BGH* BGHZ 186, 269 Rn. 21 ff.). Eine Annahme der unter Vorbehalt erfolgten Leistung verdrängt

– **Grundstückskaufverträge,** bei denen Leistungen durch eine **Vormerkung** gesichert sind, unterfal- 55
len der Sonderregelung des § 106 InsO; fehlt eine Vormerkung greift das Wahlrecht uneingeschränkt. In der Praxis hat § 140 Abs. 2 InsO nicht unerhebliche Bedeutung.

– **Handelsvertreterverträge** werden bei der Insolvenz des Geschäftsherren von §§ 115, 116 erfasst 56
(*OLG Düsseldorf* ZInsO 2010, 143 [144]; *Krüger* ZInsO 2010, 507 [508]; *Emde/Kelm* ZIP 2005, 58 [59]), der Einfirmenvertreter unterfällt dem Schutz des § 108 InsO (s. § 108 Rdn. 29, ausf. § 116 Rdn. 18).

– **Kommissionsgeschäfte:** s. Rdn. 21, bei der Insolvenz des Kommittenten greifen die §§ 115, 116 57
InsO.

– Zur **privaten Krankenversicherung** s. Rdn. 41. 58

– **Insolvenzfreie Schuldverhältnisse:** Verträge, die insolvenzfreies Vermögen des Schuldners betref- 59
fen (z.B. familienrechtliche Vereinbarungen), werden von § 103 InsO nicht berührt (MüKo-InsO/*Huber* § 103 Rn. 87 f.). Die Einzelheiten ergeben sich aus § 35 InsO.

– **Kautionsversicherungsverträge** haben mit der Pflicht einzelne Bürgschaften zu stellen, eine Ge- 60
schäftsbesorgung zum Inhalt und werden damit von § 116 InsO erfasst (*BGH* ZIP 2006, 1781; *OLG München* ZIP 2009, 1240; *Proske* ZIP 2006, 1035 [1036]; *Vosberg* ZIP 2002, 968 [970]; *OLG Frankfurt* EWiR 2005, 573 m. Anm. *Spliedt*). Sie erlöschen unmittelbar mit Verfahrenseröffnung mit der Folge, dass Prämien für die Zeit nach Verfahrenseröffnung nicht geltend gemacht werden können; im Voraus entrichtete Prämien sind, weil rechtsgrundlos geleistet, der Masse zu erstatten (*BGH* ZIP 2011, 282 [283]). Dieses Insolvenzrisiko kann der Kautionsversicherer nur dadurch vermeiden, dass er statt Gebühren für den Kautionsrahmen jeweils Prämien für die einzelnen Bürgschaften vereinbart (*BGH* ZIP 2010, 1453).

– **Kontokorrent:** dieses erlischt mit der Eröffnung des Insolvenzverfahrens, es entsteht per legem 61
eine Forderung aus dem Saldo (BGHZ 70, 86 [93]; BGHZ 74, 253 [254]; ausf. s. § 116 Rdn. 44; *Obermüller* Insolvenzrecht in der Bankpraxis, 8. Aufl., Rn. 2.105 ff.; zur Anfechtung der Verrechnungen *Heublein* ZIP 2001, 161 ff. und BGHZ 150, 122 ff. zum unanfechtbaren Bargeschäft). Für ein vom Schuldner gewährtes Kontokorrentdarlehen gilt jetzt § 108 Abs. 2 n.F. InsO (s. § 108 Rdn. 36).

– **Krediteröffnungsverträge:** derartige Verträge stellen einen Geschäftsbesorgungsvertrag (§ 675 62
BGB) dar und fallen unter § 115 InsO.

– **Schiedsverträge:** unterliegen nicht dem Wahlrecht des Verwalters (zuletzt *BGH* NZI 2013, 63
934 ff.; einhellige Auffassung *Flecke-Giammarco/Keller* NZI 2012, 529 [531]; *Dahl/Thomas* NZI 2012, 534; *Kück* ZInsO 2006, 11 [13] m.w.N.; ausf. *Smid* InsO, § 103 Rn. 21 zur dogmatischen Begründung; zuletzt *Dahl* NJW-Spezial 2014, 21). Anders aber, wenn durch den Schiedsvertrag das Wahlrecht aus dem schuldrechtlichen Vertrag beeinträchtigt wird (*BGH* ZIP 2011, 1477 zum Schiedsvertrag im Rahmen einer Lizenzvereinbarung; dazu *Prütting* EWIR 2011, 545; *Dahl/Thomas* NZI 534, 536). Auch im Anfechtungsrechtsstreit ist der Verwalter nicht an die Schiedsvereinbarung gebunden (*Flecke-Giammarco/Keller* NZI 2012, 529 [531]; diff. HK-InsO/*Marotzke* § 103 Rn. 31).

– **Tarifverträge:** der normative Teil stellt keinen gegenseitigen Vertrag dar; der schuldrechtliche Teil, 64
der zwar ein gegenseitiger Vertrag ist, enthält keine vermögensrechtlichen Ansprüche (*Uhlenbruck/D. Wegener* InsO, § 103 Rn. 54).

– **Treuhandverhältnisse:** Treuhandverhältnisse unterliegen nicht dem Wahlrecht des Verwalters, sie 65
erlöschen grds. nach § 116 InsO, zu den Einzelheiten s. § 116 Rdn. 36 ff.

44 – **Werk- und Werklieferungsverträge**, soweit sie nicht eine Geschäftsbesorgung zum Gegenstand haben, welche den Schwerpunkt des Vertrags ausmacht, und damit der Sonderregelung der §§ 116, 115 InsO unterfallen, zum Bauvertrag s. Rdn. 11.

Nicht unter § 103 InsO fallende Verträge:

45 – Unter der Bezeichnung **Forderungszuständigkeit** werden in der Literatur Schuldverhältnisse vom Anwendungsbereich des § 103 InsO ausgenommen, die insolvenzfreies Vermögen betreffen oder **höchstpersönliche Leistungen** des Schuldners voraussetzen (HK-InsO/*Marotzke* § 103 Rn. 43 ff.; *Hess* InsO, 3. Aufl., § 103 Rn. 38, 41; s.a. Rdn. 59).

46 – **Akkreditiv**: hierbei handelt es sich um einen Werkvertrag, der eine Geschäftsbesorgung gem. §§ 631, 675 BGB enthält (*BGH* WM 1958, 1542), so dass § 115 InsO Anwendung findet (BK-InsO/*Goetsch* § 103 Rn. 40). Die Abwicklung des eröffneten Akkreditivs hängt im Wesentlichen davon ab, ob widerruflich oder unwiderruflich vereinbart (i.E. *Obermüller* Bankrecht in der Insolvenzpraxis, Rn. 4.31 ff.).

47 – **Baubetreuungsverträge** sind Geschäftsbesorgungsverträge (BK-InsO/*Goetsch* § 102 Rn. 40); anders nur, wenn der Bauträger auf eigenem Grundstück zum Vorrat baut.

48 – **Bürgschaften** sind regelmäßig nicht synallagmatisch. Auch wenn ein Gegenseitigkeitsverhältnis besteht, weil die Bürgschaft wegen einer Gegenleistung gegeben wurde (z.B. RGZ 84, 228), steht dem Verwalter kein Wahlrecht zu. Das besondere Kündigungsrecht des Bürgen wegen Vermögensverfall geht vor.

49 – **Darlehen ohne Zinsvereinbarung** fehlt die Gegenseitigkeit. Das Belassen des Darlehens ist keine mit der Rückzahlung korrespondierende Pflicht (HambK-InsO/*Ahrendt* § 103 Rn. 8; mit Einschränkung *Marotzke* ZInsO 2004, 1273 [1277]). In der Insolvenz des Darlehnsgebers greift § 108 Abs. 2 InsO.

50 – **Depotverträge** sind Geschäftsbesorgung, so dass die Verträge mit Verfahrenseröffnung erlöschen (*Obermüller* Insolvenzrecht in der Bankpraxis, Rn. 2.214). Diese Rechtsfolge greift uneingeschränkt für Girosammel- und Streifbandverwahrung (**a.A.** *Jaeger/Henckel* KO, § 17 Rn. 22; *Canaris* Bankvertragsrecht, 2. Aufl., Rn. 2203, die differenzieren wollen).

51 – **Erbbaurechtsverträge** unterliegen nicht dem Wahlrecht des Verwalters. Mit der Bestellung des Erbbaurechts hat der Grundstückseigentümer seine vertragliche Pflicht erfüllt (*BGH* ZIP 2005, 2267 [2268]; *Pfennig* S. 37 ff.; *Graf-Schlicker/Breitenbücher* InsO, § 103 Rn. 49). Für den Heimfallanspruch ergibt sich das bereits aus dem Schutz des § 106 InsO (HK-InsO/*Marotzke* § 103 Rn. 37; zu § 108 s. § 108 Rdn. 10).

52 – **Factoringverträge** erlöschen mit Verfahrenseröffnung gem. §§ 115, 116 InsO. Zwischen Rahmenvertrag und Einzelverträgen ist zu unterscheiden. Die Einzelverträge zum Forderungskauf werden vom Wahlrecht erfasst, wenn die Forderung noch nicht abgetreten und der Kaufpreis noch nicht gezahlt ist (MüKo-InsO/*Huber* § 103 Rn. 71).

53 – **Gesellschaftsverträge**: aufgrund der Sonderregelungen der §§ 728 BGB und 131 HGB unterfallen diese Verträge, selbst wenn man sie als gegenseitige Verträge betrachtet, nicht § 103 InsO (s. MüKo-InsO/*Huber* § 103 Rn. 114 ff.; *Uhlenbruck/D. Wegener* InsO, § 103 Rn. 56). Für die Auseinandersetzung der Gemeinschaften oder Personengesellschaften schließt § 84 Abs. 1 S. 1 InsO ausdrücklich die InsO aus.

54 – **Gründung einer Aktiengesellschaft und Kapitalerhöhung**; die Übernahme der Aktien durch die Gründer bei der Errichtung einer AG (§§ 23 ff. AktG) und die Zeichnung der neuen Aktien (§ 185 AktG) sowie das Verlangen neuer Aktien durch einen Bezugsberechtigten bei einer Kapitalerhöhung gegen Einlagen stellen keinen gegenseitigen Vertrag i.S.v. § 103 InsO dar, da sowohl bei der Leistungspflicht des Gründers wie auch bei den Aktionärsrechten kein Leistungs-/Gegenleistungsverhältnis besteht (vgl. zu den Einzelheiten *Jaeger/Henckel* KO, § 17 Rn. 36).

(*Marotzke* Das Unternehmen in der Insolvenz, Rn. 111 ff.; *Wessels* ZIP 2004, 1237). Zur Abwicklung empfiehlt die Praxis aufschiebend bedingte Übertragungen (*Strotmann* ZInsO 2010, 1314 [1317 ff.]).

- **Vergleich**: Der Vergleich ist nach überwiegender Ansicht ein gegenseitiger Vertrag, weil das gegenseitige Nachgeben im do-ut-des Verhältnis steht (auch MüKo-InsO/*Huber* § 103 Rn. 82 m.w.N; krit. Jaeger/Henckel/Gerhardt/*Jacoby* InsO, § 103 Rn. 69). Er fällt konsequenterweise in den Anwendungsbereich des § 103 InsO. 37

- **Verlagsverträge**: Nach § 36 VerlG greift in der Insolvenz des Verlegers das Wahlrecht des Verwalters. Vor Vervielfältigung kann der Autor noch zurücktreten, § 36 Abs. 3. In der Insolvenz des Autors ist § 103 InsO anwendbar, wenn das Urheberrecht Massebestandteil ist (*Uhlenbruck/D. Wegener* InsO, § 103 Rn. 47; MüKo-InsO/*Huber* § 103 Rn. 119). 38

- **Verwahrungsverträge,** wenn die Verwahrung gegen Entgelt erfolgt. Erfasst wird auch das Lagergeschäft (§§ 116 ff. HGB) als Sonderform der entgeltlichen Verwahrung (zu den bankrechtlichen Verwahrverträgen *Obermüller* Insolvenzrecht in der Bankpraxis, Rn. 2.211). 39

- **Versicherungsverträge** sind gegenseitige Verträge i.S.d. § 103 InsO (*BGH* ZIP 1993, 600; *BAG* ZIP 1991, 1295; *OLG Karlsruhe* ZInsO 2002, 631 [632]; *Kayer* ZInsO 2004, 1321; *Westhelle/Micksch* ZInsO 2003, 2054; zur Abwicklung s. Rdn. 104). Gegenüber der Pflicht zur Prämienzahlung steht die Verpflichtung zur Deckungsgewährung aus dem Versicherungsvertrag. Wegen der rückständigen Prämien greift § 105 InsO (*OLG Düsseldorf* NZI 2006, 297). Die gesetzlichen Kündigungsmöglichkeiten der §§ 13, 14 VVG, die das Wahlrecht verdrängten, wurden mit der am 01.01.2008 in Kraft getretenen Reform des VVG abgeschafft. Für die Insolvenz des Versicherers sieht § 16 VVG die Beendigung des Vertrages binnen Monatsfrist vor. Wurde die Versicherung vor Verfahrenseröffnung in eine prämienfreie umgestaltet, fehlt es am Gegenseitigkeitsverhältnis, § 103 InsO ist nicht anwendbar (*OLG Karlsruhe* VersR 2001, 1501 [1503]; *Kayser* ZInsO 2004, 1321). Der Versicherer muss bei Erfüllungswahl auch dann eintreten, wenn vor der Insolvenz Prämien rückständig waren. War der Versicherer vor der Insolvenz nach § 38 Abs. 2 VVG von der Leistung befreit, muss der Verwalter zur Wiederherstellung des Versicherungsschutzes die ausstehenden Prämien entrichten (*OLG Düsseldorf* NZI 2006, 497). 40

- Die **private Krankenversicherung** wird vom Wahlrecht des Verwalters nicht erfasst, da sie wegen der eingeschränkten Pfändbarkeit der Leistungen nach § 850b Abs. 1 Nr. 4 ZPO das insolvenzfreie Vermögen des Schuldners betrifft (*BGH* 19.02.2014 – IX ZR 163/13, Rn 17; *AG Kiel* ZInsO 2012, 226 [227]; *Senger/Finke* ZInsO 2012, 997 [1000 f.]). Ob eine abweichende Beurteilung gerechtfertigt ist, wenn parallel eine gesetzliche Krankenversicherung bestand (*OLG Frankfurt* ZVI 2013, 310 ff.) muss bezweifelt werden. Auch diese gesetzlichen Verträge betreffen das insolvenzfreie Vermögen. Zur Abwicklung von **Lebensversicherungen** und zu Drittbezugsrechten s. Rdn. 104. Bei Schadensfällen, die sich im Zeitpunkt der Verfahrenseröffnung bereits ereignet haben, steht dem Geschädigten das Absonderungsrecht aus § 110 VVG zu. Zu **Warenkreditversicherungen** ausf. *Blank/Möller* ZInsO 2003, 437 [439]; sie werden vom Wahlrecht des Verwalters erfasst. 41

- **Vertragsübernahmen**: Entgeltliche Vereinbarungen über eine Vertragsübernahme, so z.B. von Wartungsverträgen fallen unter § 103 InsO (*BGH* ZIP 2001, 2142 = NJW-RR 2002, 191; *Uhlenbruck/D. Wegener* InsO, § 103 Rn. 15; *Hess* InsO, 3. Aufl., § 103 Rn. 20, der zu Recht darauf hinweist, dass zur vollständigen Erfüllung auch die Zustimmung des Vertragspartners zählt). 42

- **Wettbewerbsabreden** und -verbote: wirksam vereinbarte Wettbewerbsverbote gem. § 74 HGB sind als gegenseitige Verträge anzusehen, so dass § 103 InsO uneingeschränkt Anwendung findet (MüKo-InsO/*Huber* § 103 Rn. 84). Wählt der Verwalter Erfüllung und besteht damit auf dem Verbot, muss er die vertraglich vereinbarte Entschädigung zahlen. 43

27 – **Mietkaufverträge** sind nach dem überwiegenden Regelungsgehalt Kaufverträge. Solange ein reiner Mietkauf vereinbart wurde, tritt das mietvertragliche Element vollständig zurück. Lediglich die Raten deuten auf einen Mietvertrag hin. Wenn indes der Käufer mit Zahlung der letzten Rate ohne weitere Rechtsakte Eigentum erwirbt, handelt es sich um einen Kauf unter Eigentumsvorbehalt, der § 107 InsO unterfällt. Zu den steuerlichen Folgen der Eröffnung *Hackenberg* ZInsO 2014, 1698 ff.

28 – **Rahmenvereinbarungen** zwischen der BA und **Personal-Service-Agenturen** über die Einstellung von sozialversicherungspflichtigen Arbeitnehmern unterfallen dem Wahlrecht des Verwalters (*BGH* NZI 2010, 180 [181] m. Anm. *Wegener*).

29 – **Reiseverträge** werden von § 103 InsO ebenfalls erfasst. An der vollständigen Erfüllung fehlt es auch dann noch, wenn der Schuldnerveranstalter nach Zahlung Sicherheit gem. § 651k BGB geleistet hatte (*Kübler/Prütting/Bork-Tintelnot* InsO, § 103 Rn. 39).

30 – **Rückabwicklungsschuldverhältnisse** aus gegenseitigen Verträgen; diese fallen unter § 103 InsO, wobei § 103 InsO nur analog anwendbar ist (Jaeger/Henckel/Gerhardt/*Jacoby* InsO, § 103 Rn. 90; *Uhlenbruck/D. Wegener* InsO, § 103 Rn. 95; HK-InsO/*Marotzke* § 103 Rn. 33 ff.; *D. Wegener* Das Wahlrecht des Insolvenzverwalters, Rn. 686 ff.; offen gelassen v. *BGH* ZInsO 2009, 378 [379]; **a.A.** *Muthorst* KTS 2009, 467 [475 f.]), wenn die Leistungen Zug um Zug zurückzugewähren sind. Insbesondere gilt dies für den Rücktritt (§§ 346 ff. BGB, auch i.V.m. bsp. § 437 Nr. 2) und bei ungerechtfertigter Bereicherung, wenn die Leistung noch zurückgegeben werden kann (s. hierzu ausf. *Marotzke* Gegenseitige Verträge, Rn. 4114 ff.). Die Erklärung des Rücktritts hat indes noch nicht ein im Gegenseitigkeitsverhältnis stehendes Rückabwicklungsverhältnis zur Folge (*BGH* ZInsO 2009, 378 [379]). § 103 InsO ist nur anwendbar, wenn das Rückabwicklungsverhältnis bereits vor der Insolvenz bestand (weil dann der Rücktrittsberechtigte bereits eine gesicherte Rechtsposition innehatte, vgl. Jaeger/Henckel/Gerhardt/*Jacoby* InsO, § 103 Rn. 94). In der Insolvenz besteht eine Ausübungssperre, da von diesem Zeitpunkt an die insolvenzrechtlichen Sonderregelungen greifen. Der Rückübertragungsanspruch kann bei Immobilien indes durch Vormerkung gesichert werden (*BGH* ZIP 2008, 893 [894]; s. § 106 Rdn. 8).

31 – Zum Wahlrecht des Verwalters bei **Schiedsverträgen** s. Rdn. 63.

32 – **Schulverträge** in der Insolvenz des Schulträgers sind Dienstverträge und unterfallen grds. § 108 InsO. Kann der Vertrag nur unter Begründung von Masseverbindlichkeiten aufrechterhalten werden, steht dem Verwalter das Wahlrecht zu (*BGH* ZIP 2011, 2262 [2263]). Mit dieser Entscheidung schränkt der BGH den Anwendungsbereich des § 108 InsO zugunsten des Masseerhalts ein (*Sauer* EWIR 2012, 119 f.).

33 – **Sicherungsvereinbarungen**, mit denen die Bestellung von Sicherheiten für Darlehen versprochen werden, unterliegen dem Wahlrecht nur, wenn das Darlehen noch nicht ausbezahlt wurde, danach ist wegen der Erfüllung durch den Darlehensgeber für § 103 InsO kein Raum mehr (*Jäger/Henckel* KO, 8. Aufl., § 17 Rn. 12).

34 – **Software-Lizenzverträge** (s. Rdn. 24 zur Lizenz grundsätzlich): Bisher unterfielen diese Verträge den mietrechtlichen Sondervorschriften, die sich jetzt nur noch auf unbewegliche Gegenstände beziehen. Das Gestaltungsrecht des Verwalters nach der InsO wird erhebliche praktische Bedeutung haben (*Paulus* ZIP 1996, 2 [6 ff.]). § 108 InsO reduziert die Auswirkungen. Software-Leasingverträge, die vom Schuldner als Leasinggeber finanziert wurden, während das Leasinggut Dritten zur Absicherung übertragen wurde, bestehen gem. § 108 InsO fort. (s. *Wallner* ZIP 2004, 2073 ff. und hier § 108 Rdn. 21).

35 – Zu Besonderheiten im Falle von **Telekommunikations-Verträgen** s. *Müller/Kemper* MMR 2002, 433.

36 – **Unternehmenskaufverträge** unterliegen als Kaufverträge ebenfalls dem Verwalterwahlrecht. Wegen der Komplexität derartiger Verträge besteht das Problem hier in der praktischen Abwicklung

Der IX. Senat hatte im Jahre 2006 entschieden, dass Lizenzverträge entsprechend der Rechtspacht als Dauernutzungsverträge i.S.d. §§ 108, 112 InsO dem Wahlrecht des Verwalters unterliegen, wenn sie kein unbewegliches Vermögen betreffen (*BGH* ZInsO 2006, 35 [37]; *KG* ZIP 2012, 990 [992]; h.M. nur *Paulus* ZIP 1996, 2 [6]; umfassend *Schmoll/Hölder* GRUR 2004, 743 ff.; *Weber/Hötzel* NZI 2011, 432 [433]; *McGuire* GRUR 2009, 13 [17]; zu den Einzel- und Besonderheiten von Filmlizenzen s. *Adolphsen* DZWIR 2003, 228 ff.; auch *Abel* NZI 2003, 121 ff.; weitere Nachw. *Huber* ZInsO 2006, 290 [292 FN 17]). In seiner Entscheidung v. 21.10.2015 (– I ZR 173/14, NZI 2016, 97 Rn. 45) hat der BGH insoweit Klarheit geschaffen, dass der Lizenzvertrag beiderseitig erfüllt ist, wenn die Lizenz erteilt und der Kaufpreis gezahlt ist (zu den möglichen Vertragsgestaltungen *Freier* NZI 2016, 857 ff.). Wendet man diesen Maßstab auf den Lizenzvertrag an, muss Folgendes gelten: Bei sog. **einfachen Lizenzen**, die als Rechtspacht eingeordnet werden sollten (MüKo-BGB/*Harke* § 581 Rn. 18), gilt das Wahlrecht des Verwalters, da beide Parteien ihre Vertragspflichten noch nicht vollständig erfüllt haben. Hingegen greift § 103 InsO nicht bei sog. **ausschließlichen Lizenzen**, bei denen das Nutzungsrecht an der Lizenz unwiderruflich und exklusiv an den Lizenznehmer übertragen wird. Denn hierbei hat der Schuldner mit der Erteilung des Nutzungsrechtes seine Vertragspflichten grds. vollständig erfüllt; damit ist für die Anwendung von § 103 InsO kein Raum mehr. Die Problematik bei den Lizenzverträgen besteht in der Rechtsfolge bei Nichterfüllung durch den Verwalter. Mit Beendigung des Vertrages erlischt die ausschließliche Lizenz analog § 9 VerlG (*LG Mannheim* ZIP 2004, 576; krit. *Wallner* NZI 2002, 70 [74] und *Bausch* NZI 2005, 289 [293 f.]). Die Praxis rettet die Lizenz mit der vom BGH gebilligten bedingten Übertragung für den Fall der Insolvenz (*BGH* ZInsO 2006, 35 ff.; dazu ausf. *Huber* ZInsO 2006, 290 ff; zu weiteren Vertragskonstellationen *Weber/Hötzel* NZI 2011, 432 [435 ff.]; ausf. zum Sicherungsnießbrauch *Ganter* NZI 2011, 833 [837]). Der Plan des Gesetzgebers, die Lizenz dem Wahlrecht des Verwalters zu entziehen, um die volkswirtschaftlichen Schäden zu vermeiden, welche durch den Untergang der Lizenz entstehen können ist mit dem ESUG nicht umgesetzt worden. In der **Insolvenz des Lizenznehmers** steht dem Lizenzgeber bei der Nichterfüllungswahl durch den Verwalter ein Aussonderungsrecht oder ein Bereicherungsanspruch gegen die Masse zu (*Weber/Hötzel* NZI 2011, 432 [434]; *Graf-Schlicker/Breitenbücher* § 103 Rn. 54). Dieses **Aussonderungsrecht** wird bei ausschließlichen Lizenzen nach einheitlicher Auffassung angenommen, bei nicht ausschließlichen Lizenzen wird der zur Aussonderung führende dingliche Charakter nach überwiegender Auffassung abgelehnt (zum Streitstand ausf. *Ganter* NZI 2011, 833 [834]; für die dingliche Wirkung jüngst *v.Frentz/Masch* ZIP 2011, 1245 ff.). Insgesamt ist es bedauerlich, dass der Gesetzgeber nicht fähig ist, bei diesem, auch aus wirtschaftlichen Gesichtspunkten, überaus wichtigem Problem eine einheitliche Lösung vorzugeben. Eine erneute Beschäftigung mit dieser Problematik kann dem Gesetzgeber kaum erspart bleiben (so auch *Dahl/Schmitz* NZI 2013, 878 [881] u. BB 2013, 1032 [1038]).

– **Maklerverträge** werden von § 103 InsO nur erfasst, wenn der Makler sich verpflichtet, den Erfolg herbeizuführen, anderenfalls liegt nur einseitige Verpflichtung vor (MüKo-InsO/*Huber* § 103 Rn. 77); regelmäßig handelt es sich hierbei um eine Geschäftsbesorgung (s. § 116 Rdn. 17), so dass ein Wahlrecht ausscheidet. 25

– **Miet- und Pachtverträge** über bewegliche Sachen und Rechte unterliegen dem Wahlrecht des Verwalters, denn der Mietvertrag ist auch bei bereits erfolgter Gebrauchsüberlassung nicht vollständig erfüllt (*BGH* ZIP 2007, 778 [779]; *Wilmowsky* ZInsO 2007, 731 [735] auch zu den Ansprüchen des Mieters in der Mieterinsolvenz); zur Abgrenzung zu den Immobilienverträgen s. § 108 Rdn. 16. Für refinanzierte Mobilienmietverträge sieht § 108 Abs. 1 Satz 2 InsO den Fortbestand der Verträge vor. Miet- und Pachtverträge des Schuldners über Grundstücke und andere unbewegliche Sachen oder über Räume werden durch die §§ 108 bis 111 InsO geregelt. Ist die Mietsache noch nicht übergeben, bleibt es beim Wahlrecht des Verwalters (*BGH* ZIP 2007, 2088 ff.).Gibt der Mieter freiwillig und willentlich die tatsächliche Sachherrschaft über die Wohnung auf und übergibt er sie dem Vermieter zum Zwecke der Sanierung, so verliert er den unmittelbaren Besitz gem. § 856 Abs. 1 BGB. Es findet § 103 InsO Anwendung und der Vermieter kann die Erfüllung des Mietvertrages ablehnen (*BGH* ZIP 2015, 135 ff.). 26

chende Wortlaut der InsO ist eindeutig. Es besteht kein Anlass, nicht angetretene Dienstverträge dem Schutz des § 108 InsO zu entziehen (*Berscheid* ZInsO 1998, 116; vgl. § 108 Rdn. 33, ausf. *Eisenbeis* § 113 Rdn. 23 ff.). Die Entscheidung des BGH zu den Schuldverträgen (s. Rdn. 32) macht deutlich, dass § 103 InsO Vorrang vor § 108 InsO zum Schutz der Masse haben kann. Die Entscheidung ist bisher nicht wieder aufgegriffen worden.

15 – **Domaine-Verträge** mit der DENIC sind Dauerschuldverhältnisse und unterliegen dem Wahlrecht des Verwalters (*Beyerlein* Anm. zu BGH v. 05.07.2005 EWIR 2005, 811).

16 – **Energielieferungsverträge** werden von § 103 InsO erfasst (*OLG Naumburg* ZInsO 2004, 1145 [1146]). Bei Erfüllungswahl greift § 105 InsO (*Hess* InsO, 2. Aufl. § 103 Rn. 69; zur konkludenten Erfüllungswahl s. Rdn. 85). Zu den insolvenzbedingten Lösungsklauseln der Energielieferanten *BGH* 15.11.2012 ZInsO 2013, 292; dazu s. Rdn. 119; zur konkludenten Erfüllungswahl bei Energiebezug s. Rdn. 85.

17 – **Fortführungsvereinbarungen**, die im Eröffnungsverfahren mit Zustimmung des vorläufigen Verwalters oder des vorläufigen mit Verfügungsmacht geschlossen werden, sind keine eigenständigen Verträge. Sie modifizieren den ursprünglichen, mit dem Schuldner geschlossenen Vertrag. Dieser modifizierte Vertrag ist mit den Änderungen auf die Anwendbarkeit des § 103 zu prüfen (Bsp. *OLG München* NZI 2016, 488).

18 – **Frachtverträge** in der Insolvenz des Frachtführers, in der Insolvenz des Kunden greift § 116 InsO (*Jaeger/Henckel* KO, § 17 Rn. 15).

19 – **Franchiseverträge** sollen in der Insolvenz des Franchisegebers dem Wahlrecht unterfallen (*Kübler/Prütting/Bork-Tintelnot* InsO, § 103 Rn. 54). Die Vertragswerke werden durch den Geschäftsbesorgungscharakter geprägt (a.A. Jaeger/Henckel/Gerhardt/*Jacoby* InsO, Vor §§ 103–119 Rn. 92, der den Franchisevertrag als Rechtspacht charakterisiert und dem § 103 InsO unterwirft). Daher greift § 116 InsO. In der Insolvenz des Franchisenehmers überwiegt der dienstvertragliche Charakter, so dass § 103 InsO greift (*Kübler/Prütting/Bork-Tintelnot* § 103 Rn. 52).

20 – **Kauf- und Tauschverträge** gem. §§ 433, 515 BGB; etwas anderes gilt nur bei Kaufverträgen, bei denen ein Eigentumsvorbehalt vereinbart wurde. In derartigen Fällen kommen allein die Sonderregelungen des § 107 InsO zur Anwendung (vgl. Rdn. 71 ff.).

21 – **Kommissionsvertrag**: § 103 InsO greift in der Insolvenz des Kommissionärs (*Uhlenbruck/D. Wegener* InsO, § 103 Rn. 36), die Sonderregelung des § 115 InsO regelt die Insolvenz des Kommittenten (Jaeger/Henckel/Gerhardt/*Jacoby* InsO, Vor §§ 103–119 Rn. 99). Bei der Verkaufskommission hat der Kommittent im Falle der Erfüllungsablehnung des Verwalters ein Aussonderungsrecht an der Ware; das gilt nach Ausführung des Auftrages auch für die Forderungen aus dem Geschäft, § 392 Abs. 2 HGB.

22 – **Leasingverträge** über bewegliche Sachen, bei denen der mietvertragliche Charakter überwiegt (*OLG Düsseldorf* ZInsO 2005, 820 [821]; *Uhlenbruck/D. Wegener* InsO, § 103 Rn. 37). Vom Anwendungsbereich des § 103 InsO ausgenommen sind nach der Ergänzung des § 108 InsO (dazu *Schmid-Burgk/Ditz* ZIP 1996, 1123) Leasingverträge über bewegliche Sachen, die vom Schuldner als Leasinggeber finanziert und Dritten zur Sicherheit übereignet wurden, vgl. die Kommentierung zu § 108 Abs. 1 Satz 2 InsO. Die übrigen Leasingverträge unterfallen § 103 InsO. Das gilt nach der h.M. auch dann, wenn zugunsten des Leasingnehmers eine Kaufoption vereinbart wurde, weil auch in diesem Fall der mietvertragliche Charakter überwiegt. Wenn die Option ausgeübt wurde, gilt § 103 InsO (ausf. s. § 108 Rdn. 12 ff.).

23 – Zu **Lebensversicherungsverträgen** s. Rdn. 40, 104.

24 – **Lizenzverträge** (ausf. Jaeger/Henckel/Gerhardt/*Jacoby* InsO, Vor § 103 Rn. 120): Die Behandlung von Lizenzverträgen ist in der Literatur äußerst umstritten und hat eine Vielzahl von Lösungsvorschlägen hervorgebracht, die zunehmend unübersichtlich werden (hierzu *Berger* GRUR 2013, 321 [325]; *Ganter* NZI 2011, 833 [837]) und hier nicht umfassend behandelt werden können.

ZIP 2002, 2162 [2163 ff.]; HK-InsO/*Marotzke* § 103 Rn. 57, 69; HambK-InsO/*Ahrendt* § 103 Rn. 16; die Notwendigkeit einer Ausnahmesituation wird in *BGH* NZI 2004, 214 besonders hervorgehoben). Diese Auffassung ist abzulehnen. Auch der vorläufige starke Insolvenzverwalter handelt im Eröffnungsstadium und hat andere Aufgaben und Kompetenzen als der endgültige Verwalter. Beide Funktionen sind wesensverschieden. Handlungen des vorläufigen Verwalters, die häufig der Sicherung des Vermögens dienen, können den endgültigen Verwalter nicht binden. Dagegen spricht auch nicht § 55 Abs. 2 InsO. Diese Norm fingiert lediglich Masseschulden unter bestimmten Voraussetzungen im Interesse des Verkehrsschutzes, die Systematik des § 103 InsO wird nicht durchbrochen. Der Rechtsverkehr wird durch den Verweis des § 21 Abs. 2 Ziff. 1 auf §§ 60, 61 InsO ausreichend geschützt (zu Garantieerklärungen *OLG Rostock* ZIP 2005, 220 [221]).

Es bleibt die Frage, ob sich der Verwalter **von Verträgen** lösen kann, die er **nach Verfahrenseröffnung** 9 begründet hat. Diese Konstellation hat insbes. Bedeutung für die Unternehmensfortführung in der Insolvenz. Bereits nach dem Wortlaut des Gesetzes bezieht sich § 103 nur auf Verträge, die im Zeitpunkt der Verfahrenseröffnung schon bestanden. Auch aus Gründen des Verkehrsschutzes kann man dem Verwalter nicht die Erfüllungsverweigerung zu Verträgen zugestehen, die er selbst begründet hat. Dies lässt sich auch mit der ratio legis begründen: § 103 InsO stellt sicher, dass die Masse nicht durch ungünstige Verträge aus der Zeit vor Verfahrenseröffnung belastet wird. Keinesfalls soll der Verwalter ein gesetzliches Institut an die Hand bekommen, um widersprüchlich zu handeln.

II. Einzelne Schuldverhältnisse

– **Bankvertrag:** In der Insolvenz des Bankkunden finden §§ 115, 116 Anwendung, s. ausf. FK- 10 InsO/*Wegener* § 116 Rdn. 9, 42 ff. In der Insolvenz des Kreditinstitutes wird § 103 InsO regelmäßig durch § 108 Abs. 2 verdrängt. Für weitere Vertragswerke greift § 104 Abs. 2 InsO.

– **Bauvertrag:** Der Vertrag über die Erbringung von Bauleistungen fällt unter § 103 InsO. Erheb- 11 liche Bedeutung in der Praxis hat das Kündigungsrecht aus § 8 VOB. Der für das Baurecht zuständige VII. Senat des BGH hat mit seiner Entscheidung v. 07.04.2016 (– VII ZR 56/155, ZIP 2016, 981 ff.) die Wirksamkeit des § 8 VOB bejaht und damit für die VOB-Verträge das Wahlrecht verneint (zum Streitstand in der Literatur ausf. *Wegener* ZInsO 2013, 1105 ff.; *Huber* NZI 2014, 49 ff. und jüngst *Schmidt* ZInsO 2016, 2462 ff. zur Abdingbarkeit grundsätzlich s. Rdn. 119). Erhebliche Bedeutung für die Abwicklung des Bauvertrages in der Insolvenz hat für die Praxis § 105 InsO, insbesondere die Frage der Teilbarkeit bei Mängeln aus dem Bauabschnitt, der vor der Insolvenz erstellt wurde (ausf. jeweils *Schmitz* ZInsO 2004, 1051 ff.; *Huber* ZInsO 2005, 449 ff.). Ausführlich zum Bauvertrag s. Rdn. 80.

– Auch der **Bauträgervertrag** wird durch § 103 InsO erfasst. Von besonderer Bedeutung in dieser 12 Vertragskonstellation ist regelmäßig § 106 InsO; der Anspruch auf Übereignung des Grundstücks ist aufgrund der Vormerkung insolvenzfest. Die Werkleistung des insolventen Bauträgers hängt dagegen vom Wahlrecht des Verwalters ab (ausf. s. § 106 Rdn. 21; *Hess* InsO, § 103 Rn. 4–46).

– **Darlehensverträge** über verzinsliche (zu unverzinslichen s. Rdn. 49) Darlehen sind gegenseitige 13 Verträge. Von § 103 InsO werden sie erfasst, solange die Darlehensvaluta nicht ausbezahlt sind. Nach diesem Zeitpunkt fehlt es an der beiderseitigen Nichterfüllung (MüKo-InsO/*Huber* § 103 Rn. 69; *Uhlenbruck/D. Wegener* InsO, § 103 Rn. 29; Jaeger/Henckel/Gerhardt/*Jacoby* InsO, § 103 Rn. 64; **a.A.** *Hess* InsO, § 103 Rn. 20; *Lind* ZInsO 2004, 580 ff.; *Engert/Schmidl* WM 2005, 60 [64]). Ist das Darlehen noch nicht ausbezahlt, kann der Darlehensgeber bei der Insolvenz des Darlehensnehmers das Darlehen nach § 490 BGB kündigen (ausf. zum Kündigungsrecht und zu den ABG der Banken, *Wittig* ZInsO 2003, 630 ff.). § 119 InsO widerspricht diesem Kündigungsrecht nicht (*Obermüller* ZInsO 2013, 476 [477]; vgl. auch Rdn. 119). In der **Insolvenz des Darlehensgebers** hat der Verwalter die Erfüllungswahl nur bis zum Zeitpunkt der Valutierung, danach greift § 108 Abs. 2 InsO.

– § 103 InsO wird bei **Dienstverträgen** durch die §§ 108, 113 ff. InsO verdrängt. Die KO hatte das 14 Sonderkündigungsrecht des § 22 KO auf angetretene Dienstverträge beschränkt. Der abwei-

leistung und tritt den Anspruch auf Rückgewähr der von ihr erbrachten Zahlung für den Fall der Nichtdurchführung des Vertrags an einen Dritten ab, ergibt sich nach dieser neuen Rechtsprechung, dass die Abtretung wirksam ist. Diese Konstellation stellt auch keine insolvenzabhängige Lösungsklausel dar (BGHZ 155, 87). Der auf Grund einer Vorleistung des Schuldners bereits vor Insolvenzeröffnung entstandene Anspruch auf die Gegenleistung kann wirksam abgetreten werden (BGHZ 129, 336 [340]).

4 Nach der in dem Urteil vom 25.04.2002 (BGHZ 150, 353 [359]) bestätigten Auffassung soll Teilbarkeit vorliegen, wenn sich die vor und nach Eröffnung des Insolvenzverfahrens erbrachten Leistungen feststellen und bewerten lassen. Dies wird regelmäßig der Fall sein. Hat also der Gläubiger vor Verfahrenseröffnung eine Vorleistung erbracht, erfolgt bei Erfüllungswahl eine Spaltung seiner Ansprüche: Hinsichtlich der Vorleistung ist er Insolvenzgläubiger (s. § 105 InsO); wegen der noch ausstehenden Ansprüche ist er Massegläubiger nach § 55 Abs. 1 Nr. 2 InsO (ausf. MüKo-InsO/*Kreft* § 103 Rn. 39 ff.). Für den Fall der Nichtdurchführung des Vertrages handelt es sich bei dem Rückzahlungsanspruch um eine bedingte Forderung. Da bedingte Forderungen als bereits bestehend behandelt werden, ist die Abtretung eines derartigen Anspruchs insolvenzfest (*BGH* ZIP 2003, 1208 [1209]). Dies bedeutet eine Bestätigung des Grundsatzes, dass Vorleistungen trotz etwaiger Erfüllungswahl »auf eigene Gefahr« erfolgen.

5 Mit der Ablehnung der Vertragserfüllung durch den Verwalter hat der Vertragsgegner nach Abs. 2 Satz 3 den Anspruch auf Nichterfüllung als Insolvenzforderung. Die dogmatischen Grundlagen dieses Anspruches sind ebenfalls nicht geklärt (s. Rdn. 2). Sondert der Vertragspartner darauf den Vertragsgegenstand aus, muss er den vom Schuldner gezahlten Teilkaufpreis nach §§ 346 ff. BGB an die Masse erstatten (*BGH* 13.03.2013 ZIP 2013, 526 Rn. 11; MüKo-InsO/*Ganter* § 47 Rn. 72). Zur Aufrechnung mit diesem Anspruch s. Rdn. 115.

6 Die Erfüllungswahl steht dem **vorläufigen Insolvenzverwalter** nicht zu (BGH ZIP 2007, 2322 [2323]; *Uhlenbruck/D. Wegener* InsO, § 103 Rn. 99; MüKo-InsO/*Huber* § 103 Rn. 150; *Kübler/ Prütting/Bork-Tintelnot* InsO, § 103 Rn. 51; *Hess/Weis/Wienberg* InsO, 3. Aufl., § 103 Rn. 118). Das gilt sowohl für den starken als auch den schwachen vorläufigen Verwalter, da im Eröffnungsverfahren keine grundsätzlichen Entscheidungen getroffen werden sollen. Ein vor Verfahrenseröffnung erklärtes Erfüllungsverlangen durch den vorläufigen Insolvenzverwalter kann den späteren endgültigen, auch personenidentischen Insolvenzverwalter nicht binden (*BGH* ZIP 2002, 1625 [1628 ff.]; str. für den starken Verwalter, ausf. s. Rdn. 8). Bei der **Eigenverwaltung** steht das Erfüllungswahlrecht nach § 279 Satz 1 InsO dem Schuldner zu, der das Wahlrecht im Einvernehmen mit dem Sachwalter ausüben soll.

B. Betroffene Verträge

I. Grundsatz

7 § 103 InsO erfasst nur gegenseitige Verträge i.S.d. §§ 320 ff. BGB, die im Zeitpunkt der Insolvenzeröffnung von keiner der Vertragsparteien vollständig erfüllt sind. Allgemein versteht man hierunter Verträge, bei denen eine Partei ihre Leistung gerade wegen der Gegenleistung verspricht. Nicht erfasst werden zweiseitige, aber nur einseitig verpflichtende Verträge (Schenkung, unverzinsliches Darlehen) und unvollkommen zweiseitige Verträge (z.B. Auftrag). Entscheidend ist das **Synallagma** (*BGH* ZIP 2009, 428 [430]), auf eine materielle Gleichwertigkeit von Leistung und Gegenleistung kann es nicht ankommen, da gerade eine Ungleichwertigkeit das Interesse des Verwalters an der Erfüllung begründet.

8 Das Wahlrecht steht ausschließlich dem Verwalter zu. Weder der schwache noch der vorläufige mit Verfügungsmacht kann dieses Recht ausüben (*BGH* 08.11.2007 ZIP 2007, 2322 [2323]; nur noch beiläufig *OLG München* 21.10.2015 – 7 U 4916/14, NZI 2016, 488 m. Anm. *Jonescheit*; *Uhlenbruck/D. Wegener* InsO, § 103 Rn. 99; Jaeger/Henckel/Gerhardt/*Jacoby* InsO, § 103 Rn. 161). Bei Verträgen, die der starke Verwalter begründet hat, wird teilweise ein Wahlrecht des Verwalters wegen der eindeutigen Gesetzeswertung des § 55 Abs. 2 InsO abgelehnt (ausf. *Hoenig/Meyer-Löwy*

venzmasse befriedigen; die Forderung ist Masseschuld nach § 55 Abs. 1 Nr. 2 InsO. Lehnt er die Erfüllung ab, kann der Gläubiger seinen Erfüllungsanspruch als Insolvenzforderung gem. § 38 InsO anmelden. Beinhaltet der Anspruch keine Zahlungsverpflichtung des insolventen Vertragspartners, wird dieser nach § 45 InsO in eine Geldforderung umgerechnet (*Henckel* ZZP 99, 419 [429 f.]). Diese Forderung kann er wegen § 320 BGB nur ungekürzt zur Tabelle anmelden, wenn er seine noch ausstehende Leistung erbringt (*Stamm* KTS 2011, 421 [427]). Dazu wird er regelmäßig aber nicht bereit sein, da die Insolvenzforderung keine gleichwertige Gegenforderung ist. Nach wie vor ist nicht vollständig geklärt, welcher Art und welchen Inhalt der Anspruch aus Abs. 2 Satz 1 hat (hierzu auch *Jaeger/Henckel/Gerhardt/Jacoby* InsO, § 103 Rn. 33 f.). Teilweise wird eine pVV in der Erfüllungsablehnung gesehen (*Hess* InsO, § 103 Rn. 149), die Rspr. stützte ihn auf die §§ 280 Abs. 1, Abs. 3, 282 BGB unter dem Gesichtspunkt der Leistungstreuepflichtverletzung (BGHZ 17, 127 [129]; *BGH* NJW 1962, 153 [155]). Teilweise wird auch § 103 Abs. 2 Satz 1 InsO als Anspruchsgrundlage betrachtet, obwohl hiergegen schon der Wortlaut dieser Norm spricht (so auch *Bork* Insolvenzrecht, Rn. 166, der trotzdem an § 103 Abs. 2 Satz 1 als Anspruchsgrundlage festhält; umfassend auch *Marotzke* Gegenseitige Verträge, Rn. 5.1). Weiterhin wird vertreten, dass der Gläubiger einen verkürzten Primäranspruch zur Tabelle anmelden kann (Jaeger/Henckel/Gerhardt/*Jacoby* InsO, § 103 Rn. 34). Eine überzeugende Lösung wird sich hier nicht finden lassen. Der Gläubiger ist allerdings nicht gezwungen, einen Schadensersatzanspruch statt der Leistung geltend zu machen. Da nach neuer Rechtsprechung die Ansprüche nicht erlöschen, sondern lediglich ihre Durchsetzbarkeit verlieren, kann der Anspruch das Insolvenzverfahren überdauern (*Huber* NZI 2002, 467 [469]; *Marotzke* Gegenseitige Verträge, Rn. 3.40; zu den Konsequenzen im Verfahren über das Vermögen natürlicher Personen, *Wegener* ZVI 2016, 425).

Die dogmatischen Grundlagen des Erfüllungswahlrechts sind nach wie vor nicht vollständig geklärt. **3** Der *BGH* hatte mit der Grundsatzentscheidung vom 20.12.1988 (BGHZ 106, 236; bestätigt in BGHZ 116, 156; BGHZ 129, 336; *BGH* ZIP 1991, 955; ZIP 1993, 600) die sog. Erlöschenstheorie begründet. Danach erlischt der Erfüllungsanspruch des Vertragspartners durch die Insolvenzeröffnung und kann nur durch das Erfüllungsverlangen des Verwalters wieder entstehen. Die Erlöschenstheorie hatte in der Literatur massive Kritik erfahren (Nachw. bei MüKo-InsO/*Kreft* § 103 Rn. 3; gerügt wurde u.a. die dogmatische Unvereinbarkeit mit den §§ 114, 116, 201 Abs. 1 InsO). Mit einer weiteren Grundsatzentscheidung v. 25.04.2002 (BGHZ 150, 353 [359] = ZIP 2002, 1093 = ZInsO 2002, 577, st. Rspr. *BGH* ZInsO 2006, 35; ZIP 2007, 778 [779]) hat der BGH diese Theorie aufgegeben und dargelegt, dass die beiderseitigen Ansprüche nicht untergehen, sondern lediglich ihre Durchsetzbarkeit wegen § 320 BGB verlieren. Dieser dogmatische Richtungswechsel hat zunächst zur Folge, dass der vertragliche Zustand, der im Zustand der Verfahrenseröffnung besteht, erhalten bleibt. Die Folgen der Erlöschenstheorie für den Vertrag in der Insolvenz sollen gleichwohl erhalten bleiben. Die Entscheidung v. 25.04.2002 hat die Erlöschenstheorie nur modifiziert (so *Graf/Wunsch* ZIP 2002, 2117 [2120]; krit. jetzt *Marwede* ZInsO 2011, 937 ff.). Der BGH macht deutlich, dass Drittrechte an den vertraglichen Ansprüchen der Masse, die nach Verfahrenseröffnung neu fortgelten (*BGH* ZIP 2002, 1093 [1095] mit Verweis auf die bisherige Rechtsprechung zur Erlöschenstheorie; krit. *Mohrbutter/Mohrbutter* DZWIR 2003, 1 [4]). Die Ansprüche werden mit Erfüllungswahl des Verwalters zu originären Masseforderungen; die novierende Wirkung aus der Erlöschenstheorie bleibt bestehen. Mit der Erfüllungswahl schafft der Verwalter einen neuen identischen Vertrag. Dies hat zur Folge, dass die oben dargestellten massefreundlichen Grundsätze zur Zession und zur Aufrechnung Bestand haben (eingehend dazu s. Rdn. 102). Das gilt auch für die Aufrechnung mit dem Anspruch aus § 103 Abs. 2 wegen Erfüllungsverweigerung gegenüber Vorleistungen des Schuldners. Schon in einer Entscheidung zur GesO hat der BGH deutlich gemacht, dass die Grundsätze zur Aufrechnung auch nach Wegfall der Erlöschenstheorie Bestand haben (*BGH* NZI 2003, 491 [493]; vgl. auch *Graf/Wunsch* ZIP 2002, 2117 [2122]). Mit der Aufgabe der Erlöschenstheorie ist daher der Widerspruch zu den §§ 115 ff. InsO beseitigt, ohne dass eine klare und schlüssige dogmatische Linie gefunden wäre. Zunehmende Bedeutung zur Wirksamkeit von Drittrechten wird in der Praxis die Rechtsprechung zur Teilbarkeit der Leistungen gewinnen, die in der InsO in § 105 festgeschrieben ist. Erbringt die Partei eines gegenseitigen Vertrags eine Vor-

rung und Veräußerung zwischen Eröffnungsantrag und Berichtstermin, 2000; *ders*. Nutzungs- und Immaterialgüterrechte im Fokus der aktuellen (Insolvenz-)Rechtspolitik, ZInsO 2008, 1108; *ders*. Keine Neuverbindlichkeiten des Schuldners bei nach Insolvenzeröffnung fortgesetztem Energiebezug trotz späterer Ablehnung der Vertragserfüllung durch den Verwalter, EWiR 2016, 273; *Marwede* Die Suspensivtheorie zu § 103 InsO – dogmatische Brüche im Richterrecht, ZInsO 2011, 937; *McGuire* Nutzungsrechte an Computerprogrammen in der Insolvenz, GRUR 2012, 17; *Meinecke* Rechtsfolgen nachträglicher Unmöglichkeit der Leistung beim gegenseitigen Vertrag, AcP 171 (1971), 19; *Meyer/Knaub* Zur Wirksamkeit insolvenzabhängiger Lösungsklauseln in Vertriebsverträgen, ZVertriebsR 2016, 275; *Musielak* Die Erfüllungsablehnung des Konkursverwalters. Zur Auslegung des § 17 Abs. 1 der Konkursordnung, AcP 179 (1979), 189; *Muthorst* § 348 BGB in der Insolvenz – zum Anwendungsbereich von § 103 InsO, KTS 2009, 467; *Obermüller* Lösungsklauseln im Bankgeschäft, ZInsO 2013, 476; *Pfennig* Das Erbbaurecht in der Insolvenz, Diss. 2010; *Proske* Die Kautionsversicherung in der Insolvenz des Unternehmers, ZIP 2006, 1035; *Schaaf/Mushardt* Das Schicksal des Wahlrechts nach § 103 InsO bei Fortführungsvereinbarungen, BB 2013, 2056; *Schmidt* Zur Insolvenzfestigkeit vertraglicher Lösungsklauseln nach § 8 Abs. 2 VOB/B (2009), ZInsO 2016, 2464; *Schmitz* in Kniffka, Bauvertragsrecht § 649, 2. Aufl. 2016; *Schwörer* Lösungsklauseln für den Insolvenzfall, 2000; *Senger/Finke* Dauerschuldverhältnisse unter besonderer Beachtung der Privaten Krankenversicherung, ZInsO 2012, 997; *Slopek* § 108a InsO RegE und die Büchse der Pandora, ZInsO 2008, 1118; *Stamm* Die Entmystifizierung des Insolvenzverwalterwahlrechts aus zivilrechtlicher Sicht, KTS 2011, 421; *Strotmann* Das Wahlrecht des Insolvenzverwalters gem. § 103 Abs. 1 InsO bei bedingten Beteiligungsverkäufen in der Verkäuferinsolvenz, ZInsO 2010, 1314; *Ströbl/Woltmann* Wirksamkeit der außerordentlichen Kündigung des Prinzipals bei Insolvenz des Absatzmittlers, ZVertriebR 2014, 236; *Teubner* Gegenseitige Vertragsuntreue, 1975; *Wegener, D.* Das Wahlrecht des Insolvenzverwalters unter dem Einfluss des Schuldrechtsmodernisierungsgesetzes, 2007; *Wegener* § 108a InsO zur Insolvenzfestigkeit von Lizenzen – Zuviel des Guten?, ZInsO 2008, 352; *ders*. Untergang des § 8 Nr. 2 Abs. 1 VOB/B?, ZInsO 2013, 1105; *ders*. Der schweigende Vertragspartner, ZVI 2016, 425; *Wilmowsky* Der Mieter eines beweglichen Gegenstandes in der Insolvenz, ZInsO 2007, 731; *Wittler/Kupczyk* Die Entwicklung des privaten Baurechts (BGB und VOB/B) seit November 2012, NJW 2013, 1854; *Wortberg* Die Überlegungsfrist bei der Ausübung des Verwalterwahlrechts – ein Instrument zu Masseanreicherung?, ZInsO 2007, 1256.

A. Grundgedanke

1 § 103 InsO ist eine der zentralen Normen des Insolvenzrechts. Sie gibt dem Insolvenzverwalter die Möglichkeit, Verträge in der Insolvenz fortzuführen, ohne die vorinsolvenzlichen Belastungen erfüllen zu müssen. Der Verwalter kann mit der Erfüllungswahl die Gegenleistungen für die Masse realisieren. Die Vorschrift stellt aber auch den Schutz des Vertragspartners sicher (ausf. zu den beiderseitigen Schutzrichtungen des § 103 InsO: Jaeger/Henckel/Gerhardt/*Jacoby* InsO, § 103 Rn. 5 ff.). Im Fall der Erfüllungswahl sind seine Ansprüche Masseschulden, § 55 Abs. 1 Nr. 2 InsO. Für bestimmte Schuldverhältnisse enthält die InsO Sonderregelungen in den §§ 104 ff. InsO. Der Eigentumsvorbehaltskauf wird in § 107 InsO gesondert geregelt, § 105 InsO enthält nunmehr eine praxisgerechte Lösung für teilbare Leistungen. Die Norm gewinnt in der Praxis zunehmend an Bedeutung, nachdem der BGH die Anforderungen an die Teilbarkeit von Leistungen herabsetzt (*BGH* ZInsO 2001, 71; ZInsO 2001, 708 [710]; ausf. dazu Rdn. 4 und § 105 Rdn. 7). § 104 InsO regelt die Behandlung von Finanztermingeschäften umfassend. Mietverträge über Immobilien werden in den §§ 109–112 InsO detailliert geregelt (s. Rdn. 26), Dienstverträge (zur einschränkenden Anwendung des § 108 InsO auf Dienstverträge, die nur mit Mitteln der Masse erfüllt werden können s. Rdn. 31) sind nach §§ 113 ff. InsO zu behandeln.

Nach dem Grundgedanken des Gesetzes soll der Vertragspartner des Schuldners nicht mehr verpflichtet sein, seine vertraglich vereinbarte Leistung nach der Eröffnung des Insolvenzverfahrens zu erbringen, wenn er wegen der ihm zustehenden Gegenleistung nur noch auf die Insolvenzquote verwiesen werden kann. Andererseits soll aber die Erfüllung des Vertrages in den Fällen möglich bleiben, in denen sie im Interesse der Insolvenzmasse liegt und zur Stärkung der Masse herangezogen werden kann.

2 Um dieser Zielsetzung gerecht zu werden, räumt die Norm dem Insolvenzverwalter ein Erfüllungswahlrecht ein. Unter Insolvenzverwalter ist hier nur der endgültige zu verstehen, die §§ 103 ff. InsO finden bei der vorläufigen Insolvenzverwaltung keine Anwendung (ausf. s. Rdn. 6). Sofern sich der Insolvenzverwalter für die Vertragserfüllung entscheidet, muss er den Vertragspartner aus der Insol-

Zweiter Abschnitt Erfüllung der Rechtsgeschäfte. Mitwirkung des Betriebsrats

§ 103 Wahlrecht des Insolvenzverwalters

(1) Ist ein gegenseitiger Vertrag zur Zeit der Eröffnung des Insolvenzverfahrens vom Schuldner und vom anderen Teil nicht oder nicht vollständig erfüllt, so kann der Insolvenzverwalter anstelle des Schuldners den Vertrag erfüllen und die Erfüllung vom anderen Teil verlangen.

(2) ¹Lehnt der Verwalter die Erfüllung ab, so kann der andere Teil eine Forderung wegen der Nichterfüllung nur als Insolvenzgläubiger geltend machen. ²Fordert der andere Teil den Verwalter zur Ausübung seines Wahlrechts auf, so hat der Verwalter unverzüglich zu erklären, ob er die Erfüllung verlangen will. ³Unterlässt er dies, so kann er auf der Erfüllung nicht bestehen.

Übersicht

		Rdn.			Rdn.
A.	Grundgedanke	1	II.	Erfüllungswahl	84
B.	Betroffene Verträge	7	III.	Rechtsfolgen	93
I.	Grundsatz	7	1.	Erfüllung	93
II.	Einzelne Schuldverhältnisse	10		a) Grundsatz	93
C.	Fehlende Vertragserfüllung	66		b) Gegenrechte	102
I.	Grundsatz	66		c) Lebensversicherungen	104
II.	Kaufvertrag	71	2.	Erfüllungsablehnung	106
III.	Werkvertrag über Bauleistungen	80	E.	Nichtausübung des Wahlrechts	117
IV.	Mietverträge	82	F.	Abdingbarkeit	119
D.	Wahlrecht	83	G.	Verjährung	121
I.	Grundsatz	83			

Literatur:
Bausch Patentlizenz und Insolvenz des Lizenzgebers, NZI 2005, 289 ff.; *Berger* Lizenzen in der Insolvenz des Lizenzgebers, GRUR 2013, 321 ff.; *Bork* Zur Dogmatik des § 17 KO, in: FS Zeuner, 1994, S. 297; *Braegelmann* »Chilling Efffect?« – Gefährdet die Rechtsprechung zur Insolvenzfestigkeit von Lizenzverträgen den Wirtschafts- und Forschungsstandort Deutschland?, ZInsO 2012, 629; *Bullinger/Hermes* Insolvenzfestigkeit von Lizenzen im zweiten Anlauf einer Insolvenzrechtsreform?, NZI 2012, 492; *Dahl* Schiedsvereinbarungen in der Insolvenz, NJW-Spezial 2014, 21; *Dahl/Schmitz* Das Schicksal der Lizenz in der Insolvenz des Lizenzgebers – der erneut gescheiterte Versuch einer gesetzlichen Regelung und deren Notwendigkeit, BB 2013, 1032; *dies.* Die Insolvenzfestigkeit von Lizenzen in der Insolvenz des Lizenzgebers, NZI 2013, 878; *Dahl/Thomas* Die Bindungswirkung von Schiedsklauseln im Insolvenzverfahren, NZI 2012, 534; *Eckhoff* Kündigung von Vertriebsverträgen wegen Insolvenz des Vertriebsmittlers, NZI 2015, 972; *Emde/Klem* Der Handelsvertrag in der Insolvenz des Unternehmers, ZIP 2005, 58; *Engert/Schmidl* Verkaufte Darlehn in der Insolvenz des Darlehnsgebers, WM 2005, 60; *Flecke-Giammarco/Keller* Die Auswirkung der Wahl des Schiedsortes auf den Fortgang des Schiedsverfahrens in der Insolvenz, NZI 2012, 529; *Freier* Insolvenz des Lizenzgebers und/oder Kooperationspartners – Risikominimierung durch Vertragsgestaltung, NZI 2016, 857; *v.Frentz/Masch* Die Insolvenzfestigkeit von einfachen und ausschließlichen Nutzungsrechten an Schutzrechten (Patentlizenzen, Markenlizenzen und urheberrechtlichen Nutzungsrechten ZIP 2011, 1245; *Ganter* Patentlizenzen in der Insolvenz des Lizenzgebers, NZI 2011, 833; *Gottwald* Der unerkannte Baumangel in der Insolvenz, NZI 2005, 588; *Güther/Kohly* Typische Probleme bei der Feststellung und Verwertung von Lebensversicherungsverträgen in der Unternehmensinsolvenz, ZIP 2006, 1229; *Glöckner* in v.Berg/Glöckner/Gollnick, Bau- und Architektenrecht, § 8 VOB/B, 2. Aufl. 2015; *Hackenberg* Zivilrechtliche und umsatzsteuerliche Rückabwicklung von Mietkaufverträgen in der Insolvenz des Mietkäufers, ZInsO 2014, 1698; *Hadding* Die Rechtswirkungen beiderseits zu vertretender Unmöglichkeit der Leistung, AcP 168 (1968), 150; *Heidland* Rechtliche und tatsächliche Folgen der Erfüllungswahl eines Bauvertrages durch den Insolvenzverwalter gem. § 103 InsO, ZInsO 2011, 201; *Huber* Vertragsspaltung in der Insolvenz des Auftragnehmers auch für mangelhafte Teilleistung vor Verfahrenseröffnung?, ZInsO 2005, 449; *ders.* Schicksal des bauvertraglichen Kündigungsrechtes nach § 8 II Br. 1 VOB/B als insolvenzbedingte Lösungsklausel, NZI 2014, 49; *Huber/Riewe* Erwerb eines Nutzungsrechts durch Kündigung in der Insolvenz des Lizenzgebers – Oder: Ein Fall zum Anfang vom Ende des Wahlrechts samt Diskussion um die insolvenzrechtlicher Wirksamkeit einer Lösungsklausel?, ZInsO 2006, 290; *Krüger* Die Wirkung der Verfahrenseröffnung bei einem insolventen Handelsvertreter auf seinen Handelsvertretervertrag, ZInsO 2010, 507; *Kück* Schiedsgerichtsverfahren und Schiedsabreden im Insolvenzverfahren, ZInsO 2006, 11; *Marotzke* Das Unternehmen in der Insolvenz: Fortfüh-

geheimnis tangierte. Indessen handelte es sich bei § 121 KO um vorkonstitutionelles Recht, für das das *BVerfG* in st.Rspr. (seit BVerfGE 2, 122 und BVerfGE 5, 16) die Ansicht vertritt, dass darauf das Zitiergebot von Art. 19 Abs. 1 Satz 2 GG nicht anwendbar sei. Als nachkonstitutionelle Vorschrift muss die InsO hingegen dem **Zitiergebot** genügen, auch wenn §§ 99 und 101 InsO lediglich eine ältere Grundrechtsbeschränkung wiederholen, zumal ein Element der betroffenen Grundrechtseinschränkungen, die vorläufige Postsperre im Eröffnungsverfahren (§ 21 Abs. 2 Nr. 4 InsO), im früheren Recht nicht vorgesehen war.

B. Bedeutung der Vorschrift

2 Wegen Art. 10 Abs. 2 Satz 1 GG kann sich ein Betroffener nicht darauf berufen, dass die dem Zitiergebot genügenden §§ 99 und 101 Abs. 1 Satz 1 InsO wegen Verstoßes gegen Art. 10 Abs. 1 GG verfassungswidrig seien. Wohl aber können einzelne Maßnahmen, die auf diese Vorschriften gestützt werden, verfassungswidrig sein, falls sie **übermäßig** in das Grundrecht von Art. 10 Abs. 1 GG eingreifen. Die Anordnung der Postsperre muss vom Zweck des Insolvenzverfahrens gedeckt sein, und sie muss sich an der Bedeutung des einzelnen Insolvenzverfahrens orientieren (allgemein zur Verhältnismäßigkeit einer Einschränkung des Briefgeheimnisses *BVerfG* BVerfGE 67, 172). Des Weiteren ist bei den nach § 101 Abs. 1 Satz 1 InsO generell in Frage kommenden Personen zu prüfen, welche davon so in den Geschäftsablauf involviert waren und sind, dass eine Kontrolle der eingehenden Postsendungen aus Insolvenzgesichtspunkten angebracht ist. Schließlich dürfen die Beschränkungen nicht länger aufrechterhalten werden, als es der Insolvenzzweck gebietet. Wird gegen diese Grundsätze verstoßen, die sich bereits aus einfachem Gesetzesrecht ergeben (§ 99 Abs. 1 Satz 1 InsO: »erforderlich«; Abs. 3 Satz 2), so liegt zugleich eine Verletzung von Art. 10 Abs. 1 GG vor. Der Betroffene kann dann nicht nur sofortige Beschwerde einlegen (§ 99 Abs. 1 Satz 1 InsO), sondern nach Ausschöpfung des Rechtsweges auch Verfassungsbeschwerde erheben.

verwiesen werden, erst alle ehemaligen organschaftlichen Mitglieder der Vertretungs- und Aufsichtsorgane um Auskunft ersuchen zu müssen, ehe er sich an den Gesellschafter wenden kann.

Kommen die Gesellschafter der ihnen obliegenden Auskunftpflicht nicht nach, können gegen sie auch Zwangsmaßnahmen nach § 98 InsO angeordnet werden. Wird der Antrag auf Eröffnung des Insolvenzverfahrens abgewiesen, können ihnen auch die Kosten auferlegt werden (*Uhlenbruck/ Zipperer* InsO, § 101 Rn. 26). 16

C. Unterhalt

Unterhaltszahlungen aus der Masse gem. § 100 InsO können nur Vertretern gewährt werden, die zugleich persönlich für die Schulden der insolventen Gesellschaft haften (*Uhlenbruck/Zipperer* InsO, § 101 Rn. 21). Damit sind z.B. Vorstandsmitglieder einer Aktiengesellschaft oder der Geschäftsführer einer GmbH nicht unterhaltsberechtigt aus der Masse (zur rechtspolitischen Rechtfertigung MüKo-InsO/*Stephan* § 101 Rn. 26). Berechtigt wäre jedoch der Gesellschafter einer Offenen Handelsgesellschaft oder der Komplementär einer Kommanditgesellschaft. Seine Stellung gleicht regelmäßig der eines insolventen Einzelkaufmanns. Demgegenüber besteht der Anstellungsvertrag eines Vorstandsmitglieds einer AG oder des Geschäftsführers einer GmbH im Insolvenzverfahren zunächst fort, sodass auf anderer Grundlage Zahlungspflichten entstehen können (vgl. MüKo-InsO/*Stephan* § 101 Rn. 26); zudem wird sein Privatvermögen – anders als das eines persönlich haftenden Gesellschafters (§§ 128 HGB, 93 InsO) – von der Gesellschaftsinsolvenz nicht berührt. 17

D. Kostentragungspflicht bei Pflichtverletzungen

Der durch das MoMiG eingefügte Absatz 3 verbindet, auch im Falle des Eigenantrags des Schuldners, Pflichtverletzungen mit der u.a. scharfen Sanktion der Kostentragungspflicht. Abs. 3 ist im Eröffnungsverfahren anwendbar (K. Schmidt/*Jungmann* InsO, § 101 Rn. 19). Die nicht erteilte Auskunft oder Mitwirkung muss auch kausal für die Abweisung des Insolvenzantrages gewesen sein. Bei einem Gläubigerantrag hat der antragstellende Gläubiger bei einer Abweisung des Antrages mangels eine die Verfahrenskosten deckende Masse für die Gerichtskosten und die Auslagen (Gutachterkosten) einzustehen (§ 23 GKG). Diese Kosten sollten bei einer Abweisung des Insolvenzantrags dann nicht vom antragstellenden Gläubiger getragen werden, wenn die Abweisung auf der Verletzung verfahrensrechtlicher Mitwirkungspflichten beruht (RegE BT-Drucks. 16/6140 S. 57). Somit ergibt sich bereits aus der Begründung zum Regierungsentwurf ein entsprechendes Kausalitätserfordernis (K. Schmidt/*Jungmann* InsO, § 101 Rn. 20; *Kübler/Prütting/Bork-Lüke* § 101 Rn. 12; a.A. HambK-InsO/*Herchen* § 101 Rn. 5b: Kausalität ist nicht erforderlich). 18

Indessen hat das Insolvenzgericht, wie das Wort »können« belegt, einen Ermessensspielraum (so auch HambK-InsO/*Herchen* § 101 Rn. 5d; K. Schmidt/*Jungmann* InsO, § 101 Rn. 20): Es wird seine Entscheidung daran auszurichten haben, wie hoch die wirtschaftliche Beteiligung des Betreffenden, seine Einblicksmöglichkeiten in die Verhältnisse des Schuldners und seine Widerspenstigkeit einzustufen sind. Auch eine Auferlegung nur eines Teils der Verfahrenskosten ist möglich. 19

§ 102 Einschränkung eines Grundrechts

Durch § 21 Abs. 2 Nr. 4 und die §§ 99, 101 Abs. 1 Satz 1 wird das Grundrecht des Briefgeheimnisses sowie des Post- und Fernmeldegeheimnisses (Art. 10 Grundgesetz) eingeschränkt.

Übersicht	Rdn.		Rdn.
A. Notwendigkeit der Vorschrift	1	B. Bedeutung der Vorschrift	2

A. Notwendigkeit der Vorschrift

Die KO enthielt keine entsprechende Bestimmung, obwohl auch unter ihrer Geltung Einigkeit darüber bestand, dass § 121 KO das – durch Gesetz beschränkbare (Art. 10 Abs. 2 Satz 1 GG) – Brief- 1

IV. Ausgeschiedene organschaftliche Vertreter

12 Ausgeschiedene organschaftliche Vertreter oder ehemalige Mitglieder eines Aufsichtsorgans trifft die Auskunftspflicht nach § 97 Abs. 1 InsO und ihre Erzwingbarkeit durch Vorführung und Haft sowie die Pflicht zur eidesstattlichen Versicherung und deren Erzwingbarkeit durch Haft, auch dann, wenn sie nicht früher als zwei Jahre vor dem Insolvenzantrag ihre Vertretungsbefugnis verloren haben (dazu auch *OLG Düsseldorf* DB 2001, 261). Eine Unterstützungspflicht nach § 97 Abs. 2 InsO, die Pflicht zur Erreichbarkeit nach § 97 Abs. 3 Satz 1 InsO und die Möglichkeit der Postsperre trifft diese ausgeschiedenen Personen dagegen nicht mehr.

13 Maßgebend ist der Tag des Eingangs des Insolvenzantrags beim Insolvenzgericht (vgl. MüKo-InsO/ *Stephan* § 101 Rn. 24a), da der Antrag erst dann wirksam wird und dieser Tag zudem mit der Beweiskraft von § 415 Abs. 1 ZPO dokumentiert ist. Es muss sich um denjenigen Insolvenzantrag handeln, der schließlich – auch nach Verstreichen eines gewissen Zeitraums – zur Eröffnung des betreffenden Insolvenzverfahrens geführt hat. Einer theoretisch denkbaren Verzögerungstaktik der – früheren – Vertretungsbefugten durch Stellung eines unvollständigen Antrags und Verschleppung seiner Bearbeitung hat der Gesetzgeber durch die relativ lange Frist von zwei Jahren ohnehin Rechnung getragen.

V. Angestellte und frühere Angestellte des Schuldners

14 Nach Abs. 2 treffen die Auskunftspflichten auch (frühere) im Schuldner-Unternehmen beschäftigte Personen, die im Gesetz »Angestellte« genannt werden, wobei es aber auf den arbeitsrechtlichen Angestelltenbegriff nicht ankommt (so zutr. *Graf-Schlicker/Voß* InsO, § 101 Rn. 6). Die Auskunftspflicht erstreckt sich jedoch bei den Angestellten und früheren Angestellten nicht auch auf die Offenbarung von Straftaten und Ordnungswidrigkeiten (so zutr. *Uhlenbruck/Zipperer* InsO, § 101 Rn. 22). Zudem können ihre Auskunftspflichten nicht mit den gleichen Zwangsmaßnahmen durchgesetzt werden, die gegen den Schuldner möglich wären. Dies hat seinen Grund darin, dass sie als Angestellte am Verfahren nicht unmittelbar beteiligt sind und daher auch nicht mit voller Konsequenz der Entscheidungsgewalt des Insolvenzgerichts unterstellt werden dürfen. Allerdings kann der Insolvenzverwalter die Angestellten auf Auskunft vor dem Prozessgericht verklagen (*Kübler/Prütting/Bork-Lüke* InsO, § 101 Rn. 7). Werden sie vom Insolvenzgericht im Rahmen seiner Ermittlungen als Zeugen vernommen (§ 5 Abs. 1 InsO), gelten die zivilprozessualen Vorschriften über den Zeugenbeweis einschließlich den Bestimmungen über Ordnungsmittel (§ 380 ZPO) und über Zeugnisverweigerungsrechte (§§ 383 bis 385 ZPO), so dass auf anderem Wege Anlass zu wahrheitsmäßigen Aussagen besteht. Auch bei den früheren Angestellten kommt es auf das Ausscheiden im Zweijahreszeitraum vor dem Eröffnungsantrag an; zur Fristberechnung gilt das in Rdn. 13 Gesagte.

VI. Auskunftspflicht bei Führungslosigkeit

15 Verfügt der Schuldner über keinen Vertreter mehr, sind gem. Abs. 1 Satz 2 InsO sämtliche Gesellschafter nach § 97 Abs. 1 zur Auskunft verpflichtet. Betroffen sind nur Gesellschafter von Kapitalgesellschaften und Personengesellschaften, an denen keine natürliche Person beteiligt ist. Betroffen sind nur solche, die im Zeitpunkt des Auskunftsverlangens noch Gesellschafter sind. Ausgeschiedene Gesellschafter sind davon nicht betroffen. Scheiden diese während des Insolvenzverfahrens aus der Gesellschaft aus, endet ihre Auskunftspflicht (K. Schmidt/*Jungmann* InsO, § 101 Rn. 13). Der Auskunftsanspruch ist subsidiär und greift erst dann, wenn die Gesellschaft führungslos ist, also über keinen Vertreter mehr verfügt. Nicht ausreichend ist, dass lediglich der Aufenthaltsort des Geschäftsführers unbekannt ist (HambK-InsO/*Herchen* § 101 Rn. 3a). Nach Auffassung von Jungmann (K. Schmidt/*Jungmann* InsO, § 101 Rn. 15) sei der Anspruch sogar doppelt subsidiär und greife erst dann, wenn auch von keinem ausgeschiedenen Vertreter mehr Auskunft erlangt werden kann und auch kein Aufsichtsorgan mehr zur Auskunft zur Verfügung steht (ähnlich *Uhlenbruck/Zipperer* InsO, § 101 Rn. 15). Das erscheint zu weitgehend. Nach dem Willen des Gesetzgebers sollte auch bei führungslosen Gesellschaften eine auskunftsverpflichtete Person zur Verfügung stehen, weshalb er den Gesellschafter zur Auskunft verpflichtete. Dann kann umgekehrt nicht der Verwalter darauf

entsprechend anzuwenden sind. Wird die Gesellschaft nach Niederlegung des Geschäftsführeramtes in der Krise führungslos, ist die Auskunftspflicht von den Gesellschaftern der Gesellschaft zu erbringen. Kommen sie diesen Pflichten nicht nach, können ihnen bei einer Abweisung des Insolvenzantrags die Verfahrenskosten auferlegt werden (Abs. 3).

Abs. 1 Satz 3 erweitert den Kreis der nach § 100 InsO Unterhaltsberechtigten auf vertretungsberechtigte persönlich haftende Gesellschafter. 3

II. Geltungsbereich

Im Eröffnungsverfahren findet § 101 Abs. 1 Satz 1, 2 und Abs. 2 (§§ 20 Abs. 1 Satz 2, 22 Abs. 3 Satz 3 InsO) entsprechende Anwendung. § 101 InsO gilt auch im Falle der Eigenverwaltung. Im Verfahren über das Vermögen natürlicher Personen findet Abs. 2 ebenfalls Anwendung. 4

Abs. 2 gilt auch im vereinfachten Insolvenzverfahren, während Abs. 1 dort obsolet ist, weil das vereinfachte Insolvenzverfahren nur für natürliche Personen in Betracht kommt (§ 304 Abs. 1 InsO). 5

B. Betroffene Personen

I. Kapitalgesellschaften

Betroffen sind insbesondere bei Kapitalgesellschaften: 6
– Vorstandsmitglieder und Aufsichtsratsmitglieder einer Aktiengesellschaft,
– Geschäftsführer einer GmbH und bei Vorhandensein eines Aufsichtsrats dessen Mitglieder,
– die Mitglieder des Leitungs- Aufsichtsorgans einer SE,
– Vorstandsmitglieder einer eingetragenen Genossenschaft,
– Europäische Wirtschaftliche Interessenvereinigung (EWiV) die Geschäftsführer,
– Liquidatoren einer AG, GmbH oder Genossenschaft.

II. Personengesellschaften

Bei Personengesellschaften betrifft es: 7
– die Gesellschafter einer Offenen Handelsgesellschaft, soweit sie nicht gem. § 125 Abs. 1 HGB i.V.m. § 114 Abs. 2 HGB von der Vertretung der OHG ausgeschlossen worden sind,
– die Komplementäre einer Kommanditgesellschaft, im Falle einer GmbH & Co. KG die Geschäftsführer der Komplementär-GmbH,
– die Gesellschafter einer Gesellschaft des bürgerlichen Rechts, soweit sie nicht gem. § 714 BGB i.V.m. § 710 BGB von der Vertretung der Gesellschaft ausgeschlossen sind,
– die vertretungsberechtigten Partner einer Partnerschaftsgesellschaft § 7 Abs. 3 PartGG i.V.m. §§ 125 Abs. 1 und 2, 126, 127 HGB.

Wird eine Gesellschaft durch **mehrere Personen** vertreten, so trifft jeden einzelnen von ihnen die Auskunftspflicht (*Uhlenbruck/Zipperer* InsO, § 101 Rn. 3; HK-InsO/*Schmidt* § 101 Rn. 6), unabhängig davon, ob sie mit kaufmännischen Dingen befasst waren. 8

III. Faktische Organe

Die Auskunftspflichten treffen auch die **faktischen** organschaftlichen Vertreter (vgl. MüKo-InsO/ *Stephan* § 101 Rn. 19). 9

Mitglieder eines **fakultativen** Beirats oder eines »Aufsichtsrates« von Gesellschaften, sind ebenso zur Auskunft verpflichtet (*Uhlenbruck/Zipperer* InsO, § 101 Rn. 6 m.w.N.; **a.A.** *Jaeger/Schilken* InsO, § 101 Rn. 10). 10

Diese Personen haben in vollem Umfang den Mitwirkungspflichten nach § 97 InsO nachzukommen und unterliegen den Zwangsmitteln gem. § 98 InsO sowie der Möglichkeit einer Postsperre nach § 99 InsO, soweit sich letztere nicht als unverhältnismäßiger Eingriff in die Privatsphäre darstellt (*Uhlenbruck/Zipperer* InsO, § 101 Rn. 4, 6, 20 m.w.N.). 11

V. Rang bei Masseunzulänglichkeit

27 Der Unterhalt gehört zu den Masseverbindlichkeiten; er ist aber im Rangverhältnis des § 209 InsO erst an letzter Stelle zu berücksichtigen (§ 209 Abs. 1 Nr. 3 InsO).

VI. Rechtsmittel

28 Ein Rechtsmittel gegen die Entscheidung der Gläubigerversammlung ist nicht gegeben (§ 6 Abs. 1 InsO; K. Schmidt/*Jungmann* InsO, § 100 Rn. 13; HK-InsO/*Schmidt* § 100 Rn. 23 m.w.N.).

§ 101 Organschaftliche Vertreter. Angestellte

(1) ¹ Ist der Schuldner keine natürliche Person, so gelten die §§ 97 bis 99 entsprechend für die Mitglieder des Vertretungs- oder Aufsichtsorgans und die vertretungsberechtigten persönlich haftenden Gesellschafter des Schuldners. ²§ 97 Abs. 1 und § 98 gelten außerdem entsprechend für Personen, die nicht früher als zwei Jahre vor dem Antrag auf Eröffnung des Insolvenzverfahrens aus einer in Satz 1 genannten Stellung ausgeschieden sind; verfügt der Schuldner über keinen Vertreter, gilt dies auch für die Personen, die an ihm beteiligt sind. ³§ 100 gilt entsprechend für die vertretungsberechtigten persönlich haftenden Gesellschafter des Schuldners.

(2) § 97 Abs. 1 Satz 1 gilt entsprechend für Angestellte und frühere Angestellte des Schuldners, sofern diese nicht früher als zwei Jahre vor dem Eröffnungsantrag ausgeschieden sind.

(3) Kommen die in den Absätzen 1 und 2 genannten Personen ihrer Auskunfts- und Mitwirkungspflicht nicht nach, können ihnen im Fall der Abweisung des Antrags auf Eröffnung des Insolvenzverfahrens die Kosten des Verfahrens auferlegt werden.

Übersicht	Rdn.		Rdn.
A. Inhalt und Zweck der Vorschrift 1		IV. Ausgeschiedene organschaftliche Vertreter	12
I. Normzweck	1	V. Angestellte und frühere Angestellte des	
II. Geltungsbereich	4	Schuldners	14
B. Betroffene Personen	6	VI. Auskunftspflicht bei Führungslosigkeit	15
I. Kapitalgesellschaften	6	**C. Unterhalt**	17
II. Personengesellschaften	7	**D. Kostentragungspflicht bei Pflicht-**	
III. Faktische Organe	9	**verletzungen**	18

A. Inhalt und Zweck der Vorschrift

I. Normzweck

1 Das Grundmodell der InsO ist die natürliche Person als Schuldner. In der Praxis überwiegen hingegen Insolvenzen von juristischen Personen und Personengesellschaften. In der Konkursordnung waren die Auskunftspflichten bei juristischen Personen nicht ausdrücklich geregelt, es entsprach aber ganz h.M. in Literatur und Rechtsprechung, dass die Organmitglieder auskunfts- und mitwirkungspflichtig waren (*OLG Hamm* ZIP 1980, 280; *Uhlenbruck* KTS 1997, 371; *Vallender* ZIP 1996, 529). Der Gesetzgeber hat mit § 101 eine wesentliche Regelungslücke geschlossen, in dem er die Auskunfts- und Mitwirkungspflichten auch auf Organmitglieder und Mitglieder der Aufsichtsorgane des Schuldners und Angestellte für entsprechend anwendbar erklärte.

2 Des Weiteren sah der Gesetzgeber Anlass, einer verbreiteten Handhabung im Vorfeld von Insolvenzverfahren den Boden zu entziehen: Oftmals **legt** der Geschäftsführer einer Gesellschaft in Fällen wirtschaftlicher Schwierigkeiten **sein Amt nieder** oder er lässt sich, weil er die Stellung eines Insolvenzantrags beabsichtigt, von den Gesellschaftern mit sofortiger Wirkung **abberufen**, um sich den verfahrensrechtlichen Pflichten, insbesondere den Auskunftspflichten zu entziehen. Deshalb hat der Gesetzgeber angeordnet, dass die Auskunftspflichten auch auf ausgeschiedene Organmitglieder

um das durch § 850f ZPO geschützte Existenzminimum zu sichern (*Uhlenbruck/Zipperer* InsO, § 100 Rn. 2).

Im zweitgenannten Fall besteht kein Handlungsbedarf für die Gläubigerversammlung; die Entscheidung kann dem Insolvenzgericht überlassen werden. Allerdings geht es hier nicht um die Frage, ob Unterhalt aus der Masse zu zahlen ist, sondern um die Frage, in welchem Umfang Arbeitseinkommen in die Masse fällt (so auch *Uhlenbruck/Zipperer* InsO, § 100 Rn. 2). § 850f Abs. 1 ZPO lässt die Erhöhung des unpfändbaren Betrags des Arbeitseinkommens durch besondere gerichtliche Entscheidung zu, wenn:

– entweder der Schuldner nachweist, dass bei Anwendung der Pfändungsfreibeträge nach § 850c ZPO der notwendige Lebensunterhalt i.S.d. Dritten und Elften Kapitels des Zwölften Buches Sozialgesetzbuch oder nach Kapitel 3 Abschnitt 2 des Zweiten Buches Sozialgesetzbuch für sich und für die Personen, denen er Unterhalt zu gewähren hat, nicht gedeckt ist
– oder besondere Bedürfnisse des Schuldners aus persönlichen oder beruflichen Gründen oder der besondere Umfang der gesetzlichen Unterhaltspflichten des Schuldners, insbesondere die Zahl der Unterhaltsberechtigten, dies erfordert.

Gem. § 36 Abs. 1 Satz 2 InsO ist § 850f Abs. 1 ZPO auch auf die Bestimmung des Umfangs der Insolvenzmasse anzuwenden, und gem. § 4 InsO kann auch die in § 850f Abs. 1 ZPO vorgesehene gerichtliche Entscheidung ergehen, wobei (da § 4 InsO von »entsprechender Anwendung« spricht) der größeren Sachnähe wegen an Stelle des Vollstreckungsgerichts das Insolvenzgericht zu entscheiden hat (vgl. *Uhlenbruck/Zipperer* InsO, § 100 Rn. 2). Soweit das Insolvenzgericht die Pfändbarkeit von nach Verfahrenseröffnung bezogenem Arbeitseinkommen des Insolvenzschuldners verneint, sind Entscheidungen der Gläubigerversammlung über die Gewährung von Unterhalt aus der Insolvenzmasse entbehrlich.

III. Ermessensentscheidung

Die Gläubigerversammlung kann in freiem Ermessen entscheiden, ob und wenn ja, in welcher Höhe Unterhalt an den Schuldner gewährt wird (ausführlich zu Ermessensgesichtspunkten MüKo-InsO/ *Stephan* § 100 Rn. 21). Die Entscheidung wird durch einfachen Mehrheitsbeschluss getroffen, § 76 Abs. 2 InsO. Sie kann ihren Beschluss jederzeit durch einen neuen Beschluss ersetzen und darin den Unterhalt erhöhen oder vermindern. Es steht ihr auch frei, den Unterhalt von vornherein auf einen Gesamtbetrag zu begrenzen oder ihn zu befristen, z.B. für eine Zeit, die der Schuldner voraussichtlich benötigt, um einen neuen Arbeitsplatz zu finden.

Die Gläubigerversammlung kann mehr gewähren als den notwendigen Unterhalt oder auch weniger (*Uhlenbruck/Zipperer* InsO, § 100 Rn. 10); dabei wird auch die Mitarbeit des Schuldners an der Abwicklung des Insolvenzverfahrens eine Rolle spielen. Die Unterhaltszahlung kann auch neben eine dem Schuldner wegen seiner aktiven Mitarbeit nach § 97 Abs. 2 InsO gezahlten Vergütung treten (HK-InsO/*Kayser* § 100 Rn. 8). Weiter kann sie außer dem Schuldner seine Familie berücksichtigen.

Der Unterhalt kann als Bar- oder Naturalunterhalt geleistet werden (s. schon Rdn. 14).

IV. Unterhalt für die Familie

Der Begriff der Familie ist weit zu fassen und nicht im familienrechtlichen Sinne zu verstehen (K. Schmidt/*Jungmann* InsO, § 100 Rn. 9). Unter Familie sind diejenigen Angehörigen zu verstehen, die zum Hauswesen des Schuldners gehören, nicht nur die Unterhaltsberechtigten. Als zum Hauswesen gehörig sind auch die Kinder zu betrachten, die zu Lehrzwecken anderwärts wohnen, aber noch zum elterlichen Hausstand gehören oder auch nichteheliche Lebenspartner (vgl. HK-InsO/*Schmidt* § 100 Rn. 12), vor allem, wenn die zusammenlebenden Partner gemeinschaftliche Kinder haben.

15 Fällt ein Grundstück, in dem sich die eheliche Wohnung des Schuldners befindet, in die Masse und überlässt der Insolvenzverwalter die eheliche Wohnung im Rahmen der Gewährung des notwendigen Unterhalts dem Schuldner, so kann er auch von der Ehefrau keine Nutzungsentschädigung verlangen (*LG Oldenburg* NJW 1967, 785). Der Mitbesitz der Ehefrau rechtfertigt sich aus den Unterhaltsansprüchen gegen den Ehemann, da sie insoweit verlangen kann, dass ihr als Unterhalt der Mitbesitz an der Wohnung überlassen wird. Etwas anderes kann nur dann gelten, wenn der Ehemann selbst Unterhaltsansprüche gegenüber seiner Frau geltend machen kann. Der Schuldner, der auf Grund eines eigenen Nutzungsrechts als Mitglied einer Erbengemeinschaft eine Wohnung in einem zum ungeteilten Nachlass gehörenden Haus benutzt, muss hierfür seit Eröffnung des Insolvenzverfahrens eine Nutzungsentschädigung an die Masse zahlen, wenn ihm die Weiterbenutzung nicht gem. § 100 InsO gestattet wurde (*BGH* WM 1984, 1650).

16 Wenn kein Unterhalt aus der Insolvenzmasse zu gewähren ist, steht dem Schuldner auch kein unentgeltliches Nutzungsrecht nach § 149 Abs. 1 ZVG auf dem zur Insolvenzmasse gehörenden Grundstück zu. § 149 Abs. 1 ZVG geht der Vorschrift des § 100 InsO nach (K. Schmidt/*Jungmann* InsO, § 100 Rn. 8 und weitere Nachw.). Durch die zum Insolvenzverfahren hinzutretende Zwangsverwaltung darf der Schuldner nicht besser gestellt werden, als ihm dies im Insolvenzverfahren zugestanden ist (*AG Heilbronn* ZfIR 2010, 657 LS).

IV. Unterhaltsberechtigte

17 Der Kreis der Berechtigten ist in Abs. 2 Satz 2 abschließend aufgezählt. Neben dem Schuldner sind seine minderjährigen unverheirateten Kinder, sein Ehegatte/Lebenspartner oder früherer Ehegatte/Lebenspartner oder in den Grenzen der §§ 1615l, 1615n BGB der andere Elternteil seines Kindes unterhaltsberechtigt. Nicht unterhaltsberechtigt ist dagegen der Lebensgefährte.

C. Gewährung von Unterhalt durch die Gläubigerversammlung, Abs. 1

I. Zuständigkeit

18 Für die Gewährung von Unterhalt ist nach Abs. 1 grds. die Gläubigerversammlung zuständig. Das muss nicht zwingend der Berichtstermin sein (vgl. *Uhlenbruck/Zipperer* InsO, § 100 Rn. 4; K. Schmidt/*Jungmann* InsO, § 100 Rn. 9). Beantragt der Schuldner, ihm Unterhalt nach § 100 InsO zu gewähren, so ist das Gericht, über den Wortlaut des § 75 Abs. 1 InsO hinaus, verpflichtet, nach § 74 InsO eine Gläubigerversammlung zu dem Tagesordnungspunkt Unterhaltsgewährung einzuberufen (*LG Schwerin* ZInsO 2002, 1096; K. Schmidt/*Jungmann* InsO, § 100 Rn. 13). Die Gläubigerversammlung ist nicht berechtigt, die Zuständigkeit der Entscheidung über die Unterhaltsgewährung auf den Gläubigerausschuss (HK-InsO/*Schmidt* § 100 Rn. 9; K. Schmidt/*Jungmann* InsO, § 100 Rn. 12; *Uhlenbruck/Zipperer* InsO, § 100 Rn. 4) oder das Insolvenzgericht zu übertragen (HK-InsO/*Schmidt* § 100 Rn. 9; **a.A.** *Jaeger/Schilken* InsO, § 100 Rn. 8; MüKo-InsO/*Stephan* § 100 Rn. 31, wenn die Gläubigerversammlung beschlussunfähig ist, entscheidet das Insolvenzgericht).

II. Unterhaltsbedarf

19 Im Rahmen der Erwägungen, ob Unterhalt aus der Insolvenzmasse gezahlt werden soll, sollte die Gläubigerversammlung zunächst prüfen, ob der Insolvenzschuldner überhaupt Bedarf an Unterhalt hat. Dieser Bedarf kann entfallen, wenn er als Arbeitnehmer tätig ist, und ihm der unpfändbare Anteil des Arbeitslohns verbleibt und bei dessen Bemessung der Lebensbedarf seiner unterhaltsberechtigten Familienangehörigen ebenfalls mitberücksichtigt wird (§ 850c Abs. 1 ZPO); dieser Anteil seines Arbeitseinkommens fällt nicht in die Insolvenzmasse (§ 36 Abs. 1 InsO) und steht damit dem Insolvenzschuldner zur freien Verfügung.

20 Unterhaltsbedarf gem. § 100 Abs. 1 InsO kann danach nur dann eintreten, wenn der Insolvenzschuldner entweder arbeitslos ist (und auch keine ausreichende Arbeitslosenunterstützung – mehr – bezieht) oder wenn sein Arbeitsverdienst nach Abzug des pfändbaren Teils nicht mehr ausreicht,

Uhlenbruck/Zipperer InsO, § 100 Rn. 9). Da Unterhaltsansprüche Masseschulden darstellen, kann allenfalls der starke vorläufige Insolvenzverwalter einen solchen Unterhaltsanspruch vorläufig bis zur Zustimmung durch den Gläubigerausschuss oder der ersten Gläubigerversammlung gewähren. Zu bedenken ist weiter, dass, bei einer Masseunzulänglichkeit nach Verfahrenseröffnung, diese Unterhaltsansprüche immer Altmasseverbindlichkeiten darstellen, die im Range **nach** allen anderen Masseverbindlichkeiten zu befriedigen wären (vgl. K. Schmidt/*Jungmann* InsO, § 209 Rn. 31), so dass Zahlungen darauf ggf. zu einer Haftung des Insolvenzverwalters anderen Masseschuldgläubigern gegenüber führen könnte.

Auch dem persönlich haftenden Gesellschafter kann im Insolvenzverfahren über das Vermögen einer Personengesellschaft Unterhalt gewährt werden (§ 101 Abs. 1 Satz 3 InsO). 7

Bei der Durchführung des Insolvenzverfahrens in Eigenverwaltung hat der Schuldner das Recht, der Insolvenzmasse entsprechende Mittel zu entnehmen (§ 278 Abs. 1 InsO; dazu i.E. die dortige Kommentierung). 8

B. Gewährung von Unterhalt durch den Insolvenzverwalter, Abs. 2

Von der Beantragung des Insolvenzverfahrens bis zur ersten Gläubigerversammlung vergehen i.d.R. einige Monate, so dass sich der Insolvenzverwalter nach Abs. 2 der Vorschrift bei Bedürftigkeit des Schuldners als erster noch vor der Gläubigerversammlung mit der Frage befassen wird müssen. 9

I. Zuständigkeit

Der Insolvenzverwalter kann dem Schuldner und bestimmten unterhaltsberechtigten Personen notwendigen Unterhalt zahlen. Die vorläufige Gewährung des notwendigen Unterhalts bedarf der Zustimmung des Gläubigerausschusses, wenn ein solcher bestellt ist. 10

Die Gewährung des notwendigen Unterhalts durch den Insolvenzverwalter ist eine bloße vorläufige Entscheidung und soll lediglich die Zeit bis zur Beschlussfassung der Gläubigerversammlung (Abs. 1) überbrücken. Die Gewährung kann auch kürzer befristet oder mit einer auflösenden Bedingung, wie z.B. der Eingehung eines Arbeitsverhältnisses, verbunden sein. 11

II. Ermessensentscheidung

Die Entscheidung, ob und wenn ja, in welcher Höhe der Verwalter Unterhalt gewährt, ist in das Ermessen des Verwalters gestellt. Der Insolvenzverwalter sollte die Zahlung des notwendigen Unterhaltes nur dann ins Auge fassen, wenn dem Schuldner nicht hinreichend insolvenzfreies Vermögen zur Verfügung steht und er durch Einsatz seiner Arbeitskraft nicht in der Lage ist, seinen Unterhalt selbst zu verdienen (*Uhlenbruck/Zipperer* InsO, § 100 Rn. 10 m.w.N.). 12

Der Höhe nach orientiert sich der notwendige Unterhalt an den ehemaligen Sozialhilfesätzen (MüKo-InsO/*Stephan* § 100 Rn. 23 ff.; *Uhlenbruck/Zipperer* InsO, § 100 Rn. 10 m.w.N.). Dazu gehört zunächst der Barbetrag, der nach § 850c ZPO unpfändbar ist (MüKo-InsO/*Stephan* § 100 Rn. 23). Notwendiger Unterhalt ist das, was zur Befriedigung der einfachsten Lebensbedürfnisse erforderlich erscheint (vgl. dazu Kap. 3 und Kap. 11 SGB XII und Kap. 3 Abschn. 3 SGB II, ehemals §§ 11, 12 BSHG). Über den notwendigen Unterhalt ginge es hinaus, wenn dem Schuldner auf Kosten der Masse gestattet würde, eine teure Mietwohnung beizubehalten (*Uhlenbruck/Zipperer* InsO, § 100 Rn. 10). 13

III. Art des Unterhalts

Der Unterhalt ist nicht zwangsläufig als Barunterhalt zu leisten. In Betracht kommt auch Naturalunterhalt. So kann eine Wohnung, die Bestandteil der Insolvenzmasse ist, dem Schuldner unter Anrechnung auf den Barunterhalt zur Verfügung gestellt werden (vgl. HK-InsO/*Schmidt* § 100 Rn. 16; MüKo-InsO/*Stephan* § 100 Rn. 28). 14

§ 100 InsO Unterhalt aus der Insolvenzmasse

Übersicht

		Rdn.			Rdn.
A.	Inhalt und Zweck der Vorschrift	1	C.	Gewährung von Unterhalt durch die Gläubigerversammlung, Abs. 1	18
I.	Normzweck	1	I.	Zuständigkeit	18
II.	Geltungsbereich	5	II.	Unterhaltsbedarf	19
B.	Gewährung von Unterhalt durch den Insolvenzverwalter, Abs. 2	9	III.	Ermessensentscheidung	23
I.	Zuständigkeit	10	IV.	Unterhalt für die Familie	26
II.	Ermessensentscheidung	12	V.	Rang bei Masseunzulänglichkeit	27
III.	Art des Unterhalts	14	VI.	Rechtsmittel	28
IV.	Unterhaltsberechtigte	17			

Literatur:
Keller Die Gewährung von Unterhalt im Insolvenzverfahren, in Verbraucherinsolvenz und Restschuldbefreiung, NZI 2007, 316.

A. Inhalt und Zweck der Vorschrift

I. Normzweck

1 In § 114 RegE war zunächst vorgesehen, dem Schuldner einen eigenständigen Unterhaltsanspruch aus der Insolvenzmasse zu gewähren (*Balz/Landfermann* Text RegE § 114, S. 322). Aus Gründen der Gerichtsentlastung wurde die beabsichtigte Vorschrift zur Unterhaltsgewährung geändert und dem System der Konkursordnung (§§ 129, 132 KO) und der VerglO (§ 56 VerglO) angepasst.

2 § 100 InsO fasst die früheren Regelungen mit der Konsequenz zusammen, dass wegen der Einbeziehung des Neuerwerbs in die Masse (§ 35 InsO) die Unterhaltsberechtigten jetzt schlechter gestellt werden als nach dem früheren Recht. Der Rechtsausschuss des Bundestags hat dies in seiner Schlussberatung ausdrücklich in Kauf genommen und den Nachteil als nicht so gravierend angesehen, weil die pfändungsfreien Teile des Einkommens des Schuldners nicht in die Masse fallen und Unterhaltspflichten gem. § 850c ZPO die Pfändungsfreibeträge erhöhen (vgl. *Balz/Landfermann* Ausschussbericht zu § 114, S. 324).

3 Es liegt im Ermessen der Gläubigerversammlung und bis zu deren Entscheidung im Ermessen des Insolvenzverwalters und des Gläubigerausschusses, ob und in welcher Höhe der Schuldner und seine Familie aus der Insolvenzmasse Unterhalt erhalten sollen. § 100 InsO dient nicht dazu, das Existenzminimum des Schuldners sicherzustellen (*VG Karlsruhe* NVwZ-RR 2008, 403; *Uhlenbruck/Zipperer* InsO, § 100 Rn. 2 m.w.N.; HK-InsO/*Schmidt* § 100 Rn. 13). Dem Schuldner steht auch für den Fall seiner Bedürftigkeit kein einklagbarer Anspruch auf Unterhalt zu, die Gläubigerversammlung entscheidet darüber nach freiem Ermessen (zu den Ermessensgesichtspunkten MüKo-InsO/*Stephan* § 100 Rn. 21).

4 Bis zur Entscheidung der Gläubigerversammlung kann der Insolvenzverwalter selbst (mit Zustimmung des Gläubigerausschusses) nach freiem Ermessen Unterhalt aus der Insolvenzmasse gewähren. Dieses Ermessen erstreckt sich auch auf die Familie und die minderjährigen unverheirateten Kinder des Schuldners. Bei Einberufung der Gläubigerversammlung im ersten Termin ist diese Frage von den Gläubigern selbst zu entscheiden.

II. Geltungsbereich

5 Unterhalt kann im eröffneten Regelinsolvenzverfahren und im Verbraucherinsolvenzverfahren gewährt werden (*Uhlenbruck/Zipperer* InsO, § 100 Rn. 14), nicht jedoch in der Wohlverhaltensphase im Restschuldbefreiungsverfahren (HK-InsO/*Schmidt* § 100 Rn. 6) und im Nachlassinsolvenzverfahren (K. Schmid/*Jungmann* InsO, § 100 Rn. 4).

6 Ob Unterhalt im vorläufigen Verfahren gewährt werden kann, ist umstritten (zust. *LG Bonn* ZInsO 2013, 833; K. Schmidt/*Jungmann* InsO, § 100 Rn. 3; *Keller* NZI 2007, 316; nur für den starken vorl. Verwalter, der Masseverbindlichkeiten begründen kann: HK-InsO/*Schmidt* § 100 Rn. 7;

Der Schuldner kann an dem Ort der Insolvenzverwaltung von dem Insolvenzverwalter Einsichtnahme in die Sendungen und Kopien dieser verlangen (vgl. *Uhlenbruck/Zipperer* InsO, § 99 Rn. 15). Er kann vom Insolvenzverwalter die Herausgabe fordern, wenn die Post die Masse nicht betrifft. Die Sendungen sind dem Schuldner unverzüglich zuzuleiten (§ 99 Abs. 2 Satz 2 InsO). 29

D. Rechtsbehelfe und Aufhebung der Postsperre

I. Rechtsmittel

Der Beschluss über die Anordnung der Postsperre ist dem Schuldner zuzustellen. Dem Schuldner steht gegen die Anordnung das Recht der sofortigen Beschwerde zu (§ 99 Abs. 3 Satz 1 InsO). Die sofortige Beschwerde ist auch gegen eine im Eröffnungsverfahren angeordnete vorläufige Postsperre gegeben (*OLG Köln* NZI 2000, 369). 30

Dem Insolvenzverwalter sowie der Post und Telekom und eventuellen Lizenznehmern nach § 51 PostO ist die Anordnung der Postsperre bekannt zu geben. 31

Demgegenüber steht dem Insolvenzverwalter bei Abweisung seines Antrages auf Anordnung einer Postsperre oder bei Aufhebung der Postsperre kein Recht auf Beschwerde zu (MüKo-InsO/*Stephan* § 99 Rn. 41; HambK-InsO/*Herchen* § 99 Rn. 15). Hebt der Rechtspfleger am Amtsgericht auf Antrag des Schuldners im eröffneten Insolvenzverfahren die Postsperre auf, so steht dem Insolvenzverwalter das Recht der Erinnerung zu. Gleiches gilt, wenn der Rechtspfleger einen Antrag des Schuldners auf Aufhebung der Postsperre zurückweist, so kann der Schuldner Erinnerung einlegen (§ 11 Abs. 2 Satz 1 RPflG; § 569 ZPO). Hilft der Richter der Erinnerung nicht ab, weil er sie für unbegründet hält, wird die Erinnerung dem Landgericht vorgelegt und als sofortige Beschwerde gegen die Entscheidung des Rechtspflegers behandelt (§ 11 Abs. 2 Satz 4 und 5 RPflG; § 6 InsO). 32

II. Aufhebung

Wenn die Voraussetzungen der Anordnung ganz oder teilweise fortfallen, ist die Postsperre unverzüglich aufzuheben oder zu beschränken (Abs. 3). Dies macht deutlich, dass das Insolvenzgericht auch nach Anordnung der Postsperre – ähnlich wie bei der Anordnung der Haft – stets prüfen muss, ob der Grund für die Anordnung fortbesteht. Der Insolvenzverwalter hat dem Gericht unverzüglich mitzuteilen, wenn der Grund für die Anordnung der Postsperre weggefallen ist, also wenn der Schuldner die gewünschten Auskünfte erteilt hat, respektive der Anfangsverdacht auf Grund dessen die Postsperre erlassen wurde, weggefallen ist (HK-InsO/*Schmidt* § 99 Rn. 41). 33

Auf Antrag des Schuldners kann nach Anhörung des Insolvenzverwalters das Insolvenzgericht die Postsperre aufheben, wenn **nicht mehr zu befürchten** ist, dass der Schuldner die Posteingänge nachteilig zu Lasten der Gläubiger und der Schuldner ausnutzt (§ 99 Abs. 3 Satz 2 InsO; so bereits zur Vorläufervorschrift *LG Coburg* KTS 1972, 124). 34

§ 100 Unterhalt aus der Insolvenzmasse

(1) **Die Gläubigerversammlung beschließt, ob und in welchem Umfang dem Schuldner und seiner Familie Unterhalt aus der Insolvenzmasse gewährt werden soll.**

(2) ¹Bis zur Entscheidung der Gläubigerversammlung kann der Insolvenzverwalter mit Zustimmung des Gläubigerausschusses, wenn ein solcher bestellt ist, dem Schuldner den notwendigen Unterhalt gewähren. ²In gleicher Weise kann den minderjährigen unverheirateten Kindern des Schuldners, seinem Ehegatten, seinem früheren Ehegatten, seinem Lebenspartner, seinem früheren Lebenspartner und dem anderen Elternteil seines Kindes hinsichtlich des Anspruchs nach den §§ 1615l, 1615n des Bürgerlichen Gesetzbuchs Unterhalt gewährt werden.

23 Zuständig ist im Insolvenzeröffnungsverfahren der Richter, nach Verfahrenseröffnung der Rechtspfleger (§ 18 Abs. 1 RPflG).

24 Der Beschluss ist den Beteiligten von Amts wegen zuzustellen (§ 6 Abs. 2 InsO), dazu gehören auch die im Beschluss aufgeführten Postdienstleistungsunternehmen, da mit Zustellung des Beschlusses an diese deren Verpflichtung zur Weiterleitung der schuldnerischen Post an den Insolvenzverwalter begründet wird. Erging er nach einer mündlichen Verhandlung, ist er zudem zu verkünden. Wird der Antrag eines Insolvenzverwalters abgelehnt, ist die Zustellung entbehrlich, da dem Verwalter kein Beschwerderecht zusteht.

2. Anhörung des Schuldners

25 Nach § 99 Abs. 1 Satz 2 InsO ist vor Anordnung der Postsperre der Schuldner **anzuhören**, sofern dadurch nicht wegen besonderer Umstände des Einzelfalles der Zweck der Anordnung gefährdet wird. Mit der vorherigen Anhörung wird dem Schuldner Gelegenheit gegeben, eine gegen ihn anzuordnende Postsperre doch noch abzuwenden, wenn er an der Aufklärung von bestimmten Sachverhalten entsprechend mitwirkt oder die von ihm gewünschten Auskünfte erteilt. Die Anhörung kann mündlich (auch telefonisch) oder schriftlich erfolgen. Nutzt der Schuldner die Gelegenheit zur Anhörung nicht, kann die Postsperre angeordnet werden. Dies kollidiert natürlich mit Praxisinteressen, insbesondere bei Insolvenzanträgen, die von Gläubigern gestellt werden, denn die Postsperre wird insbesondere dann wirksam sein, wenn sie den Schuldner überraschend trifft und dieser ihr nicht vorbeugen kann, indem er Postsendungen an andere Adressen umleitet.

26 Die Anhörung kann unterbleiben, wenn besondere Umstände vorliegen wie etwa vorausgegangene Vermögensverschiebungen, deren Wiederholung droht, Wirtschaftsstraftaten und Fluchtvorbereitungen, dauerhaft verweigerte Auskünfte oder Verletzung der Mitwirkungspflichten bei der Masseermittlung (HK-InsO/*Kayser* § 99 Rn. 32). Abs. 1 Satz 2 räumt daher dem Insolvenzgericht unter den in dieser Regelung festgelegten Voraussetzungen die Möglichkeit ein, eine Postsperre auch ohne vorherige Anhörung des Schuldners anzuordnen. Das Gericht muss zu diesen Umständen Stellung nehmen und es hat die unterlassene Anhörung im Beschluss näher zu begründen (*Uhlenbruck/Zipperer* InsO, § 99 Rn. 13); auf jeden Fall ist der Schuldner anschließend unverzüglich anzuhören (§ 99 Abs. 1 Satz 3 InsO). Die nachträgliche Anhörung kann zweckmäßigerweise bereits in dem Anordnungsbeschluss nachgeholt werden (vgl. HK-InsO/*Schmidt* § 99 Rn. 33).

C. Durchführung und Folgen der Postsperre

27 Wird Postsperre angeordnet, so ist die Post, die an den Schuldner gerichtet ist, **an den Insolvenzverwalter auszuhändigen**. Der Insolvenzverwalter ist berechtigt, die Sendungen zu öffnen und einzusehen (K. Schmidt/*Jungmann* InsO, § 99 Rn. 17). Durch die angeordnete Postsperre handelt der Verwalter auch nicht unbefugt i.S.v. § 202 StGB und macht sich keiner Verletzung des Briefgeheimnisses strafbar (vgl. MüKo-InsO/*Stephan* § 99 Rn. 37).

28 Das Einsichtsrecht ist höchstpersönlich (HK-InsO/*Schmidt* § 99 Rn. 36; **a.A.** MüKo-InsO/*Stephan* § 99 Rn. 37) und entspricht originärer Verwaltertätigkeit. Die sich daraus ergebende Folge war, dass der Verwalter alle eingehende Post persönlich zu lesen hatte (so noch *OLG Bremen* ZIP 1992, 1557; *Eickmann* KTS 1986, 197). Eine derart einschränkende Auslegung dieser Vorschrift ist allerdings in der heutigen Zeit praxisfern und nicht mehr hinzunehmen. Es kann heute keinem Verwalter mehr zugemutet werden, sämtliche Post in einem bereits mittelgroßen Unternehmensinsolvenzverfahren persönlich zu lesen (vgl. MüKo-InsO/*Stephan* § 99 Rn. 37; einschränkender *Uhlenbruck/Zipperer* InsO, § 99 Rn. 14; HK-InsO/*Schmidt* § 99 Rn. 36; K. Schmidt/*Jungmann* InsO, § 99 Rn. 17). In der Regel bedient sich der Verwalter qualifizierten Hilfspersonen, die ebenfalls standesrechtlich einer Verschwiegenheitspflicht unterliegen. Andernfalls kann er seine Mitarbeiter auf die Schweigepflicht hinweisen. Der Insolvenzverwalter ist deshalb berechtigt, die Einsichtnahme auch auf eigene qualifizierte Mitarbeiter zu übertragen.

Die gerichtliche Postsperre erstreckt sich nicht allein auf Sendungen, die durch die Deutsche Post AG übermittelt werden, sondern auch auf solche, die durch mit einer Lizenz i.S.v. § 51 PostG ausgestattete Unternehmen oder durch private Kurier- und Botendienste befördert werden, was nunmehr durch Änderung von § 99 Abs. 1 InsO ausdrücklich klargestellt worden ist. Die betreffenden privaten Dienstleistungsanbieter sind im Gerichtsbeschluss namentlich zu bezeichnen. Eine Sanktion (Strafe oder Geldbuße) für den Fall, dass der Dienstleistungsanbieter der Postsperreanordnung bewusst zuwider handelt, sieht die InsO indessen nicht vor. Man wird das Insolvenzgericht indessen für befugt halten müssen, spätestens nach erstmaligem Verstoß des Anbieters gegen die Postsperre gegen diesen einen Unterlassungsbeschluss zu erlassen, der gem. § 890 ZPO durch Verurteilung des Anbieters zu Ordnungsgeld oder Ordnungshaft vollstreckt werden kann; antragsbefugt und Gläubiger i.S.v. § 890 Abs. 1 Satz 1 ZPO wäre der Insolvenzverwalter als der durch die Postsperre Begünstigte. Von der Postsperre nicht erfasst sind weiterhin schriftliche Mitteilungen, die dem Schuldner durch Boten des Absenders überbracht werden, z.B. auch durch Vollziehungsbeamte von Finanzbehörden oder Kommunen.

III. Erfasster Personenkreis

In der Insolvenz der KG und der OHG werden von der Postsperre auch die an die persönlich haftenden Gesellschafter gerichteten Sendungen erfasst, dies auch im Hinblick auf für § 93 InsO relevante Feststellungen (vgl. MüKo-InsO/*Stephan* § 99 Rn. 23).

In der Insolvenz juristischer Personen, eines Vereins, einer AG, einer GmbH oder einer Genossenschaft werden alle an die Gesellschaft gerichteten Sendungen von der Postsperre erfasst (vgl. *Uhlenbruck/Zipperer* InsO, § 99 Rn. 9). Sendungen, die an einzelne Vorstandsmitglieder gerichtet sind, werden dann von der Postsperre erfasst, wenn aus der Aufschrift nicht offensichtlich erkennbar ist, dass es sich um Privatpost handelt, die die Masse nicht betrifft. Nicht von der Postsperre betroffen sind Postsendungen an die Gesellschafter einer juristischen Person.

IV. Anordnungsverfahren

1. Anordnungsbeschluss

Die Anordnung der Postsperre erfolgt auf Antrag des Insolvenzverwalters oder von Amts wegen. Die Anordnung erfolgt durch begründeten Beschluss (Abs. 1 Satz 1). Das soll den Schuldner davor schützen, dass durch voreilige oder gar formularmäßige Anordnung der Postsperre ohne zwingenden Grund in sein Grundrecht des Briefgeheimnisses (Art. 10 GG) eingegriffen wird. Unzulässig ist es, formularmäßig eine Postsperre anzuordnen (so gängige Praxis früher bei Anordnung einer Sequestration im Konkurseröffnungsverfahren).

Allein antragsberechtigt ist der Insolvenzverwalter. Beantragt dieser eine Postsperre, hat er das Erfordernis dieser näher zu begründen und dem Gericht mitzuteilen, welche Sendungen von der Postsperre erfasst werden sollen. Gläubiger sind nicht antragsberechtigt. Allerdings kann das Insolvenzgericht von Amts wegen bei berechtigten Hinweisen von Gläubigern eine Postsperre anordnen oder, wenn sich bereits aus der Gerichtsakte gläubigerschädigende Handlungen erkennen lassen oder das Verhalten des Schuldners bereits gerichtsbekannt ist, wie aus vorangegangenen Insolvenzanträgen.

Die Anordnung der Postsperre ist durch das Insolvenzgericht zu begründen. Bei der Begründung ist insbesondere darauf abzustellen, welche Anhaltspunkte bestehen, die eine Gläubigerbenachteiligung befürchten lassen, oder um eine solche zu verhindern oder aufzuklären. Dann ist im Einzelnen darzulegen, weshalb anderweitige Ermittlungsmöglichkeiten nicht gegeben sind, nicht ausreichen oder keinen hinreichenden Erfolg versprechen. Sieht das Gericht von einer vorherigen Anhörung des Schuldners ab, hat es darüber hinaus auch noch die Gründe mitzuteilen, weshalb es bei einer vorherigen Anhörung den Zweck der Postsperre als gefährdet ansieht (vgl. MüKo-InsO/*Stephan* § 99 Rn. 30; HK-InsO/*Schmidt* § 99 Rn. 25 f.).

10 Bei der dritten Stufe der Verhältnismäßigkeitsprüfung muss die Zweck-Mittel-Relation ermittelt werden, ob also das Gewicht und die Dringlichkeit der geltend gemachten Gründe den Eingriff in das Postgeheimnis rechtfertigen. Im Rahmen dieser Angemessenheit sind die Voraussetzungen, Schwere, Dauer und Streubreite des Grundrechtseingriffs zu berücksichtigen (*Maunz/Dürig/Durner* Art. 10 Rn. 148). Insofern ist etwa eine Abwägung zwischen Umfang und Intensität der beabsichtigten Postsperre in Relation zu den Vermögenswerten anzustellen, die über die Postsperre ermittelt oder gesichert werden sollen (*Jaeger/Schilken* InsO, § 99 Rn. 11; HK-InsO/*Schmidt* § 99 Rn. 16).

II. Umfang der Postsperre

11 Der Postsperre unterliegen alle für den Schuldner eingehenden Sendungen, wobei sich die gerichtliche Anordnung auf einzelne Sendungsarten beschränken kann (HK-InsO/*Schmidt* § 99 Rn. 6). Ob die Sperre auf alle Sendungen des Schuldners auszudehnen ist, bleibt dem pflichtmäßigen, an Art. 10 GG ausgerichteten Ermessen des Insolvenzgerichts überlassen; sie kann nicht auf die vom Schuldner ausgehenden Postsendungen ausgedehnt werden (anders § 99 StPO). Sendungen, die nicht an den Schuldner, sondern an seine Familienangehörigen gerichtet sind, werden von der Anordnung nicht betroffen (vgl. *Uhlenbruck/Zipperer* InsO, § 99 Rn. 7). Im Übrigen ist der Begriff Postsendung weit auszulegen. Er umfasst insbesondere: Briefe, Postkarten, Postversandstücke wie Zeitungen und Zeitschriften, Telegramme und Fernschreiben sowie Telefaxe. Das Insolvenzgericht kann die Postsperre auch auf E-Mails erstrecken. Es empfiehlt sich, dies ausdrücklich in seinem Beschluss aussprechen (HambK-InsO/*Wendler* § 99 Rn. 7), sofern es den Netzbetreiber und die E-Mail-Adresse kennt (vgl. *AG Deggendorf* Beschl. v. 19.06.2000 – 1 JN 72/00, n.v.; *Kübler/Prütting/Bork-Lüke* InsO, § 99 Rn. 4); darüber hat der Insolvenzschuldner auf Verlangen Auskunft zu erteilen (§ 97 Abs. 1 Satz 1 InsO) und ggf. das Nichtvorhandensein einer E-Mail-Adresse an Eides statt zu versichern (§ 98 Abs. 1 Satz 1 InsO).

12 § 99 InsO ermöglicht dagegen nicht eine Fernsprechsperre (HK-InsO/*Schmidt* § 99 Rn. 8).

13 Das Gericht ist nach § 99 Abs. 1 Satz 1 InsO berechtigt, bestimmte Postsendungen von der Postsperre auszunehmen. Das bietet sich an, um den Postverkehr zwischen dem Insolvenzverwalter und dem Schuldner nicht zu unterbinden. Postsendungen des Verwalters an den Schuldner und Zustellungen des Insolvenzgerichts an diesen durch die Post sollten von der Sperre ausgenommen werden. Dies geschieht durch einen vom Insolvenzgericht oder vom Verwalter anzubringenden Vermerk »trotz Insolvenzverfahrens aushändigen« oder »trotz Postsperre zustellen«.

14 Von der Postsperre ausgenommen werden können auch Postsendungen eines Strafgerichts an den Schuldner und Postsendungen der Steuerbehörden. Allerdings empfiehlt es sich nicht, Gerichtspost grds. auszunehmen, weil oftmals Grundbuchmitteilungen wertvolle Aufschlüsse über Vermögen des Schuldners geben (so *Uhlenbruck/Zipperer* InsO, § 99 Rn. 7). Auch auf die Verteidigerpost i.S.v. § 29 Abs. 1 StVollzG kann die Postsperre erstreckt werden, falls ein Ermittlungs- oder Strafverfahren Vermögensdelikte betrifft, die mit dem einzuleitenden oder eröffneten Insolvenzverfahren im Zusammenhang stehen (*BVerfG* ZInsO 2001, 96).

15 Werden Postzustellungen von der Postsperre nicht ausgenommen, werden sie als unzustellbar behandelt und sind an den Absender zurückzuleiten.

16 Die Anordnung einer Postsperre im Insolvenzverfahren eines Arztes, Rechtsanwalts oder Steuerberaters, die dem Insolvenzverwalter auch ermöglicht, äußerlich nicht als solche erkennbare Patienten- oder Mandantenpost zu öffnen, ist bei Wahrung der Verhältnismäßigkeit nicht verfassungswidrig. Bei mangelnder Kooperationsbereitschaft und der Gefahr unzulässiger Verfügungen des Schuldners ist die Verhältnismäßigkeit gewahrt, wenn die Anordnung der Postsperre den Insolvenzverwalter verpflichtet, Briefe nur persönlich zu öffnen und, wenn sie Patientendaten enthalten, wieder zu verschließen und an den Schuldner weiterzuleiten (*OLG Bremen* ZIP 1992, 1757; *Pape* EWiR 1992, 1215; *Uhlenbruck/Zipperer* InsO, § 99 Rn. 8).

Zweifel an der Verfassungswidrigkeit von § 99 InsO sind nicht berechtigt (a.A. *Roellenbleg* NZI 2004, 176 [179]). Eine Überprüfung durch das BVerfG ist zwar bisher noch nicht erfolgt, gleichwohl wurde die deutlich allgemein gehaltene Regelung des §§ 121 KO als verfassungsgemäß eingestuft (*BVerfG* ZIP 1986, 1336 f.; *Maunz/Dürig/Durner* Art. 10 Rn. 207).

IV. Betroffene Verfahren

Die Vorschrift betrifft zunächst eröffnete Insolvenzverfahren. Im vorläufigen Insolvenzverfahren kann eine Postsperre nach § 21 Abs. 2 Satz 1 Nr. 4 InsO als vorläufige Maßnahme angeordnet werden. Insofern gelten die gleichen Grundsätze wie bei der Anordnung im eröffneten Verfahren (*Uhlenbruck/Zipperer* InsO, § 99 Rn. 4). 5

Im Verbraucherinsolvenzverfahren (§§ 304 f. InsO) kann die Postsperre ebenfalls mit einem Einsichtsrecht für den Treuhänder angeordnet werden (MüKo-InsO/*Stephan* § 99 Rn. 45). 6

Bei Durchführung des Insolvenzverfahrens in Eigenverwaltung ist für eine Postsperre kein Raum (so auch KS-InsO/*Landfermann* 2. Aufl. 2000, S. 191 Rn. 95; a.A. MüKo-InsO/*Stephan* § 99 Rn. 45; HK-InsO/*Schmidt* § 99 Rn. 4). Bestehen Anhaltspunkte für eine Unredlichkeit des Schuldners, die Anlass für eine Postsperre sein können, kommt eine Eigenverwaltung ohnehin nicht in Frage (§ 270 Abs. 2 Nr. 3 InsO). 7

B. Voraussetzung der Anordnung

I. Verhältnismäßigkeit des Eingriffs

Mit der Formulierung »Soweit dies erforderlich erscheint« wird hinreichend deutlich gemacht, dass die Anordnung der Postsperre dem Grundsatz der Verhältnismäßigkeit zu genügen hat, also **geeignet, erforderlich und angemessen** sein muss (vgl. zu diesen Vorgaben *Maunz/Dürig/Durner* Art. 10 Rn. 143). Im Rahmen der Eignung ist zu prüfen, ob die Maßnahme den angestrebten Zweck zumindest fördert (*Maunz/Dürig/Durner* Art. 10 Rn. 207). Sieht man als Zweck der Postsperre jegliche Form der Massemehrung oder zumindest Massesicherung an, so dürfte die Eignung regelmäßig zu bejahen sein, so dass dieses Kriterium insofern keine hohe Hürde bildet. 8

Im Rahmen der Erforderlichkeit muss abgewogen werden, ob unter Berücksichtigung des Schutzzwecks von Art. 10 GG ein milderes Mittel zur Verfügung steht, um den angestrebten Zweck zu erreichen. Die Postsperre ist somit unzulässig, wenn die Informationen über ein gläubigerschädigendes Verhalten des Schuldners auch ohne Eingriff in das Briefgeheimnis erlangt werden können. Da der Schuldner zur Kooperation verpflichtet ist und nach § 97 InsO Auskunft zu erteilen hat, müssen konkrete Anhaltspunkte vorliegen, dass er nicht kooperationswillig ist und bereits für die Gläubiger nachteilige Handlungen begangen hat oder solche plant. Damit wird deutlich, dass eine formularmäßige Anordnung der Postsperre rechtswidrig wäre (*OLG Celle* ZIP 2000, 1898; *Jaeger/Schilken* InsO, § 99 Rn. 9; *Uhlenbruck/Zipperer* InsO, § 99 Rn. 2, 5). Allerdings dürfen auch keine übertriebenen Anforderungen gestellt werden, da zumindest zu Beginn des Insolvenzverfahrens die Tatsachengrundlagen häufig noch unsicher sind. Es muss somit ausreichend sein, wenn ein begründeter Anfangsverdacht besteht, der Schuldner würde den Postweg zum Nachteil der Gläubiger missbrauchen (vgl. *BGH* ZIP 2003, 1953; *OLG Celle* ZIP 2002, 578 [579]; MüKo-InsO/*Stephan* § 99 Rn. 14; HK-InsO/*Schmidt* § 99 Rn. 13). Besonders in einem frühen Verfahrensstadium wird der Insolvenzverwalter kaum in der Lage sein, detailliert zu belegen, in welcher Weise der Schuldner bereits zum Nachteil der Gläubiger tätig war, respektive dies beabsichtigt. Insofern sollte es ausreichen, wenn der Schuldner erkennbar seinen Mitwirkungspflichten nicht nachkommt, also etwa keine ausreichenden Auskünfte erteilt oder sich völlig passiv verhält und auf die Anfragen des Verwalters überhaupt nicht reagiert (vgl. etwa *LG Göttingen* NZI 2001, 44; *LG Bonn* ZVI 2005, 30; MüKo-InsO/ *Stephan* § 99 Rn. 15; *Uhlenbruck/Zipperer* InsO, § 99 Rn. 5). Bei einer juristischen Person können Gründe für eine Postsperre darin gesehen werden, dass ihr Geschäftsführer eine neu gegründete juristische Person mit sich zumindest teilweise deckendem Geschäftsgegenstand betreibt (*LG Deggendorf* 14.07.2005 – 1 T 89/05; dazu *Habereder/Pöllmann* EWiR 2006, 85). 9

Verfolgung führen könnten (vgl. § 97 Rdn. 15). Danach wäre der Schuldner verpflichtet, u.a. den Insolvenzverwalter über den Inhalt jeder Postsendung zu informieren, die insofern Einfluss auf das Verfahren haben könnte. Die Postsperre vereinfacht diese Mitteilungspflicht, indem sie dem Insolvenzverwalter die Möglichkeit gibt, die Informationen aus erster Hand zu erhalten (*Jaeger/Schilken* InsO, § 99 Rn. 3). Aus dem Wortlaut der Vorschrift könnte geschlossen werden, sie sei lediglich dazu bestimmt, gläubigerschädigende Handlungen des Schuldners aufzuklären oder zu verhindern. Wie das Näheverhältnis zur Auskunftspflicht nach § 97 InsO zeigt, soll die Postsperre umfassend dem Schutz und der Anreicherung der Insolvenzmasse dienen. Insofern können mit ihrer Hilfe Informationen gewonnen werden, die möglicherweise sogar dem Schuldner bisher unbekannt waren, und die geeignet sind, eine für die Gläubiger günstige Gestaltung des Insolvenzverfahrens zu erleichtern. Bei nicht kooperationswilligen Schuldnern wird sie oftmals das wirksamste Mittel sein, weitere Bankverbindungen des Schuldners oder etwa im Ausland belegene Vermögensgegenstände aufzudecken (MüKo-InsO/*Stephan* § 99 Rn. 6). Ebenso kann über die Postsperre die Grundlage für eine Insolvenzanfechtung gelegt werden (*Jaeger/Schilken* InsO, § 99 Rn. 3). Zu Recht wird allerdings darauf hingewiesen, dass durch den sprunghaften Anstieg der elektronischen Datenübermittlung die Postsperre stark an ihrer ursprünglichen Bedeutung verloren hat (MüKo-InsO/*Stephan* § 99 Rn. 7). Heute kaum noch vertretbar erscheint die Auffassung, die Anordnung der Postsperre diene auch dem Schuldner, der so dem Verdacht eines unlauteren Postverkehrs vorbeugen könne (*Hahn* Bd. IV S. 310; *Jaeger/Weber* KO § 121 Rn. 1).

II. Entstehungsgeschichte

2 Als Vorgängerregelung zu § 99 InsO verpflichtete § 121 KO die Post- und Telegrafenanstalten für den Gemeinschuldner eingehende Sendungen dem Verwalter auszuhändigen. Der Gemeinschuldner konnte Einsicht und ggf. Herausgabe dieser Sendungen verlangen. Vorbilder bestanden sowohl in der Bayerischen Prozessordnung von 1869 (Art. 1241) als auch in der Preußischen Konkursordnung von 1855 (§ 152 Nr. 3) sowie in zahlreichen ausländischen Gesetzen (vgl. *Hahn* Bd. IV S. 310). Diese Regelung wurde in die Insolvenzordnung überführt, wobei jedoch entsprechend den grundgesetzlichen Vorgaben festgelegt wurde, dass diese Maßnahme nur angeordnet werden darf, soweit dies im Interesse des Gläubigerschutzes erforderlich ist.

3 Mit der Liberalisierung des Postdienstleistungsmarktes, die zu einem Wegfall des Beförderungsmonopols der Deutschen Post AG führte, stellte sich die grundlegende Frage, welche Rechtsbeziehungen zwischen dem Insolvenzgericht und dem für die Durchführung der Postsperre zuständigen Postdienstleistungsunternehmen gelten. Insofern musste gesetzlich klargestellt werden, wer Adressat des gerichtlichen Gebots ist, alle Postsendungen dem Verwalter zuzuleiten. Mit Gesetz vom 17. April 2007 (BGBl. I S. 509) wurde deshalb in § 99 InsO eine Verpflichtung des Gerichts eingestellt, das betroffene Dienstleistungsunternehmen im Beschluss ausdrücklich zu nennen (vgl. *Wimmer* DB 2006, 2331 [2333]; eingehend zu dieser Änderung MüKo-InsO/*Stephan* § 99 Rn. 12).

III. Verfassungsrechtliche Vorgaben

4 Durch § 99 InsO wird der Schutzbereich von Art. 10 GG berührt, was verfassungsrechtlich zunächst unbedenklich ist, da nach Art. 10 Abs. 2 Satz 1 GG das Briefgeheimnis unter einem Gesetzesvorbehalt steht. Allerdings kommt diesem Grundrecht in dem verfassungsrechtlichen Normengefüge ein hoher Stellenwert zu, da es die freie Entfaltung der Persönlichkeit durch einen privaten, vor der Öffentlichkeit verborgenen Austausch von Kommunikation gewährleistet und damit zugleich die Würde des Menschen schützt (vgl. *BVerfG* BVerfGE 110, 33 ff.; BVerfGE 67, 157 ff.). Durch die Kenntnisnahme des Inhalts von Briefen wird erheblich in das Grundrecht eingegriffen. Die Schwere des Eingriffs wird dann noch verstärkt, wenn der Schuldner nicht an dem Anordnungsverfahren beteiligt ist (*BVerfG* BVerfGE 110, 33 [76]). Bei der verfassungsrechtlichen Bewertung ist andererseits zu berücksichtigen, dass über die Postsperre das Recht der Gläubiger auf ein möglichst effektives Gesamtvollstreckungsverfahren umgesetzt wird (vgl. *BVerfG* ZIP 2000, 2311 f. = NZI 2001, 132 f.). Dem Zitiergebot nach Art. 19 Abs. 1 Satz 2 GG wird durch § 102 InsO Rechnung getragen.

und ein bereits durchgeführter Haftvollzug umgehend zu beenden. Während der Haft ist dem Schuldner auf Verlangen Gelegenheit zu geben, seine Mitwirkungsverpflichtungen zu erfüllen; erforderlichenfalls ist der Vollzug des Haftbefehls zu diesem Zweck auszusetzen (vgl. MüKo-InsO/*Stephan* § 98 Rn. 28).

IV. Kosten

Die Kosten von Zwangsmitteln fallen als Massekosten nach § 54 Nr. 1 InsO der Masse zur Last (MüKo-InsO/*Stephan* § 98 Rn. 40). Der Antragsteller ist nicht vorschusspflichtig, weil die Zwangsmittel nicht im persönlichen Interesse des Antragstellers, sondern im Gesamtinteresse der Gläubiger verhängt werden. 37

§ 99 Postsperre

(1) ¹Soweit dies erforderlich erscheint, um für die Gläubiger nachteilige Rechtshandlungen des Schuldners aufzuklären oder zu verhindern, ordnet das Insolvenzgericht auf Antrag des Insolvenzverwalters oder von Amts wegen durch begründeten Beschluss an, dass die in dem Beschluss bezeichneten Unternehmen bestimmte oder alle Postsendungen für den Schuldner dem Verwalter zuzuleiten haben. ²Die Anordnung ergeht nach Anhörung des Schuldners, sofern dadurch nicht wegen besonderer Umstände des Einzelfalls der Zweck der Anordnung gefährdet wird. ³Unterbleibt die vorherige Anhörung des Schuldners, so ist dies in dem Beschluss gesondert zu begründen und die Anhörung unverzüglich nachzuholen.

(2) ¹Der Verwalter ist berechtigt, die ihm zugeleiteten Sendungen zu öffnen. ²Sendungen, deren Inhalt nicht die Insolvenzmasse betrifft, sind dem Schuldner unverzüglich zuzuleiten. ³Die übrigen Sendungen kann der Schuldner einsehen.

(3) ¹Gegen die Anordnung der Postsperre steht dem Schuldner die sofortige Beschwerde zu. ²Das Gericht hat die Anordnung nach Anhörung des Verwalters aufzuheben, soweit ihre Voraussetzungen fortfallen.

Übersicht	Rdn.			Rdn.
A. Allgemeines	1	IV.	Anordnungsverfahren	20
I. Inhalt und Zweck	1		1. Anordnungsbeschluss	20
II. Entstehungsgeschichte	2		2. Anhörung des Schuldners	25
III. Verfassungsrechtliche Vorgaben	4	C.	Durchführung und Folgen der Postsperre	27
IV. Betroffene Verfahren	5	D.	Rechtsbehelfe und Aufhebung der Postsperre	30
B. Voraussetzung der Anordnung	8	I.	Rechtsmittel	30
I. Verhältnismäßigkeit des Eingriffs	8	II.	Aufhebung	33
II. Umfang der Postsperre	11			
III. Erfasster Personenkreis	18			

Literatur:
Habereder/Pöllmann Zur Postsperre nach InsO § 99 Abs 1, EWiR 2006, 85; *Raab* Fehlgeschlagene Zustellung wegen angeordneter Postsperre, jurisPR-InsR 1/2009 Anm. 3; *Schmerbach/Wegener* Insolvenzrechtsänderungsgesetz 2006, ZInsO 2006, 400; *Voß* Zu den Anforderungen an die Begründung einer Postsperre nach InsO § 99, EWiR 2009, 753; *Werres* Grundrechtsschutz in der Insolvenz, 2007; *Wimmer* Gesetzentwurf zur Vereinfachung des Insolvenzverfahrens, DB 2006, 2331.

A. Allgemeines

I. Inhalt und Zweck

Nach § 97 InsO ist der Schuldner verpflichtet, über alle das Verfahren betreffenden Verhältnisse Auskunft zu erteilen. Wie umfassend diese Auskunftspflicht ausgestaltet ist, lässt sich bereits daran ablesen, dass der Schuldner verpflichtet ist, Tatsachen zu offenbaren, die zu einer strafrechtlichen 1

festgestellt werden können, was genau vom Schuldner noch verlangt wird und womit dieser den (weiteren) Vollzug der Haft vermeiden kann (*BGH* ZInsO 2005 436).

30 Die Zwangsmittel können auch gegen den gesetzlichen Vertreter des Schuldners und gegen die in der Schuldnerrolle befindlichen Personen in Sonderinsolvenzverfahren angewendet werden (§ 101 InsO).

D. Verfahren über Anordnung und Beendigung der Haft

I. Haftanordnung

31 Zuständig für die Anordnung der Haft und Erlass des Haftbefehls ist der Richter (§ 4 Abs. 2 Nr. 2 RPflG). Die Anordnung der Haft erfolgt durch richterlichen Beschluss, der zu begründen ist. Zwar sind in der InsO die Anforderungen an die Begründung des Haftbefehls nicht konkret geregelt. Auch aus den Vorschriften der ZPO, auf die § 98 Abs. 3 Satz 1 InsO für die Anordnung von Haft verweist, ergibt sich hierzu nichts. Das Erfordernis einer auf den Einzelfall bezogenen Begründung der Haftentscheidung folgt jedoch aus der Einschränkung des Grundrechts aus Art. 2 Abs. 2 Satz 2 GG. Der Begründungszwang dient der Selbstkontrolle des Beschuldigten, der Unterrichtung des Betroffenen und soll eine Prüfung durch das Beschwerdegericht ermöglichen (*BGH* ZInsO 2005, 436).

32 Soweit das Insolvenzgericht Haftbefehl zur Erzwingung von Auskunftspflichten des Schuldners erlässt oder Haft zur Sicherung der Masse gegen unberechtigte Verfügungen des Schuldners, Verdunkelungen oder Behinderung der Geschäftsführung des Insolvenzverwalters, bedarf es keiner besonderen Anordnung nach § 758a ZPO, denn der Haftbefehl enthält ohne besonderen Ausspruch zugleich auch die Anordnung zum Betreten und zur Durchsuchung der Wohnung des Schuldners (HK-InsO/*Schmidt* § 98 Rn. 29; für den Haftbefehl im Offenbarungsversicherungsverfahren die ganz h.M. in Literatur und Rspr.; vgl. *AG Köln* DGVZ 1979, 170; *LG Düsseldorf* DGVZ 1980, 58). Der Haftbefehl gestattet alle zur Verhaftung notwendigen Maßnahmen, ebenso wie der Vorführungsbefehl. Auch bei der zwangsweisen Vorführung des Schuldners bedarf es nicht einer richterlichen Durchsuchungsanordnung, um den Schuldner in der Wohnung zu verhaften. Die Vorschrift des § 758a ZPO passt insoweit nicht.

33 Nach Ansicht von *OLG München* (allerdings zu §§ 807, 901 ZPO ergangen, KKZ 2009, 254 m. Anm. *App*) kann eine Strafhaft nicht zum Zwecke des Vollzugs einer Erzwingungs- oder Beugehaft, wie sie im Falle von § 98 Abs. 2 InsO vorliegt, unterbrochen werden. Gegen einen in Strafhaft befindlichen Schuldner wäre damit die Erzwingung seiner Auskunftspflicht nicht möglich; er könnte ihre Erfüllung bis zum Tage seiner Entlassung verweigern, ohne Nachteile befürchten zu müssen. In dem Zeitraum bis dahin könnten Vertrauensleute des Schuldners dem Insolvenzverwalter noch unbekannte zur Sollmasse gehörende Gegenstände »in Sicherheit gebracht« haben. Das Gericht sah sich von §§ 455, 455a StPO an einer anderen Entscheidung gehindert. Die Konfliktlage könnte vom Gesetzgeber durch Einfügung eines weiteren Unterbrechungstatbestandes für die Strafhaft in § 455 StPO behoben werden (Formulierungsvorschlag bei *App* KKZ 2009, 257).

34 Die Höchstdauer der Haft beträgt 6 Monate. Danach ist der Schuldner von Amts wegen aus der Haft zu entlassen (§ 802j Abs. 1 ZPO).

II. Rechtsmittel

35 Die sofortige Beschwerde ist nicht nur gegen die Anordnung der Haft gegeben, sondern auch gegen ihre Aufrechterhaltung trotz eines Antrags auf Aufhebung (*Uhlenbruck/Zipperer* InsO, § 98 Rn. 22; MüKo-InsO/*Stephan* § 98 Rn. 29). Die sofortige Beschwerde hat keine aufschiebende Wirkung (*LG Göttingen* NZI 2005, 339).

III. Aufhebung des Haftbefehls

36 Sobald der Schuldner die von ihm verlangte Auskunft vollständig erteilt hat, entfallen die Voraussetzungen für die Haft. Der Haftbefehl ist dann von Amts wegen aufzuheben (§ 98 Abs. 3 Satz 2 InsO)

Fehlverhalten nicht abstellt, ihm Haft droht. Eine persönliche Anhörung ist nicht erforderlich (HambK-InsO/*Herchen* § 98 Rn. 14).

In vielen Fällen ist die Anhörung des Schuldners vor Anordnung der Haft nicht möglich, weil dieser sich den gerichtlichen Feststellungen und seinen Verpflichtungen im Insolvenzverfahren entzieht. Das Gericht genügt seiner Anhörungspflicht, wenn es den Haftanordnungsbeschluss dem Schuldner zustellt. § 10 InsO sieht vor, dass die Anhörung unterbleiben kann, wenn sich der Schuldner im Ausland aufhält und die Anhörung das Verfahren übermäßig verzögern würde oder wenn der Aufenthalt des Schuldners unbekannt ist.

IV. Grundsatz der Verhältnismäßigkeit

Die Anordnung der Haft steht – wie sich aus der Wendung »kann« in § 98 Abs. 2 InsO ergibt – im Ermessen des Gerichts. Liegen die Voraussetzungen des § 98 Abs. 2 Nr. 1, 2 oder 3 InsO vor, hat das Gericht unter Beachtung des allgemeinen Verhältnismäßigkeitsgrundsatzes über die Frage der Haft zu entscheiden (HK-InsO/*Schmidt* § 98 Rn. 23; *Nerlich/Römermann-Wittkowski/Kruth* InsO, § 98 Rn. 6). Dabei stehen die zwangsweise Vorführung und Haft in einem Verhältnis gestufter Eingriffsintensität in die Freiheit des Schuldners (*LG Arnsberg* ZInsO 2002, 680), mit der Folge, dass das Insolvenzgericht grds. zunächst die zwangsweise Vorführung des Schuldners als milderes Mittel anordnen muss (*OLG Naumburg* NZI 2000, 594; *OLG Celle* NZI 2001, 149; einschränkend HK-InsO/*Schmidt* § 98 Rn. 24, in den Fällen des Abs. 2 Nr. 2 und 3 komme unmittelbar die Anordnung von Haft in Betracht).

Eine Verletzung des Verhältnismäßigkeitsgebots liegt aber dann nicht vor, wenn der Schuldner bei seiner persönlichen Anhörung durch das Insolvenzgericht nach Hinweis auf die Möglichkeit der Anordnung von Beugehaft Auskünfte verweigert hat (*OLG Celle* NZI 2001, 149). Als lex specialis geht § 98 Abs. 2 InsO dem § 4 InsO vor; andere nach der ZPO zulässige Zwangsmittel gegen den Schuldner und die nach § 101 Abs. 1 Satz 1 InsO verpflichteten Personen, wie etwa die Verhängung von Zwangsgeld, sind darum ausgeschlossen (*Kübler/Prütting/Bork-Lüke* InsO, § 98 Rn. 6).

Bei dem Erlass eines Haftbefehls i.S.v. § 98 Abs. 2 Nr. 3 InsO ist in Anlehnung an § 116 StPO zu prüfen (*LG Memmingen* ZIP 1983, 204), ob die Haft gegenüber dem Schuldner vollzogen werden muss oder ob weniger einschneidende Maßnahmen ausreichen. Danach ist die Außervollzugsetzung unter Aufrechterhaltung des Haftbefehls geboten und ermessensfehlerfrei, wenn auch in Zukunft zu erwarten ist, dass der Schuldner von der ihm nach schweizerischem Recht zustehenden Möglichkeit Gebrauch machen wird, eine dem Insolvenzverwalter unwiderruflich erteilte Vollmacht zur Verwertung seines in der Schweiz belegenen Grundbesitzes (Eigentumswohnung) vor dem schweizerischen Grundbuchamt zu widerrufen, um die Verwertung des Auslandsvermögens durch den inländischen Insolvenzverwalter zu verhindern.

Im Einzelfall können weniger einschneidende Maßnahmen ausreichen (vgl. *LG Hamburg* MDR 1971, 309). Eine (behauptete) Haftunfähigkeit steht dem Erlass eines Haftbefehls nicht entgegen, da sie allenfalls zu einer Aussetzung der Vollziehung führen kann (*LG Köln* ZVI 2004, 193). Nicht außer Verhältnis zu den verfolgten Zielen verstößt die Verhaftung eines Schuldners, der es über mehr als ein halbes Jahr versäumt hat, von ihm geforderte und von ihm zugesagte Auskünfte zu erteilen (*LG Göttingen* ZInsO 2003, 134).

Kommt der Schuldner den der Verhaftung zugrunde liegenden Auskunftspflichten nur teilweise nach, hat das Insolvenzgericht zu prüfen, ob die Haftanordnung weiterhin gerechtfertigt oder aus Gründen der Verhältnismäßigkeit aufzuheben ist (*BGH* ZInsO 2005, 436). Bei einer Aufrechterhaltung des Haftbefehls ist durch entsprechende Änderung des Haftbefehls oder einen ergänzenden Beschluss klarzustellen, zur Erzwingung welcher noch nicht erteilten Auskünfte im Einzelnen der Zwangsvollzug dienen soll. Der Schuldner muss den mit der Haftanordnung verbundenen schwerwiegenden Eingriff in seine von Art. 2 Abs. 2 Satz 2 GG geschützten Freiheitsrechte überprüfen können. Des Weiteren muss für ihn und für außenstehende Dritte unmissverständlich und eindeutig

teilt der Schuldner dahingehend eine Auskunft, dass er zu einem bestimmten Sachverhalt keine Angaben machen könne und sich auch nicht kundig machen könne, weil ihm keine Unterlagen vorlägen oder er sich nicht erinnern könne, ist dieses ebenfalls als Auskunft zu werten, die er als richtig und vollständig versichern kann. Trotzdem kann hierin eine Auskunftsverweigerung gesehen werden, wenn das Gericht zu der Überzeugung gelangt, dass der Schuldner durchaus in der Lage wäre, bei einem zumutbaren Nachforschen, weitergehende Auskünfte erteilen zu können (MüKo-InsO/*Stephan* § 98 Rn. 16; HK-InsO/*Schmidt* § 98 Rn. 15).

b) Verweigerung der Abgabe der eidesstattlichen Versicherung

20 Erscheint der Schuldner trotz ordnungsgemäßer Ladung nicht in dem Termin zur Abgabe der eidesstattlichen Versicherung und kann er sein Nichterscheinen nicht ordnungsgemäß entschuldigen oder weigert er sich im Termin, die eidesstattliche Versicherung nach Abs. 1 abzugeben, kann Haft angeordnet werden.

c) Verweigerung der Mitwirkung

21 Betroffen hiervon ist die Weigerung des Schuldners, seinen ihm obliegenden Mitwirkungspflichten nach § 97 Abs. 2 InsO nachzukommen. Das kann sein, wenn der Schuldner völlig untätig ist oder Anfragen des Verwalters nicht oder nicht vollständig beantwortet. Voraussetzung ist aber, dass das begehrte Mitwirkungsverlangen hinreichend vorher vom Verwalter konkretisiert war, d.h. der Verwalter dem Schuldner gegenüber genau aufgezeigt hat, bei welchen Maßnahmen er welche Mitwirkung des Schuldners für erforderlich hält (vgl. *BGH* ZInsO 2005, 436). Im zweiten Schritt hat das Gericht zu prüfen, ob die vom Insolvenzverwalter begehrte Mitwirkung des Schuldners die Voraussetzungen des § 97 Abs. 2 InsO erfüllt (MüKo-InsO/*Stephan* § 98 Rn. 18).

2. Voraussetzungen des Abs. 2 Nr. 2

22 Trifft der Schuldner Fluchtvorbereitungen, kann das Gericht ebenfalls Zwangsmittel anordnen. Problematisch wird die Abgrenzung der Anzeichen sein, die auf eine Fluchtgefahr hindeuten könnten. So wird diese nicht dann gesehen, wenn ein organschaftlicher Vertreter nach ordnungsgemäßer Kündigung seines Anstellungsvertrages eine neue Anstellung im Ausland antritt (*Uhlenbruck/Zipperer* InsO, § 98 Rn. 15). Anhaltspunkte für eine Fluchtabsicht des Schuldners können beispielsweise der Erwerb von Flugscheinen ohne Rückflug, die Wohnungsauflösung oder eine Abschiedsparty sein (*Uhlenbruck/Zipperer* InsO, § 98 Rn. 15; MüKo-InsO/*Stephan* § 98 Rn. 20). In diesem Zusammenhang stehende weitere Handlungen des Schuldners könnten weitere Indizien darstellen, wie die Vernichtung von Unterlagen, häufiger Wechsel des Wohnortes, Unterlassen von Ummeldungen.

3. Voraussetzungen des Abs. 2 Nr. 3

23 Nr. 3 entspricht den dem Schuldner obliegenden Pflichten nach § 97 Abs. 3 InsO (vgl. MüKo-InsO/*Stephan* § 98 Rn. 21), also wenn solche Maßnahmen zu befürchten sind, die die Zusammenführung der Insolvenzmasse erschweren können, wie die Vernichtung von Unterlagen oder das Beiseiteschaffen von Vermögensgegenständen, der Einziehung von Außenständen oder sonstige Masse schädigende Handlungen (vgl. *Balz/Landfermann* Begr.RegE S. 318). In diesem Fall dient die Anordnung von Haft nicht einer Erzwingung einer bestimmten Handlung sondern der Verhinderung eines bestimmten Verhaltens.

III. Anhörung des Schuldners

24 Bevor das Gericht die Haft anordnen kann, hat es zwingend den Schuldner vorher anzuhören (§ 98 Abs. Abs. 2 Satz 1 InsO). Die Anhörung kann schriftlich erfolgen. Der Schuldner ist dann auf sein Fehlverhalten konkret hinzuweisen und auf die sich daraus ergebende Folge, für den Fall, dass er sein

IV. Zuständigkeit

Die Anordnung der Abgabe der eidesstattlichen Versicherung erfolgt im Eröffnungsverfahren durch den Richter, im eröffneten Verfahren durch den Rechtspfleger (§§ 18 Abs. 1 RPflG, 20 Nr. 17). 11

Für die Abnahme der eidesstattlichen Versicherung finden die §§ 478 bis 480 und § 483 ZPO entsprechende Anwendung. Der Schuldner hat die eidesstattliche Versicherung in Person abzugeben (§ 478 ZPO). Im vorläufigen Verfahren kann sie der Richter abnehmen (§ 6 RPflG), sonst der Rechtspfleger (§ 20 Nr. 17 RPflG). 12

V. Rechtsmittel

Gegen die Anordnung der eidesstattlichen Versicherung durch den Rechtspfleger kann der Insolvenzschuldner gem. § 11 Abs. 2 Satz 1 RPflG Erinnerung einlegen (MüKo-InsO/*Stephan* § 98 Rn. 12); gegen die Anordnung durch den Insolvenzrichter ist gem. § 6 InsO kein Rechtsbehelf gegeben (K. Schmidt/*Jungmann* InsO, § 98 Rn. 3). 13

C. Zwangsweise Vorführung und Verhaftung des Schuldners

I. Grundsätzliches

Als Zwangsmittel können gegen den Schuldner die **Vorführung** und die Haft angeordnet werden. Die Anordnung kann nur durch den Richter (§ 4 Abs. 2 Satz 2 RPflG) erfolgen. Der Erlass einer Vorführungsanordnung oder eines Haftbefehls ist dem Insolvenzgericht vorbehalten (*OLG Köln* InVo 2000, 15). 14

Die zwangsweise Vorführung und die Anordnung der Haft dienen der Erzwingung der vom Schuldner verweigerten Auskunft und Mitwirkung und sind insoweit Beugemittel. Diese Zwangsmaßnahmen setzen ein konkretes Auskunfts- und Mitwirkungsbegehren voraus, dem der Schuldner nicht Folge geleistet hat (vgl. *BGH* ZIP 2005, 722). 15

Zwangsweise Vorführung und Haft stehen in einem Verhältnis gestufter Eingriffsintensität in die Freiheit des Schuldners (*LG Arnsberg* ZInsO 2002, 680). Grds. muss das Insolvenzgericht darum zunächst die zwangsweise Vorführung des Schuldners als milderes Mittel anordnen (*OLG Naumburg* NZI 2000, 594; *OLG Celle* NZI 2001, 149). Verweigert der Schuldner nach Vorführung und Anhörung weiterhin die geforderte Mitwirkung, so ist er in Haft zu nehmen (MüKo-InsO/*Stephan* § 98 Rn. 23; *Uhlenbruck* InsO, § 98 Rn. 12; *LG Göttingen* EWiR 2003, 776 m. Anm. *Dahl*). 16

Sobald der Schuldner die von ihm verlangte Auskunft vollständig erteilt hat, entfallen die Voraussetzungen für den Haftbefehl, der dann von Amts wegen aufzuheben ist (§ 98 Abs. 3 Satz 2 InsO). Während der Haft ist dem Schuldner auf Verlangen Gelegenheit zu geben, seine Mitwirkungsverpflichtungen zu erfüllen; erforderlichenfalls ist der Vollzug des Haftbefehls zu diesem Zweck auszusetzen (vgl. MüKo-InsO/*Stephan* § 98 Rn. 28). 17

II. Gründe zur Anordnung von Vorführung oder Verhaftung nach Abs. 2 Nr. 1–3

1. Voraussetzungen Abs. 2 Nr. 1

Nr. 1 betrifft die **Nichterfüllung** der dem Schuldner gesetzlich auferlegten Mitwirkungs- und Auskunftspflichten und die Verweigerung der Abgabe der eidesstattlichen Versicherung. 18

a) Verweigerung der Auskunft

Hierunter fällt die Verletzung der dem Schuldner obliegenden Auskunftspflicht nach § 97 Abs. 1 InsO (s. § 97 Rdn. 8). Dazu gehören die Verweigerung einer verlangten Auskunft (dazu *OLG Celle* ZInsO 2001, 322), eine unvollständige oder unzureichende Auskunft (vgl. *BGH* ZInsO 2005, 436) oder ein Nichterscheinen im gerichtlich angeordneten Anhörungstermin, wie auch das Erteilen einer falschen Auskunft (HambK-InsO/*Herchen* § 98 Rn. 8; a.A. HK-InsO/*Schmidt* § 98 Rn. 15). Er- 19

B. Eidesstattliche Versicherung

I. Anordnung

5 Wenn es zur Herbeiführung wahrheitsgemäßer Aussagen erforderlich erscheint, ordnet das Insolvenzgericht an, dass der Schuldner zu Protokoll **an Eides statt versichert**, er habe die von ihm verlangte Auskunft nach bestem Wissen und Gewissen richtig und vollständig erteilt (§ 98 Abs. 1 Satz 1 InsO).

6 Die Anordnung des Insolvenzgerichts nach § 98 Abs. 1 InsO ergeht von Amts wegen (vgl. HK-InsO/*Schmidt* § 98 Rn. 6). Die Beteiligten am Insolvenzverfahren haben kein förmliches Antragsrecht, sondern lediglich die Möglichkeit einer formlosen Anregung, evtl. auch die Möglichkeit einer Anregung an den Insolvenzverwalter, seinerseits beim Insolvenzgericht eine entsprechende Anregung anzubringen (für Antragsrecht des nach § 97 auskunftsberechtigten Personenkreises K. Schmidt/*Jungmann* InsO, § 98 Rn. 5).

II. Erforderlichkeit

7 Die Anordnung der eidesstattlichen Versicherung erfolgt nur dann, wenn diese zur Herbeiführung wahrheitsgemäßer Aussagen erforderlich ist. Das ist dann der Fall, wenn die betreffende Auskunft des Insolvenzschuldners von nicht geringer Bedeutung für das anhängige Insolvenzverfahren ist (HK-InsO/*Schmidt* § 98 Rn. 7). Es bedarf darum keiner konkreten Hinweise auf eine unwahre oder unvollständige Auskunft, zumal regelmäßig noch keine Auskunft vorliegt und somit auch noch keine Vermutung der Unwahrheit oder Unvollständigkeit vorliegen kann (MüKo-InsO/*Stephan* § 98 Rn. 11; HK-InsO/*Schmidt* § 98 Rn. 7; a.A. *Jaeger/Schilken* InsO, § 98 Rn. 8). Ein solches Erfordernis sieht *AG Wetzlar* (NZI 2009, 324) **nicht** bereits darum als gegeben an, weil der Schuldner Anfragen nach seinen Einkommens- und Vermögensverhältnissen nur zögerlich beantwortet; es müssen vor Erlass der Anordnung objektive Hinweise darauf vorliegen, dass die bislang erteilten Auskünfte unwahr oder unvollständig sind. Eine solche Einschränkung erscheint zu weitgehend. Aus dem Wortlaut von § 98 Abs. 1 Satz 1 InsO ergibt sich, dass das Insolvenzgericht – im Interesse der am Insolvenzverfahren Beteiligten – bei Vorliegen der gesetzlichen Voraussetzungen zur Anordnung der eidesstattlichen Versicherung **verpflichtet** ist und keinen Ermessensspielraum hat; indessen macht die Formulierung »erforderlich erscheint« die Entscheidung von der subjektiven Einschätzung des Insolvenz-Rechtspflegers (oder ggf. des Insolvenzrichters) abhängig, was im Ergebnis doch wie eine Ermessensermächtigung wirkt.

III. Inhalt der eidesstattlichen Versicherung

8 Der Umfang der vom Schuldner im Einzelfall zu erteilenden Auskünfte ergibt sich aus dem Verlangen des Berechtigten nach § 97 Abs. 1 Satz 1 InsO. Nur wenn seitens der Berechtigten eine konkrete Auskunft verlangt wird, kann über diese »verlangte Auskunft« der Auskunftsverpflichtete eidesstattlich versichern, dass die Auskunft richtig und vollständig erteilt ist (MüKo-InsO/*Passauer/Stephan* § 98 Rn. 13; HK-InsO/*Schmidt* § 98 Rn. 10). Damit wird auch das Risiko, sich einer falschen eidesstattlichen Versicherung strafbar zu machen, für den Schuldner eingegrenzt. Über den Umfang der »verlangten Auskunft« kann die eidesstattliche Versicherung nicht hinausgehen. Es wird als zulässig angesehen, das Auskunftsverlangen auf einzelne Auskünfte, wie einzelne Vermögensgegenstände oder Verbindlichkeiten zu begrenzen (K. Schmidt/*Jungmann* InsO, § 98 Rn. 8).

9 Bei neuen und bei ergänzenden Angaben kann der Insolvenzschuldner jedes Mal von neuem zur Abgabe einer eidesstattlichen Versicherung verpflichtet werden (Graf-Schlicker/*Voß* InsO, § 98 Rn. 4).

10 Im Falle der eidesstattlichen Versicherung einer bewusst unwahren Aussage macht sich der Insolvenzschuldner nach § 156 StGB strafbar, im Falle der eidesstattlichen Versicherung einer fahrlässig unwahren Aussage nach § 163 StGB.

	Rdn.		Rdn.
b) Verweigerung der Abgabe der eidesstattlichen Versicherung	20	D. Verfahren über Anordnung und Beendigung der Haft	31
c) Verweigerung der Mitwirkung	21	I. Haftanordnung	31
2. Voraussetzungen des Abs. 2 Nr. 2	22	II. Rechtsmittel	35
3. Voraussetzungen des Abs. 2 Nr. 3	23	III. Aufhebung des Haftbefehls	36
III. Anhörung des Schuldners	24	IV. Kosten	37
IV. Grundsatz der Verhältnismäßigkeit	25		

A. Inhalt und Zweck der Vorschrift

I. Normzweck

§ 98 InsO gibt dem Insolvenzgericht bestimmte Mittel in die Hand, um die in § 97 InsO normierten Auskunfts- und Mitwirkungspflichten des Schuldners durchzusetzen und die bestmögliche Verwertung des Schuldnervermögens zu erreichen (MüKo-InsO/*Stephan* § 98 Rn. 1). Die Erfüllung dieser Pflichten kann durch zwangsweise Vorführung oder Anordnung von Haft erzwungen werden. Demgegenüber dient die Abgabe der eidesstattlichen Versicherung nur dazu, dass der Schuldner in Kenntnis der Strafbarkeit der Abgabe einer falschen eidesstattlichen Versicherung angehalten wird, wahrheitsgemäße und vollständige Auskünfte zu erteilen.

II. Geltungsbereich

§ 98 InsO ist auf alle Verfahrensarten anwendbar und gilt aufgrund der entsprechenden Verweisungen in § 20 Abs. 1 und § 22 Abs. 3 InsO, ebenso wie § 97 InsO bereits im **Eröffnungsverfahren** (s. *Schmerbach* § 21 Rdn. 29), da § 21 Abs. 2 InsO eine mit § 98 Abs. 2 InsO inhaltsgleiche Bestimmung enthält und auf § 98 Abs. 3 InsO darin ausdrücklich verwiesen wird und für die gesamte Dauer des Verfahrens. Es ist dort aber zu unterscheiden, ob das Eröffnungsverfahren durch einen Fremdantrag oder durch einen Eigenantrag des Schuldners in Gang gekommen ist. Liegt (auch) ein Fremdantrag vor, so sind Zwangsmaßnahmen gegen den Schuldner zulässig. Liegt ausschließlich ein Eigenantrag vor, kommen bis zur Eröffnung des Insolvenzverfahrens Zwangsmaßnahmen gegen den Schuldner nicht in Betracht; vielmehr ist der Insolvenzantrag bei mangelnder Mitwirkung des Schuldners als unzulässig abzuweisen, zumal der Schuldner seinen Eigenantrag bis zur Eröffnung des Insolvenzverfahrens ohnehin jederzeit zurücknehmen und dadurch die Grundlage für Zwangsmaßnahmen beseitigen könnte (vgl. *AG Dresden* ZIP 2002, 862; *OLG Celle* EWIR 2002, 582 m. Anm. *Schmidt*; *LG Potsdam* ZInsO 2002, 885 mit der Erwägung, ob in einem solchen Fall nicht eine konkludente Rücknahme des Eröffnungsantrags zu sehen wäre; a.A. K. Schmidt/*Jungmann* InsO, § 98 Rn. 2; MüKo-InsO/*Stephan* § 98 Rn. 37).

Die Vorschrift gilt auch im Verbraucherinsolvenzverfahren. Das soll auch für die Ruhensphase (§ 306 InsO) gelten (K. Schmidt/*Jungmann* InsO, § 98 Rn. 2; a.A. HK-InsO/*Schmidt* § 98 Rn. 3). *LG Celle* (ZVI 2002, 21) hat die Verhältnismäßigkeit eines Haftbefehls im Verbraucherinsolvenzverfahren in einem Fall bejaht, in dem der Schuldner als ehemals Selbstständiger noch kurz vor der Eröffnung des Verfahrens einen nicht unbeträchtlichen Betrag von einem seiner Konten abgehoben hat und völlig unklar war, wo dieser Betrag verblieben ist.

§ 98 InsO findet im Restschuldbefreiungsverfahren keine Anwendung (*Uhlenbruck/Zipperer* InsO, § 98 Rn. 2; HambK-InsO/*Herchen* § 98 Rn. 1). Bei Schuldnern, die Restschuldbefreiung beantragt haben, ist bei Verstößen gegen ihre Obliegenheiten und bei falschen Angaben gem. §§ 295, 296 InsO als Sanktion die Versagung der Restschuldbefreiung (§§ 297, 297a InsO) möglich und die Aufhebung der Kostenstundung (*BGH* ZVI 2009, 38 und ZVI 2009, 168).

solvenzgericht eine entsprechende Anregung anzubringen (der das Gericht mehr Gewicht beizumessen pflegt als der Anregung eines Gläubigers). Eine Verfügung des Insolvenzgerichts, der Insolvenzschuldner sei zu einem bestimmten Termin zu laden, stellt zugleich eine Anordnung i.S.v. § 97 Abs. 3 Satz 1 InsO dar. Hält das Insolvenzgericht die Anwesenheit des Insolvenzschuldners nicht für zwingend erforderlich, so ist dieser von dem angesetzten Termin lediglich zu benachrichtigen.

39 Dem Schuldner steht gegen die gerichtliche Anordnung der nach § 97 InsO zu erfüllenden Pflichten kein Rechtsmittel zu (§ 6 Abs. 1 InsO). Gegen eine Anordnung des Rechtpflegers kann der Schuldner die befristete Erinnerung (§ 11 Abs. 2 RPflG) einlegen. Zudem ist zu beachten, dass ein Rechtsmittel gegen eine gerichtliche Anordnung nach Abs. 3 erst dann gegeben ist, wenn das Insolvenzgericht die dem Schuldner auferlegten Pflichten mit Zwangsmitteln durchzusetzen versucht (*LG Göttingen* ZInsO 2001, 44; *Jaeger/Schilken* InsO, § 97 Rn. 35). Kommt der Insolvenzschuldner der gerichtlichen Anordnung nicht nach, so kann das Insolvenzgericht ihn zwangsweise vorführen (§ 98 Abs. 2 InsO; dazu s. § 98 Rdn. 14).

II. Unterlassungspflichten

40 Abs. 3 Satz 2 beinhaltet eine Unterlassungspflicht. Danach hat der Schuldner alle verfahrensschädigenden Handlungen zu unterlassen und darf nicht die Erfüllung der Aufgaben des Insolvenzverwalters erschweren. Dazu gehören z.B. das Beiseiteschaffen von Vermögensgegenständen aus der Masse, die Vernichtung von Geschäftsunterlagen und Aufzeichnungen (vgl. HK-InsO/*Schmidt* § 97 Rn. 40).

§ 98 Durchsetzung der Pflichten des Schuldners

(1) ¹Wenn es zur Herbeiführung wahrheitsgemäßer Aussagen erforderlich erscheint, ordnet das Insolvenzgericht an, dass der Schuldner zu Protokoll an Eides Statt versichert, er habe die von ihm verlangte Auskunft nach bestem Wissen und Gewissen richtig und vollständig erteilt. ²Die §§ 478 bis 480, 483 der Zivilprozessordnung gelten entsprechend.

(2) Das Gericht kann den Schuldner zwangsweise vorführen und nach Anhörung in Haft nehmen lassen,
1. wenn der Schuldner eine Auskunft oder die eidesstattliche Versicherung oder die Mitwirkung bei der Erfüllung der Aufgaben des Insolvenzverwalters verweigert;
2. wenn der Schuldner sich der Erfüllung seiner Auskunfts- und Mitwirkungspflichten entziehen will, insbesondere Anstalten zur Flucht trifft, oder
3. wenn dies zur Vermeidung von Handlungen des Schuldners, die der Erfüllung seiner Auskunfts- und Mitwirkungspflichten zuwiderlaufen, insbesondere zur Sicherung der Insolvenzmasse, erforderlich ist.

(3) ¹Für die Anordnung von Haft gelten die §§ 904 bis 906, 909, 910 und 913 der Zivilprozessordnung entsprechend. ²Der Haftbefehl ist von Amts wegen aufzuheben, sobald die Voraussetzungen für die Anordnung von Haft nicht mehr vorliegen. ³Gegen die Anordnung der Haft und gegen die Abweisung eines Antrags auf Aufhebung des Haftbefehls wegen Wegfalls seiner Voraussetzungen findet die sofortige Beschwerde statt.

Übersicht	Rdn.		Rdn.
A. Inhalt und Zweck der Vorschrift	1	V. Rechtsmittel	13
I. Normzweck	1	**C. Zwangsweise Vorführung und Verhaftung des Schuldners**	14
II. Geltungsbereich	2	I. Grundsätzliches	14
B. Eidesstattliche Versicherung	5	II. Gründe zur Anordnung von Vorführung oder Verhaftung nach Abs. 2 Nr. 1–3	18
I. Anordnung	5	1. Voraussetzungen Abs. 2 Nr. 1	18
II. Erforderlichkeit	7	a) Verweigerung der Auskunft	19
III. Inhalt der eidesstattlichen Versicherung	8		
IV. Zuständigkeit	11		

eines Insolvenzverwalters übernimmt (vgl. *Uhlenbruck/Zipperer* InsO, § 97 Rn. 19). Der Schuldner hat gem. § 281 InsO das Verzeichnis der Massegegenstände, das Gläubigerverzeichnis und die Vermögensübersicht zu erstellen, demgegenüber hat der Sachwalter nur die Pflicht diese zu prüfen und ggf. Einwendungen zu erklären. Weiter hat er im Berichtstermin den Gläubigern gegenüber den ansonsten vom Insolvenzverwalter zu haltenden Sachstandsbericht zu erstatten, schließlich ist er diesen gegenüber zur Rechnungslegung (handels- **und** insolvenzrechtliche) verpflichtet (K. Schmidt/*Undritz* InsO, § 281 Rn. 4). In der Praxis sind nach Einführung des ESUG Tendenzen zu verzeichnen, dass der eigenverwaltende Schuldner die ihm qua Gesetz obliegenden Mitwirkungspflichten wegen »fehlender Sach- und Rechtskenntnis« auf den Sachwalter delegiert. In diesen Fällen ist der Schuldner für eine Eigenverwaltung ungeeignet. Der Sachwalter ist gehalten, dieses dem Gericht und den Gläubigern gegenüber anzuzeigen. Der eigenverwaltende Schuldner hat das Recht nach § 278 Abs. 1 InsO für seine Tätigkeit im Insolvenzverfahren für sich und seine Familienangehörigen, die Mittel zu entnehmen, die unter Berücksichtigung der bisherigen Lebensverhältnisse des Schuldners, eine bescheidene Lebensführung zulassen. § 278 InsO regelt das Entnahmerecht nur für den Schuldner, der eine natürliche Person oder persönlich haftender Gesellschafter ist. Auf Kapitalgesellschaften findet er keine Anwendung. Im in der Praxis anzutreffenden Regelfall werden bei Kapitalgesellschaften insolvenzerfahrene Berater zusätzlich in die Geschäftsführung berufen, um diese Mitwirkungs- und Mitarbeitspflichten überhaupt erfüllen zu können. Neben der Frage, ob dieses tatsächlich vom Gesetzgeber so gewollt war, wird sich die Frage stellen, aufgrund welcher gesetzlichen Grundlage und in welcher Höhe ein solcher zusätzliche Berater zu vergüten ist, gemessen an den Vorstellungen des Gesetzgebers nach § 278 InsO für einen Schuldner als natürliche Person oder persönlich haftenden Gesellschafter.

D. Bereitschafts- und Unterlassungspflichten

I. Bereitschaftpflicht

1. Keine Residenzpflicht

Der Insolvenzschuldner ist verpflichtet, sich auf Anordnung des Insolvenzgerichts jederzeit **zur Verfügung zu stellen**. Diese Verpflichtung besteht u.a. im Interesse der Insolvenzgläubiger (»um seine Auskunfts- und Mitwirkungspflichten zu erfüllen«). Eine generelle Residenzpflicht bestehe jedoch nicht (HK-InsO/*Schmidt* § 97 Rn. 34). Eine Aufenthaltsbeschränkung des Schuldners kann geboten sein, um zu verhindern, dass er sich seinen Mitwirkungspflichten entzieht. Ausnahmen kann das Gericht zulassen. Bei unerlaubter Entfernung kann von den Zwangsmitteln des § 98 Abs. 2 InsO Gebrauch gemacht werden. 35

Eine pauschale gerichtliche Anordnung, sich zur Verfügung zu stellen, ist nach dem Sinn und Zweck der Vorschrift nicht statthaft, da sie dann auf eine bloße Bekräftigung des Gesetzesbefehls hinausliefe (K. Schmidt/*Jungmann* InsO, § 97 Rn. 25; HK-InsO/*Schmidt* § 97 Rn. 34). Vielmehr hat die gerichtliche Anordnung unter Beachtung des Verhältnismäßigkeitsgrundsatzes bezogen auf den Einzelfall zu ergehen (*LG Göttingen* ZInsO 2001, 44) und darf keiner permanenten Residenzpflicht gleichkommen. Sie muss die örtlichen und zeitlichen Beschränkungen des Schuldners klar bezeichnen. Diese müssen für den Schuldner klar erkennbar sein. Nicht ausgeschlossen ist dadurch die Möglichkeit, die gerichtliche Anordnung auf einen bestimmten Zeitraum zu erstrecken, z.B. in der Form: »... während der im Februar durchzuführenden Revision der Buchhaltung ...«. 36

Die Bereitschaftspflicht trifft auch die Organe einer juristischen Person und die persönlich haftenden Gesellschafter (§ 101 Abs. 1 Satz 1 InsO). 37

2. Verfahren

Die Anordnung des Insolvenzgerichts nach § 97 Abs. 3 Satz 1 InsO ergeht von Amts wegen, soweit die Anwesenheit des Insolvenzschuldners in den Terminen betroffen ist; die Beteiligten am Insolvenzverfahren haben kein förmliches Antragsrecht, sondern lediglich die Möglichkeit einer formlosen Anregung, evtl. auch die Möglichkeit einer Anregung an den Insolvenzverwalter, seinerseits beim In- 38

angestrebt wird, da dieser Betrieb nach Abschluss des Insolvenzverfahrens ja wieder vom Schuldner übernommen werden soll. Die Mitwirkung des Schuldners ist des Weiteren aber auch dann von Bedeutung, wenn die Gegenstände des Schuldnervermögens einzeln verwertet werden sollen (*Balz/Landfermann* Begr.RegE S. 318). Diese Mitwirkungspflicht ist ein Mehr, als nur die Handlungen des Insolvenzverwalters zu dulden und masseschädigende Handlungen zu unterlassen. Der Schuldner muss aktiv den Insolvenzverwalter unterstützen. Dazu gehört beispielsweise, Herausgabe der Schlüssel, Passwörter, Zugangscodes, Verschaffung von Zugang zu den Geschäftsräumen, Ermittlung der Massegegenstände und Inventarisierung, Zusammenstellung der Geschäftsunterlagen (MüKo-InsO/*Stephan* § 97 Rn. 31). Handlungen und Angaben des Schuldners in Verwirklichung seiner Mitwirkungspflichten unterliegen, da sie dort nicht aufgeführt sind, nicht dem in Abs. 1 Satz 3 geregelten Verwendungsverbot im Straf- und Bußgeldverfahren (*Richter* wistra 2000, 4).

II. Vergütung

30 Für die Erfüllung der allgemeinen Mitwirkungs- und Auskunftspflichten steht dem Schuldner kein Aufwendungsersatzanspruch zu (HK-InsO/*Schmidt* § 97 Rn. 31). Erfordert eine richtige Auskunft Vorbereitungsarbeiten, wie z.B. eine Einsicht in das Rechnungswesen oder die Durcharbeitung von Unterlagen, so sind diese der Auskunftspflicht zuzuordnenden Arbeiten nicht besonders zu vergüten. Leistet aber ein Schuldner oder ein organschaftlicher Vertreter desselben auch noch im Rahmen der Abwicklung des Insolvenzverfahrens Arbeiten für die Masse, die über die allgemeinen Auskunfts- und Mitwirkungspflichten hinausgehen, so ist ihm eine seiner Leistung entsprechende Vergütung zu gewähren oder ein Dienstvertrag abzuschließen, der eine angemessene aus der Masse zu zahlende Vergütung vorsieht (*Uhlenbruck/Zipperer* InsO, § 97 Rn. 19 m.w.N.; HK-InsO/*Schmidt* § 97 Rn. 28; *Leonhardt/Smid/Zeuner-Smid* InsO, § 97 Rn. 15 m.w.N., der dies aus Art. 12 Abs. 1 GG ableitet und das Vorliegen einer regulären Beschäftigung nach den zu § 850h ZPO entwickelten Grundsätzen beurteilen möchte). Der Schuldner ist nicht verpflichtet, seine ganze Arbeitskraft der Masse unentgeltlich zur Verfügung zu stellen. Die Arbeitskraft gehört nicht zur Insolvenzmasse (§ 35 InsO; vgl. MüKo-InsO/*Stephan* § 97 Rn. 33).

31 Der Geschäftsführer einer GmbH kann sich unter Hinweis auf die fehlende Arbeitspflicht nicht darauf berufen, er wisse nicht mehr als angegeben, nachzusehen brauche er nicht (*OLG Hamm* ZIP 1980, 282).

III. Auslandsvollmacht

32 Bereits aus der Auskunftspflicht des Schuldners ergibt sich, dass er auch das im Ausland befindliche Vermögen zu offenbaren hat (*BGH* WM 1983, 858; *Hanisch* ZIP 1983, 1289; *Merz* ZIP 1983, 136; *Uhlenbruck/Zipperer* InsO, § 97 Rn. 7). Wenn Anhaltspunkte für Vermögen des Schuldners im Ausland bestehen, kann der Insolvenzverwalter auf § 97 Abs. 2 InsO gestützt eine Vollmacht verlangen, die ihn befähigen soll, im Ausland befindliche, zur Insolvenzmasse gehörige Gegenstände heraus zu verlangen (sog. Auslandsvollmacht), und zwar insbesondere dann, wenn die ausländischen Behörden den inländischen Insolvenztitel nicht anerkennen (*BGH* ZIP 2003, 2123; *OLG Köln* WM 1986, 682; MüKo-InsO/*Stephan* § 97 Rn. 32 m.w.N.).

IV. Besondere Mitwirkungspflichten

33 Weitere über die in § 97 Abs. 2 InsO hinaus geregelten Mitwirkungspflichten ergeben sich aus § 153 Abs. 2 InsO (eidesstattliche Versicherung der Vollständigkeit der Vermögensübersicht) oder die Entbindung von der Verschwiegenheit gegenüber seinem Steuerberater, Rechtsanwalt, Notar, Wirtschaftsprüfer oder von dem Bankgeheimnis gegenüber seiner Bank und der Befreiung vom Steuergeheimnis gegenüber dem Finanzamt (vgl. *Uhlenbruck/Zipperer* InsO, § 97 Rn. 17; K. Schmidt/*Jungmann* InsO, § 97 Rn. 22).

34 Im **Eigenverwaltungsverfahren** gehen die Mitwirkungspflichten des Schuldners noch deutlich weiter. Hier werden sie zu einer Mitarbeitspflicht, da hier der Schuldner die Pflichten und Aufgaben

den Auskunftsberechtigten nicht etwa an diese Personen verweisen kann (MüKo-InsO/*Stephan* § 97 Rn. 26), auch wenn der Verwalter selbst Rechtsanwalt ist. Das anwaltliche Standesrecht wird von der gesetzlichen Regelung des § 97 InsO verdrängt.

Unterlagen und Handakten, die sich bei den vom Schuldner beauftragten Rechtsanwälten, Steuerberatern oder sonstigen Beratern befinden, hat der Schuldner den Auskunftsberechtigten zu beschaffen. Wird die Herausgabe von seinen Beratern verweigert, weil ihnen aufgrund offener Rechnungen ein Zurückbehaltungsrecht zusteht, sind sie zur Auskunft verpflichtet und haben dem Schuldner Einsicht in die Akten zu gewähren und auch das Anfertigen von Kopien zu gestatten (MüKo-InsO/*Stephan* § 97 Rn. 27; HK-InsO/*Schmidt* § 97 Rn. 24). 23

Die Auskunft kann nur von dem Schuldner, nicht auch von Dritten, beispielsweise von der Ehefrau (*BGH* WM 1978, 872), verlangt werden, da eine allgemeine, nicht aus besonderen Rechtsgründen abgeleitete Auskunftspflicht dem bürgerlichen Recht unbekannt ist (vgl. *Uhlenbruck/Zipperer* InsO, § 97 Rn. 5 m.w.N.). Für diese Personen kommt – bei Vorliegen der gesetzlichen Voraussetzungen dafür – nur ihre Vernehmung als Zeuge in Betracht (MüKo-InsO/*Stephan* § 97 Rn. 29a), wobei § 97 Abs. 1 Satz 2 InsO nicht anwendbar ist und die Zeugnisverweigerungsrechte nach §§ 383 ff. ZPO uneingeschränkt gelten. 24

Hat der Geschäftsführer sein Amt wegen der drohenden Insolvenz niedergelegt oder wurde er von den Gesellschaftern abberufen, bleibt der bisherige Geschäftsführer zur Auskunft nach § 97 Abs. 1 InsO verpflichtet (§ 101 Abs. 1 Satz 2 InsO), ist kein organschaftlicher Vertreter mehr vorhanden, wird der Gesellschafter auskunftspflichtig (§ 101 Abs. 1 Satz 3 InsO). Während des Insolvenzverfahrens kann sich der GmbH-Geschäftsführer seiner Verpflichtung nicht durch Amtsniederlegung entziehen. Bei zulässiger Niederlegung wird auch der neue Geschäftsführer gem. § 97 Abs. 1 InsO verpflichtet. 25

Nach heute wohl h.M. ist der **faktische Geschäftsführer** einer GmbH nicht nur strafrechtlich bei unterlassenem Insolvenzantrag verantwortlich i.S.v. § 84 Abs. 1 Nr. 2, Abs. 2 GmbHG; vielmehr treten auch die zivilrechtlichen Sanktionen für einen unterlassenen Insolvenzantrag hinsichtlich des faktischen Geschäftsführers ein (vgl. *BGH* BGHSt 31, 118; BGHZ 104, 44; *K. Schmidt* ZIP 1988, 1500). Dies wirkt sich auch auf die Rechtsstellung des faktischen Geschäftsführers im Insolvenzverfahren über das Vermögen der GmbH aus. Wer mit dem Einverständnis der Gesellschafter oder als maßgeblicher Gesellschafter ohne formellen Bestellungsakt die Geschäfte einer GmbH tatsächlich führt, dem obliegen in einem späteren Insolvenzverfahren die Pflichten des organschaftlichen Vertreters, wenn im Übrigen kein sonstiger Geschäftsführer bestellt ist. Der tatsächliche Geschäftsführer ist deshalb zur unbeschränkten Auskunft verpflichtet (so *Uhlenbruck/Zipperer* InsO, § 101 Rn. 4 m.w.N.). 26

Arbeitnehmer sind den Auskunftsberechtigten nur im Rahmen des § 101 Abs. 2 InsO zur Auskunft verpflichtet (s. § 101 Rdn. 14). 27

Die Erfüllung der Auskunftspflicht kann nicht von einer Kostenerstattung abhängig gemacht werden. Ein Anspruch auf Honorierung des Schuldners für die Erfüllung von Mitwirkungspflichten besteht nicht (*LG Köln* ZVI 2004, 193). Soweit die dem Schuldner auferlegte Auskunftspflicht vorbereitende Maßnahmen erfordert, unterliegen diese keiner Vergütungspflicht (*Nerlich/Römermann-Wittkowski/Kruth* InsO, § 97 Rn. 5a). 28

C. Mitwirkungspflichten

I. Unterstützung und Mitwirkung

Abs. 2 begründet eine allgemeine **Mitwirkungspflicht** des Schuldners, nach der er verpflichtet ist, den Insolvenzverwalter bei der Erfüllung von dessen Aufgaben zu **unterstützen**. Die Mitwirkungspflicht besteht nicht nur im eröffneten Verfahren, sondern auch in demselben Umfang im vorläufigen Verfahren (§ 20 Abs. 1 Satz 2 InsO). Sie ist eine Fortentwicklung der Auskunftspflicht und besonders wichtig, wenn im Verfahren die Sanierung des Schuldners als Träger eines Unternehmens 29

nicht dem Verwendungsverbot (*LG Stuttgart* ZInsO 2001, 135). Gibt der Schuldner lediglich den Lagerort der Geschäftsunterlagen an, können diese Unterlagen ebenfalls in einem Strafprozess verwendet werden (HK-InsO/*Schmidt* § 97 Rn. 19). Ebenso dürfen die Strafverfolgungsbehörden aus dem Schweigen des Schuldners auf Fragen eines gem. § 97 InsO Auskunftsberechtigten Schussfolgerungen ziehen, auch für den Insolvenzschuldner negative (so zutreffend *Richter* wistra 2000, 3); denn in diesem Fall hat der Schuldner gerade keine Auskunft erteilt.

18 Hat der Schuldner dem vom Insolvenzgericht bestellten Gutachter Auskünfte erteilt oder Geschäftsunterlagen übergeben, können diese in einem späteren Strafprozess eingeführt werden, so wenn das Gutachten verlesen wird (*OLG Jena* NZI 2011, 382) oder der Gutachter vor Gericht als Zeuge gehört wird (*OLG Celle* ZInsO 2013, 1040). Der Gutachter gehört nicht zu den Auskunftsberechtigten nach § 97 Abs. 1 Satz 3 InsO, die Pflicht des Schuldners dem Gutachter Unterlagen vorzulegen, bezieht sich auf § 97 Abs. 2 InsO, auf das sich das Verwendungsverbot des § 97 Abs. 1 Satz 3 InsO nicht bezieht (K. Schmidt/*Jungmann* InsO, § 97 Rn. 13; abl. dazu *Kemperdick* ZInsO 2013, 1116).

III. Auskunftsberechtigte

19 Auskunftsberechtigt sind schon kraft Gesetzes das Insolvenzgericht, der Insolvenzverwalter, der Gläubigerausschuss (bzw. die vom Gläubigerausschuss beauftragte Person; vgl. MüKo-InsO/*Stephan* § 97 Rn. 20; *Uhlenbruck/Zipperer* InsO, § 97 InsO Rn. 4), der Treuhänder im Verbraucherinsolvenzverfahren und gem. § 292 Abs. 2 InsO im Restschuldbefreiungsverfahren, wie auch der Sachwalter bei der Eigenverwaltung (§§ 274 Abs. 2 Satz 2, 22 Abs. 3 InsO; vgl. *Uhlenbruck/Zipperer* InsO, § 97 Rn. 4). Die Gläubigerversammlung ist dagegen nur dann auskunftsberechtigt, wenn das Gericht dies gesondert anordnet.

20 Das Insolvenzgericht kann, wenn es aus sachlichen Gründen direkte Auskünfte des Schuldners gegenüber der **Gläubigerversammlung** für zweckmäßig hält, eine Auskunftspflicht des Schuldners dieser gegenüber auch ohne Antrag anordnen, da das Gesetz diese Anordnung nicht von einem Antrag abhängig macht. Es genügt bereits ein formloser Wunsch aus den Reihen der Gläubigerversammlung (*Uhlenbruck/Zipperer* InsO, § 97 Rn. 4), der auch nicht der Unterstützung der Mehrheit bedarf, damit das Gericht eine Auskunftsanordnung aussprechen kann; eines förmlichen Beschlusses der Gläubigerversammlung gem. § 76 Abs. 2 InsO bedarf es nicht. Ist allerdings ein Beschluss zu Stande gekommen und auf Grund dessen ein Antrag an das Gericht gestellt worden, so muss das Gericht über diesen Antrag entscheiden. Aus dem Umkehrschluss ergibt sich, dass eine Auskunftspflicht des Schuldners (in seiner Eigenschaft als Schuldner) gegenüber einzelnen Insolvenzgläubigern nicht besteht (MüKo-InsO/*Stephan* § 97 Rn. 20). Eine Ausnahme gilt für Steuergläubiger, soweit es um Fragen geht, die die Ermittlung des Besteuerungstatbestandes betreffen. Den Schuldner treffen dabei die Mitwirkungspflichten nach § 90 AO (vgl. *App* Insolvenzrecht Rn. 308 m.w.N.). Einzelne Gläubiger haben aber die Möglichkeit, von den erteilten Auskünften, sofern sie aktenmäßig festgehalten worden sind, im Wege der Akteneinsicht Kenntnis zu erlangen.

21 Die Auskunftsberechtigten können sich auch dann an den Schuldner persönlich halten, wenn dieser anwaltlich vertreten ist; sie sind nicht gezwungen, sich über den Anwalt an den Schuldner zu wenden (HambK-InsO/*Herchen* § 97 Rn. 6; *Uhlenbruck/Zipperer* InsO, § 97 Rn. 11).

IV. Auskunftspflichtige

22 Auskunftspflichtig sind der **Schuldner** oder sein **gesetzlicher Vertreter** – im Insolvenzverfahren über das Vermögen einer juristischen Person die Geschäftsführer (*OLG Hamm* ZIP 1980, 280) bzw. die Mitglieder des Vorstandes und die Liquidatoren, im Insolvenzverfahren über das Vermögen einer Einmann-GmbH der Gesellschafter (*LG Düsseldorf* KTS 1961, 191), im Insolvenzverfahren über das Vermögen der OHG sämtliche Gesellschafter, im Nachlassinsolvenzverfahren die Erben. Die Auskunftspflicht nach § 97 InsO trifft den Schuldner persönlich, nicht etwa seinen Rechtsanwalt oder Steuerberater (*Kübler/Prütting/Bork-Lüke* InsO § 97 Rn. 7), so dass der befragte Schuldner

Anwalt oder Steuerberater erteilt wird, allerdings muss er sich aber nicht von dem Schuldner darauf verweisen lassen, dass die Auskunft nur von seinem Anwalt erteilt werde (K. Schmidt/*Jungmann* InsO, § 97 Rn. 1112). Im Einzelfall kann auch eine andere Form der Auskunftserteilung gestattet oder verlangt werden, wenn dadurch ein besserer Informationsfluss sichergestellt werden kann, wie die Vorbereitung von Vermerken, die Zusammenstellung von Unterlagen und vorherige Übersendung (per E-Mail oder Fax) an den Auskunftsberechtigten.

Der nach § 97 Abs. 1, § 101 Abs. 1 Satz 2 InsO zur Auskunft Verpflichtete darf sich nicht darauf beschränken, sein präsentes Wissen mitzuteilen. Er kann vielmehr auch dazu verpflichtet werden, die Vorarbeiten zu erbringen, die für eine sachdienliche Auskunft erforderlich sind, wobei hierzu auch das Forschen nach vorhandenen Unterlagen und deren Zusammenstellung gehören kann (*BGH* ZInsO 2006, 265; *OLG Hamm* ZIP 1980, 280 [281] zu § 100 KO; MüKo-InsO/*Stephan* § 97 Rn. 19; vgl. auch *Vallender* ZIP 1996, 529). Dem Schuldner kann auch auferlegt werden, eine geordnete Übersicht über nicht verbuchte Geschäftsvorfälle zu erstellen (K. Schmidt/*Jungmann* InsO, § 97 Rn. 10; HK-InsO/*Schmidt* § 97 Rn. 8; zur Erzwingung dieser Auflage s. *LG Duisburg* ZIP 2001, 522). 14

2. Offenbarung strafbarer Handlungen

Die Auskunftspflicht erstreckt sich nach Abs. 1 Satz 2 auch auf Angaben, durch die der Schuldner eine begangene **strafbare Handlung offenbaren** muss. Die solchenfalls entstehende Zwangslage berechtigt den Schuldner nicht, die Auskunft zu verweigern (*BVerfG* Rpfleger 1981, 225; *LG Hamburg*, KTS 1975, 242; *Terbille/Schmitz-Herscheidt* NJW 2000, 1749). Nach Auffassung des BVerfG werden die Grundrechte des Schuldners nicht dadurch verletzt, dass er nach den Vorschriften des Insolvenzrechts uneingeschränkt zur Aussage verpflichtet ist und dazu durch die Anordnung von Beugemitteln angehalten werden kann (str., **a.A.** *Uhlenbruck* JR 1971, 445). 15

Hatte der Schuldner wissentlich falsche Aussagen über insolvenzverfahrenserhebliche Umstände beschworen, machte er sich wegen Meineids (§ 154 StGB) strafbar ohne Rücksicht darauf, ob die gerichtlich angeordnete Aufklärung strafbare Handlungen zum Gegenstand hatte (*BGH* BGHSt 3, 309; *RG* RGSt 66, 152). Das BVerfG stimmt aber der Kritik von *Uhlenbruck* (JR 1971, 445) insoweit zu, als es die unbeschränkte Auskunftspflicht durch ein strafrechtliches Verwendungsverbot ergänzt. Bei den erzwingbaren Pflichten des Vollstreckungsrechts (§§ 807, 883 Abs. 2 ZPO) tragen die Gläubiger das Vollstreckungsrisiko. Ein wirksamer Rechtsschutz der Gläubiger ist ohne erzwingbare Aufklärung unmöglich. Deshalb ist der Gläubigerschutz gegenüber dem Schutz vor Selbstbelastung vorrangig. Der Schutz des Schuldners vor den strafrechtlichen Folgen einer Selbstbelastung ist dadurch Rechnung getragen, dass seine Aussage nicht gegen seinen Willen in einem Strafverfahren gegen ihn verwendet werden darf. Das gilt auch für Umgehungstatbestände, wie z.B. eine Anwesenheit des Vertreters der Staatsanwaltschaft in der Gläubigerversammlung oder die Vernehmung von Gläubigern als Zeugen darüber, was der Schuldner in der Gläubigerversammlung offenbart hat. Unzulässig ist also auch jede mittelbare Verwendung einer Aussage nach § 97 InsO im Strafverfahren, wie etwa die Stützung von Durchsuchungs- oder Beschlagnahmebeschlüssen auf so erlangte Kenntnisse (*LG Stuttgart* ZInsO 2001, 135), was der Gesetzgeber durch den Gebrauch des Wortes »verwendet« an Stelle des ursprünglich vorgesehenen Wortes »verwertet« zum Ausdruck gebracht hat (*Richter* wistra 2000, 3). In Satz 3 sind die vom BVerfG entwickelten Grundsätze in Gesetzesform umgesetzt worden. Nicht verwendet werden darf auch die in die Postsperre einbezogene Verteidigerpost eines inhaftierten Insolvenzschuldners (*BVerfG* ZInsO 2001, 96). 16

Das Verbot hindert aber nicht die Verwendung von Tatsachen, die der Strafverfolgungsbehörde bereits bekannt waren, nach *LG Ulm* (NJW 2007, 2056) auch nicht die Beschlagnahme von Unterlagen und Aufzeichnungen, die der Schuldner dem Insolvenzverwalter übergeben hat, oder die Verwendung solcher Geschäftsunterlagen, die bereits vor dem Insolvenzantrag existierten, wie die Buchhaltungsunterlagen. Diese Unterlagen wurden aufgrund der allgemeinen handelsrechtlichen Aufzeichnungspflichten erstellt, die sich nicht auf die allgemeinen Auskunfts- und Mitwirkungspflichten nach § 97 InsO beziehen (K. Schmidt/*Jungmann* InsO, § 97 Rn. 13) und unterfallen 17

6 Im Falle der Durchführung des Insolvenzverfahrens in Eigenverwaltung des Schuldners ist die Unterstützungspflicht durch §§ 275–277, 281 InsO als eine Pflicht zum Zusammenwirken mit dem Sachwalter beschrieben. Die Auskunftspflicht des § 97 und die Nebenpflichten bestehen auch hier (HK-InsO/*Schmidt* § 97 Rn. 4).

7 Im Verbraucherinsolvenzverfahren finden die Auskunftspflichten ebenfalls Anwendung (vgl. *BGH* ZInsO 2013, 138). Das soll auch für die Ruhensphase (§ 306 InsO) gelten (K. Schmidt/*Jungmann* InsO, § 97 Rn. 1; **a.A.** HK-InsO/*Schmidt* § 97 Rn. 5, der wegen der fehlenden Verweisung auf § 20 Satz 2 InsO dieses ablehnt). In der Wohlverhaltensphase des Restschuldbefreiungsverfahrens gilt nach der Rspr. die Auskunftspflicht fort (*BGH* ZIP 2009, 976; zust. *Uhlenbruck*/*Zipperer* InsO, § 97 Rn. 1; HK-InsO/*Schmidt* § 97 Rn. 5); vertretbar erscheint jedoch auch die Auffassung, sie werde in diesem Stadium von § 295 Abs. 1 Nr. 3 InsO als Spezialregelung verdrängt.

B. Auskunftspflichten

I. Gegenstand und Inhalt der Auskunft

8 Wichtigste Mitwirkungspflicht ist die in Abs. 1 Satz 1 genannte **Auskunftspflicht**.

9 Auskunft ist danach über alle das Verfahren betreffenden Verhältnisse zu erteilen. Dieser Begriff ist weit auszulegen und umfasst alle rechtlichen, wirtschaftlichen und tatsächlichen Verhältnisse, die für das Verfahren in irgendeiner Weise von Bedeutung sein können (*BGH* ZInsO 2011, 396). Gefordert werden kann Auskunft über alles, was für das Insolvenzverfahren in irgendeiner Weise von Bedeutung sein kann (*BGH* ZInsO 2010, 477; HK-InsO/*Schmidt* § 97 Rn. 12), insbesondere über die Gründe, die die Eröffnung des Insolvenzverfahrens veranlasst haben, über das Vermögen des Schuldners (auch über ausländisches; *BGH* ZIP 2003, 2123; *OLG Celle* ZInsO 2001, 144), über die einzelnen Forderungen und ihre Berechtigung, über Aussonderungs- und Absonderungsrechte und über Umstände, die eine Anfechtung von Rechtshandlungen begründen können (HK-InsO/*Schmidt* § 97 Rn. 12), über Geschäftsbeziehungen, Patente, Warenzeichen, Lizenzen (K. Schmidt/*Jungmann* InsO, § 97 Rn. 8), Organisationsstrukturen, Arbeitnehmer (MüKo-InsO/*Stephan* § 97 Rn. 14), auch Auskünfte über das insolvenzfreie Vermögen sind zu erteilen (HK-InsO/*Schmidt* § 97 Rn. 12; **a.A.** K. Schmidt/*Jungmann* InsO, § 97 Rn. 9, es sei denn sie sind für die Abgrenzung der Insolvenzmasse von Bedeutung), nicht dagegen über persönliche Tatsachen, die mit dem Verfahren nichts zu tun haben (*Uhlenbruck*/Zipperer InsO, § 97 Rn. 7), wie auch für den Geschäftsführer in Bezug auf seine persönlichen Vermögensverhältnisse (*BGH* ZIP 2015, 791).

10 Die Auskunftspflicht des Schuldners erstreckt sich auch auf das im **Ausland** belegene Vermögen (*BGH* WM 1983, 858; *Hanisch* ZIP 1983, 1289; *Merz* ZIP 1983, 136; *Uhlenbruck*/*Zipperer* InsO, § 97 Rn. 7).

11 Die Verpflichtung zur Auskunft ist nicht davon abhängig, dass an den Schuldner entsprechende Fragen gerichtet werden. Der Schuldner muss vielmehr die betroffenen Umstände von sich aus, ohne besondere Nachfrage, offen legen, soweit sie offensichtlich für das Insolvenzverfahren von Bedeutung sein können und nicht klar zu Tage liegen (*BGH* ZInsO 2010, 477; ZInsO 2010, 926; ZInsO 2011, 396; ZInsO 2013, 138).

12 Eine Auskunftspflicht kann sich auch aus vorangegangenem Tun ergeben. Hat der Schuldner dem Insolvenzantrag eine unvollständige Übersicht seines Vermögens beigefügt, so hat er dem Insolvenzverwalter anzuzeigen, welche Gegenstände er wohin weggeschafft und welche der Verwalter bei der Bestandsaufnahme übersehen hat.

II. Art der Auskunftserteilung

1. Form der Auskunftserteilung

13 Die Auskunft ist persönlich und mündlich vom Schuldner zu erteilen, wenn der Schuldner eine natürliche Person ist. Der Auskunftsberechtigte kann es auch gestatten, dass die Auskunft von einem

Übersicht

		Rdn.			Rdn.
A.	**Inhalt und Zweck der Vorschrift**	1	I.	Unterstützung und Mitwirkung	29
I.	Normzweck	1	II.	Vergütung	30
II.	Geltungsbereich	5	III.	Auslandsvollmacht	32
B.	**Auskunftpflichten**	8	IV.	Besondere Mitwirkungspflichten	33
I.	Gegenstand und Inhalt der Auskunft	8	**D.**	**Bereitschafts- und Unterlassungspflichten**	35
II.	Art der Auskunftserteilung	13	I.	Bereitschaftpflicht	35
	1. Form der Auskunftserteilung	13		1. Keine Residenzpflicht	35
	2. Offenbarung strafbarer Handlungen	15		2. Verfahren	38
III.	Auskunftsberechtigte	19	II.	Unterlassungspflichten	40
IV.	Auskunftspflichtige	22			
C.	**Mitwirkungspflichten**	29			

Literatur:
Kemperdick Zum Verwertungsverbot des § 97 Abs. 1 Satz 3 InsO, ZInsO 2013, 116; *Laroche* Auskunftspflichten des Organvertreters in der Insolvenz, ZInsO 2015, 1469.

A. Inhalt und Zweck der Vorschrift

I. Normzweck

Eine sachgerechte und effektive Durchführung des Insolvenzverfahrens setzt voraus, dass sich das Gericht, der Insolvenzverwalter und die Organe der Gläubiger über die wirtschaftlichen und rechtlichen Verhältnisse des Schuldners unterrichten können. Ein wichtiges Hilfsmittel hierzu ist die Auskunftpflicht des Schuldners (*Balz/Landfermann* Begr.RegE S. 316). Da der Schuldner selbst die Verhältnisse seines Vermögens, insb. eines bisher von ihm geführten Unternehmens, die Geschäftsentwicklung und die Geschäftsbeziehungen von allen Beteiligten am besten kennt und überschaut, will sich das Gesetz diese Kenntnisse im Interesse aller Beteiligten (und letzten Endes auch des Schuldners selbst) zunutze machen. Den Schuldner trifft bereits im eigenen Interesse im Insolvenzverfahren eine **aktive Mitwirkungs-** und **Verfahrensförderungspflicht**, § 97 Abs. 2 InsO. 1

Auskunft ist danach über alle das Verfahren betreffenden Verhältnisse zu erteilen. Dieser Begriff ist weit auszulegen und umfasst alle rechtlichen, wirtschaftlichen und tatsächlichen Verhältnisse, die für das Verfahren in irgendeiner Weise von Bedeutung sein können (*BGH* ZInsO 2011, 396; ZInsO 2013, 138). 2

Einzelne dieser Pflichten hat Abs. 1 besonders hervorgehoben; Abs. 3 bestimmt Sekundärpflichten des Schuldners, mit denen die Erfüllung der in Abs. 1 und 2 genannten Primärpflichten sichergestellt werden soll. Er hat sich insbesondere auf Anweisung des Gerichts zur Verfügung zu halten und alle Handlungen zu unterlassen, die dieses behindern (**Behinderungsverbot**). Die Durchsetzung der Pflichten ist in § 98 InsO geregelt. 3

Da im Vorfeld eines Unternehmenszusammenbruchs Wirtschaftsstraftaten und Steuerdelikte nicht selten sind, hat der Gesetzgeber auch Anlass gesehen, das Verhältnis der Auskunftspflicht des Schuldners zum Schweigerecht des Straftäters ausdrücklich zu regeln, und hat dieses i.S.d. Vorrangs der Auskunftspflicht entschieden. 4

II. Geltungsbereich

Die Pflichten aus § 97 InsO treffen den Schuldner bereits vollumfänglich im Eröffnungsverfahren (§ 20 Abs. 1 Satz 1, § 22 Abs. 3 Satz 3 InsO) und dauern bis zur Beendigung des Verfahrens an (vgl. *Uhlenbruck/Zipperer* InsO, § 97 Rn. 22). Sie gelten auch im Nachtragsverteilungsverfahren (*BGH* ZIP 2016, 686). Bei einer Abweisung des Insolvenzantrages enden sie mit dem Beschluss. In der Insolvenz einer Kapitalgesellschaft erstreckt sich die Auskunftspflicht auch auf die organschaftlichen Vertreter und Angestellte (§ 101 InsO). 5

Aber auch die Verrechnungen vor dem Insolvenzantrag auf dem Konto sind anfechtbar, wenn sie bspw. in Kenntnis der Zahlungsunfähigkeit vorgenommen wurden.

20 Ist der Anfechtungstatbestand erfüllt, ist die Aufrechnungserklärung des Insolvenzgläubigers unzulässig (*BGH* NZI 2004, 580). Einer Erklärung des Insolvenzverwalters bedarf es nicht, er kann vielmehr den Anspruch der Insolvenzmasse einfordern oder -klagen.

E. Forderungen gegen das freie Vermögen des Schuldners

21 § 96 Abs. 1 Nr. 4 InsO stellt eine Selbstverständlichkeit grundsätzlich fest: Ein Gläubiger kann nicht mit Forderungen aufrechnen, die er selbst gegen den Schuldner begründete, etwa weil der Verwalter nach § 35 InsO den Betrieb freigab, mit Forderungen, die er der Masse, also dann dem Verwalter gegenüber schuldet (MüKo-InsO/*Brandes/Lohmann* § 96 Rn. 40).

F. Massegläubiger

22 § 96 InsO regelt seinem eindeutigen Wortlaut nach nur die Aufrechnung durch Insolvenzgläubiger. Die Aufrechnungsbefugnis von Massegläubigern wird durch diese Vorschrift nicht eingeschränkt. Das gilt auch für Forderungen, die von einem vorläufigen Insolvenzverwalter begründet worden sind und nach § 55 Abs. 2 Satz 1 InsO als Masseverbindlichkeiten gelten. Ob die Aufrechnung mit Masseforderungen im Falle der Masseunzulänglichkeit Beschränkungen unterliegt, wollte der Gesetzgeber anders als § 320 Abs. 3 RegE, der dafür eine eindeutige Regelung enthält, der Rechtsprechung überlassen (vgl. BT-Drucks. 12/7302 S. 180 und die Kommentierung zu § 208 InsO). Für eine Anwendung von § 55 KO auf Massegläubiger bei unzureichender Masse spricht sich unter Geltung der Vorläufervorschriften *Kuhn/Uhlenbruck* KO, § 55 Rn. 7g aus; dort auch weitere Nachweise.

G. Einschränkung der Aufrechnungsverbote nach Abs. 2

23 Abs. 2 ist durch die Umsetzung der Richtlinie 2002/47/EG des Europäischen Parlaments und des Rates vom 06.06.2004 über Finanzsicherheiten und zum 30.06.2011 durch die Bankenrichtlinie geändert worden. Diese Änderung ist eine weitere, nicht systemkonforme Bevorzugung einer bestimmten Gläubigergruppe. Eine Entsprechung findet diese Erweiterung in § 130 InsO (vgl. *Dauernheim* § 130 Rdn. 1 ff.). Zu beachten ist, dass die Verrechnung spätestens am Eröffnungstag erfolgt. Zu den Finanzsicherheiten gehören Barguthaben, Wertpapiere und Geldmarktinstrumente einschließlich deren Sicherungsrechte.

§ 97 Auskunfts- und Mitwirkungspflichten des Schuldners

(1) ¹Der Schuldner ist verpflichtet, dem Insolvenzgericht, dem Insolvenzverwalter, dem Gläubigerausschuss und auf Anordnung des Gerichts der Gläubigerversammlung über alle das Verfahren betreffenden Verhältnisse Auskunft zu geben. ²Er hat auch Tatsachen zu offenbaren, die geeignet sind, eine Verfolgung wegen einer Straftat oder einer Ordnungswidrigkeit herbeizuführen. ³Jedoch darf eine Auskunft, die der Schuldner gemäß seiner Verpflichtung nach Satz 1 erteilt, in einem Strafverfahren oder in einem Verfahren nach dem Gesetz über Ordnungswidrigkeiten gegen den Schuldner oder einen in § 52 Abs. 1 der Strafprozessordnung bezeichneten Angehörigen des Schuldners nur mit Zustimmung des Schuldners verwendet werden.

(2) Der Schuldner hat den Verwalter bei der Erfüllung von dessen Aufgaben zu unterstützen.

(3) ¹Der Schuldner ist verpflichtet, sich auf Anordnung des Gerichts jederzeit zur Verfügung zu stellen, um seine Auskunfts- und Mitwirkungspflichten zu erfüllen. ²Er hat alle Handlungen zu unterlassen, die der Erfüllung dieser Pflichten zuwiderlaufen.

es kommt nur auf die dingliche Zuordnung an (K. Schmidt/ *Thole* InsO, § 96 Rn. 10). Eine Aufrechnung ist auch dann unzulässig, wenn der Wiedererwerb der abgetretenen Forderung wie bei einer Sicherungszession von vornherein beabsichtigt war (h.M. MüKo-InsO/*Brandes/Lohmann* § 96 Rn. 21 m.w.N.), es sei denn, die Forderung wurde nach Verfahrenseröffnung abgetreten und dann wiedererlangt.

Erfolgt die Abtretung der Gegenforderung aufgrund eines Factoring-Geschäfts, so besteht die Möglichkeit, dass die Zession an den Factor vor Eröffnung des Insolvenzverfahrens, der Rückerwerb der Forderung durch den Anschlusskunden dagegen nach Eröffnung des Insolvenzverfahrens liegt. Ist der Anschlusskunde dem Schuldner vor Eröffnung des Insolvenzverfahrens über dessen Vermögen etwas schuldig geworden, aber nach dem Factoringgeschäft, so kann bei Rückübertragung der Forderung an den Anschlusskunden im Insolvenzverfahren über das Vermögen des Schuldners keine Aufrechnungslage entstehen. Hierbei ist es unerheblich, ob es sich um ein echtes oder unechtes Factoringgeschäft handelt (*Hess* InsO, § 96 Rn. 66). 16

Löst der Indossant einen Wechsel ein, so erwirbt er gem. Art. 49 WG einen Rückgriffsanspruch gegen einen früheren Indossanten. Hat dieser eine Forderung gegen ihn und ist nach deren Entstehung und Weiterbegebung des Wechsels an den Indossatar, aber vor dessen Einlösung, über das Vermögen des Vormanns das Insolvenzverfahren eröffnet worden, so kann der Indossant, der den Wechsel im Rücklauf nach Eröffnung des Insolvenzverfahrens einlöst, sein vor Eröffnung des Insolvenzverfahrens bestehendes Aufrechnungsrecht ausüben. § 96 Abs. 1 Nr. 2 InsO ist hierauf nicht anwendbar. Die Regressforderung aus einem vom Schuldner akzeptierten und weiterindossierten Wechsel ist eine aufschiebend bedingte Forderung (vgl. *Jaeger/Henckel* KO, § 3 Rn. 58; *Hess* InsO, § 96 Rn. 67). 17

D. Erwerb der Aufrechnungsmöglichkeit durch eine anfechtbare Rechtshandlung

In den Fällen von § 96 Abs. 1 Nr. 3 InsO bestand die Aufrechnungslage anders als in den Fällen von § 96 Abs. 1 Nr. 1 und 2 InsO bereits bei Verfahrenseröffnung, doch ist diese Möglichkeit durch eine anfechtbare Rechtshandlung herbeigeführt worden. Zur Frage, welche Handlungen dafür in Betracht kommen, s. die Kommentierung zu §§ 130–135 InsO. Alle Anfechtungsvorschriften sind anwendbar (*BGH* 11.12.2008 – IX ZR 195/07, BGHZ 179, 137 = NJW 2009, 363; auch eine Kündigung eines Vertragshändlervertrages, *BGH* 07.05.2013 – IX ZR 191/12, ZIP 2012, 1872 oder die Bezahlung eines Geschäftsführers mit Forderungen gem. § 64 Abs. 2 GmbHG, *BGH* 19.11.2013 – IX ZR 18/12, ZIP 2012, 1872). Die Begründung einer Aufrechnungslage ist dann kongruent, wenn der Aufrechnende einen Anspruch auf die Aufrechnung hatte oder dann inkongruent, wenn kein solcher Anspruch bestand (MüKo-InsO/*Brandes/Lohmann* § 96 Rn. 31). § 96 Abs. 1 Nr. 3 InsO ist eine Rechtsgrundverweisung. 18

Anschauungsbeispiel (nach *Jauernig* Zwangsvollstreckungs- und Insolvenzrecht, S. 331): 19

Ein Insolvenzgläubiger hat zwei Monate vor dem Antrag auf Eröffnung des Insolvenzverfahrens und in Kenntnis der Zahlungsunfähigkeit des Schuldners von einem Dritten dessen Forderung gegen den Schuldner erworben und rechnet nach Eröffnung des Insolvenzverfahrens auf. Dieser Aufrechnung steht § 96 Abs. 1 Nr. 3 i.V.m. § 131 Abs. 1 Nr. 2 InsO entgegen.

Insbesondere bei Kontokorrentverhältnissen, bei denen die Bank Zahlungseingänge mit dem debitorischen Kontosaldo verrechnet, sind ein wichtiger Anwendungsfall: Da die Bank insbesondere auch nach Erlass der Verfügungsbeschränkungen verrechnen darf (vgl. Rdn. 5), ist diese Aufrechnung bei Eröffnung des Insolvenzverfahrens anfechtbar und die Aufrechnung nach § 96 Abs. 1 Nr. 3 unwirksam (es sei denn, die Bank verfügt über eine Globalzession, *BGH* ZIP 2008, 91) oder sonstige Sicherungsverträge (*BGH* 26.04.2012 – IX ZR 67/09, NJW 2012, 2517); der Verwalter kann die Zahlungseingänge, die anfechtbar sind, herausfordern (vgl. MüKo-InsO/*Brandes* § 96 Rn. 32 ff.). Das AGB-Pfandrecht entsteht erst, wenn auch die verpfändete Forderung entsteht, so dass dies kein Argument gegen eine Anfechtung ist (*BGH* 08.03.2007 – IX ZR 127/05, NJW 2007, 2324).

8   § 96 Abs. 1 Nr. 1 InsO schließt ferner die Aufrechnung des Gläubigers aus:
   a) gegen Forderungen aus Rechtsgeschäften mit dem Insolvenzverwalter (*Kübler/Prütting/Bork-Lüke* InsO, § 96 Rn. 11);
   b) gegen Forderungen aus unerlaubter Handlung in Bezug auf Masseschulden (*Kilger/Karsten Schmidt* KO, § 55 Rn. 3a);
   c) gegen den anfechtungsrechtlichen Rückgewähranspruch nach § 143 Abs. 1 InsO (*BGH* NJW 1955, 259; NZI 2004, 248);
   d) gegen eine Forderung aus Geschäftsbesorgung für die Masse, wenn der Auftrag nicht vor Eröffnung des Insolvenzverfahrens erteilt wurde (*Kübler/Prütting/Bork-Lüke* InsO, § 96 Rn. 11).

9   § 96 Abs. 1 Nr. 1 InsO betrifft auch öffentlich-rechtliche Forderungen; so kann eine Gemeinde gegenüber einem von dem Insolvenzverwalter geltend gemachten Gewerbesteuererstattungsanspruch, der dadurch entstanden ist, dass die vor Eröffnung des Insolvenzverfahrens aufgrund von Vorauszahlungsbescheiden geltend gemachte Gewerbesteuer geringer festgesetzt wurde, nicht mit den zur Insolvenztabelle angemeldeten Forderungen aufrechnen (*VG Düsseldorf* KTS 1977, 185).

10 Lehnt der Insolvenzverwalter die Erfüllung eines vor Eröffnung des Insolvenzverfahrens abgeschlossenen Grundstückskaufvertrages ab, so gehört der Anspruch auf Erstattung der Grunderwerbsteuer zur Masse. Gegen diesen, erst nach Eröffnung des Insolvenzverfahrens entstandenen, abgabenrechtlichen Erstattungsanspruch öffentlich-rechtlicher Natur kann nicht mit Steuerforderungen aufgerechnet werden, die vor Eröffnung des Insolvenzverfahrens entstanden sind (vgl. *FG Bremen* KTS 1974, 121).

11 Unzulässig ist die Aufrechnung gegen Forderungen auf Herausgabe des Versteigerungserlöses einer vor Eröffnung des Insolvenzverfahrens unwirksam gepfändeten und verwerteten Sache (*RG* RGZ 150, 45) sowie der Anspruch auf nach Eröffnung des Insolvenzverfahrens fällig gewordenen Miet- und Pachtzinsen (*BGH* WM 1983, 372).

C. Erwerb der Forderung nach Eröffnung des Insolvenzverfahrens von einem anderen Gläubiger

12 § 96 Abs. 1 Nr. 2 InsO will in erster Linie Manipulationen zu Lasten der Insolvenzmasse vorbeugen. So könnte ohne diese Vorschrift ein nicht gesicherter Insolvenzgläubiger seine Forderung gegen Entgelt an eine Person abtreten, die ihrerseits etwas zur Masse schuldet. Der Abtretungsempfänger könnte sich daraufhin durch Aufrechnung von dieser Schuld befreien, und der Insolvenzgläubiger erhielte an Stelle der Quote das Entgelt. Der Insolvenzmasse ginge indessen die Differenz zwischen der vom Abtretungsempfänger zu zahlenden Schuld und der an den Insolvenzgläubiger aus der Masse zu zahlenden Insolvenzdividende verloren. § 96 Abs. 1 Nr. 2 InsO erfasst in seiner allgemeinen Formulierung aber nicht nur diese Fälle. Er schließt die Aufrechnungsbefugnis unabhängig davon aus, ob die Forderung im Wege der Sonderrechtsnachfolge oder im Wege der Gesamtrechtsnachfolge erworben wurde (*K. Schmidt/Thole* InsO, § 96 Rn. 9; s. hierzu auch *BGH* NJW 1962, 1201). Ein Forderungserwerb im Antragsverfahren wird durch § 96 Abs. 1 Nr. 2 InsO nicht erfasst, kann jedoch anfechtbar sein (§ 96 Abs. 1 Nr. 3 InsO).

13 § 52 SGB I, nach dem Sozialversicherungsträger Leistungs- und Erstattungsansprüche verschiedener Kostenträger verrechnen können, geht der Regelung in § 96 Abs. 1 Nr. 2 InsO als lex specialis vor (*BGH* 29.05.2008 – IX ZB 51/07, BGHZ 177, 1 = NJW 2008, 2705). Diese systemwidrige Handhabung, die letztlich Sozialversicherungsträger privilegiert, ist in der Literatur und Rechtsprechung sowohl vor als auch nach der Entscheidung des BGH umstritten (vgl. Nachw. *Uhlenbruck/Sinz* InsO, § 96 Rn. 35). Gleiches gilt im Sozialversicherungsrecht (§ 28 Nr. 1 SGB IV).

14 Die Aufrechnungsbefugnis entfällt auch dann nicht, wenn die Gegenforderung von einem aufrechnungsberechtigten Schuldner auf einen Mitschuldner übergeht (*Kilger/Karsten Schmidt* KO, § 55 Rn. 4 m.w.N.; *Kuhn/Uhlenbruck* KO, § 55 Rn. 9).

15 Nicht aufrechnungsbefugt ist auch der Gläubiger, der seine Forderung vorbehaltlos vor Eröffnung des Insolvenzverfahrens abgetreten hat und nach Eröffnung des Insolvenzverfahrens rückerwirbt;

Gläubiger zur Insolvenzanfechtung berechtigt. Dies wäre beispielsweise dann der Fall, wenn ein Schuldner des Insolvenzschuldners in der kritischen Zeit vor der Verfahrenseröffnung eine Forderung gegen den Insolvenzschuldner erworben hat, um im Wege der Aufrechnung die volle Befriedigung dieser Forderung durchzusetzen. Einer Geltendmachung der Insolvenzanfechtung bedarf es im Fall von Nr. 3 nicht.

Nr. 4 macht die Trennung von Insolvenzmasse und freiem Vermögen des Schuldners deutlich. Verrechnungen zwischen diesen verschiedenen Vermögensmassen sind nicht möglich. 4

B. Entstehung der Forderung des Schuldners nach Verfahrenseröffnung

Eine Aufrechnung ist unzulässig, wenn die Forderung des Schuldners erst nach der Eröffnung des 5 Insolvenzverfahrens entstanden ist (§ 96 Abs. 1 Nr. 1 InsO), d.h. der Gläubiger etwas zur Masse schuldig geworden ist und die Forderung bei Eröffnung des Insolvenzverfahrens selbst in ihrem Kern noch nicht begründet war (*RG* RGZ 121, 371). Dies war besonders bei Steuerforderungen zum Teil schwierig festzustellen. Mit Änderung der Rechtsprechung (*BFH* 25.07.2012 – VII R 29/12) ist nunmehr geklärt, dass der Steuertatbestand vollständig erfüllt sein muss, um den Anspruch der Zeit vor oder nach Eröffnung zuzuordnen. Auf den Steuerbescheid kommt es dabei grds. nicht an (vgl. auch § 95 Rdn. 5).

Strittig ist, ob auf Aufrechnungen, die nach Erlass des allgemeinen Verfügungsverbots nach § 21 Abs. 2 Nr. 2 InsO aber vor Eröffnung des Verfahrens erklärt werden, § 96 Abs. 1 Nr. 1 InsO analog anwendbar ist. Eine Analogie ist indes nicht geboten, da der Schutz des § 96 Abs. 1 Nr. 3 InsO ausreicht, auch wenn dazu die Eröffnung des Insolvenzverfahrens notwendig ist und damit der Liquiditätszufluss erst später erfolgt (*BGH* ZInsO 2004, 852; *Kübler/Prütting/Bork-Lüke* InsO, § 96 Rn. 13; a.A. *LG Mönchengladbach* ZIP 1993, 694). Dies gilt auch für Verrechnungen von Zahlungen auf ein debitorisches Bankkonto im Antragsverfahren, da damit zwar die alleinige Verfügungsbefugnis des Schuldners erlischt, davon jedoch die Verrechnung seitens der Bank nicht tangiert wird und damit nur die Anfechtung im eröffneten Verfahren alle Verfügungen ab Erlass der Verfügungsbeschränkungen rückgängig machen kann (vgl. BK-*Blersch/v. Olshausen* § 94 InsO Rn. 11).

Dem steht es gleich, wenn die Forderung zwar vor Eröffnung des Insolvenzverfahrens entstanden ist, 6 der Aufrechnende aber erst durch eine Schuldübernahme nach Eröffnung des Insolvenzverfahrens Schuldner wurde (*BGH* NJW 1957, 420). Gegen eine Forderung auf Grund eines Erfüllungsverlangens des Insolvenzverwalters nach § 103 InsO kann nicht mit einem vor Eröffnung des Insolvenzverfahrens und außerhalb des Vertragsverhältnisses begründeten Anspruch aufgerechnet werden, da mit der Erfüllungswahl des Insolvenzverwalters erst eine originäre Masseforderung entsteht (*BGH* ZIP 2002, 193). Bei teilbaren Leistungen kommt es darauf an, ob der Vertrag schon vor Eröffnung teilweise erfüllt wurde, dann ist bis zur Werthaltigkeit der schuldnerischen Leistung vor Eröffnung eine Aufrechnung möglich oder ob keine Leistungen des Schuldners erfolgten, dann ist auch keine Aufrechnung möglich. Lehnt der Verwalter die Erfüllung ab, entsteht ein wechselseitiges Abrechnungsverhältnis, in dem Saldierungen erlaubt sind. Bei verbleibenden Überschüssen der Masse kann der Gläubiger aber nicht mit anderen Gegenforderungen aufrechnen, da der Anspruch der Masse erst mit der Erklärung des Insolvenzverwalters, nicht erfüllen zu wollen, entstanden ist. Bei einem Überschuss zugunsten des Gläubigers ist jedoch eine Aufrechnung möglich (*Uhlenbruck/Sinz* InsO, § 96 Rn. 11 f.).

Mit Eröffnung des Insolvenzverfahrens erlischt der Vertrag mit der Bank des Schuldners (Girover- 7 trag, §§ 115, 116 InsO). Die Bank muss daher alle Zahlungseingänge, die auf den Konten des Schuldners eingehen, herausgeben, auch wenn sie auf einem debitorischen Konto verbucht werden. Eine Verrechnung mit Forderungen aus demselben Kontokorrent oder mit anderen Ansprüchen der Bank ist zudem nach § 96 Abs. 1 Nr. 1 InsO untersagt. Zahlungseingänge vor Eröffnung des Verfahrens, auch wenn sie nach Erlass der Verfügungsbeschränkungen eingegangen sind, können nur über das Rechtsinstitut der Anfechtung zugunsten des Schuldners geltend gemacht werden.

D. Währungsverschiedene Forderungen

8 Die Umrechnung ist, abgesehen vom maßgeblichen Umrechnungszeitpunkt und von dem Erfordernis, dass die für die Schuldnerforderung maßgebliche Währung frei konvertibel sein muss, ebenso geregelt wie in § 45 Satz 2 InsO (s. die dortige Kommentierung). Die Bedeutung dieser Vorschrift ist durch die europäische Währungsunion faktisch nur noch gering (krit. zur Systematik: A/G/R-*Pieckenbrock* § 95 InsO Rn. 3).

§ 96 Unzulässigkeit der Aufrechnung

(1) Die Aufrechnung ist unzulässig,
1. wenn ein Insolvenzgläubiger erst nach der Eröffnung des Insolvenzverfahrens etwas zur Insolvenzmasse schuldig geworden ist,
2. wenn ein Insolvenzgläubiger seine Forderung erst nach der Eröffnung des Verfahrens von einem anderen Gläubiger erworben hat,
3. wenn ein Insolvenzgläubiger die Möglichkeit der Aufrechnung durch eine anfechtbare Rechtshandlung erlangt hat,
4. wenn ein Gläubiger, dessen Forderung aus dem freien Vermögen des Schuldners zu erfüllen ist, etwas zur Insolvenzmasse schuldet.

(2) Absatz 1 sowie § 95 Abs. 1 Satz 3 stehen nicht der Verfügung über Finanzsicherheiten im Sinne des § 1 Abs. 17 des Kreditwesengesetzes oder der Verrechnung von Ansprüchen und Leistungen aus Zahlungsaufträgen, Aufträgen zwischen Zahlungsdienstleistern oder zwischengeschalteten Stellen oder Aufträgen zur Übertragung von Wertpapieren entgegen, die in ein System im Sinne des § 1 Abs. 16 des Kreditwesengesetzes eingebracht wurden, das der Ausführung solcher Verträge dient, sofern die Verrechnung spätestens am Tage der Eröffnung des Insolvenzverfahrens erfolgt; ist der andere Teil ein Systembetreiber oder Teilnehmer in dem System, bestimmt sich der Tag der Eröffnung nach dem Geschäftsgang im Sinne des § 1 Absatz 16b des Kreditwesengesetzes.

Übersicht

	Rdn.			Rdn.
A. Inhalt und Zweck der Vorschrift	1	D.	Erwerb der Aufrechnungsmöglichkeit durch eine anfechtbare Rechtshandlung	18
B. Entstehung der Forderung des Schuldners nach Verfahrenseröffnung	5	E.	Forderungen gegen das freie Vermögen des Schuldners	21
C. Erwerb der Forderung nach Eröffnung des Insolvenzverfahrens von einem anderen Gläubiger	12	F.	Massegläubiger	22
		G.	Einschränkung der Aufrechnungsverbote nach Abs. 2	23

A. Inhalt und Zweck der Vorschrift

1 §§ 94 und 95 InsO regeln den Fall, dass der Gläubiger bei Verfahrenseröffnung schon Inhaber seiner Forderung ist. § 96 Abs. 1 Nr. 1 und 2 InsO geht von der Situation aus, dass der Gläubiger die Forderung erst nach der Verfahrenseröffnung erworben hat oder die Gegenforderung erst nach der Verfahrenseröffnung begründet worden ist. Hier konnte er noch nicht darauf vertrauen, dass er seine Forderung im Wege der Aufrechnung werde durchsetzen können. Die InsO regelt Ausnahmen in den §§ 110 Abs. 3 und 114 Abs. 2 InsO, die als Sondervorschriften allerdings nur dem § 96 Abs. 1 Nr. 1 InsO vorgehen (*Uhlenbruck/Sinz* InsO, § 96 Rn. 3).

2 § 96 InsO schränkt die Aufrechnungsbefugnis des Insolvenzverwalters selbst allerdings nicht ein. Ziel des § 96 InsO ist es, das Gleichbehandlungsgebot der Gläubiger durchzusetzen. Bezüglich Darlegungs- und Beweislast gelten die allgemeinen Regeln, die Aufrechnungslage hat der Gläubiger darzulegen (*K. Schmidt/Thole* InsO, § 96 Rn. 3).

3 Nach Nr. 3 ist eine Aufrechnung auch dann nicht zulässig, wenn die Aufrechnungslage vor der Verfahrenseröffnung in einer Weise herbeigeführt worden ist, die den Insolvenzverwalter gegenüber dem

ihre Voraussetzungen, sobald die Forderung des Insolvenzgläubigers fällig ist, während die gegen ihn gerichtete Forderung lediglich erfüllbar zu sein braucht (§ 387 BGB a.E.). Erfüllbar ist eine Forderung mangels anderer Vereinbarungen aber bereits vor Eintritt der Fälligkeit (§ 271 Abs. 2 BGB). Eine Forderung, die ihren Ursprung in einem Auseinandersetzungsguthaben bei Beendigung der Mitgliedschaft in einer juristischen Person hat, steht unter der rechtlichen Bedingung der Beendigung der Mitgliedschaft und kann daher mit in die Aufrechnung einfließen (*BGH* ZInsO 2004, 921) auch wenn die Kündigung erst nach Eröffnung des Insolvenzverfahrens erfolgt; § 95 Abs. 1 Satz 1 ist hier lex specialis zu § 96 Abs. 1 Nr. 1.

Aufschiebend bedingt ist eine Forderung, die bereits entstanden ist, deren Rechtswirkungen aber von einem künftigen, ungewissen Ereignis abhängen. Auflösend bedingte Forderungen sind bereits entstanden und werden durch § 95 InsO nicht tangiert. Der Eintritt von entfernten Entstehungsvoraussetzungen (etwa Gewährleistungsansprüche) reicht nicht aus (*Uhlenbruck/Sinz* InsO, § 95 Rn. 19). Für Steuererstattungsansprüche galt dasselbe: Der vorinsolvenzliche Steuererstattungsanspruch des späteren Schuldners ist eine aufschiebend bedingte Forderung gegen die die Finanzverwaltung auch im eröffneten Verfahren aufrechnen kann (*BFH* 17.04.2007 – VII R 27/06, BFHE 217, 8 = ZIP 2007, 1166). Nunmehr hat der *BFH* (25.07.2012 – VII R 29/11, ZInsO 2012,1022) seine bisherige Rechtsprechung aufgegeben, und (für die Umsatzsteuer, aber damit auf andere Steuerarten übertragbar) verlangt, dass alle materiellen Voraussetzungen eines Steuertatbestandes erfüllt sein müssen. So wäre auch der Vorsteuererstattungsanspruch aus der vorläufigen Insolvenzverwaltervergütung nicht mit Altansprüchen der Finanzverwaltung verrechenbar, da der Vergütungsanspruch erst mit der Eröffnung des Verfahrens entsteht (ähnlich: MüKo-InsO/*Brandes/Lohmann* § 95 Rn. 26). 5

In der »noch nicht gleichartigen Leistung« sieht die Literatur einen Systembruch (*Braun/Kroth* InsO, § 95 Rn. 15), da der Gläubiger durch vertragswidriges Verhalten einen Schadensersatzanspruch der Masse auslösen kann, mit dem er dann aufrechnet. Ein solches Verhalten muss letztlich an allgemeinen Normen gemessen werden und darf zu keiner Besserstellung eines solchen Gläubigers führen. 6

C. Ausschluss der Aufrechnung

Die Aufrechnung durch den Insolvenzgläubiger ist nicht gestattet, wenn die gegen ihn gerichtete Forderung unbedingt und fällig wird, bevor die Aufrechnungslage eintritt (Abs. 1 Satz 3, der § 392 BGB entspricht). Der Insolvenzgläubiger darf dann die Zahlung zur Masse nicht verweigern und ist darauf verwiesen, seine Forderung zur Tabelle anzumelden. Dies ist auch dann gegeben, wenn ein Bürge etwas der Masse schuldet und später mit seinen nach Verfahrenseröffnung entstandenen Rückgriffsansprüchen aufzurechnen versucht (*Olshausen* KTS 2000, 1, 4 und noch zur GesO: *BGH* ZIP 1999, 289). Die vorherige Fälligkeit der Forderung des Schuldners kann sich u.a. daraus ergeben, dass der Insolvenzgläubiger dem Schuldner Stundung gewährt hatte. In einem solchen Fall wird der Insolvenzgläubiger Anlass haben zu prüfen, ob er die Stundung widerrufen und damit den Eintritt der sofortigen Fälligkeit seiner Forderung herbeiführen kann. Dies gelingt jedoch, wenn die Stundungsvereinbarung einen Widerruf für den Fall des Vermögensverfalls ausdrücklich vorsah. Im Übrigen dürfte der Vermögensverfall des Schuldners ebenso zu einem Widerruf der Stundung berechtigen, wie ein drohender Konkurs nach der Rechtsprechung (*BGH* NJW-RR 1990, 111) einen wichtigen Grund zu einer außerordentlichen Kündigung eines Darlehensvertrages durch den Darlehensgeber darstellt. Für gestundete Steuern ergibt sich dasselbe aus § 131 Abs. 2 Satz 1 Nr. 3 AO, da die gesetzliche Stundungsvoraussetzung, dass der Anspruch durch die Stundung nicht gefährdet erscheint (§ 222 Satz 1 AO), ab dem Vermögensverfall nicht mehr gegeben ist. Entsprechendes gilt für gestundete Kommunalabgaben, da die Kommunalabgabengesetze aller Bundesländer auf §§ 131 und 222 AO verweisen. Auch einer Behörde ist die Aufrechnung nicht möglich, solange ihr Anspruch einen bestandskräftigen Verwaltungsakt voraussetzt (*BVerwG* 20.11.2008 – 3 C 13/08; *Uhlenbruck/Sinz* InsO, § 95 Rn. 20). Eine andere Sichtweise ist nur dann gestattet, wenn es sich um Forderungen und Gegenforderungen aus einem synallagmatischen Verhältnis handelt, da der Gesetzgeber ganz sicher nicht die Stellung und wechselseitigen Ansprüche der Vertragsparteien in einem Vertragsverhältnis beschneiden wollte (*Uhlenbruck/Sinz* InsO, § 95 Rn. 39). 7

werden müssen. § 338 InsO enthält die entsprechenden Regelungen für das autonome deutsche internationale Insolvenzrecht.

§ 95 Eintritt der Aufrechnungslage im Verfahren

(1) ¹Sind zur Zeit der Eröffnung des Insolvenzverfahrens die aufzurechnenden Forderungen oder eine von ihnen noch aufschiebend bedingt oder nicht fällig oder die Forderungen noch nicht auf gleichartige Leistungen gerichtet, so kann die Aufrechnung erst erfolgen, wenn ihre Voraussetzungen eingetreten sind. ²Die §§ 41, 45 sind nicht anzuwenden. ³Die Aufrechnung ist ausgeschlossen, wenn die Forderung, gegen die aufgerechnet werden soll, unbedingt und fällig wird, bevor die Aufrechnung erfolgen kann.

(2) ¹Die Aufrechnung wird nicht dadurch ausgeschlossen, dass die Forderungen auf unterschiedliche Währungen oder Rechnungseinheiten lauten, wenn diese Währungen oder Rechnungseinheiten am Zahlungsort der Forderung, gegen die aufgerechnet wird, frei getauscht werden können. ²Die Umrechnung erfolgt nach dem Kurswert, der für diesen Ort zur Zeit des Zugangs der Aufrechnungserklärung maßgeblich ist.

Übersicht	Rdn.		Rdn.
A. Zweck und Inhalt der Vorschrift	1	C. Ausschluss der Aufrechnung	7
B. Zulässigkeit der Aufrechnung	3	D. Währungsverschiedene Forderungen	8

A. Zweck und Inhalt der Vorschrift

1 § 95 InsO erweitert die Aufrechnungsmöglichkeiten des § 94 InsO, schränkt aber die Aufrechnung gleichzeitig ein, um dem Gebot der Gläubigergleichbehandlung nachzukommen. § 95 InsO ist eine notwendige und wirtschaftlich verständliche Erweiterung der Aufrechnungsmöglichkeiten eines Gläubigers, der Ansprüche gegen die Masse hat, aber auch der Masse etwas schuldet, obgleich die Voraussetzungen des § 94 InsO nicht gegeben sind. Derjenige Gläubiger, der von einer Aufrechnungslage ausgehen durfte, soll dieses Recht auch im Verfahren haben, wenn seine Forderung zumindest schon im Kern angelegt war (K. Schmidt/*Thole* § 95 Rn. 1). § 95 Abs. 1 S. 3 InsO enthält aber auch ein Aufrechnungsverbot: Derjenige, der zur Masse etwas schuldet muss zahlen und kann nicht abwarten, bis er mit einer dann fälligen Forderung aufrechnen kann.

2 § 95 muss im Kontext mit den Aufrechnungsverboten des § 96 InsO gelesen werden. Schutzwürdig ist nur derjenige, der schon vor der Insolvenz von einer Aufrechnung ausgehen konnte und der nicht erst durch die Insolvenz oder Zeitablauf in die Lage versetzt wird, die Aufrechnung zu erklären. Die Vorgängervorschrift in der Konkursordnung (§ 54) ließ die Aufrechnung auch dann zu, wenn die Gegenforderung noch nicht fällig war. Die sich daraus ergebenden Ungerechtigkeiten wollte § 95 InsO beheben.

B. Zulässigkeit der Aufrechnung

3 War die Insolvenzforderung im Zeitpunkt der Eröffnung des Insolvenzverfahrens schon begründet, jedoch noch bedingt, noch nicht fällig oder noch nicht gleichartig mit der gegen den Insolvenzgläubiger gerichteten Forderung, so darf sie zunächst nicht aufgerechnet werden. Sobald das Hindernis für die Aufrechnung fortfällt, kann der Insolvenzgläubiger die Aufrechnung erklären. Zahlt der Insolvenzgläubiger, so bleibt der Insolvenzgläubiger endgültig auf die Quote verwiesen, während er selbst seine Schuld in voller Höhe beglichen hatte.

4 Unklar formuliert ist Abs. 1 Satz 1 für den Fall, dass die Forderung des Insolvenzgläubigers schon fällig ist, die gegen ihn gerichtete hingegen noch nicht. Aus der Formulierung »eine von ihnen (der aufzurechnenden Forderungen)« könnte man entnehmen, dass auch dann die Aufrechnung durch den Insolvenzgläubiger nicht möglich wäre. Das ist indessen nicht der Fall: Die Aufrechnung darf nach Abs. 1 Satz 1 a.E. erfolgen, sobald ihre Voraussetzungen eingetreten sind; eingetreten sind

Der Kommanditist einer Publikums-KG kann mit einem gesellschaftsvertraglichen Anspruch, dessen Erfüllung eine Rückgewähr der zum Eigenkapital der KG geleisteten Beiträge darstellen würde, nicht aufrechnen (*BGH* WM 1985, 258). 27

C. Aufrechnungserklärung

Die Wirkung der Aufrechnung tritt nur ein, wenn bei bestehender Aufrechnungslage gegenüber dem Insolvenzverwalter (oder dem Schuldnerunternehmen, wenn noch kein oder nur ein vorläufiger, schwacher Insolvenzverwalter eingesetzt wurde) eine Aufrechnungserklärung abgegeben wird (§ 388 Satz 1 BGB), eine bestimmte Form ist dafür nicht vorgesehen. Diese Erklärung kann aber nicht unter einer Bedingung oder einer Zeitbestimmung abgegeben werden (§ 388 Satz 2 BGB). Sie setzt als einseitiges Rechtsgeschäft volle Geschäftsfähigkeit voraus (§ 111 Satz 1 BGB). 28

Hat der Insolvenzgläubiger oder die Masse gegen ihn mehrere Forderungen, so kann er bestimmen, welche Forderungen gegeneinander aufgerechnet werden sollen (§ 396 Abs. 1 Satz 1 BGB). Wird eine solche Bestimmung zusammen mit der Aufrechnungserklärung nicht getroffen oder widerspricht der Insolvenzverwalter unverzüglich, so ist § 366 Abs. 2 BGB entsprechend anzuwenden (§ 396 Abs. 1 Satz 2 BGB). Besteht die Gesamtforderung der Insolvenzmasse gegen den Insolvenzgläubiger aus Hauptleistung, Zinsen und Kosten, so ist § 367 BGB entsprechend anwendbar (§ 396 Abs. 2 BGB). 29

Aufgerechnet werden kann auch mit gem. § 39 Abs. 1 Nr. 3–5 InsO **nachrangigen Insolvenzforderungen**, da die Aufrechnung sich außerhalb des Insolvenzverfahrens vollzieht (MüKo-InsO/*Brandes/Lohmann* § 94 Rn. 26). 30

In der Wahl des Zeitpunkts ist der Insolvenzgläubiger frei. Er kann die Aufrechnungserklärung zurückstellen und solange mit seiner zur Tabelle angemeldeten Forderung an Gläubigerversammlungen teilnehmen und dort mitstimmen; durch eventuelle Abschlagsverteilungen wird seine Forderung anteilsmäßig gemindert. Wird er allerdings vom Insolvenzverwalter auf Zahlung verklagt, muss er die Aufrechnung spätestens bis zum Schluss der mündlichen Verhandlung im Erkenntnisverfahren erklären; im Vollstreckungsverfahren wird er damit nicht mehr gehört (§ 767 Abs. 3 ZPO). 31

D. Wirkung der Aufrechnung

Durch die Aufrechnung erlöschen die Forderung des Insolvenzgläubigers und die gegen ihn bestehende Forderung in der Höhe, in der sie sich decken, und zwar mit Rückwirkung auf den Zeitpunkt des Eintritts der Aufrechnungslage (§ 389 BGB); zwischenzeitlich gezahlte Zinsen auf die eine oder die andere Forderung sind nach den Grundsätzen über die ungerechtfertigte Bereicherung (§ 812 Abs. 1 BGB) zurückzugewähren, bereits gezahlte Säumniszuschläge auf Steuerforderungen sind nach § 37 Abs. 2 AO zu erstatten (*Tipke/Kruse* § 226 AO Tz. 20). Hatte der Insolvenzgläubiger seine Forderung bereits zur Tabelle angemeldet und ist sie eingetragen worden, so ist die Tabelle unter dem Gesichtspunkt des nachträglich unrichtigen Eintrags (*Kuhn/Uhlenbruck* KO, § 145 Rn. 7a m.w.N.) zu berichtigen. 32

E. Auslandsbezug

Bei ausländischen Insolvenzverfahren stellt sich die Frage, nach welchem Recht sich die Aufrechnungsmöglichkeiten richten. Grundsätzlich gilt, dass ein ausländisches Insolvenzverfahren das Vertrauen des Gläubigers, aufrechnen zu können, nicht einschränkt (s. *Wenner/Schuster* EuInsVO Art. 4 Rdn. 3 f.). Nach der EuInsVO (in den Staaten der EU mit Ausnahme von Dänemark anwendbar; nach dem wirksamen Austritt des Vereinigten Königreiches aus der EU auch dort wahrscheinlich nicht mehr) regelt das Recht des Staates die Aufrechnung, in dem das Hauptinsolvenzverfahren geführt wird (Art. 4 Abs. 2 lit. d EuInsVO), allerdings ist das Recht des Gläubigers, gegen Forderungen des Schuldners aufzurechnen, nicht eingeschränkt, wenn diese Befugnis auch vor Einleitung des Insolvenzverfahrens bestand (Art. 6 EuInsVO). Damit kann es im Einzelfall zu Ausnahmen von den Aufrechnungsverboten, die in § 96 geregelt sind, kommen, die im Einzelfall sehr genau untersucht 33

17 Mit einer verjährten Forderung kann der Insolvenzgläubiger noch aufrechnen, falls sie bei Eintritt der Aufrechnungslage noch nicht verjährt war (§ 390 Satz 2 BGB).

IV. Ausschluss der Aufrechnung

18 Die Aufrechnung kann trotz Vorliegens der genannten Voraussetzungen gesetzlich oder vertraglich ausgeschlossen sein; außer den insolvenzspezifischen Ausschlussgründen, die in der Kommentierung von § 96 behandelt werden, können allgemeine Ausschlussgründe greifen.

19 Gegen eine Forderung aus **vorsätzlicher unerlaubter Handlung** ist die Aufrechnung unzulässig (§ 393 BGB), d.h. die Aufrechnung ist unzulässig, wenn der Aufrechnende etwas aus vorsätzlich begangener unerlaubter Handlung schuldet.

20 Gegen Ersatzansprüche aus vorsätzlicher Vertragsverletzung ist hingegen eine Aufrechnung grds. zulässig (*BGH* NJW 1975, 1120), es sei denn, die Vertragsverletzung stellt auch gleichzeitig eine unerlaubte Handlung dar (*BGH* NJW 1967, 2013).

21 Die Aufrechnung kann vertraglich ausgeschlossen werden. Dies ist z.B. der Fall bei der Vereinbarung effektiver Zahlung und der Klausel »netto Kasse gegen Rechnung und Verladepapier« (vgl. *BGH* BGHZ 14, 61). Ein vertragliches Aufrechnungsverbot gilt jedoch nicht im Insolvenzverfahren über das Vermögen des Aufrechnungsgegners, falls davon auszugehen ist, dass der Gläubiger für den Insolvenzfall nicht auf die Möglichkeit verzichten wollte, sich unabhängig vom Insolvenzverfahren aus der gegen ihn gerichteten Forderung zu befriedigen (vgl. *RG* RGZ 124, 8; *BGH* WM 1975, 616).

22 In der Rspr. ist heute allgemein anerkannt, dass ein in den AGB enthaltenes Aufrechnungsverbot nicht für den Fall des Insolvenzverfahrens über das Vermögen des Klauselverwenders gilt (vgl. *BGH* WM 1975, 616; differenzierend: *Kübler/Prütting/Bork-Lüke* InsO, § 94 Rn. 67 f.).

23 Jedoch muss eine vor Eröffnung des Insolvenzverfahrens unwirksam abgegebene Aufrechnungserklärung nach Eintritt des Insolvenzverfahrens wiederholt werden (vgl. *BGH* WM 1983, 1359).

24 Auch der Vermögensverfall des Gläubigers der Hauptforderung kann dem Aufrechnungsverbot nach Treu und Glauben entgegenstehen (vgl. *BGH* WM 1983, 1359).

25 Ein Aufrechnungsverbot kann sich auch aus dem Sinn und Zweck des Schuldverhältnisses ergeben. Im Rahmen eines Auftrages ist es beispielsweise unzulässig, gegen den Anspruch auf Herausgabe des durch die Geschäftsführung Erlangten (§ 667 BGB) mit Forderungen aufzurechnen, die mit der Geschäftsbesorgung in keinem Zusammenhang stehen (vgl. *RG* RGZ 160, 60; *BGH* BGHZ 14, 346).

26 Die Mitglieder einer AG, einer KGaA, einer GmbH, einer Genossenschaft und eines Versicherungsvereins auf Gegenseitigkeit dürfen gegen eine geschuldete Einzahlung nicht aufrechnen (vgl. §§ 66, 278 Abs. 3 AktG; § 19 Abs. 2 GmbHG; § 22 Abs. 5 GenG; §§ 26, 53, 85 Abs. 2 VAG). Die Aufrechnung der Gesellschaft mit einer Einlageforderung ist nach § 19 Abs. 2 Satz 2 GmbHG auch ausgeschlossen, wenn der verpflichtete Gesellschafter zugleich (Allein-)Geschäftsführer der GmbH ist. Dieses Aufrechnungsverbot gilt auch gegenüber dem Insolvenzverwalter (*OLG Frankfurt* GmbHR 1993, 652). Nach § 105 Abs. 5 GenG kann der Genosse eine Forderung an die Genossenschaft in Höhe der Insolvenzdividende gegen ihm auferlegte Nachschüsse aufrechnen, da es unerheblich ist, ob der Genosse den Betrag eingezahlt hat und wieder zurückerhält oder ob er aufrechnet (vgl. *Jaeger/Windel* InsO, § 94 Rn. 174). Die Mitglieder einer AG, GmbH und eines VVaG hingegen dürfen gegen ihre Einlageschuld auch dann nicht aufrechnen, wenn ihre Forderung unbestritten, fällig und – am Vermögensstand der Gesellschaft gemessen – vollwertig ist (vgl. *RG* RGZ 94, 61; *BGH* BGHZ 15, 57). Zu beachten ist, dass der Verrechnung einer in bar zu erfüllenden Stammeinlagenforderung mit einem Darlehensanspruch des Gesellschafters gegen die GmbH auch bei deren Einverständnis unwirksam ist, wenn die Gesellschaft überschuldet ist oder das Darlehen verlorenes Stammkapital ersetzt (vgl. *Hess* InsO, § 94 Rn. 58).

Die grundsätzliche Regelung zur Aufrechnung ohne ein Insolvenzverfahren findet sich in § 226 AO. Danach ist ein Gegenseitigkeitsverhältnis sogar dann gegeben, wenn eine Körperschaft die Steuer nur verwaltet (§ 226 Abs. 4 AO). Somit kann der Bund (bzw. die Länder) auch mit Umsatzsteuerforderungen aufrechnen in Höhe des ihm zustehenden gesetzlichen Anteils (*BFH* 19.07.2007 – IX ZR 81/06). Die Zusammenveranlagung von Ehegatten erlaubt keine Aufrechnung dem anderen Partner gegenüber (*Uhlenbruck/Sinz* InsO, § 94 Rn. 25). Bei einem aus der Insolvenz frei gegebenen Gewerbebetrieb kann das Finanzamt neu erworbene Umsatzsteuererstattungsansprüche mit vorinsolvenzlichen Steuerschulden verrechnen (*BFH* 01.09.2010 – VII R 35/08, BFHE 230, 490 = ZIP 2010, 2359). Im **Sozialrecht** bestehen weitreichende Verrechnungsmöglichkeiten (§ 52 SGB I; vgl. dazu A/G/R-*Pieckenbrock* § 94 InsO Rn. 13), ebenso im Sozialversicherungsrecht (§ 28 Nr. 1 SGB IV), die auch insolvenzfest sind (krit. dazu: K. Schmidt/*Thole* InsO, § 94 Rn. 15).

Im Restschuldbefreiungsverfahren kann nach Ansicht des *BFH* (07.01.2010 – VII B 118/09) gegen Lohnsteuer- oder Umsatzsteuererstattungen die Finanzverwaltung mit Insolvenzforderungen aufrechnen (krit. dazu: *Uhlenbruck/Sinz* InsO, § 94 Rn. 81 ff.).

Ob so weitgehende Befugnisse der öffentlichen Hand oder der Sozialkassen mit dem Grundsatz der Gleichbehandlung der Gläubiger in einem Insolvenzverfahren vereinbar ist, ist sehr zweifelhaft und lässt die generelle Tendenz des Gesetzgebers erkennen, dem Fiskus Sondervorteile in einem Insolvenzverfahren einzuräumen.

II. Gleichartigkeit der Forderungen

Haupt- und Gegenforderung müssen bei Eröffnung des Insolvenzverfahrens (im Falle späteren Eintritts dieser Voraussetzung gilt § 95 Abs. 1 Satz 1 InsO) ihrem Gegenstand nach gleichartig sein.

Maßgeblich ist, ob der Leistungsinhalt gleichwertig ist, auf den Zweck der Leistung kommt es nicht an (vgl. *RG* RGZ 78, 409). Gleichartigkeit ist auch dann gegeben, wenn die eine Forderung schuldrechtlicher Art und die andere eine dingliche ist (vgl. *RG* RGZ 78, 398).

Jedoch ist Gleichartigkeit zu verneinen zwischen einer Geldforderung und dem Anspruch auf Befreiung von einer Geldschuld (vgl. *RG* RGZ 158, 10 und *BGH* NJW 1957, 1514) oder zwischen einer Geldforderung und dem Anspruch auf Befriedigung aus einem Grundstück (*BGH* WM 1965, 476). Jedoch gibt hier § 1142 Abs. 2 BGB dem Eigentümer (nicht dem Gläubiger) ein Aufrechnungsrecht. Ein bei Insolvenzeröffnung bestehendes Aufrechnungsrecht bleibt auch dann erhalten, wenn die Gegenforderung nach einem Insolvenzplan als erlassen gilt (*BGH* 19.05.2011 – IX ZR 222/08, NJW 2011, 6).

III. Fälligkeit der Forderung des Aufrechnenden

Die Forderung des aufrechnenden Insolvenzgläubigers (die Gegenforderung) muss bei Eröffnung des Insolvenzverfahrens voll wirksam, d.h. einklagbar und fällig sein (*Braun/Kroth* InsO, § 94 Rn. 18; *Kübler/Prütting/Bork-Lüke* InsO, § 94 Rn. 47). Die Forderung, gegen die der Insolvenzgläubiger aufrechnet (Hauptforderung), muss lediglich bestehen. Sie braucht nicht einklagbar zu sein und kann mit Einreden behaftet sein (vgl. *K. Schmidt/Thole* InsO, § 94 Rn. 19).

Im Gesellschaftskonkurs kann der Kommanditist mit einer vor der Eröffnung des Insolvenzverfahrens begründeten Forderung aufrechnen (*BGH* BB 1972, 240; *Kuhn/Uhlenbruck* KO, § 53 Rn. 5a).

Das gilt auch für den ausgeschiedenen Kommanditisten einer GmbH & Co KG (vgl. *BGH* WM 1980, 1191).

Der typisch stille Gesellschafter einer GmbH kann in deren Insolvenzverfahren gegenüber einer gegen ihn bestehenden Forderung der GmbH mit seinem Anspruch auf Rückzahlung der erbrachten Einlage aufrechnen, soweit nicht wegen besonderer Umstände die Einlage der Haftungsmasse der GmbH zuzurechnen ist (*BGH* WM 1983, 594; *Uhlenbruck/Sinz* InsO, § 94 Rn. 34).

4 Nicht geregelt ist in § 94 InsO die Aufrechnung durch den Insolvenzverwalter; dessen Befugnis ergibt sich unmittelbar aus § 387 BGB i.V.m. § 80 Abs. 1 InsO. Seine Befugnis ist durch die §§ 94 bis 96 nicht eingeschränkt (*BGH* 08.05.2014 – IX ZR 118/12, NZI 2014, 693). Gleiches gilt für die Massegläubiger, deren Ansprüche im eröffneten Verfahren diesen Restriktionen nicht unterworfen sind, wobei anzumerken ist, dass im Falle der Massearmut (§ 208 InsO), diese Regelungen analog gelten (*BGH* 19.07.2001 – IX ZR 36/99, ZIP 2001, 1641).

B. Bestehen einer Aufrechnungslage

5 Nach dem auch für die Aufrechnung im Insolvenzverfahren maßgeblichen § 387 BGB setzt die Befugnis zur Aufrechnung dreierlei voraus:
– Gegenseitigkeit der Forderungen
– Gleichartigkeit der Forderungen
– Fälligkeit der Forderung des Aufrechnenden.

I. Gegenseitigkeit der Forderungen

6 Die zur Aufrechnung gestellten Forderungen müssen bei Eröffnung des Insolvenzverfahrens (§ 96 Abs. 1 Nr. 1 und 2 InsO) zwischen dem Insolvenzgläubiger und dem Insolvenzschuldner bestehen; jeder der Beteiligten muss zugleich Gläubiger und Schuldner des anderen sein. Auf Masseforderungen sind die Vorschriften nicht anwendbar. Der Insolvenzgläubiger kann nicht gegen eine Forderung aufrechnen, die einem Dritten gegen ihn zusteht; allerdings ist eine abweichende Vereinbarung zwischen mehreren Gläubigern und Schuldnern möglich (*BGH* BGHZ 94, 135) und nach dem Wortlaut des § 94 InsO (»auf Grund einer Vereinbarung«) auch im Insolvenzverfahren beachtlich, falls sie nicht der Insolvenzanfechtung unterliegt (§§ 96 Abs. 1 Nr. 3, 129 ff. InsO), was namentlich dann der Fall wäre, wenn sie ausdrücklich für den Insolvenzfall geschlossen worden ist. Damit würden auch sog. »Konzernverrechnungsklauseln«, nach denen der Aufrechnende nicht nur mit eigenen, sondern auch mit Forderungen anderer, zu seinem Konzern gehörenden Forderungen aufrechnet, erfasst werden (so die bislang h.M.: MüKo-InsO/*Brandes* § 94 Rn. 39; zu den Nachteilen: BK-InsO/*Blersch/v. Olshausen* § 94 Rn. 8). Allerdings hat der *BGH* (DZWIR 2005, 119) trotz des Wortlauts der Vorschrift die Zulässigkeit von Konzernverrechnungsklauseln in Insolvenzverfahren richtigerweise verneint, da der Gesetzgeber nur die Rechtslage vor Geltung der InsO erfassen wollte, die gerade die Anwendung solcher Verrechnungsklauseln ablehnte (vgl. dazu *v. Olshausen* ZInsO 2004, 1229). Dies gilt nur dann nicht, wenn die Aufrechnung aufgrund einer solchen Klausel schon vor der Insolvenz erklärt wurde, was aber gegebenenfalls anfechtbar wäre (*BGH* DZWIR 2007, 29). Eine Aufrechnungsvereinbarung ist auch in einem Kontokorrentverhältnis zu sehen, die allerdings nicht unter § 94 Abs. 2 InsO fällt, soweit sie nur in der Zukunft Geltung haben soll (HK-InsO/*Jacoby* § 94 Rn. 13). Dies gilt auch für die Verwendung vergleichbarer Klauseln durch die öffentliche Hand (*BGH* 29.05.2008 – IX ZB 51/07, NJW 2008, 2705).

7 Der Bürge kann nicht mit der Forderung des Hauptschuldners aufrechnen (vgl. *RG* RGZ 122, 147), ein Gesamtschuldner nicht mit der Forderung eines anderen Gesamtschuldners (vgl. § 422 Abs. 2 BGB), der Miterbe nicht mit einer Erbschaftsforderung (vgl. § 2040 Abs. 1 BGB), der Nebenintervenient nicht mit einer Forderung der unterstützten Partei, der Gesamthänder nicht mit Forderungen der Gesamthand (vgl. §§ 719 Abs. 1, 2040 Abs. 1 BGB; *Hess* InsO, § 94 Rn. 15). Ein Gesellschafter kann auch nicht mit Gesellschaftsforderungen aufrechnen: Zu beachten ist dabei aber, dass bei einem persönlich haftenden Gesellschafter zwischen der Gesellschafterschuld und der Gesellschaftsschuld ein Näheverhältnis besteht, gleichwohl eine Aufrechnung durch einen Gesellschaftsgläubiger wegen § 93 InsO ausgeschlossen ist (*Uhlenbruck/Sinz* InsO, § 94 Rn. 15). Der Vertragspartner des Schuldners kann nicht mit seinen Forderungen aufrechnen, sofern der Verwalter nach § 103 Erfüllung wählt, weil damit die beiderseitigen Erfüllungsansprüche erneut entstehen (s. § 96 Rdn. 6 ff.).

8 Die Finanzverwaltung ist ebenso befugt, die Aufrechnung bei **Steuerforderungen** zu erklären. Eine Festsetzung oder Anmeldung zur Tabelle ist keine Voraussetzung (*BFH* 31.05.2005 – VII R 71/04).

AnfG aufzunehmen, z.B. ein Einspruchsverfahren oder ein finanzgerichtliches Verfahren darüber, wie er es im Falle eines Zivilprozesses über die Gesellschafterhaftung kann, da er den Haftungsbescheid ohnehin nicht vollstrecken kann. Ein Haftungsbescheid, gleich ob noch anfechtbar oder schon bestandskräftig, verliert mit der Eröffnung des Insolvenzverfahrens über das Vermögen der Gesellschaft, für deren Schulden gehaftet wird, seine Durchsetzbarkeit und stellt für die Dauer des Insolvenzverfahrens auch keinen Rechtsgrund mehr für die Empfangnahme von Zahlungen der Gesellschafter dar; evtl. doch noch erlangte Zahlungen müssten zur Insolvenzmasse zurückerstattet werden (s. Rdn. 34). Gleichwohl besteht kein Anlass für den Abgabengläubiger, den undurchsetzbaren Haftungsbescheid nach Eröffnung des Insolvenzverfahrens zurückzunehmen oder zu widerrufen. Wird das Insolvenzverfahren über das Vermögen der Gesellschaft mangels Masse oder aus anderen Gründen eingestellt, bevor der Insolvenzverwalter Gelegenheit hatte, die Gesellschafterhaftung geltend zu machen, kann der Abgabengläubiger seinen Haftungsbescheid wieder vollstrecken.

§ 94 Erhaltung einer Aufrechnungslage

Ist ein Insolvenzgläubiger zur Zeit der Eröffnung des Insolvenzverfahrens kraft Gesetzes oder auf Grund einer Vereinbarung zur Aufrechnung berechtigt, so wird dieses Recht durch das Verfahren nicht berührt.

Übersicht

		Rdn.			Rdn.
A.	Inhalt und Zweck der Vorschrift	1	IV.	Ausschluss der Aufrechnung	18
B.	Bestehen einer Aufrechnungslage	5	C.	Aufrechnungserklärung	28
I.	Gegenseitigkeit der Forderungen	6	D.	Wirkung der Aufrechnung	32
II.	Gleichartigkeit der Forderungen	11	E.	Auslandsbezug	33
III.	Fälligkeit der Forderung des Aufrechnenden	14			

Literatur:
Dobmeier Die Aufrechnung durch den Insolvenzverwalter, ZInsO 2007, 1208; *Gerhardt* Neue Erfahrungen mit der Aussonderung, Absonderung und Aufrechnung, in: Aktuelle Probleme des neuen Insolvenzrechts, 2000; *Gehrlein* Insolvenzanfechtung von an und durch Banken bewirkte Zahlungen, ZInsO 2010, 1857; *Lackhoff/Bauer* Fortbestand eines Aufrechnungsverbotes in der Insolvenz, NZI 2013, 27; *Onusseit* Aufrechnung des Finanzamts in der Insolvenz, ZInsO 2005, 638.

A. Inhalt und Zweck der Vorschrift

Gem. § 94 InsO kann der Insolvenzgläubiger mit seiner Insolvenzforderung gegen eine Forderung, 1 die zur Masse gehört, aufrechnen. Er wird damit in Höhe seiner Hauptforderung voll befriedigt, ist also insoweit nicht auf die Insolvenzdividende verwiesen. Dies lässt sich auch durch die Regelungen eines Insolvenzplanes (*BGH* 19.05.2011 – IX ZR 222/08, JurionRS 2011, 19022; a.A. K. Schmidt/*Thole* InsO, § 94 Rn. 30) nicht einschränken und gilt auch für nachrangige Insolvenzgläubiger. Das Insolvenzverfahren und insbesondere dessen Verlauf ist für den Insolvenzgläubiger nicht mehr von Bedeutung.

§ 94 InsO betrifft nur die bei Verfahrenseröffnung bereits voll bestehende Aufrechnungslage; für die 2 erst während des Verfahrens entstehende Aufrechnungslage enthält § 95 Abs. 1 InsO (s. die dortige Kommentierung) eine abweichende Sonderregelung. Die ausdrückliche Erwähnung der vertraglichen Aufrechnungsberechtigung und ihre Gleichstellung mit der gesetzlichen Aufrechnungsberechtigung sollte der Klarstellung dienen (BT-Drucks. 12/7302 S. 165). Vorgreifliche Verrechnungsvereinbarungen werden aber nicht geschützt (*Uhlenbruck/Sinz* InsO, § 94 Rn. 8).

Die §§ 94 bis 96 sind im Übrigen Ausdruck des Gleichbehandlungsgrundsatzes der InsO: Grund- 3 sätzlich ist die Aufrechnung erlaubt, allerdings wird dies durch die §§ 95 und 96 wieder zugunsten aller Gläubiger eingeschränkt.

C. Verfahrensrechtliche Fragen

I. Außergerichtliche Geltendmachung

53 Zur Geltendmachung der Gesellschafterhaftung muss der Insolvenzverwalter den betreffenden Gesellschafter zur Zahlung auffordern und ihn erforderlichenfalls verklagen. Nach *OLG Hamm* (ZIP 2007, 1233; dazu *Herchen* EWiR 2007, 527) soll der Insolvenzverwalter zur Vermeidung eigener Haftung gehalten sein, von § 93 InsO betroffene Forderungen frühzeitig geltend zu machen. Im Falle der Haftung mehrerer Personen hat der Insolvenzverwalter die Wahl, ob er den einen oder den anderen Haftenden in voller Höhe oder die einzelnen Gesellschafter teilweise in Anspruch nimmt (vgl. MüKo-InsO/*Brandes/Gehrlein* § 93 Rn. 16; *Uhlenbruck/Hirte* InsO, § 93 Rn. 20).

II. Prozessführung

54 Der Insolvenzverwalter ist auf die Geltendmachung (in Form einer Leistungsklage; für eine Feststellungsklage besteht nach *OLG Bremen* ZIP 2002, 679 im Allgemeinen kein Rechtsschutzbedürfnis) der Forderungen beschränkt, die über den Wert der Insolvenzmasse hinaus zur Befriedigung der Insolvenzgläubiger erforderlich sind; dies ergibt sich aus § 199 Abs. 2 i.V.m. § 242 BGB; eingehende Berechnungsschemata bei *v. Olshausen* ZIP 2003, 1322. Er hat die Forderungen im Einzelnen zu spezifizieren und substantiiert darzulegen (*BGH* ZIP 2007, 79; *OLG Hamm* ZInsO 2013, 2008), was auch aus gesellschaftsrechtlichen Erwägungen zwingend erforderlich ist. Insbesondere für solche Fälle, in denen ein Gesellschafter neu in die Gesellschaft eintritt, ist eine Abgrenzung von Alt- und Neuverbindlichkeiten erforderlich, da der Neugesellschafter nur für solche Altverbindlichkeiten, die er bei seinem Eintritt in die Gesellschaft kennt oder die er bei auch nur geringer Aufmerksamkeit hätte erkennen können, haftet (*BGH* ZIP 2007, 79; ZIP 2006, 82).

III. Anhängiger Rechtsstreit

55 Ist bereits ein **Rechtsstreit** über die Gesellschafterhaftung **anhängig**, so wird dieser in entsprechender Anwendung von § 17 AnfG unterbrochen (*BGH* ZIP 2003, 39), weil der eingeklagte Anspruch zur Insolvenzmasse gehört. Der Insolvenzverwalter kann das unterbrochene Verfahren aufnehmen unter Umstellung des Klageantrags auf Leistung zur Insolvenzmasse (HK-InsO/*Schmidt* § 93 InsO Rn. 53).

56 Lehnt der Insolvenzverwalter die Aufnahme des Rechtsstreits ab, beispielsweise weil er ihn für aussichtslos hält oder weil er einen zu erlangenden Titel angesichts der Vermögenslage des Gesellschafters für wertlos hält, so kommt weder eine Aufnahme durch den Gläubiger noch eine Aufnahme durch den Schuldner in Betracht.

IV. Titelumschreibung

57 Hat der Gläubiger bereits einen Titel über die Haftungsforderung gegen den Gesellschafter erwirkt und ihn noch nicht (vollständig) vollstreckt, so kann der Titel in entsprechender Anwendung von § 727 ZPO auf den Insolvenzverwalter umgeschrieben werden (vgl. HK-InsO/*Schmidt* § 93 Rn. 55). Zur Titelumschreibung in dem Falle, dass es sich bei dem betreffenden Titel um den Haftungsbescheid einer Finanzbehörde oder einer Gemeinde handelt, hat sich die Rspr. noch nicht geäußert, und auch entsprechende Anträge scheinen von Insolvenzverwaltern noch nicht gestellt worden zu sein. Man wird diese Möglichkeit jedoch verneinen müssen, da für einen Haftungsbescheid die zwangsweise Durchsetzung im Wege der Verwaltungsvollstreckung vorgesehen ist, ein Mittel, das dem Insolvenzverwalter als Nicht-Hoheitsträger nicht zur Verfügung steht; der Insolvenzverwalter muss den Prozess somit ganz von vorne beginnen, selbst wenn die Haftung in einem bestandskräftigen Haftungsbescheid bereits unanfechtbar festgestellt ist – die Bestandskraft, ja selbst eine evtl. Rechtskraft nach einer finanzgerichtlichen Entscheidung, wirkt nur »inter partes«, also nur zwischen dem Abgabengläubiger und dem Haftungsschuldner (dazu *App* ZKF 2010, 60; eine pragmatische Lösungsmöglichkeit bei *App* ZKF 2010, 61). Aus demselben Grund wird man dem Insolvenzverwalter die Befugnis absprechen müssen, einen Rechtsstreit über einen Haftungsbescheid analog § 17

2. Gesamtschuld

Die nach § 128 HGB persönlich haftenden Gesellschafter haften der Gesellschaft gegenüber als Gesamtschuldner. Bei der Inanspruchnahme der Gesellschafter steht dem Insolvenzverwalter ein entsprechender Ermessensspielraum zu, welchen Gesellschafter er mit welcher Haftungssumme in Anspruch nimmt. Er ist nicht verpflichtet, alle gleichmäßig in Anspruch zu nehmen (MüKo-InsO/ *Brandes/Gehrlein* § 93 Rn. 16). Bei seiner Prüfung wird er sich davon leiten lassen, wie die wirtschaftlichen Verhältnisse der einzelnen Gesellschafter sich darstellen und denjenigen in Anspruch nehmen, bei dem die Erfolgsaussichten auf eine schnelle Realisierung am wahrscheinlichsten erscheinen (HambK-InsO/*Pohlmann* § 93 Rn. 62). 48

3. Doppelinsolvenz

In der Praxis führt meistens die Insolvenz der Gesellschaft auch zu einer Insolvenz der persönlich haftenden Gesellschafter. Der Insolvenzverwalter der Gesellschaft ist berechtigt, einen Insolvenzantrag wegen seiner Forderungen nach § 93 InsO gegen den persönlich haftenden Gesellschafter zu stellen (HK-InsO/*Schmidt* § 93 Rn. 46). Liegt bereits ein Insolvenzantrag eines Gesellschaftergläubigers vor, rückt der Insolvenzverwalter an die Stelle des antragstellenden Gläubigers (HambK-InsO/*Pohlmann* § 93 Rn. 64). Beide Insolvenzverfahren sind selbständige Verfahren, die voneinander unabhängig zu führen sind. Persönliche Gläubiger des Gesellschafters nehmen gleichberechtigt mit dem Insolvenzverwalter der Gesellschaft an dem Verfahren teil (*Balz/Landfermann* Begr.RegE S. 311). 49

Befindet sich einer der haftenden Gesellschafter bereits in der Insolvenz, so ist – allein – der für das Insolvenzverfahren der Gesellschaft bestellte Verwalter zur Forderungsanmeldung berechtigt (BGH Rpfleger 2002, 94). Das gilt namentlich dann, wenn es sich um eine GmbH & Co. KG handelt und ein Insolvenzverfahren sowohl über das Vermögen der GmbH & Co. KG eröffnet worden ist als auch über das Vermögen ihrer Komplementär-GmbH; in diesem Fall kann nur der Insolvenzverwalter über das Vermögen der GmbH & Co. KG die Haftungsansprüche gegen die GmbH aus § 161 Abs. 2 HGB i.V.m. § 128 Satz 1 HGB zur Tabelle anmelden (vgl. HK-InsO/*Schmidt* § 93 Rn. 47). Die Haftungsforderung kann der Insolvenzverwalter nicht gesammelt in einer Summe anmelden; vielmehr hat er die einzelnen Forderungen so zu individualisieren, dass sie von den Gesellschaftern bzw. ihrem Insolvenzverwalter einzeln festgestellt oder aber bestritten werden können (vgl. HK-InsO/*Schmidt* § 93 Rn. 47; MüKo-InsO/*Brandes/Gehrlein* § 93 Rn. 23). Die Feststellung der Forderungen erfolgt bei Berechtigung in voller Höhe aber für den Ausfall, d.h. sie können nur insoweit geltend gemacht werden, wie sie in der Gesellschaftsinsolvenz keine Befriedigung erlangen (vgl. *Uhlenbruck/Hirte* InsO, § 93 Rn. 26; HK-InsO/*Schmidt* § 93 Rn. 50; Berechnungsbeispiele bei *v.Olshausen* ZIP 2003, 1321). 50

Wegen möglicher Interessenkollisionen erscheint es nicht zweckmäßig in beiden Verfahren denselben Verwalter zu bestellen, zumindest für die Anmeldung der Forderungen im Verfahren des persönlich haftenden Gesellschafters sollte ein Sonderinsolvenzverwalter bestellt werden (MüKo-InsO/ *Brandes/Gehrlein* § 93 Rn. 23). 51

4. Insolvenzplanverfahren

Wird im gestaltenden Teil eines Insolvenzplans über das Vermögen der Gesellschaft eine Regelung über einen Verzicht oder Teilverzicht zu Lasten der Gläubiger getroffen, so wird auch der persönliche haftende Gesellschafter in diesem Umfang von seiner akzessorischen Gesellschafterhaftung befreit (§ 227 Abs. 2 InsO). Die Befreiung tritt aber nicht bei anderen Haftungsgründen ein (HambK-InsO/*Pohlmann* § 93 Rn. 82; K. Schmidt/*K. Schmidt* InsO, § 93 Rn. 44). 52

4. Erstreckung der Ermächtigungswirkung auf Anfechtung

44 Hat der persönlich haftende Gesellschafter vor Insolvenzeröffnung an einen Gesellschaftsgläubiger Leistungen erbracht, ist grds. der Insolvenzverwalter über das Vermögen der Gesellschaft zur Anfechtung berechtigt (h.M. *BGH* ZIP 2008, 2224; MüKo-InsO/*Brandes/Gehrlein* § 93 Rn. 30; *Jaeger/Müller* § 93 Rn. 50; *Uhlenbruck/Hirte* InsO, § 93 Rn. 4). Die Verwirklichung der Gläubigergleichbehandlung in der Insolvenz der Gesellschaft hängt nicht davon ab, ob ein Gläubiger die Leistung aus dem Gesellschaftsvermögen oder dem haftungsrechtlich gleichgestellten Vermögen des Gesellschafters erhält. Da die Regelung des § 93 InsO allgemein darauf abzielt, dass sich keiner der Gläubiger durch einen schnellen Zugriff auf das Vermögen des persönlich haftenden Gesellschafters Sondervorteile verschafft (vgl. BT-Drucks. 12/2443 S. 140), kann nicht auf den Zeitpunkt der Verfahrenseröffnung abgestellt und ein solcher Gläubiger begünstigt werden, dem es noch gelungen ist, den vom Gesetz missbilligten Vorteil in der Krise der Gesellschaft gegenüber dem Gesellschafter durchzusetzen (*BGH* ZIP 2008, 2224). Auch im Falle der Doppelinsolvenz von Gesellschaft und Gesellschafter steht das Recht zur Insolvenzanfechtung dem Insolvenzverwalter über das Vermögen des Gesellschafters zu, der von dem Gesellschaftsgläubiger in Anspruch genommen worden ist (*BGH* ZIP 2008, 2224; K. Schmidt/*K. Schmidt* InsO, § 93 Rn. 31).

V. Inhalt und Umfang der Haftung

45 Der Insolvenzverwalter ist nach § 93 InsO gehalten, Ansprüche der Gläubiger aus der persönlichen Gesellschafterhaftung möglichst zeitnah geltend zu machen (*OLG Hamm* ZIP 2007, 1233). Dieses ergibt sich schon daraus, dass auch weitere persönliche Gläubiger des haftenden Gesellschafters versuchen werden, den Gesellschafter in Anspruch zu nehmen.

1. Ausfallhaftung

46 Der Insolvenzverwalter kann von den Gesellschaftern, auch einem ausgesuchten Einzelnen, grds. die **gesamte Summe** verlangen, für die er haftet, und es ihm überlassen, Rückgriff bei seinen Mitgesellschaftern oder bei der insolventen Gesellschaft selbst (durch Forderungsanmeldung in deren Insolvenzverfahren) zu nehmen. Allerdings ist der Verwalter nach § 242 BGB gehindert, die persönliche Haftung des Gesellschafters über § 93 InsO in einer Höhe geltend zu machen, die über den zur Gläubigerbefriedigung erforderlichen Betrag hinaus geht (h.M. *OLG Hamm* ZIP 2007, 1233; MüKo-InsO/*Brandes/Gehrlein* § 93 Rn. 25; HK-InsO/*Schmidt* § 93 Rn. 49; *Fuchs* ZIP 2000, 1089 [1090]). Er darf nur insoweit gegen den persönlich haftenden Gesellschafter vorgehen, als die Insolvenzmasse der Gesellschaft die Verbindlichkeiten nicht deckt (*Uhlenbruck/Hirte* InsO, § 93 Rn. 25). Den nach Ende der Schlussverteilung verbleibenden Überschuss hätte er ohnehin nach § 199 Satz 2 InsO an die Gesellschafter auszukehren. Damit verstößt die Inanspruchnahme der Gesellschafter ohne Rücksicht auf die im Insolvenzverfahren an die Gläubiger zu verteilenden Beträge gegen den anerkannten Rechtsgrundsatz »dolo agit qui petit quod statim redditurus est«. Deshalb handelt der Insolvenzverwalter rechtsmissbräuchlich, wenn er die Summe der Insolvenzforderungen, für die eine persönliche Haftung besteht, einfordert, ohne zuvor den Liquidationswert der vorhandenen Masse abzuziehen (*OLG Hamm* ZIP 2007, 1233; MüKo-InsO/*Brandes/Gehrlein* § 93 Rn. 25; a.A. noch die 7.Aufl. FK-InsO/*App* § 93 Rn. 15). Dem Verwalter wird aber ein entsprechender Ermessensspielraum eingeräumt, um dem Einwand nach § 242 BGB zu begegnen. Der Einwand des § 242 BGB greift nur dann, wenn der Verwalter offensichtlich nicht benötigte Beträge geltend macht (*OLG Hamm* ZIP 2007, 1233) bzw. offensichtlich rechtsmissbräuchlich handelt (*Kübler/Prütting/Bork-Lüke* InsO, § 93 Rn. 74).

47 Maßgeblicher Zeitpunkt für die Beurteilung der voraussichtlich zur Verfügung stehenden Insolvenzmasse ist die Verfahrenseröffnung (*OLG Hamm* ZIP 2007, 1233; *K. Schmidt/Bittner* ZIP 2000, 1077 [1087]; *Uhlenbruck/Hirte* InsO, § 93 Rn. 25), wobei die Eröffnungsbilanz im Laufe des Verfahrens anzupassen sein wird (*Kübler/Prütting/Bork-Lüke* InsO, § 93 Rn. 75). Beim Wertansatz steht dem Insolvenzverwalter ein Einschätzungsermessen zu (*Uhlenbruck/Hirte* InsO, § 93 Rn. 25; *Fuchs* ZIP 2000, 1089 [1095]).

c) Vergleich

Die Befugnis des Insolvenzverwalters zur Geltendmachung der persönlichen Haftung des Gesellschafters umfasst auch das Recht, sich mit dem Gesellschafter gerichtlich oder außergerichtlich zu vergleichen und im Rahmen eines Vergleichs einen Erlassvertrag abzuschließen, sofern dieser Vergleich nicht objektiv dem Insolvenzzweck zuwiderläuft (*BGH* ZIP 2016, 274; *BAG* ZIP 2008, 846; HK-InsO/*Schmidt* § 93 Rn. 35; K. Schmidt/*K. Schmidt* InsO, § 93 Rn. 30). 39

Ein Gesellschaftsgläubiger kann auch auf seinen Haftungsanspruch gegenüber dem persönlich haftenden Gesellschafter verzichten. An diesen Verzicht ist der Insolvenzverwalter gebunden. In dem Fall darf er nicht die Forderung für den Gesellschaftsgläubiger geltend machen, umgekehrt partizipiert dieser auch nicht an der erfolgreichen Inanspruchnahme des persönlich haftenden Gesellschafters durch den Insolvenzverwalter (MüKo-InsO/*Brandes/Gehrlein* § 93 Rn. 15; HK-InsO/*Schmidt* § 93 Rn. 36; **a.A.** *Kübler/Prütting/Bork-Lüke* InsO, § 93 Rn. 48, der einen Verzicht für unzulässig hält). 40

d) Weitere Einwendungen

Der Gesellschafter kann Einwendungen, die nicht in seiner Person begründet sind, nur insoweit geltend machen, als sie noch von der Gesellschaft erhoben werden können (§ 129 Abs. 1 HGB). Hat der Insolvenzverwalter der Gesellschaft bereits die Forderungen der Gläubiger uneingeschränkt zur Tabelle festgestellt, so können Einwände des Gesellschafters gegen Forderungen der Gesellschaftsgläubiger nicht schon wegen der Rechtskraftwirkung der Eintragung in die Insolvenztabelle gem. § 178 Abs. 3 InsO i.V.m. § 129 Abs. 1 HGB abgeschnitten werden. Einem nach § 128 HGB persönlich haftenden Gesellschafter ist rechtliches Gehör zu gewähren, in dem er an den Forderungsfeststellungsverfahren zu beteiligen ist und Gelegenheit haben muss, der Forderungsanmeldung mit Wirkung für seine persönliche Haftung zu widersprechen (*BGH* WM 1961, 427; MüKo-InsO/*Brandes/Gehrlein* § 93 Rn. 31 m.w.N.; HK-InsO/*Schmidt* § 93 Rn. 38; *Häsemeyer* Insolvenzrecht, 3. Aufl., Rn. 31.18). Forderungen, die vor Insolvenzeröffnung bereits rechtskräftig tituliert waren, können von dem Gesellschafter nicht mehr analog § 129 Abs. 1 HGB bestritten werden (*BGH* BGHZ 165, 85). 41

e) Sondermasse

Die Haftungsansprüche werden aber nicht Teil der Insolvenzmasse. Der Verwalter übt für die geschädigten Gläubiger bei der klageweisen Geltendmachung lediglich eine Treuhandfunktion für diesen Gläubigerkreis aus. Er hat deshalb das im Wege der Klage Erlangte getrennt von der Insolvenzmasse für diese Gläubiger zu verwalten und Sondermassen zu bilden (*BGH* ZIP 2016, 274 [275]). und nur an diese auszuschütten (K. Schmidt/*K. Schmidt* InsO, § 93 Rn. 28; HK-InsO/*Schmidt* § 93 Rn. 32). 42

3. Freigabe

Der Verwalter ist grds. nicht berechtigt, den Haftungsanspruch aus der Masse freizugeben (K. Schmidt/*K. Schmidt* InsO, § 93 Rn. 32 m.w.N.). Probleme bereitet dieses in der Praxis, wenn die Insolvenzmasse nicht ausreicht, um die notwendigen Prozesskosten zu bestreiten oder aber die Geltendmachung für die noch vorhandene Masse mit unverhältnismäßigen Prozess- oder Vollstreckungsrisiken verbunden ist. Hier ist der Verwalter in einer Art Pflichtenkollision, er soll von für die Masse zu riskanten Prozessen Abstand nehmen, um Gläubiger nicht zu schädigen, auf der anderen Seite schädigt er möglicherweise die Gläubiger, indem er den Gesamtschadensanspruch nicht verfolgt. In solchen Fällen soll ausnahmsweise eine Freigabe zulässig sein (h.M. MüKo-InsO/*Brandes/Gehrlein* § 93 Rn. 14; **a.A.** K. Schmidt/*K. Schmidt* InsO, § 93 Rn. 32, 33, der eine Freigabebefugnis auch in einem solchen Fall ablehnt, aber eine modifizierte Freigabe für zulässig erachtet, indem der *Insolvenzverwalter* einen Gläubiger ermächtigt, den Haftungsanspruch zugunsten aller Gläubiger geltend zu machen). 43

Eröffnung des Insolvenzverfahrens eine Aufrechnungsmöglichkeit bestanden hatte (so *Uhlenbruck/ Hirte* InsO, § 93 Rn. 5 m.w.N.). Dieses erscheint nach diesseitiger Ansicht zu weitgehend. Bestand die Aufrechnungslage bereits im Zeitpunkt der Insolvenzeröffnung, so schützt bereits § 94 InsO den Gesellschaftsgläubiger, der berechtigt ist, seine Forderung mit einer gegen den persönlich haftenden Gesellschafter bestehenden Forderung aufzurechnen. Einen solchen Schutz bietet § 406 BGB nicht. Nach dieser Vorschrift soll lediglich der Gesellschafter vor dem Übergang der Einziehungsbefugnis seines Gläubigers auf den Insolvenzverwalter geschützt werden, indem er das Erfordernis der Gegenseitigkeit durchbricht und die bestehende Aufrechnungslage erhält, nicht aber der Gläubiger, der die Verfügungsbefugnis über die Gegenforderung verloren hat (so zutreffend MüKo-InsO/*Brandes/ Gehrlein* § 93 Rn. 32 f., HK-InsO/*Schmidt* § 93 Rn. 40; **a.A.** K. Schmidt/*K. Schmidt* InsO, § 93 Rn. 26, der für eine Aufrechnung mit dem Individualanspruch keinen Raum sieht). Gleiches gilt, wenn der persönlich haftende Gesellschafter die Aufrechnung erklärt und die Aufrechnungslage bereits im Zeitpunkt der Insolvenzeröffnung bestand (HK-InsO/*Schmidt* § 93 Rn. 43). Allerdings hat der Gesellschafter nach § 129 Abs. 3 HGB ein Leistungsverweigerungsrecht, wenn und solange die Gesellschaft aufrechnungsberechtigt ist (vgl. *Kübler/Prütting/Bork-Lüke* InsO, § 93 Rn. 98).

2. Ermächtigung

a) Grundsatz

36 Die Vorschrift ist keine eigenständige Anspruchsgrundlage zu Gunsten des Insolvenzverwalters. Sie hat auch nicht die Wirkungen einer cessio legis; sie weist ihm lediglich eine treuhänderische Stellung zu (*BGH* ZIP 2007, 79; *OLG Hamm* ZInsO 2013, 2008) und begründet eine gesetzliche Prozessstandschaft des Insolvenzverwalters (*Schmidt* EWiR 2007, 116 m.w.N.).

37 Während der Dauer des Insolvenzverfahrens können Ansprüche gegen die persönlich haftenden Gesellschafter nur vom Insolvenzverwalter geltend gemacht werden. § 93 InsO ermächtigt den Verwalter kraft eigenen Rechts und im eigenen Namen treuhänderisch die Ansprüche der geschädigten Gläubiger geltend zu machen. Auf ihn geht insofern die Einziehungs- und Prozessführungsbefugnis über (*BGH* ZIP 2012, 1683; ZIP 2007, 79; MüKo-InsO/*Brandes/Gehrlein* § 93 Rn. 14; K. Schmidt/*K. Schmidt* InsO, § 93 Rn. 28). Der Insolvenzverwalter wird als gesetzlicher Prozessstandschafter der einzelnen Gläubiger tätig, so dass der in Anspruch genommene Gesellschafter durch Zahlung an den Insolvenzverwalter konkrete Gläubigerforderungen zum Erlöschen bringt (*BGH* ZIP 2007, 79; HK-InsO/*Schmidt* § 93 Rn. 32; *Kübler/Prütting/Bork-Lüke* InsO, § 93 Rn. 16; MüKo-InsO/*Brandes/Gehrlein* § 93 Rn. 14; vgl. auch *BGH* BGHZ 42, 192 [193 f.]; 27, 51 [56] betreffend § 171 Abs. 2 HGB; **a.A.** K. Schmidt/*K. Schmidt* InsO, § 93 Rn. 35: **Unterdeckungshaftung** »Der Insolvenzverwalter macht nicht die Haftung des Gesellschafters für jeweils einzelne Gesellschaftsverbindlichkeiten geltend, sondern die Unterdeckung der Insolvenzverbindlichkeiten in der Masse«). Die Ermächtigung des § 93 berechtigt den Insolvenzverwalter, auch einen Insolvenzantrag gegen den persönlich haftenden Gesellschafter zu stellen (K. Schmidt/*K. Schmidt* InsO, § 93 Rn. 29).

b) Nicht am Verfahren beteiligte Gläubiger

38 Für Gläubiger, die sich nicht am Verfahren beteiligen, kann der Insolvenzverwalter deren Schaden nicht geltend machen (MüKo-InsO/*Brandes/Gehrlein* § 93 Rn. 14; **a.A.** *Freitag/Korch* KTS 2017, 137 [158 f.]). Diesen Gläubigern ist eine eigene Geltendmachung ihres Schadens während des Verfahrens verwehrt, nach Beendigung des Verfahrens können diese gegen den Schädiger selbst klagen (*Uhlenbruck/Hirte* InsO, § 93 Rn. 3). Forderungen gegen einen ausgeschiedenen Gesellschafter können nur dann vom Insolvenzverwalter geltend gemacht werden, wenn Gläubiger (zumindest ein Altgläubiger) Forderungen angemeldet haben, denen er gegenüber haftet (MüKo-InsO/*Brandes/ Gehrlein* § 93 Rn. 14).

kung) obliegt dem Insolvenzverwalter (K. Schmidt/*K. Schmidt* InsO, § 93 Rn. 23; HambK-InsO/*Pohlmann* § 93 Rn. 25).

1. Sperrwirkung

a) Grundsatz

Ein einzelner Gläubiger ist nach Verfahrenseröffnung für die Dauer des Verfahrens nicht mehr berechtigt, den Haftungsanspruch gegen den Gesellschafter geltend zu machen. Der Ersatzanspruch verbleibt bei dem Gläubiger. Dieser verliert nur seine Einziehungs- und Prozessführungsbefugnis. Wird während dieser Zeit seitens eines Insolvenzgläubigers wegen eines solchen Schadens eine Klage erhoben, ist diese wegen fehlender Prozessführungsbefugnis als unzulässig abzuweisen (h.M. vgl. *BGH* ZIP 2012, 1683; HK-InsO/*Schmidt* § 93 Rn. 53; *Uhlenbruck/Hirte* InsO, § 93 Rn. 45). Die Prozessführungsbefugnis des Insolvenzverwalters erstreckt sich auf Aktiv- wie auch auf Passivprozesse (*BGH* ZIP 2012, 1683). Deshalb ist auch eine negative Feststellungsklage eines Gesellschafters wegen einer persönlichen Haftung für eine Gesellschaftsschuld als unzulässig abzuweisen (*BGH* ZIP 2012, 1683). War bei Eröffnung des Insolvenzverfahrens ein Rechtsstreit eines einzelnen Insolvenzgläubigers wegen eines unter § 93 InsO fallenden Haftungsanspruches gegen den persönlich haftenden Gesellschafter bereits anhängig, so wird er in entsprechender Anwendung des § 17 Abs. 1 Satz 1 AnfG unterbrochen (*BGH* ZIP 2009, 47; 2003, 39; *Uhlenbruck/Hirte* InsO, § 93 Rn. 44; HK-InsO/*Schmidt* § 93 Rn. 53; für analoge Anwendung von § 240: K. Schmidt/*K. Schmidt* InsO, § 93 Rn. 24), der Insolvenzverwalter ist berechtigt, ihn nach § 17 Abs. 1 Satz 2 AnfG aufzunehmen.   32

Hatte der Insolvenzgläubiger schon einen Vollstreckungstitel erwirkt, so darf er daraus für die Dauer des Insolvenzverfahrens nicht vollstrecken, da nicht nur die Einklagung, sondern auch die Zwangsvollstreckung unter den Begriff der Geltendmachung i.S.v. § 93 InsO fällt. Der Insolvenzverwalter kann gem. § 727 ZPO die Erteilung der Vollstreckungsklausel an sich beantragen (K. Schmidt/*K. Schmidt* InsO, § 93 Rn. 24; HK-InsO/*Schmidt* § 93 Rn. 54; *OLG Stuttgart* DB 2002, 1929).   33

b) Leistung des Gesellschafters an einen Gläubiger

Erbringt der haftende Gesellschafter die Leistung anstatt an den Insolvenzverwalter an einen einzelnen oder an einzelne Gesellschaftsgläubiger, so hat er an einen Nichtberechtigten geleistet. Der Rechtsähnlichkeit wegen ist eine analoge Anwendung von § 82 InsO auf diesen Fall geboten (vgl. § 92 Rdn. 42 m.w.N.). Der Gesellschafter wird somit von seiner persönlichen Haftung befreit, wenn er – was allerdings eine nicht allzu häufige Ausnahme sein dürfte – zur Zeit der Leistung die Eröffnung des Insolvenzverfahrens über das Vermögen der Gesellschaft nicht gekannt hatte (K. Schmidt/*K. Schmidt* InsO, § 93 Rn. 25; HK-InsO/*Schmidt* § 93 Rn. 28). Der Insolvenzverwalter kann die Zahlung – unter Abzug der auf ihn entfallenden Quote – dann von dem Gesellschaftsgläubiger verlangen, an den der Gesellschafter geleistet hatte (§ 816 Abs. 2 BGB; MüKo-InsO/*Brandes/Gehrlein* § 93 Rn. 30; dazu auch § 92 Rdn. 42). War demgegenüber der Gesellschafter nicht gutgläubig, kann der Insolvenzverwalter nochmals die Haftungssumme gegenüber dem Gesellschafter geltend machen oder die an den Gläubiger erfolgte Leistung genehmigen und von diesem das Erlangte (§ 816 Abs. 2 BGB) wiederum unter Abzug der auf ihn entfallenden Quote herausverlangen (K. Schmidt/*K. Schmidt* InsO, § 93 Rn. 25; HambK-InsO/*Pohlmann* § 93 Rn. 52).   34

c) Aufrechnung

Bereits aus der Sperrwirkung von § 93 InsO ergibt sich, dass der Gesellschaftsgläubiger nicht mit einer Forderung gegen die insolvente Gesellschaft gegen eine Forderung des haftenden Gesellschafters aufrechnen könne (h.M. vgl. MüKo-InsO/*Brandes/Gehrlein* § 93 Rn. 32; *Uhlenbruck/Hirte* InsO, § 93 Rn. 5 m.w.N.); dies soll entgegen der Auffassung in der Gesetzesbegründung zur InsO, die in entsprechender Anwendung der §§ 406, 412 BGB eine Aufrechnung für zulässig ansah (*Balz/Landfermann* Begr.RegE S. 311) nach verbreiteter Ansicht sogar dann gelten, wenn im Zeitpunkt der   35

69). Diese Befugnis setzt bereits bei Verfahrenseröffnung begründete Verbindlichkeiten der Gesellschaft voraus (HK-InsO/*Schmidt* § 93 Rn. 18). Der Gesellschafter haftet unbeschränkt für alle Altverbindlichkeiten, die bis zum Insolvenzantrag (§ 38 InsO) entstanden sind (Uhlenbruck/*Hirte* InsO, § 93 Rn. 36; K. Schmidt/*K. Schmidt* InsO, 93 Rn. 16). Das gilt auch für Verbindlichkeiten nach § 103 Abs. 2 InsO, wenn der Insolvenzverwalter die Erfüllung des Vertrages ablehnt und der Gläubiger Schadensersatzansprüche geltend macht (HK-InsO/*Schmidt* § 93 Rn. 19). Im Zeitpunkt der Insolvenzeröffnung war insofern der Rechtsgrund für die Forderung bereits gelegt.

4. Masseverbindlichkeiten

29 Für nach Verfahrenseröffnung begründete Masseverbindlichkeiten und die Verfahrenskosten trifft den Gesellschafter schon aus insolvenzrechtlichen Gründen keine Haftung (*BGH* NJW 2010, 69; h.M. in Lit. und Rspr. mit unterschiedlichen Begründungen: *OLG Celle* ZIP 2007, 2210; MüKo-InsO/*Brandes/Gehrlein* § 93 Rn. 10; HK-InsO/*Schmidt* § 93 Rn. 25; krit. *Smid* ZInsO 2013, 1233 für Kosten der Rechtsverfolgung nach § 93. Diese Kosten sollen wie auch die anteilige Mehrvergütung des Insolvenzverwalters und die Mehrgerichtskosten von der Sondermasse als Masseverbindlichkeiten getragen werden). Diese Haftung ist – neben einer möglichen persönlichen Haftung des Insolvenzverwalters – auf die Gegenstände der Insolvenzmasse beschränkt (*BGH* NJW 1955, 339; *LAG München* ZIP 1990, 1217; MüKo-InsO/*Hefermehl* § 53 Rn. 40, 42 f; *Jaeger/Henckel* § 53 Rn. 12, 13; Uhlenbruck/*Hirte* InsO, § 93 Rn. 37). Es handelt sich um eine dem Verfahren immanente Haftungsbeschränkung, für die maßgeblich ist, dass der Verwalter nicht befugt ist, den Schuldner persönlich mit seinem insolvenzfreien Vermögen zu verpflichten, weil seine Verwaltungs- und Verfügungsbefugnis nach § 80 Abs. 1 InsO auf das zur Insolvenzmasse gehörende Vermögen beschränkt ist (*BGH* BGHZ 34, 293; MüKo-InsO/*Hefermehl* § 53 Rn. 40, 42 f.). Nach a.A. in der Lit. wird eine Haftung der Gesellschafter auch für durch den Insolvenzverwalter begründeten Verbindlichkeiten bejaht (Kübler/Prütting/Bork-*Lüke* InsO § 93 Rn. 82, 84; *Mohrbutter/Ringstmeier-Homann* § 26 Rn. 50 f.; Runkel/*Spliedt* Anwaltshandbuch-Insolvenzrecht, 3. Aufl., § 3 Rn. 107 ff., Haftung für liquidationsbedingte Verbindlichkeiten).

30 Masseverbindlichkeiten nach § 55 Abs. 1 Nr. 2 fallen demgegenüber unter § 93 InsO. Wählt der Verwalter nach Verfahrenseröffnung gem. § 103 Abs. 2 InsO die Erfüllung eines gegenseitigen Vertrages, bewirkt die Eröffnung des Insolvenzverfahrens kein Erlöschen der Erfüllungsansprüche aus gegenseitigen Verträgen im Sinne einer materiell-rechtlichen Umgestaltung. Vielmehr verlieren die noch offenen Ansprüche im Insolvenzverfahren ihre Durchsetzbarkeit, soweit sie nicht auf die anteilige Gegenleistung für vor Verfahrenseröffnung erbrachte Leistungen gerichtet sind. Wählt der Verwalter Erfüllung, so erhalten die zunächst nicht durchsetzbaren Ansprüche die Rechtsqualität von originären Forderungen der und gegen die Masse (*BGH* BGHZ 150, 353). Auch diese Verbindlichkeiten stellen Altverbindlichkeiten dar, da sie im Zeitpunkt der Insolvenzeröffnung bereits vorhanden waren und der Gesellschafter für diese Schuld gehaftet hätte (vgl. MüKo-InsO/*Brandes/Gehrlein* § 93 Rn. 12; Uhlenbruck/*Hirte* InsO, § 93 Rn. 36; HK-InsO/*Schmidt* § 93 Rn. 23). Weiter gehören dazu Verbindlichkeiten aus Dauerschuldverhältnissen, die vor Verfahrenseröffnung begründet wurden, aber auch für die Zeit nach Verfahrenseröffnung Verbindlichkeiten entstehen lassen, für die der Gesellschafter weiter einzustehen hat (HK-InsO/*Schmidt* § 93 Rn. 20; K. Schmidt/*K. Schmidt* InsO, § 93 Rn. 16 m.w.N.). Die Haftung erstreckt sich auch auf Ansprüche aus einem Sozialplan, der erst nach Verfahrenseröffnung aufgestellt wird. Die daraus resultierenden Verbindlichkeiten stellen nach § 123 Abs. 2 InsO Masseverbindlichkeiten dar und werden als Altverbindlichkeiten angesehen, für die der persönlich haftende Gesellschafter einzustehen hat (vgl. HK-InsO/*Schmidt* § 93 Rn. 22; MüKo-InsO/*Brandes/Gehrlein* § 93 Rn. 11).

IV. Rechtsfolgen

31 § 93 InsO hat eine doppelte Rechtswirkung. Während des Insolvenzverfahrens können die Insolvenzgläubiger ihren Gesamtschadensanspruch nicht mehr selbst gegen den persönlich haftenden Gesellschafter verfolgen (**Sperrwirkung**). Die Geltendmachung dieser Ansprüche (**Ermächtigungswir-**

cher Schuldbeitritt eine Umgehung von § 93 InsO darstellen (**a.A.** die h.M.; s. etwa *BGH* ZInsO 2002, 764; ZInsO 2008, 1275; *LG Bayreuth* ZInsO 2002, 40; MüKo-InsO/*Brandes/Gehrlein* § 93 Rn. 21; HK-InsO/*Schmidt* § 93 Rn. 15; *Bitter* ZInsO 2002, 557).

Keine Anwendung findet § 93 InsO auf Realsicherheiten, z.B. einer dem Gläubiger bestellten 22 Grundschuld, da durch solche die Insolvenzmasse, anders als bei der Parallelbürgschaft durch den Gläubigerzugriff auf einen massefremden Gegenstand entlastet wird (vgl. HK-InsO/*Schmidt* § 93 Rn. 15; *Bork* NZI 2002, 362).

Gläubiger tun darum bei Forderungen gegen Personengesellschaften sicherheitshalber besser daran, 23 im Hinblick auf einen möglichen Insolvenzfall an Stelle einer Parallelbürgschaft eines ohnehin haftenden Gesellschafters eine Sachsicherheit zu verlangen. Für Steuergläubiger allerdings kann es im Einzelfall schwierig sein, das Angebot einer Gesellschafterbürgschaft gem. § 244 Abs. 1 Satz 1 AO zurückzuweisen; evtl. müsste von dem Gesellschafter der Nachweis gefordert werden, dass er auch unter Berücksichtigung seiner persönlichen Einstandspflicht für alle Verbindlichkeiten der Personengesellschaft »ein der Höhe der zu leistenden Sicherheit angemessenes Vermögen« besitzt, wie es § 244 Abs. 1 Satz 1 Nr. 1 AO verlangt (dazu *König* AO, 3. Aufl. 2014, § 244 Rn. 3).

2. Haftungsbeschränkungen

§ 93 InsO findet auch auf solche Fälle Anwendung, in denen der Gesellschafter Haftungsausschlüsse 24 oder Haftungsbeschränkungen mit seinen Gläubigern vereinbart hat. Sie reduzieren lediglich den Haftungsumfang (vgl. K. Schmidt/*K. Schmidt* InsO, § 93 Rn. 17).

Bei einer Partnerschaftsgesellschaft kann die persönliche Haftung der einzelnen Gesellschafter ge- 25 genüber den Gläubigern der Gesellschaft verschiedenen Umfang haben, da § 8 Abs. 2 PartGG bestimmt, dass, wenn nur einzelne Partner mit der Bearbeitung eines Auftrags befasst sind, nur diese persönlich für berufliche Fehler haften. In diesem Fall hat der Insolvenzverwalter für die durch Zahlungen der betreffenden Gesellschafter erlangten Beträge eine Sondermasse zu bilden (vgl. *Uhlenbruck/Hirte* InsO, § 93 Rn. 33; *Häsemeyer* InsR, Rn. 31.31). Auch wenn Gläubiger der Partnerschaftsgesellschaft nach Eröffnung des Insolvenzverfahrens über das Vermögen der Gesellschaft Zahlungen der betreffenden Gesellschafter erlangt haben, ob freiwillig oder im Vollstreckungsweg, haben sie das Erlangte in die betreffende Sondermasse zu erstatten (*Häsemeyer* InsR, Rn. 31.17).

Bei einer Reederei haften die einzelnen Mitreeder nur anteilig im Verhältnis ihrer Schiffsparten 26 (§ 507 Abs. 1 HGB). Die einzelnen Mitreeder sind damit lediglich Teilschuldner für die Verbindlichkeiten der Reederei. Der Insolvenzverwalter kann darum anders als z.B. im Falle einer OHG (dazu *Kübler/Prütting/Bork-Lüke* InsO, § 93 Rn. 117) nicht nach eigenem Gutdünken entscheiden, gegen welchen der Mitreeder er die Verbindlichkeiten geltend macht, sondern er kann jeden einzelnen Mitreeder nur quotal in Anspruch nehmen (vgl. *Kübler/Prütting/Bork-Lüke* InsO, § 93 Rn. 117). Die Bildung einer Sondermasse ist hier hingegen entbehrlich, weil die Haftung der Mitreeder gegenüber den einzelnen Gläubigern der Reederei nicht unterschiedlich ist.

Bei der EWIV setzt die persönliche Inanspruchnahme ihrer einzelnen Mitglieder voraus, dass die 27 EWIV zuvor erfolglos zur Zahlung aufgefordert wurde (Art. 24 Abs. 2 EWIV-VO). Die Eröffnung eines Insolvenzverfahrens über das Vermögen der EWIV indiziert jedoch die Erfolglosigkeit von Zahlungsaufforderungen und macht diese somit entbehrlich (*Uhlenbruck/Hirte* InsO, § 93 Rn. 35 m.w.N.).

3. Gesellschaftsverbindlichkeiten, Alt- und Neuverbindlichkeiten

§ 93 InsO enthält keine gesetzliche Ermächtigung für den Verwalter, die Gesellschafter für Verbind- 28 lichkeiten der Gesellschaft in die Haftung zu nehmen (*Uhlenbruck/Hirte* InsO, § 93 Rn. 3; **a.A.** *Kübler/Prütting/Bork-Lüke* InsO, § 93 Rn. 45). § 93 InsO verleiht dem Insolvenzverwalter über das Vermögen der Gesellschaft lediglich die Befugnis, die Forderungen der Gesellschaftsgläubiger gegen die Gesellschafter gebündelt einzuziehen (*BGH* BGHZ 178, 171; ZIP 2007, 79; NJW 2010,

vorteile verschaffe. Deswegen wendet folgerichtig die h.M. § 93 InsO auch in diesen Fällen an, mit der Folge, dass die Haftung ausschließlich vom Insolvenzverwalter und nicht von einzelnen Gesellschaftsgläubigern gegen den bereits ausgeschiedenen Gesellschafter für alle bis zu seinem Ausscheiden begründeten und nicht verjährten Verbindlichkeiten geltend gemacht werden kann (vgl. *Uhlenbruck/Hirte* InsO, § 93 Rn. 10 m.w.N.). Für nach seinem Ausscheiden begründete Verbindlichkeiten haftet er nicht.

16 Schließlich findet § 93 InsO auch dann Anwendung, wenn eine Personengesellschaft unter Wahrung ihrer Identität kraft Gesetzes oder Rechtsgeschäfts ihre Rechtsform ändert oder wenn ihr Vermögen im Wege der übertragenden **Umwandlung** durch Gesamtrechtsnachfolge auf einen anderen Rechtsträger übergeht. Ihre Haftung gegenüber den Gläubigern, denen sie schon bisher hafteten, besteht nach wie vor und wird in der Insolvenz des umgewandelten Rechtsträgers oder in der des Gesamtrechtsnachfolgers vom Insolvenzverwalter nach § 93 InsO geltend gemacht (vgl. *BGH* BGHZ 112, 31; MüKo-InsO/*Brandes/Gehrlein* § 93 Rn. 5; HK-InsO/*Schmidt* § 93 Rn. 12; K. Schmidt/*K. Schmidt* InsO, § 93 Rn. 8).

17 Umgekehrt kann der Insolvenzverwalter auch die Gesellschafter in Anspruch nehmen, die erst später eingetreten sind, selbst für die Forderungen, die vor deren Eintritt begründet worden sind (vgl. § 130 HGB). Diesen gegenüber ist er nach *BGH* (BB 2007, 64) indes verpflichtet, die einzelnen Verbindlichkeiten nach Entstehungszeitpunkt und Schuldgrund darzulegen, wenn er sie wegen einer Vielzahl von Gesellschaftsverbindlichkeiten in Anspruch nimmt (dazu *Schmidt* EWiR 2007, 115).

III. Ausgestaltung der Haftung

1. Akzessorische Außenhaftung

18 Dabei betrifft § 93 InsO nur die **Außenhaftung**, d.h. die unmittelbare persönliche Haftung der Gesellschafter (§ 128 HGB) in ihrer Eigenschaft als Gesellschafter, nicht ihre gesetzliche Haftung aus einem anderen Rechtsgrund, namentlich aus der Geschäftsführerhaftung von Gesellschaftern, die zugleich Geschäftsführer der betreffenden Gesellschaft sind, gem. § 69 AO i.V.m. § 34 AO für Steuern und Kommunalabgaben der Gesellschaft. Dies war einige Zeit – mit vor allem rechtspolitisch beachtenswerten Gründen – in Zweifel gezogen worden (etwa *OLG Schleswig* ZIP 2002, 1968; *Kesseler* ZInsO 2002, 549), ist jedoch inzwischen vom Bundesgerichtshof und vom Bundesfinanzhof übereinstimmend in diesem Sinne entschieden worden (*BGH* ZIP 2002, 1492; *BFH* ZIP 2002, 179; dazu *Bitter* ZInsO 2002, 557). Auch § 92 InsO steht der Haftungsinanspruchnahme von Geschäftsführern nach § 69 AO nicht entgegen, da es sich nicht um einen Gesamtschaden im Sinne dieser Vorschrift handelt (*BGH* NJW-Spezial 2008, 535). Demgegenüber können Sozialversicherungsträger ihren Haftungsanspruch aus unerlaubter Handlung für nicht abgeführte Sozialversicherungsbeiträge nicht gegen den p.h. Gesellschafter geltend machen (*AG Siegen* ZInsO 2012, 228; **a.A.** *AG Fulda* ZInsO 2013, 1001, dazu *Kranz* ZInsO 2013, 1119).

19 Nicht von § 93 InsO erfasst sind Ansprüche, die die **Innenhaftung** der Gesellschaft (wie Einlageschulden) betreffen. Diese fallen in die Insolvenzmasse (§ 35 InsO) und werden vom Insolvenzverwalter für die Masse gem. § 80 InsO geltend gemacht (vgl. K. Schmidt/*K. Schmidt* InsO, § 93 Rn. 19).

20 Die Haftung handelnder Organe (§ 41 Abs. 1 Satz 1 AktG, § 11 Abs. 2 GmbHG, § 54 Satz 2 BGB) ist zwar eine Außenhaftung, nicht aber gerichtet auf eine allgemeine Haftung für sämtliche Verbindlichkeiten der Gesellschaft, sondern begrenzt auf bestimmte Rechtsgeschäfte bestimmten Gläubigern gegenüber (*Uhlenbruck/Hirte* InsO, § 93 Rn. 19), so dass § 93 InsO darauf keine Anwendung findet.

21 Dagegen wird man § 93 InsO auf eine Bürgschaft oder einen Schuldbeitritt eines Gesellschafters für eine Forderung, für die er ohnehin in seiner Eigenschaft als Gesellschafter haftet, zumindest bis zum Eintritt der Verjährung der Gesellschafterhaftung analog anwenden müssen (zutr. in diesem Sinne *Bork* NZI 2002, 362; HambK-InsO/*Pohlmann* § 93 Rn. 10), da eine solche Bürgschaft und ein sol-

wenn die Vor-GmbH vermögenslos ist, keinen Geschäftsführer mehr hat oder weitere Gläubiger nicht vorhanden sind (*BGH* BGHZ 134, 341; *OLG Hamm* ZIP 2012, 338 für vermögenslose Einmann-Vor-GmbH) oder wenn die Gründer einer GmbH die Eintragungsabsicht aufgeben und anschließend die Geschäftstätigkeit fortsetzen (*BGH* BGHZ 152, 252; vgl. HK-InsO/*Schmidt* § 93 Rn. 7; K. Schmidt/*K. Schmidt* InsO, § 93 Rn. 10).

2. Juristische Personen

§ 93 InsO findet grds. auf Kapitalgesellschaften wegen der fehlenden Außenhaftung keine Anwendung. Zunächst hatte der BGH bei einer Existenzvernichtungshaftung eine Außenhaftung bejaht (*BGH* BGHZ 151, 181; ZIP 2005, 117; ZIP 2005, 250), ist aber in seiner Entscheidung vom 16.07.2007 (*BGH* BGHZ 173, 246; BGHZ 176, 204) vom Modell des existenzvernichtenden Eingriffs als eigene Anspruchsgrundlage abgerückt und ordnet diesen dogmatisch als besondere Fallgruppe im Rahmen der allgemeinen deliktischen Anspruchsnorm des § 826 BGB ein, und zwar – im Gleichlauf mit den gesellschaftsrechtlichen Schutznormen der §§ 30, 31 GmbHG – als Innenhaftung des Gesellschafters gegenüber der Gesellschaft selbst. Diese Ansprüche verfolgt der Insolvenzverwalter bereits über § 80 InsO. In den Fällen der Vermögensvermischung kann ein Haftungsdurchgriff bestehen, der zur entsprechenden Anwendung der §§ 128 f. HGB führt. Diese Ansprüche sind analog § 93 InsO zu verfolgen (*BGH* BGHZ 165, 85). Ansprüche nach §§ 131 Abs. 1 Nr. 1, 133 UmwG, die bei einer Ausgliederung Gläubigern gegen den übertragenden Rechtsträger bei einer GmbH zustehen (*OLG Brandenburg* ZInsO 2013, 2277) stellen keine Haftungsansprüche i.S.d. § 93 InsO dar. Str. und noch nicht höchstrichterlich entschieden ist, ob § 93 InsO auch auf Ansprüche nach § 303 AktG Anwendung findet (für eine analoge Anwendung *Bork* ZIP 2012, 1001; Analogie für Zahlungsanspruch *Jaeger/Müller* § 93 Rn. 16; *Wimmer-Leonhardt* Konzernhaftungsrecht, 2004, S. 42; gegen Analogie *Emmerich/Habersack/Emmerich* Aktien- und GmbH-Konzernrecht, 8. Aufl. 2016, § 303 Rn. 25; *Klöckner* ZIP 2011, 1454).

3. Verein

Beim eingetragen Verein gelten dieselben Grundsätze wie bei einer juristischen Person. Auch die Vereinsmitglieder eines nichtrechtsfähigen Vereins haften grds. nicht für die Verbindlichkeiten des Vereins, es sei denn, es handelt sich um einen nichtrechtsfähigen wirtschaftlichen Verein, für den nach § 54 Satz 1 BGB die Vorschriften der Gesellschaft bürgerlichen Rechts gelten, die zu einer persönlichen Außenhaftung der Mitglieder entsprechend den Haftungsgrundsätzen der Gesellschaft bürgerlichen Rechts führen (*BGH* ZIP 2001, 373; vgl. auch K. Schmidt/*K. Schmidt* InsO, § 93 Rn. 9, 11).

4. Ausgeschiedene Gesellschafter

Im Gesetz nicht geklärt ist, ob der Ausschluss der Geltendmachung der persönlichen Haftung durch einzelne Gläubiger der Gesellschaft auch gegenüber solchen Gesellschaftern gilt, die bis zur Eröffnung des Insolvenzverfahrens bereits aus der Gesellschaft ausgeschieden waren, aber weiterhin für die Gesellschaftsschulden persönlich haften (s. etwa § 160 HGB, § 736 BGB). Dies war unter Geltung der Konkursordnung für die damalige Vorschrift in § 212 KO verneint worden, da der ausgeschiedene Gesellschafter nicht mehr am Gesellschaftsvermögen beteiligt sei und darum die Gläubiger der Gesellschaft gegenüber den Privatgläubigern eines ausgeschiedenen Gesellschafters auch dann nicht bevorzugt würden, wenn man § 212 KO nicht anwende.

Eine Haftung des ausgeschiedenen Gesellschafters ist jedenfalls für die Verbindlichkeiten zu bejahen, die begründet wurden, als er noch Gesellschafter war. Unerheblich ist dagegen, ob er im Zeitpunkt der Inanspruchnahme durch den Insolvenzverwalter noch Gesellschafter war (HK-InsO/*Schmidt* § 92 Rn. 12; *Uhlenbruck/Hirte* InsO, § 93 Rn. 10). Durch die Einbeziehung ausgeschiedener Gesellschafter werde der Massearmut bei Gesellschaftsinsolvenzen entgegengewirkt, zudem bezwecke § 93 InsO auch im Falle ausgeschiedener Gesellschafter, dass sich keiner der Gläubiger in der Insolvenz der Gesellschaft durch einen schnelleren Zugriff auf persönlich haftende Gesellschafter Sonder-

II. Geltungsbereich

4 Im Falle der Durchführung des Insolvenzverfahrens in Eigenverwaltung des Schuldners obliegt die Geltendmachung der von § 93 InsO betroffenen Haftung dem Sachwalter (§ 280 InsO).

5 Im vereinfachten Insolvenzverfahren gibt es für § 93 InsO keinen Anwendungsbereich, da dieses Verfahren nur für natürliche Personen in Frage kommt (§ 304 Abs. 1 InsO) und Gesellschaften immer dem Regelinsolvenzverfahren unterliegen.

6 Für das Insolvenzverfahren über das Gesamtgut einer fortgesetzten Gütergemeinschaft, bei der es um die persönliche Haftung des überlebenden Ehegatten für die Verbindlichkeiten geht, deren Erfüllung aus dem Gesamtgut verlangt werden kann, enthält § 334 Abs. 1 InsO eine § 93 InsO entsprechende Regelung.

B. Norminhalt

I. Gesellschaftsformen

7 § 93 InsO findet für Gesellschaften ohne Rechtspersönlichkeit Anwendung, deren Gesellschafter den Gläubigern ihrer Gesellschaft unbeschränkt persönlich haften. Betroffen ist lediglich die **Außenhaftung**, nicht jedoch die Innenhaftung der Gesellschafter (K. Schmidt/*K. Schmidt* InsO, § 93 Rn. 4).

8 Dazu gehören sämtliche Gesellschafter einer Offenen Handelsgesellschaft. Bei der Kommanditgesellschaft – häufigster Anwendungsfall in der Praxis: GmbH & Co. KG – findet § 93 auf die Haftung der Komplementäre Anwendung und für die unbeschränkte Kommanditistenhaftung nach § 176 HGB (MüKo-InsO/*Brandes/Gehrlein* § 93 Rn. 3); hinsichtlich der beschränkten Haftung der Kommanditisten nach §§ 171 Abs. 1 und 172 Abs. 4 HGB findet weiter § 171 Abs. 2 HGB Anwendung, der eine dem § 93 InsO entsprechende Regelung enthält (so auch K. Schmidt/*K. Schmidt* InsO, § 93 Rn. 6; Uhlenbruck/*Hirte* InsO, § 93 Rn. 7).

9 Nach geänderter Rspr. des *BGH* (BGHZ 154, 94; BGHZ 154, 370) besitzt die Gesellschaft bürgerlichen Rechts Rechtsfähigkeit, soweit sie durch Teilnahme am Rechtsverkehr eigene Rechte und Pflichten begründet, mit der Folge, dass deren Gesellschafter analog § 128 HGB für vertraglich und gesetzlich begründete Verbindlichkeiten haften und § 93 Anwendung findet (HK-InsO/*Schmidt* § 93 Rn. 8; MüKo-InsO/*Brandes/Gehrlein* § 93 Rn. 4).

10 Weiter erfasst werden:
– Gesellschafter einer Partenreederei (seit Inkrafttreten des Gesetzes zur Reform des Seehandelsrechts am 25. April 2013 können keine neuen Partenreedereien mehr gegründet werden. Für Partenreedereien, die bis zum 24. April 2013 gegründet wurden, gelten die alten HGB-Bestimmungen weiter gem. Art. 71 EGHGB),
– Partner einer Partnerschaftsgesellschaft (HambK-InsO/*Pohlmann* § 93 Rn. 3),
– Mitglieder einer Europäischen Wirtschaftlichen Interessenvereinigung (HK-InsO/*Schmidt* § 93 Rn. 6) und
– persönlich haftende Gesellschafter einer Kommanditgesellschaft auf Aktien.

II. Abgrenzungen

1. Vor-GmbH

11 Die Gesellschafter einer Vor-GmbH haben die Verluste, die bis zur Eintragung der Gesellschaft entstehen, auszugleichen. Nach ständiger Rspr. des *BGH* (BGHZ 134, 333) handelt es sich dabei um eine Innenhaftung der Gesellschafter der Gesellschaft und nicht Dritten gegenüber. Insofern liegt kein Fall des § 93 InsO vor. Der Insolvenzverwalter kann bereits über § 80 InsO die Ansprüche gegen die Gesellschafter verfolgen (h.M. HK-InsO/*Schmidt* § 93 Rn. 7; MüKo-InsO/*Brandes/Gehrlein* § 93 Rn. 3; für Außenhaftung und Anwendung von § 93: K. Schmidt/*K. Schmidt* InsO, § 93 Rn. 10; Uhlenbruck/*Hirte* InsO, § 93 Rn. 8). Eine unbeschränkte Außenhaftung wird dann bejaht,

Übersicht

	Rdn.
A. Zweck und Inhalt der Vorschrift	1
I. Normzweck	1
II. Geltungsbereich	4
B. Norminhalt	7
I. Gesellschaftsformen	7
II. Abgrenzungen	11
1. Vor-GmbH	11
2. Juristische Personen	12
3. Verein	13
4. Ausgeschiedene Gesellschafter	14
III. Ausgestaltung der Haftung	18
1. Akzessorische Außenhaftung	18
2. Haftungsbeschränkungen	24
3. Gesellschaftsverbindlichkeiten, Alt- und Neuverbindlichkeiten	28
4. Masseverbindlichkeiten	29
IV. Rechtsfolgen	31
1. Sperrwirkung	32
a) Grundsatz	32
b) Leistung des Gesellschafters an einen Gläubiger	34
c) Aufrechnung	35
2. Ermächtigung	36
a) Grundsatz	36
b) Nicht am Verfahren beteiligte Gläubiger	38
c) Vergleich	39
d) Weitere Einwendungen	41
e) Sondermasse	42
3. Freigabe	43
4. Erstreckung der Ermächtigungswirkung auf Anfechtung	44
V. Inhalt und Umfang der Haftung	45
1. Ausfallhaftung	46
2. Gesamtschuld	48
3. Doppelinsolvenz	49
4. Insolvenzplanverfahren	52
C. Verfahrensrechtliche Fragen	53
I. Außergerichtliche Geltendmachung	53
II. Prozessführung	54
III. Anhängiger Rechtsstreit	55
IV. Titelumschreibung	57

Literatur:
App Zu titulierten Haftungsansprüchen gegen Gesellschafter im Insolvenzverfahren, ZKF 2010, 59; *Freitag/Korch* § 93 InsO auf dem Prüfstand – Vom eingeschränkten Nutzen der Konzentration der Gesellschafterhaftung in der Hand des Gesellschaftsinsolvenzverwalters, KTS 2017, 137; *Klöckner* Ausfallhaftung der Obergesellschaft bei Beendigung eines Beherrschungs- oder Gewinnabführungsvertrags, ZIP 2011, 1454; *Kranz* § 93 im Fall der Doppelinsolvenz von OHG und persönlich haftendem Gesellschafter, ZInsO 2013, 1119; *Smid* Tragung von Massekosten und Masseverbindlichkeiten aus einer Sondermasse, die durch Rechtsverfolgung gem. § 93 InsO erzielt worden ist, ZInsO 2013, 1233.

A. Zweck und Inhalt der Vorschrift

I. Normzweck

Im Insolvenzverfahren einer Gesellschaft kann die persönliche Haftung der Gesellschafter nur vom Insolvenzverwalter geltend gemacht werden. Die Haftungsansprüche, die gegen Gesellschafter bestehen sollen wie bei der Haftung im Falle eines Gesamtschadens der Gesamtheit der Gesellschaftsgläubiger zu Gute kommen und im Interesse der gleichmäßigen Gläubigerbefriedigung verhindern, dass sich einzelne Gläubiger durch einen schnelleren direkten Zugriff auf persönlich haftende Gesellschafter einen Sondervorteil verschaffen können. Zugleich sollte die Vorschrift einen Beitrag zur Überwindung der Massearmut der Insolvenzen leisten. Sie verhindert, dass ein Antrag auf Eröffnung des Insolvenzverfahrens über das Vermögen einer Gesellschaft mangels Masse abgewiesen werden muss, obwohl ein Gesellschafter über ausreichendes Vermögen verfügt (*Balz/Landfermann* Begr.RegE S. 310). 1

§ 93 InsO, der denselben Zweck verfolgt wie § 92 InsO (dazu s. § 92 Rdn. 1 f.), erweitert die bereits für Kommanditisten einer Kommanditgesellschaft bestehende Regelung in § 171 Abs. 2 HGB auf sämtliche persönlich haftenden Gesellschafter von Personengesellschaften und einer Kommanditgesellschaft auf Aktien. 2

§ 93 InsO betrifft nur die **Außenhaftung** der in Rdn. 8 genannten Personen, eine eventuell darüber hinausgehende **Innenhaftung** (namentlich von Kommanditisten) kann der Insolvenzverwalter auf Grund seiner Befugnis aus § 80 Abs. 1 InsO ohnehin geltend machen; ein Zugriff von Insolvenzgläubigern darauf in Form der Pfändung und Überweisung zur Einziehung ist gem. § 89 InsO ausgeschlossen. 3

den Gesamtschadensanspruch nicht verfolgt. In solchen Fällen soll ausnahmsweise eine Freigabe zulässig sein (HK-InsO/*Schmidt* § 92 Rn. 32; MüKo-InsO/*Brandes/Gehrlein* § 92 Rn. 17).

IV. Aufrechnung

40 Eine Aufrechnung seitens des Insolvenzgläubigers oder des Schädigers ist weitgehend ausgeschlossen. Für den Schädiger folgt dieses bereits aus der meist fehlenden Gegenseitigkeit bei der Aufrechnung gegenüber dem Schuldner. Zudem wird die beabsichtigte Aufrechnung zumeist am gesetzlichen Verbot der Aufrechnung bei Ansprüchen aus unerlaubter Handlung (§ 393 BGB) scheitern. Will der Schädiger mit Ansprüchen gegen den Insolvenzgläubiger aufrechnen, wird in analoger Anwendung der §§ 94 ff. InsO eine Aufrechnung dann als zulässig angesehen, wenn die Aufrechnungslage bereits vor Verfahrenseröffnung gegeben war (vgl. *Uhlenbruck/Hirte* InsO, § 92 Rn. 28; HK-InsO/*Schmidt* § 92 Rn. 35). Demgegenüber kann der Insolvenzgläubiger gegenüber dem Schädiger schon wegen der Sperrwirkung von Satz 1 nicht aufrechnen (so *Uhlenbruck/Hirte* InsO, § 92 Rn. 28; K. Schmidt/*K. Schmidt* § 92 Rn. 10; **a.A.** HK-InsO/*Schmidt* § 92 Rn. 35, der eine Aufrechnung in analoger Anwendung der §§ 94 ff. InsO zulassen will).

41 Will der Insolvenzverwalter aufrechnen, erfolgt dies nach den allgemeinen Regeln. Nach h.M. ist eine Aufrechnung des Insolvenzverwalters gegen den Schädiger wegen einer Insolvenzforderung unzulässig, eine Aufrechnung wegen einer Masseschuld aber zulässig. In einem solchen Fall hat er die der Masse ersparte Schuld der Sondermasse zur Verfügung zu stellen, da der Gesamtschadensanspruch der Gläubiger nicht durch eine ohnehin zu begleichende Masseschuld geschmälert werden darf (K. Schmidt/*K. Schmidt* InsO, § 92 Rn. 10; *Uhlenbruck/Hirte* InsO, § 92 Rn. 28; anders HK-InsO/*Schmidt* § 92 Rn. 36 und HambK-InsO/*Pohlmann*, § 92 Rn. 38, die generell wegen fehlender Gegenseitigkeit eine Aufrechnung auch gegenüber Masseschulden ablehnen und eine Aufrechnung nur bei originären eigenen Ersatzansprüchen der Masse gegen den Schädiger für zulässig erachten).

V. Leistungen an einen einzelnen Gläubiger

42 Erbringt der Schuldner einer unter § 92 InsO fallenden Schadensersatzforderung die Leistung anstatt an den Insolvenzverwalter an einen einzelnen oder an einzelne Gläubiger, so hat er an einen **Nichtberechtigten** geleistet. Der Rechtsähnlichkeit wegen ist eine analoge Anwendung von § 82 InsO auf diesen Fall geboten (*Jaeger/Müller* InsO, § 92 Rn. 28; MüKo-InsO/*Brandes/Gehrlein* § 92 Rn. 24; **a.A.** *Braun/Kroth* InsO, § 92 Rn. 9, der §§ 412, 406, 407 BGB analog anwenden möchte). Der Leistende wird somit von seiner Verbindlichkeit befreit, wenn er zur Zeit der Leistung die Eröffnung des Insolvenzverfahrens nicht gekannt hatte. Der Insolvenzverwalter kann die Zahlung dann von dem Gläubiger oder von den Gläubigern verlangen, an die der Schuldner geleistet hatte (§ 816 Abs. 2 BGB). Auch wenn der Schuldner nicht entsprechend § 82 InsO frei geworden ist, hat der Insolvenzverwalter die Möglichkeit, die Leistung an den Nichtberechtigten zu genehmigen (*BGH* NJW 1972, 1199 m.w.N.) und sodann den Nichtberechtigten gem. § 816 Abs. 2 BGB in Anspruch zu nehmen. Das kann erwägenswert sein, wenn an der Solvenz des nichtberechtigten Zahlungsempfängers geringere Zweifel bestehen als an der des Schadensersatzpflichtigen.

§ 93 Persönliche Haftung der Gesellschafter

Ist das Insolvenzverfahren über das Vermögen einer Gesellschaft ohne Rechtspersönlichkeit oder einer Kommanditgesellschaft auf Aktien eröffnet, so kann die persönliche Haftung eines Gesellschafters für die Verbindlichkeiten der Gesellschaft während der Dauer des Insolvenzverfahrens nur vom Insolvenzverwalter geltend gemacht werden.

I. Sperrwirkung

Ein einzelner Insolvenzgläubiger ist nach Verfahrenseröffnung bis zum Ende des Verfahrens nicht mehr berechtigt, eine Gesamtschadensforderung geltend zu machen. Der Ersatzanspruch verbleibt bei dem Gläubiger. Dieser verliert nur seine Einziehungs- und Prozessführungsbefugnis. Wird während dieser Zeit seitens eines Insolvenzgläubigers wegen eines solchen Schadens eine Klage erhoben, ist diese wegen fehlender Prozessführungsbefugnis als unzulässig abzuweisen (h.M. vgl. *BGH* ZInsO 2004, 676; MüKo-InsO/*Brandes/Gehrlein* § 92 Rn. 14; *Uhlenbruck/Hirte* InsO, § 92 Rn. 27; anders *OLG Stuttgart* ZInsO 2012, 2204 Abweisung als unbegründet wegen fehlender Aktivlegitimation), unabhängig davon, ob der Gläubiger am Verfahren teilnimmt. Der Gläubiger bleibt aber berechtigt, seinen Ersatzanspruch abzutreten oder dem Schuldner gegenüber zu erlassen (HambK-InsO/*Pohlmann* § 92 Rn. 26). Betroffen sind Leistungs- und Feststellungsklagen, nicht jedoch ein Arrest (*Uhlenbruck/Hirte* InsO, § 92 Rn. 27; *Bork* ZInsO 2001, 835; anders K. Schmidt/*K. Schmidt* InsO, § 92 Rn. 8, der auch Arreste miteinbezieht). 34

War bei Eröffnung des Insolvenzverfahrens ein Rechtsstreit eines einzelnen Insolvenzgläubigers wegen einer unter § 92 InsO fallenden Schadensersatzforderung bereits anhängig, so wird er entsprechend § 240 ZPO unterbrochen (K. Schmidt/*K. Schmidt* InsO, § 92 Rn. 8; *Uhlenbruck/Hirte* InsO, § 92 Rn. 27). Hatte der Insolvenzgläubiger schon einen Vollstreckungstitel erwirkt, so darf er daraus für die Dauer des Insolvenzverfahrens nicht vollstrecken, da nicht nur die Einklagung, sondern auch die Zwangsvollstreckung unter den Begriff der Geltendmachung i.S.v. § 92 Satz 1 InsO fällt. Der Insolvenzverwalter kann gem. § 727 ZPO die Erteilung der Vollstreckungsklausel an sich beantragen (K. Schmidt/*K. Schmidt* InsO, § 92 Rn. 8; *Uhlenbruck/Hirte* InsO, § 92 Rn. 27; *OLG Stuttgart* DB 2002, 1929). 35

II. Ermächtigung

Während der Dauer des Insolvenzverfahrens können Gesamtschadensansprüche nur vom Insolvenzverwalter geltend gemacht werden. § 92 InsO ermächtigt den Verwalter kraft eigenen Rechts und im eigenen Namen treuhänderisch die Ansprüche der geschädigten Gläubiger geltend zu machen. Auf ihn geht insofern die Einziehungs- und Prozessführungsbefugnis über (*BGH* ZInsO 2004, 676; MüKo-InsO/*Brandes/Gehrlein* § 92 Rn. 15; K. Schmidt/*K. Schmidt* InsO, § 92 Rn. 11). 36

Für Gläubiger, die sich nicht am Verfahren beteiligen, kann der Insolvenzverwalter deren Quotenschaden nicht geltend machen. Diesen Gläubigern ist eine eigene Geltendmachung ihres Schadens während des Verfahrens verwehrt, nach Beendigung des Verfahrens können diese gegen den Schädiger selbst klagen (MüKo-InsO/*Brandes/Gehrlein* § 92 Rn. 15; HambK-InsO/*Pohlmann* § 92 Rn. 32). Im Prozess des Insolvenzverwalters kann dieses dazu führen, dass der Verwalter nicht verlässlich weiß, ob es über die am Verfahren teilnehmenden Gläubiger weitere Gläubiger gibt, was eine genaue Bezifferung des Schadens ausschließen würde. Deswegen besteht zu seinen Gunsten eine (widerlegbare) Vermutung, dass sich alle geschädigten Gläubiger am Verfahren beteiligt haben. 37

Die Gesamtschadensansprüche werden aber nicht Teil der Insolvenzmasse. Der Verwalter übt für die geschädigten Gläubiger bei der klageweisen Geltendmachung lediglich eine Treuhandfunktion für diesen Gläubigerkreis aus. Er hat deshalb das im Wege der Klage Erlangte getrennt von der Insolvenzmasse für diese Gläubiger zu verwalten (Sondermasse) und nur an diese auszuschütten (K. Schmidt/*K. Schmidt* InsO, § 92 Rn. 14; HK-InsO/*Schmidt* § 92 Rn. 30). 38

III. Freigabe

Der Verwalter ist grds. nicht berechtigt, den Gesamtschadensanspruch aus der Masse freizugeben. Probleme bereitet dieses in der Praxis, wenn die Insolvenzmasse nicht ausreicht, um die notwendigen Prozesskosten zu bestreiten oder aber die Geltendmachung für die noch vorhandene Masse mit unverhältnismäßigen Prozess- oder Vollstreckungsrisiken verbunden ist. Hier ist der Verwalter in einer Art *Pflichtenkollision*, er soll von für die Masse zu riskanten Prozessen Abstand nehmen, um Gläubiger nicht zu schädigen, auf der anderen Seite schädigt er möglicherweise die Gläubiger, indem er 39

27 Im Schrifttum wird eine entsprechende Anwendung des § 92 InsO auf Massegläubiger zu Recht für solche Schäden befürwortet, die durch eine Schmälerung der Insolvenzmasse nach Anzeige der Masseunzulänglichkeit eintreten und Ansprüche dieser nach § 61 InsO betroffen sind (K. Schmidt/*K. Schmidt* InsO, § 92 Rn. 20; *Kübler/Prütting/Bork-Lüke* § 92 Rn. 51; MüKo-InsO/*Brandes/Gehrlein* § 92 Rn. 8; *Uhlenbruck/Hirte* InsO, § 92 Rn. 22). In einem solchen Fall liegt es nahe, wegen des von allen betroffenen Massegläubigern gemeinschaftlich erlittenen Schadens (Gesamtschadens) § 92 InsO entsprechend anzuwenden (vgl. auch *BGH* BGHZ 159, 104, der dieses offengelassen hat).

C. Haftung des Insolvenzverwalters

28 Satz 2 betrifft Schadensersatzansprüche gegen den Insolvenzverwalter. Betroffen sind davon pflichtwidrige Handlungen und Unterlassungen des Insolvenzverwalters, die die Masse schmälern und zu einem Gesamtschaden der Gläubiger geführt haben (dazu die Kommentierung zu § 60 InsO). Sind dagegen Aussonderungs- oder Absonderungsberechtigte geschädigt, liegt kein Gesamtschaden sondern ein Individualschaden vor, der von den Geschädigten selbst unmittelbar gegen den Insolvenzverwalter auch im laufenden Verfahren geltend zu machen ist. Die Vorschrift findet auch bei Haftungsansprüchen wegen eines Gesamtschadens gegen den vorläufigen Insolvenzverwalter oder den Sachwalter Anwendung (HK-InsO/*Schmidt* § 92 Rn. 45; K. Schmidt/*K. Schmidt* InsO, § 92 Rn. 22).

29 Ein Gesamtschadensanspruch gegen den Insolvenzverwalter kann nur von einem neu bestellten Insolvenzverwalter geltend gemacht werden. Das kann entweder ein an die Stelle des entlassenen (§ 59 InsO) Insolvenzverwalters tretender neuer Insolvenzverwalter sein oder ein Sonderinsolvenzverwalter, der neben den eigentlichen Insolvenzverwalter tritt (s. Rdn. 12; *Jauernig/Berger* § 43 Rn. 20).

30 Bereits die Prüfung der Frage, ob gegen den Insolvenzverwalter Schadensersatzansprüche zu Gunsten der Masse geltend gemacht werden können, rechtfertigt die Bestellung eines Sonderinsolvenzverwalters (*Uhlenbruck/Zipperer* InsO, § 56 Rn. 57). Nicht erforderlich ist, dass das Insolvenzgericht das Bestehen derartiger Ansprüche für wahrscheinlich hält (HK-InsO/*Schmidt* § 92 Rn. 52; *Lüke* ZIP 2004, 1693). Nach der Rechtsprechung (*OLG München* ZIP 1987, 656 [657]) genügt es, dass es nicht auszuschließen ist und auch nicht völlig fern liegt, dass eine Schadensersatzpflicht besteht.

31 Die Insolvenzgläubiger können beim Insolvenzgericht zur Prüfung und Durchsetzung eines Gesamtschadensanspruchs die Bestellung eines Sonderinsolvenzverwalters beantragen, gegen eine ablehnende Entscheidung des Gerichts jedoch keinen Rechtsbehelf einlegen (§ 6 Abs. 1 InsO; *BGH* ZInsO 2010, 2088; NZI 2009, 238). Der Sonderinsolvenzverwalter hat in dem Bereich, für den er bestellt ist, die Rechtsstellung des Insolvenzverwalters; § 77 Abs. 2 Satz 1 RegE, der dies ausdrücklich bestimmte, wurde bei den Beratungen im Rechtsausschuss des Deutschen Bundestages als überflüssig gestrichen, da man diese für selbstverständlich gehalten hatte und es bereits der bisherigen Praxis zu der Konkursordnung entsprach (BT-Drucks. 12/7302, S. 162; s. *Schmerbach* § 27 Rdn. 31; zum Sonderinsolvenzverwalter auch *App* Insolvenzrecht Rn. 214 ff. m.w.N.).

32 Nach Beendigung des Insolvenzverfahrens ist der Schuldner indes nicht mehr berechtigt, einen Gemeinschaftsschaden gegen den Insolvenzverwalter zu verfolgen, sofern der Schadensbetrag zur Befriedigung der Insolvenzgläubiger benötigt wird (*BGH* DZWIR 2009, 509).

D. Rechtsfolgen

33 § 92 InsO hat eine doppelte Rechtswirkung. Während des Insolvenzverfahrens können die Insolvenzgläubiger ihren Gesamtschadensanspruch nicht mehr selbst gegen den Schädiger verfolgen (**Sperrwirkung**). Die Geltendmachung dieser Ansprüche (**Ermächtigungswirkung**) obliegt dem Insolvenzverwalter (K. Schmidt/*K. Schmidt* InsO, § 92 Rn. 7; HambK-InsO/*Pohlmann* § 92 Rn. 25).

venzverwalter geltend zu machen sei (*Altmeppen* ZIP 2001, 2201; *Wilhelm* Kapitalgesellschaftsrecht, Rn. 495). Individualansprüche der Neugläubiger gegen die handelnden Organe seien nur nach §§ 823 Abs. 2 BGB, 263 StGB oder aus culpa in contrahendo denkbar (*Altmeppen* ZIP 2015, 949 [955]). *K. Schmidt* (InsO, § 92 Rn. 18) kritisiert, dass seit der Entscheidung des *BGH* (BGHZ 138, 211) dem wichtigsten Anwendungsbereich des § 92 InsO keine Bedeutung mehr zukommt, da für den Insolvenzverwalter die Unterscheidung zwischen Alt- und Neugläubiger zuverlässig nicht mehr möglich sei und in der Praxis von Insolvenzverwalterseite kaum mehr solche Ansprüche gerichtlich geltend gemacht werden. Nach seiner – berechtigten! – Kritik sei § 15a InsO Schutzgesetz i.S.v. § 823 Abs. 2 BGB, aber mit der Folge, dass damit alle geschädigten Insolvenzgläubiger umfasst werden, unabhängig davon, ob es sich um Alt- oder Neugläubiger handelt. Dieser Schaden werde vom Insolvenzverwalter sowohl für Neu- wie auch Altgläubiger als Gesamtschaden nach § 92 InsO geltend gemacht. Nur wer darlegen könne, Neugläubiger zu sein und einen über den Quotenschaden hinausgehenden Schaden habe, könne diesen Schadensteil individuell aus culpa in contrahendo im Zivilprozess geltend machen (K. Schmidt/*K. Schmidt* InsO, § 92 Rn. 19; Scholz/*K. Schmidt* GmbHG, § 64 Anh. Rn. 191 f.).

cc) Eigene Ansicht: Der Auffassung von *K. Schmidt* (InsO, § 92 Rn. 19; Scholz/*K. Schmidt* GmbHG, § 64 Anh. Rn. 191 f.) ist in weiten Teilen zu folgen. Aus Praktikersicht ist zutreffend, dass die Vorschrift des § 92 InsO seit der grundlegenden Entscheidung des BGH weitgehend an Bedeutung verloren hat. Um den Quotenschaden im Rahmen eines Gesamtschadenanspruchs für die (Alt-)Gläubiger geltend machen zu können, muss der Insolvenzverwalter zunächst einmal abgrenzen, wer Alt- und wer Neugläubiger ist. Problematisch werden zudem die Fälle, in denen eine zeitliche Überlappung eintritt, so bei Dauerschuldverhältnissen. Nach dem Stichtag wäre der Gläubiger Altgläubiger, weil er vorher kontrahiert hat, aber Neugläubiger, weil er es unterlassen hat, den Vertrag zu kündigen, wenn er die Insolvenzreife gekannt hätte. Für die Abgrenzung der Gläubigergruppen ist es deswegen notwendig, den Zeitpunkt der Insolvenzreife zu ermitteln. Erst dann kann der Verwalter beide Gläubigergruppen trennen, die er dann für die gesamte Verfahrensdauer auch im Hinblick auf eine spätere Ausschüttung mit Sondermassen getrennt halten muss, denn der Neugläubiger darf an der Erhöhung der Quote ja nicht partizipieren, weil der Verwalter diesen Schaden für ihn nicht geltend machen darf. Somit muss jeder Neugläubiger selbst aktiv werden und auch diesen Quotenschaden im Rahmen seines Individualschadens mit einer eigenen Klage auf eigene Kosten geltend machen. Dieses erscheint nicht nur unwirtschaftlich und unpraktikabel. Im Ergebnis läuft es darauf hinaus, dass solche Schäden gegen die handelnden Organe nur noch in Ausnahmefällen verfolgt werden, was nicht der Intention des Gesetzgebers entsprach. Der Gesetzgeber trennt nicht zwischen Neu- und Altgläubiger. Vielmehr sollten die Schäden erfasst werden, die durch eine Verkürzung der Insolvenzmasse eintreten und die Insolvenzgläubiger in ihrer Gesamtheit treffen. Nur wenn durch eine Pflichtwidrigkeit ein einzelner Insolvenzgläubiger betroffen ist (Individualschaden) sollte er seinen Ersatzanspruch unbeeinflusst vom Insolvenzverfahren geltend machen können (*Balz/Landfermann* RegE S. 309). Nach der hier vertretenen Auffassung ist der Verwalter deshalb berechtigt, den Quotenschaden für Alt- und Neugläubiger als Gesamtschaden geltend zu machen. Dem Neugläubiger bleibt es überlassen, einen den Quotenschaden übersteigenden Schaden als Individualschaden geltend machen. Anspruchsgrundlage bleibt auch für den Individualschaden § 15a InsO i.V.m. § 823 Abs. 2 BGB, anders jedoch *K. Schmidt* (InsO, § 92 Rn. 16), der eine Eigenhaftung des Geschäftsführers aus culpa in contrahendo herleitet.

4. Schädigung von Massegläubigern

Schädigt der Insolvenzverwalter einen Massegläubiger, liegt regelmäßig ein Einzelschaden vor, der schon während des Insolvenzverfahrens geltend gemacht werden kann (*BGH* BGHZ 159, 104; vgl. *BGH* WM 1973, 556; MüKo-InsO/*Schoppmeyer* § 61 Rn. 7; MüKo-InsO/*Brandes/Schoppmeyer* § 60 Rn. 118). Daran ändert sich nichts, wenn dem Massegläubiger der Ausfall gerade infolge einer Masseverkürzung durch den Insolvenzverwalter entsteht (*BGH* BGHZ 159, 104; ZIP 1989, 1407).

3. Gesamtschaden bei Insolvenzverschleppung

a) Abgrenzung Alt- und Neugläubiger

21 Werden Insolvenzantragspflichten verletzt, führt dies zu einer Haftung nach § 823 Abs. 2 BGB (s. schon Rdn. 14; h.M. vgl. K. Schmidt/*K. Schmidt* InsO, § 92 Rn. 15 m.w.N.). Geschützt werden nur die Altgläubiger, die bereits vor Insolvenzeröffnung Forderungen gegen die Gesellschaft erworben haben und zwar in Höhe des sog. »Quotenschadens«, der in der durch Insolvenzverschleppung bedingten Masse- und Quotenverminderung besteht. Die sog. Neugläubiger, die danach Gläubiger der Gesellschaft bis zur Insolvenzeröffnung werden, sind nicht in der Gesamtheit geschädigt, sondern individuell, da sie in Kenntnis der Situation nicht mit dem Schuldner kontrahiert hätten (*BGH* BGHZ 110, 342; WM 1989, 1568; K. Schmidt/*K. Schmidt* InsO, § 92 Rn. 16). Ihnen ist der Vertrauensschaden auszugleichen.

b) Quotenschaden und Individualschaden bei Neugläubigern

22 aa) Nach ganz h.M. in Lit und Rspr. (seit *BGH* BGHZ 126, 181 unter ausdrücklicher Aufgabe der bisherigen Rspr. *BGH* BGHZ 29, 100; BGHZ 138, 211; BGHZ 171, 46; ZInsO 2012, 1367; HK-InsO/*Schmidt* § 92 Rn. 37 f.; MüKo-InsO/*Brandes/Gehrlein* § 92 Rn. 34; anders K. Schmidt/*K. Schmidt* InsO, § 92 Rn. 16 m.w.N.) hat das handelnde Organ ebenfalls nach § 15a InsO, § 823 Abs. 2 BGB den Neugläubigern gegenüber, die infolge des Unterbleibens des Insolvenzantrags mit der Gesellschaft kontrahieren und ihr Kredit gewähren, den dadurch entstehenden Schaden über den sog. Quotenschaden hinaus zu ersetzen. Schutzzweck der Insolvenzantragspflichten ist, insolvenzreife Gesellschaften mit beschränktem Haftungsfonds vom Geschäftsverkehr fernzuhalten, um zu verhindern, dass noch weitere Gläubiger geschädigt oder gefährdet werden. Bis zum Eintritt der Insolvenzreife ist den Altgläubigern kein weiterer Schaden als der Quotenschaden entstanden, demgegenüber wären die Neugläubiger, wenn das handelnde Organ seiner Insolvenzantragspflicht nachgekommen wäre, gar nicht erst in die Gläubigerstellung gelangt. Im Interesse des Gläubigerschutzes muss das Gebot der rechtzeitigen Insolvenzantragstellung schadensersatzrechtlich so sanktioniert sein, dass dieser Schutz wirksam ist. Das ist bei Begrenzung der Geschäftsführerhaftung auf den Quotenschaden und Ausschluss der Ersatzpflicht für darüber hinausgehende Individualschäden nicht der Fall (vgl. *BGH* BGHZ 126, 181). In der Fortentwicklung der Rechtsprechung kann nach Ansicht des *BGH* (BGHZ 138, 211) bei Neugläubigern anders als bei Altgläubigern, die regelmäßig bei Insolvenzverschleppung einen einheitlichen Quotenverringerungsschaden erleiden, grds. von keinem einheitlichen Quotenschaden der Neugläubiger ausgegangen werden, der einer Geltendmachung durch den Insolvenzverwalter zugänglich wäre. Vielmehr müsste für jeden einzelnen Neugläubiger ermittelt werden, um wie viel sich dessen Quote ab dem Zeitpunkt der Begründung seiner Forderung durch die weitere Insolvenzverschleppung verringert hat, was in der Insolvenzpraxis nicht darstellbar ist. Bei Einziehung seines Schadensersatzanspruches zur Masse erhielte der einzelne betroffene Gläubiger überdies i.d.R. nur eine minimale Quotenaufbesserung (*BGH* BGHZ 138, 211). Der Neugläubiger kann bereits im laufenden Insolvenzverfahren seinen Schadensersatzanspruch entsprechend § 255 BGB Zug um Zug gegen Abtretung seiner Insolvenzforderung gegen die Gesellschaft geltend machen (*BGH* BGHZ 171, 46; ZInsO 2009, 1159; ZInsO 2012, 136; MüKo-InsO/*Brandes/Gehrlein* § 92 Rn. 37; HK-InsO/*Schmidt* § 92 Rn. 42).

23 In der Lit. ist die Entscheidung des BGH zwar umstritten, der überwiegende Teil hat sich allerdings der Auffassung des BGH angeschlossen (HK-InsO/*Schmidt* § 92 Rn. 34 f.; MüKo-InsO/*Brandes/Gehrlein* § 92 Rn. 34).

24 bb) Nur wenige Stimmen in der Literatur teilen diese Ansicht nicht (K. Schmidt/*K. Schmidt* InsO, § 92 Rn. 18 m.w.N.). Zum einen wird für den Neugläubigerkreis eine Delikthaftung nach § 823 Abs. 2 BGB, § 15a InsO abgelehnt und eine Verlustausgleichspflicht der Organe aus § 64 Satz 1 GmbHG, § 130a Abs. 1 Satz 1 HGB hergeleitet. Das Zahlungsverbot des § 64 Satz 1 GmbHG sei ein allgemeines Verbot der Masseschmälerung durch die verspätete Insolvenzantragstellung, das zu einer Verlustdeckungspflicht der Organe bei Insolvenzverschleppung führe, die vom Insol-

3. Insolvenzgläubiger

Gläubiger i.S.v. § 92 Satz 1 InsO sind nach ständiger Rspr. des BGH und der h.M. sowohl Insolvenzgläubiger i.S.d. § 38 InsO und nachrangige Gläubiger i.S.d. § 39 InsO, also die persönlichen Gläubiger des Schuldners (*BGH* ZInsO 2013, 929; und h.M. vgl. HK-InsO/*Schmidt* § 92 Rn. 18; *Jaeger/Müller* InsO, § 92 Rn. 19). Es muss sich um eigene Haftungsansprüche der Gläubiger handeln. Ansprüche des Schuldners gegen Dritte fallen nicht unter § 92 InsO. Diese sind aufgrund der auf den Insolvenzverwalter übergegangen Verwaltungs- und Verfügungsbefugnis ohnehin geltend zu machen und zwar kraft eigenem Rechts für die Gläubigergesamtheit zugunsten der Insolvenzmasse (vgl. K. *Schmidt*/*K. Schmidt* InsO, § 92 Rn. 4 mit jeweiligen Beispielen). Keine Anwendung findet die Vorschrift auf Ansprüche der Gesellschafter des Insolvenzgläubigers. Dieses ist vom Schutzzweck der Vorschrift nicht umfasst. Die Vorschrift hat nicht eine materielle Umverteilung zum Ziel; sie will insbesondere nicht durch eine Mehrung der Masse den Insolvenzgläubigern Vermögenswerte zukommen lassen, die ihnen wie bei einem Schadensersatzanspruch der Gesellschafter gegen einen Dritten nicht zustehen (*BGH* ZInsO 2013, 929). 16

II. Gesamtschaden

1. Definition

Von § 92 InsO erfasst ist nur der Gesamtschaden, der die Verkürzung der Masse zulasten der Gläubigergesamtheit betrifft. Ein Gesamtschaden bezieht sich auf einen solchen Schaden, den der einzelne Gläubiger ausschließlich aufgrund seiner Gläubigerstellung und damit als Teil der Gesamtheit der Gläubiger erlitten hat (*BGH* ZInsO 2011, 1453; HambK-InsO/*Pohlmann* § 92 Rn. 14). Die Verkürzung der Masse muss also die Gesamtheit der Gläubiger treffen (MüKo-InsO/*Brandes/Gehrlein* § 92 Rn. 11). 17

Ein Quotenschaden, der Teil eines Gesamtschadens ist, kann während des Verfahrens nur von dem Insolvenzverwalter geltend gemacht werden. Wenn jedem Insolvenzgläubiger die Befugnis zugestanden würde, einen solchen Schaden geltend zu machen, entstünde die Gefahr divergierender Entscheidungen (vgl. *BGH* ZIP 2004, 1218; HK-InsO/*Schmidt* § 92 Rn. 18). 18

2. Abgrenzung Individualschaden

Dagegen handelt es sich um einen nicht von § 92 InsO erfassten Individualschaden, wenn der Gläubiger nicht als Teil der Gläubigergesamtheit, sondern individuell geschädigt wird (HambK-InsO/*Pohlmann* § 92 Rn. 17). Ein Individualschaden liegt bei der Verletzung eines Aussonderungsrechts (§ 47 InsO) vor, weil der betroffene Gegenstand nicht dem Insolvenzbeschlag unterliegt (*BGH* ZInsO 2011; 1453; MüKo-InsO/*Brandes/Gehrlein* § 92 Rn. 12; HK-InsO/*Schmidt* § 92 Rn. 23; *Jaeger/Müller* § 92 Rn. 11; K. *Schmidt*/*K. Schmidt* InsO, § 92 Rn. 5). Wird ein Absonderungsrecht (§§ 50 ff InsO) verletzt, kann neben dem Individualschaden des Absonderungsberechtigten auch ein Gesamtschaden vorliegen, wenn ein in die Insolvenzmasse fallender Übererlös sowie Kostenpauschalen (§§ 170, 171 InsO) verloren gehen (MüKo-InsO/*Brandes/Gehrlein* § 92 Rn. 12; HK-InsO/*Schmidt* § 92 Rn. 23. In einem solchen Fall wird der Gesamtschaden vom Insolvenzverwalter, der Einzelschaden von dem geschädigten Gläubiger verfolgt (vgl. HK-InsO/*Schmidt* § 92 Rn. 24). Das gilt selbst dann, wenn diese Schäden durch ein- und dasselbe Schadensereignis ausgelöst wurden (HambK-InsO/*Pohlmann* § 92 Rn. 20; HK-InsO/*Schmidt* § 92 Rn. 24). Ein Einzelschaden ist auch gegeben, sofern unpfändbare Vermögensbestandteile des Schuldners beeinträchtigt werden (*BGH* WM 2008, 1691). 19

Auch der Anspruch gem. § 61 InsO wegen Nichterfüllung von Masseverbindlichkeiten ist ein Individualschaden, der gegen den Insolvenzverwalter auch während des Verfahrens geltend gemacht werden kann (HK-InsO/*Schmidt* § 92 Rn. 19). Einen Ersatzanspruch auf Grund eines solchen Individualschadens kann der betreffende Insolvenzgläubiger unbeeinflusst vom Insolvenzverfahren selbst geltend machen (*BGH* BGHZ 159, 104; HambK-InsO/*Pohlmann* § 92 Rn. 17). 20

se, die sich in einer Verringerung der Aktiva oder in einer Vermehrung der Passiva manifestieren kann und die Quote für die Insolvenzgläubiger vermindert (*BGH* ZInsO 2011, 1453; HK-InsO/ *Schmidt* § 92 Rn. 6; *Jaeger/Müller* § 92 Rn. 4).

1. Ansprüche aus der Zeit nach Verfahrenseröffnung

11 Betroffen sind im Wesentlichen pflichtwidrige Handlungen und Unterlassungen des Insolvenzverwalters, die zu Lasten der Masse gehen wie Verschleuderung von Massevermögen, Eingehung unnötiger Masseverbindlichkeiten, Unterlassen von Anfechtungsklagen (dazu die Kommentierung zu § 60 InsO), nicht jedoch Handlungen, die einen Aussonderungs- oder Absonderungsberechtigten schädigen.

12 Ein Gesamtschadenanspruch gegen den Insolvenzverwalter kann nur von einem neu bestellten Insolvenzverwalter geltend gemacht werden, der von dem betroffenen Insolvenzverwalter auch nicht wegen Besorgnis der Befangenheit abgelehnt werden kann (*LG Wuppertal* ZVI 2005, 499). Das kann entweder ein an die Stelle des entlassenen (§ 59 InsO) Insolvenzverwalters tretender neuer Insolvenzverwalter sein oder ein Sonderinsolvenzverwalter, der neben den eigentlichen Insolvenzverwalter tritt (s. Rdn. 29; *Jauernig/Berger* § 43 Rn. 20).

13 Als weitere Haftungsschuldner kommen hier die Mitglieder des Gläubigerausschusses für Pflichtverletzungen nach §§ 71, 69 InsO in Betracht, wie auch Ansprüche aus § 839 BGB i.V.m. Art. 34 GG gegen das Insolvenzgericht, wegen fehlerhafter Auswahl des Insolvenzverwalters, mangelnde Aufsicht oder verzögerter Verfahrenseröffnung (HambK-InsO/*Pohlmann* § 92 Rn. 9).

2. Ansprüche aus der Zeit vor Verfahrenseröffnung

14 § 92 InsO gilt für alle zum Schadensersatz verpflichtenden Handlungen und Unterlassungen anderer Personen als des Schuldners, durch die nicht lediglich ein einzelner Insolvenzgläubiger, sondern die **Masse als solche geschädigt** worden ist; man spricht hier von einem »**Gesamtschaden**«. Dazu gehören Ansprüche aus Pflichtverletzungen der Geschäftsführer (auch der faktische Geschäftsführer), Vorstände oder sonstiger Dritter wie die sittenwidrige Schädigung der Gläubiger durch Vermögensverschiebungen (*BGH* NJW 2000, 1260), die Verschleuderung oder gezielte Vernichtung von Vermögenswerten in der Absicht, die Gläubiger zu schädigen (§ 826 BGB), die Entwertung der Haftung aus einer Patronatserklärung durch Ausplünderung des Patrons (*BGH* BB 2003, 1300), Vereitelung von Zwangsvollstreckungsmaßnahmen (OLG Celle ZInsO 2012, 222) und die Verletzung von Insolvenzantragspflichten, mit der Folge, dass die den Gläubigern haftende Insolvenzmasse vermindert wird. Eine Verletzung der in § 15a InsO geregelten Insolvenzantragspflichten führt zu einer Haftung nach § 823 Abs. 2 BGB (h.M. vgl. K. Schmidt/*K. Schmidt* InsO, § 92 Rn. 15 m.w.N.). Bereits die Vorgängervorschriften der § 64 Abs. 1 GmbHG und § 92 AktG waren als Schutzgesetze nach § 823 Abs. 2 BGB anerkannt (dazu *BGH* ZIP 2007, 676; KTS 1986, 293; MüKo-InsO/*Brandes/Gehrlein* § 92 Rn. 9). Zu dem geschützten Personenkreis gehören nur diejenigen Gesellschaftsgläubiger, die ihre Forderung bereits vor Insolvenzeröffnung erworben haben. Personen, die erst mit oder nach Insolvenzeröffnung Gläubiger der Gesellschaft werden, sind nicht geschützt (*BGH* BGHZ 110, 342; WM 1989, 1568; K. Schmidt/*K. Schmidt* InsO, § 92 Rn. 15). Zu ersetzen ist der sog. »Quotenschaden«, der in der durch Insolvenzverschleppung bedingten Masse- und Quotenverminderung besteht. Zur Abgrenzung Alt- und Neugläubiger s. Rdn. 21.

15 Keinen Gesamtschadensanspruch begründen Haftungsansprüche gegen die Geschäftsführer aus § 64 GmbHG. Danach sind die Geschäftsführer der Gesellschaft zum Ersatz von Zahlungen verpflichtet, die nach Eintritt der Insolvenzreife geleistet werden. Dieser Anspruch steht ausschließlich der Gesellschaft zu und wird von dem Insolvenzverwalter für die Insolvenzmasse geltend gemacht (vgl. *BGH* ZIP 2007, 1006; HambK-InsO/*Pohlmann* § 92 Rn. 8).

lich die Einziehung anderweitig begründeter Ersatzansprüche der Insolvenzgläubiger (MüKo-InsO/ *Brandes/Gehrlein* § 92 Rn. 4; *Kübler/Prütting/Bork-Lüke* InsO, § 92 Rn. 12).

II. Norminhalt

Die Wirkungen von § 92 InsO sind zweierlei: Zum einen werden Gläubiger für die Dauer des Insolvenzverfahrens daran gehindert, ihre Ansprüche selbst geltend zu machen, und verlieren ihre Einziehungs- und Prozessführungsbefugnis (Sperrwirkung; vgl. *Kübler/Prütting/Bork-Lüke* InsO § 92 Rn. 27). Zum anderen wird der Insolvenzverwalter ermächtigt, die – nach wie vor den Gläubigern zustehenden – Ansprüche kraft eigenen Rechts und im eigenen Namen einzuziehen (Ermächtigungswirkung; vgl. *Oepen* ZInsO 2002, 162). Er ist dabei auch befugt, mit dem Schädiger, insbesondere bei unklarer Sach- oder Rechtslage, einen Vergleich zu schließen, selbst um den Preis eines Teilerlasses des Schadensersatzanspruchs (*LAG Berlin* ZIP 2007, 1420). 4

Hat der Insolvenzverwalter durch eine schuldhafte Verletzung seiner Pflichten die Insolvenzmasse vermindert, so ist der daraus entstandene Schaden von einem neu bestellten Insolvenzverwalter geltend zu machen (HambK-InsO/*Pohlmann* § 92 Rn. 52). § 92 Satz 2 InsO soll den Insolvenzverwalter vor Interessenkonflikten bewahren. 5

III. Geltungsbereich

Keine Anwendung findet die Vorschrift im **Eröffnungsverfahren**, selbst dann nicht, wenn auf den vorläufigen Verwalter die Verfügungsbefugnis übergegangen ist (§ 22 Abs. 1 InsO sog. »starker vorl. Verwalter). Die Geltendmachung von Schadensersatzansprüchen ist eine Verwertungshandlung zugunsten der Insolvenzmasse. Im vorläufigen Verfahren soll die Insolvenzmasse durch den vorläufigen Verwalter gesichert und erhalten werden. Zu Verwertungshandlungen ist der vorläufige Insolvenzverwalter nur in sehr wenigen Ausnahmefällen befugt (s. Rdn. 39; HK-InsO/*Schmidt* § 92 Rn. 4). Wird das Insolvenzverfahren mangels einer die Verfahrenskosten deckenden Masse nicht eröffnet oder nach Verfahrenseröffnung aufgehoben oder eingestellt, können die Gläubiger ihre Ansprüche gegen den Schädiger wieder selbst verfolgen (HK-InsO/*Schmidt* § 92 Rn. 3). 6

Im Falle der Durchführung des Insolvenzverfahrens in **Eigenverwaltung** des Schuldners obliegt die Geltendmachung der von § 92 InsO betroffenen Schadensersatzforderungen dem Sachwalter (§ 280 InsO) bzw., wenn Anspruchsgegner der Sachwalter selbst ist, analog § 92 Satz 2 InsO einem neu oder zusätzlich zu bestellenden Sachwalter (HK-InsO/*Landfermann* § 280 Rn. 3). 7

Im **Verbraucherinsolvenzverfahren** ist § 92 InsO grds. anwendbar mit der Maßgabe, dass der Schadensersatzanspruch vom Treuhänder geltend zu machen ist (§ 304 InsO), doch erscheint der tatsächliche Anwendungsbereich von § 92 InsO im Verbraucherinsolvenzverfahren wesentlich kleiner als im Regelinsolvenzverfahren. 8

B. Tatbestandsvoraussetzungen

I. Allgemeines

Gemäß § 92 InsO können Ansprüche der Insolvenzgläubiger auf Ersatz eines Schadens, den diese Gläubiger gemeinschaftlich durch eine Verminderung des zur Insolvenzmasse gehörenden Vermögens vor oder nach Eröffnung des Insolvenzverfahrens erlitten haben (Gesamtschaden), während der Dauer des Insolvenzverfahrens nur von dem Verwalter geltend gemacht werden. 9

§ 92 InsO enthält keine Anspruchsgrundlage, sondern regelt die Berechtigung zur Einziehung einer aus einer anderen Rechtsgrundlage (MüKo-InsO/*Brandes/Gehrlein* § 92 Rn. 4; HK-InsO/*Schmidt* § 92 Rn. 6; *Jaeger/Müller* § 92 Rn. 4; HambK-InsO/*Pohlmann* § 92 Rn. 4). Die Norm erfasst nur solche Schadensersatzansprüche, die auf einer Verkürzung der Insolvenzmasse beruhen; ihr Zweck ist es, eine gleichmäßige Befriedigung der Gläubiger aus dem Vermögen des wegen Masseverkürzung haftpflichtigen Schädigers zu sichern (*BGH* ZInsO 2011, 1453; WM 2003, 1178; WM 2004, 2254). Maßgebliche Voraussetzung des Einziehungsrechts ist folglich eine Verminderung der Insolvenzmas- 10

§ 92 Gesamtschaden

¹Ansprüche der Insolvenzgläubiger auf Ersatz eines Schadens, den diese Gläubiger gemeinschaftlich durch eine Verminderung des zur Insolvenzmasse gehörenden Vermögens vor oder nach der Eröffnung des Insolvenzverfahrens erlitten haben (Gesamtschaden), können während der Dauer des Insolvenzverfahrens nur vom Insolvenzverwalter geltend gemacht werden. ²Richten sich die Ansprüche gegen den Verwalter, so können sie nur von einem neu bestellten Insolvenzverwalter geltend gemacht werden.

Übersicht

	Rdn.		Rdn.
A. Zweck und Inhalt der Vorschrift	1	3. Gesamtschaden bei Insolvenzverschleppung	21
I. Normzweck	1	a) Abgrenzung Alt- und Neugläubiger	21
II. Norminhalt	4	b) Quotenschaden und Individualschaden bei Neugläubigern	22
III. Geltungsbereich	6	4. Schädigung von Massegläubigern	26
B. Tatbestandsvoraussetzungen	9	C. Haftung des Insolvenzverwalters	28
I. Allgemeines	9	D. Rechtsfolgen	33
1. Ansprüche aus der Zeit nach Verfahrenseröffnung	11	I. Sperrwirkung	34
2. Ansprüche aus der Zeit vor Verfahrenseröffnung	14	II. Ermächtigung	36
3. Insolvenzgläubiger	16	III. Freigabe	39
II. Gesamtschaden	17	IV. Aufrechnung	40
1. Definition	17	V. Leistungen an einen einzelnen Gläubiger	42
2. Abgrenzung Individualschaden	19		

Literatur:
Altmeppen Was bleibt von den masseschmälernden Zahlungen?, ZIP 2015, 949; *Graeber/Pape* Der Sonderverwalter im Insolvenzverfahren, ZIP 2007, 991.

A. Zweck und Inhalt der Vorschrift

I. Normzweck

1 Schadensersatzansprüche, die Insolvenzgläubiger durch eine masseschmälernde Handlung erlitten haben, können nach Verfahrenseröffnung nur noch vom Insolvenzverwalter geltend gemacht werden. Einzelne Gläubiger sind nicht mehr berechtigt, ihre Ansprüche selbst gegen den Schädiger durchzusetzen. Die Vorschrift ist Ausdruck der par conditio creditorum und soll verhindern, dass sich einzelne Gläubiger durch gesonderten Zugriff Vorteile verschaffen (*Balz/Landfermann* Begr.RegE S. 308).

2 Die Befriedigungschancen der Insolvenzgläubiger werden oft durch pflichtwidrige Handlungen Dritter geschmälert, z.B. eine verspätete Stellung des gebotenen Insolvenzantrags durch die Geschäftsführer einer GmbH. Jedem Insolvenzgläubiger steht in einem solchen Fall materiellrechtlich gegen den betreffenden Dritten ein **Schadensersatzanspruch** in der Höhe zu, um die sich seine Insolvenzdividende durch das schädigende Ereignis gemindert hat (§ 249 Satz 1 BGB). Sowohl für die Insolvenzgläubiger als auch für den Dritten ist es unökonomisch, wenn jeder Geschädigte seinen (u.U. für sich allein geringfügigen) Anspruch in einer gesonderten Klage geltend macht; zudem kann dies infolge des vollstreckungsrechtlichen Prioritätsprinzips zu unbilligen Zufallsergebnissen führen, falls der zu ersetzende Schaden das pfändbare Vermögen des Schädigers übersteigt.

3 Aus dieser Überlegung heraus hat der Gesetzgeber in Anlehnung an bereits bisher bestehende Einzelregelungen (z.B. § 171 Abs. 2 HGB, §§ 62 Abs. 2 Satz 2, 93 Abs. 5 Satz 4, 309 Abs. 4 Satz 5 AktG) und den Trend in der höchstrichterlichen Rspr. zum Gesamtschadenproblem die Geltendmachung dieser Forderungen dem Insolvenzverwalter im Interesse aller Insolvenzgläubiger zugewiesen; der einzelne Insolvenzgläubiger kommt erst durch die Verteilung in den Genuss der um den Schadensersatzanspruch erhöhten Quote. Eigene Ansprüche begründet § 92 InsO nicht; er regelt ledig-

gung, noch nicht vorliegt (HambK-InsO/*Kuleisa* § 91 Rn. 30). Darüber hinaus muss der Eintragungsantrag noch vor Insolvenzeröffnung beim Grundbuchamt/Registerbehörden gestellt sein. Der Antrag kann vom Schuldner oder auch vom Erwerber gestellt werden. Zu beachten ist jedoch, dass bei einer Antragstellung durch den Schuldner der Insolvenzverwalter aufgrund seiner Massesicherungspflicht berechtigt ist, den Antrag des Schuldners wieder zurückzunehmen, so dass der Rechtserwerb an §§ 91 Abs. 2 InsO, 878 BGB scheitert, da eine wesentliche Eintragungsvoraussetzung fehlt (vgl. *BGH* ZIP 2008, 322; HK-InsO/*Kayser* § 91 Rn. 55). Fällt die rechtsgeschäftliche Willenserklärung des Schuldners bereits in die Zeit des Insolvenzverfahrens, ist § 81 Abs. 1 Satz 2 InsO i.V.m. § 892 BGB, § 16 SchiffsRG, § 16 LuftfzRG anwendbar.

Zu den von § 878 BGB geschützten Rechtsvorgängen gehören die Erklärungen nach §§ 873, 875, 880, 977, 1109 Abs. 2, 1116 Abs. 2, 1132 Abs. 2, 1154 Abs. 3, 1168 Abs. 2, 1180 Abs. 1, 1196 Abs. 2, 1260 Abs. 1 BGB, ferner die Bewilligung einer Vormerkung (*BGH* BGHZ 33, 129) und die Zustimmungen nach §§ 876, 880 Abs. 2 und § 1183 BGB sowie der entsprechenden verfahrensrechtlichen Zustimmungen. Dementsprechend wird ein rechtsgeschäftlicher Erwerb auf dem Gebiet des Liegenschaftsrechts als bei Eröffnung des Insolvenzverfahrens vollzogen behandelt, wenn zu diesem Zeitpunkt die Bindung an die – vollwirksame – dingliche Einigung (§§ 873 Abs. 2, 875 Abs. 2 BGB) eingetreten und die Antragstellung beim Grundbuchamt erfolgt war: der Rechtserwerb durch Zwangsvollstreckung wird jedoch nicht erfasst (*BGH* BGHZ 9, 250; *Viertelhausen* InVo 2000, 330). Auf die Bewilligung einer **Vormerkung** ist § 878 BGB ebenfalls anzuwenden (*BGH* BGHZ 28, 182). Die vom als Grundstückseigentümer eingetragene und bindend bewilligte und beantragte Vormerkung bleibt daher bestehen und entfaltet die Wirkung nach § 106 InsO auch, wenn sie nach Eröffnung des Insolvenzverfahrens eingetragen wird (MüKo-InsO/*Breuer* § 91 Rn. 86). Die Grundbuch/Registerämter sind bei Vorliegen dieser Voraussetzungen verpflichtet, die Eintragung vorzunehmen, selbst wenn ihnen die Eröffnung des Insolvenzverfahrens bekannt ist oder bereits ein Insolvenzvermerk eingetragen ist (HK-InsO/*Kayser* § 91 Rn. 57). **48**

Unabhängig davon, dass im Falle der Einigung und des bei Gericht vor Eröffnung des Insolvenzverfahrens eingegangenen Eintragungsantrages nach § 878 BGB § 91 Abs. 2 InsO eingreift, wenn die Eintragung des Rechts nach der Eröffnung erfolgt, ist damit dem Insolvenzverwalter nicht das Recht der Anfechtung nach §§ 129 ff. InsO genommen (*BGH* BB 1955, 236). Denn da ein Eigentumserwerb vor Eröffnung des Insolvenzverfahrens anfechtbar sein kann, muss dies erst recht gelten, wenn sich der Eigentumserwerb formal erst nach der Eröffnung des Insolvenzverfahrens vollzieht (*Uhlenbruck/Mock* InsO, § 91 Rn. 107). **49**

III. Öffentlicher Glaube des Registers

Nach Abs. 2 i.V.m. §§ 892 BGB, 16 Abs. 2 SchiffsRG, 16 Abs. 3 LuftfzRG ist auch ein gutgläubiger Erwerb nach Verfahrenseröffnung möglich, wenn der Eintragungsantrag erst dann in Unkenntnis der Verfahrenseröffnung gestellt wurde. In diesem Fall muss bereits vor Eröffnung des Verfahrens die dingliche Einigung vorliegen und die Bewilligung der Eintragung erklärt sein. Erforderlich ist weiter, dass dieser Antrag vor dem Antrag auf Eintragung des Insolvenzvermerks (§ 32 Abs. 2, 33 InsO) beim Grundbuch-/Registeramt vorliegen muss (K. Schmidt/*Sternal* InsO, § 91 Rn. 47; HK-InsO/*Kayser* § 91 Rn. 58). Der öffentliche Glaube des Grundbuchs umfasst auch das Fehlen von nicht eingetragenen Verfügungsbeschränkungen des Berechtigten über ein im Grundbuch eingetragenes Recht (*BGH* ZIP 2011, 1273). Ein Erwerber kann sich allerdings nicht auf den Schutz von § 892 BGB, § 16 SchiffsRG und § 16 LuftfzRG berufen, wenn er zur Zeit der Stellung des Eintragungsantrags oder zur Zeit der etwa erst später zu Stande gekommenen Einigung von dem bereits eröffneten, aber noch nicht im Grundbuch eingetragenen Insolvenzverfahren positive Kenntnis hat. Die Beweislast hierfür liegt beim Insolvenzverwalter (vgl. *Uhlenbruck/Mock* InsO, § 91 Rn. 89). **50**

41 Hat der Schuldner dem Berechtigten nach § 956 BGB die Fruchtziehung gestattet, so erwirbt der Berechtigte trotz § 91 InsO, wenn er die Sache vor Verfahrenseröffnung im Besitz hatte und die Erwerbsgestattung eine Masseverbindlichkeit darstellt. Andernfalls verhindert § 91 InsO den Fruchterwerb (MüKo-InsO/*Breuer* § 91 Rn. 61; K. Schmidt/*Sternal* InsO, § 91 Rn. 13.

7. Hoheitliche Maßnahmen

a) Zwangsvollstreckung

42 Nach Eröffnung des Insolvenzverfahrens scheitert die Entstehung eines Pfändungspfandrechts bereits an § 89 InsO, der Einzelzwangsvollstreckungen während des Insolvenzverfahrens untersagt. Demgegenüber ist die öffentlich-rechtliche Verstrickung davon nicht betroffen. Mit dem Zuschlagsbeschluss im Zwangsversteigerungsverfahren erwirbt der Ersteigerer originäres Eigentum (§ 90 ZVG), ebenso bei der Versteigerung von beweglichen Sachen (§§ 814 ZPO) durch den Gerichtsvollzieher (HK-InsO/*Kayser* § 91 Rn. 44).

43 Hat ein Insolvenzgläubiger vor der Eröffnung des Insolvenzverfahrens eine nach §§ 750, 751, 798 ZPO verfrühte Pfändung erwirkt, deren Fehler nicht ebenfalls noch vor der Eröffnung des Insolvenzverfahrens durch Zeitablauf oder Verzicht des Schuldners geheilt wird, steht § 91 Abs. 1 InsO der Entstehung des Pfandrechts nach der Eröffnung des Insolvenzverfahrens entgegen (*RG* RGZ 125, 286).

b) Einziehung

44 Erfolgt im Strafverfahren die Einziehung als Sicherungsmaßnahme im Interesse der Allgemeinheit, wird diese nicht von § 91 InsO erfasst (MüKo-InsO/*Breuer* § 91 Rn. 70; *Dahl* EWiR 2003, 834). Der Masse steht in einem solchen Falle allenfalls ein Ausgleichsanspruch auf eine Entschädigung nach § 74f StGB zu. Bei einer Einziehung eines massezugehörigen Gegenstandes mit Strafcharakter findet § 91 InsO Anwendung (HambK-InsO/*Kuleisa* § 91 Rn. 27). Diese gilt auch für die Anordnung eines Verfalls nach § 73 StGB (*LG Duisburg* ZIP 2003, 1361).

8. Rechtsfolgen

45 Liegen die Voraussetzungen des Abs. 1 vor, ist ein Rechtserwerb zwar absolut unwirksam, aber nicht nichtig. Es steht im Ermessen des Insolvenzverwalters, den Erwerb nachträglich (§ 185 Abs. 2 BGB) zu genehmigen (HambK-InsO/*Kuleisa* § 91 Rn. 29).

C. Gutglaubensschutz

I. Allgemeines

46 In Abs. 2 werden zur Sicherung des Rechtsverkehrs vom Gesetzgeber Ausnahmen definiert. Ein gutgläubiger Erwerb von Rechten an Immobilien (§§ 892, 893 BGB), Schiffen (§§ 16, 17 SchiffsRG) und Luftfahrzeugen (§ 5 Abs. 3, 16, 17 LuftfzRG) bleibt möglich, gegenüber § 81 InsO unter zusätzlicher Einbeziehung des § 878 BGB, wonach unabhängig vom guten Glauben ein Rechtserwerb auch dann in Betracht kommt, wenn die Eintragung in das Grundbuch erst nach der Eröffnung des Insolvenzverfahrens erfolgt, im Zeitpunkt der Verfahrenseröffnung jedoch – bei vorliegender Einigung – ein Eintragungsantrag gestellt war (dazu *Scholtz* ZIP 1999, 1693). Gutgläubiger Erwerb beweglicher Sachen unmittelbar vom Schuldner ist nicht möglich, da der gute Glaube an die Verfügungsmacht nicht geschützt ist (HK-InsO/*Kayser* § 91 Rn. 53).

II. Bindende Eintragungsbewilligung

47 Voraussetzung für einen gutgläubigen Erwerb nach Abs. 2 i.V.m. §§ 878 BGB, 3 Abs. 3 SchiffsRG, 5 Abs. 3 LuftfzRG ist, dass alle Bedingungen für den Rechtserwerb bereits vor Verfahrenseröffnung vollzogen sein müssen und nur noch die konstitutive Registereintragung fehlt. Ein Rechtserwerb scheitert, wenn auch nur eine der erforderlichen Voraussetzungen, sei es eine behördliche Genehmi-

Abs. 1 Satz 1 InsO. In Betracht kommt aber ein gutgläubiger Erwerb des Dritten gem. § 81 Abs. 1 Satz 2 BGB, wenn dieser auf das Eigentum des Verfügenden vertrauen darf und er keine Kenntnis von der Insolvenz des Berechtigten hatte und auch keinen Anlass hatte, sich mit dieser zu befassen (HK-InsO/*Kayser* § 91 Rn. 8; MüKo-InsO/*Breuer* § 91 Rn. 47). Geschützt wird in diesem Fall die Unkenntnis vor der fehlenden Verfügungsberechtigung und nicht die Unkenntnis über die Insolvenz.

Die Wirksamkeit eines Rechtsgeschäfts, das der devisenrechtlichen Genehmigung bedarf, wird nicht dadurch beeinträchtigt, dass die Devisengenehmigung erst nach Eröffnung des Insolvenzverfahrens erteilt wird (*BGH* LM KO, § 15 Nr. 2). Denn diese Genehmigung beendet einen vor Eröffnung des Insolvenzverfahrens geschaffenen Schwebezustand und ist zudem öffentlich-rechtlicher, behördlicher Art. 34

6. Erwerb kraft Gesetzes

a) Eigentumserwerb durch Verbindung, Vermischung, Verarbeitung

Der gesetzliche Eigentumserwerb eines Dritten an massezugehörigen Sachen durch **Verbindung, Vermischung oder Verarbeitung** wird von § 91 InsO nicht erfasst. Diese gesetzlichen Eigentumserwerbsgründe zerstören die haftungsrechtliche Zuweisung der Insolvenzmasse an die Gläubiger schlechthin (*Jaeger/Henckel* KO, § 15 Rn. 81). Dem Dritten steht in diesem Fall ein Aussonderungsanspruch gem. § 47 InsO zu. Die Masse erhält im Gegenzug einen Bereicherungsanspruch wegen des Verlusts des Eigentums nach § 951 BGB gegen den Erwerber. 35

Vereinbart der Verkäufer mit dem Schuldner zur Absicherung seiner Kaufpreisforderung gem. § 950 Abs. 1 Satz 1 BGB, dass er mit der Weiterverarbeitung Hersteller und damit Eigentümer wird, erwirbt der Verkäufer nur Sicherungseigentum, das lediglich zur Absonderung und nicht zur Aussonderung berechtigt (MüKo-InsO/*Breuer* § 91 Rn. 53). Die Verarbeitungsklausel erlischt mit der Eröffnung des Insolvenzverfahrens über das Vermögen des Käufers, so dass dieser nicht mehr zur Weiterverarbeitung berechtigt ist. Erfolgt trotzdem eine Verarbeitung, verhindert § 91 Abs. 1 InsO einen Eigentumserwerb des Verkäufers. Wählt der Insolvenzverwalter die Erfüllung des Vertrages, lebt die Verarbeitungsklausel wieder auf, so dass der Verkäufer Eigentum erwirbt (HK-InsO/*Kayser* § 91 Rn. 40; MüKo-InsO/*Breuer* § 91 Rn. 53). 36

b) Ersitzung

Der Eigentumserwerb durch **Ersitzung** (§ 937 BGB) oder durch Fund (§§ 973, 974 BGB) kann sich entgegen § 91 Abs. 1 InsO vollenden, selbst dann, wenn die Frist erst nach Eröffnung des Insolvenzverfahrens vollendet ist (K. Schmidt/*Sternal* InsO, § 91 Rn. 15; HK-InsO/*Kayser* § 91 Rn. 41 f.). 37

c) Fruchterwerb

Beim **Fruchterwerb** (§§ 954 ff. BGB) ist zu differenzieren: 38

Liegt ein **dingliches Fruchtziehungsrecht** (§ 954 BGB) vor, scheitert der Eigentumserwerb nicht an § 91 InsO, da dingliche Rechte grds. insolvenzfest sind, es sei denn, sie unterliegen der Anfechtung (*Uhlenbruck/Mock* InsO, § 91 Rn. 36; HambK-InsO/*Kuleisa* § 91 Rn. 25). 39

Im Falle des § 955 BGB ist nach der Eröffnung des Insolvenzverfahrens (§ 955 BGB) dahingehend zu unterscheiden, ob der Besitz an der Muttersache dem Berechtigten vom Schuldner oder einem Dritten übertragen wurde. Hat der gutgläubige Berechtigte den Besitz von einem Dritten erlangt, scheitert der Fruchterwerb nicht an § 91 InsO (MüKo-InsO/*Breuer* § 91 Rn. 59; K. Schmidt/*Sternal* InsO, § 91 Rn. 13; HambK-InsO/*Kuleisa* § 91 Rn. 25). Hat dagegen der gutgläubige Besitzer den Besitz vom Schuldner erlangt, findet § 91 InsO Anwendung (MüKo-InsO/*Breuer* § 91 Rn. 60; K. Schmidt/*Sternal* InsO, § 91 Rn. 13). 40

27 Der **Löschungsanspruch** nach § 1179a Abs. 1 Satz 1 BGB gewährt seinem Inhaber ein Befriedigungsrecht nach § 106 InsO, ohne dass im Zeitpunkt der Insolvenzeröffnung zusätzliche Voraussetzungen erfüllt sein müssen (*BGH* ZIP 2011, 188 unter ausdrückliche Aufgabe von BGHZ 166, 319; a.A. *OLG Celle* WM 2010, 1976; *Uhlenbruck/Wegener* InsO, § 106 Rn. 21). Das folgt aus der Funktion des seiner Sicherung dienenden gesetzlichen Vormerkungsschutzes nach § 1179a Abs. 1 Satz 3 BGB, durch den die Eintragung einer – ihrerseits insolvenzfesten (s.o.) – Löschungsvormerkung entbehrlich gemacht werden sollte (vgl. BT-Drucks. 8/89, S. 10).

b) Vertragspfandrechte

28 Pfandrechte an beweglichen Sachen werden durch Einigung und Übergabe begründet (§ 1205 Abs. 1 BGB). Entscheidend ist, ob der Rechtserwerb vor Eröffnung des Verfahrens vollständig erfolgte. Wird eine Rechtshandlung erst nach Verfahrenseröffnung erbracht, greift bereits § 81 Abs. 1 Satz 1 InsO ein. Wird bei einer Verpfändung einer Forderung die Verpfändung erst nach Verfahrenseröffnung angezeigt, fehlt es an einer Wirksamkeitsvoraussetzung, so dass § 91 Abs. 1 InsO eingreift (MüKo-InsO/*Breuer* § 91 Rn. 41), ebenso, wenn die Valutierung eines Vertragspfandrechtes für eine künftige Forderung erst nach Verfahrenseröffnung erfolgt (K. Schmidt/*Sternal* InsO, § 91 Rn. 18).

c) Gesetzliche Pfandrechte

29 Gesetzliche Pfandrechte unterliegen § 91 Abs. 1 InsO dann, wenn im Zeitpunkt der Verfahrenseröffnung noch nicht alle Tatbestandsvoraussetzungen erfüllt sind. Dem Vermieterpfandrecht unterliegen nur die Gegenstände, die bei Insolvenzeröffnung eingebracht waren (vgl. *BGH* BGHZ 170, 196). Dabei kann aber das gesetzliche Pfandrecht auch für künftige Mietzinsforderungen bestehen (*BGH* BGHZ 170, 196; K. Schmidt/*Sternal* InsO, § 91 Rn. 16; HambK-InsO/*Kuleisa* § 91 Rn. 14a). Führt der Insolvenzverwalter den Mietvertrag fort oder wählt Erfüllung, stellen die daraus entstehenden Forderungen Masseschulden dar, die vom Vermieterpfandrecht der bereits eingebrachten und der vom Verwalter neu eingebrachten Sachen erfasst werden. Hinsichtlich der neu eingebrachten Sachen haften diese aber nur für Masseschulden und nicht für die bereits bestehenden Insolvenzforderungen (HambK-InsO/*Kuleisa* § 91 Rn. 14a).

4. Zurückbehaltungsrechte

30 Zurückbehaltungsrechte unterfallen nur dann § 91 InsO, wenn sie ein Absonderungsrecht begründen (MüKo-InsO/*Breuer* § 91 Rn. 44) und wenn alle Entstehungsvoraussetzungen bereits bei Eröffnung des Insolvenzverfahrens erfüllt waren (*OLG Köln* ZIP 1993, 1249). Hat der Gläubiger vor Eröffnung des Insolvenzverfahrens den Besitz über die beweglichen Sachen erlangt, greift beim kaufmännischen Zurückbehaltungsrecht § 91 InsO nicht ein.

5. Genehmigung durch einen Dritten

31 Bedarf eine vor Verfahrenseröffnung vorgenommene Verfügung des Schuldners einer Genehmigung durch einen Dritten (§ 12 WEG; §§ 876, 880 Abs. 2 BGB) und wird diese erst nach Verfahrenseröffnung erteilt, ist diese Verfügung wirksam. § 91 Abs. 1 InsO hindert nicht das Wirksamwerden der Verfügung, da die Genehmigung auf den Zeitpunkt der Verfügung gem. § 184 Abs. 1 BGB zurückwirkt (HK-InsO/*Kayser* § 91 Rn. 36; K. Schmidt/*Sternal* InsO, § 91 Rn. 36).

32 Verfügt der Schuldner vor Verfahrenseröffnung als Nichtberechtigter über ein Recht scheidet § 91 InsO schon deswegen aus, da das Recht nicht zur Masse gehört. Wird dieses Recht nach Verfahrenseröffnung vom Insolvenzverwalter erworben, so wird die Verfügung gem. § 185 Abs. 2 Satz 1 2. Alt. BGB erst dann wirksam, wenn das Recht, über das verfügt wurde, in die Insolvenzmasse gelangt (MüKo-InsO/*Breuer* § 91 Rn. 46).

33 Verfügt ein nichtberechtigter Dritter über einen massezugehörigen Gegenstand und genehmigt der Schuldner die Verfügung nach Verfahrenseröffnung, scheitert der Erwerb des Dritten bereits an § 81

3. Pfandrechte

a) Grundpfandrechte

Bei der Bestellung von Grundpfandrechten (§ 873 Abs. 1 BGB) ist neben der Einigung der Beteiligten die Eintragung des Rechtes im Grundbuch erforderlich, bei verbrieften Grundpfandrechten die Aushändigung des Briefes an den Gläubiger. Erfolgt die Einigung erst nach Verfahrenseröffnung, findet § 82 Abs. 1 InsO Anwendung. Ist die Einigung bereits vor der Eröffnung des Verfahrens und nur die Eintragung danach erfolgt, findet § 91 Abs. 1 InsO Anwendung, soweit nicht die Ausnahmetatbestände in §§ 91 Abs. 2 InsO, 878, 892, 893 BGB einschlägig sind. Eine **Briefgrundschuld** erwirbt der Berechtigte durch Übergabe des Grundschuldbriefes (§ 1192 Abs. 1 BGB i.V.m. § 1117 Abs. 1 BGB). Wird ihm der Brief erst nach der Eröffnung des Insolvenzverfahrens übergeben, so kann die Grundschuld wegen § 91 Abs. 1 InsO nicht mehr entstehen (*Uhlenbruck/Mock* InsO, § 91 Rn. 47). War dagegen vor Eröffnung des Insolvenzverfahrens vereinbart, dass die Briefübergabe durch eine **Aushändigungsabrede** nach § 1117 Abs. 2 BGB ersetzt werden soll, stellt sich die Situation anders dar: Eine solche Vereinbarung führt dazu, dass der Zeitpunkt der Übergabe des Grundschuldbriefes fingiert wird (HK-InsO/*Kayser* § 91 Rn. 24). § 91 Abs. 1 InsO steht somit dem insolvenzfesten Erwerb der Briefgrundschuld auch dann nicht entgegen, wenn der Brief erst nach der Eröffnung des Insolvenzverfahrens vom Grundbuchamt ausgehändigt wird (*Jaeger/Henckel-Windel* InsO, § 91 Rn. 40; *Uhlenbruck/Mock* InsO, § 91 Rn. 47).

Ist ein Gläubiger durch eine bereits vor Verfahrenseröffnung im Grundbuch eingetragene **Vormerkung** gesichert, kann der Gläubiger Befriedigung aus der Insolvenzmasse verlangen, § 106 InsO (HK-InsO/*Kayser* § 91 Rn. 30). Dieser Anspruch ist insolvenzfest. Liegt im Zeitpunkt der Verfahrenseröffnung noch keine Bewilligung vor und wird diese erst danach bewilligt, findet § 81 Abs. 1 InsO Anwendung. Ist die Bewilligung bereits vorher erteilt, die Eintragung aber erst nach Verfahrenseröffnung erfolgt, greift § 91 Abs. 1 InsO ein. Wird eine Vormerkung für ein künftiges oder bedingtes Recht vor Verfahrenseröffnung eingetragen, so muss für den gesicherten Anspruch zum Zeitpunkt der Insolvenzeröffnung der sichere Rechtsboden bereits gelegt sein (*BGH* BGHZ 149, 1; ZIP 2006, 1141). Das ist insbesondere dann der Fall, wenn die Entstehung des Anspruchs nur noch von dem Willen des künftigen Berechtigten abhängt (*BGH* BGHZ 166, 319; vgl. auch *RG* RGZ 151, 75; BGHZ 12, 115; 149, 1; HK-InsO/*Kayser* § 91 Rn. 31). Unterschiedliche Auffassungen bestehen hinsichtlich der Frage, ob weitere Fallgruppen anzuerkennen sind (vgl. *BGH* BGHZ 134, 182). Jedenfalls ist die Vormerkungsfähigkeit eines künftigen Anspruchs zu verneinen, wenn seine Entstehung ausschließlich vom Willen des Schuldners oder davon abhängt, dass dieser ein Rechtsgeschäft überhaupt erst vornimmt (*BGH* BGHZ 134, 182; 149, 1). Ebenso wie es nicht Sinn der Vormerkung sein kann, einen künftigen Gläubiger in der Einzelzwangsvollstreckung gegen Zwangsmaßnahmen Dritter zu schützen, solange er nicht einmal gegen die Willensentscheidung des Schuldners geschützt ist (vgl. *BGH* BGHZ 134, 182 [185]; MüKo-BGB/*Wacke* § 883 Rn. 28), zielt § 106 InsO im Insolvenzfall nicht darauf ab, den mehr oder weniger aussichtsreichen tatsächlichen Erwerbsmöglichkeiten des künftigen Gläubigers Insolvenzfestigkeit zu verschaffen. In der Insolvenz des Schuldners soll diese Vorschrift – ähnlich wie § 95 Abs. 1 Satz 1 InsO für den Fall der Aufrechnung – nur den Gläubiger schützen, dessen Anspruch in seinem rechtlichen Kern aufgrund gesetzlicher Bestimmungen oder vertraglicher Vereinbarungen bereits gesichert ist (*BGH* BGHZ 166, 319).

Auch eine **Rangänderung** kann wegen § 91 Abs. 1 InsO nicht mehr eingetragen werden. Allerdings greift § 91 InsO nur ein, soweit die Masse betroffen ist. Betroffen ist die Masse bei einer Rangänderung von Grundpfandrechten nur, wenn der zurücktretende, nicht aber auch der vortretende Gläubiger zugleich Insolvenzgläubiger ist (*Uhlenbruck/Mock* InsO, § 91 Rn. 48 m.w.N.). Soweit eine Rangänderung nicht nach § 880 Abs. 2 Satz 2 BGB der Zustimmung des Eigentümers bedarf, ist sie auch nach Eröffnung des Insolvenzverfahrens ohne Zustimmung des Insolvenzverwalters möglich.

2. Übertragung von künftigen Rechten

21 Künftige Rechte können übertragen werden, wenn diese genügend bestimmt oder bestimmbar sind (*BGH* BGHZ 7, 365). Dabei ist das der Übertragung zugrundeliegende Rechtsgeschäft bereits vor Insolvenzeröffnung begründet worden. Trotzdem scheitert ein Erwerb durch einen Dritten an § 91 InsO, wenn das Recht erst nach Verfahrenseröffnung entsteht (MüKo-InsO/*Breuer* § 91 Rn. 26). Betroffen hiervon sind Globalzessionen, verlängerte Eigentumsvorbehalte und Abtretungen von Saldoforderungen aus dem Kontokorrentverhältnis.

22 Im Falle der Abtretung einer künftigen Forderung ist die Verfügung selbst bereits mit Abschluss des Abtretungsvertrages beendet. Der Rechtsübergang erfolgt jedoch erst mit dem Entstehen der Forderung (*BGH* BGHZ 32, 367 [369]; 88, 205; 167, 363; ZIP 1997, 513 [514]). Entsteht die im Voraus abgetretene Forderung nach Eröffnung des Insolvenzverfahrens, kann der Gläubiger gem. § 91 Abs. 1 InsO kein Forderungsrecht und kein Absonderungsrecht zu Lasten der Masse mehr erwerben (*BGH* BGHZ 135, 140 zu § 15 KO; BGHZ 162, 187; BGHZ 167, 363; BGHZ 181, 361; *BGH* ZIP 2003, 808; ZIP 2010, 335; NZI 2010, 682; MüKo-InsO/*Ganter* vor §§ 49 bis 52 Rn. 23; Uhlenbruck/*Mock* InsO, § 91 Rn. 15). Nur wenn der Zessionar bereits vor der Eröffnung des Insolvenzverfahrens eine gesicherte Rechtsposition hinsichtlich der abgetretenen Forderung erlangt hat, ist die Abtretung insolvenzfest (*BGH* ZIP 2012, 2214; ZIP 2012, 638; NZI 2010, 682). Gesichert ist eine Rechtsposition dann, wenn der Zedent und der Pfändungsschuldner sie ohne Zustimmung des Zessionars oder des Pfändungspfandgläubigers nicht mehr zerstören können. Der Abtretungsempfänger des Anspruchs auf Rückgewähr einer Sicherungsgrundschuld ist deshalb in seiner Rechtsposition gegenüber dem Schuldner erst dann gesichert, wenn der abgetretene Anspruch durch Wegfall des Sicherungszwecks entstanden war, als das Erwerbsverbot des § 91 Abs. 1 InsO eingreifen konnte. Auf eine gesicherte Durchsetzbarkeit des Rückgewähranspruchs gegen den Sicherungsnehmer und Rückgewährschuldner kommt es nicht an (*BGH* ZInsO 2012, 28). Dieses gilt auch bei einer Zweitabtretung (*BGH* ZIP 2012, 2214) und bei der Pfändung einer künftigen Forderung (*BGH* ZIP 2012, 638). Hat der Insolvenzverwalter gem. § 35 Abs. 2 Satz 1 InsO Freigabe der selbständigen Tätigkeit des Schuldners erklärt, erlangt die Vorausabtretung künftiger, nach Verfahrenseröffnung entstehender Forderungen infolge Konvaleszenz ihre Wirksamkeit zurück, wenn diese Forderungen aus einer durch den Insolvenzverwalter freigegebenen selbständigen Tätigkeit des Schuldners herrühren (*BGH* NZI 2013, 641).

23 Nach der Rechtsprechung des BGH zu § 15 KO (*BGH* BGHZ 70, 86) stellte bei einer Vorausabtretung von kontokorrentgebundenen Forderungen und des kausalen Schlusssaldos dieser lediglich die Zusammenfassung von Einzelforderungen dar, so dass für § 91 InsO kein Raum war. In seiner Entscheidung vom 25.06.2009 gab der *BGH* (ZIP 2009, 1529) diese zu § 15 KO geltende Rechtsprechung, nach welcher der kausale Saldoanspruch aus dem mit der Konkurseröffnung beendeten Kontokorrent gegenüber dem Erwerbsverbot des § 15 KO konkursfest sein sollte, für den Anwendungsbereich des § 91 InsO auf. Die vorbezeichnete Auslegung von § 15 KO stehe nicht in Einklang mit der jüngeren Rechtsprechung, welche das Erwerbsverbot des § 91 InsO nur dann zurücktreten lässt, wenn der Dritte bereits vor der Insolvenzeröffnung eine gesicherte Rechtsposition hinsichtlich der ihm abgetretenen oder verpfändeten Forderung erlangt hat (*BGH* BGHZ 167, 363; ZIP 2009, 380). Die Kontokorrentabrede erlischt nach den §§ 115, 116 InsO mit der Eröffnung des Insolvenzverfahrens. Gleichzeitig wirkt jedoch bereits die Beschränkung des § 91 InsO, nach welcher an den bisher kontokorrentgebundenen Einzelforderungen und dem kausalen Schlusssaldo Rechte nicht wirksam erworben werden können. Der masseschützende Zweck des § 91 InsO setzt das Wort »nach« des Gesetzestextes in Beziehung zu dem gesamten Verfahren, welches mit dem Eröffnungsbeschluss beginnt. Es wäre deshalb zweckwidrig, wenn aus diesem Zeitraum der Zeitpunkt des Beginns als juristische Sekunde ausgeschlossen bliebe (*BGH* ZIP 2009, 1529; HambK-InsO/*Kuleisa* § 91 Rn. 13; K. Schmidt/*Sternal* InsO, § 91 Rn. 32; jetzt auch HK-InsO/*Kayser* § 91 Rn. 21; anders MüKo-InsO/*Breuer* § 91 Rn. 29).

erwerb des Eigentums an einer Sache, bei der das Vorbehaltseigentum zwischenzeitlich an einen Dritten weiterübertragen worden ist, steht § 91 InsO nicht entgegen, wenn die Beteiligten bereits vor Eröffnung des Insolvenzverfahrens alle für die Rückübertragung des Eigentums erforderlichen Erklärungen schuldrechtlicher und dinglicher Natur abgegeben haben (*OLG Brandenburg* WM 2007, 1421).

Für die Abgrenzung zwischen künftigen und bedingten Ansprüchen kommt es darauf an, ob die Forderung aus dem Vermögen des Schuldners bereits ausgeschieden war (vgl. *BGH* NJW 1955, 544). Entscheidend ist daher, ob der Schuldner den Vermögensgegenstand unter der aufschiebenden Bedingung bereits aus seinem Vermögen gegeben hat, ohne dass für ihn die Möglichkeit besteht, diesen aufgrund alleiniger Entscheidung wieder zurückzuerlangen (*BGH* BGHZ 155, 87; HK-InsO/*Kayser* § 91 Rn. 9). 16

Wurde ein Recht unter einer **auflösenden Bedingung** vor Verfahrenseröffnung übertragen, fällt dieses bei Bedingungseintritt nach Verfahrenseröffnung in die Insolvenzmasse zurück (HK-InsO/*Kayser* § 91 Rn. 8). 17

Wurde die **Bedingung für den Insolvenzfall** vereinbart, schließt § 91 InsO einen wirksamen Erwerb zu Lasten der Masse aus – in dem Fall verbleibt der Massegegenstand in der Masse –, es sei denn, die Vereinbarung lehnt sich eng an eine gesetzliche Regelung an, so dass insofern keine Bedenken nach § 119 InsO gegen ihre Wirksamkeit bestehen (vgl. *BGH* ZIP 2007, 383; MüKo-InsO/*Breuer* § 91 Rn. 21). 18

b) Übertragung von betagten Rechten

Werden **betagte Rechte** vor der Insolvenzeröffnung abgetreten, die zu diesem Zeitpunkt noch nicht fällig waren, fallen diese nicht unter § 91 InsO, da der Rechtsgrund für die Forderung bereits vor Insolvenzeröffnung entstanden ist und diese lediglich nach Insolvenzeröffnung fällig werden (HK-InsO/*Kayser* § 91 Rn. 12). Regelmäßig betrifft dieses Steuererstattungsansprüche. **Leasingraten** sind nach *BGH* (JZ 1990, 868) während der Grundmietzeit regelmäßig als betagte Forderungen anzusehen, sodass im Falle ihrer Vorausabtretung auch ein Erwerb nach Eröffnung des Insolvenzverfahrens möglich ist; dies gilt jedoch nicht für Vorausverfügung über den Erlös der Leasingsache in Ausübung der Kaufoption. Demgegenüber stellen **Mietforderungen unbeweglicher Gegenstände** insolvenzrechtlich befristete Forderungen dar, welche erst mit Erreichen des Nutzungszeitraums, für den die Mietrate geschuldet wird, entstehen. Insofern beschränkt § 110 Abs. 1 InsO nicht die Wirksamkeit von Vorausverfügungen über Mietzinsforderungen, sondern verdrängt in seinem Anwendungsbereich § 91 InsO (*BGH* ZInsO 2013, 1081; ZIP 2010, 38; BGHZ 170, 196; K. Schmidt/*Sternal* InsO, § 91 Rn. 30; HK-InsO/*Kayser* § 91 Rn. 15). 19

Bei der Vorausabtretung von Lohn- und Gehaltsansprüchen ist zu differenzieren. Für alle Verfahren, die vor dem 01.07.2014 beantragt wurden, sind die bis dahin geltenden Vorschriften weiter anzuwenden. Für die sog. Altverfahren findet § 91 InsO wegen § 114 Abs. 1 InsO keine Anwendung (*BGH* ZIP 2010, 38 m.w.N.; *OLG Koblenz* ZInsO 2012, 1992; *BGH* ZInsO 2013, 254 auch für Dienstverhältnisse, die erst nach Insolvenzeröffnung eingegangen wurden). Für Verfahren, die nach dem 01.07.2014 beantragt werden, findet § 114 InsO keine Anwendung mehr, da diese Vorschrift mit dem Gesetz zur Verkürzung des Restschuldbefreiungsverfahrens und zur Stärkung der Gläubigerrechte vom 15.07.2013, das am 01.07.2014 in Kraft tritt, aufgehoben wurde. Neben der Verkürzung der Restschuldbefreiungsphase wurde seitens des Gesetzgebers auch ein Wertungswiderspruch zu § 91 Abs. 1 InsO und § 89 Abs. 1 und 2 InsO behoben, der darin gesehen werden konnte, dass die Pfändung der Bezüge für die letzten drei Monate vor Insolvenzeröffnung der Anfechtung wegen inkongruenter Deckung unterliegt (*BGH* ZIP 2008, 1488 [1489]; ZVI 2008, 433 [434]), während sie durch § 114 Abs. 3 InsO für den Monat nach der Insolvenzeröffnung wirksam sein soll (Begr. RegE BT-Drucks. 467/12, S. 33). In diesen Fällen ist § 91 InsO uneingeschränkt anwendbar. 20

III. Maßgeblicher Zeitpunkt

13 Betroffen ist nur der Rechtserwerb **nach der Eröffnung** des Insolvenzverfahrens (*BGH* ZIP 2009, 1529). Für den Zeitpunkt des Rechtserwerbs kommt es darauf an, wann das Recht entsteht, wann also der Rechtserwerb vollendet wird (*Uhlenbruck/Mock* InsO, § 91 Rn. 7). Dieser Zeitpunkt bestimmt sich nach materiellem Recht (*K. Schmidt/Sternal* InsO, § 91 Rn. 8). Erforderlich ist dafür, dass der gesamte Erwerbstatbestand noch vor der Eröffnung des Insolvenzverfahrens vollendet war (*BGH* ZIP 2007, 191). Besteht der Erwerbstatbestand aus mehreren Akten, muss auch der letzte Erwerbsakt vor der Eröffnung des Insolvenzverfahrens abgeschlossen sein (*BGH* ZIP 2006, 1254; *Uhlenbruck/Mock* InsO, § 91 Rn. 7). So sind etwa die Abtretung und die Verpfändung von Forderungen auf Vergütung gegen die kassenärztliche Vereinigung unwirksam, soweit sie sich auf Ansprüche erstrecken, die auf nach Eröffnung des Insolvenzverfahrens erbrachten ärztlichen Leistungen beruhen (*BGH* ZIP 2006, 1254). § 91 InsO greift auch ein, wenn die Entstehung eines Anspruchs von rechtsgeschäftlichen Erklärungen der Beteiligten abhängt, die bei Eröffnung des Insolvenzverfahrens noch nicht abgegeben waren (*BGH* DB 2009, 389). Ist allerdings eine Vormerkung bindend bewilligt worden und ihre Eintragung vor dem Zeitpunkt der Eröffnung des Insolvenzverfahrens beantragt worden, so behält sie auch dann Wirkung, wenn sie erst danach eingetragen wird (*BGH* ZIP 2005, 627).

14 Dagegen findet § 91 InsO keine Anwendung im Insolvenzeröffnungsverfahren bei Anordnung von Sicherungsmaßnahmen gem. § 21 Abs. 2 Satz 1 Nr. 2 und Nr. 3 InsO (*BGH* ZIP 2012, 1256; ZIP 2007, 191; **a.A.** *Nerlich/Römermann-Wittkowski/Kruth* InsO, § 91 Rn. 31). Die Insolvenzordnung enthält keine Regelung, welche einen sonstigen, nicht auf Verfügungen des Schuldners oder Vollstreckungsmaßnahmen für einen Gläubiger beruhenden Rechtserwerb im Eröffnungsverfahren ausschließt. Eine erweiternde Auslegung der §§ 24 Abs. 1, 91 InsO scheidet schon angesichts des eindeutigen Wortlauts dieser Vorschriften aus. Da eine planwidrige Regelungslücke nicht vorliegt, kommt auch eine Analogie nicht in Betracht. Der Gesetzgeber hat vielmehr in Kenntnis der Problematik in § 24 InsO von einer Verweisung auf § 91 InsO abgesehen (*BGH* ZIP 2007, 191; vgl. auch BGHZ 135, 140 [147]; *K. Schmidt/Sternal* InsO, § 91 Rn. 9; *Eickmann* FS Uhlenbruck, S. 149, 151; *Blank* EWiR 2003, 771).

IV. Erwerbstatbestände

1. Rechtsgeschäftlicher Erwerb

a) Bedingte Übertragung von Rechten

15 Bei **bedingtem Rechtserwerb** gehört der Eintritt der – **aufschiebenden** – Bedingung an sich auch zu den Erfordernissen des Rechtserwerbs; Bedingungseintritt nach Eröffnung des Insolvenzverfahrens hindert den Rechtserwerb dennoch nicht (*BGH* NJW 1955, 544). Bedingt begründete Rechte werden im Insolvenzfall als bereits bestehend behandelt (*BGH* BGHZ 155, 87 [92]). Dies gilt selbst dann, wenn die Bedingung erst nach Insolvenzeröffnung eintritt (*BGH* BGHZ 70, 75 [77]). Insolvenzfest ist nicht nur die uneingeschränkte Übertragung eines bedingten Rechts, sondern auch die unter einer Bedingung erfolgte Übertragung eines unbedingten Rechts (*BGH* BGHZ 155, 87). Entscheidend ist, ob das Recht aus dem Vermögen des Schuldners bereits zum Zeitpunkt der Insolvenzeröffnung ausgeschieden war, so dass für ihn keine Möglichkeit mehr bestand, es auf Grund alleiniger Entscheidung wieder zurück zu erlangen (*BGH* ZIP 2008, 885; vgl. auch BGHZ 135, 140; 155, 87; 170, 196; WM 2006, 144 [145]; HK-InsO/*Kayser* § 91 Rn. 8; *Uhlenbruck/Mock* InsO, § 91 Rn. 52). Dies ergibt sich bereits aus § 161 Abs. 1 Satz 2 BGB. Danach ist eine Zwischenverfügung eines Insolvenzverwalters über ein aufschiebend bedingtes Recht unwirksam. Der damit bezweckte Schutz des Erwerbers würde ansonsten vereitelt werden, wenn die Verfügung anschließend nach § 91 InsO ausgeschlossen wäre (MüKo-InsO/*Breuer* § 81 Rn. 19; HK-InsO/*Kayser* § 91 Rn. 8). Der Vorbehaltskäufer kann daher uneingeschränkt über das Anwartschaftsrecht verfügen, der erst nach Eröffnung des Insolvenzverfahrens liegende Bedingungseintritt durch Zahlung des Restkaufpreises steht dem nicht entgegen; dies ergibt sich unmittelbar aus § 107 Abs. 1 InsO. Dem Rück-

Maßnahmen zur Sicherung oder Erhaltung von **Aussonderungs- und Absonderungsrechten** sind von § 91 InsO nicht betroffen (*Smid* InsO, § 91 Rn. 10); wenn ein Hypothekengläubiger die Miet- und Pachtzinsforderungen in Beschlag nimmt, auf die sich seine Hypothek erstreckt (§ 1123 BGB), so erwirbt er ohne Rücksicht auf § 91 InsO ein Pfändungspfandrecht. 3

§ 91 InsO gilt auch im Verbraucherinsolvenzverfahren, nicht hingegen bei der Durchführung des Insolvenzverfahrens in Eigenverwaltung des Schuldners gem. §§ 270 ff. InsO. Eine analoge Anwendung der Vorschrift im Eröffnungsverfahren scheidet angesichts ihres klaren Wortlautes aus (*BGH* BB 2007, 403; dazu *Gundlach/Frenzel* EWiR 2007, 185; HK-InsO/*Kayser* § 91 Rn. 6; MüKo-InsO/*Breuer* § 91 Rn. 10; *Blank* EWiR 2003, 771). 4

B. Der Rechtserwerb

I. Erwerb von Rechten

§ 91 Abs. 1 InsO will lediglich den Rechtserwerb unterbinden. Dabei umfasst der Rechtserwerb den rechtsgeschäftlichen, den gesetzlichen und den Erwerb kraft Hoheitsakt, soweit diese nicht bereits unter § 81 InsO fallen. 5

Auf der anderen Seite können u.U. auch Rechte an Massegegenständen erworben werden, so etwa seitens der gem. §§ 89 und 90 InsO nicht an einer Zwangsvollstreckung gehinderten Massegläubiger (*RG* RGZ 61, 261). 6

Neben der Begründung von neuen Rechten an Vermögensgegenständen des Schuldners kommt auch die Erweiterung bereits bestehender Rechte zu Lasten der Masse in Betracht, wobei sich die Unwirksamkeitsfolge dann auf die Rechtserweiterung beschränkt (*Kübler/Prütting/Bork-Lüke* InsO, § 91 Rn. 7; MüKo-InsO/*Breuer* § 91 Rn. 14). Da die Übertragung eines bereits bestehenden Rechts die Rechtsstellung der Insolvenzgläubiger regelmäßig nicht beeinträchtigt, fällt die Zession grds. nicht unter § 91 Abs. 1 InsO (*BGH* ZIP 2002, 407; MüKo-InsO/*Breuer* § 91 Rn. 16). 7

Dem Erwerb einer Forderung gegen die Masse steht § 91 InsO nicht entgegen, da hierdurch kein Recht an zur Masse gehörigen Gegenständen geschaffen wird (MüKo-InsO/*Breuer* § 91 Rn. 17; *Uhlenbruck/Mock* InsO, § 91 Rn. 12). Als masseschmälernd behandelt die Rspr. auch den Verlust der Nichtvalutierungseinrede durch Abtretung einer Grundschuld an einen bis dahin ungesicherten Gläubiger (*BGH* ZIP 2008, 703). 8

Bei einem bloßen Gläubigerwechsel, wenn lediglich eine Forderung abgetreten wird, ohne dass der Masse weitere Rechte entzogen werden, findet § 91 InsO keine Anwendung (*BGH* ZIP 2002, 407 zu § 15 KO; *K. Schmidt/Sternal* InsO, § 91 Rn. 4). 9

Im Übrigen schließt § 91 InsO einen Rechtserwerb kraft Gesetzes nur in den Fällen aus, in denen der Rechtserwerb auf eine Handlung des Schuldners zurückgeht. Verfügungen des Insolvenzverwalters werden davon nicht erfasst. Diese sind nach § 80 Abs. 1 InsO wirksam (MüKo-InsO/*Breuer* § 91 Rn. 4; *K. Schmidt/Sternal* InsO, § 91 Rn. 4). 10

II. Gegenstände der Insolvenzmasse

Betroffen ist ferner nur der Erwerb von Rechten an Massegegenständen nach Insolvenzeröffnung (*BGH* ZIP 2008, 703). Rechte i.S.v. § 91 InsO können neben dem Vollrecht des Eigentums (*BGH* KTS 1965, 169) an zur Masse gehörenden Sachen und der Inhaberschaft einer Forderung alle beschränkt dinglichen Rechte sein wie Pfandrecht, Grundpfandrecht, Nießbrauch, Reallast (vgl. MüKo-InsO/*Breuer* § 91 Rn. 13; *Uhlenbruck* InsO, § 91 Rn. 8). Mit erfasst wird neben dem bei Verfahrenseröffnung vorhandenen Vermögen auch der Neuerwerb des Schuldners, soweit er pfändbar ist (§ 36 InsO). 11

Das insolvenzfreie Vermögen des Schuldners (§ 36 Abs. 1 InsO) wird von ihr ebenso wenig betroffen wie Maßnahmen, die ausschließlich der Erhaltung bereits bestehender Rechte dienen (*BGH* ZIP 2008, 703; *Kübler/Prütting/Bork-Lüke* InsO, § 91 Rn. 7; MüKo-InsO/*Breuer* § 91 Rn. 14f). 12

§ 91 Ausschluss sonstigen Rechtserwerbs

(1) Rechte an den Gegenständen der Insolvenzmasse können nach der Eröffnung des Insolvenzverfahrens nicht wirksam erworben werden, auch wenn keine Verfügung des Schuldners und keine Zwangsvollstreckung für einen Insolvenzgläubiger zugrunde liegt.

(2) Unberührt bleiben die §§ 878, 892, 893 des Bürgerlichen Gesetzbuchs, § 3 Abs. 3, §§ 16, 17 des Gesetzes über Rechte an eingetragenen Schiffen und Schiffsbauwerken, § 5 Abs. 3, §§ 16, 17 des Gesetzes über Rechte an Luftfahrzeugen und § 20 Abs. 3 der Schifffahrtsrechtlichen Verteilungsordnung.

Übersicht

	Rdn.		Rdn.
A. **Inhalt und Zweck der Vorschrift**	1	4. Zurückbehaltungsrechte	30
B. **Der Rechtserwerb**	5	5. Genehmigung durch einen Dritten	31
I. Erwerb von Rechten	5	6. Erwerb kraft Gesetzes	35
II. Gegenstände der Insolvenzmasse	11	a) Eigentumserwerb durch Verbindung, Vermischung, Verarbeitung	35
III. Maßgeblicher Zeitpunkt	13	b) Ersitzung	37
IV. Erwerbstatbestände	15	c) Fruchterwerb	38
1. Rechtsgeschäftlicher Erwerb	15	7. Hoheitliche Maßnahmen	42
a) Bedingte Übertragung von Rechten	15	a) Zwangsvollstreckung	42
b) Übertragung von betagten Rechten	19	b) Einziehung	44
2. Übertragung von künftigen Rechten	21	8. Rechtsfolgen	45
3. Pfandrechte	24	C. **Gutglaubensschutz**	46
a) Grundpfandrechte	24	I. Allgemeines	46
b) Vertragspfandrechte	28	II. Bindende Eintragungsbewilligung	47
c) Gesetzliche Pfandrechte	29	III. Öffentlicher Glaube des Registers	50

Literatur:
Eickmann Die Verfügungsbeschränkungen des § 21 Abs. 2 Nr. 2 InsO und der Immobiliarrechtsverkehr, FS für Uhlenbruck, S. 149; *Hinkel/Laskos* Das eingeschränkt unwiderrufliche Bezugsrecht in der Insolvenz des Arbeitgebers – Kollidiert die BGH-Rechtsprechung mit § 91 InsO?, ZInsO 2006, 1253; *Rein* Der Löschungsanspruch eines nachrangigen Grundschuldgläubigers in der Insolvenz des Grundstückseigentümers, NJW 2006, 3470.

A. Inhalt und Zweck der Vorschrift

1 § 91 InsO, der im Zusammenhang mit § 81 InsO zu sehen ist, versucht, die **Lücken zu schließen**, die das Verfügungsverbot nach § 81 InsO und das Vollstreckungsverbot nach § 89 InsO offen lassen. In Betracht kommen etwa Vorausverfügungen des Schuldners oder in letzter Minute »erschlichene« Sonderrechte von Gläubigern. Hat der Schuldner z.B. einem Gläubiger vor Verfahrenseröffnung eine künftige Forderung zur Sicherung abgetreten und entsteht die Forderung nach der Verfahrenseröffnung für die Masse, so erwirbt der Gläubiger nach § 91 Abs. 1 InsO kein Absonderungsrecht (*BGH* ZInsO 2006, 708).

2 Es gibt jedoch Ausnahmen: Die Wirkungen von Verfügungen des Insolvenzverwalters (§ 80 Abs. 1 InsO) und von Zwangsvollstreckungsmaßnahmen zu Gunsten von Massegläubigern (§ 89 Abs. 1, § 90 InsO) bleiben unberührt. Ebenso bleibt die Übertragung von Rechten möglich, die Dritte vor Verfahrenseröffnung an Gegenständen erworben haben, die nach der Verfahrenseröffnung zur Insolvenzmasse gehören. Da die Übertragung eines bestehenden Rechts die Rechtsstellung der Insolvenzgläubiger regelmäßig nicht beeinträchtigt, fällt so auch die Zession grds. nicht unter § 91 Abs. 1 InsO (*BGH* ZInsO 2008, 317). So wird der Inhaber einer Grundschuld durch die Eröffnung des Insolvenzverfahrens über das Vermögen des Grundstückseigentümers nicht daran gehindert, die Grundschuld auf einen Dritten zu übertragen. Wichtig für den Rechtsverkehr ist auch, dass solche Rechte unberührt bleiben, die nach den Vorschriften über den Immobilienerwerb (§§ 873, 892, 893 BGB) bindend entstanden sind.

stimmt sich nach dem Tag, der nach seiner Zahl dem Tag der Eröffnung des Insolvenzverfahrens entspricht (§ 188 Abs. 2 BGB). Ist das Insolvenzverfahren beispielsweise am 26. Juli eröffnet worden, so endet die Vollstreckungssperrfrist mit dem Ablauf des 26. Januar des darauf folgenden Jahres; vom 27. Januar an können Massegläubiger in die Insolvenzmasse vollstrecken.

Fehlt in dem betreffenden Monat ein solcher Tag, z.B. der 30. des Monats Februar in dem Falle, dass das Insolvenzverfahren an einem 30. August eröffnet worden war, oder der 31. des Monats September in dem Falle, dass das Insolvenzverfahren an einem 31. März eröffnet worden war, so endet das Vollstreckungsverbot von § 90 InsO mit dem Ablauf des letzten Tages des betreffenden Monats (§ 188 Abs. 3 BGB; *Uhlenbruck/Mock* InsO, § 90 Rn. 13), in den genannten Beispielsfällen also mit dem Ablauf des 28. Februar (in Schaltjahren des 29. Februar) oder dem Ablauf des 30. September. 16

Fällt das so berechnete Fristende auf einen Sonnabend, auf einen Sonntag oder auf einen allgemeinen Feiertag, so endet das Vollstreckungsverbot nach § 222 Abs. 2 ZPO mit dem Ablauf des nächstfolgenden Werktages (HK-InsO/*Kayser* § 90 Rn. 12). 17

Ob eine Vollstreckungsmaßnahme noch innerhalb der Sechs-Monate-Sperrfrist liegt oder bereits außerhalb, bestimmt sich nicht nach dem Zeitpunkt des Antrages auf Vornahme der Vollstreckungshandlung, sondern nach dem Zeitpunkt des tatsächlichen Zugriffes auf den Vollstreckungsgegenstand (*Jaeger/Eckardt* InsO, § 90 Rn. 13). Wird also eine von einem Massegläubiger beantragte Zwangshypothek auf einem zur Insolvenzmasse gehörigen Grundstück erst nach Ablauf der sechsmonatigen Vollstreckungssperrfrist im Grundbuch eingetragen, so ist es unschädlich, dass der Massegläubiger den Antrag an das Grundbuchamt schon vor Ablauf der Sperrfrist gestellt hatte. 18

Die rechtlichen Wirkungen des Vollstreckungsverbotes entsprechen denen des § 89 InsO (s. schon § 89 Rdn. 51). Danach sind die verbotswidrig vorgenommenen Vollstreckungen und Arreste nicht nichtig, sondern bestehen bis zu deren Aufhebung fort, denn § 90 InsO hindert nicht die öffentlich-rechtliche Verstrickung. Ein Pfändungspfandrecht entsteht nicht. Erlangt der vollstreckende Gläubiger dennoch den Erlös, kann der Insolvenzverwalter den Erlös nach §§ 812 ff. BGB zur Masse ziehen (HK-InsO/*Kayser* § 90 Rn. 14). 19

D. Rechtsschutz

Gegen vorzeitige Vollstreckungsmaßnahmen wegen Masseforderungen kann der Insolvenzverwalter nach § 766 ZPO Erinnerung einlegen (*Uhlenbruck/Mock* InsO, § 90 Rn. 26 m.w.N.). Für die Entscheidung darüber ist in entsprechender Anwendung von § 89 Abs. 3 InsO das Insolvenzgericht zuständig (*BGH* ZIP 2006, 1999; *Jaeger/Eckardt* InsO, § 90 Rn. 17; MüKo-InsO/*Breuer* § 90 Rn. 25). 20

E. Vollstreckungen gegen den Schuldner

Auch während des Insolvenzverfahrens können Massegläubiger in das insolvenzfreie Vermögen des Schuldners vollstrecken, wenn es sich um solche Verbindlichkeiten handelt, die schon vor Insolvenzeröffnung begründet waren. Praktisch hat dieses kaum mehr Relevanz, da auch der Neuerwerb des Schuldners mit in das Verfahren einbezogen wurde und von einer Vollstreckung somit nur noch unpfändbare oder seitens des Insolvenzverwalters freigegebene Vermögensgegenstände betroffen sein können, die i.d.R. keinen Wert mehr darstellen (vgl. *Uhlenbruck/Mock* InsO, § 90 Rn. 22). Befindet sich der Schuldner in der Wohlverhaltensperiode, kann ein solcher Gläubiger auf Zahlung von solchen Masseverbindlichkeiten klagen und vollstrecken (*BGH* ZInsO 2007, 994; HambK-InsO/*Kuleisa* § 90 Rn. 12), anders als ein Insolvenzgläubiger, für den die Vollstreckungsverbote der §§ 89, 294 InsO auch weiter gelten. 21

Nach Aufhebung des Insolvenzverfahrens haftet der Schuldner für solche Masseverbindlichkeiten, die vom vorläufigen oder endgültigen Insolvenzverwalter begründet und nicht erfüllt wurden, beschränkt auf die Masse, die der Insolvenzverwalter an ihn herausgegeben hat, für oktroyierte Masseverbindlichkeiten unbeschränkt (HambK-InsO/*Kuleisa* § 90 Rn. 13). 22

keiten dadurch ausgelöst werden, dass der Insolvenzverwalter – auch zwecks Vermeidung von Haftungsansprüchen – häufig vorbringen wird, die konkrete Kündigungsmöglichkeit sei ihm unbekannt gewesen.

c) Inanspruchnahme der Gegenleistung

12 Masseverbindlichkeiten aus einem Dauerschuldverhältnis unterliegen nach Abs. 2 Nr. 3 auch dann nicht dem Vollstreckungsverbot, wenn der Insolvenzverwalter die Gegenleistung für die Insolvenzmasse in Anspruch nimmt. Wesentliche Anwendungsfälle in der Praxis sind Arbeitsverhältnisse und Mietverträge. Aus Nr. 2 ergibt sich z.B., dass die Lohnforderungen eines Arbeitnehmers, dem der Insolvenzverwalter zum arbeitsrechtlich frühest möglichen Termin gekündigt hat, für die Zeit bis zum Ablauf der Kündigungsfrist als oktroyierte Masseverbindlichkeiten anzusehen sind (*Uhlenbruck/Mock* InsO, § 90 Rn. 20); die Zwangsvollstreckung wegen dieser Forderungen ist innerhalb der Sechsmonatsfrist mithin nicht zulässig. Beschäftigt der Insolvenzverwalter diese nach Insolvenzeröffnung im Rahmen der Betriebsfortführung oder für Abwicklungsarbeiten trotz Kündigung fort, greift Abs. 2 Nr. 3 ein. Die daraus entstehenden Lohnforderungen sind gewillkürte Masseschulden, die vom Verwalter zu bezahlen sind, andernfalls können die Arbeitnehmer die Lohnzahlungsansprüche einklagen und in die Masse vollstrecken, ohne dass der Vollstreckungsschutz des Abs. 1 greift. Stellt er die gekündigten Arbeitnehmer jedoch nach Ausspruch der Kündigung von der Arbeit frei, unterliegen die Lohn- und Gehaltsansprüche in diesem Fall als oktroyierte Masseschuld dem Vollstreckungsverbot nach Abs. 1.

C. Vollstreckungsverbot

I. Betroffene Vollstreckungsmaßnahmen

13 Der Begriff der Zwangsvollstreckung entspricht im Wesentlichen dem der §§ 88 und 89 InsO und ist ebenso umfassend (s. § 88 Rdn. 12). Unzulässig ist auch die Fortsetzung einer bereits begonnenen Zwangsvollstreckung wie auch Maßnahmen der Verwaltungsvollstreckung (für weite Auslegung auch *Kübler/Prütting/Bork-Lüke* InsO, § 90 Rn. 13). Betroffen sind die Pfändung beweglicher Sachen, von Forderungen und anderen Vermögensrechten sowie Vollstreckungsmaßnahmen in das unbewegliche Vermögen. Des Weiteren gehören Arrestbefehle und Arrestanordnungen hierzu, obwohl sie nicht unter den Begriff Zwangsvollstreckung fallen (vgl. *Jauernig/Berger* Zwangsvollstreckungs- und Insolvenzrecht § 47 Rn. 4; *Uhlenbruck/Mock* InsO, § 90 Rn. 10). Die Zwangsvollstreckung findet erst statt, wenn das Handeln der Vollstreckungsorgane Außenwirkung entfaltet, bei einer Forderungspfändung etwa mit Zustellung des Pfändungs- und Überweisungsbeschlusses an den Drittschuldner (§ 829 Abs. 3 ZPO); der Erlass eines Pfändungs- und Überweisungsbeschlusses und der Zustellungsauftrag an den Gerichtsvollzieher sind darum bereits vor Ablauf der Sechsmonatsfrist zulässig. Zu den maßgeblichen Zeitpunkten s. § 88 Rdn. 29. Das Vollstreckungsverbot gem. § 90 InsO ist von Amts wegen zu beachten (HK-InsO/*Kayser* § 90 Rn. 11).

II. Die Sechs-Monate-Sperrfrist

14 Das Vollstreckungsverbot gilt für die Dauer von sechs Monaten beginnend mit der Insolvenzeröffnung. Entscheidend ist der im Insolvenzeröffnungsbeschluss angegebene Zeitpunkt (§ 27 Abs. 2 Nr. 3 InsO), fehlt dieser gilt das Verfahren mit der Mittagsstunde als eröffnet (§ 27 Abs. 3 InsO). Auf die Zustellung oder Veröffentlichung oder Rechtskraft kommt es nicht an (MüKo-InsO/*Breuer* § 90 Rn. 15).

15 Für die Berechnung der Sechs-Monate-Sperrfrist gelten gem. § 4 InsO die allgemeinen Bestimmungen zur Fristberechnung in der Zivilprozessordnung, also § 222 ZPO i.V.m. §§ 187–193 BGB (dazu *Jaeger/Eckardt* InsO, § 90 Rn. 13; MüKo-InsO/*Breuer* § 90 Rn. 14). Da nach § 188 Abs. 1 BGB der Tag der Eröffnung des Insolvenzverfahrens bei der Bestimmung des Fristenlaufs nicht mit eingerechnet wird, beginnt die Vollstreckungssperrfrist am Tag nach der Eröffnung des Insolvenzverfahrens zu laufen (MüKo-InsO/*Breuer* § 90 Rn. 15). Das Ende der Vollstreckungssperrfrist be-

a) Vertragserfüllung

Wählt der Insolvenzverwalter bei einem gegenseitigen Vertrag die Vertragserfüllung, entsteht mit der 9
Wahlentscheidung des Insolvenzverwalters eine nach Abs. 1 sofort vollstreckbare gewillkürte Masseschuld, obwohl der Rechtsgrund aus dem Schuldverhältnis selbst in die Zeit vor der Verfahrenseröffnung fällt. § 90 Abs. 2 Nr. 1 InsO hat insofern nur eine klarstellende Funktion (vgl. MüKo-InsO/*Breuer* § 90 Rn. 6). Zum Umfang der Masseverbindlichkeiten nach Abs. 2 Satz 1 s.a. *Bornemann* § 55 Rn. 24 f.).

b) Dauerschuldverhältnisse

Nr. 2 und 3 betreffen **Dauerschuldverhältnisse**; darunter fallen außer den in § 108 InsO ausdrück- 10
lich als solche bezeichneten Miet- und Pachtverhältnissen über unbewegliche Gegenstände oder Räume sowie Dienstverhältnissen des Schuldners alle Schuldverhältnisse, die über einen gewissen Zeitraum hinweg bestehen und dauernde oder fortlaufend neu entstehende Leistungen durch Schutzpflichten begründen (MüKo-InsO/*Breuer* § 90 Rn. 18), also auch auf Dauer angelegte Liefer- oder Wartungsverträge. Hätte der Gesetzgeber den Begriff Dauerschuldverhältnisse in § 90 Abs. 2 InsO auf die in § 108 InsO genannten Dauerschuldverhältnisse einschränken wollen, so hätte es nach herkömmlicher Gesetzgebungspraxis nahe gelegen, in einem Klammerzusatz auf § 108 InsO zu verweisen. Diese Dauerschuldverhältnisse werden nicht durch die Insolvenzeröffnung beendet. Daraus resultierende Verbindlichkeiten sind für die Zeit nach Verfahrenseröffnung Masseschulden, die grds. aus der Masse zu befriedigen sind, unterliegen aber als oktroyierte Masseschulden zunächst dem Vollstreckungsverbot nach Abs. 1, jedoch mit der Maßgabe, dass der Verwalter, um das Vollstreckungsverbot nutzen zu können, auf den ersten nach Gesetz oder Vertrag möglichen Termin kündigen muss. Erfolgt seitens des Verwalters keine Kündigung, wird dieses nach Abs. 2 Nr. 2 einer Erfüllungswahl gleichgestellt (HK-InsO/*Kayser* § 90 Rn. 8). Die daraus entstehenden Masseverbindlichkeiten werden als gewillkürte behandelt, so dass der Vollstreckungsschutz mit der Folge entfällt, dass eine Vollstreckung ohne Einschränkung in die Masse zulässig ist.

Um in den Genuss des Vollstreckungsverbotes zu kommen, ist es erforderlich, dass der Verwalter auf 11
den ersten nach Vertrag oder Gesetz möglichen Termin kündigt, der sich in folgender Reihenfolge:
1. zwingende gesetzliche Regelung,
2. vertragliche Regelung,
3. abdingbare gesetzliche Regelung

bestimmt. Möglich ist dabei der Fall, dass der Insolvenzverwalter den ersten Termin versäumt, weil er diesen nach einer abdingbaren gesetzlichen Regelung berechnet hatte, in Wirklichkeit aber eine vertragliche Regelung eine Kündigung zu einem früheren Zeitpunkt zugelassen hätte. Das Wort »konnte« in Abs. 2 Nr. 2 lässt offen, ob es auf das objektive oder das subjektive Können des Insolvenzverwalters ankommt. Da § 90 InsO der ordnungsmäßigen Abwicklung des Insolvenzverfahrens zu dienen bestimmt ist, kann sich der verspätet Gekündigte nur dann auf eine frühere Kündigungsmöglichkeit berufen, wenn dem Insolvenzverwalter im konkreten Fall nach seinem Wissensstand die Kündigung möglich war, wenn er also die Kündigungsmöglichkeit entweder kannte oder infolge von Fahrlässigkeit nicht kannte (§ 122 Abs. 2 BGB analog), wobei der Fahrlässigkeitsmaßstab von § 60 Abs. 1 Satz 2 InsO (dazu die dortige Kommentierung) hierfür entsprechend herangezogen werden kann (subjektive Betrachtungsweise, vgl. MüKo-InsO/*Breuer* § 90 Rn. 19; HK-InsO/*Kayser* § 90 Rn. 8; *Kübler/Prütting/Bork-Lüke* InsO, § 90 Rn. 8). Dasselbe gilt, wenn eine außerordentliche Kündigung möglich gewesen wäre, der Insolvenzverwalter von den maßgebenden Tatsachen aber keine Kenntnis hatte; bei Arbeitsverhältnissen kann dieser Fall wegen § 626 Abs. 2 BGB allerdings nur dann relevant werden, wenn das Insolvenzverfahren über das Vermögen des ursprünglich kündigungsberechtigten Schuldners ausnahmsweise gerade während der zweiwöchigen Überlegungsfrist eröffnet worden war. Allerdings lassen sich auch Gründe für die Meinung anführen, dass stets die gesetzliche Kündigungsfrist maßgeblich ist: Der Rechtsausschuss des Bundestages hatte den Vorschlag des RegE insbesondere mit dem Ziel der Entlastung der Justiz abgelehnt. Kommt es aber auf den Wissensstand des Insolvenzverwalters an, so können durchaus Rechtsstreitig-

§ 90 InsO Vollstreckungsverbot bei Masseverbindlichkeiten

I. Oktroyierte Masseverbindlichkeiten

4 Die von der Vollstreckungssperre erfassten Masseverbindlichkeiten betreffen im Wesentlichen solche auf die der Verwalter zunächst selbst keinen Einfluss hat wie fortbestehende Dauerschuldverhältnisse, Ansprüche wegen Lohn- und Gehalt von Mitarbeitern, die von ihm nach erfolgter Kündigung nicht weiterbeschäftigt werden, aus gegenseitigen Verträgen, deren Erfüllung für die Zeit nach Insolvenzeröffnung erfolgen muss (§ 55 Abs. 1 Nr. 2 InsO) oder aus einer ungerechtfertigten Bereicherung (§ 55 Abs. 1 Nr. 3 InsO), wenn diese nicht aus einer Handlung des Insolvenzverwalters resultiert (MüKo-InsO/*Breuer* § 90 Rn. 8; *Uhlenbruck/Mock* InsO, § 90 Rn. 3).

II. Nicht oktroyierte Masseverbindlichkeiten

1. Gewillkürte Masseverbindlichkeiten

5 Nach Abs. 1 ist die Vollstreckung wegen solcher Masseverbindlichkeiten sofort möglich, die durch eine **Rechtshandlung des Insolvenzverwalters begründet** worden sind (zum Umfang dieser Verbindlichkeiten s. die Kommentierung zu § 55 Abs. 1 Nr. 1 InsO). Dazu gehören alle Rechtshandlungen des Verwalters, die er im Rahmen seiner Verwaltung und Verwertung vornimmt, wie Begründung neuer Vertragsverhältnisse, Prozessführung etc.

6 Keine Aussage enthält das Gesetz zu Masseverbindlichkeiten, die nach § 55 Abs. 2 InsO von einem vorläufigen Insolvenzverwalter begründet worden sind, z.B. durch Fortführung eines Unternehmens während des Eröffnungsverfahrens (regelmäßig besteht Personenidentität). Dagegen wird geltend gemacht, dass der Wortlaut des § 90 Abs. 1 InsO ausdrücklich nur vom »Insolvenzverwalter« spreche (vgl. HambK-InsO/*Kuleisa* § 90 Rn. 4), der vorläufige Insolvenzverwalter jedoch gerade noch kein Insolvenzverwalter sei. Doch trifft der in der Begründung zum Regierungsentwurf betonte Vertrauensschutzgedanke zu Gunsten der Vertragspartner des Insolvenzverwalters auch für die vom vorläufigen Insolvenzverwalter begründeten Forderungen zu (*Uhlenbruck/Mock* InsO, § 90 Rn. 25 m.w.N.); die wohl herrschende Meinung verneint darum für die durch Rechtshandlungen eines vorläufigen Insolvenzverwalters begründeten Forderungen die – sechsmonatige – Vollstreckungssperre (z.B. *Kübler/Prütting/Bork-Lüke* InsO, § 90 Rn. 10).

7 Gerade der Gesetzgeber der Insolvenzordnung hat die unter Geltung der Konkursordnung noch bestehende scharfe Trennung zwischen Sequestrationsverfahren und dem Konkurs- bzw. (jetzt) Insolvenzverfahren gezielt aufgeweicht. Bei Anordnung eines allgemeinen Verfügungsverbots an den Schuldner und Bestellung eines (sog. »starken«) vorläufigen Insolvenzverwalters unterscheidet sich die Situation für Gläubiger, Schuldner und Verwalter im Eröffnungsverfahren faktisch kaum noch von der Situation nach Eröffnung des Insolvenzverfahrens. Zudem wird die Geschäftstätigkeit des vorläufigen Insolvenzverwalters, der das Unternehmen fortführt und damit Masseverbindlichkeiten begründet, nach Eröffnung des Insolvenzverfahrens nahtlos fortgesetzt, und es hängt meist nur von Zufälligkeiten ab, welche Verpflichtungen vor und welche nach Ergehen des gerichtlichen Eröffnungsbeschlusses eingegangen waren. Zudem vertrauen die Gläubiger, die mit dem vorläufigen Verwalter kontrahieren auch darauf, dass ihre Verbindlichkeiten erfüllt werden. Die Vollstreckung in die Masse kann aber in diesem Fall nicht weitergehen als im eröffneten Insolvenzverfahren, gerade im Hinblick auf die oktroyierten Masseverbindlichkeiten (s. Rdn. 4). Für diese Masseverbindlichkeiten sieht die Insolvenzordnung eben nur den in § 90 eingeschränkten Vertrauensschutz vor. Insofern kann nichts anderes gelten als im eröffneten Verfahren (so auch *Uhlenbruck/Mock* InsO, § 90 Rn. 25; MüKo-InsO/*Breuer* § 90 Rn. 11; *Kübler/Prütting/Bork-Lüke* InsO, § 90 Rn. 10).

2. Masseverbindlichkeiten nach Abs. 2

8 Abs. 2 nennt speziell **drei Gruppen** von Masseverbindlichkeiten, die an sich bereits nach dem Wortlaut von Abs. 1 nicht oktroyierte Masseverbindlichkeiten sind (lediglich für Abs. 2 Nr. 2 ist das fraglich); er dient der Klarstellung.

§ 90 Vollstreckungsverbot bei Masseverbindlichkeiten

(1) Zwangsvollstreckungen wegen Masseverbindlichkeiten, die nicht durch eine Rechtshandlung des Insolvenzverwalters begründet worden sind, sind für die Dauer von sechs Monaten seit der Eröffnung des Insolvenzverfahrens unzulässig.

(2) Nicht als derartige Masseverbindlichkeiten gelten die Verbindlichkeiten:
1. aus einem gegenseitigen Vertrag, dessen Erfüllung der Verwalter gewählt hat;
2. aus einem Dauerschuldverhältnis für die Zeit nach dem ersten Termin, zu dem der Verwalter kündigen konnte;
3. aus einem Dauerschuldverhältnis, soweit der Verwalter für die Insolvenzmasse die Gegenleistung in Anspruch nimmt.

Übersicht

	Rdn.		Rdn.
A. Zweck und Inhalt der Vorschrift	1	b) Dauerschuldverhältnisse	10
B. Erfasste Masseverbindlichkeiten	3	c) Inanspruchnahme der Gegenleistung	12
I. Oktroyierte Masseverbindlichkeiten	4	C. Vollstreckungsverbot	13
II. Nicht oktroyierte Masseverbindlichkeiten	5	I. Betroffene Vollstreckungsmaßnahmen	13
1. Gewillkürte Masseverbindlichkeiten	5	II. Die Sechs-Monate-Sperrfrist	14
2. Masseverbindlichkeiten nach Abs. 2	8	D. Rechtsschutz	20
a) Vertragserfüllung	9	E. Vollstreckungen gegen den Schuldner	21

A. Zweck und Inhalt der Vorschrift

Zwar sind Masseverbindlichkeiten gem. § 53 InsO aus der Insolvenzmasse vorweg zu entrichten, doch gibt es **zwei Fallgruppen**, in denen auch bei Masseverbindlichkeiten ein Bedürfnis für einen Vollstreckungsschutz auftritt: 1

a) Der Insolvenzverwalter muss insbesondere in der Anfangsphase des Insolvenzverfahrens davor geschützt werden, dass die Masse durch Vollstreckungsmaßnahmen solcher Massegläubiger auseinander gerissen wird, deren Forderungen ohne Zutun des Insolvenzverwalters entstanden sind (sog. oktroyierte Masseverbindlichkeiten); dem dient § 90 InsO (*Balz/Landfermann* Begr.RegE S. 305; HK-InsO/*Kayser* § 90 Rn. 1).

b) Bei drohender oder bereits eingetretener Masseunzulänglichkeit muss verhindert werden können, dass Einzelne der betroffenen Massegläubiger durch Einzelzwangsvollstreckungsmaßnahmen die Verteilung der Masse nach der in § 209 InsO bestimmten Rangordnung gefährden; diese Problematik regelt § 210 InsO (s. dazu die dortige Kommentierung).

Die Regelung von § 90 InsO besteht darin, bestimmte Masseforderungen, die **dem Handeln des Insolvenzverwalters zuzurechnen** sind (»nicht oktroyierte« Masseforderungen im Sprachgebrauch der Begründung zu § 101 RegE) von solchen abzugrenzen, die nicht seinem Zutun zugerechnet werden sollen (»oktroyierte« Masseforderungen). Wegen nicht oktroyierter Masseforderungen ist die Zwangsvollstreckung zulässig, doch kommt Vollstreckungsschutz nach den allgemeinen Vorschriften (z.B. §§ 765a ZPO, 258 AO, 30c ZVG) auch hier in Betracht. Keine Anwendung findet § 90 auf die Verfahrenskosten (Massekosten nach § 54 InsO; MüKo-InsO/*Breuer* § 90 Rn. 13). 2

B. Erfasste Masseverbindlichkeiten

§ 90 Abs. 1 InsO ordnet ein zeitlich befristetes Vollstreckungsverbot für solche Masseverbindlichkeiten an, die nicht durch eine Rechtshandlung des Insolvenzverwalters begründet worden sind (»oktroyierte oder aufgezwungene«). Demgegenüber ist die Zwangsvollstreckung wegen solcher Masseverbindlichkeiten zulässig, die durch ein Handeln des Insolvenzverwalters begründet worden sind (»nicht oktroyierte oder gewillkürte«), doch kommt auch hier Vollstreckungsschutz nach den allgemeinen Vorschriften (z.B. §§ 765a ZPO, 258 AO, 30c ZVG) in Betracht. 3

58 Im Restschuldbefreiungsverfahren findet nach überwiegender Auffassung § 89 Abs. 3 InsO keine Anwendung (*LG Saarbrücken* ZInsO 2012, 1136; *LG Köln* NZI 2003, 669; s.a. *Ahrens* § 294 Rdn. 50 m.w.N.; MüKo-InsO/*Breuer* § 89 Rn. 41; für eine analoge Anwendung *AG Göttingen* NZI 2006, 714; HambK-InsO/*Kuleisa* § 89 Rn. 22). Nach Aufhebung oder Einstellung des Insolvenzverfahrens können Einwendungen nicht mehr beim Insolvenzgericht erhoben werden; § 89 Abs. 3 InsO gilt dann nicht mehr (*LG Hamburg* ZInsO 2009, 1707; *LG Saarbrücken* ZInsO 2012, 1136); zuständig ist von da an das Vollstreckungsgericht oder im Falle der Verwaltungsvollstreckung die Behörde.

59 Ebenfalls keine Anwendung findet § 89 Abs. 3 InsO auf Zwangsvollstreckungsmaßnahmen im Insolvenzeröffnungsverfahren, die abweichend von einem Vollstreckungsverbot angeordnet wurden (MüKo-InsO/*Breuer* § 89 Rn. 41; **a.A.** noch FK-InsO/*App* 7. Aufl. § 89 Rn. 25; HambK-InsO/*Kuleisa* § 89 Rn. 22). Insofern bleibt das Vollstreckungsgericht zuständig.

60 Nicht ausdrücklich geregelt hat der Gesetzgeber das Verhältnis von Abs. 3 zu den für die Verwaltungsvollstreckung geltenden Zuständigkeitsbestimmungen in §§ 72, 73 VwGO und § 367 Abs. 1 AO (zu Rechtsbehelfen in der Verwaltungsvollstreckung s. *App/Wettlaufer* Verwaltungsvollstreckungsrecht, §§ 40, 41). Aus der Tatsache, dass es der Gesetzgeber für geboten hielt, wegen der besonderen Entscheidungsrelevanz insolvenzspezifischer Fragen die Prüfungszuständigkeit auch bei Vollstreckungsmaßnahmen im Zwangsvollstreckungsverfahren vom bisher dafür zuständigen Vollstreckungsgericht (§ 764 ZPO) auf das Insolvenzgericht zu übertragen, lässt sich jedoch schließen, dass auch bei Maßnahmen in der Verwaltungsvollstreckung primär die insolvenzspezifischen Fragen die gerichtliche Kontrollbefugnis bestimmen und darum auch dafür die Erinnerung gegeben sein soll (*App* Insolvenzrecht Rn. 275; MüKo-InsO/*Breuer* § 89 Rn. 38; *Kübler/Prütting/Bork-Lüke* InsO, § 89 Rn. 36; **a.A.** *Vogelsang* in Handbuch zur Insolvenz, Fach 2 Kap. 12 Rn. 121–123). Das schließt nicht aus, dass gegen Maßnahmen in der Verwaltungsvollstreckung Widerspruch bzw. Einspruch eingelegt wird, falls nicht ein Verstoß gegen § 89 InsO gerügt, sondern z.B. ein Ermessensfehler bei einer nach § 89 InsO ausnahmsweise zulässigen Vollstreckung beanstandet wird. In bestimmten Fällen kann es sogar geboten sein, zweigleisig vorzugehen, etwa wenn sich nicht eindeutig sagen lässt, ob die Forderung des Gläubigers als Insolvenzforderung oder als Masseforderung zu qualifizieren ist.

2. Einstweilige Anordnung (Abs. 3 Satz 2)

61 Abs. 3 Satz 2 ist § 732 Abs. 2 ZPO nachgebildet worden; zum Inhalt möglicher einstweiliger Anordnungen siehe die Kommentierungen dieser Vorschrift. Eines Antrags bedarf es nicht. Angebracht sind einstweilige Anordnungen nur, wenn die Erinnerung nicht aussichtslos ist (MüKo-Inso/*Breuer* § 89 Rn. 69). Die einstweilige Anordnung darf die Entscheidung in der Hauptsache nicht vorwegnehmen; es ist darum nicht zulässig, die bereits erfolgten Zwangsvollstreckungsmaßnahmen auf diesem Wege aufzuheben (*OLG Hamburg* MDR 1958, 44). Mit der Entscheidung über die Erinnerung wird die einstweilige Anordnung gegenstandslos.

3. Frist und Rechtsmittel

62 Eine Frist ist für die Erinnerung nicht vorgesehen. Wird ihr nicht stattgegeben, so ist sofortige Beschwerde nach § 793 Abs. 1 ZPO möglich. Dabei richtet sich der Rechtsmittelzug nach den allgemeinen vollstreckungsrechtlichen Vorschriften, wenn das Insolvenzgericht kraft der besonderen Zuweisung des § 89 Abs. 3 Satz 1 InsO funktional als Vollstreckungsgericht entscheidet, §§ 567 Abs. 1, 793 ZPO (*BGH* ZIP 2006, 340; 2004, 1379; zum Erinnerungsverfahren *App* NZI 1999, 140 m.w.N.). Eine weitere Beschwerde gegen die Entscheidung des Beschwerdegerichts ist gem. § 574 Abs. 1 Nr. 2 ZPO nur dann zulässig, wenn sie das Beschwerdegericht zugelassen hat (*BGH* ZIP 2006, 340; 2004, 732; 2004, 441).

II. Zeitlicher Umfang

Das Vollstreckungsverbot besteht für die Dauer des Insolvenzverfahrens, also vom Erlass des Eröffnungsbeschlusses bis zur Aufhebung (§ 200 InsO) oder Einstellung (§§ 207, 211, 212 InsO) des Verfahrens (*Uhlenbruck/Mock* InsO, § 89 Rn. 38). Verfrüht vorgenommene Zwangsvollstreckungsakte sind den Insolvenzgläubigern gegenüber nur wirksam, wenn die Voraussetzungen ihres Wirksamwerdens vor der Eröffnung des Insolvenzverfahrens vorlagen (§§ 750, 751, 794 Nr. 5, 798 ZPO; *RG* RGZ 125, 288). Hat die Zwangsvollstreckung vor Eröffnung des Insolvenzverfahrens oder, falls ein allgemeines Veräußerungsverbot vorhergegangen ist, vor dem Wirksamwerden dieses Verbots bereits zu einer dinglichen Sicherung des Gläubigers geführt und entfällt diese auch nicht infolge der Rückschlagsperre gem. § 88 InsO, so findet, weil der Gläubiger absonderungsberechtigt ist, § 89 InsO insoweit keine Anwendung (dazu *LG Osnabrück* DGVZ 1954, 60; *Viertelhausen* InVo 2000, 330). 53

III. Rechtsbehelfe

Gegen unzulässig vollzogene Vollstreckungen steht dem Insolvenzverwalter die **Erinnerung** nach § 766 ZPO zu, bei Streit über die Massezugehörigkeit des Vollstreckungsobjekts dem materiell Berechtigten auch die Drittwiderspruchsklage nach § 771 ZPO (*Häsemeyer* InsR, Rn. 10.39). Den einzelnen Insolvenzgläubigern steht die Erinnerungsbefugnis nicht zu. Im Falle der Eigenverwaltung ist der Insolvenzschuldner selbst erinnerungsbefugt (MüKo-InsO/*Breuer* § 89 Rn. 39), ebenso bei Vollstreckungsmaßnahmen von Insolvenzgläubigern in insolvenzfreies Vermögen des Schuldners (*LG Kiel* DZWIR 2007, 173 m. Anm. *Buhlert*), nach Meinung von *AG Göttingen* ZVI 2007, 573 auch bei Vollstreckungsmaßnahmen von Nachinsolvenzgläubigern (»Neugläubigern«). 54

1. Zuständigkeit

Ausschließlich zuständig für die Erinnerung ist das Insolvenzgericht (Abs. 3 Satz 1; funktionelle Zuständigkeit des Richters nicht des Rechtspflegers (§ 20 Nr. 17 Satz 2 RPflG), so (*BGH* ZInsO 2004, 391; MüKo-InsO/*Breuer* § 89 Rn. 38; HK-InsO/*Kayser* § 89 Rn. 35; für Zuständigkeit des Rechtspflegers *AG Göttingen* NZI 2000, 493; *AG Hamburg* NZI 2006, 646; und noch FK-InsO/*App* 7. Aufl. § 89 Rn. 25). 55

Die Zuständigkeit des Insolvenzgerichts ist nicht nur dann begründet, wenn nach einer tatsächlich durchgeführten Zwangsvollstreckung mit einem Rechtsbehelf Verstöße gegen § 89 Abs. 1 und 2 InsO gerügt werden (MüKo-InsO/*Breuer* § 89 Rn. 38; Nerlich/Römermann-*Wittkowski* InsO, § 89 Rn. 30; *App* NZI 1999, 138 [140]), sondern auch, wenn die Vollstreckungsorgane unter Berufung auf § 89 Abs. 1 und 2 InsO den Erlass der beantragten Vollstreckungsmaßnahme ablehnen (*BGH* ZIP 2007, 2330; DZWIR 2008, 282 m. Anm. *App*; dort auch Vorschlag einer deutlicheren Gesetzesformulierung). 56

Nicht geregelt hat der Gesetzgeber den Fall, dass daneben andere zwangsvollstreckungsspezifische Rügen erhoben werden (z.B. zwecklose Pfändung i.S.v. § 803 Abs. 2 ZPO oder Überpfändung i.S.v. § 803 Abs. 1 Satz 2 ZPO). Falls das Insolvenzgericht, sofern es nicht ohnehin zugleich die Kompetenzen des Vollstreckungsgerichts wahrnimmt, einen Verstoß gegen Abs. 1 und 2 verneint, muss es die weitere Prüfung des Falles an das Vollstreckungsgericht abgeben, da anderenfalls Art. 101 Abs. 1 Satz 2 GG tangiert wäre. Zuständigkeiten des Insolvenzgerichts bedürfen einer eindeutigen gesetzlichen Grundlage; Sachnähe allein begründet keine Zuständigkeit (*AG Duisburg* NZI 2000, 385). Der Annahme einer Annexkompetenz des Insolvenzgerichts steht der eindeutige Wortlaut von Abs. 3 Satz 1 entgegen (so im Ergebnis auch Kübler/Prütting/Bork-*Lüke* InsO, § 89 Rn. 34; a.A. *Hintzen* ZInsO 1998, 174, *AG Göttingen* ZVI 2007, 573 und wohl auch *LG Kiel* DZWIR 2007, 173). § 89 Abs. 3 InsO begründet keine Zuständigkeit des Insolvenzgerichts für eine Vollstreckungsgegenklage (*OLG Düsseldorf* NZI 2002, 388); die Zuständigkeit des Insolvenzgerichts ist nur für die Entscheidungen über die Rechtsbehelfe von § 766 ZPO begründet worden (*OLG Jena* ZInsO 2002, 134). 57

befreiung von diesen Verbindlichkeiten nicht frei wird (§ 302 Nr. 2 InsO i.V.m. § 39 Abs. 1 Nr. 3 InsO). Hinsichtlich der Nutzungsentschädigung wegen Obdachlosigkeit verfängt dieses Argument hingegen nicht.

48 Nicht zu den privilegierten Gläubigern gehören Gläubiger von Schadensersatzforderungen nach § 844 Abs. 2 BGB aus fahrlässig begangener unerlaubter Handlung; diese Unterhaltsersatzansprüche stehen auch nicht den in § 89 Abs. 2 Satz 2 InsO erwähnten Unterhaltsansprüchen gleich (*BGH* ZInsO 2007, 1226; ZVI 2006, 346; dazu *BGH* EWiR 2006, 725 m. Anm. *App*).

D. Folgen und Beseitigung unzulässiger Zwangsvollstreckungsmaßnahmen

I. Rechtsfolgen

49 Das Vollstreckungsverbot gem. § 89 Abs. 1 und 2 InsO ist **von Amts wegen** zu beachten (*Uhlenbruck/Mock* InsO, § 89 Rn. 44; *LG Oldenburg* ZIP 1981, 1011; *Schwörer* DGVZ 2008, 19). Bereits beantragte Zwangsvollstreckungsmaßnahmen sind abzulehnen, eine bereits begonnene Vollstreckung ist von Amts wegen zu beenden (HambK-InsO/*Kuleisa* § 89 Rn. 13). Ein zur Abgabe der eidesstattlichen Versicherung erlassener Haftbefehl (§ 807 ZPO) ist aufzuheben (*AG Frankfurt* ZInsO 2013, 396). Bestehen Zweifel über eine mögliche Insolvenzeröffnung, hinsichtlich des Antragstellers in seiner Eigenschaft als Insolvenzgläubiger oder die Massezugehörigkeit, hat der Gerichtsvollzieher oder das Vollstreckungsgericht dieses mit dem Insolvenzgericht zu klären (*Uhlenbruck/Mock* InsO, § 89 Rn. 44). Auf die Kenntnis des Gläubigers und des Vollstreckungsorgans von der Eröffnung des Insolvenzverfahrens kommt es nicht an, auch nicht bei Vollstreckungsmaßnahmen in Gegenstände des unbeweglichen Vermögens, da § 892 BGB nur den guten Glauben des rechtsgeschäftlichen Erwerbers schützt (MüKo-InsO/*Breuer* § 89 Rn. 34; HK-InsO/*Kayser* § 89 Rn. 31).

50 Der Antrag auf Eintragung einer Zwangs- oder Arresthypothek ist vom Grundbuchamt, falls ihm die Eröffnung des Insolvenzverfahrens bekannt ist, namentlich infolge des Insolvenzvermerks, abzulehnen. Die trotzdem erfolgte Eintragung macht das Grundbuch unrichtig. Der Insolvenzverwalter und der Schuldner können den Grundbuchberichtigungsanspruch (§ 894 BGB) geltend machen und im Beschwerdeweg die Eintragung eines Widerspruchs herbeiführen (§ 71 Abs. 2 Satz 2 GBO; *KG Berlin* ZIP 2010, 2467; *Nerlich/Römermann-Wittkowski* InsO, § 89 Rn. 26 und 30). Der Grundbuchrechtspfleger kann von Amts wegen (§ 53 GBO) einen Widerspruch eintragen, nicht aber die unrichtige Eintragung löschen, weil die Eintragung nicht ihrem Inhalt nach unzulässig ist (§ 53 Abs. 1 Satz 2 GBO).

51 Verbotswidrig vorgenommene Vollstreckungen und Arreste sind materiell-rechtlich unwirksam, und zwar unheilbar, doch hindert § 89 InsO nicht die öffentlich-rechtliche Beschlagswirkung (Verstrickung; *Schwörer* DGVZ 2008, 20). Es kann also eine strafrechtlich nach § 136 StGB geschützte Verstrickung entstehen. Dementsprechend wird – wenn die Vollstreckungsmaßregel nicht aufgehoben ist – auch eine auf Grund des Beschlags durchgeführte Versteigerung (oder anderweitige Zwangsverwertung) durch die Eröffnung des Insolvenzverfahrens nicht berührt (*OLG Celle* DGVZ 1962, 124; *Nerlich/Römermann-Wittkowski* InsO, § 89 Rn. 22). Die öffentliche Versteigerung kann nach h.M, wenn die Verstrickung eingetreten war, trotz § 91 InsO zum Rechtserwerb führen (HambK-InsO/*Kuleisa* § 89 Rn. 13). Alsdann kann jedoch u.U. der Insolvenzverwalter den Erlös nach §§ 812 ff. BGB zur Masse ziehen, denn ein Pfändungspfandrecht war nicht entstanden (*Uhlenbruck/Mock* InsO, § 89 Rn. 43).

52 Für einen Antrag auf Vollstreckungsaufschub wegen Abgabenrückstände (§ 258 AO) hat der Schuldner kein Rechtsschutzbedürfnis mehr, da die Behörde ohnehin nicht mehr vollstrecken kann. War bei Eröffnung des Insolvenzverfahrens ein Rechtsstreit vor dem Finanzgericht über einen begehrten Vollstreckungsaufschub anhängig, so wird die Klage mit der Eröffnung des Insolvenzverfahrens unzulässig (*FG Leipzig* EFG 2007, 1308).

tersagt (*BGH* ZIP 2010, 380; *VG Lüneburg* ZIP 2014, 190; *Jaeger/Eckardt* InsO, § 89 Rn. 59; MüKo-InsO/*Breuer* § 89 Rn. 32). Das gilt selbst dann, wenn der Gläubiger weitere Leistungen an den Schuldner davon abhängig macht, dass der Schuldner zuvor seine Rückstände begleicht (*BGH* ZIP 2010, 380 für §§ 1, 3 BEG NRW).

C. Zwangsvollstreckung in künftige Forderungen

§ 89 Abs. 2 Satz 1 InsO erstreckt das für Insolvenzgläubiger geltende Verbot der Vollstreckung in künftige Forderungen aus Dienstverhältnissen auf alle nach Verfahrenseröffnung hinzukommenden Neugläubiger des Schuldners und auf Gläubiger der Unterhaltsansprüche, die gem. § 40 InsO im Verfahren nicht geltend gemacht werden können (*BGH* DZWIR 2008, 282; *Nerlich/Römermann-Wittkowski* InsO, § 89 Rn. 28). Mit Hilfe dieser Regelung soll der Schuldner in den Stand gesetzt werden, nach Verfahrensbeendigung seine pfändbaren Forderungen auf Bezüge aus einem Dienstverhältnis zum Zwecke der Restschuldbefreiung an einen Treuhänder abzutreten (§ 287 Abs. 2 InsO; MüKo-InsO/*Breuer* § 89 Rn. 35). 45

In andere künftige Forderungen kann wirksam vollstreckt werden, vorausgesetzt die zwangsvollstreckungsrechtlichen Erfordernisse für die Pfändung der künftigen Forderung sind im betreffenden Fall gegeben (Vorhandensein einer rechtlichen Grundlage, die die Bestimmung der Forderung entsprechend ihrer Art und ihrem Inhalt sowie der Person des Drittschuldners ermöglicht; *RG* RGZ 82, 227 und 135, 141; *BGH* BGHZ 80, 181; KKZ 1987, 118). So wären z.B. die nach Beendigung des Insolvenzverfahrens entstehenden Pachtzinsen für ein Grundstück pfändbar, das der Insolvenzverwalter aus der Insolvenzmasse freigegeben hat. 46

Das Vollstreckungsverbot nach Abs. 2 gilt anders als das nach Abs. 1 für sämtliche Gläubiger, also etwa auch für **Massegläubiger**. Ausgenommen sind lediglich, soweit sie nicht Insolvenzgläubiger sind (*BGH* DZWIR 2008, 282 m. Anm. *App*), einerseits Unterhaltsgläubiger, wenn es sich um Verwandte des Schuldners, seinen jetzigen oder einen früheren Ehegatten oder die Mutter eines vom Schuldner gezeugten nicht ehelichen Kindes handelt und der Anspruch kraft Gesetzes besteht (§ 850d Abs. 1 Satz 1 ZPO); hinzurechnen müssen wird man auch öffentlich-rechtliche Rechtsträger, die ihrem gesetzlichen Auftrag folgend mit Unterhaltszahlungen in Vorlage getreten sind und die entsprechenden Unterhaltsforderungen gem. §§ 92 ff. SGB XII auf sich übergeleitet haben (zum Meinungsstand bzgl. der Anwendbarkeit des Pfändungsprivilegs von § 850d ZPO auf diesen Fall und zu den möglichen Argumenten *App* KKZ 2010, 85). Ausgenommen sind andererseits Gläubiger aus einer vorsätzlichen (auch bedingt vorsätzlichen) unerlaubten Handlung i.S.v. §§ 823 ff. BGB (dazu *Mäusezahl* ZInsO 2002, 462; *Behr* Rpfleger 2003, 389). Diese Gläubiger haben die Pfändung auf die Beträge zu beschränken, auf die §§ 850d und 850f Abs. 2 ZPO die Pfändbarkeit von Arbeitseinkommen und gleichgestellten Forderungen gegenüber den Pfändungsgrenzen nach § 850c ZPO erweitern. Die Pfändungserweiterung nach § 850f Abs. 2 ZPO kann u.a. Gläubigern zu Gute kommen, die der Schuldner durch gezielte Irreführung über seine Solvenz zum Abschluss von Geschäften bewogen hatte und denen ein Anspruch aus § 823 Abs. 2 BGB i.V.m. § 263 StGB gegen den Schuldner zusteht. Kein Anspruch aus vorsätzlicher unerlaubter Handlung ergibt sich indessen aus einer Steuerhinterziehung für den Steuergläubiger, da der Entstehungsgrund der Steuerforderung nicht die Steuerhinterziehung, sondern die Erfüllung des gesetzlichen Besteuerungstatbestandes (§ 38 AO) ist; dazu *App* DStZ 1984, 280, **a.A.** *Urban* Stbg 1991, 132. Zur Frage der Hinterziehungszinsen nach § 235 AO *App* ZIP 1990, 910 und KKZ 1990, 33. Noch nicht geklärt ist, ob Abs. 2 Satz 2 auch auf andere Forderungen analog anwendbar ist, die ebenso wie Unterhalts- oder Deliktsforderungen in unpfändbare Teile des Arbeitseinkommens vollstreckt werden können, wie es etwa in den Bundesländern Nordrhein-Westfalen, Rheinland-Pfalz und Schleswig-Holstein neuerdings für Zwangsgelder, Geldbußen, Ordnungsgelder und Nutzungsentschädigungen wegen Obdachlosigkeit der Fall ist (§ 48 Abs. 1 Satz 3 VwVG NRW, § 55 Abs. 1 Satz 2 LVwVG Rh.-Pf. und § 310 Satz 2 LVwG S-H; dazu *App* SVR 2005, 248 und SVR 2009, 326). Der Zweck der Vorschrift spricht für die Einbeziehung der Forderungen aus Zwangsgeldern, Geldbußen und Ordnungsgeldern trotz entgegenstehenden Wortlauts von Abs. 2 Satz 2, da der Schuldner auch nach einer evtl. Restschuld- 47

§ 89 InsO Vollstreckungsverbot

geber von dieser Einsicht geleitet ist. Die Erfüllung der Zahlungspflicht erst nach dem Ende eines u.U. mehrjährigen Insolvenzverfahrens oder der Wohlverhaltensphase bei der Restschuldbefreiung würde den Sinn der Geldbuße verfehlen, wobei obendrein der Schuldner infolge der Unverzinslichkeit von Geldbußen in den Genuss eines Zinsvorteils kommt.

38 – Das Vollstreckungsverbot in § 89 Abs. 1 InsO soll die Rechte der anderen Insolvenzgläubiger wahren und den ordnungsmäßigen Fortgang des Insolvenzverfahrens sichern. Aus der Insolvenzmasse soll sich kein Insolvenzgläubiger Befriedigung über den ihm zustehenden Anteil am Verwertungserlös hinaus verschaffen. Das geschieht auch nicht, wenn der Schuldner lediglich dazu veranlasst wird, Leistungen aus dem Teil seines Einkommens und Vermögens zu erbringen, der unterhalb der Pfändungsgrenzen, aber oberhalb des Existenzminimums liegt; denn diese Vermögenswerte gehören gem. § 36 InsO nicht zur Insolvenzmasse und stehen darum für die Verwertung und für Verteilungen unter die Insolvenzgläubiger ohnehin nicht zur Verfügung. Dass es dem Schuldner rechtlich nicht verwehrt ist, einzelne Insolvenzforderungen aus Mitteln seines insolvenzfreien Vermögens zu befriedigen, hat der *BGH* (ZInsO 2010, 376) ausdrücklich klargestellt.

39 Da weder der Gesetzeswortlaut noch ein in anderer Weise erkennbarer Wille des Gesetzgebers eindeutig für die Verwendung des formellen oder des materiellen Zwangsvollstreckungsbegriffs sprechen, verdient die Lösung den Vorzug, die am ehesten dazu taugt, das Insolvenzrecht mit den übrigen Rechtsgebieten, hier dem Ordnungswidrigkeitenrecht, in Einklang zu bringen; das ist in diesem Falle die Zugrundelegung des formellen Zwangsvollstreckungsbegriffs – der überdies auch das Rechtsstaatsprinzip und das Gleichheitsgebot in Art. 3 GG für sich hat (dazu auch *App* ZVI 2008, 197 m.w.N.).

6. Nicht erfasste Vollstreckungsmaßnahmen

40 Dagegen bleiben solche Maßnahmen, die lediglich der **Vorbereitung** der Vollstreckung dienen, weiter zulässig. Dazu gehören die Erteilung einer Vollstreckungsklausel, und zwar sowohl der gewöhnlichen Vollstreckungsklausel i.S.v. §§ 724, 725 ZPO als auch einer besonderen Vollstreckungsklausel i.S.v. §§ 727–729 ZPO (*RG* RGZ 35, 80; MüKo-InsO/*Breuer* § 89 Rn. 30).

41 Ebenso zulässig ist die Vollstreckbarkeitserklärung **ausländischer** Erkenntnisse, **Schiedssprüche**, Schiedsvergleiche und Anwaltsvergleiche (§§ 722, 1055, 1060, 1061, 1053, 798a ff. ZPO), weil auch diese noch keine Maßnahmen der Zwangsvollstreckung in das Schuldvermögen sind, sondern eine solche – für den möglichen Fall der vorzeitigen Beendigung des Insolvenzverfahrens – erst vorbereiten (*Uhlenbruck/Mock* InsO, § 89 Rn. 35).

42 Auch Zustellungen sind nach Eröffnung des Insolvenzverfahrens grds. noch zulässig, mit Ausnahme solcher, die unmittelbar die Vollstreckungswirkung herbeiführen (*Behr* DGVZ 1977, 49; MüKo-InsO/*Breuer* § 89 Rn. 30; für die Zustellung des Vollstreckungstitels *OLG Düsseldorf* NZI 2002, 388). Demgemäß ist die Zustellung eines Pfändungs- und Überweisungsbeschlusses unzulässig (und unwirksam), weil sie gem. § 829 Abs. 3 ZPO unmittelbar die Pfändung bewirkt (*Uhlenbruck/Mock* InsO, § 89 Rn. 36). Die Zustellung der Benachrichtigung i.S.v. § 845 ZPO, dass eine Forderungspfändung bevorstehe (Vorpfändung), ist ebenfalls keine die Vollstreckung lediglich vorbereitende Maßnahme, da sie gem. § 845 Abs. 2 Satz 1 ZPO, wenn auch aufschiebend bedingt, die Wirkung einer Beschlagnahme hat (*BGH* NJW 1983, 1738).

43 Einer Titelumschreibung eines bereits vor Insolvenzeröffnung gegen den Schuldner erwirkten Titels gegen den Insolvenzverwalter wird in den meisten Fällen das Rechtsschutzbedürfnis fehlen, so, wenn wegen einer Insolvenzforderung in die Masse vollstreckt werden soll, anders, wenn es sich um Aus- oder Absonderungsansprüche, Masse- oder Aufrechnungsgläubiger handelt (vgl. MüKo-InsO/*Breuer* § 89 Rn. 30), so bei der Grundschuld nur hinsichtlich des absonderungsrelevanten Duldungstitels, nicht hinsichtlich des Zahlungstitels aus der gesicherten Forderung (*LG Köln* MittRhNotK 1989, 28 m. Anm. *Möller*).

44 **Freiwillige** Zahlungen des Schuldners mit Mitteln, die nicht zur Insolvenzmasse gehören (dies sind insbesondere unpfändbare Gegenstände, § 36 InsO), sind daher durch die §§ 87, 89 InsO nicht un-

nahme richtet sich nicht gegen das Vermögen des Schuldners, sondern sie schränkt seine persönliche Freiheit ein.

Indes ist zu bedenken: Anders als bei der Ersatzfreiheitsstrafe nach § 43 StGB (nach Nichtzahlung einer Geldstrafe), deren mögliche Verhängung nur mittelbar oft den Effekt hat, den Verurteilten zur Zahlung der geschuldeten Geldstrafe zu veranlassen, zielt die Erzwingungshaft als Beugemittel nach dem Willen des Gesetzgebers direkt darauf ab, den Bußgeldschuldner zur Zahlung der Geldbuße zu bewegen. Obwohl sie sich dazu nicht der im Achten Buch der Zivilprozessordnung und in den auf öffentlich-rechtliche Geldforderungen anwendbaren Vollstreckungsgesetzen vorgesehenen Formen bedient (Pfändung und anschließende Verwertung von beweglichen Sachen, Forderungen und anderen Vermögensrechten; Zwangshypothek und anschließende Verwertung; Zugriff auf Grundstücke und grundstücksgleiche Rechte durch Antrag auf Zwangsversteigerung oder Zwangsverwaltung), hat die Erzwingungshaft faktisch doch die Wirkung einer Vollstreckungsmaßnahme: durch unmittelbaren Zugriff oder durch Druck auf den Willen des Pflichtigen die Erfüllung der geschuldeten Leistung herbeizuführen (so auch *Klaproth* wistra 2008, 174). 31

Die Entscheidung richtet sich zunächst danach, ob man den in § 89 Abs. 1 InsO verwendeten Begriff »Zwangsvollstreckung« formell oder materiell versteht; die gleiche Frage stellt sich bei dem für die Wohlverhaltensphase im Restschuldbefreiungsverfahren geltenden § 294 Abs. 1 InsO und dem darin normierten Vollstreckungsverbot. 32

Die Insolvenzordnung selbst enthält keine Aussage dazu; in der Rechtsprechung (etwa *LG Potsdam* ZInsO 2007, 390; dazu *LG Potsdam* EWiR 2007, 409 m. Anm. *App*) wird der Wille des Gesetzgebers, den Begriff »Zwangsvollstreckung« im formellen Sinne verstanden zu wissen, daraus geschlossen, die amtliche Gesetzesbegründung verweise darauf, dass der Begriff der »Zwangsvollstreckung« i.S.v. § 89 Abs. 1 InsO i.S.d. Zivilprozessordnung zu verstehen sei, so dass allein die in deren Achtem Buch genannten Maßnahmen dem Verbot nach § 89 Abs. 1 InsO unterlägen (und dazu noch die in anderen, weitgehend dem Achten Buch der Zivilprozessordnung nachgebildeten, anderen Vollstreckungsgesetzen wie dem Sechsten Teil der Abgabenordnung oder den Verwaltungsvollstreckungsgesetzen der Länder). 33

Ob man den oder die Verfasser des erwähnten Satzes in der Gesetzesbegründung mit »dem Gesetzgeber« gleichsetzen darf, erscheint nicht unproblematisch (dazu *App* KKZ 2004, 85 und KKZ 2007, 205; angedeutet auch bei *Petershagen* ZInsO 2007, 704), gravierender indes scheinen folgende Überlegungen: 34

– Die effektive Ahndung von Ordnungswidrigkeiten hat nicht allein und, so jedenfalls nach dem gesetzlichen Modell, nicht einmal primär den Zweck, die Gläubigerinteressen der Körperschaft zu befriedigen, deren Behörde für die Verfolgung der jeweiligen Ordnungswidrigkeit zuständig ist, sondern vor allem den Zweck, die Allgemeinheit vor der Begehung von Ordnungswidrigkeiten zu schützen. Diese Schutzfunktion würde indes in rechtsstaatlich bedenklicher Weise gefährdet, wenn Personen, die eine baldige Eröffnung eines Insolvenzverfahrens auf sich zukommen sehen, eine wirksame Ahndung der von nun an von ihnen begangenen Ordnungswidrigkeiten nicht mehr zu befürchten brauchten. 35

– Dies würde zudem zu einer bedenklichen Ungleichbehandlung von Tätern einer Ordnungswidrigkeit führen und damit das Ordnungswidrigkeitenrecht noch mehr in Schieflage bringen, das ohnehin Gefahr läuft, in gleichheitswidriger und verfassungsrechtlich schon bedenklicher Weise (Art. 3 GG) eine einzige Bevölkerungsgruppe, den arbeitenden Mittelstand, einseitig zu belasten: Ob sich Großunternehmen durch Bußgelddrohung zur Rechtstreue anhalten lassen, ist für sie oft reine Kalkulationsfrage, und umgekehrt erweist sich das Ordnungswidrigkeitenrecht gegenüber dem wachsenden pfändungsfrei eingerichteten Bevölkerungsteil als immer stumpferes Schwert, schon wegen der kurzen Verjährung und der Zurückhaltung vieler Gerichte bei der Anordnung von Erzwingungshaft. 36

– Ihren Zweck, den rechtsuntreu gewordenen Bürger künftig zu rechtstreuem Verhalten anzuhalten, erfüllen Strafen und Geldbußen nur, wenn sie der Tat möglichst auf dem Fuße folgen (dazu *Wieser* DZWIR 2007, 72). § 2 StrafvollstrO für das Strafverfahren lässt erkennen, dass auch der Gesetz- 37

§ 89 InsO Vollstreckungsverbot

sicherung für den Schuldner (*BGH* ZInsO 2013, 984; ZIP 2012, 1311; MüKo-InsO/*Breuer* § 89 Rn. 12; a.A. noch FK-InsO/*App* 7. Aufl. § 89 Rn. 15: die eidesstattliche Versicherung ist als eine die Zwangsvollstreckung lediglich vorbereitende Maßnahme anzusehen; *ders.* DGVZ 2007, 5). Unzulässig ist auch die Anordnung der Haft nach § 901 ZPO zur Erzwingung der eidesstattlichen Versicherung (*OLG Jena* ZInsO 2002, 134; *Uhlenbruck/Mock* InsO, § 89 Rn. 29). Zulässig ist sie jedenfalls zu Gunsten von Gläubigern, deren Forderung erst nach der Eröffnung des Insolvenzverfahrens begründet worden ist (*AG Cloppenburg* DGVZ 2006, 183).

4. Arrest

27 Unzulässig ist auch der Erlass eines Arrestbefehls oder einer Arrestanordnung durch eine Behörde (vgl. *Jauernig/Berger* § 47 Rn. 3). Ein durch Eröffnung des Insolvenzverfahrens unterbrochenes Arrestverfahren ist nach Aufnahme in derselben Prozessart und mit denselben Anträgen weiterzuführen. Ist der Arrest bei Eröffnung des Insolvenzverfahrens noch nicht vollzogen, so ist er auf Widerspruch des Insolvenzverwalters aufzuheben. Denn wegen § 89 Abs. 1 InsO kann ein Arrestbefehl nach Eröffnung des Insolvenzverfahrens nicht mehr vollzogen werden. Er wird damit auch für die Vergangenheit bedeutungslos und verfällt darum der Aufhebung. War der Arrest dagegen bei Eröffnung des Insolvenzverfahrens bereits vollzogen, so ist auf den Widerspruch des Insolvenzverwalters über seine Rechtmäßigkeit zu entscheiden (*BGH* KTS 1962, 52). Das Gleiche gilt für eine zur Abwendung der Arrestvollziehung geleistete Sicherheit. Arrestvollziehung und Sicherheitsleistung behalten ihre Kraft, wenn der Arrest während des Insolvenzverfahrens zunächst durch ein vorläufig vollstreckbares Urteil aufgehoben, dann aber in der höheren Instanz bestätigt wird (*RG* RGZ 56, 145). Wenn aber auf Grund des ersten Urteils die Arrestpfändung aufgehoben oder die Sicherheit zurückgegeben worden ist, so kann der Arrest, auch wenn er an sich begründet war, nicht mehr bestätigt werden, weil er im Hinblick auf die §§ 929 Abs. 2 ZPO und § 89 Abs. 1 InsO nicht neu vollzogen werden könnte und darum gem. § 89 InsO unstatthaft ist (vgl. *OLG Düsseldorf* NJW 1950, 113; *OLG Hamburg* MDR 1977, 148).

5. Geldstrafe und Erzwingungshaft

28 Die Vollstreckung von Geldstrafen durch Anordnung und Vollziehung der Ersatzfreiheitsstrafe bleibt auch während des Insolvenzverfahrens zulässig (*BVerfG* NJW 2006, 3626; dazu *Pape* InVo 2006, 454 und ZVI 2007, 7; *Petershagen* ZInsO 2007, 703; *Wieser* DZWIR 2007, 72; zur Problematik auch *OLG Frankfurt* NZI 2006, 3626). Noch ungeklärt ist dagegen die Anwendung von § 89 Abs. 1 AO auf die Erzwingungshaft im Bußgeldverfahren nach § 96 Abs. 1 OWiG. Die Erzwingungshaft ist anders als die Ersatzfreiheitsstrafe gem. § 43 StGB, keine Sanktion, sondern ein Beugemittel, um den Betroffenen zur Zahlung der Geldbuße anzuhalten (*BVerfG* BVerfGE 43, 101 [105]), was dadurch bestätigt wird, dass die Haft zu beenden ist, sobald der Betroffene die Geldbuße gezahlt hat (§ 97 Abs. 2 OWiG).

29 Vor Eröffnung des Insolvenzverfahrens begründete Bußgeldforderungen sind Insolvenzforderungen (§ 38 InsO), und zwar nach § 39 Abs. 1 Nr. 3 InsO nachrangige, die nur auf – extrem seltene – ausdrückliche Aufforderung des Insolvenzgerichts zur Insolvenztabelle angemeldet werden können (§ 174 Abs. 3 InsO). Trotz ihres Nachrangs und ihrer regelmäßigen Nichtberücksichtigung im Insolvenzverfahren können Geldbußen infolge ihrer Eigenschaft als Insolvenzforderungen gem. § 89 Abs. 1 InsO weder in die Insolvenzmasse noch in das sonstige Vermögen des Schuldners vollstreckt werden. Ob eine Erzwingungshaft angeordnet werden kann, wird in der Rspr. unterschiedlich geurteilt (für Anordnung der Erzwingungshaft: *LG Deggendorf* ZInsO 2012, 2206; *LG Berlin* NJW 2007, 1541; gegen Erzwingungshaft *LG Dresden* 20.07.2012 – 5 Qs 95/11; *AG Ahrensburg* ZInsO 2011, 1257; *LG Flensburg* SchlHA 2012, 77: aber zulässig bei Geldbußen, die nach Insolvenzeröffnung entstanden sind; diff. nach der Zumutbarkeit *LG Hannover* NdsRpfl 2011, 78).

30 Auf den ersten Blick richtet sich die Anordnung der Erzwingungshaft gegen keine der in § 89 Abs. 1 InsO genannten Vermögensmassen (Insolvenzmasse und sonstiges Vermögen des Insolvenzschuldners): Die Insolvenzmasse wird durch Inhaftnahme des Schuldners nicht geschmälert, und die Maß-

Zwangshypothek steht die Eröffnung des Insolvenzverfahrens auch dann entgegen, wenn der Gläubiger bereits vor der Eröffnung des Insolvenzverfahrens einen Duldungstitel erlangt hatte (*OLG Frankfurt* Rpfleger 1975, 103).

§ 89 InsO untersagt nicht nur den Beginn von neuen Zwangsvollstreckungsmaßnahmen, sondern auch die Fortsetzung einer bereits vor Insolvenzeröffnung begonnenen Vollstreckung (K. Schmidt/*Keller* InsO, § 89 Rn. 21). Bereits entstandene Pfändungspfandrechte können der Rückschlagsperre nach § 88 InsO unterfallen oder der Anfechtung nach §§ 129 ff. InsO unterliegen. Betrafen sie das dingliche Recht, hängt die Verwertungsbefugnis des Gläubigers davon ab, ob er die Pfandsache (vermittelt durch den Gerichtsvollzieher) in seinem Besitz hat (§ 166 Abs. 1 InsO; vgl. K. Schmidt/*Keller* InsO, § 89 Rn. 21). 21

2. Vollstreckungen nach Abs. 1

Unzulässig sind Vollstreckungsmaßnahmen wegen Geldforderungen in das **bewegliche Vermögen** (§§ 803 ff. ZPO) wie auch die Pfändung und Überweisung einer Forderung (§§ 828 ff. ZPO), selbst wenn vor der Verfahrenseröffnung bereits eine Vorpfändung ausgebracht war, da diese noch kein nach § 50 Abs. 1 InsO insolvenzgeschütztes Sicherungsrecht darstellen, weil sie nur Teil mehraktiger Rechtshandlungen sind (*BGH* ZIP 2006, 916). Auch die Zustellung einer Vorpfändung nach Verfahrenseröffnung ist nicht mehr zulässig (MüKo-InsO/*Breuer* § 89 Rn. 10). 22

Vollstreckungen in das **unbewegliche Vermögen** (§§ 864 ff. ZPO) sind gleichfalls unzulässig (HK-InsO/*Kayser* §§ 89 Rn. 21). Eintragungen von Zwangssicherungshypotheken und Zwangssicherungsvormerkungen für Insolvenzforderungen sind nicht mehr zulässig (*Nerlich/Römermann-Wittkowski* InsO, § 89 Rn. 12). Sind solche Maßnahmen bei Insolvenzeröffnung bereits eingeleitet, können diese unter den Voraussetzungen der §§ 30d–30f ZVG auf Antrag des Insolvenzverwalters einstweilen eingestellt werden. 23

Gibt der Insolvenzverwalter ein Grundstück aus der Masse frei, welches buchmäßig mit einer durch die Rückschlagsperre unwirksam gewordenen Zwangshypothek belastet ist, kann die Zwangshypothek trotz des Verbots, während des Insolvenzverfahrens in massefreies Vermögen des Schuldners zu vollstrecken, schon im Zeitpunkt der Freigabe wieder wirksam werden, falls sie als Buchposition erhalten geblieben ist (*BGH* ZIP 2006, 479; dazu auch *Alff/Hintzen* ZInsO 2006, 481 und *Keller* ZIP 2006, 1174). Die Vorschrift des § 89 Abs. 1 InsO muss infolgedessen einschränkend in der Weise ausgelegt werden, dass Insolvenzgläubiger von dem Verbot der Vollstreckung in das sonstige Vermögen des Schuldners nicht berührt werden, wenn sie eine dingliche Sicherung, die sie befähigte, aus diesem Vermögen Befriedigung zu suchen, nur infolge der Rückschlagsperre verloren haben (*BGH* ZIP 2006, 479; s.a. MüKo-InsO/*Breuer* § 89 Rn. 11). 24

3. Vollstreckung wegen anderer Ansprüche

Unzulässig ist auch die Erzwingung anderer Ansprüche (§§ 883 ff. ZPO), wenn es sich um Insolvenzforderungen handelt (*OLG Stuttgart* ZIP 2012, 946: Ermächtigung einer Ersatzvornahme). Des Weiteren zulässig ist – grds. – auch die Vollstreckung von Ansprüchen auf Vornahme einer unvertretbaren Handlung, auf Duldung und auf Unterlassung (§§ 888 ff. ZPO), da sie keine Insolvenzforderungen sind (*RG* RGZ 134, 377; *KG Berlin* NZI 2000, 228; *Uhlenbruck/Mock* InsO, § 89 Rn. 36). Davon ausgenommen sind selbstverständlich solche Handlungspflichten, zu deren Erfüllung der Schuldner in die dem Insolvenzverwalter gem. § 80 InsO vorbehaltenen Befugnisse eingreifen müsste. Ebenso ausgenommen ist die Vollstreckung von Unterlassungstiteln, die dem Schuldner ein Handeln verbieten, zu dem er nach Eröffnung des Insolvenzverfahrens gesetzlich verpflichtet ist, wie z.B. zur Erteilung von Auskünften über alle das Insolvenzverfahren betreffenden Verhältnisse (§ 97 Abs. 1 Satz 1 InsO). 25

Die Abgabe der **eidesstattlichen Versicherung** zur Erzwingung von Auskunfts- und Rechnungslegungspflichten wie auch die nach §§ 98, 153 Abs. 2 InsO zu leistende eidesstattliche Versicherung wird als zulässig angesehen (HK-InsO/*Kayser* § 89 Rn. 25). Unzulässig ist sie als Offenbarungsver- 26

§ 89 InsO Vollstreckungsverbot

wenn kein Insolvenzverfahren eröffnet worden wäre und er die Pfändung seiner Sachen zu Fall bringen möchte.

16 Als nicht geschütztes **Vermögen Dritter** gilt auch das Privatvermögen von Gesellschaftern einer GbR oder einer OHG in Insolvenzverfahren über das Vermögen der Gesellschaft (*LG Saarbrücken* ZIP 2009, 1638). Im Einzelfall kann einer Vollstreckung in das Privatvermögen eines Gesellschafters indes § 93 InsO entgegenstehen, dann nämlich, wenn die Vollstreckungsforderung sich aus der persönlichen Haftung des Gesellschafters für Gesellschaftsschulden ergibt, z.B. aus § 128 HGB, und zwar **in seiner Eigenschaft als Gesellschafter**. Handelte es sich hingegen um Forderungen aus Geschäften mit dem Gesellschafter persönlich, gilt kein Vollstreckungsverbot, ebenso wenig nach h.M. in Fällen der Geschäftsführerhaftung nach § 69 AO, selbst wenn der Geschäftsführer zugleich Gesellschafter der von ihm geführten Gesellschaft ist (dazu s. § 93 Rdn. 3 m.w.N.).

17 Ist ein gesondertes Insolvenzverfahren über einen Teil des Vermögens des Schuldners eröffnet worden, z.B. über den dem Erben gehörenden Nachlass, so hindert dies die Zwangsvollstreckung in die nicht dem Insolvenzbeschlag unterfallenden Vermögensteile des Schuldners nicht (dazu *App* ddZ 2003, 77).

18 § 89 InsO gilt auch für **ausländische Insolvenzgläubiger** im inländischen Insolvenzverfahren in Bezug auf inländisches Vermögen (dazu auch *OLG Zweibrücken* ZIP 2001, 301). Auslandsvermögen unterfällt nach dem Universalitätsprinzip ebenfalls in die Vermögensmasse und unterliegt dem Vollstreckungsverbot (*BGH* BGHZ 88, 147; 95, 256). Vollstreckungsmaßnahmen von in- und ausländischen Gläubigern von einer im Ausland belegenen Sache richten sich nach dem jeweiligen Recht des Landes, in dem sich das Auslandsvermögen befindet, so dass sich diese Gläubiger aus einem im Ausland (außerhalb der EU-Mitgliedsstaaten) befindlichen Vermögensgegenstand des Schuldners befriedigen können, soweit es das ausländische Recht nicht verbietet (*RG* RGZ 54, 194). § 89 InsO bezieht sich nur auf inländische Arreste und Zwangsvollstreckungen (*RG* RGZ 54, 194). Nach h.M. hat jedoch der inländische Insolvenzgläubiger, der in Auslandsvermögen des Schuldners vollstreckt hat, das dadurch Erlangte unter Abzug seiner Vollstreckungskosten aus dem Gesichtspunkt der ungerechtfertigten Bereicherung an den inländischen Insolvenzverwalter herauszugeben (*BGH* BGHZ 88, 147; *Uhlenbruck/Mock* InsO, § 89 Rn. 17 m.w.N.).

19 Wurde im Ausland ein Insolvenzverfahren eröffnet, können Vollstreckungsmaßnahmen von Gläubigern im Inland § 89 InsO unterfallen, wenn die jeweilige ausländische Rechtsordnung eine dem § 89 InsO entsprechende Regelung enthält (§ 335, Art. 4 Abs. 1 EuInsVO; s. ausf. *Uhlenbruck/Mock* InsO, § 89 Rn. 17 m.w.N.).

III. Maßnahmen der Zwangsvollstreckung

1. Allgemeines

20 Als **Zwangsvollstreckung** i.S.v. § 89 InsO gilt jeder auf Befriedigung des Gläubigers hinzielende Akt, der in einem an bestimmte Voraussetzungen geknüpften Verfahren unter Androhung oder Anwendung von Zwangsmitteln gegen den Schuldner vorgenommen wird (*Viertelhausen* InVo 2000, 335). Auch Arreste (*KG* ZInsO 2005, 1047) und einstweilige Verfügungen (MüKo-InsO/*Breuer* § 89 Rn. 31) gelten als Zwangsvollstreckung; insoweit ist eine ergänzende Auslegung von § 89 InsO am Platze (so zutr. *Jauernig/Berger* § 47 Rn. 4). Doch gilt das Vollstreckungsverbot nicht nur für den Erwerb in den Formen der zivilprozessualen Zwangsvollstreckung einschließlich der Zwangsversteigerung und Zwangsverwaltung von Gegenständen des unbeweglichen Vermögens (Grundstücken, grundstücksgleichen Rechten, eingetragenen Schiffen und Schiffsbauwerken und registrierten Luftfahrzeugen), sondern auch für den Erwerb im Wege der Verwaltungsvollstreckung oder der Vollstreckung verwaltungsgerichtlicher, finanzgerichtlicher oder sozialgerichtlicher Titel sowie im Wege der Beschlagnahme nach § 111c Abs. 1 bis 4 StPO (*BGH* ZIP 2007, 1338). Ohne Bedeutung ist die Art des Vollstreckungstitels (*Kübler/Prütting/Bork-Lüke* InsO, § 89 Rn. 6 m.w.N.; MüKo-InsO/*Breuer* § 89 Rn. 9). Auch Vollstreckungen auf Grund eines gerichtlichen Vergleichs oder einer vollstreckbaren Urkunde unterfallen § 89 InsO. Der Umschreibung einer Arresthypothek in eine

§ 89 Rn. 19 und die Überschrift von § 265 InsO). Eine Vollstreckung in die Masse ist den Neugläubigern verwehrt, da die Masse für die Befriedigung der Insolvenzgläubiger (und der Massegläubiger) reserviert ist (*BGH* ZIP 2007, 2330). Eine Vollstreckung in den Neuerwerb des Schuldners scheidet aus, da er in die Masse fällt (§ 35 InsO). Eine Ausnahme zum grds. auf Neugläubiger erstreckten Vollstreckungsverbot des § 89 Abs. 2 Satz 1 InsO findet sich in § 89 Abs. 2 Satz 2 InsO zugunsten solcher Neugläubiger, die aus Unterhalts- oder Deliktsansprüchen in den Teil der Bezüge vollstrecken, der für sie erweitert pfändbar ist (§§ 850d, 850f Abs. 2 ZPO). Dieser nicht zur Insolvenzmasse gehörende Teil der Bezüge wird von der die Restschuldbefreiung bezweckenden Abtretung der (pfändbaren) Bezüge an den Treuhänder nicht erfasst und unterliegt darum dem Zugriff der privilegierten Neugläubiger (*BGH* ZIP 2007, 2330; *Balz/Landfermann* Begr.RegE S. 303).

Vollstrecken, wenn auch regelmäßig mit wenig Aussicht auf Erfolg, können Nachinsolvenzgläubiger 12 in eventuelles insolvenzfreies Vermögen des Schuldners (MüKo-InsO/*Breuer* § 89 Rn. 26); auch die Abgabe der eidesstattlichen Versicherung können sie von ihm verlangen (*AG Cloppenburg* DGVZ 2006, 183). Das *AG Stralsund* (KKZ 2009, 214) hält den Neuinsolvenzgläubiger, der dem Gerichtsvollzieher Vollstreckungsauftrag in das insolvenzfreie Vermögen des Schuldners erteilt hat, für verpflichtet, dem Gerichtsvollzieher mitzuteilen, welches Schuldnervermögen nicht zur Insolvenzmasse gehört, insbesondere was der Insolvenzverwalter aus der Masse freigegeben hat. Folgt man dieser Auffassung, wird der Neuinsolvenzgläubiger, da zumeist bar aller Informationen über Freigaben aus der Masse, den Schuldner zunächst, gestützt auf § 807 Abs. 1 Nr. 2 ZPO, zur Abgabe der eidesstattlichen Versicherung laden müssen (was zulässig ist; vgl. Rdn. 26 m.w.N.).

4. Massegläubiger

Auf Massegläubiger findet § 89 Abs. 1 InsO keine Anwendung. Vollstreckungen von Massegläubigern sind in den Grenzen des § 90 InsO zulässig. Wurde die Masseunzulänglichkeit angezeigt, untersagt § 210 InsO eine weitere Vollstreckung wegen dieser Forderungen. Eine Besonderheit besteht hinsichtlich der Sozialplanforderungen. Diese sind gem. § 123 Abs. 2 Satz 1 InsO unter den dort genannten Voraussetzungen Masseverbindlichkeiten. Damit würden sie grds. nicht dem Zwangsvollstreckungsverbot des § 89 InsO unterliegen. Deshalb ordnet § 123 Abs. 3 Satz 2 InsO ausdrücklich an, dass eine Zwangsvollstreckung in die Masse wegen dieser Forderungen unzulässig ist (vgl. *Uhlenbruck/Mock* InsO, § 89 Rn. 18).

II. Betroffenes Vermögen

Vom Vollstreckungsverbot betroffen ist die **Insolvenzmasse** und das **sonstige Vermögen** des Schuldners (*BGH* ZIP 2009, 818; *Uhlenbruck/Mock* InsO, § 89 Rn. 5; HambK-InsO/*Kuleisa* § 89 Rn. 9). Auch in aus der Insolvenzmasse freigegebene Gegenstände können Insolvenzgläubiger die Zwangsvollstreckung nicht betreiben (*BGH* ZIP 2009, 818; *LG Heilbronn* Rpfleger 2006, 430). Mit der Freigabe wird der aus der Insolvenzmasse ausgeschiedene Gegenstand Bestandteil des sonstigen Vermögens i.S.d. § 89 InsO des Schuldners, das der Gesetzgeber für die Dauer des Insolvenzverfahrens dem Zugriff der Insolvenzgläubiger entzogen hat (Begr. RegE einer Insolvenzordnung, BT-Drucks. 12/2443, S. 137). Weiteres sonstiges Vermögen kann sich ggf. noch aus § 36 InsO ergeben, wenn es nicht der Zwangsvollstreckung nach den §§ 811, 850 ff. ZPO unterliegt. Der Neuerwerb nach § 35 InsO ist ebenfalls massezugehörig (HK-InsO/*Kayser* § 89 Rn. 17).

Zulässig bleibt nach Eröffnung des Insolvenzverfahrens selbstverständlich die Zwangsvollstreckung 15 in das Vermögen **dritter Personen**, selbst wenn sich bewegliche Sachen dieser Personen im Gewahrsam des Schuldners befinden. Hier kann der Fall eintreten, dass eine in Wahrheit im Eigentum des Schuldners befindliche und damit in die Insolvenzmasse fallende Sache von Gläubigern des Ehegatten des Schuldners gepfändet wird. Dies ist wegen der Gewahrsamsvermutung nach § 739 ZPO und der Eigentumsvermutung nach § 1362 BGB zulässig; es obliegt dann dem Insolvenzverwalter, die Gewahrsamsvermutung und die Eigentumsvermutung (letztere im Wege der Drittwiderspruchsklage nach § 771 ZPO oder § 262 AO) zu widerlegen, wie es auch der Schuldner selbst tun müsste,

schuldbefreiung reserviert (vgl. *Balz/Landfermann* Begr.RegE S. 303). Diese Bestimmung betrifft auch neue Gläubiger des Schuldners und Gläubiger von Unterhaltsansprüchen. Unberührt bleibt jedoch nach Abs. 2 Satz 2 die Vollstreckung durch Unterhalts- und Deliktsgläubiger in den Teil der Bezüge, der nach §§ 850d, 850f Abs. 2 ZPO für diese Gläubiger erweitert pfändbar ist. Dieser Teil der Einkünfte gehört nicht zur Insolvenzmasse (§§ 35, 36 Abs. 1 InsO) und kann von den jeweiligen Gläubigern hinsichtlich des pfändbaren Teils weiter vollstreckt werden (MüKo-InsO/*Breuer* § 88 Rn. 7).

6 Bei einem Verstoß gegen die Vollstreckungsverbote ist nach § 766 ZPO die Erinnerung zulässig. Zuständig ist nach Abs. 3 Satz 1 nicht das Vollstreckungsgericht, sondern das Insolvenzgericht, das die Voraussetzungen der Verbote aufgrund seiner Sachnähe besser kennt und die Eigenschaft des vollstreckenden Gläubigers als Insolvenzgläubiger besser beurteilen kann. Auch die Entscheidungen über einstweilige Anordnungen in diesem Zusammenhang sollen vom Insolvenzgericht getroffen werden (vgl. Abs. 3 Satz 3; § 766 Abs. 1 Satz 2 i.V.m. § 732 Abs. 2 ZPO).

B. Vollstreckungsverbot

I. Betroffene Gläubiger

1. Insolvenzgläubiger

7 Ausdrücklich ordnet § 89 InsO ein Vollstreckungsverbot nur für **Insolvenzgläubiger** – gleich ob Privatpersonen oder Hoheitsträger – an. Das sind alle persönlichen Gläubiger, die im Zeitpunkt der Insolvenzeröffnung einen begründeten Vermögensanspruch gegen den Schuldner haben (§ 38 InsO). Vom Vollstreckungsverbot betroffen sind auch der Fiskus und die Sozialversicherungsträger (MüKo-InsO/*Breuer* § 89 Rn. 21).

8 Das Vollstreckungsverbot gilt auch für die nachrangigen Insolvenzgläubiger, die gem. § 39 InsO auch in das Insolvenzverfahren miteinbezogen werden und nicht besser gestellt werden dürfen als die nicht nachrangigen Gläubiger (*Balz/Landfermann* Begr.RegE S. 303).

9 Unerheblich für den Geltungsbereich des Vollstreckungsverbotes ist, ob der Gläubiger am Verfahren teilnimmt oder auf eine Teilnahme am Verfahren verzichtet (*Uhlenbruck/Mock* InsO, § 89 Rn. 11; HK-InsO/*Kayser* § 89 Rn. 8).

2. Aus- und Absonderungsberechtigte Gläubiger

10 Die Vollstreckung von Gläubigern, die wegen eines dinglichen Anspruches erfolgt, bleibt zulässig. Aussonderungsberechtigte können ihren Herausgabeanspruch auch nach Verfahrenseröffnung vollstrecken (HambK-InsO/*Kuleisa* § 89 Rn. 6). **Absonderungsberechtigte** Gläubiger unterliegen dem Vollstreckungsverbot nur hinsichtlich ihrer Forderungen, nicht jedoch in Bezug auf die Verwertung (*LG Traunstein* NZI 2000, 438). Verwehrt ist diesen damit der Pfändungszugriff auf mit dem belasteten Grundstück mithaftende Miet- und Pachtforderungen (*BGH* ZIP 2006, 1554; HambK-InsO/ *Kuleisa* § 89 Rn. 7 m.w.N.). Bei der Verwertung ihrer Sicherheit unterliegen sie den Beschränkungen der §§ 166 ff. InsO, §§ 30d ff., 153b ff. ZVG. Zu den trotz § 89 InsO vollstreckungsbefugten Absonderungsberechtigten gehören auch öffentlich-rechtliche Abgabengläubiger, die Inhaber öffentlicher Grundstückslasten sind; sie können ihr Recht durch Erlass eines Duldungsbescheides gegen den Insolvenzverwalter geltend machen (*OVG Bautzen* WM 2007, 1622).

3. Neugläubiger

11 Das Vollstreckungsverbot gilt auch für Gläubiger (**Neugläubiger**), die erst nach Verfahrenseröffnung einen Vermögensanspruch gegen den Insolvenzschuldner erlangt haben (*BGH* ZIP 2007, 2330; *Uhlenbruck/Mock* InsO, § 89 Rn. 12; MüKo-InsO/*Breuer* § 89 Rn. 26) und daher keine Insolvenzgläubiger sind (vgl. § 38 InsO). Teilweise werden sie (nach *Jauernig/Berger* Zwangsvollstreckungs- und Insolvenzrecht, § 47 Rn. 5) auch als **Nachinsolvenzgläubiger** bezeichnet, da der unter der KO gebräuchliche Ausdruck »Neugläubiger« verbraucht sei (vgl. *Uhlenbruck* InsO, 12. Aufl.,

	Rdn.		Rdn.
D. Folgen und Beseitigung unzulässiger Zwangsvollstreckungsmaßnahmen	49	1. Zuständigkeit	55
I. Rechtsfolgen	49	2. Einstweilige Anordnung (Abs. 3 Satz 2)	61
II. Zeitlicher Umfang	53	3. Frist und Rechtsmittel	62
III. Rechtsbehelfe	54		

Literatur:
Alff/Hintzen Die Wiederauferstandene Zwangshypothek, ZInsO 2006, 481; *App* Zur Reichweite der Zwangsvollstreckungsverbote in § 80 Abs. 1 InsO und § 21 Abs. 2 Satz 1 Nr. 3 InsO hinsichtlich der betroffenen Maßnahmen, DGVZ 2007, 5; *ders.* Anordnung der bußgeldrechtlichen Erzwingungshaft nach Eröffnung des Insolvenzverfahrens über das Vermögen des Schuldners?, ZVI 2008, 197; *ders.* Pfändungsprivileg von § 850d ZPO auch für übergeleitete Forderungen?, KKZ 2010, 85; *ders.* Erweiterung des Pfändungsprivilegs bei vorsätzlichen Verkehrsverstößen durch das Land NRW, SVR 2005, 248; *ders.* Erweiterung des Pfändungsprivilegs bei Verkehrsverstößen, SVR 2009; 326; *App/Wettlaufer* Praxishandbuch Verwaltungsvollstreckungsrecht, 5. Aufl. 2010; *Hain* Die unerlaubte Handlung im Insolvenzverfahren, ZInsO 2011, 1193; *Keller* Die Wirkungen der Rückschlagsperre des § 88 InsO auf die Sicherungshypothek nach §§ 866, 867 ZPO, ZIP 2006, 1174; *Klaproth* Ausgewählte Auswirkungen der Insolvenz des Beschuldigten auf ein Steuerstrafverfahren, wistra 2008, 174; *Pape* Vollstreckung von Geldstrafe und Ersatzfreiheitsstrafe während des Insolvenzverfahrens, InVo 2006, 454; *ders.* Ersatzfreiheitsstrafe und Alternativen bei offenen Geldstrafen im Insolvenzverfahren, ZVI 2007, 7; *ders.* Die Geltendmachung und Durchsetzung von Forderungen aus vorsätzlicher unerlaubter Handlung im Insolvenzverfahren, InVo 2007, 303 und 352; *Petershagen* Erzwingungshaft und Ersatzfreiheitsstrafe trotz Zwangsvollstreckungsverbot im Insolvenzverfahren?, ZInsO 2007, 703; *Schäferhoff* Das Insolvenzgericht als Vollstreckungsgericht – eine Odyssee, ZVI 2008, 331; *Schwörer* Der Gerichtsvollzieher und die Insolvenz – Das Verhältnis von Einzel- und Gesamtvollstreckung aus der Sicht des Gerichtsvollziehers, DGVZ 2008, 17; *Viertelhausen* Einzelzwangsvollstreckung während des Insolvenzverfahrens, Diss. Hamburg 1999; *Wieser* Erzwingungshaft wegen Geldbußen während Insolvenz- und Restschuldbefreiungsverfahren, DZWIR 2007, 72.

A. Inhalt und Zweck der Vorschrift

I. Normzweck

Das Ziel des Insolvenzverfahrens, die Insolvenzgläubiger gemeinschaftlich aus dem Vermögen des Schuldners zu befriedigen, schließt es aus, dass Insolvenzgläubiger während des Verfahrens die Einzelzwangsvollstreckung betreiben (*Balz/Landfermann* Begr.RegE S. 303). Die InsO stellt die gemeinschaftliche Befriedigung aller Gläubiger als Gesamtvollstreckungsverfahren in den Vordergrund. § 89 Abs. 1 InsO enthält daher ein allgemeines Vollstreckungsverbot für Insolvenzgläubiger. 1

Das in der Vorschrift geregelte Vollstreckungsverbot ergänzt zudem § 87 InsO, nach dem sämtliche Forderungen, auch die titulierten, nur nach den Vorschriften über das Insolvenzverfahren verfolgt werden können, also durch Anmeldung zur Insolvenztabelle gem. §§ 174 ff. InsO (vgl. *BGH* LM Nr. 5 zu § 146 KO; s. § 87 Rdn. 4). 2

II. Anwendungsbereich

Die Vorschrift ordnet ein allgemeines Vollstreckungsverbot für alle Insolvenzgläubiger nach § 38 InsO für die Zeit nach Verfahrenseröffnung an. Für Vollstreckungen in der Zeit davor, also auch während des vorläufigen Insolvenzverfahrens, findet § 88 InsO Anwendung. Ebenso wirkt das Vollstreckungsverbot auch für die nachrangigen Insolvenzgläubiger i.S.v. § 39 InsO (HK-InsO/*Kayser* § 89 Rn. 3). Ergänzt wird § 89 InsO durch § 90 InsO, der ein befristetes Vollstreckungsverbot für einen Teil der Massegläubiger begründet. 3

Das Verbot betrifft das **gesamte Vermögen** des Schuldners einschließlich der vom Insolvenzverwalter freigegebenen Gegenstände (*BGH* DB 2009, 842 m. Anm. *Kexel* EWiR 2009, 545) und ist, anders als § 88 InsO, nicht auf die Gegenstände der Insolvenzmasse beschränkt. 4

Auch eine Vollstreckung in **künftige Forderungen** auf Bezüge des Schuldners gem. Abs. 2 ist während des gesamten Verfahrens generell unzulässig. Diese künftigen Bezüge werden für die Rest- 5

werden auch der Rechtsnachfolger des Gläubigers, der Zessionar und der Pfandgläubiger der gesicherten Forderung erfasst (*Uhlenbruck/Mock* InsO, § 88 Rn. 46).

II. Rechtsbehelfe

32 Hebt das zuständige Vollstreckungsorgan die Vollstreckungsmaßnahme nicht auf, kann der Insolvenzverwalter den Wegfall des Sicherungsrechts mit der Erinnerung gem. § 766 ZPO geltend machen (HK-InsO/*Kayser* § 88 Rn. 45). Ein rechtliches Interesse an der förmlichen Aufhebung besteht insbesondere, wenn bei einer Forderungspfändung der Pfändungs- und Überweisungsbeschluss weiterhin Schutzwirkung zu Gunsten des Drittschuldners hat und der pfändende Gläubiger auch keine Verzichtserklärung nach § 843 ZPO abgibt (*LG Gera* ZVI 2007, 181).

III. Zuständigkeit

33 Da in § 88 InsO eine dem § 89 Abs. 3 Satz 1 InsO entsprechende Zuständigkeitsregelung fehlt, wären grds. die jeweiligen Vollstreckungsgerichte zuständig, im Falle einer Vollstreckung durch Finanzbehörden wäre der Finanzrechtsweg gegeben, im Falle einer Pfändung durch Vollstreckungsbehörden der Kommunen oder der Innenverwaltung der Verwaltungsrechtsweg und im Falle der Vollstreckung durch Sozialversicherungsbehörden der Sozialrechtsweg (so noch FK-InsO/*App* 7. Aufl. § 88 Rn. 21; *Uhlenbruck* InsO, 12. Aufl., § 88 Rn. 32). Dieses erscheint wenig praxistauglich, zumal bei Vollstreckungsverboten nach § 89 Abs. 3 InsO die Insolvenzgerichte zuständig wären und eine Sachnähe dieser Pfändungsverbote zur Rückschlagsperre bei Pfändungen ebenso besteht. Insofern wird § 89 Abs. 3 InsO für entsprechend anwendbar gehalten (*AG Hamburg* ZIP 2014, 1401; so auch HK-InsO/*Kayser* § 88 Rn. 46; K. Schmidt/*Keller* InsO, § 88 Rn. 46; *Jaeger/Henckel/Eckhardt* InsO, § 88 Rn. 73).

§ 89 Vollstreckungsverbot

(1) Zwangsvollstreckungen für einzelne Insolvenzgläubiger sind während der Dauer des Insolvenzverfahrens weder in die Insolvenzmasse noch in das sonstige Vermögen des Schuldners zulässig.

(2) ¹Zwangsvollstreckungen in künftige Forderungen auf Bezüge aus einem Dienstverhältnis des Schuldners oder an deren Stelle tretende laufende Bezüge sind während der Dauer des Verfahrens auch für Gläubiger unzulässig, die keine Insolvenzgläubiger sind. ²Dies gilt nicht für die Zwangsvollstreckung wegen eines Unterhaltsanspruchs oder einer Forderung aus einer vorsätzlichen unerlaubten Handlung in den Teil der Bezüge, der für andere Gläubiger nicht pfändbar ist.

(3) ¹Über Einwendungen, die auf Grund des Absatzes 1 oder 2 gegen die Zulässigkeit einer Zwangsvollstreckung erhoben werden, entscheidet das Insolvenzgericht. ²Das Gericht kann vor der Entscheidung eine einstweilige Anordnung erlassen; es kann insbesondere anordnen, dass die Zwangsvollstreckung gegen oder ohne Sicherheitsleistung einstweilen einzustellen oder nur gegen Sicherheitsleistung fortzusetzen sei.

Übersicht

	Rdn.			Rdn.
A. **Inhalt und Zweck der Vorschrift**	1	III.	Maßnahmen der Zwangsvollstreckung	20
I. Normzweck	1		1. Allgemeines	20
II. Anwendungsbereich	3		2. Vollstreckungen nach Abs. 1	22
B. **Vollstreckungsverbot**	7		3. Vollstreckung wegen anderer Ansprüche	25
I. Betroffene Gläubiger	7		4. Arrest	27
1. Insolvenzgläubiger	7		5. Geldstrafe und Erzwingungshaft	28
2. Aus- und Absonderungsberechtigte Gläubiger	10		6. Nicht erfasste Vollstreckungsmaßnahmen	40
3. Neugläubiger	11	C.	**Zwangsvollstreckung in künftige Forderungen**	45
4. Massegläubiger	13			
II. Betroffenes Vermögen	14			

Schuldners gegen den Drittschuldner, so entscheidet bzgl. dieser künftigen Ansprüche nicht der Zeitpunkt der Zustellung des Pfändungsbeschlusses, sondern der Zeitpunkt der Anspruchsentstehung, da das Pfändungspfandrecht nicht vor der Existenz des Pfandgegenstandes entstehen kann (*BGH* ZInsO 2008, 806; ZIP 1996, 2080; *BFH* ZIP 2005, 1182; *OLG Nürnberg* ZInsO 2014, 157; *OLG Frankfurt/M.* EWiR 2003, 873 m. Anm. *Dümig*). Bei der Sachpfändung ist Erwerbszeitpunkt der Zeitpunkt der Inbesitznahme durch den Gerichtsvollzieher bzw. Vollziehungsbeamten, und zwar auch im Falle der Anschlusspfändung. Ist eine Registereintragung zur Erlangung einer Sicherung erforderlich, wie bei einer Zwangssicherungshypothek, ist nach h.M. die Sicherung erst mit ihrer Grundbucheintragung und nicht etwa schon mit der erfolgten Antragstellung beim Grundbuchamt »erlangt«. Dies soll selbst dann gelten, wenn sämtliche Eintragungsvoraussetzungen bereits bei Antragstellung vorgelegen haben (*OLG Köln* ZIP 2010, 1763; *LG Berlin* ZIP 2001, 2293; *LG Bonn* ZIP 2004, 1374; *LG Nürnberg-Fürth* Rpfleger 2001, 410; MüKo-InsO/*Breuer* § 88 Rn. 31; HambK-InsO/*Kuleisa* § 88 Rn. 11). Nach diesseitiger Auffassung ist, wie sich aus der gesetzgeberischen Grundentscheidung in § 140 Abs. 2 InsO ergibt, Erwerbszeitpunkt der Zeitpunkt der Antragstellung unter der Voraussetzung, dass alle Eintragungserfordernisse vorliegen (so auch *Kübler/Prütting/Bork-Lüke* InsO, § 88 Rn. 17).

C. Rechtsfolgen der Rückschlagsperre

I. Unwirksamkeit der Sicherung

Die Sicherung wird mit der Verfahrenseröffnung **absolut unwirksam** (*BGH* DZWIR 2006, 343; MüKo-InsO/*Breuer* § 88 Rn. 32, 33; *Kübler/Prütting/Bork-Lüke* InsO, § 88 Rn. 19), soweit die Unwirksamkeit zum Schutze der Gläubigergemeinschaft erforderlich ist (*Uhlenbruck/Mock* InsO, § 88 Rn. 42 m.w.N.; für relative Unwirksamkeit *Grothe* KTS 2001, 205). Dagegen fällt die öffentlich-rechtliche Verstrickung nicht ipso iure weg (*BGH* ZIP 1980, 24 zu § 28 VerglO). Das Pfändungspfandrecht erlischt im Falle der Pfändung von beweglichen Sachen und Forderungen, während die Verstrickung weiterhin bestehen bleibt (MüKo-InsO/*Breuer* § 88 Rn. 32; s.a. *BGH* ZIP 1980, 24 zu § 28 VerglO), bis die Pfändung von dem zuständigen Vollstreckungsorgan von Amts wegen oder auf Antrag des Insolvenzverwalters aufgehoben wird. Die Rückschlagsperre tritt unabhängig davon ein, ob der Gläubiger von der Absicht des Schuldners, einen Insolvenzantrag zu stellen, Kenntnis hatte. Ein Schutz des guten Glaubens ist ausgeschlossen (HK-InsO/*Kayser* § 88 Rn. 34; MüKo-InsO/*Breuer* § 88 Rn. 35). Die Rückschlagsperrfrist trifft auch Rechtsnachfolger des Gläubigers, so die Erben, den Zessionar und den Pfandgläubiger der gesicherten Gläubigerforderung. 30

Bei der Zwangssicherungshypothek führt die Rückschlagsperre nicht zur Entstehung einer Eigentümergrundschuld (*BGH* DZWIR 2006, 345 m. Anm. *App*; *OLG Brandenburg* ZInsO 2010, 2097). In diesem Fall ist das Grundbuch zwar unrichtig. Ein Amtswiderspruch oder eine Berichtigung des Grundbuchs von Amts wegen scheidet aus, da die Eintragung verfahrensfehlerfrei erfolgt ist (*K. Schmidt/Keller* InsO, § 88 Rn. 51). Der Insolvenzverwalter hat die Möglichkeit, beim Grundbuchamt die Berichtigung des Grundbuchs nach § 13 GBO zu beantragen. Dazu braucht er dem Grundbuchamt lediglich die Unrichtigkeit des Grundbuchs nachzuweisen (§§ 22, 29 GBO; *BGH* ZIP 2012, 1767; *OLG München* ZIP 2012, 382). Wenn alle maßgeblichen Umstände durch Urkunden nachweisbar sind, bedarf es dazu keiner Mitwirkung des betroffenen Gläubigers (*BGH* ZIP 2012, 1767; **a.A.** noch Vorinstanz *OLG Stuttgart* ZIP 2011, 1876, wonach der Insolvenzverwalter eine Löschungsbewilligung des früheren Inhabers der Zwangshypothek und außerdem sogar noch die Zustimmung des Grundstückseigentümers beibringen müsse; dagegen zu Recht *OLG Stuttgart* EWiR 2012, 2 m. Anm. *Lau*). Das bloße Einreichen des Insolvenzeröffnungsbeschlusses bei Gericht reicht zumindest dann nicht aus, wenn das Datum des Insolvenzantrages nicht genannt ist oder wenn zwischen der Eintragung der Vormerkung und der Eröffnung des Insolvenzverfahrens mehr als ein Monat liegt (vgl. *BGH* ZInsO 2012, 1767; *OLG Hamm* ZInsO 2014, 150). Bei Freigabe des belasteten Grundstücks soll nach *BGH* (ZIP 2006, 479 = DZWIR 2006, 343) die durch Rückschlagsperre erloschene Zwangshypothek wieder aufleben, falls sie als Buchposition erhalten geblieben ist (dazu auch *Alff/Hintzen* ZInsO 2006, 481 und *Keller* ZIP 2006, 1174). Von der Rückschlagsperre 31

3. Dreimonatsfrist im Verbraucherinsolvenzverfahren (Abs. 2)

25 Im Verbraucherinsolvenzfahren beträgt die Frist der Rückschlagsperre zum Schutze des Schuldners drei Monate (§ 312 Abs. 1 Nr. 3 InsO). Der Gesetzgeber hat in dem Gesetz zur Verkürzung des Restschuldbefreiungsverfahrens und zur Stärkung der Gläubigerrechte vom 15.07.2013 (BGBl. I S. 2379), das zum 01.07.2014 in Kraft tritt, die §§ 312–314 InsO gestrichen, ergänzt aber den § 88 um einen zweiten Absatz, der die Regelung des bisherigen § 312 Abs. 1 Nr. 3 sinngemäß übernimmt. Art. 103h EGInsO bestimmt, dass auf alle vor dem 01.07.2014 beantragten Insolvenzverfahren die bis dahin geltenden gesetzlichen Vorschriften anzuwenden sind. Für die lediglich systematisch umgestellte Dreimonatsfrist hat es keine praktischen Auswirkungen. Der Gesetzgeber hat die bereits mit dem InsO-ÄndG vom 20.10.2001 (BGBl. I S. 2710) eingeführte Erweiterung der Monatsfrist auf drei Monate für Verbraucherinsolvenzen, die seit dem 01.12.2001 galt, beibehalten. Nach dem Willen des Gesetzgebers soll die Ausdehnung der Rückschlagsperre auf einen Zeitraum von drei Monaten vor einem Antrag nach § 305 InsO, die bislang in § 312 Abs. 1 Satz 3 InsO geregelt war, Störungen des außergerichtlichen Einigungsversuchs durch den Vollstreckungszugriff einzelner Gläubiger unterbinden. Die Dreimonatsfrist orientiert sich an § 131 Abs. 1 Nr. 2 und 3 InsO, die für eine inkongruente Deckung darauf abstellen, ob die inkriminierte Rechtshandlung innerhalb des zweiten oder dritten Monats vor dem Eröffnungsantrag vorgenommen wurde. Eine Anpassung der Rückschlagsperre an diese Frist erscheint gerechtfertigt, da sowohl § 88 InsO als auch die §§ 129 ff. InsO die Gläubigergesamtheit schützen und dem Grundsatz der Gleichbehandlung bereits in der Zeit der Krise vor Verfahrenseröffnung Rechnung tragen sollen. Gegenüber der Anfechtung hat die erweiterte Rückschlagsperre zudem den Vorteil, dass ein möglicherweise langwieriger Rechtsstreit vermieden wird (Begr. RegE BT-Drucks. 467/12 v. 10.08.2012).

26 Die Rückschlagsperre wird auch durch einen zunächst aus verfahrensrechtlichen Gründen unzulässigen Eröffnungsantrag ausgelöst, sofern dieser zur Verfahrenseröffnung führt (*BGH* ZIP 2011, 1372). Die Verlängerung der Rückschlagsperre greift selbst dann, wenn ein außergerichtliches Schuldenbereinigungsverfahren nicht durchgeführt wurde (*BGH* ZIP 2011, 1372).

27 Geht dem Eröffnungsantrag des Schuldners ein Gläubigerantrag voraus, beträgt auch in diesem Fall die Frist drei Monate (§ 306 Abs. 3 Satz 3, § 305 Abs. 3 Satz 3 InsO), da der Schuldner zunächst Gelegenheit erhält, selbst einen Insolvenzantrag zu stellen und sich um eine außergerichtliche Einigung zu bemühen (*BGH* ZIP 2011, 1372). Wird dagegen die Frist versäumt, führt der Eröffnungsantrag wegen der Rücknahmefiktion nicht zur Verfahrenseröffnung und kann die Rückschlagsperre nicht auslösen.

28 Wegen der Berechnung der Frist gelten keine Besonderheiten. Es wird auf die Rdn. 21 f. verwiesen.

4. Maßgeblicher Zeitpunkt

29 Maßgeblich für das, was in die Rückschlagsperrfrist fällt, ist der **Erwerbszeitpunkt**. Es kann nicht etwa ganz allgemein auf den Zeitpunkt der Vollstreckungshandlung abgestellt werden (MüKo-InsO/*Breuer* § 88 Rn. 29). Es kommt vielmehr darauf an, wann die Sicherung der Einzelzwangsvollstreckungsmaßnahme erlangt worden ist, wie aus dem Wortlaut von § 88 InsO folgt. Ein den Gläubiger sicherndes Pfändungspfandrecht bei der Forderungspfändung entsteht nicht bereits mit dem Erlass des Pfändungsbeschlusses, sondern erst mit dessen Zustellung an den Drittschuldner (§ 829 Abs. 2 Satz 1, Abs. 3 ZPO); die Vorpfändung gem. § 845 ZPO genügt nicht (HambK-InsO/*Kuleisa* § 88 Rn. 10 m.w.N.). Dies gilt auch dann, wenn der Gläubiger selbst Drittschuldner ist (*RG* JW 1938, 2400). War der Pfändungsbeschluss auf Erinnerung aufgehoben worden, ohne dass das Rechtsmittelgericht die Vollziehung seiner Entscheidung bis zum Ablauf der Beschwerdefrist (§§ 793, 577 Abs. 2 ZPO) oder bis zur anderweitigen Anordnung ausgesetzt hatte, so erlangt der Gläubiger, wenn das Rechtsmittelgericht den amtsgerichtlichen Pfändungsbeschluss wiederherstellt, ein Pfandrecht erst mit erneuter Pfändung, denn die Aufhebung einer Vollstreckungsmaßnahme wird regelmäßig sofort wirksam (*BGH* KTS 1977, 40). Erstreckt sich die Pfändung – wie vor allem bei Lohn-, Miet- und Kontenpfändungen häufig – auch auf künftige Ansprüche des

ses Zeitraums einen Antrag auf Eröffnung des Insolvenzverfahrens stellt und auf diesen – wenn auch zunächst mangelhaften oder beim unzuständigen Gericht angebrachten Antrag das Insolvenzverfahren eröffnet wird. Erst wenn die Zeit von einem Monat abgelaufen ist, ohne dass ein Insolvenzantrag gestellt wurde, der zur Eröffnung eines Verfahrens führte, erlangt der Vollstreckungsgläubiger eine durch § 88 InsO nicht mehr bedrohte Stellung aus dem Pfändungspfandrecht.

2. Berechnung der Frist

Sowohl die Einmonatsfrist als auch die Dreimonatsfrist nach § 312 Abs. 1 Satz 2 InsO **beginnen mit dem Anfang des Tages**, der durch seine Benennung dem Tag entspricht, an dem der Antrag auf Eröffnung des Insolvenzverfahrens – gleich ob eines Gläubigers oder des Schuldners selbst – beim Insolvenzgericht eingegangen ist (§ 139 Abs. 1 Satz 1 InsO). Nicht maßgeblich sind der Tag der Absendung des Insolvenzantrags durch den Antragsteller oder die Datumsangabe auf der Insolvenzantragsschrift. Auch der Eingangsstempel des Insolvenzgerichts erbringt keinen unwiderlegbaren Beweis. 21

Falls der Antrag auf Eröffnung des Insolvenzverfahrens z.B. am 26. Juli beim Insolvenzgericht eingegangen ist, beginnt die für die Rückschlagsperre maßgebliche Monatsfrist am 26. Juni, und zwar um Null Uhr dieses Tages; die Dreimonatsfrist beginnt am 26. April um Null Uhr. Hatte also der mit Vollstreckungsauftrag ausgestattete Vollziehungsbeamte des Finanzamts bei Vorsprache in einer Nachtbar am 26. Juni um 0.15 Uhr Sachen gepfändet, so wird diese Pfändung unwirksam. Hatte der Vollziehungsbeamte hingegen die Pfändung bereits am 25. Juni um 23.45 Uhr ausgeführt, bleibt sie wirksam. Von der exakten Datierung durch das zuständige Vollstreckungsorgan kann also für den Gläubiger viel abhängen. 22

Bei der Fristberechnung kann der Fall eintreten, dass es das für den Fristbeginn maßgebliche Datum überhaupt nicht gibt, z.B. den 31. Juni bei der Errechnung der Monatsfrist in dem Fall, dass der Insolvenzantrag am 31. Juli beim Insolvenzgericht eingegangen ist. Für einen solchen Fall schreibt das Gesetz vor, dass die Frist mit dem Beginn des auf den im Kalender fehlenden Tag folgenden Tages beginnt (§ 139 Abs. 1 Satz 2 InsO); das wäre hier Null Uhr des 1. Juli. Im Fall des Eingangs des Insolvenzantrags beim Insolvenzgericht an einem 29. März hängt der Beginn der Monatsfrist davon ab, ob es sich bei dem betreffenden Jahr um ein Schaltjahr handelt: In diesem Fall beginnt die Monatsfrist um Null Uhr des 29. Februar, sonst um Null Uhr des 1. März. Dasselbe gilt für die Dreimonatsfrist bei Insolvenzanträgen, die an einem 29. Mai beim Insolvenzgericht eingegangen sind. 23

Falls – was in der Praxis nicht selten ist – gegen den Schuldner **mehrere Insolvenzanträge** gestellt worden sind, ist für die Berechnung der Monatsfrist der erste beim Insolvenzgericht eingegangene Insolvenzantrag entscheidend, der zulässig und begründet gewesen war, was der Insolvenzverwalter zu beweisen hat (*Uhlenbruck/Mock* InsO, § 88 Rn. 28), gleich, auf Grund welches der Insolvenzanträge das Gericht das Insolvenzverfahren eröffnet hat (§ 139 Abs. 2 Satz 1 InsO). Unbeachtlich ist ein früher gestellter Insolvenzantrag indessen, wenn er rechtskräftig abgewiesen wurde (§ 139 Abs. 2 Satz 1 InsO), es sei denn, dass der Insolvenzantrag mangels Masse abgewiesen wurde (§ 139 Abs. 2 Satz 2 InsO i.V.m. § 26 Abs. 1 Satz 1 InsO); desgleichen ist ein früherer Insolvenzantrag unbeachtlich, wenn ihn der Gläubiger zurückgenommen oder z.B. nach Zahlung für erledigt erklärt hat (vgl. *Uhlenbruck/Hirte* InsO, § 139 Rn. 12 m.w.N.). Nach *BGH* (ZIP 2009, 921) soll ein für erledigt erklärter Insolvenzantrag allerdings dann für die Fristberechnung maßgeblich bleiben, wenn trotz der Erledigungserklärung die Antragsvoraussetzungen weiter bestehen. Der Antrag auf Eröffnung des Insolvenzverfahrens ist maßgeblich nur dann, wenn er zur **Eröffnung** des Insolvenzverfahrens **geführt** hat. Ohne Bedeutung ist, ob der Antrag vollständig oder zunächst mangelhaft war und ob er zunächst bei einem unzuständigen Gericht gestellt worden war (*BGH* ZIP 2011, 1372; *BayObLG* NZI 2000, 427 und *BayObLG* NZI 2000, 371, dazu *Keller* ZIP 2000, 1324). Die Bestimmung von § 88 InsO stellt schlicht auf die Stellung des Insolvenzantrags ab und verlangt nicht, dass dieser nach Form und Inhalt den in § 14 InsO zwingend vorgeschriebenen Anforderungen entspricht. 24

ausnehmen wollte, auch wenn der Gesetzeszweck hierfür einschlägig gewesen wäre (rechtspolitische Kritik daran bei MüKo-InsO/*Breuer* § 88 Rn. 10). Allerdings kann eine dadurch erlangte Befriedigung nach § 130 Abs. 1 Nr. 1 InsO der Insolvenzanfechtung unterliegen, wenn der Schuldner bei Wegnahme des Geldes bereits zahlungsunfähig war und der Pfändende zu dieser Zeit die Zahlungsunfähigkeit kannte.

3. Zwangssicherungen

17 Durch Zwangsvollstreckung erlangte Sicherungen bilden namentlich die Pfändungspfandrechte an beweglichen Sachen, Forderungen und sonstigen Vermögensrechten (§§ 804, 829 ff., 857 ff., 886 ZPO; HK-InsO/*Kayser* § 88 Rn. 20 m.w.N.), auch Arrestpfandrechte an Gegenständen des beweglichen Vermögens sowie an registrierten Schiffen und an Schiffsbauwerken (§§ 930 ff. ZPO), wie an der in der Luftfahrzeugrolle eingetragenen Luftfahrzeugen (§ 99 Abs. 2 LuftRG). Hinzu treten Zwangs- und Arresthypotheken (§§ 886 ff., 932 ZPO; *Vallender* ZIP 1997, 1993). Zu nennen ist ferner die Zwangssicherung, die sich im Liegenschaftsvollstreckungsrecht der Zwangsversteigerung und Zwangsverwaltung mit dem Eintritt der Beschlagnahme (§§ 20 ff., 146, 148, 162, 165, 171a, 171c ZVG) ergibt. Schließlich gehören die Sicherungen die im Wege einer Zwangsvollstreckung im Grundbuch, Schiffs-, Schiffsbauregister und Register für Pfandrechte an Luftfahrzeugen eingetragenen Zwangsvormerkungen (§§ 941 ff. ZPO, § 99 Abs. 1 LuftRG) dazu. Gleiches gilt für die Eintragung der gem. § 895 ZPO als bewilligt anzusehenden Vormerkungen (*BGH* NJW 1999, 3122; ZIP 2000, 931). Nicht darunter fallen hingegen die auf Grund von Schuldtiteln gegen die Richtigkeit des Grundbuchs oder der vorbezeichneten Register eingetragenen Widersprüche, weil sie lediglich eine zu Gunsten des Gläubigers bereits bestehende dingliche Rechtslage schützen sollen (MüKo-InsO/*Breuer* § 88 Rn. 20). Auch die durch einstweilige Verfügung ausgesprochenen Erwerbsverbote scheiden hier aus, weil sie noch vorhandenes Grundeigentum des Antragstellers sichern sollen.

4. Zwangsdeckung nach Anfechtungsgesetz

18 Eine im Wege der Gläubigeranfechtung (§§ 3–6 AnfG) während der Rückschlagsperrfrist erlangte Zwangsdeckung, die aus Gegenständen erwirkt ist, die der Schuldner aus seinem Vermögen veräußert, weggegeben oder aufgegeben hat und die nach § 11 Abs. 1 AnfG als noch zu demselben gehörig anzusehen sind, ist kein Zwangserwerb i.s.v. § 88 InsO, weil ein Unwirksamwerden der Sicherung oder eine Erstattung der Befriedigung, die der Gläubiger von dem Anfechtungsgegner erlangt hat, dem Schuldner nicht zu Gute kommen kann, da dieser selbst sich nicht dem Anfechtungsgegner gegenüber auf die Unwirksamkeit der nur zu Gunsten seiner Gläubiger anfechtbaren Rechtshandlung berufen kann (§§ 1, 2 AnfG). Der Erwerb des Gläubigers beim Anfechtungsgegner fällt mithin nicht in die Rückschlagsperre. Doch muss sich der Gläubiger – im Hinblick auf § 11 Abs. 1 AnfG – in entsprechender Anwendung von § 52 InsO als Ausfallgläubiger behandeln lassen.

IV. Die Monatsfrist für die Rückschlagsperre

1. Materielle Frist

19 Die Rückschlagsperre greift im Regelinsolvenzverfahren nur ein, wenn die Vollstreckungsmaßnahme im letzten Monat vor Insolvenzantragstellung oder danach erfolgte. Im Verbraucherinsolvenzverfahren beträgt die Frist 3 Monate (Abs. 2).

20 Ihrer Rechtsnatur nach ist die Sperrfrist von § 88 InsO keine prozessrechtliche Ausschlussfrist, sondern eine **materiell-rechtliche Frist**. Es handelt sich bei der Frist, die mit der Verfahrenseröffnung endet und einen Monat vor der Stellung des Antrags auf Eröffnung des Insolvenzverfahrens beginnt, um eine Zeitspanne, die verstrichen sein muss, damit die durch Zwangsvollstreckungen erlangte Rechtsstellung bestehen bleibt. Die Sperrfrist ist ein »zeitliches Tatbestandsmoment für das Unwirksamwerden oder Unwirksamsein einer Rechtshandlung« (so *RG* RGZ 131, 201). Jedes durch einen Vollstreckungszugriff oder einen Arrestvollzug erlangte Pfändungspfandrecht ist einen Monat lang von den Wirkungen der Rückschlagsperre bedroht, wenn der Vollstreckungsschuldner innerhalb die-

werb, nicht aber die im Falle des § 895 ZPO als bewilligt geltende Vormerkung genannt. Doch besteht kein innerer Grund, diese anders zu behandeln.

III. Betroffene Zwangsvollstreckungsmaßnahmen

1. Allgemeines

Zwangsvollstreckung i.S.v. § 88 InsO ist jeder auf Sicherstellung des Gläubigers hinzielende Akt, der in einem an bestimmte Voraussetzungen geknüpften Verfahren unter Androhung oder Anwendung von Zwangsmitteln gegen den Schuldner vorgenommen wird, gleichgültig, ob im Inland oder im Ausland (vgl. *Uhlenbruck/Mock* InsO, § 88 Rn. 14 m.w.N.). Nicht von der Rückschlagsperre betroffen sind – rechtspolitisch wenig befriedigend – **freiwillig gewährte Sicherungen**, d.h. solche, die nicht durch Zwangsvollstreckung erlangt sind (*Uhlenbruck/Mock* InsO, § 88 Rn. 23; HK-InsO/*Kayser* § 88 Rn. 17). Dies auch dann nicht, wenn sie nach dem Beginn einer Zwangsvollstreckung gewährt werden (HambK-InsO/*Kuleisa* § 88 Rn. 7 m.w.N., der jedoch eine Ausnahme in dem Fall machen möchte, in dem der Schuldner zur Abwendung einer Zwangsvollstreckung an den Gerichtsvollzieher geleistet hat und dieser den gezahlten Betrag noch nicht an den Gläubiger abgeführt hat). 12

Auch der Vollzug eines Arrestes und einer einstweiligen Verfügung gilt als Zwangsvollstreckung (so auch *BGH* NJW 1999, 3122 für eine in Vollziehung einer einstweiligen Verfügung eingetragenen Vormerkung); insoweit ist eine ergänzende Auslegung von § 88 InsO am Platze (so zutr. HambK-InsO/*Kuleisa* § 88 Rn. 5). Doch trifft die Rückschlagsperre nicht nur den Erwerb in den Formen der zivilprozessualen Zwangsvollstreckung einschließlich der Zwangsversteigerung und Zwangsverwaltung von Gegenständen des unbeweglichen Vermögens, sondern auch den Erwerb im Wege der Verwaltungsvollstreckung oder der Vollstreckung verwaltungsgerichtlicher, finanzgerichtlicher oder sozialgerichtlicher Titel. Ohne Bedeutung ist die Art des Vollstreckungstitels (HK-InsO/*Kayser* § 88 Rn. 17). Auch Vollstreckungen auf Grund eines gerichtlichen Vergleichs oder einer vollstreckbaren Urkunde unterfallen § 88 InsO. 13

Nach *LG Köln* ZIP 2006, 2059 soll auch die Beschlagnahme von Vermögenswerten im Rahmen der Rückgewinnungshilfe nach §§ 111b ff. StPO mit Eröffnung des Insolvenzverfahrens über das Vermögen des Inhabers der beschlagnahmten Gegenstände unwirksam werden (zu diesem Problemkreis s.a. § 80 Rdn. 66 und § 87 Rdn. 7; ausf. *Rönnau* ZInsO 2012, 509). 14

Dagegen bleiben solche Maßnahmen, die lediglich der Vorbereitung der Vollstreckung dienen, wie die Erteilung einer Vollstreckungsklausel oder Vollstreckbarkeitserklärungen auch innerhalb der Monatsfrist wirksam (MüKo-InsO/*Breuer* § 88 Rn. 19). 15

2. Befriedigung durch Zwangsvollstreckung

Anders als § 28 Abs. 1 Satz 2 VerglO erstreckt § 88 InsO die Rückschlagsperre nicht ausdrücklich auf Zwangsvollstreckungsmaßnahmen, die unmittelbar zur **Befriedigung** des Vollstreckungsgläubigers geführt haben (MüKo-InsO/*Breuer* § 88 Rn. 18; *LG Paderborn* EWiR 2002, 528 m. Anm. *Krumm*) wie namentlich die Wegnahme von Geld durch den Gerichtsvollzieher (§ 815 Abs. 3 ZPO); auch bei der Überweisung einer gepfändeten Forderung an den Gläubiger an Zahlungs statt (§ 835 Abs. 2 ZPO) gilt der Gläubiger, soweit die Forderung besteht, als befriedigt (*BGH* ZIP 1995, 480). Ob die Vollstreckungsmaßnahme zur Befriedigung des Gläubigers geführt hat, d.h. zur Erfüllung der Vollstreckungsforderung, hängt von dem Vollstreckungstitel ab: Ist beispielsweise der Schuldner zur Bestellung einer Hypothek verurteilt worden, so tritt mit der Eintragung dieser Hypothek in das Grundbuch die Befriedigung des Gläubigers ein, ist der Schuldner hingegen zu einer Zahlung verurteilt worden und erwirkt der Gläubiger auf Grund des Zahlungstitels die Eintragung einer Zwangshypothek, so handelt es sich um eine bloße Sicherung (*Uhlenbruck/Mock* InsO, § 88 Rn. 24 m.w.N.). Ob bzgl. der Nichteinbeziehung der Befriedigung durch Vollstreckungsmaßnahmen in den gesetzlichen Tatbestand der Rückschlagsperre ein Redaktionsversehen des Gesetzgebers vorlag, ist fraglich, da sich dieser bewusst an § 28 VerglO orientiert hat; darum ist anzunehmen, dass er die unmittelbar zur Befriedigung führende Zwangsvollstreckung gezielt von der Rückschlagsperre 16

B. Voraussetzungen der Rückschlagsperre

I. Insolvenzgläubiger

6 Betroffen von der Rückschlagsperre sind nach dem eindeutigen Gesetzeswortlaut **nur Insolvenzgläubiger**, und zwar auch nachrangige i.S.v. § 39 InsO (*Uhlenbruck/Mock* InsO, § 88 Rn. 5).

7 Vollstreckungsmaßnahmen anderer Gläubiger, namentlich der Aussonderungsberechtigten und der Absonderungsberechtigten wie auch der Massegläubiger, bleiben mithin wirksam (HK-InsO/*Kayser* § 88 Rn. 11; *Wieser* KKZ 2000, 53), vorausgesetzt, die Vollstreckungsmaßnahmen betrafen das dingliche Recht (MüKo-InsO/*Breuer* § 88 Rn. 13). Sind sie demgegenüber persönliche Gläubiger des Schuldners, greift weiter § 88 InsO ein (HK-InsO/*Kayser* § 88 Rn. 11). Voraussetzung ist immer, dass sie in den Gegenstand vollstreckt hatten, der dem Aussonderungs- bzw. Absonderungsrecht unterlag und sie wegen des Anspruchs vollstreckt hatten, auf den sich das Recht zur Aussonderung bzw. zur abgesonderten Befriedigung gründete. Ein Absonderungsrecht gewährt auch das durch Zwangsvollstreckung oder im Wege der Verwaltungsvollstreckung erlangte Pfändungspfandrecht (§ 50 Abs. 1 InsO). War also die Pfändung vor dem letzten Monat vor dem Antrag auf Eröffnung des Insolvenzverfahrens bewirkt worden, so kann der Gläubiger bis zur Eröffnung des Insolvenzverfahrens die Vollstreckung weiter betreiben, also die Pfandsache abholen (lassen) und sie durch öffentliche Versteigerung verwerten. Danach hängt seine Verwertungsbefugnis davon ab, ob er die Pfandsache (vermittelt durch den Gerichtsvollzieher) in seinem Besitz hat (§ 166 Abs. 1 InsO). So zu Recht auch *Uhlenbruck* InsO, 12. Aufl., § 88 Rn. 5 m.w.N.

8 § 88 InsO findet keine Anwendung auf Vollstreckungsmaßnahmen von Gläubigern wegen Forderungen aus dem Insolvenzeröffnungsverfahren, die gem. § 55 Abs. 2 InsO Masseverbindlichkeiten darstellen (MüKo-InsO/*Breuer* § 88 Rn. 13; HK-InsO/*Kayser* § 88 Rn. 12).

II. Betroffenes Vermögen

9 Von der Rückschlagsperre erfasst werden nur Zwangsvollstreckungsmaßnahmen, die das zur Insolvenzmasse gehörende Vermögen (§§ 35–37 InsO) berühren. Dazu zählt auch das Auslandsvermögen des Schuldners (*Uhlenbruck/Mock* InsO, § 88 Rn. 10). Dagegen sind Vollstreckungsmaßnahmen in den erweitert pfändbaren Teil des Arbeitseinkommens (§§ 850d, 850f Abs. 2 ZPO) wegen Unterhaltsansprüchen oder solchen aus deliktischer Haftung nicht betroffen (MüKo-InsO/*Breuer* § 88 Rn. 15), in den Bundesländern Nordrhein-Westfalen, Rheinland-Pfalz und Schleswig-Holstein auch wegen Zwangsgeldern, Geldbußen und Ordnungsgeldern (§ 48 Abs. 1 Satz 3 VwVG NRW, § 55 Abs. 1 Satz 2 LVwVG Rh.-Pf. und § 310 Satz 2 LVwG S-H). Dies ergibt sich aus einem Erst-recht-Schluss aus § 89 Abs. 2 Satz 2 InsO; außerdem würde die Rückschlagsperre in diesem Fall ohnehin nicht der Insolvenzmasse zu Gute kommen. Im Insolvenzverfahren über einen Nachlass oder über das Gesamtgut einer fortgesetzten Gütergemeinschaft wird nur das Sondervermögen von der Rückschlagsperre erfasst (HK-InsO/*Kayser* § 88 Rn. 16).

10 Die Rückschlagsperre trifft nur den Zugriff auf Vermögen des Schuldners, nicht eines mithaftenden Dritten, und nur den Zugriff auf solche Gegenstände des Schuldners, die zu dem Vermögen gehören oder gehört haben, über das das Verfahren eröffnet wird (*Uhlenbruck/Mock* InsO, § 88 Rn. 12). Diese Beschränkung der Rückschlagsperre ist namentlich bei Sonderinsolvenzverfahren zu beachten.

11 Gehört der Gegenstand der Zwangsvollstreckung nicht dem Schuldner, sondern einem Dritten, ist aber der Erwerb des Gegenstandes oder einer Sicherung an demselben seitens des Gläubigers dem Dritten gegenüber wirksam, so ist zu unterscheiden: Der geschilderte Erwerb, der sich nach §§ 894, 895 ZPO vollzieht, ist ein rechtsgeschäftlicher Erwerb, denn der richterliche Akt ersetzt eine Willenserklärung. Auf diesen Erwerb sind daher auch die Vorschriften über den Erwerb kraft guten Glaubens anzuwenden (§ 898 ZPO). Maßgebend ist hierbei der gute Glaube des Gläubigers im Zeitpunkt der Vollendung des Rechtserwerbs. Auf ein Wissen des Gerichtsvollziehers kommt es im Falle des § 897 ZPO nicht an, da dieser nicht als Vertreter des Gläubigers handelt (*RG* RGZ 90, 193). Nun ist in der Bestimmung des § 898 ZPO nur der sich nach §§ 894, 897 ZPO vollziehende Er-

A. Inhalt und Zweck der Vorschrift

I. Normzweck

Die Vorschrift erklärt durch Zwangsvollstreckung erlangte Sicherungen für unwirksam, wenn sie in einer kritischen Periode vor der Verfahrenseröffnung begründet worden sind (*Balz/Landfermann* Begr.RegE S. 302). **1**

Die Vorschrift ergänzt das Recht der Insolvenzanfechtung und soll die Anreicherung der Insolvenzmasse sichern. Sie bezweckt nicht den Schutz des Insolvenzschuldners, sondern die Erhaltung des Massebestandes zu Gunsten der Gläubiger (*BGH* DZWIR 2006, 345 m. Anm. *App*). Der Grundsatz der Gläubigergleichbehandlung wird zwar durch diese Vorschrift gestärkt, unterliegt aber insofern Einschränkungen, als nur vollstreckungsrechtliche, nicht jedoch rechtsgeschäftliche Sicherungen erfasst werden (vgl. MüKo-InsO/*Breuer* § 88 Rn. 10). Für eine ersatzlose Streichung der Vorschrift wegen nicht zu rechtfertigender Schlechterstellung der Vollstreckungsgläubiger gegenüber anderen Gläubigern tritt *Marotzke* (DZWIR 2007, 265 [267]) ein. **2**

Seinerseits ergänzt wird § 88 InsO durch § 110 Abs. 2 Satz 2 InsO, der Mietforderungen, und durch § 114 Abs. 3 InsO, der Arbeitseinkommen betrifft. Der Gläubiger erlangt bei einer außerhalb der Rückschlagsperrfrist ausgebrachten Miet- oder Lohnpfändung zwar ein Pfändungspfandrecht, doch ist die Wirksamkeit der Pfändung zeitlich beschränkt (s. dazu die Kommentierungen von § 110 und § 114 InsO). Das Gesetz zur Verkürzung des Restschuldbefreiungsverfahrens und zur Stärkung der Gläubigerrechte vom 15.07.2013 (BGBl. I S. 2379), das zum 01.07.2014 in Kraft tritt, sieht eine Streichung des § 114 InsO zur Verbreiterung der Insolvenzmasse wegen der Verkürzung der Dauer des Restschuldbefreiungsverfahrens (3 Jahre) vor. **3**

II. Wirkung der Rückschlagsperre

Die Unwirksamkeit tritt **mit absoluter Wirkung** (*BGH* DZWIR 2006, 343; HK-InsO/*Kayser* § 88 Rn. 3 m.w.N.) mit Beginn des Verfahrens und unabhängig von der Geltendmachung durch den Insolvenzverwalter oder den Schuldner ein; solange indes ein Rechtsstreit über die Wirksamkeit des Eröffnungsbeschlusses schwebt, bleibt das Sicherungsrecht bis zur abschließenden Entscheidung bestehen (HambK-InsO/*Kuleisa* § 88 Rn. 13). Der von der **Rückschlagsperre** betroffene Gläubiger nimmt ohne Rücksicht auf die erlangte Sicherung oder Befriedigung mit der vollen Höhe seiner Insolvenzforderung am Verfahren teil. Er ist voll stimmberechtigt und wird wegen seiner ganzen Forderung vom Insolvenzverfahren betroffen. Das Institut der Rückschlagsperre vermeidet Beweisschwierigkeiten hinsichtlich des Eintritts der Krise, indem Satz 1 einen Anfangszeitpunkt festlegt, von dem aus der Beginn der Sperrfrist zu berechnen ist. Da dieser Zeitpunkt, wie auch der Zeitpunkt der in Frage stehenden Vollstreckungsmaßnahme ebenso leicht wie eindeutig feststellbar ist, schließt das Gesetz hinsichtlich der Zeitfrage jeden Streit über den Kreis der Gläubiger, die von der Rückschlagsperre betroffen werden, aus. **4**

III. Anwendungsbereich

§ 88 InsO gilt auch in Insolvenzverfahren, die in Eigenverwaltung des Schuldners gem. §§ 270 ff. InsO durchgeführt werden und im Verbraucherinsolvenzverfahren. Im Verbraucherinsolvenzverfahren beträgt die Rückschlagsperrfrist an Stelle nur eines Monats drei Monate (§ 312 Abs. 1 Nr. 3 InsO). Das Gesetz zur Verkürzung des Restschuldbefreiungsverfahrens und zur Stärkung der Gläubigerrechte vom 15.07.2013 (BGBl. I S. 2379), das zum 01.07.2014 in Kraft tritt, sieht eine Streichung der §§ 312–314 InsO vor und ergänzt den § 88 um einen zweiten Absatz, der die Regelung des bisherigen § 312 Abs. 1 Nr. 3 sinngemäß übernimmt. **5**

raus, dass die Finanzbehörde die Möglichkeit haben muss, die im Prüfungstermin erhobenen Widersprüche zu berücksichtigen, soweit sie sie nunmehr für gerechtfertigt hält.

29 Der Feststellungsbescheid ist **Verwaltungsakt**; er bedarf der Schriftform (§ 251 Abs. 3 AO), die gem. § 87a Abs. 4 Satz 1 AO durch die elektronische Form ersetzt werden kann. Als schriftlicher Verwaltungsakt muss er die erlassende Behörde erkennen lassen und die Unterschrift oder die Namenswiedergabe des Behördenleiters, seines Vertreters oder seines Beauftragten enthalten (§ 119 Abs. 3 AO).

30 **Adressat** des Feststellungsbescheids nach § 251 Abs. 3 AO ist der Widersprechende oder sind die Widersprechenden.

31 Mit Bestandskraft des Feststellungsbescheids kann die Finanzbehörde in entsprechender Anwendung von § 183 Abs. 2 InsO die Berichtigung der Tabelle erwirken, die rein deklaratorisch wirkt (HambK-InsO/*Herchen* § 183 Rn. 7) und gegen die ein Rechtsmittel nicht gegeben ist (HambK-InsO/*Herchen* § 183 Rn. 8). Sie kann nunmehr Befriedigung aus der Masse erreichen. Dies setzt voraus, dass die Finanzbehörde gegenüber sämtlichen Widersprechenden Feststellungsbescheide erwirken muss.

32 Gegen den Feststellungsbescheid kann jeder Adressat Einspruch erheben (§ 347 AO).

§ 88 Vollstreckung vor Verfahrenseröffnung

(1) Hat ein Insolvenzgläubiger im letzten Monat vor dem Antrag auf Eröffnung des Insolvenzverfahrens oder nach diesem Antrag durch Zwangsvollstreckung eine Sicherung an dem zur Insolvenzmasse gehörenden Vermögen des Schuldners erlangt, so wird diese Sicherung mit der Eröffnung des Verfahrens unwirksam.

(2) Die in Absatz 1 genannte Frist beträgt drei Monate, wenn ein Verbraucherinsolvenzverfahren nach § 304 eröffnet wird.

(§ 88 a.F. i.d.F. für die bis zum 30.06.2014 beantragten Verfahren s. 8. Auflage)

Übersicht	Rdn.			Rdn.
A. Inhalt und Zweck der Vorschrift	1	4.	Zwangsdeckung nach Anfechtungs-	
I. Normzweck	1		gesetz	18
II. Wirkung der Rückschlagsperre	4	IV.	Die Monatsfrist für die Rückschlag-	
III. Anwendungsbereich	5		sperre	19
B. Voraussetzungen der Rückschlagsperre	6	1.	Materielle Frist	19
I. Insolvenzgläubiger	6	2.	Berechnung der Frist	21
II. Betroffenes Vermögen	9	3.	Dreimonatsfrist im Verbraucher-	
III. Betroffene Zwangsvollstreckungsmaß-			insolvenzverfahren (Abs. 2)	25
nahmen	12	4.	Maßgeblicher Zeitpunkt	29
1. Allgemeines	12	**C.**	**Rechtsfolgen der Rückschlagsperre**	30
2. Befriedigung durch Zwangsvoll-		I.	Unwirksamkeit der Sicherung	30
streckung	16	II.	Rechtsbehelfe	32
3. Zwangssicherungen	17	III.	Zuständigkeit	33

Literatur:
Alff/Hintzen Die wiederauferstandene Zwangshypothek, ZInsO 2006, 481; *Jacobi* Die teleologische Reduktion des § 88 InsO und die Verfassungswidrigkeit der Einfügung des Satzes 2 zu § 131 Abs. 1 InsO, KTS 2006, 239; *Keller* Die Wirkungen der Rückschlagsperre des § 88 InsO auf die Sicherungshypothek nach §§ 866, 867 ZPO, ZIP 2006, 1174; *Marotzke* Freiwillige Forderungserfüllung, Zwangsvollstreckung und Vollstreckungsdruck im Fokus des Insolvenzanfechtungsrechts, DZWIR 2007, 265; *Rönnau* Zum Konkurrenzverhältnis von strafprozessualer Vermögens- und insolvenzrechtlicher Massesicherung, ZInsO 2012, 509; *Wilsch* Die Rückschlagsperre nach § 88 InsO im Lichte der neuen BGH-Rechtsprechung, JurBüro 2006, 393.

Der »Widerspruch« eröffnet dem Widersprechenden also keinen neuen Rechtsbehelf gegen den Titel; es liegt nur ein Wechsel in der Person dessen vor, der die gegebenen prozessualen Chancen nützt.

Die Rechtskraftwirkung tritt nur ein, wenn **sämtliche Widersprüche** beseitigt sind. Der Gläubiger kann dabei zugleich die Klage gegen den Insolvenzverwalter und die bestreitenden Gläubiger richten. Die Forderung kann nur einheitlich festgestellt werden (dazu: *BGH* ZIP 1980, 427). Die Bestreitenden sind daher notwendige Streitgenossen i.S.v. § 62 ZPO (*Uhlenbruck/Sinz* InsO, § 180 Rn. 17 m.w.N.). Richtet der Gläubiger die Klage nur gegen einen der mehreren Bestreitenden und unterliegt er in diesem Rechtsstreit, so ist damit der eine Widerspruch für begründet erklärt. Weitere Klagen erübrigen sich, da die Feststellung zur Tabelle nicht mehr erreicht werden kann.

4. Besonderheiten bei Fiskalforderungen

Bei einer Steuerforderung kann die Finanzbehörde einen Widerspruch im Wege der Feststellung der Insolvenzforderung durch schriftlichen Verwaltungsakt gem. § 251 Abs. 3 AO ausräumen, falls es ihr nicht gelingt, den Widersprechenden zur Rücknahme seines Widerspruchs zu bewegen. Versuchen kann die Finanzbehörde dies durch eine eingehendere und überzeugendere Begründung ihrer Anmeldung oder indem sie der Anmeldung das Ergebnis einer – u.U. abgekürzten (§ 203 AO) – Außenprüfung zugrunde legt, falls die Anmeldung zunächst nur auf geschätzte Besteuerungsgrundlagen gestützt war (zur Außenprüfung im Insolvenzverfahren *App* StBp 1999, 63).

Der *BFH* (BStBl. 1969 II S. 54) hält die Finanzbehörde sogar für verpflichtet, zunächst den Weg über eine neue Anmeldung zu beschreiten, wenn die Tatumstände wesentlich andere sind als zuvor angegeben (insbesondere bei Haftungsschulden). Erst dann, wenn die erneut angemeldete Forderung ebenfalls bestritten werde, sei der Erlass eines Feststellungsbescheides zulässig.

Der Feststellungsbescheid nach § 251 Abs. 3 AO ist das verwaltungsrechtliche Gegenstück zum Feststellungsurteil i.S.v. § 183 InsO. Sein Inhalt darf sich daher weder in der Formel noch in der Begründung von den Feststellungsurteilen der ordentlichen Gerichte unterscheiden. Die Feststellung hat sich auf Grund und Betrag der Forderung zu beschränken, ggf. auf den Rang. Der Feststellungsbescheid muss zu den erhobenen Einwendungen gegen die Anmeldung Stellung nehmen und sich mit ihnen in tatsächlicher und rechtlicher Hinsicht auseinandersetzen. Es genügt also nicht das bloße Zahlenwerk, das sich üblicherweise in Steuerbescheiden findet; was die gebotene Ausführlichkeit angeht, kommt der Feststellungsbescheid eher einer Einspruchsentscheidung nahe. Ein gem. § 251 Abs. 3 AO erlassener Bescheid hat die Feststellung zum Inhalt, dass der bestrittene Anspruch in der geltend gemachten Höhe besteht und i.S.v. § 38 InsO begründet ist (*BFH* ZInsO 2014, 454; BFHE 207, 10). Wird der Feststellungsbescheid unanfechtbar, wirkt er in analoger Anwendung des § 183 Abs. 1 InsO wie eine rechtskräftige Entscheidung gegenüber dem Insolvenzverwalter und allen Insolvenzgläubigern. Ein solcher bestandskräftiger Feststellungsbescheid über eine Steuerforderung als Insolvenzforderung steht einer später begehrten anderweitigen Steuerfestsetzung entgegen, wenn dieser Bescheid nicht mehr geändert werden kann (*BFH* ZInsO 2014, 454). Nicht befugt ist die Finanzbehörde, in einem Insolvenzfeststellungsbescheid eine ihrer Forderungen als eine solche aus vorsätzlich begangener unerlaubter Handlung festzustellen (offen gelassen von *FG Hamburg* 02.02.2007 – 2 K 106/06).

Ansprüche, die nicht auf Grund eines Bescheides fällig gestellt und nicht nach dem betreffenden Steuergesetz verzinslich sind, müssen mit ihren abgezinsten Werten nach § 41 Abs. 2 InsO festgestellt werden.

Grenzen für den Inhalt der Feststellung ergeben sich aus der entsprechenden Anwendung von § 181 Abs. 4 InsO: Danach kann keine höhere Steuerforderung festgestellt werden, als sie die Finanzbehörde nach § 174 InsO angemeldet hat und als sie nach § 176 InsO zur Erörterung gestanden hat (*BFH* BStBl. 1984 II S. 545). Die Forderungsidentität hat die Finanzbehörde im **Feststellungsbescheid** kenntlich zu machen. Umgekehrt ist die Finanzbehörde aber nicht daran gehindert, eine niedrigere Forderung festzustellen, als sie zur Tabelle angemeldet hatte. Dies ergibt sich schon da-

lung wirkt für die Forderung in Bezug auf ihren Betrag wie auch für ihren Rang wie ein rechtskräftiges Urteil (s. hierzu auch *Kießner* § 178).

III. Ausräumung von Widersprüchen

15 Bestreitet der Insolvenzverwalter oder ein Gläubiger eine angemeldete Forderung, kommt es für den weiteren Fortgang zur Geltendmachung der Forderung bzw. Ausräumung von Widersprüchen im Insolvenzverfahren darauf an, ob die Forderung lediglich zur Tabelle angemeldet oder bereits rechtshängig oder tituliert war.

1. Nichtrechtshängige Forderungen

16 Bei nicht rechtshängigen oder nicht titulierten Forderungen muss der Gläubiger, dessen angemeldete Forderung im Prüfungstermin bestritten worden ist, und der den Widerspruch für unbegründet hält und darum die Eintragung seiner Forderung in die Tabelle nach wie vor erreichen will, den Widerspruch **im ordentlichen Prozess** ausräumen (§ 179 Abs. 1 und 2 InsO), also außerhalb des Insolvenzverfahrens. Zu richten ist der Klageantrag auf Feststellung der angemeldeten Insolvenzforderung. Mit Rechtskraft der Feststellung der bestrittenen Forderung ist der Widerspruch ausgeräumt (§ 183 Satz 1 InsO). Umgekehrt wirkt das rechtskräftige Urteil, das auch nur den Widerspruch eines einzigen Bestreitenden für begründet erklärt, zu Gunsten aller Insolvenzgläubiger.

17 Kläger ist im Normalfall der Gläubiger der im Prüfungstermin endgültig oder vorläufig bestrittenen Forderung, Beklagter der Widersprechende. Klageziel ist die Feststellung des Gläubigerrechts.

18 Bei Fiskalforderungen ist das Finanzamt im Falle des Bestreitens der Forderung durch den Insolvenzverwalter berechtigt, das Bestehen der angemeldeten Forderung durch Bescheid festzustellen, wenn der Insolvenzverwalter seinen Widerspruch auf die von ihm behauptete Unwirksamkeit der Forderungsanmeldung stützt (*BFH* ZVI 2010, 309).

2. Rechtshängige Forderungen

19 Eine Besonderheit gilt, wenn über die Forderung zur Zeit der Eröffnung des Insolvenzverfahrens schon ein Rechtsstreit anhängig war. Dann wird der zunächst unterbrochene Rechtsstreit durch den Gläubiger der Forderung gegen den Widersprechenden aufgenommen (§ 180 Abs. 2 InsO). Der **Klageantrag** ist nunmehr auf Feststellung **umzustellen** (*BGH* NJW 1962, 153). Der Verfahrensabschnitt bis zur Unterbrechung und der mit der Aufnahme beginnende Verfahrensabschnitt bilden dabei eine Einheit.

20 Dies gilt auch für Rechtsstreitigkeiten um Steuerfestsetzungen (*BFH* ZVI 2005, 497) und Haftungsbescheide (*BFH* ZInsO 2012, 785; BFHE 212, 11): Der Weg zur Feststellung zur Tabelle führe über die Aufnahme des durch die Eröffnung des Insolvenzverfahrens unterbrochenen Einspruchs- oder Klageverfahrens, der Erlass eines Insolvenzfeststellungsbescheids nach § 251 Abs. 3 AO sei der Finanzbehörde in diesem Fall verschlossen.

3. Titulierte Forderungen

21 Liegt über die angemeldete Forderung bereits ein gerichtlicher Titel vor, so muss der **Widersprechende die titulierte Forderung angreifen** (§ 179 Abs. 2 InsO). Dies erfolgt durch eine Feststellungsklage mit dem Antrag, den Widerspruch gegen die Forderung für begründet zu erklären (*BGH* ZIP 1994, 1193). Im Rahmen dieser Feststellungsklage stehen dem Widersprechenden diejenigen Rechtsbehelfe zu, die der Schuldner gegen den Titel hätte erheben können, falls nicht das Insolvenzverfahren eröffnet worden wäre. Der Widersprechende kann bei einem noch nicht rechtskräftigen Urteil den nach § 240 ZPO unterbrochenen Rechtsstreit wieder aufnehmen, ansonsten verbleibt ihm nur noch eine Vollstreckungsabwehrklage (§ 267 ZPO) oder in seltenen Fällen eine Wiederaufnahme des Verfahrens nach §§ 578 ZPO (MüKo-InsO/*Breuer* § 87 Rn. 22).

haben sind ebenfalls auf § 87 InsO zu verweisen. Der Insolvenzverwalter ist berechtigt, die Stellung einer geschuldeten Sicherheit abzulehnen, ohne arglistig zu handeln (MüKo-InsO/*Breuer* § 87 Rn. 8; K. Schmidt/*Sternal* InsO, § 80 Rn. 3).

§ 87 InsO schließt auch die Verfolgung von Insolvenzforderungen auf andere Art als durch Erhebung einer Leistungsklage aus, z.B. durch Erlass eines auf eine Geldforderung gerichteten Verwaltungsakts (*Uhlenbruck/Mock* InsO, § 87 Rn. 14; vgl. *Stiller* ZInsO 2012, 2276) oder durch eine zu Gunsten eines durch eine Straftat Verletzten zum Zwecke der Rückgewinnung strafprozessual veranlasster Arrestierung von Schuldnervermögen (OLG Frankfurt/M. ZIP 2009, 1446), wie sich aus dem Wort »nur« ergibt.

II. Zeitlicher Anwendungsbereich

§ 87 InsO ist nicht auf das vorläufige Insolvenzverfahren anwendbar. Die Vorschrift setzt zwingend eine Insolvenzeröffnung voraus. Während des vorläufigen Verfahrens können die Gläubiger nach den allgemeinen Regeln ihre Ansprüche gegenüber dem Schuldner verfolgen. Zu beachten sind lediglich evtl. angeordnete Sicherungsmaßnahmen nach § 21 InsO. Ist das Insolvenzverfahren beendet, d.h. aufgehoben oder eingestellt, können die Gläubiger ihre Forderungen wieder unbeschränkt gegen den Schuldner geltend machen (§ 201 InsO) und einen unterbrochenen Rechtsstreit aufnehmen. Dieses gilt auch für die Phase der Restschuldbefreiung (§§ 286 ff. InsO). Während dieser Zeit ist eine Vollstreckung untersagt, die Gläubiger können aber einen unterbrochenen Rechtsstreit wiederaufnehmen oder gegen den Schuldner klagen (MüKo-InsO/*Breuer* § 87 Rn. 5).

C. Geltendmachung der von § 87 InsO erfassten Forderungen

I. Anmeldung der Forderungen

Die Insolvenzgläubiger, auch Hoheitsträger (*OVG Weimar* ZIP 2007, 880) müssen ihre Forderungen zur **Tabelle** anmelden, gleichgültig ob sie bereits bestandskräftig festgesetzt sind, ob sie vollstreckbar sind, ob sie bestritten oder unbestritten sind.

Der Kreis der Insolvenzforderungen ist in § 38 InsO bestimmt (s. dazu i.E. die Kommentierung dieser Vorschrift), auch die nachrangigen Insolvenzforderungen i.S.v. § 39 InsO zählen dazu (MüKo-InsO/*Breuer* § 87 Rn. 9).

Anmeldbar sind die Insolvenzforderungen, die noch nicht getilgt sind. Soweit der Gläubiger bei Eröffnung des Insolvenzverfahrens bereits Zahlung erlangt hat, ist er kein Insolvenzgläubiger mehr. Dies gilt auch dann, wenn er aus einem vorläufig vollstreckbaren Urteil (§§ 708, 709 ZPO) gegen den späteren Schuldner vollstreckt hatte und der Rechtsstreit noch anhängig ist oder wenn der spätere Schuldner lediglich zur Abwendung der Zwangsvollstreckung gezahlt hatte; denn bei Aufrechterhaltung des Vollstreckungstitels hatte der Gläubiger die Zahlung von Anfang an zu Recht erlangt (vgl. *Kuhn* KTS 1963, 69). Eine Anmeldung von Steuerforderungen durch das Finanzamt ist kein Steuerbescheid, selbst wenn sie die Form eines solchen hat (Zur Frage, ob durch die Eröffnung des Insolvenzverfahrens auch Steuerfeststellungsverfahren unterbrochen werden, s. *Boochs/Nickel* § 155 Rdn. 444 und Rdn. 456).

Für die Anmeldung bestimmt das Insolvenzgericht sogleich mit der Eröffnung des Insolvenzverfahrens eine Anmeldefrist (§§ 28 Abs. 1, 174, 177 InsO).

Die Anmeldung bewirkt keine Rechtshängigkeit, was sich schon daraus ergibt, dass auch rechtskräftig festgestellte Forderungen angemeldet werden müssen.

II. Feststellung der Forderungen

Eine Forderung gilt als zur Insolvenztabelle festgestellt, wenn der Forderung weder vom Insolvenzverwalter noch von einem Gläubiger widersprochen wird (§ 178 Abs. 1 InsO). Als solche wird sie vom Insolvenzgericht in der Tabelle eingetragen (§ 178 Abs. 2 InsO). Die Eintragung der Feststel-

venzgläubiger nur eine gemeinschaftliche gleichmäßige Befriedigung aus der Insolvenzmasse erhalten können.

Die Vorschrift entspricht im Wesentlichen § 12 KO. Ihr Anwendungsbereich ist aber deutlich weiter. § 12 KO betraf im Wesentlichen nur die Sicherung und Befriedigung aus der Masse. Danach stand den Gläubigern die Möglichkeit offen, nach Verzicht auf die Teilnahme am Konkursverfahren gegen den Schuldner persönlich Klage zu erheben, wobei ihnen jedoch die Vollstreckung während des laufenden Verfahrens nach § 14 KO verwehrt blieb. § 87 InsO schließt dieses jetzt aus. Die Geltendmachung der Forderungen der Insolvenzgläubiger richtet sich jetzt ausschließlich nach den Vorschriften über das Insolvenzverfahren (*Balz/Landfermann* Die neuen Insolvenzgesetze, Begr.RegE § 87 S. 302). Während des Verfahrens können seine Insolvenzgläubiger nicht mehr gegen ihn vorgehen.

B. Anwendungsbereich

I. Gegenständlicher Anwendungsbereich

2 Bei dieser Vorschrift handelt es sich um eine »Generalklausel« für alle gegen den Schuldner verfolgten Forderungen (MüKo-InsO/*Breuer* § 80 Rn. 4; HK-InsO/*Kayser* § 87 Rn. 2). Sie wird durch weitere Vorschriften ergänzt (§§ 85, 86 InsO) und konkretisiert (§§ 88, 89, 96, 129 ff., 174 ff., 187 ff. InsO, 240 ZPO).

3 § 87 InsO betrifft den sog. Schuldenmassestreit (MüKo-InsO/*Breuer* § 87 Rn. 3), d.h. Passivprozesse des Schuldners (ebenso wie § 86 InsO).

4 Nach § 87 InsO können Insolvenzgläubiger, im Gegensatz zu Aus- und Absonderungsberechtigten sowie Massegläubigern (§ 86 Abs. 1 InsO), ihre Forderungen nur nach den Vorschriften über das Insolvenzverfahren, also durch Anmeldung zur Insolvenztabelle gem. §§ 174 ff. InsO (vgl. *BGH* LM Nr. 5 zu § 146 KO; MüKo-InsO/*Breuer* § 87 Rdn. 3, 15) verfolgen. § 87 InsO findet sowohl bei der Eigenverwaltung Anwendung, wie auch für nachrangige Insolvenzforderungen (K. Schmidt/ *Sternal* InsO, § 87 Rn. 2). War zur Zeit der Eröffnung des Insolvenzverfahrens ein Rechtsstreit über die angemeldete Insolvenzforderung anhängig, kann dieser nur dann aufgenommen werden, wenn die Forderung angemeldet und vom Insolvenzverwalter oder einem anderen Insolvenzgläubiger (§§ 179 Abs. 1, 180 Abs. 2 InsO) oder wenn sie vom Schuldner (§ 184 InsO) bestritten worden ist (*BGH* ZIP 2014, 1503; ZIP 2004, 2345). Von § 87 InsO nicht betroffen sind alle Neugläubiger, deren Forderungen erst nach Insolvenzeröffnung entstanden sind (*Uhlenbruck/Mock* InsO, § 87 Rn. 8; *Pape* ZInsO 2002, 917 gegen *LG Lüneburg* ZInsO 2002, 941).

5 Auf höchstpersönliche Ansprüche, die nicht massebezogen sind, wie Auskunft oder Unterlassung, findet § 87 InsO keine Anwendung (*Uhlenbruck/Mock* InsO, § 87 Rn. 10). Macht ein Gläubiger eine Forderung aus unerlaubter Handlung geltend (§ 302 Nr. 1 InsO), so muss er alle Tatsachen, aus denen sich seiner Auffassung nach die unerlaubte Handlung ergibt, in seiner Anmeldung zur Tabelle vortragen (*K. Schmidt/Sternal* InsO, § 87 Rn. 2). Die Feststellung des Anspruchsgrundes der unerlaubten Handlung berührt ausschließlich die Rechtsposition des Schuldners. Sie kann daher ebenso wie die besondere Feststellungsklage des § 184 InsO, die auf § 201 Abs. 2 InsO zugeschnitten ist, und die Feststellungsklage analog § 184 Abs. 1 InsO gegen den nach § 175 Abs. 2 InsO widersprechenden Schuldner (vgl. dazu *BGH* WM 2003, 2342 [2343]; WM 2006, 1347 [1348]; WM 2007, 659 [660 f.]) nur außerhalb des Insolvenzverfahrens dem Schuldner gegenüber erfolgen.

6 § 87 InsO kann auch anzuwenden sein, obwohl der Kläger bereits alles erhalten hat, was er zu beanspruchen hatte. Das ist der Fall, wenn er das ihm durch vorläufig vollstreckbares, aber noch nicht rechtskräftiges Urteil Zuerkannte beigetrieben oder zur Abwendung der Zwangsvollstreckung gezahlt erhalten hat. Denn eine solche Leistung hat keine schuldtilgende Wirkung, sondern bezweckt nur eine vorläufige Regelung des Streitverhältnisses zu Gunsten des Klägers und erfolgt unter voller Wahrung der Rechte des Beklagten (dazu *Brox/Walker* Zwangsvollstreckungsrecht, Rn. 315; *RG* RGZ 63, 330; *BGH* WM 1990, 1434). Insolvenzgläubiger, die einen Anspruch auf Sicherstellung

Gibt der Verwalter den Gegenstand vor Aufnahme des Rechtsstreits frei, so kann der Prozess zwischen dem Schuldner und dem Gegner fortgesetzt werden. Die Prozessführungsbefugnis geht auf den Schuldner wieder über (vgl. *BGH* ZInsO 2013, 823). Die Aufnahme kann vom Schuldner oder Gegner erklärt werden (vgl. MüKo-InsO/*Schumacher* § 86 Rn. 26 m.w.N.; *BGH* NJW 1973, 2065). Wird die Aufnahme erklärt, wird dann zwischen dem Schuldner und dem Gegner fortgesetzt. Das Prozessrisiko trifft allein das insolvenzfreie Vermögen (*BGH* ZInsO 2013, 823; MüKo-InsO/*Schumacher* § 86 Rn. 26). 22

Nimmt der Verwalter einen zunächst unterbrochenen Prozess wieder auf und erklärt anschließend die Freigabe, ist str., ob der Schuldner die volle Prozessführungsbefugnis zurückerhält (*BGH* BGHZ 46, 251) oder der Verwalter nach § 265 Abs. 2 ZPO weiter prozessführungsbefugt bleibt (h.M. in Lit. MüKo-InsO/*Schumacher* § 85 Rn. 24 m.w.N.). 23

D. Sofortiges Anerkenntnis des Verwalters

Erkennt der Insolvenzverwalter den Anspruch **sofort** an (spätestens in der ersten mündlichen Verhandlung, außer wenn die Klage vor dem unzuständigen Gericht erhoben worden war; vgl. *Uhlenbruck/Mock* InsO, § 86 Rn. 32), fallen die Kosten nicht der Masse zur Last. Auf Antrag ist er gem. dem Anerkenntnis zu verurteilen (§ 307 ZPO). Der Insolvenzverwalter kann also nicht erst das Ergebnis einer Beweisaufnahme abwarten, um die Prozessaussichten zu beurteilen. Das Anerkenntnis ist nach Erhebung einer unbegründeten Prozessrüge kein sofortiges mehr (*RG* RGZ 137, 72; *Kübler/Prütting/Bork-Lüke* InsO, § 86 Rn. 19); begründete Prozessrügen sind hingegen unschädlich (*Nerlich/Römermann-Wittkowski* InsO, § 86 Rn. 14 m.w.N.). Dies ist unbefriedigend, weil es den Insolvenzverwalter in eine Haftungsfalle zwingt (HambK-InsO/*Kuleisa* § 86 Rn. 22 m.w.N.): Bei sofortigem Anerkenntnis riskiert er den Vorwurf, reelle Befriedigungsaussichten der Insolvenzgläubiger vorschnell aus der Hand gegeben zu haben, bei sorgfältiger und darum zeitintensiver Prüfung der Sach- und Rechtslage riskiert er die Kostenhaftung der Insolvenzmasse. 24

Wer im Falle sofortigen Anerkenntnisses die Kosten zu tragen hat, entscheidet nicht § 86 InsO. Maßgebend sind vielmehr die Bestimmungen der Zivilprozessordnung. Hatte der Schuldner zur Klage keinen Anlass gegeben, so sind die Kosten dem Gegner aufzuerlegen (§ 93 ZPO). Anderenfalls bilden sie wegen § 86 Abs. 2 InsO eine Insolvenzforderung (*KG* OLGZ 15, 226). 25

§ 87 Forderungen der Insolvenzgläubiger

Die Insolvenzgläubiger können ihre Forderungen nur nach den Vorschriften über das Insolvenzverfahren verfolgen.

Übersicht

	Rdn.			Rdn.
A. Entstehungsgeschichte und Normzweck	1	II.	Feststellung der Forderungen	14
B. Anwendungsbereich	2	III.	Ausräumung von Widersprüchen	15
I. Gegenständlicher Anwendungsbereich	2		1. Nichtrechtshängige Forderungen	16
II. Zeitlicher Anwendungsbereich	8		2. Rechtshängige Forderungen	19
C. Geltendmachung der von § 87 InsO erfassten Forderungen	9		3. Titulierte Forderungen	21
I. Anmeldung der Forderungen	9		4. Besonderheiten bei Fiskalforderungen	24

Literatur:
Stiller Die Geltendmachung von öffentlich-rechtlichen Erstattungsforderungen im Insolvenzverfahren durch Bescheid, ZInsO 2012, 2276.

A. Entstehungsgeschichte und Normzweck

§ 87 InsO bringt den der Insolvenzordnung innewohnenden allgemeinen gesamtvollstreckungsrechtlichen Verfahrensgrundsatz der par conditio creditorum zum Ausdruck, nach dem alle Insol- 1

aus beiderseits nicht vollständig erfüllten Verträgen handeln, bei denen der Verwalter die Erfüllung zur Masse verlangt. Zu beachten ist in diesen Fällen, dass bei teilbaren Leistungen nur der Teil des Rechtsstreites aufgenommen werden kann, der zur Masseschuld geworden ist, der weitere Teil kann nur als Insolvenzforderung nach § 87 InsO zur Tabelle angemeldet werden (HK-InsO/*Kayser* § 86 Rn. 12; K. Schmidt/*Sternal* InsO, § 86 Rn. 9; MüKo-InsO/*Schumacher* § 86 Rn. 12). Ein anhängiges Einigungsstellenverfahren wie auch Verfahren über ein Unterrichtungsverlangen des Betriebsrates werden nach § 240 ZPO unterbrochen (*BAG* ZIP 2016, 1652). Auch der den Beratungsanspruch nach § 106 Abs. 1 Satz 2 BetrVG vorbereitende Unterrichtungsanspruch stellt eine unvertretbare Handlung dar, die mit Beginn des Insolvenzverfahrens als Masseverbindlichkeit einzuordnen ist (*BAG* ZIP 2016, 1652).

15 Hat der starke vorläufige Verwalter, auf den die Verfügungsbefugnis übergangen ist, oder der schwache vorläufige Verwalter durch gerichtliche Ermächtigung Masseverbindlichkeiten begründet (in diesen Fällen kann bereits der vorläufige Verwalter einen Rechtsstreit aufnehmen (§ 24 Abs. 2 InsO), wird mit Verfahrenseröffnung erneut ein bereits anhängiger Rechtsstreit unterbrochen (so auch HK-InsO/*Kayser* § 80 Rn. 13; K. Schmidt/*Sternal* InsO, § 86 Rn. 10; **a.A.** MüKo-InsO/*Schumacher* § 86 Rn. 18: gegen erneute Unterbrechung).

C. Aufnahme des Verfahrens

16 Die Aufnahme des unterbrochenen Verfahrens kann sowohl vom Verwalter wie auch vom Prozessgegner sofort erfolgen. Das Gesetz sieht hierfür grds. keine Fristen vor. Sind Masseverbindlichkeiten nach § 55 Abs. 1 Nr. 2 InsO betroffen, kann das Verfahren erst dann aufgenommen werden, wenn der Verwalter von seinem Wahlrecht nach § 103 InsO Gebrauch gemacht hat. Bei einem Kauf unter Eigentumsvorbehalt nach § 107 Abs. 2 InsO hat der Verwalter bis zum Berichtstermin Zeit, um sein Wahlrecht auszuüben. Eine Aufnahme des Verfahrens durch den Gegner vorher scheidet damit aus (vgl. auch HK-InsO/*Kayser* § 86 Rn. 15).

17 Im vorläufigen Verfahren ist der vorläufige starke Verwalter gem. § 24 Abs. 2 InsO zur Aufnahme berechtigt. Nach Verfahrenseröffnung wird ein solcher Rechtsstreit erneut unterbrochen (s. schon Rdn. 1) und kann, da auch dem endgültigen Verwalter ein eigenständiges Wahlrecht zusteht, erneut wieder aufgenommen werden (so auch HK-InsO/*Kayser* § 80 Rn. 13; K. Schmidt/*Sternal* InsO, § 86 Rn. 10; **a.A.** MüKo-InsO/*Schumacher* § 86 Rn. 18: gegen erneute Unterbrechung).

18 Bei einer angeordneten Eigenverwaltung verbleibt der Schuldner prozessführungsbefugt und damit zur Aufnahme neben dem Prozessgegner berechtigt. Dem Sachwalter steht dieses Recht nicht zu (HK-InsO/*Kayser* § 86 Rn. 16; K. Schmidt/*Sternal* InsO, § 86 Rn. 10).

19 Die Aufnahme wird durch einen bei dem zuständigen Gericht, bei dem die Unterbrechung eingetreten ist, einzureichenden Schriftsatz erklärt. War der Rechtsstreit bereits abgeschlossen und die Unterbrechung vor Ablauf der Rechtsmittelfristen eingetreten, kann die Erklärung auch mit der Einlegung des Rechtsmittels verbunden werden und beim zuständigen Rechtsmittelgericht eingereicht werden (*BGH* BGHZ 111, 104; MüKo-InsO/*Schumacher* § 86 Rn. 20). Im Übrigen gelten dieselben Grundsätze wie bei § 85 (s. § 85 Rdn. 40).

20 Die Aufnahme des Rechtsstreites erfolgt in der Lage, in der sich der Rechtsstreit befindet. Die mit Unterbrechung des Prozesses gehemmten Fristen beginnen wieder zu laufen. Alle bis dahin abgegebenen Prozesserklärungen des Schuldners muss der Verwalter gegen sich gelten lassen, es sei denn, er kann ihnen nach den §§ 129 InsO mit der Anfechtung begegnen.

21 Die Ablehnung der Prozessaufnahme durch den Insolvenzverwalter bzw. die ihr regelmäßig gleichstehende Freigabe des Streitgegenstandes aus der Masse kann entweder dem Schuldner oder der anderen Partei gegenüber formlos erklärt werden (*BGH* MDR 1969, 389). Seit *BGH* BGHZ 36, 261, entspricht es der h.M., dass dadurch die Unterbrechung des Verfahrens gem. § 240 ZPO nicht ohne Weiteres endet: Vielmehr bedarf es in diesen Fällen der Aufnahme des Verfahrens durch den Schuldner oder den Prozessgegner.

tungsrechtlichen Theorie wird der Gegenstand der Insolvenzmasse zugeordnet, mit der Folge dass eine Aussonderung zulässig sei und § 86 Abs. 1 Nr. 1 InsO Anwendung findet (*Jaeger/Henckel* KO, § 37 Rn. 64; *Kübler/Prütting/Bork-Lüke* InsO, § 86 Rn. 10; *Gerhardt* ZIP 2004, 1675 [1677]). Nach neuerer Rspr. des BGH ist unabhängig davon, ob man den Anfechtungsanspruch als obligatorischen Rückgewähranspruch versteht (*BGH* BGHZ 22, 128 [134]; 71, 296 [302]; 101, 286 [288]; vgl. auch RegE zur InsO BT-Drucks. 12/2443, S. 157; zur sog. haftungsrechtlichen Theorie *Jaeger/Henckel* KO, § 37 Rn. 64) grds. ein Aussonderungsrecht des Insolvenzverwalters nach § 47 InsO in der Insolvenz des Anfechtungsgegners zu bejahen.

III. Absonderung

Wird im Rahmen eines Rechtsstreites abgesonderte Befriedigung verlangt, kann der Rechtsstreit vom Verwalter und dem Gegner nach § 86 Abs. 1 Nr. 2 InsO aufgenommen werden. Mit dem Recht der abgesonderten Befriedigung wird die vorzugsweise Befriedigung eines Gläubigers aus einem zu der Masse gehörenden Gegenstand verfolgt (§§ 49 ff. InsO). Um die Geltendmachung eines **Absonderungsrechts** handelt es sich auch im Falle einer Klage auf Duldung der Zwangsvollstreckung in ein mit einem Grundpfandrecht belastetes Grundstück (HK-InsO/*Kayser* § 86 Rn. 11), bei der Klage auf Bestehen von Sicherungseigentum (*Nerlich/Römermann-Wittkowski* InsO, § 86 Rn. 7 m.w.N.) und bei der Klage auf Auskehr von Erlösen aus der Verwertung von Sicherungsgut (*K. Schmidt/Sternal* § 86 Rn. 7) oder bei einer Klage auf abgesonderte Befriedigung eines geschädigten Dritten aus einem Freistellungsanspruch des insolventen Versicherungsnehmers gegen den Versicherer (*BGH* ZInsO 2013, 2215). Auch eine Vollstreckungsgegenklage, mit der der Schuldner eine Zwangsvollstreckung wegen eines Absonderungsrechtes abwenden will, ist ein Fall des § 86 Abs. 1 Nr. 2 InsO (*BGH* NJW 1973, 2065; *Uhlenbruck/Mock* InsO, § 86 Rn. 14). 11

Ein der Testamentsvollstreckung unterliegender Nachlass fällt mit Eröffnung des Insolvenzverfahrens über das Vermögen des Erben in die Insolvenzmasse. Er bildet bis zur Beendigung der Testamentsvollstreckung eine Sondermasse, auf die die Nachlassgläubiger, nicht aber die Erbengläubiger Zugriff nehmen können. Der gegen den Erben wegen des Pflichtteils- und Pflichtteilsergänzungsanspruchs zu führende Rechtsstreit ist nach Eröffnung des Insolvenzverfahrens über dessen Vermögen gegen den Insolvenzverwalter zu richten. Ein infolge der Eröffnung des Insolvenzverfahrens unterbrochener Prozess gegen den Erben ist in entsprechender Anwendung des § 86 Abs. 1 Nr. 2 InsO gegen den Insolvenzverwalter aufzunehmen (*BGH* BGHZ 167, 352). 12

§ 86 InsO ist für einen in der **Rechtsmittelinstanz** anhängigen Rechtsstreit einschlägig, wenn der zur Zahlung verurteilte Schuldner von seinem Recht, die Zwangsvollstreckung durch Sicherheitsleistung abzuwenden, Gebrauch gemacht hat. Weil der Urteilsgläubiger ein Pfandrecht an dem hinterlegten Geld erwirbt (§ 233 BGB), steht ihm ein Absonderungsrecht zu, wenn das Rechtsmittel erfolglos bleibt (*RG* RGZ 84, 218). In der Revisionsinstanz kann der Rechtsstreit aber nur mit dem Ziel der Feststellung der Forderung zur Tabelle und nicht mit dem Ziel der abgesonderten Befriedigung fortgesetzt werden, da hierzu außer der Tatsache der Eröffnung des Insolvenzverfahrens noch der Nachweis gehört, dass ein das Recht auf abgesonderte Befriedigung rechtfertigender Tatbestand gegeben ist, und § 561 ZPO der Zulassung dieses Nachweises entgegensteht (*RG* KuT 1931, 132). 13

IV. Masseverbindlichkeiten

§ 86 Abs. 1 Nr. 3 InsO berechtigt den Verwalter oder den Kläger in einem nach Verfahrenseröffnung unterbrochenen Rechtsstreit, in dem Masseverbindlichkeiten i.S.d. §§ 53–55 InsO geltend gemacht werden, diesen wieder aufzunehmen. Der Anwendungsbereich dieser Vorschrift ist in der Praxis beschränkt, da in den meisten anhängigen Fällen Insolvenzforderungen betroffen sein werden. Zudem hat der Gesetzgeber den Kreis der Masseschulden in der InsO stark eingeschränkt. Keine Anwendung findet diese Vorschrift auf Neumasseverbindlichkeiten (§ 55 Abs. 1 Nr. 1 InsO) – hier fehlt es bereits zwingend an der Anhängigkeit eines Rechtsstreites zu Verfahrensbeginn – und bei Masseverbindlichkeiten (§ 55 Abs. 1 Nr. 3 InsO) aus ungerechtfertigter Bereicherung der Insolvenzmasse (*Uhlenbruck/Mock* InsO, § 86 Rn. 17). In der Regel wird es sich um Rechtsstreitigkeiten 14

bestellt wurde, auf den die Verfügungsbefugnis übergegangen ist (§ 24 Abs. 2 InsO). § 86 InsO gilt auch bei der Eigenverwaltung (*Kübler/Prütting/Bork-Lüke* InsO, § 86 Rn. 2).

II. Aussonderung

6 Prozesse, die ein Aussonderungsrecht i.S.d. §§ 47 f. InsO betreffen, können vom Verwalter oder dem Kläger nach § 86 InsO aufgenommen werden. Mit dem Aussonderungsbegehren wird seitens eines Gläubigers die Nichtzugehörigkeit eines bestimmten Gegenstandes oder Rechtes zur Masse geltend gemacht. Hauptanwendungsfall ist der auf § 985 BGB gestützte Herausgabeanspruch.

7 Ein **Aussonderungsanspruch** wird auch dann geltend gemacht, wenn auf Grundbuchberichtigung (*Kübler/Prütting/Bork-Lüke* InsO, § 86 Rn. 8), auf Feststellung des Anspruchs auf Räumung von Grundstücken, Gebäuden oder Gebäudeteilen, jedoch nur mit der Maßgabe, dass der Aussonderungsanspruch des Vermieters beschränkt ist auf den Herausgabeumfang des § 985 BGB, der weitergehende Räumungsanspruch stellt eine einfache Insolvenzforderung dar (*BGH* BGHZ 148, 256; HK-InsO/*Kayser* § 86 Rn. 7), geklagt wird. Weiter betrifft es Aussonderungsbegehren auf Bewilligung der Löschung einer Hypothek (*RG* RGZ 86, 240), auf Unterlassung des Gebrauchs eines Warenzeichens oder Patents (*BGH* ZIP 2013, 1447; *RG* LZ 1907, 230), auf Unterlassung der Verbreitung widerrechtlich aufgenommener Lichtbilder und auf Vernichtung der dazugehörigen Platten (*RG* RGZ 45, 170) oder auf Feststellung des Eigentums (HK-InsO/*Kayser* § 86 Rn. 7) oder des Nichtbestehens eines sonstigen vom Schuldner in Anspruch genommenen Rechts (so auch MüKo-InsO/*Schumacher* § 86 Rn. 6).

8 Gegen den Schuldner gerichtete **Unterlassungsklagen** können in ihrem sachlichen Gehalt nach Aussonderungsansprüche betreffen und schon darum unter § 86 InsO fallen. Das ist der Fall, wenn sich der Schuldner zur Rechtfertigung seines von der Klage beanstandeten Verhaltens auf ein Recht beruft, das im Fall seines Bestehens zur Masse gehören würde; alsdann wird im Rahmen des Unterlassungsstreits wie bei einem Aussonderungsstreit darüber gestritten, ob das Recht dem Kläger oder der Masse zusteht. Bei wettbewerbsrechtlichen Unterlassungsansprüchen ist in Rechtsprechung und Schrifttum umstritten, ob es sich bei einem Rechtsstreit über einen Unterlassungsanspruch wegen Verletzung eines gewerblichen Schutzrechts oder wegen eines Wettbewerbsverstoßes um einen Aktiv- oder einen Passivprozess handelt und nach welchen Vorschriften sich die Aufnahme des Rechtsstreits richtet (vgl. K. Schmidt/*Sternal* InsO, § 86 Rn. 5).

9 Der BGH folgte zu §§ 10, 11 KO zunächst der Rechtsprechung des Reichsgerichts (*RGZ* 134, 377), nach der ein Rechtsstreit gegen den Gemeinschuldner über einen Unterlassungsanspruch aus einem gewerblichen Schutzrecht ein Aktivprozess ist (*BGH* GRUR 1966, 218 [219 f.] – Dia-Rähmchen III; vgl. auch *BGH* BGHZ 155, 371 [379 f.]). Davon ist der Bundesgerichtshof zunächst auch in einem Rechtsstreit über einen Unterlassungsanspruch aufgrund eines Wettbewerbsverstoßes ausgegangen (*BGH* GRUR 1983, 179 [180] = WRP 1983, 209 – Stapel-Automat). Nach diesem Verständnis richtete sich die Aufnahme nach § 85 InsO. In seiner Entscheidung vom 18.03.2010 (– I ZR 158/07, BGHZ 185, 11 = ZIP 2010, 948) hat der *BGH* diese Entscheidungspraxis ausdrücklich aufgegeben. Bei einem gegen den Insolvenzschuldner gerichteten gesetzlichen Unterlassungsanspruch wegen Verletzung eines gewerblichen Schutzrechts des Klägers oder wegen eines Wettbewerbsverstoßes handelt es sich um einen Passivprozess i.S.d. § 86 InsO. Diese Auffassung wird auch vom überwiegenden Teil der Lit. geteilt (K. Schmidt/*Sternal* InsO, § 86 Rn. 4; MüKo-InsO/*Schumacher* § 86 Rn. 7), wobei in Rspr. und Lit. (vgl. K. Schmidt/*Sternal* InsO, § 86 Rn. 5 m.w.N.) nach wie vor umstritten ist, ob die Aufnahme nach § 86 Abs. 1 Nr. 1 (*OLG Köln* ZIP 2008, 518) oder § 86 Abs. 1 Nr. 3 InsO (*BGH* BGHZ 185, 11 analoger Anwendung des § 86 Abs. 1 Nr. 3 InsO) erfolgt.

10 Ob Rückgewähransprüche aus Anfechtungen wegen Gläubigerbenachteiligung nach den insolvenzrechtlichen Vorschriften oder nach dem Anfechtungsgesetz unter § 86 InsO fallen, ist ebenfalls umstritten. Nach einem Teil der Rspr. sind diese Ansprüche auf Verschaffung – und damit schuldrechtlicher Natur – gerichtet und stellen lediglich im Insolvenzverfahren des Anfechtungsgegners eine Insolvenzforderung dar (*BGH* BGHZ 22, 128; BGHZ 71, 61). Nach der in der Lit. vertretenen haf-

Übersicht

	Rdn.		Rdn.
A. Normzweck	1	III. Absonderung	11
B. Anwendungsbereich	3	IV. Masseverbindlichkeiten	14
I. Allgemeines	3	C. Aufnahme des Verfahrens	16
II. Aussonderung	6	D. Sofortiges Anerkenntnis des Verwalters	24

Literatur:
Paulus Vorsicht Falle – Wiederaufnahme eines durch ein Insolvenzverfahren unterbrochenen Prozesses, NJW 2010, 1633.

A. Normzweck

Regelmäßig wird ein Rechtsstreit durch die Eröffnung des Insolvenzverfahrens unterbrochen (§ 240 ZPO). § 86 regelt die Voraussetzungen, unter denen ein unterbrochener Passivprozess wieder aufgenommen werden kann. Er entspricht im Wesentlichen dem früherem § 11 KO. § 86 steht in Ergänzung zu § 85 InsO, der die Aufnahme der Aktivprozesse betrifft. Passivprozesse können sowohl vom Verwalter wie auch dem Gegner aufgenommen werden, allerdings nur unter den in § 86 bestimmten Voraussetzungen und zwar, wenn der Prozess die Aussonderung, eine abgesonderte Befriedigung oder eine Masseverbindlichkeit betrifft (Teilungsmassestreitigkeiten). Bei der Aufnahme von Prozessen, die Absonderungsrechte betreffen, sind allerdings die Vorschriften der Insolvenzordnung über die Einbeziehung der Gläubiger mit Absonderungsrechten in das Insolvenzverfahren zu beachten (insbesondere §§ 166 bis 173 InsO). Ist die Durchsetzung einer Insolvenzforderung (Schuldenmassestreit) betroffen, so kann diese ausschließlich nach § 87 InsO verfolgt werden (s. hierzu § 87 Rdn. 4). 1

Ergänzt wird § 86 InsO durch § 90 InsO, der die Masse sechs Monate vor der Vollstreckung bestimmter Masseverbindlichkeiten schützt (s. § 90 Rdn. 3 ff.). 2

B. Anwendungsbereich

I. Allgemeines

Unmittelbar regelt § 86 InsO die gegen den Schuldner anhängigen, die Teilungsmasse betreffenden Rechtsstreitigkeiten. Das sind Prozesse, die auf **Aussonderung** eines Gegenstandes aus der Masse oder auf **abgesonderte Befriedigung** gerichtet sind oder mit denen ein **Masseanspruch** verfolgt wird (wobei für letztere in der Praxis nur Ansprüche aus einem gegenseitigen Vertrag relevant werden; vgl. *Kübler/Prütting/Bork-Lüke* InsO, § 86 Rn. 13 m.w.N.). In diesen Fällen droht den Insolvenzgläubigern eine Verminderung der Teilungsmasse (*Uhlenbruck/Mock* InsO, § 86 Rn. 3). 3

Ob ein Prozess gegen oder für den Schuldner anhängig ist, entscheidet sich nicht nach der Parteirolle, in der sich der Schuldner befindet. So fällt die vor Eröffnung des Insolvenzverfahrens erhobene Vollstreckungsgegenklage gegen einen Absonderungsanspruch unter § 86 InsO (*BGH* WM 1974, 78). § 249 ZPO kommt hier nicht in Betracht, da jede Partei sofort zur Aufnahme befugt ist (vgl. HK-InsO/*Kayser* § 86 Rn. 15). Das Versäumnisverfahren findet nach Aufnahme ohne Weiteres auch gegenüber dem Insolvenzverwalter statt. Bei negativer Feststellungsklage gegen den Schuldner liegt ein Teilungsmasse-Gegenstreit vor, wenn der Kläger Feststellung des Nichtbestehens eines Rechtes gegen den Schuldner begehrt. Da die vom Schuldner erteilte Prozessvollmacht erloschen ist (*RG* RGZ 118, 158; *OLG Köln* ZVI 2002, 416), ist der Aufnahmeschriftsatz des Gegners dem Insolvenzverwalter persönlich zuzustellen (*Uhlenbruck/Mock* InsO, § 86 Rn. 25; zur Problematik auch *Paulus* NJW 2010, 1633). 4

§ 86 InsO sieht im Hinblick auf eine zügige Verfahrensdurchführung vor, dass der Rechtsstreit sowohl vom Verwalter wie auch Gegner sofort nach Verfahrenseröffnung aufgenommen werden kann, ohne dass weitere Voraussetzungen hierfür notwendig sind (HK-InsO/*Kayser* § 86 Rn. 1). § 86 InsO findet auch im vorläufigen Verfahren Anwendung, wenn ein sog. starker vorläufiger Verwalter 5

III. Folgen der Ablehnung

1. Übergang der Prozessführungsbefugnis

54 Lehnt der Insolvenzverwalter die Aufnahme des Rechtsstreits ausdrücklich ab, so sind sowohl der Insolvenzschuldner als auch der Prozessgegner zur Aufnahme des Rechtsstreits berechtigt (§ 85 Abs. 2 InsO). Ohne Ablehnungserklärung des Insolvenzverwalters ist der Schuldner nicht berechtigt, einen Prozess, der einen zur Masse gehörenden Anspruch betrifft, aufzunehmen; ein vom Schuldner gleichwohl eingelegtes Rechtsmittel ist unzulässig (*BGH* WM 1956, 1473; WM 1968, 948).

Die nach § 240 ZPO eingetretene Unterbrechung des Prozesses endet erst mit dieser Aufnahme, nicht schon mit der Ablehnung seitens des Insolvenzverwalters.

2. Ablehnung im Nachlassinsolvenzverfahren

55 Ebenso ist im Nachlassinsolvenzverfahren der Insolvenzverwalter zur Ablehnung der Aufnahme berechtigt (*Uhlenbruck/Mock* InsO, § 85 Rn. 175 m.w.N.); das Verfahren kann dann vom oder gegen den Erben aufgenommen werden. Unterliegt er, so treffen die Kosten, falls er nur beschränkt haftet (§ 2013 BGB), den Nachlass, von dem er sie gem. § 1978 Abs. 3 BGB i.V.m. § 324 Abs. 1 Nr. 1 InsO als Masseforderung erstattet verlangen kann (vgl. *RG* RGZ 90, 94). Deshalb muss der Insolvenzverwalter sorgfältig prüfen, ob er in einem solchen Fall die Prozessführung aus der Hand geben darf.

3. Ablehnung im Verfahren einer juristischen Person oder Gesellschaft ohne Rechtspersönlichkeit

56 Nach überwiegend h.M. ist im Insolvenzverfahren über das Vermögen einer juristischen Person oder Gesellschaft ohne Rechtspersönlichkeit der Insolvenzverwalter ebenfalls zur Ablehnung der Verfahrensaufnahme befugt (*BGH* BGHZ 163, 32; ZInsO 2006, 260; HK-InsO/*Kayser* § 85 Rn. 63; K. Schmidt/*Sternal* InsO, § 85 Rn. 54; **a.A.** *OLG Karlsruhe* ZInsO 2003, 768). Auch in diesem Fall führt die Ablehnung zu einer Freigabe des Prozessgegenstandes.

57 Die Kostenlast trifft für den Fall des Unterliegens das freie Vermögen der Gesellschaft (HambK-InsO/*Kuleisa* § 85 Rn. 29 m.w.N.), was im Falle der Verfahrensbeendigung durch Reorganisation relevant werden kann. Entsprechendes gilt bei Ablehnung der Aufnahme eines durch Eröffnung des Insolvenzverfahrens unterbrochenen Aktivprozesses der OHG (*BGH* NJW 1966, 51).

4. Kosten

58 Bei Ablehnung der Aufnahme des Prozesses durch den Insolvenzverwalter fallen der Masse keine Prozesskosten zur Last (MüKo-InsO/*Schumacher* § 85 Rn. 30). Der Schuldner hat diese in voller Höhe als Neumasseschuld zu tragen (*KG* Kut 1927, 19; *Uhlenbruck/Mock* InsO, § 85 Rn. 177; **a.A.** MüKo-InsO/*Schumacher* § 85 Rn. 30; HamK-InsO/*Kuleisa* § 85 Rn. 29: die vor Eröffnung des Verfahrens sind Insolvenzforderungen, danach entstandene Kosten Masseverbindlichkeiten).

§ 86 Aufnahme bestimmter Passivprozesse

(1) Rechtsstreitigkeiten, die zur Zeit der Eröffnung des Insolvenzverfahrens gegen den Schuldner anhängig sind, können sowohl vom Insolvenzverwalter als auch vom Gegner aufgenommen werden, wenn sie betreffen:
1. die Aussonderung eines Gegenstands aus der Insolvenzmasse,
2. die abgesonderte Befriedigung oder
3. eine Masseverbindlichkeit.

(2) Erkennt der Verwalter den Anspruch sofort an, so kann der Gegner einen Anspruch auf Erstattung der Kosten des Rechtsstreits nur als Insolvenzgläubiger geltend machen.

47 Dem insolvenzrechtlichen Prinzip der Qualifikation der Forderung (§§ 38, 55 InsO) und der Teilbarkeit von Leistungen (§ 105 InsO) entspricht es eher, nur Forderungen aus nach Verfahrenseröffnung vollendeten Gebührentatbeständen als Masseverbindlichkeiten anzusehen und die übrigen Kosten als gewöhnliche Insolvenzforderungen zu qualifizieren (MüKo-InsO/*Schumacher* § 85 Rn. 20; *Uhlenbruck/Mock* InsO, § 85 Rn. 156).

48 Umgekehrt gehört der Anspruch auf Prozesskostenerstattung zur Insolvenzmasse, wenn der die Erstattungsforderung begründende Sachverhalt vor oder während des Insolvenzverfahrens verwirklicht wurde (*BGH* BB 2007, 1189).

D. Ablehnung der Aufnahme des unterbrochenen Prozesses

49 Bei mangelndem Interesse der Masse an der Prozessführung kann ausschließlich der Insolvenzverwalter die Aufnahme ablehnen.

I. Form

50 Die Ablehnung nach § 85 Abs. 2 InsO ist gegenüber dem Schuldner oder der Gegenpartei zu erklären. Sie ist nicht an eine bestimmte Form gebunden und kann auch durch schlüssiges Verhalten zum Ausdruck gebracht werden, insbesondere durch Freigabe des Streitgegenstandes an den Schuldner (*BGH* ZInsO 2007, 94; *Uhlenbruck/Mock* InsO, § 85 Rn. 165 m.w.N.). Sie unterliegt nicht dem Anwaltszwang (*BGH* MDR 1969, 389). Hat der Rechtsstreit eine erhebliche Bedeutung für die Masse ist die Zustimmung des Gläubigerausschusses oder der Gläubigerversammlung erforderlich (§ 160 Abs. 2 Nr. 3 InsO).

II. Ablehnung als Freigabe

51 Die Ablehnung, einen Rechtsstreit für die Masse aufzunehmen, ist notwendig mit der Freigabe des im Streit befindlichen Massegegenstandes verbunden; denn der Schuldner erhält die gesetzliche Prozessführungsbefugnis nur zurück, wenn der Streitgegenstand wieder zum massefreien Vermögen gehört (*BGH* BGHZ 163, 32 [36]; ZIP 2007, 194; HK-InsO/*Kayser* § 85 Rn. 62; MüKo-InsO/*Schumacher* § 85 Rn. 23; *Uhlenbruck/Mock* InsO, § 85 Rn. 166). Eine Ablehnung der Aufnahme mit dem Vorbehalt, den Gegenstand trotzdem für die Masse in Anspruch nehmen zu wollen, ist wegen inneren Widerspruchs unwirksam (*RG* RGZ 70, 370; *Uhlenbruck/Mock* InsO, § 85 Rn. 166 m.w.N.). Ebenso ist ein geheimer Vorbehalt dieses Inhalts wirkungslos (*RG* RGZ 122, 57). Nicht zulässig ist es, wenn der Insolvenzverwalter, an Stelle einer Freigabe des Streitgegenstandes den Schuldner zur Aufnahme des unterbrochenen Prozesses ermächtigt, etwa um der Masse das Prozesskostenrisiko zu ersparen (*BGH* NJW 1973, 2065).

52 Erklärt der Verwalter ausdrücklich die Freigabe eines streitbefangenen Gegenstandes aus der Masse, ist damit notwendig auch die Freigabe eines damit verbundenen Aktivprozesses aus der Masse verbunden (vgl. *BGH* ZIP 2003, 1972; HK-InsO/*Kayser* § 85 Rn. 63; MüKo-InsO/*Schumacher* § 85 Rn. 23). Die Freigabe eines zur Masse gehörenden Vermögensgegenstandes bedeutet deren Überführung in das insolvenzfreie Vermögen des Schuldners (*BGH* ZIP 2007, 194; vgl. auch *BGH* BGHZ 163, 32 [35]; *Jaeger/Henckel* KO, 9. Aufl. § 6 Rn. 19, 21). Sie erfolgt durch empfangsbedürftige Willenserklärung gegenüber dem Schuldner (*RG* RGZ 94, 55 [56]) und muss den Willen dauernden Verzichts auf die Massezugehörigkeit bekunden (*Jaeger/Henckel* KO, 9. Aufl. § 6 Rn. 22).

53 Lehnt der Insolvenzverwalter es ab, einen Passivprozess aufzunehmen, findet § 85 Abs. 2 InsO dagegen keine Anwendung (*BGH* ZIP 2007, 194; ZIP 2005, 952; ZIP 2004, 769). Die Erklärung, einen Passivprozess nicht aufnehmen zu wollen, kann i.d.R. schon deshalb keine »Freigabe« des streitbefangenen Gegenstandes bedeuten, weil es um die Abwehr eines gegen die Masse gerichteten Anspruchs geht, die Masse also nicht Inhaberin des Anspruchs, sondern Anspruchsgegnerin ist (*BGH* ZIP 2007, 194).

zuordnen. Erscheint der Gegner nicht, kann der Insolvenzverwalter bei zugestandener Rechtsnachfolge gegen ihn Versäumnisurteil in der Sache beantragen.

43 Erklärt sich der Verwalter nicht innerhalb der angemessenen Frist, so hat der Prozessgegner nach § 85 Abs. 1 Satz 2 InsO i.V.m. § 239 Abs. 2 ZPO die Möglichkeit, durch Antrag beim Prozessgericht den Insolvenzverwalter durch das Insolvenzgericht zur Aufnahme und zur Verhandlung der Hauptsache laden zu lassen. Das Gericht bestimmt die Ladungsfrist (§ 239 Abs. 3 Satz 2 ZPO) und stellt die Ladung dem Verwalter oder seinem Prozessbevollmächtigten (nicht dem Prozessbevollmächtigten des Schuldners, § 117 InsO) zu. Prozessgericht ist dabei das Gericht, bei dem der Rechtsstreit zur Zeit der Unterbrechung rechtshängig war (K. Schmidt/*Sternal* InsO, § 85 Rn. 48). Erscheint der Verwalter in dem Termin und verhandelt, ist darin eine Aufnahme des Verfahrens zu sehen. Lehnt dagegen der Verwalter im Termin eine Aufnahme des Verfahrens ab, so bleibt das Verfahren weiter unterbrochen, bis der Gegner oder der Schuldner die Aufnahme erklären (HK-InsO/*Kayser* § 85 Rn. 72). Kommt der Verwalter der Ladung zum Termin nicht nach, so ist auf Antrag die behauptete Rechtsnachfolge als zugestanden anzunehmen und zur Hauptsache zu verhandeln (§ 239 Abs. 4 ZPO). Der Gegner kann den Erlass eines Versäumnisurteils (*BGH* NJW 1957, 1840) oder Entscheidung nach Lage der Akten beantragen; dem Antrag ist zu entsprechen, wenn der Sachverhalt für eine derartige Entscheidung hinreichend geklärt erscheint (§ 331a ZPO). Wird der Rechtsstreit zwischen den Instanzen unterbrochen, erfolgt lediglich eine Ladung zur Aufnahme des Rechtsstreites, nicht aber zur Verhandlung. Zuständig ist das Gericht der unteren Instanz (MüKo-InsO/*Schumacher* § 85 Rn. 41). Erfolgt dagegen die Unterbrechung nach Einlegung des Rechtsmittels, ist der Antrag an das Rechtsmittelgericht zu richten (K. Schmidt/*Sternal* InsO, § 85 Rn. 48).

V. Kosten

44 Soweit der Insolvenzverwalter den von ihm aufgenommenen Prozess verliert, ist nach der herkömmlichen, noch zur Konkursordnung entwickelten Auffassung die Kostentragungspflicht des Insolvenzverwalters vollumfänglich, also auch hinsichtlich der vor Unterbrechung (§ 240 ZPO) entstandenen Kosten, eine Masseverbindlichkeit (*OLG Bremen* ZInsO 2005, 1219; vgl. so auch noch in der 5. Aufl. dieses Kommentars *App* § 85 Rn. 16, § 86 Rn. 15 f.; *Jaeger*/*Windel* InsO, § 85 Rn. 139; K. Schmidt/*Sternal* InsO, § 86 Rn. 56). Der Insolvenzverwalter übernehme mit der Fortführung des Prozesses zur Hauptsache das einheitliche Kostenrisiko des Schuldners auf die Masse (vgl. *Jaeger*/*Windel* InsO, § 85 Rn. 141). Zudem decken die Gerichts- und Anwaltsgebühren, soweit es sich um Verfahrensgebühren handle, nicht einzelne, sondern eine Gesamtheit gleichartiger Tätigkeiten und Prozesshandlungen ab (vgl. *OLG Hamm* JurBürO 1990, 1482 [1483]; s.a. MüKo-InsO/*Schumacher* § 85 Rn. 19).

45 Demgegenüber sieht eine andere Auffassung jedenfalls im Anwendungsbereich der Insolvenzordnung einen Wertungswiderspruch zu der in § 105 InsO getroffenen Regelung. Diese Vorschrift verhindere bei teilbaren Leistungen eine insolvenzrechtlich unerwünschte und sachlich nicht gerechtfertigte Privilegierung des Gläubigers, der eine teilbare Leistung schulde, und eine entsprechende Benachteiligung der übrigen Insolvenzgläubiger (vgl. *OLG Rostock* ZIP 2001, 2145 f.; so noch HK-InsO/*Eickmann* 4. Aufl. § 85 Rn. 10; HambK-InsO/*Kuleisa* § 85 Rn. 14; MüKo-InsO/*Schumacher* § 85 Rn. 20; *Uhlenbruck* ZIP 2001, 1988 [1989]).

46 Der *BGH* (ZIP 2006, 2132) hat diese Frage weitgehend offengelassen. Er folgt zwar dem Gedanken des einheitlichen Kostenanspruches, sieht aber durchaus die Berechtigung der Kritik an der undifferenzierten Behandlung des Kostenerstattungsanspruchs als Masseverbindlichkeit, in den Fällen, in denen das Insolvenzereignis den Rechtsstreit in einer höheren Instanz oder nach Zurückverweisung der Sache an die Vorinstanz unterbricht. Im zu entscheidenden Fall war die Unterbrechung des Verfahrens vor Abschluss der ersten Instanz und sogar noch vor der mündlichen Verhandlung eingetreten.

II. Form der Aufnahme

Die Aufnahme eines durch die Eröffnung des Insolvenzverfahrens unterbrochenen Verfahrens unterliegt als Prozesshandlung mit unmittelbarer Gestaltungswirkung (*Uhlenbruck/Mock* InsO, § 85 Rn. 148) dem Anwaltszwang (§ 78 Abs. 1 ZPO); der nach § 250 ZPO einzureichende Schriftsatz muss von einem Rechtsanwalt unterschrieben sein und den Willen zur Fortsetzung des Rechtsstreites zweifelsfrei erkennen lassen (*BGH* NJW 1995, 2171; BGHZ 146, 372). Das Gericht stellt den Schriftsatz dem Gegner von Amts wegen zu. Damit wird die Unterbrechung nach § 240 ZPO beendet (*BGH* ZIP 1999, 76). Bei Anwesenheit beider Parteien vor Gericht ist ein Schriftsatz entbehrlich und es genügt die mündliche Aufnahme zu Protokoll (*RG* RGZ 109, 48; *K. Schmidt/Sternal* InsO, § 85 Rn. 42). Die Aufnahmeerklärung kann auch stillschweigend oder durch schlüssiges Verhalten des Verwalters erfolgen (vgl. *BGH* BGHZ 111, 108; ZIP 1983, 592). War die Unterbrechung zwischen den Instanzen eingetreten, kann der Insolvenzverwalter die Aufnahme mit der Rechtsmitteleinlegung verbinden und gegenüber dem Rechtsmittelgericht erklären (HK-InsO/*Kayser* § 85 Rn. 55). Die Vollmacht des bisherigen Prozessbevollmächtigten erlischt gem. § 117 InsO. Lässt sich der Insolvenzverwalter vorbehaltlos auf einen vom Gegner unzulässigerweise aufgenommenen Aktivprozess ein, so kann darin seine stillschweigende Erklärung erblickt werden, den Prozess aufzunehmen (*RG* JW 1902, 423; *Uhlenbruck/Mock* InsO, § 85 Rn. 149). 40

III. Wirkung der Aufnahme

Mit der Aufnahme des Rechtsstreites endet die Verfahrensunterbrechung. Er nimmt den Prozess in der Lage auf, in der sich dieser befindet. Grds. ist der Insolvenzverwalter an die bisherige Prozessführung des Schuldners **gebunden** (*BGH* NJW-RR 1986, 672; *K. Schmidt/Sternal* InsO, § 85 Rn. 43). Die vorherige Prozessführung des Schuldners muss der Insolvenzverwalter, einschließlich eventueller Anerkenntnisse, Verzichte, Geständnisse, Fristversäumnisse usw. gelten lassen, sofern er nicht im Einzelfall solche Rechtshandlungen gem. §§ 129 ff. InsO erfolgreich anfechten kann. Andererseits steht es ihm frei, sämtliche dem Schuldner bei Eintritt der Unterbrechung noch zustehenden Angriffs- und Verteidigungsmittel vorzubringen (*BGH* ZIP 2006, 2132; *Uhlenbruck/Mock* InsO, § 85 Rn. 152 m.w.N.). Auch ist der Insolvenzverwalter befugt, mit bindender Wirkung für den Schuldner über den Streitgegenstand zu verfügen, also etwa die Klage zurückzunehmen, Rechtsbehelfe und Rechtsmittel einzulegen oder zurückzunehmen sowie Anerkenntnisse oder Verzichte zu erklären (*K. Schmidt/Sternal* InsO, § 85 Rn. 43). Ein vom Insolvenzverwalter in dem von ihm aufgenommenen Prozess erstrittenes Urteil erwächst in Rechtskraft für und gegen den Schuldner. Etwas anders gilt nur, wenn der Insolvenzverwalter (unerkannt) einen Prozess über massefremdes Vermögen geführt hat (MüKo-InsO/*Schumacher* § 85 Rn. 17). 41

IV. Verzögerung der Aufnahme

Der Insolvenzverwalter muss die Entscheidung, ob er den unterbrochenen Prozess aufnehmen oder aber die Aufnahme ablehnen will, binnen einer den Umständen nach angemessenen Überlegungsfrist treffen (*Gottwald/Gerhardt* HdbInsR, § 32 Rn. 32). Bei der Fristbemessung ist auf den jeweiligen Einzelfall, den Umfang des Rechtsstreites und die daraus sich ergebenden Schwierigkeiten bei Ermittlung der Prozessführung und der Prozessaussichten abzustellen. Hinzukommen mögliche Abstimmungsgespräche mit einem Gläubigerausschuss oder eine einzuberufende Gläubigerversammlung, wenn die Aufnahme des Rechtsstreits eine besonders bedeutsame Rechtshandlung nach § 160 Abs. 2 Nr. 3 InsO darstellt (vgl. *K. Schmidt/Sternal* InsO, § 85 Rn. 46). Eine Verzögerung der Aufnahme setzt die Kenntnis vom Rechtsstreit voraus (*OLG Zweibrücken* NJW 1968, 1635). Der Antrag muss die Rechtsnachfolge infolge Verlustes der Verfügungsbefugnis des Schuldners durch Eröffnung des Insolvenzverfahrens über sein Vermögen begründenden Tatsachen enthalten. Bei Säumigkeit des geladenen Insolvenzverwalters gilt die Rechtsnachfolge als zugestanden, und es kann gem. §§ 330, 331a ZPO sachlich gegen ihn entschieden werden. Sind beide Prozessparteien säumig, so ist keine Entscheidung gem. § 251a ZPO mangels Antrags möglich und es ist das Ruhen des Verfahrens an- 42

eine Schriftsatzfrist infolge der Unterbrechung nicht mehr ablaufen kann (*BGH* NJW 2012, 682; MüKo-InsO/*Schumacher* Vor §§ 85–87 Rn. 70).

34 Ebenfalls darf das Gericht keine Sachentscheidungen treffen (vgl. FA-InsR/*Bruder* Kap. 2 Rn. 465). Während der Unterbrechung des Verfahrens darf weder mündlich verhandelt noch im Anschluss an den Termin ein Urteil verkündet werden. Solche Prozesshandlungen der Parteien sind zwar unwirksam (§ 249 Abs. 2 ZPO), jedoch nicht nichtig. Das Urteil ist mit dem gegebenen Rechtsmittel anfechtbar (*BGH* BGHZ 66, 59; BGHZ 172, 250; MüKo-InsO/*Schumacher* Vor §§ 85–87 Rn. 74).

35 Die Verkündung einer Entscheidung bleibt nach § 249 Abs. 3 ZPO weiter zulässig, wenn nach dem Schluss der mündlichen Verhandlung das Verfahren unterbrochen wurde und diese aufgrund der mündlichen Verhandlung getroffen wurde. Das Urteil darf aber nicht zugestellt werden (*BGH* BGHZ 111, 104).

C. Aufnahme des unterbrochenen Prozesses

I. Aufnahmebefugnis

36 Aufnahmebefugt sind zunächst ausschließlich der Insolvenzverwalter und der Treuhänder.

Der Insolvenzverwalter hat **nach pflichtgemäßem Ermessen** zu prüfen, ob er den Rechtsstreit aufnimmt (MüKo-InsO/*Schumacher* § 85 Rn. 32; *Kübler/Prütting/Bork-Lüke* InsO, § 85 Rn. 73). Bei seiner Ermessensentscheidung hat der Insolvenzverwalter das Interesse der an dem Insolvenzverfahren Beteiligten auf Vergrößerung der Teilungsmasse gegen das eigene Haftungsvermeidungsinteresse abzuwägen. Denn verzichtet der Insolvenzverwalter angesichts eines aussichtsreichen Verfahrens auf den Streitgegenstand, ist dieser für die Insolvenzmasse verloren. Dies kann zur Folge haben, dass die an dem Insolvenzverfahren Beteiligten den Insolvenzverwalter auf Schadensersatz in Anspruch nehmen (§ 60 InsO). Führt der Insolvenzverwalter andererseits einen aussichtslosen Rechtsstreit fort und wird die Insolvenzmasse letztlich mit den gesamten Prozesskosten zusätzlich belastet (§ 55 InsO), so droht ihm ein weiteres Haftungsrisiko für den Fall, dass die Masse nicht ausreicht, diese Verbindlichkeit zu erfüllen (§ 61 InsO). Durch die Verfahrensunterbrechung wird dem Verwalter eine ausreichende Prüfungszeit eingeräumt, um über den weiteren Verfahrensgang entscheiden zu können. Er hat auch die bisherige Prozessführung des Schuldners und seines Prozessbevollmächtigten zu prüfen.

37 Gem. § 160 Abs. 2 Nr. 3 InsO hat der Insolvenzverwalter die Zustimmung des Gläubigerausschusses bzw. der Gläubigerversammlung einzuholen, wenn es sich um ein Verfahren mit erheblichem Streitwert handelt.

38 Wurde ein vorläufiger Insolvenzverwalter bestellt, auf den die Verfügungsbefugnis übergegangen ist (§ 24 Abs. 2 i.V.m. §§ 21 Abs. 2 Nr. 1, 2, 22 Abs. 1 InsO), steht diesem bereits im vorläufigen Verfahren das Recht zu, den Rechtsstreit aufzunehmen. Demgegenüber steht dem Prozessgegner im vorläufigen Verfahren noch kein eigenes Aufnahmerecht zu, da ihm zuzumuten ist, die Eröffnung des Insolvenzverfahrens abzuwarten (*Balz/Landfermann* Begr.RegE S. 235). Wird das Verfahren im Anschluss an die Aufnahmeerklärung eröffnet, wird der Rechtsstreit erneut nach § 240 ZPO unterbrochen (*Uhlenbruck/Mock* InsO, § 85 Rn. 134; K. *Schmidt/Sternal* InsO, § 85 Rn. 41; **a.A.** MüKo-InsO/*Schumacher* Vor §§ 85–87 Rn. 19).

39 Bei angeordneter Eigenverwaltung ist lediglich der Schuldner zur Aufnahme berechtigt, nicht jedoch der Sachwalter (MüKo-InsO/*Schumacher* § 85 Rn. 12). Dieser hat den Rechtsstreit jedoch im Interesse der Wahrung und ggf. der Mehrung der Insolvenzmasse zu führen; diese Besonderheit ist im Rubrum durch den Zusatz »als eigenverwaltender Insolvenzschuldner« kenntlich zu machen (*Leonhardt/Smid/Zeuner/Smid* InsO, § 85 Rn. 30). Ist keine Eigenverwaltung angeordnet und wird der Schuldner – etwa in der irrigen Annahme einer eigenen Prozessführungsbefugnis – in einem vom Insolvenzverwalter aufgenommenen Prozess tätig, so ist er durch Beschluss aus dem Prozess zu weisen (*BFH* ZInsO 2009, 1366).

der streitbefangenen Gegenstände des Insolvenzverwalters aus der Insolvenzmasse (*BGH* BGHZ 166, 74 = ZIP 2006, 479).

VIII. Wirkungen der Unterbrechung

1. Fristen

Die Wirkungen der Unterbrechung bestimmen sich nach § 249 ZPO. Dabei ist zu differenzieren nach dem Fristenlauf (§ 249 Abs. 1 ZPO), den Prozesshandlungen (§ 249 Abs. 2 ZPO) und der Verkündung der auf Grund dieser Verhandlung zu treffenden Entscheidung (§ 249 Abs. 3 ZPO). 29

Die Unterbrechung des Verfahrens bewirkt nach § 249 ZPO, dass damit der **Lauf jeder prozessualen Frist** wie z.B. der Berufungs- und der Revisionsfrist **beendet** wird (vgl. FA-InsR/*Bruder* Kap. 2 Rn. 465) und keiner der Verfahrensbeteiligten Rechte wegen Fristversäumnis mehr einbüßen kann. Nach der Beendigung der Unterbrechung beginnt die Frist erneut zu laufen, und zwar nicht nur der noch nicht verstrichene Teil der Frist, sondern die volle Frist (§ 249 Abs. 1 ZPO; dazu *BAG* NJW 2009, 3529). Das bedeutet beispielsweise: Der Unterlegene in einem zivilgerichtlichen Verfahren hat nach Beendigung der Unterbrechung (z.B. durch Aufnahme des Rechtsstreits oder durch Einstellung des Insolvenzverfahrens) einen vollen Monat Zeit zur Einlegung der Berufung (§ 517 ZPO), selbst wenn das Insolvenzverfahren am vorletzten Tag der Berufungsfrist eröffnet worden war. Davon sind alle gesetzlichen und richterlichen Fristen betroffen, nicht jedoch die uneigentlichen Fristen, also solche in denen das Gericht bestimmte Amtshandlungen vorzunehmen hat (z.B. §§ 251a Satz 2, 310 Abs. 1, 315 Abs. 2, 317 Abs. 1, 798, 816 ZPO) wie auch die materiellen Fristen (Anfechtungs-, Widerrufs- und Verjährungsfristen). 30

2. Prozesshandlungen

Während der Unterbrechung des Verfahrens sind Prozesshandlungen von Parteien – wie z.B. eine Zustellung – gegenüber der anderen Partei ohne rechtliche Wirkung (§ 249 Abs. 2 ZPO). Ein trotz Unterbrechung des Verfahrens ergangenes Urteil ist allerdings nicht nichtig, sondern mit den statthaften Rechtsmitteln angreifbar (*BGH* BGHZ 66, 59 [61 f.]; BGHZ 172, 250 [251 f.]; WM 1984, 1170; ZIP 2004, 1120; ZIP 2009, 1027). 31

Prozesshandlungen gegenüber dem Prozessgericht sind dagegen trotz der Unterbrechung zulässig (*BGH* BGHZ 50, 397; *Uhlenbruck/Mock* InsO, § 85 Rn. 99 m.w.N.). Darum ist z.B. auch nach der Unterbrechung des Verfahrens die Einreichung einer Rechtsmittelschrift – als eine Prozesshandlung gegenüber dem Gericht – wirksam (*OLG Düsseldorf* NJW-RR 2001, 522), setzt allerdings das Rechtsmittelverfahren (noch) nicht in Gang (vgl. MüKo-InsO/*Schumacher* Vor §§ 85–87 Rn. 66), weil davon das Verhältnis zwischen den beiden Prozessparteien betroffen wäre. Die Prozesshandlungen sind nicht nichtig, sondern nur relativ (der anderen Partei gegenüber) unwirksam. Sie können durch rügelose Einlassung oder Genehmigung behoben werden (*BGH* BGHZ 4, 320; K. Schmidt/*Sternal* InsO, § 85 Rn. 33). 32

3. Handlungen des Gerichts

Die Unterbrechung hat weiter die Wirkung, dass das Gericht während ihrer Dauer keine Zustellungen, Ladungen oder Beweiserhebungen vornehmen darf. Solche Handlungen sind während der Unterbrechung des Verfahrens beiden Parteien gegenüber unwirksam (HK-InsO/*Kayser* § 85 Rn. 42). Demgegenüber bleiben rein innergerichtliche Handlungen wie Beratungen oder das Anfertigen eines Votums zulässig und wirksam (HK-InsO/*Kayser* § 85 Rn. 42). Nach § 249 Abs. 3 ZPO wird die Verkündung der aufgrund einer mündlichen Verhandlung zu erlassenden Entscheidung durch die nach dem Schluss dieser mündlichen Verhandlung eintretende Unterbrechung grds. nicht gehindert. Die Verkündung ist aber unzulässig, wenn die Unterbrechung zwar nach dem Schluss einer mündlichen Verhandlung, aber vor Ende einer Schriftsatzfrist, die einer Partei bewilligt war, eingetreten ist. Infolge der Insolvenzeröffnung ist eine Partei nicht mehr handlungsfähig, so dass 33

umstritten, ob eine Unterbrechung eintritt (bejahend *BFH*/NV 2002, 315; *Uhlenbruck/Mock* InsO, § 85 Rn. 95a; verneinend MüKo-InsO/*Schumacher* Vor §§ 85 bis 87 Rn. 51).

24 Nicht unterbrochen werden Streitwertfestsetzungsverfahren (*OLG Neustadt/Weinstraße* NJW 1965, 591; *Uhlenbruck/Mock* InsO, § 85 Rn. 57; krit. MüKo-InsO/*Schumacher* Vor §§ 85 bis 87 Rn. 46), nicht vermögensrechtliche Streitigkeiten wie z.B. eine Ehescheidungssache oder ein Verfahren zur Feststellung der Vaterschaft, auch nicht Verwaltungsgerichtsverfahren über die Rechtmäßigkeit einer Gewerbeuntersagung (*BVerwG* ZIP 2006, 530; krit. dazu *Gundlach/Schmidt* EWiR 2006, 277).

25 **Schiedsgerichtsverfahren** werden grds. nicht nach § 240 ZPO unterbrochen (*BGH* WM 1967, 56; *Uhlenbruck/Mock* InsO, § 85 Rn. 72), zu unterscheiden ist aber, ob es sich um (auch) ausländische oder um rein inländische handelt. Ein inländischer Schiedsspruch, der eine Insolvenzforderung feststellt, darf erst ergehen, nachdem die Forderung nach Grund und Betrag zur Insolvenztabelle angemeldet wurde; anderenfalls verstößt er gegen den *ordre public interne* (*BGH* ZIP 2009, 627). Ist er nach Eröffnung des Insolvenzverfahrens ergangen und auf eine Leistung gerichtet, so kann er als bloße Feststellung zur Insolvenztabelle auszulegen sein, wenn auf Grund der Entscheidungsgründe feststeht, dass die zuerkannte Forderung nur ein Recht auf insolvenzmäßige Befriedigung verschaffen sollte (*BGH* ZIP 2009, 627). Auf Verfahren der **freiwilligen Gerichtsbarkeit** ist § 240 ZPO grds. nicht anwendbar (*BayObLG* ZInsO 2002, 434; K. Schmidt/*Sternal* InsO, § 85 Rn. 13; *Uhlenbruck/Mock* InsO, § 85 Rn. 78 m.w.N.).

26 Das selbständige Beweisverfahren wird nicht durch die Eröffnung des Insolvenzverfahrens über das Vermögen einer der Parteien unterbrochen (str. bejahend *BGH* ZIP 2004, 186; *OLG Hamburg* OLGR 2000, 436; *OLG München* BauR 2002, 983; MüKo-InsO/*Schumacher* Vor §§ 35 bis 87 Rn. 46; *Werner/Pastor* Der Bauprozeß, 10. Aufl. Rn. 6; **a.A.** verneinend *OLG Hamm* NJW-RR 1997, 723; *OLG Frankfurt/M.* BauR 2002, 1886). Durch das selbständige Beweisverfahren soll dem Antragsteller zum einen die Möglichkeit einer schnellen Beweissicherung auch ohne Zustimmung des Gegners und unabhängig von einem Streitverfahren gegeben werden, wenn Verlust oder erschwerte Benutzung eines Beweismittels zu besorgen sind, § 485 Abs. 1 ZPO. Das soll den Weg zu einer erfolgversprechenden Güteverhandlung (vgl. § 492 Abs. 3 ZPO) und zu einer raschen und kostensparenden Einigung der Parteien ohne einen sonst zu erwartenden Rechtsstreit ebnen. Der Insolvenzverwalter ist auf das baldige Ergebnis des selbständigen Beweisverfahrens angewiesen, um eine Grundlage für seine weiteren Entscheidungen und für eventuelle Vergleichsgespräche zu haben und so ggf. Ansprüche des Gemeinschuldners rasch zugunsten der Masse realisieren zu können (so zu Recht *BGH* ZIP 2004, 186; krit. dazu *Stickelbrock* EWiR 2004, 309).

VII. Beginn und Ende der Unterbrechung

27 Grundsätzlich werden alle rechtshängigen Verfahren mit der Eröffnung des Insolvenzverfahrens kraft Gesetzes unterbrochen (§ 240 ZPO). Entscheidend ist die Unterzeichnung des Eröffnungsbeschlusses (zum Wirksamwerden des Eröffnungsbeschlusses s. § 80 Rdn. 5 und *Schmerbach* § 30 Rdn. 6 ff.), nicht jedoch seine Rechtskraft (HK-InsO/*Kayser* § 85 Rn. 31). Eine gegen den Eröffnungsbeschluss eingelegte Beschwerde hat keine aufschiebende Wirkung (s. *Schmerbach* § 34 Rdn. 53). Im Falle einer Aufhebung des Eröffnungsbeschlusses wird dieser nicht sofort wirksam, sondern erst mit seiner Rechtskraft und der öffentlichen Bekanntmachung (*BGH* BGHZ 6, 3; *Schmerbach* § 34 Rdn. 58 ff.). Die Unterbrechung ist von Amts wegen zu beachten. Im vorläufigen Insolvenzverfahren wird ein Rechtsstreit nach § 240 ZPO unterbrochen, wenn ein vorläufiger Insolvenzverwalter bestellt wurde, auf den die Verfügungsbefugnis übergegangen ist (§ 24 Abs. 2 i.V.m. §§ 21 Abs. 2 Nr. 1, 2, 22 Abs. 1 InsO).

28 Die Unterbrechungswirkung findet ihre Beendigung mit der Aufnahme des Prozesses (s. dazu § 86 Rdn. 16 f.). Darüber hinaus enden die Wirkungen der Verfahrensunterbrechung mit der Beschlussfassung über die Aufhebung des Verfahrens (§ 200 InsO), der Einstellung des Verfahrens (§§ 207, 211–213 InsO), der rechtskräftigen Bestätigung des Insolvenzplanes (§ 258 InsO) und der Freigabe

Ist das Verfahren bereits vor Insolvenzeröffnung durch Klagerücknahme oder Erledigungserklärung 20
beendet und nur noch die Kostenentscheidung offen, so fällt der Kostenerstattungsanspruch in die
Masse und das Kostenverfahren wird zunächst nach § 240 ZPO unterbrochen (K. Schmidt/*Sternal*
InsO, § 85 Rn. 20).

VI. Unterbrechung einzelner Verfahren

1. Zivilgerichtliche Erkenntnisverfahren

Grundsätzlich werden alle **zivilgerichtliche Erkenntnisverfahren** nach § 240 ZPO unterbrochen. 21
Dazu gehören Leistungsklagen gegen den Schuldner auf Zahlung, die im eröffneten Verfahren
eine (auch nachrangige) Insolvenzforderung oder Masseverbindlichkeit darstellen oder Aus- oder Absonderungsansprüche betreffen, wie auch Leistungsklagen des Schuldners, selbst wenn diese zunächst
auf Auskunft gerichtet sind, um das Hauptsacheverfahren vorzubereiten (*Uhlenbruck/Mock* InsO,
§ 85 Rn. 25; HK-InsO/*Kayser* § 85 Rn. 26). **Feststellungsklagen** werden unterbrochen, wenn
das Feststellungsinteresse auf die Masse bezogen ist (HK-InsO/*Kayser* § 85 Rn. 26), **Unterlassungsklagen**, wenn die Störung in einem Verhalten des Schuldners begründet ist oder der Unterlassungsanspruch das insolvenzbefangene Vermögen betrifft (MüKo-InsO/*Schumacher* Vor §§ 85 bis 87
Rn. 28). Bei **Gestaltungsklagen** tritt eine Unterbrechung nur dann ein, wenn das fragliche Rechtsverhältnis unmittelbar oder mittelbar die Insolvenzmasse betrifft (*Uhlenbruck/Mock* InsO, § 85
Rn. 25). Unterbrochen werden diese Verfahren in jedem Stadium, also auch in der Berufungs-
und Revisionsinstanz (MüKo-InsO/*Schumacher* Vor §§ 85 bis 87 Rn. 21), im Beschwerdeverfahren
(*RG* RGZ 30; 409; K. Schmidt/*Sternal* InsO, § 85 Rn. 6), Patentnichtigkeitsverfahren (*BGH*
NJW-RR 1995, 573), in Verfahren, die den **vorläufigen Rechtsschutz** betreffen wie das Arrestverfahren und das Verfahren der einstweiligen Verfügung (*BGH* NJW 1962, 591; MüKo-InsO/*Schumacher* Vor §§ 85 bis 87 Rn. 44) und solche, die auf eine **Nichtzulassungsbeschwerde** gerichtet sind
(*BGH* ZIP 2016, 1655; ZIP 2008, 1943; K. Schmidt/*Sternal* InsO, § 85 Rn. 6), wie auch im **Kostenfestsetzungsverfahren** (§§ 103 ff. ZPO; *BGH* NZI 2006, 128; *KG Berlin* ZIP 2000, 279), selbst
für die Kosten der Vorinstanzen, wenn die Unterbrechungswirkung erst in einem späteren Rechtszug
eintritt (*BGH* NZI 2006, 128), ebenso, wenn zum Zeitpunkt der Insolvenzeröffnung die Kostengrundentscheidung bereits rechtskräftig ist (*BGH* ZIP 2012, 1263). **Mahnverfahren** (§§ 688 ff.
ZPO) werden nach § 240 ZPO unterbrochen, wenn der Mahnbescheid im Zeitpunkt der Eröffnung
des Insolvenzverfahrens bereits zugestellt war (K. Schmidt/*Sternal* InsO, § 85 Rn. 7). Eine Verfahrensunterbrechung tritt nicht im Prozesskostenhilfeverfahren ein (*BGH* NJW-RR 2006, 1208; a.A.
OLG Köln ZIP 2003, 1056; *Kübler/Prütting/Bork-Lüke* InsO, § 85 Rn. 32). Dagegen wird im Steuerprozess das Verfahren auf Bewilligung von Prozesskostenhilfe unterbrochen, wenn über das Vermögen des Antragstellers nach Eintritt der Rechtshängigkeit das Insolvenzverfahren eröffnet wird
(*BFH* ZVI 2007, 134).

Das Zwangsvollstreckungsverfahren wird in Bezug auf Pfändungsmaßnahmen nicht nach § 240 22
ZPO wegen der Eröffnung des Insolvenzverfahrens über das Vermögen des Schuldners unterbrochen
(*BGH* BGHZ 172, 16). Die Folgen des Insolvenzverfahrens für die Zwangsvollstreckung gegen den
Schuldner sind durch §§ 88 ff. InsO speziell geregelt. Daneben ist für die Anwendung von § 240
ZPO kein Raum.

2. Andere Verfahrensarten und -ordnungen

Für das **arbeitsgerichtliche Verfahren** ordnet § 46 Abs. 2 Satz 1 ArbGG die entsprechende Anwen- 23
dung von § 240 ZPO an, so dass Klagen auf Feststellung des Bestehens eines Arbeitsverhältnisses
(*BGH* ZIP 1988, 979; *BAG* ZIP 2007, 745) und Kündigungsschutzprozesse (*BAG* NZA 2007,
765) unterbrochen werden. Für **verwaltungsgerichtliche** Verfahren findet § 240 ZPO über § 173
VwGO Anwendung (*BVerwG* KTS 1989, 439; ZIP 2003, 726), für **finanzgerichtliche** Verfahren
über § 155 FGO (*BFH* BStBl. 1978 II S. 165; NJW 1998, 630; *BFH* ZIP 2011, 592; gem. *BFH*
ZVI 2007, 134 auch Prozesskostenhilfeverfahren) und **sozialgerichtliche** Verfahren über § 202
SGG (vgl. *Uhlenbruck/Mock* InsO, § 85 Rn. 95 m.w.N.). Für das **Steuerfestsetzungsverfahren** ist

brochen, die Klage ist als unzulässig abzuweisen (*BGH* ZIP 2000, 149; K. Schmidt/*Sternal* InsO, § 85 Rn. 18; HK-InsO/*Kayser* § 85 Rn. 16).

15 Wird das Insolvenzverfahren über das Vermögen eines **einfachen Streitgenossen** eröffnet, so wird nur dieses Verfahren nach § 240 ZPO unterbrochen, die Verfahren der übrigen Streitgenossen sind davon nicht betroffen, sie laufen weiter (*BGH* BGHZ 148, 216; ZIP 2003, 595). Über sie kann durch Teilurteil entschieden werden (*BGH* MDR 2007, 539) oder die Verfahren können getrennt werden.

16 Wird das Insolvenzverfahren über das Vermögen eines **notwendigen Streitgenossen** eröffnet, so wird nach h.M. auch der Rechtsstreit insgesamt, also auch bei den übrigen Streitgenossen, unterbrochen (K. Schmidt/*Sternal* InsO, § 85 Rn. 16 m.w.N.). Eine andere Ansicht bejaht eine Prozessunterbrechung für alle Streitgenossen nur dann, wenn diese aus Gründen des materiellen Rechts nur gemeinsam klagen oder verklagt werden können. Besteht dagegen die Streitgenossenschaft aus prozessualen Gründen, wird der Rechtsstreit nur bei dem insolventen Streitgenossen unterbrochen; würde die Rechtskraft des Urteils auch gegen die Masse wirken, tritt eine Unterbrechung bei allen Streitgenossen ein (*Jaeger/Windel* InsO, § 85 Rn. 16).

V. Verfahren, das die Insolvenzmasse betrifft

17 Voraussetzung der Unterbrechung ist, dass das Verfahren die **Insolvenzmasse** betrifft und der Kompetenz des Insolvenzverwalters unterfällt (*Uhlenbruck/Mock* InsO, § 85 Rn. 21. Dazu gehören Verfahren, die die Istmasse betreffen und solche, die die Sollmasse betreffen wie Aus- oder Absonderungsbegehren, wenn der Prozessgegner den späteren Insolvenzschuldner mit der Begründung auf Herausgabe einer Sache verklagt hatte, er (der Prozessgegner) sei Eigentümer dieser Sache, weil das Eigentum ein Aussonderungsrecht (§ 47 InsO) begründet.

18 Keine Unterbrechung tritt daher z.B. dann ein, wenn unpfändbare Gegenstände betroffen sind. Auch Ansprüche, die das insolvenzfreie Vermögen betreffen (*OLG Köln* NZI 2002, 686), oder nichtvermögensrechtliche Ansprüche fallen nicht darunter (HK-InsO/*Kayser* § 85 Rn. 23), wie auch Verfahren, die die Anfechtung eines vermögensmäßig neutralen Gesellschafterbeschlusses zum Gegenstand haben (*OLG München* DB 1994, 1464 zum Fall der Abberufung des Geschäftsführers; weitere Beispiele bei MüKo-InsO/*Schumacher* Vor §§ 85–87 Rn. 24). Ein der Testamentsvollstreckung unterliegender Nachlass fällt mit Eröffnung des Insolvenzverfahrens über das Vermögen des Erben in die Insolvenzmasse. Ein infolge der Eröffnung des Insolvenzverfahrens unterbrochener Prozess gegen den Erben ist gegen den Insolvenzverwalter aufzunehmen (*BGH* BGHZ 167, 352). Nicht zur Masse gehören Gegenstände, die der Verwalter durch Erklärung gegenüber dem Schuldner freigegeben hat (*RG* RGZ 73, 277 und RGZ 127, 200). Erklärt der Verwalter die Freigabe in einem bereits anhängigen Verfahren, entfällt die Unterbrechungswirkung, wenn der Schuldner oder der Prozessgegner den Prozess aufnimmt (*BGH* BGHZ 163, 32). In dem Fall findet ein Parteiwechsel statt. § 265 ZPO ist in diesem Falle nicht anwendbar (str. so *BGH* BGHZ 46, 249; 123, 132; HK-InsO/*Kayser* § 80 Rn. 23; **a.A.** *OLG Nürnberg* ZIP 1994, 144: Die Freigabe des streitbefangenen Gegenstands aus der Konkursmasse zugunsten des Gemeinschuldners während eines gegen den Konkursverwalter rechtshängigen Verfahrens hat gem. § 265 Abs. 2 ZPO keinen Einfluss auf den Prozess; ebenso *Uhlenbruck* InsO, 12 Aufl., § 80 Rn. 135 m.w.N.). Eine Freigabe kann nur in einem Aktivprozess erklärt werden. Eine Freigabe in einem nach § 240 ZPO unterbrochenen Passivprozess ist nicht möglich, da eine Insolvenzforderung betroffen ist (K. Schmidt/*Sternal* InsO, § 85 Rn. 24).

19 Die Unterbrechung tritt auch ein, wenn nur Teile des Streitgegenstandes in die Masse fallen (*BGH* ZInsO 2015, 523; NJW 1966, 51; *RG* RGZ 151, 279). § 240 ZPO trifft auch dann zu, wenn bei einer Unterlassungsklage die Geltendmachung eines Schadenersatzanspruchs angekündigt worden ist (*RG* RGZ 132, 362), ferner bei die Masse betreffenden Feststellungsklagen (*BGH* NJW 1996, 1751). Ausgenommen sind Prozesse, in denen der Schuldner lediglich einfacher Streitgenosse ist, weil ein solcher Prozess nicht unmittelbar die Insolvenzmasse betrifft (*BGH* v. 27.01.2000 – IZR 159/99, n.v.).

brechung eines Verfahrens infolge einer Insolvenzeröffnung setzt also ein durch Zustellung der Klageschrift begründetes rechtshängiges zivilrechtliches Streitverfahren voraus (*BGH* ZIP 2008, 1941 [1942] Rn. 10). Damit übereinstimmend wird von der ganz überwiegenden Auffassung in Rechtsprechung und Schrifttum für die Unterbrechung des Verfahrens die Zustellung der Klage und damit Rechtshängigkeit verlangt (*OLG Frankfurt* OLGR 2006, 935 LS; *OLG München* ZIP 2007, 2052; MüKo-InsO/*Schumacher* Vor §§ 85–87 Rn. 42; *Kübler/Prütting/Bork-Lüke* § 85 Rn. 21; HK-InsO/*Kayser* § 85 Rn. 11; *Lattka* ZInsO 2007, 1034; **a.A.** *OLG Brandenburg* NJW-RR 1999, 1428 [1429]; *Jaeger/Windel* § 85 Rn. 6). Die Klage ist zu zustellen. Die Rechtshängigkeit tritt nach Verfahrenseröffnung ein, sie ist aber unzulässig (*Uhlenbruck/Mock* InsO, § 85 Rn. 6). Eine gegen den Schuldner angestrengte aber vor Verfahrenseröffnung noch nicht zugestellte Klage, wird ebenfalls nicht unterbrochen. Sie ist zuzustellen. Dieses ist insofern auch im Interesse des Schuldners, da er über ein angestrengtes Verfahren und damit dem Streitgegenstand informiert wird. Auch diese Klage ist unzulässig, wenn der Streitgegenstand eine Insolvenzforderung betrifft, auf abgesonderte Befriedigung oder Aussonderung gerichtet ist (str. *Uhlenbruck/Mock* InsO, § 85 Rn. 5 m.w.N.).

IV. Parteistellung des Schuldners

Ein Rechtsstreit wird nur dann unterbrochen, wenn der Schuldner Partei des Rechtsstreits ist. Die formelle Parteirolle, also ob der Schuldner den Prozess in der Stellung des Klägers oder in der Stellung des Beklagten führt, ist für die Anwendbarkeit von § 85 InsO nicht entscheidend (*BFH* ZInsO 2009, 1366). Ein Prozess kann Aktivprozess sein, obwohl der Schuldner Beklagter ist (*RG* RGZ 45, 376; *BGH* NZI 2008, 683). Maßgebend ist der materielle Inhalt des Begehrens, das darin bestehen muss, ein Recht zugunsten der späteren Teilungsmasse in Anspruch zu nehmen (vgl. *BGH* NZI 2008, 683 m.w.N; NJW 1995, 1750; *Uhlenbruck* InsO, 12. Aufl. § 85 Rn. 47), weshalb man auch von »Teilungsmassestreit« spricht (dazu *Kübler/Prütting/Bork-Lüke* InsO, § 85 Rn. 51). So liegt es bei einem Unterlassungsanspruch, der sich gegen den eingerichteten und ausgeübten Gewerbebetrieb des Schuldners richtet (*RG* RGZ 134, 379; *BGH* NJW 1966, 51), oder wenn mit einer negativen Feststellungsklage gegenüber dem Schuldner geltend gemacht wird, ein sonst zur Masse gehörender Anspruch sei erloschen, ein zur Masse gehörendes Recht bestehe nur eingeschränkt oder eine Behauptung, er habe an einer gepfändeten Sache ein die Veräußerung hinderndes Recht, sei unbegründet. Hat der – spätere – Schuldner während eines Prozesses die Hauptforderung unter dem Vorbehalt der Rückforderung für den Fall des Obsiegens gezahlt, so ist der durch die Eröffnung des Insolvenzverfahrens unterbrochene Prozess zum Aktivprozess i.S.v. § 85 InsO geworden (*BGH* NJW-RR 1986, 673). In Finanzgerichtsverfahren liegt zunächst dann ein Aktivprozess vor, wenn damit ein Erstattungsanspruch verfolgt wird, des Weiteren etwa dann, wenn der spätere Insolvenzschuldner vor der Eröffnung des Insolvenzverfahrens Klage gegen einen Steuerbescheid erhoben hatte und der Steuergläubiger, ebenfalls noch vor der Eröffnung des Insolvenzverfahrens, die Steuerschuld mit Erstattungsansprüchen aufgerechnet oder sonst wie verrechnet hat (*BFH* BFH/NV 2009, 1660).

Nicht ausreichend ist, wenn der Schuldner nur einfacher **Nebenintervenient** ist oder er einen Dritten vertritt, sei es als gesetzlicher oder gewillkürter Vertreter (HK-InsO/*Kayser* § 85 Rn. 13). Bei einer **Prozessstandschaft** ist zu unterscheiden, ob der Prozess aufgrund eines Gesetzes im eigenen Namen aber für fremdes Recht geführt wird (**gesetzliche Prozessstandschaft**) oder aufgrund einer ihm erteilten Ermächtigung (**gewillkürte Prozessstandschaft**). Im Insolvenzverfahren über das Vermögen einer Partei kraft Amtes (Insolvenzverwalter, Testamentsvollstrecker, Nachlassverwalter) wird ein Prozess, den der Prozessstandschafter über das von ihm verwaltete Vermögen führt, nicht unterbrochen, da das Insolvenzverfahren nicht das verwaltete Vermögen betrifft (HK-InsO/*Kayser* § 85 Rn. 15). Beruht die Ermächtigung zur Prozessführung auf einer gesetzlichen Regelung (z.B. § 2039 BGB), wird der Rechtsstreit unterbrochen, da der Schuldner mit seinem eigenen Vermögen Partei ist (K. Schmidt/*Sternal* InsO, § 85 Rn. 17). Der Rechtsstreit kann nur nach § 85 InsO aufgenommen werden.

Im Falle einer Insolvenz des Prozessstandschafters bei einer **gewillkürten Prozessstandschaft** erlischt die Ermächtigung zur Prozessführungsbefugnis, das Verfahren wird nicht nach § 240 ZPO unter-

DZWIR 2007, 290 m. Anm. *App;* K. Schmidt/*Sternal* InsO, § 85 Rn. 3; *Uhlenbruck/Mock* InsO, § 85 Rn. 18). Auch der Insolvenzschuldner als Eigenverwalter – ebenso wie der Insolvenzverwalter – benötigt eine Überlegungsfrist, wie er sich nach der Eröffnung des Insolvenzverfahrens in einem die Insolvenzmasse betreffenden Rechtsstreit verhalten soll. Denn er darf sein bisheriges Prozessverhalten nicht ohne Weiteres beibehalten, weil zum einen eine Abstimmung mit dem Sachwalter erforderlich ist (vgl. §§ 274 Abs. 2, 279 InsO), und weil zum anderen der Insolvenzschuldner die gesamte Abwicklung des Insolvenzverfahrens ausschließlich an den Interessen der Gläubiger auszurichten und eigene Interessen zurückzustellen hat (*Uhlenbruck* InsO, 12. Aufl., § 270 Rn. 18 m.w.N.). Damit der Insolvenzschuldner diesen Anforderungen gerecht werden kann, muss das die Insolvenzmasse betreffende Verfahren nach § 240 ZPO unterbrochen werden (a.A. *Meyer* ZInsO 2007, 807: die Verwaltungs- und Verfügungsbefugnis und damit auch die Prozessführungsbefugnis verbleibt beim Schuldner, der Schutzzweck des § 240 ZPO sei nicht erfüllt, eine Unterbrechung nach § 240 ZPO findet nur statt, wenn eine Insolvenzforderung gegen den Schuldner geltend gemacht wird).

6 Im Verbraucherinsolvenzverfahren wird ein Rechtsstreit ebenso nach § 240 ZPO unterbrochen (*BGH* ZIP 2003, 1972) und kann nur vom Insolvenzverwalter wieder aufgenommen werden. Dagegen erlangt der im **Restschuldbefreiungsverfahren** bestellte Treuhänder kein Prozessführungsrecht (*Pape/Uhlenbruck/Voigt-Salus* InsR, Kap. 30 Rn. 1).

7 Weil der Schuldner bereits nach Bestellung eines (**starken**; dazu s. *Schmerbach* § 22 Rdn. 3 f.) **vorläufigen Insolvenzverwalters** (§ 21 Abs. 2 Nr. 1 InsO) zumindest vorübergehend die Verfügungsbefugnis über sein Vermögen verliert und keine Prozesshandlungen mehr vornehmen kann, war es konsequent, auch für den Fall der Bestellung eines vorläufigen Insolvenzverwalters ausdrücklich die Unterbrechung des Prozesses anzuordnen; dies war in § 240 Satz 2 InsO n.F. geschehen. Damit war der entgegengesetzten Rspr. des *BGH* (MDR 1988, 124) die Grundlage entzogen worden. Keine Unterbrechungswirkung hat jedoch die Anordnung der vorläufigen Insolvenzverwaltung **ohne** allgemeines Verwaltungs- und Verfügungsverbot (*BGH* ZIP 1999, 1314; NZI 2006, 543; *OLG Celle* ZInsO 2002, 728; *Pape/Uhlenbruck/Voigt-Salus* InsR, § 30 Rn. 1).

8 Die Verfahrensunterbrechung tritt auch dann ein, wenn die Partei einen Prozessbevollmächtigten bestellt hatte (dessen Vollmacht erlischt gem. § 117 InsO; *BGH* VersR 1982, 1054; *RG* RGZ 118, 161) oder ihren Anspruch nach Rechtshängigkeit abgetreten hat (*RG* RGZ 66, 182).

9 Wird im **Ausland** ein Insolvenzverfahren über das Vermögen einer Partei eröffnet und ist im Inland ein Rechtsstreit anhängig, kann ein Rechtsstreit unterbrochen werden. Die Unterbrechung richtet sich zum Teil nach § 240 ZPO i.V.m Art 15 EuInsVO für alle Verfahren, die in den Anwendungsbereich der EuInsVO fallen, für außereuropäische Verfahren findet § 352 InsO Anwendung (s. hierzu ausf. *Wenner/Schuster* § 352).

II. Rechtshängigkeit

10 Der Prozess muss im Zeitpunkt der Verfahrenseröffnung bereits rechtshängig gewesen sein (§§ 253 Abs. 1, 261 Abs. 1 und 2 ZPO), darf aber noch nicht durch rechtskräftiges Urteil beendet sein (*Uhlenbruck/Mock* InsO, § 85 Rn. 4). Die Rechtshängigkeit tritt mit Zustellung der Klageschrift ein. Hat der Schuldner bereits vor Insolvenzeröffnung die Klage wieder zurückgenommen, scheidet eine Unterbrechung nach § 240 ZPO aus (*LG Bonn* ZInsO 2008, 514), da das Verfahren nicht mehr anhängig ist (§ 269 Abs. 3 Satz 1 ZPO). Ist es wegen der Kosten aber noch anhängig, wird es wegen der Kostenfrage unterbrochen. Der Verwalter kann das Verfahren wegen der Kostenfrage wieder aufnehmen. Gleiches gilt, wenn die Prozessparteien den Rechtsstreit für erledigt erklärt haben und eine Kostenentscheidung noch nicht ergangen ist (MüKo-InsO/*Schumacher* § 85 Rn. 8).

III. Anhängigkeit

11 Ist die Klage zwar im Zeitpunkt der Verfahrenseröffnung bei Gericht eingegangen aber noch nicht dem Schuldner zugestellt, findet § 240 ZPO keine Anwendung (*BGH* ZIP 2009, 240). Die Unter-

§ 85 InsO

Literatur:
Lattka Unterbrechung gemäß § 240 ZPO bei Insolvenzeröffnung vor Klagezustellung?, ZInsO 2007, 1034; *Loose* Wiederaufnahme durch Insolvenzeröffnung unterbrochener Verfahren, AO-StB 2007, 101; *Meyer* Verfahrensunterbrechung nach § 240 Satz 1 ZPO bei Anordnung der Eigenverwaltung, ZInsO 2007, 807; *Paulus* Vorsicht Falle – Wiederaufnahme eines durch ein Insolvenzverfahren unterbrochenen Prozesses, NJW 2010, 1633.

A. Inhalt und Zweck der Vorschrift

Der Schuldner verliert mit Eröffnung des Insolvenzverfahrens gem. § 80 Abs. 1 InsO die Verwaltungs- und Verfügungsmacht über sein Vermögen. Damit bleibt der Schuldner zwar prozessfähig, die Prozessführungsbefugnis geht auf den Verwalter über (*Uhlenbruck/Mock* InsO, § 85 Rn. 1). Mit Verfahrenseröffnung werden zugleich die Rechtsstreitigkeiten unterbrochen (§ 240 ZPO). Wird im vorläufigen Verfahren ein starker vorläufiger Insolvenzverwalter bestellt, auf den die Verwaltungs- und Verfügungsbefugnis übergegangen ist (§ 24 Abs. 2 InsO), wird ein anhängiger Rechtsstreit bereits im vorläufigen Verfahren unterbrochen (§ 240 Satz 2 ZPO). Der Schuldner ist nicht mehr berechtigt, die Prozesse zu führen. Dies ist fortan Sache des Insolvenzverwalters, dem das Gesetz in den §§ 85, 86 InsO das Recht einräumt, anhängige Prozesse unter bestimmten Voraussetzungen wieder aufzunehmen. 1

B. Unterbrechung des Aktivprozesses durch Eröffnung des Insolvenzverfahrens

I. Unterbrechung des Verfahrens

Mit der Eröffnung des Insolvenzverfahrens geht die Verwaltungs- und Verfügungsbefugnis einschließlich der Prozessführungsbefugnis auf den Insolvenzverwalter über. Diesem Wechsel in der Prozessführungsbefugnis trägt § 240 Satz 1 ZPO Rechnung, ein anhängiger Rechtsstreit wird mit Verfahrenseröffnung nach § 240 ZPO unterbrochen (*Zöller/Greger* ZPO, § 240 Rn. 1). Der Insolvenzverwalter soll ausreichende Bedenkzeit haben, über die Fortführung der Prozesse zu entscheiden. Er soll sich ein genaues Bild von den Erfolgsaussichten der weiteren Prozessführung (einschließl. der Finanzierbarkeit der dadurch entstehenden Kosten) machen können. Damit wird zugleich auch ein weiteres Einwirken des Schuldners auf anhängige Prozesse ausgeschlossen. 2

Die Verfahrensunterbrechung gem. § 240 ZPO tritt kraft Gesetzes ein, ohne dass es irgendwelcher Erklärungen der an dem Rechtsstreit beteiligten Parteien bedürfte, d.h. ohne Antrag und ohne Anordnung sowie unabhängig von etwaiger Kenntnis des Gerichts und der Parteien von der Eröffnung des Insolvenzverfahrens (*Gottwald/Gerhardt* HdbInsR § 32 Rn. 1), auch in der Berufungs- oder der Revisionsinstanz (*BGH* NJW 1975, 443). Die Prüfung, ob ein Rechtsstreit unterbrochen ist, ist von Amts wegen vorzunehmen (*BGH* ZIP 2010, 646). Ein etwaiger Beschluss des Prozessgerichts hat nur deklaratorische Bedeutung. Ist streitig, ob § 240 ZPO eingreift und damit die Unterbrechungswirkung eingetreten ist, kann über diese Frage ein gesonderter Rechtsstreit geführt werden (*Uhlenbruck/Mock* InsO, § 85 Rn. 129 m.w.N.). Die Frage kann durch Zwischenurteil (§ 303 ZPO) geklärt werden, das wie ein Endurteil in derselben Sache anfechtbar ist (*BGH* ZIP 2004, 2399). 3

Maßgeblicher Zeitpunkt für die Unterbrechung ist die Eröffnung des Insolvenzverfahrens (§ 27 InsO); dies gilt auch dann, wenn der Eröffnungsbeschluss mit der sofortigen Beschwerde angegriffen wird (*Nerlich/Römermann/Wittkowski* InsO, § 85 Rn. 9 m.w.N.). Diese dauert so lange an, bis das Verfahren entweder nach den insolvenzrechtlichen Vorschriften aufgenommen wird oder aber der Schuldner durch Beendigung des Insolvenzverfahrens oder Freigabe des rechtshängig gemachten Anspruchs durch den Insolvenzverwalter seine eigene Prozessführungsbefugnis wiedererlangt (*BGH* ZVI 2005, 492). In Bezug auf freies Vermögen, das nicht zur Insolvenzmasse gehört, ist der Insolvenzverwalter nicht gesetzlicher Vertreter des Schuldners (*BGH* ZInsO 2006, 260). Dass aus dem vorläufig vollstreckbaren Urteil (selbst vor Eröffnung des Insolvenzverfahrens) bereits vollstreckt wurde, hindert die Unterbrechung nicht (*KG* OLGZ 1977, 364; **a.A.** *OLG Celle* OLGZ 1969, 368). 4

Die Verfahrensunterbrechung nach § 240 Satz 1 ZPO tritt auch ein, wenn das Insolvenzgericht keinen Insolvenzverwalter bestellt, sondern die Eigenverwaltung durch den Schuldner anordnet (*BGH* 5

(*Uhlenbruck/Hirte* InsO, § 84 Rn. 30; HK-InsO/*Kayser* § 84 Rn. 24; K. Schmidt/*Sternal* InsO, § 84 Rn. 17).

34 Absprachen zwischen Miterben, die eine Verfügungsfreiheit des Insolvenzverwalters über den zur Insolvenzmasse gehörenden Erbteil hintertreiben könnten, brauchen nicht beachtet zu werden und sind den Insolvenzgläubigern gegenüber unwirksam (§ 84 Abs. 2 Satz 2 InsO); sie binden die Erben lediglich im Innenverhältnis (vgl. K. Schmidt/*Sternal* InsO, § 84 Rn. 17).

35 § 84 Abs. 2 InsO gilt aber nur, wenn die Auseinandersetzung durch Vereinbarung oder durch eine Anordnung des Erblassers für immer oder auf Zeit ausgeschlossen oder eine Kündigungsfrist bestimmt ist. Gesetzliche Teilungsbeschränkungen sind auch der Insolvenzmasse gegenüber wirksam (MüKo-InsO/*Bergmann/Gehrlein* § 84 Rn. 22). Als solche kommen namentlich in Betracht:
– § 1066 Abs. 2 BGB, wonach die Aufhebung der Gemeinschaft beim Nießbrauch an dem Anteil eines Miteigentümers nur von dem Miteigentümer und dem Nießbraucher gemeinschaftlich verlangt werden kann (*Uhlenbruck/Hirte* InsO, § 84 Rn. 32),
– § 2043 BGB, wonach die Auseinandersetzung bei Unbestimmtheit der Erbteile, z.B. wegen zu erwartender Geburt eines weiteren Miterben, bis zur Behebung der Unbestimmtheit ausgeschlossen ist, und
– § 2045 BGB, wonach jeder Miterbe den Aufschub der Auseinandersetzung während schwebenden Aufgebotsverfahrens (§ 1970 BGB) oder bis zum Ablauf der Anmeldefrist für die Forderungen der Nachlassgläubiger (§ 2061 BGB) verlangen kann.

§ 85 Aufnahme von Aktivprozessen

(1) ¹Rechtsstreitigkeiten über das zur Insolvenzmasse gehörende Vermögen, die zur Zeit der Eröffnung des Insolvenzverfahrens für den Schuldner anhängig sind, können in der Lage, in der sie sich befinden, vom Insolvenzverwalter aufgenommen werden. ²Wird die Aufnahme verzögert, so gilt § 239 Abs. 2 bis 4 der Zivilprozessordnung entsprechend.

(2) Lehnt der Verwalter die Aufnahme des Rechtsstreits ab, so können sowohl der Schuldner als auch der Gegner den Rechtsstreit aufnehmen.

Übersicht

		Rdn.			Rdn.
A.	Inhalt und Zweck der Vorschrift	1	C.	Aufnahme des unterbrochenen Prozesses	36
B.	Unterbrechung des Aktivprozesses durch Eröffnung des Insolvenzverfahrens	2	I.	Aufnahmebefugnis	36
			II.	Form der Aufnahme	40
I.	Unterbrechung des Verfahrens	2	III.	Wirkung der Aufnahme	41
II.	Rechtshängigkeit	10	IV.	Verzögerung der Aufnahme	42
III.	Anhängigkeit	11	V.	Kosten	44
IV.	Parteistellung des Schuldners	12	D.	Ablehnung der Aufnahme des unterbrochenen Prozesses	49
V.	Verfahren, das die Insolvenzmasse betrifft	17	I.	Form	50
VI.	Unterbrechung einzelner Verfahren	21	II.	Ablehnung als Freigabe	51
	1. Zivilgerichtliche Erkenntnisverfahren	21	III.	Folgen der Ablehnung	54
	2. Andere Verfahrensarten und -ordnungen	23		1. Übergang der Prozessführungsbefugnis	54
VII.	Beginn und Ende der Unterbrechung	27		2. Ablehnung im Nachlassinsolvenzverfahren	55
VIII.	Wirkungen der Unterbrechung	29		3. Ablehnung im Verfahren einer juristischen Person oder Gesellschaft ohne Rechtspersönlichkeit	56
	1. Fristen	29			
	2. Prozesshandlungen	31			
	3. Handlungen des Gerichts	33		4. Kosten	58

Für die **Europäische Wirtschaftliche Interessenvereinigung** sind im Falle der Insolvenz eines Gesell- 27
schafters die für eine OHG geltenden Vorschriften anzuwenden (§§ 1, 8 EWIV-AG). Ein Mitglied
scheidet aus der Vereinigung aus, wenn über sein Vermögen das Insolvenzverfahren eröffnet wird.

C. Absonderungsrecht § 84 Abs. 1 Satz 2 InsO

Für die Anwendung dieser Vorschrift ist Voraussetzung, dass bei Verfahrensbeginn die Gemein- 28
schaft, sei es auch nur im Liquidationsstadium, noch besteht. Andererseits gilt die Vorschrift auch
für die Teilung einer erst während des Insolvenzverfahrens eingegangenen Gemeinschaft, da gem.
§ 35 InsO auch Neuerwerb in die Insolvenzmasse fällt (vgl. *Kübler/Prütting/Bork-Lüke* InsO,
§ 84 Rn. 24).

Die Vorschrift setzt Gemeinschaftsvermögen bzw. Gesamthandsvermögen voraus, deshalb scheidet 29
ihre Anwendung bei bloßen Innengesellschaften, z.B. bei einer Gesellschaft zur Verwertung von Gegenständen, die als Alleineigentum eines Gesellschafters angeschafft wurden, aus (*RG* LZ 1928,
1330; keine Anwendung auch bei der stillen Gesellschaft, *RG* JW 1904, 719).

§ 84 Abs. 1 Satz 2 InsO gewährt dem an der Gemeinschaft Beteiligten (nicht auch einem Dritten, 30
RG RGZ 42, 106) wegen seiner auf das Gemeinschaftsverhältnis gegründeten Forderungen ein Absonderungsrecht am Anteil des Schuldners nach Abzug sämtlicher aus dem Rechtsverhältnis stammender Verpflichtungen. Steht der bei Auseinandersetzung ermittelte Nettoanteil des insolventen
Gesellschafters fest, gibt es keine Ansprüche mehr, die Gegenstand des in § 84 Abs. 1 Satz 2
InsO geregelten Absonderungsrechts der übrigen Mitglieder der Gemeinschaft oder Gesellschaft
sein können (vgl. MüKo-InsO/*Bergmann/Gehrlein* § 84 Rn. 23; HK-InsO/*Kayser* § 84 Rn. 21;
K. Schmidt/*Sternal* InsO, § 84 Rn. 16). Die Vorschrift hat deswegen in der Praxis kaum mehr
eine Bedeutung.

D. Vertragliche Beschränkung der Auseinandersetzung

An für freiwillige Veräußerungen eines Geschäftsanteils bestehende satzungsmäßige Beschränkun- 31
gen ist der Verwalter nicht gebunden. Nach § 137 BGB, § 851 Abs. 2, § 857 Abs. 1, 3 ZPO
kann ein an sich pfändbares Recht nicht dadurch unpfändbar gemacht werden, dass seine Übertragbarkeit vertraglich ausgeschlossen wird oder nur mit Zustimmung der Gesellschaft gepfändet
werden kann. Diese Regel erweitert § 84 Abs. 2 InsO für das Insolvenzverfahren auf die Auseinandersetzung einer Bruchteils- und einer Erbengemeinschaft. Hieraus folgt, dass ein in die Satzung aufgenommenes Abtretungsverbot oder eine Erschwerung der Abtretung für den Fall der Pfändung oder
der Insolvenz nicht gilt und dass eine Satzungsbestimmung, nach der Geschäftsanteile überhaupt
nicht oder nur mit Zustimmung der Gesellschaft sollen gepfändet werden können, nach § 134
BGB nichtig ist (*RG* RGZ 142, 373 [376] m.w.N.; *BGH* BGHZ 65, 22; BGHZ 144, 365;
K. Schmidt/*Sternal* InsO, § 84 Rn. 3; MüKo-InsO/*Bergmann/Gehrlein* § 84 Rn. 21).

Der Insolvenzverwalter kann daher **jederzeit die Auseinandersetzung verlangen**, auch wenn die Be- 32
schränkung im Grundbuch eingetragen ist, also dinglich wirkt (§ 1010 BGB). Der Insolvenzverwalter ist berechtigt, die Aufhebung der Bruchteilsgemeinschaft sogar dann zu verlangen, wenn die an
der Gemeinschaft beteiligten Personen das Teilungsrecht durch Vereinbarung für immer oder auf
Zeit ausgeschlossen haben oder es von einer Kündigung abhängig gemacht haben. Dagegen kann
der Gemeinschaftsbeteiligte keine vorzeitige Auseinandersetzung gem. § 84 Abs. 2 InsO verlangen
(*OLG Hamburg* NJW 1961, 612).

Keine Anwendung findet § 84 Abs. 2 InsO dagegen auf vertragliche Beschränkungen des **Auseinan-** 33
dersetzungs- oder Abfindungsguthabens. Die Wirksamkeit solcher Klauseln bestimmt sich nach
dem jeweiligen **Gesellschaftsrecht** (*Uhlenbruck/Hirte* InsO, § 84 Rn. 30; HK-InsO/*Kayser* § 84
Rn. 24; K. Schmidt/*Sternal* InsO, § 84 Rn. 17). Insbesondere können diese gem. § 134 BGB nichtig sein, wenn eine Abfindung für den Fall einer Gesellschafterinsolvenz ausgeschlossen oder unangemessen niedrig ist. Insolvenzrechtlich können diese der Anfechtung (§§ 129 ff InsO) unterliegen

dem insolvenzfreien Vermögen des Gesellschafters zuzurechnen. Da die Leistungsfähigkeit des Gesellschafters durch diese Gewinne nicht erhöht wird, bleibt ihm insoweit nur die Möglichkeit aus Billigkeitsgründen einen Erlassantrag zu stellen (*Frotscher* Besteuerung bei Insolvenz, S. 141).

Soweit bei Aufstellung der Bilanz für eine Personengesellschaft nach den Verhältnissen am Bilanzstichtag feststeht, dass der Ausgleich eines negativen Kapitalkontos mit zukünftigen Gewinnanteilen nicht mehr möglich ist, ist ein durch einkommensteuerliche Verlustzurechnungen entstandenes negatives Kapitalkonto gewinnwirksam aufzulösen. In Höhe des negativen Kapitalkontos entsteht für den Gesellschafter ein steuerpflichtiger Gewinn. Mit der Eröffnung des Insolvenzverfahrens über das Vermögen einer KG ist grds. davon auszugehen, dass dem Kommanditisten zukünftig keine Gewinnanteile mehr zuzurechnen sind und insoweit ein Veräußerungsgewinn i.S.d. § 16 EStG entsteht. Dies gilt jedoch nicht, soweit ein rechtskräftig beschlossener Insolvenzplan vorliegt und insoweit noch mit zukünftigen Gewinnanteilen des Kommanditisten zu rechnen ist. 1227

Dem Insolvenzverwalter über das Vermögen einer Personengesellschaft steht kein Anspruch gegen das Finanzamt auf Erstattung der Kapitalertragsteuer zu, die von den Zinserträgen der zur Masse gehörenden Bankeinlagen einbehalten und abgeführt wurden (*BFH* BFH/NV 1996, S. 112). 1228

5. Verlustausgleich und Verlustabzug

Grds. ändert sich durch die Eröffnung des Insolvenzverfahrens nichts an der Anwendbarkeit des § 10d EStG. Die Möglichkeit des Verlustausgleiches bleibt dem Schuldner also auch noch nach der Eröffnung des Insolvenzverfahrens erhalten, weil die Einkommensteuerveranlagung einheitlich ohne Rücksicht auf die Eröffnung des Insolvenzverfahrens durchgeführt wird (für das Konkursverfahren: *BFH* BStBl. II 1969, S. 726). 1229

Soweit das Insolvenzverfahren nicht zu einer vollen Befriedigung der Gläubiger führt, können diese ihre ausgefallenen Forderungen nach Abschluss des Insolvenzverfahrens unbeschränkt gegen den Schuldner weiterverfolgen. Der am Schluss des Veranlagungszeitraumes verbleibende Verlustabzug ist gem. § 10d Abs. 3 Satz 1 EStG gesondert festzustellen, unabhängig von dem Verbot des Erlasses von Steuerbescheiden über Insolvenzforderungen. Soweit die Insolvenzmasse von dem Verlustabzug betroffen ist, ist die Feststellung gegenüber dem Insolvenzverwalter vorzunehmen. 1230

Für die Zulässigkeit eines Verlustausgleiches oder -abzugs ist allein auf die rechtliche Überschuldung abzustellen. Daher ist bis zum Wegfall der Schulden, z.B. durch Erlass ein Verlustabzug steuerlich anzuerkennen. 1231

Ein Verlustabzug ist einem Erben im Falle einer Nachlassinsolvenz zu verweigern, da er wirtschaftlich nicht belastet ist (vgl. Beschl. *GrS BFH* BStBl. II 2008, 608); ein vom Erblasser nicht ausgenutzter Verlustvortrag nach § 10d EStG geht nicht auf den Erben über. 1232

6. Haftung von Gesellschaftern oder Geschäftsführern

a) Gesellschafter oder Geschäftsführer einer Personengesellschaft

Gem. § 93 InsO ist der Erlass von Haftungsbescheiden gegen Gesellschafter von Gesellschaften ohne Rechtspersönlichkeit (§ 1 Abs. 2 Nr. 1 InsO) während der Dauer des Insolvenzverfahrens nicht zulässig. Solche Haftungsansprüche kann nur der Insolvenzverwalter geltend machen. Sinn der Regelung ist, dass einzelne Gläubiger durch die Geltendmachung von Haftungsansprüchen keine Sondervorteile haben sollen. Nach dem Wortlaut des § 93 InsO gilt dies auch für steuerliche Haftungsansprüche. Von der Finanzverwaltung wird dies jedoch mit dem Hinweis darauf abgelehnt, dass der Insolvenzverwalter dabei die dem Finanzamt zustehenden öffentlich-rechtlichen Rechte und Interessen wahrnehmen würde. Zu beachten ist in diesem Fall jedoch § 191 Abs. 5 Nr. 1 AO. Danach darf ein Haftungsbescheid nicht mehr ergehen, wenn die Steuer gegen die Gesellschaft als Steuerschuldner nicht festgesetzt worden ist und wegen des Ablaufs der Festsetzungsfrist auch nicht mehr festgesetzt werden kann. 1233

1234 Die Sperrwirkung des § 93 InsO ist auf die Haftung als Gesellschafter gem. § 128 HGB beschränkt. Insoweit wird die Geschäftsführerhaftung von der Sperrwirkung des § 93 InsO nicht erfasst und kann auch nach der Eröffnung des Insolvenzverfahrens von dem Finanzamt mit Haftungsbescheid geltend gemacht werden (*BFH* BStBl. II 2000, S. 73).

1235 Nicht ausgeschlossen durch § 93 InsO ist der Erlass eines Haftungsbescheides an einen Gesellschafter von Gesellschaften ohne Rechtspersönlichkeit (für die GbR §§ 709 ff BGB, für die OHG §§ 114 ff. HGB, für die KG §§ 161 Abs. 2, 164 HGB) der zugleich Geschäftsführer ist, soweit er in dieser Eigenschaft die steuerlichen Pflichten der Gesellschaft vorsätzlich oder grob fahrlässig verletzt hat (§§ 69, 34 Abs. 1 AO). Die spezielle steuerliche Haftung nach § 69 AO wird von der Sperrwirkung des § 93 nicht erfasst. In diesem Fall muss jedoch ein ursächlicher Zusammenhang zwischen dieser Pflichtverletzung und dem eingetretenen Steuerausfall bestehen. Eine Inhaftungsnahme entfällt insbesondere bei fehlendem Kausalzusammenhang, wenn mangels ausreichender Zahlungsmittel und vollstreckbaren Vermögens auch bei fristgerechter Erklärungsabgabe die geschuldete Steuer nicht hätte gezahlt werden können (*BFH* BStBl. II 1993, S. 8).

1236 Zur Klagebefugnis des Insolvenzschuldners gegen einen nach Eröffnung des Insolvenzverfahrens ergangenen Haftungsbescheid *BFH* BFH/NV 2012, 785; ZInsO 2012, 785.

b) Geschäftsführer von Kapitalgesellschaften

1237 Der Geschäftsführer einer GmbH haftet nach § 69 i.V.m. § 34 AO, wenn er schuldhaft Körperschaft- oder Umsatzsteuerschulden nicht oder zu spät tilgt und dadurch die Steueransprüche verkürzt. Reichen die verfügbaren Mittel nicht zur Tilgung aller Schulden aus, so hat der Geschäftsführer die Steuerschulden im selben Verhältnis zu tilgen wie die übrigen Schulden (zur Rechtsstellung des Geschäftsführers der GmbH in der Insolvenz der Gesellschaft *Fichtelmann* GmbHR 2008, 76).

1238 Die Verletzung dieser Pflichten ist regelmäßig schuldhaft. Denn die ordnungsgemäße Beachtung der gesetzlichen Vorschriften muss von jedem kaufmännischen Leiter eines Gewerbebetriebes verlangt werden.

1239 Da die Haftung nach § 69 AO einen durch eine schuldhafte Pflichtverletzung verursachten Steuerausfall voraussetzt, kann der Haftungsschuldner nach dem Grundsatz der anteiligen Haftung nur für diejenigen Steuerbeträge in Anspruch genommen werden, für die bei pflichtgemäßen Verhalten seinerseits ein Ausfall nicht eingetreten wäre.

1240 Die Regelung des § 69 AO wird vom *BFH* (BFH/NV 1996, 657) auf den Strohmann-Geschäftsführer auch in den Fällen angewandt, in denen dieser selbst nie tätig geworden ist. Der BFH stellt in diesem Zusammenhang einerseits auf die nominelle Bestellung als Geschäftsführer ab, andererseits auf den Umstand, dass der Strohmann die Geschäftsführung durch einen anderen, ohne einzugreifen oder sein Amt niederzulegen, geduldet hat.

1241 Besteht die Geschäftsführung aus mehreren Personen, deren Aufgabengebiete getrennt sind, so ist nach der inneren Geschäftsverteilung i.d.R. der kaufmännische Geschäftsführer für die Erfüllung der steuerlichen Pflichten der GmbH zuständig. Dies bewirkt jedoch keine Freistellung der übrigen Geschäftsführer, denen die Erfüllung der steuerlichen Pflichten der Gesellschaft im Innenverhältnis nicht zugewiesen worden ist. Grundsätzlich ist jeder Geschäftsführer für die Geschäftsführung im Ganzen verantwortlich, was auch die Erfüllung der steuerlichen Pflichten umfasst (*BFH* BStBl. II 1986, S. 384). Diese Gesamtverantwortung verlangt von jedem einzelnen Geschäftsführer zumindest eine gewisse Überwachung der Geschäftsführung im Ganzen.

1242 Die geänderte Rspr. des BGH zur Geschäftsführerhaftung gem. § 823 Abs. 2 BGB i.V.m. § 64 GmbHG gegenüber Neugläubigern wirkt sich nicht auf die Haftung gem. §§ 34, 69 AO aus.

aa) Voraussetzung der Haftung nach § 69 AO

Die in den §§ 34 und 35 AO bezeichneten Personen haften, soweit Ansprüche aus dem Steuerschuldverhältnis (§ 37 AO) infolge vorsätzlicher oder grob fahrlässiger Verletzung der ihnen auferlegten Pflichten nicht oder nicht rechtzeitig festgesetzt oder erfüllt oder soweit infolgedessen Steuervergütungen oder Steuererstattungen ohne rechtlichen Grund gezahlt wurden. 1243

Unter den in §§ 34 und 35 AO bezeichneten Personenkreis fallen neben dem GmbH-Geschäftsführer auch der Insolvenzverwalter oder der Liquidator, nicht aber jemand, der im Auftrag des Insolvenzverwalters nur Personalangelegenheiten bearbeitet. 1244

Durch die Bestellung eines vorläufigen Insolvenzverwalters mit Zustimmungsvorbehalt wird die Haftung des Geschäftsführers nicht ausgeschlossen, da jener nicht Vermögensverwalter i.S.d. § 34 Abs. 3 AO wird, sondern die Verfügungsbefugnis vielmehr beim Schuldner verbleibt (*BFH* BFH/NV 2005, 665). 1245

Zur Pflicht des Geschäftsführers einer insolventen GmbH auf den vorläufigen Insolvenzverwalter einzuwirken: 1246

Es hängt von den konkreten Umständen des jeweiligen Einzelfalles ab, ob ein Einwirken des Geschäftsführers auf den vorläufigen Insolvenzverwalter erforderlich ist und welche Anstrengungen von dem Geschäftsführer zur Erfüllung der Steuerschuld der von ihm gesetzlich vertretenen Gesellschaft abverlangt werden können. Dabei kommt es einerseits auf die Handlungen des vorläufigen Insolvenzverwalters und auf dessen Kooperationsbereitschaft-, andererseits aber auch auf die finanzielle Situation des in Insolvenz geratenen Unternehmens und auf das jeweilige Stadium des Insolvenzverfahrens an (*BFH* ZInsO 2010, 1652). 1247

Wird die Haftung des Geschäftsführers auf die Verletzung der Steuererklärungspflicht gestützt, so muss ein ursächlicher Zusammenhang zwischen dieser Pflichtverletzung und dem eingetretenen Steuerausfall bestehen. An diesem Kausalzusammenhang fehlt es, wenn mangels ausreichender Zahlungsmittel und vollstreckbaren Vermögens auch bei fristgerechter Erklärungsabgabe die geschuldete Steuer nicht hätte gezahlt werden können (*BFH* BStBl. II 1993, S. 8). 1248

Unabhängig von vorhandenen Zahlungsmitteln haftet der Haftungsschuldner auch dann, wenn durch die unterlassene oder verspätete Erklärungsabgabe aussichtsreiche Vollstreckungsmöglichkeiten des Finanzamtes vereitelt worden sind (*BFH* BStBl. II 1991, S. 678). 1249

Eine Inhaftungnahme des Geschäftsführers einer in Insolvenz gefallenen GmbH für USt-Rückstände der Gesellschaft ist dann ermessensfehlerhaft, wenn das Finanzamt ohne nähere Erläuterung davon abgesehen hat, diese Steuerrückstände zur Tabelle anzumelden. 1250

Im Rahmen der Prüfung stellt das Finanzamt fest, ob der betreffende Haftungsschuldner eine schuldhafte Pflichtverletzung begangen hat. Zu den Pflichten gehören insbesondere: Entrichtung von Steuern und steuerlichen Nebenleistungen aus den verwalteten Mitteln. Der Haftungsschuldner muss dafür Sorge tragen, dass die Körperschaft- und Umsatzsteuer aus diesen Mitteln bezahlt wird. Hierzu gehören auch verfügbare Kreditmittel. 1251

Für die Würdigung des Verhaltens eines Vertreters über einen Zeitraum ist jeweils der Zeitpunkt maßgebend, in dem der Vertreter die Nichtsteuergläubiger befriedigt, und zwar sowohl hinsichtlich der Höhe der Steuerschulden als auch der Höhe der übrigen Schulden. Dabei können je nach der Lage des Falles einzelne Tage zu einem Zeitraum zusammengefasst werden. 1252

Befindet sich z.B. eine GmbH in Liquidationsschwierigkeiten, handelt der Haftungsschuldner schuldhaft, wenn er die Körperschaft- oder die Umsatzsteuer nicht anteilig, d.h. etwa in dem gleichen Verhältnis wie die anderen Zahlungsverpflichtungen der Gesellschaft (z.B. gegenüber Lieferanten), entrichtet (s. *BFH* HFR 1997, 461 und BStBl. II 1995, S. 230). 1253

Nach der Rspr. des BGH haftet ein Insolvenzverwalter, der einem anderen unberechtigterweise eine Rechnung mit offen ausgewiesener Umsatzsteuer erteilt, aus § 34 Abs. 3 i.V.m. Abs. 1 AO, wenn er 1254 weiß, dass die Masse nicht zur Deckung der Umsatzsteuerschuld ausreicht. So hat auch das *FG Düsseldorf* (ZInsO 2001, 426 ff.) allein eine Pflichtverletzung des Konkursverwalters angenommen, weil dieser hinsichtlich des Grundstücksverkaufs zur Umsatzsteuer optiert hat (vgl. dazu *Take* ZInsO 2001, 404), wonach die Option zur USt allein noch keine Pflichtverletzung ist). Ein Geschäftsführer verstößt gegen seine steuerlichen Pflichten, wenn er aufgrund einer sog. Bruttokaufpreisabsprache (*BFH* BStBl. II 2005, S. 249) den Verkaufserlös inkl. USt an den Grundpfandgläubiger auskehrt, so dass der auf die Steuer entfallende Betrag nicht der Verteilung nach Maßgabe des § 209 InsO zugeführt werden kann.

1255 Die Haftung des Geschäftsführers kann entfallen, wenn dieser in den letzten drei Wochen vor Stellung des Insolvenzantrages in eine Pflichtenkollision zur zivilrechtlichen Pflicht zu § 64 Abs. 2 GmbHG tritt. Danach darf der Geschäftsführer keine Zahlungen an Gläubiger mehr vornehmen, wenn Zahlungsunfähigkeit eingetreten ist oder die Überschuldung des Unternehmens festgestellt wird (*BFH* BStBl. II 2008, S. 272).

1256 Die Haftung nach § 69 AO wird durch den Grundsatz der anteiligen Tilgung auf den Betrag beschränkt, der bei gleichmäßiger Befriedigung aller Gläubiger mit den vorhandenen Mitteln entfallen wäre. In der Insolvenz gilt der Grundsatz nur modifiziert. Der Insolvenzverwalter haftet in Höhe des Betrages, um den bei Einziehung des USt-Betrags zur Masse die Quote des Finanzamtes im Rahmen der Verteilung nach § 209 InsO höher ausgefallen wäre (*BFH* BStBl. II 2003, S. 337; BStBl. II 2005, S. 249; GmbHR 2006, 1062).

1257 Hypothetische Betrachtungen über eine mögliche Anfechtung etwaiger Steuerzahlungen durch den Insolvenzverwalter sind bei der Entscheidung, ob ein Verfügungsberechtigter nach § 69 AO als Haftungsschuldner in Anspruch genommen werden kann, nicht zu berücksichtigen, wenn das Insolvenzverfahren über das Firmenvermögen mangels Masse nicht eröffnet worden ist (*BFH* BStBl. II 2009, 622).

1258 Im Hinblick auf die Frage der Haftung des Geschäftsführers führt das Finanzamt zur Sachverhaltsermittlung Liquiditätsprüfungen durch: Zu den Aufgaben des Liquiditätsprüfers gehören unter anderem die Ermittlung von Vollstreckungsmöglichkeiten, die Prüfung der Stundungsbedürftigkeit, wenn der Vollstreckungsschuldner beim Finanzamt eine Stundung der Steueransprüche beantragt hat, die Prüfung, ob sich die wirtschaftliche Situation des Vollstreckungsschuldners voraussichtlich kurzfristig verbessern wird und dadurch die Voraussetzungen für die Gewährung eines Vollstreckungsaufschubes (§ 258 AO) erfüllt sind, Feststellungen zur Haftungs- und Anfechtungstatbeständen. Die Liquiditätsprüfung soll nur mit Zustimmung des Steuerpflichtigen stattfinden. Sie kann nicht mit Zwangsmitteln (§§ 328 ff. AO) durchgesetzt werden (vgl. *Uhländer* ZInsO 2005, 1192).

1259 Der Haftungsbescheid gegen den Schuldner ist nach der Eröffnung des Insolvenzverfahrens als Insolvenzforderung geltend zu machen. Der Schuldner hat ein entsprechendes Klagerecht, wenn der Haftungsbescheid ihm gegenüber geltend gemacht wird (*BFH* BFH/NV 2013, 82).

bb) **Haftungszeitraum**

1260 Der Haftungszeitraum beginnt mit der Fälligkeit der ältesten Steuerschuld und endet mit dem Tag der letzten Zahlung, die der Haftungsschuldner beeinflussen konnte.

cc) **Umfang der Haftung**

1261 Der Umfang der Haftung nach § 69 AO ist dem Grunde nach auf folgende Ansprüche aus dem Steuerschuldverhältnis beschränkt (§ 37 Abs. 1 AO):
– die Steuer-, Vergütungs- und Haftungsansprüche,
– der Anspruch auf steuerliche Nebenleistungen, zu denen auch Säumnis- und Verspätungszuschläge gehören (§ 37 Abs. 3 AO),
– die in den Einzelsteuergesetzen geregelten Steuererstattungsansprüche.

dd) Quotenermittlung

Zur Berechnung der Umsatzsteuer- bzw. der Körperschaftsteuerquote ist zunächst das Verhältnis der gesamten Zahlungsverpflichtungen der GmbH zu den Umsatzsteuer- bzw. Körperschaftsteuerschulden im Haftungszeitraum zu ermitteln. Dieser Vomhundertsatz (Quote) ist auf die im Haftungszeitraum von der GmbH insgesamt erbrachten Zahlungen anzuwenden. Von der sich daraus ergebenden Zwischensumme sind die im Haftungszeitraum von der GmbH bezahlten Umsatz- oder Körperschaftsteuern abzusetzen. Der verbleibende Restbetrag ist die Haftungsmasse. 1262

Zur Ermittlung der Haftungsmasse und zur Berechnung der Gesamtverbindlichkeiten werden i.d.R. folgende Unterlagen eingesehen: 1263
- Summen- und Saldenlisten zum Stichtag, Antrag auf Eröffnung des Insolvenzverfahrens oder Eröffnung des Insolvenzverfahrens,
- Bankkonten (Darlehen, Giro) und Schecklisten; diese sind wichtig für die Ermittlung der Verbindlichkeiten und entscheidend für die Sachverhaltsermittlung der noch durchgeführten Zahlungen von Verbindlichkeiten gegenüber Gläubigern,
- Lohnkonten, auch die ausstehenden Löhne gehören zu den Verbindlichkeiten,
- Gerichtskosten und Unterlagen des Insolvenzverwalters (die z.B. Erkenntnisse bringen können über das Verschulden des Geschäftsführers).

Zur Feststellung der Haftungsmasse kann das Finanzamt vom Haftungsschuldner die notwendigen Auskünfte über die anteilige Gläubigerbefriedigung im Haftungszeitraum verlangen. Der Haftungsschuldner ist jedoch nicht verpflichtet, die Gläubiger zu benennen sowie Angaben über den jeweiligen Schuldgrund und den Zahlungszeitpunkt der einzelnen Verbindlichkeiten zu machen. 1264

Zur Auskunftspflicht des Haftungsschuldners in der Insolvenz (*BFH* BFH/NV 1999, 447): Danach ist der ehemalige Geschäftsführer einer GmbH nicht verpflichtet sich nach Abschluss des Konkursverfahrens zum Liquidator der ehemaligen Gemeinschuldnerin bestellen zu lassen, um nach Herausgabe der Geschäftsunterlagen der GmbH Auskünfte erteilen zu können. Er muss sich auch nicht aufgrund seiner potentiellen Auskunftspflicht vorsorglich in den Besitz der nötigen Unterlagen setzen, damit er ein künftiges Auskunftsverlangen des Finanzamts erfüllen kann. 1265

Ein durch die Eröffnung des Insolvenzverfahrens über das Vermögen des Haftungsschuldners unterbrochener Rechtsstreit über die Rechtmäßigkeit eines Haftungsbescheides kann sowohl vom Insolvenzverwalter, als auch vom Finanzamt aufgenommen werden, nicht jedoch vom Schuldner, es sei denn er hätte die Schuld bereits beglichen. Der Erlass eines Feststellungsbescheides nach § 251 Abs. 3 AO kommt nicht mehr in Betracht, wenn das Finanzamt seine Forderung gegenüber dem Schuldner bereits mit einem Haftungsbescheid geltend gemacht hat (*BFH* BFH/NV 2006, 1196). 1266

ee) Haftung für Lohnsteuer

Der Geschäftsführer einer GmbH haftet für einbehaltene und nicht abgeführte Lohnsteuer, Lohnkirchensteuer und Säumniszuschläge wegen grob fahrlässiger Pflichtverletzung, wenn er trotz Kenntnis von der schlechten finanziellen Lage der GmbH und dem ausgeschöpften Kreditrahmen die ungekürzten Löhne und die Lohnsteuer zur Überweisung anwies und es über einen Zeitraum von mehreren Monaten hinnimmt, dass die Bank nur die Löhne, nicht aber die Steuerabzugsbeträge überweist und die (nicht ausgeführten) Überweisungsaufträge an die GmbH zurückgibt. Er muss auch bei finanzieller Abhängigkeit der GmbH und seiner eigenen Person von der Bank trotz entgegenstehender Interessen und Weisungen der Bank dafür sorgen, dass die, wenn auch nur im Kreditwege zur Verfügung stehenden Mittel, gegebenenfalls unter Einschaltung des zuständigen Finanzamtes, gleichmäßig zur Erfüllung der Verbindlichkeiten verwendet werden. 1267

Die bloße Erwartung Steuerrückstände durch Kredite, Realisierung von Außenständen oder öffentliche Fördermittel ausgleichen zu können, vermag die Nichtabführung von Lohnsteuern nicht zu rechtfertigen. 1268

1269 Allein der Antrag auf Eröffnung des Insolvenzverfahrens befreit den GmbH-Geschäftsführer nicht von der Haftung wegen Nichtabführung der einbehaltenen Lohnsteuer. Sind im Zeitpunkt der Lohnsteuerfälligkeit noch liquide Mittel zur Zahlung der Lohnsteuer vorhanden, besteht die Verpflichtung des Geschäftsführers zu deren Abführung so lange bis ihm durch die Bestellung eines (starken) Insolvenzverwalters oder Eröffnung des Insolvenzverfahrens die Verfügungsbefugnis entzogen wird. Die Haftung ist auch nicht ausgeschlossen, wenn die Nichtzahlung der fälligen Steuern in die dreiwöchige Schonfrist fällt, die dem Geschäftsführer zur Massesicherung und Feststellung der Zahlungsunfähigkeit gem. § 64 Abs. 1 Satz 1 GmbHG eingeräumt ist (*BFH* ZInsO 2009, 151).

1270 Die Haftung für Lohnsteuer und Kirchensteuer nach § 69 AO greift sowohl bei Nichterfüllung als auch bei nicht rechtzeitiger Erfüllung der Ansprüche aus dem Steuerschuldverhältnis ein.

1271 Die Pflichtverletzung braucht weder erwünscht noch beabsichtigt gewesen sein. Sind bei einer GmbH zwei Geschäftsführer als gesetzliche Vertreter vorhanden, so treffen grds. jeden von ihnen alle steuerlichen Pflichten der GmbH (vgl. *BFH* NJW 1962, 1640; NJW 1982, 2038). Ein Geschäftsführer haftet auch dann für Steuerschulden der Gesellschaft, wenn er nach interner Aufgabenverteilung nicht für das Finanzwesen zuständig war (*FG München* BB 2011, 227).

1272 Die Haftung des GmbH-Geschäftsführers kann nicht durch die Berücksichtigung hypothetischer Kausalverläufe ausgeschlossen werden, da der durch § 69 AO normierte Haftungsanspruch den Vertreter der juristischen Person zur ordnungsgemäßen Erfüllung der ihm obliegenden steuerlichen Pflichten anhalten und das Steueraufkommen durch Schaffung einer Rückgriffsmöglichkeit sichern soll. Dies schließt sowohl die Berücksichtigung der hypothetischen Anfechtbarkeit gedachter Steuerzahlungen nach §§ 129 ff InsO aus, als auch von fiktiven Lohnkürzungen, die bei pflichtgemäßem Verhalten des Geschäftsführers geboten gewesen wären (vgl. *FG Düsseldorf* EFG 2007, 1482; *BFH* BFH/NV 2007, 2059), so dass diese auf die Haftung des Geschäftsführers keinen Einfluss mehr haben (für die Umsatzsteuer: *BFH* BStBl. II 2009, S. 622).

1273 Die Nichtabführung der Lohnsteuer stellt regelmäßig eine schuldhafte Pflichtverletzung der den Arbeitgeber vertretenden Person dar. Der Arbeitgeber hat sich die Informationen zu beschaffen, die es ihm ermöglichen, die gesetzlichen Vorschriften zu beachten (*BFH* DB 1953, 502; BFH/NV 1986, 583).

1274 Falls die zur Verfügung stehenden Mittel nicht zur Zahlung der vollen Löhne einschließlich des Steueranteils ausreichen, darf der Geschäftsführer die Löhne deshalb nur gekürzt als Vorschuss oder Teilbetrag auszahlen, und er muss aus den übrig gebliebenen Mitteln die entsprechende Lohnsteuer an das Finanzamt abführen. Kommt der Geschäftsführer seiner Verpflichtung zur gleichrangigen Befriedigung der Arbeitnehmer hinsichtlich der Löhne und des Finanzamtes hinsichtlich der darauf entfallenden Lohnsteuer notfalls unter anteiliger Kürzung beider Verbindlichkeiten nach, handelt er zumindest grob fahrlässig und erfüllt den Haftungstatbestand des § 69 Satz 1 AO. Da die Haftung nach § 69 AO einen durch schuldhafte Pflichtverletzung verursachten Steuerausfall voraussetzt, kann der Haftungsschuldner nur hinsichtlich der Steuerbeträge in Anspruch genommen werden, für die bei pflichtgemäßen Verhalten seinerseits ein Ausfall nicht eingetreten wäre.

1275 Hat der Geschäftsführer einer GmbH einbehaltene Lohnsteuer nicht an das Finanzamt abgeführt, da er zum Fälligkeitszeitpunkt wegen Eröffnung des Insolvenzverfahrens über das Vermögen der GmbH nicht mehr über deren Mittel verfügen durfte, so ist ernstlich zweifelhaft, ob dieses Verhalten den Haftungstatbestand des § 69 AO erfüllt. Selbst die begründete Vermutung, dass der Geschäftsführer auch ohne die Eröffnung des Insolvenzverfahrens die Steuer nicht abgeführt hätte, kann die Haftung nicht begründen.

1276 Ein bei Inanspruchnahme des Geschäftsführers einer GmbH wegen vorsätzlicher Nichtabführung einbehaltener Lohnsteuer zu beachtendes Mitverschulden des Finanzamtes kann nicht darin gesehen werden, dass das Finanzamt die rückständigen Abzugsbeträge früher hätte einziehen können (Anschluss an *BFH* DB 1978, 2456) bzw. dass es die kurz vor Eröffnung des Insolvenzverfahrens abgetretenen Forderungen der GmbH, ohne hieraus Befriedigung zu suchen, an die Insolvenzmasse freigegeben hat (*BFH* ZIP 1985, 958).

Der alleinige Geschäftsführer einer GmbH haftet für die bei der GmbH eingetretenen Steuerverkürzungen wegen vorsätzlicher Pflichtverletzungen, wenn er trotz Kenntnis der finanziellen Schwierigkeiten der GmbH und im Vertrauen darauf, dass das Finanzamt stillhalten und er die Steuerrückstände aufgrund der Finanzierungszusage der Muttergesellschaft der GmbH später werde ausgleichen können, einbehaltene Lohnsteuerabzugsbeträge zu den jeweiligen Fälligkeitszeitpunkten bewusst nicht an das Finanzamt abgeführt hat. Eine Haftung entfällt jedoch insoweit, als der gesetzliche Fälligkeitszeitpunkt in dem Zeitraum nach Eröffnung des Insolvenzverfahrens über das Vermögen der GmbH fällt und zwar unbeachtlich der Frage, ob der Geschäftsführer überhaupt in der Lage und gewillt gewesen wäre, die Abzugsbeträge abzuführen. 1277

Die Nichteinlösung eines Schecks ist auch dann eine dem Geschäftsführer zuzurechnende Folge einer pflichtwidrig verspäteten Begleichung der Steuerschuld, wenn der Scheck erst nach Ablauf der Frist des Art. 29 ScheckG und der des § 240 Abs. 3 AO dem Bezogenen vorgelegt wird. Jedoch kann mitwirkendes Verschulden des Finanzamtes am Entstehen eines Steuerausfalles die Inanspruchnahme eines Haftungsschuldners ermessensfehlerhaft machen (*FG Saarbrücken* ZInsO 2009, 343). 1278

Wird über das Vermögen der Schwesterfirma, bei der die Lohnsteuerbuchhaltung geführt wird, das Insolvenzverfahren eröffnet, so muss der Geschäftsführer rechtzeitig dafür sorgen, dass ihm die Lohnunterlagen übermittelt werden. Ist dies nicht möglich, muss er bei der Leistung von Abschlagszahlungen Abzüge etwa in dem Verhältnis zur Lohnsumme einbehalten, als dies den Lohnabrechnungen für die Vormonate entsprach (*BFH* BFH/NV 1987, 74). 1279

Der Geschäftsführer einer notleidenden KG haftet auch dann für nicht abgeführte Lohnsteuern und Kirchensteuern, wenn er über 19 Monate hinweg die Löhne ungekürzt aus Kreditmitteln gezahlt hat, die nach der getroffenen Vereinbarung oder der Weisung des Kreditgebers nur für Nettolohnzahlungen verwendet werden sollten, und im Falle der Lohnkürzung die Gefahr der Arbeitsniederlegung durch die Arbeitnehmer bestand. Die vorsätzliche Verwirklichung des Haftungstatbestandes wird nicht durch Bemühungen des Geschäftsführers, eine Stundung zu erreichen, eine anteilige Lohnkürzung gegenüber den Arbeitnehmern durchzusetzen oder durch Hingabe von Schecks an das Finanzamt, mit deren Einlösung er nicht rechnen konnte, ausgeschlossen (*BFH* BFH/NV 1986, 378). 1280

Der Geschäftsführer einer GmbH, die persönlich haftende Gesellschafterin einer GmbH & Co KG ist, haftet für die Nichtabführung einbehaltener und abzuführender Lohnsteuer (nebst Kirchenlohnsteuer und Solidaritätszuschlag) der GmbH & Co KG. 1281

Die Haftung nach § 69 AO kann sich auf Säumniszuschläge, die ab dem Zeitpunkt der Überschuldung und Zahlungsunfähigkeit des Hauptschuldners verwirkt sind, erstrecken (*BFH* 19.12.2000 – VII R 63/99, JurionRS 2000, 18097). 1282

Unklar war lange die Frage, ob ein hypothetischer Kausalverlauf bei der Haftung des Geschäftsführers nach § 69 AO zu beachten ist. In zwei Entscheidungen hat der *BFH* (BStBl. II 2008, S. 273) inzwischen klargestellt, dass der adäquate Kausalzusammenhang zwischen der schuldhaften Pflichtverletzung des Haftungsschuldners und dem Eintritt des durch die Nichtentrichtung der Lohnsteuer entstandenen Vermögensschadens nicht dadurch entfällt, dass der Insolvenzverwalter berechtigt gewesen war, etwaige Zahlungen nach § 130 InsO anzufechten. Zur Begründung führte der BFH an, dass eine uneingeschränkte Übertragung der zum Schadensersatzrecht, insbesondere zur Berücksichtigung von hypothetischen Kausalverläufen und zur Schadenszurechnung ergangenen zivilrechtlichen Rechtsprechung (*BGH* NJW 2004, 1444) nicht möglich sei, weil die Haftungsnorm des § 69 AO zwar Schadensersatzcharakter besitzt, aber gleichwohl nicht mit zivilrechtlichen Schadensersatzansprüchen vergleichbar sei. 1283

In einem weiteren Beschluss hat der *BFH* (ZInsO 2008, 945) entschieden, dass hypothetische Betrachtungen über eine mögliche Anfechtung etwaiger Steuerzahlungen durch den Insolvenzverwal- 1284 ter bei der Entscheidung, ob ein Verfügungsberechtigter nach § 69 AO als Haftungsschuldner in Anspruch genommen werden kann, nicht zu berücksichtigen sind, wenn das Insolvenzverfahren über das Firmenvermögen mangels Masse nicht eröffnet worden ist. Weist das Insolvenzgericht den Antrag auf Eröffnung des Insolvenzverfahrens mangels Masse ab, steht damit fest, dass es zur Ausübung etwaiger Anfechtungsrechte überhaupt nicht kommen kann. Damit entfällt auch die Grundlage für hypothetische Betrachtungen über eine mögliche Rückgewähr von Steuerzahlungen.

1285 Die gesellschaftsrechtliche Pflicht des Geschäftsführers aus § 64 Abs. 2 GmbHG kann seine Verpflichtung zur Vollabführung der Lohnsteuer allenfalls in den drei Wochen suspendieren, die ihm ab Kenntnis der Insolvenzreife eingeräumt sind, um die Sanierungsfähigkeit der Gesellschaft zu prüfen und Sanierungsversuche durchzuführen. Nur in diesem Zeitraum kann das die Haftung nach § 69 AO begründende Verschulden ausgeschlossen sein (*BFH* BFH/NV 2008, 18; BStBl. II 2008, S. 273).

1286 Dem vorläufigen Insolvenzverwalter mit Zustimmungsvorbehalt steht das Recht zu, den Schuldner an der Genehmigung von Belastungsbuchungen zu hindern. Hat der Geschäftsführer vor dem Insolvenzantrag die Lohnsteuer korrekt vorangemeldet, scheitert die Steuerabführung, für die eine Einzugsermächtigung erteilt ist, aber daran, dass der vorläufige Verwalter eine Kontosperrung veranlasst, handelt der Geschäftsführer nicht grob fahrlässig. Ihm kann auch nicht vorgeworfen werden, nicht auf andere Weise vor dem Antrag für die Abführung gesorgt zu haben (*BFH* BFH/NV 2007, 2225).

1287 Widerruft ein (schwacher) Insolvenzverwalter die durch Lastschrifteinzugsermächtigung bereits gezahlten Steuerbeträge und veranlasst damit Rücklastschriften, so liegt darin, dass der Geschäftsführer es unterlässt auf den vorläufigen Insolvenzverwalter derart einzuwirken, dass dieser nach dem erfolgten Widerruf seine Zustimmung zur Zahlung der Lohnsteuerschulden erteilt, kein haftungsbegründendes Unterlassen. Eine Pflicht des Geschäftsführers zum Einschreiten entfällt in einem derartigen Fall schon deshalb, weil er ansonsten komplizierte Rechtsfragen prüfen und damit im Ergebnis den vorläufigen Verwalter überwachen müsste (*BFH* Beschl. ZInsO 2010, 1652).

7. Abgeltungsteuer in der Insolvenz

1288 Zum 01.01.2009 ist die Zinsabschlag- bzw. Kapitalertragsteuer entfallen und wurde durch die Abgeltungsteuer ersetzt. Zinsabschlagsteuer Es gilt ein einheitlicher Steuersatz von 25 % für alle Kapitalerträge.

1289 In dem Urteil vom 20.12.1995 entschied der *BFH*, dass der Abzug von Kapitalertragsteuer auch bei Gläubigern von Kapitalerträgen vorzunehmen ist, die in Insolvenz gefallen sind (*BFH* BStBl. II 1996, S. 308). Dies dürfte entsprechend für die Abgeltungsteuer gelten.

1290 Einzelfragen zur Abgeltungssteuer vgl. *BMF* BStBl. I 2012, S. 953.

1291 Betriebliche Konten und Depots, die durch einen Insolvenzverwalter verwaltet werden sind keine Treuhandkonten. Zum Nachweis, dass es sich um ein betriebliches Konto handelt, reicht eine Bestätigung des Insolvenzverwalters gegenüber dem Kreditinstitut aus.

8. Auflösungsverluste wesentlich beteiligter Gesellschafter gem. § 17 Abs. 4 EStG

a) Persönlicher Geltungsbereich

1292 § 17 EStG erfasst alle Anteile von unbeschränkt und beschränkt steuerpflichtigen Personen bei wesentlicher Beteiligung an Kapitalgesellschaften, wenn die Kapitalgesellschaft, deren Anteile veräußert werden, ihre Geschäftsleitung oder ihren Sitz im Inland hat. Ferner erfasst § 17 EStG auch die Veräußerung von wesentlichen Beteiligungen an einer ausländischen Kapitalgesellschaft.

1293 Bei unbeschränkt Körperschaftsteuerpflichtigen kommt § 17 EStG i.V.m. §§ 1 Abs. 2, 8 Abs. 1 KStG nur ausnahmsweise in Betracht, weil Körperschaften kein Privatvermögen haben. (vgl. zum Auflösungsverlust: *OFD Frankfurt* StuB 2003, 374; *BMF* BStBl. I 1999, S. 545; DB 2004, 1289;

OFD *Düsseldorf* DB 2002, 2409; *BFH* BFH/NV 2003, 1305; BB 2005, 253; *Paus* GmbHR 2004, 992 ff.).

b) Voraussetzungen des § 17 Abs. 1–4 EStG

Der Steuertatbestand besteht aus einer Veräußerung, der gem. § 17 Abs. 4 EStG eine Auflösung durch Konkurs (Eröffnung des Insolvenzverfahrens) oder aufgrund eines Auflösungsbeschlusses gem. § 60 GmbHG gleichgestellt ist. 1294

Gegenstand der Veräußerung müssen zum Privatvermögen gehörige Anteile an einer Kapitalgesellschaft sein (bei der GmbH Anteile am Stammkapital gem. § 5 GmbHG, bei der AG Anteile am Grundkapital gem. §§ 6, 7 AktG, § 272 HGB). 1295

Im Rahmen der vergangenen Steuerreformen wurde der Zugriff des Fiskus auf Wertsteigerungen im Privatvermögen unter anderem durch die Erweiterung des Anwendungsbereichs des § 17 EStG zunehmend ausgedehnt. Das Erfordernis der »wesentlichen« Beteiligung wurde aufgegeben und mit dem Gesetz v. 23.10.2000 auf eine Mindestbeteiligung von vormals 10 % auf 1 % herabgesenkt, so dass es für die Anwendung des § 17 EStG genügt, dass der Veräußerer innerhalb der letzten fünf Jahre zu mindestens 1 % unmittelbar oder mittelbar an der Gesellschaft beteiligt war. 1296

Dabei reicht es aus, dass die Beteiligung in irgendeinem Zeitpunkt kurzfristig nur während eines Tages innerhalb der letzten fünf Jahre bestand, eine sog. juristische Sekunde ist ausreichend (*BFH* BStBl. II 1993, S. 331). 1297

Der Erwerb eines weiteren Geschäftswertes an einer insolvenzgefährdeten Kapitalgesellschaft zum Kaufpreis von 1 Euro durch den der Anteil an dieser auf 1 % aufgestockt wird, ist rechtsmissbräuchlich und ermöglicht nicht die steuerliche Geltendmachung des Verlustes nach § 17 EStG, wenn der Erwerber Anhaltspunkte für ein Konzept zur Unternehmensfortführung im Zeitpunkt des Erwerbs weder darlegt noch nachweist (*FG Düsseldorf* EFG 1998, 11, n.r.). 1298

Streitig ist in diesem Zusammenhang vor allem, ob kapitalersetzende Maßnahmen des Gesellschafters zur Begründung oder zur Erhöhung einer ähnlichen Beteiligung i.S.d. § 17 Abs. 1 Satz 2 EStG führen können. 1299

Der *BFH* hat in mehreren Urteilen (v. 05.02.1992 – I R 79/89, n.v.; v. 10.12.1975 – I R 135/74, BStBl. II 1976, S. 226) wiederholt verneint, dass kapitalersetzende Maßnahmen des Gesellschafters bei der Gesellschaft zu einer Erhöhung des Eigenkapitals führen. 1300

In seinem Urteil v. 19.05.1992 (BStBl. II 1992, S. 902) hat der BFH entschieden, dass kapitalersetzende Maßnahmen den Anteil an einer GmbH nicht erhöhen und auch keine ähnliche Beteiligung i.S.d. § 17 Abs. 1 EStG begründen oder erhöhen. 1301

In seiner Begründung führt der BFH aus, dass nach dem Zweck des § 17 EStG den Anteilen an einer GmbH nur solche Beteiligungen ähnlich sein können, die in wesentlichen Merkmalen mit den Geschäftsanteilen an der GmbH übereinstimmen. Dazu gehört insbesondere, dass sie wie diese auch eine Beteiligung an den Gesellschaftsrechten zum Inhalt haben. Die mit den Geschäftsanteilen verbundenen Rechte und Pflichten der GmbH Gesellschafter sind nicht nur wesentliches Merkmal der Geschäftsanteile, in ihnen ist auch die Möglichkeit zu einer begrenzten Einflussnahme des Gesellschafters angelegt, die i.V.m. der Höhe der Stammeinlage die Vergleichbarkeit mit dem Mitunternehmer einer Personengesellschaft begründet. 1302

Mit Urteil v. 19.08.2008 hat der BFH (*BFH* BStBl. II 2009, S. 5; vgl. auch *BFH* BStBl. II 2008, S. 706) entschieden, dass Finanzierungsmaßnahmen eines unter das Sanierungsprivileg des § 32a Abs. 3 Satz 3 GmbHG fallenden Gesellschafters einer GmbH, ungeachtet des zivilrechtlichen Ausschlusses vom Eigenkapitalersatzrecht, für die Besteuerung nach § 17 EStG zu nachträglichen Anschaffungskosten der Beteiligung führen. Dieses Urteil wird von der Finanzverwaltung angewendet (*OFD Münster* Vfg. v. 10.02.2009). Die anderen Fälle des Ausschlusses des Kapitalersatzrechts nach § 32a GmbHG, vor allem die Fälle einer Beteiligung von unter 10 % (§ 32a GmbHG) sind von der 1303

BFH-Entscheidung nicht betroffen. In diesen Fällen ist ein Abzug von Finanzierungsmaßnahmen als nachträgliche Anschaffungskosten weiterhin ausgeschlossen.

1304 Die Frage der steuerlichen Behandlung von kapitalersetzenden Maßnahmen im Rahmen von Auflösungsverlusten gem. § 17 Abs. 4 EStG stellt sich vor allem bei Darlehen und Bürgschaften.

c) Auflösungsverluste bei Darlehen gem. § 17 EStG

1305 Zu unterscheiden ist, ob das Darlehen im Zeitpunkt seiner Aufnahme risikobehaftet ist oder nicht.

aa) Risikobehaftetes Darlehen

1306 Im Einzelnen sind für die Frage des Umfangs nachträglicher Anschaffungskosten folgende vier Fallgruppen zu unterscheiden:
- Hingabe des Darlehns in der Krise. Maßgeblich ist für die Höhe der Anschaffungskosten der Nennwert des Darlehns.
- Stehen gelassene Darlehn: Maßgeblich ist der gemeine Wert des Darlehns in dem Zeitpunkt, in dem es der Gesellschafter mit Rücksicht auf das Gesellschaftsverhältnis nicht abzieht. Dies kann ein Wert erheblich unter dem Nennwert des Darlehns, im Einzelfall sogar ein Wert von 0 Euro sein. Fällt ein an einer Kapitalgesellschaft (wesentlich) beteiligter Gesellschafter mit einem Darlehn aus, das er in der Krise der Gesellschaft stehen ließ, obwohl er es hätte abziehen können, muss der Wert des Darlehns im Krisenzeitpunkt geschätzt werden. Nachträgliche Anschaffungskosten entstehen nur in Höhe des werthaltigen Teils (*BFH* BFH/NV 1999, 424). Bei einem schleichenden Kriseneintritt kann der Wert eines vom Gesellschafter-Geschäftsführer hingegebenen Darlehns im Zeitpunkt des Beginns der Krise mit 50 v.H. des Nennwertes geschätzt werden (*FG Münster* EFG 2001, 684).
- Krisenbestimmtes Darlehn: Auf die Prüfung, wann die Krise eingetreten ist und wann der Gesellschafter hiervon Kenntnis erlangt hat, kann verzichtet werden, wenn der Gesellschafter schon in einem früheren Zeitpunkt mit bindender Wirkung gegenüber der Gesellschaft oder den Gesellschaftsgläubigern erklärt, dass er das Darlehn auch in der Krise stehen lassen werde (sog. Krisenbestimmtes Darlehn). Das gilt jedenfalls dann, wenn die Erklärung im Rahmen einer vertraglichen Vereinbarung abgegeben wurde. Denn zu einer solchen Erklärung wäre ein Darlehensgeber, der nicht Gesellschafter ist, mit Rücksicht auf das ihm bei Gefährdung seines Rückzahlungsanspruches regelmäßig zustehende außerordentliche Kündigungsrecht im Allgemeinen nicht bereit. Fällt der Gesellschafter bei Auflösung der Gesellschaft mit einem solchen krisenbestimmten Darlehn aus, führt das im Allgemeinen zu nachträglichen Anschaffungskosten in Höhe des Nennwertes des Darlehns. Das beruht auf der Erwägung, dass bei den krisenbestimmten Darlehn die Bindung bereits mit dem Verzicht auf eine ordentliche und außerordentliche Kündigung im Zeitpunkt der Krise eintritt und deshalb der Verlust des Darlehns auf diesem Verzicht und nicht auf den später eintretenden gesetzlichen Rechtsfolgen der Krise beruht. Hierdurch unterscheidet sich diese Fallgruppe wesentlich von derjenigen der stehen gelassenen Darlehn.
- Finanzplandarlehen: Auf die Prüfung, wann die Krise eingetreten ist und wann die Gesellschaft hiervon Kenntnis erlangt hat, kann außer bei einem auf Krisenfinanzierung angelegten Darlehn auch bei einem Darlehn verzichtet werden, das von vornherein in die Finanzplanung der Gesellschaft in der Weise einbezogen ist, dass die zur Aufnahme der Geschäfte erforderliche Kapitalausstattung der Gesellschaft durch eine Kombination von Eigen- und Fremdfinanzierung erreicht werden soll. Solche von den Gesellschaftern gewährten finanzplanmäßigen Kredite zur Finanzierung des Unternehmens (sog. Finanzplandarlehn) sind nach Gesellschaftsrecht den Einlagen gleichgestellt. Liegt ein in diesem Sinne krisenunabhängiges Darlehn vor, so ist es nicht nur von vornherein mit seiner Hingabe gesellschaftsrechtlich als Haftkapital gebunden. Es ist auch für die einkommensteuerrechtliche Beurteilung davon auszugehen, dass es mit Rücksicht auf das Gesellschaftsverhältnis gewährt wurde. Dementsprechend erhöhen sich im Falle seines Verlustes die Anschaffungskosten der Beteiligung nicht nur in Höhe seines Wertes im Zeitpunkt der Krise, sondern in Höhe seines Wertes im Zeitpunkt der Gründung der Gesellschaft, also seines Nenn-

wertes. Fällt der (wesentlich) beteiligte Gesellschafter einer Kapitalgesellschaft mit einem Finanzplandarlehn aus, das er einer Kapitalgesellschaft gewährt hat, sind bei der Ermittlung des Veräußerungsgewinnes nach § 17 EStG die Anschaffungskosten um den Nennwert zu erhöhen (*BFH* BFH/NV 1999, 1594).
- Wurden Gesellschafterdarlehn nach Auffassung einer Gesellschaft im weiteren Verlauf umgeschuldet, so ist dies als Erfüllung der alten Schuldverpflichtung anzusehen. Dem steht nicht entgegen, dass sich nach einer derartigen Umschuldung die Inanspruchnahme im weiteren Verlauf nicht mehr aufgrund gesellschaftsrechtlicher Beziehungen zu der aufgelösten Gesellschaft vollzieht, sondern auf einem neuen Rechtsgrund beruht, der durch die Novation entstanden ist.

Bei einem einfachen Rangrücktritt vereinbaren Schuldner und Gläubiger, dass eine Rückzahlung der Verbindlichkeit nur dann zu erfolgen habe, wenn der Schuldner dazu aus zukünftigen Gewinnen, aus einem Liquidationsüberschuss oder aus anderem freien Vermögen künftig in der Lage ist und der Gläubiger mit seiner Forderung im Rang hinter alle anderen Gläubiger zurücktritt. Bei dieser Vereinbarung handelt es sich um einen Rangrücktritt, der mit einer Besserungsabrede verbunden wird. 1307

Bei einem qualifizierten Rangrücktritt erklärt der Gläubiger sinngemäß, er wolle wegen der Forderung erst nach Befriedigung sämtlicher anderer Gläubiger der Gesellschaft und bis zur Abwendung der Krise auch nicht vor, sondern nur zugleich mit den Einlagerückgewähransprüchen der Gesellschafter berücksichtigt, also so behandelt werden, als handele es sich bei seiner Forderung um statutarisches Kapital (vgl. Urt. des *BGH* 08.01.2001 BGHZ 146, 264). Ziel der Vereinbarung eines qualifizierten Rangrücktritts ist, die Verbindlichkeit in der insolvenzrechtlichen Überschuldungsbilanz der Gesellschaft nicht auszuweisen. 1308

Die Vereinbarung eines einfachen oder eines qualifizierten Rangrücktritts hat keinen Einfluss auf die Bilanzierung der Verbindlichkeit. Im Gegensatz zu einem Forderungsverzicht mindert sich oder erlischt die Verbindlichkeit nicht. Diese wird weiterhin geschuldet und stellt für den Steuerpflichtigen eine wirtschaftliche Belastung dar. Lediglich die Rangfolge der Tilgung ändert sich. Die Verbindlichkeit ist weiterhin als Fremdkapital in der Steuerbilanz der Gesellschaft auszuweisen. 1309

Nach Ansicht des *BMF* (v. 08.09.2006, BStBl. I S. 497) ist § 5 Abs. 2a EStG auf Rangrücktrittsvereinbarungen nicht anwendbar. 1310

Zur Passivierung von Verbindlichkeiten aus Gesellschafterdarlehen bei Vereinbarung eines qualifizierten Rangrücktrittes nunmehr *BFH* Urt. v. 30.11.2011 – I R 100/10 (ZIP 2012, 570): Danach ist eine Verbindlichkeit erst zu bilanzieren, wenn der Unternehmer zu einer dem Inhalt und der Höhe nach bestimmten Leistung an einen Dritten verpflichtet ist, die vom Gläubiger erzwungen werden kann und eine wirtschaftliche Belastung darstellt. An einer wirtschaftlichen Belastung fehlt es, wenn Darlehensverbindlichkeiten nur aus künftigen Überschüssen, soweit sie bestehende Verlustvorträge übersteigen, oder aus einem Liquidationsüberschuss zurückbezahlt werden müssen. Das Urt. des *BFH* v. 30.11.2011 behandelt – im Gegensatz zum veröffentlichten Leitsatz – im konkreten einen einfachen Rangrücktritt. Entscheidend für die Passivierung der Verbindlichkeit ist die Vereinbarung der Befriedigungsmöglichkeit aus dem sonstigen freien Vermögen. 1311

Eine Verbindlichkeit unter Vereinbarung eines allumfassenden Rangrücktritts hinter alle weiterer Gläubiger und der Erfüllung nur aus künftigen Jahresüberschüssen bzw. Liquidationsüberschusses fällt unter § 5 Abs. 2a EStG. 1312

Bei Erlass einer Verbindlichkeit mit der Maßgabe, dass die Forderung wieder aufleben soll, wenn künftige Jahresüberschüsse oder ein Liquidationsüberschuss erzielt werden, ist die durch einen solchen Besserungsschein begründete Leistungspflicht beim Schuldner zunächst nicht als Verbindlichkeit zu passivieren. Die Verpflichtung stellt noch keine wirtschaftliche Last dar. 1313

Unter dem Gesichtspunkt der wirtschaftlichen Leistungsfähigkeit besteht wirtschaftlich kein Unterschied zwischen einem Erlass mit Besserungsabrede und der Vereinbarung, dass eine Verbindlichkeit nur aus einem etwaigen Liquidationsüberschuss bedient werden muss. 1314

1315 Offen gelassen hat der BFH im Entscheidungsfall die Frage, ab wann im Falle der Liquidation die Verbindlichkeit in der Steuerbilanz zu passivieren ist. Für denkbar hält er es, dass die Verbindlichkeit erst dann passiviert werden muss, wenn nach Beginn der Liquidation ohne Berücksichtigung dieser Verpflichtung verteilbares Eigenkapital ausgewiesen werden müsste. Möglich sei auch, eine Verpflichtung zum Ausweis bereits dann anzunehmen, wenn zum Zeitpunkt des Bilanzstichtages eine Liquidation droht und im Fall der Liquidation mit einem Überschuss zu rechnen ist.

bb) Fremdwährungsdarlehen als nachträgliche Anschaffungskosten auf eine Beteiligung gem. § 17 EStG

1316 Für die Beurteilung der Frage, ob es sich bei einem Gesellschafterdarlehen, das möglicherweise kapitalersetzend gewährt wird, um nachträgliche Anschaffungskosten auf eine Beteiligung handelt, ist bei einem Fremdwährungsdarlehen auf das jeweilige ausländische Handelsrecht abzustellen.

1317 Nachträgliche Anschaffungskosten auf eine Beteiligung können nur insoweit vorliegen, als das ausländische Handelsrecht eine Umdeutung von Fremdkapital in kapitalersetzende Darlehen kennt (vgl. *BFH* BStBl. II 1990, S. 875). Problematisch sind derartige Fallgestaltungen insbesondere bei US-Beteiligungen, weil in den USA in den jeweiligen Bundesstaaten unterschiedliche handelsrechtliche und formelle Regelungen zu der Frage gelten, ob Gesellschafterdarlehen Eigenkapital darstellen oder als Fremdkapital behandelt werden. Ggf. muss im Wege eines Auskunftsersuchens diese Frage geklärt werden.

cc) Änderung des Eigenkapitalersatzrechtes durch das MoMiG und Auswirkungen auf § 17 EStG

1318 Durch das am 01.11.2008 in Kraft getretene **MoMiG** (BGBl. I 2008, S. 2026 ff.) wurde das Recht des Eigenkapitalersatzes verändert. Die Neufassung des § 30 Abs. 1 GmbHG enthält einen Nichtanwendungserlass hinsichtlich der Rechtsprechungsregeln. Die §§ 32a, 32b GmbHG wurden aufgehoben. Gemäß § 39 Abs. 1 Nr. 5 InsO sind Darlehensforderungen des Gesellschafters in der Insolvenz der Gesellschaft zwingend nachrangig. Erfolgte im letzten Jahr vor der Insolvenzantragstellung eine Befriedigung einer solchen Forderung, so unterliegt diese Rechtshandlung der Anfechtung nach § 135 InsO. Dadurch kommt es in der Insolvenz der Gesellschaft nicht mehr darauf an, ob eine Darlehensgewährung oder eine wirtschaftlich vergleichbare Gesellschafterleistung nach bisherigem Verständnis als eigenkapitalersetzend zu betrachten ist. Ansprüche des Gesellschafters im Zusammenhang mit diesen Leistungen sind immer nachrangig und ihre Befriedigung unterliegt in einem Ein-Jahreszeitraum vor Insolvenzantragstellung der Anfechtung.

1319 § 30 Abs. 1 GmbHG n.F. erlaubt Darlehen an Gesellschafter aus verbundenem Vermögen, sofern der Anspruch gleichwertig ist. Bei einer angemessenen Verzinsung ist die Darlehensgewährung keine verdeckte Gewinnausschüttung mehr. Eine verdeckte Gewinnausschüttung kann sich jedoch später ergeben, wenn der Anspruch bei verschlechterter Bonität nicht geltend gemacht wird oder das Darlehen ausfällt, weil auf eine Besicherung verzichtet wurde.

1320 Unklar ist, inwieweit sich die Änderungen durch das MoMiG auf die Rechtsprechung zu § 17 EStG bezüglich kapitalersetzender Maßnahmen im Rahmen von Auflösungsverlusten gem. § 17 Abs. 4 EStG auswirken.

1321 Grundsätzlich gilt für Gesellschafterdarlehen Folgendes:
– Mit dem Inkrafttreten des MoMiG am 01.11.2008 ist das Eigenkapitalersatzrecht abgeschafft.
– Gewinne aus der Veräußerung privater Kapitalforderungen sind gem. § 20 Abs. 2 Nr. 7 EStG steuerpflichtig.
– Bei Verlusten aus einem Gesellschafterdarlehen ist entscheidend, wann die Forderung erworben worden ist.
– Bei vor 2009 erworbenen Forderungen gelten die bisherigen Grundsätze. Danach stellt der Verlust von Gesellschafterdarlehen wohl weiterhin nachträgliche Anschaffungskosten der Beteiligung dar. Es ist insoweit an die bisherigen von der BFH-Rechtsprechung aufgestellten Fallgruppen bei An-

satz des Nennwertes nach der InsO anzuknüpfen. Es gilt insoweit das Halb- bzw. Teileinkünfteverfahren.
- Für ab 2009 erworbene Kapitalforderungen ist fraglich, inwieweit § 17 EStG noch neben § 20 EStG anzuwenden ist. Zu der Frage der Auswirkung des MoMiG auf nachträgliche Anschaffungskosten gem. § 17 Abs. 2 EStG hat inzwischen das *BMF* mit Schreiben v. 21.10.2010 (BStBl. I S. 832) Stellung genommen. Soweit die Beteiligung an der GmbH mindestens 1 % beträgt, sind bei Ausfall einer Darlehensforderung oder einer Rückgriffsforderung des Bürgen im Privatvermögen nachträgliche Anschaffungskosten dem Grunde nach gegeben. Auch in der Zukunft sind für die Bestimmung der Höhe der nachträglichen Anschaffungskosten die bisher herausgebildeten vier Fallgruppen: Darlehensgewährung in der Krise, stehengelassenes Darlehen, krisenbestimmtes Darlehen und Finanzplandarlehen maßgeblich. Diese Fallgrößen werden ergänzt durch die Rückzahlungssperre der InsO und des AnfG. Danach kann neben einer vertraglichen Krisenbestimmungsabrede für das letzte Jahr vor Stellung des Insolvenzantrages auch eine gesetzliche Krisenbestimmungsabrede gegeben sein. In der Praxis empfiehlt es sich eine bloß stehengelassene Finanzierungshilfe zu vermeiden und stattdessen eine ausdrückliche vertragliche Krisenbestimmung zu treffen. Damit können auch Schwierigkeiten bei der Bestimmung des Krisenbeginns vermieden werden. Außerdem sollte in Darlehensfällen auf das außerordentliche Kündigungsrecht des Darlehensnehmers nach § 490 BGB und in Bürgschaftsfällen auf das Befreiungsrecht des Bürgen nach § 775 Abs. 1 Nr. 1 BGB verzichtet werden.

Ansonsten muss eine Klärung durch die BFH-Rechtsprechung abgewartet werden.

Der *BFH* führte mit dem Begriff des »funktionalen Eigenkapitals« eine weitere Kategorie möglicher kapitalersetzender Gesellschafterdarlehen ein (BFH/NV 2012, 1124); »maßgebend für funktionales Eigenkapital sei, ob ein Gesellschafter der Gesellschaft in einem Zeitpunkt, in dem er der Gesellschaft als ordentlicher Kaufmann Eigenkapital zugeführt hätte (Krise), stattdessen ein Darlehen gewährt«. In der Literatur ist indes umstritten, ob diese Rechtsprechung durch das MoMiG unverändert fortgeführt werden kann (*Moritz* DStR 2014, 1636 [1703] m.w.N.). 1322

d) Auflösungsverluste bei Bürgschaften gem. § 17 EStG

Auch bei Auflösungsverlusten bei Bürgschaften ist entscheidend, ob die Bürgschaft von Anfang an risikobehaftet ist, oder ob es sich um eine zunächst krisenfreie, später risikobehaftete Bürgschaft handelt. 1323

aa) Risikobehaftete Bürgschaft

Nachträgliche Anschaffungskosten sind anzunehmen, wenn ein Gesellschafter eine Bürgschaft für Verpflichtungen der Kapitalgesellschaft übernommen hat und daraus in Anspruch genommen wird, ohne eine gleichwertige Rückgriffsforderung gegen die Gesellschaft zu erwerben. Die Inanspruchnahme des Bürgen führt nach Auffassung des BFH dann zu nachträglichen Anschaffungskosten, wenn im Zeitpunkt der Übernahme der Bürgschaft die Inanspruchnahme und die Uneinbringlichkeit der Rückgriffsforderung so wahrscheinlich sind, dass ein Nichtgesellschafter bei Anwendung der Sorgfalt eines ordentlichen Kaufmannes die Bürgschaft nicht übernommen hätte. 1324

Damit sind die Fälle angesprochen, in denen der Gesellschafter die Bürgschaftsverpflichtung erst nach Eintritt der Krise der Gesellschaft eingeht. Dies ist zweifellos durch das Gesellschaftsverhältnis veranlasst mit der Folge, dass die Inanspruchnahme aus der Bürgschaft einer gesellschaftsrechtlichen Einlage gleichzustellen ist und folglich zu nachträglichen Anschaffungskosten der Beteiligung führt (vgl. zu § 17 EStG, H 17 Abs. 5 EStH 2012). 1325

bb) Zunächst krisenfreie, später risikobehaftete Bürgschaften

Hat sich der Gesellschafter zu einem Zeitpunkt verbürgt, in dem das Eingehen der Bürgschaftsverpflichtung nicht risikobehaftet war, so ist fraglich, ob und in welchem Umfang nachträgliche An- 1326 schaffungskosten entstehen, wenn der Gesellschafter trotz Eintretens der Krise an der Bürgschaftsverpflichtung festhält.

1327 Hierzu werden folgende Auffassungen vertreten:
– Entscheidend ist, dass der Bürge i.d.R. erst dann in Anspruch genommen wird, wenn die Gesellschaft sich in der Krise befindet. Hat sich der Gesellschafter in dem Zeitpunkt, in dem die Gesellschaft in die Krise geraten ist, entschlossen, die Bürgschaftsverpflichtung aufrechtzuerhalten, so ist die spätere Inanspruchnahme und das dadurch geleistete Vermögensopfer in vollem Umfang als durch das Gesellschaftsverhältnis veranlasst anzusehen.
– Eine andere Auffassung stellt darauf ab, dass eine Bürgschaft nach angemessener Zeit oder bei Eintritt wichtiger Gründe gekündigt werden kann. Die Kündigung hat zur Folge, dass der Bürge nur in dem Umfang in Anspruch genommen werden kann, soweit die Gesellschaft als Hauptschuldnerin verbürgte Verpflichtungen zur Zeit der Wirksamkeit der Kündigung gehabt hat. Dies führt zu Konsequenzen, dass jeder fremde Bürge ohnehin für diejenigen Verbindlichkeiten einzustehen hat, die bis zur Beendigung des Bürgschaftsverhältnisses aufgrund der Kündigung angefallen sind. Insoweit ist die Inanspruchnahme des Gesellschafters aus der Bürgschaft nicht durch das Gesellschaftsverhältnis veranlasst und kann insoweit auch nicht zu nachträglichen Anschaffungskosten führen. Lediglich das Einstehenmüssen für Verbindlichkeiten, die nach einer Kündigung, die ein fremder Dritter aussprechen würde, noch zusätzlich anfallen, kann zu nachträglichen Anschaffungskosten der wesentlichen Beteiligung führen.
Diese Auffassung wird inzwischen auch von der Finanzverwaltung vom Grundsatz her übernommen. Danach ist bei der Bürgschaft wie bei einem Darlehen ein Hineinwachsen in ein durch das Gesellschaftsverhältnis veranlasstes Engagement denkbar. In Bezug auf die Bewertung der nachträglichen Anschaffungskosten greift die Verwaltungsauffassung auf das BMF-Schreiben (BStBl. I 1994, S. 257) zurück, wonach grds. nur die nach einer gedachten Beendigung des Bürgschaftsverhältnisses sich erhöhende Inanspruchnahme als nachträgliche Anschaffungskosten in Betracht kommt. Darüber hinausgehende nachträgliche Anschaffungskosten sind allenfalls in der wohl seltenen Ausnahme denkbar, wenn dem Bürgen zum Zeitpunkt einer wirksamen Beendigung der Bürgschaft in Bezug auf die bis dahin aufgelaufenen Verbindlichkeiten ein werthaltiger Befreiungsanspruch gem. § 775 BGB gegenüber der Hauptschuldnerin zugestanden hätte, den ein fremder Dritter geltend gemacht hätte.

cc) Rückgriffs- und Ausgleichsansprüche

1328 Nachträgliche Anschaffungskosten der Beteiligung kommen allerdings nur insoweit in Betracht, als der Gesellschafter keine gleichwertigen Rückgriffs- oder Ausgleichsansprüche erwirbt. Eine Rückgriffsforderung entsteht dem als Bürgen in Anspruch genommenen Gesellschafter stets gegenüber der Gesellschaft, für die er sich verbürgt hat (§ 774 Abs. 1 BGB). Im Fall der Mitbürgschaft anderer für dieselbe Verbindlichkeit (§ 769 BGB) entstehen ihm ferner Ausgleichsansprüche gegen den oder die Mitbürgen. Soweit nichts anderes bestimmt ist, sind die Bürgen einander zu gleichen Anteilen verpflichtet (§ 774 Abs. 2 i.V.m. § 426 BGB). Soweit die Rückgriffsforderung gegen die Gesellschaft und die Ausgleichsansprüche gegen Mitbürgen nicht uneinbringlich sind, schließen sie bei dem als Bürgen in Anspruch genommenen Gesellschafter die Entstehung zusätzlicher Anschaffungskosten auf die Beteiligung aus.

dd) Drittaufwand

1329 Sog. Drittaufwand (*BFH* BStBl. II 1991, S. 82) kann nach der Auffassung der Finanzverwaltung nicht zu nachträglichen Anschaffungskosten führen. Wird beispielsweise die nicht beteiligte Ehefrau des Gesellschafters aus einer Bürgschaft in Anspruch genommen, die sie für Verbindlichkeiten der Kapitalgesellschaft eingegangen ist, so erhöhen sich dadurch nicht die Anschaffungskosten der Beteiligung des Gesellschafterehegatten (*BFH* BStBl. II 1991, S. 82).

ee) Zeitpunkt der Bürgschaftsübernahme

Nachträgliche Anschaffungskosten kommen nur in den Fällen in Betracht, in denen die Bürgschaft vor der Veräußerung der Anteile, vor dem Auflösungsbeschluss bzw. vor Eröffnung des Insolvenzverfahrens übernommen wurde (*BFH* BFH/NV 1986, 731). 1330

Wird ein (früherer) Gesellschafter erst nach Veräußerung der wesentlichen Beteiligung oder nach Auflösung der Kapitalgesellschaft aus Bürgschaftsverpflichtungen in Anspruch genommen, so führt dies zu (nachträglichen) Anschaffungskosten (§ 175 Abs. 1 Nr. 2 AO; vgl. *BFH* BStBl. II 1985, S. 428 [430]; BStBl. II 1994, S. 162). 1331

Diese wirken auf den Zeitpunkt der Veräußerung oder Auflösung zurück. 1332

ff) Zeitpunkt der Berücksichtigung von Auflösungsverlusten

Ein Auflösungsverlust ist in dem Zeitpunkt zu berücksichtigen, zu dem die tatsächliche Liquidation der Kapitalgesellschaft abgeschlossen ist bzw. in dem das Liquidationsergebnis endgültig feststeht (*BFH* BStBl. II, 1985 S. 428 [430]; BStBl. II 1994, S. 162). Zu diesem Zeitpunkt steht aber i.d.R. noch nicht endgültig fest, ob und ggf. in welcher Höhe der Steuerpflichtige aus übernommenen Bürgschaften in Anspruch genommen wird und welche Ausgleichsansprüche er durchsetzen kann. 1333

e) Nachträgliche Werbungskosten bei der Einkunftsart Kapitalvermögen (§ 20 EStG)

Zinsen aus Krediten, die zur Refinanzierung von offenen oder verdeckten Einlagen, Stammkapital, Grundkapital oder verdecktem Nennkapital aufgenommen worden sind, können Werbungskosten bei den Einkünften aus Kapitalvermögen sein, soweit eine Einkunftserzielungsabsicht ggf. unter Berücksichtigung einer Wertsteigerung der Beteiligung in diesen Fällen zu bejahen ist (*BFH* BStBl. II 1986, S. 596; BStBl. II 1984, S. 29). 1334

Schuldzinsen können nachträgliche Werbungskosten bei der Ermittlung der Einkünfte aus Kapitalvermögen sein, soweit es sich um rückständige Zinsen handelt, die auf die Zeit bis zur Veräußerung der wesentlichen Beteiligung bzw. bis zur Eröffnung des Insolvenzverfahrens über das Vermögen einer Gesellschaft entfallen. Schuldzinsen, die auf eine Zeit nach Eröffnung des Insolvenzverfahrens entfallen, sind dagegen keine nachträglichen Werbungskosten bei der Einkunftsart Kapitalvermögen (*BFH* BStBl. II 1984, S. 29; BFH/NV 1988, 554; BFH/NV 1993, 468 und 714). Insoweit gelten die gleichen Überlegungen wie für den Abzug von Schuldzinsen als nachträgliche Werbungskosten bei den Einkünften aus Vermietung und Verpachtung nach § 21 EStG. Danach sind Zinsen, die erst nach Aufgabe der Einkunftsquelle entstanden sind, nicht abzugsfähig. 1335

f) Nachträgliche Werbungskosten bei den Einkünften aus nichtselbstständiger Arbeit (§ 19 EStG)

Bei Gesellschaftern, die zugleich Arbeitnehmer waren, hat der *BFH* (BStBl. III 1962, S. 63) bisher Zahlungen aus der Inanspruchnahme einer Bürgschaft nicht als Werbungskosten aus nichtselbstständiger Arbeit anerkannt. 1336

Teilweise wird jedoch in der neuen finanzgerichtlichen Rspr. die Auffassung vertreten, dass die Inanspruchnahme des Gesellschafter-Geschäftsführers einer GmbH aus einer von ihm zugunsten der GmbH übernommenen Bürgschaft zu nachträglichen Werbungskosten aus nichtselbstständiger Arbeit führen kann, wenn es dem Gesellschafter-Geschäftsführer bei Übernahme der Bürgschaft auf den Erhalt seiner Stellung als Geschäftsführer und der damit verbundenen Einnahmen ankam, wenn ferner die Einkünfte aus nichtselbstständiger Arbeit für den Gesellschafter-Geschäftsführer die wesentliche Existenzgrundlage darstellten, die GmbH offensichtlich nur der Haftungsbeschränkung und nicht der Kapitalanlage wegen gegründet war und nennenswerte Erträge aus der Kapitalbeteiligung fehlen. Dies ist z.B. der Fall, wenn vor der Eröffnung des Insolvenzverfahrens eine Bürgschaft für Gesellschaftsverbindlichkeiten eingegangen worden ist, jedoch erst nach Eröffnung des Insolvenzverfahrens und Beendigung des Arbeitsverhältnisses eine Inanspruchnahme aus der Bürgschaft 1337 erfolgte. Nach Auffassung der Finanzverwaltung ist bei nicht eindeutiger und klarer Trennung der rechtlichen Zuordnungsebenen zwischen Gesellschaft und Geschäftsführer Gesellschaftern im Zweifel die Gesellschafterebene angesprochen.

1338 Wenn der Bürge nur Arbeitnehmer ist, aber nicht zugleich Gesellschafter, kann bei Bürgschaften der Abzug von Werbungskosten bei Einkünften aus nichtselbstständiger Arbeit in Betracht kommen (*BFH* BStBl. II 1980, S. 395).

1339 Gewährt der Gesellschafter-Geschäftsführer einer GmbH, an der er wesentlich beteiligt ist, ein risikobehaftetes Darlehen oder einen verlorenen Zuschuss, so ist die Rechtsbeziehung regelmäßig durch das Gesellschaftsverhältnis veranlasst.

1340 Nur wenn besondere Umstände vorliegen, können Werbungskosten bei den Einkünften des Gesellschafter-Geschäftsführers aus nichtselbstständiger Arbeit angenommen werden (*BFH* BStBl. II 1994, S. 242; BStBl. II 1993, S. 111 bei nicht wesentlich beteiligten Gesellschafter-Geschäftsführern).

g) Haftungsschulden nach § 69 AO

1341 Wird ein GmbH-Geschäftsführer, z.B. für nicht gezahlte Lohnsteuer nach § 69 AO in Haftung genommen, so sind die aufgrund dessen erfolgten Zahlungen nicht durch das Gesellschaftsverhältnis, sondern durch das Arbeitsverhältnis veranlasst (*BFH* BStBl. III 1961, S. 20). Da von einer Haftungsinanspruchnahme nach § 69 AO nur die in den §§ 34, 35 AO genannten Personen betroffen sind, beruht die Haftung des Geschäftsführers nicht auf seiner Stellung als Gesellschafter, sondern ausschließlich auf seiner Stellung als Geschäftsführer bzw. als gesetzlicher Vertreter der GmbH.

1342 Voraussetzung für den Werbungskostenabzug der Zahlungen eines Geschäftsführers aufgrund einer Haftungsinanspruchnahme nach § 69 AO ist, dass die Pflichtverletzung während seiner Tätigkeit als angestellter Geschäftsführer verursacht wurde und ein objektiver Zusammenhang zwischen der Pflichtverletzung und der beruflichen Tätigkeit besteht.

1343 Unerheblich ist, dass die Werbungskosten nachträglich nach Beendigung des Dienstverhältnisses geltend gemacht werden.

1344 Der Zeitpunkt der Verursachung bestimmt sich danach, wann der Haftungstatbestand verwirklicht wurde. Der Zeitpunkt des Werbungskostenabzugs richtet sich nach § 11 EStG.

1345 Ein Werbungskostenabzug entfällt nach § 12 Nr. 1 Satz 2 EStG, wenn die die Haftung auslösende Pflichtverletzung nicht in objektivem Zusammenhang mit der beruflichen Tätigkeit steht. Insoweit liegt die objektive Beweislast beim Steuerpflichtigen, der den Werbungskostenabzug beantragt (*BFH* BStBl. II 1990, S. 17 [19]).

1346 Kein objektiver Zusammenhang mit der beruflichen Tätigkeit liegt z.B. vor, wenn der Geschäftsführer sich zu Unrecht durch Untreue oder Unterschlagung bereichert hat, er den Arbeitgeber bewusst schädigen wollte (*BFH* BFH/NV 1988, 353), oder er Familienangehörigen pflichtwidrig auf Kosten seines Arbeitgebers Vorteile verschafft hat.

1347 Eine private Verursachung ist auch dann gegeben, wenn der Geschäftsführer vorrangig vor Steuerschulden andere Verbindlichkeiten der GmbH mit deren Mittel begleicht und Gläubiger dieser anderen Verbindlichkeiten eine Gesellschaft gewesen ist, an der der Steuerpflichtige oder ein Familienangehöriger ebenfalls (wesentlich) beteiligt ist.

1348 Ergeht ein Haftungsbescheid nach § 69 AO auch hinsichtlich der für den Arbeitslohn des Geschäftsführers einzubehaltenden und abzuführenden Lohnsteuer sowie für eigene Sozialversicherungsbeiträge des Geschäftsführers, so kann im Einzelfall § 12 Nr. 3 EStG einem Werbungskostenabzug entgegenstehen.

1349 Haftungsschulden gem. § 71 AO (Haftung wegen Steuerhinterziehung) sind weder als nachträgliche Anschaffungskosten auf eine Beteiligung gem. § 17 EStG, noch als nachträgliche Werbungskosten gem. § 20 EStG anzusehen, weil weder ein objektiver, noch ein subjektiver Zusammenhang zu der Beteiligung besteht. Die Inanspruchnahme beruht allein auf öffentlich rechtlichen, i.V.m. strafrechtlichen Vorschriften.

9. Besondere Probleme bei der Ertrags- und Umsatzbesteuerung in Insolvenzfällen

a) Forderungsverzicht

Verzichten Gläubiger im Rahmen des Insolvenzverfahrens, z.B. bei einem rechtskräftig bestätigten Insolvenzplan oder einer Restschuldbefreiung auf ihre Forderungen, so kann es beim Schuldner zu einem Wegfall von betrieblichen Verbindlichkeiten kommen. Dabei ist im Einzelfall zu unterscheiden, ob der Verzicht aus privaten z.B. aufgrund eines Verwandtschaftsverhältnisses oder aus betrieblichen Gründen erfolgt ist. 1350

Erlässt der Gläubiger eine Forderung aus betrieblichen Gründen, so vermindern sich beim Schuldner die Verbindlichkeiten, in gleicher Höhe erhöht sich der Gewinn. Verzichtet der Gläubiger dagegen aus privaten Gründen auf eine Forderung, so handelt es sich um eine Schenkung des verzichtenden Gläubigers an den Schuldner sowie nachfolgend um eine Einlage des Schuldners in seinen Betrieb, ohne Gewinnauswirkung. 1351

Ermittelt der Schuldner seinen Gewinn durch Einnahme-Überschussrechnung gem. § 4 Abs. 3 EStG, so gilt beim Erlass von Verbindlichkeiten durch einen Gläubiger auf Seiten des Schuldners Folgendes: 1352
– Erlass von laufenden Verbindlichkeiten, z.B. Lohn- und Zinsverbindlichkeiten, Verbindlichkeiten aus Reparatur- oder Dienstleistungen. Der Erlass solcher Verbindlichkeiten wird steuerlich so behandelt, als hätte der Gläubiger dem Schuldner die Leistung von Anfang an unentgeltlich zur Verfügung gestellt. Soweit es an einer Bezahlung derartiger Verbindlichkeiten fehlt, liegen keine Betriebsausgaben vor.
– Der Erlass von Darlehensverbindlichkeiten bleibt ohne Gewinnauswirkung.
– Verbindlichkeiten aus dem Erwerb von Umlaufvermögen: Ihr Erlass bleibt ohne Gewinnauswirkung. Nur bei einer Veräußerung von Umlaufvermögen oder seiner Entnahme liegen in Höhe des Veräußerungserlöses oder des Teilwertes Betriebseinnahmen vor.
– Verbindlichkeiten aus dem Erwerb abnutzbarer Wirtschaftsgüter des Anlagevermögens: in Höhe der erlassenen betrieblichen Schuld liegen fiktive Betriebseinnahmen vor, die Anschaffungs- bzw. Herstellungskosten und die AfA für ein abnutzbares Wirtschaftsgut werden durch den Schuldenerlass nicht beeinflusst.
– Verbindlichkeiten aus dem Erwerb nicht abnutzbarer Wirtschaftsgüter des Anlagevermögens: Der Erlass bleibt ohne Gewinnauswirkung, Eine Veräußerung des Wirtschaftsgutes führt wegen Wegfalles von Anschaffungskosten zu einem höheren Veräußerungsgewinn.
– Verbindlichkeiten aus der Anschaffung geringwertiger Wirtschaftsgüter: Der Erlass bleibt ohne Gewinnauswirkung.

Nachträgliche Betriebseinnahmen oder -ausgaben sind gem. § 24 Nr. 2 EStG steuerlich auch nach Beendigung einer auf Gewinnerzielung ausgerichteten Tätigkeit zu berücksichtigen. 1353

Eine Betriebsschuld gehört solange zum Betriebsvermögen, bis das endgültige Schicksal dieser Verbindlichkeit, z.B. durch Erlass, Verjährung, Aufrechnung oder Restschuldbefreiung feststeht. Fallen im Zusammenhang mit dieser Restschuld Zinsen an, so können diese zu dem Zeitpunkt, in dem sie gezahlt worden sind, gem. § 11 Abs. 2 EStG als Betriebsausgaben abgezogen werden. Umgekehrt führt der Wegfall von betrieblichen Verbindlichkeiten zu nachträglichen Betriebseinnahmen i.S.d. § 24 Nr. 2 EStG und damit zu einem Gewinn. 1354

Eine steuerliche Verbindlichkeit entfällt beim Schuldner, wenn der Gläubiger auf seine Forderung gegenüber dem Schuldner tatsächlich verzichtet oder sonstige Umstände bestehen, die darauf schließen lassen, dass der Schuldner mit einer Inanspruchnahme ernsthaft nicht mehr zu rechnen hat. 1355

1356 Die Verbindlichkeiten fallen insbesondere zu dem Zeitpunkt weg:
- zu dem der Gläubiger tatsächlich auf seine Forderung gegenüber dem Schuldner verzichtet, z.B. bei Abschluss eines Erlassvertrages gem. § 397 BGB,
- mit Rechtskraft der Bestätigung eines Insolvenzplanes durch das Insolvenzgericht (§ 254 Abs. 1 Satz 1 InsO),
- mit der Rechtskraft eines Beschlusses über die Erteilung einer Restschuldbefreiung.

b) Rückstellungen

1357 In der Steuerbilanz ausgewiesene Rückstellungen sind erfolgswirksam aufzulösen, wenn nach Eröffnung des Insolvenzverfahrens aufgrund der wirtschaftlich schlechten Lage des insolventen Unternehmens mit einer tatsächlichen Inanspruchnahme nicht mehr zu rechnen ist. Dies gilt insbesondere in Sanierungsfällen, wenn im Insolvenzplan vereinbart wurde, dass auf eine zukünftige Inanspruchnahme des Schuldners ganz oder teilweise verzichtet wird.

c) Rücklage nach § 7g Abs. 3 EStG.

1358 Hat der Schuldner in Erwartung der Anschaffung oder Herstellung eines Wirtschaftsgutes gemäß § 7g Abs. 1 EStG einen Investitionsabzugsbetrag bis zu 40 % der voraussichtlichen Anschaffungs- oder Herstellungskosten gewinnmindernd abgezogen, so ist gem. § 7g Abs. 3 Satz 2 EStG der Gewinn in dem entsprechenden Steuer- oder Feststellungsbescheid des maßgebenden Wirtschaftsjahres zu ändern, soweit es innerhalb von drei Jahren nach Abzug des Investitionsabzugsbetrages infolge der Insolvenz nicht zur Anschaffung oder Herstellung des begünstigten Wirtschaftsgutes gekommen ist.

d) Forderungsverzicht durch einen Gesellschafter oder eine dem Gesellschafter nahe stehende Person

1359 Verzichtet ein Gesellschafter oder eine dem Gesellschafter nahe stehende Person auf eine Forderung gegenüber einer Kapitalgesellschaft aus Gründen, die ihre Ursache im Gesellschaftsverhältnis haben, so liegt eine verdeckte Einlage vor (vgl. zu § 8 KStG, R 8.9 KStR 2015). Veranlasst durch das Gesellschaftsverhältnis ist ein Forderungsverzicht insbesondere dann, wenn der Gesellschafter auf seine Forderung gegenüber der Gesellschaft verzichtet, aber alle anderen Gläubiger sich an Sanierungsmaßnahmen nicht beteiligen. Vielfach erfolgt ein derartiger Verzicht des Gesellschafters vor Beantragung eines Insolvenzverfahrens mit dem Ziel die Kapitalgesellschaft aus eigener Kraft aus der wirtschaftlichen Krise herauszuführen. Eine verdeckte Einlage liegt immer dann vor, wenn der Gesellschafter auf eine vollwertige Forderung, d.h. eine Forderung, mit deren Rückzahlung er zum Fälligkeitszeitpunkt rechnen konnte, verzichtet. Bilanziell führt die verdeckte Einlage nicht zu einer Einkommenserhöhung, weil der bilanzielle Ertrag durch den Wegfall der Verbindlichkeit bei der Einkommensermittlung neutralisiert wird. Beim Gesellschafter erhöhen sich durch die verdeckte Einlage die Anschaffungskosten seiner Beteiligung.

1360 Verzichtet der Gesellschafter auf eine nicht vollwertige Forderung, so liegt eine verdeckte Einlage nur in Höhe des Teilwertes der Forderung vor (§ 6 Abs. 1 Nr. 5 EStG). Der Teilwert der Forderung beträgt dabei bei einer überschuldeten Gesellschaft 0 Euro. Bei der Gesellschaft ergibt sich in Höhe des nicht werthaltigen Teils der Forderung ein steuerpflichtiger Ertrag. Die Auswirkungen beim Anteilseigner richten sich danach, ob er die Geschäftsanteile im Betriebsvermögen oder im Privatvermögen hält. Hält der Anteilseigner die Geschäftsanteile in einem Betriebsvermögen, so erhöhen sich die Anschaffungskosten auf die Beteiligung in Höhe des werthaltigen Teils der Forderung. In Höhe des wertlosen Teils der Forderung liegt ein Forderungsverlust und damit betrieblicher Aufwand vor.

1361 Werden die Geschäftsanteile im Privatvermögen gehalten, so erhöhen sich die Anschaffungskosten auf die Beteiligung i.S.d. § 17 EStG in Höhe des werthaltigen Teils der Forderung. In Höhe des wertlosen Teils der Forderung liegt kein Zufluss beim Gesellschafter vor. Da sich der Vorgang auf der

Vermögensebene des Gesellschafters abspielt, liegen auch keine Werbungskosten i.S.d. §§ 9, 20 EStG vor.

e) Verzicht auf eine Pensionszusage

Verzichtet ein Gesellschafter aus Gründen des Gesellschaftsverhältnisses auf einen bestehenden Anspruch aus einer Pensionszusage gegenüber einer Kapitalgesellschaft, so liegt in Höhe des Teilwertes der Pensionsanwartschaft eine verdeckte Einlage sowie in gleicher Höhe steuerpflichtiger Arbeitslohn beim Gesellschafter vor (*BFH* GrS Beschl. BStBl. II 1998, S. 305). Bei der Ermittlung des Teilwertes ist die Bonität des Forderungsschuldners zu berücksichtigen sowie der Umstand, ob die Pension bereits unverfallbar geworden ist.

1362

f) Zinslose oder zinsgünstige Darlehensgewährung

Gewährt ein Gesellschafter oder eine ihm nahe stehende Person einer Kapitalgesellschaft ein Darlehen ganz oder teilweise zinslos, so stellt die zinslose oder zinsgünstige Darlehensgewährung keinen einlagefähigen Vermögensvorteil dar (vgl. zu § 8 KStG, R 8.9 KStR 2015 und H 8.9 KStH 2015). Der Zinsvorteil führt nicht zu einer Erhöhung des Vermögens der Kapitalgesellschaft, sondern trägt nur zu einer positiveren Ertragslage der Gesellschaft bei. Verzichtet der Gesellschafter jedoch auf eine mit der Kapitalgesellschaft zunächst vereinbarte Darlehensverzinsung, so liegt eine verdeckte Einlage vor (zu § 8 KStG, R 8.9 KStR 2015 und H 8.9 KStH 2015 »Forderungsverzicht«).

1363

g) Verlustabzug bei einer Körperschaft (§§ 8c, 8d KStG)

Verlustabzugsbeschränkungen bei Kapitalgesellschaften werden durch § 8c KStG geregelt. Danach ist Kriterium für die Verlustabzugsbeschränkungen der Anteilseignerwechsel; die Zuführung überwiegend neuen Betriebsvermögens wie im alten § 8 Abs. 4 KStG vorgesehen, ist danach ohne Bedeutung. Durch das BVerfG wurde allerdings durch Beschluss vom 29.03.2017 eine Unvereinbarkeit mit dem Gleichheitsgrundsatz nach Art. 3 Abs. 1 GG und damit eine Verfassungswidrigkeit festgestellt (*BVerfG* Beschl. 29.03.2017 – 2 BvL 6/11, JurionRS 2017, 14347). Das BVerfG hat allerdings vorerst nur für den Zeitraum vom 01.01.2008 bis zum 31.12.2015 die Verfassungswidrigkeit festgestellt. Das BVerfG monierte, dass alle Übertragungen zu einem Wegfall von Verlustvorträgen führte und nicht nur Missbrauchsfälle (Mantelkauf) betroffen sind, was Grund für die Einführung des § 8c KStG gewesen ist. Der Gesetzgeber ist bis 31.12.2018 aufgerufen, rückwirkend zum 01.01.2008 eine Neuregelung zu verabschieden. Anderenfalls tritt mit Wirkung zum 01.01.2019 rückwirkend zum 01.01.2008 eine Nichtigkeit der Vorschrift ein.

1364

Die Regelung sieht eine zweistufige Verlustabzugsbeschränkung vor. Werden mehr als 25 % und bis zu 50 % der Anteile oder Stimmrechte innerhalb von fünf Jahren übertragen, geht der Verlustabzug in Höhe des schädlichen Anteilserwerbs unter (quotaler Untergang des Verlustabzuges).

1365

Bei Übertragung von mehr als 50 % der Anteile oder Stimmrechte innerhalb von fünf Jahren geht der Verlustabzug vollständig unter.

1366

Ein Anteilserwerb in diesem Sinne liegt vor, wenn Anteile auf einen Erwerber oder eine diesem nahestehende Person unmittelbar oder mittelbar übertragen werden oder ein vergleichbarer Sachverhalt vorliegt. Die vergleichbaren Sachverhalte ergeben sich aus dem BMF-Schreiben (BStBl. I 2008, S. 736 Rn. 7), z.B. Stimmrechtsvereinbarungen, der Erwerb eigener Anteile oder die Kapitalherabsetzung, wenn sich hierdurch die Beteiligungsquoten ändern. Einem Anteilserwerb wird gem. § 8c Satz 4 KStG eine Kapitalerhöhung gleichgestellt, soweit sie zu einer Veränderung der Beteiligungsquoten am Kapital der Körperschaft führt. Als Erwerber gilt hierbei auch eine Gruppe von Erwerbern mit gleichgerichteten Interessen (§ 8c Satz 3 KStG), z.B. wenn die Kapitalgesellschaft von den Erwerbern gemeinsam beherrscht wird.

1367

Neben der Neuregelung in § 8c KStG ist die bisherige Regelung in § 8 Abs. 4 KStG weiterhin anzuwenden, wenn mehr als die Hälfte der Anteile innerhalb eines Zeitraumes von fünf Jahren über-

1368

tragen werden, der vor dem 01.01.2008 beginnt, und der Verlust der wirtschaftlichen Identität, infolge der Übertragung von mehr als 50 % der Anteile und der Zuführung von überwiegend neuem Betriebsvermögen vor dem 01.01.2013 eintritt (§ 34 Abs. 6 Satz 3 KStG). Damit können Alt- und Neufassung der Mantelkaufregelung innerhalb einer Übergangsphase bis zum 31.12.2012 parallel zur Anwendung kommen.

1369 Die zeitliche Beschränkung bei der Sanierungsklausel zur Verlustnutzung durch das Bürgerentlastungsgesetz-Krankenversicherung bei Anteilsübertragungen wurde durch das Wachstumsbeschleunigungsgesetz ab 01.01.2010 aufgehoben (§ 34 Abs. 7c KStG). Insoweit sollten auch Anteilserwerbe nach dem 31.12.2009 begünstigt, die zum Zwecke der Sanierung erfolgen und mit einer Erhaltung der wesentlichen Betriebsstrukturen verbunden sind. Die Europäische Kommission hat die Sanierungsklausel rückwirkend mit dem EU-Beihilferecht für unvereinbar erklärt (Beschl. der Kommission vom 26.01.2011, ABl. 2011 Nr. L 235, S. 2). Aus Sicht der Bundesregierung handelt es sich bei der Sanierungsklausel nicht um eine europarechtswidrige Beihilferegelung. Sie hatte deswegen gegen die Entscheidung der Kommission eine Nichtigkeitsklage vor dem Gericht der Europäischen Union (kurz: EuG) erhoben. Die Klage ist allerdings erst nach Ablauf der Klagefrist eingereicht worden und wurde daher als unzulässig abgewiesen. Weitere Klagen Privater sind darüber hinaus beim EuG anhängig. Ungeachtet dessen ist durch das Beitreibungsrichtlinie-Umsetzungsgesetz die Sanierungsklausel einstweilen suspendiert worden.

1370 Der Abzug von Verlusten bei Umstrukturierungen innerhalb verbundener Unternehmen, soweit erforderlich, wird durch das Wachstumsbeschleunigungsgesetz wieder zugelassen (§ 8c Abs. 1 Satz 5 KStG, Konkurrenzklausel). Insoweit liegt kein schädlicher Beteiligungserwerb vor, wenn an dem übertragenden und an dem übernehmenden Rechtsträger dieselbe Person zu jeweils 100 % mittelbar oder unmittelbar beteiligt ist.

1371 Der Übergang der Verluste in Höhe der stillen Reserven wird durch das Wachstumsbeschleunigungsgesetz zugelassen. Nach § 8c Abs. 1 Satz 6 KStG kommt es nicht zu einem Untergang des Verlustes, als er bei einem schädlichen Beteiligungserwerb i.S.d. Satzes 1 (partieller Beteiligungserwerb vom mehr als 25 %) die anteiligen und bei einem schädlichen Beteiligungserwerb im Sinne des Satzes 2 (Beteiligungserwerb von mehr als 50 %) die gesamten stillen Reserven des inländischen Betriebsvermögens der Körperschaft nicht übersteigt. Dies gilt für alle schädlichen Beteiligungserwerbe nach dem 31.12.2009. Die Ermittlung der stillen Reserven erfolgt regelmäßig durch Gegenüberstellung des auf den erworbenen Anteil entfallenden Eigenkapitals der Körperschaft und dem gemeinen Wert der erworbenen Anteile. Der gemeine Wert entspricht in den Fällen des entgeltlichen Erwerbs im Regelfall dem gezahlten Entgelt (bei partiellem Anteilserwerb durch Hochrechnung aus dem Entgelt). Lässt sich der gemeine Wert nicht aus dem Entgelt ableiten, kann eine Unternehmensbewertung vorgelegt werden. Stille Reserven ermöglichen nach § 8c Abs. 1 Satz 7 KStG den Verlustabzug jedoch nur insoweit, als sie im Inland steuerpflichtig sind. Damit sind stille Reserven aus Beteiligungsbesitz ausgeschlossen, weil die Gewinne aus der Veräußerung von Anteilen nach § 8b Abs. 2 KStG das Einkommen nicht erhöhen.

1372 Am 20. Dezember 2016 ist mit Wirkung für den Veranlagungszeitraum 2016 mit dem neuen § 8d KStG der fortführungsgebundene Verlustvortrag eingeführt worden. Danach kann ein Antrag zur Vermeidung der Besteuerungsfolgen des § 8c KStG gestellt werden, wenn seit der Gründung oder zumindest seit dem Beginn des dritten Veranlagungszeitraums, der dem Beteiligungserwerb vorausgeht, ausschließlich denselben Geschäftsbetrieb unterhält und in diesem Zeitraum bis zum Schluss des Veranlagungszeitraums des schädlichen Beteiligungserwerbs der Geschäftsbetrieb eingestellt worden ist oder ein anderes Ereignis nach § 8d Abs. 2 KStG stattgefunden hat.

1373 Entscheidend für die Nutzung des fortführungsgebundenen Verlustvortrags ist, ob derselbe Geschäftsbetrieb unterhalten wird. Nach § 8d Abs. 1 Satz 3 KStG bestimmt sich der Geschäftsbetrieb nach einer Gesamtbetrachtung und entsprechenden qualitativen Merkmalen. Qualitative Merkmale sind insbesondere die angebotenen Dienstleistungen oder Produkte, der Kunden- und Lieferantenkreis, die bedienten Märkte und die Qualifikation der Arbeitnehmer.

Der Antrag nach § 8d Abs. 1 Satz 4 KStG ist in der Steuererklärung für die Veranlagung des Veranlagungszeitraums zu stellen, in den der schädliche Beteiligungserwerb fällt. 1374

Der so festgestellte fortführungsgebundene Verlustvortrag ist gesondert auszuweisen und festzustellen. Der so festgestellte fortführungsgebundene Verlustvortrag ist vor dem nach § 10d Abs. 4 EStG festgestellten Verlustvortrag abzuziehen. 1375

10. Bauabzugssteuer

Nach dem Gesetz zur Eindämmung illegaler Betätigung im Baugewerbe vom 30.08.2001 (BGBl. I S. 2267) hat der Insolvenzverwalter eines Bauunternehmens 15 % des verdienten Bruttowerklohnes als Bauabzugssteuer an das Finanzamt abzuführen, es sei denn dem Insolvenzverwalter liegt eine Freistellungsbescheinigung vor. In einem Schreiben vom 27.12.2002 (BStBl. I S. 33) hat das *BMF* klargestellt, dass im Insolvenzverfahren des Leistenden die Erteilung einer Freistellungsbescheinigung grds. nicht ausgeschlossen ist. So kann auch für Bauleistungen, die nach Insolvenzeröffnung auf Veranlassung des Insolvenzverwalters erbracht werden, grds. eine Freistellungsbescheinigung erteilt werden. Einem vorläufigen Insolvenzverwalter mit Verfügungsbefugnis (§ 22 Abs. 1 InsO) kann eine Bescheinigung für die auf seine Veranlassung erbrachten Bauleistungen ausgestellt werden, wenn erkennbar ist, dass das Insolvenzverfahren auch tatsächlich eröffnet wird. In beiden Fällen ist die Bescheinigung auftragsbezogen zu erteilen (vgl. zur Bauabzugssteuer auch: *OFD Berlin* DStZ 2003, 373; *OFD Hannover* DB 2003, 1250; *FinMin Saarland* DStR 2002, 1396). 1376

Beantragt der Insolvenzverwalter dagegen eine Freistellungsbescheinigung für Bauleistungen, die vor Insolvenzeröffnung vom Schuldner erbracht wurden, ist ihm diese zu versagen. Steuern, die auf solche Bauleistungen entfallen, sind Insolvenzforderungen. Diese Forderungen fallen i.d.R. aus bzw. werden nur anteilsmäßig befriedigt. In diesen Fällen liegt regelmäßig eine Gefährdung des Steueranspruches vor (vgl. Erlasse der Länderfinanzministerien, z.B. *FM Saarland* Erlass v. 03.07.2002, KTS 2002, 667). Dieser Ansicht widerspricht der *BFH* in seinem Beschluss v. 13.11.2002 (ZInsO 2003, 76) unter Hinweis auf den Vorrang des Insolvenzrechts in der Frage der Art und Weise der Befriedigung vor Insolvenzeröffnung begründeter Steuerforderungen im Insolvenzverfahren. Nach Ansicht des BFH kann durch die Regelungen über die Bauabzugssteuer die insolvenzrechtliche Stellung der Finanzverwaltung nicht verbessert werden. Außerdem dürfte die mit der Regelung beabsichtigte Bekämpfung von illegalen Beschäftigungen im Rahmen eines Insolvenzverfahrens kaum relevant werden (vgl. *Heidland* ZInsO 2001, 1095 sowie *Drenckhan* ZInsO 2003, 111). 1377

Im Insolvenzverfahren des Auftraggebers hat der Insolvenzverwalter, der einen Bauvertrag mit einem Bauunternehmer abgeschlossen hat, 15 % Bauabzugssteuer einzubehalten und an das Finanzamt des Auftragnehmers abzuführen, es sei denn der Auftragnehmer legt dem Insolvenzverwalter eine gültige Freistellungsbescheinigung vor. Bei Nichteinhaltung der Bauabzugssteuerregelung geht der Insolvenzverwalter absehbare Haftungsrisiken ein (vgl. *Heidland* ZInsO 2001, 1095). 1378

11. Auswirkungen der Insolvenzeröffnung auf die steuerliche Gemeinnützigkeit eines Vereins

Wird über das Vermögen eines gemeinnützigen Vereins oder einer gemeinnützigen Stiftung das Insolvenzverfahren eröffnet, so führt dieses zum Verlust der steuerlichen Gemeinnützigkeit, wenn der Verein mit der Insolvenzeröffnung nach einer Entscheidung des Insolvenzverwalters aufgelöst werden soll und spätestens mit dieser Entscheidung keine gemeinnützigen Zwecke mehr verfolgt (*BFH* ZIP 2007, 1570). Die vermögensverwaltende Tätigkeit in der Insolvenz, wird nicht als steuerbegünstigt i.S.d. §§ 52 ff. AO angesehen (*FG Niedersachsen* EFG 2006, 1195). 1379

Wird jedoch ein Insolvenzplanverfahren mit dem Ziel der Sanierung des Vereins eingeleitet, so verfolgt der Verein bzw. die Stiftung i.d.R. weiterhin gemeinnützige Zwecke. In diesem Fall führen im Rahmen des Insolvenzplanverfahrens von den Gläubigern ausgesprochene Forderungsverzichte nicht zu steuerpflichtigen Sanierungsgewinnen (vgl. *Denkhaus/Mühlenkamp* ZInsO 2002, 956). 1380

1381 Besteht darüber hinaus die begründete Aussicht auf den Erhalt des gemeinnützigen Vereins/Stiftung und die Fortführung der gemeinnützigen Zwecke, ist es sachgerecht, auch nach Eröffnung des Insolvenzverfahrens die steuerliche Privilegierung beizubehalten (*Pöhlmann/Fölsing* ZInsO 2010, 612).

12. Ertragsteuerliche Behandlung von Sanierungsgewinnen

1382 Wird ein Steuerpflichtiger außergerichtlich oder z.B. im Rahmen eines Insolvenzverfahrens gem. §§ 217 ff. InsO saniert und reichen etwaige Verlustvorträge nicht aus, um ertragsteuerliche Belastungen aufzufangen, so ist der durch den Gläubigerverzicht entstandene Sanierungsgewinn steuerpflichtig.

1383 Nach der Streichung des § 3 Nr. 66 EStG ab dem 01.01.1998 stand die Besteuerung von Sanierungsgewinnen im Widerspruch zu den von der InsO verfolgten Zielen. Dieser Konflikt wurde zumindest teilweise gemildert durch die Regelungen in dem *BMF*-Schreiben (BStBl. I 2003, S. 240; vgl. *Thouet* ZInsO 2008, 664) zur ertragsteuerlichen Behandlung von Sanierungsgewinnen (der sogenannte Sanierungserlass). Der Große Senat des *BFH* hat mit seiner Entscheidung vom 28.11.2016 (– GrS 1/15, JurionRS 2016, 32344) den Sanierungserlass für unvereinbar mit den Grundsätzen der Rechtmäßigkeit der Verwaltung und damit für verfassungswidrig erklärt (s. dazu Rdn. 1385).

1384 Nach dem Sanierungserlass konnte die Besteuerung eines nach Ausschöpfen der ertragsteuerlichen Verlustverrechnungsmöglichkeiten verbleibenden Sanierungsgewinnes aus sachlichen Billigkeitsgründen eine erhebliche Härte für den Steuerpflichtigen bilden. Diese Härte konnte dadurch beseitigt werden, dass die entsprechende Steuer auf Antrag des Steuerpflichtigen nach § 163 AO abweichend festgesetzt wurde und nach § 222 AO mit dem Ziel des späteren Erlasses gem. § 227 AO zunächst unter Widerrufsvorbehalt ab Fälligkeit gestundet worden ist. Zu diesem Zweck sind die Besteuerungsgrundlagen in der Weise zu ermitteln, dass Verluste bzw. negative Einkünfte unbeschadet von Ausgleichs- und Verrechnungsbeschränkungen im Steuerfestsetzungsverfahren bis zur Höhe des Sanierungsgewinnes vorrangig mit dem Sanierungsgewinn verrechnet worden sind. Die Verluste bzw. negativen Einkünfte sind danach aufgebraucht worden, sie sind nicht in den nach § 10d Abs. 4 EStG festzustellenden verbleibenden Verlustvortrag oder den nach § 15a Abs. 4 und 5 EStG festzustellenden verrechenbaren Verlust eingegangen. Dies galt auch bei späteren Änderungen der Besteuerungsgrundlagen, z.B. aufgrund einer Betriebsprüfung sowie für später entstandene Verluste, die im Wege des Verlustrücktrags berücksichtigt werden konnten. Insoweit bestand bei Verzicht auf Vornahme des Verlustrücktrags (§ 10d Abs. 1 Sätze 7 und 8 EStG) kein Anspruch auf die Gewährung der Billigkeitsmaßnahme. Die Festsetzung nach § 163 AO und die Stundung nach § 222 AO waren entsprechend anzupassen.

1385 In der Literatur sind die Rechtmäßigkeit des Sanierungserlasses und dessen Vereinbarkeit mit dem EU-Beihilferecht lange umstritten gewesen. Das *FG Sachsen* (v. 24.04.2013 – 1 K 759/12, n.v.) zog die Rechtmäßigkeit des Sanierungserlasses in Zweifel. Der X. Senat des *BFH* als nächste Instanz hat dann mit Entscheidung vom 25.03.2015 (– X R 23/13, JurionRS 2015, 17882) die Rechtsfrage, ob die im Sanierungserlass vorgesehenen Billigkeitsmaßnahmen gegen die Rechtmäßigkeit der Verwaltung verstoßen, dem Großen Senat vorgelegt. Der X. Senat verneinte mit der Vorlageentscheidung noch die Vorlagefrage. Der Große Senat entschied anders und erklärte den Sanierungserlass wegen des Verstoßes gegen die Grundsätze der Rechtmäßigkeit der Verwaltung für verfassungswidrig. Mit dem Gesetz zur Einführung der Lizenzschranke vom 10.03.2017 hat der Bundesrat einen Vorschlag zur Einführung einer gesetzlichen Grundlage für den Sanierungserlass vorgelegt. Nach Vorschlag des Bundesrats soll die Steuerfreiheit für unternehmensbezogene Sanierungsgewinne in einem § 3a EStG-neu geregelt werden. Über einen § 3a GewStG-neu soll dies auch für die Gewerbesteuer gelten. Der Steuererlass soll dabei auf Antrag des Steuerpflichtigen gewährt werden. Nach Vorschlag des Bundesrats sollen bei der Steuerfreistellung eines Sanierungsgewinns zum Ende des vorangegangenen Veranlagungszeitraums festgestellte Verlustvorträge untergehen. Davon sollen Verlustvorträge nach § 10d EStG aber auch solche des neuen § 8d KStG fallen. Diese sollen zu Beginn des Veranlagungsjahres, in welchem die Steuerfreiheit gewährt wird, entfallen, ebenso wie die in diesem Jahr entstehenden Verluste. Sog. Sanierungskosten, also Betriebsvermögensminderungen oder Betriebsausgaben die in einem unmittelbaren wirtschaftlichen Zusammenhang mit der Sanierung stehen sollen nach § 3c Abs. 4 EStG-neu nicht mehr abzugsfähig sein. Vorgesehen ist auch eine rückwirkende Aberkennung des Betriebskostenabzugs.

Nach 27.04.2017 hat der Bundestag dann eine Neuregelung vorgelegt, welcher am 02.06.2017 der Bundesrat zugestimmt hat. Das Inkrafttreten der Regelung steht aber unter dem Vorbehalt der beihilferechtlichen Genehmigung durch die EU-Kommission. Die Neuregelung knüpft weiter an die Voraussetzungen der Sanierungsbedürftigkeit, Sanierungsfähigkeit und der Sanierungsabsicht an. Entgegen dem Vorschlag des Bundesrats soll es nicht zu einem Wegfall sämtlicher Verlustvorträge kommen, sondern sollen im Sanierungs- und Folgejahr durch den Sanierungsertrag gemindert werden. Im Sanierungs- und Folgejahr müssen bestehende steuerliche Wahlrechte zudem gewinnmindernd ausgeübt werden und Betriebsausgaben im Zusammenhang mit Sanierungserträgen dürfen nicht abgezogen werden. Bei der Zuständigkeitsregelung wurde ein Fortschritt erzielt, denn zukünftig sind für die Entscheidungen über die Körperschaftsteuer und die Gewerbesteuer ausschließlich die Finanzämter zuständig. Sollte die EU-Kommission zustimmen, findet die Neuregelung auf alle Fälle in denen der Schuldenerlass nach dem 08.02.2017 erfolgt ist, Anwendung. 1386

Ein gem. dem BMF-Schreiben vom 27.03.2003 und der gesetzlichen Neuregelung begünstigter Sanierungsgewinn liegt nur dann vor, wenn das Unternehmen oder der Unternehmensträger sanierungsbedürftig sind, die Gläubiger in Sanierungsabsicht handeln und die Maßnahmen sanierungsgeeignet sind (*BFH* BStBl. II 2004, S. 9). Fehlte nur eine dieser Voraussetzungen ist das Vorliegen eines Sanierungsgewinnes im ertragsteuerlichen Sinne zu verneinen (*BFH* BStBl. II 2002, S. 854). 1387

Unter einem Sanierungsgewinn ist die Erhöhung des Betriebsvermögens zu verstehen, die dadurch entsteht, dass Schulden zum Zweck der Sanierung ganz oder teilweise erlassen werden (§ 3 Nr. 66 EStG a.F.). Dabei kann auch eine erlassbedingte Erhöhung des Sonderbetriebsvermögens ein Sanierungsgewinn im ertragsteuerlichen Sinne sein. Ein Sanierungsgewinn entsteht in dem Zeitpunkt, in dem die entsprechenden Voraussetzungen erfüllt sind, also z.B. der Schulderlass ausgesprochen worden ist. 1388

Als sanierungsbedürftig ist ein Unternehmen dann anzusehen, wenn ohne die Sanierung die für eine erfolgreiche Weiterführung des Betriebs und die Abdeckung der bestehenden Verpflichtungen erforderliche Betriebssubstanz nicht erhalten werden könnte (*BFH* BStBl. II 1964, S. 122). Dabei sind für die Frage der Sanierungsbedürftigkeit eines Unternehmens die Verhältnisse im Zeitpunkt des Schulderlasses maßgebend (*BFH* BStBl. II 1998, S. 537). 1389

Das Erfordernis der Sanierungsabsicht folgt aus dem Wortlaut des § 3 Nr. 66 EStG a.F. Dabei reicht es aus, dass die Sanierungsabsicht neben eigennützigen Motiven des Gläubigers mitentscheidend war (*BFH* BStBl. II 1986, S. 672). Beteiligen sich mehrere Gläubiger am Schulderlass, ist die Sanierungsabsicht grds. zu unterstellen. Bei Erlass nur durch einen Gläubiger ist anhand anderer Indizien zu prüfen, ob dem Schulderlass die Absicht zugrunde gelegen hat, den Schuldner vor dem Zusammenbruch zu bewahren (*BFH* BStBl. II 2004, S. 9). Die Sanierungsabsicht ist auch dann nicht ausgeschlossen, wenn für einen erlassenden Gläubiger dessen Insolvenzverwalter handelt, da eigennützige Motive wie die Rettung eines Teils der Restforderung, unschädlich sind, sofern nur die Sanierungsabsicht mitentscheidend war (*BFH* BFH/NV 2006, S. 713). Eine besondere Prüfung ist schon dann nicht erforderlich, wenn sich mehrere Gläubiger beteiligen 1390

Sanierungseignung bedeutet, dass das Unternehmen im Zeitpunkt der Sanierungsmaßnahme als lebensfähig angesehen werden konnte (*BFH* BStBl. II 2002, S. 854). Dabei kann auch eine Maßnahme, die nur im Zusammenwirken mit weiteren Maßnahmen den Sanierungserfolg herbeiführen kann, Sanierungseignung haben. 1391

Werden Schulden erlassen, um den Steuerpflichtigen oder einem Beteiligten einen schuldenfreien Übergang in sein Privatleben oder den Aufbau einer anderen Existenzgrundlage zu ermöglichen, liegt keine begünstigte Sanierung i.S.d. Verwaltungsregelung vor (*BFH* BFH/NV 2006, S. 713). 1392

1393 Das zu sanierende Unternehmen muss im Anschluss an die Sanierung nicht in derselben Weise wie zuvor tätig werden. Insoweit kann auch eine übertragende Sanierung begünstigt sein. Bei der übertragenden Sanierung ist auch dann von einem betrieblichen Interesse auszugehen, soweit der Schulderlass erforderlich ist, um das Nachfolgeunternehmen (Auffanggesellschaft) von der Inanspruchnahme für Schulden des Vorgängerunternehmens freizustellen.

1394 Als Schulderlass zum Zweck der Sanierung wird auch ein Forderungsverzicht gegen Besserungsschein angesehen, soweit im Fall des Eintritts des Besserungsfalles ein Betriebsausgabenabzug der in der Besserungsvereinbarung festgelegten Zahlungen an den Gläubiger nach § 3c Abs. 1 EStG ausgeschlossen ist.

1395 Steuerpflichtige Sanierungsgewinne durch Erlass von Verbindlichkeiten entstehen dadurch, dass sich das Betriebsvermögen unentgeltlich erhöht. Relevant wird dies nur im Rahmen eines Betriebsvermögensvergleiches nach §§ 4 Abs. 1, 5 EStG. Da Verbindlichkeiten den im Rahmen einer Einnahme-Überschussrechnung gem. § 4 Abs. 3 EStG ermittelten Gewinn, z.B. bei einem Freiberufler grds. nicht berühren, ist die Problematik der Besteuerung von Sanierungsgewinnen insoweit nicht relevant (vgl. zu Sanierungsgewinnen auch: *Huntemann/Richthammer* StuB 2004, 446; *Strüber/von Donat* BB 2003, 2036; *Janssen* DStR 2003, 1055; *ders.* BB 2005, 1026; *Düll/Fuhrmann/Eberhard* DStR 2003, 862)

1396 Auf Gewinne aus einer Restschuldbefreiung, einer Verbraucherinsolvenz bzw. einem Planinsolvenzverfahren ist das BMF-Schreiben zur ertragsteuerlichen Behandlung von Sanierungsgewinnen (BStBl. I, S. 240) entsprechend anwendbar. Der dabei entstehende Gewinn stellt kein rückwirkendes Ereignis i.S.d. § 175 Abs. 1 Satz 1 Nr. 2 AO dar und ist damit erst im Zeitpunkt der Erteilung der Restschuldbefreiung realisiert (*BMF* ZInsO 2010, 222 m. Anm. *Dahms; OFD Frankfurt* 08.11.2012 – S 2140A-5-St 210). Damit sind die Altjahre nicht rückwirkend zu ändern.

1397 Der BFH hat nun mit Urteil vom 13.12.2016 über das Zusammentreffen von Restschuldbefreiung und (steuerrechtlicher) Betriebsaufgabe entschieden (vgl. *BFH* 13.12.2016 – X R 4/15, NZI 2017, 583 ff.). Danach ist ein Buchgewinn, der aufgrund einer Erteilung einer Restschuldbefreiung entsteht, einkommensteuerrechtlich grds. im Jahr der Rechtskraft des Beschlusses des Insolvenzgerichts zu erfassen. Der BFH begründet dies damit, dass bis zum Zeitpunkt der Rechtskraft des Gerichtsbeschlusses über die Erteilung der Restschuldbefreiung des Schuldners nicht sicher entschieden ist. Zudem kann es hinsichtlich der noch nicht erfüllten Forderungen ab dem Zeitpunkt der Rechtskraft des Gerichtsbeschlusses, zu einer Umwandlung in unvollkommene Verbindlichkeiten kommen, deren Erfüllung ab diesem Zeitpunkt nicht erzwingbar, sondern lediglich auf freiwilliger Basis möglich ist. Soweit eine Betriebsaufgabe schon vor Eröffnung des Insolvenzverfahrens vorliegt, handelt es sich dabei um ein rückwirkendes Ereignis i.S.d. § 175 Abs. 1 Nr. 2 AO, das in das Jahr der Aufgabebilanz zurückwirkt (vgl. *BFH* 13.12.2016 – X R 4/15, NZI 2017, 583 ff.).

1398 Die Kürzung von Verbindlichkeiten aufgrund eines rechtskräftigen Insolvenzplanes kommt in ihrer Wirkung dem Erlass nach § 227 AO nicht gleich, da durch die Kürzung i.S.v. § 223 Abs. 2 bzw. 224 InsO die Ansprüche aus dem Steuerschuldverhältnis nicht gem. § 47 AO erlöschen, sondern vorbehaltlich anderer ausdrücklicher Bestimmungen im gestaltenden Teil des Insolvenzplanes lediglich zu sog. unvollkommenen Forderungen werden, die weiterhin erfüllbar, aber nicht mehr durchsetzbar sind. Das bedeutet eine evtl. Haftung für solche Forderungen bleibt von der Kürzung unberührt. Auch ein bei Eröffnung des Insolvenzverfahrens bestehendes Aufrechnungsrecht bleibt erhalten (*Sächsisches FG* 16.10.2012 – 8 K 890/07, n.v.). Die Inhaftungnahme eines Dritten für diese Steuerforderung ist weiterhin möglich (*BFH* BFH/NV 2013, 1543).

13. Erbschaftsteuer

1399 Der Insolvenzverwalter oder Treuhänder hat nach Eröffnung des Insolvenzverfahrens die ihm nach § 34 Abs. 3 AO nach dem Tod des Insolvenzschuldners gem. § 33 Abs. 1 ErbStG obliegenden Mitwirkungspflichten zu beachten. Danach ist er verpflichtet die Vermögensgegenstände und Verbindlichkeiten schriftlich innerhalb eines Monats nach Kenntnis des Todesfalles dem für die Erbschaftsteuer zuständigen Finanzamt anzuzeigen. Das Unterlassen der Anzeigepflicht ist gem. § 33 Abs. 4 ErbStG eine mit Geldbuße zu ahndende Steuerordnungswidrigkeit.

C. Das Insolvenzrecht der Europäischen Union

Das internationale Insolvenzrecht ist für den Bereich der EU-Staaten mit Ausnahme von Dänemark mit Wirkung vom 31.05.2002 durch die Europäische Insolvenzverordnung (EuInsVO) verbindlich geregelt worden. 1400

Danach gilt gem. Art. 4 Abs. 1 EuInsVO der Grundsatz, dass das Insolvenzrecht des Staates Anwendung findet, in dem das Insolvenzverfahren eröffnet worden ist. 1401

Zuständig für die Eröffnung des Insolvenzverfahrens sind die Gerichte der Mitgliedstaaten, in deren Gebiet der Schuldner den Mittelpunkt seiner hauptsächlichen Interessen hat, bei Gesellschaften i.d.R. der satzungsmäßige Sitz der Gesellschaft (Art. 3 Abs. 1 EuInsVO). Für grenzüberschreitende Konzerne fehlt dabei eine Regelung des Begriffes Mittelpunkt der hauptsächlichen Interessen. Insoweit ist fraglich, ob sich dieser bei den Konzerntöchtern am Sitz der Muttergesellschaft befindet.

Es ist zu unterscheiden, ob das Hauptinsolvenzverfahren in Deutschland oder in einem anderen EU-Mitgliedstaat eröffnet worden ist. 1402

Das Hauptinsolvenzverfahren wird in Deutschland eröffnet, wenn eine ausländische Kapitalgesellschaft ihren Sitz in Deutschland hat. Damit gilt gem. Art. 4 Abs. 1 EuInsVO deutsches Insolvenzrecht. In diesem Fall können gem. Art. 39 EuInsVO auch Steueransprüche aus anderen Mitgliedstaaten unmittelbar zur Tabelle angemeldet werden. So hat das deutsche Finanzamt ausländische Steueransprüche vorsorglich zur Insolvenztabelle anzumelden, wenn sich aus dem Ersuchen eines Mitgliedstaates nicht ergibt, dass die ersuchende Behörde nicht selbst die Forderung angemeldet hat. 1403

Ist ein Insolvenzverfahren in einem anderen Mitgliedstaat eröffnet worden, so gilt das Insolvenzrecht dieses Mitgliedstaates. Dabei ist das ausländische Insolvenzverfahren von der deutschen Finanzbehörde aufgrund der EuInsVO grds. anzuerkennen, da diese der deutschen InsO vorgeht. Aus dem Anhang A und B der EuInsVO ergibt sich, welche Verfahren im europäischen Rahmen als Insolvenzverfahren bezeichnet werden. Die EuInsVO gilt nicht für Insolvenzverfahren über das Vermögen von Versicherungsunternehmen, Kreditinstituten und Wertpapierfirmen. 1404

Die Eröffnung eines Insolvenzverfahrens durch ein Gericht in einem anderen Mitgliedstaat wird gem. § 16 Abs. 1 Satz 1 EuInsVO in allen übrigen Mitgliedstaaten formlos anerkannt, sobald die Entscheidung des Gerichts wirksam ist. Dabei kommt es allein auf die formelle Entscheidung an, nicht jedoch auf deren Unanfechtbarkeit. Unerheblich ist für den Zeitpunkt der Anerkennung auch die Kenntnis des anderen Staates von der Verfahrenseröffnung (automatische Wirksamkeitserstreckung). 1405

Nur bei einem Verstoß gegen den Ordre Public (offensichtlicher Verstoß gegen die öffentliche Ordnung, insbesondere gegen die verfassungsmäßig geschützten Rechte und Freiheiten) entfällt die Anerkennung gem. Art. 26 EuInsVO. 1406

Mit der Eröffnung des Insolvenzverfahrens entsteht eine einheitliche grenzüberschreitende Insolvenzmasse. 1407

Ist das Hauptinsolvenzverfahren von einem Gericht eines EU-Mitgliedstaates eröffnet worden, so ist ein darüber hinaus bei einem inländischen Insolvenzgericht gestellter Antrag auf Insolvenzeröffnung unzulässig (Art. 102 EuInsVO, § 3 Abs. 1 EGInsO). 1408

Die Befugnisse eines von einem Gericht eines EU-Mitgliedsstaates bestellten Insolvenzverwalters ergeben sich aus dem Insolvenzrecht des Staates der Verfahrenseröffnung. Seine Befugnisse im Inland richten sich nach der InsO. So ist er berechtigt das zur Insolvenzmasse gehörende Inlandsvermögen des Schuldners zu entfernen und zu verwerten, darüber hinaus kann er im Inland Prozesse führen. 1409

1410 Nimmt die Finanzbehörde als Gläubiger an einem ausländischen Insolvenzverfahren teil, so sind die gleichen Verfahrensschritte wie bei einem inländischen Insolvenzverfahren durchzuführen. Dabei hat sie den Schriftverkehr mit den ausländischen Behörden und dem ausländischen Insolvenzverwalter in der jeweiligen Landessprache zu führen. Die hierfür ggf. entstehenden Übersetzungskosten sind als Auslagen der Vollstreckung zu behandeln.

1411 Findet das Hauptinsolvenzverfahren im Ausland statt, so prüft die Finanzbehörde die Beantragung eines Partikular- oder Sekundärverfahrens in Deutschland. Für dieses gilt das inländische Insolvenzrecht und es ist auf das im Inland belegene Vermögen beschränkt. Ein derartiges Territorialverfahren wird gem. Art. 3 Abs. 2 EUInsVO nur dann eröffnet, wenn der Schuldner eine inländische Niederlassung hat, d.h. einen inländischen Tätigkeitsort, an dem der Schuldner einer wirtschaftlichen Aktivität von nicht nur vorübergehender Art nachgeht, die den Einsatz von Personal und Vermögenswerten voraussetzt. Ist ein Hauptinsolvenzverfahren bereits eröffnet worden, braucht bei einem Sekundärverfahren nicht nochmals geprüft zu werden, ob Insolvenzgründe vorliegen. Mit der Eröffnung des Territorialinsolvenzverfahrens fällt das im Inland belegene Vermögen nicht mehr in die ausländische Insolvenzmasse. Der Hauptinsolvenzverwalter verliert insoweit seine Befugnisse im Hinblick auf das im Inland belegene Vermögen. Andererseits ist ein Überschuss aus dem inländischen Verfahren an ihn auszukehren. Darüber hinaus kann der Hauptinsolvenzverwalter nach Art. 33 EuInsVO beantragen, die Verwertung der inländischen Insolvenzmasse auszusetzen, wenn dieses z.B. für eine Sanierung erforderlich ist. Der Vorteil eines inländischen Territorialinsolvenzverfahrens liegt in der wirksameren Verwertung der inländischen Insolvenzmasse und im wirksameren Schutz von inländischen Interessen. Hierdurch wird es der Finanzbehörde ermöglicht ihre Steuerforderungen im Inland durchzusetzen und vermeidet dadurch Schwierigkeiten, die durch schlechtere Befriedigungsmöglichkeiten im Ausland bestehen, z.B. weil nach dem ausländischen Insolvenzrecht zahlreiche bevorrechtigte Gläubiger vorgehen. Nachteile eines derartigen Sekundärverfahrens können die Entstehung zusätzlich aus der Masse zu begleichender Kosten sein und die Gefahr, dass ein derartiges Verfahren zu einer Verschleuderung von Vermögen und damit zu einer geringeren Insolvenzquote führt.

1412 Jedenfalls sollte ein derartiges Sekundärverfahren im Zweifel immer dann eingeleitet werden, wenn die inländischen Gläubiger in Bezug auf die inländischen Vermögenswerte nicht effektiv geschützt werden können.

1413 Hinsichtlich des Rechts zur Insolvenzanfechtung gilt grds. das Recht der Verfahrenseröffnung. Es steht dem ausländischen Insolvenzverwalter zu. Jedoch hat der Anfechtungsgegner gem. Art. 13 EuInsVO eine Einrede für den Fall des Nachweises, dass für die Rechtshandlung das Recht des anderen Staates maßgeblich ist und die Handlung nach diesem Recht in keiner Weise angreifbar ist. Die Folge einer Insolvenzanfechtung ist, dass die entsprechenden Rechtshandlungen rückgängig zu machen sind. Das inländische Finanzamt hat danach vereinnahmte Gelder an den ausländischen Insolvenzverwalter zu erstatten.

1414 Die gesellschaftsrechtliche Haftung des Geschäftsführers einer Kapitalgesellschaft wegen Verletzung gesellschaftsrechtlicher Pflichten richtet sich grds. nach dem am Ort ihrer Gründung geltenden Recht, die steuerrechtliche Haftung wegen Ansprüche aus dem Steuerschuldverhältnis (inländische Steuern) nach der AO.

Zweiter Abschnitt Entscheidung über die Verwertung

§ 156 Berichtstermin

(1) ¹Im Berichtstermin hat der Insolvenzverwalter über die wirtschaftliche Lage des Schuldners und ihre Ursachen zu berichten. ²Er hat darzulegen, ob Aussichten bestehen, das Unternehmen des Schuldners im ganzen oder in Teilen zu erhalten, welche Möglichkeiten für einen Insolvenzplan bestehen und welche Auswirkungen jeweils für die Befriedigung der Gläubiger eintreten würden.

(2) ¹Dem Schuldner, dem Gläubigerausschuss, dem Betriebsrat und dem Sprecherausschuss der leitenden Angestellten ist im Berichtstermin Gelegenheit zu geben, zu dem Bericht des Verwalters Stellung zu nehmen. ²Ist der Schuldner Handels- oder Gewerbetreibender oder Landwirt, so kann auch der zuständigen amtlichen Berufsvertretung der Industrie, des Handels, des Handwerks oder der Landwirtschaft im Termin Gelegenheit zur Äußerung gegeben werden.

Übersicht	Rdn.		Rdn.
A. Allgemeines	1	II. Inhalt	9
B. Formalien	2	III. Form	15
C. Berichtspflicht	7	D. Anhörungsrechte	17
I. Grundsatz	7	E. Entscheidungen	22

Literatur:
Berger/Frege/Nicht Unternehmerische Ermessensentscheidungen im Insolvenzverfahren – Entscheidungsfindung, Kontrolle und persönliche Haftung, NZI 2010, 321; *Graeber/Graeber* Möglichkeiten und Grenzen der Beauftragung von Dienstleistern durch Insolvenzverwalter, ZInsO 2013, 1056; *Heukamp* Die gläubigerfreie Gläubigerversammlung, ZInsO 2007, 57; *Schmerbach* Gesetz zur Vereinfachung des Insolvenzverfahrens, Insbüro 2017, 212; *ders.* Gesetz zur Verkürzung des Restschuldbefreiungsverfahrens und zur Stärkung der Gläubigerrechte verabschiedet – Ende gut, alles gut?, NZI 2013, 566; *Schmerbach/Wegener* Insolvenzrechtsänderungsgesetz 2006, ZInsO 2006, 400; *Wegener* Der Berichtstermin, InsbürO 2007, 332; *Zimmermann* Beschlussfassung des Gläubigerausschusses/der Gläubigerversammlung bzgl. besonders bedeutsamer Rechtshandlungen (§ 160 InsO), ZInsO 2012, 245.

A. Allgemeines

Den Berichtstermin definiert die InsO als **Gläubigerversammlung**, in der auf der Grundlage eines Verwalterberichtes über den weiteren Verlauf des Verfahrens entschieden wird, § 29 Abs. 1 Nr. 1 InsO. Für ihn gelten die §§ 74 ff. InsO für die Gläubigerversammlung. Auf der Grundlage des Verwalterberichtes sollen die verschiedenen Möglichkeiten für den Fortgang des Verfahrens umfassend erörtert werden. Nach Bericht und Diskussion fasst die Gläubigerversammlung die notwendigen Beschlüsse und bestimmt so den weiteren Verlauf des Verfahrens. Um die Entscheidung der Gläubigerversammlung vorzubereiten, muss der Verwalter nach § 154 InsO das Verzeichnis der Massegegenstände (§ 151 InsO), das Gläubigerverzeichnis (§ 152 InsO) und die Vermögensübersicht (§ 153 InsO) spätestens eine Woche vor dem Termin auf der Geschäftsstelle niederlegen. Der Berichtstermin entspricht der ersten Gläubigerversammlung des § 131 KO, wobei der Verwalter jetzt ausdrücklich verpflichtet ist, Entscheidungsgrundlagen zu einem möglichen Erhalt des Schuldnerunternehmens zu erstellen. Einen vergleichbaren Termin gibt es nicht bei den Verbraucherinsolvenzen und sonstigen Kleinverfahren gem. §§ 304 ff. InsO. Für diese gelten Sonderregelungen. Die Gläubiger können sich dort im Prüfungstermin oder Schlusstermin informieren. Berichtspflichten sind nicht normiert. § 5 Abs. 2 InsO lässt seit 2007 (zur Gesetzesentwicklung s. Voraufl.) auch in Regelinsolvenzen die **Anordnung des schriftlichen Verfahrens** zu, wenn die Vermögensverhältnisse überschaubar und die Anzahl der Gläubiger gering ist (dazu *Schmerbach* § 55 Rdn. 43 ff.). In diesen Fällen wird der Berichtstermin durch den schriftlichen, zu den Gerichtsakten zu gebenden Bericht ersetzt. Zur Beschlussfassung der Gläubiger im schriftlichen Verfahren s. Rdn. 23. Für die ab 01.07.2014 beantragten Verfahren soll auf einen Berichtstermin verzichtet werden, wenn es sich um ein einfaches Verfahren handelt, § 29 Abs. 2 Satz 2 InsO (dazu § 29 Rdn. 5.). Mit dieser Anordnung hat das Gericht bei überschaubaren Vermögensverhältnissen und wenigen Gläubigern auf den Berichtstermin zu verzichten (*Schmerbach* NZI 2013, 566 [572]). Der Gesetzgeber ist mit diesen Vereinfachungen dem Bedürfnis der Praxis nachgekommen. Gerade in Kleinverfahren mit wenig Masse war die Gläubigerversammlung auf die Diskussion zwischen Gericht und Verwalter reduziert worden, wie die gesetzlich vorgegebenen Beschlüsse der Gläubiger ersetzt werden könnten (ausf. *Heukamp* ZInsO 2007, 57 [58 ff.]). Sorgfältig prüfen sollte das Gericht die Anordnung des schriftlichen Verfahrens, wenn zustimmungsbedürftige Rechtshandlungen, etwa die freihändige Verwertung von Immobilien (§ 160 Abs. 2 Nr. 1 InsO) möglich sind. Eine Abstimmung mit dem Verwalter, ggf. als zusätzlicher Auftrag im Massegutachten, ist sinnvoll.

B. Formalien

2 Der Berichtstermin wird nach § 29 InsO vom Insolvenzgericht mit dem Eröffnungsbeschluss festgelegt. Der **Termin** soll nach § 29 InsO nicht über sechs Wochen und darf nicht über drei Monate nach der Eröffnung terminiert werden. Berücksichtigt man, dass das Eröffnungsverfahren in der Praxis nicht selten bis zu drei Monate andauert, wird deutlich, dass die Gläubiger am Verfahren relativ spät beteiligt werden. Die grundsätzlichen Weichen des Verfahrens sind bis zum Berichtstermin bereits gestellt. Die Entscheidungskompetenz der Gläubiger über den grundsätzlichen Verlauf des Verfahrens wird durch die faktische Entwicklung des Verfahrens in der Praxis häufig relativiert. Die Gläubiger haben allerdings die Möglichkeit, eine frühere Gläubigerversammlung nach § 75 InsO einzuberufen. Nach dem ESUG kann über den vorläufigen Gläubigerausschuss im Eröffnungsverfahren bereits nach § 22a InsO eine frühzeitige Gläubigerbeteiligung sichergestellt werden (ausf. dazu *Schmerbach* § 22a). Der Berichtstermin kann mit dem **Prüfungstermin** verbunden werden. Diese **Verbindung** hat den Vorteil, dass die Forderungsprüfung durch den Verwalter vorbereitet ist und die Feststellung der Stimmrechte erleichtert wird. In größeren Verfahren empfiehlt sich die Verbindung nicht, da die Prüfung der Forderungen wegen der hohen Anzahl in der festgelegten Frist nicht geleistet werden kann. Die Erfahrung zeigt, dass die Gläubiger die im Eröffnungsbeschluss gem. § 28 Abs. 1 InsO festgelegte Anmeldefrist ausnutzen, so dass in den letzten Tagen vor Fristablauf eine Vielzahl von Anmeldungen erfolgen. Eine ausdrückliche Regelung zur Verbindung von Berichtstermin und dem Termin zur **Erörterung und Abstimmung über einen Insolvenzplan** sieht das Gesetz nicht vor; geregelt ist die Verbindung mit dem Prüfungstermin (§ 236 Satz 2 InsO). Über diese Verbindungskette ist die Zulässigkeit hergestellt (so auch BT-Drucks. 12/443 S. 206; *Graf-Schlicker/Castrup* InsO, § 156 Rn. 11; HK-InsO/*Ries* § 156 Rn. 7; zweifelnd MüKo-InsO/*Görg/Janssen* § 156 Rn. 32; dagegen *Kübler/Prütting/Bork-Onusseit* InsO, § 156 Rn. 4). Eine derartige Terminskonzentration wird nur in einfach gelagerten Ausnahmefällen möglich sein, wenn der Schuldner mit dem Insolvenzantrag einen Insolvenzplan vorlegt. Regelmäßig entscheidet die Gläubigerversammlung erst auf der Grundlage des Verwalterberichts, ob ein Insolvenzplan erstellt werden soll.

3 Die **Einberufung** erfolgt durch das Insolvenzgericht mit öffentlicher Bekanntmachung nach §§ 30, 9 InsO im Internet. Die Gläubiger und der Schuldner werden durch gesonderte Zustellung nach § 30 Abs. 2 InsO geladen (zur Ladung der weiteren Beteiligten s. Rdn. 18). Die Veröffentlichung hat gleichzeitig Zeit und Ort anzugeben, § 74 Abs. 2 InsO. Werden diese Anforderungen nicht beachtet, sind die gefassten Beschlüsse nichtig (BGH ZIP 2011, 1626, 1627)). Die ebenfalls zu veröffentliche **Tagesordnung** hat die Gegenstände der Beschlussfassung so bestimmt anzugeben, dass die Beteiligten wissen, worüber abgestimmt werden soll. Die Erstellung der Tagesordnung darf nicht stereotyp erfolgen, sondern muss sich am Gutachten des Verwalters orientieren. Allgemeine Hinweise genügen ebenso wenig wie die schlichte Aufzählung von Paragraphen (*BGH* ZIP 2011, 1626 [1627]; ZInsO 2008, 1030). Dabei dürfen die Anforderungen nicht überspannt werden. Im Zeitpunkt der Erstellung der Tagesordnung sind häufig einzelne zu entscheidende Sachverhalte noch nicht bekannt. So ist es nicht außergewöhnlich, dass im Zeitpunkt der Verfahrenseröffnung noch nicht einmal im Grundsatz feststeht, ob das schuldnerische Unternehmen im Wege der übertragenden Sanierung verwertet werden kann. Der Praxis kann deshalb nur empfohlen wer-

den, alle denkbaren Sachverhalte auf die Tagesordnung zu setzen. In jedem Fall muss die Ladung den Hinweis auf die Zustimmungsfiktion bei nicht beschlussfähiger Gläubigerversammlung nach § 160 Abs. 1 Satz 3 zu bedeutsamen Rechtshandlungen enthalten (*Schmerbach/Wegener* ZInsO 2006, 400 [408]). Die Tagesordnung kann innerhalb der Ladungsfrist des § 217 ZPO (drei Tage) korrigiert und ergänzt werden (MüKo-InsO/*Görg/Janssen* § 156 Rn. 12).

Der Berichtstermin ist **nicht öffentlich**. Zuzulassen sind nur die am Verfahren Beteiligten sowie die in Abs. 2 ausdrücklich genannten Organe und berufsständischen Vertretungen. Das Insolvenzgericht kann ohne Beschluss der Gläubigerversammlung **Pressevertreter** nicht zulassen. § 175 Abs. 2 GVG ist nicht anwendbar. Die Gläubigerversammlung ist keine »nicht-öffentliche Verhandlung« sondern eine Versammlung der Gläubiger unter hoheitlicher Leitung (MüKo-InsO/*Ehricke* § 76 Rn. 5; **a.A.** *Jaeger/Gerhardt* InsO, § 76 Rn. 3; *Kübler/Prütting/Bork-Kübler* InsO, § 76 Rn. 12 jeweils unter Bezug auf *LG Frankfurt* ZIP 1983, 344 zum AEG-Vergleichstermin). Die Entscheidung trifft die Gläubigerversammlung, ein Ausschluss der Presse schon aufgrund des Widerspruches eines Gläubigers (MüKo-InsO/*Ehricke* § 76 Rn. 5) widerspricht der Kompetenz der Gesamtheit der Gläubiger. Gerade in Großverfahren ist ordnungsgemäße **Legitimation** der Beteiligten unerlässlich. Die Praxis zeigt, dass sich gerade gesetzliche oder vertragliche Vertreter von Gläubigern nicht ordnungsgemäß legitimieren können. Eine unzureichende Legitimation kann sich spätestens bei der Abstimmung auswirken. 4

Der **Verlauf** ist durch die InsO vorgegeben. Er beginnt mit dem Aufruf und der Feststellung der Identität (einschließlich der Legitimation) der Anwesenden. Daran schließt sich der Bericht des Verwalters mit möglichen Fragen und Diskussion an. Sodann folgt die Beschlussfassung der Gläubigerversammlung (s. Rdn. 22 ff.). Der Berichtstermin endet in der Praxis regelmäßig mit den Auflagen an den Verwalter zur Zwischenrechnungslegung und den Fristen weiterer Berichtslegung gegenüber dem Insolvenzgericht. Der generelle Ablauf eines Berichtstermins wird ausführlich bei *Haarmeyer/Wutzke/Förster* 6/74 ff. beschrieben. Das Gericht kann vertagen, wenn die Gläubigerversammlung nicht beschlussfähig ist oder wegen unzureichender Informationen des Verwalters nicht beschließen kann. Eine gesonderte Ladung für den weiteren Termin ist nicht erforderlich (§ 74 Abs. 2 Satz 2 InsO). Über den Verlauf der Versammlung ist gem. §§ 4 InsO, 159 ZPO durch das Gericht ein Protokoll zu erstellen (BK-InsO/*Blersch* § 76 Rn. 4). § 160 ZPO ist entsprechend anwendbar (*AG Göttingen* Beschl. v. 11.03.2009 – 74 IN 438/02). 5

Ist die Gläubigerversammlung **nicht beschlussfähig**, weil kein Gläubiger erscheint, kann das Insolvenzgericht die Beschlüsse nicht ersetzen (s. *Schmitt* § 76 Rdn. 8). Für die zustimmungsbedürftigen Rechtshandlungen sieht nur § 160 Abs. 1 Satz 3 InsO die Fiktion der Zustimmung vor. Weitere Beschlüsse sind nicht möglich; aus dem Schweigen der Gläubiger kann eine konkludente Kompetenzübertragung nicht hergeleitet werden (BK-InsO/*Blersch* § 76 Rn. 7; s.a. § 157 Rdn. 7). Die Gläubiger werden bei Beschlussunfähigkeit wegen mangelnder Beteiligung indes erfolgreich keine Schadenersatzansprüche mit der formellen Begründung durchsetzen können, der Verwalter habe ohne ausdrücklichen Beschluss gehandelt (HambK-InsO/*Preß* § 76 Rn. 8; MüKo-InsO/*Ericke* § 76 Rn. 20). Die Haftung wegen schuldhafter Verletzung anderer Pflichten ist nicht ausgeschlossen. Die mangelnde Gläubigerbeteiligung hindert Schadenersatzansprüche nicht generell. 6

C. Berichtspflicht

I. Grundsatz

Der Bericht ist vom Verwalter **persönlich** (ausf. zu den höchstpersönlichen Aufgaben eines Insolvenzverwalters: *Graeber/Graeber* ZInsO 2013, 1056 [1059 ff.]) zu erstatten. Bei der **Eigenverwaltung** ist der Schuldner berichtspflichtig, der Sachwalter muss Stellung nehmen, § 281 Abs. 2 InsO. Zu seinen eigenen Aufgaben ist der Sachwalter auch berichtspflichtig (s. *Foltis* § 281 Rdn. 23; MüKo-InsO/*Wittig/Tezlaff* § 281 Rn. 23). Vertretung im Berichtstermin ist nur in Ausnahmefällen zulässig (*Uhlenbruck* InsO, § 156 Rn. 4; *Graeber* NZI 2003, 569 [575]). Die Auffassung, der Verwalter könne sich im Berichtstermin beliebig vertreten lassen (*Mohrbutter/Ringsteier-Voigt-Salus/Pape* § 21 7

Rn. 190 ff.) verkennt, dass die Insolvenzverwaltung ein höchst persönliches Amt ist, das Vertretung nur in Ausnahmefällen zulässt. Eine Befreiung von der persönlichen Berichtspflicht begünstigt die immer häufiger anzutreffende Praxis der »Schattenverwalter«. Der vom Gericht bestellte Verwalter schwebt nur über dem Verfahren. Diese Praxis verkennt, dass die InsO von dem persönlichen Amt des Verwalters ausgeht. Auch die InsVV geht in § 4 davon aus, dass ein Kernbereich der Verwaltertätigkeit nicht delegiert werden kann.

8   Der Verwalter muss sich ehrverletzenden Äußerungen enthalten, das Institut der Wahrnehmung berechtigter Interessen schützt ihn nicht (*BGH* ZIP 1994, 1663; krit. dazu *Pape* ZIP 1995, 1660 ff.). Er ist auch verpflichtet Anfechtungssachverhalte, Verschiebungen von Vermögensgegenständen vor der Insolvenz und Haftungstatbestände, die zugleich strafrechtliche Sanktionen nach sich ziehen (z.B. § 64 Abs. 2 GmbHG), zu ermitteln und die Gläubiger hiervon zu informieren. Die Information der Gläubigerversammlung darf nicht zu strafrechtlichen Sanktionen führen (krit. zum BGH *Pape* ZIP 1995, 1660 ff.). Eine mögliche Gliederung eines solchen Verwalterberichtes findet sich bei *Möhlmann* NZI 1999, 433 ff. Nach Abs. 1 soll der Bericht des Insolvenzverwalters drei verschiedene Aspekte umfassen.

II. Inhalt

9   Zunächst hat der Verwalter die **wirtschaftliche Lage** des Schuldners und ihre Ursachen zu analysieren. Gesonderte Bedeutung hat bei dieser Darstellung die **Krise und ihre Ursachen**. Dazu zählen die sorgfältige Untersuchung der in Frage kommenden Insolvenzgründe und ihr Entstehungszeitpunkt. Wegen der möglichen zivil- und strafrechtlichen Konsequenzen für die Organe des schuldnerischen Unternehmens, sollte der Verwalter hierzu auch die Stellungnahme des Schuldners oder der Organe eingeholt haben und diese vortragen. Diese Darstellung soll die Gläubigerversammlung über die Ursachen der Insolvenz und die aktuelle wirtschaftliche Situation informieren. Die Darstellung der aktuellen Vermögens- und Ertragslage dient dazu, die Möglichkeit der Sanierung darzulegen und in der Gläubigerversammlung zu erörtern. Wenn auch im Gesetz nicht gesondert erwähnt, hat der Verwalter auch die rechtliche Situation des schuldnerischen Unternehmens darzulegen (*Uhlenbruck* InsO, § 156 Rn. 5; BK-InsO/*Undritz/Fiebig* § 156 Rn. 5 f.).

10 Zweitens hat der Verwalter auszuführen, ob die **Möglichkeit der Erhaltung des Unternehmens** besteht, insbesondere, ob das Unternehmen im Ganzen oder nur in Teilen erhalten werden kann. Sofern er eine Erhaltung des Unternehmens in Betracht zieht, muss er zur Art und Weise der Durchführung konkrete Erläuterungen geben. So hat er in diesem Zusammenhang darzulegen, ob nach seinen Vorstellungen der Erhalt durch eine Sanierung des bisherigen Unternehmensträgers oder durch eine Gesamtveräußerung an einen Dritten, eine sog. übertragende Sanierung, erfolgen kann (RegE BT-Drucks. 12/2443 S. 173). Diese Darstellung erfordert detaillierte betriebswirtschaftliche Analysen und ein fundiertes Konzept. Der Verwalter muss hierauf, da der weitere Gang des Verfahrens von der Entscheidung der Gläubigerversammlung abhängt, besondere Sorgfalt verwenden (*Zimmermann* ZInsO 2012, 245 [247]). Die Einschaltung betriebswirtschaftlichen Sachverstandes ist unverzichtbar.

11 Drittens hat der Verwalter zu der Frage Stellung zu nehmen, ob es sich empfiehlt, anstelle der Abwicklung nach den gesetzlichen Vorschriften die Aufstellung und Durchführung eines **Insolvenzplanes** (§ 217 InsO) vorzunehmen. Diese Darstellung fordert das Gesetz explizit. Ein Insolvenzplan kann unter anderem der Fortführung des Unternehmens des Schuldners oder der Liquidation dieses Unternehmens dienen, vgl. dazu §§ 217 ff. InsO. Wenn der Verwalter die Möglichkeit der Sanierung im Rahmen eines Insolvenzplanes für durchführbar hält, wird er einen Beschluss zur Erstellung des Plans nach § 218 Abs. 2 InsO herbeiführen. Einen bereits vorliegenden Plan des Schuldners (§ 218 Abs. 1 InsO) wird der Verwalter eingehend erläutern.

12 Während der gesamten Darstellung der unterschiedlichen Fortführungsmöglichkeiten des Verfahrens hat der Verwalter stets darauf zu achten, nicht das Hauptziel des Verfahrens, d.h. die **bestmögliche Befriedigung der Gläubiger,** aus den Augen zu verlieren. Die Fortführung muss mit besonderen

Vorteilen zugunsten der Gläubiger verbunden sein; sie ist kein Selbstzweck. Daher muss der Verwalter sich jeweils auch dazu äußern, welche Auswirkungen die Maßnahmen auf die Befriedigung der Gläubiger haben würden. So ist es z.B. für die Sicherungsgläubiger sehr wichtig, Informationen zum Werteverfall des Sicherungsguts im Fall der Unternehmensfortführung zu erhalten. Für Kreditgläubiger ist es aufgrund des Zinsstopps wichtig zu wissen, unter welchen Voraussetzungen eine Fortführung des Unternehmens beabsichtigt ist, da deren wirtschaftlicher Verlust erheblich werden kann (*Uhlenbruck* InsO, § 156 Rn. 10). Der Verwalter sollte sich im Berichtstermin auch zu einer realistischen **Quote** für die Gläubiger äußern.

Grundsätzlich hat der Verwalter die **Fragen der am Verfahren Beteiligten** erschöpfend zu beantworten. Da der Insolvenzverwalter im Rahmen eines gesetzlich geregelten Verfahrens tätig wird und er der Aufsicht des Insolvenzgerichts untersteht (§ 58 InsO), ist er zur Berichterstattung nur der Gläubigerversammlung und nicht jedem einzelnen Gläubiger verpflichtet (BGHZ 62, 1 [3]). Nur so ist es möglich, eine ordnungsgemäße Verfahrensabwicklung zu gewährleisten. In der Gläubigerversammlung haben einzelne Gläubiger das Recht, ergänzende Auskünfte zu verlangen (*Uhlenbruck* InsO, § 156 Rn. 14); das folgt aus § 79 InsO. Sollte ein Gläubiger bei der Gläubigerversammlung nicht anwesend sein, hat sein Interesse an einer laufenden Unterrichtung zurückzutreten (*BGH* KTS 1974, 106). Ein Anspruch, später Einzelauskünfte zu erhalten, kann auf diese Art und Weise nicht entstehen (*Kübler/Prütting/Bork-Onusseit* InsO, § 156 Rn. 10; *Nerlich/Römermann-Balthasar* InsO, § 156 Rn. 34; HambK-InsO/*Decker* § 156 Rn. 9). Die Gesellschafter der Schuldnerin haben gegenüber dem Verwalter nur die allgemeinen insolvenzrechtlichen Informationsansprüche, das Einsichts- und Informationsrechtrecht aus § 51a GmbHG besteht nicht gegenüber dem Verwalter (*BayObLG* ZInsO 2005, 816 [817]), die Informationsrechte des Kommanditisten sind auf das Einsichtsrecht aus § 166 Abs. 3 HGB beschränkt, wenn die Unterlagen dem Verwalter vorliegen (*OLG Zweibrücken* ZInsO 2006, 1171). Informationen, die der Vorbereitung von Ansprüchen gegenüber den Organen dienen, muss der Verwalter nicht erteilen (*BGH* ZIP 2005, 1325 [1327]).

Ist der Bericht **unvollständig oder fehlerhaft**, kann das Insolvenzgericht im Rahmen der Aufsicht Ergänzung und Nachbesserung fordern. Dazu kann der Berichtstermin auch vertagt werden. Der Verwalter setzt sich darüber hinaus auch der Haftung nach § 60 InsO aus, wenn die Gläubigerversammlung aufgrund des Berichtes falsche Entscheidungen trifft. Das Risiko ist insbesondere bei der Betriebsfortführung nicht unerheblich (s. § 157 Rdn. 2).

III. Form

Für die **Form** des Verwalterberichts gibt es keine gesetzliche Vorgabe. In der Regel ist er mündlich zu erstatten (HK-InsO/*Ries* § 156 Rn. 6). Dies gilt auch, wenn er zuvor schriftlich niedergelegt wurde. Jenseits dieser gesetzlichen Anforderungen ist es regelmäßige Praxis, den Bericht schriftlich zu den Akten des Gerichts zu geben (Muster bei *Mohrbutter/Ringstmeier-Voigt-Salus/Pape* § 21 Rn. 141; zum Berichtsinhalt bei Entscheidungen zur Unternehmensfortführung *Berger/Frege/Nicht* NZI 2010, 321 [329 ff.]). Das entspricht auch dem Interesse des Verwalters (*Uhlenbruck* InsO, § 156 Rn. 4); eine Pflicht hierzu besteht jedoch nicht (*Kübler/Prütting/Bork-Onusseit* InsO, § 156 Rn. 7a; a.A. *Hess* InsO, § 156 Rn. 7, der eine solche über § 4 InsO i.V.m. § 411 ZPO herleitet). Hat das Insolvenzgericht das schriftliche Verfahren angeordnet (s. Rdn. 1), ist der schriftliche Bericht zwingend. Der Bericht kann auf Antrag gem. §§ 4 InsO, 160 Abs. 4, 5 ZPO zum Protokoll genommen werden.

In der **Eigenverwaltung** ist der Schuldner berichtspflichtig. Dessen Bericht muss sich naturgemäß besonders auf die Fortführungsmöglichkeiten des Unternehmens und die für die Gläubiger hieraus folgenden Vorteile konzentrieren. Der Stellungnahme des Sachwalters hierzu nach § 281 Abs. 2 InsO im Berichtstermin kommt besondere Bedeutung zu. Der Sachwalter hat gegenüber den Gläubigern eine garantenähnliche Stellung und muss insbesondere dazu Stellung nehmen, ob der Schuldner die persönlichen und fachlichen Voraussetzungen für die Eigenverwaltung erfüllt (ausf. *Foltis* § 281 Rdn. 23 ff.).

D. Anhörungsrechte

17 Damit die Gläubigerversammlung vor ihrer Entscheidung (§ 157 InsO) auch wirklich umfassend informiert wird, sieht Abs. 2 eine Anhörung des Schuldners, des Gläubigerausschusses (hierzu KS-InsO/*Heidmann* Rn. 70), des Betriebsrates und des Sprecherausschusses der leitenden Angestellten zum Bericht des Insolvenzverwalters vor.

18 Eine besondere **Ladung dieser Beteiligungsberechtigten** ist in der InsO nicht vorgesehen. Neben der öffentlichen Bekanntmachung des Eröffnungsbeschlusses gem. § 30 Abs. 1 InsO sind gesonderte Zustellungen nur an die Gläubiger, die Drittschuldner des Schuldners und den Schuldner in § 30 Abs. 2 InsO vorgesehen (s. § 30 Rdn. 23). Auch der Verwalter ist nicht ausdrücklich verpflichtet, die beteiligungsberechtigten Organe zu informieren. Das besondere Anhörungsrecht würde indes leer laufen, wenn die Beteiligungsberechtigten von der Verfahrenseröffnung nicht informiert würden. Aus Abs. 2 könnte deshalb die Pflicht des Insolvenzgerichtes folgen, die dort genannten Anhörungsberechtigten von der Verfahrenseröffnung zu informieren und auf ihre Beteiligungsrechte hinzuweisen. Die entsprechenden Stellen kann das Gericht über den Verwalter ermitteln. Der Wortlaut des Gesetzes ist indes eindeutig. § 156 InsO normiert ein Teilnahmerecht und damit auch das Recht zur Stellungnahme. Eine gesonderte Ladung ist nicht erforderlich.

19 Trifft die Gläubigerversammlung eine Entscheidung, ohne zuvor eine Anhörung einer dieser Einrichtungen durchzuführen, sind die Beschlüsse für die Beteiligten bindend. Rechtsmittel sind nicht eröffnet. Es besteht lediglich die Möglichkeit einer Rüge im Rahmen des Dienstaufsichtsweges (*Uhlenbruck* InsO, § 156 Rn. 18).

20 Des Weiteren kann das Insolvenzgericht, falls der Schuldner Handels- oder Gewerbetreibender oder Landwirt ist, die zuständige amtliche **Berufsvertretung**, d.h. die Industrie- und Handelskammer, die Handwerkskammer oder die Landwirtschaftskammer anhören. Die Anhörung ist der Gläubigerversammlung freigestellt. Handeltreibende sind alle Kaufleute und die Handelsgesellschaften; Gewerbetreibende sind die Handwerker; bei den Landwirten handelt es sich um die Inhaber von land- und forstwirtschaftlichen Betrieben. Sinn und Zweck der Hinzuziehung der Berufsvertretungen ist, dass sich die Gläubigerversammlung deren besondere Sachkunde zu Nutze machen kann. Außerdem kann dadurch eine möglichst einheitliche Sachbehandlung der wirtschaftlichen Fragen gewährleistet werden. Durch diese Anhörung kann weiter eine fachliche, sachkundige Prüfung der Durchführbarkeit und Angemessenheit der vom Verwalter vorgeschlagenen Maßnahmen stattfinden.

21 Die **Anhörung der Berufsvertretungen** ist in das Ermessen des Insolvenzgerichtes gestellt (*Kübler/Prütting/Bork-Onusseit* InsO, § 156 Rn. 21). Das Ermessen der Anhörung wird sich zu einer Anhörungspflicht reduzieren, wenn es auf die besondere Sachkunde der Berufsvertretung insbesondere im Zusammenhang mit der Entscheidung über die Fortführung des Unternehmens ankommt. Das Insolvenzgericht sollte deshalb in jedem Einzelfall prüfen, ob es einen Antrag auf Anhörung der Berufsvertretung zurückweist.

E. Entscheidungen

22 Nach dem Bericht des Verwalters und den Anhörungen fasst die Gläubigerversammlung die **verfahrensweisenden Beschlüsse**. Die Beschlussgegenstände sind in der InsO verstreut festgelegt. In der Praxis entscheidet die Gläubigerversammlung zunächst über den Verwalter (§ 57 InsO, mit der Ergänzung durch Mehrheit nach Köpfen hat der Gesetzgeber die Brisanz der Abwahl unliebsamer Verwalter beseitigt, s. *Jahntz* § 57), setzt ggf. einen Gläubigerausschuss ein (§ 68 InsO) und entscheidet über die Zustimmungen der in den §§ 160–163 InsO genannten Rechtshandlungen (in der Praxis ist die Verwertung von Immobilien, des gesamten Warenlagers und von Beteiligungen immer wieder von Bedeutung) sowie über die **Stilllegung oder Fortführung des Unternehmens (§ 157 InsO)**. Darüber hinaus hat die Gläubigerversammlung über den Unterhalt des Schuldners (§ 100 InsO), die Erstellung und Ausgestaltung eines Insolvenzplanes (§§ 218 Abs. 2, 157 Satz 2 InsO) zu entscheiden. Auch die Hinterlegungsstelle kann die Gläubigerversammlung festlegen, § 149 InsO. Für den Fall, dass **Masseunzulänglichkeit** nicht ausgeschlossen werden kann, sollte die Beschlussfassung

über einen Massekostenvorschuss und die in § 207 InsO vorgeschriebenen Anhörung der Gläubigerversammlung zur Einstellung des Verfahrens bereits im Berichtstermin erfolgen. Aufgrund ihrer umfassenden Kompetenz ist die Gläubigerversammlung berechtigt, dem Verwalter periodische Zwischenberichte aufzugeben. Auch das Insolvenzgericht kann entsprechend § 58 InsO schon im Berichtstermin regelmäßige Berichte festlegen. In der Praxis ordnen die Insolvenzgerichte regelmäßige Berichte und bei größeren Verfahren die periodische Vorlage der Rechnungswerke an. Ergeht zur **Rechnungslegung** kein Beschluss nach § 66 Abs. 3 InsO, ist nach § 66 Abs. 1 InsO zum Schlusstermin Rechnung zu legen. Beschlüsse der Gläubigerversammlung ohne gesetzliche Beschlusskompetenz sind nichtig (*OLG Celle* ZIP 2011, 2311 [2312] zu einem fehlerhaften Unterhaltsbeschluss).

Bei der Gläubigerversammlung gilt der Grundsatz der Mündlichkeit (s. *Schmitt* § 76 Rdn. 10). Die Beschlussfassung im schriftlichen Verfahren ist in der InsO nur für gesonderte Konstellationen zugelassen (§ 242 für die Abstimmung im Planverfahren). Ein Beschluss im Umlaufverfahren dürfte nicht zulässig sein (zum Streitstand *BGH* NZI 2013, 644 Rn. 16, der die Frage offenlässt). Die Fiktion des § 160 Abs. 1 Satz 3 InsO ist im schriftlichen Verfahren nicht anwendbar (*Schmerbach* Insbüro 2007, 202 [213]). Das Insolvenzgericht kann auch vom schriftlichen Verfahren Abstand nehmen und eine Gläubigerversammlung einberufen, § 5 Abs. 2 Satz 3 InsO.

23

§ 157 Entscheidung über den Fortgang des Verfahrens

¹Die Gläubigerversammlung beschließt im Berichtstermin, ob das Unternehmen des Schuldners stillgelegt oder vorläufig fortgeführt werden soll. ²Sie kann den Verwalter beauftragen, einen Insolvenzplan auszuarbeiten, und ihm das Ziel des Plans vorgeben. ³Sie kann ihre Entscheidungen in späteren Terminen ändern.

Übersicht	Rdn.		Rdn.
A. Fortführung/Schließung/Sanierung	1	C. Delegation	9
B. Entscheidung der Gläubigerversammlung	7	D. Fehlende Beschlussfassung	11

Literatur:
Antoni Die Haftung des Insolvenzverwalters für unterlassenen Sanierungsmaßnahmen und gescheiterte Sanierungspläne, NZI 2013, 236; *Heukamp* Die gläubigerfreie Gläubigerversammlung, ZInsO 2007, 57; *Mönning* Betriebsfortführung in der Insolvenz, 1997; *Tetzlaff* Rechtliche Problem in der Insolvenz der Selbständigen, ZInsO 2005, 393; *Zimmermann* Freigabe gem. § 35 und/oder Betriebsstilllegung gem. §§ 157, 158 InsO?, ZInsO 2011, 2057; *Zipperer* »Übertragende Sanierung« – Sanierung ohne Grenzen oder erlaubtes Risiko?, NZI 2008, 206.

A. Fortführung/Schließung/Sanierung

§ 157 InsO fordert von der Gläubigerversammlung ausdrücklich eine Entscheidung zur Betriebsfortführung. Erfasst werden Unternehmen von Kapitalgesellschaften, Personengesellschaften wie auch die der natürlichen Personen. Nachdem der Verwalter den Bericht gem. § 156 InsO erstattet hat, entscheidet die Gläubigerversammlung über den weiteren Fortgang des Verfahrens. Diese Befugnis der Gläubigerversammlung ist Konsequenz der Gläubigerautonomie. Die Gesamtheit der Gläubiger entscheidet als oberstes Organ über die grundsätzliche Richtung des weiteren Verfahrens. Sie entscheidet nicht nur über die Stilllegung oder vorläufige Fortführung des Schuldner-Unternehmens. Die Gläubigerversammlung kann dem Verwalter auch aufgeben, einen Insolvenzplan auszuarbeiten; dieser Auftrag kann als Liquidations-, Übertragungs- oder Sanierungsplan vorgegeben werden. Der Berichtstermin ist damit die **richtungsweisende Verfahrensstation** des Insolvenzverfahrens. Die weit reichende Kompetenz der Gläubigerversammlung wird durch Satz 3 der Vorschrift deutlich, der die Möglichkeit einer Abänderung in späteren Terminen vorsieht. Die **Kontrolle** **richtes** beschränkt sich auf die Aufhebung des Beschlusses der Gläubigerversammlung InsO bei Verstoß gegen das gemeinsame Gläubigerinteresse. Diese Maßnahme k

1

nahmefällen in Frage; zur Gläubigerautonomie zählt auch das **Recht, Fehlentscheidungen** zu treffen (MüKo-InsO/*Görg/Janssen* § 157 Rn. 4; s.a. Rdn. 8).

2   § 157 InsO sieht für das Votum der Gläubigerversammlung die Möglichkeiten Stilllegung, vorläufige Fortführung oder den Auftrag zur Erstellung eines Insolvenzplanes vor. Die Gläubigerversammlung kann ihr Votum in Form einer grundsätzlichen Entscheidung treffen oder dem Verwalter detailliert Vorgaben auferlegen (Bsp. für eine konkrete Vorgabe zur Kündigung von Arbeitnehmern: *BAG* NZI 2013, 1081 ff.). So kann für die Fortführung beispielsweise eine Frist gesetzt werden; auch der Umfang der Fortführung unterliegt der Entscheidungskompetenz der Versammlung. Die **Betriebsfortführung ohne Insolvenzplan** kann nur als vorläufige im Rahmen der übertragenden Sanierung (hierzu *Wellensiek* WM 1999, 405 ff.; *ders.* NZI 2002, 233; *Zipper* NZI 2008, 206 ff.; HambK-InsO/*Decker* § 157 Rn. 8) vorgegeben werden. Kommt es nicht zu einem Insolvenzplan oder der übertragenden Sanierung, bleibt es wie unter der KO bei dem Ziel der Einstellung. Die **Vorgabe der dauerhaften Betriebsfortführung** mit dem Ziel der Sanierung ist ohne weitere konkrete Determinanten nicht möglich (zu unbestimmt deshalb *Nerlich/Römermann-Balthasar* InsO, § 157 Rn. 9). Das käme einer **unzulässigen endgültigen Fortführung des Unternehmens durch den Verwalter** gleich (MüKo-InsO/*Görg/Janssen* § 157 Rn. 11; HK-InsO/*Flessner* § 157 Rn. 3; *Kübler/Prütting/Bork-Onusseit* InsO, § 157 Rn. 14a). Diese unbegrenzte Fortführung entspricht auch unter der InsO nicht dem Willen des Gesetzgebers; der Wortlaut ist deutlich. Mit dem Auftrag der Sanierung wird der Verwalter nicht zum Unternehmer. Wenn sich auch einige Verwalter zum Unternehmer wandeln, bleibt es bei dem gesetzlichen Leitbild des temporären Einsatzes im Unternehmen. Darüber hinaus birgt die unbestimmte Fortführung erhebliche Risiken für den Verwalter (*Gottwald/Klopp/Kruth* HdbInsR, § 22 Rn. 49 ff.; zur Fortführung umfassend *Mönning* Betriebsfortführung in der Insolvenz). Schon die längere Fortführung ohne Insolvenzplan wird auch unter der InsO die Ausnahme sein. Zu den Pflichten des Verwalters bei fehlendem Gläubigervotum s. Rdn. 7 u. § 159 Rdn. 6.

3   Beschließt die Gläubigerversammlung die **Stilllegung** des Unternehmens, folgt daraus nicht zwingend die sofortige Schließung. Mit diesem Votum ist zunächst nur die Entscheidung gegen einen Insolvenzplan und die übertragende Sanierung getroffen. Die Verwertung eines Warenlagers kann auch im Wege der Ausproduktion erfolgen. Wenn die Gläubigerversammlung keine weiteren Vorgaben beschließt, hat der Verwalter zu prüfen, ob die Kosten der Ausproduktion (Lohnfortzahlung, Miete etc.) durch den Mehrerlös gegenüber einer Pauschalverwertung ohne Ausproduktion gerechtfertigt sind. Der Verwalter wird zu seiner eigenen Sicherheit beide Szenarien durchgerechnet und der Gläubigerversammlung zur Entscheidung vorgelegt haben (Muster bei *Mohrbutter/Ringstmeier/Voigt-Salus/Pape* § 22 Rn. 59 ff.).

4   In der **Insolvenz natürlicher Personen** kann eine Einstellung der selbständigen Tätigkeit nicht beschlossen werden. Diese Einstellung käme einer unzulässigen Untersagung der Erwerbstätigkeit gleich. Der Verwalter kann dem Schuldner nur die materiellen Vermögensgegenstände entziehen, soweit sie pfändbar sind (*Tetzlaff* ZInsO 2005, 393). §§ 36 InsO, 811 Ziff. 5 ZPO hat der Verwalter zu beachten (a.A. *Zimmermann* ZInsO 2011, 2057 [2060]). Dem Verwalter bleibt nur die Möglichkeit, die selbständige Tätigkeit des Schuldners nach § 35 Abs. 2 Satz 1 InsO freizugeben. Kommt der Schuldner seiner Obliegenheit nach § 295 Abs. 2 InsO nicht nach, riskiert er die Restschuldbefreiung.

5   Abs. 2 erwähnt ausdrücklich den Auftrag an den Verwalter zur Ausarbeitung und Vorlage eines **Insolvenzplanes** nach den §§ 217 ff. InsO (zur Planinitiativpflicht: *Antoni* NZI 2013, 236 [237]). Auch wenn der Verwalter den Plan im Termin bereits vorlegt, bedarf es eines Beschlusses der Gläubigerversammlung. Gleiches gilt bei Vorlage des Planes durch den Schuldner, der nach § 218 InsO zur Vorlage berechtigt ist. Bei der **Eigenverwaltung** kann auch der Sachwalter den Plan erstellen und vorlegen, § 284 Abs. 1 InsO. In jedem Fall wird die Versammlung der Planausarbeitung nur zustimmen, wenn sie Vorteile gegenüber der Liquidation oder übertragenden Sanierung erkennen kann. Die grundsätzlichen Rahmenbedingungen eines Plans müssen deshalb bei der Entscheidungsfindung vorliegen (zum Plan bei Selbstständigen *Tetzlaff* ZInsO 2005, 393 [395]). Der Verwalter sollte

ebenfalls die Art des Plans (Liquidations-, Sanierungs- oder Übertragungsplan) vorstellen und das Votum der Versammlung hierzu fordern. Zu konkurrierenden Insolvenzplänen *Uhlenbruck* InsO, § 157 Rn. 13.

Die schwierige Entscheidung über **Fortführung oder Einstellung des Betriebes** erfordert eine detaillierte Information. Grundlage der Entscheidung ist der Bericht des Verwalters gem. § 156 InsO, der deshalb eine sorgfältige Analyse des Betriebes enthalten muss. Bei dieser Entscheidung gewinnt das Masseverzeichnis mit den Alternativwerten gem. § 151 Abs. 2 InsO besondere Bedeutung. Die Gläubigerversammlung wird sich regelmäßig an die Vorgaben halten und innerhalb dieses Spielraums entscheiden. Da der Bericht für die Mehrheit der Gläubiger eine verlässliche Informationsquelle ist, unterliegt der Verwalter bei der Berichterstattung erhöhten Pflichten (*BGH* ZIP 1980, 151). Das gilt insbesondere bei der Erörterung der Betriebsfortführung. Diese ist nur möglich, wenn die Kosten aus der Masse bestritten oder durch Kreditaufnahme mit der Möglichkeit der Rückführung beschafft werden können. Beschließt die Gläubigerversammlung die Fortführung aufgrund eines fehlerhaften oder unvollständigen Verwalterberichtes, kann er nach § 60 InsO haften, wenn die Masse durch die Fortführung ohne Äquivalent aufgezehrt wird. 6

B. Entscheidung der Gläubigerversammlung

Für die **Beschlussfähigkeit** der Gläubigerversammlung enthält die InsO keine besonderen Vorschriften. Die Gläubigerversammlung ist beschlussfähig, wenn wenigstens ein – stimmberechtigter (*LG Frankenthal* ZIP 1993, 378) – Gläubiger anwesend ist. Auf die Höhe der diesem Gläubiger zustehenden Forderung kommt es nicht an. Absonderungsberechtigte Gläubiger sind unter den besonderen Voraussetzungen des § 77 Abs. 2 InsO stimmberechtigt. Die Auffassung, absonderungsberechtigte Gläubiger seien wie streitige zu behandeln (s. *Schmitt* § 77 Rdn. 1 ff.), ergibt sich aus dem Gesetz nicht. Nur wenn der persönlichen Forderungen bestritten werden, ist nach § 77 Abs. 2 zu verfahren; anderenfalls haben die **absonderungsberechtigten Gläubiger** volles Stimmrecht. Erscheint im Berichtstermin kein Gläubiger – in kleineren Verfahren häufig – ist die Gläubigerversammlung beschlussunfähig (*OLG Koblenz* ZIP 1989, 660). Für die bedeutsamen Rechtshandlungen fingiert § 160 Abs. 1 Satz 3 InsO die Zustimmung der Gläubiger. Aus dieser Fiktion kann indes nicht der Schluss gezogen werden, bei einer beschlussunfähigen Gläubigerversammlung werde die Entscheidungskompetenz der Gläubigerversammlung insgesamt auf das Gericht oder den Verwalter übertragen (a.A. BK-InsO/*Undritz/Fiebig* § 157 Rn. 7 f.). Dafür fehlt es an einer gesetzlichen Kompetenzregelung (*Kübler/Prütting/Bork-Onusseit* InsO, § 157 Rn. 24; MüKo-InsO/*Görg/Janssen* § 157 Rn. 31; s.a. § 156 Rdn. 6). Zur konkreten Kompetenzübertragung s. Rdn. 9 f. Ob die Kompetenzen auf den Verwalter übergehen (so *Uhlenbruck* InsO, § 157 Rn. 26; HambK-InsO/*Decker* § 157 Rn. 14) ist zweifelhaft. Das weitere Verfahren hat sich an den gesetzlichen Vorgaben zu orientieren: Der Verwalter bleibt mangels Abwahl im Amt (§ 57), er hat die Masse zu verwerten (§ 159), die Unternehmensveräußerung nach § 162 InsO ist nicht möglich. 7

Nach dem Gesetzeswortlaut ist die Gläubigerversammlung bei der Entscheidungsfindung nicht an die Vorgaben des Verwalters gebunden. Es ist grds. Sache der Gläubiger, darüber zu entscheiden, ob die Masse kurzfristig realisiert oder durch Betriebsfortführung eine Masseerhöhung erreicht werden soll (*Pape* ZIP 1990, 1251 [1256]). Weicht die Gläubigerversammlung von den Vorgaben des Verwalters ab, kann er nur einen Aufhebungsbeschluss des Insolvenzgerichtes herbeiführen. Dafür ist Voraussetzung, dass der Beschluss der Gläubigerversammlung gegen das gemeinsame Interesse aller Gläubiger verstößt, vgl. § 78 InsO (zu dem gemeinsamen Interesse *Landfermann* BB 1995, 1649 [1653]). Der Beschluss nach § 78 InsO setzt einen Antrag noch in der Versammlung voraus (s. *Schmitt* § 78 Rdn. 9). Ein solcher Beschluss wird indes nur in Ausnahmefällen Bestand haben. Mit der Gläubigerautonomie muss man den Gläubigern auch das Recht einräumen, fehlerhafte oder wirtschaftlich unsinnige Beschlüsse zu fassen (MüKo-InsO/*Görg/Janssen* § 157 Rn. 26). Der Verwalter hat deshalb auch einen Insolvenzplan zu erstellen, wenn er ihn für nicht tragfähig hält. Auch wenn die **Betriebsfortführung** wegen der zu erwartenden **Verluste** zur Masseminderung führt, hat der Verwalter das hinzunehmen. Wenn die Gefahr besteht, dass Masseverbindlichkeiten nicht 8 mehr erfüllt werden können, gerät der Verwalter in das Haftungsrisiko aus § 61 InsO. Einen solchen Beschluss muss der Verwalter nicht ausführen. Er sollte vorsorglich Aufhebungsantrag nach § 78 InsO stellen. Regelmäßig zeigt sich diese Verlustsituation schon vor dem Berichtstermin. Der Verwalter sollte deshalb schon vor dem Termin nach § 158 InsO vorgehen. **Rechtswidrige Beschlüsse** muss der Verwalter ebenfalls nicht ausführen. Zu rechtswidrigem Handeln kann er auch durch die Gläubigerversammlung nicht gezwungen werden. Bei diesen Konstellationen muss man dem Verwalter das Recht zur Weigerung einräumen. Die in der Literatur (*Kübler/Prütting/Bork-Onusseit* § 157 Rn. 27) vorgeschlagene Demission des Verwalters würde dazu führen, dass der Verwalter eine Auseinandersetzung mit der Gläubigerversammlung als wichtigen Grund i.S.d. § 59 InsO zu seinem Entlassungsantrag wählt. Diesen Konflikt muss er indes lösen. Auseinandersetzungen mit den Gläubigern und/oder dem Schuldner sind kein zur Entlassung führender wichtiger Grund (**a.A.** *Kübler/Prütting/Bork-Onusseit* InsO, § 157 Rn. 27; HambK-InsO/*Decker* § 157 Rn. 12). Auch der Vorschlag, die eigene Entlassung zu beantragen (HambK-InsO/*Decker* § 157 Rn. 12; *Uhlenbruck* InsO, § 157 Rn. 32), hilft ihm nicht. Der Verwalter kann seine Entlassung nur aus wichtigem Grund beantragen, § 59 InsO. Ein Recht zur Niederlegung sieht die InsO nicht vor. Der Verwalter hat dagegen z.B. bei einer beschlossenen Unternehmensfortführung, die masseschädigend ist, das Recht, das Unternehmen gegen den Beschluss einzustellen (*Jaeger/Gerhardt* InsO, § 60 Rn. 243).

C. Delegation

9 Die Gläubigerversammlung hat die Möglichkeit, die ihr zugewiesenen Rechte **auf den Gläubigerausschuss** – wenn ein solcher bestellt ist – **zu delegieren** (*Heukamp* ZInsO 2007, 57 [59]; *Hess* InsO, § 157 Rn. 11; MüKo-InsO/*Görg/Janssen* § 157 Rn. 28). Zu Einzelfragen kann die Kompetenz auch auf den Verwalter übertragen werden. Es ist zulässig, dem Verwalter die bestmögliche Verwertung einzelner Vermögensgegenstände – auf welchem Wege auch immer – zu übertragen. Die **generelle Übertragung der gesamten Entscheidungskompetenz** auf den Verwalter begegnet erheblichen rechtlichen Bedenken. Diese Übertragung würde der gesetzlichen Aufgabenverteilung und den vorgesehenen Kontrollmechanismen widersprechen (*Uhlenbruck* InsO, § 157 Rn. 15; *Ericke* NZI 2000, 57 [62]; *Heukamp* ZInsO 2007, 57 [60]). Nach der pauschalen Genehmigungsfiktion des § 160 Abs. 1 Satz 3 InsO bei Beschlussunfähigkeit der Gläubigerversammlung kann dagegen davon ausgegangen werden, dass die Zustimmung zu bedeutsamen Rechtshandlungen i.S.d. § 160 InsO pauschal erteilt werden kann (s. § 160 Rdn. 26). In jedem Fall kann die Gläubigerversammlung einzelne Entscheidungen dem Verwalter überlassen. Bei den in Frage kommenden Beschlüssen, muss man zunächst sehr genau zwischen Kompetenzübertragung oder der Einräumung eines Ermessensspielraums unterscheiden. Wenn es die Gläubigerversammlung dem Verwalter überlässt, ein Grundstück bestmöglich zu verwerten, hat sie die Grundsatzentscheidung der Verwertung getroffen und nur die Höhe des Erlöses dem Verwalter überlassen. Problematisch ist es dagegen, Grundsatzentscheidungen vollständig auf den Verwalter zu übertragen. Das gilt insbesondere für die Fortführung oder Schließung des Unternehmens oder die Rechtshandlungen des § 160 InsO. Auch bei diesen Sachverhalten muss die Gläubigerversammlung Grundsätze vorgeben. So reicht es schon aus, wenn die Unternehmensfortführung gestattet wird, wenn keine Verluste zu befürchten sind. Der Verwalter sollte schon zur Vermeidung von Haftungsrisiken wenigstens Grundsatzentscheidungen der Gläubigerversammlung herbeiführen.

10 Die **Delegation** einzelner Zustimmungsrechte **auf das Insolvenzgericht** ist zulässig (*LG Frankenthal* ZIP 1993, 378, *Pape* Rpfleger 1993, 430). Auch hier gilt der Grundsatz, dass die Gläubigerversammlung die ihr zugewiesenen Kompetenzen nicht generell aus der Hand geben darf (*Uhlenbruck* InsO, § 157 Rn. 24; MüKo-InsO/*Görg/Janssen* § 157 Rn. 29). Dieser Grundsatz gilt umso mehr für das Insolvenzgericht, das für die Leitung des Verfahrens und die Aufsicht über den Verwalter zuständig ist. Das Verbot der Kompetenzübertragung greift deshalb auch für einzelne grundsätzliche Sachverhalte. Die Entscheidung über die Stilllegung des Unternehmens kann nicht auf das Gericht übertragen werden (*Kübler/Prütting/Bork-Onusseit* InsO, § 157 Rn. 24); bei fehlender Gläubigerbeteiligung muss der Verwalter nach § 159 InsO liquidieren. Vor der Einstellung des Verfahrens wegen Masseunzulänglichkeit ist die Gläubigerversammlung zu hören, § 207 Abs. 2 InsO. Diese Anhö-

rung ist unverzichtbar, da die Gläubiger die Möglichkeit haben, die Einstellung des Verfahrens durch Kostenvorschuss abzuwehren. Die Gläubiger haben die Möglichkeit, für den Fall der Masseunzulänglichkeit auf ihre Anhörung zu verzichten und der Einstellung ohne Schlusstermin zuzustimmen. Die Praxis verfährt entsprechend, wenn die Masseunzulänglichkeit bereits im Berichtstermin wahrscheinlich ist. Dagegen kann das Insolvenzgericht entscheiden, dass der vom Gericht bestellte vorläufige **Verwalter beibehalten bleibt** und kein Gläubigerausschuss bestellt wird. Die Rechtshandlungen des § 160 können vom Gericht nicht genehmigt werden, wobei diese Konstellation wegen der Fiktion des § 160 Abs. 1 Satz 3 (s. Rdn. 7) ausgeschlossen ist. Auch Entscheidungen zum Unterhalt kann das Gericht nicht treffen. Bei diesen Sachverhalten muss der Verwalter entscheiden oder Vertagung beantragen und für Gläubigerbeteiligung im nächsten Termin Sorge tragen.

D. Fehlende Beschlussfassung

Die Entscheidungskompetenz des Insolvenzgerichts ist in der Praxis in kleineren Verfahren von erheblicher Bedeutung, da die Gläubiger dort ihre Rechte nicht wahrnehmen. Diese Gläubigerversammlungen bestehen aus dem Verwalter und dem Gericht. Bei diesen Konstellationen muss der Verwalter ebenfalls entscheiden, ob er ohne die Zustimmung der Gläubiger handelt, weil diese auf ihre Rechte verzichtet haben. Der Verwalter kann auch Vertagung beantragen und sich bemühen, einzelne Gläubiger zur Teilnahme zu bewegen. Das Problem ist weitgehend durch die Möglichkeit des Schriftlichen Verfahrens auch im Regelinsolvenzverfahren nach § 5 Abs. 2 InsO beseitigt. 11

Kann sich die Gläubigerversammlung auf eine der in § 158 InsO niedergelegten Varianten nicht einigen oder überlässt sie die weitere Masserealisierung der Entscheidungskompetenz des Verwalters, hat dieser nach § 159 InsO **die Masse sofort zu verwerten**. Dem Verwalter bleibt nicht die Möglichkeit, das Unternehmen fortzuführen und Möglichkeiten der Sanierung, in welcher Form auch immer, umzusetzen. Ohne ein Votum der Gläubigerversammlung ist der Verwalter qua legem zur unverzüglichen Verwertung verpflichtet. Bei der Verwertung des schuldnerischen Unternehmens gelten besondere Grundsätze, wenn die Verwertung im Rahmen der übertragenden Sanierung möglich ist. Der Verwalter ist bei Fehlen eines Fortführungsbeschlusses deshalb nicht verpflichtet, das Unternehmen sofort zu schließen und eine Zerschlagung durchzuführen (s. § 159 Rdn. 19). 12

§ 158 Maßnahmen vor der Entscheidung

(1) Will der Insolvenzverwalter vor dem Berichtstermin das Unternehmen des Schuldners stillegen oder veräußern, so hat er die Zustimmung des Gläubigerausschusses einzuholen, wenn ein solcher bestellt ist.

(2) ¹Vor der Beschlussfassung des Gläubigerausschusses oder, wenn ein solcher nicht bestellt ist, vor der Stilllegung oder Veräußerung des Unternehmens hat der Verwalter den Schuldner zu unterrichten. ²Das Insolvenzgericht untersagt auf Antrag des Schuldners und nach Anhörung des Verwalters die Stilllegung oder Veräußerung, wenn diese ohne eine erhebliche Verminderung der Insolvenzmasse bis zum Berichtstermin aufgeschoben werden kann.

Übersicht	Rdn.		Rdn.
A. Grundsatz	1	D. Beteiligung des Betriebsrats	6
B. Stilllegung	2	E. Verfahren	8
C. Veräußerung	3		

Literatur:
Frind Probleme bei Bildung und Kompetenz des vorläufigen Gläubigerausschusses, BB 2013, 265. *Marotzke* Das Unternehmen in der Insolvenz, 2000; *Meyer-Löwy* Aufgehobene Gläubigerautonomie bei Unternehmensveräußerung vor dem Berichtstermin?, ZInsO 2011, 613; *Pannen/Riedemann* Entwurf eines Gesetzes zur Vereinfachung des Insolvenzverfahrens vom 08.02.2006 – Ein weiterer Mosaikstein für eine Reform der InsO, NZI 2006, 193; *Schmerbach/Wegener* Insolvenzrechtsänderungsgesetz 2006, ZInsO 2006, 400; *Spliedt* Vorschläge

zur Änderung des Unternehmensinsolvenzrechts (Hrsg. Arbeitskreis der Insolvenzverwalter Deutschlands e.V.), NZI 2002, 3; *Sternal* Neuregelungen zum Unternehmensinsolvenzrecht, NZI 2006, 185.

A. Grundsatz

1 Die InsO schreibt vor, das Schuldner-Unternehmen bis zur Entscheidung der Gläubigerversammlung über die Stilllegung fortzuführen. Dem Verwalter ist es grds. untersagt, schon vor dem Berichtstermin Fakten zu schaffen, die das weitere Verfahren maßgeblich beeinflussen (*Henckel* KTS 1989, 477 [479]). Wegen des nicht unerheblichen Zeitraums des Antragsverfahrens und des maximalen Zeitraums von drei Monaten zwischen Verfahrenseröffnung und Berichtstermin (§ 29 InsO) hat der Verwalter schon vor dem Berichtstermin die Möglichkeit, die Einstellung des Unternehmens zu betreiben, wenn der Masse die Kosten der Fortführung nicht zuzumuten sind. Schon im Eröffnungsverfahren kann der vorläufige Verwalter das Unternehmen mit Zustimmung des Insolvenzgerichtes nach § 22 Abs. 1 Satz 2 Ziff. 2 InsO einstellen, wenn eine Vermögensminderung droht. Seit dem 2007 in Kraft getretenen Vereinfachungsgesetz ist neben der Stilllegung auch die Veräußerung vor dem Berichtstermin im Rahmen des gesonderten Verfahrens nach § 158 InsO möglich. Mit der Ergänzung hat der Gesetzgeber das Bedürfnis der Praxis erkannt, eine übertragende Sanierung kurzfristig umzusetzen. Gläubigerausschuss und Schuldner hat der Verwalter zu informieren. Beide Organe haben eigenständige Beteiligungsrechte. Die InsO schränkt mit dieser Regelung den Handlungsspielraum des Verwalters erheblich ein (krit. dazu der *Gravenbrucher Kreis* ZIP 1989, 468 [473]; auch *Spliedt* NZI 2002, 3 [9]). Dieser Einschränkung liegt der Grundsatz zugrunde, dass die wesentlichen Entscheidungen durch die Gläubigerorgane getroffen werden. Das ESUG hat mit der Einführung des vorläufigen Gläubigerausschusses nach § 22a InsO die frühzeitige Beteiligung der Gläubiger optimiert.

B. Stilllegung

2 Nach dem Wortlaut ist die Zustimmung des Gläubigerausschusses und die Information des Schuldners vor **Stilllegung** des Schuldner-Unternehmens erforderlich. Der Unternehmensbegriff ist identisch mit dem des § 160 Abs. 2 Ziff. 1 InsO. Stilllegung ist nach der Rspr. des BAG die vollständige Auflösung der Betriebs- und Produktionsgemeinschaft (*BAG* NZA 2002, 212). Stilllegung ist damit die Einstellung jeglicher Betriebstätigkeit, regelmäßig die Einstellung der Produktionstätigkeit (*Nerlich/Römermann-Balthasar* InsO, § 158 Rn. 10). Die Stilllegung ist nicht nur die faktische Einstellung der Betriebstätigkeit. Den Mitarbeitern ist zu kündigen, die sonstigen Dauerschuldverhältnisse sind zu beenden. Aus dem Wortlaut ergibt sich nicht, ob auch die Stilllegung von Teilen des Unternehmens anzeigepflichtig ist. Der nicht Gesetz gewordene § 185 RegE sah ausdrücklich die entsprechende Anwendung der Norm auf Unternehmens- und Betriebsteile vor. Aus den Quellen ergibt sich kein Anhaltspunkt, dass die Zustimmung bei Unternehmenseinstellungen auf das ganze Unternehmen beschränkt sein soll. Dementsprechend wird man die Zustimmungspflicht auch bejahen, wenn Teile des Unternehmens stillgelegt werden sollen. Das entspricht dem Regelungszweck, weil auch **Teilstilllegungen** Fakten schaffen, die im weiteren Verlauf des Verfahrens nicht mehr rückgängig gemacht werden können (*Uhlenbruck* InsO, § 158 Rn. 3). Andererseits kann nicht jede Einstellung von Unternehmensbereichen der Zustimmung unterliegen. Gerade bei der risikobehafteten Betriebsfortführung muss eine Entscheidungskompetenz unterhalb von Maßnahmen verbleiben, die keine Auswirkung auf den Bestand des Unternehmens haben. Zur Abgrenzung ist zunächst die Terminologie Unternehmen und Betrieb zu beachten (ausf. *Schaub* Arbeitsrechtshandbuch, § 18 Rn. 8 ff.). Ob eine Teilbetriebseinstellung für das Verfahren bedeutsam i.S.d. § 160 InsO ist (so HambK-InsO/*Decker* § 158 Rn. 5; MüKo-InsO/*Görg/Jannsen* § 158 Rn. 7, die zudem darauf abstellen wollen, ob durch die Schließung der Fortgang des Verfahrens präjudiziert ist), kann objektiv nicht beurteilt werden; diese Bestimmung ist zu unscharf. Um den Handlungsspielraum des Verwalters zu gewährleisten, empfiehlt sich die Beschränkung auf wesentliche Betriebsteile (die Einstellung von Teilunternehmen ist ohnehin zustimmungspflichtig). Das BetrVG, das Beteiligungsrechte des Betriebsrates bei den beabsichtigten Stilllegungen normiert, erstreckt diese Rechte auch auf die Stilllegung wesentlicher Betriebsteile (§ 111 BetrVG Nr. 1). Die im Rahmen des Arbeitsrechts ent-

wickelten Kriterien dienen dazu, Umgehungen der Beteiligungsrechte zu verhindern. Die dort entwickelten Grundsätze und Abgrenzungskriterien können auch für das Insolvenzverfahren zum Schutz der Gläubiger und des Unternehmensbestandes herangezogen werden. Zum wesentlichen Betriebsteil ausführlich *Wlotzke/Preis* BetrVG, 3. Aufl., § 111 Rn. 14).

C. Veräußerung

Die **Veräußerung des Unternehmens** ist keine Stilllegung (*Marotzke* Das Unternehmen, Rn. 122; *Uhlenbruck* InsO, § 158 Rn. 8). Hierbei handelt es sich um eine Verwertungshandlung, die bis zum Vereinfachungsgesetz vom 13.04.2007 ausschließlich nach § 160 Abs. 2 Nr. 1 zu beurteilen war und erst nach dem Berichtstermin durchgeführt werden konnte. In der Praxis besteht häufig das Bedürfnis, das Unternehmen zur Vorbereitung der zustimmungspflichtigen übertragenden Sanierung kurzfristig auf den potentiellen Erwerber zu übertragen. Dieser möchte möglichst frühzeitig auf die weitere Entwicklung des Unternehmens Einfluss nehmen, um die Marktposition zu optimieren. Ein schneller Übergang auf einen neuen Erwerber aus der Insolvenz heraus kann häufig dem Erhaltungsinteresse dienen (*Pannen/Riedemann* NZI 2006, 193 [195]; *Sternal* NZI 2006, 185 [192]). Die Fortführung durch den Insolvenzverwalter ist immer eine vorübergehende. Die Unsicherheit der Geschäftspartner über die weitere Entwicklung des Unternehmens nimmt zu. Notwendige Investitionen werden nicht getätigt (*Schmerbach/Wegener* ZInsO 2006, 400 [407]). Die Beteiligung der Gläubiger an der frühzeitigen Unternehmensveräußerung ist unverzichtbar; eine Missachtung führt zu Schadenersatzansprüchen gegen den Verwalter (anschaulich *OLG Rostock* NZI 2011, 488 [489]). 3

Die Praxis wählte verschiedene Konstruktionen, um den Betriebsübergang kurzfristig zu ermöglichen. Entweder erfolgte die Übertragung unter dem Vorbehalt der Zustimmung der Gläubigerversammlung oder das Unternehmen wurde zunächst verpachtet. Diese Nutzungsüberlassung ist keine zustimmungspflichtige Unternehmensstilllegung (a.A. *Kübler/Prütting/Bork-Onusseit* InsO, § 159 Rn. 4a). Mit der Verpachtung bleibt das Unternehmen bestehen, die Masse ist nach wie vor Inhaberin. Indes schufen auch diese Konstruktionen keine endgültige Rechtssicherheit. Diese Sicherheit kann durch die kurzfristige Bestellung eines vorläufigen Gläubigerausschusses nach § 22a InsO schon im Eröffnungsverfahren oder nach § 67 Abs. 1 InsO unmittelbar nach Verfahrenseröffnung vor dem Berichtstermin erreicht werden (krit. zur Praxis *Meyer-Löwy* ZInsO 2011, 613 f.). Die Veräußerung im Rahmen des § 158 Abs. 2 InsO kann der Verwalter wählen, wenn ein Gläubigerausschuss nicht bestellt ist; die Praxis zieht die Bestellung eines (vorläufigen) Gläubigerausschusses vor (HK-InsO/*Ries* § 158 Rn. 4). In kleineren Verfahren sind indes die Kosten eines Gläubigerausschusses nicht verhältnismäßig. 4

Die Veräußerung ist die Übertragung des Unternehmens auf Dritte für eine Gegenleistung, die nicht notwendigerweise in Geld bestehen muss. Entscheidend ist, dass der Masse ein Gegenwert zufließt. Ob die Gegenleistung angemessen ist, muss im Rahmen des jeweiligen Verfahrens geprüft werden (dazu s. Rdn. 8 ff.). Veräußerung ist auch die Übertragung des Unternehmens auf eine aus der Masse gebildeten Auffanggesellschaft. Denn auch in diesen Fällen wird die bisherige Unternehmensstruktur massiv verändert. Erfasst wird auch die Veräußerung wesentlicher Betriebsteile (dazu s. Rdn. 2). 5

D. Beteiligung des Betriebsrats

Neben den Zustimmungsrechten der Verfahrensbeteiligten hat der Verwalter bei der Stilllegung auch die Rechte der Arbeitnehmer gem. §§ 111 ff. BetrVG zu beachten. Dementsprechend ist der **Betriebsrat** zu beteiligen (*Kübler/Prütting/Bork-Onusseit* InsO, § 158 Rn. 10). Fraglich ist dabei nur, ob die Beteiligung des Betriebsrates und die Einholung der Zustimmung der Gläubigerversammlung parallel zu erfolgen hat (so *Kübler/Prütting/Bork-Onusseit* InsO, § 158 Rn. 10). Beide Verfahren sind voneinander unabhängig zu betrachten. Auch wenn der Verwalter die Stilllegungsentscheidung getroffen hat, steht gerade wegen der notwendigen Zustimmung der weiteren Beteiligten die Durchführung nicht fest. Erst wenn die Stilllegung umgesetzt werden darf, muss der Betriebsrat be- 6 teiligt werden. Eine vorsorgliche Beteiligung ist im BetrVG nicht vorgesehen (*LAG Düsseldorf* ZInsO 2003, 100; *Uhlenbruck* InsO, § 158 Rn. 12; HK-InsO/*Ries* § 158 Rn. 7).

7   Die **Veräußerung** des gesamten Unternehmens ist **keine Betriebsänderung** nach § 111 BetrVG. Wenn indes mit der Übertragung weitere Maßnahmen, etwa Teilstilllegungen verbunden sind, ist der Betriebsrat zu beteiligen (*Wlotzke/Preis* BetrVG, 3. Aufl., § 111 Rn. 16). Auch der Übergang eines Betriebsteils löst keine Beteiligungsrechte aus (*Wlotzke/Preis* BetrVG, 3. Aufl., § 111 Rn. 18).

E. Verfahren

8   Für die Erteilung der Zustimmung ist kein besonderes **Verfahren** vorgesehen. Auch Fristen hat der Verwalter nicht zu beachten. Die Zustimmung erfolgt durch Beschluss, der den Anforderungen des § 72 InsO genügen muss. Das Beteiligungsrecht des Gläubigerausschusses, zur Einstellung bei fehlendem Gläubigerausschuss sogleich, ist unverzichtbar. Eine Stilllegung oder Veräußerung des Unternehmens vor dem Berichtstermin wäre nicht zu korrigieren, da ein stillgelegtes Unternehmen nicht mehr fortgeführt, ein veräußertes nicht mehr auf die Masse rückübertragen werden kann. Äußert sich der Gläubigerausschuss nicht, kann aus diesem Schweigen keine konkludente Zustimmung konstruiert werden (*Kübler/Prütting/Bork-Webel* InsO, § 158 Rn. 8; **a.A.** *Ehricke* NZI 2000, 57 [61]).

9   Im **Außenverhältnis** berührt eine fehlende Zustimmung des Gläubigerausschusses nicht die Wirksamkeit von Handlungen des Verwalters (*BGH* ZIP 1995, 290 zur GesO; auch *LAG Köln* AP Nr. 7 zu § 113 InsO zur Wirksamkeit von Kündigungen ohne Zustimmung des Gläubigerausschusses; *Kübler/Prütting/Bork-Webel* InsO, § 158 Rn. 4d; HambK-InsO/*Decker* § 158 Rn. 7; *Uhlenbruck/Zipperer* InsO, § 158 Rn. 10). Zwar erwähnt § 164 InsO die in § 158 InsO geregelte Zustimmung nicht. Indes handelt es sich bei dem hier geregelten Zustimmungsverfahren um eine verfahrensrechtliche Besonderheit, die auf den Rechtsverkehr keinen Einfluss hat. Dem Gericht stehen nur die aufsichtsrechtlichen Maßnahmen zur Verfügung (MüKo-InsO/*Görg/Janssen* § 158 Rn. 31).

10 Ist **kein vorläufiger Gläubigerausschuss** (zum vorläufigen Gläubigerausschuss: *Frind* BB 2013, 265 ff.) bestellt, ist der Verwalter nur verpflichtet, den Schuldner zu informieren (dazu sogleich). Gläubigerorgane oder das Insolvenzgericht sind nicht zu beteiligen. Damit ist der Verwalter vor dem Berichtstermin an keine Zustimmungen gebunden, während § 160 InsO für den Zeitraum danach die Zustimmung der Gläubigerversammlung zwingend vorschreibt. Die Stilllegung/Veräußerung vor dem Berichtstermin sollte daher auf Ausnahmen beschränkt werden (so auch MüKo-InsO/*Görg/Janssen* § 158 Rn. 19). Zur Vermeidung von Haftungsrisiken (ausf. dazu *Kübler/Prütting/Bork-Webel* InsO, § 158 Rn. 6b) wird empfohlen, rechtzeitig beim Insolvenzgericht die Einrichtung eines vorläufigen Gläubigerausschusses anzuregen oder »die dominierenden« Gläubiger einzubinden (HambK-InsO/*Decker* § 158 Rn. 7). Während die Anregung eines vorläufigen Gläubigerausschusses das Problem sachgerecht löst, kann vor der Abstimmung mit den »dominierenden« Gläubigern nur gewarnt werden. Der Verwalter begibt sich mit dieser Abstimmung in ein informelles Verfahren, das zu Recht bei den übrigen Gläubigern und dem Gericht nicht auf Zustimmung stößt.

11 Der Verwalter hat zudem den **Schuldner** von der beabsichtigten Stilllegung oder Veräußerung zu **informieren**. Die Benachrichtigung ist an keine Form gebunden. Fristen sind nicht zu beachten. Die Information hat indes so rechtzeitig zu erfolgen, dass der Schuldner sein Antragsrecht nach Abs. 2 noch ausüben kann. Ist der Schuldner nicht erreichbar, kann die Information nach dem Grundsatz des § 10 InsO unterbleiben. Der Schuldner hat die Möglichkeit, die beabsichtigte Stilllegung oder Veräußerung durch das Insolvenzgericht untersagen zu lassen, wenn diese ohne Masseschmälerung aufgeschoben werden kann. Damit ist – wenn auch in der Praxis schwer vorstellbar – die Möglichkeit des Insolvenzgerichtes eröffnet, die Stilllegung oder Veräußerung gegen die Zustimmung des Gläubigerausschusses zu untersagen. Dieses Gestaltungsrecht des Insolvenzgerichtes ist wenig sachgerecht. Wenn der Gläubigerausschuss davon überzeugt ist, dass die vom Verwalter beabsichtigte *Stilllegung* sinnvoll ist, sollte es bei der Zustimmung dieses Beteiligungsorgans verbleiben. Der Schuldner kann die schwierige Situation, in die er geraten ist, objektiv nicht besser beurteilen als

Verwalter und Gläubigerausschuss (*Haberhauer/Meeh* DStR 1995, 2005 f.; **a.A.** MüKo-InsO/*Görg/ Janssen* § 158 Rn. 29). Hinzu kommt, dass gerade der Verwalter die Verantwortung für die Masseschmälerung durch die Fortführung trägt (*Gravenbrucher Kreis* ZIP 1989, 468 [473]). Die Möglichkeit des Insolvenzgerichtes, sich gegen das Votum des Gläubigerausschusses zu wenden, ist daher mit der Gläubigerautonomie nicht vereinbar. Der Wortlaut des Gesetzes ist einer einschränkenden Auslegung indes nicht zugänglich. Das Antragsrecht des Schuldners ist nicht auf Verfahren beschränkt, bei denen kein Gläubigerausschuss bestellt wurde.

Das **Antragsverfahren** richtet sich nach allgemeinen Grundsätzen. Der Verwalter ist zu hören. Das Insolvenzgericht unterliegt der Ermittlungspflicht (§ 5 InsO); das Gericht kann einen Sachverständigen beauftragen (**a.A.** *Kübler/Prütting/Bork-Onusseit* InsO, § 158 Rn. 13). Von dieser Möglichkeit wird das Gericht regelmäßig Gebrauch machen, wenn es um die Bewertung der für die Fortführung notwendigen betriebswirtschaftlichen Planrechnungen geht. Die **Stilllegungsentscheidung** des Verwalters hat das Insolvenzgericht nicht zu überprüfen. Für die Entscheidung kommt es allein darauf an, ob die Fortsetzung bis zum Berichtstermin ohne erhebliche Minderung der Masse möglich ist. Diese Masseminderung kann sich in erster Linie aus zu erwartenden Verlusten der Fortführung ergeben. Bejaht das Insolvenzgericht die Fortführung ohne erhebliche Masseminderung, ist die Stilllegung zu untersagen, dem Gericht steht kein Ermessensspielraum zu (MüKo-InsO/*Görg/Janssen* § 158 Rn. 28), ein Beurteilungsspielraum ergibt sich aus der Frage der Erheblichkeit.

Eine **Untersagung der Veräußerung** vor dem Berichtstermin kann nur erfolgen, wenn die Veräußerung zu den vereinbarten Konditionen auch noch nach dem Berichtstermin möglich ist oder gleichwertige Alternativen bestehen, die nach dem Berichtstermin umgesetzt werden können. Zudem muss feststehen, dass durch die Fortführung keine Verluste zu erwarten sind, welche die Masse mindern.

Die Untersagung der Stilllegung oder Veräußerung setzt voraus, dass die Masse nicht »**erheblich« vermindert** wird. Welche Masseschmälerung erheblich sein soll, ergibt sich aus den Gesetzesmaterialien nicht. In der Praxis werden Quoten vorgeschlagen (BK-InsO/*Undritz/Fiebig* § 158 Rn. 14: 10 %). Ob mit diesem Wert die Erheblichkeit getroffen wird, kann bezweifelt werden. Mit einer Quote ist das Problem indes noch nicht gelöst. Die Festlegung eines bestimmten Prozentsatzes setzt die Bewertung der einzelnen Vermögenswerte voraus. Soll das Gericht Fortführungs- oder Liquidationswerte ansetzen? Da die Alternativen Fortführung/Stilllegung zur Diskussion stehen, wird man Liquidationswerte anzusetzen haben (*Haberhauer/Meeh* DStR 1995, 1442 f.). Das Gericht müsste die aus der Stilllegung resultierenden Liquidationswerte den Fortführungswerten gegenüberstellen. Zudem müssen die weiteren Kosten der Betriebsfortführung ermittelt werden. Diese Fragen kann das Gericht ohne sachverständige Ermittlungen nicht beantworten. Eine Entscheidung des Insolvenzgerichts würde damit von der tatsächlichen Entwicklung überholt.

Das Gericht entscheidet durch Beschluss, der dem Verwalter die Stilllegung oder Veräußerung untersagt. Ist die Stilllegung oder Veräußerung bereits erfolgt, soll die **Wiedereröffnung oder Rückübertragung** angeordnet werden (*Kübler/Prütting/Bork-Onusseit* InsO, § 158 Rn. 15; MüKo-InsO/ *Görg/Janssen* § 158 Rn. 30). Eine solche Anordnung wird in der Praxis nur selten umsetzbar sein. Mit der Stilllegung reißen die Kundenkontakte, der gesamte Marktzugang ab. Ohnehin nimmt das Vertrauen des Marktes mit dem Insolvenzantrag rapide ab. Auch die Veräußerung wird nur in Ausnahmefällen rückgängig gemacht werden können. Die frühzeitige Veräußerung erfolgt ja gerade, weil der Erwerber nur auf diesem Weg die Möglichkeit sieht, das Unternehmen erfolgreich fortzuführen. Häufig wird er bereits investiert haben.

Ein besonderes **Rechtsmittel** sieht die InsO weder gegen die Versagung der Stilllegung gegenüber dem Verwalter noch die Zurückweisung des Schuldnerantrages vor. Die Beschwerde ist unzulässig, § 6 InsO. Den Beteiligten bleibt die Erinnerung gem. § 11 RPflG. Verletzt der Verwalter die Beteiligungsrechte des Gläubigerausschusses oder des Schuldners, bleibt nur die Abberufung. Andere Sanktionsmittel stehen nicht zur Verfügung. Im Übrigen setzt sich der Verwalter mit der Verletzung von Beteiligungsrechten möglichen Schadensersatzansprüchen aus. Dabei ist zu berücksichtigen, dass das gerichtliche Stilllegungsverbot aus § 158 InsO nur dem Schutz des Schuldners dient (*Uhlenbruck/Zipperer* InsO, § 158 Rn. 21; MüKo-InsO/*Görg/Janssen* § 158 Rn. 32; *Kübler/Prütting/Bork-Webel* InsO, § 158 Rn. 17).

§ 159 Verwertung der Insolvenzmasse

Nach dem Berichtstermin hat der Insolvenzverwalter unverzüglich das zur Insolvenzmasse gehörende Vermögen zu verwerten, soweit die Beschlüsse der Gläubigerversammlung nicht entgegenstehen.

Übersicht

		Rdn.			Rdn.
A.	Allgemeines	1	V.	Veräußerung des Unternehmens	19
I.	Verwertung vor Berichtstermin	2	VI.	Veräußerung von Gesellschaftsanteilen	21
II.	Verwertung des vorläufigen Verwalters	3	VII.	Freigabe	23
III.	Verwertungsalternativen	6	B.	Steuerliche Folgen	24
IV.	Verwertung von Grundstückszubehör	18			

Literatur:
Beck Zur Umsatzsteuerpflicht der Verwertungskostenpauschale (§ 170 InsO) und eines vereinbarten Masseanteils bei Grundstücksveräußerungen, ZInsO 2006, 244; *Bitter* Das Verwertungsrecht des Insolvenzverwalters bei besitzlosen Rechten und bei einer (Doppel-)Treuhand am Sicherungsgut, ZIP 2015, 2249; *Farr* Belastung der Masse mit Kraftfahrzeugsteuer, NZI 2008, 78; *Frotscher* Besteuerung bei Insolvenz, 8. Aufl. 2014; *Ganter* Die Verwertung von Gegenständen mit Absonderungsrechten im Lichte der Rechtsprechung des IX. Zivilsenates des BGH, ZInsO 2007, 841; *Köchling* Informationsasymmetrien bei übertragenden Sanierungen an Insider des Insolvenzverfahrens, ZInsO 2007, 690; *Onusseit* Die steuerliche Rechtsprechung mit insolvenzrechtlichem Bezug in der Zeit v. 01.07.2006 – 31.12.2007, ZInsO 2008, 638; *Roth* Insolvenzsteuerrecht 2. Aufl. 2016; *Wegener* Löschungsanspruch des Insolvenzverwalters gegen nachrangige Grundpfandgläubiger, VIA 2015, 67; *ders.* § 108a InsO zur Insolvenzfestigkeit von Lizenzen – Zuviel des Guten?, ZInsO 2008, 352; *Zipperer* »Übertragende Sanierung« – Sanierung ohne Grenzen oder erlaubtes Risiko?, NZI 2008, 206.

A. Allgemeines

1 § 159 InsO ist die zentrale Norm zur Verwertung der Insolvenzmasse. Auch wenn die InsO den Unternehmenserhalt in § 1 InsO als eines der gesetzlichen Ziele vorgibt, bleibt es bei dem gesetzlichen Auftrag, die Masse zu verwerten. Es ist an den Gläubigern, abweichende Vorgaben zu treffen. Trifft die Gläubigerversammlung, aus welchen Gründen auch immer, keine Entscheidung, ist die Verwertung zwingend vorzunehmen. Ausdruck dieser Gläubigerautonomie ist der vorgesehene Zeitablauf. Der Verwalter hat die Entscheidung der Gläubiger im Berichtstermin abzuwarten. Der Gesetzgeber hat indes die Notwendigkeit erkannt, in Ausnahmefällen schon vor dem Berichtstermin zu handeln, § 158 InsO. Die Verwertung i.S. einer Liquidation bleibt nach wie vor der Entscheidung der Gläubigerversammlung vorbehalten. In **Verbraucherinsolvenzverfahren greift** § 158 InsO uneingeschränkt. Die Beschränkungen der §§ 313, 314 InsO sind seit 30.06.2014 aufgehoben. Bei der **Eigenverwaltung** ist zu differenzieren (a.A. HambK-InsO/*Deckert* § 159 Rn. 9: uneingeschränkt anwendbar). Die Eigenverwaltung dient der Sanierung unter Leitung des Schuldners mit Kontrolle des Sachwalters. Will der Schuldner verwerten, muss das Verfahren in das Regelinsolvenzverfahren übergeleitet werden. Die Schließung oder der Verkauf des Unternehmens zählt nicht zu dem Kompetenzbereich des Schuldners. Insoweit ist § 270 Abs. 1 Satz 2 InsO einschränkend auszulegen. Anders nur, wenn der vom Schuldner vorgelegte Insolvenzplan die Verwertung vorsieht.

I. Verwertung vor Berichtstermin

2 Vor dem Berichtstermin ist der Insolvenzverwalter nach dem Wortlaut des § 159 InsO nicht zur Verwertung verpflichtet. Ob der Insolvenzverwalter bereits vor dem Berichtstermin ein Recht zur Verwertung hat, folgt hieraus nicht. Nach dem Grundgedanken der InsO trifft die Gläubigerversammlung im ersten Berichtstermin gem. § 157 InsO die grundsätzliche Entscheidung, ob das

Schuldner-Unternehmen erhalten oder die Masse verwertet werden soll. Will der Verwalter vorher das Unternehmen stilllegen oder im Rahmen einer übertragenden Sanierung veräußern und damit die erste Grundsatzentscheidung der Liquidation treffen, muss er das besondere Verfahren des § 158 InsO einhalten. Der besonderen Zustimmung des jeweiligen Gläubigerorgans bedarf es auch, wenn der Verwalter die besonderen Rechtshandlungen des § 160 InsO vornehmen will; auch hierbei handelt es sich um Verwertungshandlungen. Gerade bei kleineren Verfahren besteht indes häufig die Notwendigkeit, schon vor dem ersten Berichtstermin zu verwerten. Eine derartige vorzeitige Verwertung verstößt gegen die Gläubigerhoheit, deren Stärkung gerade ein Ziel der Reform war. Die Praxis behilft sich hier mit entsprechenden Genehmigungsvorbehalten innerhalb der Verwertungsverträge; nach dem Wortlaut der InsO ist die (vorherige) Zustimmung, also eine Einwilligung, erforderlich. Allerdings sind die hier in Rede stehenden Verwertungshandlungen immer von Maßnahmen der Unternehmensfortführung abzugrenzen, deren Zulässigkeit aus dem insolvenzrechtlichen Fortführungsgrundsatz folgt (i.E. s. Rdn. 3). Aus § 158 InsO folgt indes auch, dass sich das Verwertungsverbot vor dem Berichtstermin auf das schuldnerische Unternehmen bezieht. Vermögensgegenstände, die nicht Bestandteil eines Unternehmens sind, können vor dem Berichtstermin verwertet werden. Diesen Weg wird der Verwalter immer dann wählen, wenn mit dem Erhalt des Vermögensgegenstands Kosten für die Masse verbunden sind.

II. Verwertung des vorläufigen Verwalters

Die Systematik der §§ 157 ff. InsO macht deutlich, dass dem vorläufigen Verwalter kein Verwertungsrecht zusteht. Auch lässt sich § 166 Abs. 1 InsO nicht analog auf den vorläufigen Insolvenzverwalter anwenden, da die Voraussetzungen für eine Analogie nicht vorliegen. Es fehlt angesichts des klaren Wortlauts schon an einer planwidrigen Regelungslücke. Die Interessenlagen sind ebenfalls nicht vergleichbar, da der vorläufige Insolvenzverwalter das Vermögen des Schuldners sichern und erhalten soll (§ 22 Abs. 1 Nr. 1 InsO). Dies verträgt sich nicht mit einer endgültigen Verwertung. Da im Antragsverfahren die Eröffnung des Verfahrens noch nicht feststeht, muss außerdem auch der Schuldner vor Vermögenseinbußen geschützt werden. Daher sind dem vorläufigen Insolvenzverwalter Verwertungshandlungen nicht erlaubt (*BGH* NJW 2001, 1496; ZIP 2003, 632 [634]). Der Gesetzgeber erwähnt als einzig zulässige Verwertungshandlung den Notverkauf verderblicher Waren (RegE zu § 26). Auch das Insolvenzgericht kann den vorläufigen Verwalter nicht zur Verwertung ermächtigen. Abs. 2 Satz 2 des § 22 InsO legt für das Insolvenzgericht ausdrücklich fest, dass die Rechtsmacht des vorläufigen Verwalters die der Sicherung und Verwaltung nicht überschreiten dürfen. Eine Überschreitung dieser Grenze würde ebenfalls die Gläubigerhoheit verletzen. Hieran ändert auch die neue Rechtsprechung zur Zulässigkeit einer Einzelermächtigung, mit der auch der vorläufige Insolvenzverwalter ohne Verfügungsverbot (»schwacher Verwalter«) Masseverbindlichkeiten begründen kann, nichts (*BGH* ZIP 2002, 1625). Auch die Neufassung des § 21 Abs. 2 Nr. 5 InsO begründet kein Verwertungsrecht sondern schafft zusätzliche Sicherungsmaßnahmen; zum Forderungseinzug sogleich. Die Erhaltung und Sicherung des Schuldnervermögens darf indes nicht statisch verstanden werden. Gerade bei der Betriebsfortführung ergeben sich zwangsläufig Verkäufe von Vermögensgegenständen, die keine Verwertungen sind. Für die Abgrenzung zwischen zulässiger Verwaltung und Verwertung schlägt *Kirchhof* die Orientierung an den Grundsätzen der Bruchteil- und Erbengemeinschaften und damit an den Grenzen der §§ 745 Abs. 1 Satz 1, 747 Satz 2, 2038 Abs. 1 Satz 2, 2040 Abs. 1 BGB vor (ZInsO 1999, 436; zur Problematik beim Verkauf von Umlaufvermögen *Foltis* ZInsO 1999, 386 ff.). Dem ist im Hinblick auf das Umlaufvermögen zuzustimmen, da die Veräußerung für eine Betriebsfortführung (§ 22 Abs. 1 Nr. 2 InsO) erforderlich ist. Mit dieser Abgrenzung soll es nach *Kirchhof* aber auch zulässig sein, Teile des Anlagevermögens zu verkaufen, um für die Masse zusätzliche Liquidität zu schaffen (*Kirchhof* ZInsO 1999, 436). Dem ist soweit zuzustimmen, als das Schuldnervermögen als Ganzes erhalten bleibt. Die Veräußerung von Betriebsteilen ist dagegen wohl insgesamt unzulässig (a.A. *Kirchhof* ZInsO 1999, 436). Diese »Verwertungshandlungen« würden Grundsatzentscheidungen zum Erhalt der konkreten Unternehmensform vorwegnehmen. Da derartige Handlungen im eröffneten Verfahren nach § 160 InsO an die Zustimmung eines Gläubigerorgans gebunden sind, muss dies erst recht im Antragsverfahren gelten.

Die konkrete Abgrenzung zwischen Verwaltung und Verwertung wird die Praxis mühsam entwickeln müssen. Dem Verwalter kann nur empfohlen werden, Verwertungen zu vermeiden oder mit der Bedingung der Zustimmung der Gläubigerversammlung zu versehen. Das gilt umso mehr, wenn es um Vermögensgegenstände geht, die mit Absonderungsrechten belastet sind (zur Rspr. des BGH *Kirchhof* ZInsO 1999, 436 [437]); zudem ist bei der **Verwertung durch den vorläufigen Verwalter** die **Kostenbeteiligung** der Masse nach den §§ 170, 171 ausgeschlossen (s. §§ 170, 171 Rdn. 5). Zum Forderungseinzug sogleich.

4 Die **Einziehung von Forderungen** ist bereits im Eröffnungsverfahren durch den vorläufigen Insolvenzverwalter zulässig. Dabei muss nach wie vor unterschieden werden zwischen starker und schwacher vorläufiger Insolvenzverwaltung. Nur der vorläufige Verwalter mit eigenen Verwaltungs- und Verfügungsrechten (§ 22 Abs. 1 InsO) ist zum Forderungseinzug berechtigt; bei der schwachen Insolvenzverwaltung nach § 21 Abs. 2 Nr. 2 2. Alt. InsO ist der Schuldner mit Zustimmung des vorläufigen Verwalters zum Forderungseinzug befugt. Forderungseinzug ist keine Verwertungshandlung sondern eine Verwaltungsmaßnahme, jedenfalls im Rahmen der Unternehmensfortführung (*Mitlehner* ZIP 2001, 677 [678]). Sind die Forderungen mit Absonderungsrechten (regelmäßig aus Sicherungszession) belastet, wird der Zessionar die Einziehungsbefugnis des Schuldners unmittelbar nach dem Insolvenzantrag widerrufen. Der Einzug ist dann nur noch zulässig mit **gesonderter Ermächtigung durch das Insolvenzgericht** nach § 21 Abs. 2 Nr. 5 InsO; dadurch sichert der Verwalter der Masse zudem die gesetzlichen Kostenpauschalen der §§ 170, 171 InsO (i.E. s. *Schmerbach* § 21 Rdn. 356 auch zur Frage, ob der Erlös aus dem Einzug separiert werden muss).

5 Als Ausnahme hierzu besteht ein Verwertungsrecht des vorläufigen Insolvenzverwalters, wenn **Gefahr im Verzug**, etwa beim Notverkauf verderblicher Ware, vorliegt. Aber auch hier ist zwischen starker und schwacher vorläufiger Insolvenzverwaltung zu unterscheiden (s. Rdn. 4).

III. Verwertungsalternativen

6 Die unverzügliche Verwertung i.S.d. § 159 InsO ist von der **Liquidation im Rahmen des Insolvenzplanes** zu unterscheiden. Der Insolvenzplan der §§ 217 ff. InsO kann ein Liquidationsplan sein, der die Verwertung der Masse detailliert regelt. Im Rahmen des Insolvenzplanes wird die Auflösungsintensität und ihre Geschwindigkeit gestaltet (ausf. *Jaffé* § 217 Rdn. 71 ff.). Der Erhalt des Unternehmens mit dem Zweck der Sanierung bedarf nach der InsO des gesonderten Insolvenzplanverfahrens, für das spezielle Regeln aufgestellt wurden (s. *Jaffé* § 217 Rdn. 73 ff.). Soweit die Gläubigerversammlung im Berichtstermin eine dieser Maßnahmen nicht beschließt und den Verwalter nicht beauftragt, einen Liquidations-, Übertragungs- und Sanierungsplan zu erstellen, ist er kraft Gesetzes verpflichtet, die sofortige Verwertung als Liquidation einzuleiten. Diese kann nach der InsO auch in der Übertragung des Unternehmens insgesamt bestehen. Wollte man dem Verwalter außerhalb des Insolvenzplanes die Möglichkeit gewähren, das Schuldnerunternehmen fortzuführen, würde man die detaillierten Planvorschriften umgehen. Verwertung heißt Umsetzen der Vermögensgegenstände in Geld (*Hess* InsO, § 159 Rn. 2; vgl. auch *BGH* NZI 2003, 259 [261] »endgültige Umwandlung realen Schuldnervermögens in Geld unmittelbar zum Zwecke der Gläubigerbefriedigung«). Vor der Verwertung hat der Verwalter zunächst zu prüfen, ob die Verwertungsgegenstände Bestandteil der Insolvenzmasse und frei von Rechten Dritter sind. Erst dann ist er bei der Gestaltung der Verwertung frei. Er kann den Einzelverkauf der Vermögensgegenstände wählen oder die öffentliche Versteigerung. Sind Vermögensgegenstände mit Rechten Dritter belastet, muss der Verwalter diese beachten. Dabei ist zwischen **Aus- und Absonderungsansprüchen** zu unterscheiden. Fällt der Vermögensgegenstand, der sich im Besitz des Verwalters befindet, nicht in die Masse, ist der Dritte aussonderungsberechtigt, § 47 InsO (s. aber § 107 InsO). Ein Verwertungsrecht des Verwalters an diesen Gegenständen besteht nicht. Sind die Vermögensgegenstände mit Absonderungsrechten belastet, ergeben sich die Verwertungsrechte des Verwalters aus den §§ 165 ff. InsO. Im Regelfall sieht die InsO für Gegenstände, die sich im Besitz des Verwalters befinden, weitgehende Verwertungsrechte vor. Immobilien können freihändig verkauft oder im Wege der Versteigerung verwertet werden. Bewegliche Sachen und Forderungen, die mit Absonderungsrechten belastet sind, darf der Ver-

walter nach § 166 Abs. 1, 2 InsO auch freihändig veräußern bzw. verwerten. Dabei muss er bei seinen Verwertungsmaßnahmen auch die Beteiligungsrechte der Insolvenzorgane gem. §§ 160 bis 163 InsO, die Beteiligungsrechte der Arbeitnehmer nach dem BetrVG und allgemeine Ordnungsvorschriften, insbesondere das Wettbewerbsrecht (s. Rdn. 8) beachten.

Die Verwertung der Masse erfolgt i.d.R. durch die **Veräußerung der Massegegenstände**. Risiken entstehen dem Verwalter aus den zwingenden Gewährleistungsregelungen des Schuldrechts (*Wittig* ZInsO 2003, 629 [635]). Diese Risiken kann der Verwalter durch Verwertung im Rahmen einer **öffentlichen Versteigerung** vermeiden, § 445 BGB. Die Versteigerung muss durch einen öffentlich bestellten Versteigerer gem. § 383 Abs. 3 BGB (MüKo-BGB/ *Wenzel* § 383 Rn. 6) durchgeführt werden (das verkennen *Ringstmeier/Homann* ZIP 2002, 505 [508]). Die Art und Weise der freihändigen Veräußerung steht im Ermessen des Verwalters. Zum einen kann er die Gegenstände verkaufen, zum anderen kann er aber auch auf die gesetzliche Form der Veräußerung, d.h. die Zwangsversteigerung (§ 165 InsO) zurückgreifen. Sofern es um die Veräußerung von beweglichen Gegenständen geht, an denen ein Absonderungsrecht besteht, greift § 166 InsO. Handelt es sich um Gegenstände, an denen der Schuldner lediglich **Miteigentum** innehat, ist eine Verwertung nur zulässig, wenn der andere dieser zugestimmt hat, vgl. auch § 747 Satz 2 BGB. 7

Um Waren möglichst schnell verkaufen zu können, kommt es häufig zu sog. **Insolvenzverkäufen**. Greift der Insolvenzverwalter zu diesem Mittel, muss er sich an die Vorschriften des Gesetzes über den unlauteren Wettbewerb halten. Nach der Liberalisierung des **Wettbewerbsrechts** im Jahr 2004 sind die Einschränkungen auf die Katalogtatbestände des unlauteren Wettbewerbs nach § 3 UWG und die Irreführung nach § 5 UWG reduziert worden. Insbesondere unterliegen Insolvenzwarenverkäufe nicht mehr den Einschränkungen der Sonderveranstaltungen (*Mohrbutter/Ringstmeier* § 23 Rn. 51). In der Preisgestaltung ist der Verwalter frei. 8

Das Verbot der Irreführung führt auch dazu, dass der Verwalter nur Waren verwerten darf, die Bestandteil der Masse sind (zu den einzelnen Konstellationen MüKo-InsO/ *Görg/Janssen* § 159 Rn. 18). Gerade professionelle Verwerter führen der Veranstaltung Waren zu, die gesondert für den Verkauf angeschafft wurden. Dieses »Beistellen« ist wettbewerbswidrig, wenn mit dem Insolvenzwarenverkauf geworben wird und die Preisgestaltung eine zusätzliche Handelsspanne enthält (MüKo-InsO/ *Görg/Janssen* § 159 Rn 18). Zulässig ist es, Waren zu verkaufen, die ursprünglich aus einer Insolvenzmasse stammt, nach dortigem Abverkauf über einen Wiederverkäufer in den Sonderverkauf gelangt (*Hefermehl/Köhler/Bornkamm* UWG, § 5 Rn. 6.3.). 9

Bei der Veräußerung der Massegegenstände ist der Insolvenzverwalter auch berechtigt, Warenbestände unter Preis zu verkaufen. Von diesem Recht kann er selbst dann Gebrauch machen, wenn dem Schuldner diese Verwertung vertraglich unter Vertragsstrafe verboten war. Das Gleiche gilt für persönliche Verwertungsschranken und **Preisbindungen** (z.B. durch Preisabsprachen) des Schuldners. An diese ist der Insolvenzverwalter niemals gebunden (*Uhlenbruck* InsO, § 159 Rn. 19). 10

In der Praxis beauftragt der Verwalter häufig einen professionellen Verwerter. Diese Verwerter wählen häufig die **öffentliche Versteigerung** als optimale Verwertungsmöglichkeit insbesondere bei größeren Massen. Dabei darf nicht übersehen werden, dass die **Verwertung zu den Kernbereichen** der Verwaltertätigkeit zählt. Bei der Beauftragung eines Verwerters hat das Gericht immer zu prüfen, ob die Beauftragung eines Dritten einen Abschlag von der Vergütung rechtfertigt (s. *Lorenz* § 4 InsVV Rdn. 16 Stichwort Verwertung von Wirtschaftsgütern). Die Verwertung größerer Massen ist indes ohne die Einschaltung professioneller Verwerter optimal nicht möglich. Eine öffentliche Versteigerung erzielt regelmäßig die höchsten Preise und bietet Gewähr der vollständigen Verwertung. Zudem sichert die öffentliche Versteigerung im Unterschied zum Einzelverkauf die Möglichkeit des Gewährleistungsausschlusses (s. Rdn. 7). In diesen Fällen ist die Beauftragung eines Verwerters gerechtfertigt; der Verwalter ist zudem mangels öffentlicher Bestellung nicht befugt, die Versteigerung durchzuführen. Dagegen sind die Fälle der Verwertung äußerst bedenklich, bei denen der Insolvenzverwalter die Verwertung über eine sog. **Verwertungs-Gesellschaft** betreiben lässt, an der er selbst oder sein Ehegatte beteiligt ist (*BGH* ZIP 1991, 324; umfassend *Uhlenbruck* InsO, § 159 Rn. 18). 11

Ebenso verhält es sich bei Grundstücksveräußerungen, die über das Maklerbüro des Ehegatten abgewickelt werden. Wegen der möglichen Interessenkollision hat der Verwalter diese Verflechtung vor Abschluss des Werkvertrages dem Gericht anzuzeigen (*BGH* ZIP 1991, 324 zur KO; MüKo-InsO/*Riedel* § 4 InsVV Rn. 21; s.a. *Lorenz* § 4 InsVV Rdn. 8; *BGH* NJW-RR 2012, 953).

12 Ist der Insolvenzverwalter im Besitz von **Kommissionsware**, so muss er diese i.d.R. zurückgeben, da sie nicht Massebestandteil sind. Der Kommissionsvertrag endet mit Verfahrenseröffnung (s. § 116 Rdn. 15). Zur Rücksendung der Waren ist der Verwalter nicht verpflichtet, er muss sie nur zur Abholung bereitstellen (*Mohrbutter/Ringstmeier* § 23 Rn. 43).

13 In der Insolvenz des **Freiberuflers** hat der Verwalter zunächst zu prüfen, ob das Inventar dem Insolvenzbeschlag unterliegt oder wegen Unpfändbarkeit nach § 811 Nr. 5 ZPO (zur Abgrenzung *Zöller/Stöber* ZPO, § 811 Rn. 24a ff.) dem Schuldner zur Fortsetzung seiner selbständigen Tätigkeit zu belassen ist. Veräußert der Insolvenzverwalter die Praxis eines Freiberuflers, ist zu beachten, dass kein Verwertungsrecht an den Unterlagen des Freiberuflers besteht, die dem Berufsgeheimnis unterliegen – obwohl diese Gegenstände nach § 36 Abs. 2 Nr. 2 InsO Gegenstände der Insolvenzmasse bilden (vgl. auch *OLG Saarbrücken* NZI 2001, 41; *Uhlenbruck/Zipperer* InsO, § 159 Rn. 31; zu Fortführungsproblemen *Kluth* NJW 2002, 186 ff.). Bei Arztpraxen ist die Übertragung der Patientendaten nur mit deren Zustimmung zulässig. Da aber der Freiberufler selbst nicht mehr die wirtschaftliche Verfügungsbefugnis über diese Unterlagen besitzt, kann die wirtschaftliche Nutzung und die Verwertung derartiger Unterlagen nur mit der Zustimmung des Insolvenzverwalters vom Freiberufler durchgeführt werden. Wenn der Freiberufler seine Tätigkeit daher fortsetzen will, muss ihm der Insolvenzverwalter die Nutzung der Patienten- oder Mandantenkartei gestatten. In diesem Zusammenhang ist es zulässig, dass die Einsichtnahme in die Kartei nur gegen Entgelt gestattet wird (*Schick* NJW 1990, 2359 [2361]). Nach § 35 Abs. 2 InsO kann der Verwalter die selbständige Tätigkeit des Schuldners unmittelbar nach Verfahrenseröffnung freigeben. Da gleichzeitig die Anwendung des § 295 Abs. 2 InsO angeordnet wird, empfiehlt sich bei kleineren Praxen die Freigabe, da ohnehin nur geringe Überschüsse zur Masse zu erwarten sind.

14 Gerade bei gut am Markt eingeführten Unternehmen stellt die **Firma** auch in der Insolvenz noch ein Vermögenswert dar. Die isolierte Verwertung der Firma berührt indes dann die Interessen des Schuldners, wenn es sich um eine Personenfirma handelt, die aus dem Familiennamen gebildet ist. Nach der Liberalisierung des Firmenrechts 1998 besteht indes keine Beschränkung mehr, auch die Firma des Einzelkaufmanns zu verwerten (*Uhlenbruck/Zipperer* InsO, § 159 Rn. 23). Ist der Schuldner eine Kapitalgesellschaft, bedarf der Verwalter auch dann nicht der Zustimmung des Gesellschafters, wenn sein Familienname Bestandteil der Firma ist (*BGH* ZIP 1983, 193; *OLG Frankfurt* ZIP 1988, 590). Gleiches gilt für die GmbH & Co. KG (*BGH* ZIP 1990, 388 [390]; zur Verwertung der Firma ausführlich HambK-InsO/*Decker* § 159 Rn. 4).

15 Die **Geschäftsbücher** des Schuldners sind nach § 36 Abs. 2 Nr. 1 InsO Massebestandteil und können gesondert verwertet werden. Geschäftsbüchern sind sämtliche Aufzeichnungen und Verzeichnisse auch elektronischer Art die im Unternehmen vorhanden sind. Dazu zählen insbesondere die Unterlagen aus der Rechnungslegung, sowie die Kundendateien einschließlich der geführten Korrespondenz. Von Bedeutung für eine mögliche Verwertung sind auch Produktinformationen und Kalkulationsgrundlagen. Gerade Konkurrenten des insolventen Unternehmens sind in der Praxis an den Geschäftsbüchern häufig interessiert, um Kalkulationen und innere Organisation des Schuldners auszuwerten. Der Verwalter muss bei der Verwertung indes berücksichtigen, dass er die Geschäftsbücher auch aus dem Zeitraum vor der Insolvenz noch benötigt. Auch die Aufbewahrungsvorschriften in § 157 Abs. 3 HGB und § 74 Abs. 1 GmbHG sind zu beachten. Die Schließung der Geschäftsbücher durch das Insolvenzgericht ist – abweichend vom § 122 Abs. 2 KO – nicht mehr vorgeschrieben. Auch die Kundenkartei, einzelne Verzeichnisse und sonstige Daten können getrennt verwertet werden. In der Praxis macht der Kundenstamm häufig den Ertragswert des Unternehmens aus. Vereinbart der Verwalter mit dem Erwerber ein Konkurrenzverbot, ist daran auch der Schuldner gebunden (*OLG Saarbrücken* ZIP 2001, 164 [165]).

Gerade **gewerbliche Schutzrechte** stellen in der Insolvenz einen selbstständigen Vermögenswert dar, der zu erheblichen Veräußerungserlösen führen kann. Die Veräußerung ist ebenfalls zulässig. Bei Warenzeichen ist die Zustimmung des Schuldners erforderlich, wenn sein Name Bestandteil des Warenzeichens ist (BGHZ 32, 103 [113]; *BGH* ZIP 1990, 388). Das **Urheberrecht** weist persönlichkeitsrechtliche Elemente auf, die nicht der Zwangsvollstreckung unterliegen und damit nicht verwertbar sind. Ohne Zustimmung des Urhebers sind damit nur die Nutzungsrechte verwertbar (*Mohrbutter/Ringsmeier* § 25 Rn. 3 ff.). Bei **Patenten** ist die Beteiligung der Arbeitnehmer an der Erfindung zu berücksichtigen. § 27 ArbNErfG räumt dem Arbeitnehmer ein Vorkaufsrecht ein. Auch **Lizenzen** (i.E. *Mohrbutter/Ringsmeier* § 25 Rn. 20 ff.) sind verwertbar. Nachdem Lizenzverträge nach wie vor nicht insolvenzfest sind (zum geplanten § 108a InsO *Wegener* ZInsO 2008, 352 ff.), unterliegen die Lizenzverträge weiterhin dem Wahlrecht des Verwalters. Verwertbar ist schließlich auch die **Internet-Domaine**, die zunehmend an Bedeutung und Wert im Geschäftsverkehr gewinnt. Taxi-Konzessionen können nicht isoliert verwertet werden (*VG Aachen* ZInsO 2010, 147 [148]). Die Veräußerung kann nur mit dem Betrieb insgesamt erfolgen. 16

Immobilien kann der Verwalter freihändig veräußern oder die Zwangsversteigerung nach §§ 165 InsO, 172 ff. ZVG betreiben. Vor der freihändigen Veräußerung hat der Verwalter die Zustimmung des Gläubigerausschusses oder der Gläubigerversammlung nach § 160 Abs. 2 Satz 1 InsO einzuholen. An Vereinbarungen zwischen dem Schuldner und der Grundpfandgläubigerin zur Einstellung von Zwangsmaßnahmen ist der Verwalter nicht gebunden (*BGH* ZInsO 389, 390). Vor dem Verkauf wertausschöpfend belasteter Immobilien sollte der Verwalter mit den Grundpfandgläubigern eine Massebeteiligung vereinbaren und die zu erteilende Löschungsbewilligung für den Fall, dass der Erlös die Grundpfandrechte nicht abdeckt, sicherstellen. Der in §§ 170, 171 InsO vorgeschriebene Masseanteil ist nur für Mobilien vorgeschrieben. Zudem sollte der Verwalter sich durch Vereinbarung mit der Grundpfandgläubigerin für den Fall absichern, dass Komplikationen bei der Abwicklung des Kaufvertrages auftreten. Etwaige Forderungen aus Rücktritt oder Gewährleistungsansprüche treffen ausschließlich die Masse, während der überwiegende Kaufpreis an die Grundpfandgläubigerin abzuführen ist. Eine Löschungsbewilligung nachrangiger Grundpfandgläubiger kann der Verwalter auch bei den sog. Schornsteinhypotheken nicht erzwingen (*BGH* NZI 2015, 550 [551], zur Entwicklung der Rspr. *Wegener* VIA 2015, 67 ff.). Dem Verwalter bleibt nach wie vor nur die Möglichkeit, mit dem nachrangigen Grundpfandgläubiger eine Vereinbarung zu treffen. Die Vereinbarung von Lästigkeitsprämien ist indes insolvenzzweckwidrig und damit unwirksam (*BGH* NZI 2008, 365). Mit diesen Vereinbarungen setzt sich der Verwalter Haftungsrisiken aus (s. *Imberger* § 49 Rn. 57). In der Praxis vermittelt der Verwalter eine Vereinbarung zwischen den Grundpfandgläubigern (krit. *Schulz* EWIR 2008, 471 [472]). 17

IV. Verwertung von Grundstückszubehör

Bei der Verwertung von Unternehmen oder Unternehmensteilen können sich zu berücksichtigende Absonderungsrechte gem. § 1120 BGB auch aus den Grundpfandrechten ergeben, wenn die Schuldnerin Grundstückseigentümerin ist. Bei der Frage der Haftung des Zubehörs ist zunächst auf den Zeitpunkt der Beschlagnahme, der sich aus § 22 ZVG ergibt, abzustellen. Kommt es **vor der Beschlagnahme** des Grundstücks zur Veräußerung des Zubehörs, wird dieses zwar von der Haftung frei, der dadurch erzielte Erlös ist aber dem Grundpfandrechtsgläubiger auszuhändigen (RGZ 69, 85 [91]; BGHZ 60, 267; *Gundlach* DZWiR 1998, 485 [487]; str. Überblick zum Streitstand *Jaeger/Henckel* InsO, § 49 Rn. 48). Nach heute überwiegender Ansicht führt die **Betriebsstilllegung** nicht zur Enthaftung des Zubehörs (BGHZ 60, 267; weitere Nachweise *Gundlach* DZWiR 1998, 485 [486 Fn. 12]; *Uhlenbruck*-Zipperer § 159 Rn 15). Eine Enthaftung tritt ein, wenn das haftende Zubehör vor der Beschlagnahme in den Grenzen einer ordnungsgemäßen Wirtschaft veräußert wird (vgl. § 1122 Abs. 2 BGB; auch *Hess* InsO, § 159 Rn. 16; *Uhlenbruck/Zipperer* InsO, § 159 Rn. 15). Nicht mehr im Rahmen einer ordnungsgemäßen Wirtschaft ist die Verwertung von Zubehörstücken anzusehen, die der Befriedigung der Gläubiger dient. In diesen Fällen gilt nur dann etwas anderes, wenn das Unternehmen zeitweise fortgeführt wird und aufgrund notwendiger betrieblicher Umstellungen das Zubehör veräußert wird (vgl. *Jaeger/Henckel/Gerhardt* InsO, § 9 Rn. 47). Nach der Be- 18 schlagnahme erfolgt eine Enthaftung ausschließlich nach §§ 135 Abs. 2 BGB, 23 Abs. 2 ZVG (*Jaeger/Henckel/Gerhardt* InsO, § 49 Rn. 51). Erfolgt die Entfernung des Zubehörs vom Grundstück schuldhaft, so wird dadurch das bestehende Grundpfandrecht verletzt. Da es sich dabei um ein sonstiges Recht i.S.v. § 823 Abs. 2 BGB handelt, entsteht ein Schadensersatzanspruch, der gem. § 55 Abs. 1 Nr. 1 InsO eine Masseverbindlichkeit ist. Darüber hinaus kann der Insolvenzverwalter auch persönlich gem. § 60 InsO haften.

V. Veräußerung des Unternehmens

19 Nach wie vor ist die **übertragende Sanierung** der in der Praxis am häufigsten gewählte Weg, das schuldnerische Unternehmen zu erhalten (*Zipperer* NZI 2008, 206 ff.; *Köchling* ZInsO 2007, 690 [691] m.w.N.; rechtsvergleichend *Müller-Feldhammer* ZIP 2003, 2186). Der Verwalter überträgt sämtliche Aktiva an den Erwerber, während die Verbindlichkeiten im Rahmen der Insolvenz abgewickelt werden. Mit dieser als **asset deal** bezeichneten Verwertung werden die wirtschaftlichen Werte erhalten (Einzelheiten *Mohrbutter/Ringstmeier* § 23 Rn. 86 ff.). Neben den zivilrechtlichen Besonderheiten des Unternehmensverkaufs hat der Verwalter die Zustimmungsrechte der Insolvenzorgane gem. § 160 Abs. 2 Satz 1 InsO zu beachten. Daneben sind weitere konkrete Zustimmungsvorbehalte zu beachten. So muss der Verwalter nach § 162 InsO für eine Veräußerung des Unternehmens im Ganzen an die dort genannten Personen eine weitere Zustimmung einholen. Gleiches gilt gem. § 163 InsO für Übertragungen, wenn Gläubiger oder der Schuldner vorzuziehende Alternativen geltend machen. Zu Betriebsveräußerung im Rahmen der übertragenden Sanierung *Wellensiek* WM 1999, 405 [409 ff.]; *ders.* NZI 2002, 233 ff.). Schwierigkeiten bereitet in diesen Fällen vor allem die Frage des Gläubigerschutzes bei Veräußerung unterhalb des Verkehrswertes. Die Regelungen der §§ 160 ff. InsO sind nicht in der Lage, dieses Problem umfassend zu bewältigen (auch *Müller-Feldhammer* ZIP 2003, 2186 [2188 f.]). Bei strukturellen Maßnahmen im personellen Bereich kommt der Verwalter regelmäßig um einen Sozialplan nach §§ 123 ff. InsO nicht herum. Risiken ergeben sich immer wieder aus § 613a BGB.

20 Außerhalb der InsO hat der Verwalter insbesondere bei Umstrukturierungen vor dem Verkauf die Beteiligungsrechte der Arbeitnehmer-Vertretung aus § 111 BetrVG zu beachten (Überblick über die vom Verwalter zu berücksichtigenden Beteiligungsrechte der Arbeitnehmervertretung bei *Hess* ZIP 1985, 334 ff.; *Uhlenbruck/Zipperer* InsO, § 159 Rn. 52).

VI. Veräußerung von Gesellschaftsanteilen

21 Statt der übertragenden Sanierung kann der Verwalter auch die Anteile am insolventen Unternehmen veräußern. Dieser **share deal** wird gewählt, um die steuerlichen Vorteile aus einem Verlustvortrag zu erhalten. Auch wenn wichtige Verträge auf den Erwerber unter Vermeidung der Risiken einer Kündigung auf den Erwerber übergehen sollten, kommt die Anteilsübertragung in Frage. Gleiches gilt, wenn eine Vielzahl von Verträgen übergehen sollen. Mit diesem share deal bleiben die Verbindlichkeiten bestehen, da der Unternehmensträger nicht abgewickelt wird.

22 Von diesem share deal ist die Verwertung von Gesellschaftsanteilen/Aktien der insolventen Gesellschafter/Aktionäre zu unterscheiden. Gerade bei Personengesellschaften sind die gesellschaftsrechtlichen Besonderheiten wie z.B. Ausschlussklauseln zu berücksichtigen. Bei diesen wirksamen Ausschlussklauseln ist der Verwalter nicht zur Verwertung berechtigt sondern darauf beschränkt, die Abfindung für die Masse zu fordern. Verwerten darf der Verwalter auch ein **verpfändetes Aktienpaket,** wenn er weiterhin die Mitgliedschaftsrechte ausüben kann (*BGH* 24.09.2015 – IX ZR 272/13, Rn. 25 ff.; dazu ausf. *Bitter* ZIP 2015, 2249 [2250 f.]). Solange der Inhaber die Mitgliedschaftsrechte ausüben kann, sind die Aktien Bestandteil seines Vermögens (*BGH* 24.09.2015 – IX ZR 272/13, Rn. 27 ff.), so dass für das Verwertungsrecht des Verwalters mittelbarer Besitz der zweiten Stufe ausreicht (*BGH* 24.09.2015 – IX ZR 272/13, Rn. 19). Die das Verwertungsrecht begründende Zuordnung zum Schuldnervermögen endet mit der Übertragung der Wertpapiere an einen Treuhänder (*BGH* 24.09.2015 – IX ZR 272/13, Rn. 34 ff.; dazu *Bitter* ZIP 2015, 2249 [2252 ff.]). Zum Ganzen s. § 166 Rdn. 17.

VII. Freigabe

Die Terminologie zur Freigabe ist teilweise verwirrend. Als Verwertung der Massegegenstände kann die **erkaufte Freigabe** erfolgen. Diese erkaufte Freigabe ist von der echten Freigabe zu unterscheiden. Mit dieser Freigabe, die für Teilbereiche jetzt in § 35 Abs. 2 InsO geregelt ist, scheidet der Vermögensgegenstand aus der Masse aus. Mit der unechten Freigabe bestätigt der Verwalter die Aussonderungsrechte; sie ist lediglich deklaratorisch. Sofern der Schuldner noch über insolvenzfreies Vermögen verfügt, kann er selbst massezugehörige Gegenstände erwerben. Da er nach wie vor Eigentümer der Sachen und Rechte ist, kann in den Vertrag nur noch eine Freigabeerklärung aufgenommen werden (*Uhlenbruck* InsO, § 159 Rn. 60). Dadurch wird der Insolvenzbeschlag aufgehoben. In diesem Zusammenhang sind die Gutglaubensvorschriften nicht anwendbar; dies folgt bereits aus dem Wortlaut des § 932 Abs. 2 BGB (»ihm gehört«). Der Schuldner kann sich daher nicht auf seinen guten Glauben berufen, dass der Gegenstand zur Insolvenzmasse gehöre (*Uhlenbruck* InsO, § 159 Rn. 61).

B. Steuerliche Folgen

Die Verwertungserlöse nach Verfahrenseröffnung sind grds. **umsatzsteuerpflichtig**. Bei der übertragenden Sanierung ist die **Steuerfreiheit nach § 1 Abs. 1a UStG** wegen Geschäftsveräußerung zu prüfen. Voraussetzung ist stets, dass der Erwerber den Betrieb fortführen kann. Unter bestimmten Voraussetzungen kann auch die Verwertung einzelner Vermögensgegenstände eine umsatzfreie Geschäftsveräußerung sein, wenn der Gegenstand, wie z.B. eine Immobilie, der Schwerpunkt der Geschäftstätigkeit ist (i.E. *Roth* Insolvenzsteuerrecht, 2. Aufl. Rn. 4.500). Die Steuerforderung aus den zur Masse geflossenen Erlösen sind Masseschulden nach § 55 Abs. 1 InsO (*Frotscher* S. 200). Für Verwertungen vor Verfahrenseröffnung ist § 55 Abs. 4 InsO von Bedeutung. Danach sind Umsatzsteuer aus Verwertungen oder Verwaltungsmaßnahmen in der vorläufigen Insolvenz Masseschulden. Bei der **Kfz-Verwertung** muss der Verwalter, um die Masse von der Steuerpflicht zu befreien, unverzüglich die Anzeige nach § 13 Abs. 4 Satz 1, 2 FVZ an die Zulassungsstelle erstatten. Der BFH sieht ausschließlich diese Anzeige als wirksame Maßnahme an, um die Kfz-Steuerpflicht für die Masse zu beenden (*BFH* NZI 2008, 59 [60] m. Anm. *Henkel*; *Farr* NZI 2008, 78 [80]). Bei der Verwertung von **Immobilien** sind zwei Aspekte zu beachten. Um den Vorsteuerberichtigungsanspruch nach § 15a UStG zu vermeiden, sollte der Verwalter sorgfältig die Möglichkeit prüfen, für die Umsatzsteuer nach § 9 Abs. 1 UStG zu optieren (*Mohrbutter/Ringstmeier* § 31 Rn. 98). Vereinbart der Verwalter mit der Grundpfandgläubigerin eine Massebeteiligung für den Fall der freihändigen Verwertung, unterliegt die **Verwertungspauschale** der USt (*BFH* 18.08.2005 NZI 2006, 55 ff.; dazu *Spliedt/Schacht* EWIR 2006, 841; differenziert *Beck* ZInsO 2006, 244 [246]). Bei der Verwertung **absonderungsbelasteter Mobilien** kommt es auf den Besitz und den Zeitpunkt der Verwertung an. Hat der Verwalter den Besitz und verwertet er, kann er die USt nach § 171 Abs. 2 InsO zurückhalten; die Auskehrung des Erlöses an den Gläubiger ist keine umsatzsteuerpflichtige Leistung (*BFH* NZI 2006, 55 [56]). Hat der absonderungsberechtigte Gläubiger nach Verfahrenseröffnung verwertet, weil er (im Zeitpunkt der Eröffnung) im Besitz der Sache war, entsteht nach der sog. Doppelumsatztheorie die USt als Masseverbindlichkeit; die Masse hat analog §§ 170, 171 InsO einen Erstattungsanspruch gegenüber dem Gläubiger (*BGH* ZInsO 2007, 605 [606]; *Onusseit* ZInsO 2008, 638 [645]; ausf. dazu *Ganter* ZInsO 2007, 841 [844]). **Die gesetzlich vorgesehene Kostenpauschale** bei der Verwertung von Mobilien ist nach der neuen Rechtsprechung des BFH (zur Rechtslage davor s. 6. Aufl. u. MüKo-InsO/*Lwowski/Tetzlaff* § 172 Rn. 45) ebenfalls umsatzsteuerpflichtig (s. §§ 170, 171 Rdn. 17).

§ 160 Besonders bedeutsame Rechtshandlungen

(1) ¹Der Insolvenzverwalter hat die Zustimmung des Gläubigerausschusses einzuholen, wenn er Rechtshandlungen vornehmen will, die für das Insolvenzverfahren von besonderer Bedeutung sind. ²Ist ein Gläubigerausschuss nicht bestellt, so ist die Zustimmung der Gläubigerversammlung

einzuholen. ³Ist die einberufene Gläubigerversammlung beschlussunfähig, gilt die Zustimmung als erteilt; auf diese Folgen sind die Gläubiger bei der Einladung hinzuweisen.

(2) Die Zustimmung nach Absatz 1 ist insbesondere erforderlich,
1. wenn das Unternehmen oder ein Betrieb, das Warenlager im ganzen, ein unbeweglicher Gegenstand aus freier Hand, die Beteiligung des Schuldners an einem anderen Unternehmen, die der Herstellung einer dauernden Verbindung zu diesem Unternehmen dienen soll, oder das Recht auf den Bezug wiederkehrender Einkünfte veräußert werden soll;
2. wenn ein Darlehen aufgenommen werden soll, das die Insolvenzmasse erheblich belasten würde;
3. wenn ein Rechtsstreit mit erheblichem Streitwert anhängig gemacht oder aufgenommen, die Aufnahme eines solchen Rechtsstreits abgelehnt oder zur Beilegung oder zur Vermeidung eines solchen Rechtsstreits ein Vergleich oder ein Schiedsvertrag geschlossen werden soll.

Übersicht	Rdn.		Rdn.
A. Allgemeines	1	III. Beteiligungen	12
B. Grundsatz	3	IV. Darlehensaufnahme	13
C. Der Katalog des Abs. 2	7	V. Rechtsstreitigkeiten	15
I. Immobilien	7	VI. Vergleiche	17
II. Unternehmen, Warenlager, wiederkehrende Einkünfte	10	D. Verfahren	20
		E. Rechtsfolgen	27

Literatur:
Ehlers Teilnahme und Nutzen einer Mitgliedschaft im Gläubigerausschuss, BB 2013, 259; *Gundlach/Frenzel* Macht und Ohnmacht des Gläubigerausschusses – dargestellt am Beispiel des § 160 InsO, ZInsO 2007, 1028; *Heukamp* Die gläubigerfreie Gläubigerversammlung, ZInsO 2007, 57; *Pape* Ungeschriebene Kompetenzen der Gläubigerversammlung versus Verantwortlichkeit des Insolvenzverwalters, NZI 2006, 65; *Paulus/Merath* Übertragbarkeit der aktienrechtlich ungeschriebenen Zuständigkeiten auf das Insolvenzrecht, ZInsO 2011, 1129; *Wimmer* Gläubigerautonomie und Insolvenzanfechtung, ZIP 2013, 2038; *Zimmermann* Beschlussfassung des Gläubigerausschusses/der Gläubigerversammlung bzgl. besonders bedeutsamer Rechtshandlungen (§ 160 InsO), ZInsO 2012, 245.

A. Allgemeines

1 § 160 InsO ist Ausdruck der grundsätzlichen Aufgaben- und Kompetenzverteilung in der Insolvenz. Während der Verwalter gleichsam für die Geschäftsführung (*Mohrbutter/Ringstmeier-Voigt-Salus/Pape* § 21 Rn. 83: Manager der Gläubigerbefriedigung) zuständig ist, treffen die Gläubigerorgane die Grundsatzentscheidungen zum Verlauf des Verfahrens. Diese dem Gesellschaftsrecht vergleichbare Zuständigkeitsregelung bestätigt, dass die Gläubiger das entscheidende Organ des Insolvenzverfahrens sein sollen. In der Praxis trifft wegen mangelnder Gläubigerbeteiligung häufig der Verwalter faktisch die maßgeblichen Entscheidungen. Die InsO sieht einheitliche zustimmungspflichtige Geschäfte vor. Die aufgezählten Rechtshandlungen sind von so grundsätzlicher Bedeutung, dass in jedem Fall die Zustimmung der Gläubiger erforderlich ist (RegE BT-Drucks. 12/2443 S. 174). Abs. 1 enthält eine Generalklausel und fordert die Zustimmung für alle bedeutenden Rechtshandlungen. Eine Wertgrenze legt das Gesetz nicht fest. § 160 InsO ist gleichsam die Generalklausel der Zuständig der Gläubiger. In den Folgenormen finden sich besondere Rechte des Schuldners bei bedeutsamen Rechtshandlungen (§ 161 InsO) und besondere Vorgaben bei »sensiblen« Rechtshandlungen, wie Insidergeschäften (§ 162 InsO) und Veräußerungen unter Wert (§ 163 InsO).

2 In der **Eigenverwaltung** greift § 160 über § 276 InsO. Anwendbar ist auch die Zustimmungsfiktion des § 160 Abs. 1 Satz 3 (s. *Foltis* § 276 Rdn. 11; *Kübler/Prütting/Bork-Pape* InsO, § 160 Rn. 6; a.A. *Uhlenbruck/Zipperer* InsO, § 276 Rn. 3). Die Nichterwähnung in § 276 ist ein Redaktionsversehen.

B. Grundsatz

§ 160 InsO gibt dem Verwalter auf, zu bestimmten, für das Verfahren besonders bedeutsamen Rechtshandlungen die Zustimmung des Gläubigerausschusses oder der Gläubigerversammlung einzuholen. Abs. 2 nennt konkrete Sachverhalte. Die Aufzählung der Beispiele ist nicht abschließend. Auf diese Weise wird der Anwendungsbereich der Norm flexibel gestaltet (*Braun/Gerbers* InsO, § 160 Rn. 1; RegE BT-Drucks. 12/2443 S. 174). Die Zustimmung soll nicht nur in den konkret genannten Fällen erfolgen, sondern auf eine Vielzahl von vergleichbaren Fällen anwendbar sein. Es ist somit immer konkret am Einzelfall zu entscheiden, ob eine Zustimmung eingeholt werden muss. Für den Verwalter bedeutet diese »Flexibilität« eine erhebliche Unsicherheit. Denn wann ist eine Rechtshandlung von besonderer Bedeutung? Die InsO gibt kein Kriterium vor; auch aus den Gesetzesmaterialien ergibt sich kein Anhaltspunkt. Konkrete Wertgrenzen oder Masseanteile (BK-InsO/*Undritz/Fiebig* § 160 Rn. 19: 25–50 T € oder 10 % der Masse; *Haarmeyer/Wutzke/Föster* HdbInsR, Kap. 5 Rn. 346 befürwortet eine Grenze bei 10 % der Insolvenzmasse, *Braun/Gerbers* InsO, § 160 Rn. 3 schlägt eine 25 %-Grenze vor), sind ungeeignet. Sie bringen nur vermeintlich Rechtssicherheit (HK-InsO/*Ries* § 160 Rn. 2; HambK-InsO/*Decker* § 160 Rn. 2; *Zimmermann* ZInsO 2012, 245 [246]). Der Katalog des Abs. 2 macht deutlich, dass immer außergewöhnliche Risiken, Belastungen der Masse oder Abweichungen vom gesetzlich vorgesehenen Ablauf des Verfahrens gemeint sind. Es kommt auf qualitative Elemente an (*Paulus/Merath* ZInsO 2011, 1129 [1131] mit Anleihen zum Aktienrecht; MüKo-InsO/*Görg/Janssen* § 160 Rn. 9). Gerade Verwertungen außerhalb der vorgesehenen Zeiträume werden deshalb immer zustimmungspflichtig sein. Wegen der drohenden Sanktionen bei Handeln ohne Zustimmung kann deshalb nur empfohlen werden, in Grenzfällen immer eine Zustimmung einzuholen.

Die Zustimmungspflicht ergibt sich allein aus der Wichtigkeit und Tragweite des Geschäftes. Zu der Grundsatzentscheidung, ob das **Unternehmen eingestellt** werden soll, sieht § 158 InsO gesondert die Zustimmung vor. Hätte der Gesetzgeber die Generalklausel des Abs. 1 ernst genommen, wäre § 158 InsO entbehrlich. Von besonderer Bedeutung werden die beabsichtigten Rechtshandlungen immer dann sein, wenn sie Einfluss auf den Bestand der Masse haben oder nicht unerhebliche Risiken der Inanspruchnahme nach sich ziehen können. Die **Übernahme von Bürgschaften** zu Lasten der Masse ist regelmäßig zustimmungspflichtig, wenn die Bürgschaftssumme nicht völlig unbedeutend ist. Gleiches gilt sicherlich für unternehmensbezogene Grundsatzentscheidungen bei der Betriebsfortführung. Als Kriterium wird hier die Betriebsänderung i.S.d. § 111 BetrVG heranzuziehen sein. Ein Sozialplan ist nach Abs. 2 Nr. 3 als Vergleich zustimmungspflichtig. Wegen der haftungsrechtlichen Folgen für den Verwalter ist Abs. 1 immer restriktiv auszulegen. Der Gesetzgeber bringt das durch die Notwendigkeit der »besonderen« Bedeutung für die Masse zum Ausdruck.

Die **Rechtshandlung** des § 160 InsO ist identisch mit der des § 129 InsO (MüKo-InsO/*Görg/Janssen* § 160 Rn. 5); erfasst wird neben dem rechtsgeschäftlichen Handeln jede bewusste Willensbetätigung, die eine rechtliche Wirkung auslöst (s. i.E. die Kommentierung zu §§ 129 ff. InsO).

Nach den Erfahrungen der Praxis mit **mangelnder Gläubigerbeteiligung** wurde Abs. 1 durch das Vereinfachungsgesetz vom 13.04.2007 (BGBl. I S. 509) um einen dritten Satz ergänzt, der bei Beschlussunfähigkeit eine **Genehmigungsfiktion** vorsieht. Die Genehmigungsfiktion setzt voraus, dass die Gläubiger in der Ladung darauf hingewiesen wurden. Ist die Gläubigerversammlung beschlussunfähig, weil kein Gläubiger erschienen ist, gilt die Genehmigung als erteilt. Die Genehmigungsfiktion greift auch in der Eigenverwaltung, s. Rdn. 2). Im **schriftlichen Verfahren nach § 5 Abs. 2 InsO** (dazu s. § 156 Rdn. 1) kann die Zustimmung über die Fiktion nicht erreicht werden. In diesen Verfahren wird auf eine Beschlussfassung der Gläubiger verzichtet. Eine schriftliche Beschlussfassung, gleichsam im Umlaufverfahren, ist nur in den gesetzlich vorgesehenen Ausnahmefällen (§ 242 InsO) zulässig (s. *Schmitt* § 76 Rdn. 10). Ergibt sich in einem schriftlich angeordneten Verfahren die Notwendigkeit der Genehmigung einer bedeutsamen Rechtshandlung, muss das Insolvenzgericht nach § 5 Abs. 2 Satz 3 InsO das schriftliche Verfahren aufheben.

C. Der Katalog des Abs. 2

I. Immobilien

7 Nach § 160 Abs. 2 Nr. 1 InsO ist die freihändige Verwertung von Immobilien zustimmungsbedürftig. Die Zwangsversteigerung gem. § 165 InsO und die freiwillige öffentliche Versteigerung bedürfen keiner Zustimmung (*Uhlenbruck/Zipperer* InsO, § 160 Rn. 23). Der Grund hierfür liegt darin, dass bei einer freihändigen Veräußerung möglicherweise kein Wettbewerb unter mehreren Interessenten stattfindet. Darüber hinaus sieht das Zwangsversteigerungsverfahren die gesonderte gutachterliche Wertermittlung vor, die vom Verwalter nicht zwingend durchgeführt werden muss, wenn er das Grundstück freihändig veräußert. Dass eine Verwertung der Immobilie keiner Zustimmung bedarf, wenn ein Wertgutachten vorliegt (so HambK-InsO/*Decker* § 160 Rn. 7), findet im Gesetz keine Grundlage. Es fehlt an der Öffentlichkeit der Verwertung.

8 In der Praxis gestattet die Gläubigerversammlung dem Verwalter bei belasteten Immobilien die Verwertung zu bestmöglichen Konditionen. Da ohnehin die Grundpfandgläubiger zustimmen müssen und der Erlös der Masse nicht zufließt (nur der vereinbarte Masseanteil s. § 159 Rdn. 17), begegnet dieser pauschale Beschluss keinen Bedenken. Bei belastungsfreien Immobilien sollte der Verwalter für eine objektive Wertermittlung Sorge tragen, die er der Gläubigerversammlung darlegen muss. Kostenintensive Gutachten sind nicht zwingend. Unwirksam ist die Genehmigung auch bei unzutreffender Darlegung des Verkehrswertes nicht (a.A. *Zimmermann* ZInsO 2012, 245 [247]). Bei Verwertungen unter Wert können die Gläubiger gegen den Verwalter durchaus vorgehen und Schadenersatz nach § 60 InsO fordern.

9 Bei der Freigabe von Immobilien an den Schuldner ist zu differenzieren. Nur wenn das Grundstück wertausschöpfend mit Grundpfandrechten belastet ist, bedarf die Freigabe keiner Zustimmung, da werthaltiges Vermögen für die Gläubigergesamtheit nicht aus der Masse entlassen wird. Der Verwalter kommt folglich nicht umhin, den Wert des Grundstücks ermitteln zu lassen. Nur wenn die Überbelastung offensichtlich ist, kann er darauf verzichten. Bei der Wertermittlung kann der Verwalter etwaige Altlasten ebenfalls wertmindernd berücksichtigen.

II. Unternehmen, Warenlager, wiederkehrende Einkünfte

10 Abs. 2 Nr. 1 schreibt des Weiteren die Zustimmungspflicht bei der **Veräußerung des Unternehmens** oder eines Betriebes, des Warenlagers im Ganzen sowie der Veräußerung eines Rechts auf den Bezug von wiederkehrenden Einkünften vor. Der Veräußerung eines Betriebes oder eines Unternehmens steht die Veräußerung eines Unternehmens- oder Betriebsteils gleich (RegE BT-Drucks. 12/2443 S. 224). Die Zustimmungspflicht ist auf den Verkauf wesentlicher Betriebs- und Unternehmensteile zu beschränken (ausf. dazu § 158 Rdn. 2). Nach der Ergänzung des § 158 InsO durch das Vereinfachungsgesetz ist der Verkauf des Unternehmens im Rahmen der übertragenden Sanierung schon vor der ersten Gläubigerversammlung möglich, die von der Praxis entwickelten Gestaltungen bei der Notwendigkeit der kurzfristigen Übertragung sind damit entbehrlich geworden (i.E. s. § 158 Rdn. 4). Der **Verkauf des Warenlagers** ist genehmigungspflichtig, wenn das gesamte Lager an einen Übernehmer übertragen wird. Davon abzugrenzen ist die Verwertung im Rahmen eines Räumungsverkaufs (MüKo-InsO/*Görg/Janssen* § 160 Rn. 16). Auch die in der Praxis nach Durchführung des Räumungsverkaufs vorzunehmende Verwertung der Restposten an einen Aufkäufer ist nicht genehmigungspflichtig. Wenn ein Warenlager ausschließlich aus **verderblichen Waren** besteht, entfällt die Zustimmungspflicht nicht, der Verwalter handelt bei einer vorzeitigen Pauschalverwertung nicht schuldhaft (*Nerlich/Römermann-Balthasar* InsO, § 160 Rn. 34).

11 Soweit **Nießbrauchsrechte, Renten** und ähnliche Ansprüche dem Insolvenzbeschlag unterliegen, kann der Verwalter diese Leistungen einziehen oder zum abgezinsten Preis verwerten. Der wiederkehrende Einzug unterliegt nicht der Zustimmungspflicht. Die vor der Verwertung vorzunehmende Abzinsung führt im Rahmen der anerkannten Diskontierungsverfahren zu keinem Wertverlust. Die Zustimmungspflicht wird in der Literatur deshalb kritisiert (*Nerlich/Römermann-Balthasar* InsO,

§ 160 Rn. 39). Wegen der transparenten Berechnungsgrundlagen entstehen in der Praxis keine Probleme bei der Zustimmung durch die Gläubigerversammlung.

III. Beteiligungen

Die Regelung des Abs. 2 Nr. 1 verlangt zudem eine Zustimmung bei der Veräußerung der Beteiligung des Schuldners an einem anderen Unternehmen. Der Wortlaut der InsO lehnt sich an den Beteiligungsbegriff des § 271 HGB an. Diese Anlehnung wurde vom Gesetzgeber bewusst gewählt (RegE BT-Drucks. 12/2443 S. 274). Eine Beteiligung in diesem Sinne liegt gem. § 271 Abs. 1 Satz 3 HGB bei einem Anteil von mehr als 20 % vor. Beteiligungen sind Aktien, GmbH-Anteile, Komplementär- und Kommanditeinlagen sowie die atypisch stille Beteiligung, wenn im Innenverhältnis Mitverwaltungs- und Mitspracherechte eingeräumt sind. Die typisch stille Beteiligung zählt nicht zu der von § 160 erfassten Unternehmensbeteiligung, da ohne Mitgliedschaftsrechte (*Uhlenbruck/Zipperer* InsO, § 160 Rn. 24). 12

IV. Darlehensaufnahme

Gerade bei der Unternehmensfortführung benötigt der Verwalter häufig einen Massekredit, um den Geschäftsbetrieb aufrechterhalten zu können. Diese Kreditaufnahme dient der Massemehrung. Die Kreditaufnahme ist in der Praxis von erheblicher Bedeutung. Dabei kann der Verwalter die erste Gläubigerversammlung regelmäßig nicht abwarten. Die Mittel werden kurzfristig, häufig schon im Eröffnungsverfahren benötigt. In dieser Phase kommt nur eine Einzelermächtigung durch das Insolvenzgericht in Frage. Nur wenn die Ansprüche auf Darlehnsrückzahlung Masseverbindlichkeiten werden, wird der vorläufige Verwalter einen Massekredit erhalten. Diese Absicherung des Kreditgebers erreicht der Verwalter mit der Begründung als starker Verwalter (§ 55 Abs. 2 InsO) oder der besonderen Ermächtigung durch das Insolvenzgericht zur Darlehnsaufnahme (dazu *Bornemann* § 55 Rn. 47). Im eröffneten Verfahren kann der Verwalter die Zustimmung über einen vorläufigen Gläubigerausschuss erreichen (s. Rdn. 25). 13

Abs. 2 Nr. 2 verlangt die Zustimmung der Gläubiger zu **erheblichen Darlehen**. Die KO hatte eine Darlehensaufnahme in § 134 in jedem Fall von der Zustimmung der Gläubigerversammlung abhängig gemacht. Nunmehr ist eine **erhebliche Belastung** der Masse mit Darlehensverbindlichkeiten erforderlich. Wann eine Verbindlichkeit erheblich ist, wird die Praxis erarbeiten müssen. Darlehensverbindlichkeiten, die bis zu 10 % des Massevermögens ausmachen, können sicherlich nicht erheblich sein. Vorgeschlagen wird, die Möglichkeit der kurzfristigen Rückführung als Kriterium festzulegen und als Obergrenze die Einnahmen kurzer Perioden festzulegen (MüKo-InsO/*Görg/Janssen* § 160 Rn. 21: ein Monatsumsatz; so auch *Uhlenbruck/Zipperer* InsO, § 160 Rn 26). Nach anderer Auffassung soll es darauf ankommen, ob das Darlehen mit Vermögen der Masse besichert werden muss (*Kübler/Prütting/Bork-Webel* InsO, § 160 Rn. 17). Diese Absicherung des Massekredites dürfte die Regel sein. Zu Recht weist *Pape* (NZI 2006, 65 [68]) darauf hin, dass eine feste Orientierung an Wertgrenzen keine Rechtssicherheit bietet. Das Risiko für den Verwalter ist erheblich. Treten bei der Rückführung des Darlehns Probleme auf, ist eine persönliche Inanspruchnahme nicht auszuschließen. Fehlt eine wirksame Zustimmung nach § 160 InsO kann es zu Deckungsproblemen bei der Haftpflichtversicherung kommen. Wegen dieser Risiken sollte der Verwalter Darlehen immer genehmigen lassen. In der **Eigenverwaltung** greift § 160 mit der Maßgabe, dass gem. § 275 InsO der Sachwalter mitwirken muss (*Uhlenbruck/Zipperer* InsO, § 270 Rn 35). 14

V. Rechtsstreitigkeiten

Auch die Einleitung von Rechtsstreitigkeiten mit **erheblichen Streitwerten** ist zustimmungspflichtig. Allerdings gilt dies nur für Prozesse, die der Verwalter anhängig macht. Die Einlassung auf Klagen, die gegen die Insolvenzmasse erhoben werden und die klagweise Inanspruchnahme des Gläubigerausschusses durch den Insolvenzverwalter bedürfen keiner Zustimmung. Zu den nicht zustimmungspflichtigen Klagen sollen die **Anfechtungsrechtsstreite** des Verwalters zählen (*Wimmer* ZIP 2013, 2038 [2039]). Zu diesem Ergebnis kommt man nur über eine Auslegung contra legem, weil der Ver- 15 walter über Anfechtungen im Interesse der Gesamtgläubiger frei entscheiden soll. Diese Auffassung verkennt, dass die Zustimmung der Kompetenz der Gläubigerversammlung und nicht einzelner Gläubiger unterliegt. Die Entscheidung der Gläubigerversammlung ist auch bei diesen Rechtsstreitigkeiten zu akzeptieren. Zustimmungsfrei sind **Widerklagen**, weil sie ein Verteidigungsmittel des Verwalters in Passivprozessen sind. Die **Beschlussverfahren der §§ 122, 126 InsO** sind dagegen nicht zustimmungsbedürftig. Hierbei fehlt es schon an dem erheblichen Streitwert. Zudem sind diese Verfahren Ausführungshandlungen im Rahmen der bereits genehmigten Betriebsänderungen. Die Entscheidung zur Einleitung dieser Verfahren muss der Verwalter im eigenen Ermessen treffen können. Nach der Formulierung werden wirtschaftlich weniger bedeutende Rechtshandlungen nicht erfasst, unabhängig davon, ob eine bestimmte Wertgrenze angegeben wird. Auch hier wird die Praxis die Grenzen entwickeln müssen. Klagen, die unter Inanspruchnahme der **PKH** geführt werden, sind nicht zustimmungspflichtig, da die Erfolgsaussichten in einem gesonderten Verfahren geprüft werden und Nachteile für die Masse nicht entstehen (*Zimmermann* ZInsO 2012, 245 [247]; HambK-InsO/*Decker* § 160 Rn. 11).

16 Über die **Aufnahme von anhängigen Aktiv- und Passivprozessen** (§§ 85, 86 InsO) kann der Verwalter bei erheblichen Streitwerten ebenfalls nicht ohne Zustimmung der Gläubiger entscheiden. Mit der Entscheidung kann eine Masseschmälerung verbunden sein. Die Aufnahme von Passivprozessen betrifft nach § 86 InsO ausschließlich Rechte, welche die Masse unmittelbar betreffen (Aussonderungs-, Absonderungsrechte und Masseverbindlichkeiten). Außergerichtliche **Schlichtungsverfahren und Mediationen** nach § 160 Abs. 2 Nr. 3 InsO werden schon nach dem Wortlaut von der Zustimmungspflicht nicht erfasst (*Uhlenbruck/Zipperer* InsO, § 160 Rn. 27). Bei diesen Fallgestaltungen handelt es sich um Unterfälle eines Vergleichs (dazu sogleich).

VI. Vergleiche

17 Der Abschluss eines gerichtlichen oder außergerichtlichen Vergleichs wird von § 160 InsO ebenfalls erfasst. Die Zustimmung ist für alle prozessvermeidenden oder prozessbeendenden Vergleiche erforderlich. Erfasst wird von dieser Regelung auch der Abschluss eines **Sozialplanes**, der als Betriebsvereinbarung einen Vergleich darstellt (HK-InsO/*Ries* § 160 Rn. 10; MüKo-InsO/*Görg/Janssen* § 160 Rn. 23; *BAG* WM 1985, 546; *Heinze* NJW 1980, 145 [151]; *Uhlenbruck/Zipperer* InsO, § 160 Rn. 27. Zustimmungspflichtig sind auch Vergleiche, die in **außergerichtlichen Schlichtungsverfahren oder Mediationen** getroffen wurden.

18 Auch der Abschluss eines **Schiedsvertrages** i.S.d. §§ 1025 ff. ZPO ist zustimmungsbedürftig. Dieser Vertrag muss nach dem Wortlaut ebenfalls einen erheblichen Streitwert zum Gegenstand haben. An im Zeitpunkt der Verfahrenseröffnung bestehende Schiedsverträge ist der Verwalter gebunden, ein Wahlrecht besteht nicht (s. § 103 Rdn. 63). Die Durchführung dieser Schiedsverfahren bedarf keiner Zustimmung der Gläubigerversammlung (*Kübler/Prütting/Bork-Webel* InsO, § 160 Rn 18).

19 Der Katalog des § 160 InsO unterliegt nicht der (gesonderten) Zustimmung, wenn die einzelnen Maßnahmen bereits in einem **Insolvenzplan** enthalten sind. Anderenfalls könnten einzelne Gläubiger nachträglich den Plan zum Scheitern bringen (MüKo-InsO/*Görg/Janssen* § 160 Rn. 35).

D. Verfahren

20 Um dem Ziel eines beschleunigten Verfahrens Rechnung zu tragen, sieht § 160 Abs. 1 Satz 1 InsO vor, dass die Zustimmung im Regelfall vom **Gläubigerausschuss** erteilt werden soll. Der Gläubigerversammlung steht nach Satz 2 lediglich eine Sekundärkompetenz zu, wenn ein Gläubigerausschuss nicht bestellt ist (*Vallender* GmbHR 2004, 643 [644]; *Uhlenbruck/Zipperer* InsO, § 160 Rn. 3). Die **Gläubigerversammlung** ist immer dann zuständig, wenn kein Gläubigerausschuss bestellt ist. Die Gläubigerversammlung kann sich auch die Entscheidung zu einzelnen Sachverhalten vorbehalten, wenn ein Gläubigerausschuss bestellt ist. Erforderlich ist dann ein Beschluss mit der direkten Verpflichtung des Verwalters, zu allen oder einigen unter § 160 InsO fallenden Rechtshandlungen die Zustimmung der Gläubigerversammlung einzuholen oder durch Verpflichtung des Gläubiger-

ausschusses, dessen Zustimmung nicht ohne Zustimmung der Gläubigerversammlung zu erteilen. Wenn ein Gläubigerausschuss bestellt ist und zugestimmt hat, kann die Gläubigerversammlung keine davon abweichenden Beschlüsse treffen (*LG Göttingen* ZInsO 2000, 350 f.).

Die Teilnahme an der Gläubigerversammlung ist ein Recht des einzelnen Gläubigers und ermöglicht ihm die Mitwirkung und Einflussnahme auf das Verfahren (zum Nutzen der Teilnahme ausf.: *Ehlers* BB 2013, 259 ff.). Eine Verpflichtung zur Teilnahme besteht nicht. Sofern kein Gläubigerausschuss bestellt worden ist und auch keiner der Gläubiger im Berichtstermin anwesend ist, ist die Gläubigerversammlung **beschlussunfähig**. Die Zustimmung des § 160 InsO kann dann nicht wirksam durch das Insolvenzgericht erfolgen (s. § 157 Rdn. 10). Für diesen überaus praxisrelevanten Fall sieht § 160 die **Genehmigungsfiktion** vor. Die Zustimmung gilt nach Abs. 1 Satz 3 1. HS als erteilt. Voraussetzung dieser Fiktion ist ein entsprechender Hinweis in der Ladung (Abs. 1 Satz 3 2. HS). Fehlt in der Ladung der Hinweis zu den Folgen der Beschlussunfähigkeit und Genehmigungsfiktion, ist eine fingierte Zustimmung **nichtig** (*AG Duisburg* ZIP 2010, 847 f. grds. zu den Folgen einer fehlerhaften Ladung; *Uhlenbruck/Zipperer* InsO, § 160 Rn. 4; **a.A.** *Kübler/Prütting/Bork-Webel* InsO, § 160 Rn. 7: Wirksamkeit der Fiktion aber Amtshaftungsansprüche). Der Hinweis in der Ladung erfüllt insbesondere den Zweck einer **Warnfunktion** für die Gläubiger. Diese werden mit dem Hinweis darauf aufmerksam gemacht, dass eine besonders bedeutsame Rechtshandlung vorgenommen werden soll, an deren Entscheidung sie durch Zustimmung mitwirken können. Durch das Fernbleiben von der Versammlung drücken die Gläubiger nur den Verzicht auf Beschlussfassung zu den in der Bekanntmachung angekündigten Gegenstände und nicht generell auf die Beteiligung am Verfahren aus (vgl. *Heukamp* ZInsO 2007, 57). Durch den zwingenden Hinweis in der Ladung soll auch verhindert werden, dass bewusst auf die Mitteilung verzichtet wird, um eine beschlussunfähige Gläubigerversammlung herbeizuführen und so eine Zustimmung durch die Fiktion des Abs. 1 Satz 3 1. HS InsO möglich zu machen. (**a.A.** *Kübler/Prütting/Bork-Onusseit* InsO, § 160 Rn. 7; vgl. auch *Uhlenbruck/Zipperer* InsO, § 160 Rn. 4).

Die Genehmigungsfiktion erfasst nur Tagesordnungspunkte, die in der Ladung genannt sind. Weitere Tagesordnungspunkte, die nach der Ladung oder gar während der Gläubigerversammlung hinzugefügt wurden, können über die Fiktion nicht »erledigt« werden (*Uhlenbruck/Zipperer* InsO, § 160 Rnd 4; **a.A.** HambK-InsO/*Decker* § 160 Rn. 3). Das ergibt sich schon aus allgemeinen Grundsätzen. Beschlüsse zu Tagesordnungspunkten, die in der Ladung nicht genannt wurden, sind nichtig (*BGH* ZIP 2011, 1598; *BGH* NZI 2008, 430; *Zimmermann* ZInsO 2012, 245 [248]; zur Tagesordnung s. *Schmitt* § 74 Rdn. 8).

Unter dem Begriff der Zustimmung ist die **Einwilligung**, d.h. die vorherige Zustimmung, zu verstehen (*Gundlach/Frenzel* ZInsO 2007, 1028; **a.A.** MüKo-InsO/*Görg/Janssen* § 160 Rn. 26). Die Zustimmung wird durch mehrheitlichen Beschluss herbeigeführt. Vorausgesetzt ist eine vollständige und zutreffende Information durch den Verwalter (*BGH* ZIP 1985, 423). Ist kein Gläubigerausschuss bestellt, wird die Zustimmung der Gläubigerversammlung ebenfalls im Beschlusswege erteilt (*Uhlenbruck/Zipperer* InsO, § 160 Rn. 5).

Erteilt der Gläubigerausschuss seine (nachträgliche) **Genehmigung** zu einem Rechtsgeschäft, entfällt dadurch die Eigenmächtigkeit des Verwalterhandelns. Grundsätzlich besteht in diesen Fällen keine Schadensersatzpflicht für den Verwalter. Da aber eine erteilte Zustimmung den Verwalter nicht schlechthin von seiner Verantwortung befreit, ist eine Haftung nicht ausgeschlossen (*BGH* ZIP 1985, 423; *OLG Bamberg* NJW 1953, 109 f.). **Widerruft** der Gläubigerausschuss seine Zustimmung, hat dies keine Konsequenzen für die Wirksamkeit des Rechtsgeschäfts. Auch der teilweise Widerruf einer generell erteilten Zustimmung ist zulässig (*Uhlenbruck/Zipperer* InsO, § 160 Rn. 9).

In der Praxis nimmt die Zustimmung der Gläubigerversammlung regelmäßig erhebliche Zeit in Anspruch, da die Formalien und die Ladungsfristen berücksichtigt werden müssen. Ist aufgrund besonderer Umstände eine **kurzfristige Entscheidung** notwendig, kann der Insolvenzverwalter das Rechtsgeschäft unter der aufschiebenden Bedingung der nachfolgenden Genehmigung durch das zuständige Gläubigerorgan abschließen. Bei der Darlehnsaufnahme ist diese Konstruktion nicht realisierbar. Der Verwalter kann die Zustimmung dann nur über einen **vorläufigen Gläubigerausschuss** des § 67 Abs. 1 InsO erreichen. Aus dem Gesetz ergibt sich kein Anhaltspunkt, dass die Entscheidungen nur von einem durch die Gläubigerversammlung bestellten Ausschuss getroffen werden können (MüKo-InsO/*Görg/Janssen* § 160 Rn. 30).

26 Ob die **Gläubigerversammlung** dem Verwalter eine **Pauschalermächtigung** für alle zustimmungspflichtigen Sachverhalte erteilen kann, war bisher umstritten (dafür MüKo-InsO/*Görg/Janssen* § 160 Rn. 32). Die neu geschaffene Genehmigungsfiktion des Abs. 1 Satz 3 für sämtliche bedeutsamen Rechtshandlungen durch das Vereinfachungsgesetz vom 13.04.2007 macht deutlich, dass der Gesetzgeber eine Pauschalermächtigung für zulässig hält. Zulässig sind auch Pauschalermächtigungen für einzelne Sachverhalte (s. § 157 Rdn. 9). Wegen dieser Möglichkeit kommt der vollständigen Ladung eine besondere Bedeutung zu. Eine **generelle Zustimmung** durch den **Gläubigerausschuss** zu allen Handlungen des Verwalters wird zu Recht für unzulässig gehalten. Mit dieser Generalermächtigung wird der Gläubigerausschuss seiner Überwachungspflicht nicht gerecht (MüKo-InsO/*Görg/Janssen* § 160 Rn. 31). Teilweise wird in der Generalermächtigung, ebenfalls zu Recht, sogar eine »pflichtwidrige Verweigerung der übernommenen Aufgaben« gesehen (MüKo-InsO/*Görg* § 160 Rn. 30; *Nerlich/Römermann-Balthasar* InsO, § 160 Rn. 18).

E. Rechtsfolgen

27 Die Zustimmung des Gläubigerorgans berechtigt den Verwalter, verpflichtet ihn aber nicht. Ein Weisungsrecht hat das Gläubigerorgan nicht. Der Verwalter muss nach sorgfältiger Prüfung entscheiden können, die Maßnahme nicht durchzuführen (*Pape* NZI 2006, 655 [659]; *Uhlenbruck/Zipperer* InsO, § 160 Rn 10; *Kübler/Prütting/Bork-Webel* InsO, § 160 Rn 4).

28 Die Zustimmung der Gläubigerorgane entledigt den Verwalter nicht uneingeschränkt von seiner Verantwortlichkeit. Eine persönliche Verantwortung ist auch dann aufgrund besonderer Umstände möglich. So kann der Verwalter haften, wenn er schuldhaft gegenüber dem Gläubigerausschuss die Sach- und Rechtslage unrichtig oder unvollständig darstellte. Auch können sonstige Handlungen oder Unterlassungen des Verwalters Sanktionen nach sich ziehen, wenn sie dem Gläubigerausschuss eine andere, einem oder mehreren Beteiligten vorteilhafte Entscheidungen unmöglich macht (s. dazu *BGH* WM 1985, 423).

29 Handelt der Insolvenzverwalter **ohne die notwendige Zustimmung** des Gläubigerausschusses, so ist das eigenmächtig abgeschlossene Rechtsgeschäft trotzdem wirksam, § 164 (*OLG Koblenz* KTS 1962, 123). Die Notwendigkeit der Zustimmung führt zu keiner Rechtswirkung gegenüber Dritten (*Kübler/Prütting/Bork-Onusseit* InsO, § 160 Rn. 3). Der Insolvenzverwalter kann sich durch sein Vorgehen schadenersatzpflichtig machen. Des Weiteren kann das Insolvenzgericht Zwangsgelder gem. § 58 Abs. 2 InsO anordnen. Unter Umständen kann ein solches Verhalten zur Entlassung des Verwalters führen (vgl. *LG Mainz* Rpfleger 1986, 490).

30 Ein **Verstoß des Verwalters gegen einen Beschluss** des Gläubigerausschusses bzw. der Gläubigerversammlung rechtfertigt nicht ohne Weiteres dessen Entlassung (*LG Traunstein* Beschl. v. 13.07.2009 ZIP 2009, 2460 f.). Vielmehr muss in diesem Fall am Einzelfall entschieden werden, ob eine Entlassung verhältnismäßig erscheint. Das Insolvenzgericht hat im Vorweg der Entlassung weitere **aufsichtsrechtliche Maßnahmen** zu prüfen, mit denen der Verwalter zur Umsetzung des/der Beschlüsse veranlasst werden kann. Das Insolvenzgericht hat nur die Rechtsaufsicht, über Zweckmäßigkeitserwägungen kann es nicht entscheiden. Es bleibt dann die Einberufung einer erneuten Gläubigerversammlung (*Uhlenbruck/Zipperer* InsO, § 160 Rn. 28), die auch in der Bestellung eines **Sonderinsolvenzverwalters** münden kann (dazu *Jahntz* § 56 Rdn. 59 ff.).

31 Ein Verstoß des Verwalters gegen den Inhalt der Zustimmung oder Handeln ohne Zustimmung kann zudem zur **Haftung nach § 60 InsO** führen. Bei Verstoß gegen einen Beschluss der Gläubigerversammlung kann sich der Verwalter mit der Insolvenzzweckwidrigkeit des Beschlusses wehren. Mit dieser Argumentation kann er über § 78 InsO die Aufhebung des Beschlusses erreichen.

§ 161 Vorläufige Untersagung der Rechtshandlung

¹In den Fällen des § 160 hat der Insolvenzverwalter vor der Beschlussfassung des Gläubigerausschusses oder der Gläubigerversammlung den Schuldner zu unterrichten, wenn dies ohne nachteilige Verzögerung möglich ist. ²Sofern nicht die Gläubigerversammlung ihre Zustimmung erteilt hat, kann das Insolvenzgericht auf Antrag des Schuldners oder einer in § 75 Abs. 1 Nr. 3 bezeichneten Mehrzahl von Gläubigern und nach Anhörung des Verwalters die Vornahme der Rechtshandlung vorläufig untersagen und eine Gläubigerversammlung einberufen, die über die Vornahme beschließt.

Übersicht	Rdn.		Rdn.
A. Allgemeines	1	I. Antrag	5
B. Informationspflicht	3	II. Verfahren	6
C. Untersagung der Rechtshandlung	5	D. Sanktionen	10

A. Allgemeines

Die Norm optimiert den Rechtsschutz bei den bedeutsamen Rechtshandlungen des Verwalters. Insbesondere der Schuldner erhält damit Gelegenheit seinen Sachverstand einzubringen und ein gesondertes Votum der Gläubigerversammlung herbeizuführen. Dabei nimmt der Gesetzgeber in Kauf, dass Schuldner mit dem besonderen Verfahren auch die Möglichkeit haben, die Maßnahmen des Verwalters zu verzögern. Mittelbar dient das Gebot damit auch dem Schutz der Gläubiger. Da Gläubiger in der Quote des § 75 Abs. 1 Nr. 3 InsO ebenfalls antragsberechtigt sind, können sie auch gegen ein zu erwartendes Votum des Gläubigerausschusses vorgehen und die Gläubigerversammlung entscheiden lassen. Das besondere Verfahren ist bei allen bedeutenden Rechtshandlungen des § 160 InsO möglich. **1**

§ 160 verschafft dem Schuldner einen Informationsanspruch und über die allgemeinen Grundsätze des § 75 InsO hinaus, die Möglichkeit, die Einberufung einer Gläubigerversammlung zu bewirken. Die Bedeutung der Norm ist offensichtlich gering (HambK-InsO/*Decker* § 161 Rn. 1). Rechtsprechung ist hierzu, soweit ersichtlich, nicht ergangen. Für **das Planverfahren** sieht § 233 InsO eine ähnliche Regelung vor, wenn eine Verwertung die Durchführung des Plans gefährden würde. In der **Eigenverwaltung** haben die Gläubiger des § 75 Abs. 1 Nr. 3 die Möglichkeit, die Gläubigerversammlung zu beteiligen. **2**

B. Informationspflicht

Der Verwalter ist verpflichtet, den Schuldner von geplanten Maßnahmen des § 160 InsO zu informieren. Die Mitteilung bedarf keiner besonderen **Form und Frist** (*Braun/Gerbers* InsO, § 161 Rn. 3). Erforderlich ist lediglich, dass die Information **vor der Beschlussfassung** der zuständigen Organe erfolgt. Der Schuldner muss Zeit und Gelegenheit haben, sich ein vollständiges Bild über die geplante Maßnahme zu machen und ggf. den Versagungsantrag zu stellen. Zudem soll sich der Verwalter auch die internen Kenntnisse des Schuldners zunutze machen. Ist der Schuldner eine juristische Person oder ein sonstiger Verband, sind die vertretungsberechtigten Organe zu informieren. Bei einer führungslosen Gesellschaft sind deren Gesellschafter zu unterrichten. Wenn eine juristische Person ohne Vertretungsorgan ist, muss der Verwalter die Bestellung von Liquidatoren oder Notgeschäftsführern nicht abwarten (*Uhlenbruck/Zipperer* InsO, § 161 Rn. 2). Der Verwalter muss vor der Gläubigerversammlung den ihm bisher nicht bekannten neuen Aufenthaltsort des Schuldners nicht ermitteln. Dieser Zusatz dient ausschließlich dazu, den Verwalter zu entlasten, wenn der Schuldner für ihn nicht erreichbar ist. Die Mitteilung darf unterbleiben, wenn sie zu einer **Verzögerung** des Verfahrens führt. Die aus der Unterrichtung des Schuldners und einem möglichen Untersagungsverfahren folgende Verzögerung ist hinzunehmen. Das gesetzlich vorgesehene Verfahren kann keine Verzögerung i.S.d. Gesetzes sein (MüKo-InsO/*Görg/Janssen* § 161 Rn. 5). **3**

§ 161 InsO Vorläufige Untersagung der Rechtshandlung

4   Die Information darf nur bei einer nachteiligen Verzögerung unterbleiben. Im Unterschied zu der in § 158 InsO festgelegten »erheblichen Verminderung der Insolvenzmasse«, die gegen eine Untersagung der Unternehmensstilllegung streitet, lässt § 161 InsO das Unterlassen der Information an den Schuldner bereits zu, wenn die Information zu einer nachteiligen Verzögerung führt. Diese unterschiedlichen Anforderungen machen deutlich, dass eine Masseminderung nicht erforderlich ist. Entscheidend ist allein, dass die geplante Maßnahme aufgrund Zeitverzögerung scheitern kann, wenn der Schuldner nicht erreicht und damit informiert werden kann. Eine Massereduzierung ist nicht erforderlich. Bei alldem ist zu bedenken, dass die Verzögerung nur auf der Informationserteilung beruhen darf; weitere Verzögerungen durch das Verfahren sind nicht zu berücksichtigen (s. Rdn. 3).

C. Untersagung der Rechtshandlung

I. Antrag

5   Das Untersagungsverfahren setzt einen **Antrag** des Schuldners oder eines Gläubigerquorums voraus. Bei juristischen Personen wird das Antragsrecht entsprechend nach §§ 10 Abs. 2, 15 Abs. 1 InsO von den organschaftlichen Vertretern ausgeübt (*Nerlich/Römermann-Balthasar* InsO, § 161 Rn. 12). Der Antrag kann formlos gestellt werden, eine **Begründung** ist nur insoweit erforderlich, dass der Verwalter eine bedeutsame Rechtshandlung beabsichtigt. Materielle oder inhaltliche Gründe müssen gegen das Vorhaben nicht vorgebracht werden (*Kübler/Prütting/Bork-Webel* InsO, § 161 Rn. 4; *Uhlenbruck/Zipperer* InsO, § 161 Rn. 5; **a.A.** MüKo-InsO/*Görg/Janssen* § 161 Rn. 8 ohne Begründung unzulässig). Eine fehlende inhaltliche Begründung birgt das Risiko der Abweisung (s. sogleich). Der Antrag ist **unzulässig**, wenn die Gläubigerversammlung der Maßnahme bereits zugestimmt hat, S. 2 1. HS; das kann auch durch die pauschale Zustimmung nach § 160 Abs. 1 Satz 3 InsO erfolgt sein. Der Schuldner hat dann nicht die Möglichkeit, die Gläubigerversammlung noch einmal entscheiden zu lassen. Ein Beschluss des Gläubigerausschusses muss dagegen nicht abgewartet werden. Der Antrag ist auch unzulässig, wenn **kein Gläubigerausschuss bestellt** ist, dann muss der Verwalter ohnehin die Zustimmung der Gläubigerversammlung einholen. Dem Schuldner oder den Gläubigern bleiben die Aufsichtsmaßnahmen des Gerichts, weil der Verwalter gegen § 160 InsO verstößt (*Kübler/Prütting/Bork-Onusseit* InsO, § 161 Rn. 4b). Der Untersagungsantrag ist dagegen auch dann möglich, wenn der Gläubigerausschuss bereits zugestimmt hat.

II. Verfahren

6   Auf den zulässigen Antrag **muss** das Insolvenzgericht zunächst den **Verwalter anhören**. Für die nachfolgenden Entscheidungen ist zu unterscheiden. Über den **Untersagungsantrag** hat das Gericht im Rahmen des pflichtgemäßen Ermessens zu entscheiden (*Uhlenbruck/Zipperer* InsO, § 161 Rn. 5; *Kübler/Prütting/Bork-Webel* InsO, § 161 Rn. 5a; MüKo-InsO/*Görg/Janssen* § 161 Rn. 11; HambK-InsO/*Decker* § 161 Rn. 5; **a.A.** HK-InsO/*Ries* § 161 Rn. 4). Der Wortlaut des Gesetzes ist eindeutig und räumt dem Gericht das Ermessen ein. Vorgaben für diese Ermessensentscheidung ergeben sich aus dem Gesetz nicht. Überwiegend wird in der Literatur die Auffassung vertreten, das Gericht müsse auch die wirtschaftliche Zweckmäßigkeit und etwaige Nachteile für die Masse abwägen (*Uhlenbruck/Zipperer* InsO, § 161 Rn. 5). Dabei ist indes zu berücksichtigen, dass nicht nur der Verwalter die Rechtshandlung durchführen will. Auch der Gläubigerausschuss hat zugestimmt oder beabsichtigt dies. Im Wege der Ermessenreduzierung kommt eine Untersagungsentscheidung nur in Frage, wenn der Antragsteller darlegt, dass die Durchführung erhebliche Nachteile für die Masse zur Folge hat. Das häufig von den Schuldnern vorgebrachte pauschale Argument, die konkrete Verwertungsmaßnahme sei ungenügend, kann eine Versagung nicht begründen. Dann müsste der Antragsteller konkrete Alternativen darlegen, die der Verwalter nicht berücksichtigt hat. Bei einer Verweigerung des Gerichts, über die beantragte Untersagung einer vom Gläubigerausschuss genehmigten Rechtshandlung Beschluss zu fassen, kann u.U. eine **Staatshaftung** nach Art. 34 GG i.V.m. § 839 BGB in Betracht kommen. Dies jedoch nur insoweit, wie Tatsachen vorliegen, die dem Gericht den dringenden Verdacht aufdrängen, dass die jeweilige Verwaltermaßnahme zweckwidrig ist oder be-

gründeter Verdacht besteht, dass Mitglieder des Gläubigerausschusses kollusiv masseschädigend mit dem Verwalter zusammengewirkt haben (vgl. *Uhlenbruck/Zipperer* InsO, § 161 Rn. 13).

Entgegen dem Wortlaut des Gesetzes hat das Insolvenzgericht bei der Entscheidung über die **Einberufung der Gläubigerversammlung keinen Ermessensspielraum** (*Kübler/Prütting/Bork-Onusseit* InsO, § 161 Rn. 5). Anderenfalls würden die Minderheitsrechte der Gläubiger nach § 75 Abs. 1 Nr. 3 InsO missachtet. Die Beachtung der Beteiligungsrechte der Gläubigergesamtheit unterliegt nicht dem Beurteilungsspielraum des Gerichts bei der vorläufigen Untersagung. Wenn die Untersagung erfolgt, ist die Gläubigerversammlung umgehend einzuberufen. Welche Frist für die Einberufung der Gläubigerversammlung angemessen ist, bestimmt sich nach der wirtschaftlichen Bedeutung der Maßnahme und deren Dringlichkeit (*Nerlich/Römermann-Balthasar* InsO, § 161 Rn. 22). Bei Ablehnung des Antrags ist nur bei einem Gläubigerantrag unter den Voraussetzungen des § 75 InsO eine Gläubigerversammlung einzuberufen. 7

Eine Untersagung von Rechtshandlungen ist schon begrifflich nach deren Vornahme nicht mehr möglich. Bei der Vornahme ist abzustellen auf das formelle Wirksamwerden der Rechtshandlung (*Hess* InsO, § 161 Rn. 10). Das Vertrauen des Rechtsverkehrs hat Vorrang, das ergibt sich auch aus § 164 InsO. Auch die Kenntnis des Vertragspartners vom Fehlen der Zustimmung ist nicht schädlich (s. § 164 Rdn. 2). Steht dem Verwalter aus der Vornahme der Rechtshandlung ein befristetes Widerrufsrecht zu, so kann das Gericht im Wege der vorläufigen Untersagung den Widerruf anordnen (*Uhlenbruck/Zipperer* InsO, § 161 Rn. 6). 8

Die **Entscheidung** über den Versagungsantrag ergeht durch Beschluss, der sowohl dem Antragsteller als auch dem Verwalter zuzustellen ist, §§ 4 InsO, 329 ZPO. Die Untersagung hat aufschiebende Wirkung (*Uhlenbruck/Zipperer* InsO, § 161 Rn 10). Gegen die einstweilige Untersagung durch das Insolvenzgericht ist ausschließlich die Rechtspflegererinnerung möglich, vgl. § 6 InsO. Die Entscheidung des Insolvenzrichters ist unanfechtbar (MüKo-InsO/*Görg/Janssen* § 161 Rn. 16). Die vorläufige Untersagung darf nur bis zum Votum der Gläubigerversammlung angeordnet werden. Diese Entscheidung der Gläubigerversammlung ist endgültig. 9

D. Sanktionen

Ein Verstoß gegen die Untersagung des Insolvenzgerichts berührt die Wirksamkeit der Rechtshandlung im Außenverhältnis nicht. Eine Haftung besteht jedoch im Innenverhältnis gegenüber den Gläubigern, wenn der Verwalter gegen die Untersagung der Rechtshandlung verstößt, indem er schuldhaft die Maßnahme trotz des Untersagungsbeschlusses durchführt. 10

Verletzt der Verwalter die ihm obliegende Informationspflicht, sind die von ihm vorgenommenen Rechtshandlungen trotzdem wirksam (§ 164 InsO). Im Außenverhältnis entfalten die Zustimmungserfordernisse und Informationspflichten keine Wirkung, § 164 InsO (*LG Saarbrücken* ZVI 2011, 56; MüKo-InsO/*Görg/Janssen* § 161 Rn. 6; HK-InsO/*Flessner* § 161 Rn. 2). 11

Eine Verletzung der dem Verwalter obliegenden Pflichten aus § 161 InsO kann ihn gegenüber den Gläubigern und dem Schuldner zum **Schadensersatz** verpflichten, wenn sich herausstellt, dass die Masse wegen der fehlenden Informationen durch den Schuldner verkürzt oder nicht angemessen verwertet wurde. Nach anderer Ansicht soll die Haftung nur gegenüber dem Schuldner bestehen (MüKo-InsO/*Görg/Janssen* § 161 Rn. 6, die eine Schutzwirkung zugunsten der Gläubiger verneinen). Das ist zweifelhaft, weil die Pflicht, den Schuldner zu informieren, mittelbar auch die Gläubiger schützt, da das Verfahren die optimale Verwertung sicherstellt. Zudem sichert § 161 auch die Rechte der Gläubiger. Der Verwalter haftet deshalb auch gegenüber den Gläubigern. 12

§ 162 Betriebsveräußerung an besonders Interessierte

(1) Die Veräußerung des Unternehmens oder eines Betriebs ist nur mit Zustimmung der Gläubigerversammlung zulässig, wenn der Erwerber oder eine Person, die an seinem Kapital zu mindestens einem Fünftel beteiligt ist,
1. zu den Personen gehört, die dem Schuldner nahe stehen (§ 138),
2. ein absonderungsberechtigter Gläubiger oder ein nicht nachrangiger Insolvenzgläubiger ist, dessen Absonderungsrechte und Forderungen nach der Schätzung des Insolvenzgerichts zusammen ein Fünftel der Summe erreichen, die sich aus dem Wert aller Absonderungsrechte und den Forderungsbeträgen aller nicht nachrangigen Insolvenzgläubiger ergibt.

(2) Eine Person ist auch insoweit im Sinne des Absatzes 1 am Erwerber beteiligt, als ein von der Person abhängiges Unternehmen oder ein Dritter für Rechnung der Person oder des abhängigen Unternehmens am Erwerber beteiligt ist.

Übersicht	Rdn.		Rdn.
A. Allgemeines	1	D. Verfahren	7
B. Insider	3	E. Rechtsmittel	10
C. Veräußerung	4		

Literatur:
Gundlach/Frenzel/Jahn Die Zustimmung der Gläubigerversammlung gemäß § 162 InsO, ZInsO 2008, 360; *Köchling* Informationsasymmetrien bei übertragenden Sanierungen an Insider im Insolvenzverfahren, ZInsO 2007, 690.

A. Allgemeines

1 Neben der grundsätzliche Kontrolle der Unternehmensveräußerung durch den Gläubigerausschuss über § 160 InsO schafft § 162 InsO eine zwingende Beteiligung der Gläubigerversammlung bei Unternehmensveräußerungen an Insider (zum Begriff *Köchling* ZInsO 2007, 690 [691]). Die Gesetzesüberschrift ist verwirrend. Besonders interessiert ist wohl jeder »Interessent«. § 162 will vielmehr die Gläubigerversammlung bei Konzepten beteiligen, bei denen die interessierten Insider aufgrund ihrer besonderen Nähe zum Unternehmen wegen ihres Informationsvorsprunges Vorteile gegenüber Drittinteressen haben. Bei diesen Konzepten soll eine besondere Skepsis gerechtfertigt sein, weil eine Benachteiligung der Insolvenzgläubiger drohe (*Falk/Schäfer* ZIP 2004, 1337 [1339]). Das Gesetz ist damit ein Sonderfall der **Mitbestimmung der Gläubigergesamtheit** bei bedeutenden Rechtshandlungen, mithin lex specialis zu § 160.

2 Die Zustimmung der Gläubigerversammlung ist erforderlich, wenn der Interessent wegen seiner Nähe zum Schuldner oder zum Schuldnerunternehmen über besondere Kenntnisse verfügt. In diesem Fall ist nach Auffassung des Gesetzgebers die Vermutung gerechtfertigt, dass der vereinbarte Kaufpreis nicht dem Marktpreis entspricht (RegE BT-Drucks. 12/2443 S. 175), weil der Insider über mehr Informationen als der Verwalter verfügt (*Köchling* ZInsO 2007, 690 [692]). Die Zustimmung des Gläubigerausschusses nach § 160 InsO reicht dann nicht aus. Ob die Motive des Gesetzgebers der Realität entsprechen, ist zweifelhaft. Regelmäßig wird die Gläubigerversammlung die Angemessenheit des Kaufpreises nicht besser beurteilen können als der Verwalter und der Gläubigerausschuss. Schon das »Insidergeschäft« rechtfertigt indes die Information der Gläubigergesamtheit. Im **Planverfahren** greift § 162 nicht, da die Gläubiger ohnehin über die im Plan vorgesehene Veräußerung abstimmen müssen. Sollte bei der **Eigenverwaltung** der Schuldner die wohl praxisferne Konstellation wählen, das Unternehmen zu übertragen, greift § 162 nicht. Über § 276 ist nur die Kontrolle des Gläubigerausschusses angeordnet. Derartige Konstellationen hat indes der Sachwalter nach § 274 Abs. 3 InsO unverzüglich dem Insolvenzgericht anzuzeigen.

B. Insider

Der Gesetzgeber nimmt ein zustimmungspflichtiges **Insidergeschäft** an, wenn die Veräußerung an **nahe stehende Personen** i.S.d. § 138 InsO, an Gesellschaften, die den Personen des § 138 InsO zu **20 %** gehören (krit. zu den Umgehungsmöglichkeiten dieser Konstellation *Müller-Feldhammer* ZIP 2003, 2186 [2189]) oder an nicht nachrangige Gläubiger mit einem Anteil von 20 % an angemeldeten Forderungen oder festgestellten Absonderungsberechtigten (vgl. auch § 75 Abs. 1 Nr. 3 InsO) erfolgen soll. **Umgehungen** werden durch Abs. 2 erfasst, wenn der Interessent Treuhänder ist oder abhängige Unternehmen als Interessenten auftreten lässt. § 162 erfasst mit § 138 Abs. 2 InsO auch die Organe, leitenden Mitarbeiter (MüKo-InsO/*Görg/Janssen* § 162 Rn. 7; *Falk/Schäfer* ZIP 2004, 1137 [1139]) und Berater (Abs. 2 Ziff. 2) der schuldnerischen Gesellschaft (dazu *Uhlenbruck/Hirte* InsO, § 138 Rn 48). Zu den Insidern soll auch der Verwalter, wenn er das Unternehmen auf eine Auffanggesellschaft der Masse überträgt, zählen (HambK-InsO/*Decker* § 162 Rn. 4). Diese Stellung hat der Verwalter weder nach dem Wortlaut des Gesetzes noch nach dem Regelungszweck. Die Übertragung des schuldnerischen Unternehmens auf eine aus der Masse gebildete Auffanggesellschaft, deren Alleingesellschafter der Verwalter ist, dient der Sicherstellung einer geplanten übertragenden Sanierung. Diese Konzeption wird bereits von § 160 InsO erfasst. Ist ein Gläubigerausschuss bestellt, genügt dessen Zustimmung.

3

C. Veräußerung

Nach dem Gesetzeswortlaut ist nur die **Veräußerung des Unternehmens** im Ganzen erfasst. Um Umgehungen zu vermeiden ist, ebenso wie bei den Sachverhalten des § 160 InsO, die Veräußerung von **Teilen des Unternehmens** ebenfalls zustimmungspflichtig (*Uhlenbruck/Zipperer* InsO, § 162 Rn. 3). Anderenfalls könnte die Gläubigergesamtheit umgangen werden. Die Grundsätze des § 160 InsO (zu Teilveräußerung s. § 160 Rdn. 10) müssen auch bei den Konstellationen des § 162 InsO gelten. Eine Beschränkung auf wesentliche Betriebsteile (s. dazu ausf. § 158 Rdn. 2) entspricht indes nicht dem Normzweck. Hier geht es um die Kontrolle von Sachverhalten, die nicht wegen der Bedeutung für den Ablauf des Verfahrens, sondern wegen möglicher Nachteile für die Masse zustimmungspflichtig sein sollen. Diese möglichen Nachteile hängen nicht vom Umfang der Transaktion ab. Zustimmungspflichtig ist deshalb auch die Veräußerung von Betriebsteilen. Die Abgrenzung ergibt sich aus der Judikatur zu § 613a BGB.

4

Zustimmungspflichtig ist die **Veräußerung.** Darunter ist die endgültige Übertragung des Unternehmens zu verstehen. Die Gegenleistung muss nicht in Geld bestehen. Nicht erfasst wird die **Verpachtung** oder Bestellung eines Nießbrauchs, solange sie unter angemessenen Kündigungsfristen beendet werden kann (*Kübler/Prütting/Bork-Onusseit* InsO, § 162 Rn. 3a).

5

Nach dem Wortlaut des Gesetzes muss sich der Verwalter die Zustimmung für den Verkauf des Schuldner-Unternehmens einholen. Aus den Motiven folgt, dass auch der **Kaufpreis** von der Zustimmung umfasst sein muss (MüKo-InsO/*Görg/Janssen* § 162 Rn. 17). Der Gesetzgeber will in erster Linie einen zu geringen Kaufpreis aufgrund von Insiderkenntnissen verhindern (BT-Drucks. 12/2443 S. 175).

6

D. Verfahren

Bei dem beabsichtigen Insiderverkauf hat der Verwalter für die Einberufung der Gläubigerversammlung Sorge zu tragen. Die **Einberufung der Gläubigerversammlung** erfolgt durch das Insolvenzgericht in der Frist des § 75 Abs. 2 InsO. Darüber hinaus hat das Insolvenzgericht im Rahmen der Aufsicht über den Verwalter die Gläubigerversammlung einzuberufen, wenn es von einem Sachverhalt des § 162 InsO Kenntnis erlangt (*Kübler/Prütting/Bork-Onusseit* InsO, § 162 Rn. 7; a.A. MüKo-InsO/*Görg/Janssen* § 162 Rn. 17 alleinige Zuständigkeit des Verwalters). Im Unterschied zu den Konstellationen der §§ 161, 163 InsO fordert das Gesetz keinen Antrag. Nicht erforderlich ist die Befürchtung, dass das Unternehmen unter Wert veräußert wird; entscheidend ist allein das Insidergeschäft. Der **Schuldner** muss nicht informiert werden (**a.A.** MüKo-InsO/*Görg/Janssen* § 162

7

Rn. 18; HK-InsO/*Ries* § 162 Rn. 8). § 162 InsO regelt die Gläubigerbeteiligung, während § 161 InsO, der einstweilige Maßnahmen zulässt, eine Information des Schuldners ausdrücklich festlegt. Bei der Kenntnis von einem Insider-Geschäft haben Gläubiger und der Schuldner die Möglichkeit, nach § 160 InsO vorzugehen und die Veräußerung einstweilen untersagen zu lassen.

8 Die Entscheidung ist nicht mehr erforderlich, wenn die Gläubigerversammlung die Begleitung der Unternehmensübertragung an den Insider bereits dem Gläubigerausschuss übertragen hat. Bei einer pauschalen Kompetenzübertragung der Unternehmensveräußerung oder einer fiktiven Zustimmung nach § 160 Abs. 1 Satz 3 InsO ist eine gesonderte Gläubigerversammlung erforderlich. Die Übertragung an einen Insider ist ein Sachverhalt, über den eine zusätzliche Entscheidung getroffen werden muss.

9 Ob ein Insidergeschäft vorliegt, hat das Insolvenzgericht zu prüfen. Kommt es zu dem Ergebnis, dass die Voraussetzungen des § 162 InsO vorliegen, informiert es den Verwalter, dass die Zustimmung der Gläubigerversammlung erforderlich ist (vgl. *Uhlenbruck/Zipperer* InsO, § 162 Rn. 8). Grundsätzlich ergibt sich aus dem Sinn und der Effektivität der Vorschrift, dass die Zustimmung in Form der (vorherigen) Einwilligung erteilt werden soll. Ausreichend ist aber auch die nachträgliche Genehmigung (*Uhlenbruck/Zipperer* InsO, § 162 Rn. 8; MüKo-InsO/*Görg/Janssen* § 162 Rn. 16; **a.A.** *Kübler/Prütting/Bork-Onusseit* InsO, § 162 Rn. 7). Wegen der möglichen Haftung des Verwalters wird eine Veräußerung vor Zustimmung der Gläubigerorgane in der Praxis regelmäßig unter den Zustimmungsvorbehalt gestellt. Bei **Verstoß** des Insolvenzverwalters gegen § 162 InsO wird die Wirkung des Geschäfts im Außenverhältnis wegen § 164 InsO nicht berührt (krit. hierzu siehe *Gundlach/Frenzel/Jahn* ZInsO 2008, 360 ff.). Ist die Gläubigerversammlung **beschlussunfähig**, gilt die Genehmigung nach § 160 Abs. 1 Satz 3 als erteilt.

E. Rechtsmittel

10 Verweigert das Insolvenzgericht den Antrag des Verwalters auf Einberufung einer Gläubigerversammlung steht ihm die Beschwerde nach § 75 Abs. 3 InsO zu.

11 Gegen die Verweigerung der Zustimmung durch die Gläubigerversammlung steht dem Verwalter nur das Verfahren nach § 78 InsO wegen Insolvenzzweckwidrigkeit zu. Der Antrag auf Aufhebung des ablehnenden Beschlusses muss noch in der Versammlung gestellt werden.

§ 163 Betriebsveräußerung unter Wert

(1) Auf Antrag des Schuldners oder einer in § 75 Abs. 1 Nr. 3 bezeichneten Mehrzahl von Gläubigern und nach Anhörung des Insolvenzverwalters kann das Insolvenzgericht anordnen, dass die geplante Veräußerung des Unternehmens oder eines Betriebs nur mit Zustimmung der Gläubigerversammlung zulässig ist, wenn der Antragsteller glaubhaft macht, dass eine Veräußerung an einen anderen Erwerber für die Insolvenzmasse günstiger wäre.

(2) Sind dem Antragsteller durch den Antrag Kosten entstanden, so ist er berechtigt, die Erstattung dieser Kosten aus der Insolvenzmasse zu verlangen, sobald die Anordnung des Gerichts ergangen ist.

Übersicht

		Rdn.			Rdn.
A.	Allgemeines	1	II.	Entscheidung	6
B.	Günstigere Veräußerungsmöglichkeit	3	D.	Rechtsmittel	8
C.	Verfahren	4	E.	Kostenerstattungsanspruch (Abs. 2)	9
I.	Antrag	4			

Literatur:
Köchling Informationsasymmetrien bei übertragenden Sanierungen an Insider des Insolvenzverfahrens, ZInsO 2007, 690 ff.

A. Allgemeines

Während die §§ 158 bis 162 InsO die Beteiligung der dort genannten Organe zwingend vorsehen, legt § 163 InsO bei möglicherweise ungünstigen Unternehmens- oder Betriebsveräußerungen ein Antragsrecht der Gläubigerminderheit oder des Schuldners auf **Beteiligung der Gläubigerversammlung** fest. Die Zustimmung des Gläubigerausschusses ist nicht ausreichend. Der Antrag hat nur Erfolg, wenn der Antragsteller eine Alternative glaubhaft macht, die Vorteile für die Masse mit sich bringt. Die Vorschrift birgt in der konkreten Ausgestaltung die Gefahr einer erheblichen Verzögerung des Verfahrens. Die **Praxis zeigt**, dass der Schuldner oder die Organe des Schuldners häufig mit potentiellen Erwerbern aufwarten, um die Geschicke des Unternehmens weiter zu bestimmen. Mit dem unbestimmten Rechtsbegriff der günstigeren Veräußerung kann der Schuldner eine vorteilhaftere Veräußerungsmöglichkeit unschwer darlegen. Es bleibt dem Verwalter nur die Möglichkeit, die vom Antragsteller dargelegte Alternative umfassend zu bewerten. Dieser zusätzliche Aufwand und der damit verbundene Zeitverlust kann der gebotenen zügigen Veräußerung i.S.d. erforderlichen Kontinuität des Unternehmens schaden. Wenn erst die Einberufung der Gläubigerversammlung angeordnet wird, ist eine kurzfristige Entscheidung nicht zu erwarten. Es ist zu befürchten, dass der Gesetzgeber die Beteiligungsintensität der Gläubiger überschätzt hat und mit § 163 InsO dem Schuldner die Möglichkeit an die Hand gibt, eine zügige Verwertung des Unternehmens zu verhindern. 1

Der RefE hatte vorgesehen, die Betriebsveräußerung unter Wert nur im Planverfahren zuzulassen. Der Rechtsausschuss hat diese Regelung gestrichen. Die Beteiligung der Gläubigerversammlung wird bereits über §§ 160, 161 InsO erreicht. Die Vorschrift wird, bis auf die Kostenregelung des Abs. 2, in der Literatur zu Recht für überflüssig gehalten (*Kübler/Prütting/Bork-Pape* InsO, § 163 Rn. 1; MüKo-InsO/*Görg/Janssen* § 163 Rn. 2; *Uhlenbruck/Zipperer* InsO, § 163 Rn. 1). In der **Eigenverwaltung** findet § 163 nach dem Wortlaut des § 276 InsO keine Anwendung. Auch hier greift bereits § 160 InsO. 2

B. Günstigere Veräußerungsmöglichkeit

Der Antragsteller kann die Beteiligung der Gläubigerversammlung nur erzwingen, wenn er eine günstigere Alternative zu der vom Verwalter geplanten Unternehmensveräußerung nicht nur darlegt sondern auch glaubhaft macht. Kriterien zur günstigeren Alternative legt das Gesetz nicht fest. Dabei muss er konkrete Alternativen darlegen (*Fröhlich/Köchling* ZInsO 2003, 923 [925]). Die einzelnen Kriterien gibt das Gesetz nicht vor. Derartige Vorgaben wären auch praxisfremd. Die denkbaren Alternativen sind vielfältig und können nur im Einzelfall beurteilt werden. Die wesentlichen Faktoren bestehen in erster Linie in der Gestaltung des Kaufpreises. Dabei kommt es nicht nur auf die Höhe, sondern auch auf die Zahlungsbedingungen und die Absicherung des Kaufpreises (RegE BT-Drucks. 12/2443 S. 175) an. Mit diesen Faktoren ist nur ein geringer Ausschnitt aus dem Fragenkreis erfasst, welche Elemente eine Unternehmens-/Betriebsveräußerung als günstiger erscheinen lassen können. Auch die Übernahme von anstehenden Masseverbindlichkeiten, insbesondere im Zusammenhang mit Arbeitsverhältnissen und anderen Dauerschuldverhältnissen, durch den Erwerber hat wegen der Entlastung von Verbindlichkeiten bis zum Ablauf der Kündigungsfristen erheblichen Einfluss auf die Insolvenzmasse (weitere Faktoren *Fröhlich/Köchling* ZInsO 2003, 923 [925]). Im Zusammenhang mit der Gestaltung des Kaufpreises muss auch die Konzeption des Erwerbers beurteilt werden. Dabei kommt es bei den Erfolgsaussichten der Sanierung ausschließlich darauf an, welche Vorteile für die Masse bestehen, nicht auf den langfristigen Erfolg der Sanierung (MüKo-InsO/*Görg/Janssen* § 163 Rn. 9; *Kübler/Prütting/Bork-Webel* InsO, § 163 Rn. 3b). Ist abzusehen, dass die Konzeption keinen Erfolg verspricht, ist ein geringerer Kaufpreis, der sofort gezahlt wird, »günstiger« für die Masse als eine langfristig angelegte Ratenzahlung, deren Erfüllung unsicher ist. Deshalb ist es bei **Ratenzahlungen** unverzichtbar, auf einer Absicherung zu bestehen. Schon diese Aspekte zeigen, dass das Insolvenzgericht mit der Beurteilung der günstigeren Veräußerung erhebliche Probleme haben wird. Um Haftungsrisiken aus Art. 34 GG i.V.m. § 839 BGB zu vermeiden, wird das Insolvenzge- 3 richt in Zweifelsfällen immer eine Entscheidung der Gläubigerversammlung herbeiführen. Daraus folgt die oben bereits angedeutete zwingende Verzögerung des Verkaufs durch den Verwalter.

C. Verfahren

I. Antrag

4 **Antragsberechtigt** sind der Schuldner und ein Zusammenschluss von wenigstens fünf absonderungsberechtigten oder nicht nachrangigen Gläubigern, deren Rechte oder Forderungen 20 % der Gesamtrechte oder -forderungen ergeben. Im Zweifel entscheidet das Insolvenzgericht, ob die Quote erreicht ist (§ 75 Abs. 1 Nr. 3 InsO). Handelt es sich bei dem Schuldner um eine juristische Person, ist zur Antragstellung jedes Mitglied des Organs, bei einer Gesellschaft ohne Rechtspersönlichkeit oder einer KGaA jeder persönlich haftende Gesellschafter, sowie jeder Abwickler berechtigt (*Uhlenbruck/Zipperer* InsO, § 163 Rn. 4). Der Antrag kann **formlos** gestellt werden (s. § 161 Rdn. 5). Fristen gibt es nicht.

5 Der Antrag ist **unzulässig**, wenn die Gläubigerversammlung bereits über die konkrete Veräußerung entschieden hat (*Kübler/Prütting/Bork-Onusseit* InsO, § 163 Rn. 4; MüKo-InsO/*Görg/Janssen* § 163 Rn. 11). Das gilt auch, wenn sich die günstigere Verwertungsmöglichkeit nach der Entscheidung der Gläubigerversammlung ergibt (*Köchling* ZInsO 2007, 690 [693]; MüKo-InsO/*Görg/Janssen* § 163 Rn. 11; **a.A.** BK-InsO/*Undritz-Fiebig* § 163 Rn. 8). Erforderlich ist allerdings, dass die Gläubigerversammlung über den konkreten Verkauf entschieden hat. Gibt es lediglich eine pauschale Ermächtigung zum »bestmöglichen« Verkauf durch den Verwalter oder die fiktive Zustimmung des § 160 Abs. 1 Satz 3 InsO, muss die Gläubigerversammlung über die konkrete Konstellation entscheiden (diff. *Uhlenbruck/Zipperer* InsO, § 163 Rn. 4; **a.A.** *Kübler/Prütting/Bork-Onusseit* InsO, § 163 Rn. 4a). Hat der **Gläubigerausschuss** nach erfolgter Kompetenzübertragung durch die Gläubigerversammlung zugestimmt, ist der Antrag ebenfalls unzulässig (*Kübler/Prütting/Bork-Webel* InsO, § 163 Rn. 4; **a.A.** MüKo-InsO/*Görg/Janssen* § 163 Rn. 4).

II. Entscheidung

6 Der Antrag hat Erfolg, wenn der Antragsteller eine »für die Masse günstigere Veräußerung« **glaubhaft** macht. Dazu kann er sich gem. §§ 4 InsO, 294 ZPO aller Beweismittel einschließlich der eidesstattlichen Versicherung bedienen. Er muss damit nicht die an Sicherheit grenzende, sondern nur die überwiegende Wahrscheinlichkeit (*BGH* NJW 1996, 1682; krit. dazu: *Zöller/Geimer/Greger* ZPO, § 294 Rn. 6) des günstigeren Erwerbes darlegen. Das Insolvenzgericht muss gem. § 5 InsO den gesamten Sachverhalt im Rahmen der Amtsermittlung aufklären. In der Regel wird das nur durch qualifizierte Gutachten gelingen. Entscheidend ist die Darlegung einer **konkreten Alternative**. Der Antragsteller muss den Erwerber und dessen konkretes Angebot darlegen (*Uhlenbruck/Zipperer* InsO, § 163 Rn. 5; MüKo-InsO/*Görg/Janssen* § 163 Rn. 9). Im Zweifel ist der potentielle Erwerber namentlich zu benennen (HK-InsO/*Ries* § 163 Rn. 3). Entsprechend dem Stand des vom Verwalter vorgestellten Vorhabens muss auch das Alternativangebot vorliegen. Stellt der Verwalter einen – unter Vorbehalt – abgeschlossenen Vertrag vor, dessen Kaufpreis abgesichert ist, genügt eine allgemeine Absichtserklärung als Alternative nicht. Auf diesem Weg würden Missbrauchsanträge zugelassen. Für die Beurteilung sind die Gesamtkonzeptionen zu vergleichen. So darf z.B. nicht auf die Kaufpreise allein abgestellt werden (s. Rdn. 3).

7 Auf den Antrag hat das Gericht dem Verwalter die Möglichkeit zur Stellungnahme einzuräumen. Gelingt die Glaubhaftmachung und kann auch der Verwalter die aufgezeigte günstigere Verwertungsmöglichkeit nicht widerlegen, entscheidet das Insolvenzgericht nicht in der Sache, sondern ordnet die Zustimmung der Gläubigerversammlung an und beruft diese nach den allgemeinen Grundsätzen ein. Zwar deutet der Wortlaut auf ein Ermessen des Gerichtes hin (so auch MüKo-InsO/*Görg/Janssen* § 163 Rn. 12). Indes ist dieses Ermessen soweit reduziert, dass die Gläubigerversammlung anzuberaumen ist (ähnlich *Kübler/Prütting/Bork-Webel* InsO, § 163 Rn. 6b). Es ist dann an dem Verwalter oder dem Antragsteller, die Gläubigerversammlung zu überzeugen, welche Mög-

lichkeit tatsächlich günstiger ist. Der Verwalter kann darüber hinaus nach Anordnung durch das Insolvenzgericht die vom Antragsteller glaubhaft gemachte Veräußerung umsetzen. Das Votum der Gläubigerversammlung zu dieser vom Antragsteller angebotenen Veräußerung ist dann nicht mehr erforderlich (**a.A.** MüKo-InsO/*Görg/Janssen* § 163 Rn. 15: auch dann ist die Gläubigerversammlung anzuhören).

D. Rechtsmittel

Gegen die Entscheidung des Insolvenzgerichts ist lediglich die Rechtspflegererinnerung möglich, § 6 InsO. Bei ablehnender Entscheidung kann der Antragsteller darüber hinaus nach § 161 InsO vorgehen, wenn die dortigen Voraussetzungen gegeben sind. 8

E. Kostenerstattungsanspruch (Abs. 2)

§ 163 Abs. 2 InsO gibt dem Antragsteller einen Kostenerstattungsanspruch, wenn das Insolvenzgericht dem Antrag zugestimmt hat. Kosten entstehen regelmäßig für das Gutachten, das die erforderliche Glaubhaftmachung stützen soll. Erstattet werden nur die Kosten, die für den Antrag erforderlich waren. Die Kosten für die Ermittlung des Alternativangebotes, etwa Maklerhonorare oder die Kosten für die Erstellung des Alternativkonzeptes, zählen nicht dazu (*Kübler/Prütting/Bork-Webel* InsO, § 163 Rn. 7; *Uhlenbruck/Zipperer* InsO, § 163 Rn. 10). Der Anspruch ist aus der Insolvenzmasse zu befriedigen. Hintergrund dieser Regelung ist, dass auch die anderen Gläubiger einen Vorteil aus dem Antrag ziehen (*Nerlich/Römermann-Balthasar* InsO, § 163 Rn. 19). Der Anspruch wird fällig, sobald die Anordnung des Gerichts nach § 163 Abs. 1 InsO erfolgt ist (*Uhlenbruck/Zipperer* InsO, § 163 Rn. 10). Er entsteht auch dann, wenn die Gläubigerversammlung der vom Insolvenzverwalter geplanten Veräußerung zustimmt (*Nerlich/Römermann-Balthasar* InsO, § 163 Rn. 19). Das Gesetz sieht für die Kostenerstattung kein gesondertes Verfahren, etwa einen Beschluss des Insolvenzgerichts, vor. Der Antragsteller hat auch keinen Anspruch auf eine **Kostengrundentscheidung**. Der Anspruch entsteht dem Grunde nach mit der Anordnung der Zustimmung durch die Gläubigerversammlung. Kommt über die Erstattung keine Einigung zustande, muss der Antragsteller das Zivilgericht anrufen (*Kübler/Prütting/Bork-Webel* InsO, § 163 Rn. 8; HambK-InsO/*Decker* § 163 Rn. 7; **a.A.** *Nerlich/Römermann-Balthasar* InsO, § 63 Rn. 20). 9

§ 164 Wirksamkeit der Handlung

Durch einen Verstoß gegen die §§ 160 bis 163 wird die Wirksamkeit der Handlung des Insolvenzverwalters nicht berührt.

Literatur:
Gundlach/Frenzel/Jahn Macht und Ohnmacht des Gläubigerausschusses – dargestellt am Beispiel des § 160 InsO, ZInsO 2007, 1028.

Die Vorschrift dient dem Schutz des Rechtsverkehrs (*Gundlach/Frenzel/Jahn* ZInsO 2007, 1028 [1030]). Sie stellt sicher, dass die im Innenverhältnis vorgesehenen Zustimmungsverhältnisse bei den in §§ 160 bis 163 InsO genannten Rechtshandlungen **keine Außenwirkungen** haben. Die Wirksamkeit der vom Verwalter pflichtwidrig vorgenommenen Rechtshandlungen betrifft sämtliche der in §§ 160 bis 163 InsO genannten Konstellationen. Der Grundsatz der fehlenden Außenwirkung soll auch bei Verstößen des Verwalters gegen § 158 InsO gelten (MüKo-InsO/*Görg/Janssen* § 164 Rn. 4; HambK-InsO/*Decker* § 164 Rn. 3). Diese Auslegung über den Wortlaut hinaus ist nicht erforderlich. Für die in § 158 InsO geregelten Sachverhalte greift § 160 InsO. Die Unternehmensstilllegung ist bedeutsame Rechtshandlung nach § 160 Abs. 1, die Veräußerung in § 160 Abs. 2 Ziff. 1 ausdrücklich erwähnt. 1

Selbst wenn der Geschäftsgegner Kenntnis von dem Mangel der Genehmigung hatte, bleibt die mit ihm getroffene Vereinbarung wirksam. Eine Unterscheidung zwischen **Gut- und Bösgläubigkeit** 2

§ 164 InsO Wirksamkeit der Handlung

sieht das Gesetz nicht vor (schon *KG* OLGZ 35, 259; MüKo-InsO/*Görg/Janssen* § 163 Rn. 3). Das gilt auch, wenn die Gläubigerversammlung der geplanten Maßnahme widersprochen hatte; im Außenverhältnis bleibt sie wirksam (*BGH* 30.06.2011 – IX B 30/10, Rn. 4 zur Unternehmensveräußerung). Das **Grundbuchamt** hat sogar untersagende Verfügungen zu ignorieren und muss die Eintragung mit allen Rechtsfolgen vornehmen (*Kübler/Prütting/Bork-Onusseit* InsO, § 164 Rn. 3). Auch der Verwalter hat nicht die Möglichkeit, sich im Nachhinein gegenüber Dritten auf die fehlende Zustimmung der zuständigen Organe zu berufen (*OLG Koblenz* KTS 1962, 123).

3 Die Praxis hilft sich regelmäßig mit der Hinzufügung von Bedingungen, dem **Vorbehalt** der Genehmigung der zuständigen Organe oder behält sich **Rücktrittsrechte** für den Fall vor, dass die Genehmigung nicht erteilt wird. Gerade das fehlende Interesse der Gläubiger macht ein solches Verfahren erforderlich, um die Verwertung rechtzeitig und vorteilhaft für die Masse vornehmen zu können. Anderenfalls wäre der Verwalter in vielen Fällen handlungsunfähig.

4 Rechtshandlungen des Insolvenzverwalters sind, wie auch bei dem Institut des Missbrauchs der Vertretungsmacht unwirksam, wenn sie offensichtlich, und damit für die Gegenseite erkennbar (Fall der Evidenz) dem Zweck des **Insolvenzverfahrens zuwider laufen** (*BGH* NZI 2013, 347 m. Anm. *Hölzle* u. *Schulz* EWIR 2013, 329 f.; *Spickhoff* KTS 2000, 15 ff.; *Preuß* NZI 2003, 625 ff.). Das ist insbesondere dann der Fall, wenn die fragliche Rechtshandlung mit dem Insolvenzzweck der gleichmäßigen Befriedigung der Insolvenzgläubiger aus der Verwertung der vorhandenen Masse nicht zu vereinbaren wäre. **Unwirksam** ist:
   – eine Schenkung des Verwalters, da hierin keine Verwertung der Masse zugunsten der Gläubiger zu sehen ist (schon RGZ 29, 80 [82]),
   – die gesetzwidrige Bevorzugung eines Gläubigers (RGZ 23, 54 [62]),
   – die ungerechtfertigte Anerkennung von Vorrechten, Aussonderungs- und Absonderungsrechten, welche zur Benachteiligung der Gläubigergemeinschaft führt (*BGH* WM 1955, 312),
   – sogar die Vereinbarung einer Lästigkeitsprämie, um die Zustimmung des Inhabers einer »Schornsteinhypothek« zur freihändigen Verwertung zu erhalten (*BGH* NZI 2008, 365, bestätigt mit Entscheidung v. 30.04.2015 – 5 IX ZR 301/13, Rn. 12).

5 Vergleiche sind nach diesen Grundsätzen erst bei einem **subjektiven Missbrauch des Verwalters** (*Lent* KTS 1956, 161 ff.) und **kollusivem Zusammenwirken** mit dem Geschäftspartner unwirksam (*Lent* KTS 1957, 27 [29]; *Uhlenbruck/Zipperer* InsO, § 164 Rn 3; MüKo-InsO/*Görg/Janssen* § 164 Rn. 6). Entsprechend der Terminologie beim Missbrauch der Vertretungsmacht liegt hier also ein Fall der Kollusion vor.

6 Da die Wirksamkeit der Rechtshandlungen nur das Außenverhältnis betrifft, kann das Insolvenzgericht gegenüber dem Verwalter Maßnahmen nach §§ 58, 59 InsO ergreifen. Die Gläubiger sind auf den Schadenersatzanspruch des § 60 InsO beschränkt.

Dritter Abschnitt Gegenstände mit Absonderungsrechten

§ 165 Verwertung unbeweglicher Gegenstände

Der Insolvenzverwalter kann beim zuständigen Gericht die Zwangsversteigerung oder die Zwangsverwaltung eines unbeweglichen Gegenstands der Insolvenzmasse betreiben, auch wenn an dem Gegenstand ein Absonderungsrecht besteht.

Übersicht

		Rdn.			Rdn.
A.	Grundgedanke	1	C.	Einstweilige Einstellung der Zwangs-	
B.	Zwangsversteigerung	2		versteigerung/-verwaltung	16
I.	Auf Antrag des Verwalters	2	D.	Freihändige Verwertung	28
II.	Auf Antrag des Gläubigers	12	E.	Freigabe	34
III.	Eigentümergrundschuld	15	F.	Steuern	35

Literatur:
d'Avoine Verkauf von Immobilien in der Insolvenz an einen Grundpfandgläubiger, NZI 2008, 17; *Förster/Klipfel* Der Zwangsverwalter als Immobilienverkäufer?!, ZInsO 2013, 225; *Frege/Keller* »Schornsteinhypothek« und Lästigkeitsprämie bei Verwertung von Insolvenzvermögen in der Insolvenz, NZI 2009, 11; *Mönning/Zimmermann* Die Einstellungsanträge des Insolvenzverwalters gem. §§ 30d I, 153 I ZVG im eröffneten Insolvenzverfahren, NZI 2008, 134; *Niering* Non Performing Loans – Herausforderung für den Insolvenzverwalter, NZI 2008, 146; *Pape* Die Immobilie in der Krise, ZInsO 2008, 465; *Schwarz/Doms* Praktische Probleme bei der Insolvenzverwalterversteigerung nach § 165 InsO im Hinblick auf den Löschungsanspruch nach § 1179a Abs. 1 Satz 1 BGB, ZInsO 2013, 1292; *Tetzlaff* Lästigkeitsprämien für nachrangige Grundpfandgläubiger – Akkordstörern geht es an den Kragen, ZInsO 2012, 726.

A. Grundgedanke

Die Verwertung absonderungsbelasteter Gegenstände ist eines der Kernstücke der Insolvenzrechtsreform. Die Verwertung beweglicher Gegenstände, die mit Absonderungsrechten belastet sind, wird umfassend in §§ 166 ff. InsO geregelt. Der Verwalter kann auch gegen den Willen des absonderungsberechtigten Gläubigers verwerten; der Gläubiger hat nur die Möglichkeit, den Gegenstand selbst zu übernehmen oder ein besseres Angebot vorzulegen (§ 168 InsO). Bei der **freihändigen Verwertung der Immobilien** muss der Verwalter dagegen bei der in der Praxis regelmäßig vorliegenden wertausschöpfenden Belastung die Abstimmung mit den Grundpfandgläubigern suchen. Er kann die Verwertung aber auch durch eigenen Zwangsversteigerungsantrag einleiten. Dieses Recht bestätigt § 165 InsO ausdrücklich. Die Einzelheiten regeln die §§ 172 ff. ZVG. Nach der Einführung des § 174a ZVG betreibt der Verwalter das Verfahren bestrangig (krit. *Muth* ZIP 1999, 945 [946]). Die Sonderrechte des Verwalters im Rahmen der von Gläubigern angestrengten Immobilienversteigerung finden sich ebenfalls im ZVG. Für den Fall der Betriebsfortführung und der Erstellung eines Insolvenzplanes erhält der Verwalter zusätzliche Möglichkeiten zur Einstellung der Zwangsvollstreckung und Zwangsverwaltung, um die Nutzungsmöglichkeit des Grundstücks zu erhalten. Für diesen Fall gibt es kompensatorische Regelungen in den §§ 30d–30f ZVG. Nach Wegfall der §§ 312–314 ist § 165 InsO auch in Verbraucherinsolvenzverfahren anwendbar. Bei der **Eigenverwaltung** ist der Schuldner nach § 282 Abs. 1 InsO zur Verwertung berechtigt. Bei der **Nachlassinsolvenz** gelten die besonderen Bestimmungen der §§ 175 ff. ZVG, wenn der Erbe die Zwangsversteigerung beantragt hat. Die Rechte der Antragsteller gehen auf den Verwalter über. Dieser kann den Antrag folglich zurücknehmen. War im Zeitpunkt des Erbfalles auf Gläubigerantrag Zwangsversteigerung beantragt worden, gelten keine Besonderheiten.

§ 165 InsO Verwertung unbeweglicher Gegenstände

B. Zwangsversteigerung

I. Auf Antrag des Verwalters

2 Für den Verwalter kann der Antrag auf Zwangsversteigerung auch gegenüber der freihändigen Verwertung Vorteile mit sich bringen (*Uhlenbruck/Brinkmann* InsO, § 165 Rn. 15). In diesem Verfahren kann der Verwalter gem. § 174a ZVG beantragen, dass im geringsten Gebot nur die Ansprüche aus der Rangklasse des § 10 Abs. 1 Nr. 1 ZVG berücksichtigt werden. Dieser Antrag führt nicht nur zu einem niedrigerem geringsten Gebot und höheren Geboten. Der Verwalter kann dadurch auch erreichen, dass die Grundpfandgläubiger zur Vermeidung von Verlusten die Ansprüche der Masse aus § 10 Abs. 1 Nr. 1a ZVG abfinden (MüKo-InsO/ *Tetzlaff* § 165 Rn. 160). Darüber hinaus bietet die Verwalterversteigerung weitere Vorteile. Wegen des gerichtlichen Verfahrens der Wertermittlung und Verwertung vermeidet der Verwalter den Vorwurf, das Grundstück unter Wert verwertet zu haben. Vorkaufs- und Gewährleistungsrechte erlöschen mit dem Zuschlag gem. §§ 56 ZVG, 512, 1098 BGB. Darüber hinaus gilt die Versteigerungsanordnung nicht als Beschlagnahme, § 173 ZVG. Der Verwalter kann gleichzeitig die freihändige Verwertung betreiben. Als Nachteil muss der Verwalter die Dauer des Verfahrens und die Kosten der Wertermittlung berücksichtigen.

3 Der **Antrag** des Insolvenzverwalters auf Anordnung der Zwangsversteigerung setzt die Massezugehörigkeit des Grundstückes und die Vorlage seiner Bestellungsurkunde (§ 56 Abs. 2 InsO) voraus. Darüber hinaus muss der Insolvenzvermerk in das Grundbuch eingetragen sein. Die tatsächliche Inbesitznahme ist nicht erforderlich (a.A. *Kübler/Prütting/Bork-Kemper* InsO, § 165 Rn. 5). Der Verwalter kann auch die **Zwangsverwaltung** beantragen. Diese Möglichkeit wird der Verwalter indes nicht wählen, da die Verwaltung der Immobilie durch den Insolvenzverwalter zur Masseerhöhung beiträgt. Erst die Anordnung der Zwangsverwaltung durch einen Grundpfandgläubiger führt zur Verstrickung der Mietzinsansprüche (*BGH* ZIP 2006, 1554; *AG Hamburg* ZIP 2005, 1801; *Freudenberg* EWIR 2006, 281). Bis zur Beschlagnahme stehen die Mieten der Masse zu.

4 Nach **Freigabe** eines Grundstücks aus der Insolvenzmasse an den Schuldner verliert der Verwalter sein Antragsrecht (*Uhlenbruck/Brinkmann* InsO, § 165 Rn. 8a; ausf. zur Freigabe *Pape* ZInsO 2008, 465 [470 ff.]). Das Grundstück ist damit insolvenzfreies Vermögen des Schuldners geworden mit der Folge, dass ein Verfahren nach § 172 ZVG ausscheidet. Versucht er dennoch das Zwangsversteigerungsverfahren zu betreiben, so hat der Schuldner die Möglichkeit, gem. §§ 766, 771 ZPO dagegen vorzugehen.

5 Der **Anordnungsbeschluss** über die Zwangsversteigerung ist gem. § 8 ZVG zuzustellen. Adressat der Zustellung ist allein der Insolvenzverwalter, da der Schuldner wegen § 80 Abs. 1 InsO nicht mehr Beteiligter i.S.d. § 9 ZVG ist. In der Praxis wird die Zustellung an den Schuldner empfohlen, um eine Verzögerung des Versteigerungsverfahrens bei einer Freigabe durch den Verwalter zu vermeiden (*Stöber* ZVG, § 172 Rn. 3.3). Zuständig für die Anordnung des Zwangsversteigerungsverfahrens ist das Vollstreckungsgericht. Dies ist gem. §§ 1 ff. ZVG das Amtsgericht, in dessen Bezirk das Grundstück liegt. Dem **Schuldner** stehen, da er am Verfahren nicht beteiligt ist, keine Rechtsmittel gegen den Anordnungsbeschluss zu (*Stöber* ZVG, § 172 Anm. 3.3, zur Ausnahme bei Suizidgefahr s. Rdn. 25).

6 Ist das Grundstück mit einer **Auflassungsvormerkung** belastet, scheiden sowohl die Zwangsversteigerung als auch die freihändige Veräußerung aus, § 883 Abs. 2 Satz 2 BGB. Die Auflassungsvormerkung ist nach § 106 InsO insolvenzfest; sie kann allenfalls angefochten werden (s. § 106 Rdn. 14).

7 Der **vorläufige Verwalter** kann die Zwangsversteigerung nicht beantragen. Er ist zu Verwertungshandlungen nicht berechtigt. Wenn ein **Erbbaurecht** zur Insolvenzmasse gehört, steht die Zwangsversteigerungsanordnung (§ 165 InsO, §§ 172 ff. ZVG) einem Belastungs- bzw. Veräußerungsverbot gem. §§ 5, 8 ErbbauRG nicht entgegen (*BGH* MDR 1960, 833). Die Zustimmung der Grundstückseigentümerin kann vom Insolvenzverwalter für eine beabsichtigte Zwangsversteigerung bei Gericht beantragt werden. Verweigert diese die Zustimmung willkürlich, kann sie durch amtsgerichtlichen Beschluss ersetzt werden, § 7 Abs. 3 ErbbauRG (BGHZ 100, 107; *Stöber* ZVG, § 15

Anm. 13.10 ff.). Die Zustimmung (auch in Form der Ersetzung) muss bis zur Entscheidung über den Zuschlag dem Versteigerungsgericht vorliegen (*Stöber* ZVG, § 15 Anm. 13.8).

Nach § 173 Satz 1 ZVG bewirkt die Anordnung der Zwangsversteigerung auf Antrag des Verwalters **8** nicht die **Beschlagnahme**. Dies beruht darauf, dass bereits der Eröffnungsbeschluss über das Insolvenzverfahren die Wirkung einer Beschlagnahme zugunsten der Gläubiger hat. Da der Anordnungsbeschluss keine Beschlagnahme ist, besteht für den Insolvenzverwalter kein Veräußerungsverbot (§§ 23, 24 ZVG; §§ 1121, 1122 BGB). Dementsprechend kann er bis zum Versteigerungstermin sowohl über das Grundstück wie auch über dessen Zubehör frei verfügen, es verwerten und insbesondere freihändig veräußern (*Stöber* ZVG, § 173 Anm. 2.3). Etwas anderes gilt jedoch wegen der Berechnung wiederkehrender Leistungen (§ 13 ZVG) und für die Gegenstände, auf welche sich die Versteigerung erstreckt (§ 55 ZVG). Gem. § 173 Satz 2 ZVG wirkt der Anordnungsbeschluss über die Zwangsversteigerung in diesen Fällen wie eine Beschlagnahme. Bei der freihändigen Verwertung muss der Verwalter die Haftung des Grundstückzubehörs (s. FK-InsO/*Wegener* § 159 Rdn. 18) berücksichtigen. In der Praxis ist wegen der wertausschöpfenden Belastung bei der freihändigen Verwertung eine Abstimmung mit den Grundpfandgläubigern erforderlich.

Für das **weitere Verfahren** gelten die allgemeinen Grundsätze. Abweichungen ergeben sich aus **9** §§ 174, 174a ZVG. Stellt der Verwalter keinen Antrag auf abweichende Bedingungen, wird er als persönlich vollstreckender Gläubiger der Rangklasse 5 behandelt (*Stöber* ZVG, § 174 Anm. 2.2). Mit dem **Antrag nach § 174a ZVG** auf abweichende Versteigerungsbedingungen bewirkt der Verwalter ein Doppelausgebot. Voraussetzung des Antrages ist, dass bewegliche Gegenstände mitversteigert werden und der Antrag auf Ersatz der Kosten der Feststellung nach § **10 Abs. 1 Nr. 1a ZVG** rechtzeitig gestellt wurde. Nach h.M. kann der Antrag bis zum Ablauf der Bieterstunde gestellt werden (*Stöber* ZVG, § 174a Anm. 2.3; MüKo-InsO/*Tetzlaff* § 165 Rn. 155; **a.A.** *Muth* ZIP 1999, 945 [949] bis zum Schluss der Versteigerung nach § 73 Abs. 2 ZVG).

Dies gilt jedoch nur für den Anordnungsbeschluss, der aufgrund eines Antrages des Insolvenzverwal- **10** ters ergangen ist. Beantragt ein Gläubiger das Zwangsversteigerungsverfahren (dazu sogleich), so hat der darauf ergehende Anordnungsbeschluss gegenüber dem Verwalter die Wirkung eines Veräußerungsverbots. Der Verwalter hat in dieser Situation nur noch das Recht, das Grundstück innerhalb ordnungsgemäßer Wirtschaft zu verwalten und zu benutzen (§§ 23, 24 ZVG). Das Gleiche gilt, wenn der Insolvenzverwalter die Zwangsversteigerung beantragt hatte und dann ein Absonderungsberechtigter oder ein Massegläubiger (dieser hat die Frist des § 90 InsO zu beachten) Zwangsversteigerungsantrag stellt (§ 27 ZVG). Zugunsten dieser Gläubiger erfolgt die Beschlagnahme nach § 20 ZVG (*Kübler/Prütting/Bork-Flöther* InsO, § 165 Rn. 7b), so dass für den Verwalter ein Veräußerungsverbot entsteht (*W. Gerhardt* RWS-Skript Nr. 35, S. 68).

Bei der Veröffentlichung der Anordnung der Zwangsversteigerung hat im Rahmen des § 37 Nr. 3 **11** ZVG der Hinweis zu ergehen, dass die Versteigerung auf Antrag des Insolvenzverwalters erfolgt. Während des Versteigerungstermins hat der Insolvenzverwalter das Recht, sowohl für sich persönlich als auch in seiner Eigenschaft als Insolvenzverwalter mitzubieten (*Skrotzki* KTS 1955, 111). § 456 BGB greift in diesem Fall nicht.

II. Auf Antrag des Gläubigers

War die Zwangsversteigerung auf Gläubigerantrag bereits angeordnet, wird nach der Eröffnung des **12** Insolvenzverfahrens das laufende Zwangsversteigerungsverfahren nicht unterbrochen. § 240 ZPO findet keine Anwendung, da es sich bei der Zwangsversteigerung nicht um ein Verfahren im Sinne dieser Vorschrift handelt. Das Verfahren wird ohne Umschreibung des Titels auf den Verwalter fortgesetzt (*Kübler/Prütting/Bork-Flöther* InsO, § 165 Rn. 22). Dass die Beschlagnahme schon wirksam geworden ist (vgl. § 80 Abs. 2 Satz 2 InsO), ist dabei unabdingbare Voraussetzung. Dies setzt voraus, dass bereits vor der Eröffnung des Insolvenzverfahrens der Anordnungsbeschluss dem Schuldner zugestellt oder im Grundbuch der Versteigerungsvermerk eingetragen wurde.

§ 165 InsO   Verwertung unbeweglicher Gegenstände

13 Nach Verfahrenseröffnung kann ein persönlicher Gläubiger die Zwangsversteigerung nicht mehr betreiben, weil es sich um unzulässige Zwangsvollstreckungsmaßnahmen handelt. Der Grund hierfür liegt darin, dass die Eröffnung des Insolvenzverfahrens einem an den Schuldner erlassenen allgemeinen Veräußerungsverbot gleichsteht (*Eickmann* KTS 1974, 202). Ein Grundpfandgläubiger kann das Verfahren auch nach Verfahrenseröffnung beantragen. Für das Verfahren gelten die Vorschriften des ersten und zweiten Abschnitts des ZVG. Erforderlich ist ein Titel gegen den Insolvenzverwalter (*Kübler/Prütting/Bork-Flöther* InsO, § 165 Rn. 23). Gem. §§ 727, 730 ZPO kann ein Titel gegen den Schuldner auf den Verwalter umgeschrieben werden.

14 Der Insolvenzverwalter hat nicht nur die Möglichkeit, einen Antrag auf Zwangsvollstreckung zu stellen, er kann dem von einem Grundpfandgläubiger eingeleiteten Verfahren auch beitreten (MüKo-InsO/*Tetzlaff* § 165 Rn. 135 ff.; BK-InsO/*Undritz/Fiebig* § 165 Rn. 9; *Jaeckel/Güthe* ZVG, § 172 Rn. 3; *Kübler/Prütting/Bork-Flöther* InsO, § 165 Rn. 24; **a.A.** *Stöber* ZVG, § 172 Anm. 7.1.; HambK-InsO/*Büchler/Scholz* § 165 Rn. 20; *Knees* ZIP 2001, 1568 [1579]). Auch der Gläubiger kann der Verwalterversteigerung beitreten. Tritt der Verwalter bei, kann er die Vorteile der Verwalterversteigerung (s. Rdn. 3) nicht für die Masse geltend machen.

III. Eigentümergrundschuld

15 Die Entscheidung des BGH zur Insolvenzfestigkeit des **Löschungsanspruchs** (*BGH* 27.04.2012 ZInsO 2012, 1070) hat auch auf diese Verwertungsalternative Einfluss. Wenn erstrangige Grundpfandrechte nicht mehr valutieren, muss der Verwalter damit rechnen, dass nachrangige Gläubiger Rechte am Erlös geltend machen (*BGH* 27.04.2012 ZInsO 2012, 1070 Rn. 11). In der Praxis wird vorgeschlagen, mit den vorrangigen Grundpfandgläubigern Verwertungsvereinbarungen zu treffen (*Schwarz/Doms* ZInsO 2013, 1292 [1295]). Derartige Vereinbarungen sind zweifelhaft, da sie Gläubiger beteiligen, deren Grundpfandrechte nicht mehr valutieren. Vereinbarungen sind vielmehr mit den nachrangigen Grundpfandgläubigern zu empfehlen.

C. Einstweilige Einstellung der Zwangsversteigerung/-verwaltung

16 Der Verwalter kann die Einstellung einer Zwangsversteigerung auf Gläubigerantrag nach § 30d ZVG beantragen. Dabei kommt es nicht darauf an, ob die Zwangsversteigerung bei Verfahrenseröffnung schon anhängig war. Ein **dinglicher Gläubiger** kann gem. § 49 InsO die Zwangsversteigerung eines Massegrundstücks auch dann betreiben, wenn die Beschlagnahme zur Zeit der Verfahrenseröffnung noch nicht wirksam geworden ist. Auch kann der Antrag erst nach Verfahrenseröffnung gestellt werden (*Uhlenbruck/Brinkmann* InsO, § 165 Rn. 6). Die Zwangsversteigerung kann auch durch einen **Massegläubiger** betrieben werden, wenn dieser einen Titel gegen den Insolvenzverwalter erwirkt hat. Zu beachten ist nur, dass § 90 InsO ein beschränktes Vollstreckungsverbot für bestimmte Masseverbindlichkeiten für die Dauer von sechs Monaten vorsieht. Die Einstellung ist immer nur eine einstweilige. Sie ist durch das Vollstreckungsgericht mit Auflagen zu verbinden, § 30e ZVG. Der Gläubiger hat bei Nichterfüllung der Auflagen, bei Wegfall der Einstellungsgründe und bei Zustimmung durch den Verwalter die Aufhebung der einstweiligen Einstellung zu beantragen, § 30f ZVG. Er muss die Sechs-Monats-Frist des § 31 ZVG beachten.

17 Mit §§ 30d–30f ZVG hat der Gesetzgeber detaillierte Voraussetzungen unter Berücksichtigung der (Vollstreckungs-)Gläubigerinteressen geschaffen, um die Fortsetzung der Versteigerung zur Absicherung der Durchführung des Insolvenzverfahrens zu unterbrechen. Die einstweilige Einstellung muss auch die wirtschaftlichen Interessen des betreibenden Gläubigers berücksichtigen, § 30d Abs. 1 Satz 2 ZVG.

18 Für die Einstellung **vor dem Berichtstermin** muss der Verwalter nur darlegen, dass der Termin noch aussteht, § 30d Abs. 1 Nr. 1 ZVG. Eine weitere Begründung ist nicht erforderlich. **Nach dem Berichtstermin** ist einzustellen, wenn das Grundstück für das weitere Verfahren benötigt wird (§ 30d Abs. 1 Nr. 2 ZVG). Bei diesem Einstellungsantrag wird der Verwalter einen Beschluss der Gläubigerversammlung zur Fortführung des schuldnerischen Unternehmens vorlegen müssen (*Kübler/*

Prütting/Bork-Flöther InsO, § 165 Rn. 27). Darüber hinaus muss er darlegen, dass die Immobilie für die Fortführung benötigt wird. Schließlich muss die Einstellung erfolgen, wenn die Fortsetzung der Zwangsversteigerung die **Realisierung eines Insolvenzplans** gefährden würde. Auch bei diesem Einstellungsverfahren muss der Verwalter wenigstens den Beschluss der Gläubigerversammlung zur Aufstellung des Insolvenzplans vorlegen und darlegen, dass nach den Planregeln die Immobilie für die Fortführung/den Erhalt des Unternehmens benötigt wird.

Der **Schuldner** ist grds. am Verfahren nicht beteiligt (s. Rdn. 3). Eine Ausnahme sieht § 30d Abs. 2 ZVG vor, wenn er einen Insolvenzplan vorlegt und das Insolvenzgericht diesen nicht zurückgewiesen hat. Diese Einstellungsmöglichkeit greift auch bei der **Eigenverwaltung**. Eine Mitwirkung des Sachwalters sieht das Gesetz nicht vor. Der Schuldner muss mit seinem Antrag ebenfalls darlegen, dass die Versteigerung die Durchführung des Insolvenzplans gefährden würde. Nur in Ausnahmefällen kann der Schuldner einen Einstellungsantrag nach § 765a ZPO stellen (s. Rdn. 24 a.E.). 19

Die Einstellung hat auch zu erfolgen, wenn die **Verwertung der Insolvenzmasse durch die Versteigerung wesentlich erschwert würde** (§ 30 Abs. 1 Nr. 4 ZVG). Bei der Begründung dieser Generalklausel muss der Verwalter konkrete Verwertungsalternativen darlegen, aus denen deutlich wird, dass eine sofortige Versteigerung zu einem Mindererlös führen würde (i.E. *Stöber* ZVG, § 30d Anm. 2.3c). Entscheidende Richtschnur ist die angemessene Verwertung im Insolvenzverfahren nicht die Verwertung im Rahmen des ZVG (*Mönning/Zimmermann* NZI 2008, 134 [136]). 20

Die einstweilige Einstellung steht unter dem Vorbehalt der **entgegenstehenden Gläubigerinteressen**, § 30d Abs. 1 Satz 2 ZVG. Abzuwägen sind die Interessen des betreibenden Gläubigers gegenüber den Gesamtgläubigern, nicht gegenüber dem Schuldner (i.E. *Stöber* ZVG, § 30a Anm. 5 u. § 30d Anm. 3). Unzumutbar ist die einstweilige Einstellung nicht nur, wenn dem betreibenden Gläubiger ein massiver wirtschaftlicher Schaden entsteht. Auch, wenn der Zuschlag nach lang andauerndem Versteigerungsverfahren unmittelbar bevorsteht, ist die Einstellung dem Gläubiger nicht mehr zuzumuten (*Knees* ZIP 2001, 1568 [1577]). 21

Auch der **vorläufige Verwalter** kann die einstweilige Einstellung bewirken, wenn dadurch nachhaltige Veränderungen in der Vermögenslage des Schuldners verhindert würden (§ 30d Abs. 4 ZVG). Diese Einstellungsmöglichkeit steht dem starken und dem mit Zustimmungsvorbehalt versehen vorläufigen Verwalter zu (*Uhlenbruck/Brinkmann* InsO, § 165 Rn. 6). Aufgabe des vorläufigen Insolvenzverwalters ist nach § 22 Abs. 1 Nr. 1 die Sicherung und der Erhalt des schuldnerischen Vermögens. Jede Verringerung der künftigen Insolvenzmasse stellt demnach eine nachteilige Vermögenslage des Schuldners i.S.d. § 30d Abs. 4 ZVG dar. Die entgegenstehenden Gläubigerinteressen sind beim Einstellungsverfahren während der Verfahrenseröffnung ebenfalls abzuwägen (*Stöber* ZVG, § 30d Anm. 6.2; *Knees* ZIP 2001, 1568 [1572]). Bei der **vorläufigen Eigenverwaltung** ist der Schuldner antragsberechtigt, § 30d Abs. 4 Satz 2 ZVG. 22

Mit der einstweiligen Einstellung sind nach § 30e ZVG **Auflagen** anzuordnen, um einen weiteren Schaden des betreibenden Gläubigers zu verhindern. Dabei geht es um die Anordnung von Zinszahlungen und den Ausgleich von Wertverlusten. Anzuordnen ist der vertragliche, nicht der dingliche Zins (*LG Göttingen* ZInsO 2000, 163; HambK-InsO/*Büchler* § 165 Rn. 33; MüKo-InsO/*Tetzlaff* § 165 Rn. 104ff.; *Uhlenbruck/Brinkmann* InsO, § 165 Rn. 19b; *Mönning/Zimmermann* NZI 2008, 134 [136 f.; **a.A.** *Stöber* ZVG, § 30e Anm. 2.2: dingliche Zinsen). Zinszahlungen und Wertausgleich sind nach § 30e Abs. 3 ZVG nicht anzuordnen, wenn der Gläubiger wegen seiner Rangstelle nicht mit einem Erlös rechnen kann. 23

Der Insolvenzverwalter soll zudem in einem Zwangsversteigerungsverfahren über ein Massegrundstück Antrag auf **Einstellung** des Verfahrens gem. § 765a ZPO stellen können (*OLG Braunschweig* NJW 1968, 164; *OLG Hamm* KTS 1977, 50; *Uhlenbruck/Brinkmann* InsO, § 165 Rn. 19; *Stöber* ZVG, 20. Aufl., Einl. Anm. 53.1). Da der Gesetzgeber die Einstellungsmöglichkeiten in der Insolvenz in den §§ 30d ff. detailliert regelt, bestehen an dieser Auffassung erhebliche Zweifel. Die Interessen der Gesamtgläubiger im Insolvenzverfahren werden im ZVG ausreichend berücksichtigt. Weitere Rechtsschutzmöglichkeiten für den Insolvenzverwalter sind nicht erforderlich. 24

25 Der **Schuldner** ist, wenn er keinen Insolvenzplan vorlegt, nicht berechtigt, Vollstreckungsschutzanträge zu erheben (*BVerfG* BVerfGE 51, 405; *Berkemann* JuS 1980, 871; **a.A.** *OLG Celle* ZIP 1981, 1005 [1006] für den Fall, dass der Verwalter diesen Antrag nicht stellt.). Bei der Beurteilung der sittenwidrigen Härte i.S.v. § 765a ZPO wäre nicht auf die Belange des Schuldners, sondern auf die des Insolvenzverwalters in seiner amtlichen Funktion abzustellen (*OLG Braunschweig* NJW 1968, 164; *OLG Hamm* KTS 1977, 50). Diese Interessen sind im ZVG berücksichtigt. Nur in besonders gelagerten Ausnahmesituationen kann der Schuldner einen Einstellungsantrag nach § 765a ZPO stellen (*BGH* NJW 2009, 1283 [1283]: **Suizidgefahr**).

26 Gegen den **Teilungsplan** hat der Insolvenzverwalter das Recht zum Widerspruch (§ 115 ZVG). Die Beträge, die im Rahmen des Verteilungsverfahrens nicht für die Befriedigung der absonderungsberechtigten Gläubiger aufgewendet werden müssen, stehen der Masse zu.

27 Die Einstellungsmöglichkeiten bestehen für den Verwalter nicht nur bei der Zwangsversteigerung. Der Gesetzgeber der InsO hat dem Insolvenzverwalter nunmehr mit § 153b ZVG die Möglichkeit geschaffen, die Kollision zwischen Zwangs- und Insolvenzverwaltung durch einstweilige **Einstellung der Zwangsverwaltung** aufzulösen. Diese Möglichkeit hat der **vorläufige Verwalter** nicht (*Knees* ZIP 2001, 1568 [1571]; *Niering* NZI 2008, 146 [147]). Voraussetzung ist eine wirtschaftlich sinnvolle Nutzung der Immobilie durch die Masse, die durch die Zwangsverwaltung vereitelt wird. Dabei geht es im Wesentlichen um Konstellationen, bei denen der Verwalter das Unternehmen fortführen will, während der Zwangsverwalter plant, die Immobilie an Dritte zu vermieten. Will der Insolvenzverwalter nur verwerten, muss er selbst die Zwangsversteigerung beantragen. Geht es dem Insolvenzverwalter nur darum, die Zwangsverwaltung zur »ungestörten« Nutzung der Immobilie zu halten, wird keine Einstellung erfolgen. Wenn der Verwalter die Einstellung der Zwangsverwaltung bewirkt, muss er wenigstens eine Nutzungsentschädigung an den betreibenden Gläubiger leisten. Selbst, wenn das Versteigerungsgericht die einstweilige Einstellung der Zwangsverwaltung anordnen würde, müsste es zugunsten des die Zwangsverwaltung betreibenden Gläubigers nach § 153 Abs. 2 ZVG laufende Zahlungen zum Nachteilsausgleich anordnen.

D. Freihändige Verwertung

28 Neben der Zwangsversteigerung lässt die InsO auch die **freihändige Verwertung der Immobilien** durch den Verwalter unter dem Vorbehalt der Zustimmung der Gläubigerversammlung gem. § 160 Abs. 2 Nr. 1 InsO zu. Die Art der Veräußerung steht dabei im pflichtgemäßen Ermessen des Verwalters. Die freihändige Verwertung bietet gegenüber dem Versteigerungsverfahren erhebliche Vorteile, weil sie gegenüber dem formalisierten Verfahren Zeit und Kosten spart und i.d.R. zu erhöhten Erlösen führt (*Kübler/Prütting/Bork-Flöther* InsO, § 165 Rn. 7).

29 Aus dem Verwertungserlös sind die aus den Grundpfandrechten folgenden Absonderungsrechte zu befriedigen. **Öffentliche Lasten** müssen indes nicht befriedigt werden, weil das Grundstück auch nach Verkauf weiter dafür haftet (*BGH* ZIP 2010, 994 [995]). Der Verwalter muss deshalb auch die öffentlichen Lasten sorgfältig prüfen, weil er dem Käufer aus dem Kaufvertrag haften kann, wenn die öffentliche Last nach dem Verkauf realisiert wird (*Büchler* EWiR 2010, 431).

30 Da die Immobilien in der Insolvenz regelmäßig wertausschöpfend belastet sind, bedarf es einer **Vereinbarung mit den absonderungsberechtigten Grundpfandgläubigern** (kritisch dazu *Knees* ZIP 2001, 1568 [1570]; zu den Problemen mit Finanzinvestoren *Niering* NZI 2008, 146 ff.). Deshalb hat die Frage, ob der Grundpfandgläubiger mit seinen Darlehensansprüchen aufrechnen kann (*dAvoine* NZI 2008, 17 ff.) nur theoretische Bedeutung.

31 Vereinbarungen werfen in der Praxis immer dann Schwierigkeiten auf, wenn nachrangige Grundpfandgläubiger außerhalb der Zwangsversteigerung ausfallen. Diese sog. **Akkordstörer** (*Tetzlaff* ZInsO 2012, 726) sind aufgrund ihrer formalen Position in der Lage, die freihändige Verwertung zu verzögern oder zu verhindern. Bisher mussten hierfür im Interesse der zügigen Verwertung zusätzliche Mittel aufgewendet werden. In der Praxis haben sich **Lästigkeitsprämien** eingebürgert, die sich an den ersparten Verfahrenskosten oder auch am wirtschaftlichen Interesse der Verwertung (unver-

hältnismäßig) orientieren. Nach der grundlegenden Entscheidung des BGH vom 20.03.2008 sind Zahlungen auf eine wertlose Grundschuld **insolvenzzweckwidrig** (*BGH* NZI 2008, 365 [366], bestätigt mit *BGH* 30.04.2015 – IX ZR 301/13; dazu *Frege/Keller* NZI 2009, 11 ff). Die Praxis hat verschiedene Strategien entwickelt, um die Verwertung umzusetzen (detailliert MüKo-InsO/*Tetzlaff* § 165 Rn. 182). Der Verwalter sollte in jedem Fall berücksichtigen, dass die wirtschaftlichen Vorteile den erstrangigen Grundpfandgläubigern zufließen. Deshalb sollten die Lästigkeitsprämien unmittelbar durch den erstrangigen Grundpfandgläubiger gezahlt werden oder bei der Vereinbarung des Masseanteils (dazu sogleich) berücksichtigt werden. Entscheidend ist, dass die Zahlung ausschließlich zu Lasten des erstrangigen Grundpfandgläubigers erfolgt (*BGH* 20.03.2014 – IX ZR 80/13, Rn. 21 ff.).

Es ist nicht Aufgabe des Verwalters, die Verwertung der Immobilie kostenlos zu Gunsten des Grundpfandgläubigers zu betreiben, ohne Erlöse zu Gunsten der Gläubigergesamtheit zu erzielen (MüKo-InsO/*Tetzlaff* § 165 Rn. 183; a.A. *Knees* ZIP 2001, 1568 [1570]). Der Verwalter muss deshalb pflichtgemäß bei der freihändigen Grundstücksveräußerung einen angemessenen **Erlösanteil für die Masse** vereinbaren (dazu *Förster/Klipfel* ZInsO 2013, 225 [226]). Für eine analoge Anwendung der §§ 171, 172 InsO ist kein Raum. Auch § 10 Abs. 1 Nr. 1a ZVG wird man nicht heranziehen könne. Die dort festgelegte Kostenquote bezieht sich auf bewegliches Grundstückszubehör. Zu den weiteren Einzelheiten einschließlich der umsatzsteuerlichen Problematik s. § 171 Rn. 16. 32

Grundstückszubehör darf der Verwalter nach der Beschlagnahme nicht eigenständig verwerten. Gem. § 1120 BGB ist das Zubehör Gegenstand des Haftungsverbandes und von der Beschlagnahme erfasst. Eine Betriebsstilllegung durch den Verwalter bewirkt keine Enthaftung (*BGH* BGHZ 60, 269; ausf. zur Rspr. und Lit. *Gundlach* DZWiR 1998, 485 [486 f.]). Der Verwertungserlös bei der Entfernung durch den Verwalter steht dem Grundpfandgläubiger gem. § 52 InsO zu (zur Verwertung des Zubehörs s. § 159 Rdn. 18). Bei der Verwertung von Zubehör muss die Masse USt entrichten, der Verwalter kann den Grundpfandgläubiger damit belasten (*Mitlehner* NZI 2002, 534 [536]; *Uhlenbruck/Maus* InsO, § 171 Rn. 10; HambK-InsO/*Büchler* § 165 Rn. 39; **a.A.** MüKo-InsO/*Tetzlaff* § 165 Rn. 280). 33

E. Freigabe

Bei der Belastung des Grundstücks mit Grundpfandrechten über den Wert besteht für den Verwalter auch die Möglichkeit, das Grundstück aus der Masse freizugeben. Dieser Schritt ist insbesondere wegen der aus dem Unterhalt des Grundstücks folgenden Kosten erforderlich, wenn eine Verwertung aussichtslos erscheint oder mit den Grundpfandgläubigern ein angemessener Erlösanteil zugunsten der Masse nicht vereinbart werden kann (zur Zulässigkeit der Freigabe bei der Insolvenz von Kapitalgesellschaften *Bork* Rn. 132 ff. m.w.N.; *Pape* ZInsO 2008, 465 [470]). Teilweise wird eine Freigabe von Grundstücken für unzulässig gehalten, wenn Altlasten vorhanden sind (*OVG Mecklenburg-Vorpommern* ZIP 1997, 1460 [1464]; auch *K. Schmidt* ZIP 2000, 1913 [1919]; *Rosset* DStR 1998, 895 [897 f.]). Diese Auffassung ist indes abzulehnen (*BayVGH* KTS 1983, 462; *VG Hannover* ZIP 2001, 1727 [1730]; ausf. *Hess* InsO, § 38 Rn. 41 ff.; *Tetzlaff* ZIP 2001, 10 [19]). Zur Frage, unter welchen Voraussetzungen die Freigabe der Zustimmung der Gläubigerversammlung erfordert, vgl. § 160 Rdn. 7. 34

F. Steuern

Im Rahmen der Zwangsversteigerung, sowie der freihändigen Veräußerung fällt Grunderwerbsteuer gem. § 1 Abs. 1 Nr. 4 GrEStG an. In der Zwangsversteigerung ist diese vom Meistbietenden (§ 13 Nr. 4 GrEStG) zu entrichten, bei der freihändigen Veräußerung haften der Veräußerer und Erwerber gesamtschuldnerisch (§ 13 Nr. 1 GrEStG). Wegen der Grunderwerbsteuer entfällt die Umsatzsteuerpflicht in der Zwangsvollstreckung (§ 4 Nr. 9a UStG), hierbei trifft den Verwalter ein Wahlrecht die Umsatzsteuer betreffend (§ 9 Abs. 3 UStG). Der Verzicht ist spätestens bis zur Aufforderung zur Gebotsabgabe zu erklären (s. hierzu K. Schmidt/*Sinz* InsO, § 165 Rn. 36). 35

36 Die Freigabe eines Grundstücks unterfällt nicht der Umsatzsteuerpflicht, da der Schuldner weiterhin Rechtsträger bleibt (*BFH* ZIP 1993, 1247), womit es an einer Lieferung fehlt (K. Schmidt/*Sinz* InsO, § 165 Rn. 37). Der mit dem Grundpfandgläubiger vereinbarte Masseanteil ist umsatzsteuerpflichtig, da der Verwalter mit der Verwertung der Immobilie eine umsatzsteuerpflichtige Leistung nach § 3 Abs. 9 UStG für den Grundpfandgläubiger erbringt (*BFH* 28.07.2011 – V R 28/09, Rn. 17; dazu BMF-Schreiben v. 30.04.2014 ZInsO 2014, 1000).

§ 166 Verwertung beweglicher Gegenstände

(1) Der Insolvenzverwalter darf eine bewegliche Sache, an der ein Absonderungsrecht besteht, freihändig verwerten, wenn er die Sache in seinem Besitz hat.

(2) Der Verwalter darf eine Forderung, die der Schuldner zur Sicherung eines Anspruchs abgetreten hat, einziehen oder in anderer Weise verwerten.

(3) Die Absätze 1 und 2 finden keine Anwendung
1. auf Gegenstände, an denen eine Sicherheit zu Gunsten des Teilnehmers eines Systems nach § 1 Abs. 16 des Kreditwesengesetzes zur Sicherung seiner Ansprüche aus dem System besteht,
2. auf Gegenstände, an denen eine Sicherheit zu Gunsten der Zentralbank eines Mitgliedstaats der Europäischen Union oder Vertragsstaats des Europäischen Wirtschaftsraums oder zu Gunsten der Europäischen Zentralbank besteht, und
3. auf eine Finanzsicherheit im Sinne des § 1 Abs. 17 des Kreditwesengesetzes.

Übersicht	Rdn.		Rdn.
A. Allgemeines	1	D. Sonstige Rechte	15
B. Absatz 1	4	E. Rechtsfolgen	18
I. Bewegliche Sachen	4	F. Rechtsmittel	24
II. Absonderungsrechte	6	G. Abdingbarkeit	25
III. Besitz	7	H. Absatz 3	26
C. Forderungen (Abs. 2)	10		

Literatur:
Berger Die Verwertung verpfändeter Aktien in der Insolvenz des Sicherungsgebers, ZIP 2007, 1533; *Bitter* Das Verwertungsrecht des Insolvenzverwalters bei besitzlosen Rechten und bei einer (Doppel-)Treuhand am Sicherungsgut, ZIP 2015, 2249; *Bitter/Alles* Das Verwertungsrecht des Insolvenzverwalters gem. § 166 Abs. 1 InsO bei verpfändeten globalverbrieften Aktien, KTS 2013, 113; *Funk* Die Sicherungsübereignung in der Einzelzwangsvollstreckung und in der Insolvenz, 1998; *Gehrlein* Erwerb von Rechten zu Lasten der Insolvenzmasse im Eröffnungsstadium, ZIP 2011, 5; *Gessner* Zahlungsvergleich über globalzedierte Forderungen in der Insolvenz, ZIP 2012, 4555; *Gundlach/Frenzel/Schmidt* Die Verwertungsbefugnis aus §§ 166 ff. InsO, NZI 2001, 119; *Häcker* Abgesonderte Befriedigung aus Rechten, 2001; *Marotzke* Die dinglichen Sicherheiten im neuen Insolvenzrecht, ZZP 109, 429; *Obermüller/Hess* InsO, eine systematische Darstellung unter Berücksichtigung kreditwirtschaftlicher und arbeitsrechtlicher Aspekte, 1998; *Pohlmann* Befugnisse und Funktionen des vorläufigen Insolvenzverwalters, 1998; *Sessig/Fischer* Das Verwertungsrecht des Insolvenzverwalters bei beweglichem Sicherungsgut, ZInsO 2011, 618; *Szalai* Die Verwertungsbefugnis des Insolvenzverwalters bei Sicherungsabtretungen, ZInsO 2009, 1177; *Tetzlaff* Verwertung von Pfandrechten an Unternehmensbeteiligungen durch eine öffentliche Versteigerung und freihändige Veräußerung, ZInsO 2007, 478; *Uhlenbruck* »Virtueller wirtschaftlicher Besitz« und Verwertungsrecht des Insolvenzverwalters, ZInsO 2008, 114; *Zahn* Das Sicherungseigentum der Bank in der Insolvenz der Leasinggesellschaft, ZIP 2007, 366.

A. Allgemeines

1 Das in § 166 InsO geregelte Verwertungsrecht des Insolvenzverwalters ist eines der Kernstücke der Insolvenzrechtsreform. Zur Entwicklung s. FK-InsO 6. Aufl.

§ 166 Abs. 1 InsO stellt sicher, dass einzelnen Gläubigern der Zugriff auf die wirtschaftliche Einheit des schuldnerischen Unternehmens verwehrt wird. Der Insolvenzverwalter darf auch die beweglichen Sachen, an denen Absonderungsrechte bestehen, freihändig verwerten, wenn er die Sachen in seinem Besitz hat. Mit diesem Verwertungsrecht wird die Möglichkeit für eine zeitweilige oder dauernde Fortführung des Schuldner-Unternehmens erhalten; der Verlust des Verwertungsrechts des Gläubigers wird durch die §§ 167 ff. InsO kompensiert. Gleichsam als Nebeneffekt erwächst dem Insolvenzverwalter zudem die Möglichkeit, zusammengehörige, aber für unterschiedliche Gläubiger belastete Gegenstände als Einheit zu verwerten. Durch die gemeinsame Verwertung dieser Gegenstände kann der Verkaufserlös gesteigert werden. Insoweit kommt die Regelung auch den absonderungsberechtigten Gläubigern zugute, da regelmäßig sowohl die Fortführung als auch die angesprochene Gesamtveräußerung zu höheren Erlösen führt (*Haarmeyer/Wutzke/Förster* HdbInsR, 3. Aufl., S. 683 f.).

§ 166 Abs. 3 InsO schließt die Verwertung durch den Insolvenzverwalter für die konkreten Sachverhalte aus. Die Einschränkung besteht nicht nur im Rahmen des Abs. 2, der die Einziehung sicherungszedierter Forderungen regelt, sondern auch für die körperlichen Gegenstände des Abs. 1 und die Finanzsicherheiten (zu den Finanzsicherheiten instruktiv *Obermüller/Hartenfels* BKR, 2004, 440 ff.; auch *Braun/Gerbers* InsO, § 166 Rn. 17 ff.). 2

Nach § 313 Abs. 3 InsO fand § 166 InsO in der **Insolvenz eines Verbrauchers** keine Anwendung. Mit der zum 01.07.2014 greifenden Reform ist § 313 InsO ersatzlos gestrichen, die Abwicklung des Verfahrens obliegt dem Insolvenzverwalter, der auch zur Verwertung der absonderungsbelasteten Gegenstände berechtigt ist. § 166 InsO ist auch im **Nachlassinsolvenzverfahren** anwendbar (*KG* ZIP 2001, 2012 [2013] zu Abs. 2). Die Sondervorschriften zum Nachlassinsolvenzverfahren sehen keine Sonderregelung vor (*Häcker* EWIR 2002 27 f.). In der **Eigenverwaltung** steht das Verwertungsrecht dem Schuldner, nicht dem Sachwalter zu, § 282 Abs. 1 InsO. Der Schuldner soll die Verwertung mit dem Sachwalter abstimmen (dazu s. *Foltis* § 282 Rdn. 17 ff.). 3

B. Absatz 1

I. Bewegliche Sachen

Das Verwertungsrecht nach § 166 Abs. 1 InsO steht dem Verwalter an beweglichen Sachen zu. **Beweglich** sind alle Sachen, die der Mobiliarpfändung unterliegen. Grundstücke, Gegenstände, die Grundstücken gleichgestellt sind oder Grundstücksbestandteile werden nicht erfasst. (MüKo-InsO/ *Tetzlaff* § 166 Rn. 7). Zu Windkraftanlagen s. *Sessig/Fischer* ZInsO 2011, 618 (620). Zu den beweglichen Sachen zählen auch **Wertpapiere,** die in einer Sammelurkunde verwahrt werden (*BGH* 24.09.2015 – IX ZR 272/13, Rn. 19). Ausführlich dazu s. Rdn. 16; zu sonstigen Rechten s. Rdn. 15. 4

Bewegliche Sachen, die Zubehör (§ 97 BGB) **belasteter Grundstücke sind,** darf der Verwalter grds. nicht verwerten; möglich ist nur ein Verkauf im Rahmen der Betriebsfortführung in den Grenzen der ordnungsgemäßen Bewirtschaftung (zur Auskehrung des Erlöses und der einzubehaltenden Kostenpauschale s. § 165 Rdn. 33, 28). Diese Gegenstände fallen gem. § 1120 (ggf. i.V.m. § 1192) BGB in den Haftungsverband für bestehende Grundpfandrechte. Dieser Haftungsverband wird durch die Insolvenz nicht aufgelöst (*BGHZ* 60, 270; zur Rspr. ausf. *Gundlach* DZWiR 1998, 485 ff.). Auch der Gesetzgeber der InsO wollte diesen Haftungsverband nicht auflösen. Das ergibt sich auch aus § 10 Abs. 1a ZVG, wonach der Masse die Feststellungspauschale aus dem Versteigerungserlös an zweiter Stelle zuerkannt wird. Das Recht zur Verwertung aus § 166 Abs. 1 InsO erstreckt sich auch auf Gegenstände, deren Besitz der Insolvenzverwalter **im Wege der Insolvenzanfechtung** nach den §§ 129 ff. InsO erworben hat (so schon § 199 RegE, der zur Entlastung der Insolvenzgerichte gestrichen wurde; *Uhlenbruck/Brinkmann* InsO, § 166 Rn. 7; *Gundlach/Frenzel/Schmidt* NZI 2002, 20 ff.). 5

II. Absonderungsrechte

Die einzelnen zur Absonderung führenden Rechte ergeben sich aus §§ 50, 51 InsO; der Besitz muss vom Schuldner abgeleitet sein (s. Rdn. 7), so dass nicht jedes Absonderungsrecht zu einer Verwertungsbefugnis des Verwalters nach § 166 Abs. 1 InsO führt. Für die Praxis von Bedeutung ist § 51 Nr. 1 InsO; diese Norm legt den von der Rspr. schon unter der KO (s. nur *BGH* WM 1977, 6

1422) entwickelten Grundsatz fest, dass **Sicherungseigentum** nur Absonderungsrechte begründet (zur Frage, warum Sicherungseigentum trotz der Eigentümerstellung kein Aussonderungsrecht begründet, ausführlich *Funk* S. 130 ff.). Eine weitere häufig vorkommende Konstellation ist das **Vermieterpfandrecht** nach § 562 BGB. Nicht von § 166 Abs. 1 InsO erfasst wird Eigentumsvorbehaltsware. Der einfache Eigentumsvorbehalt berechtigt zur Aussonderung, ein Verwertungsrecht des Verwalters besteht nicht (unstr). Der Verwalter hat das Wahlrecht des § 103 InsO, das er erst nach dem Berichtstermin ausüben muss (§ 107 Abs. 2 Satz 2 InsO). Der **verlängerte Eigentumsvorbehalt** begründet ein Absonderungsrecht (s. *Imberger* § 51 Rdn. 28 ff. zu den verschiedenen Erscheinungsformen), weil diese Konstruktion wirtschaftlich dem Sicherungseigentum nahe steht. An **Leasinggegenständen** entsteht das Verwertungsrecht wegen des Eigentums des Leasinggebers ebenfalls nicht. Der Verwalter kann aber die Nutzung fortsetzen (§ 112 InsO), so dass die Fortführung des Schuldner-Unternehmens gesichert ist. Auch **Pfändungspfandrechte** begründen ein Absonderungsrecht, § 50 Abs. 1 InsO. Die **Vertragspfandrechte** der §§ 1204 ff. BGB werden im Unterschied zu den gesetzlichen Pfandrechten mangels Besitzes nicht vom Verwertungsrecht des Verwalters erfasst. **Pfändungen im Wege der Zwangsvollstreckung** sind auf Verlangen des Verwalters aufzuheben, wenn die Rückschlagsperre nach § 88 InsO greift oder die Pfändung, vornehmlich nach § 131 InsO angefochten werden kann. Der Gerichtsvollzieher muss ggf. die Entfernung der Pfandsiegel vornehmen und damit die Vollstreckung beenden.

III. Besitz

7 Das Verwertungsrecht des Verwalters besteht nur für bewegliche Sachen, die er in seinem **Besitz** hat. Besitz bedeutet daher in erster Linie die Erlangung der tatsächlichen Gewalt über die Sache, § 854 Abs. 1 BGB. Es ist dabei auf den Besitz abzustellen, der nach der Ratio der Norm ausgelegt werden muss. Daraus folgt, dass das Verwertungsrecht des Verwalters zwar nicht nur auf Fälle des unmittelbaren Besitzes zu beschränken sein soll, dass aber auch nicht jeder mittelbare Besitz ausreicht. Maßgebend für das Verwertungsrecht des Verwalters ist, dass der »**technisch-organisatorische Verbund**« des schuldnerischen Unternehmens nicht durch den Entzug von Gegenständen gestört werden soll und somit die Fortführung des schuldnerischen Betriebs behindert wird (vgl. Begr. RegE InsO, BT-Drucks. 12/2443, S. 86 ff.; s.a. Rdn. 8). Diesen Besitz erlangt er durch Übernahme der Insolvenzmasse nach § 148 InsO. Sachen, die der **vorläufige Verwalter** während des Eröffnungsverfahrens in **Besitz genommen** hat, darf er ebenfalls verwerten. Gegenstände, auf die er nicht unmittelbar Zugriff ausüben kann, sind nach dem Gedanken des Gesetzgebers für die Fortführung des schuldnerischen Unternehmens oder der übertragenden Sanierung offensichtlich nicht von Bedeutung. Der Gesetzgeber will diese Sachen beim Absonderungsberechtigten belassen (RegE BT-Drucks. 12/2443 S. 179). Um aber Nacht- und Nebelaktionen des Absonderungsberechtigten vorzubeugen, ist ein derivativer Besitzerwerb des Gläubigers erforderlich. Mit eigenmächtiger Inbesitznahme verletzt der Gläubiger das Verwertungsrecht des Verwalters, er muss wenigstens die Verwertungspauschale an die Masse entrichten (*BGH* ZIP 2006, 2390 [2391]; *Gehrlein* ZIP 2011, 5 [12]; HambK-InsO/*Büchler* § 166 Rn. 13). Kann der Verwalter nachweisen, dass er einen höheren Erlös erzielt hätte, muss der Gläubiger auch die Differenz erstatten (*BGH* ZIP 2004, 42).

8 Auch der **mittelbare Besitz** ist in einigen Fällen für die Masse geschützt; entscheidend ist dann, wer die bessere Besitzposition innehat (vgl. HK-InsO/*Landfermann* § 166 Rn. 11; Uhlenbruck/*Brinkmann* InsO, § 166 Rn. 15; MüKo-InsO/*Tetzlaff* § 166 Rn. 15; a.A. *Haunschild* DZWIR 1999, 60 [61]; *Kübler/Prütting/Bork-Kemper* InsO, § 166 Rn. 4; Problemaufriss auch bei *Gaul* ZInsO 2000, 256 [260 ff.]; zur korrespondierenden Situation beim Eigentumsvorbehalt vgl. § 107 Rdn. 21). Nach der typisierenden Betrachtungsweise von *Bitter/Alles* (KTS 2013, 113 [126 ff.]) kommt es nur darauf an, ob der Vermögensgegenstand für die Fortführung des Unternehmens oder der Verwertung von Vermögensgesamtheiten erforderlich ist. Entscheidend ist der Hintergrund des mittelbaren Besitzes. Bei der Unternehmensfortführung kommt es darauf an, ob der Besitz des Dritten Bestandteil der Unternehmenstätigkeit des Schuldners ist. Ausführlich der *BGH* ZIP 2006, 814, 816 f. (dazu ebenso ausf. *Zahn* ZIP 2007, 365 ff.) zur Insolvenz eines Leasinggebers. Danach soll das Verwertungsrecht bestehen, wenn der Leasinggegenstand der insolventen Leasinggesell-

schaft sich nicht im unmittelbaren Besitz des Verwalters befindet. Denn die Leasingobjekte gehören zu dem »technisch-organisatorischen Verbund« des schuldnerischen Unternehmens und werden für dessen Fortführung benötigt. Die Rechtsprechung nimmt für die der Bank sicherungsübereigneten Fahrzeuge, die zum Zeitpunkt der Eröffnung Dritten zwecks Finanzierungsleasingverträgen überlassen waren, ein Verwertungsrecht des Insolvenzverwalters an (*BGH* ZIP 2006, 814 [816 f.]; bestätigt ZIP 2006, 2390; zust. *Bork* EWIR 2007, 119; *Uhlenbruck/Brinkmann* InsO, § 166 Rn. 16; *Sessig/Fischer* ZInsO 2011, 617 [622]). Das ist nicht unbestritten, denn die Leasingobjekte wurden zwar für den Betrieb des schuldnerischen Unternehmens angeschafft, aber sie wurden auch gerade zu dem Zweck beschafft, dass sie einem bestimmten Leasingnehmer zum Gebrauch überlassen werden. Sie werden also gerade nicht für den Betrieb des Leasinggebers, sondern für den Leasingnehmer gebraucht (*Zahn* ZIP 2007, 366 ff. [371]). Diese Auffassung verkennt, dass der Unternehmenszweck der Leasinggesellschaft gerade darin besteht, Sachen zu vermieten. Darauf ist die Organisation ausgerichtet. Die Problematik bei der Insolvenz eines Leasinggebers besteht in der Aufrechterhaltung der Leasing- und Finanzierungsverträge. Dieses Problem ist über §§ 103, 108 InsO zu lösen.

Mit seiner MobilCom-Entscheidung erweitert der BGH den funktionalen Besitzbegriff. Entscheidend soll nur sein, ob der Vermögensgegenstand zur wirtschaftlichen Einheit des schuldnerischen Vermögens gezählt werden könne. Das hänge bei **Aktien oder Unternehmensbeteiligungen** davon ab, ob der Schuldner seine Mitgliedschaftsrechte noch ausüben könne (*BGH* 24.09.2016 – IX ZR 272/13, Rn. 30). Nach dieser funktionalen Betrachtungsweise kann ein Besitz nicht mehr angenommen werden, wenn Aktien oder Beteiligungen zur Absicherung des Gläubigers auf einen Treuhänder übertragen wurden, so dass der Schuldner seine Rechte nicht mehr ausüben kann (*BGH* 24.09.2016 – IX ZR 272/13, Rn. 30). Differenziert zu den verschiedenen Treuhandmodellen *Bitter* ZIP 2015, 2249 (2252 ff.). 9

C. Forderungen (Abs. 2)

Nach § 166 Abs. 2 InsO darf der Verwalter Forderungen, die der Schuldner zur Sicherung von Verbindlichkeiten abgetreten hatte, einziehen. Für das Absonderungsrecht kommt es nicht auf den Zeitpunkt der Zession, sondern auf das Entstehen der Forderung an (*Gehrlein* ZIP 2011, 5 [6]). Selbst wenn der Verwalter mit dem Drittschuldner einen Vergleich schließt, erstreckt sich die Zession auf den vereinbarten Forderungsbetrag (MüKo-InsO/*Tetzlaff* § 166 Rn. 67; a.A. *Gessner* ZIP 2012, 455 [457]). Da der Verwalter über die Unterlagen zu den Forderungen verfügt, ist es sinnvoll, ihn zur Einziehung und Verwertung der Forderung zu ermächtigen (so die Begr. zu § 191 RegE, BT-Drucks. 12/2443, S. 180). Ohne Unterstützung und Mithilfe des Verwalters hatte der gesicherte Gläubiger in der Vergangenheit meist keine Möglichkeit die zur Sicherheit abgetretenen Forderungen erfolgreich durchzusetzen. Ein Verwertungsrecht des Gläubigers ist im Umkehrschluss ausgeschlossen. Die abgetretene Forderung muss vor Eröffnung des Insolvenzverfahrens entstanden und nach § 400 BGB abtretbar sein (*Kübler/Prütting/Bork-Kemper* InsO, § 166 Rn. 8). Nach Eröffnung des Insolvenzverfahrens kann der Drittschuldner nicht mehr mit befreiender Wirkung an den Zessionar leisten, wenn er Kenntnis von der Insolvenzeröffnung hat (*OLG Celle* ZIP 2008, 749 [750]; a.A. *Schlegel* NZI 2003, 17 [21]; zur Empfangszuständigkeit s. Rdn. 13). 10

Das Verwertungsrecht beschränkt sich schon dem Wortlaut nach ausschließlich auf **Sicherungszessionen**. Dieses nicht-akzessorische Sicherungsmittel ist dadurch gekennzeichnet, dass der Sicherungsnehmer die vollständig eingeräumte Rechtsmacht nur nach Maßgabe der schuldrechtlichen Sicherungsabrede benutzen darf. Die **einfache Forderungsabtretung oder die Abtretung erfüllungshalber** führt demgegenüber dazu, dass der Zessionar aussonderungsberechtigt ist (*BGH* WM 1971, 71; ZIP 1986, 720 [722]; HambK-InsO/*Büchler/Scholz* § 166 Rn. 1). **Ver- oder gepfändete Forderungen** unterliegen nicht dem Verwertungsrecht des Verwalters (*BGH* 11.04.2013 – IX ZR 176/11, Rn. 15). Der Gesetzeswortlaut ist eindeutig; lediglich die zur Sicherung abgetretenen Forderungen darf der Verwalter auch gegen den Willen des Gläubigers einziehen. Die Beschränkung auf zedierte Forderungen ist zwar wenig nachvollziehbar (so auch *Kübler/Prütting/Bork-Kemper* InsO, § 166 Rn. 9); für die teilweise in der Literatur vorgeschlagene Analogie (bspw. *Marotzke* ZZP 109 (1996) 11

429 [448]) ist bei dem deutlichen Gesetzeswortlaut aber kein Raum. Zu berücksichtigen ist indes, dass der Gläubiger vor Pfandreife nicht verwerten darf. Das Verwertungsrecht des Verwalters folgt dann aus dem Grundsatz des § 173 Abs. 2 Satz 2 (*BGH* 11.04.2013 – IX ZB 176/11, Rn. 19).

12 Die Verwertung erfolgt in erster Linie durch **Forderungseinzug** (dabei ist der Verwalter an die Schiedsvereinbarung des Insolvenzschuldners bei Einziehung einer zur Sicherheit abgetretenen Forderung gebunden: *BGH* NZI 2013, 934). Der Verwalter kann die Forderungen auch verkaufen (zu der freien Wahlmöglichkeit des Verwalters *BGH* ZIP 2013, 35 [36]). Die Einschaltung einer **Factoring-Bank** führt gerade bei einer Unternehmensfortführung zur Schaffung kurzfristiger Liquidität. Für die Zulässigkeit der Forderungsverwertung kommt es nicht darauf an, dass der Zessionar die Forderung noch nicht **offen gelegt** hatte (st. Rspr., *BGH* ZIP 2002, 1630; zur Gesetzgebung *Gundlach/Frenzel/Schmidt* ZInsO 2002, 352 [354]; a.A. *Mitlehner* ZIP 2001, 677 [679 f.]). Notwendig ist die Abgrenzung zwischen Forderungsverpfändung (§ 1280 BGB) und offen gelegter Sicherungszession. Die Verwertungsbefugnis des Insolvenzverwalters aus § 166 Abs. 2 InsO schließt dabei die Verwertung durch den Zessionar notwendig aus (*OLG Celle* ZIP 2008, 749 [750] bei Kenntnis von der Verfahrenseröffnung; auch *LG Cottbus* BauR 2002, 1703, uneingeschränkt; *Pape* NZI 2000, 301 [303]; *Uhlenbruck* InsO, § 166 Rn. 16). Der Verwalter ist nach § 166 Abs. 2 InsO berechtigt, die Forderung einzuziehen oder auf anderem Wege zu verwerten. Voraussetzung ist, dass die sicherungshalber abgetretene Forderung zum Zeitpunkt der Verfahrenseröffnung noch besteht. So ist ein Verwertungsrecht des Insolvenzverwalters nach § 166 Abs. 2 InsO an dem **Forderungserlös** ausgeschlossen, wenn dieser **vor Eröffnung** des Verfahrens vom Drittschuldner unter Verzicht auf die Rücknahme **hinterlegt** wurde (*BGH* ZIP 2006, 91 [92]). Ist die Rücknahme der hinterlegten Sache ausgeschlossen, so wird der Drittschuldner durch die Hinterlegung von seiner Verbindlichkeit befreit und so behandelt, als hätte er zur Zeit der Hinterlegung an den Gläubiger geleistet (§ 378 BGB); die Forderung ist durch die Hinterlegung des geschuldeten Betrages erfüllt worden und erloschen (*BGH* WM 2005, 1136 ff. [1138]). Der hinterlegte Betrag ist nicht mehr Massebestandteil (*BGH* ZIP 2006, 91 [92]).

13 Die **Empfangszuständigkeit des Schuldners (Zedenten)** erlischt mit der Verfahrenseröffnung (*Pape* NZI 2000, 17 [21]; *Uhlenbruck/Brinkmann* InsO, § 166 Rn. 16; HK-InsO/*Landfermann* § 166 Rn. 28; offen gelassen für den gutgläubigen Drittschuldner *OLG Celle* ZIP 2008, 749 [750]; a.A. *Schlegel* NZI 2003, 17 [21]; *Häcker* NZI 2002, 409). Nur durch das alleinige Einziehungsrecht des Verwalters wird die notwendige Rechtssicherheit geschaffen und etwaige Kompensationsgeschäfte zwischen Drittschuldner und Schuldner verhindert. Der gutgläubige Drittschuldner kann analog § 82 InsO und nach §§ 408, 407, 412 BGB geschützt werden (*BGH* ZIP 2009, 1075 [1077]; HK-InsO/*Landfermann* § 166 Rn. 28). Die Beweislast für die Nichtkenntnis der Verfahrenseröffnung trägt der Drittschuldner, während der Verwalter für die Kenntnis vom Sicherungszweck die Beweislast trägt (*Gehrlein* ZIP 2011, 5 [12]).

14 Auch die **Ansprüche aus Versicherungsverträgen** sind Forderungen (*Westhelle/Micksch* ZIP 2003, 2054 ff. zu Direktversicherungen). In der Praxis sind die Rückkaufswerte bei abgetretenen Kapitallebensversicherungen von Bedeutung. Mit der Kündigung der Lebensversicherung entsteht der Anspruch auf Auszahlung des Rückkaufswertes. Die Rückkaufswerte unterliegen deshalb dem Verwertungsrecht des Verwalters. Damit stehen der Masse die gesetzlichen Anteile aus den §§ 171, 172 InsO zu (dazu s. §§ 170, 171 Rdn. 11). Der Verwalter zieht den Rückkaufswert ein; allein dieser Anspruch unterliegt der Verwertung.

D. Sonstige Rechte

15 **Sonstige Rechte**, insbesondere gewerbliche Schutzrechte oder etwa Unternehmensbeteiligungen, darf der Verwalter gegen den Willen der absonderungsberechtigten Gläubiger nicht verwerten. Für eine Analogie zu § 166 Abs. 2 InsO fehlt es an einer planwidrigen Regelungslücke (*Sessig/Fischer* ZInsO 2011, 617 [624]; vgl. Wortlaut des § 181 Abs. 2 RegE, wobei *Häcker* Rn. 316 ff. dargelegt hat, dass der Gesetzgeber ursprünglich die sonstigen Rechte erfassen wollte). § 173 InsO macht vielmehr deutlich, dass bei sonstigen Rechten das Eigenverwertungsrecht des Gläubigers fortbesteht

(ausf. auch zum Streitstand *Bitter* ZIP 2015, 2249 [2251] m. umfangr. Nachw. in FN 27; *Szalai* ZInsO 2009, 1177 [1179 ff.]; *Wallner* ZInsO 1999, 453 ff.; str. für eine Analogie auf sonstige Rechte: *Nerlich/Römermann-Becker* InsO, § 166 Rn. 33; HK-InsO/*Landfermann* § 166 Rn. 25; *Uhlenbruck/Brinkmann* InsO, § 166 Rn. 35 f.; *Bitter* ZIP 2015, 2249 [2251]; der BGH hat die Frage ausdrücklich offengelassen, *BGH* 24.09.2015 – IX ZR 2727/13, Rn. 19). Nach der typisierenden, die Analogie rechtfertigenden Betrachtungsweise kommt es auch bei sonstigen Rechten nur darauf an, ob sie Bestandteil des schuldnerischen Vermögensverbundes und für eine günstige Verwertung erforderlich sind (*Bitter/Alles* KTS 2013, 113 [118 ff.]). Die Verwertung verpfändeter Forderungen steht dem Verwalter nach st. Rspr nicht zu (*BGH* NZI 2002, 592; NZI 2005, 384 [385]; NZI 2013, 596 [597]; zum Einziehungsrecht des Insolvenzverwalters bei einer verpfändeten Forderung, wenn die Hauptforderung des Pfändungsgläubigers noch nicht fällig ist *BGH* NZI 2013, 596; zu der **Verpfändung von Unternehmensbeteiligungen** s. Rdn. 17).

Aktien (zu Verwertung globalverbriefter Aktien durch den Verwalter *Bitter/Alles* KTS 2013, 113 ff.) spielen eine große Rolle bei der Sicherung von Krediten zu Zwecken der Unternehmensfinanzierung. Die unmittelbare Anwendung des § 166 Abs. 2 scheidet aus, da die Vorschrift weder Aktien als »sonstige Rechte« noch als verpfändete Gegenstände dem Verwertungsrecht des Verwalters unterwirft. Der BGH löst die Problematik schlicht mit der Begründung, auch Aktien seien bewegliche Sachen, s. Rdn. 4.   16

Nicht abschließend geklärt ist die Frage, ob ein Verwertungsrecht des Insolvenzverwalters an **verpfändeten Unternehmensbeteiligungen** bestehen soll. Vertreten wird die Ansicht, dass durch Einzelverwertungsmaßnahmen von Gläubigern der Vermögensverbund auseinander gerissen werden könnte und bei der Verwertung der Anteile kein optimales Ergebnis erzielt werden könnte (*Marotzke* ZZP 109, 439 [449]; *Häcker* ZIP 2001, 995; *Bitter/Alles* KTS 2013, 113 [142 f.]). Dies könnte sich nachteilig auf die Masse auswirken. Die Verwertung durch den Verwalter gewährleistet eine stärkere Berücksichtigung der Gläubigergesamtheit, da diese im eingeleiteten Insolvenzverfahren vor einer Verschleuderung der verpfändeten Unternehmensanteile gesichert wird (*Tetzlaff* ZInsO 2007 478 [482]). Mit der funktionalen Betrachtungsweise des BGH kommt es nur noch darauf an, ob die Beteiligung wirtschaftlicher Bestandteil des Schuldner-Vermögens ist. Das wiederum hängt davon ab, ob der Schuldner seine Mitgliedschaftsrechte noch ausüben kann, s.o. Rdn. 9.   17

E. Rechtsfolgen

Das Verwertungsrecht entsteht **mit der Eröffnung des Verfahrens**, der Verwalter muss aber die Entscheidung der Gläubigerversammlung zum grundsätzlichen Verlauf des Verfahrens abwarten (§§ 157, 159 InsO). Verwertungshandlungen sind bis zu diesem Zeitpunkt nur im geringen Umfang zulässig (s.a. § 159 Rdn. 2 und sogleich). Das Verwertungsrecht des Verwalters hat zur Folge, dass der absonderungsberechtigte Gläubiger nur Rechte an dem Erlös geltend machen kann. Die Kosten für die Feststellung und Verwertung stehen nach §§ 170, 171 InsO der Masse zu. Zu den **steuerlichen Folgen** für die Masse s. § 171 Rdn. 16 ff.   18

Der **vorläufige Verwalter** darf grds. nicht verwerten (*BGH* NJW 2001, 1496 [1497]; auch *BGH* ZIP 2003, 632 [634]). Das gilt auch für den starken Verwalter des § 22 Abs. 1 InsO (ausf. dazu § 159 Rdn. 3). Er wird, gestützt auf das Veräußerungsverbot, den Besitz an der Sache nicht aufgeben oder dem Schuldner durch das Insolvenzgericht gem. § 21 Abs. 2 Nr. 2 InsO untersagen lassen, absonderungsbelastete Sachen an die Gläubiger herauszugeben; das Insolvenzgericht kann den Gläubigern weiterhin untersagen, Waren in Besitz zu nehmen und Forderungen einzuziehen, § 21 Abs. 1 Nr. 5. InsO. Die Möglichkeiten des Insolvenzgerichts werden auch dadurch deutlich, dass Maßnahmen der Pfändungsgläubiger als Zwangsverwaltungsmaßnahmen nach § 21 Abs. 2 Nr. 3 InsO ebenfalls eingestellt werden können. Eine Eigenverwertung der absonderungsberechtigten Gläubiger im Antragsverfahren würde jede Möglichkeit der durch die InsO geforderten Sanierung zerschlagen.   19

20 Die Gläubiger sind bei übermäßiger Dauer des Eröffnungsverfahrens vor einem Wertverlust ihrer Sicherheit dadurch geschützt, dass die Zinszahlungspflicht vorverlegt werden kann, § 169 Satz 2 InsO. Bei einer Anordnung nach § 21 Abs. 2 Nr. 5 InsO sind die Wertverluste auszugleichen.

21 Das Recht zum **Forderungseinzug** entsteht mit der Eröffnung des Verfahrens; der Zessionar darf die begonnene Einziehung nicht fortsetzen (s. Rdn. 8). Der **vorläufige Verwalter** mit Verfügungsmacht darf zur Sicherheit abgetretene Forderungen einziehen, solange der Sicherungsgläubiger bis zur Anordnung der vorläufigen Insolvenzverwaltung die Einziehungsermächtigung nicht widerrufen hat (*AG Duisburg* ZIP 1999, 1366 [1367]; *Mitlehner* ZIP 2001, 677 [678]; **a.A.** *Pohlmann* Rn. 428 ff.; *Lwowski/Tetzlaff* NZI 1999, 395). Bei der vorläufigen schwachen Verwaltung darf der Schuldner mit Zustimmung des vorläufigen Verwalters einziehen. Die Berechtigung des Zedenten zum Einzug der zedierten Forderungen erlischt nicht bereits mit der Krise oder dem Insolvenzantrag. Erforderlich ist der Widerruf der Einziehungsermächtigung durch den Gläubiger (*BGH* ZIP 2000, 895 [897], auch m. Nachw. zur gegenteiligen Ansicht). Bis zu diesem Widerruf können der vorläufige Insolvenzverwalter mit Verfügungsmacht oder der Schuldner mit Zustimmung des vorläufigen schwachen Verwalters die Forderungen einziehen; nach dem Widerruf kann der vorläufige Verwalter Sicherungsmaßnahmen des Insolvenzgerichtes herbeiführen, s. Rdn. 22. Da der Forderungseinzug keine Verwertungshandlung ist (s. § 159 Rdn. 4,) überschreitet der vorläufige Insolvenzverwalter nicht seine auf die Sicherung der Masse begrenzte Kompetenz. Hat der Sicherungsgläubiger vor Anordnung der vorläufigen Insolvenzverwaltung die Einziehungsermächtigung wirksam widerrufen, ist der vorläufige Verwalter nicht zum Einzug berechtigt (*Obermüller* Insolvenzrecht in der Bankpraxis, Rn. 6.418a; *Mitlehner* ZIP 2001, 677 [679]; *Foltis* ZInsO 1999, 386), weil der Schuldner mit dem wirksamen Widerruf sein Recht zum Einzug verliert und der vorläufige Insolvenzverwalter nur in die Rechtsstellung des Schuldners eintritt. Das umfassende Verwertungsrecht des § 166 Abs. 2 InsO wird dem endgültigen Verwalter verliehen. Wollte man dem vorläufigen Verwalter die Einziehung zedierter Forderungen gestatten, bestünde die Gefahr, dass die Sicherungsrechte für den Fall der Nichteröffnung nicht mehr realisiert werden können. Absonderungsrechte entstehen mit Verfahrenseröffnung; die Haftung des vorläufigen Insolvenzverwalters ist zweifelhaft.

22 Der vorläufige Verwalter kann nach **§ 21 Abs. 2 Nr. 5 InsO** (eingefügt durch die Novelle 2007) **Sicherungsmaßnahmen des Insolvenzgerichts** herbeiführen, um Forderungsrealisierungen des absonderungsberechtigten Gläubigers zu verhindern. Hatte der Gläubiger bereits eingezogen, müssen die Zahlungseingänge nicht an die Masse ausgekehrt werden. Wenn der Zessionar bereits mit der Einziehung begonnen hatte, ist es an dem Verwalter, die Rechte der Masse und damit der Gläubigergesamtheit zu wahren. Das Insolvenzgericht kann auch anordnen, dass der vorläufige Verwalter abgetretene Forderungen einziehen darf. Diese Sicherungsmaßnahme dient nicht der Liquiditätszuführung der vorläufigen Masse sondern der Prüfung der Sicherungsrechte (*Kübler/Prütting/Bork-Pape* InsO, § 21 Rn. 40y). Der vorläufige Verwalter muss die Forderungserlöse sichern und darf sie ohne Vereinbarung mit dem Sicherungsgläubiger nicht für die Betriebsfortführung verwenden (s. *Schmerbach* § 21 Rdn. 356). Gem. §§ 21 Abs. 2 Nr. 5 Satz 3, 170, 171 InsO stehen der Masse die Kostenbeiträge zu.

23 Der Verwalter muss von seinem Verwertungsrecht keinen Gebrauch machen. Das ergibt sich bereits aus dem Wortlaut des § 170 Abs. 2 InsO. Er kann dem Zessionar den Forderungseinzug auch dann überlassen, wenn die Zession noch nicht offengelegt war. Wenn der Verwalter von seinem Verwertungsrecht nach § 166 Abs. 1 InsO Gebrauch macht, handelt er als Berechtigter. Hierbei handelt es sich nicht etwa um eine abgeleitete Verfügungsbefugnis nach § 185 BGB, sondern um ein originäres Verwertungsrecht des Verwalters kraft Gesetzes (*Gundlach/Frenzel/Schmidt* NZI 2001, 119 [120]; KS-InsO/*Klasmeyer/Elsner/Ringstmeier* 2000, S. 837).

F. Rechtsmittel

24 Die freihändige Verwertung des Verwalters ist keine Maßnahme der Zwangsvollstreckung. Die Vollstreckungsgegenklage nach § 771 ZPO ist daher nicht zulässig. Aussonderungsberechtigte Gläubiger sind auf den normalen Rechtsweg (Herausgabe) angewiesen; die Verwertung des Verwalters kann nur durch eine Maßnahme des einstweiligen Rechtsschutzes untersagt werden. Gleiches gilt für absonderungsberechtigte Gläubiger, die geltend machen, dass der Verwalter nicht zur Verwertung berechtigt sei und sie gem. § 173 InsO ein Eigenverwertungsrecht hätten.

G. Abdingbarkeit

Das Verwertungs- und Einziehungsrecht des Verwalters steht nicht zur Disposition der Parteien (*BGH* ZIP 2009, 768 [769]; *OLG Rostock* ZIP 2008, 1128 ff. [1130]). Die Vorschrift ist **zwingendes Recht** und kann durch Vereinbarung zwischen Gläubiger und Schuldner nicht abbedungen werden. 25

H. Absatz 3

Mit dem in 2004 eingeführten Abs. 3 werden die Abrechnungssysteme des § 1 Abs. 16 KWG, die Sicherheiten zugunsten der nationalen oder europäischen Zentralbanken und die Finanzsicherheiten des § 1 Abs. 17 KWG dem Verwertungsrecht des Verwalters entzogen. Die Bedeutung dieser Ergänzung ist gering (*Wimmer* ZInsO 2004, 1 ff.; HambK-InsO/*Büchler-Scholz* § 166 Rn. 21). 26

§ 167 Unterrichtung des Gläubigers

(1) ¹Ist der Insolvenzverwalter nach § 166 Abs. 1 zur Verwertung einer beweglichen Sache berechtigt, so hat er dem absonderungsberechtigten Gläubiger auf dessen Verlangen Auskunft über den Zustand der Sache zu erteilen. ²Anstelle der Auskunft kann er dem Gläubiger gestatten, die Sache zu besichtigen.

(2) ¹Ist der Verwalter nach § 166 Abs. 2 zur Einziehung einer Forderung berechtigt, so hat er dem absonderungsberechtigten Gläubiger auf dessen Verlangen Auskunft über die Forderung zu erteilen. ²Anstelle der Auskunft kann er dem Gläubiger gestatten, Einsicht in die Bücher und Geschäftspapiere des Schuldners zu nehmen.

Übersicht	Rdn.		Rdn.
A. Allgemeines	1	D. Kosten	10
B. Auskunftspflicht	2	E. Haftung	11
C. Durchsetzung	9		

A. Allgemeines

Die ausdrückliche Festlegung der **Informations- und Einsichtsrechte** verhindert, dass der absonderungsberechtigte Gläubiger, dem das Verwertungsrecht entzogen wurde, völlig schutzlos ist. Wenn der Gläubiger schon nicht die Verwertung durchführen darf, so soll ihm als Ausgleich wenigstens die Möglichkeit gegeben werden, sich einen Überblick über die Sache zu verschaffen und ihn somit in die Lage versetzen, mit einem bestimmten Verwertungserlös kalkulieren zu können (BK-InsO/*Breutigam* § 167 Rn. 2). Die Auskunftsrechte der Gläubiger dienen der Wahrnehmung der in §§ 168, 169 InsO niedergelegten Eintrittsrechte und Zahlungsansprüche. Erst wenn der Gläubiger den Zustand der Sache kennt oder den Bestand und die Realisierungsmöglichkeit der Forderung beurteilen kann, ist er in der Lage, seine Rechte bestmöglich auszuüben. § 167 InsO begründet für **aussonderungsberechtigte Gläubiger** keine Informationsrechte. Diese Auskunftspflicht des Verwalters ergibt sich aus den allgemeinen Grundsätzen. Zur Durchsetzung des Herausgabeanspruchs aus § 47 InsO steht dem Gläubiger das Informationsrecht aus § 260 BGB zur Seite, bei mehrfacher Forderungsabtretung begründet § 402 BGB eine Pflicht des Verwalters, den Zessionar zu informieren. Absonderungsrechte an Immobilien begründen keine Informationspflicht des Verwalters (*Uhlenbruck/Brinkmann* InsO, § 167 Rn. 4). Der Verwalter ist hier auf die Zwangsversteigerung beschränkt, § 165 InsO; an diesem Verfahren ist der Gläubiger in ausreichendem Umfang beteiligt. 1

B. Auskunftspflicht

2 Der Gläubiger muss, um ein Auskunftsrecht geltend zu machen, den **Gegenstand genau bezeichnen** können. Es reicht nicht aus, dass er lediglich vermutet, dass sich in der Insolvenzmasse Gegenstände befinden, die mit einem Absonderungsrecht zu seinen Gunsten belastet sind (MüKo-InsO/*Tetzlaff* § 167 Rn. 10). Diese Voraussetzung ist in der Praxis von großer Bedeutung. Gläubiger versuchen häufig mit unbestimmten Angaben Informationen über die Masse zu erhalten und auf diesem Weg frühzeitig (vor dem Berichtstermin) das Inventarverzeichnis zu erhalten, um überprüfen zu können, welche Gegenstände sich in der Masse befinden. Die Informationsrechte des § 167 InsO sind indes gegenüber den **allgemeinen Einsichts- und Informationsrechten** im Verfahren, die im Wesentlichen im Berichtstermin nach § 156 InsO zu befriedigen sind, abzugrenzen. Eine allgemeine Informationspflicht ergibt sich aus § 167 InsO nicht (*BGH* ZInsO 2011, 2234 [2235]). Etwas anderes gilt nur beim Vermieterpfandrecht. Der Vermieter kann vom Verwalter Auskunft über den Bestand der in die Mietsache eingebrachten Sachen verlangen (*BGH* ZIP 2004, 326 [327]).

3 Die Norm begründet die Gläubigerrechte nur, wenn Verwertungsrechte des Verwalters bestehen. Befindet sich die mit dem Absonderungsrecht belastete Sache nicht mehr in der Masse oder ist die abgetretene Forderung erloschen, kann der Verwalter auf § 167 InsO gestützte Auskunfts- und Einsichtsrechte **verweigern**. § 167 InsO soll den Gläubigern kein allgemeines Informations- oder Einsichtsrecht verschaffen. Der Insolvenzverwalter schuldet dem absonderungsberechtigten Gläubiger nur zu den Gegenständen Auskunft, die seiner Verwertungsbefugnis unterworfen sind (*Uhlenbruck/Brinkmann* InsO, § 167 Rn. 4). Allgemeine Informationen über das Verfahren und die Massegegenstände ergeben sich aus den pflichtgemäßen Aufzeichnungen des Verwalters gem. § 151 InsO, die im Berichtstermin zu erläutern sind. Auch kann der Gläubiger über § 167 keine Auskünfte zu konkurrierenden Sicherungsrechten zur Vorbereitung etwaiger Schadenersatzansprüche einfordern (*BGH* ZInsO 2010, 2234 [2235]).

4 Die Auskunft ist über den **Zustand** des Sicherungsguts und der Forderung zu erteilen. Unter dem Begriff des Zustandes sind jegliche Informationen zur Beschaffenheit des Gegenstandes zu verstehen, sowie ggf. Auskünfte über Verarbeitung oder Vermischung der Sache. Auch etwaige (weitere) Drittrechte oder Belastungen hat der Verwalter mitzuteilen (MüKo-InsO/*Tetzlaff* § 167 Rn. 11). Etwaige Gutachten zum Wert der Sache muss der Verwalter nicht herausgeben, der Gläubiger kann auf die Einsicht verwiesen werden. Zu **Forderungen** sind der Bestand und etwaige Einwände und Drittrechte mitzuteilen. Zur Informationspflicht zählt auch die Information über eine bereits erfolgte Verwertung oder einen Forderungseinzug. Eine weitere Konkretisierung der Informationspflichten hat der Gesetzgeber bewusst nicht vorgenommen (RegE BT-Drucks. 12/2443 S. 179).

5 Entscheidend ist der Zustand der Sache oder der Bestand der Forderung im **Zeitpunkt der Verfahrenseröffnung**. Wenn der **vorläufige Verwalter** oder der Schuldner mit Zustimmung des vorläufigen (schwachen) Verwalters im Eröffnungsverfahren Forderungen eingezogen haben, muss der Verwalter den Gläubiger über die Erlöse informieren. Der Verwalter ist auch zur Information verpflichtet, wenn sein Amtsvorgänger verwertet hat (*BGH* ZInsO 2004, 151 [152]).

6 Dagegen spricht zunächst, dass Absonderungsrechte an Forderungen nur ab Verfahrenseröffnung entstehen können. Das Absonderungsrecht des Gläubigers setzt sich indes am Erlös fort, solange dieser unterscheidbar in der Masse vorhanden ist (s. *Imberger* § 48 Rdn. 26 f.). Der Gläubiger hat einen Anspruch auf Ersatzabsonderung analog § 48 Satz 2 InsO (*BGH* ZInsO 2004, 151 [152]).

7 **§ 167 InsO ist zwingend**. Der Verwalter kann sich der Pflicht nicht mit dem Hinweis auf die Berichtspflichten in der Gläubigerversammlung entziehen. Die Form, sowie der Umfang der Auskunftserteilung richten sich nach dem pflichtgemäßen Ermessen des Verwalters (BK-InsO/*Breutigam* § 167 Rn. 4). Während die Informationspflicht dem Grunde nach zwingend ist, kann der Verwalter nach eigenem Ermessen entscheiden, ob er die Auskünfte erteilt oder den Gläubiger auf die Besichtigung der Sache oder die Einsichtnahme in die Geschäftsunterlagen nach § 167 Abs. 1 Satz 2 u. Abs. 2 Satz 2 verweist (*Uhlenbruck/Brinkmann* InsO, § 167 Rn. 9; MüKo-InsO/*Tetzlaff* § 167 Rn. 26). Dadurch wird vermieden, dass die Verwaltung nicht über Gebühr mit der Vorberei-

tung und Erteilung von Auskünften belastet wird (RegE BT-Drucks. 12/2443 S. 149) und dass die eigentliche Aufgabe des Verwalters, nämlich die Verwaltung und Verwertung des Vermögens, behindert wird.

Die Informationspflicht wird begrenzt, wenn durch ein Übermaß an Information oder Einsichtnahme der Verfahrenszweck gefährdet wird (*Uhlenbruck/Brinkmann* InsO, § 167 Rn. 3). Eine Begrenzung durch die **Zumutbarkeit** ergibt sich nach Treu und Glauben (§ 242 BGB), aus dem Grundsatz der Verhältnismäßigkeit. Die Auskunftspflicht kann nach allgemeinen Grundsätzen aus Treu und Glauben verweigert werden, wenn es dem Gläubiger mit zumutbaren Aufwendungen möglich ist, sich die Informationen selbst zu verschaffen (*BGHZ* 126, 109 [113]). Bei der Abwägung stehen sich hier die Interessen des absonderungsberechtigten Gläubigers an der Auskunftserteilung einerseits und der hierfür erforderliche Arbeits- und Zeitaufwand des Verwalters andererseits gegenüber (MüKo-InsO/*Tetzlaff* § 167 Rn. 17). Der Insolvenzverwalter kann bei einem Missverhältnis den Gläubiger auf die Besichtigung des Sicherungsguts und die Einsichtnahme in die Geschäftsbücher verweisen (MüKo-InsO/*Tetzlaff* § 167 Rn. 23). Gerade bei der Einsicht in die Geschäftsunterlagen kann die Offenbarung von Geschäftsgeheimnissen gegen die Einsicht sprechen. Der Gläubiger muss die Einsichtnahme dann über einen zur Verschwiegenheit verpflichteten Berufsträger vornehmen. Diese Einsichtnahme kann der Verwalter nicht verweigern (*BGH* ZIP 2000, 1059 [1065]; MüKo-InsO/*Tetzlaff* § 167 Rn. 30). 8

C. Durchsetzung

Für **Rechtsstreitigkeiten über die Auskunftspflicht** sind die ordentlichen Gerichte zuständig (HK-InsO/*Landfermann* § 167 Rn. 7; HambK-InsO/*Bücheler/Scholz* § 167 Rn 6). Beim Insolvenzgericht kann der Gläubiger Aufsichtsmaßnahmen gegenüber dem Verwalter anregen. Zu diesen Maßnahmen wird das Gericht aber nur greifen, wenn der Verwalter auf das Auskunftsersuchen des Gläubigers überhaupt nicht reagiert. 9

D. Kosten

Der Verwalter kann für die zu erteilenden Auskünfte keine **Aufwendungsersatzansprüche** fordern (HK-InsO/*Landfermann* § 167 Rn. 8). Bei übermäßigen Aufwendungen kann er die Auskunft verweigern und auf die Einsichtnahme verweisen (*Uhlenbruck/Brinkmann* InsO, § 167 Rn. 9). Dieser Grundsatz berücksichtigt, dass die Masse Feststellungskosten und Verwertungserlöse nach §§ 170, 171 InsO erhält (BK-InsO/*Breutigam* § 167 Rn. 7; generell abl. *Gundlach/Frenzel/Schmidt* KTS 2001, 241 [249]). Etwaige **Kosten** der Einsichtnahme hat der Gläubiger selbst zu tragen. 10

E. Haftung

Für eine **falsche oder unvollständige Auskunft** kann der Verwalter nach § 60 InsO haften (*Gundlach/Frenzel/Schmidt* KTS 2001, 241 [247]). Eine Haftung kommt auch in Frage, wenn der Verwalter die Auskunft schuldhaft nicht erteilt, da dem absonderungsberechtigten Gläubiger ein Rechtsanspruch auf richtige und vollständige Auskunft zusteht. Für die schuldhafte Verletzung der Auskunftspflicht durch Hilfspersonen des Verwalters, haftet dieser nach § 60 Abs. 2 InsO. 11

§ 168 Mitteilung der Veräußerungsabsicht

(1) ¹Bevor der Insolvenzverwalter einen Gegenstand, zu dessen Verwertung er nach § 166 berechtigt ist, an einen Dritten veräußert, hat er dem absonderungsberechtigten Gläubiger mitzuteilen, auf welche Weise der Gegenstand veräußert werden soll. ²Er hat dem Gläubiger Gelegenheit zu geben, binnen einer Woche auf eine andere, für den Gläubiger günstigere Möglichkeit der Verwertung des Gegenstands hinzuweisen.

§ 168 InsO Mitteilung der Veräußerungsabsicht

(2) Erfolgt ein solcher Hinweis innerhalb der Wochenfrist oder rechtzeitig vor der Veräußerung, so hat der Verwalter die vom Gläubiger genannte Verwertungsmöglichkeit wahrzunehmen oder den Gläubiger so zu stellen, wie wenn er sie wahrgenommen hätte.

(3) ¹Die andere Verwertungsmöglichkeit kann auch darin bestehen, dass der Gläubiger den Gegenstand selbst übernimmt. ²Günstiger ist eine Verwertungsmöglichkeit auch dann, wenn Kosten eingespart werden.

Übersicht

		Rdn.			Rdn.
A.	Allgemeines	1	D.	Selbsteintritt des Gläubigers	8
B.	Mitteilungspflicht des Verwalters	2	E.	Haftung und Nachteilsausgleich	12
C.	Hinweisrecht des Gläubigers	5			

Literatur:
Ganter/Bitter Rechtsfolgen berechtigter und unberechtigter Verwertung von Gegenständen mit Absonderungsrechten durch den Insolvenzverwalter – Eine Analyse des Verhältnisses von § 48 zu § 170 InsO, ZIP 2005, 93; *Ries* Der Wunsch des Gläubigers nach Eigenverwertung, ZInsO 2007, 62.

A. Allgemeines

1   § 168 InsO verpflichtet den Insolvenzverwalter, den absonderungsberechtigten Gläubiger über einen beabsichtigten Verkauf eines Gegenstandes zu informieren. Da die Übertragung des Verwertungsrechts auf den Verwalter nicht dazu führen soll, dass günstigere Verwertungsmöglichkeiten des absonderungsberechtigten Gläubigers ungenutzt bleiben und der Gläubiger dadurch einen Schaden erleidet, hat der Gesetzgeber in Abs. 1 Satz 2 vorgesehen, dass der Insolvenzverwalter dem Gläubiger Gelegenheit geben muss, ihm innerhalb einer Woche eine günstigere Verwertungsmöglichkeit für den Gegenstand aufzuzeigen. Die kurze Frist von einer Woche ist die Konsequenz aus dem Leitgedanken des Insolvenzrechts, das Insolvenzverfahren möglichst zügig abzuwickeln. Außerdem wird dem Insolvenzverwalter durch diese Regelung die Verwertung von Gegenständen mit Absonderungsrechten erleichtert. Aufgrund der Unterrichtung nach § 168 InsO besitzt der Gläubiger die Möglichkeit, selbst Einfluss auf die geplante Verwertung des Gegenstandes zu nehmen, indem er den Verwalter auf **günstigere Verwertungsalternativen** hinweist. Diese kann auch darin bestehen, dass der Gläubiger den Gegenstand selbst übernimmt.

B. Mitteilungspflicht des Verwalters

2   Der Verwalter hat den Gläubiger über die konkreten **Bedingungen des geplanten Verkaufes** zu unterrichten. Das Gesetz schweigt über Form und Inhalt der Mitteilung. Mitzuteilen sind der Preis, die Zahlungskonditionen und die mit dem Verkauf verbundenen Kosten der Masse. Sollten die Verwertungskosten die gesetzliche Pauschale überschreiten, muss darauf gesondert hingewiesen werden (*LAG Duisburg* ZInsO 2003, 190 [191]). Anzugeben sind auch etwaige Nebenabreden und der Zeitraum der Abwicklung der Verwertung (*Uhlenbruck/Brinkmann* InsO, § 168 Rn. 8). Die Person des Käufers muss nicht genannt werden (HK-InsO/*Landfermann* § 168 Rn. 4). Ist die Veräußerung einer Sachgesamtheit geplant, zu der ein mit dem Absonderungsrecht belasteter Gegenstand gehört, ist auch die voraussichtliche Erlösverteilung an die einzelnen Gläubiger mitzuteilen (*Kübler/Prütting/Bork-Flöther* InsO, § 163 Rn. 4). Bestehen an dem Gegenstand **mehrere Absonderungsrechte** hat der Verwalter die Mitteilung gegenüber sämtlichen absonderungsberechtigten Gläubigern vorzunehmen (*Kübler/Prütting/Bork-Flöther* InsO, § 163 Rn. 7). Obwohl eine Formvorschrift nicht existiert, ist es empfehlenswert, die Mitteilung aus Beweisgründen schriftlich abzugeben.

3   § 168 InsO beschränkt sich nicht auf die Veräußerung von Sachen sondern erstreckt die Informationspflicht auch auf den Verkauf von Gegenständen. In der Literatur wird teilweise wegen des vermeintlich eindeutigen Wortlauts (»Gegenstand«) eine analoge Anwendung von § 168 InsO auf **zedierte Forderungen** thematisiert (s.a. *Gundlach/Frenzel/Schmidt* DZWIR 2001, 18 [19], die mit der Auslegung des Begriffs »Veräußerung« auf § 48 InsO verweisen). Eine Problematisierung ist unnötig,

wenn man den Begriff des Gegenstandes im rechtlichen Sinne versteht, so dass auch Forderungen erfasst werden (*Palandt/Ellenberger* BGB, vor § 90 Rn. 2; vgl. außerdem den Wortlaut des § 170 InsO; *Kübler/Prütting/Bork-Flöther* InsO, § 168 Rn. 3; *Uhlenbruck/Brinkmann* InsO, § 168 Rn. 5). Insofern ist der Wortlaut der InsO treffend (generell krit. zu den Formulierungen der InsO *Rother* ZRP 1998, 205 ff.). Der Verwalter hat dementsprechend den Gläubiger über den **Verkauf von Forderungen** an Factor- oder ein Inkassounternehmen zu informieren (*Obermüller/Hess* Rn. 765; s.a. Rdn. 1). Sind die Forderungen vom Verwalter eingezogen, besteht keine Mitteilungspflicht, weil die **Einziehung der Forderungen** keine Veräußerung ist. Der Wortlaut des Gesetzes ist deutlich (*Uhlenbruck/Brinkmann* InsO, § 168 Rn. 4a; MüKo-InsO/*Tetzlaff* § 168 Rn. 9, die anzweifeln, dass der Gesetzgeber die Terminologie bewusst gewählt hat). Wenn der Verwalter befürchten muss, dass die Forderung nicht in vollem Umfang eingezogen werden kann, sollte er zur Vermeidung etwaiger Haftungsansprüche eine Abstimmung mit dem Sicherungsgläubiger herbeiführen. Dem Gläubiger steht beim Forderungseinzug das Informationsrecht aus § 167 Abs. 2 InsO zu.

Der Verwalter muss den Gläubiger nicht informieren, wenn die **Verwertung durch Verarbeitung, Verbindung oder Vermischung** erfolgt (MüKo-InsO/*Tetzlaff* § 168 Rn. 12; *Gundlach/Frenzel/ Schmidt* DZWIR 2001, 18 [20]; *Haas/Scholl* NZI 2002, 642 [642]; **a.A.** *Nerlich/Römermann-Becker* InsO, § 168 Rn. 7; *Uhlenbruck* InsO, § 168 Rn. 15 bei Beeinträchtigung der Sicherheit). Die Rechte des Gläubigers ergeben sich bei diesen Konstellationen zwingend aus § 172 Abs. 2 InsO. Die Verknüpfung der Worte »Gegenstand« und »zu dessen Verwertung er nach § 166 ermächtigt ist« machen ferner deutlich, dass die Mitteilungspflicht des § 168 InsO bei der **Verwertung von Immobilien** ausgeschlossen ist. Gleiches muss auch für Mobilien gelten, die dem **Haftungsverband einer Hypothek** nach §§ 1120 ff. BGB unterliegen (so auch *Haas/Scholl* NZI 2002, 642 [642]). Die Mitteilungspflicht erlischt ferner, wenn ein **Notverkauf** vorzunehmen ist (MüKo-InsO/*Tetzlaff* § 168 Rn. 11). Dies kommt insbesondere bei dem Verkauf verderblicher Waren in Betracht. In der Praxis erfolgt diese Verwertung bereits im Eröffnungsverfahren durch den vorläufigen Verwalter. 4

C. Hinweisrecht des Gläubigers

Unter Einräumung einer **Wochenfrist** muss der Gläubiger Gelegenheit erhalten, eine günstigere Verwertung darzulegen. Die Frist beginnt i.d.R. mit dem Zugang der Veräußerungsmitteilung beim absonderungsberechtigten Gläubiger (*Nerlich/Römermann-Becker* InsO, § 168 Rn. 12). Bei der Frist des Abs. 2 handelt es sich nicht um eine **Ausschlussfrist** (MüKo-InsO/*Tetzlaff* § 168 Rn. 19; *Gottwald/Adolphsen* HdbInsR, § 42 Rn. 164). Jede Mitteilung, die vor der Veräußerung eingeht, hat der Verwalter zu berücksichtigen, wenn sie rechtzeitig vor der Veräußerung erfolgt. Hat sich der Verwalter nach Ablauf der Wochenfrist bereits einseitig gegenüber einem Interessenten gebunden, muss die Alternative des Gläubigers nicht mehr berücksichtigt werden, weil es an der Rechtzeitigkeit fehlt. 5

Der Hinweis des Gläubigers muss **hinreichend bestimmt** sein. Er muss insbesondere konkret darlegen und die Person benennen, die den Absonderungsgegenstand zu günstigeren Konditionen erwerben bereit ist. Anzugeben ist darüber hinaus die genaue Verwertungsart sowie die zu erwartenden Verwertungskosten und ein zu erwartender Mehrerlös (*OLG Nürnberg* ZIP 2014, 280 [285]; *Kübler/ Prütting/Bork-Flöther* InsO, § 163 Rn. 9). 6

Wann eine Verwertungsalternative günstiger ist, richtet sich nach der Sichtweise des absonderungsberechtigten Gläubigers (MüKo-InsO/*Tetzlaff* § 168 Rn. 25). **Günstiger** ist die Verwertung in erster Linie bei Erzielung eines höheren Preises (weitere Kriterien bei *Haas/Scholl* NZI 2002, 642 [644 f.]). Die Kriterien der vorzuziehenden Alternativen müssen sich auf die Interessen des Gläubigers beschränken, ausschließlich dessen Vorteile sind nach Abs. 1 Satz 2 zu berücksichtigen. Rein ideelle Motive des Gläubigers sind dabei allerdings außer Betracht zu lassen (BK-InsO/*Undritz/ Fiebig* § 168 Rn. 15). Bei identischem Kaufpreis kommt auch die Freistellung von Gewährleistungsansprüchen durch den Gläubiger in Frage (*Haas/Scholl* NZI 2002, 642 [646]) Entlastet der Interessent des Verwalters im Zusammenhang mit dem Kaufvertrag die Masse von weiteren Verbindlichkeiten – eine häufige Alternative bei der Übernahme von Dienstverträgen – muss sich der Gläubiger diese Vorteile nicht anrechnen lassen. Die Einsparung von unmittelbaren Kosten bei der Ver- 7 wertung ist dagegen per legem (Abs. 3 Satz 2) ein Kriterium, das bei dem Vergleich der Alternativen zu berücksichtigen ist.

D. Selbsteintritt des Gläubigers

8 Auch die **Übernahme des Gegenstandes durch den Gläubiger** kann als vorzuziehende Alternative angeboten werden (Abs. 3). Den mit dem Verwalter vereinbarten Kaufpreis kann der Gläubiger mit seinem Anspruch auf Auskehrung des Verwertungserlöses gem. § 170 Abs. 1 Satz 2 InsO **verrechnen**. Eine Verrechnung mit der nicht absonderungsberechtigten Forderung gegenüber dem Schuldner ist gem. § 96 Nr. 2 InsO unzulässig. Die Feststellungs- und Verwertungspauschale ist in jedem Fall an die Masse zu zahlen (MüKo-InsO/*Tetzlaff* § 160 Rn. 41). Für den in die Verrechnung einzustellenden Betrag ist ausschließlich die Vereinbarung mit dem Verwalter ausschlaggebend. Minder- oder Mehrerlöse bei der Eigenverwertung des Gläubigers, die durch die Weiterveräußerung entstehen, betreffen ausschließlich ihn (*Foerste* ZBB 2009, 285 [295] zum Selbsteintritt nach § 114a ZVG; MüKo-InsO/*Tetzlaff* § 168 Rn. 42). Der Gläubiger sollte indes beachten, dass die Restforderung gegenüber einem Bürgen nicht mehr geltend gemacht werden kann (*BGH* BGHZ 165, 28 [33 ff.]). Im konkreten Fall muss der Verwalter abwägen, ob ein Selbsteintritt des Gläubigers für die Masse vorteilhaft ist. Dies kann auch bei zunächst ungünstigeren Bedingungen der Fall sein, wenn der Gläubiger z.B. auf die Anmeldung einer Ausfallforderung zur Insolvenztabelle verzichtet (MüKo-InsO/*Tetzlaff* § 168 Rn. 39). Bietet der Gläubiger einen identischen Preis und veräußert der Verwalter zu seinen Bedingungen, so stehen dem Sicherungsgläubiger keine Ansprüche auf einen Nachteilsausgleich zu. Dies wäre nur der Fall, wenn der Sicherungsgläubiger ein besseres Angebot vorgelegt hätte. In diesem Fall kann er Ansprüche nach § 168 Abs. 2 letzter Halbs. aus der Insolvenzmasse geltend machen (vgl. MüKo-InsO/*Tetzlaff* § 168 Rn. 34). Insgesamt muss der Verwalter alle Aspekte einschließlich der steuerlichen Folgen berücksichtigen (ausf. zur Abwägung *Ries* ZInsO 2007, 62 [66 ff.]).

9 § 169 InsO trifft keine Regelung dazu, wie oft ein Gläubiger informiert werden muss, wenn der Interessent des Verwalters nachbessert. Es ist in der Praxis nicht selten, dass der Interessent des Verwalters sein Angebot erhöht. Davon muss der Verwalter den Gläubiger nicht erneut informieren. § 168 InsO will kein Ausbietungsverfahren in Gang setzen, das zudem zu einer Verzögerung der Verwertung führen würde (*BGH* ZIP 2010, 1089; *OLG Karlsruhe* ZIP 2009, 282; *LG Neubrandenburg* ZInsO 2006, 381 [382]; MüKo-InsO/*Tetzlaff* § 168 Rn. 20; *Uhlenbruck/Brinkmann* InsO, § 168 Rn. 7b).

10 Der Verwalter muss die vom Gläubiger aufgezeigte günstigere Verwertungsmöglichkeit nicht wahrnehmen (*OLG Oldenburg* ZInsO 2014, 304; MüKo-InsO/*Tetzlaff* § 168 Rn. 34; HambK-InsO/*Büchler* § 168 Rn. 9). Er muss entweder die günstigere Verwertungsmöglichkeit umsetzen oder den Gläubiger so stellen, als ob die Verwertung zu diesen Bedingungen erfolgt wäre (Abs. 2, 2. Alt.). Die zweite Alternative wird der Verwalter immer dann wählen, wenn der mit dem Absonderungsrecht des Gläubigers belastete Gegenstand Bestandteil eines **Gesamtverkaufes** ist und wenn dieser Gesamtverkauf Vorteile gegenüber dem Einzelverkauf für die Masse mit sich bringt. Hinsichtlich des Einzelgegenstandes ist der Gläubiger auf der Grundlage seines Angebotes zu befriedigen (*BGH* NZI 2013, 1690). Damit sich der Verwalter nicht Schadenersatzansprüchen gegenüber der Gesamtheit der Gläubiger aussetzt, muss der Vorteil aus dem Gesamtverkauf die Differenz zugunsten des Gläubigers übertreffen.

11 Der Gläubiger ist für die günstigere Verwertungsalternative **beweispflichtig** (RegE BT-Drucks. 12/2443 S. 179). Diese Beweislastverteilung verhindert, dass sich der Verwalter auf ungewisse Alternativen des Gläubigers einlassen muss. Die günstigere Verwertungsmöglichkeit muss substantiiert dargelegt werden. Der Verwalter muss allgemeinen und pauschalen Hinweisen auf alternative Verwertungsmöglichkeiten nicht nachgehen.

E. Haftung und Nachteilsausgleich

Versäumt der Verwalter die Information des absonderungsberechtigten Gläubigers, kann er der Masse nach § 60 InsO haften, wenn die alternative Verwertung zu einem höheren Erlös geführt hätte (*Uhlenbruck/Brinkmann* InsO, § 168 Rn. 24). Führt die Verwertung durch den Verwalter zum **Nachteil der Masse**, so steht der Insolvenzmasse nach § 60 InsO ein Schadensersatzanspruch zu, der von einem Sonderinsolvenzverwalter gegenüber dem Insolvenzverwalter geltend gemacht werden kann. Der absonderungsberechtigte Gläubiger kann selbst Schadensersatzansprüche aus § 60 InsO gegen den Verwalter geltend machen, wenn dieser einen mit Absonderungsrechten belasteten Gegenstand unter Wert verkauft hat und somit den gesicherten Gläubiger geschädigt hat (MüKo-InsO/ *Tetzlaff* § 168 Rn. 22). 12

Erfolgt von Seiten des Gläubigers ein Hinweis, muss der Insolvenzverwalter diesem grds. folgen, da er ansonsten den Gläubiger so zu stellen hat, als wenn er die von diesem genannte Verwertungsmöglichkeit wahrgenommen hätte, selbst wenn der zur Masse fließende Erlös tatsächlich geringer wäre. Auch bei der Verwertung einer Sachgesamtheit kommt es auf die Verwertungsmöglichkeit des einzelnen Gegenstandes an (*BGH* ZIP 2013, 1927). Dieser **Nachteilsausgleich** ist verschuldensunabhängig und Masseschuld (*Uhlenbruck/Brinkmann* InsO, § 168 Rn. 22). Bei einer freiwilligen öffentlichen Versteigerung kann der Gläubiger seinen Selbsteintritt zu einem bestimmten Kaufpreis anbieten; in diesem Fall ist der Verwalter gehalten, dem Auktionator diesen Betrag zuzüglich der Versteigerungskosten als Mindestgebot aufzugeben. Unterlässt der Insolvenzverwalter dies und wird bei der Versteigerung schließlich ein geringerer Erlös erzielt, ist er dem Sicherungsgläubiger in Höhe der Differenz zum **Nachteilsausgleich** verpflichtet (*OLG Celle* NdsRpfl 2004, 126). Bei unterlassener Information kommt ein Ausgleich der Nachteile des Gläubigers nach Abs. 2, 2. Alt. gegenüber der Masse nicht in Frage. Aus dem Gesetz ergibt sich kein Anhaltspunkt, dass die Masse auf den gesetzlichen Kostenanteil verzichten muss (*Ganter/Bitter* ZIP 2005, 93 [101 ff.]; *Uhlenbruck/Brinkmann* InsO, § 168 Rn. 2a; a.A. MüKo-InsO/ *Tetzlaff* § 168 Rn. 23). Dem Gläubiger steht ebenfalls ein Schadensersatzanspruch gegen den Verwalter nach § 60 InsO zu. 13

Die **Erlösverteilung** des § 170 InsO findet auch bei der alternativen Verwertung nach Gläubigerhinweis statt. Nimmt der Verwalter die alternative Verwertung nicht wahr (z.B. aus den in Rdn. 8 genannten Gründen), ist die Kostenpauschale aus dem höheren Verwertungserlös des Gläubigers zu berechnen (MüKo-InsO/ *Tetzlaff* § 168 Rn. 34). 14

§ 169 Schutz des Gläubigers vor einer Verzögerung der Verwertung

¹Solange ein Gegenstand, zu dessen Verwertung der Insolvenzverwalter nach § 166 berechtigt ist, nicht verwertet wird, sind dem Gläubiger vom Berichtstermin an laufend die geschuldeten Zinsen aus der Insolvenzmasse zu zahlen. ²Ist der Gläubiger schon vor der Eröffnung des Insolvenzverfahrens auf Grund einer Anordnung nach § 21 an der Verwertung des Gegenstands gehindert worden, so sind die geschuldeten Zinsen spätestens von dem Zeitpunkt an zu zahlen, der drei Monate nach dieser Anordnung liegt. ³Die Sätze 1 und 2 gelten nicht, soweit nach der Höhe der Forderung sowie dem Wert und der sonstigen Belastung des Gegenstands nicht mit einer Befriedigung des Gläubigers aus dem Verwertungserlös zu rechnen ist.

Übersicht	Rdn.		Rdn.
A. Grundgedanke	1	D. Untersicherung	7
B. Zeitraum	3	E. Zinsen und Wertverlust	8
C. Höhe	5		

Literatur:
Bork Die »kalte Zwangsverwaltung« – ein heißes Eisen, ZIP 2013, 2129; *Büchler* Aussonderungsstopp im Insolvenzeröffnungsverfahren und insolvenzrechtliche Einordnung des laufenden Nutzungsentgelts, ZInsO 2008, 719; *Hellmich* Zur Zinszahlungspflicht des Insolvenzverwalters nach § 169 InsO, ZInsO 2005, 678; *Heublein* Die Ausgleichsansprüche des Aussonderungsberechtigten bei Anordnung von Sicherungsmaßnahmen nach

§ 169 InsO Schutz des Gläubigers vor einer Verzögerung der Verwertung

§ 21 Abs. 2 S. 1 Nr. 5 InsO, ZIP 2009, 11; *Keller* Die Voraussetzungen und der rechtliche Rahmen bei der Durchführung einer so genannten kalten Zwangsverwaltung, NZI 2013, 265.

A. Grundgedanke

1   Mit der in § 169 InsO festgesetzten Zinszahlungspflicht soll der Verwalter zusätzlich zu der in § 159 InsO angeordneten zügigen Verwaltung und der Haftung aus § 60 InsO dazu angehalten werden, mit Drittrechten belastete Gegenstände alsbald zu verwerten. Der **Zinsanspruch** aus § 169 InsO ergänzt diese beiden Vorschriften um ein verschuldensunabhängiges Element. Die Norm entschädigt den absonderungsberechtigten Gläubiger bei der Nutzung des mit seinen Rechten belasteten Gegenstandes durch die Masse. Vom Berichtstermin an stehen ihm die mit dem Schuldner vereinbarten Zinsen als Masseforderung zu. Der Verwalter wird dadurch angehalten, die Verwertung zügig voranzutreiben. Eine Verzögerung der Verwertung über den Berichtstermin hinaus führt zu einer weiteren Belastung der Masse. Für den Fall der **Unternehmensfortführung** unter Inanspruchnahme des mit den Absonderungsrechten belasteten Gegenstandes muss der Verwalter neben dem auszugleichenden Wertverlust (§ 172 InsO) die mit dem Schuldner vereinbarten Zinsen einkalkulieren. Der Verwalter hat im Einzelfall abzuwägen, ob sich eine Zinszahlung im Verhältnis zur weiteren Nutzung des Gegenstandes oder der Suche nach einer günstigeren Verwertungsmöglichkeit überhaupt lohnt. Sollte er selbst keine vorteilhaftere Verwertungsmöglichkeit ermitteln oder nicht in der Lage sein, durch die Nutzung einen höheren Erlös zu erzielen, als er dem Gläubiger an Zinsen zahlen müsste, so sollte er diesem die Verwertung schnellstmöglich selbst überlassen um die Masse nicht unnötig zu belasten .

2   Die Pflicht zur Zinszahlung besteht nur bei der **Nichtverwertung** der in § 166 InsO genannten beweglichen Sachen und Forderungen (»Gegenstand«, s. § 168 Rdn. 1). Verwertet der Verwalter vorher, muss der Gläubiger nach § 170 InsO unverzüglich befriedigt werden. Bei der **Inanspruchnahme von Immobilien** muss der Gläubiger, wenn er sich mit dem Verwalter nicht einigt, Zwangsversteigerung/-verwaltung beantragen. Seine Rechte auf Zinszahlung und Nutzungsentschädigung ergeben sich dann aus § 30e ZVG. In der Praxis wird häufig die sog. kalte Zwangsverwaltung (hierzu: *Keller* NZI 2013, 265 ff.; *Bork* ZIP 2013, 2129 ff.) vereinbart. Bei Gegenständen, die Aussonderungsrechten unterliegen, insbesondere Miet- und Leasingverträgen, greift § 169 InsO nicht. Die Rechte dieser Gläubiger können nach § 21 Abs. 2 Satz 2 Ziff. 5 InsO beeinträchtigt werden. Bei dieser Anordnung gilt die Rechtsfolge des § 169 InsO (entsprechend *Büchler* ZInsO 2008, 719 [721]), aber nur für den angeordneten Drei-Monats-Zeitraum. Zudem setzt die Ausgleichspflicht nach §§ 21, 169 InsO einen Wertverlust voraus, § 21 Abs. 2 Satz 2 Ziff. 5 InsO.

B. Zeitraum

3   Die Pflicht zur Zinszahlung entsteht per legem, wenn der mit dem Absonderungsrecht behaftete Gegenstand ab dem Berichtstermin nicht verwertet wird. Ist bereits **vor der Eröffnung des Insolvenzverfahrens** durch das Insolvenzgericht eine Maßnahme gem. § 21 Abs. 2 Satz 1 Nr. 5 InsO angeordnet worden, so dass der absonderungsberechtigte Gläubiger vom Tag der Anordnung an der Verwertung des Sicherungsgutes gehindert war, wäre eine Zinszahlung vom Berichtstermin an (Satz 1) nicht ausreichend, um den Schaden, den der Gläubiger erlitten hat, auszugleichen. Um dieser besonderen Situation gerecht zu werden, erkennt § 169 Satz 2 InsO dem Gläubiger den Zinsanspruch schon zu einem früheren Zeitpunkt zu; der Zinsanspruch ist Masseschuld (*BGH* ZIP 2012, 779 [782]). Demnach erhält der Gläubiger die geschuldeten Zinsen spätestens von dem Tag an, der drei Monate nach dieser Anordnung liegt. Einer besonderen Anordnung des Insolvenzgerichtes bedarf es nicht. Findet der Berichtstermin vor Ablauf der Drei-Monats-Frist statt, ist die Entschädigung erst dann zu leisten (*BGH* ZIP 2010, 141 [143]). § 169 und § 21 Abs. 2 Ziff. 5 InsO verdrängen für den Duldungszeitraum § 55 InsO (*KG* ZIP 2009, 137 [139]; bestätigt *BGH* ZIP 2010, 141 [145]; *Büchler* ZInsO 2008, 719 [721]). Die Zahlungspflichten bestehen unabhängig von dem Anlass der Nichtverwertung, verschuldensunabhängig. Im Falle der Einziehung zedierter Forderungen beginnt die Zinszahlungspflicht ab dem Tage nach dem Zahlungseingang, sofern sich der Insolvenz-

verwalter vom Berichtstermin an ordnungsgemäß um den Forderungseinzug bemüht hat (ausführlich *BGH* ZIP 2003, 632 ff.). Die Zinszahlungspflicht endet mit der Auskehrung des Erlöses an den Gläubiger (*BGH* ZIP 2003, 632 ff.; *Hellmich* ZInsO 2006, 678 [681]). Die Schutzbedürftigkeit des Gläubigers entfällt, wenn er im Fall einer eigenen Verwertung seine gesicherten Ansprüche nicht früher hätte realisieren können (*Obermüller* NZI 2003, 416 [418]). Wenn der Verwalter einen Verkauf in absehbarer Zeit nicht für realistisch erachtet, muss er den Gegenstand ggf. aus der Masse freigeben. Der Zeitraum zwischen Insolvenzantrag, Verfahrenseröffnung und Berichtstermin gibt dem Verwalter ausreichend Zeit, die Verwertung sowie die verschiedenen Konstellationen zu prüfen und eine Entscheidung zu treffen (a.A. *Hess* InsO, § 169 Rn. 11, der infolge einer teleologischen Reduktion § 169 InsO dahingehend verstehen will, dass die Nachteilsausgleichspflicht nur bei einer versäumten Verwertungsmöglichkeit eingreifen solle).

Ist der Verwalter an der Verwertung aus rechtlichen Gründen, so z.B. nach einer Anordnung im Rahmen eines Insolvenzplanes gem. § 233 InsO, gehindert, wird die **Zinszahlungspflicht nicht unterbrochen**. Dem absonderungsberechtigten Gläubiger können neben den ohnehin bestehenden Nachteilen auch im Fall eines Insolvenzplanes keine weiteren Sonderopfer abverlangt werden. Für eine Unterbrechung gibt es auch im Gesetz keinen Anhaltspunkt (MüKo-InsO/*Tetzlaff* § 169 Rn. 27, 36; a.A. *Uhlenbruck/Brinkmann* InsO, § 169 Rn. 9; BK-InsO/*Breutigam* § 169 Rn. 8). Diesen Grundsatz hat der BGH in 2006 eingeschränkt. Kann die Verwertung aus Gründen, die nicht »insolvenzspezifischer« Natur sind, nicht vorgenommen werden, entsteht keine Zinszahlungspflicht. Die gesetzliche Regelung soll den Gläubigern im Fall der Insolvenz keine Vorteile verschaffen. Kann der Gegenstand auf Grund seiner Beschaffenheit nicht verwertet werden, kann der Drittschuldner nicht zahlen, sind aus § 169 InsO keine Zinsen geschuldet (*BGH* ZIP 2006, 433 [434]). Diese Rechtsprechung ist nicht unbedenklich; eröffnet sie dem Verwalter doch die Möglichkeit, eine Nichtverwertung mit der Beschaffenheit des Gutes oder gar den Marktbedingungen zu begründen. Der BGH versucht diese von ihm wohl gesehenen Risiken mit der Beweislast des Verwalters (*BGH* ZIP 2006, 433 [435]) zu vermeiden. Der BGH schränkt die Rechte des absonderungsberechtigten Gläubigers über das gesetzliche Maß hinaus zu Gunsten der Gesamtgläubiger ein. Wenn der Verwalter den Gegenstand – aus welchen Gründen auch immer – nicht verwerten kann, aber für die Masse weiterhin benötigt, muss er dem Gläubiger Ausgleich leisten. Die Zinsausgleichspflicht dient dazu, dem Gläubiger die durch die Verzögerung der Verwertung entstehenden Nachteile, ggf. durch anderweitige Finanzierung, ausgleichen zu können (das verkennt der *BGH* nicht ZInsO 2006, 433 [437]). Besteht keine Notwendigkeit der Massenutzung, kann er bei Nichtverwertbarkeit zugunsten des Gläubigers freigeben und vermeidet weitere Nachteile für die Masse.

C. Höhe

§ 169 InsO verpflichtet den Verwalter, die **»geschuldeten«** Zinsen aus der Masse zu entrichten. In erster Linie sind damit die mit dem Gläubiger vertraglich vereinbarten Zinsbelastungen, die regelmäßig für die Gewährung von Krediten zu entrichten sind, gemeint. Die **Höhe der geschuldeten Zinsen** ergibt sich aus dem Rechtsverhältnis zwischen dem absonderungsberechtigten Gläubiger und dem Schuldner (*Heublein* ZIP 2009, 11 [13]). Die konkreten Zinsen werden auf der Grundlage des Verwertungserlöses nicht der (abgesicherten) Darlehensvaluten berechnet. Grundlage ist der an den Gläubiger auszukehrende Netto-Verwertungserlös abzüglich der Kostenbeiträge (*Hellmich* ZInsO 2005, 678 [682]; MüKo-InsO/*Tetzlaff* § 169 Rn. 38). Die teilweise in der Literatur vertretene Auffassung, Grundlage sei der in den Verzeichnissen vom Verwalter festgelegte Wert (HambK-InsO/*Büchler* § 169 Rn. 6), führt zu der Möglichkeit des Verwalters, die Höhe der Ausgleichszinsen festzulegen. Das Gesetz orientiert sich in den §§ 169 ff. InsO am tatsächlichen Erlös. Die laufenden Zinszahlungen sind vor der Verwertung daher nur vorläufig, nach erfolgter Verwertung ist mit etwaigen Erstattungen/Nachzahlungen abzurechnen (MüKo-InsO/*Tetzlaff* § 169 Rn. 38; a.A. *Hellmich* ZInsO 2005, 678 [682]; HK-InsO/*Landfermann* § 169 Rn. 6). Sind keine Zinsen vereinbart, steht dem Gläubiger der gesetzliche Zinssatz zu, den der *BGH* auf 4 % begrenzt hat (ZInsO 2006, 433 [436]; abl. MüKo-InsO/*Tetzlaff* § 169 Rn. 32). Befand sich der Schuldner vor der Insolvenz im **Verzug**, ist der gesetzliche Verzugszins entscheidend. Die Entscheidung des *BGH* v. 16.02.2006 deutet

§ 170 InsO   Verteilung des Erlöses

indes darauf hin, dass auch bei diesen Konstellationen die Obergrenze der 4% gelten soll (ZInsO 2006, 433 [436]); a.A. *Uhlenbruck/Brinkmann* InsO, § 169 Rn. 5; HK-InsO/*Landfermann* § 169 Rn. 15). Sachgerechter ist es, wenigstens den Vertragszins zugrunde zu legen. **Tilgungsleistungen** muss der Verwalter nicht erbringen. Der Schutz des § 169 InsO ist nicht auf Kreditgläubiger beschränkt.

6 Der Verwalter kann seine Zinszahlungen nicht mit der Bestimmung versehen, diese auf die Hauptforderung anzurechnen; es findet die Tilgungsreihenfolge des § 367 BGB statt (*BGH* ZInsO 2011, 630 [631]). Eine einseitige Tilgungsbestimmung zu Lasten des Sicherungsgebers ist nicht zulässig (*BGH* ZIP 2008, 1624, bestätigt in BGH NZI 2014, 1044 [1046]).

D. Untersicherung

7 Die **Pflicht zur Zinszahlung ist ausgeschlossen**, wenn eine Erlösbeteiligung des Gläubigers nicht zu erwarten ist. (*Uhlenbruck/Brinkmann* InsO, § 169 Rn. 12). Für den Fall der möglichen **Teilbefriedigung** sieht das Gesetz keine Regelung vor. Entscheidend ist der tatsächliche Verwertungserlös (s. Rdn. 5). Die Lösung ergibt sich auch aus der Gesetzesbegründung zu § 30e ZVG. Dort ist für den Fall der vorläufigen Einstellung der Zwangsversteigerung auf Antrag des Verwalters ebenfalls vorgesehen, Zinsen an den Gläubiger zu leisten. Wenn aufgrund des Grundstückswertes und der weiteren Belastungen nur mit einer Teilbefriedigung des Gläubigers zu rechnen ist, muss die Zinszahlung entsprechend reduziert werden. Wenn eine Erlösbeteiligung wegen wirtschaftlicher Wertlosigkeit des Absonderungsrechts vollständig ausgeschlossen werden kann, entfällt die Pflicht zur Zinszahlung.

E. Zinsen und Wertverlust

8 Der Zinsanspruch des Gläubigers gem. Satz 1 und Satz 2 besteht auch dann, wenn diesem gleichzeitig gem. § 172 Abs. 1 InsO ein Ausgleich für den **Wertverlust durch die Nutzung des Sicherungsgutes** zusteht. Die Leistungen, die hier vom Insolvenzverwalter an den Gläubiger erbracht werden müssen, beruhen auf unterschiedlichen Grundlagen. § 169 InsO ersetzt den zeitweiligen Liquiditätsentzug, also den Verzögerungsschaden, während die Ausgleichszahlungen nach § 172 InsO den Gläubiger vor einer Verminderung des Verwertungserlöses durch Wertverlust schützt und einen Nutzungsausgleich erstattet (vgl. *Uhlenbruck/Brinkmann* InsO, § 169 Rn. 13). Beide Ansprüche sind unabhängig voneinander und können selbstständig nebeneinander bestehen (HK-InsO/*Landfermann* § 169 Rn. 16). Die Zinszahlung aus § 169 InsO ist schließlich von den Zinsen zu unterscheiden, die der absonderungsberechtigte Gläubiger entgegen der Anordnung der Nachrangigkeit in § 39 Abs. 1 Nr. 1 InsO für den **Zeitraum nach Verfahrenseröffnung** mit dem Verwertungserlös verrechnen darf (*BGH* ZIP 2008, 1539 [1541]; a.A. *Frenzel/Jahn* ZInsO 2009, 467 [468]; HK-InsO/ *Landfermann* § 169 Rn. 23; krit. zur gleich lautenden Entscheidung des OLG Köln *Mitlehner* EWIR 2007, 569).

§ 170 Verteilung des Erlöses

(1) ¹Nach der Verwertung einer beweglichen Sache oder einer Forderung durch den Insolvenzverwalter sind aus dem Verwertungserlös die Kosten der Feststellung und der Verwertung des Gegenstands vorweg für die Insolvenzmasse zu entnehmen. ² Aus dem verbleibenden Betrag ist unverzüglich der absonderungsberechtigte Gläubiger zu befriedigen.

(2) Überlässt der Insolvenzverwalter einen Gegenstand, zu dessen Verwertung er nach § 166 berechtigt ist, dem Gläubiger zur Verwertung, so hat dieser aus dem von ihm erzielten Verwertungserlös einen Betrag in Höhe der Kosten der Feststellung sowie des Umsatzsteuerbetrages (§ 171 Abs. 2 Satz 3) vorweg an die Masse abzuführen.

§ 171 Berechnung des Kostenbeitrags

(1) ¹Die Kosten der Feststellung umfassen die Kosten der tatsächlichen Feststellung des Gegenstands und der Feststellung der Rechte an diesem. ²Sie sind pauschal mit vier vom Hundert des Verwertungserlöses anzusetzen.

(2) ¹Als Kosten der Verwertung sind pauschal fünf vom Hundert des Verwertungserlöses anzusetzen. ²Lagen die tatsächlich entstandenen, für die Verwertung erforderlichen Kosten erheblich niedriger oder erheblich höher, so sind diese Kosten anzusetzen. ³Führt die Verwertung zu einer Belastung der Masse mit Umsatzsteuer, so ist der Umsatzsteuerbetrag zusätzlich zu der Pauschale nach Satz 1 oder den tatsächlich entstandenen Kosten nach Satz 2 anzusetzen.

Übersicht	Rdn.		Rdn.
A. Grundsatz	1	II. Verwertungsvereinbarungen	13
B. Anwendungsbereich	3	III. Auskehrung	14
C. Erlösanteile der Masse	7	IV. Freigabe/Selbsteintritt	15
I. Gesetzlich	7	D. Umsatzsteuern	16
1. Grundlagen	7	I. Erlöse	16
2. Berechnung	9	II. Kostenpauschale und Umsatzsteuer	19

Literatur:
Andres/Hees Weiterveräußerung von Vorbehaltsware im Insolvenzeröffnungsverfahren trotz Erlaubnis (§ 21 II Nr. 5 InsO), NZI 2011, 881; *d'Avoine* Feststellung, Verwertung und Abrechnung von Sicherungsgut als »einheitliches Geschäft« des Insolvenzverwalters, ZIP 2012, 58; *Büchler* Aussonderungsstopp im Insolvenzeröffnungsverfahren und insolvenzrechtliche Einordnung des laufenden Nutzungsentgelts, ZInsO 2008, 719; *Ehlenz* Zum Umfang der Verwertungskosten i.S.v. § 170 InsO, ZInsO 2003, 165; *Fölsing* Sicherheitenverwertung durch den Insolvenzverwalter: Gefahren und Probleme, ZInsO 2011, 2261; *Ganter/Bitter* Rechtsfolgen berechtigter und unberechtigter Verwertung von Gegenständen mit Absonderungsrechten durch den Insolvenzverwalter, ZIP 2005, 93; *Ganter* Betriebsfortführung durch den vorläufigen Verwalter trotz Globalzession?, NZI 2009, 551; *ders.* Der Anspruch des Absonderungsberechtigten auf Auskehr des Verwertungserlöses nach § 170 Abs. 1 Satz 2 InsO, ZInsO 2016, 2119; *Herget/Kreuzberg* Umsatzsteuerliche Fallstricke bei der Verwertung von Kreditsicherheiten, NZI 2013, 118; *Jungclaus/Keller* Die Aufrechnung des Insolvenzverwalters gegen den Anspruch des Gläubigers aus § 170 Abs. 1. Satz 2 InsO – Zugleich ein Beitrag zu den Aufrechnungsverboten nach Treu und Glauben, KTS 2010, 149; *Mitlehner* Die Verwertung sicherungszedierter Forderungen im Insolvenzantragsverfahren, ZIP 2010, 1934; *ders.* Verwertungsvereinbarungen im Insolvenzverfahren, ZIP 2012, 649; *Onusseit* Erneut: Die Bemessungsgrundlage für die Kostenpauschalen des § 171 InsO, ZInsO 2007, 247; *Schmittmann* Umsatzsteuer aus Einzug von Altforderungen nach Verfahrenseröffnung, ZIP 2011, 1125; *ders.* Das Bundesfinanzministerium, der V. Senat des BFH und die Umsatzsteuer in der Insolvenz, ZIP 2012, 249; *Stamm* Der Sündenfall des § 48 InsO und die verbotene Frucht der Ersatzabsonderung, KTS 2015, 461; *de Weerth* Die Bemessungsgrundlage für Kostenpauschalen nach § 171 InsO – Entgelt oder Preis?, ZInsO 2007, 70; *ders.* Umsatzsteuer bei der Verwertung sicherungsübereigneter Gegenstände bei Eigenverwaltung, NZI 2013, 922; *ders.* »Kostenbeiträge« in der Insolvenz und Umsatzsteuer, ZInsO 2017, 149.

A. Grundsatz

§§ 170, 171 InsO ergänzen die in §§ 50 ff. InsO grundsätzlich festgelegten Rechte der absonderungsberechtigten Gläubiger. Neben den der Masse aus den Verwertungserlösen zustehenden Anteilen legt § 170 Abs. 1 Satz 2 ausdrücklich fest, dass die Gläubiger unverzüglich zu befriedigen sind. Sie sind die ergänzenden Bestimmungen zum Ausgleich der Masse für die Bearbeitung der Absonderungsrechte und Verwertung zugunsten der absonderungsberechtigten Gläubiger. Gerade Absonderungsrechte verursachen erhebliche Kosten, denen entsprechende Vorteile für die Masse nicht gegenüberstehen. Nicht beabsichtigt ist eine Umverteilung des Vermögens zugunsten der ungesicherten Gläubiger. Die Norm belastet die gesicherten Gläubiger mit den Kosten der Bearbeitung und Verwertung, da ihnen die Erlöse zufließen. Die §§ 170 f. InsO sind daher auch eine Folge des Bestrebens, die Befriedigungsquoten der ungesicherten Gläubiger zu erhöhen. 1

Der Verwalter muss, gerade um Ansprüche der absonderungsberechtigten Gläubiger ihm gegenüber zu vermeiden, den Wert der absonderungsberechtigten Gegenstände häufig sachverständig ermitteln lassen. Die weitere Verwertung bedarf dann immer wieder der Abstimmung mit dem Gläubiger. Neben den Kosten der Wertermittlung wird die Masse durch diesen besonderen Aufwand zusätzlich belastet. Die Praxis hatte anerkannt, dass dem Verwalter für die Bearbeitung von Aus- und Absonderungsrechten ein Zusatz zu der Durchschnittsvergütung zu gewähren ist. Das gilt unabhängig davon, ob die Teilungsmasse selbst erhöht wird. Bei Eigenverwertung sind keine pauschalen Kosten an die Masse abzuführen; der Verwalter kann nur die tatsächlich entstandenen geltend machen (§ 171 Abs. 2 Satz 2 InsO).

2 Die **Kostenbeiträge** schaffen einen **Ausgleich für die zusätzlichen Aufwendungen** unter Festlegung der Feststellungskosten und des Erlösanteils in § 171 InsO. Diese Lösung sieht der Gesetzgeber als sachgerecht an, um die ungesicherten Gläubiger nicht zum Vorteil der gesicherten Gläubiger zu benachteiligen. Gleichzeitig hat der Gesetzgeber mit den Quoten in § 171 InsO den Erlösanteil zugunsten der Masse beschränkt, um die für die Unternehmensfinanzierung wichtigen Mobiliarsicherheiten nicht zu entwerten (so die umfangreiche Begründung des RegE BT-Drucks. 12/2443 S. 181 f.). Dementsprechend ist es die Absicht des Gesetzgebers, dem Gläubiger nur die tatsächlich entstandenen Kosten aufzuerlegen. Zusätzliche Auseinandersetzungen zwischen dem Verwalter und dem Gläubiger sowie ein weiterer Aufwand durch Ermittlung konkreter Kosten sollen vermieden werden. § 171 InsO legt daher Pauschalbeträge für die Feststellungs- und Verwertungskosten fest, die der Gesetzgeber an der Praxis der KO orientierte (RegE BT-Drucks. 12/2443 S. 181). Nur bei den Verwertungskosten besteht die Möglichkeit, diese bei erheblicher Abweichung von den gesetzlichen Pauschalen konkret nachzuweisen. In der Literatur wurde durch die Belastung der Kreditgläubiger mit den Feststellungs- und Verwertungskosten eine Beeinträchtigung der Kreditvergabe befürchtet (*Haberhauer/Meeh* DStR 1995, 2005 [2008], die von einer Mehrbelastung von 24% bzw. 16% des Resterlöses ausgehen). Dabei wurde übersehen, dass die festgelegten Erlösanteile der Praxis entnommen sind. Die Befürchtungen haben sich nicht bestätigt.

B. Anwendungsbereich

3 Die **Kostenbeteiligung der Gläubiger** greift bei allen Gegenständen, die der Insolvenzverwalter gem. § 166 InsO verwerten darf. Das sind alle beweglichen Sachen, an denen ein Absonderungsrecht besteht und die sich im **Besitz des Verwalters** befinden sowie alle **Forderungen**, die vom Schuldner zur Sicherung einer Gläubigerforderung abgetreten wurden. Die Gefahr, dass der Sicherungsgläubiger das Sicherungsgut frühzeitig in Besitz nimmt und damit die Verwertung des Verwalters verhindert (so *Eckardt* ZIP 1999, 1734 [1735]) kann der (vorläufige) Verwalter durch Sicherungsmaßnahmen des Insolvenzgerichts nach § 21 Abs. 2 Ziff. 5 InsO verhindern. Wenn der Verwalter **Immobilien** in Abstimmung mit den Grundpfandgläubigern freihändig verwertet, folgt aus §§ 170, 171 InsO kein Kostenerstattungsanspruch für die Masse. Der Verwalter muss einen Beitrag für die Masse vorher vereinbaren. In der Höhe sollte er sich an der gesetzlichen Vergütung orientieren; auf eine Reduzierung auf bis zu 1% sollte er sich nicht einlassen (zur Praxis *Förster* ZInsO 2002, 575; *Weis/Ristelhuber* ZInsO 2002, 859).

4 Die Wertermittlung **von auszusondernden Gegenständen** führt nicht zur Kostenerstattung. Nach der Vorstellung des Gesetzgebers verursacht die Feststellung und Sicherung dieser Gegenstände in der Praxis keine Kosten, die gesondert zu erstatten wären (RegE BT-Drucks. 12/2443 S. 180). Ob diese Auffassung des Gesetzgebers der Praxis entspricht, mag dahinstehen. Der (vorläufige) Verwalter muss zunächst alle Gegenstände erfassen und bewerten, die er in Besitz nimmt. Aussonderungsrechte werden im Verlauf des Verfahrens ermittelt. Zunächst entstehen zu Lasten der Masse bei der Feststellung Aufwendungen. Der Wortlaut des Gesetzes ist indes deutlich. Gegenstände, an denen Aussonderungsrechte bestehen, zu denen auch die unter einfachem Eigentumsvorbehalt gelieferten zählen, führen zu keinem Erlösanteil der Masse. Die Praxis wird sich daher nach wie vor *damit behelfen müssen*, mit den aussonderungsberechtigten Gläubigern entsprechende Vereinbarungen zu treffen, wenn eine Verwertung durch den Verwalter erfolgt.

Verwertet der **vorläufige Insolvenzverwalter**, so gelten die §§ 170, 171 InsO nicht (*BGH* ZIP 2003, 632). Dies folgt aus der Verknüpfung dieser Vorschrift mit dem Verwertungsrecht aus § 166 InsO, das sich nicht auf den vorläufigen Insolvenzverwalter anwenden lässt (s. § 159 Rdn. 1 ff.; zu der Anwendbarkeit der §§ 170, 171 InsO auf den vorläufigen Insolvenzverwalter auch *Gundlach/Frenzel/ Schmidt* DZWIR 2001, 140 [141]; *Kirchhof* ZInsO 1999, 436 [438] will die Erlösanteilsregelung auf den einzig zulässigen Notverkauf in der vorläufigen Insolvenz anwenden). Die Entscheidung erging vor In-Kraft-Treten der zusätzlichen Ermächtigungen nach § 21 Abs. 2 Nr. 5 InsO. Diese Rspr. gilt nach der Novelle umso mehr, weil nunmehr detailliert gesetzlich geregelt: Zum Erhalt der Kostenpauschalen beim Forderungseinzug im Eröffnungsverfahren (dazu *Mitlehner* ZIP 2010, 1934 ff.) kann der Verwalter eine gerichtliche **Anordnung nach § 21 Abs. 2 Nr. 5** herbeiführen (*AG Hamburg* ZInsO 2011, 2045 [2046]). Der Erlösanteil für Verwertungshandlungen im Eröffnungsverfahren ist ausdrücklich nur für den Forderungseinzug im Rahmen der Ermächtigung festgelegt. Verwertungen im Eröffnungsverfahren führen nach wie vor nicht zum Kostenanteil für die Masse (*Andres/Hees* NZI 2011, 811 [885]). Der Verwalter muss mit dem Gläubiger gesonderte Vereinbarungen treffen. Verwertet der **vorläufige Insolvenzverwalter** ohne eine Ermächtigung nach § 21 Abs. 2 Ziff. 5, greift § 170 InsO auch nicht analog (zum alten Recht *BGH* ZIP 2003, 632 [634]; bestätigt ZIP 2010, 739 [743]; ausf. dazu *Ganter* NZI 2010, 551 [552]).

Bei der **Eigenverwaltung** ist der Schuldner zur Verwertung berechtigt. Der Feststellungsbeitrag steht ihm nicht zu; Verwertungskosten können nur in Höhe der tatsächlich entstandenen gefordert werden, § 282 Abs. 2 Satz 2 und 3 InsO. In **Verbraucherinsolvenzverfahren** gelten die §§ 166 ff. InsO nach Streichung der §§ 312–314 InsO ab 01.07.2014 uneingeschränkt.

C. Erlösanteile der Masse

I. Gesetzlich

1. Grundlagen

Die der Masse zustehenden **Kosten für die Verwertung** bestimmt § 171 Abs. 1 Satz 2 InsO mit einer **Pauschale von 5 %** vom Verwertungserlös/der eingezogenen Forderung für den Regelfall. Diese Kostenpauschale soll die Aufwendungen für die Verwertung oder den Forderungseinzug decken. Die Frage, welche Aufwendungen Verwertungskosten sind, ist bei der Erhöhung des gesetzlichen Prozentsatzes (s. Rdn. 10) von Bedeutung. Verwertungskosten sind sämtliche Aufwendungen, die der Verwertung des betreffenden Vermögensgegenstandes zugeordnet werden können, wie Transport zum Ort der Verwertung. **Sie zählen dann** zu den Verwertungskosten, wenn der Transport des Sicherungsgutes Voraussetzung der Verwertung war und die Kosten nach den Grundsätzen der GoA im Interesse des Sicherungsgläubigers aufgewandt wurden (*OLG Nürnberg* ZIP 2014, 280 [284]). Werbungs- und Fremdkosten, die der Verwalter regelmäßig für die von ihm beauftragte Verwertungsgesellschaft (*BGH* ZInsO 2005, 1103; *OLG Nürnberg* ZIP 2014, 280 [282]) zu tragen hat, sind regelmäßig Verwertungskosten, auch die Kosten des Auktionators (MüKo-InsO/*Tetzlaff* § 170 Rn. 31). **Nicht zu den Verwertungskosten** zählen Gutachterkosten für die Wertermittlung. Hierbei handelt es sich um Feststellungskosten i.S.d. § 170 Abs. 1 InsO. Räumungskosten zählen nicht zu den Verwertungskosten (*AG Duisburg* ZInsO 2003, 190 [191]; dazu *Ehlenz* ZInsO 2003, 165 ff. m. krit. Anm. *Förster* ZInsO 2003, 169 ff.). Der Verwalter kann die Verwertungskostenpauschale nicht geltend machen, wenn ein Gläubiger unberechtigt nach Verfahrenseröffnung unter Verstoß gegen das umfassende Verwertungsrecht des Insolvenzverwalters Forderungen einzieht (*BGH* NZI 2004, 137). Ihm steht die Feststellungspauschale zu.

Auch die Kosten für die **notwendige Erhaltung des Gegenstandes** zählen nicht zu den Verwertungskosten. In der Praxis sind gerade die Kosten der angemessenen Versicherung von Bedeutung; genannt werden darüber hinaus Fütterungskosten für Tiere (MüKo-InsO/*Tetzlaff* § 170 Rn. 34). Diese Aufwendungen soll nach einer Auffassung die Masse tragen (*Hess* InsO, § 170 Rn. 6; *Gundlach/Frenzel/Schmidt* DZWIR 2001, 140 [141]; **a.A.** *Smid* InsO, § 170 Rn. 3). Richtig ist, dass die Erhaltungskosten vom Wortlaut des Gesetzes nicht erfasst werden. Der Erhaltungskostenbeitrag des

§ 196 RegE ist nicht Gesetz geworden. Bei der Erhaltung von absonderungsbelasteten Gegenständen wird der Verwalter indes im Interesse des Sicherungsgläubigers tätig; der Erlös kommt regelmäßig diesem Gläubiger zugute. Die Kosten sind von ihm daher nach §§ 683, 675, 670 BGB zu erstatten (*Gottwald/Adolphsen* HdbInsR, § 42 Rn. 184; zweifelnd MüKo-InsO/*Tetzlaff* § 170 Rn. 34; *Uhlenbruck/Brinkmann* InsO, § 170 Rn. 17; HK-InsO/*Landfermann* § 170 Rn. 19). Bei dieser Abwägung ist zu berücksichtigen, dass der Verwalter mit dem Erhalt des Sicherungsgutes auch die Nutzungsmöglichkeit der Masse sicherstellt. Die Abgrenzung wird im Rahmen der GoA immer wieder zu Streitigkeiten führen. Zur Vermeidung von Risiken kann der Praxis nur empfohlen werden, mit dem Sicherungsgläubiger eine Vereinbarung zu den Erhaltungskosten zu treffen.

2. Berechnung

9 Der Verwertungsanteil und die Feststellungskosten sind vom **Bruttoerlös** zu berechnen (*OLG Nürnberg* ZIP 2014, 280 [284]; *Mitlehner* ZIP 2001, 677 [681]; *Uhlenbruck/Brinkmann* InsO, § 171 Rn. 3; abw. *de Weerth* ZInsO 2007, 70 ff.; dagegen zu Recht *Onusseit* ZInsO 2007, 247 [249]). Die Ermittlung des Bruttoerlöses kann in der Praxis Schwierigkeiten bereiten, wenn Sachgesamtheiten, insbesondere das Unternehmen im Ganzen verwertet werden. Zur Vermeidung von Streitigkeiten sollte der Verwalter den Sicherungsgegenstand sachverständig schätzen lassen (*Kübler/Prütting/Bork-Kemper* InsO, § 170 Rn. 3). Grundlage ist der dem Verwalter **zugeflossene Erlös**. Kann die vereinbarte Erlösforderung vom Verwalter nicht vollständig realisiert werden, ist nur der tatsächliche Erlös Berechnungsgrundlage (*OLG Nürnberg* ZIP 2014, 280 [282]).

10 Die Verwertungskostenpauschale von 5 % ist eine gesetzliche Vermutung, die Verwalter oder Gläubiger widerlegen können. Die **Vermutungswiderlegung** kommt nur bei erheblicher Abweichung des konkret bezahlten Betrages von den durch die Pauschale errechneten Kosten in Betracht. Erheblichkeit ist anzunehmen, wenn die Abweichung der tatsächlich entstandenen und erforderlichen Verwertungskosten die gesetzliche Pauschale von 5 % um die Hälfte unterschreitet oder um das Doppelte oder mehr übersteigt (RegE BT-Drucks. 12/2443 S. 181; *AG Göttingen* Urt. v. 10.12.2013 – 21 C 55/13; *OLG Jena* ZInsO 2004, 509; krit. dazu *Haunschild* DZWIR 1999, 60 [61], der jede Überschreitung des gesetzlichen Satzes zulassen will). Eine **Mischkalkulation** bei den Verwertungskosten wird nach § 171 Abs. 2 InsO ausgeschlossen. Der Verwalter darf nicht den einen Teil der Verwertungskosten konkret berechnen und für den anderen Teil die Pauschale von 5 % ansetzen (*BGH* ZIP 2007, 686 [687]).

11 Die **Beweislast** für die tatsächlichen Aufwendungen hat derjenige, welcher sich auf die Abweichung von der gesetzlichen Pauschale bezieht (*OLG Jena* ZInsO 2004, 509; *LG Meiningen* ZInsO 2003, 810; *LG Regensburg* ZInsO 2004, 1321). Die Rechtsprechung gesteht dem Verwalter bei der **Verwertung von Lebensversicherungen** nur eine geringe Pauschale als Erstattung der Aufwendungen für die Kündigung zu (*AG Bonn* NZI 2001, 50: 25 €; *AG Mainz* ZInsO 2004, 1375: 300 €; *AG Wuppertal* ZInsO 2006, 383 [388]).

12 Die **Feststellungskosten** sind nach der gesetzlichen Definition (§ 171 Abs. 1 InsO) die Kosten der tatsächlichen Feststellung des Gegenstandes und der Feststellung der Rechte an diesem. Es handelt sich hier um die Aufwendungen, die dadurch entstehen, dass der Verwalter die in Frage kommenden Gegenstände inventarisieren und den Wert (§ 151 Abs. 2 InsO) ermitteln muss. Zu den Kosten zählen auch die Aufwendungen zur Prüfung der Absonderungsrechte. Zur Ermittlung der Quote durch den Gesetzgeber siehe 8. Auflage. Die Quote ist im Unterschied zu den Erlösanteilen zwingend. Dieser Pauschale kann nicht mit dem Hinweis begegnet werden, die Feststellung sei nicht mit besonderem Aufwand verbunden. Der Anspruch auf die Feststellungspauschale hängt nicht vom Umfang des Feststellungsaufwands im Einzelfall ab (*BGH* NZI 2002, 599 [601]). Eine Anpassung dieser Kosten an die tatsächlichen Aufwendungen sieht das Gesetz nicht vor; § 171 Abs. 2 Satz 2 InsO erwähnt nur die Verwertungskosten. Verwertet der Gläubiger gegen das Verwertungsrecht des Verwalters, schuldet er die Feststellungspauschale (*BGH* ZIP 2006, 2390 [2391]).

II. Verwertungsvereinbarungen

Für die **Verwertung von Immobilien** sieht das Gesetz keinen Feststellungs- oder Verwertungsanteil vor. Der Verkauf von Immobilien erfolgt nach allgemeinen Grundsätzen, bei der Zwangsversteigerung nach § 165 InsO durch den Verwalter gibt es keine Erlösanteile der Masse. In der Praxis werden für diese Verwertung individuelle Vereinbarungen getroffen (dazu s. § 159 Rdn. 17 und § 165 Rdn. 28; krit. *Mitlehner* ZIP 2012, 649 [651]) einschließlich der Kostenanteile der Masse. Die Höhe hängt vom Einzelfall ab. Zunehmend werden auch Vereinbarungen zur Höhe der Pauschale bei der Verwertung von Gegenständen des beweglichen Anlage- und Umlaufvermögen und beim Einzug von Forderungen getroffen, weil der gesetzliche Anteil die Kosten der Masse nicht deckt. Zu den **Umsatzsteuerbelastungen** s. Rdn. 19. 13

III. Auskehrung

Nach der Verwertung steht dem Gläubiger der Verwertungserlös abzüglich der Masseanteile zu. Gem. § 170 Abs. 1 Satz 2 InsO ist der **Gläubiger unverzüglich zu befriedigen**. Aufrechnungs- oder Zurückbehaltungsrechte stehen dem Verwalter nicht zu (*Jungclaus/Keller* KTS 2010, 149 [153 ff.]). Wenn der Schuldner für die Forderung des Gläubigers nicht persönlich haftet und der Sicherungsfall nicht eingetreten war, muss der Verwalter nicht sofort auskehren sondern kann nach § 191 InsO verfahren (*BGH* ZIP 2009, 228 [230]; MüKo-InsO/*Bitter* § 41 Rn 14). Der Verwalter darf die Erlösauskehrung auch nicht unter Hinweis auf die Liquiditätslage verzögern (MüKo-InsO/ *Tetzlaff* § 170 Rn. 40). Das Absonderungsrecht des Gläubigers setzt sich im Wege einer dinglichen Surrogation an dem Erlös fort (*BGH* ZInsO 2011, 778 [779]; MüKo-InsO/*Tetzlaff* § 170 Rn. 38; dagegen *Ganter* ZInsO 2016, 2119 ff., der eine haftungsrechtliche Surrogation annimmt; s.a. *Stamm* KTS 2015, 461 [488 f.], der den Gläubiger des § 170 Abs. 1 Satz 2 InsO als bereicherungsrechtlichen Massegläubiger i.S.v. § 55 Abs. 1 Nr. 3 InsO einstuft). Die Surrogation setzt voraus, dass der Erlös von der übrigen Masse separiert ist. Absonderung ist daher möglich, solange der Erlös unterscheidbar im Kontokorrent vorhanden ist (vgl. *Imberger* § 48 Rdn. 19, 26; *Ganter/Bittner* ZIP 2005, 93 [98]). Zu dieser Separierung des Erlöses ist der Verwalter verpflichtet. Er darf den Erlös nicht in die Insolvenzmasse »verwirtschaften«, sondern muss auch im Falle einer Masseunzulänglichkeit in der Lage sein, diesen an den Sicherungsgläubiger auszukehren. Der Verwalter haftet sonst nach § 60 InsO persönlich auf Schadensersatz (MüKo-InsO/*Tetzlaff* § 170 Rn. 40). Kann der Erlös nicht mehr abgesondert werden, folgt der Erlösanspruch aus § 55 Abs. 1 InsO (*Kübler/Prütting-Kemper* InsO, 1. Lfg., § 170 Rn. 8; detailliert zur Ersatzabsonderung und dem Anspruch aus § 170 InsO bei unberechtigter Verwertung des Verwalters *Ganter/Bitter* ZIP 2005, 93 ff.). Zu den Masseschulden verursachenden Handlungen des Insolvenzverwalters zählt auch die Vereitelung der Absonderungsrechte (*Jaeger/Henckel* InsO, § 55 Rn. 11). Ist die Masse verbraucht, kommt eine Haftung des Verwalters nach §§ 60, 61 InsO in Frage (*Ganter/Bitter* ZIP 2005, 93 [103]; zur Haftung unter der KO *OLG Köln* ZIP 2001, 1821 [1823]). Der Verwalter ist zu einer **Tilgungsbestimmung,** dass zuerst eine Anrechnung der Auskehrung auf Masseschulden zu erfolgen hat, nicht berechtigt. In entsprechender Anwendung des § 366 Abs. 2 InsO wird die Erlösauskehrung zuerst auf die absonderungsbelasteten Forderungen angerechnet (*BGH* ZInsO 2014, 2320 ff.; zum Vermieterpfandrecht *Mitlehner* EWIR 2011, 819). 14

IV. Freigabe/Selbsteintritt

Der Verwalter kann von seinem Verwertungsrecht Gebrauch machen. Dadurch kann er die Verwertung selbst gestalten und den Erlösanteil zugunsten der Masse sogleich zurückbehalten. Er kann den absonderungsbelasteten Gegenstand auch dem Gläubiger zur Eigenverwertung überlassen. Für diese unechte (HambK-InsO/*Büchler/Scholz* § 170 Rn. 9) **Freigabe** zugunsten des Gläubigers ergibt sich aus § 170 Abs. 2 InsO eine **Erstattungspflicht des Gläubigers** aus dem Erlös für die Feststellung der Sicherheiten. Verwertungskosten entstehen zugunsten der Masse nicht. Sie können bei dieser Freigabe zugunsten des Gläubigers nicht gefordert werden (RegE BT-Drucks. 12/2443 S. 181). Beim **Selbsteintritt** des Gläubigers nach § 168 Abs. 3 InsO entstehen dagegen Verwertungskosten zuguns- 15 ten der Masse. Diese Unterscheidung ist gerechtfertigt, weil der Verwalter bei dem Selbsteintritt des Gläubigers die Verwertung bereits vorbereitet hat (*Uhlenbruck/Brinkmann* InsO, § 170 Rn. 19; **a.A.** KS-InsO/*Klasmeyer/Elsner/Ringstmeier* S. 1095). Der Gläubigereintritt ist von der Freigabe zu unterscheiden (RegE BT-Drucks. 12/2443 S. 181). Der Gläubiger kann die Übernahme der Verwertung auch ablehnen (*Uhlenbruck/Brinkmann* InsO, § 170 Rn. 21). Der Verwalter kann zusätzliche Kosten vermeiden, wenn er den Gegenstand an den Schuldner freigibt. Zu den steuerlichen Folgen dieser echten Freigabe s. Rdn. 18.

D. Umsatzsteuern

I. Erlöse

16 Nach § 171 Abs. 2 Satz 3 InsO hat der Sicherungsgläubiger die USt zu tragen, wenn die Masse damit belastet wird. **Beim Forderungseinzug** im eröffneten Verfahren ist die Masse USt-pflichtig (ausf. zur Umsatzsteuerproblematik *Herget/Kreuzberg* NZI 2013, 118 ff.). Dabei kommt nicht nur § 55 Abs. 4 InsO sondern auch der Entscheidung des *BFH* v. 09.12.2010 (ZIP 2011, 782) besondere Bedeutung zu. Zieht der Verwalter **im eröffneten Verfahren** Altforderungen ein, hat der die USt abzuführen (ausf. dazu *Schmittmann* ZIP 2012, 249 ff.). Der Verwalter wird bei der Abrechnung der Erlöse die an das FA abzuführende USt als Abzugsposten berücksichtigen. Anders beim **Forderungseinzug im Eröffnungsverfahren**: Zieht der Schuldner Altforderungen mit Zustimmung des vorläufigen schwachen Insolvenzverwalters ein, sind die vereinnahmten USt bei **Sollversteuerung** keine Masseverbindlichkeiten (BMF-Schreiben v. 17.01.2012 Rn. 18; MüKo-InsO/*Hefermehl* § 55 Rn. 245; **a. M.** *Schmittmann* ZIP 2011, 1125 [1130]). Bei der Abrechnung zedierter Forderungen gegenüber dem Sicherungsgläubiger muss der Verwalter dann die USt auskehren (s.o.). In diesem Fall greift die Haftung aus § 13c UStG (dazu *BFH* NZI 2013, 657 ff.), wenn die Zession nach dem 08.01.2003 erfolgte (*BFH* BStBl. II 2010, 520). Die vorstehenden Grundsätze gelten auch für die **Eigenverwaltung** (*de Weerth* NZI 2013, 922 ff.).

17 Bei der **Veräußerung zur Sicherheit übereigneter Sachen** liegt i.d.R. ein **steuerbarer Umsatz** i.S.d. Umsatzsteuerrechts vor. Zur Frage, wer die Umsatzsteuern zu tragen hat, kommt es in erster Linie darauf an, wer verwertet. Dabei schließt der BFH auch einen sog. Dreifachumsatz nicht aus, wenn der Gläubiger dem Sicherungsnehmer die Verwertung nach erfolgter Inbesitznahme überlässt (*BFH* ZInsO 2006, 651 ff. m. Anm. *de Weerth*). Die einfachste Konstellation besteht in der Verwertung durch den Verwalter. Er hat die Umsatzsteuer nach § 55 Abs. 1 Nr. 1 InsO abzuführen und kann sie vom Verwertungserlös vor Auskehrung an den Sicherungsgläubiger einbehalten. Überlässt der Verwalter das Sicherungsgut nach § 170 Abs. 2 dem Gläubiger und verwertet dieser, liegen zwei steuerbare Umsätze vor (*BFH* ZIP 1993, 1247 [1248]; ausf. *de Weerth* ZInsO 2003, 246 [249]). Der Gläubiger hat die Steuer an den Verwalter nach § 170 Abs. 2 InsO an die Masse abzuführen.

18 Die **echte Freigabe an den Schuldner** führt nicht zu einer Umsatzsteuerbelastung der Masse. Diese echte Freigabe liegt vor, wenn der gesamte wirtschaftliche Wert aus der Masse gegeben wird (*BFH* ZIP 1993, 1247 f.; ausführlich *Kuhn/Uhlenbruck* KO, § 127 Rn. 16a). Eine unechte Freigabe, nämlich die Überlassung an den Gläubiger zur Verwertung, führt nach den o. g. Grundsätzen zum Doppelumsatz mit den dargestellten Rechtsfolgen (ausdrücklich *BFH* ZIP 1993, 1247 [1248]). Bei der Verwertung durch den **vorläufigen Verwalter** ist die Umsatzsteuer nur bei der starken Verwaltung nach § 55 Abs. 2 InsO Masseschuld (*Maus* ZIP 2000, 339 [340]; zum Ganzen detailliert *de Weerth* ZInsO 2003, 246 ff.). Nimmt der **Gläubiger** das Sicherungsgut im Eröffnungsverfahren in Besitz und **verwertet er nach Verfahrenseröffnung**, gelten die §§ 170, 171 nach *BGH* (ZIP 2007, 1126 [1127]) analog. Der *BGH* hat mit dieser Entscheidung v. 29.03.2007 (zum Streitstand die Nachweise ZIP 2007, 1127) ausdrücklich festgelegt, dass der Gläubiger den Kostenbeitrag und die Umsatzsteuer an die Masse abzuführen hat. Damit hat er die Unbilligkeit beseitigt, dass die Masse umsatzsteuerpflichtig ist, ohne den Gläubiger in Anspruch nehmen zu können (dazu s. § 173 Rdn. 5).

II. Kostenpauschale und Umsatzsteuer

Nachdem der BFH zunächst den vereinbarten Kostenbeitrag bei der Verwertung von Immobilien der USt unterworfen hatte (dazu s. § 159 Rdn. 24), änderte er mit seiner Grundsatzentscheidung v. 28.07.2011 seine Rechtsprechung und unterwarf auch die gesetzliche Verwertungspauschale nach § 170 Abs. 2 InsO der USt (*BFH* ZInsO 2011, 1904 m. ausf. Anm. *Schmittmann* ZInsO, 2011, 1908 ff.; BStBl. II 2014, S. 406 ff.). Der BFH ist jetzt der Auffassung, der Verwalter erbringe mit der Verwertung eine entgeltliche Leistung gegenüber dem Sicherungsgläubiger, sodass auch die gesetzliche Verwertungspauschale der Umsatzsteuer unterliegen soll (Rn. 29 der Entscheidung). Die Auswirkungen dieser Entscheidung sind noch nicht geklärt (unklar das BMF-Rundschreiben v. 30.4.2014 – IV D 2 – S 7100/07/10037). Die Entscheidung des BFH ist jedoch unter dem Eindruck einer neuen Entscheidung des *BGH* (Beschl. v. 14.07.2016 – IX ZB 31/14, ZInsO 2016, 1693), wonach der Verwalter ausschließlich in Ausübung seines Amtes tätig wird (Rn. 30 der Entscheidung), zu überdenken (hierzu ausf. *de Weerth* ZInsO 2017, 149 ff.). Man kann die Rechtsprechung des BFH auch dogmatisch kritisieren (so *Mitlehner* EWIR 2011, 673; MüKo-InsO/*Tetzlaff* § 171 Rn. 45). Die Rechtsprechung des USt-Senats zur Belastung der Masse bei dem Einzug von Alt-Forderungen (ZIP 2011, 782) zeigt die Tendenz zum Fiskus. In der Literatur wird zwar angenommen, diese USt-Pflicht beträfe nur **Vereinbarungen über die gesetzliche Höhe hinaus** (HambK-InsO/*Landfermann* § 171 Rn. 17; zutr. dagegen *Fölsing* ZInsO 2011, 2261 [2263 f.]). Zur Vermeidung jeglicher Risiken sollte der Verwalter auf den Verwertungsanteil MwSt. berechnen (*Fölsing* ZInsO 2011, 2261 [2263 f.]; *Herget/Kreuzberg* NZI 2013, 118 [121]; *dAvoine* ZIP 2012, 58 [60]: nur wenn brutto abgeführt), in jedem Fall empfiehlt sich eine Abstimmung mit der Finanzverwaltung oder die Aufnahme einer Umsatzsteuerklausel bei der Abrechnung mit dem Gläubiger. Bei Vereinbarungen über die gesetzliche Höhe hinaus sollte in jedem Fall die USt aufgenommen werden. Es bleibt abzuwarten, ob der BFH seine Ansicht vor dem Hintergrund der zitierten BGH-Entscheidung korrigieren wird.

19

§ 172 Sonstige Verwendung beweglicher Sachen

(1) ¹Der Insolvenzverwalter darf eine bewegliche Sache, zu deren Verwertung er berechtigt ist, für die Insolvenzmasse benutzen, wenn er den dadurch entstehenden Wertverlust von der Eröffnung des Insolvenzverfahrens an durch laufende Zahlungen an den Gläubiger ausgleicht. ²Die Verpflichtung zu Ausgleichszahlungen besteht nur, soweit der durch die Nutzung entstehende Wertverlust die Sicherung des absonderungsberechtigten Gläubigers beeinträchtigt.

(2) ¹Der Verwalter darf eine solche Sache verbinden, vermischen und verarbeiten, soweit dadurch die Sicherung des absonderungsberechtigten Gläubigers nicht beeinträchtigt wird. ²Setzt sich das Recht des Gläubigers an einer anderen Sache fort, so hat der Gläubiger die neue Sicherheit insoweit freizugeben, als sie den Wert der bisherigen Sicherheit übersteigt.

Übersicht	Rdn.		Rdn.
A. Allgemeines	1	C. Ausgleich des Wertverlustes	7
B. Nutzungsrecht des Insolvenzverwalters (Abs. 1)	2	D. Verbindung, Vermischung, Verarbeitung (Abs. 2)	11

Literatur:
Bork Die Verbindung, Vermischung und Verarbeitung von Sicherungsgut durch den Insolvenzverwalter, in: FS Gaul, S. 71; *Kirchhof* Probleme bei der Einbeziehung von Aussonderungsrechten in das Insolvenzeröffnungsverfahren, ZInsO 2007, 227; *Nouvertne* Die langfristige Vermietung sicherungsübereigneter Mobilien, BKR 2013, 414.

A. Allgemeines

Die Vorschrift ist wichtiger Bestandteil der Regelungen, die das Ziel der Insolvenzordnung, dem Verwalter die Fortführung und Sanierung des Schuldner-Unternehmens zu ermöglichen, sicherstellen wollen. Die Norm verschafft dem Verwalter die Möglichkeit, bewegliche Sachen, die mit Absonde-

1

rungsrechten belastet sind, zu nutzen und weiterzuverarbeiten. Gleichzeitig wird der absonderungsberechtigte Gläubiger für den Rechtsverlust durch die Verpflichtung des Verwalters zur Erstattung des durch die Nutzung entstehenden Wertverlustes entschädigt. Neben der Erstattung des Wertverlustes erhält der Gläubiger unter den Voraussetzungen des § 169 InsO die geschuldeten Zinsen.

B. Nutzungsrecht des Insolvenzverwalters (Abs. 1)

2 Das **Nutzungsrecht des Verwalters** bezieht sich unmittelbar auf die beweglichen Sachen des § 166 InsO. Sachen aussonderungsberechtigter Gläubiger zählen nicht dazu. Die Sache muss sich im Besitz des Verwalters befinden. Wie bei § 166 InsO kann auch aus dem **mittelbaren Besitz** ein Nutzungsrecht des Verwalters folgen. In seinen Entscheidungen zu Leasingfahrzeugen einer insolventen Leasinggeberin und zu den verpfändeten Aktien i.S. »Mobilcom« (*BGH* ZIP 2006, 814 [816 f.]; 24.09.2015 – IX ZR 272/13, Rn. 30; s. dazu ausf. § 166 Rdn. 8, 9) hat der BGH den funktionalen Besitzbegriff entwickelt. Entscheidend soll jetzt sein, ob der Vermögensgegenstand funktionaler Bestandteil des Unternehmens oder Bestandteil der »wirtschaftlichen Einheit des Schuldnervermögens« ist (*BGH* 24.09.2015 – IX ZR 272/13, Rn. 30; ausf. hierzu insgesamt s. die Erl. zu § 166 InsO). Zur Nutzung durch **den vorläufigen Verwalter** s. Rdn. 6.

3 Vereinzelt wird eine analoge Anwendung von § 172 InsO auf **Aussonderungsgut** befürwortet (BK-InsO/*Undritz* § 172 Rn. 8; KS-InsO/*Wellensiek* 2000, S. 403, 414). Zweifelhaft dürfte hier bereits eine planwidrige Regelungslücke sein. Für den zur Aussonderung führenden einfachen Eigentumsvorbehalt gilt § 107 InsO; bei Mietsachen gilt der Mietvertrag fort. Darüber hinaus sind auch die Interessenlagen unterschiedlich. Aussonderungsbelastete Gegenstände sind nicht Massebestandteil (*Niesert* InVo 1998, 90 f. sieht zu Recht eine Enteignung. Anders bei Absonderungsrechten. *Wellensiek* (KS-InsO 2000, S. 403, 414) argumentiert mit einer unter Eigentumsvorbehalt verkauften Sache. Wenn man aber andere Aussonderungsrechte betrachtet, beispielsweise (Voll-)Eigentum in anderer Konstellation, wird deutlich, dass hier zwei verschiedene Rechte unzulässig gleichbehandelt werden. Die InsO sieht für diese beiden Rechte unterschiedliche Regelungsmöglichkeiten vor. Das Ziel, die Insolvenzmasse bis zum Berichtstermin zusammenzuhalten, wird bei unter Eigentumsvorbehalt verkauften Sachen über § 107 Abs. 2 InsO erreicht (vgl. RegE BT-Drucks. 12/2443 S. 146; anders interpretiert von *Wellensiek* KS-InsO 2000, S. 414). Im Übrigen würden sich Folgeprobleme hinsichtlich der im Falle der Erfüllungswahl entstehenden Kaufpreisforderung stellen, wenn man einen Anspruch aus § 172 InsO analog bejahen würde. Eine Analogie ist daher abzulehnen (so auch *Uhlenbruck/Brinkmann* InsO, § 172 Rn. 2; MüKo-InsO/*Tetzlaff* § 172 Rn. 31; HambK-InsO/*Büchler/Scholz* § 172 Rn. 13; zu den **sonstigen Rechten** s. § 166 Rdn. 15). Auch die Neufassung des § 21 Abs. 2 Nr. 5 InsO, der eine Beeinträchtigung der Aussonderungsrechte im Eröffnungsverfahren zulässt (dazu s. *Schmerbach* § 21 Rdn. 337 ff.; krit. *Kirchhof* ZInsO 2007, 227 ff.), führt zu keiner anderen Beurteilung. Die Sicherungsanordnungen des Insolvenzgerichts im Eröffnungsverfahren dienen der ersten Fortführung des Unternehmens nach dem Antrag; im eröffneten Verfahren gelten für Aussonderungsrechte die genannten abschließenden Regelungen.

4 Das Nutzungsrecht des Verwalters besteht für die Insolvenzmasse. Ziel des Gesetzgebers war es ausschließlich, die **Fortführung des Schuldner-Unternehmens** sicherzustellen (RegE BT-Drucks. 12/2443 S. 182). Der Verwalter darf also das Nutzungsrecht nicht dazu verwenden, die Sache Dritten wiederum zur Nutzung gegen Entgelt zu überlassen, um Miet- oder Pachtzinsen für die Masse zu erzielen. Diese Belastung des Absonderungsguts ist durch das Gesetz nur dann gedeckt, wenn die Vermietung Gegenstand des Schuldner-Unternehmens ist und dementsprechend die Weitervermietung Vertragszweck ist (MüKo-InsO/*Tetzlaff* § 172 Rn. 14; **a.A.** *Uhlenbruck/Brinkmann* InsO, § 172 Rn. 6). Der Verwalter darf das Sicherungsgut auch nicht zum Zweck der Betriebsfortführung veräußern, da der Erlös unverzüglich an den Sicherungsgläubiger auszukehren ist (*Uhlenbruck/Brinkmann* InsO, § 172 Rn. 17). Im Zweifel bleibt nur eine entsprechende Vereinbarung mit dem Gläubiger. Weigert sich der Gläubiger, eine entsprechende Vereinbarung zu treffen,

so kann der Verwalter die Forderung aus der Masse befriedigen und das Sicherungsrecht auf diesem Wege ablösen (*Uhlenbruck/Brinkmann* InsO, § 172 Rn. 17).

§ 172 InsO enthält zudem keine ausdrückliche Regelung für den **Verbrauch durch den Insolvenzverwalter.** Grundsätzlich ist der Verbrauch eines Gegenstandes nicht in der Erlaubnis zur Nutzung des Gegenstandes mit enthalten (*Uhlenbruck/Brinkmann* InsO, § 172 Rn. 7). Daher war für diese Fälle im Regierungsentwurf auch das Stellen einer Ersatzsicherheit vorgesehen (§ 197 Abs. 2 RegE). Diese Regelung wurde nicht in die endgültige Fassung des § 172 InsO übernommen. Auch hier gilt, dass der Verwalter letztlich durch Zahlung der gesicherten Forderung die Verfügungsbefugnis über den Gegenstand erlangen kann. Eine ausdrückliche Regelung für diese Fälle hielt der Gesetzgeber nicht für erforderlich.

Für die vorläufige Insolvenzverwaltung sieht § 21 Abs. 2 Nr. 5 eine ausdrückliche Anordnung des Insolvenzgerichts vor, die es dem vorläufigen Insolvenzverwalter gestattet, das Sicherungsgut **zur Fortführung des Unternehmens** einzusetzen. Danach steht im Grundsatz fest, dass der vorläufige Verwalter das Sicherungsgut schon im Eröffnungsverfahren einsetzen kann. Auch bei dieser Konstellation ist ein Wertverlust kraft ausdrücklicher Anordnung in § 21 Abs. 2 Ziff. 5 InsO auszugleichen (Einzelheiten s. *Schmerbach* § 21 Rdn. 362 ff.). Nach der grundsätzlichen Entscheidung des BGH zur analogen Anwendung des § 170 InsO zum Forderungseinzug im Eröffnungsverfahren (*BGH* ZIP 2010, 739 [743]; anders noch *BGH* ZIP 2006, 1641 [1642]; dagegen *Mitlehner* ZIP 2010, 1934) wird man auch ohne Anordnung nach § 21 Abs. 2 Ziff. 5 InsO einen Wertausgleich annehmen müssen, wenn der vorläufige Verwalter den absonderungsbelasteten Gegenstand nutzt. Die Grenzen insbesondere zur Verarbeitung sind indes in § 21 InsO nicht festgelegt (i.E. s. FK-InsO/ *Schmerbach* § 21 Rdn. 336 ff.). Auch das von der Anordnung erfasste **Aussonderungsrecht** wird in der Praxis zu erheblichen Schwierigkeiten führen (*Kirchhof* ZInsO 2007, 227 ff.).

C. Ausgleich des Wertverlustes

Aus der Nutzung folgt, dass der Verwalter den Gläubigern den durch die Nutzung entstehenden **Wertverlust** ausgleicht (zum Ausgleich bei der Vermietung von Mobilien *Nouvertne* BKR 2013, 414 [418 f.]). Für die Berechnung des Wertverlustes ergibt sich aus dem Gesetz kein Anhaltspunkt. Geschuldet werden »laufende« Zahlungen, die wegen der Abnutzung der Sache analog der AfA-Sätze berechnet werden (hierzu ausf. MüKo-InsO/*Tetzlaff* § 172 Rn. 16 ff.; zur Berechnung des Wertverlustes durch die Nutzung von Lastkraftwagen BGH ZInsO 2016, 2201 ff.). Der Gläubiger ist so zu stellen, wie er stehen würde, wenn der Gegenstand ohne Benutzung zum Zeitwert verwertet worden wäre (*Uhlenbruck/Brinkmann* InsO, § 172 Rn. 10). Grundlage ist aber immer der konkrete Wertverlust, der durch die Nutzung entsteht. Zeichnet sich keine Einigung mit dem Gläubiger ab, wird der Verwalter nicht umhinkommen, den Wert des Gegenstandes bei Nutzungsbeginn- und Ende zu ermitteln (*Uhlenbruck/Brinkmann* InsO, 13. Aufl., § 172 Rn. 6). Die Intensität der Nutzung ist zu berücksichtigen. Die Intervalle der regelmäßigen Zahlungen schreibt das Gesetz nicht vor. Diese Festlegung bleibt den Beteiligten überlassen. Im Zweifel sind monatliche Zahlungen zu leisten (HK-InsO/*Landfermann* § 172 Rn. 6). Die Ausgleichspflicht ist Masseverbindlichkeit i.S.d. § 55 Abs. 1 Nr. 1 InsO (MüKo-InsO/*Tetzlaff* § 172 Rn. 23).

Geschuldet wird die Erstattung des Wertverlustes von der Verfahrenseröffnung an. Die Inanspruchnahme durch den vorläufigen Verwalter im Rahmen des Antragsverfahrens verschafft dem Gläubiger keinen Erstattungsanspruch. Der **Ausgleichsanspruch entfällt,** wenn der Wert der Sache schon vor der Nutzung durch den Verwalter so gering war, dass der Sicherungsgläubiger keine ernsthaften Erwartungen an auch nur die teilweise Befriedigung haben konnte (*Mönning* FS Uhlenbruck, S. 239). Die Erstattungspflicht endet, wenn der Verwalter den Gegenstand verwertet. Dann erhält der Gläubiger gem. §§ 170, 171 InsO den Verwertungserlös abzüglich des Masseanteiles. Darüber hinaus sind bis zur Verwertung die Zinsen der Hauptschuld gem. § 169 InsO zu entrichten. Die Pflicht zur Erstattung des Wertverlustes endet mit der **Wertlosigkeit der Sache,** sie endet aber auch zu dem Zeitpunkt, an dem die Zahlungen den Betrag erreicht haben, der insgesamt vom Gläubiger durch die Verwertung des Gegenstandes hätte erzielt werden können (MüKo-InsO/*Tetzlaff*

§ 172 Rn. 20). **Ersatzanschaffungen** des Verwalters führen nicht zur Fortführung der Ausgleichszahlung. Das Recht des Gläubigers erstreckt sich ausschließlich auf den Wert der mit dem Absonderungsrecht belasteten Sache. Dem Gläubiger bleibt nur noch die Eigenverwertung bzw. der Anteil am Verwertungserlös. Wenn der Verwalter die Sache nicht benutzt, ist er zur umgehenden Verwertung verpflichtet, § 159 InsO. Anderenfalls dauert die Pflicht zur Zinszahlung nach § 169 InsO fort, so dass beide Zahlungsverpflichtungen unabhängig voneinander erbracht werden müssen. Denn findet durch die Nutzung des Sicherungsgegenstandes keine Beeinträchtigung statt, so ist der Gläubiger durch die Zinszahlungspflicht ausreichend geschützt (*Uhlenbruck/Brinkmann* InsO, 13. Aufl., § 172 Rn. 8).

9 **Ausgeschlossen ist die Ausgleichspflicht**, wenn der Wertverlust die Haupt- und Nebenforderung des Gläubigers nicht beeinträchtigt (Abs. 1 Satz 2). Übersteigt der Wert der Sache die zu sichernde Forderung um ein mehrfaches, muss der Ausgleich erst geleistet werden, wenn der durch die Nutzung sinkende Wert die Forderung unterschreitet. Die Praxis wird mit dieser Regelung erhebliche Probleme haben.

10 Stellt der Verwalter die ihm obliegenden Ausgleichszahlungen ein, endet das Nutzungsrecht (RegE BT-Drucks. 12/2443 S. 182). Der Verwalter ist dann ebenfalls über § 159 InsO zur sofortigen Verwertung und darüber hinaus bis zum Abschluss der Verwertung gem. § 169 InsO verpflichtet, die Zinszahlungen zu leisten.

D. Verbindung, Vermischung, Verarbeitung (Abs. 2)

11 Abs. 2 gestattet dem Verwalter auch die **Verarbeitung, Verbindung und Vermischung der Sache**. Dieses Verarbeitungsrecht ist zwingend und kann auch im Vorfeld der Insolvenz nicht abbedungen werden (*BGH* ZIP 2009, 768 [769] zum Forderungseinzug; MüKo-InsO/*Tetzlaff* § 172 Rn. 1). Diese Ermächtigung findet ihre Grenze bei der Beeinträchtigung des Sicherungsrechtes. Eine Beeinträchtigung der Sicherheit ist immer dann gegeben, wenn der Wert der Sicherheit gemindert oder ganz verloren geht, wie z.B. bei der Verbindung mit einer unbeweglichen Sache, wodurch der Sicherungsgegenstand dem Grundstückseigentum folgt (*Uhlenbruck/Brinkmann* InsO, § 172 Rn. 18). Auch bei der Verarbeitung oder Vermischung kann neues Eigentum entstehen und das Recht des Sicherungsgläubigers zerstören. Tatsächliche Beeinträchtigungen gerade bei der Vermischung beeinträchtigen das Sicherungsrecht (MüKo-InsO/*Tetzlaff* § 172 Rn. 42), § 948 Abs. 2 BGB. Die Grenze ergibt sich aus dem allgemeinen Zivilrecht, §§ 946 BGB. Bei der Entstehung von Miteigentum nach § 947 BGB wird das Sicherungsrecht bereits beeinträchtigt; allein die Feststellung der Miteigentumsanteile führt zu Problemen der Anteile am Erlös (a.A. MüKo-InsO/*Tetzlaff* § 172 Rn. 44). Bei der Fortführung des Schuldner-Unternehmens ist der Verwalter darauf angewiesen, die mit Absonderungsrechten belasteten Sachen zu verarbeiten und zu verkaufen. Die in den allgemeinen Geschäftsbedingungen der Lieferanten enthaltenen Verarbeitungsklauseln werden von den Lieferanten regelmäßig bereits mit dem Antrag auf Eröffnung des Verfahrens widerrufen. Diese Widerruflichkeit ist unstreitig (*Serick* ZIP 1982, 507 [512]). Beim einfachen Eigentumsvorbehalt hat der Verwalter, sofern er die Sache weiter nutzen will, nur nach § 107 InsO die Möglichkeit, den Kaufvertrag zu erfüllen und dementsprechend den Kaufpreis zu entrichten, da dem Verkäufer ein Aussonderungsrecht zusteht.

12 Weiterhin kann der Verwalter nach § 172 Abs. 2 InsO die Sachen unter den dort genannten Voraussetzungen weiterverarbeiten. Gerade bei der Fortführung des Schuldner-Unternehmens ist der Verwalter darauf angewiesen, die mit Absonderungsrechten belasteten Sachen zu verarbeiten und zu verkaufen. Die Verwertung ist dem Verwalter nur gestattet, wenn das Absonderungsrecht nicht beeinträchtigt wird. Aus diesem Verbot der Beeinträchtigung folgt die notwendige Unterscheidung zwischen Vermischung/Vermengung mit anderen Sachen oder Verarbeitung zu völlig neuen Produkten.

13 Aus §§ 946, 949 BGB folgt, dass Absonderungsrechte bei der Verbindung der Sache mit einem Grundstück erlöschen. Gleiches gilt, wenn die Sache mit einer als Hauptsache anzusehenden weiteren Sache verbunden wird (§ 947 Abs. 2, 949 BGB). In diesen Fällen ist die Verbindung der

mit dem Absonderungsrecht belasteten Sache nach § 172 Abs. 2 InsO unzulässig (*Bork* FS Gaul, S. 71 ff.). Werden mehrere bewegliche Sachen miteinander verbunden und ist eine Sache als **Hauptsache** anzusehen, so erwirbt der Eigentümer das Alleineigentum und die Rechte an den übrigen Sachen erlöschen (HK-InsO/*Landfermann* § 172 Rn. 10). Der Regierungsentwurf hatte zu dieser Konstellation noch vorgesehen, dass der Verwalter dem Gläubiger eine Ersatzsicherheit anbietet (RegE BT-Drucks. 12/2443 S. 182). Der Rechtsausschuss hat diese Möglichkeit gestrichen, weil er eine Komplizierung des Verfahrens befürchtete (Rechtsausschuss BT-Drucks. 12/7302 S. 178). Der Verwalter kann das Absonderungsrecht dann nur noch beenden, wenn er im Wege der Vereinbarung eine Ersatzsicherheit stellt oder die Sache »auslöst«. Die hieraus folgenden Liquiditätsbeeinträchtigungen sind dann nicht zu vermeiden.

Bei der Verarbeitung von Sachen, die mit Absonderungsrechten belastet sind, ist zu prüfen, ob der Wert der Verarbeitung erheblich geringer ist als der Wert des Stoffes. Nur dann bleibt das Absonderungsrecht gem. § 950 BGB bestehen. Der Wert der Verarbeitung ist die Differenz zwischen dem Wert des Grundstoffes und der neuen Sache (*BGHZ* 18, 226; 56, 88 [90]; zur Wertermittlung MüKo-BGB/*Füller* § 950 Rn. 11). Nur dann ist die Verarbeitung zulässig. Anderenfalls, das ist der Regelfall, ist die Verarbeitung ohne Zustimmung des absonderungsberechtigten Gläubigers nicht zulässig. Der Verwalter ist – wie bei der Nutzung – darauf angewiesen, mit dem Gläubiger eine einvernehmliche Lösung zu finden, die regelmäßig zu Liquiditätsabflüssen führen wird. 14

Setzt sich das Absonderungsrecht gem. §§ 947, 948, 949 BGB an einer neuen Sache anteilig fort, hat der Gläubiger die neue Sache in Höhe des Wertzuwachses freizugeben. 15

Aus den genannten allgemeinen Vorschriften des BGB (§§ 946–950) ergibt sich aber auch, dass aufgrund der Verbindung, Vermischung und Verarbeitung des Sicherungsguts dem Gläubiger unter Umständen ein **zusätzlicher Wert** erwachsen kann. Als Beispiel hierzu sei der Fall genannt, dass die mit einem Absonderungsrecht belastete Sache mit einer anderen Sache verbunden wird, und die belastete Sache letztlich als Hauptsache anzusehen ist (vgl. §§ 947, 949 Satz 3 BGB). Verarbeitet der Verwalter das Sicherungsgut also wertsteigernd und wächst dem Gläubiger dadurch ein zusätzlicher Wert zu, so ist dieser dazu verpflichtet, die neu entstandene Sicherheit in Höhe des Wertzuwachses freizugeben und sich nur in Höhe der ursprünglichen Forderung zu befriedigen (BK-InsO/*Undritz* § 172 Rn. 24). So soll eine Bereicherung des Sicherungsgläubigers zu Lasten der übrigen Gläubiger vermieden werden. Ist eine derartige Konstellation gegeben, kommt Abs. 2 Satz 2 zur Anwendung. Dann darf der Verwalter den Betrag, der die Überdeckung ausmacht, für die freie Masse vereinnahmen. 16

Die Ausgleichszahlungen sind keine Leistungen des Verwalters an den Gläubiger sondern Schadensersatz. Sie sind **nicht umsatzsteuerpflichtig** (*OFD Frankfurt a.M.* ZInsO 2007, 1039 [1041]). 17

§ 173 Verwertung durch den Gläubiger

(1) Soweit der Insolvenzverwalter nicht zur Verwertung einer beweglichen Sache oder einer Forderung berechtigt ist, an denen ein Absonderungsrecht besteht, bleibt das Recht des Gläubigers zur Verwertung unberührt.

(2) ¹Auf Antrag des Verwalters und nach Anhörung des Gläubigers kann das Insolvenzgericht eine Frist bestimmen, innerhalb welcher der Gläubiger den Gegenstand zu verwerten hat. ²Nach Ablauf der Frist ist der Verwalter zur Verwertung berechtigt.

Übersicht	Rdn.		Rdn.
A. Allgemeines	1	C. Übergang der Verwertungsbefugnis	
B. Selbstverwertungsrecht des Gläubigers (Abs. 1)	2	(Abs. 2)	7

§ 173 InsO Verwertung durch den Gläubiger

A. Allgemeines

1 Das in § 166 InsO niedergelegte Verwertungsrecht des Verwalters für Gegenstände, die mit Absonderungsrechten belastet sind, ist eine Ausnahmeregelung zu Lasten der Gläubiger im Interesse des Erhaltes der wirtschaftlichen Einheit der Insolvenzmasse, um die Fortführung des Schuldnerunternehmens zu sichern. Diese Ausnahmeregelung ist auf bewegliche Sachen, die sich im Besitz des Insolvenzverwalters (§ 148 InsO) befinden und auf zur Sicherheit abgetretenen Forderungen beschränkt (s. § 166 Rdn. 7). Für die weiteren Gegenstände gilt der in § 173 InsO bestätigte allgemeine Grundsatz, dass der absonderungsberechtigte Gläubiger sich aus dem Gegenstand ohne gerichtliches Verfahren befriedigen darf. Bei diesen Gegenständen hat der Verwalter nur noch die Möglichkeit der **Fristsetzung und Eigenverwertung** nach Ablauf der Frist gem. § 173 Abs. 2 InsO. Im Unterschied zu der Verwertungsbefugnis des Insolvenzverwalters (§ 159 InsO) entsteht das Verwertungsrecht des Gläubigers mit Verfahrenseröffnung (*Uhlenbruck/Brinkmann* InsO, § 173 Rn. 5). Wenn das Gericht keine Maßnahme nach § 21 Abs. 2 Nr. 3 oder 5 InsO getroffen hat, ist der Sicherungsgläubiger auch schon im Eröffnungsverfahren zur Verwertung berechtigt.

B. Selbstverwertungsrecht des Gläubigers (Abs. 1)

2 Bei beweglichen Sachen ist das entscheidende Kriterium der Besitz (zur einschränkenden Rechtsprechung des BGH s. § 166 Rdn. 8, 9). Das Verwertungsrecht des Gläubigers besteht im Wesentlichen an den Sachen, die vertraglich verpfändet wurden. So ist der **Pfandgläubiger** zum Pfandverkauf berechtigt, §§ 1221, 1228 BGB. § 371 HGB sieht für den Inhaber des **kaufmännischen Zurückbehaltungsrechtes** und dem Zurückbehaltungsrecht **wegen nützlicher Verwendungen** (§ 1000 BGB) ein Befriedigungsrecht vor. Das **Pfandrecht an Inhaberpapieren** führt ebenfalls zu dem Recht des Gläubigers auf freihändigen Verkauf. In Frage kommt das Eigenverwertungsrecht aber auch bei den gesetzlichen Pfandrechten, wie dem **Werkunternehmerpfandrecht** aus § 647 BGB, dem **Pfandrecht des Gastwirtes** aus § 704 BGB sowie den **Pfandrechten des Kommissionärs** (§§ 410, 411 HGB), **des Lagerhalters** (§ 421 HGB), **des Frachtführers** (§ 440 HGB) und **des Verfrachters** (§ 623 HGB). Auch **Pfandrechte an Rechten** begründen das Eigenverwertungsrecht (*Kübler/Prütting/Bork-Kemper* InsO, § 173 Rn. 5; *Uhlenbruck/Brinkmann* InsO, 13. Aufl., § 173 Rn. 9). Bei all diesen Absonderungsrechten befinden sich die verpfändeten Sachen nicht im Besitz des Verwalters. Diesem steht auch kein Nutzungsrecht zu. Bei **Immobilien** bleibt es bei der Möglichkeit des Verwalters nach § 165 InsO, Zwangsversteigerung zu beantragen. Er kann den Grundpfandgläubiger zur Verwertung nicht zwingen.

3 **Forderungen** darf der Verwalter nach § 166 Abs. 2 InsO nur einziehen oder verwerten, wenn es sich um solche handelt, die zur Sicherung von Verbindlichkeiten abgetreten wurden. Andere Zessionen führen dazu, dass die Forderungen nicht Massebestandteil sind. Die Zessionare sind aussonderungsberechtigt (*BGH* ZIP 1986, 720 [722]). Rechte des Verwalters an diesen Forderungen bestehen nicht. Ein Eigenverwertungsrecht des Gläubigers besteht auch bei **gepfändeten Forderungen** (*Kübler/Prütting/Bork-Kemper* InsO, § 173 Rn. 5; BK-InsO/*Undritz* § 173 Rn. 6). Voraussetzung des Absonderungsrechtes ist die Zustellung des Beschlusses an den Drittschuldner, § 829 Abs. 3 ZPO; mit der **Vorpfändung** entsteht kein Absonderungsrecht (*Jaeger/Henckel* InsO, § 50 Rn. 80). Bei Forderungspfändungen ist die Rückschlagsperre nach § 88 InsO oder eine mögliche Anfechtung, nach §§ 129 ff. InsO zu prüfen.

4 Das **Verwertungsrecht des Gläubigers entsteht** nach den allgemeinen zivilrechtlichen Grundsätzen mit der Rechtsübertragung oder Verstrickung. Im Eröffnungsverfahren sollen Sicherungsanordnungen des Gerichts die Verwertung hindern (MüKo-InsO/*Tetzlaff* § 173 Rn. 10). Ob diese Einschränkung möglich ist, erscheint zweifelhaft. § 21 InsO lässt solche Maßnahmen wohl nicht zu. In jedem Fall verlieren diese Sicherungsmaßnahmen mit Eröffnung ihre Wirkung. Bis zur Fristsetzungen durch den Verwalter steht es dem Gläubiger frei, zu welchem Zeitpunkt er verwertet (**a.A.** MüKo-InsO/*Tetzlaff* § 173 Rn. 10; differenziert *Uhlenbruck/Brinkmann § 173 Rn 5*. Weder die InsO noch das allgemeine Zivilrecht enthalten ein »zügiges Verwertungsgebot«.

Falls der Absonderungsberechtigte die Sache besitzt und verwertet, fallen die **Kostenbeiträge der** 5
§§ 170, 171 InsO nicht an (s. §§ 170, 171 Rdn. 3; *OLG Frankfurt* DZWIR 2003, 213 f. m. zust.
Anm. *Gundlach/Schmidt* DZWIR 2003, 214). Anhaltspunkte für eine Analogie zu §§ 171, 172
InsO (so der Vorschlag von *Marotzke* ZZP 109 (1996), 429 [463]) bietet der Gesetzeswortlaut nicht.
Der Gesetzgeber wollte es bei diesen Konstellationen bei der alten Rechtslage belassen.

Dagegen ist die Insolvenzmasse umsatzsteuerpflichtig (*Kübler/Prütting/Bork-Flöther* InsO, § 173 6
Rn. 109); der verwertende Gläubiger hat die Umsatzsteuer analog § 170 Abs. 2 InsO an die Masse
abzuführen (*BGH* ZIP 2007, 1126 [1127]). Beim Eigenverwertungsrecht des Gläubigers bleibt es
mithin auch unter der InsO bei der **zweifachen Umsatzsteuerpflicht** (*Uhlenbruck/Brinkmann* InsO,
§ 173 Rn. 9).

C. Übergang der Verwertungsbefugnis (Abs. 2)

Der Verwalter hat nach Abs. 2 InsO die Möglichkeit, die Verwertung durch den Gläubiger zu be- 7
schleunigen und das Verwertungsrecht an sich zu ziehen. Voraussetzung ist ein Antrag an das Insolvenzgericht, dem Gläubiger eine Frist zur Vornahme der Verwertung des Gegenstandes zu setzen.
Zweck der **Fristsetzung** ist es, eine mögliche Verzögerung durch die Verwertung durch den Sicherungsgläubiger zu verhindern. Ob aus diesem Zweck die Pflicht des Verwalters folgt, dem Gläubiger
zunächst nach Eröffnung eine Frist zur Eigenverwertung einzuräumen (MüKo-InsO/*Tetzlaff* § 173
Rn. 17), ergibt sich aus dem Gesetz nicht. Die Frist bestimmt das Insolvenzgericht nach eigenem
Ermessen. Dabei sind immer die Umstände des Einzelfalles zu berücksichtigen. Wenn es sich um
marktgängige Gegenstände handelt, soll eine Frist von vier Wochen ausreichend sein (*Uhlenbruck/
Brinkmann* InsO, 13. Aufl., § 173 Rn. 8; BK-InsO/*Undritz* § 173 Rn. 11; MüKo-InsO/*Tetzlaff*
§ 173 Rn. 19: Faustformel). Der absonderungsberechtigte Gläubiger ist vor der Fristsetzung zu hö-
ren. Die Art und Weise der Verwertung gibt das Gericht nicht vor. Entgegen der Rechtslage unter der
KO ist der Verwalter nach Fristablauf nicht auf eine Verwertung über den Pfandverkauf oder die
Zwangsvollstreckung beschränkt. Er kann freihändig verwerten (*Uhlenbruck/Brinkmann* InsO,
13. Aufl., § 173 Rn. 11).

Der dem Gläubiger die Eigenverwertung innerhalb einer bestimmten Frist aufgebende Beschluss ist 8
lediglich mit der **Rechtspflegererinnerung** anfechtbar. Ergeht die Entscheidung über die Fristsetzung hingegen durch einen Richter, so ist diese wegen § 6 Abs. 1 InsO unanfechtbar.

Nach Ablauf der Frist verliert der Gläubiger nicht das Recht zur Eigenverwertung. Er kann aber der 9
Verwertung durch den Verwalter nicht mehr widersprechen. Solange der Verwalter dem Gläubiger
die Verwertung durch Eigenverwertung nicht aus der Hand genommen hat, kann der Gläubiger weiterhin eigene Verwertungsmaßnahmen durchführen. Diese Eigenverwertung kann der Verwalter nur
dadurch verhindern, dass er selbst verwertet; die Ankündigung, er wolle nunmehr selbst verwerten,
hindert den Gläubiger nicht an der Eigenverwertung (a.A. HK-InsO/*Landfermann* § 173 Rn. 6). Ist
die gesetzte Frist abgelaufen, kann der Verwalter das Sicherungsgut vom Gläubiger zum Zwecke der
Verwertung herausverlangen (*BGH* ZInsO 2016, 1256 [1257]; *Uhlenbruck/Brinkmann* InsO, § 173
Rn. 15). Eine Herausgabeklage wegen eines Streits um die Massezugehörigkeit eines Gegenstandes
vor den ordentlichen Gerichten ersetzt jedoch nicht die Fristsetzung durch das Insolvenzgericht nach
Abs. 2 (*BGH* ZInsO 2016, 1256 [1257]).

Falls der Verwalter nach Ablauf der Frist nunmehr **selbst verwertet**, fallen auch die **Kostenbeiträge** 10
aus §§ 170, 171 InsO an (auch HK-InsO/*Landfermann* § 173 Rn. 6; BK-InsO/*Undritz* § 173
Rn. 15; *Uhlenbruck/Brinkmann* InsO, § 173 Rn. 18; MüKo-InsO/*Tetzlaff* § 173 Rn. 28; *Kübler/
Prütting/Bork-Kemper* InsO, § 173 Rn. 16; *Gottwald/Adolphsen* HdbInsR, § 42 Rn. 198; **a.A.** *Hess*
InsO, § 173 Rn. 12, der meint, für die Kostenbeiträge sei ein originäres Verwertungsrecht aus § 166
InsO Voraussetzung). Die Gedanken, die hinter der Einführung der Kostenbeiträge standen, greifen
bei einer Verwertung nach § 173 Abs. 2 Satz 2 InsO genauso wie bei einer Verwertung nach § 166
InsO. Außerdem wäre es widersprüchlich, den Gläubiger in diesem Fall zu privilegieren. Zu erwägen

wäre aber, § 171 InsO dahingehend teleologisch zu reduzieren, dass die Feststellungskosten für diesen Fall entfallen, da sie regelmäßig leer laufen würden. In der Praxis wird bei vergleichbarer Situation eine vertragliche Regelung gesucht.

Anhang nach § 173 InsO Übertragende Sanierung und Fusionskontrolle

Übersicht

	Rdn.			Rdn.
A.	Einführung	1	C. Die Sanierungsfusion in der europäischen Fusionskontrolle	23
B.	Anwendungsbereich der Fusionskontrolle	6	D. Die Sanierungsfusion in der deutschen Fusionskontrolle	32
I.	Fusionskontrollrechtlicher Unternehmensbegriff	9	E. Auswirkungen für die übertragende Sanierung im Insolvenzverfahren	36
	1. Allgemeines	9	I. Pflichten des Insolvenzverwalters bei der Erwerberauswahl	37
	2. Beteiligte Unternehmen	10		
II.	Der Begriff des Zusammenschlusses	17	II. Die Pflichten des Insolvenzverwalters im Anmeldeverfahren	41
III.	Die Definition des relevanten Marktes	19		

Literatur:
Bechtold/Bosch Kartellgesetz: GWB, 8. Aufl. 2015; *Hootz* (Hrsg.), Gemeinschaftskommentar zum GWB und Europäischen Kartellrecht, 5. Aufl. (zit. GK-*Bearbeiter*) 2. Lieferung (§§ 35–43 GWB), 2000, 3. Lieferung (Art. 1–3 VO 4064/89), 2001; *Hossenfelder/Töllner/Ost* Kartellrechtpraxis und Kartellrechtsprechung (2005/06), 21. Aufl. 2006; *Immenga/Mestmäcker* Wettbewerbsrecht, GWB und EG/Teil 2, 5. Aufl. 2012 (zit. *Immenga/Mestmäcker-Bearbeiter*); *Langen/Bunte* Kommentar zum deutschen und europäischen Kartellrecht, Band 1 und 2, 12. Aufl. 2014 (zit. *Langen/Bunte-Bearbeiter*); *Loewenheim/Meessen/Riesenkampff* (Hrsg.) Kartellrecht, 3. Aufl. 2016 (zit. *Loewenheim/Meessen/Riesenkampff-Bearbeiter*)

A. Einführung

Kartellrechtliche Bestimmungen finden in der Diskussion insolvenzrechtlicher Probleme kaum Beachtung. Der Grund für die mangelnde Aufmerksamkeit dürfte darin zu suchen sein, dass man insolvente Unternehmen i.d.R. nicht als Normadressaten des Kartellrechts begreift. Auch dürften Kartellabsprachen des Insolvenzschuldners mit Wettbewerbern, etwa über Preise, in der Praxis nicht vorkommen. **1**

Jedenfalls bei der sanierenden Übertragung innerhalb wie außerhalb eines Insolvenzplanverfahrens ist die mangelnde Aufmerksamkeit allerdings nicht begründet. Die Übertragung des insolventen Unternehmens oder wesentlicher Teile hiervon ist gängige Insolvenzpraxis. Deutsches und europäisches Kartellrecht finden auf Unternehmensverkäufe jedoch unabhängig davon Anwendung, ob der Verkauf innerhalb oder außerhalb eines Insolvenzverfahrens stattfindet. Nur die Übernahme der Kontrolle durch den Insolvenzverwalter selbst ist nach den europäischen Vorschriften ausdrücklich vom Anwendungsbereich der Fusionskontrolle ausgenommen. Im deutschen Kartellrecht fehlt sogar eine solche ausdrückliche Bestimmung. Als Träger eines öffentlichen Mandats ergibt sich die Ausnahmestellung des Insolvenzverwalters jedoch aus dem Umstand, dass die Fusionskontrolle nur den Zusammenschluss von Unternehmen erfasst. **2**

Ebenso führt allein der Umstand, dass es sich bei dem insolventen Unternehmen um ein »kleines« Unternehmen handelt, nicht automatisch dazu, dass das Fusionskontrollrecht nicht anzuwenden ist. Es genügt vollkommen, dass der Erwerber ein umsatzstarkes Unternehmen ist. **3**

Die Folgen einer unterlassenen Anmeldung sind dabei drastisch: Der vollzogene Unternehmensverkauf ist unwirksam. Die beteiligten Unternehmen werden mit Bußgeldern belegt. Es dürfte wenig Zweifel daran geben, dass ein Insolvenzverwalter, der einen mangels Anmeldung unwirksamen Vertrag über den Verkauf des insolventen Unternehmens abschließt und vollzieht, seine insolvenzspezifischen Pflichten i.S.v. § 60 Abs. 1 InsO verletzt: Zu diesen gehört namentlich auch die günstige Verwertung der Masse (vgl. MüKo-InsO/*Brandes* §§ 60, 61 Rn. 30 ff.); eine solche liegt bei Abschluss eines unwirksamen Vertrages und der Verletzung bußgeldbewehrter Ordnungsvorschriften des Kartellrechts offensichtlich nicht vor. **4**

5 Die Beteiligten des Insolvenzverfahrens und namentlich der Insolvenzverwalter können deshalb durchaus Anlass haben, sich im Rahmen einer übertragenden Sanierung mit den fusionskontrollrechtlichen Bestimmungen auseinander zu setzen.

B. Anwendungsbereich der Fusionskontrolle

6 Die Grundlagen der europäischen Fusionskontrolle sind in der EG-Fusionskontrollverordnung (Verordnung [EG] Nr. 139/2004 v. 20.01.2004 ABlEG L 24/2004, S. 1 ff., nachfolgend auch »FKVO« genannt) geregelt. Daneben existieren ergänzende Verordnungen und Bekanntmachungen der Europäischen Kommission, insbesondere zur Durchführung der Anmeldung und der Erläuterung der Begrifflichkeiten (vgl. Verordnung [EG] Nr. 802/2004 v. 07.04.2004 ABlEG L 133/2004, S. 1 zu Anmeldungen, Fristen sowie Anhörung nebst Formblatt zur Anmeldung im Anhang; Leitlinien zur Bewertung horizontaler Zusammenschlüsse v. 16.12.2003 ABlEG C 31/2005, S. 5; noch zur alten Fusionskontrollverordnung: Bek. über Nebenabreden v. 21.12.1989 ABlEG C 203/1990, S. 5; Bek. über den Begriff des Zusammenschlusses v. 21.12.1989 ABlEG C 385/1994, S. 5; Bek. über den Begriff der beteiligten Unternehmen v. 21.12.1989 ABlEG C 385/1994, S. 12; Bek. über die Berechnung des Umsatzes v. 21.12.1989 ABlEG C 385/1994, S. 21).

7 Am 23. März 2013 hat die Europäische Kommission Vorschläge zu einer Verfahrensvereinfachung i.V.m. der EU-Fusionskontrollverordnung veröffentlicht. Dadurch soll der bürokratische Aufwand verringert werden und durch eine Straffung des Verfahrens den Bedürfnissen der Unternehmen Rechnung getragen werden (http://europa.eu/rapid/press-release_IP-13–288_de.htm).

8 Die Vorschriften der deutschen Fusionskontrolle finden sich in §§ 35 ff. GWB. Mit der am 30. Juni 2013 in Kraft getretenen 8. GWB-Novelle ist § 36 Abs. 1 GWB durch Nr. 3 ergänzt worden, die unter bestimmten Voraussetzungen Zusammenschlüsse zwischen Zeitungs- und Zeitschriftenverlagen privilegiert. Darüber hinaus wurde der Multiplikator in § 38 Abs. 3 GWB von 20 auf 8 gesenkt, wodurch die Angreifschwelle für Pressezusammenschlüsse erhöht wurde. Im Vermittlungsverfahren in § 35 Abs. 2 Satz 2 GWB ist eine Ausnahme der Fusionskontrolle für Zusammenschlüsse im Zuge einer kommunalen Gebietsreform eingeführt worden. Zusätzlich wurde in § 172a SGB V eine modifizierte Einbeziehung der Krankenkassen in die Fusionskontrolle eingeführt. Die Bagatellmarktklausel des früheren § 36 Abs. 2 Nr. 2 GWB wurde aus dem Bereich der Anwendungsvoraussetzungen in den Bereich der materiellen Fusionskontrolle in § 36 Abs. 1 Nr. 2 GWB verschoben. In § 41 Abs. 1 Satz 3 GWB wurde durch eine neue Nr. 3 klargestellt, dass nachträglich geprüfte Zusammenschlüsse auch zivilrechtlich wirksam sind, wenn ein gegen sie eingeleitetes »Entflechtungsverfahren« eingestellt wurde. Zudem wurden die bisher in § 19 GWB und teilweise § 20 Abs. 1 GWB enthaltenen Regelungen der Marktbeherrschung und deren Missbrauch aufgeteilt in § 18 GWB, der nur die Marktbeherrschung einschließlich der Marktbeherrschungsvermutung regelt, und § 19 GWB, der den Missbrauch behandelt. Schließlich wurden weitere Änderungen im Verfahrensrecht zur Angleichung an die EU-Fusionskontrolle vorgenommen. Auf die bisherige Praxis kann zurückgegriffen werden.

I. Fusionskontrollrechtlicher Unternehmensbegriff

1. Allgemeines

9 Gegenstand der Fusionskontrolle ist der Zusammenschluss von Unternehmen. Dabei wird ein spezieller kartellrechtlicher Unternehmensbegriff zugrunde gelegt. Unternehmen sind danach Rechtsträger, die sich am wirtschaftlichen Leistungsaustausch nicht nur als private Verbraucher beteiligen. Das Abstellen auf den Rechtsträger hat dabei zwei Auswirkungen: Zum einen kommt es nicht auf die Rechtsform an; natürliche und juristische Personen werden ebenso erfasst wie von ihnen gebildete, nicht rechtsfähige Gesellschaften. Zum anderen hat das Abstellen auf den Rechtsträger zur Folge, dass nicht die Organisationseinheit im Sinne einer Zusammenfassung personeller, materieller und immaterieller Ressourcen, sondern die diese Organisationseinheit betreibenden Rechtsträger als Unternehmen angesehen werden. Führt deshalb ein Rechtsträger mehrere organisatorisch selbstständige

Unternehmen, liegt nur ein Unternehmen i.S.d. fusionskontrollrechtlichen Bestimmungen vor (vgl. *Langen/Bunte-Kallfaß* § 35 GWB Rn. 11 ff.; GK-*Schütz* Art. 1 FKVO Rn. 4 ff.).

Es besteht Einigkeit darüber, dass der Unternehmensbegriff weit zu verstehen ist. Ausgeschlossen werden nur natürliche Personen als Nachfrager für den eigenen Verbrauch. Auch Unternehmen, die ganz oder teilweise der öffentlichen Hand gehören und/oder von ihr verwaltet bzw. betrieben werden, fallen hierunter (ausführlich: *Langen/Bunte-Krauß* § 1 GWB Rn. 31 ff.).

2. Beteiligte Unternehmen

Die fusionskontrollrechtlichen Vorschriften knüpfen in vielfältiger Form an den Begriff der beteiligten Unternehmen an. Dies spielt namentlich für die Frage, wer zur Anmeldung verpflichtet ist, eine Rolle. Gleiches gilt für die Umsatzschwellen, nach denen sich die Anwendbarkeit der fusionskontrollrechtlichen Bestimmungen richtet. Für den im Rahmen der übertragenden Sanierung besonders praxisrelevanten Asset Deals legt § 39 Abs. 2 Nr. 2 GWB ausdrücklich fest, dass der Veräußerer (also der Insolvenzverwalter) und der Erwerber zur Anmeldung verpflichtet sind. Gleiches gilt für den Share Deal. Nach Art. 4 Abs. 2 FKVO ist im Falle der Verschmelzung oder des gemeinsamen Kontrollerwerbs die Anmeldung durch beide Unternehmen durchzuführen. In allen anderen Fällen trifft die Anmeldepflicht lediglich den Erwerber. Der Insolvenzverwalter ist mithin bei der Anwendbarkeit der europäischen Fusionskontrolle regelmäßig nicht anmeldepflichtig, da weder die Verschmelzung noch die gemeinsame Kontrolle der Regelfall bei der sanierenden Übertragung sind. Dies wird ihn in der Praxis allerdings kaum von der Mitwirkung entbinden, da nur er (und nicht der Erwerber) in der Lage ist, die erforderlichen Unternehmensdaten zu liefern. 10

Von besonderer Bedeutung ist der Begriff des beteiligten Unternehmens für die Frage der Anwendbarkeit der fusionskontrollrechtlichen Vorschriften. Die Frage, ob deutsches oder europäisches Fusionskontrollrecht anwendbar ist, richtet sich im Wesentlichen nach den Umsätzen der beteiligten Unternehmen im letzten Geschäftsjahr vor der Anmeldung. Nach Art. 1 FKVO hat ein Zusammenschluss gemeinschaftsweite Bedeutung und unterliegt den europäischen Vorschriften, wenn 11
– der weltweite Umsatz der beteiligten Unternehmen 2,5 Milliarden € übersteigt **und**
– der gemeinschaftsweite Umsatz von mindestens zwei beteiligten Unternehmen jeweils mehr als 250 Millionen € beträgt,
– es sei denn, die am Zusammenschluss beteiligten Unternehmen erzielen jeweils mehr als 2/3 ihres gemeinschaftsweiten Umsatzes in ein und demselben Mitgliedstaat.

Nach § 35 Abs. 1 GWB greift die deutsche Fusionskontrolle, wenn im letzten Geschäftsjahr vor dem Zusammenschluss 12
– die beteiligten Unternehmen insgesamt weltweit Umsatzerlöse von mehr als 500 Millionen € **und**
– mindestens ein beteiligtes Unternehmen im Inland Umsatzerlöse von mehr als 25 Millionen €

erzielt haben. Hiervon ausgenommen sind Zusammenschlüsse nicht konzerngebundener Unternehmen mit Umsatzerlösen von weniger als 10 Millionen € im letzten Geschäftsjahr mit anderen Unternehmen (§ 35 Abs. 2 Satz 1 GWB) und Zusammenschlüsse durch die Zusammenlegung öffentlicher Einrichtungen und Betriebe, die mit einer kommunalen Gebietsreform einhergehen (§ 35 Abs. 2 Satz 2 GWB).

An dem praktisch relevanten Asset Deal sind nach zutreffender Auffassung Erwerber und Veräußerer beteiligt (vgl. *Langen/Bunte-Kallfaß* § 35 GWB Rn. 20; *Loewenheim/Meessen/Riesenkampff-Neuhaus* § 35 GWB Rn. 13; *Bechthold* § 35 GWB Rn. 31); die Frage, ob der Veräußerer nur mit dem veräußerten Vermögensteil als beteiligt anzusehen ist bleibt in der Praxis ohne wesentliche Bedeutung, da nach einhelliger Meinung bei der Umsatzberechnung nur auf den veräußerten Vermögensteil abzustellen ist; vgl. hierzu *Immenga/Mestmäcker-Mestmäcker/Veelken* GWB, § 36 Rn. 80 ff.). Beim Share Deal sind der Erwerber und dasjenige Unternehmen beteiligt, an dem die erworbenen Anteile bestehen. Behält allerdings der Veräußerer Anteile von mehr als 25 % oder kann er auf andere Weise weiter die Kontrolle gemeinsam mit dem Erwerber ausüben, etwa durch besondere Stimmrechtsbeschränkungen, ist auch der Veräußerer ein beteiligtes Unternehmen (vgl. 13

Langen/Bunte-Kallfaß § 35 GWB Rn. 22). Dies ist insbesondere bei der soeben angesprochenen de minimis-Regelung (Umsatzerlöse von weniger als 10 Mio. €) von Bedeutung. Zwar ist jeder Erwerb eines Unternehmens mit weniger als 10 Mio. € fusionskontrollfrei, hier ist aber stets der Umsatz der verbundenen Unternehmen einzubeziehen. Nur »unabhängige« Unternehmen sollen von der de minimis-Schwelle profitieren. Großunternehmen, die einzelne Tochtergesellschaften oder Unternehmensteile veräußern, können die de minimis-Klausel deshalb nicht in Anspruch nehmen (vgl. *Langen/Bunte-Kallfaß* § 35 GWB Rn. 31 m.w.N.). Dies gilt auch im Insolvenzverfahren. Will der Insolvenzverwalter eine einzelne Gesellschaft (bzw. deren Vermögen) einer Unternehmensgruppe veräußern, kann er sich nicht auf die de minimis-Klausel berufen, wenn die gesamte (insolvente) Gruppe im letzten Geschäftsjahr mehr als 10 Mio. € Umsatz erwirtschaftet hat.

14 Für die Berechnung der Umsatzschwellen ist grds. auf die Umsätze aller Beteiligten abzustellen, und zwar einschließlich der mit ihnen verbundenen Unternehmen, § 36 Abs. 2 GWB. Da bei dieser Betrachtung eine Ungerechtigkeit im Verhältnis von Share Deal (Erwerber und Verkaufsobjekt) zum Asset Deal entsteht (Erwerber und Veräußerer einschließlich Verkaufsobjekt), hat der Gesetzgeber mit der Kartellrechtsnovelle aus dem Jahr 1980 klargestellt, dass im Falle des Asset Deal bei den Umsätzen (und bei den Marktanteilen) nur auf den veräußerten Vermögensteil (also das Verkaufsobjekt) abzustellen ist, § 38 Abs. 5 GWB. Beide Beschränkungen gelten jedoch – wie bereits erwähnt – nicht für die Anwendbarkeit der de minimis-Klausel: In ihrem Anwendungsbereich ist stets auch der Umsatz der verbundenen Unternehmen einzubeziehen.

15 Für den Insolvenzverwalter bedeutet dies im Falle der sanierenden Übertragung durch einen Asset Deal: Er ist nach deutschem Recht in jedem Fall zur Anmeldung verpflichtet, sind die Umsatzschwellen erreicht. Diese berechnen sich nach den Umsätzen des insolventen Unternehmens zuzüglich derjenigen des Erwerbers einschließlich der mit ihm verbundenen Unternehmen. Es genügt deshalb, dass sich eine Unternehmensgruppe mit Umsätzen von mehr als 500 Mio. € für die insolvente Gesellschaft interessiert, um eine Anmeldepflicht auch für den Insolvenzverwalter zu begründen. Auf den Umsatz des Insolvenzschuldners kommt es dann nicht mehr an.

16 Auch Art. 5 Abs. 2 FKVO stellt für die Berechnung des Umsatzes im Falle des Asset Deal auf der Seite des Veräußerers nur auf die Umsatzerlöse des Verkaufsobjekts ab. Auch hier gilt aber, dass auf der Erwerberseite die Umsätze aller verbundenen Unternehmen zu berücksichtigen sind.

II. Der Begriff des Zusammenschlusses

17 Nach § 37 Abs. 1 und 2 GWB liegt ein Zusammenschluss bei folgenden Tatbeständen vor:
– Der Erwerb des Vermögens eines anderen Unternehmens ganz oder zu einem wesentlichen Teil;
– der Erwerb der mittelbaren oder unmittelbaren Kontrolle durch ein oder mehrere Unternehmen über das ganze oder Teile eines anderen Unternehmens, gleich ob durch Rechte, Verträge oder auf andere Art;
– der Erwerb von Anteilen an anderen Unternehmen, wenn die Anteile allein oder zusammen mit bereits gehaltenen Anteilen 50% oder 25% erreichen, und zwar einschließlich des Tatbestandes, dass dies durch mehrere Unternehmen geschieht, etwa bei Gründung eines Gemeinschaftsunternehmens;
– jede sonstige Verbindung aufgrund deren ein oder mehr Unternehmen auf ein anderes Unternehmen einen wettbewerblich erheblichen Einfluss ausüben können.

18 Im Ergebnis ähnliche Regelungen sieht Art. 2 FKVO vor.

Der Begriff des Zusammenschlusses ist demnach weit zu verstehen. Der Asset Deal, der im Rahmen der sanierenden Übertragung der häufigste Fall ist, gehört hierzu ebenso wie die Übertragung von Geschäftsanteilen (eingehend zu den Begrifflichkeiten: *Immenga/Mestmäcker-Mestmäcker/Velken* § 37 GWB Rn. 6 ff.; GK-*Schütz* Art. 3 FKVO Rn. 7 ff.). Zu beachten ist die Ausnahmeregelung des § 35 Abs. 2 Satz 2 GWB bei Zusammenschlüssen im Zusammenhang mit kommunalen Gebietsreformen.

III. Die Definition des relevanten Marktes

Ein angemeldetes Zusammenschlussvorhaben ist von den zuständigen Kartellbehörden zu untersagen, wenn die Durchführung eine marktbeherrschende Stellung begründet oder verstärkt (§ 36 Abs. 1 GWB, Art. 2 Abs. 3 FKVO). Es würde den Rahmen und den Zweck dieser Kommentierung sprengen, wollte man auf die Einzelheiten zur Definition des räumlich und sachlich relevanten Marktes oder auf die Definition einer marktbeherrschenden Stellung eingehen. Allerdings wird man dem Insolvenzverwalter diese Prüfung nicht ersparen können, ist sie doch entscheidend für die Frage, ob der anmeldepflichtige Verkauf des insolventen Unternehmens genehmigungsfähig ist.

Nach § 18 Abs. 1 GWB ist ein Unternehmen marktbeherrschend, wenn es
– ohne Wettbewerber ist,
– keinem wesentlichen Wettbewerb ausgesetzt ist, oder
– eine im Verhältnis zu seinen Wettbewerbern überragende Marktstellung hat.

Gemäß § 18 Abs. 4 GWB wird eine Marktbeherrschung bei einem Marktanteil von mindestens 40 Prozent vermutet. Bezüglich der Bewertung der Marktstellung eines Unternehmens listet § 18 Abs. 3 GWB verschiedene, nicht abschließende Kriterien auf, wie der Marktanteil des Unternehmens, die Finanzkraft, der Zugang zu den Beschaffungs- und Absatzmärkten und die Verflechtung mit anderen Unternehmen.

Die Feststellung einer marktbeherrschenden bzw. marktstarken Position setzt damit begriffsnotwendig die exakte Definition des sachlich und räumlich relevanten Marktes voraus, auf dem das Unternehmen tätig ist. Der sachlich relevante Markt bestimmt sich dabei nach ständiger Rechtsprechung des BGH grds. nach dem Bedarfsmarktkonzept. Danach sind sämtliche Erzeugnisse, die sich nach ihren Eigenschaften, ihrem wirtschaftlichem Verwendungszweck und ihrer Preislage so nahe stehen, dass der Abnehmer sie abwägend miteinander vergleicht und sie als gegenseitig austauschbar ansieht, marktgleichwertig. Sie bilden einen gemeinsamen Markt. Gleiches gilt für die Abgrenzung des räumlich relevanten Marktes. Ausgehend von der Region, in der das Unternehmen überhaupt tätig ist, muss auf die Ausweichmöglichkeiten der Marktgegenseite (Abnehmer/Nachfrager) abgestellt werden. Der räumlich relevante Markt endet dabei nicht an der nationalen Landesgrenze. Nach der neuen Rechtsprechung des BGH sind vielmehr die tatsächlichen ökonomischen Marktverhältnisse entscheidend. Besteht deshalb ein einheitlicher europäischer Markt, so ist auf diesen auch bei der deutschen Fusionskontrolle abzustellen (vgl. *BGH* NJW 2004, 3711).

Auch nach dem europäischen Kartellrecht ist der sachlich und räumlich relevante Markt im Wesentlichen nach diesen Kriterien abzugrenzen. Gleiches gilt für die Feststellung der Marktbeherrschung, wobei die europäischen Vorschriften allerdings keine gesetzliche Vermutung der Marktbeherrschung bei einem Anteil von mehr als 30 % kennen. In räumlicher Hinsicht setzt das europäische Kartellrecht voraus, dass Marktbeherrschung zumindest auf einem wesentlichen Teil des Gemeinsamen Marktes besteht, wobei auch der Markt eines einzelnen Mitgliedsstaates von den Entscheidungsorganen stets als ein wesentlicher Teil des Gesamtmarktes angesehen wurde, wenn er von den anderen Mitgliedsstaaten hinreichend abgegrenzt ist (*Langen/Bunte-Bulst* Art. 102 AEUV Rn. 79).

C. Die Sanierungsfusion in der europäischen Fusionskontrolle

Ein Zusammenschluss ist demnach zu untersagen, wenn er zu einer spürbaren Verschlechterung der Marktstruktur führt. Es muss demnach eine kausale Verknüpfung zwischen Zusammenschluss und Verschlechterung der Marktstruktur bestehen. Hieraus folgt, dass ein Zusammenschluss dann hinzunehmen ist, wenn er zwar zu einer Verschlechterung der Marktstruktur führt, insbesondere durch die Begründung oder Verstärkung einer marktbeherrschenden Stellung, diese Verschlechterung der Wettbewerbssituation jedoch auch ohne den Zusammenschluss einträte. Für die übertragende Sanierung im Rahmen des Insolvenzverfahrens ist diese kausale Verknüpfung von besonderer Bedeutung: Stellt der Insolvenzschuldner im Falle des Scheiterns des Zusammenschlusses den Geschäftsbetrieb ein und fallen dem (potentiellen) Erwerber dessen Marktanteile deshalb auch ohne den Zusammenschluss zu, hat die Wettbewerbsbehörde keinen Anlass, diesen zu verbieten.

Anhang nach § 173 InsO Übertragende Sanierung und Fusionskontrolle

24 Zu kurz greift die Auffassung, in der Insolvenz des Unternehmens sei stets von der fehlenden Kausalität auszugehen, weil die Marktanteile automatisch den Wettbewerbern zufielen (so wohl GK-*Schütz* § 36 GWB Rn. 128, Art. 2 FKVO Rn. 144). Der Marktaustritt des Insolvenzschuldners ist keineswegs zwingend. Schon die ausdrückliche gesetzliche Alternative des Insolvenzplans mit Fortführung des Unternehmens steht der Annahme entgegen, mit der Insolvenz sei automatisch der Marktaustritt verbunden.

25 Die Europäische Kommission hat hierzu auf der Basis der »**Failing-company-defence-Doktrin**« des US-amerikanischen Kartellrechts in einer grundlegenden Entscheidung vom 14.12.1993 Kriterien entwickelt, nach denen, sind sie erfüllt, die Kausalität des Zusammenschlusses für die Verschlechterung der Marktstruktur entfällt (*EG-Kom.* Entsch. v. 14.12.1993 ABlEG 1994 L 186/38 »Kali+Salz/MdK/Treuhand«, WuW 1994, 118 u. 1995, 27). Die Kali+Salz AG und die Treuhand wollten ein Gemeinschaftsunternehmen gründen, und zwar durch Umwandlung der mitteldeutschen Kali AG. Eine Insolvenz dieser Gesellschaft war nicht zu befürchten. Ihr Überleben hing allerdings von der Unterstützung durch die Treuhand ab. Der Zusammenschluss durch Gründung des Gemeinschaftsunternehmens hätte zu einem Marktanteil von 98 % für landwirtschaftlich genutzten Kali in Deutschland geführt; nahezu eine Monopolstellung. In der Europäischen Gemeinschaft wäre eine marktbeherrschende Position mit zwei Anbietern entstanden, die ca. 60 % des Marktes auf sich vereinigt hätten. An sich also der klassische Fall einer Verschlechterung der Marktstruktur.

26 Gleichwohl genehmigte die Europäische Kommission den Zusammenschluss in Anwendung der »Failing-company-defence-Doktrin«. In der Begründung der Entscheidung heißt es dazu, dass ein Zusammenschluss, der zur Entstehung oder Verstärkung einer marktbeherrschenden Stellung führe, dann nicht ursächlich für diese Folge sei, wenn beim Erwerber auch im Falle der Untersagung diese Folge einträte. Ohne den Zusammenschluss sei aber mit dem Ausscheiden der Mitteldeutschen Kali AG aus dem Markt und dem Anwachsen von deren Marktanteil bei der Kali+Salz AG zu rechnen. Zudem stünde praktisch kein anderes Unternehmen als die Kali+Salz AG für die Übernahme zur Verfügung (*EG-Kom.* Entsch. v. 14.12.1993 ABlEG L 1994/186, S. 38 »Kali+Salz/MdK/Treuhand«, Erwägungsgrund 70–72). Danach lassen sich drei wesentliche Kriterien der »Failing-company-defence-Doktrin« identifizieren (vgl. *Hossenfelder/Töllner/Ost* Rn. 1022):
   – Das zu erwerbende Unternehmen scheidet ohne die Übernahme durch ein anderes Unternehmen kurzfristig aus dem Markt aus und
   – die Marktposition des zu erwerbenden Unternehmens wächst im Falle seines Ausscheidens dem Erwerber auch ohne den Zusammenschluss zu und
   – es existiert keine weniger wettbewerbsschädliche Erwerbsalternative.

Diese von der Kommission entwickelten Kriterien hat der Europäische Gerichtshof ausdrücklich bestätigt. Der EuGH hält das 2. Kriterium des Anwachsens sogar für entbehrlich. Nach seiner Auffassung genügt das Vorliegen der übrigen Kriterien (vgl. *EuGH* 31.03.1998 Slg. 1998 I, 1375 »Kali+Salz«, Rs. C-68/94 und C-30/95 »Frankreich u.a./Kommission«).

27 Die Europäische Kommission sah sich durch diese Entscheidung des EuGH offensichtlich zu einer Ausweitung der Kriterien für eine Sanierungsfusion ermutigt. Zu entscheiden hatte die Europäische Kommission die Übernahme von zwei belgischen, vor der Insolvenz stehenden Spezialchemieherstellern (*EG-Kom.* Entsch. v. 11.07.2001 »BASF/Eurodiol/Pantochim«, COMP/M. 2314 [abrufbar über die Website der Europ. Kommission www.europa.eu.int] = WuW 2002, 90 [EU-V 692]). Der Zusammenschluss führte zur Entstehung einer marktbeherrschenden Stellung von BASF auf drei europäischen Märkten für bestimmte Spezialösungsmittel. Die beiden belgischen Unternehmen waren allein nicht mehr überlebensfähig. Ein anderer Erwerbsinteressent fehlte. Damit waren zwei der von der Kommission aufgestellten Kriterien erfüllt. Es fehlte allerdings das vom EuGH für entbehrlich gehaltene Kriterium: Im Falle des insolvenzbedingten Ausscheidens vom Markt wären die Marktanteile der beiden belgischen Unternehmen nicht automatisch und vollständig BASF zugewachsen. Die Europäische Kommission hat den Zusammenschluss dennoch genehmigt. Dabei hat sie allerdings nicht vollständig auf das dritte Kriterium verzichtet: Zwar sei das automatische Anwachsen des Marktanteils beim (potentiellen) Erwerber nach der Rechtsprechung des EuGH nicht

mehr notwendiges Kriterium der »Failing-company-defence-Doktrin«, jedoch müsse ein Korrektiv gleichwohl erfolgen. Erforderlich sei zumindest, dass die Assets des zu sanierenden Unternehmens im Falle des Scheiterns der Fusion aus dem Markt verschwinden. Folgerichtig prüfte die Kommission (neben den anderen Kriterien) im Verfahren, ob im Falle der Insolvenz der belgischen Unternehmen die Produktionskapazität für den Markt erhalten geblieben wäre und verneinte dies. Ein Verschwinden nimmt die Kommission dabei in zwei Fällen an: Ein marktfremder Dritter erwirbt die Produktionsanlagen, um sie für einen anderen Markt zu nutzen oder die Produktionsanlagen werden verschrottet. Die Kommission stellt mithin nicht auf die Produktionsanlagen selbst ab, sondern auf die Produktionskapazität. Entfällt diese, kann von einem Verschwinden der Assets (für den Markt) ausgegangen werden, das als drittes Kriterium genügen soll. Im konkreten Fall spielte dabei auch eine Rolle, dass der Markt durch knappe Produktionskapazitäten gekennzeichnet war, ein Wegfall derjenigen der belgischen Unternehmen deshalb negative Folgen für den Markt gehabt hätte.

Zum Teil wird hierin ein Abrücken von der reinen Kausalitätsprüfung gesehen, weil in dem Abstellen 28 auf die Beeinträchtigung der Marktbedingungen eine Prognoseentscheidung zu sehen sei (vgl. *Hossenfelder/Töllner/Ost* Rn. 1030). Dem ist jedoch nicht uneingeschränkt zuzustimmen. Das Kriterium weist nicht mehr Prognosecharakter auf als die beiden ersten Kriterien (Ausscheiden aus dem Markt und Anwachsen des Marktanteils). Die Kommission hat entscheidend auf den Wegfall der Produktionskapazität abgestellt. Die ist gerade im laufenden Insolvenzverfahren ein »hartes« Kriterium. Der Insolvenzverwalter wird i.d.R. beurteilen können, was mit den Produktionsanlagen im Falle des Scheiterns der Fusion geschehen wird. Die Kriterien der Kommission für eine Sanierungsfusion lassen sich daher wie folgt zusammenfassen:
– Das zu erwerbende Unternehmen scheidet ohne die Übernahme durch ein anderes Unternehmen kurzfristig aus dem Markt aus und
– es existiert keine weniger wettbewerbsschädliche Erwerbsalternative und
– die Assets/Produktionskapazität werden im Falle des Scheiterns der Fusion aus dem Markt verschwinden.

Die »Failing-company-defence-Doktrin« spielte auch bei der Übernahme der nationalen Andersen- 29 Gesellschaften durch andere WP-Gesellschaften eine Rolle. In der Entscheidung der Europäischen Kommission vom 01.07.2002 hat das dritte Kriterium dabei eine weitere »Entschärfung« erfahren (*EG-Kom.* Entsch. v. 01.07.2002 »Deloitte & Touche/Andersen UK« – COMP/M. 2810 [abrufbar über die Website der Europ. Kommission www.europa.eu.int]). In dieser Entscheidung untersuchte die Kommission zwei Szenarien: das Ausscheiden von Andersen aus dem Markt und die Übernahme durch eine andere der großen WP-Gesellschaften. Sie gelangte zu dem Ergebnis, dass bei beiden Alternativen die Gefahr der Entstehung einer kollektiven Marktbeherrschung durch die großen WP-Gesellschaften (sog. »Big Five«) ebenso groß sei, wie bei der Übernahme durch »Deloitte & Touche«. Deshalb fehlte es nach Auffassung der Kommission an der Kausalität zwischen Zusammenschluss und Verschlechterung der Wettbewerbsbedingungen (vgl. ausf.: *Loewenheim/Meessen/Riesenkampff-Riesenkampff/Steinbarth* Art. 2 FKVO Rn. 172). Wirklich überzeugend ist dies allerdings nicht. Insbesondere ist die Markteinwirkung nicht identisch, wenn sich die Marktanteile statt auf ein Unternehmen auf vier Unternehmen verteilen. Im Rahmen einer anmeldepflichtigen Sanierungsfusion mit einem marktstarken Erwerber kann man sich diese »Unschärfe« in der Argumentation aber zunutze machen *Loewenheim/Meessen/Riesenkampff/Steinbarth* (Art. 2 FKVO Rn. 175) fassen die Kriterien wie folgt zusammen: Die Unternehmen müssen beweisen, dass sich die Wettbewerbsbedingungen auch im Fall einer Untersagung des Zusammenschlussvorhabens verschlechtern würden (ausf. mit der Bildung von drei charakteristischen Fallgruppen: *Immenga/Mestmäcker-Immenga/Körber* EG/ Teil 2, Art. 2 FKVO Rn. 390).

So klar die Kriterien z. T. erscheinen mögen, so selten sieht die Kommission sie als erfüllt an. Insbeson- 30 dere stellt sie hohe Anforderungen an den Vortrag der anmeldenden Parteien. So sah die Kommission etwa bei der Übernahme der italienischen Sender für Bezahlfernsehen die Voraussetzungen ebenso wenig als erfüllt an wie bei einer Fusion auf dem Markt für elektrische Haushaltsgeräte (vgl. *EG-Kom.* Entsch. v. 01.07.2002 »SEB/Moulinex« – COMP/M.2621; *EG-Kom.* Entsch. v. 02.04.2003

»Newscorp/Telepiu« – COMP/M. 2876 [jeweils abrufbar über die Website der Europ. Kommission www.europa.eu.int]). Namentlich auf eine substantiierte Darstellung des Umstandes, dass ein Unternehmen ohne den Zusammenschluss aus dem Markt ausscheiden müsste, legt die Kommission besonderen Wert. (vgl. ausführlich: *Hossenfelder/Töllner/Ost* Rn. 1023 ff.).

31 Von den vorstehenden Fällen zu unterscheiden ist nach Auffassung der Europäischen Kommission der Fall, dass nur eine bestimmte Tochtergesellschaft oder ein bestimmter Geschäftsbereich innerhalb eines Konzerns betroffen ist. In diesem Fall macht der Anwender geltend, dass er ohne den Zusammenschluss einen Teil seiner geschäftlichen Aktivitäten liquidieren müsste (**failing division defence**). In ihrer Entscheidung vom 27.05.1998 hat die Kommission geltend gemacht, dass in diesem Fall nicht (uneingeschränkt) die Argumentation der »Failing-company-defence-Doktrin« angewendet werden könne. Der maßgebliche Unterschied liege darin, dass letztlich nur eine fehlerhafte Management-Entscheidung korrigiert werde, ohne dass der Marktteilnehmer oder der gesamte Marktauftritt zu entfallen drohe. Andernfalls müsse jeder Zusammenschluss, bei dem ein unrentabler Geschäftsbereich veräußert werde, nach der »Failing-company-defence-Doktrin« beurteilt werden (*EG-Kom.* Entsch. v. 27.05.1998, ABlEG L 53/1999, S. 1 »Bertelsmann/Kirch/Premiere«, Erwägungsgrund 71).

D. Die Sanierungsfusion in der deutschen Fusionskontrolle

32 Auch nach deutschem Kartellrecht stellt sich die Frage nach der Ursächlichkeit des Zusammenschlusses für die Verschlechterung der Wettbewerbssituation auf dem relevanten Markt (vgl. *Langen/Bunte-Kallfaß* § 36 GWB Rn. 117 ff.; GK-*Schütz* § 36 GWB Rn. 128 f.; *BGH* WuW/E BGH 1655, 1660 »Zementmahlanlage II«; WuW/E BGH 2731, 2736 »Inlandstochter«). Die Kriterien der Europäischen Kommission entsprechen im Wesentlichen denjenigen, die auch das Bundeskartellamt in seiner Praxis berücksichtigt (vgl. *Hossenfelder/Töllner/Ost* Rn. 1022). Dementsprechend wurden die Voraussetzungen der Sanierungsfusion in den letzten Jahren überwiegend verneint (vgl. *Hossenfelder/Töllner/Ost* Rn. 747). Interessant ist dabei insbesondere die Entscheidung vom 28.10.2004 (*BKartA* Beschl. v. 28.10.2004 – B 10–86/04 »SchneiderSöhne/Classen«). Das Unternehmen Classen Papier befand sich im Insolvenzverfahren, aber es gab den Ermittlungen des Bundeskartellamtes zufolge mindestens einen weiteren Erwerbsinteressenten. Der Zusammenschluss wurde nicht genehmigt.

33 Auch in der Praxis des Bundeskartellamtes geht man davon aus, dass die Kausalität entfällt
   – wenn die Zielgesellschaft ohne den Zusammenschluss aus dem Markt ausscheidet und
   – ein alternativer, weniger marktstarker Erwerber nicht in Betracht kommt und
   – die Marktanteile der Not leidenden oder insolventen Gesellschaft auch ohne den Zusammenschluss dem Erwerber »im Wesentlichen« zuwachsen (vgl. *BKartA* Beschl. v. 05.09.2012 »Klinikum Worms/Agaplesion Hochstift«).

In der Literatur wird allerdings zum Teil zwischen der Übertragung eines Unternehmens oder eines Vermögensteils dieses Unternehmens nicht unterschieden, obwohl hierin eine signifikante Abweichung zur »Failing-division-defence-Doktrin« liegt (vgl. GK-*Schütz* § 36 GWB Rn. 128).

34 In einem Fall von 2003 hat das Bundeskartellamt einen Zusammenschluss unter Anwendung der Kriterien einer Sanierungsfusion genehmigt. Betroffen war der Markt für Datenkassetten, auf dem ein Duopol bestand. Einer der beiden Marktteilnehmer war allein nicht mehr überlebensfähig. Eine Erwerbsalternative bestand nicht. Die Marktanteile wären ohne die Fusion zwangsläufig dem verbliebenen Wettbewerber zugewachsen (*BKartA* Beschl. v. 21.10.2003 »Imation/EMTEC«, WuW 2004, 198 [DE-V 848]; vgl. auch *Hossenfelder/Töllner/Ost* Rn. 745). In einem anderen Fall hat das Bundeskartellamt zwar das Vorliegen einer Sanierungsfusion verneint, jedoch ausdrücklich auch das von der Europäischen Kommission angewandte Kriterium aus der Entscheidung »Deloitte & Touche/Andersen UK« geprüft, wonach eine Ursächlichkeit dann ausscheidet, wenn der Marktaustritt zu einer ebenso starken Verschlechterung der Marktverhältnisse führen würde wie der beabsichtigte Zusammenschluss (*BKartA* Beschl. v. 02.05.2003 »Ajinmoto/Orsan«, WuW 2003, 945 [DE-V

777]). Auf derselben Grundlage erfolgte die Genehmigung der Übernahme von n-tv durch die RTL Television GmbH. Das Bundeskartellamt hat in seiner Entscheidung festgestellt, dass zwar der Einfluss von RTL, die bisher mit 50 % an n-tv beteiligt war, durch die Übernahme erhöht wird, jedoch fehle es an der Kausalität. Es liege eine Sanierungsfusion vor, bei der das Marktpotential und die Werbekunden auch im Falle der Untersagung bei dem vorhandenen Duopol von RTL und der ProSiebenSat 1 Media AG verblieben. Andere potentielle Erwerber für die Anteile an n-tv standen nicht zur Verfügung, der Sendebetrieb hätte ohne die Übernahme eingestellt werden müssen (*BKartA* Beschl. v. 11.04.2006 – B 6 – 142/05, WuW 2006, 814; vgl. auch die Zusammenfassung im Tätigkeitsbericht 2005/2006, S. 179 f.). Es ist deshalb davon auszugehen, dass sich die Kriterien der deutschen und europäischen Wettbewerbsbehörden in der Praxis nicht unterscheiden.

Zusätzlich spielt in der deutschen Fusionskontrolle noch die Abwägungsklausel nach § 36 Abs. 1 Satz 2 GWB eine Rolle. Danach kann ein Zusammenschluss nicht untersagt werden, wenn die beteiligten Unternehmen nachweisen, dass durch den Zusammenschluss auch Verbesserungen der Wettbewerbsbedingungen eintreten, die die Nachteile der Marktbeherrschung überwiegen (§ 36 Abs. 1 Satz 2 Nr. 1 GWB), die Untersagungsvoraussetzungen des Satzes 1 auf einem Markt vorliegen, auf dem seit mindestens fünf Jahren Waren oder gewerbliche Leistungen angeboten werden und auf dem im letzten Kalenderjahr weniger als 15 Millionen € umgesetzt wurden (§ 36 Abs. 1 Satz 2 Nr. 1 GWB), oder die marktbeherrschende Stellung eines Zeitungs- oder Zeitschriftenverlags verstärkt wird, der einen kleinen oder mittleren Zeitungs- oder Zeitschriftenverlag übernimmt, falls nachgewiesen wird, dass der übernommene Verlag in den letzten drei Jahren einen erheblichen Jahresfehlbetrag i.S.d. § 275 Abs. 2 Nr. 20 HGB hatte und er ohne den Zusammenschluss in seiner Existenz gefährdet wäre. Ferner muss nachgewiesen werden, dass vor dem Zusammenschluss kein anderer Erwerber gefunden wurde, der eine wettbewerbskonformere Lösung sichergestellt hätte (§ 36 Abs. 1 Satz 2 Nr. 3 GWB). Auch hierdurch entsteht jedoch kein Widerspruch zur Praxis der Europäischen Kommission. In dem grundlegenden Fall »BASF/Eurodiol/Pantochim« ist eine solche Abwägung auch durch die Europäische Kommission vorgenommen worden. Die Kommission hat sich in dieser Entscheidung auch davon leiten lassen, dass ohne den Zusammenschluss eine Angebotsverknappung eingetreten wäre. Dies entspricht letztlich dem Sinn der Abwägungsklausel in § 36 Abs. 1 Satz 2 GWB. 35

E. Auswirkungen für die übertragende Sanierung im Insolvenzverfahren

Für den Insolvenzverwalter erwachsen im Falle der sanierenden Übertragung aus den zuvor dargestellten Grundsätzen der fusionsrechtlichen Praxis vielfältige Pflichten. Dabei ist zwischen den Pflichten bei der Auswahl des Erwerbers einerseits und den Pflichten im Rahmen einer etwa erforderlichen Anmeldung andererseits zu unterscheiden. 36

I. Pflichten des Insolvenzverwalters bei der Erwerberauswahl

Zunächst ist der Insolvenzverwalter verpflichtet, die Anwendbarkeit fusionskontrollrechtlicher Bestimmungen zu überprüfen, bevor er das Unternehmen der Insolvenzschuldnerin im ganzen oder in Teilen überträgt. Diese Prüfung wird in den allermeisten Fällen negativ ausfallen. Es sei allerdings nochmals daran erinnert, dass es genügt, wenn ein Erwerber allein die Umsatzschwellen der deutschen oder europäischen Vorschriften erreicht. Auf den Umsatz des Insolvenzschuldners kommt es dann – außer bei der de minimis-Klausel – nicht mehr an. Insoweit besteht je nach Interessent unter Umständen in einem Fall eine Anmeldepflicht, im anderen nicht. 37

Ist der Anwendungsbereich der nationalen oder gar europäischen Fusionskontrolle eröffnet, muss der Insolvenzverwalter sich mit der Frage auseinander setzen, ob einer der Interessenten durch die Übernahme eine marktbeherrschende Stellung begründet oder verstärkt. Ist dies der Fall und stehen andere Interessenten ebenfalls zur Verfügung, bei denen dies nicht der Fall ist, besteht die akute Gefahr, dass die zuständige Kartellbehörde den Zusammenschluss untersagt. Steht hingegen nur ein Interessent zur Verfügung, bei dem durch die Übernahme des Insolvenzschuldners eine marktbeherrschende Stellung begründet oder verstärkt wird, hat der Insolvenzverwalter zu prüfen, ob die Voraus- 38 setzungen der Sanierungsfusion vorliegen und deshalb die Übernahme dennoch genehmigungsfähig ist. Dabei wird man ihn auch für verpflichtet halten müssen, die Möglichkeit eines informellen Gesprächs mit den Kartellbehörden zu suchen. Derartige »Vorerörterungen« eines Zusammenschlussvorhabens sind gängige Praxis. Wie entscheidend die Erwerberauswahl sein kann, zeigt die oben zitierte Entscheidung des Bundeskartellamts »SchneiderSöhne/Classen«, in der die übertragende Sanierung aus der Insolvenz als fusionskontrollrechtlich unzulässig abgelehnt worden ist.

39 Es ist also denkbar, dass die bestmögliche Verwertung nicht durch eine sanierende Übertragung auf den Interessenten mit dem höchsten Gebot erreicht werden kann, wenn die Untersagung durch die Wettbewerbsbehörden droht. Der Insolvenzverwalter bewegt sich hier im Spannungsverhältnis zwischen möglichst ertragreicher Verwertung einerseits und rechtlich zulässiger Verwertung andererseits. Empfiehlt er die sanierende Übertragung an einen Interessenten, der hierdurch eine marktbeherrschende Stellung begründet oder verstärkt und untersagt die zuständige Wettbewerbsbehörde deshalb den Zusammenschluss, so haftet er den Gläubigern für den hierdurch entstehenden Schaden zumindest dann, wenn andere Interessenten zur Verfügung standen.

40 Über all dies hat der Insolvenzverwalter zudem die Gläubigerversammlung bzw. den Gläubigerausschuss zu unterrichten. Nur auf einer vollständigen Informationsbasis kann diese bzw. dieser über die Zustimmung zur sanierenden Übertragung entscheiden.

II. Die Pflichten des Insolvenzverwalters im Anmeldeverfahren

41 Im Anmeldeverfahren treffen den Insolvenzverwalter (wie den Erwerber) zunächst die allgemeinen Darlegungspflichten, die sich aus den fusionskontrollrechtlichen Bestimmungen ergeben. Der Insolvenzverwalter ist gut beraten, wenn er im Übertragungsvertrag insoweit vereinbart, dass der Erwerber die Anmeldung auch in seinem Namen durchführt und die Kosten hierfür trägt. Dies ist üblich und entlastet die Masse von Kosten.

42 Soll die Anmeldung unter Berufung auf die Grundsätze der Sanierungsfusion erfolgen, müssen deren Voraussetzungen dargelegt werden. Dabei birgt das erste Merkmal, der Marktaustritt ohne Zusammenschluss, die geringsten Schwierigkeiten. Der Insolvenzverwalter wird in den allermeisten Fällen in der Lage sein, den Marktaustritt ohne sanierende Übertragung darzulegen. Ist der Geschäftsbetrieb bereits eingestellt, so ist der Marktaustritt bereits vollzogen. Andernfalls erfolgt er mit Abschluss des Insolvenzverfahrens.

43 Beim zweiten Merkmal, dem Fehlen einer weniger wettbewerbsschädlichen Alternative, bestehen hingegen u.U. größere Schwierigkeiten. Hier ist auf das Insolvenzplanverfahren zu verweisen, mithin die dauerhafte Fortführung des Geschäftbetriebes. Im Rahmen der »BASF/Eurodiol/Pantochim«-Entscheidung hat sich die Europäische Kommission mit der Sanierung aus eigener Kraft im Rahmen der Abwägung dieses Merkmals ausdrücklich beschäftigt (*EG-Kom.* Entsch. v. 11.07.2001 »BASF/Eurodiol/Pantochim«, WuW 2002, 90 [EU-V 692], Erwägungsgrund 146 der Entscheidung). Es liegt auf der Hand, dass eine derartige Sanierung aus eigener Kraft die weniger wettbewerbsschädliche Alternative darstellt. Streng genommen lässt sie sogar bereits das erste Kriterium, den Marktaustritt ohne Zusammenschluss, entfallen. Der Insolvenzverwalter als »Herr« des Insolvenzverfahrens wird hierzu entweder selbst Ausführungen zu machen haben oder aber den Erwerber in die Lage versetzen müssen, dies zu erledigen. Es ist im Einzelnen darzulegen, warum ein Insolvenzplanverfahren oder die Fortführung außerhalb eines solchen ausscheiden.

44 Nicht geklärt ist die Frage, ob die Wettbewerbsbehörde eine Entscheidung der Gläubiger und des Insolvenzverwalters gegen ein Planverfahren hinterfragen kann oder als gegebenen Verfahrensschritt hinnimmt. Mehr spricht für die zweite Variante. So hat die Europäische Kommission in der bereits zitierten Entscheidung »BASF/Eurodiol/Pantochim« die Bestimmungen des belgischen Insolvenzverfahrens nicht hinterfragt. In der Entscheidung heißt es, dass das Insolvenzgericht die Verwalter beauftragt habe, einen passenden Käufer zu finden, weil eine Restrukturierung nicht möglich sei. Dies wurde von der Kommission nicht hinterfragt (*EG-Kom.* Entsch. v. 11.07.2001 »BASF/Eurodiol/Pantochim«, WuW 2002, 90 [EU-V 692], Erwägungsgrund 146 der Entscheidung). Hinzu tritt

der Umstand, dass ein Planverfahren von der Zustimmung der Gläubiger abhängt. Die Kommission könnte dem Insolvenzverwalter deshalb nicht entgegenhalten, dass er eine (eigene) unternehmerische Entscheidung zu korrigieren habe. Hinterfragt wurde von der Kommission hingegen die Existenz eines anderen potentiellen Erwerbers. Die Kommission hat sich unmittelbar an diesen gewandt und eine schriftliche Begründung dafür erhalten, dass man von dem Erwerb wegen der erforderlichen Investitionen abgesehen habe. Der Insolvenzverwalter muss deshalb damit rechnen, dass sich die zuständige Wettbewerbsbehörde an andere Interessenten wenden wird.

Das dritte Merkmal, der Wegfall der Vermögenswerte bzw. Produktionskapazität, ist von besonderer Bedeutung. Steht die Übertragung des gesamten Unternehmens in Frage, wird dem Insolvenzverwalter die Glaubhaftmachung keine allzu großen Schwierigkeiten bereiten. Entweder die Vermögenswerte werden auf einen Wettbewerber übertragen oder anderweitig verwertet und sind damit für den Markt verloren. Schwierig wird es dann, wenn nur die Übertragung eines Teils, etwa eines bestimmten Produktionszweigs, in Frage steht. Dann stellt sich die Frage, ob nach der »Failing-division-defence-Doktrin« die Grundsätze der Sanierungsfusion keine Anwendung finden. In der Literatur wird die Auffassung vertreten dass die Europäische Kommission das Argument des Wegfalls (nur) eines Geschäftsbereichs im Rahmen der Sanierungsfusion gar nicht gelten lasse (*Löffler* FKVO, Art. 2 Rn. 172). Wäre dies zutreffend, würde es die sanierende Übertragung im Rahmen des Insolvenzverfahrens wesentlich erschweren oder gar unmöglich machen. Gerade die Übertragung einzelner Geschäftsbereiche oder Produktionsstätten kann die Alternative sein, wenn die Übertragung des gesamten Unternehmens mangels Erwerbsinteressenten ausscheidet. Die Auffassung findet jedoch in der Entscheidung der Kommission tatsächlich auch keine Stütze. Vielmehr hat die Kommission lediglich festgestellt, dass im Falle der »Failing division defence« an das Argument der fehlenden Kausalität des Zusammenschlusses für die Verschlechterung der Marktverhältnisse besonders hohe Anforderungen zu stellen sind (*EG-Kom.* Entsch. v. 27.05.1998 ABlEG 1999 L 53/1 »Bertelsmann/Kirch/Premiere«, Erwägungsgrund 71). Die sanierende Übertragung im Rahmen des Insolvenzverfahrens weist dabei regelmäßig zwei wesentliche Unterschiede zu dem Sachverhalt auf, der der vorzitierten Entscheidung der Europäischen Kommission zugrunde lag: 45

– Gibt es nur einen Interessenten für nur einen Geschäftsbereich, gehen im Falle des Scheiterns des Zusammenschlusses alle Vermögenswerte für den Markt verloren und
– das Ausscheiden aus dem Markt geht nicht auf eine Management-Entscheidung zurück, sondern ist durch die Insolvenz des Unternehmens bedingt.

Zudem wird man nach der »Deloitte &Touche/Andersen UK«-Entscheidung der Kommission (*EG-Kom.* Entsch. v. 01.07.2002 »Deloitte & Touche/Andersen UK« – COMP/M. 2810 [abrufbar über die Website der Europ. Kommission www.europa.eu.int]) zumindest bei einem Markt, der von wenigen Teilnehmern dominiert wird, das Argument zu beachten haben, dass die Verschlechterung der Marktstruktur auch ohne den Zusammenschluss oder bei einem Zusammenschluss mit einem anderen der dominierenden Marktteilnehmer eintritt. Auch dann entfällt nach der Entscheidungspraxis der Kommission die Kausalität. Das Bundeskartellamt wird dies kaum anders sehen, wie die Entscheidung »RTL/n-tv« gezeigt hat. 46

Wiederum anders liegt der Fall dann, wenn für die verschiedenen Geschäftsbereiche verschiedene Interessenten vorhanden sind. In diesem Fall könnte nicht damit argumentiert werden, dass bei einem Scheitern eines Zusammenschlusses die Produktionskapazitäten für den Markt verloren gingen. Die anderen Übertragungen blieben hiervon unberührt. Mithin läge ein klassischer Fall der »Failing division defence« vor. Ein wesentlicher Unterschied besteht jedoch fort: In der »Bertelsmann/Kirch/Premiere«-Entscheidung der Kommission sollte eine Management-Entscheidung korrigiert werden. Hierum handelt es sich bei der sanierenden Übertragung im Rahmen des Insolvenzverfahrens nicht. Die Kommission hatte sich hiermit nicht zu befassen. Es ist nicht abzusehen, wie die Wettbewerbsbehörden einen solchen Fall qualifizieren würden. Letztlich dürfte es auf die Umstände des Einzelfalls ankommen, also etwa auf die Entwicklung der Marktstruktur ohne den Zusammenschluss, das zu erwartende Marktverhalten der anderen Anbieter oder eine etwa drohende Angebotsverknappung. 47

Anhang nach § 173 InsO Übertragende Sanierung und Fusionskontrolle

48 Schließlich ist auch noch derjenige Fall denkbar, dass das Unternehmen des Insolvenzschuldners im Planverfahren weitgehend fortgeführt werden soll, jedoch der Plan vorsieht, einzelne Geschäftsbereiche zu veräußern. In einem solchen Fall liegt der klassische Fall der »Failing division defence« vor. Tatsächlich geht hier die Entscheidung zum »Abstoßen« eines Geschäftsbereichs auch auf eine Management-Entscheidung zurück. Mit einer Genehmigung des Zusammenschlusses wegen Wegfall der Kausalität kann man nur im Ausnahmefall rechnen. Hiervon unberührt bleibt selbstverständlich die Genehmigungsfähigkeit nach den allgemeinen Kriterien der Fusionskontrolle.

Fünfter Teil Befriedigung der Insolvenzgläubiger. Einstellung des Verfahrens

Erster Abschnitt Feststellung der Forderungen

Vorbemerkungen vor § 174 InsO

Die Insolvenzordnung regelt in ihrem fünften Teil die Befriedigung der Insolvenzgläubiger von der Forderungsanmeldung bis zur Schlussverteilung, ebenso wie die Beendigung des Insolvenzverfahrens durch reguläre Aufhebung oder vorzeitige Einstellung. **1**

Der erste Abschnitt (§§ 174–186) befasst sich mit der Anmeldung, Prüfung und Feststellung der Forderungen der Insolvenzgläubiger, der zweite Abschnitt (§§ 187–206) mit der Verteilung der Insolvenzmasse sowie der Aufhebung des Insolvenzverfahrens und den Nachwirkungen nach erfolgter Beendigung. Im dritten Abschnitt (§§ 207–216) wird schließlich die vorzeitige Einstellung des Verfahrens – im Wesentlichen wegen Masseunzulänglichkeit – geregelt. **2**

Der erste Abschnitt des fünften Teils regelt die Erfassung der Forderungen der Insolvenzgläubiger. Die abschließende Prüfung und Feststellung sind Grundlage für die nachfolgende Verteilung. Schließlich kann aus der zur Tabelle festgestellten Gläubigerforderung nach Aufhebung des Verfahrens gegen den Schuldner vollstreckt werden – soweit nicht die Vorschriften der Restschuldbefreiung entgegenstehen. **3**

§ 174 Anmeldung der Forderungen

(1) ¹Die Insolvenzgläubiger haben ihre Forderungen schriftlich beim Insolvenzverwalter anzumelden. ²Der Anmeldung sollen die Urkunden, aus denen sich die Forderung ergibt, in Abdruck beigefügt werden. ³Zur Vertretung des Gläubigers im Verfahren nach diesem Abschnitt sind auch Personen befugt, die Inkassodienstleistungen erbringen (registrierte Personen nach § 10 Abs. 1 Satz 1 Nr. 1 des Rechtsdienstleistungsgesetzes).

(2) Bei der Anmeldung sind der Grund und der Betrag der Forderung anzugeben sowie die Tatsachen, aus denen sich nach Einschätzung des Gläubigers ergibt, dass ihr eine vorsätzlich begangene unerlaubte Handlung, eine vorsätzliche pflichtwidrige Verletzung einer gesetzlichen Unterhaltspflicht oder eine Steuerstraftat nach den §§ 370, 373 oder § 374 der Abgabenordnung zugrunde liegt.

(3) ¹Die Forderungen nachrangiger Gläubiger sind nur anzumelden, soweit das Insolvenzgericht besonders zur Anmeldung dieser Forderungen auffordert. ²Bei der Anmeldung solcher Forderungen ist auf den Nachrang hinzuweisen und die dem Gläubiger zustehende Rangstelle zu bezeichnen.

(4) ¹Die Anmeldung kann durch Übermittlung eines elektronischen Dokuments erfolgen, wenn der Insolvenzverwalter der Übermittlung elektronischer Dokumente ausdrücklich zugestimmt hat. ²In diesem Fall sollen die Urkunden, aus denen sich die Forderung ergibt, unverzüglich nachgereicht werden.

Übersicht		Rdn.			Rdn.
A.	Allgemeines	1	II.	Anmeldefähige Forderungen	36
B.	Anzumeldende Forderungen	7	III.	Nicht anmeldefähige Forderungen	44
C.	Inhalt und Form der Anmeldung	12	IV.	Zurückweisung von Anmeldungen	49
D.	Fehler und Ergänzungen	24	E.	Nachrangige Insolvenzgläubiger	55
I.	Allgemeines	24	F.	Wirkung der Anmeldung	60

§ 174 InsO   Anmeldung der Forderungen

Literatur:
Eckardt Die Feststellung und Befriedigung des Insolvenzgläubigerrechts, in Kölner Schrift zur Insolvenzordnung, 2. Aufl. 2000, S. 743 ff.; *Gerbers/Pape* Der Umgang mit Forderungsanmeldungen nach Einreichung des Schlussberichts, ZInsO 2006, 685 ff.; *Hägele* »Vorläufiges« Bestreiten einer Insolvenzforderung und Kostentragungspflicht beim Feststellungsrechtsstreit, ZVI 2007, 347 ff.; *Keller* Die Befriedigung von Masseverbindlichkeiten nach Anzeige der Masseunzulänglichkeit im Insolvenzverfahren, Rpfleger 2008, 1 ff.; *Kießner* Verfahrenskostenstundung und Rangordnung nach § 209 InsO, Festschrift für Eberhard Braun, S. 205 ff.; *Zimmer* Die Nachtragsverteilung in InsO und InsVV, KTS 2009, 199 ff.

A. Allgemeines

1   Für die Insolvenzgläubiger (§§ 38, 39 InsO) besteht während der Dauer des Insolvenzverfahrens nur eine Möglichkeit, sich am Insolvenzverfahren zu beteiligen: Sie haben ihre Forderung schriftlich beim **Insolvenzverwalter** anzumelden (§ 87 InsO). Die Anmeldung ihrer Forderung ist Voraussetzung dafür, dass sie – vorausgesetzt ihr Stimmrecht wird nach § 77 InsO festgestellt – in der Gläubigerversammlung stimmberechtigt sind. Nur angemeldete Forderungen werden in die Tabelle aufgenommen und können bei einer Verteilung berücksichtigt werden.

2   Mit der Vorschrift, dass Insolvenzforderungen unmittelbar beim Insolvenzverwalter anzumelden sind, folgt das Gesetz der Beschlussempfehlung des Rechtsausschusses und übernimmt damit die in § 5 Nr. 3 GesO getroffene und bewährte Regelung (BT-Drucks. 12/2443 S. 159). Die Anmeldefrist ist allerdings nicht mehr als Ausschlussfrist ausgestaltet.

3   Bereits durch das InsOÄndG 2001 (BGBl. I 2001 S. 2710) wurde die Vorschrift dahingehend ergänzt, dass zur Anmeldung des Forderungsattributs der unerlaubten Handlung konkrete Tatsachen vorgetragen werden mussten. Durch das Gesetz zur Verkürzung des Restschuldbefreiungsverfahrens und zur Stärkung der Gläubigerrechte (BGBl. I 2013 S. 2379) wurde weiterhin ergänzt, dass auch vorsätzliche Verstöße gegen eine gesetzliche Unterhaltspflicht oder eine Steuerstraftat als vorsätzlich begangene unerlaubte Handlung gelten und der Erlangung der Restschuldbefreiung entgegenstehen. Dies gilt für Verfahren, die ab dem 01.07.2014 beantragt wurden.

4   Forderungen können erst ab dem Zeitpunkt der **Verfahrenseröffnung** angemeldet werden. Eine Forderungsanmeldung, die der Gläubiger – etwa in Erwartung einer Verfahrenseröffnung – vorzeitig vornimmt, ist unwirksam (*LSG Baden-Württemberg* KTS 1985, 566; **a.A.** *Uhlenbruck/Sinz* § 174 InsO Rn. 14). Dies gilt auch dann, wenn im Eröffnungsverfahren ein vorläufiger Insolvenzverwalter (§ 21 Abs. 2 Nr. 2 InsO) bestellt worden ist (**a.A.** *A/G/R-Wagner* § 174 InsO Rn. 11; ebenso wohl auch K. Schmidt/*Jungmann* InsO, § 174 Rn. 5, der eine Bezugnahme in der später erfolgten Anmeldung auf die Korrespondenz mit dem vorläufigen Insolvenzverwalter für zulässig hält).

5   Die Tätigkeit des vorläufigen Insolvenzverwalters beschränkt sich auf die in § 22 InsO genannten Tätigkeiten, zu einer weitergehenden Tätigkeit ist er weder befugt noch verpflichtet. Zwar wird er im Hinblick auf eine möglicherweise zu erwartende Verfahrenseröffnung auch schon den Stand der Verbindlichkeiten des Schuldners ermitteln und zu diesem Zweck auch mit – späteren – Insolvenzgläubigern Kontakt aufnehmen, jedoch können, insbesondere aus Gründen der Rechtssicherheit und Rechtsklarheit, vor Verfahrenseröffnung abgegebene Forderungsanmeldungen keine insolvenzrechtlichen Wirkungen haben (wegen der Hemmung der Verjährung s. Rdn. 62). Gläubiger können ihre Forderungen bis zum Schlusstermin anmelden. Erfolgt die Anmeldung allerdings erst nach der Niederlegung und der öffentlichen Bekanntmachung des Schlussverzeichnisses gem. § 188 kann die Forderung auch dann nicht mehr in das Verteilungsverzeichnis aufgenommen werden, wenn sie zur Tabelle festgestellt wird (§ 189 Rdn. 24 ff.). Zur Forderungsanmeldung durch einen gemeinsamen Vertreter vgl. §§ 5, 19 SchVerschrG.

6   Durch das Gesetz zur Neuregelung des Rechtsberatungsrechts vom 12.12.2007 (BGBl. I S. 2840 ff.) ist Satz 3 des Abs. 1 neu eingefügt worden. Hierdurch ist klargestellt, dass Gläubiger sich auch durch Personen bei der Forderungsanmeldung vertreten lassen können, die Inkassodienstleistungen erbringen (registrierte Personen nach § 10 Abs. 1 Satz 1 Nr. 1 des Rechtsdienstleistungsgesetzes). Zur Ver-

tretung bei der Stellung eines Versagungsantrags gem. § 290 InsO vgl. auch *AG Coburg* NZI 2017, 155.

B. Anzumeldende Forderungen

Nur die **Insolvenzgläubiger** i.S.d. §§ 38, 39 InsO haben ihre Forderungen anzumelden, die nachrangigen Insolvenzgläubiger nur nach vorheriger Aufforderung durch das Insolvenzgericht (Abs. 3, s. Rdn. 50–55). Nur für Insolvenzgläubiger haftet die Insolvenzmasse in der Weise, dass sie aus ihr eine quotenmäßige Befriedigung erwarten können. 7

Gleichgültig ist, aus welchem Rechtsverhältnis die Forderung stammt. Ob den Forderungen ein zivilrechtliches, steuerrechtliches oder sonstiges Rechtsverhältnis zugrunde liegt, ist ohne Bedeutung. Für den Gläubiger, der im Zeitpunkt der Eröffnung des Insolvenzverfahrens einen begründeten Vermögensanspruch gegen den Schuldner hat, ist die Anmeldung seiner Forderung Voraussetzung dafür, dass er am Verfahren beteiligt und – genügend realisierte Masse vorausgesetzt – quotenmäßig befriedigt wird.

Die von der Insolvenzordnung für die Insolvenzgläubiger vorgesehene Beteiligung am Verfahren schließt nach Verfahrenseröffnung alle anderen Möglichkeiten der Insolvenzgläubiger aus, ihre Forderung geltend zu machen. Insolvenzgläubiger können ihre Forderungen nur nach den Vorschriften über das Insolvenzverfahren verfolgen (§ 87 InsO). Insolvenzgläubiger, die nach Eröffnung des Verfahrens einen zur Zeit der Eröffnung bereits begründeten, zivilrechtlichen Anspruch geltend machen wollen, ist dadurch der Weg zu den sonst zuständigen Zivilgerichten versperrt. Zahlungsklagen von Insolvenzgläubigern gegen den Verwalter sind daher als **unzulässig** abzuweisen. 8

Gleiches gilt für Ansprüche, die ihren Ursprung nicht in einem zivilrechtlichen, sondern in einem steuerrechtlichen (vgl. hierzu auch *BFH* NZI 2012, 96) oder verwaltungsrechtlichen Rechtsverhältnis haben (*ThürOVG* DZWIR 2007, 288 für Straßenausbaubeiträge). Auch vor Verfahrenseröffnung begründete Steuerverbindlichkeiten können nur durch Anmeldung zur Tabelle weiterverfolgt werden. Erst wenn die Forderung bestritten ist, kann das Feststellungsverfahren vor den zuständigen Gerichten (§ 185 InsO) betrieben werden. Dies gilt auch für Grundlagenbescheide (*BFH* ZIP 2003, 1212 ff.). Die Insolvenzgläubiger haben nicht die Möglichkeit, auf ihre Teilnahme am Verfahren zu verzichten, während des laufenden Insolvenzverfahrens gegen den Schuldner persönlich Klage zu erheben und nach Abschluss des Verfahrens die Vollstreckung zu betreiben (BT-Drucks. 12/2443 S. 137). Sie können aber nach Aufhebung des Verfahrens ihre Forderungen gegen den Schuldner ggf. weiter verfolgen (*BGH* WM 2011, 131). 9

Anmeldefähig sind nur **vermögensrechtliche Ansprüche**, d.h. Geldforderungen oder Forderungen, die in Geld umrechenbar sind. Höchstpersönliche Ansprüche, die nur der Schuldner selbst erfüllen kann, sind damit von der Teilnahme am Insolvenzverfahren ausgeschlossen (KS-InsO/*Eckardt* S. 746, Rn. 6). Auch Zug-um-Zug-Forderungen können als solche nicht zur Tabelle angemeldet werden, da sie sich nicht für die Berechnung der Quote eignen (*BGH* NZI 2016, 301), der Insolvenzverwalter kann jedoch verpflichtet sein, sie in die Tabelle aufzunehmen, um sie ggf. im Prüftermin zu bestreiten (*BGH* ZIP 2017, 436). 10

Masseverbindlichkeiten (§§ 53–55 InsO) nehmen am Anmeldungs- und Verteilungsverfahren nach §§ 174 ff. InsO nicht teil. Sie sind daher nicht zur Insolvenztabelle anzumelden. Durch die irrtümliche Anmeldung einer Masseforderung zur Tabelle wird diese nicht zur Insolvenzforderung (*OLG Schleswig* ZInsO 2004, 687 ff.). Der Gläubiger ist auch nicht gehindert, die irrtümlich als Insolvenzforderung angemeldete Masseverbindlichkeit weiterhin als solche geltend zu machen. Dies gilt auch dann, wenn der Insolvenzverwalter die Forderung zur Tabelle festgestellt hat (*BGH* NZI 2006, 522). Dies gilt auch für Sozialplanverbindlichkeiten aus Vereinbarungen, die der Insolvenzverwalter abgeschlossen hat. Diese stellen gem. § 123 Abs. 2 Satz 1 InsO Masseverbindlichkeiten dar. Beruhen die Ansprüche auf Vereinbarungen zwischen dem Insolvenzschuldner und dem Arbeitnehmer, stellen sie lediglich Insolvenzforderungen dar, auch dann, wenn sie erst nach Insolvenzeröffnung entstehen. Für diesen Zeitraum können Ansprüche aus dem Arbeitsverhältnis Masse- 11

§ 174 InsO Anmeldung der Forderungen

verbindlichkeiten sein. Bereits mit dem Insolvenzschuldner vereinbarte Abfindungszahlungen, die ebenfalls erst mit Beendigung des Arbeitsverhältnisses, mithin nach Verfahrenseröffnung, entstehen sollten, stellen dagegen Insolvenzforderungen dar (*BAG* 27.09.2007 – 6 AZR 995/06 – *Beck RS* 2008, 50630, m. Anm. *Wolf* in FD-InsR 2008, 254604). Masseverbindlichkeiten sind gem. § 53 InsO aus der Insolvenzmasse vorweg zu berichtigen. Auch Aus- und Absonderungsrechte sind nicht zur Tabelle anzumelden, sie nehmen am Feststellungsverfahren nicht teil (*Braun/ Uhlenbruck* Insolvenzplan, S. 390). Haftet der Insolvenzschuldner dem absonderungsberechtigten Gläubiger allerdings auch persönlich, so ist die Forderung des Gläubigers in vollem Umfange eintragungsfähig. Der Charakter als Ausfallforderung wirkt sich erst im Verteilungsverfahren aus (KS-InsO/*Eckardt* S. 745, Rn. 5).

C. Inhalt und Form der Anmeldung

12 Die Anmeldung muss gem. Abs. 1 Satz 1 schriftlich **beim Insolvenzverwalter** erfolgen. Die Formvorschrift des § 126 Abs. 1 BGB muss nicht eingehalten werden. Die Übermittlung durch Telegrafie, Fernschreiben, Telefax ist ausreichend, dies folgt aus dem Charakter der Anmeldung als Prozesshandlung.

13 Eine Anmeldung kann auch erfolgen durch **elektronische Datenübertragung**, nämlich entweder durch Übergabe eines Datenträgers oder durch Übermittlung eines elektronischen Dokuments, soweit der Insolvenzverwalter der Übermittlung ausdrücklich zugestimmt hat. In diesem Fall sind Urkunden, aus denen sich die Forderung ergibt, unverzüglich nachzureichen (Abs. 4). Erforderlich ist insoweit, dass der Verwalter Vorkehrungen getroffen hat, anhand derer er den genauen Zeitpunkt des Eingangs des Datensatzes unzweifelhaft feststellen und aus den übermittelten Daten einen Ausdruck herstellen kann. Dieser ist wiederum erforderlich für die Niederlegung nach § 175 Abs. 1 Satz 2 InsO.

14 Die Anmeldung ist **in deutscher Sprache** abzufassen (§ 184 GVG); auch wenn sie beim Insolvenzverwalter erfolgt, ist sie doch für ein gerichtliches Verfahren bestimmt (*Kübler/Prütting/Bork-Pape/ Schaltke* InsO, § 174 Rn. 25; **a.A.** KS-InsO/*Eckardt* S. 750, Rn. 13). Allerdings sieht Art. 42 Abs. 2 der Verordnung (EG) Nr. 1346/2000 des Rates über Insolvenzverfahren vom 29. Mai 2000 (abgedruckt in ABlEG Nr. L 160/1 vom 30. Juni 2000) vor, dass Gläubiger aus anderen Vertragsstaaten die Anmeldung auch in einer der Amtssprachen dieses anderen Staates vornehmen. In diesem Fall muss die Anmeldung jedoch mindestens die Überschrift »Anmeldung einer Forderung« in der Amtssprache oder einer der Amtssprachen des Staates der Verfahrenseröffnung tragen. Vom Gläubiger kann darüber hinaus verlangt werden, dass eine Übersetzung der Anmeldung in die Amtssprache oder eine der Amtssprachen des Staates der Verfahrenseröffnung nachgereicht wird.

15 Außer der eindeutigen Bezeichnung des Verfahrens, auf das sich die Anmeldung bezieht, und der ebenfalls eindeutigen Bezeichnung des Gläubigers sind in der Anmeldung **der Grund und der Betrag der Forderung** anzugeben (Abs. 2). Da die Anmeldung eine Form der Rechtsverfolgung darstellt und der Gläubiger aus der Eintragung als Titel die Zwangsvollstreckung betreiben kann, muss die Forderung zur Bestimmung der Reichweite der Rechtskraft eindeutig konkretisiert werden (*BGH* NZI 2002, 37). Die Individualisierung der Forderung dient daneben dem Zweck, den Verwalter und die übrigen Insolvenzgläubiger in den Stand zu versetzen, den geltend gemachten Schuldgrund einer Prüfung zu unterziehen. Mithin hat der Gläubiger bei der Anmeldung den Lebenssachverhalt schlüssig darzulegen, der in Verbindung mit einem – nicht notwendig ebenfalls vorzutragenden – Rechtssatz die geltend gemachte Forderung als begründet erscheinen lässt (*BGH* WM 2013, 574). Gläubiger und Insolvenzverwalter müssen durch die mit der Anmeldung mitgeteilten Umstände in die Lage versetzt werden, die Forderung zutreffend rechtlich zu beurteilen (*BGHZ* 173, 103). Meldet der Gläubiger bspw. eine Forderung als »Schadenersatzanspruch wegen vorsätzlich begangener unerlaubter Handlung wegen der Verletzung von Aufklärungspflichten und wegen der nicht anleger- und nicht anlagegerechten Beratung« zur Tabelle an, so muss er für eine wirksame Forderungsanmeldung den Sachverhalt, der die geltend gemachte Forderung als begründet erscheinen lässt, schlüssig darle-

gen. Hierzu gehört dann auch der konkrete Zeitpunkt des Beratungsgesprächs und der Name des Beraters (*OLG München* BeckRS 2015, 16914).

Der Betrag der Forderung ist in **Euro** anzugeben. Forderungen in ausländischer Währung oder in einer Rechnungseinheit sind vom Gläubiger in Euro umzurechnen; Forderungen, die nicht auf Geld gerichtet sind oder deren Geldbetrag unbestimmt ist, sind vom Insolvenzgläubiger mit dem Wert geltend zu machen, der für die Zeit der Eröffnung des Insolvenzverfahrens geschätzt werden kann (s. Kommentierung zu § 45 InsO). Mit Abschaffung der DM zum 1. Januar 2002 hatte auch für Altverfahren eine Umstellung in Euro stattzufinden (*Bähr* InVo 1998, 205 ff.). 16

Der Anmeldung sollen die **Urkunden**, aus denen sich die Forderung ergibt, in Abdruck beigefügt werden. Urkunden i.S. dieser Vorschrift können alle Urkunden und Dokumente sein, die den Anspruch des Gläubigers belegen, insbesondere also Rechnungen, Lieferscheine, Aufträge, Quittungen, Verträge, Geschäftskorrespondenz usw. Eine Ausnahme gilt jedoch für die Anmeldung von Forderungen aus Schuldverschreibungen. Wenn die Anmeldung durch den gemeinsamen Vertreter der Gläubiger erfolgt, muss er die Schuldurkunden nicht vorlegen (§ 19 Abs. 3 SchVerschrG). 17

Das Beifügen der Urkunden soll es einerseits dem Insolvenzverwalter ermöglichen, zu entscheiden, ob er die Forderung anerkennt oder bestreitet, andererseits dient es auch zur Information der übrigen Beteiligten, insbesondere der anderen Insolvenzgläubiger, da neben dem Insolvenzverwalter auch die Insolvenzgläubiger der Feststellung widersprechen können (§ 178 Abs. 1 InsO). 18

Meldet ein Insolvenzgläubiger seine Forderung an, ohne die Beweisurkunden vorzulegen und kann der Insolvenzverwalter nur aufgrund der Anmeldung die Forderung nicht prüfen und feststellen, dass die Forderung eine begründete Insolvenzforderung ist und widerspricht er deshalb der Feststellung, trägt im vom Gläubiger betriebenen Feststellungsverfahren der Gläubiger das Kostenrisiko, wenn die Urkunden erst im Streitverfahren vorgelegt werden, der Verwalter erst dann die Forderung ausreichend prüfen kann und seinen im Prüfungsverfahren erhobenen Widerspruch zurücknimmt (*OLG Stuttgart* ZInsO 2008, 627 f.). Da es sich lediglich um eine Soll-Vorschrift handelt (*LAG Hamm* ZInsO 2005, 1120), ist die Anmeldung auch wirksam, wenn die Unterlagen nicht beigefügt werden. Der Verwalter ist nicht verpflichtet, die fehlenden Unterlagen anzufordern, bevor er im Prüfungstermin die Forderung bestreitet (*OLG Stuttgart* ZInsO 2008, 627 f.). 19

Gleiches gilt, wenn der Verwalter ein zwischen dem Gläubiger und Schuldner bei Verfahrenseröffnung anhängiges Streitverfahren aufnimmt (s. § 180 Abs. 2 InsO). Der Gläubiger kann den Verwalter hier nicht etwa auf die Prozessakten verweisen. Die zur Prüfung erforderlichen Urkunden hat der Gläubiger dem Verwalter zur Verfügung zu stellen (*OLG Celle* ZIP 1985, 823). 20

Dem lässt sich auch nicht entgegenhalten, dass sich der Verwalter anhand der beim Schuldner vorgefundenen Geschäftsunterlagen hätte unterrichten können. Zwar wird dies häufig ohne große Schwierigkeiten möglich sein, in den Fällen jedoch, in denen der Verwalter eine mangelhafte Organisation der Buchhaltung vorfindet, ist er darauf angewiesen, dass ihm vom Gläubiger die Dokumente zur Verfügung gestellt werden, die eine ausreichende Forderungsprüfung ermöglichen (*AG Köln* ZInsO 2003, 1009). 21

Eine Verpflichtung des Verwalters, zur Forderungsprüfung Einsicht in die Prozessakten zu nehmen (in den Fällen, in denen bereits bei Verfahrenseröffnung ein Rechtsstreit über die Forderung anhängig war), würde insbesondere dann zu einer für den Verwalter unzumutbaren Mehrbelastung führen, wenn zahlreiche Verfahren anhängig sind. 22

Titel, Wechsel und sonstige Schuldurkunden sollen vom anmeldenden Gläubiger im Original eingereicht werden, da auf ihnen nach Abhaltung des Prüfungstermins die Feststellung der Forderung vermerkt wird (§ 178 Abs. 2 Satz 3 InsO). Allerdings enthält die Vorschrift keine zwingende Vorlageverpflichtung für den anmeldenden Gläubiger (*BGH* ZInsO 2006, 102 ff.). Insbesondere ist die Forderungsprüfung auch dann durch den Insolvenzverwalter vorzunehmen, wenn die Originale nicht vorgelegt werden. Ein (vorläufiges) Bestreiten der Forderung bis zur Vorlage der Original-Urkunden ist nicht zulässig (**a.A.** *AG Mönchengladbach* ZInsO 2003, 291). Zu berücksichtigen ist auch, 23 dass der Tabellenauszug keinen Titel für die nach Verfahrenseröffnung entstehenden Zinsen darstellt. Insoweit behält auch der ursprüngliche Titel noch seine Funktion.

D. Fehler und Ergänzungen

I. Allgemeines

24 Solange die Anmeldefrist noch läuft, kann der Gläubiger Fehler und Lücken der Anmeldung ohne Weiteres beheben. Er kann neue Beträge oder auch gänzlich neue Forderungen angeben, er kann des Weiteren z.B. Urkunden nachreichen und Klarstellungen zum Grund der Forderungen anbringen (*Nerlich/Römermann-Becker* InsO, § 174 Rn. 18). Auch soweit Anmeldungen den formellen und materiellen Anforderungen nicht genügen, ist der Insolvenzverwalter nicht befugt, diese zurückzuweisen, jede Forderung wird in die Tabelle aufgenommen und dann ggf. vom Verwalter bestritten (*OLG Dresden* ZInsO 2004, 810 f.; *BGH* ZIP 2017, 436).

25 Ist die Anmeldefrist bereits abgelaufen, ist zu unterscheiden, ob eine bisher erfolgte lückenhafte oder fehlerhafte Anmeldung lediglich ergänzt wird, ohne dass auf einen anderen der angemeldeten Forderungen zugrunde liegenden Lebenssachverhalt zurückgegriffen wird. Soweit der Mindestinhalt (Gläubiger, Grund und Betrag der Forderung) nicht geändert wird, sind solche Ergänzungen unschädlich (*AG Göttingen* ZInsO 2003, 815 f.).

26 Unzulässig hingegen ist es, die angemeldete Forderung in der Weise gegen eine andere **auszutauschen**, dass statt der Forderung, die aus dem bei der ersten Anmeldung vorgetragenen Sachverhalt resultiert, eine – wenn auch gleich hohe – andere Forderung geltend gemacht wird, der jedoch ein anderer Sachverhalt zugrunde liegt. Denn beim Feststellungsverfahren nach § 179 InsO – das der Gläubiger betreiben muss, um einen Widerspruch zu beseitigen – wird geprüft, ob dem Gläubiger genau die Forderung zusteht, deren Bestand er mit dem in der Anmeldung vorgetragenen Sachverhalt behauptet.

27 Gegenstand eines Feststellungsverfahrens kann aber nur die Forderung sein, die der Gläubiger mit dem ihr zugrunde liegenden Sachverhalt angemeldet hat und die so in die Tabelle aufgenommen worden ist (*BFH* ZIP 1987, 583; *BGH* ZIP 2003, 2379 ff.; *BAG* ZIP 2004, 1867 f.). Will der Gläubiger seine Forderung nach wirksamer Anmeldung und Ablauf der Anmeldefrist auf einen anderen Sachverhalt stützen, muss er seine ursprüngliche Forderung zurücknehmen und die Forderung unter Angabe des neuen Sachverhaltes anmelden. Es handelt sich dann um eine nachträgliche Anmeldung (§ 177 Abs. 1 Satz 3 InsO), für die dann auch ein weiterer Prüftermin durchzuführen ist. Eine als Forderung aus Darlehensvertrag zur Tabelle angemeldete Forderung kann, wenn ein Vertragsmangel gegeben ist, im Forderungsfeststellungsverfahren als Forderung aus ungerechtfertigter Bereicherung verfolgt und festgestellt werden (*BGH* WM 2016, 46).

28 Eine **Ermäßigung** der Forderung ist bis zum Prüfungstermin stets möglich, danach, falls die Forderung zur Tabelle festgestellt wurde, nur dann, wenn der Gläubiger gleichzeitig materiell auf die Forderung verzichtet (a.A. *AG Köln* NZI 2016, 168 m. krit. Anm. *Willmer*).

29 Soweit Anhaltspunkte dafür vorliegen, haben die Gläubiger in ihrer Anmeldung die Tatsachen offen zu legen, aus denen sich ergeben könnte, dass der Forderung eine vorsätzlich begangene **unerlaubte Handlung**, eine Unterhaltspflichtverletzung oder eine Steuerstraftat des Schuldners zugrunde liegt, da vom Restschuldbefreiungsverfahren derartige Verbindlichkeiten ausgenommen sind (§ 302 Nr. 1 InsO). Der Gläubiger muss daher bei seiner Forderungsanmeldung bereits darauf hinweisen, wenn er der Auffassung ist, dass der von ihm beanspruchten Forderung eine unerlaubte Handlung des Schuldners zugrunde liegt und entsprechende Tatsachen vortragen. Unterlässt der Gläubiger den Vortrag entsprechender Tatsachen, so wird die Forderung von der Restschuldbefreiung erfasst (§ 302 Nr. 1 InsO).

30 Der Anspruch des Gläubigers auf Feststellung des Rechtsgrundes einer vollstreckbaren Forderung als solcher aus einer vorsätzlich begangenen unerlaubten Handlung verjährt nicht nach den Vorschriften, welche für die Verjährung des Leistungsanspruchs gelten (*BGH* NJW 2011, 1133 m. Anm. *Buck*-

FD-InsR 2011, 312927, BeckRS 2013, 17289). Hat der Anspruch aus vorsätzlich begangener unerlaubter Handlung einen anderen Streitgegenstand als der titulierte Anspruch, kann der Schuldner gegenüber dem Feststellungsbegehren des Gläubigers einwenden, der Anspruch aus vorsätzlich begangener unerlaubter Handlung sei verjährt (*BGH* NJW 2016, 1818).

Der Rechtsgrund der vorsätzlich begangenen unerlaubten Handlung muss in der Anmeldung so beschrieben werden, dass der aus ihm hergeleitete Anspruch in tatsächlicher Hinsicht zweifelsfrei bestimmt ist und der Schuldner erkennen kann, welches Verhalten ihm vorgeworfen wird (*BGH* NZI 2014, 127). Ob hierfür die der Forderungsanmeldung beigefügte Urteilsabschrift, aus der sich eine Schadenersatzpflicht des Schuldners wegen einer vorsätzlich begangenen Tat ergibt, ausreichend ist, ist streitig (*OLG München* VIA 2016, 4 m. krit. Anm. *Schmerbach*). 31

Allerdings kann er einen ursprünglich unterlassenen Vortrag, der Rechtsgrund des Vorsatzdelikts gem. § 174 Abs. 2 liege vor, noch so lange nachholen, wie Anmeldungen im Insolvenzverfahren möglich sind. Die Nachmeldung muss allerdings innerhalb der (6jährigen) Abtretungsfrist erfolgen. Wird sie erst danach vorgenommen, ist sie unbeachtlich, es muss weder der Schuldner hierüber belehrt werden noch findet ein nachträglicher Prüfungstermin statt, in dem das nachgemeldete Forderungsattribut zur Tabelle festgestellt wird (*BGH* NZI 2013, 906) Der Insolvenzverwalter ist verpflichtet, auch für eine bereits zur Tabelle festgestellte Forderung nachträglich angemeldete Tatsachen, aus denen sich nach Einschätzung des Gläubigers ergibt, dass ihr eine vorsätzlich begangene unerlaubte Handlung des Schuldners zugrunde liegt, in die Tabelle einzutragen (*BGH* NZI 2008, 250 ff.). Nimmt der Verwalter dieses Forderungsattribut nachträglich in die Tabelle auf, ist das Insolvenzgericht verpflichtet, den Insolvenzschuldner gem. § 175 Abs. 2 InsO zu belehren. Nur ihm, nicht jedoch dem Insolvenzverwalter, steht ein Widerspruchsrecht insoweit zu (*BGH* NZI 2008, 250 [252], m. Anm. *Kießner* FD-InsR 2008, 254756). 32

Die Behauptung des Gläubigers, die Forderung resultiere aus einer unerlaubten Handlung, ist in der Tabelle zu dokumentieren. Nach der Gesetzesbegründung (BR-Drucks. 14/01 S. 57) soll die Behandlung wie die eines Konkursvorrechts nach altem Recht erfolgen. Dies bedeutet, dass im Forderungsprüfungstermin die **Qualifizierung** der Forderung als solche, aus unerlaubter Handlung **bestritten** werden kann. Dies obliegt dem Schuldner (*BGH* ZInsO 2007, 265 ff.), bei angeordneter Eigenverwaltung kann der eigenverwaltende Schuldner seinen Widerspruch auf den Rechtsgrund der vorsätzlich begangenen unerlaubten Handlung beschränken (*BGH* NZI 2013, 1025). Der Insolvenzverwalter und die übrigen Gläubiger sind nicht berechtigt, diese Qualifikation zu bestreiten (*BGH* NZI 2008, 569; krit. *Schmerbach* NZI 2008, 534). 33

Ist das Forderungsattribut der vorsätzlich begangenen unerlaubten Handlung tituliert, muss der Schuldner gem. § 184 InsO innerhalb eines Monats Klage erheben. Liegt keine Titulierung vor, genügt der Widerspruch des Schuldners, den der Gläubiger wiederum durch Feststellungsklage beseitigen kann. Für diese Feststellungsklage des Gläubigers besteht nach Ansicht des BGH keine Ausschlussfrist. Sie kann daher auch noch nach Aufhebung des Insolvenzverfahrens erhoben werden. Allerdings kann der Schuldner diese Unsicherheit dadurch beseitigen, dass er seinen Widerspruch gegen den angemeldeten, nicht titulierten Rechtsgrund der vorsätzlich begangenen unerlaubten Handlung bereits vor Aufhebung des Insolvenzverfahrens mit der negativen Feststellungsklage gegen den Gläubiger weiter verfolgt (*BGH* NZI 2013, 1025). Bleibt der Widerspruch – der sich insoweit nicht gegen die Forderung als solche, sondern nur gegen die besondere Qualifikation richtet – erfolgreich, nimmt die Forderung am Restschuldbefreiungsverfahren teil. Wird die Qualifikation nicht bestritten oder der Widerspruch im Feststellungsverfahren wieder beseitigt, erstreckt sich die Restschuldbefreiung auf diesen Anspruch des Gläubigers nicht. 34

Hat der Schuldner keinen Antrag auf Restschuldbefreiung gestellt, ist § 302 Ziff. 1 nicht anwendbar. Damit entfällt für den Gläubiger auch das Rechtsschutzinteresse, die Deliktseigenschaft seiner Forderung im Tabellenauszug tituliert zu erhalten. Daraus folgt, dass die Deliktseigenschaft einer Gläubigerforderung bei fehlendem Restschuldbefreiungsantrag des Schuldners nicht zur Eintragung 35

II. Anmeldefähige Forderungen

36 Bei Forderungen von Insolvenzgläubigern kann sich die Vorabprüfung durch den Verwalter darauf beschränken, ob der Gläubiger, der Betrag und der Rechtsgrund ausreichend angegeben sind. Die Angabe des Betrages und des Grundes ist bereits durch das Gesetz (Abs. 2) vorgeschrieben. Bei Angabe des Gläubigers ist darauf zu achten, dass der Rechtsinhaber der behaupteten Forderung genau bezeichnet wird. Allerdings ist nach der neueren Rspr. nunmehr ausreichend, dass als Inhaber der Forderung eine **BGB-Gesellschaft** angegeben wird. Zwar besitzt die BGB-Gesellschaft keine eigene Rechtspersönlichkeit, sie ist aber insolvenzfähig (§ 11 InsO) und von der neueren Rspr. des BGH auch als partei- und prozessfähig anerkannt worden. Als Forderungsinhaber müssen daher nicht mehr die einzelnen Gesellschafter der Gesellschaft bürgerlichen Rechts in die Tabelle aufgenommen werden.

37 Da nach Verfahrensaufhebung die Insolvenzgläubiger ihre im Verfahren nicht befriedigten Forderungen aufgrund der Eintragung in der Tabelle geltend machen können (§ 201 InsO) und ihnen zu diesem Zweck ein vollstreckbarer Tabellenauszug zu erteilen ist, die Eintragung in die Tabelle darüber hinaus wie bei einem vollstreckbaren Urteil die Zwangsvollstreckung ermöglicht, müssen auch – wie im zivilgerichtlichen Verfahren – die Parteien, hier also besonders die Gläubiger, in der Tabelle so bezeichnet sein, dass an der Rechtsträgerschaft kein Zweifel besteht.

38 Lässt sich aus der Anmeldung nicht erkennen, wer der **Rechtsinhaber** der Forderung ist, muss dieser Mangel dazu führen, dass die Forderung im Prüfungstermin nicht festgestellt wird (*BGH* ZInsO 2009, 381). Im Vorfeld des gerichtlichen Prüfungsverfahrens obliegt es daher dem Verwalter, bei Forderungen, die im Übrigen zur Tabelle angemeldet werden können, jedoch die Rechtsinhaberschaft nicht klar erkennen lassen, in geeigneter Weise auf eine Klärung hinzuwirken.

39 Eine pauschale Anmeldung, in der mehrere Gläubiger ihre Einzelforderung anmelden, ist dann zulässig, wenn aus der Anmeldung ersichtlich ist, welcher Gläubiger welche Forderung geltend machen will. Es handelt sich dabei dann um die Anmeldung einzelner Forderungen, die nur äußerlich in einer Anmeldung zusammengefasst sind und für jeden Gläubiger zu einem eigenen Tabelleneintrag führen.

40 Unzulässig dagegen ist es jedoch, wenn die einzelnen Forderungen addiert werden und nur der Gesamtbetrag mit einer Aufstellung der daran beteiligten Gläubiger angemeldet wird. Eine derartige, pauschal angemeldete Forderung ist nicht prüfungsfähig und ihr muss, falls der Mangel nicht behoben wird, vom Verwalter widersprochen werden (*BGH* ZInsO 2009, 381). Gegenstand der Forderungsprüfung ist stets, ob dem einzelnen Gläubiger die von ihm behauptete Forderung zusteht (*BAG* ZIP 1986, 518 betreffend Forderungen aus einem Sozialplan).

41 Wird dieselbe Forderung von mehreren Gläubigern angemeldet (**Doppelanmeldung**), so sind beide Anmeldungen wirksam und werden in die Tabelle aufgenommen. Lässt sich im Prüfungstermin nicht klären, welchem der beiden Gläubiger die Forderung zusteht, weil der Streit zwischen den Forderungsprätendenten noch nicht abschließend entschieden ist, so kann der Verwalter die Forderung in Grund und Höhe für beide Gläubiger unter dem Vorbehalt anerkennen, dass sie demjenigen zusteht, der im Streit über die Inhaberschaft obsiegt (*BGH* NJW 1970, 810).

42 Bei **Gesamtgläubigern** kann jeder der Gläubiger alleine anmelden; ebenso bei einer ungeteilten Erbengemeinschaft. Gesamtgutsforderungen einer Gütergemeinschaft meldet der Verwaltungsberechtigte an (*Eickmann* Insolvenzrechtshandbuch, § 63 Rn. 3).

43 Für prozessunfähige Personen meldet der gesetzliche Vertreter an. Gewillkürte Vertreter haben eine Vollmachtsurkunde vorzulegen. Eine Ausnahme gilt nach § 88 Abs. 2 ZPO nur für Rechtsanwälte als Gläubigervertreter.

III. Nicht anmeldefähige Forderungen

Nicht anmeldefähige Forderungen i.S. dieser Ausführungen sind die Forderungen, die zwar als Insolvenzforderungen angemeldet werden (mit dem Ziel der Prüfung und Feststellung nach den §§ 174 ff. InsO und der quotenmäßigen Befriedigung), die aber aufgrund ihrer insolvenzrechtlichen Einordnung nicht zu den Forderungen gehören, die zur Zeit der Eröffnung des Insolvenzverfahrens begründet waren und für die ein anderes Verfahren zu ihrer Erfüllung vorgeschrieben ist. Dies sind die Ansprüche auf Aussonderung (§ 47 InsO) und Absonderung (§§ 49–51 InsO) und die Ansprüche der Massegläubiger (§§ 53–55 InsO). Ein auf Vereinbarungen mit dem Insolvenzschuldner beruhender Abfindungsanspruch stellt eine Insolvenzforderung auch dann dar, wenn er erst nach Insolvenzeröffnung entstanden ist (*BAG* 27.09.2007 – 6 AZR 995/06, BeckRS 2008, 50630, m. Anm. *Wolf* FD-InsR 2008, 254604). 44

Nicht fällige Forderungen (§ 41 InsO), auflösend bedingte Forderungen (§ 42 InsO) und Forderungen, für die neben dem Schuldner weitere Personen haften (§ 43 InsO) sind Insolvenzforderungen. Die Gläubiger solcher Forderungen können derartige Forderungen anmelden. 45

Aufschiebend bedingte Forderungen werden zunächst wie unbedingte Forderungen behandelt und können daher ohne Einschränkungen angemeldet werden. Dass Forderungen aufschiebend bedingt sind, wirkt sich erst bei einer Abschlags- oder Schlussverteilung aus (§ 191 InsO). 46

Werden nicht anmeldefähige Forderungen fälschlicherweise zur Eintragung in die Tabelle angemeldet, ist der Anmeldende vom Insolvenzverwalter darauf hinzuweisen, dass seine Anmeldung nicht der richtige Weg der Rechtsverfolgung ist (*OLG München* ZIP 1981, 887). Der Gläubiger ist nicht gehindert, die irrtümlich als Insolvenzforderung angemeldete Masseverbindlichkeit weiterhin als solche geltend zu machen, selbst wenn die Feststellung zur Tabelle erfolgt ist (*BGH* NZI 2006, 522 ff.). Die Feststellung kann allerdings u.U. zur Schadenersatzpflicht des Verwalters führen. Die vom Gläubiger angemeldete Forderung ist gleichwohl in die Tabelle aufzunehmen und ggf. im Prüfungstermin zu bestreiten, wenn sie vom Gläubiger nicht bis zum Prüfungstermin wieder zurückgenommen worden ist. 47

Die Feststellung einer Forderung zur Tabelle, die nach dem Inhalt der Anmeldung von einer Zug-um-Zug zu erbringenden Gegenleistung abhängig ist, ist aus Rechtsgründen nicht möglich (so schon *BGH* ZIP 2003, 2379). Ist sie formal ordnungsgemäß angemeldet, ist der Insolvenzverwalter jedoch verpflichtet, sie in die Tabelle einzutragen, auch wenn er meint, der Forderung stünden insolvenzrechtliche Einwendungen entgegen (*BGH* ZIP 2017, 436). 48

IV. Zurückweisung von Anmeldungen

Die Forderungsanmeldung erfolgt beim Insolvenzverwalter. Er hat die **Vorprüfung** vorzunehmen, ob eine den Mindestanforderungen entsprechende Anmeldung vorliegt. Ist dies der Fall, wird die Anmeldung in die Tabelle aufgenommen, wenn der Gläubiger ausdrücklich die Anmeldung als Insolvenzforderung zur Tabelle vorgenommen hat. In diesem Falle werden auch nicht anmeldefähige Forderungen (bspw. Masseforderungen) in die Insolvenztabelle aufgenommen und im Prüfungstermin ggf. bestritten, soweit der Gläubiger sie bis dahin nicht zurücknimmt. Zu einer Zurückweisung der Anmeldung ist der Verwalter nicht befugt, insoweit übt er zunächst lediglich eine beurkundende Tätigkeit aus (KS-InsO/*Eckardt* S. 752 Rn. 18; so auch *OLG Dresden* ZInsO 2004, 810) und hat ein Prüfungsrecht allenfalls für formale Mängel (*BGH* ZIP 2017, 436). 49

Eine Ausnahme gilt für die Fälle, in denen noch nicht einmal eine ordnungsgemäße Aufnahme in die Tabelle möglich ist. Dies ist beispielsweise dann der Fall, wenn der Gläubiger eines Anspruches auf eine Sachleistung es unterlässt, seine Forderung in Geld umzurechnen (§ 45 InsO). 50

Da in die Tabelle ausnahmslos nur Geldbeträge eingetragen werden können, muss der Verwalter in solchen Fällen die Eintragung ablehnen und den Anmeldenden unterrichten. Dieser mag dann beim Insolvenzgericht anregen, den Verwalter anzuweisen, die Forderung in die Tabelle aufzunehmen. 51

52 Werden **nachrangige Insolvenzforderungen** im Anmeldeverfahren als reguläre Insolvenzforderungen ohne Hinweis auf den Nachrang angemeldet, so sind auch diese Forderungen in die Tabelle aufzunehmen. Aufgrund des Nachranges ist im Prüfungstermin die Forderung zu bestreiten. Dies hat auch dann zu gelten, wenn der Nachrang für den Insolvenzverwalter zwar offensichtlich ist, die Forderung vom Gläubiger jedoch gleichwohl ohne Nachrang angemeldet wird (a.A. *Kübler/Prütting/Bork-Pape/Schaltke* InsO, § 174 Rn. 39).

53 Der auf einer Gewinnzusage beruhende Anspruch auf Leistung des Preises (§ 661a BGB) kann im Insolvenzverfahren nur als nachrangige Forderung (§ 39 Abs. 1 Nr. 4 InsO) geltend gemacht werden (*BGH* ZInsO 2008, 505).

54 Lehnt der Verwalter die Eintragung ab, steht dem Gläubiger hiergegen **kein Rechtsmittel** zu (HK-InsO/*Depré* § 175 Rn. 7 ff.). Er kann jedoch gem. § 58 Abs. 2 Satz 1 InsO das Gericht anrufen und anregen, den Verwalter im Rahmen der gerichtlichen Aufsichtspflicht zur Eintragung anzuweisen. Gegen eine ablehnende Entscheidung des Insolvenzgerichts ist ein Rechtsmittel wiederum nicht gegeben, dem Gläubiger bleibt dann ggf. nur die Möglichkeit, Haftungsansprüche gegen den Verwalter geltend zu machen.

E. Nachrangige Insolvenzgläubiger

55 Die nachrangigen Insolvenzgläubiger (§ 39 InsO) sind Insolvenzgläubiger wie die übrigen nicht nachrangigen Insolvenzgläubiger auch. Ihre Mitwirkung am Verfahren ist jedoch eingeschränkt (§§ 75 Abs. 1 Nr. 3, 77 Abs. 1 Satz 2 InsO).

56 Für das Anmeldeverfahren sieht die InsO vor, dass im Eröffnungsbeschluss die Gläubiger aufzufordern sind, ihre Forderungen beim Insolvenzverwalter anzumelden (§ 28 Abs. 1 Satz 1 InsO). Dabei ist Abs. 3 zu beachten, wonach die Forderungen nachrangiger Gläubiger nur anzumelden sind, soweit das Insolvenzgericht dazu auffordert, wobei bei einer solchen Anmeldung auf den Nachrang hinzuweisen und die dem Gläubiger zustehende Rangstelle zu bezeichnen ist.

57 Sind die nachrangigen Gläubiger nicht zur Anmeldung aufgefordert worden und es gehen beim Insolvenzverwalter gleichwohl Anmeldungen von nachrangigen Gläubigern ein, die auf den Nachrang ausdrücklich hinweisen, so sind diese Anmeldungen nicht in die Tabelle aufzunehmen. Weisen die Gläubiger nicht auf den Nachrang hin, sondern melden ihre nachrangigen Forderungen als reguläre Insolvenzforderungen an, sind sie vom Verwalter in die Tabelle aufzunehmen und im Prüfungstermin zu bestreiten. Eine Feststellung als nachrangige Forderung scheidet aus (*OLG Karlsruhe* ZInsO 2007, 551 f.).

58 Die Aufforderung an die nachrangigen Gläubiger, ihre Forderungen anzumelden, kann auch im Laufe des Verfahrens noch erfolgen, wenn sich entgegen der ursprünglichen Einschätzung herausstellt, dass einzelne Rangklassen – oder auch alle nachrangigen Insolvenzgläubiger – mit einer Befriedigung rechnen können oder wenn in einem Insolvenzplan Ausschüttungen auch auf die nachrangigen Insolvenzgläubiger vorgesehen sind. In diesen Fällen ist für die Ermittlung der Anmeldefrist § 28 Abs. 1 Satz 2 InsO entsprechend anzuwenden. Erfolgt die Aufforderung erst kurz vor dem allgemeinen Prüfungstermin, so ist ein gesonderter Prüfungstermin zu bestimmen oder die Prüfung ins schriftliche Verfahren zu verlagern (§ 177 Abs. 2 InsO).

59 Die nachträgliche Aufforderung ist zusammen mit der Bestimmung eines besonderen Prüfungstermins oder der Anordnung der Prüfung im schriftlichen Verfahren öffentlich bekannt zu machen. Dies folgt aus entsprechender Anwendung von §§ 28 Abs. 1 Satz 1, 30 Abs. 1 Satz 1, 74 Abs. 2 InsO (*Nerlich/Römermann-Becker* InsO, § 174 Rn. 29).

F. Wirkung der Anmeldung

60 Insolvenzrechtlich ist die Forderungsanmeldung der erste und wesentliche Schritt für den Insolvenzgläubiger, sich am Verfahren zu beteiligen. Ohne Anmeldung seiner Forderung nimmt er am Verfahren nicht teil, erhält daher auch kein Stimmrecht (§ 77 InsO) und keine Möglichkeit, bei der

Verteilung berücksichtigt zu werden (§ 187 ff. InsO). Nur durch die Anmeldung erwirbt der Insolvenzgläubiger das Recht, im Prüfungstermin die Forderungen anderer Gläubiger zu bestreiten (*Braun/Specovius* InsO, § 174 Rn. 35).

Die Anmeldung erfolgt beim Insolvenzverwalter, im Falle der Eigenverwaltung beim Sachwalter (§ 270 Abs. 3 Satz 1 InsO), im vereinfachten Verfahren beim Treuhänder (§§ 174 Abs. 1 Satz 1, 313 Abs. 1 Satz 1 InsO). 61

Die wirksame Anmeldung der Forderung beim Insolvenzverwalter hemmt die **Verjährung** (§ 204 Abs. 1 Nr. 10 BGB). Erforderlich hierfür ist, dass die Forderung nach Verfahrenseröffnung und vor Verjährungseintritt angemeldet wird. Forderungsanmeldungen, die schon vor Verfahrenseröffnung beim vorläufigen Insolvenzverwalter eingehen, entfalten keine Rechtswirkung. Eine Anmeldung kann erst nach Eröffnung des Verfahrens beim Insolvenzverwalter erfolgen (a.A. *Uhlenbruck/Sinz* § 174 Rn. 14). Eine Forderungsanmeldung, die den Mindestanforderungen (Gläubiger, Grund und Betrag) nicht entspricht, ist nicht wirksam und hat daher keine verjährungshemmende Wirkung. Muss die Anmeldung daher ergänzt werden, liegt eine wirksame Anmeldung und damit die verjährungshemmende Wirkung erst dann vor, wenn die so nachgebesserte Anmeldung dem Insolvenzverwalter zugeht. 62

Kommt einer Forderungsanmeldung mangels ordnungsgemäßer Individualisierung keine verjährungshemmende Wirkung zu, gilt Gleiches für eine auf ihrer Grundlage erhobene Feststellungsklage (*BGH* NZI 2013, 388). Nur eine ordnungsgemäße, rechtzeitige und vollständige Forderungsanmeldung hemmt gem. § 204 Abs. 1 Nr. 10 BGB die Verjährung. Da die Anmeldung eine Form der Rechtsverfolgung darstellt, muss die Forderung zur Bestimmung der Reichweite der Rechtskraft eindeutig konkretisiert werden. Mithin hat der Gläubiger bei der Anmeldung den Lebenssachverhalt darzulegen, der in Verbindung mit einem – nicht notwendig ebenfalls vorzutragenden – Rechtssatz die geltend gemachte Forderung als begründet erscheinen lässt (*BGH* WM 2009, 469). Meldet der Gläubiger eine Darlehensforderung an, handelt es sich hier jedoch tatsächlich um eine Forderung aus unerlaubter Handlung, genügt dies für die Verjährungsunterbrechung nicht (BGHZ 173, 103). Eine als Forderung aus Darlehensvertrag zur Tabelle angemeldete Forderung kann jedoch, wenn ein Vertragsmangel gegeben ist, im Forderungsfeststellungsverfahren als Forderung aus ungerechtfertigter Bereicherung verfolgt und festgestellt werden (*BGH* NJW-RR 2016, 303). 63

Die Anmeldung einer Masseforderung als Insolvenzforderung hemmt die Verjährung nicht. Will der Gläubiger später die Masseverbindlichkeit noch geltend machen, ist er hieran grds. nicht gehindert. Ist seine Masseforderung inzwischen jedoch verjährt, kann sich der Insolvenzverwalter hierauf berufen, auch wenn er die angemeldete Masseforderung als Insolvenzforderung in die Tabelle aufgenommen hatte (*LAG Hamburg* ZIP 1988, 1270). 64

Wegen der verjährungshemmenden Wirkung der Forderungsanmeldung muss der Insolvenzverwalter den Zeitpunkt des Eingangs der Forderungsanmeldung dokumentieren. Anmeldungen sind daher mit einem Eingangsstempel zu versehen, auf denen das Datum des Eingangs vermerkt wird (HK-InsO/*Depré* § 174 Rn. 18; *Kübler/Prütting/Bork-Pape/Schaltke* InsO, § 174 Rn. 35; KS-InsO/*Eckardt* S. 750 Rn. 12). Dies gilt in entsprechender Weise auch für Anmeldungen, die im Wege elektronischer Datenfernübertragung gem. Abs. 4 erfolgt sind. 65

Auch wenn der Gläubiger seine Forderung nicht zur Tabelle angemeldet hat, kann er doch nach Aufhebung des Insolvenzverfahrens seinen Anspruch – so er bis dahin nicht bereits verjährt ist – gegen den Schuldner weiter verfolgen. Ist der Schuldner eine natürliche Person, so steht eine mögliche spätere Restschuldbefreiung des Schuldners der Durchsetzbarkeit der Forderung während der Wohlverhaltensperiode nicht entgegen (*BGH* 28.11.2010 – IX ZR 67/10, MDR 2011, 195). Erst wenn die Restschuldbefreiung erteilt wird, wird der Schuldner von allen bis dahin unerfüllten Verbindlichkeiten befreit, auch von solchen, die nicht zur Tabelle angemeldet worden sind (vgl. *Braun/Lang* InsO, § 301 Rn. 1 und 10). Zwangsvollstreckungen durch einzelne Insolvenzgläubiger sind während der Dauer der Wohlverhaltensperiode allerdings nicht zulässig (§ 294). 66

§ 175 Tabelle

(1) ¹Der Insolvenzverwalter hat jede angemeldete Forderung mit den in § 174 Abs. 2 und 3 genannten Angaben in eine Tabelle einzutragen. ²Die Tabelle ist mit den Anmeldungen sowie den beigefügten Urkunden innerhalb des ersten Drittels des Zeitraums, der zwischen dem Ablauf der Anmeldefrist und dem Prüfungstermin liegt, in der Geschäftsstelle des Insolvenzgerichts zur Einsicht der Beteiligten niederzulegen.

(2) Hat ein Gläubiger eine Forderung aus einer vorsätzlich begangenen unerlaubten Handlung, aus einer vorsätzlich pflichtwidrig verletzten gesetzlichen Unterhaltspflicht oder aus einer Steuerstraftat nach den §§ 370, 373 oder § 374 der Abgabenordnung angemeldet, so hat das Insolvenzgericht den Schuldner auf die Rechtsfolgen des § 302 und auf die Möglichkeit des Widerspruchs hinzuweisen.

Übersicht

		Rdn.			Rdn.
A.	Allgemeines und Inhalt der Tabelle	1	C.	Belehrungspflicht des Insolvenzgerichts	19
B.	Niederlegung der Tabelle	15	D.	Einsichtsrecht der Gläubiger	24

A. Allgemeines und Inhalt der Tabelle

1 Die Tabelle ist **Grundlage für das gerichtliche Prüfungsverfahren**; nur die Forderungen, die in die Tabelle eingetragen worden sind, können geprüft werden. Nur geprüfte Forderungen werden in einem Verteilungsverzeichnis aufgenommen (§ 188 InsO). Einen Auszug aus der Tabelle kann der Gläubiger nach Abschluss des Insolvenzverfahrens wegen noch offener Forderungen als Vollstreckungstitel einsetzen, wenn nicht der Schuldner der Feststellung widersprochen hatte (§ 201 Abs. 2 InsO) oder die Forderung im Wege der Restschuldbefreiung ihre Erledigung gefunden hat.

2 Das **Erstellen der Tabelle** ist Aufgabe des Insolvenzverwalters. Bei Eigenverwaltung ist der Sachwalter zuständig (§§ 175 Satz 1, 270 Abs. 3 InsO). Aufgrund der bei ihm eingegangenen Anmeldungen hat er den Gläubiger, den Grund und den Betrag der Forderungen einzutragen. Der Verwalter trägt die Forderungen so ein, wie der Gläubiger sie ihm gegenüber angemeldet hat. Er verbessert die Angaben nicht Kraft eigener Einsicht (*Nerlich/Römermann-Becker* InsO, § 175 Rn. 3).

3 Liegt eine **unwirksame Anmeldung** vor, weil bspw. der Gläubiger nicht erkennbar ist oder kein Betrag angegeben wurde, so erfolgt keine Eintragung in die Tabelle. Der Insolvenzverwalter hat allerdings den Gläubiger aufzufordern, seine unzureichende Anmeldung nachzubessern. Erfolgt dies rechtzeitig innerhalb der Anmeldefrist, wird die Forderung dann in die Tabelle aufgenommen mit dem Anmeldetag, an dem durch die Nachbesserungen eine wirksame Anmeldung vorgelegen hat. Bei den nachrangigen Forderungen ist zusätzlich einzutragen, dass es sich um eine nachrangige Forderung handelt und welchen Rang (s. § 39 InsO) die Forderung beansprucht.

4 Die Tätigkeit des Insolvenzverwalters bei der Führung der Tabelle kann sich nicht in einer rein beurkundenden Tätigkeit erschöpfen (a.A. KS-InsO/*Eckardt* S. 752 Rn. 18). Dem Insolvenzverwalter steht ein eigenes **Vorprüfungs- und Zurückweisungsrecht** zu, das er allerdings eher restriktiv und zurückhaltend auszuüben hat. Für die Eintragung in die Tabelle durch den Insolvenzverwalter müssen die Mindestvoraussetzungen für eine ordnungsgemäße Anmeldung gewahrt sein, es muss sich aus der Anmeldung der Gläubiger, der Grund und der Betrag der Forderung ergeben. Fehlt eine dieser Mindestvoraussetzungen, so wird der Insolvenzverwalter die Eintragung in die Tabelle verweigern (MüKo-InsO/*Nowak* § 174 Rn. 27 ff.; **a.A.** *OLG Dresden* ZInsO 2004, 810, das lediglich von einer Hinweispflicht gegenüber dem fehlerhaft anmeldenden Gläubiger ausgeht).

5 Der Insolvenzverwalter trägt die angemeldete Forderung in die Tabelle ein, auch wenn er der Überzeugung ist, sie sei von ihm ohnehin zu bestreiten. Dies gilt auch für fälschlicherweise angemeldete Masseverbindlichkeiten ebenso wie für zur Tabelle angemeldete Nachrangforderungen, sofern der Gläubiger bei der Anmeldung auf den Nachrang nicht hingewiesen hat. In diesen Fällen hat der In-

solvenzverwalter die Forderung in die Tabelle aufzunehmen, im Rahmen der Forderungsprüfung kann er sie dann bestreiten. Der Gläubiger hat dann die Möglichkeit, seine Rechte im Feststellungsverfahren weiter zu verfolgen.

Meldet ein Gläubiger eine **Masseverbindlichkeit** mit ausdrücklicher Bezeichnung als Masseschuld zur Tabelle an, so ist der Verwalter gehalten, die Anmeldung nicht in die Tabelle aufzunehmen, sondern den Gläubiger auf die vorrangige Befriedigungsmöglichkeit nach § 53 InsO hinzuweisen. Fehlt ein Hinweis auf den Charakter als Masseverbindlichkeit, wird die Forderung in der Tabelle aufgenommen und im Prüfungstermin dann vom Verwalter ggf. bestritten. 6

Ist die als Insolvenzforderung angemeldete Masseverbindlichkeit zur Tabelle festgestellt worden, kann dennoch gem. § 55 InsO Vorabbefriedigung verlangt und ggf. klagweise durchgesetzt werden (*BGH* NZI 2006, 522 ff.).

Werden im Insolvenzverfahren des persönlich haftenden Gesellschafters Ansprüche von Gläubigern angemeldet, die gem. § 93 InsO während der Dauer des Insolvenzverfahrens über das Vermögen der Gesellschaft nicht direkt von den Gläubigern sondern vom Insolvenzverwalter der Gesellschaft geltend zu machen sind, so sind diese Anmeldungen ebenfalls in die Tabelle aufzunehmen, auch wenn sie vom Verwalter im Prüfungstermin bestritten werden müssen. 7

Weigert sich der Insolvenzverwalter, eine vom Gläubiger angemeldete Forderung in die Tabelle aufzunehmen, steht dem Gläubiger hiergegen ein formelles **Rechtsmittel** nicht zur Verfügung (*Uhlenbruck/Sinz* InsO, § 175 Rn. 14). Er kann lediglich beim Insolvenzgericht anregen, im Wege der Aufsicht den Insolvenzverwalter anzuweisen, die Anmeldung in die Tabelle aufzunehmen. Folgt das Gericht dieser Anregung nicht, steht dem Gläubiger hiergegen ein Rechtsmittel nicht zur Verfügung. Weist das Gericht den Insolvenzverwalter an, kann es – wenn der Insolvenzverwalter noch immer nicht tätig wird – nach vorheriger Androhung Zwangsgeld gegen ihn festsetzen. Hiergegen steht dem Insolvenzverwalter dann die sofortige Beschwerde zu (§ 58 Abs. 2 Satz 3 InsO). 8

Folgt das Gericht der Anregung des Gläubigers nicht, so bleibt diesem lediglich die Möglichkeit, Haftungsansprüche gegen den Insolvenzverwalter geltend zu machen, soweit ihm ein Schaden entstanden ist.

Der Insolvenzverwalter führt die Tabelle **bis zum Prüfungstermin**, danach verbleibt sie grds. auf der Geschäftsstelle des Insolvenzgerichts. Wegen der Beurkundungsfunktion des Gerichts (§ 78 Abs. 3 InsO) sind nachträgliche Änderungen sowohl bei Rücknahme des Widerspruchs durch den Insolvenzverwalter, Insolvenzgläubiger oder Schuldner als auch nach Obsiegen im Feststellungsprozess (§ 183 Abs. 2 InsO) durch das Insolvenzgericht vorzunehmen. Eine Berichtigung durch den Insolvenzverwalter ist nicht möglich (HK-InsO/*Depré* § 175 Rn. 13). 9

Die Frage, wer **nach dem Prüfungstermin** die Tabelle pflegt, ist dahingegen eher pragmatisch zu beurteilen. Überwiegend erfolgt dies naturgemäß weiter durch den Verwalter. 10

Bis zum Prüfungstermin können vom Verwalter auch offensichtliche Tipp- oder Übertragungsfehler jederzeit berichtigt werden (MüKo-InsO/*Nowak* § 175 Rn. 14; *Uhlenbruck/Sinz* InsO, § 175 Rn. 18). Nach Übergang der Zuständigkeit der Tabellenführung auf das Insolvenzgericht (§ 178 Abs. 2 InsO) erfolgen Änderungen und Berichtigungen nur noch durch das Insolvenzgericht (vgl. auch *AG Göttingen* ZInsO 2003, 815 f.). 11

Die Insolvenzordnung lässt durch § 5 Abs. 3 InsO ausdrücklich zu, dass Tabellen und Verzeichnisse maschinell hergestellt und bearbeitet werden können. Deshalb kann der Verwalter auch die Tabelle der Insolvenzforderungen maschinell und mit Unterstützung einer EDV-Anlage erstellen. Es ist auch zulässig, dass der Insolvenzverwalter die **Tabelle in maschinenlesbarer Form** dem Gericht einreicht (z.B. auf Diskette oder durch DFÜ). Voraussetzung dafür ist jedoch, dass die Gerichte mit der erforderlichen Hardware ausgestattet sind und dass zwischen Gericht und Insolvenzverwalter eine Abstimmung bei der verwendeten Software stattgefunden hat. 12

13 Für das weitere gerichtliche Verfahren (Niederlegung der Tabelle, Durchführung des Prüfungstermins und Beurkundung des Prüfungsergebnisses, Erteilung von vollstreckbaren Tabellenauszügen) muss jedoch stets ein **Ausdruck der Tabelle** erstellt werden. Die Tabelle kann zwar maschinell hergestellt und bearbeitet werden, eine Tabelle aber, die nur auf einem elektronischen Datenträger (Diskette) vorhanden ist, stellt keine Tabelle i.S.d. Vorschriften der Insolvenzordnung dar.

14 Der Tabelle beizufügen hat der Verwalter die Anmeldungen der Gläubiger und die den Anmeldungen beigefügten Urkunden (s. § 174 Abs. 1 Satz 2 InsO).

B. Niederlegung der Tabelle

15 Die Tabelle – bei Übermittlung der Tabelle durch einen elektronischen Datenträger: der Ausdruck der Tabelle – ist mit den Anmeldungen und den beigefügten Urkunden in der Geschäftsstelle des Insolvenzgerichts niederzulegen.

16 **Niederlegen** bedeutet, dass die Tabelle mit den ihr beigefügten Unterlagen getrennt von der Gerichtsakte aufbewahrt wird. Damit wird sichergestellt, dass auch dann, wenn die Gerichtsakte beispielsweise an eine andere Abteilung des Gerichts abgegeben ist, den Beteiligten die Einsichtnahme in die Tabelle möglich ist.

17 Damit den Beteiligten vor dem Prüfungstermin ausreichend Zeit bleibt, Einsicht in die Tabelle zu nehmen, schreibt § 175 Satz 2 InsO vor, dass die Tabelle innerhalb des ersten Drittels des Zeitraumes zwischen dem Ablauf der Anmeldefrist und dem Prüfungstermin niederzulegen ist. Der Zeitraum zwischen dem Ablauf der Anmeldefrist und dem Prüfungstermin soll mindestens eine Woche und höchstens zwei Monate betragen (s. § 29 Abs. 1 Nr. 2 InsO). Nach den Anordnungen, die im Eröffnungsbeschluss zur Anmeldefrist und zum Prüfungstermin getroffen worden sind, richtet sich damit der Zeitpunkt, bis zu dem die Tabelle niederzulegen ist.

18 Die bisherige Praxis hat gezeigt, dass Insolvenzgläubiger nur sehr selten von der Möglichkeit Gebrauch machen, die in der Geschäftsstelle niedergelegte Tabelle einzusehen. Dies hat bei einzelnen Gerichten dazu geführt, dass sie von der Niederlegung absehen oder bereits im Eröffnungsbeschluss darauf hinweisen, dass die Niederlegung nicht in der Geschäftsstelle des Insolvenzgerichts sondern in den Geschäftsräumen des Verwalters erfolgt. Auch wenn diese Handhabung praktischen Bedürfnissen entspricht, ist sie, da gegen das Gesetz verstoßend, entschieden abzulehnen (*Braun/Specovius* InsO, § 175 Rn. 21–23; *Uhlenbruck/Sinz* InsO, § 175 Rn. 21).

C. Belehrungspflicht des Insolvenzgerichts

19 Durch das InsO-ÄndG 2001 (BGBl. I S. 2710) ist Abs. 2 der bisherigen Vorschrift angefügt worden. Dadurch wurde das Insolvenzgericht verpflichtet, in den Fällen, in denen Gläubiger **Forderungen aus einer vorsätzlich begangenen, unerlaubten Handlung** angemeldet haben, den Schuldner auf die Rechtsfolgen des § 302 InsO und die Möglichkeit des Widerspruchs hinzuweisen.

20 Der Schuldner soll durch den **Hinweis durch das Insolvenzgericht** daran erinnert werden, dass er die Möglichkeit hat, sowohl die Forderungen insgesamt als auch die Behauptung, sie sei in einer unerlaubten Handlung begründet, im Prüfungstermin zu bestreiten. Nur durch ein derartiges Bestreiten kann der Schuldner verhindern, dass die vom Gläubiger angemeldete Forderung von den Wirkungen der Restschuldbefreiung ausgenommen bleibt.

21 Die Belehrung durch das Insolvenzgericht muss sich auf die jeweils konkret angemeldete Forderung beziehen. Sie kann nach Auffassung des Gesetzgebers auch **nicht pauschal in einem Antragsformular** erfolgen (Begr. zu § 175 Abs. 2 BT-Drucks. 14/6468 S. 17), wobei das Gesetz keinen Hinweis dafür enthält, wann das Insolvenzgericht denn die Belehrung aussprechen soll. Die Forderungen werden beim Insolvenzverwalter angemeldet. Das Insolvenzgericht erhält von der Anmeldung und ihrem Inhalt erst durch die Einreichung der Tabelle und der Forderungsanmeldungen nebst Urkunden zur Niederlegung auf der Geschäftsstelle Kenntnis. Erst dann kann das Insolvenzgericht daher seiner Belehrungspflicht nachkommen, andererseits muss sie so rechtzeitig erfolgen, dass der Schuldner noch

die Möglichkeit hat, im Prüfungstermin zu erscheinen und sein Widerspruchsrecht auszuüben. In den einschlägigen Fällen wird es sich daher für das Insolvenzgericht anbieten, **den Schuldner förmlich zum Prüfungstermin zu laden** und zusammen mit der Ladung die Belehrung vorzunehmen. In der Praxis erfolgen Forderungsprüfungen in Insolvenzverfahren über das Vermögen natürlicher Personen i.d.R. durch den Insolvenzverwalter unter Mitwirkung des Schuldners. Auch der Insolvenzverwalter wird daher den Schuldner rechtzeitig auf sein Widerspruchsrecht und die Rechtsfolgen eines unterbleibenden Widerspruchs hinweisen, auch wenn er vom Gesetz hierzu nicht verpflichtet wird.

Hat der Schuldner keinen Restschuldbefreiungsantrag gestellt, kann die Deliktseigenschaft einer Gläubigerforderung nicht zur Eintragung in die Insolvenztabelle angemeldet werden (*AG Köln* NZI 2017, 78 im Anschluss an *AG Aurich* NZI 2016, 143 m. Anm. *Ahrens* NZI 2016, 121). Insoweit entfällt dann auch die Belehrungspflicht durch das Insolvenzgericht. 22

Die Feststellungsklage des Gläubigers zur Beseitigung eines Widerspruchs des Schuldners gegen die Anmeldung einer Forderung als solche aufgrund einer vorsätzlich begangenen unerlaubten Handlung ist nicht an die Einhaltung einer Klagefrist gebunden (*BGH* ZInsO 2009, 278). Dies soll nach der nicht überzeugenden Auffassung des BGH auch noch nach Aufhebung des Insolvenzverfahrens möglich sein. Der Schuldner hat jedoch die Möglichkeit, im Wege der negativen Feststellungsklage gegen den Gläubiger seinen Widerspruch weiter zu verfolgen (*BGH* NZI 2013, 1025). 23

D. Einsichtsrecht der Gläubiger

Das Insolvenzverfahren ist gläubigeröffentlich. Die Niederlegung der Insolvenztabelle hat den Zweck, allen Verfahrensbeteiligten, also dem Schuldner, den Insolvenzgläubigern, den Massegläubigern, den Aus- und Absonderungsberechtigten und ggf. den Gläubigerausschussmitgliedern sowie deren Vertretern die Möglichkeit zu eröffnen, in die Tabelle Einsicht zu nehmen und damit zu überprüfen, wer mit welcher Begründung welche Forderung zur Teilnahme am Insolvenzverfahren angemeldet hat. Anderen Personen, die nicht Verfahrensbeteiligte sind, kann das Insolvenzgericht entsprechend § 299 Abs. 2 ZPO bei Glaubhaftmachung des rechtlichen Interesses die Einsicht gewähren (*Uhlenbruck/Sinz* InsO, § 175 Rn. 22). 24

Dabei ist insbesondere anderen Insolvenzgläubigern, die das Recht haben, im Prüfungstermin von anderen Insolvenzgläubigern angemeldete Forderungen zu bestreiten, das Einsichtsrecht uneingeschränkt zu gewähren. Die Versagung der Einsicht in Teile der Insolvenztabelle ist nur in seltenen Ausnahmefällen zulässig und auch nur dann, wenn konkrete Anhaltspunkte für einen Missbrauch durch den Einsichtnehmenden bestehen (*Uhlenbruck/Sinz* InsO, § 175 Rn. 23). Das Tabelleneinsichtsrecht der Beteiligten umfasst zugleich auch das Recht auf Erteilung einer Tabellenabschrift (§ 299 ZPO i.V.m. § 4 InsO; *Kübler/Prütting/Bork-Pape/Schaltke* InsO, § 175 Rn. 6). In Einzelfällen, insbesondere in Kapitalanlagebetrugsfällen, hat sich allerdings gezeigt, dass die Einsichtnahme in die Insolvenztabelle durch Prozessbevollmächtigte einzelner Gläubiger nicht in der Absicht erfolgte, ggf. im Prüfungstermin die Forderungen anderer Anleger zu bestreiten, sondern lediglich dazu diente, die Adressen der anderen Anleger für Werbemaßnahmen zu nutzen. Als Folgen von gewährter Akteneinsicht sind dann durch Anlegerschutzanwälte oder Anlegerschutzvereinigungen eine Vielzahl der geschädigten Anleger, die ihre Forderung zur Tabelle angemeldet hatten, angeschrieben worden, um auf diese Weise sie als Mandanten zu gewinnen. Nicht auszuschließen ist in solchen Fällen auch, dass Vertriebsorganisationen anderer Finanzprodukte die Adressen der geschädigten Anleger verwenden, um ihnen erneut zweifelhafte Finanzprodukte zu verkaufen. 25

Soweit im Einzelfall derartige Befürchtungen nicht unbegründet sind, kann es sinnvoll sein, wenn das Einsichtsrecht derart eingeschränkt wird, dass lediglich der Name des Gläubigers und die Information zu der von ihm angemeldeten Forderung zur Einsicht bereit gehalten werden, insbesondere jedoch die Wohnadresse bzw. die zustellungsfähige Anschrift des Gläubigers durch das Insolvenzgericht nicht mitgeteilt wird. In derartigen Fällen können ohne Probleme Ausdrucke aus der Insolvenztabelle auch ohne ladungsfähige Anschrift der Gläubiger hergestellt und zur Einsichtnahme bereitgehalten werden. 26

§ 176 Verlauf des Prüfungstermins

¹Im Prüfungstermin werden die angemeldeten Forderungen ihrem Betrag und ihrem Rang nach geprüft. ²Die Forderungen, die vom Insolvenzverwalter, vom Schuldner oder von einem Insolvenzgläubiger bestritten werden, sind einzeln zu erörtern.

Übersicht

		Rdn.			Rdn.
A.	Allgemeines	1	II.	Das Bestreiten des Schuldners	16
B.	Teilnahmeberechtigung und Teilnahmepflicht	4	III.	Das Bestreiten des Schuldners als Eigenverwalter	20
C.	Das Bestreiten	9	E.	Vorläufiges Bestreiten oder Vertagung	21
D.	Wirkungen des Bestreitens	13	F.	Schriftliches Verfahren	28
I.	Das Bestreiten des Insolvenzverwalters und des Insolvenzgläubigers	13			

A. Allgemeines

1 Die Vorschrift entspricht in ihren Grundzügen den bisherigen Regelungen der §§ 141, 143 KO, wobei allerdings nur noch die Forderungen einzeln erörtert werden, die im Termin bestritten werden.

2 Der Prüfungstermin wird als Gläubigerversammlung durch das Insolvenzgericht im Eröffnungsbeschluss bestimmt (§ 29 InsO), wobei er mit der ersten Gläubigerversammlung, dem Berichtstermin, verbunden werden kann. Im Eröffnungsbeschluss sind die Gläubiger auch bereits aufgefordert worden, ihre Forderung beim Insolvenzverwalter anzumelden. Diese Frist zur Anmeldung ist auf einen Zeitraum von mindestens zwei Wochen und höchstens drei Monaten festzusetzen (§ 28 Abs. 1 InsO). Da der Zeitraum zwischen dem Ablauf der Anmeldefrist und dem Prüfungstermin mindestens eine Woche und höchstens zwei Monate betragen soll, liegt der Prüfungstermin frühestens drei Wochen und spätestens fünf Monate nach dem Eröffnungszeitpunkt.

3 Der Prüfungstermin dient dem Zweck, die Forderungsrechte der Insolvenzgläubiger für das Insolvenzverfahren festzuschreiben, um mit dem Verteilungsverzeichnis (§ 188 InsO) die Grundlage für die Verteilung der Insolvenzmasse zu schaffen. Darüber hinaus wird durch die Feststellung ein Vollstreckungstitel geschaffen, sofern nicht der Schuldner im Prüfungstermin widerspricht.

B. Teilnahmeberechtigung und Teilnahmepflicht

4 Der Prüfungstermin ist wie jede Gläubigerversammlung nicht öffentlich (**a.A.** MüKo-InsO/*Nowak* § 176 Rn. 12). **Teilnahmeberechtigt** sind lediglich neben dem Insolvenzgericht – i.d.R. in der Person des Rechtspflegers und eines Urkundsbeamten der Geschäftsstelle – der Schuldner, der Insolvenzverwalter sowie die Insolvenzgläubiger – einschließlich der nachrangigen Insolvenzgläubiger.

5 **Teilnahmeverpflichtet** sind neben dem Insolvenzgericht, das jede Gläubigerversammlung leitet (§ 76 Abs. 1 InsO) nur der Insolvenzverwalter. Er ist verpflichtet, persönlich anwesend zu sein, eine Vertretung ist nicht möglich (*Kübler/Prütting/Bork-Pape/Schaltke* InsO, § 176 Rn. 8; A/G/R-*Wagner* InsO, § 176 Rn. 9; HK-InsO/*Depré* § 176 Rn. 2). Die Gegenansicht, die eine Vertretung des Insolvenzverwalters im Prüfungstermin für möglich hält (BK-InsO/*Breutigam* § 176 Rn. 9; HK-InsO/*Preß/Henningsmeier* § 176 Rn. 5) verkennt, dass die Teilnahme an den Gläubigerversammlungen zu den höchstpersönlichen Aufgaben des Verwalters gehört, die nicht delegiert werden können. Die Forderungsprüfung gehört zum Kernbereich der Verwaltertätigkeit, lediglich der Widerspruch im Termin hindert die Feststellung zur Tabelle, er ist **durch den Insolvenzverwalter höchstpersönlich** auszuüben. Wollte man dem Verwalter gestatten, zu dieser Tätigkeit einen Vertreter zu entsenden, hätte man auch – wie ursprünglich vorgesehen – juristische Personen zum Insolvenzverwalter bestellen können (wie hier auch *Kübler/Prütting/Bork-Pape/Schaltke* InsO, § 176 Rn. 8; diff. *Uhlenbruck/Sinz* InsO, § 176 Rn. 22 ff.). Die bei einzelnen Insolvenzgerichten beobachtete Praxis, die Vertretung des Insolvenzverwalters im Prüfungstermin zuzulassen, ist daher abzulehnen. Wenn Insolvenzverwalter allerdings in einer Vielzahl von Unternehmensinsolvenzverfahren

(teilweise mehr als 100 jährlich) bestellt werden, ist nachvollziehbar, dass diese Personen nicht mehr alle Termine höchstpersönlich wahrnehmen können (vgl. zu diesem Kriterium auch die vom VID für seine Mitglieder verbindlich ausgestalteten GOI, veröffentlicht auf der Homepage des VID, www.vid.de). Terminskollisionen mit Prüfterminen in den zahlreichen Verfahren natürlicher Personen können i.d.R. dadurch vermieden werden, dass in diesen Verfahren gem. § 5 Abs. 2 Satz 1 InsO das schriftliche Verfahren angeordnet wird.

Die **Anwesenheit des Schuldners** ist nicht zwingend erforderlich, er kann jedoch vom Insolvenzgericht aufgefordert werden, am Prüfungstermin teilzunehmen (§ 97 Abs. 1 Satz 1 InsO), wobei seine Teilnahme auch ggf. nach § 98 InsO durchgesetzt werden kann. 6

Will der Schuldner einzelnen Forderungen widersprechen, so muss er persönlich anwesend oder wirksam vertreten sein. Dem schuldlos ausgebliebenen Schuldner gewährt das Gesetz die Möglichkeit der **Wiedereinsetzung** in den vorigen Stand (§ 186 Abs. 1 InsO), um ihm dadurch Gelegenheit zu geben, das versäumte Bestreiten von Forderungen nachzuholen. Anderen Verfahrensbeteiligten kann Wiedereinsetzung nicht gewährt werden (*Nerlich/Römermann-Becker* InsO, § 176 Rn. 11). 7

Die Anwesenheit der **Insolvenzgläubiger** ist nicht obligatorisch, die Forderungen werden auch geprüft, wenn die Gläubiger der zu prüfenden Forderungen nicht anwesend sind (*Uhlenbruck/Sinz* InsO, § 176 Rn. 27). 8

C. Das Bestreiten

Zum Bestreiten einer Forderung sind der Insolvenzverwalter, der Schuldner und **jeder Insolvenzgläubiger** berechtigt. Auch die nachrangigen Insolvenzgläubiger sind berechtigt, Forderungen nicht nachrangiger Insolvenzgläubiger zu bestreiten (*OLG München* GmbHR 2010, 1031). Dies gilt auch dann, wenn die nachrangigen Insolvenzgläubiger noch nicht aufgefordert worden sind, ihre Forderungen anzumelden (§ 174 Abs. 3 InsO), da im Verlauf des Insolvenzverfahrens diese Aufforderung nachgeholt werden kann, die nachrangigen Insolvenzgläubiger dann jedoch nicht mehr bestreiten könnten (*Uhlenbruck/Sinz* InsO, § 176 Rn. 26). Für die nicht nachrangigen Insolvenzgläubiger ist Voraussetzung ihres Bestreitens, dass sie ihre Forderung bereits zur Tabelle wirksam angemeldet haben. Ob die Forderung ihrerseits festgestellt oder bestritten geblieben ist, ist jedoch unbeachtlich. Das Widerspruchsrecht des Gläubigers einer bestrittenen Forderung besteht allerdings nur bis zu dem Zeitpunkt, zu dem die fehlende Berechtigung seiner eigenen Forderung rechtskräftig festgestellt wird. Mit Rechtskraft der Feststellung des Nichtbestehens der Forderung des widersprechenden Gläubigers erlischt dessen Widerspruchsrecht (*Kübler/Prütting/Bork-Pape/Schaltke* InsO, § 176 Rn. 10). Da nur die Forderungen einzeln zu erörtern sind, die bestritten werden (sollen), obliegt es dem Bestreitenden dem Insolvenzgericht im Prüfungstermin seine Absicht, eine Forderung bestreiten zu wollen, mitzuteilen. 9

Das Gericht hat daher die anwesenden Gläubiger aufzufordern, sich zu melden, falls Forderungen bestritten werden sollen. Zweckmäßigerweise wird die Aufforderung mit dem Hinweis verbunden, dass die Forderungen, die von keinem Widerspruchsberechtigten bestritten werden, festgestellt sind (§ 178 Abs. 1 Satz 1 InsO). 10

Eine **Begründung des Widerspruches** ist nicht erforderlich. Ob ein Widerspruch begründet ist oder nicht, ist nicht im Insolvenzverfahren zu prüfen. Streitige Forderungen sind im Feststellungsverfahren zu verfolgen (s. §§ 179–185 InsO). Ein Widerspruch des Schuldners ist ebenfalls außerhalb des Insolvenzverfahrens zu beseitigen (§ 184 InsO). 11

Der **Widerspruch** kann **nur im Prüfungstermin** erhoben werden, es sei denn, das schriftliche Verfahren ist nach § 5 InsO angeordnet. Ein schriftlich erhobener Widerspruch ist nicht zulässig (anders bei der Prüfung nachträglich angemeldeter Forderungen im schriftlichen Verfahren), er ist nicht zu berücksichtigen und hindert nicht die Feststellung der Forderungen (HK-InsO/*Depré* § 176 Rn. 5; a.A. *Nerlich/Römermann-Becker* InsO, § 176 Rn. 21). Der Gläubiger braucht jedoch nicht persön- 12 lich anwesend sein; eine Bevollmächtigung ist zulässig, das Gericht hat sich jedoch zu überzeugen, dass der Vertreter bevollmächtigt ist.

D. Wirkungen des Bestreitens

I. Das Bestreiten des Insolvenzverwalters und des Insolvenzgläubigers

13 Bestreitet der Insolvenzverwalter oder ein Insolvenzgläubiger eine Forderung, kann die Forderung nicht festgestellt werden (§ 178 InsO). Sie wird daher, falls nicht der Widerspruch rechtzeitig beseitigt wird, bei einer Verteilung der Masse nicht berücksichtigt (§ 189 InsO).

Nach Abschluss des Verfahrens kann darüber hinaus der Gläubiger, dessen Forderung bestritten worden ist, und bei der ein Widerspruch nicht durch ein Feststellungsverfahren beseitigt worden ist, keine Rechte aufgrund des Tabelleneintrages geltend machen (§ 201 Abs. 2 InsO).

14 Das Bestreiten kann darin bestehen, dass geltend gemacht wird, die Forderung bestehe überhaupt nicht oder nicht in dieser Höhe oder dass – bei nachrangigen Insolvenzgläubigern – die Forderung einen anderen als den angemeldeten Rang habe (s. Rangfolge des § 39 InsO). Das Bestreiten durch den Verwalter oder einzelne Gläubiger kann nicht auf den Rechtsgrund der vorsätzlich begangenen unerlaubten Handlung beschränkt werden (*BGH* ZInsO 2008, 325 ff.; ZInsO 2008, 569).

15 Ein **Bestreiten durch nachrangige Insolvenzgläubiger** hat nur dann die gleichen Wirkungen, wenn bis zur Erstellung des Schlussverzeichnisses die nachrangigen Insolvenzgläubiger zur Anmeldung ihrer Forderungen aufgefordert worden sind. Ist dies nicht erfolgt, bleibt das Bestreiten unberücksichtigt und die Forderung wird festgestellt und ggf. in das Schlussverzeichnis aufgenommen. In diesem Fall hat der nachrangige Insolvenzgläubiger auch nicht die Möglichkeit, einen Feststellungsrechtsstreit zu führen.

II. Das Bestreiten des Schuldners

16 Erhebt der Schuldner Widerspruch, **hat dies auf die Feststellung der Forderung keinen Einfluss** (s. § 178 Abs. 1 Satz 1 InsO). Die Forderung wird trotz des Widerspruches festgestellt und nimmt am insolvenzrechtlichen Verteilungsverfahren (§§ 187 ff. InsO) teil.

Etwas Abweichendes gilt nur bei angeordneter Eigenverwaltung, wenn der Schuldner in seiner Eigenschaft als Eigenverwalter die zur Tabelle angemeldete Forderung bestreitet. In diesem Fall wird die Forderung nicht zur Tabelle festgestellt und nicht in das Schlussverzeichnis aufgenommen (§ 283 Abs. 1 Satz 2 InsO).

17 Wirkungen zeigt der Widerspruch des Schuldners nach der Verfahrensaufhebung. Wird sein Widerspruch nicht beseitigt, kann der Gläubiger seine restliche Forderung nicht gegen den Schuldner geltend machen. Die Forderung ist zwar festgestellt und Zahlungen aus der Insolvenzmasse sind auf sie erfolgt, eine Vollstreckung aus der Tabelle ist dem Gläubiger jedoch nicht möglich (§ 201 Abs. 2 InsO).

18 Will der Gläubiger den Widerspruch des Schuldners beseitigen, muss er Klage gegen den Schuldner erheben oder einen bereits anhängigen Rechtsstreit aufnehmen (s. § 184 InsO). Etwas anderes gilt gem. § 184 Abs. 2 InsO nur dann, wenn für die Forderung bereits ein vollstreckbarer Schuldtitel vorliegt. In diesem Falle muss der Schuldner binnen einer Frist von einem Monat nach dem Prüfungstermin den Widerspruch verfolgen. Nach fruchtlosem Fristablauf gilt der Widerspruch des Schuldners als nicht erhoben.

19 Der Schuldner kann sein Bestreiten auch auf die in der Forderungsanmeldung enthaltene Behauptung des Gläubigers beschränken, die Forderung sei durch eine **vorsätzlich begangene unerlaubte Handlung** des Schuldners begründet (*BGH* ZInsO 2007, 265 ff.). Nur durch diesen Widerspruch kann der Schuldner erreichen, dass eine derartig angemeldete Forderung nicht von der Wirkung der Restschuldbefreiung nach § 302 Nr. 1 InsO ausgenommen ist. Auf die Möglichkeit des Bestreitens ist der Schuldner vom Insolvenzgericht hinzuweisen (§ 175 Abs. 2 InsO), das Bestreiten selbst

kann ebenfalls nur im Prüfungstermin durch den Schuldner oder einen ordnungsgemäß bevollmächtigten Vertreter erfolgen.

Auch wenn der Schuldner das Bestreiten in dieser Weise eingeschränkt hat, muss der Gläubiger – wenn er vermeiden will, dass die Forderung an der Restschuldbefreiung teilnimmt – den Widerspruch des Schuldners durch Klage nach § 184 InsO beseitigen. Nach – nicht überzeugender – Ansicht des Bundesgerichtshofs besteht für den Gläubiger hierfür keine Ausschlussfrist, die entsprechende Klage kann er auch noch nach Aufhebung des Insolvenzverfahrens erheben und damit die Teilnahme der Forderung an der Restschuldbefreiung verhindern (*BGH* ZInsO 2009, 278). Dem Schuldner wird jedoch die Möglichkeit eingeräumt, bereits vor Aufhebung des Insolvenzverfahrens mit der negativen Feststellungsklage seinen Widerspruch gegen den Gläubiger weiter zu verfolgen (*BGH* NZI 2013, 1025). Liegt für die Forderung des Gläubigers ein vollstreckbarer Schuldtitel vor, in dem auch der Rechtsgrund der vorsätzlich begangenen unerlaubten Handlung tituliert ist, muss in entsprechender Anwendung des § 184 Abs. 2 InsO der Schuldner den Widerspruch verfolgen, andernfalls wird er nach Ablauf eines Monats unwirksam.

III. Das Bestreiten des Schuldners als Eigenverwalter

Widerspricht der Schuldner in seiner Eigenschaft als Eigenverwalter (§ 283 Abs. 1 Satz 2), so wirkt sein Widerspruch wie das Bestreiten des Insolvenzverwalters. Die Forderung wird daher im Prüfungstermin nicht festgestellt. Der Gläubiger muss, wenn er am Verteilungsverfahren teilnehmen will, den Widerspruch des Schuldners als Eigenverwalter im Feststellungsrechtsstreit zu beseitigen versuchen. Auch der eigenverwaltende Schuldner kann seinen Widerspruch auf den Rechtsgrund der vorsätzlich begangenen unerlaubten Handlung beschränken (*BGH* BeckRS 2013, 18353). **20**

E. Vorläufiges Bestreiten oder Vertagung

Im Prüfungstermin sollen alle (bis dahin) angemeldeten Forderungen geprüft werden. Dem Insolvenzverwalter wird es aber nicht immer möglich sein, seine eigene Prüfung bis zum Prüfungstermin abzuschließen, um entscheiden zu können, ob er eine Forderung bestreitet oder keinen Widerspruch erhebt. Insbesondere bei großen Verfahren mit vielen Insolvenzgläubigern wird die **Zeit bis zum Prüfungstermin zu kurz** sein, um alle Forderungen ausreichend prüfen zu können. Auch das Verhalten von Insolvenzgläubigern kann dazu führen, dass eine Prüfung durch den Verwalter nicht bis zum Termin abgeschlossen ist. Insbesondere dann, wenn der Gläubiger es unterlässt, seiner Forderungsanmeldung die (Beweis-)Urkunden beizufügen, die für eine ausreichende Prüfung durch den Insolvenzverwalter notwendig sind, wird der Verwalter durch Rücksprache mit dem anmeldenden Gläubiger und mit dem Schuldner klären müssen, ob die angemeldete Forderung berechtigt ist oder nicht. Diese Prüfung kann dann bis über den Prüfungstermin hinaus andauern. **21**

Der Insolvenzverwalter darf andererseits auch nicht Forderungen anerkennen, deren Berechtigung er nicht zuvor ausreichend geprüft hat. Dies könnte zu Schadenersatzansprüchen führen, denn der Verwalter ist im Interesse aller Insolvenzgläubiger verpflichtet, nicht begründeten Forderungen zu widersprechen. **22**

Zur Lösung dieses Konfliktes hat sich in der Praxis das sog. »vorläufige Bestreiten« herausgebildet das bereits in der Konkursordnung keine Grundlage hatte. Der Verwalter hat damit zum Ausdruck gebracht, dass er eine abschließende Forderungsprüfung und insbesondere ein abschließendes Bestreiten noch nicht hat vornehmen wollen, obwohl es sich auch beim »vorläufigen Bestreiten« um ein endgültiges Bestreiten im Rechtssinne handelt. Anders ausgedrückt ist jedes Bestreiten insofern vorläufig, als es vom Insolvenzverwalter wieder zurückgenommen werden kann. Nichts anderes bringt er durch den Zusatz »vorläufig« jedoch zum Ausdruck. **23**

Durch das vorläufige Bestreiten will der Verwalter verhindern, dass der Gläubiger voreilig Feststellungsklage erhebt und, wenn die Klage Erfolg hat, dass der Insolvenzverwalter für die Masse das Kostenrisiko eingeht (*BGH* NZI 2006, 295 f.; *Hägele* ZVI 2007, 347 ff.). **24**

25 Eine andere Möglichkeit besteht darin, den Prüfungstermin zur Prüfung einer oder mehrerer Forderungen zu vertagen. Konnte der Insolvenzverwalter einzelne oder mehrere (unter Umständen alle) angemeldeten Forderungen nicht prüfen, kann auf seine Anregung hin das Gericht beschließen, die Prüfung dieser Forderungen zu einem späteren Termin nachzuholen.

26 Von dieser Möglichkeit wird besonders dann Gebrauch gemacht, wenn der Insolvenzverwalter beim Schuldner eine mangelhafte Buchführung vorfindet und er zunächst diese rekonstruieren muss, um sich bei der Forderungsprüfung nicht nur auf die Gläubigerangaben verlassen zu müssen, oder wenn in großen Verfahren mit zahlreichen Gläubigern die Zeit bis zum Prüfungstermin für eine Prüfung durch den Verwalter nicht ausreichend ist.

27 Der Termin (zur Fortsetzung der Prüfung) ist durch Beschluss zu vertagen (§ 4 InsO i.V.m. § 227 Abs. 2 ZPO), der Vertagungsbeschluss ist im Termin zu verkünden und kurz zu begründen (227 Abs. 2 Satz 2 ZPO). Die öffentliche Bekanntmachung ist nicht erforderlich, § 74 Abs. 2 Satz 2 InsO (*AG Rastatt* ZIP 1980, 754).

F. Schriftliches Verfahren

28 Für alle Insolvenzverfahren, die ab 1. Juli 2007 eröffnet wurden (Art. 103c EGInsO), kann das Insolvenzgericht gem. § 5 Abs. 2 Satz 1 InsO anordnen, dass das ganze Verfahren oder einzelne Teile schriftlich durchgeführt werden. Voraussetzungen sind gem. § 5 Abs. 2 Satz 1 InsO, dass die Vermögensverhältnisse des Schuldners überschaubar sind und die Zahl der Gläubiger und die Höhe der Verbindlichkeiten gering ist. Damit ergibt sich für das Insolvenzgericht insbesondere in der Vielzahl der Insolvenzverfahren natürlicher Personen, bei denen die Gläubiger kein Interesse an einer Terminsteilnahme zeigen, die Möglichkeit, auf die Durchführung aufwändiger Termine zu verzichten. Zur Durchführung des schriftlichen Prüfungsverfahrens vgl. § 177 Rdn. 13 ff.

§ 177 Nachträgliche Anmeldungen

(1) ¹Im Prüfungstermin sind auch die Forderungen zu prüfen, die nach dem Ablauf der Anmeldefrist angemeldet worden sind. ²Widerspricht jedoch der Insolvenzverwalter oder ein Insolvenzgläubiger dieser Prüfung oder wird eine Forderung erst nach dem Prüfungstermin angemeldet, so hat das Insolvenzgericht auf Kosten des Säumigen entweder einen besonderen Prüfungstermin zu bestimmen oder die Prüfung im schriftlichen Verfahren anzuordnen. ³Für nachträgliche Änderungen der Anmeldung gelten die Sätze 1 und 2 entsprechend.

(2) Hat das Gericht nachrangige Gläubiger nach § 174 Absatz 3 zur Anmeldung ihrer Forderungen aufgefordert und läuft die für diese Anmeldung gesetzte Frist später als eine Woche vor dem Prüfungstermin ab, so ist auf Kosten der Insolvenzmasse entweder ein besonderer Prüfungstermin zu bestimmen oder die Prüfung im schriftlichen Verfahren anzuordnen.

(3) ¹Der besondere Prüfungstermin ist öffentlich bekanntzumachen. ²Zu dem Termin sind die Insolvenzgläubiger, die eine Forderung angemeldet haben, der Verwalter und der Schuldner besonders zu laden. ³§ 74 Abs. 2 Satz 2 gilt entsprechend.

Übersicht

	Rdn.		Rdn.
A. Allgemeines	1	E. Die Prüfung nachrangiger Forderungen (Abs. 2)	25
B. Prüfung im Prüfungstermin	4	F. Kosten	29
C. Der besondere Prüfungstermin	8	G. Nachträgliche Änderungen	33
D. Die Prüfung im schriftlichen Verfahren	13		

A. Allgemeines

1 Die im Eröffnungsbeschluss zu bestimmende Frist, binnen der die Gläubiger ihre Forderungen anzumelden haben, ist **keine Ausschlussfrist**. Gläubiger können daher auch nach Ablauf der Anmelde-

frist Forderungen anmelden. Dem verspätet anmeldenden Gläubiger droht lediglich die Sanktion der zusätzlichen Gerichtskosten (Abs. 1 Satz 2), ggf. auch die Nichtberücksichtigung bei den Abschlagsverteilungen (§§ 189 Abs. 3, 192 InsO). Erfolgt die Anmeldung nach Ablauf der Ausschlussfrist für die Schlussverteilung, so erfolgt die Prüfung zwar im Schlusstermin, an der Schlussverteilung nimmt der Gläubiger dann allerdings nicht teil (*BGH* NZI 2007, 402 ff.). Gleichwohl besteht für die Feststellung der vor dem Schlusstermin angemeldeten Forderung zur Insolvenztabelle ein Rechtsschutzbedürfnis (*BGH* ZIP 1998, 515; **a.A.** KS-InsO/*Eckardt* S. 758 Rn. 29).

Die Vorschrift sieht für die **Prüfung von nachträglich angemeldeten Forderungen** drei Möglichkeiten vor: a) die Prüfung im Prüfungstermin, b) die Prüfung in einem besonderen Prüfungstermin oder c) die Prüfung im schriftlichen Verfahren. 2

Anzuwenden ist die Vorschrift bei Forderungen, die entweder nach Ablauf der Anmeldefrist beim Insolvenzverwalter eingehen oder die erst nach dem Prüfungstermin angemeldet werden. Die Vorschrift ist gem. Abs. 1 Satz 3 entsprechend für nachträgliche Änderungen der Forderungsanmeldung anzuwenden. Dabei muss es sich um wesentliche Änderungen der Anmeldung handeln, also eine Änderung des Gläubigers, des Forderungsgrundes oder der Forderungshöhe. Unschädlich ist eine teilweise Rücknahme der Anmeldung, die so geänderte Forderung kann auf jeden Fall – so die Änderung spätestens im Prüfungstermin erfolgt ist – mitgeprüft werden. 3

B. Prüfung im Prüfungstermin

Die Prüfung von Forderungen im Prüfungstermin, die nach Ablauf der Anmeldefrist aber noch vor dem Prüfungstermin angemeldet worden sind, ist dann zulässig, wenn weder der Insolvenzverwalter noch ein Insolvenzgläubiger der Prüfung widersprechen. Ein Widerspruch des Schuldners steht der Prüfung nicht entgegen, es sei denn, der Schuldner hätte bei angeordneter Eigenverwaltung in seiner Funktion als Eigenverwalter widersprochen. 4

Der Widerspruch hat **mündlich im Termin** zu erfolgen, ein nur schriftlich angekündigter oder erklärter Widerspruch reicht nicht aus (**a.A.** *Uhlenbruck*/*Sinz* InsO, § 177 Rn. 4). Eine Begründung des Widerspruchs ist nicht erforderlich.

Dem Insolvenzverwalter und den Insolvenzgläubigern gibt das Gesetz deshalb ein Widerspruchsrecht gegen die Prüfung, weil sowohl der Insolvenzverwalter als auch die Insolvenzgläubiger bei einer sofortigen Prüfung nachträglich angemeldeter Forderungen auf die Möglichkeit verzichten, eine ausreichende Prüfung der Forderungen vorzunehmen. Der Insolvenzverwalter hat die verspätet angemeldeten Forderungen vielfach noch nicht in die Tabelle aufnehmen und diese zusammen mit den Anmeldungen rechtzeitig niederlegen können, so dass sich die Gläubiger keine Informationen über die Forderungen verschaffen konnten. Beide, Verwalter und Gläubiger, können daher einer Prüfung widersprechen, so dass das Insolvenzgericht entweder einen besonderen Prüfungstermin anberaumen oder das schriftliche Verfahren wählen muss. 5

War der Verwalter in der Lage, die verspätete Anmeldung noch in die gem. § 175 Abs. 1 Satz 2 niedergelegte Tabelle einzuarbeiten und wurde die **Niederlegungsfrist eingehalten**, so ist das Widerspruchsrecht der Insolvenzgläubiger zu verneinen, da ihnen trotz der Verspätung die Mindestzeit zur Vorbereitung auf den Prüfungstermin verblieben ist (*Nerlich/Römermann-Becker* InsO, § 177 Rn. 9). 6

Auch die nachträglich angemeldeten Forderungen hat der Insolvenzverwalter in die Tabelle einzutragen, wobei i.d.R. die dem Gericht bereits vorliegende Tabelle vom Verwalter um die nachträglich angemeldeten Forderungen ergänzt wird. Dann liegt im Prüfungstermin die Tabelle einschließlich der nachträglich angemeldeten Forderungen vor. Das Gericht hat die anwesenden Insolvenzgläubiger darüber zu informieren, welche Forderungen nach Ablauf der Anmeldefrist noch eingegangen sind und auf die Möglichkeit, gegen die Prüfung im Termin Widerspruch einzulegen, hinzuweisen. 7

C. Der besondere Prüfungstermin

8 Wird der Prüfung nachträglich angemeldeter Forderungen im Prüfungstermin widersprochen oder wird eine Forderung erst nach dem Prüfungstermin angemeldet, ist – falls nicht die Prüfung im schriftlichen Verfahren angeordnet wird – ein besonderer Prüfungstermin zu bestimmen.

9 Der besondere Prüfungstermin ist öffentlich bekanntzumachen. Die Bekanntmachung gilt als bewirkt, wenn seit dem Tag der Veröffentlichung zwei weitere Tage verstrichen sind (§ 9 Abs. 1 Satz 3 InsO).

10 Zusätzlich zur öffentlichen Bekanntmachung sind stets der Insolvenzverwalter, der Schuldner und die Insolvenzgläubiger besonders zu laden, die eine Forderung (nachträglich) angemeldet haben (§ 177 Abs. 3 Satz 2 InsO). Die Zustellungen erfolgen von Amts wegen durch Aufgabe zur Post (§ 8 Abs. 1 InsO). Das Gericht kann den Insolvenzverwalter beauftragen, die Zustellungen durchzuführen (§ 8 Abs. 3 InsO).

11 Hat sich bereits im Prüfungstermin ergeben – wegen Widerspruchs gegen die Prüfung der vor dem Prüfungstermin aber nach dem Ablauf der Anmeldefrist angemeldeten Forderungen –, dass ein besonderer Prüfungstermin durchgeführt werden muss, kann das Insolvenzgericht in entsprechender Anwendung des § 74 Abs. 2 Satz 2 InsO auf die öffentliche Bekanntmachung verzichten, wenn es im ordentlichen Prüfungstermin die Verhandlung durch verkündeten Beschluss vertagt hat und der Prüfungstermin selbst öffentlich bekannt gemacht war.

12 Entsprechend der Anwendung von § 175 InsO sind die nachträglich zu prüfenden Forderungen durch den Insolvenzverwalter mit den in § 175 Abs. 2 und 3 InsO genannten Angaben in eine (Ergänzungs-) Tabelle einzutragen. Diese **Ergänzungstabelle** ist mit den Anmeldungen sowie den beigefügten Urkunden in der Geschäftsstelle des Insolvenzgerichts zur Einsicht der Beteiligten rechtzeitig vor dem besonderen Prüfungstermin niederzulegen. Auch nach dem besonderen Prüfungstermin verbleibt diese Tabelle beim Insolvenzgericht. Spätere Änderungen, Ergänzungen und Berichtigungen erfolgen nicht mehr durch den Insolvenzverwalter sondern lediglich durch das Insolvenzgericht.

D. Die Prüfung im schriftlichen Verfahren

13 Die Möglichkeit, nachträglich angemeldete Forderungen im schriftlichen Verfahren zu prüfen, hatte die InsO von Anfang an vorgesehen. Für Insolvenzverfahren, die ab dem 1. Juli 2007 eröffnet wurden (Art. 103c EGInsO), besteht darüber hinaus die Möglichkeit, gem. § 5 Abs. 2 InsO das Prüfungsverfahren insgesamt dann schriftlich durchzuführen, wenn die Vermögensverhältnisse des Schuldners überschaubar sind und die Zahl der Gläubiger oder die Höhe der Verbindlichkeiten gering ist. Vor allem in den zahlreichen Verfahren natürlicher Personen wird von dieser Möglichkeit zunehmend Gebrauch gemacht. Allerdings fehlen Regelungen zur Durchführung des schriftlichen Verfahrens.

14 Weder enthält der Gesetzestext Vorschriften über das schriftliche Verfahren, noch lässt sich aus den Gesetzesmaterialien entnehmen, wie Forderungen im schriftlichen Verfahren zu prüfen sind, da die Möglichkeit der Anordnung der schriftlichen Forderungsprüfung erst durch den Rechtsausschuss in das Gesetz aufgenommen worden war (BT-Drucks. 12/7302 S. 178 f.). Die nachfolgenden Ausführungen orientieren sich an der Notwendigkeit, das Verfahren einfach zu gestalten ohne dabei in die Rechte der Verfahrensbeteiligten einzugreifen.

15 Das schriftliche Verfahren soll nur zur Entlastung der Gerichte und des Verwalters dienen. Eine Beschränkung des Rechtes der Insolvenzgläubiger, des Schuldners und des Verwalters, Widerspruch gegen eine angemeldete Forderung zu erheben, darf auch im schriftlichen Verfahren nicht erfolgen.

16 Insolvenzgläubiger, Schuldner und Verwalter können im schriftlichen Prüfungsverfahren ihre Rechte nur dann wahrnehmen, wenn zunächst **auch die nachträglich angemeldeten Forderungen** einschließlich der der Anmeldung beigefügten Urkunden auf der Geschäftsstelle entsprechend § 175 Abs. 1 Satz 2 InsO **niedergelegt werden**. Weiterhin muss entsprechend § 128 Abs. 2 Satz 2

ZPO eine Ausschlussfrist bestimmt werden, innerhalb derer die Gläubiger und der Insolvenzverwalter sowie der Schuldner schriftlich Widerspruch erheben können.

Das Insolvenzgericht sollte daher durch **öffentliche Bekanntmachung** mitteilen, dass das Gericht die Forderungen, die nach Ablauf der Anmeldefrist angemeldet worden sind, im schriftlichen Verfahren prüft und dass die um die nachträglich angemeldeten Forderungen ergänzte Tabelle (oder ein weiterer Tabellenteil) nebst den Urkunden auf der Geschäftsstelle zur Einsicht durch die Beteiligten niedergelegt sind. Außerdem ist der Tag anzugeben, an dem das Gericht das Ergebnis in die Tabelle einträgt, bis zu dem also Widerspruch erhoben werden kann. 17

Den Insolvenzgläubigern, die eine Forderung nachträglich angemeldet haben, dem Insolvenzverwalter und dem Schuldner ist – entsprechend Abs. 3 Satz 2 – die Mitteilung über die Prüfung im schriftlichen Verfahren zuzustellen, wobei die Zustellungen an den Schuldner und an die Insolvenzgläubiger dem Insolvenzverwalter übertragen werden können (§ 8 Abs. 3 InsO). 18

Im Gegensatz zum Prüfungstermin kann im schriftlichen Prüfungsverfahren der **Widerspruch schriftlich erhoben** werden. 19

An dem vom Gericht bestimmten Prüfungstag stellt das Gericht fest, ob und gegen welche Forderungen Widerspruch erhoben worden ist und trägt das Ergebnis der Prüfung in die Tabelle ein (s. § 178 Abs. 2 InsO). 20

Eine Mitteilung des Prüfungsergebnisses an die Gläubiger ist auch hier nur dann erforderlich, wenn Forderungen bestritten worden sind (§ 179 Abs. 3 InsO). 21

Der Insolvenzverwalter sollte jedoch stets und unverzüglich – obwohl dies im Gesetz nicht vorgesehen ist – vom Ergebnis der Prüfungen unterrichtet werden. Es empfiehlt sich, ihm eine Abschrift der Tabelle mit den Prüfvermerken zu übersenden. 22

Hat der Schuldner die vom Gericht gesetzte Frist schuldlos versäumt, kann in entsprechender Anwendung von § 186 InsO Wiedereinsetzung in Betracht kommen (*Kübler/Prütting/Bork-Pape/Schaltke* InsO, § 177 Rn. 8; *Uhlenbruck/Sinz* InsO, § 177 Rn. 38). 23

Sind Forderungen im schriftlichen Verfahren zu prüfen, die als vorsätzlich begangene unerlaubte Handlung zur Tabelle angemeldet wurden, hat das Insolvenzgericht den Schuldner gem. § 175 Abs. 2 InsO schriftlich zu belehren. Auch insoweit ist eine förmliche Zustellung an den Schuldner geboten, um ggf. den Nachweis der rechtzeitigen Belehrung führen zu können (*Uhlenbruck/Sinz* InsO, § 177 Rn. 36). Nur wenn der Schuldner ordnungsgemäß belehrt worden ist, kann der unterlassene Widerspruch dazu führen, dass der Rechtsgrund der vorsätzlich begangenen unerlaubten Handlung als zur Tabelle festgestellt gilt (*BGH* NZI 2008, 250). 24

E. Die Prüfung nachrangiger Forderungen (Abs. 2)

Nachrangige Forderungen (Forderungen nachrangiger Insolvenzgläubiger, § 39 InsO) sind nur dann anzumelden, wenn das Gericht ausdrücklich dazu auffordert (§ 174 Abs. 3 InsO). 25

Zu dem im Eröffnungsbeschluss bestimmten Prüfungstermin (§ 29 Abs. 1 Nr. 2 InsO) werden daher i.d.R. keine Anmeldungen nachrangiger Forderungen vorliegen. Die Aufforderung zu ihrer Anmeldung wird erst – aufgrund einer besonderen Mitteilung des Verwalters oder aufgrund seines Berichtes im Berichtstermin (§ 29 Abs. 1 Nr. 1 InsO) – zu einem Zeitpunkt erfolgen können, in dem der allgemeine Prüfungstermin bereits bestimmt ist. 26

Damit auch bei der Prüfung nachrangiger Forderungen die Rechte der Verfahrensbeteiligten gewahrt bleiben, bestimmt § 177 Abs. 2, dass für den Fall, dass das Gericht zur Anmeldung nachrangiger Forderungen auffordert und die dafür gesetzte Anmeldefrist später als eine Woche vor dem gem. § 29 Abs. 2 Nr. 2 InsO bestimmten, allgemeinen Prüfungstermin abläuft, dann entweder ein besonderer Prüfungstermin zu bestimmen oder die Prüfung im schriftlichen Verfahren anzuordnen ist. 27

28 Für das Prüfungsverfahren selbst gelten die Vorschriften für die Prüfung der nicht nachrangigen Forderungen.

F. Kosten

29 Die Kosten für den besonderen Prüfungstermin oder die Prüfung im schriftlichen Verfahren trägt der säumige Gläubiger, unabhängig von der Frage eines Verschuldens.

30 Für die Prüfung von Forderungen im besonderen Prüfungstermin oder im schriftlichen Verfahren entsteht eine **Festgebühr von 20 €** je Gläubiger gem. Nr. 2340 des Kostenverzeichnisses. Die Prüfung mehrerer Forderungen eines Gläubigers löst die Gebühr nur einmal aus. Die Kostentragungspflicht gilt auch für Sozialversicherungsträger und die Bundesagentur für Arbeit (*OLG München* NZA 2005, 838). Lediglich die Finanzämter, die Deutsche Rentenversicherung Bund und die Knappschaft Bahn See (Minijobzentrale) sind gem. § 2 Abs. 1 Satz 1 GKG befreit. Die Kostentragungspflicht besteht auch dann, wenn – ggf. auf Wunsch des Gläubigers – die Forderung im Schlusstermin mitgeprüft wird.

31 Kosten, die durch die öffentliche Bekanntmachung entstehen, sind nicht zu erstatten. Diese werden im Fall des § 177 InsO von Nr. 2340 des Kostenverzeichnisses mit abgedeckt (*Uhlenbruck/Sinz* InsO, § 177 Rn. 9 m.w.N.; a.A. *Kübler/Prütting/Bork-Pape/Schaltke* InsO, § 177 Rn. 7).

32 Teilweise wird die Auffassung vertreten (*Gundlach/Frenzel/Schirrmeister* DZWIR 2003, 62 ff.), der Gläubiger, dessen Forderung in einem nachträglichen Prüftermin geprüft wird, habe auch die anderen Gläubigern durch den besonderen Prüfungstermin entstehenden, außergerichtlichen Kosten zu ersetzen (so ebenfalls *Eickmann* in Gottwald Handbuch, § 63 Rn. 56). Diese Auffassung ist abzulehnen (wie hier *Uhlenbruck/Sinz* InsO, § 177 Rn. 32; *Keller* Verfügung und Kosten in Insolvenzverfahren, Rn. 307).

G. Nachträgliche Änderungen

33 Nachträgliche Änderungen der Forderungsanmeldung sind gem. Abs. 1 Satz 3 den nachträglichen Forderungsanmeldungen gleichgestellt; die Sätze 1 und 2 gelten für sie entsprechend. Änderungen der Anmeldung stellen alle **Änderungen** dar, **die den Betrag**, **den Grund oder die Person des Gläubigers betreffen** (*Uhlenbruck/Sinz* InsO, § 177 Rn. 6).

34 Änderungen können vor oder nach dem Prüfungstermin vorkommen. Erfolgen sie vor dem Prüfungstermin und noch vor der Niederlegung der Tabelle und sind sie vom Verwalter in die niedergelegte Tabelle noch eingearbeitet worden, ergeben sich keine Besonderheiten. Die geänderten Forderungsanmeldungen werden im Prüfungstermin mitgeprüft, die übrigen Gläubiger haben kein Widerspruchsrecht gegen die Prüfung im Termin.

35 Sind die Änderungen erst **nach Niederlegung der Tabelle** erfolgt, jedoch noch vor Beendigung des Prüfungstermins, so können sie mitgeprüft werden, wenn sich hiergegen im Termin kein Widerspruch erhebt.

36 Wurden die Änderungen **nach Durchführung des Prüfungstermins** vorgenommen, so wird entweder ein nachträglicher Prüfungstermin anberaumt oder das schriftliche Verfahren für die Prüfung der geänderten Forderungen angeordnet. Dabei ist allerdings zu unterscheiden, ob die Forderung im Prüfungstermin bestritten oder festgestellt worden war:

37 War die nunmehr geänderte Forderung im Prüfungstermin – vom Verwalter oder einem anderen Gläubiger – bestritten worden, so muss der Gläubiger die Feststellung gegen die Widersprechenden betreiben.

38 War die **Forderung im Termin festgestellt** worden und liegt die Änderung in einer Rücknahme der Forderung, so ist streitig, ob diese Rücknahme noch Wirkungen entfalten kann. Die herrschende Meinung (*Gottwald/Eickmann* HdbInsR, § 63 Rn. 39 ff.; *RG* RGZ 112, 297 ff.; *Uhlenbruck/Sinz* InsO, § 174 Rn. 50) geht bisher noch davon aus, dass eine Anmeldung nur bis zur Feststellung

der Forderung zurückgenommen werden kann. Danach sei eine Rücknahme wegen der Rechtskraftwirkung des § 178 Abs. 3 InsO ausgeschlossen *Kübler/Prütting/Bork-Pape/Schaltke* InsO, § 174 Rn. 33).

Dieser Auffassung kann allerdings nicht gefolgt werden. Gem. § 178 Abs. 3 InsO wirkt die Eintragung in die Tabelle für die festgestellten Forderungen ihrem Betrag und ihrem Range nach wie ein rechtskräftiges Urteil gegenüber dem Insolvenzverwalter und allen Insolvenzgläubigern. Das Gesetz bringt damit bereits zum Ausdruck, dass nur eine eingeschränkte Titulierungswirkung – nämlich nur gegenüber Verwalter und Gläubiger – vorliegt. Damit ist nicht notwendigerweise festgelegt, dass die Beseitigung dieser **eingeschränkten Titulierungswirkung** nur in gleicher Weise möglich sein soll wie bei einem rechtskräftigen Urteil. Der Eintrag in die Tabelle wirkt eben nur gegenüber den Beteiligten wie ein rechtskräftiges Urteil, er stellt kein rechtskräftiges Urteil dar. 39

Auch wenn die angemeldete Forderung im Prüfungstermin festgestellt worden ist, kann der Gläubiger sie daher jederzeit wieder zurücknehmen (ebenso *AG Köln* NZI 2016, 168 m. krit. Anm. *Willmer*; *Beck/Depré/Ringstmeier* Praxis der Insolvenz, § 11 Rn. 198 ff., S. 587 f.). Dies ist dann in der Tabelle – in der Berichtigungsspalte – zu vermerken mit der Folge, dass die zurückgenommene Forderung nicht in ein Schlussverzeichnis aufgenommen wird und damit auch keine Zuteilung im Rahmen der Schlussverteilung auf sie entfällt. Weiterhin würde der Gläubiger auch nach Abschluss des Verfahrens keinen vollstreckbaren Tabellenauszug erhalten. 40

Eine Änderung der Forderungsanmeldung stellt auch der **Wechsel des Forderungsinhabers** – sowohl bei Einzel- als auch bei Gesamtrechtsnachfolge – dar. Hierzu war bereits unter Geltung der Konkursordnung danach differenziert worden, ob die Rechtsnachfolge streitig oder unstreitig gewesen ist. Bei **unstreitiger Rechtsnachfolge** war man davon ausgegangen, dass eine Neuanmeldung nicht notwendig sei, vielmehr der Tabelleneintrag entsprechend berichtigt werden könne (*Kuhn/Uhlenbruck* KO, § 142 Rn. 3c). War die Forderung zur Tabelle festgestellt, war der Nachweis der Rechtsnachfolge durch öffentliche Urkunde zu führen. Hiervon ist auch nach geltendem Recht auszugehen (BK-InsO/*Breutigam* § 177 Rn. 16; *Uhlenbruck/Sinz* InsO, § 177 Rn. 14); dies entspricht dann der Möglichkeit der Titelumschreibung nach § 727 Abs. 1 ZPO, wobei der Nachweis der Rechtsnachfolge ebenfalls durch öffentlich beglaubigte Urkunde zu erfolgen hat. 41

Die Änderung der Tabelle erfolgt nach dem Prüfungstermin durch das Insolvenzgericht, ein besonderer Prüfungstermin ist hierfür nicht erforderlich, da auch eine Titelumschreibung nach § 727 ZPO ohne mündliche Verhandlung möglich ist. 42

Eine für die Praxis einfachere Lösung wird häufig allerdings darin liegen, dass der ursprüngliche Gläubiger die Forderung zurücknimmt und der neue Gläubiger sie dann noch einmal neu anmeldet. Er hat dann lediglich die Kosten des nachträglichen Prüfungstermins gem. Nr. 2340 des Kostenverzeichnisses in Höhe von 20 € zu tragen. 43

Bei **streitiger Rechtsnachfolge** ist auf jeden Fall eine Neuanmeldung erforderlich. Wird die erste Forderungsanmeldung nicht zurückgenommen, ist bei beiden Anmeldungen zu vermerken, dass es sich um die gleiche Forderung handelt. Sie kann dann lediglich einmal in das Schlussverzeichnis aufgenommen werden. Die beiden Forderungsprätendenten haben ggf. im Zivilverfahren zu klären, an wen die Quote letztendlich zur Ausschüttung gelangt. Ist dies bis zur Schlussverteilung offen, wird der Verwalter die Quotenbeträge zurückhalten und erst im Wege der Nachtragsverteilung (§ 203 Abs. 1 Nr. 1 InsO) eine Ausschüttung vornehmen. 44

Ist die Forderung bereits zur Tabelle festgestellt worden und stützt der anmeldende Gläubiger sie nachträglich auch auf Tatsachen, aus denen sich nach seiner Einschätzung ergibt, dass ihr eine vorsätzlich begangene unerlaubte Handlung des Schuldners zugrunde liegt, ist der Insolvenzverwalter verpflichtet, dies in die Tabelle aufzunehmen. Das Insolvenzgericht muss den Schuldner rechtzeitig belehren, damit er im nachfolgenden Prüftermin, in dem die Forderung hinsichtlich dieser Änderung noch einmal geprüft werden muss, ihr ggf. widersprechen kann (*BGH* NZI 2008, 250 ff.). 45

§ 178 Voraussetzungen und Wirkungen der Feststellung

(1) ¹Eine Forderung gilt als festgestellt, soweit gegen sie im Prüfungstermin oder im schriftlichen Verfahren (§ 177) ein Widerspruch weder vom Insolvenzverwalter noch von einem Insolvenzgläubiger erhoben wird oder soweit ein erhobener Widerspruch beseitigt ist. ²Ein Widerspruch des Schuldners steht der Feststellung der Forderung nicht entgegen.

(2) ¹Das Insolvenzgericht trägt für jede angemeldete Forderung in die Tabelle ein, inwieweit die Forderung ihrem Betrag und ihrem Rang nach festgestellt ist oder wer der Feststellung widersprochen hat. ²Auch ein Widerspruch des Schuldners ist einzutragen. ³Auf Wechseln und sonstigen Schuldurkunden ist vom Urkundsbeamten der Geschäftsstelle die Feststellung zu vermerken.

(3) Die Eintragung in die Tabelle wirkt für die festgestellten Forderungen ihrem Betrag und ihrem Rang nach wie ein rechtskräftiges Urteil gegenüber dem Insolvenzverwalter und allen Insolvenzgläubigern.

Übersicht

	Rdn.			Rdn.
A. Allgemeines	1	E.	Wirkungen der Eintragungen	20
B. Widerspruch eines Beteiligten	4	F.	Pflege der Tabelle nach dem Prüfungstermin	27
C. Eintragungen in die Tabelle	7			
D. Vermerke auf Wechseln und Schuldurkunden	15			

A. Allgemeines

1 Forderungen können bei der Verteilung der Insolvenzmasse nur dann berücksichtigt werden, wenn sie **festgestellt** worden sind. Nur die Gläubiger, deren Forderungen im Prüfungstermin oder im schriftlichen Verfahren (§ 177 InsO) geprüft worden sind und gegen die weder der Insolvenzverwalter noch ein Insolvenzgläubiger Widerspruch erhoben hat, werden im Insolvenzverfahren durch Zahlung der Quote befriedigt.

2 Bestrittene Forderungen, bei denen der Widerspruch nicht beseitigt worden ist, nehmen an der Schlussverteilung nicht teil. Bei einer Abschlagsverteilung (§ 187 Abs. 2 InsO) können bestrittene Forderungen nur in der Weise berücksichtigt werden, dass die auf sie entfallenden Anteile zurückbehalten werden (§ 189 Abs. 2 InsO).

3 Eine Forderung gilt dann als festgestellt, wenn gegen sie weder der Insolvenzverwalter noch ein Insolvenzgläubiger Widerspruch erhoben hat, oder ein erhobener Widerspruch beseitigt ist.

B. Widerspruch eines Beteiligten

4 Zum Widerspruch berechtigt ist neben dem Insolvenzverwalter und jedem (auch nachrangigem) Insolvenzgläubiger auch der Schuldner (§ 176 Satz 2 InsO). Ein Widerspruch des Schuldners verhindert jedoch nicht, dass die Forderung festgestellt wird und damit am Verteilungsverfahren teilnimmt, es sei denn, der Schuldner hätte bei angeordneter Eigenverwaltung als Eigenverwalter widersprochen.

5 Der **Widerspruch des Schuldners** verhindert nur, dass der Gläubiger nach der Verfahrensaufhebung aus der Eintragung in die Tabelle die Zwangsvollstreckung betreiben kann (§ 201 Abs. 2 InsO), sofern nicht ohnehin die Wirkung der Restschuldbefreiung dem entgegensteht. Will der Gläubiger wegen einer vom Schuldner bestrittenen Forderung die Zwangsvollstreckung aus dem Tabelleneintrag betreiben, muss er vorher im ordentlichen Verfahren die Feststellung betreiben (§ 184 InsO).

6 Der Widerspruch kann sich gegen die gesamte Forderung, gegen einen Teil der Forderung oder (bei nachrangigen Insolvenzgläubigern) gegen den Rang der Forderung richten. Darüber hinaus kann auch gegen die Behauptung des Gläubigers, seine Forderung resultiere aus einer unerlaubten Handlung des Schuldners, Widerspruch erhoben werden. In diesem Falle wird – wenn die Forderung an-

sonsten unbestritten ist – diese in voller Höhe zur Tabelle festgestellt. Durch den – nicht beseitigten – Widerspruch wird jedoch abschließend geklärt, dass auch diese Forderung an der Restschuldbefreiung teilnimmt (§ 302 Nr. 1 InsO).

C. Eintragungen in die Tabelle

Das Ergebnis des Prüfungstermins oder des schriftlichen Verfahrens ist vom Insolvenzgericht in die Tabelle einzutragen. Dabei ist bei jeder angemeldeten Forderung entweder einzutragen, dass die Forderung festgestellt ist oder wer gegen welche Forderung Widerspruch erhoben hat (a.A. *Haarmeyer/Wutzke/Förster* Hdb. zur InsO, Rn. 7/56, die es für ausreichend halten, wenn die Feststellung der Prüfungsergebnisse nur im Terminprotokoll enthalten sind; der Ansicht kann wegen des klaren Gesetzeswortlautes »... trägt für jede angemeldete Forderung in die Tabelle ein ...« nicht gefolgt werden). 7

Aus der Eintragung des Prüfungsvermerkes muss außerdem zu entnehmen sein, ob die Forderung **insgesamt oder nur zu einem Teil bestritten** worden ist. Bei Forderungen nachrangiger Insolvenzgläubiger, die bei ihrer Anmeldung auf den Nachrang nicht hingewiesen haben, ist die Forderung insgesamt zu bestreiten. Es genügt nicht, lediglich den beanspruchten Rang (die Nichtnachrangigkeit) zu bestreiten (vgl. *OLG Karlsruhe* ZInsO 2008, 505 ff.). Sind nachrangige Insolvenzgläubiger zur Anmeldung aufgefordert worden und hat der Insolvenzgläubiger einen unzutreffenden Rang beansprucht, kann – wenn die Forderung ansonsten im Grund und Betrag unstreitig ist – lediglich der Rang bestritten werden mit der Angabe, für welchen Rang die Forderung ansonsten zur Tabelle festzustellen ist. 8

Für die Prüfung der persönlichen Forderungen **absonderungsberechtigter Gläubiger** (s. §§ 49–52, 190 InsO) hat das Gesetz keine besonderen Vorschriften vorgesehen. Derartige Forderungen sind daher wie die übrigen Forderungen zu behandeln. Die Tatsache, dass es sich um Forderungen absonderungsberechtigter Gläubiger handelt, wird erst bei der Verteilung relevant und dort berücksichtigt (s. §§ 190, 192 InsO). 9

Gleichwohl ist in der Tabelle zu vermerken, wenn es sich um die Forderung eines absonderungsberechtigten Gläubigers handelt. Dieser Vermerk gehört zwar nicht zum Inhalt des eigentlichen Prüfungsvermerkes, ist aber erforderlich, damit die Tatsache, dass es sich um einen absonderungsberechtigten Gläubiger handelt, bei der Verteilung nicht übersehen wird. Die Forderung wird dann als Ausfallforderung zur Tabelle festgestellt. 10

Entsprechendes gilt bei der Prüfung **aufschiebend bedingter Forderungen**. Auch diese Forderungen sind ggf. in vollem Umfange zur Tabelle festzustellen, allerdings mit einem Zusatz, aus dem sich ergibt, dass es sich um eine aufschiebend bedingte Forderung handelt. Ihre Behandlung im Verteilungsverfahren regelt § 191 InsO. 11

Die Eintragungen der Prüfungsergebnisse in die Tabelle sind vom Richter/Rechtspfleger zu unterschreiben (s. auch hier die a.A. von *Haarmeyer/Wutzke/Förster* Hdb. zur InsO, Rn. 7). 12

Ein **fehlerhafter Tabelleneintrag**, der das Ergebnis der Prüfung nicht richtig wiedergibt, ist durch das Insolvenzgericht zu berichtigen. Die Wirkungen der insolvenzrechtlichen Forderungsfeststellung kommen nur den tatsächlich festgestellten Forderungen zu, nicht aber den Forderungen, bei denen irrtümlich ihre Feststellung eingetragen ist. Wird der Nachweis, dass der Tabelleneintrag das Ergebnis der Prüfung nicht richtig wiedergibt, geführt, ist daher durch Beschluss die Tabelle zu berichtigen (*AG Göttingen* ZInsO 2003, 815 f.). Im Interesse der Rechtssicherheit sind jedoch an den Nachweis der Unrichtigkeit strenge Maßstäbe anzulegen (*OLG Schleswig* KTS 1976, 304). 13

Der Beschluss, der die Berichtigung anordnet oder ablehnt, ist formlos mitzuteilen; er ist nicht anfechtbar, auch dann nicht, wenn die Berichtigung angeordnet wird. § 319 Abs. 3 ZPO gilt hier wegen § 6 InsO nicht (*Braun/Specovius* InsO, § 178 Rn. 25). 14

D. Vermerke auf Wechseln und Schuldurkunden

15 Der Urkundsbeamte hat auf den vom Gläubiger eingereichten Schuldurkunden und Wechseln zu vermerken, dass die Forderung festgestellt worden ist. Hierdurch soll verhindert werden, dass der Gläubiger neben dem vollstreckbaren Tabellenauszug (§ 201 Abs. 2 InsO) über weitere Urkunden verfügt, aus denen er die Vollstreckung betreiben könnte.

16 In der Literatur wird zum Teil ausdrücklich gefordert, dass im Prüfungstermin die **Schuldtitel im Original** vorzulegen sind, damit die Feststellungsvermerke angebracht werden können. Diese Auffassung findet im Gesetz allerdings keine Stütze und ist daher abzulehnen. Auch wenn es sinnvoll ist, die Originalurkunden im Termin vorzulegen, kann ein Bestreiten durch den Insolvenzverwalter auf die Nichtvorlage alleine nicht gestützt werden (*BGH* ZInsO 2006, 102 ff.). Die angemeldeten Forderungen sind tituliert, unabhängig davon, ob die Titel im Prüfungstermin vorliegen oder nicht. Ein Widerspruch ist daher ggf. vom Bestreitenden zu verfolgen. Geschieht dies nicht, ist die Forderung gleichwohl in das Verteilungsverzeichnis aufzunehmen, das bloße Bestreiten im Prüfungstermin hat bei titulierten Forderungen daher keine dauerhafte Wirkung.

17 Teilweise fordern die Insolvenzgerichte nach Feststellung der angemeldeten Forderung zur Tabelle durch den Insolvenzverwalter die Gläubiger auf, vorliegende Titel im Original **zur Entwertung einzureichen**, bevor vollstreckbare Auszüge aus der Insolvenztabelle erteilt werden können. Für die Insolvenzgerichte steht dabei im Vordergrund das Ziel, die Schaffung eines zweiten Vollstreckungstitels zu verhindern und damit den Schuldner zu schützen. Würde der Gläubiger aus beiden Titeln vollstrecken, müsste der Schuldner sich nach § 766 ff. ZPO hiergegen zur Wehr setzen. Eine bindende Rechtsgrundlage für die Anforderungen der Insolvenzgerichte ist der Insolvenzordnung bedauerlicherweise nicht zu entnehmen. Allerdings sollte der Gläubiger einer titulierten Forderung, die vom Insolvenzverwalter zur Tabelle festgestellt worden ist, dem Begehren der Insolvenzgerichte entsprechen, da auch er kein schützenswertes Interesse daran hat, einen zweiten Titel zu erlangen (wie hier auch *Kaiser/Crämer* InVo 2001, 153 ff. [154]).

18 Schuldurkunden i.S.v. § 178 Abs. 2 Satz 3 InsO sind sowohl bloße Beweisurkunden (z.B. Schuldscheine) als auch Wertpapiere, die selbst Forderungsträger sind (z.B. Schecks).

19 Der Vermerk hat lediglich den Zweck, den Tabelleninhalt zu verlautbaren, eine rechtsbegründende Wirkung kommt ihm nicht zu. Das Insolvenzgericht muss durch den Feststellungsvermerk allerdings deutlich zum Ausdruck bringen, in welchem Umfange die gleiche Forderung durch Anmeldung und Feststellung zur Insolvenztabelle tituliert worden ist, da es nur insoweit berechtigt ist, den ursprünglichen Titel zu entwerten. Sind bspw. Zinsansprüche tituliert, können die nach Insolvenzeröffnung aufgelaufenen Zinsen lediglich als nachrangige Forderung zur Tabelle angemeldet werden. Der Auszug aus der Insolvenztabelle kann lediglich als Titel für die Hauptforderung und die bis zur Eröffnung des Verfahrens aufgelaufenen Zinsen dienen, nicht jedoch für Zinsen, die nach Verfahrenseröffnung entstanden sind. Da der Gläubiger jedoch auch nach Beendigung des Insolvenzverfahrens die nach Verfahrenseröffnung entstandenen Zinsen gegen den Schuldner vollstrecken kann, hat er ein schützenswertes Interesse daran, dass ihm der ursprüngliche Titel insoweit erhalten bleibt. Das Insolvenzgericht ist daher angehalten, den Titel insoweit nicht vollständig zu entwerten, sondern den Vermerk anzubringen, dass die Titulierungswirkung hinsichtlich Zinsansprüchen, die nach Verfahrenseröffnung entstanden sind, bestehen bleibt.

E. Wirkungen der Eintragungen

20 Die Eintragung in die Tabelle ist für den Insolvenzverwalter und alle Insolvenzgläubiger bindend, gegenüber Dritten entfaltet sie diese **rechtskraftähnliche Wirkung** nicht. Allerdings kann die Feststellung zur Tabelle einer angemeldeten Schadenersatzforderung durch den Insolvenzverwalter ohne vorherige Zustimmung des Haftpflichtversicherers des Schuldners eine zur Leistungsfreiheit führende Obliegenheitsverletzung i.S.d. § 5 Nr. 5 AHB darstellen (*OLG Dresden* BauR 2006, 1328 ff.). Die Feststellung zur Tabelle stellt wie ein rechtskräftiges Urteil für und gegen Verwalter und Gläubiger den Betrag und den Rang (für nachrangige Insolvenzgläubiger) fest. Der Eintrag

in die Tabelle bewirkt lediglich die positive Feststellung des Anspruchs in angemeldeter Höhe; eine negative Feststellung jenseits der Anmeldung folgt daraus nicht (*BGH* NZI 2012, 323). Fehlerhafte Eintragungen, die etwa darauf beruhen, dass das Gericht eine bestrittene Forderung fälschlicherweise als unbestritten eingetragen hat, können berichtigt werden; nur die entsprechend dem tatsächlichen Prüfungsergebnis in die Tabelle eingetragenen Forderungen entfalten die einem rechtskräftigen Urteil entsprechenden Wirkungen (*BGH* BGHZ 91, 198 [201]; KS-InsO/*Eckardt* S. 766, Rn. 44).

An die Feststellung einer Forderung zur Tabelle ist auch das Prozessgericht gebunden. Dies hat der Bundesgerichtshof für einen Rechtsstreit zwischen Nachlassinsolvenzverwalter und Erben, in dem um die Herausgabe des durch eine Verwaltungsmaßnahme Erlangten gestritten worden war, festgestellt (*BGH* NJW 2014, 391). Im entschiedenen Falle hätte die vom Insolvenzverwalter in Anspruch genommene Miterbin im Rahmen der Forderungsprüfung der von der Finanzverwaltung zur Tabelle angemeldeten – streitigen – Forderung, die der Insolvenzverwalter festgestellt hat, widersprechen können. Da sie dies nicht getan hat, muss sie die Forderungsfeststellung im Prozess mit dem Nachlassinsolvenzverwalter gegen sich gelten lassen und kann nicht mehr geltend machen, die Forderung der Finanzverwaltung sei zu Unrecht festgestellt worden. In ähnlicher Weise hat auch das *FG München* (NZI 2017, 83) entschieden, dass der Geschäftsführer im Rahmen des Haftungsverfahrens sich dann nicht darauf berufen kann, dass die Steuerschulden nicht in der vom Finanzamt geltend gemachten Höhe bestehen, wenn die vom Finanzamt in Insolvenzverfahren über das Vermögen der GmbH zur Tabelle angemeldeten Steuerforderungen widerspruchslos festgestellt worden sind. Weil der Geschäftsführer für die Schuldnerin hätte widersprechen können, könne er auch im Haftungsverfahren nun nicht mehr geltend machen, die Forderung der Finanzverwaltung bestehe nicht in der zur Tabelle festgestellten Höhe. 21

Anders hatte der Bundesgerichtshof noch im Fall eines aus Durchgriffshaftung in Anspruch genommenen GmbH-Gesellschafters entschieden (BGHZ 165, 85), da dieser keine Möglichkeit hatte, im Feststellungsverfahren der Forderung zu widersprechen und der Insolvenzverwalter sich daher auf die Rechtskraftwirkung der Eintragung der Gläubigerforderung in die Insolvenztabelle ihm gegenüber nicht berufen kann. 22

Dadurch, dass das Gesetz dem Tabelleneintrag die Qualität eines rechtskräftigen Urteils beilegt, wird für das Verteilungsverfahren (§§ 187 ff. InsO) ein Streit zwischen den Insolvenzgläubigern untereinander und zwischen Insolvenzgläubigern und Insolvenzverwalter verhindert. Für Verwalter und Gläubiger steht mit dem Tabelleneintrag fest, mit welchem Betrag und mit welchem Rang die Forderung bei einer Verteilung zu berücksichtigen ist. Gegen festgestellte Tabelleneinträge sind die Rechtsmittel zulässig, die das Gesetz allgemein gegen rechtskräftige Urteile gewährt, also insbesondere die Restitutionsklage des § 580 ZPO. Daneben ist von der Rspr. auch ein Schadenersatzanspruch aus § 826 BGB bei arglistiger Erschleichung der Feststellung oder bei sittenwidriger Titelausnutzung als materiell-rechtliches Mittel zur Beseitigung der Rechtskraft anerkannt worden. Zulässig ist darüber hinaus die Vollstreckungsgegenklage des § 767 ZPO, sofern die gegen den Anspruch geltend zu machenden Einwendungen erst nach der Forderungsfeststellung entstanden sind (§ 767 Abs. 2 ZPO). Unzulässig ist jedoch eine negative Tabellenfeststellungsklage (*BGH* NZI 2010, 345). 23

Eine **Rücknahme der Anmeldung** (z.B. die Rücknahme durch einen absonderungsberechtigten Gläubiger nach dessen Befriedigung aus einem der Absonderung unterliegenden Gegenstand) ist möglich. Die Rücknahme ist durch das Insolvenzgericht in der Tabelle zu vermerken. Sie hat die Wirkungen eines Verzichts auf die Teilnahme an der Verteilung und – falls auf die gesamte Forderung verzichtet worden ist – auf die Teilnahme am weiteren Insolvenzverfahren. 24

Nach Auffassung des Bundesfinanzhofs soll bei der Eintragung von Ansprüchen aus dem Steuerschuldverhältnis § 178 Abs. 3 InsO einschränkend dahingehend auszulegen sein, dass dieser Eintragung lediglich die Wirkung einer behördlichen Feststellung nach Bestreiten gem. § 185 InsO i.V.m. § 251 Abs. 3 AO zukommt. Ändern sich die Besteuerungsgrundlagen daher nachdem die Forderung 25 zur Tabelle festgestellt worden ist und verringert sich der Anspruch der Finanzverwaltung, so kann diese unter den Voraussetzungen des § 130 AO geändert werden (*BFH* NZI 2012, 96 [100]).

26 Der Widerspruch des Schuldners hindert die Feststellung der Forderung nicht. Er nimmt dem Anspruch lediglich die sonst gem. § 201 Abs. 2 InsO bestehende Vollstreckbarkeit nach Verfahrensbeendigung. Auch der **Widerspruch des Schuldners** kann gem. § 184 InsO bereits während des laufenden Verfahrens durch den anmeldenden Gläubiger im Wege der Feststellungsklage wieder beseitigt werden. Liegt jedoch ein vollstreckbarer Schuldtitel oder ein Endurteil vor, obliegt es dem Schuldner, binnen einer Frist von einem Monat den Widerspruch zu verfolgen (§ 184 Abs. 2 InsO).

Gleiches gilt auch für den auf die Behauptung des Gläubigers, die Forderung sei aus einer vorsätzlichen unerlaubten Handlung des Schuldners entstanden, beschränkten Widerspruch des Schuldners.

F. Pflege der Tabelle nach dem Prüfungstermin

27 Nach durchgeführtem Prüfungstermin verbleibt die Tabelle beim Insolvenzgericht und wird Bestandteil der Gerichtsakte. Änderungen an der Tabelle sind dann nur noch durch das Insolvenzgericht vorzunehmen.

28 Die Forderungsanmeldungen und die den Anmeldungen von den Gläubigern beigefügten Unterlagen können vom Insolvenzgericht an den Insolvenzverwalter zurückgegeben werden und werden dann von diesem verwahrt.

29 Änderungen der Tabelle werden dann erforderlich, wenn z.B. der Gläubiger seine Forderung ermäßigt oder der Insolvenzverwalter sein Bestreiten zurücknimmt.

30 Derartige Änderungen, die nicht mit der Berichtigung gem. § 183 InsO zu verwechseln sind, hat das Insolvenzgericht in die Tabelle einzutragen und zu unterschreiben. Dem beteiligten Insolvenzgläubiger, dem Insolvenzverwalter und – falls erforderlich – auch dem Schuldner sind die Änderungen mitzuteilen.

§ 179 Streitige Forderungen

(1) Ist eine Forderung vom Insolvenzverwalter oder von einem Insolvenzgläubiger bestritten worden, so bleibt es dem Gläubiger überlassen, die Feststellung gegen den Bestreitenden zu betreiben.

(2) Liegt für eine solche Forderung ein vollstreckbarer Schuldtitel oder ein Endurteil vor, so obliegt es dem Bestreitenden, den Widerspruch zu verfolgen.

(3) ¹Das Insolvenzgericht erteilt dem Gläubiger, dessen Forderung bestritten worden ist, einen beglaubigten Auszug aus der Tabelle. ²Im Falle des Absatzes 2 erhält auch der Bestreitende einen solchen Auszug. ³Die Gläubiger, deren Forderungen festgestellt worden sind, werden nicht benachrichtigt; hierauf sollen die Gläubiger vor dem Prüfungstermin hingewiesen werden.

Übersicht	Rdn.		Rdn.
A. Allgemeines	1	D. Titulierte Forderungen (Abs. 2)	18
B. Voraussetzungen für das Feststellungsverfahren	5	E. Tabellenauszug und Benachrichtigungen	22
C. Parteien des Feststellungsverfahrens	11		

A. Allgemeines

1 Im Insolvenzverfahren kann nicht entschieden werden, ob angemeldete und bestrittene Insolvenzforderungen berechtigt sind oder nicht. Bestrittene Forderungen sind daher **außerhalb des Insolvenzverfahrens** im kontradiktorischen Zivilprozess weiter zu verfolgen.

Das in den §§ 179 bis 186 InsO beschriebene Verfahren gilt für **alle Insolvenzgläubiger** i.S.d. §§ 38 und 39 InsO, deren Forderungen entweder im Prüfungstermin oder im schriftlichen Verfahren vom Insolvenzverwalter, einem Insolvenzgläubiger oder dem Schuldner (§ 184 InsO) bestritten worden sind. Dabei ist allerdings nicht der Widerspruch gemeint, der gem. § 177 Abs. 1 Satz 2 InsO gegen die Prüfung nachträglich angemeldeter Forderungen im Prüfungstermin erhoben worden ist. Voraussetzung für das Feststellungsverfahren ist der Widerspruch gem. § 178 Abs. 1 Satz 1 InsO.

Auf aus- und absonderungsberechtigte Gläubiger und Massegläubiger finden die Vorschriften keine Anwendung. **Aussonderungsberechtigte Gläubiger** werden außerhalb des Insolvenzverfahrens befriedigt (§ 47 Satz 2 InsO); **absonderungsberechtigte Gläubiger,** denen ein Recht auf Befriedigung an unbeweglichem Vermögen zusteht, haben ihre Rechte nach den Vorschriften des Gesetzes über die Zwangsversteigerung und Zwangsverwaltung geltend zu machen; die übrigen absonderungsberechtigten Gläubiger können – falls nicht dem Insolvenzverwalter gem. § 166 InsO das Recht zur Verwertung zusteht – ihre Verwertungsrechte an den beweglichen Sachen und Forderungen unabhängig vom Insolvenzverfahren geltend machen (§ 173 InsO). Sie nehmen jedoch insoweit am Verfahren teil, als der Schuldner ihnen auch persönlich haftet. Das Verwertungsergebnis des Absonderungsrechts wird im Verteilungsverfahren berücksichtigt (§ 190 InsO).

Das **Feststellungsverfahren** dient dazu, das Rechtsverhältnis zwischen dem Gläubiger und dem bestreitenden Gläubiger oder zwischen dem Gläubiger und dem bestreitenden Insolvenzverwalter hinsichtlich der streitigen Forderung zu klären. Das Verfahren ist ein Feststellungsverfahren gem. § 256 ZPO.

B. Voraussetzungen für das Feststellungsverfahren

Nur für die Forderungen, die angemeldet, geprüft und vom Insolvenzverwalter oder von einem Insolvenzgläubiger bestritten worden sind, findet das **Feststellungsverfahren** der §§ 179 bis 183 InsO statt (für Forderungen, die vom Schuldner bestritten worden sind, s. § 184 InsO). Forderungen, die nicht zuvor angemeldet und geprüft worden sind, können nicht Gegenstand eines Feststellungsverfahrens sein (*BGH* ZIP 2003, 2379 ff.; *BAG* ZIP 2004, 1867 ff.). Wenn es sich bei der streitigen Forderung um eine Insolvenzforderung handelt, muss der Gläubiger seine Forderung zur Tabelle anmelden, auch wenn ein Rechtsstreit darüber bereits anhängig ist.

Während des Insolvenzverfahrens können Insolvenzgläubiger ihre Forderungen ausschließlich nach den Vorschriften über das Insolvenzverfahren geltend machen (§ 87 InsO). Nur wenn eine Forderung im Prüfungsverfahren streitig bleibt, kann ihre Feststellung durch Klage oder Aufnahme des Rechtsstreites betrieben werden (A/G/R-*Wagner* § 179 InsO Rn. 2).

Die Zulässigkeit einer Klage, mit der ein Insolvenzgläubiger die Feststellung einer Forderung zur Insolvenztabelle betreibt, ist nicht von der vorherigen Durchführung eines Verfahrens der obligatorischen außergerichtlichen Streitschlichtung abhängig (*BGH* NZI 2011, 687; **a.A.** noch FK-InsO 6. Aufl.). Mit einem Schlichtungsverfahren können nicht die gleichen Rechtsfolgen herbeigeführt werden, die mit einer gerichtlichen Feststellung verbunden sind. Darüber hinaus ist das Schlichtungsverfahren nicht für nominal hohe Streitwerte vorgesehen, es soll nach dem Willen des Gesetzgebers vornehmlich für Bagatellstreitigkeiten gelten, die keine besonderen rechtlichen oder tatsächlichen Schwierigkeiten aufwerfen (*BGH* NZI 2011, 687; A/G/R-*Wagner* § 182 InsO Rn. 7).

Da ein Widerspruch des Schuldners keinen Einfluss auf die Feststellung zur Tabelle hat, ist er in § 179 unerwähnt geblieben. Soweit der Schuldner widersprochen hat, steht dem Gläubiger die Feststellungsklage nach § 184 InsO zu. Gleiches gilt auch, wenn der Schuldner zwar nicht die Forderung als solche, wohl aber die Qualifikation des Rechtsgrunds der vorsätzlich begangenen unerlaubten Handlung (§ 174 Abs. 2 InsO) bestritten hat. Auch insoweit muss der Gläubiger die Feststellung des Rechtsgrunds zur Tabelle entsprechend § 184 InsO betreiben (*BGH* KTS 2004, 105 ff.).

9 Dem **Widerspruch** des Insolvenzverwalters steht bei angeordneter Eigenverwaltung (§§ 270 ff. InsO) der Widerspruch des Schuldners als Eigenverwalter oder des Sachwalters gleich (§ 283 Abs. 1 Satz 2 InsO).

10 Auch Forderungen, die vom Insolvenzverwalter »vorläufig« bestritten worden sind, sind bestritten i.S. dieser Vorschrift. Ob ein vorläufiges Bestreiten dem Gläubiger jedoch Anlass zur Klageerhebung gibt, muss von Fall zu Fall entschieden werden (*BGH* NZI 2006, 295 f.; zum »vorläufigen« Bestreiten s. § 176 Rdn. 21–27).

C. Parteien des Feststellungsverfahrens

11 Kläger des Feststellungsverfahrens ist der Gläubiger, der seine Forderung als Insolvenzforderung festgestellt haben will. Beklagter des Feststellungsverfahrens ist jeder, der die Forderung bestritten hat. Dies können nur der Insolvenzverwalter oder ein (oder mehrere) Insolvenzgläubiger sein, da nur ihr Bestreiten die Feststellung der Forderung hindert (§ 178 Abs. 1 Satz 1 InsO). Zur Klage gegen einen Widerspruch des Schuldners s. § 184 InsO.

12 Haben mehrere Beteiligte (Verwalter und Gläubiger oder mehrere Gläubiger) eine Forderung bestritten, muss der Gläubiger zur Beseitigung der Widersprüche **alle Bestreitenden** verklagen. Diese sind im Hinblick auf die teilweise Rechtskrafterstreckung nach § 183 InsO notwendige Streitgenossen i.S.d. § 62 Abs. 1 1. Alt. ZPO. Einzelklagen bleiben hiernach zulässig, bereits anhängige Prozesse sollen aber nur gegen alle Widersprechenden aufgenommen werden können (*BGH* BGHZ 76, 206 [209 f.]; BGHZ 112, 95 [97 f.]; KS-InsO/*Eckardt* 2000, S. 771 Rn. 51).

13 Der Bundesgerichtshof hatte sich in jüngerer Vergangenheit in zwei Entscheidungen mit der Frage auseinanderzusetzen, wie durch die Verfahrenseröffnung unterbrochene Rechtsstreite wirksam wieder aufzunehmen sind. In dem einen Verfahren (*BGH* Beschl. v. 27.03.2013 – III ZR 367/12, BeckRS 2013, 06889) hatte der Kläger vom Oberlandesgericht 103.116,40 € zugesprochen erhalten, wobei die Revision nicht zugelassen worden war. Dagegen wandte sich die Beklagte mit der Zulassungsbeschwerde. Kurz danach wurde die Beklagte insolvent und die Nichtzulassungsbeschwerde gem. § 240 ZPO unterbrochen. Der Kläger meldete seine Forderung zur Tabelle an, der Insolvenzverwalter stellte sie in einem Teilbetrag von 80.477,34 € fest und bestritt den Rest (Zinsen und Kosten). Nachdem der Kläger den Rechtsstreit in Höhe der Hauptforderung wieder aufgenommen hat, hat der Bundesgerichtshof festgestellt, dass hierin keine wirksame Wiederaufnahme lag, sondern der Rechtsstreit nach wie vor unterbrochen ist. Begründet wurde dies damit, dass auch gegen den vom Insolvenzverwalter bestrittenen Teilbetrag der Zinsen und Kosten die Wiederaufnahme hätte erfolgen müssen, um der Gefahr widersprechender Urteile zu entgehen.

14 In einem weiteren Fall, der das gleiche Insolvenzverfahren betraf, hatte der zur Tabelle angemeldeten Forderung des Klägers auch ein Gläubiger widersprochen. Der Kläger hatte den Rechtsstreit gegen den Gläubiger wieder aufgenommen und zuvor mit dem Insolvenzverwalter einen Vergleich wie folgt geschlossen: »Die Insolvenzverwaltung nimmt, aufschiebend bedingt durch die rechtskräftige Entscheidung des Gerichts, in Höhe des ausgeurteilten Betrages seinen Teilwiderspruch gegen die angemeldete Forderung zurück.« Diese Formulierung fand der Bundesgerichtshof (*BGH* NZI 2013, 396) nicht ausreichend, um eine wirksame Wiederaufnahme des Rechtsstreits anzunehmen. Nach seiner Auffassung war in dem Vergleich der Fall, dass der Feststellungsrechtsstreit gegen den Gläubiger durch einen Vergleich enden würde, nicht ausreichend berücksichtigt.

15 Will der Gläubiger gem. § 179 Abs. 1 InsO die Feststellung seiner Forderung zur Tabelle erreichen, nimmt er entweder ein schon zwischen dem Schuldner und ihm schwebendes Verfahren wieder auf oder beginnt ein solches Feststellungsverfahren. Für den ordentlichen Rechtsweg ist dies in § 180 InsO geregelt. Für Sonderzuständigkeiten fehlt eine ausdrückliche Regelung, § 185 Satz 1 InsO verweist global auf die Zuständigkeit der übrigen Gerichte oder der Verwaltungsbehörden. Auch für die besonderen Zuständigkeiten gilt daher, dass vorrangig ein bereits anhängiges Verfahren wieder aufzunehmen ist (*BFH* 13.11.2007 – VII R 61/06, BeckRS 2007, 24003370).

Soweit nicht titulierte Steuerforderungen bestritten geblieben sind, verfolgt die Steuerbehörde ihre 16
Forderung nicht klageweise, sondern setzt sie durch Bescheid gem. § 251 Abs. 3 AO fest und stellt
diesen dem widersprechenden Insolvenzverwalter oder Insolvenzgläubiger zu. Gegen diesen Bescheid stehen dem Verwalter oder dem Gläubiger der Einspruch nach § 347 Abs. 1 Nr. 1 AO zu;
das weitere Verfahren wird nach der FGO abgewickelt (*BFH* ZIP 2005, 1184 ff.; *Uhlenbruck/Sinz*
InsO, § 179 Rn. 21). Ändern sich im Nachhinein die Besteuerungsgrundlagen, so kann die Finanzverwaltung gem. § 130 AO die Festsetzung ändern (*BFH* NZI 2012, 96 [100]).

Auf ähnliche Weise werden auch rückständige Beiträge zur Sozialversicherung behandelt. Die zu- 17
ständige Einzugsstelle erlässt nötigenfalls einen Verwaltungsakt über die Beitragsverpflichtung
nach Grund und Höhe, der die Forderung durch Bescheid festsetzt. Es obliegt dann wiederum
dem Bestreitenden, ggf. in Widerspruchs- oder Klageverfahren sein Bestreiten weiter zu verfolgen.

D. Titulierte Forderungen (Abs. 2)

Liegt für die bestrittene Forderung bereits ein vollstreckbarer Schuldtitel oder ein Endurteil vor, liegt 18
die Initiative zur Verfolgung des Widerspruchs beim Bestreitenden. Er wird seinen Widerspruch nur
dann mit Erfolg verfolgen können, wenn es ihm gelingt, den Titel zu beseitigen. Dabei stehen ihm alle
die Möglichkeiten zur Verfügung, die auch der Schuldner hätte (Berufung, Revision, Restitutions-
und Nichtigkeitsklage). Für den Insolvenzverwalter oder einen Insolvenzgläubiger hat ein Widerspruch gegen eine titulierte Forderung nur dann einen Sinn, wenn der Titel mit einem Rechtsmittel
oder durch Wiederaufnahme des Verfahrens (durch Nichtigkeits- oder Restitutionsklage) beseitigt
werden kann.

Zwar verhindert der Widerspruch zunächst die Feststellung in gleicher Weise wie bei nicht titulierten 19
Forderungen. Verfolgt der Widersprechende aber nicht bis zur Ausschlussfrist des § 189 InsO klageweise seinen Widerspruch, so wird die Forderung bei Erstellung des Verteilungsverzeichnisses und
bei der Schlussverteilung trotzdem berücksichtigt (§ 189 Abs. 3 InsO).

Ist ein im Zivilprozess ergangenes **Endurteil noch nicht rechtskräftig**, ist das Verfahren gem. § 240 20
ZPO durch die Eröffnung des Insolvenzverfahrens oder die Bestellung eines vorläufigen Insolvenzverwalters und Anordnung eines allgemeinen Verfügungsverbots unterbrochen. Bestreitet der Insolvenzverwalter die Forderung, so hat er diesen Widerspruch vorrangig durch Wiederaufnahme des
unterbrochenen Verfahrens zu betreiben. Bestreitet ein Insolvenzgläubiger, so kann er unabhängig
vom anhängigen Prozess Feststellungsklage erheben, da er nicht Partei des unterbrochenen Verfahrens gewesen ist und dieses daher nicht aufnehmen kann.

Schuldtitel i.S.v. Abs. 2 sind sämtliche Entscheidungen, aus denen vollstreckt werden kann. Insoweit 21
kommen insbesondere rechtskräftige oder für vorläufig vollstreckbar erklärte (§§ 708 ff. ZPO) Endurteile aus Zivilprozessen (§ 704 Abs. 1 ZPO), Vollstreckungstitel nach § 794 ZPO, Titel nach
§ 801 ZPO sowie Steuerbescheide oder sonstige Leistungsbescheide in Betracht, die dem Schuldner
vor Verfahrenseröffnung zugestellt worden waren.

E. Tabellenauszug und Benachrichtigungen

Dem Gläubiger, dessen nicht titulierte Forderung bestritten ist, erteilt das Insolvenzgericht von Amts 22
wegen einen beglaubigten Auszug aus der Tabelle. Die Gläubiger festgestellter Forderungen werden
nicht benachrichtigt (Abs. 3 Satz 3); sie sind vor dem Prüfungstermin darauf hinzuweisen, dass sie
keine Benachrichtigung erhalten, wenn ihre Forderungen festgestellt werden. Sie können sich jedoch
durch Einsicht in die Tabelle vom Ergebnis des Prüfungstermins und dem Gesamtumfang der festgestellten Forderungen informieren. Nur so können sie – zusammen mit Information über die Aktivmasse – ihre Befriedigungsaussicht im Verteilungsverfahren prüfen.

Wird eine bereits titulierte Forderung bestritten, erhält der Bestreitende den Tabellenauszug, da nur 23
er (und nicht der Gläubiger) Feststellungsklage erheben kann.

24 Absonderungsberechtigte Insolvenzgläubiger, deren Forderungen für den Ausfall festgestellt worden sind, können den Feststellungsrechtsstreit nicht führen. Ihre Forderung ist nicht bestritten, es fehlt daher an der Zulässigkeitsvoraussetzung des Feststellungsbedürfnisses. Diese Gläubiger müssen ihren Ausfall nachweisen, damit sie in Höhe des Ausfalls in das Schlussverzeichnis aufgenommen werden können.

§ 180 Zuständigkeit für die Feststellung

(1) ¹Auf die Feststellung ist im ordentlichen Verfahren Klage zu erheben. ²Für die Klage ist das Amtsgericht ausschließlich zuständig, bei dem das Insolvenzverfahren anhängig ist oder anhängig war. ³Gehört der Streitgegenstand nicht zur Zuständigkeit der Amtsgerichte, so ist das Landgericht ausschließlich zuständig, zu dessen Bezirk das Insolvenzgericht gehört.

(2) War zur Zeit der Eröffnung des Insolvenzverfahrens ein Rechtsstreit über die Forderung anhängig, so ist die Feststellung durch Aufnahme des Rechtsstreits zu betreiben.

1 Das Prüfungsverfahren der Insolvenzordnung dient nur dazu festzustellen, ob und wer angemeldete Forderungen bestreitet. Die Eintragungen der Prüfungsergebnisse haben lediglich beurkundende Funktion. Eine darüber hinausgehende Prüfung, ob die angemeldete Forderung (oder ihr Rang) berechtigt ist, findet im Insolvenzverfahren nicht statt. Hierzu dient das Feststellungsverfahren.

2 Auf die Feststellung ist **im ordentlichen Verfahren** Klage zu erheben (Abs. 1 Satz 1), soweit nicht der Gegenstand der angemeldeten Forderung und damit des Rechtsstreits einer besonderen Gerichtsbarkeit zugewiesen ist. In diesem Falle bleibt es gem. § 185 auch im Feststellungsverfahren bei der Zuständigkeit der Verwaltungsbehörden und der anderen Gerichte. Für die Feststellung von Wohngeldforderungen enthält § 43 Abs. 1 Nr. 1 WEG eine speziellere Regelung, so dass für den Feststellungsrechtsstreit das Amtsgericht, Abteilung für Wohnungseigentumssachen, zuständig ist und damit der Feststellungsrechtsstreit sich nach den Regeln der freiwilligen Gerichtsbarkeit richtet (*OLG Hamburg* ZInsO 2006, 1059 f.; **a.A.** HambK-InsO/*Herchen* § 180 Rn. 9).

3 Der Insolvenzverwalter ist an Schiedsabreden des Schuldners gebunden (*BGH* ZInsO 2004, 88). Dies gilt auch für Feststellungsrechtsstreite (*BGH* NZI 2009, 309). Widersprechen andere Gläubiger, die an die Schiedsabrede nicht gebunden sind, muss der Gläubiger insoweit im ordentlichen Verfahren Feststellungsklage erheben.

4 Ausschließlich **örtlich** zuständig ist das Amtsgericht, bei dem das Insolvenzverfahren anhängig ist. Gerichtsstandsvereinbarungen sind unwirksam.

Ist der Streitwert, der gem. § 182 InsO nach dem aus der voraussichtlichen Quote abgeleiteten Feststellungsinteresse ermittelt wird, höher als 5.000 €, ist das Landgericht ausschließlich zuständig, zu dessen Bezirk das Insolvenzgericht gehört (Abs. 1 Satz 3). Ist der Rechtsstreit bei Unterbrechung bereits im Berufungsrechtszug anhängig, ist für die Entscheidung, ob die Berufungssumme erreicht ist, nicht die voraussichtliche Quote maßgeblich, sondern die Höhe des Gegenstandswertes bei Berufungseinlegung (*BGH* NZI 2008, 611). Stellt sich heraus, dass das Verfahren masseunzulänglich ist und nimmt der Gläubiger den Rechtsstreit dann wieder auf, um die Feststellung der Forderung zur Tabelle zu erreichen, ist auf den Wert der Forderung am Tag der Berufungseinlegung abzustellen, nicht darauf, dass die voraussichtliche Quote beim masseunzulänglichen Verfahren 0 betragen wird. Dies gilt spiegelbildlich auch für das Rechtsschutzinteresse des Insolvenzverwalters zur Abwehr der Feststellungsklage. Auch insoweit gilt der gleiche Gegenstandswert (*BGH* NZI 2008, 611).

5 Bei der Klage »auf die Feststellung« (§ 180 Abs. 1 Satz 1 InsO) handelt es sich um eine **echte Feststellungsklage** i.S.d. § 256 ZPO (*BGH* WM 1957, 1226 [1227]). Der Klageantrag ist entweder darauf gerichtet, die Feststellung der (näher zu bezeichnenden) Forderung zur Tabelle zu erreichen oder, wenn mehrere Widersprüche vorliegen und nicht alle in eine Klage zusammengefasst werden können, die Unbegründetheit des jeweiligen Widerspruchs feststellen zu lassen. Haben mehrere andere Gläubiger widersprochen, so sind diese notwendige Streitgenossen i.S.d. § 62 Abs. 1 1. Alt.

ZPO. Danach sind zwar Einzelklagen grds. möglich, für den die Feststellung betreibenden Gläubiger bergen sie jedoch die Gefahr, in unterschiedlichen Verfahren divergierende Ergebnisse zu erreichen und eine Feststellung letztendlich damit zu verfehlen. Liegen verschiedene Widersprüche vor, die u.U. nur Teile der angemeldeten Forderung betreffen, so können auch unterschiedliche Zuständigkeiten (abhängig vom Streitwert, § 182 InsO) gegeben sein. In diesem Falle hat der Gläubiger keine andere Wahl und muss mehrere Rechtsstreite führen.

Das Ziel des Feststellungsverfahrens ist die Klärung der Feststellung zur Tabelle durch Beseitigung von Widersprüchen. Dies soll abschließend in einem Verfahren erfolgen, woraus sich die **Unstatthaftigkeit besonderer Verfahrensarten** wie des Urkundenprozesses, des Wechsel- und Scheckprozesses ergibt (wie hier KS-InsO/*Eckardt* 2000, S. 771 Rn. 50; *Kübler/Prütting/Bork-Pape/Schaltke* InsO, Rn. 2 zu § 180; **a.A.** BK-InsO/*Gruber* § 180 Rn. 2; HK-InsO/*Depré* § 180 Rn. 2; *Uhlenbruck/Sinz* InsO, § 180 Rn. 11). Nach Ansicht des BGH können allerdings Zahlungsansprüche auf erstes Anfordern Gegenstand eines Insolvenzfeststellungsverfahrens nach § 179 InsO sein (*BGH* NZI 2008, 565). Im Feststellungsrechtsstreit ist allerdings den vom Insolvenzverwalter erhobenen materiell-rechtlichen Einwendungen und Einreden nicht nachzugehen. Dem Gläubiger steht ein vereinfachtes Verfahren zur Erlangung des Tabelleneintrags zu; der Insolvenzverwalter trägt die Betreibungslast für den Rückforderungsprozess (*BGH* NZI 2008, 565). Dadurch wird die endgültige Klärung der Gläubigerforderung unnötig verzögert und auf einen zweiten Prozess verlagert. Außerdem trägt die Insolvenzmasse und damit die Gläubigergesamtheit das Beitreibungsrisiko hinsichtlich der festgestellten Forderung und hierauf geleisteter Ausschüttung. 6

Zum Nachweis seiner Klageberechtigung hat der Gläubiger den beglaubigten Auszug aus der Tabelle einzureichen, siehe § 179 Abs. 3 InsO. Er weist damit auch nach, dass sein Klageantrag mit der von ihm angemeldeten Forderung, der Prüfung und dem Prüfungsergebnis übereinstimmt. 7

War zur Zeit der Eröffnung des Insolvenzverfahrens die Klage über die bestrittene Forderung bereits anhängig, ist der Rechtsstreit aufzunehmen (Abs. 2). Die bestrittene Forderung muss dabei mit der Forderung, die Gegenstand des bereits anhängigen Rechtsstreites war, identisch sein (*BGH* ZIP 1988, 979). Gibt es ein derartiges identisches Verfahren, so ist eine neue Klage unstatthaft, die Aufnahme des anhängigen Rechtsstreits ist zwingend. Der Rechtsstreit wird in der Lage aufgenommen, in der er sich befunden hat. Der Insolvenzverwalter muss deshalb die vorherige Prozessführung des Schuldners, einschließlich evtl. Anerkenntnisse, Verzichte, Geständnisse und Fristversäumnisse gegen sich gelten lassen, sofern er nicht im Einzelfall solche Rechtshandlungen gem. §§ 129 ff. InsO wegen objektiver Gläubigerbenachteiligung anfechten kann. Andererseits steht es dem Insolvenzverwalter frei, sämtliche dem Schuldner bei Eintritt der Unterbrechung noch zustehende Angriffs- und Verteidigungsmittel vorzubringen (*BGH* ZInsO 2006, 1214 f.). Die Aufnahme des Rechtsstreites kann nur durch den Insolvenzgläubiger erfolgen. Die Aufnahme eines Passivprozesses durch den Insolvenzverwalter ist nur zulässig, wenn es sich um die Aussonderung eines Gegenstandes aus der Insolvenzmasse, die abgesonderte Befriedigung oder um eine Masseverbindlichkeit handelt (§ 86 InsO; *BGH* ZInsO 2010, 760). Lediglich im Falle des § 179 Abs. 2 InsO kann die Aufnahme sowohl vom Gläubiger als auch vom Bestreitenden betrieben werden. 8

Das bereits anhängige Verfahren wird fortgesetzt, jedoch wird aus der Leistungs- eine Feststellungsklage. Es handelt sich um einen Fall der **notwendigen Änderung des Klageantrages**, die auch noch in der Rechtsmittelinstanz möglich ist. Statt Zahlung ist nun auf Feststellung der Forderungen zur Tabelle zu klagen. Dies gilt auch, wenn ein nach § 240 ZPO unterbrochenes Kostenfestsetzungsverfahren wieder aufgenommen wird. Die Höhe des streitigen Erstattungsanspruchs kann dann nur festgestellt werden (*OLG München* ZIP 2003, 2318 ff.; *OLG Brandenburg* ZInsO 2007, 105 f.). 9

Die Zuständigkeitsbestimmungen des Absatzes 1 gelten nicht für die Aufnahme eines bei Eröffnung des Insolvenzverfahrens anhängigen Rechtsstreites. Hier wird das Verfahren vor dem Gericht fortgeführt, bei dem es anhängig ist. Auch für die Frage, ob die Berufungssumme erreicht ist, ist die Höhe des Streitwerts bei Berufungseinlegung maßgeblich, nicht bei Wiederaufnahme des Prozesses. Insbesondere bei masseunzulänglichen Verfahren kann der Rechtsstreit dann auch im Berufungsver- 10 fahren wieder aufgenommen werden, auch wenn für die Fortsetzung des Verfahrens der Mindestgegenstandswert nur zugrunde gelegt werden kann, da es keine Quotenaussicht geben wird. Spiegelbildlich gilt dies auch für das Rechtsschutzinteresse des Insolvenzverwalters zur Abwehr solcher Feststellungsklagen (*BGH* NZI 2008, 611).

11 Aufgrund der Aufnahme des Rechtsstreits mit den umgestellten Anträgen ist für das weitere Verfahren der nach § 182 InsO zu bestimmende Streitwert maßgeblich.

12 Für **abgabenrechtliche Rechtsbehelfsverfahren**, die in entsprechender Anwendung des § 240 ZPO unterbrochen worden sind, gilt § 180 Abs. 2 InsO über § 185 Satz 2 InsO entsprechend, so dass das Rechtsbehelfsverfahren von dem Widersprechenden fortzusetzen ist.

13 Wird ein anhängiger Rechtsstreit wieder aufgenommen und als Feststellungsprozess zu Ende geführt, folgt aus dem Grundsatz der Einheitlichkeit der Kostenentscheidung, dass die Partei, die letztlich unterliegt, die Kosten des gesamten wieder aufgenommenen Rechtsstreits zu tragen hat (*BGH* ZIP 2006, 576 ff.). Streitig war weiterhin, ob im Falle des Unterliegens des Insolvenzverwalters der Kostenerstattungsanspruch des Feststellungsklägers/Gläubigers insgesamt als Masseverbindlichkeit (§ 55 Abs. 1 Nr. 1 InsO) oder hinsichtlich der vor Verfahrenseröffnung bereits vollendeten Gebührentatbestände als Insolvenzforderung (§ 38 InsO) zu behandeln wäre. Der *BGH* (ZInsO 2006, 1214 f.) hat für den Fall, dass dem Verwalter zwar kein sofortiges Anerkenntnis mehr möglich war, der Rechtsstreit jedoch in der gleichen (ersten) Instanz beendet wurde, die Auffassung vertreten, dass der Kostenerstattungsanspruch insgesamt als Masseverbindlichkeit entstanden wäre (so auch *BGH* NZI 2008, 565).

14 Hat der Insolvenzverwalter nach übereinstimmend erklärter Erledigung der Hauptsache die Kosten eines im Nichtzulassungsbeschwerdeverfahren aufgenommenen Rechtsstreits zu tragen, sind die von ihm zu erstattenden Kosten des Beschwerdeverfahrens zwar einheitlich als Masseverbindlichkeit zu behandeln, der Kostenerstattungsanspruch des Gegners für die Vorinstanzen bleibt jedoch Insolvenzforderung (*BGH* NZI 2016, 829). Damit ist klargestellt, dass die zu erstattenden Kosten für bereits abgeschlossene Instanzen eines aufgenommenen Rechtsstreits keine Masseverbindlichkeiten darstellen, sondern nur als Insolvenzforderungen geltend gemacht werden können.

§ 181 Umfang der Feststellung

Die Feststellung kann nach Grund, Betrag und Rang der Forderung nur in der Weise begehrt werden, wie die Forderung in der Anmeldung oder im Prüfungstermin bezeichnet worden ist.

1 Die Vorschrift korrespondiert mit dem Grundsatz, dass nur wirksam angemeldete und im Prüfungstermin bestrittene Forderungen zum Gegenstand eines Feststellungsverfahrens werden können. Fehlt es hieran, wird die Feststellungsklage mangels **Rechtsschutzbedürfnisses** ohne sachliche Prüfung durch Prozessurteil abgewiesen. Der Nachweis, dass Identität zwischen der rechtshängigen Forderung und der angemeldeten Forderung besteht, wird durch Vorlage des nach § 179 Abs. 3 InsO zu erteilenden Tabellenauszugs geführt.

2 Ein Gläubiger, der in seiner Anmeldung angibt, eine Forderung aus Lieferung und Leistung zu haben, kann im Feststellungsverfahren nicht erfolgreich vortragen, die Forderung stamme aus einem dem Schuldner gewährten Darlehen. Das **Auswechseln** des Forderungsgrundes ist – auch wenn die Höhe der Forderung gleich bleibt – **unzulässig**. Will der Gläubiger seinen Irrtum korrigieren, muss er die ursprünglich angemeldete Forderung zurücknehmen und die neue Forderung mit dem richtigen Forderungsgrund anmelden und dem Prüfungsverfahren unterwerfen (*BGH* ZIP 2003, 2379 ff.; NZI 2007, 647 ff.).

3 Entsprechendes gilt für den **Betrag der Forderung**. Ein höherer Betrag als in der Anmeldung angegeben und als im Prüfungsverfahren geprüft, kann im Feststellungsverfahren nicht begehrt werden. Allerdings kann die nachträgliche Anmeldung mit dem Erhöhungsbetrag bis zur letzten mündlichen Tatsachenverhandlung nachgeholt werden. Zulässig ist es weiterhin, wenn der Gläubiger nur einen

Teil seiner Forderung festgestellt haben will. Eine Beschränkung der Feststellungsklage auf einen Teil der Forderung ist zulässig; der Gläubiger ist nicht verpflichtet, für die gesamte Forderung das Feststellungsverfahren zu betreiben.

Der **Rang einer Forderung** hat nur Bedeutung für die nachrangigen Insolvenzgläubiger (§ 39 InsO), da sämtliche nicht nachrangigen Insolvenzgläubiger den gleichen Rang haben. Bei der Anmeldung einer nachrangigen Insolvenzforderung hat der Gläubiger die Rangstelle des § 39 InsO zu bezeichnen, § 174 Abs. 3 Satz 2 InsO. Im Feststellungsverfahren über den Rang einer nachrangigen Forderung kann vom Gläubiger nur die Feststellung des Ranges begehrt werden, den er in seiner Anmeldung angegeben hat, soweit er nicht einen schlechteren Rang begehrt (*Uhlenbruck/Sinz* InsO, § 181 Rn. 12). Voraussetzung ist allerdings, dass das Insolvenzgericht auch zur Anmeldung von Forderungen des schlechteren Rangs aufgefordert hat, andernfalls fehlt es am Rechtsschutzinteresse. 4

Hat der Gläubiger bei seiner Forderungsanmeldung ausdrücklich darauf hingewiesen, dass die von ihm geltend gemachte Forderung aus einer **vorsätzlich begangenen, unerlaubten Handlung** des Schuldners resultiert und hat der Schuldner diese Behauptung im Prüfungstermin bestritten, so kann der Feststellungsrechtsstreit auf die Beseitigung dieses Widerspruchs beschränkt werden (*BGH* WM 2003, 2342 ff.; ZInsO 2007, 265 ff.). Der Feststellungsrechtsstreit ist entsprechend § 184 InsO gegen den Schuldner zu führen. 5

Von dem **Änderungsverbot** wird nicht eine bloße Ergänzung oder Berichtigung der tatsächlichen Angaben erfasst. Maßgeblich ist der gesamte Lebenssachverhalt, der zum Anspruchsgrund der Forderung in der Anmeldung vorgetragen worden ist. Die rechtliche Subsumtion kann sich ändern, neben einer vertraglichen Anspruchsgrundlage kann aus dem gleichen Lebenssachverhalt bspw. auch eine deliktische Anspruchsgrundlage hinzutreten. 6

Bei angemeldeten und bestrittenen **Steuerforderungen** kommt eine Klage nicht in Betracht, sondern zunächst nur die Steuerfestsetzung durch die Finanzbehörden. Der Steuerbescheid kann sich dabei nur auf den Sachverhalt und die Höhe der Steuern sowie den Rang stützen, wie es in der Anmeldung vorgesehen war. Erst gegen die Festsetzung kann dann der Widersprechende die Finanzgerichte anrufen. 7

§ 182 Streitwert

Der Wert des Streitgegenstands einer Klage auf Feststellung einer Forderung, deren Bestand vom Insolvenzverwalter oder von einem Insolvenzgläubiger bestritten worden ist, bestimmt sich nach dem Betrag, der bei der Verteilung der Insolvenzmasse für die Forderung zu erwarten ist.

Die Vorschrift regelt die Bestimmung des Streitwertes für Feststellungsklagen des anmeldenden Gläubigers, dessen Forderung vom Insolvenzverwalter oder anderen Insolvenzgläubigern bestritten worden ist. Dabei ist der Streitwert zum einen für die Abgrenzung der sachlichen Zuständigkeit zwischen Amtsgericht und Landgericht bedeutsam (§§ 1 ZPO, 23 Nr. 1, 71 Abs. 1 GVG); darüber hinaus hängen vom Streitwert die Kosten des Rechtsstreits ab und zwar nicht nur die Gerichtsgebühren, sondern auch die Anwaltsgebühren. 1

Streitwert der Feststellungsklage ist der Betrag, den der Gläubiger am Schluss des Insolvenzverfahrens aus der Masse zu erwarten hat. Die Höhe der angemeldeten Forderung ist ohne Bedeutung, ebenso möglicherweise bestehende Sicherheiten (*BGH* NZI 2015, 757). Wenn nur wenig Masse realisiert wird, ist auch der Streitgegenstand im Feststellungsverfahren über eine hohe angemeldete Forderung niedrig oder sogar – bei der Einstellung des Verfahrens mangels Masse (§ 207 InsO) oder wegen Masseunzulänglichkeit (§ 211 InsO) – mit 0 € anzunehmen. Ist mit einer Quote nicht zu rechnen, entstehen sowohl bei den Gerichts- als auch bei den Rechtsanwaltskosten die **Mindestgebühren** (*OLG Köln* KTS 1974, 48; *OLG Hamm* ZIP 1984, 1258). 2

Das Gesetz berücksichtigt mit der Streitwertbestimmung, dass das Interesse des Gläubigers auf Feststellung seiner bestrittenen Forderung nicht höher ist als der Betrag, den er im günstigsten Fall aus 3

§ 182 InsO Streitwert

der Insolvenzmasse erhalten kann. Die Vorschrift dient daher auch dazu, die Kosten des Feststellungsverfahrens so niedrig wie möglich zu halten und damit das Kostenrisiko für beide Parteien zu beschränken.

4 Die Vorschrift gilt auch in den Fällen, in denen ein unterbrochener Rechtsstreit aufgenommen wird. **Maßgeblicher Zeitpunkt** für die Festsetzung des Streitwerts ist entsprechend § 4 Abs. 1 ZPO der der Klageerhebung (*OLG Köln* NZI 2003, 568). Nachträgliche Veränderungen wirken sich grds. nicht mehr aus. Die Gerichts- und Rechtsanwaltskosten, die ab Aufnahme des Rechtsstreites entstehen, sind nach der Höhe der zu erwartenden Quote zu berechnen. Die Kosten, die vor Aufnahme des Rechtsstreites entstanden sind, bleiben jedoch in voller Höhe bestehen. Mit Aufnahme des Rechtsstreites tritt somit nicht nur eine Änderung des Streitgegenstandes (aus einer Zahlungsklage wird eine Feststellungsklage) ein, es ändert sich ab Aufnahme des Rechtsstreites regelmäßig auch der Streitwert (*OLG Frankfurt* NJW 1967, 210).

5 Der Wert des Streitgegenstandes ist der Betrag, mit dem der Gläubiger bei der Verteilung der Insolvenzmasse rechnen kann. Ein Abschlag wegen des Feststellungscharakters der Klage ist zusätzlich nicht vorzunehmen. Die fehlende Vollstreckbarkeit wird durch die Beschränkung des Streitwerts auf die **voraussichtliche Insolvenzquote** hinreichend berücksichtigt (*OLG Naumburg* ZIP 1995, 575).

6 Steht der Masse eine (aufrechenbare) **Gegenforderung** gegen den Kläger einer Feststellungsklage zu, so ist der Streitwert der Feststellungsklage grds. nach dem Betrag festzusetzen, der bei einer Verteilung der um die Gegenforderung erhöhten Masse auf die Klageforderung entfiele (*BGH* NZI 2000, 115).

7 Die Höhe der Quote ist bei Durchführung des Feststellungsverfahrens häufig noch nicht bekannt; sie steht erst am Ende des Insolvenzverfahrens fest, wenn die Insolvenzmasse verwertet, die Höhe aller Insolvenzforderungen und damit die Insolvenzquote bekannt ist. Gleichwohl hat das (Zivil-)Gericht gem. §§ 2 ff. ZPO die Wertbestimmung vorzunehmen. Es hat dabei sämtliche Erkenntnismöglichkeiten auszuschöpfen (*BGH* NZI 1999, 447) und ist nicht an die Auskunft des Insolvenzverwalters gebunden. Auch wenn diese regelmäßig die Grundlage für die Wertbestimmung sein wird, muss das Gericht jedoch auch andere Erkenntnismöglichkeiten einbeziehen und diese Auskunft einer sorgfältigen Prüfung unterziehen (*BGH* NZI 2007, 175 f.).

8 Soweit die Höhe der zu erwartenden Quote Einfluss auf die sachliche Zuständigkeit hat (Amts- oder Landgericht), kommt es darauf an, wie hoch der Insolvenzverwalter die Quote bei Klageerhebung veranschlagt. Eine **spätere Änderung der Quote** (z.B. Minderung der Quote aufgrund neu hinzukommender Gläubiger oder Erhöhung wegen Mehrung der Insolvenzmasse) hat keinen Einfluss mehr auf die einmal begründete sachliche Zuständigkeit. Für einen bereits anhängigen Rechtsstreit verbleibt es bei der ursprünglichen sachlichen Zuständigkeit. Auch wenn bspw. die voraussichtliche Quote weit unter 5.000 € liegt, die Zahlungsklage jedoch über einen Betrag von mehr als 5.000 € gerichtet war, bleibt das Landgericht im erstinstanzlichen Verfahren zuständig. Für das Berufungsverfahren bleibt ebenfalls das Oberlandesgericht zuständig (*Nerlich/Römermann-Becker* InsO, § 182 Rn. 7). Die Höhe der zu erwartenden Quote determiniert auch den Wert des Beschwerdegegenstandes und ist daher maßgeblich für die Zulässigkeit eines Rechtsmittels (*BGH* NZI 2007, 175 f.). Auch hier kommt es allerdings auf den Zeitpunkt der Einlegung des Rechtsmittels an (*BGH* NZI 2016, 167), nicht auf den späteren Zeitpunkt der Verfahrensunterbrechung oder der Wiederaufnahme des Rechtsstreits. War also bei Berufungseinlegung die Berufungssumme erreicht, bleibt das Berufungsverfahren zulässig, auch wenn im Insolvenzverfahren eine Quote nicht zu erwarten ist und damit der Gegenstandswert der Feststellungsklage zur Wiederaufnahme unter die Berufungssumme gefallen ist (*BGH* NZI 2008, 611).

9 Die Vorschrift ist entsprechend anzuwenden, wenn nicht der Bestand der (gesamten) Forderung, sondern nur ein Teil oder nur der Rang bestritten wird. In einem solchen Fall ist der Unterschied zwischen den Beträgen maßgeblich, die der Gläubiger bei einem Obsiegen oder bei einem Unterliegen gegenüber dem Bestreitenden erhalten würde (BT-Drucks. 12/2443 S. 185).

Die Vorschrift gilt unmittelbar nur für Feststellungsklagen, die von den ordentlichen Gerichten zu entscheiden sind. Für die Feststellungsklagen und -verfahren, die vor anderen Gerichten zu betreiben oder von der zuständigen Verwaltungsbehörde (z.B. von den Finanzämtern) vorzunehmen sind, gilt sie über § 185 Abs. 3 InsO für das gerichtliche Verfahren entsprechend. Für das Vorverfahren soll sie nach dem Wortlaut nicht unmittelbar Anwendung finden, allerdings wird bei der **Streitwertfestsetzung im Vorverfahren** ebenfalls auf das wirtschaftliche Interesse des Anmeldenden an der Feststellung zur Tabelle und damit auf seine Quotenaussicht abzustellen sein (HK-InsO/*Depré* § 185 Rn. 3; *Nerlich/Römermann-Becker* InsO, § 185 Rn. 18; BK-InsO/*Breutigam* § 185 Rn. 10). 10

Für Feststellungsklagen gegen den Schuldner gem. § 184 InsO ist die Vorschrift weder unmittelbar noch entsprechend anzuwenden. Der Streitwert richtet sich in diesem Fall, in dem es nicht um die Eintragung in die Insolvenztabelle geht, nach dem **Wert der Forderung** (*LG Mühlhausen* ZInsO 2004, 1046 f.). Die voraussichtliche Quote ist nur insoweit zu berücksichtigen, als sie den Wert der ursprünglich eingeklagten Forderung entsprechend mindert. Wird das Insolvenzverfahren während des laufenden Feststellungsrechtsstreits aufgehoben, erfolgt ein gesetzlicher Parteiwechsel zwischen Insolvenzverwalter und Schuldner, infolge dessen eine Tabellenfeststellungsklage als allgemeines Feststellungsbegehren zu qualifizieren ist. Für den Wert des Beschwerdegegenstandes bedeutet dies, dass der übliche Abschlag von 20 % auf den Beschwerdegegenstand einer Zahlungsklage anzusetzen ist (*BGH* NZG 2015, 1324). Auch bei der Feststellungsklage im Insolvenzverfahren über das Vermögen natürlicher Personen richtet sich der Streitwert allein nach der zu erwartenden Quote. Absonderungsrechte und sonstige Sicherheiten, die die festzustellende Forderung sichern oder die Möglichkeit des Gläubigers, nach Beendigung des Insolvenzverfahrens aus der Tabellenfeststellung gegen den Schuldner vollstrecken zu können, erhöhen den Wert nicht. Dies gilt auch für den Fall, dass der Gläubiger eine Forderung aus einer vorsätzlich begangenen unerlaubten Handlung geltend macht und er sie nach Restschuldbefreiung gem. § 302 Nr. 1 InsO als ausgenommene Forderung gegen den Schuldner durchsetzen könnte (*BGH* Beschl. v. 12.05.2016 – IX ZA 32/15, BeckRS 2016, 10972). 11

Hat der Schuldner oder der Insolvenzverwalter lediglich den Rechtsgrund der vorsätzlich begangenen unerlaubten Handlung bestritten, so findet die Vorschrift keine Anwendung (a.A. *OLG München* ZInsO 2004, 1318). Auch in diesem Falle richtet sich das Feststellungsinteresse des Gläubigers darauf, die Forderung von der Restschuldbefreiung auszunehmen und also gegen den Schuldner weiterhin vollstrecken zu können. Der Streitwert ist daher nach den allgemeinen Vorschriften (§§ 2, 3 ZPO) entsprechend dem Wert der Forderung zu schätzen. Ein genereller Abschlag wegen der möglicherweise geringen Werthaltigkeit der gegen den Schuldner nach Durchführung der Restschuldbefreiung durchzusetzenden Forderung ist dabei – ebenso wie bei einer Leistungsklage – nicht vorzunehmen (*OLG Hamm* ZVI 2007, 208 f.; a.A. *OLG Celle* ZInsO 2007, 42 f.; *OLG Karlsruhe* ZIP 2009, 435). Abzusetzen wären allenfalls die Zuflüsse, die bei der Schlussverteilung bzw. im Restschuldbefreiungsverfahren zu erwarten sind. 12

Eine entsprechende Anwendung des § 182 InsO ist bei angeordneter Eigenverwaltung anzunehmen, wenn der Widerspruch des Schuldners in seiner Eigenschaft als Eigenverwalter erfolgt und dadurch die Feststellung ebenso hindert wie im regulären Verfahren der Widerspruch des Insolvenzverwalters. 13

§ 183 Wirkung der Entscheidung

(1) Eine rechtskräftige Entscheidung, durch die eine Forderung festgestellt oder ein Widerspruch für begründet erklärt wird, wirkt gegenüber dem Insolvenzverwalter und allen Insolvenzgläubigern.

(2) Der obsiegenden Partei obliegt es, beim Insolvenzgericht die Berichtigung der Tabelle zu beantragen.

(3) Haben nur einzelne Gläubiger, nicht der Verwalter, den Rechtsstreit geführt, so können diese Gläubiger die Erstattung ihrer Kosten aus der Insolvenzmasse insoweit verlangen, als der Masse durch die Entscheidung ein Vorteil erwachsen ist.

Übersicht	Rdn.			Rdn.
A. Wirkungen des Feststellungsurteils	1	C.	Kostenerstattung	8
B. Berichtigung der Tabelle	5			

A. Wirkungen des Feststellungsurteils

1 Das rechtskräftige Urteil im Feststellungsrechtsstreit über eine Forderung, die vom Insolvenzverwalter oder von einem oder mehreren Insolvenzgläubigern im Prüfungstermin oder im schriftlichen Verfahren bestritten worden ist (§§ 178, 179 InsO), beseitigt den Widerspruch des oder der Bestreitenden, wenn es die Forderung feststellt. Dabei ist allerdings zu berücksichtigen, dass diese Wirkung nur dann eintritt, wenn ein obsiegendes Urteil **gegen alle Bestreitenden** vorliegt. Nur die Beseitigung sämtlicher Widersprüche führt zur Rechtskraftwirkung (KS-InsO/*Eckardt* 2000, S. 776 Rn. 58).

2 Die Forderung gilt als anerkannt und wird bei Verteilungen berücksichtigt (zur Berücksichtigung von bestrittenen Forderungen, über die noch nicht im Feststellungsverfahren entschieden ist, s. § 189 InsO). Für den Schuldner, der die Forderung nicht auch selbst bestritten hat, hat die Feststellung der Forderung zur Folge, dass aus der Eintragung in die Tabelle (nach deren Berichtigung, s. Abs. 3) die Zwangsvollstreckung gegen ihn betrieben werden kann.

3 Wird der Widerspruch des Insolvenzverwalters oder auch nur eines Insolvenzgläubigers rechtskräftig für begründet erklärt, scheidet der unterlegene Gläubiger mit dieser Forderung aus dem Insolvenzverfahren aus. Seine Forderung wird bei Verteilungen nicht berücksichtigt, er ist – mit dieser Forderung – von dem weiteren Verfahren ausgeschlossen, insbesondere kann er an den Gläubigerversammlungen nicht mehr teilnehmen und keine Vollstreckung gegen den Schuldner aus dem Tabelleneintrag betreiben (s. § 201 Abs. 2 InsO).

4 Die Entscheidung des Prozessgerichts im Widerspruchsverfahren wirkt **gegenüber dem Insolvenzverwalter und allen anderen Insolvenzgläubigern**, auch wenn Verwalter oder Insolvenzgläubiger nicht am Feststellungsverfahren beteiligt waren. Beteiligen können sich Gläubiger – auch nachrangige Gläubiger – durch Nebenintervention auch dann, wenn sie selbst der Forderungsfeststellung im Prüfungstermin nicht widersprochen hatten (*LG Kiel* ZInsO 2007, 1117). Die Vorteile des von nur einem Insolvenzgläubiger erstrittenen Feststellungsurteils, mit dem dessen Widerspruch für begründet erklärt wird, kommen allen anderen Insolvenzgläubigern zugute (*Uhlenbruck/Sinz* InsO, § 183 Rn. 2). Umstritten ist, ob die Feststellung des Nichtbestehens einer Insolvenzforderung auch zugunsten des Schuldners Rechtskraft schafft. Dies hat der BGH selbst dann bejaht, wenn der Schuldner persönlich die Forderung nicht bestritten hatte (*BGH* WM 1958, 696; *Braun/Specovius* InsO, § 183 Rn. 4).

B. Berichtigung der Tabelle

5 Die Zuständigkeit zur Tabellenführung geht nach dem Prüfungstermin vom Insolvenzverwalter auf das Insolvenzgericht über (§ 178 Abs. 2 Satz 1 InsO). Die Tabelle verbleibt beim Insolvenzgericht, Berichtigungen werden **vom Insolvenzgericht** vorgenommen (HK-InsO/*Depré* § 183 Rn. 4), wobei die obsiegende Partei beim Insolvenzgericht die Berichtigung der Tabelle zu bewirken hat. Eine Berichtigung ist erforderlich, da die Tabelleneintragung Grundlage des Verteilungsverzeichnisses und damit der Zahlungen des Verwalters an die Insolvenzgläubiger ist.

6 Wird der Widerspruch für begründet erklärt, ist dies ebenfalls in der Tabelle zu vermerken. Damit wird dokumentiert, dass für den Gläubiger keine Erlösanteile mehr gem. § 189 Abs. 2 InsO zurückgehalten werden müssen (so auch *Nerlich/Römermann-Becker* InsO, § 183 Rn. 15).

Die Feststellung kann die gesamte Forderung oder einen Teil davon betreffen. Im **Berichtigungsvermerk** ist deshalb genau anzugeben, ob die gesamte Forderung oder nur ein Teil festgestellt worden ist. Außerdem ist das Feststellungsurteil nach Gericht, Datum der Entscheidung und Aktenzeichen zu vermerken (Beispiele von Berichtigungsvermerken bei *Gottwald/Eickmann* HdbInsR, § 64 Rn. 55–58). 7

C. Kostenerstattung

Durch den begründeten Widerspruch eines Insolvenzgläubigers scheidet ein anderer Insolvenzgläubiger aus dem Verfahren aus, seine Forderung wird bei der Verteilung nicht oder nicht in voller Höhe berücksichtigt. Die Masse hat dadurch einen Vorteil, denn für die Verteilung stehen nach dem Ausscheiden eines Insolvenzgläubigers mehr Barmittel für die Verteilung zur Verfügung. Der widersprechende Gläubiger hat nicht nur für sich einen Vorteil erwirkt (seine Quote erhöht sich), sondern sein Widerspruch hat dazu geführt, dass sich auch die **Quoten der anderen Insolvenzgläubiger** erhöhen. Abs. 3 gibt ihm deshalb das Recht, von der Masse die Erstattung seiner Kosten zu verlangen. Der Kostenerstattungsanspruch ist auf die Höhe der Dividende, die auf die ausgeschiedene Forderung entfallen wäre, begrenzt, da nur insoweit die Masse einen Vorteil aus dem gewonnenen Rechtsstreit hat (MüKo-InsO/*Schumacher* § 183 Rn. 11). 8

Die Kostenerstattungspflicht des unterlegenen Insolvenzgläubigers nach § 91 ff. ZPO bleibt hiervon jedoch unberührt. Der obsiegende Gläubiger kann die Erstattung seiner Kosten vom unterlegenen Insolvenzgläubiger verlangen. Ist er erfolgreich, ist für Abs. 3 kein Raum mehr. Macht er vorrangig den Erstattungsanspruch nach Abs. 3 als Masseschuld gem. § 55 Abs. 1 Nr. 3 InsO geltend, kann die Masse ihrerseits im Gegenzug die Abtretung des Kostenerstattungsanspruchs des Gläubigers gegen seinen Prozessgegner verlangen (*Gottwald/Eickmann* HdbInsR, § 64 Rn. 61; BK-InsO/*Breutigam* § 183 Rn. 9). 9

Hat der Insolvenzverwalter ebenfalls den Feststellungsrechtsstreit geführt, ist Abs. 3 nicht anwendbar. Die hierdurch erwachsenen Prozesskosten sind unmittelbare Masseverbindlichkeiten nach § 55 Abs. 1 Nr. 1 InsO und daher aus der Masse vorweg zu befriedigen. Hat der Verwalter obsiegt, verbleibt es bei dem allgemeinen Erstattungsanspruch gegenüber dem anmeldenden Gläubiger. 10

§ 184 Klage gegen einen Widerspruch des Schuldners

(1) ¹Hat der Schuldner im Prüfungstermin oder im schriftlichen Verfahren (§ 177) eine Forderung bestritten, so kann der Gläubiger Klage auf Feststellung der Forderung gegen den Schuldner erheben. ²War zur Zeit der Eröffnung des Insolvenzverfahrens ein Rechtsstreit über die Forderung anhängig, so kann der Gläubiger diesen Rechtsstreit gegen den Schuldner aufnehmen.

(2) ¹Liegt für eine solche Forderung ein vollstreckbarer Schuldtitel oder ein Endurteil vor, so obliegt es dem Schuldner, binnen einer Frist von einem Monat, die mit dem Prüfungstermin oder im schriftlichen Verfahren mit dem Bestreiten der Forderung beginnt, den Widerspruch zu verfolgen. ²Nach fruchtlosem Ablauf dieser Frist gilt ein Widerspruch als nicht erhoben. ³Das Insolvenzgericht erteilt dem Schuldner und dem Gläubiger, dessen Forderung bestritten worden ist, einen beglaubigten Auszug aus der Tabelle und weist den Schuldner auf die Folgen einer Fristversäumung hin. ⁴Der Schuldner hat dem Gericht die Verfolgung des Anspruchs nachzuweisen.

Übersicht	Rdn.		Rdn.
A. Widerspruch des Schuldners 1		D. Berichtigung der Tabelle 13	
B. Klage gegen den Schuldner 5		E. Entsprechende Anwendung 15	
C. Titulierte Forderungen 10			

§ 184 InsO   Klage gegen einen Widerspruch des Schuldners

A. Widerspruch des Schuldners

1 Der Schuldner kann gegen die zur Tabelle angemeldete Forderung Widerspruch erheben, jedoch verhindert sein Widerspruch nicht, dass die Forderung festgestellt wird, wenn weder der Insolvenzverwalter noch ein Insolvenzgläubiger der Feststellung widersprechen (§ 178 Abs. 1 Satz 2 InsO).

2 Mit seinem Widerspruch kann der Schuldner daher nicht verhindern, dass die Forderung des Gläubigers bei den Verteilungen berücksichtigt wird. Erhebt nur der Schuldner Widerspruch, verhindert er damit nur, dass der Gläubiger nach Aufhebung oder Einstellung des Verfahrens aus dem Tabelleneintrag die Zwangsvollstreckung gegen ihn betreiben kann (§§ 201, 215 Abs. 2 Satz 2 InsO).

3 Etwas anderes gilt nur in Verfahren mit angeordneter Eigenverwaltung (§§ 270 ff. InsO), wenn der Schuldner in seiner Eigenschaft als Eigenverwalter der Forderung widersprochen hat und hierdurch gem. § 283 Abs. 1 Satz 2 InsO die Feststellung der Forderung verhindert.

4 Durch das Gesetz zur Vereinfachung des Insolvenzverfahrens vom 13.04.2007 (BGBl. I S. 509) ist Abs. 2 eingefügt worden. Er enthält eine dem § 179 Abs. 2 InsO entsprechende Regelung, wonach bei titulierten Forderungen der Widersprechende den Widerspruch verfolgen muss. Anders als in § 179 Abs. 2 InsO ist dem Schuldner hierfür eine Frist von einem Monat gesetzt.

B. Klage gegen den Schuldner

5 Der Gläubiger, gegen dessen Forderung (nur) der Schuldner Widerspruch erhoben hat und der beabsichtigt, nach Abschluss des Verfahrens im Wege der Einzelzwangsvollstreckung in das Vermögen des Schuldners zu vollstrecken, muss den Widerspruch durch **Feststellungsklage** gegen den Schuldner beseitigen.

6 Die Beseitigung des Widerspruchs des Schuldners erreicht der Gläubiger durch Feststellungsklage, die er bereits während des noch laufenden Insolvenzverfahrens erheben muss. Sie ist gegen den Schuldner persönlich zu richten.

7 Widerspricht der Schuldner einer nicht titulierten **Steuerforderung**, so kann die Finanzbehörde einen Feststellungsbescheid gegen den Schuldner erlassen oder ein unterbrochenes Steuerstreitverfahren wieder aufnehmen.

8 War zur Zeit der Eröffnung des Insolvenzverfahrens bereits ein Rechtsstreit (Zahlungsklage) gegen den Schuldner anhängig (der Rechtsstreit wird mit Eröffnung des Insolvenzverfahrens gem. § 240 ZPO unterbrochen), so kann ihn der Gläubiger aufnehmen und unter **Änderung des Klageantrages** (aus einer Zahlungsklage wird eine Feststellungsklage) bereits während des Insolvenzverfahrens den Prozess gegen den Schuldner fortführen.

9 Obsiegt der Gläubiger, so kann er während der Dauer des Insolvenzverfahrens nicht gegen den Schuldner vollstrecken (§ 89 Abs. 1 InsO). Auch nicht, wenn er auf Teilnahme am Insolvenzverfahren verzichten würde. Ist der Schuldner eine natürliche Person und schließt sich an die Aufhebung des Insolvenzverfahrens ein **Restschuldbefreiungsverfahren** (§§ 286 ff. InsO) an, so besteht auch während der Dauer der Wohlverhaltensperiode gem. § 294 Abs. 1 InsO für die Insolvenzgläubiger ein Zwangsvollstreckungsverbot. Nach erfolgreicher Beendigung des Restschuldbefreiungsverfahrens ist die Forderung des Gläubigers erledigt, eine Zwangsvollstreckung scheidet dann naturgemäß ebenfalls aus. Die Situation für den Gläubiger stellt sich dann nicht anders dar, als hätte er den Widerspruch des Schuldners nicht beseitigt, da er auch dann ins Schlussverzeichnis aufgenommen und bei der Verteilung berücksichtigt worden wäre, jedoch keine weitere Vollstreckungsmöglichkeit gehabt hätte.

C. Titulierte Forderungen

10 Liegt für die vom Schuldner bestrittene Forderung ein vollstreckbarer Schuldtitel oder ein Endurteil vor, so obliegt es dem Schuldner den Widerspruch zu verfolgen. Er wird nur dann erfolgreich sein, wenn es ihm gelingt, den Titel zu beseitigen. Ist ein im Zivilprozess ergangenes Endurteil noch nicht

rechtskräftig, ist das Verfahren gem. § 240 ZPO durch die Eröffnung des Insolvenzverfahrens oder durch die Bestellung eines vorläufigen Insolvenzverwalters und Anordnung eines allgemeinen Verfügungsverbots unterbrochen. Bestreitet der Schuldner die Forderung im Prüfungstermin, so hat er seinen Widerspruch vorrangig durch Wiederaufnahme des unterbrochenen Verfahrens zu betreiben. Liegen rechtskräftige Titel vor, bleiben dem Schuldner nur die Restitutions- und Nichtigkeitsklage.

Der Bundesgerichtshof (*BGH* NZI 2013, 801) hat das Rechtsschutzbedürfnis für eine negative Feststellungsklage auch der schuldnerischen GmbH zuerkannt, weil nicht ausgeschlossen werden könne, dass eine mit Verfahrenseröffnung aufgelöste Gesellschaft nach Beendigung des Insolvenzverfahrens – entweder nach Einstellung auf Antrag des Schuldners (§§ 212, 213 InsO) oder nach Bestätigung eines Insolvenzplans, der den Fortbestand der Gesellschaft vorsieht – möglich ist. Darüber hinaus könne auch im regulär abgeschlossenen Insolvenzverfahren eine Vollstreckung in vom Verwalter freigegebene Vermögensteile möglich sein. Hieraus folge das Rechtsschutzbedürfnis auch für eine GmbH, sich gegen die Feststellung einer titulierten Forderung zur Insolvenztabelle zur Wehr setzen zu können.

Dem Schuldner obliegt es, seinen Widerspruch innerhalb einer Frist von einem Monat weiter zu verfolgen. Nach fruchtlosem Fristablauf gilt sein Widerspruch als nicht erhoben. Die Frist beginnt mit dem Prüfungstermin oder im schriftlichen Verfahren mit dem Bestreiten der Forderung. Das Insolvenzgericht erteilt dem Schuldner und dem Gläubiger, dessen Forderung bestritten worden ist, einen beglaubigten Auszug aus der Tabelle und belehrt den Schuldner über die Folgen einer Fristversäumung. Folgt der Schuldner dem Widerspruch weiter, hat er dem Gericht dies nachzuweisen. Andernfalls wird sein im Prüfungstermin in der Tabelle aufgenommener Widerspruch wieder gelöscht. Der Nachweis gegenüber dem Insolvenzgericht hat nicht innerhalb der Monatsfrist zu erfolgen, der Schuldner muss jedoch fristgerecht die erforderlichen Prozesshandlungen wirksam vorgenommen haben.

D. Berichtigung der Tabelle

In entsprechender Anwendung von § 183 Abs. 2 InsO ist die Tabelle auf Antrag des obsiegenden Gläubigers zu **berichtigen**. Gewinnt der Schuldner den Prozess, erübrigt sich die Berichtigung. Die Forderung bleibt im Verhältnis zwischen Schuldner und Gläubiger bestritten mit der Folge, dass nach Aufhebung des Verfahrens der Gläubiger die Zwangsvollstreckung gegen den Schuldner nicht betreiben kann (§ 201 Abs. 2 InsO).

Verliert der Schuldner, ist in der Tabelle zu vermerken, dass sein Widerspruch beseitigt worden ist. Dabei sind das erkennende Gericht, Datum und Aktenzeichen der Entscheidung anzugeben. Verfolgt der Schuldner seinen Widerspruch nicht innerhalb der Monatsfrist, ist dies ebenfalls in der Tabelle zu vermerken. Aus der Tabelle ist damit ersichtlich, dass dem Gläubiger nach Abschluss des Verfahrens eine Ausfertigung des Tabelleneintrages zum Zweck der Zwangsvollstreckung erteilt werden kann (§ 201 Abs. 2 InsO).

E. Entsprechende Anwendung

Hat der Schuldner nicht der Forderung insgesamt widersprochen, sondern lediglich der Behauptung des Gläubigers, die Forderung resultiere aus einer vorsätzlich begangenen, unerlaubten Handlung, so hat der Insolvenzgläubiger bei entsprechender Anwendung des § 184 Abs. 1 InsO Feststellungsklage mit dem Antrag zu erheben, den Rechtsgrund der vorsätzlich begangenen, unerlaubten Handlung zur Tabelle festzustellen (*BGH* ZInsO 2007, 265 ff.).

Gesetzlich nicht geregelt ist die Frage, wann der Gläubiger den Widerspruch zu beseitigen hat. Nach dem Wortlaut des § 184 Abs. 1 InsO besteht keine gesetzliche Frist für die Erhebung der Feststellungsklage des Gläubigers, § 189 InsO regelt lediglich den Fall, dass Forderungen nicht zur Tabelle festgestellt sind. Diese Vorschrift ist daher auf den Widerspruch des Schuldners, der die Feststellung zur Tabelle nicht hindert, nicht unmittelbar anwendbar.

17 Auch wenn aus der Systematik der Vorschriften der §§ 174 ff. InsO gefolgert werden kann, dass die Feststellungsklage gegen den Schuldner ebenfalls nur bis zum Abschluss des Insolvenzverfahrens eingereicht werden kann, da sie die uneingeschränkte Feststellung der Forderung zur Tabelle durch Beseitigung des Schuldnerwiderspruchs zum Ziele hat, hat der *BGH* (ZInsO 2009, 278) entschieden, dass es für die Feststellungsklage gegen den Schuldner keine Ausschlussfrist geben soll. Der Gläubiger kann daher im Wege einer negativen Feststellungsklage auch nach Beendigung des Insolvenzverfahrens durchsetzen, dass eine Forderung gegen den Schuldner vollstreckbar bleibt.

18 Entsprechendes gilt auch für das Begehren des Gläubigers, den Widerspruch des Schuldners gegen das Forderungsattribut der vorsätzlich begangenen unerlaubten Handlung zu beseitigen. Auch hier geht es um die uneingeschränkte Feststellung zur Tabelle bzw. das Vermeiden der für den Gläubiger nachteiligen Folgen, wenn das Forderungsattribut wegen des Schuldnerwiderspruchs nicht zur Tabelle festgestellt wird. Auch insoweit ist daher eine Feststellungsklage nach Abschluss des Insolvenzverfahrens nach Ansicht des *BGH* möglich (ZInsO 2009, 278). Unabhängig vom Rechtsgrund ist der Feststellungsrechtsstreit vor den Zivilgerichten auszutragen (*BGH* ZInsO 2011, 44).

19 Liegt ein Titel vor, in dem die Forderung des Gläubigers als eine solche aus vorsätzlich begangener unerlaubter Handlung festgestellt worden ist, obliegt es dem Schuldner, seinen Widerspruch innerhalb eines Monats gem. § 184 Abs. 2 InsO weiter zu verfolgen. Dabei ist genau zu prüfen, ob tatsächlich auch das Forderungsattribut der vorsätzlich begangenen unerlaubten Handlung tituliert worden ist. Dafür genügt nicht, dass eine vorsätzliche Handlung adäquat kausal zu einem Schaden geführt hat; vielmehr muss die Schadensfolge vom Vorsatz umfasst sein (*BGH* NZI 2007, 532 f.). Dies ist bei vorsätzlicher Verletzung eines Schutzgesetzes nicht zwingend der Fall. Lediglich bei verspäteter Insolvenzantragstellung (§ 64 Abs. 1 GmbHG), Vorenthalten von Sozialversicherungsbeiträgen (§ 266a StGB), Verletzung der Unterhaltspflicht (§ 170 StGB) sowie verschiedenen Betrugsdelikten (§§ 263, 264, 264a StGB) wird man dies annehmen können. Wer diese Tatbestände vorsätzlich verletzt, nimmt i.d.R. auch die Gläubigerschädigung zumindest billigend in Kauf. Anders sieht es nach der Entscheidung des *BGH* (NZI 2007, 532 f.) bei der »Vorsatz-Fahrlässigkeitskombination« des § 315c Abs. 1 Nr. 1a, Abs. 3 Nr. 1 StGB aus. Wer bei einer vorsätzlichen Trunkenheitsfahrt einen Personenschaden verursacht hat, kann gleichwohl von den auf die Versicherungsgesellschaft übergegangenen Schadensersatzansprüchen nach § 302 InsO befreit werden. Auch wenn diese Schadensersatzverbindlichkeiten rechtskräftig tituliert sind, liegt doch kein Titel i.S.d. § 184 Abs. 2 InsO vor.

20 Ist die Forderung des Gläubigers bereits durch einen Vollstreckungsbescheid als auf einer vorsätzlich begangenen unerlaubten Handlung beruhend tituliert worden, kann der Schuldner einer Anmeldung mit diesem Forderungsgrund gleichwohl noch widersprechen. Das Gericht ist an den rechtskräftigen Vollstreckungsbescheid nicht gebunden, weil dieser nur auf den einseitigen, von einem Gericht nicht materiell-rechtlich geprüften Angaben des Gläubigers beruht (*BGH* NZI 2006, 536). Anders, wenn der Schuldner mit einem gerichtlichen Vergleich auch den Rechtsgrund der dadurch titulierten Forderung als vorsätzlich begangene unerlaubte Handlung außer Streit gestellt hat. In diesem Falle steht auch für den Feststellungsprozess bindend fest, dass die Forderung auf einer entsprechenden Handlung beruht (*BGH* ZInsO 2009, 1494).

21 Liegt ein vollstreckbarer Schuldtitel oder ein Endurteil vor, muss der Schuldner binnen Monatsfrist – ab dem Prüfungstermin oder dem im schriftlichen Verfahren erfolgten Bestreiten des Haftungsattributs – den Widerspruch verfolgen. Hierfür verbleiben ihm nur die Möglichkeiten, die auch im Übrigen gegen Titel eingesetzt werden können (s. Rdn. 10–12).

§ 185 Besondere Zuständigkeiten

¹Ist für die Feststellung einer Forderung der Rechtsweg zum ordentlichen Gericht nicht gegeben, so ist die Feststellung bei dem zuständigen anderen Gericht zu betreiben oder von der zuständigen Verwaltungsbehörde vorzunehmen. ²§ 180 Absatz 2 und die §§ 181, 183 und 184 gelten entsprechend. ³Ist die Feststellung bei einem anderen Gericht zu betreiben, so gilt auch § 182 entsprechend.

Für Feststellungsklagen über zivilrechtliche Ansprüche sind die ordentlichen Gerichte sachlich zuständig. Für **Forderungen anderer Art** (Steuerforderungen, Ansprüche aus einem Dienst- oder Arbeitsverhältnis, Ansprüche auf Zahlung von Sozialabgaben usw.), sind die Finanz-, Arbeits-, Sozial- und Verwaltungsgerichte sachlich zuständig. Für Feststellungsrechtsstreite, denen Wohngeldforderungen zugrunde liegen, ergibt sich nach § 42 Abs. 1 Nr. 1 WEG eine spezielle Zuständigkeit der Wohnungseigentumsgerichte (*OLG Hamburg* ZInsO 2006, 1059 f.). Diese zählen zwar auch zur ordentlichen Gerichtsbarkeit, der Zuständigkeitsstreit zwischen Streitgericht und Gericht der freiwilligen Gerichtsbarkeit ist wegen der Unterschiede der Verfahrensordnungen wie ein Rechtswegestreit nach § 17a ff. GVG analog zu entscheiden (*BGH* NJW 1995, 285 f.). 1

Je nach Einordnung der bestrittenen Forderungen sind daher die Feststellungsverfahren vor diesen Gerichten zu führen. Sehen die Verfahrensvorschriften ein **Vorverfahren** vor, bevor die Gerichte angerufen werden (so z.B. für Steuerforderungen das Einspruchsverfahren nach §§ 347 ff. AO), muss auch im Feststellungsverfahren zunächst die Entscheidung der Verwaltungsbehörde herbeigeführt werden. 2

So erteilt bspw. das Finanzamt dem bestreitenden Insolvenzverwalter, Insolvenzgläubiger oder Schuldner einen **Feststellungsbescheid** über die Steuerschuld gem. § 251 Abs. 3 AO (*AG Hamburg* ZIP 2006, 1955 ff.). Wird dieser Bescheid bestandskräftig, ist die Tabelle entsprechend zu berichtigen. Die angemeldete Steuerforderung ist dann festgestellt. War vor Insolvenzeröffnung die Steuerforderung bereits mit Einspruch und Klage angefochten worden, ist die Feststellung der im Prüfungstermin vom Insolvenzverwalter bestrittenen Steuerforderungen durch das Finanzamt nicht mit Feststellungsbescheid nach § 251 Abs. 3 AO, sondern nur durch Aufnahme des unterbrochenen Klageverfahrens zu betreiben. Das ursprüngliche Anfechtungsverfahren wandelt sich dabei in ein Insolvenzfeststellungsverfahren um, wodurch sich die Parteirollen der Beteiligten ändern (*BFH* NZI 2016, 92). 3

Will der Widersprechende seinen Widerspruch weiter verfolgen, muss er gegen den Feststellungsbescheid mit dem Einspruch vorgehen (§ 348 Abs. 1 Nr. 1 AO) und ggf. gegen den negativen Einspruchsbescheid des Finanzamts (§ 367 Abs. 1 Satz 1 AO) Klage zum Finanzgericht erheben (*BFH* ZInsO 2005, 810 ff.). 4

Sind rückständige **Sozialversicherungsbeiträge** angemeldet und vom Verwalter oder anderen Beteiligten bestritten worden, so erlässt die zuständige Krankenkasse als Einzugsstelle zunächst einen Verwaltungsakt (§ 28h Abs. 2 Satz 1 HS 1 SGB IV) und ggf. einen Widerspruchsbescheid (§ 28 Abs. 2 Satz 1 HS 2 SGB IV). Hiergegen wäre dann Klage zum Sozialgericht zu erheben (*BSG* DZWIR 2005, 113 ff.). 5

Waren bei Einleitung des Verfahrens bereits Bescheide ergangen, die noch nicht bestandskräftig geworden waren, sind vom Widerspruchsführer diese Verfahren nach dem Prüfungstermin wieder aufzunehmen. § 180 Abs. 2 InsO ist entsprechend anwendbar. Sind die Bescheide bereits bestandskräftig geworden, haben sie die Wirkung von vollstreckbaren Schuldtiteln gem. § 179 Abs. 2 InsO. 6

Die Vorschriften über den Umfang der Feststellung (§ 181 InsO), die Wirkung der Entscheidung einschließlich der Tabellenberichtigung (§ 183 InsO) und das Verfahren für den Fall, dass der Schuldner selbst Widerspruch eingelegt hat (§ 184 InsO), gelten ebenfalls entsprechend. 7

Die Vorschriften über die Bestimmung des **Streitwertes** (§ 182 InsO) sind nur dann entsprechend anzuwenden, wenn es sich um ein gerichtliches Verfahren handelt. Für ein Verfahren vor einer Verwaltungsbehörde gelten die in den besonderen Verfahrensvorschriften getroffenen Bestimmungen über die Verfahrenskosten und insbesondere auch über den zugrunde zu legenden Streitwert. Die InsO greift in das Verfahren vor den Verwaltungsbehörden hinsichtlich des Streitwertes nicht direkt ein (BT-Drucks. 12/2443 S. 185), allerdings wird bei der Streitwertfestsetzung ebenfalls auf das wirtschaftliche Interesse des Anmeldenden an der Feststellung zur Tabelle und damit auf seine **Quotenaussicht** abzustellen sein (*OVG Mecklenburg* JurBüro 2004, 542 f.; *OVG Thüringen* ZInsO 2010, 8

1144; HK-InsO/*Depré* § 185 Rn. 3; *Nerlich/Römermann-Becker* InsO, § 185 Rn. 18; BK-InsO/*Breutigam* § 185 Rn. 10; MüKo-InsO/*Schumacher* § 185 Rn. 4).

§ 186 Wiedereinsetzung in den vorigen Stand

(1) ¹Hat der Schuldner den Prüfungstermin versäumt, so hat ihm das Insolvenzgericht auf Antrag die Wiedereinsetzung in den vorigen Stand zu gewähren. ²§ 51 Abs. 2, § 85 Abs. 2, §§ 233 bis 236 der Zivilprozessordnung gelten entsprechend.

(2) ¹Die den Antrag auf Wiedereinsetzung betreffenden Schriftsätze sind dem Gläubiger zuzustellen, dessen Forderung nachträglich bestritten werden soll. ²Das Bestreiten in diesen Schriftsätzen steht, wenn die Wiedereinsetzung erteilt wird, dem Bestreiten im Prüfungstermin gleich.

Übersicht	Rdn.		Rdn.
A. Prüfungstermin ohne den Schuldner	1	C. Verfahren	9
B. Wiedereinsetzung	4		

A. Prüfungstermin ohne den Schuldner

1 Der Schuldner ist nicht verpflichtet, am Prüfungstermin teilzunehmen. Etwas anderes gilt nur, wenn der Schuldner dem Insolvenzgericht oder einer Gläubigerversammlung Auskunft geben muss. Der Schuldner kann zur Auskunftserteilung oder zum Erscheinen in der Gläubigerversammlung durch zwangsweise **Vorführung** oder durch die Anordnung der Haft gezwungen werden (§§ 97, 98 InsO).

2 Andererseits kann der Schuldner durch seine Anwesenheit bei der Forderungsprüfung nicht verhindern, dass Forderungen festgestellt werden, wenn weder der Insolvenzverwalter noch ein Insolvenzgläubiger widersprechen. Ein Widerspruch des Schuldners steht der Feststellung nicht entgegen (§ 178 Abs. 1 Satz 2 InsO). Nimmt der Schuldner am Prüfungstermin nicht teil oder versäumt er ihn, hat dies für ihn die Folge, dass nach Abschluss des Verfahrens die Gläubiger aus den Tabelleneintragungen gegen ihn vollstrecken können (§ 201 Abs. 2 Satz 1 InsO).

3 Ist der Schuldner im Prüfungstermin nicht anwesend, kann er auch nicht der Behauptung des Gläubigers in der Forderungsanmeldung, die Forderung beruhe auf einer vorsätzlichen, unerlaubten Handlung des Schuldners widersprechen. In diesem Falle nimmt die Forderung an der Restschuldbefreiung nicht teil und kann nach Ablauf der Wohlverhaltensperiode gegen den Schuldner vollstreckt werden.

B. Wiedereinsetzung

4 Dem Schuldner, der ohne sein Verschulden den Prüfungstermin versäumt hat, gewährt die Vorschrift das Recht, Wiedereinsetzung in den vorigen Stand zu erhalten, damit Forderungen nachträglich und schriftlich bestritten werden können. Die Säumnis muss **unverschuldet** sein (§ 233 ZPO). Wiedereinsetzung kann nur dem säumigen Schuldner gewährt werden. War er im Termin anwesend, hat jedoch keine Erklärung zu den angemeldeten Forderungen abgegeben, scheidet die Möglichkeit der Wiedereinsetzung in den vorigen Stand aus (*AG Göttingen* ZInsO 2004, 516 ff.).

5 Ist der Schuldner durch einen gesetzlichen Vertreter (§ 51 Abs. 2 ZPO) oder durch einen Prozessbevollmächtigten (§ 85 Abs. 2 ZPO) vertreten, wird ihm Wiedereinsetzung gewährt, wenn der Vertreter ohne Verschulden gehindert war, den Prüfungstermin wahrzunehmen. Die Säumnis des Vertreters wird dem Schuldner jedoch zugerechnet, so dass keine Wiedereinsetzung zu gewähren ist, wenn der Vertreter den Prüfungstermin schuldhaft versäumt hat.

6 Wiedereinsetzung ist zu gewähren, wenn bei Anmeldung einer Forderung aus vorsätzlich begangener unerlaubter Handlung die Belehrung gem. § 175 Abs. 2 durch das Insolvenzgericht unterblieben oder unzureichend durchgeführt worden ist (*AG Duisburg* NZI 2008, 628; *Braun/Specovius* InsO, § 186 Rn. 4).

Nach § 234 Abs. 3 ZPO kann die Wiedereinsetzung in den vorherigen Stand nach Ablauf eines Jahres, von dem Ende der versäumten Frist an gerechnet, nicht mehr beantragt werden. Liegt der Prüfungstermin daher länger als ein Jahr zurück, scheidet die Wiedereinsetzung aus (*BGH* NJW-RR 2016, 638). 7

Die Vorschrift ist entsprechend anwendbar, wenn das Gericht die Prüfung im schriftlichen Verfahren angeordnet hat und der Schuldner die vom Gericht bestimmte Ausschlussfrist versäumt hat (*Kübler/Prütting/Bork-Pape/Schaltke* InsO, § 186 Rn. 2). 8

C. Verfahren

Das Gesuch um Wiedereinsetzung in den vorigen Stand ist vom Schuldner schriftlich beim Insolvenzgericht einzureichen. Es hat zu enthalten: a) das Wiedereinsetzungsgesuch, b) die Gründe, warum der Schuldner gehindert war, den Prüfungstermin wahrzunehmen, c) welche Forderung bestritten wird und d) in welcher Höhe die Forderung bestritten wird. 9

Die **Wiedereinsetzungsfrist** beträgt zwei Wochen (§ 234 Abs. 2 InsO). Sie beginnt mit dem Tag, an dem das Hindernis behoben ist. Wiedereinsetzungsgesuche, die nach dieser Frist bei Gericht eingehen, sind verspätet und als unzulässig zurückzuweisen. 10

Das Gesuch um Wiedereinsetzung einschließlich der Begründung und der Erklärung, welche Forderung bestritten wird, ist dem **Gläubiger zuzustellen** (Aufgabe zur Post gem. § 8 InsO genügt), dessen Forderung nachträglich bestritten werden soll. Zweckmäßigerweise setzt das Insolvenzgericht dabei dem Gläubiger eine Frist zur Stellungnahme und wartet vor einer Entscheidung dessen Erklärung ab. 11

In strittigen Fällen dürfte es auch zweckmäßig sein, den Insolvenzverwalter zu hören. Er vermag möglicherweise dazu Stellung zu nehmen, ob die Säumnis des Schuldners tatsächlich unverschuldet ist oder ob sie auf nicht entschuldbare Nachlässigkeit des Schuldners (die kein Wiedereinsetzungsgrund wäre) zurückzuführen ist. 12

Die neuerliche Durchführung eines Prüfungstermins ist nicht erforderlich, der Schuldner erhebt seinen Widerspruch **schriftlich**. Dies steht dem Bestreiten im Prüfungstermin gleich, ohne dass ein solcher noch durchgeführt werden müsste (a.A. *Nerlich/Römermann-Becker* InsO, § 186 Rn. 19 ff.). 13

Gibt das Gericht dem Wiedereinsetzungsantrag (durch Beschluss) statt, gilt die Forderung als im Prüfungstermin vom Schuldner bestritten, Abs. 2 Satz 2. Der Gläubiger kann den Widerspruch dann nur noch durch Klage (§ 184 InsO) beseitigen. Wird die Wiedereinsetzung abgelehnt, verbleibt es dabei, dass die Forderung als vom Schuldner nicht bestritten behandelt wird. Der Gläubiger kann nach Abschluss des Verfahrens aus dem Tabelleneintrag die Zwangsvollstreckung betreiben (§ 201 InsO). 14

Der Beschluss ist dem Schuldner und dem beteiligten Gläubiger bekanntzumachen. Da ein **Rechtsmittel** nicht gegeben ist (s. § 6 InsO), erübrigt sich die Zustellung. Zweckmäßigerweise wird auch dem Insolvenzverwalter eine Abschrift der Entscheidung übersandt. 15

Die **Kosten der Wiedereinsetzung** trägt der Säumige. Zwar enthält die Vorschrift keine direkte Verweisung auf § 238 ZPO, insoweit ist die allgemeine Verweisung nach § 4 InsO einschlägig. 16

In § 186 Abs. 1 Satz 2 InsO wird auf die Voraussetzungen der zu gewährenden Wiedereinsetzung verwiesen, bezüglich der Rechtsfolgen kann es bei der allgemeinen Verweisung verbleiben. 17

Die Kosten muss der Schuldner aus dem insolvenzfreien Vermögen begleichen, sie stellen **keine Masseverbindlichkeiten** dar (a.A. *Nerlich/Römermann-Becker* InsO, § 186 Rn. 30). 18

Zweiter Abschnitt Verteilung

Vorbemerkung

1   Die Verteilung der Insolvenzmasse regeln die §§ 187 bis 205 InsO. Die Befriedigung der Insolvenzgläubiger erfolgt durch Abschlags- (§ 187 Abs. 2 InsO), Schluss- (§ 196 Abs. 1 InsO) und Nachtragsverteilungen (§ 203 Abs. 1 InsO). Die Verteilungsvorschriften des zweiten Abschnitts finden keine Anwendung, wenn in einem Insolvenzplan eine abweichende Regelung getroffen wurde. Kann durch die Fortführung der Verteilung die Durchführung eines Insolvenzplans gefährdet werden, kann das Insolvenzgericht nach § 233 InsO die Aussetzung der Verteilung anordnen.

§ 187 Befriedigung der Insolvenzgläubiger

(1) Mit der Befriedigung der Insolvenzgläubiger kann erst nach dem allgemeinen Prüfungstermin begonnen werden.

(2) ¹Verteilungen an die Insolvenzgläubiger können stattfinden, sooft hinreichende Barmittel in der Insolvenzmasse vorhanden sind. ²Nachrangige Insolvenzgläubiger sollen bei Abschlagsverteilungen nicht berücksichtigt werden.

(3) ¹Die Verteilungen werden vom Insolvenzverwalter vorgenommen. ²Vor jeder Verteilung hat er die Zustimmung des Gläubigerausschusses einzuholen, wenn ein solcher bestellt ist.

Übersicht	Rdn.		Rdn.
A. Allgemeines	1	C. Insolvenz der Genossenschaft und des Versicherungsvereins auf Gegenseitigkeit	17
B. Abschlagsverteilung	9		

A. Allgemeines

1   Die Vorschriften des zweiten Abschnitts finden nur auf die **Zahlungen an die Insolvenzgläubiger** (§ 38 InsO) Anwendung. Die Massegläubiger (§§ 54, 55 InsO), die aus- und absonderungsberechtigten Gläubiger (§§ 47–52 InsO) und die Gläubiger aus einem Sozialplan (§ 123 Abs. 2 InsO mit der darin genannten Beschränkung) nehmen an der in diesem Abschnitt geregelten Verteilung nicht teil. Sie sind vorweg (§ 53 InsO für die Massegläubiger) bzw. außerhalb des Insolvenzverfahrens (§ 47 Satz 2 InsO für die aussonderungsberechtigten Gläubiger, §§ 49, 50 InsO für die absonderungsberechtigten Gläubiger) zu befriedigen.

2   Voraussetzung für die Berücksichtigung eines Insolvenzgläubigers ist, dass seine Forderung **angemeldet, geprüft und festgestellt** worden ist (zur Berücksichtigung bestrittener Forderungen, Forderungen absonderungsberechtigter Gläubiger und aufschiebend bedingter Forderungen s. §§ 189–191 InsO). Mit der Befriedigung der Insolvenzgläubiger durch Zahlung einer Quote kann daher, wie Abs. 1 klarstellt, erst nach dem allgemeinen Prüfungstermin begonnen werden. Auf nachträglich angemeldete Forderungen muss bei Abschlagsverteilungen keine Rücksicht genommen werden, ein entsprechender Ausgleich kann bei der nächsten Abschlagsverteilung gem. § 192 InsO erfolgen. Nach Veröffentlichung und Niederlegung des Schlussverzeichnisses angemeldete Forderungen nehmen an der Schlussverteilung nicht mehr teil (*BGH* NZI 2007, 401 ff.).

3   Alle Verteilungen werden – wie Abs. 3 klarstellt – durch den **Insolvenzverwalter** durchgeführt. Das Gericht wirkt dabei nicht mit, es hat den Verwalter lediglich zu überwachen (§ 58 Abs. 1 InsO). Der Treuhänder im Restschuldbefreiungsverfahren führt jährlich einmal eine Verteilung durch (§ 292 Abs. 1 Satz 1 InsO).

Vor jeder Verteilung ist der Verwalter verpflichtet, die **Zustimmung des Gläubigerausschusses** 4
einzuholen, falls ein solcher bestellt ist. Eine ohne Zustimmung des Gläubigerausschusses durchgeführte Verteilung ist wirksam und begründet kein Rückforderungsrecht der Insolvenzmasse (*Kübler/Prütting/Bork-Holzer* InsO, § 187 Rn. 8). Aus der Zustimmung des Gläubigerausschusses erwächst aber keine Pflicht, die Verteilung auch durchzuführen (*Braun/Pehl* InsO, § 187 Rn. 10).

Lehnt der Gläubigerausschuss die Durchführung der Verteilung ab, kann die fehlende Zustimmung 5
durch einen Beschluss der Gläubigerversammlung nicht ersetzt werden (*Uhlenbruck* InsO, § 187 Rn. 11; A/G/R-*Wagner* § 187 InsO Rn. 5; *Kübler/Prütting/Bork-Holzer* InsO, § 187 Rn. 10). Die Gläubigerversammlung kann allerdings diejenigen Mitglieder des Gläubigerausschusses, die die Zustimmung zur Abschlagsverteilung verweigert haben, ggf. abwählen und andere oder zusätzliche Mitglieder in den Gläubigerausschuss wählen (*Nerlich/Römermann-Westphal* InsO, § 187 Rn. 12).

Einer **Zustimmung des Insolvenzgerichts** bedarf der Insolvenzverwalter zur Vornahme von Ab- 6
schlagsverteilungen nach § 187 InsO nicht.

Vor jeder Verteilung hat der Insolvenzverwalter ein **Verteilungsverzeichnis** (§ 188 Satz 1 InsO) auf- 7
zustellen und auf der Geschäftsstelle des Insolvenzgerichts zur Einsicht der Beteiligten niederzulegen (§ 188 Satz 2 InsO). Dieses Verzeichnis dient zur Information der Insolvenzgläubiger, die nur dann bei der Verteilung berücksichtigt werden, wenn ihre Forderung im Verteilungsverzeichnis enthalten ist.

Nach **Niederlegung des Verteilungsverzeichnisses** hat der Insolvenzverwalter die Summe der bei der 8
Verteilung berücksichtigten Forderungen und den für die Verteilung verfügbaren Betrag öffentlich bekannt zu machen (§ 188 Satz 3 InsO).

B. Abschlagsverteilung

Damit die Gläubiger nicht bis zum Schluss des Verfahrens auf ihre Befriedigung warten müssen, kön- 9
nen Verteilungen stattfinden, sooft hinreichende Barmittel in der Insolvenzmasse vorhanden sind. Abs. 2 Satz 1 ist eine **Kann-Vorschrift**. Sie räumt dem Insolvenzverwalter einen großzügig anzusetzenden **Ermessensspielraum** ein (BT-Drucks. 12/2443 S. 186). Einen klagbaren Anspruch auf Durchführung einer Abschlagsverteilung besitzen die Insolvenzgläubiger nicht.

Der Insolvenzverwalter steht zwar unter der **Aufsicht des Insolvenzgerichtes** (§ 58 InsO) und das 10
Gericht kann, wenn er seine Pflichten nicht erfüllt, Zwangsgelder gegen ihn festsetzen; die Entscheidung darüber, ob und in welcher Höhe Verteilungen an die Insolvenzgläubiger vorzunehmen sind, muss aber dem Insolvenzverwalter vorbehalten bleiben. Anregungen und Anträge von Insolvenzgläubigern an das Insolvenzgericht, den Insolvenzverwalter zur Vornahme von Abschlagszahlungen anzuhalten, sind daher mit Zurückhaltung zu begegnen (MüKo-InsO/*Füchsl/Weishäuptl* § 187 Rn. 14 f.).

Maßnahmen des Gerichtes gegen den Insolvenzverwalter sind **ausnahmsweise** nur dann angezeigt, 11
wenn die Weigerung des Verwalters, Verteilungen vorzunehmen, unter Berücksichtigung aller Umstände nicht nachvollziehbar ist.

Der Insolvenzverwalter kann **Abschlagsverteilungen** an die Insolvenzgläubiger vornehmen, sooft 12
hinreichende Barmittel in der Insolvenzmasse vorhanden sind (Abs. 2 Satz 1). Dies setzt voraus, dass die vorab zu befriedigenden Masseverbindlichkeiten entweder bezahlt sind oder ihre Befriedigung sichergestellt ist und die außerhalb des Verteilungsverfahrens zu befriedigenden Aus- und Absonderungsrechte ebenfalls zumindest sichergestellt sind. Darüber hinaus obliegt es der Beurteilung des Insolvenzverwalters, ob er weitere Barmittel bspw. zur Fortführung des Geschäftsbetriebs benötigt und daher derzeit keine Abschlagsverteilung durchführen kann.

Der Insolvenzverwalter hat ggf. auch zu prüfen, ob ein von ihm abgeschlossener Sozialplan erfüllt 13
werden kann, da die hieraus resultierenden Verbindlichkeiten als Masseverbindlichkeiten zu bedie-

nen sind (§ 123 Abs. 2 Satz 1 InsO). Auch Abschlagsverteilungen auf Sozialplanforderungen soll der Insolvenzverwalter vornehmen, sooft hinreichende Barmittel in der Masse vorhanden sind. Hierzu bedarf er allerdings der Zustimmung des Insolvenzgerichts (§ 123 Abs. 3 Satz 1 InsO).

14 Steht ausreichend Masse für die Verteilung zur Verfügung, kann der Verwalter aber absehen, dass das **Verfahren in Kürze beendet** und die Schlussverteilung vorgenommen werden kann, wird er keine Abschlagsverteilung mehr vornehmen. Sein Aufwand [das Anfertigen des Verteilungsverzeichnisses (§ 188 InsO), das Einholen der Zustimmung des Gläubigerausschusses (§ 187 Abs. 3 InsO) und die Überweisung des Geldes] wäre im Verhältnis zu den Vorteilen für die Gläubiger nicht zu rechtfertigen (*Kilger/K. Schmidt* Nr. 1 zu § 149 KO).

15 Gleiches gilt dann, wenn an die einzelnen Insolvenzgläubiger **Zahlungen in nur geringer Höhe** geleistet werden können. In solchen Fällen ist es den Insolvenzgläubigern zuzumuten, bis zur Schlussverteilung oder so lange zu warten, bis durch die weitere Verwertung der Insolvenzmasse so viel Teilungsmasse vorhanden ist, dass sich der Aufwand für eine Abschlagsverteilung lohnt.

16 **Nachrangige Insolvenzgläubiger** (§ 39 InsO) können Befriedigung nur erlangen, wenn die übrigen Insolvenzgläubiger voll befriedigt worden sind. Abs. 2 Satz 2 bestimmt daher, dass sie **bei Abschlagsverteilungen nicht berücksichtigt** werden sollen.

C. Insolvenz der Genossenschaft und des Versicherungsvereins auf Gegenseitigkeit

17 Im Insolvenzverfahren über das Vermögen einer eingetragenen Erwerbs- oder Wirtschaftsgenossenschaft sind bei **bestehender Nachschusspflicht** (§ 105 GenG) die eingezogenen Beträge (§ 110 GenG) im Wege der Nachtragsverteilung an die Gläubiger zu verteilen (§ 115a Abs. 1 Satz 1 GenG). Ist abzusehen, dass die Abwicklung des Insolvenzverfahrens längere Zeit in Anspruch nehmen wird und stimmt der evtl. bestellte Gläubigerausschuss (§ 103 GenG) sowie das Insolvenzgericht der Abschlagsverteilung zu, können auch Abschlagsverteilungen erfolgen. Verwalter, Gläubigerausschuss und Gericht haben bei der Ermessensentscheidung zusätzlich zu berücksichtigen, ob mit einer Erstattung eingezogener Beträge an die Genossen nach § 105 Abs. 4 oder § 115 Abs. 3 GenG zu rechnen ist. Ist dies der Fall, soll die Abschlagsverteilung unterbleiben (§ 115a Abs. 1 Satz 2 GenG).

18 Die vorstehenden Grundsätze gelten nach § 52 Abs. 2 VAG auch für den Versicherungsverein auf Gegenseitigkeit.

§ 188 Verteilungsverzeichnis

¹Vor einer Verteilung hat der Insolvenzverwalter ein Verzeichnis der Forderungen aufzustellen, die bei der Verteilung zu berücksichtigen sind. ²Das Verzeichnis ist auf der Geschäftsstelle zur Einsicht der Beteiligten niederzulegen. ³Der Verwalter zeigt dem Gericht die Summe der Forderungen und den für die Verteilung verfügbaren Betrag aus der Insolvenzmasse an; das Gericht hat die angezeigte Summe der Forderungen und den für die Verteilung verfügbaren Betrag öffentlich bekannt zu machen.

Übersicht
		Rdn.			Rdn.
A.	Verteilungsverzeichnis	1	D.	Insolvenzplan und Verteilungsverzeichnis	23
B.	Niederlegung und Bekanntmachung	17			
C.	Haftung des Insolvenzverwalters	21			

A. Verteilungsverzeichnis

1 Auszahlungen an die Insolvenzgläubiger erfolgen **ausschließlich durch den Insolvenzverwalter** (§ 187 Abs. 3 Satz 1 InsO). Bevor der Verwalter Verteilungen an die Gläubiger vornimmt, hat er für jede Verteilung ein gesondertes Verteilungsverzeichnis zu erstellen. Dabei sind diejenigen Gläu-

biger, die bei der konkreten Verteilung berücksichtigt werden sollen, mit dem Betrag ihrer Forderungen, in das Verzeichnis aufzunehmen.

In das Verteilungsverzeichnis werden nur Forderungen aufgenommen, die **bereits geprüft** worden sind. Nachträglich angemeldete Forderungen müssen daher vor einer Verteilung in einem besonderen Prüfungstermin oder im schriftlichen Verfahren geprüft werden (§ 177 InsO). Dies gilt auch für ungeprüfte Forderungen, für die ein vollstreckbarer Titel vorliegt. Eine Aufnahme ungeprüfter Forderungen in das Schlussverzeichnis unter der Maßgabe, dass die Forderung in dem zusammen mit dem Schlusstermin anberaumten nachträglichen Prüfungstermin festgestellt wird, ist unzulässig (*OLG Köln* ZIP 1992, 949 f.; *Kuhn/Uhlenbruck* § 162 KO Rn. 5; *Nerlich/Römermann-Westphal* InsO, § 188 Rn. 4). 2

In das Verteilungsverzeichnis sind **alle im Prüfungstermin festgestellten** unbedingten Insolvenzforderungen aufzunehmen. Forderungen, denen alleine der Schuldner widersprochen hat (ausgenommen bei angeordneter Eigenverwaltung) sind ebenfalls festgestellt und werden in das Verteilungsverzeichnis aufgenommen. Hat der Insolvenzverwalter gegen eine festgestellte Forderung Vollstreckungsgegenklage erhoben, wird er sie nicht ins Verteilungsverzeichnis aufnehmen (*Braun/Pehl* InsO, § 188 Rn. 5). 3

Bei **Abschlagsverteilungen** werden **auch festgestellte, aufschiebend bedingte Forderungen** mit ihrem vollen Betrag unabhängig von der Wahrscheinlichkeit des Bedingungseintritts in das Verteilungsverzeichnis aufgenommen. Die auf diese Forderungen entfallenden Beträge werden jedoch nicht ausbezahlt, sondern zurückbehalten (§ 191 Abs. 1 InsO). 4

In das Verteilungsverzeichnis für die **Schlussverteilung** werden **aufschiebend bedingte** Forderungen nur dann aufgenommen, wenn die Möglichkeit des Bedingungseintritts nicht so fern liegt, dass den Forderungen zum Zeitpunkt der Verteilung kein Vermögenswert beikommt. Andernfalls wird ein bei der Abschlagsverteilung zurückbehaltener Anteil unter Berichtigung des Verzeichnisses frei (§ 191 Abs. 2 InsO). 5

Festgestellte, auflösend bedingte Forderungen werden in das Verteilungsverzeichnis aufgenommen, solange die Bedingung nicht eingetreten ist (§ 42 InsO). Anders als nach § 168 Nr. 4 KO sind auf auflösend bedingte Forderungen entfallende Beträge nicht mehr zurückzubehalten, wenn der Gläubiger zu einer Sicherheitsleistung verpflichtet ist, diese aber nicht leistet (*Kübler/Prütting/Bork-Holzer* InsO, § 188 Rn. 14). 6

Streitige titulierte Insolvenzforderungen, für die ein (vorläufig) vollstreckbarer Schuldtitel oder ein Endurteil vorliegt, werden in das Verteilungsverzeichnis aufgenommen. Nicht ausdrücklich geregelt wurde, ob auf solche Forderungen Ausschüttungen auch dann vorgenommen werden sollen, wenn Klageverfahren eingeleitet oder wieder aufgenommen worden sind. Dies beruht ersichtlich auf einem Redaktionsversehen, da der Gesetzgeber die Regelungen der §§ 152, 168 Nr. 1 KO insgesamt übernehmen wollte und dies in der Begründung zum Regierungsentwurf auch zum Ausdruck gebracht hat (BT-Drucks. 12/2443 S. 186). Eine Ausschüttung ist daher in den Fällen, in denen der Widersprechende spätestens am Tage der Verteilung die Erhebung der Feststellungsklage nachgewiesen hat, nicht vorzunehmen, sondern der entsprechende Betrag zurückzubehalten (wie hier *Kübler/Prütting/Bork-Holzer* InsO, § 188 Rn. 7; *Nerlich/Römermann-Westphal* InsO, § 189 Rn. 18; BK-InsO/*Breutigam* § 189 Rn. 8; KS-InsO/*Eckardt* 2000, S. 779 Rn. 64). 7

Bestrittene, nicht titulierte Insolvenzforderungen werden in das Verteilungsverzeichnis nur dann aufgenommen, wenn der Gläubiger dem Verwalter binnen der Ausschlussfrist des § 189 Abs. 1 InsO nachweist, dass er den Feststellungsrechtsstreit anhängig gemacht hat. Wird der Nachweis später nachgeholt, kann der Gläubiger bei der nächsten Abschlagsverteilung berücksichtigt werden, § 192 InsO sieht für diesen Fall eine Vorabausschüttung zum Ausgleich vor. 8

Festgestellte Forderungen **absonderungsberechtigter** Insolvenzgläubiger werden nur **in Höhe des Ausfalls** in das Verteilungsverzeichnis aufgenommen. Liegt das Verwertungsrecht beim Insolvenzverwalter, hat dieser den Ausfall bei erfolgter Verwertung gegenüber dem Gläubiger abzurechnen. Ist die 9

Verwertung noch nicht erfolgt, hat der Verwalter den Ausfall zu schätzen. Die Verwertung muss auf jeden Fall vor der Schlussverteilung durchgeführt werden, damit der Ausfall des Gläubigers feststeht.

10 Liegt das Verwertungsrecht beim Absonderungsberechtigten, so hat dieser innerhalb der Ausschlussfrist des § 189 Abs. 1 InsO dem Verwalter nachzuweisen, dass er entweder auf die abgesonderte Befriedigung verzichtet oder bei der abgesonderten Befriedigung ganz oder teilweise ausgefallen ist (§ 190 Abs. 1 InsO). Für das Teilungsverzeichnis für eine Abschlagsverteilung genügt der Nachweis, dass die Verwertung des Gegenstandes betrieben wird, wenn gleichzeitig der Betrag des mutmaßlichen Ausfalls glaubhaft gemacht wird (§ 190 Abs. 2 InsO). Erfolgen Nachweis und Glaubhaftmachung nach Ablauf der Ausschlussfrist, kann der Gläubiger erst bei der nächsten Abschlagsverteilung berücksichtigt werden.

11 Bei Abschlagsverteilungen wird der auf die Ausfallforderung entfallende Betrag nicht ausbezahlt, sondern **zurückbehalten**. Erfolgt der Nachweis nicht rechtzeitig zur Schlussverteilung, wird der zurückbehaltene Betrag zur Verteilung an die übrigen Gläubiger frei (§ 190 Abs. 1 Satz 2 InsO).

12 Haften dem Gläubiger neben dem Schuldner noch andere Personen für dieselbe Leistung (**Gesamtschuldner**), bleiben Teilzahlungen des Mitverpflichteten nach Verfahrenseröffnung solange außer Betracht, bis die Forderung des Gläubigers insgesamt beglichen ist (*Uhlenbruck* InsO, § 188 Rn. 12). Der Gläubiger ist nach § 43 InsO berechtigt, bis zu seiner vollen Befriedigung den gesamten Betrag geltend zu machen (*BGH* NZI 2009, 565). Sind alle Gesamtschuldner in der Insolvenz und haben sie für die zur Tabelle angemeldete Forderung jeweils Sicherheiten geleistet, so sind die im Insolvenzverfahren durch die Verwertung der Sicherheiten erzielten Erlöse jeweils zunächst auf die im Verfahren angemeldeten Forderungen anzurechnen. Der so jeweils im Verfahren ermittelte Ausfall wird dann ins Schlussverzeichnis aufgenommen. Sollte sich bei der Schlussverteilung ergeben, dass wegen der in den einzelnen Verfahren ausgeschütteten Quoten die angemeldete Forderung insgesamt getilgt werden kann, werden die Quoten anteilig reduziert, um keine Überausschüttung zu erzielen.

13 Ist eine im Prüfungstermin **festgestellte Insolvenzforderung nach Verfahrenseröffnung ganz oder teilweise getilgt** worden, so ist sie gleichwohl in das Schlussverzeichnis aufzunehmen, es sei denn, der Gläubiger hätte auf ihre weitere Geltendmachung verzichtet und die Forderungsanmeldung wieder zurückgenommen. Ist die **Erfüllung nach dem Prüfungstermin** eingetreten, kann der Verwalter mit Hilfe der Vollstreckungsgegenklage nach § 767 ZPO gegen die festgestellte Forderung vorgehen (*BGH* NZI 2009, 565). In diesem Falle kann der Verwalter die Auszahlung der Quote zurückhalten und analog § 198 hinterlegen (HK-InsO/*Depré* § 188 Rn. 4).

14 Die Eintragung in das Verteilungsverzeichnis begründet den **verfahrensrechtlichen Anspruch auf Teilnahme an der Verteilung** (*RG* RGZ 21, 331 ff. [337]). Ein materielles Anerkenntnis ist damit nicht verbunden, da der Insolvenzverwalter auch zur Aufnahme derjenigen Forderungen in das Verteilungsverzeichnis verpflichtet ist, deren Feststellung zur Tabelle er widersprochen hat, sofern der Gläubiger rechtzeitig nachweist, dass er die Feststellungsklage anhängig gemacht hat.

15 Erhält ein ordnungsgemäß in das Verteilungsverzeichnis aufgenommener Gläubiger gleichwohl keine Auszahlung, so hat er ggf. einen **Schadenersatzanspruch** gegenüber dem Insolvenzverwalter. Bereicherungsrechtliche Ansprüche gegen die übrigen Insolvenzgläubiger stehen ihm nicht zu (wie hier *Nerlich/Römermann-Westphal* InsO, § 188 Rn. 19f; KS-InsO/*Eckardt* 2000, S. 778, Rn. 63). Gleiches gilt auch für den Fall, dass die vom Verwalter festgestellte Forderung irrtümlich nicht in das Schlussverzeichnis aufgenommen worden ist und der Gläubiger im Schlusstermin keine Einwendungen gegen das Schlussverzeichnis erhoben hatte (BGHZ 91, 199 ff.).

16 Für Vermögenswerte, die nur der Befriedigung bestimmter Gläubiger dienen, hat der Verwalter **Sondermassen** zu bilden und für diese besondere Verteilungsverzeichnisse anzulegen. Sie sind gemeinsam mit dem Hauptverzeichnis niederzulegen und öffentlich bekannt zu machen (vgl. hierzu *Kübler/Prütting/Bork-Holzer* InsO, § 188 Rn. 21f).

B. Niederlegung und Bekanntmachung

Das Verteilungsverzeichnis ist vom Insolvenzverwalter auf der Geschäftsstelle des Insolvenzgerichts **zur Einsichtnahme durch die Beteiligten niederzulegen** (§ 188 Satz 2 InsO). Ein Einsichtsrecht in das Verteilungsverzeichnis haben alle am Insolvenzverfahren beteiligten, insbesondere die Insolvenzgläubiger, einschließlich der nachrangigen Insolvenzgläubiger. Sie haben dadurch Gelegenheit, Einsicht in das niedergelegte Schlussverzeichnis zu nehmen und hiernach zu entscheiden, ob sie am Schlusstermin teilnehmen, um ggf. Einwendungen gegen das Schlussverzeichnis zu erheben. Eine Änderung des Schlussverzeichnisses haben sie gem. § 193 InsO nur wegen der in §§ 189 bis 192 InsO vorgesehenen Fälle zu befürchten. Wegen nachträglich noch angemeldeter Forderungen erfolgt eine Änderung des Schlussverzeichnisses nicht mehr (*BGH* NZI 2007, 401 ff.). 17

Mit der Niederlegung hat der Insolvenzverwalter die Summe der im Verzeichnis berücksichtigten Forderungen und den für die Verteilung verfügbaren Betrag dem Insolvenzgericht mitzuteilen (§ 188 Satz 3 InsO). Die **Bekanntmachung** erfolgt gem. § 9 Abs. 1 Satz 1 InsO im Internet (www.insolvenzbekanntmachungen.de) und gilt als bewirkt, sobald nach dem Tag der Veröffentlichung zwei weitere Tage verstrichen sind (§ 9 Abs. 1 Satz 3 InsO). Der Insolvenzverwalter hat dem Insolvenzgericht die Summe der nach dem Verteilungsverzeichnis zu berücksichtigenden Forderungen und den für die Verteilung verfügbaren Betrag mitzuteilen. Das Insolvenzgericht veranlasst dann zeitnah die Veröffentlichung im Internet (*Graf-Schlicker/Castrup* InsO, § 188 Rn. 4). 18

Mit der Bekanntmachung wird die **Ausschlussfrist** des § 189 Abs. 1 InsO in Gang gesetzt, innerhalb derer die Feststellungsklage nachzuweisen ist (§§ 189 Abs. 2, 190 Abs. 1 und 2 InsO). Eine ordnungsgemäße, die Frist des § 109 Abs. 3 InsO auslösende Veröffentlichung des Verteilungsverzeichnisses liegt jedoch nur dann vor, wenn die Veröffentlichung durch das Gericht und nicht durch den Insolvenzverwalter erfolgt ist (*Kübler/Prütting/Bork-Holzer* InsO, § 188 Rn. 18; *Graf-Schlicker/Castrup* InsO, § 188 Rn. 4). Die Zwischenschaltung des Insolvenzgerichts erschöpft sich jedoch nicht darin, dass das Gericht lediglich die Bekanntgabe durch den Insolvenzverwalter vermittelt. Vielmehr ist die Bekanntgabe durch das Insolvenzgericht, dessen Aufsicht der Insolvenzverwalter bei Vornahme seiner Anzeige unterliegt, selbst vorzunehmen (*BGH* NZI 2013, 297). Lässt die öffentliche Bekanntmachung nicht das Insolvenzgericht als Urheber erkennen, wird die Frist des § 139 Abs. 3 InsO nicht in Gang gesetzt. 19

Die Veröffentlichungen im Internet erfolgen für alle Insolvenzverfahren, auch soweit sie bereits vor dem Inkrafttreten des Vereinfachungsgesetzes eröffnet worden waren (Art. 103c EGInsO). 20

C. Haftung des Insolvenzverwalters

Für die **Richtigkeit des Verteilungsverzeichnisses** haftet der Insolvenzverwalter. Er ist verpflichtet, das Verzeichnis mit den übrigen Insolvenzunterlagen zu vergleichen und auf Richtigkeit und Vollständigkeit hin zu überprüfen. So hat er Zahlungen eines Gesamtschuldners außerhalb des Insolvenzverfahrens zu berücksichtigen und – ggf. durch Vollstreckungsgegenklage (*OLG Karlsruhe* ZIP 1981, 1231) – geltend zu machen, wenn seine Zahlung zusammen mit der Zahlung des Gesamtschuldners die Forderung des Gläubigers übersteigen würde. 21

Ein fehlerhaftes Verteilungsverzeichnis kann zu **Schadenersatzansprüchen** gegen den Verwalter führen. Ein irrtümlich nicht berücksichtigter Gläubiger, der keine Zahlung erhalten hat, kann sich an den Verwalter halten, wenn aus der Masse (Schlussverteilung ist durchgeführt) keine Zahlungen mehr zu erwarten sind. Ihm ist jedoch ein Mitverschulden gem. § 254 BGB zuzurechnen, wenn er es unterlassen hat, das Verteilungsverzeichnis selbst zu prüfen und dessen Mängel durch Einwendungen (s. § 194 InsO) geltend zu machen (*OLG Hamm* ZIP 1983, 341). Einen bereicherungsrechtlichen Anspruch gegen die übrigen Insolvenzgläubiger hat er nicht (*Uhlenbruck* InsO, § 138 Rn. 20 ff., ausführlich zum Ausgleich von Verteilungsfehlern). 22

D. Insolvenzplan und Verteilungsverzeichnis

23 Die Vorschriften über die Forderungsfeststellung können durch einen Insolvenzplan nicht abbedungen werden (*BGH* NZI 2009, 230). Abbedungen werden können aber die Vorschriften über die Verteilung (§ 217). In einem Insolvenzplan kann daher geregelt werden, dass die Gläubiger von wirksam bestrittenen Insolvenzforderungen innerhalb einer Ausschlussfrist von zwei Wochen nach Verkündung der gerichtlichen Bestätigung des Insolvenzplans im ordentlichen Verfahren Klage gegen den Bestreitenden auf Feststellung zur Tabelle erheben und dem Insolvenzverwalter nachzuweisen haben, dass Feststellungsklage erhoben sei. Gegen die Wirksamkeit einer solchen Regelung im Insolvenzplan bestehen nach Auffassung des BGH keine grundsätzlichen Bedenken (*BGH* NZI 2010, 734), soweit es sich um die Verteilung regelnde Klauseln handelt (*BAG* NZA 2016, 314). Präklusionsklauseln, durch die Insolvenzgläubiger, die sich am Insolvenzverfahren nicht beteiligt haben, mit ihren Forderungen auch in Höhe der im Plan auf Forderungen ihrer Art festgeschriebene Quote ausgeschlossen sind, sind unwirksam (*BGH* NJW 2015, 2660; *BAG* NZI 2013, 1076).

§ 189 Berücksichtigung bestrittener Forderungen

(1) Ein Insolvenzgläubiger, dessen Forderung nicht festgestellt ist und für dessen Forderung ein vollstreckbarer Titel oder ein Endurteil nicht vorliegt, hat spätestens innerhalb einer Ausschlussfrist von zwei Wochen nach der öffentlichen Bekanntmachung dem Insolvenzverwalter nachzuweisen, dass und für welchen Betrag die Feststellungsklage erhoben oder das Verfahren in dem früher anhängigen Rechtsstreit aufgenommen ist.

(2) Wird der Nachweis rechtzeitig geführt, so wird der auf die Forderung entfallende Anteil bei der Verteilung zurückbehalten, solange der Rechtsstreit anhängig ist.

(3) Wird der Nachweis nicht rechtzeitig geführt, so wird die Forderung bei der Verteilung nicht berücksichtigt.

Übersicht	Rdn.		Rdn.
A. Allgemeines	1	D. Nachweis wird rechtzeitig geführt	18
B. Betroffene Forderungen	5	E. Nachweis wird nicht rechtzeitig geführt	20
C. Nachweis der Klageerhebung	12	F. Entsprechende Anwendung	23

A. Allgemeines

1 Insolvenzgläubiger sollen **Zahlungen durch den Insolvenzverwalter** nur dann erhalten, wenn sichergestellt ist, dass ihre Forderungen berechtigt sind. Im Insolvenzverfahren wird dies dadurch festgestellt, dass die Forderungen zur Tabelle angemeldet (§ 174 InsO) und im Prüfungstermin oder im schriftlichen Verfahren geprüft und – wenn weder der Insolvenzverwalter noch ein Insolvenzgläubiger Widerspruch einlegt – festgestellt werden (§ 178 InsO).

2 Wird gegen eine Forderung **Widerspruch** erhoben, muss der Gläubiger außerhalb des Insolvenzverfahrens die Feststellung der Forderung betreiben (§ 179 Abs. 1 InsO). Sollte für die Forderung bereits ein vollstreckbarer Schuldtitel oder ein Endurteil vorliegen, obliegt es dem Bestreitenden, seinen Widerspruch zu verfolgen (§ 179 Abs. 2 InsO).

3 Bei einer **Abschlags- oder Schlussverteilung** kann es daher vorkommen, dass Forderungen zu berücksichtigen sind, bei denen noch nicht sicher ist, ob ein Widerspruch Erfolg haben wird oder nicht. Es steht mithin noch nicht fest, ob letztlich Zahlungen auf die bestrittenen Forderungen zu leisten sind.

4 Die Vorschrift berücksichtigt auf der einen Seite die Interessen der Gläubigergemeinschaft, alsbald aus der Insolvenzmasse befriedigt zu werden, indem eine Verteilung auch dann möglich ist, wenn über bestrittene Forderungen noch nicht entschieden ist. Auf der anderen Seite wird sichergestellt, dass auch die Gläubiger bestrittener Forderungen aus der Masse Befriedigung erhalten, sobald die

Widersprüche gegen die Forderungen beseitigt worden sind: Die auf die bestrittenen Forderungen entfallenden Anteile sind vom Insolvenzverwalter zurückzubehalten.

B. Betroffene Forderungen

Betroffen von der Regelung sind die **Insolvenzforderungen, die im Prüfungsverfahren** (im Prüfungstermin oder im schriftlichen Verfahren) **nicht festgestellt worden sind**. Dies sind die Forderungen, gegen die der Insolvenzverwalter oder ein anderer Insolvenzgläubiger Widerspruch erhoben hat (§ 178 Abs. 1 InsO). 5

Auf eine Forderung, der **nur vom Schuldner widersprochen** worden ist, ist die Vorschrift grds. nicht anzuwenden. Der Widerspruch des Schuldners verhindert nicht ihre Feststellung. Die Forderung wird ohne Einschränkungen bei der Verteilung der Masse berücksichtigt. Der Widerspruch des Schuldners verhindert lediglich, dass der Gläubiger nach Abschluss des Verfahrens die Zwangsvollstreckung gegen den Schuldner betreiben kann (§ 201 Abs. 1 InsO). Will der Gläubiger diese Rechtsfolge vermeiden, muss er allerdings innerhalb der Ausschlussfrist Feststellungsklage gegen den Schuldner erheben. Gleiches gilt auch, wenn der Schuldner nicht gegen die Forderung an sich, wohl aber gegen den Rechtsgrund der vorsätzlich begangenen unerlaubten Handlung (§ 174 Abs. 2 InsO) Widerspruch erhoben hat. Erfasst der Titel allerdings auch den Rechtsgrund der vorsätzlich begangenen unerlaubten Handlung, muss der Schuldner den Widerspruch innerhalb einer Monatsfrist nach dem Prüftermin ohnehin selbst verfolgen. Hat er dies nicht getan – bei Erstellung des Schlussverzeichnisses dürfte diese Frist längst abgelaufen sein – ist sein Widerspruch ohnehin unbeachtlich geblieben. 6

Die Vorschrift ist **nach ihrem Wortlaut nicht anzuwenden**, wenn für die bestrittene Forderung ein vollstreckbarer Titel oder ein Endurteil vorliegt. Widerspricht der Insolvenzverwalter oder ein Insolvenzgläubiger einer titulierten Forderung, obliegt es ihnen, ihren Widerspruch zu verfolgen und den anmeldenden Gläubiger auf die Feststellung zu verklagen, dass der Widerspruch begründet ist. Ein für den bestreitenden Verwalter oder Insolvenzgläubiger obsiegendes Urteil (der Widerspruch wird für begründet erklärt) hat zur Folge, dass der Gläubiger, dessen Forderung bestritten worden ist, aus der Gemeinschaft der Insolvenzgläubiger ausscheidet. Die Tabelle, die auf Antrag des Bestreitenden zu berichtigen (§ 183 Abs. 2 InsO) ist, führt die Forderung des unterlegenen Gläubigers nicht mehr auf, daher ist das Verteilungsverzeichnis zu berichtigen. 7

Kann der Titel nicht beseitigt werden, bleibt die Forderung im Schlussverzeichnis enthalten, bei Verteilungen sind Auszahlungen auf diese Forderung vorzunehmen. 8

Fraglich ist, ob auf bestrittene titulierte Forderungen, die unstreitig ins Schlussverzeichnis aufzunehmen sind, bei **Abschlagsverteilungen** Zahlung zu leisten ist oder ob die auf sie entfallenden Beträge nicht – wie früher unter Geltung des § 168 Nr. 1 KO – zurückzubehalten sind. Offensichtlich liegt aufgrund eines Redaktionsversehens (KS-InsO/*Eckardt* 2000, S. 779 Rn. 64; BT-Drucks. 12/2443 S. 186) eine Regelungslücke vor, so dass für diese Fälle entsprechend der früheren Regelung die Vorschrift entsprechend anzuwenden ist (*Kübler/Prütting/Bork-Holzer* InsO, § 189 Rn. 3; BK-InsO/ *Breutigam* § 189 Rn. 8; **a.A.** *Hess* § 189 Rn. 4). 9

Die Ausschlussfrist des § 189 Abs. 1 InsO gilt für diese Fälle nicht, der Nachweis kann daher bis zur Schlussverteilung erfolgen. Dadurch können aufwändige Rückforderungen für den Fall, dass aufgrund des Widerspruchs der Titel wieder beseitigt werden kann, vermieden werden. 10

Zu beachten ist allerdings, dass die Ausschlussfrist nur dann in Gang gesetzt wird, wenn eine ordnungsgemäße Veröffentlichung des Verteilungsverzeichnisses erfolgt ist. Dies setzt voraus, dass die Veröffentlichung das Insolvenzgericht und nicht den Insolvenzverwalter als Urheber erkennen lässt (*BGH* NZI 2013, 297). 11

C. Nachweis der Klageerhebung

12 Der Insolvenzgläubiger, gegen dessen Forderung vom Insolvenzverwalter oder von einem Insolvenzgläubiger Widerspruch eingelegt worden ist und der keinen vollstreckbaren Titel und kein Endurteil über die Forderung besitzt, nimmt an der Verteilung (durch Zurückbehalten seines Anteils) teil, wenn er dem Insolvenzverwalter **rechtzeitig nachweist,** dass er den Widerspruch gegen die von ihm angemeldete Forderung durch Feststellungsklage oder durch Aufnahme eines vor Eröffnung des Insolvenzverfahrens anhängigen Rechtsstreites beseitigen will.

13 Wie der Nachweis zu führen ist, bestimmt das Gesetz nicht. Die Feststellungsklage wird erhoben durch Zustellung der Klage an den Gegner (§ 253 Abs. 1 ZPO), die Aufnahme eines durch die Eröffnung des Insolvenzverfahrens unterbrochenen Rechtsstreites durch die Zustellung des beim Prozessgericht einzureichenden Schriftsatzes an den Gegner (§ 250 ZPO). Steht die für eine Klageerhebung erforderliche Zustellung noch aus, sind die Voraussetzungen der Vorwirkung der Klageeinreichung gem. § 167 ZPO nachzuweisen, also der tatsächliche Eingang der Klage beim zuständigen Gericht und die sonst für die Zustellung erforderlichen Voraussetzungen, insbesondere die Einzahlung des Vorschusses (*BGH* NZI 2012, 885). Ausreichend für den Nachweis beim Insolvenzverwalter sind insoweit die eidesstattliche oder ausdrückliche anwaltliche Versicherung (*LG Dessau-Roßlau* NZI 2016, 834).

14 Der Nachweis ist **innerhalb einer Ausschlussfrist** von zwei Wochen, nach der öffentlichen Bekanntmachung (§ 188 Satz 3 InsO) zu führen. Dabei ist zu beachten, dass die Veröffentlichung im Internet erst dann als bewirkt gilt, wenn nach dem Tag der Veröffentlichung zwei weitere Tage verstrichen sind (§ 9 Abs. 1 Satz 3 InsO).

15 Die Ausschlussfrist kann weder durch das Gericht, noch den Verwalter oder durch Parteivereinbarung verlängert werden. Eine Wiedereinsetzung in den vorigen Stand findet nicht statt, weil die Ausschlussfrist **keine Notfrist** i.S.d. §§ 223 Abs. 3, 233 ZPO darstellt (*Uhlenbruck* InsO, § 189 Rn. 7).

16 Der Nachweis hat gegenüber dem Insolvenzverwalter zu erfolgen. Ein Nachweis gegenüber dem Gericht reicht nicht aus. Leitet das Gericht in diesem Fall den Nachweis an den Insolvenzverwalter weiter, ist das Eingangsdatum beim Insolvenzverwalter für den Fristablauf maßgeblich.

17 Haben mehrere Personen Widerspruch erhoben, so hat der Gläubiger nachzuweisen, dass gegen alle Widersprechenden die Feststellung betrieben wird, da nur nach Beseitigung aller Widersprüche die Feststellung zur Tabelle erfolgen kann (*Uhlenbruck* InsO, § 189 Rn. 5).

D. Nachweis wird rechtzeitig geführt

18 Der rechtzeitig geführte Nachweis führt dazu, dass der auf die bestrittene Forderung entfallende Anteil so lange vom Insolvenzverwalter zurückbehalten wird, bis der Rechtsstreit über den Widerspruch entschieden ist.

19 Hat der Insolvenzverwalter bei Erstellung des Verteilungsverzeichnisses (§ 188 InsO) eine bestrittene Forderung nicht berücksichtigt und wird ihm die Klageerhebung (die Aufnahme des Rechtsstreites) rechtzeitig nachgewiesen, hat er binnen drei Tagen nach Ablauf der zweiwöchigen Frist das Verteilungsverzeichnis zu ändern und die bestrittene Forderung aufzunehmen (s. § 193 InsO).

E. Nachweis wird nicht rechtzeitig geführt

20 Der Gläubiger, der dem Insolvenzverwalter nicht oder nicht rechtzeitig nachweist, dass er Klage erhoben oder den Rechtsstreit aufgenommen hat, **nimmt mit der bestrittenen Forderung am Verteilungsverfahren nicht teil**. Die Forderung wird nicht – auch nicht durch Zurückbehalten des auf sie entfallenden Anteils – berücksichtigt. Der Anteil, der auf sie entfallen würde, wird für die Verteilung an die übrigen Gläubiger frei.

Hat der Insolvenzverwalter eine bestrittene Forderung in das Verteilungsverzeichnis aufgenommen, wird ihm aber nicht rechtzeitig nachgewiesen, dass Klage erhoben oder der Rechtsstreit aufgenommen worden ist, hat er – ebenfalls binnen einer Frist von drei Tagen nach Ablauf der Ausschlussfrist – das Verteilungsverzeichnis zu ändern und die Forderung aus dem Verteilungsverzeichnis zu streichen (§ 193 InsO).

Führt der Gläubiger den Nachweis nach Ablauf der Frist, kann er ggf. bei der nächsten Abschlagsverteilung oder der Schlussverteilung berücksichtigt werden, wobei gem. § 192 InsO ein **Ausgleich** erfolgen kann. Hat der Gläubiger allerdings die Ausschlussfrist für die Schlussverteilung versäumt, wird die Forderung endgültig nicht mehr berücksichtigt, auch nicht in einer Nachtragsverteilung, da diese nur aufgrund des Schlussverzeichnisses vorgenommen werden kann.

F. Entsprechende Anwendung

Die Vorschrift regelt dem Wortlaut nach lediglich die Frage, wie mit nicht abschließend festgestellten, nicht titulierten Forderungen zu verfahren ist. Die Vorschrift ist nicht anwendbar auf Forderungen, die noch gar nicht geprüft sind, sei es, weil sie bis zur Niederlegung und Veröffentlichung des Schlussverzeichnisses noch gar nicht zur Tabelle angemeldet waren, sei es, weil zwar eine Anmeldung vorlag, aber noch kein nachträglicher Prüftermin durchgeführt worden ist.

Für Forderungsanmeldungen, die vor Niederlegung des Schlussverzeichnisses beim Verwalter eingegangen waren, ist ein nachträglicher Prüftermin zu bestimmen. Eine Zusammenlegung mit dem Schlusstermin verbietet sich, da dies zur Folge hätte, dass festgestellte Forderungen nicht mehr ins Schlussverzeichnis aufgenommen werden würden und damit an der Schlussverteilung nicht teilnehmen könnten.

Sind Forderungsanmeldungen nach Niederlegung und Bekanntmachung eingegangen, können sie im Schlusstermin geprüft werden. Eine Aufnahme ins Schlussverzeichnis scheidet aus (*BGH* NZI 2007, 401 ff.).

Gehen Forderungsanmeldungen nach Ablauf der Ausschlussfrist ein, sind sie ebenfalls im Schlusstermin zu prüfen, eine Aufnahme ins Schlussverzeichnis scheidet auch für den Fall aus, dass sie zur Tabelle festgestellt werden (vgl. hierzu auch *Zimmer* ZVI 2004, 299 ff.).

Eine entsprechende Anwendung für Forderungen, die mit der Qualifikation der vorsätzlich begangenen unerlaubten Handlung (§§ 174 Abs. 2, 175 Abs. 2 InsO) angemeldet worden sind und bei denen der Schuldner dieser Qualifikation widersprochen hat, hat der *BGH* (NJW 2009, 1280) verneint. Hat der Schuldner widersprochen, wird die Forderung zur Tabelle festgestellt und in das Schlussverzeichnis aufgenommen. Will der Gläubiger den Schuldnerwiderspruch beseitigen, um die Vollstreckbarkeit nach § 201 InsO zu erhalten, kann er dies auch noch in der Wohlverhaltensperiode nachholen. Zwar wäre durch die entsprechende Anwendung der Ausschlussfrist auf die vom Gläubiger gem. § 184 zu erhebende Feststellungsklage (*BGH* NZI 2007, 416) dem Ziel des Gesetzgebers, innerhalb angemessener Zeiträume dem Schuldner die Klärung zu ermöglichen, ob die vom Gläubiger angemeldete Forderung an der Restschuldbefreiung teilnimmt oder nicht, Rechnung getragen worden. Eine anderweitige Klärung dieser Frage ist dem Schuldner möglich, da der Bundesgerichtshof dem Schuldner das Recht zugebilligt hat, seinen Widerspruch gegen den angemeldeten, nicht titulierten Rechtsgrund der vorsätzlich begangenen unerlaubten Handlung bereits vor Aufhebung des Insolvenzverfahrens mit der negativen Feststellungsklage gegen den Gläubiger weiter zu verfolgen (*BGH* NZI 2013, 1025).

Dies gilt nicht für die Fälle, in denen bereits ein Titel vorliegt, der die vom Gläubiger angemeldete Forderung als aus vorsätzlich begangener, unerlaubter Handlung qualifiziert. Gem. § 184 Abs. 2 InsO obliegt die Verfolgung des Widerspruchs dann dem Schuldner innerhalb Monatsfrist. Nach fruchtlosem Fristablauf gilt der Widerspruch als nicht erhoben. Durch diese durch das Vereinfachungsgesetz (BGBl. 2007 I S. 509) eingefügte Regelung hat der Gesetzgeber ebenfalls zu erkennen gegeben, dass ihm an einer möglichst umgehenden Klärung der Frage gelegen ist, ob derartige

Forderungen an der Restschuldbefreiung gem. § 302 InsO teilnehmen oder nicht. Ist die Titulierung durch einen rechtskräftigen Vollstreckungsbescheid erfolgt, bindet dieser das Gericht des Feststellungsprozesses allerdings auch dann nicht, wenn er auf eine Anspruchsgrundlage Bezug nimmt, die eine vorsätzlich begangene unerlaubte Handlung voraussetzt (*BGH* ZVI 2006, 311). Bindungswirkung entfaltet jedoch ein gerichtlicher Vergleich, durch den der Schuldner die dadurch titulierte Forderung als vorsätzlich begangene unerlaubte Handlung außer Streit gestellt hat (*BGH* ZInsO 2009, 1494).

§ 190 Berücksichtigung absonderungsberechtigter Gläubiger

(1) ¹Ein Gläubiger, der zur abgesonderten Befriedigung berechtigt ist, hat spätestens innerhalb der in § 189 Abs. 1 vorgesehenen Ausschlussfrist dem Insolvenzverwalter nachzuweisen, dass und für welchen Betrag er auf abgesonderte Befriedigung verzichtet hat oder bei ihr ausgefallen ist. ²Wird der Nachweis nicht rechtzeitig geführt, so wird die Forderung bei der Verteilung nicht berücksichtigt.

(2) ¹Zur Berücksichtigung bei einer Abschlagsverteilung genügt es, wenn der Gläubiger spätestens innerhalb der Ausschlussfrist dem Verwalter nachweist, dass die Verwertung des Gegenstands betrieben wird, an dem das Absonderungsrecht besteht, und den Betrag des mutmaßlichen Ausfalls glaubhaft macht. ²In diesem Fall wird der auf die Forderung entfallende Anteil bei der Verteilung zurückbehalten. ³Sind die Voraussetzungen des Absatzes 1 bei der Schlussverteilung nicht erfüllt, so wird der zurückbehaltene Anteil für die Schlussverteilung frei.

(3) ¹Ist nur der Verwalter zur Verwertung des Gegenstands berechtigt, an dem das Absonderungsrecht besteht, so sind die Abs. 1 und 2 nicht anzuwenden. ²Bei einer Abschlagsverteilung hat der Verwalter, wenn er den Gegenstand noch nicht verwertet hat, den Ausfall des Gläubigers zu schätzen und den auf die Forderung entfallenden Anteil zurückzubehalten.

Übersicht

	Rdn.			Rdn.
A. Allgemeines	1	C.	Verwertung durch den Gläubiger	9
I. Gläubiger, die nur zur Absonderung berechtigt sind	1	D.	Verwertung durch den Insolvenzverwalter (Abs. 3)	18
II. Gläubiger, denen der Schuldner auch persönlich haftet	3	E.	Verwertung in der Wohlverhaltensperiode	23
B. Verzicht auf das Absonderungsrecht	6			

A. Allgemeines

I. Gläubiger, die nur zur Absonderung berechtigt sind

1 Gläubiger, denen **nur** das Recht auf Befriedigung aus Gegenständen zusteht, die der Zwangsvollstreckung in das unbewegliche Vermögen unterliegen (Grundpfandgläubiger), sind **keine Insolvenzgläubiger.** Sie haben – im Unterschied zum Insolvenzgläubiger – gegen den Insolvenzschuldner keinen Zahlungsanspruch, sondern lediglich einen Anspruch auf Duldung der Zwangsvollstreckung in den verpfändeten Grundbesitz. Ihre Ansprüche haben sie außerhalb des Insolvenzverfahrens nach den Vorschriften des Gesetzes über die Zwangsversteigerung und Zwangsverwaltung geltend zu machen (§ 49 InsO).

2 Auch die Gläubiger, die abgesonderte Befriedigung aus einem Pfandrecht (§ 50 InsO) oder sonstige Absonderungsrechte (§ 51 InsO) geltend machen können, sind, wenn ihnen der Schuldner nicht auch persönlich haftet, keine Insolvenzgläubiger. Ihre Ansprüche werden in der Weise realisiert, dass der mit dem Pfandrecht belastete Gegenstand entweder durch den Insolvenzverwalter oder durch den Gläubiger selbst verwertet wird (§§ 166 Abs. 1, 173 Abs. 1 InsO).

II. Gläubiger, denen der Schuldner auch persönlich haftet

Absonderungsberechtigte Gläubiger, denen der Schuldner auch persönlich haftet, sind Insolvenzgläubiger und werden mit ihrer **gesamten Forderung** im Insolvenzverfahren berücksichtigt (§ 52 Satz 1 InsO). Sie haben daher ihre Forderungen – auch soweit sie gesichert sind – anzumelden, und ihre Forderungen sind wie die übrigen, nicht gesicherten Forderungen zu prüfen (BT-Drucks. 12/2443 S. 126) und ggf. in voller Höhe festzustellen. Dabei ist der Vermerk »festgestellt für den Ausfall« oder »festgestellt als Ausfallforderung« in der Tabelle anzubringen. 3

Der Erlös aus der Verwertung des Sicherungsgutes und die Zahlungen des Insolvenzverwalters (Insolvenzquote) dürfen aber nicht den **Gesamtbetrag** der Forderung übersteigen. Die persönlichen Forderungen der absonderungsberechtigten Gläubiger dürfen nur in der Höhe in das Verteilungsverzeichnis aufgenommen werden, in der sie entweder auf die abgesonderte Befriedigung verzichten oder soweit sie bei ihr ausgefallen sind. 4

Bei der Anmeldung einer persönlichen Forderung eines absonderungsberechtigten Gläubigers und bei Prüfung und Feststellung der Forderung steht regelmäßig noch nicht fest, ob und in welcher Höhe der Gläubiger einen Ausfall hinnehmen muss oder ob er auf die abgesonderte Befriedigung verzichten wird. Die Vorschrift schafft – entsprechend § 189 InsO für bestrittene Forderungen – ein Verfahren, bei dem die Gläubigergemeinschaft frühzeitig aus der vorhandenen Masse Zahlungen erhalten kann, ohne dass die Rechte der absonderungsberechtigten Gläubiger auf Befriedigung aus der Masse eingeschränkt würden. 5

B. Verzicht auf das Absonderungsrecht

Soweit der Gläubiger auf sein Absonderungsrecht verzichtet, wird er im Verteilungsverfahren berücksichtigt. Ein vollständiger Verzicht führt dazu, dass die Forderung in voller Höhe zu berücksichtigen ist. 6

Der Verzicht ist **unwiderruflich** (*RG* RGZ 64, 425 ff., 428) und für den Absonderungsberechtigten auch nach Beendigung des Insolvenzverfahrens bindend (*Nerlich/Römermann-Westphal* InsO, § 190 Rn. 21). Notwendig ist nicht der Verzicht auf die Sicherheit selbst, sondern nur auf ihre Geltendmachung im Insolvenzverfahren. Für diesen Verzicht auf den schuldrechtlichen Sicherungsanspruch bedarf es auch keiner Form. Ein dinglicher Verzicht in der hierfür ggf. notwendigen Form ist nicht erforderlich (*BGH* DZWIR 2011, 118 m. Anm. *Kießner* FD-InsR 2011, 313566). 7

Als **Ausfall** bezeichnet man denjenigen Teil der Forderung des Gläubigers, der bei Realisierung der Sicherheit unbefriedigt bleibt. Wird der Nachweis des Verzichts oder des Ausfalls nicht rechtzeitig geführt, wird die Forderung bei der Verteilung nicht berücksichtigt. 8

C. Verwertung durch den Gläubiger

Der zur abgesonderten Befriedigung berechtigte Insolvenzgläubiger, der das Sicherungsgut gem. §§ 173 Abs. 1, 166 Abs. 1 InsO selbst verwerten darf, hat binnen einer Frist von zwei Wochen nach der öffentlichen Bekanntmachung der Teilungsmasse (§ 188 Satz 2 InsO) dem Insolvenzverwalter nachzuweisen, dass und für welchen Betrag er auf abgesonderte Befriedigung verzichtet hat oder bei ihr ausgefallen ist. Wird der Nachweis nicht geführt, wird die Forderung nicht berücksichtigt (*BGH* NZI 2009, 565). 9

Zur Berücksichtigung bei einer Abschlagsverteilung genügt gem. Abs. 2 Satz 1 der Nachweis der laufenden, noch nicht abgeschlossenen Verwertung. Er ist gegenüber dem Insolvenzverwalter zu führen. Nachzuweisen ist der konkrete **Beginn der Verwertung** der Sicherheit. Der Nachweis der zukünftigen Verwertungsabsicht ist allein nicht ausreichend. 10

Hat der Verwalter die Forderung im Verteilungsverzeichnis berücksichtigt und wird ihm der Ausfall oder der Verzicht nicht rechtzeitig nachgewiesen, muss er das Verzeichnis binnen drei Tagen nach Ablauf der Ausschlussfrist berichtigen (§ 193 InsO). 11

12 Wird der **Verzicht** oder der **Ausfall** dem Insolvenzverwalter rechtzeitig nachgewiesen, wird die Forderung mit dem Betrag bei der Verteilung berücksichtigt, mit dem der Gläubiger bei der abgesonderten Befriedigung ausgefallen ist oder mit dem er auf die abgesonderte Befriedigung verzichtet hat. Auch hier hat der Verwalter das Verteilungsverzeichnis innerhalb einer Frist von drei Tagen zu berichtigen, falls er die Forderung des absonderungsberechtigten Gläubigers nicht in das Verzeichnis aufgenommen hatte.

13 Bei einer **Abschlagsverteilung** ist der Ausfall des absonderungsberechtigten Gläubigers häufig noch nicht bekannt. Der Anspruch des Gläubigers wird dadurch **gesichert**, dass der auf die Forderung entfallende Anteil vom Insolvenzverwalter zurückbehalten wird (Abs. 2 Satz 2). Der Gläubiger hat aber nachzuweisen, dass er die Verwertung des Pfandgegenstandes betreibt und er hat den mutmaßlichen Ausfall glaubhaft zu machen.

14 Der Anteil wird so lange **zurückbehalten**, bis der endgültige Ausfall des Gläubigers feststeht. Kann der Gläubiger bis zur **Schlussverteilung** (§ 196 InsO) nicht nachweisen, dass und mit welchem Betrag er ausgefallen ist, wird er bei der Schlussverteilung nicht berücksichtigt; die bei den Abschlagsverteilungen einbehaltenen Beträge werden für die Schlussverteilung frei (Abs. 2 Satz 3) und stehen zur Verteilung an die übrigen Insolvenzgläubiger zur Verfügung.

15 In denjenigen Fällen, in denen bei bevorstehendem Abschluss des Insolvenzverfahrens die Verwertung des Sicherungsgutes durch den absonderungsberechtigten Gläubiger noch nicht erfolgt ist, was insbesondere bei Gewerbegrundstücken mit Altlasten in der Praxis häufiger vorkommt, kann der Gläubiger seinen Ausfall nicht ermitteln und droht, bei der Schlussverteilung unberücksichtigt zu bleiben. Der Gläubiger kann dann lediglich den Umfang des zukünftig zu realisierenden Absonderungsrechts **schätzen** und in Höhe der Differenz zur angemeldeten Forderung auf die Geltendmachung seines Absonderungsrechts verzichten. Er wird dann in das Schlussverzeichnis aufgenommen und entsprechend bei der Schlussverteilung berücksichtigt.

16 Wenn der bis dahin unverwertete Gegenstand im Schlusstermin als unverwertbar freigegeben wird, steht ein später erzielter **Übererlös** dem Schuldner zu.

17 Erfolgt im Schlusstermin keine Freigabe, kann ggf. für einen etwaigen Übererlös die **Nachtragsverteilung** in entsprechender Anwendung von § 203 Abs. 1 Nr. 3 InsO angeordnet werden.

D. Verwertung durch den Insolvenzverwalter (Abs. 3)

18 Der Insolvenzverwalter ist zur Verwertung beweglicher und mit Absonderungsrechten belasteter Gegenstände berechtigt, wenn er sie in seinem **Besitz** hat (§ 166 Abs. 1 InsO). Soweit ihm dieses Recht zusteht, ist das Recht des Gläubigers, die Verwertung zu betreiben, ausgeschlossen (§ 173 Abs. 1 InsO).

19 In derartigen Fällen kann der absonderungsberechtigte Gläubiger zwar auf sein Absonderungsrecht gem. Abs. 1 **verzichten**, er kann den Ausfall jedoch nur dann berechnen, wenn der Insolvenzverwalter seinerseits über die durchgeführte Verwertung Abrechnung erteilt hat. Die Abs. 1 und 2 gelten daher in diesem Falle nicht.

20 Der Insolvenzverwalter muss entsprechend der durchgeführten Sicherheitenverwertung das Verteilungsverzeichnis anpassen. Hat der Insolvenzverwalter das Sicherungsgut noch nicht verwertet, hat er den **Ausfall des Gläubigers** zu schätzen und bei einer Abschlagsverteilung den auf die Forderung entfallenden Anteil zurückzubehalten.

21 Bis zur Durchführung der **Schlussverteilung** hat der Insolvenzverwalter selbstverständlich das Sicherungsgut vollständig zu verwerten, so dass er auch dem absonderungsberechtigten Gläubiger eine abschließende Abrechnung erteilen kann. Dieser ist dann in der Lage, seinen Ausfall zu ermitteln und dem Insolvenzverwalter nachzuweisen.

22 Hat der Verwalter das Sicherungsgut entgegen seiner Verpflichtung noch nicht verwertet, ist Abs. 3 für die Schlussverteilung nicht anwendbar. Dem absonderungsberechtigten Gläubiger bleibt dann

wiederum nur die Möglichkeit, den voraussichtlichen Sicherheitenverwertungserlös zu **schätzen** und in entsprechender Höhe auf sein Absonderungsrecht zu **verzichten**. Der Insolvenzverwalter muss dann die angemeldete Forderung in entsprechender Höhe bei der Schlussverteilung berücksichtigen (*Nerlich/Römermann-Westphal* InsO, § 190 Rn. 46).

E. Verwertung in der Wohlverhaltensperiode

Gem. § 292 verteilt der Treuhänder jährlich aufgrund des im Insolvenzverfahren erstellten Schlussverzeichnisses von ihm aggregierte Beträge an die Gläubiger. Stellt sich dabei heraus, dass durch eine nachträglich realisierte Sicherheit, die einen höheren Erlös erbracht hat als bei Abschluss des Insolvenzverfahrens geschätzt oder durch eine damals nicht absehbare Möglichkeit zur Aufrechnung die Forderung des Insolvenzgläubigers sich reduziert hat, ist der Treuhänder während der Laufzeit der Abtretungserklärung des Schuldners kraft Amtes befugt, gegen den jeweiligen Insolvenzgläubiger im Klagewege vorzugehen. Kraft eigener Rechtsmacht kann der Treuhänder das Schlussverzeichnis nicht ändern, er ist jedoch berechtigt, entsprechend § 767 ZPO eine sog. Verteilungsabwehrklage zu erheben (*BGH* WM 2012, 1039). 23

§ 191 Berücksichtigung aufschiebend bedingter Forderungen

(1) ¹Eine aufschiebend bedingte Forderung wird bei einer Abschlagsverteilung mit ihrem vollen Betrag berücksichtigt. ²Der auf die Forderung entfallende Anteil wird bei der Verteilung zurückbehalten.

(2) ¹Bei der Schlussverteilung wird eine aufschiebend bedingte Forderung nicht berücksichtigt, wenn die Möglichkeit des Eintritts der Bedingung so fernliegt, dass die Forderung zur Zeit der Verteilung keinen Vermögenswert hat. ²In diesem Fall wird ein gemäß Absatz 1 Satz 2 zurückbehaltener Anteil für die Schlussverteilung frei.

Aufschiebend bedingte Forderungen sind – genauso wie auflösend bedingte – vom Gläubiger in voller Höhe beim Insolvenzverwalter anzumelden und im Prüfungstermin zu prüfen. Die Feststellung erfolgt mit dem Zusatz »aufschiebend bedingte Insolvenzforderung« (*Gottwald/Eickmann* HdbInsR, § 64 Rn. 20). 1

Hierunter fallen bspw. befristete Forderungen, Regress- und Erstattungsansprüche von Bürgen nach § 774 BGB oder ausgleichsberechtigten Mitschuldnern (*Nerlich/Römermann-Westphal* InsO, § 191 Rn. 3 m.w.N.) sowie befristete Forderungen. Auch die in Bauträgerinsolvenzen häufigen Ansprüche aus Mietgarantien oder Gewährleistungsbürgschaften sind hierunter zu subsumieren ebenso wie die Schadensersatzforderungen des Vermieter bei vorzeitiger Kündigung des Insolvenzverwalters gem. § 109 (*Uhlenbruck/Wegener* InsO, § 109 Rn. 10). 2

Ist die Feststellung zur Tabelle erfolgt, wird die aufschiebend bedingte Forderung bis zum Bedingungseintritt unterschiedlich behandelt, je nachdem, ob eine Abschlagsverteilung oder die Schlussverteilung stattfindet. Tritt die Bedingung während des laufenden Verfahrens ein, fallen die Beschränkungen des § 191 InsO weg. Bei Bedingungsausfall geht die Insolvenzgläubigerstellung verloren, die festgestellte Forderung ist vom Gläubiger wieder zurückzunehmen, in ein Verteilungsverzeichnis wird sie nicht aufgenommen. 3

Aufschiebend bedingte Forderungen werden – wenn die Bedingung noch nicht eingetreten ist – bei **Abschlagsverteilungen** wie unbedingte Forderungen in voller Höhe berücksichtigt. Der auf sie entfallende Anteil wird jedoch nicht ausbezahlt, sondern vom Insolvenzverwalter zurückbehalten. Tritt die Bedingung vor Abschluss des Verfahrens ein, werden die Beträge frei und können ausgezahlt werden. 4

Bei der **Schlussverteilung** (§ 196 InsO) werden aufschiebend bedingte Forderungen unterschiedlich berücksichtigt, je nachdem, wie wahrscheinlich der Bedingungseintritt ist. Bei nicht fern liegendem Bedingungseintritt bleibt es bei der Berücksichtigung der Forderung mit ihrem vollen Betrag. Der 5 hierauf entfallende Ausschüttungsbetrag wird allerdings nicht ausbezahlt, sondern ist vom Insolvenzverwalter zu hinterlegen (§ 198 InsO).

6   Bei fern liegendem Bedingungseintritt wird die Forderung bei der Schlussverteilung nicht berücksichtigt und ein bei einer vorausgegangenen Abschlagsverteilung zurückbehaltener Betrag für die Schlussverteilung frei. Entscheidend ist der Zeitpunkt der Durchführung der Schlussverteilung.

7   Stellt sich der Bedingungseintritt erst nach der Schlussverteilung als derart fern liegend heraus, wird der nach § 198 InsO hinterlegte Betrag ebenso wie bei einem endgültigen Ausfall der Bedingungen für die übrigen Insolvenzgläubiger frei und kann im Wege der **Nachtragsverteilung** gem. § 203 Abs. 1 Nr. 1 InsO an die übrigen Gläubiger verteilt werden.

8   Einwendungen gegen die Entscheidung des Insolvenzverwalters, die aufschiebend bedingte Forderung nicht in das Verteilungsverzeichnis für die Schlussverteilung aufzunehmen, sind gem. § 197 Abs. 1 Nr. 2 InsO im Schlusstermin zu erheben. Werden sie vom Insolvenzgericht zurückgewiesen, steht dem Gläubiger die sofortige Beschwerde zu (§§ 197 Abs. 3, 194 Abs. 2 InsO).

9   Für **auflösend bedingte Forderungen** (§ 42 InsO) gilt die Vorschrift nicht. Derartige Forderungen werden – solange die auflösende Bedingung nicht eingetreten ist – im Insolvenzverfahren wie unbedingte behandelt. Ist die auflösende Bedingung bei Vornahme einer Abschlags- oder der Schlussverteilung noch nicht eingetreten, werden auf diese Forderungen Zahlungen geleistet.

10 Entsprechende Anwendung findet die Vorschrift nach Ansicht des *BGH* (NZI 2009, 165) für zur Masse geflossene Erlösanteile aus Sicherheitenverwertungen, solange noch nicht feststeht, ob die Erlöse an Sicherungsgläubiger ausgekehrt werden müssen. Diese Erlösanteile dürfen einerseits noch nicht an die Gläubiger ausgekehrt werden, andererseits können sie, wenn sich später herausstellt, dass sie in der Masse verbleiben können, der Nachtragsverteilung zugeführt werden.

§ 192 Nachträgliche Berücksichtigung

Gläubiger, die bei einer Abschlagsverteilung nicht berücksichtigt worden sind und die Voraussetzungen der §§ 189, 190 nachträglich erfüllen, erhalten bei der folgenden Verteilung aus der restlichen Insolvenzmasse vorab einen Betrag, der sie mit den übrigen Gläubigern gleichstellt.

1   Die Vorschrift ermöglicht es, dass die Gläubiger bestrittener Forderungen (§ 189 InsO) und absonderungsberechtigte Gläubiger (§ 190 InsO) bei einer weiteren Abschlagsverteilung oder bei der Schlussverteilung nachträglich berücksichtigt werden, obwohl sie bei einer früheren Verteilung deshalb nicht berücksichtigt worden sind, weil sie dem Insolvenzverwalter nicht oder nicht rechtzeitig die Klageerhebung oder die Aufnahme des Rechtsstreites (§ 189 InsO) oder ihren Ausfall oder Verzicht (§ 190 InsO) nachgewiesen haben.

2   Erfüllen diese Gläubiger die Voraussetzungen zu ihrer Berücksichtigung nachträglich und werden weitere Abschlagsverteilungen oder die Schlussverteilung vorgenommen, sollen den Gläubigern durch die verspäteten Nachweise keine Nachteile erwachsen. Um dies zu erreichen, erhalten sie aus der noch vorhandenen Insolvenzmasse vorab die Beträge, die sie mit den übrigen Gläubigern **gleichstellen**. Die bei der vorhergehenden Verteilung unterbliebene Ausschüttung an diese Gläubiger wird also nachgeholt, bevor eine weitere Verteilung an diese und die übrigen Gläubiger stattfindet.

3   Die Vorschrift ist entsprechend anzuwenden auf **verspätet anmeldende Insolvenzgläubiger**, die in das Verteilungsverzeichnis für eine Abschlagsverteilung nicht aufgenommen werden konnten, da ihre Forderung zu diesem Zeitpunkt noch nicht geprüft war. Wird eine weitere Abschlagsverteilung oder die Schlussverteilung durchgeführt, sollen diese Gläubiger – wenn sie zwischenzeitlich die Voraussetzung erfüllen, um in das Verteilungsverzeichnis aufgenommen zu werden, mithin ihre Forderungen festgestellt sind oder die Voraussetzungen des § 189 bis § 191 InsO vorliegen – ebenfalls berücksichtigt werden.

Die letzte Möglichkeit zur Forderungsanmeldung und Berücksichtigung bei einer Abschlagsverteilung besteht innerhalb der Wochenfrist nach Ablauf der Ausschlussfrist des § 189 Abs. 1 InsO durch Erhebung einer Einwendung beim Insolvenzgericht gem. § 194 Abs. 1 InsO. Ist die Frist abgelaufen, kann eine nachträglich angemeldete Forderung erst bei der nächsten Abschlagsverteilung oder der Schlussverteilung entsprechend § 192 InsO berücksichtigt werden (*Nerlich/Römermann-Westphal* InsO, § 192 Rn. 6). 4

Die Vorschrift ist ebenfalls entsprechend anwendbar auf Gläubiger, die ins Verteilungsverzeichnis aufgenommen, bei der Abschlagsverteilung jedoch – versehentlich oder bewusst – vom Insolvenzverwalter nicht berücksichtigt worden sind. Sind sie gar nicht ins Verteilungsverzeichnis aufgenommen worden, haben sie einen Anspruch darauf, bei der nachfolgenden Verteilung vorab den bislang berücksichtigten Gläubigern gleichgestellt zu werden (*Uhlenbruck* InsO, § 192 Rn. 3). 5

Der Gläubiger, der im Verteilungsverzeichnis aufgenommen war, jedoch gleichwohl keine Ausschüttung erhalten hat, hat diesen Anspruch bereits vor der nächsten durchzuführenden Verteilung (*Nerlich/Römermann-Westphal* InsO, § 192 Rn. 15). Die Änderung zur Regelung der Konkursordnung besteht vor allem darin, dass die Berücksichtigung nicht erst eines Antrags des Gläubigers bedarf, sondern vom Insolvenzverwalter selbst auch ohne Antrag vorzunehmen ist, wobei er dies allerdings **grds. erst bei der nachfolgenden Verteilung** zu beachten hat. 6

Die nachträglich zu berücksichtigenden Gläubiger tragen allerdings das Risiko, dass die Insolvenzmasse zur Gleichstellung nicht ausreicht. Erfolgt keine Verteilung mehr, bleiben die Gläubiger auch im Falle der nachträglichen Erfüllung der Voraussetzungen der §§ 189, 190 InsO unberücksichtigt und können sich nach Aufhebung des Insolvenzverfahrens lediglich beim Schuldner versuchen, schadlos zu halten (*Häsemeyer* Rn. 7.63). Reicht die Insolvenzmasse nur zum Teil aus, die nachträglich zu berücksichtigenden Forderungen zu befriedigen, so erfolgt eine anteilige Berücksichtigung nach dem Verhältnis der Forderungen untereinander (*Haarmeyer/Wutzke/Förster* Handbuch, Kap. 8 Rn. 38). 7

Reicht die Insolvenzmasse nicht aus, alle rechtswidrig oder versehentlich nicht berücksichtigten Gläubiger zu befriedigen, besteht **kein Rückforderungsanspruch** von Quotenauszahlungen gegen Insolvenzgläubiger, die im Rahmen der Abschlagsverteilung berücksichtigt worden sind (*BGH* ZIP 1984, 980). Die unberücksichtigt gebliebenen Gläubiger können jedoch ggf. einen **Schadenersatzanspruch** gegen den Verwalter nach § 60 InsO haben (*Uhlenbruck* InsO, § 192 Rn. 7). 8

§ 193 Änderung des Verteilungsverzeichnisses

Der Insolvenzverwalter hat die Änderungen des Verzeichnisses, die auf Grund der §§ 189 bis 192 erforderlich werden, binnen drei Tagen nach Ablauf der in § 189 Abs. 1 vorgesehenen Ausschlussfrist vorzunehmen.

Änderungen des vom Insolvenzverwalter eingereichten und niedergelegten Verteilungsverzeichnisses treten ein, wenn 1

a) ein Gläubiger nachweist, dass das Feststellungsverfahren über eine bestrittene und nicht in das Verzeichnis aufgenommene Forderung betrieben oder der Rechtsstreit aufgenommen worden ist (§ 189 InsO), 2

b) die bestrittene Forderungen in das Verzeichnis aufgenommen worden ist, der Gläubiger es jedoch unterlassen hat, dem Verwalter rechtzeitig nachzuweisen, dass er das Feststellungsverfahren betreibt oder den Rechtsstreit aufgenommen hat (§ 189 Abs. 3 InsO), 3

c) ein absonderungsberechtigter Gläubiger rechtzeitig nachweist, dass er mit einer nicht in das Verzeichnis aufgenommenen (persönlichen) Forderung ausgefallen oder dass er auf abgesonderte Befriedigung verzichtet hat (§ 190 InsO), 4

5   d) ein absonderungsberechtigter Gläubiger nicht rechtzeitig nachweist, dass er mit einer in das Verzeichnis aufgenommenen (persönlichen) Forderung ausgefallen ist oder dass er auf abgesonderte Befriedigung verzichtet hat (§ 190 Abs. 1 Satz 2 InsO),

6   e) ein absonderungsberechtigter Gläubiger nicht rechtzeitig nachweist, dass die Verwertung des Gegenstandes betrieben wird, an dem das Absonderungsrecht besteht und/oder den Betrag des mutmaßlichen Ausfalls nicht rechtzeitig glaubhaft macht, soweit seine persönliche Forderung in das Verzeichnis aufgenommen war (§ 190 Abs. 2 Satz 1 InsO),

7   f) ein absonderungsberechtigter Gläubiger rechtzeitig nachweist, dass die Verwertung des Gegenstandes betrieben wird, an dem das Absonderungsrecht besteht und/oder den Betrag des mutmaßlichen Ausfalls rechtzeitig glaubhaft macht, soweit seine persönliche Forderung in das Verzeichnis nicht aufgenommen war (§ 190 Abs. 2 Satz 1 InsO) und

8   g) bei einer in das Verzeichnis aufgenommenen, aufschiebend bedingten Forderung (§ 191 InsO) feststeht, dass die aufschiebende Bedingung nicht oder nicht mehr eintreten kann oder wenn die Möglichkeit, dass die Bedingung eintritt, so gering ist, dass die Forderung keinen Vermögenswert mehr hat (§ 191 InsO).

9   Die Vorschrift verweist zwar auch auf § 192 InsO, dies ist jedoch überflüssig, da diese Sachverhalte bereits bei Aufstellung des **Verteilungsverzeichnisses** durch den Insolvenzverwalter von ihm zu berücksichtigen sind. Anlass für eine nachträgliche Änderung des Verteilungsverzeichnisses sollte § 192 InsO eigentlich nicht geben.

10   Die vom Insolvenzverwalter vorzunehmenden Änderungen sind binnen einer Frist von drei Tagen nach dem Ablauf der Ausschlussfrist von zwei Wochen (§ 189 Abs. 1 InsO) vorzunehmen. Die kurze Frist ist erforderlich, damit die Gläubiger auch gegen die Änderungen Einwendungen (§ 194 InsO) erheben können. Nach Ablauf der Drei-Tage-Frist ist eine Berichtigung des Verzeichnisses nur noch wegen eines offensichtlichen Irrtums möglich (§ 319 Abs. 1 ZPO). Bei Säumnis des Verwalters kann der Gläubiger Einwendungen gegen das Verzeichnis erheben und so die Änderung durchsetzen (§ 194 InsO).

11   Die Änderungen des Verteilungsverzeichnisses sind ausschließlich vom Insolvenzverwalter vorzunehmen. Das geänderte Verteilungsverzeichnis ist entsprechend § 188 InsO wiederum in der Geschäftsstelle des Insolvenzgerichts zur Einsicht durch die Beteiligten niederzulegen. Einer erneuten öffentlichen Bekanntmachung der geänderten Daten bedarf es nicht (*Uhlenbruck* InsO, § 193 Rn. 4).

12   Werden Tabelle und Verteilungsverzeichnis vom Insolvenzverwalter mit Hilfe elektronischer Datenverarbeitung geführt, ist das bislang niedergelegte Exemplar durch einen neuen Ausdruck mit eingearbeiteten Änderungen zu ersetzen (*Nerlich/Römermann-Westphal* InsO, § 193 Rn. 10; *Uhlenbruck* InsO, § 193 Rn. 4).

§ 194 Einwendungen gegen das Verteilungsverzeichnis

(1) Bei einer Abschlagsverteilung sind Einwendungen eines Gläubigers gegen das Verzeichnis bis zum Ablauf einer Woche nach dem Ende der in § 189 Abs. 1 vorgesehenen Ausschlussfrist bei dem Insolvenzgericht zu erheben.

(2) ¹Eine Entscheidung des Gerichts, durch die Einwendungen zurückgewiesen werden, ist dem Gläubiger und dem Insolvenzverwalter zuzustellen. ²Dem Gläubiger steht gegen den Beschluss die sofortige Beschwerde zu.

(3) ¹Eine Entscheidung des Gerichts, durch die eine Berichtigung des Verzeichnisses angeordnet wird, ist dem Gläubiger und dem Verwalter zuzustellen und in der Geschäftsstelle zur Einsicht der Beteiligten niederzulegen. ²Dem Verwalter und den Insolvenzgläubigern steht gegen den Be-

schluss die sofortige Beschwerde zu. ³Die Beschwerdefrist beginnt mit dem Tag, an dem die Entscheidung niedergelegt worden ist.

Übersicht	Rdn.		Rdn.
A. Allgemeines	1	D. Zurückweisung von Einwendungen	
B. Einwendungsberechtigte	4	(Abs. 2)	13
C. Frist	10	E. Stattgeben von Einwendungen (Abs. 3)	16

A. Allgemeines

Die Einwendungen nach §§ 194, 197 Abs. 3 InsO stellen einen **speziellen insolvenzrechtlichen Rechtsbehelf** dar, der ausschließlich zur Überprüfung der Vollständigkeit und Richtigkeit des vom Insolvenzverwalter aufgestellten Verteilungsverzeichnisses dient. Materiell-rechtliche Einwendungen gegen den Bestand der berücksichtigten Forderungen sind in diesem Rechtsbehelfsverfahren unbeachtlich. Sie sind ausschließlich im Prozesswege, insbesondere mit der Feststellungsklage gem. § 180 ff. InsO zu verfolgen. 1

Während Abs. 1 nur für Abschlagsverteilungen gilt, sind die Abs. 2 und 3 gem. § 197 Abs. 3 InsO auch für Schlussverteilungen entsprechend anwendbar. 2

Das Verteilungsverzeichnis ist Grundlage für die vom Verwalter vorzunehmenden Ausschüttungen an die Insolvenzgläubiger. Bevor die Masse verteilt wird, soll sichergestellt werden, dass das Verzeichnis den Kreis der zu berücksichtigenden Insolvenzgläubiger und die Höhe ihrer Ansprüche richtig und vollständig wiedergibt. 3

B. Einwendungsberechtigte

Einwendungsberechtigt sind nur **Gläubiger, die ihre Forderung zur Tabelle angemeldet haben**. Die Prüfung oder gar Feststellung ist nicht Voraussetzung für die Einwendungsberechtigung (*Nerlich/Römermann-Westphal* InsO, § 194 Rn. 4; *Uhlenbruck* InsO, § 194 Rn. 2). Wird die Forderung verspätet, d.h. nach Niederlegung und Bekanntmachung des Schlussverzeichnisses, angemeldet (vgl. *BGH* NZI 2007, 401 ff.), liegt zwar eine zulässige, aber unbegründete Einwendung gegen das Verteilungsverzeichnis vor, da solche Forderungen, auch wenn sie zur Tabelle festgestellt werden können, nicht mehr in das Verteilungsverzeichnis aufzunehmen sind. 4

Einwendungsberechtigt sind zunächst **Insolvenzgläubiger**, die ihre Forderung angemeldet haben mit dem Einwand, sie sei zu Unrecht nicht ins Verteilungsverzeichnis aufgenommen worden. Inhaltlich kann der Einwand darin bestehen, die Forderung sei im Prüfungstermin festgestellt worden und daher ins Verteilungsverzeichnis aufzunehmen, sie sei zwar im Prüfungstermin bestritten worden, die Nachweise des § 189 InsO seien jedoch rechtzeitig erbracht oder bei persönlichen Forderungen absonderungsberechtigter Gläubiger seien die Nachweise des § 190 InsO fristgerecht erbracht worden. Der Einwand, die Nachweise des § 189, § 190 InsO seien in der Frist des § 194 InsO vorgelegt worden, ist unbeachtlich. 5

Eingewandt werden kann auch eine nachträgliche Berichtigung des Verzeichnisses oder eine Gleichstellung nach § 192 InsO sei vorzunehmen gewesen. Der Insolvenzgläubiger kann jedoch nicht geltend machen, in der Tabelle sei nicht vermerkt worden, dass die Forderung aus einer vorsätzlich begangenen unerlaubten Handlung herrühre, da eine derartige Einwendung nicht das Schlussverzeichnis betrifft (*BGH* NZI 2008, 250). 6

Im Verteilungsverzeichnis berücksichtigte Insolvenzgläubiger können sich auch gegen die Aufnahme anderer Forderungen in das Verzeichnis wenden, also bspw. geltend machen, die Nachweise nach §§ 189, 190 InsO seien nicht oder nicht rechtzeitig geführt. 7

Massegläubiger sind durch das Verteilungsverzeichnis nicht in ihren Rechten berührt, sie sind daher nicht einwendungsberechtigt. Auch die nachrangigen Insolvenzgläubiger (§ 39 InsO) sind mit Ein- 8 wendungen ausgeschlossen, da sie bei Abschlagsverteilung nicht berücksichtigt werden sollen (§ 187 Abs. 2 Satz 2 InsO) und daher in aller Regel durch eine Berichtigung des Verteilungsverzeichnisses für eine Abschlagsverteilung nicht beschwert sind.

9 Gleiches gilt auch für den **Schuldner**, da seine Einwendungen die Feststellung zur Tabelle und die Aufnahme ins Verteilungsverzeichnis nicht berühren.

C. Frist

10 Einwendungen sind **bis zum Ablauf einer Woche** nach Ende der Ausschlussfrist des § 189 Abs. 1 InsO zu erheben. Die Frist ist selbst Ausschlussfrist. Die Fristberechnung richtet sich nach § 222 ZPO. §§ 187, 188 BGB; §§ 224 Abs. 2, 230, 231 ZPO sind anwendbar.

11 Einwendungen sind nicht erst nach Ablauf der Ausschlussfrist des § 189 Abs. 1 InsO zulässig, sondern können vielmehr auch vorher bereits erhoben werden. Einwendungen gegen das Schlussverzeichnis sind nur im Schlusstermin – mündlich – möglich. Vor dem Schlusstermin eingereichte Schriftsätze haben nur vorbereitenden Charakter.

12 Wird die **Frist versäumt**, ist die Einwendung als verspätet und damit als unzulässig zurückzuweisen. Durch die Fristversäumnis sind die Insolvenzgläubiger mit ihren Einwendungen gegen das Verteilungsverzeichnis endgültig für die anstehende Verteilung präkludiert (vgl. § 230 ZPO). Für alle nachfolgenden Verteilungen sind eigene Verteilungsverzeichnisse zu erstellen, so dass hierfür ggf. erneut Einwendungsmöglichkeiten bestehen.

D. Zurückweisung von Einwendungen (Abs. 2)

13 Einwendungen sind beim Insolvenzgericht **schriftlich oder zu Protokoll der Geschäftsstelle** (§§ 4 InsO, 496 ZPO) zu erheben. Es besteht Amtsermittlungsgrundsatz (§ 5 Abs. 1 InsO); eine mündliche Verhandlung ist möglich (§ 5 Abs. 2 InsO).

14 Unzulässige oder nicht begründete Einwendungen sind vom Insolvenzgericht durch zu begründenden Beschluss zurückzuweisen. Es entscheidet der Rechtspfleger oder – in vorbehaltenen Verfahren (§ 18 Abs. 2 RPflG) – der Richter. Der Beschluss ist dem Gläubiger, der die Einwendung erhoben hat, und dem Insolvenzverwalter zuzustellen (Zustellung durch Aufgabe zur Post ist ausreichend, § 8 Abs. 1 InsO). Eine Zustellung an die Insolvenzgläubiger erfolgt nicht, sie sind durch die Zurückweisung nicht beschwert.

15 Gegen den Beschluss steht dem Gläubiger **die sofortige Beschwerde** zu. Die Frist beträgt zwei Wochen (§ 4 InsO i.V.m. § 569 Abs. 1 Satz 1 ZPO) und beginnt mit der Zustellung des Beschlusses (durch Aufgabe zu Post gem. § 4 InsO i.V.m. §§ 213, 175 Abs. 1 Satz 3 ZPO) bzw. mit seiner Verkündung (§ 6 Abs. 2 Satz 1 InsO).

E. Stattgeben von Einwendungen (Abs. 3)

16 Begründeten Einwendungen gibt das Insolvenzgericht dadurch statt, dass es durch zu begründenden Beschluss die Berichtigung des Verzeichnisses durch den Insolvenzverwalter anordnet. Der Beschluss ist dem Insolvenzverwalter und dem Gläubiger, der die Einwendung erhoben hat, zuzustellen (§ 8 Abs. 1 InsO). Die Zustellung an die übrigen Beteiligten wird ersetzt durch Niederlegung des Beschlusses auf der Geschäftsstelle.

17 Gegen den Beschluss, der die Berichtigung des Verzeichnisses anordnet, steht dem Verwalter und den Insolvenzgläubigern (sie sind dadurch beschwert, dass ein weiterer Gläubiger an der Verteilung teilnimmt und ihre Quote mindert) die **sofortige Beschwerde** zu. Die Frist beträgt zwei Wochen und beginnt mit der Niederlegung des Beschlusses auf der Geschäftsstelle (Abs. 3 Satz 3); die vorherige Zustellung verkürzt die Frist nicht.

Die **Berichtigung** des Verteilungsverzeichnisses kann **ausschließlich durch den Insolvenzverwalter** 18
erfolgen (§ 193 InsO), entweder durch Aufnahme der bisher nicht berücksichtigten Forderung oder
durch Streichen einer in das Verteilungsverzeichnis aufgenommenen Forderung.

§ 195 Festsetzung des Bruchteils

(1) ¹Für eine Abschlagsverteilung bestimmt der Gläubigerausschuss auf Vorschlag des Insolvenzverwalters den zu zahlenden Bruchteil. ²Ist kein Gläubigerausschuss bestellt, so bestimmt der Verwalter den Bruchteil.

(2) Der Verwalter hat den Bruchteil den berücksichtigten Gläubigern mitzuteilen.

Die Vorschrift gilt nur für Abschlagsverteilungen, für die Schlussverteilung gelten die §§ 196 ff. 1
InsO.

Die Festsetzung des Bruchteils, zu dem die Gläubiger in der Abschlagsverteilung befriedigt werden 2
sollen, stellt eine reine **Maßnahme der Insolvenzverwaltung** dar (*Uhlenbruck* InsO, § 195 Rn. 4).
Das Insolvenzgericht nimmt insoweit keinen Einfluss, es findet lediglich die Überwachung gem.
§ 58 InsO statt.

Ist ein **Gläubigerausschuss** bestellt, obliegt ihm die Bestimmung des Bruchteils auf Vorschlag des 3
Verwalters. Um einen sachgerechten Vorschlag zu unterbreiten, hat der Verwalter zunächst den
auf die einzelnen Forderungen der Gläubiger entfallenden Bruchteil zu berechnen. Grundlage ist
hierfür das Verteilungsverzeichnis (§ 188 InsO), wie es sich nach Vornahme der Änderungen aufgrund der §§ 189, 190 InsO und ggf. erhobene Einwendungen gegen das Verzeichnis i.S.v. § 194
InsO darstellt. Bei der Berechnung des Prozentsatzes darf ein höherer als der nach § 188 InsO
»für die Verteilung verfügbare Betrag« nicht zugrunde gelegt werden (*Kilger/K. Schmidt* Anm. 1
zu § 159 KO). Hat sich nach der Bekanntmachung gem. § 188 Satz 3 InsO der zur Verteilung verfügbare Mittelbestand verringert, so ist dies bei der Berechnung des Bruchteils zu berücksichtigen.

Hat der Gläubigerausschuss – in Abweichung vom Vorschlag des Insolvenzverwalters – einen höhe- 4
ren Bruchteil festgesetzt und sind für die Erfüllung demzufolge mehr Mittel erforderlich als zur Verfügung stehen oder veröffentlicht worden sind, ist der Insolvenzverwalter nicht verpflichtet, diesen
Beschluss des Gläubigerausschusses zu vollziehen (*Gottwald/Eickmann* § 65 Rn. 9).

Ist ein Gläubigerausschuss nicht bestellt, bestimmt der **Verwalter** den Bruchteil **nach eigenem Er-** 5
messen. Dieses Ermessen steht allein unter der Aufsicht des Insolvenzgerichts gem. § 58 InsO.

Der Verwalter hat den Prozentsatz des Bruchteils den Gläubigern mitzuteilen, wofür besondere 6
Formvorschriften nicht existieren. Er kann sich der mündlichen, schriftlichen oder öffentlichen Bekanntgabe bedienen. Es reicht auch aus – wie in der Praxis überwiegend gehandhabt – wenn der Verwalter den Gläubigern den Bruchteil **auf dem Überweisungsformular** mitteilt.

Die Mitteilung des Bruchteils an wenigstens einen der zu berücksichtigenden Gläubiger führt zum 7
Wirksamwerden der Bruchteilsbestimmung (*Uhlenbruck* InsO, § 195 Rn. 7). Danach ist eine Änderung des Bruchteils nur noch aus wichtigem Grund möglich. Dieser liegt bspw. bei einer offensichtlich fehlerhaften Berechnung vor, nicht jedoch bei nachträglich bekannt gewordenen Masseverbindlichkeiten. Derartige Massegläubiger können nur noch aus den Mitteln Befriedigung erlangen,
die nach der Abschlagsverteilung verbleiben (§ 206 Nr. 1 InsO).

Die Gläubiger erhalten durch die Bruchteilsbestimmung **keinen klagbaren Anspruch** gegen die In- 8
solvenzmasse. Weicht der Verwalter bei der Durchführung der Abschlagsverteilung von der Festsetzung des Bruchteils ab und entsteht den Gläubigern hierdurch ein von ihm verschuldeter Schaden,
können den Gläubigern ggf. **Haftungsansprüche** gegen den Verwalter zustehen.

§ 196 Schlussverteilung

(1) Die Schlussverteilung erfolgt, sobald die Verwertung der Insolvenzmasse mit Ausnahme eines laufenden Einkommens beendet ist.

(2) Die Schlussverteilung darf nur mit Zustimmung des Insolvenzgerichts vorgenommen werden.

Übersicht	Rdn.		Rdn.
A. Allgemeines	1	E. Insolvenz der Genossenschaft und des Versicherungsvereins auf Gegenseitigkeit	20
B. Schlussverteilung	3		
C. Vorbehalt einer Nachtragsverteilung	4		
D. Prüfung und Zustimmung des Gerichts	15		

A. Allgemeines

1 Die Schlussverteilung stellt die **Ausschüttung der gesamten** – ggf. nach Durchführung von Abschlagsverteilungen – vorhandenen **Teilungsmasse** einschließlich der nach §§ 190 Abs. 2 Satz 3, 191 Abs. 2 Satz 2 InsO frei gewordenen Anteile an die Insolvenzgläubiger dar.

2 Die Vorschriften über die Aufstellung und Niederlegung des Verteilungsverzeichnisses (§ 188 InsO), die Berücksichtigung bestrittener Forderungen (§ 189 InsO), von absonderungsberechtigten Gläubigern (§ 190 Abs. 1 und 3 Satz 1 InsO) und von aufschiebend bedingten Forderungen (§ 191 Abs. 2 InsO) sind auch für die Schlussverteilung anzuwenden bzw. gelten nur für sie (so § 191 Abs. 2 InsO).

B. Schlussverteilung

3 Die Schlussverteilung erfolgt, sobald die **Verwertung der Insolvenzmasse beendet** ist (Abs. 1). Dies bedeutet zum einen, dass das Insolvenzverfahren erst abgeschlossen werden soll, wenn keine verwertbaren Gegenstände mehr vorhanden sind. Zum anderen verpflichtet die Vorschrift den Insolvenzverwalter nach Abschluss der Verwertung die Schlussverteilung zeitnah vorzunehmen.

C. Vorbehalt einer Nachtragsverteilung

4 **Unverwertbare Massegegenstände** hindern die Vornahme der Schlussverteilung nicht, da von ihnen keine weiteren Zuflüsse mehr zu erwarten sind. Sollten sie sich im Nachhinein doch noch als verwertbar herausstellen – was bspw. bei derzeit als nicht werthaltig eingestuften Forderungen denkbar ist – können sie Gegenstand einer Nachtragsverteilung nach § 203 Abs. 1 Nr. 3 InsO werden (*BGH* ZInsO 2006, 1105 f.).

5 Sind noch unverwertete Massegegenstände vorhanden, deren Verwertung allerdings aus Rechtsgründen erst in ferner Zukunft möglich sein wird, so kann im Schlusstermin gem. § 197 Abs. 1 Satz 2 Nr. 3 InsO die **Nachtragsverteilung** vorbehalten bleiben. Dies ist bspw. denkbar, wenn der Insolvenzschuldner Werklohnforderungen hat, seine Schuldner jedoch derzeit noch nicht zur vollständigen Zahlung verpflichtet sind, weil Gewährleistungsfristen noch nicht abgelaufen sind. Diese Fristen können unter Umständen mehrere Jahre betragen.

6 Den Insolvenzgläubigern gegenüber ist es nicht zu vertreten, wenn sie mit der Befriedigung ihrer Forderungen und dem Abschluss des Verfahrens warten müssen, bis die Gewährleistungsfristen abgelaufen sind und die Werklohnforderungen zur Masse fließen. In derartigen Fällen dürfte es in entsprechender Anwendung von § 203 InsO zulässig sein, das Verfahren trotz der noch ausstehenden Zahlungen abzuschließen und für die zukünftig eingehenden Gelder die Nachtragsverteilung entsprechend der §§ 203–205 InsO durchzuführen.

7 Anhängige **Aktivprozesse** hindern die Schlussverteilung ebenfalls nicht, weil aus diesen evtl. zufließende Beträge einer Nachtragsverteilung zugeführt werden können (*Kübler/Prütting/Bork-Holzer* InsO, § 196 Rn. 6; a.A. *Nerlich/Römermann-Westphal* InsO, § 196 Rn. 7 f.). Der Insolvenzverwal-

ter bleibt für die noch nicht abgeschlossenen Aktivprozesse aktiv legitimiert und prozessführungsbefugt (*RG* RGZ 28, 68 ff. [69 f.]; *Uhlenbruck* InsO, § 196 Rn. 6). Er hat allerdings durch ausreichende Rückstellungen sicherzustellen, dass im Falle eines Prozessverlustes die die Masse treffende Kostenlast sichergestellt ist (*Kilger/K. Schmidt* § 161 KO Anm. 1).

Da zur Insolvenzmasse auch der **Neuerwerb** des Schuldners gehört, fließt dessen Arbeitseinkommen 8 in pfändbarem Umfange während der Dauer des Insolvenzverfahrens weiterhin zur Insolvenzmasse. Der durch das Gesetz zur Änderung der Insolvenzordnung und andere Gesetze vom 26.10.2001 (BGBl. I S. 2710) in Abs. 1 eingefügte Zusatz stellt klar, dass weiterhin zufließendes, pfändbares Arbeitseinkommen keinen Hinderungsgrund zur Durchführung der Schlussverteilung darstellt (so jedoch bspw. das *AG Düsseldorf* ZInsO 2001, 572 mit zu Recht krit. Anm. *Haarmeyer* ZInsO 2001, 572 f.). Nach Aufhebung des Insolvenzverfahrens steht das Arbeitseinkommen – soweit nicht ein Restschuldbefreiungsverfahren sich anschließt – den Insolvenzgläubigern als Vollstreckungsobjekt nach § 201 InsO uneingeschränkt zur Verfügung.

Die Schlussverteilung erfolgt auf Antrag des Verwalters und bedarf der **Zustimmung des Insolvenz-** 9 **gerichts** (Abs. 2). Ist ein Gläubigerausschuss bestellt, bedarf die Vornahme der Schlussverteilung auch dessen Zustimmung (§ 187 Abs. 3 Satz 2 InsO). Darüber hinaus ist dem Gläubigerausschuss auch Gelegenheit zur Stellungnahme zur Schlussrechnung des Verwalters zu geben.

Vor der Schlussverteilung hat der Verwalter das **Schlussverzeichnis** (§§ 197 Abs. 1 Nr. 2, 188 InsO) 10 aufzustellen und dessen Niederlegung auf der Geschäftsstelle des Insolvenzgerichts zu veranlassen. Ferner hat er die Summe der berücksichtigten Insolvenzforderungen und den für die Schlussverteilung verfügbaren Betrag bekannt machen (§ 188 InsO) zu lassen.

In das Schlussverzeichnis sind alle geprüften und festgestellten Forderungen aufzunehmen. Nach- 11 träglich angemeldete Forderungen, die noch nicht geprüft sind, können in das Schlussverzeichnis nicht aufgenommen werden. Werden solche Forderungen – wie in der Praxis häufig anzutreffen – erst im Schlusstermin geprüft und festgestellt, nehmen sie an der Schlussverteilung und etwaigen Nachtragsverteilungen gleichwohl nicht teil. Ihnen kommt jedoch die Titulierungswirkung des § 201 Abs. 2 InsO zu.

Werden Forderungen erst nach Niederlegung des Schlussverzeichnisses und deren Bekanntmachung 12 angemeldet, ist für sie kein nachträglicher Prüftermin mehr zu bestimmen. Sie können im Schlusstermin geprüft werden, sie werden ohnehin im Schlussverzeichnis nicht mehr aufgenommen und nehmen an der Verteilung nicht teil (*BGH* NZI 2007, 401 ff.). Nachträglich, d.h. nach Ablauf der Anmeldefrist und ggf. im ersten Prüftermin, jedoch vor Niederlegung des Schlussverzeichnisses angemeldete Forderungen sind in einem besonderen Prüftermin zu prüfen, der vor Erstellung des Schlussverzeichnisses durchzuführen ist. Sobald sie festgestellt werden, können sie ins Schlussverzeichnis aufgenommen werden. Die Prüfung solcher Forderungen im Schlusstermin sollte nur erfolgen, wenn der Gläubiger ausdrücklich – ggf. aus Kostengründen – auf die Durchführung eines besonderen Prüftermins verzichtete.

Bestrittene, absonderungsberechtigte und aufschiebend bedingte Forderungen sind gem. §§ 189 bis 13 191 InsO zu berücksichtigen.

Änderungen des Schlussverzeichnisses aufgrund der §§ 189, 190 InsO hat der Insolvenzverwalter 14 binnen drei Tagen nach Ablauf der Ausschlussfrist des § 189 Abs. 1 InsO zu veranlassen (§ 193 InsO).

D. Prüfung und Zustimmung des Gerichts

Die Schlussverteilung darf nur mit **Zustimmung des Gerichts** vorgenommen werden. Sie ist vom 15 Gericht zu erteilen, wenn die Schlussrechnung und das Schlussverzeichnis durch das Gericht geprüft worden sind. Die Schlussrechnung wird zwar in der abschließenden Gläubigerversammlung erörtert und die Gläubiger haben Gelegenheit, Einwendungen gegen das Schlussverzeichnis zu erheben (§ 197 Abs. 1 Satz 2 Nr. 1 und 2 InsO), dies entbindet das Gericht jedoch nicht von der Pflicht, vorab Schlussrechnung und -verzeichnis zu prüfen und etwa bestehende Mängel mit dem Insolvenzverwalter zu klären.

16 Die Zustimmung des Insolvenzgerichts oder die Verweigerung der Zustimmung ergeht durch **Beschluss**. Der Beschluss ist dem Verwalter von Amts wegen (§ 208 ff. ZPO i.V.m. § 4) zuzustellen. Daneben hat das Insolvenzgericht nach § 197 Abs. 1 InsO sogleich einen Termin für eine abschließende Gläubigerversammlung festzulegen. Dieser Termin ist öffentlich bekannt zu machen.

17 Wenn die Zustimmung des Insolvenzgerichts vorliegt und der Schlusstermin durchgeführt wurde und ggf. über evtl. Einwendungen rechtskräftig entschieden worden ist, führt der Verwalter die **Schlussverteilung** durch. Die Durchführung der Schlussverteilung unterliegt der Überwachung des Insolvenzgerichts. Zu diesem Zweck hat der Verwalter nach Durchführung der Schlussverteilung einen Schlussverteilungsbericht vorzulegen, der Auskunft über den Massebestand vor und nach der Schlussverteilung, die auf Masseansprüche entfallende Beträge im Zeitpunkt zwischen der Vorlage der Schlussrechnung und dem Beginn der Schlussverteilung, die für Masse- und Insolvenzgläubiger zurückbehaltenen Beträge, die noch vorhandene Masse und evtl. noch ermittelte Massegegenstände erteilt (*Kübler/Prütting/Bork-Holzer* InsO, § 196 Rn. 24).

18 Gegen den Beschluss des Insolvenzgerichts ist die **sofortige Beschwerde nicht gegeben**, er kann daher – wenn der Rechtspfleger entschieden hat – nur mit der sofortigen Erinnerung nach § 11 Abs. 2 Satz 1 RPflG angefochten werden. Hat der Richter sich das Verfahren vorbehalten und selbst entschieden, ist ein Rechtsmittel nicht gegeben.

19 In Ausnahmefällen soll allerdings der **Widerruf der Zustimmung** zur Schlussverteilung möglich sein, wenn zwingende Gründe des Gemeinwohls der Gläubiger dies erfordern. Dies soll der Fall sein, wenn verwertbare Massegegenstände noch in solch einem Umfange vorhanden sind, dass eine einfache Nachtragsverteilung unangebracht erscheint (*Jäger/Weber* § 161 KO Rn. 9; *Uhlenbruck* InsO, § 196 Rn. 6; MüKo-InsO/*Füchsl/Weishäuptl* § 186 Rn. 12 ff.).

E. Insolvenz der Genossenschaft und des Versicherungsvereins auf Gegenseitigkeit

20 Stellt sich im Insolvenzverfahren über das Vermögen einer eingetragenen Erwerbs- oder Wirtschaftsgenossenschaft mit dem Vollzug der Schlussverteilung heraus, dass ein Fehlbetrag verbleibt, so hat der Verwalter schriftlich gegenüber dem Insolvenzgericht festzustellen, ob und in welcher Höhe dies der Fall ist und inwieweit dieser durch die bereits geleisteten Nachschüsse gedeckt ist. Die Feststellung des Insolvenzverwalters ist auf der Geschäftsstelle des Insolvenzgerichts niederzulegen (§ 114 Abs. 1 Satz 1 und 2 GenG). Verbleibt ein ungedeckter Fehlbetrag und besteht eine Nachschusspflicht der Genossen (§ 105 GenG), sind die Nachschüsse einzufordern und im Wege der Nachtragsverteilung an die Gläubiger zu verteilen (§§ 114 Abs. 2, 3; 115 Abs. 1 GenG).

21 Im Insolvenzverfahren über das Vermögen eines Versicherungsvereins auf Gegenseitigkeit gelten diese Regelungen sinngemäß (§ 52 Abs. 2 Satz 1 und 2 VAG).

§ 197 Schlusstermin

(1) ¹Bei der Zustimmung zur Schlussverteilung bestimmt das Insolvenzgericht den Termin für eine abschließende Gläubigerversammlung. ²Dieser Termin dient
1. zur Erörterung der Schlussrechnung des Insolvenzverwalters,
2. zur Erhebung von Einwendungen gegen das Schlussverzeichnis und
3. zur Entscheidung der Gläubiger über die nicht verwertbaren Gegenstände der Insolvenzmasse.

(2) Zwischen der öffentlichen Bekanntmachung des Termins und dem Termin soll eine Frist von mindestens einem Monat und höchstens zwei Monaten liegen.

(3) Für die Entscheidung des Gerichts über Einwendungen eines Gläubigers gilt § 194 Abs. 2 und 3 entsprechend.

Übersicht	Rdn.			Rdn.
A. Bestimmung des Schlusstermins	1	IV.	Entscheidung über nicht verwertbare Gegenstände	26
B. Durchführung des Schlusstermins	5	V.	Vorbehaltene Nachtragsverteilung	28
I. Allgemeines	5	VI.	Antrag auf Restschuldbefreiung und Insolvenzplan	30
II. Erörterung der Schlussrechnung	10	C.	Fristen	32
III. Einwendungen gegen das Schlussverzeichnis	15	D.	Rechtsmittel	34

A. Bestimmung des Schlusstermins

Der Schlusstermin ist die **letzte Gläubigerversammlung** vor der Beendigung des Insolvenzverfahrens. Er dient grds. der Erörterung und Abnahme der Schlussrechnung nach § 66 InsO sowie der Erhebung von Einwendungen gegen das Schlussverzeichnis nach § 188 InsO. Außerdem wird abschließend über unverwertbare Massegegenstände entschieden. 1

Das Insolvenzgericht erteilt die Zustimmung zur Schlussverteilung gem. § 196 Abs. 2 InsO und bestimmt gleichzeitig den Schlusstermin. Die **Vorlage und Prüfung von Schlussbericht und Schlussrechnung** ist hierfür nicht zwingend erforderlich, gem. § 66 Abs. 2 Satz 3 InsO muss der Zeitraum zwischen der Auslegung der Schlussrechnung mit den Belegen, dem Vermerk über die Prüfung und ggf. den Bemerkungen des Gläubigerausschusses und dem Termin der Gläubigerversammlung mindestens eine Woche betragen. In der Praxis wird das Insolvenzgericht gleichwohl i.d.R. einen Schlusstermin erst anberaumen und die Zustimmung zur Schlussverteilung erteilen, wenn es selbst Schlussrechnung (§ 66 InsO) und Schlussverzeichnis (§ 188 InsO) abschließend geprüft hat. 2

Der Schlusstermin darf frühestens einen Monat und muss spätestens zwei Monate nach der für die Schlussverteilung geltenden öffentlichen Bekanntmachung gem. § 188 InsO stattfinden. 3

Die Insolvenzgläubiger, die absonderungsberechtigten Gläubiger und der Schuldner (§§ 74 Abs. 1 Satz 2, 190, 197 Abs. 3, 194 Abs. 2 und 3 InsO) brauchen nicht besonders geladen zu werden, die öffentliche Bekanntmachung reicht aus (§ 74 Abs. 2 Satz 1 InsO). Der Insolvenzverwalter hat jedoch die Möglichkeit (und er sollte davon Gebrauch machen), die Gläubiger – z.B. durch ein Rundschreiben – vom Schlusstermin zu unterrichten, um sicherzustellen, dass der Schlusstermin nicht ohne deren Teilnahme stattfindet. Insbesondere sollte der Verwalter dann um die Teilnahme von Gläubigern bemüht sein, wenn die Gläubigerversammlung über nicht verwertbare Gegenstände der Insolvenzmasse zu entscheiden hat (s. Abs. 1 Satz 2 Nr. 3). 4

B. Durchführung des Schlusstermins

I. Allgemeines

Die Tagesordnungspunkte des Schlusstermins sind gesetzlich festgelegt. Der Schlusstermin dient zur **Erörterung der Schlussrechnung** des Insolvenzverwalters, um Einwendungen gegen das **Schlussverzeichnis** zu erheben, zur Entscheidung der Gläubiger über die **nicht verwertbaren Gegenstände** der Insolvenzmasse und zur Anhörung der Insolvenzgläubiger und des Insolvenzverwalters zu einem **Antrag des Schuldners auf Restschuldbefreiung** (§ 289 Abs. 1 InsO). 5

Konnten einige Vermögensgegenstände noch nicht oder noch nicht vollständig verwertet werden und soll der zukünftige Erlös einer Nachtragsverteilung vorbehalten bleiben (s. § 196 Rdn. 4–7), empfiehlt es sich, einen **weiteren Tagesordnungspunkt** (»Unterrichtung der Gläubiger über eine vorbehaltene Nachtragsverteilung«) in die Terminbestimmung aufzunehmen. 6

Die **Teilnahme des Insolvenzverwalters** am Schlusstermin ist zwingend, er kann sich nicht vertreten lassen. Im Falle seiner Verhinderung ist der Termin zu vertagen (*Jäger/Weber* § 162 KO Rn. 1; *Nerlich/Römermann-Westphal* InsO, § 197 Rn. 2). 7

8 Die Leitung des Schlusstermins obliegt dem Insolvenzgericht, das durch den Rechtspfleger oder im vorbehaltenen Verfahren durch den Richter handelt. Nach § 4 InsO gelten die Verfahrensregeln der ZPO (§§ 136–144, 156) entsprechend.

9 Der Schlusstermin kann mit einem **Termin zur Prüfung der nachträglich angemeldeten Forderungen** (§ 177 Abs. 1 InsO) verbunden werden. Werden Forderungen erst im Schlusstermin festgestellt, werden sie allerdings nicht in das Schlussverzeichnis aufgenommen und demgemäß bei der Schlussverteilung und etwaigen Nachtragsverteilungen nicht berücksichtigt. Für die Gläubiger empfiehlt sich daher ein **besonderer Prüfungstermin** oder die vorherige Prüfung im schriftlichen Verfahren, auch wenn damit zusätzliche Kosten verbunden sein mögen.

II. Erörterung der Schlussrechnung

10 Der Insolvenzverwalter hat bei Beendigung seines Amtes einer Gläubigerversammlung gem. § 66 Abs. 1 InsO Rechnung zu legen. Zuvor wird die Schlussrechnung des Verwalters durch das Insolvenzgericht geprüft. Es legt die Schlussrechnung mit den Belegen, mit einem Vermerk über die Prüfung und, wenn ein Gläubigerausschuss bestellt ist, mit dessen Bemerkungen zur Einsicht der Beteiligten aus.

11 Die vom Insolvenzverwalter vorgelegte schriftliche Schlussrechnung einschließlich des Schlussberichts wird in vielen Fällen ausreichen, um die Gläubiger umfassend über den **Ablauf des Insolvenzverfahrens** und die vom Verwalter vorgenommenen Maßnahmen zu unterrichten. Im Schlusstermin haben die Gläubiger zusätzlich Gelegenheit, sich vom Insolvenzverwalter einzelne Punkte der Schlussrechnung (Zusammensetzung und Verwertung der Masse, Höhe der Masseansprüche, die vollzogenen Ausschüttungen an die Insolvenzgläubiger, erwartetes und eingetretenes Gesamtergebnis des Insolvenzverfahrens) erläutern zu lassen, und die Schlussrechnung des Insolvenzverwalters zu erörtern (Abs. 1 Satz 2 Nr. 1).

12 Sachdienliche Fragen der Gläubiger hat das Gericht zuzulassen. Die Erörterung der Schlussrechnung ebenso wie ihre Prüfung durch Gericht und Gläubigerausschuss dienen aber nicht dazu, Maßnahmen des Insolvenzverwalters daraufhin zu überprüfen, ob sie richtig und zweckmäßig waren oder ob den Gläubigern durch eine (behauptete) Pflichtverletzung des Verwalters ein Schaden entstanden ist. Das Insolvenzgericht ist auch nicht befugt, darüber zu entscheiden. Behauptet ein Gläubiger, ihm sei durch pflichtwidriges Verhalten des Insolvenzverwalters ein Schaden entstanden, muss er dies außerhalb des Insolvenzverfahrens durch eine Schadenersatzklage geltend machen (*Jaeger/Weber* § 162 KO Rn. 3).

13 Bei der Erörterung der Schlussrechnung braucht der Insolvenzverwalter nur sein **tatsächliches Handeln** darzulegen. Zu einer ausführlichen Begründung oder einer Rechtfertigung ist er nicht verpflichtet. Gleichwohl kann er zu einem streitigen Punkt ausführlicher Stellung nehmen, wenn ihm dies angezeigt erscheint, um mögliche Differenzen mit den Gläubigern zu klären und so einer Schadenersatzklage vorzubeugen.

14 Die Regelung des § 86 Satz 4 KO ist von der InsO nicht übernommen worden. Damit tritt ein **Anerkenntnis der Schlussrechnung** nicht mehr automatisch dadurch ein, dass im Termin keine Einwendungen erhoben werden. Eine endgültige Entlastung des Insolvenzverwalters ist erst nach Ablauf der in § 62 InsO geregelten Frist gegeben.

III. Einwendungen gegen das Schlussverzeichnis

15 Das Schlussverzeichnis ist ein Verteilungsverzeichnis (§ 188 InsO). Bevor eine Verteilung aufgrund des Schlussverzeichnisses stattfinden kann, ist es auf der Geschäftsstelle niederzulegen; der Verwalter hat die Summe der Forderungen und den für die Schlussverteilung verfügbaren Betrag öffentlich bekannt zu machen (§ 188 Satz 2 und 3 InsO).

16 Die Gläubiger bestrittener Forderungen, die absonderungsberechtigten Gläubiger und die Gläubiger aufschiebend bedingter Forderungen werden bei der Schlussverteilung nur berücksichtigt, wenn die Voraussetzungen der §§ 189, 191 und 192 InsO erfüllt sind.

17 Abweichend von dem Verfahren bei Abschlagsverteilungen muss der Insolvenzgläubiger seine **Einwendungen** gegen das Schlussverzeichnis **mündlich** in der Gläubigerversammlung (Schlusstermin) vortragen. Schriftliche Einwendungen oder mündliche Einwendungen zu Protokoll der Geschäftsstelle des Insolvenzgerichts sind zur Vorbereitung möglich, entbinden den Gläubiger aber nicht von der Pflicht, diese im Termin mündlich vorzutragen. Andernfalls wird der Gläubiger mit ihnen nicht gehört (*Nerlich/Römermann-Westphal* InsO, § 197 Rn. 8; *AG Krefeld* NZI 2001, 45).

18 Die Ausschlussfrist des § 194 Abs. 1 InsO gilt – anders als bei der Abschlagsverteilung – für das Schlussverzeichnis nicht. Die Einwendungen müssen aber **im Schlusstermin** erhoben werden. Einwendungsberechtigt sind die Insolvenzgläubiger, die ihre Forderung zur Tabelle angemeldet haben, unabhängig davon, ob die Forderungen bereits geprüft oder anerkannt worden sind. Auch Gläubiger, die ihre Forderung erst im Schlusstermin angemeldet haben, sind einwendungsberechtigt (*BGH* NZI 2007, 401 ff.).

19 Das Insolvenzgericht entscheidet über die Einwendungen noch in der Gläubigerversammlung durch Beschluss. Gem. Abs. 3 sind Entscheidungen des Insolvenzgerichts, durch die Einwendungen zurückgewiesen werden, in entsprechender Anwendung von § 194 Abs. 2 InsO dem Gläubiger und dem Insolvenzverwalter zuzustellen. Dem Gläubiger steht gegen diesen Beschluss die **sofortige Beschwerde** zu.

20 Wird durch die Entscheidung des Gerichts der Einwendung stattgegeben und eine Berichtigung des Schlussverzeichnisses angeordnet, ist die Entscheidung dem Gläubiger und dem Verwalter zuzustellen und in der Geschäftsstelle zur Einsicht der Beteiligten niederzulegen. Gegen einen derartigen Beschluss stehen dem Verwalter und den Insolvenzgläubigern die **sofortige Beschwerde** zu, wobei die Beschwerdefrist mit dem Tag beginnt, an dem die Entscheidung niedergelegt worden ist (§ 194 Abs. 3 InsO). Die Niederlegung dient der Information der Gläubiger, die an dem Schlusstermin nicht teilgenommen haben und die durch eine Änderung des Verteilungsverzeichnisses beschwert sind (durch die Berücksichtigung eines weiteren Gläubigers mindert sich ihre Quote).

21 Beträge, die wegen einer noch nicht erledigten Einwendung nicht ausgezahlt werden können, sind vom Insolvenzverwalter zurückzubehalten und zu hinterlegen (§ 198 InsO). Unterliegt der Gläubiger, werden die hinterlegten Beträge für die Verteilung an die übrigen Gläubiger frei, es findet eine **Nachtragsverteilung** statt (§ 203 Abs. 1 Nr. 1 InsO).

22 Soll mit einer Einwendung erreicht werden, dass ein bisher im Schlussverzeichnis nicht aufgeführter Gläubiger berücksichtigt wird, ist der auf den Gläubiger im Falle seines Obsiegens entfallende Betrag der Teilungsmasse zu entnehmen und zurückzubehalten. Die an die übrigen Gläubiger auszuzahlenden Beträge mindern sich entsprechend. Obsiegt der Gläubiger, wird der hinterlegte Betrag an ihn ausgezahlt. Wird seine Einwendung rechtskräftig zurückgewiesen, wird der hinterlegte Betrag zur weiteren Verteilung an die anderen Gläubiger frei. Es findet dann auch hier eine **Nachtragsverteilung** statt.

23 Versäumt ein Gläubiger die Erhebung von Einwendungen gegen das Schlussverzeichnis im Schlusstermin, so ist er mit seiner Forderung im Insolvenzverfahren – auch hinsichtlich einer evtl. Nachtragsverteilung – **endgültig ausgeschlossen**. Versäumt er die Teilnahme am Schlusstermin überhaupt, so ist eine Wiedereinsetzung unzulässig (MüKo-InsO/*Füchsl/Weishäuptl* § 197 Rn. 6).

24 Einen **bereicherungsrechtlichen Anspruch** gegen die Gläubiger, die durch das unvollständige Schlussverzeichnis begünstigt sind, lehnt die herrschende Meinung zu Recht ab (*BGH* BGHZ 91, 198 ff.; *Nerlich/Römermann-Westphal* InsO, § 197 Rn. 9). Dem Gläubiger bleibt nur die Möglichkeit, nach Abschluss des Verfahrens seine Forderung gegen den Schuldner – vorbehaltlich der Wirkungen der Restschuldbefreiung – geltend zu machen (§ 201 Abs. 1 InsO).

25 Da die versäumte Einwendung gegen das Schlussverzeichnis kein Anerkenntnis der Vollständigkeit und Richtigkeit des Schlussverzeichnisses mehr darstellt, bleibt dem Gläubiger darüber hinaus auch die Möglichkeit, **Schadenersatzforderungen** gegen den Insolvenzverwalter geltend zu machen, wenn Anhaltspunkte für ein schuldhaftes Unterlassen der Aufnahme der Forderung in das Schlussverzeichnis vorliegen. Ein mitwirkendes Verschulden i.S.v. § 254 BGB hat sich der Gläubiger ggf. anrechnen zu lassen (*RG* RGZ 78, 151; BK-InsO/*Breutigam* § 197 Rn. 18).

IV. Entscheidung über nicht verwertbare Gegenstände

26 Die Entscheidung, was mit nicht verwertbaren Gegenständen geschehen soll, hat die Gläubigerversammlung zu treffen. Dies dient einerseits der Entlastung des Verwalters, der nicht in eigener Verantwortung entscheiden muss, ob ein Gegenstand tatsächlich unverwertbar ist und damit an den Schuldner zurückzugeben ist. Die Gläubigerversammlung hat andererseits die Möglichkeit, den nicht verwertbaren Gegenstand (eine nicht verwertbare Forderung) einem Gläubiger gegen Zahlung eines (von der Gläubigerversammlung zu bestimmenden) angemessenen Preises zu überlassen (abzutreten) und damit die Teilungsmasse zu mehren.

27 Kommt ein Verkauf an einen Gläubiger nicht zustande, ist der Gegenstand (die Forderung) freizugeben. Der Schuldner kann darüber dann wieder frei verfügen. Nach Aufhebung des Verfahrens ist die Einzelzwangsvollstreckung in diesen Gegenstand (diese Forderung) zulässig, soweit nicht ein Restschuldbefreiungsverfahren entgegensteht.

V. Vorbehaltene Nachtragsverteilung

28 Konnte der Insolvenzverwalter einzelne Gegenstände (dazu zählen auch Forderungen) der Insolvenzmasse noch nicht oder noch nicht vollständig verwerten, sollte die Gläubigerversammlung bei diesem zusätzlich aufzunehmenden Tagesordnungspunkt entsprechend unterrichtet werden. Solche Sachverhalte sind bspw. in Bauinsolvenzen recht häufig, in denen erst nach Ablauf von Gewährleistungsfristen Forderungen gegen Bauherren realisierbar sind oder ggf. die Führung langwieriger Prozesse zur Realisierung erforderlich ist. Auch Gegenstände, die der Verwalter zunächst nicht für verwertbar hielt und deshalb nicht zur Masse gezogen hat (*BGH* ZInsO 2006, 1105 f.) oder deren Verwertung er versehentlich unterlassen hat (*BGH* ZVI 2008, 28 ff.) können der Nachtragsverteilung vorbehalten werden.

29 Beschließt die Gläubigerversammlung die zukünftige Realisierung durch den Insolvenzverwalter, erfolgt keine endgültige Freigabe, vielmehr ordnet das Insolvenzgericht die Nachtragsverteilung für diese Vermögensgegenstände an, wodurch der Verwalter weiterhin verfügungsbefugt bleibt.

VI. Antrag auf Restschuldbefreiung und Insolvenzplan

30 Hinsichtlich der Tagesordnungspunkte wird § 197 InsO durch § 289 Abs. 1 Satz 1 InsO ergänzt. Für den Fall, dass der Schuldner einen **Antrag auf Restschuldbefreiung** gestellt hat, sind die Insolvenzgläubiger und der Insolvenzverwalter im Schlusstermin zu diesem Antrag zu hören.

31 Aus § 218 Abs. 1 Satz 3 InsO folgt weiterhin, dass ein **Insolvenzplan** noch im Schlusstermin vorgelegt werden kann. Ein Plan, der erst nach dem Schlusstermin bei Gericht eingeht, wird nicht mehr berücksichtigt; ein Plan, der noch im Schlusstermin eingereicht wird, ist hingegen im Verfahren zu berücksichtigen (*Braun/Uhlenbruck* Unternehmensinsolvenz, S. 472 f.; *Nerlich/Römermann-Braun* InsO, § 218 Rn. 53).

C. Fristen

32 Zwischen der öffentlichen Bekanntmachung und dem Schlusstermin soll eine Frist von mindestens einem Monat und höchstens zwei Monaten liegen. Die Mindestfrist ist erforderlich, damit zum Schlusstermin die Einwendungsfristen der §§ 189, 190 und 193 InsO abgelaufen sind und im

Schlusstermin festgestellt werden kann, ob Einwendungen der Gläubiger rechtzeitig erhoben worden sind.

Die Frist beginnt mit der öffentlichen Bekanntmachung des Schlusstermins, also gem. § 9 Abs. 1 Satz 3 InsO nach Ablauf von zwei Tagen nach dem Tag der Veröffentlichung. 33

D. Rechtsmittel

Über die Einwendungen gegen das Schlussverzeichnis entscheidet das Insolvenzgericht durch Beschluss, der im Termin verkündet oder schriftlich abgesetzt wird. Nach Abs. 3 i.V.m. § 194 Abs. 2 Satz 2 InsO steht dem Gläubiger, der die Einwendungen erhoben hat, gegen den abweisenden Beschluss die **sofortige Beschwerde** zu. Dem Schuldner stehen bei Erhebung von Einwendungen hingegen keine Rechtsmittel zu, die Verweisung des Abs. 3 gilt nur für Gläubiger. 34

Ordnet das Gericht im Schlusstermin die Berichtigung des Verteilungsverzeichnisses durch sofort verkündeten Beschluss an, so ist diese Entscheidung auf der Geschäftsstelle des Insolvenzgerichts niederzulegen. Nach § 194 Abs. 3 Satz 2 InsO steht dem Verwalter und den Insolvenzgläubigern gegen diesen Beschluss die **sofortige Beschwerde** zu. Die Beschwerdefrist beginnt mit der Niederlegung. 35

§ 198 Hinterlegung zurückbehaltener Beträge

Beträge, die bei der Schlussverteilung zurückzubehalten sind, hat der Insolvenzverwalter für Rechnung der Beteiligten bei einer geeigneten Stelle zu hinterlegen.

Der Insolvenzverwalter soll das Insolvenzverfahren auch dann abschließen können, wenn Klagen, mit denen die Feststellung einer angemeldeten und bestrittenen Forderung zur Tabelle erstritten werden soll, noch nicht rechtskräftig verabschiedet sind oder eine nicht gänzlich fern liegende aufschiebende Bedingung noch nicht eingetreten ist. In diesen Fällen soll der Insolvenzverwalter die auf die betreffenden Gläubiger entfallenden Quotenbeträge zurückbehalten und hinterlegen. 1

In den Fällen nach §§ 189 Abs. 2 und 191 InsO bestimmt sich die Hinterlegung ausschließlich nach insolvenzrechtlichen Regelungen, sie erfolgt nicht zum Zweck der Schuldbefreiung, sondern lediglich zur sicheren Aufbewahrung der Beträge, die nach wie vor dem Insolvenzbeschlag unterliegen und im Wege der Nachtragsverteilung ausgeschüttet werden sollen. In diesen Fällen muss nicht die amtliche Hinterlegungsstelle (§ 372 BGB, § 1 HinterlO) gewählt werden, sondern es kommen auch **Banken und Sparkassen** in Betracht. 2

Zweckmäßig dürfte die Hinterlegung bei einer Bank oder Sparkasse sein. Der Verwalter richtet ein besonderes Konto (bei mehreren Gläubigern für jeden eines) ein und behält so die Verfügungsgewalt für die hinterlegten Beträge, kann daher, sobald die Voraussetzungen für die Auszahlung vorliegen, ohne Einschaltung der amtlichen Hinterlegungsstelle (Amtsgericht) das Geld an den Empfangsberechtigten auszahlen. 3

Keine Anwendung findet die Vorschrift, wenn der Gläubiger unbekannten Aufenthaltes ist oder wenn – etwa durch Erbfolge – die empfangsberechtigte Person nicht oder nicht sicher bekannt ist (BT-Drucks. 12/2443 S. 187 für den Fall, dass der Aufenthalt des Gläubigers unbekannt ist). In solchen Fällen sind die zur Auszahlung stehenden Beträge gem. § 372 BGB unter Verzicht auf die Rücknahme (wegen der Befriedigungswirkung des § 378 BGB) bei der amtlichen Hinterlegungsstelle (Amtsgericht) zu hinterlegen. Die Hinterlegung muss, damit die Insolvenzmasse befreit wird, unter Verzicht auf das Recht der Rücknahme (§§ 376, 378) erfolgen (HK-InsO/*Depré* § 198 Rn. 2). 4

Entsprechende Anwendung kann die Vorschrift auf streitige Masseverbindlichkeiten finden, die vom Insolvenzverwalter nicht anerkannt und daher nicht ausbezahlt worden sind. Werden diese Beträge später wieder frei – entweder weil entsprechende Zahlungsklagen rechtskräftig abgewiesen werden oder ggf. die Ansprüche mangels gerichtlicher Geltendmachung der potentiellen Massegläubiger ver- 5 jähren – kann der zurückbehaltende Betrag im Wege der Nachtragsverteilung ausgeschüttet werden. Der Insolvenzverwalter ist jedoch nicht verpflichtet, derartige Beträge zu hinterlegen (*AG Tempelhof-Kreuzberg* ZVI 2007, 479). Er kann vielmehr die gesamte Masse ausschütten und das Risiko auf sich nehmen, dass er von Massegläubigern doch noch in Anspruch genommen werden kann.

6   Die **Zustimmung des Insolvenzgerichts** ist nicht (mehr) erforderlich, sie war ursprünglich in der Insolvenzordnung enthalten, ist jedoch mit Änderungsgesetz vom 19. Dezember 1998 (BGBl. I S. 3836) gestrichen worden.

7   Der Insolvenzverwalter hat nach einer Entscheidung des Bundesgerichtshofs eine Rückstellung für nach Aufhebung des Insolvenzverfahrens in der Wohlverhaltensperiode entstehende Verfahrenskosten zu bilden, wenn nach den persönlichen und wirtschaftlichen Verhältnissen des Schuldners die in diesem Verfahrensabschnitt voraussichtlich entstehenden Verfahrenskosten durch die in diesem Verfahrensabschnitt mutmaßlich zu erwartenden Einkünfte nicht gedeckt sind (*BGH* BeckRS 2014, 22931).

8   Können in der Schlussverteilung Beträge an einzelne Gläubiger nicht ausgekehrt werden, weil deren Bankverbindung oder Aufenthaltsort unbekannt ist, ist streitig, wie aufwendig die Ermittlungen sein müssen, die der Insolvenzverwalter vornehmen muss, bevor er diese Beträge schuldbefreiend hinterlegen kann. Nach Auffassung des OLG Hamm ist es dem Insolvenzverwalter zumutbar, nach einem einmal gescheiterten Zustellungsversuch unter einer vor 15 Jahren angegebenen Adresse der in der Rechtsform einer GmbH geführten Insolvenzgläubigerin sich durch Einholung eines Handelsregisterauszugs über deren weitere Existenz oder eine eingetretene Rechtsnachfolge zu informieren (*OLG Hamm* ZIP 2016, 1552). Auch das Kammergericht ist der Auffassung, dass einem Insolvenzverwalter es grds. zuzumuten sei, vor Hinterlegung einer Quotenzahlung bei dem Nachlassgericht um Auskunft über mögliche Erben eines verstorbenen Insolvenzgläubigers nachzusuchen (*KG* NZI 2015, 758 m. krit. Anm. *Predikant*).

§ 199 Überschuss bei der Schlussverteilung

¹Können bei der Schlussverteilung die Forderungen aller Insolvenzgläubiger in voller Höhe berichtigt werden, so hat der Insolvenzverwalter einen verbleibenden Überschuss dem Schuldner herauszugeben. ²Ist der Schuldner keine natürliche Person, so hat der Verwalter jeder am Schuldner beteiligten Person den Teil des Überschusses herauszugeben, der ihr bei einer Abwicklung außerhalb des Insolvenzverfahrens zustünde.

1   Der Schuldner bleibt auch nach Eröffnung des Insolvenzverfahrens Eigentümer der Insolvenzmasse. Nicht sein Eigentum wird durch die Verfahrenseröffnung berührt, sondern lediglich seine Befugnis, die Insolvenzmasse zu verwalten und über sie zu verfügen. Diese Rechte gehen auf den Insolvenzverwalter über (§ 80 Abs. 1 InsO).

2   Die Vorschrift erfasst den – auch heute noch – seltenen Fall, dass dem Insolvenzverwalter nach Durchführung der Schlussverteilung noch Barmittel verbleiben. Es kommt dabei – entgegen dem Wortlaut der Vorschrift in Satz 1 – nicht darauf an, dass alle Insolvenzgläubiger befriedigt sein müssen (sondern auf die Befriedigung der bei der Schlussverteilung zu berücksichtigenden, d.h. der im endgültigen Schlussverzeichnis aufgeführten Insolvenzgläubiger (A/G/R-*Wagner* § 199 InsO, Rn. 3; *Nerlich/Römermann-Westphal* InsO, § 199 Rn. 5).

3   Die im Schlussverzeichnis aufgeführten Gläubiger müssen **in vollem Umfange befriedigt** worden sein, auszuzahlende, aber nicht abgeholte Anteile müssen gem. § 372 BGB, Anteile die bei der Schlussverteilung zurückzubehalten waren, gem. § 198 InsO hinterlegt worden sein. Nachträglich, nach Ende des Schlusstermins, bekannt gewordene Masseverbindlichkeiten sind vorweg aus dem Überschuss zu befriedigen (§ 206 Nr. 2 InsO).

4   Handelt es sich beim Schuldner um eine natürliche Person, ist der Überschuss an ihn herauszugeben. Ist der Schuldner eine **juristische Person**, insbesondere eine Gesellschaft, wäre der Überschuss an den

Liquidator der durch die Eröffnung des Insolvenzverfahrens aufgelösten Gesellschaft herauszugeben. Eine solche **doppelte Liquidation** wollte der Gesetzgeber jedoch vermeiden (*FG Sachsen-Anhalt* 20.4.2011 – I-3 K 60/09, BeckRS 2012, 94466). Nach Abschluss des Insolvenzverfahrens sollte die Gesellschaft im Handelsregister von Amts wegen gelöscht werden können (§ 394 FamFG). Dies setzt allerdings auch voraus, dass alle Vermögenswerte der Gesellschaft vollständig liquidiert sind, auch wenn sie zur Erfüllung der Insolvenzforderungen nicht benötigt werden (vgl. hierzu *Schlinker* ZIP 2007, 1937 f.).

Die Vorschrift regelt daher, dass der Verwalter den **Überschuss** jeweils der am Schuldner beteiligten Person anteilig herauszugeben hat, so als ob eine Liquidation nach Aufhebung des Insolvenzverfahrens durchzuführen wäre. Dabei ist auf die für die Liquidation der Gesellschaft geltenden gesetzlichen Bestimmungen (für die AG § 271 AktG, für die GmbH § 72 GmbHG, für die OHG/KG § 155 HGB und für die GdbR § 734 BGB) und ergänzend die vertraglichen Vereinbarungen abzustellen. Zweifelhaft kann dabei allerdings sein, ob kapitalersetzende Gesellschafterdarlehen, für die ein (qualifizierter) Rangrücktritt vorliegt, gleichrangig mit den Ansprüchen der Gesellschafter auf Auskehr eines Liquidationsüberlöses aus der gewährten Kapitaleinlage zu behandeln sind (vgl. hierzu *Henke/Bruckner* ZIP 2003, 1738 ff.). Versteht man die grundlegende Entscheidung des *BGH* (ZIP 2001, 235 ff.) zur Passivierungspflicht von kapitalersetzenden Gesellschafterdarlehen so, dass der geforderte, qualifizierte Rangrücktritt nicht nur die Bestätigung des Rangs gem. § 39 Abs. 1 Nr. 5 InsO darstellen kann, sondern einen Rücktritt in den Rang der Einlageforderung (so *Goette* DStR 2001, 179 ff.), so kann es für derartige, nicht mehr in den Überschuldungsstatus aufzunehmende Verbindlichkeiten nur die gleichrangige Behandlung mit Eigenkapital geben. 5

Der Verwalter hat dabei auch die steuerrechtlichen Erfordernisse zu berücksichtigen, insbesondere wenn bei Ausschüttungen an Gesellschafter **Körperschaftsteuer** entsteht, diese zu erklären und ggf. abzuführen. Der Verwalter ist aber weder berechtigt noch verpflichtet, einen Streit zwischen den Beteiligten (Gesellschaftern) über die richtige Verteilung zu entscheiden. Kann er mit ihnen keine einvernehmliche Regelung darüber treffen, ist der Überschuss für alle Beteiligten und unter Verzicht der Rücknahme (durch den Verwalter) beim Amtsgericht als amtliche Hinterlegungsstelle zu **hinterlegen** (§§ 372, 378 BGB). Der Insolvenzverwalter wird durch die Hinterlegung befreit, die Beteiligten müssen den Streit um die Verteilung des Überschusses untereinander austragen (FA-InsR/*Bruder* Kap. 2 Rn. 505). 6

Die Verteilung des Überschusses zählt noch zu den Aufgaben des Insolvenzverwalters, er steht daher weiterhin unter der **Aufsicht des Insolvenzgerichts** und haftet bei schuldhafter Nichterfüllung der ihm gegenüber dem Schuldner bzw. der an ihm beteiligten Personen obliegenden Pflichten gem. § 60 InsO auf Schadenersatz. Sie rechtfertigt daher auch eine Vergütungserhöhung (*Braun/Pehl* InsO, § 199 Rn. 10). 7

§ 200 Aufhebung des Insolvenzverfahrens

(1) Sobald die Schlussverteilung vollzogen ist, beschließt das Insolvenzgericht die Aufhebung des Insolvenzverfahrens.

(2) ¹Der Beschluss und der Grund der Aufhebung sind öffentlich bekanntzumachen. ²Die §§ 31 bis 33 gelten entsprechend.

Übersicht	Rdn.		Rdn.
A. Aufhebung des Verfahrens	1	E. Rückgabe der Geschäftsunterlagen	15
B. Öffentliche Bekanntmachung	4	F. Rechtsmittel	19
C. Benachrichtigungen	6	G. Kostenberechnung	20
D. Rechtsfolgen der Verfahrensaufhebung	8		

§ 200 InsO Aufhebung des Insolvenzverfahrens

A. Aufhebung des Verfahrens

1 Das Insolvenzverfahren ist durch Beschluss aufzuheben, sobald die **Schlussverteilung** vollzogen ist. Dies ist dann der Fall, wenn der Insolvenzverwalter die Insolvenzquote an die Gläubiger ausgezahlt, die zurückzubehaltenden Beträge (§ 198 InsO) und die Beträge, die er wegen eines Annahmeverzuges oder weil ihm der wahre Berechtigte unbekannt ist, nicht verteilen konnte, hinterlegt hat (§ 198 InsO bzw. § 372 BGB).

2 Der Insolvenzverwalter zeigt dem Gericht an, dass er die Schlussverteilung vollzogen hat. Zweckmäßigerweise überreicht er dabei zur Kontrolle durch das Gericht die Durchschriften der Überweisungsbelege und die dazugehörigen Kontoauszüge als abschließenden **Verteilungsbericht**. Einen etwaigen Übererlös gibt der Insolvenzverwalter gem. § 199 InsO an den Schuldner bzw. an den aufgrund seiner Beteiligung Berechtigten heraus.

3 Das Insolvenzgericht wird mit der Aufhebung des Verfahrens abwarten, bis die Schlussverteilung vollständig vollzogen ist und rechtskräftige Entscheidungen über etwaige Einwendungen gegen das Schlussverzeichnis nach § 197 Abs. 3 i.V.m. § 194 Abs. 2 und 3 InsO vorliegen. Mit **Rechtskraft des Aufhebungsbeschlusses** (§ 9 Abs. 1 Satz 3 InsO) werden Einwendungen der Gläubiger gegenstandslos (*OLG Frankfurt* ZIP 1991, 1365 [1367]).

B. Öffentliche Bekanntmachung

4 Der Beschluss ist – ebenso wie der Eröffnungsbeschluss – im Internet (§ 9 InsO) zu veröffentlichen. Weitere Veröffentlichungen (z.B. in den am Ort erscheinenden Tageszeitungen) sind in das Ermessen des Gerichts gestellt, § 9 Abs. 2 InsO.

5 Bei der Veröffentlichung ist anzugeben, aus welchem Grund das Verfahren aufgehoben worden ist (z.B.: »... wird aufgehoben, nachdem der Schlusstermin stattgefunden hat und die Schlussverteilung vollzogen ist.«).

C. Benachrichtigungen

6 Entsprechend der Verfahrenseröffnung sind das Handels-, Genossenschafts- oder Vereinsregister, das Grundbuchamt und das Register für Schiffe und Luftfahrzeuge – soweit der Schuldner dort eingetragen ist – durch Übersendung einer Ausfertigung des Aufhebungsbeschlusses zu benachrichtigen. Die Löschung des Insolvenzvermerks in den Registern und Grundbüchern erfolgt durch **Löschungsersuchen des Insolvenzgerichts** (a.A. BK-InsO/*Breutigam* § 200 Rn. 9), soweit nicht schon während des Verfahrens im Zuge der Verwertung die Löschung erfolgt ist (Abs. 2 Satz 3 i.V.m. §§ 32 Abs. 3 Satz 1, 33 Satz 1 InsO).

7 Die Löschung kann dabei auch vom Insolvenzverwalter selbst beantragt werden (§ 32 Abs. 3 Satz 2 InsO). Verpflichtet hierzu ist er aber nicht (*AG Celle* ZInsO 2005, 50). Allerdings sollte bei einer vollständigen Verwertung der Insolvenzmasse regelmäßig kein Grundbuch bzw. Register für Schiff- und Luftfahrzeuge mehr von der Verfahrensaufhebung unterrichtet werden müssen, da diese Vermögensgegenstände ja im Rahmen der Abwicklung verwertet sein sollten.

D. Rechtsfolgen der Verfahrensaufhebung

8 Mit der Aufhebung des Insolvenzverfahrens erhält der Schuldner seine Verwaltungs- und Verfügungsbefugnis über die Massebestandteile zurück, die Befugnisse des Insolvenzverwalters enden. Ausgenommen sind allerdings diejenigen Massegegenstände, die vom Verwalter für eine **Nachtragsverteilung** zurückbehalten oder hinterlegt worden sind (§ 203 Abs. 1 Nr. 1 InsO) bzw. diejenigen Vermögensgegenstände, für die die Anordnung der Nachtragsverteilung im Schlusstermin vorbehalten blieb (vgl. § 197 Abs. 1 Satz 2 Nr. 3 i.V.m. § 203 Abs. 2 InsO). Der Insolvenzbeschlag über diese Vermögensgegenstände endet erst mit endgültiger Verwertung bzw. wenn das Insolvenzgericht mit Rücksicht auf die Geringfügigkeit des Betrages oder den geringen Wert der Gegenstände beschließt, sie dem Schuldner zu überlassen (vgl. § 203 Abs. 3 Satz 1 InsO).

Auch die Wirkungen des **Vollstreckungsverbotes** nach § 89 InsO entfallen mit der Aufhebung des 9 Insolvenzverfahrens, sofern kein Restschuldbefreiungsverfahren sich anschließt (§ 201 Abs. 3 InsO). Nicht befriedigte Insolvenzgläubiger, deren Forderungen festgestellt und vom Schuldner im Prüfungstermin nicht bestritten worden sind, können aus der Eintragung in die Tabelle wie aus einem vollstreckbaren Urteil die **Zwangsvollstreckung gegen den Schuldner** nach Aufhebung des Verfahrens betreiben (§ 201 Abs. 2 InsO).

Auf materieller Seite endet mit der Verfahrensaufhebung die **Verjährungshemmung** durch Forde- 10 rungsanmeldung (§ 204 BGB). Auch auf prozessualer Seite endet die Unterbrechung streitiger Verfahren nach § 240 ZPO. Spätestens jetzt erhält der Schuldner die Prozessführungsbefugnis wieder zurück.

Dies gilt allerdings nicht für Prozesse, die der Insolvenzverwalter begonnen hat und deren streit- 11 befangene Vermögensgegenstände für eine Nachtragsverteilung zurückbehalten wurden. Insoweit dauert die **Beschlagnahmewirkung** noch an und der Insolvenzverwalter bleibt weiterhin prozessführungsbefugt. Dies gilt auch für die Fortführung von Anfechtungsklagen, da auch der Rückgewähranspruch nach Verfahrensaufhebung noch zur Insolvenzmasse gehört (§ 143 Abs. 1 Satz 1 InsO).

Anders verhält es sich nur, wenn der Streitgegenstand nicht einer Nachtragsverteilung vorbehalten 12 wurde. In diesem Fall kommt es in analoger Anwendung des § 239 ZPO zu einer Unterbrechung des Prozesses wegen des Verlustes der Prozessführungsbefugnis des Insolvenzverwalters (*Nerlich/Römermann-Westphal* InsO, § 200 Rn. 11; BK-InsO/*Breutigam* § 200 Rn. 17).

Wurde bei einer **Anfechtungsklage** des Insolvenzverwalters der streitbefangene Gegenstand nicht 13 einer Nachtragsverteilung vorbehalten, erlischt mit Verfahrensaufhebung das Anfechtungsrecht und es tritt **Erledigung** der Hauptsache sein. Da eine Rechtsnachfolge des Schuldners in diesem Falle nicht vorliegt, wird § 239 ZPO nicht analog angewendet (*Nerlich/Römermann-Westphal* InsO, § 200 Rn. 11).

Mit der Aufhebung des Insolvenzverfahrens endet auch das **Aufrechnungsverbot** des § 96 InsO. 14 Dies kann Konsequenzen für Vorsteuererstattungsansprüche des Insolvenzverwalters haben, die aus der festgesetzten Insolvenzverwaltervergütung resultieren (vgl. zum Kostenerstattungsanspruch *BFH* ZIP 2016, 631). Sind diese Ansprüche vor der Aufhebung des Insolvenzverfahrens noch nicht zur Masse geflossen und ist für sie auch die Nachtragsverteilung nicht angeordnet worden, kann der Fiskus nach Aufhebung des Insolvenzverfahrens mit seinen Insolvenzforderungen aufrechnen. Dies hat zur Konsequenz, dass die Vorsteuererstattung nicht mehr der Masse und damit den Insolvenzgläubigern zugutekommt sondern nur einem einzelnen Gläubiger. Da diese für die übrigen Insolvenzgläubiger nachteilige Folge vom Insolvenzverwalter unschwer zu vermeiden ist, kann bei Nichtbeachtung dieser Konsequenz u.U. auch ein Schadenersatzanspruch für die Insolvenzgläubiger erwachsen (vgl. zu Lohnsteuererstattungsansprüchen: *BFH* DStRE 2006, 1159 ff.).

E. Rückgabe der Geschäftsunterlagen

Mit Aufhebung des Insolvenzverfahrens verliert der Insolvenzverwalter die Verwaltungs- und Ver- 15 fügungsbefugnis über das insolvenzbefangene Vermögen. Er hat dann auch die von ihm in Besitz genommenen und der Insolvenzmasse zugehörigen **Geschäftsunterlagen** (§ 36 Abs. 2 Nr. 1 InsO) herauszugeben (*OLG Stuttgart* ZIP 1998, 1880). Der Schuldner ist verpflichtet, die Unterlagen wieder an sich zu nehmen (*Nerlich/Römermann-Westphal* InsO, § 200 Rn. 13).

Dies stößt in der Praxis allerdings häufig auf Probleme. Bei Kapitalgesellschaften sind zwar die frü- 16 heren Geschäftsführer als Liquidatoren grds. verpflichtet, die Geschäftsunterlagen entgegenzunehmen (*OLG Hamm* NJW 1964, 2355; *LG Hannover* KTS 1973, 191), i.d.R. hat der Insolvenzverwalter jedoch keine Möglichkeit, die Übernahme der Geschäftsunterlagen durch Zwangsmaßnahmen durchzusetzen. Vor allem in Großinsolvenzen mit entsprechend umfangreichem Aktenbestand löst die Verwahrung und anschließende ordnungsgemäße Vernichtung der Geschäftsunterlagen i.d.R. auch nicht unerhebliche **Kosten** aus.

17 Zur Lösung dieses Dilemmas wird daher in der Literatur (*Uhlenbruck* InsO, § 200 Rn. 20) zu Recht empfohlen, die Einlagerung und anschließende Vernichtung der Geschäftsunterlagen durch eine entsprechende Kostenrücklage vor Aufhebung des Insolvenzverfahrens zu regeln bzw. bereits einen **Archivierungs- und Vernichtungsauftrag** zu erteilen und kostenmäßig abzurechnen. Dem Insolvenzverwalter ist zu empfehlen, spätestens im Schlusstermin die Gläubigerversammlung diese Verfahrensweise beschließen zu lassen, da hierdurch auch nicht unerhebliche zusätzliche Masseverbindlichkeiten begründet werden, die vor Durchführung der Schlussverteilung zu erfüllen sind.

18 Bei länger dauernden Insolvenzverfahren wird sich i.d.R. auch bereits während der Abwicklung die Notwendigkeit ergeben, das Geschäftslokal zu räumen und die Akten einzulagern und u.U. auch teilweise bereits während der Abwicklung des Verfahrens zu vernichten.

F. Rechtsmittel

19 Gegen die Aufhebung des Verfahrens nach Abhaltung des Schlusstermins und Verteilung der Insolvenzmasse ist ein Rechtsmittel nicht gegeben, § 6 Abs. 1 InsO (zum Rechtsmittel im Fall der Einstellung des Verfahrens s. § 216 InsO). Hat der Rechtspfleger den Aufhebungsbeschluss erlassen, ist die sofortige Erinnerung nach § 11 Abs. 2 Satz 1 RPflG gegeben, hilft der Rechtspfleger nicht ab, entscheidet nach § 11 Abs. 2 Satz 3 der Richter abschließend.

G. Kostenberechnung

20 Nachdem die öffentliche Bekanntmachung erfolgt ist, können die Gerichtskosten für das Insolvenzverfahren abschließend berechnet werden. Es wird sich dabei regelmäßig ein geringer **Überschuss** ergeben, weil die Höhe der Bekanntmachungskosten vorab nicht genau bekannt ist. Der Überschuss kann, wenn eine Verteilung an die Gläubiger wirtschaftlich nicht vertretbar ist, dem Insolvenzverwalter als (geringe) zusätzliche Vergütung überlassen werden. Im Fall des § 199 InsO sind die zu viel gezahlten Gerichtskosten dem Schuldner zu erstatten.

§ 201 Rechte der Insolvenzgläubiger nach Verfahrensaufhebung

(1) Die Insolvenzgläubiger können nach der Aufhebung des Insolvenzverfahrens ihre restlichen Forderungen gegen den Schuldner unbeschränkt geltend machen.

(2) ¹Die Insolvenzgläubiger, deren Forderungen festgestellt und nicht vom Schuldner im Prüfungstermin bestritten worden sind, können aus der Eintragung in die Tabelle wie aus einem vollstreckbaren Urteil die Zwangsvollstreckung gegen den Schuldner betreiben. ²Einer nicht bestrittenen Forderung steht eine Forderung gleich, bei der ein erhobener Widerspruch beseitigt ist. ³Der Antrag auf Erteilung einer vollstreckbaren Ausfertigung aus der Tabelle kann erst nach Aufhebung des Insolvenzverfahrens gestellt werden.

(3) Die Vorschriften über die Restschuldbefreiung bleiben unberührt.

Übersicht	Rdn.			Rdn.
A. Allgemeines	1	C.	Erteilung des Tabellenauszuges	14
B. Voraussetzungen	3	D.	Restschuldbefreiung	21

A. Allgemeines

1 Die Insolvenzgläubiger werden im Insolvenzverfahren regelmäßig nur wegen eines Teils ihrer Forderungen befriedigt; sie erhalten nur die **Insolvenzquote**. Der Schuldner wird – ausgenommen im Fall der Restschuldbefreiung – von den Schulden nicht befreit. Er bleibt verpflichtet, auch die im Insolvenzverfahren nicht berichtigten Ansprüche seiner Gläubiger zu erfüllen.

Die Vorschrift gibt den Gläubigern das Recht, nach Aufhebung des Verfahrens ihre Forderungen gegen den Schuldner **unbeschränkt**, d.h. in ihrer vollen Höhe abzüglich der gezahlten Quote, geltend zu machen und sich hierzu einer vollstreckbaren Ausfertigung eines Tabellenauszugs zu bedienen.

B. Voraussetzungen

Die Vorschrift gilt nur für **Insolvenzgläubiger**, die gem. § 89 Abs. 1 InsO während des laufenden Insolvenzverfahrens dem **Vollstreckungsverbot** unterlegen haben.

Für Gläubiger von **Masseverbindlichkeiten**, die im Insolvenzverfahren nicht befriedigt werden konnten, gilt die Vorschrift nicht. Allerdings ist unbestritten, dass der Schuldner auch für solche Masseverbindlichkeiten haftet, die bereits vor Eröffnung des Insolvenzverfahrens begründet waren. Ebenso ist seine Haftung für Masseverbindlichkeiten unstreitig, deren Erfüllung für die Zeit nach Eröffnung des Insolvenzverfahrens erfolgen muss (§ 55 Abs. 1 Nr. 2 2. Alt. InsO) oder für Verbindlichkeiten aus einem Sozialplan, die Masseverbindlichkeiten darstellen (§ 123 Abs. 2 Satz 1 InsO).

Bei Masseverbindlichkeiten, die erst im Verfahren begründet worden und unerfüllt geblieben sind, soll die **Nachhaftung des Schuldners** sich nach der herrschenden Meinung (MüKo-InsO/*Hintzen* § 207 Rn. 16; *Nerlich/Römermann-Westphal* InsO, § 201 Rn. 7 m.w.N.) auf die in der Insolvenzmasse verbleibenden Mittel, also einen ggf. an den Schuldner gem. § 199 InsO herauszugebenden Übererlös und die gem. § 197 Abs. 1 Nr. 3 InsO ggf. freigegebenen, unverwertbaren Gegenstände der Insolvenzmasse beschränken (A/G/R-*Wagner* § 201 InsO Rn. 6). Im Übrigen haftet für die Erfüllung dieser Masseverbindlichkeiten der Insolvenzverwalter gem. § 61 InsO (*BGH* ZIP 2004, 1107 ff.), so dass den Massegläubigern zumutbar ist, bei der nachrangigen Haftung des Schuldners auf die Restmasse beschränkt zu sein.

Für Masseverbindlichkeiten, die bereits vor Eröffnung des Insolvenzverfahrens begründet worden waren, haftet der Schuldner nach Aufhebung des Verfahrens unbeschränkt und nicht nur mit der ihm überlassenen restlichen Masse (*BGH* NZI 2007, 670). Allerdings ist die Nachhaftung auf den Zeitraum zu beschränken, der der frühestmöglichen Kündigungsmöglichkeit des Insolvenzverwalters entspricht (*OLG Stuttgart* NZI 2007, 527). In diesem Umfang haftet der Schuldner auch in der Wohlverhaltensperiode, da dem Gläubiger das Rechtsschutzbedürfnis zur Titulierung derartiger Ansprüche auch nicht fehlt, da ihm keine Möglichkeit der Anmeldung der Masseforderung zur Tabelle gegeben war (*BGH* NZI 2008, 1440).

Weiterhin ungeklärt ist, ob offen gebliebene Masseverbindlichkeiten durch die Restschuldbefreiung erledigt werden. Der Wortlaut des § 301 InsO spricht dagegen, der Sinn der Restschuldbefreiung, die dem Schuldner einen Neustart ermöglichen soll, setzt allerdings die Befreiung auch von offenen Masseverbindlichkeiten voraus. In der Literatur wird die Frage kontrovers behandelt (dafür HK-InsO/*Depré* § 201 Rn. 10; ablehnend: *Graf/Schlicker-Kexel* InsO, § 201 Rn. 5; *Kübler/Prütting/Bork-Wenzel* InsO, § 301 Rn. 3; bejahend für den Fall, dass das Insolvenzverfahren nach § 211 InsO eingestellt worden war HK-InsO/*Landfermann* § 301 Rn. 12). Der BGH hat die Frage bisher noch nicht entschieden und es ausdrücklich offen gelassen, ob die im entschiedenen Fall geltend gemachten »Masseverbindlichkeiten entgegen dem Wortlaut des § 301 InsO der Restschuldbefreiung unterfielen« (*BGH* NZI 2007, 670).

Vom **Vollstreckungsverbot** des § 89 Abs. 1 InsO bleiben weiterhin geschützt Gegenstände, die für eine Nachtragsverteilung (§ 203 ff. InsO) zurückbehalten wurden oder nach Verfahrensaufhebung als Massegegenstände ermittelt werden (§ 203 Abs. 1 Nr. 3 InsO).

Die Insolvenzforderung, wegen der vollstreckt werden soll, muss angemeldet, geprüft und festgestellt sein. Hat der **Insolvenzverwalter** oder ein Insolvenzgläubiger der Forderung **widersprochen**, ist die Forderung nicht festgestellt (§ 178 InsO). Ist der Widerspruch auch nicht im Feststellungsverfahren beseitigt worden, kann der Gläubiger aus der Eintragung in die Tabelle nicht vollstrecken.

Eine bestrittene Forderung, bei der der Widerspruch beseitigt worden ist, steht einer nicht bestrittenen Forderung gleich; aus dem Tabelleneintrag (der nach § 183 Abs. 2 InsO aufgrund der Entscheidung des Prozessgerichts zu berichtigen ist) kann der Gläubiger gegen den Schuldner die Zwangsvollstreckung betreiben.

11 Der **Schuldner** kann mit seinem **Widerspruch** gegen eine Forderung ihre Feststellung (und damit die insolvenzrechtliche Berücksichtigung) nicht verhindern (§ 178 Abs. 1 Satz 2 InsO). Er kann aber durch seinen Widerspruch verhindern, dass die Insolvenzgläubiger nach Aufhebung des Verfahrens die Zwangsvollstreckung gegen ihn betreiben (Abs. 2 Satz 1). Ein nicht beseitigter Widerspruch des Schuldners führt dazu, dass der Insolvenzgläubiger mit der Eintragung in die Tabelle keinen Vollstreckungstitel erhält. Er erhält zwar die Insolvenzquote, kann aber aus dem Tabelleneintrag nicht gegen den Schuldner vorgehen.

12 Nach nicht überzeugender Auffassung des Bundesgerichtshofs (*BGH* ZInsO 2009, 278) kann für den Gläubiger die Feststellungsklage zur Beseitigung eines Widerspruchs des Schuldners gegen die Anmeldung einer Forderung als solche aufgrund einer vorsätzlich begangenen unerlaubten Handlung auch nach Aufhebung des Insolvenzverfahrens noch möglich sein.

13 Hat der Gläubiger seine Forderung erst nach Niederlegung des Schlussverzeichnisses und deren Bekanntmachung angemeldet und ist sie im Schlusstermin zur Tabelle festgestellt worden, nimmt sie zwar an der Verteilung nicht teil, weil eine Aufnahme ins Schlussverzeichnis ausscheidet (*BGH* NZI 2007, 401 ff.), der Gläubiger erhält jedoch einen vollstreckbaren Tabellenauszug, mit dem er ggf. gegen den Schuldner vorgehen kann.

C. Erteilung des Tabellenauszuges

14 Zur Zwangsvollstreckung ist dem Gläubiger ein Auszug aus der Tabelle zu erteilen und mit der **Vollstreckungsklausel** zu versehen. Die Klausel wird gem. § 4 InsO i.V.m. § 724 ZPO vom Urkundsbeamten des Insolvenzgerichts erteilt; ihre Erteilung ist auf der Urschrift der Tabelle zu vermerken (entsprechend § 734 ZPO).

15 Der **vollstreckbare Tabellenauszug** darf erst nach Aufhebung des Verfahrens erteilt werden. Erst dann steht fest, ob und in welcher Höhe der Gläubiger noch einen Anspruch gegen den Schuldner hat. Durch Zahlungen eines neben dem Schuldner haftenden Gesamtschuldners (§ 43 InsO) oder durch die Verwertung von Absonderungsrechten kann sich die Höhe der festgestellten Forderung ändern. Eine zwischen Forderungsprüfung und Verfahrensaufhebung eingetretene Minderung der Schuldnerhaftung ist durch Änderung oder Berichtigung des Tabelleneintrages zu berücksichtigen. Die Erteilung des vollstreckbaren Tabellenauszug vor Aufhebung des Verfahrens würde dem Gläubiger unter Umständen einen Vollstreckungstitel in die Hand geben, der eine Forderung ausweist, die der Schuldner nicht (mehr) schuldet (*OLG Braunschweig* Rpfleger 1978, 220; *OLG Braunschweig* KTS 1978, 256). Während der Restschuldbefreiungsphase nach Aufhebung des Insolvenzverfahrens kann ein vollstreckbarer Tabellenauszug bereits beantragt werden, auch wenn aus ihm während der Laufzeit der Abtretungserklärung nicht vollstreckt werden kann (§ 294 Abs. 1 InsO).

16 Nach herrschender Meinung wird ein früherer Vollstreckungstitel wegen der Gleichstellung der Tabelle mit einem rechtskräftigen Titel von dieser verdrängt (*BAG* NZI 2010, 35; *Uhlenbruck* InsO, § 201 Rn. 17 m.w.N.).

17 Hat der Gläubiger nicht am Verfahren teilgenommen, bleibt der alte Titel uneingeschränkt bestehen, der Gläubiger ist gem. § 89 Abs. 1 InsO lediglich während der Dauer des Insolvenzverfahrens an der Vollstreckung gehindert. Der frühere Titel bleibt auch insoweit erhalten, als die titulierten Ansprüche durch die Anmeldung zur Insolvenztabelle nicht erfasst worden sind. Dies trifft i.d.R. für titulierte Zinsansprüche für den Zeitraum ab Verfahrenseröffnung zu. Diese Ansprüche stellten im Insolvenzverfahren nur nachrangige Insolvenzforderungen dar, die i.d.R. nicht angemeldet werden können und für die deswegen auch kein Tabellenauszug nach Aufhebung des Insolvenzverfahrens zu erlangen ist. Wegen derartiger Ansprüche kann aus dem früheren Titel weiterhin vollstreckt werden (MüKo-InsO/*Hintzen* § 201 Rn. 37).

Das Insolvenzgericht ist – neben der Erteilung der ersten vollstreckbaren Ausfertigung – auch zuständig für die Erteilung der vollstreckbaren Ausfertigung für und gegen Rechtsnachfolger des Gläubigers bzw. des Schuldners (§ 727 ZPO) und für die Erteilung weiterer Ausfertigungen (§ 733 ZPO). Zuständig für die **Klauselerteilung** ist der Urkundsbeamte der Geschäftsstelle (§ 724 Abs. 2 ZPO) oder – in den Fällen der §§ 727, 733 ZPO – der Rechtspfleger (§ 20 Nr. 12 RPflG). Gerichtskosten fallen hierfür nicht an (*Uhlenbruck* InsO, § 201 Rn. 13). 18

Einige Insolvenzforderungen erfahren durch die Anmeldung und Feststellung zur Insolvenztabelle eine **Inhaltsänderung**. So sind bspw. nicht fällige als fällige Insolvenzforderungen anzumelden (§ 41 Abs. 1 InsO) und nicht auf Geld gerichtete Forderungen mit ihrem Schätzwert anzumelden (§ 45 Satz 1 InsO). In gleicher Weise werden Forderungen auf wiederkehrende Leistungen gem. § 46 InsO umgestaltet. 19

Nach der herrschenden Meinung verbleibt es für diese Forderungen auch nach der Verfahrensaufhebung bei der **Inhaltsänderung**, wenn die Forderungen in geänderter Form zur Tabelle festgestellt wurden (*RG* RGZ 112, 297 ff., 300; *Kilger/K. Schmidt* Anm. 1a zu § 164 KO). Im Rahmen der Nachhaftung hat der Schuldner so eine ursprünglich nicht fällige Forderung sofort zu erfüllen. Eine ausländische Forderung muss er in inländische Währung auch dann erfüllen, wenn während der Dauer des Insolvenzverfahrens die Auslandswährung erheblich an Wert verloren hat (zur Kritik an der h.M. vgl. insbesondere KS-InsO/*Häsemeyer* 2000, S. 551 Rn. 25.15; *Nerlich/Römermann-Westphal* InsO, §§ 201, 202 Rn. 13 f.; *Uhlenbruck* InsO, § 201 Rn. 15 f.). 20

D. Restschuldbefreiung

Eine natürliche Person als Schuldner kann von den im Insolvenzverfahren nicht erfüllten Verbindlichkeiten befreit werden, wenn dem Schuldner Restschuldbefreiung gewährt wird (s. §§ 286–303 InsO). Das Insolvenzverfahren wird erst dann aufgehoben, wenn die Feststellung des Insolvenzgerichts, der Schuldner werde Restschuldbefreiung erlangen, wenn er seinen Obliegenheiten (§ 295 InsO) nachkommt und (künftig) keine Voraussetzungen für die Versagung (§§ 297, 298 InsO) vorliegen, rechtskräftig geworden ist (§ 289 Abs. 2 Satz 2 InsO). 21

Die Erteilung des vollstreckbaren Tabellenauszuges vor Aufhebung des Insolvenzverfahrens ist nicht zulässig, die Zwangsvollstreckung deshalb (und wegen § 89 InsO) nicht möglich. Im Restschuldbefreiungsverfahren ist die Zwangsvollstreckung für einzelne Insolvenzgläubiger während der Laufzeit der Abtretungserklärungen (s. dazu § 287 Abs. 2 InsO) nicht zulässig (§ 294 Abs. 1 InsO; *BAG* NZI 2010, 35). 22

Gleichwohl ist dem Gläubiger auf Antrag ein vollstreckbarer Tabellenauszug zu erteilen (*LG Leipzig* NZI 2006, 603; *LG Göttingen* NZI 2005, 689; *LG Tübingen* NZI 2006, 647; **a.A.** *Graf-Schlicker/ Castrup* InsO, § 201 Rn. 7). Zum einen tritt die Restschuldbefreiung erst durch die Entscheidung des Insolvenzgerichts nach Ende der Laufzeit der Abtretungserklärungen ein (§ 300 InsO), zum anderen kann die Restschuldbefreiung unter den Voraussetzungen des § 303 InsO widerrufen werden. In diesen Fällen bleiben die im Insolvenzverfahren nicht erfüllten Verbindlichkeiten bestehen und die Gläubiger sollen in einem solchen Fall die Möglichkeit haben, sofort im Wege der Einzelzwangsvollstreckung gegen den Schuldner vorgehen zu können. 23

Einwendungen gegen die in der Tabelle eingetragenen Forderung (z.B.: Mitschuldner hat nach Aufhebung des Insolvenzverfahrens gezahlt), sind vom Schuldner selbst durch Vollstreckungsabwehrklage (§ 767 ZPO) geltend zu machen. 24

Von der Restschuldbefreiung ausgenommen sind gem. § 302 InsO ggf. Verbindlichkeiten des Schuldners aus einer vorsätzlich begangenen unerlaubten Handlung. Voraussetzung ist allerdings, dass der Gläubiger die Forderung unter Angabe dieses Rechtsgrundes zur Tabelle angemeldet hat und hiergegen kein Widerspruch – durch Verwalter oder Schuldner – erhoben worden war bzw. rechtzeitig beseitigt wurde. 25

§ 202 Zuständigkeit bei der Vollstreckung

(1) Im Falle des § 201 ist das Amtsgericht, bei dem das Insolvenzverfahren anhängig ist oder anhängig war, ausschließlich zuständig für Klagen:
1. auf Erteilung der Vollstreckungsklausel;
2. durch die nach der Erteilung der Vollstreckungsklausel bestritten wird, dass die Voraussetzungen für die Erteilung eingetreten waren;
3. durch die Einwendungen geltend gemacht werden, die den Anspruch selbst betreffen.

(2) Gehört der Streitgegenstand nicht zur Zuständigkeit der Amtsgerichte, so ist das Landgericht ausschließlich zuständig, zu dessen Bezirk das Insolvenzgericht gehört.

Übersicht

	Rdn.			Rdn.
A. Allgemeines	1	II.	Klage gegen die Erteilung der Vollstreckungsklausel	5
B. Die Klagearten im Einzelnen	4	III.	Vollstreckungsabwehrklage	7
I. Klage auf Erteilung der Vollstreckungsklausel	4	C.	Tätigkeiten des Insolvenzgerichts	9
		D.	Rechtsbehelfe	12

A. Allgemeines

1 Bei den in der Vorschrift genannten **Klagen** handelt es sich um die Klagen:
a) auf Erteilung der Vollstreckungsklausel (§ 731 ZPO),
b) gegen die Erteilung der Vollstreckungsklausel (§ 768 ZPO) und
c) um die Vollstreckungsabwehrklage (§ 767 ZPO).

2 Im Zivilverfahren ist für diese Klagen das Prozessgericht (MüKo-InsO/*Hintzen* § 202 Rn. 6; *Nerlich/Römermann-Westphal* InsO, §§ 201, 202 Rn. 25; *Kübler/Prütting/Bork-Holzer* InsO, § 202 Rn. 1; HK-InsO/*Depré* § 202 Rn. 3; a.A. *Uhlenbruck* InsO, § 202 Rn. 2, der das Insolvenzgericht wegen der sachlichen Nähe für zuständig hält) des ersten Rechtszuges zuständig. Für ein Klauselverfahren im Anschluss an ein Insolvenzverfahren ist das Amtsgericht (Prozessgericht) ausschließlich zuständig, bei dem das Insolvenzverfahren anhängig ist oder war.

3 Wird der Streitwert für die Zuständigkeit des Amtsgerichtes von (derzeit) 5.000 Euro überschritten (§ 23 Nr. 1 GVG), ist das Landgericht ausschließlich zuständig, zu dessen Bezirk das Insolvenzgericht gehört (Abs. 2). Anders als bei § 182 InsO richtet sich der Streitwert nicht nach der bezahlten Quote, sondern nach der unter Berücksichtigung der Schlussverteilung noch offenen Restforderung des Gläubigers, wobei allerdings nach Auffassung des *BGH* (NZI 2009, 255) die späteren Vollstreckungsaussichten des Insolvenzgläubigers angemessen zu berücksichtigen sind.

B. Die Klagearten im Einzelnen

I. Klage auf Erteilung der Vollstreckungsklausel

4 Ein Insolvenzgläubiger, der gegen den **Rechtsnachfolger** eines Insolvenzschuldners oder gegen Vermögens- und Firmenübernehmer vollstrecken will (die Vollstreckung gegen den Nacherben und gegen den Testamentsvollstrecker – § 728 ZPO – und die Vollstreckung bei bedingten Leistungen – § 726 Abs. 1 ZPO – haben im Insolvenzverfahren keine Bedeutung), hat die Rechtsnachfolge – falls sie nicht offenkundig ist – durch öffentliche oder öffentlich beglaubigte Urkunden nachzuweisen (§§ 727, 729 ZPO). Gelingt ihm dies nicht, kann er beim Amtsgericht (Landgericht) auf die Erteilung der Vollstreckungsklausel klagen (*Kübler/Prütting/Bork-Holzer* InsO, § 202 Rn. 3).

II. Klage gegen die Erteilung der Vollstreckungsklausel

5 Der Schuldner kann seine Einwendungen gegen die Zulässigkeit der Vollstreckungsklausel durch **Erinnerung** gem. § 732 ZPO geltend machen. Da das Erinnerungsverfahren lediglich ein summarisches Verfahren ist (es findet i.d.R. keine mündliche Verhandlung statt, § 732 Abs. 1 Satz 2 ZPO),

kann er stattdessen **auf Feststellung klagen**, dass die Erteilung der Klausel unzulässig sei (§ 768 ZPO).

Es kann z.B. vorgebracht werden, eine erforderliche Vorleistung sei nicht erbracht worden (§ 726 Abs. 1 ZPO), die Rechtsnachfolge sei durch Anfechtung entfallen (§ 727 Abs. 1 ZPO) oder infolge Gutgläubigkeit liege keine Rechtskrafterstreckung vor (§ 325 Abs. 2 ZPO). Dem Schuldner bleibt es überlassen, welchen Weg (Erinnerung oder Klage) er beschreiten will. 6

III. Vollstreckungsabwehrklage

Mit der Vollstreckungsabwehrklage können Einwendungen gegen den durch den Tabelleneintrag titulierten Anspruch selbst geltend gemacht werden (§ 767 ZPO). Der Insolvenzschuldner kann aber mit der Vollstreckungsgegenklage nicht erreichen, dass die im Insolvenzverfahren ordnungsgemäß angemeldeten, geprüften und festgestellten Forderungen nochmals gerichtlich geprüft werden. 7

Einwendungen gegen den Anspruch können nur dann erfolgreich erhoben werden, wenn die Gründe, auf denen sie beruhen, nach der insolvenzrechtlichen Feststellung der Forderung entstanden sind (vgl. § 767 Abs. 2 ZPO). Dies ist z.B. dann der Fall, wenn ein Mitschuldner nach Aufhebung des Verfahrens zahlt oder wenn der Gläubiger auf seine Forderung verzichtet. 8

C. Tätigkeiten des Insolvenzgerichts

Obsiegt der Gläubiger mit seiner Klage auf Erteilung der Vollstreckungsklausel, ist die vollstreckbare Ausfertigung des Tabelleneintrages entsprechend dem Urteilstenor vom Insolvenzgericht zu erteilen. 9

Obsiegt der Schuldner mit seiner Feststellungsklage, dass die Erteilung der Vollstreckungsklausel unzulässig war, sollte das Insolvenzgericht die dem Gläubiger erteilte vollstreckbare Ausfertigung des Tabelleneintrages zurückfordern (unabhängig davon, dass der Schuldner die Herausgabe vom Gläubiger verlangen kann). 10

Wird festgestellt, dass der **Anspruch selbst** nicht (oder nicht mehr in voller Höhe) besteht, sollte dies in der Tabelle vermerkt werden, um zu vermeiden, dass weitere Ausfertigungen erteilt werden. 11

D. Rechtsbehelfe

Verweigert der Urkundsbeamte der Geschäftsstelle die Klauselerteilung, ist die **Erinnerung** nach § 573 Abs. 1 ZPO statthaft, über die das Prozessgericht entscheidet. Die hiergegen mögliche sofortige Beschwerde richtet sich nach §§ 567 ff. ZPO. 12

§ 203 Anordnung der Nachtragsverteilung

(1) Auf Antrag des Insolvenzverwalters oder eines Insolvenzgläubigers oder von Amts wegen ordnet das Insolvenzgericht eine Nachtragsverteilung an, wenn nach dem Schlusstermin
1. zurückbehaltene Beträge für die Verteilung frei werden,
2. Beträge, die aus der Insolvenzmasse gezahlt sind, zurückfließen oder
3. Gegenstände der Masse ermittelt werden.

(2) Die Aufhebung des Verfahrens steht der Anordnung einer Nachtragsverteilung nicht entgegen.

(3) ¹Das Gericht kann von der Anordnung absehen und den zur Verfügung stehenden Betrag oder den ermittelten Gegenstand dem Schuldner überlassen, wenn dies mit Rücksicht auf die Geringfügigkeit des Betrags oder den geringen Wert des Gegenstands und die Kosten einer Nachtragsverteilung angemessen erscheint. ²Es kann die Anordnung davon abhängig machen, dass ein Geldbetrag vorgeschossen wird, der die Kosten der Nachtragsverteilung deckt.

§ 203 InsO Anordnung der Nachtragsverteilung

Übersicht

		Rdn.			Rdn.
A.	Allgemeines	1	C.	Anordnung der Nachtragsverteilung	21
B.	Voraussetzungen der Nachtragsverteilung	3	D.	Absehen von der Nachtragsverteilung	27
			E.	Nachtragsverteilung bei Masseamut	31
I.	Für die Verteilung frei gewordene zurückbehaltene Beträge	9	F.	Nachtragsverteilung in der Insolvenz der Genossenschaft und des Versicherungsvereins auf Gegenseitigkeit	37
II.	Zurückfließende Beträge	11			
III.	Nachträglich ermittelte Massegegenstände	13			

A. Allgemeines

1 Durch die **Nachtragsverteilung** sollen den Gläubigern Vermögensteile des Schuldners, die der Insolvenzmasse zuzuordnen sind, aber aus rechtlichen oder tatsächlichen Gründen in die Schlussverteilung nicht eingehen konnten, zugewiesen werden.

2 Soweit diese Vermögensgegenstände im Schlusstermin bereits bekannt aber noch unverwertet waren, konnten sie der Nachtragsverteilung vorbehalten bleiben, wodurch der **Insolvenzbeschlag** diese Vermögensgegenstände weiterhin erfasste. Soweit sie nach dem Schlusstermin erst bekannt oder frei geworden sind, ist die Nachtragsverteilung vom Gericht anzuordnen, um die Vermögensgegenstände dem Insolvenzbeschlag wieder zu unterwerfen.

B. Voraussetzungen der Nachtragsverteilung

3 Eine Nachtragsverteilung findet nicht statt, wenn es bei der Schlussverteilung zu einem Überschuss (§ 199 InsO) gekommen ist oder ein solcher absehbar ist. Sie findet ebenfalls nicht statt, wenn das Verfahren nach rechtskräftig bestätigtem Insolvenzplan gem. § 258 InsO aufgehoben (*OLG Celle* BeckRS 2006, 14330) oder nach §§ 211 bis 213 InsO eingestellt worden ist. Sie ist auch im vereinfachten Verfahren möglich (*BGH* NZI 2010, 259). Eine Nachtragsverteilung scheidet aber aus, wenn dem Schuldner die Restschuldbefreiung erteilt worden ist und er erst danach seiner Obliegenheit nach § 295 Abs. 1 Nr. 2 InsO nachkommen konnte. In diesem Falle wären die Gläubiger endgültig ausgeschlossen (*BGH* NZI 2013, 191).

4 Die Nachtragsverteilung kann im Schlusstermin bereits für solche Vermögensgegenstände vorbehalten werden, die bereits bekannt sind, deren Verwertung aus rechtlichen oder tatsächlichen Gründen aber noch nicht erfolgen konnte (*BGH* NZI 2013, 1019). Sie ist zeitlich von der Beendigung des Schlusstermins an möglich (*BGH* NZI 2005, 395; *Bork* ZIP 2009, 2077). Sie kann aber nicht für Gegenstände angeordnet werden, die der Insolvenzverwalter bereits freigegeben hat (*OLG Koblenz* BeckRS 2011, 22470).

5 Auf Antrag des Insolvenzverwalters oder eines Insolvenzgläubigers oder von Amts wegen ordnet das Insolvenzgericht eine Nachtragsverteilung nach § 203 InsO nur dann an, wenn nach dem Schlusstermin
  – zurückbehaltene Beträge für die Verteilung frei werden;
  – Beträge, die aus der Insolvenzmasse gezahlt sind, zurückfließen oder
  – Gegenstände der Masse ermittelt werden.

6 Die Zugehörigkeit eines nachträglich ermittelten Gegenstands zur Masse ist tatbestandliche Voraussetzung der Anordnung einer Nachtragsverteilung. Sie kann deshalb nicht vom Insolvenzgericht offen gelassen und entsprechend § 47 Satz 2 InsO der Klärung im ordentlichen Verfahren überlassen werden (*BGH* ZVI 2013, 388).

7 Die Nachtragsverteilung ist gem. Abs. 2 auch nach Aufhebung des Insolvenzverfahrens (§ 200 InsO) noch möglich.

8 An der Nachtragsverteilung nehmen nur solche Forderungen teil, die in das Schlussverzeichnis aufgenommen worden sind.

I. Für die Verteilung frei gewordene zurückbehaltene Beträge

Hierunter sind zunächst diejenigen Beträge zu subsumieren, die bei der Schlussverteilung zurück- 9
behalten und gem. § 198 InsO zu hinterlegen waren. Nach § 189 Abs. 2 InsO zurückbehaltene Beträge werden für die Verteilung frei, wenn der Gläubiger einer bestrittenen Forderung im Feststellungsprozess unterliegt oder seine Forderungsanmeldung zurücknimmt, bei bedingten Forderungen gem. § 191 Abs. 1 und 2 InsO, wenn die Bedingung endgültig wegfällt oder ihr Eintritt unmöglich wird.

Ebenfalls hierunter fallen von den Insolvenzgläubigern nicht abgeholte Anteile (a.A. *Nerlich/Römer-* 10
mann-Westphal InsO, §§ 203, 204 Rn. 5), soweit sie der Insolvenzverwalter nicht nach § 372 BGB unter Verzicht auf das Rücknahmerecht hinterlegt hat.

II. Zurückfließende Beträge

Dieser Fall kann eintreten, wenn eine auflösend bedingte Forderung (§ 42 InsO) berücksichtigt 11
wurde und nachträglich die auflösende Bedingung eintritt, oder wenn auf eine bestrittene, aber titulierte Forderung gezahlt worden ist und die Widerspruchsklage des Bestreitenden Erfolg gehabt hat (s. §§ 179 Abs. 2, 189 Abs. 1 InsO).

In Betracht kommen auch Fälle der ungerechtfertigten Bereicherung zu Lasten der Masse sowie vom 12
Gericht gekürzte Vergütungen des Insolvenzverwalters oder der Mitglieder des Gläubigerausschusses, die von diesen zurückzuzahlen sind (*OLG Celle* KTS 1972, 265 f.). Das *LG Koblenz* (NZI 2004, 157 ff.) subsumiert hierunter auch den Fall, dass aus der Verwertung von Sicherungsgut durch den Gläubiger wider Erwarten sich nach Beendigung des Insolvenzverfahrens doch noch ein Übererlös ergibt.

III. Nachträglich ermittelte Massegegenstände

Gegenstände der Masse – unabhängig davon, ob der Verwalter Kenntnis von ihnen hat oder nicht – 13
gehören durch die Eröffnung des Insolvenzverfahrens zur Insolvenzmasse und unterliegen der Verwaltungs- und Verfügungsbefugnis des Verwalters. Gegenstände, von deren Existenz oder Aufbewahrungsort der Insolvenzverwalter keine Kenntnis hatte und die er deshalb nicht der Verteilung zuführen konnte, sind der Nachtragsverteilung zuzuführen, wenn sie später bekannt werden.

Hierbei kann es sich um Vermögenswerte handeln, die der Schuldner verschwiegen, versteckt, bei- 14
seite geschafft oder über die er entgegen § 81 Abs. 1 InsO verbotswidrig verfügt hat. Ebenso unter diese Fallgruppe fallen Ansprüche, die der Insolvenzverwalter bei der Verwertung vergessen (*BGH* ZVI 2008, 28 ff.) oder fälschlich als nicht werthaltig (*BGH* ZInsO 2006, 1105), nicht verwertbar (*BGH* NZI 2006, 180) oder durch Aufrechnung erloschen angesehen hatte. Ebenfalls hierunter fallen Vermögenswerte, die aufgrund einer nachträglich bekannt gewordenen Möglichkeit zur Insolvenzanfechtung zur Masse gezogen werden können (*BGH* BGHZ 83, 102 ff. [103]; KS-InsO/*Häsemeyer* 2000, S. 145 Rn. 7.68), auch wenn im vereinfachten Verfahren der Anfechtungsrechtsstreit vom Gläubiger zu führen war (*BGH* NZI 2010, 259). In der Praxis handelt es sich häufig um **Auslandsvermögen**, das aufgrund des Universalitätsprinzips zur inländischen Insolvenzmasse zählt (HK-InsO/*Depré* § 203 Rn. 5; *BGH* NJW-RR 2016, 807).

Der Anspruch auf Erstattung von Einkommensteuer gehört zur Insolvenzmasse, wenn der die Erstat- 15
tungsforderung begründende Sachverhalt vor oder während des Insolvenzverfahrens verwirklicht worden ist (*BGH* NZI 2006, 246 f.). Der Erstattungsanspruch ist bei Insolvenzverfahren natürlicher Personen von der Abtretungserklärung gem. § 287 Abs. 2 Satz 1 InsO nicht erfasst (*BGH* NZI 2005, 565). Diese erst nach Verfahrensbeendigung realisierbaren Ansprüche sind daher der Nachtragsverteilung vorzubehalten.

Gleiches gilt auch für Körperschaftsteuererstattungsansprüche nach § 37 Abs. 5 KStG. Die Finanz- 16
verwaltung stellt Körperschaftsteuerguthaben letztmals zum 31.12.2006 gem. § 37 Abs. 4 KStG fest. Die – unverzinste – Auszahlung dieser Erstattungsansprüche erfolgt im Zeitraum von 2008

bis 2017 in zehn gleichen Jahresbeträgen (§ 37 Abs. 5 KStG). Um diese Erstattungsansprüche zu sichern, ist die Nachtragsverteilung ebenfalls vorzubehalten (vgl. hierzu *BFH* DStR 2011, 1029).

17 Gegenstände, die der Schuldner nach Aufhebung des Verfahrens erworben hat, unterliegen nicht der Nachtragsverteilung, denn zur Insolvenzmasse gehört nur das Vermögen, das dem Schuldner zur Zeit der Eröffnung des Insolvenzverfahrens gehört und das er während des Verfahrens erlangt hat (§ 35 InsO). So kommt die Anordnung einer Nachtragsverteilung bspw. in Betracht, wenn nach Beendigung des Insolvenzverfahrens ein Anspruch auf Todesfallleistung aus einer Risikolebensversicherung entsteht, der davor aufschiebend bedingt begründet war. Im entschiedenen Fall hatte die Ehefrau die Lebensversicherung als Versicherungsnehmerin auf den Todesfall des Schuldners abgeschlossen. Dadurch war der Anspruch aus der Risikolebensversicherung bereits aufschiebend bedingt vor Beendigung des Insolvenzverfahrens entstanden (*BGH* BeckRS 2015, 01173 m. Anm. *Settele* FD-InsR 2015, 366, 375). Pflichtteilsansprüche des Schuldners gehören nur dann zur Insolvenzmasse, wenn sie bei Verfahrenseröffnung anerkannt oder rechtshängig waren. Zwar entsteht der Pflichtteil mit dem Erbfall (§ 2317 BGB), er wird aber nur dann Bestandteil der Insolvenzmasse, wenn er pfändbar ist. Die Pfändbarkeit eines Pflichtteilsanspruchs setzt nach § 4 i.V.m. § 852 Abs. 1 ZPO voraus, dass der Anspruch durch Vertrag anerkannt oder rechtshängig ist. Nach der Rechtsprechung des *BGH* (NJW 1993, 2876; NZI 2009, 563) ist der Pflichtteilsanspruch bereits vor der vertraglichen Anerkennung oder Rechtshängigkeit »als in seiner zwangsweisen Verwertbarkeit aufschiebend bedingter Anspruch pfändbar«. Im Ergebnis wird damit auch der noch nicht vertraglich anerkannte oder noch nicht gerichtlich geltend gemachte Pflichtteilsanspruch Massebestandteil, wenn der Erbfall vor Aufhebung des Insolvenzverfahrens eingetreten war (*Braun/Kroth* § 83 Rn. 6). Ist der Pflichtteilsanspruch erst nach Aufhebung des Insolvenzverfahrens – während der Wohlverhaltensperiode – rechtshängig gemacht oder anerkannt worden, unterliegt er der Nachtragsverteilung (*BGH* NZI 2011, 369 m. Anm. *Kießner* FD-InsR 2011, 313567). Vergleichbar einem Steuererstattungsanspruch, der als aufschiebend bedingter Anspruch durch die Zahlung der geschuldeten Steuern entstanden ist und daher grds. der Nachtragsverteilung unterliegt (*BGH* NZI 2006, 246), kann auch für den aufschiebend bedingt pfändbaren Pflichtteilsanspruch die Nachtragsverteilung angeordnet werden. Der Anspruch fällt damit in vollem Umfange in die Insolvenzmasse, nicht lediglich gem. § 295 Abs. 1 Ziff. 2 in Höhe des hälftigen Wertes. Dieses Ergebnis kann der Schuldner dadurch vermeiden, dass er erst nach der Wohlverhaltensperiode den Anspruch geltend macht – soweit dies dann noch möglich ist –, wobei hierin eine Obliegenheitsverletzung nicht gesehen wird (*BGH* NZI 2009, 563).

18 Schadenersatzansprüche des Schuldners, die dem Insolvenzbeschlag nicht unterliegen, weil sie keinen Gesamtschaden der Insolvenzmasse, sondern einen Einzelschaden des Schuldners darstellen, können nicht der Nachtragsverteilung unterliegen (*BGH* NZI 2008, 560). Im entschiedenen Fall hatte der Treuhänder unpfändbares Vermögen an die Gläubiger ausgeschüttet. Der dem Schuldner hierdurch entstandene Schaden stellt keinen Gesamtschaden der Masse dar und unterlag daher nicht der Nachtragsverteilung (vgl. hierzu auch die Urteilsanmerkung von *Kind* FD-InsR 2008, 265 [298]).

19 Ebenfalls nicht erfasst sind Vermögenswerte, über die der Schuldner nach Verfahrensaufhebung oder Freigabe verfügt hat. Der Schuldner hat die volle Verfügungsgewalt wieder erlangt. Die von ihm vorgenommenen Verfügungen sind daher wirksam. Die betroffenen Gegenstände können nicht zum Zweck einer Nachtragsverteilung vom Empfänger herausverlangt werden (*Kübler/Prütting/Bork-Holzer* InsO, § 203 Rn. 14 m.w.N.). Erklärt bspw. der Schuldner nach Verfahrensaufhebung die Auflassung über eine etwa nicht verwertete Immobilie und stellt der Käufer beim Insolvenzgericht den Eintragungsantrag, so kommt eine dann erst angeordnete Nachtragsverteilung zu spät (*BGH* ZVI 2008, 28 ff.).

20 Sind Gegenleistungen in das Vermögen des Schuldners geflossen, hat er beispielsweise eine Forderung eingezogen, für die grds. die Nachtragsverteilung hätte angeordnet werden können, soll nach Auffassung des BGH die Nachtragsverteilung für den gegen den Schuldner gerichteten Erstattungsanspruch angeordnet werden können (*BGH* WM 2012, 366). Diese für Insolvenzverwalter/

Treuhänder günstige Entscheidung (vgl. Anm. *Kießner* FD-InsR 2012, 329207) kann allerdings in ihrer dogmatischen Begründung nicht überzeugen. Zur Begründung verweist der BGH auch nur nebulös auf den Zweck des § 203 Abs. 1 Nr. 3 InsO und geht selbst davon aus, dass eine dingliche Surrogation nicht vorliegen würde (krit. ebenfalls *Keller* NZI 2012, 271; *Kübler/Prütting/Bork-Holzer* InsO, § 203 Rn. 14 m.w.N.).

C. Anordnung der Nachtragsverteilung

Die Anordnung erfolgt auf Antrag des Insolvenzverwalters, eines Insolvenzgläubigers oder von Amts wegen. Eine Anordnung von Amts wegen dürfte nur in dem Fall möglich sein, dass zurückgehaltene Beträge für die Verteilung frei werden (Abs. 1 Nr. 1), da hier das Gericht aus den Berichten, der Schlussrechnung und dem Schlussverzeichnis erkennen kann, dass demnächst weitere Beträge für die Verteilung zur Verfügung stehen werden. 21

Wenn Beträge zur Masse zurückfließen (Abs. 1 Nr. 2) oder wenn Gegenstände der Masse nachträglich ermittelt werden (Abs. 1 Nr. 3), ist das Gericht auf die **Mitteilungen und Anzeigen des Insolvenzverwalters** (an ihn werden die zurückfließenden Beträge vermutlich gezahlt) oder eines Insolvenzgläubigers (er hat ein eigenes Interesse daran, dass die Masse vollständig erfasst und verwertet wird) angewiesen. 22

Mitteilungen und Anzeigen von Dritten (auch wenn sie nicht antragsberechtigt sind) sollte das Gericht in geeigneten Fällen nachgehen und prüfen, ob eine Nachtragsverteilung von Amts wegen anzuordnen ist (*Uhlenbruck* InsO, § 203 Rn. 25). 23

Die Anordnung erfolgt durch **Beschluss des Insolvenzgerichts**, in dem gleichzeitig auch ein Insolvenzverwalter – i.d.R. der bisherige – bestellt wird, dem die Durchführung der Nachtragsverteilung übertragen wird. Der Anordnungsbeschluss ist öffentlich bekannt zu machen (§§ 206 Nr. 3, 9 InsO). Funktional zuständig ist der Rechtspfleger (§ 18 Abs. 1 RPflG), auch wenn das Verfahren bereits aufgehoben worden war (*Uhlenbruck* InsO, § 203 Rn. 26). Die Rechtskraft der Anordnung gilt auch über die Verfahrensbeteiligten hinaus. Ihr kommt inter-omnes-Wirkung zu (*Nerlich/Römermann-Westphal* InsO, §§ 203, 204 Rn. 18 m.w.N.). 24

Das Insolvenzgericht hat den Verwalter zu veranlassen, die Nachtragsverteilung nach §§ 205, 206 InsO vorzunehmen, also insbesondere aufgefundene Gegenstände zu verwerten, den Erlös an die laut Schlussverzeichnis zu berücksichtigenden Gläubiger zu verteilen und dem Gericht hierüber Rechnung zu legen. 25

Mit der Anordnung der Nachtragsverteilung tritt die **Beschlagswirkung** in den Fallgruppen Abs. 1 Nr. 2 und 3 ein (*Nerlich/Römermann-Westphal* InsO, § 203 Rn. 13). Den Schuldner treffen die gleichen Auskunfts- und Mitwirkungspflichten wie im eröffneten Verfahren; dies kann auch die Erteilung einer sog. Auslandsvollmacht umfassen (*BGH* NJW-RR 2016, 807). 26

D. Absehen von der Nachtragsverteilung

Die Nachtragsverteilung ist regelmäßig mit weiteren **Kosten** (Verwertungskosten, Kosten für die Überweisung der auszuzahlenden Beträge) verbunden. Sind die zur Masse fließenden Beträge so gering oder hat der nachträglich ermittelte Gegenstand einen so geringen Wert, dass die Kosten der Verwertung und Verteilung in keinem vertretbaren Verhältnis zu den Beträgen stehen, die den Insolvenzgläubigern ausgezahlt werden können, kann das Gericht von einer Nachtragsverteilung absehen. Die Beträge sind stattdessen an den Schuldner auszuhändigen; ein ermittelter Gegenstand ist dem Schuldner zu überlassen. 27

Hat der Insolvenzverwalter zunächst ein massezugehöriges Grundstück nicht verwertet und ist das Insolvenzverfahren aufgehoben worden, hat der Schuldner die volle Verfügungsbefugnis über die Immobilie wieder erlangt. Wenn er dann die Auflassung erklärt und der Käufer den Eintragungsantrag bereits gestellt hat, kann auch das noch immer im Eigentum des Schuldners stehende Grundstück über die Nachtragsverteilung nicht mehr für die Gläubiger zur Masse gezogen werden, da dem Käu- 28 fer bereits ein insolvenzfestes Anwartschaftsrecht entstanden ist. Auch in diesem Falle ist von der Anordnung der Nachtragsverteilung nach § 203 Abs. 3 InsO abzusehen (*BGH* NZI 2008, 28 ff.).

29 Die Anordnung der Nachtragsverteilung kann das Gericht davon abhängig machen, dass vom Antragsteller ein Geldbetrag vorgeschossen wird, der die **Kosten der Nachtragsverteilung** deckt. Ein Kostenvorschuss kann insbesondere dann zu verlangen sein, wenn die Verwertung des nachträglich ermittelten Gegenstandes mit weiteren Kosten (z.B. Versteigerungskosten, Kosten eines Sachverständigen zur Feststellung des Wertes, Demontage- und Transportkosten usw.) verbunden ist.

30 Dabei ist allerdings die **praktische Relevanz** dieser neu geschaffenen Vorschrift äußerst gering, da der einzelne Insolvenzgläubiger kein Interesse daran haben dürfte, zugunsten der anderen Gläubiger einen Vorschuss zu leisten. Stattdessen wird er in solchen Fällen versuchen, in die betreffenden Vermögenswerte nach § 201 Abs. 2 Satz 1 InsO aus dem Tabellenauszug zu vollstrecken (wie hier auch HK-InsO/*Depré* § 203 Rn. 8).

E. Nachtragsverteilung bei Massearmut

31 Ist die Insolvenzmasse nicht ausreichend, um alle Masseverbindlichkeiten zu decken, so erfolgt die Einstellung des Verfahrens vor der Schlussverteilung. Sind noch nicht einmal die Verfahrenskosten gedeckt, erfolgt die Einstellung mangels Masse nach § 207; sind die Kosten gedeckt, jedoch nicht alle sonstigen Masseverbindlichkeiten, erfolgt die Anzeige der Masseunzulänglichkeit nach § 208 InsO und später die Einstellung des Verfahrens nach § 211 InsO.

32 Lediglich für die zweite Fallgruppe hat der Gesetzgeber die Anordnung der Nachtragsverteilung auf Antrag des Insolvenzverwalters oder eines Massegläubigers oder von Amts wegen ausdrücklich vorgesehen (§ 211 Abs. 3 Satz 1 InsO).

33 Für den Fall des § 207 InsO fehlt eine entsprechende Vorschrift, wobei nicht auszuschließen ist, dass es sich um eine **planwidrige Regelungslücke** handelt (so *Kübler/Prütting/Bork-Holzer* InsO, § 203 Rn. 28 f.), die durch eine entsprechende Anwendung des § 211 Abs. 3 InsO auch für den Fall der Einstellung des Verfahrens mangels Masse gem. § 207 InsO geschlossen werden sollte (wie hier: *Kübler/Prütting/Bork-Pape* InsO, § 207 Rn. 39; BK-InsO/*Breutigam* § 207 Rn. 38; *Zimmer* KTS 2009, 216).

34 Der Bundesgerichtshof hat mit Beschluss vom 10.10.2013 (*BGH* NZI 2013, 1019 m. Anm. *Böhner* FD-InsR 2013, 352745) sich dieser Auffassung angeschlossen und dabei insbesondere auch auf die Fälle der Verfahrenskostenstundung verwiesen, in denen die Einstellung bei Massearmut nicht nach § 207 InsO erfolgt und damit nach § 211 eine Nachtragsverteilung im Gesetz vorgesehen ist.

35 Die Nachtragsverteilung setzt ein Schlussverzeichnis voraus. Auch wenn das Insolvenzverfahren daher mangels Masse eingestellt werden musste – unabhängig, ob nach § 207 InsO oder nach § 211 InsO – und eine Nachtragsverteilung vorbehalten bleibt, muss daher zunächst ein Schlussverzeichnis erstellt werden. Hierzu ist i.d.R. ein Prüfungstermin erforderlich.

36 Bei Abweisung des Insolvenzantrags mangels Masse (§ 26 InsO) ist eine Nachtragsverteilung schon begrifflich ausgeschlossen, da eine Verteilung noch nicht stattgefunden hat. Es ist daher ein neues Insolvenzverfahren zu beantragen.

F. Nachtragsverteilung in der Insolvenz der Genossenschaft und des Versicherungsvereins auf Gegenseitigkeit

37 Im Insolvenzverfahren über das Vermögen einer eingetragenen Erwerbs- oder Wirtschaftsgenossenschaft sind bei bestehender Nachschusspflicht (§ 105 GenG) die eingezogenen Beträge (§ 110 GenG) im Wege der Nachtragsverteilung an die Gläubiger zu verteilen (§ 115 Abs. 1 Satz 1 GenG). Nach § 52 Abs. 2 Satz 2 VAG gelten die §§ 115–118 GenG entsprechend für die Verteilung der von *Mitgliedern* eines Versicherungsvereins a.G. endgültig zu leistenden Beiträge (zu Einzelheiten vgl. *Kübler/Prütting/Bork-Holzer* InsO, § 203 Rn. 32 f.).

§ 204 Rechtsmittel

(1) ¹Der Beschluss, durch den der Antrag auf Nachtragsverteilung abgelehnt wird, ist dem Antragsteller zuzustellen. ²Gegen den Beschluss steht dem Antragsteller die sofortige Beschwerde zu.

(2) ¹Der Beschluss, durch den eine Nachtragsverteilung angeordnet wird, ist dem Insolvenzverwalter, dem Schuldner und, wenn ein Gläubiger die Verteilung beantragt hatte, diesem Gläubiger zuzustellen. ²Gegen den Beschluss steht dem Schuldner die sofortige Beschwerde zu.

Den Antrag auf Nachtragsverteilung können der Insolvenzverwalter und jeder Insolvenzgläubiger stellen (§ 203 InsO). Der zurückweisende Beschluss ist dem Antragsteller zuzustellen (Zustellung durch Aufgabe zur Post genügt, s. § 8 Abs. 1 Satz 2 InsO). Der Antragsteller kann **sofortige Beschwerde** gegen die Ablehnung einlegen. Die Beschwerdefrist beträgt zwei Wochen (§ 4 i.V.m. § 569 Abs. 1 Satz 1 ZPO) und beginnt mit der Zustellung des Beschlusses (§ 6 Abs. 2 Satz 1 InsO). 1

Der Beschluss, der die Nachtragsverteilung anordnet, ist dem Schuldner, dem Insolvenzverwalter und, wenn der Antrag von einem Gläubiger gestellt worden ist, diesem Gläubiger zuzustellen. Eine Zustellung an die anderen Gläubiger oder eine **öffentliche Bekanntmachung der Anordnung oder Ablehnung der Nachtragsverteilung ist nicht erforderlich** (*Uhlenbruck* InsO, § 204 Rn. 2; a.A. HK-InsO/*Depré* § 204 Rn. 2). Die Gläubiger werden darüber beim Vollzug der Nachtragsverteilung durch die vom Insolvenzverwalter zu veranlassende Bekanntmachung der Teilungsmasse unterrichtet (s. § 205 InsO). 2

Nur der Schuldner kann gegen die Anordnung der Nachtragsverteilung **sofortige Beschwerde** einlegen, da er durch den Anordnungsbeschluss in der Verfügungsmöglichkeit über sein Vermögen beeinträchtigt wird. 3

§ 205 Vollzug der Nachtragsverteilung

¹Nach der Anordnung der Nachtragsverteilung hat der Insolvenzverwalter den zur Verfügung stehenden Betrag oder den Erlös aus der Verwertung des ermittelten Gegenstands auf Grund des Schlussverzeichnisses zu verteilen. ²Er hat dem Insolvenzgericht Rechnung zu legen.

Die Nachtragsverteilung kann in den Fällen, in denen zurückbehaltene Beträge für die Verteilung frei werden (§ 203 Abs. 1 Nr. 1 InsO) oder wenn Beträge zur Masse zurückfließen (§ 203 Abs. 1 Nr. 2 InsO), unmittelbar nach Anordnung der Nachtragsverteilung vollzogen werden. Sind Gegenstände der Masse ermittelt worden, müssen diese zuvor vom Insolvenzverwalter verwertet werden. 1

Der bisherige Insolvenzverwalter wird vom Insolvenzgericht regelmäßig mit dem Vollzug der Nachtragsverteilung beauftragt. Immer jedoch dann, wenn es in der Nachtragsverteilung darum geht, Schadenersatzansprüche gegen den bisherigen Insolvenzverwalter gem. § 60 f. InsO zu verfolgen und gem. § 202 Abs. 2 Nr. 3 InsO zur Verteilung zu bringen, wird das Gericht einen neuen Insolvenzverwalter bestellen (*Nerlich/Römermann-Westphal* InsO, § 205 Rn. 2). 2

Grundlage der Verteilung ist das **Schlussverzeichnis**. Gläubiger, die nicht (oder nicht mehr) im Schlussverzeichnis aufgeführt sind, erhalten keine Zahlungen. Ist das Schlussverzeichnis berichtigt worden (s. §§ 197 Abs. 3, 194 Abs. 3 InsO), ist das berichtigte Verzeichnis der Verteilung zugrunde zu legen. Da inzwischen der Bundesgerichtshof entschieden hat, dass die Anordnung einer Nachtragsverteilung auch im Anschluss an eine Einstellung des Insolvenzverfahrens nach § 207 InsO zulässig ist, muss auch in diesen Fällen das Prüfungsverfahren durchgeführt und ein Schlussverzeichnis erstellt werden (*BGH* NZI 2013, 1019 m. Anm. *Böhner* FD-InsR 2013, 352745). 3

Das Gericht hat – wie bei einer Abschlags- oder Schlussverteilung – die Summe der Forderungen und den für die Verteilung verfügbaren Betrag **öffentlich bekanntzumachen** (§ 188 Satz 3 InsO). 4

5 Bisher nicht erhobene **Einwendungen** gegen das Schlussverzeichnis (§§ 189, 190 InsO) können bei der Nachtragsverteilung nicht mehr erhoben werden. Sollte dem Insolvenzverwalter jedoch bekannt sein, dass ein Gläubiger außerhalb des Insolvenzverfahrens befriedigt worden ist (Mitschuldner hat gezahlt), muss er dies bei der Verteilung berücksichtigen und die Quote unter Umständen kürzen oder in voller Höhe wegfallen lassen.

6 Der Insolvenzverwalter bestimmt alleine den zu verteilenden **Bruchteil**, da der für die Abschlagsverteilung nach § 195 InsO zuständige Gläubigerausschuss nach Aufhebung des Verfahrens nicht mehr im Amt ist.

7 Bei der Auszahlung der Quote sollte der Verwalter die **Gläubiger in einfacher Form** (z.B. durch einen Vermerk auf dem Überweisungsträger) über die nachträglich verteilte Masse und die Berechnung der Quote **informieren**.

8 Gem. Satz 2 hat der Insolvenzverwalter über die durchgeführte Nachtragsverteilung dem Insolvenzgericht **Rechnung zu legen** (*BGH* ZVI 2013, 388). Dies schließt einen Bericht über die Ermittlung, Verwaltung und Verwertung der betroffenen Vermögensgegenstände ebenso ein wie den Nachweis der zugeflossenen Beträge und die Art ihrer Verteilung aufgrund des Schlussverzeichnisses.

9 Der Insolvenzverwalter erhält für die Nachtragsverteilung eine **gesonderte Vergütung,** die unter Berücksichtigung des Wertes der nachträglich verteilten Insolvenzmasse nach billigem Ermessen festzusetzen ist (§ 6 Abs. 1 Satz 1 InsVV). Von einer gesonderten Vergütung kann abgesehen werden, wenn die Nachtragsverteilung voraussehbar war und schon bei der Festsetzung der Vergütung für das Insolvenzverfahren berücksichtigt worden ist (§ 6 Abs. 1 Satz 2 InsVV). Nach Auffassung des *BGH* (NZI 2011, 906) ist die Vergütung jeweils einzelfallbezogen festzulegen, da der Verordnungsgeber keine Regelvergütung vorgesehen hat.

10 Da keine festen Sätze für die Vergütung in der InsVV vorgesehen sind, ist als Ausgangspunkt der **Regelsatz** nach § 2 InsVV anzunehmen, wobei i.d.R. Abschläge vorzunehmen sind (*Haarmeyer/Wutzke/Förster* Kap. 8 Rn. 120 gehen von 25 % der Regelvergütung für den Regelfall der unvorhersehbaren Nachtragsverteilung aus).

11 Darüber hinaus ist die **Vergleichsberechnung** anzustellen, in welchem Umfange sich die Vergütung des Insolvenzverwalters erhöht hätte, wenn die nachträglich verteilten Beträge bereits bei der Festsetzung der Vergütung bekannt gewesen wären und die Berechnungsgrundlage entsprechend erhöht hätten. Der so ermittelte Betrag stellt die **Untergrenze** der für die durchgeführte Nachtragsverteilung festzusetzenden Vergütung dar.

12 Das Insolvenzgericht setzt die Vergütung sinnvollerweise vor Durchführung der Nachtragsverteilung fest, da nur so zweifelsfrei feststeht, in welcher Höhe die Verteilung tatsächlich zu erfolgen hat. Zusätzlich zur Vergütung sind dem Insolvenzverwalter die ihm entstandenen Auslagen zu erstatten (*Haarmeyer/Wutzke/Förster* Kap. 8 Rn. 122).

§ 206 Ausschluß von Massegläubigern

Massegläubiger, deren Ansprüche dem Insolvenzverwalter
1. bei einer Abschlagsverteilung erst nach der Festsetzung des Bruchteils,
2. bei der Schlußverteilung erst nach der Beendigung des Schlußtermins oder
3. bei einer Nachtragsverteilung erst nach der öffentlichen Bekanntmachung
bekanntgeworden sind, können Befriedigung nur aus den Mitteln verlangen, die nach der Verteilung in der Insolvenzmasse verbleiben.

1 Masseansprüche sind vom Insolvenzverwalter vorweg zu berichten (§ 53 InsO). An Insolvenzgläubiger dürfen erst dann Zahlungen geleistet werden, wenn die Massegläubiger befriedigt worden sind. Zahlt der Insolvenzverwalter die Masse an die Insolvenzgläubiger aus und kann er deshalb Massegläubiger nicht befriedigen, ist er Letztgenannten gegenüber zum Schadensersatz verpflichtet,

diese wiederum könnten Bereicherungsansprüche gegen die Insolvenzgläubiger wegen der an sie geleisteten Zahlungen geltend machen.

Voraussetzung für den **Ausschluss von Massegläubigern** ist, dass die Ansprüche dem Insolvenzverwalter nicht bekannt sind. Dabei ist es nicht erforderlich, dass deren Höhe bekannt ist. Hat ein Massegläubiger Ansprüche beim Insolvenzverwalter geltend gemacht und ist lediglich die Forderungshöhe streitig, muss der Verwalter notfalls den für die Erfüllung der Masseverbindlichkeiten erforderlichen Teil der Masse zurückhalten und die an die Insolvenzgläubiger auszuzahlenden Beträge kürzen. Eine gesetzliche Verpflichtung zur Sicherstellung streitiger Masseverbindlichkeiten besteht gem. § 258 Abs. 2 InsO lediglich für die Aufhebung des Insolvenzverfahrens nach einem Insolvenzplan. Wird das Insolvenzverfahren ohne Plan aufgehoben oder eingestellt, dient die Zurückbehaltung streitiger Beträge lediglich der Minimierung des Haftungsrisikos des Verwalters, eine gesetzliche Verpflichtung, streitige Masseverbindlichkeiten sicherzustellen, kennt die InsO nicht (für das Verbraucherinsolvenzverfahren: *AG Tempelhof-Kreuzberg* ZVI 2007, 479).

Ausreichend ist auch, dass der Insolvenzverwalter den **Anspruchsgrund** kannte, auch wenn es sich um einen bedingten Anspruch gehandelt hat (*Nerlich/Römermann-Westphal* InsO, § 206 Rn. 6 m.w.N.); ein Kennenmüssen i.S.v. § 122 Abs. 2 BGB genügt dagegen nicht (*Kübler/Prütting/Bork-Holzer* InsO, § 206 Rn. 2 m.w.N.). Woher der Insolvenzverwalter die Kenntnis hat, ist unerheblich, insbesondere ist eine Benachrichtigung durch die Gläubiger nicht erforderlich.

Die Präklusionswirkung schützt nur die Masse und die Insolvenzgläubiger, gegen den **Schuldner** können die ausgeschlossenen Massegläubiger weiterhin vorgehen, seine Haftung ist jedoch nach der herrschenden Meinung (vgl. *Nerlich/Römermann-Westphal* InsO, § 201 Rn. 7 m.w.N.) wegen Masseverbindlichkeiten, die nach Verfahrenseröffnung erst begründet worden sind, auf die aus der Masse – z.B. durch Freigabe – zurückgewährten Gegenstände und den Überschuss (§ 199 InsO) beschränkt.

Die **Präklusion wirkt nur stufenweise**: Wer bei der Abschlagsverteilung ausgeschlossen war, kann an der Schluss- oder Nachtragsverteilung teilnehmen; wer bei der Schlussverteilung ausgeschlossen war, kann immer noch im Zuge der Nachtragsverteilung Befriedigung erlangen. Schließt sich ein Restschuldbefreiungsverfahren an, sind, wenn es dort zu Verteilungen kommt, zunächst ebenfalls erst die offen gebliebenen Masseverbindlichkeiten zu erfüllen, ggf. auch solche, die erst nachträglich bekannt geworden sind.

Für den Eintritt der Präklusionswirkung ist der maßgebliche Zeitpunkt abhängig von der Art der Verteilung:
– Bei der **Abschlagsverteilung** ist maßgeblich der Zeitpunkt der Wirksamkeit der Festsetzung des Bruchteils durch den Gläubigerausschuss oder den Verwalter; dieser tritt ein bei Bekanntgabe des Bruchteils an mindestens einen Insolvenzgläubiger.
– Bei der **Schlussverteilung** ist maßgeblich die Beendigung des Schlusstermins durch Schließung der Gläubigerversammlung durch das Insolvenzgericht. Die Wiedereröffnung der Verhandlung mit dem ausschließlichen Zweck der nachträglichen Zulassung eines Massegläubigers ist unzulässig (*Nerlich/Römermann-Westphal* InsO, § 206 Rn. 4 m.w.N.).
– Bei der **Nachtragsverteilung** liegt der maßgebliche Zeitpunkt in der wirksamen öffentlichen Bekanntmachung des zur Verteilung anstehenden Betrages gem. §§ 205, 188 InsO durch den Verwalter. Die Wirksamkeit tritt zwei Tage nach Veröffentlichung ein (§ 9 Abs. 1 Satz 3 InsO).

Hat der Insolvenzverwalter im jeweiligen Zeitpunkt **keine positive Kenntnis**, so sind die Massegläubiger für die jeweils bevorstehende Verteilung präkludiert. Vor einer späteren Verteilung sind die dann bekannten Masseverbindlichkeiten jedoch durch den Verwalter zu erfüllen.

In den genannten Fällen müssen die nachträglich bekannt gewordenen Massegläubiger die Zahlungen an die Insolvenzgläubiger hinnehmen und können Befriedigung nur noch aus den Mitteln verlangen, die nach Vollzug der Abschlags-, Schluss- oder Nachtragsverteilung verbleiben.

12 Haben Massegläubiger keine Zahlungen erhalten, obwohl ihre Ansprüche dem Insolvenzverwalter bekannt waren, können sie u.U. Schadenersatzansprüche gegen den Verwalter gem. §§ 60 f. InsO geltend machen oder gem. §§ 812 ff. BGB gegen die ungerechtfertigt bereicherten Insolvenzgläubiger wegen der zuviel erhaltenen Quote vorgehen (*Kübler/Prütting/Bork-Holzer* InsO, § 206 Rn. 6 m.w.N.).

Dritter Abschnitt Einstellung des Verfahrens

Vorbemerkung

Ein wesentliches Ziel der Insolvenzrechtsreform bestand darin, die hohe Zahl der mangels Masse   1
nicht eröffneten Insolvenzverfahren zu reduzieren. Nach § 26 Abs. 1 InsO ist die Eröffnungsfähigkeit daher nur noch von der Deckung der Kosten des Verfahrens abhängig. Handelt es sich beim Schuldner um eine natürliche Person und hat er einen Antrag auf Restschuldbefreiung gestellt, können nach dem InsOÄndG 2001 die Verfahrenskosten gestundet werden. Das Verfahren wird dann eröffnet, auch wenn aus der freien Masse die Verfahrenskosten nicht gedeckt sind; sie treten im Rang hinter die sonstigen Masseverbindlichkeiten zurück (vgl. *Kießner* FS für Braun, S. 205 ff., **a.A.** *BGH* NZI 2009, 188).

Ist das Insolvenzverfahren eröffnet, sind die Verfahrenskosten und die sonstigen Masseverbindlich-   2
keiten vorweg aus der Insolvenzmasse zu berichtigen (§ 53 InsO). Sind wider Erwarten die Masseverbindlichkeiten doch nicht gedeckt, ist das Verfahren vorzeitig wieder einzustellen.

Die Abwicklung masseunzureichender Verfahren war in den §§ 60, 204, 191 KO nur rudimentär   3
geregelt. In der Gesamtvollstreckungsordnung fehlte jede eigenständige Regelung. Die gesetzlichen Defizite wurden durch die Rechtsprechung teilweise ausgefüllt, der Gesetzgeber hat nunmehr versucht, im dritten Abschnitt des fünften Teils die Abwicklung masseinsuffizienter Insolvenzverfahren umfassend zu regeln.

Daneben enthält der dritte Teil noch weitere Einstellungsgründe, die zu einer vorzeitigen Beendi-   4
gung des Insolvenzverfahrens führen, wie der Wegfall des Eröffnungsgrundes (§ 212 InsO) und die Zustimmung der Insolvenzgläubiger (§ 213 InsO).

§ 207 Einstellung mangels Masse

(1) ¹Stellt sich nach der Eröffnung des Insolvenzverfahrens heraus, dass die Insolvenzmasse nicht ausreicht, um die Kosten des Verfahrens zu decken, so stellt das Insolvenzgericht das Verfahren ein. ²Die Einstellung unterbleibt, wenn ein ausreichender Geldbetrag vorgeschossen wird oder die Kosten nach § 4a gestundet werden; § 26 Abs. 3 gilt entsprechend.

(2) Vor der Einstellung sind die Gläubigerversammlung, der Insolvenzverwalter und die Massegläubiger zu hören.

(3) ¹Soweit Barmittel in der Masse vorhanden sind, hat der Verwalter vor der Einstellung die Kosten des Verfahrens, von diesen zuerst die Auslagen, nach dem Verhältnis ihrer Beträge zu berichtigen. ²Zur Verwertung von Massegegenständen ist er nicht mehr verpflichtet.

Übersicht	Rdn.			Rdn.
A. Allgemeines	1	IV.	Stundung der Verfahrenskosten	31
B. Massearmut	6	V.	Pflichten des Verwalters vor Einstellung	32
C. Verfahrensablauf	17	D.	Nachtragsverteilung	39
I. Mitteilung des Verwalters	18	E.	Wirkungen der Verfahrenseinstellung	42
II. Die Anhörung der Beteiligten		F.	Löschung juristischer Personen	48
(Gläubigerversammlung)	19	G.	Insolvenz der Genossenschaft	50
III. Kostenvorschuss	26			

A. Allgemeines

Das Gesetz spricht von **Verfahrensaufhebung**, wenn das Insolvenzverfahren vollständig und ord-   1
nungsgemäß durchgeführt worden ist und nach der Schlussverteilung (§ 200 InsO) bzw. nach der Bestätigung eines Insolvenzplans (§ 258 InsO) beendet werden kann. Wird das Verfahren vor-

zeitig beendet, weil die gemeinschaftliche Befriedigung der Insolvenzgläubiger nicht durchgeführt werden kann, spricht das Gesetz von der **Einstellung** des Verfahrens.

2   Der wichtigste Einstellungsgrund ist dann gegeben, wenn die vorhandene Masse nicht ausreicht, die Verfahrenskosten und/oder die Masseverbindlichkeiten zu decken. Die §§ 207–211, 215 und 216 InsO behandeln die Abwicklung der Verfahren, die mangels Masse (§ 207 InsO) oder wegen Masseunzulänglichkeit (§ 208 InsO) einzustellen sind.

3   Das Verfahren ist **mangels Masse** einzustellen, wenn noch nicht einmal die Verfahrenskosten gedeckt sind. Sind zwar die Verfahrenskosten gedeckt oder gestundet, reicht die Masse aber nicht aus, um darüber hinaus auch die fälligen sonstigen Masseverbindlichkeiten (§ 55 InsO) zu erfüllen, ist das Verfahren nach den §§ 208 ff. InsO wegen **Masseunzulänglichkeit** einzustellen.

4   Dabei ist die Durchführung eines an **Massearmut** leidenden Verfahrens nicht sinnvoll, da der anzustrebende Ordnungs- und Regelungscharakter bzgl. der ohnehin unbefriedigt bleibenden Insolvenzgläubiger nicht zu erreichen ist (*Eickmann* ZIP 1984, 642). Das Verfahren wird daher, wenn die Verfahrenskosten nicht gedeckt sind, kein Vorschuss bezahlt wird und die Verfahrenskosten auch nicht gestundet werden können, nach § 207 InsO sofort wieder eingestellt.

5   Dagegen ist bei **Masseunzulänglichkeit**, wenn also die Verfahrenskosten gedeckt oder gestundet sind aber die sonstigen Masseverbindlichkeiten (teilweise) ungedeckt bleiben, das Verfahren nach §§ 208 ff. InsO bis zur Verwertung und Verteilung der zur Verfügung stehenden Masse fortzusetzen (zur begrifflichen Unterscheidung von Massearmut im engeren und im weiteren Sinne vgl. *Kübler/Prütting/Bork-Pape* InsO, § 207 Rn. 7).

B. Massearmut

6   Massearmut liegt vor, wenn die freie Insolvenzmasse nicht ausreicht, um die Verfahrenskosten zu decken. **Verfahrenskosten** sind nicht nur die in § 54 InsO definierten »Kosten des Verfahrens«, also die Gerichtskosten für das Insolvenzverfahren, die Vergütungen und die Auslagen des vorläufigen Insolvenzverwalters, des Insolvenzverwalters und der Mitglieder des Gläubigerausschusses.

7   Unter den unbestimmten Rechtsbegriff »Kosten des Verfahrens« sind auch die nach Eröffnung des Insolvenzverfahrens entstehenden **unausweichlichen Verwaltungskosten** zu subsumieren. Es handelt sich dabei um diejenigen Aufwendungen, die der Verwalter unabhängig von einer gesetzlichen Rangordnung kurzfristig zu erfüllen hat.

8   Bereits unmittelbar nach Inkrafttreten der Insolvenzordnung sind die Gerichte bei der Prüfung der Eröffnungsfähigkeit von Insolvenzverfahren gem. § 26 InsO auch mit der Frage befasst worden, wie derartige, unausweichliche Verwaltungskosten für die Frage der Verfahrenskostendeckung zu berücksichtigen sind. Das *AG Charlottenburg* hat in mehreren Entscheidungen (ZIP 1999, 1687 [1688, 1689]) die Auffassung vertreten, das Verfahren nicht eröffnet werden sollten, wenn sie nach kurzer Zeit bereits wieder mangels Masse eingestellt werden müssten. Das *LG Berlin* (ZInsO 2000, 244 ff.) hat in einer Beschwerdeentscheidung die gegenteilige Auffassung vertreten, der sich auch andere Amtsgerichte (s. bspw. *AG Neuruppin* ZIP 1999, 1687; *AG Neu-Ulm* NZI 2000, 386) angeschlossen haben, die Verfahren ausdrücklich gegen die Empfehlung des beauftragten Sachverständigen eröffnet haben, obwohl von der freien Masse die notwendigen Abwicklungskosten nicht gedeckt waren.

9   In der Literatur wird die Auffassung vertreten, die notwendigen Abwicklungskosten könnten unter den Begriff der **Auslagen** gem. § 54 Nr. 2 InsO subsumiert werden (*Wienberg/Voigt* ZIP 1999, 1662 ff.; *Förster* ZInsO 2002, 763; *Keller* EWiR 2002, 957 f.). Dieser Auffassung haben sich zwischenzeitlich auch einige Beschwerdekammern angeschlossen (*LG Kassel* ZInsO 2002, 1040 f.; *LG Essen* ZInsO 2003, 625; *LG Dresden* ZInsO 2003, 665). Hiergegen wird allerdings im Ausgangspunkt zutreffend eingewandt, dass es sich bei dem Begriff der Auslagen zwingend um den Insolvenzverwalter persönlich treffende Verbindlichkeiten handelt (BK-InsO/*Breutigam* § 207 Rn. 6; *AG Duisburg* ZInsO 2003, 863 f.). Gerade am Beispiel der vom Insolvenzverwalter gem. § 155 InsO ge-

schuldeten handels- und steuerrechtlichen Pflichten wird allerdings deutlich, dass der Verwalter den zur Aufarbeitung der Buchhaltung erforderlichen Auftrag auch in eigenem Namen und nicht auf Kosten der Masse erteilen kann. In diesem Fall können die entsprechenden Aufwendungen als Auslagen des Insolvenzverwalters vorrangig erstattet werden und sind dann bei der Prüfung nach § 26 InsO ebenso zu berücksichtigen wie bei der Frage, ob das Verfahren nach § 207 InsO vorzeitig wieder eingestellt werden muss.

Das Problem der **unausweichlichen Verwaltungskosten** lässt sich damit allerdings nicht grds. lösen. **10** Wenn es um die für den Erhalt eines Geschäftsbetriebs dringend notwendige Energielieferung geht, ist Vertragspartner die Insolvenzmasse und nicht der Verwalter. Die hierfür entstehenden Kosten können nicht als Auslagen erstattet und über diesen Weg daher nicht in die Verfahrenskostendeckung nach §§ 26, 207 InsO einbezogen werden.

Für den Verwalter entsteht hierdurch ein zunächst **unlösbarer Konflikt**: Geht er derartige sonstige **11** Masseverbindlichkeiten ein, die er, da die Masse lediglich die Verfahrenskosten deckt, nicht erfüllen kann und fällt der Vertragspartner mit seinem Anspruch aus, haftet der Verwalter nach § 61 InsO. Begründet er die Verbindlichkeiten jedoch nicht, macht er sich dadurch schadenersatzpflichtig, dass der Masse hieraus ein Schaden entsteht, weil bspw. durch die Beendigung der Energielieferung Vorräte verderben oder Sicherungsanlagen ausgeschaltet werden.

Es ist offensichtlich, dass eine derartige **Pflichtenkollision** verfassungskonform gelöst werden muss. **12** Dies ist nur dadurch möglich, dass unter den Begriff der »Kosten des Verfahrens« i.S.d. Abs. 1 Satz 1 auch diejenigen unausweichlichen Aufwendungen zu subsumieren sind, die der Verwalter begründen muss, um eine eigene Haftung wegen Pflichtverletzungen zu vermeiden (HK-InsO/*Landfermann* § 207 Rn. 5 ff.). Insoweit ist von **einem »normativen Verfahrenskostenbegriff«** bei § 207 InsO ebenso wie bei § 26 InsO auszugehen (*Rattunde/Röder* sprechen insoweit von teleologischer, verfassungskonformer Auslegung). Der Regierungsentwurf eines Gesetzes zur Vereinfachung des Insolvenzverfahrens (BT-Drucks. 16/3227, S. 12) hat eine gesetzliche Regelung ausdrücklich mit dem Argument abgelehnt, es bestünden Zweifel, ob es mit praxistauglichen Kriterien gelingen könnte, die unausweichlichen Verfahrenskosten von den sonstigen Kosten abzugrenzen, die in jedem Insolvenzverfahren anfallen.

Die durch das InsOÄndG 2001 in Insolvenzverfahren über das Vermögen natürlicher Personen, die **13** einen Restschuldbefreiungsantrag gestellt haben, möglich gewordene **Stundung der Verfahrenskosten** kann das vorbeschriebene Problem ebenfalls nicht lösen. Zwar mag sein, dass dadurch die Spielräume des Verwalters sich etwas vergrößern, da er die vorhandene Masse nunmehr nicht vorrangig für die Verfahrenskosten einsetzen muss, sondern zunächst diese unausweichlichen Verbindlichkeiten bedienen kann. Wenn die freie Masse allerdings hierfür nicht ausreichend ist, stellt sich das Problem der Pflichtenkollision in gleicher Weise. Dies kann nur dadurch verfassungskonform gelöst werden, dass von einem »normativen Verfahrenskostenbegriff«, der auch die unausweichlichen Abwicklungskosten beinhaltet, bei § 207 InsO ebenso wie bei § 26 InsO auszugehen ist.

Der *BGH* hat mit seiner Entscheidung vom 19.11.2009 (NZI 2010, 188) bedauerlicherweise die **14** Chance nicht genutzt um klarzustellen, dass in die Verfahrenskosten die für eine Fortführung der Verwaltung »unabwendbaren Ausgaben« einbezogen werden können. In der gleichen Entscheidung hat er – unzutreffenderweise – den Vorrang der Berichtigung der gestundeten Verfahrenskosten bejaht. Damit würde auch bei Verfahrenskostenstundung dem Insolvenzverwalter nicht die Möglichkeit erwachsen, die für die Verwaltung unabwendbaren Ausgaben zunächst aus der von ihm erwirtschafteten Masse zu tragen (vgl. zu dieser Entscheidung auch die Besprechung von *Kießner* FD-InsR 2010, 296825). In seiner Entscheidung vom 19.04.2012 (– 9 ZB 129/10, BeckRS 2012, 10717) hat der *BGH* erneut darauf hingewiesen, dass diese Frage von ihm bisher noch nicht entschieden worden ist.

Die nach § 4a–4d InsO gestundeten »Kosten des Insolvenzverfahrens« beinhalten dann allerdings **15** auch diese unabwendbaren Abwicklungskosten. Der Verwalter erlangt daher einen Anspruch gegenüber der Staatskasse, der auch als Vorschuss festgesetzt werden kann (*LG Essen* ZInsO 2003, 624; *LG*

Dresden ZVI 2004, 143 f.; *LG Kassel* ZInsO 2002, 1040 f.). Wegen seiner Vergütung beschränkt sich der Anspruch gegenüber der Staatskasse allerdings auf die Mindestvergütung des Insolvenzverwalters (*BGH* NZI 2013, 351).

16 Nicht zu den Kosten gehören die sonstigen Masseverbindlichkeiten (§ 55 InsO); können diese nicht befriedigt werden, liegt ein Fall der Masseunzulänglichkeit vor, der nach § 208 InsO zu behandeln ist.

C. Verfahrensablauf

17 Das Insolvenzgericht kann aus eigener Kenntnis nicht feststellen, ob die Verfahrenskosten gedeckt sind. Nur der Insolvenzverwalter kann entscheiden, ob die vorhandenen Barmittel und die durch die Verwertung der Masse noch zu erwirtschaftenden Gelder ausreichen werden, um die Kosten zahlen zu können. Ändern sich die tatsächlichen Verhältnisse während eines im Anschluss an die Einstellung mangels Masse durchgeführten Beschwerdeverfahrens, kommt es nach Vorliegen der Voraussetzungen für die Einstellung des Verfahrens auf den Zeitpunkt der neu zu treffenden Entscheidung des Beschwerdegerichts an (*LG Neuruppin* NZI 2016, 367; *BGH* NZI 2008, 391).

I. Mitteilung des Verwalters

18 Der Insolvenzverwalter ist daher gehalten, alsbald nach Verfahrenseröffnung zu **prüfen, ob die Verfahrenskosten** – ggf. nach Verwertung der Masse – **gedeckt sind** und dem Gericht mitzuteilen, falls keine Kostendeckung erreicht werden kann. Anderenfalls läuft er Gefahr, Leistungen zu erbringen, für die er keine Vergütung erhält. An der Mitteilung hat er somit ein eigenes Interesse.

II. Die Anhörung der Beteiligten (Gläubigerversammlung)

19 Zur Anhörung der Beteiligten ist ein Termin anzuberaumen, in dem die Gläubigerversammlung (die Insolvenzgläubiger und die absonderungsberechtigten Gläubiger, s. § 74 InsO), der Insolvenzverwalter und die Massegläubiger zu hören sind.

20 Die Anhörung auch der **Massegläubiger** ist vorgeschrieben, weil sie ein Interesse haben können, die drohende Einstellung durch die Zahlung eines Kostenvorschusses (§§ 207 Abs. 1 Satz 2, 26 Abs. 3 InsO) zu verhindern (BT-Drucks. 12/2443 S. 218).

21 Mit der Einstellung des Verfahrens endet des Amt des Insolvenzverwalters, er hat daher der Gläubigerversammlung **Rechnung** zu legen, § 66 InsO. Die Gläubigerversammlung zur Anhörung über die beabsichtigte Einstellung kann mit dem Termin zur Abnahme der Schlussrechnung verbunden werden (HK-InsO/*Landfermann* § 207 Rn. 18).

22 Die Gläubiger können in einer früheren Versammlung – ggf. auch bereits im Berichtstermin – vorsorglich auf ihr Anhörungsrecht und die Abnahme der Schlussrechnung verzichten (*Nerlich/Römermann-Westphal* InsO, § 207 Rn. 28; zum früheren Recht vgl. *LG Göttingen* ZIP 1997, 1039). Allerdings muss dann bei Terminierung der Gläubigerversammlung dieser Tagesordnungspunkt ordnungsgemäß bekannt gemacht worden sein.

23 Soweit die Auffassung vertreten wird, die **Durchführung eines Schlusstermins** sei wegen des Gesetzeswortlauts **zwingend** (*Kübler/Prütting/Bork-Pape* InsO, § 207 Rn. 21 m.w.N.), kann diese Auffassung nicht überzeugen, da der Wortlaut des Gesetzes nicht vorschreibt, dass die Anhörung nach Anzeige der Massearmut erfolgen muss; sie kann daher vorsorglich auch bereits früher erfolgen. Im Übrigen zeigt die Praxis, dass das Interesse der Gläubiger an derartigen Veranstaltungen denkbar gering ist.

24 Da der Bundesgerichtshof nun auch für massearme Verfahren die Anordnung der Masseverteilung für zulässig hält (*BGH* NZI 2013, 1019 m. Anm. *Böhner* in FD-InsR 2013, 352745) ist die Durchführung des Prüfungstermins unabdingbar, um ggf. ein Schlussverzeichnis erstellen zu können.

Beabsichtigt das Gericht, der Anregung des Insolvenzverwalters nicht zu folgen und das Verfahren nicht einzustellen, erübrigt sich die Einberufung einer Gläubigerversammlung. Gegen die Entscheidung steht dem Insolvenzverwalter allenfalls die Rechtspflegererinnerung zu, die sofortige Beschwerde ist ihm nicht eröffnet. Dies gilt auch, wenn der Einstellungsbeschluss des Insolvenzgerichts durch das Beschwerdegericht wieder aufgehoben wurde (*BGH* NZI 2007, 406). 25

III. Kostenvorschuss

Die Einstellung des Verfahrens kann unterbleiben, wenn der zur vollständigen Deckung der Verfahrenskosten (einschließlich der notwendigen Verwaltungskosten) erforderliche Betrag von dritter Seite der Insolvenzmasse zur Verfügung gestellt wird. Dies kann sowohl durch Insolvenzgläubiger als auch durch Massegläubiger oder von am Verfahren nicht beteiligten Dritten erfolgen. 26

Umstritten ist, ob auch der **Insolvenzverwalter** einen derartigen Kostenvorschuss leisten kann (dagegen: *Kübler/Prütting/Bork-Pape* InsO, § 207 Rn. 19 m.w.N.; BK-InsO/*Breutigam* § 207 Rn. 7; *Nerlich/Römermann-Westphal* InsO, § 207 Rn. 19; *Uhlenbruck/Ries* InsO, § 207 Rn. 5). Soweit eingewandt wird, durch die Vorschusszahlung sei die **Unabhängigkeit** des Insolvenzverwalters gefährdet, scheint dies nicht überzeugend. Der Insolvenzverwalter hat selbstverständlich in einem Insolvenzverfahren auch eigene Interessen, nämlich diejenigen, nicht ohne Vergütung arbeiten zu müssen. Wenn er ganz bewusst das Risiko eingeht, neben seinen bereits gefährdeten Vergütungsansprüchen auch noch einen Kostenvorschuss zu leisten, weil er überzeugt ist, eine entsprechende Insolvenzmasse erwirtschaften zu können, so sollte ihm diese Möglichkeit nicht abgesprochen werden. Letztendlich kommt sie auch den übrigen Massegläubigern und ggf. auch den Insolvenzgläubigern zugute. In zahlreichen Verfahren sind nur durch in diesem Sinne risikofreudige Insolvenzverwalter streitige Ansprüche durchgesetzt worden, die letztendlich dann auch zu einer – zumindest quotalen – Befriedigung der Gläubiger führen können. 27

Wird der Vorschuss gewährt, bildet er eine zweckgebundene, vom Verwalter zu verwahrende **Sondermasse**, die ausschließlich zur Deckung der Verfahrenskosten verwandt werden darf (*Nerlich/Römermann-Westphal* InsO, § 207 Rn. 22). 28

Kann durch die Fortführung des Insolvenzverfahrens eine ausreichende Masse erwirtschaftet werden und sind die Verfahrenskosten dann wieder vollständig aus der Masse gedeckt, wird der Vorschuss an den Leistenden zurückerstattet (*OLG Frankfurt/M.* ZIP 1986, 931). 29

Der Vorschussleistende hat einen **Erstattungsanspruch** gegen das Organ einer juristischen Person für den Fall, dass diese den Antrag auf Eröffnung des Insolvenzverfahrens pflichtwidrig und schuldhaft verspätet gestellt hat. § 26 Abs. 3 InsO ist für den Vorschuss zur Abwendung der Einstellung mangels Masse entsprechend anwendbar. Auf dem vom Insolvenzverwalter geleisteten Vorschuss mag die entsprechende Anwendung unterbleiben. 30

IV. Stundung der Verfahrenskosten

Durch das InsOÄndG 2001 ist die Vorschrift – entsprechend § 26 InsO – insoweit ergänzt worden, als eine Einstellung auch dann unterbleibt, wenn die Kosten des Insolvenzverfahrens nach §§ 4a–d InsO gestundet sind. Damit soll Schuldnern die Teilnahme am Restschuldbefreiungsverfahren auch dann ermöglicht werden, wenn noch nicht einmal die Verfahrenskosten gedeckt sind. Die Teilnahme am Restschuldbefreiungsverfahren ist ausgeschlossen, wenn das Insolvenzverfahren nach § 207 InsO eingestellt werden muss, weil eine Stundung ausscheidet. Sind die Verfahrenskosten gestundet, ist die Vorschrift insgesamt nicht anzuwenden und das Verfahren wird nach § 208 ff. InsO abgewickelt. Dies bedeutet auch, dass vorhandene Barmittel, die zur vollständigen Deckung der Masseverbindlichkeiten nicht ausreichen, nicht nach § 207 Abs. 3 InsO zu verteilen sind (**a.A.** *BGH* NZI 2009, 188). Die gestundeten Verfahrenskosten treten im Rang hinter alle sonstigen Masseverbindlichkeiten zurück, was dann auch bei der Verteilungsregel des § 209 zu berücksichtigen ist (vgl. *Kießner* in FS für Braun, S. 205 ff.). Wird ein Insolvenzverfahren auf einen Gläubigerantrag eröffnet, kann der Schuldner rückwirkend die Stundung der im Eröffnungsverfahren angefallenen Verfah- 31 renskosten beantragen, wenn er durch das Insolvenzgericht nicht rechtzeitig über die Notwendigkeit eines Eigenantrags verbunden mit einem Antrag auf Restschuldbefreiung belehrt worden ist (*BGH* BeckRS 2015, 13764 m. Anm. *Buck* FD-InsR 2015, 371915).

V. Pflichten des Verwalters vor Einstellung

32 Die Pflicht des Verwalters beschränkt sich, soweit die Verfahrenskosten nicht gestundet sind, darauf, mit den vorhandenen Barmitteln die Verfahrenskosten zu bezahlen. Von den Gerichtskosten und den Vergütungen des Insolvenzverwalters und der Mitglieder des Gläubigerausschusses sind zunächst die Auslagen zu begleichen und sodann – im Verhältnis ihrer Beträge – die übrigen Kosten. Für den Fall der Verfahrenskostenstundung hat der Bundesgerichtshof (*BGH* NZI 2013, 350) dies ausdrücklich noch einmal klargestellt. Für das wegen Massekostenarmut einzustellende Verfahren gilt nichts anderes.

33 Um sicherzustellen, dass nicht einzelne Verfahrenskostengläubiger sich vorrangig von der nur noch unzureichend vorhandenen Masse befriedigen und die übrigen Kostengläubiger dann schlechter gestellt werden, ist § 210 InsO entsprechend anzuwenden. Dies gilt sowohl für Neumassegläubiger im Verhältnis zu Verfahrenskostengläubigern (*BGH* NZI 2006, 392) ebenso wie im Verhältnis von Verfahrenskostengläubigern untereinander (*BGH* NZI 2006, 697). Es kann lediglich noch die Feststellung der Verbindlichkeiten erfolgen, ein Zahlungstitel ist ausgeschlossen.

34 Wird gleichwohl in die Insolvenzmasse vollstreckt, steht dem Insolvenzverwalter die Vollstreckungserinnerung (§ 766 ZPO) zu. In entsprechender Anwendung des § 89 Abs. 3 InsO ist das Insolvenzgericht funktionell zuständig (*BGH* NZI 2006, 697).

35 Vorhandene Masse braucht der Verwalter nicht mehr zu verwerten. Da seine Vergütung nicht gesichert ist, kann ihm nicht zugemutet werden, die Verwertung der Masse fortzusetzen (BT-Drucks. 12/2443 S. 218). Dem Verwalter ist allerdings nicht verboten, Verwertungshandlungen noch vorzunehmen, wenn sich dadurch die zu verteilenden Barmittel vergrößern lassen (*Kübler/Prütting/Bork-Pape* InsO, § 207 Rn. 25). Werden nach durchgeführter Verteilung noch weitere Barmittel oder sonstige Vermögenswerte bekannt, so kann – wenn das Verfahren noch nicht aufgehoben ist – der Verwalter auch diese noch der Verwertung und Verteilung zuführen. Nach Aufhebung des Verfahrens kann die Nachtragsverteilung angeordnet werden (*BGH* NZI 2013, 1019).

36 Bis zur Einstellung des Insolvenzverfahrens bleibt der Verwalter allerdings zur Verwaltung der Insolvenzmasse berechtigt und verpflichtet (§ 80 Abs. 1). Er wird deswegen auch naheliegende Verwertungsmöglichkeiten nutzen, wenn die Masse dadurch nicht mit zusätzlichen Kosten belastet und die Verfahrenseinstellung nicht verzögert wird, auch wenn er hierzu nicht verpflichtet ist. Ist zur Realisierung der Masse ein Rechtsstreit zu führen, erhält der Insolvenzverwalter hierfür als Partei kraft Amtes Prozesskostenhilfe, wenn die Kosten des Rechtsstreits aus der verwalteten Vermögensmasse nicht aufgebracht werden können und den am Gegenstand des Rechtsstreits wirtschaftlich Beteiligten nicht zuzumuten ist, die Kosten aufzubringen (§ 116 Satz 1 Nr. 1 ZPO). Dies gilt insbesondere auch im Hinblick auf Anfechtungsklagen, wobei ihm diese Aufgabe sogar dann obliegt, wenn der aus einer Anfechtung zu erzielende Erlös wegen der vorweg zu befriedigenden Verfahrenskosten nicht an die Insolvenzgläubiger verteilt werden kann. Eine derartige Anfechtungsklage ist auch dann nicht mutwillig i.S.d. § 114 Satz 1 ZPO, wenn der Verwalter Masseunzulänglichkeit angezeigt hat (*BGH* NZI 2008, 431), da die Anzeige der Masseunzulänglichkeit nur Auswirkungen auf die Verteilung vorhandener Masse hat, nicht jedoch auf den Aufgabenkreis des Insolvenzverwalters.

37 Anders ist die Lage, wenn sich nach der Eröffnung des Insolvenzverfahrens herausstellt, dass die Insolvenzmasse nicht einmal mehr ausreicht, um die Kosten des Verfahrens zu decken. Nach Eintritt der Massekostenarmut ist der Insolvenzverwalter nicht mehr verpflichtet, Anfechtungsansprüche durchzusetzen. Nach Ansicht des BGH darf der Verwalter weder Anfechtungsprozesse beginnen, noch in die nächste Instanz treiben, wenn sich aus dem geltend gemachten Anfechtungsanspruch eine Beseitigung der Massekostenarmut nicht erwarten lässt (*BGH* NZI 2009, 602). In diesem Falle verneint der BGH nicht nur die Pflicht des Insolvenzverwalters zur Geltendmachung derartiger An-

fechtungsansprüche, sondern auch seine Berechtigung (vgl. hierzu die krit. Anm. *Böhner/Ries* FD-InsR 2009, 287612).

Ist der geltend gemachte Anfechtungsanspruch allerdings geeignet, die Verfahrenskostendeckung – 38
trotz der dann auch wieder höheren Verfahrenskosten – wieder herbeizuführen, so ist dem Insolvenzverwalter hierfür Prozesskostenhilfe nicht als mutwillig zu versagen. Der Bundesgerichtshof (*BGH* NZI 2013, 79 m. Anm. *Baumert* FD-InsR 2013, 341192) beendet damit einen Meinungsstreit, der auch zu unterschiedlichen OLG-Entscheidungen geführt hatte (vgl. hierzu die 7. Aufl.). In den Gründen weist er zu Recht auch darauf hin, dass nur hierdurch ein Gleichlauf der Voraussetzungen für die Versagung der Eröffnung (§ 26 Abs. 1 Satz 1 InsO) und der Einstellung des Insolvenzverfahrens mangels Masse zu erreichen sei. Der Bundesgerichtshof hat seine Rechtsprechung inzwischen in weiteren Entscheidungen bestätigt (*BGH* BeckRS 2013, 05343 und *BGH* ZInsO 2013, 496).

D. Nachtragsverteilung

Ist das Verfahren bereits aufgehoben und werden neue Vermögenswerte bekannt, war lange streitig, 39
ob in entsprechender Anwendung des § 211 Abs. 3 InsO die **Nachtragsverteilung** angeordnet werden kann (bejahend *Kübler/Prütting/Bork-Pape* InsO, § 207 Rn. 39; § 203 Rn. 29; BK-InsO/*Breutigam* § 207 Rn. 38; *Zimmer* KTS 2009, 199; verneinend *Nerlich/Römermann-Westphal* InsO, § 207 Rn. 35; *Uhlenbruck/Ries* InsO, § 207 Rn. 13; MüKo-InsO/*Hefermehl* § 207 Rn. 85; *LG Marburg* ZInsO 2003, 288 f.).

In einem bereits aufgehobenen vereinfachten Verfahren, bei dem die Verfahrenskosten nach §§ 4a ff. 40
InsO gestundet waren, hatte der *BGH* (ZIP 2006, 340 ff.) die Anordnung der Nachtragsverteilung ausdrücklich zugelassen. Die im Wege der Nachtragsverteilung noch zu realisierenden Steuererstattungsansprüche dienten in diesem Falle ausschließlich dazu, die verauslagten Verfahrenskosten an die Gerichtskasse – zumindest teilweise – zurückzuführen.

Der Bundesgerichtshof hat in seiner Entscheidung vom 10.10.2013 (*BGH* NZI 2013, 1019 m. Anm. 41
Böhner FD-InsR 2013, 352745) ausdrücklich entschieden, dass die Anordnung einer Nachtragsverteilung auch im Anschluss an eine Einstellung des Insolvenzverfahrens aufgrund des Fehlens einer die Verfahrenskosten deckenden Masse zulässig sei. Damit ist der Meinungsstreit abschließend entschieden.

E. Wirkungen der Verfahrenseinstellung

Der Beschluss, mit dem das Insolvenzverfahren eingestellt wird, und der Grund der Einstellung sind 42
nach § 215 InsO **öffentlich bekannt zu machen**. Die Verfahrenseinstellung wird wirksam, wenn nach dem Veröffentlichungstag zwei weitere Tage verstrichen sind (§ 9 Abs. 1 Satz 3 InsO). Der Beschluss, mit dem das Verfahren mangels Masse nach § 207 InsO eingestellt wird, kann gem. § 216 Abs. 1 von jedem Insolvenzgläubiger und vom Schuldner bzw. den organschaftlichen Vertretern eines Schuldnerunternehmens mit der sofortigen Beschwerde angefochten werden. Die Beschwerdefrist beginnt mit dem Wirksamwerden der öffentlichen Bekanntmachung (*Kübler/Prütting/Bork-Pape* § 207 Rn. 27). Gegen die Ablehnung der Verfahrenseinstellung ist ein Rechtsmittel nicht gegeben (*BGH* NZI 2007, 406).

Nach Einstellung des Verfahrens erhält der Schuldner die **Verfügungsbefugnis** über die Masse zu- 43
rück (§ 215 Abs. 2 Satz 1 InsO). Die Gläubiger können dann ihre Befriedigung durch Einzelzwangsvollstreckung nach der ZPO suchen.

Das **unverwertete Vermögen** wird dem Schuldner zurückgegeben. Weitere Verwertungshandlungen 44
sind dem Insolvenzverwalter aufgrund seiner unsicheren Vergütung nicht zuzumuten (Begr. zu § 317 RegE, *Balz/Landfermann* S. 447).

Wurde durch das Insolvenzverfahren ein Rechtsstreit unterbrochen, der bereits bei Verfahrenseröff- 45
nung anhängig gewesen ist, so führt die Einstellung nach § 207 InsO zur Beendigung der **Unterbre-**

chung nach § 240 ZPO (*BGH* ZIP 1989, 1411). Mit Wirksamkeit des Einstellungsbeschlusses geht die Prozessführungsbefugnis wieder auf den Schuldner über.

46 Vom Insolvenzverwalter rechtshängig gemachte Prozesse werden wegen Wegfalls der **Prozessführungsbefugnis** entsprechend §§ 239, 242 ZPO unterbrochen (*Kübler/Prütting/Bork-Pape* InsO, § 207 Rn. 43; *Nerlich/Römermann-Westphal* InsO, § 215 Rn. 13). Ist ein **Anfechtungsprozess** noch anhängig, muss der Insolvenzverwalter bei Einstellung des Verfahrens den Rechtsstreit übereinstimmend für erledigt erklären, es sei denn, die Nachtragsverteilung sei entsprechend § 211 Abs. 3 InsO vorbehalten worden. In einer starken Literaturmeinung (*Ringstmeier* Insolvenzrecht, 3. Aufl. 2003, Rn. 21.25; MüKo-InsO/*Hefermehl* § 208 Rn. 51; *Kübler/Prütting/Bork-Paulus* InsO, § 129 Rn. 22; *Nerlich/Römermann* InsO, § 129 Rn. 89) wird die Meinung vertreten, die Insolvenzanfechtung setze eine Insolvenzgläubigerbenachteiligung voraus und dies sei in masseunzulänglichen und noch viel mehr in massearmen Verfahren auszuschließen. Dem ist der *BGH* (ZIP 2001, 1641 ff.) mit der zutreffenden Begründung entgegengetreten, dass eine Benachteiligung der Insolvenzgläubiger nicht schon deshalb entfalle, weil diese keine Quotenaussicht hätten und möglicherweise im konkreten Falle nur Massegläubiger vom Anfechtungsprozess profitieren könnten. Diese Auffassung ist zutreffend, da das jede Anfechtung voraussetzende Tatbestandsmerkmal der Gläubigerbenachteiligung nicht gleichzusetzen ist mit der Frage, wer von der Anfechtung profitiere. Wenn durch die anfechtbare Rechtshandlung die Gläubiger benachteiligt sind, so ändert sich hieran nichts dadurch, dass bei der Abwicklung des Verfahrens noch nicht einmal die Massegläubiger Befriedigung erwarten können (vgl. hierzu auch *Gundlach/Frenzel/Schmitt* NZI 2004, 184 ff.).

47 Gem. § 289 Abs. 3 InsO kann sich an ein nach § 207 InsO eingestelltes Insolvenzverfahren ein **Restschuldbefreiungsverfahren** nicht anschließen. Durch das InsOÄndG 2001 ist die Stundung der Verfahrenskosten gem. § 4a–d InsO eingeführt worden. Hierdurch kann die Einstellung eines Insolvenzverfahrens nach § 207 InsO dann unterbleiben, wenn – in Verfahren über das Vermögen natürlicher Personen – die Verfahrenskosten gestundet werden. Reicht die freie Masse dann nicht aus, die sonstigen Masseverbindlichkeiten zu decken, erfolgt die Einstellung nach § 211 InsO und ein Restschuldbefreiungsverfahren bleibt möglich.

F. Löschung juristischer Personen

48 Die Löschung von mit rechtskräftiger Verfahrenseröffnung aufgelösten Gesellschaften bzw. solchen Gesellschaften, über deren Vermögen ein Insolvenzverfahren mangels Masse nicht eröffnet werden konnte, erfolgt nunmehr gem. § 394 FamFG wegen **Vermögenslosigkeit**.

49 Allerdings genügt die Auflösung der Gesellschaft für ihre Löschung nicht. Erforderlich ist vielmehr, dass die Gesellschaft tatsächlich vermögenslos ist, was auch bei einer Einstellung des Verfahrens nach § 207 InsO nicht zwingend der Fall sein muss. Ist noch restliches Vermögen vorhanden, muss sich an die Einstellung des Insolvenzverfahrens eine gesellschaftsrechtliche **Liquidation** durch die Organe der Gesellschaft noch anschließen (vgl. hierzu *Kübler/Prütting/Bork-Pape* InsO, § 207 Rn. 50 ff.; *Uhlenbruck/Ries* InsO, § 207 Rn. 18).

G. Insolvenz der Genossenschaft

50 In Insolvenzverfahren über das Vermögen einer eingetragenen Erwerbs- oder Wirtschaftsgenossenschaft kommt eine Einstellung mangels Masse nur dann in Frage, wenn eine Nachschusspflicht der Genossen ausgeschlossen ist oder – falls sie besteht – die Nachschüsse nicht zu erlangen sind. § 105 Abs. 1 GenG erweitert die Nachschusspflicht ausdrücklich auch auf die Ansprüche der Massegläubiger. Soweit in der Literatur (*Beuthien* GenG, § 104 Rn. 6; *Beuthien/Titze* ZIP 2002, 116 ff.) die Auffassung vertreten wird, die Nachschusspflicht bestehe nur bei Masseunzulänglichkeit, nicht jedoch bei Massearmut, ist diese Auffassung abzulehnen, da sie vom Gesetzeswortlaut nicht gedeckt ist (*Kübler/Prütting/Bork-Pape* InsO, § 207 Rn. 55a; MüKo-InsO/*Hefermehl* § 207 Rn. 51; *Uhlenbruck/Ries* InsO, § 207 Rn. 19).

§ 208 Anzeige der Masseunzulänglichkeit

(1) ¹Sind die Kosten des Insolvenzverfahrens gedeckt, reicht die Insolvenzmasse jedoch nicht aus, um die fälligen sonstigen Masseverbindlichkeiten zu erfüllen, so hat der Insolvenzverwalter dem Insolvenzgericht anzuzeigen, dass Masseunzulänglichkeit vorliegt. ²Gleiches gilt, wenn die Masse voraussichtlich nicht ausreichen wird, um die bestehenden sonstigen Masseverbindlichkeiten im Zeitpunkt der Fälligkeit zu erfüllen.

(2) ²Das Gericht hat die Anzeige der Masseunzulänglichkeit öffentlich bekanntzumachen. ²Den Massegläubigern ist sie besonders zuzustellen.

(3) Die Pflicht des Verwalters zur Verwaltung und zur Verwertung der Masse besteht auch nach der Anzeige der Masseunzulänglichkeit fort.

Übersicht	Rdn.		Rdn.
A. Allgemeines	1	E. Verwertung und Verwaltung nach Anzeige der Masseunzulänglichkeit	18
B. Masseunzulänglichkeit	4	F. Rückkehr ins reguläre Insolvenzverfahren	27
C. Anzeige des Verwalters	13	G. Rechtsmittel	31
D. Bekanntmachung der Anzeige	15		

A. Allgemeines

Die Vorschrift ordnet bei Vorliegen der Masseunzulänglichkeit – wenn also die Verfahrenskosten gedeckt sind – die weitestgehende Verwertung und Verteilung des vorhandenen Schuldnervermögens an. Die hieraus resultierenden haftungsrechtlichen Konsequenzen für den Insolvenzverwalter, der nach § 61 InsO persönlich einzustehen hat, wenn er Masseverbindlichkeiten eingeht, die für ihn erkennbar keine Aussicht auf Befriedigung haben, sollen durch die Rangordnung des § 209 InsO minimiert werden. Danach sind nach der Anzeige der Masseunzulänglichkeit entstandene »Neumasseverbindlichkeiten« vorrangig vor den übrigen Masseverbindlichkeiten zu befriedigen (HK-InsO/*Landfermann* § 208 Rn. 4). 1

Durch die durch das InsOÄndG 2001 (BGBl. I S. 2710) eingefügte Möglichkeit der Verfahrenskostenstundung (§§ 4a–d InsO) hat die Vorschrift eine erhebliche Ausweitung in der Praxis erfahren. Der dramatische Anstieg der eröffneten Insolvenzverfahren natürlicher Personen in den letzten Jahren betrifft nahezu ausschließlich solche Verfahren natürlicher Personen, bei denen die Verfahrenskosten durch die freie Masse nicht gedeckt sind, sondern gestundet werden. Diese Verfahren werden eröffnet, sind jedoch i.d.R. masseunzulänglich, da keine oder nur eine geringe freie Masse sich im Zuge der Abwicklung der Insolvenzverfahren erwirtschaften lässt. 2

Gem. § 289 Abs. 3 Satz 1 InsO kann ein Restschuldbefreiungsverfahren auch durchgeführt werden, wenn nach Anzeige der Masseunzulänglichkeit die Insolvenzmasse nach § 209 InsO verteilt und anschließend das Insolvenzverfahren eingestellt worden ist. Da bei einer Einstellung wegen Masseunzulänglichkeit kein Schlusstermin stattfindet, hat vor der Ankündigung der Restschuldbefreiung eine Anhörung der Insolvenzgläubiger sowie des Insolvenzverwalters bzw. Treuhänders in einer Gläubigerversammlung zu erfolgen (*BGH* Beschl. v. 19.03.2009 – IX ZB 134/08, Beck RS 2009, 09804). 3

B. Masseunzulänglichkeit

Masseunzulänglichkeit liegt vor, wenn zwar die Kosten des Verfahrens (§ 54 InsO) gedeckt sind, die Masse jedoch nicht ausreicht, um auch die übrigen Masseverbindlichkeiten (§ 55 InsO) vollständig zu erfüllen. Masseunzulänglichkeit kann auch im Verbraucherinsolvenzverfahren und bei Anordnung der Eigenverwaltung angezeigt werden. Sie erfolgt durch den Treuhänder bzw. den Sachwalter. Im Insolvenzeröffnungsverfahren ist die Anzeige der Masseunzulänglichkeit nicht möglich (*BAG* NZI 2005, 408). 4

5 Bei der Prüfung, ob Masseunzulänglichkeit vorliegt, sind nicht nur die fälligen Masseverbindlichkeiten zu berücksichtigen, der Verwalter ist auch gehalten zu prüfen, ob die bereits begründeten, aber noch nicht entstandenen und fälligen Masseverbindlichkeiten im Zeitpunkt der Fälligkeit befriedigt werden können. Auch die **drohende Masseunzulänglichkeit** kann der Insolvenzverwalter gem. Abs. 1 Satz 2 dem Insolvenzgericht anzeigen.

6 Die **sonstigen Masseverbindlichkeiten**, die bei (drohender) Masseunzulänglichkeit durch die Insolvenzmasse nicht gedeckt sind, umfassen gem. § 55 InsO:
   – Die durch **Handlungen des Insolvenzverwalters** oder in anderer Weise durch die Verwaltung, Verwertung oder Verteilung der Insolvenzmasse begründeten Verbindlichkeiten, die nicht zu den Kosten des Insolvenzverfahrens gehören (§ 55 Abs. 1 Nr. 1 InsO).
   – Die Verbindlichkeiten aus **gegenseitigen Verträgen**, soweit deren Erfüllung zur Insolvenzmasse verlangt wird oder für die Zeit nach der Eröffnung des Insolvenzverfahrens erfolgen muss (§ 55 Abs. 1 Nr. 2 InsO).
   – Die Verbindlichkeiten aus einer ungerechtfertigten Bereicherung der Masse (§ 55 Abs. 1 Nr. 3 InsO).
   – Die gem. §§ 100, 101 InsO dem Schuldner oder den vertretungsberechtigten, persönlich haftenden Gesellschafter zu gewährende **Unterhaltsleistungen** (§ 209 Abs. 1 Nr. 3 2. HS InsO).
   – Die Verbindlichkeiten, die von einem **vorläufigen Insolvenzverwalter** begründet worden sind, wenn das Insolvenzgericht ihn ausdrücklich ermächtigt hat, oder die Verfügungsbefugnis über das Vermögen des Schuldners auf ihn übergegangen ist (§ 55 Abs. 2 Satz 1 InsO).
   – Die Verbindlichkeiten aus einem **Dauerschuldverhältnis**, soweit der vorläufige Insolvenzverwalter, auf den die Verfügungsbefugnis über das Vermögen des Schuldners übergegangen ist, die Gegenleistung für das von ihm verwaltete Vermögen in Anspruch genommen hat (§ 55 Abs. 2 Satz 2 InsO).
   – Steuerverbindlichkeiten aus dem Insolvenzeröffnungsverfahren (§ 55 Abs. 4 InsO).

7 Von diesen sonstigen Masseverbindlichkeiten ist der gesamte Bereich der Arbeitnehmerforderungen ausgenommen worden, für die Insolvenzgeld geleistet worden ist. Durch das InsOÄndG 2001 ist in § **55 Abs. 3** InsO klargestellt worden, dass derartige, gem. § 187 SGB III auf die Bundesagentur für Arbeit übergegangene Arbeitnehmeransprüche nicht mehr als Masseverbindlichkeiten sondern nur noch als Insolvenzforderung geltend gemacht werden können, auch wenn im Eröffnungsverfahren ein »starker« vorläufiger Verwalter bestellt worden war. Dies gilt in gleicher Weise auch für die entsprechenden Sozialabgaben. Die Rückstufung erfolgt allerdings nur in dem Umfang, wie die Ansprüche tatsächlich und dauerhaft auf die Bundesagentur für Arbeit übergegangen sind (*LAG Niedersachsen* NZA-RR 2016, 600).

8 Ein nach Eröffnung des Insolvenzverfahrens aufgestellter **Sozialplan** (§ 123 InsO) hat für die Feststellung der Masseunzulänglichkeit keine Bedeutung. Zwar sind die Verbindlichkeiten aus einem Sozialplan Masseverbindlichkeiten (§ 123 Abs. 2 Satz 1 InsO), doch darf zur Befriedigung der Sozialplangläubiger nur ein Drittel der Masse verwendet werden, die ohne einen Sozialplan für die Insolvenzgläubiger zur Verfügung stünde. Ansprüche aus einem Sozialplan werden daher nur befriedigt, wenn Zahlungen an die Insolvenzgläubiger erfolgen. Da bei einer Einstellung wegen Masseunzulänglichkeit die Insolvenzgläubiger keine Zahlungen erhalten, gehen auch die Sozialplangläubiger leer aus. Dies gilt selbst dann, wenn der Insolvenzverwalter den Sozialplan erst nach Anzeige der Masseunzulänglichkeit abgeschlossen hat (*BAG* NZA 2010, 413).

9 Ist absehbar, dass die Masse voraussichtlich nicht ausreichen wird, um die bestehenden sonstigen Masseverbindlichkeiten im Zeitpunkt der Fälligkeit zu erfüllen (**drohende Masseunzulänglichkeit**), kann der Insolvenzverwalter dies ebenfalls dem Insolvenzgericht anzeigen, um sein Haftungsrisiko zu verringern. Bereits hierdurch werden die nach der Anzeige entstehenden Masseverbindlichkeiten privilegiert. Tritt später Masseunzulänglichkeit tatsächlich ein, ändert sich an der Abschichtung zwischen Altmasseverbindlichkeiten und Neumasseverbindlichkeiten nichts mehr (*OLG Frankfurt* NZI 2005, 40). Lediglich wenn die Masse auch nicht mehr ausreicht, alle Neumasseverbindlichkeiten zu erfüllen, ist § 210 InsO entsprechend anwendbar.

Um die drohende Masseunzulänglichkeit festzustellen, ist – entsprechend bei der drohenden Zahlungsunfähigkeit gem. § 18 Abs. 2 InsO – eine Prognose aufzustellen, die aufgrund eines **Liquiditätsplans** die bestehenden und zukünftigen Masseverbindlichkeiten mit ihren Fälligkeitsterminen der aktuell vorhandenen und zukünftig erwirtschafteten liquiden Masse gegenüberstellt (*Uhlenbruck/Ries* InsO, § 208 Rn. 3, 7). Ergibt sich aus einem derartigen Zahlungsplan eine Unterdeckung, kann hieraus die drohende Masseunzulänglichkeit abgeleitet werden. 10

Ist die Masseunzulänglichkeit noch nicht eingetreten, sondern droht sie lediglich für die Zukunft, hat der Verwalter das Recht, nicht jedoch die Pflicht, Masseunzulänglichkeit anzuzeigen. Die Situation ist vergleichbar mit der drohenden Zahlungsunfähigkeit, die den Geschäftsführer einer GmbH ebenfalls zum Insolvenzantrag berechtigt, jedoch nicht strafbewehrt verpflichtet. In der Literatur wird daher die Auffassung vertreten, der Anzeigezeitraum bei der Masseunzulänglichkeit reiche von der ersten Erkennbarkeit bis zum tatsächlichen Eintritt (*Haarmeyer/Wutzke/Förster* Handbuch, Kap. 8 Rn. 163; *Pape/Hauser* Rn. 334, 338; BK-InsO/*Breutigam* § 208 Rn. 11; *Uhlenbruck/Ries* InsO, § 208 Rn. 10; MüKo-InsO/*Hefermehl* § 208 Rn. 30). Die **vorbeugende Anzeige** der tatsächlich noch nicht konkret drohenden Masseunzulänglichkeit – etwa bei Betriebsfortführungen – ist hiervon allerdings nicht gedeckt (*Kübler/Prütting/Bork-Pape* InsO, § 208 Rn. 17; differenzierender *Uhlenbruck/Ries* InsO, § 208 Rn. 11). 11

Nach der Entscheidung des *BGH* vom 12.01.2017 (NZI 2017, 7) ist auch klargestellt, dass der Vergütungsanspruch eines im Insolvenzverfahren über das Vermögen des Emittenten bestellten gemeinsamen Vertreters von Anleihegläubigern keine Masseverbindlichkeit darstellt. Ob dies auch für die Rechtsstellung des gemeinsamen Vertreters nach § 6 des Spruchverfahrensgesetzes gilt hat der Bundesgerichtshof ausdrücklich offen gelassen (für Masseverbindlichkeit *OLG Düsseldorf* ZIP 2016, 940, krit. Anm. *Paulus* EWiR 2016, 505). 12

C. Anzeige des Verwalters

Der Insolvenzverwalter hat die Masseunzulänglichkeit dem Insolvenzgericht anzuzeigen (Abs. 1 Satz 1). Die Feststellung der Masseunzulänglichkeit erfolgt daher – ebenso wie bei § 207 InsO – ausschließlich durch den Insolvenzverwalter (der Auffassung des BGH, es komme nicht auf die Anzeige des Insolvenzverwalters an, sondern auf den Zeitpunkt des tatsächlichen Eintritts der Masseunzulänglichkeit (*BGH* NZI 2010, 188), kann nicht gefolgt werden), ohne dass dem Insolvenzgericht oder auch den Massegläubigern im Gesetz eine Überprüfungsmöglichkeit eingeräumt worden wäre. 13

Im Gegensatz zum Fall der Massearmut ist auch eine Anhörung der Insolvenz- und Massegläubiger nicht vorgesehen (anders noch im Regierungsentwurf, der eine Versammlung der Massegläubiger und eine gerichtliche Feststellung der Masseunzulänglichkeit vorsah). Der Diskussionsentwurf des Bundesministeriums der Justiz zum InsO Änderungsgesetz 2005 (veröffentlicht als Beilage 1 zu Heft 4 ZVI 2003) sah noch vor, dass auf Antrag eines Gläubigers oder des Schuldners das Insolvenzgericht die Masseunzulänglichkeit feststellt. Im Regierungsentwurf war diese Regelung dann allerdings wieder gestrichen worden. 14

D. Bekanntmachung der Anzeige

Die Tätigkeit des Gerichts ist zunächst darauf beschränkt, die Anzeige des Verwalters bekanntzumachen. Sie ist im Internet zu veröffentlichen, § 9 InsO. Zusätzlich kann das Gericht weitere Veröffentlichungen (z.B. in den am Ort erscheinenden Tageszeitungen) anordnen. 15

Den Massegläubigern ist die Anzeige besonders zuzustellen. Die Zustellungen können durch Aufgabe zur Post erfolgen oder auch dem Verwalter übertragen werden (§ 8 Abs. 3 InsO). Die Zustellung der Anzeige an die Massegläubiger ist erforderlich, weil mit Anzeige der Masseunzulänglichkeit den Massegläubigern i.S.v. § 209 Abs. 1 Nr. 3 InsO (»Altmassegläubiger«) die Vollstreckung verboten ist (s. § 210 InsO), auch wenn hierdurch oft nicht unerhebliche Kosten ausgelöst werden. 16

17 Der Anzeige kommt »inter omnes«-Wirkung zu, indem ein einheitlicher Zeitpunkt der Massearmut fixiert wird, zu dem diese jedem Massegläubiger gleichermaßen entgegengehalten werden kann und auch für ein Prozessgericht bindend ist (*BGH* ZInsO 2004, 674 ff.).

E. Verwertung und Verwaltung nach Anzeige der Masseunzulänglichkeit

18 Die Vergütung des Verwalters ist im Fall der Masseunzulänglichkeit – wenn auch oft nur in Höhe der Mindestvergütung – gesichert. Das Gesetz verpflichtet ihn deshalb auch dazu, die **Verwertung und Verwaltung** der Masse so lange fortzusetzen, bis die Masse vollständig verwertet und an die Massegläubiger verteilt ist. Er hat sich hierbei an einer möglichst zügigen Liquidation zu orientieren (KS-InsO/*Kübler* 2000, S. 967 Rn. 29 ff.).

19 Er darf dazu auch neue Verbindlichkeiten (»**Neumasseschulden**«) eingehen, da die nach Anzeige der Masseunzulänglichkeit begründeten Masseverbindlichkeiten den übrigen Masseverbindlichkeiten (»Altmasseverbindlichkeiten«) vorgehen (s. § 209 Abs. 1 Nr. 2 InsO). Maßgeblich ist hierfür der Eingang der Anzeige beim Insolvenzgericht (*Nerlich/Römermann-Westphal* InsO, § 208 Rn. 22 m.w.N.). Der *BGH* (NZI 2010, 188) hat in einer wenig überzeugenden Entscheidung ausgeführt, dass Anknüpfungspunkt – entgegen dem Gesetzeswortlaut – nicht die Anzeige durch den Insolvenzverwalter sei, sondern der Verwalter schon bei eingetretener oder voraussichtlicher Masseunzulänglichkeit verpflichtet sei, die in § 209 InsO enthaltene Tilgungsreihenfolge einzuhalten. Dem kann nicht gefolgt werden (vgl. auch Anm. *Kießner* FD-InsR 2010, 296825).

20 Keine Verpflichtung zur weiteren Verwaltung und Verwertung besteht aber dann, wenn dadurch Masseverbindlichkeiten begründet werden, die auch im Rang des § 209 Abs. 1 Nr. 2 InsO nicht oder nicht voll befriedigt werden können. Begründet der Verwalter solche Masseverbindlichkeiten und reicht die Masse einschließlich des durch die Verwertung erzielten Erlöses zu ihrer Begleichung nicht aus, macht sich der Verwalter diesen Gläubigern gegenüber möglicherweise **schadenersatzpflichtig**.

21 Für Altmassegläubiger entfällt nach Anzeige der Masseunzulänglichkeit das Rechtsschutzinteresse für eine Leistungsklage, da sie aus einem Titel ohnehin gem. § 210 InsO nicht mehr vollstrecken könnten. Sind Rechtsstreite anhängig, muss der klagende Massegläubiger daher seine Leistungsklage auf eine Feststellungsklage umstellen (*BGH* ZIP 2003, 914 ff.; *BAG* ZInsO 2005, 50 ff.).

22 Macht der Insolvenzverwalter geltend, die Masse reiche nicht aus, auch alle Neumassegläubiger vollständig zu befriedigen, ist auf diese § 210 InsO ebenfalls entsprechend anzuwenden (*BGH* NZI 2006, 392), mit der Folge, dass auch Neumassegläubiger lediglich noch Feststellung ihrer Forderung im Prozess verlangen können, da auch für sie ein Vollstreckungsverbot dann gilt.

23 Auch nach Anzeige der Masseunzulänglichkeit bleibt der Insolvenzverwalter berechtigt, Anfechtungsansprüche klagweise durchzusetzen. Das Vorliegen einer die Gläubiger benachteiligende Rechtshandlung entfällt nicht nachträglich dadurch, dass im Falle des Obsiegens des klagenden Insolvenzverwalters lediglich Massegläubiger einen Vorteil erlangen (*BGH* ZIP 2001, 1641). Auch Prozesskostenhilfe ist dem Verwalter zu gewähren, wenn er den Rechtsstreit einleiten möchte, nachdem er Masseunzulänglichkeit angezeigt hat (*BGH* NZI 2008, 431).

24 Massegegenstände, die deswegen nicht verwertet werden können, muss der Verwalter notfalls freigeben. Die Gläubiger können nach Einstellung des Verfahrens im Wege der **Einzelzwangsvollstreckung** in diese Gegenstände vollstrecken, soweit nicht gem. §§ 211 Abs. 3, 203 InsO die Nachtragsverteilung angeordnet worden ist.

25 Im Gesetz nicht ausdrücklich vorgesehen ist die mehrmalige Anzeige der Masseunzulänglichkeit. Vor allem in Betriebsfortführungsfällen können Sachverhaltsgestaltungen auftreten, bei denen trotz angezeigter Masseunzulänglichkeit eine sofortige Betriebseinstellung untunlich erscheint, auch wenn erkennbar wird, dass die Neumasseverbindlichkeiten nicht vollständig gedeckt werden können, andererseits aber Verwertungschancen nur durch eine Aufrechterhaltung des Geschäftsbetriebs erhalten bleiben. Durch die erneute Anzeige der Masseunzulänglichkeit (vgl. *ArbG Kiel* m. abl. Anm.

Schmidt EWiR 2002, 1101 f.; offen gelassen in *BGH* WM 2003, 1027 ff.; als Möglichkeit offensichtlich jedoch zugelassen in *BAG* ZIP 2004, 1660 ff.), kann der Insolvenzverwalter erneut eine Rangänderung herbeiführen, um dadurch sein Haftungsrisiko zumindest für die Zukunft zu beschränken. Oft bleibt dies in komplexen Fortführungsfällen die einzige Möglichkeit, die vom Gesetzgeber gewünschte wirtschaftlich orientierte Insolvenzabwicklung sicher zu stellen und eine vorschnelle Liquidation zu vermeiden (*Uhlenbruck/Ries* InsO, § 208 Rn. 11b).

Hat der Insolvenzverwalter Masseunzulänglichkeit angezeigt, hindert ihn dies nicht, für einen zu führenden Masserechtsstreit Prozesskostenhilfe zu beantragen. Der BGH geht in ständiger Rechtsprechung davon aus, dass bei angezeigter Masseunzulänglichkeit grds. die Kosten eines Rechtsstreits nicht aus dem verwalteten Vermögen aufgebracht werden können (*BGH* NZI 2008, 98; NZI 2008, 431; ZIP 2008, 1035 f.). Beantragt der Insolvenzverwalter nach angezeigter Masseunzulänglichkeit Prozesskostenhilfe, darf ihm diese auch nicht deshalb versagt werden, weil der beabsichtigte Rechtsstreit mutwillig sei. Zumindest dann, wenn kein Fall der Massearmut vorliegt, sondern die Verfahrenskosten gedeckt sind und lediglich die Prozesskosten aus der vorhandenen Masse nicht gesichert sind, ist dem Insolvenzverwalter Prozesskostenhilfe zu gewähren, wenn die Voraussetzungen im Übrigen hierfür vorliegen (*BGH* NZI 2008, 431). Ist der durchzusetzende Anspruch hingegen nicht geeignet, die Massekostenarmut zu beseitigen, soll ihm nach Auffassung des *BGH* (NZI 2009, 602) Prozesskostenhilfe nicht gewährt werden. Kann durch den zu führenden Prozess die Massearmut jedoch wieder beseitigt werden, ist dem Insolvenzverwalter Prozesskostenhilfe zu gewähren (*BGH* NZI 2013, 1019 m. Anm. *Böhner* in FD-InsR 2013, 352745). 26

F. Rückkehr ins reguläre Insolvenzverfahren

Nicht ausdrücklich im Gesetz geregelt ist die Frage, ob eine Rückkehr aus dem masseunzulänglichen Verfahren in das reguläre Insolvenzverfahren möglich ist. Dies wird von Insolvenzgerichten zwar teilweise für unzulässig gehalten (vgl. *AG Hamburg* NZI 2000, 140 f.), ergibt sich jedoch bereits zwanglos aus der im Gesetz vorgesehenen Möglichkeit, bereits die drohende Masseunzulänglichkeit anzuzeigen. Stellt sich die dabei angestellte Prognose des Insolvenzverwalters im Nachhinein als unzutreffend heraus, besteht keine Veranlassung, dem Insolvenzverwalter zu verbieten, nunmehr die Masseverbindlichkeiten vollständig zu erfüllen. 27

Dabei ist nicht erforderlich, die Rückkehr ins reguläre Verfahren öffentlich bekannt zu machen oder gar einen Beschluss des Insolvenzgerichts herbeizuführen (*Kübler/Prütting/Bork-Pape* InsO, § 208 Rn. 24; *Schmidt* NZI 2000, 442 ff.). Auch eine Analogie zu §§ 212, 213 InsO, wie sie neuerdings vertreten wird (K. Schmidt/*Jungmann* InsO, § 208 Rn. 34) ist nicht angezeigt. Anders als bei einer Einstellung des Insolvenzverfahrens nach §§ 212 und 213 InsO, bei der das Gesetz davon ausgeht, dass die Insolvenzforderungen nicht erfüllt sind und daher die Zustimmung der Gläubiger zur Verfahrensbeendigung erforderlich ist, hat der Insolvenzverwalter die Masseverbindlichkeiten dann zu erfüllen, wenn er hierzu in der Lage ist. Dann muss er allerdings auch nicht zuvor die Massegläubiger um ihre Zustimmung bitten oder die Tatsache, dass er Masseverbindlichkeiten jetzt erfüllt öffentlich bekanntmachen. Dass das Vollstreckungsverbot des § 210 InsO dann keine Anwendung mehr findet, ist praktisch unbedeutend, wenn die vollstreckbaren Forderungen erfüllt sind. 28

Hat der Insolvenzverwalter dem Gericht gegenüber – drohende – Masseunzulänglichkeit angezeigt und haben sich die Verhältnisse entscheidend verbessert, so dass die Masseunzulänglichkeit nicht mehr droht oder auch nicht mehr vorliegt, so wird er dies dem Insolvenzgericht – spätestens mit dem nächsten fälligen Zwischenbericht – mitteilen und ohnehin sobald als möglich die fälligen Masseverbindlichkeiten erfüllen (wie hier: *Keller* Rpfleger 2008, 1 ff.). 29

Ist die Masseunzulänglichkeit beseitigt und kann der Insolvenzverwalter alle sonstigen Masseverbindlichkeiten erfüllen, droht den Massegläubigern kein Schaden mehr, es kommt auch nicht mehr auf den einheitlichen Zeitpunkt der Rangrückstufung an, so dass weitere förmliche Voraussetzungen für die Rückkehr ins reguläre Verfahren nicht erforderlich sind (wie hier wohl auch *Runkel/Schnurbusch* NZI 2000, 49 ff. [53 Fn. 29]). 30

G. Rechtsmittel

31 Ein Rechtsmittel gegen die Anzeige der Masseunzulänglichkeit ist nicht gegeben; in § 216 InsO ist die Einstellung nach § 211 InsO ausdrücklich ausgenommen (*BGH* ZInsO 2007, 263 f.). Damit liegt es allein in der nicht überprüfbaren Entscheidungskompetenz des Insolvenzverwalters, die Massearmut des Verfahrens festzustellen und dem Gericht anzuzeigen. Handelt der Verwalter hierbei schuldhaft pflichtwidrig und entstehen den Gläubigern hierdurch verursachte Schäden, können sie lediglich Schadenersatzansprüche gegen den Insolvenzverwalter geltend machen. Sind Massegegenstände noch vorhanden, kann entweder die Nachtragsverteilung angeordnet oder auch ein neues Insolvenzverfahren beantragt werden.

§ 209 Befriedigung der Massegläubiger

(1) Der Insolvenzverwalter hat die Masseverbindlichkeiten nach folgender Rangordnung zu berichtigen, bei gleichem Rang nach dem Verhältnis ihrer Beträge:
1. die Kosten des Insolvenzverfahrens;
2. die Masseverbindlichkeiten, die nach der Anzeige der Masseunzulänglichkeit begründet worden sind, ohne zu den Kosten des Verfahrens zu gehören;
3. die übrigen Masseverbindlichkeiten, unter diesen zuletzt der nach den §§ 100, 101 Abs. 1 Satz 3 bewilligte Unterhalt.

(2) Als Masseverbindlichkeiten im Sinne des Abs. 1 Nr. 2 gelten auch die Verbindlichkeiten
1. aus einem gegenseitigen Vertrag, dessen Erfüllung der Verwalter gewählt hat, nachdem er die Masseunzulänglichkeit angezeigt hatte;
2. aus einem Dauerschuldverhältnis für die Zeit nach dem ersten Termin, zu dem der Verwalter nach der Anzeige der Masseunzulänglichkeit kündigen konnte;
3. aus einem Dauerschuldverhältnis, soweit der Verwalter nach der Anzeige der Masseunzulänglichkeit für die Insolvenzmasse die Gegenleistung in Anspruch genommen hat.

Übersicht

		Rdn.
A.	Allgemeines	1
B.	Rangordnung der Masseverbindlichkeiten	4
C.	Neumasseverbindlichkeiten	16
I.	Allgemeines	16
II.	Verträge, deren Erfüllung vom Verwalter gewählt worden ist (Abs. 2 Nr. 1)	25
III.	Dauerschuldverhältnisse, die nicht rechtzeitig gekündigt worden sind (Abs. 2 Nr. 2)	31
IV.	Inanspruchnahme der Gegenleistung (Abs. 2)	38
D.	Altmasseverbindlichkeiten	48
E.	Rückforderungen	50
F.	Aufrechnung	52

A. Allgemeines

1 Die Vorschrift enthält die **zentralen Regelungen** für die Abwicklung von masseunzureichenden Verfahren. Sie soll verhindern, dass Verfahren eingestellt werden müssen und die noch vorhandene und verwertbare Masse dem Schuldner wieder herausgegeben werden muss. Stattdessen wird durch die Vorschrift sichergestellt, dass auch bei geringem Schuldnervermögen die Verwertung im Rahmen eines ordentlichen Verfahrens erfolgt.

2 Durch die Vorschrift wurde der Gleichrang der vom Verwalter begründeten Masseverbindlichkeiten des § 60 KO aufgehoben und damit dem Insolvenzverwalter die Möglichkeit eingeräumt, nach Anzeige der Masseunzulänglichkeit neue Masseverbindlichkeiten einzugehen, die vorrangig befriedigt werden können, während Altmasseverbindlichkeiten ggf. nur quotal zu bedienen sind.

3 Durch das InsOÄndG 2001 und die **Stundungsregelung** der §§ 4a–d InsO scheidet eine Einstellung nach § 207 InsO in Insolvenzverfahren natürlicher Personen i.d.R. aus. Die Abwicklung einer Vielzahl von Verfahren mit wenig Masse nach § 208 ff. InsO ist die Folge. Die Vorschrift hat dadurch erheblich an Bedeutung gewonnen.

B. Rangordnung der Masseverbindlichkeiten

Der Insolvenzverwalter hat nach Anzeige der Masseunzulänglichkeit die Masseverbindlichkeiten nach der Rangordnung der Abs. 1 und 2 zu berichtigen. Dabei sind zunächst alle Ansprüche einer Klasse vollständig zu befriedigen, bevor Auszahlungen auf die Verbindlichkeiten der nächsten Klasse zulässig sind. 4

Nicht auf einen Geldbetrag lautende Forderungen sind im Hinblick auf die Rangordnung entsprechend § 45 InsO in eine Geldforderung umzurechnen (*Nerlich/Römermann-Westphal* InsO, § 209 Rn. 3). Reicht die Masse nicht (mehr) aus, um Gläubiger mit gleichem Rang zu befriedigen, werden sie nach dem Verhältnis ihrer Beträge befriedigt. Dies gilt insbesondere auch für die Verfahrenskosten, also die Gerichtskosten und die Verwaltervergütung (*BGH* NZI 2013, 350). 5

An erster Rangstelle stehen – soweit sie nicht nach § 4a InsO gestundet sind – die **Kosten des Insolvenzverfahrens**. Dies sind gem. § 54 InsO die Gerichtskosten für das Insolvenzverfahren, die Vergütungen des vorläufigen Insolvenzverwalters, des Insolvenzverwalters und die Mitglieder des Gläubigerausschusses. Die Kosten des Insolvenzverfahrens werden stets voll befriedigt, denn sollten die Verfahrenskosten nicht gedeckt sein, wäre das Verfahren mangels Masse einzustellen (§ 207 InsO); eine Verteilung der Masse nach § 209 InsO findet daher nur statt, wenn die Kosten in voller Höhe gedeckt oder gestundet sind und lediglich die sonstigen Masseverbindlichkeiten nicht erfüllt werden können. 6

Neben den Verfahrenskosten im engeren Sinne sind auch diejenigen Verbindlichkeiten zu decken, die als **unausweichliche Verwaltungskosten** unter den normativen Verfahrenskostenbegriff (vgl. hierzu § 207 Rdn. 7 ff.) zu subsumieren sind (offen gelassen von *BGH* NZI 2010, 188). 7

Durch das InsO Änderungsgesetz 2001 ist die Möglichkeit geschaffen worden, die Verfahrenskosten zu stunden, ohne dass der Gesetzgeber die Folgen für die Rangordnung des § 209 InsO geregelt hätte. In Rechtsprechung und Literatur wird hierzu die Auffassung vertreten, auch in diesem Falle habe der Insolvenzverwalter den absoluten Vorrang der Verfahrenskosten zu berücksichtigen (*BGH* NZI 2010, 188; *Uhlenbruck/Ries* InsO, § 209 Rn. 2, 9) und zunächst nach § 207 Abs. 3 Satz 1 InsO zu verteilen. 8

Diese Auffassung verkennt allerdings, dass damit die Absicht des Gesetzgebers, dem Insolvenzverwalter die Möglichkeit zu geben, die von ihm nach Anzeige der Masseunzulänglichkeit begründeten Neumasseverbindlichkeiten vorab befriedigen zu dürfen, nicht umgesetzt werden könnte. Zucem würde der Insolvenzverwalter einerseits verpflichtet, die Verfahren weiter abzuwickeln und dadurch ggf. auch Neumasseverbindlichkeiten zu begründen, andererseits bliebe ihm jedoch verwehrt, gerade diese Neumasseverbindlichkeiten vorab aus der erwirtschafteten Masse auch in den Fällen zu bedienen, in denen diese nicht ausreicht, sowohl die Verfahrenskosten als auch die Neumasseverbindlichkeiten vollständig zu decken. Folge wäre die persönliche Haftung des Insolvenzverwalters nach § 61 InsO (vgl. hierzu *Kießner* FS für Braun, S. 205 ff.). 9

Sind die Verfahrenskosten gestundet, so sind sie vollständig aus der Verteilungsregel des § 209 auszuklammern und nur bei vollständiger Deckung aller Masseverbindlichkeiten erst zu bedienen (so jetzt [ab der 4. Aufl.] auch HK-InsO/*Landfermann* § 209 Rn. 6). 10

Dieses Ergebnis folgt auch aus dem Rechtsgedanken des § 292 Abs. 1 Satz 2 InsO. Danach hat der Treuhänder im Restschuldbefreiungsverfahren Ausschüttungen an die Insolvenzgläubiger erst vorzunehmen, wenn die gestundeten Verfahrenskosten berichtigt sind. Hieraus ist zu folgern, dass im Falle der Verfahrenskostenstundung diese im Rang hinter alle Masseverbindlichkeiten unmittelbar vor die Insolvenzforderungen treten (a.A. *BGH* NZI 2010, 188). 11

12 Nach den Verfahrenskosten sind die Masseverbindlichkeiten zu berichtigen, die der Verwalter nach Anzeige der Masseunzulänglichkeit (§ 208 InsO) eingegangen ist, die »**Neumasseverbindlichkeiten**« (BT-Drucks. 12/2443 S. 220).

13 Bei der Befriedigung von Masseansprüchen aus **gegenseitigen Verträgen** ist zu unterscheiden, ob sie zu den »Neumasseverbindlichkeiten« oder den »Altmasseverbindlichkeiten« gehören. Abs. 2 stellt klar, unter welchen Voraussetzungen die Verbindlichkeiten als »Neumasseverbindlichkeiten« einzuordnen und bevorzugt – also vor den »Altmasseverbindlichkeiten« – zu befriedigen sind.

14 Letztrangige Massegläubiger sind die Gläubiger der übrigen Masseverbindlichkeiten, einschließlich derjenigen aus dem Eröffnungsverfahren, wenn ein vorläufiger Insolvenzverwalter bestellt war (§ 55 Abs. 2 und Abs. 4). Ein von der Gläubigerversammlung dem Schuldner oder dem vertretungsberechtigten, persönlich haftenden Gesellschafter des Schuldners gewährter **Unterhalt** geht anderen Ansprüchen dieses Ranges nach, ist daher nur dann zu befriedigen, wenn die anderen »Altmassegläubiger« voll befriedigt worden sind.

15 Ansprüche aus einem nach Eröffnung des Insolvenzverfahrens aufgestellten **Sozialplan** werden im Fall der Masseunzulänglichkeit nicht berücksichtigt, haben daher auch bei der Verteilung nach § 209 InsO keine Bedeutung. Die Sozialplanansprüche sind zwar kraft Gesetzes Masseverbindlichkeiten (§ 123 Abs. 2 Satz 1 InsO), für ihre Berichtigung darf jedoch nicht mehr als ein Drittel der Masse verwendet werden, die ohne einen Sozialplan für die Verteilung an die Insolvenzgläubiger zur Verfügung stünde (§ 123 Abs. 2 Satz 2 InsO). Insolvenzgläubiger erhalten bei Masseunzulänglichkeit keine Zahlungen, so dass auch für die Sozialplangläubiger keine Masse zur Verteilung zur Verfügung steht (*Uhlenbruck/Ries* InsO, § 209 Rn. 32; BK-InsO/*Breutigam* § 209 Rn. 18). Dies gilt auch für Sozialpläne, die der Insolvenzverwalter nach Anzeige der Masseunzulänglichkeit vereinbart hat (*BAG* NZA 2010, 413).

C. Neumasseverbindlichkeiten

I. Allgemeines

16 Sind die Verfahrenskosten vollständig gedeckt oder gestundet, sind zunächst die durch ein **Handeln des Insolvenzverwalters** entstandenen sonstigen Masseverbindlichkeiten zu berücksichtigen, die dieser nach dem Eingang der Anzeige der Masseunzulänglichkeit beim Insolvenzgericht begründet hat.

17 Gem. § 61 InsO haftet der Insolvenzverwalter für die Nichterfüllung von Masseverbindlichkeiten dann nicht, wenn er bei der Begründung der Verbindlichkeiten nicht erkennen konnte, dass die Masse voraussichtlich zur Erfüllung nicht ausreichen würde. Der Insolvenzverwalter ist daher gehalten, bei der Begründung von Masseverbindlichkeiten – ähnlich wie bei der Prüfung, ob Masseunzulänglichkeit droht – eine **Finanzplanung** vorzunehmen, um erkennen zu können, ob er die begründeten Masseverbindlichkeiten bei Fälligkeit auch aus der liquiden Masse erfüllen kann.

18 Nach Anzeige der Masseunzulänglichkeit wird der Insolvenzverwalter hinsichtlich der von ihm neu begründeten Verbindlichkeiten diese Prüfung umso genauer durchführen um sicherzustellen, dass ihm keine Inanspruchnahme nach § 61 InsO droht.

19 Der Verwalter ist auch bei Eintritt der Masseunzulänglichkeit verpflichtet, die Masse zu verwalten und verwerten (§ 208 Abs. 3 InsO). Dazu muss er unter Umständen neue Masseverbindlichkeiten begründen (Angestellte des Schuldners weiterbeschäftigen, Pacht- und Energielieferungsverträge fortsetzen oder neu begründen u. Ä.). Wenn der Insolvenzverwalter nach Anzeige der Masseunzulänglichkeit einen Vermögensgegenstand unter Umsatzsteuerausweis verwertet, darf er die hierdurch entstandene Umsatzsteuer nur dann an die Finanzverwaltung abführen, wenn alle vorrangigen Verfahrenskosten gedeckt sind. Auch insoweit gilt der absolute Vorrang der Verfahrenskosten (*BGH* NZI 2011, 60). Eine Haftung des Insolvenzverwalters scheidet selbst dann aus, wenn er bei Abschluss des Verwertungsgeschäftes weiß, dass er die Umsatzsteuer wegen des absoluten Vorrangs der Verfahrenskosten nicht wird bezahlen können. Der BGH verneint das Vorliegen einer Haftung nach §§ 191, 69, 34 AO, weil § 69 AO nicht die Begründung von Steuerpflichten sanktionieren würde.

Auch einen insolvenzrechtlichen Schadensersatzanspruch nach § 60 verneint der BGH, weil der Verwalter durch den Abschluss des Verwertungsgeschäfts keine insolvenzspezifischen Pflichten gegenüber dem Fiskus verletzt. Eine Ersatzpflicht nach § 61 liege nicht vor, da diese Vorschrift nur dem Schutz von Gläubigern diene, die für oder im Zusammenhang mit ihrem Anspruch gegen die Masse eine Gegenleitung erbrächten (*BGH* NZI 2005, 155). Dadurch, dass der Insolvenzverwalter auch den Umsatzsteueranteil am vereinnahmten Verwertungserlös für die Deckung der Verfahrenskosten verwendet, wird keine persönliche Haftung des Insolvenzverwalters für die Umsatzsteuerschuld begründet, da § 61 schon deshalb ausscheidet, weil nur die Pflichten bei der Begründung von Masseverbindlichkeiten hiernach sanktioniert sind, nicht jedoch spätere Pflichtverletzungen (*BGH* NZI 2004, 435). Nach Auffassung des BGH ist daher die Nichterfüllung der Umsatzsteuerschuld bereits nicht pflichtwidrig (*BGH* NZI 2011, 60).

Die Arbeit des Verwalters in masseunzulänglichen Verfahren wird durch die bevorzugte Befriedigung der »Neumassegläubiger« erleichtert, da sich die Prüfung der finanziellen Möglichkeiten der Masse darauf beschränken kann, ob er die »Neumassegläubiger« mit den vorhandenen oder den noch zu erwirtschaftenden Mitteln befriedigen kann, auch wenn sich die Befriedigungschancen der Altmassegläubiger hierdurch möglicherweise verschlechtern (*Uhlenbruck/Ries* InsO, § 209 Rn. 11). 20

Dabei muss der Insolvenzverwalter auch die Interessen der Altmassegläubiger berücksichtigen, Neumasseverbindlichkeiten sollen nur insoweit begründet werden, als diese für eine zügige Liquidation erforderlich sind (*Uhlenbruck/Ries* InsO, § 209 Rn. 11). Selbstverständlich gilt dies auch für eine **Betriebsfortführung**, die ohnehin nie Selbstzweck, sondern Mittel zur bestmöglichen Verwertung der Insolvenzmasse einerseits sowie Maßnahme zum Erhalt eines schuldnerischen Unternehmens andererseits, ist (§ 1 Abs. 1 InsO). 21

Ob Masseverbindlichkeiten als bevorzugte »Neumasseverbindlichkeiten« oder als nachrangige »Altmasseverbindlichkeiten« einzuordnen sind, richtet sich danach, ob sie vor oder nach Anzeige der Masseunzulänglichkeit begründet (*BGH* NZI 2006, 392 ff.) worden sind. Das Gesetz stellt darauf ab, zu welchem Zeitpunkt der Insolvenzverwalter die Masseunzulänglichkeit dem Gericht angezeigt hat, die **Anzeige** also **bei Gericht eingegangen** ist. Auf die öffentliche Bekanntmachung der Anzeige oder ihre Zustellung an die Massegläubiger (s. § 208 Abs. 2 InsO) kommt es nicht an. Ebenso unbeachtlich ist – entgegen der wenig überzeugenden Auffassung des *BGH* (NZI 2010, 188) – der Zeitpunkt des Eintritts der Masseunzulänglichkeit. Er wird im Nachhinein ohne weitergehende Ermittlung ohnehin nicht festzustellen sein, so dass der Gesetzgeber aus diesem Grund auf das formale Kriterium der Anzeige der Masseunzulänglichkeit durch den Insolvenzverwalter abgestellt hat. Dem Insolvenzverwalter verbleibt damit das Risiko einer nicht zur rechten Zeit erstatteten Anzeige, woraus sich Haftungsansprüche der Massegläubiger ergeben können. 22

Nimmt der Insolvenzverwalter nach Anzeige der Masseunzulänglichkeit eine Betriebsstilllegung vor, ohne die betriebsverfahrensrechtlichen Gegebenheiten zu berücksichtigen, können gem. § 113 Abs. 3 i.V.m. Abs. 1 BetrVG Abfindungsansprüche der Arbeitnehmer dann entstehen, wenn der Insolvenzverwalter die geplante Betriebsänderung nach § 111 BetrVG durchführt, ohne zuvor einen Interessenausgleich mit dem Betriebsrat versucht zu haben. Diese Regeln finden auch im Insolvenzverfahren uneingeschränkt Anwendung (*BAG* NZI 2004, 99 ff.). 23

Der Anspruch entsteht, sobald der Unternehmer/Insolvenzverwalter mit der Durchführung der Betriebsänderung begonnen hat, ohne bis dahin einen Interessenausgleich mit dem Betriebsrat versucht zu haben (*BAG* NZA 2006, 736 ff.). Ein Unternehmer beginnt mit der Durchführung einer Betriebsstilllegung, sobald er unumkehrbare Maßnahmen zur Auflösung der betrieblichen Organisation getroffen hat. Die bloße Einstellung der Produktion oder der sonstigen betrieblichen Tätigkeit und die widerrufliche Freistellung der Arbeitnehmer sind regelmäßig keine unumkehrbaren Maßnahmen und stellen daher noch keinen Beginn der Betriebsstilllegung dar. Auch in der Kündigung von Ausbildungsverhältnissen liegt regelmäßig kein Beginn der Betriebsstilllegung (*BAG* NZA 2006, 1122 ff.). Begründet ein Insolvenzverwalter also durch Maßnahmen nach Anzeige der Masseun- 24 zulänglichkeit Ansprüche auf Nachteilsausgleich, so stellen diese Neumasseverbindlichkeiten dar und können regelmäßig im Wege der Leistungsklage verfolgt werden. Schließt der Insolvenzverwalter nach Anzeige der Masseunzulänglichkeit einen Sozialplan ab, entstehen hieraus keine Neumasseverbindlichkeiten (*BAG* NZA 2010, 413).

II. Verträge, deren Erfüllung vom Verwalter gewählt worden ist (Abs. 2 Nr. 1)

25 **Gegenseitige Verträge** aus der Zeit vor Eröffnung des Insolvenzverfahrens, die von beiden Seiten noch nicht vollständig erfüllt worden sind, kann der Verwalter an Stelle des Schuldners erfüllen und seinerseits die Erfüllung vom anderen Teil verlangen (§ 103 InsO).

26 Verlangt der Verwalter die Erfüllung vor Eintritt und Anzeige der Masseunzulänglichkeit, nimmt der andere Teil mit seiner Forderung als »Altmassegläubiger« am Verfahren teil (§ 55 Abs. 1 Nr. 2 InsO).

27 Lehnt der Verwalter die Erfüllung ab, gehört ein etwa bestehender Schadenersatzanspruch des Vertragspartners wegen Nichterfüllung zu den Insolvenzforderungen (§ 103 Abs. 2 Satz 1 InsO), gleichgültig, ob die Ablehnung vor oder nach Anzeige der Masseunzulänglichkeit erfolgte.

28 Verlangt der Verwalter die Erfüllung nach Anzeige der Masseunzulänglichkeit, gehört der dem Vertragspartner zustehende Anspruch zu den vorrangig zu befriedigenden Masseansprüchen (Abs. 2 Nr. 1 InsO). Bevor daher der Verwalter die Erfüllung eines gegenseitigen Vertrages verlangt, wird er auch hier prüfen müssen, ob er die dem Vertragspartner gebührende Gegenleistung aus der Masse erbringen kann.

29 Teilweise wird in der Literatur die Auffassung vertreten, die Anzeige der Masseunzulänglichkeit führe zu einem **erneuten Wahlrecht** nach § 103 InsO entsprechend der Eröffnung des Insolvenzverfahrens. Dem Verwalter soll dadurch die Möglichkeit der Erfüllungswahl auch für solche Verträge eingeräumt werden, die er selbst nach Eröffnung des Verfahrens abgeschlossen hat (HK-InsO/*Landfermann* § 209 Rn. 8; KS-InsO/*Kübler* 2000, S. 977 f., Rn. 37).

30 Diese Auffassung kann sich auf Vorschriften des Regierungsentwurfes stützen, die vom Rechtsausschuss allerdings gestrichen worden sind und daher nicht mehr Eingang in das Gesetz gefunden haben. Nach der geltenden gesetzlichen Regelung ergeben sich keinerlei Anhaltspunkte dafür, dass der Anzeige der Masseunzulänglichkeit über die Regelung in § 208 InsO hinaus weitere Rechtswirkung zukommen soll. Insbesondere eine Annahme, die Anzeige der Masseunzulänglichkeit habe entsprechende Wirkung wie die Eröffnung des Insolvenzverfahrens (**Konzeption des Konkurses im Konkurs**), hat im Wortlaut der Vorschrift keinerlei Stütze. Diese Konzeption ist durch den Rechtsausschuss gestrichen worden (wie hier auch *Kübler/Prütting/Bork-Pape* InsO, § 209 Rn. 12 ff.; diff. *Uhlenbruck/Ries* InsO, § 209 Rn. 17).

III. Dauerschuldverhältnisse, die nicht rechtzeitig gekündigt worden sind (Abs. 2 Nr. 2)

31 **Dauerschuldverhältnisse** sind Vertragsverhältnisse, bei denen die geschuldeten Leistungen in einem dauernden Verhalten oder in wiederkehrenden, sich über einen längeren Zeitraum erstreckenden Einzelleistungen bestehen (*Palandt* Einl. v. § 241 Rn. 17, Stichwort »Dauerschuldverhältnis«).

32 Verträge dieser Art sind z.B. Pacht- und Mietverträge über die vom Schuldner angemieteten Geschäftsräume, Versicherungsverträge, Arbeits- und Dienstverträge mit den Arbeitnehmern (s. § 113 InsO), Energielieferungsverträge.

33 Verträge über Dauerschuldverhältnisse kann der Insolvenzverwalter mit den vertraglich vereinbarten oder gesetzlich bestimmten **Kündigungsfristen** kündigen. Die Ansprüche des Vertragspartners des Schuldners sind, soweit sie vor Eröffnung des Insolvenzverfahrens entstanden sind, Insolvenzforderungen. Die nach Eröffnung entstandenen Ansprüche sind Masseverbindlichkeiten i.S.v. § 55 Abs. 1 Nr. 2 InsO und werden im Fall der Masseunzulänglichkeit als »Altmasseverbindlichkeiten« im Rang des § 209 Abs. 3 InsO (also nach den »Neumasseverbindlichkeiten«) berichtigt.

Die Massegläubiger können aus derartigen Ansprüchen wegen § 90 InsO für die Dauer von sechs Monaten seit Eröffnung des Insolvenzverfahrens nicht in die Masse vollstrecken, insbesondere, um Betriebsfortführungen nicht zu gefährden (s. dazu Begr. zu § 101 RegE; *Balz/Landfermann* S. 305). 34

Einen besseren Rang haben die Ansprüche, die entstanden sind, nachdem der Verwalter die Masseunzulänglichkeit angezeigt hat und er es gleichwohl unterlassen hat, danach den Vertrag zum ersten zulässigen Termin zu kündigen. Die **Fortsetzung eines Dauerschuldverhältnisses** durch den Insolvenzverwalter nach Anzeige der Masseunzulänglichkeit führt also dazu, dass die Ansprüche, die nach dem ersten möglichen Kündigungstermin entstanden sind, vorrangig, nämlich als »Neumasseverbindlichkeiten« zu befriedigen sind, auch wenn der Verwalter die Gegenleistung nicht mehr in Anspruch nimmt (*BAG* ZIP 2004, 1323 ff.; *LAG Rheinland-Pfalz* GWR 2017, 104). 35

Für diese Ansprüche greift das **Vollstreckungsverbot** gem. § 90 Abs. 2 InsO nicht, die Massegläubiger können daher wegen dieser Neumasseverbindlichkeiten ohne Einschränkung in die Insolvenzmasse vollstrecken, da für sie auch das Vollstreckungsverbot nach § 210 InsO nicht gilt. Eine Ausnahme besteht nur dann, wenn der Verwalter angezeigt hat, dass er auch Neumasseverbindlichkeiten nicht mehr vollständig erfüllen kann (weitere Masseunzulänglichkeit). In diesem Fall sind auch die Neumassegläubiger auf die Erhebung einer Feststellungsklage über das Bestehen ihrer Forderungen beschränkt (*BAG* ZIP 2004, 1660 ff.; *BGH* NZI 2006, 392 ff.). 36

Für den Insolvenzverwalter bedeutet dies, dass er sich alsbald einen Überblick über die bestehenden Dauerschuldverhältnisse und die daraus resultierenden Verbindlichkeiten verschafft und prüft, ob er diese Verträge kündigen muss. Unterlässt er die gebotene Auflösung der Verträge und können die den Vertragspartnern (als »Neumasseverbindlichkeiten«) zustehenden Ansprüche nicht erfüllt werden, macht er sich unter Umständen schadenersatzpflichtig *(BGH* NZI 2012, 409). 37

IV. Inanspruchnahme der Gegenleistung (Abs. 2)

Ansprüche aus einem Dauerschuldverhältnis, die deshalb nach Anzeige der Masseunzulänglichkeit entstehen, weil eine vorzeitige Kündigung nicht möglich ist, gehören zu den Masseverbindlichkeiten i.S.v. § 55 Abs. 1 Nr. 2 InsO, es sind »Altmasseverbindlichkeiten«, die an letzter Rangstelle des § 209 InsO stehen. 38

Anders sind die Ansprüche dann einzuordnen, wenn der Insolvenzverwalter die **Gegenleistung** für die Masse nach Anzeige der Masseunzulänglichkeit entgegengenommen hat. Die Masse hat dadurch nach Eintritt der Masseunzulänglichkeit durch eine Handlung des Verwalters einen Vorteil erlangt und muss dafür den Gläubiger bevorzugt befriedigen. Gläubiger, die mit dem Insolvenzverwalter in massearmen Verfahren Verträge abschließen, werden durch die Rangfolge des § 209 InsO geschützt, auf der anderen Seite hat der Verwalter bei der Verwaltung und Verwertung mehr Entscheidungsspielraum, da die Ansprüche der »Neumassegläubiger« nicht mit denen der »Altmassegläubiger« konkurrieren. 39

Nimmt also der Verwalter die Leistungen eines Arbeitnehmers in Anspruch (z.B. durch Mitwirkung bei der Abwicklung des Insolvenzverfahrens oder zur Fortführung des Betriebes usw.), stellt ihn also nicht frei, hat der Arbeitnehmer Anspruch auf volle Vergütung seiner Arbeitsleistung. Seine Forderungen sind »Neumasseverbindlichkeiten«, während die Ansprüche der freigestellten Arbeitnehmer (der Verwalter nimmt die Gegenleistung nicht entgegen) »Altmasseverbindlichkeiten« sind. Dabei ist unschädlich, wenn der Insolvenzverwalter unverzüglich die betriebsverfassungsrechtlich gebotene Maßnahme einleitet, um in der weiteren Folge überhaupt zulässig kündigen zu können. Alle in diesen Zeitraum fallenden, dann letztendlich gekündigten, Arbeitsverhältnisse sind mit ihren Entgeltansprüchen Altmasseverbindlichkeiten. Stellt der Insolvenzverwalter die Arbeitnehmer »unter Anrechnung auf offenen Urlaub« von ihrer Arbeitsleistung frei, entsteht hinsichtlich der Ansprüche auf Urlaubsentgelt und Urlaubsgeld keine neue Masseverbindlichkeit. Wird der Arbeitnehmer vom Insolvenzverwalter zu weiterer Arbeitsleistung herangezogen, begründen die offenen Urlaubsansprüche nicht in voller Höhe Neumasseverbindlichkeiten. Als solche sind nur die anteiligen, auf 40 die Beschäftigungszeit des Arbeitnehmers nach Anzeige der Masseunzulänglichkeit entfallenden, in Geld ausgedrückten Urlaubszeiten zu berichtigen. Zeiten, in denen der herangezogene Arbeitnehmer nach Anzeige der Masseunzulänglichkeit wegen krankheitsbedingter Arbeitsunfähigkeit oder wegen Feiertagen ausfällt, begründen allerdings Neumasseverbindlichkeiten (*BAG* NZA 2007, 696). Allerdings muss die Gegenleistung der Masse auch tatsächlich zugutekommen. Nimmt der vom Insolvenzverwalter herangezogene Arbeitnehmer seine Tätigkeit nicht auf, sondern beruft sich auf ein Zurückbehaltungsrecht wegen bestehender Verbindlichkeiten aus dem Arbeitsverhältnis, entstehen keine neuen Masseverbindlichkeiten (*BAG* AP InsO § 209 Rn. 6).

41 Nimmt der Verwalter die Gegenleistungen aus einem Dauerschuldverhältnis entgegen, bezieht er z.B. weiter Energie oder nutzt die durch den Schuldner angemieteten oder angepachteten Geschäfts-, Büro- oder Betriebsräume weiter, entstehen ebenfalls Neumasseverbindlichkeiten. Vor allem bei gewerblichen Zwischenmietverhältnissen kann zweifelhaft sein, ob der Insolvenzverwalter, der das Hauptmietverhältnis bereits gekündigt hat, jedoch auch nach Anzeige der Masseunzulänglichkeit die Miete vom Untermieter noch einzieht, in diesem Sinne die Mieträume noch nutzt und daher ab Anzeige der Masseunzulänglichkeit Neumasseverbindlichkeiten begründet. Die Instanzgerichte waren (vgl. *OLG Düsseldorf* ZIP 2003, 2125 ff.) davon ausgegangen, dass sich aus dem Regelungszusammenhang die Notwendigkeit eines voluntativen Elementes in dem Sinne ergebe, dass der Insolvenzverwalter die Gegenleistung auf der Grundlage eines erklärten eigenen Willensaktes in Anspruch nehmen müsse.

42 Dem ist der BGH in mehreren Grundsatzentscheidungen (*BGH* ZIP 2003, 914 ff.; ZInsO 2004, 674 ff.) entgegengetreten. Er hat klargestellt, dass lediglich ein Verhalten des Insolvenzverwalters vorausgesetzt werde, mit dem er die Gegenleistung nach Anzeige der Masseunzulänglichkeit nutzt, obwohl er dies pflichtgemäß hätte verhindern können. Der Insolvenzverwalter sei insbesondere gehalten, von sich aus alles zu unternehmen, um die weitere Inanspruchnahme der Gegenleistung zu verhindern. Soweit er durch eine noch laufende Kündigungsfrist gebunden sei, habe er den Vermieter im Zusammenhang mit der Anzeige der Masseunzulänglichkeit aus dessen Überlassungspflicht »freizustellen«, indem er ihm die weitere Nutzung der Mietsache anzubieten habe. Dies könne durch das Angebot auf Rückgewähr des unmittelbaren Besitzes erfolgen, sei dies nicht möglich, sei die Übergabe des mittelbaren Besitzes anzubieten (*BGH* ZIP 2003, 914; *BGH* Beschl. v. 26.06.2008 – IX ZR 146/07, Beck RS 2008, 14248).

43 Masseverbindlichkeiten stellen im Insolvenzverfahren über das Vermögen eines Wohnungseigentümers auch Wohngeldverbindlichkeiten dar, die seit Eröffnung des Insolvenzverfahrens rückständig werden. Sie sind als Altmasseverbindlichkeiten zu qualifizieren, soweit sie vor der Masseunzulänglichkeitsanzeige begründet worden sind. Als Neumasseverbindlichkeiten sind nach der Masseunzulänglichkeitsanzeige fällig gewordene Wohngeldschulden dann qualifiziert worden, wenn der Insolvenzverwalter die Gegenleistung dadurch in Anspruch genommen hat, dass er von der Möglichkeit der Freigabe der Eigentumswohnung keinen Gebrauch gemacht hat (*OLG Düsseldorf* NZI 2007, 50 ff.). Dies scheint zweifelhaft, da auch diese Ansprüche – unabhängig von ihrer Fälligkeit – insolvenzrechtlich bereits vor der Masseunzulänglichkeitsanzeige durch Inbesitznahme begründet wurden und daher auch für die Folgezeit nur Altmasseverbindlichkeiten darstellen können.

44 Der BGH hat in seiner Grundsatzentscheidung für Mietverhältnisse (*BGH* NZI 2003, 369) für das Mietverhältnis die »Inanspruchnahme der Gegenleistung« durch den Insolvenzverwalter bejaht, weil dieser nach der Masseunzulänglichkeitsanzeige den Vermietern das Recht hätte verschaffen können, die Miete einzuziehen. Er sei gehalten gewesen, von sich aus alles zu unternehmen, um die weitere Inanspruchnahme der Gegenleistung zu verhindern. Überträgt man diesen Rechtsgedanken auf die nach Masseunzulänglichkeitsanzeige fällig gewordenen Wohngeldansprüche der Wohnungseigentümergemeinschaft, könnte man in der nicht erfolgten Freigabe – im entschiedenen Fall über vier Jahre – einen hinreichenden Anhaltspunkt für die »Inanspruchnahme der Gegenleistung« sehen.

Ist der Insolvenzverwalter in der Folge nicht in der Lage, die durch die nicht erfolgte Freigabe entstandenen Neumasseverbindlichkeiten zu erfüllen, haftet er hierfür weder nach § 60, noch nach § 61 InsO (*LG Stuttgart* NZI 2008, 442 ff.), da die Insolvenzgläubiger keinen Anspruch auf Freigabe eines Gegenstandes aus der Masse haben und demzufolge auch die unterlassene Freigabe den Verwalter nicht zu Schadensersatz verpflichten könne. 45

Bei teilbaren Leistungen (§ 105 InsO) ist zu unterscheiden, ob der Gläubiger vor oder nach Eröffnung des Verfahrens seine Leistung erbracht hat. Hat er vor Verfahrenseröffnung geleistet, so ist er mit dem der Teilleistung entsprechenden Betrag Insolvenzgläubiger. Erfolgte die Teilleistung nach Verfahrenseröffnung und liegen die Voraussetzungen des § 209 InsO für diese Teilleistung vor, ist er Massegläubiger. 46

Die unterschiedlichen **Fallgruppen** können daher wie folgt eingeordnet werden: 47
– **Neumasseverbindlichkeiten** entstehen, wenn der Insolvenzverwalter die vom Vertragspartner geschuldete Gegenleistung für die Insolvenzmasse in Anspruch nimmt, unabhängig davon, ob das Dauerschuldverhältnis gekündigt wurde oder nicht (Abs. 2 Nr. 3 i.V.m. Abs. 1 Nr. 2).
– **Altmasseverbindlichkeiten** sind die Ansprüche aus Dauerschuldverhältnissen, die der Insolvenzverwalter gekündigt hat und bei denen er die Gegenleistung nicht in Anspruch nimmt (Umkehrschluss aus Abs. 2 Nr. 2 i.V.m. Abs. 1 Nr. 2).
– **Altmasseverbindlichkeiten** sind die Ansprüche aus Dauerschuldverhältnissen, deren Gegenleistung der Insolvenzverwalter nicht in Anspruch nimmt, die er allerdings auch nicht gekündigt hat, nur bis zum fiktiven Ablauf der ersten möglichen Kündigungsfrist nach Anzeige der Masseunzulänglichkeit (Abs. 2 Nr. 2 i.V.m. Abs. 1 Nr. 2).
– Die danach aus solchen Dauerschuldverhältnissen entstehenden Masseverbindlichkeiten sind **Neumasseverbindlichkeiten**, da der Verwalter die Möglichkeit gehabt hätte, ihr Entstehen zu verhindern.
– Die dem anderen Teil wegen der Beendigung des Dauerschuldverhältnisses entstehenden Ansprüche, die bereits vor Insolvenzeröffnung begründet waren, stellen lediglich **Insolvenzforderungen** dar (§ 109 Abs. 1 Satz 2, Abs. 2 Satz 2, 113 Abs. 1 Satz 3 InsO).
– Insolvenzforderungen stellen Entgeltansprüche der Arbeitnehmer bei Altersteilzeit dar, wenn bei Verfahrenseröffnung die Arbeitsphase (Blockmodell) bereits beendet war (*BAG* ZIP 2005, 457 ff.).
– Dauerte die Arbeitsphase bei Eröffnung noch an, können teilweise Masseverbindlichkeiten entstehen (*BAG* ZIP 2005, 873 ff.). Sie können Neumasseverbindlichkeiten darstellen, soweit sie für die Zeit nach dem ersten Termin geschuldet werden, zu dem der Verwalter nach Anzeige der Masseunzulänglichkeit hätte kündigen können.

D. Altmasseverbindlichkeiten

Zu den letztrangigen Masseverbindlichkeiten des Abs. 1 Nr. 3 gehören alle Masseverbindlichkeiten (§ 55 InsO), die vor Anzeige der Masseunzulänglichkeit begründet worden oder entstanden sind. Ansprüche der vom Verwalter freigestellten Arbeitnehmer nach der Kündigung sind in diesen letzten Rang der Massegläubiger einzuordnen, ebenfalls hinsichtlich etwaiger Urlaubsentgeltansprüche (*BAG* ZIP 2004, 1660 ff.). Auch aus immissionsschutzrechtlichen Verantwortlichkeiten für im Betrieb angefallene Abfälle können Altmasseverbindlichkeiten erwachsen, wenn der Betrieb der immissionsschutzrechtlich genehmigungsbedürftigen Anlage bereits vor der Anzeige der Masseunzulänglichkeit vom Insolvenzverwalter eingestellt worden ist (*VG Freiburg* Beschl. v. 02.11.2011 – 3 K 1641/11, BeckRS 2011, 56020). 48

Können die Masseansprüche nicht in voller Höhe berichtigt werden (bei den letztrangigen Ansprüchen dürfte dies die Regel sein), werden die Gläubiger im Verhältnis ihrer Ansprüche befriedigt. Entsprechend der Anwendungen von § 210 InsO können auch Neumassegläubiger (*BGH* NZI 392 ff.) und Verfahrenskostengläubiger (*BGH* NZI 2006, 697 ff.) in die Masse nicht mehr vollstrecken und im Erkenntnisverfahren auch nur auf Feststellung ihrer Forderung klagen (*BGH* NZI 2008, 721 ff.). Unterhaltsansprüche des Schuldners und der vertretungsberechtigten, persönlich haftenden Gesell- 49 schafter des Schuldners gehen nach §§ 100, 101 Abs. 1 Satz 3 InsO den übrigen Altmasseschulden im Rang nach und sind nur dann zu berichtigen, wenn diese voll befriedigt worden sind.

E. Rückforderungen

50 Erst mit **Eingang der Anzeige** der Masseunzulänglichkeit nach § 208 InsO beim Insolvenzgericht greift die Rangordnung des § 209 InsO. Soweit der Insolvenzverwalter vorher noch Masseverbindlichkeiten erfüllt hat, kommt eine Rückforderung nicht in Betracht (*Dinstühler* ZIP 1998, 1705; *Uhlenbruck/Ries* InsO, § 209 Rn. 33).

51 Hat der Insolvenzverwalter nach Anzeige der Masseunzulänglichkeit noch nachrangige Masseverbindlichkeiten erfüllt, die bei Beachtung der Rangordnung keine oder nur teilweise Befriedigung hätten erlangen dürfen, kann er die entsprechenden Beträge bis zur Einstellung des Verfahrens gem. § 812 Abs. 1 Satz 1 1. Fall BGB zurückfordern (BK-InsO/*Breutigam* § 209 Rn. 28). Ist das Verfahren nach § 211 InsO eingestellt, scheidet auch diese Möglichkeit aus, der Insolvenzverwalter haftet dann ggf. den unbefriedigt gebliebenen Gläubigern entsprechend § 61 InsO, wenn die Voraussetzungen im Übrigen vorliegen.

F. Aufrechnung

52 Eine Aufrechnung, mit der Altmassegläubiger Befriedigung erlangen, die der Rangordnung des § 209 InsO widerspricht, ist unzulässig. In § 320 RegE war eine Verweisung auf die für die Insolvenzgläubiger geltenden Regelungen vorgesehen. Der Rechtsausschuss hat sie als nicht erforderlich gestrichen, der in ihr zum Ausdruck gekommene Rechtsgedanke der Absicherung der Rangordnung des § 209 InsO ist daher auch ohne diese ausdrückliche Regelung zu berücksichtigen (s.a. *AG Ottweiler* ZInsO 2000, 520; *OLG Karlsruhe* ZInsO 2003, 856 ff.).

§ 210 Vollstreckungsverbot

Sobald der Insolvenzverwalter die Masseunzulänglichkeit angezeigt hat, ist die Vollstreckung wegen einer Masseverbindlichkeit im Sinne des § 209 Abs. 1 Nr. 3 unzulässig.

Übersicht	Rdn.		Rdn.
A. Allgemeines	1	D. Masseunzulänglichkeit und Restschuldbefreiung	13
B. Vom Vollstreckungsverbot betroffene Gläubiger	5	E. Masseunzulänglichkeit und Sozialplan	21
C. Vollstreckung wegen Neumasseverbindlichkeiten	9	F. Entsprechende Anwendung	22

A. Allgemeines

1 Das **Vollstreckungsverbot** des § 89 InsO richtet sich nur gegen Insolvenzgläubiger. Massegläubigern ist gem. § 90 Abs. 1 InsO in den ersten sechs Monaten nach Eröffnung des Insolvenzverfahrens die Vollstreckung dann untersagt, wenn der Anspruch nicht durch eine Rechtshandlung des Insolvenzverwalters begründet wurde. Stellt sich nun im Laufe der Abwicklung des Insolvenzverfahrens heraus, dass nur ein Teil der Masseverbindlichkeiten erfüllt werden kann, so soll die Verteilung durch den Insolvenzverwalter entsprechend der Rangordnung des § 209 InsO erfolgen. Dies würde ihm erschwert oder auch unmöglich gemacht, wenn nicht auch die Massegläubiger in diesem Stadium des Verfahrens einem Vollstreckungsverbot unterliegen würden.

2 Sobald der Insolvenzverwalter die Masseunzulänglichkeit angezeigt hat, ist die Vollstreckung wegen einer Masseverbindlichkeit i.S.d. § 209 Abs. 1 Nr. 3 InsO unzulässig.

3 Das Verbot beginnt mit dem **Eingang der Anzeige** des Insolvenzverwalters bei Gericht, dass Masseunzulänglichkeit vorliegt. Ohne Bedeutung ist es, wann die Masseunzulänglichkeit tatsächlich einge-

treten und vom Verwalter festgestellt worden ist. Um eine Vollstreckung in die Masse zu vermeiden, ist der Verwalter daher gehalten, seine Anzeige an das Gericht unverzüglich abzugeben.

Das Vollstreckungsverbot erfasst **jede noch anhängige Zwangsvollstreckungsmaßnahme**, die noch nicht zu einer Sicherung oder Befriedigung der Altmassegläubiger geführt haben. Bereits begründete Pfändungspfandrechte bestehen allerdings fort und berechtigen zur abgesonderten Befriedigung. 4

B. Vom Vollstreckungsverbot betroffene Gläubiger

Die Vorschrift untersagt nach Anzeige der Masseunzulänglichkeit die Zwangsvollstreckung wegen einer Masseverbindlichkeit i.S.d. § 209 Abs. 1 Nr. 3 InsO; von ihrem Wortlaut sind daher nur Altmasseverbindlichkeiten, jedoch auch die als Masseverbindlichkeiten geltenden Sozialplanforderungen gem. § 123 Abs. 3 Satz 2 InsO betroffen. 5

Das Vollstreckungsverbot ist **von Amts wegen** zu beachten und kann mit dem Rechtsbehelf der Vollstreckungserinnerung des § 766 ZPO durchgesetzt werden (*Kübler/Prütting/Bork-Pape* InsO, § 210 Rn. 4; *Nerlich/Römermann-Westphal* InsO, § 210 Rn. 5 vertritt die Auffassung, dass eine Vollstreckungsabwehrklage nach § 767 ZPO einschlägig wäre, was jedoch zweifelhaft erscheint, da die Erinnerung das einfachere und billigere Rechtsmittel darstellt und daher das Rechtsschutzbedürfnis für die Vollstreckungsabwehrklage fehlen dürfte). 6

Das zuständige Gericht ist nicht ausdrücklich geregelt, im Interesse einer einheitlichen Behandlung der insolvenzrechtlichen Vollstreckungsverbote ist es jedoch sachgerecht, § 89 Abs. 3 InsO auch auf § 210 InsO entsprechend anzuwenden, so dass das **Insolvenzgericht** sachlich zuständig ist (*BGH* NZI 2006, 697 ff.). 7

Ungeregelt geblieben ist auch der Einfluss der Masseinsuffizienz auf das **Erkenntnisverfahren**. Für eine Leistungsklage fehlt den Altmassegläubigern i.d.R. das Rechtsschutzbedürfnis (*BAG* ZIP 2002, 628 ff.; *BGH* ZIP 2003, 914 ff.), so dass diese nach Anzeige der Masseunzulänglichkeit ihre Leistungsklage in eine Feststellungsklage umstellen müssen (*Pape* KTS 1995, 214; KS-InsO/*Kübler* 2000, S. 967 Rn. 42). In gleicher Weise darf auch im Kostenfestsetzungsverfahren nach Anzeige der Masseunzulänglichkeit ein Kostenfestsetzungsbeschluss gegen den Insolvenzverwalter nicht mehr ergehen. Es kann lediglich die Feststellung der Leistungspflicht erfolgen (*BGH* NZI 2007, 721 ff.). Der BFH hält den Kostenansatz gem. § 19 GKG für zulässig, soweit kein Leistungsgebot ausgesprochen wird (*BFH* NZI 2016, 655). Auch das BSG vertritt die Auffassung, dass Sozialversicherungsbeiträge durch Betriebsprüfungsbescheid gem. § 28p SGB IV auch dann noch gegen den Insolvenzverwalter festgestellt werden dürfen, wenn dieser Masseunzulänglichkeit gem. § 208 InsO angezeigt hat (*BSG* NZI 2016, 27). 8

C. Vollstreckung wegen Neumasseverbindlichkeiten

Die Gläubiger, die ihren Anspruch aufgrund von Handlungen des Insolvenzverwalters (Vertrag mit dem Verwalter; Verlangen des Verwalters, Verträge zu erfüllen; aus einem Dauerschuldverhältnis bei unterlassener Kündigung; aus einem Dauerschuldverhältnis bei Inanspruchnahme der Gegenleistung) erworben haben, sind nicht gehindert, die Zwangsvollstreckung zu betreiben. Für sie gilt auch nicht das zeitweilige Vollstreckungsverbot des § 90 InsO. 9

Reicht die Masse nicht aus, alle Verbindlichkeiten des § 209 Abs. 1 Nr. 2 InsO zu erfüllen, kann ausnahmsweise ein Bedürfnis bestehen, die Vollstreckung mittels Vollstreckungsabwehrklage zu verhindern (*OLG Hamm* ZIP 1993, 523: MüKo-InsO/*Hefermehl* § 210 Rn. 20) bzw. eine einstweilige Einstellung der Zwangsvollstreckung nach § 769 ZPO zu erwirken bzw. die Vollstreckung aussetzen zu lassen (*FG Brandenburg* InsO 2003, 1009 ff.). Zeichnet sich eine lediglich quotale Befriedigung bereits im Erkenntnisverfahren ab, wird dementsprechend auch nur eine Feststellungsklage zulässig sein (*BGH* NZI 2007, 721 ff. für das Kostenfestsetzungsverfahren). In solchen Fällen drohen dem Verwalter allerdings Schadenersatzansprüche nach § 61 InsO, falls er sich nicht nach § 61 Satz 2 InsO exkulpieren kann. 10

11 Reicht die liquide Masse nicht mehr aus, alle Neumasseverbindlichkeiten zu erfüllen und würde eine Vollstreckung der Neumasseverbindlichkeiten dazu führen, dass die absoluten Vorrang genießenden Verfahrenskosten dann nicht mehr vollständig gedeckt wären, findet § 210 InsO entsprechende Anwendung. Auch Neumassegläubiger können dann nicht mehr vollstrecken (*BGH* NZI 2006, 392 ff.). Im Erkenntnisverfahren sind sie auf die Feststellung ihrer Forderungen beschränkt. Wird die Masseunzulänglichkeit erst am Ende des Revisionsverfahrens angezeigt, kann auch in diesem Stadium noch von der Leistungs- zur Feststellungsklage übergegangen werden (*BAG* NZA 2009, 1215). Auch Verfahrenskostengläubiger sind auf die Feststellung beschränkt, wenn Massearmut i.S.d. § 207 eingetreten ist (*BGH* NZI 2006, 697 ff.) ebenso wie Neumassegläubiger untereinander, wenn die Masse zwar hinreicht, die Kosten zu decken, jedoch nicht alle nach Anzeige der Masseunzulänglichkeit neu entstandenen Neumasseverbindlichkeiten (*BGH* NZI 2007, 721 ff.). Im Kostenfestsetzungsverfahren haben weder Altmassegläubiger noch Neumassegläubiger als obsiegende Partei ein Rechtsschutzinteresse für den Erlass eines Kostenfestsetzungsbeschlusses gegen den im Rechtsstreit unterlegenen Insolvenzverwalter (*BGH* WM 2008, 2177; *OLG Saarbrücken* Beschl. v. 05.01.2010 – 9 W 363/09, Beck RS 2010, 03925).

12 Allerdings hat der Einwand der erneut eingetretenen Masseunzulänglichkeit – im Verhältnis zu den Neumassegläubigern – nicht die verbindliche Wirkung einer Anzeige nach § 208 InsO. Dem Insolvenzverwalter obliegen daher in einem Urteilsverfahren die Darlegung und der volle Nachweis der Masseunzulänglichkeit, im Kostenfestsetzungsverfahren hat er die Masseunzulänglichkeit gem. § 104 Abs. 2 ZPO glaubhaft zu machen (*BGH* NZI 2007, 721 ff.).

D. Masseunzulänglichkeit und Restschuldbefreiung

13 Wird das Insolvenzverfahren nach § 207 InsO eingestellt, scheidet ein Restschuldbefreiungsverfahren aus (§ 289 Abs. 3 InsO), anders jedoch bei einer Einstellung nach § 211 InsO. Diese Fälle haben zunehmende Bedeutung erlangt, da durch die im Jahre 2001 eingeführte Kostenstundung eine Einstellung nach § 207 InsO in Insolvenzverfahren natürlicher Personen weitgehend entfällt.

14 Dadurch sind in einer Vielzahl von massearmen Insolvenzverfahren die während der Wohlverhaltensperiode – falls pfändbares Arbeitseinkommen vorhanden ist – erfolgenden Zuflüsse vom Treuhänder zu verteilen.

15 Dabei hat nach dem Wortlaut des § 292 Abs. 1 Satz 2 InsO der Treuhänder nur die **Insolvenzgläubiger** zu berücksichtigen. Allerdings setzt sich in Literatur (*Kübler/Prütting/Bork-Pape* InsO, § 210 Rn. 18; *Uhlenbruck* NZI 2001, 408 ff.) und Praxis zunehmend die Auffassung durch, dass gleichwohl zunächst die Vorwegbefriedigung der offen gebliebenen Masseverbindlichkeiten »im Wege der Rechtsfortbildung« (*Kübler/Prütting/Bork-Pape* InsO, § 210 Rn. 18) zu erfolgen hat. Erst wenn die Masseverbindlichkeiten vollständig gedeckt sind, sollen Ausschüttungen an die Insolvenzgläubiger erfolgen (*BGH* NZI 2005, 399 ff.).

16 Auch aus § 292 Abs. 1 Satz 2 InsO folgt, dass Ausschüttungen an Insolvenzgläubiger erst vorzunehmen sind, wenn die gestundeten Verfahrenskosten berichtigt sind.

17 Das hierfür erforderliche **Schlussverzeichnis** kann nur während des Insolvenzverfahrens erstellt werden, wenn sowohl der Berichts- als auch der Prüfungstermin durchgeführt und die abschließende Forderungsprüfung durch den Insolvenzverwalter erfolgt ist.

18 Für den Insolvenzverwalter und das Gericht bedeutet dies in Verfahren, in denen nur eine relativ geringfügige Vergütung zu erwarten ist, einen **erheblichen Arbeitsaufwand**, weshalb teilweise in der Literatur die Auffassung vertreten wird, dass weder dem Gericht noch dem Verwalter zuzumuten sei, Berichts- und Prüfungstermin durchzuführen und ein Verteilungsverzeichnis zu erstellen (*Uhlenbruck* NZI 2001, 408 ff.). Allerdings lässt diese Auffassung unbeantwortet, wie letztendlich denn der Treuhänder dann seine Ausschüttung vornehmen soll, wenn ihm ein Verteilungsverzeichnis nicht zur Verfügung steht. Auch ist er sicherlich nicht in der Lage, ein solches noch zu erstellen, dies kann lediglich der Insolvenzverwalter während der Abwicklung des Verfahrens, wenn die Gläubiger ihre For-

derung angemeldet haben, leisten. Dass der Schuldner das Gläubigerverzeichnis selbst erstellen muss (so K. Schmidt/*Jungmann* InsO, § 211 Rn. 3) ist in der InsO nicht vorgesehen.

Kann der Treuhänder pfändbares Arbeitseinkommen einziehen, hat er jährlich Ausschüttungen vorzunehmen, die nach folgender Rangordnung zu erfolgen haben: 19
– Zunächst auf die offen gebliebenen Masseverbindlichkeiten in der Rangordnung des § 209 InsO,
– sodann gem. § 292 Abs. 1 Satz 2 InsO auf die gestundeten Verfahrenskosten,
– schließlich an die Insolvenzgläubiger aufgrund des Schlussverzeichnisses.

Entsprechend hat auch der Insolvenzverwalter in einem vorbehaltenen oder nachträglich angeordneten Nachtragsverteilungsverfahren die Ausschüttungen vorzunehmen. 20

E. Masseunzulänglichkeit und Sozialplan

Masseverbindlichkeiten gem. § 123 Abs. 2 Satz 1 InsO stellen auch Forderungen aus einem nach Eröffnung des Insolvenzverfahrens aufgestellten Sozialplan dar. Aus ihnen darf jedoch wegen § 123 Abs. 3 Satz 2 InsO nicht in die Masse vollstreckt werden. Daraus folgt auch, dass eine Leistungsklage gegen den Insolvenzverwalter auf Zahlung der Abfindung aus einem Insolvenzsozialplan unzulässig ist. Dies gilt selbst dann, wenn der Sozialplan erst nach Anzeige der Masseunzulänglichkeit vereinbart wurde (*BAG* NZA 2010, 413). Wird im Prozess die Masseunzulänglichkeit erst im Revisionsverfahren angezeigt, kann auch in diesem Stadium noch von der Leistungs- zur Feststellungsklage übergegangen werden (*BAG* NZA 2009, 1215). 21

F. Entsprechende Anwendung

Noch in § 320 RegE war ein Verweis auf die Aufrechnungsvorschrift der §§ 94 bis 96 InsO enthalten, der vom Rechtsausschuss im Rahmen der parlamentarischen Beratungen gestrichen wurde. Gleichwohl ist jedoch von der Wirkung des Aufrechnungsverbotes für das Verfahren bei Masseunzulänglichkeit auszugehen (*Kübler/Prütting/Bork-Pape* InsO, § 210 Rn. 10). Zum alten Recht hat die entsprechende Anwendung bereits der BGH bestätigt (*BGH* ZIP 1995, 1204). Die Gründe dieser Rspr. gelten auch heute noch, so dass die Aufrechnung nur dann möglich ist, wenn die Aufrechnungslage bei Anzeige der Masseunzulänglichkeit bereits bestanden hat (§ 94 InsO analog). Dabei ist darüber hinaus die Rangordnung des § 209 InsO einzuhalten (wie hier *Dinstühler* ZIP 1998, 1705; *Smid* WM 1998, 1319; mit anderer Begr. auch *Runkel/Schnurbusch* NZI 2000, 54 f.). 22

Nicht entsprechend anwendbar sind die Vorschriften der §§ 103 ff. InsO auf die Anzeige der Masseunzulänglichkeit (vgl. hierzu § 209 Rdn. 29 f.). 23

§ 210a Insolvenzplan bei Masseunzulänglichkeit

Bei Anzeige der Masseunzulänglichkeit gelten die Vorschriften über den Insolvenzplan mit der Maßgabe, dass
1. an die Stelle der nicht nachrangigen Insolvenzgläubiger die Massegläubiger mit dem Rang des § 209 Absatz 1 Nummer 3 treten und
2. für die nicht nachrangigen Insolvenzgläubiger § 246 Nummer 2 entsprechend gilt.

Übersicht	Rdn.		Rdn.
A. Allgemeines	1	C. Gruppenbildung	5
B. Regelungsinhalt eines Insolvenzplans im masseunzulänglichen Verfahren	3	D. Abstimmung über den Insolvenzplan	9
		E. Gestaltungsspielräume	10

§ 210a InsO Insolvenzplan bei Masseunzulänglichkeit

A. Allgemeines

1 Die Vorschrift ist durch das Gesetz zur weiteren Erleichterung der Sanierung von Unternehmen (ESUG) mit Wirkung zum 01.03.2012 in die InsO eingefügt worden. Sie stellt zunächst klar, dass auch bei masseunzulänglichen Insolvenzverfahren Insolvenzpläne möglich sind. Dies war in der Vergangenheit streitig (ablehnend *LG Dresden* ZVI 2005, 610; bejahend *LG Mühlhausen* NZI 2007, 784), von der herrschenden Meinung jedoch als zulässig erachtet worden (HK-InsO/*Flessner* § 217 Rn. 9 m.w.N.). In der Praxis sind allerdings in der Vergangenheit nur wenige Fälle bekannt geworden, in denen nach Anzeige der Masseunzulänglichkeit noch Insolvenzplangestaltungen erfolgt wären. Insoweit bleibt abzuwarten, ob die neue Vorschrift praktische Bedeutung erlangen wird.

2 Die Formulierung der Vorschrift geht auf den Regierungsentwurf der Insolvenzordnung zurück; auch in der Begründung hat man die früheren Formulierungen übernommen und im Wesentlichen darauf abgestellt, dass auch bei Masseunzulänglichkeit der Fortführungswert des Unternehmens höher liegen könnte als der Zerschlagungswert und damit der Erhalt des Unternehmens auf der Grundlage eines Insolvenzplans wirtschaftlich sinnvoll sein könnte (BT-Drucks. 12/2443, S. 60, 220 f.).

B. Regelungsinhalt eines Insolvenzplans im masseunzulänglichen Verfahren

3 Im Normalfall des masseunzulänglichen Verfahrens sind die Verfahrenskosten und die Neumasseverbindlichkeiten gedeckt, nachrangige Altmasseverbindlichkeiten können jedoch nur teilweise erfüllt werden. § 210a Nr. 1 InsO stellt nun klar, dass die im »normalen« Planverfahren für die Insolvenzgläubiger geltenden Regelungen auf die Altmassegläubiger Anwendung finden sollen. Gem. § 210a Nr. 2 InsO sollen die Regelungen, die im »normalen« Insolvenzplanverfahren für die nachrangigen Gläubiger vorgesehen sind, für die nicht nachrangigen Insolvenzgläubiger im masseunzulänglichen Insolvenzplanverfahren gelten. Soweit die Auffassung vertreten wird, eine Insolvenzplanlösung sei auch möglich, wenn noch nicht einmal alle Neumasseverbindlichkeiten gedeckt sind (*Nerlich/Römermann-Westphal* InsO, § 210a Rn. 7; BK-InsO/*Gruber* § 210a Rn. 20, 45), kann dem nicht gefolgt werden.

4 Damit sind für die nachfolgenden Gläubigergruppen im Insolvenzplanverfahren bei Anzeige der Masseunzulänglichkeit Regelungen zu treffen:
– Die Verfahrenskosten müssen gedeckt sein, eine Gruppenbildung erfolgt nicht, da in die Rechte nicht eingegriffen wird.
– Die Forderungen der Neumassegläubiger müssen gedeckt sein, eine Gruppenbildung erfolgt nicht, da in die Rechte nicht eingegriffen wird.
– Für Altmassegläubiger nach § 209 Abs. 1 Nr. 3 muss eine Gruppe gebildet werden, da in ihre Rechte eingegriffen wird. Enthält der Insolvenzplan keine anderslautenden Regelungen, wird der Schuldner mit der im gestaltenden Teil vorgesehenen Befriedigung der Altmassegläubiger von seinen restlichen Verbindlichkeiten gegenüber diesen Gläubigern befreit (§ 227 Abs. 1).
– Nicht nachrangige Insolvenzforderungen gelten als erlassen, soweit der Insolvenzplan für sie keine Regelung enthält (§ 225 Abs. 1 InsO). Enthält der Insolvenzplan Regelungen für diese Gläubigergruppe, gilt deren Zustimmung als erteilt, wenn sie sich an der Abstimmung nicht beteiligen.
– Nachrangige Insolvenzforderungen gelten als erlassen, wenn der Plan keine Regelungen enthält.

Für Gläubiger mit Absonderungsrechten kann der Plan ebenso Regelungen enthalten wie für Anteilsinhaber. In diesem Fall stimmen auch diese Gläubiger in ihrer Gruppe über den Plan ab.

C. Gruppenbildung

5 Gruppen sind zwingend für Gläubiger zu bilden, in deren Rechte durch den Insolvenzplan eingegriffen wird. Gem. § 209 Abs. 1 Nr. 3 sind dies die Altmassegläubiger sowie ggf. Gläubiger von Unterhaltsansprüchen, die gem. §§ 100, 101 Abs. 1 Satz 3 bewilligt worden waren. Soweit solche Ansprüche bestehen, hat der Insolvenzplan auch die Ansprüche dieser Gläubiger, die in eine gesonderte Gruppe aufzunehmen sind, zu regeln.

Die Gruppenbildung richtet sich im Übrigen nach § 222; Gruppen sind zu bilden, soweit Beteiligte   6
mit unterschiedlicher Rechtsstellung betroffen sind. Dabei ist zu unterscheiden zwischen
– den absonderungsberechtigten Gläubigern, wenn durch den Plan in deren Rechte eingegriffen wird;
– den Insolvenzgläubigern, nachrangig und nicht nachrangig, soweit deren Forderungen nicht nach §§ 210a Ziff. 1, 225 als erlassen gelten sollen;
– den am Schuldner beteiligten Personen, wenn deren Anteils- oder Mitgliedschaftsrechte in den Plan einbezogen werden.

Die Arbeitnehmer sollen eine besondere Gruppe bilden, wenn sie als Insolvenzgläubiger mit nicht   7
unerheblichen Forderungen beteiligt sind und der Plan Regelungen für sie enthält. Auch ihre Forderungen werden als nachrangige behandelt, soweit der Plan keine anderweitigen Regelungen trifft. In gleicher Weise gilt dies auch für Kleingläubiger, für die eine eigene Gruppe zu bilden ist, wenn der Plan für sie Regelungen bereithält. Tut er dies nicht, gelten auch ihre Forderungen als erlassen.

Gem. § 222 Abs. 2 können aus den Beteiligten gleicher Rechtsstellung Gruppen gebildet werden, in   8
denen Beteiligte mit gleichartigen wirtschaftlichen Interessen zusammengefasst werden.

D. Abstimmung über den Insolvenzplan

Für die Abstimmung gelten die allgemeinen Regelungen für Insolvenzplanverfahren gem. §§ 235 ff.,   9
wobei gem. Ziff. 2 die Zustimmung der Insolvenzgläubiger als erteilt gilt, wenn der Plan für diese Gruppe zwar eine Regelung enthält, sich jedoch kein Gläubiger der Gruppe an der Abstimmung beteiligt (§ 246 Nr. 2). Nur wenn der Plan für Insolvenzforderungen (nachrangige und nicht nachrangige) Regelungen trifft, sind diese Gläubiger überhaupt zur Abstimmung aufgerufen. Enthält der Plan keine Regelungen, gelten die Forderungen dieser Gläubiger in entsprechender Anwendung des § 225 InsO als erlassen.

E. Gestaltungsspielräume

Durch die Neuregelung sind Gestaltungen denkbar, wonach nur wenige Altmassegläubiger einem   10
Insolvenzplan zur Wirkung verhelfen, der die Entschuldung von allen Insolvenzforderungen bewirkt. Greift der Plan in die Anteilsrechte nicht ein, können hierdurch die Altgesellschafter ihre völlig wertlosen Anteile durch vergleichsweise geringfügige Zuzahlungen, die eine Besserstellung der Altmassegläubiger bewirken und damit deren Zustimmung zur Insolvenzplangestaltung »erkaufen« aufwerten. Zu bedienen sind dann lediglich die Verfahrenskosten, die Neumasseverbindlichkeiten und die durch den Insolvenzplan geregelten Zahlungen auf die Altmasseverbindlichkeiten. Von allen darüber hinausgehenden Verbindlichkeiten ist der Schuldner dann befreit (vgl. zur Missbrauchsgefahr auch HambK-InsO/*Weitzmann* § 210a Rn. 8).

§ 211 Einstellung nach Anzeige der Masseunzulänglichkeit

(1) Sobald der Insolvenzverwalter die Insolvenzmasse nach Maßgabe des § 209 verteilt hat, stellt das Insolvenzgericht das Insolvenzverfahren ein.

(2) Der Verwalter hat für seine Tätigkeit nach der Anzeige der Masseunzulänglichkeit gesondert Rechnung zu legen.

(3) ¹Werden nach der Einstellung des Verfahrens Gegenstände der Insolvenzmasse ermittelt, so ordnet das Gericht auf Antrag des Verwalters oder eines Massegläubigers oder von Amts wegen eine Nachtragsverteilung an. ²§ 203 Abs. 3 und die §§ 204 und 205 gelten entsprechend.

Übersicht	Rdn.		Rdn.
A. Allgemeines	1	D. Einstellung des Verfahrens	28
B. Pflichten des Insolvenzverwalters	4	E. Masseunzulänglichkeit und Restschuld-	
C. Nachtragsverteilung	17	befreiung	30

A. Allgemeines

1 Die Einstellung des Verfahrens erfolgt, sobald der Verwalter die Masse verwertet, gem. der Rangfolge des § 209 InsO verteilt und dies dem Gericht mitgeteilt hat. Dies entspricht dem Grundsatz, im Insolvenzverfahren die **geordnete Abwicklung** des gesamten Schuldnervermögens zu erreichen (KS-InsO/*Balz* 2000, S. 3 Rn. 30 ff.).

2 Im Unterschied zur Massearmut des § 207 InsO ist dem Insolvenzverwalter die Aufrechterhaltung seiner Pflichten zuzumuten, da seine (Minimal-)**Vergütung** im Rahmen der Verfahrenskosten gesichert ist.

3 Das Amt des Verwalters endet mit der Einstellung des Verfahrens, er hat deshalb einer Gläubigerversammlung **Rechnung** zu legen (§ 66 InsO), die zur Erörterung der Schlussrechnung anzuberaumen ist.

B. Pflichten des Insolvenzverwalters

4 Der Insolvenzverwalter ist auch nach Anzeige der Masseunzulänglichkeit verpflichtet, die Insolvenzmasse zu verwalten, zu verwerten und sie in der Rangfolge des § 209 InsO an die Massegläubiger zu verteilen, so dass jeder in den Besitz der ihm zustehenden Masseanteile gelangt (*Nerlich/Römermann-Westphal* InsO, § 211 Rn. 5).

5 Der Beschluss zur Verfahrenseinstellung darf gem. Abs. 1 vorher nicht ergehen, so dass eine entsprechende **Mitteilung des Verwalters** verlangt werden muss, um dem Insolvenzgericht die Beendigung der Verteilung kundzutun und die Einstellung einzuleiten (*Kübler/Prütting/Bork-Pape* InsO, § 211 Rn. 4).

6 Ferner muss der Verwalter gem. Abs. 2 gesondert **Rechnung** legen. In seiner **Schlussrechnung** hat der Insolvenzverwalter über seine Tätigkeiten vor und nach Anzeige der Masseunzulänglichkeit getrennt Rechnung zu legen.

7 Die Unterscheidung zwischen der Zeit vor und nach Anzeige der Masseunzulänglichkeit ist notwendig, weil die Anzeige Kriterium dafür ist, ob Masseverbindlichkeiten vorrangig (als »Neumasseverbindlichkeiten«) oder nachrangig (als »Altmasseverbindlichkeiten«) zu berücksichtigen sind. Nur die **getrennte Rechnungslegung** lässt erkennen, ob der Verwalter die Einordnung der Masseverbindlichkeiten entsprechend der Rangfolge des § 209 InsO vorgenommen hat (krit. zur Rechnungslegungspflicht: *Kluth* ZInsO 2000, 183).

8 Im Gesetz unbeantwortet ist die Frage, ob vor der Einstellung des Verfahrens Berichts- und Prüfungstermin durchgeführt werden müssen und ob in jedem Fall ein Schlusstermin erforderlich ist.

9 Teilweise wird in der Literatur die Auffassung vertreten, dass es weder dem Gericht noch dem Insolvenzverwalter zumutbar wäre, in einem masseunzulänglichen Verfahren – insbesondere dann, wenn die Massearmut bereits unmittelbar nach Verfahrenseröffnung angezeigt werden musste – Berichts- und Prüfungstermin noch durchzuführen (*Uhlenbruck* NZI 2001, 410; A/G/R-*Henning* § 211 InsO Rn. 6 ff.; für die Unternehmerinsolvenz auch *Keller* Rpfleger 2008, S. 1 [5]).

10 Diese Auffassung vermag allerdings nicht zu überzeugen. In Insolvenzverfahren über das Vermögen natürlicher Personen, die einen Restschuldbefreiungsantrag gestellt haben, schließt sich an das nach § 211 InsO eingestellte Insolvenzverfahren das Restschuldbefreiungsverfahren an.

11 In ihm hat der Treuhänder – soweit er Massemittel ansammeln konnte – zunächst restliche Masseverbindlichkeiten zu erfüllen und dann Ausschüttungen an die Insolvenzgläubiger vorzunehmen. Hierzu benötigt er zwingend ein **Schlussverzeichnis**, das er im Restschuldbefreiungsverfahren selbst nicht mehr erstellen kann. Es muss während des anhängigen Insolvenzverfahrens erarbeitet werden.

12 Dies wiederum setzt – zumindest in denjenigen Verfahren, in denen sich ein Restschuldbefreiungsverfahren anschließt – zwingend die Erstellung der Tabelle und die Prüfung der angemeldeten Forderungen in einem Prüfungstermin voraus. Nur so lässt sich ein Schlussverzeichnis erstellen.

Die Praxis der Insolvenzgerichte geht davon aus, dass diese Maßnahmen in jedem nach § 211 InsO eingestellten Insolvenzverfahren durchzuführen sind, da andernfalls auch die Möglichkeit einer ordnungsgemäßen **Nachtragsverteilung** nicht gegeben ist. Auch die Nachtragsverteilung kann nur aufgrund eines Schlussverzeichnisses erfolgen, das im Insolvenzverfahren erstellt worden sein muss und Forderungsanmeldung, Tabellenerstellung und Prüfungstermin voraussetzt. Da eine Nachtragsverteilung auch nach einer Einstellung gem. § 207 InsO angeordnet werden kann (*BGH* NZI 2013, 1019) ist auch in massearmen Verfahren ein Schlussverzeichnis zu erstellen, was die vorangegangene abschließende Forderungsprüfung voraussetzt. 13

In der Literatur (*Smid* Grundsätze des neuen Insolvenzrechts, 3. Aufl., S. 293) wird vereinzelt gefordert, der Insolvenzverwalter habe für die Durchführung der **Verteilung an die Massegläubiger** ein entsprechendes **Verteilungsverzeichnis** zu erstellen. Dies ist jedoch nicht notwendig. Zwar wird der Insolvenzverwalter zur Vorbereitung der Ausschüttungen an die Massegläubiger ein entsprechendes Verzeichnis erstellen, es handelt sich dabei jedoch nicht um ein dem Insolvenzgericht einzureichendes »Verteilungsverzeichnis« sondern um »sinnvolle und zweckvolle, aber unverbindliche und nicht überprüfbare Arbeitspapiere« (*Gottwald/Klopp/Kluth* HdbInsR, § 74 Rn. 32) des Insolvenzverwalters. 14

Die Schlussrechnung des Insolvenzverwalters ist in einem **Schlusstermin** abzunehmen. Die Notwendigkeit eines gesonderten Schlusstermins ergibt sich in Insolvenzverfahren über das Vermögen natürlicher Personen, die einen Restschuldbefreiungsantrag gestellt haben, bereits aus der Tatsache, dass die Beteiligten gem. § 289 Abs. 1 InsO zu diesem Antrag zu hören sind (wie hier HK-InsO/*Landfermann* § 211 Rn. 4). Die erste Gläubigerversammlung kann allerdings bereits auf die spätere Gläubigerversammlung zur Abnahme der Schlussrechnung für den Fall der Masselosigkeit verzichten und das Recht zur Schlussrechnungsprüfung dem Insolvenzgericht übertragen (*Uhlenbruck/Ries* InsO, § 211 Rn. 5). 15

Auch wenn die Vorschrift die Möglichkeit einer **Sicherstellung streitiger Masseverbindlichkeiten** – anders als § 214 Abs. 3 InsO – nicht erwähnt, sollte der Insolvenzverwalter die auf streitige Masseforderungen entfallenden Beträge zurückbehalten. Dabei ist eine entsprechende Anwendung des § 189 InsO – wie teilweise vorgeschlagen (*Kübler/Prütting/Bork-Pape* InsO, § 211 Rn. 5) – nicht erforderlich. Wenn der Insolvenzverwalter Masseverbindlichkeiten nicht erfüllt, weil er der Auffassung ist, sie bestünden nicht und sich diese Auffassung im Nachhinein als unzutreffend herausstellt, kann seine Haftung nach § 61 InsO gegeben sein. Besonderer Ausschlussfristen, wie in § 189 InsO vorgesehen, bedarf es hierfür nicht. Außerdem ist § 189 InsO Teil des förmlichen Anmeldeverfahrens von Insolvenzforderungen. Dies ist für Masseverbindlichkeiten gerade nicht erforderlich, der Insolvenzverwalter muss sie auch dann erfüllen, wenn der Massegläubiger sie nicht angemeldet hat, sie dem Insolvenzverwalter jedoch anderweitig bekannt geworden sind. 16

C. Nachtragsverteilung

Nach Konkursrecht war eine Nachtragsverteilung nach Einstellung des Verfahrens mangels Masse nicht möglich. Abs. 3 lässt jetzt auch in einem solchen Fall die Nachtragsverteilung zu, wenn nach Einstellung des Verfahrens Gegenstände der Insolvenzmasse ermittelt werden. In entsprechender Anwendung kann auch im Anschluss an eine Einstellung nach § 207 InsO die Nachtragsverteilung angeordnet werden (*BGH* NZI 2013, 1019). 17

Im Schlusstermin besteht die Möglichkeit, für **derzeit unverwertbare** Vermögensgegenstände die Nachtragsverteilung vorzubehalten (vgl. *Kießner* § 197). Diese Regelung ist auch auf die Einstellung des Verfahrens nach § 211 InsO zu übertragen; die Nachtragsverteilung sollte auch für solche Vermögensgegenstände vorbehalten werden können, die derzeit nicht verwertbar sind, jedoch grds. zugunsten der Massegläubiger noch verwertet werden können. (*BGH* NZI 2013, 1019) Es ist dabei insbesondere an streitige Forderungen zu denken, die – vor allem in Bauinsolvenzen – u.U. erst nach Ablauf von jahrelangen (Gewährleistungs-)Fristen zur Masse gezogen werden können. Eben- 18

§ 211 InsO Einstellung nach Anzeige der Masseunzulänglichkeit

falls kann die Nachtragsverteilung angeordnet werden für versehentlich vom Insolvenzverwalter nicht verwertete Vermögensgegenstände (*BGH* ZVI 2008, 28 ff.).

19 Es ist nicht notwendig, für derartige Vermögensgegenstände das Verfahren in vollem Umfang weiter zu betreiben, ohne eine Verteilung gem. § 209 InsO vornehmen zu können. Statt dessen kann die Verteilung der vorhandenen Masse durchgeführt und die Nachtragsverteilung für dieses Vermögen vorbehalten werden, auch wenn die Vermögenswerte im strengen Sinn nicht erst nach der Einstellung des Verfahrens ermittelt worden sind.

20 Entsprechend ist auch mit **Anfechtungsansprüchen** zu verfahren, zu deren Realisierung die Nachtragsverteilung ebenfalls vorbehalten bleiben kann, auch wenn die Anfechtungsklage bereits rechtshängig ist.

21 Hierzu wird zwar teilweise die Auffassung vertreten, bei angezeigter Masseinsuffizienz sei die Insolvenzanfechtung grds. ausgeschlossen (*Nerlich/Römermann* InsO, § 129 Rn. 88; *Kübler/Prütting/ Bork-Paulus* InsO, § 129 Rn. 22). Es fehlt nach dieser Auffassung an einer Benachteiligung der Insolvenzgläubiger dann, wenn durch die Insolvenzanfechtung lediglich Massegläubiger begünstigt werden.

22 Diese Auffassung verkennt allerdings, dass es für das Vorliegen einer **Gläubigerbenachteiligung** unerheblich ist, wer durch die Rückgewähr des in anfechtbarer Weise weggegebenen Vermögensgegenstandes begünstigt wird. Entscheidend ist, ob durch die anfechtbare Rechtshandlung die späteren Insolvenzgläubiger benachteiligt worden sind. Eine einmal eingetretene Gläubigerbenachteiligung wird nicht dadurch beseitigt, dass die vorhandene Masse – unter Einschluss des Anfechtungsanspruchs – nicht ausreicht, alle Masseverbindlichkeiten zu erfüllen (so auch *LG Hamburg* ZIP 2001, 711 ff.; *Pape* ZIP 2001, 901 ff.; *Ahrendt/Struck* ZInsO 2000, 264 ff.; *Gundlach/Frenzel/ Schmidt* NZI 2004, 184 ff.).

23 Nach Auffassung des *BGH* (WM 2001, 1780) dient das an die Anzeige der Masseunzulänglichkeit sich anschließende Verfahren mittelbar den Interessen sämtlicher Gläubiger; die vorrangige Befriedigung der Massegläubiger ist nur als Vorstufe zu einer potentiellen späteren Berücksichtigung anderer Insolvenzgläubiger gedacht.

24 Nicht ausdrücklich im Gesetz geregelt ist auch die Behandlung von Beträgen, die vom Insolvenzverwalter ausbezahlt worden sind, später jedoch wieder zurückfließen, oder wenn zurückbehaltene, auf streitige Masseforderungen entfallende Beträge nachträglich frei werden. Auch für diese Fälle sollte in **entsprechender Anwendung** des Abs. 3 die Nachtragsverteilung vom Insolvenzgericht angeordnet werden können (*Kübler/Prütting/Bork-Pape* InsO, § 211 Rn. 5).

25 Zur Durchführung der Nachtragsverteilung ist ein **Schlussverzeichnis** gem. § 188 InsO zu erstellen. Auch in massearmen Verfahren ist daher grds. das Anmelde- und Prüfungsverfahren vollständig durchzuführen. Bevor im Wege der Nachtragsverteilung an Insolvenzgläubiger Ausschüttungen erfolgen, sind zunächst alle offen gebliebenen sonstigen Masseverbindlichkeiten zu erfüllen. Sind die Verfahrenskosten gestundet, so sind auf die Verfahrenskosten zunächst keine Ausschüttungen vorzunehmen, sondern lediglich die sonstigen Masseverbindlichkeiten zu decken (a.A. *BGH* NZI 2010, 188). Erst wenn diese vollständig bezahlt sind, werden – bevor an die Insolvenzgläubiger Ausschüttungen erfolgen – die Verfahrenskosten bedient, wie in § 292 InsO vorgesehen.

26 Für die Nachtragsverteilung gelten die §§ 203 Abs. 3 bis 205 InsO entsprechend. Geringwertige Gegenstände, für die sich eine Nachtragsverteilung nicht lohnt, können daher dem Insolvenzschuldner überlassen werden.

27 Dass Massegläubiger einen **Kostenvorschuss** leisten, damit die Nachtragsverteilung durchgeführt werden kann, erscheint dabei allerdings eher unwahrscheinlich.

D. Einstellung des Verfahrens

Sobald der Insolvenzverwalter die Masse verteilt und dies dem Insolvenzgericht mitgeteilt hat, ergeht der **Einstellungsbeschluss**. Er ist – da in § 216 InsO nicht erwähnt – **unanfechtbar** (*BGH* ZInsO 2007, 263 f.). Der Gesetzgeber war der Auffassung, es bedürfe zur Wahrung der Rechte der Beteiligten keines Rechtsmittels, da die Einstellung nach Feststellung der Masseunzulänglichkeit erst nach der Verteilung des Schuldnervermögens erfolge (Begr. zu § 330 RegE, *Balz/Landfermann* S. 459). 28

Diese Begründung vermag kaum zu überzeugen, denn über die Frage, ob die Masse wirklich vollständig verwertet und verteilt ist, kann im Einzelfall lange gestritten werden. Gleichwohl ist das Versagen eines Rechtsmittels gegen den Einstellungsbeschluss konsequent. Die Beteiligung der Massegläubiger findet auch sonst in masseunzulänglichen Verfahren nach § 208 ff. InsO nicht statt. Die Anzeige der Masseunzulänglichkeit erfolgt durch den Verwalter, ohne dass das Insolvenzgericht dies überprüft. Die durchgeführte Verteilung zeigt der Verwalter dem Gericht an, das im Rahmen der Prüfung der Rechnungslegung zwar eine gewisse Kontrolle ausübt, die Massegläubiger sind jedoch in diesem Verfahren weitgehend ausgeschlossen (zur Kritik der gesetzlichen Regelung vgl. *Kübler/Prütting/Bork-Pape* InsO, § 211 Rn. 10 f. m.w.N.). Der Einstellungsbeschluss wird gem. § 215 InsO vom Insolvenzgericht den unmittelbar Beteiligten vorab kundgetan und öffentlich bekannt gemacht. Mit Wirksamwerden des Beschlusses nach Ablauf zwei weiterer Tage (§ 9 Abs. 1 Satz 3 InsO) erlangt der Schuldner die Verwaltungs- und Verfügungsbefugnis wieder zurück. 29

E. Masseunzulänglichkeit und Restschuldbefreiung

Auch an ein nach § 211 InsO eingestelltes Insolvenzverfahren kann sich eine Restschuldbefreiung anschließen, nicht jedoch an ein Insolvenzverfahren, das nach § 207 InsO eingestellt worden ist. 30

Auch wenn nach dem Wortlaut des § 292 Abs. 1 Satz 2 InsO der Treuhänder nur die **Insolvenzgläubiger** zu berücksichtigen hat, sind doch gleichwohl zunächst die offen gebliebenen Masseverbindlichkeiten vorab zu befriedigen (*Uhlenbruck* NZI 2001, 408; *Kübler/Prütting/Bork-Pape* InsO, § 210 Rn. 18). Erst wenn die Masseverbindlichkeiten vollständig gedeckt sind, sollen Ausschüttungen an die Insolvenzgläubiger erfolgen (*BGH* NZI 2005, 399). 31

Dies ergibt sich auch aus § 292 Abs. 1 Satz 2 InsO, wonach erst die gestundeten Verfahrenskosten zu berichtigen sind, bevor Ausschüttungen an Insolvenzgläubiger vorzunehmen sind. Der Gesetzgeber ist erkennbar davon ausgegangen, dass zunächst die Masseverbindlichkeiten zu erfüllen sind, zuletzt auch die gestundeten und somit nicht fälligen Verfahrenskosten und erst dann an die Insolvenzgläubiger ausgeschüttet werden soll. 32

Eine Verteilung an Insolvenzgläubiger setzt dann allerdings ein Schlussverzeichnis voraus, das im Rahmen der Abwicklung des Insolvenzverfahrens erstellt worden sein muss. In allen massearmen und masseunzulänglichen Verfahren ist daher das Forderungsprüfungsverfahren vollständig durchzuführen, damit der Insolvenzverwalter/Treuhänder ein Schlussverzeichnis erstellen kann. 33

Die jährlichen Ausschüttungen des Treuhänders in der Wohlverhaltensphase haben daher wie folgt zu erfolgen: 34
– zunächst auf die offen gebliebenen Masseverbindlichkeiten in der Rangordnung des § 209 InsO,
– sodann gem. § 292 Abs. 1 Satz 2 InsO auf die gestundeten Verfahrenskosten und
– schließlich an die Insolvenzgläubiger aufgrund des Schlussverzeichnisses.
Entsprechend ist auch bei einer Nachtragsverteilung zu verfahren.

§ 212 Einstellung wegen Wegfalls des Eröffnungsgrunds

¹Das Insolvenzverfahren ist auf Antrag des Schuldners einzustellen, wenn gewährleistet ist, dass nach der Einstellung beim Schuldner weder Zahlungsunfähigkeit noch drohende Zahlungsunfähigkeit noch, soweit die Überschuldung Grund für die Eröffnung des Insolvenzverfahrens ist, Überschuldung vorliegt. ²Der Antrag ist nur zulässig, wenn das Fehlen der Eröffnungsgründe glaubhaft gemacht wird.

1 Die Vorschrift ermöglicht eine vorzeitige Beendigung des Verfahrens, wenn sich herausstellt, dass ein Eröffnungsgrund nicht oder nicht mehr gegeben ist.

2 Der Eröffnungsgrund kann von Anfang an nicht gegeben sein, wenn die Umstände, die die Zahlungsunfähigkeit (§ 17 InsO), die drohende Zahlungsunfähigkeit (§ 18 InsO) oder – bei juristischen Personen – die Überschuldung (§ 19 InsO) belegen sollten, vom Schuldner oder vom Insolvenzgericht unzutreffend gewürdigt worden sind. Die Insolvenzgründe müssen zum Zeitpunkt des Wirksamwerdens der Eröffnungsentscheidung des Insolvenzgerichts vorgelegen haben, nicht entscheidend ist das Vorliegen der materiellen Eröffnungsvoraussetzungen im Zeitpunkt der letzten Tatsachenentscheidung (*BGH* NZI 2006, 693 ff.) oder der Rechtskraft des Eröffnungsbeschlusses (*BGH* ZVI 2006, 564 f.). Ein Eröffnungsbeschluss wird zu dem Zeitpunkt wirksam, zu dem er vollständig unterschrieben die Geschäftsstelle des Gerichts mit der unmittelbaren Zweckbestimmung verlassen hat, um den Beteiligten bekannt gegeben zu werden (*BGH* ZVI 2006, 565 ff.).

3 Der Grund der Insolvenz kann auch nach Eröffnung des Verfahrens **weggefallen** sein, so zum Beispiel, wenn der Schuldner Vermögen erworben hat, das es ihm ermöglicht, nunmehr seinen Zahlungsverpflichtungen nachzukommen oder wenn einer Kapitalgesellschaft Vermögen zugeflossen ist, das die Überschuldung beseitigt.

4 Wegen des schwerwiegenden Eingriffs, den eine Eröffnung des Insolvenzverfahrens für die Freiheit des Schuldners zur Verfügung über sein Vermögen mit sich bringt (so BT-Drucks. 12/2443 S. 221), soll die Vorschrift ermöglichen, das Verfahren vorzeitig zu beenden, wenn feststeht, dass eine Insolvenz nicht oder nicht mehr gegeben ist.

5 Die Einstellung des Insolvenzverfahrens kann der Schuldner jedoch nur dann verlangen, wenn er mit Hilfe geeigneter Beweismittel i.S.d. § 294 ZPO glaubhaft machen kann, dass der Eröffnungsgrund entweder nachträglich weggefallen ist oder von Anfang an fehlte und vom Insolvenzgericht nur irrtümlich angenommen wurde. Unzureichend ist, dass der Schuldner vorträgt, durch zukünftig abzuschließende Rechtsgeschäfte ausreichende Mittel zur Verfügung zu haben, um alle Verbindlichkeiten zu erfüllen (*BGH* Beschl. v. 30.06.2011 – IX ZB 188/10, BeckRS 2011, 18820).

6 Der Überschuldungstatbestand des § 19 Abs. 2 InsO ist durch das Finanzmarktstabilisierungsgesetz – FMStG – vom 17. Oktober 2008 geändert worden. Danach liegt Überschuldung nur dann vor, wenn die bestehenden Verbindlichkeiten durch das Vermögen nicht gedeckt sind und die Fortführung des Unternehmens nach den Umständen nicht überwiegend wahrscheinlich ist. Eine Überschuldung scheidet daher aus, wenn anhand einer Prognoserechnung feststeht, dass das Unternehmen fortgeführt werden kann. Ist daher der Insolvenzgrund der Zahlungsunfähigkeit beseitigt, kann i.d.R. auch dargelegt werden, dass eine positive Fortbestehensprognose besteht, so dass auch der Insolvenzgrund der Überschuldung entfällt, auch wenn die Verbindlichkeiten höher sind als die Vermögenswerte.

7 Die Einstellung erfolgt nur **auf Antrag des Schuldners** und ist nur zulässig, wenn der Schuldner glaubhaft macht, dass ein Eröffnungsgrund (§§ 17–19 InsO) nicht oder nicht mehr vorliegt (*BGH* NZI 2009, 517). Die Voraussetzungen des § 212 InsO einschließlich der Antragsberechtigung müssen nicht bereits zum Zeitpunkt der Antragstellung vorliegen, sondern anders als beim Antrag auf Insolvenzeröffnung, wo der Insolvenzgrund nach § 16 InsO zum Zeitpunkt der Insolvenzeröffnung vorliegen muss (*BGHZ* 169, 17), im Zeitpunkt des Abschlusses der Beschwerdeinstanz (*BGH* BeckRS 216, 07171).

Zur **Glaubhaftmachung** kann sich der Schuldner aller geeigneten Beweismittel bedienen, so insbesondere auch der Stellungnahme des Insolvenzverwalters, der im Einstellungsverfahren ohnehin zu hören ist (§ 214 Abs. 2 Satz 1 InsO). 8

Anträge des Schuldners ohne ausreichende Glaubhaftmachung des Einstellungsgrundes sind als unzulässig zurückzuweisen (Rechtsbehelf des Schuldners: Beschwerde gem. § 216 InsO). Das weitere Verfahren (§ 214 InsO) wird daher erst dann eingeleitet, wenn der Einstellungsgrund glaubhaft gemacht ist. Macht der Schuldner nur den Wegfall der Forderung des antragstellenden Gläubigers glaubhaft, so reicht dies nicht aus. Vielmehr muss sichergestellt sein, dass es auf absehbare Zeit nach Einstellung des Verfahrens nicht zu einem erneuten Insolvenzgrund kommen kann (*BGH* NZI 2011, 20). 9

Für den weiteren Verfahrensablauf gelten die §§ 214 bis 216 InsO. Der **Antrag** auf Einstellung des Verfahrens ist gem. § 214 Abs. 1 Satz 1 InsO **öffentlich bekannt** zu machen, die Insolvenzgläubiger können ihm binnen einer Woche widersprechen. Der Insolvenzverwalter, ein etwaig bestellter Gläubigerausschuss und widersprechende Gläubiger sind gem. § 214 Abs. 2 InsO zwingend zu hören. 10

Gem. § 214 Abs. 3 InsO hat der Insolvenzverwalter die unstreitigen **Masseansprüche** zu befriedigen und die streitigen sicherzustellen. Erbt der Schuldner noch vor Aufhebung des Insolvenzverfahrens und erlangt dadurch die Möglichkeit, seine Gläubiger vollständig zu befriedigen, kann darin ebenfalls der Wegfall des Eröffnungsgrundes liegen. Selbst wenn das Insolvenzverfahren bereits aufgehoben und Nachtragsverteilung angeordnet worden war, kann nach Auffassung des BGH der Schuldner der Anordnung der Nachtragsverteilung entgegentreten und die Einstellung des Verfahrens nach § 212 InsO noch beantragen (*BGH* NZI 2010, 741). 11

Der **Beschluss** über die Einstellung des Verfahrens ist gem. § 215 Abs. 2 InsO öffentlich bekannt zu machen. Mit Wirksamwerden des Beschlusses gehen die Verwaltungs- und Verfügungsbefugnis wieder auf den Schuldner über. Eine Nachtragsverteilung im Anschluss an die Einstellung des Verfahrens nach § 212 InsO scheidet aus, die Durchführung eines Restschuldbefreiungsverfahrens ist ebenfalls ausgeschlossen. 12

Die **Rechtsmittel** gegen den Einstellungsbeschluss richten sich nach § 216 InsO mit der Maßgabe, dass dem Insolvenzverwalter ein Beschwerderecht nicht zusteht. 13

§ 213 Einstellung mit Zustimmung der Gläubiger

(1) ¹Das Insolvenzverfahren ist auf Antrag des Schuldners einzustellen, wenn er nach Ablauf der Anmeldefrist die Zustimmung aller Insolvenzgläubiger beibringt, die Forderungen angemeldet haben. ²Bei Gläubigern, deren Forderungen vom Schuldner oder vom Insolvenzverwalter bestritten werden, und bei absonderungsberechtigten Gläubigern entscheidet das Insolvenzgericht nach freiem Ermessen, inwieweit es einer Zustimmung dieser Gläubiger oder einer Sicherheitsleistung gegenüber ihnen bedarf.

(2) Das Verfahren kann auf Antrag des Schuldners vor dem Ablauf der Anmeldefrist eingestellt werden, wenn außer den Gläubigern, deren Zustimmung der Schuldner beibringt, andere Gläubiger nicht bekannt sind.

Übersicht	Rdn.			Rdn.
A. Allgemeines	1	D.	Einstellung vor Ablauf der Anmeldefrist (Abs. 2)	14
B. Einstellung nach Ablauf der Anmeldefrist (Abs. 1)	5	E.	Verfahren	19
C. Die beizubringenden Zustimmungen	8	F.	Insolvenz der Genossenschaft und des Versicherungsvereins auf Gegenseitigkeit	24
I. Insolvenzgläubiger	8			
II. Bestrittene Forderungen und absonderungsberechtigte Gläubiger	9			

§ 213 InsO Einstellung mit Zustimmung der Gläubiger

A. Allgemeines

1 Das Ziel des Insolvenzverfahrens ist die gemeinschaftliche Befriedigung der Gläubiger, es dient den **Interessen der Gläubiger** an einer sachgerechten Verwertung des Schuldnervermögens und an der gesetzlich geregelten Verteilung des Erlöses (§ 1 Satz 1 InsO).

2 Daher sind den Gläubigern im Insolvenzverfahren zahlreiche **Mitwirkungsrechte** eingeräumt wie z.B.: die Wahl eines neuen Insolvenzverwalters (§ 57 InsO), die Einsetzung eines Gläubigerausschusses (§ 67 InsO), die Teilnahme an den Gläubigerversammlungen (§ 74 InsO), der Auftrag an den Verwalter, einen Insolvenzplan vorzulegen (§ 218 Abs. 2 InsO), die Entscheidung über die Annahme oder Ablehnung eines Insolvenzplanes (§§ 237, 77 InsO).

3 Folgerichtig lässt es das Gesetz zu, dass das Insolvenzverfahren eingestellt wird, wenn die Insolvenzgläubiger einem Antrag des Schuldners auf Einstellung zustimmen und damit auf die Durchführung des Insolvenzverfahrens verzichten.

4 Die Einstellung erfolgt nur auf Antrag des Schuldners. Die zur Einstellung erforderlichen Zustimmungserklärungen sind mit dem Antrag einzureichen.

B. Einstellung nach Ablauf der Anmeldefrist (Abs. 1)

5 Das Insolvenzverfahren ist auf **Antrag des Schuldners** einzustellen, wenn er nach Ablauf der Anmeldefrist die Zustimmung aller Insolvenzgläubiger beibringt, die Forderungen angemeldet haben (Abs. 1 Satz 1).

6 Die Einstellung erfolgt auf Antrag des Schuldners, der ebenso wie bei § 212 InsO bei einer Schuldnermehrheit (Personengesellschaft, Gesamtgutsinsolvenz) von allen Schuldnern und bei einer juristischen Person von allen gesetzlichen Vertretern gestellt werden muss (*Nerlich/Römermann-Westphal* InsO, § 213 Rn. 28).

7 Ferner müssen **alle Insolvenzgläubiger**, die eine Forderung angemeldet und nicht wieder zurückgenommen haben, den **Verzicht auf die Durchführung** des Insolvenzverfahrens – nicht notwendigerweise auf die Forderung selbst – unwiderruflich und bedingungsfrei erklärt haben. Da es sich insoweit um eine Prozesshandlung handelt, scheidet eine Anfechtung nach §§ 119 ff. BGB aus (so schon *Kuhn/Uhlenbruck* § 202 Rn. 4a KO).

C. Die beizubringenden Zustimmungen

I. Insolvenzgläubiger

8 Mit dem Antrag hat der Schuldner die **Zustimmungen aller Insolvenzgläubiger** beizubringen, deren Forderungen nicht bestritten sind. Nachrangige Insolvenzgläubiger (§ 39 InsO) werden mangels gerichtlicher Aufforderung (s. § 174 Abs. 3 InsO) regelmäßig keine Forderungen angemeldet haben. Eine besondere Aufforderung im Rahmen des Einstellungsverfahren nach § 213 InsO ist nicht erforderlich. Haben jedoch nachrangige Insolvenzgläubiger ihre Forderungen angemeldet, ohne dazu aufgefordert worden zu sein, ist auch ihre Zustimmung erforderlich (§ 174 Abs. 3 InsO bedeutet nicht, dass nachrangige Forderungen nicht auch ohne Aufforderung angemeldet werden können, s. § 174 Rdn. 55 ff.).

II. Bestrittene Forderungen und absonderungsberechtigte Gläubiger

9 Auf die Zustimmungen der Gläubiger, deren Forderungen vom Insolvenzverwalter oder (und) Schuldner bestritten worden sind, kann dann nicht verzichtet werden, wenn das Gericht die Zustimmungen für erforderlich hält. Darüber ist durch Beschluss zu entscheiden (Abs. 1 Satz 2), der selbstständig nicht anfechtbar ist. Eine Überprüfung der Entscheidung ist jedoch im Beschwerdeverfahren über die Einstellung (oder die Ablehnung der Einstellung) nach § 216 InsO möglich.

Gleiches gilt für die Prüfung, ob die Zustimmungen absonderungsberechtigter Gläubiger erforderlich sind. Die Zustimmung eines Insolvenzgläubigers, der zugleich zur abgesonderten Befriedigung berechtigt ist, kann entbehrlich sein, wenn der Gläubiger aus dem Absonderungsrecht voll befriedigt werden kann.

Ist der Gläubiger nur mit seinem Absonderungsrecht am Verfahren beteiligt, der Schuldner also nicht auch der persönliche Schuldner, wird seine Zustimmung erforderlich sein, wenn sonst seine Forderung nicht voll gedeckt ist (BT-Drucks. 12/2443 S. 221).

Entscheidend ist, ob der absonderungsberechtigte Gläubiger ein berechtigtes Interesse daran hat, dass das Verfahren zumindest einstweilen fortgeführt wird. Dies kann auch dann der Fall sein, wenn eine vom Verwalter begonnene Verwertung der Sicherungsrechte zu Ende geführt werden soll oder wenn eine Gesamtverwertung der mit den Absonderungsrechten belasteten Gegenstände für die gesicherten Gläubiger vorteilhaft wäre (*Uhlenbruck/Ries* InsO, § 213 Rn. 10). Droht dahingegen dem absonderungsberechtigten Gläubiger kein Nachteil, kann dessen fehlende Zustimmung durch die Entscheidung des Gerichts ersetzt werden (*LG Wuppertal* ZInsO 2009, 1113).

Massegläubiger sind am Einstellungsverfahren nach § 213 InsO nicht beteiligt. Ihre Rechte sind dadurch gesichert, dass der Insolvenzverwalter die unstreitigen Masseansprüche zu berichtigen und für die streitigen Sicherheit zu leisten hat (§ 214 Abs. 3 InsO).

D. Einstellung vor Ablauf der Anmeldefrist (Abs. 2)

Auf **Antrag des Schuldners** kann das Verfahren vor dem Ablauf der Anmeldefrist eingestellt werden, wenn außer den Gläubigern, deren Zustimmung der Schuldner beibringt, andere Gläubiger nicht bekannt sind (Abs. 2).

Das Gericht prüft **von Amts wegen** (§ 5 Abs. 1 InsO), ob weitere Gläubiger vorhanden sind. Es kann sich dabei aus dem Gläubigerverzeichnis (§ 152 InsO) oder der Vermögensübersicht (§ 153 InsO) unterrichten. I.d.R. wird das Insolvenzgericht den Verwalter zur Stellungnahme auffordern.

Das Gericht hat im Rahmen des Abs. 2 keine Möglichkeit, nach billigem Ermessen darüber zu entscheiden, ob die Zustimmung einzelner Gläubiger entbehrlich ist. Die Einstellung kann daher erst erfolgen, wenn der Schuldner die **Zustimmung aller bekannten Gläubiger** beibringt (*Nerlich/Römermann-Westphal* InsO, § 213 Rn. 23).

Auch eine Ersetzung der Zustimmungserklärung für den Fall, dass der Schuldner einzelne Gläubigerforderungen bestritten hat, ist vor Ablauf der Anmeldefrist ausgeschlossen.

Haben alle bekannten Gläubiger der Einstellung des Verfahrens zugestimmt, liegt diese jedoch – anders als im Fall des Abs. 1 – im Ermessen des Insolvenzgerichts, das auch dann noch den Ablauf der Anmeldefrist abwarten kann.

E. Verfahren

Liegen die Voraussetzungen des Abs. 1 vor, muss das Insolvenzgericht das Verfahren unter Berücksichtigung des in § 214 InsO geregelten Ablaufs einstellen. Ein Ermessen steht ihm insoweit nicht zu. Weder das Gericht noch die übrigen Gläubiger haben die Gründe zu prüfen, die die Gläubiger zur Zustimmung veranlasst haben (*Haarmeyer* ZInsO 2009, 556). Ist die Anmeldefrist noch nicht abgelaufen (Abs. 2), liegt die Einstellung des Verfahrens dagegen im Ermessen des Gerichts.

Im Falle der Einstellung des Insolvenzverfahrens nach § 213 InsO bemisst sich die Berechnungsgrundlage für die Vergütung des Verwalters nach dem Schätzwert der Masse zur Zeit der Beendigung des Verfahrens (§ 1 Abs. 1 Satz 2 InsVV). Ansprüche auf Kapitalaufbringung und Kapitalerhaltung sind in der Insolvenz der GmbH bei der Berechnungsgrundlage für die Vergütung des Verwalters in der Höhe zu berücksichtigen, in der ihre Einziehung erforderlich ist, um alle Masse- und Insolvenzgläubiger zu befriedigen. Sind im eröffneten Verfahren die Insolvenzgläubiger durch Zahlungen

Dritter befriedigt worden, ändert sich die Berechnungsgrundlage für die Vergütung des Verwalters hierdurch nicht (*BGH* NZI 2012, 315).

21 Vor der Einstellung des Verfahrens hat der Verwalter gem. § 214 Abs. 3 InsO die unstreitigen Masseansprüche zu berichtigen und für die streitigen Sicherheit zu leisten. Hierunter fallen auch die Verfahrenskosten, insbesondere die Verwaltervergütung. Hat das Insolvenzgericht sie noch nicht festgesetzt, ist noch nicht abschließend geklärt, ob alle Masseansprüche erfüllt werden können. Reicht die Masse ersichtlich hierfür nicht aus, hat der Schuldner jedoch seine Bereitschaft erklärt, entsprechende Zuschüsse noch zu leisten und wendet er sich gegen die Höhe der beantragten Vergütung, ist zunächst die Vergütung rechtskräftig zu klären. Gegen den Festsetzungsbeschluss steht dem Schuldner gem. § 64 Abs. 3 die sofortige Beschwerde zu. Setzt das Insolvenzgericht die Verwaltervergütung noch nicht fest, sondern lediglich einen Vorschuss, der aus der freien Masse nicht vollständig gedeckt ist, steht dem Schuldner hiergegen ein Rechtsmittel nicht zur Verfügung. Er kann eine Abweisung des Einstellungsantrags nur dadurch vermeiden, dass er zunächst den Vorschuss erfüllt, da er andernfalls Gefahr läuft, dass das Insolvenzgericht auch den Einstellungsantrag abweist, da die Verfahrenskosten nicht gedeckt werden können (*BGH* Beschl. v. 24.03.2011 – IX ZB 67/10, BeckRS 2011, 07712).

22 Ergeben sich Schwierigkeiten bei der Befriedigung der Gläubiger durch den Schuldner, kann erneut ein Insolvenzantrag gestellt werden. Die vorherige Zustimmung zur Einstellung des Verfahrens hindert einen neuerlichen Insolvenzantrag nicht. Ebenso kann ein Gläubiger, der der Einstellung zugestimmt hat, gegen den Einstellungsbeschluss die sofortige Beschwerde gem. § 216 Abs. 1 InsO erheben.

23 **Entsprechende Anwendung**: Eine Einstellung des Restschuldbefreiungsverfahrens mit Zustimmung aller Gläubiger vor Ablauf der Wohlverhaltensperiode ist im Gesetz nicht vorgesehen. Um nicht unnötigerweise derartige (wohl eher seltene) Verfahren weiter betreiben zu müssen, kann die Vorschrift auf diese Fallgestaltung entsprechend angewandt werden (vgl. *BGH* NZI 2005, 399 ff.). Schließt der Schuldner mit allen Insolvenzgläubigern, die Forderungen zur Tabelle angemeldet haben, in der Wohlverhaltensperiode einen Vergleich und sind die Ansprüche dieser Gläubiger danach durch Teilzahlungen und Teilerlass erloschen, ist auf seinen Antrag die Wohlverhaltensphase vorzeitig zu beenden und die Restschuldbefreiung auszusprechen, sofern er belegt, dass die Verfahrenskosten und die sonstigen Masseverbindlichkeiten getilgt sind (*BGH* WM 2011, 2106).

F. Insolvenz der Genossenschaft und des Versicherungsvereins auf Gegenseitigkeit

24 Im Insolvenzverfahren über das Vermögen einer Genossenschaft gilt Abs. 2 nicht, da nach § 216 GenG eine Einstellung auf Antrag des Vorstandes erst nach Ablauf der Anmeldefrist möglich ist. Darüber hinaus ist weiterhin der Nachweis zu führen, dass weitere Gläubiger nicht bekannt sind. Dies kann durch eine Bescheinigung des zuständigen Prüfungsverbandes oder auch unter Vorlage der Bücher der Genossenschaft erfolgen.

25 Gem. § 52 Abs. 1 VAG i.V.m. § 216 GenG gelten diese Regelungen auch für das Insolvenzverfahren über das Vermögen eines Versicherungsvereins auf Gegenseitigkeit.

§ 214 Verfahren bei der Einstellung

(1) ¹Der Antrag auf Einstellung des Insolvenzverfahrens nach § 212 oder § 213 ist öffentlich bekanntzumachen. ²Er ist in der Geschäftsstelle zur Einsicht der Beteiligten niederzulegen; im Falle des § 213 sind die zustimmenden Erklärungen der Gläubiger beizufügen. ³Die Insolvenzgläubiger können binnen einer Woche nach der öffentlichen Bekanntmachung schriftlich Widerspruch gegen den Antrag erheben.

(2) ¹Das Insolvenzgericht beschließt über die Einstellung nach Anhörung des Antragstellers, des Insolvenzverwalters und des Gläubigerausschusses, wenn ein solcher bestellt ist. ²Im Falle eines Widerspruchs ist auch der widersprechende Gläubiger zu hören.

(3) Vor der Einstellung hat der Verwalter die unstreitigen Masseansprüche zu berichtigen und für die streitigen Sicherheit zu leisten.

Übersicht	Rdn.		Rdn.
A. Allgemeines	1	C. Rechtsmittel	12
B. Verfahren	3		

A. Allgemeines

Das in der Vorschrift beschriebene Verfahren gilt für die Einstellung wegen Wegfalls des Eröffnungsgrundes (§ 212 InsO) und mit Zustimmung der Gläubiger (§ 213 InsO). In beiden Fällen hat das Insolvenzgericht **von Amts wegen** alle für die Einstellung erheblichen Umstände zu ermitteln. Wurde der Wegfall des Eröffnungsgrundes nicht hinreichend glaubhaft gemacht oder fehlt es an der Beifügung der Zustimmung aller Insolvenzgläubiger, hat das Insolvenzgericht den Antrag ohne Bekanntmachung als **unzulässig** zu verwerfen (*OLG Celle* ZIP 2000, 1945). 1

Ist der Antrag zulässig, ist er öffentlich bekanntzumachen und auf der Geschäftsstelle niederzulegen, dann sind der Antragsteller, der Insolvenzverwalter, ein widersprechender Gläubiger und – falls ein solcher bestellt ist – der Gläubigerausschuss zu hören. 2

B. Verfahren

Der **Antrag** des Schuldners ist im Internet (§ 9 InsO) öffentlich bekanntzumachen; dabei ist anzugeben, ob die Einstellung wegen Wegfalls des Eröffnungsgrundes oder mit Zustimmung der Gläubiger beantragt worden ist. Außerdem ist er auf der Geschäftsstelle zur Einsicht der Beteiligten **niederzulegen**. 3

Soll die Einstellung mit Zustimmung der Gläubiger erfolgen, sind auch die Zustimmungserklärungen niederzulegen (Abs. 1 Satz 2). 4

Binnen einer Woche nach der öffentlichen Bekanntmachung (sie gilt nach Ablauf von zwei Tagen nach dem Tag der Veröffentlichung als bewirkt, § 9 Abs. 1 Satz 3 InsO) können die Insolvenzgläubiger schriftlich Widerspruch gegen den Antrag (d.h. gegen die Einstellung) erheben. 5

Der Insolvenzverwalter, der Gläubigerausschuss und die widersprechenden Insolvenzgläubiger können mit ihrem Widerspruch geltend machen, dass die für die Einstellung notwendigen Voraussetzungen fehlen, so insbesondere, dass nach Einstellung des Verfahrens die vom Schuldner behauptete wiederhergestellte Zahlungsfähigkeit oder der Wegfall der Überschuldung nicht vorliegen. Die Angabe von Gründen ist jedoch nicht zwingend erforderlich (*Nerlich/Römermann-Westphal* InsO, § 214 Rn. 7). 6

Ein verspätet eingelegter Widerspruch ist nicht automatisch unbeachtlich, da das Gericht **von Amts wegen** prüft, ob die Einstellungsvoraussetzungen vorliegen (*Uhlenbruck/Ries* InsO, § 214 Rn. 6). Auch bei einer Rücknahme des Widerspruchs hat das Gericht daher von Amts wegen zu prüfen, ob die Einstellungsvoraussetzungen vorliegen. 7

Eine Entscheidung vor Ablauf der Wochenfrist ist unzulässig.

Bevor das Gericht das Insolvenzverfahren einstellen kann, hat der Insolvenzverwalter die unstreitigen **Masseansprüche** zu berichtigen und für die streitigen Sicherheit zu leisten (Abs. 3). Dies setzt voraus, dass Vergütung und Auslagen des Insolvenzverwalters und eines Gläubigerausschusses zuvor festgesetzt sind. Dies wiederum setzt die Beantragung durch Verwalter und Gläubigerausschuss voraus. Ebenso sind die Gerichtskosten einschließlich der Auslagen festzusetzen und vom Verwalter zu berichtigen. Nach dem Einstellungsbeschluss anfallende weitere Gerichtskosten sind entsprechend zurückzustellen. 8

9 Ist die Höhe der Verfahrenskosten streitig, muss der Schuldner Sicherheit leisten. Kann oder will er das nicht, kann eine Einstellung des Verfahrens nicht erfolgen (*LG Stuttgart* BeckRS 2013, 00403).

10 Sind die Verfahrenskosten gestundet gewesen, so sind sie ebenfalls festzusetzen und zu berichtigen oder ggf. sicherzustellen (*Uhlenbruck/Ries* InsO, § 214 Rn. 10). Bei Einstellung des Insolvenzverfahrens nach § 214 ist weder eine Nachtragsverteilung noch ein Restschuldbefreiungsverfahren vorgesehen.

11 Sind die gesetzlichen Voraussetzungen für eine Verfahrenseinstellung gegeben und bleiben auch etwa erhobene Widersprüche erfolglos, ist das Verfahren durch zu verkündenden **Beschluss** einzustellen. Im anderen Fall ist die Einstellung abzulehnen.

C. Rechtsmittel

12 Gegen den Beschluss, mit dem das Verfahren eingestellt wird, kann jeder Insolvenzgläubiger **sofortige Beschwerde** erheben. Wird der Antrag des Schuldners auf Einstellung des Verfahrens abgelehnt, steht diesem die sofortige Beschwerde zu.

§ 215 Bekanntmachung und Wirkungen der Einstellung

(1) ¹Der Beschluss, durch den das Insolvenzverfahren nach §§ 207, 211, 212 oder 213 eingestellt wird, und der Grund der Einstellung sind öffentlich bekanntzumachen. ²Der Schuldner, der Insolvenzverwalter und die Mitglieder des Gläubigerausschusses sind vorab über den Zeitpunkt des Wirksamwerdens der Einstellung (§ 9 Abs. 1 Satz 3) zu unterrichten. ³§ 200 Abs. 2 Satz 2 gilt entsprechend.

(2) ¹Mit der Einstellung des Insolvenzverfahrens erhält der Schuldner das Recht zurück, über die Insolvenzmasse frei zu verfügen. ²Die §§ 201, 202 gelten entsprechend.

Übersicht	Rdn.		Rdn.
A. Öffentliche Bekanntmachung	1	C. Wirkungen der Einstellung	7
B. Vorabinformation über das Wirksamwerden der Einstellung	4		

A. Öffentliche Bekanntmachung

1 Der Beschluss über die Einstellung des Verfahrens mangels Masse (§ 207 InsO), nach Anzeige der Masseunzulänglichkeit (§ 211 InsO), wegen Wegfalls des Eröffnungsgrundes (§ 212 InsO) oder mit Zustimmung der Gläubiger (§ 213 InsO) ist durch Veröffentlichung im Internet (§ 9 InsO) öffentlich bekanntzumachen.

2 Dabei ist der **Grund der Einstellung** anzugeben. Gerade die Bekanntmachung des Wegfalls des Insolvenzgrundes oder der Zustimmung der Gläubiger zur Einstellung des Insolvenzverfahrens ist wichtiger Bestandteil für die Wiederherstellung der Kreditwürdigkeit des Schuldners (*Nerlich/Römermann-Westphal* InsO, § 215 Rn. 2). Erst mit Wirksamwerden der öffentlichen Bekanntmachung, also um 24.00 Uhr des auf den Tag der Veröffentlichung folgenden zweiten Tages, wird auch der Einstellungsbeschluss wirksam. Die für die Wirksamkeit des Eröffnungsbeschlusses entwickelten Grundsätze gelten hierfür nicht (*Uhlenbruck/Ries* InsO, § 215 Rn. 2).

3 Ob außerdem weitere Veröffentlichungen (z.B. in den am Ort erscheinenden Tageszeitungen) angezeigt sind, ist in das Ermessen des Gerichts gestellt (§ 9 Abs. 2 InsO).

B. Vorabinformation über das Wirksamwerden der Einstellung

Die Einstellung wird wirksam mit Bekanntgabe an alle Beteiligten. Die öffentliche Bekanntmachung des Einstellungsbeschlusses ersetzt die Zustellungen. § 9 Abs. 3 InsO. Die Bekanntgabe gilt als bewirkt, wenn nach dem Tag der Veröffentlichung zwei weitere Tage verstrichen sind (§ 9 Abs. 1 Satz 3 InsO).

Damit der Schuldner, der Insolvenzverwalter und die Mitglieder des Gläubigerausschusses wissen, ab wann der Schuldner wieder über sein Vermögen verfügen kann und wann die Ämter des Insolvenzverwalters und der Mitglieder des Gläubigerausschusses enden, ist ihnen vorab mitzuteilen, wann der Einstellungsbeschluss wirksam wird (Abs. 1 Satz 2).

Dem Handels-, Genossenschafts- und Vereinsregister, dem Grundbuchamt und dem Register für Schiffe und Luftfahrzeuge ist die Einstellung des Verfahrens durch Übersendung des rechtskräftigen Einstellungsbeschlusses mitzuteilen (Abs. 1 Satz 3 i.V.m. §§ 200 Abs. 2, 31 bis 33 InsO).

C. Wirkungen der Einstellung

Mit der Einstellung des Insolvenzverfahrens entfallen die Verwaltungs- und Verfügungsbeschränkungen des Schuldners und damit auch die entsprechenden Befugnisse des Verwalters und der Mitglieder des Gläubigerausschusses. Der Schuldner erhält nach Abs. 2 Satz 1 mit dem Wirksamwerden des Einstellungsbeschlusses die Verwaltungs- und Verfügungsbefugnis über sein Vermögen ex nunc zurück.

Die Gläubiger festgestellter Insolvenzforderungen können ihre Ansprüche – soweit sie noch nicht befriedigt worden sind – aus dem Tabelleneintrag unbeschränkt gegen den Schuldner geltend machen. Für die Klagen auf oder gegen die Erteilung der Vollstreckungsklausel und über Einwendungen, die den Anspruch selbst betreffen, ist auch bei der Einstellung des Insolvenzverfahrens das Amts- oder Landgericht örtlich zuständig, bei dem das Insolvenzverfahren anhängig war oder in dessen Bezirk das Insolvenzgericht liegt (Abs. 2 Satz 2 i.V.m. §§ 201, 202 InsO).

Rechtshängige **Anfechtungsklagen** sind bei Einstellung des Verfahrens abzuweisen (*BGH* NJW 1982, 1766), laufende anderweitige Prozesse werden entsprechend §§ 239, 242 ZPO unterbrochen und können vom Schuldner gem. § 240 ZPO im eigenen Namen fortgeführt werden.

Ist die **Nachtragsverteilung** angeordnet, bleibt der Insolvenzverwalter trotz Verfahrenseinstellung nach §§ 207 oder 211 InsO prozessführungsbefugt, soweit es um Rechtsstreitigkeiten zur Realisierung weiterer Masse geht. Bei einer Einstellung nach §§ 212, 213 InsO scheidet eine Nachtragsverteilung aus.

Eine **Restschuldbefreiung** kommt nur im Anschluss an eine Einstellung nach § 211 InsO in Betracht. Eine Einstellung nach § 207 InsO wird i.d.R. nicht erfolgen, da die Verfahrenskosten seit Inkrafttreten des InsOÄndG 2001 gem. §§ 4a–d InsO gestundet werden können. Bei einer Einstellung nach §§ 212, 213 InsO ist ein Restschuldbefreiungsverfahren ausgeschlossen.

Mit der Einstellung des Insolvenzverfahrens erhält der Schuldner das Recht zurück, über die Insolvenzmasse frei zu verfügen (Abs. 2 Satz 1). Zwischen dem Verwalter und dem Schuldner entsteht ein **Abwicklungsverhältnis**, das den Verwalter verpflichtet, alle erforderlichen Maßnahmen zu treffen, damit dem bisherigen Schuldner die rechtlich wiedererlangte Verfügungsgewalt über sein Vermögen auch tatsächlich eingeräumt wird (*Nerlich/Römermann-Westphal* InsO, § 215 Rn. 15).

Rechtshandlungen des Verwalters während des Insolvenzverfahrens bleiben wirksam und gegenüber dem Schuldner bindend.

§ 216 Rechtsmittel

(1) Wird das Insolvenzverfahren nach §§ 207, 212 oder 213 eingestellt, so steht jedem Insolvenzgläubiger und, wenn die Einstellung nach § 207 erfolgt, dem Schuldner die sofortige Beschwerde zu.

(2) Wird ein Antrag nach § 212 oder § 213 abgelehnt, so steht dem Schuldner die sofortige Beschwerde zu.

1. Bei der vorzeitigen Beendigung des Verfahrens durch eine Einstellung mangels Masse (§ 207 InsO), wegen Wegfalls des Eröffnungsgrundes (§ 212 InsO) oder mit Zustimmung der Gläubiger (§ 213 InsO) haben die Insolvenzgläubiger die Möglichkeit, sofortige Beschwerde (§ 6 InsO) dagegen einzulegen. Wegen der Bedeutung, die eine Verfahrenseinstellung für sie hat (der Schuldner erhält sein Verfügungsrecht über die Masse zurück, Rechte müssen ab Einstellung im Wege der Einzelzwangsvollstreckung geltend gemacht werden), soll im Beschwerdeverfahren geprüft werden können, ob die gesetzlichen Voraussetzungen für die Einstellung vorliegen.

2. **Massegläubiger** sind nicht beschwerdeberechtigt. Ihre Rechte sind dadurch geschützt, dass der Verwalter vor Einstellung die unstreitigen Masseansprüche berichtigen und für die streitigen Sicherheit leisten muss (§ 214 Abs. 3 InsO).

3. Auch **absonderungsberechtigte Gläubiger** haben kein Beschwerderecht. Dies gilt selbst dann, wenn sie gleichzeitig Insolvenzgläubiger sind und das Insolvenzgericht nach § 213 Abs. 1 Satz 2 InsO entschieden hat, dass es ihrer Zustimmung zur beantragten Einstellung nicht bedarf (*Nerlich/Römermann-Westphal* InsO, § 216 Rn. 4), da sie insoweit als Absonderungsrechtsinhaber betroffen sind.

4. Der Insolvenzverwalter ist ebenfalls nicht beschwerdebefugt, auch nicht, wenn die Einstellung nach § 213 InsO mit Zustimmung der Gläubiger erfolgt. Er ist ebenfalls nicht beschwerdebefugt, wenn das Insolvenzgericht seinen Einstellungsantrag nach § 207 InsO abgelehnt hat (*BGH* NZI 2007, 406 f.).

5. Keine Beschwerde ist vorgesehen bei der Einstellung des Verfahrens im Fall der Masseunzulänglichkeit (§§ 208–211 InsO). Die Einstellung erfolgt hier erst dann, wenn die Masse gem. der Rangfolge des § 209 vollständig verteilt ist, die Gläubiger daher kein Interesse mehr daran haben können, das Verfahren fortzusetzen (*BGH* ZInsO 2007, 263 f.).

6. Der Schuldner selbst ist beschwerdeberechtigt, wenn das Verfahren mangels Masse eingestellt wird (§ 207 InsO) oder wenn sein Antrag, das Verfahren wegen Wegfalls des Eröffnungsgrundes (§ 212 InsO) oder mit Zustimmung der Gläubiger (§ 213 InsO) einzustellen, zurückgewiesen wird.

7. Die **sofortige Beschwerde** hat keine aufschiebende Wirkung (§ 570 ZPO). Das Insolvenzgericht kann die Vollziehung der Entscheidung jedoch aussetzen.

8. Gem. § 569 ZPO ist die sofortige Beschwerde binnen einer **Notfrist** von zwei Wochen beim Insolvenzgericht (iudex a quo) oder dem Beschwerdegericht (iudex ad quem) einzulegen. Die Notfrist beginnt mit der Zustellung der Einstellungsentscheidung. Zum Nachweis der Zustellung an die Beteiligten genügt die ordnungsgemäß bewirkte, öffentliche Bekanntmachung (§ 9 Abs. 3 InsO). Die Entscheidung des Beschwerdegerichts wird erst mit der Rechtskraft wirksam, es sei denn, die sofortige Wirksamkeit wird gleichzeitig angeordnet (§ 6 Abs. 3 InsO).

9. Ist die Beschwerdefrist verstrichen oder die Beschwerde rechtskräftig abgewiesen, bleibt für die Insolvenzgläubiger nur die Möglichkeit eines erneuten Insolvenzantrages.

Sechster Teil Insolvenzplan

Erster Abschnitt Aufstellung des Plans

§ 217 Grundsatz

¹Die Befriedigung der absonderungsberechtigten Gläubiger und der Insolvenzgläubiger, die Verwertung der Insolvenzmasse und deren Verteilung an die Beteiligten sowie die Verfahrensabwicklung und die Haftung des Schuldners nach der Beendigung des Insolvenzverfahrens können in einem Insolvenzplan abweichend von den Vorschriften dieses Gesetzes geregelt werden. ²Ist der Schuldner keine natürliche Person, so können auch die Anteils- oder Mitgliedschaftsrechte der am Schuldner beteiligten Personen in den Plan einbezogen werden.

Übersicht

	Rdn.			Rdn.
A.	Gesetzesaufbau	1	IV. Schuldner	67
B.	Zielsetzung	4	V. Verwertung und Verteilung	70
I.	Einleitung	4	1. Grundsatz	70
II.	Betrachtungsweise	15	2. Überblick über die Plantypen	71
	1. Zeitlich	15	a) Liquidationsplan	71
	2. Inhaltlich	16	b) Übertragungsplan	73
C.	Rechtsnatur des Insolvenzplans	39	c) Fortführungsplan	78
I.	Rechtslage nach überkommener Konkursordnung	39	d) Verfahrensleitender Insolvenzplan	81
II.	Rechtslage nach der InsO	45	e) Umwandelnder Insolvenzplan	83
D.	Insolvenzbewältigung »abweichend von den Vorschriften dieses Gesetzes«	54	VI. Gesellschafterstellung und Insolvenzplan	91
I.	Grundsatz	54	VII. Insolvenzplan und Konzerninsolvenzrecht	99
II.	Aussonderungsberechtigte Gläubiger	61	VIII. Insolvenzplan und Verbraucherinsolvenz	110
III.	Beteiligte Gläubiger	63	IX. Insolvenzplan und steuerliche Sanierungsgewinne	116
	1. Absonderungsberechtigte Gläubiger	63	X. Insolvenzplan und Eigenverwaltung	132
	2. Nicht nachrangige Insolvenzgläubiger	64	XI. Insolvenzplan und Vergütung des Insolvenzverwalters	135
	3. Nachrangige Insolvenzgläubiger gem. § 39 InsO	65		
	4. Massegläubiger	66		

Literatur:

Blankenburg Ein vergütungsrechtlicher Bärendienst mit Folgen, ZInsO 2017, 531; *Bähr* Regelung der Insolvenzverwaltervergütung im Insolvenzplan, EWiR 2016, 85; *Bauer/Dimmling* Endlich im Gesetz(entwurf): Der Debt-Equity-Swap, NZI 2011, 517; *Becker* Umwandlungsmaßnahmen im Insolvenzplan und die Grenzen einer Überlagerung des Gesellschaftsrechts durch das Insolvenzrecht, ZInsO 2013, 1885; *Beyer* Musterinsolvenzplan für Verbraucherinsolvenzverfahren, ZVI 2013, 334; *Braun/Heinrich* Auf dem Weg zu einer (neuen) Insolvenzplankultur in Deutschland – Ein Beitrag zu dem Regierungsentwurf für ein Gesetz zur weiteren Erleichterung der Sanierung von Unternehmen, NZI 2011, 505; *Bundesministerium der Justiz* (Hrsg.), Referentenentwurf Gesetz zur Reform des Insolvenzrechts, 1989, B 139, B 151; *Brinkmann* Wege aus der Insolvenz eines Unternehmens – oder: Die Gesellschafter als Sanierungshindernis, WM 2011, 97; *Drukarczy/Schöntag* Insolvenzplan, optionsbasierte Lösungen, Verlustvorträge und vom Gesetzgeber verursachte Sanierungshindernisse, in *Bessler*, Börsen, Banken und Kapitalmärkte, FS für Hartmut Schmidt zum 65. Geburtstag, 2006, S. 649; *Ebeling/Knigge* Gestaltungsvarianten für Insolvenzpläne, ZInsO 2015, 231; *Eidenmüller* Effizienz als Rechtsprinzip, 4. Aufl. 2015; *ders.* Verfahrenskoordination bei Konzerninsolvenzen, ZHR 169 (2005), 538; *Graeber* Vergütungsbestimmung durch Vereinbarungen zwischen einem Insolvenzverwalter und den weiteren Beteiligten eines Insolvenzverfahrens, ZIP 2013, 916; *Hingerl* Notwendigkeit einer Vergütungsbestimmung im Insolvenzplan?, ZIP 2015, 159; *Jaffé* 3 Jahre Insolvenzplan, ZIP 2001, 2302 ff.; *Kahlert/Gehrke* ESUG macht es möglich: Ausgliederung statt Asset Deal im Insolvenzplanverfahren, DStR 2013, 975; *Klomfaß* Das ESUG aus Sicht der kommunalen Kasse, Kommunal-Kassen-Zeitschrift, Nr. 5/2012, S. 97 f.; *Leipold* Zur Rechtsnatur des Insolvenzplans,

KTS 2006, 109; *Madaus* Keine Reorganisation ohne die Gesellschafter, ZGR 2011, 749; *ders.* Umwandlungen als Gegenstand eines Insolvenzplans nach dem ESUG, ZIP 2012, 2133; *ders.* Die zeitliche Grenze zur Rücknahme eines Insolvenzplans durch den Planinitiator, KTS 2012, 27; *ders.* Möglichkeiten und Grenzen von Insolvenzplanregelungen, ZIP 2016, 1141; *Madaus/Heßel* Die Verwaltervergütung in Reorganisationsfällen – Unzulänglichkeiten und Reformansätze, ZIP 2013, 2088; *Müller* Gesellschaftsrechtliche Maßnahmen im Insolvenzplan, KTS 2012, 419; *Nawroth/Wohlleber* Der »unechte Share-Deal« mittels Insolvenzplan – oder: zum praktischen Umgang mit der Regelung des § 225a Abs. 3 InsO, ZInsO 2013, 1022; *Paul* Zulässigkeit eines Insolvenzplanes im masseunzulänglichen Verfahren?, ZInsO 2005, 1136; *Rostegge* Konzerninsolvenz, 2007; *Rugullis* Schuldenbereinigungsplan und Insolvenzplan – ein Rechtsfolgenvergleich, NZI 2013, 869; *Simon/Merkelbach* Gesellschaftsrechtliche Strukturmaßnahmen im Insolvenzplanverfahren nach dem ESUG, NZG 2012, 121; *Smid/Rattunde* Der Insolvenzplan, 4. Aufl. 2015; *Stöber* Strukturmaßnahmen im Insolvenzplanverfahren und gesellschaftsrechtliche Treuepflicht – der Fall Suhrkamp, ZInsO 2013, 2457; *Weber-Grellet* Bilanzsteuerrecht, 15. Aufl. 2017.

A. Gesetzesaufbau

1 Das Insolvenzplanverfahren ist im sechsten Teil der Insolvenzordnung (InsO) geregelt und wird in drei Abschnitte untergliedert.

Der erste Abschnitt enthält die Vorschriften zu den Voraussetzungen, unter denen ein Insolvenzplan aufgestellt werden kann, zur Aufgliederung und zum Inhalt des Plans sowie zum Recht des Insolvenzgerichts, einen mangelhaften oder offenbar aussichtslosen Plan zurückzuweisen.

Dieser Abschnitt, der zahlreiche ausfüllungsbedürftige Tatbestände enthält, eröffnet für den Plansteller insbesondere im Rahmen des § 220 InsO, d.h. der sich mit dem darstellenden Teil des Plans befassenden Vorschrift, einen weiten Raum für planerische Kreativität.

2 Im zweiten Abschnitt finden sich Regelungen über die Erörterung des Plans sowie die Planabstimmung, die Stimmrechte der Gläubiger, die zur Annahme des Plans erforderlichen Mehrheiten, das Obstruktionsverbot und die Zustimmung nachrangiger Gläubiger und des Schuldners zum Plan bzw. deren Zustimmungsfiktion.

Neben der Vorschrift über den bedingten Plan werden hier auch die gerichtliche Bestätigung sowie der Minderheitenschutz als verfahrensrechtlicher Mindeststandard geregelt. Am Ende des zweiten Abschnitts befinden sich die Vorschriften über die Bekanntgabe der Entscheidung sowie die sofortige Beschwerde, mit welcher das Entscheidungsergebnis bzgl. des Plans und damit inzident auch das Planverfahren angefochten werden kann.

3 Der dritte Abschnitt enthält Vorschriften über die Wirkungen eines bestätigten Plans und die Aufhebung des Insolvenzverfahrens nach der Planbestätigung. Ferner finden sich in diesem Abschnitt Regelungen für den Fall der nicht vereinbarungsgemäßen Erfüllung des Plans bzw. des Unmöglichwerdens der Planerfüllung, sowie Regelungen über die Vollstreckung aus dem Plan, die Aufhebung des Insolvenzverfahrens und deren Auswirkungen. Ein wesentlicher Teil des dritten Abschnitts beschäftigt sich mit der Überwachung der Planerfüllung und versucht dabei, zwischen dem Interesse des Schuldners, möglichst ohne Beschränkung wieder am Wirtschaftsleben teilnehmen zu können, und dem berechtigten Interesse der Gläubiger an einer Sicherung der Planerfüllung einen Ausgleich zu schaffen.

B. Zielsetzung

I. Einleitung

4 Das Insolvenzverfahren dient gem. § 1 Satz 1 InsO der gemeinschaftlichen Befriedigung der Insolvenzgläubiger (vgl. *BGH* ZIP 1989, 926).

Das an das amerikanische Reorganisationsrecht angelehnte Insolvenzplanverfahren ist das Kernstück des im Jahre 1999 in Kraft getretenen Insolvenzrechts und eine Alternative zur Vermögensverwer-

Grundsatz § 217 InsO

tung und -verteilung nach dem Gesetz (vgl. *Stürner* S. 41; KS-InsO/*Maus* 1997, S. 707, Rn. 1; *Bork* S. 145 ff., Rn. 310; *Prütting* FS für Henkel, S. 669; *Burger/Schellberg* DB 1994, 1833 ff.).

Der Insolvenzplan ist ein Sanierungsinstrument, das vielfältige Gestaltungsmöglichkeiten zulässt. Er verfolgt das Ziel, wirtschaftlich bessere Verwertungsergebnisse als im Falle der gesetzlichen Zerschlagung zu erlangen. Der Insolvenzplan ermöglicht nicht nur die Schuldenbereinigung eines insolventen Unternehmens, sondern auch die umfassende betriebswirtschaftliche und kapitalmäßige Neuordnung eines notleidenden Unternehmens (*Uhlenbruck* DRiZ 1982, 161). Das Planverfahren stellt den Beteiligten nach der Intention des Gesetzgebers einen Rechtsrahmen für die einvernehmliche Bewältigung der Insolvenz im Wege von Verhandlungen und privatautonomen Austauschprozessen zur Verfügung (BT-Drucks. 12/2443 S. 90). 5

Das Ergebnis des Planverfahrens ist gesetzlich nicht vorgegeben, sondern entspringt einem Zielfindungsprozess, den der Planinitiator – Schuldner oder Verwalter – auf der Grundlage der Zukunftsoptionen eines insolventen Unternehmens unter Einsatz betriebswirtschaftlicher Mittel durchlaufen muss. 6

Der Insolvenzplan stellt kein modernisiertes Vergleichs- oder Zwangsvergleichsverfahren nach überkommenem Rechtsverständnis dar, sondern ein Instrument, das auch umfassende Maßnahmen zur Sanierung eines in wirtschaftliche Schwierigkeiten geratenen Unternehmens zulässt. 7

Der Plan besteht nach dem Gesetz aus zwei wesentlichen Bestandteilen: Dem darstellenden Teil, in dem die geplanten wirtschaftlichen Maßnahmen beschrieben werden, und dem gestaltenden Teil, der die Eingriffe in die Rechte der Gläubiger enthält (*Landfermann* BB 1995, 1649 ff. [1654]). 8

Mittels Plan kann auch in die Rechte der gesicherten Gläubiger eingegriffen werden. Diese müssen dann gem. § 223 InsO eine eigene Gruppe bilden. Ein solcher Eingriff ist jedoch nicht beliebig möglich, sondern wird durch den Minderheitenschutz (§ 251 InsO) der einzelnen Gläubiger dahingehend begrenzt, dass diese nicht schlechter gestellt werden dürfen als im Falle der gesetzlichen Zerschlagung. Konsequenz hiervon ist, dass Eingriffe in die Rechte gesicherter Gläubiger weitgehend nur mit deren Zustimmung erfolgen können und damit letztlich von der Qualität der Sicherung bedingt werden. De facto werden nur diejenigen gesicherten Gläubiger einem Eingriff in ihre Rechte zustimmen, die sich durch ein Planverfahren einen höheren Verwertungserlös für ihre Sicherheit erwarten, als im Falle der Abwicklung nach den gesetzlichen Vorschriften oder die auf die Erhaltung der gewachsenen Geschäftsbeziehungen Wert legen.

Der Vorschlag zur Bereinigung der Insolvenz kann nicht nur vom Schuldner, sondern auch vom Verwalter ausgehen. Der Schuldner ist bereits mit Stellung des Antrages auf Eröffnung des Insolvenzverfahrens zur Vorlage eines Insolvenzplans berechtigt. Allerdings begründet die Absicht des Schuldners, einen Insolvenzplan vorzulegen, keinen Anspruch auf Beiordnung eines Rechtsanwalts (vgl. *LG Bochum* ZInsO 2003, 89 ff.; *Wellensiek* NZI 2002, 233 ff.). 9

Auch die früher in § 175 KO geregelten, an die Person des Gemeinschuldners geknüpften Unzulässigkeitsgründe des Zwangsvergleichs wurden nicht übernommen, die mit dem Verdacht der Verschleierung der Vermögenslage und der Gefahr der Übervorteilung der Gläubiger gerechtfertigt wurden (vgl. *Jaeger/Weber* KO, § 175 Rn. 2). 10

Im Gegensatz zu § 7 Abs. 2 VglO, der für die Auszahlungsvergleichsquote Zahlungsfristen von einem Jahr bei einer Quote von 35 % und von ein und mehr als zwei Jahren bei einer Quote von 40 % vorsah, sind im Insolvenzplanverfahren weder Mindestgrößen noch Zahlungsfristen mehr vorgesehen. Wann, wie viel und wie bezahlt wird, steht damit allein im Belieben der Beteiligten (KS-InsO/*Grub* 1997, S. 537, Rn. 76). 11

Der Insolvenzplan ist kein vollständig neues Rechtsinstitut. Es liegt durchaus eine gemeinsame Regelungstechnik und Grundstruktur mit dem gerichtlichen Vergleich vor (*Schiessler*, S. 8; *Schluck-Amend/Walker* GmbHR 2001, 375 [379]). Eine völlige Abkehr vom ehemaligen Regelungsmodell war nicht beabsichtigt. So sollten die Möglichkeiten, die ein Vergleich nach altem Recht bot, über- 12

§ 217 InsO   Grundsatz

nommen und darüber hinaus aber auch neue Gestaltungsmöglichkeiten durch eine größere Flexibilität des Instituts geschaffen werden (*Hess* InsO, § 217 Rn. 9; *Schluck-Amend/Walker* GmbHR 2001, 375 [379]).

13 Gerichtlicher Vergleich und Insolvenzplan haben die Funktion, im Rahmen eines gerichtlichen Verfahrens eine Regelungsalternative zur gesetzlichen Liquidation anzubieten (*Schiessler* S. 9; *Schluck-Amend/Walker* GmbHR 2001, 375 [379]). Beiden liegt die Übereinkunft von Gläubigern und Schuldnern zugrunde (§ 2 Abs. 1 Satz 1 und 2, § 3 Abs. 1 VglO, §§ 244 ff. InsO). Die Annahme ist jeweils durch das Mehrheitsprinzip geprägt (§ 74 VerglO, § 244 InsO) und von einer gerichtlichen Bestätigung abhängig (§ 78 Abs. 1 VglO, § 248 Abs. 1 InsO; *Schluck-Amend/Walker* GmbHR 2001, 375 ff.). Aus der Beschreibung der für den Insolvenzplan zugänglichen Regelungsinhalte in § 217 InsO ergibt sich auch, von welchen Vorschriften der InsO nicht abgewichen werden kann. Dies sind alle Vorschriften, die das Insolvenzverfahren mit seinen Voraussetzungen, Organen, Beteiligten und allgemeinen Wirkungen konstituieren (§§ 1–147 InsO) und alle Vorschriften, die den Ablauf des Verfahrens vor dem Wirksamwerden des Insolvenzplans regeln (§§ 148–186, 207–216, 217–269, 270–285, 315–334 InsO; HK-InsO/*Haas* § 217 Rn. 9). Leitlinien zu den rechtlichen Anforderungen des Insolvenzplans ergeben sich zudem z.B. auch aus Gerichtsentscheidungen (s. *BGH* 07.05.2015 – IX ZB 75/14 = NZI 2015, 697 m. Anm. *Madaus*; eingehend zu »Möglichkeiten und Grenzen von Insolvenzplanregelungen« s.a. *Madaus* ZIP 2016, 1141).

14 Einen Überblick über den praktischen Ablauf einer Sanierung durch Insolvenzplan am Beispiel der Herlitz AG vermittelt *Rattunde* ZIP 2003, 596 ff. Aktuellere Beispiele werden von *Ebeling/Knigge* ZInsO 2015, 231 besprochen.

II. Betrachtungsweise

1. Zeitlich

15 Der Plan unterscheidet sich vom Vergleichsverfahren auch durch die zeitliche Betrachtungsweise. Das Vergleichsverfahren beurteilte einen Sachverhalt aus der ex-post-Sicht und hatte mit der Möglichkeit des Schuldenverzichts allenfalls Lösungen für monokausale Krisen im finanzwirtschaftlichen Bereich anzubieten, nicht aber Lösungsansätze zur Behebung von leistungswirtschaftlichen Defiziten eines Unternehmens. Der Insolvenzplan hingegen blickt – basierend auf der Kenntnis der Vergangenheit – nach vorne, orientiert sich an der Zukunft und stellt eine Prognose künftiger Entwicklungen dar.

2. Inhaltlich

16 Das Insolvenzplanverfahren bietet den Beteiligten, deren gemeinsames Band die unfreiwillige Verlustgemeinschaft im Rahmen der Insolvenz darstellt, eine Option zur Mitgestaltung der Art und Weise der Verwertung und Verteilung der Masse, um damit selbstbestimmt bessere Verwertungserlöse als bei einer Verwertung kraft gesetzlicher Regelung zu erzielen.

17 Bei genauerer Betrachtung findet die eigentliche Kollektivierung der Gläubigergemeinschaft als Zwangskollektiv nicht Kraft eines bestimmten Ereignisses statt, etwa der materiellen Insolvenz des Schuldners, der Stellung des Insolvenzantrages oder der Eröffnung des Insolvenzverfahrens, so dass mit einem Mal durch einen von außen kommenden Zwang die Gemeinschaft entstünde. Vielmehr entwickelt sich die Kollektivierung bereits nach und nach dadurch, dass unterschiedliche Rechtsobjekte jeweils Gläubiger desselben Schuldners werden. Sie teilen damit die Eigenschaft, Gläubiger dieses Schuldners zu sein und sie teilen vor allem das Risiko, im Falle der Insolvenz des Schuldners mit ihrer Forderung ganz oder teilweise auszufallen (KS-InsO/*Hänel* 2000, S. 63). Die Teilnahme an der Gläubigergemeinschaft ist daher nur eine unerwünschte, nicht dem Einfluss des Gläubigers unterliegende, zwangsläufige, autonomiebegrenzende Nebenfolge des privatautonomen Handelns (KS-InsO/*Hänel* 2000, S. 63). Dem Eingriff in die Privatautonomie des Einzelnen durch den Zwang zur gemeinsamen Problemlösung stehen somit die neuen Möglichkeiten kollektiven Handelns gegenüber.

Das Planverfahren steht unter der tragenden Prämisse der Deregulierung der Insolvenzabwicklung und bietet damit nicht nur für Sanierungen, sondern in Form von Liquidationsplänen auch für eine von der gesetzlichen Norm der Liquidation abweichende Form der Zerschlagung eines insolventen Unternehmens eine Grundlage (KS-InsO/*Maus* 1997, S. 707).

Die Offenheit des Planverfahrens für Zielfindungsprozesse stellt einen erheblichen Fortschritt dar; das Planverfahren verzichtet ganz bewusst auf ein Übermaß an Schutzvorschriften und vertraut auf das Urteilsvermögen der Beteiligten, nach eigenem Ermessen im Einzelfall zu entscheiden, mit welchem Ergebnis zur einvernehmlichen Bewältigung der Insolvenz sie einverstanden sind. Trotz des Bewusstseins, dass Deregulierung auch Missbrauch bedingen kann, hat sich der Gesetzgeber für die Gewährung eines erheblichen Freiraums für kreative Lösungen der Beteiligten entschieden und das Planverfahren deshalb für vielfältige materielle Gestaltungsmöglichkeiten geöffnet.

Die Umsetzung dieser Gestaltungsmöglichkeiten darf jedoch nicht improvisiert erfolgen, sondern muss – ausgerichtet an der betriebswirtschaftlichen Realität des insolventen Unternehmens – auf der Grundlage einer Planung geschehen. Unter Planung im betriebswirtschaftlichen Sinne ist »der Entwurf einer Ordnung zu verstehen, nach der sich ein betriebliches Geschehen in der Zukunft vollziehen soll. Sie umfasst die systematisch-methodische Entscheidungsvorbereitung, d.h. eine umfassende Informationsgewinnung, die Analyse und Prognose interner und externer Daten und das Erkennen und Beurteilen verschiedener Handlungsmöglichkeiten sowie (auf dieser Basis) das Treffen von Entscheidungen für die – gemessen an den gesetzten Zielen – optimalen Alternativen, die in Gesamt- und Teilplänen zahlenmäßig niedergelegt werden« (*Fries* S. 113).

Das Insolvenzplanverfahren schafft die Möglichkeit, betriebswirtschaftliche Instrumentarien zur Verwirklichung der bestmöglichen Gläubigerbefriedigung nutzbar zu machen. Hierbei können – je nach Zielsetzung des Plans – die güterwirtschaftliche Planungsebene (Absatz-, Produktions- und Bereitstellungsplanung), die erfolgswirtschaftliche Planungsebene (Leistungs- und Kostenplan; Ertrags- und Aufwandsplan) sowie die finanzwirtschaftliche Planungsebene (Einnahme- und Ausgabeplan; Kreditplan; Kapitalfluss; Planbilanzen, Plangewinn- und Verlustrechnungen etc.) unter Berücksichtigung sämtlicher Interdependenzen in die konkrete Planung einbezogen werden, um damit wirkliche Sanierungen zu erreichen (vgl. *Fries* S. 113). Trotz der Möglichkeit der Nutzung aller wissenschaftlichen Ansätze zur Limitierung planerischer Risiken muss stets bedacht werden, dass die Entscheidung, ob eine Sanierung und Abweichung von einer Zerschlagung sinnvoll ist, sich am konkreten Markt, in welchem das insolvente Unternehmen tätig ist, orientieren muss.

Vergleichsrechnungen und Bewertungsgutachten sind hilfreich; geht es jedoch um die Frage einer Unternehmensfortführung, ist es entscheidend, welchen Betrag ein Investor bereit ist, für ein Unternehmen einzusetzen. Will niemand das unternehmerische Risiko tragen, gibt es nur einen theoretischen, aber keinen tatsächlichen Fortführungswert, so dass ein Fortführungsplan ausscheidet (vgl. auch *Hax* S. 24). Die Sanierung eines Unternehmens ist vorrangig eine Investitionsentscheidung, die sich für potentielle Investoren nach der effektiven Verzinsung des eingesetzten Kapitals bemisst (vgl. *Balz* S. 19).

Inhaltlich sind dem Planverfahren kaum Grenzen gesteckt, wobei jedoch sämtliche Gestaltungsmöglichkeiten – dies darf bei aller Hinwendung zur Kreativität nicht vergessen werden – vom jeweiligen Planverfasser sorgsam in den vorgegebenen gesetzlichen Verfahrensrahmen einzubetten sind. Das Insolvenzgericht kann die von den Beteiligten gefundene Lösung nur bestätigen und letztlich Rechtswirklichkeit werden lassen, wenn die rechtsstaatlichen Prinzipien der Verfahrens- und Verfassungsordnung gewahrt worden sind. Das Verfahrensrecht stellt den Ordnungsrahmen für die privatautonomen Bemühungen der Beteiligten dar.

Die von Gesetzes wegen gleichberechtigte Wertigkeit von Zerschlagungs-, Übertragungs- und Sanierungsplänen ist eine Grundentscheidung pro libertate der Beteiligten, welche die Zielfindungsprozesse erheblich erleichtern wird.

24 Im Hinblick auf das Ziel der Deregulierung ist es verständlich, dass innerhalb eines Planverfahrens kein Platz mehr für starre Verfahrensschranken etwa in Form einer Mindestquote sein kann. Die Gläubiger selbst bestimmen im Abstimmungstermin, welche Quote sie für akzeptabel halten.

25 Wenngleich Sanierungspläne gesetzlich nicht präferiert sind, liegt dem Planverfahren trotzdem der Gedanke zu Grunde, dass die Erhaltung wirtschaftlicher Werte und die damit verbundene Sicherung von Arbeitsplätzen sowie die Vermeidung von Unternehmenszerschlagungen durch Beseitigung der Schwachstellen und Wiederherstellung der Ertragsfähigkeit ein wesentliches Anliegen eines jeden modernen Insolvenzrechts sein muss (*Uhlenbruck* DRiZ 1982, 161).

26 Ein Insolvenzplan in Form eines Fortführungsplans, der die Sanierung des Unternehmensträgers selbst zum Inhalt hat, ermöglicht es, den Gläubigern die Going-Concern-Werte eines Schuldnervermögens entsprechend dem haftungsrechtlichen Rang ihrer Finanzbeiträge zuzuweisen und dabei die gewachsene Unternehmensstruktur zu erhalten.

27 Trotz aller Deregulierungsabsicht darf jedoch nicht verkannt werden, dass auch das Planverfahren von klaren ordnungspolitischen Zielsetzungen des Gesetzgebers bestimmt ist (BT-Drucks. 12/2443 S. 75 ff.).

28 In der Abwicklungspraxis waren bis dato vielfach auch wirtschaftspolitische Gesichtspunkte prägend. Gerade bei Großinsolvenzen hatte der Erhalt von Arbeitsplätzen eine besondere Bedeutung, da die Öffentlichkeit den Erfolg eines Insolvenzverfahrens häufig hieran maß. Die Folge hiervon ist, dass oftmals nicht anhand von objektiven Grundlagen entschieden wurde (so zu Recht: *Mönning* 2. Aufl. S. 60), sondern man gab dem öffentlichen Druck zu Lasten der betriebswirtschaftlichen Pragmatik nach.

29 Unabhängig davon ist die Verbesserung der Rechtspositionen eines Schuldners allenfalls im Rahmen eines Rechtsreflexes, z.B. durch eine im Verhältnis zur gesetzlichen Abwicklung verbesserte Restschuldbefreiungsmöglichkeit, Plangegenstand. Es ist möglich, aber nicht zwingend geboten, dem Schuldner eine schonende Behandlung zuteilwerden zu lassen, ihn für redliches Bemühen zu belohnen und Anreize für kooperatives Verhalten zu schaffen (*Hax* S. 29).

30 Das Insolvenzrecht dient auch in Zukunft nicht dazu, sterbende oder existenzunfähige Unternehmen künstlich am Leben zu erhalten, um dadurch marktwirtschaftliche Regulationsmechanismen außer Kraft zu setzen, wenngleich dies – u.a. auch aus wirtschaftspolitischen Gründen – im Einzelfall durchaus der Fall sein kann. Die Entscheidung, ob ein Unternehmen zerschlagen oder erhalten wird, sollte sich vorrangig daran orientieren, ob sein Fortführungswert größer ist als sein Zerschlagungswert. Ist dies nicht der Fall, ist zu liquidieren (*Hax* S. 24; *Balz* ZIP 1988, 1440). Ein »fresh start« für den jeweiligen Schuldner, welcher im amerikanischen Chapter-11-Verfahren die dominierende Leitvorstellung ist, wird gesetzlich ermöglicht, jedoch nicht – wie im amerikanischen Insolvenzrecht – unter Hintanstellung der berechtigten Interessen der Gläubiger an einer bestmöglichen Insolvenzdividende.

31 Wenngleich der Insolvenzplan ein Instrument ist, um tief und nachhaltig in die finanzwirtschaftliche und/oder leistungswirtschaftliche Struktur eines Unternehmens einzugreifen und dadurch bessere Verwertungsergebnisse als im Falle der Insolvenzabwicklung nach den gesetzlichen Vorschriften zu erzielen, so darf dies nicht der bloßen Sanierungseuphorie wegen geschehen, bei der die Schwierigkeiten weitgehend ausgeblendet werden. Dies galt in der Vergangenheit insbesondere bei übertragenden Sanierungen, bei denen der Schuldner oftmals wie ein »Phönix aus der Asche« emporstieg, um kurz darauf erneut insolvent zu werden.

32 Zur Sanierung gehört weitaus mehr, als sich neues Kapital zu verschaffen. Erforderlich sind eine ehrliche Analyse der eigenen Fehler und die Möglichkeit ihrer Beseitigung sowie eine neue Unternehmenskonzeption, die die Rentabilität nachhaltig wiederherstellt (*Meyer-Cording* NJW 1981, 1242 ff. [1244]). Wenn unternehmerische Dispositionen zu Kapitalverlusten führen, welche letztlich in ein Insolvenzverfahren münden, ist nicht das Insolvenzverfahren Ursache dieser Verluste, sondern es realisieren sich die unternehmerischen Risiken einer freien Marktwirtschaft (vgl. *Hax* S. 22). Die Insol-

venz ist eine notwendige Bereinigung des Marktes. Ohne den durch sie bedingten Marktaustritt kann keine Marktwirtschaft funktionieren. Für Sanierungseuphorie ist auch unter Geltung der InsO kein Platz.

Das bekannte Zitat von *Jaeger*, dass der Konkurs der größte Wertevernichter sei (*Jaeger* S. 216), darf man insofern nicht fehlinterpretieren, als schlichtweg Ursache und Wirkung der Insolvenz verwechselt werden. Die allokativen Effekte des Insolvenzverfahrens führen dazu, dass die im unproduktiven Unternehmen gebundenen Faktoren einer effizienteren Nutzung zugeführt werden, was letztlich der Wettbewerbsfähigkeit der gesamten Volkswirtschaft zugutekommt. Jede zukunftsorientierte Entscheidung impliziert gleichsam das Problem der Unsicherheit und der Ungewissheit (vgl. *Fries* S. 112). 33

Die gesetzlichen Rahmenbedingungen für Sanierungen sind durch die InsO geschaffen und durch die Einführung des Gesetzes zur weiteren Erleichterung der Sanierung von Unternehmen erweitert worden, so dass durch den Plan im Einzelfall durchaus auch echte Sanierungen mit dem Ziel der Gesundung und dem Fortbestand des schuldnerischen Unternehmens unter gleichzeitig bestmöglicher Befriedigung der Gläubiger bewerkstelligt werden können. Fest steht aber auch, dass die Regelungen des Insolvenzplans und dessen Perspektiven ungeahnte Kreativität der Schuldner freisetzen kann, um das Unternehmen für den bisherigen Unternehmensträger zu erhalten (so zu Recht: KS-InsO/*Grub* S. 89). Dass man den Beteiligten die Möglichkeit der Sanierung im Rahmen einer Fortführungslösung einräumt, hat trotz des mit ihr verbundenen erheblichen gesetzlichen Regelungsaufwands seinen Grund vor allem darin, dass nur diese Alternative das »ökonomische Überleben« des Schuldners garantiert und diesem deshalb einen Anreiz gibt, ein Insolvenzverfahren als Problemlösungshilfe zu nutzen und frühzeitig auszulösen (vgl. *Drukarczyk* DBW 1992, 178; *ders.* in Gerke, Planwirtschaft am Ende – Marktwirtschaft in der Krise?, S. 131 ff.). Unter »ökonomischem Überleben« ist zu verstehen, dass u.a. leistungswirtschaftliche Beziehungen wie Lieferverträge, Dauerschuldverhältnisse etc. eines Unternehmens weitestgehend erhalten bleiben. 34

Die Erleichterung von Sanierungen geht dabei einher mit einer Erleichterung von Manipulationen und stellt deshalb letztlich eine Gefahr für das Planverfahren insgesamt dar. 35

Im Rahmen des Planverfahrens sind im Unterschied zum überkommenen Recht der VglO, KO und GesO verringerte Mehrheitserfordernisse zur Annahme eines Insolvenzplans verankert, welche, einhergehend mit einer sehr weit gefassten Gruppenbildungsmöglichkeit, Befürchtungen manipulativer Mehrheitsbeschaffung durch entsprechende Gruppeneinteilungen aufkommen ließen. Grund hierfür war, dass das Postulat der Gleichbehandlung nach der InsO, von § 245 Abs. 2 Nr. 3 InsO abgesehen, nur noch gruppenbezogen gilt und der Gruppenbildung deshalb entscheidende Bedeutung zukommt. Mittlerweile hat sich jedoch gezeigt, dass dies in der Praxis kaum ein Problem darstellt. 36

Da den Insolvenzgerichten durch § 231 InsO erhebliche Kontrollpflichten aufliegen, hängt – wie später dargestellt wird – die bezweckte Deregulierung und Stärkung der Gläubigerautonomie in erheblichem Maße davon ab, dass die Insolvenzgerichte einer missbräuchlichen Gruppenbildung, die zur Zersplitterung der Gläubigergruppen führen könnte, durch eine Missbrauchskontrolle innerhalb des § 231 Abs. 1 Nr. 1 InsO entgegentreten. Amerikanische Verhältnisse, die eine Zersplitterung der Gruppen im Einzelfall dulden, wären hingegen für das Planverfahren kontraproduktiv. 37

Die Anwendung des § 222 InsO und die richterlichen Möglichkeiten, einer abusiven und im Einzelfall ausschließlich zur Mehrheitsbeschaffung dienenden Gruppenbildung entgegenzutreten, bringt erhebliche Schwierigkeiten für die Rechtspraxis mit sich. Allerdings ist zu berücksichtigen, dass die Ersetzung der Zustimmung einer Gläubigergruppe gem. § 245 InsO an enge Voraussetzungen geknüpft ist und insbesondere mit § 245 Abs. 2 Nr. 3 InsO ein wirksames Korrektiv zur Verfügung steht. 38

C. Rechtsnatur des Insolvenzplans

I. Rechtslage nach überkommender Konkursordung

39 Der Zwangsvergleich gem. §§ 173 ff. KO war in seiner Rechtsnatur umstritten. Nach der h.M. handelte es sich um einen vom Gericht bestätigten Vertrag des Gemeinschuldners mit seinen nicht bevorrechtigten Konkursgläubigern über eine bestimmte, an die Stelle der Konkursverteilungen tretende Befriedigung dieser Gläubiger. Wie ein Prozessvergleich im Zivilprozessrecht, zeichnete sich der Zwangsvergleich durch seine Doppelnatur aus (*Kilger/Karsten Schmidt* KO, § 173 Rn. 1; *Jaeger/Weber* KO, § 173 Rn. 1). Man betrachtete ihn als eine Kombination aus privatrechtlichem Rechtsgeschäft und richterlichem Bestätigungsbeschluss, wobei zwischen den einzelnen Willenserklärungen, dem Beschluss als Ganzem und seiner Bestätigung durch das Gericht differenziert werden muss.

Weiterhin sah man in ihm einen Vergleich i.S.d. § 779 BGB (dazu *KG* KuT 33, 30; vgl. auch *Kilger/Karsten Schmidt* KO, § 173 Rn. 1). Trotz Mangel an Lösung für das Mehrheitsprinzip, ist der Vertragscharakter des Zwangsvergleichs in Rspr. und Literatur anerkannt (*RG* RGZ 77, 404; 127, 337).

40 Die Urteilstheorie, die alleine auf den gerichtlichen Bestätigungsbeschluss abstellte und im Zwangsvergleich eine rechtsgestaltende, urteilsgleiche Entscheidung sah, die den Zwang zur Liquidation des Schuldnervermögens beseitigte und in das Recht des Gemeinschuldners, seine Gläubiger nach Maßgabe des angenommenen Vergleichsvorschlages zu befriedigen, umwandelte, konnte sich nicht durchsetzen (*Kuhn/Uhlenbruck* KO, § 173 Rn. 1a).

41 Da die Vertragstheorie trotz ihrer Präferenz in der Rspr. und Lehre vielfach keine dogmatisch überzeugende Lösung anbieten konnte, entwickelten sich weitere Lösungsansätze, die sich jedoch nicht durchsetzen konnten. Zu nennen sind z.B. die vermittelnden Theorien, die den Zwangsvergleich als Akt richterlicher Vertragshilfe betrachteten sowie die Beurteilung des Zwangsvergleichs als Rechtsgebilde eigener Art (vgl. die ausf. Darstellung in *Kuhn/Uhlenbruck* KO, § 173 Rn. 1a–1e).

42 Aufgrund der Doppelnatur des Zwangsvergleichs konnten die schuldrechtlichen Vertragsregeln nicht vollumfänglich Anwendung finden. Unstreitig anwendbar waren jedoch die §§ 116 Satz 1 BGB (*RG* RGZ 77, 405), 133, 157, 270 Abs. 1, 271, 284 ff. BGB (*RG* RGZ 92, 190; vgl. auch: *Kilger/Karsten Schmidt* KO, § 173 Rn. 1). Aufgrund der Notwendigkeit der richterlichen Bestätigung des Zwangsvergleichs schied die Anfechtung desselben wegen Irrtums nach §§ 119 ff. BGB aus; allenfalls kam eine Täuschungsanfechtung nach § 196 KO in Betracht. Obwohl die Vorschrift des § 196 KO hierbei von Anfechtung wegen Betruges sprach, waren dadurch auch Fälle der »arglistigen Täuschung« i.S.d. § 123 BGB umfasst (*RAG* KuT 30, 167). Die Vorschrift des § 123 Abs. 2 BGB hingegen war nicht anwendbar (vgl. *Kilger/Karsten Schmidt* KO, § 196 Rn. 1).

43 Weiterhin fanden für den Zwangsvergleich über §§ 173, 72 KO die Regeln der ZPO Anwendung, soweit die KO keine abschließende Regelung beinhaltete. Hierdurch wurde die Anwendbarkeit der Vorschriften über die Prozesshandlungen, z.B. §§ 51 ff., 79 ff. ZPO ermöglicht. Weiterhin ersetzte die Beurkundung des Vergleichs jede weitere Formvorschrift (*RG* RGZ 64, 84; RGZ 143, 102) genauso wie ein vor dem Vollstreckungsgericht abgeschlossener Vergleich (*RG* RGZ 165, 162).

44 Für die Dogmatik der Vertragslösung sprach weiterhin, dass die richterliche Mitwirkung weder der Form noch der Sache nach ein Urteil über einen prozessualen Anspruch oder eine Rechtsbehauptung darstellte, sondern es sich lediglich um die Bestätigung eines vom Gemeinschuldner vorgeschlagenen und von den Gläubigern angenommenen Vergleiches handelte (*Jaeger/Weber* KO, § 173 Rn. 10). Der Vergleich nach der VglO stellte eine privatautonome Übereinkunft des Vergleichsschuldners mit seinen Gläubigern dar, die jedoch neben der Annahme durch die Vergleichsgläubiger der Bestätigung durch das Vergleichsgericht bedurfte. Die Bestätigung war wie im Zwangsvergleich als Akt staatlicher Fürsorge zu sehen (vgl. *Bley/Mohrbutter* VglO, § 78 Rn. 1).

II. Rechtslage nach der InsO

Der Reformgesetzgeber hat in der Gesetzesbegründung das neue Institut des Plans als die »... privatautonome, den gesetzlichen Vorschriften entsprechende Übereinkunft der mitspracheberechtigten Beteiligten über die Verwertung des haftenden Schuldnervermögens ...« charakterisiert (vgl. BT-Drucks. 12/2443 S. 91). Dies spricht dafür, dass auch weiterhin eine vertragsähnliche Beurteilung des Institutes des Insolvenzplans vorherrschend sein wird (vgl. *Madaus* KTS 2012, 27 f.). Der BGH stellte klar, dass für die Auslegung des Insolvenzplans, soweit nicht sein vollstreckbarer Teil betroffen ist, das individuelle Verständnis derjenigen maßgebend ist, die ihn beschlossen haben. Eine Auslegung nach dem objektiven Erklärungsbefund, wie sie etwa bei Allgemeinen Geschäftsbedingungen, Gesellschaftsverträgen von Publikumsgesellschaften, Emissionsprospekten oder Satzungen von Körperschaften stattfindet, ist nicht zulässig. Dies beruhe darauf, dass in den genannten Fällen eine objektive Auslegung deshalb angemessen ist, da sich die Regelungen an einen weiten, im Zeitpunkt der Abgabe der Willenserklärung noch nicht absehbaren Personenkreis wendet, dem der Wille derjenigen, welche die fragliche Erklärung abgegeben haben, nicht bekannt sein kann. Die Zusammensetzung der vom Insolvenzplan betroffenen Gläubigergemeinschaft ändert sich jedenfalls nach dessen Annahme nicht mehr, so dass dem Insolvenzplan eine normative Wirkung für eine über den Kreis derjenigen, die den Plan beschlossen haben, hinausgehende Personenzahl nicht zukommt (*BGH* NZI 2006, 100 ff.).

Diese Auffassung wird auch durch das Ziel der InsO bestätigt, mittels Deregulierung und Flexibilisierung des Insolvenzverfahrens privatautonome Lösungsansätze zu fördern. Aufgrund der im Insolvenzplanverfahren zu treffenden Mehrheitsentscheidungen und deren richterlicher Bestätigung entsteht jedoch ähnlicher Diskussionsbedarf, wie dies im Rahmen des Zwangsvergleichs der Fall war.

Ferner ist zu beachten, dass durch das der amerikanischen »cram-down-rule« entlehnte Obstruktionsverbot gem. § 245 InsO ein Instrument geschaffen worden ist, welches erhebliche hoheitliche Einflussnahmen mit sich bringt und damit die Diskussion um die Rechtsnatur des Plans gefördert hat.

In diesem Zusammenhang ist zu bedenken, dass insbesondere Sanierungslösungen bei einer Fortführung des schuldnerischen Unternehmens auf weitaus größere Bereitschaft zur Übereinkunft aufbauen müssen, als dies z.B. bei dem auf Schuldenverzicht orientierten Vergleich nach der VglO der Fall war.

Unabhängig von den vertragsrechtlichen Komponenten darf jedoch nicht übersehen werden, dass es sich keinesfalls um eine ausschließlich privatrechtliche vertragliche Vereinbarung zwischen den Beteiligten handeln kann. Die richterliche Mitwirkung stellt keine bloße Beurkundung eines zwischen Vertragsparteien geschlossenen Vertrages dar, sondern ist – wie aus § 248 InsO ersichtlich – eine Entscheidung, die den Eintritt der Wirksamkeit des Insolvenzplans bedingt und insofern rechtsgestaltende Kraft über den Plan selbst hat (vgl. zum überkommenen Recht: *Jaeger/Weber* KO, § 173 Rn. 10; *Bley/Mohrbutter* VglO, § 78 Rn. 1 f.). Dennoch bestimmt nicht der Richterspruch den Planinhalt, sondern einzig der mehrheitlich gefundene Wille der in Gruppen eingeteilten Gläubiger eines insolventen Schuldners. *Madaus* spricht der gerichtlichen Bestätigungsentscheidung daher zu Recht jede Gestaltungswirkung hinsichtlich der materiellen Rechtslage ab (KTS 2012, 27 [52]). Aus diesem Grunde ist auch die Bestätigung selbst weder der inneren Rechtskraft noch der Vollstreckbarkeit zugänglich (*Jaeger/Weber* KO, § 173 Rn. 10; *Bley/Mohrbutter* VglO, § 78 Rn. 2).

Die richterliche Mitwirkung ist in Übereinstimmung mit dem bisherigen Recht als Akt staatlicher Fürsorge anzusehen, dem jedoch, bedingt durch die gem. § 244 InsO herabgesetzten Mehrheitserfordernisse, die Gruppenbildung gem. § 222 InsO und das Obstruktionsverbot gem. § 245 InsO, noch größere Bedeutung als im bisherigen Recht zukommt. Die staatliche Fürsorge dient dem Schutz der Beteiligten, insbesondere der Minderheiten sowie der Verhütung von Missbrauch und Übervorteilung (*Jaeger/Weber* KO, § 173 Rn. 10).

51 Im Rahmen der dogmatischen Beleuchtung der Rechtsnatur des Insolvenzplans darf weiterhin nicht übersehen werden, dass eine nach ausschließlich privatrechtlich-vertraglichen Gesichtspunkten orientierte Begründung der Rechtsnatur des Insolvenzplans keine Lösung für die nach § 257 InsO gesetzlich eröffnete Vollstreckung aus dem Insolvenzplan zulässt (a.A. *Madaus* KTS 2012, 27 [56], der darauf verweist, dass die Grundlage der Zwangsvollstreckung nicht der rechtskräftig bestätigte Insolvenzplan, sondern der Tabelleneintrag [Abs. 1] bzw. die schriftliche Haftungserklärung eines Dritten [Abs. 2] ist).

52 Mit *Eidenmüller* ist festzuhalten, dass die Diskussion über die Rechtsnatur insbesondere den Gegensatz zwischen privatautonomer und staatlicher Insolvenzabwicklung hervorheben und die Vorteile einer privatautonomen Insolvenzabwicklung deutlich machen soll (*Eidenmüller* Der Insolvenzplan als Vertrag, Jahrbuch für Neue Politische Ökonomie 15, S. 165).

53 Insgesamt dürfte feststehen, dass der Gesetzgeber – trotz Minderheitenschutz und Obstruktionsverbot – sich deutlicher als im überkommen Recht der KO der Vertragslösung zugewandt hat, ohne dabei jedoch die Doppelnatur des Insolvenzplans in Frage zu stellen (im Ergebnis so auch: MüKo-InsO/*Eidenmüller* § 217 Rn. 31).

D. Insolvenzbewältigung »abweichend von den Vorschriften dieses Gesetzes«

I. Grundsatz

54 Mittels Insolvenzplan können die Beteiligten gem. §§ 217 ff. InsO eine Insolvenzbewältigung »abweichend von den Vorschriften dieses Gesetzes« vereinbaren und realisieren. Art und Regelungsinhalt des jeweiligen Plans werden durch den Plantypus bestimmt, wobei zwischen Liquidations-, Übertragungs- und Fortführungsplänen sowie weiter zwischen verfahrensleitenden bzw. verfahrensbegleitenden (Teil-)Insolvenzplänen zu unterscheiden ist.

55 Um Insolvenzpläne überhaupt realisieren zu können, wurden gesetzliche Rahmenbedingungen, insbesondere zur Verhinderung der sofortigen Zerschlagung eines schuldnerischen Unternehmens durch die dinglich berechtigten Gläubiger (z.B. § 166 InsO, § 30d ZVG) einhergehend mit der Pflicht des Verwalters zur Fortführung eines schuldnerischen Unternehmens bis zum Berichtstermin geschaffen. Dieser Rechtsrahmen muss durch den Planersteller mit Leben erfüllt werden; die gesetzliche Einbeziehung absonderungsberechtigter Gläubiger und nachrangiger Insolvenzgläubiger erleichtert hierbei eine Gesamtlösung.

56 Die Entscheidung für oder gegen eine Verwertung des Schuldnervermögens auf der Grundlage eines Plans wird in dem spätestens drei Monate nach Eröffnung des Verfahrens abzuhaltenden Berichtstermin gefällt. In diesem Termin hat der Insolvenzverwalter über die wirtschaftliche Lage des Schuldners und ihre Ursachen zu berichten. Er hat gem. § 156 Abs. 1 InsO darzulegen, ob Aussichten bestehen, das Unternehmen im Ganzen oder in Teilen zu erhalten, welche Möglichkeiten für einen Insolvenzplan gegeben sind und welche Auswirkungen für die Befriedigung der Gläubiger jeweils eintreten würden. Dies hat auf der Grundlage von Vergleichsrechnungen zu erfolgen, damit sich die Gläubiger für oder gegen die Zerschlagung entscheiden können.

57 In der Praxis müssen die Planabsichten des Verwalters im Berichtstermin bereits derart konkretisiert sein, dass die Gläubigerversammlung einen konkreten Planauftrag erteilen kann. Sind die Sanierungschancen für ein insolventes Unternehmen jedoch äußerst positiv, kann der Verwalter mit der Planvorbereitung oder Planausarbeitung nicht bis zum Berichtstermin warten, da ansonsten wertvolle Zeit verloren geht.

58 Insolvenzabwicklung mit Hilfe eines Plans bedingt, dass die Verfahrensbeteiligten sowohl über die gegenwärtige Lage des Schuldners als auch über die geplanten Maßnahmen und deren Auswirkungen ausreichend informiert werden müssen. Der Information der Gläubiger kommt entscheidende Bedeutung zu. Nur derjenige Gläubiger, der erkennen kann, was ein bestimmter Plan im Einzelnen bewirkt, kann auch einschätzen, ob er dadurch besser oder schlechter gestellt wird als bei der Insolvenzabwicklung nach den gesetzlichen Regeln. Dies gilt umso mehr, als es durchaus konkurrierende

Pläne geben kann, die um die Gläubigermehrheit werben werden (vgl. *Eidenmüller* Der Insolvenzplan als Vertrag, Jahrbuch für Neue Politische Ökonomie 15, S. 176 f.). Häufig ist dies der Fall, wenn der Schuldner und der Verwalter abweichende Pläne vorlegen. Auf Grundlage des Berichts des Verwalters beschließt die Gläubigerversammlung, ob das Unternehmen des Schuldners stillgelegt oder vorläufig fortgeführt wird.

Entschließt sich die Gläubigerversammlung, den Verwalter mit der Ausarbeitung eines Insolvenzplans zu beauftragen, kann sie ihm das Ziel des Plans gem. § 157 Satz 1 und 2 InsO vorgeben (vgl. *Eidenmüller* Der Insolvenzplan als Vertrag, Jahrbuch für Neue Politische Ökonomie 15, S. 167). 59

Hinsichtlich der Gläubigerautonomie ist zu beachten, dass die Beschlüsse der Gläubigerversammlung im Berichtstermin Fakten schaffen, die einen schuldnerischen Plan bereits vor dessen Abstimmung zunichtemachen können. Die Gläubiger haben letztlich die inhaltliche Entscheidungshoheit innerhalb des Planverfahrens. Aus diesem Grunde ist – gerade für einen Schuldner, der einen Eigenantrag mit dem Ziel der Fortführung seines Unternehmens stellt – der Ausgang des Insolvenzverfahrens nicht kalkulierbar. 60

II. Aussonderungsberechtigte Gläubiger

Aussonderungsberechtigte Gläubiger gem. § 47 InsO sind keine Beteiligten i.S.d. § 217 InsO. Der Anspruch auf Aussonderung bestimmt sich nach den Gesetzen, die außerhalb des Insolvenzverfahrens gelten (§ 47 Satz 2 InsO). 61

Das Insolvenzplanverfahren dient nur denjenigen Gläubigern, die einen zur Zeit der Eröffnung des Insolvenzverfahrens begründeten und aus dem Vermögen des Schuldners zu erfüllenden Anspruch innehaben (§ 38 InsO). Diese Gläubiger sollen mittels Insolvenzverfahren – unabhängig, ob nach den gesetzlichen Regeln oder aufgrund Plan – die Möglichkeit erhalten, zumindest einen Teil ihrer Forderung zu erlösen. Die Eigenschaft, Insolvenzgläubiger zu sein, definiert sich materiell-rechtlich und nicht verfahrensrechtlich (*Jaeger/Weber* KO, § 3 Rn. 6, 7). Da die Rechtsstellung aussonderungsberechtigter Gläubiger weder durch die Insolvenzabwicklung nach Gesetz, noch durch mehrheitliche Willensbildung mittels eines Insolvenzplanes einseitig geändert wird, besteht auch keine Notwendigkeit zur Einbeziehung in das Verfahren. Aussonderungsberechtigten Gläubigern insoweit gleichstehend sind Anspruchsinhaber, die einen mittels Vormerkung gesicherten Anspruch auf Übereignung einer unbeweglichen Sache haben (BT-Drucks. 12/2443 S. 195). 62

III. Beteiligte Gläubiger

1. Absonderungsberechtigte Gläubiger

Absonderungsberechtigte Gläubiger können – in Abweichung zum überkommenen Recht – in das Insolvenzplanverfahren zumindest grds. mit einbezogen werden; im Einzelfall können hierdurch erhebliche Gestaltungsmöglichkeiten eröffnet werden. Die Rechte der absonderungsberechtigten Gläubiger hinsichtlich des Planverfahrens sind in § 223 InsO geregelt. Die Abweichungen von der gesetzlichen Regel sind im gestaltenden Teil des Plans zu erläutern, § 223 Abs. 2 InsO. 63

2. Nicht nachrangige Insolvenzgläubiger

Die ungesicherten Insolvenzgläubiger werden als nicht nachrangige Insolvenzgläubiger bezeichnet. Diese Gläubigergruppe ist Hauptadressatin der in den Insolvenzplänen vorgeschlagenen Eingriffe in Rechtspositionen, da sie nach den gesetzlichen Abwicklungsregeln gem. §§ 38, 187 ff. InsO Anspruch auf eine Quote hat. Die Rechte der nicht nachrangigen Insolvenzgläubiger hinsichtlich des Planverfahrens sind in § 224 InsO geregelt, wobei die Abweichungen von der gesetzlichen Regel im gestaltenden Teil des Plans zu erläutern sind. 64

3. Nachrangige Insolvenzgläubiger gem. § 39 InsO

65 Nach § 39 InsO sind bestimmte Forderungen (z.B. Rückgewähransprüche aus Gesellschafterdarlehen), welche im Konkurs damals nicht geltend gemacht werden konnten, mit einem Nachrang versehen. Hierdurch wird bewirkt, dass nachrangige Insolvenzforderungen den allgemeinen Beschränkungen des Insolvenzverfahrens unterliegen, wegen dieser Forderungen somit weder geklagt noch vollstreckt werden kann. Nachrangige Insolvenzforderungen gelten im Insolvenzplanverfahren als erlassen, wenn im Insolvenzplan nichts anderes bestimmt ist (§ 225 InsO).

4. Massegläubiger

66 Umstritten ist, ob auch Masseforderungen dem Insolvenzplan unterworfen sind. Dies ist grds. zu verneinen, da das Insolvenzverfahren diesbezüglich eine individuelle Vorwegbefriedigung vorsieht (§ 53). Teilweise wird jedoch vertreten, dass Sozialplanansprüche i.S.v. § 123 Abs. 1 Nr. 1 InsO trotz ihres Status als Masseverbindlichkeit gem. § 123 Abs. 2 Satz 1 InsO vom Insolvenzplan erfasst werden können (vgl. *Braun/Frank* InsO, § 217 Rn. 7). Dies widerspricht jedoch dem insofern eindeutigen Wortlaut des § 123 Abs. 2 Satz 1 InsO (so auch: HK-InsO/*Haas* § 217 Rn. 11, MüKo-InsO/*Eidenmüller* § 217 Rn. 76 m.w.N.). Das LG Düsseldorf hat ausdrücklich festgestellt, dass Massegläubiger nicht zu den zwangsweise Planunterworfenen gehören und diese nicht gegen ihren Willen von den Planregelungen betroffen sein können (vgl. auch § 258 Abs. 2 InsO). Dies gilt auch für Neugläubiger sofern sie dem Insolvenzplan nicht ausdrücklich zustimmen (*LG Düsseldorf* ZIP 2015, 2182, 2182 f.).

IV. Schuldner

67 Der Schuldner bzw. der persönlich haftende Gesellschafter sind ebenfalls Beteiligte. Der Beteiligtenbegriff ist dennoch augenscheinlich enger gefasst als im überkommenen Recht der KO. In der Konkursordnung orientierte sich der Begriff »Beteiligte« an den sich aus der KO ergebenden Aufgaben und Pflichten (*BGH* NJW 1985, 1159; ZIP 1987, 115 [117]). Beteiligte waren alle, denen gegenüber der Verwalter sich aus der KO ergebende Pflichten zu erfüllen hatte (*BGH* KTS 62, 106; NJW 1973, 1043). Aus diesem Grunde waren aussonderungsberechtigte Gläubiger (*BGH* MDR 1958, 687), absonderungsberechtigte Gläubiger (*RG* RGZ 144, 181; *BGH* BGHZ 105, 230 [234]) sowie der Schuldner »Beteiligte« (*Kilger/Karsten Schmidt* KO, § 82 Rn. 2a). Gleiches galt für Massegläubiger (*BGH* ZIP 1987, 115).

68 Aufgrund des Beteiligtenbegriffs der InsO kann im gestaltenden Teil des Plans nur die Haftung des Schuldners nach Beendigung des Insolvenzverfahrens abweichend von den Vorschriften des Gesetzes geregelt werden (KS-InsO/*Maus* 1997, S. 718 f., Rn. 37). So können etwa die Voraussetzungen für eine Restschuldbefreiung günstiger als in den §§ 286 ff. InsO geregelt werden. Dem Schuldner können in einem Plan Verbindlichkeiten erlassen werden; Leistungen des Schuldners können abweichend von der gesetzlichen Regelung festgesetzt werden (BT-Drucks. 12/2443 S. 195). Regelmäßig tritt eine Restschuldbefreiung ein, wenn der Schuldner seinen im Plan festgelegten Verpflichtungen gegenüber den Gläubigern nachgekommen ist (§ 227 InsO).

69 Die damalige Sorge, dass die Schuldner bereits aus diesem Grund versuchen werden, von ihrem Planinitiativrecht extensiv Gebrauch zu machen, hat sich nicht bestätigt. Trotzdem muss das Insolvenzgericht in einem solchen Fall kontrollierend tätig werden und sich im Eröffnungsverfahren mit den Sanierungsoptionen auseinandersetzen.

V. Verwertung und Verteilung

1. Grundsatz

70 Die Gläubiger haben mittels Plan nunmehr die Möglichkeit der unmittelbaren Einflussnahme auf die Art und Weise der Verwertung und Verteilung der Masse; der Plan stellt hierbei ein universelles Instrument der Masseverwertung dar, ohne gesetzlich auf eine Verwertungszielsetzung fixiert zu sein.

Der Verwertungserlös darf – anders als bei der gesetzlichen Zerschlagung – verteilt werden, wobei vielfältige Gestaltungsmöglichkeiten denkbar sind. Da die Verwertung und Verteilung in weitem Maße von den Plantypen abhängen wird, sollen diese kurz skizziert werden.

2. Überblick über die Plantypen

a) Liquidationsplan

Ein Insolvenzplan, der nicht die Erhaltung und damit die Sanierung des Unternehmensträgers beabsichtigt, ist ebenfalls ein vollwertiger Plan i.S.d. §§ 217 ff. InsO. Die Insolvenzpraxis versteht unter dem Begriff der Liquidation die Zerschlagung des schuldnerischen Unternehmens. Ebenso wie die übertragende Sanierung kann auch die Liquidation entweder auf dem Gesetz selbst oder einem aufzustellenden Insolvenzplan basieren. Der Insolvenzplan als Liquidationsplan ist auf die Verwertung der Insolvenzmasse und auf ihre Verteilung an die Beteiligten, ggf. auch an einen Treuhänder, gerichtet, wobei in Abweichung von der gesetzlichen Regelung die Gläubiger im Plan über Art und Weise der Verwertung entscheiden (vgl. *Burger/Schellberg* DB 1994, 1883). 71

Ein Liquidationsplan darf nicht mit der gesetzlichen Zerschlagungsautomatik des überkommenen Konkursverfahrens gleichgesetzt werden, da die Gläubiger mittels Plan die Zerschlagungsgeschwindigkeit ebenso bestimmen können wie die Verteilung des Verwertungserlöses. Ob ein Liquidationsplan den erheblichen Zeit- und Kostenaufwand, den ein Planverfahren gem. §§ 217 ff. InsO nach sich zieht, rechtfertigen kann, hängt vom jeweiligen Einzelfall ab, erscheint jedoch eher zweifelhaft. 72

b) Übertragungsplan

Von einer übertragenden Sanierung spricht man, wenn ein Unternehmen dadurch saniert wird, dass es von allen Verbindlichkeiten entlastet und auf einen neuen Unternehmensträger, z.B. auf eine Auffanggesellschaft, überführt wird. Dieser Begriff wurde Anfang der 80er Jahre von *Karsten Schmidt* geprägt (vgl. Referentenentwurf Gesetz zur Reform des Insolvenzrechts, 1989, B 139, B 151). Übertragungspläne sind neben der Veräußerung eines Betriebes oder Teilbetriebes auch in vielfältigen Formen der Vermietung oder Verpachtung von Betrieben oder Teilbetrieben denkbar und realisierbar. Damit wird erreicht, dass das Unternehmen oder ein Betriebskern desselben einem unbelasteten Träger überlassen und somit von der in die Insolvenz geratenen wirtschaftlichen Einheit abgekoppelt wird. Die laufenden Geschäfte und wesentliche Teile des Personals werden demnach von einer sog. Betriebsübernahmegesellschaft erworben. Demgegenüber bleibt der insolvente Betrieb als organisatorische Einheit erhalten, wodurch die Verwaltung der Vermögensmasse weiterhin nach Maßgabe der insolvenzrechtlichen Bestimmungen erfolgen kann (*Haarmeyer/Wutzke/Förster* § 8 Rn. 44). 73

In der insolvenzrechtlichen Praxis führt dies dazu, dass die unrentablen Geschäftsbereiche, d.h. das zur Fortführung nicht notwendige Betriebsvermögen des insolventen Unternehmens, als »Ballast« zurückbleibt und allein im Rahmen der Liquidation zu verwerten ist (*Gottwald* HdbInsR, 2. Aufl., § 5 Rn. 68). Regelmäßig wird daher nicht der »Betrieb« des Krisenunternehmens als Ganzes, sondern nur das ertragsfähige Erfolgspotential desselben übernommen. Die jeweilige Auffanggesellschaft und ihre Gesellschafter haben durch eine übertragende Sanierung die Möglichkeit, den Betrieb eines Krisenunternehmens zu erhalten. Der Betrieb kann nach Übereignung durch die Betriebsübernahmegesellschaft fortgeführt und – meist – leistungswirtschaftlich saniert werden. Eine gesellschaftsrechtliche Beteiligung am Krisenunternehmen oder gar eine Rechtsidentität mit demselben liegt indes nicht vor. Vielmehr bleibt das insolvente Unternehmen als eigenständiger Rechtsträger allein seinem Schicksal überlassen (*Groß* 1988, X. Kap. Rn. 1). 74

Es ist zu beachten, dass die Betriebsübernahme nicht im Wege der Gesamtrechtsnachfolge (Universalsukzession) erfolgen kann; vielmehr muss jeder einzelne Vermögensgegenstand im Wege der Singularsukzession übertragen werden (*Mohr* S. 109). Diese rechtliche Notwendigkeit stellt das Hauptproblem des Instruments der übertragenden Sanierung dar, denn ein insolventes Unternehmen verfügt nur selten über freie Vermögensgegenstände, da meist alle Aktiva mit kollidierenden Gläubigerrechten belastet sind. I.d.R. gehen beim Kauf eines notleidenden Unternehmens durch 75 eine Betriebsübernahmegesellschaft sowohl die dem Unternehmen gewidmeten Vermögensgegenstände als auch die Verbindlichkeiten des Krisenunternehmens auf die erwerbende Gesellschaft über. Dies ist auf der Seite der Betriebsübernahmegesellschaft nicht gewünscht, denn mit der Herauslösung des Betriebs aus dem Krisenunternehmen soll nach der Vorstellung der Betriebsübernahmegesellschaft regelmäßig eine Trennung der Aktiva von den Passiva einhergehen, so dass die Altverpflichtungen beim Krisenunternehmen verbleiben.

76 Im Zuge der damaligen Reformdiskussion vor Erlass der Insolvenzordnung war das Instrument der übertragenden Sanierung lange Zeit äußerst umstritten. Zwar bestand Einigkeit darüber, dass es sich bei diesem um eine sowohl in rechts- als auch in sozialpolitischer Hinsicht erfolgreiche Sanierungstechnik handelte; dennoch hatte die übertragende Sanierung im Rahmen der Reformgesetzgebung über einen langen Zeitraum einen schweren Stand und wurde bis dato als Instrument zweiter Klasse behandelt. Der Grund hierfür waren vereinzelte Erfahrungen aus der Praxis: Unter Geltung der KO und der GesO erfolgte eine Übertragung oftmals auf den Gemeinschuldner selbst oder auf nahestehende Personen desselben. Hierdurch schienen Missbrauchsmöglichkeiten Tür und Tor geöffnet. Aufgrund der Stellungnahmen der Insolvenzverwalter in der Diskussion des Gesetzesentwurfs hat der Reformgesetzgeber die übertragende Sanierung letztlich doch als vollwertiges Sanierungsinstrument anerkannt (Begr. zu RegE BT-Drucks. 12/2443 S. 94).

77 Erfolgt die übertragende Sanierung im Gegensatz zum Vorgesagten auf der Grundlage eines Insolvenzplans, so hat dies nach Auffassung des Reformgesetzgebers den Vorteil, dass Missbräuche weitgehend ausgeschlossen sind (Begr. zu RegE BR-Drucks. 1/92 S. 94).

Insofern bieten die allgemeinen Vorschriften über das Zustandekommen eines Insolvenzplans eine vollwertige Legitimation übertragender Sanierungen. Allerdings ist in der Literatur bereits zutreffend dargelegt worden, dass die Insolvenzpraxis übertragende Sanierungen auf der Grundlage des Gesetzes gegenüber dem »regelungstechnisch aufwendigeren Insolvenzplans« bevorzugt (*Balz* S. XLVI; KS-InsO/*Maus* 1997, S. 707, 711 Rn. 13).

c) Fortführungsplan

78 Fortführungspläne erfolgen auf der Grundlage eines Sanierungskonzeptes, welches im darstellenden Teil des Plans gem. § 220 InsO ausführlich und plausibel dargestellt werden muss. Grundvoraussetzung jeder Sanierung ist jedoch die Prüfung der Sanierungsfähigkeit. Birgt die Prüfung der Verfahrenskostendeckung wegen der Regelung in den §§ 54, 209 InsO weniger Probleme, stellt die Sanierungsprüfung, die in kurzer Zeit zu erfolgen hat, höchste Anforderungen an den Sachverständigen, um zu der Entscheidung zu gelangen, ob eine Sanierung des Not leidenden Unternehmensträgers für die Gläubiger günstiger ist als die Liquidation (*Uhlenbruck* GmbH-Rdsch. 1995, 195 ff.).

79 Ein Unternehmen gilt als sanierungsfähig, wenn es nach Durchführung von Sanierungsmaßnahmen mit hinreichender Wahrscheinlichkeit aus eigener Kraft am Markt nachhaltig Einnahmeüberschüsse erwirtschaften kann (vgl. *Gottwald/Maus* HdbInsR, 2. Aufl., § 3; *Uhlenbruck* Die GmbH & Co. KG in Krise, Konkurs und Vergleich, S. 96 ff.; *Groß* DStR 1991, 1572 ff.). Nur wenn die Sanierungsfähigkeit zu bejahen ist, ist im Rahmen eines auf Fortführung des Unternehmens gerichteten Sanierungsplans ein Konzept auszuarbeiten, welches insbesondere bei Insolvenzen von Großunternehmen, je nach Krisenursache, äußerst differenzierte Lösungen vorsehen kann. Hierbei sind schwierige Rahmenbedingungen gegeben, da in den weitaus meisten Insolvenzen eine verspätete oder unzulängliche Aufstellung von Jahresabschlüssen anzutreffen ist und ein funktionierendes Rechnungswesen nicht oder nicht mehr vorhanden ist (vgl. *Knorr* KTS 1955, 81).

80 Die Sanierung des Unternehmensträgers selbst unterscheidet sich von anderen Instrumenten im Wesentlichen dadurch, dass es sich um eine Eigensanierung des Schuldners handelt, es also der bisherige Rechtsträger ist, der beabsichtigt, das Unternehmen fortzuführen und dieses nicht, wie im Falle der übertragenden Sanierung, auf einen anderen übertragen wird. Eine Liquidation, d.h. eine Zerschlagung des vorhandenen Vermögens, findet dementsprechend gerade nicht statt. Eine Sanierung ist betriebswirtschaftlich nur dann sinnvoll, wenn der durch die Sanierung bzw. die Unternehmensfort-

führung ausgelöste langfristige Ertragswert höher ist als der durch eine Zerschlagung des Unternehmensvermögens mögliche Liquidationswert.

d) Verfahrensleitender Insolvenzplan

Durch die Einfügung der »Verfahrensabwicklung« in den Katalog des § 217 Satz 1 InsO sowie der Änderung des § 258 Abs. 1 Satz 1 InsO durch das Gesetz zur weiteren Erleichterung der Sanierung von Unternehmen (ESUG) vom 7. Dezember 2011 wurde Rechtssicherheit hinsichtlich der Zulässigkeit von sog. verfahrensleitenden bzw. verfahrensbegleitenden Plänen geschaffen. Damit sind solche Pläne gemeint, die nicht verfahrensbeendend sind, d.h. durch deren rechtskräftige Bestätigung entgegen § 258 InsO das Insolvenzverfahren nicht aufgehoben werden soll. Zweck des verfahrensleitenden Plans ist es, das Insolvenzverfahren zumindest teilweise losgelöst von den Vorschriften des Regelinsolvenzverfahrens zu gestalten, ohne auf dessen vorgegebenen Rahmen zu verzichten. 81

Während das *LG Frankfurt* (NZI 2008, 110) davon ausging, dass der verfahrensleitende Plan nicht mit § 217 InsO vereinbar ist, hatte der *BGH* die Frage der Zulässigkeit derartiger Pläne bisher ausdrücklich offen gelassen (ZInsO 2009, 478).

Für die Zulässigkeit wurde vor der Änderung durch das ESUG in der Literatur vor allem die Gesetzesbegründung des § 217 InsO angeführt, wonach der Insolvenzplan nicht nur den Ausgang, sondern auch den Gang des Verfahrens regeln kann und dem Insolvenzplan allgemein ein Höchstmaß an Flexibilität zukommen soll (BT-Drucks. 12/2443 S. 79 f., 90). Ferner meine § 258 InsO mit »sobald« nicht etwa unverzüglich oder sofort, sondern »sobald wie möglich«, so dass die Vorschrift nur den Zeitpunkt angibt, vor dem eine Aufhebung nicht erfolgen dürfe (*Heinrich* NZI 2008, 74).

Mit der erfolgten Ergänzung der §§ 217 Satz 2, 258 Abs. 1 Satz 1 InsO ist ausweislich der Gesetzesmaterialien klargestellt, dass Teilpläne als Ausfluss der privatautonomen Gestaltung des Verfahrens durch die Beteiligten im Interesse der bestmöglichen Gläubigerbefriedigung grds. möglich sind (BT-Drucks. 17/7511, S. 35). Das Insolvenzverfahren kann damit auch nur teilweise losgelöst von den Vorschriften über das Regelinsolvenzverfahren ausgestaltet werden und sich dennoch gleichzeitig im Wesentlichen in dessen Rahmen bewegen (BT-Drucks. 17/7511, S. 35). 82

Gleichzeitig wollte der Gesetzgeber damit jedoch keine Änderung der planfesten Vorschriften erreichen, von denen im Rahmen des Planverfahrens bisher nicht abgewichen werden durfte.

e) Umwandelnder Insolvenzplan

Durch das Gesetz zur weiteren Erleichterung der Sanierung von Unternehmen (ESUG) ist eine neue Form von Insolvenzplänen, nämlich der umwandelnde Insolvenzplan, hinzugekommen. Nach alter Rechtslage konnte die Fortsetzung einer durch die Verfahrenseröffnung aufgelösten, schuldnerischen Gesellschaft erst nach Bestätigung eines Fortführungsplans beschlossen werden (vgl. § 274 Abs. 2 Nr. 1 InsO). Dies hatte zur Folge, dass die Aufnahme von Umwandlungsmaßnahmen nach dem UmwG in den Insolvenzplan ausgeschlossen war. Denn nach §§ 3 Abs. 3, 124 Abs. 2, 191 Abs. 3 UmwG sind Umwandlungsmaßnahmen bei aufgelösten Rechtsträgern nur dann möglich, »wenn die Fortsetzung dieser Rechtsträger beschlossen werden könnte.« Wie aufgezeigt, fehlte es aber gerade hieran vor der Planbestätigung. 83

Durch den eingefügten § 225a Abs. 3 InsO hat sich die Möglichkeit der Fortführung der aufgelösten Gesellschaft in das Planverfahren vorverlagert. Der Gesetzgeber hat ausdrücklich geregelt, dass der Beschluss über die Fortsetzung des Schuldners in den Plan aufgenommen werden darf. Damit ist seither das Erfordernis der Fortsetzungsfähigkeit eines aufgelösten Rechtsträgers bereits im Planverfahren gegeben und damit auch die Umwandlungsfähigkeit schuldnerischer Gesellschaften im Planverfahren hergestellt, §§ 3 Abs. 3, 124 Abs. 2, 191 Abs. 3 UmwG (*Madaus* ZIP 2012, 2133 [2134]; krit. *Becker* ZInsO 2013, 1885 [1886], dieser begründet die Umwandlungsfähigkeit aufgelöster Gesellschaften abweichend damit, dass nach § 225a Abs. 3 InsO im Plan jede gesellschaftsrechtlich zulässige Regelung getroffen werden kann, wozu auch Umwandlungsmaßnahmen gehören, da das Um- 84 wandlungsrecht Teil des Gesellschaftsrechts ist). Umwandlungsunfähig bleibt aber weiterhin das Vermögen des schuldnerischen Einzelkaufmanns. Für diesen gilt nach wie vor die Ausgliederungssperre nach § 152 Satz 2 UmwG (*Madaus* ZIP 2012, 2133 [2134]).

Im Rahmen von Umwandlungsmaßnahmen kann die schuldnerische Gesellschaft nicht nur übertragender Rechtsträger, sondern auch übernehmender Rechtsträger sein. Letzteres gilt aber nur dann, wenn die schuldnerische Gesellschaft als übernehmender Rechtsträger saniert und fortgeführt werden soll. Ansonsten wären die Gläubiger des übertragenden Rechtsträgers erheblich schlechter gestellt. Dies betrifft in erster Linie den Fall der Verschmelzung nach §§ 2 f. UmwG. Soll eine solvente Gesellschaft auf die schuldnerische Gesellschaft mit dem Ziel der Sanierung verschmolzen werden, so können sich die Gläubiger durch ihren Anspruch auf Sicherheitsleistung nach § 22 UmwG ausreichend schützen. Bei einer Fusion zum Zweck der Abwicklung läuft der Schutz des § 22 UmwG hingegen leer, so dass eine solche Abwicklungsfusion allein in den Fällen zulässig sein kann, in denen der übertragende, solvente Rechtsträger keine Gläubiger hat (*Madaus* ZIP 2012, 2133 [2135]; *Becker* ZInsO 2013, 1885 [1888]).

85 Der wesentliche Vorteil einer Sanierung durch Umwandlung besteht darin, dass Rechtsgesamtheiten des Schuldners im Wege der Gesamtrechtsnachfolge übertragen werden und damit vor allem auch rechtsträgergebundene Berechtigungen mitübergehen. Hiervon ausgenommen ist allerdings ein ggf. bestehender Verlustvortrag der schuldnerischen Gesellschaft, §§ 4 Abs. 2 Satz 2, 12 Abs. 3 Satz 2 UmwStG. Der wesentliche Nachteil einer Umwandlung besteht freilich darin, dass die Verbindlichkeiten der schuldnerischen Gesellschaft auf die übernehmende Gesellschaft ebenfalls mitübergehen. Eine Umwandlung wird daher vor allem in den Fällen sinnvoll sein, in denen ein Investor erheblichen Nutzen aus der Übernahme günstiger Verträge, Lizenzen, Know-how, Genehmigungen oder aus Synergieeffekten ziehen kann (*Madaus* ZIP 2012, 2133).

86 Die in Betracht kommenden Umwandlungsmaßnahmen nach dem UmwG beschränken sich dabei auf die Verschmelzung durch Aufnahme oder Neugründung (§§ 2 Nr. 1, 4 f., 2 Nr. 2, 36 f. UmwG), die Aufspaltung zur Aufnahme oder Neugründung (§§ 123 Abs. 1 Nr. 1, 126 f., 123 Abs. 1 Nr. 2, 135 f. UmwG), die Abspaltung (§ 123 Abs. 2 UmwG), die Ausgliederung (§§ 123 Abs. 3, 152 f. UmwG) und den Formwechsel (§§ 190 f. UmwG).

87 Soll die schuldnerische Gesellschaft auf den aufnehmenden Rechtsträger oder mit einem anderen Rechtsträger auf einen neugegründeten Rechtsträger verschmolzen werden, so stehen den Gesellschaftern der schuldnerischen Gesellschaft Anteile an der jeweiligen Zielgesellschaft zu, §§ 54 Abs. 1 Satz 3, 68 Abs. 1 Satz 3 UmwG. Hiervon kann jedoch im Insolvenzplan eine abweichende Regelung getroffen werden, wobei es unabhängig von besonderen gesellschaftsrechtlichen Zustimmungserfordernissen allein einer mehrheitlichen Planbestätigung bedarf, §§ 225a Abs. 3, 238a, 244 InsO. Gleiches gilt für die verschiedenen Arten der Spaltung (vgl. *Madaus* ZIP 2012, 2133 [2136]).

88 Die Zulässigkeit der in den Plan aufgenommenen gesellschafts- und umwandlungsrechtlichen Maßnahmen unterliegt der Entscheidungskompetenz des für die Planbestätigung zuständigen Insolvenzgerichts. Ob dem im nachfolgenden Eintragungsverfahren zuständigen Registergericht neben der vom Gesetzgeber zugewiesenen Beurkundungsfunktion (BT-Drucks. 17/5712, S. 37) eine ergänzende, umfassende Prüfungskompetenz zukommt, erscheint zweifelhaft. *Madaus* lehnt ein Überprüfungsrecht des Registergerichts mit Blick auf den Grundsatz der Rechtskraft und aus der praktischen Erwägung, dass anderenfalls die Planungssicherheit und damit die Sanierung insgesamt gefährdet sei, ab (ZIP 2012, 2138 f.; *Müller* KTS 2012, 419 [448]; **a.A.** *Horstkotte/Martini* ZInsO 2012, 557 [567]; *Becker* ZInsO 2013, 1885 [1890]; offen lassend *Kahlert/Gehrke* DStR 2013, 975 [977]). Dem Registergericht komme nur dann eine subsidiäre Prüfungskompetenz zu, wenn die Eintragungsvoraussetzungen nicht aus dem Plan und dessen Anlagen hervorgingen und deshalb auch noch nicht vom Insolvenzgericht geprüft werden konnten.

Fest steht jedenfalls, dass ein Verschmelzungsvertrag nur dann in den Insolvenzplan aufgenommen werden kann und ihm damit die Formerleichterung nach § 254a Abs. 1 InsO zukommt, wenn alle

Vertragsparteien auch Beteiligte des Planverfahrens sind. Der aufnehmende nichtinsolvente Rechtsträger muss somit zugleich Gläubiger des zu verschmelzenden Schuldners sein. Ist dies nicht der Fall, sind so sind die Annahme- und Zustimmungserklärungen des nichtinsolventen Rechtsträgers als Verpflichtungserklärung nach § 230 Abs. 3 InsO dem Plan als Anlage beizufügen. Auf diese Weise nehmen sie dann an der Formfiktion nach § 254a Abs. 3 InsO Teil (*Madaus* ZIP 2012, 2133 [2138]; wohl ablehnend *Becker* ZInsO 2013, 1885 [1888]).

Unbegründet sind die von Teilen der Literatur geäußerten Bedenken hinsichtlich der Europarechtskonformität von sanierenden Umwandlungsplänen (*Stöber* ZInsO 2013, 2457 [2462]). Art. 7 Abs. 1 Unterabs. 1, Art. 23 Abs. 1 der Verschmelzungsrichtlinie (RL 2011/35/EU) sowie Art. 5 Abs. 1, Art. 22 der Spaltungsrichtlinie (RL 82/891/EWG) verlangen zwar hierfür grds. eine 2/3 Mehrheit der Hauptversammlung für derartige Umwandlungsmaßnahmen. Aufgrund der Bereichsausnahmen nach Art. 1 Abs. 3 VerschmRL bzw. Art. 1 Abs. 4 SpaltRL finden die einschlägigen Richtlinien jedoch keine Anwendung, wenn eine oder mehrere der übertragenden oder untergehenden Gesellschaften Gegenstand eines Konkurs-, Vergleichs- oder ähnlichen Verfahrens ist bzw. sind. Dass diese Anwendungsausnahmen nur für Insolvenz(plan)verfahren gelten sollen, die eine Liquidation des Schuldners vorsehen, ist den Richtlinien nicht zu entnehmen. Dies lässt sich auch nicht der Rechtsprechung des EuGH zu Art. 29 Abs. 1 Satz 2 der Kapitalrichtlinie (RL 2012/30/EU) entnehmen (*Stöber* ZInsO 2013, 2457 [2462]). Denn die Entscheidungen zu Reichweite und Grenzen des Hauptversammlungsvorbehalts bei Kapitalerhöhungen (Art. 29 KapitalRL) sind schon deshalb nicht übertragbar, da die Kapitalrichtlinie anders als die Verschmelzungs- und Spaltungsrichtlinie keine Anwendungsausnahme bei Insolvenzverfahren vorsieht, die Ausgangslage demnach eine vollkommen andere ist. **89**

Zu den besonderen Chancen, die eine Ausgliederung als Unterfall der Spaltung anstatt eines asset deal bieten kann und der dabei bestehenden Problematik der Nachhaftung gem. § 133 UmwG, s. *Kahlert/Gehrke* DStR 2013, 975 f.; *Becker* ZInsO 2013, 1885 (1890). **90**

VI. Gesellschafterstellung und Insolvenzplan

Durch die Einfügung des §§ 217 Satz 2, 225a InsO durch das Gesetz zur weiteren Erleichterung der Sanierung von Unternehmen (ESUG) vom 7.12.2011 wurde der am Planverfahren beteiligte Personenkreis in überaus wichtiger und teils entscheidender Form erweitert. So können nun auch die Anteils- und Mitgliedschaftsrechte der Gesellschafter, die an der juristischen schuldnerischen Person beteiligt sind, in das Planverfahren miteinbezogen werden. **91**

Nach überkommenem Recht blieben die Rechte der Anteilsinhaber von dem Insolvenzverfahren ihrer Gesellschaft gänzlich unberührt. Dies hatte zur Folge, dass die für eine erfolgreiche Planumsetzung notwendigen Gesellschafterbeschlüsse oder Willenserklärungen einzelner Gesellschafter, beispielsweise zur Übertragung ihrer Gesellschaftsanteile, nicht ersetzt werden konnten. Nur auf der Basis freiwilliger Mitwirkung der Anteilsinhaber konnte eine Veränderung an der gesellschaftsrechtlichen Struktur einer schuldnerischen juristischen Person zum Zweck ihrer Sanierung im Rahmen des Planverfahrens erreicht werden. Dies betraf nicht nur wichtige Kapitalmaßnahmen, sondern auch den notwendigen Fortsetzungsbeschluss der Gesellschafter zur Fortsetzung der mit Eröffnung des Insolvenzverfahrens aufgelösten Gesellschaft. **92**

Zur Umgehung einer Blockade der Sanierung durch die Anteilsinhaber blieb daher nur die Möglichkeit einer übertragenden Sanierung. Durch den Verlust des ursprünglichen Rechtsträgers gehen dadurch jedoch auch alle hiermit verbundenen Rechtspositionen verloren, weshalb die übertragende Sanierung nicht immer einen gleichwertigen Ersatz für die Sanierung mit dem insolventen Rechtsträger darstellt. **93**

Aus diesem Grund wurde in der rechtspolitischen Diskussion die fehlende Ersetzungsmöglichkeit von Gesellschafterbeschlüssen als erhebliches Sanierungshindernis gesehen, was zu einem Standortnachteil gegenüber anderen Rechtsordnungen geführt und damit auch zum sog. forum shopping beigetragen hat. **94**

Durch die damalige Regelung hatten es Altgesellschafter, die weder in der Liquidation noch im Falle einer übertragenden Sanierung Erlöse erwarten konnten, in der Hand, die Sanierungsbemühungen des Insolvenzverwalters und der Gläubiger zu konterkarieren, indem sie sich weigerten, ihre wertlosen Anteile abzutreten. Dieses Ergebnis war umso unverständlicher, als das Insolvenzverfahren seit jeher die Auflösung der insolventen Gesellschaft bedingt (§§ 60, 66 ff. GmbHG, §§ 242, 264 ff. AktG, §§ 131, 145 ff. HGB) und im Fall einer Liquidation letztlich in der Löschung des Schuldners endet. Damit kommt den wirtschaftlich entwerteten Gesellschaftsanteilen im Hinblick auf die Erfolgsaussichten eines Plans, sofern dieser keine Zerschlagung oder übertragende Sanierung vorsieht, eine Schlüsselrolle zu. Eine Gleichwertigkeit des Planverfahrens zu Liquidation und übertragender Sanierung besteht somit gerade nicht.

95 Die Neuregelung durch das ESUG erlaubt seitdem insbesondere auch die Durchführung eines sog. Debt-Equity-Swap, dessen Notwendigkeit seitens der Insolvenzverwalterpraxis zur Steigerung der Sanierungschancen in der Vergangenheit besonders betont wurde (vgl. FK-InsO/*Jaffé* 6. Aufl.; *Jaffé*/ *Friedrich* ZIP 2008, 1849; *Sassenrath* ZIP 2003, 1517; *Schwalme* DZWIR 2004, 230). Hierbei wird Fremdkapital in Eigenkapital umgewandelt, indem Forderungen von Gläubigern in Anteils- oder Mitgliedschaftsrechte am Schuldner umgewandelt werden.

Der Vorteil für den Schuldner besteht darin, dass er sich hierdurch ohne Beschaffung frischen Kapitals schnell auch hoher Insolvenzforderungen entledigen kann. Für die Gläubiger hingegen bietet die Umwandlung ihrer Forderung die Möglichkeit, dass sie an den zukünftigen Erträgen des sanierten Unternehmens beteiligt werden und über dessen zukünftige Aktivitäten mitbestimmen können (vgl. BT-Drucks. 17/7511, S. 5).

96 Da dies nach überkommenem Recht nicht möglich war, blieb ein Insolvenzplan, der die Fortführung des Unternehmens durch den Schuldner vorsah und die Insolvenzgläubiger mit Anteilsrechten am schuldnerischen Unternehmen befriedigen sollte, bisher nicht durchführbar, wenn die Gesellschafter sich weigerten, die Insolvenzgläubiger als neue Gesellschafter aufzunehmen (HK-InsO/*Flessner*, 6. Aufl., § 221 Rn. 3).

97 Nach § 249 InsO konnte der Insolvenzplan in einem solchen Fall lediglich unter den Vorbehalt gestellt werden, dass bestimmte Handlungen von Anteilseignern des Schuldnerunternehmens vorgenommen sein mussten, bevor der Plan gerichtlich bestätigt werden konnte (vgl. *Sassenrath* ZIP 2003, 1517 ff.)

98 Damit war die Praxis in der Vergangenheit letztlich auf einvernehmliche Lösungen angewiesen, deren Zulässigkeit sich aus § 254 Abs. 1 Satz 2 InsO ergab (*Eidenmüller* ZGR 2001, 680 [689]). Die entsprechenden Erklärungen wurden dann als Anlage dem Insolvenzplan beigefügt, die Gründe für die freiwillige Regelung waren im darstellenden Teil zu erörtern, wodurch eine Planprüfung ermöglicht wurde.

Es darf davon ausgegangen werden, dass die vom Gesetzgeber durch das ESUG hergestellte Fungibilität der wirtschaftlich wertlosen Gesellschaftsanteile dem vor über einem Jahrzehnt mit hohen Erwartungen eingeführten Planverfahren endlich zur verdienten Geltung verhelfen wird. Es besteht nun seither für das Planverfahren gegenüber den konkurrierenden Abwicklungs- und Sanierungsverfahren ein Instrument, dass der Gefahr entgegentritt, den Plan dauerhaft als Ausnahmeerscheinung des Insolvenzrechts zu belassen (vgl. Bericht von *Georg* ZInsO 2000, 93 ff.; *Smid* NZI 2000, 454).

VII. Insolvenzplan und Konzerninsolvenzrecht

99 Der deutsche Gesetzgeber hat längere Zeit davon Abstand genommen, ein Konzerninsolvenzrecht zu normieren, wenngleich dies als dritte Stufe der Reformierung des Insolvenzrechts seitens des Bundesjustizministerium vorgesehen war (vgl. Rede der Bundesministerin der Justiz Sabine Leutheusser-Schnarrenberger beim Neunten Deutschen Insolvenzrechtstag der Arbeitsgemeinschaft Insolvenzrecht im Deutschen Anwaltverein am 22. März 2012 in Berlin). In der Folge wurde dennoch von einer Normierung des Konzerninsolvenzrechts erst einmal abgesehen, da nach Ansicht der Reform-

kommission die Unternehmen in der Insolvenzabwicklung selbstständig sind. Ferner soll eine Interessenkollision bei der Insolvenzverwaltung vermieden werden, besonders im Hinblick auf die Interessen der Verfahrensbeteiligten, allen voran der Gläubiger (vgl. Leitsatz 2.4.9.13 aus dem ersten Bericht der Kommission für Insolvenzrecht 1985, zit. in *Uhlenbruck* NZI 1999, 41 [42]). Mit Eröffnung des Insolvenzverfahrens erlischt die Beziehung aus dem Konzernverbund (vgl. *M. Lutter* ZfB 1984, 781 [784]). Jedoch hat auch die Kommission in einem ihrer Leitsätze die strikte Trennung dahingehend aufgeweicht, dass bei der Aufstellung des Reorganisationsplans der Muttergesellschaft eine Beratungsfunktion eingeräumt werden soll (vgl. Leitsatz 2.2.3 des ersten Kommissionsberichts für Insolvenzrecht, Köln 1985, S. 166). Am 13.04.2017 wurde nun vom Bundestag das »Gesetz zur Erleichterung der Bewältigung von Konzerninsolvenzen« im Bundesgesetzblatt verkündet und wird sodann am 21.04.2018 vollumfänglich in Kraft treten (BGBl. I 2017, S. 871). Trotz Undurchführbarkeit einer einheitlichen Verfahrensabwicklung von Konzernunternehmen nach momentan noch aktuellem deutschem Insolvenzrecht wurde eine Konsolidierung über einen Insolvenzplan in der Literatur bereits seit geraumer Zeit angedacht.

Unter Beibehaltung zwingender insolvenzrechtlicher Grundsätze wurde vorgeschlagen, dass ein »führendes« schuldnerisches Konzernunternehmen einen Insolvenzplan vorlegt, der die Sanierung und Liquidation von im Konzern verbundener Schuldnergesellschaften vorsieht (vgl. *Uhlenbruck* NZI 1999, 41 [43]). In einem weiteren Schritt sollte dieser Gesamtplan auch nicht insolvente Unternehmen einbeziehen. Dies erspart den Schritt aufeinander abgestimmter koordinierter Pläne (vgl. *Uhlenbruck* NZI 1999, 41 [43]). Über die Annahme eines derartigen Plans in dem »führenden« Insolvenzverfahren entscheiden die Konzerngläubiger (vgl. *Uhlenbruck* NZI 1999, 41 [43]). Eine Aufrechterhaltung der Konzernbeziehung ist hierfür erforderlich. Ein Bedürfnis für eine derartige Handhabung existiert insofern, als es sich in der Praxis gezeigt hat, dass eine Abtrennung einzelner Firmen in der Insolvenz der Muttergesellschaft nicht verhindert werden konnte und der Obergesellschaft sämtliche Vorteile aus dem Konzernverband verloren gingen (vgl. *Timm* ZIP 1983, 236; *Uhlenbruck* NZI 1999, 41). 100

Dies führt zu einer Zerschlagung wirtschaftlicher Werte, entspricht aber nicht dem Gedanken des Reformgesetzgebers, der auf mögliche Erhaltung der insolventen Unternehmen neben der möglichst umfassenden Befriedigung der Gläubiger ausgerichtet ist. Eine Konzentrationswirkung ermöglicht ferner eine verfahrensmäßige Konsolidierung dahingehend, einen gemeinsamen örtlichen Gerichtsstand zu finden. Gem. § 3 Abs. 2 InsO soll dort, wo der Schuldner seinen allgemeinen Gerichtsstand hat, zugleich auch der Mittelpunkt der wirtschaftlichen Tätigkeit der Konzerngesellschaften liegen (vgl. *Uhlenbruck* NZI 1999, 44). 101

Ein derartiger Plan darf aber nicht dazu führen, die Hauptbeteiligten der Verfahren, insbesondere die Gläubiger, zu benachteiligen. Bei der Entscheidung über den Plan können zum Beispiel verschiedene Gläubigergruppen der konsolidierten Insolvenzschuldnerin in einer Abstimmungsgruppe zusammengefasst werden (vgl. *Uhlenbruck* NZI 1999, 43). 102

Trotz bislang fehlender gesetzlicher Normierung eines Konzerninsolvenzrechts gibt die InsO mit dem Insolvenzplan den Gläubigern und den Insolvenzschuldnerinnen im Konzernverbund ein Instrument in die Hand, wirtschaftlich günstige Lösungen zu erzielen. Oftmals gelangte dabei – wie beispielsweise bei der Insolvenz Herlitz, einer zentralen Tochtergesellschaft der KirchMedia, der TaurusTV, der PIN-Group, IVG Immobilien AG oder Karstadt AG – das Insolvenzplanverfahren als Sanierungsalternative zur Anwendung. Oft bestehen Interdependenzen zwischen Konzerninsolvenz und Insolvenzplan, wobei es sich bei diesem Thema um »work in progress« handelt, weil insbesondere die europarechtlichen Implikationen des internationalen Insolvenzrechts noch am Anfang der Aufarbeitung durch Wissenschaft und Gerichte stehen. In vielfältiger Hinsicht wird hier auch heute noch »Neuland« beschritten. 103

Die Anforderungen bei einer internationalen Konzerninsolvenz unterscheiden sich von einer Regelinsolvenz erheblich, da das Vermögen eines insolventen Konzerns im Regelfall aus einer Vielzahl von lebenden Beteiligungsunternehmen besteht, die going-concern und damit ohne den Schutz der insol- 104 venzrechtlichen Sondervorschriften fortgeführt und verwertet werden müssen. Ein insolventer Konzern muss unter Beachtung des jeweiligen Gesellschaftsstatutes sowie sämtlicher gesellschafts- und steuerrechtlicher Anforderungen gleichsam Stück für Stück abgebaut werden. Gelingt dies nicht, gehen die in den lebenden Beteiligungen verhafteten Vermögenswerte für die Gläubiger verloren.

105 Nicht zuletzt aufgrund vorhandener Cash-Pooling-Verträge oder der Mithaftung der wesentlichen Konzerngesellschaften für Bankverbindlichkeiten kann die Insolvenz einer Konzernobergesellschaft jedenfalls beim Insolvenzgrund der Zahlungsunfähigkeit schnell bei der Mehrzahl der Konzernunternehmen ebenfalls einen Insolvenzgrund erzeugen, so dass sich das Problem der »faktischen Konzerninsolvenz« in der Praxis stellt. Bei der Insolvenz einer »prominenten« Konzernmutter ist es nicht auszuschließen, dass personenverschiedene Verwalter in einzelnen Konzernunternehmen aufgrund fehlender Kenntnis der Gesamtzusammenhänge gebotene Verwertungsbemühungen unter Berufung auf vermeintliche Partikularinteressen verhindern. In der Praxis ergibt sich damit die Gefahr, dass konkurrierende Verwalter der optimalen Verwertung und damit dem Gläubigerinteresse entgegenstehen.

106 Um eine optimale Verwertung zu erreichen, böte sich ggf. die Möglichkeit an, über einen Insolvenzplan die Muttergesellschaft und die abhängigen Konzerngesellschaften in eine Gesamtlösung einzubeziehen. Allerdings wird sich die Ausarbeitung und Umsetzung desselben bei einem mehrstufigen internationalen Konzern mit verschiedenen Insolvenzverwaltern als langwierig und schwierig erweisen und kaum zu bewerkstelligen sein.

107 In der Praxis lässt sich eine konzernweite Verwertung und Sanierung nach deutschem Recht nur erreichen, wenn das zuständige Insolvenzgericht den Verwalter der Konzernobergesellschaft auch in wichtigen »Schlüsselgesellschaften« im Konzernverbund einsetzt. Dies war sowohl bei der Insolvenz der Babcock Borsig AG wie auch der KirchMedia GmbH & Co. KG aA der Fall. Zwingende Voraussetzung ist, dass der Verwalter in der Lage ist, einen mehrstufigen Konzern unter Beachtung der gesellschaftsrechtlichen Vorgaben und einer insolvenzrechtlichen Trennung der verschiedenen Vermögensmassen der Konzerngesellschaften zu führen. Bei Interessenskollisionen zwischen den Verfahren sind Sonderinsolvenzverwalter zu bestellen.

Die Bestellung eines Sonderverwalters durch das Insolvenzgericht wird allgemein für zulässig gehalten (vgl. *Uhlenbruck* InsO, § 66 Rn. 31; MüKo-InsO/*Graeber* 2001, § 56 Rn. 114; HK-InsO/*Riedel* § 56 Rn. 32; *Kübler/Prütting/Bork-Lüke* InsO, § 56 Rn. 32; *Nerlich/Römermann-Delhaes* InsO, § 56 Rn. 18).

Die Bestellung eines Sonderinsolvenzverwalters ist im Hinblick auf die zuvor genannten Erwägungen geeignet, Vorsorge für alle Fälle zu treffen, in denen ein über das Vermögen beider Unternehmen bestellter Insolvenzverwalter schon von Gesetzes wegen (z.B. wegen § 181 BGB) u.U. nicht im Stande ist, sein Amt uneingeschränkt wahrzunehmen.

108 Neben den insolvenz- sind auch die gesellschaftsrechtlichen Vorgaben, insbesondere im Hinblick auf die im deutschen Recht im Vergleich zu anderen Rechtsordnungen sehr strengen Kapitalerhaltungsvorschriften (vgl. §§ 30, 31 GmbG, 57, 62 AktG), zwingend zu beachten.

109 In dem am 21.04.2018 in Kraft tretenden »Gesetz zur Erleichterung der Bewältigung von Konzerninsolvenzen« wird nun im Wesentlichen in den § 2 Abs. 3, §§ 3a ff., § 13a InsO vorgesehen sein, dass die wirtschaftliche Einheit des Konzerns insofern nicht auseinander gerissen wird, als dass eine Konzentration der Verfahren bei einem Insolvenzgericht erfolgen kann (BGBl. I 2017, S. 866; BT-Drucks 18/407, S. 7 f.; *Gottwald/Specovius/Kuske* HdbInsR, § 95 Rn. 31). Des Weiteren wird ein einziger Insolvenzverwalter zukünftig gem. § 56b InsO für die Insolvenzverfahren aller Gesellschaften des Konzerns tätig werden können (BGBl. I 2017, S. 866, 867; BT Drucks 18/407, S. 9; *Gottwald/Specovius/Kuske* HdbInsR § 95 Rn. 47 f.). Ob es sinnvoll ist, einen einheitlichen Verwalter zu bestellen, obliegt dabei dem richterlichen Ermessen (vgl. *Gottwald/Specovius/Kuske* HdbInsR § 95 Rn. 50). Wenn von diesen Möglichkeiten kein Gebrauch gemacht wird, sorgen die §§ 269a bis 269c InsO dafür, dass die verschiedenen Verfahren besser koordiniert werden können, indem ein

Koordinationsverwalter bestellt wird und gewisse Kooperationsrechte und -pflichten bestimmt werden. Der Koordinationsverwalter hat einen Koordinationsplan entsprechend §§ 269h und 269i InsO zu erarbeiten (BGBl. I 2017, S. 866, 868 ff.; BT-Drucks 18/407, S. 2, 9 ff.; *Gottwald/Specovius/Kuske* HdbInsR § 95 Rn. 52 ff.).

VIII. Insolvenzplan und Verbraucherinsolvenz

Nach überkommener Rechtslage waren die Vorschriften über den Insolvenzplan nicht anwendbar, wenn das Verbraucherinsolvenzverfahren eingreift (§ 312 Abs. 2 InsO a.F.). Dies ist nach § 304 Abs. 1 InsO der Fall bei natürlichen Personen, die keine selbstständige wirtschaftliche Tätigkeit ausüben. Auch die Tätigkeit eines Freiberuflers ist in diesem Sinne als wirtschaftlich anzusehen (s. *Busch* § 304 Rdn. 9; *Uhlenbruck* in: FS Henckel, 1995, S. 877, 891; *Graf/Wunsch* ZIP 2001, 1029 [1032]). 110

Durch das Gesetz zur Verkürzung des Restschuldbefreiungsverfahrens und zur Stärkung der Gläubigerrechte vom 15.07.2013 hat sich die Rechtslage geändert. Mit Wirkung zum 01.07.2014 wurde durch das vorgenannte Änderungsgesetz § 312 Abs. 2 InsO a.F. aufgehoben. Somit ist nun auch in Verbraucherinsolvenzverfahren der Insolvenzplan statthaft. 111

Voraussetzung bleibt jedoch, dass der Verbraucher zunächst versucht, sich mit seinen Gläubigern außergerichtlich zu einigen (§ 305 InsO). Scheitert dies und kommt auch kein gerichtlicher Schuldenbereinigungsplan zustande, so schließt sich das Regelinsolvenzverfahren an (§ 311 InsO), in dessen Rahmen das Insolvenzplanverfahren durchgeführt werden kann (rechtsvergleichend zu Schuldenbereinigungsplan und Insolvenzplan *Rugullis* NZI 2013, 869; ein Musterinsolvenzplan für Verbraucherinsolvenzverfahren findet sich bei *Beyer* ZVI 2013, 334 [335]).

Im Vergleich zu der bei natürlichen Personen möglichen Restschuldbefreiung nach Durchführung einer gesetzlich verankerten Wohlverhaltensphase existieren für den zeitlichen Rahmen zur Erfüllung eines Insolvenzplans keine gesetzlichen Vorschriften. Hier ist der Planersteller frei, die Laufzeit an die wirtschaftlichen Gegebenheiten anzupassen (vgl. *Georg* ZInsO 2000, 93 [94]; *Graf/Wunsch* ZIP 2001, 1029 [1032]). Bei der Restschuldbefreiung gilt bzgl. der Frage des Wohlverhaltens des Schuldners das »Alles-oder-nichts-Prinzip«: Die Restschuldbefreiung wird entweder insgesamt gewährt oder insgesamt versagt (vgl. §§ 286, 290 Abs. 1, § 296 Abs. 1, § 301 Abs. 1 InsO). Dagegen lebt beim Insolvenzplan nur der Anspruch desjenigen Gläubigers wieder auf, dem gegenüber der Schuldner in Verzug geraten ist. Dies bedeutet, dass ein Schuldner, der selbst oder durch Dritte in der Lage ist, zu seiner Entschuldung Nennenswertes beizutragen, nur im Rahmen eines Regelinsolvenzverfahrens die Möglichkeit hat, den Schuldenerlass vorzeitig, d.h. eben nicht nach Ablauf der starren Fristen des Verbraucherinsolvenzverfahrens, herbeizuführen. 112

Berater, die vor Änderung der Rechtslage oft vehement für eine Verbraucherstellung gescheiterter Unternehmer argumentierten, hatten meist übersehen, welche Gestaltungsmöglichkeiten das Planverfahren eröffnet, um mittels §§ 227, 225 Abs. 1 InsO das gewünschte Ziel des Schuldenerlasses wesentlich schneller zu erreichen. Aufgrund der Regelung des § 247 Abs. 2 InsO ist die Gefahr ausgeschlossen, dass ein Schuldner im Regelinsolvenzverfahren schlechter gestellt wird, als er im Verbraucherinsolvenzverfahren stehen würde. 113

Ein Sonderproblem stellt die Behandlung des Neuerwerbs einer natürlichen Person im Insolvenzplanverfahren dar. Gläubiger könnten grds. geltend machen, dass aufgrund des zeitlich unbegrenzt denkbaren Neuerwerbes gem. § 35 HS 2 InsO eine Beschlagnahme des pfändbaren Einkommens des Schuldners unbegrenzt andauern könnte (»lebenslanges Insolvenzverfahren«; vgl. *Graf/Wunsch* ZIP 2001, 1029 [1039]), so dass sie durch einen Insolvenzplan schlechter gestellt würden. Abgesehen davon, dass sich bei solchen Aussichten kein Schuldner bereit erklären würde, weiterhin erwerbstätig zu sein, ist diese Überlegung auch rechtlich nicht zwingend. Sie beruht auf dem Gedanken, dass wegen des stets hinzukommenden Neuerwerbs bei einer natürlichen Person eine Schlussverteilung nach § 196 InsO mangels Abschluss der Masseverwertung eigentlich nie erfolgen könne. 114

§ 217 InsO Grundsatz

Diese Betrachtung geht jedoch fehl, da der Gesetzgeber mit der Hereinnahme des Neuerwerbs zur Masse gem. § 35 HS 2 InsO keine Rückkoppelung auf die Verfahrensdauer erreichen wollte. Diese Frage ist durch teleologische Auslegung des Erfordernisses gem. § 196 Abs. 1 InsO (»sobald die Verwertung der Insolvenzmasse beendet ist«) zu lösen, indem man hierunter jeweils nur die zu Beginn des Verfahrens vorhandene Masse, nicht aber den laufend zu erwartenden Neuerwerb fasst. Dann verbleibt es hinsichtlich der Vergleichsgröße im Rahmen des § 245 Abs. 1 Nr. 1 InsO beim »normalen«, nicht lebenslangen Insolvenzverfahren (*Graf/Wunsch* ZIP 2001, 1029 [1039]).

115 Losgelöst von Vorgesagtem sollte aber stets das Scheitern des Insolvenzplans bedacht und aus diesem Grunde bei einer Einzelperson vorsorglich zusätzlich Antrag auf Restschuldbefreiung für den Fall der Durchführung des Regelinsolvenzverfahrens gestellt werden. Dies muss gem. § 287 Abs. 1 Satz 2 InsO spätestens im Berichtstermin erfolgen.

IX. Insolvenzplan und steuerliche Sanierungsgewinne

116 Die Rechtsentwicklung im Bereich der Unternehmenssanierung war gegenläufig zu der im Steuerrecht. Zivil-, Gesellschafts- und Insolvenzrecht versuchten, die Rahmenbedingungen für eine Sanierung, z.B. durch Streichung des § 419 BGB oder Einführung des Sanierungsprivilegs in § 32a GmbHG, zu erleichtern, während das Steuerrecht diese durch Streichung des § 3 Nr. 66 EStG, Einführung des § 55 Abs. 4, Einschränkung des Verlustabzugs etc., maßgeblich erschwerte. Das ursprünglich sanierungsfreundliche UmwStG ist dabei ebenfalls sanierungsfeindlich geworden. Der Anwendungserlass zum Umwandlungssteuergesetz vom 25.03.1998 (BStBl. I 1998 S. 268) verschärfte in weiten Bereichen die Rechtsanwendung zu Lasten des insolvenzbedrohten Unternehmens (*Maus* NZI 2000, 449). Der neue an vielen Stellen restriktivere Anwendungserlass zum Umwandlungssteuergesetz vom 11.11.2011 führte zu weiteren Verschärfungen. Beispielsweise ist nunmehr jede Umwandlung einschließlich des Formwechsels grds. als Veräußerung zu werten und kann zur steuerpflichtigen Aufdeckung stiller Reserven führen. Die steuerliche Verwertbarkeit von Verlusten ist durch das Steuerentlastungsgesetz 1999/2000/2001 (BGBl. I 1999 S. 402) weiter eingeschränkt worden. Nach dem bis zum 31.12.1996 geltenden § 3 Nr. 66 EStG waren »Erhöhungen des Betriebsvermögens, die dadurch entstehen, dass Schulden zum Zweck der Sanierung ganz oder teilweise erlassen werden,« steuerfrei. Das Gesetz zur Fortsetzung der Unternehmenssteuerreform vom 29.07.1997 (BGBl. I 1997 S. 2590) beendete die Steuerfreiheit des Sanierungsgewinns mit Wirkung für Wirtschaftsjahre, die nach dem 31.12.1996 enden, durch die ersatzlose Streichung des § 3 Nr. 66 EStG. Sanierungsgewinne sind seitdem grds. steuerpflichtige Betriebseinnahmen.

117 Durch den Wegfall der Steuerbefreiung floss Liquidität in Form von Ertragsteuern – noch vor Abschluss der Sanierungsphase und damit in einem Zeitraum erheblicher Instabilität – ab und gefährdete den durch die Sanierungsmaßnahmen angestrebten Sanierungserfolg nachhaltig (*Kußmaul/Steffan* DB 2000, 1849 [1853]). Dieser Liquiditätsabfluss musste im Rahmen der Planung bedacht werden (*Graf/Wunsch* ZIP 2001, 1029 [1038]).

118 Bei Freiberuflern, deren Gewinn nach § 4 Abs. 3 EStG ermittelt wird, stellte sich das Problem geringer dar (vgl. *Hess/Boochs/Weis* Steuerrecht in der Insolvenz, 1996, Rn. 985). Dort haben die erlassenen Verbindlichkeiten im Zeitpunkt ihres Entstehens mangels Abfluss (§ 11 Abs. 2 EStG) das Betriebsergebnis nicht geschmälert, und entsprechend erhöht der spätere Erlass als solcher den steuerlichen Gewinn nicht automatisch. Jedoch wurde der Erlass einer Darlehensverbindlichkeit auch bei der Einnahme-Überschussrechnung als Betriebseinnahme gewertet (vgl. *Weber-Grellet* Bilanzsteuerrecht, S. 249), so dass in der Praxis der oftmals größte Teil der erlassenen Forderungen den steuerlichen Gewinn doch erhöhte (*Graf/Wunsch* ZIP 2001, 1029 [1038]).

119 Die Abschaffung der Steuerfreiheit für Sanierungsgewinne hatte in der Literatur mannigfache Kritik erfahren (vgl. ausf. *Kroschel* DStR 1999, 1383 [1385]). Statt der bisherigen Gläubiger würde das Finanzamt als neuer Gläubiger auftreten. Im wirtschaftlichen Ergebnis wäre dies nichts anderes als eine »partielle Umschuldung« (*Dziadkowski* DB 1997, 449; *Maus* NZI 2000, 450). Die Gegenmeinung führte an, dass das Steuerprivileg des § 3 Nr. 66 EStG zu einer nicht zu rechtfertigenden Doppel-

begünstigung führe: der den späteren Sanierungsgewinn bedingende Unternehmensverlust mindere beim Unternehmensträger mittels Verlustausgleich, Verlustrücktrag und Verlustabzug die Steuerbelastung. § 3 Nr. 66 EStG verdopple diesen Effekt, indem der Sanierungsgewinn außerhalb der Bilanz vom Unternehmensergebnis abgesetzt werde (*Groh* DB 1996, 1890).

Der Fortfall der Steuerfreiheit des Sanierungsgewinns erschwerte in erheblichem Maße die finanzielle Sanierung des insolventen Unternehmens. Stundung und Erlass als Billigkeitsmaßnahmen der Finanzverwaltung im Einzelfall konnten den Mangel des materiellen Rechts nicht ausgleichen. 120

Der Zeitpunkt, in dem der Gewinn durch den Erlass der Verbindlichkeiten im Insolvenzplan steuerlich realisiert wird, war in der Literatur umstritten. Denkbare Anknüpfungspunkte waren die Annahme des Plans, die Planbestätigung oder deren Rechtskraft sowie die vollständige Erfüllung des Plans (so offenbar *Georg* ZInsO 2000, 93 [95]) als der Zeitpunkt, ab dem ein Wiederaufleben der Verbindlichkeiten ausgeschlossen ist. Die zivilrechtliche Lage (Eintritt der rechtsgestaltenden Wirkung mit Rechtskraft der Bestätigung) ist dabei im Steuerrecht nicht unbedingt entscheidend (*Graf/Wunsch* ZIP 2001, 1029 [1039]). 121

Der BFH hat für den Zwangsvergleich nach der Konkursordnung entschieden, dass der Gewinn des Schuldners mit der gerichtlichen Bestätigung des Vergleichs nach § 184 KO und nicht erst mit deren Rechtskraft anfällt (vgl. *BFH* BStBl. II 1981 S. 8, 9; so auch *Hess/Boochs/Weis* Rn. 1018). Dies begründete das Gericht damit, dass bereits zu diesem Zeitpunkt eine Bindung der Gläubiger eintrat, weil der Bestätigungsbeschluss nur unter engen Voraussetzungen erfolgreich angefochten werden konnte. Wirtschaftlich konnte der Schuldner also schon jetzt über die Wirkungen des Vergleichs verfügen. Im Hinblick auf die Unterschiede zwischen Zwangsvergleich und Insolvenzplan ist kein zwingender Grund ersichtlich gewesen, weshalb die Finanzgerichte nach dem ESUG hiervon abweichen sollten. Die Finanzverwaltung jedenfalls hielt sich bis auf weiteres an die frühere Rspr. Insofern durfte man sich keine großen Hoffnungen machen, dass sich die für Schuldner und Planarchitekt günstige Auffassung durchsetzen werde, wonach der Zeitpunkt der steuerlichen Gewinnrealisierung gegenüber der zivilrechtlichen Wirksamkeit nicht vorzuverlegen, sondern vielmehr nach hinten auf den Zeitpunkt der Erfüllung des Plans zu verschieben sei (*Graf/Wunsch* ZIP 2001, 1029 [1039]). 122

Der Auffassung des *Finanzgerichts Hessen* (EFG 1958, 366), dass der Sanierungsgewinn erst mit Zahlung der letzten Rate realisiert ist, konnte nicht gefolgt werden (so auch *Blümich/Wehmeyer* § 3 Nr. 66 Rn. 259; *Kanzler* in: Herrmann/Heuer/Raupach, § 3 Nr. 66 Rn. 260; *Maus* NZI 2000, 451). Bei Durchführung eines Insolvenzplanverfahrens entsteht ein Sanierungsgewinn demnach mit der Planbestätigung durch das Gericht gem. § 248 InsO und nicht erst mit der Planerfüllung (a.A. *Georg* ZInsO 2000, 93 [95]; so auch *Maus* ZIP 2002, 589 [592]). 123

Der breiten Kritik an der Steuerpflichtigkeit von Sanierungsgewinnen wurde mit Schreiben des BMF v. 27.03.2003, in welchem zur ertragsteuerlichen Behandlung von Sanierungsgewinnen Stellung genommen wurde, Rechnung getragen. Es wurde erkannt, dass die Besteuerung von Sanierungsgewinnen nicht geeignet ist, die Rettung krisengeschüttelter Unternehmen zu fördern; im Sanierungsfall kann daher die entstandene Steuerforderung auf Antrag gestundet (§ 222 AO) und später aus Billigkeitsgründen ganz erlassen (§ 227 AO) werden. Dies wurde jedoch an die Voraussetzung geknüpft, dass vorher sämtliche Verluste bzw. negativen Einkünfte vorrangig mit dem Sanierungsgewinn verrechnet worden sind. Bezug nehmend zum Schreiben des BMF vom 27.03.2003 wird mit Schreiben des BMF vom 22.12.2009 (IV C 6 – S 2140/07/10001) zur ertragsteuerlichen Behandlung von Gewinnen aus einem Planinsolvenzverfahren (§§ 217 ff. InsO), aus einer erteilten Restschuldbefreiung (§§ 286 ff. InsO) oder einer Verbraucherinsolvenz (§§ 304 ff. InsO) Stellung genommen. 124

Als Sanierungsgewinn definiert wird dabei die Erhöhung des Betriebsvermögens, die dadurch entsteht, dass Schulden zum Zweck der Sanierung ganz oder teilweise erlassen werden. Schulden werden insbesondere erlassen durch eine vertragliche Vereinbarung zwischen dem Schuldner und dem Gläubiger, durch die der Gläubiger auf eine Forderung verzichtet (Erlassvertrag nach § 397 Abs. 1 125

BGB), oder durch ein Anerkenntnis, dass ein Schuldverhältnis nicht besteht (negatives Schuldanerkenntnis nach § 397 Abs. 2 BGB).

126 Weitere Voraussetzungen für die Annahme eines begünstigten Sanierungsgewinns waren laut Schreiben des BMF vom 27.03.2003
– Sanierungsbedürftigkeit und Sanierungsfähigkeit des Unternehmens,
– die Sanierungseignung des Schuldnererlasses und
– die Sanierungsabsicht der Gläubiger.

127 Die Sanierungsabsicht der Gläubiger wurde dabei dann vermutet, wenn unter ihrer Mitwirkung ein Plan zur Wiederherstellung der Zahlungsfähigkeit des Unternehmens aufgestellt wird. Auch der Forderungsverzicht eines Gläubigers gegen Besserungsschein wurde bei Vorliegen der übrigen Voraussetzungen zu einem begünstigten Sanierungsgewinn. Tritt der Besserungsfall ein, so dass der Schuldner Zahlungen leisten musste, vermehrt sich insoweit der Sanierungsgewinn, obwohl der Abzug dieser Aufwendungen als Betriebsausgaben möglich ist. Auch wenn diese Äußerungen des BMF zum Teil heftig kritisiert wurden (vgl. *Romswinkel/Weßling* ZInsO 2003, 886 ff.), ist die getroffene Regelung aus Sicht der Praxis sowie des zu sanierenden Unternehmens zu begrüßen gewesen (vgl. auch *Maus* ZIP 2002, 589 ff.; *Schmittmann* ZInsO 2003, 505 ff.). Eine praxisnahe Lösung etwaiger Unsicherheiten im Hinblick auf diese Problematik war die Aufnahme der Stellungnahme der Finanzbehörden zur Frage der Behandlung von Sanierungsgewinnen in dem Insolvenzplan selbst – ggf. im Rahmen einer gesondert zu bildenden Gruppe.

128 Mit Urteil vom 12.12.2007 sprach das *FG München* (– 1 K 4487/06) dem BMF-Schreiben vom 27.03.2003 jegliche Rechtswirkung ab. Leider wurde im Revisionsverfahren vor dem BFH nicht über die Hauptsache entschieden. In dem nachfolgenden Schreiben des BMF vom 27.03.2009 (IV C 6 – S 2140/07/10001 – 01, BStBl. I 2010, S. 18) stellte dieses klar, dass die Fälle der Planinsolvenz originär unter den Anwendungsbereich des BMF-Schreibens vom 27.03.2003 fallen.

Bei der im Rahmen der Kostenentscheidung nach § 138 Abs. 1 FGO gebotenen summarischen Prüfung hielt es der *BFH* in seiner Entscheidung vom 28.02.2012 (– VIII R 2/08) für zweifelhaft, ob nach Aufhebung des § 3 Nr. 66 EStG a.F. die Steuerbarkeit eines Gewinns aus der Sanierung einer Arztpraxis durch den Forderungsverzicht von Gläubigern unter Berufung auf das BMF-Schreiben vom 27.03.2003 eine sachlich unbillige Härte i.S.d. §§ 163, 227 AO darstellen konnte, denn der Gesetzgeber habe bislang eine generelle Ersatzregelung für § 3 Nr. 66 EStG a.F. nicht geschaffen, sondern lediglich begrenzt auf Teilbereiche des Steuerrechts (wie der Sanierungsklausel des § 8c Abs. 1a KStG) eine partielle Sanierungsgewinnbegünstigung eingeführt. Mit seiner Entscheidung vom 25.04.2012 (ZInsO 2012, 1578) stellte der *BFH* fest, dass es sich bei dem Sanierungserlass außerdem weder um eine allgemeine Verwaltungsvorschrift der Bundesregierung noch um eine allgemeine Verwaltungsvorschrift einer obersten Landesfinanzbehörde i.S.d. § 184 Abs. 2 AO handelt. Dies hatte zur Folge, dass dem Finanzamt bei der Festsetzung der Realsteuermessbeträge aus dem Sanierungserlass grds. keine Zuständigkeit zur abweichenden Festsetzung aus sachlichen Billigkeitsgründen nach § 163 Satz 1 AO zukommt. Hierfür sind allein die Gemeinden zuständig (*Thurow* BC 2012, 387).

129 Das Hauptproblem in der Insolvenzpraxis im Zusammenhang mit der Behandlung von Sanierungsgewinnen stellte neben der Entwicklung der Rechtslage das uneinheitliche Verhalten der einzelnen Finanzbehörden dar, so dass zum Erreichen des gewünschten Ergebnisses meist viel Überzeugungsarbeit erforderlich war. Um bösen Überraschungen vorzubeugen, ist es oftmals empfehlenswert gewesen, die geforderte Erklärung der Finanzbehörde als Planbedingung aufzunehmen (vgl. *Nawroth/Wohlleber* ZInsO 2013, 1022 [1024]).

130 Der *BFH* hat nun mit Beschluss des Großen Senates vom 28.11.2016 (– GrS 1/15) entschieden, dass das Schreiben des BMF vom 27.03.2003 (BStBl I S. 240) sowie vom 22.12.2009 (BStBl I 2010, S. 18) gegen den Grundsatz der Gesetzmäßigkeit der Verwaltung verstoße und wendet sich somit gegen die Praxis, dass Sanierungsgewinne pauschal von der Ertragsteuer befreit werden können. Gemäß BMF-Schreiben vom 27.04.2017 sind aus Gründen des Vertrauensschutzes jedoch in Fällen, in

denen der Forderungsverzicht bis einschließlich 08.02.2017 vollzogen wurde, vorgenannte Schreiben weiterhin anzuwenden. Bei Niederlegung des Forderungsverzichts in einem Insolvenzplan gilt für den Vollzug das Datum der Rechtskraft des Beschlusses des Insolvenzgerichts über die Bestätigung des Insolvenzplans. Selbige Ausnahme gilt bei Vorliegen einer verbindlichen Auskunft i.S.v. § 89 Abs. 2 AO oder Zusage i.S.v. §§ 204 ff. AO, sofern der Forderungsverzicht ganz oder im Wesentlichen vollzogen wurde oder im Einzelfall andere Vertrauensschutzgründe einschlägig sind. Eine Rücknahme nach § 130 Abs. 2 Nr. 4 AO unterbleibt auch dann, wenn eine derartige Auskunft oder Zusage nach dem 08.02.2017 abgegeben und der Forderungsverzicht bis zur Entscheidung über die Rücknahme bereits vollzogen wurde.

Als Reaktion auf die BFH-Rechtsprechung hat der Bundestag am 27.04.2017 das »Gesetz gegen schädliche Steuerpraktiken im Zusammenhang mit Rechteüberlassungen« verabschiedet. Dieses sieht unter anderem die gesetzliche Normierung einer Steuerbefreiung von Sanierungserträgen im EStG, KStG und GewStG unter Verhinderung von Doppelbegünstigungen (§ 3a EStG-E) vor. Insbesondere die unternehmensbezogene Sanierung und die Restschuldbefreiung werden steuerlich privilegiert (§ 3a Abs. 5 EStG-E). Die Zustimmung des Bundesrates steht zum jetzigen Zeitpunkt noch aus. Zudem bedarf das Gesetz für sein Inkrafttreten noch eines zustimmenden Beschluss der Europäischen Kommission dahingehend, dass es sich hierbei nicht um staatliche Beihilfen handelt. Sobald diese Anforderungen erfüllt sind, soll es auf alle Sanierungsgewinne seit dem 08.02.2017 angewendet werden. 131

Als etwas kritisch könnte man die Tatsache betrachten, dass in § 3a Abs. 2 EStG-E eine Beschränkung auf betriebliche Gründe und die Sanierungsabsicht von Gläubigern vorgesehen ist.

X. Insolvenzplan und Eigenverwaltung

Seit 2002 werden die Insolvenzgerichte häufig mit Anträgen auf Eigenverwaltung im Hinblick auf einen vermeintlich beabsichtigten Insolvenzplan konfrontiert. Dies soll sich nach dem Willen des Gesetzgebers noch deutlich verstärken. Ein Schwerpunkt des Gesetzes zur weiteren Erleichterung der Sanierung von Unternehmen (ESUG) vom 07.12.2011 ist die Stärkung der Eigenverwaltung. Hierbei soll als weiterer Anreiz zur frühzeitigen Sanierung nunmehr die Möglichkeit bestehen, bei drohender Zahlungsunfähigkeit oder Überschuldung unter der Sicherheit eines Schutzschirms in Eigenverwaltung einen Sanierungsplan zu erarbeiten. Mit der Einführung des Rechtsinstituts der Eigenverwaltung unter der Aufsicht eines gerichtlich bestellten Sachwalters durch die 1999 in Kraft getretene Insolvenzordnung ging der Gesetzgeber neue, dem bisherigen Konkursrecht nicht bekannte Wege. Es kommt nicht zum Übergang des Verfügungsrechts auf einen staatlich bestellten Insolvenzverwalter, sondern der Schuldner kann das »Heft des Handelns« grds. selbst in der Hand halten. Dieses Modell orientiert sich an dem früheren Vergleichsverfahren nach der Vergleichsordnung und findet ein Vorbild im US-amerikanischen Insolvenzrecht beim »Debtor in possession«, wonach die organschaftlichen Vertreter des Schuldners solange die Kontrolle über das Unternehmen behalten, bis ein Grund vorliegt, sie abzuberufen (11 USC § 1101, 11 USC § 1107; vgl. *Weintraub/Resnick* p. 8–85). 132

Im Gegensatz zum Reorganisationsverfahren des Chapter 11 des US-amerikanischen Bankruptcy Code, der vom Gedanken eines »fresh start«, also dem unbelasteten Wiedereintritt in das Wirtschaftsleben, beherrscht wird (vgl. *Baird* pp. 24; *Smid* WM 1998, 2489 [2491]), bleibt nach der deutschen Insolvenzordnung gem. § 1 InsO auch bei Anordnung der Eigenverwaltung durch das Insolvenzgericht die gemeinschaftliche Befriedigung aller Gläubiger das vorrangige Ziel des Insolvenzverfahrens. Dementsprechend ist im Gegensatz zum US-amerikanischen Recht durch das Insolvenzgericht ein Sachwalter zu bestellen, dessen Aufgaben denjenigen des Vergleichsverwalters nach der Vergleichsordnung ähneln. Im Gegensatz zur Kontrolle des **Debtor in possession**, die grds. vor allem durch Gläubigerausschüsse (sog. »creditors committees«) erfolgt, obliegt dem Sachwalter die Pflicht zur Prüfung der wirtschaftlichen Verhältnisse des Schuldners und zur Überwachung seiner Geschäftsführung gem. § 274 Abs. 2 InsO mit entsprechenden Pflichten, wie sie auch für den Vergleichsverwalter gem. § 39 VerglO bestanden. Darüber hinaus sieht die Insolvenzordnung für die 133

Eigenverwaltung in den §§ 275, 277 InsO abgestufte Mitwirkungs- und Zustimmungserfordernisse des Sachwalters im Rahmen der Eingehung von Neuverbindlichkeiten durch den Schuldner vor, die die Aushöhlung der Masse verhindern sollen, währenddessen Verwaltungs- und Verfügungsbefugnisse des Schuldners im Rahmen eines Chapter 11 BC Verfahrens nur in Ausnahmefällen durch die Bestellung eines »Examiner« oder eines »Trustee« beschränkt werden.

134 Die Eigenverwaltung kommt nur für kaufmännisch tätige Schuldner in Betracht und findet nach § 270 Abs. 1 Satz 3 InsO (mit Wirkung zum 01.07.2014 eingefügt durch das Gesetz zur Verkürzung des Restschuldbefreiungsverfahrens und zur Stärkung der Gläubigerrechte vom 15.07.2013, vormals geregelt in § 312 Abs. 2 InsO) bei dem durch den Rechtsausschuss in das Gesetz eingeführte Verbraucherinsolvenzverfahren keine Anwendung. Nach der ursprünglichen Intention des Gesetzgebers sollte das Verfahren gerade der Abwicklung kleiner Geschäftsbetriebe, z.B. freiberuflicher Praxen, im Rahmen von Verbraucherinsolvenzverfahren dienen (allg. Begr. RegE BT-Drucks. 12/2443, S. 10, abgedruckt in: *Kübler/Prütting* RWS-Dok. 18, Bd. I, S. 127). *Pape* folgert daraus, es seien nur wenige Fälle denkbar, in denen die Anordnung der Eigenverwaltung wegen der gerade bei Unternehmensinsolvenzen bestehenden Bedenken gegen dieses Rechtsinstitut überhaupt in Betracht komme (*Kübler/Prütting/Bork-Pape* § 270 Rn. 3). Die Praxis vor ESUG zeigte jedoch, dass Eigenverwaltung insbesondere bei Großinsolvenzen angeordnet wurde.

XI. Insolvenzplan und Vergütung des Insolvenzverwalters

135 Lange Zeit war unklar, ob Vergütungsabsprachen im Insolvenzplan zulässig und möglich sind. Nicht abschließend geklärt war insbesondere, ob im Insolvenzplan auch die Vergütung des Insolvenzverwalters geregelt werden kann. Das *LG München I* hat mit Beschluss vom 02.08.2013 (– 14 T 16050/13, ZIP 2013, 2273) entschieden, dass eine Regelung über die Insolvenzverwaltervergütung im Insolvenzplan zulässig ist und das Gericht an die darin vereinbarte Höhe bindet. Zulässig sei auch, die Vergütung im Insolvenzplan durch eine Bedingung festzuschreiben. Das Gericht werde hierdurch seiner Festsetzungsbefugnis gem. § 64 InsO nicht enthoben, da die Festsetzung weiterhin durch das Gericht per Beschluss erfolge. Es handle sich nur um eine formale Festsetzungsbefugnis i.S.d. § 286 Abs. 6 ZPO, die der ZPO und über § 4 InsO auch dem Insolvenzverfahren nicht fremd sei (a.A. *Madaus/Heßel* ZIP 2013, 2088 [2089], wonach Vergütungsfragen weder plandispositiv sind, noch Planbeteiligte betreffen; a.A. auch *LG Mainz* EWiR 2016, 183, das hierdurch den Amtsermittlungsgrundsatz und die Festsetzungskompetenz des Insolvenzgerichts verletzt sieht). Weiter spräche die durch das Gesetz zur weiteren Erleichterung der Sanierung von Unternehmen (ESUG) vom 07.12.2011 weiter gestärkte Gläubigerautonomie ebenfalls für die Zulässigkeit einer Vergütungsregelung (s. auch *Graeber* ZIP 2013, 916). Das *AG Hannover* hat mit Beschluss vom 06.11.2015 (ZIP 2015, 2385) ebenfalls entschieden, dass im Insolvenzplan durch die Gläubiger eine für das Insolvenzgericht bindende Regelung der Insolvenzverwaltervergütung getroffen werden kann – zumindest dann, wenn der Plan vom Insolvenzverwalter eingereicht wird. Dies sei notwendig, um Unwägbarkeiten so weit wie möglich zu beseitigen und einen vollstreckungsfähigen Planinhalt zu erhalten. Mit einer entsprechenden Begründungspflicht bezüglich der Höhe der Vergütung und einer entsprechenden Prüfungskompetenz des Gerichts, stehe der Schutz der Unabhängigkeit des Verwalters dem auch nicht entgegen (zust. *Bähr* EWiR 2016, 85; s.a. *Hingerl* ZIP 2015, 159). Zu einem anderen Ergebnis kommt das *LG Mainz* (ZIP 2016, 587): Nach Ansicht des Gerichts ist es unzulässig, die Insolvenzverwaltervergütung durch eine Bedingung im Insolvenzplan festzuschreiben. Im konkreten Fall wurde als Bedingung für die gerichtliche Bestätigung im Insolvenzplan aufgenommen, dass die Verwaltervergütung wie beantragt auch festgesetzt wird und zudem wurde ein Rechtsmittelverzicht gegen den Vergütungsfestsetzungsbeschluss vorgesehen. Diese Bedingung ist nach dem LG Mainz nach § 249 InsO unzulässig. Die Bestimmung der Vergütung stehe den Planbeteiligten nicht zur Disposition und die Gewährung einer entsprechenden Befugnis stelle einen Eingriff in die Festsetzungskompetenz und den Amtsermittlungsgrundsatz des Insolvenzgerichts dar.

Dem *BGH* wurde die oben dargestellte Entscheidung des LG Mainz vorgelegt. Im Rahmen seines Beschlusses vom 16.2.2017 (– IX ZB 103/15, ZIP 2017, 482) hat er das Urteil des LG Mainz bestätigt und klargestellt, dass Vereinbarungen über die Vergütung des Insolvenzverwalters nicht Inhalt eines Insolvenzplans sein können sowie dass die Bestätigung eines Insolvenzplans nicht von der Bedingung abhängig gemacht werden kann, dass das Insolvenzgericht die Vergütung des Insolvenzverwalters vor der Bestätigung des Insolvenzplans festsetzt. Nach dem BGH können zulässiger Inhalt eines Insolvenzplans nur Regelungen über plandispositive Gegenstände sein. Ein Abweichen von planfesten Vorschriften darf nicht erfolgen, es sei denn, dass Sondervorschriften bestehen, die eine Abweichung ausdrücklich zulassen. In Bezug auf die Aufnahme von Regelungen zur Vergütung des Insolvenzverwalters liegen keine derartigen Sondervorschriften vor. Insbesondere stellt § 217 Satz 1 InsO keine solche Regelung dar. Da gesetzliche Vorschriften nicht der Disposition der Gläubiger unterliegen und die Vorschriften über den Insolvenzplan keine von den gesetzlichen Vorschriften abweichende Regelung ermöglichen, führt eine trotzdem in einen Insolvenzplan aufgenommene Bestimmung dazu, dass der Insolvenzplan gegen die Vorschriften über den Inhalt des Insolvenzplans verstößt. Auch fehle es an einer gesetzlichen Grundlage. Die Regelungen über Vergütungen sind grds. zwingendes Recht und der Gesetzgeber hat hierfür ein besonderes Verfahren vorgesehen. Nach §§ 64, 65 InsO, §§ 1 ff. InsVV (s. hier die Kommentierung von *Lorenz* zur InsVV) hat das Insolvenzgericht die Aufgabe, die Vergütung festzusetzen. Auch spreche die durch das ESUG gestärkte Gläubigerautonomie nicht für die Zulässigkeit von Vergütungsabsprachen im Insolvenzplan, denn diese besteht nur in dem Rahmen, den das Gesetz zugesteht (*Schöttler* NZI 2014, 852). Sie kann daher nicht dafür herangezogen werden, vom Gesetz abweichende und nicht vorgesehene Plangestaltungen zu legitimieren. 136

Ein entscheidendes Argument gegen die Zulässigkeit von Vergütungsabsprachen im Insolvenzplan ist die Unabhängigkeit des Verwalters. § 56 Abs. 1 Satz 1 InsO bestimmt ausdrücklich, dass der Verwalter unabhängig zu sein hat. Die Bestimmungen über die Höhe und Festsetzung der Vergütung sollen die Unabhängigkeit des Insolvenzverwalters gegenüber den Verfahrensbeteiligten sichern. Gerade in einem Insolvenzplanverfahren müssen deshalb vom Insolvenzverwalter bis zur endgültigen Entscheidung über die Annahme und Bestätigung des Insolvenzplans und damit bis zur Aufhebung des Insolvenzverfahrens alle auch nur möglichen Gefährdungen der Unabhängigkeit ferngehalten werden. 137

Um die Problematik der Planbarkeit für die Gläubiger zu minimieren, schlägt der BGH vor, dass der Insolvenzverwalter allen am Insolvenzplan Beteiligten gegenüber eine Erklärung i.S.d. § 230 Abs. 3 InsO abgeben kann, wonach er sich verpflichtet, keine einen bestimmten Betrag übersteigende Vergütung zu beantragen. Damit bleibt die freie Entscheidungsgewalt des Insolvenzverwalters erhalten die von ihm als angemessen erachtete Vergütung zu beantragen und gleichzeitig werden die Interessen der Beteiligten vor überhöhten Vergütungsansätzen geschützt. Eine solche Erklärung des Insolvenzverwalters würde auch nicht seine Unabhängigkeit oder die Festsetzungsbefugnis des Gerichts einschränken, denn eine höhere Vergütung als vom Insolvenzverwalter beantragt, darf das Gericht nicht zusprechen (*BGH* Beschl. v. 12.01.2016, ZInsO 2006, 259; Beschl. v. 28.09.2006 ZInsO 2006, 1162; MüKo-InsO/*Riedel* 3. Aufl., § 64 Rn. 4). Mit einer solchen Erklärung könnte sichergestellt werden, dass die Vergütung des Insolvenzverwalters durch einen Insolvenzplan gegenüber den berechtigten Ansprüchen des Insolvenzverwalters weder unzulässig verkürzt noch unangemessen oder für die Planbeteiligten überraschend überhöht wird. Allerdings bleibt abzuwarten, ob durch diesen Vorschlag des BGH die Frage der Planbarkeit wirklich gelöst wurde, oder ob nicht vielmehr die Problematik der Unabhängigkeit des Insolvenzverwalters nur an eine andere Stelle geschoben wurde (vgl. *Blankenburg* ZInsO 2017, 531). 138

§ 218 Vorlage des Insolvenzplans

(1) ¹Zur Vorlage eines Insolvenzplans an das Insolvenzgericht sind der Insolvenzverwalter und der Schuldner berechtigt. ²Die Vorlage durch den Schuldner kann mit dem Antrag auf Eröffnung des Insolvenzverfahrens verbunden werden. ³Ein Plan, der erst nach dem Schlusstermin beim Gericht eingeht, wird nicht berücksichtigt.

(2) Hat die Gläubigerversammlung den Verwalter beauftragt, einen Insolvenzplan auszuarbeiten, so hat der Verwalter den Plan binnen angemessener Frist dem Gericht vorzulegen.

(3) Bei der Aufstellung des Plans durch den Verwalter wirken der Gläubigerausschuss, wenn ein solcher bestellt ist, der Betriebsrat, der Sprecherausschuss der leitenden Angestellten und der Schuldner beratend mit.

Übersicht

	Rdn.
A. Allgemeines	1
B. Planvorlage durch den Schuldner	6
I. Initiativrecht	6
II. Planvorlagezeitpunkt	12
III. Bedeutung	15
IV. Mitwirkungspflichten	21
V. Kostenersatz	22
C. Planvorlage durch den Insolvenzverwalter	27
I. Derivatives Planinitiativrecht	27
II. Originäres Planinitiativrecht	33
1. Originäres Planinitiativrecht bis zum Berichtstermin	34
2. Übereinstimmung zwischen originärem und derivativem Plan	37
3. Kollision zwischen originärem und derivativem Planinitiativrecht	38
a) Problemstellung	38
b) Lösungsansatz	39
c) Missbrauch	45
aa) Problemstellung	45
bb) Lösungsansatz	47
d) Ergebnis	48
III. Beratende Mitwirkung	50
D. Fristen	53

Literatur:
Eidenmüller Der Insolvenzplan als Vertrag, in Schenk/Schmidtchen/Streit, Jahrbuch für neue politische Ökonomie, Band 15, 1996, S. 164–192; *Funke* Der Insolvenzplan des Entwurfs der Insolvenzordnung im Lichte der Erfahrungen mit dem amerikanischen Reorganisations- und Schuldenregulierungsrecht, in FS für Helmrich, 1994, S. 636; *Hänel* Gläubigerautonomie und Insolvenzplanverfahren 2000, S. 127; *Hax* Die ökonomischen Aspekte der neuen Insolvenzordnung, in Kübler, Neuordnung des Insolvenzrechts, 1989; *Hölzle* Insolvenzplan auf Initiative des vorläufigen Sachwalters im Schutzschirmverfahren, ZIP 2012, 855.

A. Allgemeines

1 Die Frage, wem das Recht zur Planvorlage zustehen sollte, war bis zur endgültigen Verabschiedung der InsO heftig umstritten. Das nunmehr auf Insolvenzverwalter und Schuldner beschränkte Planinitiativrecht war im RegE weiter gefasst, da man davon ausging, dass konkurrierende Pläne einen Wettbewerb um die beste Art der Masseverwertung auslösen und damit das Insolvenzverfahren zu einem »Entdeckungsverfahren« machen könnten (BT-Drucks. 12/2443 S. 92). Man hoffte, durch konkurrierende Insolvenzpläne bessere wirtschaftliche Ergebnisse und somit mehr Effektivität erzielen zu können. Gleichsam in natürlicher Auslese sollte sich derjenige Plan mit den besten Verwertungsoptionen durchsetzen. Aus diesem Grunde sollten wirtschaftlich relevante Minderheiten sogar dann berechtigt sein, einen gesonderten Plan vorzulegen, wenn die Mehrheit in der Gläubigerversammlung den Verwalter bereits mit der Ausarbeitung eines Planes beauftragt oder selbige einen Plan abgelehnt hatte. Einer Verfahrensverschleppung wollte der RegE dadurch begegnen, dass nicht jeder einzelne Beteiligte, sondern nur starke Minderheiten der Gläubiger zur Vorlage berechtigt sein sollten (BT-Drucks. 12/2443 S. 49 ff.). Weiterhin sah man in der Notwendigkeit einer mehrheitlichen Gläubigerzustimmung im Abstimmungstermin sowie in der gerichtlichen Zurückweisung offensichtlich aussichtsloser Pläne ausreichende Regulative, um ungewollte Planspiele kontrollieren zu können. Wurde in der Literatur ein weit gefasstes Planinitiativrecht überwiegend befürwortet (vgl. *Drukarczyk* DBW 1992, 174; *Hax* in: Kübler, S. 30 f.), so waren die Insolvenzpraktiker strikt dage-

gen, da sie ein weites Planinitiativrecht als Einladung zu praxisfremder Insolvenzplanspielerei betrachteten.

Das ursprünglich in dieser weiteren Fassung geplante Planinitiativrecht ist dem US-amerikanischen Bankruptcy Code (nachfolgend BC) entlehnt. Gem. § 1121 (a), (b) BC hat der Schuldner für einen Zeitraum von 120 Tagen ab Antragstellung ein ausschließliches Planvorlagerecht, um frei von Gläubigereinflüssen oder Konkurrenzplänen die Reorganisation seines Unternehmens vorbereiten zu können. Gelingt es dem Schuldner innerhalb eines weiteren Zeitraums von 60 Tagen nach Einreichung seines Plans, die Zustimmung seiner Gläubiger gem. § 1121 (c) (3) BC zum Planvorschlag zu erlangen, hat sich die Frage der Planinitiativrechte Dritter erledigt. Gem. § 1121 (d) BC kann, wird ein entsprechender Antrag innerhalb der 180-Tage-Frist gestellt, diese Frist durch richterliche Anordnung erneut verlängert werden. In der amerikanischen Insolvenzpraxis wird von dieser Möglichkeit extensiv Gebrauch gemacht, um Schuldnern Zeit zu geben, in Verhandlungen mit ihren Gläubigern Mehrheiten für eine Sanierung des Unternehmens zu finden, so dass oft mehr als ein Jahr vergeht, bis den Gläubigern die abschließenden Vorschläge des Schuldners vorgelegt werden.

Erst wenn das exklusive Planvorlagerecht des Schuldners abgelaufen ist, haben in den USA die »parties in interest« – dann aber alle – gem. § 1121 (c) BC das Recht zur Planvorlage.

Ohne in Details eingehen zu wollen, sei angemerkt, dass die amerikanische Reorganisationspraxis auf einem grds. anders gelagerten Rechtsverständnis der Insolvenz beruht, da der Schuldnerschutzgedanke das prägende Motiv des amerikanischen Insolvenzrechts darstellt.

Weiterhin sind im amerikanischen Recht Unternehmen – bedingt durch exorbitant hohe Schadensersatzsummen im Falle von Produkthaftungs- oder Patentverletzungsprozessen – höheren Insolvenzrisiken ausgesetzt. Beispielhaft sei der Texaco-Konkurs im Jahre 1988 erwähnt, in welchem ein Urteil die Insolvenz des Texaco Erdölkonzerns bewirkte, so dass dieser vor dem Southern District of New York das Chapter 11 Reorganisationsverfahren durchlaufen musste (*Buchbinder* § 24.1, S. 435). Das Reorganisationsverfahren nach Chapter 11 BC bietet für Unternehmen die Möglichkeit durchzuatmen, um sich ohne Druck der Gläubiger reorganisieren zu können (*Jackson* S. 3). Da der Schuldner im Regelfall als »debtor in possession«, d.h. in Eigenverwaltung, weitgehend wie vor der Insolvenz am Wirtschaftsleben teilnimmt, ist in einem amerikanischen Insolvenzfall Zeitdruck kein ausschlaggebender Faktor.

Anders verhält es sich jedoch im deutschen Recht, da gem. § 55 Abs. 2 InsO bereits sämtliche Verbindlichkeiten, die von einem vorläufigen Insolvenzverwalter mit Verwaltungs- und Verfügungsbefugnis begründet worden sind, nach Verfahrenseröffnung als Masseverbindlichkeiten gelten und deshalb sowohl enorme Haftungsrisiken für die Insolvenzverwalter als auch Belastungen für die Masse auslösen. Die Gläubigerinteressen finden im deutschen Insolvenzrecht in weitaus größerem Umfang Berücksichtigung als im amerikanischen Recht. Wenngleich die Begrenzung des Planinitiativrechts in der Literatur teilweise weiterhin bedauert wurde (vgl. *Eidenmüller* in Schenk/Schmidtchen/Streit, Jahrbuch für neue politische Ökonomie, S. 174), ist dies aus Sicht der Insolvenzpraxis zu begrüßen, da sie der Straffung der Entscheidungsfindung dient und der Erfolg des Planverfahrens nicht zuletzt von der zeitlichen Dauer der Entscheidungsfindung abhängt. Die Vorlage des Insolvenzplans als solche hat keine Auswirkungen auf den sonstigen Verlauf des Insolvenzverfahrens, beispielsweise auf die Feststellung der Forderungen, die Verwaltung und Verwertung der Insolvenzmasse und die Verteilung (HK-InsO/*Haas* § 218 Rn. 19).

B. Planvorlage durch den Schuldner

I. Initiativrecht

Das Recht des Schuldners, einen Lösungsvorschlag zur Bewältigung der Insolvenz vorzulegen, ist nicht neu. Auch nach überkommenem Recht stand es dem Schuldner frei, mit seinen Gläubigern eine Lösung im Wege eines Vergleichs nach der VglO oder eines Zwangsvergleichs gem. KO bzw. GesO zu suchen. Der Grund für den in der Praxis unzureichenden Erfolg eines außergerichtlichen

§ 218 InsO Vorlage des Insolvenzplans

Sanierungsvergleichs ist in dessen fehlender Mehrheitsbindung zu sehen. Ein außergerichtlicher Sanierungsvergleich ist ein Vertrag i.S.d. BGB und bindet ausschließlich die daran Beteiligten (*BGH* BGHZ 116, 319 = NJW 1992, 967 = ZIP 1992, 191). Da eine Bindungswirkung eben nur für diejenigen Gläubiger eintritt, die ihn geschlossen haben, waren fast immer Akkordstörer anzutreffen, die ihre Ansprüche gegen den Schuldner auch dann isoliert durchsetzen wollten, wenn eine ganz überwiegende Mehrheit der Gläubiger einem außergerichtlichen Vergleich die Zustimmung erteilt hätte und der außergerichtliche Vergleich für alle Parteien sinnvoll gewesen wäre.

7 Widersprechende Gläubiger handelten insoweit nicht rechtsmissbräuchlich und konnten eine außergerichtliche Lösung zu Fall bringen (vgl. *Kilger/Karsten Schmidt* KO, § 173 Rn. 5). Waren die einer Insolvenz oftmals vorausgehenden Bemühungen um eine außergerichtliche vergleichsweise Einigung erst gescheitert, wurden kaum mehr ein Vergleich oder Zwangsvergleich realisiert. Das Vergleichsverfahren nach der VglO war dabei zur Bedeutungslosigkeit herabgesunken, da seit 1983 in weniger als 1% der Insolvenzen ein gerichtlicher Vergleich bestätigt worden war. Lediglich 8% der eröffneten Konkursverfahren endeten Ende der 80er Jahre mit einem bestätigten Zwangsvergleich (Referentenentwurf Gesetz zur Reform des Insolvenzrechts, *Bundesministerium der Justiz (Hrsg.)*, 1989, A1).

8 Das Initiativrecht des Schuldners muss nicht zwingend Einfluss auf die Entscheidungen der Gläubigerversammlung haben. Die Gläubigerversammlung kann einen schuldnerischen Plan jederzeit zu Fall bringen, wenn sie auf der Grundlage des Berichts des Verwalters beschließt, das Unternehmen zu zerschlagen.

9 Vor Inkrafttreten der InsO musste sich der Geschäftsführer zwischen Konkurs- und Vergleichsantrag entscheiden. Diese Entscheidung ist infolge des einheitlichen Insolvenzverfahrens nicht mehr erforderlich, da nur noch die Verpflichtung besteht, beim Vorliegen der entsprechenden Voraussetzungen Insolvenzantrag zu stellen.

10 Neben die Insolvenzantragspflicht tritt nach einer Auffassung in der Literatur die weitere Pflicht zur Vorlage des Plans, denn dem Geschäftsführer obliege im Einklang mit der alten Rechtslage die in der Sache selbst noch identische Entscheidung darüber, wann in der konkreten Unternehmenskrise von welchen insolvenzrechtlichen Instituten Gebrauch zu machen ist, um die zur Abwendung einer Zerschlagung optimalen Sanierungschancen zu sichern. Somit wird konsequent vertreten, dass ein Unterlassen der Einreichung eines Insolvenzplans durch einen Schuldnervertreter eine Verletzung seiner aus § 43 Abs. 1 GmbHG folgenden Sanierungspflicht darstellen kann (*Schluck-Amend/Walker* GmbHR 2001, 375 [380]). Nach dieser Auffassung darf sich der Geschäftsführer nicht auf die Stellung eines Insolvenzantrags beschränken, da ansonsten eine Sanierungschance ungenutzt bliebe (*Schluck-Amend/Walker* GmbHR 2001, 375 [380]). Denn durch die frühzeitige Einreichung des Planvorschlags erhält die organschaftliche Vertretung des schuldnerischen Unternehmens die Möglichkeit, auf das Verfahren durch eigene Gestaltungsvorschläge Einfluss zu nehmen. Optimale Sanierungschancen soll der Geschäftsführer/Vorstand also nur realisieren können, wenn er sofort mit Insolvenzantragsstellung einen »prepackaged-plan« vorlegt.

11 Aus der Befugnis des Schuldners einen Insolvenzplan vorzulegen, folgt jedoch nicht das Recht, weitergehende Maßnahmen zu treffen und insbesondere nicht solche, die aufgrund der Eröffnung des Insolvenzverfahrens in die Zuständigkeit des Insolvenzverwalters übergehen (*OLG Stuttgart* 27.12.2016 ZIP 2017, 142).

II. Planvorlagezeitpunkt

12 Nach § 218 Abs. 1 Satz 2 InsO ist es dem Schuldner gestattet, mit dem Antrag auf Eröffnung des Insolvenzverfahrens seinen Insolvenzplan vorzulegen. Gleiches würde – falls der Schuldner rechtzeitig vom Antrag Kenntnis erlangt bzw. mit einem Fremdantrag bereits gerechnet hat – im Falle eines Fremdantrags gelten.

Nimmt der Schuldner sein Planinitiativrecht derart in Anspruch, dass er im Berichtstermin den Gläubigern seinen Plan unangekündigt präsentiert, wird das Insolvenzgericht u.U. die Vertagung des Berichtstermins durch Beschluss anordnen müssen, um dem Verwalter und den Gläubigern Gelegenheit einzuräumen, sich vor der Entscheidung über den Fortgang des Verfahrens mit dem schuldnerischen Insolvenzplan auseinanderzusetzen. 13

Ein Plan, der erst nach dem Schlusstermin beim Gericht eingeht, wird nicht berücksichtigt (§ 218 Abs. 1 Satz 3 InsO). Eine Ausnahme liegt jedoch vor, wenn die Schuldnerin eine Genossenschaft ist, da sich gem. § 116 Nr. 1 GenG ein abweichender Zeitpunkt ergeben kann (vgl. auch weiterführend *Terbrack* ZInsO 2001, 1027 ff.). 14

III. Bedeutung

Wenngleich der Insolvenzverwalter im Regelfall bereits mit Prüfung der Sanierungsaussichten gem. § 22 Abs. 1 Nr. 3 InsO konkrete Vorstellungen entwickeln wird, ob – und wenn ja, wie – ein Insolvenzplan in Betracht kommt, hat der Schuldner durch sein vorgezogenes Planinitiativrecht einen nicht zu unterschätzenden Einfluss auf die spätere Verfahrensabwicklung (so zu Recht *Uhlenbruck* GmbHR 1995, 209). Dies ist vom Gesetzgeber auch so gewollt. Das Planinitiativrecht des Schuldners beinhaltet, zumindest dem Grunde nach, eine große Sanierungschance für Not leidende Unternehmen, da der Schuldner einen Eigeninsolvenzantrag schon bei drohender Zahlungsunfähigkeit stellen kann, um den Schutz des Insolvenzrechts zu erlangen (KS-InsO/*Maus* 1997, S. 714, Rn. 23–25). 15

Die Furcht der Schuldner vor dem Insolvenzgericht und dem Insolvenzverfahren ist allerdings auch weiterhin groß. Hinzu kommt, dass die Verwaltungsgesetze die Rückforderung von gewährten Subventionen an insolvenzrechtlich relevante Vorgänge knüpfen, was die Bereitschaft zu frühzeitigen Eigenanträgen auch nach dem ESUG nicht fördert. 16

Im Kontext des Planinitiativrechts ging der Gesetzgeber davon aus, dass der neue Insolvenzgrund gem. § 18 InsO in Form der drohenden Zahlungsunfähigkeit einen positiven Einfluss auf den Zeitpunkt der Insolvenzantragstellung nehmen würde. Der Gesetzgeber erhoffte sich hierdurch eine vermehrte Nutzung des Planverfahrens als Sanierungsinstrument, da dieser Insolvenzantrag nicht den Gläubigern, sondern nur dem Schuldner vorbehalten ist (*Nerlich/Römermann-Braun* InsO, vor § 217 Rn. 34–48). Der Insolvenzantrag gem. § 18 InsO sollte zum einen durch eine zeitlich früher mögliche Verfahrenseröffnung zur Massesicherung führen. Zum anderen sollte dadurch die Ausgangslage für eine angestrebte Sanierung optimiert werden. Die Gründe, warum ein Großteil der Schuldner dennoch nicht früher Insolvenzantrag stellt, liegen vor allem darin, dass die Einleitung eines Insolvenzverfahrens – trotz der gegenläufigen Ziele der am 01.01.1999 in Kraft getretenen Insolvenzordnung – im Bewusstsein der Betroffenen wie auch der Öffentlichkeit weiterhin eine mit dem Stigma des Versagens und Scheiterns versehene Unternehmensfehlentwicklung darstellt. 17

Ein weiterer Grund liegt darin, dass Kreditinstitute nur selten Interesse daran haben, dass ein Schuldner Insolvenzantrag stellt. Bis zum Eintritt der Insolvenz diktiert sehr häufig die Bank in der Krise das Geschehen; mit der Antragstellung ändert sich die Situation grundlegend, da die formalisierten Mechanismen des Insolvenzverfahrens anlaufen. Die Großgläubiger haben nur noch die in der InsO vorgesehenen Einflussmöglichkeiten (*Huntemann/Dietrich* ZInsO 2001, 13 ff.). Dennoch verdeutlicht es sich, dass der Insolvenzplan nur als **prepackaged-plan**, der dem Gericht bereits zusammen mit dem Eröffnungsantrag vorgelegt wird, realistische Aussicht auf Annahme hat (*Braun/Uhlenbruck* Unternehmensinsolvenz, S. 627 ff.; *Seagon/Wiester* ZInsO 1999, 627 [631]). 18

Vor dem Hintergrund der Tatsache, dass die Vorschriften der InsO im Insolvenzplan lediglich verfahrensrechtlicher Natur sind, die Sanierung eines notleidenden Unternehmens jedoch materielle Sanierungskonzepte voraussetzt, die sich vor allem auf den leistungswirtschaftlichen Bereich der Unternehmung beziehen und in finanzwirtschaftlicher Hinsicht zunächst die Bereitstellung neuer liquider Mittel darzustellen haben und erst in zweiter Linie Forderungsverzicht und -stundungen betreffen, wurde in der Literatur vor zu hohen Erwartungen in den Insolvenzplan gewarnt (vgl. auch 19

Pressemitteilung des Verbands der Vereine Creditreform v. 22.06.1999, NZI 1999, 311; *Seagon/ Wiester* ZInsO 1999, 627 [631]).

20 Siehe zu den neuesten Entwicklungen bezüglich der steuerlichen Privilegierung von Sanierungsgewinnen die Ausführungen in § 217 Rdn. 132 f.

IV. Mitwirkungspflichten

21 Der Schuldner kann den Plan, im Gegensatz zum Verwalter, ohne Mitwirkung anderer Beteiligter oder des Verwalters aufstellen (*Hess/Obermüller* S. 58, Rn. 307). In der Praxis wird ein Schuldnerplan allerdings nur Erfolg haben, wenn er versucht, die in Abs. 3 genannten Gremien bzw. den Verwalter einzubinden, da er auf die Mitwirkung des Verwalters, des Betriebsrats und des Gläubigerausschusses – soweit bestellt – angewiesen sein wird (*Hess/Obermüller* S. 58, Rn. 307).

V. Kostenersatz

22 Der Schuldner hat keinen gesetzlichen Anspruch auf Ersatz solcher Kosten, die ihm durch die anwaltliche und steuerliche Beratung im Hinblick auf den erstellten Insolvenzplan entstanden sind (*BGH* NJW 2008, 659; so auch *Braun* InsO, § 218 Rn. 15). Die dem Verwalter entstehenden Kosten der Planerstellung sind im Rahmen der Vergütung, ggf. durch Ansatz von Erhöhungstatbeständen abzugelten (vgl. auch MüKo-InsO/*Eidenmüller* § 218 Rn. 62). Losgelöst davon ist der Verwalter berechtigt, fachkundige Unterstützung im Rahmen der Planerstellung in Anspruch zu nehmen.

23 Ein Anspruch unter dem Gesichtspunkt der Geschäftsführung ohne Auftrag gem. § 677 BGB ist nicht gegeben, da die Planerstellung nicht die Besorgung eines Geschäfts »für einen anderen« darstellt. Die Vergütungs- und Entschädigungsregelungen für die Mitglieder des Gläubigerausschusses, des Betriebsrats und des Sprecherausschusses bemessen sich nach § 73 InsO, §§ 37, 40 BetrVG und § 14 des Sprecherausschussgesetzes (SprAuG).

24 Im Insolvenzplan kann allerdings geregelt werden, dass dem Schuldner die Kosten der Planerstellung in Gänze oder in einer bestimmten Höhe ersetzt werden, was aber nur dann Bedeutung hat, wenn der Plan angenommen und rechtskräftig wird. Wie beim bisherigen Vergleichsverfahren müssen Inhalts- und Bestandswirkungen unterschieden werden. Der Reformgesetzgeber wollte hinsichtlich der Kosten keine amerikanischen Verhältnisse aufkommen lassen, da die hohen Verfahrenskosten neben der Verfahrensverzögerung eines der zentralen Probleme des amerikanischen Reorganisationsrechts darstellen.

25 Exkursmäßig angefügt sei, dass das Verfahren nach Chapter 11 BC auch deshalb sehr kostenaufwändig ist, weil der Ausschuss der ungesicherten Gläubiger und die vom Gericht ggf. bestellten Gläubigerausschüsse das Recht haben, auf Kosten der Masse jeweils einen oder mehrere Anwälte zu beschäftigen (vgl. *Funke* in: FS für Helmrich, 1994, S. 636).

26 Bestehen realistische und konkrete Aussichten, dass für die Gläubiger im Wege eines Planverfahrens ein besseres Ergebnis als im Wege der Regelinsolvenz erzielt werden kann, hat der vorläufige Insolvenzverwalter/Insolvenzverwalter – falls dem Unternehmen keine Geldmittel zur Verfügung stehen – im Einzelfall zu prüfen, ob er zustimmt, dass die Geschäftsführung einer insolventen Schuldnerin angemessene Kosten für die Erarbeitung eines Schuldnerinsolvenzplan veranlasst. Hierbei ist eine Einzelfallabwägung erforderlich, da es nicht ausgeschlossen ist, dass die Geschäftsführung auch ausweglose Insolvenzpläne erarbeiten lässt, um die Verantwortung für einen gescheiterten Plan öffentlichkeitswirksam den Gläubigern zuzuweisen.

C. Planvorlage durch den Insolvenzverwalter

I. Derivatives Planinitiativrecht

27 *Das derivative Planinitiativrecht* erlaubt, dass der Verwalter gem. § 157 InsO, d.h. im Auftrag der Gläubigerversammlung, welche ihm auch die Ziele des Plans vorgeben kann, einen Plan erstellt

oder erstellen lässt. Die Gläubigerversammlung ist in ihrer Wahl des Planerstellers nicht frei. Hat sie von ihrem Recht, den Verwalter im Berichtstermin abzuwählen, nicht Gebrauch gemacht, ist sie gehalten, die Ausarbeitung des Insolvenzplans diesem zu übertragen. Dieser wiederum ist verpflichtet, dieser Andienung gem. § 218 Abs. 2 InsO innerhalb angemessener Frist nachzukommen, wobei das Gericht gegen Verzögerungen notfalls mit Aufsichtsmaßnahmen gegen den Verwalter einzuschreiten hat (vgl. § 58 Abs. 2, 3, § 59 InsO). Eine Haftung des Insolvenzverwalters nach § 60 InsO kommt in Betracht, etwa wenn er Sanierungschancen durch Untätigkeit verstreichen lässt (HK-InsO/*Haas* § 218 Rn. 13).

Die Gläubigerversammlung entscheidet im Berichtstermin, ob das Insolvenzverfahren auf der Grundlage der gesetzlichen Zwangsverwertung des Schuldnervermögens oder auf der Grundlage eines Plans abgewickelt werden soll. Aus diesem Grunde sieht § 156 InsO im Fall der Unternehmensinsolvenz vor, dass der Insolvenzverwalter den Gläubigern spätestens drei Monate nach der Eröffnung des Insolvenzverfahrens im Berichtstermin die wirtschaftliche Lage des insolventen Unternehmens, die Gründe für die Insolvenz und die Möglichkeiten für deren Überwindung zu erläutern hat. 28

Der Insolvenzverwalter erhält im Rahmen der derivativen Planerstellung »offiziell« den Auftrag zur Ausarbeitung eines Insolvenzplans erst im Berichtstermin von der Gläubigerversammlung (KS-InsO/*Maus* 1997, S. 715, Rn. 27). 29

Die Gläubigerversammlung entscheidet über das weitere Schicksal des Unternehmens; sie kann die sofortige Liquidation beschließen, kann aber auch eine Gesamtveräußerung oder die Sanierung des bisherigen Unternehmensträgers auf der Grundlage eines Insolvenzplans vorbereiten lassen. Die Gläubigerversammlung kann der Planinitiative des Schuldners jederzeit den Boden entziehen, wenn sie auf der Grundlage des Berichts des Verwalters beschließt, das Unternehmen stillzulegen und die gesetzliche Zerschlagungsautomatik in Gang zu setzen. In diesem Falle erledigt sich auch das Planinitiativrecht des Verwalters, da dieser dann zur Verwertung der Insolvenzmasse gem. § 159 InsO verpflichtet ist. 30

Auch in dieser Rechtsmacht der Gläubigerversammlung unterscheidet sich die InsO maßgeblich vom Reorganisationsverfahren des Chapter 11 BC, in welchem die Gläubiger lange Zeit keinerlei Möglichkeit haben, Weichen stellend auf das Verfahren einzuwirken, geschweige denn, einen schuldnerischen Plan zu vereiteln. 31

Eine infolge des ESUG entstandene Frage ist, ob dem im Schutzschirmverfahren nach § 270b InsO eingesetzten vorläufigen Sachwalter ebenfalls ein derivatives Planinitiativrecht zusteht. § 218 Abs. 1 InsO nimmt den vorläufigen Sachwalter von den Planinitiativberechtigten aus. Die Vorschriften über den Sachwalter sehen in § 284 Abs. 1 Satz 1 InsO ein derivatives Planinitiativrecht lediglich für den Sachwalter im bereits eröffneten Insolvenzverfahren vor. In der Literatur ist daher nach Wegen gesucht worden, wie auch dem vorläufigen Sachwalter ein Planinitiativrecht vermittelt werden kann. *Hölzle* schlägt insoweit vor, dass § 284 Abs. 1 Satz 1 InsO im Wege teleologischer Extension durch dynamische Gesetzesinterpretation auch auf den vorläufigen Sachwalter auszudehnen sei (*Hölzle* ZIP 2012, 855 [858]). Der Reformgesetzgeber habe die Notwendigkeit einer Erweiterung der Planinitiativberechtigten übersehen. Außerdem werde die durch das ESUG angestrebte Stärkung der Gläubigerautonomie auch dadurch verwirklicht, wenn den im vorläufigen Gläubigerausschuss repräsentierten Gläubigern auch das Recht zugestanden werden würde, den vorläufigen Sachwalter mehr als nur beratend in die Planerstellung miteinzubeziehen und diesem den Auftrag zur Planerstellung zu erteilen (*Hölzle* ZIP 2012, 855 [858]). 32

II. Originäres Planinitiativrecht

Das originäre (eigene) Planinitiativrecht des Verwalters gem. § 218 Abs. 1 InsO kann u.U. mit den Vorstellungen der Gläubigerversammlung bzgl. der Planerstellung kollidieren, so dass Art und Umfang des originären Planinitiativrechts des Verwalters zu bestimmen sind. 33

§ 218 InsO Vorlage des Insolvenzplans

1. Originäres Planinitiativrecht bis zum Berichtstermin

34 Dem Verwalter steht ein originäres Planinitiativrecht bis zum Berichtstermin zu; d.h. er muss nicht abwarten, bis er von der Gläubigerversammlung offiziell mit der Erstellung eines Plans beauftragt wird. In vielen Fällen wird er, will er seinen Verpflichtungen gerecht werden, gar nicht zuwarten können. Würde der Verwalter erst im Anschluss an den Berichtstermin mit der Planvorbereitung und Planerstellung beginnen können, wäre bereits wichtige Zeit verstrichen. Es ist davon auszugehen, dass in diesem Fall, d.h. bis im Rahmen des Erörterungs- und Abstimmungstermins die Entscheidung über den Plan getroffen werden kann, nochmals mehrere Wochen vergehen würden.

35 Allein die Planausarbeitung wird je nach Verfahren einen gem. § 218 Abs. 2 InsO nicht zu beanstandenden Zeitraum von 4 bis 12 Wochen in Anspruch nehmen; eine Entscheidung wird daher – falls kein Rechtsmittel nach § 253 InsO eingelegt wird – regelmäßig erst sechs Monate nach Eröffnung des Verfahrens fallen können. Dieser lange Zeitrahmen wurde im Zusammenhang mit dem Abweichen von vorgegebenen Verwertungs- und Verteilungsvorschriften seitens der Verwalter aufgrund der dadurch begründeten Zeitverzögerung heftig kritisiert (vgl. *Gravenbrucher Kreis* ZIP 1992, 658). Es wurde vorgetragen, dass unterschiedliche Verteilungsregelungen schnelle und eindeutige Entscheidungen verhindern und gerade eine Sanierung rasches Handeln und eindeutig definierte Entscheidungskompetenz verlange (*Gravenbrucher Kreis* ZIP 1992, 658; vgl. dazu auch KS-InsO/*Grub* 1997, S. 535, Rn. 71). Um wertvolle Zeit zu sparen, kommt dem originären Planinitiativrecht des Verwalters daher weichenstellende Bedeutung zu. Müsste der Verwalter stets auf eine Auftragserteilung seitens der Gläubigerversammlung warten, wäre die Sanierungschance für das insolvente Unternehmen in vielen Fällen längst vergeben.

36 Überdies begründet die Tätigkeit des Verwalters als amtliches Organ des Verfahrens ein gesetzliches Schuldverhältnis zu allen Verfahrensbeteiligten (*BGH* BGHZ 93, 278 = NJW 1985, 1161 [1169]), welches erhebliche Haftungsrisiken für diesen birgt. Der Verwalter muss daher, wenn er die Sanierungsaussichten gem. § 22 Abs. 1 Nr. 3 InsO positiv beurteilt, zumindest mit der vorbereitenden Ausarbeitung eines Insolvenzplans vor dem Berichtstermin beginnen, um seiner Aufgabe als Organ des Insolvenzverfahrens gerecht zu werden.

2. Übereinstimmung zwischen originärem und derivativem Plan

37 Im Berichtstermin wird der Verwalter die Gläubigerversammlung über seine Planabsichten informieren. Hierbei wird ein verantwortungsbewusster Verwalter bei der Aufstellung seines Plans einen gerechten Ausgleich der vielseitigen Interessen im Rahmen von Vorverhandlungen mit den Gläubigergruppen anstreben, um die Realisierung des Plans bestmöglich vorzubereiten (*Balz* ZIP 1988, 273 [286]; *Uhlenbruck/Brandenburg/Grub/Scharf/Wellensieck* BB 1992, 1734 ff.). Entscheidet sich die Gläubigerversammlung für die Unterstützung des Verwalterplans, kann sie von ihrem in § 157 Satz 2 InsO normierten Auftragsrecht Gebrauch machen und den Verwalter nunmehr auch »offiziell« mit der Ausarbeitung des Plans beauftragen. Stimmen die Ziele der Gläubigerversammlung – wie dies bei entsprechender Koordination im Vorfeld des Berichtstermins möglich ist – mit den Verwalterplanzielen überein, sollte der Verwalter aus haftungsrechtlichen Gesichtspunkten darauf achten, dass diese Ziele auch in entsprechend protokollierten Beschlüssen im Rahmen der Gläubigerversammlung festgehalten werden. Hierdurch werden die Haftungsrisiken für den Verwalter minimiert, wenn er den Planzielen der Gläubigerversammlung entsprechend handelt.

3. Kollision zwischen originärem und derivativem Planinitiativrecht

a) Problemstellung

38 Stimmt die Gläubigerversammlung den Planzielen des Verwalters im Berichtstermin nicht zu, weil sie z.B. eine andere Planart oder andere Planziele präferiert, stellt sich die Frage, ob der Verwalter seinen eigenen (originären) Plan auch dann weiterverfolgen darf, wenn ihn die Gläubigerversammlung zur Ausarbeitung eines den Zielen der Gläubiger gerechten Plans beauftragt hat, oder ob in die-

sem Fall sein Initiativrecht erlischt. Diese für das Verfahren wesentliche Fragestellung ist gesetzlich nicht geregelt.

b) Lösungsansatz

In der Literatur wird die Ansicht vertreten, dass der Wortlaut des § 218 Abs. 3 InsO, welcher von der Aufstellung »des Plans« durch den Verwalter spricht, ein Anhaltspunkt dafür sei, dass der Insolvenzverwalter immer nur berechtigt sein könne, einen einzigen Plan vorzulegen (*Eidenmüller* S. 174 f.). Weiterhin wird vorgetragen, dass es mit dem Prinzip der Gläubigerautonomie nur schwer zu vereinbaren wäre, wenn der Verwalter als Interessenwahrer der Gläubiger diesen mit seinem eigenen Plan unmittelbar Konkurrenz machen könnte (*Eidenmüller* S. 174 f.). Dieser Auffassung zufolge dürfte es im Rahmen eines Insolvenzplanverfahrens maximal zwei vorgelegte Insolvenzpläne geben, nämlich einen des Schuldners und einen des Verwalters. Wenn die Gläubigerversammlung den Verwalter mit der Ausarbeitung eines Plans beauftragt, würde somit die Befugnis des Verwalters zur Planvorlage »aus eigenem Recht« erlöschen (*Eidenmüller* S. 174 f.). 39

Dieser Literaturmeinung ist nicht nur aufgrund der Auslegung des Wortlautes der gesetzlichen Regelung, sondern auch aufgrund einer Gesamtwürdigung des Verhältnisses zwischen Gläubigerversammlung und Insolvenzverwalter als Organe eines Insolvenzverfahrens zuzustimmen. Die Gläubigerversammlung ist der Ort, an dem die Gläubigerautonomie ausgeübt wird (*Smid* KTS 1993, 21), da hier die Weichenstellung für das Insolvenzverfahren erfolgt. Die Dominanz der die Gläubiger repräsentierenden Gläubigerversammlung im Insolvenzverfahren ist an vielen Stellen offenkundig. 40

Beispielhaft sei erwähnt, dass gem. § 57 InsO die Gläubigerversammlung in der ersten Versammlung einen neuen Verwalter wählen kann, gem. § 59 Abs. 1 InsO der Verwalter auf Antrag aus wichtigem Grund aus seinem Amt entlassen werden kann, gem. § 66 Abs. 1 InsO der Verwalter gegenüber der Gläubigerversammlung Rechenschaft abzulegen hat, gem. § 68 InsO die Gläubigerversammlung maßgeblich auf den Gläubigerausschuss Einfluss nehmen kann, gem. § 79 InsO der Verwalter die Gläubigerversammlung zu unterrichten hat und gem. § 157 InsO der Gläubigerversammlung die Entscheidung über den Fortgang des Verfahrens im Berichtstermin obliegt. Der Verwalter kann deshalb mit der Gläubigerversammlung hinsichtlich der Planerstellung nicht konkurrieren, da er die Interessen der Gläubiger in ihrer Gesamtheit zu vertreten hat. 41

Weiterhin bedarf der Verwalter für kostenauslösende Maßnahmen, die aus der Masse getragen werden müssen, einer verfahrensrechtlichen Legitimation; handelt der Verwalter gegen den Willen der Gläubiger, ist diese nicht gegeben, so dass das Weiterverfolgen eines eigenen Plans auch aus haftungsrechtlichen Gesichtspunkten zu unterlassen ist. Der Verwalter kann daher, wenn er von der Gläubigerversammlung einen von seinem Plan abweichenden Auftrag zur Erstellung eines Insolvenzplans erhalten hat, einen eigenen Plan kumulativ nicht weiterverfolgen; vielmehr erlischt sein originäres Planvorlagerecht aufgrund des Auftrags. *Hess* ist der Auffassung, dass ein solches »negatives Planinitiativrecht« der Stellung des Insolvenzverwalters als nicht weisungsgebundenes Organ im Insolvenzverfahren widerspricht (*Hess* InsO, § 218 Rn. 29). 42

Diesbezüglich ist anzumerken, dass die Unabhängigkeit des Insolvenzverwalters die Gläubigerautonomie stärken und auch schützen soll und nicht dazu dient, sie auszuhebeln. Hierfür spricht auch die Regelung des § 78 Abs. 1 InsO, der die Grenzen der Gläubigerautonomie regelt. Die Norm des § 78 Abs. 1 InsO wäre insoweit überflüssig, wenn der Verwalter der Entscheidung der Gläubigerversammlung aus eigenem Recht nicht Rechnung tragen müsste. Die Auffassung, dass der Verwalter stets zur Vorlage eines Alternativplans berechtigt ist, widerspricht, zu Recht darlegt, der gesetzgeberischen Absicht, die Zahl konkurrierender Insolvenzpläne zu beschränken. Gegen ein ausdrückliches Votum der Gläubigerversammlung kann ein Insolvenzverwalter einen eigenen Plan nicht durchsetzen. Die hierdurch entstehenden Kosten sind nicht von der Gläubigerschaft zu tragen. Ferner steht es dem Verwalter frei, seine Vorstellungen in den Plan der Gläubigerversammlung einzubringen und zur Abstimmung zu bringen (HK-InsO/*Haas* § 218 Rn. 16). 43

44 Ein Recht des Verwalters, neben dem im Gläubigerauftrag erstellten noch einen eigenen Insolvenzplan vorzulegen, kann nach der aktuellen Gesetzeslage nicht bejaht werden (*Hänel* Gläubigerautonomie und Insolvenzplanverfahren, 2000, S. 127). Der Verwalter muss im Falle der Beauftragung zur Erstellung eines Plans bereits aus eigenem Interesse dafür Sorge tragen, dass die ihm vorgegebenen Planziele auch exakt definiert und bestimmt, sowie im gerichtlichen Protokoll festgehalten werden. Andernfalls könnte im Fall des Scheiterns des Auftragsplans nicht ausgeschlossen werden, dass dem Verwalter später der Vorwurf gemacht wird, sich nicht engagiert um die Realisierung des oktroyierten Plans bemüht zu haben.

c) Missbrauch

aa) Problemstellung

45 Eine Kollision von originärem und derivativem Planinitiativrecht mit der Konsequenz des Erlöschens des originären Planinitiativrechts des Verwalters könnte im Einzelfall einen Missbrauch verfahrensrechtlicher Instrumente bedingen. In der bisherigen Praxis der Gläubigerversammlungen nach der KO und GesO wurden die Abstimmungen fast ausschließlich durch die regelmäßig vertretenen institutionellen Gläubiger, wie Finanzämter, Arbeitsämter, Sozialversicherungsbehörden sowie Hausbanken eines Schuldners beherrscht.

46 Das Erlöschen des originären Planinitiativrechts des Verwalters könnte zur Folge haben, dass ein institutioneller Gläubiger dem Verwalter infolge Ausbleibens einer entsprechenden Zahl weiterer Gläubiger in der Gläubigerversammlung einen ausschließlich seine Interessen verfolgenden Plan oktroyieren könnte. Diese Möglichkeit stünde in einem offensichtlichen Widerspruch zu dem Willen des Reformgesetzgebers, wonach es nicht einmal qualifizierten Minderheiten, geschweige denn möglicherweise einzelnen Gläubigern zugestanden wird, einen Plan und dessen Ziele vorzuschreiben. Das Ergebnis, dass einzelne Gläubiger aufgrund des Planzielbestimmungsrechts des § 157 Satz 2 InsO letztlich einen eigenen Plan initiieren könnten, sollte durch die Streichung des im RegE vorgesehenen Minderheiteninitiativrechts ausdrücklich verhindert werden.

bb) Lösungsansatz

47 Verfolgen dominierende Gläubiger durch den Plan rein egoistische Absichten, die den Interessen der Gläubigergesamtheit widerstreiten, hat der Verwalter nach § 78 Abs. 1 InsO vorzugehen, um die Aufhebung des bindenden Beschlusses der Gläubigerversammlung durch das Insolvenzgericht zu beantragen. Zur Verhinderung der Benachteiligung einzelner Gläubiger wird das Insolvenzgericht den gem. § 157 Satz 2 InsO getroffenen Beschluss aufheben.

d) Ergebnis

48 Auch aufgrund der Möglichkeit, einen dem gemeinsamen Interesse widersprechenden Beschluss gem. § 78 Abs. 1 InsO aufheben zu lassen, ist ein kumulatives originäres und derivatives Planinitiativrecht zur Wahrung der Gesamtinteressen der Gläubiger nicht erforderlich. Eine Gläubigerversammlung, die davon absieht, die Vorstellungen des Verwalters bei der Aufstellung des Plans entsprechend einzubeziehen, dürfte sich jedoch keinen Gefallen tun, da gerade der Verwalter zur Vorbereitung der Planrealisierung einen gerechten und bestmöglichen Ausgleich der vielseitigen Interessen treffen kann (vgl. *Uhlenbruck/Brandenburg/Grub/Scharf/Wellensieck* BB 1992, 1734 ff.).

49 Wenn die Gläubigerversammlung es beschließt, wird es im Planabstimmungsverfahren höchstens zwei konkurrierende Pläne geben. Der Gläubigerversammlung steht es aber im Berichtstermin jederzeit frei, dem Verwalter die Ausarbeitung eines eigenen Plans – zusätzlich zu dem diesem vorgegebenen Auftragsplan – zu gestatten, wenn sie sich dadurch eine Verbesserung ihrer Entscheidungsgrundlage für oder gegen einzelne Planziele erhofft. In einem derartigen Fall können im Abstimmungstermin somit auch drei Pläne um die Zustimmung der Gläubiger konkurrieren (so auch: MüKo-InsO/*Eidenmüller* § 218 Rn. 181). Für den Fall, dass mehrere Pläne vorliegen, muss über jeden Plan einzeln abgestimmt werden. Dies kann zu dem sonderbar anmutenden Ergebnis füh-

ren, dass mehrere Insolvenzpläne angenommen und gem. den §§ 248 ff. InsO bestätigt werden. Die Lösung dieses Problems ist umstritten (vgl. MüKo-InsO/*Eidenmüller* § 218 Rn. 189 ff.; *Braun* § 218 Rn. 12 ff., m.w.N.). Teilweise wird dies dadurch gelöst, dass in dem Augenblick, in dem der erste Insolvenzplan rechtskräftig wird, eine verfahrensrechtliche Erledigung aller anderen Pläne eintritt (MüKo-InsO/*Eidenmüller* § 218 Rn. 197).

III. Beratende Mitwirkung

Der Verwalter hat bei der Aufstellung eines Plans nach § 218 Abs. 3 InsO den Rat des Gläubigerausschusses, des Schuldners und ggf. des Betriebsrats und des Sprecherausschusses der leitenden Angestellten einzuholen; ist der Schuldner keine natürliche Person, so können benannte Sprecher der an ihm beteiligten Personen hinzukommen. Dies gilt sowohl bei originären wie derivativen Plänen des Verwalters. Beratende Mitwirkung bedeutet mehr als bloße Information des Verwalters über den von ihm erstellten Plan. Beratung bedeutet, dass dem Schuldner und den sonstigen in § 218 Abs. 3 aufgezählten Personen und Gruppen ein Mitspracherecht bei der Aufstellung des Plans zusteht (*Hess/Obermüller* S. 58, Rn. 308). 50

Eine Einbeziehung der dem Plan nahestehenden Personen ist hilfreich, da zum einen Meinungen eingebracht werden können und zum anderen die Akzeptanzfähigkeit und damit die Aussicht auf eine spätere Annahme des Plans gesteigert wird. Dem Mitwirkungsinteresse kann jedoch das Erfordernis einer möglichst raschen Planerstellung entgegenstehen, so dass der Gesetzgeber den Kreis der Mitwirkenden begrenzt hat. Im Falle eines Plans, der die Fortführung des schuldnerischen Unternehmens ermöglichen soll, ist ein intensiver Informationsfluss zwischen Verwalter und dem in § 218 Abs. 3 InsO aufgezählten Kreis unumgänglich, so dass dieser faktisch die Stellung eines »Beirats« als eigenes Gremium neben dem Gläubigerausschuss bildet. 51

Die im Rahmen des Planerstellungsverfahrens seitens dieses »Beirates« erklärten »dissenting opinions« werden nicht in den Plan aufgenommen, da die Möglichkeiten der Stellungnahme gesetzlich abschließend geregelt sind. Ansonsten wäre das Planinitiativrecht des Verwalters unnötig eingeschränkt. Des Weiteren können etwaige Interessengegensätze der »Beiratsmitglieder« ausführlich im Erörterungstermin diskutiert werden. Für die Mitwirkenden einer Planaufstellung entsteht aufgrund dieser Tätigkeit kein eigener Vergütungs- oder Entschädigungsanspruch. Für die Mitglieder des Gläubigerausschusses, des Betriebsrats und des Sprecherausschusses gelten auch im Hinblick auf diese Mitwirkung die Vergütungs- und Entschädigungsregeln in § 73 InsO, in den §§ 37, 40 BetrVG und in § 14 SprAuG. Der Schuldner hat auch, wenn er den Plan selbst erstellt oder erstellen lässt, keinerlei Anspruch auf Vergütung oder Entschädigung. Vgl. hierzu weiterführend auch *Uhlenbruck* BB 2003, 1185 ff. 52

D. Fristen

Eine gesetzliche Anordnung von Fristen für die Vorlage des Plans wäre unzweckmäßig. Die Dauer der Planerstellung hängt von den Umständen des Einzelfalls ab, die das Gericht bei der Bestimmung der Frist zu berücksichtigen hat. Im Regelfall wird eine Frist von 4 bis 8 Wochen angemessen sein (vgl. KS-InsO/*Maus* 1997, S. 715, Rn. 27). Verzögert sich die Planerstellung ohne Verschulden des Planvorlegenden, kann die Frist im Einzelfall verlängert werden. 53

§ 219 Gliederung des Plans

¹Der Insolvenzplan besteht aus dem darstellenden Teil und dem gestaltenden Teil. ²Ihm sind die in den §§ 229 und 230 genannten Anlagen beizufügen.

Übersicht	Rdn.		Rdn.
A. Zweck der Vorschrift	1	C. Überblick über den gestaltenden Teil des Plans	11
B. Überblick über den darstellenden Teil des Plans	4		

Jaffé

A. Zweck der Vorschrift

1 Gem. § 219 InsO besteht der Insolvenzplan aus einem darstellenden und einem gestaltenden Teil. Beide werden gesondert in § 220 InsO (darstellender Teil) und § 221 InsO (gestaltender Teil) geregelt. Die vorgeschriebene Strukturierung des Plans ermöglicht den Beteiligten die umfassende Information über die Entscheidungsgrundlagen (darstellender Teil) und die rechtlichen Auswirkungen (gestaltender Teil) des Plans. § 219 InsO regelt dabei sowohl die Vollständigkeit wie auch die Übersichtlichkeit des Plans. Empfängerhorizont und Maßstab ist der durchschnittliche Gläubiger des Verfahrens (vgl. zur Übersicht *Rattunde* ZIP 2003, 596–598 f.).

2 Die in § 219 InsO vorgeschriebene Aufgliederung des Plans ist zwingend, wobei beide Teile notwendige Bestandteile eines Insolvenzplans sind und sich wechselseitig bedingen (BT-Drucks. 12/2443 S. 197). Grobe Verstöße gegen die Vorschrift des § 219 InsO können zur Zurückweisung nach § 231 Abs. 1 Nr. 1 InsO führen, wobei seitens des Gerichts eine Nachbesserungsmöglichkeit bei behebbaren Fehlern einzuräumen ist.

3 Die gesetzlich verbindlich vorgeschriebene Aufteilung des Plans dient nicht nur der Übersichtlichkeit, sondern trägt auch der unterschiedlichen rechtlichen Tragweite des Planinhalts Rechnung (Erster Bericht der Kommission S. 168). Für einen möglichst schlanken und allgemein verständlichen Plan plädiert *Bilgery* (DZWIR 2001, 316 ff.). Auf diese Weise könne das Insolvenzplanverfahren auch für mittlere und kleinere Insolvenzen an Attraktivität gewinnen. Es sollten möglichst wenige Gruppen gebildet werden. Auch eine Sonderbehandlung von Kleingläubigern oder Arbeitnehmern sei verzichtbar.

B. Überblick über den darstellenden Teil des Plans

4 Gem. § 220 InsO sind im Rahmen des darstellenden Teils des Plans diejenigen Maßnahmen zu beschreiben, die nach der Eröffnung des Verfahrens bereits getroffen worden sind oder noch getroffen werden sollen, um die Grundlage für die beabsichtigte Gestaltung der Rechte der Beteiligten vorzubereiten. Mittels des darstellenden Teils des Plans sollen die Gläubiger und das Insolvenzgericht sowohl über personelle als auch über organisatorische Maßnahmen informiert werden. Der Inhalt des darstellenden Teils eines Insolvenzplans wird vom jeweiligen Plantypus bestimmt und ist daher – je nach Plantyp und Unternehmen – sehr verschieden auszugestalten.

5 Stets ist zunächst die Zielsetzung des Plans anzugeben, d.h. es ist klarzustellen, ob ein Liquidations-, Übertragungs- oder Fortführungsplan zur Diskussion steht. Ferner ist anzugeben, wie bzw. in welchem Umfang die Gläubiger im Rahmen des Planverfahrens Befriedigung erfahren sollen. Im Falle eines Fortführungsplans sind im darstellenden Teil die beabsichtigten Maßnahmen zur finanziellen Sanierung sowie zur Wiederherstellung einer dauerhaften Ertragsfähigkeit des Unternehmens zu beschreiben (Erster Bericht der Kommission S. 168), wobei ein Fortführungsplan nur bei einer realistischen Aussicht auf dauerhafte Sanierung sinnvoll ist.

6 Der darstellende Teil unterrichtet und informiert die Beteiligten außerdem über das schuldnerische Unternehmen sowie die Krisenursachen, die letztlich in der Insolvenz des Unternehmens mündeten; hierbei sind die Krisenursachen umfassend aufzuzeigen. Im Rahmen der Krisenursachenanalyse kann sich der Planersteller nicht darauf beschränken, allgemeine Angaben über Krisenursachen, z.B. Managementfehler, unzureichendes Eigenkapital etc. zu geben, sondern muss die Zusammenhänge und Ursache-Wirkungs-Ketten herausarbeiten, um damit eine systematische Lagebeurteilung eines Unternehmens zu ermöglichen (vgl. *IDW* S. 3, 6).

7 Kernstück des darstellenden Teils des Plans ist die Prüfung der Sanierungsfähigkeit des Not leidenden Unternehmens. Ein Unternehmen ist sanierungsfähig, wenn es nach der Durchführung von Sanierungsmaßnahmen nachhaltig einen Überschuss der Einnahmen über die Ausgaben erzielen kann. Ist die Sanierungsfähigkeit nicht gegeben, ist zu prüfen, ob lebensfähige Betriebsteile im Wege der *übertragenden Sanierung* erhalten werden können. Ist auch dies nicht der Fall, ist ein Unternehmen liquidationsbedürftig (vgl. KS-InsO/*Maus* 1997, S. 716, Rn. 30).

Weiterhin wird im darstellenden Teil die Konzeption erläutert, wie die Planziele erreicht werden sol- 8
len. Besondere Aufmerksamkeit ist hierbei auf die Sanierungsstrategie zu legen, die wiederum letztlich von den Sanierungszielen abhängig ist.

Der Planersteller hat mittels einer Vergleichsrechnung die prognostischen wirtschaftlichen Ergeb- 9
nisse der Zerschlagung gem. den gesetzlichen Vorschriften den prognostischen Planergebnissen gegenüberzustellen, damit den Beteiligten die Möglichkeit eröffnet wird, die wirtschaftlichen Risiken und Chancen des beabsichtigten Insolvenzplanverfahrens einschätzen zu können. Die geplanten Eingriffe in die finanz- und leistungswirtschaftliche Struktur des Unternehmens sind plausibel darzulegen und – soweit ein Fortführungsplan zur Abstimmung gestellt werden soll – gem. §§ 229, 230 InsO auch mittels entsprechender Plananlagen nachvollziehbar zu belegen.

Sollen die Gläubiger aus den zukünftigen Erträgen eines sanierten Unternehmens befriedigt werden, 10
muss ihnen vor der Abstimmung über den Plan mittels einer Vermögensübersicht, durch Planbilanzen, Plangewinn- und -verlustrechnungen sowie mittels Plan-Liquiditätsrechnungen dargelegt werden, dass die ihnen im Plan ausgelobten Zahlungen überhaupt erbracht werden können. Hierzu sind betriebswirtschaftlich nachvollziehbare Planzahlen erforderlich. Die Aussichten der Gläubiger, aus den Erträgen des fortgeführten Unternehmens befriedigt zu werden, sollen durch Planrechnungen abgesichert werden (vgl. KS-InsO/*Maus* 1997, S. 721, Rn. 51). Nachvollziehbare Planzahlen müssen auch aus dem Grunde Bestandteil eines Fortführungsplans sein, da das Insolvenzgericht gem. § 231 Abs. 1 Nr. 2 InsO offensichtlich aussichtslose Schuldnerpläne von Amts wegen zurückzuweisen hat.

C. Überblick über den gestaltenden Teil des Plans

Im gestaltenden Teil des Plans wird gem. § 221 InsO beschrieben, wie die Rechtsstellung der Betei- 11
ligten durch den Plan geändert werden soll und welche Wirkungen nach der gerichtlichen Planbestätigung für und gegen die Beteiligten eintreten sollen. Im gestaltenden Teil des Plans sind vielfältige Regelungen möglich, welche jedoch bei absonderungsberechtigten Gläubigern i.S.d. § 223 InsO – im Gegensatz zu nicht nachrangigen Insolvenzgläubigern (§ 224 InsO) und nachrangigen Insolvenzgläubigern (§ 225 InsO) – im Regelfall nicht durch Mehrheitsentscheidung durchgesetzt werden können. Hinsichtlich weitergehender Details wird auf die Ausführungen zu den §§ 223–225 InsO verwiesen.

Der Gesetzgeber hat im Rahmen des § 221 InsO davon abgesehen, inhaltliche Gestaltungsmöglich- 12
keiten der Rechtsstellung der Beteiligten beispielhaft aufzuzählen, da diese zu vielfältig sind. Hinsichtlich weitergehender Details wird auf die Ausführungen zu § 221 InsO verwiesen. Da die rechtsgestaltenden Wirkungen des Plans letztlich in einen vollstreckbaren Titel gem. § 257 InsO einmünden, ist eine klare Trennung zwischen dem darstellenden und dem gestaltenden Teil des Plans zwingend erforderlich und nicht als bloße Ordnungsvorschrift zu verstehen. Die beiden Bereiche müssen für die Gläubiger aus dem Plan und dessen Anlagen klar und eindeutig unterscheidbar sein (*Nerlich/Römermann-Braun* InsO, § 219 Rn. 13; *Braun/Frank* InsO, § 221 Rn. 5 ff.).

§ 220 Darstellender Teil

(1) Im darstellenden Teil des Insolvenzplans wird beschrieben, welche Maßnahmen nach der Eröffnung des Insolvenzverfahrens getroffen worden sind oder noch getroffen werden sollen, um die Grundlagen für die geplante Gestaltung der Rechte der Beteiligten zu schaffen.

(2) Der darstellende Teil soll alle sonstigen Angaben zu den Grundlagen und den Auswirkungen des Plans enthalten, die für die Entscheidung der Beteiligten über die Zustimmung zum Plan und für dessen gerichtliche Bestätigung erheblich sind.

§ 220 InsO Darstellender Teil

Übersicht

	Rdn.
A. Allgemeines	1
B. Inhaltliche Anforderungen	7
I. Allgemeines	7
II. Liquidationsplan	11
III. Übertragungspläne	14
1. Begriffsbestimmung	14
2. Anwendungsbereich	19
IV. Fortführungsplan	25
1. Allgemeines	25
2. Inhalte eines Sanierungskonzepts	35
a) Grundsatz	35
b) Maßnahmen und Rechtshandlungen des Verwalters seit Eröffnung	36
c) Unternehmensbeschreibung	39
aa) Unternehmenshistorie, Entwicklung und rechtliche Verhältnisse	41
aaa) Gründungsvorgang und Gründungsmotivation	41
bbb) Darstellung der prägenden Unternehmerpersönlichkeit	42
ccc) Entwicklung der Gesellschafterstruktur und der Unternehmensleitung vor und in der Krise	47
ddd) Darstellung der wesentlichen Änderungen des Gesellschaftsvertrages/der Satzung vor und in der Krise	48
eee) Entwicklung von Produkten und Dienstleistungen des insolventen Unternehmens in Bezug auf seinen konkreten Markt	49
bb) Finanzwirtschaftliche Verhältnisse	50
cc) Mitarbeiterstatus und arbeitsrechtlicher Hintergrund	51
dd) Leistungswirtschaftliche Verhältnisse	52
ee) Zusätzlich erforderliche Maßnahmen	54
aaa) Erforderliche Genehmigung einer Behörde	54
bbb) Sonstiges	58
d) Unternehmensanalyse – Analyse der Insolvenzursachen	62
aa) Vorbemerkung	62
bb) Ziel der Analyse	64
cc) Krisenarten	65
e) Planung	69
C. Unternehmensperspektive	73
D. Sanierungsmaßnahmen	75
I. Allgemeines	75
II. Finanzwirtschaftliche Maßnahmen	76
III. Leistungswirtschaftliche Maßnahmen	77
E. Exkurs: Haftung des Verwalters bei Scheitern des Plans	78

Literatur:

Bickhoff/Blatz/Eilenberger/Haghani/Kraus Die Unternehmenskrise als Chance. Innovative Ansätze zur Sanierung und Restrukturierung, Berlin 2004; *Bieg* Skript Deutsche Anwaltsakademie, 1997; *Drukarczyk/Schüler* Unternehmensbewertung, 7. Aufl. 2016; *Eisele* Sanierungsbilanz in Chmielewicz/Schweizer, Handwörterbuch des Rechnungswesens, 1993, 1762; *Flessner* Sanierung und Reorganisation – Insolvenzverfahren für Großunternehmen in rechtsvergleichender und rechtspolitischer Untersuchung, 1981, S. 2; *Groß* Sanierung durch Fortführungsgesellschaften, 2. Aufl. 1988, S. 255 ff.

A. Allgemeines

1 Die gesetzlichen Anforderungen an die Inhalte des darstellenden Teils des Plans gem. § 220 InsO sind minimalistisch, indem sie sich auf die Beschreibung von Maßnahmen beschränken. Der Gesetzgeber folgte nicht den Vorschlägen des RegE, in welchen versucht wurde, die bei der Sanierung eines Unternehmens – gerade im organisatorischen und personellen Bereich – häufig anfallenden Maßnahmen exemplarisch aufzuzählen.

2 Die Regelung des § 220 InsO lässt ganz bewusst Raum für kreative Lösungsvorschläge des Planverfassers (vgl. *Kunz* DStR 1997, 621). Die Tatsache, dass alle für die Gläubiger entscheidungserheblichen Angaben zu Grundlagen und Auswirkungen des Plans für den Planersteller nur fakultativ sind, darf keinesfalls dahingehend verstanden werden, dass sie nicht erforderlich wären. Das Gegenteil ist der Fall. Der Gesetzgeber unterstellt zu Recht, dass ein Planersteller den Beteiligten, welche er für seinen Plan gewinnen will, auch entsprechende Informationen zukommen lassen wird.

Dabei ist stets zu beachten, dass der darstellende Teil des Plans als Entscheidungsgrundlade für die am Planverfahren Beteiligten zu dienen hat. Er muss all jene Informationen aufweisen, die für die Entscheidung der Beteiligten, soweit vorhersehbar, von Bedeutung sind, so dass in jeden Fall den Schuldner eine umfassende Pflicht zur Darstellung seiner Vermögenslage trifft (*LG Wuppertal* NZI 2016, 494). Hierzu kann es aber auch notwendig sein, dass der darstellende Teil Angaben über die zur Entscheidung berufenen Beteiligten macht. Zwingend gilt dies jedenfalls im Hinblick auf die Gesellschafter einer schuldnerischen juristischen Person, die aufgrund eines Eingriffs durch den Plan in ihre Anteils- und Mitgliedschaftsrechte ebenfalls zur Abstimmung über den Plan berechtigt sind. Die entsprechenden Angaben sind dann in den darstellenden Teil aufzunehmen (vgl. RegE ESUG S. 46). 3

Der Informationsgehalt innerhalb des darstellenden Teils des Plans hat entscheidende Bedeutung. Hierbei bestehen Ähnlichkeiten zum amerikanischen Insolvenzrecht. Der amerikanische Gesetzgeber verlangt, dass alle für die Reorganisation wichtigen Umstände in einem »disclosure statement« gem. § 1125 BC offengelegt werden müssen. Das »disclosure statement« ermöglicht es den Gläubigern, sich selbst ein Bild über den Plan zu machen. Der Plan wird den Gläubigern übersandt, wenn das Gericht den ausreichenden Informationsgehalt des »disclosure statement« bejaht hat. Was im Einzelfall ausreichend ist, obliegt der richterlichen Einzelfallentscheidung, da mit dem unbestimmten Rechtsbegriff der »adequate information« ein weiter Rahmen zugestanden wird (*Frey/McConnico/Frey* S. 493; *Cowans* S. 339). 4

Die Regelung des § 220 InsO stellt das deutsche »disclosure statement« dar. Im Hinblick auf den Informationsgehalt des Plans muss ein Planersteller beachten, dass sich dieses Institut immer noch nicht etabliert hat und sich deshalb seine Akzeptanz in der Praxis erst verdienen muss. 5

Institutionellen Gläubigern wie Banken, Versicherungen, Sozialversicherungsträgern oder Finanzämtern ist das Insolvenzplanverfahren bereits seit längerem bekannt gewesen, dies galt jedoch nicht für die Mehrzahl der Gläubiger. Die meisten Gläubiger sind daher aufgrund der verlustreichen Erfahrungen der vorangegangenen Jahre zunächst ohne Euphorie an das zu Beginn vielfach noch unbekannte Institut herangetreten, da ihre Befürchtung, durch eine Teilnahme am Planverfahren weiteres Geld und vor allem Zeit zu verschwenden, erst zerstreut werden musste. Der Planersteller musste den nach dem Willen des Gesetzgebers fakultativ ausgestalteten Erklärungsteil des Plans derart mit Leben erfüllen, dass die Gläubiger bereit waren, sich mit dem jeweiligen Plan auseinanderzusetzen. 6

B. Inhaltliche Anforderungen

I. Allgemeines

Ein Insolvenzplan muss sich dem konkreten Insolvenzsachverhalt anpassen, wobei das konkrete Ziel des Plans den Aufbau des Plans bestimmt (vgl. hierzu: *Stellungnahme des Fachausschusses Recht des IDW* FAR 1/1993; *Braun* EDV-gestützte Planrechnungen nach der neuen InsO; *Kunz* DStR 1997, 620 ff.). Die inhaltlichen Anforderungen differieren je nachdem, ob ein Liquidations-, Übertragungs- oder ein Fortführungsplan erstellt wird. 7

Ein Liquidationsplan hat gänzlich andere Anforderungen an Inhalte und Informationsgehalt als ein Fortführungsplan zu erfüllen. Der Gesetzgeber hat dies durch die ergänzenden und nur für Fortführungspläne geltenden Regelungen der §§ 229, 230 InsO zum Ausdruck gebracht. 8

Klargestellt werden muss, dass es für keinen Plan einen verbindlichen Musteraufbau geben kann. Unternehmensinsolvenzen sind zu unterschiedlich, als dass – wie auch immer geartete – starre Schemen praktikabel wären. 9

Der BGH hat insoweit klargestellt, dass bindende, in allen Planverfahren einzuhaltende Vorgaben dabei schon wegen der Vielzahl der in Betracht kommenden Pläne sowie der unterschiedlichen Schuldner nicht gemacht werden können. Diese seien ganz vom Umfang und der jeweiligen wirtschaftlichen Bedeutung des Schuldners abhängig. Ein wesentlicher Verstoß gegen die Verfahrensvorschrift des darstellenden Teils des Insolvenzplans liegt jedenfalls dann vor, wenn es sich um einen 10

Mangel handelt, der Einfluss auf die Annahme des Insolvenzplans gehabt haben könnte (*BGH* NZI 2010, 85). So müssen insbesondere solche Angaben enthalten sein, die für die Vergleichsrechnung zu der Frage erforderlich sind, inwieweit der Plan die Befriedigungschancen der Gläubiger verändert (*BGH* NZI 2010, 734). Mit Beschluss vom 07.05.2015 stellte der BGH fest, dass Angaben im Plan zum Umfang der Masse nicht gegen § 220 Abs. 2 InsO verstoßen (*BGH* NJW 2015, 2660, 2665).

II. Liquidationsplan

11 Ein Insolvenzplan in Form eines Liquidationsplans ist – obwohl es nicht um die Erhaltung und damit die Sanierung des Unternehmensträgers geht – ein vollwertiger Plan i.S.d. §§ 217 ff. InsO. Der Insolvenzplan als Liquidationsplan ist auf die Verwertung der Insolvenzmasse und auf ihre Verteilung an die Beteiligten, ggf. auch auf einen Treuhänder gerichtet, wobei in Abweichung von der gesetzlichen Regelung die Gläubiger im Plan über Art und Weise der Verwertung entscheiden (vgl. *Burger/Schellberg* DB 1994, 1883). Ein Liquidationsplan darf keinesfalls mit der gesetzlichen Zerschlagungsautomatik des überkommenen Konkursverfahrens gleichgesetzt werden. Die Gläubiger können mittels Liquidationsplans die Zerschlagungsgeschwindigkeit regulieren und Einfluss auf die Verteilung der Verwertungserlöse nehmen, wodurch von der gesetzlichen Zwangsabwicklung erheblich abweichende Ergebnisse erzielt werden können.

12 Ob sich der Aufwand für einen Liquidationsplan lohnt, kann nicht pauschal entschieden werden. In Fällen, in denen die sofortige vollständige Einstellung eines Unternehmens erfolgen soll, werden sich die komplizierten Verabredungen und Entscheidungsmechanismen, die im Rahmen des Abstimmungsverfahrens erforderlich sind, kaum lohnen. In einem derartigen Fall sollte es bei den gesetzlichen Regeln bleiben (so zu Recht: *Warrikoff* KTS 1996, 500).

13 In der Praxis ist der Hauptanwendungsfall eines Liquidationsplans vor allem darin zu sehen, dass dieser mittelfristig die Einstellung und Liquidation des schuldnerischen Unternehmens anordnen kann, die Übergangszeit aber zur Abarbeitung noch vorhandener Aufträge genutzt werden kann, wodurch die Schaffung weiterer freier Masse möglich ist (vgl. *Warrikoff* KTS 1996, 500).

III. Übertragungspläne

1. Begriffsbestimmung

14 Übertragungspläne in Form der übertragenden Sanierung haben die insolvenzrechtliche Praxis maßgeblich bestimmt und zu heftigen und langjährigen Diskussionen in der Literatur geführt. Der Begriff der übertragenden Sanierung, der zwischenzeitlich Allgemeingut geworden ist, geht auf *Karsten Schmidt* zurück, der diesen Anfang der 80er Jahre geprägt hat (vgl. *Karsten Schmidt* ZIP 1980, 328 [337]; *ders.* Gutachten zum 54. DJT 1982, S.D 83).

15 Der Referentenentwurf zur InsO definiert die übertragende Sanierung wie folgt: »Übertragende Sanierung ist die Übertragung eines Unternehmens, Betriebs oder Betriebsteils von dem Insolvenzträger auf einen anderen, bereits bestehenden oder neu zu gründenden Rechtsträger« (s. A 78 f., aa., RefE). Von einer übertragenden Sanierung spricht man also, wenn ein Unternehmen oder ein Betriebskern, von allen Verbindlichkeiten entlastet, auf einen neuen Unternehmensträger, z.B. auf eine Auffanggesellschaft, übertragen wird. In der Praxis bedeutet dies, dass die unrentablen Geschäftsbereiche, d.h. das zur Fortführung nicht notwendige Betriebsvermögen des insolventen Unternehmens, als »Ballast« zurückbleiben und soweit wie möglich im Rahmen der Liquidation zu verwerten sind (*Gottwald* HdbInsR, 2. Aufl., § 5, S. 91, Rn. 68).

16 Im Rahmen der übertragenden Sanierung wird im Regelfall nicht der »Betrieb« des Krisenunternehmens im Ganzen, sondern nur das ertragsfähige Erfolgspotential des Unternehmens übernommen. Der Betrieb des Krisenunternehmens wird gleichsam auf sein überlebensfähiges Format »zurechtgestutzt« (*Gottwald* HdbInsR, 2. Aufl., § 5, S. 91, Rn. 68).

Ziel der Betriebsübernahmegesellschaft und ihrer Gesellschafter ist es, den Betrieb eines Krisenunternehmens zu retten, indem sie ihn aus dem Unternehmen herauslösen, erwerben, erforderlichenfalls leistungswirtschaftlich sanieren und fortführen. Hierfür ist keine gesellschaftliche Beteiligung am Krisenunternehmen erforderlich (*Groß* Sanierung durch Fortführungsgesellschaften?, S. 399, Rn. 1). Zu beachten ist, dass Rechtsidentität mit dem insolventen Unternehmensträger keinesfalls vorliegt. Dieser bleibt vielmehr seinem Schicksal überlassen. Die Übernahme des Betriebs geschieht in der Praxis durch einen Kaufvertrag und dessen Erfüllung durch Übereignung und Abtretung von Rechten (*Groß* S. 399, Rn. 1). 17

Gehen beim Kauf eines Not leidenden Unternehmens durch eine Sanierungsgesellschaft sowohl die dem Unternehmen gewidmeten Vermögensgegenstände als auch die Verbindlichkeiten auf die Käufer über, so wollen die Initiatoren einer Betriebsübernahmegesellschaft eine Trennung der Aktiva von den Passiva erreichen (*Groß* S. 399, Rn. 1). Das Ziel, die Aktiva dauerhaft und endgültig von den Passiva zu trennen, lässt sich jedoch nur verwirklichen, wenn der Betriebserwerb so gestaltet und durchgeführt wird, dass keine Haftungen für Altverbindlichkeiten entstehen, so dass sich der Erwerb aus der Insolvenzmasse anbietet (*Groß* S. 400, Rn. 2). 18

2. Anwendungsbereich

Die Stellung der übertragenden Sanierung im Rahmen der neuen Insolvenzordnung war in der Reformdiskussion lange umstritten. Obwohl es sich bei diesem Instrument unstreitig um eine erfolgreiche, sowohl rechts- als auch sozialpolitisch geprägte Sanierungstechnik handelt, hatte es dennoch im Rahmen der Reformgesetzgebung lange Zeit einen schweren Stand und wurde als Sanierungsinstrument zweiter Klasse behandelt. Der Grund hierfür waren vereinzelte Erfahrungen der Praxis, wonach eine übertragende Sanierung oftmals auf den Gemeinschuldner oder diesem nahestehende Personen erfolgte und damit Missbrauchsmöglichkeiten Tür und Tor geöffnet wurde. 19

Der Vorwurf eines Insidergeschäfts ist bei genauerer Betrachtung jedoch oft unrichtig. Zu bedenken ist, dass vielfach nur die bisherigen Eigentümer/Gesellschafter, also Insider des Unternehmens, wissen, welche rentablen Potentiale in dem Krisenunternehmen stecken, und deshalb überhaupt bereit sind, sich erneut zu engagieren. Der Vorwurf wird deshalb eher selten zutreffen, dass der alte Unternehmer den Zusammenbruch des Krisenunternehmens absichtlich herbeigeführt oder wenigstens billigend in Kauf genommen hat, um mit der Übernahmegesellschaft wie ein Phönix aus der Asche zu erstehen (*Gottwald* HdbInsR, 2. Aufl., § 5, S. 91, Rn. 69). 20

Es ist der Stellungnahme der Insolvenzverwalter durchaus beizupflichten, die in der Diskussion zum Gesetzesentwurf vortrugen, dass die übertragende Sanierung oftmals die einzige Möglichkeit sei, die Arbeitsplätze eines insolventen Unternehmens erhalten zu können. Ferner ist die betriebliche Struktur eines insolventen Unternehmens zum Zeitpunkt der Eröffnung eines Insolvenzverfahrens oft so im Zerfallen begriffen, dass eine Sanierung des Unternehmensträgers nicht mehr in Betracht kommt und nur eine übertragende Sanierung verbleibt, wenn das Erfolgspotential eines Unternehmens, d.h. der betriebliche Nukleus, nicht dem völligen Verfall preisgegeben werden soll. Es ist aus Sicht der Insolvenzpraxis zu begrüßen, dass der Reformgesetzgeber die übertragende Sanierung letztlich doch als vollwertiges Sanierungsinstrument neben der Fortführung oder der Liquidation gesetzlich legitimiert hat. 21

Übertragungspläne sind in der Praxis nicht nur in Form der Veräußerung eines Betriebes oder Teilbetriebes, sondern in vielfältigen Mischformen und Varianten möglich; beispielhaft sei die Vermietung oder Verpachtung von Betrieben/Teilbetrieben oder die Aufspaltung von Unternehmen in einzelne Unternehmensteile mit nachfolgender Veräußerung erwähnt. 22

Ob eine übertragende Sanierung das richtige Instrument ist, hängt von verschiedenen Faktoren ab. Vielfach hat die Geschäftsleitung eines Unternehmens versagt und dessen Niedergang derart zu verantworten, dass es sinnlos ist, die bisherige Geschäftsleitung beizubehalten. Ein Neuanfang ohne Fortführung des bisherigen Unternehmens ist oft der einfachere und auch bessere Weg. Manchmal hat ein insolventes Unternehmen bei Kunden und Lieferanten bereits einen derart schlechten Ruf, 23 dass ein Fortführungsplan ausscheidet und nur ein neues Unternehmen verlorengegangenes Vertrauen erwerben kann. Der Kapitalbedarf einer Betriebsübernahmegesellschaft wird wesentlich durch den Kaufpreis und die hierfür vereinbarten Zahlungsmodalitäten bestimmt. Hinzu kommt das für die Finanzierung des Sanierungskonzepts zusätzlich erforderliche Kapital. Das für die Sanierungsgesellschaft charakteristische Risiko, für unbekannte Verpflichtungen des Krisenunternehmens in Anspruch genommen werden zu können, entfällt (*Groß* S. 400, Rn. 4) für die Finanzierung des Umlaufvermögens (working capital), da in einem asset deal üblicherweise Forderungen bei der Insolvenzmasse verbleiben.

24 Der Übergang des Betriebes auf die Betriebsübernahmegesellschaft erfolgt nicht im Wege der Gesamtrechtsnachfolge (Universalsukzession), vielmehr muss jeder Vermögensgegenstand einzeln im Wege der Singularsukzession übertragen werden (*Mohr* Bankrottdelikte und übertragende Sanierung, S. 109; *Post* DB 1984, 280 ff.). Die Notwendigkeit der Singularsukzession ist das Hauptproblem des Übertragungsplans, da ein insolventes Unternehmen selten über freie Vermögensgegenstände verfügt, da meist alle Aktiva mit oftmals kollidierenden Gläubigerrechten belastet sind.

IV. Fortführungsplan

1. Allgemeines

25 Ein Fortführungsplan beinhaltet die Sanierung des Unternehmensträgers und nicht die Übertragung eines Betriebsteils oder des ganzen Betriebes auf einen neuen. Sanierung im weitesten Sinne wird definiert als die Zusammenfassung aller organisatorischen, finanziellen und rechtlichen Maßnahmen, die ein Unternehmen aus einer ungünstigen wirtschaftlichen Situation herausführen sollen, um seine Weiterexistenz zu sichern. Dazu gehören Umstellung von Einkauf, Produktion und Absatz; Abstoßung von Unternehmensteilen; Neuordnung der Unternehmensleitung; Herabsetzung und Neugewinn von Eigenkapital und Fremdkapital; Umwandlung von kurzfristigem in langfristiges Fremdkapital, von Fremdkapital in Eigenkapital; Verschmelzung mit anderen Unternehmen (vgl. *Flessner* S. 2; KS-InsO/*Limmer* 1997, S. 932, Rn. 8).

26 Der Begriff der Sanierung umfasst die Gesamtheit aller Maßnahmen, die ein in seiner Existenz bedrohtes Unternehmen durch Herstellung der Zahlungs- und Ertragsfähigkeit vor dem Zusammenbruch bewahren, oder nach dem Zusammenbruch wieder aufrichten soll (*Eisele* S. 1762). Während die finanzielle Sanierung auf solche Maßnahmen abstellt, die eine Neugestaltung der Finanzlage eines existenzbedrohten Unternehmens zum Ziel haben, umfasst die leistungswirtschaftliche Sanierung alle Änderungs- und Rationalisierungsmaßnahmen innerhalb der betrieblichen Sphäre eines Unternehmens (*Eisele* S. 1762).

27 Finanzwirtschaftliche Sanierungsmaßnahmen gehen davon aus, dass die Sanierung des Krisenunternehmens im finanzwirtschaftlichen Bereich meist durch zusätzliche Kapitalzuführung bewirkt wird (*Groß* S. 255 ff.). Diese Mittelzuführung ist für ein schuldnerisches Unternehmen in der Krise im Regelfall sehr problembehaftet. Eigen- bzw. Fremdkapitalgeber stellen dem Unternehmen nur dann Kapital zur Verfügung, wenn sie dafür Sicherheit und eine entsprechende Rentabilität zu erwarten haben.

28 Ob Altgesellschafter einem wirtschaftlich in Schwierigkeiten befindlichen Unternehmen weitere Gelder zuführen wollen, hängt entscheidend davon ab, ob für die Schulden des Unternehmens persönlich gehaftet wird. Institutionelle Kapitalgeber sind zur Ausreichung weiteren Kapitals bereit, wenn ihnen entsprechende Sicherheiten zur Verfügung gestellt werden. Da dies i.d.R. nicht möglich ist, erfolgt die Zuführung neuen Kapitals i.d.R. durch neue Gesellschafter.

29 Für die Sanierung des Krisenunternehmens selbst ist die Gründung einer neuen Gesellschaft nicht erforderlich. Es besteht Rechtsidentität zwischen dem Krisenunternehmen und der Sanierungsgesellschaft selbst (*Groß* S. 255, Rn. 1). Kein notwendiges Merkmal der Sanierungsgesellschaft ist, dass die bisherigen Inhaber und/oder Gesellschafter auch Gesellschafter der mittels Fortführungsplans sanierten Gesellschaft sind.

Für den Gesellschafter wird der Fortführungsplan im Rahmen seines Planinitiativrechts von vorrangigem Interesse sein, da es ihm hierdurch möglich sein kann, einen Teil seines Kapitals sowie ggf. auch seine leitende Position im Unternehmen zu bewahren. Ob sich ein Fortführungsplan zum Erhalt der betrieblichen Kontinuität anbietet, hängt vom Einzelfall ab. Erhebliche Vorteile eines Fortführungsplans sind z.B. die Verhinderung der Zerschlagung wirtschaftlicher Werte; ferner kann durch ihn die Unterbrechung leistungswirtschaftlicher Prozesse noch am ehesten vermieden oder beschränkt werden, da die Dauerschuldverhältnisse mit Lieferanten, Kunden und Mitarbeitern weiter bestehen. Fortführungspläne können nur auf der Grundlage eines detaillierten Sanierungskonzeptes realisiert werden, wobei dies voraussetzt, dass das Unternehmen sanierungsfähig und sanierungswürdig ist (*Post* DB 1984, 280 ff.). 30

Die Sanierungsprüfung, die innerhalb eines sehr kurzen Zeitraumes zu erfolgen hat, stellt hohe Anforderungen an den Sachverständigen und birgt Prognoserisiken und Fehlerquellen. Die InsO will Unternehmenssanierungen erleichtern, was sich auch in anderen gesetzlichen Rahmenbedingungen, beispielsweise der Streichung der Haftung des Vermögensübernehmers gem. § 419 BGB und der Einführung der vereinfachten Kapitalherabsetzung bei der GmbH durch die §§ 58a ff. GmbHG, widerspiegelt (vgl. *Uhlenbruck* GmbHR 1995, 81 [84 ff.]). 31

Ein Kernstück des darstellenden Teils ist die Darlegung der Sanierungsfähigkeit des insolventen Unternehmens. Nach h.M. gilt ein Unternehmen dann als sanierungsfähig, wenn es nach Durchführung von Sanierungsmaßnahmen mit hinreichender Wahrscheinlichkeit aus eigener Kraft am Markt nachhaltig Einnahmeüberschüsse erwirtschaften kann (vgl. *Groß* DStR 1991, 1572 ff.). Nur wenn die Sanierungsfähigkeit des insolventen Unternehmens zu bejahen ist, kann im Rahmen eines auf die Fortführung des Unternehmens gerichteten Sanierungsplans ein Konzept ausgearbeitet werden, welches insbesondere bei Insolvenzen von größeren Unternehmen – je nach Krisenursachen – äußerst differenzierte Lösungen vorsehen muss. 32

Die finanzwirtschaftliche Sanierung erfolgt vielfach durch eine Kapitalerhöhung, der meist eine Kapitalherabsetzung zwecks Ausgleichs der Verluste vorausgeht. Das durch die Erhöhung zugeführte Kapital haftet vollumfänglich für die Verbindlichkeiten des Krisenunternehmens. Im Einzelfall kann ein Fortführungsplan auch vorsehen, dass das sanierte Unternehmen mit einem anderen Unternehmen verschmolzen werden soll, wodurch sich die Unternehmen im Wege der Gesamtrechtsnachfolge unter Ausschluss der Abwicklung vereinigen (*Groß* S. 335, Rn. 184; *Schilling* in Großkommentar AktG, § 339 Rn. 2). 33

Die Mitgliedschaft der Altgesellschafter setzt sich i.d.R. in der übernehmenden bzw. neu gebildeten Gesellschaft fort. Die übertragende Gesellschaft erlischt, »nur das in ihr verkörperte und zusammengehaltene Vermögen geht auf eine andere Gesellschaft im Wege der Gesamtrechtsnachfolge über« (*Schilling* in Großkommentar AktG, Rn. 3). Wirtschaftlich hat die Verschmelzung den Zweck, »Unternehmensorganisationen ineinander aufgehen zu lassen« (*Groß* S. 336, Rn. 186). 34

2. Inhalte eines Sanierungskonzepts

(vgl. *IDW* ES 6 n.F./2011)

a) Grundsatz

Wie dargelegt, ist jeder Fortführungsplan individuell auf den jeweiligen Insolvenzsachverhalt abzustimmen, so dass die nachfolgenden Ausführungen nur Denkansätze darstellen. 35

b) Maßnahmen und Rechtshandlungen des Verwalters seit Eröffnung

Gem. § 220 Abs. 1 InsO muss im darstellenden Teil des Insolvenzplans beschrieben werden, welche Maßnahmen nach der Eröffnung des Insolvenzverfahrens getroffen worden sind oder noch getroffen werden sollen, um die Grundlagen für die geplante Gestaltung der Rechte der Beteiligten zu schaffen. 36

Durch diese Anordnung ist sichergestellt, dass für die Beteiligten – soll der Plan nicht an der Hürde des § 231 InsO scheitern – ein Mindestinformationsstandard gewährleistet ist.

37 Da Sanierungen oftmals nur möglich sind, wenn Rahmenbedingungen, z.B. arbeitsrechtlicher Natur, geschaffen werden, ist es erforderlich, die Beteiligten hierüber in Kenntnis zu setzen. Gleiches gilt beispielsweise für noch abzuschließende Sozialpläne oder Teilbetriebsstilllegungen.

38 Geplante oder bereits durchgeführte Änderungen der Rechtsform, des Gesellschaftsvertrages oder der Satzung sowie der Beteiligungsverhältnisse sind von besonderem Interesse für die Beteiligten. Da die Sanierung eines insolventen Unternehmens häufig nur Erfolg versprechend ist, wenn die Rechtsform, die gesellschaftsrechtliche Struktur oder die Beteiligungsverhältnisse des Unternehmens geändert werden, insbesondere, wenn es gelingt, neue Kapitalgeber für den Unternehmensträger zu gewinnen, ist die Angabe derartiger Änderungen ein Kernstück des darstellenden Teils des Plans.

c) Unternehmensbeschreibung

39 Ein Insolvenzplan, insbesondere ein Fortführungsplan, muss den Beteiligten das insolvente Unternehmen vorstellen und nahe bringen. Es ist sinnvoll, diese Unternehmensbeschreibung – nach kurzer Beschreibung, welche Maßnahmen nach der Eröffnung des Insolvenzverfahrens getroffen worden sind oder noch getroffen werden sollen – gleichsam vor die Klammer zu ziehen. In diesem Zusammenhang ist zu bedenken, dass die einzelnen Gläubiger über gänzlich unterschiedliche Wissensstände hinsichtlich des insolventen Unternehmens verfügen. Haben die Hausbanken und die Finanzämter meist Einblick in die finanzwirtschaftlichen Daten des Unternehmens und kennen dessen Zusammenhänge und wirtschaftlichen Verflechtungen, haben Warenlieferanten vielfach weder hierüber noch über die Hintergründe der Insolvenz Kenntnis. Oftmals werden Gläubiger von der Insolvenz eines Unternehmens auch völlig überrascht; dies gilt nicht nur in Fällen, in denen monokausale Krisen, wie z.B. der Ausfall einer hohen Forderung, ein Unternehmen unvermittelt in den Untergang führen, sondern auch in den Fällen, in denen sich herausstellt, dass jahrelang geschickt verborgene Bilanzmanipulationen stattgefunden haben.

40 Ziel der Unternehmensbeschreibung muss es sein, dass die Gläubiger sich ein Bild über die unternehmensbezogenen Zusammenhänge machen können, ohne dabei bereits mit den Analysen des Planerstellers konfrontiert zu werden. Für die Beschreibung des Unternehmens können nachfolgende Informationen von Interesse sein.

aa) Unternehmenshistorie, Entwicklung und rechtliche Verhältnisse

aaa) Gründungsvorgang und Gründungsmotivation

41 Der Gründungsvorgang und die Gründungsmotivation sind gerade bei Kleinunternehmen, die bereits in den ersten Geschäftsjahren insolvent geworden sind, von erheblichem Interesse.

bbb) Darstellung der prägenden Unternehmerpersönlichkeit

42 Handelt es sich um ein Unternehmen, das – wie im Mittelstand oft der Fall – von nur einer Unternehmerpersönlichkeit geprägt und geformt worden ist, ist ein kurzer Überblick über die persönliche und berufliche Entwicklung dieser Person von Interesse, falls ein Fortführungsplan auf die Einbindung dieser Person aufgebaut und die Befriedigung der Gläubiger somit maßgeblich von deren zukünftigem Verhalten abhängig sein wird.

43 Ist im Rahmen eines Übertragungs- oder eines Liquidationsplans strafrechtlich relevantes Verhalten des Schuldners bzw. seiner organschaftlichen Vertreter für die Gläubiger regelmäßig unerheblich, da der Plan nur zur Erzielung von besseren Verwertungserlösen dient, so ist dies bei einem Fortführungsplan anders. Im Hinblick auf eine etwaige Fortführung des Unternehmens ist Wissen um eventuelle Straftaten, insbesondere Bankrottdelikte i.S.d. §§ 283–283c StGB, für die Frage der Zuverlässigkeit des Schuldners in Bezug auf die mögliche Erfüllung des Plans von erheblicher Wichtigkeit.

Das *LG Berlin* ging im Hinblick auf die Restschuldbefreiung sogar davon aus, dass ein Hinweis auf Strafverurteilungen bei jeder Art von Plan notwendig ist (ZIP 2008, 324). Der BGH hatte hingegen zunächst offen gelassen, ob eine rechtskräftige Verurteilung wegen Insolvenzstraftaten darzulegen ist. Eine Verpflichtung zur Darlegung möglicher Versagungsgründe einer Restschuldbefreiung bestünde jedenfalls nicht, denn eine solche Pflicht sei mit der Darlegungs- und Beweislast der Gläubiger nach §§ 251 Abs. 2, 290 Abs. 2, 297 Abs. 2 InsO nicht vereinbar (*BGH* ZInsO 2009, 1384). Später hat der BGH klargestellt, dass bei nicht erfolgter Aufnahme der vom Schuldner begangenen Insolvenzstraftaten in den darstellenden Teil eine Bestätigung des Plans nur dann zu versagen ist, wenn der Plan auf eine Unternehmensfortführung durch den Schuldner selbst oder bei einer schuldnerischen juristischen Person durch die bisherigen, insolvenzstrafrechtlich belasteten organschaftlichen Vertreter abzielt. In diesen Fällen wären Zweifel an der Zuverlässigkeit des Schuldners und damit Zweifel am Erfolg des Plans begründet (*BGH* Beschl. v. 13.10.2011, WM 2012, 180 = NZI 2012, 139 = ZIP 2012, 139, m. Anm. *Roth* ZInsO 2012, 727). Da einschlägige strafrechtliche Verurteilungen eine für die Unternehmensfortführung erforderliche Eignung in Frage stellt, handele es sich um eine Angabe, die für die Entscheidungsbildung der Gläubiger von wesentlicher Bedeutung ist.

Ob eine Unternehmensfortführung im Hinblick auf die Zuverlässigkeit des Schuldners erfolgversprechend ist, kann jedoch dann nicht von wesentlicher Bedeutung für die Gläubiger sein, wenn die Planquote nicht aus Unternehmenserträgen, sondern durch Drittmitteln finanziert werden soll. Es erscheint daher fraglich, ob die Rechtsprechung des BGH auch dann anzuwenden ist, wenn bei Unternehmensfortführung die Insolvenzstraftaten zwar nicht in den darstellenden Teil aufgenommen wurden, die Befriedigung der Gläubiger jedoch von dritter Seite erreicht werden soll (vgl. *Rendels/Körner* EWiR 2012, 216 [217]). Des Weiteren dürfte die Rechtsprechung des BGH auch dann keine Anwendung finden, wenn allein das Vertretungsorgan des Schuldners insolvenzstrafrechtlich in Erscheinung getreten ist und dieses spätestens zum Zeitpunkt der Rechtskraft des Plans ausgetauscht wird (*Rendels/Körner* EWiR 2012, 216 [217]). 44

Dies darf nicht dahingehend missverstanden werden, dass es im Rahmen der Darstellung etwaiger Straftaten um eine neue Art von »Würdigkeitsprüfung« i.S.d. bisherigen Vergleichsrechts ginge. Diese ist ein für alle Mal obsolet, da das neue Planverfahren keine Rechtswohltat für den Schuldner ist – wenngleich es ihm erhebliche rechtsreflexartige Vorteile bringen kann –, sondern ein Weg, den Gläubigern einen über die gesetzliche Zwangsverwertung hinausgehenden Mehrerlös zuweisen zu können. Letztlich ist es den Beteiligten überlassen, ob sie dem Plan trotz einschlägiger strafrechtlicher Vergangenheit des Schuldners zustimmen wollen. 45

Ein Verwalter, der es unterlässt, die Beteiligten auf Straftaten i.S.d. §§ 283–283c StGB des Schuldners/vertretungsberechtigten Organs hinzuweisen, kann sich schadensersatzpflichtig machen, wenn sich sein Verhalten nach Bestätigung des Plans wiederholt und die Gläubiger dadurch Schaden erleiden. 46

ccc) Entwicklung der Gesellschafterstruktur und der Unternehmensleitung vor und in der Krise

In der Praxis ist es bei Gesellschaften mit beschränkter Haftung manchmal zu beobachten, dass sich die Gesellschafter – gerade wenn es sich um geschäftsführende Gesellschafter handelt – in der Krise von ihrem Gesellschafterkapital trennen und dieses in notarieller Form an eine vermögenslose Person abtreten, die oft noch zusätzlich zum Geschäftsführer bestellt wird. Diese Person ist nicht selten ohne Wohnsitz oder befindet sich im Ausland. Lässt sich in der Gesellschafterstruktur ein derartiges Vorgehen erkennen, erübrigt sich i.d.R. der Gedanke an eine Unternehmensfortführung. 47

ddd) Darstellung der wesentlichen Änderungen des Gesellschaftsvertrages/der Satzung vor und in der Krise

Diese Darstellungen ermöglichen es den Beteiligten, sich über Handlungen/Maßnahmen der Geschäftsleitung/Gesellschafter vor und in der Krise zu informieren, um hierdurch wertvolle Rückschlüsse für das Planverfahren zu gewinnen. Gerade wenn ein Fortführungsplan auf den Schuldner 48 aufbaut, sind Handlungen/Maßnahmen der Geschäftsleitung/Gesellschafter vor und in der Krise von großem Interesse, um Versprechungen eines schuldnerischen Plans an dessen Verhalten in der nahen Vergangenheit messen zu können.

eee) Entwicklung von Produkten und Dienstleistungen des insolventen Unternehmens in Bezug auf seinen konkreten Markt

49 Die Darstellung von Produkten und Dienstleistungen des insolventen Unternehmens unter Bezugnahme auf seinen konkreten Markt hat eine hohe Aussagekraft für dessen Zukunftsträchtigkeit. Oftmals sind die Produkte vormals durchaus erfolgreicher Unternehmen überholt oder überaltert, weil man es versäumt hat, rechtzeitig Nachfolgeprodukte auf den Markt zu bringen. Ist dies der Fall, wären hohe Investitionen im leistungswirtschaftlichen Bereich eines Unternehmens erforderlich. Für die Beteiligten ist es, wenn eine Fortführungslösung ansteht, weiterhin von Wichtigkeit zu erfahren, ob die Produkte/Dienstleistungen eines insolventen Unternehmens überhaupt noch einen Markt finden können. Im Falle von Strukturkrisen ganzer Industriebereiche sind die besten Sanierungskonzepte wertlos, wenn das Unternehmensumfeld deren Umsetzung nicht zulässt.

bb) Finanzwirtschaftliche Verhältnisse

50 Im Rahmen der finanzwirtschaftlichen Verhältnisse ist im Einzelfall eine Vielzahl von Informationen von Interesse, u.a.:
– Umsatzentwicklung,
– Ertragsentwicklung,
– Höhe der Außenstände,
– Wertberichtigungsquote,
– Debitorenumschlagdauer,
– Materialeinsatz,
– Personalkosten,
– Rückstellungen (Altlasten, Patentverletzungsprozesse etc.),
– Abschreibungen,
– Investitionsvolumen der letzten Jahre vor der Insolvenz,
– immaterielle Vermögenswerte,
– außerordentliche Erträge in den Jahren vor der Insolvenz (»Strohfeuer«, z.B. durch »sale und leaseback« des wesentlichen Anlagevermögens in der Krise, etc.),
– Zahlungen an Gesellschafter vor und in der Krise,
– eventuelle Kreditsicherheiten,
– nicht betriebsnotwendiges Vermögen,
– Darlehensaufnahmen,
– Finanzplan,
– Investitionsplanung,
– zusätzliche Kapitalaufbringungsmöglichkeiten.

cc) Mitarbeiterstatus und arbeitsrechtlicher Hintergrund

51 Der Mitarbeiterstatus und der arbeitsrechtliche Hintergrund sind im Falle einer Unternehmensfortführung von großem Interesse; dies gilt insbesondere für:
– Mitarbeiterentwicklung der Arbeiter und Angestellten in Zahlen,
– Entwicklung der Bruttolohn- und Bruttogehaltssumme,
– Gegenüberstellung der Mitarbeiterzahl in der Produktion im Vergleich zur Mitarbeiterzahl in der Verwaltung,
– Umsatz pro Mitarbeiter,
– Fluktuationsrate, Betriebszugehörigkeit zur Darstellung des im Personal gebundenen Know-how,
– *Fehlzeiten der Arbeitnehmer p.a.*, Überstunden etc.,
– Altersstruktur der Mitarbeiter,

- Ausbildungs- und Fortbildungsstand der Mitarbeiter,
- erfolgte oder geplante Stilllegung einzelner Betriebe oder Betriebsteile,
- erfolgte oder noch bevorstehende Entlassung von Teilen der Belegschaft,
- entstehende Sozialplanforderungen.

dd) Leistungswirtschaftliche Verhältnisse

Leistungswirtschaftliche Defizite eines Unternehmens lassen sich wesentlich schwerer als akute finanzwirtschaftliche Krisen beheben, da Kapitalzuführung alleine in diesen Fällen nicht ausreichend ist. Unternehmen werden selten völlig überraschend insolvent. Oft handelt es sich um einen mehrere Jahre andauernden Prozess, der letztendlich in die Insolvenz mündet. Zeigt die Unternehmensanalyse, dass die leistungswirtschaftlichen Sanierungsmaßnahmen unrentabel sein werden, hat ein Fortführungsplan zu unterbleiben. 52

Im Rahmen der leistungswirtschaftlichen Verhältnisse sind im Einzelfall viele Informationen von Interesse; dazu gehören unter andern: 53
- Produkte und Leistungsqualität,
- notwendige Produkterneuerungen/Innovationen,
- Fertigungstiefe der Produktion,
- Investitionsbedarf in Produkte,
- Marktanteil und Marktverhältnisse,
- Wettbewerbsverhältnisse,
- Lebenszyklus der Produkte,
- Zahl, Größe und Art der Standorte,
- Infrastruktur,
- Absatzmarkt,
- Beschaffungsmarkt,
- regionale Förderung,
- technische Ausstattung der Produktion,
- Kapazitätsauslastung,
- Auftragsbestand,
- Marketing,
- Vertriebskonzept,
- Ausgestaltung des Controlling,
- Ausgestaltung des Rechnungswesens,
- Vorhandensein von Patenten und Lizenzen,
- Erschließbarkeit neuer Märkte.

ee) Zusätzlich erforderliche Maßnahmen

aaa) Erforderliche Genehmigung einer Behörde

Den Gläubigern fehlt eine klare Grundlage für ihre Entscheidung über den Plan, wenn dieser Maßnahmen vorsieht, die nur mit Genehmigung einer Behörde oder mit Zustimmung eines Dritten wirksam werden können, diese Genehmigung oder Zustimmung zum Zeitpunkt der Abstimmung der Gläubiger aber noch nicht vorliegt. 54

Dabei wird es sich meist um Maßnahmen handeln, die im darstellenden Teil des Plans angekündigt werden. Beispielsweise kann der Zusammenschluss des schuldnerischen Unternehmens mit einem anderen Unternehmen einer kartellrechtlichen Genehmigung bedürfen, oder die Veräußerung von Grundstücken einer Genehmigung nach dem Grundstücksverkehrsgesetz. 55

Auch Maßnahmen aus dem gestaltenden Teil können betroffen sein: Die vorgesehene Abfindung einer Gruppe von Gläubigern durch Anteilsrechte an einem anderen Unternehmen kann die Zustimmung der bisherigen Anteilseigner dieses Unternehmens erfordern. Nicht in allen Fällen wird es er- 56 reichbar sein, dass die erforderliche Genehmigung oder Zustimmung schon erteilt ist, bevor die Gläubiger über die Annahme des Plans entscheiden.

57 Um weitmöglichst Klarheit für die Gläubiger zu schaffen, ist im Plan anzugeben, ob eine noch nicht vorliegende Genehmigung oder Erklärung verbindlich zugesagt ist oder aus welchen Gründen mit dieser gerechnet werden kann. Dies ist auch im Hinblick auf den bedingten Plan gem. § 249 InsO von Bedeutung.

bbb) Sonstiges

58 Eine Vielzahl von weiteren Informationen kann für die Gläubiger ebenfalls von Interesse sein, insbesondere die Höhe der Darlehen, die der Verwalter während des Verfahrens aufnehmen muss und die gem. § 55 InsO aus der Masse zurückgezahlt werden müssen; ferner die Höhe der Darlehen, die nach § 264 InsO privilegiert sein sollen, sowie der Umfang der durch den Plan bedingten Masseverbindlichkeiten.

59 Wichtig für die Gläubiger ist es, vor der Abstimmung über den Plan auch besondere Interessenlagen einzelner Gläubiger zu erfahren, die sich aus einer Doppelrolle bestimmter Beteiligter als Gläubiger und als Gesellschafter/Aktionär der Schuldnerin ergeben können.

60 Wenn im Insolvenzverfahren über das Vermögen einer Kapitalgesellschaft einige Gläubiger zugleich Gesellschafter/Aktionäre der Schuldnerin sind, werden sie an einer Sanierung des Unternehmens stärker interessiert sein als die anderen Gläubiger, weil sie als Aktionäre Vorteile von der Sanierung haben. Die übrigen Gläubiger sollten daher über derartige Beteiligungen unterrichtet sein.

61 Der Schuldner oder Insolvenzverwalter, der einen Insolvenzplan vorlegt, ist nicht verpflichtet, in dem darstellenden Teil die möglichen Versagungsgründe für die Restschuldbefreiung darzulegen. Da außerhalb eines Insolvenzplanverfahrens die Gläubiger den Versagungsgrund glaubhaft zu machen haben, kann im Fall einer Insolvenzplanvorlage durch den Schuldner oder Insolvenzverwalter nichts anderes gelten (*BGH* ZInsO 2009, 1252).

d) Unternehmensanalyse – Analyse der Insolvenzursachen

aa) Vorbemerkung

62 Die Analyse des Istzustandes des Unternehmens ist für alle Arten von Insolvenzplänen von grundlegender Bedeutung. Nur basierend auf dem Wissen um die Ursachen der Insolvenz kann eine Planstrategie entwickelt werden.

63 Nochmals sei darauf hingewiesen, dass das Insolvenzplanverfahren keinesfalls zur Beeinflussung des natürlichen Ausleseprozesses der Marktwirtschaft dient. Die Sanierung eines Unternehmens ist kein Instrument der Investitionslenkung im Sinne arbeitsmarktstruktur- oder industriepolitischer Ziele. Das Insolvenzrecht darf deshalb nicht einer Strukturkonservierung Vorschub leisten, sondern muss marktkonform ausgestaltet sein (*Engelhardt* ZIP 1986, 1287 ff.). Nur solche Fortführungspläne dürfen Zustimmung finden, die die finanz- und/oder leistungswirtschaftlichen Voraussetzungen für die nachhaltige Gesundung des Unternehmens plausibel darlegen können. Die Analyse krisenhafter Unternehmensentwicklungen, die aufgrund exogener und/oder endogener Krisenfaktoren letztlich in die Insolvenz des Unternehmens mündeten, muss die Entscheidung vorbereiten, ob ein Insolvenzplan den wirtschaftlichen Interessen der Beteiligten dienlicher ist als die gesetzliche Abwicklung.

bb) Ziel der Analyse

64 Ziel der Analyse ist es, die Ursachen-Wirkung-Zusammenhänge im insolventen Unternehmen zu erkennen, zu beschreiben und damit eine Basis für die Prüfung der Sanierungsfähigkeit, die Suche nach dem Handlungsziel und die Stellung eines Sanierungskonzepts zu schaffen (vgl. *Hess/Fechner* S. 54, Rn. 23–26). Hierbei muss bewusst sein, dass jede Sanierungsentscheidung Einfluss auf den Wettbewerb haben kann, wobei in der Praxis schon oft – meist öffentlichkeitswirksame – Rettungen

von Unternehmen den Untergang einer Vielzahl von kleineren Unternehmen bewirkt haben, die mit dem künstlich sanierten Unternehmen im Wettbewerb standen (*Lambsdorf* ZIP 1987, 899 ff.).

cc) Krisenarten

Hinsichtlich der Krisenarten lassen sich, je nachdem ob die Ursachen maßgeblich im leistungswirtschaftlichen oder finanzwirtschaftlichen Unternehmensbereich liegen, Erfolgs- und Liquiditätskrisen unterscheiden, wobei diese sich in einer Ursachen-Wirkung-Kette meist gegenseitig bedingen und potenzieren. 65

Von einer Erfolgskrise spricht man, wenn ein Unternehmen nachhaltig Verluste erwirtschaftet, also eine negative Rentabilität aufweist, wodurch das Eigenkapital verbraucht wird. In der Insolvenz ist das Eigenkapital, welches als Puffer für Verluste des Unternehmens dient, aufgezehrt und im Regelfall die Überschuldung des Unternehmens eingetreten. Eine Sanierung kann nur erfolgen, wenn es gelingt, langfristige Erfolgspotentiale wieder herzustellen. 66

Im Gegensatz dazu kann eine Liquiditätskrise auch dann entstehen, wenn der leistungswirtschaftliche Bereich des Unternehmens nicht zu beanstanden ist. Eine Liquiditätskrise liegt dann vor, wenn das Unternehmen zur Begleichung fälliger Zahlungsverpflichtungen aus dem vorhandenen Bestand bzw. aus den zufließenden Zahlungsmitteln nicht in der Lage ist; die Gründe hierfür können vielfältig sein. Hauptgründe sind oft fehlerhafte Finanzplanungen, insbesondere die Unfähigkeit, eigene Außenstände rechtzeitig einzutreiben (vgl. *Bieg* S. 1 f.). 67

Die Erfolgskrise stellt zwar keine notwendige, langfristig jedoch eine hinreichende Bedingung für das Entstehen einer Liquiditätskrise dar, d.h. eine Erfolgskrise führt häufig zu einer Liquiditätskrise. Umgekehrt kann eine Liquiditätskrise ein gewinnbringendes Wirtschaften einschränken und darauf zu einer Erfolgskrise führen (vgl. *Bieg* S. 1 f.). 68

e) Planung

Um ein Unternehmen zu sanieren, ist die Beseitigung der festgestellten Insolvenzursachen erforderlich. Hierzu sind im Regelfall Eingriffe in das finanz- und leistungswirtschaftliche Konzept eines Unternehmens notwendig. Voraussetzung hierfür ist eine Unternehmensplanung. Dies bedeutet, im Gegensatz zur Improvisation die aktive und zukunftsgerichtete Gestaltung des betrieblichen Geschehens sowie die zukünftige Entwicklung eines Unternehmens in Form von Vorschauplänen aufzuzeigen. Von Wichtigkeit für die Gestaltung des Plans ist das Ergebnis, welches durch die unternehmerische Tätigkeit erreicht werden soll. Soweit das angestrebte Ergebnis durch den Plan nicht erzielt werden kann, sind Maßnahmen anzuordnen, mit deren Hilfe man dem Ziel näher kommt (*Bieg* S. 28). Je nachdem ob Zahlungsunfähigkeit und/oder Überschuldung behoben werden müssen, sind unterschiedliche Maßnahmen erforderlich. 69

Liegt Zahlungsunfähigkeit eines schuldnerischen Unternehmens vor, ist durch Einsatz finanzwirtschaftlicher Maßnahmen der Finanzbereich des Unternehmens zu sanieren. Ob bzw. wie dies planmäßig gelingt, muss auf der Grundlage eines Finanzplans, der bei einem Fortführungsplan gem. § 229 InsO als zwingend vorgeschriebene Anlage beizufügen ist, entschieden werden. 70

Bei zahlungsunfähigen Unternehmen müssen Maßnahmen zur kurzfristigen Wiederherstellung der Liquidität und vor allem deren mittel- und langfristiger Aufrechterhaltung vorgesehen werden. Aus diesem Grunde sind mittels eines Finanzplanes die zukünftigen Ein- und Auszahlungen zu planen. Das finanzielle Ergebnis wird durch die Gegenüberstellung von Erträgen und Aufwendungen bzw. Vermögen und Kapital im Rahmen der handelsrechtlichen Rechnungslegung (externes Rechnungswesen, Finanzbuchhaltung) errechnet. 71

Bei überschuldeten Unternehmungen sind Maßnahmen zur Behebung einer in einer Überschuldungsbilanz festgestellten Überschuldung zu planen. Ein Ansatzpunkt zur Beurteilung der Maßnahmen ist die Aufstellung von Planbilanzen bzw. Plangewinn- und -verlustrechnungen. Hierzu sind das künftige Vermögen und Kapital sowie die zukünftigen Erträge und Aufwendungen prognostisch zu 72 erfassen. Im Rahmen der Planung ist auch in zeitlicher Hinsicht zu differenzieren. Es sind unterschiedliche Planperioden aufzustellen. Ein kurzfristiger Plan umfasst einen Zeitraum von i.d.R. bis zu einem Jahr, meist aber einem Monat oder einem Quartal. Ein mittelfristiger Plan betrachtet einen Zeitraum von ein bis fünf Jahren. Der kurzfristige Plan baut auf den Daten und Rahmenvorgaben der mittel- und langfristigen Planung auf. Gerade in der ersten Phase nach der Insolvenz ist es erforderlich, dass der Plan regelmäßig fortgeschrieben und aktualisiert wird, damit die Plandaten mit den Sollzahlen verglichen werden können und auftretenden Problemen frühzeitig entgegentreten zu können.

C. Unternehmensperspektive

73 Eine Unternehmenssanierung auf der Grundlage eines Fortführungsplans hat nur Sinn, wenn das Unternehmen Wettbewerbsfähigkeit und damit mittel- und langfristig die Möglichkeit erlangt, nachhaltige Einnahmeüberschüsse zu erwirtschaften (*IDW* ES 6 nF/2011, S. 5 f.). Aus diesem Grunde muss ein Planersteller eine realistische und durch die Anlagen gem. §§ 229, 230 InsO gestützte und rechnerisch verprobte unternehmerische Zielvorstellung darlegen, aus welcher sich ergibt, dass die zukünftigen Strukturen eines sanierten Unternehmens, insbesondere wenn die Gläubiger aus den zukünftigen Erträgen befriedigt werden sollen, deren Vertrauen rechtfertigen können (vgl. *IDW* ES 6 nF/2011, S. 6 f.).

74 Wie diese Zielvorstellung zu gestalten ist, hängt von dem jeweiligen Unternehmen und dessen Erfolgspotentialen ab. Ohne realistische Zukunftsperspektive macht eine Fortführungslösung keinerlei Sinn, sondern führt nur zu weiteren Wertverlusten.

D. Sanierungsmaßnahmen

I. Allgemeines

75 Die Perspektive des insolventen Unternehmens hängt davon ab, dass die Krisenanalyse in ein Sanierungskonzept mündet, welches konkrete Veränderungen und/oder Verbesserungen darlegt. Sanierungsmaßnahmen erfordern vielfach Eingriffe in die Rechte der Beteiligten, so dass insoweit auch der Anwendungsbereich des § 221 InsO eröffnet ist. Je nachdem, welche Krisenursachen vorliegen, sind finanz- und/oder leistungswirtschaftliche Maßnahmen erforderlich. Im Rahmen der Sanierungsmaßnahmen ist im Einzelfall eine Vielzahl von Handlungen/Maßnahmen denkbar; nachfolgend seien einige hiervon beispielhaft aufgezählt (vgl. *IDW* ES 6 nF/2011, S. 26 f.):

II. Finanzwirtschaftliche Maßnahmen

76 Der Gesellschafter:
- Zuführung neuen Eigenkapitals,
- Gesellschafterdarlehen,
- Stellung neuer Sicherheiten etc.
- Übertragung der Gesellschafterrechte zum Zweck des debt-equity-swap.

Der Geschäftsleitung:
- Gehaltsverzichte.

Der Lieferantengläubiger:
- Forderungsverzichte,
- Stundung von Forderungen,
- Zinserlass,
- Umwandlung von Krediten in Beteiligungen,
- Verzicht auf Aussonderungsrechte,
- Verzicht auf Absonderungsrechte.

Der Gläubigerbanken:
- Bürgschaften,

- Vergabe neuer Kredite,
- Umschuldung,
- Forderungserlass,
- Freigabe von Sicherheiten,
- Übernahme von Beteiligungen,
- Vergabe von Risikokapital,
- Verzicht auf Kreditkündigungen,
- Verzichte auf Zinsen.

Der öffentlich-rechtlichen Gläubiger:
- Stundung von Forderungen,
- Erlass von Forderungen,
- Subventionen,
- Bürgschaften,
- Lohnzuschüsse.

III. Leistungswirtschaftliche Maßnahmen

Personalbereich:
- Kurzarbeit,
- Einstellungsstopp,
- Abschluss von Aufhebungsverträgen,
- »Outsourcing«,
- Kündigungen,
- Sozialpläne,
- Massenentlassungen,
- vorzeitige Pensionierungen.

Produktion:
- Konzentration auf rentable Geschäftsbereiche,
- Aufgabe unrentabler Standorte,
- Verbesserung der Arbeitsabläufe,
- Automatisierung,
- Verbesserung der EDV,
- Reduzierung der Materialkosten,
- Abbau der Lagerhaltung.

Vertrieb:
- Bündelung der Werbung und des Marketing,
- Überprüfung von Preisen, Skonti, Rabatte etc.,
- Überprüfung der Absatzstruktur,
- Mitarbeiterschulung,
- Neuakquise,
- Imagewerbung.

Geschäftsleitung:
- erfolgsabhängigere Vergütungen,
- Änderung des Führungsstils,
- Auswechselung der Führungsebene,
- Zuziehung weiterer externer Krisenberater.

E. Exkurs: Haftung des Verwalters bei Scheitern des Plans

Insolvenzpläne beurteilen eine Situation ex ante und sind somit Prognoseentscheidungen, die zwangsläufig Unwägbarkeiten ausgesetzt sind. In diesem Zusammenhang ist die Frage einer etwaigen Haftung des Verwalters im Falle des Scheiterns des Plans von Interesse, insbesondere wenn dieser den Plan ausgearbeitet und vorgelegt hat. Ein Scheitern von Fortführungsplänen könnte nur vermieden werden, wenn auf diesen Plantyp vollständig verzichtet würde. Denn jede Planung beinhaltet zwangsläufig die Gefahr des Scheiterns.

79 Unternehmensplanungen sind zukunftsorientiert und unter den schwierigen Rahmenbedingungen einer Insolvenz nicht mit absoluter Zuverlässigkeit möglich. Das Fehlschlagen des Plans für sich alleine betrachtet kann einen Schuldvorwurf gegen den Verwalter keinesfalls begründen, da es sich um die Verwirklichung eines dem unternehmerischen Handeln immanenten Risikos handelt (so zu Recht: *Warrikoff* KTS 1996, 502).

80 Hierbei ist auch zu bedenken, dass der Gesetzgeber bewusst die Erleichterung der Unternehmensfortführung als zentrales Anliegen der Reform gesehen hat. Es ist selbstverständlich, dass die Reform, die die Betriebsfortführung aus der Grauzone der vormaligen konkursrechtlichen Praxis hinausführte und zum gesetzlich typisierten Regelfall machte, neue Probleme aufwarf (KS-InsO/*Smid* 1997, S. 338, Rn. 3 f.). Die Umsetzung der gesetzlichen Zielvorstellung konnte nicht zu Lasten der Verwalter erfolgen. Haftungsrechtliche Fragen der Betriebsfortführung müssen im Lichte der den Verwaltern seitens des Gesetzgebers überbürdeten Pflichten beurteilt werden.

81 Da der Verwalter bei einer schuldhaften Pflichtverletzung gem. § 60 Abs. 1 Satz 1 InsO allen Beteiligten zum Schadensersatz verpflichtet ist, sollte er zur Reduzierung des Haftungsrisikos darauf achten, dass er die Beteiligten im darstellenden Teil des Plans über die Risiken des Plans so vollständig wie nur möglich informiert.

82 Die Beteiligten müssen in Kenntnis der Risiken im Abstimmungstermin ihre Entscheidung treffen. Wesentlich ist deshalb eine offene Informationspolitik des Planverfassers über die Risiken des Plans bzw. eine sorgfältige Ermittlung der Plangrundlagen.

83 Ein Verwalter, der lediglich auf der Grundlage von Hoffnungen versucht, Fortführungspläne zu realisieren, läuft Gefahr, sich schadensersatzpflichtig zu machen. Die Offenheit des Verwalters, bzw. des Planverfassers kann dazu führen, dass die Gläubiger in Anbetracht aufgezeigter Risiken von einem Fortführungsplan Abstand nehmen, um sich statt dessen für die Liquidation des Unternehmens und die sich aus ihr ergebende Insolvenzdividende zu entscheiden.

84 In diesem Zusammenhang ist nochmals darauf hinzuweisen, dass die Verwalter vor schwierige Aufgaben gestellt werden. Im Gegensatz zu den Beratern, die im Rahmen von außergerichtlichen Sanierungsversuchen im Regelfall Wochen, oftmals auch Monate Zeit haben um nach sorgfältigen Recherchen ein Sanierungskonzept vorzuschlagen, steht der Verwalter unter erheblichem Zeitdruck. Er muss unter eingeschränkter zeitlicher Vorgabe ein möglichst fehlerfreies Konzept für ein Unternehmen einer Branche vorlegen, die ihm oft fremd ist. Hierbei ist er oftmals auf die Unterstützung von Arbeitnehmern des Unternehmens angewiesen, deren Qualifikation er zu testen meist kaum Gelegenheit hatte (vgl. *Warrikoff* KTS 1996, 502). Hinzu kommt, dass verlässliche Zahlen der Finanzbuchhaltung und des betrieblichen Rechnungswesens oftmals nicht vorhanden sind.

§ 221 Gestaltender Teil

[1]Im gestaltenden Teil des Insolvenzplans wird festgelegt, wie die Rechtsstellung der Beteiligten durch den Plan geändert werden soll.[2]Der Insolvenzverwalter kann durch den Plan bevollmächtigt werden, die zur Umsetzung notwendigen Maßnahmen zu ergreifen und offensichtliche Fehler des Plans zu berichtigen.

Übersicht

		Rdn.			Rdn.
A.	Zweck der Regelung	1	C.	Gestaltungsmöglichkeiten	7
B.	Beteiligte	3	D.	Planberichtigungsrecht	12

Literatur:
Böhle-Stamschräder/Kilger Vergleichsordnung, 11. Aufl. 1986; *Bundesministerium der Justiz* (Hrsg.), Erster Bericht der Kommission für Insolvenzrecht, 1995, S. 157; *Grub* Handlungsspielräume des Insolvenzverwalters, in Kübler, Neuordnung des Insolvenzrechts, 1989; *Hess/Obermüller* Die Rechtsstellung der Verfahrensbeteiligten nach der InsO, 1996; *Kilger/Karsten Schmidt* Konkursordnung mit Gesamtvollstreckungsordnung, 16. Aufl. 1987; *Madaus* Möglichkeiten und Grenzen von Insolvenzplanregelungen, ZIP 2016, 1141.

A. Zweck der Regelung

Wurde im darstellenden Teil des Plans das Konzept des Plans ausführlich erläutert, wird im gestaltenden Teil dargelegt, wie die zur Planumsetzung notwendigen Rechtsänderungen verwirklicht werden sollen. Im Vordergrund stehen dabei die Eingriffe, die die Gläubiger im Rahmen der Planrealisierung in ihre Forderungen, Sicherheiten oder sonstige Rechte hinnehmen sollen. Gesetzliche Detailregelungen für diesbezügliche Eingriffe in Rechtsstellungen von Gläubigern sind in den §§ 223, 224, 225 InsO normiert; im Hinblick auf den Schuldner ist § 227 InsO zu beachten. 1

Einem Planersteller sind erhebliche Freiräume eingeräumt worden, die nur durch zwingende verfahrensrechtliche Postulate, wie beispielsweise den Minderheitenschutz, begrenzt werden. Vielfältige Gestaltungsmöglichkeiten sind denkbar; so können u.a. Unternehmen gegen den Willen der Gesellschafter oder eines Einzelkaufmanns vollständig reorganisiert werden, sofern die Voraussetzungen des § 247 InsO erfüllt sind (Erster Bericht der Kommission S. 157). Durch die neu eingefügten Vorschriften (§§ 217 Satz 2, 225a InsO) können nun auch gesellschaftsrechtliche Veränderungen am Schuldner durch Regelungen des darstellenden Teils weitgehend uneingeschränkt vorgenommen werden, die dann durch die gerichtliche Bestätigung des Plans wirksam werden. (zur überkommenen Rechtslage vgl. *Jaffé* 6. Aufl., § 217 Rn. 82 ff.). Damit folgt das deutsche Insolvenzrecht nun dem amerikanischen Insolvenzrecht, welches von den Grundsätzen des Billigkeitsrechts (equity) beeinflusst ist, und sich gerade dadurch auszeichnet, dass es nahezu sämtliche Gestaltungsmöglichkeiten eröffnet, so auch in gesellschaftsrechtlicher Hinsicht. 2

B. Beteiligte

Die Beteiligten i.S.d. § 221 InsO, in deren Rechtsstellung durch den Plan eingegriffen werden soll, sind: 3
1. die absonderungsberechtigten Gläubiger (§ 223 InsO),
2. die nicht nachrangigen Insolvenzgläubiger (§ 224 InsO),
3. die nachrangigen Insolvenzgläubiger (§ 225 InsO)
4. die Anteilsinhaber am Schuldner (§ 225a InsO) sowie
5. der Schuldner.

Nicht beteiligt i.S.d. § 221 InsO sind die aussonderungsberechtigten Gläubiger, da diese ihre Rechte außerhalb des Verfahrens geltend machen können. Nichtbeteiligte sind ferner die Massegläubiger, auch wenn es sich um Ansprüche aus einem Insolvenzsozialplan gem. § 55 Abs. 2 InsO handelt, die aus der Masse nicht bedient werden können. Entscheidend ist die rechtliche Qualifikation und nicht die wirtschaftliche Betrachtung. Die Abgrenzung der Beteiligten ergibt sich aus der verfahrensrechtlichen Stellung und nicht aus den materiellen Wirkungen (so auch *Hess* InsO, § 217 Rn. 23; a.A. *Nerlich/Römermann-Braun* InsO, § 217 Rn. 34, der Eingriffe in die Sozialplanansprüche mittels Insolvenzplan zulassen will, soweit diese im Rahmen einer wirtschaftlichen Betrachtung wertlos sind). Gleichfalls nicht beteiligt kraft Gesetzes sind die Neugläubiger. Allerdings können sie ausnahmsweise beteiligt werden, wenn sie den Regelungen im Insolvenzplan ausdrücklich zustimmen, § 230 Abs. 2 InsO analog, und sodann ihre Rechtsstellung im gestaltenden Teil des Planes modifiziert wird. Sowohl Massegläubiger als auch Neugläubiger können nicht gegen ihren Willen betroffen sein, wenn sie dem Insolvenzplan nicht ausdrücklich zustimmen (*LG Düsseldorf* ZIP 2015, 2182 f.). 4

Anders als nach dem bis zum 1.3.2012 geltenden Recht sind die Gesellschafter eines insolventen Unternehmens nun ebenfalls Beteiligte i.S.d. § 221 InsO, wenn und soweit durch den darstellenden Teil 5 in ihre Anteils- und Mitgliedschaftsrechte eingegriffen wird (vgl. zur alten Rechtslage *LG Mühlhausen* NZI 2007, 724). Hierdurch wird der Kreis der Beteiligten um eine wichtige Personengruppe erweitert, die in der Vergangenheit aufgrund ihrer gesellschaftsrechtlichen Machtstellung regelmäßig in der Lage war, einen Insolvenzplan zu Fall zu bringen, selbst wenn sie ohne diesen wegen Überschuldung keinerlei Verwertungserlöse beanspruchen konnte. Als Beteiligte sind die Gesellschafter nun mitten in das Planverfahren eingebunden, wenn der Planersteller eine solche Einbindung nach dem jeweiligen Plankonzept für notwendig erachtet.

6 Trotz dieser Änderung ist der Beteiligtenbegriff letztlich dennoch enger gefasst als noch im Recht der KO, wo sich dieser an den sich aus der KO ergebenden Aufgaben und Pflichten orientierte (*BGH* NJW 1985, 1159; ZIP 1987, 115 [117]). Beteiligt waren alle, denen gegenüber der Verwalter sich aus der KO ergebende Pflichten zu erfüllen hatte, auch wenn sie nicht am Verfahren teilnahmen (*BGH* KTS 1962, 106; NJW 1973, 1043). Aus diesem Grunde waren aussonderungsberechtigte Gläubiger (*BGH* MDR 1958, 687), absonderungsberechtigte Gläubiger (*RG* RGZ 144, 181; *BGH* BGHZ 105, 230 [234]) sowie der Schuldner »Beteiligte« (*Kilger/Karsten Schmidt* KO, § 82 Rn. 2a). Gleiches galt für Massegläubiger (*BGH* ZIP 1987, 115).

C. Gestaltungsmöglichkeiten

7 Der Gesetzgeber hat im Rahmen des § 221 InsO keine inhaltlichen Gestaltungsmöglichkeiten »der Rechtsstellung« der Beteiligten und damit der Sanierungsmaßnahmen aufgezählt, da diese zu vielfältig sind. Lediglich beispielhaft seien erwähnt:
– Absonderungsberechtigte Gläubiger können auf Zinsen verzichten (vgl. § 169 InsO).
– Absonderungsberechtigte Gläubiger können sich verpflichten, höhere als die gesetzlichen Verwertungskosten zu bezahlen.
– Absonderungsberechtigte Gläubiger können auf dingliche Rechte gegen Besserungsschein oder auf den Ausgleich eines Wertverlustes bei Absonderungsrechten verzichten (*Hess/Obermüller* S. 60, Rn. 318).
– Dingliche Sicherheiten können ausgetauscht werden; im Rahmen der Gewährung qualitativ höherwertiger Sicherheiten können Forderungen erlassen werden.
– Forderungen können gestundet werden.
– Forderungen können ganz oder teilweise, mit oder ohne Besserungsschein erlassen werden; Besserungsklauseln sind in Übereinstimmung mit dem bisherigem Recht weiterhin zulässig (vgl. *Böhle-Stamschräder/Kilger* VglO, § 85 Rn. 8).
– Dritte Personen können für die Erfüllung des Plans einstehen und sich aus freien Stücken in den Plan mit einbeziehen lassen, so z.B. durch Stellung eines Planbürgen (zur Stellung des vormaligen Vergleichsbürgen: *RG* RGZ 143, 102), durch Eintragung einer Grundschuld oder Auflassungsvormerkung zugunsten der Insolvenzplangläubiger (vgl. hierzu: *Kilger/Karsten Schmidt* KO, § 174 Rn. 3).
– Die Ausschüttung der Quote kann abweichend von der gesetzlichen Regelung vereinbart werden.
– Gläubiger können auf eine Insolvenzdividende ganz oder teilweise verzichten.
– Gläubigern kann als Gegenleistung für Verzichte eine Gesellschafterstellung angeboten werden. Diese kann den Gläubigern – wie aus § 230 Abs. 2 InsO ersichtlich ist – im Gegensatz zur amerikanischen Rechtsordnung nicht anstatt einer Insolvenzdividende aufgezwungen werden.
– Gesellschafterdarlehen können vereinbart werden.
– Die Fortsetzung des Schuldners als juristische Person kann beschlossen werden.
– Jede gesetzlich mögliche Veränderung der gesellschaftsrechtlichen Struktur des Schuldners kann beschlossen werden.
– Jede Art von Kapitalmaßnahme, insbesondere die Umwandlung von Forderungen in Gesellschaftsanteile (Debt-Equity-Swap), kann beschlossen werden.
– Bei einem Insolvenzplan über das Vermögen einer Genossenschaft kann – für den Fall, dass die Satzung der Genossenschaft eine unbeschränkte Nachschusspflicht vorsieht – im Insolvenzplan eine Nachschusspflicht der Genossen festgelegt werden (vgl. § 105 Abs. 1, § 116 Nr. 2 GenG, weiterführend auch *Beuthien-Tietze* ZIP 2002, 1116 [1122]).

Zu beachten ist, dass Arbeitsverhältnisse nicht im Rahmen des Insolvenzplans gestaltet werden können.

Im Plan sind sämtliche Änderungen detailliert anzugeben; nur eine Übersicht ist nicht ausreichend. Die hierzu erforderlichen Hintergrundinformationen, Erläuterungen und Darstellungen gehören jedoch ausschließlich in den darstellenden Teil des Plans. Änderungen, die ipso iure eintreten, wie der Erlass nachrangiger Forderungen gem. § 225 InsO oder der Erlass der Restverbindlichkeiten des Schuldners gem. § 227 InsO müssen im gestaltenden Teil nicht angegeben werden.

Die Regelungen der §§ 260 ff. InsO, die nach Aufhebung des Verfahrens fortwirken, sind anzugeben, da auch insoweit in Rechte eingegriffen wird. Keine Anwendung finden die §§ 221, 254 InsO auf Tarifvertragsparteien gem. § 2 Abs. 1 TVG. Durch den Insolvenzplan können keine Einwirkungen auf den Tarifvertrag abgeleitet werden. Derartige Handlungen sind wirkungslos, da unwirksam (*Oberhofer* ZInsO 1999, 439 [440]). Eine Regelung hinsichtlich Masseverbindlichkeiten, beispielsweise durch Einbindung eines Sozialplans ist – auch wenn sich die Arbeitnehmer damit einverstanden erklären – trotzdem unwirksam (*Oberhofer* ZInsO 1999, 439 [441]).

Zu beachten ist, dass der Betriebsrat bei der Erstellung des Insolvenzplans beratend mitwirken (§ 218 Abs. 3 InsO) und zum Insolvenzplan gem. § 232 Abs. 1 Nr. 1 InsO Stellung nehmen kann, nicht aber i.S.d. § 217 InsO selbst beteiligt ist. Der Betriebsrat ist überhaupt nicht vermögensfähig und insofern außerhalb der Betriebsverfassung niemals Inhaber einer Forderung (*Oberhofer* ZInsO 1999, 439 [441]).

In Insolvenzplänen wird häufig die Durchführung von Teilbetriebsstilllegungen erforderlich sein. Ist unter den Voraussetzungen des § 111 BetrVG ein Interessensausgleich abgeschlossen, spielt dies für den Insolvenzplan keine Rolle mehr. Anders verhält es sich, wenn die Betriebsänderung erst aufgrund des Insolvenzplans vorgesehen ist; in diesem Fall hat der Insolvenzverwalter vorzusorgen, dass der Insolvenzplan nicht letztlich am fehlenden Interessensausgleich oder einer fehlenden Einigung mit dem Betriebsrat über den fehlenden Interessensausgleich scheitert (*Berscheid* schlägt einen vorsorglichen Sozialplan vor: ZInsO 1998, 29; dies ist beim Interessensausgleich nicht möglich, s.a. *BAG* EzA § 113 BetrVG 1972 Nr. 28 = NZA 1999, 949; *Oberhofer* ZInsO 1999, 439 [442]). Gegebenenfalls könnte in diesem Zusammenhang an einen bedingten Insolvenzplan gedacht werden (§ 249 InsO; *Oberhofer* ZInsO 1999, 439 [442]).

D. Planberichtigungsrecht

Das im Gesetzgebungsverfahren des ESUG vom Rechtsausschuss des Bundestages durchgesetzte und in § 221 Satz 2 InsO aufgenommene Planberichtigungsrecht ermöglicht dem Insolvenzverwalter bei entsprechender Bevollmächtigung in Abstimmung mit dem Insolvenzgericht etwaige Unzulänglichkeiten im Plan korrigieren zu können, ohne zuvor eine Gläubigerversammlung einberufen zu müssen (BT-Drucks. 17/7511, S. 35).

Hierdurch soll eine »praktikable Lösung« geschaffen werden, um »dem im Plan zum Ausdruck gekommenen Willen der Beteiligten nachzukommen« (BT-Drucks. 17/7511, S. 35). Fraglich bleibt jedoch, zur Korrektur welcher Fehler der Insolvenzverwalter tatsächlich berechtigt ist. Insoweit bleiben Gesetzestext und Gesetzesmaterialien im Ungefähren. Während sich § 221 Satz 2 InsO seinem Wortlaut nach ganz allgemein auf offensichtliche Fehler bezieht, konkretisiert die Begründung des Rechtsausschusses, dass sich das Nachbesserungsrecht auf Formfehler beziehe, die der Umsetzung des von den Gläubigern beschlossenen Planinhalts entgegenstehen. Im Zusammenhang mit einem solchen Planberichtigungsrecht für formelle Fehler verweist der Rechtsausschuss auf die in Notarverträgen üblichen Durchführungs- und Vollzugsvollmachten. Diese Argumentation vermag jedoch nicht zu überzeugen, da sie eher dazu geeignet scheint, die ebenfalls in Satz 2 neu geschaffene Möglichkeit der Erteilung von Durchführungs- und Vollzugsvollmachten an den Insolvenzverwalter zu begründen.

13 Ausgehend von dem Gesetzestext und auf Grundlage teleologischer Auslegung müssen deshalb grds. auch inhaltliche Fehler korrigiert werden können, solange und soweit dies der Umsetzung des von den Gläubigern beschlossenen Planinhalts dient. Zweck der Regelung muss dabei die beschleunigte Korrektur eines nach dem Willen der Beteiligten umsetzungsfähigen Plans sein. Dagegen darf die Berichtigungsvollmacht nicht dazu genutzt werden, einen nicht umsetzungsfähigen Plan nachträglich umsetzbar zu machen, in dem sich der Insolvenzverwalter über den von den Beteiligten gebildeten Willen hinwegsetzt.

14 Die Begrenzung des Planberichtigungsrechts des Insolvenzverwalters erfolgt deshalb nicht nach der Art des Fehlers – formell oder materiell –, sondern in erster Linie durch den Grad seiner Offensichtlichkeit. Demnach kann ein Fehler, egal welcher Art, berichtigt werden, solange dieser ausreichend offensichtlich für die hiervon Betroffenen ist. Eine Vermutung dahingehend, dass ein offensichtlicher Fehler vorliegt, ist deshalb jedenfalls dann gegeben, wenn die Betroffenen den Insolvenzverwalter selbst auf einen solchen Fehler hinweisen. Bestreitet der Betroffene hingegen das Vorliegen eines offensichtlichen Fehlers, hat der Insolvenzverwalter auf Grund eigener Beurteilung unter Berücksichtigung des objektiven Empfängerhorizontes zu entscheiden und ggf. von seinem Nachbesserungsrecht abzusehen und den Plan zur erneuten Abstimmung aller Beteiligten vorzulegen.

15 Macht der Insolvenzverwalter von seinem Nachbesserungsrecht Gebrauch, so hat der Insolvenzverwalter gem. § 248a Abs. 1 InsO die Berichtigung durch das Insolvenzgericht besonders bestätigen zu lassen. Das Gericht soll dann den Insolvenzverwalter, den Schuldner und den jeweils Betroffenen hören (Abs. 2). Auf Antrag muss das Gericht die Bestätigung versagen, wenn der Betroffene durch die Berichtigung schlechter gestellt werden würde (Abs. 3). Gegen den Bestätigungs- oder Versagungsbeschluss des Gerichts, kann sich der Insolvenzverwalter, der Gläubigerausschuss, der Schuldner und der von der Planberichtigung Betroffene mit der sofortigen Beschwerde wenden, die jedoch aufgrund Verweisung auf § 254 Abs. 4 keinen Suspensiveffekt hat (Abs. 4).

16 In zeitlicher Hinsicht kann der Insolvenzverwalter auch noch nach der gerichtlichen Bestätigung gem. § 248 InsO eine Planberichtigung vornehmen. Erforderlich ist in diesem Fall eine weitere gerichtliche Bestätigung nach § 248a InsO. Ab dem Zeitpunkt der Rechtskraft des Plans ist eine Planberichtigung jedoch nicht mehr möglich, d.h. mit Ablauf der Beschwerdefrist gem. §§ 253, 6 Abs. 2 InsO, § 577 ZPO von zwei Wochen nach Verkündung der gerichtlichen Bestätigung gem. § 248 InsO.

17 Neben dem Planberichtigungsrecht wurde in Satz 2 auch noch die Möglichkeit kodifiziert, dem Insolvenzverwalter Durchführungs- und Vollzugsvollmachten für nach dem Plan notwendige Maßnahmen zu erteilen. Eine solche mit der Planüberwachung regelmäßig einhergehende Regelung bietet sich i.S. einer schnellstmöglichen Umsetzung regelmäßig an. Eine – durch die Bindung an die Amtsstellung – zeitlich sehr begrenzte Ermächtigung des Verwalters fiele fort, wenn man § 221 Satz 2 dahingehend interpretiert, nicht nur an den Amtsträger, sondern vielmehr auch an die Person des Verwalters (als Anwalt) anzuknüpfen (*Madaus* ZIP 2016, 1141 [1148]).

§ 222 Bildung von Gruppen

(1) ¹Bei der Festlegung der Rechte der Beteiligten im Insolvenzplan sind Gruppen zu bilden, soweit Beteiligte mit unterschiedlicher Rechtsstellung betroffen sind. ²Es ist zu unterscheiden zwischen
1. den absonderungsberechtigten Gläubigern, wenn durch den Plan in deren Rechte eingegriffen wird;
2. den nicht nachrangigen Insolvenzgläubigern;
3. den einzelnen Rangklassen der nachrangigen Insolvenzgläubiger, soweit deren Forderungen nicht nach § 225 als erlassen gelten sollen;
4. den am Schuldner beteiligten Personen, wenn deren Anteils- oder Mitgliedschaftsrechte in den Plan einbezogen werden.

(2) ¹Aus den Beteiligten mit gleicher Rechtsstellung können Gruppen gebildet werden, in denen Beteiligte mit gleichartigen wirtschaftlichen Interessen zusammengefasst werden. ²Die Gruppen müssen sachgerecht voneinander abgegrenzt werden. ³Die Kriterien für die Abgrenzung sind im Plan anzugeben.

(3) ¹Die Arbeitnehmer sollen eine besondere Gruppe bilden, wenn sie als Insolvenzgläubiger mit nicht unerheblichen Forderungen beteiligt sind. ²Für Kleingläubiger und geringfügig beteiligte Anteilsinhaber mit einer Beteiligung am Haftkapital von weniger als 1 Prozent oder weniger als 1 000 Euro können besondere Gruppen gebildet werden.

Übersicht	Rdn.			Rdn.
A. Vorbemerkung	1	I.	Allgemeines	13
B. Regelung nach der früher geltenden Rechtsordnung	6	II.	Abgrenzungskriterien	21
			1. Allgemeines	21
C. Absatz 1	9		2. Differenzierungskriterien	22
I. Grundsatz	9	E.	Absatz 3	32
II. Pflichtgruppen	10	F.	Exkurs: Stellung des PSVaG im Insolvenzplan	44
D. Absatz 2	13			

Literatur:
Berenz Betriebliche Altersversorgung, 1999; *Braun/Uhlenbruck* Unternehmensinsolvenz 1997, S. 595; *Eidenmüller* Der Insolvenzplan als Vertrag, in: Schenk/Schmidtchen/Streit, Jahrbuch für Neue politische Ökonomie, Band 15, 1996; *Grub* Handlungsspielräume des Insolvenzverwalters, in: Kübler, Neuordnung des Insolvenzrechts, 1989; *Langohr-Plato/Teslau* Betriebliche Altersversorgung, 6. Aufl. 2013; *Rümker* Die kreditwirtschaftlichen Aspekte der neuen Insolvenzordnung, in: Kübler, Neuordnung des Insolvenzrechts, 1989, S. 146; *Stürner* Aufstellung und Betätigung des Insolvenzplans, in Leipold, Insolvenzrecht im Umbruch, 1991, 45.

A. Vorbemerkung

Mit dem Insolvenzplan steht den Beteiligten ein gesetzlicher Rahmen zur Bewältigung der Insolvenz zur Verfügung, der es nach der Vorstellung des Gesetzgebers ermöglichen soll, die unterschiedlichen wirtschaftlichen Interessen und Rechtsstellungen der Beteiligten differenziert zu behandeln. Hierdurch soll nach der von Optimismus getragenen gesetzlichen Zielsetzung die bestmögliche Partizipation der Beteiligten am Planerfolg gewährleistet werden. 1

Obwohl nicht auf den ersten Blick ersichtlich, stellt die Vorschrift über die Gruppenbildung eine Schlüsselvorschrift des gesamten Insolvenzplanverfahrens dar. Die Gruppenbildung ist das zentrale Instrument des Planverfassers zur Mehrheitsbeschaffung, welches nach § 231 Abs. 1 Nr. 1 InsO richterlicher Kontrolle unterliegt. Die Gruppenbildung ist nicht in jedem Planverfahren erforderlich; vielfach wurden in der Vergangenheit auch Pläne zur Abstimmung gestellt, die auf die Gruppenbildung weitgehend oder ganz verzichten, da der Planersteller davon absieht, in die Rechtsstellung der absonderungsberechtigten Gläubiger einzugreifen und die Rechte nachrangiger Insolvenzgläubiger entsprechend den Anforderungen des § 225 InsO behandelt werden. Dies gilt auch zukünftig, soweit im Hinblick auf die neu eingeführte Nr. 4 des ersten Absatzes in die Rechtsposition der am Schuldner beteiligten Personen ebenfalls nicht eingegriffen wird. 2

Wesentliche Unterschiede in der vermögensrechtlichen Ausgangssituation der Beteiligten führen zu der in § 222 Abs. 1 InsO vorgesehenen Differenzierung, welche eine notwendige Mindestunterteilung darstellt. Der Verzicht des Gesetzgebers auf eine weitergehende Regelung dient der Flexibilität der Gruppenbildung, um jeweils deren Ausrichtung an konkreten Planzielen zu ermöglichen (*Kübler/Prütting/Bork-Otte* InsO, § 222 Rn. 1). 3

§ 222 Abs. 1 InsO sieht die Bildung von Pflicht- und Hauptgruppen vor. Ist eine bestimmte Gruppenbildung nicht zwingend, kann eine andere Gruppe gebildet werden. Weitergehende Differenzierungen innerhalb der Hauptgruppe nach § 222 Abs. 1 können sich aus vielfältigen Interessenslagen ergeben, so dass § 222 Abs. 2 die diesbezügliche Bildung weiterer Gruppen (etwa Arbeitnehmer, 4

§ 222 InsO Bildung von Gruppen

Kleingläubiger, der Pensions-Sicherungsverein nach dem Gesetz zur Verbesserung der betrieblichen Altersversorgung, Lieferantengläubiger, etc.) erlaubt. Die Kriterien der Gruppenbildung sind im Plan anzugeben und zu erläutern, damit Manipulationen zur Mehrheitsbeschaffung unterbleiben (KS InsO/*Maus* 1997, S. 707 Rn. 43; *Kübler/Prütting/Bork-Otte* InsO, § 222 Rn. 7).

5 Die Gruppenbildung unterscheidet sich je nach Insolvenzplantypus. Innerhalb einer Gruppe gilt der Grundsatz der Gleichbehandlung. Ziel des Planerstellers ist es, wenigstens die Zustimmung der Gruppenmehrheit zu erlangen, wobei ein sachlicher Einteilungsgrund bei aller Taktik der Gruppenbildung erkennbar bleiben muss.

B. Regelung nach der früher geltenden Rechtsordnung

6 In der Vergleichsordnung war nur die Teilnahmemöglichkeit von Gläubigern mit gleicher Rechtsstellung vorgesehen. Vergleichsgläubiger i.S.d. VglO waren nur diejenigen, die in einem Konkursverfahren die Stellung nicht bevorrechtigter Konkursgläubiger innehatten. In der Konkurs- und Gesamtvollstreckungsordnung war keine Möglichkeit vorgesehen, absonderungsberechtigte und/oder nachrangige Gläubiger in einen Zwangsvergleich einzubeziehen. Hierbei wurde ohne zwingenden sachlichen Grund zwischen VglO und KO bzw. GesO hinsichtlich der Forderungen differenziert, die heute den nachrangigen Forderungen gem. § 39 InsO zuzuordnen sind.

7 Waren z.B. im Vergleichsverfahren Forderungen aus kapitalersetzenden Darlehen oder aus Schenkungsversprechen teilnahmeberechtigt und damit auch an der Erlösverteilung beteiligt, waren dieselben Forderungen in einem Konkurs- oder Gesamtvollstreckungsverfahren bereits von der Verfahrensteilnahme ausgeschlossen.

8 Trotz der Tatsache, dass in § 8 Abs. 2 Satz 1 VglO, § 181 Satz 2 KO ein gewisser Ansatz einer Differenzierungsmöglichkeit dahingehend verankert war, dass unter gewissen Umständen Gruppen verschiedenartig begünstigter Gläubiger gebildet werden konnten, ermöglichten diese Normen keine weitergehende Differenzierung im Hinblick auf unterschiedliche wirtschaftliche Interessen von Gläubigern innerhalb einer gleichen Gruppe.

C. Absatz 1

I. Grundsatz

9 Die Regelung des § 222 Abs. 1 InsO stellt in Kombination mit § 231 Abs. 1 InsO klar, dass die den Beteiligten durch das Insolvenzplanverfahren eingeräumte Privatautonomie insoweit beschränkt ist, als es weder Planerstellern noch Gläubigern gestattet wäre, Ungleiches gleich zu behandeln. Dies hat zur Folge, dass die Bildung einer Gruppe, die rechtlich unterschiedliche Forderungen umfasst, insbesondere Gläubiger mit werthaltigen und nicht werthaltigen Absonderungsrechten aufnimmt – sog. Mischgruppen –, grds. unzulässig ist (vgl. *BGH* NZI 2005, 619 ff.).

II. Pflichtgruppen

10 Ungleich gem. § 222 Abs. 1 InsO sind diejenigen Beteiligten, die nach überkommenem Recht unterschiedliche Verfahrensränge eingenommen hätten. Absonderungsberechtigte Gläubiger (§ 223 InsO), nicht nachrangige Gläubiger (§ 224 InsO), nachrangige Gläubiger (§ 225 InsO) dürfen somit von Gesetzes wegen nicht in gemeinsame Gruppen aufgenommen werden, sondern bilden – soweit sie überhaupt am Plan beteiligt sind – obligatorisch jeweils eigene Gruppen.

11 Durch das Gesetz zur weiteren Erleichterung der Sanierung von Unternehmen (ESUG) wurden diese Pflichtgruppen um eine wichtige vierte Gruppe, die der am Schuldner beteiligten Personen (§ 225 InsO), erweitert, Hierbei handelt es sich um eine konsequente Folgeänderung, die aufgrund der ebenfalls durch das ESUG eingeführten Möglichkeit, die Anteils- und Mitgliedschaftsrechte der am Schuldner beteiligten Personen in das Planverfahren gem. §§ 217, 225a InsO einzubeziehen, nötig geworden ist. Es muss daher zwingend eine eigene Gruppe für die Anteilsinhaber bzw. können

auch mehrere Gruppen für unterschiedlich zu behandelnde Anteilsinhaber (s. Rdn. 13 f.) gebildet werden, wenn durch den Insolvenzplan in die Rechte der Anteilsinhaber eingegriffen werden soll.

Ein Abweichen von dem Verbot, Mischgruppen aus den verschieden Pflichtgruppen zu bilden, ist – auch auf einvernehmlichen Wunsch der Beteiligten – nicht möglich, da die Regelung des § 222 Abs. 1 InsO nicht dispositiv ist. Ein Verstoß gegen § 222 Abs. 1 InsO verpflichtet das Insolvenzgericht, einen solchen Plan gem. § 231 Abs. 1 Nr. 1 InsO von Amts wegen zurückzuweisen, wenn nicht innerhalb einer vom Gericht gesetzten Frist die Gruppenbildung i.S.d. der gesetzlichen Vorgaben des § 222 Abs. 1 InsO nachgebessert wird. 12

D. Absatz 2
I. Allgemeines

Die Regelung des § 222 Abs. 2 InsO bestimmt, dass Beteiligte mit gleicher Rechtsstellung nicht zwangsläufig gleich behandelt werden müssen, sondern weitergehende Gruppenbildungen aus der Reihe dieser Beteiligten zulässig sind, wenn innerhalb dieser Beteiligten Unterscheidungskriterien in Form von gleichartigen wirtschaftlichen Interessen gegeben sind. Zudem kann innerhalb der nach § 222 Abs. 1 InsO zu bildenden, sich an der Rechtsstellung der Beteiligten ausrichtenden Gruppen weiter differenziert werden, wenn diese Gruppen sachgerecht voneinander abgegrenzt werden und der Plan die Kriterien für die Abgrenzung wiedergibt (*BGH* 10.01.2008 – IX ZB 97/07). 13

Die mögliche Vielgestaltung der Gruppenbildungen gem. § 222 Abs. 2 InsO bei nur vier obligatorischen Gruppen (absonderungsberechtigte Gläubiger, nicht nachrangige Gläubiger, nachrangige Gläubiger, am Schuldner beteiligte Personen) gem. § 222 Abs. 1 InsO sowie einer »Sollgruppe« der Arbeitnehmer gem. § 222 Abs. 3 Satz 1 InsO wurde in der Literatur als Einladung zur Manipulation gesehen (vgl. *Stürner* in: Leipold, S. 45; *Henckel* KTS 1989, 471 [491]). Aus diesem Grunde wurde vorgeschlagen, zur Vorbeugung von Manipulationen weitergehende Pflichtgruppen einzuführen (*Henckel* KTS 1989, 490 ff.). Diesem Vorschlag ist der Gesetzgeber jedoch nicht gefolgt. Nach dem Gesetzeswortlaut wird dem Insolvenzgericht mit Ausnahme des Regulativs der sachgerechten Abgrenzung der Gruppen keine weitere Eingriffsbefugnis in die Gruppenbildung zugestanden. 14

Der Begriff der »sachgerechten Abgrenzung« ist in erheblichem Maße auslegungsbedürftig; der Gesetzgeber war sich hierbei der Gefahr, dass die Gruppenbildung bei Gläubigern mit gleicher Rechtsstellung zur Beschaffung der nach § 244 InsO erforderlichen Abstimmungsmehrheiten einlädt, bewusst. Um Manipulationsgefahren zu verringern, wurde deshalb in § 222 Abs. 2 Satz 2 und Satz 3 InsO bestimmt, dass eine Gruppenbildung aus Gläubigern mit gleicher Rechtsstellung nur gestattet ist, wenn diese Gruppen hinsichtlich ihrer wirtschaftlichen Interessen sachgerecht voneinander abgegrenzt werden und die Kriterien für die Abgrenzung im Plan selbst angegeben sind. So ist es nicht zu beanstanden, wenn gesonderte Gruppen für absonderungsberechtigte Gläubiger innerhalb und außerhalb des Fortführungsbereichs des Schuldners gebildet werden (*BGH* ZInsO 2007, 713). 15

Im Rahmen der Gruppenbildung sind den Beteiligten (nur) innerhalb jeder Gruppe gem. § 226 Abs. 1 InsO gleiche Rechte anzubieten, da gem. § 243 InsO jede Gruppe gesondert über den Plan abstimmt. 16

Nach § 245 Abs. 2 Nr. 3 InsO ist eine angemessene Beteiligung der ablehnenden Gläubiger nicht gegeben, wenn Gläubiger gleicher Rechtsstellung besser gestellt werden, also etwa eine höhere Quote erhalten. 17

Wenngleich je nach Plantyp und Planzielen äußerst differenzierte Gruppenbildungen zu verzeichnen sind, verhindert die Regelung des § 245 Abs. 2 Nr. 3 InsO, dass Verfahrensrechte einzelner Gläubigergruppen beliebig entwertet werden können. Die Grundidee des Planverfahrens, dass nur derjenige Plan, der die Rechtsstellung der Beteiligten im Rahmen der Planaufstellung optimal berücksichtigt und damit den Beteiligten im Plan bessere Verwertungsoptionen als im Wege der gesetzlichen Zwangsverwertung bietet, die Zustimmung der Beteiligten bzw. die Bestätigung durch das Gericht finden kann, wird aufgrund der richterlichen Kontrolle gem. § 231 Abs. 1 Nr. 1 InsO bzw. der Re- 18 gelung des § 245 Abs. 2 Nr. 3 InsO durch geschickte Gruppenbildungen seitens des Planerstellers nicht obsolet. Die Praktikerstimmen, die im Rahmen der Reformdiskussionen eindringlich davor gewarnt haben, dass ein Schuldner mittels der Gruppenbildung die nach § 244 InsO zur Annahme des Plans erforderlichen Mehrheiten manipulativ anstreben könnte (vgl. *Grub* in: Kübler, S. 79 ff.), sind weitgehend verstummt.

19 Zu beachten ist jedoch, dass die Erfahrungen der amerikanischen Insolvenzpraxis, in welcher Planverfasser oftmals feinsinnigste Differenzierungen suchen, um mittels strategischer Gruppenbildungen entsprechende Abstimmungsquoren aufzubauen, auf Grund des unterschiedlichen Rechtsverständnisses des amerikanischen Insolvenzrechts nur wenig hilfreich sind. Wenngleich die Regelung des § 222 InsO ein Abbild des § 1122 US Bankruptcy Code ist, da auch die amerikanische Regelung eine obligatorische Einteilung sämtlicher Konkursforderungen innerhalb des Plans in Klassen normiert, ist deren Judikatur zur Rechtsanwendung nicht übertragbar, da die insolvenzrechtlichen Rechtssysteme zu unterschiedlich geartet sind. Die amerikanische Rechtspraxis ist in der Frage der Rechtmäßigkeit der Gruppenbildung sehr stark von Einzelfalljudikatur geprägt, wobei auf eine völlige Zersplitterung der Gläubigergruppen seitens der Gerichte sehr unterschiedlich reagiert wird. Im Übrigen wird im amerikanischen Recht die Frage der Gruppenbildung und der Klassifizierung von Ansprüchen entscheidend von dem vorrangigen Interesse, eine Sanierung des Schuldners zu unterstützen, geprägt. Im Gegensatz zum deutschen Insolvenzrecht ist nicht die bestmögliche Gläubigerbefriedigung das vorrangige Motiv, sondern vor allem die Möglichkeit, dem Schuldner unter dem Schutz des Insolvenzrechts einen neuen Start zu ermöglichen.

20 Aufgrund dieser anderen Ziel- und Schwerpunktsetzung des amerikanischen Insolvenzrechts ist eine Übertragung der amerikanischen Klassifizierung und deren richterrechtlicher Würdigung samt Einzelfallkasuistik nicht möglich. Der Maßstab der Gruppenbildung im Rahmen der Insolvenzordnung muss im Lichte der gesamten deutschen Rechtsordnung, vor allem unter verständiger Würdigung der Zielsetzung des Insolvenzverfahrens, verstanden werden.

II. Abgrenzungskriterien

1. Allgemeines

21 Abgrenzungskriterien bei Gruppenbildungen sind, in sehr differenzierter Weise denkbar, so dass eine enumerative Aufzählung ausscheidet. Ob diese Kriterien im Einzelfall eine sachgerechte Abgrenzung ermöglichen, muss jeweils gesondert geprüft werden. Vereinzelt ist noch festzustellen, dass sich die Finanzverwaltungen, die Bundesagentur für Arbeit sowie die sonstigen bei der Verteilung der Masse früher nach § 61 Abs. 1 KO mit Vorrechten versehenen Institutionen mit nach wirtschaftlichen Gesichtspunkten ausgerichteten Entscheidungen zu Beginn Schwierigkeiten hatten und deshalb eher eine unflexible Haltung annahmen (vgl. KS-InsO/*Maus* 1997, S. 719, 729, Rn. 44). Aus diesem Grunde wurde empfohlen, die Gruppenbildungen gerade im Hinblick auf diese Gläubiger so zu gestalten, dass die ggf. fehlende Zustimmung durch Beschluss des Insolvenzgerichts auf der Grundlage des Obstruktionsverbotes nach § 245 InsO ersetzt werden könnte (KS-InsO/*Maus* 1997, S. 719, 729, Rn. 44). Mittlerweile ist die Gruppenbildung jedoch zu einer Routineangelegenheit geworden.

2. Differenzierungskriterien

22 Denkbare und plausible Differenzierungskriterien im Rahmen der Gruppenbildung können sich aus der Art der Forderung, den Sicherheiten, der persönlichen Beziehung zum Schuldner, aus der Stellung des Gläubigers etc. ergeben.

Beispielhaft seien erwähnt:
– die Doppelrolle eines Beteiligten als Eigentümer und Gläubiger,
– das Vorhandensein von Sicherheiten an Nichtmassevermögen oder Vermögen eines Dritten,
– der Rechtsgrund der Forderung (Vertrag oder Delikt),
– die Fälligkeit einer Forderung,
– die Höhe der Forderung,

- das Interesse eines Lieferantengläubigers an der Fortsetzung der Geschäftsbeziehung mit dem Schuldner oder der Übernahmegesellschaft,
- Gläubiger von Immobiliarsicherheiten,
- Gläubiger von Mobiliarsicherheiten,
- der unterschiedliche Ausfall von Absonderungsrechten,
- die Qualität der Sicherungsrechte,
- sonstiger Sondernutzen des Plans, z.B. Synergieeffekte etc.,
- die Finanzverwaltung,
- die Sozialversicherungsträger,
- die Bundesagentur für Arbeit,
- die Gesellschafter/Aktionäre,
- die Genossen einer Genossenschaft,
- Interesse entsprechend der Forderungsentstehung (Lieferanten, Berater, Arbeitnehmer, Handwerker, Mieter, Energielieferanten, Unterhaltsberechtigte),
- Interesse entsprechend der Art der Sicherungsrechte (Grundpfandgläubiger, Sicherungsübereignungsgläubiger, Gläubiger mit Sicherungsabtretung, Gläubiger mit Drittsicherheiten),
- Interesse an einer Mitgliedschaft: die Gruppe der Arbeitnehmer (§ 222 Abs. 3 InsO) kann z.B., je nach dem unterschiedlichen wirtschaftlichen Interesse des einzelnen Arbeitnehmers, geteilt werden in eine Gruppe derjenigen Arbeitnehmer, die gegen Erwerb von Anteilsrechten an einer Auffanggesellschaft zum Verzicht auf rückständige Lohnforderungen bereit sind, und eine weitere Gruppe aller übrigen Arbeitnehmer, die ihren gesetzlichen Auszahlungsanspruch behalten wollen,
- Interesse aufgrund persönlicher oder familiärer Beziehungen: ein Angehöriger des Schuldners, der diesem z.B. ein Darlehen gegeben hat, kann zu einem besonderen Sanierungsbeitrag bereit sein,
- Interesse aufgrund der Durchsetzbarkeit/Fälligkeit der Forderung,
- Interesse nach der Werthaltigkeit der Forderung bzw. des Sicherungsrechts: ein absonderungsberechtigter Gläubiger, dessen Sicherheit wirtschaftlich wertlos ist, wird eher zu einem teilweisen Verzicht auf seine Sicherheit bereit sein als ein absonderungsberechtigter Gläubiger mit vollwertiger Sicherheit (*Kaltmeyer* ZInsO 1999, 255 ff.; *Hess* InVo 1998, 67; *Braun/Uhlenbruck* S. 595).

Im Rahmen der Differenzierung z.B. nach dem Rechtsgrund der Forderung dürfte es im Einzelfall – entsprechende Begründung vorausgesetzt – durchaus noch sachgerecht sein, bei Verträgen hinsichtlich aller gesetzlichen Vertragstypen zu differenzieren und unter Umständen bei gemischten Verträgen Gruppen nach der jeweiligen Hauptleistungspflicht zusammenzufassen. 23

Der Mehrheitsbeschaffung wäre somit durch eine geschickte Gruppenbildung Tür und Tor geöffnet, wenn nicht der Gesetzgeber in § 245 InsO das Korrektiv der angemessenen Beteiligung verankert hätte, welches unterbindet, dass »Gläubiger, die ohne einen Plan gleichrangig mit den Gläubigern der Gruppe zu befriedigen wären, besser gestellt werden als diese Gläubiger«. 24

Die Befürchtungen der Insolvenzverwalter, dass sich im Planverfahren die wirtschaftlich Stärkeren auf Kosten der mittleren und kleinen Gläubiger durchsetzen werden (vgl. *Grub* in: Kübler, S. 92), haben sich deshalb nicht bestätigt, insbesondere da die drei Voraussetzungen des § 245 Abs. 1 Nr. 2 i.V.m. Abs. 2 InsO abschließend und nicht beispielhaft zu verstehen sind. Die vorstehende beispielhafte Aufzählung, die im Einzelfall – ohne Gefahr, offenkundig gegen das Kriterium der Sachgerechtheit zu verstoßen – noch weiter differenziert werden könnte, ändert nichts daran, dass sich das Problem der Angemessenheit auch bei einer Atomisierung der Gruppenbildung nicht aushebeln lassen wird. Aus diesem Grund ist der von *Smid* vorgeschlagene Lösungsansatz, eine korrigierende Auslegung des § 222 InsO dahingehend vorzunehmen, dass die (voraussichtliche) wirtschaftliche Werthaltigkeit einer Forderung oder einer Sicherheit kein sachliches Kriterium für deren Zuordnung zu einer bestimmten Gläubigergruppe sein soll und das Gericht einem möglichen Missbrauch der Gruppenbildung gem. § 231 Abs. 1 Nr. 1 InsO entgegenzutreten habe (*Smid* InVo 1997, 176), neben dem Regulativ des § 245 Abs. 2 Nr. 3 von untergeordneter Bedeutung. 25

Die Regelung des § 231 Abs. 1 Nr. 1 InsO soll nach *Smid* so zu interpretieren sein, dass zur Prüfung, ob der Planersteller die »Vorschriften über (...) Inhalt des Plans« beachtet hat, auch diejenigen, die 26 einen etwaigen Missbrauch der Gruppenbildung ermöglichen, umfasst werden (*Smid* InVo 1997, 176). Falls das Insolvenzgericht im Rahmen seiner Entscheidung nach § 231 Abs. 1 Nr. 1 InsO nicht berechtigt wäre, einer zu Zwecken der Mehrheitsbeschaffung missbräuchlichen Gruppenbildung im Planverfahren entgegenzutreten, wäre die zentrale Aussage des Reformgesetzes, nämlich die Deregulierung des Planverfahrens zu ermöglichen und die Gläubigerrechte zu stärken, entwertet.

27 Die Regelung des § 222 Abs. 2 InsO muss ergänzend dahingehend ausgelegt werden, dass sich das Kriterium der sachgerechten Abgrenzung nicht nur an feinsinnigen Differenzierungen hinsichtlich des Grundes und des Inhalts der Forderungen oder eines Rechts beweisen muss, sondern vielmehr auch unter dem Gesichtspunkt der Wahrung der Verfahrensrechte der Gläubiger zu würdigen ist.

28 Der Ansatz von *Smid*, dass »das Gericht bei Beurteilung der Gruppenbildung das Ensemble von Gläubigergruppen insgesamt daraufhin wertend betrachten müsse, ob die Art der Einteilung in Gruppen geeignet ist, bestimmten Beteiligten die Geltendmachung ihrer verfahrensmäßig zugestandenen Rechte zu erschweren«, kann die Gläubigerrechte jedoch durchaus wahren (*Smid* InVo 1997, 177). Ist das Insolvenzgericht überzeugt, dass die Gruppenbildung des Plans darauf ausgelegt ist, Mehrheitsverschiebungen zu Lasten bestimmter Beteiligter den Weg zu öffnen, muss das Gericht nach § 231 Abs. 1 Nr. 1 InsO den Plan zurückweisen.

29 Könnte ein Planersteller durch die Gruppenbildung die Teilnahmerechte von Beteiligten im Rahmen des Insolvenzplanverfahrens bis zur Bedeutungslosigkeit entwerten, würde das Insolvenzplanverfahren seine Glaubwürdigkeit verlieren. Ferner würden hierdurch auch verfassungsrechtliche Positionen der Gläubiger gem. Art. 14 GG verletzt, da die Gläubiger hierdurch sogar ihre Insolvenzdividende einbüßen könnten. Hieran kann der Minderheitenschutz als verfahrensrechtlicher Minimalschutz gem. § 251 InsO nichts ändern.

30 Das Gericht hat vor der Ersetzung der Zustimmung einer Gläubigergruppe darauf zu achten, dass die Gläubiger gleicher Rechtsstellung nicht besser behandelt werden, als die Gläubiger der ablehnenden Gruppe (§ 245 Abs. 2 Nr. 3 InsO).

31 Wird diese Voraussetzung eingehalten, so ist ein Missbrauch des Planinitiativrechts durch gezielte Gruppenbildung so gut wie ausgeschlossen. Damit wird sichergestellt, dass die Gläubiger, die im Rahmen des Insolvenzverfahrens in eine ungewollte Verlustgemeinschaft gezwungen werden, nicht zum Spielball der Interessen des Planerstellers werden. Bei der Gruppenbildung kann gem. § 116 Nr. 3 GenG zwischen solchen Gläubigern, die Genossen der Insolvenzschuldnerin sind, und solchen, die dies nicht sind, differenziert werden (*Terbrack* ZInsO 2001, 1027 [1029]).

E. Absatz 3

32 Durch die Regelung des § 222 Abs. 3 Satz 1 InsO wird auf die besondere Situation der Arbeitnehmer Rücksicht genommen. Die Forderungen der Arbeitnehmer gem. Abs. 3 Satz 1 sind weder die Forderungen, die durch das Insolvenzgeld abgedeckt sind (§§ 183 ff. SGB III) noch etwaige Masseforderungen gem. § 55 Abs. 1 Nr. 2 und § 123 Abs. 2 Satz 1 InsO (vgl. auch: MüKo-InsO/*Eidenmüller* § 222 Rn. 118).

Vor allem handelt es sich um Geldrückstände aus einer Zeit von mehr als drei Monaten vor der Eröffnung des Insolvenzverfahrens (HK-InsO/*Haas* § 222 Rn. 16). Die Arbeitnehmer befinden sich in einer besonderen Interessenlage, der im Rahmen des Planverfahrens durch eine eigene Abstimmungsgruppe Rechnung getragen wird.

33 Wenn die Arbeitnehmer nicht unerhebliche Insolvenzforderungen innehaben, ist im Plan regelmäßig eine gesonderte Gruppe für Arbeitnehmer zu bilden (BT-Drucks. 12/2443 S. 200). Die Gruppe der Arbeitnehmer kann nach wirtschaftlichen Interessen weiter unterteilt werden, z.B. danach, ob einigen Arbeitnehmern Anteilsrechte oder Sicherheiten eingeräumt werden sollen. Ob die Forderungen unerheblich sind, bestimmt sich nach subjektiven Kriterien aus der Sicht der Arbeitnehmer (*LG Mühlhausen* NZI 2007, 724).

Eingriffe in Individualarbeitsrechte von Arbeitnehmern, beispielsweise durch Lohnkürzung, sind 34
möglich. Kollektivarbeitsrechtliche Regelungen unterfallen jedoch der Tarifautonomie und sind deshalb durch den Insolvenzplan nicht zu verändern (*Braun/Uhlenbruck* Unternehmensinsolvenz, S. 584).

In § 222 Abs. 3 Satz 2 InsO wird klargestellt, dass auch eine besondere Behandlung der Gläubiger 35
mit Forderungen geringer Höhe zulässig ist. Für diese Kleingläubiger kann eine gesonderte Gruppe gebildet werden. Teilweise wird jedoch gefordert, dass bei Bildung einer solchen Kleingläubigergruppe gleichwohl die allgemeinen Grundsätze der Gruppenbildung nach § 222 Abs. 2 InsO, d.h. Zusammenfassung gleichartiger wirtschaftlicher Interessen sowie eine sachgerechte Abgrenzung von anderen Gruppen, anzuwenden sind. Eine Kleingläubigergruppenbildung, die allein auf der Zusammenfassung geringer Forderungen beruht, sei daher unzulässig. Soweit die verfahrensrechtliche Sicherung durch § 222 Abs. 2 InsO nicht beachtet würde, könne eine Kleingläubigergruppe daher nur dann gebildet werden, wenn die Kleingläubiger als Kompensation hierfür nach dem Plan voll befriedigt werden (*LG Neuruppin* 19.04.2013, NZI 2013, 647 = ZIP 2013, 1541 = ZInsO 2013, 1040; unter Verweis auf MüKo-InsO/*Eidenmüller* § 222 Rn. 130).

Diese Auffassung übersieht jedoch, dass der Gesetzgeber »aus (...) Gründen der Praktikabilität (...) 36
die Möglichkeit der besonderen Behandlung der Kleingläubiger ausdrücklich anerkennt« (BT-Drucks. 12/2443, S. 200). Ausweislich der Gesetzesbegründung stellt die geringe Forderungshöhe für sich bereits ein besonderes wirtschaftliches Interesse i.S.d. § 222 Abs. 2 InsO dar. Hierdurch sollte das Verfahren insbesondere dadurch vereinfacht werden, dass bei Vollbefriedigung der Kleingläubiger eine Abstimmung dieser Gruppe über den Plan nicht mehr erforderlich ist (BT-Drucks. 12/2443, S. 200). Der Gesetzgeber hat durch die Regelung des Abs. 3 Satz 2 unmissverständlich klar gemacht, dass alleine die geringe Höhe der Forderung eine besondere Gruppenbildung gestattet (BT-Drucks. 12/2443 S. 200). Auf eine weitere verfahrensrechtliche Sicherung nach § 222 Abs. 2 InsO kommt es im Hinblick auf die Zulässigkeit der Bildung einer Kleingläubigergruppe gerade nicht an.

Anderes muss hingegen gelten, wenn der Plan die Bildung mehrerer Kleingläubigergruppen vorsieht. 37
In diesem Fall sind die Gruppenbildungsgrundsätze nach § 222 Abs. 2 InsO zu beachten, da die Gefahr einer missbräuchlichen Fragmentierung der Kleingläubigergruppe besteht. Die Bildung mehrerer Kleingläubigergruppen steht daher unter dem Zulässigkeitsvorbehalt, dass die Unterteilung der Kleingläubiger nach sachgerechten Kriterien erfolgt. Wird dies vom Planersteller nicht berücksichtigt, darf die Gruppe der Kleingläubiger nur dann unterteilt werden, wenn für alle Untergruppen eine Vollbefriedigung vorgesehen ist und damit ein Missbrauch des Dispenses nach Abs. 3 ausgeschlossen ist (diesbezüglich bejahend *LG Neuruppin* 19.04.2013, NZI 2013, 647 = ZIP 2013, 1541 = ZInsO 2013, 1040; MüKo-InsO/*Eidenmüller* § 222 Rn. 131).

Gesetz und Gesetzesmaterialien sagen nichts darüber aus, wann ein Gläubiger Kleingläubiger ist. 38
Mit *Braun* werden Forderungshöhen von maximal 500 € hierunter zu verstehen sein (*Nerlich/Römermann-Braun* InsO, § 222 Rn. 87). Das LG Neuruppin hat sich diesbezüglich an *Eidenmüller* (MüKo-InsO § 222 Rn. 129) orientiert, wonach alle diejenigen bis zum summenmäßigen Erreichen von zehn Prozent des gegen den Schuldner insgesamt gerichteten Forderungsvolumens als Kleingläubiger zu behandeln sind (*LG Neuruppin* 19.04.2013 NZI 2013, 647 = ZIP 2013, 1541 = ZInsO 2013, 1040). Ob sich eine solche Definition des Kleingläubigerbegriffs durchsetzen wird, erscheint fraglich (s. *Frind* EWiR 2013, 661 [662]; *Lojowsky* NZI 2013, 647 [648]).

Vielfach wird die volle Befriedigung aller Gläubiger mit Forderungen bis zu einer bestimmten Höhe 39
zweckmäßig sein, um die Realisierung des Plans zu erleichtern, damit diese Kleingläubiger überhaupt nicht in das Planverfahren eingebunden werden müssen (BT-Drucks. 12/2443 S. 200).

Um diese Auffassung des RegE mit § 245 Abs. 2 Nr. 3 InsO zu harmonisieren, müsste § 222 Abs. 3 40
InsO als lex specialis zu der Vorschrift über die angemessene Beteiligung angesehen werden. Die Regelung ist pragmatisch, wobei die bloße Verfahrensvereinfachung eigentlich keine Veranlassung dazu

gibt, dass Kleingläubiger besser gestellt werden als andere Gläubiger. Dies umso mehr, als die Gläubigergleichbehandlung eine der wesentlichen Säulen des Insolvenzverfahrens darstellt.

41 Durch das Gesetz zur weiteren Erleichterung der Sanierung von Unternehmen (ESUG) wurde Satz 2 des Abs. 3 dahingehend erweitert, dass auch für geringfügig beteiligte Anteilsinhaber mit einer Beteiligung am Haftkapital von weniger als 1 % oder weniger als 1.000 € eine besondere Gruppe gebildet werden kann.

Die Regelung gilt dabei allein für Anteilsrechte, nicht jedoch für Mitgliedschaftsrechte (RegE ESUG, S. 46 f.).

42 Die gesetzliche Qualifizierung als geringfügig beteiligter Anteilsinhaber lehnt sich dabei bewusst an das Aktienrecht an (RegE ESUG, S. 46 f.). Der der Gesetzesänderung zugrunde liegende Regierungsentwurf betont dabei, dass es sich bei der Höhe der Beteiligung um ein zulässiges Differenzierungskriterium im Rahmen der Gruppenauswahl handelt (RegE ESUG, S. 46 f.). Die Bewertung der geringfügigen Beteiligung hängt dabei von den Umständen des Einzelfalls ab. Je nach Gesellschafterstruktur und dem Grad der Streuung der Gesellschafteranteile, kann auf einen bestimmten prozentualen Anteil am Grundkapital oder auf einen bestimmen Nennbetrag abgestellt werden. In jedem Fall darf der Anteilsinhaber aufgrund seiner Beteiligung keinen unternehmerischen Einfluss haben (RegE ESUG, S. 46 f.).

43 Nach der Konzeption der Regelung bietet sich diese insbesondere dann an, wenn einer Gruppe von Hauptanteilsinhabern ein Kreis von Anteilsinhabern mit Streubesitz gegenübersteht. Hauptanwendungsfall ist somit die börsennotierte Aktiengesellschaft, deren Arbeitnehmer auch durch gesellschaftsrechtliche Beteiligung entlohnt werden. Ausgeschlossen hingegen ist die Regelung bei der Genossenschaft und dem Verein sowie allen anderen Rechtsträgern, die keine Hauptanteilsinhaber kennen (RegE ESUG, S. 46 f.).

F. Exkurs: Stellung des PSVaG im Insolvenzplan

44 Der Insolvenzschutz der §§ 7 ff. BetrAVG erfasst auch die Leistungen der betrieblichen Altersversorgung. Im Fall der Insolvenz des Arbeitgebers haftet der Pensions-Sicherungs-Verein a.G. (PSVaG) für die Erfüllung der Versorgungszusagen. Die Versorgungsempfänger sind grds. so zu stellen, als ob der Sicherungsfall nicht eingetreten wäre. Der PSVaG ist also verpflichtet, laufende Versorgungsleistungen sowie einmalige Kapitalzahlungen in dem Umfang zu übernehmen, wie sie sich aus dem Inhalt der Versorgungszusage des Arbeitgebers ergeben (zu den Einschränkungen dieses Schutzes zusammenfassend: *Langohr-Plato* S. 305 ff.).

45 Nach § 9 Abs. 4 Satz 1 BetrAVG kann für den PSVaG eine besondere Gruppe im Insolvenzplanverfahren gebildet werden (*Grub* DZWIR 2000, 223 [227]; KS-InsO/*Paulsdorff/Wohlleben* 2000, S. 1655 ff., Rn. 40 ff.; *Berenz* Betriebliche Altersversorgung, 1999, S. 149, 152; *Kußmaul/Steffan* DB 2000, 1849 [1851 f.]; *Nerlich/Römermann-Braun* InsO, § 222 Rn. 97). Der Regierungsentwurf hat die Bildung einer besonderen Gruppe für den PSVaG noch als zwingende Regelung vorgesehen. Zwar hat der Gesetzgeber auf Empfehlung des Rechtsausschusses des Bundestages diese Regelung zur Verfahrensvereinfachung und wegen der veränderten Ausgestaltung des § 265 InsO zur Kann-Vorschrift abgeschwächt. Zugleich wurde aber in den Gesetzesmaterialien klargestellt, dass die Bildung einer besonderen Gruppe für die auf den PSVaG übergegangenen Ansprüche und Anwartschaften auf Betriebsrenten nicht nur in den Fällen des § 9 Abs. 4 Satz 1 BetrAVG zweckmäßig sein kann (KS- InsO/*Paulsdorff/Wohlleben* 2000, S. 1655 ff., Rn. 41).

46 Mit der Bildung einer eigenen Gruppe für den PSVaG wird der Gefahr vorgebeugt, dass der PSVaG zum Nachteil der von ihm vertretenen Solidargemeinschaft der Arbeitgeber von anderen Arbeitgebern überstimmt wird. Anderseits aber stellt das Obstruktionsverbot des § 245 InsO sicher, dass der PSVaG einen Insolvenzplan nicht zum Scheitern bringen kann, wenn die von ihm vertretenen Interessen im Insolvenzplan angemessen berücksichtigt sind (KS-InsO/*Paulsdorff/Wohlleben* 2000, S. 1655 ff., Rn. 42). Diese Möglichkeit dient auch dazu, dass vermieden wird, dass sich

der Schuldner durch die Eintrittspflicht des PSVaG allzu leicht sanieren kann (*Grub* DZWIR 2000, 223 [227]).

Für den PSVaG bieten sich folgende Möglichkeiten hinsichtlich der Gruppenbildung an: 47
– Arbeitgeber übernimmt die Leistungen der betrieblichen Altersversorgung in Höhe einer vereinbarten Vergleichsquote und für die Ausfallquote tritt der PSVaG ein (§ 7 Abs. 4 Satz 1 BetrVAG). Dies war auch unter Geltung der KO/VerglO zulässig.
– Die nunmehr geltende InsO bietet einen größeren Gestaltungsrahmen. Anstelle bzw. in Kombination mit dieser Regelung kann folgende Regelung getroffen werden:
Der PSVaG übernimmt die Leistungen der betrieblichen Altersversorgung für einen bestimmten Zeitraum ganz oder zum Teil. Nach Ablauf des Zeitraums hat der Arbeitgeber die Leistungen der betrieblichen Altersversorgung dann wieder selbst zu erbringen (§ 7 Abs. 4 Satz 3 BetrAVG; *Berenz* Betriebliche Altersversorgung, 1999, S. 149, 151 f.).

§ 223 Rechte der Absonderungsberechtigten

(1) ¹Ist im Insolvenzplan nichts anderes bestimmt, so wird das Recht der absonderungsberechtigten Gläubiger zur Befriedigung aus den Gegenständen, an denen Absonderungsrechte bestehen, vom Plan nicht berührt. ²Eine abweichende Bestimmung ist hinsichtlich der Finanzsicherheiten im Sinne von § 1 Abs. 17 des Kreditwesengesetzes sowie der Sicherheiten ausgeschlossen, die
1. dem Betreiber oder dem Teilnehmer eines Systems nach § 1 Abs. 16 des Kreditwesengesetzes zur Sicherung seiner Ansprüche aus dem System oder
2. der Zentralbank eines Mitgliedstaats der Europäischen Union oder der Europäischen Zentralbank
gestellt wurden.

(2) Soweit im Plan eine abweichende Regelung getroffen wird, ist im gestaltenden Teil für die absonderungsberechtigten Gläubiger anzugeben, um welchen Bruchteil die Rechte gekürzt, für welchen Zeitraum sie gestundet oder welchen sonstigen Regelungen sie unterworfen werden sollen.

Übersicht	Rdn.		Rdn.
A. Absatz 1	1	B. Absatz 2	6

Literatur:
Kuhn/Uhlenbruck Konkursordnung, 11. Aufl. 1994; *Mönning* Betriebsfortführung oder Liquidation – Entscheidungskriterien, in Prütting, Insolvenzrecht 1996, 1997, S. 64; *Stürner* in Leipold, Insolvenzrecht im Umbruch, 1991, 45.

A. Absatz 1

Die Regelung des § 223 Abs. 1 InsO ermöglicht die Einbeziehung absonderungsberechtigter Gläubiger in das Planverfahren. Deren Rechtsstellung ist in den §§ 49–52 InsO sowie §§ 165–173 InsO geregelt. Häufig werden Eingriffe in die Rechte der Absonderungsberechtigten nur möglich sein, indem ihnen sonstige Zugeständnisse gemacht werden, etwa Ersatzsicherheiten gestellt werden (vgl. § 266 Abs. 3 RegE). Die Möglichkeiten hierzu werden der Insolvenzmasse wohl nur in Ausnahmefällen zur Verfügung stehen. § 223 Abs. 1 InsO bestimmt deshalb, dass die Rechte der Absonderungsberechtigten ohne entsprechende Regelungen im gestaltenden Teil des Plans nicht berührt werden. 1

Ferner verdeutlicht die Gesamtbetrachtung der §§ 49, 50, 251, 223 InsO die geringe Bedeutung der Einbeziehung absonderungsberechtigter Gläubiger in das Insolvenzverfahren. Grund hierfür ist, dass das Gericht gem. § 251 InsO die Bestätigung des Plans zu versagen hat, wenn ein Gläubiger ohne dessen Zustimmung schlechter als bei einer gesetzlichen Zwangsverwertung gestellt wird. Aufgrund dieses Minderheitenschutzes bietet die Regelung des § 223 InsO in nur sehr begrenztem Rahmen die Möglichkeit, in die Rechte der absonderungsberechtigten Gläubiger durch Mehrheitsent- 2 scheidung einzugreifen. Da die absonderungsberechtigten Gläubiger gem. §§ 49, 50 InsO grds. volle Befriedigung zu erfahren haben, besteht der Anwendungsbereich des § 223 InsO vor allem darin, diejenigen absonderungsberechtigten Gläubiger in den Plan einzubinden, deren wirtschaftliche Position durch den Plan verbessert werden kann, weil bei einer Verwertung nach den gesetzlichen Vorschriften nicht mit voller Befriedigung zu rechnen wäre.

3 In der Praxis sind im Regelfall nur diejenigen absonderungsberechtigten Gläubiger zu Zugeständnissen im Plan bereit, deren Wert der Sicherheiten bei einer Fortführung des insolventen Unternehmens höher ist, als bei einer Einzelverwertung (*Burger/Schellberg* DB 1994, 1833 ff.). In der Literatur wurde deshalb hinsichtlich des § 266 RegE, der weitgehend mit der heutigen Regelung des § 223 InsO übereinstimmt, ausgeführt, dass es den Gläubigern von Mobiliarsicherheiten sehr schlecht gehen müsse, damit sie im Planverfahren den Maßnahmen, die dem sanierten Unternehmen »wirklich Luft verschaffen«, zustimmen.

4 Steht auf der Grundlage einer Vergleichsrechnung fest, dass die Absonderungsberechtigten durch den Plan schlechter gestellt werden als bei gesetzlicher Verwertung, so können diese Gläubiger nicht durch Mehrheitsentscheidung in das Planverfahren einbezogen werden, wenn sie dem nicht zustimmen (BT-Drucks. 12/2443 S. 200). Aus diesem Grunde regelt § 222 Abs. 1 Nr. 1 InsO, dass diejenigen absonderungsberechtigten Gläubiger, in deren Rechte durch den Plan nicht eingegriffen wird, trotz der Tatsache, dass diese Gläubiger ansonsten zu den drei obligatorischen Gruppen gem. § 222 Abs. 1 InsO zählen, von der Gruppenbildung ausgeschlossen sind (vgl. *Stürner* in Leipold, S. 45). Es besteht kein Grund, absonderungsberechtigte Gläubiger über den Plan abstimmen zu lassen, wenn sie losgelöst vom Planverfahren ihre Sicherheit voll realisiert erhalten (*Burger/Schellberg* DB 1994, 1833 ff.). Insoweit fehlt es an der »Beschwer«.

5 Aufgrund der Europäischen Richtlinie 98/26/EG über Zahlungs- und Abrechnungssysteme und dem Gesetz vom 08.12.1999 sind Absonderungsrechte der begünstigten Institutionen dem Zugriff des Insolvenzplans enthoben. Die in der Bundesrepublik Deutschland relevanten Systeme werden gem. § 24b Abs. 1 KWG durch die Deutsche Bundesbank der EU-Kommission gemeldet.

Hintergrund der Regelung des § 223 Abs. 1 Satz 2 war der Wunsch der Kommission, zu verhindern, dass durch eine etwaige Insolvenz eines großen Kreditinstitutes eine weit reichende Bankenkrise im Wege einer Kettenreaktion ausgelöst werden könnte. Deshalb wurde die Unantastbarkeit der Absonderungsrechte der begünstigten Institutionen vorgeschrieben.

B. Absatz 2

6 § 223 Abs. 2 InsO normiert, dass im gestaltenden Teil des Plans anzugeben ist, auf welche Weise in die Rechte absonderungsberechtigter Gläubiger eingegriffen wird. Im gestaltenden Teil ist für die absonderungsberechtigten Gläubiger anzugeben, um welchen Bruchteil die Rechte gekürzt, für welchen Zeitraum sie gestundet oder welchen sonstigen Regelungen sie unterworfen werden sollen, damit alle am Plan Beteiligten hierüber informiert werden. Unter einer Kürzung in diesem Sinne ist auch ein gänzlicher Forderungserlass zu verstehen.

7 Typische Fälle der »abweichenden Regelung im Insolvenzplan« sind Eingriffe in die Regelungen der §§ 165–173 InsO, welche in vielfältigen Varianten möglich sind. Wichtig ist, dass die Beschreibung der Eingriffe in das Absonderungsrecht unter Angabe von Zeitpunkten, konkreten Bruchteilen oder konkreten sonstigen Regelungen so genau wie möglich erfolgt, damit die beabsichtigten Wirkungen auch zweifelsfrei eintreten können. Dies umso mehr, wenn gem. § 228 InsO auch dingliche Rechtsfolgen ausgelöst oder vorbereitet werden sollen.

8 Unzulässig ist eine Planregelung allein mit Angabe der Kürzung um einen einheitlichen Betrag, da dies zum einen keine Quote darstellt und zum anderen dazu führt, dass innerhalb einer Gruppe keine gleichen Rechte geboten werden (*Nerlich/Römermann-Braun* InsO, § 223 Rn. 18, 19). Die Regelung des Abs. 2 fordert eine für jeden einzelnen Gläubiger eindeutig zu bestimmende Eingriffsregelung (*Nerlich/Römermann-Braun* InsO, § 223 Rn. 18, 19).

Da die Neubestimmung der Rechte der absonderungsberechtigten Gläubiger u.U. im Zusammenhang mit der Änderung der sachenrechtlichen Verhältnisse stand, ist im gestaltenden Teil des Plans insoweit auch stets die Vorschrift des § 228 InsO zu beachten. Art und Umfang der abweichenden Regelungen sind zwischen dem Planverfasser und den absonderungsberechtigten Gläubigern auszuhandeln und entziehen sich auf Grund der möglichen Vielfalt einer enumerativen Aufzählung.

§ 224 Rechte der Insolvenzgläubiger

Für die nicht nachrangigen Gläubiger ist im gestaltenden Teil des Insolvenzplans anzugeben, um welchen Bruchteil die Forderungen gekürzt, für welchen Zeitraum sie gestundet, wie sie gesichert oder welchen sonstigen Regelungen sie unterworfen werden sollen.

Übersicht

	Rdn.		Rdn.
A. Begriffsbestimmung	1	B. Regelungsinhalte	2

Literatur:
Körner/Rendels Zur Bestimmtheit und Vollstreckbarkeit des Insolvenzplans sowie zur Nachzüglerproblematik, EWiR 2017, 23; *Mönning* Betriebsfortführung oder Liquidation – Entscheidungskriterien, in Prütting, Insolvenzrecht 1996/97, S. 52.

A. Begriffsbestimmung

Nicht nachrangige Gläubiger sind alle nach überkommenem Konkurs- und Gesamtvollstreckungsrecht nicht bevorrechtigten Gläubiger i.S.d. § 61 Abs. 1 Nr. 6 KO, § 17 Abs. 3 Nr. 4 GesO sowie – aufgrund der Abschaffung der Insolvenzvorrechte – auch die ehemals bevorrechtigten Gläubiger. Durch die Abschaffung der Insolvenzvorrechte hat die Gruppe der nicht nachrangigen Insolvenzgläubiger im Vergleich zu den ehemals nicht bevorrechtigten Gläubigern eine erhebliche Ausweitung erfahren, wodurch die in § 1 InsO verankerte Zielsetzung der gemeinschaftlichen und gleichmäßigen Gläubigerbefriedigung gefördert wird. In der Vergangenheit war dieses sowohl in der KO und GesO verankerte Postulat durch die umfangreichen Vorrechtskataloge des § 61 KO und § 17 Abs. 3 Nr. 1–3 GesO weitgehend entwertet. Die teilweise dogmatisch mehr als fraglichen Vorrechte waren eine der Hauptursachen für die zunehmende Funktionslosigkeit des überkommenen Konkurs- und Gesamtvollstreckungsverfahrens (vgl. *Kilger* KTS 1975, 142). Gleichwohl sind die nicht nachrangigen Gläubiger – wie die nicht bevorrechtigten Gläubiger nach überkommenem Recht – diejenigen Gläubiger, denen die größten Einbußen an Rechten zugemutet und aufgebürdet werden.

B. Regelungsinhalte

Die konkreten Eingriffe in Rechte der nicht nachrangigen Gläubiger bzw. die Gestaltung deren Ansprüche ist die maßgebliche Aufgabe des Plans, um die jeweiligen nach dem Typus des Plans ausgerichteten Planabsichten zu realisieren (BT-Drucks. 12/2443 S. 201). Damit die Beteiligten schon im Vorfeld der Abstimmung über den Plan dessen Vor- und Nachteile im Verhältnis zu einer Abwicklung entsprechend den gesetzlichen Vorschriften gegenüberstellen und vergleichen können, sind entsprechende Regelungen im gestaltenden Teil des Plans aufzunehmen. Die Angaben im gestaltenden Teil, um welchen Bruchteil die Forderung gekürzt, für welchen Zeitraum sie gestundet, wie sie gesichert oder welchen sonstigen Regelungen sie unterworfen werden sollen, sind aus Sicht der Beteiligten zu deren Unterrichtung über die ihnen zugemuteten Rechtsänderungen unverzichtbar. Ohne entsprechende Angaben wäre dem Gericht im Übrigen die Prüfung, ob ein Plan gem. § 231 Abs. 1 Nr. 1 InsO von Amts wegen zurückzuweisen ist, weil z.B. ein Verstoß gegen die Gleichbehandlungspflicht i.S.d. § 226 InsO vorliegt, nicht möglich.

§ 224 InsO regelt nicht die Art und Weise oder den Umfang des Eingriffes in die Rechte der nicht nachrangigen Insolvenzgläubiger, sondern normiert nur, dass die Eingriffe im gestaltenden Teil des Plans anzugeben sind. Art und Umfang der Eingriffe selbst hängen vom jeweiligen Plan und den darin verkörperten Planintentionen und letztlich von der mehrheitlichen Zustimmung der beteiligten

Gläubiger im Abstimmungstermin ab, sind jedoch durch den Minderheitenschutz gem. § 251 Abs. 1 Nr. 2 InsO begrenzt.

4 Ferner erlaubt § 224 InsO auch keine Modifikation der Regelungen über die Feststellung der Forderungen der Gläubiger; die §§ 174 bis 186 InsO sind planfest (*BGH* ZInsO 2009, 478).

5 Da die Verwertungserlöse im Fall der gesetzlichen Zwangsverwertung auch seit Einführung der InsO (trotz weggefallener Vorrechte) meistens bescheiden ausfallen, entfaltet der Minderheitenschutz nur sehr beschränkte Wirkung im Hinblick auf Eingriffe in die Forderungen der nicht nachrangigen Insolvenzgläubiger.

6 Gesetzliche Mindestinhalte für den Plan hinsichtlich einer bestimmten Quote, wie dies in § 7 Abs. 1 VglO der Fall war, sind in der InsO nicht enthalten, so dass privatautonomen Lösungsansätzen und damit der angestrebten Deregulierung des Verfahrens ein weites Feld eröffnet ist. Der Gesetzgeber verzichtete – aufbauend auf den Erfahrungen mit der starren Vergleichsquote des § 7 Abs. 1 VglO – bewusst auf jegliche Mindestquoten, um den Gläubigern im Rahmen des Abstimmungstermins die Entscheidung über die Höhe ihres Verlustes selbst zu überlassen.

7 Die Grenze der Selbstbestimmung wäre überschritten, wenn durch eine Gläubigermehrheitsentscheidung zu Lasten nicht zustimmender Gläubiger entschieden werden könnte, dass diese weniger als im Falle der Verwertung entsprechend den gesetzlichen Vorschriften erlangen sollen.

8 Ein Fortführungsplan stellt an die Gläubiger andere Anforderungen als ein Übertragungsplan oder ein Liquidationsplan, so dass Art und Umfang der Eingriffe durch den Plantyp und dessen Planintention bestimmt werden.

9 Um einen etwaigen Verstoß gegen den Minderheitenschutz ausschließen zu können, ist der Planersteller bei jeder Fortführungskonzeption gehalten, mittels Vergleichsrechnungen darzulegen, dass die Fortführung kein schlechteres wirtschaftliches Ergebnis als die Zerschlagung gem. den gesetzlichen Vorschriften verspricht (vgl. *Mönning* in: Prütting, S. 52).

10 Von größter Wichtigkeit ist es, dass die Regelungen des Plans einen vollstreckungsfähigen Inhalt haben müssen (ausf. hierzu *Körner/Rendels* EWiR 2017, 23).

11 Unter einer Kürzung einer Forderung ist auch ein gänzlicher Forderungserlass zu verstehen.

12 Im Hinblick auf Arbeitnehmerrechte ist strikt darauf zu achten, dass Eingriffe nur insoweit möglich sind, als es um Positionen als Insolvenzgläubiger, d.h. um Forderungseingriffe, geht. Eine Regelung beispielsweise über die Wochenarbeitszeit überschreitet die in §§ 217, 224 Abs. 1 InsO vorgeschriebene Reichweite der Gestaltungskraft des Insolvenzplans. Derartige Regelungen können nur mittels § 230 InsO in den Plan einbezogen werden, wobei die betrieblich auszuhandelnden Vereinbarungen oder kollektivarbeitsrechtlichen Abreden durch die zuständigen Gremien und nicht die Gläubiger getroffen werden müssen (*Smid* NZI 2000, 454 ff.). Auch insoweit ist die Regelung des § 249 InsO zu beachten.

§ 225 Rechte der nachrangigen Insolvenzgläubiger

(1) Die Forderungen nachrangiger Insolvenzgläubiger gelten, wenn im Insolvenzplan nichts anderes bestimmt ist, als erlassen.

(2) Soweit im Plan eine abweichende Regelung getroffen wird, sind im gestaltenden Teil für jede Gruppe der nachrangigen Gläubiger die in § 224 vorgeschriebenen Angaben zu machen.

(3) Die Haftung des Schuldners nach der Beendigung des Insolvenzverfahrens für Geldstrafen und die diesen in § 39 Abs. 1 Nr. 3 gleichgestellten Verbindlichkeiten kann durch einen Plan weder ausgeschlossen noch eingeschränkt werden.

Übersicht	Rdn.			Rdn.
A. Begriffsbestimmung	1	D.	Absatz 1	8
B. Zweck der Vorschrift	3	E.	Absatz 2	11
C. Regelung nach früher geltender Rechtsordnung	4	F.	Absatz 3	13

Literatur:
Böhle-Stamschräder/Kilger Vergleichsordnung, 11. Aufl. 1986; *Hess* Konkursordnung, 6. Aufl. 1998; *Loritz* in: Leipold, Insolvenzrecht im Umbruch, 1991; *Madaus* Sind Vorzugsaktionärsrechte letztrangige Insolvenzforderungen? Zur Neubestimmung der Reichweite von Insolvenzplänen durch BGH v. 15.04.2010 – IX ZR 188/09, ZIP 2010, 1214.

A. Begriffsbestimmung

Im Gegensatz zum überkommenem Recht eröffnet die InsO den nachrangigen Insolvenzgläubigern 1 i.S.d. § 39 InsO die Teilnahme am Verfahren.

Hierbei handelt es sich um:
– die seit der Verfahrenseröffnung laufenden Zinsen und Säumniszuschläge,
– die Teilnahmekosten am Verfahren,
– Geldstrafen, Geldbußen, Zwangs- und Ordnungsgelder,
– Forderungen auf unentgeltliche Leistungen des Schuldners,
– Rückgewähransprüche aus Gesellschafterdarlehen und aus wirtschaftlich entsprechenden Rechtshandlungen,
– Forderungen mit vertraglich vereinbartem Nachrang (vgl. *Hess/Obermüller* Rn. 1266).

Gleichzeitig normiert § 225 Abs. 1 die unwiderlegliche Vermutung, dass die Forderungen nachran- 2 giger Insolvenzgläubiger als erlassen gelten, wenn der Plan im gestaltenden Teil nichts anderes vorsieht (*Kübler/Prütting/Bork-Spahlinger* InsO, § 225 Rn. 4). Der theoretische Eingriff in eigentlich gültige Rechtspositionen relativiert sich insofern, als dadurch eine wirtschaftliche Beeinträchtigung dieser Gläubiger kaum anzunehmen ist. Nur bei einer Erwirtschaftung so hoher Übererlöse, die bereits zu einer vollständigen Befriedigung sämtlicher nicht nachrangigen Insolvenzgläubiger führen würden, könnten Rechte der nachrangigen Gläubiger berührt werden. Ist dies der Fall, gilt für die Behandlung der nachrangigen Insolvenzgläubiger im gestaltenden Teil dasselbe wie für die nicht nachrangigen Gläubiger (*Kübler/Prütting/Bork-Spahlinger* InsO, § 225 Rn. 4).

B. Zweck der Vorschrift

Die Regelung des § 225 InsO ermöglicht eine an der wirtschaftlichen Werthaltigkeit der nachran- 3 gigen Forderungen gemessene Einbeziehung dieser Gläubigergruppe(n) in das Planverfahren, um damit eine flexible und am Einzelfall ausgerichtete Verfahrensabwicklung zu erreichen. Durch die Möglichkeit, auch die Rechte der nachrangigen Gläubiger mittels Plan zu regeln, können sachgerechte Lösungen zwischen den Beteiligten erreicht werden, um damit auch dem Rechtsfrieden zu dienen. Durch die Einbeziehung dieser Gläubigergruppe wird einerseits sichergestellt, dass das Verbot der Einzelzwangsvollstreckung auch für nachrangige Gläubiger Geltung hat, andererseits scheidet die Möglichkeit aus, dass ein etwaiger Überschuss auf Grund eines sehr erfolgreichen Planverfahrens zur Auskehrung an den Schuldner gelangt, bevor die Befriedigung auch der nachrangigen Gläubiger erfolgt ist (vgl. *Loritz* in Leipold, S. 94).

C. Regelung nach früher geltender Rechtsordnung

Forderungen, die heute nachrangige Insolvenzforderungen sind, nahmen im überkommen Recht 4 wegen §§ 29 VglO, 63 KO am Verfahren nicht teil bzw. wurden ohne sachgerechten Differenzierungsgrund unterschiedlich behandelt (vgl. § 29 VglO, § 32a Abs. 1 Satz 1 GmbHG, §§ 63, 173 KO).

Jaffé

5 Im ehemaligen Vergleichsverfahren wurden die Wirkungen eines Vergleichs in unterschiedlicher Weise auf nachrangige Forderungen i.S.d. heutigen § 39 InsO erstreckt, da Forderungen aus Schenkungsversprechung und aus kapitalersetzendem Darlehen in gleicher Weise gekürzt oder gestundet wurden, wie dies für die sonstigen in das Vergleichsverfahren einbezogenen Forderungen vorgesehen war (§ 83 Abs. 1 VglO, § 32a Abs. 1 Satz 2 GmbHG).

6 Die Zins- und Kostenforderungen der Vergleichsgläubiger galten – im Gegensatz zur KO und GesO – im Zweifel als erlassen (§ 83 Abs. 2 VglO). Lediglich Geldstrafen und gleichgestellte Sanktionen wurden auch vom gerichtlichen Vergleich generell nicht betroffen. Kam es nach früherem Recht zu einem Vergleich, waren die nachrangigen Gläubiger den Vergleichsgläubigern im Rahmen des § 83 Abs. 1 VglO gleichgestellt, während im Zwangsvergleich Inhaber nachrangiger Forderungen nur auf die geringe Hoffnung auf einen etwaigen Neuerwerb des Schuldners bzw. auf einen – meist nur theoretischen – Verfahrensüberschuss nach Verteilung der Masse an die Verfahrensgläubiger verwiesen waren (BT-Drucks. 12/2442 S. 201).

7 Die Inhaber nachrangiger Forderungen wurden im Rahmen eines Zwangsvergleichs, mit Ausnahme des § 226 KO, willkürlich schlechter gestellt als Inhaber derselben Forderungen innerhalb eines Vergleichsverfahrens. Durch die Teilnahmeberechtigung minderberechtigter Forderungen i.S.d. § 226 KO wurde diese Gläubigergruppe in das Verfahren einbezogen, ohne dabei aber die Rechte der vorgehenden Gläubiger zu tangieren (vgl. *Kuhn/Uhlenbruck* KO, § 226 Rn. 5; *Hess* KO, § 226 Rn. 2). Da der Neuerwerb nach der InsO in die Masse fällt, war die Einbeziehung nachrangiger Gläubiger bereits aus diesem Grunde geboten.

D. Absatz 1

8 § 225 Abs. 1 InsO verallgemeinert die Regelung, die § 83 Abs. 2 VglO für Zins- und Kostenforderungen der Vergleichsgläubiger enthielt, indem die Forderungen der nachrangigen Gläubiger als erlassen gelten, wenn im Plan nichts anderes vorgesehen ist (BT-Drucks. 12/2443 S. 201). Im Gegensatz zur Regelung der VglO gilt der Erlass im Zweifel auch für Forderungen aus Schenkungsversprechen und aus kapitalersetzenden Darlehen.

9 Eine Zuweisung von Ansprüchen in Insolvenzplänen werden nachrangige Gläubiger in den wenigsten Fällen erfahren, da bereits die Forderungen der nicht nachrangigen Insolvenzgläubiger nicht vollständig befriedigt und die nachrangigen Insolvenzgläubiger deshalb vollends ausfallen werden. Aus diesem Grund wird die Zustimmung der nachrangigen Insolvenzgläubiger zum Plan unter den Voraussetzungen des § 246 Nr. 1–3 InsO in den meisten Fällen fingiert werden, um den Verfahrensfortgang nicht an die Zustimmung der Inhaber wirtschaftlich wertloser Forderungen zu knüpfen.

10 Ansprüche von Vorzugsaktionären auf Nachzahlung von Dividenden gegenüber einer schuldnerischen Aktiengesellschaft sind wie letztrangige Forderungen zu behandeln. Diese Ansprüche gelten mit rechtskräftiger Bestätigung des Insolvenzplans als erloschen, soweit im Plan nicht etwas anderes bestimmt ist (BGH DStR 2010, 1392). Aus diesen erlassenen Forderungen kann auch kein Stimmrecht mehr nach § 140 Abs. 2 Satz 1 AktG mehr abgeleitet werden. Sofern in dem Insolvenzplan nichts Abweichendes geregelt ist, ergibt sich eine entsprechende Wertung aus § 245 Abs. 2 Nr. 2 InsO (*BGH* ZInsO 2010, 1039; a.A. *Madaus* ZIP 2010, 1214).

E. Absatz 2

11 Ist im Plan die volle Befriedigung der nicht nachrangigen Insolvenzgläubiger vorgesehen und auch dann noch ein Überschuss zu erwarten, sind in den Plan gem. § 225 Abs. 2 InsO für jede Gruppe der nachrangigen Gläubiger die in § 224 InsO vorgeschriebenen Angaben aufzunehmen. Die nachrangigen Insolvenzgläubiger müssen nach den Rangklassen des § 39 InsO in Gruppen eingeteilt werden, falls ihre Forderungen nicht erlassen sein sollen (vgl. auch *Braun/Braun/Frank* InsO, § 225 Rn. 2; *Nerlich/Römermann-Braun* InsO, § 225 Rn. 6). Selbiges gilt entsprechend, soweit der Plan Sonderzuwendungen an den Schuldner beinhaltet.

Sollen dem Schuldner durch den Plan wirtschaftliche Werte zukommen, ihm z.B. die Fortführung des Unternehmens zu günstigeren Bedingungen gestattet werden, als sie einem Dritten für die Übernahme des Unternehmens eingeräumt werden würden, so ist es angemessen, auch für nachrangige Gläubiger planmäßige Leistungen auszuweisen, bevor der Schuldner in den Genuss dieser Rechtswohltat gelangen kann (BT-Drucks. 12/2443 S. 201).

F. Absatz 3

Die Regelung in § 225 Abs. 3 InsO übernimmt für Geldstrafen und für nach § 39 Abs. 1 Nr. 3 InsO gleichgestellte Verbindlichkeiten die bereits in § 29 Nr. 3 VglO, § 63 Nr. 3 KO verankerten Rechtsgedanken. Diese Verbindlichkeiten stehen weder zur Disposition noch zur Entscheidung der Gläubigermehrheit (vgl. *Böhle/Stamschräder/Kilger* VglO, § 29 Rn. 3). Weiterhin verankerte der Gesetzgeber hinsichtlich dieser Forderungen von der Insolvenz losgelöste Sanktionsmechanismen, um diesen Forderungen im Falle der insolvenzbedingten Uneinbringlichkeit entsprechenden Nachdruck zu verleihen. So tritt gem. § 43 StGB an die Stelle einer uneinbringlichen Geldstrafe die Ersatzfreiheitsstrafe, wobei einem Tagessatz ein Tag Freiheitsstrafe entspricht.

Ähnliche gesetzliche Möglichkeiten sind gem. § 95 Abs. 2, § 96 Abs. 2 OWiG über das Absehen von einer Vollstreckung und über Zahlungserleichterungen bei Geldbußen bzw. nach § 888 Abs. 1 Satz 1 ZPO über die Ersetzung eines Zwangsgelds durch Zwangshaft vorgesehen (BT-Drucks. 12/2443 S. 201).

Soweit der Plan nichts anderes vorsieht, sind hingegen ab der Verfahrenseröffnung und nach Planbestätigung laufende Zinsen i.d.R. erlassen, wenn es sich um Zinsen aus Kapitalansprüchen handelt. Betroffen sind vertraglich ausdrücklich vereinbarte Zinsen, sowie Provisionen und Verwaltungskostenzuschläge, wenn sie als Zinserweiterungen zu qualifizieren sind. Auch die Geltendmachung einer Regressforderung nach § 774 BGB, welche auf seit Verfahrenseröffnung laufenden Zinsen beruht, ist ausgeschlossen. Selbstständige Aufwandserstattungsansprüche gem. §§ 670, 675 BGB sollen nicht als Erlass der Zinsansprüche anzusehen sein. Als erlassen gelten Kosten der Teilnahme am Verfahren (§ 39 Abs. 1 Nr. 2 InsO), insbesondere die Anwaltskosten für die Vertreter im Verfahren.

Forderungen aus Schenkungsversprechen gem. § 39 Abs. 1 Nr. 4 InsO oder Forderungen aus Erfüllung eines Schenkungsversprechens gem. § 385 BGB gelten als erlassen, gleichgültig ob sie vor oder nach der Stellung des Insolvenzantrages begründet wurden. Bei der Inanspruchnahme des Schuldners als Bürge des Schenkers ist § 225 Abs. 1 nicht anwendbar.

Forderungen auf Rückgewähr von Gesellschafterdarlehen (§ 39 Abs. 1 Nr. 5 InsO), gelten ebenfalls als erlassen. Darlehen Dritter sind dem gleichgestellt, wenn sie wirtschaftlich der Darlehensgewährung eines Gesellschafters an seine Gesellschaft entsprechen, etwa bei Darlehen verbundener Unternehmen bei Gesellschafteridentität (*Hess/Obermüller* Rn. 174). Soweit dem Darlehen eines Dritten durch die Bürgschaft eines Gesellschafters die Funktion eines Gesellschafterdarlehens zukommt, kann der Dritte nur mit der Ausfallforderung als nicht nachrangiger Gläubiger am Insolvenzverfahren teilnehmen.

Im Übrigen kommt es aufgrund der Aufhebung der §§ 32a, 32b GmbHG und der Änderung des § 39 Abs. 1 Nr. 5 InsO nicht mehr darauf an, ob das Gesellschafterdarlehen eine kapitalersetzende Funktion hat. Stattdessen sind nun sämtliche Gesellschafterdarlehen als nachrangig zu behandeln; eine Rückgewähr dieser ist innerhalb der Fristen des § 135 InsO anfechtbar.

§ 225a Rechte der Anteilsinhaber

(1) Die Anteils- oder Mitgliedschaftsrechte der am Schuldner beteiligten Personen bleiben vom Insolvenzplan unberührt, es sei denn, dass der Plan etwas anderes bestimmt.

(2) ¹Im gestaltenden Teil des Plans kann vorgesehen werden, dass Forderungen von Gläubigern in Anteils- oder Mitgliedschaftsrechte am Schuldner umgewandelt werden. ²Eine Umwandlung ge-

gen den Willen der betroffenen Gläubiger ist ausgeschlossen.³Insbesondere kann der Plan eine Kapitalherabsetzung oder -erhöhung, die Leistung von Sacheinlagen, den Ausschluss von Bezugsrechten oder die Zahlung von Abfindungen an ausscheidende Anteilsinhaber vorsehen.

(3) Im Plan kann jede Regelung getroffen werden, die gesellschaftsrechtlich zulässig ist, insbesondere die Fortsetzung einer aufgelösten Gesellschaft oder die Übertragung von Anteils- oder Mitgliedschaftsrechten.

(4) ¹Maßnahmen nach Absatz 2 oder 3 berechtigen nicht zum Rücktritt oder zur Kündigung von Verträgen, an denen der Schuldner beteiligt ist.²Sie führen auch nicht zu einer anderweitigen Beendigung der Verträge.³Entgegenstehende vertragliche Vereinbarungen sind unwirksam.⁴Von den Sätzen 1 und 2 bleiben Vereinbarungen unberührt, welche an eine Pflichtverletzung des Schuldners anknüpfen, sofern sich diese nicht darin erschöpft, dass eine Maßnahme nach Absatz 2 oder 3 in Aussicht genommen oder durchgeführt wird.

(5) ¹Stellt eine Maßnahme nach Absatz 2 oder 3 für eine am Schuldner beteiligte Person einen wichtigen Grund zum Austritt aus der juristischen Person oder Gesellschaft ohne Rechtspersönlichkeit dar und wird von diesem Austrittsrecht Gebrauch gemacht, so ist für die Bestimmung der Höhe eines etwaigen Abfindungsanspruches die Vermögenslage maßgeblich, die sich bei einer Abwicklung des Schuldners eingestellt hätte.²Die Auszahlung des Abfindungsanspruches kann zur Vermeidung einer unangemessenen Belastung der Finanzlage des Schuldners über einen Zeitraum von bis zu drei Jahren gestundet werden.³Nicht ausgezahlte Abfindungsguthaben sind zu verzinsen.

Übersicht

		Rdn.			Rdn.
A.	Vorbemerkung	1	VI.	Forderungsbewertung	19
B.	Absatz 1	2	VII.	Legitimation des Eingriffs in die Gesellschafterrechte	28
C.	Absatz 2	3		1. Art. 14 Abs. 1 GG	30
I.	Allgemeines	3		2. Art. 9 Abs. 1 GG	31
II.	Blockadeproblematik nach bisheriger Regelungslage	5		3. Europarechtskonformität	32
III.	Sanierungsprivileg	8	D.	Absatz 3	36
IV.	Zustimmungsvorbehalt der Gläubiger	9	E.	Absatz 4	40
V.	Erforderliche Kapitalmaßnahmen	11	F.	Absatz 5	41

Literatur:
Bauer/Dimmling Endlich im Gesetz(entwurf): Der Debt-Equity-Swap, NZI 2011, 517; *Bay/Seeburg/Böhmer* Debt-Equity-Swap nach § 225a Abs. 2 Satz 1 des geplanten Gesetzes zur weiteren Erleichterung der Sanierung von Unternehmen (ESUG), ZInsO 2011, 1927; *Bitter* Sanierung in der Insolvenz – Der Beitrag von Treue- und Aufopferungspflichten zum Sanierungserfolg, ZGR 2010, 147; *Bitter/Laspeyres* Rechtsträgerspezifische Berechtigungen als Hindernis übertragender Sanierung, ZIP 2010, 1157; *Braun* Eingriff in Anteilseignerrechte im Insolvenzplanverfahren – Das U.S.-amerikanische Konzept in Chapter 11 Bankruptcy Code und seine deutsche Entsprechung, FS Gero Fischer, S. 53; *Brinkmann* Wege aus der Insolvenz eines Unternehmens – oder: Die Gesellschafter als Sanierungshindernis, WM 2011, 97; *Cahn/Simon/Theiselmann* Debt Equity Swap zum Nennwert!, DB 2010, 1629; *Commandeur/Hübler* Aktuelle Entwicklungen im Insolvenzrecht, NZG 2015, 185; *Decher/Voland* Kapitalschnitt und Bezugsrechtsausschluss im Insolvenzplan – Kalte Enteignung oder Konsequenz des ESUG?, ZIP 2013, 103; *Drouven* Reverse Debt-to-Equity-Swap, ZIP 2009, 1052; *Eckert/Haring* Zur Bewertung von Sicherheiten beim Dept Equity Swap nach § 225a InsO im Insolvenzplanverfahren, ZInsO 2012, 2318; *Eidenmüller/Engert* Reformperspektiven einer Umwandlung von Fremd- in Eigenkapital (Debt-Equity-Swap) im Insolvenzplanverfahren, ZIP 2009, 541; *Fischer* Der Übernahme-Swap durch Insolvenzplan – Investitionsentscheidung im Wettbewerb, NZI 2013, 823; *Fromm* Der Dept-Equity-Swap als Sanierungsbeitrag im Zeitpunkt der Überschuldung, ZInsO 2012, 1253; *Göb* Aktuelle gesellschaftsrechtliche Fragen in Krise und Insolvenz, NZI 2015, 13; *Gravenbrucher Kreis* Stellungnahme zum Diskussionsentwurf eines Insolvenzrechtsreformgesetzes, ZIP 1989, 468; *Hirte/Knof/Mock* Das Gesetz zur weiteren Erleichterung der Sanierung von Unternehmen (Teil I), DB 2011, 632, 643; *Hölzle* Die »erleichterte Sanierung von Unternehmen« in der Nomenklatur der InsO – ein hehres Regelungsziel des RefE-ESUG, NZI 2011, 124; *ders.* Praxisleitfaden ESUG, 2. Aufl. 2014; *ders.* Überlagerung des Gesellschaftsrechts durch das Insolvenzrecht und die Schlechterstellungs-

prüfung zu Lasten des (Minderheits-)Gesellschafters, ZIP 2014, 1819; *Horstkotte/Martini* Die Einbeziehung der Anteilseigner in den Insolvenzplan nach ESUG – Muster-Arbeitshilfen für Aktiengesellschaft und Gesellschaft mit beschränkter Haftung, ZInsO 2012, 557; *Jaffé/Friedrich* Verbesserung der Wettbewerbsfähigkeit des Insolvenzstandorts Deutschland, ZIP 2008, 1849; *Klausmann* Gesellschaftsrechtlich zulässige Regelungen im Insolvenzplan im Sinne von § 225a III InsO, NZG 2015, 1300; *Korff* Die Grenzen des Debt-to-Equity-Swap, ZInsO 2013, 2411; *Madaus* Keine Reorganisation ohne die Gesellschafter, ZGR 2011, 749; *ders.* Umwandlungen als Gegenstand eines Insolvenzplans nach dem ESUG, ZIP 2012, 2133; *ders.* Die Bewältigung von Masseschäden über ein Planverfahren – Möglichkeiten und Grenzen des neuen Insolvenzrechts, ZIP 2014, 160; *Mielke/Nguyen-Viet* Änderung der Kontrollverhältnisse bei dem Vertragspartner: Zulässigkeit von Change of Control-Klauseln im deutschen Recht, DB 2004, 2515; *Müller, H.F.* Der Verband in der Insolvenz, 2002; *ders.* Reorganisation systemrelevanter Banken, KTS 2011, 1; *ders.* Gesellschaftsrechtliche Maßnahmen im Insolvenzplan, KTS 2012, 419; *Sassenrath* Der Eingriff in Anteilseignerrechte durch den Insolvenzplan, ZIP 2003, 1517; *K. Schmidt* Schöne neue Sanierungswelt: Die Gläubiger okkupieren die Burg!, ZIP 2012, 2085; *ders.* Debt-to-Equity-Swap bei der (GmbH & Co.-)Kommanditgesellschaft, ZGR 2012, 566; *Schuster* Zur Stellung der Anteilseigner in der Sanierung, ZGR 2010, 325; *Simon* Der Debt Equity Swap nach dem Gesetz zur weiteren Erleichterung der Sanierung von Unternehmen, CFL 2010, 448; *Simon/Merkelbach* Gesellschaftsrechtliche Strukturmaßnahmen im Insolvenzplanverfahren nach dem ESUG, NZG 2012, 121; *Smid* Große Reform oder Beseitigung der Insolvenzordnung durch ein neues Konkursverfahren?, DZWIR 2010, 397; *Spetzler* Insolvenzrechtsreform und Bankenreorganisation, KTS 2010, 433; *Stöber* Strukturmaßnahmen im Insolvenzplanverfahren und gesellschaftsrechtliche Treuepflicht – der Fall Suhrkamp, ZInsO 2013, 2457; *Verse* Anteilseigner im Insolvenzverfahren, ZGR 2010, 299; *Wallner* Partielle Universalsukzession durch Insolvenzplan, ZInsO 2010, 1419; *Wertenbruch* Die Personengesellschaft im Vergleich zur AG und GmbH im Insolvenzplanverfahren, ZIP 2013, 1693; *Westphal/Janjuah* Zur Modernisierung des deutschen Sanierungsrechts, ZIP 2008, Beil. zu Heft 3, S. 1; *Wirsch* Debt Equity Swap und Risiko der Insolvenzanfechtung, NZG 2010, 1131; *Wuschek* Debt-Equity-Swap – Gestaltung von Anteilsrechten im Insolvenzplanverfahren, ZInsO 2012, 1768.

A. Vorbemerkung

Für die in Praxis und Literatur (s. hierzu exemplarisch *Jaffé/Friedrich* ZIP 2008, 1849 [1854]) befürwortete Möglichkeit in Gesellschafterrechte im Rahmen eines Insolvenzplanverfahrens einzugreifen, bildete der durch das »ESUG« am 01.03.2012 neu eingefügte § 225a InsO die rechtliche Ausgangslage. Die neue Vielseitigkeit des Planverfahrens machte insbesondere der Wortlaut von § 225a Abs. 3 InsO deutlich, wonach im Plan nun jede Regelung getroffen werden kann, die gesellschaftsrechtlich zulässig ist. Die hierfür erforderlichen gesellschaftsrechtlichen Beschlüsse der Anteilsinhaber oder sonstige erforderlichen Willenserklärungen der Beteiligten gelten gem. § 254a Abs. 3 InsO als in der vorgeschriebenen Form abgegeben, wenn das Insolvenzgericht den Plan gem. § 248 InsO bestätigt hat. Diese umfassende Festsetzungsmöglichkeit gesellschaftsrechtlicher Maßnahmen zeigt, welches Gestaltungspotential der § 225a InsO dem Insolvenzplan zukünftig eröffnet. 1

B. Absatz 1

Die Anwendbarkeit von § 225a InsO setzt zunächst voraus, dass überhaupt die Anteils- oder Mitgliedschaftsrechte der am schuldnerischen Unternehmen beteiligten Personen vom Planverfahren berührt werden (vgl. § 225a Abs. 1 InsO). Dementsprechend muss der Planinhalt die Einbeziehung der Anteils- oder Mitgliedschaftsrechte vorsehen. Wird die Rechtsstellung dieses Personenkreises hingegen vom Planinhalt nicht erfasst, besteht weiterhin kein Anlass diese Gruppe als Beteiligte in das Insolvenzplanverfahren einzubinden. 2

C. Absatz 2

I. Allgemeines

Das eigentliche »Herzstück« der Reform bildete § 225a Abs. 2 Satz 1 InsO (vgl. *Hölzle* NZI 2011, 124 [128]). Hiernach gestattete der Gesetzgeber den Gläubigern ausdrücklich, die ebenfalls lange Zeit in der Literatur und Praxis geforderte Möglichkeit, im Rahmen des Planverfahrens ihre Forderungen in eine Beteiligung am schuldnerischen Unternehmen (sog. »Debt-Equity-Swap«) umzuwandeln. 3

4 Der vielversprechende Vorteil eines »Debt-Equity-Swaps« stellt der für das schuldnerische Unternehmen damit einhergehende bilanzielle Passivtausch von Fremd- in Eigenkapital dar. Durch die Umwandlung kann deshalb der drohende bzw. bestehende Insolvenzgrund, wie z.B. die Überschuldung, beseitigt werden. Gleichzeitig erlöschen die mit den Forderungen verbundenen Zins- und Tilgungsleistungen, wodurch die Zahlungsfähigkeit des Unternehmens (zumindest kurzfristig) wiederhergestellt wird. Weiter bietet sich die Umwandlung für die Gläubiger besonders an, weil sie aufgrund der neu gewonnenen Beteiligung von den künftigen Erträgen des sanierten Unternehmens profitieren (sog. »going-concern« Wert), über dessen Aktivitäten mitbestimmen können und sich nicht mit einer, bei einer Liquidation des Schuldners, geringen Zerschlagungsquote abfinden müssen (zu den Vorteilen eines »Debt-Equity-Swap« s.a. *Wuschek* ZInsO 2012, 1768 [1771]). Im Nachhinein kann die lediglich bilanzielle Freisetzung vorhandenen Aktivvermögens durch den Passivtausch aber auch negative Folgen haben, denn es findet eben keine bilanzverlängernde Kapitalaufbringung statt. Somit wird von den neuen Anteilsinhabern häufig noch eine tatsächliche Zufuhr von Aktivvermögen erforderlich sein, um eine nachhaltige Sanierung zu bewirken. Kommt es anschließend zu einem erneuten Scheitern des Unternehmens, droht nicht nur der Wertverlust der bisherigen Forderung, sondern auch des zusätzlich eingebrachten Kapitals.

II. Blockadeproblematik nach bisheriger Regelungslage

5 Die Einbindung dieses typisch gesellschaftsrechtlichen Instruments in das Insolvenzplanverfahren erschien zunächst ungewöhnlich, denn in der Praxis wurde ein solcher Forderungstausch üblicherweise vor Insolvenzantragsstellung durchgeführt, um schon vorab die Insolvenz des schuldnerischen Unternehmens zu vermeiden (so auch *Bauer/Dimmling* NZI 2011, 517 f.). Der Wunsch nach einer Implementierung des »Debt-Equity-Swaps« in das Planverfahren ging auf die nach alter Rechtslage bestehende Trennung von Insolvenz- und Gesellschaftsrecht zurück. Die Trennung führte dazu, dass gesellschaftsrechtliche Beschlüsse, die für eine Umwandlung etwa durch einen Kapitalschnitt erforderlich sind, im Planverfahren nicht gegen den Willen der bisherigen Anteilsinhaber umgesetzt werden konnten. Dementsprechend kam dieser Gruppe eine stark kritisierte Blockadeposition (sog. »Trittbrettfahrerproblematik«) zu, welche vorwiegend nur durch eine finanzielle Kompensation zu überwinden war (s. hierzu exemplarisch *Bitter* ZGR 2010, 147 [161 f.]; *Spetzler* KTS 2010, 433 [437]; *Braun* FS Gero Fischer, S. 68 f.; bereits 1989 hiervor warnend *Gravenbrucher Kreis* ZIP 1989, 468 ff.; a.A. *H.F. Müller* Der Verband in der Insolvenz, S. 367, der auf die Einsichtsfähigkeit der Gesellschafter verweist). Dieses Zustimmungserfordernis stellte besonders dann ein schwerwiegendes Sanierungshemmnis dar, wenn sich der Wert des schuldnerischen Unternehmens primär aus der Nutzung von rechtsträgerischen Berechtigungen (wie z.B. Urheberrechten, Sponsorenverträgen oder öffentlich-rechtlichen Genehmigungen; dazu ausführlich *Bitter/Laspeyres* ZIP 2010, 1157 ff.) zusammensetzte. Eine Übertragung solcher Rechtspositionen ist nur mit Zustimmung des Vertragspartners möglich, wobei dieser eine solche Übertragung üblicherweise nicht oder nur bei deutlich schlechteren Bedingungen gestattet. Folglich war ein Zugriff der Gläubiger auf den eigentlichen Wert des Unternehmens nur durch die zustimmungspflichtige Fortführung und Beteiligung am bisherigen Rechtsträger möglich. Der vom Gesetzgeber erhoffte Wettbewerb um die beste Verwertungsart konnte daher an diesem zustimmungspflichtigen Personenkreis scheitern, so dass ein im Ergebnis sanierungsfähiger Betrieb zerschlagen werden musste und dessen Arbeitsplätze verloren gegangen sind.

6 Zwar war z.B. nach der vielfach beachteten Auffassung von *Braun* (s. etwa *Nerlich/Römermann-Braun* InsO, 22. EL 2011, § 217 Rdn. 41 f.), ein blockadefreier »Debt-Equity-Swap« im Planverfahren bereits nach alter Rechtslage möglich, weil *Braun* diesbezüglich von einem schuldrechtlichen Anspruch des Insolvenzverwalters gegen die Gesellschafter ausging, sofern ohne Abtretung der Gesellschaftsanteile Vermögenswerte nicht verwertet werden konnten. Unbeachtet der Frage, ob sich aus der Treuepflicht der Gesellschafter eine solche Mitwirkungspflicht überhaupt ableiten ließe, bot letztlich ein zunächst einzuklagender Anspruch, keine Rechtssicherheit und damit auch keinen gangbaren Weg für die auf schnelle Umsetzbarkeit angewiesenen Sanierungschancen eines insolventen Unternehmens.

Mit der Einbindung der Gesellschafterrechte in das Planverfahren verband der Gesetzgeber die Erwartung, ein zentrales Mittel für ein attraktiveres Sanierungsverfahren gefunden zu haben, so dass die Gleichwertigkeit der Liquidation, der übertragenden Sanierung und des Planverfahrens (erstmalig) hergestellt wurde (vgl. BT-Drucks. 17/5712, S. 31).

III. Sanierungsprivileg

Um die umwandlungswilligen Gläubiger vor der Gefahr der Nachrangigkeit (vgl. § 39 Abs. 1 Nr. 5 InsO) nicht umgewandelter oder im Anschluss an die Umwandlung gewährter Darlehen, bei einer erneuten Insolvenz des Unternehmens zu bewahren, ist nach der Gesetzesbegründung davon auszugehen, dass die Anteilsrechte zum Zwecke der Sanierung erworben wurden (vgl. BT-Drucks. 17/5712, S. 32). Mithin fallen, nach dem Willen des Gesetzgebers, diese Darlehen unter das »Sanierungsprivileg« des § 39 Abs. 4 Satz 2 InsO, so dass die »Altgläubiger« unabhängig von ihrer neu erworbenen Gesellschafterstellung wie sonstige Insolvenzgläubiger (vgl. § 38 InsO) behandelt werden. Das »Sanierungsprivileg« nach § 39 Abs. 4 Satz 2 InsO kommt den Neugesellschaftern allerdings nicht mehr nach einer zwischenzeitlichen Erholung des Unternehmens zugute (zur sog. »nachhaltigen Sanierung« s. etwa *Uhlenbruck/Hirte* InsO, § 39 Rn. 69). Ferner schützt das Sanierungsprivileg diese Darlehen vor der Gefahr einer Insolvenzanfechtung gem. § 135 InsO (s. hierzu *Wirsch* NZG 2010, 1131 f.).

IV. Zustimmungsvorbehalt der Gläubiger

Nach § 225a Abs. 2 Satz 2 InsO darf kein Gläubiger zwangsweise in eine Gesellschafterposition gedrängt werden. Die Zustimmungswahl stellt ein Individualrecht jedes einzelnen Gläubigers dar und kann deshalb nicht innerhalb der Abstimmungsgruppen ersetzt werden. Ferner sind die für die Umwandlung erforderlichen Erklärungen der Gläubiger gem. § 230 Abs. 2 InsO dem Plan beizufügen, so dass hinsichtlich dieser Frage sowieso keine bindende Mehrheitsentscheidung der Gläubiger möglich ist.

Allerdings bleibt, dessen unbeachtet, die Möglichkeit eines Mehrheitsbeschlusses nach § 5 Abs. 3 Nr. 5 des Gesetzes über Schuldverschreibungen aus Gesamtemissionen (SchVG) bestehen. Danach können Inhaber von Schuldverschreibungen zwangsweise in die Rolle der Anteilsinhaber gedrängt werden. Ein solcher Mehrheitsbeschluss nach dem SchVG ist dem Plan ebenfalls gem. § 230 Abs. 2 InsO beizufügen. Handelt es sich bei dem zustimmenden Gläubiger um eine öffentlich-rechtliche Körperschaft, hat diese insbesondere die für sie geltenden Vorgaben der jeweiligen Landeshaushaltsordnung bzw. Bundeshaushaltsordnung zu beachten (vgl. BT-Drucks. 17/5712, S. 31).

V. Erforderliche Kapitalmaßnahmen

Der Planinhalt hat im Einzelnen festzuhalten, wie die Umwandlung einer Forderung in Eigenkapital rechtstechnisch umgesetzt werden soll. Dabei ist insbesondere anzugeben, welche Kapitalmaßnahmen durchgeführt werden, mit welchem Wert ein einzubringender Anspruch anzusetzen ist und wem ein Bezugsrecht zusteht. Die für einen »Debt-Equity-Swap« hierzu erforderlichen gesellschaftsrechtlichen Maßnahmen konkretisiert § 225a Abs. 2 Satz 3 InsO.

Nach der Gesetzesbegründung zu § 225a Abs. 2 InsO muss der Planinhalt für einen »Debt-Equity-Swap« üblicherweise eine Kapitalherabsetzung mit anschließender Kapitalerhöhung vorsehen (vgl. BT-Drucks. 17/5712, S. 31). Auf die gesellschaftsrechtliche Ausprägung des Schuldners kommt es dabei nicht an, da § 225a InsO rechtsformneutral ausgestaltet worden ist (eine vergleichende Darstellung der Durchführung eines Debt-Equity-Swaps bei Personen- und Kapitalgesellschaften findet sich bei *Wertenbruch* ZIP 2013, 1693; s. hierzu auch *K. Schmidt* ZGR 2012, 566).

Bei der Kapitalerhöhung wird die Forderung als Sacheinlage eingestuft und in die Gesellschaft entweder durch eine Forderungsübertragung, wobei die Forderung durch Konfusion erlischt, oder durch einen Erlassvertrag eingebracht. Unstreitig gilt heute, dass Forderungen gegen eine Aktiengesellschaft oder Gesellschaft mit beschränkter Haftung möglicher Gegenstand einer Sacheinlage sind (statt aller *BGH* BGHZ 110, 47 [60]). Für beide Maßnahmen gelten die vereinfachten Vorschriften gem. §§ 229 ff. AktG, §§ 58a ff. GmbHG, denn sie dienen Sanierungszwecken (vgl. MüKo-AktG/ *Oechsler* § 229 Rn. 31; MüKo-GmbHG/*J. Vetter* § 58a Rn. 1 ff.; *Wittig* FS Uhlenbruck, S. 685, 700; *Eilers* GWR 2009, 3). Dies hat zur Folge, dass vor allem Gläubigerschutzbestimmungen wie z.B. nach §§ 222 Abs. 3, 225 AktG, § 58 Abs. 1 GmbHG entfallen (vgl. Hüffer/Koch-*Koch* AktG, § 229 Rn. 3; MüKo-GmbHG/*J. Vetter* Vor § 58 Rn. 49).

13 Besonderheiten ergeben sich noch im Falle einer Umwandlung von Forderungen bei einer Aktiengesellschaft. Die Zeichnung der jungen Aktien erfolgt, trotz Aufnahme in den darstellenden Teil des Insolvenzplans, weiter nach den allgemeinen Vorschriften des Aktienrechts, so dass für die Kapitalerhöhung, die vom Inferenten übernommen wird, ein Bezugsrechtsausschluss zu Lasten der bisherigen Anteilsinhaber festgesetzt werden muss. Des Weiteren werden lediglich die formellen Voraussetzungen des Bezugsrechtsausschlusses gem. § 186 Abs. 3 u. Abs. 4 AktG durch die insolvenzrechtlichen Vorschriften überlagert (vgl. etwa § 254a Abs. 2 u. Abs. 3 InsO oder §§ 237 ff. InsO). Deshalb setzt ein wirksamer Bezugsrechtsausschluss materiell eine sachliche Rechtfertigung voraus (vgl. hierzu *Simon/Merkelbach* NZG 2012, 121 [125] m.w.N.). Der Bezugsrechtsausschluss muss demnach im Interesse der Gesellschaft liegen und dieses Interesse muss zudem im Verhältnis höherrangiger sein als das Interesse der Altaktionäre am Erhalt ihrer Rechtsposition (*BGH* BGHZ 71, 40 [46] = NJW 1978, 1316; BGHZ 83, 319 [321] = NJW 1982, 2444). Die sachliche Rechtfertigung beim »Debt-Equity-Swap« im Rahmen eines Insolvenzplanverfahrens ergibt sich schon aus der Ausgangslage, wonach eine Sanierung des Unternehmens auf andere Weise kaum durchführbar ist, denn die Gläubiger werden nur bei einer Beteiligung am Rechtsträger bereit sein einen Sanierungsbeitrag zu leisten (vgl. *BGH* BGHZ 83, 319 = NJW 1982, 2444 [2446]; a.A. *Simon/Merkelbach* NZG 2012, 121 [125 f.] die einen Ausschluss nur für gerechtfertigt halten, wenn die Altgesellschafter parallel dazu im Rahmen einer Barkapitalerhöhung die Möglichkeit haben, an der Gesellschaft beteiligt zu bleiben).

14 Nicht zuletzt durch den Fall *Pfleiderer AG* hat sich die Diskussion um die Kombination von Kapitalherabsetzung auf Null und Bezugsrechtsausschluss im Rahmen eines »Debt-Equity-Swaps« weiter intensiviert. Im betreffenden Fall wurde das Kapital der Schuldnerin zunächst auf Null herabgesetzt. Ein einziger Gläubiger, der zuvor die Forderungen der übrigen Gläubiger eingesammelt hatte, leistete dann die nach § 235 Abs. 1 Satz 2 AktG erforderliche Bareinlage in Höhe des Mindestgrundkapitals und brachte im Übrigen die eingesammelten Forderungen gegen die Schuldnerin als Sacheinlage ein. Dadurch, dass sowohl hinsichtlich der Bar- wie auch der Sacheinlage das Bezugsrecht der Altgesellschafter ausgeschlossen worden war, verloren diese sämtliche Kapitalanteile an der Schuldnerin und waren damit faktisch kalt enteignet worden (*K. Schmidt* spricht von einem »Konzept eines totalen Squeeze out«, ZIP 2012, 2085 [2086]).

Diese Komplettübernahme durch einen einzigen Gläubiger, der zudem noch durch § 254 Abs. 4 InsO von der Differenzhaftung als Sacheinleger befreit ist, wirft nach den bisher rein theoretischen Überlegungen (*Gehrlein* NZI 2012, 257; *Horstkotte/Martini* ZInsO 2012, 557; *Landfermann* WM 2012, 961; *Haas* NZG 2012, 961; *Simon/Merkelbach* NZG 2012, 121; *Brinkmann* WM 2011, 97; *Stöber* ZInsO 2012, 1811; *K. Schmidt* ZIP 2012, 2085; *ders.* ZGR 2012, 566) nun auch in der Praxis die Frage der Zulässigkeit auf.

Fest steht soweit, dass außerhalb des Insolvenzverfahrens bei einem Kapitalschnitt auf Null ein vollständiger Ausschluss des Bezugsrechts der Altgesellschafter nur unter ganz besonderen Umständen gerechtfertigt sein kann (vgl. *Decher/Voland* ZIP 2013, 103 [105]). Es stellt sich nun die Frage, ob im Insolvenzverfahren geringere Maßstäbe angelegt werden dürfen. Zwar ging der Gesetzgeber ausweislich der Gesetzesbegründung grds. von der Möglichkeit eines vollständigen Bezugsrechtsausschlusses aus, wenn die (Forderungs-)Sacheinlage im Rahmen eines »Debt-Equity-Swaps« eingebracht wird (BT-Drucks. 17/5712, S. 32).

Ob dies aber auch dann gelten soll, wenn der Sachkapitalerhöhung eine Kapitalherabsetzung auf Null vorangegangen ist, kann der Gesetzesbegründung nicht entnommen werden. Aus dem Schwei-

werden und lediglich der Ausfall in Anteile umgewandelt werden soll. Bei beiden Szenarien ist eine Bewertung der Sicherheiten erforderlich. Bringt der Gläubiger seine Sicherheiten mit ein, so sind die zugrundeliegenden Forderungen mit einem höheren Zeitwert anzusetzen. Bringt der Gläubiger seine Sicherheiten hingegen nicht ein, so ist der verbleibende Ausfall unter Berücksichtigung des Ergebnisses der Sicherheitenverwertung zu prognostizieren (*Eckert/Harig* ZInsO 2012, 2318 [2319]).

Im Rahmen der Ermittlung des Wertes der jeweiligen Sicherheit sind insbesondere die in der Insolvenz typischen Abschlagsfaktoren zu berücksichtigen. So müssen z.B. bei einer Sicherung durch Globalzession neben dem allgemeinen Ausfallrisiko und den Kosten des Forderungseinzugs weitere Abschlagsrisiken berücksichtigt werden. Hierzu zählen bestehende Sicherheitseinbehalte der Debitoren für Gewährleistungsfälle sowie Aufrechnungen der Debitoren mit Schadensersatzansprüchen, die durch eine insolvenzbedingte Nichterfüllung vertraglicher Pflichten entstanden sind. Weiter können Abschläge durch vorrangige Aus- und Absonderungsrechte von Eigentumsvorbehaltslieferanten nötig sein. Auch kann eine mangelhafte Auftragsdokumentation zu unvollständigen Forderungseinzügen führen. Des Weiteren kann der Sicherungsnehmer durch die Umsatzsteuerhaftung nach § 13c UStG belastet sein. Nicht zuletzt sind die Kostenbeiträge i.H.v. mindestens 9 % für die Feststellung und Verwertung der Forderungen durch den Insolvenzverwalter gem. §§ 170, 171 InsO sowie die darauf anfallende Umsatzsteuer zu berücksichtigen (umfangreich und anschaulich *Eckert/Harig* ZInsO 2012, 2318 [2319]).

Letztendlich ist im Interesse der Kalkulationssicherheit die Bewertung der Sacheinlage aber nur innerhalb des Planverfahrens angreifbar. Folglich führt eine Überbewertung der Sacheinlage nach Beendigung des Planverfahrens nicht mehr zu einer »Differenzhaftung« (gem. §§ 9 Abs. 1, 19 Abs. 1 GmbHG) des Einlegers gegenüber dem Schuldner (vgl. § 254 Abs. 4 Satz 2 InsO; § 254 Rdn. 19). Kritisiert wird, dass diese Schutzvorschrift nur den Altgläubigern zu Gute kommt, denn für Neugläubiger, die nicht am Insolvenzverfahren beteiligt sind, werde das System der bisher geltenden Eigenkapitalschutzvorschriften ausgehöhlt (so *Brinkmann* WM 2011, 97 [101]; *Merkelbach* NZG 2012, 121 [124]; vgl. § 254 Rdn. 22). Welche Auswirkungen die Berechnung des Forderungswertes auf die Praxis aber tatsächlich haben wird, gilt es abzuwarten. 25

Unabhängig von der thematisierten Problematik der Forderungsbewertung zweifelt *Fromm* (ZInsO 2012, 1253) an der grundsätzlichen Sacheinlagefähigkeit von Gläubigerforderungen bei überschuldeten Gesellschaften, wenn die einzubringende(n) Forderung(en) die Höhe des negativen Eigenkapitals nicht übersteigt. Denn allein durch die Kompensation von negativem Eigenkapital werde noch kein Aktivvermögen frei. Nur im Fall der handelsrechtlichen Unterbilanz, also bei nur teilweisem Verzehr des Stammkapitals, sei die Stammkapitalerhöhung im Wege der Fremdkapitalumbildung unproblematisch. Dann nämlich werde durch den Wegfall eines echten Passivpostens bislang durch Verbindlichkeiten gebundenes Aktivvermögen frei und stehe der Geschäftsführung wieder zur Verfügung. 26

In diesem Zusammenhang ist weiter zu beachten, dass ein »Debt-Equity-Swap« in den meisten Fällen nur für unbesicherte Gläubiger von Interesse ist, denn besicherte Gläubiger würden bei einer Umwandlung ihrer Forderung in Anteilsrechte ihre bestehenden Sicherheiten verlieren und könnten dementsprechend den Ausfall nicht beim Sicherungsgeber geltend machen (vgl. BT-Drucks. 17/5712, S. 31). 27

VII. Legitimation des Eingriffs in die Gesellschafterrechte

Als Ausgleich für die mögliche Einbeziehung der verfassungsrechtlich geschützten Anteilsrechte in das Insolvenzplanverfahren (s. hierzu *BVerfG* BVerfGE 14, 263 [276 f.]; BVerfGE 50, 290 [341 f.]; BVerfGE 102, 197 [211]; *Smid* DZWIR 2010, 397 [405]; *Sassenrath* ZIP 2003, 1517 [1523]), sind den bisherigen Anteilsinhabern Mitbestimmungsrechte im Planverfahren zuzugestehen, insbesondere im Hinblick auf etwaige Rechtsschutzmöglichkeiten (vgl. Art. 19 Abs. 4 GG). Deshalb sind die Inhaber von Anteils- und Mitgliedschaftsrechten neuerdings als Beteiligte in das Insolvenzplanverfahren eingebunden (s. Abs. 1) und können als eigene Gruppe über den Plan und damit über den 28

Forderungsaustausch abstimmen. Verweigern sie ihre Zustimmung, so kann diese nach den Voraussetzungen von § 254 Abs. 3 InsO fingiert werden (sog. »Obstruktionsverbot«). Weiter genießen sie, wie auch die Gläubiger, Minderheitenschutz und haben deshalb die Möglichkeit, sich gegen den Plan mit Rechtsmitteln zu wehren (vgl. §§ 251, 253 InsO).

29 In der Literatur werden dennoch wiederholt verfassungsrechtliche Bedenken hinsichtlich der Zulässigkeit eines Eingriffs in die Gesellschafterrechte im Planverfahren geäußert (vgl. etwa *H.F. Müller* KTS 2011, 1 [20]; *Stöber* ZInsO 2013, 2457 [2459]; *Brinkmann* WM 2011, 97 [100]; *Verse* ZGR 2010, 299 [309 f.]; *Drouven* ZIP 2009, 1052 [1053]; *Westpfahl/Janjuah* ZIP 2008, Beil. zu Heft 3, S. 1, 15 f.; *Sassenrath* ZIP 2003, 1517 [1523 f.]; diese Bedenken ablehnend s. exemplarisch *Bay/Seeburg/Böhmer* ZInsO 2011, 1927 ff.).

1. Art. 14 Abs. 1 GG

30 Fraglich scheint aber, ob überhaupt ein Eingriff der öffentlichen Gewalt in die gem. Art. 14 Abs. 1 GG geschützte Gesellschafterstellung vorliegt. Eine solche Annahme erscheint äußerst zweifelhaft, denn die Einbeziehung der Gesellschafterrechte in das Planverfahren dient gerade nicht der Erfüllung öffentlicher Aufgaben, sondern vielmehr dem Ausgleich der privaten Interessen der am Insolvenzverfahren Beteiligten (vgl. *Decher/Voland* ZIP 2013, 103 [108]; *Westpfahl/Janjuah* Beil. zu ZIP 3/2008, S. 15). Selbst wenn man von einem solchen Eingriff ausgehen sollte, wäre dieser jedenfalls gerechtfertigt, weil er zum Schutz der ebenfalls durch die Eigentumsgarantie geschützten Befriedigungsinteressen der Gläubiger erforderlich ist (vgl. *Decher/Voland* ZIP 2013, 103 [108]; *Verse* ZGR 2010, 299 [310]). Ferner hat der Gesetzgeber in § 253 Abs. 4 Satz 3 InsO einen gesetzlichen Anspruch des Altgesellschafters auf einen wirtschaftlichen Ausgleich normiert, falls die Gesellschaftsanteile entgegen dem Planinhalt einen Wert haben sollten, der nach § 199 Satz 2 InsO den Altgesellschaftern zustehen würde (vgl. zu Anforderungen an Abfindungen im Rahmen gesellschaftsrechtlicher Strukturmaßnahmen *BVerfG* BVerfGE 14, 263 [282 f.]; BVerfGE 100, 289 [302 f.]; zum »Debt-Equity-Swap« dazu eingehend *Madaus* ZGR 2011, 749 [760 f.]; *Verse* ZGR 2010, 299 [310]).

2. Art. 9 Abs. 1 GG

31 Einem ungerechtfertigten Eingriff in die negative Vereinigungsfreiheit der Altgesellschafter gem. Art. 9 Abs. 1 GG (wie etwa von *H.F. Müller* KTS 2011, 1 [20]; *ders.* KTS 2012, 419 [425]; *Madaus* ZGR 2011, 749 [761 ff.]; *Stöber* ZInsO 2013, 2459 und *Drouven* ZIP 2009, 1052 [1053] angenommen), denen im Zuge der Reorganisation neue Mitgesellschafter aufgedrängt werden können, hat der Gesetzgeber durch das gem. § 225a Abs. 5 InsO (s. Rdn. 41) vorhandene Austritts- und Entschädigungsrecht vorgebeugt. Folglich stehen einem »Debt-Equity-Swap« im Planverfahren keine verfassungsrechtlichen Bedenken entgegen (s.a. BT-Drucks. 17/5712, S. 18; bereits die Schutzbereichseröffnung ablehnend *Decher/Voland* ZIP 2013, 103 [112]).

3. Europarechtskonformität

32 Ein Eingriff in die Gesellschafterrechte im Rahmen des Planverfahrens wird teilweise in der Literatur als Verstoß gegen die besonderen Vorgaben des Europarechts bewertet (etwa *Madaus* ZGR 2011, 749 [767 f.]; *H.F. Müller* Der Verband in der Insolvenz, S. 365 f.; *Schuster* ZGR 2010, 325 [349 ff.]; *Stöber* ZInsO 2013, 2459; *Drouven* ZIP 2009, 1052; ebenso *Wallner* ZInsO 2010, 1419 [1422]; einen Verstoß verneinend s. exemplarisch *Verse* ZGR 2010, 299 [312 f.]; KS-InsO/*Jaffé* S. 743, 761 f.; *Eidenmüller/Engert* ZIP 2009, 541 [547 f.]).

33 Eine solche Gefahr könnte, soweit Aktiengesellschaften betroffen sind, etwa durch einen Verstoß gegen die zweite gesellschaftsrechtliche Richtlinie (RL 77/91/EWG vom 13.12.1976) vorliegen. Die Richtlinie schreibt vor, dass für eine Kapitalerhöhung, einen Ausschluss des Bezugsrechts und eine Kapitalherabsetzung grds. ein Beschluss der Hauptversammlung erforderlich ist (vgl. Art. 25 Abs. 1, Art. 29 Abs. 4, Art. 30 RL 77/91/EWG). Die Richtlinie bezieht sich hinsichtlich des Bezugsrechts aber nur auf Kapitalerhöhungen gegen Bareinlagen, so dass der Ausschluss des Bezugsrechts bei einer

Sachkapitalerhöhung eingeschränkt werden kann. Im Übrigen kann das Erfordernis eines Hauptversammlungsbeschlusses für eine Kapitalherabsetzung durch die Ausnahmeregelung von Art. 30 der Richtlinie aufgehoben werden, wenn dieser durch eine gerichtliche Entscheidung ersetzt wird. Eine solche Entscheidung ist durch den gerichtlichen Bestätigungsbeschluss beim Insolvenzplanverfahren gem. § 248 Abs. 1 InsO gegeben (vgl. BT-Drucks. 17/5712, S. 20).

Einem zulässigen Eingriff in die Gesellschafterrechte steht auf den ersten Blick der Wortlaut von Art. 25 Abs. 1 der Richtlinie entgegen, wonach eine Kapitalerhöhung stets einen wirksamen Hauptversammlungsbeschluss benötigt. Dies entspricht grds. auch der Rechtsprechung des EuGH, die an einem Hauptversammlungsbeschluss festhält, selbst wenn sich die Gesellschaft wegen ihrer Verschuldung in einer außergewöhnlichen Situation befindet (vgl. insbesondere *EuGH* 30.05.1991 – Rs C 19/90, C 20/90 [Karella] und *EuGH* 12.03.1996 – Rs C-441/93 [Pafitis]). Der Gesetzgeber weist in der Gesetzesbegründung zum »ESUG« (BT-Drucks. 17/5712, S. 20) allerdings richtigerweise darauf hin, dass sich »die Richtlinie nicht gegen Zwangsvollstreckungsmaßnahmen, die zum Erlöschen der Gesellschaft führen und auch nicht gegen Abwicklungsregelungen wendet, die die Gesellschaft zum Schutz der Rechte ihrer Gläubiger einer Zwangsverwaltungsregelung unterstellen«. Daraus kann nicht nur abgeleitet werden, dass die Zustimmung nur bei einem reinen Liquidationsverfahren entbehrlich ist, da in einem solchen Fall gar kein Bedürfnis besteht das Grundkapital gegen den Willen der Aktionäre zu erhöhen. Mithin sei lediglich »im Falle einer einfachen Sanierungsregelung, die den Fortbestand der Gesellschaft außerhalb eines Insolvenzverfahrens sicherstellen soll, zwingend ein Hauptversammlungsbeschluss notwendig« (BT-Drucks. 17/5712, S. 20; krit. *Müller* KTS 2012, 419 [429]; *Stöber* ZInsO 2013, 2457 [2459]). Dieses Ergebnis entspricht auch der Haltung des EuGH, der die Zweite gesellschaftsrechtliche Richtlinie nur so lange für anwendbar hält, solange die Aktionäre und die satzungsmäßigen Organe der Gesellschaft nicht ihrer Rechte enthoben werden. Der Insolvenzverwalter verdrängt im Planverfahren aber gerade die satzungsmäßigen Organe weitgehend aus ihren Aufgaben, so dass die zweite gesellschaftsrechtliche Richtlinie dem Eingriff in die Gesellschaftsrechte im Insolvenzplanverfahren insgesamt nicht entgegensteht. 34

Zudem wird die Publizitätsrichtlinie (ABlEU L 258/11 vom 01.10.2009) durch das Gesetz »zur weiteren Erleichterung der Sanierung von Unternehmen« nicht berührt. Zwar ermöglicht die Gesetzesänderung, dass im Falle eines Eingriffs in Gesellschafterrechte die erforderlichen Beschlüsse der Anteilsinhaber oder deren sonstigen Willenserklärungen in den Insolvenzplan aufgenommen werden können und diese dann in der vorgeschriebenen Form als abgegeben gelten (vgl. § 254a Abs. 1, Abs. 2 S. 1 InsO). Dies widerspricht grds. auch Art. 11 der Richtlinie, wonach eine öffentliche Beurkundung für solche Beschlüsse oder Willenserklärungen erforderlich ist. Ausgenommen hiervon sind jedoch nach Sinn und Zweck der Richtlinie solche Fälle, bei denen eine vorbeugende Verwaltungs- oder gerichtliche Kontrolle erfolgt. Der Regelungszweck von Art. 11 besteht allein darin, nichtige Geschäftsgründungen möglichst zu vermeiden. Eine solche Kontrolle wird in Deutschland bereits präventiv durch das Registergericht betrieben, so dass für eine nachfolgende Satzungsänderung sich aus Art. 11 der Publizitätsrichtlinie kein Zwang zur öffentlichen Beurkundung ableiten lässt (vgl. BT-Drucks. 17/5712, S. 20 f.). Folglich verstößt der Eingriff in die Gesellschafterrechte nicht gegen europäisches Recht. 35

D. Absatz 3

Im Plan kann nach § 225a Abs. 3 InsO jede Regelung getroffen werden, die gesellschaftsrechtlich zulässig ist. Die systematisch vorrangige Stellung des Abs. 2 zum spezielleren »Debt-Equity-Swap«-Verfahren, schließt keinesfalls die Anwendbarkeit von anderweitigen gesellschaftsrechtlichen Maßnahmen aus und hat dementsprechend keine abschließende Wirkung. Dies macht bereits der Wortlaut von § 225a Abs. 2 Satz 2 deutlich, wonach »insbesondere gesellschaftsrechtliche Maßnahmen« vorgesehen werden können (so auch *Simon* CFL 2010, 448 [454] und *Hirte/Knof/Mock* DB 2011, 632 [637]). Ein Massebezug ist für die Zulässigkeit der Maßnahmen nicht notwendig (*Hölzle* ZIP 2014, 1819, 1823 unter Verweis auf *BGH* ZIP 2014, 1142 – Suhrkamp). Da die Gestaltungsmöglichkeiten des Gesellschaftsrechts voll ausgeschöpft werden können, ermöglicht § 225a Abs. 3 36

InsO wohl auch die Umwandlung einer KG in eine AG (*Commandeur/Hübler* NZG 2015, 185, 187; *Göb* NZI 2015, 13,14, der dies insbesondere daraus schließt, dass der BGH im Suhrkamp-Verfahren die Chance ein anderslautendes obiter dictum zu erlassen, ungenutzt ließ).

Die Regelung des § 225a Abs. 3 InsO muss dabei im Kontext aller Vorschriften zum Insolvenzplanverfahren verstanden werden. Danach können in den Plan nicht nur Regelungen aufgenommen werden, die dem dispositiven Gesellschaftsrecht entspringen. Vielmehr verdrängen die §§ 217 f. InsO als *leges speciales* die sonst einschlägigen dispositiven wie auch zwingenden gesellschaftsrechtlichen Regelungen, wenn sie eine gesellschaftsrechtliche Materie unmittelbar oder mittelbar selbst regeln (*Eidenmüller* NJW 2014, 17 [18]; *Hölzle* ZIP 2014, 1819, 1821). Nach einem Beschluss des *AG Charlottenburg* vom 09.05.2015 (ZIP 2015, 1300) sind im Plan nur solche Maßnahmen wirksam möglich, die auch von der Gesellschafterversammlung hätten angeordnet werden können. Kritisch hierzu *Klausmann* NZG 2015, 1300, 1306, da dies dem gesetzgeberischen Zweck zuwider laufe.

37 § 225a Abs. 3 InsO ermöglicht es damit, dass neben der Reorganisation durch einen »Debt-Equity-Swap«, die gesellschaftsrechtliche Struktur des Schuldners alternativ, den Bedürfnissen des einzelnen Planverfahrens entsprechend, umgestaltet werden kann. In diesem Zusammenhang spielen z.B. der sog. »Share Deal« oder die Übertragung von Beteiligungen des Schuldners an Drittgesellschaften eine wichtige Rolle.

Ungeklärt ist hierbei, ob im Fall der planmäßigen Übertragung aller Gesellschaftsanteile auf einen Dritten weitere Voraussetzungen im Hinblick auf Art. 14 GG zu beachten sind. *Simon/Merkelbach* vertreten insoweit die Auffassung, dies sei nur dann zulässig, wenn kein Gesellschafter willens oder in der Lage ist, sich durch die Leistung zusätzlicher Beiträge an der geplanten Sanierung der Gesellschaft zu beteiligen (NZG 2012, 121 [127]).

Sollen hingegen nur die Anteils- und Mitgliedschaftsrechte einzelner Gesellschafter übertragen werden, so steht einer zwangsweisen Übertragung jedenfalls das Gruppengleichbehandlungsgebot nach § 226 InsO entgegen. Dem kann zwar mitunter noch durch Unterteilung der Anteilsinhabergruppe (§ 222 Abs. 1 Satz 2 Nr. 4 InsO) entgegengetreten werden. Es bleibt jedoch die Möglichkeit der Obstruktion, da die Gruppe der nicht ausgeschlossenen Anteilsinhaber besser gestellt ist als die Gruppe der ausgeschlossenen Anteilsinhaber, § 245 Abs. 1 Nr. 2, Abs. 3 Nr. 2 InsO (vgl. *Simon/Merkelbach* NZG 2012, 121 [127]).

Ferner trägt der Abs. 3 der Tatsache Rechnung, dass die Eröffnung des Insolvenzverfahrens seit jeher die Auflösung der insolventen Gesellschaft bedingt (§§ 60, 66 ff. GmbHG, §§ 242, 264 ff. AktG, §§ 131, 145 ff. HGB) und letztlich mit der Löschung der im Handelsregister eingetragenen Firma endet. Deshalb war bislang für die Fortsetzung der Gesellschaft ein förmlicher Fortsetzungsbeschluss der Gesellschafter erforderlich. Diesen Beschluss kann nun gem. § 225a Abs. 3 InsO der Reorganisationsplan enthalten. Die Einbeziehung löst damit ein weiteres, bislang der Sanierung hinderliches Blockadepotential der am schuldnerischen Unternehmen mitgliedschaftlich Beteiligten.

38 Die Möglichkeit, die Fortsetzung des insolventen Rechtsträgers bereits im Insolvenzplan wirksam zu beschließen, schafft aber auch ein ganz neues, dem Planverfahren bisher nicht zugängliches Sanierungsmittel. So kann eine Sanierung des insolventen Rechtsträgers nun auch mit den Instrumenten des Umwandlungsgesetzes angestrebt werden. Dies scheiterte vor Einführung des § 225a Abs. 3 InsO an dem für alle Arten der Umwandlung geltenden Erfordernis, dass aufgelöste Rechtsträger gem. §§ 3 Abs. 3, 124 Abs. 2, 191 Abs. 3 UmwG nur dann umwandlungsfähig sind, »wenn die Fortsetzung dieser Rechtsträger beschlossen werden könnte«. Ein solcher Fortsetzungsbeschluss war in der Vergangenheit aber erst nach Bestätigung eines Insolvenzplans möglich, vgl. § 274 Abs. 2 Nr. 1 AktG. Während des Insolvenzplanverfahrens konnte die Fortsetzung der durch die Verfahrenseröffnung automatisch aufgelösten, schuldnerischen Gesellschaft nicht beschlossen werden. Der notwendige Fortsetzungsbeschluss konnte dem Plan stets nur zeitlich nachfolgen.

39 Dies hat sich durch § 225a Abs. 3 InsO grundlegend geändert. Die hierdurch geschaffene Fortsetzungsmöglichkeit erfüllt die Voraussetzung des § 3 Abs. 3 UmwG, so dass nun jede Gesellschaft be-

reits im Planverfahren fortsetzungsfähig und damit umwandlungsfähig ist. Ausgenommen ist hiervon nur der Einzelkaufmann, für den weiterhin die Ausgliederungssperre nach § 152 UmwG besteht (*Madaus* ZIP 2012, 2133 [2134]). Die Umwandlung einer schuldnerischen Gesellschaft kann somit nun in den Insolvenzplan wirksam mit aufgenommen werden. In Betracht kommt hierbei vor allem die Verschmelzung mit einem gesunden Rechtsträger (Sanierungsfusion) nach §§ 2 f. UmwG, aber auch die Abspaltung einzelner Vermögensteile nach §§ 123 f. UmwG sowie ein Formwechsel nach §§ 190 f. UmwG. Im Übrigen wird verwiesen auf die Kommentierung zu § 217 Rdn. 83.

E. Absatz 4

Der erst im Laufe des Gesetzgebungsverfahrens in den Gesetzesentwurf aufgenommene Abs. 4 soll verhindern, dass die Durchführung von Maßnahmen nach § 225a Abs. 2 oder 3 InsO von Vertragspartnern des schuldnerischen Unternehmens zum Anlass genommen werden, zwischen diesen bestehende Vertragsverhältnisse zu beenden und dadurch die Sanierungsaussichten erheblich zu verschlechtern (vgl. BT-Drucks. 17/7511, S. 36). Diese Gefahr bestand durch die in der damaligen Praxis immer häufiger anzutreffenden sog. »Change of Control«-Vertragsklauseln, welche vor allem bei rechtsträgerischen Berechtigungen zur Anwendung kamen (vgl. *Brinkmann* WM 2011, 97 [102]). Eine solche Klausel räumte einem Vertragspartner für den Fall, dass sich die Kontroll- oder Mehrheitsverhältnisse beim anderen Vertragspartner ändern, insbesondere durch einen Gesellschafter- oder Geschäftsführerwechsel, bestimmte Gestaltungsrechte, vornehmlich ein Recht zur Kündigung des Vertrages ein (s. zu dieser Vertragspraxis ausf. *Mielke/Nguyen-Viet* DB 2004, 2515). Ein dies zum Anlass nehmend erklärter Rücktritt oder Kündigung ist nunmehr mit Bezug auf das Planverfahren gem. § 225a Abs. 4 InsO grds. unwirksam. Hiervon ausgenommen sind lediglich Vertragsklauseln, die nicht allein an die Durchführung von Maßnahmen nach Abs. 2 und Abs. 3 anknüpfen, sondern an weitergehende Pflichtverletzungen.

F. Absatz 5

Die Durchführung einer Maßnahme nach Abs. 2 und Abs. 3 hat vielfach zur Folge, dass es zu einem Wechsel bzw. zu Neueintritten im Kreis der Anteilsinhaber oder Mitglieder beim schuldnerischen Unternehmen kommt. Vor allem bei personalistisch strukturierten Gesellschaften kann dies zu einem Austrittsrecht der bisherigen Anteilsinhaber oder Mitglieder aus wichtigem Grund führen. Für einen solchen Fall stellt § 225a Abs. 5 InsO klar, dass dem Austretenden ein Abfindungsanspruch zusteht. Dabei besteht die Gefahr, dass ein solcher Anspruch der Sanierungsaussicht des schuldnerischen Unternehmens entgegensteht. Hinsichtlich der Berechnung der Abfindungshöhe gilt es jedoch zu berücksichtigen, dass ein Scheitern des Insolvenzplans die Liquidation des schuldnerischen Unternehmens zur Folge hätte. Folglich hat sich die Abfindung am Liquidationswert zu orientieren (vgl. BT-Drucks. 17/7511, S. 36). Zudem soll im Plan vorgesehen werden können, dass die Fälligkeit eines etwaigen Abfindungsanspruchs über einen Zeitraum von bis zu drei Jahren gestreckt oder aufgeschoben werden kann (BT-Drucks. 17/7511, S. 36). Dementsprechend steht die Abfindungsregel einer erfolgreichen Planumsetzung grds. nicht entgegen.

§ 226 Gleichbehandlung der Beteiligten

(1) Innerhalb jeder Gruppe sind allen Beteiligten gleiche Rechte anzubieten.

(2) ¹Eine unterschiedliche Behandlung der Beteiligten einer Gruppe ist nur mit Zustimmung aller betroffenen Beteiligten zulässig. ²In diesem Fall ist dem Insolvenzplan die zustimmende Erklärung eines jeden betroffenen Beteiligten beizufügen.

(3) Jedes Abkommen des Insolvenzverwalters, des Schuldners oder anderer Personen mit einzelnen Beteiligten, durch das diesen für ihr Verhalten bei Abstimmungen oder sonst im Zusammenhang mit dem Insolvenzverfahren ein nicht im Plan vorgesehener Vorteil gewährt wird, ist nichtig.

§ 226 InsO Gleichbehandlung der Beteiligten

Übersicht

	Rdn.			Rdn.
A. Absatz 1	1	I.	Zweck der Regelung	10
B. Absatz 2	7	II.	Unzulässige Abkommen	11
I. Zweck der Regelung	7		1. Abkommen	11
II. Form	8		2. Vorteil	12
III. »Betroffen«	9		3. Verfahrensbezogenheit	13
C. Absatz 3	10	III.	Rechtsfolgen	15

A. Absatz 1

1 Der Gleichbehandlungsgrundsatz ist ein tragendes Prinzip eines Insolvenzverfahrens und ein Erfordernis der Billigkeit und Gerechtigkeit. Er ist Ausfluss des verfassungsrechtlichen Gleichheitsgebotes aus Art. 3 GG und soll die – jedoch ausschließlich gruppenbezogene – Verfahrens- und Verteilungsgerechtigkeit sicherstellen. Nur wenn die Interessen der Beteiligten gleichermaßen gewahrt werden, hat die im Abstimmungstermin angestrebte Bindung der Gläubiger eine innere Berechtigung. Im überkommenen Recht war dieser Grundsatz in § 8 Abs. 1 VglO, § 181 Abs. 1 KO sowie in § 16 Abs. 3 Satz 2 GesO verankert, was aber nichts an der Tatsache änderte, dass dieser Grundsatz aufgrund der Regelungen der §§ 61 KO, 17 GesO entwertet war. Im überkommenen Recht bestand – aufgrund der großen Zahl von dogmatisch vielfach nicht vertretbaren Vorrechten – für nicht bevorrechtigte Gläubiger die Gleichbehandlung vor allem darin, bei der Schlussverteilung nichts bzw. allenfalls eine marginale Quote von 3–5 % zugewiesen zu erhalten.

2 Durch die mehr als überfällige Abschaffung der Insolvenzvorrechte hat der Reformgesetzgeber der Gleichbehandlungspflicht eine neue, vor allem auch wirtschaftliche Bedeutung gegeben. Dies gilt umso mehr, als der Reformgesetzgeber mit der Gruppenbildung gem. § 222 InsO die Frage der Gleichbehandlung innerhalb einer Gruppe als wesentlichen Verfahrensbestandteil postuliert hat.

3 Das Gebot der Gleichbehandlung des § 226 InsO ist gruppenbezogen und somit von der Gruppenbildung abhängig. Die Gleichbehandlungspflicht ist nur verletzt, wenn nicht jedem Beteiligten einer Gruppe gleiches Recht zuteil wird. Der Planverfasser kann das Problem der unterschiedlichen Behandlung in den Grenzen des § 222 InsO umgehen, indem er die Gruppen entsprechend den unterschiedlichen Planregelungen bildet. Dies bedeutet gleichzeitig, dass die Gleichbehandlung zwischen einzelnen Gruppen nicht Regelungsinhalt des § 226 Abs. 1 InsO ist.

4 Nach der gesetzlichen Regelung des § 226 InsO soll nur Gleiches auch gleich behandelt werden, wobei die Frage, was gleich bzw. ungleich ist, in großem Maße letztlich von den Vorstellungen des Planerstellers abhängt. Aus diesem Grunde ist die Überprüfung der Gruppenbildung im Rahmen der Vorprüfung des Plans gem. § 231 Abs. 1 Nr. 1 InsO von entscheidender Bedeutung, da ansonsten durch die Gruppenbildung Fakten für die Abstimmung geschaffen werden.

5 Da gem. § 222 InsO neben Gruppen für Gläubiger mit unterschiedlicher Rechtsstellung auch Gruppen für Gläubiger mit gleicher Rechtsstellung möglich sind, wird die Frage der Gleichbehandlung i.S.d. § 226 InsO vorrangig von der Gruppenbildung selbst bestimmt. Aus diesem Grund darf die Regelung des § 226 Abs. 1 InsO keinesfalls als Regulativ für eine unsachgerechte Gruppenbildung verstanden werden, da die Norm ausschließlich die Rechte innerhalb einer Gruppe beurteilt, nicht jedoch die Gruppenbildung selbst.

6 Gleichbehandlung ist gegeben, wenn für alle in der Gruppe dieselbe Regelung getroffen wird, z.B. die Kürzung der Insolvenzforderung um einen Prozentsatz oder die Stundung für einen Zeitraum (HK-InsO/*Haas* § 226 Rn. 2). Eine Ungleichbehandlung liegt jedenfalls dann vor, wenn im Insolvenzplan gewillkürte Präklusionsvorschriften festgelegt werden, wonach Insolvenzgläubiger, die sich nicht am Insolvenzverfahren beteiligt haben, mit ihren Forderungen auch in Höhe der im Plan auf Forderungen ihrer Art festgeschriebenen Quote ausgeschlossen sind (*BGH* NJW 2015, 2660).

B. Absatz 2

I. Zweck der Regelung

Die Regelung des § 226 Abs. 2 InsO ermöglicht Abweichungen von § 226 Abs. 1 InsO, falls die 7
Betroffenen zustimmen. Der Gleichbehandlungsgrundsatz als gesetzlicher Schutz des einzelnen Gruppenteilnehmers ist mit Zustimmung der betroffenen Beteiligten disponibel. Es steht jedem einzelnen Beteiligten einer Gruppe als Ausfluss seiner Privatautonomie frei, einer unterschiedlichen Behandlung im Einzelfall seine Zustimmung zu erteilen und damit auf den staatlich gewährten Schutz zu verzichten.

II. Form

Eine Abweichung vom Gleichbehandlungsgrundsatz ohne Zustimmung der betroffenen Beteiligten 8
wäre ein von Amts wegen zu beachtender Verfahrensmangel i.S.d. § 231 Abs. 1 Nr. 1 InsO; weiterhin darf ein Plan in diesem Falle gem. § 250 InsO nicht bestätigt werden. In der Praxis wird es für das Gericht schwer möglich sein, die wirtschaftliche Gleichwertigkeit im Rahmen der Vorprüfung nach § 231 Abs. 1 Nr. 1 InsO festzustellen. Aus diesem Grunde ist es erforderlich, dass die Zustimmungserklärungen derjenigen Beteiligten, die eine von § 226 Abs. 1 InsO abweichende Behandlung akzeptieren, dem Plan als Anlagen beigefügt werden.

III. »Betroffen«

Als »betroffen« i.S.d. § 226 Abs. 2 InsO ist der Gruppenangehörige zu werten, der innerhalb einer 9
Gruppe bei den wirtschaftlichen Zuweisungen schlechter gestellt wurde. Werden einzelne Beteiligte innerhalb einer Gruppe durch den Plan ausschließlich besser gestellt, ist nur die Zustimmung der Benachteiligten der Gruppe erforderlich (BT-Drucks. 12/2443 S. 202). Betroffen ist jeder Beteiligte, der innerhalb der Gruppe ungünstiger als andere behandelt wird, z.B. eine höhere Kürzung, längere Stundung, niedrigere Verzinsung, geringere Sicherheit hinnehmen soll (HK-InsO/*Haas* § 226 Rn. 3).

C. Absatz 3

I. Zweck der Regelung

Die Regelung des § 226 Abs. 3 InsO will verhindern, dass Beteiligte ohne Wissen der anderen Betei- 10
ligten bevorzugt und dadurch bewogen werden, wegen des Sondervorteils eine Entscheidung hinsichtlich des Plans zu treffen, die sie ohne den Sondervorteil anders oder nicht treffen würden (vgl. *Uhlenbruck/Lüer/Streit* InsO, § 226 Rn. 6). Die Glaubwürdigkeit des Insolvenzplanverfahrens wäre in Frage gestellt, wenn die Gewährung von Sondervorteilen aufgrund von Abkommen sanktionslos bleiben würde.

II. Unzulässige Abkommen

1. Abkommen

Abkommen i.S.d. § 226 Abs. 3 InsO sind nicht nur Verträge im rechtstechnischen Sinne, sondern 11
auch einseitige Rechtsakte, wie z.B. eine Ermächtigung (vgl. MüKo-InsO/*Breuer* § 226 Rn. 16). Unzulässige Abkommen i.S.d. § 226 Abs. 3 InsO sind keinesfalls diejenigen Sondervereinbarungen, die gem. § 226 Abs. 2 InsO offen und mit Zustimmung der Betroffenen erfolgt sind.

2. Vorteil

Unzulässige Abkommen i.S.d. § 226 Abs. 3 InsO sind solche Abreden, die einem Begünstigten mehr 12
zusprechen, als ihm ohne Abkommen zustehen würde. Ob die Bevorzugung erheblich ist, ist dabei ohne Belang (*RG* HRR 1937, Nr. 334). Dies bedeutet, dass ein Abkommen, nach welchem ein Plangläubiger unter Umgehung des § 226 Abs. 2 InsO eine Benachteiligung hinnimmt, im Rahmen des

§ 227 InsO   Haftung des Schuldners

Abs. 3 unbeachtlich ist. Wird somit beispielsweise außerhalb des Planverfahrens eine Absprache dahingehend getroffen, dass ein Gläubiger eine längere Stundung als im Plan vereinbart akzeptiert, ist dies für den Fortgang des Verfahrens unbeachtlich.

3. Verfahrensbezogenheit

13 Weiterhin findet die Regelung des § 226 Abs. 3 InsO nur auf solche Abreden Anwendung, die im Zusammenhang mit dem Insolvenzverfahren im Allgemeinen oder dem Abstimmungsverhalten im Speziellen stehen. Dies ist der Fall, wenn die Beteiligten die Abrede mit der Maßgabe treffen, dass diese neben den im Plan festgelegten Regelungen Geltung haben soll. Im Zweifelsfall ist eine enge Auslegung vorzunehmen, da die gruppeninterne Gleichbehandlungspflicht eine tragende Säule des Insolvenzplanverfahrens darstellt und Umgehungen – wenn das Insolvenzplanverfahren Erfolg haben soll – unterbunden werden müssen.

14 Die Bestimmung schließt jedoch nicht aus, dass einzelne Gläubiger sich aufgrund vertraglicher Vereinbarung mit dem Schuldner verpflichten, auf ihnen nach dem Plan zustehende Anteile oder Quoten zu verzichten oder diese dem schuldnerischen Unternehmen später wieder zur Verfügung zu stellen. Hierdurch wird dem jeweiligen Gläubiger kein im Plan nicht vorgesehener Vorteil gewährt, sondern diese Beteiligten nehmen lediglich Nachteile gegenüber den anderen Gruppenbeteiligten hin. Dies ist jederzeit möglich und bedarf auch keiner Offenlegung (*Nerlich/Römermann-Braun* InsO, § 226 Rn. 9).

III. Rechtsfolgen

15 Abkommen, die gegen § 226 Abs. 3 InsO verstoßen, sind nichtig und je nach dem Inhalt der jeweiligen Abkommen im Einzelfall auch nach § 283c StGB strafbar (vgl. *Uhlenbruck/Lüer/Streit* InsO, § 226 Rn. 6). Schwierig ist jedoch der Nachweis des Kausalzusammenhangs zwischen Vorteilsgewährung und Abstimmungsverhalten im Einzelfall. Die Regelung des § 226 Abs. 3 InsO stellt in Übereinstimmung mit dem überkommenen Recht ein Verbotsgesetz i.S.d. § 134 BGB dar (*RG* RGZ 72, 48). Die Nichtigkeit kann nicht nur von den Zurückgesetzten, sondern von jedermann geltend gemacht werden (vgl. *Jaeger/Weber* KO, § 181 Rn. 6). Die Nichtigkeit eines vor Planbestätigung unaufgedeckt gebliebenen Sonderabkommens wird auch nicht durch eine etwaige nachträgliche Zustimmung der Zurückgesetzten geheilt (*Jaeger/Weber* KO, § 181 Rn. 6). Ein Abkommen jeglicher Art, welches nach Eintritt der Rechtskraft des Planbestätigungsbeschlusses getroffen wird, wird in Übereinstimmung mit § 181 KO von der Regelung des § 226 Abs. 3 InsO nicht mehr berührt, da hierdurch weder das Verhalten bei Abstimmungen noch sonst im Zusammenhang mit dem Insolvenzplanverfahren betroffen werden kann (vgl. *Jaeger/Weber* KO, § 181 Rn. 4).

§ 227 Haftung des Schuldners

(1) Ist im Insolvenzplan nichts anderes bestimmt, so wird der Schuldner mit der im gestaltenden Teil vorgesehenen Befriedigung der Insolvenzgläubiger von seinen restlichen Verbindlichkeiten gegenüber diesen Gläubigern befreit.

(2) Ist der Schuldner eine Gesellschaft ohne Rechtspersönlichkeit oder eine Kommanditgesellschaft auf Aktien, so gilt Absatz 1 entsprechend für die persönliche Haftung der Gesellschafter.

Übersicht	Rdn.		Rdn.
A. Absatz 1	1	B. Absatz 2	12
I. Allgemeines	1	C. Druckmittel/Eingriff in die Gesell-	
II. Schuldnerschutz	5	schafterstellung	13
III. Motivation des Schuldners	7		

A. Absatz 1

I. Allgemeines

Die Vorschrift des § 227 Abs. 1 InsO normiert, dass der Schuldner – soweit im Plan nichts anderes bestimmt ist – mit Eintritt der im gestaltenden Teil des Plans vorgesehenen Befriedigung der Insolvenzgläubiger von seinen restlichen Verbindlichkeiten befreit wird. Die Regelung steht in inhaltlichem Zusammenhang mit den Vorschriften der §§ 247, 248 InsO und verdeutlicht, dass das Gebot des fairen Verfahrens samt Schlechterstellungsverbot im Vergleich zum Regelverfahren selbstverständlich auch für den Schuldner gilt.

Dies bedeutet, dass ein Schuldner zwar nicht zwangsläufig, wohl aber beim Fehlen entsprechender anderslautender Bestimmungen im Plan in den Genuss einer Restschuldbefreiung kommen kann. Sieht ein Insolvenzplan beispielhaft vor, dass Forderungen der Insolvenzgläubiger innerhalb eines festgelegten Zeitraums zu 40 % ihres Nominalwertes zu erfüllen sind, gelten die verbleibenden 60 % der Forderungen als erlassen, wenn die im gestaltenden Teil des Plans vorgesehene Befriedigung der Insolvenzgläubiger in Höhe von 40 % erfolgt ist und der Insolvenzplan keine von der Restschuldbefreiung des Schuldners abweichende Regelung enthält.

Dies gilt auch für Forderungen, die aus einer vorsätzlich begangenen unerlaubten Handlung des Schuldners herrühren. Auch diese sind von der Restschuldbefreiung nur dann ausgenommen, wenn der Insolvenzplan dies bestimmt (*BGH* 17.12.2009 NJW-Spezial 2010, 343).

Rechtsvergleichend betrachtet knüpft die Regelung an das amerikanische Insolvenzrecht an, in welchem der Schuldenerlass (discharge) und der damit verbundene »fresh start« des Schuldners allerdings weitaus prägendere Strukturelemente als im deutschen Insolvenzrecht sind. Im amerikanischen Recht maßgeblich ist vor allem der Gedanke der Gläubigergleichbehandlung (creditor equality) sowie der der Befreiung des ehrlichen Schuldners von seinen Schulden durch den Schuldenerlass (discharge) am Ende des Verfahrens.

Diese Möglichkeit des »discharge« ist der Grund, warum in den USA gleichsam sämtliche Konkursanträge Schuldner- und damit freiwillige (voluntary) Eigenanträge sind (*Leland L. Bull* ZIP 1980, 844 [845]). Im Gegensatz zum amerikanischen Recht, in dem der »discharge« nur in Ausnahmefällen versagt wird, bestimmt § 227 Abs. 1 InsO lediglich, dass die dem Schuldner – trotz Plan – verbleibenden Verbindlichkeiten im Zweifel als erlassen gelten, wenn keine gesonderte Regelung im Plan aufgenommen ist und der Schuldner die im Plan vorgesehenen Schulden beglichen hat. Ein Schuldenerlass und damit die Möglichkeit eines »fresh start« ist weder nach dem Verständnis des Reformgesetzgebers noch dem deutschen Rechtsverständnis zwingend.

II. Schuldnerschutz

Die Regelung des § 227 InsO darf nicht dahingehend missinterpretiert werden, dass das Insolvenzplanverfahren ein Verfahren wäre, in welchem der Schuldner schlechter als im Falle der Abwicklung nach den gesetzlichen Vorschriften gestellt werden dürfte. Wie sich aus der Regelung des § 247 Abs. 1 InsO ergibt, hat der Schuldner einen Rechtsanspruch, durch einen Plan nicht schlechter gestellt zu werden, als er im Falle der Abwicklung nach den gesetzlichen Vorschriften stünde. Ein Insolvenzplan, der dem Schuldner eine weitergehende Haftung auferlegt, als sie ihn ohne einen Plan treffen würde, muss von diesem nicht hingenommen werden.

Widerspricht der Schuldner dem Plan, so kann seine Zustimmung nicht nach § 247 Abs. 2 InsO ersetzt werden. Ein dem Schuldner eine über die gesetzliche Abwicklung hinausgehende Haftung aufbürdender Plan darf seitens des Gerichts nicht bestätigt werden; die Verletzung der Vorschrift über die Zustimmung des Schuldners stellt einen wesentlichen Verstoß gegen Verfahrensvorschriften gem. § 250 Abs. 1 InsO dar. Gegen seinen Willen darf ein Schuldner, der ohne Plan gem. §§ 286–303 InsO Anspruch auf Restschuldbefreiung hätte, nicht in geringerem Maße von seinen restlichen Verbindlichkeiten befreit werden als ohne Plan.

III. Motivation des Schuldners

7 Die Möglichkeit der Schuldenbefreiung ist im Hinblick auf die Mitwirkung des Schuldners bei der Realisierung des Insolvenzplans von erheblicher Bedeutung. Haftet ein Schuldner persönlich, muss diesem bewusst sein, dass sein »Vermögen« unabhängig vom Vorliegen eines Insolvenzplans zur Gläubigerbefriedigung verwandt wird. Jedoch ist es für seine Motivation von erheblicher Bedeutung, dass er nach Durchlaufen des Insolvenzverfahrens von seinen Verbindlichkeiten befreit ist.

8 Motivation und Interesse des Schuldners am Verfahren sind zwar bei Zerschlagungs- und/oder Übertragungslösungen nicht zwingend von Bedeutung, für die Realisierung eines Fortführungsplans jedoch, welcher vorsieht, dass der Schuldner den Betrieb weiterführen soll und die Gläubiger aus den Erträgen des fortgeführten Betriebes befriedigt werden sollen, unverzichtbar. I.d.R. wird der Schuldner nicht mit der Zuweisung wirtschaftlicher Werte aus der Sanierung zu rechnen haben. Sein Hauptinteresse im Insolvenzplanverfahren dürfte in den meisten Fällen in der Befreiung von seinen Verbindlichkeiten liegen. Die Haftungsbefreiung tritt nicht erst nach Planerfüllung, sondern mit Rechtskraft des Bestätigungsbeschlusses gem. § 254 Abs. 1 Satz 1 InsO ein, soweit im Plan keine anderweitige Regelung getroffen worden ist (a.A. *Kübler/Prütting/Bork-Spahlinger* InsO, § 227 Rn. 3).

9 Zu berücksichtigen ist allerdings, dass nach Bestätigung des Insolvenzplans und der Aufhebung des Insolvenzverfahrens eine weitere Stundung der Verfahrenskosten nach § 4b InsO nicht in Betracht kommt. Die direkte Anwendung des § 4b InsO scheitert daran, dass die Vorschrift nach ihrem Wortlaut voraussetzt, dass dem Schuldner nach Stundung der Verfahrenskosten gem. § 4a InsO Restschuldbefreiung erteilt worden ist. Im Insolvenzplanverfahren ist ein entsprechender Beschluss jedoch nicht vorgesehen. Eine analoge Anwendung des § 4b InsO scheitert daran, dass für das Insolvenzplanverfahren bereits eine die Verfahrenskosten betreffende Sonderregelung in § 258 Abs. 2 InsO besteht (*BGH* Beschl. v. 05.05.2011 ZInsO 2011, 1064).

10 Der Wortlaut des § 227 InsO (»mit der Befriedigung«) ist missverständlich. Erfüllt der Schuldner die im Plan vorgesehenen Verpflichtungen nicht, entfällt die Befreiung erst bei Eintritt der Voraussetzungen des § 255 InsO (dazu ausf. HK-InsO/*Haas* § 227 Rn. 3). Die Befreiung bezieht sich auf die restlichen Verbindlichkeiten. Dies setzt aber nicht etwa eine Restverbindlichkeit, d.h. einen Teilerlass von Insolvenzforderungen, voraus, sondern verlangt nur, dass die Forderung in irgendeiner Art vom Insolvenzplan verändert wird. Die Befreiung tritt deshalb auch ein, wenn Insolvenzforderungen etwa durch Forderungen gegen Dritte, z.B. gegen eine Auffanggesellschaft oder durch Anteilsrechte ersetzt werden (HK-InsO/*Haas* § 227 Rn. 4).

11 Zu der Frage, inwieweit auch die Geschäftsführungsorgane von der Haftung für die Steuerschuld des Insolvenzschuldners durch den Insolvenzplan befreit werden, s. *BFH* Beschl. v.15.05.2013, ZIP 2013, 1732).

B. Absatz 2

12 Die Regelung des § 227 Abs. 2 InsO erstreckt die Regelungsinhalte des Abs. 1 auch auf die persönlich haftenden Gesellschafter des Schuldners und korrespondiert insoweit mit § 109 Abs. 1 Nr. 3 VglO und § 211 Abs. 2 KO. Sieht der Plan nichts anderes vor, wirkt ein Erlass von Forderungen gegenüber dem Schuldner auch im Verhältnis zu dessen persönlich haftenden Gesellschaftern. In einem Insolvenzverfahren über das Gesamtgut einer Gütergemeinschaft (§ 333 InsO) gilt die insolvenzplangemäße Befreiung entsprechend der persönlichen Haftung der Ehegatten (§ 334 Abs. 2 InsO; HK-InsO/*Haas* § 227 Rn. 7; weiterführend vgl. *Kesseler* DZWIR 2003, 488 ff.).

C. Druckmittel/Eingriff in die Gesellschafterstellung

13 In der Vergangenheit zeigte sich bei Schuldnerplänen eine Tendenz dahingehend, dass seitens der *Planersteller* bzw. Berater der *Schuldner* und deren Gesellschafter versucht wird, die vor allem gegenüber Kreditinstituten bestehenden Drittsicherheiten von Gesellschaftern, z.B. aufgrund Bürgschaft

oder Realsicherheit, »mitzuerledigen«. Der Grund hierfür war, dass die Befreiung von Verbindlichkeiten gem. § 227 InsO nur für die Gesellschafterhaftung, nicht aber auch für die Haftung von Gesellschaftern aus anderen Rechtsgründen, z.B. einer Bürgschaft oder mit eigenem Vermögen als Realsicherheit Anwendung findet. Gleichermaßen gilt sie auch nicht für die Weiterhaftung für die ausgeschiedenen Gesellschafter (*BGH* NJW 1970, 1921; *Hess* InsO, § 227 Rn. 13 m.w.N.). Mittlerweile ist sie aber umstritten (HK-InsO/*Haas*§ 227 Rn. 7).

Die »Miterledigung der Drittsicherheiten« erfolgte dadurch, dass entweder seitens der haftenden Gesellschafter die Einwilligung zur Abtretung der wertlosen Gesellschaftsanteile an Investoren nur erklärt wurde, wenn die eigene persönliche Haftung, ggf. Zug um Zug gegen Zahlung eines meist sehr geringen Vergleichsbetrages, erlischt, oder dass die Zahlung einer Planquote durch »Investoren« bereits ultimativ an die Entlassung der Gesellschafter/Geschäftsführer aus der persönlichen Haftung gegenüber Dritten geknüpft wird. 14

Wenn fortführungsentscheidende Vertragsverhältnisse, die ohne Mitwirkung der Vertragspartner im Wege der übertragenden Sanierung nicht übertragen werden konnten, die wesentliche Grundlage des Sanierungskonzeptes darstellten und die Vertragspartner, wie oft der Fall, zur Übertragung nicht oder nur unter schlechteren Bedingungen bereit waren, führte dies dazu, dass ein sanierungsfähiger Betrieb zerschlagen werden musste und dessen Arbeitsplätze verloren gingen, obwohl der Gesellschafter mangels Überschuss (§ 199 InsO) regelmäßig ohnehin nichts erhielt. 15

Dass wirtschaftlich völlig wertlose Gesellschaftsanteile derart als Druckmittel eingesetzt werden können, ist nun jedoch durch die Einführung des §§ 217 Satz 2, 225a InsO verhindert worden. Durch die Änderungen der genannten Vorschriften können Anteils- und Mitgliedschaftsrechte nun auch ohne Einwilligung der Inhaber in das Planverfahren miteinbezogen werden. Im Gegensatz zur vorherigen Rechtslage haben es die Altgesellschafter damit nicht mehr in der Hand, die Sanierungsbemühungen des Insolvenzverwalters und der Gläubiger zu konterkarieren, indem sie sich weigern, ihre wertlosen Anteile ohne Gegenleistung abzutreten. 16

Es ist durch die Änderung der Rechtslage davon auszugehen, dass sich das Druckpotential nun vielmehr umgekehrt hat. Gesellschafter haben nicht mehr die Möglichkeit, ihr Mitwirken von Gegenleistungen der übrigen Beteiligten abhängig zu machen. Vielmehr ist der einzelne Gesellschafter angehalten, an der Planverwirklichung mitzuwirken, um nicht Gefahr zu laufen, durch den Plan seiner gesellschaftsrechtlichen Stellung enthoben zu werden. Dies mag mitunter dazu führen, dass der Gesellschafter anstatt Drittsicherheiten mitzuerledigen neue Drittsicherheiten bestellt. 17

§ 228 Änderung sachenrechtlicher Verhältnisse

¹Sollen Rechte an Gegenständen begründet, geändert, übertragen oder aufgehoben werden, so können die erforderlichen Willenserklärungen der Beteiligten in den gestaltenden Teil des Insolvenzplans aufgenommen werden. ²Sind im Grundbuch eingetragene Rechte an einem Grundstück oder an eingetragenen Rechten betroffen, so sind diese Rechte unter Beachtung des § 28 der Grundbuchordnung genau zu bezeichnen. ³Für Rechte, die im Schiffsregister, im Schiffsbauregister oder im Register für Pfandrechte an Luftfahrzeugen eingetragen sind, gilt Satz 2 entsprechend.

Übersicht

	Rdn.		Rdn.
A. Zweck der Regelung	1	B. Grundsatz	2

A. Zweck der Regelung

Die Regelung des § 228 InsO ermöglicht es, die im gestaltenden Teil des Plans vorgeschriebene Änderung der Rechtsstellung der Beteiligten auch rechtlich – insbesondere sachenrechtlich – umzusetzen. Ohne diese Regelung müssten – falls die Beteiligten nicht gewillt wären, die im gestaltenden Teil des Plans aufgeführten Änderungen der Rechtsstellungen auch zu realisieren – zur Durchsetzung von Rechtspositionen oder zur Erreichung eventueller Zustimmungserklärungen gem. § 894 ZPO viel- 1 fach erst zeitaufwendige Prozesse geführt werden. Aufgrund des damit einhergehenden Zeitverlustes würde für die meisten Pläne – zumindest soweit es sich um Fortführungs- oder Übertragungspläne handelt – die Geschäftsgrundlage entfallen, da die Zeit zur Sanierung eines schuldnerischen Unternehmens bis dahin meist verstrichen sein dürfte. Der Gesetzgeber war sich dieses Problems bewusst und hat mit der Regelung des § 228 InsO die Möglichkeit geschaffen, die notwendigen Voraussetzungen zur Realisierung des Plans bereits im Planverfahren selbst zu bewerkstelligen. Ferner sind hierdurch erhebliche Kostenentlastungen gegeben, da sämtliche Kosten mit den Verfahrenskosten abgegolten sind. Zusätzliche Notargebühren entfallen.

B. Grundsatz

2   Grundsätzlich ist es möglich, dass derjenige, der einen Insolvenzplan ausarbeitet, sich damit begnügt, im Plan lediglich die schuldrechtlichen Verhältnisse zwischen den Beteiligten zu regeln, wie etwa die Stundung von Forderungen (BT-Drucks. 12/2443 S. 202). Das gilt in gleichem Maße auch in dem Fall, dass durch den Plan die Rechte absonderungsberechtigter Gläubiger geregelt werden sollen; auch in diesem Falle ist es möglich, nur schuldrechtliche Wirkungen des Planes aufzunehmen (BT-Drucks. 12/2443 S. 202).

3   Im Plan kann beispielsweise geregelt werden, dass die absonderungsberechtigten Gläubiger sich zur Freigabe von Sicherheiten verpflichten, sobald bestimmte Teilbeträge auf der Grundlage des Insolvenzplanes bezahlt worden sind.

4   Vielfach werden jedoch schuldrechtliche Verpflichtungen alleine nicht ausreichend sein, um eine erfolgreiche Implementierung des Plans zu ermöglichen. Aus diesem Grunde sind die Beteiligten daran interessiert, nicht nur die schuldrechtlichen Bedingungen zu regeln, sondern die Änderung der sachenrechtlichen Verhältnisse ebenfalls unmittelbar zum Gegenstand des Insolvenzplanverfahrens zu machen. Diese Möglichkeit wird durch den Reformgesetzgeber im Rahmen des § 228 InsO eröffnet. Die Beteiligten können erforderliche Willenserklärungen, wie beispielsweise einen Verzicht auf ein Pfandrecht gem. § 1255 BGB oder die Einigung über die Übereignung einer beweglichen Sache gem. § 929 BGB in den gestaltenden Teil des Plans aufnehmen.

5   Die rechtskräftige Bestätigung des Plans durch das Insolvenzgericht bewirkt, dass diese Erklärungen als formgültig abgegeben gelten; dies gilt auch gegenüber denjenigen Beteiligten, die dem Plan nicht zugestimmt haben. Sollte der Eintritt der Rechtsänderung von zusätzlichen tatsächlichen Voraussetzungen, wie der Übergabe einer beweglichen Sache an den Erwerber, abhängen, können diese durch den Plan nicht ersetzt werden. Die zur Bewirkung der dinglichen Rechtsfolge notwendigen Handlungen sind gesondert herbeizuführen (BT-Drucks. 12/2443 S. 202; vgl. auch *Uhlenbruck/Lüer/Streit* InsO, § 228 Rn. 1).

6   Der Gesetzgeber hat darüber hinaus weitere Vorkehrungen getroffen, um einen Gleichlauf zwischen Insolvenzplan und allgemeinem Zivilrecht zu schaffen. So ist in Art. 33 Nr. 26 EGInsO die Änderung des § 925 Abs. 1 Satz 3 BGB, der nunmehr die Erklärung der Auflassung auch innerhalb eines Insolvenzplans ermöglicht, geregelt.

7   Die Regelung dinglicher Rechtsverhältnisse im Plan wird regelmäßig im Zusammenhang mit der Neubestimmung der Rechte der absonderungsberechtigten Gläubiger gem. § 223 InsO stehen, da – sollte in deren Rechte eingegriffen werden – gem. § 228 InsO auch Art und Umfang dieses Eingriffs geregelt werden müssen. Der Anwendungsbereich des § 228 InsO ist auch dann eröffnet, wenn Insolvenzgläubigern im Rahmen eines Insolvenzplanverfahrens in Abweichung zu ihrer bisherigen Rechtsstellung dingliche Rechtspositionen eingeräumt werden. Dies ist der Fall, wenn beispielsweise Forderungen im Plan gekürzt und für die gekürzten Forderungen nunmehr Sicherheiten bestellt werden sollen. Im Rahmen von Rechtsgeschäften, die die Übertragung von Grundstücken zum Inhalt haben, ist es möglich, dass im Plan die Einigung und die Eintragungsbewilligung gem. § 19 GBO aufgenommen und diese durch die rechtskräftige Bestätigung des Plans ersetzt werden.

Die Bestätigung des Insolvenzplans hat wie der gerichtliche Vergleich Beurkundungsfunktion. Durch die Wirkung der Bestätigung wird die Regelung des § 925 BGB ersetzt. Diese Beurkundungsfunktion stellt ein weiteres Argument für die nicht ausschließlich vertragsrechtlich orientierte Rechtsnatur des Insolvenzplans dar und spricht für dessen Doppelnatur. Die Rechtsänderung tritt aber erst mit Vollzug der Eintragung in das Grundbuch ein; diese muss entsprechend beantragt (§ 13 GBO) werden, wobei hierzu im Plan die betroffenen Grundstücksrechte grundbuchrechtlich so genau zu bezeichnen (§ 28 GBO) sind, dass die Eintragung der Rechtsänderung im Grundbuch überhaupt möglich ist (vgl. auch *Uhlenbruck/Lüer/Streit* InsO, § 228 Rn. 1). Wird diese Maßgabe nicht beachtet, besteht für das Insolvenzgericht ein gesetzlicher Zurückweisungsgrund gem. § 231 Abs. 1 Nr. 1 InsO. 8

Dieses Formerfordernis gilt entsprechend für eine Vormerkung, die einen Anspruch auf Eintragung oder Aufhebung eines solchen Rechts sichert (BT-Drucks. 12/2443 S. 202). 9

In Satz 3 ist die entsprechende Anwendbarkeit des Satz 2 auf weitere Register mit öffentlichem Glauben geregelt. Für eintragungspflichtige Vorgänge sind die jeweiligen Verfahrensvorschriften, z.B. in der GBO, exakt zu beachten, um die Rechtsfolgen auslösen zu können. Das Wort »genau« in Satz 2 ist insoweit wörtlich zu nehmen. 10

Durch die Regelung des § 228 InsO kann verständlicherweise nicht in Rechte Dritter eingegriffen werden, die außerhalb des Plans stehen. Die Regelung des § 228 InsO ist eine verfahrensrechtliche Erleichterung, kann aber keine Willenserklärungen ersetzen (vgl. auch *Uhlenbruck/Lüer/Streit* InsO, § 228 Rn. 2). Insoweit weist *Haas* darauf hin, dass die Ausdrucksweise des Gesetzes missverständlich ist (HK-InsO/*Haas* § 228 Rn. 8). 11

§ 229 Vermögensübersicht. Ergebnis und Finanzplan

¹Sollen die Gläubiger aus den Erträgen des vom Schuldner oder von einem Dritten fortgeführten Unternehmens befriedigt werden, so ist dem Insolvenzplan eine Vermögensübersicht beizufügen, in der die Vermögensgegenstände und die Verbindlichkeiten, die sich bei einem Wirksamwerden des Plans gegenüberstünden, mit ihren Werten aufgeführt werden. ²Ergänzend ist darzustellen, welche Aufwendungen und Erträge für den Zeitraum, während dessen die Gläubiger befriedigt werden sollen, zu erwarten sind und durch welche Abfolge von Einnahmen und Ausgaben die Zahlungsfähigkeit des Unternehmens während dieses Zeitraums gewährleistet werden soll. ³Dabei sind auch die Gläubiger zu berücksichtigen, die zwar ihre Forderungen nicht angemeldet haben, jedoch bei der Ausarbeitung des Plans bekannt sind.

Übersicht	Rdn.		Rdn.
A. Anwendungsbereich	1	b) Passiva	9
B. Zweck der Regelung	2	3. Unangemeldete, bekannte Forderungen	10
C. Inhaltliche Erfordernisse	7		
I. Vermögensübersicht	7	II. Ergebnisplan	14
1. Allgemeines	7	III. Finanzplan/Liquiditätsplan	15
2. Aufbau (Grobstruktur)	8	IV. Vergleichsrechnung	17
a) Aktiva	8		

A. Anwendungsbereich

Die Regelung des § 229 InsO, in welcher als Anlage zum Plan die Vermögensübersicht sowie ein Ergebnis- und Finanzplan gefordert werden, findet nicht auf Liquidations- oder Übertragungspläne Anwendung, da die Gläubiger im Rahmen dieser Planarten unmittelbar befriedigt werden. Im Rahmen eines Liquidationsplans wird die Masse verwertet und der Erlös gem. Plan verteilt; im Rahmen eines Übertragungsplans haftet der Erwerber des Betriebes für die vertraglich geschuldete Gegenleistung und nicht das insolvente Unternehmen selbst. Nur wenn die Gläubiger im Rahmen eines For- 1 führungsplans aus den Erträgen des vom Schuldner oder von einem Dritten fortgeführten Unternehmens befriedigt werden sollen, ist der Anwendungsbereich der Norm eröffnet.

B. Zweck der Regelung

2   Ein Plan, der die Sanierung und Fortführung eines Unternehmens zum Ziel hat, kann sich nicht durch seine guten Absichten, sondern nur durch nachvollziehbare betriebswirtschaftliche Daten legitimieren. Der Planersteller kann es somit nicht bei den im darstellenden Teil des Plans erfolgten Beschreibungen bewenden lassen, sondern hat die Finanzierbarkeit der geplanten Sanierungsmaßnahmen nachzuweisen. Die Vermögensübersicht sowie der Ergebnisfinanzplan sind dem Insolvenzplan beizufügen (vgl. *Uhlenbruck/Sinz* InsO, § 229 Rn. 1).

3   § 229 InsO fordert diejenigen Zahlenwerke, die bei jeder wesentlichen unternehmensbezogenen Investitionsentscheidung zur Kalkulation der Verzinsung des eingesetzten Kapitals notwendig sind. Durch das Erfordernis von Vermögensübersichten sowie Ergebnis- und Finanzplänen wird sichergestellt, dass die Risiken und Erfolgsaussichten bzw. Kosten und Nutzen eines Plans zumindest prognostisch dargestellt werden und die Beteiligten die Möglichkeit einer Plausibilitätskontrolle erhalten.

4   Die in § 229 InsO geforderten Anlagen enthalten die zahlenmäßige Darstellung des geplanten Sanierungsablaufes und stellen somit eine Planerprobungsrechnung dar (vgl. *IDW* FAR 1/1991, S. 6 f.). Anhand eines Abgleichs mit den finanz- und leistungswirtschaftlichen Daten des Unternehmens vor der Insolvenz lässt sich erkennen, ob die Planziele realistisch oder geschönt sind. Werden beispielsweise in einem Produktionsbetrieb, der einen hohen Fixkostenbetrag aufweist und mit niedrigen Deckungsbeiträgen operiert, erhebliche Umsatzzuwächse in den Umsatzplänen prognostiziert, stellt sich die Frage, wie diese Zuwächse erreicht werden sollen, insbesondere, da ein saniertes Unternehmen i.d.R. erhebliche Zeit benötigt, um das Vertrauen seiner Kunden zurückzugewinnen. Gibt ein Planersteller im darstellenden Teil hierfür keine plausible Erklärung, ist ein kritisches Hinterfragen des Plans indiziert.

5   Die finanzwirtschaftlichen Daten des Unternehmens vor der Insolvenz sind – auch wenn diese oft unvollständig sind – ein wichtiger Vergleichsparameter zu den Angaben im Plan, da dieser auf den vor der Insolvenz geschaffenen Fakten aufbauen muss. Je umfangreicher hiervon abgewichen wird, beispielsweise durch willkürliche Veränderung von Bilanzansätzen, umso mehr Skepsis ist für die Gläubiger geboten. Dies umso mehr, da die Entscheidung der Gläubiger, auf ihre Insolvenzdividende zu Gunsten der Möglichkeit der vollständigen oder teilweisen Partizipation an zukünftigen Erträgen des schuldnerischen Unternehmens zu verzichten, das Risiko dahingehend in sich birgt, noch weniger als im Falle der sofortigen Zerschlagung eines Unternehmens auf der Grundlage der gesetzlichen Regeln zu erhalten.

6   Den Gläubigern ist eine Entscheidung über die Fortführung eines insolventen Unternehmens unter Eingehung eigener wirtschaftlicher Risiken nur zumutbar, wenn die im darstellenden Teil das Plans erläuterten finanz- und leistungswirtschaftlichen Sanierungskonzepte auch durch entsprechende Zahlenwerke nachvollziehbar sind.

C. Inhaltliche Erfordernisse

I. Vermögensübersicht

1. Allgemeines

7   § 153 InsO verpflichtet den Verwalter zur Aufstellung einer geordneten Vermögensübersicht, in der Aktiva und Passiva einander gegenübergestellt werden. Die Vermögensübersicht stellt die Insolvenzeröffnungsbilanz dar, die jedoch nicht – wie die Handelsbilanz – auf die Gewinnermittlung abzielt, sondern Informationen über die zu erwartende Quote sowie über die Fremdrechte der Gläubiger (z.B. Aus- und Absonderungsrechte) enthält (vgl. *König* ZIP 1988, 1003; *Veit* WiSt 1982, 370 f.). Die Vermögensübersicht stellt eine Prognoserechnung dar (*Veit* WiSt 1982, 370 f.), die nicht nur

die statische Planung des bisherigen Vergleichsverfahrens, sondern eine Zukunftsplanung ermöglicht.

2. Aufbau (Grobstruktur)

a) Aktiva

Anlagevermögen:
- bebaute und unbebaute Liegenschaften,
- Maschinen und maschinelle Anlagen,
- Betriebs- und Geschäftsausstattung,
- immaterielle Vermögenswerte,
- Beteiligungen.

Umlaufvermögen:
- Roh-, Hilfs- und Betriebsstoffe,
- halbfertige Erzeugnisse,
- Fertigerzeugnisse,
- Forderungen aus Lieferungen und Leistungen.

b) Passiva

- Grundstücksbelastungen (z.B. Grundschulden etc.),
- Verbindlichkeiten aus Lieferungen und Leistungen,
- sonstige Verbindlichkeiten,
- Rückstände an Steuern, Löhnen,
- Absonderungsrechte,
- nachrangige Forderungen i.S.d. § 39 InsO.

Hinsichtlich weiterer Details im Hinblick auf die Anforderungen an die Vermögensübersicht wird auf die Ausführungen zu § 153 InsO verwiesen.

3. Unangemeldete, bekannte Forderungen

Durch den im Rahmen des ESUG eingeführten Satz 3 sind in die Vermögensübersicht (und auch in den Ergebnis- und Finanzplan) nun zudem diejenigen Forderungen aufzunehmen, die zwar nicht angemeldet worden, aber bei der Ausarbeitung des Plans bekannt gewesen sind. Hierdurch soll das Risiko gemindert werden, dass ein Insolvenzplan nach rechtskräftiger Bestätigung durch nachträglich angemeldete Forderungen zu Fall gebracht wird, weil keine Vorkehrungen hierfür getroffen worden sind (RegE zum Gesetz zur weiteren Erleichterung der Sanierung von Unternehmen [ESUG], BT-Drucks. 17/5712, S. 32).

Der Plansteller wird durch diese Vorschrift in zweifacher Weise verpflichtet. Zunächst hat er alle bekannten, nicht angemeldeten Forderungen in die Plangestaltung aufzunehmen. Dem genügt der Plansteller, wenn er die entsprechenden Forderungshöhen in die Vermögensübersicht mit aufnimmt. Dabei ist es nicht erforderlich, dass die Inhaberschaft der Forderung offengelegt wird, da der Insolvenzverwalter eine objektive Stellung bewahren muss und nicht zur Förderung der Interessenswahrung einzelner Gläubiger verpflichtet ist.

Weiterhin ist der Plansteller verpflichtet, Vorsorge dafür zu treffen, dass die bisher nicht angemeldeten Forderungen nachträglich geltend gemacht werden. Wie eine solche Vorsorge im Einzelnen auszusehen hat, ist nicht geregelt. Die Gesetzesbegründung führt insoweit nur aus, dass der Verwalter regelmäßig eine Vergleichsrechnung anzustellen und hierzu ein Verwertungsgutachten einzuholen hat (RegE BT-Drucks. 17/5712, S. 32). Die Vergleichsrechnung muss dabei jedenfalls zwei Szenarien berücksichtigen; das des Ausbleibens einer Nachtragsanmeldung sowie das einer vollständigen nachträglichen Anmeldung aller bereits bekannten Forderungen. Nur so verfügen die

Gläubiger über einen Vergleich über ihr verändertes Ausfallrisiko bei nachträglicher Forderungsanmeldung im Fall der Fortführung bzw. der Liquidation.

13 Darüber hinaus muss der Planersteller dadurch Vorsorge treffen, indem er im Fortführungsplan vorab eine Zuordnung der bekannten Forderung zu einer der vorgesehenen Gläubigergruppen vornimmt. Insoweit muss für den Fall nachträglicher Anmeldung geregelt sein, wie die jeweilige Forderung zu behandeln ist und zudem sichergestellt sein, dass hierfür die nötigen Kapazitäten zur Verfügung stehen. Nur dann ist bei nachträglicher Forderungsanmeldung auch eine nachträgliche Gläubigergleichbehandlung gewährleistet.

II. Ergebnisplan

14 Der Ergebnisplan hat die Aufgabe, die Gläubiger über die im vorgesehenen Befriedigungszeitraum zu erwartenden Aufwendungen und Erträge zu informieren. Die Ergebnisplanung setzt sich – neben betriebswirtschaftlichen Teilplanungen (Absatz-, Investitions-, Personalkostenplanung etc.) – vor allem aus:
1. Planbilanzen,
2. Planerfolgsrechnung (Plangewinn und -verlust),
3. Plan-Liquiditätsrechnung

zusammen.

Auch hierbei sind bekannte, aber nicht angemeldete Forderungen zu berücksichtigen (s. Rdn. 10 ff.).

III. Finanzplan/Liquiditätsplan

15 Der Finanzplan bezweckt, die Gläubiger über die im vorgesehenen Befriedigungszeitraum zu erwartenden Abfolgen von Einnahmen und Ausgaben, vor allem zur Gewährleistung der Liquidität des Unternehmens, zu informieren. Finanzpläne sind erforderlich, um abschätzen zu können, ob das sanierte Unternehmen tatsächlich über die zur Leistung der im Insolvenzplan versprochenen Zahlungen notwendigen liquiden Mittel verfügen wird. Auch hier sind wiederum bekannte, aber nicht angemeldete Forderungen zu berücksichtigen (s. Rdn. 10 ff.).

16 Bestandteil der Vermögensübersicht ist ein Liquiditätsplan, der darstellen muss, in welcher Abfolge von Einnahmen und Ausgaben die Zahlungsfähigkeit des Unternehmens während dieses Zeitraums gewährleistet werden soll. Dazu gehört auch die Darstellung der Kreditaufnahme und -tilgungen (*Hess/Weis* InVo 1996, 225 [226]; *Uhlenbruck* ZBB 1992, 284; *Hess/Obermüller* 3. Aufl. Rn. 673 [Fn. 15]; *Wittig* DB 1999, 197 [199]).

IV. Vergleichsrechnung

17 Die Vermögensübersicht, die Ergebnis- sowie die Finanzplanung müssen – zumindest überschlagsmäßig – bereits zum Berichtstermin vorliegen, da die Gläubiger auf die Sanierung eines Unternehmens gerichtete Beschlüsse nur fassen können, wenn sie über aussagekräftige Zahlen, die einen zumindest groben Vergleich des Fortführungswertes des Unternehmens mit dessen Liquidationswert zulassen, verfügen. Auch hierzu sind Planerfolgsrechnungen und Finanzpläne unerlässlich. Nur in seltenen Ausnahmefällen werden die Gläubiger einem Plan, der sie nicht besser als die Abwicklung nach den gesetzlichen Regeln stellt, zustimmen.

§ 230 Weitere Anlagen

(1) ¹Ist im Insolvenzplan vorgesehen, dass der Schuldner sein Unternehmen fortführt, und ist der Schuldner eine natürliche Person, so ist dem Plan die Erklärung des Schuldners beizufügen, dass er zur Fortführung des Unternehmens auf der Grundlage des Plans bereit ist. ²Ist der Schuldner eine Gesellschaft ohne Rechtspersönlichkeit oder eine Kommanditgesellschaft auf Aktien, so ist dem Plan eine entsprechende Erklärung der Personen beizufügen, die nach dem Plan persönlich haf-

tende Gesellschafter des Unternehmens sein sollen. ³Die Erklärung des Schuldners nach Satz 1 ist nicht erforderlich, wenn dieser selbst den Plan vorlegt.

(2) Sollen Gläubiger Anteils- oder Mitgliedschaftsrechte oder Beteiligungen an einer juristischen Person, einem nicht rechtsfähigen Verein oder einer Gesellschaft ohne Rechtspersönlichkeit übernehmen, so ist dem Plan die zustimmende Erklärung eines jeden dieser Gläubiger beizufügen.

(3) Hat ein Dritter für den Fall der Bestätigung des Plans Verpflichtungen gegenüber den Gläubigern übernommen, so ist dem Plan die Erklärung des Dritten beizufügen.

Übersicht	Rdn.		Rdn.
A. Anwendungsbereich	1	II. Satz 2	5
B. Zweck der Regelung	2	III. Satz 3	8
C. Absatz 1	3	D. Absatz 2	10
I. Satz 1	3	E. Absatz 3	14

A. Anwendungsbereich

Genauso wie die Regelung des § 229 InsO findet die Regelung des § 230 InsO nur Anwendung, wenn ein Insolvenzplan die Fortführung eines insolventen Unternehmens vorsieht. Ist dies – wie im Falle eines Liquidations- oder Übertragungsplans – nicht der Fall, ist der Anwendungsbereich der Norm nicht eröffnet.   1

B. Zweck der Regelung

Weder dem persönlich haftenden Schuldner noch einem Gläubiger kann nach der Sanierung unternehmerisches Risiko durch Mehrheitsentscheidung aufgezwungen werden. Genauso wenig können die Gläubiger zu Lasten Dritter Entscheidungen dahingehend treffen, dass Dritten aus dem bestätigten Plan – ohne deren Einverständnis – Verpflichtungen gegenüber den Gläubigern auferlegt werden. Der Zweck der Regelung besteht darin, planerhebliche Tatsachen, auf welche die mehrheitliche Entscheidung der Gläubiger im Abstimmungstermin keinen Einfluss hat, im Vorfeld der Abstimmung geklärt zu wissen.   2

C. Absatz 1

I. Satz 1

Soll der Schuldner das Unternehmen auf der Grundlage eines Fortführungsplans fortführen und ist er eine natürliche Person, die persönlich für den Unternehmenserfolg haften muss, ist dem Plan als Anlage eine Erklärung beizufügen, dass dieser dazu überhaupt bereit ist. Da weder Gläubiger noch Insolvenzgericht den Schuldner zur Fortführung eines Unternehmens auf eigenes wirtschaftliches Risiko zwingen können, hat ein auf die Person des Schuldners aufgebauter Fortführungsplan keinen Sinn, wenn dieser zur Eingehung der Fortführungsrisiken nicht gewillt ist. Bevor in dieser Frage keine Klarheit und Rechtssicherheit besteht, ist eine Entscheidung der Gläubiger über die Fortführung eines Unternehmens nicht sinnvoll, da die Geschäftsgrundlage für einen Fortführungsplan – falls der Schuldner zur Fortführung nicht bereit ist – fehlen würde.   3

Die Regelung des § 230 Abs. 1 Satz 1 InsO, welche die wesentliche Frage der Unternehmensfortführung unter Übernahme der persönlichen Haftung allein der Entscheidung des Schuldners überlässt, dient daher letztlich auch dessen Schutz. Durch die Notwendigkeit einer entsprechenden schuldnerischen Erklärung wird ferner Beweiszwecken Genüge getan. Ist der Schuldner zur Abgabe einer diesbezüglichen Erklärung nicht gewillt, wird ein Fortführungsplan scheitern, falls keine andere zur Übernahme des entsprechenden Risikos bereite Person gefunden werden kann. In diesem Fall muss der Verwalter seine Planziele ggf. auf einen Übertragungs- oder Liquidationsplan umstellen.   4

II. Satz 2

5 § 230 Abs. 1 Satz 2 InsO überträgt die Regelung des § 230 Abs. 1 Satz 1 InsO auf Gesellschaften ohne Rechtspersönlichkeit und die Kommanditgesellschaft auf Aktien, indem in diesen Fällen eine entsprechende Erklärung der Personen beizufügen ist, die nach dem Plan zukünftig persönlich haftende Gesellschafter des Unternehmens sein sollen. Die Regelung findet damit keine Anwendung, wenn die persönlich haftende Person eine juristische Person ist.

6 Da aufgrund der Einführung der §§ 217 Satz 2, 225a InsO nun auch die Möglichkeit besteht, die Gesellschaftsanteile am Schuldner gegen den Willen der bisherigen Anteilsinhaber im Rahmen des Insolvenzplans zu übertragen, ist Satz 2 dahingehend geändert worden, dass auch diejenigen Fälle erfasst sind, bei denen ein Wechsel der Anteilsinhaber am Schuldner eintritt und dadurch eine andere Person die persönliche Haftung übernimmt. Die Notwendigkeit der Vorschrift folgt dabei hinsichtlich des Debt-Equity-Swap bereits daraus, dass eine zwangsweise Umwandlung von Forderungen in Eigenkapital gegen den Willen der betroffenen Gläubiger nicht zulässig ist.

7 Eine Zustimmungserklärung der Altgesellschafter, die nach dem Plan ihre gesellschaftsrechtliche Stellung verlieren, ist hingegen nicht erforderlich (RegE zum Gesetz zur weiteren Erleichterung der Sanierung von Unternehmen [ESUG], BT-Drucks. 17/5712, S. 32).

III. Satz 3

8 Hat der Schuldner selbst einen auf Fortführung abzielenden Insolvenzplan eingereicht, ist eine Erklärung i.S.d. § 230 Abs. 1 Satz 1 InsO nicht erforderlich, da der Schuldner durch die Vorlage eines Fortführungsplans seine Bereitschaft zur Fortführung des Unternehmens nach der Sanierung dokumentiert hat. Diese Ausnahme gilt jedoch nicht für den persönlich haftenden Gesellschafter gem. § 230 Abs. 1 Satz 2 InsO (BT-Drucks. 12/2443 S. 203). Dieser muss, selbst wenn der Plan von ihm vorgelegt worden ist, eine entsprechende Fortführungserklärung als Anlage beifügen (BT-Drucks. 12/2443 S. 203). Die Erklärung des persönlich haftenden Gesellschafters i.S.d. § 230 Abs. 1 Satz 2 InsO ist im Gegensatz zu § 230 Abs. 1 Satz 1 InsO somit nie entbehrlich.

9 Aufgrund der Regelung des bedingten Plans gem. § 249 InsO ist es möglich, dass beispielsweise die Gesellschafter einer Gesellschaft, die durch die Eröffnung eines Insolvenzverfahrens aufgelöst worden ist, aber nach dem Inhalt des Plans fortgeführt werden soll, nach Annahme des Plans und Aufhebung des Insolvenzverfahrens die Fortsetzungsbeschlüsse fassen, der Plan aber erst danach bestätigt wird (vgl. §§ 42, 728 BGB; § 144 HGB; § 274 AktG; § 60 GmbHG; § 117 GenG i.d.F. von Art. 33, 40, 47, 48, 49 EGInsO). Der Fortsetzungsbeschluss darf nicht mit der Fortsetzungsbereitschaft verwechselt werden. Ersterer ist ein gesellschaftsrechtlicher Akt, zweitere eine voluntative Entscheidung.

D. Absatz 2

10 § 230 Abs. 2 InsO ist eine Ausprägung des Verbotes von Verträgen zu Lasten Dritter sowie der verfassungsmäßig garantierten negativen Koalitionsfreiheit gem. Art. 9 Abs. 3 GG und steht nicht zur Disposition der Gläubigermehrheit. Dies gilt unabhängig von einem etwaigen wirtschaftlichen Vorteil für den betroffenen Gläubiger. Keinem Gläubiger können gegen seinen Willen Anteils- oder Mitgliedsrechte oder eine Beteiligung anstelle einer Insolvenzdividende aufgedrängt werden (BT-Drucks. 12/2443 S. 203). Durch privatautonome Vereinbarungen können jedoch mit dem Einverständnis der Betroffenen derartige Regelungen jederzeit im Plan aufgenommen werden. Hierbei wird es sich oftmals um die Umwandlung von – meist gesicherten – Forderungen in Anteilsrechte handeln. Die Umwandlung von Forderungen in Anteilsrechte ist eine Maßnahme, die auch für die anderen beteiligten Gläubiger von Interesse ist, so dass auch aus diesem Grunde die zustimmenden Erklärungen dem Plan als Anlage hinzuzufügen sind. Ferner ist dies auch aus Gründen der Rechtssicherheit sowie zu Beweiszwecken erforderlich.

Die Übernahme i.S.d. Abs. 2 beschränkt sich nicht auf die bestehenden Anteile, sondern umfasst alle gesellschaftsrechtlichen Anteils- und Mitgliedsrechte, auch wenn diese im Rahmen der Sanierung erst geschaffen werden.

In der Praxis übernahmen früher gerade bei Großinsolvenzen oftmals Banken oder Beteiligungsgesellschaften Anteile oder Beteiligungen an Unternehmen, um dadurch Sanierungen zu ermöglichen. Viele Beteiligungsengagements waren somit aus der Not geboren. Dies ist heute nicht mehr üblich, stattdessen wird dieses Vorgehen von speziellen Hedge Fonds im Rahmen der sog. »loan to own«-Strategie verfolgt.

Neugläubiger können ausnahmsweise am Insolvenzplan beteiligt werden, wenn sie den Regelungen im Insolvenzplan ausdrücklich zustimmen gem. § 230 Abs. 2 InsO analog, und ihre Rechtsstellungen können im gestaltenden Teil des Plans modifiziert werden (*LG Düsseldorf* Beschl. v. 21.09.2015 ZIP 2015, 2182).

E. Absatz 3

§ 230 Abs. 3 InsO normiert das Erfordernis einer schriftlichen Verpflichtungserklärung eines Dritten, der für den Fall der Bestätigung des Plans Verpflichtungen gegenüber den Gläubigern übernommen hat. Die Gründe dritter Personen, Verpflichtungen hinsichtlich eines Insolvenzplans zu übernehmen, können – wie die Erfahrung der bisherigen Vergleichspraxis zeigt – vielfältig sein. Vielfach handelt es sich um Verwandte oder Freunde, die dem Schuldner helfen wollen. Sofern der Schuldner keine natürliche Person ist, tritt oftmals die Muttergesellschaft – wenn sie nicht bereits aus konzernrechtlichen Gründen zur Haftungsübernahme verpflichtet war – in Erscheinung, um Verpflichtungen gegenüber den Gläubigern zu übernehmen.

Abs. 3 findet auch Anwendung, wenn ein Dritter, der das Unternehmen fortführen will, die Gläubiger befriedigen soll.

In allen Fällen dient die Erklärung des Dritten dazu, den Gläubigern Informationen über die Absichten des Dritten zukommen zu lassen, um bis zur Abstimmung über den Plan dessen Bonität überprüfen zu können. Die Schriftform der Erklärung ist weiterhin erforderlich, um, falls der Dritte seiner Verpflichtung nicht ordnungsgemäß nachkommt, ohne Beweisprobleme entsprechende Schritte einzuleiten. Ferner dient die Schriftform auch dem Schutz des Dritten, der hierdurch nochmals die Tragweite seiner Entscheidung überdenken kann.

Einem Dritten steht es frei, etwa im Erörterungstermin weitergehende Verpflichtungen als die als Anlage schriftlich fixierten gegenüber dem Gläubiger einzugehen. Dies ergibt sich aus § 257 Abs. 2 InsO (BT-Drucks. 12/2443 S. 203). Falls die Verpflichtungserklärung des Dritten bereits vor Einreichung des Planes vorliegt und der Plan hierauf Bezug nimmt, ist es nicht notwendig, dass der Dritte die Verpflichtungserklärung nochmals ausstellt; vielmehr reicht es aus, wenn die bereits vorliegende Verpflichtungserklärung dem Plan als Anlage beigefügt wird. Die Wirksamkeit der Erklärung ist jedoch vorab zu überprüfen. Bei geringsten Zweifeln ist eine erneute schriftliche Erklärung zu fordern.

Sieht der Insolvenzplan einen Erwerb der Assets des Schuldners im Rahmen einer übertragenden Sanierung durch eine Auffanggesellschaft vor, sind die maßgeblichen Erklärungen durch diese abzugeben. Praktische Relevanz besteht weiterhin dann, wenn eine etwaige Muttergesellschaft der Schuldnerin Verpflichtungen gegenüber den Gläubigern übernimmt (vgl. *Braun/Braun/Frank* InsO, § 230 Rn. 11).

Das Insolvenzgericht kann einen Insolvenzplan gem. § 231 Abs. 1 Nr. 1 InsO zurückweisen, wenn die in einem Insolvenzplan nach § 220 Abs. 3 InsO vorgesehenen Drittmittel gem. einzureichender Erklärung des Dritten nicht frei verfügbar und bestandssicher zur Verfügung stehen (*LG Hamburg* Beschl. v. 18.11.2015 NZI 2016, 34).

§ 231 Zurückweisung des Plans

(1) ¹Das Insolvenzgericht weist den Insolvenzplan von Amts wegen zurück,
1. wenn die Vorschriften über das Recht zur Vorlage und den Inhalt des Plans, insbesondere zur Bildung von Gruppen, nicht beachtet sind und der Vorlegende den Mangel nicht beheben kann oder innerhalb einer angemessenen, vom Gericht gesetzten Frist nicht behebt,
2. wenn ein vom Schuldner vorgelegter Plan offensichtlich keine Aussicht auf Annahme durch die Beteiligten oder auf Bestätigung durch das Gericht hat oder
3. wenn die Ansprüche, die den Beteiligten nach dem gestaltenden Teil eines vom Schuldner vorgelegten Plans zustehen, offensichtlich nicht erfüllt werden können.

²Die Entscheidung des Gerichts soll innerhalb von zwei Wochen nach Vorlage des Plans erfolgen.

(2) Hatte der Schuldner in dem Insolvenzverfahren bereits einen Plan vorgelegt, der von den Beteiligten abgelehnt, vom Gericht nicht bestätigt oder vom Schuldner nach der öffentlichen Bekanntmachung des Erörterungstermins zurückgezogen worden ist, so hat das Gericht einen neuen Plan des Schuldners zurückzuweisen, wenn der Insolvenzverwalter mit Zustimmung des Gläubigerausschusses, wenn ein solcher bestellt ist, die Zurückweisung beantragt.

(3) Gegen den Beschluß, durch den der Plan zurückgewiesen wird, steht dem Vorlegenden die sofortige Beschwerde zu.

Übersicht

	Rdn.			Rdn.
A. Zweck der Regelung	1		2. Kriterium der Offensichtlichkeit	21
B. Absatz 1	4		3. Abs. 1 Satz 1 Nr. 2	25
I. Abs. 1 Satz 1 Nr. 1	4		4. Abs. 1 Satz 1 Nr. 3	32
1. Kontrollumfang	4		5. Abs. 1 Satz 2	36
2. Nachfrist	18	C.	Absatz 2	38
II. Abs. 1 Satz 1 Nr. 2 und Nr. 3	19	D.	Absatz 3	41
1. Anwendungsbereich	19			

Literatur:
Bähr Unzulässigkeit von Präklusionsregeln im Insolvenzplan auch bei Beantragung von Restschuldbefreiung, EWiR 2016, 277; *Braun/Uhlenbruck* Unternehmensinsolvenz, 1997; *Brünkmans* Präklusions- und Ausschlussklauseln in Insolvenzplänen, ZInsO 2016, 245; *Eidenmüller* Der Insolvenzplan als Vertrag, in: Schenk/Schmidtchen/Streit, Jahrbuch für neue politische Ökonomie, Band 15, 1996, 187; *Graeber* Vergütungsbestimmung durch Vereinbarungen zwischen einem Insolvenzverwalter und den weiteren Beteiligten eines Insolvenzverfahrens, ZIP 2013, 916; *Hingerl* Notwendigkeit einer Vergütungsbestimmung im Insolvenzplan?, ZIP 2015, 159; *Leib/Rendels* Zur Nicht-Besteuerung des Sanierungsgewinns aufgrund einer Insolvenzplanregelung, EWiR 2016, 119; *Madaus/Heßel* Die Verwaltervergütung in Reorganisationsfällen – Unzulänglichkeiten und Reformansätze, ZIP 2013, 2088; *Paul* Rechtsprechungsübersicht zum Insolvenzplan, ZInsO 2007, 856; *Schöttler* Gerichtliche Bindung an Vergütungsvereinbarungen im Insolvenzplan?, NZI 2014, 852; *Spliedt* Zu den Anforderungen an einen Insolvenzplan (insb. zur Gruppenbildung und zu Präklusionsregeln), EWiR 2015, 483.

A. Zweck der Regelung

1 § 231 InsO bestimmt, dass ein Plan einem Abstimmungsverfahren gem. § 235 InsO nur dann zugeführt werden kann, wenn er die Hürde der gerichtlichen Vorprüfung passiert hat. Die Prüfung erfolgt von Amts wegen. § 231 InsO stellt einen Filter zur Vermeidung der Verfahrensverschleppung durch gesetzwidrige Pläne dar und ist somit gleichzeitig eine Grenze der gesetzlich beabsichtigten Deregulierung des Verfahrens.

2 Jedes Insolvenzverfahren stellt ein regelgeleitetes Verfahren dar, in welchem das Insolvenzgericht sicherzustellen hat, dass die vorgegebenen Verfahrensregeln auch beachtet werden. Dies gilt uneingeschränkt auch für das von privater Initiative getragene Insolvenzplanverfahren (*Eidenmüller* in Schenk/Schmidtchen/Streit, S. 187). Dennoch hat das Gericht in inhaltlichen Fragen nur in Aus-

nahmefällen einzuschreiten, da es letztlich den Gläubigern obliegt, zu entscheiden, ob der Plan angenommen oder abgelehnt werden soll.

Für den Fall, dass ein Insolvenzplan bereits mit dem Insolvenzantrag eingereicht wird, ist das Insolvenzgericht berechtigt, bei Eröffnung des Verfahrens gleichzeitig den Berichtstermin, den Prüfungstermin und den Erörterungs- und Abstimmungstermin festzulegen (vgl. MüKo-InsO/*Schmahl* §§ 27–29 Rn. 85). Dies setzt aber voraus, dass die Vorprüfung des § 231 InsO bereits durch den Richter stattgefunden hat und unmittelbar nach Verfahrenseröffnung die Versendung des nicht von Amts wegen vom Gericht zurückgewiesenen Plans an die Gläubiger zur Stellungnahme zu erfolgen hat. Durch diese Möglichkeit der Verfahrensbeschleunigung werden die Sanierungschancen insolventer Unternehmen erhöht, da der Zeitraum, in dem mit dem Manko der Insolvenz gewirtschaftet werden muss, deutlich abgekürzt werden kann. Wie dies mit Unterstützung des zuständigen Richters erfolgreich exerziert werden kann, beschreibt *Hingerl* ZInsO 2004, 232 [233]. 3

B. Absatz 1

I. Abs. 1 Satz 1 Nr. 1

1. Kontrollumfang

Im Gegensatz zu § 231 Abs. 1 Satz 1 Nr. 2 und Nr. 3 InsO ist die Zurückweisungspflicht des Gerichts im Rahmen des Abs. 1 Satz 1 Nr. 1 – mangels Kriterium der Offensichtlichkeit – nicht auf eine Evidenzkontrolle beschränkt. Das Gericht hat eine Detailprüfung vorzunehmen und darf sich hierbei nicht auf offenkundige Fehler beschränken. Sind Vorschriften über das Recht zur Planvorlage nicht beachtet worden, ist der Plan von Amts wegen zurückzuweisen. Da Pläne gem. § 218 InsO nur vom Schuldner oder vom Verwalter vorgelegt werden dürfen, ist beispielsweise ein gläubigerseits vorgelegter Plan zurückzuweisen. 4

Eine Zurückweisung eines Plans aus inhaltlichen Gründen hat zu erfolgen, wenn die Normen über die Gliederung des Plans in einen darstellenden und einen gestaltenden Teil nicht eingehalten worden sind, die in § 222 InsO vorgeschriebene Gruppenbildung missachtet worden ist (vgl. *BGH* Beschl. v. 07.05.2015 – IX ZB 75/14, ZIP 2015, 1346, 1347; *AG Köln* Beschl. v. 06.04.2016 – 74 IN 45/15, NZI 2016, 537), die nach §§ 229, 230 InsO geforderten Anlagen fehlen (vgl. *LG Hamburg* Beschl. v. 18.11.2015 – 326 T 109/15, NZI 2016, 34) oder Eingriffe in die Rechte der Beteiligten nach §§ 223–225 InsO nicht gesetzeskonform gestaltet sind. 5

Materielle Präklusionsklauseln im Insolvenzplan können zu einer Zurückweisung führen (vgl. *BGH* Beschl. v. 07.05.2015 – IX ZB 75/14, NJW 2015, 2660 m. Anm. *Tischler* GWR 2015, 326 und Kurzkommentar *Spliedt* EWiR 2015, 483), so dass von diesen kein Gebrauch gemacht werden sollte (*Brünkmans* ZInsO 2016, 245). Dies gilt auch bei auch bei Beantragung von Restschuldbefreiung (*BGH* Beschl. v. 03.12.2015 – IX ZA 32/14, ZIP 2016, 85; krit. hierzu *Bähr* EWiR 2016, 277). 6

Die Aufnahme eines Verzichts der Finanzverwaltung bezüglich der Besteuerung eines etwaigen Sanierungsgewinns ist kein Mangel des Insolvenzplans, der zur Zurückweisung nach § 231 Abs. 1 Nr. 1 InsO berechtigt, denn Neugläubiger können ausnahmsweise am Insolvenzplan beteiligt werden, wenn sie den Regelungen im Insolvenzplan ausdrücklich zustimmen, § 230 Abs. 2 InsO analog (*LG Düsseldorf* Beschl. v. 21.09.2015 – 25 T 404/15, ZIP 2015, 2182 m. Anm. *Leib/Rendels* EWiR 2016, 119). 7

Ob der Plan aus inhaltlichen Gründen zurückzuweisen ist, weil dieser eine Regelung über die Insolvenzverwaltervergütung enthält, war lange strittig (gegen eine Zurückweisung *LG München I* Beschl. v. 02.08.2013 – 14 T 16050/13, ZIP 2013, 2273; *Graeber* ZIP 2013, 916; *Schöttler* NZI 2014, 852; a.A. *Madaus/Heßel* ZIP 2013, 2088; *Hingerl* ZIP 2015, 159; zumindest für den Fall, dass der Plan vom Insolvenzverwalter eingereicht wird: *AG Hannover* Beschl. v. 06.11.2015 – 908 IK 1886/13-7, ZIP 2015, 2385; *LG Mainz* ZIP 2016, 589). Mit Beschluss vom 16.02.2017 – IX ZB 103/15, hat der BGH ein Urteil des *LG Mainz* (ZIP 2016, 589) bestätigt und entschieden, dass die Vergütung des Insolvenzverwalters nicht Inhalt eines Insolvenzplans sein kann sowie dass die Bestätigung eines In- 8 solvenzplans nicht von der Bedingung abhängig gemacht werden kann, dass das Insolvenzgericht die Vergütung des Insolvenzverwalters vor der Bestätigung des Insolvenzplanes festsetzt. Diese Entscheidung des BGH ist insbesondere unter dem Gesichtspunkt, dass auch nach dem ESUG die Unabhängigkeit des Insolvenzverwalters als Organ zur Wahrung öffentlicher Belange vor potentiellen Interessenskollisionen geschützt werden soll, grds. zu begrüßen. Gerade die Gläubiger könnten bei der Aufnahme einer bindenden Regelung über die Höhe der Verwaltervergütung in den Insolvenzplan versuchen die Gelegenheit zu nutzen, den Insolvenzverwalter für seine bisherigen Handlungen zu »belohnen« (etwa durch das in Aussicht stellen eines Vorschlages durch die Gläubiger im nächsten Verfahren) oder auch zu »bestrafen« (etwa für die konsequente Durchsetzung von Anfechtungsrechten). Gegen diese Entscheidung des BGH wird nun der durchaus berechtigte Einwand erhoben, dass auch im Falle einer bindenden Erklärung des Insolvenzverwalters i.S.v. § 230 Abs. 3 InsO die Gefahr der Einflussnahme durch Gläubiger gegeben ist (*Blankenburg* ZInsO 2017, 531). Ob der Streit durch die höchstrichterliche Entscheidung nun auch abschließend geklärt wurde, bleibt daher noch abzuwarten.

9 Dem Planvorlegenden steht ein Nachbesserungsrecht zu, soweit der Mangel behoben werden kann. Dies ist beispielsweise nicht der Fall, wenn der Plan aufgrund fehlenden Planinitiativrechts zurückgewiesen werden muss.

10 Ist die Entscheidung des Insolvenzgerichts im Hinblick auf das Recht zur Planvorlage und weiterer zwingender Planinhalte – wie z.B. §§ 219, 220, 221 InsO – noch problemlos möglich, so stellt sich eine Detailprüfung hinsichtlich anderer Vorschriften über den Inhalt des Plans, insbesondere im Hinblick auf die Gruppenbildung – soweit es die Gruppenbildung von Gläubigern mit gleicher Rechtsstellung betrifft – als äußerst schwierig dar.

11 Diesbezüglich hat der Gesetzgeber nun aber durch die nachträgliche Einfügung in Abs. 1 Satz 1 Nr. 1 InsO, dass das Gericht einen Plan »insbesondere bei Verletzung des Rechts zur Bildung von Gruppen« zurückzuweisen hat, klargestellt, dass eine solche Überprüfung bei jedem Plan durch das Gericht zwingend erfolgen muss. Hintergrund dieser Klarstellung ist, dass in der Praxis teilweise Zweifel über die Reichweite der gerichtlichen Vorprüfungskompetenz aufgekommen waren. Dies hat deshalb besondere Relevanz, da die Gruppenbildung für die Mehrheitsverhältnisse bei der Planabstimmung regelmäßig maßgeblich ist.

12 Die herrschende Meinung war schon vor der Gesetzesänderung davon ausgegangen, dass die Regelung des § 231 Abs. 1 Nr. 1 InsO a.F. so zu interpretieren sei, dass von der Prüfung, ob der Plansteller die »Vorschriften über ... Inhalt des Plans« beachtet hat, auch diejenigen umfasst werden, die einen etwaigen Missbrauch der Gruppenbildung ermöglichen (*Smid* InVo 1997, 176). Wäre das Insolvenzgericht im Rahmen seiner Entscheidung gem. § 231 Abs. 1 Nr. 1 InsO a.F. nicht berechtigt gewesen, einer missbräuchlichen Gruppenbildung, die lediglich der Mehrheitsbeschaffung dient, entgegenzutreten, so sei das Planverfahren, welches die Gläubigerrechte stärken soll, weitgehend entwertet (vgl. *Jaffé* 6. Aufl.). Diese Auffassung hat ausdrücklich »insbesondere« Niederschlag in § 231 InsO gefunden.

13 Gleichwohl sollten die erfolgte Änderung des § 231 Abs. 1 Satz 1 Nr. 1 InsO die Prüfungskompetenz des Gerichts nicht auch auf die wirtschaftliche Angemessenheit der im Plan vorgesehen Regelungen erweitern (RegE zum Gesetz zur weiteren Erleichterung der Sanierung von Unternehmen [ESUG], BT-Drucks. 17/5712, S. 32). Nur im Rahmen der Prüfung nach Abs. 1 Satz 1 Nr. 2 und 3 kann das Gericht die Erfolgsaussichten sowie die Erfüllbarkeit des Plans mit einbeziehen.

14 In Hinblick auf die Gruppenbildung untersucht das Gericht, ob die Pflichtgruppen nach der unterschiedlichen Rechtsstellung der Gläubiger gebildet sind (§ 222 Abs. 1 InsO; bzgl. Umfang der gerichtlichen Kontrolle s. *BGH* ZIP 2015, 1346 Rn. 9). Fraglich bleibt jedoch, wann eine sachgerechte Gruppenbildung nicht mehr gegeben ist, sodass das Gericht den vorgelegten Plan nach § 231 Abs. 1 Satz 1 Nr. 1 InsO zurückweisen muss. Ein solcher Fall einer nicht sachgerechten Gruppenbildung ist jedenfalls dann zu bejahen, wenn mehrere Gruppen in einer Gruppe zusammengefasst werden, die nur scheinbar gleichartige wirtschaftliche Interessen verbindet (vgl. *Burger/Schellberg* DB 1994,

1833 [1835]). Die Beurteilung, ob nur scheinbar gleichartige wirtschaftliche Interessen vorliegen, fällt im Einzelfall nicht leicht, da meist eine Vielzahl von Differenzierungskriterien besteht. Des Weiteren prüft das Gericht, ob die Gruppen sachgerecht voneinander abgegrenzt sind – also ein sachlicher Grund für die Unterscheidung vorliegt – und die Voraussetzungen der Gruppenbildung gem. § 222 Abs. 3 InsO eingehalten sind (*BGH* ZIP 2015, 1346 Rn. 9).

Obgleich die Kriterien für eine sachgerechte Abgrenzung der Gruppen im Plan angegeben werden müssen, wird das Gericht vor eine schwierige Aufgabe gestellt, die Abgrenzungskriterien und damit die Gruppenbildung letztlich mit zu verantworten. Das Gericht muss den Plan jedenfalls dann zurückweisen, wenn eine abusive, lediglich der Mehrheitsbeschaffung des Planerstellers dienende Gruppenbildung vorliegt. Dabei ist der Ansatz von *Smid*, dass »das Gericht bei Beurteilung der Gruppenbildung das Ensemble von Gläubigergruppen insgesamt daraufhin wertend betrachten müsse, ob die Art der Einteilung in Gruppen geeignet ist, bestimmten Gläubigern die Geltendmachung ihrer verfahrensmäßig zugestandenen Rechte zu erschweren«, ein zur Wahrung der Gläubigerrechte gangbarer Weg (*Smid* InVo 1997, 177). 15

An die Sachgerechtigkeit der Gruppenbildung nach § 222 InsO sind vor allem deshalb strenge Anforderungen zu stellen, da der Vorlegende mit der Gruppenbildung die Mehrheitsverhältnisse für die Abstimmung gem. §§ 243, 244 InsO weitgehend bestimmen kann und er nach der Vorprüfung durch das Gericht keiner weiteren Kontrolle mehr unterliegt. Das Insolvenzgericht muss deshalb schon bei der Vorprüfung zu einem nicht nur vorläufigen Urteil über die Sachgerechtigkeit der Gruppenbildung kommen. 16

Eine Zurückweisung eines Verwalterplans durch das Gericht ist beispielsweise denkbar, wenn dieser den Schuldner in der Frage der Haftung schlechter als die gesetzlichen Vorschriften stellt und der Schuldner deshalb zu Recht seine Zustimmung zum Plan verweigert (BT-Drucks. 12/2443 S. 204). Ein Plan, der einem Systemteilnehmer oder den Zentralbanken gestellte Sicherheiten im Zusammenhang mit multilateralen Zahlungs- sowie Wertpapierliefer- und Abrechnungssystemen regelt, ist nach Abs. 1 Satz 1 Nr. 1 zurückzuweisen, da aufgrund der Richtlinie 98/2/EG Eingriffe ausgeschlossen sind. 17

2. Nachfrist

Die Planzurückweisung ist ein gravierender Eingriff in die Rechte des Planerstellers. Dies gilt insbesondere für den Schuldner, da diesem eine erneute Planvorlage gem. Abs. 2 verweigert werden kann. Bei behebbaren Mängeln muss das Gericht dem Vorlegenden – vor Planzurückweisung – daher die Möglichkeit zur Nachbesserung und damit zur Mängelbeseitigung geben. Hierzu ist eine angemessene Frist zu setzen, die korrespondierend mit der neuen Vorschrift des § 232 Abs. 3 Satz 2 regelmäßig nicht mehr als zwei Wochen betragen sollte. Im Einzelfall, d.h. wenn es die Interessen der Gläubigermehrheit erfordern, kann auch eine wesentlich kürzere Fristsetzung indiziert sein. Grund hierfür ist, dass die Vorlage eines beanstandungswürdigen Insolvenzplans keinesfalls das Verfahren verschleppen oder unnötig verzögern darf. 18

II. Abs. 1 Satz 1 Nr. 2 und Nr. 3

1. Anwendungsbereich

Die Regelungen des § 231 Abs. 1 Satz 1 Nr. 2 und Nr. 3 InsO finden nur Anwendung auf schuldnerseits vorgelegte Pläne. Legt der Insolvenzverwalter einen Plan vor, findet die Prüfung nicht statt, da der Gesetzgeber davon ausgeht, dass der Insolvenzverwalter als Partei kraft Amtes keine Pläne vorlegen wird, hinsichtlich derer er die Erfolgsaussichten zumindest nicht kursorisch geprüft hat (so der Rechtsausschuss, BT-Drucks. 12/7302 S. 182). 19

Zur Beurteilung der Offensichtlichkeit der fehlenden Erfolgsaussichten muss das Gericht das zu Grunde legen, was dem vorgelegten Plan und seinen Anlagen zu entnehmen ist bzw. was es aus dem bisherigen Verlauf des Verfahrens weiß. Zu eigenen Nachforschungen für die Beteiligten ist 20 das Gericht nicht befugt (HK-InsO/*Haas* § 231 Rn. 11). Da es zur Beurteilung der Offensichtlichkeit um eine wirtschaftliche Prognoseentscheidung geht, muss das Gericht bei seinen Entscheidungen sehr zurückhaltend sein. An der Erfüllbarkeit des Plans fehlt es offensichtlich nur dann, wenn sich dies bei einem Vergleich der Planregelung mit den Angaben über die wirtschaftliche Lage des Schuldners im darstellenden Teil aufdrängt (vgl. *LG Bielefeld* ZIP 2002, 951 ff.; *Olbing* EWiR 2002, 1103 f.; s.a. *LG München I* ZInsO 2001, 1018 f.).

2. Kriterium der Offensichtlichkeit

21 Im Rahmen des § 231 Abs. 1 Satz 1 Nr. 2 InsO kann das Gericht einen vorgelegten schuldnerischen Plan, der nicht nach § 231 Abs. 1 Satz 1 Nr. 1 InsO zu beanstanden war, nur zurückweisen, wenn dieser offensichtlich keine Aussicht auf Annahme durch die Gläubiger im Abstimmungstermin oder auf Bestätigung durch das Gericht hat. Sinn der Regelung ist es, unnötige Verfahrensverzögerungen zu vermeiden.

22 Im Rahmen des § 231 Abs. 1 Satz 1 Nr. 3 InsO kann das Gericht einen vorgelegten schuldnerischen Plan, der nicht nach § 231 Abs. 1 Nr. 1 InsO zu beanstanden war, nur zurückweisen, wenn die den Beteiligten ausgelobten Ansprüche offensichtlich nicht erfüllt werden können. Dies ist z.B. dann der Fall, wenn ein Insolvenzplan ohne Berücksichtigung der Deckung der Massekosten eingereicht wird, da die Massekostendeckung eine ungeschriebene Voraussetzung der Zulässigkeit für die gerichtliche Bestätigung des Insolvenzplans darstellt (vgl. *LG Brandenburg* ZInsO 2002, 296).

23 Das Gericht hat jedoch gem. § 231 Abs. 1 Satz 1 Nr. 2 oder Nr. 3 InsO keine Möglichkeit, eine etwaige negative Entscheidung der Gläubiger im Abstimmungstermin vorwegzunehmen. Durch die gesetzliche Beschränkung auf die Evidenzkontrolle ist es dem Gericht nur gestattet, seine Rechtsmacht in offensichtlichen und damit gravierenden Fällen einzusetzen, um damit die Abstimmungshoheit der Gläubigerversammlung bestmöglich zu wahren.

24 Offensichtliche mangelnde Aussichten auf Annahme des Plans bestehen weiterhin nicht, wenn die zuständige Finanzverwaltung die wohlwollene Prüfung eines Erlassantrages signalisiert hat (vgl. dazu *LG Bielefeld* ZIP 2002, 951 ff.; *Olbing* EWiR 2002, 1103 f.).

3. Abs. 1 Satz 1 Nr. 2

25 Ein Plan hat i.d.R. keine Aussicht auf Annahme, wenn er mit dem eindeutig artikulierten Willen der Gläubigerversammlung nicht übereinstimmt. Hat z.B. die Gläubigerversammlung im Berichtstermin die Stilllegung eines Unternehmens samt Liquidation der Masse beschlossen, hat ein Fortführungsplan spätestens dann keinen Erfolg mehr, wenn die Betriebsgrundlagen – mangels Aussetzung der Verwertung nach § 233 InsO – nicht mehr vorhanden sind.

26 Auf die Wirksamkeit einer dem vorgelegten Plan entgegenstehenden Willensbildung des Gläubigerausschusses kommt es aber dann nicht an, wenn der vorgelegte Plan bereits aufgrund von Maßnahmen des Insolvenzverwalters aussichtslos geworden ist. Denn die Beschlüsse des Gläubigerausschusses lassen die Wirksamkeit der Handlungen des Insolvenzverwalters im Außenverhältnis unberührt, § 164 InsO (BGH ZInsO 2011, 1550).

Nach der Rechtsprechung des BGH darf das Insolvenzgericht einen Plan nach § 231 Abs. 1 Satz 1 Nr. 2 InsO auch dann zurückweisen, wenn es dies auf die von den Gläubigern bisher im Verfahren abgegebenen Stellungnahmen stützt. Bei der anzustellenden Prognose sei zwar in erster Linie der Inhalt des Planes selbst zu berücksichtigen, in die Beurteilung könnten aber die schon vorliegenden Stellungnahmen der Gläubiger einbezogen werden. Diese seien dabei mit Vorsicht zu bewerten, da sich die Meinung der Gläubiger bis zum Abstimmungstermin noch ändern kann. Dem Erörterungstermin werde damit aber nicht in unzulässiger Weise vorgegriffen (BGH ZIP 2011, 340; ZInsO 2011, 1550).

Der Anwendungsbereich des § 231 Abs. 1 Satz 1 Nr. 2 InsO ist vor allem dann eröffnet, wenn dem 27
Plan zum Vorlagezeitpunkt bei Gericht bereits die tatsächliche Grundlage entzogen wurde. Beispielhaft sei der Verlust einer für den Betrieb unentbehrlichen Lizenz oder eines Patents erwähnt.

Das Auseinanderbrechen der Unternehmensstruktur eines Schuldners rechtfertigt die Zurückweisung gem. § 231 Abs. 1 Satz 1 Nr. 2 InsO, wenn der Plan selbst unverzichtbar auf diese Struktur 28
aufgebaut ist. Dies ist beispielhaft der Fall, wenn ein Fortführungsplan auf der Nutzung einer Lizenz basiert, jedoch bereits feststeht, dass der Lizenzgeber den Lizenzvertrag beendet hat und zur Neuerteilung einer Lizenz nicht gewillt ist.

Ein vom Verwalter im Auftrag der Gläubigerversammlung vorgelegter Plan kann wegen evidenter 29
Aussichtslosigkeit nicht zurückgewiesen werden, da § 231 Abs. 1 Satz 1 Nr. 2 und Nr. 3 InsO
nur von schuldnerischen Plänen spricht.

Das Verheimlichen von Vermögenswerten begründet die Zurückweisung des Insolvenzplans als unlauter sowohl gem. §§ 231 Abs. 1 Nr. 1, 220 Abs. 2 InsO als auch gem. §§ 231 Abs. 1 Satz 1 Nr. 2, 30
250 Nr. 2 InsO (*LG Wuppertal* Beschl. v. 15.09.2015 – 16 T 324/14, NZI 2016, 494).

In Zweifelsfällen, d.h. wenn die Frage der mangelnden Erfolgsaussicht eines Plans seitens des Insolvenzgerichts nicht eindeutig beurteilt werden kann, hat das Gericht die Entscheidung über den Plan 31
im Abstimmungstermin den Gläubigern zu überlassen, um Eingriffe in die planimmanente Gläubigerautonomie auszuschließen. Dies folgt aus dem Kriterium der Offensichtlichkeit.

4. Abs. 1 Satz 1 Nr. 3

§ 231 Abs. 1 Satz 1 Nr. 3 InsO findet vor allem dann Anwendung, wenn sich im Plan Wunschvorstellung und Wirklichkeit so voneinander entfernt haben, dass ein Befassen hiermit den Gläubigern 32
im Interesse des Verfahrensfortgangs nicht zugemutet werden kann. Das Phänomen, dass Schuldner
ihre Situation nicht realistisch einschätzen oder Negativentwicklungen verdrängen, ist in der Abwicklungspraxis alltäglich; Gerichte werden sich daher auch mit Schuldnerplänen befassen müssen,
die an der wirtschaftlichen Realität des schuldnerischen Unternehmens schlichtweg vorbeigehen.
Aus diesem Grunde sind bei Fortführungsplänen die gem. §§ 229, 230 InsO geforderten Anlagen
von größter Wichtigkeit, damit die vom Schuldner geplanten Maßnahmen auch überprüft werden
können. Verspricht der Schuldner z.B. im Plan Leistungen, welche offenkundig nicht erfüllt werden
können, weil ausweislich der Vermögensstruktur des Schuldners die wirtschaftlichen Voraussetzungen hierfür nicht gegeben sind, so ist der Plan vom Gericht zurückzuweisen (BT-Drucks. 12/2443
S. 204). Bei der Bewertung der Erfüllbarkeit des Insolvenzplans sind dem Insolvenzgericht auch
maßvolle Prognosen erlaubt (*BGH* Beschl. v. 03.02.2011 – IX ZB 244/08, BeckRS 2011, 03320).

Um dem Gericht im Rahmen des § 231 Abs. 1 Satz 1 InsO eine sichere Entscheidungsgrundlage zu 33
geben, ist es noch wichtiger als im überkommenen Recht, dass sich die zur Verfahrenseröffnung führenden gutachterlichen Äußerungen des vorläufigen Insolvenzverwalters durch Genauigkeit auszeichnen. Ein vom Schuldner vorgelegter Insolvenzplan ist gem. § 231 Abs. 1 Satz 1 Nr. 3 InsO
von Amts wegen zurückzuweisen, wenn der Schuldner den Plan offensichtlich aus rechtlichen Gründen nicht wird erfüllen können. Hierzu zählt insbesondere auch eine Gewerbeuntersagung nach
§ 35 Abs. 1 Satz 1 GewO. Wenn die Bejahung eines Gewerbeuntersagungsverfahrens verbunden
mit der Schließung des Geschäftsbetriebs mehr als wahrscheinlich ist, besteht keine Aussicht auf Annahme eines Plans durch die Gläubiger, da der Schuldner in diesem Fall kaum in der Lage sein wird,
die im gestaltenden Teil des Plans erforderlichen Auflagen zu erfüllen (*AG Siegen* Beschl. v.
28.12.1999 – 25 IN 161/99, NZI 2000, 236 [237]). Ebenso lässt sich hier die Situation nennen,
dass der Schuldner seinen Beruf, aus dessen Einkünfte eine Befriedigung der Gläubiger vorgesehen
ist, aufgrund des Entzugs der hierfür benötigten Zulassung (z.B. § 14 Abs. 2 BRAO, § 46 Abs. 2
Nr. 3 StBerG, § 50 Abs. 1 Nr. 6 BNotG) nicht mehr ausüben kann (*Paul* ZInsO 2007, 856). In
diesem Zusammenhang hat der BGH klargestellt, dass grds. ein berufsrechtliches Verfahren zur vorläufigen oder endgültigen Amtsenthebung eines Notars wegen Vermögensverfalls in keinem Nachrangigkeitsverhältnis zum Insolvenzverfahren über das Vermögen des Notars steht, so dass dem No-

tar nicht zunächst die Gelegenheit gegeben werden muss, im Rahmen eines Insolvenzplanverfahrens seine finanziellen Verhältnisse wieder zu ordnen (*BGH* ZInsO 2007, 104 f.).

34 Offensichtlich unerfüllbar ist das Schuldversprechen von Leistungen, die dem Schuldner das Existenzminimum beschneiden (Begr. zu § 276 RegE/§ 232 InsO, BT-Drucks. 12/2443 S. 204, abgedruckt in: *Kübler/Prütting* RWS-Dok. 18, Bd. 1, S. 467; *Kübler/Prütting/Bork-Spahlinger* InsO, § 231 Rn. 23).

35 Das Gericht antizipiert nicht die möglichen Erfolgsaussichten des Insolvenzplans, sondern hat die Prüfung ausschließlich den Beteiligten zu überlassen. Nur wenn die Erfolgsaussichten offensichtlich fehlen, kann das Gericht eingreifen. Es findet somit keine positive, sondern ausschließlich eine negative Auswahl statt.

5. Abs. 1 Satz 2

36 Der durch das Gesetz zur weiteren Erleichterung der Sanierung von Unternehmen (ESUG) eingeführte Satz 2 des ersten Absatzes schreibt vor, dass die Entscheidung des Gerichts nach § 231 InsO innerhalb von zwei Wochen nach Vorlage des Plans erfolgen soll. Dabei handelt es sich nicht um eine zwingende Vorschrift, so dass das Gericht in Einzelfällen auch eine längere Prüfungszeit für sich in Anspruch nehmen kann.

37 Eine Verletzung dieser Vorschrift bleibt dabei für das Planverfahren unschädlich. Die Betonung der zügigen Prüfung dient soweit nur der Verfahrensbeschleunigung, um die Sanierungschancen von Unternehmen zu erhöhen. Eine unnötige Verzögerung, die sich nachteilig auf die Fortführung des Unternehmens und die Gewinnung von Investoren auswirkt, soll möglichst verhindert werden.

C. Absatz 2

38 Aus § 231 Abs. 2 InsO ergibt sich, dass der Schuldner nicht gehindert ist, auch einen zweiten Plan vorzulegen, wenn der erste Plan von den Gläubigern abgelehnt, vom Gericht nicht bestätigt oder vom Schuldner nach der öffentlichen Bekanntmachung des Erörterungstermins zurückgezogen worden ist (*Hess/Obermüller* S. 61, Rn. 323). Das Planinitiativrecht des Schuldners gem. § 218 InsO ist nicht auf einen einmaligen Versuch begrenzt, so dass der Schuldner durch die Vorlage ständig neuer Pläne das Verfahren verschleppen könnte; durch § 231 Abs. 2 InsO wird ihm insoweit eine Grenze gesetzt. Durch § 231 Abs. 2 InsO werden wiederholte Planinitiativen des Schuldners zwar nicht unterbunden, jedoch können weitere Pläne des Schuldners ohne inhaltliche Prüfung zurückgewiesen werden, wenn der Insolvenzverwalter die Zurückweisung beantragt. Diesem Antrag des Insolvenzverwalters muss ein Gläubigerausschuss – wenn ein solcher bestellt ist – zustimmen. Weder der Antrag des Verwalters noch die Zustimmung des Gläubigerausschusses bedarf hierbei einer Begründung, da der Grund im Eilcharakter des Verfahrens selbst liegt.

39 Die nach Abs. 2 erforderliche Zustimmung des Gläubigerausschusses ist keine Zustimmung zu einer Rechtshandlung, mit welcher gegenüber dritten Personen Außenwirkung erzielt werden soll, wie dies z.B. bei der Stilllegung des Unternehmens oder dem Abschluss von Rechtsgeschäften gem. den Vorgaben des § 160 Abs. 2 InsO der Fall ist, sondern es handelt sich einzig um eine verfahrensinterne Maßnahme in Bezug auf das Gericht (KS-InsO/*Heidland* S. 570, Rn. 57).

40 § 231 Abs. 2 InsO dient einerseits der Verhinderung einer möglichen Verfahrensverschleppung durch den Schuldner, andererseits verdeutlicht die Norm dem Schuldner, dass er im Regelfall nur eine einzige Chance haben wird, um auf der Grundlage eines eigenen Plans mit seinen Gläubigern eine einvernehmliche Insolvenzbewältigung zu erreichen (BT-Drucks. 12/2443 S. 204). Diese Regelung, die inhaltlich mit der überkommenen Vorschrift des § 176 KO korrespondiert, soll damit den Schuldner in gewisser Weise auch disziplinieren und dazu anhalten, bereits beim ersten Anlauf einen realistischen Plan vorzulegen. Somit dient die Norm letztlich der Verfahrensbeschleunigung.

D. Absatz 3

Die Entscheidung, einen vorgelegten Plan von Amts wegen zurückzuweisen, ist ein elementarer Eingriff in die verfahrensrechtliche Rechtsstellung des Planvorlegenden. Aus diesem Grunde steht dem Vorlegenden die sofortige Beschwerde gegen den Zurückweisungsbeschluss gem. §§ 6, 231 Abs. 3 InsO zu (*Hess/Obermüller* S. 61, Rn. 325). Ein positiver Beschluss zur Zulassung eines Insolvenzplans findet nicht statt, so dass hiergegen auch kein Rechtsmittel gegeben ist. Im Rahmen des Zurückweisungsbeschlusses ist beim Schuldnerplan auf die Rechtsfolgen des § 231 Abs. 2 InsO hinzuweisen. 41

Wird die Bestätigung des Insolvenzplans aufgrund einer sofortigen Beschwerde eines Gläubigers oder eines Schuldners gem. § 253 InsO aufgehoben, so ist dies einer Zurückweisung des Plans von Amts wegen gem. § 231 Abs. 1 InsO nicht gleichzusetzen mit der Folge, dass dem Insolvenzverwalter ein Beschwerderecht aus § 231 Abs. 3 InsO analog, jedenfalls aus Art. 19 Abs. 4, 3 Abs. 1 GG zukäme (*BGH* ZInsO 2009, 478). Im Gegensatz zur Zurückweisung des Insolvenzplans von Amts wegen gem. § 231 Abs. 1 InsO kann sich der Insolvenzverwalter somit nicht gegen die Aufhebung der Bestätigung wehren. 42

§ 232 Stellungnahmen zum Plan

(1) Wird der Insolvenzplan nicht zurückgewiesen, so leitet das Insolvenzgericht ihn zur Stellungnahme zu:
1. dem Gläubigerausschuss, wenn ein solcher bestellt ist, dem Betriebsrat und dem Sprecherausschuss der leitenden Angestellten;
2. dem Schuldner, wenn der Insolvenzverwalter den Plan vorgelegt hat;
3. dem Verwalter, wenn der Schuldner den Plan vorgelegt hat.

(2) Das Gericht kann auch der für den Schuldner zuständigen amtlichen Berufsvertretung der Industrie, des Handels, des Handwerks oder der Landwirtschaft oder anderen sachkundigen Stellen Gelegenheit zur Äußerung geben.

(3) ¹Das Gericht bestimmt eine Frist für die Abgabe der Stellungnahmen. ²Die Frist soll zwei Wochen nicht überschreiten.

Übersicht	Rdn.		Rdn.
A. Zweck der Regelung und Regelung im überkommenen Recht	1	C. Abs. 1 Nr. 2 und Nr. 3	10
		D. Absatz 2	14
B. Abs. 1 Nr. 1	4	E. Absatz 3	17

A. Zweck der Regelung und Regelung im überkommenen Recht

Stellungnahmen zum Plan können zweckmäßig und hilfreich sein, weil durch diese neue Gesichtspunkte hinsichtlich des Plans geltend gemacht werden können und sie als wichtige Informationsquelle – gerade auch für die zur Abstimmung berufenen Gläubiger – anzusehen sind. Dem § 232 InsO vergleichbare Regelungen enthielten § 177 KO sowie § 14 VglO. Gem. § 177 KO musste das Konkursgericht einen Vergleichsvorschlag dem Gläubigerausschuss zur gutachterlichen Äußerung über die Annehmbarkeit zuleiten, sofern eine solche Äußerung nicht schon mit dem Vorschlag oder nachträglich ohne Ersuchen des Gerichts eingereicht worden war (*Kilger/Karsten Schmidt* KO, § 177 Rn. 1). 1

Der Gläubigerausschuss hatte sich zu erklären; für den weiteren Fortgang des Verfahrens war es jedoch unerheblich, wenn der Ausschuss den Vorschlag als unannehmbar ansah. Als Folge einer Missbilligung des Vorschlages war in § 177 Abs. 2 KO lediglich bestimmt, dass ein Widerspruch des Gemeinschuldners gegen die Verwertung der Masse zu berücksichtigen war (*Kilger/Karsten Schmidt* KO, § 177 Rn. 1). 2

3   In der Vergleichsordnung war gem. § 14 VglO die Anhörung der Berufsvertretung obligatorisch. Vor der Entscheidung über den Eröffnungsantrag hatte das Gericht die zuständige amtliche Berufsvertretung der Industrie, des Handels, des Handwerks oder der Landwirtschaft zu hören. Die Anhörung war zwingend vorgeschrieben, da dem Gesetzgeber der VglO daran gelegen war, die besondere Sachkunde der Berufsvertretungen für das Verfahren nutzbar zu machen und zugleich eine möglichst einheitliche Sachbehandlung hinsichtlich der wirtschaftlichen Fragen zu gewährleisten (*Bley/Mohrbutter* VglO, § 14 Rn. 3). Nach der VglO war die Anhörung auch dann zwingend, wenn der Schuldner vor Stellung des Vergleichsantrages in einem außergerichtlichen Vergleich seine amtliche Berufsvertretung um eine vermittelnde Tätigkeit zur Herbeiführung einer frei vereinbarten Sanierung gebeten hatte (*Bley/Mohrbutter* VglO, § 14 Rn. 3). Somit musste auch beim Vorliegen einer gutachterlichen Stellungnahme der Berufsvertretung aus Anlass eines außergerichtlichen Sanierungsversuches das Gericht gem. § 14 VglO verfahren (*Bley/Mohrbutter* VglO, § 14 Rn. 3).

B. Abs. 1 Nr. 1

4   Die Einholung der Stellungnahmen gem. § 232 Abs. 1 Nr. 1 InsO ist zwingend. Das Gericht hat dem Gläubigerausschuss, wenn ein solcher bestellt ist, dem Betriebsrat und dem Sprecherausschuss der leitenden Angestellten Gelegenheit zur Stellungnahme zum Plan zu geben. Ein Verstoß gegen § 232 Abs. 1 InsO oder dessen Nichtbeachtung stellt einen wesentlichen Verfahrensverstoß dar. Sollte der Mangel nicht geheilt werden können, hat das Gericht die Bestätigung des Plans gem. § 250 Nr. 1 InsO von Amts wegen zu versagen. Eine unterlassene Aufforderung zur Stellungnahme kann jedoch nachgeholt werden, wobei in diesem Falle die Niederlegung des Plans gem. § 234 InsO nochmals zu erfolgen hat, damit sich die Beteiligten über den Inhalt des Plans samt eingegangener Stellungnahmen unterrichten können. Ein Nichteingang oder ein nicht fristgemäßer Eingang von Stellungnahmen gem. Abs. 3 hat, wie der Wortlaut des § 234 InsO »eingegangene Stellungnahmen« verdeutlicht, keinen weiteren Einfluss auf den ordnungsgemäßen Fortgang des Verfahrensablaufes.

5   Das Insolvenzgericht kann unbeschadet fehlender oder verspäteter Stellungnahmen den Erörterungs- und Abstimmungstermin über den Plan ansetzen, um damit eine Entscheidung der Beteiligten über den Insolvenzplan herbeizuführen. Das Verfahren wird durch die fehlenden Stellungnahmen nicht gehemmt und nicht beeinflusst (vgl. *Hess* KO, § 177 Rn. 5).

6   Im Rahmen des Planverfahrens geht es nicht um eine wirtschaftliche »Würdigkeit« des Schuldners, sondern ausschließlich um wirtschaftliche Zweckmäßigkeitserwägungen, die den Gläubigern bessere Verwertungsoptionen als in der gesetzlichen Zwangsliquidation eröffnen sollen. Die Stellungnahmen sind zur Beurteilung der wirtschaftlichen Grundlagen eines Plans hilfreich; das Fehlen von Stellungnahmen oder das Vorliegen von ablehnenden Stellungnahmen hat jedoch keinen Einfluss auf den weiteren Fortgang des Verfahrens, so dass die Entscheidung ausschließlich im Rahmen des Abstimmungstermins herbeigeführt wird.

7   Falls die Stellungnahmen der gem. Abs. 1 von Amts wegen zu beteiligenden Kreise bereits bei Vorlage des Plans mit vorgelegt werden, kann die Einholung einer erneuten Stellungnahme überflüssig sein, wenn seitens des Gerichts kein Zweifel an deren Richtigkeit besteht. Voraussetzung hierfür ist jedoch, dass die Stellungnahme auf der Grundlage des tatsächlich eingereichten und gem. § 234 InsO niedergelegten Plans beruht. Im Zweifel hat das Gericht die Stellungnahmen erneut einzuholen.

8   Für den Planvorlegenden, insbesondere wenn es sich um den Schuldner handelt, stellt sich die Frage, ob es sinnvoll ist, diese Stellungnahmen zum Insolvenzplan bereits im Vorfeld der Planeinreichung einzuholen. In die Überlegung mit einzubeziehen ist, dass die Realisierung eines Insolvenzplans i.d.R. in einem Wettlauf gegen die Zeit entschieden wird, so dass eine Verfahrensbeschleunigung die Chancen auf eine erfolgreiche Planrealisierung steigen lässt. Andererseits ist zu bedenken, dass eventuell negative Stellungnahmen ein Indiz für eine offensichtlich fehlende Aussicht des Plans auf Annahme sein könnten; dadurch könnte das Gericht veranlasst werden, den Insolvenzplan gem. § 231 Abs. 1 Satz 1 Nr. 2 InsO von Amts wegen zurückzuweisen. Da jedoch davon auszuge-

hen ist, dass das Gericht die Zurückweisung eines Plans gem. § 231 Abs. 1 Satz 1 Nr. 2 InsO sehr restriktiv handhaben wird, dürften diese Gefahren für den planerstellenden Schuldner gering sein. Ob der Planvorlegende die Stellungnahmen, insbesondere unter Berücksichtigung der zeitlichen Gegebenheiten, im Vorfeld einholen will, muss dieser im Einzelfall entscheiden.

Ist seitens des Planerstellers mit der Unterstützung durch die in § 232 Abs. 1 InsO angesprochenen Beteiligten zu rechnen, sind die im Vorfeld eingeholten Stellungnahmen sinnvoll, da es auf diese Weise noch möglich ist, deren Anregungen und Modifikationen im Vorfeld der Planniederlegung einzuarbeiten. Gerade bei einem schuldnerischen Plan ist es von größter Bedeutung, die nach Nr. 1 angesprochenen Kreise frühzeitig für die Planziele zu gewinnen, um einen etwaigen Widerstand der Gläubiger abzubauen, bevor es zur Abstimmung über den Plan kommt.

C. Abs. 1 Nr. 2 und Nr. 3

Das Gericht hat dem Schuldner, wenn der Verwalter den Plan vorgelegt hat, und umgekehrt dem Verwalter, wenn der Schuldner den Plan vorgelegt hat, den Plan zur Stellungnahme zuzuleiten. Die wechselseitige Stellungnahmemöglichkeit ist eine Konsequenz des Planinitiativrechts gem. § 218 InsO, welches sowohl dem Schuldner als auch dem Verwalter eröffnet ist.

Im Regelfall werden Schuldner und Verwalter über die Planziele des jeweils anderen bereits im Vorfeld der Stellungnahme in Kenntnis sein. Die wechselweise Beteiligung des anderen Planinitiativberechtigten ist auch aus Sicht des Gerichts sinnvoll, da auf diese Weise festgestellt werden kann, ob sich die Planabsichten des jeweiligen Planvorlageberechtigten bereits verdichtet haben; so kann geklärt werden, ob mit der Einreichung konkurrierender Pläne zu rechnen ist bzw. welche Stellung der andere Planinitiativberechtigte gegenüber dem Plan bezieht.

Auch im Hinblick auf das Recht des Schuldners gem. § 247 InsO kann er seine Zustimmung zum Plan verweigern. Falls er durch den Plan schlechter als im Fall der gesetzlichen Zerschlagung gestellt würde, ist es für das Gericht nützlich, frühzeitig die Auffassung des Schuldners zu kennen, um sich darauf einstellen zu können, ob die Zustimmungsfiktion des § 247 InsO von Bedeutung wird.

Da es sich bei der Einreichung der Stellungnahme um eine gesetzliche Pflicht des Insolvenzverwalters handelt, kann dieser grds. keinen Zuschlag hierfür erheben. Anders verhält es sich im Falle einer »relevanten Mehrarbeit« (vgl. *AG Hannover* Beschl. v. 30.08.2016 – 905 IN 864/12, ZInsO 2016, 2107).

D. Absatz 2

Gem. § 232 Abs. 2 InsO ist die Anhörung der zuständigen amtlichen Berufsvertretung der Industrie, des Handels, des Handwerks oder der Landwirtschaft für das Gericht nicht verpflichtend. Der Verzicht auf eine obligatorische Einholung von Stellungnahmen gem. § 232 Abs. 2 InsO dient der Verfahrensbeschleunigung. Gem. § 232 Abs. 2 steht es dem Gericht jedoch frei, diesen oder anderen sachkundigen Stellen Gelegenheit zur Äußerung zu geben.

Da im Rahmen des Insolvenzplanverfahrens eine große Zahl von Gläubigern eingebunden ist, ist grds. gute Sachaufklärung gegeben, so dass die Äußerung der Gremien gem. Abs. 2 in das Ermessen des Gerichts gestellt ist.

In der Praxis sollte das Insolvenzgericht von einer Anhörung nach Abs. 2 absehen, wenn ihm aufgrund der Erfahrungen mit den jeweiligen Berufsvertretungen bereits bekannt ist, dass Stellungnahmen erhebliche Zeit auf sich warten lassen werden. De facto sind nur sehr wenige amtliche Berufsvertretungen der Industrie, des Handels, des Handwerks oder der Landwirtschaft organisatorisch zur Erteilung von kurzfristigen Stellungnahmen in der Lage. Hinzu kommt, dass gemessen an den bisherigen Vergleichsverfahren weitaus mehr Planverfahren stattfinden werden. Bearbeitungsstaus und damit verbundene Verfahrensverschleppungen werden unausweichlich sein, falls das Gericht die Stellungnahmen einzuholen gedenkt. Aus vorbesagten Gründen dürfte eine Beteiligung der nach § 232 Abs. 2 InsO angesprochenen Kreise nur in seltenen Ausnahmefällen zu empfehlen sein.

E. Absatz 3

17 Durch die Regelung in § 231 Abs. 3 Satz 1 InsO, wonach das Gericht eine Frist zur Abgabe der Stellungnahmen bestimmt, soll Verfahrensverzögerungen entgegengetreten werden. Die Dauer der Frist ist in Satz 2 gesetzlich vorgeschrieben und steht damit nicht im freien Ermessen des Gerichts. So beträgt die **Frist zur Stellungnahme grds. zwei Wochen**. Dies dient der weiteren Verfahrensbeschleunigung, so dass nach schnellstmöglichem Eingang der Stellungnahmen zügig ein Erörterungs- und Abstimmungstermin abgehalten werden kann (BT-Drucks. 17/5712, S. 33). Da es sich bei Satz 2 aber um eine Soll-Vorschrift handelt, kann auf die Erfordernisse des jeweiligen Einzelfalls insoweit eingegangen werden, dass ausnahmsweise auch die Gewährung einer längeren Frist zulässig sein kann.

18 In der früheren Praxis war es nicht möglich, die seinerzeit in § 14 VglO verankerte Wochenfrist einzuhalten. Von den Berufsvertretungen wurde damals stets darauf hingewiesen, dass die Frist des § 14 VglO in der Praxis eine Möglichkeit zur angemessenen Reaktion und Stellungnahme nicht ermöglichte (*Böhle-Stamschräder/Kilger* VglO, § 14 Rn. 3). Die angesprochenen Berufsvertretungen waren in der zur Verfügung stehenden Zeit regelmäßig nicht in der Lage, die für die Abgabe der Stellungnahmen notwendigen eigenen Ermittlungen mit der erforderlichen Gründlichkeit durchzuführen und damit zu einem brauchbaren Gutachten zu gelangen (vgl. *Böhle-Stamschräder/Kilger* VglO, § 14 Rn. 3).

19 Wenngleich auch nach der VglO die Wochenfrist keine Ausschlussfrist bedeutete und letztlich keine Präklusion im Verfahren bewirkte, wurden die Verfahrensrechte der Beteiligten durch die kurze gesetzliche Frist unnötig beschränkt. Basierend auf diesen Erfahrungen entschied man sich zunächst, von den gesetzlichen Vorgaben abzusehen und das Gericht im Einzelfall entscheiden zu lassen. Die Erfahrungen im Zusammenhang mit § 14 VglO zeigten, dass die Abgabe einer begründeten gutachterlichen Stellungnahme der entsprechenden Berufsvertretungen eine Zeit von mindestens drei bis vier Wochen benötigen wird (vgl. *Bley/Mohrbutter* VglO, § 14 Rn. 8).

20 Es blieb daher fraglich, ob sich durch die erneut eingeführte und lediglich um eine weitere Woche verlängerte gesetzliche Frist ähnliche Schwierigkeiten zeigen werden, wie sie einst mit der Frist des § 14 VglO verbunden waren. Bei Anwendung der Soll-Vorschrift des Abs. 3 Satz 2 sollte das Gericht daher grds. eine Frist von zwei Wochen gewähren und hierauf aufbauend prüfen, ob eine Verlängerung der Frist angebracht ist. Trotz des berechtigten Ziels der Neuregelung, eine Verfahrensbeschleunigung zu bewirken, muss auch sichergestellt werden, dass eine qualifizierte Stellungnahme möglich ist. Wird die Frist derart kurz bemessen, dass eine solche Stellungnahme nicht abgegeben werden kann, so stellt dies keine Aufwertung des Planverfahrens dar. Teleologisch ist die Frist deshalb so zu bemessen, dass das Verfahren zwar nicht unnötig verzögert wird, andererseits aber auch ausreichend Zeit für die Erstellung einer qualifizierten Stellungnahme bleibt.

21 Dabei ist stets zu beachten, dass Zeit insbesondere dann kostbar ist, wenn ein Betrieb mit dem Ziel der Realisierung eines Sanierungsplanes fortgeführt wird (*Schiessler* Insolvenzplan, S. 135; HK-InsO/*Haas* § 232 Rn. 4; *Hess* InsO, § 232 Rn. 22). Bei Sanierungsplänen, in denen unter Vollkosten gearbeitet werden muss, ist die regelmäßige Zweiwochenfrist daher grds. als ausreichend anzusehen (*Nerlich/Römermann-Braun* InsO, § 232 Rn. 9). Der Zeitpunkt einer Stellungnahme bzw. die Frage, ob eine solche überhaupt abgegeben worden ist, ist für das weitere Verfahren hingegen unerheblich. Bei der Bemessung der Frist sollte bedacht werden, dass die Zustellung und damit der Lauf der Frist nicht mit Eingang des Aufforderungsschreibens beim Adressaten beginnt, sondern gem. § 8 InsO, § 175 ZPO bereits mit Aufgabe des Schreibens zur Post.

§ 233 Aussetzung von Verwertung und Verteilung

¹Soweit die Durchführung eines vorgelegten Insolvenzplans durch die Fortsetzung der Verwertung und Verteilung der Insolvenzmasse gefährdet würde, ordnet das Insolvenzgericht auf Antrag des Schuldners oder des Insolvenzverwalters die Aussetzung der Verwertung und Verteilung an. ²Das Gericht sieht von der Aussetzung ab oder hebt sie auf, soweit mit ihr die Gefahr erheblicher Nachteile für die Masse verbunden ist oder soweit der Verwalter mit Zustimmung des Gläubigerausschusses oder der Gläubigerversammlung die Fortsetzung der Verwertung und Verteilung beantragt.

Übersicht

		Rdn.			Rdn.
A.	Zweck der Regelung	1	D.	Absehen oder Aufhebung der Aussetzung (Satz 2)	15
B.	Regelung nach überkommenen Recht	8	E.	Anhang: Die Verwertung unbeweglicher Gegenstände im Hinblick auf ein Insolvenzplanverfahren	20
C.	Voraussetzungen (Satz 1)	10			
I.	Antrag	10			
II.	Planvorlage	11	I.	Vorbemerkung	20
III.	Keine Zurückweisung nach § 231 InsO	12	II.	§§ 30d, 30e ZVG	24
IV.	Gefährdung der Plandurchführung	13			
V.	Anwendung auf Verwalterpläne	14			

A. Zweck der Regelung

Die Aussetzung der Verwertung und Verteilung der Insolvenzmasse durch richterliche Einzelfallanordnung dient der Sicherung der verfahrensrechtlichen Rechtsstellung sowohl des Schuldners als auch der Beteiligten, die in den Entscheidungsprozess über die Annahme eines vorgelegten Plans durch ihr Teilnahmerecht am Erörterungs- und Abstimmungstermin eingebunden sind. **1**

Das Planinitiativrecht des Schuldners, als Recht, seinen Gläubigern einen Vorschlag zur einvernehmlichen Bewältigung der Insolvenz vorzulegen, stellt für diesen ein wesentliches Verfahrensrecht dar, welches mit dem überkommenen Recht, einen Vergleich oder Zwangsvergleich zu initiieren, korrespondiert. Dieses Recht des Schuldners würde ausgehöhlt, wenn es dem Insolvenzverwalter stets und ohne Einschränkung möglich wäre, die Verwertung und Verteilung der Insolvenzmasse fortzusetzen, ohne dabei mit einzubeziehen, dass seitens des Schuldners ein Insolvenzplan vorgelegt worden ist (BT-Drucks. 12/2443 S. 204 f.). **2**

I.d.R. baut ein Plan auf den masseverhafteten Gegenständen und/oder Rechten auf, welche der Inbesitznahme und Verwaltung des Insolvenzverwalters gem. § 148 Abs. 1 InsO bzw. dessen Verwertungspflicht gem. § 159 InsO unterliegen. **3**

Die Regelung des § 233 InsO dient, wie auch andere vom Gesetzgeber verankerte Normen, z.B. § 158 InsO, § 30d ZVG, dem Ziel, der gläubigerautonomen Insolvenzbewältigung und der Deregulierung des Verfahrens mittels Plan Raum zu verschaffen. Die Regelungen der §§ 233, 158 InsO und § 30d ZVG sollen den Gläubigern Verfahrensoptionen offen halten, damit deren Entscheidung über Verfahrensgang und Verfahrensziele nicht vorgegriffen wird (vgl. *Henckel* KTS 1989, 479). Die Regelung des § 233 InsO korrespondiert mit § 157 InsO, wenn dem Insolvenzverwalter durch die Gläubigerversammlung der Auftrag zur Erstellung eines Insolvenzplans gem. § 157 Satz 2 InsO erteilt oder aus anderem Grunde die vorläufige Unternehmensfortführung gem. § 157 Satz 1 InsO beschlossen wurde (vgl. HK-InsO/*Haas* § 233 Rn. 2). **4**

Ziel ist der Erhalt von Fortführungschancen eines insolventen Unternehmens bis zur möglichen Entscheidung der Beteiligten über den Plan, wobei sich der Anwendungsbereich der Norm vor allem auf die Aussetzung der Verwertung konzentrieren wird. **5**

Die Aussetzung der Verteilung wird in der Praxis kaum relevant sein, da diese die logische Konsequenz der Verwertung der Masse darstellt und i.d.R. in einem Verfahrensstadium stattfindet, in welchem ein etwaiges Planverfahren nur noch eine theoretische Rolle spielen wird. Zwar besteht **6** ein Planvorlagerecht bis zum Zeitpunkt der Schlussverteilung, was jedoch nur in Ausnahmefällen von Bedeutung sein wird.

7 Ist die Masse verteilungsreif, setzt dies meist zwingend eine vorhergegangene Zerschlagung voraus. Hat die Zerschlagung bereits stattgefunden, wird für eine Aussetzung der Verteilung – mangels Regelungsbedarf mittels Plan – kaum mehr ein Bedarf bestehen.

B. Regelung nach überkommenen Recht

8 Das überkommene Recht regelte die ähnlich gelagerte Problematik, inwieweit ein Zwangsvergleichsvorschlag des Schuldners im Konkurs zur Aussetzung der Verwertung führt, komplizierter. Bevor über einen Zwangsvergleichsvorschlag befunden worden war, durfte der Konkursverwalter gem. § 133 Nr. 1 KO Gegenstände der Konkursmasse grds. nur mit Zustimmung des Gläubigerausschusses veräußern. Vor der Beschlussfassung des Gläubigerausschusses hatte der Verwalter den Schuldner zu unterrichten, woraufhin dieser beim Konkursgericht beantragen konnte, die Veräußerung bis zur Entscheidung einer Gläubigerversammlung gem. § 135 KO vorläufig zu untersagen.

9 Weiterhin konnte das Gericht gem. § 160 KO auf Antrag des Schuldners die Aussetzung einer Abschlagsverteilung anordnen, wenn ein Zwangsvergleichsvorschlag vorgelegt worden war. Hatte der Gläubigerausschuss den Vergleichsvorschlag jedoch als nicht annehmbar erklärt, war ein etwaiger Widerspruch des Schuldners gegen die Verwertung gem. § 177 Abs. 2 KO bedeutungslos und nicht zu berücksichtigen. Die Vorteile der überkommenen Regelung liegen darin, dass diese einfacher, schneller und vor allem praxisnäher als das überkommene Recht ist.

C. Voraussetzungen (Satz 1)

I. Antrag

10 Die Aussetzung der Verwertung und Verteilung erfolgt nicht von Amts wegen, sondern nur auf Antrag des Schuldners oder des Insolvenzverwalters.

II. Planvorlage

11 Weiterhin muss bereits ein Plan bei Gericht vorgelegt worden sein. Bloße Planabsichten, die noch nicht in einem Planentwurf niedergelegt sind, sind unbeachtlich.

III. Keine Zurückweisung nach § 231 InsO

12 Ein Plan gilt nur dann als vorgelegt i.S.d. § 233 InsO, wenn er nicht von Amts wegen durch das Gericht zurückgewiesen worden ist.

IV. Gefährdung der Plandurchführung

13 Eine Gefährdung der Plandurchführung ist gegeben, wenn die Verwertung und Verteilung auf Gegenstände und/oder Rechte abzielt, die für den Erfolg des Planverfahrens wesentlich sind. Dies wird meist zu bejahen sein, ist aber abhängig von der Art des Plans (Übertragungs- oder Sanierungspläne bzw. Zerschlagungspläne). Eine Gefährdung ist bereits zu bejahen, wenn nicht erst die Durchführung, sondern schon die Annahme des Plans in der Abstimmung in Frage gestellt wird, etwa dadurch, dass Gläubiger, deren Zustimmung der Planverfasser erreichen wollte, durch zwischenzeitliche Verwertungen bzw. Verteilungen ihr Interesse an dem Plan verlieren könnten (HK-InsO/*Haas* § 233 Rn. 4). Die Aussetzung der Verwertung kann auf Teile der Insolvenzmasse beschränkt werden, was sich aus dem Wort »soweit« ergibt. Andere Gegenstände oder sonstiges nicht plannotwendiges Vermögen können verwertet werden (HK-InsO/*Flessner* § 233 Rn. 5). Ob bereits Verwertungs- oder Verteilungshandlungen vorgenommen wurden, ist nicht entscheidend, sondern nur, dass die Verwertung oder Verteilung bevorsteht, die ohne die Aussetzung zulässig wäre (HK-InsO/*Haas* § 233 Rn. 6).

V. Anwendung auf Verwalterpläne

Kein Anlass für eine besondere Aussetzungsanordnung besteht im Regelfall, wenn der Insolvenzplan vom Verwalter ausgearbeitet wurde. Gem. § 159 InsO ist die Pflicht des Verwalters zur zügigen Verwertung der Insolvenzmasse den Beschlüssen der Gläubigerversammlung untergeordnet; als Konsequenz dieser gesetzlich verankerten Regelung ist der Verwalter – will er sich nicht schadensersatzpflichtig machen – daher auch ohne eine Anordnung des Gerichts gehalten, die Durchführbarkeit des Plans nicht durch Verwertungs- oder Verteilungshandlungen zu gefährden. 14

D. Absehen oder Aufhebung der Aussetzung (Satz 2)

Die Aussetzung der Verwertung und Verteilung durch richterliche Anordnung birgt die Gefahr einer erheblichen Verzögerung des Insolvenzverfahrens zum Nachteil der Beteiligten in sich, da bis zur Entscheidung über den Plan erhebliche Zeit vergehen kann. Da ein schuldnerischer Plan die formale Hürde des § 231 InsO vielfach nehmen wird, könnte, falls ein schuldnerischer Antrag stets die Aussetzung der Verwertung und Verteilung zur Folge hätte, ein Verfahren bis zum Erörterungs- und Abstimmungstermin weitgehend blockiert werden. 15

Der Schuldner hätte es mittelbar gleichsam in der Hand, den Verfahrensablauf maßgeblich zu stören und – möglicherweise nur zeitlich begrenzt eröffnete – Handlungsoptionen des Verwalters zunichte zu machen. Hierdurch könnten vielfach gerade übertragende Sanierungen, die zumindest den lebensfähigen Kern des schuldnerischen Unternehmens retten könnten, verhindert werden. 16

Um einen möglichen Missbrauch des Antragsrechts auszuschließen, ist in § 233 Satz 2 InsO normiert, dass das Gericht unter zwei alternativen Voraussetzungen verpflichtet ist, von der Anordnung der Aussetzung der Verwertung oder Verteilung abzusehen oder eine solche Anordnung aufzuheben. Die erste Alternative stellt die Gefahr erheblicher Nachteile für die Masse dar. Hierbei handelt es sich um einen unbestimmten Rechtsbegriff, der sich nicht pauschal definieren lässt, sondern vom jeweiligen Verfahren abhängig ist. Grds. wird ein erheblicher Nachteil für die Masse dann zu bejahen sein, wenn durch die Aussetzung der Verwertung die Masse geschmälert würde, weil z.B. Übertragungsoptionen zerstört oder sonstige zu einer erheblichen Masseverringerung führende Konsequenzen ausgelöst werden können. Hierzu ist eine richterliche Einzelfallbeurteilung erforderlich, die sich im Wesentlichen auf die Berichte und Stellungnahmen des Verwalters stützen wird. Es handelt sich somit um eine Prognoseentscheidung, die erhebliche Unwägbarkeiten enthält. Da es die Gläubiger und der Verwalter letztlich in der Hand haben, gem. § 233 Satz 2 InsO für den Fortgang der Verwertung zu sorgen, ist der Prüfungsaufwand für das Gericht allerdings eingeschränkt. Die bloße Verzögerung der Verwertung stellt nicht bereits einen erheblichen Nachteil dar; sogar erhebliche Nachteile müssen im Gesamtkontext des Planzieles abgewogen werden gegen die Vorteile, die der Insolvenzplan den Beteiligten eröffnen kann (HK-InsO/*Haas* § 233 Rn. 10; *Nerlich/Römermann-Braun* InsO, § 233 Rn. 12, 13). 17

Diese richterliche Einzelfallabwägung ist überflüssig, wenn auf Grund der zweiten Alternative durch den Verwalter mit Zustimmung des Gläubigerausschusses oder der unter den Voraussetzungen des § 75 InsO kurzfristig einzuberufenden Gläubigerversammlung die Fortsetzung der Verwertung und Verteilung beantragt wird. Ein Antrag auf Aufhebung kann sich auch gegen eine Aussetzung richten, die vom Insolvenzverwalter selbst beantragt worden ist. 18

Unter diesen Voraussetzungen soll die Verwertung und Verteilung ungestört weitergeführt werden. Sind der Verwalter und die Organe der Gläubiger übereinstimmend der Auffassung, dass die Verwertung und die Verteilung nicht länger aufgeschoben werden soll, besteht für das Gericht kein Grund, dieser Auffassung nicht zu folgen; die Regelung des § 233 Satz 2 InsO korrespondiert inhaltlich mit § 231 Abs. 1 Satz 1 Nr. 2 InsO. 19

Für den Antrag des Insolvenzverwalters besteht daher keine Verpflichtung zur Begründung; etwaige Tatsachen über Nachteile für die Insolvenzmasse müssen nicht mitgeteilt werden. Stimmen Verwalter und Gläubiger übereinstimmend für die Weiterführung der Verwertung und Verteilung, ist dokumentiert, dass der Plan des Schuldners aussichtslos ist und die nach § 233 Satz 1 InsO angeordneten Beschränkungen daher zu unterlassen oder aufzuheben sind; in diesem Falle hat der Verwalter seiner nach § 159 InsO bestehenden Verpflichtung der Masseverwertung nachzukommen. Gegen die Entscheidung des Insolvenzgerichts über die Aussetzung ist ein Rechtsmittel nicht vorgesehen und deshalb nicht zulässig. Die Entscheidung des Vollstreckungsgerichts über die Einstellung der Zwangsversteigerung eines unbeweglichen Gegenstandes unterliegt dagegen der Beschwerde nach §§ 95 ff. ZVG. Gegen Entscheidungen des Rechtspflegers beim Insolvenzgericht ist die Erinnerung gem. § 11 Abs. 2 RPflG möglich (HK-InsO/*Haas* § 233 Rn. 14; Braun/*Braun/Frank* InsO, § 233 Rn. 11).

E. Anhang: Die Verwertung unbeweglicher Gegenstände im Hinblick auf ein Insolvenzplanverfahren

I. Vorbemerkung

20 Die Verwertung und Verwertbarkeit von unbeweglichen Gegenständen eines schuldnerischen Unternehmens ist von wesentlicher Bedeutung für den Ausgang des Insolvenzplanverfahrens, da ein Plan ohne Einbeziehung der unbeweglichen Gegenstände oftmals nicht realisiert werden könnte. Wäre es möglich, unbewegliche Gegenstände ohne jegliche Rücksichtnahme auf ein beabsichtigtes Planverfahren im Rahmen eines Zwangsversteigerungsverfahrens der Verwertung zuzuführen, würde dem Planverfahren oft die Grundlage entzogen werden. Da die Verwertung von einem Absonderungsrecht unterliegenden Gegenständen nicht mehr alleine dem Gläubiger obliegt, ist es sinnvoll, dass die Verwertung von Liegenschaften und die Vereinnahmung des Erlöses bis zur Höhe seiner Forderung für einen dinglich berechtigen Gläubiger ohne Rücksichtnahme auf die Interessen der übrigen Gläubiger nicht mehr möglich sein soll. Wenngleich auch nach früherem Recht die Zwangsversteigerung mit Rücksicht auf die Bedürfnisse des Insolvenzverfahrens eingestellt werden konnte, bieten die neuen Regelungen erhebliche Möglichkeiten zur Stärkung des Insolvenzplanverfahrens (vgl. *Landfermann* FS für Wolfgang Henckel, S. 529).

21 Um die Zuständigkeit des Insolvenzgerichts auch auf die einstweilige Einstellung der Zwangsversteigerung zu erstrecken, war noch im RegE vorgesehen, die Einstellung der Zwangsversteigerung, die ursprünglich in § 30c ZVG und § 775 Nr. 2 ZPO geregelt war, innerhalb der InsO zu verankern.

22 In den §§ 187–190, 277 Abs. 2 RegE war vorgesehen, dass die Verantwortlichkeit für die einstweilige Einstellung des Zwangsversteigerungsverfahrens auf Grund eines Insolvenzverfahrens, in Abweichung zum überkommenen Recht, der Zuständigkeit des Insolvenzgerichts zugeordnet werden sollte. Dieser Vorschlag des RegE wurde nicht umgesetzt. Der Gesetzgeber entschied sich in Übereinstimmung mit dem überkommenen Recht dafür, es bei den Grundgedanken des § 30c ZVG zu belassen und die Frage der einstweiligen Einstellung innerhalb des Gesetzes über die Zwangsversteigerung und Zwangsverwaltung zu regeln.

23 Um eine Anpassung an die InsO vorzunehmen, wurden die §§ 30c bis 30f ZVG eingeführt, welche über Verweisungen auf die §§ 162 und 171a ZVG auch für die Zwangsversteigerung von Schiffen und Luftfahrzeugen maßgeblich sind. Die für das Insolvenzplanverfahren maßgebliche Vorschrift findet sich in § 30d ZVG. Diese lautet wie folgt:

II. §§ 30d, 30e ZVG

24 § 30d ZVG übernimmt unter Anpassung an die Systematik des Gesetzes über die Zwangsversteigerung und die Zwangsverwaltung in den Abs. 1 und 2 die wesentlichen Regelungen des § 187 RegEInsO (vgl. Begr. RegE, Anm. zu Art. 20 EG InsO, in *Balz/Landfermann* S. 509). In Abs. 3 wird für die Rechtsmittel auf § 30b Abs. 3 verwiesen, der die weitere Beschwerde ausschließt. Der ebenfalls in Bezug genommene § 30b Abs. 2 Satz 3 ZVG wird dahin modifiziert, dass die Einstellung erfolgt, wenn ihre Voraussetzungen glaubhaft gemacht werden (vgl. Begr. RegE, Anm. zu Art. 20 EGInsO, in *Balz/Landfermann* S. 509; *Böttcher* ZVG, § 30d Rn. 12). Durch die Regelung

des § 30d ZVG ist es möglich, auf die Verfahrensziele des Insolvenzverfahrens durch eine einstweilige Einstellung der Zwangsversteigerung Rücksicht zu nehmen.

In der Praxis bereitet es dabei kaum Probleme, darzulegen, dass die Zwangsversteigerung eines Betriebsgrundstücks die Durchführung eines vorgelegten Insolvenzplans gefährdet. Nur wenn ein Insolvenzplan selbst zum Ausdruck bringt, dass ein in der Versteigerung befangenes Grundstück im Planverfahren nicht benötigt wird, besteht kein Anlass für eine einstweilige Einstellung des Zwangsversteigerungsverfahrens. 25

Auch der Schuldner kann nach § 30d Abs. 2 ZVG – falls er einen Insolvenzplan vorgelegt hat und dieser nicht von Amts wegen durch das Insolvenzgericht nach § 231 InsO zurückgewiesen worden ist – die einstweilige Einstellung beantragen. Hat der Insolvenzverwalter den Insolvenzplan vorgelegt, scheidet ein Antragsrecht des Schuldners nach § 30d Abs. 2 ZVG aber aus (*Böttcher* ZVG, § 30d Rn. 10). Im Zusammenhang mit einem Antrag auf einstweilige Einstellung ist zu beachten, dass der den betroffenen Gläubigern nach § 30e ZVG zugestandene Nachteilsausgleich keine Bedeutung erlangt, wenn der Gläubiger Inhaber einer sog. »Schornsteinhypothek« ist, d.h. der gesicherte Gläubiger aus der Sicherheit wegen seines Nachrangs ohnehin nicht befriedigt worden wäre (*Obermüller* ZBB 1992, 211). 26

Ist das Grundpfandrecht vom Wert des Grundstücks nur teilweise gedeckt, sind Zinsen nur auf diesen Teil zu entrichten (*Obermüller* ZBB 1992, 211). Bzgl. der Zwangsverwaltung gelten die Ausführungen zur Zwangsversteigerung entsprechend. 27

Inhaltlich entsprechen die §§ 153b und 153c ZVG im Wesentlichen dem § 190 RegEInsO, wobei auf das Rechtsmittel der sofortigen Beschwerde gegen die einstweilige Einstellung, wie noch in § 190 Abs. 3 Satz 2 RegEInsO vorgesehen, zur Entlastung der Gerichte und mit Rücksicht auf den Schutz der Gläubiger durch laufende Zahlungen aus der Insolvenzmasse gem. § 153b Abs. 2 ZVG verzichtet wurde (vgl. Begr. RegE, Anm. zu Art. 20 EG InsO, in *Balz/Landfermann* S. 510). 28

Alles in allem ist das Verwertungsrecht in Bezug auf Immobiliarvermögen zu Gunsten des Insolvenzverfahrens erheblich eingeschränkt worden, was den jeweiligen Planaussichten nur förderlich ist (*Obermüller* WM 1994, 1869 ff.). 29

§ 234 Niederlegung des Plans

Der Insolvenzplan ist mit seinen Anlagen und den eingegangenen Stellungnahmen in der Geschäftsstelle zur Einsicht der Beteiligten niederzulegen.

Übersicht	Rdn.		Rdn.
A. Zweck der Regelung 1		C. Zeitpunkt der Niederlegung 3
B. Weitergehende Information 2		D. Umfang des Einsichtsrechts 4

Literatur:
Cowans Bankruptcy Law and Practice, 1987, S. 339; *Frey/McConnico/Frey* An Introduction to Bankruptcy Law, 1990, S. 493; *Seifert/Hömig* Grundgesetz für die Bundesrepublik Deutschland, 11. Aufl. 2016.

A. Zweck der Regelung

§ 234 InsO ermöglicht es den Verfahrensbeteiligten in Übereinstimmung mit dem überkommenen Recht, sich vor dem Erörterungs- und Abstimmungstermin über den vollständigen Plan samt Anlagen und eingegangenen Stellungnahmen zu informieren (*Haarmeyer/Wutzke/Förster* Hdb. zur InsO, S. 688, Rn. 3). Der Urkundsbeamte fertigt über die Niederlegung einen Niederlegungsvermerk (*Kuhn/Uhlenbruck* KO, § 151 Rn. 59). Im Anschluss daran steht der Plan den Beteiligten zur Einsichtnahme zur Verfügung, damit sie ggf. Einwendungen für den Erörterungstermin vorbereiten können (vgl. *RG* RGZ 154, 291 [298]). 1

B. Weitergehende Information

2 Da nach § 235 Abs. 3 Satz 2 InsO den Insolvenzgläubigern, die Forderungen angemeldet haben, den absonderungsberechtigten Gläubigern, dem Insolvenzverwalter, wenn der Schuldner den Plan erstellt hat, bzw. dem Schuldner, wenn der Insolvenzverwalter den Plan erstellt hat, dem Betriebsrat, dem Sprecherausschuss der leitenden Angestellten sowie den am Schuldner beteiligten Personen, soweit deren Anteils- oder Mitgliedschaftsrechte in den Plan miteinbezogen sind, mit der Ladung zum Erörterungs- und Abstimmungstermin ein Abdruck des Plans oder eine Zusammenfassung dessen wesentlichen Inhalts zu übersenden ist, haben die Beteiligten zusätzlich zur Niederlegung des Plans die Möglichkeit, sich über den Plan zu informieren. Die Regelung ähnelt dem im amerikanischen Insolvenzrecht gem. § 1125 BC zwingend erforderlichen »disclosure statement«, welches den Gläubigern die Möglichkeit gibt, sich umfassend über den Plan zu informieren, indem sie den Reorganisationsplan oder zumindest eine Zusammenfassung des Plans übersandt erhalten (*Frey/McConnico/Frey* S. 493; *Cowans* S. 339).

C. Zeitpunkt der Niederlegung

3 Der Insolvenzplan ist spätestens bei Anberaumung des Erörterungs- und Abstimmungstermins niederzulegen, da gem. § 235 Abs. 2 InsO im Rahmen der öffentlichen Bekanntmachung auf die Einsichtnahme hinzuweisen ist.

D. Umfang des Einsichtsrechts

4 Die Einsicht in den niedergelegten Plan samt Anlagen ist allen Beteiligten gestattet. Der Beteiligtenbegriff ist restriktiv auszulegen, da der Plan hochvertrauliche Informationen enthält (*Nerlich/Römermann-Braun* InsO, § 234 Rn. 4). »Beteiligte« i.S.d. § 234 InsO sind ausschließlich die vom Insolvenzplan betroffenen Personen. Der Begriff ist enger auszulegen, als in § 60 Abs. 1 Satz 1 InsO. Dritte haben kein Einsichtsrecht. Die Glaubhaftmachung eines entsprechenden Interesses gem. § 4 InsO i.V.m. § 299 Abs. 2 ZPO ist jedoch möglich (*Kübler/Prütting/Bork-Spahlinger* InsO, § 234 Rn. 8). Zwischen der Niederlegung und dem gerichtlichen Erörterungstermin muss eine angemessene Zeit zur Einsichtnahme zur Verfügung stehen.

5 Im Gegensatz zu dem Leitsatz 2.2.1.1. des Ersten Berichts der Kommission für Insolvenzrecht ist in der InsO nicht mehr geregelt, dass Teile des Plans unter gewissen Voraussetzungen von der Einsicht auszunehmen sind.

6 Die Regelung des überkommenen § 120 Abs. 2 VglO, die in der KO und GesO analog angewandt wurde, um im Einzelfall Einsichtsrechte zu verweigern, ist im Rahmen des Planverfahrens in vergleichbarer Weise nicht mehr normiert; dies bedeutet jedoch nicht, dass sämtliche Informationen an alle Beteiligten des Planverfahrens preiszugeben und Geschäftsgeheimnisse zu offenbaren sind. Wäre dies der Fall und bestünde durch die Teilnahme am Planverfahren die Möglichkeit zur Ausforschung geheimen Know-hows oder sonstiger immaterieller Schutzrechte, könnten Planziele und damit eine bestmögliche Befriedigung der Gläubiger gefährdet werden, da wertvolles geistiges Eigentum eines schuldnerischen Unternehmens durch die Preisgabe vielfach wertlos würde.

7 Konkurrenten des betroffenen insolventen Unternehmens könnten auf diese Weise durch die Teilnahme an einem Planverfahren verfahrensfremde Vorteile erlangen. Dies war vom Gesetzgeber sicherlich nicht gewollt. Das Recht zur partiellen Einsichtsverweigerung ist daher – auch unter Würdigung der Rspr. des BVerfG zur Frage der informationellen Selbstbestimmung – als ein allgemeiner Rechtsgedanke zu sehen, der keine ausdrückliche gesetzliche Regelung benötigt, um weiterhin angewandt zu werden (vgl. *BVerfG* BVerfGE 65, 41 ff.; *Seifert/Hömig* S. 36, Rn. 9).

8 Die Regelung des § 299 ZPO, die über § 4 InsO auch im Rahmen des Insolvenzplanverfahrens Anwendung findet, ermöglicht die Beschneidung von Einsichtsrechten im Bedarfsfalle.

Zweiter Abschnitt Annahme und Bestätigung des Plans

§ 235 Erörterungs- und Abstimmungstermin

(1) ¹Das Insolvenzgericht bestimmt einen Termin, in dem der Insolvenzplan und das Stimmrecht der Beteiligten erörtert werden und anschließend über den Plan abgestimmt wird (Erörterungs- und Abstimmungstermin). ²Der Termin soll nicht über einen Monat hinaus angesetzt werden. ³Er kann gleichzeitig mit der Einholung der Stellungnahmen nach § 232 anberaumt werden.

(2) ¹Der Erörterungs- und Abstimmungstermin ist öffentlich bekanntzumachen. ²Dabei ist darauf hinzuweisen, dass der Plan und die eingegangenen Stellungnahmen in der Geschäftsstelle eingesehen werden können. ³§ 74 Abs. 2 Satz 2 gilt entsprechend.

(3) ¹Die Insolvenzgläubiger, die Forderungen angemeldet haben, die absonderungsberechtigten Gläubiger, der Insolvenzverwalter, der Schuldner, der Betriebsrat und der Sprecherausschuss der leitenden Angestellten sind besonders zu laden. ²Mit der Ladung ist ein Abdruck des Plans oder eine Zusammenfassung seines wesentlichen Inhalts, die der Vorlegende auf Aufforderung einzureichen hat, zu übersenden. ³Sind die Anteils- oder Mitgliedschaftsrechte der am Schuldner beteiligten Personen in den Plan einbezogen, so sind auch diese Personen gemäß den Sätzen 1 und 2 zu laden; dies gilt nicht für Aktionäre oder Kommanditaktionäre. ⁴Für börsennotierte Gesellschaften findet § 121 Absatz 4a des Aktiengesetzes entsprechende Anwendung; sie haben eine Zusammenfassung des wesentlichen Inhalts des Plans über ihre Internetseite zugänglich zu machen.

Übersicht	Rdn.			Rdn.
A. Absatz 1 Satz 1	1		b) Gang und Inhalt	18
I. Allgemeines	1		c) Verlesung des Plans	20
II. Regelung nach überkommenen Recht	6	V.	Abstimmungstermin	21
III. Reformvorstellungen und gesetzliche Regelung	8	B.	Absatz 1 Satz 2 und 3	23
IV. Erörterungstermin	11	C.	Absatz 2	26
1. Zweck	11	D.	Absatz 3	28
2. Inhalt	16	I.	Ladung der Beteiligten	28
3. Ablauf	17	II.	Weitergehende Information	37
a) Allgemeines	17	E.	Konkurrierende Pläne	43
		F.	Rechtsprechung	49

Literatur:
Böhle-Stamschräder/Kilger Vergleichsordnung, 11. Aufl. 1986; *Braun/Uhlenbruck* Unternehmensinsolvenz Grundlagen, Gestaltungsmöglichkeiten, Sanierung mit der Insolvenzordnung, 1997; *Bundesministerium der Justiz* (Hrsg.), Erster Bericht der Kommission für Insolvenzrecht, 1985, S. 182; *Büttner* Wohin mit alten Plänen? – Das Problem der Überleitung laufender Planverfahren, ZInsO 2012, 2019.

A. Absatz 1 Satz 1

I. Allgemeines

Im Rahmen des Entscheidungsverfahrens über die Annahme oder Ablehnung eines bzw. mehrerer zur Abstimmung gestellten Plänen ist zwischen dem Erörterungs- und dem Abstimmungstermin zu unterscheiden (*BMJ* [Hrsg.], Erster Bericht der Kommission für Insolvenzrecht, S. 182), bei welchen es sich jeweils um besondere Gläubigerversammlungen handelt. Hieran ändert sich auch dann nichts, wenn beide Termine in Abweichung zum RegE regelmäßig zur Straffung des Entscheidungsverfahrens innerhalb eines einheitlichen Termins abgehalten werden. 1

Inhaltlich stellt der Erörterungs- und Abstimmungstermin die Phase des Planverfahrens dar, in welcher die Entscheidung der Beteiligten über den oder die zur Abstimmung gestellten Pläne herbeigeführt wird und sich damit – vorbehaltlich der richterlichen Bestätigung als Akt staatlicher Fürsorge – die Weiche für den weiteren Fortgang des Verfahrens stellt. In diesem Verfahrensabschnitt zeigt 2 sich, ob die Planvorstellungen des/der Planersteller(s) die mehrheitliche Akzeptanz der entscheidungsberechtigten Gläubiger finden können.

3 Für das Verfahren im Termin enthält das Gesetz nur wenige besondere Vorschriften (§§ 236, 239, 240, 243, 247 Abs. 1 InsO). Ergänzend gelten die Vorschriften über die Gläubigerversammlung (§§ 74–77 InsO), falls diese keine abschließenden Regelungen enthalten, die §§ 5–10 InsO, und zuletzt die Vorschriften der ZPO (§ 4) und des GVG (HK-InsO/*Haas* § 235 Rn. 8).

4 Eine Übertragung der Aufgaben im Insolvenzplanverfahren auf den Rechtspfleger ist durch die Neufassung des § 18 Abs. 1 Nr. 2 RPflG durch das Gesetz zur weiteren Erleichterung der Sanierung von Unternehmen vom 07.12.2011 (ESUG) nicht mehr möglich. Das gesamte Planverfahren bleibt dem Richter vorbehalten. Auch die Durchführung des Erörterungs- und Abstimmungstermins kann dem Rechtspfleger daher seit dem 01.01.2013 (vgl. *Büttner* ZInsO 2012, 2019) nicht mehr übertragen werden. Die Problematik, welcher Rechtsbehelf gegen die Entscheidung des Rechtspflegers über streitige Stimmrechte der Beteiligten eingelegt werden kann, ist damit obsolet (s. hierzu noch FK-InsO/*Jaffé* 7. Aufl. § 235 Rn. 4 f.).

5 Das Gericht sollte im Rahmen der Sitzungsleitung darauf achten, dass nur im Erörterungsteil Gelegenheit zu Stellungnahmen und Meinungsäußerungen gegeben wird. Im Abstimmungsteil sollten zur Wahrung der Stringenz des Verfahrensablaufes nur noch Fragen zu den Stimmrechten zugelassen werden (so zu Recht: *Nerlich/Römermann-Braun* InsO, § 235 Rn. 18).

II. Regelung nach überkommen Recht

6 Im überkommen Vergleichsverfahren nach § 66 VglO wurde im Vergleichstermin, der vom Vergleichsgericht anberaumt und geleitet wurde, im Rahmen einer mündlichen Verhandlung, eine Entscheidung über den Vergleichsvorschlag durch die stimmberechtigten Gläubiger herbeigeführt (*Bley/Mohrbutter* VglO, § 66 Rn. 1).

Nach der VglO hatte der Vergleichstermin auch dann stattzufinden, wenn das Gericht aufgrund eingegangener schriftlicher Stellungnahmen zum Vergleichsvorschlag bereits überzeugt war, dass die nach § 74 VglO erforderlichen Mehrheiten zur Annahme des Vergleichs nicht erzielt werden konnten (*Bley/Mohrbutter* VglO, § 66 Rn. 2).

7 Auch der Zwangsvergleich war nach der Konkurs- wie auch nach der Gesamtvollstreckungsordnung gem. §§ 179, 182 KO bzw. § 16 Abs. 4 GesO ebenfalls innerhalb eines einzigen Termins zu verhandeln und abzustimmen (*RG* RGZ 122, 365; vgl. *Kuhn/Uhlenbruck* KO, § 179 Rn. 1; *Haarmeyer/Wutzke/Förster* GesO, § 16 Rn. 8). Das wirksame Zustandekommen eines Zwangsvergleichs erforderte die Anwesenheit einer zur Vergleichsannahme erforderlichen Zahl von Konkursgläubigern oder deren Vertreter (*Kilger/Karsten Schmidt* KO, § 179 Rn. 1). Spätere Erklärungen waren nur dann von Bedeutung, wenn sie im Termin ausdrücklich als Bedingung des Vergleichs geäußert worden waren (*Kilger/Karsten Schmidt* KO, § 179 Rn. 1).

III. Reformvorstellungen und gesetzliche Regelung

8 Nach den Vorstellungen des RegE sollten der Erörterungs- und Abstimmungstermin in Abweichung vom überkommen Recht in zwei gesonderte Termine aufgeteilt werden (§§ 279, 285 RegEInsO, BT-Drucks. 12/2443 S. 53).

Grund für die beabsichtigte Aufteilung der Termine war die Vorstellung, den Beteiligten im Zeitraum zwischen Erörterung und Abstimmung die Möglichkeit zu weiteren Überlegungen und Beratungen zu eröffnen (BT-Drucks. 12/2443 S. 206).

9 Um jedoch einen unnötigen Zeitverlust zu vermeiden, sah bereits § 286 RegEInsO vor, dass auf einen gesonderten Abstimmungstermin verzichtet werden sollte und Erörterungs- und Abstimmungstermin zu verbinden seien, falls die Überschaubarkeit der schuldnerischen Vermögensverhältnisse, die Zahl der Gläubiger oder die geringe Höhe der Verbindlichkeiten eine Zusammenlegung der

Termine als vertretbar erscheinen lässt. Die Verbindung der Termine wurde dabei gerade bei Kleininsolvenzen als wünschenswert angesehen, um das Verfahren nicht unnötig zu verzögern (BT-Drucks. 12/2443 S. 207).

Die letztendlich durch § 235 Abs. 1 InsO in Abweichung zu §§ 279, 285 RegInsO eingeführte grundsätzliche Verbindung des Erörterungs- und Abstimmungstermins war aus Sicht der dringend erforderlichen größtmöglichen Beschleunigung des Insolvenzplanverfahrens zu begrüßen. 10

Obwohl die Insolvenzgerichte von der in § 286 RegEInsO vorgesehenen Verbindungsmöglichkeit der Termine zur Verfahrensbeschleunigung sicherlich großzügig Gebrauch gemacht hätten, war es doch sinnvoller, dass gem. dem Beschluss des Rechtsausschusses in Umkehrung des Regel-Ausnahmeverhältnisses Erörterungs- und Abstimmungstermin gesetzlich in einem Termin zusammengefasst wurden und nur in Ausnahmefällen ein gesonderter Abstimmungstermin gem. § 241 InsO abzuhalten ist.

IV. Erörterungstermin

1. Zweck

Im Erörterungstermin sollen die Grundlagen für die endgültige Entscheidung der Beteiligten geschaffen werden (BT-Drucks. 12/2443 S. 205–207). Die Beteiligten haben die Möglichkeit, Erläuterungen, Auskünfte und weitergehende Informationen zu erlangen, um sich für oder gegen eine vom Gesetz abweichende Insolvenzbewältigung mittels Plan entscheiden zu können (*BMJ* [Hrsg.], Erster Bericht der Kommission für Insolvenzrecht, S. 177). 11

Im Erörterungstermin werden die inhaltlichen Regelungen und die Auswirkungen des Plans dargestellt und darüber verhandelt; weiterhin können Änderungs- und/oder Ergänzungsvorschläge diskutiert werden, um Einwände zu zerstreuen und erforderliche Mehrheiten für den Plan oder einen der vorgestellten Pläne zu erreichen.

Die Mehrheitsfähigkeit des vorgestellten Plans oder eines der vorgestellten Pläne ist ein zentrales Ziel des Erörterungstermins. Werden hierzu einzelne Regelungen des Insolvenzplanes aufgrund der Erörterung inhaltlich geändert, so kann der geänderte Plan gem. § 240 InsO auch noch im selben Termin zur Abstimmung gebracht werden (*BMJ* [Hrsg.], Erster Bericht der Kommission für Insolvenzrecht, S. 177). Der Erörterungstermin bereitet damit die im Regelfall unmittelbar nachfolgende Abstimmung über den oder die Pläne vor. 12

In der Praxis liegt das Geschick des Planerstellers, insbesondere des Verwalters, darin, seinen Plan möglichst zügig aus der Erörterungsphase in die Abstimmungsphase überzuleiten. Wenn es dem Planverfasser im Vorfeld des Termins nicht gelingt, die wesentlichen Planinhalte mit den Beteiligten derart zu erörtern, dass zügig abgestimmt werden kann, besteht die Gefahr, dass ein Plan noch vor dem Abstimmungstermin »zerredet« wird. Der Erörterungstermin kann – ohne stringente Planung – unverhofft eine unkalkulierbare Eigendynamik entfalten, so dass selbst aussichtsreiche Pläne scheitern können. Dies war auch eines der Grundübel des Vergleichstermins nach überkommenem Recht. 13

Im Erörterungstermin können unterschiedlichste Diskussionen entfacht werden, die das Abstimmungsverfahren beeinflussen; insbesondere kann sich die durch den Planersteller vorgenommene Gruppenbildung als problematisch erweisen, so dass die eingeteilten Gruppen für das Abstimmungsverfahren nicht mehr durchgesetzt werden können. In diesem Falle wird das Insolvenzgericht die Situation nur durch eine Vertagung des Erörterungstermins deeskalieren können. 14

Für den Planersteller ist es noch in weitaus größerem Maße als in der früheren Praxis der Terminvorbereitung erforderlich, die Beteiligten für seine Zielsetzungen durch Einzelgespräche im Vorfeld des Erörterungstermins zu gewinnen. Eine Wahrnehmung des Erörterungstermins durch den Planersteller ohne entsprechende Vorbereitung ist nicht Erfolg versprechend, insbesondere da die Regelung des § 240 InsO kein Instrument für wesentliche Planmodifikationen darstellt, mit dem sich Vorbereitungsmängel im Erörterungstermin kompensieren ließen. 15

Jaffé

2. Inhalt

16 Im Erörterungstermin werden der Plan und das Stimmrecht der Gläubiger erörtert.

Existieren mehrere Pläne, wird die Erörterung eine erhebliche Zeit beanspruchen, da die Pläne nicht nur vorgestellt und diskutiert, sondern auch inhaltlich verglichen werden müssen.

3. Ablauf

a) Allgemeines

17 Der Erörterungstermin findet entsprechend den allgemeinen Verfahrensregeln der Gläubigerversammlung und in Form einer vorbehaltlosen Aussprache statt (*Haarmeyer/Wutzke/Förster* Hdb. zur InsO, S. 670, Rn. 10).

Alle Gläubiger, die Forderungen angemeldet haben, können bei der Aussprache über den Plan teilnehmen, ohne dabei an ihr Stimmrecht nach §§ 237, 238 InsO gebunden zu sein (*Haarmeyer/Wutzke/Förster* Hdb. zur InsO, S. 670, Rn. 10).

b) Gang und Inhalt

18 Nach dem Aufruf der Sache gem. § 220 Abs. 1 ZPO hat das Gericht zunächst die anwesenden Beteiligten und die Anwesenheitsbefugnisse erschienener Nichtbeteiligter festzustellen.

Die Vertretungsmacht etwaiger gesetzlicher oder gewillkürter Vertreter ist zu prüfen. Vollmachtsurkunden sind zu den gerichtlichen Akten zu nehmen.

19 Bei anwaltlicher Vertretung gilt dies aufgrund der Regelung des § 88 Abs. 2 ZPO jedoch nur, wenn der Mangel der Vollmacht gerügt worden ist (*Uhlenbruck* MDR 1978, 8 f.; *Bley/Mohrbutter* VglO, § 66 Rn. 4). In diesem Zusammenhang ist anzufügen, dass diese Regelung in der Praxis vielfach streng gehandhabt wird, so dass die Vorlage einer verfahrensbezogenen Vollmacht stets zu empfehlen ist.

c) Verlesung des Plans

20 Der oder die Planvorschläge sind den Beteiligten zu verlesen (vgl. *Bley/Mohrbutter* VglO, § 66 Rn. 4). Die Anwesenden können hierauf verzichten.

V. Abstimmungstermin

21 Im Abstimmungstermin wird durch die stimmberechtigten Beteiligten über den Plan bzw. die Pläne abgestimmt.

Lässt sich im Vorfeld der Terminsanberaumung bereits erkennen, dass der Plan nicht in einem Termin erörtert und verabschiedet werden kann, weil Art und Umfang des Plans dies nicht zulassen, ist es sinnvoll, wenn das Gericht von Anfang an zwei getrennte Termine nach §§ 235, 241 InsO anberaumt, um damit auch die Möglichkeit der schriftlichen Abstimmung zu eröffnen (*Haarmeyer/Wutzke/Förster* Hdb. zur InsO, S. 671, Rn. 12).

22 Die Reihenfolge der Abstimmung bestimmt das Insolvenzgericht als Verantwortungsträger für die Gläubigerversammlung nach seinem Ermessen (§ 76 Abs. 1 InsO). Die Gläubigerversammlung kann jedoch aufgrund des Vorrangs der Privatautonomie jederzeit eine andere Reihenfolge beschließen. Das Gericht ist im Hinblick auf die Bedeutung der Abstimmung gehalten, hierauf hinzuweisen. Ein derartiger Beschluss erfolgt nach den Mehrheitsregelungen des § 76 Abs. 2 InsO (HK-InsO/*Haas* § 235 Rn. 14).

B. Absatz 1 Satz 2 und 3

Der Erörterungs- und Abstimmungstermin soll gem. § 235 Abs. 1 Satz 2 InsO nicht über einen Monat über den Zeitraum hinaus anberaumt werden, zu dem die öffentliche Bekanntmachung gem. § 235 Abs. 2 Satz 1 InsO als bewirkt gilt. Die Monatsfrist ist in Übereinstimmung mit dem Recht des § 179 KO jedoch nur eine Ordnungsvorschrift mit dem Zweck, eine Verzögerung des Verfahrens möglichst zu vermeiden, aber andererseits den Gläubigern ausreichend Zeit zur Unterrichtung und Entscheidungsfindung über die Planinhalte zu geben (vgl. *Uhlenbruck/Lüer/Streit* InsO, § 235 Rn. 4). 23

Die Verletzung der Monatsfrist stellt wie im überkommenen Recht keinen wesentlichen Verfahrensmangel i.S.d. § 250 InsO dar (vgl. *Uhlenbruck/Lüer/Streit* InsO, § 235 Rn. 5, *Kuhn/Uhlenbruck* KO, § 179 Rn. 2 m.w.N.; *Kilger/Karsten Schmidt* KO, § 179 Rn. 2 m.w.N.). Auch im überkommenen Recht der VglO löste ein Verstoß gegen die Monatsfrist gem. § 20 Abs. 2 VglO keine Rechtsfolgen aus (vgl. *Bley/Mohrbutter* VglO, § 20 Rn. 6). 24

In diesem Zusammenhang ist auch zu bedenken, dass die Räumlichkeiten der Justizverwaltung bei Großverfahren zur Abhaltung des Erörterungs- und Abstimmungstermins oftmals keine ausreichende Kapazität bieten und deshalb im Einzelfall eine Anmietung entsprechender Räume notwendig wird. Bereits mangels Verfügbarkeit derartiger Räume wird sich die Übertretung der Monatsfrist gelegentlich kaum verhindern lassen.

Der neu eingeführte Satz 3 dient allein der Klarstellung. Hiernach kann der Erörterungs- und Abstimmungstermin gleichzeitig mit der Einholung der Stellungnahmen nach § 232 InsO anberaumt werden. Die Regelung dient dabei in erster Linie der Verfahrensbeschleunigung durch das Gericht, anderseits aber auch der Verfahrensökonomie im Allgemeinen. Die Frist zur Stellungnahme nach § 232 InsO muss dabei so bestimmt werden, dass die eingegangenen Stellungnahmen vor dem Erörterungs- und Abstimmungstermin ausreichend gewürdigt werden können. In der Regel ist dies jedoch bereits durch die gesetzlichen Soll-Höchstfristen des §§ 232 Abs. 3 Satz 2 (2 Wochen), 235 Abs. 1 Satz 2 InsO (1 Monat) sichergestellt. Sofern sich die tatsächlich gesetzten Fristen hieran orientieren, wie in der Praxis üblich, sollte der Eingang der Stellungnahmen somit regelmäßig etwa zwei Wochen vor dem Erörterungs- und Abstimmungstermin erfolgen, so dass auf diese noch entsprechend eingegangen werden kann. 25

C. Absatz 2

Die öffentliche Bekanntmachung informiert die Beteiligten über die Terminbestimmung und eröffnet damit die Teilnahmemöglichkeit sowie die Äußerung zum Plan im Erörterungstermin (*BMJ* [Hrsg.], Erster Bericht der Kommission für Insolvenzrecht, S. 178). Einzelheiten sind in § 9 InsO geregelt, auf welchen insoweit verwiesen wird. 26

Mit der Bekanntmachung nach § 235 Abs. 2 InsO wird der Rechtsverkehr auch über die gem. § 234 InsO erfolgte Niederlegung des Plans in Kenntnis gesetzt. Die Regelung des § 235 Abs. 2 InsO korrespondiert mit der bisherigen Regelung in § 179 Abs. 2 KO, danach ist bei der öffentlichen Bekanntmachung gesondert darauf hinzuweisen, dass der Plan samt Anlagen und Stellungnahmen in der Geschäftsstelle eingesehen werden kann (vgl. *Uhlenbruck/Delhaes* S. 516, Rn. 974).

Die öffentliche Bekanntmachung ist zumindest für den ersten Erörterungs- und Abstimmungstermin zwingend. Weitere Termine brauchen nach §§ 235 Abs. 2 Satz 3, 74 Abs. 2 Satz 2 InsO (BGBl. I 1998 S. 3836) nicht mehr öffentlich bekannt gegeben zu werden, sofern eine Vertagung des Erörterungs- und Abstimmungstermins erfolgte.

Ein Verstoß gegen die öffentliche Bekanntmachung stellt einen wesentlichen Verfahrensmangel dar (*K. Schmidt/Spliedt* § 235 Rn. 3). Heilung durch die Teilnahme aller Teilnahmeberechtigten ist möglich (*Uhlenbruck/Lüer/Streit* InsO, § 235 Rn. 11). Der fehlende Hinweis auf die nach § 234 InsO erfolgte Niederlegung des Plans stellt einen wesentlichen Verfahrensmangel dar (*Uhlenbruck/* 27

Lüer/Streit InsO, § 234 Rn. 2), da die zur Planeinsicht Befugten bei dem Insolvenzgericht nachfragen können.

D. Absatz 3
I. Ladung der Beteiligten

28 Nach der KO waren damals alle nicht bevorrechtigten Konkursgläubiger, der Konkursverwalter, der Gemeinschuldner, die Mitglieder des Gläubigerausschusses sowie die Vergleichsbürgen zu laden (*Kuhn/Uhlenbruck* KO, § 179 Rn. 3).

29 In § 235 Abs. 3 InsO ist der Kreis der zu Ladenden erheblich ausgeweitet worden (BT-Drucks. 12/2443 S. 205 f.). Da im Insolvenzplan die Rechte aller Insolvenzgläubiger und zusätzlich die Rechte der absonderungsberechtigten Gläubiger geregelt werden können, ist es nunmehr auch erforderlich, alle diese Gläubiger zum Erörterungs- und Abstimmungstermin zu laden (BT-Drucks. 12/2443 S. 205 f.).

30 Die Anhörung des Betriebsrats und des Sprecherausschusses der leitenden Angestellten – soweit vorhanden – wurde vom Gesetzgeber als zweckmäßig angesehen, so dass auch diese Gremien geladen werden müssen, um deren Standpunkt im Erörterungstermin zu hören (BT-Drucks. 12/2443 S. 205 f.). Die Ladung der Arbeitnehmervertreter verdeutlicht die besondere Stellung dieser Gläubigergruppe, was auch in § 222 Abs. 3 Satz 1 InsO Niederschlag gefunden hat (*Nerlich/Römermann-Braun* InsO, § 235 Rn. 6–10b).

31 Im Falle der Insolvenz einer Genossenschaft ist vor einem Erörterungstermin auch der Prüfungsverband, dem die Genossenschaft angehört, anzuhören, vgl. § 116 Nr. 4 GenG (*Terbrak* ZInsO 2001, 2017 [2032]).

32 Durch das Gesetz zur weiteren Erleichterung der Sanierung von Unternehmen (ESUG) vom 7. Dezember 2011 wurde der Kreis der zu ladenden Personen erneut erweitert. Da durch weitere Änderungen des ESUG mittlerweile die Anteils- und Mitgliedschaftsrechte am Schuldner in das Planverfahren einbezogen werden können (§§ 217 Satz 2, 225a InsO), sind konsequenterweise auch die betroffenen Rechteinhaber gesondert, gem. den Sätzen 1 und 2 des dritten Absatzes, zu laden.

33 Hiervon ausgenommen sind allerdings die Aktionäre und Kommanditaktionäre schuldnerischer Aktiengesellschaften bzw. Kommanditgesellschaften auf Aktien. Da es sich bei diesen häufig um Publikumsgesellschaften handelt, sind die Anteilsrechte entsprechend breit gestreut, so dass schon Name und Anschrift der betroffenen Aktionäre oder Kommanditaktionäre nicht bekannt sind. Nach Auffassung des Gesetzgebers erscheint es daher ausreichend, diese Rechteinhaber durch öffentliche Bekanntmachung nach § 235 Abs. 2 InsO über den Erörterungs- und Abstimmungstermin zu informieren (RegE, BT-Drucks. 127/11, S. 47). Insofern besteht ein Gleichlauf mit den aktienrechtlichen Vorschriften über die Ladung zur Hauptversammlung.

34 Eine weitere Sonderregelung wurde durch das ESUG für die börsennotierte Aktiengesellschaft i.S.v. § 3 Abs. 2 AktG eingeführt. Auch diesbezüglich wurde durch die Verweisung auf § 121 Abs. 4a AktG auf die aktienrechtlichen Vorschriften über die Ladung zur Hauptversammlung Bezug genommen. Danach hat die Bekanntmachung über solche Medien zu erfolgen, bei denen davon ausgegangen werden kann, dass sie die Information in der gesamten Europäischen Union verbreiten. Derartige Medien können dabei Gesellschaftsblätter i.S.d. § 121 Abs. 4 Satz 1 AktG, insbesondere der elektronische Bundesanzeiger sein (RegE ARUG, BT-Drucks. 16/11642).

35 Ferner muss eine Zusammenfassung des wesentlichen Planinhalts auf der Internetseite der börsennotierten Aktiengesellschaft veröffentlicht werden. Hierdurch soll auch bei börsennotierten Publikumsgesellschaften eine umfassende Information der Beteiligten sichergestellt werden. Es ist jedoch zu empfehlen, nicht nur eine Zusammenfassung, sondern den gesamten Plan, wenn nötig geschwärzt, zu veröffentlichen. So können unnötige Fehler bei der Wiedergabe des Inhalts vermieden, aber auch das Vertrauen der Beteiligten gestärkt werden.

Weiterhin ist zu beachten, dass es sich bei § 235 Abs. 3 Satz 4 InsO um eine Rechtsgrundverweisung 36 handelt (RegE, BT-Drucks. 127/11, S. 47), weshalb auch die Ausnahmefälle des § 121 Abs. 4a AktG zu berücksichtigen sind. Somit findet die Regelung des § 235 Abs. 3 Satz 4 InsO keine Anwendung, wenn die börsennotierte Aktiengesellschaft ausschließlich Namensaktien ausgegeben hat, § 121 Abs. 4a Var. 1 AktG. Auch die zweite Variante des § 121 Abs. 4a, Abs. 4 Satz 2 AktG muss in diesem Zusammenhang zum Schutz der Rechteinhaber so ausgelegt werden, dass § 235 Abs. 3 Satz 4 InsO gleichermaßen dann nicht zur Anwendung kommt, wenn die Aktionäre der börsennotierten Gesellschaft bekannt sind. Aufgrund des Eingriffs in ihre Anteils- und Mitgliedschaftsrechte verdichten die schutzwürdigen Interessen der Aktionäre die Kann-Vorschrift des § 121 Abs. 4a, Abs. 4 Satz 2 AktG jedenfalls dann zu einer zwingenden Vorschrift, wenn eine direkte Benachrichtigung des jeweiligen Aktionärs aufgrund der Kenntnis seines Namens und seiner Anschrift ohne Weiteres erfolgen kann. Zum Schutz der Insolvenzmasse ist die Vorschrift jedoch insoweit teleologisch zu reduzieren, dass es in diesem Fall keines eingeschriebenen Briefes bedarf. Ein einfacher Brief reicht aus, sofern gem. § 235 Abs. 3 Satz 4 HS 2 zusätzlich eine Zusammenfassung des wesentlichen Inhalts des Plans auf der Internetseite der börsennotierten Aktiengesellschaft zugänglich gemacht wurde.

II. Weitergehende Information

§ 235 Abs. 3 Satz 2 InsO normiert eine weitergehende Informationspflicht dahingehend, dass mit 37 der Ladung die Übersendung einer Zusammenfassung des wesentlichen Inhalts des Plans oder die Übersendung eines Planabdrucks zu erfolgen hat. § 235 Abs. 3 Satz 2 InsO stimmt hierbei mit § 252 Abs. 2 InsO überein, der die gleiche Informationspflicht nach Bestätigung des Plans normiert.

Diese sehr weitgehende Informationspflicht ist in der Literatur bereits auf harsche Kritik gestoßen, 38 da sie insbesondere für die Verwalter einen überzogenen Verwaltungs- und Arbeitsaufwand auslösen könne. Ferner wurde vorgetragen, dass die Übersendung wesentlicher Zusammenfassungen stets Fehlerquellen beinhaltet und deshalb die Übersendung des gesamten Plans die Regel sein wird, wodurch erhebliche Kosten ausgelöst würden. Schließlich wurde bemängelt, dass die Insolvenzgerichte die für § 235 Abs. 3 InsO erforderliche Logistik nicht erbringen können und daher großzügig von der in § 8 Abs. 3 InsO eingeräumten Möglichkeit, die Verwalter mit Zustellungen zu beauftragen, Gebrauch machen würden (*Haarmeyer/Wutzke/Förster* Hdb. zur InsO, S. 669, Rn. 6). Die Regelung des § 235 Abs. 3 InsO sei insoweit als Verschwendung von Zeit und Massemitteln anzusehen (*Haarmeyer/Wutzke/Förster* Hdb. zur InsO, S. 669, Rn. 6).

Wenngleich die Planübersendungspflicht sowohl erheblichen Zeit- als auch Kostenaufwand auslöst, 39 erscheint die Kritik nicht vollends berechtigt. Die Regelung des § 235 Abs. 3 InsO ist Voraussetzung für ein effektives Planverfahren, denn nur der sich gut informiert glaubende Gläubiger wird bereit sein, dem Plan zuzustimmen. Insoweit sollte der durch Informationspflicht verursachte Mehraufwand auch hinsichtlich des § 8 Abs. 3 InsO durchaus zu bewältigen sein. Im Übrigen steht es den Gläubigern – wenn sie von dem aufwendigen Planversand absehen wollen – frei, im Berichtstermin einen entsprechenden Beschluss herbeizuführen.

Denkbar wäre es gewesen, den Beteiligten lediglich ein Einsichtsrecht in den niedergelegten Plan an 40 der Geschäftsstelle zu geben; dies hätte jedoch nicht mit dem Reformziel – die Beteiligten in den Entscheidungsprozess einzubinden – korrespondiert.

Um die Teilnahme in den Gläubigerversammlungen – von deren Möglichkeit seitens der Gläubiger bislang nur selten Gebrauch gemacht wurde – auszuweiten, sind Anstrengungen zur Herabsenkung der Teilnahmehürden und damit zur Stärkung der Rechte der Beteiligten notwendig.

Rechtsvergleichend sei erwähnt, dass auch im amerikanischen Reorganisationsrecht die wichtigen 41 Umstände in einem »disclosure statement« gem. § 1125 BC offengelegt werden müssen und der Planversand nicht weniger aufwendig ist. In den USA gibt das »disclosure statement« den Gläubigern die Möglichkeit, sich selbst ein Bild über den Plan zu machen. Das »disclosure statement« gibt einen umfassenden Einblick in das geplante Reorganisationsverfahren und geht inhaltlich über die Regelungen der InsO noch weit hinaus.

42 Im Hinblick auf die Informationsmöglichkeiten ist auch zu bedenken, dass die aufgrund der Zuständigkeitskonzentration bei den Amtsgerichten am Sitz des Landgerichts u.U. notwendig werdenden Wegstrecken für die Gläubiger einen erheblichen Aufwand bedeuten können, wenn sie Informationen bzgl. des Plans nur am Sitz des Insolvenzgerichts erlangen würden.

Wird lediglich eine Zusammenfassung des wesentlichen Inhalts des Plans übersandt, sollte der Hinweis aufgenommen sein, dass auf der Geschäftsstelle gem. § 243 InsO die vollständige Stellungnahme mit sämtlichen Anlagen niedergelegt ist (*Nerlich/Römermann-Braun* InsO, § 235 Rn. 12).

E. Konkurrierende Pläne

43 Bei konkurrierenden Plänen (Schuldnerplan, Insolvenzverwalterplan und Insolvenzverwalterplan im Auftrag der Gläubiger) ist für alle Pläne ebenfalls ein gemeinsamer Termin zu bestimmen (HK-InsO/*Haas* § 235 Rn. 10; *Hess* InsO, § 235 Rn. 2; *Braun* InsO, § 235 Rn. 7). Eine getrennte Terminierung sollte nicht erfolgen. Neben den Zeitverlusten könnten die Gläubiger aufgrund des hohen Aufwandes das Interesse am Planverfahren verlieren.

Im einheitlichen Termin sind die vorgelegten Pläne mit den für sie geltenden Stimmrechten (§§ 237–239 InsO) einzeln zu erörtern, bevor anschließend abgestimmt wird. Auf diese Weise ist es gewährleistet, dass die Beteiligten sämtliche zur Abstimmung gestellten Pläne kennen und auf dieser Grundlage abstimmen können (HK-InsO/*Haas* § 235 Rn. 11).

44 Problematisch ist die Abstimmung bei Vorlage mehrerer konkurrierender Pläne von unterschiedlichen Planinitiatoren. Mangels ausdrücklicher Regelung werden unterschiedliche Ansätze zur Lösung der Abstimmungsproblematik verfolgt (vgl. *Hess* InsO, § 235 Rn. 4–10).

Dem Ansatz, dass das Gericht darüber entscheiden soll, wessen Plan es bestätigt und sich in der Bestätigungsentscheidung an der Entscheidung der Gläubigermehrheit zu orientieren hat, ist nicht zu folgen. Insbesondere hilft eine Addition der größeren Anzahl von zustimmenden Gruppen nicht weiter, wenn der Alternativplan über eine ganz andere, möglicherweise wesentlich kleinere Gruppenbildung verfügt (vgl. zur gegenteiligen Auffassung: *Braun/Uhlenbruck* S. 662).

Auch ein synoptischer Vergleich der Pläne scheidet aus, da aufgrund unterschiedlicher Planstrukturen im Bereich der Gruppenbildung des § 222 InsO vielfach keine unmittelbare Vergleichbarkeit gegeben sein wird. Hierbei ist auch zu beachten, dass ein Plan, der möglicherweise nur eine Gruppe aufweist, nicht zwingend schlechter ist.

45 Letztlich muss aufgrund der dem Insolvenzverfahren innewohnenden Gläubigerautonome die Entscheidung über das Planverfahren ausschließlich den Gläubigern zugewiesen werden und kann nicht durch das Gericht ersetzt werden (so auch: *Hess* InsO, § 235 Rn. 6). Auch wenn sich das Problem konkurrierender Pläne in der Praxis nur selten stellt, muss daher durch eine gläubigerbezogene Vorauswahl eine Vorentscheidung über den zuletzt abzustimmenden Plan getroffen werden. Jedenfalls muss die Möglichkeit eingeräumt werden, dass alle Gläubiger einem Plan zustimmen oder ihn ablehnen können (*Hess* InsO, § 235 Rn. 11).

46 Ein abgelehnter Plan kann erneut zur Disposition gestellt werden, wenn dem angenommenen Plan noch im Termin die Bestätigung versagt wird. In diesem Falle kann die Verhandlung wieder eröffnet und – da die Gläubiger noch anwesend sind – auch eine erneute Entscheidung getroffen werden. Das Gericht ist gehalten, entsprechend darauf hinzuwirken, wenn es Zweifel an der Bestätigung des Planes hat, um den Gläubigern die Möglichkeit zu eröffnen, doch noch eine Planentscheidung herbeizuführen (a.A. *Hess* InsO, § 235 Rn. 11).

Wird der ursprünglich angenommene Plan allerdings im Beschwerdeverfahren aufgehoben, bleibt es bei der Entscheidung der Gläubiger und kommt nicht zu einer erneuten Entscheidung über den in der Vorauswahl abgelehnten Plan (*Hess* InsO, § 235 Rn. 11).

In der Praxis dürfte es sinnvoll sein, dass das Gericht konkurrierende Pläne gleichsam abschichtet. 47
Unter Umständen kann es in konfliktbeladenen Gläubigerversammlungen sinnvoll sein, die Versammlung mehrfach kurz zu unterbrechen, um den Beteiligten die Möglichkeit zu geben, in bilateralen Gesprächen eine Einigung zu finden.

Anlass zur Sorge vor etwaig konkurrierenden Plänen ist jedoch unbegründet. Es wäre im Gegenteil 48
sogar wünschenswert, wenn das Verfahren eine derartige Dynamik erhalten würde und in Zukunft öfter auch konkurrierende Pläne vorgelegt würden. In diesem Falle liegt es in erheblichem Umfang am Verwalter, bereits im Vorfeld moderierend einzuwirken, um die Entscheidungsfindung der Gläubigerversammlung auf einzelne zentrale Gruppenbildungen zu fokussieren.

F. Rechtsprechung

Das *OLG Dresden* (rechtskräftiger Beschl. v. 21.06.2000 – 7 W 0951/00, ZIP 2000, 1303) hatte 49
nach der Beschwerde eines Gläubigers über die Rechtmäßigkeit eines Insolvenzplans zu entscheiden, bei dem eine Seite des umfangreichen Plans vom Büro versehentlich nicht verschickt worden war. Hierin sah das OLG Dresden keine Rechtsverletzung, denn die Regelung des § 240 Satz 2 InsO zeige u.a., dass von den Gläubigern im Erörterungs- und Feststellungstermin eine gewisse Flexibilität gefordert werden kann.

In der Praxis ist auf die Einhaltung der Regelung des § 235 Abs. 3 Satz 2 InsO strengstens zu achten. 50
Wird es übersehen, den betroffenen Adressaten einen Abdruck des Plans oder eine Zusammenfassung seines wesentlichen Inhalts zu übersenden, so wird der Mangel nicht dadurch geheilt, dass diese Gläubiger im Erörterungs- und Abstimmungstermin erscheinen. Es reicht nicht aus, den Gläubigern die Möglichkeit einzuräumen, in die Unterlagen ad hoc Einblick zu nehmen. Beanstandet der nicht geladene, aber erschienene Gläubiger den Mangel nicht, so ist hierin aber ein Verzicht zur Rüge zu sehen.

Der Planersteller bzw. das Gericht sollte, um Risiken zu vermeiden, im Vorfeld der Abstimmung klä- 51
ren, ob die anwesenden Gläubiger einen Abdruck des Plans oder die Zusammenfassung seines wesentlichen Inhalts erhalten haben. Sollte festgestellt werden, dass dies bei einzelnen Gläubigern nicht der Fall ist, sollte der Termin unterbrochen werden, um den Gläubigern die Möglichkeit der Erklärung zu geben, ob sie dem Verfahren trotzdem Fortgang gewähren wollen.

§ 236 Verbindung mit dem Prüfungstermin

¹Der Erörterungs- und Abstimmungstermin darf nicht vor dem Prüfungstermin stattfinden. ²Beide Termine können jedoch verbunden werden.

Übersicht	Rdn.		Rdn.
A. Satz 1	1	B. Satz 2	7

A. Satz 1

Wie auch schon der Zwangsvergleich nach altem Recht, kann auch ein Insolvenzplan nach der InsO 1
nur innerhalb gesetzlich vorgeschriebener zeitlicher Grenzen wirksam zustande kommen. So konnte nach der KO ein Zwangsvergleich frühestens nach dem allgemeinen Prüfungstermin abgeschlossen werden. Er war ausgeschlossen, wenn die Vornahme der Schlussverteilung bereits genehmigt worden war. Entsprechendes galt auch in der Gesamtvollstreckungsordnung gem. § 16 Abs. 2 GesO.

Der Grund, warum der Erörterungs- und Abstimmungstermin gem. § 236 InsO nicht vor dem Prü- 2
fungstermin stattfinden darf, liegt darin, dass auch bei einer einvernehmlichen Insolvenzbewältigung zwischen den Beteiligten vorab Klarheit über den Umfang und die Inhaberschaft angemeldeter Forderungen bestehen muss; hierzu müssen die Forderungen durch den Insolvenzverwalter geprüft wer-

den. Weiterhin muss auch das Stimmrecht der Gläubiger feststehen, bevor in die Entscheidungsphase über das Insolvenzplanverfahren eingetreten werden kann.

Aus diesem Grunde hat die Vorlage eines Insolvenzplans auch keinen Einfluss auf die Prüfung oder Feststellung der Insolvenzforderung im Allgemeinen; insbesondere macht sie weder die Prüfung noch die Feststellung der Forderungen entbehrlich (BT-Drucks. 12/2443 S. 206).

3 Die Ergebnisse des Prüfungstermins sind insbesondere bei komplexen Insolvenzsachverhalten eine wesentliche Grundlage, um die wirtschaftlichen Schwierigkeiten eines schuldnerischen Unternehmens und das Ausmaß seiner Verbindlichkeiten überhaupt überblicken und beurteilen zu können (BT-Drucks. 12/2443 S. 206); insbesondere auch deswegen, weil der Insolvenzverwalter meist nur unzureichende und unvollständige Buchhaltungsunterlagen vorfindet.

4 Meist ist im Vorfeld der Forderungsanmeldung und deren Prüfung vielfach nur die Angabe grober Schätzbeträge möglich, um die Höhe der Verbindlichkeiten zumindest ansatzweise beurteilen zu können. Erschwerend wirken sich dabei die oft nicht abschließenden Angaben des Schuldners anhand der eigenen Finanzbuchhaltung aus, so dass die angemeldeten und nach Prüfung durch den Verwalter auch festgestellten Forderungen die Kreditoren der Buchhaltung oft erheblich übersteigen. Außerdem kommen aufgrund der Wahl der Nichterfüllung gem. § 103 InsO und aufgrund der Beendigung von Vertragsverhältnissen durch den Insolvenzverwalter meist noch weitere Forderungen hinzu.

5 Insbesondere, wenn es sich um einen Fortführungsplan handelt, der die Sanierung des Unternehmens selbst zum Inhalt haben soll, ist die Kenntnis der Gesamtverbindlichkeiten, vor allem aber auch der Sicherungsrechte der Gläubiger, für den Erfolg eines Insolvenzplans unerlässlich.

Ohne eine zumindest ungefähre Vorstellung von den Verbindlichkeiten bzw. der Sicherheitenlage kann ein sinnvolles finanz- und/oder leistungswirtschaftliches Sanierungskonzept zur Gestaltung der Rechte der Beteiligten gem. den Anforderungen der §§ 1, 217 InsO kaum erstellt werden. Die Ergebnisse des Prüfungstermins bilden somit eine wichtige Grundlage für die Beurteilung der Frage, ob die im Plan vorgesehene Gestaltung der Rechte der Beteiligten im Einzelfall auch sachgerecht ist und dem Verfahren unter dem Gesichtspunkt der bestmöglichen Gläubigerbefriedigung angemessen ist.

6 Es zeigt sich, dass eine zeitliche Vorverlagerung des Erörterungs- und Abstimmungstermins vor den Prüfungstermin nicht möglich ist.

B. Satz 2

7 Sollte der allgemeine Forderungsprüfungstermin noch nicht stattgefunden haben, ist es möglich, diesen gem. § 236 Satz 2 InsO mit dem Erörterungs- und Abstimmungstermin zu verbinden. Im Gegensatz zu § 180 KO ist kein Antrag auf Verbindung der Termine mehr erforderlich. Insbesondere bei Kleininsolvenzen kann das Insolvenzgericht somit zur Verfahrensbeschleunigung die Verbindung der Termine anordnen.

8 Eine frühzeitige Erklärung des Planerstellers zur Frage der Terminverbindung bzw. eine Abstimmung mit dem Insolvenzgericht ist in der Praxis daher sinnvoll. Um die mit Satz 2 eröffnete Möglichkeit nutzen zu können, ist auch eine rechtzeitige Niederlegung des Insolvenzplans oder der Insolvenzpläne vor dem Prüfungstermin erforderlich.

Zur weiteren Verfahrensbeschleunigung kann im Einzelfall sogar eine Verbindung beider Termine mit dem Berichtstermin gem. § 29 Abs. 2 InsO stattfinden (BT-Drucks. 12/2443 S. 206). Dies bedeutet, dass nach dem Bericht des Insolvenzverwalters die Prüfung der Forderungen stattfinden und im Anschluss daran das Verfahren mittels Erörterungs- und Abstimmungstermin bereits wieder beendet werden kann.

In der Praxis wird der Anwendungsbereich für diese Mehrfachterminverbindung vor allem in den **9**
Fällen bestehen, in denen der Schuldner schon bei der Stellung des Antrags auf Eröffnung des Insolvenzverfahrens einen Insolvenzplan vorgelegt hat (BT-Drucks. 12/2443 S. 206).

Obwohl die Möglichkeit der Terminverbindung aus dem Blickwinkel der Verfahrensbeschleuni- **10**
gung durchaus zu begrüßen ist, ist diese jedoch meist sehr einfach gelagerten Insolvenzsachverhalten vorbehalten. Mittlere und größere Insolvenzen werden eine derartige Konzentration der wesentlichen Verfahrensabschnitte kaum zulassen; lediglich bei Übertragungsplänen könnte dies im Einzelfall denkbar sein.

Gerade im Bereich der Übertragungspläne, in welchem Handlungsoptionen des Verwalters oftmals **11**
nur für eine sehr begrenzte Zeitdauer bestehen, ist es möglich, dass – bei entsprechender Vorbereitung und Abstimmung mit den Gläubigern – im Anschluss an den Verwalterbericht bereits die abschließende Erörterung und Entscheidung über den Plan getroffen wird. Letztlich hängt diese Frage jedoch vom konkreten Einzelfall ab. Besteht die Gefahr, dass sich durch eine zeitliche Verzögerung aus verfahrensrechtlichen Gründen das Zeitfenster für eine erfolgreiche Eigensanierung mittels Insolvenzplan schließen kann, sind die gesetzlichen Möglichkeiten bestmöglich auszuschöpfen. Die vergangenen Jahre haben hierbei gezeigt, dass es die Insolvenzgerichte nicht an der nötigen Flexibilität mangeln lassen, um eine Verfahrensbeschleunigung zu ermöglichen (vgl. *Hingerl* ZInsO 2004, 232 [233]).

In der Praxis läuft die Verbindung meist derart ab, dass, nachdem der allgemeine Prüfungstermin mit **12**
Eröffnung des Verfahrens seitens des Gerichts bestimmt worden ist, nachträglich der Erörterungs- und Abstimmungstermin auf denselben Tag und dieselbe Stunde terminiert wird (vgl. *Uhlenbruck/Lüer/Streit* InsO, § 236 Rn. 2).

Im Beschluss über die Terminverbindung muss eindeutig klargestellt sein, dass der anberaumte Ter- **13**
min neben der Forderungsprüfung auch der Erörterung und Abstimmung über den Plan dient (vgl. das Beispiel einer Terminbestimmung bei *Uhlenbruck/Delhaes* Rn. 977). Der zeitliche Vorrang des Prüfungstermins bedeutet, dass der Erörterungs- und Abstimmungstermin frühestens drei Wochen, u.U. aber auch erst fünf Monate nach der Eröffnung des Insolvenzverfahrens stattfinden kann (vgl. §§ 28 Abs. 1 Satz 2, 29 Abs. 1 Nr. 2 HS 2 InsO).

§ 237 Stimmrecht der Insolvenzgläubiger

(1) ¹Für das Stimmrecht der Insolvenzgläubiger bei der Abstimmung über den Insolvenzplan gilt § 77 Abs. 1 Satz 1, Abs. 2 und 3 Nr. 1 entsprechend. ²Absonderungsberechtigte Gläubiger sind nur insoweit zur Abstimmung als Insolvenzgläubiger berechtigt, als ihnen der Schuldner auch persönlich haftet und sie auf die abgesonderte Befriedigung verzichten oder bei ihr ausfallen; solange der Ausfall nicht feststeht, sind sie mit dem mutmaßlichen Ausfall zu berücksichtigen.

(2) Gläubiger, deren Forderungen durch den Plan nicht beeinträchtigt werden, haben kein Stimmrecht.

Übersicht	Rdn.		Rdn.
A. **Allgemeines**	1	1. Geteiltes Stimmrecht	9
B. **Stimmrecht der Insolvenzgläubiger** . .	3	2. Mutmaßlicher Ausfall	13
I. Begriffsbestimmung	3	a) Allgemeines	13
II. Stimmrecht der nicht nachrangigen Insolvenzgläubiger	4	b) Mutmaßlicher Ausfall bei Unternehmensfortführung	18
III. Stimmrecht der nachrangigen Insolvenzgläubiger	7	C. **Absatz 2**	21
		I. Allgemeines	21
IV. Stimmrecht der absonderungsberechtigten Gläubiger	9	II. Nichtbeeinträchtigung	23

§ 237 InsO Stimmrecht der Insolvenzgläubiger

Literatur:
Bundesministerium der Justiz (Hrsg.), Erster Bericht der Kommission für Insolvenzrecht, 1985, S. 180; *Büttner* Wohin mit alten Plänen? – Das Problem der Überleitung laufender Planverfahren, ZInsO 2012, 2019.

A. Allgemeines

1 Die Entscheidung, ob ein Plan an die Stelle der gesetzlich geregelten Insolvenzabwicklung tritt, kann vom jeweiligen Planverfasser lediglich initiiert und vorbereitet werden. Die letztendliche Entscheidung über die Planannahme obliegt im Abstimmungstermin (§§ 235, 241 InsO) bzw. im Falle der schriftlichen Abstimmung (§ 242 InsO) jedoch einzig und alleine den beteiligten Gläubigern. Zur Planannahme ist es erforderlich, dass die nach §§ 235 ff. InsO gesetzlich festgelegte Mehrheit von Gläubigern zustimmt oder deren fehlende Zustimmung gem. § 245 InsO ersetzt wird.

2 Die Regelung des § 237 InsO steht in engem inhaltlichen Zusammenhang mit den Regelungen der §§ 238, 246 InsO; diesen Vorschriften ist gemeinsam, dass sie die Beteiligung rangmäßig unterschiedlicher Gläubiger hinsichtlich der Abstimmung über den Plan regeln. Insoweit wären die Stimmrechtsvorschriften im Planverfahren leichter verständlich, wenn der Gesetzgeber die §§ 237, 238 InsO zusammengefasst hätte.

B. Stimmrecht der Insolvenzgläubiger

I. Begriffsbestimmung

3 Die Insolvenzgläubiger werden nach den nicht nachrangigen Insolvenzgläubigern und den nachrangigen Insolvenzgläubigern unterschieden. Die Gruppe der nicht nachrangigen Gläubiger wurde im Vergleich zum überkommenen Recht erheblich erweitert, um die ehemals diversen Vorrechte einzelner Gläubiger abzuschaffen.

II. Stimmrecht der nicht nachrangigen Insolvenzgläubiger

4 Gem. § 237 Abs. 1 Satz 1 InsO wird bzgl. des Stimmrechts der Insolvenzgläubiger bei der Abstimmung über den Plan auf die Grundsätze für das Stimmrecht in der Gläubigerversammlung verwiesen. Dies bedeutet, dass angemeldete Forderungen, die weder vom Insolvenzverwalter noch von anderen stimmberechtigten Gläubigern in der Gläubigerversammlung bestritten worden sind, in ihrer Höhe auch ein uneingeschränktes Stimmrecht im Abstimmungstermin über den Plan gewähren. Ein Bestreiten durch den Schuldner ist für die Frage des Stimmrechts ohne Bedeutung. Die Regelung gilt entsprechend auch für aufschiebend bedingte Forderungen (BT-Drucks. 12/2443 S. 206).

5 Gläubiger, deren Forderungen bestritten worden sind, dürfen, auch wenn ihrerseits die Voraussetzungen zur Teilnahme am Abstimmungsverfahren vorliegen, nicht mit abstimmen, sofern nicht ihr Stimmrecht gem. § 77 InsO festgestellt wurde (*BMJ* [Hrsg.], 1. Bericht, S. 180). Wird keine Einigung über das Stimmrecht erzielt, so entscheidet das Insolvenzgericht. Ein Rechtsmittel gegen die Entscheidung des Insolvenzgerichts ist nicht vorgesehen und damit unzulässig, § 6 Abs. 1 InsO (vgl. auch HK-InsO/*Haas* § 237 Rn. 14; Braun/*Braun/Frank* InsO, § 237 Rn. 11).

6 Durch den Verweis in § 237 Abs. 1 Satz 1 InsO auf § 77 Abs. 1 Satz 1, Abs. 2 und 3 Nr. 1 InsO wird ein Gleichlauf der Stimmrechte in der Gläubigerversammlung und im Abstimmungstermin über den Plan herbeigeführt. Auf die Ausführungen zu § 77 InsO wird insoweit verwiesen.

III. Stimmrecht der nachrangigen Insolvenzgläubiger

7 Im Regelfall kommt eine Abstimmung nachrangiger Insolvenzgläubiger nicht in Betracht. Der Grund hierfür ist, dass die Vorschrift des § 246 InsO in den meisten Fällen die Zustimmung nachrangiger Insolvenzgläubiger gesetzlich fingiert und damit eine Spezialregelung hinsichtlich der »Abstimmung« dieser Gläubigergruppe darstellt.

Die Frage des Stimmrechts nachrangiger Insolvenzgläubiger stellt sich daher nur, wenn diese auf der Grundlage des Plans überhaupt eine quotale Befriedigung zu erwarten haben. Üblicherweise haben allerdings bereits die nicht nachrangigen Gläubiger erhebliche Vermögenseinbußen hinzunehmen, so dass eine quotale Befriedigung und damit eine Abstimmung nachrangiger Insolvenzgläubiger nicht in Betracht kommen. Ist die Gruppe der nachrangigen Insolvenzgläubiger ausnahmsweise doch in die Abstimmung mit einzubeziehen, so gelten hinsichtlich der Feststellung des Stimmrechts die Regelungen für die nicht nachrangigen Insolvenzgläubiger entsprechend (BT-Drucks. 12/2443 S. 206).

IV. Stimmrecht der absonderungsberechtigten Gläubiger

1. Geteiltes Stimmrecht

§ 237 Abs. 1 Satz 2 InsO regelt im Zusammenspiel mit § 238 InsO, dass absonderungsberechtigten Gläubigern ein geteiltes Stimmrecht im Abstimmungstermin über den Plan zusteht. § 237 Abs. 1 Satz 2 InsO gewährt dem Absonderungsgläubiger dann einen Stimmrechtsteil, wenn der Schuldner diesem persönlich haftet und dieser hinsichtlich der abgesonderten Befriedigung ausfällt oder – was selten der Fall ist – auf seine abgesonderte Befriedigung verzichtet hat.

Absonderungsberechtigte Gläubiger stehen dabei der Gruppe der ungesicherten, nicht nachrangigen Insolvenzgläubiger hinsichtlich ihres mutmaßlichen Ausfalls wirtschaftlich gleich; insoweit haben sie – in Höhe ihres jeweiligen wirtschaftlichen Ausfalls – auch entsprechend mit abzustimmen.

Zwar kommt ein Verzicht auf das Absonderungsrecht nur selten in Betracht, dafür aber erreicht der Wert des Absonderungsrechts oftmals nicht die Forderungshöhe, so dass die Wahrnehmung des geteilten Stimmrechts und damit eine doppelte Abstimmung dieser Gläubiger in Höhe der Gesamtforderung meist die Regel darstellt.

Absonderungsberechtigte Gläubiger, die ihre Forderung in vollem Umfang zur Tabelle anmelden können und nicht auf ihr Absonderungsrecht verzichten, haben in Höhe des mutmaßlichen Ausfalls ein Stimmrecht (siehe unten).

Falls der absonderungsberechtigte Gläubiger aber wegen seiner persönlichen Forderungen voll gesichert ist, scheidet eine Abstimmung in der Gruppe der nicht nachrangigen Insolvenzgläubiger aus (*BGH* BGHZ 31, 174).

Sollten die absonderungsberechtigten Gläubiger auf ihr Absonderungsrecht verzichten, steht ihnen ein volles an der Höhe der angemeldeten Insolvenzforderung orientiertes Stimmrecht zu, es sei denn, es wird ein Widerspruch erhoben (*Hess* KO, § 96 Rn. 2). Zum Verfahren der Stimmrechtsfestsetzung ausführlich und mit vielen Beispielen siehe *Nerlich/Römermann-Braun* InsO, § 237 Rn. 8–34.

2. Mutmaßlicher Ausfall

a) Allgemeines

Der Reformgesetzgeber hat in der InsO diverse Vorkehrungen getroffen, um zu verhindern, dass das insolvente Unternehmen zerschlagen wird, bevor Sanierungswürdigkeit und -fähigkeit überhaupt geprüft werden konnten.

Dies hat zur Folge, dass zum Zeitpunkt des Abstimmungstermins die Höhe des Ausfalls nur in den seltensten Fällen abschließend feststehen kann. Aus diesem Grund muss die Festlegung des Stimmrechts des absonderungsberechtigten Gläubigers in der Gruppe der Insolvenzgläubiger vorläufig nach dem mutmaßlichen Ausfall bestimmt werden.

Dieser mutmaßliche Ausfallbetrag richtet sich grds. allein nach den Angaben des Gläubigers, sofern weder der Insolvenzverwalter noch andere stimmberechtigte Gläubiger diesbezüglich widersprechen (*Kilger/Karsten Schmidt* KO, § 96 Rn. 1). Anders hingegen *Smid/Rattunde*, danach hat die Schätzung des mutmaßlichen Ausfalls gem. § 287 ZPO zu erfolgen (*Smid/Rattunde* § 237 Rn. 5).

14 Ohne die Höhe des Ausfalls nachweisen zu müssen, kann der Absonderungsgläubiger dann in Höhe des mutmaßlichen Ausfalls in der Gruppe der nicht nachrangigen Insolvenzgläubiger mit abstimmen.

15 Das Stimmrecht für streitige Forderungen wird in erster Linie durch die Einigung zwischen dem Verwalter und den in der Gläubigerversammlung erschienenen stimmberechtigten Gläubigern festgelegt. Widerspricht der Verwalter und/oder ein stimmberechtigter Gläubiger bzgl. der Höhe des angemeldeten Ausfalls und kommt eine Einigung nicht zustande, so entscheidet aufgrund des Verweises auf § 77 Abs. 2 InsO das Insolvenzgericht und setzt den mutmaßlichen Ausfall fest. Obgleich die Verpflichtung zur Festsetzung des mutmaßlichen Ausfalls in der InsO nicht explizit geregelt ist, ergibt sich dies durch den Verweis auf § 77 Abs. 2 InsO (BT-Drucks. 12/2443 S. 206). Im Übrigen kannte bereits das überkommene Recht gem. § 96 Abs. 1 KO, §§ 27 Abs. 1, 71 Abs. 3 VglO eine entsprechende Regelung.

16 In diesem Zusammenhang ist zu beachten, dass sich die Wirkung einer solchen Gerichtsentscheidung ausschließlich auf das Stimmrecht beschränkt und die materielle Berechtigung des Gläubigers im Einzelfall davon unberührt bleibt (BT-Drucks. 12/2443 S. 133). Außerdem wirkt die Entscheidung des Gerichts hinsichtlich der Stimmrechtsfestsetzung jeweils nur relativ gegenüber demjenigen, gegen den sie ergeht (vgl. *Jaeger/Weber* KO, § 96 Rn. 1; *Kilger/Karsten Schmidt* KO, § 96 Rn. 1). Die Entscheidung kann noch im Erörterungstermin verkündet werden, wobei sich die Wirkungen auf das Stimmrecht beschränken und nicht mit Rechtsmitteln anfechtbar sind (*BMJ* (Hrsg.), Erster Bericht der Kommission für Insolvenzrecht, S. 181).

17 Aufschiebend bedingte Forderungen sind in vollem Umfang stimmberechtigt, sofern der Bedingungseintritt nicht derart unwahrscheinlich ist, dass der Forderung kein gegenwärtiger Vermögenswert zukommt (*Uhlenbruck/Lüer/Streit* InsO, § 237 Rn. 11).

b) Mutmaßlicher Ausfall bei Unternehmensfortführung

18 Die Ermittlung des mutmaßlichen Ausfalls eines Absonderungsrechtes bereitet bereits im Fall einer Unternehmenszerschlagung Schwierigkeiten, im Falle einer Unternehmensfortführung ist sie jedoch noch wesentlich komplexer. Die endgültige Festlegung des mutmaßlichen Ausfalls erfolgt durch den Insolvenzplan. Bei der Ermittlung des mutmaßlichen Ausfalls gilt es insofern auch zu berücksichtigen, wie der Insolvenzplan ausgestaltet werden soll. Je nachdem, ob dieser eine Liquidation-, eine Übertragung- oder eine Fortführung des Unternehmens vorsieht, kann die Höhe des Ausfalls differieren.

Grundsätzlich überträgt sich dadurch die durch den Plan erstellte Prognose auch auf die Ermittlung des mutmaßlichen Ausfalls, so dass dieser ebenfalls mit den von der Prognose ausgehenden Unwägbarkeiten behaftet ist.

19 Der Planersteller sollte sich deshalb mit den betroffenen absonderungsberechtigten Gläubigern in Verbindung setzen, um eine Verständigung außerhalb des Erörterungstermins zu finden. Ohne eine entsprechende Vorbereitung kann die Höhe des mutmaßlichen Ausfalls im Erörterungstermin unnötige Diskussionen auslösen und die Abstimmung dadurch erschweren bzw. eventuell sogar unmöglich machen. Bei entsprechender Vorbereitung und Abstimmung im Vorfeld des Erörterungstermins lässt es sich meist weitgehend vermeiden, dass das Insolvenzgericht die Bestimmung des mutmaßlichen Ausfalls übernehmen muss.

20 Aufgrund der Neufassung des § 18 Abs. 1 Nr. 2 RPflG durch das Gesetz zur weiteren Erleichterung der Sanierung von Unternehmen vom 07.12.2011 (ESUG) ist eine Übertragung der Aufgaben im Insolvenzplanverfahren auf den Rechtspfleger ab dem 01.01.2013 nicht mehr möglich. Das gesamte Planverfahren bleibt dem Richter vorbehalten (vgl. *Büttner* ZInsO 2012, 2019). Dem Rechtspfleger kann somit auch die Entscheidung über die Gewährung des Stimmrechts nicht mehr übertragen werden. Die damit in der Vergangenheit verbundene Problematik der Anfechtbarkeit der Entscheidung des Rechtspflegers ist somit obsolet (s. hierzu noch 7. Aufl., § 237 Rn. 20).

C. Absatz 2

I. Allgemeines

§ 237 Abs. 2 InsO entspricht dem alten § 72 Abs. 1 VglO. Insolvenzgläubiger, deren Kapitalforderungen nach dem Plan nicht beeinträchtigt werden, bleiben bei der Abstimmung außer Betracht. Ihre Stimmen zählen weder für noch gegen den Plan oder die Pläne und haben deshalb auch keinen Einfluss auf die Mehrheitsbildung (vgl. *Bley/Mohrbutter* VglO, § 72 Rn. 1). Durch die Versagung eines Stimmrechts wird die Entscheidungsfindung über den Plan erleichtert und der Abstimmungstermin vereinfacht, was gerade bei Großinsolvenzen von Bedeutung ist. Nur diejenigen Gläubiger, die durch den Plan im Rahmen der Verlustgemeinschaft Vermögenseinbußen hinnehmen müssen, sind zur Abstimmung über den Plan aufgerufen. 21

Im Vergleichsverfahren über das Vermögen des Bankhauses I.D. Herstatt KGaA wurden aufgrund der mit § 237 Abs. 2 InsO fast identischen Regelung des § 72 Abs. 1 VglO ca. 30.000 von insgesamt 39.000 Guthabengläubigern aufgrund bankrechtlicher Sicherungssysteme voll befriedigt und mussten deshalb an der Abstimmung nicht beteiligt werden (vgl. *Bley/Mohrbutter* VglO, § 72 Rn. 1; *Künne* KTS 1975, 178 ff.). 22

II. Nichtbeeinträchtigung

Die Frage der Nichtbeeinträchtigung darf nicht extensiv ausgelegt werden. 23

Unstreitig haben ungesicherte Kleingläubiger kein Stimmrecht im Abstimmungstermin, sofern ein Insolvenzplan vorsieht, dass deren Kapitalforderungen in Gänze erfüllt werden sollen. Es fehlt somit die Beschwer dieser Gläubiger. Keine Anwendung findet die Regelung des § 237 Abs. 2 InsO allerdings auf Gläubiger, die zwar in voller Höhe ihrer Forderung aber erst bestimmte Zeit nach Bestätigung des Plans wirtschaftliche Befriedigung erfahren sollen. Derartige Gläubiger sind ebenfalls wirtschaftlich betroffen und deshalb stimmberechtigt (*Böhle-Stamschräder/Kilger* VglO, § 72 Rn. 2).

In Fällen einer Forderungskürzung liegt stets eine Beeinträchtigung vor. Dies galt im überkommen Recht auch im Falle einer angeordneten Stundung einer Forderung (vgl. *Bley/Mohrbutter* VglO, § 72 Rn. 13 f.). Dies ist für das Insolvenzplanverfahren nicht mehr zu bejahen, da aufgrund der wirtschaftlichen Betrachtungsweise des Insolvenzplans eine Aufrechterhaltung dieser Rechtsposition zu formal wäre. Entscheidend ist für den Gläubiger nicht, ob eine Verzögerung eintritt, sondern ob im Rahmen der Gesamtbetrachtung der Plan in die Forderung eingreift. Eine Verzögerung selbst ist jedoch kein Planeingriff (*Nerlich/Römermann-Braun* InsO, § 237 Rn. 36; *Kübler/Prütting/Bork-Pleister* InsO, § 237 Rn. 15; HK-InsO/*Haas* § 237 Rn. 9). Zu diesem Ergebnis ist auch das LG Traunstein in seiner Entscheidung zu § 245 InsO gekommen (s.a. hierzu ausf. § 245 Rdn. 19 ff., 47). 24

§ 238 Stimmrecht der absonderungsberechtigten Gläubiger

(1) ¹Soweit im Insolvenzplan auch die Rechtsstellung absonderungsberechtigter Gläubiger geregelt wird, sind im Termin die Rechte dieser Gläubiger einzeln zu erörtern. ²Ein Stimmrecht gewähren die Absonderungsrechte, die weder vom Insolvenzverwalter noch von einem absonderungsberechtigten Gläubiger noch von einem Insolvenzgläubiger bestritten werden. ³Für das Stimmrecht bei streitigen, aufschiebend bedingten oder nicht fälligen Rechten gelten die §§ 41, 77 Abs. 2, 3 Nr. 1 entsprechend.

(2) § 237 Abs. 2 gilt entsprechend.

Übersicht	Rdn.		Rdn.
A. Vorbemerkung	1	III. Umfang der Erörterung	7
B. Absatz 1 Satz 1	2	C. Absatz 1 Satz 2 und 3	8
I. Grundsatz	2	D. Absatz 2	9
II. Zweck der Regelung	4		

A. Vorbemerkung

1   Die Regelung des § 238 InsO enthält gegenüber § 237 InsO lediglich in Abs. 1 Satz 1 durch die Aussage, dass die Rechtsstellung absonderungsberechtigter Gläubiger einzeln zu erörtern ist, neuen Informationsgehalt. Ansonsten stimmt die Norm inhaltlich mit § 237 Abs. 1 Satz 1 InsO überein. Die Regelung über das Stimmrecht der absonderungsberechtigten Gläubiger wäre insoweit leichter verständlich, wenn sie innerhalb einer Norm geregelt worden wäre; dies insbesondere gilt für das Verständnis des geteilten Stimmrechts der absonderungsberechtigten Gläubiger im Abstimmungstermin.

B. Absatz 1 Satz 1

I. Grundsatz

2   Nach § 238 Abs. 1 Satz 1 InsO sind, sofern die Rechtsstellung absonderungsberechtigter Gläubiger durch den Plan berührt wird, die Rechte dieser Gläubiger einzeln zu erörtern. Wie bzw. in welchem Umfang dies zu erfolgen hat, ist allerdings nicht geregelt.

3   Für die Festsetzung des Stimmrechts ist von den Absichten auszugehen, die mit dem vorgelegten Plan verfolgt werden. Die Wertbestimmung im Rahmen des § 238 InsO hängt somit maßgeblich von dem Schicksal ab, das dem Gegenstand des Absonderungsrechtes im Insolvenzverfahren zugedacht ist. Sieht der Plan den Verkauf vor, ist der geschätzte Verkaufserlös anzusetzen. Geht der Plan von der Fortführung des Unternehmens aus, so ist sein fiktiver Going-Concern-Wert anzusetzen. Spielt der Gegenstand in mehreren Plänen eine Rolle, muss der Wert jeweils gesondert bestimmt werden (ausf. HK-InsO/*Haas* § 238 Rn. 7).

II. Zweck der Regelung

4   Für die Einzelerörterung der Absonderungsrechte gibt es mehrere Gründe. Zum einen ist es für alle Gläubiger bedeutsam, vor der Abstimmung über den Plan Kenntnis darüber zu erhalten, welche Absonderungsrechte vorliegen bzw. wie deren Art und Umfang im Einzelfall zu qualifizieren ist. Zum anderen ist von Interesse, welche Zugeständnisse seitens der absonderungsberechtigten Gläubiger möglicherweise gemacht werden, um den Plan, z.B. durch die teilweise Freigabe von Sicherheiten, zu unterstützen.

Ein weiterer wichtiger Zweck der Einzelerörterung ist die abschließende Klärung etwaiger Sicherheitenkollisionen vor Abstimmung über den Plan, wenn von mehreren Gläubigern Absonderungsrechte an denselben Gegenständen geltend gemacht werden.

5   Können derartige Sicherheitenkollisionen – gerade im Hinblick auf die jeweils prioren Rechte – im Erörterungstermin nicht geklärt werden, so kann auch der Abstimmungstermin nicht im Anschluss an den Erörterungstermin stattfinden. Stattdessen muss zunächst die dingliche Sicherheitenlage der Beteiligten abschließend geklärt werden, um anschließend einen gesonderten Abstimmungstermin einzuberufen.

6   Hinsichtlich der Erörterungspflicht ist zu beachten, dass u.U. auch nur ein Teil des Stimmrechts bestritten wird. Beispielsweise kann die Wirksamkeit der Sicherungsübereignung nur einzelner Waren eines Warenlagers und damit ein Teil des Stimmrechts angezweifelt werden. Auch aus diesem Grunde ist die Erörterung von Wichtigkeit, um sich hinsichtlich des Teilstimmrechts einigen zu können.

III. Umfang der Erörterung

7   Der Umfang der Einzelerörterung ist abhängig vom jeweiligen Sicherungsrecht. Im Regelfall ist der Rechtsgrund des Sicherungsrechts, insbesondere die Frage des wirksamen Bestehens des Absonderungsrechts, zu erörtern (vgl. *Bley/Mohrbutter* VglO, §§ 70, 71 Rn. 6–10).

Weiterhin ist festzustellen, in welchem Umfang den absonderungsberechtigten Gläubigern bereits Stimmrechte nach § 237 InsO zukommen, um sicherzustellen, dass das geteilte Stimmrecht nicht zu einer Vermehrung der Stimmrechte insgesamt führt.

C. Absatz 1 Satz 2 und 3

Hinsichtlich dieser Regelungen wird auf die Ausführungen zu § 237 InsO verwiesen. 8

D. Absatz 2

Durch den Verweis auf die Regelungen des § 237 Abs. 2 InsO wird klargestellt, dass, sofern schon 9 kein Stimmrecht des Absonderungsgläubigers aufgrund der Regelungen des Insolvenzplanes besteht, selbstverständlich auch keine Erörterungspflicht hinsichtlich der Rechtsstellung dieses Gläubigers besteht.

Aus diesem Grund ist im Vorfeld der Erörterung abschließend zu klären, ob und wie die Rechtsstel- 10 lungen absonderungsberechtigter Gläubiger durch den Plan berührt werden. Auch hierzu ist eine vorherige Abstimmung mit den absonderungsberechtigten Gläubigern sinnvoll.

§ 238a Stimmrecht der Anteilsinhaber

(1) ¹Das Stimmrecht der Anteilsinhaber des Schuldners bestimmt sich allein nach deren Beteiligung am gezeichneten Kapital oder Vermögen des Schuldners. ²Stimmrechtsbeschränkungen, Sonder- oder Mehrstimmrechte bleiben außer Betracht.

(2) § 237 Absatz 2 gilt entsprechend.

Literatur:
Hölzle Praxisleitfaden ESUG, 2. Aufl. 2014, S. 127 f.; *Lang/Muschalle* Suhrkamp-Verlag – Rechtsmissbräuchlichkeit eines rechtmäßig eingeleiteten Insolvenzverfahrens?, NZI 2013, 953; *Meyer* Vorrang des Insolvenzrechts vor dem Gesellschaftsrecht? Überlegungen zur Position des Minderheitsgesellschafters im Schutzschirmverfahren, ZInsO 2013, 2361; *Schäfer* Insolvenzplan als Lösungsmittel für Mehrheits-/Minderheitskonflikte? – Lehren aus dem Fall Suhrkamp, ZIP 2013, 2237; *Spliedt* Insolvenz der Gesellschaft ohne Recht der Gesellschaft?, ZInsO 2013, 2155; *Stöber* Strukturmaßnahmen im Insolvenzplanverfahren und gesellschaftsrechtliche Treuepflicht – der Fall Suhrkamp, ZInsO 2013, 2457; *Thole* Treuepflicht-Torpedo? Die gesellschaftsrechtliche Treuepflicht im Insolvenzverfahren, ZIP 2013, 1937.

Die durch das Gesetz zur weiteren Erleichterung der Sanierung von Unternehmen (ESUG) vom 1 7. Dezember 2011 geschaffene Möglichkeit, Anteils- und Mitgliedschaftsrechte am Schuldner in das Planverfahren einzubeziehen (§§ 217 Satz 2, 225a InsO), wird dadurch begleitet, dass die betroffenen Anteilsinhaber ein Stimmrecht über den Plan erhalten.

Hierzu regelt Abs. 1 Satz 1 des § 238a InsO, dass sich das Stimmrecht der Anteilsinhaber aus- 2 schließlich nach der Höhe ihrer Beteiligung am gezeichneten Kapital des Schuldners oder dessen Vermögen richtet. Jedoch bleiben nach Abs. 1 Satz 2 Stimmrechtsbeschränkungen, Mehrstimmrechte oder Sonderstimmrechte außer Betracht. Dies hat zur Folge, dass die Stimmrechte der Anteilsinhaber im Planverfahren folglich nicht zwangsläufig mit ihren gesellschaftsrechtlichen Stimmrechten übereinstimmen.

Da nach Auffassung des Gesetzgebers dem jeweiligen Anteilsrecht im Insolvenzverfahren ausschließ- 3 lich noch im Hinblick auf die Kapitalbeteiligung Bedeutung zukommt, ist zur Bestimmung des Stimmrechts bei Kapitalgesellschaften allein auf den Anteil am eingetragenen Haftkapital abzustellen (RegE Drucks. 17/5712, S. 33). Folglich sind etwa stimmrechtslose Vorzugsaktien bei der Abstimmung über den Insolvenzplan zu beteiligen, der begünstigende Vorzug fällt weg (RegE Drucks. 17/5712, S. 33).

Jaffé

4 Fraglich ist, ob der Gesetzgeber durch die Regelung in Abs. 1 auch ein Stimmverbot ausgeschlossen hat, das aus dem gesellschaftsrechtlichen Treueverhältnis herrührt. Das *LG Frankfurt/M.* verneint dies (Urt. v. 10.09.2013 n. r., ZInsO 2013, 2015; hierzu *Hölzle* EWiR 2013, 589). Im entschiedenen Fall versuchte ein Mehrheitsgesellschafter durch ein von ihm initiiertes Schutzschirmverfahren und dem dabei von ihm vorgelegten Plan den bestehenden gesellschaftsrechtlichen Einfluss des Minderheitsgesellschafters zu beschneiden. Dieses treuwidrige Verhalten des Mehrheitsgesellschafters führte nach Ansicht des LG Frankfurt/M. dazu, dass dieser nicht für die Annahme des Plans stimmen durfte (so auch *Fölsing* ZInsO 2013, 2021 [2022]). Das OLG Frankfurt/M. hob die Entscheidung des LG Frankfurt/M. wegen fehlenden Rechtsschutzbedürfnisses als unzulässig auf (s. Rdn. 6), stellte dabei am Rande jedoch klar, dass in das durch das ESUG geschaffene Kompetenzgefüge nicht unter Geltendmachung einer vermeintlichen gesellschaftsrechtlichen Treuepflicht eingegriffen werden dürfe. Denn die Treuepflicht bezwecke allein die Existenz- und Funktionsfähigkeit des Verbandes selbst, solange die Zweckerfüllung möglich und die Gesellschafter zur Zweckförderung durch den Gesellschaftsvertrag verpflichtet sind. Die Interessen des Minderheitsgesellschafters seien ausschließlich beim Obstruktionsverbot (§ 245 InsO), beim Minderheitenschutzantrag (§ 251 InsO) und bei der Beschwerde gem. § 253 InsO zu berücksichtigen (*OLG Frankfurt/M.* Beschl. v. 01.10.2013, ZIP 2013, 2018 [2020]; hierzu *Bähr/Schwartz* EWiR 2013, 753 sowie *Spliedt* ZInsO 2013, 2155; ebenso abl. *Thole* ZIP 2013, 1937 [1943]).

Gegen die Beachtlichkeit eines aus dem Gesellschaftsrecht folgenden Stimmverbots spricht in der Tat, dass nach dem Wortlaut des § 238a Abs. 1 InsO die Stimmrechte bzw. Stimmrechtsbeschränkungen aus dem gesellschaftsrechtlichen Innenverhältnis keinen Einfluss auf das Stimmrecht im Insolvenzplanverfahren haben. § 238a Abs. 1 InsO ordnet vielmehr eine strikte Trennung zwischen Insolvenz- und Gesellschaftsrecht an. Insofern kritisiert *Hölzle* zu Recht, dass eine Derogation des Stimmverhaltens innerhalb der Gruppe der Gesellschafter durch die gesellschaftsrechtliche Treuepflicht dogmatisch nicht begründbar ist (*Hölzle* EWiR 2013, 589 [590]; *ders.* Praxisleitfaden ESUG, 2. Aufl., S. 127 f.). *Meyer* geht zwar davon aus, dass die Treuepflicht im Insolvenzverfahren nicht vollständig suspendiert ist, hält sie aber auch durch insolvenzrechtliche Spezialregeln überlagert (ZInsO 2013, 2361 [2367]). Hiervon abgesehen könne ein Minderheitsgesellschafter aufgrund des regelmäßigen Vergleichsmaßstabes der Liquidation durch die Zustimmung des Mehrheitsgesellschafters zum Plan nicht schlechter gestellt werden. Folglich stelle die Zustimmung schon keine Treuepflichtverletzung dar.

Folgt man der dargestellten Auffassung, so muss der Schutz des Minderheitsgesellschafters konsequenterweise zu einem früheren Zeitpunkt gesucht werden, nämlich bereits im Antragsverfahren durch Ablehnung missbräuchlicher Anträge (vgl. *Thole* ZIP 2013, 1937 [1944]).

Im Übrigen ist, unabhängig von der Kritik an der Entscheidung des LG Frankfurt/M. v. 10.09.2013 zu beachten, dass der durch das Stimmverbot des Mehrheitsgesellschafters angestrebte Schutz des Minderheitsgesellschafters noch am Obstruktionsverbot des § 245 InsO scheitern kann, wenn der Minderheitsgesellschafter durch den Plan nicht zusätzlich schlechter gestellt wird.

5 Bis zu einer höchstgerichtlichen Entscheidung wird das seit Inkrafttreten des ESUG ohnehin stark aufgeladene Spannungsfeld zwischen Gesellschafts- und Insolvenzrecht an dieser Stelle besonders kritisch bleiben. Denn eine beachtliche Gegenmeinung in der Literatur stützt die Auffassung des LG Frankfurt/M. (u.a. *Schäfer* ZIP 2013, 2237; *Spliedt* ZInsO 2013, 2155; *Fölsing* ZInsO 2013, 2115; *ders.* ZInsO 2013, 2021; *Stöber* ZInsO 2013, 2457). So geht beispielsweise *Schäfer* (ZIP 2013, 2237 [2240]) ebenfalls davon aus, dass ein Eingriff in die Rechte der Minderheitsgesellschafter unter dem Vorbehalt steht, dass die Mehrheit nicht ihre Treubindung gegenüber der Minderheit verletzt. Die gesellschaftsrechtliche Treuepflicht könne nicht durch die insolvenzrechtliche Aufopferungspflicht abgelöst sein, da letztere unter dem Vorbehalt steht, dass weder die Verfahrenseröffnung selbst noch einzelne gesellschaftsrechtliche Maßnahmen im Insolvenzplan als treuwidrig anzusehen sind. Hieraus folge auch, dass es für die Minderheit einen effektiven Rechtsschutz geben müsse, mit der sie die Treubindung der Mehrheit durchsetzen kann. Im Übrigen stehe die Aufopferungspflicht unter der Prämisse der faktischen Wertlosigkeit der Gesellschaftsanteile, was bisher in der Literatur

viel zu vorschnell angenommen worden ist. Ebenso sehen auch *Spliedt* und *Stöber* die Notwendigkeit, die Einhaltung der auch im Insolvenzverfahren fortbestehenden Treuepflicht durch ein paralleles zivilgerichtliches Verfahren, möglichst auch über den einstweiligen Rechtsschutz, durchsetzen zu können. Denn die insolvenzgerichtliche Prüfung im Rahmen der Planbestätigung, vor allem die Prüfung des § 250 Nr. 1 und Nr. 2 InsO, erfasse die gesellschaftsrechtliche Treuepflicht nicht und der durch §§ 251, 253 InsO vermittelte Minderheitenschutz sei höchst rudimentär.

Die Entscheidung des *OLG Frankfurt/M.* (Beschl. v. 01.10.2013, ZIP 2013, 2018 [2021]) stellt hingegen ganz klar, dass es nach seiner Auffassung mit den insolvenzplanrechtlichen Regelungen der InsO nicht zu vereinbaren ist, »es einzelnen Beteiligten (hier den Anteilsinhabern) zu gestatten, außerhalb des Insolvenzverfahrens Entscheidungen anderer Gerichte zu erwirken, in denen diese selbstständig bestimmte Vorfragen, deren Beantwortung in die Zuständigkeit des Insolvenzgerichts fällt, nämlich die Zulässigkeit des Insolvenzverfahrens und einzelner Verfahrenshandlungen (...), zu klären hätten« (unter Berufung auf *BGH* Urt. v. 15.11.2012, MDR 2013, 736 Rn. 12; zust. *Thole* ZIP 2013, 1937 [1941]; *Lang/Muschalle* NZI 2013, 953; *Meyer* ZInsO 2013, 2361 [2366]). Denn die Zulassung derartiger Rechtsschutzbegehren würde die Insolvenzordnung und die in ihr vorgesehenen gerichtlichen Rechtsschutzmöglichkeiten unterlaufen (vgl. *BVerfG* Beschl. v. 17.10.2013, NZI 2013, 1072). Es sei den Verfahrensbeteiligten daher mangels Rechtsschutzbedürfnis nicht möglich, im Wege des einstweiligen Rechtsschutzes auf den Verfahrensablauf Einfluss zu nehmen, insbesondere ist es den Anteilsinhabern verwehrt, durch eine einstweilige Verfügung auf die Ausübung des Stimmrechts eines anderen Anteilsinhabers bei der Abstimmung über den Insolvenzplan einzuwirken (**a.A.** *Schäfer* ZIP 2013, 2037 [2043]; *Spliedt* ZInsO 2013, 2155; *Fölsing* ZInsO 2013, 2115; *Stöber* ZInsO 2013, 2457 [2465]). 6

Während Absatz 1 den Umfang des Stimmrechts der Anteilsinhaber regelt, stellt Absatz 2 mit Blick auf § 225 Abs. 1 InsO und unter Verweisung auf § 237 Abs. 2 InsO klar, dass das Bestehen eines Stimmrechts der Anteilsinhaber davon abhängt, dass nach dem Plan in die Anteils- und Mitgliedschaftsrechte der am Schuldner beteiligten Personen eingegriffen werden soll. Anderenfalls sind die Anteilsinhaber von der Abstimmung über den Plan ausgeschlossen. 7

§ 239 Stimmliste
Der Urkundsbeamte der Geschäftsstelle hält in einem Verzeichnis fest, welche Stimmrechte den Beteiligten nach dem Ergebnis der Erörterung im Termin zustehen.

Die Regelung des § 239 InsO entspricht dem ehemaligen § 71 Abs. 4 VglO. 1

Die Stimmliste basiert in erster Linie auf dem Gläubigerverzeichnis. Darüber hinaus muss die Stimmliste um die Stimmrechte der Anteilsinhaber ergänzt werden, sofern diesen wegen eines Eingriffs in ihre Anteils- und Mitgliedschaftsrechte durch den vorgelegten Plan ein Stimmrecht gem. § 238a InsO zusteht. Der Urkundsbeamte der Geschäftsstelle hat nach der Erörterung einer jeden Forderung in einem Verzeichnis zu vermerken, ob, von wem und in welchem Umfang die Rechte von Gläubigern bestritten worden sind (*Hess* InsO, § 239 Rn. 4). Dieser Vermerk ist zwingend erforderlich, da nur der Bestreitende selbst seinen Widerspruch zurücknehmen kann (*Bley/Mohrbutter* VglO, §§ 70, 71 Rn. 14). Insoweit müssen die Ergebnisse der Erörterung auch aus Beweis- und Dokumentationszwecken festgehalten werden.

Mit der Festlegung des Stimmrechts kann dann die Zuordnung zu der jeweiligen Gruppe im Rahmen des Abstimmungsverfahrens erfolgen (*Kübler/Prütting/Bork-Pleister* InsO, § 239 Rn. 4; *Hess* InsO, § 239 Rn. 2–3). Gelingt es nicht die Stimmrechte der Gläubiger festzustellen, so kann auch keine Abstimmung über den Plan erfolgen. 2

Es sei erwähnt, dass die Erweiterung der funktionellen Zuständigkeit des Urkundsbeamten darauf zurückzuführen ist, dass dieser neben der Eintragung der gem. §§ 263, 267 Abs. 3 und 277 Abs. 3 InsO erforderlichen Vermerke auch für die Eintragung der Verfügungsbeschränkungen des Ermitt- 3 lungsverfahrens (§§ 21 Abs. 2 Nr. 2, 23 Abs. 3 InsO) verantwortlich ist (*Kübler/Prütting* Anm. zu Art. 24 EGInsO).

4 Zum Muster einer Stimmliste siehe BK-InsO/*Haas* § 239 Rn. 1.

Ein mit dem zutreffenden Prüfungsergebnis nicht korrespondierender Vermerk in der Stimmliste ist berichtigungsfähig (*OLG Nürnberg* JW 1931, 2157; *OLG Hamm* Rpfleger 1965, 78; *Kilger/K. Schmidt* KO/VglO/GesO, § 145 KO, 4; *Hess* InsO, § 239 Rn. 6).

5 In der Praxis wird von den Insolvenzgerichten erwartet, dass der Insolvenzverwalter die Stimmliste vorbereitet, damit der Abstimmungstermin reibungslos durchgeführt werden kann. Hierzu gehört neben einer Stimmliste in Papierform bei größeren Verfahren auch die Mitverfolgung der Abstimmung durch ein entsprechendes EDV-Programm, damit die Ergebnisse ohne Zeitverlust verifiziert werden können. Bei Großverfahren ist der damit einhergehende Aufwand durchaus mit einer Hauptversammlung einer börsennotierten Gesellschaft vergleichbar.

§ 240 Änderung des Plans

¹Der Vorlegende ist berechtigt, einzelne Regelungen des Insolvenzplans auf Grund der Erörterung im Termin inhaltlich zu ändern. ²Über den geänderten Plan kann noch in demselben Termin abgestimmt werden.

Übersicht

	Rdn.		Rdn.
A. Satz 1	1	III. Grenze der »Nachbesserung«	5
I. Zweck der Regelung	1	B. Satz 2	14
II. Zuständigkeit	3		

A. Satz 1

I. Zweck der Regelung

1 Die Änderungsmöglichkeit des Plans auf Grund dessen Erörterung soll den Planersteller in die Lage versetzen, auf Widerstände oder Einwände der Gläubiger noch im Termin flexibel reagieren zu können, so dass ein Scheitern des Plans abgewendet werden kann. Somit handelt es sich bei dem gem. § 234 InsO niedergelegten Plan nicht immer um dessen endgültige Fassung.

2 In der Praxis ist es durchaus üblich, dass ein Plan überhaupt erst durch geringe Änderungen mehrheitsfähig wird, während er ohne diese Änderungen scheitern würde. Dies liegt oftmals an gruppenpsychologischen Gründen im Abstimmungstermin. Hier kann ein Nachgeben in einer eher unwichtigen Frage nötig sein, um wesentliche Kernaussagen erst umsetzen zu können.

II. Zuständigkeit

3 Das Recht zur Planänderung steht ausschließlich dem Planvorlegenden zu. Es ist Ausfluss seines Planinitiativrechts. Andere Personen, einschließlich der anderen zur Planvorlage Berechtigten, dürfen keinerlei Änderungen am Plan vornehmen. Könnten andere Personen als die planvorlageberechtigten eine Planänderung bestimmen, würde dies eine Umgehung des enumerativen Planinitiativrechtes bedingen.

4 Der Planvorlegende ist auch dann zur Planänderung berechtigt, wenn die Gläubiger im Erörterungstermin mehrheitlich dagegen sind. Die Gläubiger haben keinen Anspruch darauf, dass der Plan in der Gestalt, in der er niedergelegt wurde, auch zur Abstimmung gelangt.

III. Grenze der »Nachbesserung«

5 Die Änderung des Plans im Erörterungstermin stellt im Regelfall eine Art »Nachbesserung« dar. Die Planänderung dient als ultima ratio, um ein Scheitern des Plans zu verhindern; Zugeständnisse an

bestimmte Gläubiger sind hinzunehmen, um eine Zustimmung im Abstimmungstermin zu erreichen.

Das Planänderungsrecht gem. § 240 InsO darf jedoch nicht als Ersatz für eine Auseinandersetzung des Planerstellers mit den Gläubigern missverstanden werden; diese muss grds. im Vorfeld der Planniederlegung angesetzt werden, um eine Planakzeptanz weitestgehend vor dem Erörterungstermin zu erreichen. 6

Hierbei muss berücksichtigt werden, dass der Erfolg eines zur Abstimmung gestellten Plans in großem Maße auch davon abhängig ist, Diskussions- und Streitbedarf im Erörterungstermin zu vermeiden. Kommen erst umfangreichere Diskussionen über einzelne Regelungsinhalte auf, so wird dadurch vielfach eine Eigendynamik ausgelöst, deren Auswirkungen auf den Plan nicht mehr kalkulierbar sind.

Aus diesem Grund sollte die Nachbesserung nach § 240 InsO nur dazu dienen, in begrenzter Weise auf Geschehnisse im Erörterungstermin reagieren zu können. Sie stellt aber keinesfalls ein Instrument dar, um massiven Widerständen der Gläubiger im Erörterungstermin mit hektischen Planänderungen zu begegnen.

Für den Schuldner hat die Regelung des § 240 InsO – soweit er den Plan vorgelegt hat – eine darüber hinausgehende erhebliche Bedeutung. Misslingt einem planvorlegenden Schuldner die Durchsetzung seines Plans in einem Anlauf, verliert er meist jede Möglichkeit, eine einvernehmliche Insolvenzbewältigung auf der Grundlage seiner eigenen Vorstellungen realisieren zu können. Denn auf Grund der Regelung des § 231 Abs. 2 InsO wird dem Schuldner nur in Ausnahmefällen zugestanden, einen zweiten Versuch zur Vorlage eines Plans zu unternehmen, um einer etwaigen Verfahrensverschleppung entgegenzutreten. 7

In welchem Umfang Planänderungen zulässig sind, ist nicht geregelt. Diese fehlende Definition einer rechtlichen Grenze im Gesetz macht die Planänderung im Termin insofern problematisch. Gefordert wird zum Teil, dass der Plan im »Kern« erhalten bleiben muss. Da aber auch dies keine allgemein gültige Definition ist, muss stets im Einzelfall nach der Gesamtkonzeption des Plans und des jeweiligen Insolvenzsachverhaltes entschieden werden (vgl. MüKo-InsO/*Hintzen* § 240 Rn. 8 f.). 8

Ausgeschlossen von einer Änderung ist jedenfalls ein Übergang von einem Insolvenzplantypus zu einem anderen, z.B. von einem Liquidationsplan in einen Sanierungsplan (vgl. *Kübler/Prütting/Bork-Pleister* InsO, § 240 Rn. 3, 7). Auch eine Veränderung der Abstimmungsgruppen wird meist als zu wesentlich angesehen. Selbiges gilt für alle Änderungen, welche gesicherte Rechtspositionen einzelner Gläubiger oder die durch den Plan einzelnen Gläubigern zugewiesenen Rechte und Ansprüche berühren.

In der Kommentarliteratur ist es umstritten, wie die Grenzen der Planänderung genau zu definieren sind. *Flessner* ist unter Verweis auf die Begründung des Regierungsentwurfes der Auffassung, dass die Vorschrift des § 240 Satz 1 InsO als Ausnahmeregelung restriktiv ausgelegt werden muss. Als Argument wird der Sinn und Zweck des § 235 Abs. 3 Satz 2 InsO herangezogen. Wäre es dem Planersteller beliebig möglich, im Abstimmungstermin den Plan zu ändern, wäre es nicht erforderlich, den Beteiligten eine Zusammenfassung des Plans im Vorfeld zu übersenden, damit sich diese vorbereiten können (HK-InsO/*Haas* § 240 Rn. 5). 9

Gänzlich ausgeschlossen sind nach dieser Auffassung Änderungen, die in Rechte von Beteiligten eingreifen, die durch den ursprünglichen Plan nicht beeinträchtigt wurden. Diese Beteiligten haben kein Stimmrecht (§§ 237 Abs. 2, 238 Abs. 2 InsO) und deshalb auch keinen Anlass, an der Erörterung des Plans überhaupt teilzunehmen. Sollen aufgrund derart gravierender Änderungen die nunmehr Beteiligten in das Verfahren einbezogen werden, müssen diese mit einem Abdruck des Änderungsvorschlages analog des § 235 Abs. 3 Satz 2 InsO geladen werden. Das Gericht muss den Erörterungstermin auf alle Fälle vertagen (HK-InsO/*Haas* § 240 Rn. 6). 10

11 *Braun* sieht die Änderungsmöglichkeiten des Plans im Termin großzügiger. Er betont die Bedeutung des Erörterungs- und Abstimmungstermins als Forum der Gläubiger, des Verwalters und ggf. des Schuldners im Ringen um die von § 1 Abs. 1 1. HS InsO abweichende, unterstellt bessere, Lösung für die Gläubiger, wozu die Anpassungsmöglichkeit des Plans erforderlich ist. Die absolute Grenze der Änderungsmöglichkeit ist nach dieser Auffassung die Möglichkeit der Verfahrensverschleppung, so dass es zwingend erforderlich ist, dass über den geänderten Plan noch im selben Termin abgestimmt werden kann (*Nerlich/Römermann-Braun* InsO, § 240 Rn. 2).

12 Der Zulässigkeitsmaßstab für eine Planänderung ist nach dieser Auffassung zum einen der Grundsatz des fairen Verfahrens und zum anderen der Grundsatz der Übersichtlichkeit des Plans. Eine Planänderung ist dann ausgeschlossen, wenn die Planstruktur aufgelöst wird, oder wenn die Übersichtlichkeit bzw. die Nachvollziehbarkeit und damit die Möglichkeit der sachgerechten Ausübung der Rechte der Beteiligten erschwert wird.

Damit sind vor allem Änderungen, die dazu führen, dass ein durchschnittlicher Verfahrensbeteiligter nicht mehr in der Lage ist, unschwer zu erkennen, welche Auswirkungen die Änderungen auf seine Stellung haben, unzulässig (*Nerlich/Römermann-Braun* InsO, § 240 Rn. 8; *Braun/Uhlenbruck* Unternehmensinsolvenz, S. 633 ff.; *Schiessler* Insolvenzplan, S. 145).

13 In der Insolvenzplanpraxis stellt sich die Änderung des Plans im Termin nicht nur als rechtliches, sondern vor allem auch als verfahrenspsychologisches Problem dar. Erfahrungsgemäß sind Gläubiger, aber auch deren anwaltliche Vertreter, durch Planänderungen im Abstimmungstermin oftmals überfordert und tendieren deshalb zur Blockade; dies umso mehr, wenn es sich um einen Schuldnerplan handelt. Anwaltliche Vertreter von nicht anwesenden Gläubigern lassen sich deshalb vielfach dahingehend ein, nicht berechtigt zu sein, über einen anderen als den vorgelegten Plan abzustimmen.

Die Emotionalität der Beteiligten darf nicht unterschätzt werden, so dass bereits kleine Änderungen der Plansymmetrie zu schwer kalkulierbaren Auswirkungen führen können. Der Planersteller muss abwägen, ob die beabsichtigte Planänderung die Eingehung dieser Risiken wert ist und sollte sich auf alle Fälle im Abstimmungstermin an das Änderungsproblem herantasten, um zu vermeiden, dass sich Gläubiger bzw. deren Vertreter überrumpelt fühlen.

B. Satz 2

14 Hat der Planvorlegende auf der Grundlage der Erörterungsergebnisse den Plan geändert, kann gem. Satz 2 grds. noch im selben Termin über den geänderten Plan abgestimmt werden.

Sofern die Änderungen nicht zugelassen werden und sich der Planverfasser weigert, diese zurückzunehmen, stellt das Gericht den unveränderten Plan zur Abstimmung. Ein selbstständiges Rechtsmittel gegen die Entscheidung des Insolvenzgerichts besteht nicht, jedoch ist die Erinnerung nach § 11 RPflG zulässig. Etwaige Rechtsfehler hinsichtlich der Planänderung können nur unselbstständig mit der sofortigen Beschwerde gegen den Bestätigungsbeschluss des Plans (§ 253 InsO) gerügt werden (HK-InsO/*Haas* § 240 Rn. 9).

15 In Zweifelsfällen hat das Insolvenzgericht einen gesonderten Abstimmungstermin entsprechend den Vorgaben des § 241 InsO zu bestimmen, da auch diejenigen Beteiligten, die nicht zum Erörterungstermin erschienen sind, die Möglichkeit erhalten müssen, über den Inhalt der Änderung unterrichtet zu werden. Auf einen gesonderten Abstimmungstermin nach § 241 InsO kann jedoch dann verzichtet werden, wenn sich die Rechtsstellung der Beteiligten durch die Änderung verbessert hat bzw. wenn alle Gläubiger, die aufgrund der Planänderung nachteilig und wesentlich betroffen werden, im Erörterungstermin auch anwesend waren.

§ 241 Gesonderter Abstimmungstermin

(1) ¹Das Insolvenzgericht kann einen gesonderten Termin zur Abstimmung über den Insolvenzplan bestimmen. ²In diesem Fall soll der Zeitraum zwischen dem Erörterungstermin und dem Abstimmungstermin nicht mehr als einen Monat betragen.

(2) ¹Zum Abstimmungstermin sind die stimmberechtigten Beteiligten und der Schuldner zu laden. ²Dies gilt nicht für Aktionäre oder Kommanditaktionäre. ³Für diese reicht es aus, den Termin öffentlich bekannt zu machen. ⁴Für börsennotierte Gesellschaften findet § 121 Absatz 4a des Aktiengesetzes entsprechende Anwendung. ⁵Im Fall einer Änderung des Plans ist auf die Änderung besonders hinzuweisen.

Übersicht	Rdn.			Rdn.
A. Absatz 1 Satz 1	1	C.	Absatz 2	11
B. Absatz 1 Satz 2	5	I.	Absatz 2 Satz 1	11
I. Monatsfrist	5	II.	Absatz 2 Satz 2 bis 4	14
II. Zweiter Abstimmungstermin	8	III.	Absatz 2 Satz 5	17

Literatur:
Bundesministerium der Justiz (Hrsg.), Erster Bericht der Kommission für Insolvenzrecht, 1985, S. 182.

A. Absatz 1 Satz 1

Die Regelung des § 241 Abs. 1 Satz 1 InsO bestimmt, dass das Gericht in Abweichung zu § 235 InsO einen gesonderten Termin zur Abstimmung über den Insolvenzplan bestimmen kann. Der Zweck der Vorschrift besteht darin, dem Gericht die Möglichkeit zur Trennung des Erörterungs- und Abstimmungstermins zu geben, wenn dies dem Verfahren im Einzelfall dienlich ist bzw. im Erörterungstermin deutlich wird, dass eine Abstimmung nicht möglich ist. **1**

Die Gründe hierfür sind vielfältig. Oftmals sind Insolvenzsachverhalte – gerade bei Großinsolvenzen – so komplex, dass den Beteiligten vor der Planabstimmung Gelegenheit zu weiteren Überlegungen und Beratungen gegeben werden muss.

Lässt sich im Vorfeld der Abstimmung bereits erkennen, dass der Plan nicht in einem Termin erörtert und verabschiedet werden kann, weil Art und Umfang des Plans dies nicht zulassen, ist es sinnvoll, dass das Gericht von Anfang an zwei getrennte Termine nach §§ 235, 241 InsO anberaumt, auch um die Möglichkeit der schriftlichen Abstimmung zu eröffnen (*Haarmeyer/Wutzke/Förster* S. 671, Rn. 12). Dies ist insbesondere dann in Erwägung zu ziehen, wenn ein Großteil der Gläubiger seinen Geschäftssitz in großer räumlicher Distanz zum Schuldner und damit zum zuständigen Insolvenzgericht hat. **2**

Nicht aber in allen Fällen wird für das Gericht bzw. die Beteiligten bereits im Vorfeld die Notwendigkeit einer Trennung der Termine erkennbar sein. Beispielsweise wenn der Planvorlegende durch Planänderung gem. § 240 InsO den Plan in seinem Wesen ändert. In diesem Fall kommt eine sofortige Abstimmung über den geänderten Plan nicht mehr in Betracht, da auch die im Erörterungstermin nicht anwesenden Gläubiger die Möglichkeit erhalten müssen, von den Änderungen Kenntnis zu erlangen. Insoweit wird auf die Ausführungen zu § 240 InsO verwiesen. **3**

Von der Möglichkeit des § 241 InsO ist sehr restriktiv Gebrauch zu machen, da der Gesetzgeber den einheitlichen Termin als Regelfall normiert hat (*Nerlich/Römermann-Braun* InsO, § 241 Rn. 4. 6). Die Entscheidung des Gerichts stellt eine Ermessensentscheidung dar, wobei stets zu berücksichtigen ist, dass die gesonderte Abstimmung die Ausnahme darstellt (HK-InsO/*Haas* § 241 Rn. 4). **4**

Die Gläubiger haben kein Antragsrecht, sondern können eine Entscheidung des Gerichts lediglich anregen. Ein Rechtsmittel gegen die Entscheidung des Gerichts ist nicht eröffnet. Möglich ist aber die Erinnerung gem. § 11 Abs. 2 RPflG.

B. Absatz 1 Satz 2

I. Monatsfrist

5 Die Regelung des Abs. 1 Satz 2, wonach im Falle der Anberaumung eines gesonderten Abstimmungstermins der Zeitraum zwischen dem Erörterungstermin und dem gesonderten Abstimmungstermin nicht mehr als einen Monat betragen soll, dient der Vermeidung von Verfahrensverschleppungen. Ferner soll vermieden werden, dass die Ergebnisse und Diskussionsbeiträge des Erörterungstermins in Vergessenheit geraten.

6 Die Monatsfrist des § 241 Abs. 1 Satz 2 InsO stellt – wie die Regelung des § 235 Abs. 1 Satz 2 InsO – lediglich eine Ordnungsvorschrift dar, was vom Gesetzgeber durch die »Soll«-Vorschrift zum Ausdruck gebracht wurde.

Eine Verletzung der Monatsfrist stellt somit keinen wesentlichen Verfahrensmangel i.S.d. § 250 InsO dar und ist für den weiteren Verfahrensfortgang, auch im Rahmen eines etwaigen Rechtsmittelverfahrens, unerheblich.

7 Zeichnet sich erst im einheitlichen Erörterungs- und Abstimmungstermin ab, dass ein gesonderter Abstimmungstermin erforderlich ist, sollte das Gericht, um Zeitverzögerungen weitest möglich zu vermeiden, den einheitlichen Erörterungs- und Abstimmungstermin vertagen, so dass dieser ohne eine öffentliche Bekanntmachung kurzfristig fortgesetzt werden kann (§ 4 InsO i.V.m. § 227 Abs. 1 ZPO; *Nerlich/Römermann-Braun* InsO, § 241 Rn. 5).

II. Zweiter Abstimmungstermin

8 Im Gegensatz zu den abgeschafften § 77 Abs. 1 VglO und § 182 Abs. 2 KO sieht die InsO gerade keinen zweiten Abstimmungstermin vor, so dass – falls der Plan im Abstimmungstermin gescheitert ist – kein Antrag auf Wiederholung der Abstimmung mehr gestellt werden kann.

Hierdurch soll eine weitere Verfahrensverzögerung verhindert werden. Dies wäre insbesondere dann zu befürchten gewesen, wenn es ermöglicht worden wäre, die Frage der fehlenden Zustimmung einer Gläubigergruppe nach § 245 InsO zunächst offen zu lassen, um eine neue Abstimmung in einem zweiten Termin zu versuchen (BT-Drucks. 12/2443 S. 210).

9 Der Verzicht auf einen zweiten Abstimmungstermin stellt eine erhebliche Abweichung zum überkommenen Recht dar. Gem. § 182 Abs. 2 KO konnte der Gemeinschuldner bis zum Schluss des Abstimmungstermins eine einmalige Wiederholung der Abstimmung in einem neuen Termin verlangen, wenn im Termin die erforderlichen Kopf- bzw. Summenmehrheiten für den Zwangsvergleich nicht erreicht werden konnten.

10 Im Falle der Ablehnung ist es dem Planvorlegenden schließlich unbenommen, einen neuen Plan vorzulegen, der ggf. auch inhaltlich weitgehend mit dem abgelehnten Plan übereinstimmen kann. Ob diesem Plan Erfolg beschieden sein wird, ist eine andere Frage. Schuldnerische Mehrfachinitiativen werden allerdings durch die Regelung des § 231 Abs. 2 InsO begrenzt.

C. Absatz 2

I. Absatz 2 Satz 1

11 Das Insolvenzgericht muss gem. Abs. 2 Satz 1 die stimmberechtigten Beteiligten (§§ 237–238a) und den Schuldner laden. Zu ersteren zählen lediglich diejenigen Gläubiger, deren Rechte durch den Plan verletzt werden.

12 Der Ladungskreis ist jedoch kleiner als der des § 235 Abs. 3 InsO. Dies ist kein Versehen, da der Gesetzgeber davon ausgeht, dass der Kreis des § 235 Abs. 3 InsO aufgrund der Nähe zum schuldnerischen Unternehmen auch ohne förmliche Ladung Kenntnis von dem gesonderten Termin erlangen wird.

Es ist jedoch zu prüfen, ob sich durch eine Planänderung eine Änderung der Stimmberechtigung ergeben hat, so dass eine Ladung der betroffenen Gläubiger zwingend erforderlich ist. 13

II. Absatz 2 Satz 2 bis 4

In Übereinstimmung mit der Regelung des § 235 Abs. 3 Satz 3 2. HS InsO sind von der Ladung stimmberechtigter Anteilsinhaber die Aktionäre und Kommanditaktionäre schuldnerischer Aktiengesellschaften bzw. Kommanditgesellschaften auf Aktien ausgenommen. Hintergrund dieser Regelung ist, wie auch bei § 235 Abs. 3 Satz 3 2. HS InsO, dass es sich bei derartigen Schuldnern regelmäßig um Publikumsgesellschaften handelt, deren breit gestreute Anteilsinhaber nicht näher bekannt sind. Die Ladung wird deshalb zweckmäßigerweise durch eine öffentliche Bekanntmachung des Abstimmungstermins ersetzt. 14

Für Schuldner, bei denen es sich um börsennotierte Aktiengesellschaften i.S.v. § 3 Abs. 2 AktG handelt, wurde in Satz 4 durch die Verweisung auf § 121 Abs. 4a AktG auf die aktienrechtlichen Vorschriften über die Ladung zur Hauptversammlung eine Sonderregelung getroffen. Danach hat die Bekanntmachung über solche Medien zu erfolgen, bei denen davon ausgegangen werden kann, dass sie die Information in der gesamten Europäischen Union verbreiten. Derartige Medien können dabei Gesellschaftsblätter i.S.d. § 121 Abs. 4 Satz 1 AktG, insbesondere der elektronische Bundesanzeiger sein (RegE ARUG, BT-Drucks. 16/11642). Auch bezüglich dieser Regelung besteht damit ein Gleichlauf mit der Regelung des § 235 Abs. 3 InsO. 15

Hinsichtlich der weiteren Auslegung der Rechtsgrundverweisung auf § 121 Abs. 4a AktG wird auf § 235 Rdn. 34 verwiesen. 16

III. Absatz 2 Satz 5

Hat der Planvorlegende von seinem nach § 240 InsO eingeräumten exklusiven Planänderungsrecht Gebrauch gemacht, schreibt Abs. 2 Satz 5 vor, dass die Beteiligten auf die Änderung des Plans besonders hinzuweisen sind. 17

Sämtliche Änderungen, die aufgrund des Erörterungstermins vorgenommen worden sind, müssen den Beteiligten demnach zwingend vor der Abstimmung bekannt gegeben werden (*BMJ* [Hrsg.], 1. Bericht, S. 182). Je nachdem, ob es sich um eine Vielzahl oder nur um wenige Änderungen handelt, muss der gesamte Plan oder nur der geänderte Teil erneut zugesandt werden. 18

Der hierzu erforderliche Hinweis kann regelmäßig mit der Ladung zum Abstimmungstermin und der Übersendung des Stimmzettels gem. § 242 InsO verbunden werden. 19

§ 242 Schriftliche Abstimmung

(1) Ist ein gesonderter Abstimmungstermin bestimmt, so kann das Stimmrecht schriftlich ausgeübt werden.

(2) ¹Das Insolvenzgericht übersendet den stimmberechtigten Beteiligten nach dem Erörterungstermin den Stimmzettel und teilt ihnen dabei ihr Stimmrecht mit. ²Die schriftliche Stimmabgabe wird nur berücksichtigt, wenn sie dem Gericht spätestens am Tag vor dem Abstimmungstermin zugegangen ist; darauf ist bei der Übersendung des Stimmzettels hinzuweisen.

Übersicht

		Rdn.			Rdn.
A.	Absatz 1	1	I.	Absatz 2 Satz 1	7
I.	Anwendungsbereich und Durchführung	1	II.	Absatz 2 Satz 2	8
				1. Zeitrahmen	8
II.	Regelung im überkommenen Recht	5		2. Verspätete schriftliche Stimmabgabe	9
B.	Absatz 2	7			

Jaffé

§ 242 InsO Schriftliche Abstimmung

A. Absatz 1

I. Anwendungsbereich und Durchführung

1 In Übereinstimmung mit dem überkommenen § 73 VglO bestimmt § 242 InsO, dass das Stimmrecht schriftlich ausgeübt werden kann, sofern ein gesonderter Abstimmungstermin bestimmt worden ist. § 242 InsO dient damit der Verfahrenserleichterung. Eine schriftliche Abstimmung ist aber nicht in jedem Planverfahren zulässig, sondern nur dann, wenn dem Abstimmungstermin ein gesonderter Erörterungstermin vorausgegangen ist, in dem die Stimmrechte der Gläubiger festgesetzt worden sind. Nur in diesem Fall ist es möglich, den stimmberechtigten Gläubigern aufgrund der vom Urkundsbeamten geführten Stimmliste einen entsprechenden Stimmzettel zu übersenden, der eine eindeutige Stimmabgabe für oder gegen den Plan ermöglicht (BT-Drucks. 12/2443 S. 208).

2 Stehen die Stimmrechte der Beteiligten aufgrund der Ergebnisse des Erörterungstermins fest und wurden diese vom Urkundsbeamten der Geschäftsstelle gem. § 239 InsO im Verzeichnis festgehalten, so würde das Abstimmungsverfahren für die Beteiligten nur unnötig erschwert und meist auch verteuert werden, wenn keine schriftliche Stimmabgabe gestattet wäre.

3 Das Gericht hat hinsichtlich der Durchführung der schriftlichen Abstimmung kein Ermessen, sondern ist verpflichtet, diese durchzuführen. Die schriftlichen Erklärungen sind an das Insolvenzgericht zu richten. Werden sie dem Insolvenzverwalter übersandt, hat er sie an das Insolvenzgericht weiterzuleiten. Bei Eingang bei Gericht wird die schriftliche Stimmabgabe wirksam. Die Frage der Ungültigkeit von Stimmen bei der schriftlichen Abstimmung richtet sich nach den Grundsätzen rechtsstaatlicher Wahlen i.S.v. § 39 BWG (vgl. *AG Duisburg* NZI 2003, 447 f.).

Für die Erklärung ist die Schriftform erforderlich.

4 Werden fristgerecht eingegangene Stimmzettel nicht berücksichtigt, handelt es sich um einen Verfahrensverstoß, der zur Versagung der Bestätigung führen kann, wenn die Nichtberücksichtigung der Stimmzettel Auswirkung auf das Abstimmungsergebnis gehabt hätte (*Nerlich/Römermann-Braun* InsO, § 242 Rn. 6; *Hess* InsO, § 242 Rn. 8).

Die Zustimmung kann unter der Bedingung erfolgen, dass die Forderung des Gläubigers nicht vom Schuldner und dem Verwalter bestritten wird (*Bley/Mohrbutter* VerglO, § 73 Rn. 10; *Hess* InsO, § 242 Rn. 10).

II. Regelung im überkommenen Recht

5 Die Regelung des § 242 InsO weicht von der Regelung der KO und GesO insoweit ab, als nach diesen die Abstimmungen über den Zwangsvergleich ausschließlich im Zwangsvergleichstermin erfolgen durften.

Sowohl in der KO als auch in der GesO waren nicht präsente oder nicht wirksam vertretene Gläubiger für das Mehrheitsverhältnis und das Abstimmungsergebnis ohne Bedeutung. Nicht erschienene Gläubiger waren nicht mitzuzählen (vgl. *Kuhn/Uhlenbruck* KO, § 182 Rn. 3b).

6 Im Gegensatz zur Abstimmung über den Zwangsvergleichsvorschlag gestattete § 73 VglO auch die schriftliche Zustimmung zum Vergleichsvorschlag, so dass ein Vergleich allein durch schriftliche Zustimmungen zustande kommen konnte, sofern die Mehrheiten des § 74 VglO erreicht worden waren (*Bley/Mohrbutter* VglO, § 73 Rn. 1).

In der VglO war somit – in Übereinstimmung mit dem jetzigen Recht der InsO und in Abweichung zur KO und der GesO – die persönliche Anwesenheit der Gläubiger im Abstimmungstermin nicht erforderlich. Voraussetzung für eine wirksame schriftliche Zustimmung war nur, dass diese dem Gericht bis zum Schluss der Abstimmung über den Vergleichsvorschlag zugegangen sein musste (*Böhle-Stamschräder/Kilger* VglO, § 73 Rn. 2).

B. Absatz 2

I. Absatz 2 Satz 1

Gem. § 242 Abs. 2 Satz 1 InsO hat das Insolvenzgericht den stimmberechtigten Gläubigern nach dem Erörterungstermin einen Stimmzettel zu übersenden und das Ergebnis des Erörterungstermins hinsichtlich des Stimmrechts mitzuteilen. Hierbei ist es zweckmäßig, die Stimmzettel für die schriftliche Abstimmung zusammen mit der Ladung zum Abstimmungstermin über den Plan oder die Pläne zu übersenden.

Die Stimmzettel sind dabei derart zu gestalten, dass die Beteiligten sich nur mit ja oder nein für oder gegen den oder die Pläne entscheiden können.

II. Absatz 2 Satz 2

1. Zeitrahmen

Aus Praktikabilitätsgründen erfolgte im Gegensatz zur überkommenen Regelung des § 72 Abs. 1 Satz 2 2. HS VglO eine Vorverlagerung des zeitlichen Rahmens für die letztmögliche wirksame Stimmabgabe. Um die Teilnahmefähigkeit einer Abstimmungserklärung nachprüfen zu können, muss von der Geschäftsstelle Tag, Stunde und Minute des Eingangs eines Stimmzettels genau vermerkt werden (BT-Drucks. 12/2443 S. 208).

2. Verspätete schriftliche Stimmabgabe

Hat ein abstimmungsberechtigter Gläubiger, der nach § 241 Abs. 2 InsO rechtzeitig geladen war, die fristgerechte Einreichung seines Stimmzettels versäumt, ist er von der schriftlichen Stimmabgabe ausgeschlossen. Es steht dem Gläubiger jedoch frei, persönlich am Abstimmungstermin teilzunehmen oder sich diesbezüglich wirksam vertreten zu lassen. Durch das persönliche Erscheinen zum Abstimmungstermin werden weiterhin sämtliche Fehler im Hinblick auf die schriftliche Stimmabgabe, z.B. fehlende Übersendung eines Stimmzettel, fehlende Ladung zum Abstimmungstermin, fehlende Hinweise auf dem Stimmzettel gem. § 242 Abs. 2 Satz 2 2. HS InsO geheilt.

Hat ein abstimmungsberechtigter Gläubiger eine Abstimmungserklärung abgegeben und reicht noch vor Ablauf der Einreichungsfrist eine geänderte Abstimmungserklärung bei Gericht ein, ist er an die ältere Erklärung nicht mehr gebunden. Voraussetzung ist jedoch, dass der Gläubiger zum Ausdruck bringt, dass die neue Abstimmungserklärung die alte ersetzen soll.

Die Bindungswirkung einer Abstimmungserklärung tritt erst mit Schluss des Abstimmungstermins ein. Bis zu diesem Zeitpunkt kann eine Abstimmungserklärung – ohne Angabe von Gründen – schriftlich oder mündlich im Abstimmungstermin widerrufen werden (vgl. *Böhle-Stamschräder/Kilger* VglO, § 73 Rn. 2).

Der Umfang der schriftlichen Stimmabgabe eines abstimmungsberechtigten Gläubigers bezieht sich auf den im ursprünglichen Abdruck oder in der Zusammenfassung seiner wesentlichen Inhalte (§ 235 Abs. 3 Satz 2 InsO) übersandten Insolvenzplan. Darüber hinaus bezieht sich die Stimmabgabe auf etwaige Planänderungen, sofern auf diese gem. § 241 Abs. 2 Satz 2 InsO hingewiesen worden ist.

Gem. Abs. 2 Satz 2 2. HS ist bei der Übersendung des Stimmzettels auf die Ausschlussfrist der schriftlichen Stimmabgabe hinzuweisen.

§ 243 Abstimmung in Gruppen

Jede Gruppe der stimmberechtigten Beteiligten stimmt gesondert über den Insolvenzplan ab.

Übersicht

	Rdn.			Rdn.
A. Zweck der Regelung	1	B.	Ablauf der Abstimmung	4

A. Zweck der Regelung

1 Im Recht der KO und der GesO gab es mangels unterschiedlicher Gruppen von Gläubigern keine Notwendigkeit für eine dem § 243 InsO vergleichbare Regelung. Sämtliche nichtbevorrechtigten Gläubiger, die an der Abstimmung über den Zwangsvergleich teilnahmen, waren von Gesetzes wegen gleichzubehandeln. Diese Gleichbehandlungspflicht, die aus der Zielsetzung der gemeinschaftlichen und gleichmäßigen Befriedigung der Konkurs- und Gesamtvollstreckungsgläubiger resultierte, war im überkommenen Recht durch die Vorrangkataloge der §§ 61 KO, 17 Abs. 3 Nr. 1–3 GesO weitgehend entwertet (so zu Recht: *Kilger* KTS 1975, 142). Eine Befriedigung der nicht bevorrechtigten Gläubiger schied in den meisten Verfahren aufgrund der Vorrechte meist ganz aus oder erbrachte für diese Gläubiger allenfalls eine marginale Quote von 3–5 %, die nicht einmal den Aufwand der Verfahrensteilnahme rechtfertigen konnte. Im Gegensatz zur KO und GesO war in der VglO eine Abstimmung nach Gruppen in der Weise vorgesehen, dass bei unterschiedlicher Behandlung der Vergleichsgläubiger im Vergleichsvorschlag die »zurückgesetzten« Gläubiger gem. § 8 Abs. 2 Satz 1 VglO gesondert über den Plan abstimmen mussten. In der Vergleichspraxis erfolgte diese Abstimmung der ungleich behandelten Gläubiger aus Gründen der Zweckmäßigkeit gesondert vor der Abstimmung über den Vergleichsvorschlag. Im Falle des Nichterreichens der nach § 8 Abs. 2 VglO geforderten Mehrheiten war der Vergleichsvorschlag bereits im Ganzen abgelehnt, sodass sich eine Abstimmung über den Plan erübrigte (*Böhle-Stamschräder/Kilger* VglO, § 74 Rn. 5).

2 Die Regelung des § 243 InsO stellt eine Konsequenz der nach § 222 Abs. 1 InsO obligatorischen bzw. nach § 222 Abs. 2 InsO fakultativen Gruppenbildung dar, da diese ohne eine in gleichem Maße differenzierte Abstimmung über den Plan keinen Sinn ergäbe.

3 Die Regelung des § 243 InsO beruht – anders als § 8 Abs. 2 Satz 1 VglO – nicht auf der Zurücksetzung einzelner Gläubiger, sondern auf der Differenzierung von Gläubigern mit unterschiedlicher und/oder gleicher Rechtsstellung innerhalb des Insolvenzplanverfahrens.

B. Ablauf der Abstimmung

4 Regelungen über den Ablauf der Abstimmung wurden vom Gesetzgeber nicht getroffen; insbesondere wurde keine Reihenfolge der Abstimmung der Gruppen oder die Reihenfolge einer Abstimmung über mehrere Pläne vorgegeben, obwohl die Abstimmungsreihenfolge, wenn mehrere Pläne zur Abstimmung gestellt werden, erheblichen Einfluss auf das Stimmverhalten und damit das Planergebnis haben kann. In § 235 Abs. 1 Satz 1 InsO ist lediglich normiert, dass das Insolvenzgericht den Termin für die Erörterung und Abstimmung über den Plan bestimmt.

5 Der Ablauf der Abstimmung erfolgt, indem der einzelne Stimmberechtigte oder sein Vertreter nach Aufruf aus der Stimmliste mündlich erklärt, ob er für oder gegen den Insolvenzplan stimmt. Auch Enthaltung ist möglich, sie zählt allerdings nicht bei der Feststellung der Mehrheiten (HK-InsO/ *Haas* § 243 Rn. 2).

Da die Gläubigerversammlung die Reihenfolge der Abstimmung frei bestimmen kann, sollte das Gericht der Gläubigerversammlung die Möglichkeit eröffnen, hiervon Gebrauch zu machen. Nach endgültiger Stimmabgabe ist das Stimmrecht verbraucht, die wirksam abgegebene Stimme ist unwiderruflich. Dies entspricht auch § 130 BGB und der verfahrensrechtlichen Funktion der Abstimmung. Die schriftlich abgegebene Stimme i.S.d. § 242 InsO ist endgültig, wenn sie im Termin verlesen worden ist (*Nerlich/Römermann-Braun* InsO, § 243 Rn. 10; HK-InsO/ *Haas* § 243 Rn. 5).

In jeder Gruppe müssen die erforderlichen Mehrheiten erreicht worden sein, hierbei sind nur die 6
Gruppen zu berücksichtigen, in denen überhaupt jemand abgestimmt hat. Nimmt aus einer zur Abstimmung aufgerufenen Gruppe keiner der Stimmberechtigten an der Abstimmung teil, so zählt diese Gruppe auch nicht bei der geforderten Einstimmigkeit der Gruppen mit. Passives Verhalten von Gläubigern soll bei der Abstimmung des Plans nicht den Ausschlag geben (RegE S. 208; HK-InsO/*Haas* § 244 Rn. 5). Sind keine Gruppen gebildet worden, so gilt das Mehrheitserfordernis für die Gesamtheit der abstimmenden Gläubiger.

§ 244 Erforderliche Mehrheiten

(1) Zur Annahme des Insolvenzplans durch die Gläubiger ist erforderlich, dass in jeder Gruppe
1. die Mehrheit der abstimmenden Gläubiger dem Plan zustimmt und
2. die Summe der Ansprüche der zustimmenden Gläubiger mehr als die Hälfte der Summe der Ansprüche der abstimmenden Gläubiger beträgt.

(2) ¹Gläubiger, denen ein Recht gemeinschaftlich zusteht oder deren Rechte bis zum Eintritt des Eröffnungsgrunds ein einheitliches Recht gebildet haben, werden bei der Abstimmung als ein Gläubiger gerechnet. ²Entsprechendes gilt, wenn an einem Recht ein Pfandrecht oder ein Nießbrauch besteht.

(3) Für die am Schuldner beteiligten Personen gilt Absatz 1 Nummer 2 entsprechend mit der Maßgabe, dass an die Stelle der Summe der Ansprüche die Summe der Beteiligungen tritt.

Übersicht	Rdn.		Rdn.
A. Ablauf der Abstimmung	1	II. Fallgruppen	18
B. Absatz 1	6	1. Teilgläubigerschaft	18
I. Grundsatz	6	2. Gesamtgläubigerschaft	19
II. Rechtslage nach überkommenen Recht	8	3. Gesamthandsgläubiger	20
1. Zwangsvergleich nach KO	8	4. Sonderfälle	21
2. Zwangsvergleich nach GesO	10	a) Poolverwalter	21
3. Vergleich nach VglO	11	b) PSVaG	22
III. Erforderliche Mehrheiten nach § 244 Abs. 1 InsO	12	D. Absatz 2 Satz 2	26
1. »Jede Gruppe«	12	I. Grundsatz	26
2. Berechnung der Mehrheiten	13	II. Pfandrecht	27
C. Absatz 2 Satz 1	15	III. Nießbrauch	28
I. Grundsatz	15	E. Absatz 3	29
		F. Annahme mehrerer Pläne	32

Literatur:
Eidenmüller Der Insolvenzplan als Vertrag, in Schenk/Schmidtchen/Streit, Jahrbuch der politischen Ökonomie, Band 15, 1996, S. 163 ff.; *Paulsdorff* Kommentar zur Insolvenzsicherung der betrieblichen Altersversorgung, 2. Aufl. 1996; *Vogels/Nölte* Vergleichsordnung, 1952.

A. Ablauf der Abstimmung

Das Abstimmungsverfahren über den Plan ist nicht öffentlich und findet wie im überkommenen 1
Recht unter der Leitung des Insolvenzgerichts statt (vgl. K. Schmidt/*Spliedt* InsO, § 243 Rn. 3). Ein Protokollführer hat in entsprechender Anwendung der §§ 156, 160 ZPO über den Gang der Verhandlung und Abstimmung ein Protokoll mit Stimmliste zu führen.

Nach Eröffnung des Termins wird die Anwesenheit der Beteiligten festgestellt, Vollmachten etwaiger 2
Vertreter geprüft und als Anlage zum Protokoll genommen. Mängel der Anwaltsvollmachten werden nach §§ 4 InsO, 88 Abs. 2 ZPO nicht von Amts wegen berücksichtigt (*Uhlenbruck* MDR 1978, 8). In der Praxis wird auf die ordnungsgemäße Anwaltsvollmacht oftmals weitaus penibler geachtet, als es der Gesetzgeber fordert. Aus diesem Grunde ist Anwälten dringend empfohlen, nicht ohne entsprechende Vollmacht zum Termin zu erscheinen.

3 Es folgt wie beim Zwangsvergleich die Verhandlung über den Plan, den der Planvorlegende mündlich vorträgt (vgl. *Kuhn/Uhlenbruck* KO, § 182 Rn. 1a). Der Erfolg des Insolvenzplans hängt dann davon ab, dass der Planersteller die nach § 244 Abs. 1 InsO erforderlichen Mehrheiten für den Plan gewinnen kann oder die Zustimmung ablehnender Gläubigergruppen ersetzt wird.

Das Ergebnis der Abstimmung ist schließlich vom Gericht im Termin festzustellen, in das Protokoll aufzunehmen und bekannt zu geben. Ist in Gruppen abgestimmt worden, muss am Ende auch das Gesamtergebnis der Abstimmung festgehalten und bekannt gegeben werden. Ist die Feststellung des Abstimmungsergebnisses nicht sogleich nach der Abstimmung möglich, kann zur Fortsetzung der Abstimmungsverhandlung ein neuer Termin bestimmt werden (§§ 136 Abs. 3 HS 2, 227 ZPO; HK-InsO/*Haas* § 244 Rn. 11).

4 Das weitere Verfahren hängt vom Ergebnis der Abstimmung ab. Haben alle Abstimmungsgruppen dem Plan mit der erforderlichen Mehrheit zugestimmt, muss das Gericht prüfen, ob der Schuldner dem Plan zugestimmt hat, § 247 InsO, und ob der Plan zu bestätigen ist, § 248 InsO. Haben alle Abstimmungsgruppen den Plan abgelehnt, ist das Verfahren für den abgelehnten Plan beendet. Haben die Gruppen nicht einheitlich abgestimmt, jedoch mehrheitlich dem Plan zugestimmt, muss das Gericht prüfen, ob die Zustimmung nach § 245 InsO als erteilt gilt (vgl. HK-InsO/*Haas* § 244 Rn. 15).

5 Bei der Bestimmung der Mehrheit nach Kopfzahl und Forderungsbeträgen werden nur die abstimmenden Gläubiger berücksichtigt. Nach dem Willen des Gesetzgebers soll passives Verhalten bei der Abstimmung keinen Ausschlag geben (Begr. RegE, BT-Drucks. 12/2443 S. 208, abgedruckt in: *Kübler/Prütting* RWS-Dok. 18, Bd. I, S. 480; *Haarmeyer/Wutzke/Förster* InsO, Rn. 9.13 a.E.; vgl. *Burger/Schellberg* DB 1994, 1833).

B. Absatz 1

I. Grundsatz

6 In § 244 Abs. 1 InsO ist in Übereinstimmung mit dem überkommenen Recht das Erfordernis doppelter Mehrheiten verankert. Entsprechend §§ 74 Abs. 1 VglO, 182 Abs. 1 KO, 16 Abs. 4 Satz 3 GesO gilt die Zustimmung zu einem Insolvenzplan nur dann als erteilt, wenn die Mehrheit nach der Zahl der Gläubiger (Kopfmehrheit) und die Mehrheit nach der Höhe der Ansprüche (Summenmehrheit) erreicht worden ist (BT-Drucks. 12/2443 S. 208).

Durch das Erfordernis der Kopfmehrheit wird verhindert, dass wenige Großgläubiger eine Vielzahl von Kleingläubigern überstimmen können (*Eickmann* Konkurs- und Vergleichsrecht, S. 113). Die Kopfmehrheit wird erreicht, wenn die Mehrzahl der in dem Termin anwesenden, stimmberechtigten Gläubiger ausdrücklich zugestimmt hat.

Durch das Erfordernis der Summenmehrheit wird verhindert, dass Kleingläubiger – losgelöst von deren in der Höhe der Forderungen verkörperten wirtschaftlichen Interesse – Großgläubiger, wie z.B. Hausbanken oder Finanzämter, beliebig überstimmen können.

7 Gegenüber dem überkommenen Recht wurde die Annahme des Insolvenzplans allerdings bewusst erleichtert. Für die Kopfmehrheit ist die Mehrheit der im Termin anwesenden oder aller Stimmberechtigten nicht mehr erforderlich; auch ausdrückliche Enthaltungen gelten nicht als Teilnahme an der Abstimmung. Für die Berechnung der Kopfmehrheiten zählt auch derjenige Gläubiger nur mit einer Stimme, der gegen den Schuldner mehrere Forderungen aus unterschiedlichen Rechtsgründen hat. Für die Summenmehrheit werden nicht mehr drei Viertel, sondern nur noch mehr als die Hälfte der Gesamtforderung gefordert (HK-InsO/*Haas* § 244 Rn. 5).

II. Rechtslage nach überkommenen Recht

1. Zwangsvergleich nach KO

Bei einer Abstimmung über den Zwangsvergleich gem. § 182 KO waren ebenfalls zwei Mehrheiten erforderlich, nämlich eine einfache Kopfmehrheit sowie eine qualifizierte Summenmehrheit. Wurde nur eine dieser Mehrheiten nicht erreicht, so galt der Zwangsvergleichsvorschlag als abgelehnt (*Kuhn/Uhlenbruck* KO, § 182 Rn. 2).

Nicht präsente Gläubiger wurden bei der Kopfabstimmung nicht mitgezählt, so dass nur die anwesenden und vertretenen Gläubiger auf das Abstimmungsverhältnis Einfluss hatten.

Die qualifizierte Summenmehrheit nach § 182 Abs. 1 Nr. 2 KO war erreicht, wenn die Gesamtsumme der Forderungen der zustimmenden Gläubiger drei Viertel der Gesamtsumme aller stimmberechtigten Gläubiger betrug.

Diese qualifizierte Summenmehrheit wurde in der Konkurspraxis jedoch kaum erzielt, da nicht wie bei der Berechnung der Kopfmehrheit gem. § 182 Abs. 1 Nr. 1 KO nur auf Forderungen der anwesenden Gläubiger, sondern auf die Forderungen sämtlicher stimmberechtigter Gläubiger abgestellt wurde.

2. Zwangsvergleich nach GesO

In der Gesamtvollstreckungsordnung war nach § 16 Abs. 4 Satz 2 GesO für die Annahme des Vergleichsvorschlags die einfache Stimmenmehrheit der anwesenden Gläubiger und eine Dreiviertelmehrheit der Forderungsbeträge dieser Gläubiger erforderlich (*Haarmeyer/Wutzke/Förster* GesO, § 16 Rn. 19).

Die Regelung der GesO hatte geringere Mehrheitserfordernisse als in der KO und der VglO, da zur Beurteilung der erforderlichen Summenmehrheit nur auf die im Vergleichstermin anwesenden Gläubiger abgestellt worden ist, wobei in der GesO – wie in der KO – nur mündlich abgegebene Stimmen der im Termin anwesenden Gläubiger gezählt wurden (*Haarmeyer/Wutzke/Förster* GesO, § 16 Rn. 19; *Hess/Binz/Wienberg* GesO, § 16 Rn. 53).

3. Vergleich nach VglO

Nach § 74 Abs. 1 VglO war für das Zustandekommen eines Vergleichs neben der einfachen Kopfmehrheit der an der Abstimmung teilnehmenden Gläubiger gem. § 74 Abs. 1 Nr. 1 VglO kumulativ die Dreiviertelmehrheit der Forderungssummen bezogen auf alle stimmberechtigten Gläubiger erforderlich. Die Regelung des § 74 Abs. 1 VglO war in der Praxis ein großes Hindernis für das Zustandekommen eines Vergleichs und wurde daher zu Recht nicht in die InsO übernommen.

III. Erforderliche Mehrheiten nach § 244 Abs. 1 InsO

1. »Jede Gruppe«

Ein Insolvenzplan ist nur angenommen, wenn alle Gruppen, nicht nur die Mehrheit der Gruppen, zustimmen und in jeder Gruppe die Kopf- und Summenmehrheit der abstimmenden Gläubiger erreicht worden ist.

Fraglich ist, ob bei der geforderten Einstimmigkeit der Gruppen in § 244 InsO nur auf die anwesenden Gruppen abzustellen ist (vgl. *Wegener* ZInsO 2002, 1157 ff.). Der Wortlaut des § 244 InsO fordert, dass in jeder Gruppe Kopfmehrheit erreicht wird. Dies hätte, da § 245 InsO in diesem Fall nicht anwendbar wäre, jedoch zur Folge, dass Gläubigergruppen, die mangels Interesse zur Abstimmung überhaupt nicht erscheinen, die Annahme des Plans im Ganzen verhindern können. Richtig ist es daher, § 244 Abs. 1 InsO dahin auszulegen, dass nicht abstimmende Gruppen nicht berücksichtigt werden (vgl. auch *Braun/Braun/Frank* InsO, § 244 Rn. 3, 4; *Wegener* ZInsO 2002, 1157 [1161]; *Hingerl* ZInsO 2004, 233 f.).

2. Berechnung der Mehrheiten

13 Wie bereits dargelegt, enthält § 244 Abs. 1 InsO hinsichtlich der Mehrheitsberechnung erhebliche Abweichungen zum überkommenen Recht. Es genügt nunmehr die einfache Kopf- und Summenmehrheit; ferner wird die Summenmehrheit nur nach den Forderungen der abstimmenden Gläubiger berechnet.

Durch den Wegfall der hohen Mehrheitserfordernisse nach §§ 74 Abs. 1 VglO, 182 Abs. 1 KO, 16 Abs. 4 Satz 3 GesO, die der Liquidation Vorschub leisteten, wird nunmehr die Planannahme und damit die Möglichkeit einer Sanierung erheblich erleichtert. Stimmrechtlich steht das Planverfahren nun auf einer Stufe mit der gesetzlichen Abwicklung. Die sich in der Mehrheitsfrage widerspiegelnde Gleichberechtigung von Insolvenzplan und gesetzlicher Zwangsverwertung ist ausdrücklich zu begrüßen, da hierdurch ein Präjudiz zugunsten der Zerschlagung vermieden wird.

14 Die reduzierten Mehrheitserfordernisse blieben in der Literatur allerdings nicht ohne Kritik. So befürchtete man aufgrund der Gruppenbildung und des Obstruktionsverbots, dass einzelne Gläubiger über die Willensbildung und damit über die Annahme des Plans bestimmen könnten (vgl. *Henckel* KTS 1989, 477 [491 f.]).

Weiterhin wurde vorgebracht, dass die Berechnung der Summenmehrheiten allein nach den abstimmenden Gläubigern zu einer Benachteiligung der nicht an der Abstimmung teilnehmenden Gläubiger führen würde. Deren Abwesenheit am Abstimmungsverfahren beruhe vielfach nur darauf, dass sich die nicht teilnehmenden Gläubiger auch im Rahmen des Planverfahrens keine akzeptable Quote erwarten. Diese würden auch in Zukunft aus Resignation einem Abstimmungsverfahren fernbleiben, was zur Folge hätte, dass insbesondere institutionelle Gläubiger einen noch wesentlich größeren Einfluss auf den Ausgang des Verfahrens hätten (*Henckel* KTS 1989, 477).

Die Praxis hat teilweise gezeigt, dass durch geschickte Gruppenbildung und regelmäßige Teilnahme der institutionellen Gläubiger, wie Banken, Versicherungen, Finanzämter und Sozialversicherungsbehörden, der Ausgang eines Planverfahrens von wenigen Großgläubigern bestimmt sein kann.

C. Absatz 2 Satz 1

I. Grundsatz

15 Die Vorschrift des § 244 Abs. 2 InsO stimmt weitgehend wörtlich mit § 72 Abs. 2 VglO überein und regelt den Fall der Abstimmung von Forderungsgemeinschaften. Die Regelung des Abs. 2 ist erforderlich, da sich die Kopfmehrheit gem. § 244 Abs. 1 Nr. 1 InsO nach der Zahl der stimmberechtigten Gläubiger bemisst.

Ebenso wie ein Gläubiger, der mehrere Forderungen innehat, nur eine Stimme hat – von Treuhandverhältnissen abgesehen – und deshalb mit dem Gesamtbetrag seiner Forderungen nur einheitlich stimmen kann (*Bley/Mohrbutter* VglO, § 72 Rn. 15), haben auch mehreren Personen, denen eine oder mehrere Forderungen »gemeinschaftlich zustehen«, nur ein gemeinsames Stimmrecht.

16 Die typischen Fälle, in denen Gläubigern ein Recht gemeinschaftlich zusteht oder deren Rechte bis zum Eintritt des Eröffnungsgrundes ein einheitliches Recht darstellen, sind die Gesamtgläubigerschaft sowie Fälle der Gesamthandsgläubigerschaft.

Die Gläubiger müssen dann einheitlich stimmen, also entweder für oder gegen den Plan; können sie sich nicht einigen, so gilt die Stimmabgabe als Stimmenthaltung und wird nicht gewertet (MüKo-InsO/*Hintzen* § 244 Rn. 18). Gleiches gilt für Gläubiger, die sich zu einem Pool zusammensetzen (MüKo-InsO/*Hintzen* § 244 Rn. 11). Auf diese Weise bleibt der Grundsatz, dass es für jede Forderung nur eine Stimme gibt, gewahrt.

17 Wird entgegen § 244 Abs. 2 InsO einer Forderungsgemeinschaft eine Mehrzahl von Kopfstimmen zugebilligt, hat dies wie auch im überkommenen Recht die Versagung der Planbestätigung zur Folge (vgl. *Bley/Mohrbutter* VglO, § 72 Rn. 16).

II. Fallgruppen

1. Teilgläubigerschaft

Haben mehrere Gläubiger eine teilbare Leistung gem. § 420 BGB zu fordern, ist jeder von ihnen nur zu einem gleichen Anteil berechtigt. Es bestehen von vornherein geteilte Forderungen, wobei jeder der Gläubiger für sich eine Kopfstimme beanspruchen kann. 18

Um eine missbräuchlichen Vermehrung der Kopfstimmen in der Krise durch Forderungsteilungen zu verhindern, schreibt die Sonderregelung des § 244 Abs. 2 Satz 1 2. Alt. InsO jedoch vor, dass den Gläubigern, deren Rechte bis zum Eintritt des Insolvenzgrundes ein einheitliches Recht gebildet haben, bei der Abstimmung nur eine gemeinsame Stimme gewährt wird (vgl. *Bley/Mohrbutter* VgO, § 72 Rn. 17).

2. Gesamtgläubigerschaft

Sind mehrere Gläubiger berechtigt, eine Leistung in der Weise zu fordern, dass jeder von ihnen die ganze Leistung fordern kann, der Schuldner gem. § 428 BGB die Leistung aber nur einmal zu erbringen verpflichtet ist, so haben sie ebenfalls nur eine Stimme und müssen sich über die Ausübung des Stimmrechts einigen (*Böhle-Stammschräder/Kilger* VglO, § 72 Rn. 2). 19

Das Gleiche gilt bzgl. Forderungen, die, ohne eine Gesamtgläubigerschaft zu begründen, gem. § 432 BGB eine unteilbare Leistung zum Inhalt haben.

3. Gesamthandsgläubiger

Sind mehrere Gläubiger berechtigt, eine Leistung in der Weise zu fordern, dass der einzelne diese nicht an sich selbst, sondern nur an die Mehrheit der Gläubiger zur gesamten Hand verlangen kann, so haben sie ebenfalls nur eine Stimme. 20

Hierzu zählen Gesamthandsgläubiger aufgrund Gesellschaftsrecht gem. §§ 705, 718 BGB, §§ 105, 124, 161 Abs. 2 HGB; aufgrund Vereinsrechts gem. § 54 BGB; aufgrund der gemeinschaftlichen Verwaltung des Gesamtguts gem. § 1416 BGB, falls keine Zustimmungsersetzung nach § 1452 Abs. 1 BGB stattgefunden hat, sowie aufgrund einer bestehenden Erbengemeinschaft gem. §§ 2032 ff. BGB.

4. Sonderfälle

a) Poolverwalter

Haben Gläubiger ihre Rechte zulässigerweise auf einen Poolverwalter übertragen, so stehen dem Poolverwalter nicht die Forderungen der übertragenden Lieferanten einzeln zu, sondern nur die addierte Gesamtforderung. Der Pool ist somit nicht mit Einzelstimmen jedes Mitglieds zu verwerten, sondern es kommt ihm nur eine Stimme zu (*Nerlich/Römermann-Braun* InsO, § 244 Rn. 16; hierzu ausf. mit Beispielen: *Hess* InsO, § 244 Rn. 7–22). 21

b) PSVaG

Vereinigen sich in der Hand eines Gläubigers durch Legalzession mehrere Forderungen verschiedener Gläubiger, weil dieser kraft Gesetzes für die Erfüllung dieser Forderungen einstehen muss, ist es strittig, ob diesem Gläubiger nur eine Forderung zusteht oder die einzelnen Forderungen der Gläubiger. Dies betrifft insbesondere den Pensions-Sicherungs-Verein als Träger der besonderen Insolvenzsicherung für die betriebliche Altersversorgung, auf den die Ansprüche auf Betriebsrenten übergehen, soweit er den Berechtigten Deckung gewährt hat (§ 9 Abs. 2 BetrAVG). 22

Die Fragen des Stimmrechts des PSVaG nach den §§ 77, 237 InsO sind insbesondere in den Fällen von Bedeutung, in denen der PSVaG mit anderen Gläubigern zu einer Gruppe zusammengefasst wird.

23 Der PSVaG vertritt bei Abstimmung im Insolvenzverfahren regelmäßig die Auffassung, dass die Anzahl der versorgungsberechtigten Einzelgläubiger maßgeblich sei und meldet demgemäß nicht nur eine, sondern die Vielzahl der kraft Gesetzes übergegangenen Forderungen zur Tabelle an (*Paulsdorf* § 8 Rn. 58).

In der Literatur ist die Stellung des PSVaG insoweit umstritten. *Gerhard* will dem PSVaG nur eine Stimme zubilligen, weil die Situation des PSVaG nicht der eines Treuhänders vergleichbar sei, die Interessen der Versorgungsverpflichteten im Wesentlichen durch den Eintritt des PSVaG abgegolten seien und in der Abwicklung des Insolvenzverfahrens keine Rolle mehr spielten (näher dazu *Gerhardt* ZIP 1988, 490 ff.; *Häsemeyer* Rn. 28–34).

Die Gegenauffassung merkt hierzu an, dass die einzelne Forderung eines jeden Versorgungsberechtigten in jeder Phase des Verfahrens ein eigenes Schicksal haben kann, wenn sich z.B. im Laufe des Verfahrens herausstellt, dass geltend gemachte Versorgungsansprüche ganz oder teilweise nicht dem persönlichen oder sachlichen Geltungsbereich des Betriebsrentengesetzes unterfallen. Der Rechtsgrund der seitens des PSVaG angemeldeten Forderungen läge nach dieser Auffassung ferner in der Versorgungszusage des Arbeitgebers gegenüber dem einzelnen Arbeitnehmer. Bis zur Eröffnung eines Insolvenzverfahrens stünde der PSVaG auf der Leistungsseite ferner in keinerlei Rechtsbeziehung zur Schuldnerin. Er handle wie ein Treuhänder, der zur sozialen Absicherung der Versorgungsberechtigten in Vorlage tritt.

Als Argument für die Eigenständigkeit der Einzelansprüche auch nach Insolvenzeintritt wird die Vorschrift des § 9 Abs. 2 Satz 2 BetrAVG herangezogen. Hierin ist bestimmt, dass der gesetzliche Forderungsübergang nicht zum Nachteil des Versorgungsberechtigten geltend gemacht werden kann. Jeder einzelne Versorgungsberechtigte behält im Wesentlichen seine Rechtsposition. Da der PSVaG die Interessen eines jeden Versorgungsberechtigten beachten muss, sind übergegangene Forderungen ganz oder teilweise zurück zu übertragen, wenn sich etwa die gesetzliche Einstandspflicht nicht mit der vertraglichen Leistungspflicht des insolventen Arbeitgebers deckt (KS-InsO/*Pauldorff*/*Wohlleben* 2000, S. 1655 ff.).

24 Das *ArbG Stuttgart* (Urt. v. 22.02.1990 – 22 Ca 3339/89), bestätigt durch *LAG Baden-Württemberg* (Urt. v. 19.02.1991 – 7 Sa 94/90), hat entschieden, dass der PSVaG alle auf ihn nach § 9 Abs. 2 BetrAVG übergegangenen Forderungen einzeln für die Feststellung zur Tabelle anzumelden hat. Es handele sich hierbei um eine Vielzahl von selbstständigen Ansprüchen in der Hand des PSVaG, nicht dagegen um eine einzige Forderung. Die Geltendmachung eines unterschiedslos zusammengefassten Teils mehrerer selbstständiger Ansprüche ist unzulässig, weil der Verwalter sie einzeln prüfen müsse.

25 In der Praxis sollte der PSVaG im Planverfahren nicht unterschätzt werden. Der PSVaG ist ein erfahrener institutioneller Großgläubiger, der frühzeitig eingebunden werden sollte, wenn er eine signifikante Gläubigerstellung innehat. Der PSVaG achtet darauf, ob Sanierungsbemühungen ausgewogen sind oder einseitig zu seinen Lasten gehen sollen.

D. Absatz 2 Satz 2

I. Grundsatz

26 Die Regelung des § 244 Abs. 2 Satz 1 InsO ist entsprechend anzuwenden, wenn an einem Recht ein Pfandrecht oder Nießbrauch besteht. Durch § 244 Abs. 2 Satz 2 InsO wird klargestellt, dass im Rahmen einer Abstimmung über den Plan der Forderungsinhaber und der Pfandrechtsgläubiger oder der Nießbraucher für die belastete Forderung nur gemeinschaftlich abstimmen können.

Teilabtretungen nach Verfahrenseröffnung führen gem. § 244 Abs. 2 Satz 2 InsO nicht zu mehreren Stimmrechten (*Kübler/Prütting/Bork-Pleister* InsO, § 244 Rn. 7; HK-InsO/*Haas* § 244 Rn. 7).

II. Pfandrecht

Vor Eintritt der Pfandreife gem. § 1228 Abs. 2 BGB kann der Schuldner gem. § 1281 BGB nur an Pfandgläubiger und Gläubiger gemeinsam leisten. Bei Verpfändung gilt dies, wenn die Forderung gem. §§ 1281, 1282 Abs. 2 BGB, 836 Abs. 1 ZPO zur Einziehung, nicht aber an Zahlungs statt überwiesen worden ist, gem. § 835 Abs. 2 ZPO auch noch nach Eintritt der Pfandreife (vgl. *Jaeger/Weber* KO, § 82 Rn. 4; *Vogels/Nölte* VglO, § 72 Rn. II, 1c; *Bley/Mohrbutter* VglO, § 72 Rn. 13). 27

III. Nießbrauch

Der Nießbraucher einer Forderung ist gem. § 1074 BGB zur Einziehung der Forderung, nicht aber zu anderen Verfügungen berechtigt. 28

E. Absatz 3

Für die am Schuldner beteiligten Personen ist gem. § 222 Abs. 1 Satz 1 Nr. 4 InsO eine eigene Gruppe zu bilden. Bei dieser Gruppe der Anteilsinhaber liegt gem. dem neu eingeführten Absatz 3 dann eine zur Annahme des Plans erforderliche Mehrheit vor, wenn die Summe der Beteiligungen der zustimmenden Anteilsinhaber mehr als die Hälfte der Summe der Beteiligungen der abstimmenden Anteilsinhaber beträgt. 29

Erforderlich ist somit eine Summenmehrheit nicht im Hinblick auf das gesamte eingetragene Haftkapital des Schuldners, sondern beschränkt auf das Haftkapital, welches durch die abstimmungsberechtigten Anteilsinhaber repräsentiert wird. Das in diesem Sinn repräsentierte Haftkapital bestimmt sich zunächst danach, wie viel Haftkapital auf die abstimmungsberechtigten Anteilsinhaber (§ 238a InsO) entfällt. Anschließend ist es um die Höhe des Haftkapitals zu reduzieren, dass auf die Anteilsinhaber entfällt, die nicht oder nicht wirksam an der Abstimmung über den Plan teilgenommen haben. 30

Anders als bei den übrigen Gruppen ist bei der Gruppe der Anteilsinhaber neben der Summenmehrheit eine Kopfmehrheit aufgrund der beschränkten Verweisung auf § 244 Abs. 1 Nr. 2 InsO nicht erforderlich. Insoweit soll sich nach Auffassung des Gesetzgebers an dieser Stelle die Wertung des Gesellschaftsrechts durchsetzen, nach denen für Beschlüsse i.d.R. die Mehrheit des Kapitals entscheidet (RegE ESUG, BT-Drucks. 17/5712, S. 34). 31

F. Annahme mehrerer Pläne

Aufgrund der Vorlagemöglichkeit mehrerer Pläne ist es – bedingt durch die Gruppenbildung und das Obstruktionsverbot – denkbar, dass zwei bzw. ggf. sogar drei Pläne die mehrheitliche Zustimmung der Gläubiger im Abstimmungstermin finden und angenommen werden. 32

In der Literatur wurde hierzu teilweise die Auffassung vertreten, dass das Insolvenzgericht – falls mehrere Pläne angenommen worden sind – den Plan, den es für den wirtschaftlich günstigsten hält, bestätigen könne (*Henckel* KTS 1989, 477 [482]). Diese Auffassung ist jedoch de lege lata kaum vertretbar; schließlich handelt es bei den in §§ 248 ff. InsO genannten Versagungsgründen um abschließende Tatbestände. Für eine Berechtigung des Insolvenzgerichts, sich bei mehreren angenommenen Plänen für einen Plan zu entscheiden, sind somit in den §§ 248 ff. InsO keine Anhaltspunkte zu finden. Ist keiner der gesetzlichen Versagungsgründe einschlägig, muss ein angenommener Plan bestätigt werden (so zu Recht: *Eidenmüller* in: Schenk/Schmidtchen/Streit, S. 177). 33

Jedoch führt die gerichtliche Bestätigung von zwei oder unter Umständen sogar drei Plänen, die Wirkungen für und gegen alle Beteiligten entfalten sollen, zu absurden Ergebnissen (*Eidenmüller* in: Schenk/Schmidtchen/Streit, S. 177). Der Gesetzgeber hat eine Regelung dieses Falles versäumt.

Tritt der Fall in der Praxis ein, dass im Termin mehrere Pläne zur Abstimmung gestellt werden, aber keine eindeutige Entscheidung für einen Plan getroffen wird, so kann das Insolvenzgericht die Entscheidung, welchem Plan der Vorzug zu geben ist, auch ohne Beiziehung von Sachverständigen selbst 34 treffen, wenn einer der Pläne die größte Zustimmung der Beteiligten gefunden hat. Im Falle einer Patt-Situation kann die Abstimmung auch wiederholt werden. Sollte eine – eher theoretisch vorstellbare – unlösbare Patt-Situation hinsichtlich der vorgelegten Pläne eingetreten sein, die sich auch durch eine erneute Abstimmung nicht lösen lässt, hat das Gericht die Untersuchung der angenommenen Pläne durch Sachverständige dahingehend zu veranlassen, welcher Plan den Interessen der Beteiligten wirtschaftlich am besten dient.

35 Hierbei sollte – soweit keine Interessenkollision ersichtlich ist – vom Gericht vorrangig auf den Verwalter zurückgegriffen werden, da dieser das Verfahren kennt und zügig eine entsprechende Stellungnahme abgeben kann. Wenn ein Verwalterplan und ein Schuldnerplan konkurrieren, wird die Einschaltung eines externen Sachverständigen regelmäßig der Fall sein müssen.

36 Bedingt durch die hierdurch eintretende erhebliche Zeitverzögerung wird dies jedoch oftmals dazu führen, dass sämtliche angenommenen Pläne scheitern, weil bis zum Vorliegen der Sachverständigengutachten die Geschäftsgrundlagen der Pläne vielfach entfallen sein werden und deshalb oftmals nur mehr die Zerschlagung nach den gesetzlichen Vorschriften verbleiben wird. Darüber müssen sich die Gläubiger, wenn sie sich im Abstimmungstermin nicht auf einen Plan einigen können, bewusst sein.

§ 245 Obstruktionsverbot

(1) Auch wenn die erforderlichen Mehrheiten nicht erreicht worden sind, gilt die Zustimmung einer Abstimmungsgruppe als erteilt, wenn
1. die Angehörigen dieser Gruppe durch den Insolvenzplan voraussichtlich nicht schlechter gestellt werden, als sie ohne einen Plan stünden,
2. die Angehörigen dieser Gruppe angemessen an dem wirtschaftlichen Wert beteiligt werden, der auf der Grundlage des Plans den Beteiligten zufließen soll, und
3. die Mehrheit der abstimmenden Gruppen dem Plan mit den erforderlichen Mehrheiten zugestimmt hat.

(2) Für eine Gruppe der Gläubiger liegt eine angemessene Beteiligung im Sinne des Absatzes 1 Nummer 2 vor, wenn nach dem Plan
1. kein anderer Gläubiger wirtschaftliche Werte erhält, die den vollen Betrag seines Anspruchs übersteigen,
2. weder ein Gläubiger, der ohne einen Plan mit Nachrang gegenüber den Gläubigern der Gruppe zu befriedigen wäre, noch der Schuldner oder eine an ihm beteiligte Person einen wirtschaftlichen Wert erhält und
3. kein Gläubiger, der ohne einen Plan gleichrangig mit den Gläubigern der Gruppe zu befriedigen wäre, bessergestellt wird als diese Gläubiger.

(3) Für eine Gruppe der Anteilsinhaber liegt eine angemessene Beteiligung im Sinne des Absatzes 1 Nummer 2 vor, wenn nach dem Plan
1. kein Gläubiger wirtschaftliche Werte erhält, die den vollen Betrag seines Anspruchs übersteigen, und
2. kein Anteilsinhaber, der ohne einen Plan den Anteilsinhabern der Gruppe gleichgestellt wäre, bessergestellt wird als diese.

Übersicht	Rdn.		Rdn.
A. Allgemeines	1	2. Rechtlich-systematische Anknüpfung	16
I. Anwendungsbereich	1	B. Voraussetzungen	18
II. Zweck der Regelung	6	I. Allgemeines	18
III. Rechtsvergleichung	11	II. Absatz 1 Nr. 1	19
IV. Beurteilungsmaßstab	14	III. Absatz 1 Nr. 2 i.V.m. Absatz 2	25
1. Allgemeines	14	1. Allgemeines	25

	Rdn.		Rdn.
2. Kriterien	26	a) Absatz 3 Nr. 1	35
a) Absatz 2 Nr. 1	27	b) Absatz 3 Nr. 2	36
b) Absatz 2 Nr. 2	28	V. Absatz 1 Nr. 3	40
c) Absatz 2 Nr. 3	30	C. Lösungsansatz salvatorische Klauseln	41
IV. Absatz 1 Nr. 2 i.V.m. Absatz 3	33	D. Gesetzliche Änderungen	45
1. Allgemeines	33	E. Rechtsprechung	47
2. Kriterien	34		

Literatur:
Eidenmüller Der Insolvenzplan als Vertrag, in Schenk/Schmidtchen/Streit, Jahrbuch für Neue Politische Ökonomie, Band 15, 1996, S. 163 ff.; *Frey/McConnico* An Introduction to Bancruptcy Law, 1990; *Smid* Gerichtliche Bestätigung des Insolvenzplans trotz Versagung seiner Annahme durch Abstimmungsgruppen von Gläubigern, in Smid/Fehl, Recht und Pluralismus, FS für Hans-Martin Pawlowski zum 65. Geburtstag, 1997.

A. Allgemeines

I. Anwendungsbereich

Sofern die nach § 244 InsO erforderlichen Mehrheiten in der gruppenbezogenen Abstimmung erreicht worden sind, hat das an die amerikanische »cram-down-rule« des § 1129 (b) BC angelehnte Obstruktionsverbot des § 245 InsO keine Bedeutung für das Zustandekommen eines Insolvenzplans. Nur wenn die nach § 244 Abs. 1 InsO benötigten Mehrheiten verfehlt worden sind, weil eine oder mehrere Gruppen einem vorgelegten Plan die Zustimmung verweigert haben, ist der Anwendungsbereich des § 245 InsO eröffnet (vgl. auch *Wegener* ZInsO 2002, 1157 [1161]). Das Obstruktionsverbot findet demnach nur dann Anwendung, wenn andere Abstimmungsgruppen dem Plan zugestimmt haben; folglich überhaupt eine Mehrheit von Abstimmungsgruppen gegeben ist. Lehnt eine Gruppe den Plan ab, so müssen mindestens zwei andere Gruppen dem Plan zustimmen. Dabei kann es sich etwa um Pflichtgruppen i.S.d. § 222 Abs. 1 InsO oder um eine der fakultativen Gruppen i.S.d. § 222 Abs. 2 InsO handeln. 1

Die alleinige Zustimmung der nachrangigen Gläubiger nach § 246 InsO reicht jedoch, sofern deren Zustimmung gesetzlich fingiert wird, nicht aus, um die Anwendung des Obstruktionsverbotes zu ermöglichen. Schließlich spricht das Gesetz in § 244 Abs. 1 InsO davon, dass »mit den erforderlichen Mehrheiten zugestimmt« werden muss. 2

Sieht der Insolvenzplan nur eine einzige Abstimmungsgruppe vor, so ist eine Anwendung des Obstruktionsprinzips nicht möglich. Der Plan kann in dem Fall nur dann zustande kommen, wenn ihm die abstimmenden Gläubiger der einzigen Gruppe mit der erforderlichen Kopf- und Summenmehrheit zustimmen (vgl. *AG Duisburg* NZI 2001, 605 f.). Bezüglich nicht erschienener Gruppen ist § 245 InsO ebenfalls nicht zu prüfen. 3

Bis zum in Kraft treten des Gesetzes zur weiteren Erleichterung der Sanierung von Unternehmen (ESUG) war der persönliche Anwendungsbereich auf die bis dahin allein zur Abstimmung berufenen Gläubiger beschränkt. Durch die vom ESUG geschaffene Möglichkeit, durch den Plan in die Mitgliedschafts- und Anteilsrechte der am Schuldner beteiligten Personen einzugreifen, droht die Gefahr eines Missbrauchs des Stimmrechts jedoch nicht mehr nur seitens der Gläubiger. Soweit ein vorgelegter Plan einen solchen Eingriff vorsieht, steht auch den Anteilsinhabern ein Stimmrecht zu (§ 238a InsO). Gerade in einem solchen Fall muss dann seitens der Gruppe der Anteilsinhaber (§ 222 Abs. 1 Satz 1 Nr. 4 InsO) aufgrund der besonderen, mitunter auch emotionalen Nähe zum Schuldner sowie des erzwungenen Eingriffs in die Rechte an diesem mit einer erheblichen Störmotivation gerechnet werden. 4

Nach berechtigter Auffassung des Gesetzgebers ist jedoch, wie auch bei den Gläubigergruppen, »kein vernünftiger Grund für eine Gruppe von Anteilsinhabern erkennbar, einem von anderen Anteilsinhabern oder den Gläubigern gewünschten Plan zu widersprechen, wenn die Gruppe angemessen an dem wirtschaftlichen Wert beteiligt wird, der durch den Plan realisiert wird« (RegE ESUG, BT- 5

Drucks. 17/5712, S. 34). Aus diesem Grund ist neben den Gläubigergruppen auch die Gruppe der Anteilsinhaber von dem persönlichen Anwendungsbereich des § 245 InsO umfasst, sodass auch diese dem Obstruktionsverbot unterliegt.

II. Zweck der Regelung

6 Ein Insolvenzplanverfahren ist, insbesondere wenn es auf die Sanierung und anschließende Fortführung eines Unternehmens abzielt, kosten- und zeitaufwendig. Es lohnt den Aufwand nur, wenn durch entsprechende gesetzliche Regelungen sichergestellt ist, dass es nicht an kleinlichen Partikularinteressen einzelner Gruppenangehörigen oder Abstimmungsgruppen scheitert (*Smid* FS für Pawlowski, S. 391).

7 Die Erfahrungen der außergerichtlichen Sanierungspraxis zeigen, dass bei fast jedem Sanierungsbemühen Akkordstörer, d.h. Gläubiger, die einer Sanierung oftmals auch zu Lasten der eigenen Interessen entgegenstehen, anzutreffen sind (*BGH* BGHZ 116, 319 = NJW 1992, 967 = ZIP 1992, 191).

8 Hätte die Verweigerung der Zustimmung einer Gruppe zum Plan zwingend dessen Scheitern zur Folge, wäre dem Institut des Plans als Instrument der gläubigerautonomen Insolvenzbewältigung kaum Erfolg beschieden.

Hierbei ist zu bedenken, dass die verfahrensrechtliche Stellung durch die Verweigerung einer Abstimmungsgruppe zur Zustimmung nicht selten missbraucht wird. Bliebe ein solcher Missbrauch des Verfahrensrechts unsanktioniert, so würde man an die Zerschlagungsautomatik des Konkurs- und Gesamtvollstreckungsrechts anknüpfen. In diesem Zusammenhang ist zu beachten, dass der Einwand eines einzelnen Angehörigen einer Abstimmungsgruppe erfolgreich einen Antrag auf Versagung der Restschuldbefreiung stellen zu können im Rahmen des § 245 InsO außer Betracht bleibt. Dieser kann deshalb lediglich im Wege des Minderheitenschutzes nach § 251 InsO geltend gemacht werden (*AG Düsseldorf* ZInsO 2008, 464)

9 Anhand der Tatbestandsmerkmale der Norm muss im jeweiligen Einzelfall untersucht und geprüft werden, ob eine Verweigerung der Zustimmung zum Plan unbeachtlich ist. Hierzu hat der Gesetzgeber hinsichtlich des § 245 Abs. 1 Nr. 2 InsO in § 245 Abs. 2 und 3 InsO entsprechende Auslegungshilfen gegeben.

Keinesfalls darf lediglich die Verweigerung der Zustimmung als solche bereits zur verfahrensrechtlichen Unbeachtlichkeit ausreichen. Diese ist ein originäres Recht der betroffenen Gläubiger, das ausschließlich in den normierten Fällen des Obstruktionsverbotes übergangen werden kann. Der Bedeutung eines von Amts wegen zu beachtenden Minderheitenschutzes war sich der Gesetzgeber, wie auch den §§ 251, 247 InsO entnommen werden kann, bewusst.

10 Das Obstruktionsverbot verdeutlicht somit eindrucksvoll, dass die Rechtsordnung Verteilungskämpfe zwischen einzelnen Abstimmungsgruppen nur bis zur Grenze der Angemessenheit toleriert (*Eidenmüller* in Schenk/Schmidtchen/Streit, S. 183 f.) und stellt somit gleichzeitig eine verfahrensrechtliche Grenze der Privatautonomie und Deregulierung des Insolvenzplanverfahrens dar, damit das Verfahren nicht an Singularinteressen scheitert (vgl. *Balz* ZIP 1988, 1438 ff.; *Smid* BB 1992, 507 ff.).

Das Wechselspiel von Mehrheitsentscheidung, Minderheitenschutz und Obstruktionsverbot steckt dabei gleichzeitig den verfahrensrechtlichen Rahmen ab, innerhalb dessen sich die konzeptionelle und auch gestaltende Kreativität eines Planverfassers entfalten kann und, um Erfolg zu haben, auch entfalten muss. Die Regelungen des Minderheitenschutzes definieren dabei das Minimum dessen, was allen Beteiligten zugestanden werden muss (*Eidenmüller* in Schenk/Schmidtchen/Streit, S. 184).

III. Rechtsvergleichung

Das Obstruktionsverbot lehnt sich offenkundig eng an die Regelung des § 1129 (b) BC, der amerikanischen »cram-down-rule« an, welche ein prägender Bestandteil des amerikanischen Reorganisationsverfahrens nach Chapter 11 BC ist. 11

Das Chapter 11 Reorganisationsverfahren zielt im Unterschied zu Chapter 9 im Regelfall nicht auf die Liquidation eines Unternehmens, sondern auf dessen Fortbestand ab. Die Gläubiger sollen aus den zukünftigen Erträgen des reorganisierten Unternehmens befriedigt werden, wobei dieses Interesse jedoch hinter dem Ziel, dem Schuldner einen wirtschaftlichen Neuanfang zu ermöglichen – im Gegensatz zum deutschen Recht –, zurücktritt (vgl. *Frey/McConnico/Frey* S. 7–13).

Die »cram-down-rule« ermöglicht es dem Gericht, einen Reorganisationsplan auch dann zu bestätigen, wenn eine oder mehrere Gruppen dem Plan widersprochen haben, falls diese Gläubiger »fair and equitable, with respect to each class of claims or interests that is impaired under, and has not accepted, the plan« beteiligt worden sind (*Frey/McConnico/Frey* S. 511). Die amerikanische Regelung bedingt aufgrund der unbestimmten Rechtsbegriffe »fair and equitable« eine kasuistische Judikatur, die zur Auslegung des § 245 InsO nicht herangezogen werden kann. 12

Aufgrund der Dominanz des Schuldnerschutzgedankens innerhalb des Chapter-11-Verfahrens ist eine Übertragbarkeit auf deutsche Rechtsverhältnisse jedoch nicht möglich. Informatorisch sei erwähnt, dass im amerikanischen Recht für die Anwendung der »cram-down-rule« ein Schuldnerantrag erforderlich ist, während das Insolvenzgericht gem. § 245 InsO von Amts wegen tätig wird. 13

IV. Beurteilungsmaßstab

1. Allgemeines

Die Regelung des § 245 InsO bürdet dem Insolvenzgericht im Rahmen der Bestätigung des Plans (§ 248 InsO) die Prüfung auf, ob die Verweigerung der Zustimmung zum Plan durch eine Abstimmungsgruppe als Obstruktion unbeachtlich zu bleiben hat (*Smid* FS für Pawlowski, S. 389). 14

Ist dies der Fall, so fingiert § 245 InsO die verweigerte Zustimmung, die dann vom Insolvenzgericht amtlich festgestellt wird.

Zur Beurteilung der Frage, ob eine Gruppe obstruiert, d.h. ihre Zustimmung zum Plan rechtsmissbräuchlich verweigert, wird dabei ausschließlich auf wirtschaftliche Gesichtspunkte abgestellt. Die Entscheidung hierüber ist für das Insolvenzgericht bedingt durch die auslegungsbedürftigen Tatbestandsvoraussetzungen (»angemessen, wirtschaftlicher Wert, besser gestellt, nicht schlechter gestellt«) eine nicht einfach zu lösende Aufgabe. 15

Hinzu kommt, dass die Frage der »angemessenen Beteiligung« Vergleiche zwischen Fortführungs- und Zerschlagungslösungen erfordert, die ex ante auf der Grundlage von Prognosen erfolgen müssen. Diese Prognose kann, wie sich die Insolvenzpraktiker unisono einig sind, niemand verlässlich treffen.

Gerade im Abstimmungstermin lässt sich die Frage des Vorliegens einer missbilligenswerten Obstruktion ad hoc meist nicht beantworten und löst somit erhebliche Verfahrensverzögerungen aus. Der Planersteller hat daher entsprechende Vorkehrungen zu treffen (s. Rdn. 41 ff.).

2. Rechtlich-systematische Anknüpfung

Smid (FS für Pawlowski, S. 395) führt aus, dass es in der deutschen Rechtsordnung für das Obstruktionsverbot an rechtlich-systematischen Anknüpfungspunkten fehlt. 16

Lässt sich die Begrenzung einer prozessualen Rechtsausübung aufgrund eines sittenwidrig erschlichenen Titels auf § 826 BGB stützen bzw. können in anderen Fällen die Grundsätze der Restitutions- und Nichtigkeitsklage herangezogen werden, um einen vermeintlichen Rechtsmissbrauch zu begrenzen, so ist jedoch im Hinblick auf die Regelung des § 245 InsO keinerlei rechtlich-systematische Anknüpfung vorhanden (vgl. *Smid* FS für Pawlowski, S. 395).

17 Dem ist nicht uneingeschränkt zuzustimmen, da das Obstruktionsverbot durchaus Ähnlichkeiten zur zivilrechtlichen Generalklausel des § 242 BGB aufweist. Die Grundsätze von Treu und Glauben bilden eine allen Rechten, Rechtslagen und Rechtsnormen immanente Inhaltsbegrenzung (»Innentheorie«, *BGH* BGHZ 30, 145; *BAG* BB 1995, 204; vgl. auch *Palandt/Grüneberg* § 242 Rn. 38).

Das Obstruktionsverbot unterbindet die Ausnutzung einer formellen Rechtslage, weil sich diese wirtschaftlich betrachtet als missbräuchlich und unzulässig darstellt (*BGH* BGHZ 12, 157). Wird ein Gläubiger durch den Plan nicht schlechter als im Falle der gesetzlichen Zerschlagung gestellt, fehlt es diesem Gläubiger an einem schutzwürdigen Eigeninteresse, um den Plan zu verhindern.

Auch wenn sich das Obstruktionsverbot so gesehen dogmatisch begründen lässt, ist festzustellen, dass die Übertragung der »cram-down-rule« in die deutsche Rechtsordnung letztlich schlichter Verfahrenspragmatik geschuldet ist, um deren rechtlich-systematische Anknüpfung man sich nicht sonderlich bemüht hatte.

B. Voraussetzungen

I. Allgemeines

18 § 245 InsO enthält eine Reihe von Negativ- und Positivkriterien zur Beurteilung einer den vorgelegten Insolvenzplan ablehnenden Entscheidung durch eine oder mehrere Abstimmungsgruppen (*Smid* FS für Pawlowski, S. 394), um die Entscheidungsfindung des Insolvenzgerichts zu erleichtern. Die Voraussetzungen des § 245 Abs. 1 Nr. 1 bis 3 InsO müssen kumulativ erfüllt sein (*OLG Köln* ZInsO 2002, 330 f.).

II. Absatz 1 Nr. 1

19 Die Regelung des § 245 Abs. 1 Nr. 1 InsO bestimmt, dass die Zustimmung einer Abstimmungsgruppe als erteilt unterstellt wird, wenn diese Abstimmungsgruppe durch den Insolvenzplan nicht schlechter gestellt wird, als im Falle der Zerschlagung nach den gesetzlichen Regelungen. Die Normierung des § 245 Abs. 1 Nr. 1 stimmt im Wortlaut mit den Regelungen in den §§ 247 Abs. 2 Nr. 1 InsO und 251 Abs. 1 Nr. 2 InsO überein und verdeutlicht die Ausrichtung des Gesetzgebers auf die Beurteilung dieser Sachverhalte aufgrund wirtschaftlicher Erwägungen.

Zur Beurteilung dieser Frage ist eine Vergleichsrechnung erforderlich, die der Gesetzgeber für den Richter dadurch erleichtert, dass der Insolvenzverwalter bei jedem einzelnen Gegenstand der Insolvenzmasse gem. § 151 Abs. 2 Satz 1 InsO sowohl die Zerschlagungswerte als auch die Fortführungswerte anzugeben hat.

Trotz dieser sinnvollen Regelung stellt die Vergleichsrechnung ein erhebliches, vor allem betriebswirtschaftlich schwer lösbares Problem dar.

20 Grund hierfür ist, dass es entgegen der in § 151 Abs. 2 Satz 1 InsO zum Ausdruck kommenden Annahme des Gesetzgebers keine Fortführungswerte einzelner Gegenstände gibt, die den Zerschlagungswerten gegenübergestellt werden könnten. Zwar ist der Fortführungswert aufgrund der Synergieeffekte einer Unternehmenseinheit, die sich in immateriellen Vermögenswerten, wie dem Unternehmensgoodwill, der Kundenstruktur, gewerblichen Erfahrungen, Mitarbeiterkompetenz, betrieblichem Know-how etc. widerspiegeln, oftmals höher als der Zerschlagungswert. Die Fortführungswerte ergeben sich damit aber gerade nicht aus der Bewertung der Einzelgegenstände des Unternehmens, sondern aus dem Unternehmen als Einheit.

Insoweit ist der Fortführungswert der Mehrwert des Unternehmens im Falle der Fortführung und keinesfalls der Mehrwert einzelner Gegenstände. Fortführungswerte für einzelne Gegenstände gibt es folglich nicht (so auch: *Heni* WPg 1990, 93 [96]; *Veit* KTS 1983, 57 [63 ff.]).

Nicht umsonst ist in der Finanzwissenschaft die Teilwertbestimmung im Rahmen des § 6 EStG sehr 21
diffizil ausgestaltet und durch unterschiedlichste Teilvermutungen konkretisiert. Die gesetzliche Regelung des § 6 Abs. 1 Nr. 1 Satz 3 EStG, wonach als Teilwert ein Betrag anzusetzen ist, den ein Erwerber des Ganzen, fortzuführenden Betriebes im Rahmen des Gesamtkaufpreises für das einzelne Wirtschaftsgut ansetzen würde, verdeutlicht, dass eine schlichte gegenstandsbezogene Gegenüberstellung von Zerschlagungs- und Fortführungswerten nicht möglich sein kann. Letztlich unterfällt der Teilwert subjektiven Bewertungskriterien und basiert auf Schätzungen (BStBl. II 1979, 721 [722]; BStBl. II 1984, 33 [34]).

Der Fortführungswert wird im Einzelfall zwischen dem Zerschlagungswert als Untergrenze und 22
dem Wiederbeschaffungswert als Obergrenze liegen (*Haarmeyer/Wutzke/Förster* Hdb. zur InsO, § 5 Rn. 93). Dies muss jedoch nicht zwingend so sein.

Losgelöst von der nicht möglichen gegenstandsbezogenen Gegenüberstellung von Fortführungswerten und Zerschlagungswerten kommt noch erschwerend hinzu, dass die Prüfung der vorgelegten 23
Planbilanzen, Plangewinn- und -verlustrechnungen sowie Finanzpläne hohe Anforderungen an die betriebswirtschaftliche Kompetenz der Richter und Rechtspfleger stellt (*Uhlenbruck* Das neue Insolvenzrecht, S. 117 ff.). Zudem sind weder der Barwert der im Insolvenzplan versprochenen zukünftigen Zahlungen, noch der Erlös bei gesetzlichen Verwertungen gesicherte Größen, sondern lediglich prognostische Schätzungen.

Ein Obstruktionsverbot besteht weiterhin dann, wenn von der widersprechenden Gruppe keine Be- 24
friedigung erwartet werden kann (*AG Göttingen* ZIP 2002, 953 ff.).

III. Absatz 1 Nr. 2 i.V.m. Absatz 2

1. Allgemeines

Eine Gläubigergruppe, die angemessen an dem durch den Plan geschaffenen wirtschaftlichen Wert 25
beteiligt wird, soll durch ihr obstruktives Verhalten einen Plan nicht zu Fall bringen können. Dies ist beispielsweise dann der Fall, wenn die widersprechende Gruppe bereits durch ein Absonderungsrecht Befriedigung erfahren hat oder wenn der Schuldner ohne den Insolvenzplan beschäftigungslos wird und sodann keinerlei Zahlungen mehr zu erwarten wären (vgl. *AG Göttingen* ZIP 2002, 953; *Otte* EWiR 2002, 877 f.).

Die Regelung des Abs. 1 Nr. 2 wird durch eine eigene Auslegungsvorschrift in Abs. 2 ergänzt, um den unbestimmten Rechtsbegriff der »angemessenen Beteiligung« auszufüllen. Gem. Abs. 2 ist die Beteiligung der Gläubiger einer Gruppe dann angemessen i.S.d. Abs. 1 Nr. 2, wenn die Voraussetzungen des § 245 Abs. 2 Nr. 1 bis Nr. 3 InsO kumulativ erfüllt sind (vgl. *Smid* FS für Pawlowski, S. 418). Damit wird abschließend aufgeführt, welche Voraussetzungen erfüllt sein müssen. Dem Insolvenzgericht ist es nicht möglich, zusätzliche Kriterien einzuführen, da der Regelungskatalog abschließend ist.

2. Kriterien

Was für eine Gruppe der Gläubiger angemessen ist, wird in § 245 Abs. 2 InsO näher definiert: 26

a) Absatz 2 Nr. 1

Kein anderer Gläubiger wird über den Nominalwert seiner Forderung befriedigt; kein Gläubiger soll 27
durch die Teilnahme am Insolvenzplanverfahren verdienen, indem er mehr erhält, als es seinem ihm zustehenden materiell-rechtlichen Anspruch entspricht. Könnten sich Gläubiger durch die Teilnahme am Insolvenzplanverfahren bereichern, so wäre dies ein grober Verstoß gegen die Verfahrenszwecke. § 1 InsO kann nur so verstanden werden, dass die Gläubiger maximal 100 % ihrer Forderung erhalten, keinesfalls aber mehr.

b) Absatz 2 Nr. 2

28 Kein nachrangiger Gläubiger, der Schuldner oder an ihm beteiligte Personen dürfen einen wirtschaftlichen Wert erhalten, bevor die nicht nachrangigen Gläubiger nicht voll befriedigt wurden.

Zwar ist es theoretisch denkbar, dass auch den nachrangigen Insolvenzgläubigern im Plan wirtschaftliche Werte zugewiesen werden, doch dürfen die Rechte der nicht nachrangigen Gläubiger hierdurch nicht beeinträchtigt werden (KS-InsO/*Maus* 2000, S. 728 Rn. 70).

Der Grund für die Regelung ergibt sich aus § 225 InsO, wonach mangels abweichender Bestimmungen im Insolvenzplan die Forderungen nachrangiger Gläubiger als erlassen gelten. Es besteht, soweit bereits die nicht nachrangigen Insolvenzgläubiger keine volle Befriedigung erhalten, kein Anlass, diesen Gläubigern einen wirtschaftlichen Wert zukommen zu lassen (BT-Drucks. 12/1243 S. 1 und KS-InsO/*Maus* 2000, S. 728 Rn. 70).

Das Obstruktionsverbot wirkt zu Lasten einer bestimmten Abstimmungsgruppe nur dann, wenn nachrangige Gläubiger im Insolvenzverfahren einen Totalausfall erleiden.

29 Die Weiterführung des Unternehmens durch den Schuldner bedeutet nicht zwangsläufig die Zuwendung eines wirtschaftlichen Wertes. Eine angemessene Beteiligung des Gläubigers einer Gruppe entfällt hierdurch somit noch nicht. Der Schuldner erhält allein dann einen wirtschaftlichen Wert, wenn ein fremder Dritter bereit wäre, das Unternehmen an der Stelle des Schuldners fortzuführen (*LG Mühlhausen* NZI 2007, 724). Ist – wie in der Praxis häufig – kein Markt für das insolvente Unternehmen vorhanden, kann im Zweifel nicht angenommen werden, dass der Schuldner durch den Plan »einen wirtschaftlichen Wert« erhält (BT-Drucks. 12/2443 S. 209).

c) Absatz 2 Nr. 3

30 Eine Gruppe kann auch dadurch unangemessen benachteiligt werden, dass andere Gläubiger besser gestellt werden, obwohl sie ohne Plan gleichrangig mit den Gläubigern der Gruppe zu befriedigen gewesen wären. Wenngleich nicht offensichtlich, so kommt dieser Vorschrift im Gesamtgefüge des Insolvenzplanverfahrens doch eine zentrale Bedeutung zu. Wird sie konsequent angewandt, so sind die häufig geäußerten Befürchtungen hinsichtlich einer missbräuchlichen Gruppenbildung (vgl. § 222 Rdn. 12 ff.) weitgehend unbegründet.

Gleichgültig, welche Gruppenbildung innerhalb der nicht nachrangigen Gläubiger vorgenommen wird (z.B. Kleingläubiger, Lieferantenkreditgläubiger, unterschiedliche Gruppen der Finanzgläubiger, Lieferantenkreditgläubiger) müssen diese unterschiedlichen Gruppen stets gleich behandelt werden, soll das Obstruktionsverbot greifen.

Etwas anderes gilt auch nicht für die ausdrücklich in § 222 Abs. 3 InsO erwähnten fakultativen Gläubigergruppen der Arbeitnehmer und Kleingläubiger.

Das LG Göttingen verneint eine angemessene Beteiligung i.S.d. § 245 Abs. 1 Nr. 2 InsO auch dann, wenn der Gläubiger nachträglich eine schlechtere Quote als die anderen in seiner Gruppe vertretenen Gläubiger erhält, weil seine Forderung erst nachträglich in tatsächlicher Höhe im Insolvenzplan berücksichtigt wurde (*LG Göttingen* NZI 2005, 41 ff.).

31 Die Taktik, etwa durch eine besonders günstige Quote für die Kleingläubiger die Zustimmung einer Gruppe »billig zu kaufen«, dürfte nicht aufgehen, wenn eine andere Gruppe nicht nachrangiger Gläubiger, der eine schlechtere Quote zugewiesen wird, dem Plan widerspricht. Eine Ersetzung der Zustimmung dieser Gruppe scheitert an § 245 Abs. 1 Nr. 2 i.V.m. Abs. 2 Nr. 3 InsO.

Anstatt einer missbräuchlichen Ausnutzung des Obstruktionsverbotes, wie es in der Literatur häufig befürchtet wurde, schränkt die restriktive Bestimmung in Abs. 2 Nr. 3 die Gestaltungsmöglichkeiten des Planverfahrens sehr stark ein, so dass die Ersetzung der Zustimmung eher die Ausnahme ist.

32 Anzufügen ist, dass ein gravierender Unterschied zwischen dem Schutzbereich des Obstruktionsverbotes und des Minderheitenschutzes einzelner Gläubiger gem. § 251 InsO besteht. Gegen den Wil-

len einer ganzen Abstimmungsgruppe darf ein Plan nur bestätigt werden, wenn die betreffende Gruppe angemessen an dem durch den Plan geschaffenen Wert beteiligt ist; gegen den Willen einzelner Gläubiger darf er bereits dann bestätigt werden, wenn er diese mindestens genauso gut stellt wie ohne Plan.

Dies setzt jedoch voraus, dass der Wert der Sicherheit bei einer Einzelveräußerung und bei einer Fortführung des Unternehmens gleich hoch ist. Dies kann, muss aber nicht der Fall sein (vgl. *Burger/Schellberg* DB 1994, 1835).

IV. Absatz 1 Nr. 2 i.V.m. Absatz 3

1. Allgemeines

Wie die Gläubigergruppen so soll auch die Gruppe der Anteilsinhaber, die angemessen an dem durch den Plan geschaffenen wirtschaftlichen Wert beteiligt wird, durch ihr obstruktives Verhalten den Plan nicht zu Fall bringen können. 33

Die Regelung des Abs. 1 Nr. 2 wird dabei im Hinblick auf die Gruppe der Anteilsinhaber ebenfalls durch eine eigene Auslegungsvorschrift in Abs. 3 ergänzt, um den unbestimmten Rechtsbegriff der »angemessenen Beteiligung« auszufüllen. Die Beteiligung der Gruppe der Anteilsinhaber ist demzufolge angemessen i.S.d. Abs. 1 Nr. 2, wenn die Voraussetzungen des § 245 Abs. 3 Nr. 1 und Nr. 2 InsO kumulativ erfüllt sind.

Wie auch bei Absatz 2 handelt es sich dabei um abschließende Voraussetzungen, die durch das Insolvenzgericht nicht durch weitere Kriterien ergänzt werde können.

2. Kriterien

Was für eine Gruppe der Anteilsinhaber angemessen ist, wird in § 245 Abs. 3 InsO näher definiert: 34

a) Absatz 3 Nr. 1

Die Regelung des Abs. 3 Nr. 1 ist identisch mit der Regelung des Abs. 2 Nr. 1. Insoweit wird daher auf die dortigen Ausführungen (Rdn. 27) verwiesen. 35

b) Absatz 3 Nr. 2

Eine angemessene Beteiligung i.S.d. Absatzes 1 Nr. 2 liegt hiernach vor, wenn die Angehörigen der Anteilsinhabergruppe nicht schlechter gestellt werden als andere Anteilsinhaber, die der Gruppe nicht angehören, mit denen sie aber ohne den Plan das gleiche wirtschaftliche Schicksal teilen würden. 36

Die Vorschrift setzt demnach zwei mögliche Ausgangsszenarien voraus. Entweder werden stimmberechtigte Anteilsinhaber, die die gleiche gesellschaftsrechtliche Stellung einnehmen, aufgrund planbedingter Kriterien in unterschiedliche Gruppen eingeteilt. Oder es wird nur bei Teilen der Anteilsinhaber, die die gleiche gesellschaftsrechtliche Stellung einnehmen, in die Anteils- und Mitgliedschaftsrechte eingegriffen, so dass ein Teil der Anteilsinhaber in einer stimmberechtigten Gruppe zusammengefasst ist und ein anderer, nicht stimmberechtigter Teil der Anteilsinhaber der Abstimmung über den Plan außen vor bleibt. 37

Die angemessene Beteiligung ist in beiden Szenarien dann gewahrt, wenn die jeweils andere Gruppe keine wirtschaftliche Besserstellung erfährt. Dies bedeutet, ähnlich wie bei den Gläubigergruppen, dass die Taktik, etwa durch eine besonders günstige Quote für die geringfügig beteiligten Anteilsinhaber (i.S.v. § 222 Abs. 3 Satz 2 InsO) die Zustimmung dieser Gruppe »billig zu kaufen«, nicht aufgehen wird. Denn die fehlende Zustimmung der übrigen, rechtlich gleichstehenden Anteilsinhaber kann dann nicht durch das Obstruktionsverbot überwunden werden (vgl. auch RegE ESUG, BT-Drucks. 17/5712, S. 34). 38

39 Ungeregelt bleibt durch die Vorschrift, wie der Fall der Besserstellung solcher Anteilsinhaber zu behandeln ist, die ohne den Plan nicht mit den übrigen Anteilsinhabern gleichgestellt sind. Hier ist nach teleologischer Auslegung zu differenzieren. Waren die nach dem Plan bessergestellten Anteilsinhaber ohne den Plan bereits besser gestellt als die übrigen Anteilsinhaber, so werden die übrigen Anteilsinhaber hierdurch nicht unangemessen beteiligt, sofern die nun gegebene Besserstellung nicht überproportional ist. Umgekehrt gilt dies jedoch nicht. Die Besserstellung von anderen Anteilsinhabern, die ohne den Plan schlechter gestellt waren, führt demnach zu einer unangemessene Beteiligung der Angehörigen der Anteilsinhabergruppe.

V. Absatz 1 Nr. 3

40 Die Anwendung des Obstruktionsverbotes setzt weiter voraus, dass die Mehrheit der abstimmenden Gruppen dem Plan mit den erforderlichen Mehrheiten zugestimmt hat.

Die Verpflichtung zur Sicherstellung der Anwendung von Gemeinschaftsrecht steht der Anwendung von § 245 InsO nicht entgegen. Denn die unter den Gesetzen eines Mitgliedsstaates fingierte Zustimmung zu einem Insolvenzplan, die dazu führt, dass darlehensweise gewährte Beträge teilweise nicht mehr zurückgefordert werden können, kann nicht als Beihilfe angesehen werden, wenn die Forderung nicht voll werthaltig ist (vgl. *LG Magdeburg* ZInsO 2001, 475). Die Bedingung kann beispielsweise die Umsetzung gesellschaftsrechtlicher Konstellationen im Insolvenzplan sein. Eine weitere Bedingung kann eine Bestätigung der zuständigen Steuerbehörde sein, dass durch den Sanierungsgewinn, der aus den mit dem Insolvenzplan verbundenen Forderungsverzichten resultiert, keine Steuerlast entsteht (vgl. hierzu auch § 217 Rdn. 119 ff.).

C. Lösungsansatz salvatorische Klauseln

41 Die Gefahr, dass ein wirtschaftlich nicht entsprechend ausgebildeter Insolvenzrichter die ihm vom Gesetz aufgebürdete Entscheidung nicht ohne Einschaltung weiterer Sachverständiger treffen kann, lässt sich nach Literaturmeinung durch entsprechende Vorkehrungen im Plan – zumindest soweit es langwierige Auseinandersetzungen im Vorfeld der Planbestätigung betrifft – mit salvatorischen Klauseln verhindern (so *Eidenmüller* in Schenk/Schmidtchen/Streit, S. 183–190). Diese Auffassung wird auch dadurch gestützt, dass aufgrund des durch das Gesetz vom 07.12.2011 (BGBl. I S. 2585) eingefügten § 251 Abs. 3 InsO der Schutzantrag eines Beteiligten, der eine Schlechterstellung durch den Plan geltend macht, vom Gericht versagt werden muss, wenn der Plan durch salvatorische Klauseln eine Ausgleichszahlung für die mögliche Schlechterstellung vorsieht. Dieser Vorschrift ist im Wege teleologischer Auslegung zu entnehmen, dass der Gesetzgeber zum Zweck der Planerhaltung die Verwendung von salvatorischen Klauseln als allgemein zulässig erachtet (vgl. § 251 Rdn. 27 f.).

Salvatorische Klauseln machen nach dieser Auffassung für das Gericht die im Rahmen der §§ 245, 247, 251 InsO geforderten Vergleichsrechnungen nicht obsolet, sollen aber etwaigen Streit außerhalb des Planverfahrens verlagern, ohne dass das Insolvenzgericht Gefahr laufen würde, sich Amtshaftungsansprüchen auszusetzen.

Eine derartige Klausel, die im Rahmen des § 245 InsO den dort normierten Minderheitenschutz sicherstellen kann, könnte beispielhaft wie folgt lauten:

»Für den Fall, dass ein Gläubiger durch den Plan schlechter gestellt wird als er ohne Plan stünde, sind an die Betreffenden zusätzliche Zahlungen in einer Höhe zu leisten, die zu einer Gleichstellung führen«.

42 Die Gleichstellungsklausel darf dabei nicht an eine bestimmte Höhe gebunden sein, da der Plan gefährdet wäre, wenn sich die mit einer absoluten Höhe festgelegten Zusatzleistungen als zu niedrig erweisen würden, um eine Gleichstellung zu bewirken (*Eidenmüller* in Schenk/Schmidtchen/Streit, S. 183–190).

Wie aus dem Vergleich mit § 251 Abs. 3 Satz 1 InsO zu entnehmen ist, können salvatorische Klauseln dem Gericht die Planbestätigung auch dann ermöglichen, wenn einzelne Gläubiger mit der Begründung widersprochen haben, der Plan stelle sie schlechter als eine Insolvenzabwicklung auf der Grundlage der gesetzlichen Vorschriften (vgl. § 251 Rdn. 27 f.). Ist die auf der Grundlage der salvatorischen Klausel vorgesehene anderweitige Finanzierung gesichert, würde eine sofortige Beschwerde des betreffenden Gläubigers gegen die Bestätigung des Plans erfolglos sein, weil die Klausel den Plan heilt.

Fühlt sich ein Gläubiger benachteiligt, kann er im ordentlichen Rechtsweg gegen den Schuldner auf die im Plan vorgesehene Zusatzleistung mittels Leistungsklage klagen (vgl. § 251 Abs. 3 Satz 2 InsO; BT-Drucks. 17/5712, S. 35). Sollten diese Leistungen durch Kürzungen von Ansprüchen anderer Gläubiger erbracht werden, liegt im Hinblick auf die betroffenen Gläubiger ein Fall der notwendigen Streitgenossenschaft aufgrund Unteilbarkeit des Streitgegenstandes gem. § 62 Abs. 1, 1. Alt. ZPO vor.

Wenngleich die Vorstellung, sich mittels entsprechender salvatorischer Klauseln aller Minderheitenschutzprobleme des Verfahrens entledigen zu können, für die Insolvenzpraxis sehr erfreulich wäre, bestehen doch weiterhin Zweifel, ob diese im Einzelfall gerichtsfest sind. **43**

Auch wenn durch die Einführung des § 251 Abs. 3 InsO die Verwendung von salvatorischen Klauseln eine neue Legitimationsgrundlade erhalten hat, ändert dies nichts daran, dass es sich beim Minderheitenschutz um eine grundlegende Verfahrensvorschrift handelt, die durch das Insolvenzgericht von Amts wegen zu beachten ist. Salvatorische Klauseln können zwar keinesfalls schaden, jedoch muss sich ein Planersteller bewusst sein, dass diese kein »Allheilmittel« darstellen.

Könnte sich das Insolvenzgericht jeglicher Prüfung aufgrund salvatorischer Klauseln entheben, würde der Minderheitenschutz gänzlich unterlaufen werden. Ohne jedwede insolvenzgerichtliche Kontrolle würden die jeweils betroffenen Minderheiten vermutlich oftmals mit einer quantité négligeable abgespeist werden, da sich diese ohnehin nicht mehr zur Wehr setzen könnten bzw. dies für die Planbestätigung unerheblich wäre.

Folglich ist die Prüfung des Insolvenzgerichts, ob Minderheitenschutzrechte verletzt sind, durch salvatorische Klauseln keinesfalls obsolet. Im Zweifelsfall muss das Gericht – auch wenn es der Insolvenzpraxis verständlicherweise missfällt und vielfach zum Scheitern von Plänen führen wird – Sachverständige beiziehen, deren Kosten der Masse zur Last fallen werden.

Losgelöst von der von der Rspr. zu klärenden Wirkung salvatorischer Klauseln im Hinblick auf den Minderheitenschutz ist ein planerstellender Verwalter dennoch gehalten, eventuellen Widersprüchen durch entsprechende Gestaltungen vorzubeugen. **44**

Dies kann, wie von § 251 Abs. 3 InsO ausdrücklich klargestellt, durch Rückstellungen im Plan erfolgen, um notfalls Verletzungen der Minderheitenschutzrechte einzelner Gläubiger korrigieren zu können, ohne dabei den Plan zu gefährden. Die Voraussetzungen, unter denen Zuwendungen aus dieser Rückstellung an die zurückgesetzten Gläubiger ausbezahlt werden dürfen, sind dabei genau zu regeln. Ferner ist eine zeitliche Ausschlussfrist im Plan zu verankern, damit baldigst Rechtssicherheit eintreten kann. Ein Zeitraum über drei Monate hinaus sollte nicht zugestanden werden.

D. Gesetzliche Änderungen

Der Gesetzgeber hat insoweit »nachgebessert«, als in § 245 Abs. 1 Nr. 1 InsO vor dem Wort »nicht« das Wort »voraussichtlich« eingefügt wurde (BGBl. I 1998 S. 3836). Dadurch wurde unmissverständlich hervorgehoben, dass es sich bei der Frage der etwaigen Schlechterstellung um eine Prognoseentscheidung handelt, die Unrichtigkeiten nicht in Gänze ausschließen kann. **45**

Das Insolvenzgericht ist somit im Rahmen seiner Amtsermittlungspflicht (§ 5 Abs. 1 InsO) freier und nicht gehalten, für zahlreiche Prognoseentscheidungen einen Sachverständigen heranzuziehen. Letztlich dient die gesetzliche Änderung damit der Beschleunigung des Verfahrens.

Bedeutsam ist die Änderung aber auch insoweit, als sich dadurch erhebliche Auswirkungen auf eine etwaige Haftung der Insolvenzorgane ergeben. Durch die eindeutige Darstellung der Zustimmungs- **46** fiktion als Prognoseentscheidung ist sichergestellt, dass im Wege einer ex-post-Betrachtung eine einfache Differenzrechnung nicht ausreichend sein kann, um eine Haftung der Insolvenzorgane zu begründen. Dies erleichtert den Umgang mit dem Institut des Insolvenzplans.

E. Rechtsprechung

47 Das *LG Traunstein* (vom 27.08.1999 – 4 T 2966/99, NZI 1999, 461) hat entschieden, dass eine Gläubigerin einer Gruppe aufgrund des Insolvenzplanes nicht allein dadurch schlechter gestellt wird, dass die Kredittilgung für einen bestimmten Zeitraum ausgesetzt wird und gleichzeitig eine fortlaufende Verzinsung erfolgt, als sie ohne diesen Plan stünde. Das gilt jedenfalls dann, wenn diese Gläubigerin anderweitig keine höheren Zinserträge erzielen könnte als im Vergleich zur Fortführung ihrer vertraglichen Vereinbarungen mit der Schuldnerin. In diesem Fall stellt die Belastung der Gläubigerin mit dem bedeutenden Insolvenzrisiko der Schuldnerin keinen Nachteil dar, soweit sie sowohl bei Fortführung, als auch bei Zerschlagung des schuldnerischen Unternehmensbetriebes mit der vollständigen Befriedigung ihrer Forderungen rechnen konnte.

Weiter hat das Gericht dargelegt, dass es grds. nicht verpflichtet ist, für die nach § 245 Abs. 1 Nr. 1 InsO zu treffende Prognoseentscheidung auf Sachverständige zurückzugreifen. Außerdem könne durch einen Insolvenzplan in die Rechte eines Gläubigers, auch in die eines Absonderungsberechtigten, eingegriffen werden, ohne dass zwingend eine Schlechterstellung i.S.d. § 245 Abs. 1 Nr. 1 InsO vorliegt, wenn der Eingriff an anderer Stelle wirtschaftlich kompensiert wird.

48 Diese Entscheidung hat in der Literatur ein sehr unterschiedliches Echo ausgelöst. Während der Großteil der Literatur die Entscheidung ausdrücklich begrüßt (*Braun* NZI 1999, 473 ff.; *Hess* InsO, § 245, Rn. 14–23), wird diese von *Smid* (InVO 2001, 1) mit massiver Kritik überzogen.

Smid spricht von einer faktischen Entscheidung der Bank, weil eine Sanierung gegen den Willen einer kreditgebenden dinglich gesicherten Bank regelmäßig nicht möglich sei. Er ist weiter der Auffassung, dass durch diese Entscheidung die nachrangigen Gläubiger besser gestellt würden als sie ohne Plan stünden. Ferner bemängelt er, dass der Schuldnerin ein Vermögenswert durch den Insolvenzplan zugewandt worden sei, was ebenfalls eine Besserstellung darstellt (*Smid* InVO 2001, 1).

49 *Hess* hingegen sieht in den Entscheidungen des *AG Mühldorf* (27.07.1999 – 1 IN 26/99, NZI 1999, 422) und des LG Traunstein eine rechtsdogmatisch überzeugende Anwendung des § 245 InsO sowie eine überzeugende Auslegung des Akkordstörungsverbotes, wodurch die Kooperationspflichten der einzelnen Gläubiger innerhalb der insolvenzbedingt gebildeten Gläubigergemeinschaft gefördert werden (*Hess* InsO, § 245 Rn. 14–23).

Hess betont, dass bei Bejahung von Kooperationspflichten der Gläubiger schon außerhalb des Insolvenzverfahrens (s. *Eidenmüller* ZHR 160 [1996] 343 m.w.N.) die Behauptung, eine Gläubigerbank werde in der Insolvenz der Schuldnerin durch die Aussetzung der Kredittilgung bei Weiterlaufen der Verzinsung und Aufrechterhaltung des Kreditverhältnisses enteignet, ein vollkommenes Missverständnis in Bezug auf die Kooperationspflichten darstelle.

Nach Auffassung von *Hess* verkennt *Smid*, dass auch dann, wenn es jedem Gläubiger primär um die eigenen Interessen geht, die rücksichtslose Verfolgung von Einzelinteressen für alle Gläubiger suboptimal sein kann. Über die gesetzlich erzwungenen Kooperationspflichten soll ein Scheitern der Sanierungsbemühungen vermieden und außerdem damit erreicht werden, dass nicht alle schlechter gestellt werden, als im Rahmen einer gelungenen Rettungsaktion (*Eidenmüller* ZHR 160 [1996] 343, 369), so dass eine Sanierung auch gegen eine kreditierende Bank möglich ist (*Hess* InsO, § 245 Rn. 14–23).

50 Der Entscheidung des Landgerichts Traunstein ist zuzustimmen. Das Gericht geht zu Recht davon aus, dass die Fortführung eines Unternehmens durch den Schuldner nicht zwangsläufig zu einer Zuwendung eines wirtschaftlichen Wertes an den Schuldner i.S.d. § 245 Abs. 1 Nr. 2 InsO führt. Es kommt zutreffend vielmehr auf die Umstände des Einzelfalls an. Ist kein Dritter zur Fortführung des Unternehmens anstelle des Schuldners bereit, kann im Zweifel nicht davon ausgegangen werden,

dass der Schuldner durch den Plan einen wirtschaftlichen Wert erhält (vgl. *Braun* NZI 1999, 473 [477]; *Wittig* ZInsO 1999, 373).

Zur Frage, ob im Einzelfall der baren Möglichkeit der Fortführung eines Unternehmens ein tatsächlicher wirtschaftlicher Wert innewohnt, ist zu prüfen, ob ein fremder Dritter bereit gewesen wäre, das zu betrachtende Unternehmen anstelle des Schuldners oder seiner Eigner fortzuführen. Im zugrunde liegenden Fall ist kein solcher bekannt geworden, welcher vor Planbestätigung das Unternehmen hätte fortführen wollen. Konkrete und bezifferte Übernahmeangebote lagen nicht vor. Damit können Auskehrungen eines wirtschaftlichen Wertes an die Schuldnerin oder einen Eigner nicht angenommen werden. Der Entscheidung ist daher zuzustimmen (so auch: *Georg* NZI 1999, 424).

Das LG Traunstein vertritt in seinem Bestätigungsbeschluss vom 27.07.1999 die Auffassung, dass 51 die Grundsätze des Urteils des *U.S. Supreme Court* vom 03.05.1999 (Bank of America National Trust and Savings Association gegen 203 North La Salle Street Partnership, No. 97–1418, 119 S.Ct. 141 1,67 U.S.L.W. 4275) für die Auslegung des § 245 Abs. 2 Nr. 2 InsO herangezogen werden können, weil die Regelung des § 245 InsO fast wörtlich mit der amerikanischen Norm 11 U.S.C. § 1129 (b) (2) (B) (ii) übereinstimme und entsprechende Entscheidungen deutscher Gerichte bisher nicht vorlägen (*Vallender* DStR 1999, 2034 ff.).

Der Umgang mit dieser Problematik zeigt, dass entgegen aller Vorbehalte in der Vergangenheit die Gerichte sehr wohl in der Lage sind, auch mit den ihnen durch den Insolvenzplan überantworteten Problemen umzugehen.

Das Beispiel des LG Traunstein zeigt weiter, dass der Schuldner eine ernsthafte Chance des Agierens hat. Nach altem Konkursrecht wäre ein solches Unternehmen abgewickelt worden, da die Sicherungsgläubigerin, die größte finanzierende, opponierende Bank nicht mehr bereit war, einer Fortführung der Sanierung zuzustimmen und ihre Sicherungsrechte realisieren wollte (*Braun* NZI 1999, 473 [474]). Bereits aus diesem Grund ist die Entscheidung von hoher Relevanz.

§ 246 Zustimmung nachrangiger Insolvenzgläubiger

Für die Annahme des Insolvenzplans durch die nachrangigen Insolvenzgläubiger gelten ergänzend folgende Bestimmungen:
1. Die Zustimmung der Gruppen mit einem Rang hinter § 39 Abs. 1 Nr. 3 gilt als erteilt, wenn kein Insolvenzgläubiger durch den Plan besser gestellt wird als die Gläubiger dieser Gruppen.
2. Beteiligt sich kein Gläubiger einer Gruppe an der Abstimmung, so gilt die Zustimmung der Gruppe als erteilt.

Übersicht	Rdn.		Rdn.
A. Zweck der Vorschrift	1	III. Nr. 2	10
B. Voraussetzungen	4	IV. § 39 Abs. 3 Nr. 3 InsO	11
I. Allgemeines	4	V. § 39 Abs. 1 Nr. 4 und 5 InsO	12
II. Nr. 1	7		

A. Zweck der Vorschrift

Die Regelung des § 246 InsO beinhaltet ergänzende Bestimmungen hinsichtlich der Annahme des 1 Insolvenzplans durch nachrangige Insolvenzgläubiger. Zweck der Vorschrift ist es, zwischen der nach § 39 InsO gesetzlich angeordneten Einbeziehung nachrangiger Forderungen in das Insolvenzverfahren und dem Umstand, dass es sich hierbei i.d.R. um wirtschaftlich wertlose Forderungen handelt, einen Ausgleich zu schaffen.

Unter Zugrundelegung einer wirtschaftlichen Betrachtungsweise sieht § 246 InsO unter bestimmten Voraussetzungen die Zustimmung nachrangiger Insolvenzgläubiger zu einem Plan vor, so dass

§ 246 InsO Zustimmung nachrangiger Insolvenzgläubiger

deren Abstimmung im Abstimmungstermin trotz der formalen Verfahrensteilnahmeberechtigung überflüssig ist.

Das Abstimmungsverfahren über den oder die Pläne soll von der Mitwirkung derjenigen Gläubiger entlastet werden, die aufgrund der Nachrangigkeit ihrer Forderungen keine Aussicht auf wirtschaftliche Befriedigung im Verfahren haben.

2 In diesem Zusammenhang sei darauf hingewiesen, dass es sich bei den nachrangigen Gläubigern, auch wenn deren Zustimmung zum Plan aufgrund § 246 InsO fingiert ist, um Insolvenzgläubiger handelt. Der Begriff eines Insolvenzgläubigers bestimmt sich ausschließlich nach materiellem Recht und wird durch die verfahrensrechtliche Frage, wann, ob und wenn ja, wie diese Gläubiger innerhalb des Verfahrens mit einer quotalen Befriedigung rechnen dürfen, nicht berührt.

Die nach § 246 InsO fingierte Zustimmung zum Plan stellt einen Eingriff in die Verfahrensrechte dieser Gläubiger dar, dieser kann jedoch aufgrund der regelmäßig wirtschaftlichen Wertlosigkeit der Forderung unter dem Gesichtspunkt der Verfahrenserleichterung gerechtfertigt werden, sofern die Voraussetzungen des § 246 Nr. 1–3 InsO erfüllt sind.

3 Die Einbeziehung nachrangiger Insolvenzgläubiger bezweckt in Einzelfällen, in denen nachrangige Forderungen doch eine wirtschaftliche Bedeutung haben, die Möglichkeit einer sachgerechten Gesamtlösung im Plan (BT-Drucks. 12/2443 S. 209).

Liegen mehrere Insolvenzpläne zur Abstimmung vor, muss hinsichtlich der Zustimmung nachrangiger Gläubiger je nach Plan differenziert werden. Sieht einer der drei möglichen Insolvenzpläne eine quotale Befriedigung der nachrangigen Gläubiger vor, kann deren Zustimmung zu diesem konkreten Plan nicht gem. § 246 InsO gesetzlich fingiert werden. Die nachrangigen Insolvenzgläubiger sind in diesem Falle wie die anderen Gläubigergruppen zu behandeln und zur Erörterung und Abstimmung über den Plan berechtigt.

Ist bei keinem der Pläne für nachrangige Insolvenzgläubiger eine quotale Befriedigung ihrer Forderung zu erwarten, gilt die Zustimmung zu jedem der Pläne als fingiert; über die Annahme des Plans haben dann ausschließlich die anderen gem. § 222 InsO gebildeten Gruppen zu entscheiden.

Dies bedeutet jedoch nicht, dass hinsichtlich des oder der anderen Pläne, über die ebenfalls im Abstimmungstermin abgestimmt wird, die Regelung des § 246 InsO auch außer Kraft gesetzt wäre. Bei den Plänen, die die Rechtsstellung der nachrangigen Gläubiger wirtschaftlich nicht berühren, bleibt es bei dem fehlenden Erörterungs- und Abstimmungsrecht der nachrangigen Insolvenzgläubiger.

B. Voraussetzungen

I. Allgemeines

4 Die in § 39 Abs. 1 InsO aufgezählten Forderungen werden in der Rangfolge von Nr. 1 bis Nr. 5 berücksichtigt, falls entsprechende Mittel zur Verfügung stehen. Ohne eine gesonderte Vereinbarung nach § 39 Abs. 2 InsO kann die Rangfolge nicht durch richterliche Entscheidung geändert werden, insbesondere können keine »Zwischenrangklassen« geschaffen werden (*BVerfG* BVerfGE 65, 182 [192]).

Im Nachlassinsolvenzverfahren gem. § 327 InsO können zu den in § 39 Abs. 1 InsO genannten weitere nachrangige Verbindlichkeiten aufgenommen werden. Weiterhin steht es den Gläubigern frei, einen Nachrang gem. § 39 Abs. 2 InsO privatautonom zu vereinbaren, um damit eine Forderung als nachrangig einzustufen.

Einer derartigen Nachrangvereinbarung kommt jedoch nur privatrechtliche Wirkung zu; erst durch deren Einführung in das Verfahren, z.B. in der Gläubigerversammlung, erlangt diese verfahrensrechtliche Bedeutung. Hier kommt die bereits dargestellte Doppelnatur des Planverfahrens zum Tragen.

In der Insolvenzpraxis findet eine Abstimmung von Gläubigergruppen mit Rechten aus § 39 InsO 5
nahezu nicht statt; schließlich handelt es sich beim Insolvenzverfahren um eine Verlustgemeinschaft,
in der bereits die nicht nachrangigen Gläubiger erhebliche Forderungseinbußen hinnehmen müssen.

Der Erhalt eines Verteilungserlöses für nachrangige Insolvenzgläubiger ist seltenen Ausnahmefällen
vorbehalten, so dass deren Zustimmung in den meisten Fällen zu fingieren ist.

Zudem wurde im Rahmen des ESUG § 246 Nr. 1 InsO a.F. ersatzlos gestrichen. Hintergrund hier- 6
für ist, dass nach BT-Drucks. 17/5712 S. 34 aufgrund der Änderung des § 222 InsO diese Vorschrift keine praktische Bedeutung mehr hat. Die Voraussetzung, dass die Zins- und Kostenforderungen im Plan erlassen werden oder nach § 225 Abs. 1 InsO als erlassen gelten führt nach § 222 Abs. 1
Satz 2 Nr. 3 InsO stets dazu, dass gar keine Gruppe dieser Gläubiger gebildet wird.

II. Nr. 1

Gem. § 246 Nr. 1 InsO gilt die Zustimmung der Gruppen mit einem Rang hinter § 39 Abs. 1 Nr. 3 7
InsO dann als erteilt, wenn kein Insolvenzgläubiger durch den Plan besser gestellt wird als die Gläubiger dieser Gruppen.

Hierbei handelt es sich gem. § 39 Abs. 1 Nr. 4 InsO um Ansprüche auf eine unentgeltliche Leistung
des Schuldners sowie gem. § 39 Abs. 1 Nr. 5 InsO um Forderungen auf Rückgewähr eines Gesellschafterdarlehens oder gleichgestellter Forderungen.

Zu beachten ist, dass eine durch den Schuldner zu erbringende Leistung nur dann als unentgeltlich
i.S.d. § 39 Abs. 1 Nr. 4 InsO eingestuft werden kann, wenn dies für einen objektiven Betrachter erkennbar ist und ein diesbezüglicher subjektiver Wille des Schuldners gegeben ist (*RG* LZ 1908, 606).
Zur weiteren Auslegung des Begriffs der Unentgeltlichkeit wird auf die Ausführungen zu § 134 InsO
verwiesen.

§ 39 Abs. 1 Nr. 5 InsO regelt nur die Rückgewähr von Gesellschafterdarlehen oder gleichgestellter 8
Forderungen von Gesellschaftern, nicht aber solche von dritten Personen.

Die Regelung des § 246 Nr. 1 InsO baut dogmatisch auf den gleichen Gedanken wie das Obstruk- 9
tionsverbot des § 245 InsO auf, reicht inhaltlich jedoch noch weiter. Die Zustimmung der von § 246
Nr. 1 InsO betroffenen Gläubiger gilt nicht nur beim Vorliegen der allgemeinen Voraussetzungen
des § 245 InsO als erteilt, sondern bereits dann, wenn sie den höherrangigen Insolvenzgläubigern
gleichgestellt werden, d.h. bei einer quotalen Befriedigung der nichtnachrangigen Insolvenzgläubiger die gleichen Quoten erhalten wie diese.

III. Nr. 2

Die Regelung der Nr. 2 ist missverständlich formuliert. Der Wortlaut der Vorschrift ist dahingehend 10
zu lesen, dass unter »... einer Gruppe ...«, »... einer Gruppe der nachrangigen Gläubiger ...« zu
verstehen ist. Die Regelung dient damit ausschließlich der Vereinfachung des Abstimmungsverfahrens selbst.

Davon ausgehend, dass eine Gläubigergruppe, die bei einer Verwertung ohne Plan wirtschaftlich leer
ausgeht, ein besonderes Interesse an der Teilnahme an der Abstimmung über den Plan hat, fingiert
der Reformgesetzgeber die Zustimmung der betroffenen Gruppen von Gläubigern, die von der ihnen
eingeräumten Möglichkeit zur Teilnahme am Abstimmungsverfahren dennoch keinen Gebrauch gemacht haben (BT-Drucks. 12/2443 S. 210).

IV. § 39 Abs. 3 Nr. 3 InsO

Die Abstimmung nachrangiger Insolvenzgläubiger gem. § 39 Abs. 3 Nr. 3 InsO muss nicht fingiert 11
werden, da Geldstrafen und diesen gleichgestellte Verbindlichkeiten gem. § 225 Abs. 3 InsO durch
einen Plan nicht beeinträchtigt werden können, so dass auch bereits aus diesen Gründen eine Abstimmung nicht in Betracht kommt (BT-Drucks. 12/2443 S. 209).

V. § 39 Abs. 1 Nr. 4 und 5 InsO

12 Für die Forderung nach § 39 Abs. 1 Nr. 4 und 5 InsO ist ebenfalls keine Gruppe zu bilden, wenn sie nach dem Plan als erlassen gelten; auch für sie kann die Vorschrift nur relevant werden, wenn sie fakultativ in eine Gruppe zusammengefasst worden sind (HK-InsO/*Haas* § 246 Rn. 3).

§ 246a Zustimmung der Anteilsinhaber

Beteiligt sich keines der Mitglieder einer Gruppe der Anteilsinhaber an der Abstimmung, so gilt die Zustimmung der Gruppe als erteilt.

1 Die Vorschrift wurde durch das Gesetz zur weiteren Erleichterung der Sanierung von Unternehmen (ESUG) vom 07. Dezember 2011 im Zusammenhang mit der durch das gleiche Gesetz eingeführten Möglichkeit, in die Anteils- und Mitgliedschaftsrechte der Anteilsinhaber einzugreifen (§§ 217, 225a InsO), eingeführt. Geregelt wird die Annahme des Insolvenzplans durch die Anteilsinhaber, wenn und soweit ihnen nach § 238a Abs. 1, 2 i.V.m. § 237 Abs. 2 InsO ein Stimmrecht zusteht. Die Vorschrift wird dabei von dem Zweck bestimmt, das Abstimmungsverfahren möglichst zu vereinfachen (RegE ESUG, BT-Drucks. 17/5712, S. 34). Hintergrund der Fiktion des § 246a InsO ist, dass die Anteilsinhaber, deren Anteilsrechte wertlos geworden sind, dem Abstimmungstermin wegen fehlendem Interesse regelmäßig fernbleiben. Um zu verhindern, dass das Abstimmungsverfahren durch die in diesem Fall nicht mehr schützenswerten Anteilsinhaber unnötig verzögert wird, gilt die Zustimmung der Gruppe der Anteilsinhaber als erteilt. Diese Regelung knüpft dabei unmittelbar an die bereits bestehende Regelung des § 246 Nr. 2 InsO (n.F.) über die Zustimmung der nachrangigen Insolvenzgläubiger an, bei der ebenfalls bei Nichtbeteiligung der nachrangigen Gläubiger die Zustimmung als erteilt gilt.

2 Wurde etwa für die geringfügig beteiligten Anteilsinhaber nach § 222 Abs. 3 Satz 2 InsO oder andere, in besonderer Form beteiligte Anteilsinhaber eine eigene Gruppe gebildet, so findet auf jede einzelne dieser Gruppen von Anteilsinhabern die Regelung des § 246a InsO gesondert Anwendung. Denn diese bezieht sich schon nach ihrem Wortlaut nicht auf die Allgemeinheit der Anteilsinhaber, sondern nur auf jeweils »eine« Gruppe von Anteilsinhabern. Im Übrigen würde sonst, gerade im Hinblick auf die meist große Gruppe der geringfügig beteiligten Anteilsinhaber, die Regelung praktisch keine Anwendung finden.

§ 247 Zustimmung des Schuldners

(1) Die Zustimmung des Schuldners zum Plan gilt als erteilt, wenn der Schuldner dem Plan nicht spätestens im Abstimmungstermin schriftlich widerspricht.

(2) Ein Widerspruch ist im Rahmen des Absatzes 1 unbeachtlich, wenn
1. der Schuldner durch den Plan voraussichtlich nicht schlechter gestellt wird, als er ohne einen Plan stünde, und
2. kein Gläubiger einen wirtschaftlichen Wert erhält, der den vollen Betrag seines Anspruchs übersteigt.

Übersicht	Rdn.			Rdn.
A. Zweck der Vorschrift	1	D.	Prävention im Plan	10
B. Absatz 1	3	I.	Vergleichsrechnungen	10
C. Absatz 2	5	II.	Salvatorische Klausel	11
I. Allgemeines	5	III.	Einigung	19
II. Voraussetzungen	6	IV.	Gesetzliche Änderungen	20

Literatur:
Bundesministerium der Justiz (Hrsg.), Referentenentwurf Gesetz zur Reform des Insolvenzrechts, 1989, S. 293 f.; *Eidenmüller* Der Insolvenzplan als Vertrag, in Schenk/Schmidtchen/Streit, Jahrbuch für Neue Politische Ökonomie, Band 15, 1996, S. 183–190.

A. Zweck der Vorschrift

Eine zu § 247 InsO vergleichbare Regelung gab es weder im bisherigen Vergleichs- noch Zwangsvergleichsverfahren, da hierfür kein Bedarf bestand. Dies lag daran, dass das ausschließliche Initiativrecht zur Erreichung einer Insolvenzbewältigung dem Schuldner zustand und die Frage nach der schuldnerischen Zustimmung oder eines etwaigen Widerspruchs sich mangels möglicher Beschwer daher nicht stellte. 1

Aufgrund der unter § 217 InsO dargestellten neuen gesetzlichen Zielsetzungen des Insolvenzplanverfahrens und des Planinitiativrechts des Verwalters ist das Zustandekommen eines Insolvenzplans auch möglich, wenn der Schuldner damit nicht einverstanden ist.

Durch einen vom Verwalter erstellten Plan wird jedoch häufig in die Rechtsstellung des Schuldners eingegriffen, insbesondere kann dessen Haftung nach Beendigung des Insolvenzverfahrens geregelt werden, so dass eine Beteiligung des Schuldners innerhalb verfahrensrechtlicher Schranken meistens geboten ist (BT-Drucks. 12/2443 S. 210). Der Schuldner soll gem. § 247 InsO das Wirksamwerden eines Plans insbesondere dann verhindern können, wenn dieser seine Rechte unangemessen beeinträchtigt. 2

B. Absatz 1

Aus Gründen der Rechtssicherheit und Rechtsklarheit ist in § 247 Abs. 1 InsO normiert, dass die Zustimmung des Schuldners zum Plan gesetzlich fingiert wird, falls dieser nicht spätestens im Abstimmungstermin schriftlich widerspricht. Die Möglichkeit, zu Protokoll der Geschäftsstelle zu widersprechen, ist durch das Gesetz vom 07.12.2011 weggefallen, um die Abläufe beim Insolvenzgericht zu vereinfachen. Die Zustimmung des Schuldners zum Plan muss somit nicht durch aktive Mitwirkung erteilt werden. Die Notwendigkeit eines unmittelbaren Widerspruchs noch im Termin soll Verfahrensverzögerungen vermeiden; ein verspäteter Widerspruch des Schuldners ist unbeachtlich. 3

Dem Widerspruch kommt kein Devolutiveffekt zu und er ist auch kein Rechtsbehelf. Er lässt sich als Verfahrenserklärung in Form einer schuldnerischen Gegenvorstellung begreifen. Die Feststellungen im Plan sind nicht selbstständig anfechtbar, sondern nur mit dem Bestätigungsbeschluss des Plans im Ganzen.

Bei einer offensichtlichen Unbegründetheit des Widerspruchs kann das Gericht diesen zurückweisen und die Entscheidung über den Plan durch Beschluss noch im Abstimmungstermin bekannt geben. Hierdurch soll eine Verfahrensverzögerung vermieden werden. Kann seitens des Insolvenzgerichts über den Widerspruch des Schuldners jedoch nicht abschließend ohne detaillierte Sachprüfung entschieden werden, kommt eine Entscheidung über den Plan im Abstimmungstermin nicht mehr in Betracht. Das Gericht hat in diesem Falle einen alsbald zu bestimmenden Termin zur Verkündung der Entscheidung anzusetzen. 4

C. Absatz 2

I. Allgemeines

Die Regelung des § 247 Abs. 2 InsO regelt die Fälle, in denen ein Widerspruch des Schuldners unbeachtlich ist, weil er durch den Plan nicht in seinen Rechten verletzt wird. Er überträgt die dogmatische und inhaltliche Konzeption des in § 245 InsO geregelten Obstruktionsverbotes auf den Widerspruch des Schuldners, indem sich die Prüfungsparameter für die etwaige Beachtlichkeit oder Unbeachtlichkeit eines schuldnerischen Widerspruchs ausschließlich an wirtschaftlichen Maßstäben orientieren. 5

II. Voraussetzungen

6 Nach Abs. 2 ist die Unbeachtlichkeit des Widerspruchs zu bejahen, wenn:

a) der Schuldner durch die Regelungen des Insolvenzplans im Vergleich zur Abwicklung nach den gesetzlichen Vorschriften keine Schlechterstellung erfährt.

Hinsichtlich der Frage, ob der Schuldner durch den Plan nicht schlechter gestellt wird, als er ohne einen Plan stünde, ist bei einem Verwalterplan die Vorlage von Vergleichsrechnungen zwingend erforderlich, damit das Gericht bei einem etwaigen schuldnerischen Widerspruch über Entscheidungsgrundlagen verfügt.

Diese Vergleichsrechnungen müssen die für den Schuldner eintretenden wirtschaftlichen Folgen einer Abwicklung auf Grund gesetzlicher Vorschriften bzw. auf Grund Insolvenzplan gegenüberstellen und aus der Sicht des Schuldners bewerten. In diesem Zusammenhang ist weiterhin zu beachten, dass dem Schuldner durch den Plan keine weitergehende Nachhaftung als durch die gesetzlichen Vorschriften aufgebürdet werden darf.

Einem Schuldner, der gem. den gesetzlichen Abwicklungsvorschriften Anspruch auf Restschuldbefreiung hat, darf diese in einem Insolvenzplan nicht verweigert werden, wenn der Plan nicht auf Grund des schuldnerischen Widerspruchs scheitern soll.

7 Kumulativ zu a) muss – um eine Unbeachtlichkeit des schuldnerischen Widerspruchs bejahen zu können – gem. § 247 Abs. 2 Nr. 2 InsO hinzukommen, dass:

b) kein Gläubiger aufgrund des Plans einen wirtschaftlichen Wert zugewiesen bekommt, der seinen zivilrechtlich begründeten Anspruch übersteigt.

Der Schuldner muss es somit nicht hinnehmen, dass einem Gläubiger durch die Zuweisung eines Wertes, der seinen rechtlichen Anspruch übersteigt, Gewinne durch die Teilnahme am Planverfahren zugewiesen werden. Bei der Beurteilung der Frage, ob einem Gläubiger ein Wert zugewiesen wird, den dieser zivilrechtlich nicht auf diese Weise zu beanspruchen hätte und der den vollen Betrag des geforderten Betrages übersteigt, wird ausschließlich auf eine wirtschaftliche Betrachtungsweise abgestellt (vgl. *BMJ* [Hrsg.], 1. Bericht, S. 293 f.).

8 Ist der Widerspruch des Schuldners nicht nach Abs. 2 unbeachtlich, hat das Insolvenzgericht die Planbestätigung zu versagen, wenn eine Nachbesserung des Plans durch Änderung der beanstandeten Regelungen nicht möglich ist.

Durch die Regelung des § 247 InsO wird dem Schuldner ermöglicht, das Wirksamwerden des Plans auch in dem Fall zu verhindern, dass sich die beteiligten Gläubiger mehrheitlich oder auch übereinstimmend für die Planannahme ausgesprochen haben. Der verfahrensrechtliche Schutz des Schuldners steht nicht zur Disposition einzelner Gläubiger oder der Gläubigermehrheit.

Der typische Anwendungsfall für einen begründeten Widerspruch des Schuldners nach § 247 InsO ist ein Eingriff des vom Verwalter vorgelegten Insolvenzplans in insolvenzfreie Rechte des Schuldners, ohne dass sich dieser damit einverstanden erklärt hätte (*Hess* InsO, § 248 Rn. 8).

Im Gegensatz zur bisherigen Rechtslage berechtigt jedoch die Änderung der Gesellschaftsform ohne Zustimmung des Schuldners oder der Gesellschafter des schuldnerischen Unternehmens nicht mehr zum Widerspruch, wenn gem. § 225a InsO durch den Plan in die Mitgliedschafts- und Anteilsrechte der am Schuldner beteiligten Personen eingegriffen werden soll (vgl. *Kübler/Prütting/Bork-Pleister* InsO, § 247 Rn. 18).

9 Der Widerspruch des Schuldners gegen seinen eigenen Plan ist nicht möglich, da er es in der Hand hatte, seinen Plan rechtzeitig zurückzunehmen. Hat er dies unterlassen, kann er gegen den Plan nicht mehr nach § 247 InsO vorgehen.

D. Prävention im Plan

I. Vergleichsrechnungen

Durch entsprechende Vergleichsrechnungen kann das Insolvenzgericht überhaupt erst die Beachtlichkeit eines schuldnerischen Widerspruchs beurteilen. Die vorzulegenden Vergleichsrechnungen sind somit die Prüfungsgrundlage späterer Widersprüche.

II. Salvatorische Klausel

Die Gefahr, dass ein Schuldner die Planbestätigung aufgrund eines Widerspruchs nach § 247 InsO verzögert, ist nicht auszuschließen. Die Prüfung des Widerspruchs beschränkt sich für das Gericht dann auf den Vergleich der Haftung des Schuldners mit und ohne Plan.

Die ungünstigste Regelung, die der Plan vorsehen kann, ist die regelmäßige Weiterhaftung nach § 201 InsO. Sie wird dann problematisch, wenn sie an die Stelle der möglichen Restschuldbefreiung nach § 286 InsO tritt. In diesem Fall sind die Abweichungen des Plans von dem, was die Restschuldbefreiung einfordern würde, leicht erkennbar (HK-InsO/*Haas* § 247 Rn. 5). Gleiches gilt hinsichtlich eines etwaigen Überschusses, der ohne einen Plan gem. § 199 InsO dem Schuldner herauszugeben wäre. Jedoch handelt es sich dabei um Ausnahmefälle; im Regelfall erhält der Schuldner, soweit schon die Gläubiger nicht voll befriedigt werden konnten, von den Verwertungserlösen nichts (HK-InsO/*Haas* § 247 Rn. 5).

Um unnötigem Streit vorzubeugen, sollte der Verwalter durch salvatorische Klauseln im Insolvenzplan sicherstellen, dass der Schuldner, sollte er durch den Plan schlechter als im Fall der gesetzlichen Zwangsverwertung gestellt werden, Anspruch auf den Ausgleich des Differenzbetrages hat.

Nach einem Vorschlag in der Literatur sollte, die, durch wirtschaftlich nicht entsprechend ausgebildete Rechtspfleger, bedingte Gefahr von Sachverständigenschlachten durch entsprechende Vorkehrungen im Plan, insbesondere durch salvatorische Klauseln verhindert werden (vgl. *Eidenmüller* in Schenk/Schmidtchen/Streit, S. 183–190).

Mittlerweile fällt das Insolvenzplanverfahren zwar gem. § 18 Abs. 1 Nr. 2 RPflG – gem. § 103g EGInsO nur Verfahren die nach dem 01.03.2013 beantragt worden sind – in die Zuständigkeit der Richter. Dennoch bietet sich in der Praxis weiterhin die Anwendung salvatorische Klauseln an. Damit können die ansonsten aufwendigen Vergleichsrechnungen des Gerichts im Rahmen des § 247 InsO erspart bleiben und etwaiger Streit außerhalb des Planverfahrens verlagern werden, ohne dabei die Gefahr von Amtshaftungsansprüchen gegen das Gericht auszulösen (*Eidenmüller* in Schenk/Schmidtchen/Streit, S. 183–190).

Eine derartige salvatorische Klausel könne beispielhaft wie folgt lauten:

»Für den Fall, dass der Schuldner durch den Plan schlechter gestellt wird als er ohne Plan stünde, verpflichten sich die Beteiligten durch zusätzliche Zahlungen/Maßnahmen/Verzichte einen Ausgleich derart zu schaffen, dass der Schuldner wirtschaftlich der Abwicklung gem. den gesetzlichen Vorschriften gleichgestellt wird«.

Die Gleichstellungsklausel darf hierbei nicht an eine bestimmte Höhe gebunden sein, da der Plan gefährdet würde, wenn sich die mit einer absoluten Höhe festgelegten Zusatz- oder Ausgleichsleistungen als zu niedrig erweisen würden, um eine Gleichstellung zu bewirken (so: *Eidenmüller* in Schenk/Schmidtchen/Streit, S. 183–190).

Sofern die auf der Grundlage der salvatorischen Klausel vorgesehene anderweitige Finanzierung gesichert ist, soll nach vorbezeichneter Auffassung eine sofortige Beschwerde des Schuldners gegen die Planbestätigung erfolglos bleiben, da die Klausel den Plan heilt. Die Frage, ob der Schuldner durch den Plan im Vergleich zur gesetzlichen Zwangsverwertung tatsächlich schlechter gestellt wird und in welchem Umfang dies der Fall ist, könnte dann ohne Einfluss auf den Fortgang des Planverfahrens geklärt und im Einzelfall einer gerichtlichen Entscheidung zugeführt werden.

16 Wenngleich die Vorstellung, sich mittels entsprechender salvatorischer Klauseln eines schuldnerischen Widerspruchs entledigen zu können, für die Insolvenzpraxis sehr erfreulich wäre, besteht doch erheblicher Grund zur Skepsis, ob dies im Streitfall ausreichend ist. Der Minderheitenschutz gerade im Hinblick auf den Schuldner ist eine grundlegende Verfahrensvorschrift, die sicherzustellen hat, dass der dissentierende Schuldner nicht zum bloßen Objekt des Verfahrens herabgewürdigt wird.

Salvatorische Klauseln werden unstreitig zum Repertoire jedes Planerstellers gehören. Ein Planersteller muss sich aber bewusst sein, dass salvatorische Klauseln kein »Allheilmittel« für misslungene oder unausgewogene Insolvenzpläne darstellen können. Könnte sich das Insolvenzgericht jeglicher Prüfung aufgrund salvatorischer Klauseln entheben, würde der Minderheitenschutz gänzlich unterlaufen werden. Ohne jedwede insolvenzgerichtliche Kontrolle würden die jeweils betroffenen Minderheiten vermutlich oftmals mit einer quantité négligeable abgespeist werden, da sich diese ohnehin nicht mehr zur Wehr setzen könnten bzw. dies für die Planbestätigung unerheblich wäre.

17 Die von Amts wegen durchzuführende Prüfung des Insolvenzgerichts, ob Minderheitenschutzrechte verletzt sind, wird durch salvatorische Klauseln folglich keinesfalls obsolet. In seltenen Zweifelsfällen muss das Gericht, auch wenn es der Insolvenzpraxis verständlicherweise missfällt und vielfach zum Scheitern von Plänen führen wird, Sachverständige beiziehen, deren Kosten der Masse zur Last fallen werden.

18 Losgelöst von der von der Rspr. noch zu klärenden Wirkung salvatorischer Klauseln im Bezug auf den Minderheitenschutz sollte ein planerstellender Verwalter dennoch einem eventuellen Widerspruch eines Schuldners im Plan durch entsprechende Gestaltungen vorzubeugen versuchen.

III. Einigung

19 Im Interesse der Rechtssicherheit sollte ein planerstellender Verwalter jedoch versuchen, vom Schuldner möglichst eine Erklärung zu erlangen, wonach dieser mit dem Plan einverstanden ist und auf ein etwaiges Widerspruchsrecht gem. § 247 InsO verzichtet. Trägt der Planersteller diesen Vorsichtsmaßnahmen bei der Planentwicklung Rechnung, so lassen sich die Auswirkungen des gesetzlich verankerten Minderheitenschutzes exakt kalkulieren.

IV. Gesetzliche Änderungen

20 Durch die auf Vorschlag der Länder bei § 247 Abs. 2 Nr. 1 InsO zwischenzeitlich erfolgte Einfügung des Wortes »voraussichtlich« vor dem Wort »nicht« (BGBl. I 1998 S. 3836) hat der Gesetzgeber nunmehr unmissverständlich hervorgehoben, dass es sich bei der Frage der etwaigen Schlechterstellung um eine Prognoseentscheidung handelt, die Unrichtigkeiten nicht in Gänze ausschließen kann.

Das Insolvenzgericht ist daher im Rahmen seiner Amtsermittlungspflicht (§ 5 Abs. 1 InsO) fortan freier und nicht mehr gehalten, für zahlreiche Prognoseentscheidungen einen Sachverständigen heranzuziehen. Letztlich dient die gesetzliche Änderung damit der Beschleunigung des Verfahrens.

21 Bedeutsam ist die Änderung aber auch insoweit, da dies erhebliche Auswirkungen auf eine etwaige Haftung der Insolvenzorgane hat. Durch die eindeutige gesetzliche Festlegung der Zustimmungsfiktion als Prognoseentscheidung ist sichergestellt, dass im Wege einer ex-post-Betrachtung eine einfache Differenzrechnung für eine Haftungsbegründung der Insolvenzorgane nicht ausreichend sein kann. Dies erleichtert den Umgang mit dem Institut des Insolvenzplans.

§ 248 Gerichtliche Bestätigung

(1) Nach der Annahme des Insolvenzplans durch die Beteiligten (§§ 244 bis 246a) und der Zustimmung des Schuldners bedarf der Plan der Bestätigung durch das Insolvenzgericht.

(2) Das Gericht soll vor der Entscheidung über die Bestätigung den Insolvenzverwalter, den Gläubigerausschuss, wenn ein solcher bestellt ist, und den Schuldner hören.

Übersicht	Rdn.		Rdn.
A. Absatz 1	1	III. Prüfungsumfang	7
I. Zweck der Vorschrift	1	B. Absatz 2	8
II. Prüfungsgegenstand	3		

A. Absatz 1

I. Zweck der Vorschrift

Mit der Annahme des Insolvenzplans durch die Gläubiger und die stimmberechtigten Anteilsinhaber sowie mit der Zustimmung des Schuldners ist das Insolvenzplanverfahren noch nicht beendet. Als weiteres Wirksamkeitserfordernis bedarf der Plan der Bestätigung des Insolvenzgerichts. Dies gilt auch dann, wenn alle Gläubiger dem Plan zugestimmt haben, da das Gesetz insoweit keine Ausnahme vorsieht. 1

Das Erfordernis der gerichtlichen Bestätigung dient nicht nur dem Schutz der Minderheit, die durch die Mehrheitsentscheidung gebunden wird, sondern dem Schutz aller beteiligten Gläubiger und – wie § 247 InsO zeigt – auch dem Schutz des Schuldners, da es eine Maßnahme der staatlichen Fürsorge darstellt (vgl. *Jaeger/Weber* KO, § 184 Rn. 1). Willens- und Verfahrensmängel des Insolvenzplans werden durch die Bestätigung geheilt (*Hess* InsO, § 248 Rn. 7). Eine Anfechtung gem. § 119 BGB wegen Irrtums ist ausgeschlossen (*Hess* InsO, § 249 Rn. 13 m.w.N.). 2

II. Prüfungsgegenstand

Das Insolvenzgericht muss im Vorfeld der Bestätigung prüfen, ob die gesetzlichen Vorschriften eingehalten worden sind und sämtliche Einwände bzw. Anträge und Beanstandungen der Beteiligten, z.B. im Hinblick auf die Minderheitenrechte gem. § 251 InsO und § 247 InsO beschieden worden sind. Dies galt in gleichem Maße im überkommenen Recht (*Jaeger/Weber* KO, § 184 Rn. 4; *Gottwald/Eickmann* HdbInsR, 2. Aufl., § 66 Rn. 70). 3

Können Mängel, die der Bestätigung entgegenstehen, behoben werden, muss das Insolvenzgericht die Bestätigung aussetzen, um den Beteiligten die Möglichkeit zur Nachbesserung zu geben. Sind die Mängel unbehebbar, muss das Gericht die Bestätigung versagen.

Ist der Insolvenzplan als bedingter Plan gem. § 249 InsO angenommen worden, muss das Gericht vor Bestätigung des Plans überprüfen, ob die Bedingung eingetreten ist (*Uhlenbruck/Lüer/Streit* InsO, § 248 Rn. 2. Fehlende Vollmachten oder eine fehlende vormundschaftliche Genehmigung können bis zur Bestätigung des Plans nachgebracht werden. 4

Die Bestätigung kann nicht mit Auflagen versehen werden; weiterhin ist das Gericht nicht berechtigt, den Insolvenzplan zu verändern oder zu ergänzen; genauso wenig ist es zulässig, Teile des Insolvenzplans von der Bestätigung auszunehmen (vgl. *Jaeger/Weber* KO, § 184 Rn. 1; *Bötticher* ZZP 1986, 383; *Uhlenbruck/Lüer/Streit* InsO, § 248 Rn. 2).

Im Rahmen der Bestätigung hat das Insolvenzgericht keine materiell-rechtliche Prüfung im Hinblick auf die Zweckmäßigkeit des Plans vorzunehmen, da diese Entscheidung alleine den beteiligten Gläubigern zusteht. Der Grundkonzeption der Insolvenzordnung entspricht es, dass sich das Insolvenzgericht aus wirtschaftlichen Entscheidungen soweit wie möglich heraushält. 5

§ 248 InsO Gerichtliche Bestätigung

Wenn alle für das Planverfahren maßgeblichen formellen und materiellen Vorschriften beachtet worden sind, muss in Übereinstimmung mit dem überkommenen Recht die Bestätigung erteilt werden (vgl. *Kilger/Karsten Schmidt* KO, § 184 Rn. 1). Das Gericht hat hinsichtlich der Entscheidung, ob die Bestätigung erteilt oder versagt wird, keine Möglichkeit zur Ausübung eines Ermessens.

6 Die gerichtliche Nachprüfung ist gerade auch deshalb von großer Bedeutung, da die Bestätigung des Plans in Übereinstimmung mit dem überkommenen Recht alle formellen Verfahrensfehler heilt (vgl. *Jaeger/Weber* KO, § 189 Rn. 5).

III. Prüfungsumfang

7 Vor Bestätigung des Insolvenzplans hat das Insolvenzgericht insbesondere kumulativ zu prüfen, ob:
– der Plan tatsächlich die Zustimmung aller Beteiligtengruppen erhalten hat und ob zu Lasten einer nicht zustimmenden Gruppe die Voraussetzungen des Obstruktionsverbotes einschlägig sind;
– die Zustimmung des Schuldners vorliegt bzw. dessen fehlende Zustimmung nach § 247 InsO ersetzt werden kann;
– Widersprüche einzelner Gläubiger beschieden werden müssen, die gem. § 251 InsO die Versagung der Bestätigung des Plans beantragt haben;
– keine unlautere Herbeiführung der Annahme gem. § 250 Nr. 2 InsO vorliegt;
– die Bedingungen des nach § 249 InsO bedingten Plans wirklich eingetreten sind;
– die Gruppenbildung zu beanstanden ist;
– Verstöße gegen Abstimmungsregeln vorliegen;
– das Gleichbehandlungsgebot verletzt ist.

Die Prüfungspflicht erstreckt sich auch auf Fehler des Gerichts, soweit diese für das Zustandekommen des Plans wesentlich sind (vgl. auch MüKo-InsO/*Sinz* § 248 Rn. 16 ff.).

B. Absatz 2

8 Gem. § 248 Abs. 2 InsO soll das Gericht vor der Entscheidung über die Planbestätigung den Insolvenzverwalter, den Gläubigerausschuss – soweit bestellt – und den Schuldner hören. In Fällen, in denen der Insolvenzplan eine Interessensausgleichs- und Sozialplanpflichtigkeit nach sich zieht, ist auch der Betriebsrat anzuhören (*Berscheid* ZInsO 1999, 27 [29]).

Die Regelung des § 248 Abs. 2 InsO ist an die der §§ 78 Abs. 2 VglO, 182 Abs. 2 KO angelehnt, schreibt jedoch im Gegensatz zu diesen Regelungen keine obligatorische, sondern lediglich eine fakultative Anhörung vor. Im Rahmen des § 248 Abs. 2 InsO ist es nicht erforderlich, dass eine gesonderte Ladung zur Anhörung ergeht (vgl. *Kilger/Karsten Schmidt* KO, § 148 Rn. 2; *Hess* KO, § 186 Rn. 9).

9 Grund für die Ausgestaltung des § 248 Abs. 2 InsO als Sollvorschrift ist, dass die Anhörung der in Abs. 2 angesprochenen Beteiligten im Regelfall bereits gem. § 232 InsO erfolgt sein wird. Darüber hinaus haben diese Beteiligten im Rahmen des Erörterungstermins Gelegenheit, sich zum Plan zu erklären. Nur diejenigen, die auch im Abstimmungstermin noch nicht gehört worden sind, müssen vom Gericht noch gehört werden (*Kübler/Prütting/Bork-Otte* InsO, § 248 Rn. 8).

10 Ob die »Soll-Vorschrift« des § 248 Abs. 2 InsO in Anbetracht der verfassungsrechtlichen Anforderungen des Art 103 Abs. 1 GG jedoch haltbar sein kann, scheint zweifelhaft. Insofern bestehen gewisse Parallelen zu der »Soll-Vorschrift« des § 2360 Abs. 1 BGB, die trotz entgegenstehenden gesetzlichen Wortlautes (»soll«) zwingend als »Ist-Vorschrift« zu interpretieren ist.

Ferner erschient es durchaus sinnvoll, dass das Insolvenzgericht vor Bestätigung des Plans durch die Gelegenheit einer Äußerung nochmals prüft, ob Versagungsgründe vorliegen. Dafür spricht auch, dass ein bestätigter Plan weder angefochten, noch durch nachträgliches – ggf. einstimmiges – Votum der Gläubiger geändert werden kann.

Die Bestätigung erfolgt schließlich durch Beschluss. Dieser kann noch im Abstimmungstermin verkündet werden. Hierbei ist die Entscheidung des Gerichts mit Kurzfassung der Gründe zu protokollieren (vgl. *Jaeger/Weber* KO, § 179 Rn. 7).

§ 248a Gerichtliche Bestätigung einer Planberichtigung

(1) Eine Berichtigung des Insolvenzplans durch den Insolvenzverwalter nach § 221 Satz 2 bedarf der Bestätigung durch das Insolvenzgericht.

(2) Das Gericht soll vor der Entscheidung über die Bestätigung den Insolvenzverwalter, den Gläubigerausschuss, wenn ein solcher bestellt ist, die Gläubiger und die Anteilsinhaber, sofern ihre Rechte betroffen sind, sowie den Schuldner hören.

(3) Die Bestätigung ist auf Antrag zu versagen, wenn ein Beteiligter durch die mit der Berichtigung einhergehende Planänderung voraussichtlich schlechter gestellt wird, als er nach den mit dem Plan beabsichtigten Wirkungen stünde.

(4) ¹Gegen den Beschluss, durch den die Berichtigung bestätigt oder versagt wird, steht den in Absatz 2 genannten Gläubigern und Anteilsinhabern sowie dem Verwalter die sofortige Beschwerde zu. ²§ 253 Absatz 4 gilt entsprechend.

Übersicht	Rdn.		Rdn.
A. Allgemeines	1	C. Prüfungsgegenstand und -umfang	6
B. Fakultative Anhörung	4	D. Sofortige Beschwerde (Abs. 4)	9

A. Allgemeines

Die durch das Gesetz zur weiteren Erleichterung der Sanierung von Unternehmen (ESUG) vom 07. Dezember 2011 neu eingeführte Vorschrift steht in direktem Zusammenhang mit der ebenfalls durch dasselbe Gesetz eingeführten Vorschrift des § 221 Satz 2 InsO. Nach dieser Vorschrift kann der Insolvenzverwalter durch den Plan bevollmächtigt werden, offensichtliche Fehler des Plans zu berichtigen.

Eine solche Planberichtigung durch den Insolvenzverwalter erlangt jedoch erst durch die Zustimmung des Insolvenzgerichts gem. § 248a Abs. 1 InsO volle Wirksamkeit. Zweck der Vorschrift ist, gerichtlich sicherzustellen, dass der Insolvenzverwalter bei der Ausübung seiner Planberichtigungsvollmacht die Grenzen seiner Befugnis eingehalten hat (BT-Drucks. 17/7511, S. 36). Der Kontrollfunktion des § 248a InsO kommt dabei jedoch nur in dem Fall eine eigenständige Bedeutung zu, wenn der Insolvenzverwalter nach bereits erfolgter gerichtlicher Bestätigung gem. § 248 InsO noch eine Planberichtigung vornimmt. Dies ist zulässig bis zum Eintritt Rechtskraft des bestätigten Plans, d.h. bis zum Ablauf der Beschwerdefrist gem. §§ 253, 6 Abs. 2 InsO, § 577 ZPO von zwei Wochen nach Verkündung der gerichtlichen Bestätigung gem. § 248 InsO.

Erfolgt die Planberichtigung hingegen nach Annahme des Plans durch die Beteiligten und noch vor der eigentlichen gerichtlichen Prüfung des Insolvenzgerichts (§ 248 InsO), so fällt die gerichtliche Bestätigung nach § 248a InsO mit der gerichtlichen Bestätigung der Planberichtigung nach § 248 InsO zusammen. In diesem Fall erweitert sich die Prüfungskompetenz des Insolvenzgerichts im Rahmen der gerichtlichen Bestätigung nach § 248 InsO um den Prüfungsinhalt nach § 248a InsO.

B. Fakultative Anhörung

Wie auch nach § 248 Abs. 2 InsO ist bei der gerichtlichen Bestätigung einer Planberichtigung gem. § 248a Abs. 2 InsO eine fakultative Anhörung des Insolvenzverwalters, des Gläubigerausschusses, des Schuldners sowie der von der Berichtigung betroffenen Gläubiger und Anteilsinhaber vorgesehen. Neben diesen sind weitere Beteiligte im Interesse einer effektiven Verfahrensabwicklung nicht zu hören. Ausweislich der Gesetzesbegründung ist insbesondere eine umfassende Anhörung aller

§ 248a InsO Gerichtliche Bestätigung einer Planberichtigung

Gläubiger bzw. Anteilsinhaber nicht erforderlich, da diese, sofern sie betroffen sind, zum Plan bereits zuvor gehört worden sind (BT-Drucks. 17/5711, S. 36).

5 Ebenso wie bei § 248 Abs. 2 InsO bestehen jedoch Zweifel, ob die Ausgestaltung des § 248a Abs. 2 als »Soll-Vorschrift« den verfassungsrechtlichen Anforderungen des Art 103 Abs. 1 GG noch gerecht wird. Insoweit ist fraglich, ob die Anhörung im Sinne verfassungsgemäßer Auslegung als zwingend angesehen werden muss (vgl. § 248 Rdn. 10).

C. Prüfungsgegenstand und -umfang

6 Prüfungsgegenstand des § 248a InsO ist allein die vom Insolvenzverwalter vorgenommene Berichtigung des Plans. Andere vom Insolvenzgericht festgestellte Planmängel darf dieses im Rahmen der Prüfung nach § 248a InsO nicht berücksichtigen. Hierbei muss wieder differenziert werden: Ist die Planberichtigung nach der gerichtlichen Bestätigung gem. § 248 InsO (und vor Eintritt der Rechtskraft des Plans) erfolgt, so kann ein sonstiger Planmangel, der nicht auf die Berichtigung des Insolvenzverwalters zurückgeht, von dem Gericht nur noch im Rahmen einer sofortigen Beschwerde nach § 253 InsO beachtet werden; ansonsten tritt mit Rechtskraft des Plans regelmäßig Heilung des Mangels ein. Ist die Planberichtigung hingegen vor der gerichtlichen Bestätigung gem. § 248 InsO erfolgt, so kann das Gericht einen weiteren Planmangel nach wie vor im Rahmen der zusammengezogenen Prüfung von §§ 248 und 248a InsO berücksichtigen (s. Rdn. 3).

7 Der Prüfungsumfang des Gerichts im Hinblick auf die vorgenommene Berichtigung ist dabei nicht auf die in Absatz 3 ausdrückliche enthaltene Prüfung beschränkt. Vielmehr muss das Gericht alle Voraussetzungen einer rechtmäßigen Berichtigung positiv feststellen. Demnach sind jedenfalls folgende Prüfungspunkte zu berücksichtigen:
– Der Insolvenzverwalter muss durch den Plan gem. § 221 Satz 2 InsO dazu bevollmächtigt worden sein, offensichtliche Fehler im Plan zu berichtigen.
– Der Insolvenzverwalter darf seine Vollmacht inhaltlich nicht überschritten haben. Dies setzt voraus, dass nur offensichtliche Fehler berichtigt wurden. Ob eine solche Offensichtlichkeit vorgelegen hat, ist vom Gericht unter Berücksichtigung des Einzelfalls festzustellen.
– Soweit auch inhaltliche Fehler berichtigt wurden, ist insbesondere zu prüfen, ob die Berichtigung mit dem durch die Abstimmung festgestellten Willen der Betroffenen übereinstimmt. Insbesondere darf der Insolvenzverwalter keine Berichtigung vornehmen, um auf diesem Weg den nach dem Abstimmungsergebnis gerichtlich nicht bestätigungsfähigen Plan bestätigungsfähig zu machen.
– Das Gericht hat ferner zu prüfen, ob ein Beteiligter durch die mit der Berichtigung einhergehende Planänderung voraussichtlich schlechter gestellt wird, als er nach den mit dem Plan beabsichtigten Wirkungen stünde. Stellt das Gericht eine solche Schlechterstellung fest und liegt ein entsprechender Antrag des Betroffenen vor, so muss das Gericht die gerichtliche Bestätigung der Planberichtigung versagen, § 248a Abs. 3 InsO. Die Regelung entspricht dabei der des § 251 Abs. 1 Nr. 2 InsO. Fehlt jedoch ein solcher Antrag, so kommt dem Gericht *e contrario* ein Ermessen zu, ob es die Planberichtigung dennoch bestätigt. Dabei hat es zwischen den Interessen des durch die Fehlerberichtigung Betroffenen und der übrigen Beteiligten abzuwägen. Müsste ein Plan wegen fehlender gerichtlicher Bestätigung der Planberichtigung insgesamt nach § 248 InsO versagt werden und würde der Betroffene dann ohne den Plan schlechter gestellt, so hat das Gericht die Planberichtigung im Rahmen seines Ermessens jedenfalls zu bestätigten.

8 Nach positiver Prüfung erfolgt die gerichtliche Bestätigung der Planberichtigung dann durch Beschluss (§ 248a Abs. 4 InsO).

D. Sofortige Beschwerde (Abs. 4)

9 Gegen den Bestätigungs- oder Versagungsbeschluss des Gerichts steht dem von der Planberichtigung betroffenen Gläubiger oder Anteilsinhaber, sowie dem Insolvenzverwalter, dem Gläubigerausschuss und dem Schuldner die sofortige Beschwerde zu, § 248a Abs. 4 InsO. Diese hat jedoch zum

Zweck einer zügigen Umsetzung des Plans (BT-Drucks. 17/7511, S. 36) aufgrund der in Abs. 4 enthaltenen Verweisung auf § 254 Abs. 4 keinen Suspensiveffekt.

§ 249 Bedingter Plan

¹Ist im Insolvenzplan vorgesehen, dass vor der Bestätigung bestimmte Leistungen erbracht oder andere Maßnahmen verwirklicht werden sollen, so darf der Plan nur bestätigt werden, wenn diese Voraussetzungen erfüllt sind. ²Die Bestätigung ist von Amts wegen zu versagen, wenn die Voraussetzungen auch nach Ablauf einer angemessenen, vom Insolvenzgericht gesetzten Frist nicht erfüllt sind.

Übersicht	Rdn.			Rdn.
A. Satz 1	1	B.	Satz 2	6

A. Satz 1

Die Regelung des § 249 InsO ist ein rechtliches Instrument, um die Bestätigung des Plans und die damit ausgelösten vielfältigen Rechtsfolgen von dem Eintritt von Bedingungen abhängig zu machen. Dadurch wird ein Scheitern des Plans aus dem Grund, dass keiner der Beteiligten zur Erbringung einer im Plan geforderten Vorleistung bereit ist, verhindert. Der Plan kann soweit nicht nur unter eine aufschiebende, sondern auch unter eine auflösende Bedingung gestellt werden, wobei dies im Hinblick auf die bereits ausgelösten Rechtsfolgen nur selten zu bevorzugen sein wird. 1

Die Bedeutung der Norm liegt im materiellen Recht (*Nerlich/Römermann-Braun* InsO, § 249 Rn. 1). In vielen Fällen besteht eine Notwendigkeit dafür, das Wirksamwerden von Rechtsänderungen, die im gestaltenden Teil des Plans vorgesehen sind, daran zu knüpfen, dass bestimmte Leistungen erbracht oder andere Maßnahmen verwirklicht werden (BT-Drucks. 12/2443 S. 211). Oftmals sind zur Umsetzung eines Insolvenzplans gesellschaftsrechtliche Beschlussfassungen oder sonstige, eine Verknüpfung von Gesellschafts- und Insolvenzrecht erfordernde Maßnahmen notwendig, die durch die Regelung des § 249 InsO erst ermöglicht werden.

Auch Leistungen Dritter können damit einbezogen werden. Jedoch müssen diese erst erbracht werden, wenn die Planannahme durch die Leistungserbringung gewissermaßen als Anwartschaftsrecht bereits bevorsteht (in Bezug auf Leistungen Dritter *Nerlich/Römermann-Braun* InsO, § 249 Rn. 1). Beispielhaft hierfür sind die Durchführung einer Kapitalherabsetzung mit anschließender Kapitalerhöhung, der Verzicht auf ein dingliches Recht Zug um Zug gegen Bestellung eines anderen dinglichen Rechts, Satzungsänderungen, etc. 2

Mittels des bedingten Plans wird ferner die Möglichkeit geschaffen, dass für die Planrealisierung wesentliche gesellschaftsrechtliche Beschlüsse erst dann gefasst werden müssen, wenn die grundsätzliche Planannahme der Gläubiger feststeht. 3

Dadurch wird auch sichergestellt, dass der Plan nicht wirksam wird, wenn – aus welchen Gründen auch immer – die vorgesehenen gesellschaftsrechtlichen Beschlüsse, die Gegenstand der Bedingung im Plan waren, nicht gefasst werden (BT-Drucks. 12/2443 S. 211). Dieses Risiko besteht seit Einführung des § 225a Abs. 3 InsO freilich kaum mehr, da nun im Insolvenzplan jede Regelung getroffen werden kann, die gesellschaftsrechtlich zulässig ist. Für eine Absicherung für den Fall, dass die gesellschaftsrechtlichen Maßnahmen nicht umgesetzt werden, besteht nun grds. kein Sicherungsbedürfnis mehr. Denn mit der Rechtskraft der Bestätigung des Plans sind die darin vorgesehenen gesellschaftsrechtlichen Maßnahmen bewirkt. Der Insolvenzverwalter hat nurmehr die erforderlichen Eintragungen bei den zuständigen Registergerichten zu veranlassen (§ 254a Abs. 1, 2 Satz 3 InsO).

4 Aber auch nach Einführung des § 225a InsO hat der bedingte Plan weiterhin aus Sicht der Gläubiger, möglicher Investoren und des Schuldners gleichermaßen erhebliche Vorteile und fördert dadurch die Bereitschaft zur Annahme eines Insolvenzplans.

Gerade im Falle einer geplanten Sanierungslösung, die die Fortführung des insolventen Unternehmens vorsieht, ist neben Verhandlungsgeschick vor allem neues Kapital erforderlich. Hier kann die Investitionsbereitschaft Dritter durch einen bedingten Plan erheblich gesteigert werden, da vor der Planbestätigung zwingend wesentliche Entscheidungen herbeigeführt sein müssen.

Auch aus Sicht des Schuldners hat die Regelung des § 249 InsO erhebliche Bedeutung. In den meisten Fällen werden Insolvenzpläne tiefe Einschnitte in die gesellschaftsrechtliche Unternehmensstruktur vorsehen. Für den Schuldner wäre es kaum zumutbar, allen Erfordernissen zur Umsetzung des Insolvenzplans freiwillig nachzukommen, wenn nicht gewährleistet werden könnte, dass der Plan im Falle einer pflichtgemäßen Erfüllung dieser Bedingungen auch realisiert wird. Dies gilt umso mehr für etwaige Drittinvestoren, die neue Stammkapitalanteile erwerben (vgl. auch *Kluth* ZInsO 2002, 158 ff.).

Letzteres hat sich jedoch durch die Einführung des § 225a Abs. 3 InsO insoweit deutlich geändert, als die Verfahrensbeteiligten nicht mehr auf die Kooperationsbereitschaft der Anteilsinhaber angewiesen sind. Dadurch, dass sich gesellschaftsrechtliche Veränderungen gem. §§ 217 Satz 2, 225a Abs. 3 InsO unmittelbar im Insolvenzplan bewirken lassen und sich die stimmberechtigten Anteilsinhaber hiergegen aufgrund des auf sie ebenfalls anwendbaren Obstruktionsverbots nach § 245 InsO nicht wirkungsvoll wehren können, lassen sich insbesondere Drittinvestoren auf bedingte Pläne vielfach nicht ein, sondern verlangen eine unmittelbare Umsetzung der gesellschaftsrechtlichen Maßnahmen im Plan.

5 Gleichwohl bleibt die gesetzliche Lösung, nach der über die Annahme eines Plans im Abstimmungstermin bereits entschieden wird, die Wirkungen jedoch nur dann eintreten können, wenn die vereinbarten Bedingungen eingetreten sind, ein praktikabler Weg, um die Realisierung von Insolvenzplänen zu erleichtern. Dem bedingten Plan kommt trotz der Neuerungen durch das ESUG in der Insolvenzplanpraxis insoweit erhebliche Bedeutung zu, da dieser vielfach erst die Möglichkeit schafft, die zur Planrealisierung notwendigen Verfahrensabläufe in einen zeitlichen Einklang zu bringen.

B. Satz 2

6 § 249 Satz 2 InsO dient dazu, eine längere Ungewissheit über die Bestätigung des Plans zu vermeiden. Gem. § 249 Satz 2 InsO hat das Insolvenzgericht die Bestätigung eines aufschiebend bedingten Plans von Amts wegen zu versagen, wenn nicht innerhalb einer vom Gericht gesetzten Frist die Voraussetzungen für die Bestätigung des Plans erfüllt worden sind.

Die Dauer der Frist hängt vom jeweiligen Einzelfall ab; keinesfalls darf hierdurch aber das Verfahren erheblich verzögert werden. Fristen über eine Dauer von vier Wochen werden nur selten zugestanden, da eine längere Ungewissheit über den Ausgang des Planverfahrens nicht hinnehmbar ist.

7 Der Planersteller sollte bereits im Plan die Fristen, bis zu welchen die Bedingungen i.S.d. § 249 InsO eingetreten sein müssen, verbindlich vorgeben. Weiterhin sollte er, soweit dies möglich ist, versuchen, bereits vor der Abstimmung über den Plan Maßnahmen zum Bedingungseintritt einzuleiten, z.B. durch die Vorbereitung entsprechender Urkunden oder Verträge, um so den Eintritt der Bedingungen zu beschleunigen.

8 Die Regelung des § 249 InsO korrespondiert mit § 228 InsO, wenn die Leistungen, die der Plan voraussetzt, Willenserklärungen sind oder wenn die dort genannten Rechtsgeschäfte weitere Realakte (Registereintragungen, Besitzübergaben, Ausstellung z.B. von Urkunden) erfordern. Es ist hierbei zu unterscheiden zwischen Willenserklärungen, die noch vor der Bestätigung des Plans abgegeben und sofort wirksam werden sollen (diese sind ein Fall von § 249 InsO) und Willenserklärungen, die in den Plan aufgenommen worden sind und mit der Rechtskraft des bestätigten Plans wirk-

sam werden sollen (diese fallen als bedingte Erklärungen unter § 228 InsO). Willenserklärungen, die im Plan als Bedingung für seine Wirksamkeit nach § 254 InsO erscheinen, fallen weder unter § 249 InsO noch unter § 228 InsO, da sie die Wirksamkeit des Plans davon abhängig machen, dass sie tatsächlich abgegeben werden (HK-InsO/*Haas* § 249 Rn. 7).

Soweit nach dem Plan Verpflichtungserklärungen abgegeben werden, die sich nicht auf die Insolvenzmasse beziehen, ist § 230 Abs. 3 InsO einschlägig, so dass auch dessen Voraussetzungen erfüllt werden müssen (HK-InsO/*Haas* § 249 Rn. 8).

§ 250 Verstoß gegen Verfahrensvorschriften

Die Bestätigung ist von Amts wegen zu versagen,
1. wenn die Vorschriften über den Inhalt und die verfahrensmäßige Behandlung des Insolvenzplans sowie über die Annahme durch die Beteiligten und die Zustimmung des Schuldners in einem wesentlichen Punkt nicht beachtet worden sind und der Mangel nicht behoben werden kann oder
2. wenn die Annahme des Plans unlauter, insbesondere durch Begünstigung eines Beteiligten, herbeigeführt worden ist.

Übersicht	Rdn.		Rdn.
A. Allgemeines	1	I. Nr. 1	5
B. Regelungen im überkommenen Recht	3	II. Nr. 2	11
C. Versagungsgründe	5		

A. Allgemeines

Die Regelung des § 250 InsO normiert, dass bei Vorliegen wesentlicher, nicht behebbarer Verfahrensfehler oder einer unlauteren Herbeiführung der Planannahme, die Bestätigung des Plans von Amts wegen zu versagen ist (BT-Drucks. 12/2443 S. 211). § 250 InsO stellt zwingendes Recht und damit gleichzeitig eine Grenze der Deregulierung des Verfahrens dar. 1

Da wesentliche Verfahrensvorschriften aus Gründen der Gleichbehandlung und der Glaubwürdigkeit des Verfahrens nicht zur Disposition stehen dürfen, ist ein Verstoß nach § 250 InsO auch dann erheblich, wenn sämtliche Beteiligten auf Sanktionen von etwaigen Verstößen verzichtet hatten.

Umgekehrt bedeutet dies, dass das Insolvenzgericht, wenn keine Versagungsgründe gem. § 250 InsO vorliegen und auch keine Minderheiten- oder Schuldnerschutzvorschriften nach §§ 251, 247 InsO verletzt sind, den von den Beteiligten angenommenen Plan bestätigen muss. Die Regelung des § 250 InsO verbietet es dem Insolvenzgericht eigene Ermessensentscheidungen anstelle der Beteiligtenentscheidung zu setzen.

Bei unwesentlichen Verfahrensverstößen ist der Plan zu bestätigen; die Versagung der Planbestätigung entgegen der Willensbildung der Beteiligtenmehrheit im Abstimmungstermin würde einen gravierenden Eingriff in die vom Gesetzgeber gewollte privatautonome Insolvenzbewältigung darstellen und ist deshalb als ultimo ratio zu sehen. 2

Aus diesem Grund muss das Gericht im Vorfeld der endgültigen Versagung der Planbestätigung die Möglichkeit einer Korrektur von etwaigen Verfahrensverstößen eröffnen. Die Umstände, die für die Entscheidung des Gerichts von Bedeutung sind, sind gem. § 5 InsO von Amts wegen zu ermitteln. Das Gericht ist dabei auch – mit den Konsequenzen aus § 156 StGB – befugt, den Gläubigern eine Erklärung abzunehmen, in der sie die Richtigkeit und Vollständigkeit ihrer Angaben an Eides Statt versichern (vgl. Beschl. des *AG Duisburg* v. 14.11.2001 ZInsO 2002, 737 f.).

§ 250 InsO Verstoß gegen Verfahrensvorschriften

B. Regelungen im überkommenen Recht

3 Auch im überkommenen Recht existierten zwingende Normen, deren Verletzung die Verwerfung eines Zwangsvergleiches von Amts wegen nach sich zog, falls diese Verfahrensmängel nicht behoben werden konnten (*Kuhn/Uhlenbruck* KO, § 186 Rn. 1). In der KO wurde hierbei zwischen der Verwerfung von Amts wegen (§ 186 KO) und der auf Antrag (§ 188 KO) unterschieden.

Im Rahmen des § 188 Abs. 1 Nr. 1 KO war jeder stimmberechtigte Gläubiger antragsberechtigt, sowie derjenige, der seine nicht bevorrechtigte Konkursforderung gem. § 294 ZPO glaubhaft gemacht hatte (*Kilger/Karsten Schmidt* KO, § 188 Rn. 1). In der GesO war die Formulierung des § 16 Abs. 5 Satz 3 GesO, die anordnete, dass »der Vergleich versagt werden konnte, wenn er auf unlautere Weise zustande gekommen ist«, dem Wortlaut nach als Ermessensentscheidung ausgestaltet. Nach h.M. in Lit. und Rspr. handelte es sich jedoch um eine gebundene Entscheidung (*Smid/Zeuner* GesO, § 16 Rn. 38). Auch nach § 79 Nr. 1 VglO war die Bestätigung eines Vergleichs zu versagen, wenn die den Inhalt und den Abschluss des Vergleichs regelnden Vorschriften oder die Vorschriften über das nach der Eröffnung einzuhaltende Verfahren in einem wesentlichen Punkt nicht beachtet worden waren. Außerdem musste eine Vergleichsbestätigung gem. § 79 Nr. 3 VglO versagt werden, wenn der Vergleich unlauter, insbesondere durch Begünstigung eines Gläubigers zustande kam.

4 In der VglO waren alle Versagungsgründe zwingender Natur und deshalb von Amts wegen zu berücksichtigen. Darüber hinaus waren der Vergleichsverwalter und die Mitglieder des Gläubigerbeirats verpflichtet, Tatsachen, die eine Versagung der Bestätigung des Vergleichs zu rechtfertigen vermochten, dem Vergleichsgericht anzuzeigen (*Bley/Mohrbutter* VglO, § 79 Rn. 2).

C. Versagungsgründe

I. Nr. 1

5 Gem. § 250 Nr. 1 InsO ist die Bestätigung zu versagen, wenn die Vorschriften über den Inhalt und die verfahrensmäßige Behandlung des Insolvenzplans sowie über die Annahme durch die Beteiligten und die Zustimmung des Schuldners in einem wesentlichen Punkt nicht eingehalten worden sind.

Wesentlich ist ein Punkt in diesem Sinne dann, wenn er Auswirkungen auf das Zustandekommen des Plans hatte sowie wenn er die Abstimmung beeinflussen kann (*LG Berlin* ZInsO 2005, 609). Im Hinblick auf den Inhalt des darstellenden Teils des Insolvenzplans hat der BGH diese Auffassung dahingehend bestätigt, dass dann ein wesentlicher Verstoß i.S.d. § 250 Nr. 1 InsO vorliegt, wenn der Mangel geeignet war, Einfluss auf die Annahme des Insolvenzplans gehabt zu haben (*BGH* ZInsO 2010, 85). Dies ist der Fall, wenn solche Angaben fehlen, die für die Vergleichsberechnung zu der Frage erforderlich sind, inwieweit der Plan die Befriedigungschancen der Gläubiger verändert. Dies wiederum ist maßgeblich von dem Umfang der Masse abhängig, wobei jedenfalls die Werte anzugeben sind, die im Verhältnis zur Größe des Verfahrens für die Meinungsbildung der Gläubiger und des Gerichts von Bedeutung sind (*BGH* NZI 2010, 734).

Der Plan ist auch dann zu versagen, wenn dieser in seinem darstellenden Teil nach § 220 Abs. 2 InsO nicht alle diejenigen Angaben enthält, welche die Gläubiger für ein sachgerechtes Urteil über den Insolvenzplan, gemessen an ihren eigenen Interessen, benötigen (*BGH* Beschl. v. 13.10.2011, NZI 2012, 139). Hierzu gehören auch die Angaben über das Einkommen und das Vermögen des Schuldners. Sind diese unrichtig, führt dies zu einer Versagung der Bestätigung von Amts wegen, da es sich insoweit um einen Planmangel handelt, der Einfluss auf seine Annahme gehabt haben könnte (*BGH* Beschl. v. 19.07.2012, WM 2012, 1640).

Ist jedoch nicht erkennbar, auf welchen Grundlagen der Plan überhaupt beruht und welche Annahmen sich aufgrund des glaubhaft gemachten Vorbringens des Gläubigers als unrichtig erweisen, ist eine Beurteilung der Frage, ob es sich um »wesentliche« Fehler und Auslassungen handelt und ob diese behoben werden könnten, nicht möglich (*BGH* Beschl. v. 19.07.2012, WM 2012, 1640).

Von § 250 Nr. 1 InsO sind grds. auch Mängel bei der Gruppenbildung nach § 222 InsO erfasst. Dies betrifft – zumindest bei neuem Vortrag der Beteiligten – auch Mängel, die bereits zum Zeitpunkt der Vorprüfung nach § 231 Abs. 1 Nr. 1 InsO vorlagen, da Inhaltsmängel sich nicht dadurch erledigen, dass sie im Vorprüfungsverfahren nicht beachtet werden. Vorprüfungs- und Bestätigungsverfahren dienen unterschiedlichen Zwecken (*BGH* NZI 2005, 619 ff.).

§ 251 Nr. 1 InsO findet auch Anwendung, wenn der wesentliche und unbehebbare Verfahrensmangel ausschließlich durch das Insolvenzgericht selbst verursacht worden ist. Das Gericht hat diesem Falle auf Kosten der Staatskasse einen neuen Termin anzusetzen, wobei nur der fehlerhafte Teil wiederholt werden muss. Dies wird im Regelfall der Abstimmungstermin sein. 6

Kein Verstoß liegt vor, wenn die Stimmrechte im Termin unrichtig festgestellt wurden, da die Regelungen der §§ 237, 238 InsO, § 11 RPflG insoweit abschließend sind (*Nerlich/Römermann-Braun* InsO, § 250 Rn. 7). Kein Verstoß gegen den Grundsatz des rechtlichen Gehörs liegt vor, wenn die Eröffnung des Insolvenzverfahrens öffentlich bekannt gemacht und die Gläubiger aufgefordert wurden, ihre Ansprüche zur Tabelle anzumelden (vgl. *LG Hannover* ZInsO 2003, 719 f.). Unerheblich ist in diesem Zusammenhang auch ein von einem beteiligten Gläubiger geltend gemachter Fehler in der Anwesenheitsliste (vgl. *LG Berlin* ZInsO 2002, 1191 f.). 7

Das Fehlen einer Ladung zum Erörterungs- und Abstimmungstermin kann dadurch geheilt werden, dass nicht geladene Gläubiger zum Termin tatsächlich erscheinen (vgl. *Uhlenbruck/Lüer/Streit* InsO, § 250 Rn. 21). Gegenüber verspätet anmeldenden Gläubigern genügt dem Gebot rechtlichen Gehörs regelmäßig die Veröffentlichung des Erörterungs- und Abstimmungstermins und dessen Niederlegung in der Geschäftsstelle. Der verspätet anmeldende Gläubiger kann sich nicht darauf berufen, dass ihm der Insolvenzplan hätte zugesandt werden müssen, da dem Insolvenzgericht und dem Insolvenzverwalter seine Gläubigerstellung bis zur Anmeldung nicht bekannt war (vgl. *LG Hannover* ZInsO 2003, 719 f.). 8

Hat der Gläubiger hingegen seine Forderung rechtzeitig angemeldet und wurde er dennoch nicht zum Erörterungs- und Abstimmungstermin geladen, so stellt der darin liegende Verstoß gegen § 235 Abs. 3 InsO einen wesentlichen Verfahrensmangel dar, der die Versagung der Bestätigung von Amts wegen nach sich zieht (*BGH* Beschl. v. 13.01.2011, ZInsO 2011, 280 = ZIP 2011, 781).

Welche Anforderungen an die im Rahmen des Insolvenzverfahrens vorzulegenden Übersichten und Prognoserechnungen zu stellen sind, liegt im Verantwortungsbereich des Tatrichters. Für alle Insolvenzplanverfahren bindende Vorgaben kommen wegen der Unterschiedlichkeit der Pläne sowie der Schuldner nicht in Betracht (*BGH* NZI 2010, 734). So kann eine Insolvenzplanbestätigung nicht gem. § 250 InsO versagt werden, wenn im Insolvenzplan der nach § 229 InsO beizufügenden Liquiditätsrechnung anstatt in tabellarischer Form durch schriftliche Ausführungen nachgekommen wird. Ein wesentlicher Verstoß liegt in diesem Sinn dann vor, wenn es sich um einen Mangel handelt, der Einfluss auf die Annahme des Insolvenzplans gehabt haben könnte (*BGH* ZIP 2010, 341). 9

Klargestellt hat der BGH hingegen, dass ein Plan dann zu versagen ist, wenn der Plan auf eine Unternehmensfortführung abzielt und die vom Schuldner begangenen Insolvenzstraftaten (§§ 283 bis 283c StGB) nicht in den darstellenden Teil aufgenommen worden sind (*BGH* NZI 2012, 139). 10

II. Nr. 2

Ferner ist die Bestätigung des Plans zu versagen, wenn gem. § 250 Nr. 2 InsO die Annahme des Plans unlauter, insbesondere durch die Begünstigung eines Beteiligten, herbeigeführt worden ist. Unlauter ist ein Verhalten, das gegen Treu und Glauben verstößt (*Hess* KO, § 188 Rn. 3). 11

Beispiele hierfür sind die Begünstigung eines Beteiligten, die Forderungsteilung zur Erzielung einer Kopfmehrheit gem. § 244 Abs. 1 Nr. 1 InsO oder der Ankauf einer Forderung zu einem die Planquote übersteigenden Betrag (*BGH* NZI 2005, 325 ff.). Des Weiteren sind die Verfälschung der Abstimmung über den Plan durch einen zunächst unentdeckten Stimmenkauf (*K. Schmidt/Spliedt* InsO, § 250 Rn. 16), das Anerkennen einer fiktiven Forderung, die Gläubigerbegünstigung i.S.d. 12

strafrechtlichen Vorschriften der §§ 283 ff. StGB, Manipulationen des Abstimmungsergebnisses durch sittenwidrige Einflussnahme, z.B. durch Täuschung, Drohung oder Zwang einzelner an der Abstimmung Beteiligter, hervorzuheben (vgl. *Uhlenbruck/Lüer/Streit* InsO, § 250 Rn. 30).

13 Zu beachten ist, dass nicht zwingend der Schuldner selbst oder dessen Vertreter unlauter handeln muss. Ebenfalls ist es nicht zwingend, dass die Unlauterkeit eine Begünstigung einzelner Gläubiger bezwecken muss. Das objektive Vorliegen von unlauterem Verhalten alleine ist somit nicht ausreichend, um die Versagung der Planbestätigung von Amts wegen zu rechtfertigen. Erforderlich ist zusätzlich ein ursächlicher Zusammenhang zwischen dem unlauteren Verhalten und dem Abstimmungsergebnis über den Plan.

14 Die Ursächlichkeit ist folglich Voraussetzung für die Versagung der Planbestätigung; insoweit stimmt die Regelung mit der vorherigen Rechtslage zu § 79 Nr. 3 VglO überein (vgl. *Bley/Mohrbutter* VglO, § 79 Rn. 3).

Für das Abstimmungsergebnis ist eine Ursächlichkeit und damit eine Planrelevanz nicht gegeben, wenn z.B. gekaufte Stimmen für das Planergebnis ohne Bedeutung sind. Würde in einem derartigen Falle der Plan nicht bestätigt, wäre dies für die anderen Beteiligten nicht zumutbar. Fehlt eine diesbezügliche Kausalität, kann die Bestätigung des Plans durch das Gericht nicht versagt werden (vgl. *Böhle-Stamschräder/Kilger* VglO, § 73 Rn. 4).

15 Unlauteres Verhalten bei der Erstellung eines Plans liegt nicht vor, wenn eine Rechtsfrage kontrovers durch die Beteiligten beurteilt wird und entsprechend Eingang in den Plan findet (*Nerlich/Römermann-Braun* InsO, § 250 Rn. 12). Weiter liegt kein Fall des § 250 Nr. 2 InsO vor, wenn die Beteiligten von einem offenen Stimmenkauf Kenntnis haben. Denn im Grundsatz sind Forderungen frei verkäuflich. Die Motive der Vertragsparteien werden durch das Ziel, dem Plan zur Mehrheit zu verhelfen, nicht unlauter (vgl. *MüKo-InsO/Sinz* § 250 Rn. 26). Wann ein offener im Gegensatz zu einem verdeckten Stimmkauf vorliegt, kann nicht immer klar entschieden werden. Unabhängig von der genauen Ausführung des Stimmkaufs ist Sinn und Zweck der Regelung, dass sämtlichen Beteiligten zum Zeitpunkt der Stimmabgabe alle relevanten Informationen vorliegen, da die Beteiligten nur dann ihr eigenes Abstimmungsverhalten entsprechend steuern können.

§ 251 Minderheitenschutz

(1) Auf Antrag eines Gläubigers oder, wenn der Schuldner keine natürliche Person ist, einer am Schuldner beteiligten Person ist die Bestätigung des Insolvenzplans zu versagen, wenn
1. der Antragsteller dem Plan spätestens im Abstimmungstermin schriftlich oder zu Protokoll widersprochen hat und
2. der Antragsteller durch den Plan voraussichtlich schlechtergestellt wird, als er ohne einen Plan stünde.

(2) Der Antrag ist nur zulässig, wenn der Antragsteller spätestens im Abstimmungstermin glaubhaft macht, dass er durch den Plan voraussichtlich schlechtergestellt wird.

(3) ¹Der Antrag ist abzuweisen, wenn im gestaltenden Teil des Plans Mittel für den Fall bereitgestellt werden, dass ein Beteiligter eine Schlechterstellung nachweist. ²Ob der Beteiligte einen Ausgleich aus diesen Mitteln erhält, ist außerhalb des Insolvenzverfahrens zu klären.

Übersicht		Rdn.			Rdn.
A.	Allgemeines	1	III.	Nr. 1	12
B.	Absatz 1	4	IV.	Nr. 2	14
I.	Allgemeines	4	C.	Absatz 2	21
II.	Antragsberechtigung	6	D.	Absatz 3	27

Literatur:
Hirte/Knof/Mock Das Gesetz zur weiteren Erleichterung der Sanierung von Unternehmen (Teil 1), DB 2011, 632; *Hölzle* Überlagerung des Gesellschaftsrechts durch das Insolvenzrecht und die Schlechterstellungsprüfung zu Lasten des (Minderheits-)Gesellschafters, ZIP 2014, 1819; *Lehmann/Rühle* Die Ausgleichmittel gem. § 251 III InsO inner- und außerhalb des Insolvenzverfahrens, NZI 2015, 151; *Madaus* Die Rechtsbehelfe gegen die Planbestätigung nach dem ESUG, NZI 2012, 597; *Stürner* Aufstellung und Bestätigung des Insolvenzplans, in Leipold, Insolvenzrecht im Umbruch, S. 46.

A. Allgemeines

Gläubigerautonome Entscheidungsprozesse innerhalb eines Insolvenzverfahrens werden durch Mehrheitsentscheidungen getroffen, da einstimmige Entscheidungen – wie die Erfahrung im Zusammenhang mit außergerichtlichen Sanierungsversuchen zeigt – in Anbetracht der unterschiedlichen Interessen der Beteiligten in den wenigsten Fällen zu erzielen sind. 1

Gerade das Manko der fehlenden Bindungswirkung von außergerichtlichen Sanierungsvergleichen ist hinsichtlich der in fast jedem Verfahren anzutreffenden Akkordstörern die Ursache dafür, dass außergerichtliche Vergleiche selten von Erfolg gekrönt sind (vgl. dazu: *BGH* BGHE 116, 319 = NJW 1992, 967 = ZIP 1992, 191).

Beansprucht ein Insolvenzplan im Gegensatz zu außergerichtlichen Vergleichen jedoch auch Bindungswirkung für unbeteiligte oder widersprechende Beteiligte, muss innerhalb des Verfahrens ein ausgleichender, effizienter Minderheitenschutz verankert sein. Aus diesem Grund hat eine gem. § 244 InsO getroffene Mehrheitsentscheidung als Legitimation für die Planannahme auch im Fall der Zustimmung des Schuldners nicht ipso iure die Bestätigung des Plans durch das Insolvenzgericht zur Folge (vgl. *Haarmeyer/Wutzke/Förster* Hdb. zur InsO, S. 677, Rn. 26). 2

Im Rahmen des § 251 InsO überwacht das Gericht die Rechtsstaatlichkeit des Verfahrens aus Sicht der Minderheit und bildet damit eine Grenze der privatautonomen Willensbildung und Deregulation des Planverfahrens. Auch wenn die Gruppen mit der erforderlichen Kopf- und Summenmehrheit dem Plan gem. § 244 InsO zugestimmt haben, ist es nicht gewährleistet, dass individuelle Gläubigerrechte nicht verletzt werden. 3

Die Entscheidung der zustimmenden Mehrheit kann auf Erwägungen beruhen, die nur und ausschließlich für die Mehrheit, nicht jedoch für die in der Abstimmung unterlegene Minderheit gelten, z.B. ist es im Falle eines Fortführungsplans, der die Sanierung des Unternehmensträgers selbst zum Inhalt hat, denkbar, dass sich die Mehrheit der Gläubiger aus der Aufrechterhaltung der Geschäftsbeziehung Vorteile oder Synergieeffekte verspricht, die für die Minderheit nicht eröffnet sind (BT-Drucks. 12/2443 S. 211 f.).

B. Absatz 1

I. Allgemeines

Durch die Regelung des § 251 Abs. 1 InsO werden die Tatbestandsvoraussetzungen für das Vorliegen eines Verstoßes gegen das Minderheitenschutzgebot genauer formuliert und offen am wirtschaftlichen Interesse ausgerichtet. 4

Wenn das Gericht eine Schlechterstellung des widersprechenden Gläubigers feststellt, hat es kein Ermessen, sondern muss die Bestätigung versagen. Im Gegensatz zu § 250 Nr. 1 InsO ist eine Behebung des Mangels nicht möglich, da dies die inhaltliche Änderung mit erneuter Erörterung voraussetzen würde (HK-InsO/*Haas* § 251 Rn. 10). 5

II. Antragsberechtigung

Der Minderheitenschutz nach § 251 Abs. 1 InsO wird nur auf Antrag gewährt. Antragsberechtigt waren nach früherer Rechtslage allein die Gläubiger des Schuldners, sofern ihre Forderungen durch den Plan beeinträchtigt wurden. Durch das Gesetz zur weiteren Erleichterung der Sanierung von 6

§ 251 InsO   Minderheitenschutz

Unternehmen vom 07.12.2011 (ESUG) ist dieser Minderheitenschutz auf die am Schuldner beteiligten Personen ausgeweitet worden, so dass auch diese antragsberechtigt sind. Hintergrund der Erweiterung des Minderheitenschutzes war die ebenfalls durch das ESUG eingeführte Möglichkeit, durch den Plan in die Anteils- und Mitgliedschaftsrechte der am Schuldner beteiligten Personen einzugreifen (§§ 217 Satz 2, 225a InsO).

7   Hierdurch soll sichergestellt werden, dass »die Anteilsinhaber den Liquidationswert ihrer Rechtsstellung nicht verlieren und durch den Plan nicht schlechter gestellt werden, als bei einer Abwicklung des Rechtsträgers« (RegE ESUG, BT-Drucks. 17/5712, S. 34 f.). Nach Auffassung des Gesetzgebers sei damit aber auch dem Eigentumsschutz nach Art. 14 GG ausreichend Rechnung getragen. Denn der neben dem Erhalt des Liquidationswerts eintretende Verlust des Mitgliedschaftsrechts am Schuldner im Planverfahren sei insofern unbedenklich, da der Anteilsinhaber nach Eröffnung eines Insolvenzverfahrens, das ohne Plan zu einer Abwicklung und damit Löschung des insolventen Rechtsträgeres im Register führt, ohnehin nicht mehr mit dem Erhalt seines Anteils- oder Mitgliedschaftsrechts rechnen könne (RegE ESUG, BT-Drucks. 17/5712, S. 34 f.). Diese Argumentation greift freilich nur für die Fälle, in denen ohne Durchführung des vorgelegten Plans tatsächlich eine Abwicklung des Schuldners erfolgen würde. Sofern jedoch bei Versagung der Planbestätigung eine Fortführung des Schuldners im dann durchzuführenden Regelinsolvenzverfahren noch in Betracht käme, gilt dies hingegen nicht. Zwar kann für diesen Fall nach Abs. 3 noch Vorsorge für eine wirtschaftliche Schlechterstellung getroffen werden, jedoch kann nicht mehr damit argumentiert werden, dass der Verlust der Anteils- und Mitgliedschaftsrechte ohnehin eintreten werde und deshalb keines Schutzes nach Art. 14 GG mehr bedarf.

8   Auch wenn die Verfassungsmäßigkeit des mitunter zwangsweise erfolgenden Eingriffs in die Anteils- und Mitgliedschaftsrechte letztlich zu bejahen ist, so ist dies angesichts der Lücken in der Argumentation des Gesetzgebers dennoch kritisch zu prüfen. Ob bereits durch die Einbeziehung der Anteilsinhaber in den Schutzbereich des § 251 InsO und der damit garantierten Auszahlung des Liquidationswertes den verfassungsmäßigen Hürden des Art. 14 GG Genüge getan ist, bedarf einer genaueren Überprüfung. Insoweit wird hierzu auf § 225a Rdn. 29 f. verwiesen.

9   Weiterhin ist zu beachten, dass die Beteiligten nur dann antragsberechtigt sind, wenn sie auch zuvor berechtigt waren, über den Plan abzustimmen. Somit sind neben den Gläubigern nur jene Anteilsinhaber antragsberechtigt, in deren Mitgliedschaftsrechte durch den Plan eingegriffen werden soll, §§ 238a Abs. 2, 237 Abs. 2 InsO. Im Übrigen fällt die Antragsberechtigung eines Beteiligten nicht schon deshalb weg, weil dieser zunächst für den Plan gestimmt hat, sofern er noch im Abstimmungstermin die Voraussetzungen des §§ 251 Abs. 1 Nr. 1, Abs. 2 InsO erfüllt. Einer Begründung für den Sinneswandel bedarf es nicht (vgl. *Hess/Kropshofer* KO, § 188 Rn. 2; *Gottwald/Eickmann* HdbInsR, 2. Aufl., § 66 Rn. 76).

10 Der Minderheitenschutzantrag stellt jedoch keine ungeschriebene Zulässigkeitsvoraussetzung einer sofortigen Beschwerde nach § 253 InsO dar (*BGH* NZI 2014, 751; *Hölzle* ZIP 2014, 1819). Diesbezüglich wird hierzu auf § 253 Rdn. 27 verwiesen.

11 Darüber hinaus kann ein Gläubiger entsprechend des Referentenentwurfs des Bundesministeriums für Justiz und Verbraucherschutz für ein Gesetz zur Durchführung der Verordnung (EU) 2015/848 über Insolvenzverfahren auch bei einer Abstimmung über die Zusicherung nach Art. 36 dieser Verordnung gem. § 15 Abs. 1 des Referentenentwurfs i.V.m. § 251 Abs. 1 InsO gegenüber dem Insolvenzverwalter Minderheitenschutz verlangen, sofern er geltend macht, dass er durch diese schlechter gestellt werde als bei der Durchführung eines Sekundärinsolvenzverfahrens (ZIP 2016, S003, S011).

III. Nr. 1

12 Wie auch im Rahmen des Schuldnerschutzes gem. § 247 InsO muss ein etwaiger Widerspruch gegen die Planbestätigung durch den Antragsteller aus Gründen der Rechtsklarheit und der Verfahrensbeschleunigung spätestens im Abstimmungstermin schriftlich oder zum gerichtlichen Terminsprotokoll erfolgen. Eine Erklärung zu Protokoll der Geschäftsstelle ist seit Gesetz vom 07.12.2011

zur Vereinfachung der Abläufe bei Gericht nicht mehr zulässig. Später erfolgende Widersprüche sind für den Fortgang des Planverfahrens unbeachtlich. Das Votum gegen den Plan allein hindert das Gericht nicht an einer Bestätigung des Plans, da es das Votum im zu erklärenden Widerspruch nicht ersetzen kann (vgl. *BGH* ZInsO 2007, 442 ff.; *LG Neubrandenburg* ZInsO 2000, 628).

Ein Generalwiderspruch vor Kenntnis oder Kenntnisnahmemöglichkeit eines Plans ist ebenfalls unbeachtlich. Die Formulierung in Abs. 1 Nr. 1 »dem Plan« und Abs. 1 Nr. 2 »den Plan« lässt die Auslegung zu, dass sich der Gläubiger von einem konkret existenten Planentwurf beschwert fühlen muss. Stellt ein Gläubiger einen Antrag gem. § 251 InsO ohne von einem konkreten Plan betroffen sein zu können, fehlt das Rechtsschutzbedürfnis.

IV. Nr. 2

Wesentliches Kriterium für die Beachtlichkeit eines Widerspruches ist, dass der Antragsteller durch den Plan voraussichtlich schlechter gestellt wird, als er ohne den Plan stünde. Die Bestätigung des Insolvenzplanes ist somit zu versagen, wenn die Schlechterstellung eines Antragstellers wahrscheinlicher ist als die Nichtschlechterstellung (*BGH* ZInsO 2007, 442 ff.).

Eine Schlechterstellung ist zu bejahen, wenn dem widersprechenden Antragsteller im Plan verglichen mit der gesetzlichen Abwicklung wirtschaftlich weniger zugewiesen wird. Maßstab für den Begriff der Schlechterstellung ist dabei der objektivierbare wirtschaftliche Nutzen. Widersprüche werden als Obstruktion gewertet, wenn dem Widerspruchsführer im Plan eine wirtschaftliche Gleichbehandlung mit dem Fall der gesetzlichen Abwicklung garantiert ist.

Ob durch den Plan tatsächlich eine Schlechterstellung begründet wird, ist eine überwiegend in den Verantwortungsbereich des Tatrichters fallende Prognoseentscheidung, die im Rechtsbeschwerdeverfahren nur eingeschränkt überprüft werden kann (*BGH* 03.11.2011, NZI 2012, 141; 26.04.2007, NZI 2007, 521).

Es ist zu beachten, dass es im Rahmen der Schlechterstellung ausschließlich auf wirtschaftliche Betrachtung ankommt. Ist eine Schlechterstellung aufgrund verfahrensrechtlicher Gegebenheiten eingetreten, wurde beispielsweise das Stimmrecht falsch festgesetzt, findet § 251 InsO keine Anwendung.

Die ausschließlich an der wirtschaftlichen Betrachtungsweise ausgerichtete Beurteilung, die sich am wirtschaftlichen Sofortergebnis als alleinige Begründung des Minderheitenschutzes orientiert, wurde im Rahmen der Reformdiskussionen kritisiert, da unabhängig von der Wirtschaftlichkeitsfrage durchaus weitere nachvollziehbare, jedoch vom Gesetz nicht berücksichtigte Gründe für einen Widerspruch bestünden. Beispielsweise seien Konkurrenzgesichtspunkte erwähnt (vgl. *Stürner* in: Leipold, S. 46).

Typische Fälle der Missachtung des Gleichbehandlungsgebotes sind die Gewährung von Sondersicherheiten oder das Verschweigen einer Gegenforderung des Schuldners gegen diesen Gläubiger (*Hess* InsO, § 251 Rn. 15; *Nerlich/Römermann-Braun* InsO, § 250 Rn. 11 ff.). Der Schutz der Minderheit reicht nicht so weit wie der Schutz der Mehrheit einer Gruppe von Beteiligten. Entscheidend ist, welchen Weg das Verfahren ohne Plan gegangen wäre (vgl. MüKo-InsO/*Sinz* § 251 Rn. 1).

Bei der Zerschlagung ist im Rahmen des Minderheitenschutzes mindestens der Liquidationswert zu realisieren. Hat eine übertragende Sanierung und damit die Realisierung eines Going-Concern-Wertes stattgefunden, so muss die Beteiligung der Minderheit an dem in der Art und Weise zu realisierenden Fortführungswert gewährleistet sein (*Hess* InsO, § 251 Rn. 2).

Der Minderheitenschutz dient dem Schutz einzelner Beteiligten, währenddessen das Obstruktionsverbot die Beteiligtenmehrheit vor Einzelgläubigern schützt (vgl. *Braun/Uhlenbruck* S. 610, 618 ff.; *Schiessler* Der Insolvenzplan, S. 182). Dementsprechend hat das AG Düsseldorf entschieden, dass der Einwand eines einzigen Gläubigers einer Gruppe für § 245 InsO ohne Bedeutung und stattdessen ein Minderheitenschutzantrag nach § 251 InsO geltend zu machen ist, da § 245 InsO die Gruppeninteressen und § 251 InsO die Individualinteressen schütze (*AG Düsseldorf* ZInsO 2008, 464). Der widersprechende Antragsteller hat die Darlegungs- und Beweislast, dass er durch den Plan schlechter gestellt würde. Die bloße Behauptung einer Schlechterstellung genügt nicht zur erforderlichen Glaubhaftmachung (vgl. *LG Berlin* ZInsO 2003, 1191 f.). Mit dem Minderheitenschutz der Beteiligten sollen die Unzulänglichkeiten der Mehrheitsentscheidung und die Interessenunterschiede, die bei der Gruppenbildung nicht berücksichtigt werden können, ausgeglichen werden (KS-InsO/*Maus* 2000, S. 707, 730; *Hess* InsO, § 251 Rn. 8).

18 Durch die Einfügung des Wortes »voraussichtlich« vor das Wort »schlechter« in § 251 Abs. 1 Nr. 2 InsO (BGBl. I S. 3836) hat der Gesetzgeber unmissverständlich hervorgehoben, dass es sich bei der Frage der etwaigen Schlechterstellung um eine Prognoseentscheidung handelt, die Unrichtigkeiten nicht in Gänze ausschließen kann. Bei einer solchen Prognoseentscheidung, muss die Entwicklung, die eine Benachteiligung bewirken könnte, nicht nur abstrakt möglich, sondern auf Grund konkreter Anhaltspunkte wahrscheinlicher sein als eine Nichtschlechterstellung. Der Antragsteller muss somit Tatsachen vortragen und glaubhaft machen, aus denen sich die überwiegende Wahrscheinlichkeit seiner Schlechterstellung durch den Insolvenzplan ergibt (*BGH* NZI 2007, 409 f.).

Durch die Neufassung des § 251 InsO ist das Insolvenzgericht im Rahmen seiner Amtsermittlungspflicht (§ 5 Abs. 1 InsO) freier und nicht gehalten, für zahlreiche Prognoseentscheidungen einen Sachverständigen heranzuziehen. Letztlich dient die gesetzliche Änderung damit der Beschleunigung des Verfahrens. Die Prognoseentscheidung des Gerichts ist dabei aufgrund der aktuellen Lebenssituation des Schuldners sowie einer kurz- bis mittelfristigen Vorausschau zu treffen. Das Gericht ist nicht verpflichtet, Betrachtungen anzustellen, die über den Zeitraum des Abschlusses des Regelinsolvenzverfahrens hinausgehen. Dies ist insbesondere dann von Relevanz, wenn seitens eines Gläubigers eine Forderung geltend gemacht wird, die nicht an einer etwaigen Restschuldbefreiung teilnimmt. Tatbestände, die nach Abschluss eines etwaigen Restschuldbefreiungszeitraums entstehen, unterliegen ebenfalls kaum mehr der Betrachtung des Gerichts, da das Merkmal der Voraussichtlichkeit sonst als »Spekulation« ausgelegt werden müsste.

19 Bedeutsam war die Änderung aber auch deshalb, da dies erhebliche Auswirkungen auf eine etwaige Haftung der Insolvenzorgane hatte. Durch die eindeutige Festlegung der Bestätigungsversagung als Prognoseentscheidung wurde sichergestellt, dass im Wege einer ex-post-Betrachtung eine einfache Differenzrechnung für eine Haftungsbegrenzung der Insolvenzorgane nicht ausreichend sein kann. Dies erleichtert den Umgang mit dem Insolvenzplan.

20 In diesem Zusammenhang ist zu beachten, dass der Minderheitenschutz gem. § 251 InsO geringer wiegt als der Schutz der Mehrheit einer Beteiligtengruppe aufgrund des Obstruktionsverbotes. Im Gegensatz zu § 245 InsO muss nämlich keine angemessene Beteiligung an den durch den Plan realisierten Werten erfolgen, stattdessen ist nur zu garantieren, dass voraussichtlich keiner der widersprechenden Gläubiger durch den Plan schlechter gestellt wird als im Falle der gesetzlichen Abwicklung (BT-Drucks. 12/2443 S. 211 f.).

C. Absatz 2

21 Gem. § 251 Abs. 2 InsO muss der Antragsteller die Schlechterstellung glaubhaft machen. Durch die Aufnahme des Wortes »voraussichtlich« in Abs. 2 durch das Gesetz vom 07.12.2011 (BGBl. I S. 2585) ist klargestellt worden, dass nicht nur das Gericht bei der Prüfung der Schlechterstellung gem. Abs. 1 Nr. 1, sondern auch der Antragsteller bei seiner Glaubhaftmachung gem. Abs. 2 eine Schlechterstellung nur prognostizieren muss. Der Antrag nach § 251 Abs. 1 InsO ist folglich bereits dann zulässig, wenn der Antragsteller glaubhaft machen kann, dass eine Schlechterstellung wahrscheinlicher ist als eine Nichtschlechterstellung. Dies entspricht der vorherigen Rechtsprechung, wonach im Fall einer Prognosenotwendigkeit die Entwicklung, die zu einer Benachteiligung führen kann, nicht nur abstrakt möglich, sondern aufgrund konkreter Anhaltspunkte wahrscheinlicher als eine Nichtschlechterstellung sein muss (*BGH* ZInsO 2009, 1384).

Die Glaubhaftmachung der behaupteten Schlechterstellung setzt dabei voraus, dass behauptete Ansprüche vom Antragsteller sowohl dem Grunde nach, aber auch hinsichtlich der Durchsetzbarkeit ausreichend substantiiert dargelegt werden. Handelt es sich dabei um Ansprüche, die eigentlich vom Insolvenzverwalter zu verfolgen sind, so entbindet dies den Antragsteller dennoch nicht von seiner Obliegenheit ausreichender Substantiierung nach § 251 Abs. 2 InsO (*BGH* NZI 2010, 734). Allein das glaubhaft gemachte Vorbringen des Gläubigers liefert die Beurteilungsgrundlage dafür, ob der Gläubiger durch den Plan tatsächlich wirtschaftlich benachteiligt wird (*BGH* Beschl. v. 19.07.2012, WM 2012, 1640). 22

Liegt eine Glaubhaftmachung gem. § 294 ZPO vor, so erfolgt die Zulassung des Antrags in Übereinstimmung mit dem überkommenen Recht ohne einen förmlichen Beschluss (vgl. *Jaeger/Weber* KO, § 188 Rn. 2). 23

Ist der Antrag mangels Glaubhaftmachung als unzulässig zurückgewiesen worden, muss das Insolvenzgericht den Antragsteller auf die Notwendigkeit der Glaubhaftmachung hinweisen und die Möglichkeit der Nachholung geben (vgl. *Hess/Kropshofer* KO, § 188 Rn. 9; *Kuhn/Uhlenbruck* KO, § 189 Rn. 5). Das Insolvenzgericht kann in die Prüfung der sachlichen Berechtigung des Antrags erst nach abschließender Klärung der Zulässigkeitsfrage eintreten.

Durch die Aufnahme der Worte »spätestens im Abstimmungstermin« durch das Gesetz vom 07.12.2011 (BGBl. I S. 2585) ist zwingend geregelt worden, dass der Antrag nur dann zulässig ist, wenn Widerspruch und Glaubhaftmachung gem. Abs. 1 Nr. 1, Abs. 2 bis zum Ende des Abstimmungstermins erfolgt sind. Es genügt damit nicht, im Abstimmungstermin zu widersprechen und die Glaubhaftmachung zu einem späteren Zeitpunkt nachzureichen. 24

Wird gegen den Schuldner ein Ermittlungsverfahren geführt, so kann sich ein Beteiligter der Glaubhaftmachung einer wirtschaftlichen Schlechterstellung durch den Insolvenzplan nicht dadurch entziehen, dass er einen Antrag auf Aussetzung des Verfahrens stellt (*BGH* ZInsO 2010, 131). 25

Wird der Antrag zurückgewiesen, erfolgt dies regelmäßig im Rahmen des Bestätigungsbeschlusses über den Plan; hiergegen kann der Gläubiger Rechtsmittel gem. § 253 InsO einlegen (vgl. *Kuhn/Uhlenbruck* KO, § 189 Rn. 5). 26

Eine Nachholung der Glaubhaftmachung im Beschwerdeverfahren ist in Übereinstimmung mit dem bisherigen Recht möglich (*Kilger/Karsten Schmidt* KO, § 188 Rn. 1).

D. Absatz 3

Durch das Gesetz vom 07.12.2011 (BGBl. I S. 2585) wurde § 251 InsO ein weiterer Absatz 3 angefügt. Dieser regelt, dass ein Antrag nach Abs. 1 dann abgewiesen werden muss, wenn im gestaltenden Teil des Plans Mittel für den Fall bereitgestellt werden, dass ein Gläubiger oder eine Minderheit von Gläubigern bzw. ein Anteilsinhaber oder eine Minderheit von Anteilsinhabern eine Schlechtstellung durch den Plan geltend macht. 27

Diese Neuregelung hatte zwei wichtige Folgen für das Planverfahren. Einerseits ist jener Literaturmeinung (so z.B. *Smid/Rattunde* Der Insolvenzplan, Rn. 15.15 ff. oder MüKo-InsO/*Sinz* § 251 Rn. 21 ff.), die davon ausging, dass ein plansicherndes Bereitstellen von Sondermitteln für einzelne Beteiligte gegen das Gleichbehandlungsgebot des § 226 InsO verstößt, der Boden entzogen worden (RegE, BT-Drucks. 17/5712, S. 35). Es besteht seitdem eine gesetzliche Ausnahme dahingehend, dass das Leitprinzip der Gleichbehandlung im Bereich des Minderheitenschutzes hinter den mehrheitlich gebildeten Willen der Plandurchführung zurückzutreten hat. Andererseits ist dieser Neuregelung im Wege teleologischer Auslegung aber auch zu entnehmen, dass die Verwendung salvatorischer Klauseln zum Zweck des Planerhalts, unabhängig von ihrer Ausgestaltung, allgemein als zulässig zu erachten ist. Zeichnet sich ein Planhindernis ab, so darf der Planersteller diesem durch salvatorische Klauseln vorgreifen und das Gericht muss den Plan auch im Fall eines späteren Schutzantrags bestätigen. 28

29 Eine derartige Klausel, die nach § 251 Abs. 3 InsO zur Abweisung des Minderheitsschutzantrages führt, kann beispielhaft wie folgt lauten:

»Für den Fall, dass ein Beteiligter durch den Plan schlechter gestellt wird als er ohne Plan stünde, sind an diesen zusätzliche Zahlungen in einer Höhe zu leisten, die zu einer Gleichstellung führen«.

30 Die Gleichstellungsklausel darf dabei nicht an eine bestimmte Höhe gebunden sein, da der Plan gefährdet wäre, wenn sich die mit einer absoluten Höhe festgelegten Zusatzleistungen als zu niedrig erweisen würden, um eine Gleichstellung zu bewirken (*Eidenmüller* in Schenk/Schmidtchen/Streit, S. 183–190).

31 Das dahinterstehende, begrüßenswerte Ziel des zusätzlich eingefügten Abs. 3 ist das Planverfahren dadurch attraktiver zu gestalten, dass der durch seine verfahrensverzögernde Wirkung oft erfolgsgefährdende Minderheitsschutz aus dem Insolvenzverfahren auslagert wird. Dies wird dadurch erreicht, dass die Frage, ob eine Schlechterstellung tatsächlich vorliegt und hierfür ein Ausgleich zu zahlen ist, gem. Abs. 3 Satz 2 in einem gesonderten Rechtsstreit vor den ordentlichen Gericht auszutragen ist (BT-Drucks. 17/5712, S. 35). Die durch die Unbeachtlichkeit des Minderheitsschutzantrags (Abs. 3 Satz 1) und die Auslagerung des Ausgleichsverfahrens (Abs. 3 Satz 2) in Kauf genommene Verkürzung des Minderheitsschutzes rechtfertigt der Gesetzgeber dabei damit, dass der Antragsteller aufgrund der Auszahlungsgarantie im Fall einer tatsächlichen Schlechterstellung faktisch nicht mehr schlechter gestellt sei (BT-Drucks. 17/5712, S. 35).

32 Soweit eine ausreichende Vorsorge gem. § 251 Abs. 3 Satz 1 InsO getroffen ist, kommt dem Gericht kein Ermessen hinsichtlich der Bestätigung des Plans mehr zu. Abs. 3 beschränkt das Gericht darauf, festzustellen, ob zum Ausgleich für die von den Antragstellern glaubhaft gemachte voraussichtliche Schlechterstellung ausreichende Mittel im Plan vorgesehen sind. Ist dies der Fall, so hat das Gericht die Schlechterstellung selbst nicht mehr zu prüfen, da eine Versagung der Planbestätigung gem. § 251 Abs. 3 InsO nicht mehr möglich ist.

Im Übrigen würde dann auch eine Beschwerde des schlechter gestellten Gläubigers oder Anteilsinhabers gegen die Planbestätigung nach § 253 Abs. 2 Nr. 3 InsO an der fehlenden Zulässigkeit scheitern.

Die Feststellung der Schlechterstellung und eines daraus folgenden Ausgleichsanspruchs ist dann außerhalb des Insolvenzverfahrens vor den ordentlichen Gerichten zu klären (RegE, BT-Drucks. 17/7512, S. 35). Voraussetzung des Ausgleichsanspruchs ist dabei stets, dass im Plan überhaupt, wenn auch im Nachhinein ggf. unzureichend, Ausgleichsmittel vorgesehen sind.

33 Stellt das Gericht hingegen fest, dass die im Plan nach § 251 Abs. 3 InsO bereitgestellten Mittel nicht ausreichen, um die geltend gemachte Schlechterstellung auszugleichen, so hat es wie nach bisheriger Rechtslage die Schlechterstellung selbst zu prüfen. Kommt das Gericht dabei zu dem Schluss, dass eine Schlechterstellung vorliegt, so hat es den Plan zu versagen, § 251 Abs. 1 InsO.

Gibt das Insolvenzgericht den Insolvenzplan gleichwohl frei, so kann der Betroffene aus § 251 Abs. 3 Satz 2 InsO und – wenn die anschließende Beschwerde im Freigabeverfahren zurückgewiesen wird – auch aus § 253 Abs. 4 Satz 4 InsO klagen (zum Verhältnis der beiden Klagen zueinander *Madaus* NZI 2012, 597 [599]).

34 Ob eine Schlechterstellung vorliegt, kann durch das Gericht nur auf der Grundlage von Vergleichsrechnungen überprüft werden. Da Fortführungspläne stets Prognoseelemente enthalten, mag es den Gläubigern in bestimmten Fällen gelingen, eine vermeintliche Benachteiligung durchaus so plausibel vorzutragen, dass sich das Gericht zur abschließenden Klärung veranlasst sieht, die vermeintliche Schlechterstellung durch einen Sachverständigen prüfen zu lassen. Ferner wird eine verwalterseits erstellte Vergleichsrechnung nicht immer sämtliche Widerspruchsmöglichkeiten der Gläubiger ex ante berücksichtigen können, so dass die Entscheidung über einen Plan möglicherweise über Monate verzögert werden könnte.

Wie die Finanzierung des Ausgleichs nach Abs. 3 zu erfolgen hat, ist nicht geregelt worden. Der Gesetzgeber geht jedoch davon aus, dass dies regelmäßig durch eine Rücklage, eine Bürgschaft oder in ähnlicher Weise geschehen wird (BT-Drucks. 17/5712, S. 35). Es muss jedenfalls sichergestellt sein, dass der Ausgleich im Fall seiner Fälligkeit ohne erhebliche Verzögerung gezahlt werden kann (vgl. *Lehmann/Rühle* NZI 2015, 151 [152 f.]). 35

§ 252 Bekanntgabe der Entscheidung

(1) ¹Der Beschluss, durch den der Insolvenzplan bestätigt oder seine Bestätigung versagt wird, ist im Abstimmungstermin oder in einem alsbald zu bestimmenden besonderen Termin zu verkünden. ²§ 74 Abs. 2 Satz 2 gilt entsprechend.

(2) ¹Wird der Plan bestätigt, so ist den Insolvenzgläubigern, die Forderungen angemeldet haben, und den absonderungsberechtigten Gläubigern unter Hinweis auf die Bestätigung ein Abdruck des Plans oder eine Zusammenfassung seines wesentlichen Inhalts zu übersenden. ²Sind die Anteils- oder Mitgliedschaftsrechte der am Schuldner beteiligten Personen in den Plan einbezogen, so sind auch diesen die Unterlagen zu übersenden; dies gilt nicht für Aktionäre oder Kommanditaktionäre. ³Börsennotierte Gesellschaften haben eine Zusammenfassung des wesentlichen Inhalts des Plans über ihre Internetseite zugänglich zu machen.

Übersicht

	Rdn.		Rdn.
A. Absatz 1	1	II. Besonderer Verkündungstermin	4
I. Allgemeines	1	B. Absatz 2	8

A. Absatz 1

I. Allgemeines

Der Beschluss, durch den der Insolvenzplan bestätigt oder seine Bestätigung versagt wird, muss bekannt gegeben werden. Die Verkündung des Bestätigungs- oder Versagungsbeschlusses erfolgt im Abstimmungstermin oder in einem alsbald zu bestimmenden besonderen Termin. Der Zweck der Regelung besteht darin, einen genau feststellbaren und einheitlichen Zeitpunkt für den Beginn der Rechtsmittelfrist gem. § 253 InsO zu haben (MüKo-InsO/*Sinz* § 252 Rn. 1). 1

Die Regelung des § 252 Abs. 1 InsO stimmt mit der Regelung der §§ 184 Abs. 2, 185 KO, § 78 Abs. 3 VglO überein. In der VglO war der Beschluss über die Bestätigung des Vergleichs bzw. über die Versagung der Bestätigung nach pflichtgemäßem Ermessen des Vergleichsgerichts entweder in dem Vergleichstermin oder in einem alsbald zu bestimmenden besonderen Termin gem. § 78 Abs. 3 VglO zu verkünden. In § 184 Abs. 2 KO war eine weitgehend inhaltsgleiche Regelung dahingehend verankert, dass das Konkursgericht einen neuen Termin zur Verhandlung über die Bestätigung und zur Verkündung der Entscheidung anberaumen konnte. Dieser neue Termin war noch im Zwangsvergleichstermin zu verkünden (*Jaeger/Weber* KO, § 184 Rn. 7). 2

Liegen keine Gründe für eine Versagung gem. §§ 247, 250, 251 InsO vor, wird die Entscheidung des Insolvenzgerichts im Regelfall noch im Abstimmungstermin erfolgen können. Zum Zeitpunkt der Verkündung muss der Beschluss noch nicht schriftlich abgefasst sein. Es reicht aus, diesen inhaltlich zu Protokoll zu nehmen und zu begründen (MüKo-InsO/*Sinz* § 252 Rn. 7). 3

II. Besonderer Verkündungstermin

Ist es dem Gericht im Rahmen des Abstimmungstermins nicht möglich, über etwaige Gläubigeranträge gem. § 251 Abs. 1 InsO oder über einen Widerspruch des Schuldners gem. § 247 Abs. 1 InsO zu entscheiden, ist ein besonderer Verkündungstermin zu bestimmen, bis zu dem das Gericht zur Überprüfung etwaiger Minderheitsschutzanträge der Beteiligten Gelegenheit hat. 4

5 Im Hinblick auf die Heilungswirkung der Planbestätigung von formellen Rechtsfehlern besteht, wenn eine abschließende Prüfung nicht möglich ist, im Zweifelsfall sogar eine Verpflichtung des Gerichts, die Entscheidung auf einen besonderen Verkündungstermin zu vertagen. Ein besonderer Verkündungstermin ist vor allem dann geboten, wenn bis dahin mit einer Behebung von etwaigen Bestätigungshindernissen, wie z.B. einer Erteilung der vormundschaftlichen Genehmigung zur Stimmabgabe, des Eingangs einer in Aussicht gestellten Bürgschaft etc., gerechnet werden kann. Auch dann, wenn das Gericht die Ermittlungen hinsichtlich des Vorliegens etwaiger Verfahrensverstöße gem. § 250 InsO noch nicht abgeschlossen hat, muss ebenfalls ein besonderer Verkündungstermin festgesetzt werden (vgl. *Bley/Mohrbutter* VglO, § 78 Rn. 7).

6 Zur Vermeidung einer Zeitverzögerung sowie einer Plangefährdung sollte der Verkündungstermin möglichst zeitnah angesetzt werden; letztlich wird jedoch der Umfang der gerichtlichen Nachprüfungen entscheidend sein. Sollte die Entscheidung über den Plan nicht im Abstimmungstermin verkündet werden können, ist nach §§ 252 Abs. 1 Satz 2, 74 Abs. 2 Satz 2 InsO (BGBl. I 1998 S. 3836) eine wiederholte Ladung der in § 235 Abs. 3 InsO genannten Personengruppen für den gesonderten Verkündungstermin nicht mehr erforderlich. Es genügt die Vertagung im Abstimmungstermin. Ein diesbezüglicher Verstoß stellt einen wesentlichen Verfahrensmangel dar.

Die Verkündung ist wie im überkommenen Recht im Sitzungsprotokoll festzustellen und als Verfahrensförmlichkeit gem. § 164 ZPO nur durch das Protokoll beweisbar (vgl. MüKo-InsO/*Sinz* § 252 Rn. 7).

7 Der Beweis, dass es sich bei dem verkündeten Plan um einen anderen als im Terminprotokoll bezeichneten Plan handelt, wird durch die Bestimmung nicht ausgeschlossen (vgl. *Jaeger/Weber* KO, § 185 Rn. 1). Dies bedeutet, dass der Inhalt des Insolvenzplans nicht unter die Beweisregel des § 164 ZPO fällt.

B. Absatz 2

8 Die Bestätigung des Plans löst vielfältige Rechtsfolgen aus, auf die sich die Beteiligten einstellen müssen. Aus diesem Grund sollen gem. § 252 Abs. 2 InsO die Insolvenzgläubiger, die Forderungen angemeldet haben, sowie die absonderungsberechtigten Gläubiger unter Hinweis auf die Bestätigung einen Abdruck des Plans oder eine Zusammenfassung seines wesentlichen Inhaltes übersandt erhalten.

9 Aufgrund der durch Gesetz vom 07.12.2011 (BGBl. I S. 2585) eingefügten Sätze 2 und 3 muss auch den am Schuldner beteiligten Personen, deren Anteils- und Mitgliedschaftsrechte in den Plan miteinbezogen worden sind, unter Hinweis auf die Bestätigung ein Abdruck des Plans oder eine Zusammenfassung seines wesentlichen Inhalts übersendet werden. Hierbei handelt es sich um eine Folgeänderung der durch das gleiche Gesetz eingefügten §§ 217 Satz 2, 225a InsO, wonach die Anteils- und Mitgliedschaftsrechte der am Schuldner beteiligten Personen in den Plan einbezogen werden können.

10 In Übereinstimmung mit der Vorschrift des § 235 Abs. 3 Satz 3 InsO gilt dies jedoch nicht für Aktionäre und Kommanditaktionäre schuldnerischer Aktiengesellschaften bzw. Kommanditgesellschaften auf Aktien. Da es sich bei diesen Schuldnern häufig um Publikumsgesellschaften handelt, sind die Anteilsrechte breit gestreut, so dass schon Name und Anschrift der betroffenen Aktionäre oder Kommanditaktionäre regelmäßig nicht bekannt sind. Aufgrund der praktischen Schwierigkeiten hält der Gesetzgeber daher eine gesonderte Übersendung des Plans an die Aktionäre bzw. Kommanditaktionäre für entbehrlich (RegE, BT-Drucks. 17/5712, S. 35). Diese seien durch die öffentliche Bekanntmachung des Erörterungs- und Abstimmungstermins nach § 235 Abs. 2 InsO ausreichend informiert, zumal sie aufgrund ihres Akteneinsichtsrechts die Möglichkeit hätten, auch vom Inhalt des Plans sowie von dem Beschluss, durch den der Plan bestätigt wird, Kenntnis zu nehmen (RegE, BT-Drucks. 17/5712, S. 35).

Börsennotierte Schuldner sind gem. § 252 Abs. 2 Satz 3 InsO zudem verpflichtet, eine Zusammenfassung des wesentlichen Planinhalts auf ihrer Internetseite zu veröffentlichen. Hierdurch sollen insbesondere die nach Satz 2 nicht berücksichtigten Aktionäre und Kommanditaktionäre informiert werden (RegE, BT-Drucks. 17/5712, S. 35). Diese Vorschrift ist jedoch redundant, da § 235 Abs. 3 Satz 4 HS 2 InsO die inhaltsgleiche Verpflichtung gegenüber börsennotierten Schuldnern schafft. Es gilt das zu § 235 InsO Gesagte (vgl. § 235 Rdn. 37 f.). 11

Braun weist darauf hin, dass die in § 252 Abs. 2 InsO bezeichneten Unterlagen vom Insolvenzgericht unabhängig von der Stimmberechtigung allen Gläubigern übersandt werden müssen (*Nerlich/Römermann-Braun* InsO, § 252 Rn. 4). Rügt ein Gläubiger, dass ihm weder ein Abdruck des Plans, noch eine Zusammenfassung des bestätigten Plans zugesandt worden sei, liegt ein Verfahrensfehler vor (vgl. MüKo-InsO/*Sinz* § 252 Rn. 28). Eine erneute Übersendung einer Zusammenfassung des Insolvenzplans gem. § 252 Abs. 2 InsO kann unterbleiben, wenn alle Gläubiger, die Forderungen angemeldet haben, diese bereits mit der Ladung zum Erörterungs- und Abstimmungstermin erhalten haben, und der Plan nicht mehr geändert worden ist (*AG Ludwigshafen* Beschl. v. 08.07.2016 – 3 e IN 380/15, NZI 2016, 918). 12

Da es sich hier nicht um Zustellungen i.S.d. § 8 Abs. 3 InsO handelt, kann der Versand nicht dem Insolvenzverwalter übertragen werden (MüKo-InsO/*Sinz* § 252 Rn. 22; *Hess* InsO, § 252 Rn. 5). Mit der Bekanntgabe der Entscheidung beginnt wie im überkommenen Recht die Rechtsmittelfrist gem. §§ 253, 6 Abs. 2 InsO, § 577 ZPO zu laufen (vgl. *Jaeger/Weber* KO, § 185 Rn. 1). 13

§ 253 Rechtsmittel

(1) Gegen den Beschluss, durch den der Insolvenzplan bestätigt oder durch den die Bestätigung versagt wird, steht den Gläubigern, dem Schuldner und, wenn dieser keine natürliche Person ist, den am Schuldner beteiligten Personen die sofortige Beschwerde zu.

(2) Die sofortige Beschwerde gegen die Bestätigung ist nur zulässig, wenn der Beschwerdeführer
1. dem Plan spätestens im Abstimmungstermin schriftlich oder zu Protokoll widersprochen hat,
2. gegen den Plan gestimmt hat und
3. glaubhaft macht, dass er durch den Plan wesentlich schlechtergestellt wird, als er ohne einen Plan stünde, und dass dieser Nachteil nicht durch eine Zahlung aus den in § 251 Absatz 3 genannten Mitteln ausgeglichen werden kann.

(3) Absatz 2 Nummer 1 und 2 gilt nur, wenn in der öffentlichen Bekanntmachung des Termins (§ 235 Absatz 2) und in den Ladungen zum Termin (§ 235 Absatz 3) auf die Notwendigkeit des Widerspruchs und der Ablehnung des Plans besonders hingewiesen wurde.

(4) ¹Auf Antrag des Insolvenzverwalters weist das Landgericht die Beschwerde unverzüglich zurück, wenn das alsbaldige Wirksamwerden des Insolvenzplans vorrangig erscheint, weil die Nachteile einer Verzögerung des Planvollzugs nach freier Überzeugung des Gerichts die Nachteile für den Beschwerdeführer überwiegen; ein Abhilfeverfahren nach § 572 Absatz 1 Satz 1 der Zivilprozessordnung findet nicht statt. ²Dies gilt nicht, wenn ein besonders schwerer Rechtsverstoß vorliegt. ³Weist das Gericht die Beschwerde nach Satz 1 zurück, ist dem Beschwerdeführer aus der Masse der Schaden zu ersetzen, der ihm durch den Planvollzug entsteht; die Rückgängigmachung der Wirkungen des Insolvenzplans kann nicht als Schadensersatz verlangt werden. ⁴Für Klagen, mit denen Schadensersatzansprüche nach Satz 3 geltend gemacht werden, ist das Landgericht ausschließlich zuständig, das die sofortige Beschwerde zurückgewiesen hat.

Übersicht	Rdn.		Rdn.
A. Beschwerdeberechtigung	1	D. Rechtskraftwirkung	33
B. Beschwerdefrist	28	E. Konsequenzen	34
C. Weitere Beschwerde	32	F. Kosten	38

Literatur:
Braun Auf dem Weg zu einer (neuen) Insolvenzplankultur in Deutschland – Ein Beitrag zu dem Regierungsentwurf für ein Gesetz zur weiteren Erleichterung der Sanierung von Unternehmen, NZI 2011, 505 ff.; *Brinkmann* Wege aus der Insolvenz eines Unternehmens – oder: Die Gesellschafter als Sanierungshindernis, WM 2011, 97 ff.; *Büttner* Wohin mit alten Plänen? – Das Problem der Überleitung laufender Planverfahren, ZInsO 2012, 2019; *Commandeur/Hübler* Aktuelle Entwicklungen im Insolvenzrecht, NZG 2015, 185; *Eidenmüller* Reformperspektiven im Restrukturierungsrecht, ZIP 2010, 649; *Fischer* Das neue Rechtsmittelverfahren gegen den Beschluss, durch den der Insolvenzplan bestätigt wird, NZI 2013, 513; *Göb* Aktuelle gesellschaftsrechtliche Fragen in Krise und Insolvenz, NZI 2015, 13; *Hölzle* Überlagerung des Gesellschaftsrechts durch Insolvenzrecht und die Schlechterstellungsprüfung zu Lasten des (Minderheits-)Gesellschafters, ZIP 1014, 1819; *Madaus* Möglichkeiten und Grenzen einer Reform der Rechtsmittel gegen den Beschluss über die Insolvenzplanbestätigung, NZI 2010, 430; *ders.* Die Rechtsbehelfe gegen die Planbestätigung nach dem ESUG, NZI 2012, 597; *Lehmann/Rühle* Das beschleunigte Zurückweisungsverfahren gem. § 253 IV InsO in der Praxis, NZI 2014, 889; *Pleister/Tholen* Zum Siegeszug des insolvenzrechtlichen Freigabeverfahrens, ZIP 2015, 414; *Schäfer* Suhrkamp und die Folgen – Konsequenzen aus dem vorläufigen Abschluss des Suhrkamp-Insolvenzverfahrens, ZIP 2015, 1208; *Simon* Gesellschaftsrechtliche Strukturmaßnahmen im Insolvenzplanverfahren nach dem ESUG, NZG 2012, 121.

A. Beschwerdeberechtigung

1 Gegen die Bestätigung oder ggf. die Versagung des Plans steht zunächst wie schon nach dem überkommenen § 189 KO sowohl dem Schuldner als auch den Gläubigern das Recht zur sofortigen Beschwerde zu.

2 Da § 225a Abs. 2 Satz 1 heute die Einbeziehung der Anteils- und Mitgliedschaftsrechte der Anteilsinhaber in den Insolvenzplan ermöglicht, gewährt § 253 Abs. 1 auch diesen Anteilsinhabern entsprechenden Rechtsschutz in Form der Beschwerdeberechtigung. Handelt es sich bei der Schuldnerin um eine juristische Person, steht auch den an ihr beteiligten Personen die sofortige Beschwerde zu.

Das Beschwerderecht ist nicht auf die stimmberechtigten Gläubiger beschränkt; auch die Gläubiger streitiger Forderungen, denen vom Gericht im Rahmen der Abstimmung über den Plan kein Stimmrecht zugestanden wurde, können gegen die Entscheidung des Gerichts über den Plan Rechtsmittel nach § 253 InsO einlegen (BT-Drucks. 12/2443 S. 212).

3 Grund hierfür ist, dass diesen Gläubigern, die früher im Verfahrenslauf gegen die ausschließlich verfahrensleitende Verfügung des Stimmrechtsausschlusses nicht mit Rechtsmitteln vorgehen konnten, die Möglichkeit gegeben wird, diese inzident mit der Planentscheidung in der Rechtsmittelinstanz überprüfen zu lassen. Die Gläubiger können jedoch nur die Verletzung eigenen Rechts rügen (vgl. *Fischer* NZI 2013, 513 [514]).

4 Der Stimmrechtsausschluss wird somit im Rahmen der Überprüfung der Entscheidung des Insolvenzgerichts einer mittelbaren Kontrolle unterzogen und kann einen angenommenen Plan wegen Verstoßes gegen § 250 InsO zum Scheitern bringen.

5 Zu beachten ist jedoch, dass es dem Beschwerdegericht verwehrt ist, über das Stimmrecht eines Gläubigers, über welches in der Gläubigerversammlung keine Einigung erzielt worden ist, eigenständig zu bewerten (*BGH* Beschl. v. 13.01.2011, ZInsO 2011, 280 [281]). Das Insolvenzgericht entscheidet in diesem Fall abschließend über das Stimmrecht. Im Beschwerdeverfahren über die Bestätigung des Insolvenzplans werden die Feststellungen zum Stimmrecht dann nicht mehr überprüft (*BGH* Beschl. v. 23.10.2008, ZInsO 2009, 3).

6 Die Beschwerdeberechtigung steht nach § 253 Abs. 2 Nr. 1 ausdrücklich nur demjenigen Beschwerdeführer zu, der dem Plan spätestens im Abstimmungstermin schriftlich oder zu Protokoll widersprochen und nach § 253 Abs. 2 Nr. 2 gegen den Plan gestimmt hat. Neben die materielle Beschwer, die sich aus der Beeinträchtigung der Rechte des beschwerdeführenden Gläubigers durch den Insolvenzplan ergibt (*BGH* ZInsO 2005, 927; ZInsO 2010, 1448), muss somit auch eine formelle Beschwer treten (vgl. BT-Drucks. 17/5712 S. 35). Der frühere Streit über diese Einschränkung hat sich damit erledigt. Die Klarstellung durch den Gesetzgeber ist zu begrüßen, denn es ist nicht ersichtlich, wa-

rum sich Beteiligte durch eine spätere Beschwerde in Widerspruch zu ihrem Verhalten im Abstimmungstermin setzen können sollten (vgl. zur Situation vor dem ESUG auch *LG Berlin* NZI 2005, 335 f.; *LG Neubrandenburg* ZInsO 2000, 628; *BGH* ZInsO 2007, 663). Der Widerspruch gegen den Plan muss zweifelsfrei und unmissverständlich erklärt werden, um die zur Fortführung des Unternehmens nötige Klarheit über eventuelle Verfahrenshindernisse zu schaffen (BT-Drucks. 17/5712 S. 35). Soweit kein Widerspruch gegen den Plan erfolgt, gilt die Zustimmung als erteilt, § 247 Abs. 1 InsO.

Darüber hinaus wird von Teilen der Literatur als weitere formelle Beschwer gefordert, dass der Beschwerdeführer vor der Einlegung seines Rechtsmittels einen Minderheitenschutzantrag nach § 251 InsO erfolglos gestellt haben muss. Dies ergebe sich aus dem Schutzzweck und der Verfahrensstruktur von § 251 InsO sowie der Bestimmung dessen, was der Gläubiger zum Inhalt einer Beschwerde nach § 253 InsO machen kann (*Fischer* NZI 2013, 513 [515]; **a.A.** *Braun/Frank/Braun* InsO, § 253 Rn. 4 Fn. 5). Diese Ansicht überzeugt, ungeachtet der weiteren für sie stehenden Argumente, schon deshalb, weil sich Partikularinteressen gegenüber dem durch den Plan vermittelten Vorteil der Gläubigergesamtheit grds. nur dann durchsetzen dürfen, wenn zuvor von allen den Minderheiten zur Verfügung stehenden Schutzvorschriften Gebrauch gemacht worden ist (vgl. BT-Drucks. 17/5712, S. 35). 7

Nach § 253 Abs. 2 Nr. 3 muss glaubhaft gemacht werden, dass der Beschwerdeführer durch den beschlossenen Plan wesentlich schlechter gestellt wird, als er ohne einen Plan stünde, und dass dieser Nachteil nicht durch eine Zahlung aus den in § 251 Abs. 3 genannten Mitteln ausgeglichen werden kann. 8

Mit dieser Regelung wurde eine Erheblichkeitsschwelle eingeführt. Eine wesentliche Schlechterstellung kann jedenfalls dann nicht angenommen werden, wenn die Abweichung von dem Wert, den der Beschwerdeführer voraussichtlich bei einer Liquidation ohne Insolvenzplan erhalten hätte, unter 10 % liegt (vgl. BT-Drucks. 17/5712 S. 35). Damit sollen insbesondere Beschwerden solcher Personen ausgeschlossen werden, die nur kleine Forderungen oder Beteiligungen zu dem Zweck erworben haben, gegen den Plan zu opponieren und sich ihr Obstruktionspotenzial ggf. abkaufen zu lassen. Teilweise wird in diesen Fällen von der Literatur gefordert, den genannten Prozentsatz zu erhöhen bzw. in Anlehnung an § 511 Abs. 2 Nr. 11 ZPO bei einem 600 € nicht übersteigenden Nachteil generell eine wesentliche Schlechterstellung zu verneinen (*Fischer* NZI 2013, 513 [514]; *Haarmeyer/Wutzke/Förster-Wenzel* InsO, 2. Aufl., § 253 Rn. 12). Der Beschwerdeführer hat die Schlechterstellung nach Nr. 3 glaubhaft zu machen, § 294 ZPO. Gelingt ihm dies nicht, ist die Beschwerde bereits unzulässig. Werden die Ansprüche des Beschwerdeführers bestritten, so muss dieser die Umstände darlegen oder Beweismittel erbringen, die auf eine überwiegende Wahrscheinlichkeit für die Berechtigung seiner Forderungen schließen lassen (*BGH* Beschl. v. 15.07.2010, NZI 2010, 734). Für die Glaubhaftmachung der Schlechterstellung mit dem Insolvenzplan gegenüber der Durchführung des Insolvenzverfahrens (§ 253 Abs. 2 InsO) reicht eine pauschale Behauptung über eine mögliche berufliche Tätigkeit des Schuldners nicht aus. Es bedarf vielmehr einer konkreten Darstellung (*LG Berlin* Beschl. v. 16.10.2015 – 51 T 749/15, BeckRS 2015, 54825). 9

Im Übrigen ist es eine überwiegend in den Verantwortungsbereich des Tatrichters fallende Prognoseentscheidung, ob durch den Plan tatsächlich eine Schlechterstellung begründet wurde, welche im Rechtsbeschwerdeverfahren nur eingeschränkt überprüft werden kann (*BGH* 03.11.2011, NZI 2012, 141; 26.04.2007, NZI 2007, 521). 10

Der Ausschluss eines Rechtsmittels in Fällen einer unwesentlichen Beeinträchtigung ist verfassungsrechtlich unbedenklich (vgl. BT-Drucks. 17/5712 S. 36), der Schutz der Rechte der Gläubiger verlangt einen zügigen und reibungslosen Ablauf des Insolvenzverfahrens (vgl. *BVerfG* Beschl. 26.11.2009 – 1 BvR 339/09, ZIP 2010, 237). 11

Wird ein Nachteil durch die Aufnahme von Vorsorgemaßnahmen in den Insolvenzplan nach §§ 253 Abs. 2 Nr. 3, 251 Abs. 3 ausgeglichen, so schließt dies eine materielle Beschwer aus. Es bietet sich daher an, eine salvatorische Klausel in den Insolvenzplan aufzunehmen, die einen finanziellen Aus- 12 gleich für den Fall vorsieht, dass ein Gläubiger oder Anteilsinhaber durch den Plan schlechter gestellt wird (vgl. MüKo-InsO/*Sinz* § 221 Rn. 29 ff.). Eine solche Klausel lässt regelmäßig die Beschwer des Beschwerdeführers entfallen und macht die Beschwerde damit unzulässig.

13 Die verschärften Regelungen des § 253 Abs. 2 resultieren aus dem erheblichen Störerpotenzial einzelner Beschwerberechtigter. Mit der sofortigen Beschwerde gegen die Bestätigung des Plans verzögert sich der Eintritt der Wirkungen des Insolvenzplans über viele Monate. Bisher war es auf diesem Weg wenigen Störern mittels sofortiger Beschwerde relativ leicht möglich, die gesamte Sanierung zu Lasten aller anderen Beteiligten zum Scheitern zu bringen (vgl. BT-Drucks. 17/5712 S. 35; BR-Drucks. 17/5712 S. 57). Aufgrund der schwerwiegenden Folgen, die einzelne obstruierende Gläubiger so herbeiführen können, äußerte der Bundesrat zu § 253 Abs. 2 noch immer gewisse Bedenken, ob die vorgesehenen Regelungen ausreichen, um ungewollte Störungen zu unterdrücken (BR-Drucks. 17/5712 S. 57 f.).

14 Vor allem mit § 253 Abs. 2 Nr. 3 wird die Beschwerdeberechtigung jedoch auf ein angemessenes Maß reduziert (vgl. *Braun* NZI 2011, 505 [510]). Insbesondere mit Blick auf obstruierende Anteilsinhaber juristischer Personen wird es kaum einmal der Fall sein, dass Beschwerdeführer im Rahmen eines Zerschlagungsverfahrens bei anschließender Liquidation besser gestellt sind, als bei erfolgreicher Sanierung nach Insolvenzplanverfahren (vgl. *Brinkmann* WM 2011, 97 [99 f.]). Der Wert der Beteiligung an einer insolventen Gesellschaft ist schließlich wirtschaftlich praktisch immer mit Null anzusetzen. Ebenso verhält es sich mit Forderungen, insbesondere wenn es sich um nachrangige Forderungen i.S.d. § 39 InsO handelt.

15 Absatz 3 befreit denjenigen Beschwerdeführer von den Voraussetzungen des Abs. 2 Nr. 1 und 2, der keine Kenntnis (vgl. BT-Drucks. 17/5712 S. 36) und keine Möglichkeit zur Kenntnisnahme der engen Rechtsmittelvoraussetzungen hatte. Ein Mindestmaß an staatlichem Schutz soll hier vermeiden, dass solche Beschwerdeführer grds. vom Rechtsmittelweg ausgeschlossen sind. Auf den gesonderten Hinweis der Notwendigkeit des Widerspruchs und der Ablehnung des Plans in der öffentlichen Bekanntmachung des Termins und in den Ladungen zum Termin nach § 235 Abs. 2, 3 ist daher genauestens zu achten.

Unterblieb der Widerspruch des Gläubigers nur deshalb, weil dieser nicht ordnungsgemäß geladen worden ist, so liegt schon deshalb i.d.R. ein wesentlicher Verfahrensmangel vor, der die Versagung der Bestätigung von Amts wegen nach sich zieht bzw. zur Aufhebung des angefochtenen Beschlusses führt (vgl. zu § 253 InsO a.F. *BGH* Beschl. v. 13.01.2011, ZInsO 2011, 280 = ZIP 2011, 781).

16 Der Verwalter hat nach § 253 InsO kein Beschwerderecht, obwohl er durchaus ein Interesse an der Anfechtung der Entscheidung haben kann, wenn ein von ihm vorgelegter Plan abgelehnt oder ein Plan des Schuldners gegen seinen Willen bestätigt worden ist. In diesem Falle muss sich die Insolvenzpraxis damit behelfen, dass der Verwalter einen der Gläubiger, der mit seiner Auffassung übereinstimmt, zur Beschwerdeeinlegung veranlasst (HK-InsO/*Haas* § 253 Rn. 2).

17 An der Beschwer eines Gläubigers fehlt es dann, wenn dieser mittels Plan voll befriedigt wird oder der Plan nicht in Absonderungsrechte eingreift. Der Schuldner ist nicht beschwert, wenn der Plan die Restschuldbefreiung nach § 227 InsO zulässt. Der Plangarant ist nur beschwerdeberechtigt, wenn er nicht auch Gläubiger ist (*Hess/Obermüller* Insolvenzplan, S. 248).

18 Die Beschwerde gegen die Bestätigung des Insolvenzplans hat entgegen § 572 ZPO aufschiebende Wirkung, da § 254 InsO die Gestaltungswirkung des Insolvenzplans erst mit der Rechtskraft des Bestätigungsbeschlusses eintreten lässt (HK-InsO/*Haas* § 253 Rn. 13). Von einer Aufhebung dieses Suspensiveffektes wurde auch in der neuesten Gesetzesfassung abgesehen. Es wäre nichts gewonnen, wenn der Plan zunächst wirksam würde, dann aber durch eine Beschwerdeentscheidung wieder beseitigt wird (vgl. *Braun* NZI 2011, 505 [510]; BT-Drucks. 17/5712 S. 35).

19 Wenden sich einzelne Gläubiger mit der sofortigen Beschwerde gegen die gerichtliche Bestätigung eines vom Insolvenzverwalter vorgelegten Insolvenzplans, muss das Beschwerdegericht andere Gläubiger nicht schon deshalb am Beschwerdeverfahren formell beteiligen, weil sie der Annahme des

Plans zugestimmt haben. An einem Beschwerdeverfahren, das sich gegen die gerichtliche Bestätigung richtet ist nur zu beteiligen, wer ein eigenes Initiativrecht hat (*BGH* NZI 2005, 619 ff.).

Nach § 253 Abs. 4 Satz 1 InsO kann der Insolvenzverwalter einen Antrag auf Zurückweisung der Beschwerde stellen, wenn das alsbaldige Wirksamwerden des Insolvenzplans vorrangig erscheint, weil die Nachteile einer Verzögerung des Planvollzugs nach freier Überzeugung des Gerichts die Nachteile für den Beschwerdeführer überwiegen. Insbesondere gegenüber Beschwerden von Altgesellschaftern, deren Anteil wirtschaftlich praktisch immer mit einem Wert von Null anzusetzen ist, wird ein Antrag auf Zurückweisung der Beschwerde so gut wie immer begründet sein (*Simon* NZG 2012, 121 [122]). Ein Abhilfeverfahren nach § 572 Abs. 1 Satz 1 ZPO findet nicht statt. Absatz 4 wurde auf begrüßenswerten Einwand des 6. Ausschusses in das ESUG aufgenommen und zielt auf eine weitere Befreiung des Planverfahrens von Blockaden durch eingelegte Rechtsmittel, denn selbst die Prüfung der Zulässigkeit einer Beschwerde durch das Beschwerdegericht kann Wochen oder sogar Monate dauern. Das LG Berlin möchte den Kreis der Antragsberechtigten erweitern und sieht auch die Schuldnerin im Falle der Eigenverwaltung als antragsberechtigt an (*LG Berlin* ZIP 2014, 2197 [2199] – Suhrkamp; *Pleister/Tholen* ZIP 2015, 414 [415]). Unverzüglichkeit i.S.v. § 253 Abs. 4 Satz 1 InsO meint keine starre Frist, vielmehr darf noch kein Beschluss i.S.v. § 253 Abs. 1 InsO gefasst worden sein (*Pleister/Tholen* ZIP 2015, 414 [419]).

Die zentrale Aufgabe des vom Insolvenzverwalter angerufenen Gerichts liegt in der Abwägung der beiderseitigen wirtschaftlichen Interessen. Dabei ist vom Gesetzgeber stets die Bestandskraft des Bestätigungsbeschlusses intendiert. Die Beschwerde ist dann erfolgreich, wenn »bei einer Gesamtbetrachtung der Belange aller von den Regelungen des Insolvenzplans Betroffenen das Interesse des einzelnen oder der mehreren Beschwerdeführer die Rechtswirksamkeit des Plans zu verhindern, mindestens ebenso viel wiegt wie dasjenige aller die Bestandskraft des Bestätigungsbeschlusses erstrebenden Personen« (*Fischer* NZI 2013, 513 [516]). Bei der Abwägung, ob die Nachteile des Vollzugs des Insolvenzplans die Nachteile für den beschwerdeführenden Gläubiger überwiegen, ist der Planvollzug mit der Abwicklung im Regelinsolvenzverfahren zu vergleichen und nicht mit einem anderen, für den Gläubiger günstigeren Insolvenzplan (*LG Berlin* ZIP 2014, 2197 f.; *Lehmann/Rühle* NZI 2014, 889).

Diese Abwägung ist nach § 253 Abs. 4 Satz 2 InsO jedoch dann nicht vorzunehmen, wenn ein besonders schwerer Rechtsverstoß vorliegt. Unter Berücksichtigung der vorangegangenen Ausführungen kann ein besonders schwerer Rechtsverstoß für sich allerdings nicht genügen, um die nach Satz 1 vorzunehmende Abwägung auszuschließen. Vielmehr muss der Plan neben der Rechtsverletzung zugleich den Beschwerdeführer erheblich benachteiligen. Folglich ist nicht nur auf die Bedeutung der verletzten Norm abzustellen, »sondern auch auf das konkrete Ausmaß der Rechtsverletzung im Einzelfall« (*Fischer* NZI 2013, 513 [516]). Ein von § 250 InsO erfasster Verstoß führt daher nicht zwingend zu einem besonders schweren Rechtsverstoß i.S.d. § 253 Abs. 4 Satz 2 InsO. Ein besonders schwerer Rechtsverstoß i.S.d. § 253 Abs. 4 Satz 2 InsO liegt nach LG Berlin erst dann vor, wenn dem Insolvenzplan der Makel der Unwirksamkeit »auf der Stirn« geschrieben steht (*LG Berlin* ZIP 2014, 2197 [2198]; *Göb* NZI 2015, 13 [14]).

Die Stellung des Antrags setzt voraus, dass bereits eine Beschwerde gegen die Bestätigung des Insolvenzplans eingegangen ist. Da der Antrag allein auf die Entscheidung des für die Beschwerde zuständigen Gerichts abzielt, muss er auch bei dem hierfür zuständigen Landgericht, nicht wahlweise auch bei dem Insolvenzgericht, eingereicht werden. Der Antrag muss dabei so substantiiert sein, dass das Landgericht die konkret entstehenden Nachteile nachvollziehen kann.

Ein Rechtsmittel gegen die Entscheidung besteht nicht. Auch wenn der Gesetzgeber anders als beim aktienrechtlichen Freigabeverfahren nach § 246a Abs. 3 Satz 4 AktG die Unanfechtbarkeit des Beschlusses nicht ausdrücklich angeordnet hat, begründet dies noch nicht die Rechtsmittelfähigkeit der Entscheidung des Gerichts (a.A. *Burmeister/Schmidt-Hern* in: Handbuch der Restrukturierung in der Insolvenz/Eigenverwaltung und Insolvenzplan, § 43 Rn. 188). Aus der Natur als Eilverfahren folgt schon, dass eine Rechtsbeschwerde auch ohne gesetzliche Regelung ausgeschlossen sein kann.

24 Weist das Gericht die Beschwerde auf Antrag des Insolvenzverwalters zurück, so ist dem Beschwerdeführer nach § 253 Abs. 4 Satz 3 aus der Masse der Schaden zu ersetzen, der ihm durch den Planvollzug entsteht. Die Rückgängigmachung der Wirkungen des Insolvenzplans kann dabei nicht als Schadensersatz verlangt werden. In Anlehnung an § 246a Abs. 4 AktG wird nur der durch den Insolvenzplan hervorgerufene Vermögensschaden ersetzt (vgl. *Eidenmüller* ZIP 2010, 649 [657]). Für Schadensersatzklagen ist nach § 253 Abs. 4 Satz 4 das Landgericht ausschließlich zuständig. Zu dem Verhältnis der Klage aus § 253 Abs. 4 Satz 4 InsO und der Klage aus § 251 Abs. 3 Satz 2 InsO s. *Madaus* NZI 2012, 597 [599].

Zu berücksichtigen ist insbesondere, dass dem Tatrichter bei der Abwägung der gegenseitigen Interessen ein weiter Ermessensspielraum zukommt, so dass die landgerichtliche Entscheidung im Rechtsbeschwerdeverfahren nur sehr eingeschränkt überprüfbar wäre. Schließlich ist zu bedenken, dass die vom Gesetzgeber mit dem ESUG verfolgte Maxime des schnellstmöglichen Planvollzugs zum Vorteil aller Verfahrensbeteiligten konterkariert werden würde, wenn die Planbestätigung weiterhin durch Rechtsmittel erheblich verzögert werden könnte (vgl. *Fischer* NZI 2013, 513 [520]).

25 Die Regelung ist sachgerecht. Mit ihr wird obstruierendem Verhalten die Grundlage entzogen, während begründete Vermögensinteressen gewahrt bleiben. Dass Streitigkeiten über Vermögensschäden nun außerhalb des Insolvenzplanverfahrens verhandelt werden, macht das Planverfahren deutlich kalkulierbarer und eröffnet damit die Möglichkeit, den Geschäftsbetrieb des lebenden Unternehmens effizient fortzuführen und zeitnah umzustrukturieren. Können wesentliche Schlechterstellungen durch den Plan mittels Ausgleichszahlungen kompensiert werden, besteht kein Grund, die Bestätigung des Plans zu versagen. Auch hinderndem Streit über die Abwägung der Interessen der Beschwerdeführer einerseits und die Nachteile einer Verzögerung des Planvollzugs andererseits wird durch die Formulierung »nach freier Überzeugung des Gerichts« weitgehend vorgebeugt. Freilich werden hier wie auch im Rahmen des Freigabeverfahrens nach § 246a AktG durch die Rechtsprechung ausreichend bestimmte Abwägungsmerkmale zu bilden sein.

26 Wird die Bestätigung des Insolvenzplans aufgrund einer sofortigen Beschwerde aufgehoben, ist dies nicht mit einer Zurückweisung des Plans von Amts wegen gem. § 231 Abs. 1 InsO gleichzusetzen, mit der Folge dass dem Insolvenzverwalter kein Beschwerderecht aus § 231 Abs. 3 InsO analog, oder aus Art. 19 Abs. 4, 3 Abs. 1 GG zukommt (*BGH* ZInsO 2009, 478). Im Gegensatz zur Zurückweisung des Insolvenzplans von Amts wegen gem. § 231 Abs. 1 InsO kann sich der Insolvenzverwalter daher nicht gegen die Aufhebung der Bestätigung wehren.

27 Nach dem BGH ist es keine ungeschriebene formelle Zulässigkeitsvoraussetzung, dass im Erörterungs- und Abstimmungstermin bereits ein Minderheitenschutzantrag i.S.v. § 251 InsO gestellt wurde. Der Unterschied der Schlechterstellung im materiellen Sinne i.S.v. § 251 Abs. 1 Nr. 2 InsO und der rein formellen Zulässigkeitsvoraussetzung i.S.v. § 253 Abs. 2 Nr. 3 werde hierdurch deutlich. Weder nach dem Gesetzeswortlaut, noch nach den Gesetzesmaterialien oder der Gesetzessystematik sei ein solcher Minderheitenschutzantrag von Nöten (*BGH* ZIP 2014, 1442; *Hölzle* ZIP 2014, 1819 [1819]; *Commandeur/Hübler* NZG 2015, 185 [186]; *Schäfer* ZIP 2015, 1208 [1211]; *Lehmann/Rühle* NZI 2014, 889 [893]). »Wertbildende Faktoren« wie gesellschaftsrechtliche Mitwirkungs- und Teilhabebefugnisse sind bei der Frage, ob ein Nachteil vorliegt, zu berücksichtigen (*Hölzle* ZIP 2014, 1819 [1820, 1821]).

B. Beschwerdefrist

28 Die Beschwerdefrist beträgt gem. §§ 6 Abs. 2, 4 InsO, § 577 ZPO zwei Wochen und beginnt mit der Verkündung der Entscheidung über den Plan zu laufen. Die Beschwerdefrist ist eine Notfrist.

29 Beschwerdegericht ist gem. § 6 Abs. 1 S. 2 das Insolvenzgericht.

30 Bei unverschuldetem Versäumen der Beschwerdefrist ist die Wiedereinsetzung in den vorherigen Stand möglich, wobei im Interesse der Rechtssicherheit restriktive Maßstäbe anzulegen sind.

Nach Ablauf der Beschwerdefrist werden der Bestätigungsbeschluss und damit der Insolvenzplan rechtskräftig. Hiergegen ist allein die sofortige Beschwerde statthaft. Eine Entscheidung durch den Rechtspfleger ist seit dem 01.01.2013 nicht mehr möglich, da der Richter nun für das Insolvenzplanverfahren allein zuständig ist (vgl. *Büttner* ZInsO 2012, 2019). Gegen dessen Entscheidung war nach überkommener Rechtslage die sofortige Erinnerung statthaft.

C. Weitere Beschwerde

Eine weitere Beschwerde in Form der sog. Zulassungsbeschwerde ist nicht möglich, § 7 InsO wurde mit Wirkung zum 01.03.2012 gestrichen.

D. Rechtskraftwirkung

Mit der Rechtskraft des Bestätigungsbeschlusses werden alle Verfahrensmängel geheilt (*RG* RGZ 129, 390 [392]; *Kilger/Karsten Schmidt* KO, § 189 Rn. 1; MüKo-InsO/*Sinz* § 253 Rn. 91). Mit Rechtskraft des Bestätigungsbeschlusses und damit des Insolvenzplans treten die Rechtswirkungen ein. Hinsichtlich der Details wird auf die Ausführungen zu § 6 InsO verwiesen.

E. Konsequenzen

Im Unterschied zu einer rechtsmittelbedingten Unterbrechung des Liquidationsverfahrens kann ein rechtsmittelbedingter Einschnitt in das Insolvenzplanverfahren erhebliche und schwer kalkulierbare Konsequenzen auslösen, so dass der Plan wegen Wegfalls von Absatzstrukturen, Auftragseingängen, Ausscheiden von Schlüsselmitarbeitern etc. scheitern kann (vgl. hierzu: *Braun/Uhlenbruck* S. 635; *Kübler/Prütting/Bork-Pleister* InsO, § 253 Rn. 7). Solange die Rechtskraft des Plans noch nicht eingetreten ist, können finanz- und leistungswirtschaftliche Sanierungsmaßnahmen meist nicht umgesetzt werden, so dass hierdurch die Gefahr des Scheiterns der gesamten Planumsetzung droht.

Dieser großen Gefahr ist der Gesetzgeber mit der Einschränkung der Rechtsschutzmöglichkeiten nach § 253 Abs. 2, 4 entgegengetreten. Der damit normierte Wille des Gesetzgebers, den Weg zur erfolgreichen Sanierung mittels Planverfahren zu ebnen, sollte Ausstrahlungswirkung auf alle gerichtlichen Entscheidung im Rechtsmittelverfahren haben. Nur eine restriktive Gewährung von Rechtsschutz ermöglicht eine schnelle, geräuschlose und damit Erfolg versprechende Sanierung.

Die Bedrohung durch die Einlegung von Rechtsmitteln als Erpressungsinstrumentarium, ist angemessen minimiert, jedoch auch weiterhin nicht vollständig von der Hand zu weisen, zumal die formellen Voraussetzungen des § 253 Abs. 2 Nr. 1, 2 überwunden werden können. Jedenfalls handelt es sich um eine überwiegend in den Verantwortungsbereich des Tatrichters fallende Prognoseentscheidung, ob durch den Plan tatsächlich eine Schlechterstellung begründet wird, deren Überprüfbarkeit im Rechtsbeschwerdeverfahren sehr eingeschränkt ist (*BGH* 03.11.2011, NZI 2012, 141; 26.4.2007, NZI 2007, 521).

Wichtig ist, dass der Planersteller die Insolvenzplanverhandlungen mittels professioneller Kommunikations- und Verhandlungstechnik führt und Rechtsmittel von vornherein möglichst zu vermeiden sucht (vgl. zur Möglichkeit der Mediation im Planverfahren, *Kassing* ZInsO 1999, 266).

Der Schuldner benötigt deshalb insolvenzerfahrene Berater, die der Spannungslage zwischen den Planbeteiligten in der Praxis gewachsen sind. Entscheidend für die Insolvenzpraxis ist vor allem, dass Entscheidungen in den Rechtsmittelverfahren schnellstmöglich getroffen werden, um die nötige Rechtssicherheit herzustellen. Soweit durch § 253 Abs. 4 hier schon eine Prüfung der Zulässigkeit der Beschwerde vermieden werden kann, hat der Gesetzgeber ein wirksames Instrument geschaffen, um die Planverwirklichung zu beschleunigen und die Sanierung möglichst reibungslos zu vollziehen. Jeder Zeitverlust ist zu vermeiden, wenn die Sanierung eines lebenden Unternehmens gelingen soll.

F. Kosten

38 Der Gegenstandswert der sofortigen Beschwerde bemisst sich nicht nach dem Aktivvermögen des Schuldners im Zeitpunkt der Abstimmung über den Insolvenzplan, sondern nach dem wirtschaftlichen Interesse des Beschwerdeführers an der Beseitigung des Insolvenzplans (vgl. *OLG Dresden* ZIP 2008, 1351).

Wird der Rechtsstreit durch eine beiderseitige Erledigungserklärung beendet, so entscheidet das Gericht über die Kosten nach § 91a ZPO. Grundlage seiner Entscheidung ist allein eine summarische Prüfung, bei der das Gericht in einer rechtlich schwierigen Sache nicht daran gehalten ist, alle für den hypothetischen Rechtsausgang bedeutsamen Rechtsfragen zu entscheiden (*BGH* ZIP 2010, 344).

Dritter Abschnitt Wirkungen des bestätigten Plans. Überwachung der Planerfüllung

§ 254 Allgemeine Wirkungen des Plans

(1) Mit der Rechtskraft der Bestätigung des Insolvenzplans treten die im gestaltenden Teil festgelegten Wirkungen für und gegen alle Beteiligten ein.

(2) ¹Die Rechte der Insolvenzgläubiger gegen Mitschuldner und Bürgen des Schuldners sowie die Rechte dieser Gläubiger an Gegenständen, die nicht zur Insolvenzmasse gehören, oder aus einer Vormerkung, die sich auf solche Gegenstände bezieht, werden durch den Plan nicht berührt. ²Der Schuldner wird jedoch durch den Plan gegenüber dem Mitschuldner, dem Bürgen oder anderen Rückgriffsberechtigten in gleicher Weise befreit wie gegenüber dem Gläubiger.

(3) Ist ein Gläubiger weitergehend befriedigt worden, als er nach dem Plan zu beanspruchen hat, so begründet dies keine Pflicht zur Rückgewähr des Erlangten.

(4) Werden Forderungen von Gläubigern in Anteils- oder Mitgliedschaftsrechte am Schuldner umgewandelt, kann der Schuldner nach der gerichtlichen Bestätigung keine Ansprüche wegen einer Überbewertung der Forderungen im Plan gegen die bisherigen Gläubiger geltend machen.

Übersicht	Rdn.		Rdn.
A. Absatz 1	1	C. Absatz 3	15
B. Absatz 2	11	D. Absatz 4	19

Literatur:
Bauer/Dimmling Endlich im Gesetz(entwurf): Der Debt-Equity-Swap, NZI 2011, 517; *Bley/Mohrbutter* Vergleichsordnung, 4. Aufl. 1981; *Bork* Die Wirkungen des Insolvenzplanes nach §§ 290–305 RefE, in: Leipold, Insolvenzrecht im Umbruch, S. 52; *Braun* Aufrechnung mit im Insolvenzplan erlassenen Forderungen, NZI 2009, 409; *Brinkmann* Wege aus der Insolvenz eines Unternehmens – oder: Die Gesellschafter als Sanierungshindernis, WM 2011, 97; *Fischer* Das neue Rechtsmittelverfahren gegen den Beschluss, durch den der Insolvenzplan bestätigt wird, NZI 2013, 513; *Flöther/Wehner* Insolvenzplanbedingter Forderungserlass und Aufrechnungsbefugnis, ZInsO 2009, 503; *Gehrlein* Banken – vom Kreditgeber zum Gesellschafter neue Haftungsfallen?, NZI 2012, 257; *Hirte/Knof/Mock* Das Gesetz zur weiteren Erleichterung der Sanierung von Unternehmen (Teil I), DB 2011, 632; *Hölzle* Die »erleichterte Sanierung von Unternehmen« in der Nomenklatur der InsO – ein hehres Regelungsziel des RefE-ESUG, NZI 2011, 124; *Jacobi* Sanierung durch Insolvenzplan versus unbegrenzte Aufrechnung, NZI 2009, 351; *Joachim/Schwarz* Beschränkung der Aufrechnung des Insolvenzgläubigers nach einem bestätigten Insolvenzplan auf die Quote, ZInsO 2009, 408; *Meyer* Debt-Equity-Swap nach dem RegE-ESUG, BB 2011, 846; *Otte/Wiester* Nachmeldungen im Planverfahren, NZI 2005, 70; *Paul* Die Rechtsstellung des Unterhaltsgläubigers im Insolvenz(plan)verfahren, DZWIR 2009, 186; *Pöllmann* Keine Aufrechnungsbefugnis des Gläubigers nach Zustimmung zum Insolvenzplan, EWiR 2009, 121; *K. Schmidt* Gesellschaftsrecht und Insolvenzrecht im ESUG-Entwurf, BB 2011, 1603; *ders.* Dept-to-Equity-Swap bei der (GmbH&Co.-)Kommanditgesellschaft, ZGR 2012, 566; *Schur* Aufrechnungsbefugnis des Gläubigers nach Zustimmung zum Insolvenzplan, EWiR 2009, 119; *Simon* Gesellschaftsrechtliche Strukturmaßnahmen im Insolvenzplanverfahren nach dem ESUG, NZG 2012, 121; *Wertenbruch* Die Personengesellschaft im Vergleich zur AG und GmbH im Insolvenzplanverfahren, ZIP 2013, 1693.

A. Absatz 1

Mit Rechtskraft des bestätigenden Beschlusses des Plans treten gem. § 254 Abs. 1 InsO die im gestaltenden Teil festgelegten Wirkungen für und gegen alle Beteiligten ein und zwar gem. § 254b InsO unabhängig und losgelöst davon, ob diese als Insolvenzgläubiger ihre Forderungen angemeldet oder ob sie als Beteiligte dem Plan widersprochen haben. Auf die Teilnahme am Planverfahren kommt es nicht an. Eine gerichtliche Feststellung der Wirksamkeit des Insolvenzplans ist gesetzlich nicht vorgesehen, da die Rechtsfolgen ipso iure eintreten. 1

2 Die Wirkungen des bestätigten Plans sind die Konsequenz der im gestaltenden Teil des Plans privatautonom angeordneten Eingriffe in die finanz- und/oder leistungswirtschaftliche Struktur des insolventen Unternehmens. Die materiell-rechtlichen Inhaltswirkungen auf die Beteiligten des Insolvenzplanverfahrens, insbesondere die Stundung von Forderungen, den Erlass oder Teilerlass von Forderungen, die Beschränkung der Haftung auf eine bestimmte Liquidationsmasse, der Wegfall von Nebenansprüchen etc. treten nunmehr ein (vgl. *Bley/Mohrbutter* VglO, § 82 Rn. 2). Die Wirkungen sind umfassend, wobei aufschiebend betagte Forderungen nicht zur sofortigen Auskehrung der Planquote, sondern nur zu einem Anspruch auf Sicherstellung führen (*Hess* InsO, § 254 Rn. 14). Die Regelung des § 254 Abs. 1 InsO ähnelt der Regelung des § 193 Satz 1 KO, der ebenso wie die jetzige Norm Ausfluss des Mehrheitsprinzips war (vgl. *Kilger/Schmidt* KO, § 193 Rn. 1). Gleiches gilt auch bzgl. § 82 Abs. 1 VglO bzw. § 16 Abs. 5 Satz 2 GesO. Auch soweit ein Gläubiger einer unbestimmten oder betagten Forderung sein Stimmrecht nicht hat geltend machen können, wird er von der Wirkung des Insolvenzplans betroffen (vgl. *RG* RGZ 87, 85). Die Erstreckung der Wirkung auch auf Dritte ist die Konsequenz des Mehrheitsprinzips gem. § 244 InsO und verhindert – wie die Vollstreckungsmöglichkeit aus dem Plan gem. § 257 InsO – die ausschließlich vertragsrechtlich orientierte dogmatische Einordnung der Rechtsnatur des Insolvenzplans. Die materiell-rechtlichen Wirkungen des Insolvenzplans lassen den Rechtsgrund und den Charakter der betroffenen Forderungen unberührt; insbesondere tritt keine Novation ein.

3 Umstritten war, inwieweit eine Aufrechnung mit im bestätigten Insolvenzplan erlassenen Forderungen möglich ist *(Joachim/Schwarz* ZInsO 2009, 408; *Jacobi* NZI 2009, 351; *Flöther/Wehner* ZInsO 2009, 503; *Uhlenbruck* InsO, § 94 Rn. 40; MüKo-InsO/*Kling/Schüppen/Rüh* Insolvenzsteuerrecht Rn. 243; KS-InsO/*Häsemeyer* 2. Aufl., S. 660, Rn. 42). Die Rechtsprechung ging teilweise davon aus, dass ein im Insolvenzplan enthaltener Erlass zu einem umfassenden Vollstreckungs- und Aufrechnungsverbot führt, da § 94 InsO dem Gläubiger nur prinzipiell die Möglichkeit einräumt, sich den Regelungen des Insolvenzplanverfahrens zu entziehen, solange er sich durch seine Beteiligung am Insolvenzplan nicht an diesen gebunden hat (*OLG Celle* NZI 2009, 59; *Pöllmann* EWiR 2009, 121). Ebenso wurde unter Hinweis auf die Gesetzesbegründung vertreten, dass die Aufrechnungsbefugnis durch § 94 InsO auch nach rechtkräftiger Planbestätigung fortbesteht (*OLG Celle* NZI 2009, 183; *Schur* EWiR 2009, 119). *Braun* differenziert hierbei überzeugend zwischen der Aufrechnungsbefugnis, die gem. § 94 InsO durch den Insolvenzplan nicht berührt werde, und der zur wirksamen Aufrechnung notwendigen Aufrechnungsforderung, die durch den im Insolvenzplan enthaltenen Erlass wegfalle (*Braun* NZI 2009, 409).

Mit Beschluss vom 19.05.2011 hat der *BGH* sodann entschieden, dass das bei Eröffnung des Insolvenzverfahrens bestehende Aufrechnungsrecht auch dann bestehen bleibt, wenn die aufgerechnete Gegenforderung nach einem rechtskräftig bestätigten Plan als erlassen gilt (ZInsO 2011, 1214). Dies begründete der BGH damit, dass mit der Insolvenzordnung die nach der Vergleichsordnung bestehenden Aufrechnungsmöglichkeiten (§ 54 Satz 2 VerglO) nicht beschränkt werden sollten. Außerdem sei die Aufrechnungsmöglichkeit für den Insolvenzverwalter bereits vor der Entscheidung über die Bestätigung des Insolvenzplans erkennbar. Dadurch könne er den betreffenden Gläubiger entweder zu einem Verzicht bewegen oder die fortbestehende Aufrechnungslage im Plan berücksichtigen. Die Zulassung der Aufrechnung gem. § 94 InsO nach rechtskräftiger Bestätigung führe daher nicht zwangsläufig zu unbilligen Ergebnissen.

4 Die Ansprüche bleiben, was sie sind: Darlehens-, Kaufpreis-, Werklohnforderungen usw. (vgl. *Jaeger/Weber* KO, § 193 Rn. 2; *RG* RGZ 92, 187 und RGZ 119, 396; *Salomon* ZZP 56, 369; MüKo-InsO/*Huber* § 254 Rn. 12).

5 Genauso wenig enthält der Insolvenzplan eine Schuldvervielfältigung (Kumulation), ein Schuldanerkenntnis oder einen Verzicht auf Einwendungsrechte seitens des Schuldners (vgl. *Jaeger/Weber* KO, § 193 Rn. 2; MüKo-InsO/*Huber* § 254 Rn. 12).

6 In der Praxis bedeutet dies, dass mit Ablauf der zweiwöchigen Beschwerdefrist gem. §§ 253, 6 Abs. 2, 4 InsO, § 577 ZPO, Zurückweisung der Beschwerde durch das Landgericht nach § 253

Abs. 4 S. 1 InsO oder rechtskräftiger Entscheidung über die sofortige Beschwerde durch das Insolvenzgericht die konkreten Rechtsfolgen eintreten (MüKo-InsO/*Huber* § 254 Rn. 16).

Es sind keine weiteren Vollzugsakte oder Zustimmungen erforderlich, damit z.B. Stundungen wirksam werden, Zahlungsfristen anlaufen oder Forderungen als ganz oder teilweise erlassen gelten. 7

Erwähnt sei, dass die Masseforderungen durch die Wirkungen des Insolvenzplans nicht berührt werden. Die Abgrenzung zwischen Insolvenz- und Masseforderung, die in der Vergangenheit zu erheblichen Schwierigkeiten geführt hat, da ausschließlich auf die Handlungen des Verwalters abgestellt wurde (*OLG Nürnberg* MDR 1973, 678), erfolgt nach heute st. Rspr. danach, wann die Forderung i.S.d. § 38 InsO begründet worden ist. Eine Insolvenzforderung und keine Masseforderung ist gegeben, wenn die Grundlagen des Rechtsverhältnisses, aus welchem der Anspruch resultiert, vor Verfahrenseröffnung besteht (*BGH* NJW 1979, 310 ff.; *LG München I* KTS 1992, 469). 8

Die gerichtliche Bestätigung des Insolvenzplans führt nicht zur Straflosigkeit des Schuldners oder des organschaftlichen Vertreters für Insolvenzdelikte, da der verwirklichte staatliche Strafanspruch nicht zur Abstimmung oder Disposition der Gläubiger steht (*Uhlenbruck* ZInsO 1998, 250; *Hess* InsO, § 254 Rn. 1). 9

In den §§ 217 ff. InsO finden sich keine Regelungen zur Behandlung bestrittener Forderungen. Hinsichtlich dieser ist § 189 InsO analog anzuwenden. Allerdings mit der Maßgabe, dass an die Stelle des Zeitpunkts der Veröffentlichung des Verteilungsverzeichnisses im Planverfahren, die Veröffentlichung des Insolvenzplans nach § 235 Abs. 2 und 3 InsO tritt (vgl. hierzu *Breutigam/Kahlert* ZInsO 2002, 469 ff). 10

B. Absatz 2

In Übereinstimmung mit § 82 Abs. 2 Satz 1 VglO und § 193 Satz 2 KO ist in § 254 Abs. 2 Satz 1 InsO normiert, dass persönliche Ansprüche von Gläubigern gegen Drittsicherungsgeber, z.B. aufgrund von Bürgschaften, Pfandrechten oder dinglichen Sicherungsrechten, durch den bestätigten Plan nicht berührt werden (BT-Drucks. 12/2443 S. 212 f.). Grund hierfür ist, dass durch einen etwaigen Forderungserlass im Rahmen eines Planes eine Verbindlichkeit des Schuldners nicht untergeht, sondern als natürliche – erfüllbare, aber nicht erzwingbare – Verbindlichkeit fortbesteht und damit die Grundlage für den Fortbestand auch von akzessorischen Sicherungsrechten darstellt (vgl. *Böhle-Stamschräder/Kilger* VglO, § 82 Rn. 3; MüKo-InsO/*Huber* § 254 Rn. 25). 11

An dieser Beurteilung als unvollkommene Verbindlichkeit, die seit dem Jahre 1909 die st. Rspr. (*RG* RGZ 42, 118; RGZ 71, 364; RGZ 78, 77; RGZ 153, 342) darstellt, hat sich durch das Institut des Insolvenzplans insoweit keine Änderung ergeben (ausf. *Jaeger/Weber* KO, § 193 Rn. 5). Dem entspricht der Grundsatz, dass die Planwirkungen nur die Beteiligten binden. Dritte, die nicht am Planverfahren teilnehmen, werden grds. in die Wirkungen des Plans nicht einbezogen. Sie sind keine Beteiligte des Insolvenzplans und des zugrunde liegenden Verfahrens. 12

Hat sich etwa ein Dritter verbürgt, so ist der Gläubiger durch den Plan nicht gehindert, den Bürgen bis zur vollen Höhe des ursprünglich vom Schuldner geschuldeten Betrages in Anspruch zu nehmen (*Kübler/Prütting/Bork-Spahlinger* InsO, § 254 Rn. 13). Es bleibt jedoch zu beachten, dass die gesicherten Forderungen der Gläubiger zwar erfüllbar, aber wegen ihrer unvollkommenen Natur als Naturalobligation nicht durchsetzbar sind (vgl. *OLG Dresden* 18.12.2012, ZInsO 2013, 139 = ZIP 2013, 1341).

Bereits zum überkommenen Recht war anerkannt, dass die gesetzlich angeordnete Nichteinbeziehung von Drittsicherungsgebern nicht im Vergleich oder Zwangsvergleich umgangen werden kann. Eine Regelung, durch welche der im Vergleich bewilligte Nachlass gegenüber dem Schuldner auch auf die Drittsicherungsgeber erstreckt wird, war einem Vergleich nicht zugänglich, da die Gläubigerversammlung nicht über die Ansprüche der Gläubiger gegenüber Dritten verfügen konnte (*RG* 09.03.1897 – II.19/97, SeuffArch 53, Nr. 71). Diese Auffassung behält die Rechtsprechung und die Literatur hinsichtlich der in § 254 Abs. 2 InsO übernommenen Regelung bei (*OLG Dresden*

18.12.2012, ZInsO 2013, 139 = ZIP 2013, 1341; MüKo-InsO/*Huber* § 254 Rn. 30). Dies gilt ebenso bei bürgenden Gesellschaftern einer schuldnerischen Gesellschaft mit Blick auf § 227 Abs. 2 InsO, denn hierbei handelt es um eine nicht verallgemeinerungsfähige Ausnahmeregelung (*OLG Dresden* 18.12.2012, ZInsO 2013, 139 = ZIP 2013, 1341). Eine Entlastung der Drittsicherungsgeber kann somit ausschließlich durch individualvertragliche Vereinbarung mit den Gläubigern erreicht werden.

13 Auch die Haftung Dritter für Steuerverbindlichkeiten des Schuldners bleibt nach § 254 Abs. 2 Satz 1 InsO bestehen, wenn der zugrundeliegende Steueranspruch nach dem Insolvenzplan als erlassen gilt (hier: Vorstand der schuldnerischen AG; *BFH* Beschl. v. 15.05.2013, ZIP 2013, 1732; vorgehend *FG Saarbrücken* Urt. v. 23.11.2011, ZInsO 2012, 1435). Weder verhindere § 191 Abs. 5 Satz 1 Nr. 2 AO den Fortbestand des vor Rechtskraft der Planbestätigung erlassenen Haftungsbescheids. Diese Regelung beabsichtige nur, dass ein dem Steuerschuldner gewährter Erlass nicht dadurch wirtschaftlich zunichte gemacht wird, dass der in Anspruch genommene Haftungsschuldner bei dem Steuerschuldner Regress nimmt. Noch führe § 44 AO zum Wegfall des Haftungsanspruchs. Denn § 254 Abs. 1 Satz 1 InsO bewirke keine Erfüllung gem. § 44 Abs. 2 AO, so dass sich der im Insolvenzplan geregelte Erlass der Steuerforderung nicht auf den Haftungsbescheid erstreckt (hierzu *Hiebert* EWiR 2013, 691 und *Paul* EWiR 2012, 427).

Bei der Beratung von Geschäftsführern und Gesellschaftern ist daher sicherzustellen, dass die Forderungen der Gläubiger, für die diese als Mitschuldner oder Bürgen mit ihrem Vermögen haften, umfassend erlassen werden. Hierzu bedarf es nach der oben dargelegten Rechtsprechung des *OLG Dresden* (ZInsO 2013, 139) einer den Insolvenzplan ergänzenden, individualvertraglichen Regelung der Geschäftsführer und Gesellschafter mit den betroffenen Gläubigern.

14 Ebenfalls wie in §§ 193 Satz 2 KO, 82 Abs. 2 VglO ist in Satz 2 geregelt, dass der Schuldner von Regressansprüchen in gleicher Weise wie gegenüber dem Gläubiger freigestellt wird. Das heißt, dass er Regressansprüche nur noch in der Höhe bedienen muss, in welcher der Gläubiger seine Quote nicht in Anspruch genommen hat (*Bork* in: Leipold, S. 53 f.; *Bley/Mohrbutter* VglO, § 82 Rn. 22a; BGHZ 55, 117 [119]; MüKo-InsO/*Huber* § 254 Rn. 31). Der Schuldner wird durch den Plan gegenüber den Regressforderungen vom Gläubiger in Anspruch genommenen Dritten in gleicher Weise befreit, wie gegenüber den Gläubigern, die am Verfahren teilgenommen haben. Der am Verfahren nicht beteiligte Dritte kann seinen Anspruch gegen den Schuldner nur noch in der Höhe geltend machen, in welcher der Verfahrensgläubiger auf Inanspruchnahme seiner Quote verzichtet hat. Insoweit wird ein Dritter in die Planwirkung einbezogen (vgl. *Kübler/Prütting/Bork-Spahlinger* InsO, § 254 Rn. 14). Diese Regelung ist erforderlich, um zu verhindern, dass dem Schuldner die Planvorteile durch Regressforderungen Dritter wieder entzogen werden können. Der Gesetzgeber hat augenscheinlich den Dritten – meist den Bürgen – auf den gem. § 774 BGB die Forderung gegen den Schuldner übergegangen ist, als weniger schutzwürdig erachtet als den Schuldner.

C. Absatz 3

15 § 254 Abs. 3 InsO schließt Konditionsansprüche für den Fall aus, dass ein Gläubiger weitergehend befriedigt worden ist, als er nach dem Plan zu beanspruchen hat.

16 Ist beispielsweise an einen Kleingläubiger vorab mehr ausgezahlt worden, als es ihm nach dem Plan zusteht, so braucht er den über seine Quote hinausgehenden Teil nicht zurückzuzahlen. Auch dies entspricht in der Sache dem überkommenen Recht, wenngleich die gesetzliche Regelung neuartig ist. Auf die Frage, ob der Rechtsgrund zum Behalten der Überzahlung aus einer in ursprünglicher Höhe weiter bestehenden Naturalobligation oder aus § 814 BGB herzuleiten ist, kommt es aufgrund der ausdrücklichen gesetzlichen Regelung nicht mehr an.

17 Die Naturalobligation ermöglicht es dem Gläubiger auch, mit seiner vollen Forderung gegen eine Forderung des Schuldners aufzurechnen (*Kilger/Schmidt* VglO, § 54 Rn. 3).

Otte weist darauf hin, dass nach dem Wortlaut von Abs. 3 die Rückforderung hinsichtlich einer Zuvielzahlung immer ausgeschlossen wäre, was aber mit Ausnahme des § 256 Abs. 3 InsO zu weit geht. Die Reichweite muss deshalb im Wege einer teleologischen Reduktion beschränkt werden, da Rechtfertigung für die Vorschrift des Abs. 3 die Tatsache ist, dass die ursprüngliche Forderung des Gläubigers in der Höhe, in der sie nach dem Plan nicht befriedigt wird, als Naturalobligation fortbesteht. Dies stellt insoweit einen Rechtsgrund für das Behaltendürfen dar. Erhält ein Gläubiger irrtümlich mehr, als seine ursprüngliche Forderung betrug, entfällt die Rechtfertigung, so dass auch ein Kondiktionsanspruch wieder möglich sein muss (vgl. dazu *Kübler/Prütting/Bork-Spahlinger* InsO, § 256 Rn. 18). 18

D. Absatz 4

Nach dem durch das ESUG mit Wirkung zum 01.03.2012 eingefügten Abs. 4 kann der Schuldner, wenn Forderungen von Gläubigern in Anteils- oder Mitgliedschaftsrechte am Schuldner umgewandelt wurden (§ 225a Abs. 1 Satz 1), nach der gerichtlichen Bestätigung keine Ansprüche wegen Überbewertung von Forderungen im Plan gegen die bisherigen Gläubiger geltend machen. 19

Im Interesse der Kalkulationssicherheit ist die Bewertung der Sacheinlage nur innerhalb des Planverfahrens angreifbar. Eine Überbewertung der Sacheinlage führt später nicht zu einer Differenzhaftung des Einlegers gegenüber dem Schuldner (vgl. BT-Drucks. 17/5712 S. 32). Dies ist aus gesellschaftsrechtlicher Sicht ein bahnbrechendes Novum gewesen (vgl. *Schmidt* BB 2011, 1603 [1608 f.]). Entspricht bei einem Debt-Equity-Swap außerhalb des Insolvenzplanverfahrens der Wert einer eingebrachten Forderung nicht dem Nennbetrag des dafür übernommenem Geschäftsanteils, hat der Gesellschafter gem. §§ 9 Abs. 1, 19 Abs. 4, 56 Abs. 2 GmbHG in Höhe des Fehlbetrages eine Einlage in Geld zu leisten (vgl. auch *BGH* BGHZ 68, 191 [196]). Im Aktienrecht wird ein Anspruch auf Differenzhaftung mangels gesetzlicher Regelung sogar direkt aus dem Grundsatz der realen Kapitalaufbringung und dem ihm zugrunde liegenden Gläubigerschutz bejaht (dazu MüKo-InsO/*Pentz* § 27 Rn. 44). 20

In Krisensituationen und unter (drohenden) Insolvenzbedingungen ist die ohnehin bestehende Bewertungsunsicherheit bei der Forderungseinbringung jedoch noch einmal deutlich erhöht (vgl. *Simon* NZG 2012, 121 [124]; *Brinkmann* WM 2011, 97 [101]; vgl. auch die Ausführungen zu § 225a InsO). Ohne die Regelung des Abs. 4 wäre es für die dem Plan zustimmenden Gläubiger so gut wie nicht möglich, das Risiko späterer Nachschusspflichten in Höhe der Differenz zwischen dem Nennbetrag der Einlage und dem wirklichen Wert der Forderung einzuschätzen. Zusätzlich tragen sie bereits das Verlustrisiko im Falle einer scheiternden Sanierung. Die Differenzhaftung stand hier dem erklärten Ziel des ESUG – der Erleichterung der Sanierung – entgegen. Denn nur wenn die Gläubiger sich in der Praxis auch wirklich zu der entscheidenden Weichenstellung der Sanierung (so BT-Drucks. 17/5712 S. 31) bereit erklären und einem Debt-Equity-Swap zustimmen, wird das Insolvenzplanverfahren auch tatsächlich attraktiver (vgl. auch *Bauer/Dimmling* NZI 2011, 517 [519 f.]). 21

Die Regelung des Abs. 4 wurde insbesondere mit Blick auf die Neugläubiger des sanierten Unternehmens in der Literatur (*Simon* NZG 2012, 121 [124]; *Brinkmann* WM 2011, 97 [101]; *Hölzle* NZI 2011, 124 [129]) und vom Bundesrat (BR-Drucks. 127/11(B) S. 19 f.) teils heftig kritisiert. Anders als Altgläubiger, die ihre Zweifel am Wert der eingebrachten Forderung im Abstimmungsverfahren geltend machen können, sind Neugläubiger der sanierten Gesellschaft ihr im Rechtsverkehr insoweit schutzlos ausgesetzt, dass sie im Falle der Minderwertigkeit der eingebrachten Forderung nicht auf die mittelbare Haftung der Gesellschafter gegenüber der Gesellschaft hoffen können. Sie tragen damit das Risiko eines unterkapitalisierten Schuldners. Zu Lasten der Neugläubiger ist das sich ergebende Schutzdefizit jedoch zu akzeptieren, im Rahmen eines Insolvenzplanverfahrens würde sich eine Kapitaldeckungshaftung als Sanierungsbremse erweisen und deshalb mehr schaden als nützen (so auch *Schmidt* BB 2011, 1603 [1609]; *Hirte/Knof/Mock* DB 2011, 632 [642]). Verglichen mit der Kapitalisierung vor Durchführung des Planverfahrens weist das Schuldnerunternehmen nach Durchführung der Sanierung mittels Debt-Equity-Swaps einen deutlich reduzierten Verbindlichkeitsstatus und ein formal erhöhtes Haftkapital aus (vgl. *Meyer* BB 2011, 846 [849 f.]). Der 22 daraus zu ziehende Nutzen für die Gesamtwirtschaft wiegt schwerer als das abstrakte Risiko der Unterkapitalisierung bei Geschäften mit Neugläubigern, letzteres ist schließlich im Grunde allgegenwärtig im Handels- und Wirtschaftsverkehr. Schon mit der Normierung der Unternehmergesellschaft nach § 5a GmbHG hat der Gesetzgeber eine stammkapitallose Gesellschaft im Rechtsverkehr zugelassen (vgl. *Hölzle* NZI 2011, 124 [129]), von zahllosen auf dem deutschen Markt tätigen ausländischen Rechtsformen ganz zu schweigen. Nicht zuletzt können sich Neugläubiger, sollten sie Zweifel an der Kapitalisierung ihres Geschäftspartners haben – wie auch im Rahmen des Geschäftsverkehrs mit einem im Regelinsolvenzverfahren befindlichen Unternehmen üblich – durch entsprechende Vorauszahlungsvereinbarungen schützen.

Gehrlein weist insoweit darauf hin, dass eine Durchgriffshaftung nach § 826 BGB bei einer nicht nur unterkapitalisierten, sondern von Beginn an faktisch kapitalfreien Gesellschaft, dann erwägbar scheint, wenn die durch einen Debt-Equity-Swap umstrukturierte Gesellschaft von Anfang an vermögenslos ist, insbesondere aber dann, wenn den Gesellschaftern bewusst war, dass die Bewertung ihrer Forderung nicht annähernd den tatsächlichen Gegebenheiten entsprach (NZI 2012, 257 [261]).

23 Der Insolvenzverwalter wird nach der Begründung zum Regierungsentwurf des Abs. 4 (vgl. BT-Drucks. 17/5712 S. 36) einer möglichen Haftung nach § 60 InsO wegen einer Falschbewertung von Ansprüchen dadurch begegnen können, dass er nach Maßgabe des einschlägigen Gesellschaftsrechts Sachverständigengutachten über den Wert der Ansprüche einholt (vgl. *K. Schmidt* BB 2011, 1603 [1609]; *Gehrlein* NZI 2012, 257 [261]). Liegt ein solches Gutachten über die Forderung vor, wird i.d.R. ein schuldhaftes Verhalten des Verwalters ausscheiden.

24 Ungeklärt ist, ob § 254 Abs. 4 InsO auf das Sacheinlagerisiko bei der Kommanditgesellschaft entsprechend angewendet werden kann. Zwar unterliegt die Kommanditgesellschaft nicht dem Grundsatz der realen Kapitalaufbringung, da der Gläubigerschutz (gerade auch bei der Überbewertung einer Sacheinlage) bereits durch die persönliche Haftung der Gesellschafter nach § 128 HGB gewährt ist. Damit entfällt grds. auch die Differenzhaftung des sacheinlegenden Komplementärs. Dies gilt jedoch mit Blick auf die Haftungsbeschränkung nach § 171 Abs. 1 HGB nicht für den sacheinlegenden Kommanditisten. Dessen Außenhaftung gegenüber den Gesellschaftsgläubigern bleibt bestehen, soweit die gegen die Gesellschaft bestehende, eingebrachte Forderung hinter dem im Insolvenzplan festgelegten Wert zurückbleibt.

Für eine unterschiedliche Behandlung des Inferentenrisikos bei Kapitalgesellschaften gegenüber der Kommanditgesellschaft sind jedoch keine Gründe zu erkennen. Vielmehr ist im Sinne einer umfassenden Verwirklichung der Ziele des ESUG von einer analogen Anwendbarkeit des § 254 Abs. 4 InsO auf die Außenhaftung des Kommanditisten auszugehen.

Will man diesen Weg indes nicht beschreiten, so kann dem entstehenden Haftungsrisiko des beteiligungswilligenden Gläubigers entweder dadurch begegnet werden, dass man dem Gläubiger an Stelle von Kommanditanteilen Beteiligungsrechte gleichen Inhalts in Form von atypischen stillen Beteiligungen einräumt (*K. Schmidt* ZGR 2012, 566 [582]; *Wertenbruch* ZIP 2013, 1693 [1700]) oder dadurch, dass der Betrag der im Innenverhältnis zu leistenden Einlage von dem Betrag der in das Handelsregister einzutragenden Haftsumme abweicht, d.h. durch eine Kombination einer hohen Einlage im Innenverhältnis und einer niedrigen Haftsumme im Außenverhältnis (*Braun/Frank/Braun* InsO, § 225a Rn. 23).

§ 254a Rechte an Gegenständen. Sonstige Wirkungen des Plans

(1) Wenn Rechte an Gegenständen begründet, geändert, übertragen oder aufgehoben oder Geschäftsanteile an einer Gesellschaft mit beschränkter Haftung abgetreten werden sollen, gelten die in den Insolvenzplan aufgenommenen Willenserklärungen der Beteiligten als in der vorgeschriebenen Form abgegeben.

(2) ¹Wenn die Anteils- oder Mitgliedschaftsrechte der am Schuldner beteiligten Personen in den Plan einbezogen sind (§ 225a), gelten die in den Plan aufgenommenen Beschlüsse der Anteilsinha-

ber oder sonstigen Willenserklärungen der Beteiligten als in der vorgeschriebenen Form abgegeben. ²Gesellschaftsrechtlich erforderliche Ladungen, Bekanntmachungen und sonstige Maßnahmen zur Vorbereitung von Beschlüssen der Anteilsinhaber gelten als in der vorgeschriebenen Form bewirkt. ³Der Insolvenzverwalter ist berechtigt, die erforderlichen Anmeldungen beim jeweiligen Registergericht vorzunehmen.

(3) Entsprechendes gilt für die in den Plan aufgenommenen Verpflichtungserklärungen, die einer Maßnahme nach Absatz 1 oder 2 zugrunde liegen.

Übersicht

		Rdn.			Rdn.
A.	Allgemeines	1	C.	Absatz 2	6
B.	Absatz 1	2	D.	Absatz 3	8

A. Allgemeines

§ 254a ergänzt § 254 InsO hinsichtlich der Wirkungen des Plans. Notarielle Beurkundungen oder Beglaubigungen der Willenserklärungen sind wegen der gerichtlichen Bestätigung des Plans nicht erforderlich. 1

B. Absatz 1

Absatz 1 entspricht – mit Ausnahme einer rein sprachlichen Korrektur – § 254 Abs. 1 Satz 2 a.F. (vgl. BT-Drucks. 17/5712 S. 36). Mit der Planbestätigung gelten die in den Insolvenzplan aufgenommenen Willenserklärungen der Beteiligten als in der vorgeschriebenen Form abgegeben. 2

Die Regelung stellt insoweit eine Einschränkung von § 254 Abs. 1 dar, als dass dingliche Rechtsänderungen an Gegenständen oder Geschäftsanteilen nicht unmittelbar mit der Rechtskraft des bestätigten Plans eintreten können. Wenngleich mit rechtskräftiger Bestätigung des Plans alle zum Eintritt der dinglichen Rechtsänderung erforderlichen Willenserklärungen als abgegeben gelten, hat dies noch nicht die dingliche Rechtsänderung selbst zur Folge. 3

Zur Erleichterung ersetzt ein rechtskräftiger Plan – wie in einem gerichtlichen Vergleich – jedoch alle für das zu Grunde liegende Rechtsgeschäft erforderlichen Formvorschriften. 4

Dingliche Vollzugsakte können durch den rechtskräftigen Plan nicht ersetzt werden, da konstitutive Vollzugsakte wie Grundbucheintragung oder Besitzübertragung einer beweglichen Sache für die Wirksamkeit der jeweiligen Verfügung erforderlich bleiben (*Bork* in: Leipold, S. 52). Für grundbuchrechtliche Handlungen ist es ausreichend, wenn die Eintragungsbewilligung des Gläubigers in den Plan aufgenommen worden ist, so dass der nach § 29 GBO erforderliche Nachweis durch Vorlage einer Ausfertigung des Bestellungsbeschlusses und des Insolvenzplans geführt werden kann. Ferner gewährleistet die Regelung, dass die schuldrechtlichen Rechtsgrundlagen, die zur Änderung der jeweiligen sachenrechtlichen Verhältnisse erforderlich sind, als formwirksam abgegeben gelten, wenn sie in den Plan aufgenommen worden sind (*Kübler/Prütting/Bork-Spahlinger* InsO, § 254a Rn. 8; *Nerlich/Römermann-Braun* InsO, § 254 Rn. 4; HK-InsO/*Haas* § 254 Rn. 7 ff.; *Hess* InsO, § 254 Rn. 8; MüKo-InsO/*Madaus* § 254a Rn. 7). Dabei soll die bloße Aufnahme in den Anhang hierfür nicht ausreichend sein nach *Brünkmans* ZIP 2015, 1052. 5

C. Absatz 2

Abs. 2 dehnt die zuvor geltende Rechtslage nun aufgrund der erweiterten Möglichkeiten des § 225a InsO aus. Der Plan ersetzt auch die Gesellschafterbeschlüsse und Erklärungen zur Übertragung von Anteilen oder zur Entgegennahme von Sacheinlagen, die für die im Plan enthaltenen gesellschaftsrechtlichen Regelungen notwendig sind. Alle für die beabsichtigte Maßnahme erforderlichen Formvorschriften gelten als gewahrt. Gleiches gilt für sämtliche gesellschaftsrechtliche Bekanntmachungspflichten. 6

7 Nicht ersetzt werden konstituierende Publizitätsakte wie die Eintragung in Register. Um Wirksamkeit zu erlangen, müssen die im Insolvenzplan gefassten Beschlüsse und sonstigen Willenserklärungen nach Maßgabe der einschlägigen gesellschaftsrechtlichen Bestimmungen in das jeweilige Handels-, Genossenschafts-, Partnerschafts- oder Vereinsregister eingetragen werden. Dem Registergericht kommt hier vor allem beurkundende Funktion zu, denn der Plan wird bereits durch das Insolvenzgericht überprüft (BT-Drucks. 17/5712 S. 37).

D. Absatz 3

8 Abs. 3 erweitert den Anwendungsbereich des Abs. 1 auf Verpflichtungserklärungen aufgrund von Regelungen, die ein Insolvenzplan nach § 225a InsO vorsehen kann. Auch solche Erklärungen gelten mit der Rechtskraft des Plans als in vorgeschriebener Form abgegeben.

§ 254b Wirkung für alle Beteiligten

Die §§ 254 und 254a gelten auch für Insolvenzgläubiger, die ihre Forderungen nicht angemeldet haben, und für Beteiligte, die dem Insolvenzplan widersprochen haben.

Literatur:
Bähr/Höpker Wirkungen des bestätigten Insolvenzplans auch gegenüber unbekannten Insolvenzgläubigern, EWiR 2012, 152; *Küpper/Heinze* Die Forderungsanmeldung von Insolvenzgläubigern i.S.d. § 38 InsO beim bestätigten und durchgeführten Insolvenzplanverfahren – Problem gelöst durch das ESUG?, ZInsO 2013, 471; *Madaus* Die Bewältigung von Massenschäden über ein Planverfahren – Möglichkeiten und Grenzen des neuen Insolvenzrechts, ZIP 2014, 160; *Otte/Wiester* Nachmeldungen im Planverfahren, NZI 2005, 70; *Paul* Die Rechtsstellung des Unterhaltgläubigers im Insolvenz(plan-)verfahren, DZWIR 2009, 186; *Rendels* Kein Ausschluss nicht angemeldeter Forderungen durch rechtskräftig bestätigten Insolvenzplan, EWiR 2013, 783.

1 Die Regelung entspricht § 254 Abs. 1 S. 3 a.F. und ist Ausfluss des Mehrheitsprinzips, vgl. § 244 InsO. Sie stellt nochmals ausdrücklich klar, dass die §§ 254 und 254a InsO auch gegenüber desinteressierten und/oder dissentierenden Beteiligten gelten und insoweit Bindungswirkung entfalten. Auf die Teilnahme am Verfahren kommt es nicht an, die Wirkungen des Plans gelten unabhängig vom Zeitpunkt der Anmeldung der Forderung (vgl. *Otte/Wiester* NZI 2005, 70 ff.). Selbst wenn der Gläubiger überhaupt keine Kenntnis von dem Insolvenzplan hat und deshalb die Anmeldung seiner Forderung versäumt hat, muss er die Wirkungen des Plans gegen sich gelten lassen. Voraussetzung ist allein, dass der Gläubiger einer der im Insolvenzplan gebildeten Gruppen zugerechnet werden kann (*LAG Düsseldorf* 15.09.2011 n.r., ZInsO 2012, 285; *OLG Hamm* 03.12.2010 – I-30 U 98/10; *LAG Sachsen* 22.11.2007 – 1 Sa 364/03; MüKo-InsO/*Huber* § 254 Rn. 22; *Braun/Frank/Braun* InsO, § 254 Rn. 1 f.).

2 Umgekehrt kann der Vorschrift aber auch entnommen werden, dass Forderungen, die nicht vor rechtskräftiger Bestätigung des Plans und Aufhebung des Insolvenzverfahrens angemeldet worden sind, gleichwohl geltend gemacht werden können. § 254b InsO setzt gerade voraus, dass nicht angemeldete Forderungen fortbestehen (*BGH* 10.05.2012, NZI 2013, 84 = ZIP 2012, 1359; *BAG* 12.09.2013, ZInsO 2013, 2439). Nichtsdestotrotz wird die verspätete Geltendmachung einer Forderung seit der Einführung der §§ 259a, 259b InsO durch das Gesetz zur weiteren Erleichterung der Sanierung von Unternehmen (ESUG) in zweifacher Hinsicht gesetzlich sanktioniert. Zum einen kann der Schuldner hiergegen Vollstreckungsschutz beantragen, zum anderen unterliegen verspätet angemeldete Forderungen einer besonderen einjährigen Verjährung. Durch die Rechtsprechung des BGH wurde zudem noch eine dritte, richterrechtliche Sanktion hinzugefügt. So findet § 256 Abs. 1 InsO entsprechende Anwendung auf erst nach der Annahme und Bestätigung des Plans erhobene Forderungen. Dies hat zur Folge, dass im Bestreitensfall durch den Schuldner, die Wiederauflebensklausel des § 255 InsO keine Anwendung findet. Zahlt der Schuldner also nach Bestreiten auf die verspätet geltend gemachte Forderung nicht, so entfällt die im Plan vereinbarte Erlassquote entgegen

§ 255 Abs. 1 InsO gleichwohl nicht (*BGH* 10.05.2012, NZI 2013, 84 = ZIP 2012, 1359; *BAG* 12.09.2013, ZInsO 2013, 2439; s.a. § 256 Rdn. 11).

Ungeachtet der vorgenannten Sanktionen führt das grundsätzliche Fortbestehen nicht geltend gemachter Forderungen dazu, dass die Verwirklichung eines Insolvenzplans durch bislang unbekannte Insolvenzgläubiger, die in der Planabwicklungsphase Leistungen nach den Planbestimmungen verlangen, gefährdet wird. Um diesem Risiko vorzubeugen, war vor Inkrafttreten des ESUG seitens Literatur (vgl. *Otte/Biester* NZI 2005, 70 ff.) und auch Rechtsprechung (*LAG Düsseldorf* 15.9.2011, ZInsO 2012, 285; *OLG Hamm* 03.12.2010 – I-30 U 98/10) die Verwendung von Ausschlussklauseln für zulässig erachtet worden. 3

Ungeklärt ist, ob dies auch nach Einführung der §§ 259a und 259b InsO durch das ESUG gelten kann (krit. *BAG* 12.09.2013, ZInsO 2013, 2439 [2442]). Insoweit geben *Bähr/Höpker* (EWiR 2012, 152) und *Küpper/Heinze* (ZInsO 2013, 471) zu bedenken, dass der nun bestehende Vollstreckungsschutz und die eingeführte verkürzte Verjährung als abschließend betrachtet werden müssen und weitergehende Ausschlussklauseln damit unzulässig sind. Tatsächlich ist ein solch abschließender Regelungswille des Gesetzgebers nicht erkennbar. Denn aus den Gesetzesmaterialien geht hervor, dass der Gesetzgeber eine gesetzliche Ausschlussfrist deshalb nicht aufgenommen hat, weil aus verfassungsrechtlichen Gründen dann auch eine Wiedereinsetzungsfrist bei unverschuldeter Fristversäumnis erforderlich gewesen wäre (vgl. *BVerfG* 26.04.1995, ZIP 1995, 923). Der überkommene § 14 GesO, der eine vergleichbare Regelung beinhaltete, habe gezeigt, dass eine solche Regelung nur zu zahlreichen und langwierigen Streitigkeiten über die Frage des Verschuldens bei der Fristversäumnis führt. Dies habe der Gesetzgeber durch die Kombination aus Vollstreckungsschutz und verkürzter Verjährung vermeiden wollen. Hieraus lässt sich ableiten, dass keine abschließende Neuregelung des Umgangs mit nachträglich geltend gemachten Forderungen getroffen werden sollte, sondern dass sich der Gesetzgeber lediglich aus praktischen Erwägungen darin gehindert sah, eine weitergehende materielle Ausschlussfrist zu normieren. Eine durch den Insolvenzplan angeordnete Ausschlussfrist bleibt damit unbenommen. Bei Vollstreckungsschutz und verkürzter Verjährung handelt es sich daher lediglich um das insolvenzplanerhaltende Instrumentarium, zu welchem der Gesetzgeber unter Berücksichtigung verfassungsrechtlicher Vorgaben und bisheriger Erfahrungen sich vernünftigerweise anzubieten im Stande sah. 4

Madaus fordert im Fall des Ausschlusses unbekannter Gläubiger, dass diese in Anlehnung an § 1913 Satz 1 BGB durch einen vom zuständigen Insolvenzgericht bestellten Verfahrensrepräsentanten am Planverfahren zu beteiligen seien (ZIP 2014, 160 [162]). Nur so könne ein Ausgleich zwischen einem verfassungswidrigen Ausschluss aller Kompensationsrechte unbekannter Gläubiger einerseits und der Verwirklichung des Planverfahrens andererseits gelingen. Dies gelte insbesondere dann, wenn das Planverfahren vom Schuldner selbst angestrebt wurde, um sich im Rahmen eines Insolvenzplans einer Vielzahl von noch unbekannten, aber zukünftig zu erwartenden Gläubigerforderungen zu entziehen.

Bis eine abschließende, höchstrichterliche Entscheidung zur Wirksamkeit materieller Ausschlussfristen vorliegt, sollte der Planverfasser für den Fall eines Streits über die Wirksamkeit von Ausschlussfristen bestimmen, dass während der Austragung eines solchen Streits kein Planrückstand nach § 255 Abs. 1 InsO entsteht (*Rendels* EWiR 2013, 783).

Zur Rechtsstellung des widersprechenden Unterhaltsgläubigers im Insolvenzplanverfahren siehe *OLG* Düsseldorf ZInsO 2008, 1142; *Paul* DZWIR 2009, 186). 5

§ 255 Wiederauflebensklausel

(1) ¹Sind auf Grund des gestaltenden Teils des Insolvenzplans Forderungen von Insolvenzgläubigern gestundet oder teilweise erlassen worden, so wird die Stundung oder der Erlass für den Gläubiger hinfällig, gegenüber dem der Schuldner mit der Erfüllung des Plans erheblich in Rückstand gerät. ²Ein erheblicher Rückstand ist erst anzunehmen, wenn der Schuldner eine fällige Verbind-

lichkeit nicht bezahlt hat, obwohl der Gläubiger ihn schriftlich gemahnt und ihm dabei eine mindestens zweiwöchige Nachfrist gesetzt hat.

(2) Wird vor vollständiger Erfüllung des Plans über das Vermögen des Schuldners ein neues Insolvenzverfahren eröffnet, so ist die Stundung oder der Erlass für alle Insolvenzgläubiger hinfällig.

(3) ¹Im Plan kann etwas anderes vorgesehen werden. ²Jedoch kann von Absatz 1 nicht zum Nachteil des Schuldners abgewichen werden.

Übersicht	Rdn.		Rdn.
A. Absatz 1	1	III. Rechtsfolgen	21
I. Allgemeines	1	B. Absatz 2	29
II. Voraussetzungen	7	C. Absatz 3	36
1. Allgemeines	7	D. Sonstiges	38
2. Erheblicher Rückstand	14		

Literatur:
Bork Die Wirkungen des Insolvenzplanes nach §§ 290–305 RefE, in: Leipold, Insolvenzrecht im Umbruch, S. 54; *Bundesministerium der Justiz* (Hrsg.), Diskussionsentwurf: Gesetz zur Reform des Insolvenzrechts, 1988/89.

A. Absatz 1

I. Allgemeines

1 Den Gläubigern ist es nicht zuzumuten, ihr Entgegenkommen gegenüber dem Schuldner auf Dauer auch dann aufrecht zu erhalten, wenn der Schuldner seinen im Plan übernommenen Verpflichtungen nicht nachkommt. Geschäftsgrundlage einer privatautonomen Regelung der Insolvenz ist es, dass der Schuldner sich an die im Plan getroffenen Vereinbarungen hält. Dies gilt unabhängig davon, ob der Schuldner oder der Verwalter den Plan vorgelegt hat.

2 Kommt der Schuldner mit der ihm obliegenden Erfüllung des Planes gegenüber Gläubigern wesentlich in Rückstand, so wird nach vorheriger Mahnung und Nachfristsetzung von mindestens zwei Wochen der gerichtlich bestätigte Plan insoweit hinfällig, als das konkrete Entgegenkommen des betroffenen Gläubigers in Gestalt von Forderungsstundungen oder Forderungserlassen betroffen ist.

3 Die in § 255 InsO getroffene Regelung war nicht neu, sondern lehnte sich eng an eine ähnliche frühere Vorschrift des § 9 VglO an.

4 Der Grund dafür, dass Forderungen überhaupt wiederaufleben können, ist darin zu sehen, dass diese durch den Plan nicht untergegangen sind, sondern als unvollkommene Verbindlichkeiten fortbestanden haben. Insoweit wird auf die Ausführungen zu § 254 InsO verwiesen. Die Wiederauflebensklausel ist ein weiteres Argument dafür, dass es sich beim Insolvenzplan – trotz Deregulierung und privatautonomer Insolvenzbewältigung – wie beim früheren Zwangsvergleich nach der KO um ein Institut mit Doppelnatur handelt, welches wesentliche Elemente des Prozessvergleichs enthält. Die Regelung des § 255 Abs. 1 InsO verdeutlicht zudem, dass die Gläubiger zwar in Abstimmungen Mehrheitsentscheidungen treffen können, diese jedoch nicht dazu führen, dass die individuellen Beziehungen zwischen Gläubiger und Schuldner dadurch obsolet würden. Nur hinsichtlich dem Gläubiger, gegenüber dem der Schuldner konkret erheblich in Rückstand gerät, tritt – mit Ausnahme des Abs. 2 – die Wirkung der Wiederauflebensklausel ein.

5 Das Wiederaufleben von gestundeten oder erlassenen Forderungen stellt einen erheblichen Eingriff in die von Schuldnerseite durch den Plan gewonnenen Rechte dar. Aus diesem Grunde sind diese Rechtsfolgen für den Schuldner keinesfalls dem Belieben der Gläubiger unterstellt, sondern kumulativ an formelle und materielle Voraussetzungen geknüpft.

6 Die Regelung des § 255 Abs. 1 InsO ist grds. dispositives Recht, wobei hiervon – wie Abs. 3 explizit zum Ausdruck bringt – nicht zu Lasten des Schuldners abgewichen werden darf.

II. Voraussetzungen

1. Allgemeines

Voraussetzung des Wiederauflebens einer teilweise erlassenen oder gestundeten Forderung ist, dass der Schuldner gegenüber dem Gläubiger, der ihm durch einen Erlass oder eine Stundung entgegengekommen ist, mit im Plan übernommenen Pflichten erheblich in Rückstand geraten ist.

Hat im Plan bereits ein vollständiger Forderungserlass stattgefunden, so findet § 255 InsO keine Anwendung mehr (HK-InsO/*Haas* § 255 Rn. 3). Anwendungsbereich der Norm ist somit nur die teilweise erlassene oder gestundete Forderung. Vollständig erlassene Forderungen können dagegen nicht mehr aufleben. Dies gilt gleichermaßen dann, wenn im Insolvenzplan ein vollständiger Forderungserlass für den Fall fingiert wird, dass Gläubiger ihre Forderungen nicht rechtzeitig bis zu einem im Insolvenzplan bestimmten Zeitpunkt angemeldet haben. Auf die Möglichkeit einer analogen Anwendung des § 255 Abs. 1 InsO kommt es daher nicht an (a.A. *LAG Düsseldorf* 15.09.2011, ZInsO 2012, 285, welches eine analoge Anwendbarkeit verneint). Für eine analoge Anwendung des § 255 Abs. 1 InsO ist somit nur dann Raum, wenn der Insolvenzplan einen Teilerlass bzw. eine Stundung fingiert.

Hierbei kann es sich um Zahlungspflichten, aber auch um sonstige Haupt- und Nebenpflichten des Schuldners handeln, soweit diese der Sicherung oder Erfüllung des Insolvenzplans zu dienen bestimmt sind (vgl. *Bley/Mohrbutter* VglO, § 9 Rn. 11). *Braun* ist der Auffassung, dass die Verletzung von Nebenpflichten nicht ausreichend sein kann, die gravierenden Rechtsfolgen des § 255 InsO auszulösen (*Nerlich/Römermann-Braun* InsO, § 255 Rn. 4). Dem ist im Ergebnis zuzustimmen.

Aus Gründen der Rechtssicherheit sind im Plan die Haupt- und Nebenpflichten des Schuldners zu konkretisieren, da diese vorrangig durch den Plan bestimmt werden. Um Streit über die Abgrenzung von Haupt- und Nebenpflichten zu vermeiden, ist der Planersteller gehalten, präzise zu formulieren.

Im Gegensatz zur Vergleichsordnung verwendet der Reformgesetzgeber nicht den Begriff des zivilrechtlichen »Verzuges«, sondern den auslegungsbedürftigen Begriff des »erheblichen Rückstandes«. Im Rahmen der Auslegung des früheren § 9 VglO war umstritten, ob der Begriff des Verzuges in Übereinstimmung mit der zivilrechtlichen Regelung oder als eigener Verzugsbegriff i.S.d. Insolvenzrechts zu definieren war (*OLG München* OLGZ 66, 1; *Böhle-Stamschräder/Kilger* VglO, § 9 Rn. 1). Der Terminus des »erheblichen Rückstandes« wurde eingeführt, um eine höhere Hürde zu schaffen, bevor die für den Schuldner gravierende Rechtsfolge des Wiederauflebens erlassener oder gestundeter Forderungen eintritt (*BMJ* [Hrsg.], Diskussionsentwurf zur Reform des Insolvenzrechts, B 265).

Ein Rückstand kann nur dann vorliegen, wenn es sich um einen fälligen und einredefreien Anspruch eines Gläubigers gegenüber dem Schuldner handelt. Da in § 255 Abs. 1 InsO nur von »fälligen Verbindlichkeiten« die Rede ist, kann sich der Schuldner nicht dadurch exkulpieren, dass der Zahlungsrückstand nicht verschuldet wäre. Insoweit besteht zumindest Kongruenz mit der zivilrechtlichen Regelung des Verzuges und der Regelung des § 9 VglO; gem. § 279 BGB muss der Schuldner für einen Mangel an Geldmitteln immer einstehen (*Böhle-Stamschräder/Kilger* VglO, § 9 Rn. 1).

Was im Einzelfall ein »erheblicher Rückstand« ist, definiert das Gesetz nicht, sondern verknüpft gem. § 255 Abs. 1 Satz 2 InsO die Frage der »Erheblichkeit« mit einer Abmahnung seitens des betroffenen Gläubigers.

2. Erheblicher Rückstand

Ist der Begriff des Rückstandes durch den Vergleich von Ist- und Sollzustand bzgl. der Zahlung einer fälligen Verbindlichkeit noch einfach zu bestimmen, so wird die Bestimmung der Erheblichkeit im Einzelfall große Auslegungsschwierigkeiten bereiten, falls der Plan hierzu nicht eindeutige Regelungen erhält.

Aufgrund der weitgehend freien inhaltlichen Gestaltungsmöglichkeit des Planes ist es erforderlich, dass sich der Plan detailliert zur Frage der »Erheblichkeit« erklärt. Allerdings sollen nach der Intention des Gesetzgebers hierbei jedoch höhere Anforderungen als an den zivilrechtlichen Verzugsbegriff im Hinblick auf das Verschulden zu stellen sein. Für die Praxis wesentlich ist es, dass die objektiven Parameter, unter welchen das Vorliegen eines erheblichen Rückstandes bejaht werden soll, im Streitfall von einem kundigen Dritten jederzeit nachprüfbar gestaltet sein müssen.

16 Die Mahnung muss sich auf eine bestimmte Verbindlichkeit beziehen, die bereits fällig ist. Die Mahnung hat unter Beachtung der Schriftform gem. § 126 BGB und unter gleichzeitiger ausdrücklicher Setzung einer Nachfrist zu erfolgen.

17 Der Lauf der Nachfrist kann frühestens mit der Fälligkeit der Verbindlichkeit beginnen. Die Fälligkeit selbst wird im Regelfall durch den Plan bestimmt. Die Mahnung samt Nachfristsetzung soll dem Schuldner nochmals Gelegenheit geben, sein Verhalten auf die Planvorgaben einzustellen, um die gravierenden Rechtsfolgen der Wiederauflebensklausel zu vermeiden.

18 Die Nachfrist beträgt in Abweichung zum früher geltenden § 9 Abs. 1 2. HS VglO nicht mehr nur eine Woche, sondern hat – sofern im Plan nicht eine längere Frist vereinbart worden ist – nunmehr mindestens zwei Wochen zu betragen. Eine kürzere Frist als die gesetzliche Mindestfrist entspricht weder den Erfordernissen des § 255 Abs. 1 Satz 2, Abs. 3 InsO noch löst sie den Lauf der gesetzlichen Frist aus; eine längere Frist als die zweiwöchige Mindestfrist kann jederzeit im Plan verankert werden (vgl. *Bley/Mohrbutter* VglO, § 9 Rn. 9c).

19 Zu beachten ist, dass eine Mahnung unter Setzung einer Frist weder durch einen Mahnbescheid noch eine Klage ersetzt werden kann, da beide die vom Gesetz vorgesehene Nachfristsetzung nicht enthalten (vgl. *Bley/Mohrbutter* VglO, § 9 Rn. 9c).

20 Für die Fristwahrung kommt es im Allgemeinen nicht auf den Eingang des Geldes beim Gläubiger, sondern auf den Zeitpunkt der Absendung durch den Schuldner an (*BGH* WM 1958, 1053; Übersendung eines Schecks genügt jedoch regelmäßig nicht, *BGH* KTS 1963, 179 = LM 4 zu VglO § 9 = MDR 1963, 923 m. Anm. *Pohle* MDR 1964, 501). Ein Verschulden ist nicht erforderlich, da das Gesetz lediglich von Rückstand spricht (vgl. HK-InsO/*Haas* § 255 Rn. 5). Da im Unterschied zu § 9 VglO vom Rechtsbegriff des Verzuges zu der Voraussetzung eines erheblichen Rückstandes übergegangen worden ist, sollte der Planverfasser die Voraussetzungen der Wiederauflebensklausel im Plan exakt definieren, um unnötigen Streit oder Unklarheiten auszuschließen. Ob der Schuldner rechtzeitig bezahlt hat, hängt davon ab, welche Zahlungsmodalitäten vereinbart wurden.

III. Rechtsfolgen

21 Liegt ein »erheblicher Rückstand« im Verhältnis zwischen einem oder mehreren Gläubigern und dem Schuldner vor, so leben kraft Gesetzes die teilweise erlassenen oder gestundeten Forderungen dieses bzw. dieser Gläubiger gegenüber dem Schuldner wieder auf, wenn die Mahnung und die mindestens zweiwöchige Nachfristsetzung fruchtlos verlaufen sind.

22 Durch die von Gläubigerseite notwendigen Mitwirkungshandlungen in Form von Mahnung und Nachfristsetzung wird klargestellt, dass es einzig und alleine dem bzw. den betroffenen Gläubigern obliegt, die Rechtsfolgen des Wiederauflebens eintreten zu lassen. Unterlässt ein Gläubiger die Mitwirkungshandlung, findet die Wiederauflebensklausel keine Anwendung.

23 Darüber hinaus findet die Wiederauflebensklausel auch dann keine Anwendung, wenn die Ausnahmevorschrift des § 256 Abs. 1 InsO greift. Danach lebt bei einem erheblichen Rückstand eine Forderung in ihrer ursprünglichen Form dann nicht wieder auf, wenn diese bereits im Prüfungstermin bestritten worden ist und der Schuldner die Forderung in dem Ausmaß berücksichtigt hat, das der Entscheidung des Insolvenzgerichts über das Stimmrecht des Gläubigers bei der Abstimmung über den Plan entspricht, bzw. wenn die Forderung ernst nach rechtskräftiger Planbestätigung vom Gläubiger angemeldet worden war und der Schuldner diese dann bestreitet (entsprechende Anwendung des § 256 InsO gem. *BGH* 10.05.2012, NZI 2013, 85 = ZIP 2012, 1359; s.a. § 256 Rdn. 10).

Von den Rechtsfolgen hinsichtlich individuell durch das planwidrige Verhalten des Schuldners berührter Gläubiger werden die übrigen Gläubiger nicht betroffen. Für diese gilt weiterhin der Inhalt des Planes samt Stundungen oder Erlassen. 24

Zu beachten ist, dass die Erfüllung der Ansprüche gegenüber absonderungsberechtigten Gläubigern – von deren Ausfallforderungen abgesehen – von § 255 InsO nicht erfasst ist, so dass ein Wiederaufleben von dinglichen Rechten nicht erfolgt, da dies zu praktischen Schwierigkeiten geführt hätte (BT-Drucks. 12/2443 S. 213). In der Regel besteht auch kein Bedürfnis für ein Wiederaufleben gegenüber absonderungsberechtigten Gläubigern, da diese üblicherweise – unabhängig vom Plan – entsprechend gesichert sind. Die Regelung der Absonderungsrechte im Plan wird im Allgemeinen bestimmen, dass diese Gläubiger auf einen Teil ihrer Sicherheiten verzichten, dass sie ihre Sicherheiten zeitweise nicht ausüben dürfen oder dass ihre Sicherheiten gegen andere ausgetauscht werden. Aus diesem Grunde sind diese Gläubiger in der Lage, die ihnen nach dem Plan zustehenden Rechte durch Zugriff auf die Sicherheiten zu realisieren (BT-Drucks. 12/2443 S. 213 f.). 25

Das Wiederaufleben von Forderungen erstreckt sich auf Sicherheiten nur dann, wenn dies ausdrücklich vereinbart worden ist. Hierauf ist im Bedarfsfall bei der Plangestaltung durch entsprechende Formulierungen Rücksicht zu nehmen (vgl. *Böhle-Stamschräder/Kilger* VglO, § 9 Rn. 2, 18). 26

Der Anwendungsbereich des § 255 InsO beschränkt sich auf Forderungen gegenüber dem Schuldner. Mit der Hauptforderung leben die Nebenansprüche wieder auf. Das gilt auch für die Zinsen nach Eröffnung des Insolvenzverfahrens. Wird die Stundung einer Forderung hinfällig, kann der Gläubiger hinsichtlich der Gesamtforderung aufrechnen, wenn die Aufrechnungslage zu einem Zeitpunkt eintritt, in welchem der Schuldner in erheblichen Rückstand geraten war (*Hess* InsO, § 255 Rn. 21). 27

Etwaiges planwidriges Verhalten Dritter, z.B. von Planbürgen oder einer Übernahmegesellschaft in Form von Zahlungsrückständen berühren den Erlass oder die Stundung gegenüber dem Schuldner nicht und haben keinen Einfluss auf das Wiederaufleben einer Forderung (so auch: *Bork* in: Leipold, S. 54). 28

B. Absatz 2

In Abweichung zur Regelung in Abs. 1 regelt Abs. 2, dass kraft Gesetzes alle im Plan erklärten Stundungen und/oder Forderungserlasse hinfällig werden, wenn ein neues Insolvenzverfahren über das Vermögen des Schuldners vor vollständiger Erfüllung des Plans eröffnet wird. Die Vorschrift greift im Gegensatz zu Abs. 1 auch dann ein, wenn der Schuldner die Verpflichtungen aus dem Plan bisher termingemäß erfüllt hat. 29

Die Regelung korrespondiert mit § 9 Abs. 2 VglO, der jedoch aufgrund der Zweispurigkeit von Konkurs- und Vergleichsverfahren nach damaligem Recht differenzierte dogmatische Hintergründe hatte. 30

Mit Eröffnung eines neuen Insolvenzverfahrens ist die beabsichtigte Planerfüllung endgültig gescheitert, so dass sich weitere formelle Voraussetzungen wie Mahnung oder Setzung einer Nachfrist erübrigen. Das Wiederaufleben sämtlicher Forderungen löst gravierende Rechtsfolgen für den Schuldner aus, da er sich den Ansprüchen sämtlicher und nicht nur – wie in Abs. 1 – singulärer Insolvenzgläubiger gegenübersieht. Dies ist jedoch gerechtfertigt, da im Falle der Eröffnung eines neuen Insolvenzverfahrens über das Vermögen des Schuldners jegliche Geschäftsgrundlage für eine Stundung oder einen Erlass entfallen ist. 31

Weiterhin hat die Eröffnung eines neuen Insolvenzverfahrens die insolvenzrechtlichen Verfügungsverbote zur Folge, so dass ein Schuldner ohnehin keine Möglichkeiten mehr hätte, vermögensrechtlichen Forderungen seiner Gläubiger nachzukommen. 32

Mit Hilfe des Abs. 2 sollen Altgläubiger in einer Folgeinsolvenz nicht schlechter stehen als neue Insolvenzgläubiger, die dem Schuldner innerhalb eines Planverfahrens nicht entgegengekommen sind. 33

34 Auch im Falle einer Folgeinsolvenz bleibt der Plan mit Ausnahme der Rechtsfolgen des § 255 Abs. 2 InsO unberührt. Die privatautonom im Plan festgelegten Regelungen behalten demnach weitestgehende Bestandskraft, auch wenn es zu einem zweiten Insolvenzverfahren kommt. Dafür spricht, dass die InsO die Vorschriften des überkommenen Rechts hinsichtlich der Nichtigkeit des (Zwangs-)Vergleichs wegen Bankrotts oder die Anfechtbarkeit wegen arglistiger Täuschung (§§ 196 ff. KO; §§ 88, 89 VglO) nicht übernommen hat. Den Gläubigern bleibt in diesen Fällen nur der Antrag auf ein neues Insolvenzverfahren; selbiges gilt, wenn die Geschäftsgrundlage des Plans entfällt, weil die Planziele nicht mehr erfüllt werden können.

35 Wird ein neues Insolvenzverfahren eröffnet, findet die Regelung des § 255 Abs. 3 Satz 2 InsO keine Anwendung. Die Eröffnung eines neuerlichen Insolvenzverfahrens kann zur auflösenden Bedingung für den ganzen Plan und einzelner seiner Regelungen gemacht werden, soweit der Plan nicht Rechtsgeschäfte enthält, die nach materiellem Recht bedingungsfeindlich sind, wie z.B. § 925 Abs. 2 BGB (HK-InsO/*Haas* § 255 Rn. 14; *Braun/Uhlenbruck* S. 490 ff.).

C. Absatz 3

36 Durch den Plan kann weder in formeller Hinsicht noch bzgl. materiell-rechtlicher Inhalte, die der Wiederauflebensklausel zugrunde liegen, zum Nachteil des Schuldners abgewichen werden (*Bork* in: Leipold, S. 54; MüKo-InsO/*Huber* § 255 Rn. 39). Aus diesem Grunde kann der Plan z.B. nicht festsetzen, dass eine Stundung und ein Erlass auch ohne Nachfristsetzung hinfällig werden soll (*Bork* in: Leipold, S. 54).

37 In der überkommenen Regelung des § 9 Abs. 1 2. HS VglO trat Verzug nicht nur dann ein, wenn dem Schuldner aufgrund schriftlicher Mahnung eine mindestens einwöchige Nachfrist gesetzt worden war, sondern auch dann, wenn die Fälligkeit der Vergleichsforderung im Vergleich kalendermäßig bestimmt war (*Bley/Mohrbutter* VglO, § 9 Rn. 9b). Aufgrund des Terminus »erheblicher Rückstand« anstatt Verzug i.S.d. zivilrechtlichen Regelung ist nicht davon auszugehen, dass die kalendermäßige Bestimmung die Mahnung entsprechend Abs. 1 ersetzen kann, da in diesem Falle ein Verstoß gegen das Schlechterstellungsverbot des Schuldners gem. Abs. 3 zu bejahen sein dürfte. Auf die kalendermäßige Bestimmung der Leistung kommt es nicht mehr an, da der Gesetzgeber sich bewusst von dem Begriff des Verzuges gelöst hat.

D. Sonstiges

38 Für die Beantwortung der Frage, ob zu der fälligen Verbindlichkeit noch Verzugszinsen, höhere vertragliche Zinsen und der Ersatz eines weiteren Verzögerungsschadens gem. §§ 286 Abs. 1, 288, 352 Abs. 1 HGB hinzutreten, ist, sofern der Plan diesbezüglich keine Regelungen enthält, ausschließlich der bürgerlich-rechtliche Begriff des Verzuges maßgebend (*BGH* KTS 1956, 94 f. = NJW 1956, 1200).

§ 256 Streitige Forderungen. Ausfallforderungen

(1) ¹Ist eine Forderung im Prüfungstermin bestritten worden oder steht die Höhe der Ausfallforderung eines absonderungsberechtigten Gläubigers noch nicht fest, so ist ein Rückstand mit der Erfüllung des Insolvenzplans im Sinne des § 255 Abs. 1 nicht anzunehmen, wenn der Schuldner die Forderung bis zur endgültigen Feststellung ihrer Höhe in dem Ausmaß berücksichtigt, das der Entscheidung des Insolvenzgerichts über das Stimmrecht des Gläubigers bei der Abstimmung über den Plan entspricht. ²Ist keine Entscheidung über das Stimmrecht getroffen worden, so hat das Gericht auf Antrag des Schuldners oder des Gläubigers nachträglich festzustellen, in welchem Ausmaß der Schuldner vorläufig die Forderung zu berücksichtigen hat.

(2) ¹Ergibt die endgültige Feststellung, dass der Schuldner zuwenig gezahlt hat, so hat er das Fehlende nachzuzahlen. ²Ein erheblicher Rückstand mit der Erfüllung des Plans ist erst anzunehmen,

wenn der Schuldner das Fehlende nicht nachzahlt, obwohl der Gläubiger ihn schriftlich gemahnt und ihm dabei eine mindestens zweiwöchige Nachfrist gesetzt hat.

(3) Ergibt die endgültige Feststellung, dass der Schuldner zuviel gezahlt hat, so kann er den Mehrbetrag nur insoweit zurückfordern, als dieser auch den nicht fälligen Teil der Forderung übersteigt, die dem Gläubiger nach dem Insolvenzplan zusteht.

Übersicht

		Rdn.			Rdn.
A.	Allgemeines	1	C.	Absatz 2	11
B.	Absatz 1	3	I.	Endgültige Feststellung	11
I.	Grundsatz	3	II.	Rechtsfolge	12
II.	Entscheidung des Gerichts	5	D.	Absatz 3	15
III.	Sonderfall: Bestreiten einer verspätet angemeldeten Forderung	10	I.	Ungerechtfertigte Zahlung	15
			II.	Rückgewähranspruch	17

Literatur:
Büttner Wohin mit alten Plänen? – Das Problem der Überleitung laufender Planverfahren, ZInsO 2012, 2019.

A. Allgemeines

Die Regelung des § 256 InsO, die sich eng an die Inhalte des § 97 VglO anlehnt, behandelt die Problematik der in § 255 InsO geregelten Wiederauflebensklausel bezogen auf die Sonderfälle der bestrittenen Forderungen und Ausfallforderungen. 1

Ohne die gesonderte Regelung des § 256 InsO wäre die Plansicherheit gefährdet, wenn durch rechtskräftige Feststellung einer Forderung ipso iure auch die Voraussetzungen des § 255 InsO feststehen und damit die Rechtsfolgen der Wiederauflebensklausel eintreten würden (vgl. *Böhle-Stamschräder/Kilger* VglO, § 97 Rn. 1). 2

B. Absatz 1

I. Grundsatz

§ 256 Abs. 1 Satz 1 InsO normiert, dass der Schuldner im Hinblick auf § 255 InsO keine Sanktionen zu erwarten hat, wenn er bzgl. streitiger Forderungen und Ausfallforderungen anteilig denjenigen Betrag bezahlt, welcher der Entscheidung des Insolvenzgerichts über das Stimmrecht des Gläubigers im Abstimmungstermin entspricht. Die Regelung ergänzt insoweit § 255 InsO. 3

Die Regelung des § 256 Abs. 1 InsO verhindert, dass sich ein Gläubiger auf die Wiederauflebensklausel berufen kann, wenn der Schuldner entsprechend der Stimmrechtsfeststellung anteilig geleistet hat. Dies gilt auch dann, wenn sich später herausstellt, dass die Stimmrechtsfestsetzung hinter der endgültigen Feststellung zurückgeblieben ist (vgl. *Bley/Mohrbutter* VglO, § 97 Rn. 15). 4

II. Entscheidung des Gerichts

Gem. § 77 Abs. 2 Satz 2 InsO entscheidet das Insolvenzgericht, wenn sich der Verwalter und die in der Gläubigerversammlung erschienenen Gläubiger über das Stimmrecht nicht geeinigt haben. Wegen der zusätzlichen Bedeutung, die § 256 InsO der Entscheidung beilegt, galt bereits nach überkommener Rechtslage als Entscheidung des Insolvenzgerichts in diesem Sinne nur die des Richters, nicht die des Rechtspflegers (HK-InsO/*Haas* § 256 Rn. 5). Durch die Neufassung des § 18 Abs. 1 Nr. 2 RPflG durch das Gesetz zur weiteren Erleichterung der Sanierung von Unternehmen (ESUG) vom 07.12.2011 ist seit dem 01.01.2013 der Richter für das Insolvenzplanverfahren alleinzuständig, so dass der gerichtlichen Entscheidung nun ohnehin stets ein richterlicher Beschluss zugrunde liegt (vgl. *Büttner* ZInsO 2012, 2019). 5

§ 256 InsO   Streitige Forderungen. Ausfallforderungen

6 Die Entscheidung des Gerichts kann gem. § 256 Abs. 1 Satz 2 InsO sowohl der Gläubiger als auch der Schuldner beantragen, um damit das Ausmaß der vorläufigen Zahlungspflicht des Schuldners vom Insolvenzgericht feststellen zu lassen.

7 Die Entscheidung des Insolvenzgerichts, die als Grundlage für die Zahlungspflicht im Hinblick auf die streitige Forderung bzw. die Ausfallforderung dient, hat aber keinen Einfluss auf die endgültige Zahlungspflicht des Schuldners, welche sich nach Abs. 2 und Abs. 3 richtet. Der materiell-rechtliche Anspruch des Gläubigers wird durch die Entscheidung des Insolvenzgerichts nicht berührt, was sich durch die Regelungen des § 256 Abs. 2 und Abs. 3 InsO verdeutlicht.

8 Ist eine Stimmrechtsentscheidung des Insolvenzgerichts ergangen, steht es im freien Belieben des Schuldners, ob er diese beachten will (vgl. *Bley/Mohrbutter* VglO, § 97 Rn. 14). Im Falle der Nichtbeachtung des Beschlusses trägt der Schuldner aber dann das Risiko, wenn infolge der Nichtbeachtung die gravierenden Rechtsfolgen des § 255 InsO eintreten sollten (vgl. *Bley/Mohrbutter* VglO, § 97 Rn. 14).

9 Die Entscheidung des Insolvenzgerichts ergeht durch unanfechtbaren Beschluss.

III. Sonderfall: Bestreiten einer verspätet angemeldeten Forderung

10 Gesetzlich nicht geregelt ist der Fall, dass ein Gläubiger eine Forderung erst nach rechtskräftiger Planbestätigung und Aufhebung des Insolvenzverfahrens anmeldet, die dann vom Schuldner bestritten wird. Eine direkte Anwendung des § 256 Abs. 1 InsO scheidet aus, da sich die Vorschrift ausdrücklich auf im Insolvenzverfahren angemeldete Forderungen bezieht, die im Prüfungstermin bestritten worden sind.

Mit Urteil vom 10.05.2012 hat der *BGH* (NZI 2013, 84; ZIP 2012, 1359) entschieden, dass die Vorschrift des § 256 Abs. 1 InsO auf erst nach der Annahme und Bestätigung des Insolvenzplans erhobene Forderungen entsprechend anzuwenden ist. Streitig i.S.d. § 256 InsO sei solch eine verspätet angemeldete Forderungen dann, wenn sie allein schon vom Schuldner bestritten werde, da es nach Annahme und Bestätigung des Plans und Aufhebung des Insolvenzverfahrens auf ein Bestreiten des Insolvenzverwalters und der anderen Insolvenzgläubiger nicht mehr ankomme. Der Beklagte hat zur Abwendung der Rechtsfolgen des § 255 Abs. 1 InsO innerhalb der ihm gesetzten Nachfrist keine vorläufige Entscheidung des Insolvenzgerichts über die Berücksichtigung der Forderung zu beantragen. Ist die Forderung nicht zur Tabelle festgestellt und liegt auch keine Entscheidung des Insolvenzgerichts gem. § 256 Abs. 1 Satz 1 InsO vor, kann der Gläubiger einer vom Schuldner bestrittenen Forderung erst dann wirksam eine Frist nach § 255 Abs. 1 Satz 2 InsO setzen, wenn seine Forderung vom Prozessgericht rechtskräftig festgestellt worden ist. Frühere Fristsetzungen sind wirkungslos (*BGH* NZI 2013, 84; ZIP 2012, 1359).

C. Absatz 2

I. Endgültige Feststellung

11 § 256 Abs. 2 InsO regelt die Rechtsfolgen für den Fall, dass die Zahlungspflicht des Schuldners endgültig festgestellt ist und er zu wenig gezahlt hat. Ist die streitige Forderung nachträglich anerkannt oder in einer Feststellungsklage rechtskräftig beschieden worden, besteht für Sonderregelungen kein Bedarf mehr, da zwischen Schuldner und Gläubiger die endgültigen Zahlungsverpflichtungen nunmehr abschließend feststehen und der Plan vollumfänglich zur Anwendung gelangen kann. Selbiges gilt, wenn die Höhe einer Ausfallforderung abschließend feststeht.

II. Rechtsfolge

12 Hat der Schuldner zu wenig gezahlt, ist er verpflichtet, den fehlenden Betrag nunmehr zu leisten. Die Forderung des Gläubigers wird infolgedessen so behandelt, als wäre sie nie streitig oder für den Ausfall festgesetzt gewesen. Ein Schuldner, der dieser Nachzahlungsfrist nicht nachkommt läuft Gefahr, die Sanktionen der Wiederauflebensklausel gem. § 255 InsO auszulösen, wenn er trotz Gewährung

der zweiwöchigen Schonfrist nach vorheriger schriftlicher Mahnung und Nachfristsetzung nicht leistet.

Die Regelung des § 256 Abs. 2 Satz 2 InsO stellt in formeller Hinsicht einen Gleichlauf mit der Regelung des § 255 Abs. 1 Satz 2 InsO dahingehend her, dass der Schuldner erst dann in Rückstand gerät, wenn er den fehlenden Betrag trotz schriftlicher Mahnung und zweiwöchiger Nachfrist nicht ausgleicht. Hinsichtlich der Frage der Erheblichkeit wird auf die Ausführungen bei § 255 Rdn. 10–13 verwiesen. 13

Im Unterschied zu der vergleichbaren Regelung des § 97 Abs. 3 Satz 2 VglO, die in Abweichung zu § 9 Abs. 1 VglO keine Schriftform für die Mahnung vorschrieb, ist aus Gründen der Rechtssicherheit und des Gleichlaufes mit § 255 Abs. 1 Satz 2 InsO in § 256 Abs. 2 Satz 2 InsO die Schriftlichkeit der Mahnung ausdrücklich vorgeschrieben. 14

D. Absatz 3

I. Ungerechtfertigte Zahlung

Die Regelung des § 256 Abs. 3 InsO korrespondiert mit § 97 Abs. 4 VglO und regelt den Fall, dass sich bei der endgültigen Feststellung der Forderung ergibt, dass der Schuldner zuviel, d. h. mehr als dem Gläubiger aktuell nach dem Plan zusteht, gezahlt hat. Eine Verpflichtung zur Rückgewähr des zuviel Empfangenen kommt für den Gläubiger dabei nicht grds., sondern nur dann in Betracht, wenn er mehr erlangt hat, als ihm unter Einschluss auch noch nicht fälliger Forderungen insgesamt zustehen würde. Nur in diesem Falle hat der Gläubiger eine Rückzahlung zu erbringen, da er nur insoweit bereichert ist. Erhaltene Zahlungen, die mit noch nicht fälligen Forderungen verrechnet werden können, kann der Gläubiger behalten; dies ist auch billig, da der Gläubiger nicht mehr erhält, als ihm letztlich zusteht (vgl. *Böhle-Stamschräder/Kilger* VglO, § 97 Rn. 7). 15

Um etwaigem Streit zwischen den Parteien in Bezug auf § 256 Abs. 3 InsO vorzubeugen, sollte ein Schuldner nur vorbehaltlich der endgültigen Feststellung der Gläubigerforderung erfüllen. 16

II. Rückgewähranspruch

Ein etwaiger Rückgewähranspruch des Schuldners aus § 256 Abs. 3 InsO hat – wie auch nach dem veralteten § 97 Abs. 4 VglO – gem. § 812 Abs. 1 BGB nach den Grundsätzen der Leistungskondiktion zu erfolgen. Der Rechtsgrund des Rückgewähranspruches ergibt sich aus § 256 Abs. 3 InsO, während sich die Rechtsfolgen nach den §§ 812 ff. BGB richten. Hierdurch ist auch der Anwendungsbereich des § 820 Abs. 1 Satz 1 BGB eröffnet; die nach § 820 Abs. 1 Satz 1 BGB tatbestandlich geforderte Ungewissheit stellt hierbei die Folge der nur vorläufigen Entscheidung des Insolvenzgerichts nach Abs. 1 dar (vgl. *Bley/Mohrbutter* VglO, § 98 Rn. 3). 17

§ 257 Vollstreckung aus dem Plan

(1) ¹Aus dem rechtskräftig bestätigten Insolvenzplan in Verbindung mit der Eintragung in die Tabelle können die Insolvenzgläubiger, deren Forderungen festgestellt und nicht vom Schuldner im Prüfungstermin bestritten worden sind, wie aus einem vollstreckbaren Urteil die Zwangsvollstreckung gegen den Schuldner betreiben. ²Einer nicht bestrittenen Forderung steht eine Forderung gleich, bei der ein erhobener Widerspruch beseitigt ist. ³§ 202 gilt entsprechend.

(2) Gleiches gilt für die Zwangsvollstreckung gegen einen Dritten, der durch eine dem Insolvenzgericht eingereichte schriftliche Erklärung für die Erfüllung des Plans neben dem Schuldner ohne Vorbehalt der Einrede der Vorausklage Verpflichtungen übernommen hat.

(3) Macht ein Gläubiger die Rechte geltend, die ihm im Falle eines erheblichen Rückstands des Schuldners mit der Erfüllung des Plans zustehen, so hat er zur Erteilung der Vollstreckungsklausel für diese Rechte und zur Durchführung der Vollstreckung die Mahnung und den Ablauf der Nach-

§ 257 InsO   Vollstreckung aus dem Plan

frist glaubhaft zu machen, jedoch keinen weiteren Beweis für den Rückstand des Schuldners zu führen.

Übersicht

	Rdn.		Rdn.
A. **Absatz 1**	1	II. Vollstreckungsverfahren	13
I. Grundsatz	1	B. **Absatz 2**	16
1. Titulierung	4	C. **Absatz 3**	20
2. Vollstreckungsklausel	7		

A. Absatz 1

I. Grundsatz

1   Nach § 257 Abs. 1 Satz 1 InsO kann in Übereinstimmung mit der früheren Regelung des § 194 KO, §§ 85, 86 VglO aus dem rechtskräftig bestätigten Plan i.V.m. dem Tabellenauszug wie aus einem vollstreckbaren Urteil die Zwangsvollstreckung gegen den Schuldner betrieben werden. Die Überschrift des § 257 InsO – »Vollstreckung aus dem Plan« – ist missverständlich, da nicht der Plan den Vollstreckungstitel bildet, sondern der Tabelleneintrag der insolvenzmäßig festgestellten Forderungen (vgl. *Hess* KO, § 194 Rn. 3). Durch den Plan wird lediglich bestimmt, in welcher Höhe und zu welcher Zeit die zur Tabelle festgestellte Forderung zu begleichen ist.

2   Im Hinblick auf die Vollstreckung aus der Tabelle ist, in Übereinstimmung mit der Grundsatzentscheidung des Reichsgerichts in Band 112, davon auszugehen, dass ein rechtskräftiger Tabellentitel einen früheren rechtskräftigen Titel vollständig »verbraucht« und insoweit »aufzehrt« (*RG* RGZ 112, 297 [300]). Da der materiell-rechtliche Anspruch nunmehr im neuen Titel verkörpert ist, handelt es sich nicht nur um den Wegfall der Vollstreckungsmöglichkeit aus dem ersten Titel, sondern um den Wegfall des ersten Titels selbst. Dies gilt nicht nur für vor den Zivilgerichten erwirkte Titel, sondern auch für Leistungsbescheide und/oder sonstige Verwaltungsakte von Sozialversicherungs-, Finanz- und sonstigen Behörden, welche sich ihre Titel gegen die jeweiligen Schuldner selbst schaffen können (*Müller* DStR 1967, 30). Abzulehnen ist daher die Auffassung des AG Leipzig, welches in Anlehnung an die herrschende Meinung zum Restschuldbefreiungsverfahren davon ausgeht, dass es für die Beseitigung der Vollstreckbarkeit eines vor dem Insolvenzverfahren erlassenen Titels einer gerichtlichen Feststellung bedürfe. Betreibe ein Gläubiger die Zwangsvollstreckung aus einem früheren Titel nach Beendigung des Insolvenzplanverfahrens, so müsse der Schuldner die Zwangsvollstreckung nach § 767 ZPO für unzulässig erklären. Der bestätigte Insolvenzplan bewirke insoweit nur einen materiell-rechtlichen Einwand, der mit der Vollstreckungsgegenklage zu verfolgen ist (*AG Leipzig* ZInsO 2012, 336, 338).

3   Die Vollstreckung aus dem Titel ist des Weiteren – wie bereits unter § 217 InsO dargestellt – ein dogmatisches Argument dafür, dass es sich beim Institut des Insolvenzplans nicht um einen ausschließlich nach Vertragsrecht zu beurteilenden Vertrag zwischen den Beteiligten handeln kann, sondern vielmehr – in Übereinstimmung mit der h.M. zur KO – auch unter Geltung der InsO ein Institut mit Doppelnatur und erheblichen prozessrechtlichen Elementen gegeben ist. Eine Vollstreckung aus dem Tabelleneintrag der insolvenzmäßig festgestellten Forderung in dem Umfang wie durch den Plan bestimmt, wäre nicht möglich, würde dieser ausschließlich auf Vertragsrecht beruhen.

1. Titulierung

4   Da das Vergleichsverfahren nach der VglO kein förmliches Prüfungsverfahren i.S.d. KO kannte, war das Bestreiten der Gläubiger für die Vollstreckbarkeit einer Forderung unerheblich, sodass die Insolvenzordnung insoweit dem Vorbild der Konkursordnung folgt (BT-Drucks. 12/2443 S. 214).

5   Eine Forderung gilt als festgestellt, wenn im Prüfungstermin weder der Insolvenzverwalter noch ein Gläubiger gegen die Forderung einen Widerspruch erhoben hat. Wird ein Widerspruch erhoben, so

steht es dem Gläubiger, der die Forderung beansprucht, frei, den Widerspruch durch Klage vor dem ordentlichen Gericht auszuräumen. Auch hier korrespondiert die heutige gesetzliche Regelung mit § 162 Abs. 2 KO. Für die Vollstreckungswirkung ist es ohne Bedeutung, ob die Feststellung als Beurkundung des Prüfungsergebnisses bereits im Prüfungstermin (§ 176 InsO) erfolgt oder erst später nach Beseitigung eines Widerspruchs oder Überwindung eines Widerspruchs durch Urteil (vgl. *Bley/Mohrbutter* VglO, § 85 Rn. 1). Jedenfalls ist für die Vollstreckung gegen den Schuldner die vollstreckbare Ausfertigung der Tabelle erforderlich (*Hess* InsO, § 257 Rn. 6).

Zu beachten ist, dass die Rechte der absonderungsberechtigten Gläubiger nicht durch die Planbestätigung betroffen sind. Diese Rechte werden im Verfahren nicht förmlich geprüft, sondern nur im Hinblick auf das Stimmrecht erörtert, sodass sich eine Titulierung dieser Rechte im Rahmen der Planbestätigung verbietet (BT-Drucks. 12/2443 S. 214). 6

2. Vollstreckungsklausel

Durch den Plan wird derjenige Betrag der Forderungen bestimmt, für welchen die Zwangsvollstreckung aufgrund des titulierten Anspruchs letztendlich noch stattfinden kann; d.h., der Tabellenauszug, mit dem die Gläubiger wie aus einem rechtskräftigen Endurteil gegen den Schuldner vorgehen könnten (§ 201 Abs. 2 Satz 1 InsO), wird mittels der Vollstreckungsklausel nur in Höhe der planmäßig vereinbarten Forderung für vollstreckbar erklärt. Dass der Plan selbst nicht Vollstreckungstitel ist, ergibt sich daraus, dass er im Falle des Eingreifens der Wiederauflebensklausel über die Planquote hinaus vollstreckt werden kann (*Kübler/Prütting/Bork-Spahlinger* InsO, § 257 Rn. 6; HK-InsO/ *Haas* § 257 Rn. 2; *Smid/Rattunde/Martini* § 257 Rn. 5; *Hess* InsO, § 257 Rn. 7). 7

Der Bestätigungsbeschluss des Gerichts ist ebenfalls nicht Vollstreckungstitel, sondern nur Voraussetzung der Titelwirkung, die für den Fall der Bestätigung des Plans eintritt (*Kübler/Prütting/Bork-Spahlinger* InsO, § 257 Rn. 6). 8

Aufgrund der materiell-rechtlichen Wirkung des Plans kommt der Vollstreckungsklausel, die in den Fällen der §§ 726 Abs. 1, 727–729, 733, 745 Abs. 2, 749 ZPO vom Rechtspfleger erteilt wird, entscheidende Bedeutung zu. In der Vollstreckungsklausel muss niedergelegt sein, wann und in welcher Höhe die im Prüfungstermin festgestellte Forderung durch den Gläubiger vollstreckt werden kann, da sich die Planwirkungen, die im gestaltenden Teil des Plans verankert sind, insoweit in der Vollstreckungsklausel widerspiegeln. De facto bedeutet dies, dass eine Zwangsvollstreckung bei einer im Plan gewährten Stundung bis zum Ablauf der Stundungsfrist nicht möglich ist. Ist eine Forderung teilweise erlassen worden, reduziert sich der noch vollstreckbare Teil auf den Betrag, der gem. Plan nicht erlassen worden ist. 9

Zum Zwecke der Vollstreckung erhält der Gläubiger eine beglaubigte Abschrift des Tabellenblattes, die mit einer Vollstreckungsklausel zu versehen ist. Das Original der Tabelle verbleibt bei den Gerichtsakten. Ohne die Vollstreckungsklausel ist eine Zwangsvollstreckung aus dem Plan nicht möglich. 10

Das Klauselerteilungsverfahren ist rechtssystematisch weder dem Insolvenzverfahren noch dem Erkenntnisverfahren zuzuordnen, sondern stellt ein Verfahren eigener Art mit gesondert geregelten Zuständigkeiten und Rechtsbehelfen dar. 11

Der Inhalt der Vollstreckungsklausel ist für die mit der Vollstreckung betrauten Organe solange rechtsverbindlich, bis sie durch gerichtliche Entscheidung aufgehoben wird (*OLG Hamm* FamRZ 1981, 199 f.). Die Vollstreckungsklausel kann nach den §§ 727–730 ZPO sowohl für als auch gegen etwaige Rechtsnachfolger des Schuldners erteilt werden. Rechtsnachfolger in diesem Sinne kann nur der Nachfolger des jeweiligen Schuldners, nicht jedoch ein gesellschaftsrechtlich am Schuldner beteiligter Dritter sein. 12

Aus diesem Grunde ist es auch nicht möglich, einen durch den Plan modifizierten Tabellenauszug gegen eine insolvente OHG oder KG auf den persönlich haftenden Gesellschafter umzuschreiben. Es handelt sich bei der OHG bzw. KG und dem persönlich haftenden Gesellschafter – unabhängig davon, dass dieser für die Verbindlichkeiten des Unternehmens letztlich einzustehen hat – um rechtlich getrennte Vermögensmassen, die auch vollstreckungsrechtlich insoweit differenziert behandelt werden müssen.

II. Vollstreckungsverfahren

13   Die Durchführung der Zwangsvollstreckung folgt sowohl bzgl. der Vollstreckungsvoraussetzungen als auch den etwaigen Rechtsbehelfen gegenüber Vollstreckungsmaßnahmen den allgemeinen Regeln (vgl. *Hess* KO, § 194 Rn. 8).

14   Beabsichtigt der Schuldner, Einwendungen gegen den in der Tabelle festgestellten Anspruch zu erheben, ist die Vollstreckungsabwehrklage nach § 767 Abs. 1 ZPO statthaft. Die Präklusionswirkung des § 767 Abs. 2 ZPO tritt auch im Falle der Vollstreckung aus einem Tabellenauszug ein, obwohl eine mündliche Verhandlung i.S.d. Bestätigung sowie des § 137 ZPO nicht stattgefunden hat.

15   Konnte aus dem bestätigten Plan i.V.m. dem Tabellenauszug nach Maßgabe des § 257 InsO in Höhe der im Plan festgesetzten Quote vollstreckt werden, so ermöglicht der im Tabellenauszug verkörperte Titel beim Wiederaufleben der alten Forderung die Vollstreckung wegen der ganzen ursprünglichen Forderung. Dies ist in Abs. 3 geregelt.

B. Absatz 2

16   Hat ein Dritter durch eine dem Insolvenzgericht eingereichte schriftliche Erklärung, z.B. im Wege einer Bürgschaft, einer Schuldübernahme oder auch durch einen Garantievertrag für die Erfüllung des Plans neben dem Schuldner Verpflichtungen übernommen, kann die Zwangsvollstreckung auch gegen den Dritten betrieben werden. Voraussetzung hierfür ist eine schriftliche Erklärung des Dritten, die gem. § 230 Abs. 3 InsO zwingende Anlage des Plans sein muss; durch das Formerfordernis der Schriftlichkeit und die Notwendigkeit der Anlage zum Plan werden sowohl die Gläubiger informiert, als auch der Dritte nochmals auf die Tragweite seines Tuns hingewiesen. Weitere Voraussetzung ist, dass der Dritte seine Verpflichtung ohne Vorbehalt der Einrede der Vorausklage übernommen hat. Liegen die kumulativen Voraussetzungen des Abs. 2 nicht vor, kann der Dritte dennoch wirksam Verpflichtungen zur Erfüllung des Plans übernommen haben, jedoch fehlt es an den Voraussetzungen für die Vollstreckbarkeit (vgl. *Bley/Mohrbutter* VglO, § 85 Rn. 21). Soweit die Vollstreckung gegen den Dritten unmittelbar möglich ist, ist für eine denselben Streitgegenstand betreffende Klage gegen den Dritten kein Rechtsschutzbedürfnis gegeben (*Böhle-Stamschräder/Kilger* VglO, § 85 Rn. 6).

17   Die Haftung des Dritten ergibt sich aus dem Plan bzw. aus der schriftlichen Erklärung des Dritten selbst. Der Dritte hat insoweit einzustehen, als er Verpflichtungen in Bezug auf den Plan übernommen hat. Hat er diese nur für einen Teil des Plans übernommen oder seine Einstandspflicht der Höhe nach oder zeitlich beschränkt, kommt eine Vollstreckung nur insoweit in Betracht.

18   Wird gegen den Dritten aufgrund des § 257 Abs. 2 InsO vollstreckt, gehen die Forderungen gegen den Schuldner insoweit gem. § 426 Abs. 2 BGB bzw. § 774 Abs. 1 BGB kraft cessio legis auf den Dritten über (vgl. *Bley/Mohrbutter* VglO, § 85 Rn. 23).

19   Haben mehrere für die Erfüllung des Plans eine Verpflichtung übernommen, so sind sie im Verhältnis ihrer Verpflichtungsanteile, soweit nichts anderes bestimmt worden ist, gem. §§ 426 Abs. 1 Satz 1, 774 Abs. 2 BGB zu gleichen Teilen verpflichtet.

C. Absatz 3

20   Die Regelung des § 257 Abs. 3 InsO stellt die Umsetzung der materiell-rechtlichen Folgen des Wiederauflebens von Forderungen gem. § 255 InsO auf die Vollstreckungsebene dar. Die im gestaltenden Teil des Plans von Gläubigerseite gemachten Zugeständnisse sollen nicht zu Vollstreckungserschwernissen für die Gläubiger führen, wenn sich der Schuldner nicht plankonform verhält und die Forderungen deshalb vollends wiederaufleben. Aus diesem Grunde ist in Abs. 3 geregelt, dass

diejenigen Gläubiger, zu deren Gunsten die Voraussetzungen der §§ 255, 256 Abs. 2 InsO vorliegen, zum einen in voller Höhe der festgestellten Forderung vollstrecken können und zum anderen die demgemäß erweiterte Vollstreckungsklausel unter erleichterten Voraussetzungen erlangen können.

Der betroffene Gläubiger, zu dessen Gunsten das Wiederaufleben eingetreten ist, erhält die erweiterte Vollstreckungsklausel bereits dann, wenn er Mahnung und Ablauf der Nachfrist glaubhaft gemacht hat. Dies geschieht entsprechend den Voraussetzungen des § 294 ZPO, z.B. durch die Vorlage von Briefdurchschriften i.V.m. Einschreibezetteln und einer Versicherung an Eides statt (*Böhle-Stamschräder/Kilger* VglO, § 85 Rn. 5). 21

Gegen die Erteilung oder Versagung der erweiterten Vollstreckungsklausel sind die Rechtsbehelfe der ZPO statthaft (*Böhle-Stamschräder/Kilger* VglO, § 85 Rn. 5). 22

§ 258 Aufhebung des Insolvenzverfahrens

(1) Sobald die Bestätigung des Insolvenzplans rechtskräftig ist und der Insolvenzplan nicht etwas anderes vorsieht, beschließt das Insolvenzgericht die Aufhebung des Insolvenzverfahrens.

(2) Vor der Aufhebung hat der Verwalter die unstreitigen fälligen Masseansprüche zu berichtigen und für die streitigen oder nicht fälligen Sicherheit zu leisten. ²Für die nicht fälligen Masseansprüche kann auch ein Finanzplan vorgelegt werden, aus dem sich ergibt, dass ihre Erfüllung gewährleistet ist.

(3) ¹Der Beschluss und der Grund der Aufhebung sind öffentlich bekanntzumachen. ²Der Schuldner, der Insolvenzverwalter und die Mitglieder des Gläubigerausschusses sind vorab über den Zeitpunkt des Wirksamwerdens der Aufhebung (§ 9 Abs. 1 Satz 3) zu unterrichten. ³§ 200 Abs. 2 Satz 2 gilt entsprechend.

Übersicht	Rdn.		Rdn.
A. Allgemeines	1	C. Tätigkeiten des Verwalters vor Aufhebung	15
B. Aufhebungsbeschluss und Schlussrechnung	4	D. Bekanntmachung	20
		E. Verantwortlichkeit des Verwalters	22

Literatur:
Bork Die Wirkungen des Insolvenzplanes nach §§ 290–305 RefE, in Leipold, Insolvenzrecht im Umbruch, S. 57; *Kreuznach* Masseunzulänglichkeit als ungeschriebene Zulässigkeitsvoraussetzung des Insolvenzplans oder Redaktionsversehen?, NZI 2007, 438.

A. Allgemeines

Das Insolvenzverfahren, in welchem das Planverfahren nur einen Ausschnitt darstellt, muss durch Gerichtsbeschluss wieder aufgehoben werden. Mit der Aufhebung wird das Insolvenzplanverfahren formell beendet. Hierbei handelt es sich um einen aus Gründen der Rechtssicherheit und Rechtsklarheit zwingend erforderlichen Hoheitsakt. Die Vorschrift über die Aufhebung des Verfahrens nach Bestätigung des Plans, über die Erfüllung und Sicherstellung der Masseansprüche sowie über die öffentliche Bekanntmachung der Aufhebung und deren Eintragung in die Register entspricht den in den §§ 190, 191 KO für den Zwangsvergleich getroffenen Regelungen. Im selben Kontext stehen die in den §§ 90, 98 VglO, § 19 Abs. 1 Nr. 2, Abs. 2 bis 4 GesO getroffenen Anordnungen (BT-Drucks. 12/2443 S. 214). Die Bestätigung des Insolvenzplans hat nicht unmittelbar die Beendigung des Verfahrens zur Folge. Diese tritt erst ein, wenn das Gericht gem. § 258 InsO das Verfahren durch Beschluss aufgehoben hat. 1

Aufgrund der gem. § 259 InsO eintretenden Rechtsfolgen der Aufhebung, insbesondere der Zurückerhaltung des Verfügungsrechts des Schuldners, muss der Rechtsverkehr die Gelegenheit haben, sich auf die neue Situation einzustellen (BT-Drucks. 12/2443 S. 214). 2

3 In der VglO war die Frage der Aufhebbarkeit des Vergleichsverfahrens komplizierter als in der InsO geregelt. Grund hierfür war, dass das Vergleichsverfahren im Gegensatz zum Konkurs- oder Gesamtvollstreckungsverfahren keinen Insolvenzbeschlag kannte und deshalb differenziertere Regelungen benötigte, um die verfahrensbeendigende Wirkung eintreten zu lassen. Trotz Bestätigung des Vergleichs durfte ein Vergleichsverfahren nach der VglO nur aufgehoben werden, wenn entweder ein Antrag der Gläubigermehrheit gem. § 90 Abs. 1 Nr. 1 VglO vorlag, die Vergleichsforderungen gem. § 90 Abs. 1 Nr. 2 VglO geringfügig waren oder gem. § 91 Abs. 1 VglO eine vereinbarte Überwachung im Vergleich verabredet worden war. Lag keine dieser Voraussetzungen vor, kam eine Aufhebung des Vergleichsverfahrens nicht in Betracht, da es gem. § 96 VglO im sog. Nachverfahren fortzusetzen war.

Eine Aufhebung kam in diesem Fall nur nach bescheinigter oder glaubhaft gemachter Erfüllung des Vergleichs gem. § 96 Abs. 4 VglO in Betracht (*Bley/Mohrbutter* VglO, § 90 Rn. 2).

B. Aufhebungsbeschluss und Schlussrechnung

4 Sobald die Bestätigung des Insolvenzplans rechtskräftig ist und der Insolvenzplan nicht etwas anderes vorsieht, besteht keine weitere Notwendigkeit, das Insolvenzverfahren weiter zu betreiben. Die Erfüllung der im Insolvenzplan normierten Ansprüche ist nicht mehr Teil des Insolvenzverfahrens. Die Gläubiger müssen ihre Ansprüche eigenständig geltend machen (vgl. §§ 255, 257 InsO). Ein Insolvenzverwalter kann eine gem. dem Insolvenzplan treuhänderisch an ihn abgetretene Masseforderung nach Aufhebung des Insolvenzverfahrens nicht mehr als Partei kraft Amtes, sondern nur noch aus eigenem Recht als Zessionar weiterverfolgen (*BGH* ZIP 2008, 546).

Die Abwicklung des Plans – samt einer etwaigen Überwachung der Planerfüllung gem. § 260 InsO – erfolgt somit außerhalb des gesetzlich geregelten Insolvenzverfahrens. Daraus folgt zugleich, dass bei einem Scheitern des Plans das alte Insolvenzverfahren nicht wieder aufgenommen oder fortgesetzt werden kann, sondern ein neues Insolvenzverfahren zu beantragen ist (*Bork* in: Leipold S. 57).

Zur Zulässigkeit verfahrensleitender Pläne, die nicht verfahrensbeendend sind, siehe Kommentierung zu § 217 Rdn. 81 f.

5 Durch den Plan tritt somit die materiell-rechtliche Beendigung des Insolvenzverfahrens ein, die jedoch erst dann Wirksamkeit erlangt, wenn das Gericht durch einen besonderen Beschluss die Aufhebung des Insolvenzverfahrens verfügt hat. Die Aufhebung stellt die hoheitliche Umsetzung der materiell-rechtlichen Beendigung in formeller Hinsicht dar. Gründe hierfür sind, dass auch im Falle der rechtskräftigen Planbestätigung noch eine Reihe von Verwaltungsgeschäften sowohl des Gerichts als auch des Verwalters zu tätigen sind bzw. der Rechtsverkehr zweifelsfrei feststellen können muss, wann die Verfahrenswirkungen letztlich enden. Das Gericht muss mit der Aufhebung zuwarten, bis alle noch anstehenden Aufgaben erfüllt sind. Hierbei hat das Gericht darauf hinzuwirken, dass diese Aufgaben zügig erledigt werden, damit der Schuldner sein Verfügungsrecht gem. § 259 Abs. 1 Satz 2 InsO zeitnah zurückerlangen kann.

6 Mit Aufhebung des Verfahrens erlöschen grds. die Möglichkeiten des Insolvenzverwalters Auskünfte Dritter, insbesondere seitens der Kreditinstitute, Finanzämter oder Sozialversicherungsbehörden, zu erhalten, da die Verschwiegenheitspflichten beispielsweise aus dem Bank- und Steuergeheimnis wieder gegenüber dem mittels Insolvenzplan sanierten Unternehmen bestehen. Weder der Insolvenzverwalter noch der Sachwalter sind nach Aufhebung des Verfahrens Geheimnisträger. Daran ändert auch die Regelung des § 263 InsO nichts (vgl. *Hubert* ZInsO 2001, 289 [297]).

Entsprechende Regelungen sowohl hinsichtlich Auskunfts- als auch Rechnungslegung können in der Insolvenzplanpraxis seitens der Gläubiger jedoch verankert werden, damit die Planüberwachung überhaupt sinnvoll gestaltet werden kann.

7 Die Anzeigepflicht nach § 262 InsO läuft weitgehend leer, wenn der Insolvenzverwalter die relevanten Informationen nicht erhält. Ferner setzt die Zustimmung zu Rechtsgeschäften i.S.d. § 263 InsO voraus, dass der Insolvenzverwalter die Möglichkeit zur Einholung eigener Informationen hat.

Auch im Rahmen der vorläufigen Insolvenzverwaltung mit Zustimmungsvorbehalt im Insolvenzantragsverfahren würde vom vorläufigen Insolvenzverwalter nicht erwartet werden können, dass dieser ohne Möglichkeit eigener Kontrolle und nur den Angaben des Schuldners vertrauend, die Zustimmung zu Rechtsgeschäften erteilt. In der Praxis ist es nicht auszuschließen, dass das mittels Plan sanierte Unternehmen wenig Interesse hat, den Insolvenzverwalter nach Aufhebung des Verfahrens im Rahmen seiner Pflichten zu unterstützen, insbesondere wenn die Planerfüllung Probleme aufwirft. Deshalb muss im Plan Vorsorge für spätere Konfliktsituationen durch Auskunfts- und Rechenschaftsrechte auch gegenüber Dritten getroffen werden.

Insbesondere sind die Finanzämter aufgrund des Steuergeheimnisses nach § 30 AO sehr restriktiv. Deshalb sollte der Schuldner oder die Übernahmegesellschaft entsprechende unwiderrufliche Befreiungen der Geheimnisträger gegenüber dem überwachenden Insolvenzverwalter erklären, die dem Plan beizufügen sind. Nach Aufhebung des Verfahrens besteht kein Anspruch auf Abgabe derartiger Erklärungen mehr. Interessant in diesem Zusammenhang ist die Frage, ob bei Beendigung des Verfahrens nach § 258 InsO vom Insolvenzverwalter eine Schlussrechnung zu legen ist (§ 66 Abs. 1 InsO) und diese vom Insolvenzgericht zu prüfen ist (§ 66 Abs. 2 Satz 1 InsO). Selbiges gilt für die Frage, ob eine Gläubigerversammlung anzuberaumen und vor deren Durchführung die Schlussrechnung mit dem Vermerk über die gerichtliche Prüfung und eines etwaigen Gläubigerausschusses niederzulegen ist (§ 66 Abs. 2 Satz 2 und 3 InsO). Dieser, in der Literatur ohne weitere Begründung geäußerten Auffassung (vgl. *Uhlenbruck/Lüer/Streit* InsO, § 258 Rn. 10; *Kübler/Prütting/Bork-Spahlinger* InsO, § 258 Rn. 4), tritt *Grub* DZWIR 2004, 317 ff. mit überzeugenden Argumenten entgegen, indem er anmerkt, dass § 258 InsO die Aufhebungsvoraussetzungen abschließend regelt und keinen Auslegungsspielraum zulässt. Die Nichtanwendbarkeit des § 66 InsO verfolgt den gesetzgeberischen Willen, dem Schuldner die Verfügungsmacht rasch zurückzugeben (vgl. *Balz/Landfermann* S. 377, 378) und das Insolvenzverfahren nicht mit der Erstellung der Schlussrechnung, deren Prüfung, einem Schlusstermin und den damit verbundenen Rechtsmitteln zu Lasten eines sanierten Schuldners zu verlängern. *Grub* verdeutlicht, dass § 66 InsO keine Allgemeinvorschrift für alle Formen der Beendigung des Insolvenzverfahrens ist, sondern nur bei Normalverfahren, in denen nach Beendigung der Masseverwertung ein Schlusstermin gem. § 197 InsO stattfindet, Anwendung findet. Nur in diesem Fall ist die Schlussrechnung zu legen und eine abschließende Gläubigerversammlung gem. § 197 InsO einzuberufen. Erst im Anschluss erfolgt die Schlussverteilung nach § 196 Abs. 2 InsO. Die Nichtanwendung von § 66 InsO ist auch nicht außergewöhnlich. Denn auch für die sonstigen Fälle der Verfahrensbeendigung sind – wie in § 258 InsO – Sonderregelungen einschlägig. So ist weder bei einer Einstellung mangels Masse nach § 207 InsO noch bei einer Einstellung nach §§ 212, 213 InsO die Regelung des § 66 InsO anwendbar. Bei der Einstellung nach den §§ 212, 213 InsO erübrigt sich die Rechnungslegung bereits dadurch, dass die Gläubiger ihren vollen Anspruch wieder gegenüber dem Schuldner geltend machen können. Auch die Verfolgung etwaiger Ansprüche wegen einer fehlerhaften Verwaltertätigkeit obliegt dem Schuldner (*Grub* DZWIR 2004, 317 ff.).

Der Auffassung von *Grub* ist zuzustimmen. § 66 InsO ist keine allgemeine Vorschrift für alle Formen der Beendigung eines Insolvenzverfahrens. Der fehlende Verweis in § 258 InsO auf § 66 InsO ist kein Redaktionsversehen, sondern die Gründe liegen zutreffenderweise in der gesetzgeberischen Intention die Verfahrensaufhebung schnellstmöglich zuzulassen, um ein saniertes Unternehmen in die Freiheit zu entlassen. Hinzu kommt, dass es überhaupt keinen allgemein gültigen Zeitpunkt gibt, auf welchen die Schlussrechnung durch den Insolvenzverwalter zu legen wäre. Es kämen in der Praxis völlig gegensätzliche Zeitpunkte in Betracht, beginnend vom Zeitpunkt der Einreichung des Insolvenzplans, über den Tag des Abstimmungstermins, dem Tag der Planrechtskraft, dem Tag des Abschlusses der Prüfungstätigkeit des Gerichts oder – was bei unterstellter Anwendbarkeit des § 66 InsO an sich zwingend wäre – bis zum Zeitpunkt der Aufhebung des Verfahrens, da bis dahin der Verwalter die rechtliche Verantwortung trägt.

Für die fehlende Anwendbarkeit des § 66 InsO spricht weiter die Tatsache, dass die Schlussrechnung im Planverfahren im Gegensatz zur Regelinsolvenz keinen Überblick über die tatsächlichen wirtschaftlichen Verhältnisse ermöglichen kann, da bei einer fortgesetzten Geschäftstätigkeit eines sanierten Unternehmens wesentliche Teile des Vermögens wie das Anlagevermögen und weite Teile des Umlaufvermögens i.d.R. nicht verwertet worden sind und demgemäß gar nicht Bestandteil der Schlussrechnung sein könnten. Auch im Kontext der Verwaltervergütung, der Vergütung des Gläubigerausschusses und der Gerichtskosten ist die Schlussrechnung ohne Belang. Die Verwaltervergütung bemisst sich gem. § 1 Abs. 1 Nr. 2 InsVV nach den Aktiva zum Zeitpunkt der Beendigung des Verfahrens. Die Einnahmen und Ausgaben haben demgemäß keinen Einfluss auf die Kosten.

12 Weiterhin erübrigt sich eine Gläubigerversammlung nach § 66 Abs. 2 InsO bereits deshalb, weil es auch keine Insolvenzgläubiger mehr gibt. Mit Rechtskraft des Plans werden die Insolvenzforderungen in Ansprüche auf Auszahlung der Quote gewandelt, die nicht mehr als Insolvenzforderungen behandelt werden (vgl. HK-InsO/*Haas* § 258 Rn. 2; *Grub* DZWIR 2004, 319). Falls der Plan nicht erfüllt werden sollte, sind die Rechtsfolgen in § 255 InsO abschließend normiert, § 66 InsO spielt hierbei keine Rolle.

13 Das Urteil des *LG Stuttgart* v. 11.12.2003 (DZWIR 2003, 171 ff.) hat eindrucksvoll verdeutlicht, dass diese Frage nicht nur akademische Bedeutung, sondern gravierende Auswirkungen in der Praxis hat. In dem streitgegenständlichen Verfahren wurde ein Insolvenzplan bereits am 18.08.2000 rechtskräftig bestätigt, das Verfahren wegen der Formalien der Schlussrechnung und des Schlusstermins nach § 66 InsO erst am 05.04.2001 aufgehoben. In dem dazwischen liegenden Zeitraum wurden neue Lieferantenverbindlichkeiten begründet, die in einem am 20.11.2001 erneut eröffneten Insolvenzverfahren nicht mehr befriedigt wurden. Ein Lieferant verklagte daraufhin den Insolvenzverwalter des ersten Verfahrens auf Schadensersatz mit der Begründung, dass dieser vor Verfahrensaufhebung verpflichtet gewesen wäre, nach § 258 Abs. 2 InsO Masseansprüche zu berichtigen und für streitige Masseansprüche Sicherheit zu leisten. Das LG Stuttgart hat wohlwollend zugunsten des Verwalters judiziert, dass bereits entstandene Masseansprüche, die jedoch noch nicht fällig sind, nicht unter § 258 Abs. 2 InsO fallen. Der Insolvenzverwalter sei dann auch nicht aus Rechtsgründen verpflichtet, für die durch die Fortführung des Betriebs der Gemeinschuldnerin eingegangenen Masseverbindlichkeiten Sicherheit gem. § 258 Abs. 2 InsO zu leisten (vgl. *LG Stuttgart* DZWIR 2003, 171 ff. m. Anm. *Busch* S. 172 ff.).

Wenngleich diese Entscheidung zu begrüßen ist, darf nicht unterschätzt werden, dass sowohl Verwalter wie auch das sanierte Unternehmen erheblichen unnötigen Risiken ausgesetzt sind, wenn die Aufhebung des Insolvenzverfahrens ohne triftigen Grund (z.B. wegen § 259 Abs. 3 InsO) hinausgezögert wird.

Dass die Verfahrensregeln nach Rechtskraft des Plans unpraktikabel sind, zeigt sich auch an folgendem Beispiel: Wird das Verfahren nach Rechtskraft des Insolvenzplans fortgesetzt, kann ein Gläubiger einer nach dem Abstimmungstermin angemeldeten Forderung nach Abhaltung eines nachträglichen Prüfungstermins gegen den Verwalter auf Feststellung klagen, anstatt vom sanierten Unternehmen die Planquote zu erhalten bzw. im Bestreitensfall durch das sanierte Unternehmen auf Leistung der Planquote anstatt auf Feststellung gegen den Verwalter zu klagen.

14 Aus Sicht des Insolvenzgerichts bietet es sich an, die Richtigkeit der Rechnungslegung durch eine Zwischenrechnungslegungsprüfung zu überprüfen, die aber zwingend bis zur Rechtskraft des Plans abgeschlossen sein muss. Hierzu kann sich das Gericht eines unabhängigen Sachverständigen bedienen, sinnvollerweise eines Wirtschaftsprüfers, denn die Bestellung eines anderen Insolvenzverwalters hat offensichtlich Interessenskollisionen zur Folge. Soweit kein sachlicher Grund, z.B. in Hinblick auf § 259 Abs. 3 InsO, besteht, ist das Verfahren somit zeitnah nach Rechtskraft des Plans gem. § 258 InsO aufzuheben.

C. Tätigkeiten des Verwalters vor Aufhebung

15 Die Phase der Verfahrensaufhebung nach Annahme eines Insolvenzplans stellt, insbesondere bei größeren produzierenden Unternehmen oder Handelsbetrieben, eine der schwierigsten und haftungs-

trächtigsten Abschnitte eines Insolvenzverfahrens dar. Denn vollumfänglich operativ tätige Betriebe können nicht stichtagsbezogen abgerechnet werden. Im Gegensatz zur übertragenden Sanierung sind die Grenzen zwischen Insolvenzvergangenheit und Sanierungszukunft miteinander verwoben und fließend.

Problematisch ist auch die vorzeitige (teilweise) Auszahlung der Insolvenzquote, wenn im gestaltenden Teil des Insolvenzplans vorgesehen ist, dass die Auszahlung erst zu einem bestimmten Zeitpunkt nach Aufhebung des Insolvenzverfahrens erfolgen soll. Das LG Berlin verurteilte einen Insolvenzverwalter auf Schadensersatz in Höhe des dem Insolvenzschuldner entstandenen Zinsverlustes, nachdem dieser entgegen der Regelung im Insolvenzplan nach Verzögerungen bei der Schlussrechnung eine durch das Insolvenzgericht gebilligte Abschlagszahlung an die Gläubiger geleistet hatte (*LG Berlin* ZInsO 2012, 326). 16

Das Gesetz schreibt vor, dass der Verwalter vor der Aufhebung des Verfahrens gem. § 258 Abs. 2 InsO die unstreitigen fälligen Masseansprüche berichtigen und für die streitigen Masseansprüche Sicherheit leisten muss. Für die nicht fälligen Masseansprüche kann auch ein Finanzplan vorgelegt werden, aus dem sich ergibt, dass ihre Erfüllung gewährleistet ist. Es genügt eine belastbare Liquiditätsrechnung bis hin zum Zeitpunkt des Fälligwerdens der Verbindlichkeit (BT-Drucks. 17/5712 S. 37). Die unstreitigen fälligen Masseansprüche sind aus dem Barbestand zu berichtigen. Hinsichtlich der Sicherheitsleistung finden hingegen die Vorschriften der §§ 232 ff. BGB entsprechende Anwendung (*Uhlenbruck/Lüer/Streit* InsO, § 258 Rn. 7). Als Form der Sicherheitsleistung ist die Hinterlegung zweckmäßig, es sei denn, wegen kurz bevorstehender Fälligkeit der vorübergehend sicherzustellenden Forderung reicht eine kurzfristige Zurückbehaltung bei der Verteilung aus (vgl. *Hess* InsO, § 258 Rn. 21). Im Fall des § 210a InsO gilt § 258 Abs. 2 InsO nicht für Massegläubiger mit dem Rang des § 209 Abs. 1 Nr. 3 InsO, da diese an die Stelle der nicht nachrangigen Insolvenzgläubiger treten. 17

§ 258 Abs. 2 InsO ermöglicht, für nicht fällige Masseansprüche anstelle einer Sicherheitsleistung einen Finanzplan vorzulegen. Diese Regelung gilt auch für Sozialplanansprüche. § 258 Abs. 2 InsO weist die Möglichkeit, einen Finanzplan zu erstellen, nicht ausschließlich dem Insolvenzverwalter zu. Nicht er, sondern das Insolvenzgericht hat daher zu prüfen, ob dem Insolvenzgericht vorgelegte Unterlagen die an einen Finanzplan i.S.d. § 258 Abs. 2 InsO zu stellenden Anforderungen erfüllen (*LAG Düsseldorf* ZIP 2015, 1743). 18

Forderungen von Gläubigern, die wegen ihrer Ansprüche auf Deckung oder Sicherstellung verzichtet haben, sind im Rahmen des Abs. 2 nicht zu berücksichtigen (*Kilger/Karsten Schmidt* KO, § 191 Rn. 2). 19

D. Bekanntmachung

Der Beschluss und der Grund der Aufhebung sind gem. § 258 Abs. 3 Satz 1 InsO mit auszugsweiser Veröffentlichung im Bundesanzeiger bekanntzumachen. Dies ersetzt nach § 9 Abs. 3 InsO die Zustellung des Aufhebungsbeschlusses. 20

Kann das Gericht bei Aufhebung des Verfahrens den exakten Tag der Veröffentlichung ex ante nicht bestimmen, genügt der Hinweis, dass die Veröffentlichung der Aufhebung veranlasst ist und die Aufhebung mit dem Ablauf des zweiten Tages nach der Veröffentlichung wirksam wird (vgl. § 9 Abs. 1 Satz 3 InsO). Dies genügt, da gegen den Aufhebungsbeschluss kein Rechtsmittel zulässig ist. In § 258 Abs. 3 Satz 2 InsO ist ergänzend geregelt, dass der Schuldner, der Insolvenzverwalter und die Mitglieder des Gläubigerausschusses vorab über den Zeitpunkt des Wirksamwerdens der Aufhebung zu unterrichten sind (BT-Drucks. 12/2443 S. 214). 21

E. Verantwortlichkeit des Verwalters

Hierbei ist zwischen Masseansprüchen nach § 54 InsO bzw. § 55 InsO zu unterscheiden (*Nerlich/Römermann-Braun* InsO, § 258 Rn. 3). Masseansprüche nach § 54 InsO sind von der Regelung des 22

§ 258 Abs. 2 InsO erfasst, nicht jedoch Masseansprüche nach § 55 InsO, soweit diese aus der Betriebsfortführung entstanden sind (*Nerlich/Römermann-Braun* InsO, § 258 Rn. 3; *Kreuznach* NZI 2007, 441).

23 Die Masse eines vor Aufhebung des Insolvenzverfahrens befindlichen Unternehmens wird in den seltensten Fällen in der Lage sein, sämtliche Lieferantenforderungen, die im normalen Geschäftsverkehr ein Zahlungsziel zwischen 30 und 40 Tagen haben, sofort zu bezahlen oder dafür Sicherheit zu leisten. Dies umso mehr, als die finanzwirtschaftlichen Sanierungsmaßnahmen im Regelfall erst umgesetzt werden, wenn der Plan rechtskräftig ist und Rechtssicherheit für Investoren besteht. Wäre der Verwalter verpflichtet, auch die aus der Fortführung in der Insolvenz entstandenen Masseansprüche nach § 55 InsO stichtagsbezogen auf die Aufhebung zu leisten, so wäre eine Betriebsfortführung während des laufenden Planverfahrens in den meisten Fällen nicht möglich, da eine hierfür erforderliche Liquidität der Insolvenzmasse von vorneherein auszuschließen ist.

24 Da es sich bei der Sanierung mittels Insolvenzplan um einen dynamischen Prozess handelt, ist es den Massegläubigern der Fortführung zuzumuten, diese Ansprüche stehen zu lassen, da das sanierte Unternehmen nach Aufhebung des Verfahrens dafür einzustehen hat. Dies ist auch deshalb der Fall, da nach Aufhebung des Verfahrens die Situation für die Lieferanten im Rahmen von Neulieferungen genauso ist. Ferner hat es der Lieferant durch die Vereinbarung von einfachen, erweiterten und verlängerten Eigentumsvorbehalten stets in der Hand, sein Risiko zu minimieren. Bereits entstandene Masseansprüche, die jedoch noch nicht fällig sind, fallen nicht unter § 258 Abs. 2 InsO. Der Insolvenzverwalter ist dann auch nicht aus Rechtsgründen verpflichtet, für die durch die Fortführung des Betriebs der Gemeinschuldnerin eingegangenen Masseverbindlichkeiten Sicherheit gem. § 258 Abs. 2 InsO zu leisten (vgl. BT-Drucks. 17/5712 S. 37 sowie zur alten Gesetzeslage *LG Stuttgart* DZWIR 2003, 171 ff. m. Anm. *Busch* S. 172 ff.).

25 Um aufgrund der fehlenden Differenzierung des Gesetzgebers innerhalb des § 258 Abs. 2 InsO Streitigkeiten mit Massegläubigern für den Insolvenzverwalter zu vermeiden, sollte in der Praxis im Rahmen der Betriebsfortführung darauf hingewiesen werden, dass – im Falle der Aufhebung des Verfahrens aufgrund Annahme eines Insolvenzplans in Form eines Fortführungsplans –, sich die zum Zeitpunkt der Aufhebung des Verfahrens noch offenen Masseansprüche aus der Betriebsfortführung gegen das sanierte Unternehmen und nicht die Insolvenzmasse richten.

26 Soweit Massegläubiger zu einer Lieferung auf dieser Grundlage nicht gewillt sind, muss der Verwalter abwägen, ob er das Risiko der Betriebsfortführung überhaupt eingehen bzw. ob er andere Lieferanten finden kann. Wird seitens des Insolvenzverwalters versäumt, die unter § 258 Abs. 2 InsO fallenden Ansprüche zu regeln, setzt er sich u.U. der Gefahr von Schadensersatzansprüchen aus.

Auch für das Insolvenzgericht ist diese Frage relevant, da gem. § 58 Abs. 1 InsO Aufsichtspflichten gegenüber dem Verwalter bestehen und bei schuldhafter Verletzung dieser Amtspflicht der Staat gem. Art. 34 GG i.V.m. § 839 BGB haftet (*Uhlenbruck/Lüer/Streit* InsO, § 258 Rn. 11).

27 Das Problem wird durch die Anwendung der §§ 264–266 InsO entschärft, da in den Schutzbereich dieser Normen Kredite jeder Art einbezogen werden können; es muss auch nicht differenziert werden, ob der Kredit neu aufgenommen oder stehen gelassen wird.

§ 259 Wirkungen der Aufhebung

(1) ¹Mit der Aufhebung des Insolvenzverfahrens erlöschen die Ämter des Insolvenzverwalters und der Mitglieder des Gläubigerausschusses. ²Der Schuldner erhält das Recht zurück, über die Insolvenzmasse frei zu verfügen.

(2) Die Vorschriften über die Überwachung der Planerfüllung bleiben unberührt.

(3) ¹Einen anhängigen Rechtsstreit, der die Insolvenzanfechtung zum Gegenstand hat, kann der Verwalter auch nach der Aufhebung des Verfahrens fortführen, wenn dies im gestaltenden Teil des

Plans vorgesehen ist. ²In diesem Fall wird der Rechtsstreit für Rechnung des Schuldners geführt, wenn im Plan keine abweichende Regelung getroffen wird.

Übersicht

		Rdn.				Rdn.
A.	Absatz 1 und Absatz 2	1		2. Absatz 1 Satz 1		4
I.	Grundsatz	1		3. Absatz 1 Satz 2		9
II.	Wirkungen ohne Überwachung	2	III.	Wirkungen mit Überwachung		17
	1. Allgemeines	2	B.	Absatz 3		18

Literatur:
Ruhe-Schweigel Keine Prozessführungsbefugnis des Insolvenzverwalters für erst nach Bestätigung des Insolvenzplans und Aufhebung des Verfahrens rechtshängigen Anfechtungsprozess, EWiR 2013, 557; *Schulte-Kaubrügger* Nachtragsverteilung trotz Insolvenzplan für nachträglich ermittelte Gegenstände, ZInsO 2009, 1321; *Smid* Prozessführungsbefugnis des Insolvenzverwalters wegen massezugehöriger Ansprüche nach Aufhebung des Insolvenzverfahrens, ZInsO 2010, 641; *Wollweber/Hennig* Fortführung des Anfechtungsprozesses nach Planaufhebung, ZInsO 2013, 49.

A. Absatz 1 und Absatz 2

I. Grundsatz

Wie § 259 Abs. 2 InsO insoweit klarstellt, sind die in § 259 Abs. 1 InsO geregelten Wirkungen der Aufhebung des Verfahrens durch die Vorschriften über die Planüberwachung überlagert, sofern der gestaltende Teil des Plans die Überwachung der Planerfüllung vorschreibt. 1

II. Wirkungen ohne Überwachung

1. Allgemeines

Wird das Insolvenzverfahren ohne Anordnung der Überwachung gem. §§ 260 ff. InsO aufgehoben, ist es mit Ausnahme der Sonderregel des § 259 Abs. 3 InsO sowohl für die Organe des Verfahrens, als auch für den Schuldner beendet. In diesem Falle gibt es im Gegensatz zum überkommenen Recht des Vergleichs gem. § 96 VglO kein Nachverfahren mehr. 2

Der Reformgesetzgeber hat, wenn auf die Anordnung der Überwachung durch eine privatautonome Entscheidung seitens der Beteiligten verzichtet wird, keine Veranlassung gesehen regelnd einzugreifen. Im Gegensatz dazu kam es im Vergleich nach der VglO nur unter den Voraussetzungen der §§ 90 Abs. 1 Nr. 1 und 2 sowie 91 Abs. 1 VglO zu einer Aufhebung des Verfahrens, wobei der Regelfall das gerichtliche »Nachverfahren« nach § 96 VglO war (*Bley/Mohrbutter* VglO, § 98 Rn. 2). 3

2. Absatz 1 Satz 1

§ 259 Abs. 1 Satz 1 InsO regelt in Übereinstimmung mit § 98 Abs. 1 VglO das Erlöschen der Ämter des Insolvenzverwalters und der Mitglieder des Gläubigerausschusses, wenn mangels angeordneter Überwachung der Anwendungsbereich des § 261 Abs. 1 InsO nicht eröffnet ist. 4

Der Schuldner erhält gem. § 259 Abs. 1 Satz 2 InsO die Verfügungsbefugnis über die Masse zurück, somit besteht für die insolvenzrechtlichen Organe des Verfahrens kein Bedarf mehr. Nach dem OLG Celle ist diese Regelung auch dahingehend indisponibel, dass sich eine fortdauernde Befugnis des Insolvenzverwalters, über Teile der früheren Insolvenzmasse zu verfügen und diese nach Verfahrensaufhebung zu verwalten, aus dem Sinn und Zweck des Insolvenzplans ergeben kann. Bei § 259 Abs. 1 InsO handelt es sich um absolut zwingendes Recht, welches nicht mittels eines Planvorbehalts oder Anordnungen des Gerichts, nach denen der Schuldner seine Verwaltungs- und Verfügungsbefugnis nur teilweise zurückerhält, umgangen werden kann (*OLG Celle* ZInsO 2006, 1327 f.). 5

Entstandene vermögensrechtliche Ansprüche des Verwalters und der Mitglieder des Gläubigerausschusses lässt das Erlöschen der Ämter indes unberührt. 6

7 Sofern ein Parteiwechsel durch Gesetz und nicht durch den Kläger herbeigeführt wird, kommt es nicht auf das Veranlasserprinzip an, wonach der Kläger wegen des Parteiwechsels die Kosten des ausgeschiedenen Beklagten trägt. Gleiches gilt im Rahmen des § 259 Abs. 1, wonach mit dem Erlöschen des Amtes eines zunächst verklagten Insolvenzverwalters, der Schuldner in dem Rechtsstreit an seine Stelle tritt (*OLG Naumburg* 29.01.2015, NZI 2015, 576).

8 Eine Nachtragsverteilung nach Aufhebung des Insolvenzplanverfahrens durch den Insolvenzverwalter ist nicht mehr möglich, da der Schuldner die Verfügungs- und Verwaltungsbefugnis über sein gesamtes Vermögen wiedererlangt hat. Es fehlt hierfür an der notwendigen gesetzlichen Grundlage. (*Uhlenbruck/Lüer/Streit* InsO, 14. Aufl., § 259 Rn. 10). Nach anderer Ansicht ist eine Nachtragsverteilung im Wege der analogen Anwendung des § 203 Abs. 1 Nr. 3 InsO bei Aufhebung des Insolvenzplanverfahrens möglich (*Schulte-Kaubrügger* ZInsO 2009, 1321).

3. Absatz 1 Satz 2

9 Der Schuldner nimmt nach Aufhebung des Verfahrens auch die Ansprüche der früheren Insolvenzmasse wahr. Verfügungsverbote, die im Zusammenhang mit der Insolvenz angeordnet worden waren, treten mit der Aufhebung des Verfahrens außer Kraft. Der Insolvenzbeschlag ist beendet. Der Schuldner ist wieder berechtigt, alle Ansprüche geltend zu machen, die bis zum Zeitpunkt der Aufhebung durch den Verwalter geltend zu machen waren. Dies gilt auch für Schadensersatzansprüche gegenüber dem Verwalter, Mitgliedern des Gläubigerausschusses oder gegenüber Dritten, die – aus welchen Gründen auch immer – die Masse geschädigt haben.

10 Einhergehend mit dem Übergang des Verfügungsrechts hat der Schuldner Anspruch darauf, die Masse ausgehändigt zu bekommen. Diesen Anspruch kann er mit gerichtlicher Hilfe durchsetzen. Mit dem Insolvenzbeschlag erlischt auch das Recht zum Besitz des Insolvenzverwalters gem. § 986 BGB. Die Rückerlangung der Verfügungsmacht erfolgt ex nunc und gilt nur für die Zukunft.

11 Mit der Rückerlangung der Verfügungsbefugnis des Schuldners nach der Verfahrensaufhebung haben Zahlungen von Drittschuldnern auf ein fortbestehendes Anderkonto des vormaligen Insolvenzverwalters keine schuldbefreiende Wirkung, wenn nicht der Schuldner dem Insolvenzverwalter eine Einziehungsermächtigung erteilt hat (*BGH* 12.05.2011, ZInsO 2011, 1151).

12 Handlungen des Verwalters vor der Aufhebung des Verfahrens bleiben – vorbehaltlich etwaiger Schadensersatzansprüche gegen den Verwalter – nach Rückerlangung der Verfügungsmacht unberührt und behalten demnach ihre volle Wirksamkeit.

13 Handlungen des Schuldners in der Zeit des Fehlens seiner Verfügungsmacht können von diesem selbst geheilt werden (*Kilger/Karsten Schmidt* KO, § 192 Rn. 3). Im Gegensatz dazu ist der Verwalter nicht mehr in der Lage, etwaige verbotswidrige Verfügungen des Schuldners zu genehmigen.

14 Die Prozessführungsbefugnis des Insolvenzverwalters erlischt mit der Aufhebung des Verfahrens (*Kübler/Prütting/Bork-Spahlinger* InsO, § 259 Rn. 15). Eine an den Insolvenzverwalter nach dem Insolvenzplan treuhänderisch abgetretene Masseforderung kann dieser nach Aufhebung des Insolvenzverfahrens nicht mehr als Partei kraft Amtes, sondern nur aus eigenem Recht als Zessionar weiter verfolgen (*BGH* NJW-RR 2008, 860; hierzu auch *Smid* ZInsO 2010, 641). Hinsichtlich anhängiger Anfechtungsprozesse ist jedoch die Sonderregelung in § 259 Abs. 3 InsO zu beachten. Eine durch die Verfahrenseröffnung ausgelöste Liquidation einer Gesellschaft wird nicht unterbrochen, kann aber, wenn es der Insolvenzplan vorsieht, durch einen Fortsetzungsbeschluss der Gesellschafter u.U. beendet werden (§§ 144, 161 HGB, §§ 274, 278 AktG, § 60 GmbHG; mit weiteren Detailnachweis: *Kübler/Prütting/Bork-Spahlinger* InsO, § 259 Rn. 4; HK-InsO/*Haas* § 259 Rn. 6).

15 Die Aufhebung bedeutet weiter, dass die Insolvenzforderungen nach Maßgabe des Plans wieder gegen den Schuldner geltend gemacht werden können und dass die bisherige Insolvenzmasse, soweit noch vorhanden, für die Befriedigung aller Gläubiger, aber auch der Neugläubiger zur Verfügung steht (HK-InsO/*Haas* § 259 Rn. 2). Die Rückerlangung der Verfügungsbefugnis kann durch den Plan nicht aufgehoben werden. § 259 Abs. 1 Satz 2 InsO stellt kein dispositives Recht dar. Eine

gesetzliche Möglichkeit der Gläubiger, sich in begrenztem Umfang vor Rechtshandlungen des Schuldners bis zur Planerfüllung zu schützen, stellt die Regelung des § 263 InsO dar, wonach im gestaltenden Teil des Insolvenzplans vorgesehen werden kann, dass bestimmte Rechtsgeschäfte des Schuldners und der Übernahmegesellschaft während der Zeit der Überwachung nur wirksam sind, wenn der Insolvenzverwalter zustimmt.

Der Vorschlag, dass der bisherige Insolvenzverwalter im Rahmen einer, mit der Gesellschaft abgestimmten, planbedingten Betriebsfortführung als Mitgesellschafter einer schuldnerischen GmbH oder als gleichwertiger Vorstand einer schuldnerischen AG eingesetzt wird und nach der geänderten Satzung die Geschäftsführer oder der Vorstand gemeinschaftlich zum Handeln verpflichtet sind, mit der Zielsetzung, aus den Ergebnissen der nach Verfahrensbeendigung fortzuführenden Gesellschaft die Gläubiger zu befriedigen, geht indes zu weit (so: *Hess* InsO, § 259 Rn. 3). Würde der Insolvenzverwalter derart in das vormals insolvente Unternehmen implementiert, bestünden zu starke Interessenkollisionen. Dadurch, dass die Tätigkeit des Insolvenzverwalters im Rahmen der Überwachung eng begrenzt ist, wäre ein Zielkonflikt vorprogrammiert, da ein organschaftlicher Vertreter vielfach zum Insolvenzverwalter gegenläufige Interessen zu vertreten hat. Darüber hinaus dürfte es den wenigsten Gläubigern nachvollziehbar sein, den Insolvenzverwalter wenige Wochen nach Aufhebung des Plans als Geschäftsführer der Schuldnerin wiederzufinden. Zwingende Folge wären gravierende Fehlinterpretationen. 16

III. Wirkungen mit Überwachung

§ 259 Abs. 2 InsO stellt insoweit klar, dass die Regelungen des § 259 Abs. 1 InsO im Falle der im gestaltenden Teil des Insolvenzplans angeordneten Überwachung der Planerfüllung von den leges speciales der §§ 260 ff. InsO überlagert bzw. modifiziert werden. Dies bedeutet, dass die Regelungen der §§ 260 ff. InsO vorgehen. 17

Wird eine Planüberwachung angeordnet, so ist auch bei Aufhebung des Insolvenzverfahrens (§ 258 InsO) von einer Fortdauer der aus Anlass des früheren Insolvenzereignisses eingetretenen Zahlungsunfähigkeit auszugehen. Der mit dem einmal eröffneten Insolvenzverfahren gegebene Zusammenhang wird dadurch festgehalten, dass Aufgaben und Befugnisse des Insolvenzverwalters und ggf. des Gläubigerausschusses sowie die Aufsicht des Insolvenzgerichts fortbestehen (*BSG* ZIP 2008, 1989).

Hinsichtlich der konkreten Wirkungen wird auf die diesbezüglichen Ausführungen verwiesen. Bereits an dieser Stelle sei jedoch angemerkt, dass die Überwachung ein sehr schwaches Instrument ist und Fehlentwicklungen kaum rechtzeitig vorbeugen kann. Dies hat der Gesetzgeber gesehen und sich in einer Abwägung zwischen unternehmerischer Freiheit und nachwirkenden Gläubigerinteressen für ersteres entschieden. Dessen müssen sich die Gläubiger bewusst sein.

B. Absatz 3

Im überkommenen Recht hatte die Aufhebung eines Konkursverfahrens die für die Beklagten eines Anfechtungsprozesses erfreuliche prozessuale Folge der Erledigung der Hauptsache zur Konsequenz, da der Anfechtungsanspruch mit Aufhebung des Konkursverfahrens zum Erlöschen gebracht wurde (*Kilger/Karsten Schmidt* KO, § 192 Rn. 2). Diese Rechtslage bedingte, dass Anfechtungsgegner um eine Verzögerung oder Verschleppung von Anfechtungsprozessen bemüht waren, um so dem Rückgewähranspruch des § 37 Abs. 1 KO zu entgehen. Aus Sicht der Konkursmasse war es im überkommenen Recht unbefriedigend, dass die vergleichsweise Einigung der Beteiligten im Rahmen eines Zwangsvergleichs mit dem Verlust des Anfechtungsrechtes verknüpft war. Diesen offensichtlichen, aber in der Dogmatik des Rückgewähranspruches gem. § 37 Abs. 1 KO begründeten, Nachteil wollte der Reformgesetzgeber in der Insolvenzordnung vermeiden. 18

Aus diesem Grunde regelt § 259 Abs. 3 InsO, dass im gestaltenden Teil des Plans eine Befugnis des Verwalters vorgesehen werden kann, Anfechtungsprozesse auch nach Aufhebung des Verfahrens weiterzuführen. Die im Insolvenzplan getroffene Regelung »§ 259 Abs. 3 InsO findet Anwendung« ist 19 ausreichend bestimmt, da eine Auslegung dieser Regelung, wie sie der Erklärungsempfänger nach Treu und Glauben unter der Berücksichtigung der Verkehrssitte verstehe, zulässig und geboten ist. Der Schutz des Anfechtungsgegners gebietet nicht eine konkrete, eindeutige und nicht auslegungsbedürftige Ausgestaltung einer solchen Regelung. Der über die Annahme des Plans zu entscheidenden Person ist es zuzumuten, die genannte Gesetzesbestimmung nachzulesen (vgl. *BGH* 06.10.2005, ZIP 2006, 39; dazu auch *Michels* EWiR 2002, 293 f.).

Die Entscheidung des BGH war zu begrüßen, da ein erhebliches Bedürfnis besteht, dem Insolvenzverwalter die Befugnis einzuräumen, Anfechtungstatbestände auch nach Aufhebung des Insolvenzverfahrens zu verfolgen und durchzusetzen, da das Anfechtungsrecht nach Aufhebung nicht auf den Schuldner übergeht. Auch widerspricht eine großzügige Auslegung der Regelung des § 259 Abs. 3 InsO im Insolvenzplan nicht dem Gläubigerschutz. Gläubiger, die etwas in anfechtbarer Weise erlangt haben, sollen, selbst wenn sie dem Insolvenzplanverfahren zugestimmt haben, nicht vor dem Insolvenzanfechtungsverfahren geschützt werden (vgl. *Michels* EWiR 2002, 293 f.). Allgemeines Ziel des Insolvenzverfahrens ist vielmehr der gemeinschaftliche Schutz aller Gläubiger, nicht nur die Bevorzugung eines Gläubigers unter falsch verstandenen Schutzgesichtspunkten (vgl. *Michels* EWiR 2002, 293 f.). Es empfiehlt sich jedoch eine explizite Regelung der Wirkung des Insolvenzplans auf Anfechtungsprozesse schon aufgrund der Möglichkeit, nicht nur die Fortführung an sich, sondern auch weitergehend die Kostentragung und die Erlösverteilung zu regeln (vgl. *Neußner* EWiR 2001, 1067 [1068]). Möglich ist dabei auch eine Regelung in der Form, dass dem Insolvenzverwalter die Prozessführungsbefugnis nur für bestimme Anfechtungsprozesse nach Aufhebung des Insolvenzverfahrens übertragen wird (*BGH* Beschl. v. 07.03.2013, NZI 2013, 491 m. Anm. *Schmidt*).

20 Eine Fortführung durch den Verwalter ist erforderlich, weil das Anfechtungsrecht ausschließlich diesem zusteht und deshalb nach Aufhebung des Verfahrens nicht auf den Schuldner übergehen kann. Werden Regelungen im gestaltenden Teil des Plans hinsichtlich der Anfechtungsprozesse vereinbart, tritt insoweit keine Erledigung der Hauptsache eines Anfechtungsprozesses ein. Anfechtungsprozesse werden in diesem Falle durch den Verwalter auf Rechnung und Risiko des Schuldners weitergeführt. Das Prozessrisiko kann im Plan abweichend geregelt werden.

21 Maßgeblich für die Berechtigung zur Fortführung anhängiger Anfechtungsrechtsstreite ist einzig der Zeitpunkt der Aufhebung des Verfahrens. Ob der Anfechtungsanspruch zum Zeitpunkt der Abstimmung über den Plan bereits bekannt war, ist dabei genauso unerheblich wie die Frage, ob ein Anfechtungsrechtsstreit zum Abstimmungszeitpunkt über den Plan bereits anhängig war (vgl. *BGH* 06.10.2005, ZIP 2006, 39). Das Abstellen des Gesetzgebers auf den Zeitpunkt der Aufhebung des Verfahrens ist aus mehreren Gründen als gelungen und richtig zu bezeichnen.

Zum einen dürfte dem Verwalter vor allem bei prepackeged Plänen, die in möglichst kurzer Zeit durchgesetzt werden müssen, meist die Zeit fehlen, allen anfechtungsrechtlich relevanten Sachverhalten in der Anfangsphase des Verfahrens nachzugehen.

22 Müsste der Verwalter Anfechtungsklagen bereits zum Zeitpunkt der Abstimmung über den Plan anhängig machen, würde dies in der Praxis meist dazu führen, dass die betroffenen Gläubiger gegen den Plan opponieren und die Plandurchsetzung maßgeblich erschwert würde. Ferner könnten gerade die nicht ad hoc ersetzbaren Lieferanten die Betriebsfortführung in der Insolvenz gefährden, wenn Anfechtungsklagen zu früh erhoben würden.

Der Möglichkeit über die Einleitung von Anfechtungsprozessen bis zur Aufhebung entscheiden zu können kommt eine entscheidende Bedeutung zu, weil der Verwalter nach Annahme des Plans weitaus mehr auf die Geschäftsinteressen des mittels Plan sanierten Unternehmen Rücksicht nehmen muss, als im Falle der Planablehnung.

23 Im Gegensatz zur Liquidation eines schuldnerischen Unternehmens, bei welcher alleine der monetäre Aspekt zählt, ist im Rahmen der Umsetzung eines Fortführungsplans auch unternehmenspolitisch und weitsichtig zu agieren. Ist beispielsweise die Erfüllung eines Plans davon abhängig, dass

bei einem mono-strukturierten Unternehmen ein bedeutender Kunde oder Lieferant in Zukunft weiter abnimmt bzw. liefert, muss sich der Verwalter sehr gut überlegen, welche Folgen eine Anfechtungsklage gegen Vorgenannte nach sich ziehen kann. Aus diesem Grunde ist neben dem Gläubigerausschuss die Geschäftsleitung des schuldnerischen Unternehmens vor Erhebung einer Anfechtungsklage einzubeziehen, um Störungen der Geschäftstätigkeit nach Aufhebung des Verfahrens zu vermeiden.

Eine Veränderung der materiellen Rechtslage dahingehend, dass die Anfechtungsgegner Einwendungen- und Aufrechnungsmöglichkeiten geltend machen könnten, die ihnen sonst nicht zustünden, sei auch nicht daraus abzuleiten, dass § 259 Abs. 3 einen Fall der gesetzlichen Prozessstandschaft darstelle und der Insolvenzverwalter nach Aufhebung des Insolvenzverfahrens grds. für die Rechnung des Schuldners die Anfechtungsprozesse führe (BT-Drucks. 12/2443, S. 214). Die Beschränkungen dieser blieben vielmehr auch nach Verfahrensaufhebung erhalten, da der Anfechtungsanspruch von der Aufhebung nicht berührt werde (*BGH* 24.03.2016, ZIP 2016, 831 [832]). 24

Für sonstige Prozesse, die keine Anfechtungsrechtsstreitigkeiten betreffen, können im Plan keine Sonderregelungen getroffen werden. Hierzu besteht auch keine Notwendigkeit, da die Frage der Erledigung der Hauptsache bei Anfechtungsprozessen alleine in der Rechtsnatur des konkursrechtlichen Anfechtungsrechts begründet war. Aus diesem Grunde ist § 259 Abs. 3 InsO weder unmittelbar noch analog auf andere anhängige Prozesse anzuwenden, da es insoweit bei dem Übergang der Aktivlegitimation auf den Schuldner verbleibt. So wirtschaftlich begrüßenswert die Anordnung des § 259 Abs. 3 InsO auch ist, so fällt doch auf, dass sie mit keinen der bekannten Anfechtungstheorien im Einklang steht und vor allem auf Verfahrenspragmatik beruht. 25

Auf der Grundlage eines Insolvenzplans kann der Insolvenzverwalter ausschließlich einen bereits anhängigen Anfechtungsstreit fortsetzen, aber nicht einen neuen einleiten. Dabei muss berücksichtigt werden, dass nach der Rechtsprechung des BGH der Begriff »anhängiger Rechtsstreit« i.S.d. § 259 Abs. 3 InsO als »rechtshängiger Rechtsstreit« ausgelegt werden muss (*BGH* 11.04.2013, ZIP 2013, 998, ZInsO 2014, 498; Anm. von *Ruhe-Schweigel* EWiR 2013, 557 und *Schmidt* NZI 2013, 491). Die Prozessführungsbefugnis des Insolvenzverwalters kann demnach allein für solche Anfechtungsklagen durch den Insolvenzplan erweitert werden, die im Zeitpunkt der Aufhebung des Insolvenzverfahrens durch Zustellung bereits rechtshängig waren. Die Klageeinreichung ist somit nicht mehr ausreichend, wenn die Anfechtungsklage erst nach Aufhebung des Insolvenzverfahrens zugestellt wird. Diese Auslegung des § 259 Abs. 3 InsO beruht auf der bisherigen Rechtsprechung des IX. Zivilsenats zu § 240 ZPO, wonach eine Unterbrechung durch die Eröffnung des Insolvenzverfahrens über das Vermögen einer Partei nur dann stattfindet, wenn ein durch Klagezustellung bewirktes rechtshängiges Verfahren vorliegt (*BGH* 11.12.2008, NZI 2009, 169). Für die Insolvenzpraxis bedeutet dies, dass Anfechtungsklagen mit noch mehr Aufwand zu einem ausreichend frühen Zeitpunkt vorbereitet werden müssen, um über § 259 Abs. 3 InsO die Prozessführungsbefugnis des Insolvenzverwalters erhalten zu können. Die Rückwirkung der Zustellung über die Fiktion des § 167 ZPO hilft hierbei nicht, da § 167 ZPO nicht einschlägig ist. 26

Höchstrichterlich wurde allerdings noch nicht entschieden, ob die Rechtshängigkeit bereits im Erörterungs-/Abstimmungstermin bestehen muss. Diese von *Wollweber/Hennig* (ZInsO 2013, 49 f.) vertretene Auffassung, die in der zuletzt ergangenen Rechtsprechung (*BGH* 07.03.2013, NZI 2013, 491; 11.04.2013, ZIP 2013, 998) keine Stütze findet, ist jedoch aus den vorgenannten Gründen abzulehnen (Rdn. 22).

Durch die Aufhebung des Insolvenzverfahrens nach gerichtlicher Bestätigung des Plans verliert der Insolvenzverwalter seine Prozessführungsbefugnis. Diese kann dem Insolvenzverwalter auch nicht durch die Entscheidung eines Insolvenzgerichts eingeräumt werden (*BGH* ZInsO 2010, 102).

Nur wenn der Insolvenzverwalter nicht anwaltlich vertreten war, tritt die Unterbrechung der von Seiten des Insolvenzverwalters geführten Rechtsstreite ein. Ansonsten bleibt die Prozessvollmacht bestehen, so dass die Unterbrechung des Verfahrens nur in Form der Aussetzung auf Antrag erreicht 27 werden kann. Die Rechtslage entspricht dem korrespondierenden § 246 ZPO (*Kübler/Prütting/ Bork-Spahlinger* InsO, § 259 Rn. 17; *Hess* InsO, § 259 Rn. 10).

§ 259a Vollstreckungsschutz

(1) ¹Gefährden nach der Aufhebung des Verfahrens Zwangsvollstreckungen einzelner Insolvenzgläubiger, die ihre Forderungen bis zum Abstimmungstermin nicht angemeldet haben, die Durchführung des Insolvenzplans, kann das Insolvenzgericht auf Antrag des Schuldners eine Maßnahme der Zwangsvollstreckung ganz oder teilweise aufheben oder längstens für drei Jahre untersagen. ²Der Antrag ist nur zulässig, wenn der Schuldner die tatsächlichen Behauptungen, die die Gefährdung begründen, glaubhaft macht.

(2) Ist die Gefährdung glaubhaft gemacht, kann das Gericht die Zwangsvollstreckung auch einstweilen einstellen.

(3) Das Gericht hebt seinen Beschluss auf Antrag auf oder ändert ihn ab, wenn dies mit Rücksicht auf eine Änderung der Sachlage geboten ist.

Übersicht	Rdn.		Rdn.
A. Allgemein	1	C. Absatz 3	7
B. Absatz 1 und 2	2		

Literatur:
Stephan Die »vergessenen Gläubiger« im Verbraucherinsolvenzplan, NZI 2014. 539.

A. Allgemein

1 Forderungen von Gläubigern, die sich im Insolvenzplanverfahren nicht gemeldet haben, können auch noch nach Abschluss des Planverfahrens geltend gemacht werden. Dem Planverfahren kommt keine Ausschlusswirkung zu (vgl. BT-Drucks. 17/5712 S. 37). Melden sich nach der Planbestätigung zuvor unbekannte und daher im Plan nicht berücksichtigte Gläubiger, so kann die dem Plan zugrunde liegende Finanzplanung gestört werden. Zurückgehend auf die ersten Vorschläge der Insolvenzrechtskommission (1. Bericht InsRKomm. LS 2.2.30 und 2.2.31) wird dieser Gefahr nun durch besondere Bestimmungen zum Vollstreckungsschutz und durch eine verkürzte Verjährung entgegengewirkt.

B. Absatz 1 und 2

2 Die Sanierung eines Unternehmens soll nicht deshalb scheitern, weil Gläubiger, die sich zuvor verschwiegen haben, nach Abschluss des Verfahrens wegen Ansprüchen in beträchtlicher Höhe die Zwangsvollstreckung gegen den Schuldner betreiben.

3 Auf Antrag des Schuldners kann das Insolvenzgericht daher bereits erfolgte Maßnahmen der Zwangsvollstreckung vollständig oder teilweise aufheben oder auch künftige Vollstreckungsmaßnahmen längstens für drei Jahre untersagen. Die der Gefährdung zugrunde liegenden tatsächlichen Behauptungen sind glaubhaft zu machen, § 294 ZPO. Anders als im Zivilprozess gilt für die Begründetheit gem. § 5 Abs. 1 InsO der Untersuchungsgrundsatz. Hingegen ist für eine lediglich einstweilige Einstellung der Zwangsvollstreckung nach Abs. 2 auch im Rahmen der Begründetheit eine Glaubhaftmachung der die Gefährdung begründenden Tatsachen ausreichend (BT-Drucks. 17/5712 S. 38).

4 Der Vollstreckungsschutz ist zu gewähren, wenn beträchtliche Forderungen nach Abschluss des Verfahrens durchgesetzt werden sollen und dadurch die Sanierung gefährdet würde (BT-Drucks. 17/5712 S. 37; *Stephan* NZI 2014, 539 [540]). Die Gefährdung kann insbesondere darin bestehen, dass die ordnungsgemäße Durchführung des Insolvenzplans unmöglich gemacht würde oder dem Unternehmen zur Fortsetzung seiner Tätigkeit benötigte Gegenstände entzogen würden. Das Insolvenzgericht wird den Schutz nach der Gesetzesbegründung aber nur dann gewähren, wenn

die begründete Aussicht besteht, dass das sanierte Unternehmen – jedenfalls nach Erfüllung des Insolvenzplans und in Raten – die nachträglich geltend gemachten Forderungen aus den erwirtschafteten Erträgen bezahlen können wird.

Zuständig ist das Insolvenzgericht, weil es die Verhältnisse des Unternehmers aufgrund der vorangegangenen Befassung mit dem Insolvenzplan am besten beurteilen kann. Der Beschluss des Insolvenzgerichts obliegt ab dem 01.01.2013 funktionell gem. § 18 Abs. 1 Nr. 2 RPflG n.F. dem Richter und ist nach § 6 InsO nicht rechtsmittelfähig. 5

Unberührt bleiben die Rechte des Schuldners nach § 765a ZPO. 6

C. Absatz 3

Nach Abs. 3 kann das Gericht entsprechend § 765a Abs. 4 ZPO seinen Beschluss nach Abs. 1 auf Antrag einer Partei aufheben oder abändern, wenn dies mit Blick auf die Sachlage geboten ist. 7

§ 259b Besondere Verjährungsfrist

(1) Die Forderung eines Insolvenzgläubigers, die nicht bis zum Abstimmungstermin angemeldet worden ist, verjährt in einem Jahr.

(2) Die Verjährungsfrist beginnt, wenn die Forderung fällig und der Beschluss rechtskräftig ist, durch den der Insolvenzplan bestätigt wurde.

(3) Die Absätze 1 und 2 sind nur anzuwenden, wenn dadurch die Verjährung einer Forderung früher vollendet wird als bei Anwendung der ansonsten geltenden Verjährungsvorschriften.

(4) ¹Die Verjährung einer Forderung eines Insolvenzgläubigers ist gehemmt, solange wegen Vollstreckungsschutzes nach § 259a nicht vollstreckt werden darf. ²Die Hemmung endet drei Monate nach Beendigung des Vollstreckungsschutzes.

Übersicht	Rdn.		Rdn.
A. Absatz 1 und 2	1	C. Absatz 4	5
B. Absatz 3	4		

Literatur:
Madaus Die Bewältigung von Massenschäden über ein Planverfahren – Möglichkeiten und Grenzen des neuen Insolvenzrechts, ZIP 2014, 160.

A. Absatz 1 und 2

Wie auch § 259a will § 259b InsO mit der Einführung einer besonderen Verjährungsregelung eine Gefährdung der Sanierung durch nachträglich geltend gemachte Ansprüche verhindern. Ansprüche, die nicht bis zum Abstimmungstermin angemeldet worden sind und daher nicht in die Finanzplanung des Plans aufgenommen wurden, verjähren in einem Jahr (im Hinblick auf unwissende Insolvenzgläubiger hierzu krit. *Madaus* ZIP 2014, 160 [161]). 1

Nach Abs. 2 beginnt die Verjährungsfrist mit Rechtskraft des Beschlusses, mit dem der Plan bestätigt worden ist, jedoch nicht vor Fälligkeit der Forderung. 2

Mit der besonderen Verjährungsfrist wird für das zu sanierende Unternehmen in angemessener Zeit Klarheit darüber geschafft, ob es noch mit weiteren Forderungen aus der Zeit vor dem Insolvenzplanverfahren konfrontiert wird. Daher soll die Verjährungsfrist für alle Ansprüche gelten, selbst wenn für sie – wie z.B. bei titulierten Forderungen nach allgemeinem Recht – die dreißigjährige Verjährungsfrist gilt (BT-Drucks. 17/5712 S. 38). 3

§ 260 InsO Überwachung der Planerfüllung

B. Absatz 3

4 Abs. 3 stellt klar, dass die Verjährungsfrist nach Abs. 1 nur dann maßgeblich ist, wenn sie früher vollendet wird als die Verjährung nach allgemeinen Vorschriften. Eine bereits früher eingetretene Verjährung bleibt bestehen.

C. Absatz 4

5 Nach Abs. 4 ist die Verjährung einer Forderung eines Insolvenzgläubigers gehemmt, solange er aufgrund einer Anordnung des Insolvenzgerichts nach § 259a InsO keine Möglichkeit hat, seinen Anspruch geltend zu machen. Für den Fall, dass die Hemmung durch eine solche Anordnung kurz vor Ablauf der Verjährungsfrist eintritt, endet die Hemmung in Anlehnung an § 204 Abs. 2 BGB erst drei Monate nach Beendigung des nach § 259a InsO gewährten Vollstreckungsschutzes.

§ 260 Überwachung der Planerfüllung

(1) Im gestaltenden Teil des Insolvenzplans kann vorgesehen werden, dass die Erfüllung des Plans überwacht wird.

(2) Im Falle des Absatzes 1 wird nach der Aufhebung des Insolvenzverfahrens überwacht, ob die Ansprüche erfüllt werden, die den Gläubigern nach dem gestaltenden Teil gegen den Schuldner zustehen.

(3) Wenn dies im gestaltenden Teil vorgesehen ist, erstreckt sich die Überwachung auf die Erfüllung der Ansprüche, die den Gläubigern nach dem gestaltenden Teil gegen eine juristische Person oder Gesellschaft ohne Rechtspersönlichkeit zustehen, die nach der Eröffnung des Insolvenzverfahrens gegründet worden ist, um das Unternehmen oder einen Betrieb des Schuldners zu übernehmen und weiterzuführen (Übernahmegesellschaft).

Übersicht

	Rdn.		Rdn.
A. Absatz 1 und Absatz 2	1	B. Absatz 3	13

Literatur:
Bork Die Wirkungen des Insolvenzplanes nach §§ 290–305 RefE, in: Leipold, Insolvenzrecht im Umbruch, S. 60; *Bundesministerium der Justiz* (Hrsg.), Erster Bericht der Kommission für Insolvenzrecht, 1985.

A. Absatz 1 und Absatz 2

1 Das Recht, die Erfüllung einer vergleichsweise gefundenen Insolvenzbewältigung zu überwachen, ist dem deutschen Recht nicht gänzlich unbekannt. Obwohl das alte Recht des Zwangsvergleichs im Konkurs und des Vergleichs im Gesamtvollstreckungsverfahren keine Vorschriften über die Überwachung der Erfüllung des Vergleichs enthielt und damit keine insolvenzrechtliche Aufsicht nach Aufhebung des Verfahrens stattfand, so war dieses Institut ähnlich, wenngleich kompliziert und unzureichend, in den §§ 90 ff. VglO geregelt.

2 Im früheren Vergleichsverfahren war die Fortsetzung des Verfahrens nach Maßgabe des § 96 VglO die gesetzliche Regel, während die Aufhebung des Verfahrens nach §§ 90, 91 VglO zugleich mit der Vergleichsbestätigung die Ausnahme darstellte (*Bley/Mohrbutter* VglO, § 96 Rn. 1). Gem. § 90 Abs. 1 Nr. 2 VglO waren Vergleichsverfahren mit einer höheren Forderungssumme als 20.000 DM grds. zu überwachen, wobei die VglO die Möglichkeit vorsah, dass die Gläubiger ihre Autonomie dahingehend ausüben konnten, gem. § 90 Abs. 1 Nr. 1 VglO mehrheitlich die Aufhebung des Verfahrens ohne die Anordnung einer Überwachung zu beantragen.

3 Die im gestaltenden Teil des Plans in der InsO angeordnete Überwachung eröffnet den Gläubigern in begrenztem Umfang die Möglichkeit, die Planerfüllung zu kontrollieren und durch die Regelungen der §§ 264, 265 InsO Einfluss zu nehmen. Die Überwachung i.S.d. §§ 260 ff. InsO unterschei-

det sich inhaltlich erheblich sowohl von der gem. § 91 Abs. 2 VglO vereinbarten Überwachung, als auch vom gerichtlichen Nachverfahren gem. § 96 VglO.

In der Reformgesetzgebung war lange Zeit umstritten, ob die Überwachung fakultativ oder obligatorisch ausgestaltet werden bzw. innerhalb oder außerhalb des Insolvenzverfahrens durchgeführt werden sollte (*BMJ* [Hrsg.], 1. Bericht, S. 205). Man war sich des Spannungsfeldes der Gläubigerschutzbedürftigkeit, welche im Plan im Regelfall erhebliche Verzichte hinnehmen müssen, einerseits und der Zielsetzung, den mittels Plan sanierten Unternehmen die Möglichkeit zu geben, möglichst ohne Sonderstatus und ohne Kennzeichnung der früheren Insolvenz am Wirtschaftsleben teilzunehmen, anderseits bewusst (*BMJ* [Hrsg.], 1. Bericht, S. 205). 4

Keinesfalls wollte man mittels eines, wie auch immer gearteten, Nachverfahrens amerikanischen Verhältnissen dahingehend Vorschub leisten, dass ein Unternehmen durch ein Planverfahren langfristig derartige Wettbewerbsvorteile erlangen kann, dass es zu Wettbewerbsverzerrungen zu Lasten der Konkurrenten kommen kann. Weiterhin war man sich des Problems bewusst, dass innerhalb eines Nachverfahrens auch den vor und während dieses Verfahrensabschnitts entstandenen Forderungen Rechnung getragen werden muss, da Kreditmöglichkeiten eines Unternehmens, welches nach der Insolvenz im Wirtschaftsleben wieder Fuß fassen muss, in erheblichem Maße von der Behandlung der Kredite in einer möglichen Folgeinsolvenz bestimmt sind. 5

Der Reformgesetzgeber hat sich innerhalb des skizzierten Spannungsfeldes letztlich für eine weitgehende Freiheit des Schuldners unter gleichzeitiger erheblicher Beschneidung der Rechte der Gläubiger in der Überwachungsphase entschieden. Weiterhin wird die Überwachung außerhalb des Insolvenzverfahrens durchgeführt und ist damit ausdrücklich nicht mehr Teil des Insolvenzverfahrens. Inhaltlich erstreckt sich die Überwachung ausschließlich darauf, ob die den Gläubigern nach dem Plan zustehenden Ansprüche erfüllt werden, nicht aber auf die sonstige Geschäftsführungstätigkeit des Schuldners. Sonstige Maßnahmen, etwa eine im darstellenden Teil des Plans vorgesehene organisatorische Umstrukturierung des Unternehmens, unterliegen ausdrücklich nicht der Überwachung. 6

Ist die Überwachung gem. § 260 Abs. 1 InsO vorgesehen, so setzt sie unmittelbar nach der Aufhebung des Insolvenzverfahrens ein. Auf den Zeitpunkt der Aufhebung selbst hat die Anordnung der Überwachung keinen Einfluss (*Haarmeyer/Wutzke/Förster* Hdb. zur InsO, S. 686, Rn. 48). 7

Die jetzige gesetzliche Regelung entspricht nicht den Vorstellungen der Insolvenzrechtskommission. Diese hatte die Überwachung wesentlich gläubigerorientierter vorgeschlagen und wollte deshalb auch die im Plan vorgesehenen organisatorischen Maßnahmen von der Überwachung erfasst wissen (*BMJ* [Hrsg.], 1. Bericht, S. 207). 8

Aufgrund der Tatsache, dass den Gläubigern aus dem bestätigten Plan keine subjektiven Rechte auf die Durchführung der planmäßig beschlossenen organisatorischen Maßnahmen zustehen sollten, ist der Anwendungsbereich der Überwachung auf die Erfüllung von Ansprüchen beschränkt (*Bork* in: Leipold, S. 60). Aus denselben Gründen hat der Reformgesetzgeber in Abweichung von den Vorschlägen der Insolvenzrechtskommission entschieden, dass die Überwachung nicht der Regelfall sein sollte, sondern dem Postulat der privatautonomen Entscheidungsfindung auch in Bezug auf die Überwachung der Erfüllung des Plans vorzugswürdiger ist. 9

Mit der beschränkten Überwachungswirkung wollte der Gesetzgeber letztlich verhindern, dass die dem Schuldner mit Aufhebung des Verfahrens zurückgegebenen Verfügungsrechte durch die Überwachung wieder weitgehend entwertet werden. 10

Die Regelung des § 260 InsO ist somit nicht zwingend (*Nerlich/Römermann-Braun* InsO, § 260 Rn. 3). Teilweise wird dies auch für überflüssig gehalten, da entsprechende Regelungen bereits im gestaltenden Teil des Plans vorgesehen werden könnten (vgl. *Kluth* ZInsO 2003, 362). Die Überwachung kann auch erweitert werden, z.B. durch die Verpflichtung zur Erstellung von Liquiditätsrechnungen oder durch die Erweiterung der Auskunftspflichten (vgl. *Nerlich/Römermann-Braun* InsO, § 260 Rn. 3). 11

12 Ist der Plan erfüllt und steht nur noch eine Leistung aus, die laut Plan nur einem einzelnen Gläubiger zukommen soll, dann steht dies der Aufhebung des Verfahrens nicht entgegen. Typisches Beispiel hierfür ist ein Besserungsschein, der einem, meist dinglich berechtigten, Gläubiger, zu einem späteren Zeitpunkt unter eng definierten Umständen weitere Erlöse ermöglichen soll.

B. Absatz 3

13 Wird das Unternehmen von einem Dritten fortgeführt, so ist die Überwachung nur unter den Voraussetzungen des Abs. 3 möglich. Diese Voraussetzungen sind erfüllt, wenn es sich um eine juristische Person oder um eine Gesellschaft ohne Rechtspersönlichkeit handelt, die nach der Eröffnung des Verfahrens speziell gegründet worden ist, um das Unternehmen oder Teile des Unternehmens fortzuführen (BT-Drucks. 12/2443 S. 214 f.).

14 Obwohl die Überwachung im Vergleich zu den Vorstellungen der Kommission deutlich abgeschwächt ist, stellt sie einen massiven Eingriff dar. Denn trotz der Verfügungsmacht des Schuldners oder der Übernahmegesellschaft sind wichtige Rechtsgeschäfte gem. § 263 InsO zustimmungspflichtig bzw. treten durch den Kreditrahmen gem. § 264 InsO weitere Einschränkungen hinzu.

15 Die Überwachung erstreckt sich gem. Abs. 3 auf Dritte, da diese im Vorfeld ihrer Entscheidung, das Unternehmen oder Teile des Unternehmens fortzuführen, die auf sie durch die Überwachung zukommenden Konsequenzen kannten und in Kenntnis dieses Wissens ihre Entscheidung getroffen haben. Dies ist bei echten Übernahmegesellschaften, d.h. bei denjenigen, die nach Eröffnung des Insolvenzverfahrens gegründet worden sind, stets zu bejahen. Bei Vorrats-GmbHs ist dies nicht der Fall, da diese vor Eröffnung des Verfahrens bereits im Handelsregister eingetragen sind. Ohne Vereinbarung im Plan ist grds. bei diesen juristischen Personen die Überwachung nicht möglich, sodass gerade im Falle der übertragenden Sanierung entsprechende Regelungen im Plan privatautonom verankert werden müssen.

16 Gesellschaftern einer schon vor dem Verfahren bestehenden Gesellschaft und den Gläubigern einer solchen Gesellschaft wäre eine Überwachung nicht zuzumuten (BT-Drucks. 12/2443 S. 214 f.). Wird das schuldnerische Unternehmen daher nicht von einer zu diesem Zwecke neu gegründeten Übernahmegesellschaft fortgeführt, sondern von einer bereits vor Eröffnung des Verfahrens bestehenden Gesellschaft, so unterliegt diese Gesellschaft nicht der Überwachung.

17 Die Übernahmegesellschaft kann sich jederzeit, auch wenn sie nicht dem Anwendungsbereich des § 260 Abs. 3 InsO unterfällt, der Überwachung im Übernahmevertrag freiwillig unterwerfen (BT-Drucks. 12/2443 S. 214 f.). Aus Gründen der Rechtssicherheit des Rechtsverkehrs ist die Erstreckung der Überwachung auf eine Übernahmegesellschaft gem. 267 Abs. 2 Nr. 1 InsO öffentlich bekannt zu machen.

§ 261 Aufgaben und Befugnisse des Insolvenzverwalters

(1) ¹Die Überwachung ist Aufgabe des Insolvenzverwalters. ²Die Ämter des Verwalters und der Mitglieder des Gläubigerausschusses und die Aufsicht des Insolvenzgerichts bestehen insoweit fort. ³§ 22 Abs. 3 gilt entsprechend.

(2) ¹Während der Zeit der Überwachung hat der Verwalter dem Gläubigerausschuss, wenn ein solcher bestellt ist, und dem Gericht jährlich über den jeweiligen Stand und die weiteren Aussichten der Erfüllung des Insolvenzplans zu berichten. ²Unberührt bleibt das Recht des Gläubigerausschusses und des Gerichts, jederzeit einzelne Auskünfte oder einen Zwischenbericht zu verlangen.

Übersicht	Rdn.		Rdn.
A. Absatz 1 Satz 1 und 2	1	C. Absatz 2	9
B. Absatz 1 Satz 3	6		

Literatur:
Bundesministerium der Justiz (Hrsg.), Erster Bericht der Kommission für Insolvenzrecht, 1985, S. 205–208.

A. Absatz 1 Satz 1 und 2

Die Überwachung auf der Grundlage der gesetzlichen Regelungen der §§ 260 ff. InsO ist alleinige Aufgabe des Insolvenzverwalters. Dies bedeutet jedoch nicht, dass die Überwachung obligatorisch wäre oder die Person des Überwachenden stets der Insolvenzverwalter sein müsste. Der Gesetzgeber hat sowohl davon abgesehen, die Überwachung als solche, als auch die Person des Überwachenden verbindlich vorzuschreiben. Beides ist in das Benehmen der über den Plan abstimmenden Gläubiger gestellt. Aus diesem Grunde kann der Plan vorsehen, dass die Überwachung nicht dem bisherigen Insolvenzverwalter, sondern einer anderen Person übertragen wird.

Machen die Gläubiger von dem Recht, eine andere Person als den Verwalter zu beauftragen, Gebrauch, steht der für die Überwachung wichtige Regelungsrahmen der §§ 260 ff. InsO nicht zur Verfügung, da er nur Anwendung findet, wenn der Insolvenzverwalter mit der Überwachung betraut wird.

Hinsichtlich des Rechts der Gläubiger, eine vom Verwalter unterschiedliche Person als Sachwalter zu bestimmen, besteht eine Ähnlichkeit mit der früher in den §§ 90, 91 VglO geregelten Rechtslage, nach der ebenfalls diese Möglichkeit vorgesehen war. Auch diese Vorschriften hatten keine abschließende gesetzliche Regelung getroffen Wie bereits in der VglO dient die möglichst freie Gestaltung der Überwachung dazu, sich den Gegebenheiten des Einzelfalls anzupassen, um damit letztlich auch die Zustimmung der Gläubigermehrheit zum Plan zu erleichtern (vgl. *Bley/Mohrbutter* VglO, § 91 Rn. 8).

Der Planverfasser hat zu beachten – wobei dies vor allem für einen schuldnerischen Plan von Relevanz sein wird –, dass dieses Wahlrecht für die Gläubiger zur Folge hat, dass ihnen die Möglichkeit der §§ 263, 264 InsO nicht eröffnet ist. Aus diesem Grunde normiert § 261 Abs. 1 Satz 1 InsO, dass die Überwachung grds. dem bisherigen Insolvenzverwalter obliegt und nur in diesem Fall die Ämter des Verwalters und der Mitglieder des Gläubigerausschusses sowie die Aufsicht des Gerichts fortbestehen.

Die Gläubiger, die sich dafür entscheiden, einen Sachwalter anstelle des Insolvenzverwalters mit der Aufgabe der Überwachung zu betrauen, haben zu bedenken, dass diese Wahlentscheidung/Festlegung zu erheblichen Konsequenzen für die Effizienz der Überwachung führt. Ein solcher Planüberwacher ist ausschließlich auf der Grundlage privatautonomer Willensentscheidungen der Gläubiger tätig und kann sich im Gegensatz zum Insolvenzverwalter nicht auf eine verfahrensrechtliche Autorisierung oder Legitimation stützen. Aus der Verpflichtung zur Kostentragung gem. § 269 InsO ergibt sich, dass es sich somit nicht um eine Überwachung i.S.d. §§ 260 ff. InsO handelt. Die Bestellung einer anderen Person anstatt des mit dem Verfahren vertrauten Verwalters dürfte nur in Ausnahmefällen sinnvoll und empfehlenswert sein. Der Verwalter hat Verfahrens- und Insiderkenntnisse, die korrespondierend mit den Befugnissen, aber auch Pflichten der §§ 261 ff. InsO nur in besonders gelagerten Fällen durch einen anderen Planüberwacher kompensiert werden können. Dies gilt insbesondere für den Vorbehalt zustimmungsbedürftiger Handlungen in § 263 InsO und die Kreditrahmenbestätigung nach § 264 InsO, die beide für eine effektive Überwachung notwendig sind. Es ist zu befürchten, dass eine etwaige größere Branchennähe eines Sachwalters im Einzelfall durch einen Verlust an Eingriffs- und Kontrollmöglichkeiten nicht ausgeglichen werden könnte (vgl. *Haarmeyer/Wutzke/Förster* S. 686, Rn. 49). Auch der Gesetzgeber ging davon aus, dass es zweckmäßig ist, den Verwalter, der den Plan erstellt hat oder – im Falle eines schuldnerischen Plans – zumindest in die Planerstellung involviert war, mit der Überwachung zu beauftragen (BT-Drucks. 12/2443 S. 214 f.).

Als abschreckender Fall der Insolvenzgeschichte hinsichtlich der Konsequenzen der Bestellung eines Sachwalters sei der Maxhütte-Konkurs erwähnt, in welchem die vermeintliche Branchenkenntnis, die zur Einsetzung des ersten Verwalters führte, klägliche Ergebnisse zeigte (vgl. *Wellensiek* ZIP 1987, 1418 ff.).

B. Absatz 1 Satz 3

6 Durch die Verweisung auf § 22 Abs. 3 InsO werden dem Verwalter in der Überwachungsphase die Rechte eines vorläufigen Insolvenzverwalters eingeräumt. Somit steht dem Verwalter – trotz förmlicher Aufhebung des Verfahrens – das Recht zu, die Geschäftsräume des Schuldners zu betreten, Nachforschungen anzustellen, Einsicht in Bücher und Geschäftspapiere zu nehmen und Auskünfte zu verlangen. Insoweit korrespondiert diese Regelung mit den §§ 91 Abs. 2, 40 Abs. 1 VglO. Hierbei ist anzumerken, dass die Insolvenzrechtskommission die Befugnisse des Verwalters in der Überwachungsphase weitaus einschneidender geregelt wissen wollte, als dies letztlich im Gesetz verankert worden ist (*BMJ* [Hrsg.], 1. Bericht, S. 205–208). Zudem sollte die Überwachung der Regelfall sein.

7 Die InsO beschränkt die Zwangsmittel des Verwalters auf die Erzwingung von Auskünften, da der Verwalter – in Abweichung zu den §§ 94, 92 Abs. 1, 57 VglO – die Erfüllung des Plans selbst nicht erzwingen kann. Grund hierfür ist, dass der überwachende Verwalter mit der Aufhebung des Insolvenzverfahrens nicht anstelle des wieder voll verfügungsbefugten und somit allein verantwortlichen Schuldners handlungsbefugt ist. Das Tätigwerden des Verwalters konzentriert und beschränkt sich somit mit Ausnahme der §§ 263, 264 InsO auf informelle Einflussnahmen bzw. auf Berichts- oder Anzeigepflichten.

8 Diese lediglich eingeschränkten Befugnisse des Verwalters in der Überwachungsphase sind aus Sicht der Verwalterpraxis nicht zufriedenstellend. Denn weder die Berichts- noch die Anzeigepflichten gem. § 262 InsO sind ausreichend, um Fehlentwicklungen wirksam entgegenzutreten. Gleiches gilt für die Möglichkeit der Gläubiger, im Falle des Scheitern des Plans ein neues Insolvenzverfahren zu initiieren oder gem. den §§ 255–257 InsO vorzugehen. Damit Schuldner nach Planbestätigung und Aufhebung des Verfahrens nicht wie vor der Insolvenz fortfahren und der Verwalter tatenlos zusehen muss, müssen die Gläubiger im Einzelfall sorgsam prüfen, ob sie dem Plan zustimmen wollen und vor allem, was mit ihren Rechtspositionen geschieht, wenn der Schuldner den Plan nicht erfüllt. Aufgrund des aus Sicht der Gläubiger nur unzureichenden gesetzlichen Sicherungskonzeptes in der Überwachungsphase muss der Verwalter als Planverfasser darauf achten, dass im Plan entweder weitergehende Sicherungen für die Gläubiger aufgenommen werden oder die Gläubiger über die Begrenztheit der gesetzlichen Regelung der §§ 260 ff. InsO im Plan in Kenntnis gesetzt werden.

C. Absatz 2

9 Die Berichtspflicht des Verwalters gibt dem Gericht, dem Gläubigerausschuss sowie den sonstigen Beteiligten das Recht, sich in regelmäßigen Abständen über den aktuellen Sachstand sowie die Aussichten der Planerfüllung informieren zu können. Gläubiger können die Sachstandsberichte bei Gericht einsehen.

Kommt der Schuldner seinen Verpflichtungen aus dem Plan nach, beschränkt sich das Tätigwerden des Verwalters auf eine beobachtende Kontrolle, über deren Ergebnis er mindestens einmal jährlich dem Gläubigerausschuss – soweit dieser besteht – und dem Gericht berichten muss.

10 Gem. § 261 Abs. 2 Satz 1 hat der Verwalter auf Verlangen des Gerichts oder des Gläubigerausschusses weitere Auskünfte oder Zwischenberichte zu erteilen. Die Frage der weitergehenden Auskunfts- und Berichtspflichten sollte verbindlich im Plan geregelt werden, um dadurch zu einer Entlastung der Verwalter und zur Begrenzung von Kosten, die nach § 269 InsO der Schuldner bzw. im Falle des § 260 Abs. 3 InsO die Übernahmegesellschaft zu tragen hat, beizutragen. Anhand der Verwalterberichte können die Gläubiger prüfen, ob die Voraussetzungen für ein Wiederaufleben einer Forderung oder ein Hinfälligwerden einer Stundung gegeben sind oder ob aufgrund Nichterfüllung von Ansprüchen Anlass gegeben ist, die Zwangsvollstreckung aus dem Plan zu veranlassen.

11 Als ultimo ratio haben die Gläubiger die Möglichkeit, ein neues Insolvenzverfahren zu beantragen.

Der Verwalter selbst hat kein Initiativrecht zur Beantragung der Eröffnung eines neuen Insolvenzverfahrens, auch wenn ein neuer Insolvenzgrund seitens des Schuldners vorliegen sollte.

Selbst wenn der Schuldner die im Plan übernommenen Verpflichtungen ganz oder teilweise nicht erfüllt und damit die Rechtsfolgen der Wiederauflebensklausel gem. § 255 InsO auslöst, ändert dies nichts daran, dass die Überwachung bis zur Aufhebung fortdauert. 12

Falls ein neues Insolvenzverfahren eingeleitet wird, endet die Überwachung, wenn die Verwaltungs- und Verfügungsmacht einem neuen Verwalter übertragen wird. 13

§ 262 Anzeigepflicht des Insolvenzverwalters

¹Stellt der Insolvenzverwalter fest, dass Ansprüche, deren Erfüllung überwacht wird, nicht erfüllt werden oder nicht erfüllt werden können, so hat er dies unverzüglich dem Gläubigerausschuss und dem Insolvenzgericht anzuzeigen. ²Ist ein Gläubigerausschuss nicht bestellt, so hat der Verwalter an dessen Stelle alle Gläubiger zu unterrichten, denen nach dem gestaltenden Teil des Insolvenzplans Ansprüche gegen den Schuldner oder die Übernahmegesellschaft zustehen.

Übersicht

		Rdn.			Rdn.
A.	Abgrenzung	1	D.	Kontrollumfang	6
B.	Zweck der Vorschrift	2	E.	Problemstellung	10
C.	Voraussetzungen	5			

A. Abgrenzung

Im Rahmen seiner Überwachungstätigkeit muss der Verwalter gem. § 261 InsO berichten, wenn die Erfüllung des Plans wie vereinbart vonstattengeht. Anzeigepflichten gem. § 262 InsO hat der Verwalter dann, wenn er erkennt, dass die Planerfüllung gefährdet oder ausgeschlossen ist. Dass der Verwalter nach dieser Vorschrift auch das Gericht zu unterrichten hat, ist eine Konkretisierung seiner allgemeinen Pflichten zur Information des Gerichts über den Stand der Erfüllung des Plans gem. § 261 Abs. 2 InsO (BT-Drucks. 12/2443 S. 214 f.). 1

B. Zweck der Vorschrift

Die Anzeigepflicht des Verwalters verstärkt den Gläubigerschutz, indem sie eine zügige Einleitung von Sanktionen seitens der Gläubiger gegen den Schuldner vorbereitet. Eine Gefährdung oder ein Unmöglichwerden der Planerfüllung ist für die Gläubiger von solch wesentlicher Bedeutung, dass eine schnellstmögliche Information der Gläubiger hierüber zu erfolgen hat. Die jährliche Berichtspflicht gem. § 261 Abs. 1 InsO ist dem Gläubigerschutz nicht genüge. Aus diesem Grund hat der Gesetzgeber vorgesehen, dass der Verwalter – sollten die Voraussetzungen des § 262 InsO eintreten – unverzüglich, d.h. ohne schuldhaftes Zögern, dem Gläubigerausschuss und dem Insolvenzgericht diese Tatsachen mitzuteilen hat. 2

Wenn – wie häufig – kein Gläubigerausschuss bestellt ist, ist der Verwalter des Weiteren verpflichtet, alle Gläubiger, die nach dem gestaltenden Teil des Plans Ansprüche gegen den Schuldner oder die Übernahmegesellschaft haben, unverzüglich über die relevanten Tatsachen in Kenntnis zu setzen. Hierdurch werden die Gläubiger in die Lage versetzt, über das weitere Vorgehen zu befinden. 3

Liegen die Voraussetzungen für ein neues Insolvenzverfahren vor, steht es den Gläubigern frei, ein solches zu beantragen. Machen die Gläubiger trotz Anzeige des Verwalters von ihrem Antragsrecht keinen Gebrauch, so bleibt die Anzeige des Verwalters für den Schuldner folgenlos. Es steht somit den Gläubigern frei, welche Rechtsfolgen sie aus der Anzeige der Nichterfüllung ableiten wollen, z.B. durch Zwangsvollstreckung aus dem Insolvenzplan oder durch einen Antrag auf Eröffnung eines erneuten Insolvenzverfahrens (HK-InsO/*Haas* § 262 Rn. 2). 4

C. Voraussetzungen

5   Die Anzeigepflicht in der Überwachungsphase setzt voraus, dass sich der Verwalter in regelmäßigen Abständen einen eigenen Eindruck über die Erfüllung der im Plan festgelegten Pflichten durch Einsicht in Belege, Bankauszüge oder sonstige Geschäftsunterlagen des schuldnerischen Unternehmens verschafft. Nur wenn der Verwalter auch eigene Kontrollen vornimmt, ist er in der Lage, zeitnah etwaige Verzögerungen und/oder Gefährdungen der Planerfüllung zu erkennen, um damit den Gläubigern die Möglichkeit zu geben, entsprechend den Sanktionsmechanismen der §§ 255–257 InsO zu reagieren.

D. Kontrollumfang

6   Die Überwachung steht und fällt mit der Qualität der Kontrolle und Fähigkeit, auf Negativentwicklungen zeitnah reagieren zu können. Aus diesem Grunde muss beispielsweise im Plan geregelt werden, wie die Buchhaltung des vormaligen Schuldners in der Überwachungsphase konzipiert sein muss. Ohne ein transparentes und zeitnahes Erfassen aller finanz- und kostenrelevanten Daten ist eine Überwachung nicht effizient.

7   Es ist in der Überwachungsphase erforderlich, die im darstellenden Teil des Plans beschriebenen Planziele in regelmäßigen Abständen mit den Ist-Zahlen zu vergleichen; hierdurch können Abweichungen festgestellt werden, damit im Bedarfsfall frühzeitig Korrekturmaßnahmen der Geschäftsleitung des sanierten Unternehmens eingeleitet werden können.

8   Als Minimalmaßnahmen müssen vom überwachenden Verwalter die monatlichen Umsatzsteuererklärungen samt betriebswirtschaftlichen Auswertungen gesichtet und ausgewertet werden. Da bei Unternehmen, die nach vereinbarten Entgelten versteuern, aus der Buchhaltung nur begrenzte Informationen erlangt werden können, werden meist weitere Kontrollmaßnahmen erforderlich sein. Hierbei ist – gerade nach der Insolvenz – auf die Erhaltung der Liquidität zu achten.

9   Trotz Kreditrahmen gem. § 264 InsO muss das Vertrauen der Kunden und Lieferanten erst wieder zurückgewonnen werden, so dass der Liquidität besondere Aufmerksamkeit gewidmet werden muss.

Als mögliche Kontrollmaßnahmen seien beispielhaft erwähnt:
- eine intensive Liquiditätskontrolle durch Überprüfung der Zahlungseingänge und stetige Kontrolle der Bankkonten in Bezug auf freie Kreditlinien,
- eine Kostenstellenerfassung,
- eine Vorlagepflicht des ehemaligen Schuldners von neu begründeten Dauerschuldverhältnissen (Mietverträge, Arbeitsverträge etc.), soweit mit diesen erhebliche Belastungen für das Unternehmen verbunden sind, die auf die Planrealisierung Einfluss haben können,
- eine monatliche Debitorenliste,
- eine monatliche Kreditorenliste sowie
- ein monatlicher Auftragsbestand.

E. Problemstellung

10   Die dem Verwalter durch die Anzeigepflicht in der Überwachungsphase aufgebürdeten Pflichten bergen Haftungsrisiken in sich. So ist es nicht auszuschließen, dass Gläubiger im Fall des Scheiterns des Plans versuchen werden, dem Verwalter den Vorwurf zu machen, er hätte Abweichungen von der Planerfüllung früher erkennen können, wenn er öfter vor Ort gewesen wäre, um sich von der Planerfüllung selbst zu überzeugen. Eine Verletzung dieser Anzeigepflicht würde eine Haftung des Insolvenzverwalters gem. § 60 InsO gegenüber den Gläubigern nach sich ziehen.

11   Zur Vermeidung eines Haftungsrisikos sollten im Plan daher entsprechend detaillierte Regelungen bzgl. der Ausgestaltung der Überwachung aufgenommen werden. Der Verwalter sollte darauf achten, einen konkreten Auftrag erfüllen zu können. Um die nach § 262 InsO relevanten Informationen auch zeitnah zu erhalten, sind die Verwalter gehalten, entsprechende Kontrollmechanismen z.B. da-

hingehend aufzubauen, dass der Schuldner verpflichtet wird, die unter C. und D. dargestellten Unterlagen regelmäßig vorzulegen.

Losgelöst davon ist der Verwalter auch aus haftungsrechtlichen Gesichtspunkten gehalten (s. Rdn. 10), sich regelmäßig selbst vor Ort oder durch Entsendung eines entsprechenden fachlich qualifizierten Personals unmittelbare Eindrücke über die Lage zu verschaffen. Die Kosten hierfür hat der vormalige Schuldner zu tragen.

Zu beachten ist, dass mit Aufhebung des Verfahrens die Möglichkeiten des Insolvenzverwalters Auskünfte Dritter, insbesondere seitens der Kreditinstitute, Finanzämter, Sozialversicherungsbehörden zu erhalten, erlöschen, da die Verschwiegenheitspflichten beispielsweise aus dem Bank- und Steuergeheimnis wieder gegenüber dem mittels Insolvenzplan sanierten Unternehmen bestehen. Weder der Insolvenzverwalter noch der Sachwalter sind nach Aufhebung des Verfahrens Geheimnisherr. Daran ändert auch die Regelung des § 263 InsO nichts (vgl. *Hubert* ZInsO 2001, 289 [297]). Die Anzeigepflicht nach § 262 InsO läuft weitgehend leer, wenn der Insolvenzverwalter die relevanten Informationen nicht erhält. 12

Da in der Praxis nicht auszuschließen ist, dass der vormalige Schuldner oder die Übernahmegesellschaft wenig Interesse hat, den Insolvenzverwalter nach Aufhebung des Verfahrens zu unterstützen, insbesondere wenn die Planerfüllung Probleme aufwirft, muss im Plan Vorsorge für spätere Konfliktsituationen durch Auskunftsrechte auch gegenüber Dritten getroffen werden. Da insbesondere die Finanzämter aufgrund des Steuergeheimnisses nach § 30 AO sehr restriktiv sein werden, sollte der Schuldner oder die Übernahmegesellschaft entsprechende unwiderrufliche Befreiungen der Geheimnisträger gegenüber dem überwachenden Insolvenzverwalter erklären, die dem Plan beizufügen sind. In der Praxis bedeutet dies, dass die Möglichkeiten des Verwalters sehr begrenzt sind, da er maßgeblich auf die Kooperationsbereitschaft des sanierten Unternehmens angewiesen ist. Diese ist nach Verfahrensaufhebung nicht mehr sehr ausgeprägt, da sich die Organe mit den Problemen der Vergangenheit meist nicht mehr beschäftigen wollen.

§ 263 Zustimmungsbedürftige Geschäfte

¹Im gestaltenden Teil des Insolvenzplans kann vorgesehen werden, dass bestimmte Rechtsgeschäfte des Schuldners oder der Übernahmegesellschaft während der Zeit der Überwachung nur wirksam sind, wenn der Insolvenzverwalter ihnen zustimmt. ²§ 81 Abs. 1 und § 82 gelten entsprechend.

Übersicht	Rdn.		Rdn.
A. Allgemeines	1	B. Rechtsfolgen	4

A. Allgemeines

Grds. erhält der Schuldner aufgrund der gesetzlichen Regelungen nach rechtskräftiger Bestätigung des Plans (§ 248 InsO) und anschließender Aufhebung des Verfahrens die volle Verfügungsmacht (§§ 258, 259 InsO) über sein Vermögen zurück. Dies ermöglicht es dem Schuldner grds., dem Plan nach Aufhebung des Insolvenzverfahrens durch risikoreiche Rechtsgeschäfte die wirtschaftliche Grundlage zu entziehen. Dieses Problem war dem Gesetzgeber bewusst, ohne jedoch von der Grundentscheidung, dem Schuldner die Verfügungsmacht zurückzugeben, Abstand genommen zu haben. 1

Die Regelung des § 263 InsO sieht vor, dass bestimmte Rechtsgeschäfte des Schuldners oder der Übernahmegesellschaft während der Zeit der Überwachung nur dann wirksam sind, wenn der Insolvenzverwalter ihnen zustimmt (BT-Drucks. 12/2443 S. 216). Durch die Zustimmungsbedürftigkeit der Vornahme eines bestimmten Rechtsgeschäftes mittels entsprechender Regelungen im gestaltenden Teil des Plans wird die Effektivität der Überwachung gesteigert. Die Regelung des § 263 InsO versucht in gewisser Weise, einen Kompromiss zwischen den Rechten der Gläubiger und des Schuldners zu finden; insoweit drängt sich eine Parallele zu den Sicherungsmaßnahmen gem. § 21 InsO auf. 2

Jaffé

§ 263 InsO Zustimmungsbedürftige Geschäfte

Im Rahmen der zustimmungspflichtigen Geschäfte kann es sich aufgrund der Intention des Gesetzgebers keinesfalls um Tagesgeschäfte handeln, sondern es müssen für das jeweilige Unternehmen wirtschaftlich besonders bedeutsame und/oder risikoreiche Rechtsgeschäfte betroffen sein. Bargeschäfte des täglichen Geschäftsverkehrs sind sicherlich nicht umfasst. Welche Rechtsgeschäfte im Einzelfall besonders bedeutsam und/oder risikoreich für das Unternehmen sind, kann keiner starren Regelung unterworfen werden, da dies letztlich entscheidend von dem Unternehmen selbst abhängt. Ein Ansatz wäre, Grundstücksgeschäfte sowie Verpflichtungsgeschäfte, die einen bestimmten Wert übersteigen, dem Zustimmungserfordernis zu unterwerfen (mit weitergehenden Vorschlägen: *Braun* InsO § 263 Rn. 2).

Aus diesem Grund muss der Frage der Zustimmungsbedürftigkeit eines Rechtsgeschäfts durch entsprechende eindeutige Regelungen im gestaltenden Teil des Plans Rechnung getragen werden.

Die dem Zustimmungsvorbehalt des § 263 InsO unterliegenden Rechtsgeschäfte müssen im Plan konkret benannt und beschrieben werden. Keinesfalls ist es gestattet, durch eine pauschale Unterwerfung sämtlicher Rechtsgeschäfte die Rechtswirkungen der Aufhebung des Verfahrens und der Rückgabe der Verfügungsmacht an den Schuldner auszuhebeln, da dies mit dem Charakter der Überwachung nicht vereinbar wäre (so zu Recht: *Haarmeyer/Wutzke/Förster* S. 688, Rn. 53).

Die zustimmungsbedürftigen Rechtsgeschäfte müssen im gestaltenden Teil des Insolvenzplans so bezeichnet sein, dass sie für Dritte ausschließlich aus dem Insolvenzplan bestimmbar sind. Die Regelung kann sich auf Rechtsgeschäfte aller Art, auch auf Verpflichtungsgeschäfte, beziehen (HK-InsO/*Haas* § 263 Rn. 3). Die individuelle Grenze muss auf den jeweiligen Insolvenzsachverhalt abgestimmt werden. Hierüber muss sich der Plan auch aus Gründen der Rechtssicherheit erklären.

3 Die Regelung des § 263 Satz 1 InsO ist – in Abweichung zu § 259 Abs. 1 InsO – eine wesentliche, aber sinnvolle Einschränkung der Verfügungsbefugnis des Schuldners. Hierdurch haben die Gläubiger die Möglichkeit, Grundlagengeschäfte an die Zustimmung des Verwalters zu binden, um damit die Gefährdung der Planerfüllung durch unüberlegte und/oder zu risikoreiche Rechtsgeschäfte des Schuldners zu verhindern.

B. Rechtsfolgen

4 Durch die Verweisung auf §§ 81 Abs. 1, 82 InsO wird klargestellt, dass Verfügungen des Schuldners, die dem im gestaltenden Teil des Plans normierten Zustimmungsvorbehalt des Verwalters unterliegen, nicht nur relativ, sondern absolut unwirksam sind. Dritte müssen die fehlende Zustimmung des Verwalters daher gegen sich gelten lassen (vgl. *Bork* in: Leipold, Insolvenzrecht im Umbruch, S. 61). Dem Verwalter steht es jedoch frei, Verfügungen des Schuldners auch nachträglich gem. § 185 BGB analog zu genehmigen. Das soeben Gesagte gilt in gleichem Maße für die Eingehung von Verpflichtungen, die ebenfalls dem Zustimmungsvorbehalt unterliegen können. Gegen das Zustimmungsgebot verstoßende Handlungen des Schuldners werden folglich so behandelt, als wären sie während des laufenden Insolvenzverfahrens vorgenommen worden.

5 Im Rahmen des § 81 Abs. 1 Satz 2 InsO wird ferner auf die Vorschrift über den gutgläubigen Erwerb gem. § 892 BGB verwiesen (wie hier auch: *Braun* InsO, § 263 Rn. 5).

6 Die Beschränkung des Schuldners oder der Übernahmegesellschaft hinsichtlich des Zustimmungsvorbehaltes ist nur wirksam, wenn im Rahmen der öffentlichen Bekanntmachung der Überwachung auch der Kreis der zustimmungspflichtigen Rechtsgeschäfte konkret und vollständig angegeben wird. Aufgrund des Verweises auf die Regelungen der §§ 31, 33 InsO ist sichergestellt, dass die Beschränkungen in die jeweiligen Handels-, Genossenschafts- und Vereinsregister sowie in das Grundbuch eingetragen werden. Hiermit gilt – wie auch ansonsten in der InsO – die öffentliche Bekanntmachung gem. § 9 Abs. 3 InsO als Nachweis der Zustellung an alle Beteiligten. Die Bekanntmachung ist nicht nur aus Gründen der Verhinderung des gutgläubigen Erwerbs von Bedeutung, *sondern dient dem Rechtsverkehr allgemein*, indem er sich über die Beschränkung der Verfügungsbefugnis des Schuldners im Einzelfall unterrichten kann. Potentielle Geschäftspartner haben so die

Möglichkeit, selbst zu bestimmen, ob sie mit dem überwachten Unternehmen kontrahieren wollen, bzw. können durch entsprechende Absprachen mit dem verfügungsberechtigten Verwalter die Voraussetzung schaffen, dass die Rechtsgeschäfte Wirksamkeit erlangen.

Hinsichtlich der Löschung des Insolvenzvermerks in den Registern sowie dem Grundbuch nach Aufhebung der Überwachung bzw. der Zuständigkeit zur Beantragung dieser Löschungen wird auf die Ausführungen zu § 268 InsO verwiesen. 7

§ 264 Kreditrahmen

(1) ¹Im gestaltenden Teil des Insolvenzplans kann vorgesehen werden, daß die Insolvenzgläubiger nachrangig sind gegenüber Gläubigern mit Forderungen aus Darlehen und sonstigen Krediten, die der Schuldner oder die Übernahmegesellschaft während der Zeit der Überwachung aufnimmt oder die ein Massegläubiger in die Zeit der Überwachung hinein stehen läßt. ²In diesem Fall ist zugleich ein Gesamtbetrag für derartige Kredite festzulegen (Kreditrahmen). ³Dieser darf den Wert der Vermögensgegenstände nicht übersteigen, die in der Vermögensübersicht des Plans (§ 229 Satz 1) aufgeführt sind.

(2) Der Nachrang der Insolvenzgläubiger gemäß Abs. 1 besteht nur gegenüber Gläubigern, mit denen vereinbart wird, daß und in welcher Höhe der von ihnen gewährte Kredit nach Hauptforderung, Zinsen und Kosten innerhalb des Kreditrahmens liegt, und gegenüber denen der Insolvenzverwalter diese Vereinbarung schriftlich bestätigt.

(3) § 39 Abs. 1 Nr. 5 bleibt unberührt.

Übersicht	Rdn.		Rdn.
A. Zweck der Regelung	1	IV. Absatz 1 Satz 3	12
B. Voraussetzungen	3	V. Absatz 2	13
I. Vergleich zum bisherigen Recht	3	VI. Absatz 3	18
II. Absatz 1 Satz 1	6	C. Ausblick	19
III. Absatz 1 Satz 2	11		

Literatur:
Bork Die Wirkungen des Insolvenzplanes nach §§ 290–305 RefE, in Leipold, Insolvenzrecht im Umbruch, S. 63 f.; *Bundesministerium der Justiz* (Hrsg.), Erster Bericht der Kommission für Insolvenzrecht, 1995, S. 214.

A. Zweck der Regelung

Mit rechtskräftiger Bestätigung des Plans und Aufhebung des Insolvenzverfahrens ist die Umsetzung der Planziele i.d.R. noch lange nicht erreicht. Auch ein mittels Plan saniertes Unternehmen muss seine Ertragsfähigkeit im Wirtschaftsleben und das durch die Insolvenz verloren gegangene Vertrauen seiner Kunden und Lieferanten wiedergewinnen. Die Aufhebung des Planverfahrens stellt eine sehr kritische Phase für die Entwicklung des Unternehmens dar. Denn so werden vor allem Gläubiger, die bereits im Planverfahren erhebliche Verluste hinzunehmen hatten, mit Sicherheit vermeiden wollen, in einem etwaigen Folgeinsolvenzverfahren erneut Einbußen zu erleiden. Aus diesem Grunde werden die bisherigen, aber auch neue Kreditoren nur äußerst zögerlich zu neuen Krediten bereit sein (vgl. *BMJ* [Hrsg.], S. 214). Hinzu kommt, dass Unternehmen, welche sich kurz zuvor in einem Insolvenzverfahren befunden haben, in aller Regel über kein Vermögen verfügen, das zur Besicherung von Krediten ausreicht oder geeignet ist. In fast jedem Verfahren liegen – zumindest wenn Banken eine Gläubigerstellung innehaben – Globalzessionen vor; weiterhin ist das bewegliche Anlagevermögen meist sicherungsübereignet, mit Absonderungsrechten belastet oder einem Vermieterpfandrecht unterfallend. Betriebliche Grundstücke des schuldnerischen Unternehmens sind nicht selten über die Wertgrenze hinaus mit Grundpfandrechten belastet (vgl. KS-InsO/*Braun* 1997, S. 861, Rn. 5). 1

§ 264 InsO Kreditrahmen

2 Unabhängig und losgelöst von den Krisenursachen und dem Sanierungskonzept, welchem die Beteiligten im Abstimmungstermin zugestimmt haben, ist es im Regelfall – insbesondere, wenn zur Fortführung des Unternehmens Eingriffe in die finanz- und leistungswirtschaftliche Struktur erfolgen – dringend erforderlich, dem Unternehmen Finanzierungserleichterungen zu verschaffen. Die Regelung des § 264 InsO, die in untrennbarem Zusammenhang mit den §§ 265, 266 InsO steht, ist ein Instrument, um einem Unternehmen nach einem abgeschlossenen Insolvenzverfahren die Kreditaufnahme zu erleichtern. Diese Normen eröffnen einen Weg, um dem Interesse der Kreditgeber nach entsprechender Kreditsicherheit entgegenzukommen, ohne jedoch wettbewerbsverzerrende Eingriffe in das Marktgeschehen zu gestatten. Ohne die Möglichkeit einer Privilegierung von im Nachverfahren aufgenommenen Krediten würden gerade Fortführungspläne vielfach daran scheitern, dass es Unternehmen nicht gelingen würde, die für die Gewährung von Krediten notwendigen Sicherheiten aufzubringen.

B. Voraussetzungen

I. Vergleich zum bisherigen Recht

3 Die Regelungsinhalte der §§ 264–266 InsO waren nicht in Gänze neu. Zwar kannte weder die Konkursordnung noch die Gesamtvollstreckungsordnung eine vergleichbare Regelung; jedoch war in der Vergleichsordnung in § 106 VglO normiert, dass Ansprüche aus Darlehen, die der Schuldner während des Vergleichsverfahrens mit Zustimmung des Vergleichsverwalters aufgenommen hatte, in einem etwaigen Anschlusskonkursverfahren zu den Massekosten und nicht zu den einfachen Konkursforderungen zählten. Obwohl § 106 VglO ebenfalls die Beschaffung neuen Kapitals für das krisengeschwächte Unternehmen erleichtern sollte, hat sich der Reformgesetzgeber dafür entschieden, die Kreditgeber nicht als Massegläubigern zu qualifizieren.

4 § 264 Abs. 1 Satz 1 InsO sieht die Möglichkeit vor, im Plan Rangrücktritte für Forderungen der Insolvenzgläubiger gegenüber Forderungen aus Krediten zu vereinbaren, die während der Zeit der Überwachung unter Einhaltung der Voraussetzungen der Norm aufgenommen oder »stehen gelassen« werden. Die gesetzliche Regelung des § 264 InsO stellt damit ein Minus gegenüber der Masseschuldqualifikation der Darlehensaufnahme im bisherigen Vergleichsverfahren dar. Allerdings wurden im Rahmen des § 106 VglO lediglich Ansprüche aus Darlehen, d.h. ausschließlich Ansprüche gem. § 607 Abs. 1 BGB, nicht jedoch sonstige Formen der Kreditgewährung, begünstigt. So war beispielsweise ein Lieferant, der dem Vergleichsschuldner Ware mit der Maßgabe übergab, dass dieser den durch den Verkauf zu erzielenden Erlös als Darlehen behalte, mit seinen Ansprüchen nicht als privilegiert i.S.d. § 106 VglO anzusehen (vgl. *Böhle-Stamschräder/Kilger* VglO, § 106 Rn. 1; *Bley/Mohrbutter* VglO, § 106 Rn. 3).

5 Im Gegensatz zu dieser Regelung ist der Anwendungsbereich des § 264 InsO sehr weit gefasst, da in seinen Schutzbereich Kredite jeder Art einbezogen werden können; es muss nicht differenziert werden, ob der Kredit neu aufgenommen oder stehengelassen wird. Kredite in diesem Sinne sind deshalb nicht nur Darlehen, sondern auch Lieferantenkredite oder eine Stundung von Kaufpreisforderungen (*Haarmeyer/Wutzke/Förster* S. 689, Rn. 55). Der Kreditrahmen steht für alle Kreditarten offen: nicht nur für Barkredite, sondern z.B. auch für Aval- und Diskontkredite (*Wittig* DB 1999, 197 [204]). Auch der Lieferantenkredit, also die Stundung von Kaufpreisforderungen, fällt unter den Begriff der »sonstigen« Kredite in § 264 InsO (KS-InsO/*Braun* 1997, S. 866, Rn. 17). Masseforderungen nach § 55 InsO aus der Betriebsfortführung, die vor Aufhebung des Verfahrens wegen fehlender Liquidität nicht gem. § 258 Abs. 2 InsO bezahlt oder gesichert werden können, können somit privilegiert werden. Zwar wurden auch in der Vergleichsordnung ähnliche Lösungen erzielt, wenngleich unter Anwendung von Umgehungsmaßnahmen. Auch ein Warenlieferant konnte z.B. die Privilegierung des § 106 VglO erhalten, wenn er dem Vergleichsschuldner mit Zustimmung des Vergleichsverwalters durch Überweisung auf dessen Hausbank einen Kredit zur Verfügung stellte, der nach dessen Verbuchung zur Zahlung der Warenrechnung des Darlehensgebers wieder verwandt werden konnte (vgl. *Künne* KTS 1971, 255 ff.). Das gleiche Privileg trat ein, wenn sich ein Vergleichsverwalter gegenüber dem Lieferanten bereit erklärte, bei der Ausführung von Aufträgen im Rahmen

seiner Überwachungspflichten gem. §§ 39 ff. VglO für die volle Bezahlung des Lieferanten eintreten zu wollen. Diese rechtlichen Konstruktionen sind im Rahmen des § 264 InsO nicht erforderlich. § 264 InsO erweitert einerseits die bisherige Regelung des § 106 VglO durch die Miteinbeziehung anderer Zuwendungen als Darlehen i.S.d. § 607 BGB erheblich, stellt aber andererseits eine evidente Beschränkung dar, da er dieser Privilegierung durch die Normierung eines im gestaltenden Teil des Plans festzusetzenden Kreditrahmens eine zahlenmäßige Grenze setzt.

II. Absatz 1 Satz 1

Gem. § 264 Abs. 1 Satz 1 InsO kann im gestaltenden Teil des Plans vorgesehen werden, dass die Insolvenzgläubiger nachrangig sind gegenüber Gläubigern mit Forderungen aus Darlehen und sonstigen Krediten, die in der Zeit der Überwachung aufgenommen oder stehen gelassen werden. Diese Privilegierung ist durch die Anordnung des Nachranges für Neugläubiger gem. § 265 InsO so gestaltet, dass die Hemmschwelle für Gläubiger zur Kreditvergabe an ein vor kurzem noch insolventes Unternehmen – soweit sie in den Kreditrahmen einbezogen sind – deutlich herabgesetzt wird. Der Plan zwingt somit nicht zum Stehenlassen der Kredite, aber er gibt mit dem Vorrang einen Anreiz, einer Prolongation zuzustimmen (*Wittig* DB 1999, 197 [204]). 6

Der Vorrang der Rahmenkredite in einer Folgeinsolvenz besteht nur, wenn das weitere Insolvenzverfahren vor Aufhebung der Überwachung eröffnet wird (§ 266 InsO). Die Überwachung wird spätestens drei Jahre nach Aufhebung des Insolvenzverfahrens beendet, oder früher, falls die Ansprüche, deren Erfüllung überwacht wird, erfüllt sind oder die Erfüllung gewährleistet ist (vgl. § 268 Abs. 1 InsO). Die Beendigung ist öffentlich bekannt zu geben, wenn sie beschlossen ist (§ 268 Abs. 2 InsO). Eine vorherige Warnung der vorrangigen Gläubiger hinsichtlich einer Aufhebung der Überwachung ist jedoch nicht vorgesehen, auch wenn diese damit ihre Vorrangstellung für den Fall eines anschließenden Insolvenzverfahrens verlieren (*Hess/Obermüller* InsO, 1998, Rn. 692). 7

Die Besicherung der Rahmenkredite ist grds. möglich. Ob entsprechende Masse vorhanden ist, ist jedoch zweifelhaft. Um Sicherheiten zu bestellen, stehen dem Unternehmen alle nach Planbestätigung erworbenen Vermögensgegenstände zur Verfügung, also vor allem neu hergestellte Waren und die Forderungen aus ihrer Veräußerung. Die Besicherung kann im gestaltenden Teil des Insolvenzplans vorgesehen werden. 8

Soweit zur wirksamen Bestellung der Kreditsicherheit noch weitere Umstände hinzukommen, z.B. die Besitzübertragung bei der Verpfändung beweglicher Gegenstände oder die Grundbucheintragung bei einer Grundschuldbestellung, werden diese durch die gestaltende Wirkung des Insolvenzplans allerdings nicht ersetzt und müssen noch vollzogen werden (*Wittig* DB 1999, 197 [205]). 9

Im Übrigen kann der Schuldner in der Zeit der Überwachung nach Bestätigung des Insolvenzplans grds. für die Rahmenkredite Sicherheiten aus seinem Vermögen bestellen, da er mit Aufhebung des Insolvenzverfahrens die Verfügungsbefugnis über sein Vermögen zurück erlangt. Dies gilt jedoch nicht, wenn der gestaltende Teil des Insolvenzplans vorsieht, dass bestimmte Rechtsgeschäfte des Schuldners gem. § 263 InsO nur mit Zustimmung des Insolvenzverwalters vorgenommen werden dürfen. 10

III. Absatz 1 Satz 2

Gem. § 264 Abs. 1 Satz 2 InsO ist im gestaltenden Teil des Plans der Höchstbetrag der Kredite, der im Rahmen der Privilegierung möglich ist, verbindlich festzusetzen. Dieser Kreditrahmen muss gem. § 267 Abs. 2 Nr. 3 InsO öffentlich bekannt gegeben werden. 11

IV. Absatz 1 Satz 3

Kumulativ ist weiterhin erforderlich, dass der Kreditrahmen den Wert der Vermögensgegenstände nicht übersteigt, die in der Vermögensübersicht des Plans gem. § 229 Satz 1 InsO aufgeführt sind. Dies bedeutet, dass das Aktivvermögen des vormals insolventen Unternehmens letztlich die Höchst- 12 grenze des Kreditrahmens darstellt. Das Insolvenzgericht hat im Rahmen des § 231 Abs. 1 Nr. 1 InsO und § 250 Nr. 1 InsO das Verhältnis zwischen Kreditrahmen und ausgewiesenem Vermögen zu prüfen (HK-InsO/*Haas* § 264 Rn. 6).

V. Absatz 2

13 Als Formerfordernis ist vorgeschrieben, dass die Privilegierung dem Kreditgeber nur zuteilwird, wenn er mit dem Schuldner oder der Übernahmegesellschaft genaue Vereinbarungen gem. § 264 Abs. 2 InsO getroffen hat und diese durch den Verwalter schriftlich bestätigt worden sind (vgl. *Haarmeyer/Wutzke/Förster* Hdb. zur InsO, S. 689, Rn. 55). Diese Voraussetzungen der Privilegierung dienen dem Schutz aller Beteiligten und sollen eine übermäßige Kreditaufnahme verhindern. Vor allem sind die Interessen der Neugläubiger zu berücksichtigen, die im Vorfeld der Annahme des Plans keine Möglichkeit hatten, gestaltend auf diesen einzuwirken, jedoch gem. § 265 InsO nunmehr als nachrangig behandelt werden (BT-Drucks. 12/2443 S. 216). Hinsichtlich der Details wird auf die Ausführungen zu § 265 InsO verwiesen.

14 Aufgrund der Formstrenge im Interesse des Rechtsverkehrs und der Rechtssicherheit muss der Schuldner oder die Übernahmegesellschaft genaue Vereinbarungen hinsichtlich der Höhe der Kreditrückzahlungsforderung nach Kapital, Zinsen und Kosten treffen. Der Verwalter muss diese Vereinbarung schriftlich bestätigen. Dieser Bestätigung muss jedoch eine Prüfung vorangehen, worin der Verwalter prüft, ob sich der Kredit im Rahmen der Kreditrahmens hält. Dieses Erfordernis korrespondiert mit den früheren Regelungen des § 106 VglO.

Liegt keine Zustimmung des Verwalters vor, scheidet eine Privilegierung des Darlehensgebers selbst dann aus, wenn die Tatbestandsvoraussetzungen des § 264 InsO ansonsten vorliegen würden. Allerdings ist es nicht zwingend erforderlich, dass der Verwalter vor dem Darlehensversprechen oder vor Auszahlung der Darlehensvaluta seine Zustimmung erteilt hat. Es genügt, wie im bisherigen Recht, auch eine nachträgliche Billigung der Darlehensaufnahme, um diese zu Gunsten der Gläubiger zu bewirken (vgl. *Böhle-Stamschräder/Kilger* VglO, § 106 Rn. 1). Die Zustimmung des Verwalters kann weder durch einen Beschluss des Gläubigerausschusses noch durch eine Anordnung des Insolvenzgerichts ersetzt werden. Verweigert der Verwalter seine Zustimmung zu Unrecht und handelt damit Sinn und Zweck des Verfahrens zuwider, ist das Gericht im Rahmen seiner Aufsichtspflicht verpflichtet hiergegen einzuschreiten.

15 Der Verwalter hat in der Überwachungsphase stetig zu prüfen, ob der Kreditrahmen tatsächlich zur Aufnahme von etwaigen Neukrediten reicht. Dies ist bereits aus haftungsrechtlichen Gründen von größter Wichtigkeit. Weiterhin hat er, um Streitigkeiten vorzubeugen, dafür Sorge zu tragen, dass die Kreditvereinbarungen einen eindeutigen Inhalt sowohl bzgl. des Kreditrahmens als auch bzgl. der Kreditbedingungen haben.

16 Aus Sicht der Gläubiger ist es bedauerlich, dass dem Verwalter im Rahmen seiner Tätigkeit innerhalb des § 264 InsO eine Beurteilung der Zweckmäßigkeit des unternehmerischen Handelns der Geschäftsleitung des vormals insolventen Unternehmens nicht zusteht. Der Verwalter hat insbesondere nicht das Recht, eine Kreditaufnahme wegen Unzweckmäßigkeit zu beanstanden. Nur wenn eine Kreditaufnahme die Erfüllung des Plans gefährden oder unmöglich machen würde, hat er gem. § 262 InsO dem Gläubigerausschuss und dem Insolvenzgericht unverzüglich Anzeige zu erstatten. Die Tätigkeit des Verwalters beschränkt sich somit im Hinblick auf die Kreditaufnahme im Regelfall auf die Kontrolle der Erfüllung der formellen Voraussetzungen für die Kreditaufnahme. Aufgrund dieser gesetzlichen Anordnungen sind die Gläubiger lediglich in quantitativer Hinsicht, d.h. im Hinblick auf den Kreditumfang, vor erneuten unternehmerischen Fehlentscheidungen des Schuldners geschützt. Dies steht im Gegensatz zum bisherigen Recht des § 106 VglO, nach welchem der Verwalter das Recht hatte, eine erteilte Zustimmung aus wirtschaftlichen Gründen zu widerrufen, falls sich im Nachhinein eine fehlende Notwendigkeit des Darlehens herausstellte. Nach der nunmehrigen gesetzlichen Regelung kann der Verwalter die Zustimmung zur Auszahlung der Darlehensvaluta lediglich widerrufen, falls sich herausstellt, dass der Kreditrahmen bereits ausgeschöpft ist.

Im Hinblick auf etwaige Verzugszinsen gewährter Kredite sollte beachtet werden, dass eine Einbeziehung von Verzugszinsen den Kreditrahmen schnell und unkalkuliert ausfüllen kann. Aus diesem Grunde sollte im Plan eine entsprechende Vorsorge getroffen werden, dass Verzugszinsen aus dem Kreditrahmen und damit der Privilegierung ausgeschlossen sind (*Bork* in: Leipold, S. 63 f.). 17

VI. Absatz 3

Die InsO hat sämtliche Ansprüche auf Rückgewähr kapitalersetzender Gesellschafterdarlehen als nachrangige Forderungen gem. § 39 Abs. 1 Nr. 5 InsO in das Insolvenzverfahren einbezogen (KS-InsO/*Uhlenbruck* 1997, S. 894, Rn. 27). In § 264 Abs. 3 InsO wird normiert, dass nachrangige Forderungen gem. § 39 Abs. 1 Nr. 5 InsO auf Rückgewähr des kapitalersetzenden Darlehens eines Gesellschafters oder gleichgestellte Forderungen nicht in den Kreditrahmen aufgenommen werden können (BT-Drucks. 12/2443 S. 216). Durch die Regelung des Abs. 3 wollte der Gesetzgeber vermeiden, dass das mit dem Kreditrahmen zur Verfügung gestellte Finanzierungsinstrument dazu benutzt werden könnte, nachrangigen Krediten Privilegierung zukommen zu lassen, ohne für eine ordnungsgemäße Kapitalausstattung des sanierten Unternehmens zu sorgen (BT-Drucks. 12/2443 S. 216). 18

C. Ausblick

Inwiefern die Vorschriften über den Kreditrahmen tatsächlich eine Fortführungsfinanzierungen ermöglichen scheint in Hinblick auf die Rechte der absonderungsberechtigten Gläubiger problematisch, da in diese nicht eingegriffen werden kann. Die klare Trennung zwischen Absonderungsberechtigten einerseits und Insolvenzgläubigern andererseits verbietet es, den Begriff des Insolvenzgläubigers in § 264 InsO auf dessen potentielle Position als Absonderungsberechtigten zu erstrecken, da ansonsten auch Absonderungsberechtigte ohne persönliche Forderung gegenüber dem Schuldner in den Kreditrahmenbereich einbezogen werden könnten (KS-InsO/*Braun* 1997, S. 873, Rn. 40). 19

Aufgrund der Tatsache, dass der Kreditrahmen die Absonderungsrechte nicht berührt, besteht die Gefahr, dass die Gläubiger nicht ausreichend motiviert werden, neues Geld zur Verfügung zu stellen (KS-InsO/*Braun* 1997, S. 873, Rn. 43). Aus diesem Grunde wird man es in der Praxis nicht dabei belassen können, in einem Plan lediglich den Kreditrahmen abzustecken. Vielmehr wird der Planverfasser erhebliche Kreativität und Überzeugungskraft aufbringen müssen, um seitens der absonderungsberechtigten Gläubiger im Rahmen der durch § 223 InsO vorgegebenen beschränkten Möglichkeiten Zugeständnisse zu erreichen. Soll in die Rechte der absonderungsberechtigten Gläubiger eingegriffen werden, muss zwingend eine eigene Abstimmungsgruppe gebildet werden. Voraussetzung hierfür ist die Einwilligung der betroffenen absonderungsberechtigten Gläubiger oder die Ersetzung der Einwilligung gem. § 245 InsO. Die Rangfolge nach §§ 264, 265 InsO berührt nicht die Absonderungsrechte, die nach dem Plan stehen geblieben sind. Diese gelten unverändert fort. Der Nachrang kann nur den sich in jenem Verfahren ergebenden Verzichts- oder Ausfallteil der Forderung treffen (HK-InsO/*Haas* § 264 Rn. 10). 20

Zusammenfassend ist festzuhalten, dass die Regelung des § 264 InsO für das gesetzgeberische Ziel, die Finanzierung eines Insolvenzplans zu sichern, nur bedingt geeignet ist, wenn es dem Planverfasser nicht durch entsprechende gestalterische Maßnahmen und Begründungen im Plan gelingt, absonderungsberechtigte Gläubiger zu überzeugen und einzubinden, um damit weitergehende Handlungsspielräume für die Sicherung von Neukrediten zu eröffnen (vgl. KS-InsO/*Braun* 1997, S. 873 f., Rn. 40–46). 21

§ 265 Nachrang von Neugläubigern

¹Gegenüber den Gläubigern mit Forderungen aus Krediten, die nach Maßgabe des § 264 aufgenommen oder stehen gelassen werden, sind nachrangig auch die Gläubiger mit sonstigen vertraglichen Ansprüchen, die während der Zeit der Überwachung begründet werden. ²Als solche Ansprüche gelten auch die Ansprüche aus einem vor der Überwachung vertraglich begründeten

§ 265 InsO Nachrang von Neugläubigern

Dauerschuldverhältnis für die Zeit nach dem ersten Termin, zu dem der Gläubiger nach Beginn der Überwachung kündigen konnte.

Übersicht	Rdn.		Rdn.
A. Zweck der Regelung	1	C. Satz 2	6
B. Satz 1	2		

A. Zweck der Regelung

1 Da der Gesetzgeber – abgesehen von §§ 263, 264 InsO – wollte, dass der Schuldner bzw. die Übernahmegesellschaft nach der Aufhebung des Insolvenzverfahrens uneingeschränkt wirksame Verpflichtungen eingehen kann, musste er ein Regulativ schaffen, um Kreditgeber zur finanziellen Mitwirkung zu motivieren.

Die Regelung des § 265 InsO, welche einen Nachrang von Neugläubigern gegenüber Gläubigern mit Forderungen aus Krediten, die nach Maßgabe des § 264 InsO aufgenommen oder stehengelassen werden, erweitert die Sicherung der nach § 264 InsO privilegierten Kreditgeber.

B. Satz 1

2 § 265 Satz 1 InsO schützt den Kreditgeber, dessen Kredit nach Maßgabe des § 264 InsO aufgenommen worden ist, auch im Verhältnis zu den Gläubigern vertraglicher Forderungen, die während der Zeit der Überwachung neu begründet werden (BT-Drucks. 12/2443 S. 216 f.). Wäre es dem Schuldner bzw. der Übernahmegesellschaft beliebig gestattet, weitere, mit nach § 264 InsO privilegierten Krediten auf gleicher Stufe stehende Ansprüche zu schaffen, wäre der Schutzzweck des Kreditrahmens gefährdet und damit auch die Vereinfachung der Kreditbeschaffung. Ohne entsprechende Regelungen hätte es der Schuldner oder die Übernahmegesellschaft in der Hand, durch die Aufnahme neuer, nicht in den Kreditrahmen fallender, Kredite gleichrangige Forderungen zu begründen (BT-Drucks. 12/2443 S. 216 f.). Mit § 265 InsO wurde ein Weg gefunden, um übermäßige Kreditaufnahmen oder die Eingehung sonstiger vertraglicher Verpflichtungen durch den Schuldner bzw. die Übernahmegesellschaft im Hinblick auf den zu realisierenden Insolvenzplan zu regulieren.

3 Es ist davon auszugehen, dass der gesetzliche Nachrang der Gläubiger erheblichen Einfluss auf die Kreditaufnahmemöglichkeit des ehemals schuldnerischen Unternehmens haben wird. Kreditgeber werden nur in sehr begrenztem Maße Kredite ohne Sicherheiten oder Einbeziehung in den Kreditrahmen gewähren.

4 Der Nachrang ist den Neugläubigern zumutbar, da diese aufgrund der öffentlichen Bekanntmachung der Überwachung sowie des Kreditrahmens im Vorfeld einer Kontrahierung informiert sind. Ihnen ist bekannt, dass ihre Vertragsbeziehung, falls sie nicht dem Kreditrahmen des § 264 InsO unterstellt ist, in einer Folgeinsolvenz risikobehaftet ist. Aufgrund dieser Information steht es den Neugläubigern frei, von Rechtsgeschäften Abstand zu nehmen oder durch Verhandlungen mit dem Verwalter die Aufnahme in den Kreditrahmen zu erreichen, falls dieser noch nicht ausgeschöpft sein sollte.

5 Im Zusammenhang mit § 265 Satz 1 InsO ist zu beachten, dass sich der Nachrang ausdrücklich und ausschließlich auf vertraglich begründete Ansprüche bezieht. Gesetzliche Ansprüche, wie z.B. Ansprüche aus unerlaubter Handlung des Schuldners, werden vom Nachrang nicht erfasst. Derartige Ansprüche sind gleichrangig mit privilegierten Krediten i.S.d. § 264 InsO; selbiges gilt für gesetzliche Schuldverhältnisse, die während der Zeit der Überwachung begründet werden, z.B. aus einem Eigentümer-Besitzer-Verhältnis (BT-Drucks. 12/2443 S. 217).

Vertragsähnliche Ansprüche, beispielsweise aus c.i.c., sind nachrangig, wenn sie die Nebenansprüche eines bereits hinsichtlich der Hauptleistungen nachrangigen Anspruches darstellen. Durch die

Nichteinbeziehung gesetzlicher Ansprüche kann im Einzelfall eine erhebliche Relativierung des Privilegs eintreten, was vom Gesetzgeber jedoch bewusst in Kauf genommen worden ist.

C. Satz 2

Gem. § 265 Satz 2 InsO werden nachrangigen Neugläubigern i.S.d. Satzes 1 solche Gläubiger gleichgestellt, deren Forderungen aus Dauerschuldverhältnissen zwar vor Anordnung der Überwachung begründet worden sind, die aber von einer Möglichkeit der Kündigung des ihrer Forderung zugrunde liegenden Rechtsgeschäfts keinen Gebrauch gemacht haben. Macht der Altgläubiger nicht bei der ersten Kündigungsmöglichkeit von seinem Kündigungsrecht Gebrauch, so ist sein Anspruch ab der erstmalig möglichen Kündigung gegenüber den privilegierten Krediten i.S.d. § 264 Abs. 1 InsO nachrangig (BT-Drucks. 12/2443 S. 217). Dies gilt in gleichem Maße für ordentliche wie außerordentliche Kündigungen, da der Gesetzgeber nur auf die Kündigungsmöglichkeit abstellt und nicht auf einen etwaigen Kündigungsgrund. 6

Zweck der gesetzlichen Regelung ist es, diejenigen Gläubiger mit nachrangigen Gläubigern gleichzustellen, die in Kenntnis der Überwachung und der Anordnung von Beschränkungen für das vormals schuldnerische Unternehmen die Möglichkeit einer Kündigung nicht ergriffen haben. Ab der ersten Kündigungsmöglichkeit ist die Interessenlage zwischen Neugläubigern und Altgläubigern wirtschaftlich identisch, so dass sie auch wirtschaftlich gleich behandelt werden können. Beide Gläubiger treffen ihre Entscheidungen in Kenntnis der Problemlage des Schuldners bzw. der Übernahmegesellschaft. Aus diesem Grund besteht keine Notwendigkeit, vorbezeichnete Altgläubiger nicht mit Neugläubigern, die erst im Nachgang der Aufhebung des Insolvenzverfahrens mit dem Schuldner kontrahieren, gleichzustellen. 7

§ 266 Berücksichtigung des Nachrangs

(1) Der Nachrang der Insolvenzgläubiger und der in § 265 bezeichneten Gläubiger wird nur in einem Insolvenzverfahren berücksichtigt, das vor der Aufhebung der Überwachung eröffnet wird.

(2) In diesem neuen Insolvenzverfahren gehen diese Gläubiger den übrigen nachrangigen Gläubigern im Range vor.

Übersicht	Rdn.		Rdn.
A. Absatz 1	1	B. Absatz 2	4

Literatur:
Bork Die Wirkungen des Insolvenzplanes nach §§ 290–305 RefE, in: Leipold, Insolvenzrecht im Umbruch, S. 63, Rn. 1.

A. Absatz 1

Der Status der privilegierten Gläubiger gegenüber sonstigen Gläubigern, die nicht in den Kreditrahmen des § 264 InsO einbezogen sind, wie auch gegenüber Neugläubigern gem. § 265 InsO ist als ein Zustand anzusehen, der zur Überwindung der Anlaufschwierigkeiten eines mittels Plan sanierten Unternehmens befristet vertretbar ist, keinesfalls aber ein Dauerzustand sein darf. Dies gebietet bereits die Chancengleichheit des Wettbewerbs, in die das Insolvenzrecht nicht dauerhaft eingreifen darf (BT-Drucks. 12/2443 S. 217). 1

Entwicklungen wie in der amerikanischen Rechtsordnung, in welcher der umfassende Schutz des Chapter 11 BC vielfach zu marktfremden Einflussnahmen missbraucht wird, sind nicht erwünscht. Daher sind nur solche Kredite zu begünstigen, die während der Zeit der Überwachung aufgenommen oder in dieser Zeit stehengelassen werden. 2

Die rangmäßige Begünstigung der durch die privilegierten Kredite gesicherten Ansprüche kommt nur zum Tragen, wenn gem. Abs. 1 während der Überwachung ein neues Insolvenzverfahren eröff- 3 net wird (BT-Drucks. 12/2443 S. 217). Eine Antragstellung auf Eröffnung eines neuen Insolvenzverfahrens ist genauso wenig ausreichend wie die Anordnung von Sicherungsmaßnahmen gem. § 21 InsO, wenn es letztlich nicht zur Eröffnung eines neuen Insolvenzverfahrens kommt.

B. Absatz 2

4 § 266 Abs. 2 InsO bestimmt das Verhältnis der Gläubiger, die nach §§ 264, 265 InsO nachrangig sind, zu den übrigen nachrangigen Gläubigern (BT-Drucks. 12/2443 S. 217). § 266 Abs. 2 InsO will klarstellen, dass die Gläubiger, die hinter die Kreditrahmengläubiger zurücktreten müssen, in einer zweiten Insolvenz den nachrangigen Gläubigern i.s.v. § 39 InsO weiterhin vorgehen, die Rangfolge insoweit unverändert bleibt (*Bork* in: Leipold, S. 63, Rn. 1). Bei einem späteren Insolvenzverfahren gilt eine mindestens dreistufige Rangordnung der Insolvenzgläubiger (HK-InsO/*Haas* § 266 Rn. 3).

5 Den ersten Rang haben die nach § 264 InsO begünstigten Kreditgläubiger und die Neugläubiger aus gesetzlichen Schuldverhältnissen, den zweiten Rang haben die nach §§ 264, 265 InsO zurückgesetzten Altgläubiger und Neugläubiger. Auf der dritten Stufe finden sich schließlich die Gläubiger i.S.d. § 39 InsO (§ 255 Abs. 1 InsO; HK-InsO/*Haas* § 266 Rn. 3).

6 Falls die Insolvenzgläubiger über Kreditsicherheiten verfügen, bleibt ihnen in einem »Anschlussinsolvenzverfahren« ihr bevorrechtigtes Absonderungsrecht auch gegenüber den Rahmenkrediten erhalten (KS-InsO/*Braun* S. 1137 ff.).

§ 267 Bekanntmachung der Überwachung

(1) Wird die Erfüllung des Insolvenzplans überwacht, so ist dies zusammen mit dem Beschluss über die Aufhebung des Insolvenzverfahrens öffentlich bekannt zu machen.

(2) Ebenso ist bekannt zu machen:
1. im Falle des § 260 Abs. 3 die Erstreckung der Überwachung auf die Übernahmegesellschaft;
2. im Falle des § 263, welche Rechtsgeschäfte an die Zustimmung des Insolvenzverwalters gebunden werden;
3. im Falle des § 264, in welcher Höhe ein Kreditrahmen vorgesehen ist.

(3) ¹§ 31 gilt entsprechend. ²Soweit im Falle des § 263 das Recht zur Verfügung über ein Grundstück, ein eingetragenes Schiff, Schiffsbauwerk oder Luftfahrzeug, ein Recht an einem solchen Gegenstand oder ein Recht an einem solchen Recht beschränkt wird, gelten die §§ 32 und 33 entsprechend.

Übersicht	Rdn.			Rdn.
A. Absatz 1	1	II.	§ 267 Abs. 3 i.V.m. § 32 InsO	5
B. Absatz 2	2		1. Allgemeines	5
C. Absatz 3	4		2. Wirkung der Eintragung	7
I. § 267 Abs. 3 i.V.m. 31 InsO	4	III.	§ 267 Abs. 3 i.V.m. § 33 InsO	9

Literatur:
Holzer/Kramer Grundbuchrecht, 2. Aufl. 2004; *Landfermann* Zur Gestaltung und Formulierung der Insolvenzordnung, in: Gerhardt/Diederichsen/Rimmelspacher/Costede, FS für Wolfram Henckel zum 70. Geburtstag, S. 515.

A. Absatz 1

1 Wird die Planerfüllung überwacht, so ist das zusammen mit dem Beschluss über die Aufhebung des Insolvenzverfahrens öffentlich bekannt zu machen und den Registergerichten zum Zwecke der Information des Rechtsverkehrs mitzuteilen. Der Rechtsverkehr muss sich darauf einstellen können, dass der Schuldner einerseits sein Verfügungsrecht zurückerlangt hat, andererseits aber für einen er-

heblichen Zeitraum unter Bedingungen tätig ist, die für Neugläubiger – gerade wegen der §§ 265, 266 InsO – erhebliche Konsequenzen mit sich bringen.

B. Absatz 2

§ 267 Abs. 2 InsO erstreckt die Bekanntmachungspflicht auch auf solche Planbestandteile, die für potentielle Neugläubiger von Bedeutung sind. Waren diese Gläubiger am Zustandekommen des Plans zwar nicht beteiligt, so erstreckt sich die Wirkung der obigen Bestandteile dennoch auf diese. Ohne die Möglichkeit der Neugläubiger, sich über die besondere Situation des vormals insolventen Unternehmens als potentiellen Vertragspartner informieren zu können, wäre es diesen nicht zumutbar, in den Wirkungskreis des Plans miteinbezogen zu werden. Ist der Rechtsverkehr jedoch in Kenntnis über die besondere Situation eines möglichen Vertragspartners gesetzt, kann er sein Verhalten darauf ausrichten.

Durch die Bekanntmachung erhält ein möglicher Neugläubiger des Weiteren die Möglichkeit mit dem überwachenden Verwalter in Verhandlungen einzutreten, um eventuelle Neuforderungen in den Kreditrahmen einzubeziehen.

C. Absatz 3

I. § 267 Abs. 3 i.V.m. 31 InsO

§ 267 Abs. 3 InsO erweitert die Bekanntmachungspflicht der Überwachung dahingehend, dass auch eine Eintragung in die jeweiligen Register, bei welchen der Rechtsverkehr sich gewöhnlich informiert, vorgeschrieben ist.

§ 267 Abs. 3 i.V.m. § 31 InsO schreibt deshalb die Mitteilung dieser Entscheidung an das Registergericht vor.

II. § 267 Abs. 3 i.V.m. § 32 InsO

1. Allgemeines

Gem. § 267 Abs. 3 InsO i.V.m. § 32 Abs. 1 Nr. 1 InsO ist der Überwachungsvermerk bei allen im Eigentum des Schuldners stehenden Grundstücken oder grundstücksgleichen Rechten (z.B. Erbbaurecht, § 1 ErbbauRVO, selbstständiges Gebäudeeigentum in den neuen Bundesländern etc.) einzutragen. Der Wert des Grundstücks bzw. des grundstücksgleichen Rechts ist hierbei bedeutungslos.

Ist der Schuldner Miteigentümer, ist der Überwachungsvermerk am Miteigentumsanteil entsprechend einzutragen. Eine Eintragung ist jedoch nur erforderlich, wenn eine Benachteiligung der Insolvenzgläubiger zu besorgen ist. Aus diesem Grunde kann beispielsweise eine Eintragung bei Briefpfandrechten gem. §§ 1116 Abs. 1, 1192 Abs. 1 BGB unterbleiben, wenn sich der Brief im Besitz des Insolvenzverwalters befindet.

2. Wirkung der Eintragung

Der im Grundbuch eingetragene Überwachungsvermerk macht die Beschränkung kenntlich und verhindert somit einen bis dahin noch möglichen etwaigen gutgläubigen Erwerb gem. §§ 892 f. BGB. Verfügungen des Schuldners sind, genauso wie nach der Eröffnung des Insolvenzverfahrens, unwirksam (§ 81 Abs. 1 Satz 1 InsO); zur Verhinderung eines gutgläubigen Erwerbs ist die Eintragung des Überwachungsvermerks unverzichtbar (vgl. *LG Köln* Beschl. v. 22.02.1965 – 11 T/65, KTS 1965, 177 f.). Das Grundbuchamt darf aufgrund des grundbuchrechtlichen Legalitätsprinzips nach Eintragung des Überwachungsvermerks nur noch solche Eintragungen vornehmen, die dem Überwachungsvermerk nicht entgegenstehen (vgl. *Holzer/Kramer* Grundbuchrecht, 6. Teil, Rn. 68). Die Eintragung des Überwachungsvermerks erfolgt auf Ersuchen des Insolvenzgerichts oder des Insolvenzverwalters, wobei sich Gericht und Verwalter abzustimmen haben, wer das Eintragungsersuchen letztlich tätigt (vgl. *Holzer/Kramer* Grundbuchrecht, 1. Aufl., 6. Teil, Rn. 534). Das

§ 268 InsO Aufhebung der Überwachung

Ersuchen des Verwalters ist dabei ein Antragsverfahren gem. §§ 13 ff. GBO und darf nicht mit dem behördlichen Ersuchen verwechselt werden.

8 Die Löschung des Überwachungsvermerks erfolgt, wenn das Gericht gem. § 268 InsO die Überwachung aufhebt.

III. § 267 Abs. 3 i.V.m. § 33 InsO

9 Genauso wie das Grundbuch gem. § 892 BGB genießt auch das Schiffsregister, das Schiffsbauregister und das Register für Pfandrechte an Luftfahrzeugen öffentlichen Glauben. Um einen etwaigen gutgläubigen Erwerb zu verhindern, ist der Überwachungsvermerk auch in diesen Registern unverzüglich einzutragen (Schiffsregisterordnung vom 19.12.1940 [RGBl. I S. 1591] i.d.F. der Bek. vom 26.05.1994 [BGBl. I S. 1133] zuletzt geändert durch Gesetz vom 28.04.2017 [BGBl. I S. 969]; Verordnung zur Durchführung der Schiffsregisterordnung vom 24.11.1980 [BGBl. I S. 2169] i.d.F. der Bek. vom 30.11.1994 [BGBl. I S. 3631] zuletzt geändert durch Verordnung vom 31.08.2015 [BGBl. I S. 1474]; Gesetz über Rechte an Luftfahrzeugen vom 26.02.1959 [BGBl. I S. 57] zuletzt geändert durch Gesetz vom 31.08.2015 [BGBl. I S. 1474]; Gesetz über Rechte an eingetragenen Schiffen und Schiffsbauwerken vom 15.11.1940 [RGBl. I S. 1499], zuletzt geändert durch Gesetz vom 21.01.2013 [BGBl. I S. 91]).

Anzufügen ist, dass die Vorschriften des LuftfzRG für die Eintragung für Pfandrechte an Luftfahrzeugen weitgehend den Vorschriften des Schifffahrtsregistergesetzes entsprechen. Die Wirkungen des Insolvenzverfahrens auf Rechte an Luftfahrzeugen ist nach neuem Recht insolvenzrechtlich verankert, so dass für den damaligen § 98 Abs. 3 LuftfzRG kein Bedarf mehr bestand und dieser aufgehoben wurde (*Landfermann* in: Gerhardt/Diederichsen/Rimmelspacher/Costede, S. 515 [518, Rn. 19]).

§ 268 Aufhebung der Überwachung

(1) Das Insolvenzgericht beschließt die Aufhebung der Überwachung,
1. wenn die Ansprüche, deren Erfüllung überwacht wird, erfüllt sind oder die Erfüllung dieser Ansprüche gewährleistet ist oder
2. wenn seit der Aufhebung des Insolvenzverfahrens drei Jahre verstrichen sind und kein Antrag auf Eröffnung eines neuen Insolvenzverfahrens vorliegt.

(2) ¹Der Beschluss ist öffentlich bekanntzumachen. ²§ 267 Abs. 3 gilt entsprechend.

Übersicht	Rdn.		Rdn.
A. Zweck der Vorschrift	1	2. Ausnahme	6
B. Aufhebungsgrund	2	C. Aufhebungsbeschluss	7
I. Absatz 1 Nr. 1	2	D. Wirkungen	8
II. Absatz 1 Nr. 2	3	E. Öffentliche Bekanntmachung	9
1. Regelfall	3	F. Löschung des Überwachungsvermerks	10

A. Zweck der Vorschrift

1 Die Überwachung hat weitreichende Wirkungen auf den Schuldner bzw. auf dessen Rechtsbeziehungen zu Dritten. Aus Gründen der Rechtsklarheit ist deshalb über die Aufhebung der Überwachung durch förmlichen Beschluss seitens des Insolvenzgerichts zu entscheiden und dies öffentlich bekannt zu geben (BT-Drucks. 12/2443 S. 217).

B. Aufhebungsgrund

I. Absatz 1 Nr. 1

Mit der Planerfüllung haben die Gläubiger wirtschaftlich das Ergebnis erreicht, mit welchem sie im Plan ihr Einverständnis erklärt haben. Für eine weitergehende Überwachung besteht kein Bedarf. Gesetzlich gleichgestellt ist der Fall, dass die Erfüllung des Plans auf andere Weise, z.B. durch Hinterlegung des vereinbarten Geldbetrages oder werthaltige Bürgschaften, gesichert ist. Im Interesse der Rechtssicherheit sollte im Plan geregelt werden, welche Sicherheiten die Erfüllung der Plananspräche anderweitig gewährleisten und somit der Erfüllung gleichzusetzen sind.

II. Absatz 1 Nr. 2

1. Regelfall

Die Überwachung samt ihrer Besonderheiten kann weder aus Sicht des Schuldners noch des Rechtsverkehrs ein Dauerzustand sein. Aus diesem Grund hat der Gesetzgeber eine Höchstüberwachungszeit normiert, die nur dann verlängert wird, wenn zwischenzeitlich ein neues Insolvenzverfahren anhängig geworden ist. Durch die gesetzliche Höchstdauer der Überwachung wissen die Gläubiger um den spätesten Zeitpunkt des Ablaufes der Überwachungsfrist samt dessen Konsequenz auf den Nachrang der Forderungen gem. § 266 InsO und können sich darauf einstellen.

Gem. § 268 Abs. 1 Nr. 2 InsO ist die Überwachung von Amts wegen zu beenden, wenn seit der Aufhebung des Insolvenzverfahrens aufgrund des bestätigten Plans drei Jahre verstrichen sind. Die Aufhebung gem. § 268 Abs. 1 Nr. 2 InsO hätte auch dann zu erfolgen, wenn der Plan noch nicht erfüllt wäre. Nach der wohl herrschenden Literatur kann der Dreijahreszeitraum im Interesse der Rechtssicherheit nicht verlängert werden. Das Gesetz sei insoweit zwingend (vgl. auch *Braun/Frank* InsO, § 268 Rn. 2 f. sowie *Uhlenbruck/Lüer/Streit* InsO, § 268 Rn. 3 f.). Nach Teilen der Rechtsprechung sei jedoch auch eine Verlängerung der Überwachungsfrist möglich, wenn der Schuldner zugestimmt hat (vgl. *AG Duisburg* NZI 2003, 447 f.). Dies ist äußerst kritisch zu sehen, da der Gesetzgeber eine dauerhafte Gängelung des Schuldners ausdrücklich nicht gewollt hat und ferner stets die Gefahr besteht, dass der Schuldner mit der Drohung ansonsten dem Plan nicht zuzustimmen, unter Druck gesetzt werden kann. Aus diesem Grunde ist der h.M., dass der Dreijahreszeitraum nicht verlängert werden kann, zuzustimmen. Eine Verkürzung der Überwachungsdauer ist jederzeit durch entsprechende Regelung im Plan möglich.

Mit Aufhebung der Überwachung hat der Verwalter die nicht mehr benötigten Geschäftsunterlagen – soweit nicht bereits nach der Aufhebung des Verfahrens erfolgt – an den Schuldner herauszugeben (*OLG Stuttgart* ZIP 1984, 1385). Der vormalige Schuldner ist zur Annahme verpflichtet (*LG Hannover* Beschl. v. 05.07.1972 – 23 T 2/72, KTS 1973, 191). Handelt es sich bei dem überwachten vormaligen Schuldner um eine AG, eine GmbH oder eine Handelsgesellschaft, ergibt sich die Verpflichtung zur Annahme und Verwahrung der Unterlagen aus den §§ 273 Abs. 2 AktG, 74 Abs. 2 Satz 1 GmbHG, 157 Abs. 2 Satz 1 HGB. Zu beachten ist, dass nur gegenüber einer AG oder KGaA gem. §§ 407, 273 Abs. 2 AktG die Annahme der Unterlagen mittels Zwangsgeld erzwungen werden kann. Gegenüber anderen vormaligen Schuldnern bestehen keine zivilrechtlichen Regelungen. In der Insolvenzpraxis hat es sich jedoch als wirkungsvoll erwiesen, sich an das zuständige Finanzamt zu wenden, da die Nichtannahme der Unterlagen einen Verstoß gegen die steuerrechtlichen Aufbewahrungspflichten gem. § 147 AO darstellt, der vom Finanzamt gem. § 328 AO mit Zwangsmitteln sanktioniert werden kann.

2. Ausnahme

Ist ein neuer Insolvenzantrag gestellt, dauert die Überwachung bis zur rechtskräftigen Entscheidung über den Eröffnungsantrag fort.

§ 269 InsO Kosten der Überwachung

C. Aufhebungsbeschluss

7 Die Überwachung wird durch förmlichen, gem. § 6 InsO nicht anfechtbaren Aufhebungsbeschluss beendet. Dies ist auch erforderlich, wenn im Plan eine kürzere Überwachungsphase festgelegt worden ist (HK-InsO/*Haas* § 269 Rn. 2).

D. Wirkungen

8 Materiell-rechtlich entfallen mit der Aufhebung der Überwachung alle dem Schuldner trotz Wiedererlangung der Verfügungsmacht noch auferlegten Beschränkungen mit ex-nunc-Wirkung. Der Insolvenzbeschlag, der gem. §§ 263, 81 Abs. 1 und § 82 InsO aufgrund der Anordnung im Plan noch bestand, entfällt. Die Befugnisse des Verwalters in der Überwachungsphase enden.

E. Öffentliche Bekanntmachung

9 Der Beschluss bzgl. der Aufhebung der Überwachung ist in gleicher Weise öffentlich bekannt zu machen wie die Überwachung selbst. Sie erfolgt in dem vorgesehenen Amtsblatt des Insolvenzgerichtes und/oder in einer Tageszeitung. Zweckmäßig ist es, in die Bekanntmachung andere im Zusammenhang mit der Aufhebung der Überwachung stehende Entscheidungen mit einzubeziehen, etwa die Vergütung des Verwalters und der Mitglieder des Gläubigerausschusses (vgl. *Uhlenbruck/Delhaes* Rn. 945).

Nach einer in der Literatur vertretenen Ansicht hat das Insolvenzgericht im Vorfeld der Aufhebung der Überwachung von Amts wegen zu prüfen und festzustellen, dass kein Grund vorliegt, ein neues Insolvenzverfahren einzuleiten, wozu sowohl der Schuldner als auch der Verwalter gehört werden können (*Haarmeyer/Wutzke/Förster* Hdb. zur InsO, S. 690, Rn. 60). Dieser Ansicht wird hier nicht gefolgt. Das Insolvenzgericht kann und wird im Einzelfall zwar den Schuldner und den Verwalter hören, um sich die für die Aufhebung der Überwachung erforderlichen Informationen zu beschaffen. Eigene Ermittlungen hinsichtlich der Eröffnung eines neuen Insolvenzverfahrens hat das Gericht nur insoweit anzustellen, als es abklären muss, ob ein Antrag vorliegt.

Verfahrensrechtliche Fragen hinsichtlich eines Insolvenzgrundes müssen aufgrund des Antragsgrundsatzes im Insolvenzverfahren vom Gericht erst geprüft werden, wenn ein Antrag auf Eröffnung des Verfahrens gestellt worden ist, nicht aber früher.

F. Löschung des Überwachungsvermerks

10 Gleichzeitig ist mit der Aufhebung der Überwachung gem. § 268 Abs. 2 i.V.m. 267 Abs. 3 InsO die Löschung der Eintragungen in den Registern nach 31 ff. InsO zu verfügen und zu veranlassen. Die Löschungen sind als Folge des nunmehr vollständig entfallenen Insolvenzbeschlages im Grundbuch, Schiffsregister, Schiffsbauregister und im Register für Pfandrechte an Luftfahrzeugen zu vollziehen. Die Vermerke können sowohl vom Gericht als auch vom Verwalter zur Löschung gebracht werden (§§ 13, 38 GBO). Auch der Schuldner selbst ist mit Aufhebung der Überwachung antrags- und bewilligungsbefugt.

§ 269 Kosten der Überwachung

¹**Die Kosten der Überwachung trägt der Schuldner.** ²**Im Falle des § 260 Abs. 3 trägt die Übernahmegesellschaft die durch ihre Überwachung entstehenden Kosten.**

Übersicht	Rdn.		Rdn.
A. Grundsatz	1	C. Zeitpunkt des Kostenersatzes	5
B. Kostenarten	3	D. Sonstiges	7

A. Grundsatz

Entscheiden sich die Gläubiger im Rahmen des Plans für die Anordnung der Überwachung, so entstehen hierdurch zwangsläufig Kosten. Der Gesetzgeber hat diese Kosten dem Schuldner bzw. im Falle des § 260 Abs. 3 InsO der Übernahmegesellschaft aufgebürdet, wobei es den Beteiligten aufgrund des dispositiven Charakters der Norm jedoch freisteht, im Rahmen des Plans eine abweichende Kostentragungspflicht zu vereinbaren. 1

Eine Übernahme durch die Masse ist nicht möglich, da der Schuldner gem. § 259 Abs. 1 Satz 2 InsO über die Masse wieder frei verfügen kann, soweit nicht § 263 InsO Anwendung findet. Der Festsetzungsbeschluss ist ein Vollstreckungstitel, § 794 Abs. 1 Nr. 2 und 3 ZPO. Die Festsetzung der Kosten erfolgt durch das Insolvenzgericht nach Maßgabe des § 6 Abs. 2 InsVV (HK-InsO/*Haas* § 269 Rn. 1). 2

B. Kostenarten

Die Kostentragungspflicht erstreckt sich auf die während der Überwachungsphase entstandenen Verfahrenskosten für Vergütungen des Insolvenzverwalters und der Mitglieder des Gläubigerausschusses. Weiterhin erstreckt sich die Kostentragungspflicht auf die gesetzlich vorgeschriebenen Veröffentlichungskosten sowie weitere Auslagen, z.B. für Reisekosten, Porti, Telefon, Telefax etc., die ebenfalls vom Schuldner, der Übernahmegesellschaft bzw. der im Plan bestimmten natürlichen oder juristischen Person getragen werden müssen. Auch die Eintragungskosten in das Register, Grundbuch, etc. sind hiervon erfasst (*Kübler/Prütting/Bork/Pleister* InsO, § 269 Rn. 2; BK-InsO/*Breutigam* § 269 Rn. 1). 3

Kosten eines Sachwalters können nicht unter die Regelung des § 269 InsO subsumiert werden, da der Sachwalter nicht auf der Grundlage der gesetzlichen Regelungen der §§ 260 ff. InsO tätig wird, sondern auf der Grundlage eines privatrechtlichen Auftrages oder eines Geschäftsbesorgungsvertrages gem. § 675 BGB. Die Übernahme dessen Kosten und Auslagen bestimmen sich einzig nach den Vereinbarungen im Plan. Um unnötigen Streit zu vermeiden, hat der Planersteller präzise Angaben zu tätigen, wobei es sinnvoll ist, den späteren Sachwalter frühzeitig einzubeziehen. 4

C. Zeitpunkt des Kostenersatzes

Auch nach Aufhebung der Überwachung besteht weiterhin die Möglichkeit, etwaige Kostenersatzansprüche durchzusetzen, da der Festsetzungsbeschluss einen Vollstreckungstitel darstellt. 5

Dennoch sollte die Aufhebung der Überwachung erst nach vollständiger Begleichung der Kosten durch den Schuldner oder die Übernahmegesellschaft erfolgen, da das Mitwirkungsinteresse mit Aufhebung der Überwachung schnell nachlassen dürfte. In der Literatur wird zu Recht vertreten, dass regelmäßige Zwischenabrechnungen des Verwalters zulässig sein müssen, um die Kostendeckung und die Deckung der Vergütungsansprüche sicherzustellen (*Haarmeyer/Wutzke/Förster* Hdb. zur InsO, S. 691, Rn. 93). 6

D. Sonstiges

Nach Aufhebung der Überwachung obliegt dem Verwalter bzw. dem bestellten Sachwalter die Aktenaufbewahrungspflicht (*Haarmeyer/Wutzke/Förster* Hdb. zur InsO, S. 691, Rn. 64). Die nicht mehr benötigten Geschäftsunterlagen hat der Verwalter, soweit dies nicht bereits nach der Aufhebung des Verfahrens erfolgt ist, an den Schuldner herauszugeben (*OLG Stuttgart* ZIP 1984, 1385). Auf die Ausführungen bei § 268 Rdn. 5 f. wird insoweit verwiesen. 7

Siebter Teil[1] Koordinierung der Verfahren von Schuldnern, die derselben Unternehmensgruppe angehören

Vorbemerkung vor §§ 269a ff. InsO

Übersicht

		Rdn.			Rdn.
A.	Ausgangsüberlegung	1	H.	Die Auswirkungen der Verfahrenseröffnung auf Unternehmensverträge	23
B.	Wettbewerbsordnung und Konzerninsolvenzrecht	2	I.	Gruppeninterne Anfechtungsansprüche	29
C.	Ursachen der Konzernbildung	3	J.	Lösungskonzepte zur Bewältigung von Konzerninsolvenzen	31
D.	Wirtschaftliche Bedeutung	10	I.	Konsolidierung der Haftungsmassen	31
E.	Erscheinungsformen des Konzerns	11	II.	Koordinierungslösungen	34
F.	Konzernrecht und Konzerninsolvenzrecht	15		1. Allgemeine Koordinierung	34
G.	Ansteckungseffekte im Konzern	17		2. Wesentliche Leitlinien des EKIG	35

Literatur zum Konzerninsolvenzrecht:

Adam/Poertzgen, Überlegungen zum Europäischen Konzerninsolvenzrecht, (Teil 1): ZInsO 2008, 281, (Teil 2): ZInsO 2008, 347; *Altmeppen* Interessenkonflikte im Konzern, ZHR 171 (2007), 320; *Andres/Möhlenkamp* Konzerne in der Insolvenz – Chance auf Sanierung?, BB 2013, 579; *Baßeler/Heinrich/Utrecht* Grundlagen und Probleme der Volkswirtschaft, 19. Aufl., 2010; *Beck*, Das Konzernverständnis im Gesetzentwurf zum Konzerninsolvenzrecht, DStR 2013, 2468; *Bilgery* Die Eigenverwaltung in der Konzerninsolvenz, ZInsO 2014, 1694; *Blöse/Kihm* Unternehmenskrisen – Ursachen – Sanierungskonzepte – Krisenvorsorge-Steuern, 2006; *Böcker* Insolvenz im GmbH-Konzern, Teil I: GmbHR 2004, 1257, Teil II: GmbHR 2004,1314; *Bork* Die Unabhängigkeit des Insolvenzverwalters ist nicht disponibel, ZIP 2013,145; *Bous* Die Konzernleitungsmacht im Insolvenzverfahren konzernverbundener Kapitalgesellschaften, 2001; *ders.* Auf dem Weg zu einem europäischen Konzerninsolvenzrecht, ZInsO 2013,797; *Brünkmanns* Die Sanierung von Konzernen in Europa, Der Konzern 2013, 234; *ders.* Die Koordinierung von Insolvenzverfahren konzernverbundener Unternehmen 2005; *ders.* Die koordinierte Verfahrensbewältigung in Insolvenzverfahren gruppenangehöriger Schuldner nach dem Diskussionsentwurf zur Konzerninsolvenz, Der Konzern 2013, 169; *ders.* Entwurf eines Gesetzes zur Erleichterung der Bewältigung von Konzerninsolvenzen: Kritische Analyse und Anregungen aus der Praxis, ZIP 2013, 193; *Bultmann* Der Gewinnabführungsvertrag in der Insolvenz, ZInsO 2007, 785; *Commandeur/Knapp* Aktuelle Entwicklungen im Insolvenzrecht, Diskussionsentwurf zur Erleichterung der Bewältigung von Konzerninsolvenzen-Ein Meilenstein auf dem Weg zu einer neuen Sanierungskultur, NZG 2013, 176; *Dähnert* Haftung und Insolvenz – Englische Wahrnehmungen des Konzernphänomens, ZInsO 2011, 750; *Dellit* Entwurf eines Gesetzes zur Erleichterung der Bewältigung von Konzerninsolvenzen: Der Konzerninsolvenzplan, Der Konzern 2013, 190; *Eble* Auf dem Weg zu einem europäischen Konzerninsolvenzrecht – Die »Unternehmensgruppe« in der EuInsVO 2017, NZI 2016, 115; *Ehricke* Das abhängige Konzernunternehmen in der Insolvenz, Wege zur Vergrößerung der Haftungsmasse abhängiger Konzernunternehmen im Konkurs und Verfahrensfragen, Tübingen 1998; *ders.* Zur gemeinschaftlichen Sanierung insolventer Unternehmen eines Konzerns, ZInsO 2002, 393; *ders.* Die Zusammenarbeit der Insolvenzverwalter bei grenzüberschreitenden Insolvenzen nach der EuInsVO, WM 2005, 397; *ders.* Zur Kooperation von Insolvenzgerichten bei grenzüberschreitenden Insolvenzverfahren im Anwendungsbereich der EuInsVO, ZIP 2007, 2395; *Eidenmüller* Der nationale und internationale Insolvenzverwaltungsvertrag, ZZP 114 (2001), S. 3; *ders.* Verfahrenskoordination bei Konzerninsolvenzen, ZHR 169 (2005), 528; *ders.* Gesellschaftsstatut und Insolvenzstatut, RabelsZ, Bd. 70 (2006) S. 474; *ders.* Wettbewerb der Insolvenzrechte?, ZGR 2006, 467; *ders.* Die GmbH im Wettbewerb der Rechtsformen, ZGR 2007,168; *ders.* Reformperspektiven im Restrukturierungsrecht, ZIP 2010, 649; *Eidenmüller/Frobenius* Ein Regulierungskonzept zur Bewältigung von Gruppeninsolvenzen: Verfahrenskonsolidierung im Kontext nationaler und internationaler Reformvorhaben, ZIP 2013, Beil. zu Heft 22, S. 1; *Emmerich/Habersack*, Konzernrecht, 10. Aufl. 2013; *dies.* Aktien- und GmbH Konzernrecht, Kommentar, 8. Aufl. 2016; *Fehl* Das neue Konkursgesetz der Volksrepublik China, ZInsO 2008, 69; *Fichtelmann* Beendigung der Organschaft durch Eröffnung

---

[1] Inkrafttreten 21.04.2018.

des Insolvenzverfahrens?, GmbHR 2005, 1346; *Flöther* Die Kommune als Konzern im zukünftigen Konzerninsolvenzrecht, NVwZ 2014, 1497; *Flöther/Hoffmann* Die Eigenverwaltung in der Konzerninsolvenz, FS für Bruno Kübler, S. 147; *Fölsing* Konzerninsolvenz: Gruppen-Gerichtsstand, Kooperation und Koordination, ZInsO 2013, 413; *Frege* Die Anwendung von § 44a InsO bei Doppelbesicherung in der Konzerninsolvenz, ZInsO 2012, 1961; *Freudenberg* Der Fortbestand des Beherrschungs- und Gewinnabführungsvertrags in der Insolvenz der Konzerngesellschaft; ZIP 2009, 2037; *Frind* Forum PINning, Anm. zu AG Köln, Beschl. v. 19.2.2008, ZInsO 2008, 363; *ders.* Die Überregulierung der »Konzern«insolvenz, ZInsO 2013, 429; *ders.* Gefahren und Probleme bei der insolvenzgesetzlichen Regelung der Insolvenz der »Unternehmensgruppe«, ZInsO 2014, 927; *Giese/Voda* Der gastierende Insolvenzverwalter in der Konzerninsolvenz, NZI 2012, 794; *Göpfert* In re Maxwell Communications – ein Beispiel einer »koordinierten« Insolvenzverwaltung in parallelen Verfahren, ZZPInt1 (1996), 269; *Graeber* Das Konzerninsolvenzverfahren des Diskussionsentwurfs 2013, ZInsO 2013, 409; *ders.* Der Konzerninsolvenzverwalter – Pragmatische Überlegungen zu Möglichkeiten eines Konzerninsolvenzverfahrens, NZI 2007, 265; *Graeber/Pape* Der Sonderverwalter im Insolvenzverfahren, ZIP 2007, 991; *Harder/Lojowsky* Der Diskussionsentwurf für ein Gesetz zur Erleichterung der Bewältigung von Konzerninsolvenzen – Verfahrensoptimierung zur Sanierung von Unternehmensverbänden, NZI 2013, 327; *Hirte* Insolvenzanfechtung im Konzern: upstream guarentees als anfechtbare Rechtshandlungen, ZInsO 2004,1161; *ders.* Vorschläge für die Kodifikation eines Konzerninsolvenzrechts, ZIP 2008, 444; *ders.* Towards a Framework for the Regulation of Corporate Groups' Insolvies, ECFR 2008, 214; *ders.* Zuständigkeitsabgrenzung zwischen Gesellschaftsorganen und InsolvenzverwalterGesellschaftsrecht in der Diskussion 2006, VGR, 2007, 149; *ders.* Die Tochtergesellschaft in der Insolvenz der Muttergesellschaft als Verpfändung von »Konzern«-Aktiva an Dritte, FS für Karsten Schmidt zum 70. Geburtstag, 2009, S. 641; *ders.* Sechs Thesen zur Kodifikation der Konzerninsolvenz in der EuInsVO, ZInsO 2011, 1788; *ders.* Eckpunkte für die Kodifikation eines Konzerninsolvenzrechts – Stellungnahme, 2008; *Holzer* Die Empfehlungen der UNCITRAL zum nationalen und internationalen Konzerninsolvenzrecht, ZIP 2011,1894; *Hopt/Wiedemann* (Hrsg.) Aktiengesetz Großkommentar, 4. Aufl.; *Hortig* Kooperation von Insolvenzverwaltern, 2008; *Hüffer/Koch* Aktiengesetz: AktG, 12. Aufl. 2016; *Humbeck* Plädoyer für ein materielles Konzerninsolvenzrecht, NZI 2013, 957; *Kartte* Unternehmensgröße und internationale Wettbewerbsfähigkeit, in: Wettbewerbspolitik und Wettbewerbsrecht, Helmrich, 1987, S. 199; *Kirchner* Ökonomische Überlegungen zum Konzernrecht, ZGR 1985, 214; *Kleindiek* Entstehung und Fälligkeit des Verlustausgleichsanspruches im Vertragskonzern, ZGR 2001, 479; *Knof/Mock* Innerstaatliches Forum Shopping in der Konzerninsolvenz-Cologne Calling?, ZInsO 2008, 253; *Kübler* Handbuch der Restrukturierung in der Insolvenz Eigenverwaltung und Insolvenzplan, 2. Aufl. 2015; *Lambsdorff* Kein verordneter Wettbewerb Deregulierung statt Regulierung im Kartellrecht Wettbewerbspolitik und Wettbewerbsrecht, Helmrich, 1987, S. 199; *Lüke* Der Sonderinsolvenzverwalter, ZIP 2004, 1693; *Leutheusser-Schnarrenberger* Die nächste Stufe der Insolvenzrechtsreform »Schaffung eines Konzerninsolvenzrechts«, Unternehmensedition »Steuern & Recht 2012«, S. 6; *dies.* Dritte Stufe der Insolvenzrechtsreform – Entwurf eines Gesetzes zur Erleichterung der Bewältigung von Konzerninsolvenzen, ZIP 2013, 97; *Leithaus/Schäfer* Konzerninsolvenzrecht in Deutschland und Europa, KSzW 2012, 272; *Lienau* Der Diskussionsentwurf eines Gesetzes zur Erleichterung der Bewältigung von Konzerninsolvenzen, Der Konzern 2013, 157; *LoPucki* Courting Failure: Das Versagen der Kontrollinstanz in der Konzerninsolvenz, ZInsO 2013, 420; *Madaus* Koordination ohne Koordinationsverfahren? – Reformvorschläge aus Berlin und Brüssel zu Konzerninsolvenzen, ZRP 2014, 192; *Mankowski* Lässt sich eine Konzerninsolvenz durch Insolvency Planning erreichen, NZI 2008, 355; *Mertens* Empfiehlt sich die Einführung eines konzernbezogenen Reorganisierungsverfahrens?, ZGR 1984, 542; *Möhlenkamp* Konzernsanierung – konzentriert, koordiniert oder gar nicht?!, BB 2013, 1; *Mülbert* Auf dem Weg zu einem europäischen Konzernrecht?, ZHR 179 (2015), 645; *Mülbert/Sajnovits* Konzerninterne (Upstream-)Darlehen als unternehmerische Risikoentscheidung, WM 2015, 2345; *Pannen* Aspekte der europäischen Konzerninsolvenz, ZInsO 2014, 222; *Paulus* Konzernrecht und Konkursanfechtung, ZIP 1996, 214; *ders.* »Protokolle« – ein anderer Zugang zur Abwicklung grenzüberschreitender Insolvenzen, ZIP 1998, 977; *ders.* Die europäische Insolvenzverordnung und der deutsche Insolvenzverwalter, NZI 2001, 505; *ders.* Änderungen des deutschen Insolvenzrechts durch die Europäische Insolvenzverordnung, ZIP 2002, 729; *ders.* Überlegungen zu einem modernen Konzerninsolvenzrecht, ZIP 2005,1984; *ders.* Konturen eines modernen Insolvenzrechts – Überlappungen mit dem Gesellschaftsrecht, DB 2008, 2323; *ders.* Wege zu einem Konzerninsolvenzrecht, ZGR 2010, 270; *Piepenburg* Faktisches Konzerninsolvenzrecht am Beispiel Babcock Borsig, NZI 2004, 231; *Pleister* Das besondere Koordinationsverfahren nach dem Diskussionsentwurf für ein Gesetz zur Erleichterung der Bewältigung von Konzerninsolvenzen, ZIP 2013, 1013; *Prütting* Ein Konzerninsolvenzrecht für Deutschland? – Aber bitte mit Augenmaß!, INDAT-Report 2006, 27; *ders.* Der neue IDW-Standard zur Erstellung von Sanierungskonzepten (IDW S 6) in der rechtlichen Beurteilung, ZIP 2013, 203; *Rattunde* Sanierung von Großunternehmen durch Insolvenzpläne – Der Fall Herlitz, ZIP 2003, 596; *ders.* Praxisprobleme bei der Sanierung einer börsennotierten AG-Gesellschaftsrecht in der Diskussion 2006, VGR, 2007,193; *Rieble/Kolbe* Konzernmitbestimmung in der Insolvenz, KTS 2009, 281;

Römermann Die Konzerninsolvenz in der Agenda des Gesetzgebers, ZRP 2013, 201; *Schmidt/Hölzle* Der Verzicht auf die Unabhängigkeit des Insolvenzverwalters, ZIP 2012, 2238; *K. Schmidt* »Konzernhaftung« nach dem TBB-Urteil – Versuch einer Orientierung, ZIP 1993, 549; *ders.* Bemerkungen und Vorschläge zur Überarbeitung des Handelsgesetzbuches, DB 1994, 515; *ders.* Konsolidierte Insolvenzabwicklung? – Vergleichende Überlegungen über GmbH & Co. – Insolvenzen und Konzerninsolvenzen, KTS 2011,161; *ders.* Autonomie und Abhängigkeit von Verbänden: das Konzernproblem – Gesellschaftsrecht, 4. Aufl. 2002; *ders.* Konzern-Insolvenzrecht – Entwicklungsstand und Perspektiven, KTS 2010, 1; *ders.* Das »Gruppenbild« im Konzerninsolvenzrecht, FS für Bruno M. Kübler, S. 633; *ders.* Konsolidierte Insolvenzabwicklung? Vergleichende Überlegungen über GmbH-&-Co.-Insolvenzen und Konzerninsolvenzen, KTS 2011, 161; *ders.* Flexibilität und Praktikabilität im Konzerninsolvenzrecht – Die Zuständigkeitsfrage als Beispiel, ZIP 2012, 1053; *ders.* Das Prinzip »eine Person, ein Vermögen, eine Insolvenz« und seine Durchbrechungen vor dem Hintergrund der aktuellen Reformen im europäischen und deutschen Recht, KTS 2015, 19; *Siemon* Der Konzern in der Insolvenz, NZI 2013,1; *ders.* Konzerninsolvenzverfahren – wird jetzt alles besser?, NZI 2014, 55; *Smid* Gerichtsverfassungsrechtliche Fragen zum künftigen Konzerninsolvenzrecht, ZInsO 2016, 1277; *Stahlschmidt/Bartelheimer* Änderungen bei der Konzerninsolvenz in Eigenverwaltung durch das Gesetz zur Erleichterung der Bewältigung von Konzerninsolvenzen – Frischzellenkur auch für DAX-Unternehmen?, ZInsO 2017, 1010; *Theiselmann/Verhoeven* Praxishandbuch des Restrukturierungsrechts, 3. Aufl. 2017; *Thole* Das neue Konzerninsolvenzrecht in Deutschland, KTS 2014, 351; *Tobias/Schampel* Sanierungskonzepte nach IDW S 6, KSI 2011, 245; *Vallender* Einführung eines Gruppen-Gerichtsstandes – ein sachgerechter Ansatz zur Bewältigung von Konzerninsolvenzen, Der Konzern, 2013, 162; *ders.* Gerichtliche Kommunikation und Kooperation bei grenzüberschreitenden Insolvenzverfahren im Anwendungsbereich der EuInsVO – eine neue Herausforderung für Insolvenzgerichte, KTS 2008, 59; *ders.* Der deutsche Motor stockt, aber Europa drückt aufs Gas, ZInsO 2015, 57; *Vallender/Zipperer* Der vorbefasste Insolvenzverwalter – Ein Zukunftsmodell?, ZIP 2013, 149; *Verhoeven* Konzerninsolvenzrecht: Eine Lanze für ein modernes und wettbewerbsfähiges deutsches Insolvenzrecht, Teil I: ZInsO 2012,1698; *ders.* Konzerninsolvenzrecht: Die Büchse der Pandora geöffnet – Teil II: ZInsO 2012, 1757; *ders.* Ein Konzerninsolvenzrecht für Europa – Was lange währt, wird endlich gut?, ZInsO, 2012, 2369; *ders.* Konzerne in der Insolvenz nach dem Regierungsentwurf zur Erleichterung der Bewältigung von Konzerninsolvenzen (RegE) – Ende gute, alles gut … und wenn es nicht gut ist, dann ist es noch nicht zu Ende!, ZInsO 2014, 217; *Weller/Bauer* Europäisches Konzernrecht: vom Gläubigerschutz zur Konzernleitungsbefugnis via Societas Unius Personae, ZEuP 2015, 6; *Werner* Die simultane Insolvenz einer GmbH & Co. KG und ihrer Gesellschafter, NZI 2014 895; *Wimmer* Konzerninsolvenzen im Rahmen der EUInsVO, Ausblick auf die Schaffung eines deutschen Konzerninsolvenzrechts, DB 2013, 1343; *ders.*, Vom Diskussionsentwurf zum Regierungsentwurf eines Gesetzes zur Erleichterung der Bewältigung von Konzerninsolvenzen, jurispr-insR 20/2013, Anm. 1; *ders.* Das Gesetz zur Erleichterung der Bewältigung von Konzerninsolvenzen, jurisPR-InsR 8/2017; *Wimmer/Bornemann/Lienau* Die Neufassung der EUInsVO, 2016; *Wittinghofer* Der nationale und internationale Insolvenzverwaltungsvertrag: Koordination paralleler Insolvenzverfahren durch ad hoc-Vereinbarungen, 2004; *Zipperer* Die einheitliche Verwalterbestellung nach dem Diskussionsentwurf für ein Gesetz zur Erleichterung der Bewältigung von Konzerninsolvenzen, ZIP 2013, 1007; *Zöllner/Noack* (Hrsg.) Kölner Kommentar zum Aktiengesetz: Band 6: §§ 291–393 und §§ 15–22 AktG, 3. Aufl. 2004.

A. Ausgangsüberlegung

Die grundlegende Ausrichtung des Konzerninsolvenzrechts, also etwa die zentrale Frage, ob eine Konsolidierung des Vermögens oder zumindest der Verfahren der einzelnen Gesellschaften sinnvoll ist, wird ganz wesentlich vom jeweiligen Verständnis des Konzerns geprägt. Je stärker der Einheitsgedanke betont und die Vielheit der einzelnen Gesellschaften vernachlässigt wird, umso eher kann man eine Konsolidierung vertreten. Für einen solchen Ansatz lässt sich anführen, dass im Wirtschaftsverkehr die **Unternehmensgruppe oftmals als einheitliches Unternehmen** auftritt und vom Publikum nur so wahrgenommen wird. Während bei einer eingehenden juristischen Analyse die einzelnen Gesellschaften deutlich in den Blick geraten, wird bei zunehmendem Abstand und der dadurch bedingten undifferenzierten rechtlichen Betrachtung der Konzern – quasi wie ein Mosaik – als einheitliches Wirtschaftsgebilde erlebt, zumal dann, wenn eine straffe einheitliche Leitung besteht. Allerdings bliebe bei einem solchen Ansatz, der die einheitliche Leitung als zentralen Gesichtspunkt in den Vordergrund rückt, ausgeblendet, dass **gesellschaftsrechtlich eine Trennung** geboten ist und jedes Unternehmen einem bestimmten Unternehmensträger zugeordnet sein muss. Im Rechtsverkehr ist es bereits aus Gründen der Rechtsklarheit zwingend geboten, dass für **jedes Unternehmen feststeht, wer dessen Rechtsträger ist**, wer im Prozess als Partei auftritt und wer letztlich

1

Schuldner in einem Insolvenzverfahren ist. Vor diesem Hintergrund ist es überzeugend, dass nicht aus einer undifferenziert angenommenen Einheit der Unternehmensgruppe zwingende rechtliche Schlussfolgerungen abgeleitet werden, vielmehr müssen überzeugende Lösungen aus dem jeweiligen Kontext entwickelt werden, die geeignet sind, dem Spannungsverhältnis zwischen rechtlicher Gliederung und organisatorischer Zusammenfassung gerecht zu werden (*K. Schmidt* GesR, 4. Aufl., § 17 I 2b). Bereits hier sei darauf hingewiesen, dass **Konzern und Konzernrecht lediglich als pars pro toto** zu verstehen sind und so auch hier und im Weiteren als Synonym für den Begriff »**verbundene Unternehmen**« (vgl. § 15 AktG) verwendet werden.

B. Wettbewerbsordnung und Konzerninsolvenzrecht

2 Wenn als Begründung für die Schaffung eines Konzerninsolvenzrechts angeführt wird, es sei schwierig, die wirtschaftliche Einheit des Konzerns in der Insolvenz zu erhalten und ihren *Wert* für die Gläubiger zu realisieren (BT-Drucks. 18/407 S. 15), so impliziert dies, dass die Verbindung der Unternehmen einen Wert an sich darstellt, der für die Gläubiger erschlossen werden kann. Dies ist nicht selbstverständlich, sondern bereits vom Ansatz her begründungsbedürftig. **Unter makroökonomischen Gesichtspunkten** wird die Unternehmenskonzentration nämlich durchaus **ambivalent** gewertet, da durch den Zusammenschluss selbstständiger Unternehmen immer größere Wirtschaftseinheiten entstehen, ein Prozess, der zu einer Verringerung der am Markt operierenden Unternehmen führt und damit zu einer Einschränkung des Wettbewerbs beitragen kann. Über die **Fusionskontrolle des Kartellrechts** wird versucht, den negativen Auswüchsen dieser Konzentration entgegenzuwirken, ohne dabei Prozesse zu behindern, die zu wettbewerbsfähigen Unternehmen führen, die erfolgreich auch international am Markt operieren können. Es ist deshalb eine vordringliche Aufgabe der Wettbewerbsordnung und nicht des Insolvenzrechts, den wettbewerbszerstörenden Kräften Einhalt zu gebieten (vgl. hierzu *Lambsdorff*, Kein verordneter Wettbewerb, in Helmrich (Hrsg.), Wettbewerbspolitik und Wettbewerbsrecht, 1987, S. 199 ff.). In anderen Jurisdiktionen wird diese klare Grenzziehung allerdings nicht so beachtet. Vielmehr wird das Insolvenzrecht auch dazu eingesetzt, in Jahrzehnten gewachsene Strukturen aufzubrechen, die zu völlig **ineffektiven Unternehmen** geführt haben, die nur ob ihrer Größe noch am Markt weiterhin operieren können und regelmäßig über staatliche Subsidien gestützt werden müssen. In diesem Sinne wollten etwa die fortschrittlichen Kräfte in **China** Mitte der neunziger Jahre das neu zu konzipierende Insolvenzrecht einsetzen, um Unternehmenskonglomerate zu zerschlagen, die ganze Regionen beherrschten und nur durch den Einsatz öffentlicher Mittel überhaupt weiter wirtschaften konnten (vgl. zum neuen chinesischen Insolvenzrecht und zur Bedeutung staatlicher Unternehmen *Fehl* ZInsO 2008, 69 ff.). Demgegenüber ist die **Insolvenzordnung wettbewerbsneutral** ausgestaltet und auf **Marktkonformität der Insolvenzabwicklung** ausgerichtet (vgl. BT-Drucks. 12/2443 S. 75 ff.). Eine wirtschaftspolitische Instrumentalisierung des Insolvenzrechts ist deshalb abzulehnen. Der Eintritt der Insolvenz darf nicht Anlass für eine gesamtwirtschaftlich orientierte Investitionslenkung sein. Dies hat auch für das Konzerninsolvenzrecht zu gelten.

C. Ursachen der Konzernbildung

3 Um beurteilen zu können, wie dringlich es geboten ist, über ein eigenständiges Konzerninsolvenzrecht zu verfügen, ist es erforderlich, die Vorteile der Konzernbildung sich vor Augen zu führen, die in der Insolvenz zum Nutzen der Insolvenzgläubiger möglichst gehoben werden sollen.

4 Zunächst seien jedoch kurz die beiden **Wege** genannt, auf denen regelmäßig eine **Unternehmenskonzentration erfolgt**: Einmal durch internes Wachstum eines Unternehmens, also durch eine Umsatzerweiterung, zum anderen durch externes Wachstum, durch einen Zusammenschluss bestehender Unternehmen. Als besonders problematisch wird dabei das externe Wachstum empfunden, da es sich negativ auf den Wettbewerb auswirken kann, indem es den Entscheidungs- und Handlungsspielraum aller Beteiligten reduziert (*Baßeler/Heinrich/Utrecht* Grundlagen und Probleme der Volkswirtschaft, S. 207 f.). Der Prozess, über den eine Konzernbildung vorangetrieben wird, erfolgt nicht in einem Akt, sondern wird regelmäßig mehreren Phasen durchlaufen (vgl. hierzu Siebtes Hauptgut-

achten der Monopolkommission, BT-Drucks. 11/2675 S. 291). Am Anfang steht häufig der Mehrheitserwerb, über den die Kontrolle über das Zielunternehmen ausgeübt wird. Über diese Mehrheitsherrschaft wird zunächst ein faktischer Konzern gebildet, der später über eine vertragliche Absicherung zu einem Vertragskonzern weiterentwickelt werden kann.

Im konzernrechtlichen Schrifttum wird gelegentlich unter der Überschrift *Ursachen der Konzernbil-* **5** *dung* eher die Wege aufgezeigt, die zu einer Unternehmenskonzentration führen, als dass die ökonomischen Bedingungen dargestellt werden, die die maßgebenden Akteure bewegen, eine Konzernbildung voranzutreiben (vgl. nur *Emmerich/Habersack* Konzernrecht, S. 10). Ein wesentlicher Leitgedanke dürfte bei einer Unternehmenskonzentration die Überzeugung bilden, durch eine **Vergrößerung des Unternehmens** die **Wettbewerbsfähigkeit auch auf internationalen Märkten** zu stärken (*Kartte* Unternehmensgröße und internationale Wettbewerbsfähigkeit, in Helmrich (Hrsg.), Wettbewerbspolitik und Wettbewerbsrecht, 1987, S. 199 ff.). Die ökonomischen Vorteile liegen auf der Hand. Durch den Zusammenschluss mehrerer Unternehmen können größere Stückzahlen produziert werden, was regelmäßig zu einer Kosteneinsparung führt. Verbesserte Produktionsverfahren und Innovationen können leichter umgesetzt werden. Die Produktpalette kann verbreitert werden und die Beschaffung von Fremd- und Eigenkapital wird erleichtert. So wird etwa darauf hingewiesen, die Einbindungen von Gesellschaften in einen Konzernverbund und damit die Bildung größerer Unternehmenseinheiten sei möglich, ohne dass ein entsprechendes Eigenkapital aufgebracht werden müsste (*Kirchner* ZGR 1985, 219). Fasst man die **Ursachen der Konzentration** in einer Volkswirtschaft **schematisch** zusammen, so lassen sich folgende Ursachen nennen: Größenvorteile, Diversifizierungsvorteile, Transaktionskostenersparnisse, Finanzierungsvorteile, Wettbewerbsausschluss, Kontrollvorteile, Marktzutrittsvorteile und Managervorteile (*Baßeler/Heinrich/Utrecht* Grundlagen und Probleme der Volkswirtschaft, S. 210).

Ausgangspunkt der Überlegungen ist das **Spannungsverhältnis zwischen** der **rechtlichen Vielheit** **6** der einzelnen Unternehmen und der **wirtschaftlichen Einheit** im Konzern (vgl. zum folgenden *Kirchner* ZGR 1985, 214 ff.; *Altmeppen* ZHR 171 (2007) 320 [321 ff.]). Damit wird auch die Frage angesprochen, in welchem Umfang in einer Marktwirtschaft die unternehmerische Planungsfreiheit dem unternehmerischen Risiko entsprechen muss. Denn über die Bildung eines Konzerns wird es dem Konzernarchitekten ermöglicht, eine **Haftungsbeschränkung** zu erreichen, wie sie dem Einzelunternehmen nicht zur Verfügung steht. Die Haftung bezieht sich nun nicht mehr auf die Unternehmung als Ganzes, sondern die einzelnen Teile der Unternehmung sind haftungsmäßig voneinander getrennt. Die Gläubiger können deshalb als Haftungsmasse nur auf das der jeweiligen Gesellschaft zur Verfügung gestellte Vermögen zugreifen.

Unter systemtheoretischen Gesichtspunkten werden die Vorteile einer **konstruktionsbedingten Dif-** **7** **ferenzierungen in überschaubare Einheiten** hervorgehoben, die zu einer Reduktion von Komplexität und damit zu einer Erleichterung von Problembewältigungen beitrage, wodurch die Entscheidungsqualität erhöht und Anpassung- und Lernprozesse verbessert würden (*Kirchner* ZGR 1985, 223). Bei der **Konzernbildung** besteht eine **weite Flexibilität**, die es dem Konzernarchitekten ermöglicht, die einzelnen Gesellschaften auf mehr Märkten tätig werden zu lassen, als wenn es sich um unabhängige Unternehmen handeln würde, zwischen denen lediglich Marktbeziehungen bestehen. Andererseits ist aber auch eine straffe Organisation denkbar, wie sie – bis auf gewisse Grenzen – sonst nur bei einer einzelnen Gesellschaft möglich sind. Werden diese Grenzen überschritten, so muss eine Eingliederung erfolgen, durch welche allerdings die Vorteile der juristischen Selbstständigkeit verloren gehen (*Kirchner* ZGR 1985, 225).

Als **weitere Vorteile der Konzernbildung** lassen sich etwa leistungswirtschaftliche, administrative **8** und finanzwirtschaftliche **Verbundeffekte** nennen (vgl. hierzu *Flöther/Balthasar* Handbuch, § 3 Rn. 27 ff.). So kann es organisatorisch vorteilhaft sein, unterschiedliche Fertigungsstufen in eigenständigen Gesellschaften abzuwickeln. Ebenso ist denkbar, Einkauf, Produktion und Absatz über verschiedene Gesellschaften zu organisieren. In finanzwirtschaftlicher Hinsicht ist es oftmals sinnvoll, die **Finanzierung** des Konzerns nicht in jeder Gesellschaft anzusiedeln, sondern sie bei einer bestimmten Gesellschaft, etwa der Konzernobergesellschaft, **zu bündeln**. Dabei wird regelmäßig ein sog. **Cash Pool** eingerichtet, bei dem die einzelnen Konzerngesellschaften ihre Kontensalden taggleich an eine zentrale Gesellschaft abführen und dafür negative Kontensalden ausgeglichen erhalten. Es besteht weitgehend Einigkeit, dass die Einbindung einer abhängigen Gesellschaft in ein zentrales Cash-Management nicht an sich bereits nachteilig ist (vgl. zum Cash-Pool und zur Konzernfinanzierung generell Emmerich/Habersack/*Habersack* § 311 AktG Rn. 47 ff. m.w.N.; zu den vielfältigen Gründen die zu einer Konzernbildung beitragen vgl. auch *UNCITRAL* Legislative Guide, Part 3 Rn. 17 ff.).

9 Von ganz entscheidender Bedeutung für die Unternehmenskonzentration sind die **Auswirkungen des Steuerrechts**. Durch die Privilegierung bestimmter Unternehmenszusammenschlüsse wurde die Ausbildung der Konzerne in eine Richtung gelenkt (vgl. hierzu *Emmerich/Habersack* Konzernrecht § 1 Rn. 29 ff.). So ist etwa an das **Schachtelprivileg** des § 9 KStG 1975 zu erinnern, über das eine doppelte Besteuerung der Gewinne kapitalmäßig verflochtener Unternehmen verhindert werden sollte, indem der Gewinn nur einmal bei der ausschüttenden Gesellschaft versteuert wurde. Allerdings war dies an die Bedingung geknüpft, dass eine unmittelbare Beteiligung von mindestens 25 % am Kapital der ausschüttenden Gesellschaft bestand. Unter dem geltenden Steuerrecht ist etwa an die **umsatzsteuerliche Organschaft** des § 2 Abs. 2 Nr. 2 UStG zu denken, die dazu führt, dass für Zwecke der Umsatzsteuer fingiert wird, es läge nur ein Unternehmer vor. Die steuerlichen Vorgänge der Organgesellschaft werden also dem Organträger als eigene zugerechnet, so dass Leistungsbeziehungen zwischen Organträger und Organgesellschaft nicht steuerbare Innenumsätze sind und damit keine Umsatzsteuer anfällt. Voraussetzung ist allerdings, dass die juristische Person nach dem Gesamtbild der tatsächlichen Verhältnisse finanziell, wirtschaftlich und organisatorisch in das Unternehmen des Organträgers eingegliedert ist (§ 2 Abs. 2 Nr. 2 UStG; vgl. zur umsatzsteuerlichen Organschaft *Flöther/Kahlert* Handbuch, § 6 Rn 9 ff.).

D. Wirtschaftliche Bedeutung

10 Neuere Untersuchungen zu der Bedeutung von Unternehmensgruppen im Wirtschaftsgeschehen Deutschlands liegen – soweit ersichtlich – nicht vor. Nach dem **18. Hauptgutachten der Monopolkommission** 2008/2009 S. 80 sind lediglich 6,3 % der im Unternehmensregister eingetragenen Unternehmen einer Gruppe zugehörig, jedoch vereinen diese bezogen auf alle Wirtschaftsabschnitte einen Umsatzanteil von 70 % und einen Beschäftigungsanteil von 53 %. Im europäischen Insolvenzgeschehen ist nach der »Folgenabschätzung« der EU-Kommission zur Novellierung der EuInsVO die internationale Unternehmensgruppe mittlerweile die am weitesten verbreitete Organisationsform von europäischen Großunternehmen. Danach sollen 2100 Unternehmen, von denen 2000 als kleine und mittlere Unternehmen eingestuft werden, pro Jahr von einer Insolvenz ihrer Unternehmensgruppe betroffen sein (Impact Assessment Dok. 17883/12 ADD 1 Nr. 3.3).

E. Erscheinungsformen des Konzerns

11 Zur Verdeutlichung der Vielgestaltigkeit, in denen Unternehmensgruppen im Wirtschaftsgeschehen organisiert sind, wird das Bild der Familie herangezogen. Die einzelnen Mitglieder einer Familie können untereinander durch völlig unterschiedliche Näheverhältnisse teils direkt, teils indirekt, teils eng, teils lose verbunden sein (so *K. Schmidt* KTS 2010, 1,6). Während unter ökonomischen Gesichtspunkten die Einheit dieses Gebildes mehr im Vordergrund steht, richtet sich der Blick des Juristen mehr auf die Frage, in welchem Umfang die unkontrollierte Begründung und Ausübung von Konzernherrschaft zugelassen werden kann (*K. Schmidt* GesR, § 17 I.1. a).

12 Eine Definition des Konzerns findet sich zunächst in § **18 AktG**. Diese Begriffsbestimmung ist allerdings selbst für das AktG nur von beschränkter Bedeutung, da das Gesetz in der Mehrzahl der Fälle bereits an die Abhängigkeit nach § 17 AktG Rechtsfolgen knüpft (Emmerich/Habersack/*Emmerich* § 18 AktG Rn. 2). § 18 AktG trifft zunächst die grundlegende Unterscheidung in **Unterordnungskonzern** (Abs. 1) und **Gleichordnungskonzern** (Abs. 2). Die verbindende Klammer zwischen beiden ist die Zusammenfassung mehrerer rechtlich selbstständiger Unternehmen unter einer ein-

heitlichen Leitung. Der trennende Unterschied besteht darin, dass im Unterordnungskonzern die unter einheitlicher Leitung zusammengefassten Unternehmen zugleich voneinander abhängig sind.

Für die rechtliche Bewertung bedeutsam ist auch die Unterscheidung in **Vertragskonzern und faktischer Konzern**. Während bei dem Vertragskonzern ein Beherrschungsvertrag nach § 291 Abs. 1 Satz 1 AktG oder eine Eingliederung vorliegt, sind alle anderen Konzerne als faktische Konzerne anzusehen. Unter einem anderen Blickwinkel wird danach differenziert, in wie vielen Ebenen die Unternehmensgruppe strukturiert ist. Ob es sich also um **einen einstufigen oder um einen mehrstufigen Konzern** handelt, das Gebilde also etwa in Mutter-, Tochter- und Enkelgesellschaften aufgegliedert ist (*Emmerich*/Habersack/*Emmerich* § 18 AktG Rn. 2). 13

Vom **Organisationsgrad** aus betrachtet wird zwischen **zentralen und dezentralen Konzernen** unterschieden, wobei die Intensität, mit der die Leitungsmacht ausgeübt wird, das Unterscheidungskriterium bildet (vgl. zum Folgenden Flöther/*Thole* Handbuch, § 2 Rn. 3 ff.). Weiter wird etwa danach differenziert, ob **Produkte gleicher Art** hergestellt werden oder ob vor- und nachgelagerte Produktionsstufen vorliegen. Während es sich im ersten Fall um einen horizontal organisierten Konzern handelt, bildet der zweite Fall ein Beispiel für eine vertikal organisierte Unternehmensgruppe. Daneben ist denkbar, dass einzelne Funktionseinheiten des Unternehmens auf eigenständige Gesellschaften übertragen werden, die dann beispielsweise für Finanzierung, Forschung oder Vertrieb zuständig sind. Während eine solche Gruppe zweifellos ein einheitliches Unternehmen darstellt, sind als anderes Extrem die **Mischkonzerne** zu nennen, deren einzelne Gesellschaften auf völlig unterschiedlichen Märkten aktiv sind, und bei denen es allenfalls zu einem geringen konzerninternen Leistungsaustausch kommt. 14

F. Konzernrecht und Konzerninsolvenzrecht

Der **Begriff des sog. Konzernrecht**s im AktG ist bereits vom Ansatz her schief, da gerade nicht der Konzern als solcher, sondern das deutlich weiter gefasste Gebilde des verbundenen Unternehmens (§ 15 AktG) im Vordergrund steht. Nach AktG ist zu beurteilen, unter welchen gesellschaftsrechtlichen Voraussetzungen die **Bildung solcher Unternehmensgruppen zulässig** sein soll und welche Schranken bestehen, die der Einflussnahme des Mehrheitsgesellschafters gesetzt sind. Daneben ist auch im Auge zu behalten, welche Auswirkungen die Unternehmensverbindung auf die Verfassung der an ihr beteiligten Gesellschaften zeigt (Emmerich/Habersack/*Habersack* Einl. Rn. 1). Ist ein Unternehmen von einem anderen Unternehmen abhängig, so bedarf es einer **besonderen Kontrolle**, ob die getroffenen Entscheidungen zumindest auch den Interessen der abhängigen Gesellschaft gerecht werden. Insofern wird eine Gefahr für die »Richtigkeit« der Willensbildung bei dem abhängigen Unternehmen gesehen (*K. Schmidt* GesR, § 17 I.1. a). Von daher ist es verständlich, dass das Konzernrecht zunächst als **Schutzrecht für die abhängige Gesellschaft**, ihre Gesellschafter und Gläubiger verstanden wurde. Über diesen engen Ansatz hinaus hat sich das Konzernrecht allerdings weiterentwickelt und fragt nun auch nach den **Legitimations-, Zurechnungs- und Haftungsproblemen**, die durch die Verbindung einzelner Gesellschaften entstehen können, und die durch gesellschaftsrechtliche Normen beantwortet werden müssen (*K. Schmidt* GesR, § 17 I.2. a; zur historischen Entwicklung *Emmerich/Habersack* Konzernrecht, § 1 Rn. 5 ff.; *Altmeppen* ZHR 171 (2007) 321 ff.). 15

Das **Konzerninsolvenzrecht** ist – auch wenn dies zunächst banal klingt – ausschließlich Insolvenzrecht und lediglich durch eine **insolvenzrechtliche Zielrichtung legitimiert**. Es hat also weder eine besondere Wettbewerbsordnung zu fördern, noch soll es regional- oder strukturpolitischen Zielen dienstbar sein. Es hat nur einen rechtlichen Rahmen zu bieten, der unter Berücksichtigung der Vorgaben von § 1 InsO in der Insolvenz einer Unternehmensgruppe ermöglicht, eine **optimale Befriedigung der Insolvenzgläubiger** zu erreichen. Die geldwerten synergetischen Effekte, die in einem Konzernverbund schlummern können, sollen nicht über eine schlichte Liquidation vergeudet, vielmehr sollen dem Insolvenzverwalter Instrumente an die Hand gegeben werden, die ihm eine gewinnmaximierende Verwertung der Unternehmensgruppe einschließlich der Verbundvorteile ermöglichen. Dabei hat das Konzerninsolvenzrecht auch Antworten auf die Frage zu geben, ob ein solches angestrebtes optimales Ergebnis etwa durch eine Zusammenfassung aller Massen der insolvenzbefan- 16 genen Gruppenmitglieder erreicht werden soll oder ob es sinnvoll ist, die Verfahren über die gruppenangehörigen Gesellschaften zwingend bei einem Gericht zu bündeln (vgl. hierzu Rdn. 31 ff.). Allerdings sei bereits an dieser Stelle darauf hingewiesen, dass insbesondere die Beantwortung der Frage nach einer Konsolidierung der Insolvenzmassen entscheidend auch durch außerinsolvenzrechtliche Gesichtspunkte, also etwa durch das Vertrauen der involvierten Wirtschaftskreise oder durch den Gesichtspunkt einer denkbaren Verteuerung von Krediten, beeinflusst wird.

G. Ansteckungseffekte im Konzern

17 Auch wenn es sich bei den Gesellschaften um separate Rechtssubjekte handelt, besteht bereits rein faktisch eine **enge Verzahnung**. Bedingt durch diese engen Verflechtungen innerhalb einer Unternehmensgruppe entstehen zahlreiche **Ansteckungseffekte**, d.h. die Insolvenz einer Gesellschaft kann auf andere Gesellschaften oder gleich auf die ganze Gruppe durchschlagen (vgl. zu diesen »Dominoeffekten« Flöther/*Specovius* Handbuch, § 3 Rn. 124 ff.). Bereits durch die **organisatorischen Verschränkungen** können die wirtschaftlichen Schwierigkeiten in einem Bereich der Gruppe auch die anderen Bereiche infizieren. Kann etwa die Vertriebsgesellschaft auf dem Markt nicht mehr erfolgreich operieren, so kann dies auch durch die beste Forschung oder durch ein modernes EDV-Management nicht kompensiert werden. Im Rahmen der **Außenfinanzierung** werden etwa Kredite einer Gesellschaft durch Garantien, Bürgschaften oder eine gesamtschuldnerische Mithaftung einer anderen Gesellschaft abgesichert, um möglichst günstige Konditionen zu erreichen. In diesem Zusammenhang ist auch die **harte Patronatserklärung** zu nennen, die eine bindende Verpflichtung begründet, die begünstigte Gesellschaft mit ausreichenden Mitteln auszustatten, um diese in die Lage zu versetzen, jederzeit ihre Verbindlichkeiten zu erfüllen (vgl. hierzu Emmerich/Habersack/*Emmerich* § 302 AktG Rn. 10 ff.).

18 Neben diesen allgemeinen schuldrechtlichen Verpflichtungen sind die **spezifischen konzernrechtlichen Verbindlichkeiten** zu nennen, wie sie insbesondere bei dem Bestehen eines **Beherrschungs- oder Gewinnabführungsvertrags** gem. § 302 AktG entstehen. Danach hat das herrschende Unternehmen jeden während der Vertragsdauer entstehenden Jahresfehlbetrag auszugleichen, es sei denn, dieser wird dadurch ausgeglichen, dass den Gewinnrücklagen Beträge entnommen werden, die während der Vertragsdauer in sie eingestellt wurden (Emmerich/Habersack/*Emmerich* § 302 AktG Rn. 1). Endet dieser Vertrag, so hat das herrschende Unternehmen zum Schutz der Gläubiger gem. § 303 AktG Sicherheit zu leisten.

19 Angesichts der Gefahren, die der Abschluss eines Beherrschungs- oder Gewinnabführungsvertrags für die Gläubiger bedeuten kann, besteht weitgehend Einigkeit, dass § 302 AktG auch auf **andere Kapitalgesellschaften**, also insbesondere auf die GmbH, Anwendung findet (Emmerich/Habersack/*Emmerich* § 302 AktG Rn. 25; aus der neueren Rspr. vgl. nur *BGH* NZG 2015, 912). Vor dem Hintergrund, dass die genannten Unternehmensverträge mit GmbHs regelmäßig aus steuerrechtlichen Gründen abgeschlossen werden, um die Voraussetzungen für eine Organschaft zu begründen, ist dies völlig unstreitig, da § 17 Abs. 1 Satz 2 Nr. 2 KStG eine ausdrückliche Bezugnahme auf § 302 AktG verlangt. Wird die Eröffnung des Insolvenzverfahrens über die GmbH mangels Masse abgewiesen, haben die Gläubiger der abhängigen Gesellschaft entsprechend § 303 Abs. 1 AktG einen Anspruch auf Sicherheitsleistung, der sich in einen unmittelbaren Zahlungsanspruch umwandeln kann, wenn angesichts der Vermögenslosigkeit der Gesellschaft keine Zahlungen zu erwarten sind (Uhlenbruck/*Hirte* InsO, § 11 Rn. 404 m.w.N.).

20 Bei einem **qualifiziert faktischen Konzern** wird nach neuerer Auffassung § 302 AktG allerdings nicht mehr entsprechend herangezogen, sondern anstelle dieser Analogie ist die allgemeine Haftung des herrschenden Unternehmens wegen **existenzvernichtenden Eingriffs** getreten (vgl. BGHZ 122, 123 ff.; *BGH* ZIP 2001, 1874 ff.; *K. Schmidt* ZIP 1993, 549 ff.; *ders.* NJW 2001, 3577 und zur Entwicklung in der Rspr. Emmerich/Habersack/*Habersack* Anh. § 317 AktG Rn. 3 ff.).

21 Mit Ende des Geschäftsjahres, in dem der Jahresfehlbetrag eingetreten ist, hat die **abhängige Gesellschaft einen Anspruch auf Ausgleich** (BGHZ 189, 261 [267]; *Kleindiek* ZGR 2001, 479 [485 ff.]),

der vom Vorstand unverzüglich nach Fälligkeit geltend zu machen ist. Wird über die abhängige Gesellschaft ein Insolvenzverfahren eröffnet, so gehört der Anspruch zur Masse und ist vom Insolvenzverwalter zu verfolgen (BGHZ 115, 187 [200]). Zwar endet mit der Verfahrenseröffnung die Ausgleichspflicht nach § 302 AktG, allerdings sind die bis zum Tag der Verfahrenseröffnung entstandenen Verluste ausgleichspflichtig. Lag bereits längere Zeit eine Überschuldung vor, so ist der Teil der Verbindlichkeiten, der die Überschuldung begründet, von der Muttergesellschaft auszugleichen (*Uhlenbruck/Hirte* InsO, § 11 Rn. 401).

Handelt es sich bei der abhängigen Gesellschaft um eine AG, eine KGaA deutschen Rechts oder um eine SE mit Sitz in Deutschland, so greifen die **§§ 311 ff. AktG** ein. Nach § 311 AktG ist jede **nachteilige Einflussnahme auf die abhängige Gesellschaft** verboten, es sei denn, das herrschende Unternehmen gewährt einen Nachteilsausgleich. Demgegenüber regelt § 317 AktG die Nichterfüllung der Ausgleichspflicht und verpflichtet das herrschende Unternehmen und seine gesetzlichen Vertreter zum Schadensersatz gegenüber der abhängigen Gesellschaft und der außenstehenden Aktionäre. Wird aber das Vermögen der abhängigen Gesellschaft ein Insolvenzverfahren eröffnet, so wird der Schadensersatzanspruch nach § 317 AktG vom Insolvenzverwalter geltend gemacht (§ 317 Abs. 4, § 318 Abs. 4 i.V.m. § 309 Abs. 4 Satz 5 AktG). Es ist evident, dass all diese Ansprüche geeignet sind, auch bei der anspruchsverpflichteten Gesellschaft einen Insolvenzgrund auszulösen. 22

H. Die Auswirkungen der Verfahrenseröffnung auf Unternehmensverträge

Unter der **Konkursordnung** ging die h.M. davon aus, dass mit der Verfahrenseröffnung ein Beherrschungs- oder Gewinnabführungsvertrag ende (BGHZ 103, 1 ff.), während bei den anderen Unternehmensverträgen keine so eindeutige Meinung feststellbar ist. Zur Begründung führte der BGH an, die **konkursbedingte Auflösung der herrschenden Gesellschaft bewirke eine Änderung ihres Zwecks**, der nur nicht mehr auf Gewinnerzielung ausgerichtet sei, sondern lediglich auf Verwertung des Gesellschaftsvermögens. Die Zweckänderung bewirke auch ein Ende der Konzernleitungsmacht. Diese Leitungsmacht ginge auch nicht auf den Konkursverwalter über, da es nicht zu dessen Aufgaben gehöre, einen Konzern zu führen. Im Wege einer **ergänzenden Vertragsauslegung** kommt der BGH zu dem Ergebnis, dass mit Verfahrenseröffnung das Vertragsverhältnis ende, ohne dass es hierfür einer Kündigung bedürfe. Dies habe auch zu gelten, wenn die beherrschte Gesellschaft in Konkurs gerate. 23

Zur **Rechtslage unter der InsO** wird ein breiter Strauß von Meinungen angeboten. Wird über die **Obergesellschaft** ein **Insolvenzverfahren** eröffnet, so ist wohl überwiegend (insbesondere im aktienrechtlichen Schrifttum) noch die Auffassung vorherrschend, dass die Unternehmensverträge nach § 291 AktG, insbesondere die Beherrschungsverträge aufgrund ihrer Rechtsähnlichkeit zu den in §§ 115, 116 InsO genannten Verträgen, **automatisch enden** würden, da auch unter der InsO maßgebend sei, dass der Zweck der Liquidation als regelmäßiges Ergebnis des Insolvenzverfahrens nicht mit dem Fortbestand des Unternehmensvertrags in Einklang gebracht werden könne. Mit der Auflösung der Gesellschaft werde der **erwerbswirtschaftlichen Gesellschaftszweck zum Abwicklungszweck** umgeformt, was sich auch auf das Weisungsrecht aus dem Beherrschungsvertrag auswirke. Als Argument für die automatische Beendigung wird oftmals angenommen, im Wege einer ergänzenden Vertragsauslegung sei der Vertrag mit einer auflösende Bedingung nach § 158 Abs. 2 BGB für den Fall der Eröffnung des Insolvenzverfahrens zu versehen (MüKo-AktG/*Altmeppen* Rn. 103, 116 ff.; MüKo-GmbHG/*Liebscher* Anh. § 13 Rn. 142 ff.; Emmerich/Habersack/*Emmerich* Anh. § 296 AktG Rn. 52 ff.; *Hüffer/Koch* § 297 Rn. 22a; *Hopt/Wiedemann/Mülbert* Großkomm. AktG, § 297 Rn. 135; *Spindler/Stilz* § 297 Rn. 36 ff.; zu der Annahme einer auflösenden Bedingung bereits *Paulus* ZIP 1996, 2141 [2142], der jedoch dann die Voraussetzungen für eine Anfechtung als gegeben ansieht). Für die **Insolvenz der abhängigen Gesellschaft** wird regelmäßig ebenfalls eine entsprechende Rechtsfolge bejaht. 24

Nach anderer Auffassung soll selbst ein Beherrschungsvertrag die Eröffnung des Insolvenzverfahrens **bis zur Vollbeendigung überdauern**, wobei dies mit unterschiedlichen Rechtsfolgen verknüpft wird. So wird etwa vertreten, der fortbestehende Unternehmensvertrag werde **insolvenzrechtlich über**- 25 lagert, soweit er nicht mit dem Zweck des Insolvenzverfahrens vereinbar sei, somit werde insbesondere die Herrschaft- und Haftungsordnung des Beherrschungsvertrags verdrängt. Es sei evident, dass die Leitungsmacht nach § 308 AktG und die Pflicht zur Gewinnabführung nach § 291 AktG nicht wirksam werden könnten (*Häsemeyer* InsR, Rn. 32.09; *K. Schmidt* GesR, § 31 III 5; *Uhlenbruck/Hirte* InsO, § 11 Rn. 398; KölnKomm-AktG/*Koppensteiner* § 297 Rn. 47, der allerdings für die massearmen Verfahren eine andere Lösung befürwortet; zum Ganzen *Freudenberg* ZIP 2009, 2037 ff.). Gegen eine Suspendierung der Vertragswirkungen wird jedoch geltend gemacht, sie verursache eine Unrichtigkeit des Handelsregisters, da nicht mehr erkennbar sei, dass dieser Vertrag zumindest vorübergehend keine Vertragsfolgen mehr entfalte (*Hopt/Wiedemann/Mülbert* Großkomm. AktG, § 297 AktG Rn. 136).

26 Andere Stimmen befürworten eine analoge **Anwendung von § 103 InsO**, so dass einem Erfüllungsverlangen des Insolvenzverwalters des herrschenden Unternehmens das beherrschte Unternehmen regelmäßig zu folgen habe (HK-InsO/*Marotzke* § 115 Rn. 9; *Bultmann* ZInsO 2007, 785 ff.). Dem wird allerdings mit dem Argument entgegengetreten, bei den in Rede stehenden Unternehmensverträgen handele es sich um Organisationsverträge, bei denen § 103 InsO keine Anwendung finde (*Uhlenbruck/Hirte* InsO, § 11 Rn. 398; **a.A.** *Freudenberg* ZIP 2009, 2037 [2041]).

27 Die für den Rechtsverkehr transparenteste Lösung würde dann erreicht, wenn die Unternehmensverträge **nach § 297 AktG aus wichtigem Grund gekündigt** werden könnten. Ein solcher wichtiger Grund liegt insbesondere dann vor, wenn ein Vertragsteil *voraussichtlich* nicht mehr Lage sein wird, seine Verpflichtungen zu erfüllen. In diesem Zusammenhang ist insbesondere an die Pflichten des herrschenden Unternehmens gegenüber der abhängigen Gesellschaft nach §§ 302, 309 AktG sowie an die Verpflichtung gegenüber außenstehenden Aktionären nach §§ 304, 305 AktG zu denken. Liegt etwa ein zulässiger Eröffnungsantrag gegenüber dem herrschenden Unternehmen vor, so ist die Wahrscheinlichkeit begründet, dass es seinen Verpflichtungen nicht nachkommen kann (Emmerich/Habersack/*Emmerich* § 297 AktG Rn. 21). Teilweise wird für die **Eigenverwaltung** ein Sonderregime auch von den Autoren gefordert, die ansonsten von einer automatischen Beendigung der Unternehmensverträge ausgehen (so etwa Emmerich/Habersack/*Emmerich* § 297 AktG Rn. 52b; hierzu Flöther/*Pleister/Theusinger* Handbuch, § 4 Rn. 483 ff.). Zutreffend dürfte die Einschätzung von *Specovius/Kuske* (in: Gottwald, HdbInsR § 95 Rn. 12) sein, dass in der Praxis die Unterschiede zwischen den genannten Auffassungen nicht sehr groß sind.

28 Dies hat insbesondere nach der Verabschiedung des **EKIG** zu gelten. In den Fällen, in denen die Fortgeltung von Unternehmensverträgen besonders wichtig ist, also insbesondere, wenn der Konzern als Ganzes oder in seinen wesentlichen Teile saniert werden soll, bietet der Koordinationsplan nach **§ 269h InsO** einen geeigneten Rahmen, um das Schicksal dieser Verträge zu konkretisieren oder zumindest die Grundlagen für ihren Neuabschluss zu schaffen (vgl. *Wimmer* § 269h Rdn. 52).

I. Gruppeninterne Anfechtungsansprüche

29 Bereits im RegE zum EKIG wird problematisiert, wie **nachteilig** sich **gruppeninterne Streitigkeiten auf die Chancen einer Sanierung** des Gesamtkonzerns oder seiner wesentlichen Teile auswirken können (BT-Drucks. 18/407 S. 40). Dies hat nicht nur in den Fällen zu gelten, in denen die wirtschaftliche Leistungsfähigkeit wiederhergestellt werden soll, sondern die Streitigkeiten können sich auch äußerst nachteilig auf eine optimale Verwertung in der Liquidation auswirken. Da der Konzern aus betriebswirtschaftlicher Sicht als wirtschaftliche Einheit, als ein Unternehmen gewertet wird, werden im normalen Geschäftsbetrieb massenhaft gruppeninterne Geschäfte getätigt, die nach Eröffnung des Insolvenzverfahrens als nachteilige Rechtshandlungen gewertet werden können. Der RegE zum EKIG nennt diesem Zusammenhang etwa den Verkauf zu Konzernverrechnungspreisen, die Erbringung von Leistungen zu einer nicht marktgerechten Vergütung oder die unentgeltliche Überlassung von Produktionsmitteln und Lizenzen. (vgl. BT-Drucks. 18/407 S. 40; eingehend zu den unterschiedlichen konzerninternen Anfechtungskonstellationen Flöther/*Thole* Handbuch, § 4 Rn. 402 ff.). Zusätzlich gewinnt das Thema noch an Brisanz, wenn man die **Anfechtungserleichterungen gegenüber nahestehenden Personen** bei den verbundenen Unternehmen noch dadurch aus-

weitet, dass sie auch abhängige Schwestergesellschaften erfassen (vgl. zu dieser Auffassung *Paulus* ZGR 2010, 270 [288]; zur Anfechtung der Beendigung von Unternehmensverträgen *Paulus* ZIP 1996, 2141 ff.; *Ehricke* Das abhängige Konzernunternehmen, S. 15 ff.; differenzierend *v. Wilmowsky* Der Konzern 2016, 261 [265], der darauf abstellt, ob ein anerkennenswertes Lösungsinteresse vorliegt).

Wie bereits bei der Auswirkung der Verfahrenseröffnung auf den Bestand von Unternehmensverträgen ausgeführt (vgl. Rdn. 28), kann auch hier dem **Koordinationsplan** nach § 269h InsO eine **entscheidende Rolle** zukommen. Er ist geeignet, diese Konflikte zu entschärfen und etwa für unterlassene Anfechtungsansprüche eine **angemessene Kompensation** für die Masse des Anfechtungsberechtigten vorzusehen (vgl. § 269h Rdn. 59 ff.). Dabei versteht es sich von selbst, dass der Anfechtungsanspruch nicht *verschenkt* werden darf, sondern stets eine angemessene Gegenleistung vorgesehen werden muss. Ob dabei stets der Masse die Kompensation zugemessen werden muss, die bei einer streitigen Durchsetzung des Anfechtungsanspruchs hätte realisiert werden können (so Flöther/*Thole* Handbuch, § 4 Rn. 460), dürfte zumindest zweifelhaft sein. Im Konzernkontext spricht viel dafür, auch den konzernweiten Mehrwert in Ansatz zu bringen, der durch die Vermeidung eines Anfechtungsrechtsstreits auch bei dem Anfechtungsberechtigten quotal entsteht. 30

J. Lösungskonzepte zur Bewältigung von Konzerninsolvenzen

I. Konsolidierung der Haftungsmassen

Bereits unter C. (Rdn. 3 ff.) wurde erläutert, welche ökonomischen Vorteile mit einer Verbindung von einzelnen Gesellschaften zu einer Unternehmensgruppe erreicht werden können. Es ist deshalb unter dem Gesichtspunkt einer optimalen Gläubigerbefriedigung nahezu zwingend, bei einer Insolvenz einzelner gruppenangehöriger Gesellschaften oder der Gruppe insgesamt nach Wegen zu suchen, wie diese Werte in der Insolvenz gehoben werden können. Dieses Ziel wird verfehlt, wenn einzelne Unternehmensteile ohne Rücksicht auf operative, betriebliche oder finanzielle Erfordernisse unterschiedlichen verfahrensrechtlichen Regimen und der Kontrolle mehrerer Verwalter unterworfen werden (*Wimmer* DB 2013, 1343). Bei der Suche nach geeigneten Lösungsansätzen ist jedoch zu beachten, dass durch den gewählten Weg keine unverhältnismäßigen außerinsolvenzlichen Friktionen auftreten. 31

Den wohl radikalsten Ansatz für die Bewältigung einer Gruppeninsolvenz stellt die **Vollkonsolidierung** der einzelnen Massen dar. Vorbild ist die sog. *substantive consolidation* des amerikanischen Rechts, nach der – allerdings unter engen Voraussetzungen – die Aktiva und Passiva mehrerer Schuldner in einem Verfahren zusammengefasst werden können (vgl. etwa *Brünkmans* Koordinierung von Insolvenzverfahren, S. 93 ff.). Würde ein solcher Ansatz auf das deutsche Recht übertragen, würde er entgegen den gesellschaftsrechtlichen Vorgaben den Konzern wie ein eigenständiges, insolvenzfähiges Rechtssubjekt behandeln (für eine solche Konsolidierungslösung entgegen der ganz h.M. *Paulus* ZIP 2005, 1948 [1953 f.] in den Fällen, in denen die einzelnen Gesellschaften als ein Konzern nach außen im Geschäftsverkehr auftreten oder zumindest funktional eng aufeinander abgestimmt sind). Auch in dem **UNCITRAL** Legislative Guide Part 3 wird unter engen Voraussetzungen die Anordnung einer materiellen Konsolidierung durch das Gericht zugelassen, wobei diese Gründe im Wesentlichen mit denen des amerikanischen Rechts übereinstimmen, also insbesondere bei einer untrennbaren Vermögensvermischung oder bei betrügerischem Verhalten (Empfehlung 220, S. 72). 32

Die **Argumente**, die **gegen eine vollständige Konsolidierung** der jeweiligen Vermögensmassen sprechen, liegen auf der Hand. Zunächst der mehr formale Gesichtspunkt, dass der Konzern nach deutschem Recht kein eigenständiges Rechtssubjekt darstellt, dem die Insolvenzfähigkeit (§ 11 InsO) zugemessen werden könnte. Eine Vollkonsolidierung würde vor diesem Hintergrund einen generalisierten Totaldurchgriff bedeuten, d.h. die insolventen Gesellschaften würden im Insolvenzverfahren als quasi fusioniert behandelt (*K. Schmidt* KTS 2011, 161 [172 f.]). Für die Gläubiger wäre dieser Ansatz mit dem gravierenden Nachteil verbunden, dass sie nicht mehr auf die Vermögensverhältnisse der Gesellschaft vertrauen könnten, die sie sich als Geschäftspartner ausgesucht haben. Die 33

Konsolidierung geht deshalb zulasten der Gläubiger solcher Konzerngesellschaften, deren Vermögensausstattung bei isolierter Insolvenzabwicklung höhere Befriedigungsquoten erwarten lässt. Die **Kreditvergabe** wäre **erschwert** und ggf. verteuert, da etwa bei der Ausreichung eines Darlehens auf die Bonität des Darlehensnehmers abgestellt wird, um das Ausfallrisiko bemessen zu können. Sollte eine Konsolidierung erfolgen, so müsste die Kreditwürdigkeit der ganzen Unternehmensgruppe abgeschätzt werden (vgl. nur *Eidenmüller* ZHR 169 (2005), 529 [531 f.]; Flöther/*Thole* Handbuch, § 2 Rn. 64). Zumindest als gesetzlicher Regelfall ist deshalb eine Konsolidierungslösung nicht geeignet, das Problem der Konzerninsolvenz angemessen zu bewältigen.

II. Koordinierungslösungen

1. Allgemeine Koordinierung

34 Aus diesem Grunde wird von der ganz überwiegenden Auffassung einer **Koordinierungslösung der Vorzug eingeräumt**. Im Grunde geht es darum, die Vielzahl der Verfahren über die jeweils betroffenen Konzerngesellschaften mit dem Ziel zu koordinieren, die Reibungsverluste einer unabgestimmten Abwicklung der Einzelverfahren zu vermeiden. Die bescheidenste Form der Koordinierung, die auch bereits de lege lata möglich ist, stellt die **Abstimmung zwischen den angegangenen Gerichten und den jeweils bestellten Insolvenzverwaltern** dar, die den involvierten Personen auch als Pflicht aufgegeben werden kann. Eine intensivere Form der Koordinierung könnte erreicht werden, wenn die Verfahren bei einem Gericht zusammengefasst und von einem Insolvenzverwalter abgewickelt werden, ohne dass allerdings die Trennung der Haftungsmassen aufgehoben würde. Um eine solche enge **Verzahnung der einzelnen Insolvenzverfahren** zu erreichen, sind wiederum **zwei unterschiedliche Wege** vorstellbar. Der Gruppen-Gerichtsstand kann lediglich als Angebot ausgestaltet werden, ohne den Weg zu dem allgemeinen Gerichtsstand nach § 3 InsO zu verbauen (so EKIG). Der etwas rigidere Ansatz sieht nach der Begründung eines Gerichtsstands vor, dass konzernangehörige Gesellschaften, bei denen erst später ein Insolvenzantrag gestellt wird, von Amts wegen in das Gruppenverfahren einzubeziehen sind (so *Eidenmüller/Frobenius* ZIP 2013, Beil. zu Heft 22, S. 6). Die Vorteile einer Zusammenführung der parallel anhängigen Verfahren über Konzerngesellschaften nicht nur bei einem Gericht, sondern in der Hand eines Insolvenzrichters sind evident. Die schwierigen rechtlichen und tatsächlichen Fragen, die bei mehreren Schuldnern auftreten können, werden in einem Verfahren geklärt und können dann in den anderen Verfahren als gerichtsbekannt eingeführt werden (*Ehricke* DZWIR 1999, 353 [354]).

2. Wesentliche Leitlinien des EKIG

35 Das wesentliche Bestreben des Gesetzes zur Erleichterung der Bewältigung von Konzerninsolvenzen vom 13. April 2017 (BGBl. I S. 866) ist es, die **Synergieeffekte,** die in einem Unternehmensverbund angelegt sein können, nicht in den einzelnen Insolvenzverfahren zu vergeuden, sondern sie im Interesse der Gesamtgläubigerschaft und der Arbeitnehmer **fruchtbar zu machen**. Dabei vermeidet das Gesetz Systembrüche, wie sie etwa eine Massekonsolidierung oder eine zwingende verfahrensrechtliche Bündelung der Einzelverfahren darstellen würde.

36 Um eine **möglichst abgestimmte Abwicklung der Verfahren** zu erreichen, eröffnet das Gesetz die Möglichkeit, mehrere oder alle Verfahren über gruppenangehörige Schuldner **bei einem Insolvenzgericht zu bündeln**. Zuständig für dieses Gruppenverfahren ist das Insolvenzgericht am Gruppen-Gerichtsstand, der dadurch begründet wird, dass ein gruppenangehöriger Schuldner, der offensichtlich nicht von untergeordneter Bedeutung für die gesamte Unternehmensgruppe ist, einen entsprechenden Antrag stellt. Liegen mehrere Anträge vor, so ist der **Antrag des Schuldners maßgebend, der zuerst bei Gericht eingeht**. Mit der Einführung des Merkmals »nicht offensichtlich von untergeordneter Bedeutung« soll verhindert werden, dass der Gruppen-Gerichtsstand am Sitz einer völlig untergeordneten Gesellschaft begründet wird. Eine Konzentration allein nach der örtlichen Zuständigkeit ist jedoch für eine effektive Abstimmung der Einzelverfahren nicht ausreichend, da nach der Geschäftsverteilung unterschiedliche Richter für die Verfahren berufen sein können. Das Gesetz bestimmt deshalb, dass für Gruppen-Folgeverfahren der Richter zuständig ist, in dessen Verfahren der Gruppen-Gerichtsstand begründet wurde.

Um zu verhindern, dass durch die Bestellung mehrerer Verwalter für die unterschiedlichen Verfahren Zielkonflikte über die Verfahrensabwicklung und damit Reibungsverluste auftreten, zielt das Gesetz darauf ab, die Gruppeninsolvenz mit **möglichst wenigen Verwaltern** zu bewältigen. Werden dennoch mehrere Insolvenzverwalter bestellt, so sind sie zur wechselseitigen **Unterrichtung und Zusammenarbeit** verpflichtet. Dabei haben sie jedoch zu beachten, dass sie vorrangig im Interesse der Gläubiger **ihres** Verfahrens tätig werden. Eine Kooperationspflicht allein für die Verwalter ist jedoch nicht ausreichend, um eine möglichst reibungslose Abwicklung der Einzelverfahren zu ermöglichen. Das Gesetz verpflichtet deshalb auch die eingebundenen **Gerichte** zu einer **möglichst engen Zusammenarbeit**, die insbesondere einen Austausch von Informationen beinhalten soll. 37

Über diese allgemeinen Koordinierungsmaßnahmen hinaus sieht das Gesetz ein **besonderes Koordinationsverfahren** vor, mit dem eine noch weitergehende Harmonisierung der Einzelverfahren angestrebt wird. Das Herzstück dieses besonderen Koordinationsverfahrens bildet der **Koordinationsplan**, der alle Maßnahmen enthalten kann, die für eine abgestimmte Abwicklung der Verfahren sachdienlich sind. Der Plan kann etwa Vorschläge zur Wiederherstellung der wirtschaftlichen Leistungsfähigkeit oder zur Beilegung gruppeninterne Streitigkeiten beinhalten. Von seiner Funktion her lässt er sich als kupierter Insolvenzplan bezeichnen, der lediglich einen darstellenden, aber keinen gestaltenden Teil enthält. Regelmäßig wird ein solcher Plan von einem eigens bestellten **Verfahrenskoordinator** erarbeitet und prozedural umgesetzt. 38

Erster Abschnitt Allgemeine Bestimmungen

§ 269a Zusammenarbeit der Insolvenzverwalter

¹Die Insolvenzverwalter gruppenangehöriger Schuldner sind untereinander zur Unterrichtung und Zusammenarbeit verpflichtet, soweit hierdurch nicht die Interessen der Beteiligten des Verfahrens beeinträchtigt werden, für das sie bestellt sind. ²Insbesondere haben sie auf Anforderung unverzüglich alle Informationen mitzuteilen, die für das andere Verfahren von Bedeutung sein können.

Das Gesetz zur Erleichterung der Bewältigung von Konzerninsolvenzen (EKIG) vom 13.04.2017 (BGBl. I 2017, S. 866) tritt am 21.04.2018 in Kraft.

Übersicht

	Rdn.
A. Normzweck	1
B. Im Einzelnen	5
I. Unterrichtung und Zusammenarbeit	5
1. Verhältnis der beiden Pflichten	5
2. Unterrichtung	6
a) Form der Kommunikation	6
b) Zwingend mitzuteilende Informationen	8
c) Sonstige Informationen	10
d) Unverzüglich Erfüllung der Anforderung	12
3. Zusammenarbeit	16
4. Wahrung der Interessen der Beteiligten	18
II. Normadressaten	20
III. Durchsetzung der Kooperation	23
IV. Kosten	26

Literatur:
Ehricke Die Zusammenarbeit der Insolvenzverwalter bei grenzüberschreitenden Insolvenzen nach der EuInsVO, WM 2005, 397;

Eidenmüller Verfahrenskoordination bei Konzerninsolvenzen, ZHR 169 (2005) S. 528.

A. Normzweck

1 Nach der programmatischen Ausrichtung in § 1 InsO dient das Insolvenzverfahren der gemeinschaftlichen Befriedigung der Gläubiger durch Verwertung des schuldnerischen Vermögens. Damit ist natürlich nicht irgendeine Verwertung gemeint, sondern die im Gläubigerinteresse optimierte. Handelt es sich bei dem Schuldner um eine konzernangehörige Gesellschaft, so wird der in der unternehmerischen Verbindung angelegte Mehrwert nur dann zu heben sein, wenn eine möglichst abgestimmte Verfahrensführung in den Insolvenzverfahren der konzernangehörigen Gesellschaften erfolgt. Nur wenn der Verwalter eines gruppenangehörigen Schuldners ausreichende Informationen aus den anderen Verfahren erhält, ist er in der Lage, sein Verfahren so zu gestalten, dass er einerseits ein Optimum für die Gläubiger **seines** Verfahrens erwirtschaftet, andererseits Maßnahmen unterlässt, die in den anderen Verfahren zum Schaden der dortigen Gläubiger gereichen könnten. Unter Berücksichtigung dieser Vorgaben kann sich eine Pflicht zur Kooperation zwischen den einzelnen Verwaltern bereits nach dem geltenden Recht begründen lassen. Allerdings dürfte **nach dem geltenden Recht** eine Pflicht zur Zusammenarbeit nur insoweit bestehen, als dies zu einer **Verbesserung der Befriedigungssituation** der Insolvenzgläubiger des eigenen Verfahrens führt. Demgegenüber findet die Pflicht zur Kooperation nach dem neuen § 269a InsO erst dort ihre Grenze, wo eine Kooperation sich nachteilig auf die Masse des eigenen Verfahrens auswirken würde.

2 Die Vorteile eine abgestimmten Verfahrensführung zeigen sich bereits bei den **unmittelbaren Insolvenzkosten**, die insgesamt deutlich geringer ausfallen dürften, wenn nicht jeder Insolvenzverwalter eines gruppenangehörigen Schuldners umfangreiche eigene Ermittlungen anstellen muss, sondern die **Informationen für alle Verwalter** – zumindest soweit keine Interessenkonflikte vorliegen – **gepoolt** werden. Dass es bei einem eng verflochtenen Konzern äußerst nachteilig sein kann, wenn jeder Verwalter seine eigenen Strategien verfolgt, ohne Rücksicht darauf, ob über eine abgestimmte Verfahrensführung ein höherer Ertrag zu erwirtschaften wäre, ist evident. Werden etwa einzelne Leistun-

gen im Konzern von jeweils bestimmten Gesellschaften auch für die anderen Gruppenmitglieder erbracht (zu denken ist etwa an die EDV, den Vertrieb oder das Personalwesen), so wäre es für alle Beteiligten äußerst nachteilig, wenn trotz einer intendierten Betriebsfortführung diese Leistungen nicht mehr zur Verfügung gestellt werden, obwohl eine marktgerechte Vergütung angeboten wird und es sich somit für die Gläubiger des eigenen Verfahrens um einen neutralen Vorgang handelt (vgl. etwa *Eidenmüller* ZHR 169 (2005) 528 [533 f.]).

Durch eine explizite Regelung im Gesetz wird die Pflicht zur Zusammenarbeit stärker im Bewusstsein der beteiligten Akteure verankert, während sie ohne eine gesetzliche Bindung eher als Akt der Courtoisie gegenüber dem anderen Verwalter verstanden wird. Wünschenswert wäre es deshalb, wenn die Verwalter aufgrund **konkreter gesetzlicher Vorgaben**, in welchem Umfang sie zu Unterrichtung verpflichtet sind, ihren **Kooperationspflichten nachgehen** könnten (so etwa *Ehricke* WM 2005, 397 [400]). Angesichts der Vielgestaltigkeit der in eine Kooperation eingebundenen Unternehmen und vor dem Hintergrund der nur schwer überschaubaren Entwicklung eines Insolvenzverfahrens wäre es jedoch dem Gesetzgeber kaum möglich gewesen, einen präzisen und umfassenden Katalog von Informationspflichten aufzustellen. Allenfalls hätte eine grobe Orientierung, wie sie jetzt Art. 56 Abs. 2 EuInsVO für die Insolvenzverfahren bei Mitgliedern einer Unternehmensgruppe vorsieht, gegeben werden können. 3

Eine **explizite Pflicht** zur Zusammenarbeit war bisher **lediglich im internationalen Insolvenzrecht** in Art. 31 Abs. 1 EuInsVO a.F. und in § 357 InsO bekannt. Vom Wortlaut über § 269a InsO hinausgehend, hat der Insolvenzverwalter nach § 357 InsO unverzüglich alle Umstände mitzuteilen, die für das ausländische Verfahren Bedeutung haben können. Sollte tatsächlich ein Pflichtengefälle zwischen beiden Vorschriften bestehen, so könnte dies damit begründet werden, dass im Anwendungsbereich des § 357 InsO lediglich ein Rechtsträger betroffen ist und zwischen beiden Verfahren eine deutliche Hierarchie besteht. Kein Verwalter hat bei einer Gruppeninsolvenz in den anderen Verfahren Einwirkungsmöglichkeiten, die über die eines normalen Verfahrensbeteiligten hinausgehen. Abweichend von dem Verhältnis zwischen Haupt- und Sekundärinsolvenzverfahren kommt einem Verwalter nicht das Recht zu, entsprechend Art. 47 Abs. 1 EuInsVO einen Insolvenzplan für ein anderes Verfahren vorzuschlagen. Vielmehr können Vorgaben für alle Verfahren nur über das besondere Koordinationsverfahren nach den §§ 269d ff. InsO erreicht werden. 4

B. Im Einzelnen

I. Unterrichtung und Zusammenarbeit

1. Verhältnis der beiden Pflichten

Die Pflicht zur Unterrichtung und Zusammenarbeit beschreibt keine unterschiedlichen Pflichtenkreise, vielmehr ist die Unterrichtung die wohl wichtigste und vordringlichste Aufgabe, um ein möglichst optimales Verfahrensergebnis zu erzielen. Aus den zahlreichen Pflichten, die eine wechselseitige Kooperation erfordern kann, dürfte deshalb die Weitergabe von Informationen den größten Raum einnehmen. Die Pflicht zur Kooperation gilt für alle Insolvenzverwalter, deren Schuldner der betreffenden Unternehmensgruppe angehören, da sie **untereinander** zur Zusammenarbeit angehalten sind. 5

2. Unterrichtung

a) Form der Kommunikation

Die Unterrichtung in dem hier verstandenen Sinne bedeutet die Weitergabe von Informationen. Die Übermittlung der Information ist wie in Art. 56 Abs. 1 Satz 2 EuInsVO **an keine Formen** gebunden und kann somit auch mündlich oder über Fernkommunikationsmittel erfolgen. Für die ähnlich gelagerten Fälle grenzüberschreitender Information zeigt der UNCITRAL Practice Guide die Breite der Kommunikationsmöglichkeiten auf: »*The means of communication may be by mail, fax, e-mail or other electronic means, or by telephone or videoconference.*« Bereits aus Haftungsgründen dürfte 6 es jedoch angezeigt sein, die für ein oder beide Verfahren wichtigen Tatsachen so zu übermitteln, dass ihr genauer Inhalt später einem Beweis zugänglich ist.

7 Ob und ggf. in welchem Umfang es sinnvoll ist, Form und Inhalt der Kooperation in **Insolvenzverwaltungsverträgen** oder in sog. **protocols** detailliert zu regeln, wird im Einzelnen bei § 269h Abs. 2 Nr. 3 InsO erörtert (vgl. § 269h Rdn. 62 ff.), wo diese vertraglichen Vereinbarungen ausdrücklich Erwähnung finden. Hier sei nur so viel angemerkt, dass die Meinung, die solche Insolvenzverwaltungsverträge als unwirksam ansieht (so etwa MüKo-BGB/*Kindler* Art. 31 EuInsVO Rn. 20), angesichts der ausdrücklichen Erwähnung in der InsO wohl nicht mehr aufrechterhalten werden kann.

b) Zwingend mitzuteilende Informationen

8 Während Satz 1 – von potentiellen Interessenkonflikten zunächst einmal abgesehen – den Insolvenzverwalter verpflichtet, unaufgefordert die anderen Verwalter von gruppenangehörigen Schuldnern zu unterrichten, bestimmt Satz 2, dass er *auf Anforderung* alle Informationen mitzuteilen hat, die für das andere Verfahren von Bedeutung sein können. Insofern stellt sich die Frage, ob es **Informationen gibt, die unaufgefordert mitzuteilen sind** oder ob zunächst eine diesbezügliche Bitte der anderen Verwalter abgewartet werden kann. Es spricht viel dafür, zwischen den Tatsachen zu differenzieren, die für die anderen Verfahren von so **ausschlaggebender Bedeutung** sind, dass sie unverzüglich den anderen Verwaltern zur Kenntnis gebracht werden müssen, sobald der Informationsverpflichtete Kenntnis erhält, dass bei einem anderen gruppenangehörigen Unternehmen ein Eröffnungsantrag gestellt wurde. Dies gilt etwa für die grundlegende Weichenstellung, ob im Berichtstermin nach § 157 InsO die Insolvenzgläubiger sich für eine **Fortführung oder Stilllegung** des Unternehmens entschieden haben. In der Begründung zum RegE wird als Beispiel genannt, dass ein Unternehmen der Gruppe Leistungen erbringt, auf die die anderen Gruppenmitglieder zwingend angewiesen sind (BT-Drucks 18/407 S. 32). Dies kann etwa der Fall sein, wenn ein Unternehmen Vorprodukte fertigt, die für den Produktionsprozess anderer Gruppenmitglieder unerlässlich sind oder dass das Finanzmanagement oder die EDV bei einer Gesellschaft gebündelt wurden.

9 Allgemein sollte die Unterrichtungspflicht so verstanden werden, dass unaufgefordert alle Tatsachen mitzuteilen sind, die für das andere Verfahren von essentieller Bedeutung sind und deren Weitergabe die Interessen der Beteiligten des eigenen Verfahrens nicht beeinträchtigen. Wird die Unternehmensgruppe oder Teile derselben fortgeführt, so umfasst die Informationspflicht zunächst alle Umstände, die **sinnvollerweise bei laufendem Geschäftsbetrieb auch** außerhalb eines Insolvenzverfahrens mitgeteilt worden wären und die in der besonderen Situation der Insolvenz von erheblicher Bedeutung sind. Ein Insolvenzverwalter ist jedoch nicht verpflichtet, die anderen Verfahren über gruppenangehörige Schuldner unter dem Blickwinkel zu beobachten, welche Informationen in dem jeweiligen Verfahrensstadium sinnvollerweise übermittelt werden sollten. Vielmehr kann er – von den o.a. Kerndaten abgesehen – zunächst die Anforderung des anderen Verwalters abwarten Die Pflicht zur Information ist jedoch von vornherein limitiert, wenn die Interessen der »eigenen« Insolvenzgläubiger berührt sein können.

c) Sonstige Informationen

10 Der so umrissene Kreis von Informationen darf auch deshalb **nicht zu eng gezogen** werden, da in einem frühen Verfahrensstadium noch gar nicht absehbar ist, wie sich die Verfahren weiter entwickeln werden und somit fortlaufend neue Informationsbedürfnisse auftreten können. Zudem ist nicht erforderlich, dass die Informationen für das andere Verfahren unverzichtbar sind, vielmehr ist es nach § 269a Satz 2 InsO ausreichend, dass sie für dieses Verfahren *Bedeutung erlangen können*.

11 Die einzelnen Bereiche, bei denen eine Kooperation **unter spezifisch insolvenzrechtlichen Gesichtspunkten geboten** ist, lassen sich holzschnittartig an dem normalen Verlauf eines Insolvenzverfahrens aufzeigen. Wie bereits erwähnt, ist die grundlegende Weichenstellung, ob eine Sanierung oder eine Liquidation angestrebt wird, für die anderen Gruppenmitglieder von erheblicher Bedeutung. Bei der

Abschätzung **der Erfolgsaussichten einer Sanierung** sind dabei auch die möglichen synergetischen Effekte durch den Verbund mit anderen Unternehmen zu berücksichtigen (Flöther/*Frege*/*Nicht* Handbuch, § 4 Rn. 324 ff.). Die **Inbesitznahme und Sicherung von Vermögenswerten** und deren Zuordnung zu einzelnen Gruppenmitgliedern bedarf regelmäßig einer Abstimmung. Dies kann auch den Austausch von Dokumenten erfordern, also Maßnahmen, die über eine einfache Unterrichtung hinausgehen und zu den sonstigen Kooperationsmaßnahmen gehören. Aber nicht nur bei einer angestrebten Sanierung, sondern auch bei einer Liquidation und der damit einhergehenden **Verwertung des schuldnerischen Vermögens** ist eine enge Abstimmung geboten. Bei Vermögensgegenständen, die zwar unterschiedlichen Rechtsträgern zugeordnet sind, die aber sinnvollerweise nur zusammen genutzt werden können, wird ein marktgerechter Preis nur zu erzielen sein, wenn sie gemeinsam veräußert werden. Zwingend ist eine enge Abstimmung auch, wenn im Rahmen einer übertragenen Sanierung der Geschäftsbetrieb mehrerer insolventer Gesellschaften auf einen neuen Rechtsträger übertragen werden soll (MüKo-InsO/*Reinhart* Art. 31 Rn. 30). Ebenso kann eine Absprache bei der **Ausübung des Wahlrechts** nach § 103 InsO sinnvoll sein, um die für eine Betriebsfortführung erforderlichen vertraglichen Liefer- und Leistungsbeziehungen zu erhalten (Flöther/*Frege*/*Nicht* Handbuch, § 4 Rn. 332 ff.). Weitere Anhaltspunkte für Koordinationsmaßnahmen lassen sich, auch wenn kein Koordinationsplan beabsichtigt ist, § 269h Abs. 2 InsO entnehmen. Dies gilt etwa für die Beilegung gruppeninterner Streitigkeiten, also insbesondere die Klärung, besser noch **Vermeidung von Anfechtungsansprüchen.** Soll die Insolvenz mehrerer eng verbundener Unternehmen außerhalb eines Koordinationsverfahrens nach §§ 269d ff. InsO durch die **Aufstellung von Insolvenzplänen** in den jeweiligen Verfahren bereinigt werden, so ist ebenfalls eine Verständigung der involvierten Insolvenzverwalter unerlässlich.

d) Unverzüglich Erfüllung der Anforderung

Von den für das andere Verfahren relevanten Kerndaten abgesehen, sind die Informationen zu übermitteln, die von einem anderen Verwalter **angefordert** werden. Wie die Übermittlung der Informationen, so ist auch die Anforderung an keine Form gebunden. Ausreichend ist, dass zumindest eine **konkludente Erklärung** vorliegt, aus der sich ersehen lässt, über welche Verhältnisse des anderen Verfahrens eine Unterrichtung erbeten wird. 12

Eine Pflicht besteht nicht nur zur Übermittlung der Informationen, vielmehr hat der Verwalter auch darauf zu achten, dass diese **Informationen zutreffend sind**. Insofern muss im Einzelfall geklärt werden, welche Anstrengungen der zur Information Verpflichtete zu unternehmen hat, um eine ordnungsgemäße Unterrichtung der Verwalter in den anderen Verfahren zu gewährleisten. Eine präzise Vorgabe hierfür kann nicht gemacht werden. Vielmehr ist die Wichtigkeit der Information für das andere Verfahren abzuwägen mit den Schwierigkeiten, die der informationspflichtige Verwalter auf sich zu nehmen hat, um seine Unterrichtung zu verifizieren. Regelmäßig wird er jedoch nicht verpflichtet sein, einen Sachverständigen einzuschalten, um die erbetenen Tatsachen erst zu gewinnen oder ihren Wahrheitsgehalt zu prüfen. Hat er Zweifel, ob die ihm vorliegenden Informationen der Wahrheit entsprechen, hat er entweder die Weitergabe ganz zu unterlassen oder zumindest den Empfänger auf seine Zweifel hinzuweisen. Er muss jedoch auch **nicht** für jede Information **umfangreiche Nachforschungen** anstellen, solange keine Anhaltspunkte vorliegen, die Zweifel an dem Wahrheitsgehalt der Information begründen. 13

In § 269a Satz 2 InsO werden die Informationen, die zu übermitteln sind, lediglich dadurch konkretisiert, dass sie für *das andere Verfahren von Bedeutung sein können*. Insofern könnte man den Verwalter als verpflichtet angesehen, Umstände mitzuteilen, die ihm aus früheren Verfahren oder aus seiner sonstigen Tätigkeit bekannt sind. Aus Sinn und Zweck der Vorschrift erschließt sich jedoch unschwer, dass nur solche Umstände mitgeteilt werden müssen, die sich **unmittelbar aus der Tätigkeit in dem eigenen Verfahren** ergeben. Fraglich ist allerdings, wie zu entscheiden ist, wenn der Verwalter über Kenntnisse verfügt, die für das andere Verfahren von besonderem Interesse sind und die zumindest mittelbar auch für die Gläubiger seines Verfahrens von Belang sein können. Kennt er etwa Abnehmer für Produkte, die in dem anderen insolventen Unternehmen gefertigt werden und für die 14 sein schuldnerisches Unternehmen Vorprodukte liefert, so wird man wohl eine Pflicht zur Unterrichtung annehmen können, da zumindest mittelbar davon auch »seine« Insolvenzgläubiger profitieren.

15 Die Übermittlung der angeforderten Information hat **unverzüglich**, also ohne schuldhaftes Zögern (vgl. § 121 Abs. 1 Satz 1 BGB) zu erfolgen. Eine allgemeine Vorgabe, welche Frist dieser Anforderung gerecht wird, kann nicht gemacht werden. Es ist vielmehr auf die Umstände des Einzelfalls abzustellen. Muss der informationspflichtige Insolvenzverwalter etwa selbst Ermittlungen anstellen, um sich sachkundig zu machen, so ist ihm hierfür eine angemessene Zeit einzuräumen. Liegen ihm die Tatsachen, um deren Mitteilung er gebeten wurde, bereits vor, so hat er sie zumindest so zeitnah zu übermitteln, dass der andere Verwalter sie noch sinnvoll nutzen kann, also etwa Maßnahmen ergreifen kann, die zum Schutz »seiner« Insolvenzmasse geboten sind (vgl. auch MüKo-InsO/*Reinhart* Art. 31 Rn. 14).

3. Zusammenarbeit

16 Die Zusammenarbeit ist der Oberbegriff, von dem die Pflicht zur Unterrichtung den wichtigsten Unterfall bildet. Von der Pflicht zur Kooperation werden alle Tätigkeiten abgedeckt, die nicht unmittelbar der Informationsüberlassung unterfallen. Insofern ist etwa an die Zurverfügungstellung von Urkunden und sonstigen Dokumenten zu denken. Weiter sind etwa Unterstützungsmaßnahmen bei der Sicherung der Insolvenzmasse oder bei der Feststellung der Sollmasse zu nennen. Insgesamt wird der gesamte Bereich abgedeckt, für den auch Informationspflichten bestehen.

17 Im Falle einer **Betriebsfortführung** können zu den Unterstützungsmaßnahmen auch die Leistungen gehören, die im bisherigen Konzernverbund erbracht wurden. Ist etwa die EDV oder der Vertrieb bei einer der insolventen Gesellschaften konzentriert, so müssen diese Leistungen auch nach Eröffnung des Insolvenzverfahrens weiter erbracht werden, da ansonsten eine Betriebsfortführung unmöglich wäre. Allerdings wird zwischen den involvierten Verwaltern auszuhandeln sein, in welchem Umfang für diese Leistungen Gegenleistungen zu erbringen sind. Da die Verwalter auf die Interessen der Beteiligten ihres Verfahrens zu achten haben, werden die Leistungen regelmäßig nur gegen eine **marktgerechte Vergütung** aufrecht erhalten werden können. Gerade an diesem Beispiel zeigt sich, dass die Pflicht zur Kooperation an dem Kriterium der **Pareto-Superiorität** auszurichten ist. Danach ist entscheidend, dass die erwartete Haftungsmasse bei zumindest einem Rechtsträger höher ausfällt, als sie ohne Zusammenarbeit gewesen wäre, und kein Gläubiger in den Verfahren eine Verschlechterung seiner Position hinnehmen muss (vgl. zur Pareto-Superiorität bei Kooperationspflichten *Eidenmüller* ZHR 169 (2005) 528 [536 f.]). Fraglich ist allerdings, welche Mitwirkungslasten einem Insolvenzverwalter auferlegt werden können, mit dem Hinweis der Grundsatz der Pareto-Superiorität sei gewahrt. Kann dies beispielsweise auch soweit gehen, dass er **gezwungen** ist, einen **Insolvenzverwaltungsvertrag** (so bei der Mitwirkungspflicht nach Art 31 EuInsVO a.F. *Hortig* Kooperation von Insolvenzverwaltern, S. 171) abzuschließen oder an einheitlichen Insolvenzplänen für alle insolventen Gruppenmitglieder mitzuwirken (so wohl *Eidenmüller* ZHR 169 (2005) 528 [552]). Zur Begründung dieses Abschlusszwangs führt Eidenmüller aus, ein Insolvenzverwaltungsvertrag schaffe Rechtsklarheit im Hinblick auf die von den Beteiligten geschuldeten Leistungen und erhöhe die Erwartungssicherheit. Insofern sind allerdings Zweifel angebracht. Da der Insolvenzverwalter sein Amt unabhängig und frei von der Einflussnahme außenstehender Dritter wahrzunehmen hat, kann ihm auch nicht eine bestimmte Verfahrensabwicklung von einem anderen Insolvenzverwalter detailliert vorgegeben werden oder er sogar auf Initiative eines anderen Verwalters einem Kontrahierungszwang ausgesetzt sein. Diese Auffassung lässt sich auch auf § 269h InsO stützen, da in Form des Koordinationsplans gerade ein übergeordneter Plan zu einer abgestimmten Abwicklung der Insolvenzverfahren angeboten wird und zudem die Insolvenzverwaltungsvereinbarungen ausdrücklich angesprochen werden (vgl. § 269h Abs. 2 Nr. 3).

4. Wahrung der Interessen der Beteiligten

18 Sowohl die Kommunikation als auch die Kooperation steht unter dem Vorbehalt, dass der Insolvenzverwalter hierdurch nicht die Interessen der Beteiligten seines Verfahrens beeinträchtigt. Dies ist

auch sinnvoll, da der Insolvenzverwalter vorrangig den Beteiligten seines Verfahrens verpflichtet ist. Im Interesse »*seiner*« Insolvenzgläubiger hat er dafür Sorge zu tragen, dass diese eine bestmögliche Befriedigung erhalten. Daraus ergibt sich zwanglos, dass er bei seinem Tätigwerden kein übergeordnetes Konzerninteresse zu beachten hat, dem er etwa bestimmte Verwertungsmöglichkeiten unterzuordnen hätte (BT-Drucks. 18/407 S. 32). Gegenüber den bisherigen Kooperationspflichten, die unter dem geltenden Recht aus § 1 InsO hergeleitet wurden, sind die Pflichten aus § 269a InsO allerdings weiter. Während bisher aus der Verpflichtung zur bestmöglichen Gläubigerbefriedigung eine Pflicht zur Zusammenarbeit angenommen wurde, wenn dies zu einer Verbesserung der Situation der Insolvenzgläubiger führt, findet nach § 269a InsO die Verpflichtung zur Kooperation erst dort **ihre Grenze**, wo ihre Wahrnehmung den **Interessen der eigenen Insolvenzgläubiger widerstreiten** würde. Wie bereits ausgeführt, lässt sich dieser Ansatz über das Kriterium der **Pareto-Superiorität** legitimieren, so dass – cum grano salis – eine Kooperationspflicht dann besteht, wenn die Haftungsmasse in den involvierten Verfahren nicht sinkt und sie zumindest in einem Verfahren steigt (vgl. Rdn. 17).

Unter Beachtung dieser Grundsätze kann der Insolvenzverwalter **Informationen zurückhalten**, die den Gläubigern seines Verfahrens zum Nachteil gereichen könnten. Dies gilt etwa für den Fall, dass erst durch die übermittelten Tatsachen der um Unterstützung nachsuchende Verwalter in die Lage versetzt wird, einen Anfechtungsanspruch gegen ihn substantiell zu begründen. Ebenfalls dürfte er berechtigt sein, die Informationen nicht weiterzugeben, die es dem Verwalter des anderen Verfahrens erst ermöglichen, ordnungsgemäß eine Forderung seiner Masse anzumelden (vgl. BT-Drucks. 18/407 S. 32). Allgemeiner formuliert, ist er durch § 269a InsO nicht verpflichtet, an Maßnahmen mitzuwirken, die geeignet sind, die Passivmasse in seinem Verfahren zu erhöhen. 19

II. Normadressaten

Nach dem Wortlaut sind nur die Insolvenzverwalter von gruppenangehörigen Schuldnern zur Kooperation verpflichtet. Dabei versteht es sich zunächst von selbst, dass die Schuldner **derselben Unternehmensgruppe** i.S.d. § 3e InsO angehören müssen. Bei dem Begriff der Unternehmensgruppe wird auch zu klären sein, wie die Fälle des »Konzerns im Konzern« zu behandeln sind. 20

Neben den Insolvenzverwaltern werden zweifelsohne auch die **vorläufigen Insolvenzverwalter** erfasst, auf die die Verwaltungs- und Verfügungsbefugnis übergegangen ist (»starker vorläufiger Verwalter«). Dass auch das Eröffnungsverfahren von den konzerninsolvenzrechtlichen Regelungen abgedeckt wird, ergibt sich zwanglos aus § 270d InsO, der auch die *vorläufige* Eigenverwaltung erwähnt. Aber auch durch die Sachzwänge des Verfahrens wird dies geboten, da gerade im Eröffnungsverfahren die wesentlichen Weichenstellungen etwa im Hinblick auf eine Betriebsfortführung erfolgen. Dass dem starken vorläufigen Verwalter die Kooperationspflichten obliegen, ergibt sich bereits daraus, dass seine Stellung nahezu der eines Insolvenzverwalters gem. §§ 80–82 InsO entspricht (vgl. *Schmerbach* § 22 Rdn. 7). Wird ein vorläufiger Insolvenzverwalter bestellt, ohne dass dem Schuldner ein allgemeines Verfügungsverbot auferlegt wird, so hat das Gericht nach § 22 Abs. 2 InsO dessen Pflichten im Einzelnen festzulegen. Insofern wäre es aus Gründen der **Rechtsklarheit** wünschenswert, wenn das Gericht mit der Pflicht zur Zusammenarbeit den **vorläufigen Insolvenzverwalter betrauen** würde, da dieser nach Verfahrenseröffnung ohnehin diese Aufgabe hat. Da dem Schuldner regelmäßig die Kenntnisse fehlen werden, in welchen Bereichen und in welchem Umfang bei einer Konzerninsolvenz die Kooperation geboten ist, sollte bei einem gruppenangehörigen Unternehmen, sofern lediglich ein schwacher vorläufiger Insolvenzverwalter eingesetzt wird, als Regelfall die Pflicht zur Zusammenarbeit diesem auferlegt werden. Fraglich ist, wie zu verfahren ist, wenn durch das Gericht keine ausdrückliche Zuschreibung erfolgt. Zwar ist der Schuldner in diesem Fall weiter verwaltungs- und verfügungsbefugt, dennoch trifft die Pflicht zur Kooperation den vorläufigen Insolvenzverwalter, da diese Kooperation zum einen eine rein insolvenzrechtliche Funktion ist, andererseits eine der wichtigsten Aufgaben des vorläufigen Verwalters in der Sicherung der späteren Insolvenzmasse besteht. In dem Stadium der Verfahrenseröffnung steht dieser Sicherungszweck auch bei der Kooperation im Vordergrund. 21

22 Wird eine (vorläufige) **Eigenverwaltung** angeordnet, so sieht § 270d InsO ausdrücklich vor, dass dem Schuldner die Kooperationspflichten nach § 269a InsO obliegen. Inwiefern die Geschäftsführung einer insolventen Gesellschaft in der Lage ist, den Kooperationspflichten bei einer Konzerninsolvenz zu genügen, wird erst die Zukunft zeigen. In vielen Fällen wird es – wie bereits heute bei zahlreichen Eigenverwaltungsverfahren – darauf hinauslaufen, dass der Sachwalter den Kooperationsrahmen vorgibt und auch ausfüllt und der Schuldner lediglich formell mitwirkt.

III. Durchsetzung der Kooperation

23 Im Rahmen des Art. 31 EuInsVO a.F. ist umstritten, ob die Pflicht zur Zusammenarbeit einklagbar ist, obwohl das Kooperationsverlangen eines Verwalters verbindlich ist. Insofern wird geltend gemacht, die Pflicht sei so allgemein umschrieben, dass sie nicht Gegenstand einer Leistungsklage sein könne (K. Schmidt/*Brinkmann* InsO, Art. 31 EuInsVO Rn. 12; im Ergebnis ebenso MüKo-BGB/*Kindler* Art. 31 EuInsVO Rn. 21). Andererseits wird eingeräumt, eine Leistungsklage sei zwar denkbar, in der Praxis jedoch kaum durchführbar, da es regelmäßig an einer konkreten und im Ergebnis auf vollstreckbaren Handlungen des Insolvenzverwalters fehlen würde (MüKo-InsO/*Reinhart* Art. 31 EuInsVO Rn. 35; so wohl auch hier *Wenner/Schuster* 8. Aufl., Art. 31 EuInsVO Rn. 21, die auf den damit verbundenen Zeitaufwand und die Kosten verweisen).

24 Diese Überlegungen haben auch für § 269a InsO Bedeutung. Eine grds. mögliche Leistungsklage zur Durchsetzung der Kooperation wird nur dann Aussicht auf Erfolg haben, wenn sich die Pflicht des Insolvenzverwalters so verdichtet hat, dass nur eine ganz konkrete Handlung zur Erfüllung der Pflicht infrage kommt. Dies wird etwa der Fall sein, wenn eine ganz bestimmte Information verlangt wird oder der andere Verwalter die Herausgabe einer genau bezeichneten Sache begehrt.

25 Allerdings ist die Pflicht zur Kooperation nach Inkrafttreten des EKIG nun eindeutig eine Pflicht, die dem Verwalter *nach diesem Gesetz* obliegt (§ 60 Abs. 1 Satz 1 InsO). In der Regel dürfte es jedoch nicht leicht sein, bei einem **Schadensersatzanspruch nach § 60 InsO** die Höhe des Schadens zu bestimmen. Die Haftung besteht gegenüber dem Insolvenzverwalter, der die Zusammenarbeit erbeten hat, da ihm gegenüber die verletzte Pflicht bestanden hat. Der Schadenersatz wird dann jedoch von der Masse vereinnahmt (*Ehricke* WM 2005, 397 [40]; vgl. § 269h Rdn. 71 ff.). Zusätzlich zu einem Anspruch nach § 60 InsO kann der die Unterstützung begehrende Verwalter bei dem für das andere Verfahren zuständigen Insolvenzgericht **aufsichtsrechtliche Maßnahmen** nach § 58 InsO anregen. Handelt es sich um wiederholte und nachhaltige Verstöße gegen die Kooperationspflichten kann in schwerwiegenden Fällen auch eine Entlassung des Insolvenzverwalters infrage kommen.

IV. Kosten

26 Die Kosten für die Informationsübermittlung gehen zulasten des Verfahrens, bei dem um Information nachgesucht wird. Dies ist auch gerechtfertigt, da der Verwalter lediglich einer Pflicht nachkommt, die ihm nach diesem Gesetz obliegt und die die Interessen »seiner« Insolvenzgläubiger nicht wesentlich beeinträchtigt. Zudem besteht eine wechselseitige Informationspflicht, so dass davon ausgegangen werden kann, dass in beiden Verfahren ein gewisser Aufwand entsteht, der sich idealiter kompensiert, und überdies der Informationsaustausch darauf abzielt, in beiden Verfahren bessere Ergebnisse zu erreichen.

§ 269b Zusammenarbeit der Gerichte

¹Werden die Insolvenzverfahren über das Vermögen von gruppenangehörigen Schuldnern bei verschiedenen Insolvenzgerichten geführt, sind die Gerichte zur Zusammenarbeit und insbesondere zum Austausch der Informationen verpflichtet, die für das andere Verfahren von Bedeutung sein können. ²Dies gilt insbesondere für:
1. die Anordnung von Sicherungsmaßnahmen,
2. die Eröffnung des Verfahrens,
3. die Bestellung eines Insolvenzverwalters,

4. wesentliche verfahrensleitende Entscheidungen,
5. den Umfang der Insolvenzmasse und
6. die Vorlage von Insolvenzplänen sowie sonstige Maßnahmen zur Beendigung des Insolvenzverfahrens.

Das Gesetz zur Erleichterung der Bewältigung von Konzerninsolvenzen (EKIG) vom 13.04.2017 (BGBl. I 2017, S. 866) tritt am 21.04.2018 in Kraft.

Übersicht

	Rdn.
A. Normzweck	1
B. Im Einzelnen	4
I. Das zur Kooperation verpflichtete Insolvenzgericht	4
1. Unterstützung im Rahmen der allgemeinen Rechtshilfe	5
2. Die erfassten Gerichte	6
3. Anhängiges Verfahren	10
II. Bereiche der Kooperation	11
1. Sicherungsmaßnahmen	12
2. Bestellung eines Insolvenzverwalters	17
3. Wesentliche verfahrensleitende Entscheidungen	19
a) Eröffnungsverfahren	19
b) Im eröffneten Verfahren	23
4. Umfang der Insolvenzmasse	27
5. Vorlage von Insolvenzplänen und sonstige Verfahrensbeendigungen	30
a) Insolvenzpläne	30
b) Sonstige Verfahrensbeendigungen	34
c) Schlussrechnung	35
III. Form der Zusammenarbeit	36
IV. Verweigerung der Zusammenarbeit	38

Literatur:
Ehricke Zur Kooperation von Insolvenzgerichten bei grenzüberschreitenden Insolvenzverfahren im Anwendungsbereich der EuInsVO, ZIP 2007, 2395; *Eidenmüller* Der nationale und internationale Insolvenzverwaltungsvertrag, ZZP 114 (2001) S. 3; *Vallender* Gerichtliche Kommunikation und Kooperation bei grenzüberschreitenden Insolvenzverfahren im Anwendungsbereich der EuInsVO – eine neue Herausforderung für Insolvenzgerichte, KTS 2008, 59.

A. Normzweck

Allgemein ist die Kommunikation und Kooperation zwischen den Verfahrensbeteiligten für die erfolgreiche Abwicklung parallel anhängiger Insolvenzverfahren von herausragender Bedeutung. Wobei die Intensität der Zusammenarbeit zwischen den Verfahrensbeteiligten bei einer Konzerninsolvenz auch davon abhängt, **wie eng die Mitglieder der Unternehmensgruppe miteinander verbunden sind**. Bei einem in einzelne Gesellschaften aufgeteilten Unternehmen ist eine enge Kooperation für ein erfolgreiches Gelingen nahezu unerlässlich, während bei einer völlig heterogen strukturierten Unternehmensgruppe die Verfahren häufig auch isoliert voneinander abgewickelt werden können. 1

Im **internationalen Bereich** wurde bereits frühzeitig anerkannt, dass das Bedürfnis nach einer Kooperation sich nicht nur auf die involvierten Insolvenzverwalter erstreckt, sondern viel dafür spricht, auch die Gerichte einzubeziehen. Ein solches Bedürfnis wurde nicht nur im Verhältnis von einem Haupt- zu den gleichzeitig anhängigen Sekundärinsolvenzverfahren ausgemacht, sondern auch bei den selbstständigen Gesellschaften einer Unternehmensgruppe. Insofern mag es zunächst etwas erstaunen, dass **Art. 31 EuInsVO a.F. lediglich die Insolvenzverwalter**, nicht jedoch die Insolvenzgerichte erwähnt. Zum Verständnis sei daran erinnert, dass bereits die Pflicht zur grenzüberschreitenden Zusammenarbeit für die Insolvenzverwalter ein Novum war, und eine Pflicht zur Zusammenarbeit zwischen den involvierten Insolvenzgerichten ein zu kühner Schritt insbesondere für die kontinentaleuropäischen Richter bedeutet hätte, die – wie etwa die deutschen Richter nach Art. 20 Abs. 3 GG – an Recht und Gesetz gebunden sind, und die deshalb für eine grenzüberschreitende Kooperation zumindest einer gesetzlichen Erlaubnis bedurft hätten (vgl. hierzu *Vallender* KTS 2008, 59 [64]). Im Übrigen mag auch eine Rolle gespielt haben, dass nach der Mehrzahl der Insolvenzsysteme der Mitgliedstaaten eher den Insolvenzverwaltern als den Insolvenzgerichten die wesentliche Aufgabe bei der Abwicklung von Insolvenzverfahren zukommt (so *Vallender* KTS 2008, 59 [66]). Ein Prozess des Umdenkens begann spätestens mit der Annahme des UNCITRAL Model Law on 2

Cross-Border Insolvency im Mai 1997. In Art. 25 des Model Law findet sich nämlich die Regelung: »... *the court shall cooperate to the maximum extent possible with foreign courts*...«. Inzwischen ist die Notwendigkeit einer (institutionalisierten) grenzüberschreitenden Kooperation zwischen Insolvenzgerichten, sei es in Insolvenzverfahren über denselben Schuldner, sei es in parallel anhängigen Insolvenzverfahren im Konzernkontext, nahezu weltweit anerkannt. Als Beispiele für entsprechende Regelungen seien lediglich die **folgenden Instrumente** angeführt: Guidelines for Court-to-Court Communications in Cross-Border Cases der EU und des International Insolvency Institute, UNCITRAL Practice Guide on Cross-Border Cooperation, UNCITRAL Legislative Guide on Insolvency Law (Part three: Treatment of enterprise groups in insolvency), Guidelines Applicable to Court-to-Court Communications in Cross-Border Cases (Principles of Cooperation among the NAFTA Countries) oder die von Wessels und Virgós verfassten European Communication and Cooperation Guidelines for Cross-border Insolvency. So gehen etwa die *Principles of Cooperation among the NAFTA Countries* davon aus: für die erfolgreiche Abwicklung eines Insolvenzverfahrens, das zu einem maximalen Ertrag für die Stakeholder führt, sei die Zusammenarbeit der Insolvenzgerichte sogar noch wichtiger als die der Insolvenzverwalter.

3 Eine gute Zusammenarbeit zwischen den in einer Konzerninsolvenz zuständigen Gerichte wird als wichtige Voraussetzung einer gerechten und effizienten Verfahrensführung gewertet, um im Interesse der Beteiligten die Massen möglichst optimal zu verwerten, Arbeitsplätze zu erhalten und die Verfahrenskosten zu minimieren. Für viele Unternehmensgruppen ist eine wirksame Kooperation der einzige Weg, um das **Risiko einer fragmentierten Abwicklung von Insolvenzverfahren** zu verringern, die die Gefahr in sich birgt, Going-concern-Werte zu vernichten und einer Abschottung oder Verschiebung von Vermögenswerten Vorschub zu leisten (UNCITRAL Legislative Guide on Insolvency Law; Part three: Treatment of enterprise groups in insolvency, S. 86). Cum grano salis gilt diese Bewertung auch für die Bewältigung einer rein nationalen Konzerninsolvenz.

B. Im Einzelnen

I. Das zur Kooperation verpflichtete Insolvenzgericht

4 Durch § 269b InsO wird gesetzlich klargestellt, dass die Insolvenzgerichte nicht nur gegenseitig zur Unterstützung berechtigt, sondern sie auch bei der Abwicklung von Konzerninsolvenzen hierzu **verpflichtet** sind. Nur durch eine eindeutige Pflicht zur Kooperation wird die **Rechtssicherheit erreicht**, die für eine erfolgreiche Bewältigung der Konzerninsolvenz unerlässlich ist. In der Literatur wurde jedoch nicht nur eine allgemeine Pflicht zur Zusammenarbeit gefordert, sondern im Interesse der Rechtsklarheit eine eindeutige Bestimmung, welche Kooperationsleistungen gefordert werden können (*Ehricke* ZIP 2007, 2395 [2396]). Dem ist der Gesetzgeber nachgekommen, indem er in sechs Regelbeispielen aufgelistet hat, wo überall Unterstützungsleistungen sinnvoll sind und eingefordert werden können.

1. Unterstützung im Rahmen der allgemeinen Rechtshilfe

5 Von einer mehr oder weniger freiwilligen Kooperation abgesehen, bestand bisher eine Pflicht zur Unterstützung lediglich im Rahmen der **allgemeinen Rechtshilfe nach den §§ 156 ff. GVG**. Gegenstand der Rechtshilfe sind dabei Amtshandlungen, die das ersuchende Gericht ihrer Art nach *selbst vornehmen könnte*, die es aber aus Zweckmäßigkeitsgründen oder um nicht außerhalb seines Bezirks tätig zu werden, dem anderen Gericht überträgt (*Zöller/Lückemann* § 156 GVG Rn. 2). Dass auch im Insolvenzverfahren die §§ 156 ff. GVG anwendbar sind, ist allgemein anerkannt (vgl. nur *Schmerbach* § 4 Rdn. 23, § 5 Rdn. 40 ff.; *K. Schmidt/Stephan* InsO, § 4 Rn. 41; MüKo-InsO/*Ganter/Lohmann* § 4 Rn. 91 f.). Das ersuchte Insolvenzgericht wird in diesem Rahmen lediglich als »verlängerter Arm« des ersuchenden Gerichts tätig (*Zöller/Lückemann* § 158 GVG Rn. 4). Insofern kommt eine Rechtshilfe etwa in Betracht, wenn der weit entfernt wohnenden Schuldner durch ein ortsnahes Gericht angehört oder ihm eine Offenbarungsversicherung abgenommen werden soll. Unter den gleichen Voraussetzungen kann etwa ein Gericht um die Vernehmung auswärtiger Zeugen ersucht werden (MüKo-InsO/*Ganter/Lohmann* § 4 Rn. 91). Da es im Anwendungsbereich des

§ 269b InsO jedoch nicht um Amtshandlungen geht, die das ersuchende Gericht selbst vornehmen könnte, wird regelmäßig auch die Pflicht zur Rechtshilfe nach § 158 GVG nicht weiterhelfen. In dem Anwendungsbereich des § 269b InsO geht es im Gegensatz zur allgemeinen Rechtshilfe nicht um ein Tätigwerden ausschließlich im Interesse des ersuchenden Verfahrens, vielmehr wird regelmäßig um die Übermittlung von Informationen nachgesucht, die das Rechtshilfegericht in einem in eigener Zuständigkeit geführten Verfahren gewonnen hat. Allerdings kann es letztlich im Hinblick auf die positivrechtliche Regelung dahingestellt bleiben, ob einzelne der in § 269b InsO normierten Pflichten von einer Rechtshilfe nach § 156 GVG abgedeckt wären.

2. Die erfassten Gerichte

Wird über das Vermögen von **mindestens zwei Schuldnern**, die derselben Unternehmensgruppe angehören (vgl. § 3e InsO), ein Insolvenzverfahren eröffnet, so sind die für diese Verfahren zuständigen **Insolvenzgerichte** zur Zusammenarbeit verpflichtet. Bereits an dieser Stelle sei darauf hingewiesen, dass es entgegen dem Wortlaut der Vorschrift nicht darauf ankommt, ob die Verfahren »**bei verschiedenen Insolvenzgerichten** geführt« werden, sondern dass die Pflicht zur Zusammenarbeit (erst recht) auch dann eingreift, wenn die Verfahren zwar **an demselben Insolvenzgericht geführt**, aber von verschiedenen Richtern oder Rechtspflegern bearbeitet werden. 6

Wer als Insolvenzgericht im konkreten Fall angesprochen ist, bestimmt sich nach der **funktionellen Zuständigkeit**. Überwiegend wird, wie sich aus § 3 Nr. 2 Buchst. e RPflG ergibt, der Rechtspfleger tätig werden müssen, sofern nicht die Ausnahmen nach § 18 RPflG eingreifen und die Unterstützungsleistung dem Richter obliegt (vgl. zur funktionellen Zuständigkeit *Schmerbach* § 2 Rdn. 23 ff.). 7

Dem Wortlaut der Norm ist nicht eindeutig zu entnehmen, ob nur **inländische Insolvenzgerichte** angesprochen sind. Allerdings kann nur dies gemeint sein. Über den Begriff »gruppenangehöriger Schuldner« wird auf § 3e InsO verwiesen, nach dem eine Unternehmensgruppe nur aus Unternehmen besteht, die ihren *COMI im Inland* haben. Allerdings sind – selbst im Anwendungsbereich der EuInsVO – Fälle denkbar, in denen ein ausländisches Insolvenzgericht seine internationale Zuständigkeit bejaht, obwohl der Sitz und der Mittelpunkt der hauptsächlichen Interessen der Gesellschaft im Inland belegen ist. Aber auch in einem solchen Fall wäre eine einseitige nationale Regelung nicht geeignet, ein ausländisches Gericht zu einer Unterstützung eines inländischen Verfahrens zu verpflichten, da dies ein Eingriff in die völkerrechtliche Souveränität bedeuten würde. 8

Für die erfolgreiche Bewältigung einer Konzerninsolvenz wird es oftmals wünschenswert sein, dass nicht nur die Insolvenzgerichte, sondern auch die **Prozessgerichte**, bei denen gruppeninterne Streitigkeiten anhängig sind, zu einer Kooperation angehalten werden. Als Beispiel sei lediglich der Fall angeführt, dass die Verwalter gruppenangehöriger Schuldner wechselseitig Anfechtungsansprüche bei unterschiedlichen Prozessgerichten geltend machen. Vordergründig scheint auch der Wortlaut von § 269b InsO ein solches Verständnis nahezulegen, da zunächst vorausgesetzt wird, dass bei verschiedenen Insolvenzgerichten Verfahren geführt werden, dann als Rechtsfolge eine allgemeine Verpflichtung (», sind *die Gerichte* zur Zusammenarbeit ...«) angeordnet wird. Ein solches Verständnis wäre jedoch rechtsirrig. Zum einen ist die unterschiedliche Terminologie – hier Insolvenzgerichte, da Gerichte – der Methodik der InsO geschuldet, nach der zur Vermeidung von Wiederholungen nach der Erwähnung des Begriffs »Insolvenzgericht« in einem Absatz zumindest in demselben Absatz der Begriff »Gericht« verwendet werden kann. Ebenso sprechen gegen eine allgemeine Verpflichtung für alle Gerichte die beispielhaft in den Nrn. 1–6 aufgeführten **insolvenzspezifischen Bereiche**, in denen Informationen auszutauschen sind, und die Begründung des Regierungsentwurfs, in der lediglich von einer Zusammenarbeit der Insolvenzgerichte die Rede ist (BT-Drucks. 18/407 S. 33). 9

3. Anhängiges Verfahren

Damit die Verpflichtung zur Zusammenarbeit ausgelöst wird, müssen **Insolvenzverfahren** über gruppenangehörige Schuldner bei mehreren Insolvenzgerichten **geführt werden**. Die Formulierung be- 10 deutet nicht, dass es sich um eröffnete Insolvenzverfahren handeln muss. Vielmehr ergibt sich bereits aus der Verpflichtung des Insolvenzgerichts, die Anordnung von Sicherungsmaßnahmen und die Eröffnung des Verfahrens mitzuteilen, dass auch im **Eröffnungsverfahren eine wechselseitige Zusammenarbeit** geboten ist. Da das Eröffnungsverfahren aus zwei Teilen besteht, eine Vorprüfung und eine Hauptprüfung (vgl. zu dieser Aufteilung *Schmerbach* § 13 Rdn. 2 ff.), muss entschieden werden, ob die Verpflichtung nach § 269 InsO bereits die Vorprüfung betrifft. In diesem Prüfungsschritt untersucht das Gericht, ob der Antrag zulässig ist, ob etwa bei einem Gläubigerantrag die Forderung und der Eröffnungsgrund glaubhaft gemacht sind. In der Hauptprüfung muss das Gericht entscheiden, ob ein Eröffnungsgrund tatsächlich besteht. Da es auch für die Zulassung des Eröffnungsantrags sinnvoll sein kann, auf Informationen über andere gruppenangehörige Schuldner zugreifen zu können, sollte die **Informationspflicht** so früh als möglich, also **bereits mit Eingang des Insolvenzantrags**, einsetzen.

II. Bereiche der Kooperation

11 Da eine abschließende Aufzählung der Bereiche, in denen Kooperationspflichten sinnvoll sind, von vornherein zum Scheitern verurteilt gewesen wäre, hat sich der Gesetzgeber mit einer beispielhaften Aufzählung begnügt. Die Aufzählung deckt den gesamten Verlauf eines Insolvenzverfahrens ab, angefangen vom Eröffnungsverfahren bis zur Verteilung einschließlich einer Beendigung des Verfahrens mittels eines Insolvenzplans.

1. Sicherungsmaßnahmen

12 Bevor maßgeschneiderte Sicherungsmaßnahmen angeordnet werden können, ist es für die involvierten Insolvenzgerichte von erheblicher Bedeutung zu erfahren, in welchem Stadium sich der Geschäftsbetrieb der anderen Schuldner befindet. So sollte den anderen Gerichten etwa mitgeteilt werden, ob der **Geschäftsbetrieb des Schuldners bereits eingestellt** wurde oder ob die Leistungen, die unter Umständen für die anderen schuldnerischen Betriebe von erheblicher Bedeutung sind, noch weiter erbracht werden können. Sieht sich der Insolvenzrichter mit einem Antrag konfrontiert, eine vorläufige Eigenverwaltung (§ 270a InsO) oder ein Schutzschirmverfahren (§ 270b InsO) anzuordnen, so dürfte es oftmals hilfreich sein, zu erfahren, wie in den Parallelverfahren mit vergleichbaren Anträgen umgegangen wird. Insgesamt ist es sinnvoll, wenn die Gerichte ihre **Beschlüsse**, in denen Sicherungsmaßnahmen angeordnet werden oder die für das weitere Verfahren von erheblicher Bedeutung sind, unabhängig von einer öffentlichen Bekanntmachung den anderen Gerichten, bei denen Parallelinsolvenzverfahren anhängig sind, **übermitteln**.

13 In **Nummer 1** werden alle Sicherungsmaßnahmen angesprochen, die beispielhaft in § 21 Abs. 2 InsO aufgelistet sind. Die wohl wichtigste Sicherungsmaßnahmen, die **Bestellung eines vorläufigen Insolvenzverwalters**, wird bereits in § 56b InsO geregelt. Danach haben die Insolvenzgerichte, bei denen ein Eröffnungsantrag zu einem gruppenangehörigen Schuldner eingeht, sich darüber abzustimmen, ob es dem Interesse der Gläubiger dienlich ist, lediglich einen Insolvenzverwalter zu bestellen (vgl. *Wimmer-Amend* § 56b Rdn. 6 f., 14 f.). Scheidet die Bestellung eines einzigen vorläufigen Insolvenzverwalters aus, so sollten sich die Gerichte wechselseitig informieren, mit welchen Kompetenzen sie ihre vorläufigen Verwalter ausstatten. Das Spektrum reicht von einem vorläufigen Verwalter, dem keinerlei Verwaltung- und Verfügungsbefugnis zuerkannt wird, bis zu einem starken vorläufigen Verwalter, dem annähernd die Kompetenzen eines Insolvenzverwalters zukommen.

14 Aber auch bei den anderen Sicherungsmaßnahmen ist eine wechselseitige Information sinnvoll. Soll bei mehreren gruppenangehörigen Schuldner ein **vorläufiger Gläubigerausschuss** eingesetzt werden, so sollte mitgeteilt werden, ob es sich dabei um einen obligatorischen vorläufigen Gläubigerausschuss nach § 22a Abs. 1 InsO, um einen fakultativen »Soll-Ausschuss« nach § 22a Abs. 2 InsO oder um einen fakultativen »Kann-Ausschuss« nach § 21a Abs. 2 Nr. 1a InsO handelt (vgl. zu diesen unterschiedlichen vorläufigen Gläubigerausschüssen *Schmerbach* § 22a Rdn. 11 ff.). Dabei kann es sinnvoll sein, auch Angaben zu den in § 22a Abs. 1 Nr. 1–3 aufgeführten Merkmalen zu machen und die Namen der vorgeschlagenen Mitglieder mitzuteilen. Im Rahmen des datenschutzrechtlich Zulässi-

gen sollte auch darüber informiert werden, ob bei einzelnen vorgeschlagenen Personen Bedenken gegen ihre Mitgliedschaft im vorläufigen Gläubigerausschuss bestehen. Ebenso kann es sinnvoll sein zu erfahren, ob in den anderen Verfahren **Gewerkschaftsvertreter** als Mitglieder des vorläufigen Gläubigerausschusses zugelassen werden. Eine unterschiedliche Handhabung in den einzelnen Verfahren über Mitglieder einer Unternehmensgruppe sollte tunlichst vermieden werden (vgl. zu den Gewerkschaftsvertretern *Schmerbach* § 21 Rdn. 266).

Wird dem Schuldner ein **allgemeines Verfügungsverbot** auferlegt (§ 21 Abs. 2 Nr. 2 InsO), so kann sich dies auch auf den konzerninternen Leistungsaustausch auswirken, so dass auch insofern Informationen sinnvoll sind. Ein abgestimmtes Vorgehen der einzelnen Insolvenzgerichte kann auch erfordern, dass mitgeteilt wird, ob **Maßnahmen der Zwangsvollstreckung** gegen den Schuldner untersagt oder einstweilen eingestellt wurden (§ 21 Abs. 2 Nr. 3 InsO). Auf diesem Wege kann konzernweit verhindert werden, dass Vermögensgegenstände, die etwa für eine Betriebsfortführung für die ganze Unternehmensgruppe von Bedeutung sind, zur Unzeit verwertet werden. Ein entsprechend abgestimmtes Vorgehen ist auch bei der Anordnung einer **Postsperre** oder bei einem **Verwertungs- und Einziehungsverbot** nach § 21 Abs. 2 Nr. 5 InsO sinnvoll. Durch die letztgenannte Maßnahme wird die Fortführung von Unternehmen im Eröffnungsverfahren deutlich erleichtert, so dass konzernweit geprüft werden sollte, ob von dieser Liquiditätsentlastung Gebrauch gemacht werden kann (vgl *Schmerbach* § 21 Rdn. 326 ff.). Zu den in § 21 InsO nicht aufgezählten Sicherungsmaßnahmen, über die sich die Insolvenzgerichte gleichwohl unterrichten sollten, gehört etwa eine **Kontensperre**, die ggf. mit einer Übertragung der Kassenführung verbunden ist (vgl *Schmerbach* § 21 Rdn. 380). 15

Aber nicht nur die Anordnung von Sicherungsmaßnahmen ist mitteilungsbedürftig, sondern auch deren **Aufhebung** nach § 25 InsO. So werden die anderen Insolvenzgerichte in die Lage versetzt, zu prüfen, ob sie ergänzende Maßnahmen ergreifen müssen. 16

2. Bestellung eines Insolvenzverwalters

Das Verfahren zur Bestellung eines Insolvenzverwalters wird bei gruppenangehörigen Schuldnern über § 56b InsO modifiziert. Die Insolvenzgerichte haben sich darüber ins Benehmen zu setzen, ob lediglich eine Person als Insolvenzverwalter für einige oder alle gruppenangehörigen Schuldner bestellt werden kann, wobei dann auch eine Einigung über die konkrete Person sinnvoll ist. Um beurteilen zu können, ob mögliche Interessenkonflikte durch die Bestellung eines Sonderinsolvenzverwalters ausgeräumt werden können (vgl. hierzu *Wimmer-Amend* § 56b Rdn. 46 f.), müssen die involvierten Richter zumindest soweit mit den anderen Verfahren vertraut sein, dass sie beurteilen können, wie den u. U. gegenläufigen Interessen der Gläubiger angemessen Rechnung getragen werden kann. Hierfür ist ein Informationsaustausch unerlässlich. 17

Angesichts der Interdependenzen, die bei einer Konzerninsolvenz bestehen, wird der Erfolg häufig davon abhängen, ob es gelingt, in den parallel anhängigen Verfahren **geschäftskundige Verwalter** zu bestellen, die zu einer **kooperativen Verfahrensführung** in der Lage sind. Insofern ist es nicht nur geboten, dass die involvierten Insolvenzgerichte den Namen des von ihnen bestellten Insolvenzverwalters übermitteln, vielmehr hat bereits im Auswahlverfahren, das die Bestellung vorbereitet, eine enge Abstimmung zu erfolgen. Dies hat auch dann zu gelten, wenn hinsichtlich der Person des zu Bestellenden ein einstimmiger Vorschlag des vorläufigen Gläubigerausschusses nach § 56a Abs. 2 InsO vorliegt. Da in diesem Fall das Gericht von dem Vorschlag nur abweichen darf, wenn die **vorgeschlagene Person nicht geeignet** ist, spricht viel dafür, auch **die anderen Insolvenzgerichte einzubinden**, ob dort Erkenntnisse vorliegen, die für eine fehlende Eignung sprechen könnten. Die mangelnde Eignung kann etwa darin begründet sein, dass bei dem Vorgeschlagenen aufgrund einer Vorbefassung oder der Tätigkeit in einem anderen Verfahren eine Interessenkollision besteht oder seine Amtsführung in anderen Verfahren Zweifel an seiner Vertrauenswürdigkeit begründen. Die erfolgreiche Abwicklung einer Konzerninsolvenz wird auch wesentlich davon abhängen, ob die involvierten Verwalter in der Lage sind, **kooperativ miteinander umzugehen**. Ist von einer bestimmten Person bekannt, dass sie eher zu einem eigenbrödlerischen Verhalten neigt, Informationen 18 zurückhält und dem Kontakt mit anderen Verwaltern möglichst aus dem Wege geht, so fehlt ihr die für eine Gruppeninsolvenz erforderliche Eignung. Dabei muss das Gericht nicht die Eignung des Vorgeschlagenen, sondern lediglich dessen Nichteignung feststellen (s. *Jahntz* § 57 Rdn. 13).

3. Wesentliche verfahrensleitende Entscheidungen

a) Eröffnungsverfahren

19 Gehen die Insolvenzgerichte, bei denen Parallelverfahren anhängig sind, wie oben vorgeschlagen vor, und übersenden sich wechselseitig die für das Verfahren wesentlichen Beschlüsse, so erhalten sie durch die Übermittlung des Eröffnungsbeschlusses auch Kenntnis vom **Berichtstermin** und vom **Prüfungstermin** in den anderen Verfahren.

20 Zu den wesentlichen verfahrensleitenden Entscheidungen im **Eröffnungsverfahren**, die nicht bereits bei den Sicherungsmaßnahmen (vgl. Rdn. 12 ff.) erwähnt wurden, gehört insbesondere die **Einstellung mangels Masse** nach § 26 InsO. Dabei sollten die anderen Insolvenzgerichte nicht vor die vollendete Tatsache gestellt werden, dass die Eröffnung des Verfahrens bereits mangels Masse abgelehnt wurde, vielmehr sollte ihnen Gelegenheit gegeben werden, auszuloten, ob Personen ihres Verfahrens bereit sind, einen **Verfahrenskostenvorschuss** nach § 26 Abs. 1 Satz 2 InsO zu leisten. Ein solcher Vorschuss kann auch von einem Nichtverfahrensbeteiligten geleistet werden. Insofern ist anerkannt, dass das Insolvenzgericht auch interessierte Dritte über die Möglichkeit einer Vorschussleistung informiert (*Schmerbach* § 26 Rdn. 38). Wie wichtig eine solche Vorschussleistung unter Umständen sein kann, zeigt der Fall, dass die Gesellschaft, bei der die Verfahrenseröffnung mangels Masse abgewiesen werden soll, wesentliche Dienste für die gesamte Unternehmensgruppe erbringt.

21 Neben der Abweisung mangels Masse sind auch die **sonstigen Beendigungsgründe** wie etwa die Antragsrücknahme (§ 13 Abs. 2 InsO) oder die Erledigungserklärung mitteilungsbedürftig. Um die Lage der gesamten Unternehmensgruppe einschätzen zu können, ist es auch hilfreich, wenn sich die Gerichte wechselseitig darüber informieren, ob eine Gesellschaft führungslos ist oder ob die Geschäftsleiter verspätet oder überhaupt nicht einen Insolvenzantrag gestellt haben, obwohl ein Insolvenzgrund vorgelegen hatte (vgl. § 15a InsO). Wird die **Vergütung des vorläufigen Insolvenzverwalters** nach **§ 26a InsO** festgesetzt, so sollte die Höhe der Vergütung auch den anderen Insolvenzgerichten, bei denen Parallelverfahren anhängig sind, mitgeteilt werden, um zu erreichen, dass frühzeitig ein Vergleichsmaßstab für die Ermittlung der Vergütung in den anderen Verfahren erarbeitet werden kann.

22 Der vorläufige Insolvenzverwalter hat nach § 22 Abs. 2 Nr. 2 InsO das Unternehmen des Schuldners fortzuführen, es sei denn, das **Insolvenzgericht stimmt einer Stilllegung zu**. Dabei braucht nicht der ganze Geschäftsbetrieb zum Ruhen gebracht werden, vielmehr reicht es aus, wenn das Unternehmen teilweise stillgelegt wird. Wie hoch die bei der Betriebsfortführung anfallenden Verluste sich belaufen müssen, kann nicht schematisch beantwortet werden, sondern ist von den Umständen des Einzelfalls abhängig. Ist eine spätere Sanierung möglich, so sind auch gewisse Anlaufverluste bei der vorläufigen Betriebsfortführung hinzunehmen. Bei der **Entscheidung, ob eine Betriebsstilllegung geboten** ist, hat das Insolvenzgericht eine Plausibilitätsprüfung vorzunehmen (*Schmerbach* § 22 Rdn. 81 ff.). Erbringt etwa eine Gesellschaft für andere gruppenangehörigen Unternehmen Leistungen, die nicht marktgerecht vergütet werden, so lassen sich diese Fortführungsverluste vermeiden, wenn die gruppenangehörigen Unternehmen nun eine angemessene Vergütung erbringen. Hierzu ist es aber erforderlich, dass die anderen Insolvenzgerichte vor der Entscheidung über die Betriebsstilllegung zeitnah über den Sachverhalt informiert werden.

b) Im eröffneten Verfahren

23 Hat das Insolvenzgericht nach § 67 Abs. 1 InsO vor der ersten Gläubigerversammlung einen **Gläubigerausschuss** eingesetzt, so kann es für die anderen Insolvenzgerichte von Interesse sein, welche Personen diesem Ausschuss angehören. Die Pflicht zur Unterrichtung der anderen Insolvenzgerichte schließt auch die Informationen ein, ob die Gläubigerversammlung nach § 68 InsO den Ausschuss

gebilligt hat oder ob andere Ausschussmitglieder gewählt wurden. Von Bedeutung kann auch sein, ob ein Mitglied des Gläubigerausschusses nach § 70 Satz 1 InsO aus wichtigem Grund, insbesondere wegen einer schweren Verfehlung oder wegen dauerhafter Unfähigkeit das Amt wahrzunehmen, entlassen wurde. Wurde bei einer Konzerninsolvenz eine Person in mehrere Gläubigerausschüsse gruppenangehöriger Unternehmen berufen, so kann ein schweres Fehlverhalten in einem Verfahren eine Entlassung auch in den anderen Verfahren rechtfertigen (*Beck/Depré/Graeber* Praxis der Insolvenz, 3. Aufl., § 10 Fn. 26).

Sind zur Erlangung einer wahrheitsgemäßen Aussage Maßnahmen nach § 98 InsO gegenüber dem Schuldner erforderlich oder wird eine **Postsperre** nach § 99 InsO angeordnet, so soll auch dies den anderen Gerichten mitgeteilt werden. 24

Werden gegenüber einem **Insolvenzverwalter aufsichtsrechtliche Maßnahmen** nach § 58 InsO ergriffen oder wird er sogar nach § 59 InsO aus seinem Amt entlassen, so sind die anderen Insolvenzgerichte darüber zu informieren. Gleiches gilt, wenn außer dem Berichtstermin und dem Prüfungstermin sonstige **Gläubigerversammlungen** (§ 74 InsO) abgehalten werden. 25

Bei den sonstigen Entscheidungen, die das Gericht im Laufe des Verfahrens trifft, muss jeweils **im Einzelfall geprüft werden, ob sie i.S.d. § 269b InsO wesentlich** sind. Dabei ist insbesondere zu berücksichtigen, ob diese Entscheidungen geeignet sind, sich auf die anderen parallel anhängigen Verfahren auszuwirken. Insofern kann etwa eine eidesstattliche Versicherung nach § 153 Abs. 2 InsO, die Untersagung einer Stilllegung oder Veräußerung des Unternehmens nach § 158 Abs. 2 InsO, die Untersagung einer Rechtshandlung nach § 161 InsO, eine Entscheidung nach § 163 InsO, die Zustimmung zu der Schlussverteilung nach § 196 Abs. 2 InsO, die Festsetzung des Schlusstermins nach § 197 InsO und die Aufhebung des Insolvenzverfahrens nach § 200 InsO eine Informationspflicht auslösen. 26

4. Umfang der Insolvenzmasse

Die Mitteilungspflicht hinsichtlich des Umfangs der Insolvenzmasse ist lediglich als Pars pro toto zu verstehen. Das Gericht hat umfassend zu prüfen, ob die **Verzeichnisse**, die **nach § 154 InsO** zur Vorbereitung des Berichtstermin bei der Geschäftsstelle niederzulegen sind, für eines oder für mehrere Parallelverfahren von Bedeutung sein können. Die Verzeichnisse dienen zur Information der am Verfahren beteiligten Gläubiger und sollen für diese eine Übersicht über die noch vorhandenen Vermögenswerte liefern und letztendlich auch mit eine Grundlage zu den im Berichtstermin zu treffenden Entscheidungen über den **Fortgang des Verfahrens**, wie Betriebsfortführung, Liquidation, Betriebsveräußerung oder Teilbetriebsveräußerung etc. sein. Zur Auslösung der Informationspflicht ist es ausreichend, wenn die Verzeichnisse den anderen Insolvenzgerichten ermöglichen, sich einen Überblick über die Lage aller insolventen gruppenangehörigen Unternehmen zu verschaffen. Dies kann etwa für die Frage, ob eine Sanierung des Konzern angestrebt werden soll, von Belang sein. 27

Von besonderer Bedeutung ist dabei die **Vermögensübersicht nach § 153 InsO**. Sie ist quasi die Zusammenfassung der Aufzeichnung der Massegegenstände und des Gläubigerverzeichnisses und stellt den Status des Schuldners im Zeitpunkt der Insolvenzeröffnung gesondert jeweils zu Fortführungs- und Liquidationswerten dar. Insolvenzmasse und Verbindlichkeiten werden gegenübergestellt. Sie ist keine Insolvenzeröffnungsbilanz, da sie ausschließlich die tatsächlichen Werte darstellt und nicht an die Buchwerte der letzten Handelsbilanz des Schuldners anknüpft (vgl. *Wegener* § 153 Rdn. 4). 28

Hat die Gläubigerversammlung nach § 66 Abs. 3 InsO beschlossen, dass der Verwalter zu bestimmten Zeitpunkten **Zwischenrechnung** zu legen hat, so sind auch diese vom Gericht daraufhin zu überprüfen, ob sie für die anderen Verfahren von Belang sind. Bei dem **Verteilungsverzeichnis nach § 188 InsO**, das die Forderungen auflistet, die bei der Verteilung zu berücksichtigen sind, und bei der Mitteilung des Betrags, der für die Verteilung zur Verfügung steht, wird häufig davon auszugehen sein, dass sie auch für die anderen Verfahren von Interesse ist. 29

5. Vorlage von Insolvenzplänen und sonstige Verfahrensbeendigungen

a) Insolvenzpläne

30 Da über einen Insolvenzplan häufig eine Sanierung des Schuldners angestrebt wird, ist die Frage von besonderer Bedeutung, ob dieser Plan in ein Gesamtgefüge eingebettet werden kann, das auf eine Sanierung des ganzen Konzerns oder von wesentlichen Teilen desselben angelegt ist. Aber auch im Rahmen einer Liquidation oder einer übertragenden Sanierung ist die Prüfung von herausragender Bedeutung, ob über einen umfassenderen Ansatz, der auch andere insolvente Gesellschaften mit einbindet, für die Gläubiger nicht ein besseres Ergebnis erzielt werden kann. Deshalb hat das Gericht, sobald ein Insolvenzplan, sei es vom Verwalter, sei es vom Schuldner, bei ihm vorgelegt wird, diesen an die anderen Insolvenzgerichte zu übermitteln.

31 Ist der **Plan fehlerhaft** und wird vom Gericht nach § 231 InsO zurückgewiesen, so sind die Gründe, die zu der Zurückweisung geführt haben, den anderen Gerichten mitzuteilen. Zwingend zu informieren sind die anderen Gerichte über die **Termine, in denen der Insolvenzplan behandelt wird**, wie etwa der Erörterungs- und Abstimmungstermin nach § 235 InsO.

32 Folgende andere Ereignisse im Verfahren lösen eine Mitteilungspflicht des Gerichts zumindest dann aus, wenn sie **für die anderen Verfahren von Belang** sein können: Eingang von Stellungnahmen zum Plan nach § 232 InsO, Aussetzung der Verwertung und Verteilung nach § 233 InsO oder die Anordnung eines Vollstreckungsschutzes nach Aufhebung des Verfahrens gem. § 259a InsO.

33 Stets mitzuteilen ist die **gerichtliche Bestätigung** nach § 248 InsO oder deren **Versagung**, wobei im ersten Fall der Insolvenzplan den anderen Insolvenzgerichten übermittelt werden sollte. Wird gegen die Bestätigung ein **Rechtsmittel** eingelegt, so hat hierüber eine Information zu erfolgen. Ebenso ist über die **Aufhebung** des Insolvenzverfahrens nach § 258 InsO zu unterrichten.

b) Sonstige Verfahrensbeendigungen

34 Mitzuteilen ist zunächst die reguläre Beendigung des Insolvenzverfahrens nach der Schlussverteilung durch einen Aufhebungsbeschluss nach § 200 InsO. Ebenso ist über eine Einstellung nach § 207 InsO zu unterrichten, wenn sich nach Verfahrenseröffnung herausstellt, dass die Masse nicht einmal ausreicht, um die Verfahrenskosten zu decken. Gleiches gilt, wenn das Verfahren nach § 211 InsO nach Anzeige der Masseunzulänglichkeit eingestellt wird oder nach Wegfall des Eröffnungsgrunds nach § 212 InsO sowie wenn eine Einstellung mit Zustimmung der Gläubiger nach § 213 erfolgt.

c) Schlussrechnung

35 Bei der Schlussrechnung handelt es sich um das umfassende Zahlenwerk des Rechnungswesens sowie dessen Erläuterung in Form des Schlussberichts (MüKo-InsO/*Riedel* § 66 Rn. 2). Sie soll insbesondere das Handeln des Insolvenzverwalters transparent machen und seiner Entlastung dienen (s. *Schmitt* § 66 Rdn. 1). Die herausragende Rolle der Schlussrechnung besteht in der Information der Verfahrensbeteiligten, die sich so ein vollständiges Bild über die Tätigkeit des Insolvenzverwalters machen können und die sämtliche Informationen enthalten soll, die für eine Beurteilung der Ordnungsmäßigkeit der Verwaltertätigkeit erforderlich sind (*Uhlenbruck/Mock* InsO, § 66 Rn. 18). Angesichts dieser Funktion der Schlussrechnung bietet es sich an, dass das Insolvenzgericht in dem Verfahren über ein Gruppenmitglied, bei dem schon eine **geprüfte Schlussrechnung** vorliegt, diese den anderen Gerichten übermittelt, bei denen noch Parallelverfahren anhängig sind. Bestand zwischen den insolventen Gruppenmitgliedern ein reger Leistungsaustausch, so können die anderen Insolvenzgerichte möglicherweise Erkenntnisse über die Tätigkeit der von ihnen bestellten Verwalter gewinnen.

III. Form der Zusammenarbeit

36 Das Gesetz macht keine Vorgaben, wie die Zusammenarbeit zwischen den Gerichten abgewickelt werden soll. In der Begründung findet sich lediglich der Hinweis, die Gerichte hätten sich *darüber*

abzustimmen, wie die Zusammenarbeit am besten organisiert werden könnte (BT-Drucks. 18/407 S. 33). Insofern ist zunächst davon auszugehen, dass sich die Gerichte aller Kommunikationsmittel bedienen können, sei es etwa (fern-) mündlich oder durch Fax oder E-Mail. Aufschlussreich ist insofern der UNCITRAL Legislative Guide on Insolvency Law, Part three, S. 92 f.: »*Information may be communicated in several ways by exchange of documents . . . or orally. The means of communication may be post, fax or e-mail or other electronic means, or telephone or videoconference . . . .*«

Wünschenswert wäre es, wenn für Inhalt und Form der intergerichtlichen Kommunikation bei Konzerninsolvenzen ein Rahmen vorgegeben werden könnte. Gewisse Zweifel bestehen allerdings, ob zwischen einzelnen deutschen Insolvenzgerichten ein Insolvenzverwaltungsvertrag (vgl. etwa *Eidenmüller* ZZP 114 (2001) S. 3 [27]) geschlossen werden sollte. Vorzugswürdig dürfte es sein, mit **nicht verbindlichen Richtlinien** zu arbeiten, die Hilfestellung bei einer Zusammenarbeit bieten könnten (*Vallender* KTS 2008, 59 [75 f.]). Wie auch in anderen Bereichen des Insolvenzrechts könnten auch hier einige Richter die Initiative ergreifen und angelehnt etwa an die o.a. Guidelines Applicable to Court-to-Court Communications des America Law Institutes (vgl. Rdn. 2) einige Vorgaben für die gerichtliche Zusammenarbeit entwerfen, die dann auch den deutschen Gegebenheiten besser Rechnung tragen könnten. 37

IV. Verweigerung der Zusammenarbeit

Die Pflicht zur Zusammenarbeit findet dort ihre Grenze, wo die Unterstützungsleistungen die **Interessen der Beteiligten des eigenen Verfahrens** beeinträchtigen könnten (vgl. BT-Drucks. 18/407 S. 33). Insofern können etwa Informationen zurückgehalten werden, die den Verwalter des ersuchenden Verfahrens erst in die Lage versetzen, erfolgreich einen Anfechtungsanspruch durchzusetzen oder die Grundlage für eine Forderungsanmeldung zu schaffen. Das es einerseits besonders schwierig ist, diese Grenzen genau zu markieren, andererseits eine Verletzung jedoch haftungsträchtig sein kann, wäre es besonders wünschenswert, wenn durch eine **Richtlinie** den Insolvenzgerichten **Hinweise** über Inhalt und Umfang **der Kooperation** zur Verfügung gestellt werden könnten. 38

§ 269b InsO enthält **keine Vorgaben**, wie eine effektive **Kooperation** zwischen den Gerichten **durchgesetzt werden kann**. In der Begründung des RegE findet sich lediglich der Hinweis, die Gerichte seien zur Zusammenarbeit *von Amts wegen* verpflichtet, so dass eine besondere Regelung nicht erforderlich sei (BT-Drucks. 18/407 S. 33). Sieht man von dem Schutz der Interessen der Verfahrensbeteiligten des eigenen Verfahrens zunächst einmal ab, sind die Gerichte grds. zur wechselseitigen Unterstützung verpflichtet. Wird eine Unterstützungsleistung pflichtwidrig unterlassen, so können hierdurch die Insolvenzgläubiger, der Schuldner und möglicherweise andere Verfahrensbeteiligte geschädigt werden. Dies hat etwa für den Fall zu gelten, dass bei der Erbringung der Unterstützungsleistungen nachweisbar eine höhere Quote erzielt worden wäre. Für diesen Schaden kann das Insolvenzgericht nach § 839 BGB i.V.m. Art. 34 GG wegen Amtspflichtverletzung in Anspruch genommen werden. Während der Dauer des Insolvenzverfahrens können die Ansprüche der Insolvenzgläubiger wegen einer Quotenverkürzung als Gesamtschaden lediglich durch den Insolvenzverwalter nach § 92 InsO geltend gemacht werden (vgl. *Wimmer-Amend* § 92 Rdn. 13; K. Schmidt/*K. Schmidt* InsO, § 92 Rn. 5). 39

§ 269c Zusammenarbeit der Gläubigerausschüsse

(1) Auf Antrag eines Gläubigerausschusses, der in einem Verfahren über das Vermögen eines gruppenangehörigen Schuldners bestellt ist, kann das Gericht des Gruppen-Gerichtsstands nach Anhörung der anderen Gläubigerausschüsse einen Gruppen-Gläubigerausschuss einsetzen. Jeder Gläubigerausschuss oder vorläufige Gläubigerausschuss eines gruppenangehörigen Schuldners, der nicht von offensichtlich untergeordneter Bedeutung für die gesamte Unternehmensgruppe ist, stellt ein Mitglied des Gruppen-Gläubigerausschusses. Ein weiteres Mitglied dieses Ausschusses wird aus dem Kreis der Vertreter der Arbeitnehmer bestimmt.

(2) Der Gruppen-Gläubigerausschuss unterstützt die Insolvenzverwalter und die Gläubigerausschüsse in den einzelnen Verfahren, um eine abgestimmte Abwicklung dieser Verfahren zu erleichtern. Die §§ 70 bis 73 gelten entsprechend. Hinsichtlich der Vergütung gilt die Tätigkeit als Mitglied im Gruppen-Gläubigerausschuss als Tätigkeit in dem Gläubigerausschuss, den das Mitglied im Gruppen-Gläubigerausschuss vertritt.

(3) Dem Gläubigerausschuss steht in den Fällen der Absätze 1 und 2 ein vorläufiger Gläubigerausschuss gleich.

Das Gesetz zur Erleichterung der Bewältigung von Konzerninsolvenzen (EKIG) vom 13.04.2017 (BGBl. I 2017, S. 866) tritt am 21.04.2018 in Kraft.

Übersicht

	Rdn.
A. Normzweck	1
B. Voraussetzungen	2
I. Allgemeines	2
II. Antrag auf Einsetzung	4
III. Zuständigkeit	7
IV. Ermessen des Gerichts	9
V. Anhörung der anderen gruppenangehörigen Gläubigerausschüsse	11
VI. Mitglied im Gruppen-Gläubigerausschuss	15
1. Allgemeines	15
2. Unternehmen von nicht offensichtlich untergeordneter Bedeutung	18
3. Bestellung einer Person im Gruppen-Gläubigerausschuss	21
4. Vertreter der Arbeitnehmer	27
5. Entscheidung durch Beschluss	31
6. Auswirkungen von Änderungen bei den einzelnen Gläubigerausschüssen in der Unternehmensgruppe	32
a) Bestellung eines weiteren Gläubigerausschusses in der Gruppe	32
b) Wegfall eines Gläubigerausschusses oder Mitgliedes im Gläubigerausschuss	33
VII. Aufgabe des Gruppen-Gläubigerausschuss	35
C. Pflicht zur Zusammenarbeit der Gläubigerorgane?	42
D. Analoge Anwendung der §§ 70–73 InsO für den Gruppen-Gläubigerausschuss	46
I. Entlassung nach § 70 InsO	46
II. Haftung der einzelnen Mitglieder, § 71 InsO	51
III. Beschlussfassung nach § 72 InsO	59
IV. Vergütung der Tätigkeit, § 73 InsO	64

Literatur:
Brünkmanns Entwurf eines Gesetzes zur Erleichterung der Bewältigung von Konzerninsolvenzen: Kritische Analyse und Anregungen aus der Praxis, ZIP 2013, 193; *Eidenmüller* Verfahrenskoordination bei Vertragskonzernen, ZHR 169 (2005), 528; *Harder/Lojowsky* Der Diskussionsentwurf für ein Gesetz zur Erleichterung der Bewältigung von Konzerninsolvenzen-Verfahrensoptimierung zur Sanierung von Unternehmensverbänden, NZI 2013, 327; *Humbeck* Plädoyer für ein materielles Konzerninsolvenzrecht, NZI 2013, 957; *Pleister* Das besondere Koordinationsverfahren nach dem Diskussionsentwurf für ein Gesetz zur Erleichterung der Bewältigung von Konzerninsolvenzen, ZIP 2013, 1013; *Wimmer* Das Gesetz zur Erleichterung der Bewältigung von Konzerninsolvenzen, jurisPR-InsR 8/2017 Anm. 1; *ders.* Konzerninsolvenzen im Rahmen der EUInsVO, Ausblick auf die Schaffung eines deutschen Konzerninsolvenzrechts DB 2013, 1343.

A. Normzweck

1 § 269c InsO wurde durch das Gesetz zur Erleichterung der Bewältigung von Konzerninsolvenzen 2017 (BT-Drucks. 18/11436) eingeführt und eröffnet die Möglichkeit, einen Gruppen-Gläubigerausschuss zu bilden. Damit wurde eine institutionalisierte Vertretung der Gläubiger auf Gruppenebene/Konzernebene geschaffen. Der Gruppen-Gläubigerausschuss setzt sich aus Vertretern der jeweiligen (vorläufigen) Gläubigerausschüsse zusammen. Der Gruppen-Gläubigerausschuss nimmt insoweit das Interesse aller Gläubiger von Schuldnern der Unternehmensgruppe wahr. Unter diesen Voraussetzungen soll eine Zusammenarbeit und Abstimmung der Gläubigerorgane auf Konzernebene eröffnet werden. Diese Zusammenarbeit soll auch für die Arbeit der Insolvenzverwalter von Nutzen sein (Begr. RegE BT-Drucks. 18/407, S. 34).

B. Voraussetzungen

I. Allgemeines

Die Insolvenzverwalter können über ein geregeltes Zusammenwirken der (vorläufigen) Gläubigerausschüsse dazu angehalten werden, gemeinsam sinnvolle abgestimmte Strategien zu verfolgen. Dazu kann es auch gehören, dass unproduktive Prozesse gegen Verwalter anderer gruppenangehöriger Schuldner möglichst vermieden werden sollen. Der Gruppen-Gläubigerausschuss nimmt insoweit das Interesse aller Gläubiger von Schuldnern der Unternehmensgruppe wahr. Nach Abs. 1 kann deshalb auf Antrag eines (vorläufigen) Gläubigerausschusses zur Erleichterung einer abgestimmten Verfahrensabwicklung ein Gruppen-Gläubigerausschuss eingesetzt werden (Begr. RegE BT-Drucks. 18/407, S. 34).

Der vorläufige Gläubigerausschuss ist im Rahmen dieser Vorschrift dem endgültigen insofern gleichgestellt (Abs. 3). Diese Gleichstellung ist nach dem ausdrücklichen Willen des Gesetzgebers eine nicht verallgemeinerungsfähige Sonderregelung (Begr. RegE BT-Drucks. 18/407, S. 35).

II. Antrag auf Einsetzung

Die Einsetzung eines Gruppen-Gläubigerausschusses erfolgt nur auf Antrag. Der Antrag kann von jedem – auch einem vorläufigen – Gläubigerausschuss aus der Gruppe gestellt werden, selbst von einem Gläubigerausschuss eines Unternehmens, das in der Gruppe lediglich von untergeordneter Bedeutung ist und später deswegen nicht Mitglied im Gruppen-Gläubigerausschuss werden kann (vgl. *Flöther/Hoffmann* Handbuch, § 4 Rn. 79). Nach der Terminologie des § 269c InsO wird er in beiden Fällen als Gruppen-Gläubigerausschuss bezeichnet (Begr. RegE BT-Drucks. 18/407, S. 34). Einen Pflichtausschuss etwa bei Erreichung gewisser Konzernkennzahlen entsprechend dem Pflichtausschuss nach § 22a Abs. 1 InsO sieht das Gesetz nicht vor (vgl. *Pleister* ZIP 2013, 1013). Das Gericht des Gruppen-Gerichtstandes ist nicht berechtigt, von Amts wegen einen Gruppen-Gläubigerausschuss zu bestellen, selbst dann nicht, wenn die Voraussetzungen des § 22a InsO für die Bestellung eines vorläufigen Gläubigerausschusses bei der Unternehmensgruppe oder einem der ihr angehörenden Unternehmen vorliegen (Begr. RegE BT-Drucks. 18/407, S. 34).

Der Antrag muss von dem Gläubigerausschuss als Gremium gestellt werden (vgl. *Schmitt* § 69 Rdn. 12; *Flöther/Hoffmann* Handbuch, § 4 Rn. 80 m.w.N.), ein einzelnes Gläubigerausschussmitglied eines gruppenangehörigen Gläubigerausschusses ist nicht antragsbefugt. Das setzt voraus, dass im antragstellenden Gläubigerausschuss eines gruppenangehörigen Schuldners ein entsprechender Beschluss gefasst worden ist. Nicht notwendig muss dieser Beschluss einstimmig gefasst worden sein. Ausreichend ist ein Mehrheitsbeschluss und die Mehrheit der Mitglieder an der Abstimmung teilgenommen hat, § 72 InsO.

Der Antrag ist weder form- noch fristgebunden. Eine spezielle Begründung ist nicht erforderlich. Er kann auch zu Protokoll in der Geschäftsstelle des Gerichts erklärt werden, § 4 InsO, § 129a ZPO (§ 129a ZPO wird als grds. anwendbar gesehen: HK-InsO/*Sternal* § 4 Rn. 11; a.A. MüKo-InsO/*Ganter/Lohmann* § 4 Rn. 25). Es wird sich dennoch empfehlen, diesen schriftlich zu stellen und entsprechend zu begründen, um möglichst Rückfragen zu vermeiden und eine schnelle Bestellung zu erreichen.

III. Zuständigkeit

Zuständig ist das Gericht des Gruppen-Gerichtstandes. § 269c InsO verweist insofern auf das Gruppen-Gericht.

Bei dem Gruppen-Gericht ist der **Richter** zuständig, der für die gesamte Gruppe zuständig ist. Eine solche Zuständigkeitszuweisung enthält zwar weder § 3c InsO (vgl. § 3c Rdn. 8) noch § 269c InsO ausdrücklich. Es entspricht aber dem Willen des Gesetzgebers, der die Durchführung einer Gruppeninsolvenz konzentriert auf einen zuständigen Insolvenzrichter übertragen wollte. Würde die Zuständigkeit in diesem Verfahrensstand für die Bestellung eines Gruppen-Gläubigerausschusses und

§ 269c InsO   Zusammenarbeit der Gläubigerausschüsse

Ernennung der einzelnen Mitglieder auf einen anderen Richter wechseln, wäre mit einer erheblichen zeitlichen Verzögerung aufgrund einer neuen umfangreichen Einarbeitung in einen komplexen Sachverhalt zu rechnen. Der bereits tätige Richter kennt im Zweifel eine Vielzahl der Beteiligten in den einzelnen Gruppen-Insolvenzen und die einzelnen Gruppenmitglieder, so dass eine durchzuführende Anhörung aufgrund seiner Vorkenntnisse schneller und effektiver erfolgen würde, während ein neu hinzukommender Richter sich dieses erst einmal umfangreich neu zu erarbeiten hätte.

IV. Ermessen des Gerichts

9 Die Einsetzung eines Gruppen-Gläubigerausschuss steht im pflichtgemäßen Ermessen des Gerichts.

10 Der Diskussionsentwurf zum Konzerninsolvenzrecht sah noch vor, dass das Gericht auf Antrag eines Gläubigerausschusses einen Gruppen-Gläubigerausschuss einzusetzen hatte, § 269 Abs. 1 DiskE (DiskE ZIP 2013, Beil. zu Heft 2, S. 1, 13). Im Rahmen des Gesetzgebungsverfahrens wurde aus der Verpflichtung zur Bestellung eines Gruppen-Gläubigerausschusses eine in das Ermessen des Gerichts gestellte Entscheidung. Das Gericht hat insbesondere abzuwägen, ob der Aufwand und auch die anfallenden Kosten, den die Einsetzung eines solchen Ausschusses bedeutet, durch den erwarteten Nutzen gerechtfertigt ist. Das Gericht hat dabei auch die Meinung der beteiligten Gläubigerausschüsse zu berücksichtigen (*Wimmer* jurisPR-InsR 8/2017 Anm. 1).

V. Anhörung der anderen gruppenangehörigen Gläubigerausschüsse

11 Bevor das Gericht einen Gruppen-Gläubigerausschuss einsetzt oder eine Bestellung vornimmt, hat es die gruppenangehörigen Gläubigerausschüsse anzuhören. Damit sind alle in der Unternehmensgruppe bestellten Gläubigerausschüsse gemeint. Der Gesetzgeber hat die Anhörung nicht auf solche beschränkt, die nicht von offensichtlich untergeordneter Bedeutung sind (»die anderen«).

12 Die Anhörung dient auch dazu abzufragen, ob andere Gläubigerausschüsse in der Gruppe ebenfalls das Bedürfnis nach Einsetzung eines Gruppen-Gläubigerausschusses sehen. Erst dann kann es unter Berücksichtigung der einzelnen Stellungnahmen beurteilen, ob unter Berücksichtigung aller Umstände dieser zusätzliche Aufwand und seine ggf. damit verbundenen Vorteile in einem adäquaten Verhältnis stehen (vgl. Begr. RegE BT-Drucks. 18/407, S. 34).

13 Die Anhörung kann schriftlich oder mündlich erfolgen. Das Gericht wird i.d.R. unter kurzer Fristsetzung die einzelnen Gläubigerausschüsse zur Stellungnahme auffordern. Die Stellungnahme der einzelnen Gläubigerausschüsse hierzu wird formal in einen Beschluss des Gläubigerausschusses einzubinden sein. Anders als in § 56a InsO, der ebenfalls eine Anhörung des Gläubigerausschusses vorsieht und von »beschlossenen Anforderungen« spricht (vgl. § 56a Rdn. 18), enthält § 269c InsO keinen Hinweis auf eine mögliche Beschlussfassung im Rahmen der Anhörung. Keinesfalls wird jedes einzelne Gläubigerausschussmitglied eine einzelne Stellungnahme abzugeben haben. Gemeint ist eine gemeinsame Stellungnahme des jeweiligen Gläubigerausschusses. Gerade in einer größeren Unternehmensgruppe mit einer Vielzahl von Einzelinsolvenzen, in denen jeweils Gläubigerausschüsse bestellt sind, würde das einen unverhältnismäßigen Aufwand bedeuten.

14 Im Rahmen ihrer Antragstellung oder Anhörung nach Abs. 1 können die Gläubigerausschüsse Besetzungsvorschläge machen.

VI. Mitglied im Gruppen-Gläubigerausschuss

1. Allgemeines

15 Eine Gruppeninsolvenz besteht zumeist aus einer Vielzahl von Einzelinsolvenzverfahren, in denen fast immer ein Gläubigerausschuss bestellt wurde. 50 Gruppeninsolvenzverfahren und entsprechende Gläubigerausschüsse sind insofern keine Seltenheit. Ohne Limitierung könnten in solchen Fällen Gruppen-Gläubigerausschüsse von mehr als 50 Mitgliedern zu bestellen sein. Es liegt auf der Hand, dass bei einer so großen Mitgliederanzahl im Gläubigerausschuss eine Koordinierung und Unterstützung der anderen Verfahren nur schwer möglich wäre. Im vorläufigen Insolvenzverfah-

ren wird bei ermessengerechter Besetzung i.d.R. ein fünfköpfiger Ausschuss bestellt (AG *Ludwigshafen* ZIP 2012, 2310; K. Schmidt/*Hölzle* InsO, § 22a Rn. 43). Die Erfahrung zeigt, dass eine konstruktive Zusammenarbeit in Gläubigerausschüssen von mehr als 10 Mitgliedern schon schwer zu erreichen ist.

Der Gesetzgeber hat deshalb eine Begrenzung dahingehend vorgesehen, dass nur die Gläubigerausschüsse von Unternehmen beteiligt werden, die nicht lediglich offensichtlich von **untergeordneter Bedeutung** für die Unternehmensgruppe sind. 16

Aus diesen Ausschüssen kann ebenfalls jeweils nur eine Person Mitglied im Gruppen-Gläubigerausschuss werden. Trotzdem kann in großen Konzerninsolvenzen der Fall eintreten, dass eine Vielzahl von Unternehmen von nicht untergeordneter Bedeutung sein wird. Aus diesen Gläubigerausschüssen ist dann, obwohl eine große Zahl von Mitgliedern zu befürchten ist, pro Gläubigerausschuss eines Unternehmens eine Person in den Gruppen-Gläubigerausschuss zu bestellen. Das Gericht hat in solchen Fällen, anders als bei der Bestellung eines Gläubigerausschusses nach § 22a InsO, § 67 InsO keine Möglichkeit, die Anzahl der Mitglieder zu begrenzen. *Hoffmann* (in: *Flöther* Handbuch, § 4 Rn. 91) befürchtet deswegen, dass das Gericht die Einsetzung eines Gruppen-Gläubigerausschusses ablehnen könnte, da aufgrund der großen Mitgliederzahl eine effiziente Arbeitsweise des Gläubigerausschusses nicht mehr gewährleistet sein wird. Dieser Auffassung kann nicht gefolgt werden. Das Gericht kann nicht die Einsetzung eines Gruppen-Gläubigerausschusses mit dieser Begründung verweigern. Die Einsetzung eines Gruppen-Gläubigerausschusses soll gerade die Arbeit der einzelnen Insolvenzverwalter und Gläubigerausschüsse in großen Konzerninsolvenzen helfen zu koordinieren. Der Gesetzgeber ging bereits bei der Schaffung dieses neuen Gremiums davon aus, dass wegen der oftmals bestehenden Größe von Konzernen, der Vielzahl der einzelnen Gesellschaften und der damit auch verbundenen Möglichkeit unterschiedlicher Gerichtsstände und Bestellung verschiedener Verwalter ein solches Gremium unterstützend wirken sollte, die unterschiedlichen Sichtweisen ihrer Insolvenzorgane zu koordinieren. 17

2. Unternehmen von nicht offensichtlich untergeordneter Bedeutung

Ob ein Unternehmen von offensichtlich untergeordneter Bedeutung ist, bestimmt sich nach § 3a Abs. 1 Satz 1 InsO, der eine gesetzliche Vermutung beinhaltet (vgl. § 3a Rdn. 24 ff.; *Wimmer* DB 2013, 1343 [1347]). Eine untergeordnete Bedeutung ist i.d.R. dann nicht anzunehmen, wenn die Zahl der vom Schuldner im Jahresdurchschnitt beschäftigten Arbeitnehmer mehr als 15 % der im Jahresdurchschnitt in der Unternehmensgruppe Beschäftigten und der Anteil des Unternehmens mehr als 15 % am Gruppenumsatz oder an der zusammengefassten Bilanzsumme übersteigt (zur Ermittlung der quantitativen Schwellenwerte vgl. ausf. § 3a Rdn. 24). 18

Die Umstände sind jeweils anhand des Einzelfalls zu prüfen und ergeben sich aus den nach § 13a InsO bei einem Antrag nach § 3a InsO einzureichenden Pflichtangaben und Unterlagen. 19

Dabei kann sich durchaus herausstellen, dass Unternehmen, obwohl diese die Schwellenwerte nicht erreichen, von erheblicher Bedeutung für die Unternehmensgruppe sind, umgekehrt solche, die die Werte übersteigen, für den Fortbestand der Gruppe ohne Bedeutung sind. Das Gericht hat jeweils nach pflichtgemäßem Ermessen zu prüfen, welche der beteiligten Gläubigerausschüsse Mitglieder entsenden können. In der Regel wird sich die Bedeutung der einzelnen Gruppenmitglieder aus den Pflichtangaben nach § 13a InsO ergeben. Die jeweiligen Antragsteller haben ein eigenes hochrangiges Interesse im Hinblick auf den Erhalt der Unternehmensgruppe und der angestrebten Sanierung daran, dass ihre nach § 13a InsO zu machenden Angaben hinreichend konkret und aussagekräftig sind. Man wird auch davon ausgehen können, das den Anträgen auf Bildung eines Gruppen-Gläubigerausschusses auch ein konkreter Vorschlag auf die Zusammensetzung und Beteiligung der einzelnen für die Gruppe wichtigen Unternehmen hingewiesen werden wird. 20

3. Bestellung einer Person im Gruppen-Gläubigerausschuss

21 Das Insolvenzgericht entscheidet bei der Beschlussfassung über die Bestellung eines Gruppen-Gläubigerausschusses zugleich über dessen Besetzung.

22 Die Vorschrift enthält keinerlei Vorgaben zu den Vertretern der (vorläufigen) Gläubigerausschüsse. Nach dem Willen des Gesetzgebers sollen die Gläubigerausschüsse, über deren Zusammensetzung jeweils auf der Ebene der einzelnen Verfahren entschieden worden ist, über ihren Vertreter als Gremium im Gruppen-Gläubigerausschuss repräsentiert werden.

23 Jeder am Gruppen-Gläubigerausschuss beteiligte Gläubigerausschuss stellt ein Gläubigerausschussmitglied. Bei der Beteiligung der einzelnen gruppenverbundenen Schuldner am Gruppen-Gläubigerausschuss wird nicht auf ihre Bedeutung im Konzern abgestellt. Der Gesetzgeber hat von einer solchen Differenzierung abgesehen, da der Kompetenzbereich des Gruppen-Gläubigerausschusses ohnehin begrenzt ist auf die Unterstützung der Insolvenzverwalter und Gläubigerausschüsse in den einzelnen Verfahren mit dem Ziel einer abgestimmten Verfahrensabwicklung sowie die Zustimmung oder Ablehnung eines Koordinationsplans (vgl. Begr. RegE BT-Drucks. 18/407, S. 34). Das zu bestellende Mitglied für den Gruppen-Gläubigerausschuss muss zwingend auch Mitglied in einem Gläubigerausschuss aus der Gruppe sein (so auch *Flöther/Hoffmann* Handbuch, § 4 Rn. 94), andernfalls würde es einer koordinierten Verfahrensabwicklung widersprechen, wenn das Gericht berechtigt wäre, unbeteiligte Dritte als Vertreter für den Gruppen-Gläubigerausschuss zu bestellen.

24 Die einzelen Gruppen-Gläubigerausschüsse können bereits bei Antragstellung oder im Rahmen der Anhörung nach Abs. 1 Besetzungsvorschläge machen (Begr. RegE BT-Drucks. 18/407, S. 34). Es empfiehlt sich auch, gleichzeitig eine Einverständniserklärung zur Teilnahme der betreffenden Person mit einzureichen.

25 Das Gericht ist nicht an die Vorschläge gebunden, es besteht vielmehr ein Ermessen des Gerichts (s. *Schmerbach* § 22a Rdn. 67) bei der Auswahl und Bestellung der einzelnen Mitglieder. Auf der anderen Seite erspart es dem Gericht Zeit und Aufwand, wenn entsprechende Vorschläge zur Besetzung bereits mit eingereicht werden. Gegen den Willen eines Gläubigerausschussmitgliedes kann das Gericht diesen nicht für den Gruppen-Gläubigerausschuss bestellen (vgl. K. Schmidt/*Jungmann* InsO, § 67 Rn. 24).

26 Grundsätzlich soll das Gericht bei der Besetzung eines Gläubigerausschusses im Rahmen seines Ermessens auf eine homogene Zusammensetzung nach § 67 Abs. 2 InsO achten (vgl. *Schmerbach* § 22a Rdn. 67). Auf die Zusammensetzung des gemeinsamen Gruppen-Gläubigerausschusses findet § 67 Abs. 2 InsO keine Anwendung. Abs. 2 verweist lediglich auf die §§ 70–73 InsO. So kann es jetzt durchaus geschehen, dass der Gruppen-Gläubigerausschuss mit Ausnahme eines Arbeitnehmervertreters ausschließlich von einer Gläubigergruppe, beispielsweise der der Banken, dominiert wird. Im Rahmen seines Ermessens wird der zuständige Richter am Gruppen-Gericht jedoch darauf zu achten haben, dass eine so eklatante Dominanz einer Gruppe und die damit verbundene Gefahr der Ausrichtung auf eine Interessenlage und des Missbrauchs nicht eintreten. Zudem wird die Akzeptanz des Gruppen-Gläubigerausschusses und seine Tätigkeit bei allen Gläubigern häufig davon abhängen, dass möglichst alle Gläubigergruppen in ihm repräsentiert sind (vgl. Begr. RegE BT-Drucks. 18/407, S. 34). Das Gericht sollte im Rahmen der Anhörung der einzelnen Gläubigerausschüsse darauf hinweisen. So kann es sich durchaus anbieten, dem Gericht mindestens zwei Vorschläge zur Entsendung zu unterbreiten.

4. Vertreter der Arbeitnehmer

27 Ein weiteres Mitglied dieses Ausschusses wird aus dem Kreis der Vertreter der Arbeitnehmer bestimmt.

28 Sowohl im Diskussionsentwurf wie auch im ursprünglichen Regierungsentwurf war eine gesonderte Beteiligung der Arbeitnehmerschaft im Gruppen-Gläubigerausschuss nicht vorgesehen. Bereits in der ersten Anhörung im Rechtsschuss am 2. April 2014 zum RegE-Konzerninsolvenzrecht (BT-

Drucks. 18/407) wurde von Gewerkschaftsseite (Stellungnahme *Andrej Wroblewski* IG Metall, Frankfurt am Main, für den Ausschuss für Recht und Verbraucherschutz des Deutschen Bundestags zum Regierungsentwurf eines Gesetzes zur Erleichterung der Bewältigung von Konzerninsolvenzen BT-Drs. 18/407) kritisiert, dass zum Gruppen-Gläubigerausschuss eine § 67 Abs. 2 Satz 2 InsO entsprechende Regelung fehle. Auch auf Konzernebene sei stets eine Arbeitnehmervertretung geboten, mit der Folge, dass auch im Gruppen-Gläubigerausschuss zwingend mindestens ein Arbeitnehmervertreter vertreten sein sollte. Neu aufgenommen in den Gesetzesentwurf wurde schließlich die Anforderung, dass neben den aus den (vorläufigen) Gläubigerausschüssen der gruppenangehören Schuldner entsandten Mitgliedern ein weiteres Mitglied des Gruppen-Gläubigerausschusses aus dem Kreis der Vertreter der Arbeitnehmer zu bestimmen ist. Mit dieser Änderung (Begr. RegE BT-Drucks. 18/11436, S. 25) soll sichergestellt werden, dass die Arbeitnehmer stets im Gruppen-Gläubigerausschuss vertreten sind. Diese Änderung ist zu begrüßen. Fast in jedem Insolvenzverfahren wird in die Rechte der Arbeitnehmer eingegriffen und ihnen Sanierungsbeiträge abverlangt. Dieses kann durchaus auch Bestandteil von Insolvenzplänen sein (Ausgestaltung von Interessenausgleich- und Sozialplänen, Lohnkürzungen, Verzicht auf Sondervorteile, Kürzung von Urlaub, Beschäftigungsgesellschaften etc.). Es erscheint deshalb angemessen und sinnvoll, diese Gläubigergruppe entsprechend auch zu beteiligen. Vielfach wird damit eine Kommunikation zu den einzelnen anderen Arbeitnehmervertretern in den einzelnen Gruppen-Gläubigerausschüssen vereinfacht werden.

Nach dem Wortlaut des Gesetzes ist ein weiteres Mitglied aus dem Kreis der Arbeitnehmer zu bestimmen. Wurde bereits aus den anderen Gruppen-Gläubigerausschüssen ein Arbeitnehmervertreter bestimmt, wird sich insofern die Frage stellen, ob trotzdem zusätzlich ein weiterer Arbeitnehmervertreter aufzunehmen ist. Der Wortlaut des Gesetzes ist so zu verstehen. Zudem ist es auch nicht ungewöhnlich, dass in einem Gläubigerausschuss in einem Konzerninsolvenzverfahren die Arbeitnehmer zwei Vertreter stellen.

Das könnte der Konzernbetriebsratsvorsitzende oder ein Mitglied aus dem Konzernbetriebsrat sein. Auch Gewerkschaftsvertreter kommen insofern in Betracht.

5. Entscheidung durch Beschluss

Die Entscheidung, welcher Gläubigerausschuss aus der Unternehmensgruppe am Gruppen-Gläubigerausschuss beteiligt wird wie auch welche Person Mitglied wird, erfolgt durch Beschluss. Ein Rechtsmittel gegen Beteiligung eines Gläubigerausschusses wie auch die Einsetzung oder Nichteinsetzung einer bestimmten Person ist nicht gegeben, § 6 Abs. 1 Satz 1 InsO.

6. Auswirkungen von Änderungen bei den einzelnen Gläubigerausschüssen in der Unternehmensgruppe

a) Bestellung eines weiteren Gläubigerausschusses in der Gruppe

Wird nach der Bestellung und Einsetzung des Gruppen-Gläubigerausschusses ein weiterer Gläubigerausschuss in einem neuen weiteren Gruppen-Verfahren bestellt oder in einem bereits anhängigen Gruppenverfahren erstmals ein Gläubigerausschuss eingesetzt, sei es als vorläufiger (§ 22a InsO) in einem vorläufigen Verfahren, als vorläufiger in einem eröffneten Verfahren (§ 67 InsO) oder in einem durch die Gläubigerversammlung beschlossenen Gläubigerausschuss (§ 68 Abs. 1 Satz 1 InsO), so ist dieser ebenfalls mit einer Person im Gruppen-Gläubigerausschuss zu beteiligen, wenn das Unternehmen **von nicht offensichtlich untergeordneter Bedeutung** in der Gruppe ist. Insofern hat das Gruppen-Gericht auf Antrag durch Beschluss eine Nachbesetzung vorzunehmen (so auch *Flöther/Hoffmann* Handbuch, § 4 Rn. 101). Der Antrag ist von dem neu bestellten Gläubigerausschuss bei dem Gruppen-Gericht zu stellen.

b) Wegfall eines Gläubigerausschusses oder Mitgliedes im Gläubigerausschuss

Entscheidet die Gläubigerversammlung in einem Gruppenverfahren nach § 68 Abs. 1 Satz 2 InsO, dass ein Gläubigerausschuss nicht mehr beibehalten werden soll, so stellt sich die Frage, ob dieses

Gruppen-Verfahren weiter an einem Gruppen-Gläubigerausschuss beteiligt sein kann. Da eine Beteiligung nach § 269c InsO an einem Gruppen-Gläubigerausschuss zwingend die Mitgliedschaft in einem Gläubigerausschuss in einem Gruppenverfahren voraussetzt, endet die Legitimation mit dem Wegfall des ursprünglich bestellten Gläubigerausschusses. Da das von diesem Gläubigerausschuss entsandte Mitglied per Beschluss in den Gruppen-Gläubigerausschuss bestellt wurde, bedarf es zu seiner Abberufung eines neuen Beschlusses des Gruppen-Gerichts (anders *Flöther/Hoffmann* Handbuch, § 4 Rn. 101: das Amt des Gruppen-Gläubigerausschussmitglieds endet automatisch). Das zuständige Gericht des einzelnen Gruppenverfahrens hat das Gruppen-Gericht über die Abwahl des Gläubigerausschusses zu unterrichten, § 269b InsO (s. *Wimmer* § 269b Rdn. 23).

34 Das gilt auch für den Fall, dass ein Gläubigerausschussmitglied aus seinem Gläubigerausschuss in der Gruppe ausscheidet, so, wenn es nach Verfahrenseröffnung nicht mehr in den Gläubigerausschuss bestellt wird oder durch die Gläubigerversammlung nach § 68 Abs. 2 InsO abgewählt wird.

VII. Aufgabe des Gruppen-Gläubigerausschuss

35 Der Gruppen-Gläubigerausschuss soll die Insolvenzverwalter und die vorläufigen Gläubigerausschüsse bzw. Gläubigerausschüsse in den einzelnen Verfahren mit dem Ziel der Erleichterung einer abgestimmten Verfahrensabwicklung unterstützen und das Gläubigerinteresse auf Gruppenebene vertreten (Begr. RegE BT-Drucks. 18/407, S. 34). Das beinhaltet auch, zwischen den Verwaltern und den jeweiligen Gläubigerausschüssen zu vermitteln, wie auch die Verwalter anzuhalten, unproduktive Prozesse gegen Verwalter anderer gruppenangehöriger Schuldner möglichst zu vermeiden. Der Gruppen-Gläubigerausschuss ist dagegen nicht den einzelnen Gläubigerausschüssen gegenüber weisungsbefugt (vgl. *Flöther/Hoffmann* Handbuch, § 4 Rn. 116).

36 Der Gruppen-Gläubigerausschuss nimmt insoweit das Interesse aller Gläubiger von Schuldnern der Unternehmensgruppe wahr (Begr. RegE BT-Drucks. 18/407, S. 39).

37 Diese Aufgabe hat er auch gegenüber dem Verfahrenskoordinator als dem für eine abgestimmte Abwicklung zuständigen Insolvenzverwalter (vgl. *Wimmer* § 269e Rdn. 14 ff.; § 269f Rdn. 27). Der Gruppen-Gläubigerausschuss ist das berufene Organ, um zu entscheiden, ob die vom Koordinationsverwalter vorgeschlagenen Maßnahmen zur Neuausrichtung des Konzerns geeignet sind, der bestmöglichen Gläubigerbefriedigung zu dienen (Begr. RegE BT-Drucks. 18/407, S. 39).

38 Eine zentrale Bedeutung wird dem Gruppen-Gläubigerausschuss im Koordinationsverfahren zugewiesen. Er ist aber selbst nicht berechtigt, einen Antrag auf Durchführung eines Koordinationsverfahrens nach § 269d Abs. 2 InsO zu stellen (vgl. *Wimmer* § 269d Rdn. 19).

39 Wird ein Koordinationsverfahren beantragt, ist nach § 269e Absatz 2 InsO der Gruppen-Gläubigerausschuss in das Verfahren zur Entscheidung über die Person des Verfahrenskoordinators und den an ihn zu stellenden Anforderungen einzubinden (*Wimmer* § 269e Rdn. 14). Er ist vor der Bestellung des Verfahrenskoordinators anzuhören, § 269e Abs. 2 InsO. Schlägt der Gruppen-Gläubigerausschuss einstimmig eine Person zum Verfahrenskoordinator vor, so ist diese zum Verfahrenskoordinator zu bestellen, es sei denn, dass die vorgeschlagene Person für die Übernahme des Amtes nicht geeignet ist (§ 269f Abs. 3 InsO i.V.m. § 56a Abs. 2 Satz 1 InsO, so auch *Wimmer* § 269e Rdn. 17; *Flöther/Hoffmann* Handbuch, § 4 Rn. 111; a.A. *Harder/Lojowski* NZI 2013, 327, 330).

40 Die Aufgaben des Gruppen-Gläubigerausschusses sind in den konzerninsolvenzrechtlichen Vorschriften abschließend geregelt. Nicht zu den Aufgaben des Gruppen-Gläubigerausschusses gehört, Verwalter für die einzelnen Gruppenverfahren verbindlich vorzuschlagen. Dieses ist ausschließlich den Gläubigerausschüssen in den Einzelverfahren zugewiesen (a.A. *Flöther/Flöther* Handbuch, § 4 Rn. 164 hinsichtlich der Bestellung eines Einheitsverwalters für alle Verfahren).

41 Darüber hinaus ist der Gruppen-Gläubigerausschuss in die Erarbeitung des Koordinationsplanes eingebunden. Nach § 269h Abs. 1 Satz 2 InsO bedarf der Koordinationsplan der Zustimmung des Gruppen-Gläubigerausschusses. Darüber hinaus müssen auch sämtliche Gläubigerversammlun-

gen nach § 269i Abs. 2 InsO zustimmen. Erst dann kann der Koordinationsplan einem vom Insolvenzverwalter auszuarbeitenden Insolvenzplan zugrunde gelegt werden.

C. Pflicht zur Zusammenarbeit der Gläubigerorgane?

§ 269c InsO begründet keine Pflicht der Gläubigerorgane oder der Gläubiger zur Zusammenarbeit (Begr. RegE BT-Drucks. 18/407, S. 22). Der Gesetzgeber weist insofern ausdrücklich darauf hin, dass man sich einer Stellungnahme zur Frage, ob sich unter geltendem Recht eine – etwa aus § 242 des Bürgerlichen Gesetzbuchs oder einer gesellschaftsähnlichen Verbindung abzuleitende – Kooperationspflicht der Gläubiger unterschiedlicher Konzerngesellschaften begründen lässt, enthalte. Damit sei auch keine ausdrückliche Entscheidung gegen solche Gläubigerpflichten verbunden. Vielmehr solle die Klärung dieser Frage weiterhin der Rechtsprechung und der Wissenschaft überlassen bleiben (Begr. RegE BT-Drucks. 18/407, S. 22). 42

Der Gesetzgeber hat damit der Praxis einen weiten Spielraum eingeräumt, was in Teilen der Literatur kritisiert wurde. *Harder/Lojowski* (NZI 2013, 327 [329]) bemängeln den fehlenden Rahmen, der die Regelungen verfahrensrechtlich konkretisiert, so dass die Art und Weise der Zusammenarbeit völlig ungeregelt bleibe und sich nur an den Zielbestimmungen des Insolvenzverfahrens zu orientieren habe. *Brünkmanns* (ZIP 2013, 193 [200]) sieht zumindest in der Entscheidungsbefugnis über die Verwertung der Masse ein Regelungsbedürfnis, um eine wirtschaftlich optimale Lösung nicht durch Störfeuer im Verhandlungs- et Entscheidungsprozess zu torpedieren. Dagegen kann nach Ansicht von *Hoffmann* eine solche Pflicht gar nicht statuiert werden, da eine solche »im klaren Widerspruch« zum Grundsatz der Gläubigerautonomie stehe (*Flöther/Hoffmann* Handbuch, § 4 Rn. 114 m.w.N.). 43

Ein Gruppen-Gläubigerausschuss ist kein übergeordnetes Organ in der Gläubigerselbstbestimmung. Es kann keine Beschlüsse zulasten eines einzelnen Gruppenverfahrens und damit einer einzelnen Gläubigergruppe treffen (vgl. auch *Flöther/Hoffmann* Handbuch, § 4 Rn. 116). Es wird auch keine Entscheidungen über eine Einbindung einzelner Masse entgegen dem ausdrücklichen Gläubigerwillen eines einzelnen Gruppenmitglieds treffen können. Andernfalls müssten die einzelnen Insolvenzmassen zu einer Gesamtmasse (substantiv consolidation), wie in Teilen der Literatur (*Humbeck* NZI 2013, 957) durchaus gefordert wurde, konsolidiert werden, was gegen das geltende Insolvenzrecht verstößt (vgl. ausf. *Eidenmüller* ZHR 169 (2005), 528 [532]). Das Gesetz verzichtet insofern auf die verfahrensmäßige oder materielle Konsolidierung der Einzelverfahren über die Konzerngesellschaften (Begr. RegE BT-Drucks. 18/407, S. 2). Eine solche Massekonsolidierung durchbricht den Grundsatz der Haftungstrennung. Sie geht zulasten der Gläubiger solcher Konzerngesellschaften, deren Vermögensausstattung bei isolierter Insolvenzabwicklung höhere Befriedigungsquoten erwarten lassen würden, als sie im Rahmen einer Massekonsolidierung erzielbar sind (Begr. RegE BT-Drucks. 18/407, S. 17). 44

Das Gesetz soll vielmehr die Einzelverfahren auf der Grundlage geeigneter Koordinationsinstrumentarien aufeinander abstimmen (Begr. RegE BT-Drucks. 18/407, S. 17). Der Gruppen-Gläubigerausschuss ist wie in einer Mediation darauf angelegt, in einem größeren Gläubigerkreis wirtschaftlich sinnvolle Gestaltungs- und Verwertungsvorschläge vorzutragen, um eine Gesamtlösung für die Gruppe zu erreichen (zu den Aufgaben vgl. Rdn. 35 f.). 45

D. Analoge Anwendung der §§ 70–73 InsO für den Gruppen-Gläubigerausschuss

I. Entlassung nach § 70 InsO

Ein Mitglied aus dem Gruppen-Gläubigerausschuss kann aus wichtigem Grund entlassen werden. Ein wichtiger Grund können schwerwiegende Pflichtverletzungen oder eine länger andauernde Unfähigkeit zur Ausübung des Amtes sein (zum wichtigem Grund ausf. *Schmitt* § 70 Rdn. 5 f.). 46

Die Entlassung des Gläubigerausschussmitglieds erfolgt auf Antrag oder von Amts wegen. Eine Niederlegung des Amtes durch das betreffende Gläubigerausschussmitglied scheidet aus (vgl. BGH ZInsO 2012, 826; *Schmitt* § 70 Rdn. 5 m.w.N.). 47

48 Antragsberechtigt ist das Mitglied des Gruppen-Gläubigerausschusses oder die Gläubigerversammlung. Gläubigerversammlung bezieht sich insofern nur auf das Verfahren, das die betreffende zu entlassende Person gestellt hat. Keinesfalls müssen alle im Gruppenverfahren vertretenen Gläubigerversammlungen einen gleichlautenden Antrag stellen. Die Antragsberechtigung ist in § 70 InsO abschließend geregelt. Nicht antragsberechtigt sind die übrigen Mitglieder des Gruppen-Gläubigerausschusses oder der Gruppen-Gläubigerausschuss selbst, wie auch einzelne Insolvenzverwalter. Sie können bei Gericht aber die Entlassung von Amts wegen anregen (*Schmitt* § 70 Rdn. 2).

49 Zuständig dafür ist das Gericht des Gruppen-Gerichtsstandes. Die Entlassung erfolgt durch Beschluss. Gegen die Entscheidung kann das betroffene Gläubigerausschussmitglied mit der sofortigen Beschwerde vorgehen. Den anderen Beteiligten steht dieses Rechtsmittel nicht zu, sie sollen bei entsprechender Beschwer zur befristeten Erinnerung nach § 11 Abs. 2 Satz 1 berechtigt sein (vgl. *Schmitt* § 70 Rdn. 9).

50 Die Entlassung aus dem Gruppen-Gläubigerausschuss hat nicht zwangsläufig auch die Entlassung aus dem einzelnen Gläubigerausschuss zur Folge. Hierzu bedarf es eines weiteren Antrags in dem jeweiligen Verfahren. Aufgrund der Kooperationspflichten der Gerichte (§ 269b InsO) wird das Gruppen-Gericht das im einzelnen Verfahren zuständige Gericht über den Vorgang und die Entlassung zu unterrichten haben. Dieses wird dann zu prüfen haben, ob auch im Einzelverfahren eine Entlassung von Amts wegen geboten erscheint.

II. Haftung der einzelnen Mitglieder, § 71 InsO

51 Die Haftung der Mitglieder des Gruppen-Gläubigerausschusses bestimmt sich nach § 71 InsO.

52 Die für die Mitglieder im Gläubigerausschuss zu beachtenden Pflichten, aus denen sich grds. eine Haftung begründen kann, ergeben sich aus § 69 InsO. Diese Vorschrift findet auf den Gruppen-Gläubigerausschuss keine Anwendung. Der für den Gruppen-Gläubigerausschuss bestehende Pflichtenkreis ist ein anderer und ergibt sich ausschließlich aus den konzerninsolvenzrechtlich geregelten Vorschriften, wie §§ 269c, 269e, 269h InsO. Pflichtverletzungen nach § 69 InsO können lediglich in dem einzelnen Gruppenverfahren geltend gemacht werden und betreffen auch nur diesen Kreis der Geschädigten.

53 Anspruchsberechtigte können nach § 71 InsO Insolvenzgläubiger und absonderungsberechtigte Gläubiger sein. Auch hier wird zwischen einem Gesamtschaden (die Insolvenzgläubiger) und einem Einzelschaden (absonderungsberechtigte Gläubiger) zu unterscheiden sein (vgl. ausf. zu der Unterscheidung *K. Schmidt/Jungmann* § 71 Rn. 21).

54 Die Haftung ist nicht auf das einzelne Gruppen-Verfahren, das das Gläubigerausschussmitglied gestellt hat, beschränkt. Vielmehr sind alle Insolvenzgläubiger in allen Gruppen-Verfahren gemeint, wie auch alle absonderungsberechtigten Gläubiger aller Gruppen-Verfahren.

55 Allerdings muss die Pflichtverletzung nicht zwingend immer alle Gruppen-Verfahren oder alle absonderungsberechtigten Gläubiger treffen. Wesentlich wahrscheinlicher ist es, dass nur ein Verfahren oder wenige, beispielsweise durch nachteilige Maßnahmen im Koordinierungsplan, die nicht ausgeglichen wurden, betroffen sind. Nur diese geschädigten Gruppen-Verfahren können die Pflichtverletzung geltend machen.

56 Hinsichtlich der Geltendmachung der Schadensersatzansprüche ist zu unterscheiden, ob ein Gesamtschaden oder ein Einzelschaden eingetreten ist.

57 Der Einzelschaden wird durch den Geschädigten selbst geltend gemacht (vgl. *K. Schmidt/Jungmann* § 71 Rn. 21). Liegt ein dagegen ein Gesamtschaden vor, wird dieser vom Insolvenzverwalter geltend gemacht. Da es keinen Gruppen-Insolvenzverwalter gibt, kann ein Gesamtschaden so nicht verfolgt werden. Er ist vielmehr in den einzelnen Gruppen-Verfahren, die geschädigt worden sind, von dem dort eingesetzten Insolvenzverwalter für die jeweils geschädigte Masse geltend zu machen (vgl. ausf. zur Geltendmachung eines Gesamtschadens die Erl. zu § 92).

Die Haftung tritt nur bei Verschulden ein (zum Verschulden s. *Schmitt* § 71 Rdn. 3). 58

III. Beschlussfassung nach § 72 InsO

Die Vorschrift erklärt lediglich für die Beschlussfassung im Gläubigerausschuss § 72 InsO für entsprechend anwendbar. Weitere Vorgaben zur Gestaltung der Arbeitsweise, wie auch der Einberufung, Tagesordnung, Protokollführung oder auch Geschäftsordnung enthält weder diese Vorschrift noch die allgemeinen Bestimmungen zum Gläubigerausschuss. Damit ist der Ausschuss in der Gestaltung seiner Arbeitsweise weitgehend frei (vgl. ausf. dazu, insbesondere auch zur Einberufung *Schmitt* § 72 Rdn. 2 f.; *Flöther/Hoffmann* Handbuch, § 4 Rn. 117 f.). Gerade in großen Konzerninsolvenzen empfiehlt es sich für die Gläubigerausschüsse, ihre Arbeit entsprechend organisieren und sich Geschäftsordnungen zu geben. Das erleichtert allen Beteiligten die Kommunikation und gibt verlässliche Regeln, um Streitigkeiten über Formalien zu vermeiden. 59

Für die Beschlussfassung im Gruppen-Gläubigerausschuss findet § 72 InsO Anwendung. Der Ausschuss ist beschlussfähig, wenn die Mehrheit der Mitglieder vertreten ist (s. *Schmitt* § 72 Rdn. 6). Die Beschlüsse werden mit einfacher Mehrheit gefasst. 60

Jedes Mitglied hat eine Stimme. Dabei ist die Größe und Bedeutung des Insolvenzverfahrens, das er aus der Gruppe vertritt, unerheblich und führt zu keinerlei Auswirkungen auf die Stimmverhältnisse. Der Gesetzgeber hatte von einer Gewichtung abgesehen, da ohnehin die Kompetenz des Gruppen-Gläubigerausschusses auf die Unterstützung der Insolvenzverwalter und Gläubigerausschüsse in den einzelnen Verfahren mit dem Ziel einer abgestimmten Verfahrensabwicklung sowie die Zustimmung oder Ablehnung eines Koordinationsplans beschränkt ist (Begr. RegE BT-Drucks. 18/407, S. 34). 61

Die Beschlüsse können in der Gläubigerausschusssitzung gefasst werden, sie können auch im Umlaufverfahren gefasst werden (vgl. *Schmitt* § 72 Rdn. 8 f.). Strittig ist, ob diese auch in Video- oder Telefonkonferenzen oder mündlichem Umlaufverfahren gefasst werden können (so *Flöther/Hoffmann* Handbuch, § 4 Rn. 125; einschränkend *Schmitt* § 72 Rdn. 8: wenn Satzung oder Geschäftsordnung des Gläubigerausschusses dieses zulässt, ablehnend K. Schmidt/*Jungmann* InsO, § 72 Rn. 12: physische Anwesenheit ist erforderlich). Die Größe der Unternehmen wie auch die nationale oder internationale Verteilung der Gläubiger erfordern in der heutigen Zeit pragmatische Lösungen. Aus Zeit- und Kostengründen erscheint es zweifelhaft, Gläubigerausschusssitzungen regelmäßig als Präsenzsitzungen durchzuführen. Manchmal sind kurzfristige Entscheidungen gefragt, die kaum zustande kommen können, wenn erst einmal ein gemeinsamer Termin gefunden werden muss. Die Zulassung von Video- oder Telefonkonferenzen erlaubt eine deutlich flexiblere Gestaltung und ermöglicht auch sehr zeitnah, entsprechende Beschlüsse zu fassen. Um diese Regelung für alle Mitglieder verbindlich zu gestalten, sollten zu Beginn der Tätigkeit in Konzerninsolvenzen alle Gläubigerausschüsse entsprechende Geschäftsordnungen beschließen, die die einzuhaltenden Formalien regeln, um möglichst Auseinandersetzungen darüber zu vermeiden. 62

Der Gruppen-Gläubigerausschuss nimmt das Gesamtgläubigerinteresse im Konzernkontext wahr (Begr. RegE BT-Drucks. 18/407, S. 39). Sein Aufgabenkreis ist sehr beschränkt (s. Rdn. 35 f.). **Interessenkollisionen** können insofern nur in diesem beschränkten Bereich auftreten. Denkbar sind mögliche Regelungen im Koordinationsplan zu Anfechtungen, die gegen das eigene Verfahren von anderen Gruppenmitgliedern geltend gemacht werden sollen. Wie in jedem anderen Gläubigerausschuss sollten diese Kollisionen angezeigt werden. Das betreffende Ausschussmitglied hat in solchen Fällen nicht an der Abstimmung teilzunehmen (vgl. zu Interessenkollisionen *Schmitt* § 72 Rdn. 7). 63

IV. Vergütung der Tätigkeit, § 73 InsO

Die Mitglieder des Gruppen-Gläubigerausschusses haben Anspruch auf eine angemessene Vergütung und Ersatz ihrer Auslagen (§§ 73, 63 Abs. 2, 64, 65 InsO). Zu vergüten ist der zeitliche Aufwand und der Umfang ihrer Tätigkeit. Die Höhe der Vergütung richtet sich nach den Regelungen im 64

Vierten Abschnitt der Insolvenzrechtlichen Vergütungsverordnung (vgl. dazu ausf. *Schmitt* § 73 Rdn. 3 f.; s.a. *Lorenz* Erl. zu §§ 17,18 InsVV).

65 Abs. 2 Satz 3 regelt, dass die Tätigkeit eines Mitglieds des Gruppen-Gläubigerausschusses hinsichtlich der Vergütung als Tätigkeit in dem Gläubigerausschuss gilt, den das Mitglied im Gruppen-Gläubigerausschuss vertritt. Die Tätigkeit im Gruppen-Gläubigerausschuss wird damit der Tätigkeit im Gläubigerausschuss im Einzelverfahren zugerechnet. Nach Auffassung von *Hoffmann* (*Flöther/Hoffman* Handbuch, § 4 Rn. 137) soll nur ein einziger Vergütungsanspruch entstehen, so dass auch eine getrennte Geldendmachung und Festsetzung der Vergütung nicht stattfinden soll. Dem kann so nicht uneingeschränkt gefolgt werden. Die Tätigkeit im Gruppen-Gläubigerausschuss wird entsprechend anspruchsvoller sein als in dem Einzelverfahren. Die zu beurteilenden Sachverhalte werden komplexer und wahrscheinlich auch haftungsträchtiger sein. So erscheint es nicht angemessen, für diese Tätigkeit denselben Stundensatz anzusetzen wie im Einzelverfahren. Des Weiteren kann es aufgrund der verschiedenen Gerichtszuständigkeiten krasse Unterschiede bei der Festsetzung der jeweiligen Einzelvergütungen geben. So kann ein Gericht einen Stundensatz von 65 Euro für angemessenen halten, das andere Gericht aber einen Stundensatz von 300 Euro und zwar jeweils für dieselbe Tätigkeit, insbesondere auch im Gruppen-Gläubigerausschuss. Hier ist anzuregen, dass sich die einzelnen Gerichte nach § 269b InsO vor der Festsetzung der Vergütung für die Tätigkeit im Gruppen-Gläubigerausschuss entsprechend abstimmen sollten.

66 Die Vergütung für die Tätigkeit im Einzelverfahren und im Gruppen-Gläubigerausschuss ist damit zwar insgesamt zu beantragen, aber die einzelnen Tätigkeiten sind entsprechend abzugrenzen und kenntlich zu machen.

67 Die Vergütung ist in dem Insolvenzverfahren festzusetzen, in dem der vertretene Gläubigerausschuss bestellt ist (Begr. RegE BT-Drucks. 18/407, S. 34).

Zweiter Abschnitt Koordinationsverfahren

Vorbemerkung vor §§ 269d ff. InsO

Übersicht
		Rdn.			Rdn.
A.	Bedarf nach Koordinierung	1	B.	Koordinationsverfahren	3

Literatur: *Brünkmans* Entwurf eines Gesetzes zur Erleichterung der Bewältigung von Konzerninsolvenzen: Kritische Analyse und Anregungen aus der Praxis, ZIP 2013,193; *Madaus* Koordination ohne Koordinationsverfahren? – Reformvorschläge aus Berlin und Brüssel zu Konzerninsolvenzen, ZRP 2014, 192; *Pleister* Das besondere Koordinationsverfahren nach dem Diskussionsentwurf für ein Gesetz zur Erleichterung der Bewältigung von Konzerninsolvenzen, ZIP 2013, 1013; *Thole* Das neue Konzerninsolvenzrecht in Deutschland, KTS 2014, 351; *Verhoeven* Konzerne in der Insolvenz nach dem Regierungsentwurf zur Erleichterung der Bewältigung von Konzerninsolvenzen (RegE) – Ende gut, alles gut ... und wenn es nicht gut ist, dann ist es noch nicht zu Ende!, ZInsO 2014, 217.

A. Bedarf nach Koordinierung

Je stärker verbunden die einzelnen Unternehmen einer Gruppe sind, umso mehr steigt das Bedürfnis 1
nach einer **engen Koordinierung** der parallel anhängigen Insolvenzverfahren. Besonders deutlich wird dies bei einem straff zentral organisierten Konzern, bei dem einzelne Funktionseinheiten des Unternehmens auf eigenständige Gesellschaften übertragen wurden, die dann etwa für Finanzierung, Forschung oder Vertrieb zuständig sind (vgl. Vor § 269a Rdn. 14). Vom Publikum wird ein solcher Konzern häufig als einheitliches Unternehmen wahrgenommen.

Wird über eine Unternehmensgruppe oder über einzelne ihrer Gesellschaften ein Insolvenzverfahren 2
eröffnet, so droht die Gefahr, dass der in der konzernrechtlichen Struktur angelegte Mehrwert verloren geht und die entscheidenden Vorteile einer Konzernierung, die einheitliche Leitungsmacht und die daraus erwachsenden Kontrollmöglichkeiten, unwiederbringlich verloren gehen. Wünschenswert wäre es deshalb, wenn in der Insolvenz spiegelbildlich ein Mechanismus institutionalisiert werden könnte, der die Strukturen des Konzerns, also insbesondere die einheitliche Leitung, abbildet (vgl. Wimmer/Bornemann/Lienau/*Bornemann* S. 212). Zu Recht wird deshalb darauf hingewiesen, in einer solchen Situation sollte möglichst ein Gerichtsstand für alle insolventen Gesellschaften, in der Terminologie des EKIG also der Gruppen-Gerichtsstand nach § 3a InsO, begründet und ein Insolvenzverwalter für alle gruppenangehörigen Schuldner bestellt werden. Diesem Ideal widerstreiten aber häufig die tatsächlichen Gegebenheiten. Ohne das Koordinationsverfahren wären die Akteure darauf verwiesen, in nicht strukturierten Verhandlungen ein Ergebnis zu finden, das eine optimale Bewältigung der Konzerninsolvenz, also ein möglichst hoher Ertrag für die Gläubiger, gewährleistet. Gerade wenn man darauf verweist, dass es in dieser Situation nicht um zweiseitige Verhandlungen, sondern um **Gruppenprozesse** geht (so *Madaus* ZRP 2014, 192 [194]), ist ein vorstrukturierter Rahmen, wie ihn der Koordinationsplan darstellt, ein durchaus geeignetes Hilfsmittel, um die divergierenden Interessen in einem multipolaren Prozess zum Ausgleich zu bringen.

B. Koordinationsverfahren

Um dem durch die enge Verflechtung bedingten erhöhten Koordinierungsbedarf Rechnung zu tra- 3
gen, wird mit den §§ 269d ff. InsO ein besonderes Koordinierungsverfahren eingeführt. Dieses Verfahren soll insbesondere in den Fällen helfen, in denen einerseits zwar eine enge Verbindung der gruppenangehörigen Gesellschaften vorliegt, andererseits aus dieser Verflechtung aber ein **intensiver gruppeninterner Leistungsaustausch** entstanden ist, der die Gefahr zahlreicher Interessenkonflikte in sich trägt. Obwohl die engste Form der Koordinierung die Begründung eines Gruppen-Gerichtsstands und die Einsetzung eines einzigen Verwalters für alle insolventen Gesellschaften ist, scheidet jedoch dieser Weg aus, wenn zahlreiche konfliktträchtige wechselseitige Ansprüche bestehen, für die

4 Das **Koordinationsverfahren** bietet in dieser Situation ein **Angebot**, wie diese konfliktträchtige Situation, die eine Gesamtstrategie zum Wohle der Insolvenzgläubiger verhindern kann, zu entschärfen ist. Die in diesem Verfahren zentrale Figur des **Verfahrenskoordinators** soll als eine Art **Mediator** zwischen den Verwaltern der Einzelverfahren vermitteln, um sie zu einem abgestimmten Vorgehen zu bewegen. Glaubwürdig kann er diese Aufgabe nur wahrnehmen, wenn er sowohl von den gruppenangehörigen Schuldnern als auch von deren Gläubigern unabhängig ist. Bei der Wahrnehmung seiner Aufgaben hat er **alle Maßnahmen zu ergreifen**, die geeignet sind, eine abgestimmte Abwicklung zu fördern. So kann er sich zunächst damit begnügen, das Gespräch mit den Insolvenzverwaltern zu suchen oder ein Gesprächsforum anzubieten, in dem sich die Verwalter wechselseitig austauschen können (BT-Drucks. 18/407 S. 23).

5 Sein wichtigstes Hilfsmittel, um dieses Ziel zu erreichen, ist der **Koordinationsplan**. Der Plan soll alle Maßnahmen enthalten, die für eine abgestimmte Abwicklung der Verfahren hilfreich sein können. Dies betrifft insbesondere Vorschläge, um die wirtschaftliche Leistungsfähigkeit von Teilen oder der gesamten Unternehmensgruppe wieder herzustellen, gruppeninterne Streitigkeiten zu schlichten und/oder die Grundlage für vertragliche Vereinbarungen zwischen den Verwaltern zu liefern. Idealtypisch sollte der Koordinationsplan eine Blaupause liefern, wie die **Insolvenzpläne in den Einzelverfahren** auszurichten sind, um möglichst eine Sanierung der Unternehmensgruppe zu erreichen.

6 Das Koordinationsverfahren sieht **keine Zwangsmittel** vor, um den Koordinationsplan in den Einzelverfahren durchzusetzen. Auf den ersten Blick ist deshalb der Verfahrenskoordinator auf das **Wohlwollen der Beteiligten** angewiesen. In der Literatur wird dieser Ansatz teilweise scharf kritisiert, da der Verfahrenskoordinator lediglich ein *Papiertiger* sei, dem durch das Gesetz nicht einmal ein Hilfsmittel an die Hand gegeben werde, um gegen Dissidenten vorzugehen (*Verhoeven* ZInsO 2014, 217 [221]; ebenso *Brünkmans* ZIP 2013, 193 [200]; *Pleister* ZIP 2013, 1013 [1015]). Diese Kritik ist jedoch nicht berechtigt. Zunächst muss dem Umstand Rechnung getragen werden, dass kein Verwalter sich gerne in *sein* Verfahren hineinregieren lässt. Das besondere Koordinationsverfahren wäre deshalb bereits mit einer schweren Hypothek belastet, wenn es auf eine zwangsweise Durchsetzung angelegt wäre. Es wäre zu befürchten gewesen, dass etliche Verwalter versucht hätten, durch ein obstruktives Verhalten ein solches Verfahren zu hintertreiben. Weiter ist zu berücksichtigen, dass allein die Existenz eines solchen Koordinationsplans mit einer Reihe von schriftlich fixierten Vorschlägen einen faktischen Geltungsanspruch entfaltet, dem sich zu entziehen, einen nicht zu unterschätzenden Aufwand erfordert. Ist ein Verwalter nicht bereit, diesen Vorschlägen zu folgen, so wird das Ergebnis seiner vom Plan abweichenden Tätigkeit stets vor der Folie des Koordinationsplans bewertet werden. Im Berichtstermin hat er seinen Insolvenzgläubigern zu erläutern, wieso gerade er vom Plan abweichen will, obwohl dieser vielleicht in den anderen Verfahren bereits umgesetzt wird. Lässt sich nachweisen, dass in *seinem* Verfahren eine höhere Quote zu erzielen gewesen wäre, wenn er den Vorgaben des Plans gefolgt wäre, so kann sich der Verwalter auch **schadenersatzpflichtig** machen. Darüber hinaus wird die Position des Verfahrenskoordinators noch dadurch gestärkt, dass die Verwalter in den Einzelverfahren zur Zusammenarbeit mit ihm verpflichtet sind und ihm die für seine Aufgabenwahrnehmung erforderlichen Informationen zu geben haben.

7 Das Koordinationsverfahren wird bei dem **Koordinationsgericht** geführt, das bereits hinreichend über die Unternehmensgruppe unterrichtet ist, da bei ihm die Gruppen-Folgeverfahren anhängig sind. Wurde noch kein Insolvenzverfahren eröffnet oder noch kein starker vorläufiger Insolvenzverwalter eingesetzt, sind die Organe der gruppenangehörigen Schuldner berechtigt, einen Antrag auf Durchführung eines Koordinationsverfahrens zu stellen. Existiert ein **Gruppen-Gläubigerausschuss**, so hat dieser den Plan zu billigen, bevor ihn das Gericht bestätigen darf.

§ 269d Koordinationsgericht

(1) Wird über die Vermögen von gruppenangehörigen Schuldnern die Eröffnung von Insolvenzverfahren beantragt oder wurden solche Verfahren eröffnet, kann das für die Eröffnung von Gruppen-Folgeverfahren zuständige Gericht (Koordinationsgericht) auf Antrag ein Koordinationsverfahren einleiten.

(2) ¹Antragsberechtigt ist jeder gruppenangehörige Schuldner. ²§ 3a Abs. 3 findet entsprechende Anwendung. ³Antragsberechtigt ist auch jeder Gläubigerausschuss oder vorläufige Gläubigerausschuss eines gruppenangehörigen Schuldners auf der Grundlage eines einstimmigen Beschlusses.

Das Gesetz zur Erleichterung der Bewältigung von Konzerninsolvenzen (EKIG) vom 13.04.2017 (BGBl. I 2017, S. 866) tritt am 21.04.2018 in Kraft.

Übersicht	Rdn.		Rdn.
A. Normzweck	1	oder Stellung eines Eröffnungs-	
B. Im Einzelnen	3	antrags	6
I. Zu Abs. 1	3	3. Koordinationsgericht	10
1. Schuldner einer Unternehmens-		4. Antrag auf Einleitung eines	
gruppe	4	Koordinationsverfahrens	12
2. Eröffnung eines Insolvenzverfahrens		5. Entscheidung über den Antrag	15
		II. Zu Abs. 2	17

Literatur:
Eidenmüller Verfahrenskoordination bei Konzerninsolvenzen, ZHR 169 (2005) S. 528; *ders.* Der nationale und internationale Insolvenzverwaltungsvertrag, ZZP 114 (2001) S. 3; *Eidenmüller/Frobenius* Ein Regulierungskonzept zur Bewältigung von Gruppeninsolvenzen: Verfahrenskonsolidierung im Kontext nationaler und internationaler Reformvorhaben, ZIP 2013, Beil. zu Heft 22, S. 1.

A. Normzweck

Durch § 269d Abs. 1 InsO wird das Gericht bestimmt, das für das Koordinationsverfahren zuständig ist. Im Interesse einer effektiven Verfahrensführung liegt die ausschließliche Zuständigkeit für diese Koordinierungsmaßnahme bei dem Gericht, bei dem die Gruppen-Folgeverfahren zu führen sind. 1

Das Antragsrecht für das besondere Koordinationsverfahren nach Abs. 2 steht den gruppenangehörigen Schuldnern zu, wird jedoch nach Einsetzung eines starken vorläufigen Insolvenzverwalters oder nach Verfahrenseröffnung von dem Verwalter rsp. von dem eigenverwaltenden Schuldner wahrgenommen. 2

B. Im Einzelnen

I. Zu Abs. 1

Voraussetzung für die Einleitung eines Koordinationsverfahrens ist, dass bei mindestens zwei Schuldnern, die einer Unternehmensgruppe i.S.v. § 3e InsO angehören, ein Eröffnungsantrag gestellt oder ein Insolvenzverfahren eröffnet wurde. 3

1. Schuldner einer Unternehmensgruppe

Der Begriff des Schuldners ergibt sich aus § 3e Abs. 1 InsO, wo rechtlich selbstständige Unternehmen genannt werden, die ihren COMI im Inland haben (vgl. hierzu § 3e Rdn. 20). Zur Begründung einer Unternehmensgruppe muss zwischen diesen Unternehmen eine Verbindung bestehen, wie sie in § 3e Abs. 1 Nr. 1 und 2 InsO umschrieben wird. 4

Bisher war es umstritten, ob die **GmbH & Co. KG** – oder allgemeiner, eine Gesellschaft ohne Rechtspersönlichkeit, an der keine natürliche Person als persönlich haftender Gesellschafter beteiligt ist – als 5

Konzern zu werten ist oder ob zumindest die Beziehungen zwischen der Komplementär-GmbH und der KG mit konzernrechtlichen Kategorien erfasst werden können. Dies wird nun durch § 3e Abs. 2 InsO positiv entschieden. Allerdings dürften es singuläre Fälle sein, in denen die Einleitung eines Koordinationsverfahrens für die KG und die GmbH sinnvoll ist. Regelmäßig wird es Erfolg versprechender sein, einen Gruppen-Gerichtsstand nach § 3a Abs. 1 InsO zu begründen und lediglich einen Insolvenzverwalter für beide Verfahren zu bestellen (§ 56b InsO).

2. Eröffnung eines Insolvenzverfahrens oder Stellung eines Eröffnungsantrags

6   Der Zeitpunkt, zu dem ein **Insolvenzverfahren eröffnet** wurde, ergibt sich aus dem Eröffnungsbeschluss, der nach § 27 Abs. 1 Nr. 3 InsO auch die Stunde der Eröffnung zu nennen hat. Wirksam wird der Eröffnungsbeschluss mit seinem Erlass, also wenn er entweder vom Richter verkündet oder ohne Verkündung vom Richter unterzeichnet wurde und den inneren Geschäftsgang des Gerichts verlassen hat (s. *Schmerbach* § 30 Rdn. 7).

7   Für die Einleitung eines Koordinationsverfahrens ist es jedoch nicht erforderlich, dass bereits bei einem gruppenangehörigen Schuldner ein Insolvenzverfahren eröffnet wurde, vielmehr ist es ausreichend, wenn bei zwei Gesellschaften des Konzerns die Eröffnung eines **Insolvenzverfahrens beantragt** wurde. Geklärt werden muss, was im vorliegenden Fall der Begriff »beantragt« bedeutet. Zieht man § 139 InsO heran, so ist, wie sich aus einem Vergleich von Abs. 1 mit Abs. 2 ergibt, der Eröffnungsantrag bereits gestellt, wenn er beim Insolvenzgericht eingegangen ist. Soll hingegen § 21 InsO als Vergleichsmaßstab dienen, so ist nach ganz h.M. ein **zulässiger Antrag** in dem Sinne erforderlich, dass zumindest ein missbräuchlicher oder offenkundig rechtswidriger Antrag ausgeschlossen ist (MüKo-InsO/*Haarmeyer* § 21 Rn. 17 f. unter Berufung auf *BGH* ZInsO 2007, 440 [441]). Begründet wird dies überwiegend mit der Schwere des Eingriffs in die Rechtssphäre des Schuldners, welche die Anordnung von Sicherungsmaßnahmen mit sich bringen kann.

8   Soll die Beeinträchtigung des Schuldners als Richtschnur dienen, so kann bei § 269d Abs. 1 InsO ein **Antrag bereits dann als gestellt** gelten, wenn er **bei Gericht eingegangen** ist. Selbst wenn sich herausstellen sollte, dass der ausschlaggebende Antrag unzulässig war, treten hierdurch keine irreparablen Schäden ein. Vielmehr wird regelmäßig das Koordinationsverfahren lediglich damit beginnen, dass das Gericht die Bestellung eines Verfahrenskoordinators vorbereitet (§ 269e InsO). Für diese Auslegung spricht auch ein Vergleich mit § 3a Abs. 1 Satz 1 InsO, wo ausdrücklich ein *zulässiger* Eröffnungsantrag gefordert wird. Allerdings ist das so gewonnene argumentum e contrario nicht völlig überzeugend, da in der Begründung zum RegE ausgeführt wird, durch das Erfordernis eines zulässigen Antrags würde der Prüfungsmaßstab zurückgenommen, da auf die Feststellung der Begründetheit verzichtet werde (BT-Drucks. 18/407 S. 26).

9   Wünschenswert ist es sicherlich, dass ein Eröffnungsantrag von der Konzernleitung in Abstimmung mit den Töchtern sorgfältig vorbereitet und erst dann eingereicht wird, wenn die Zusammensetzung des vorläufigen Gläubigerausschusses und des Gruppen-Gläubigerausschusses feststeht, die Einverständniserklärung der ins Auge gefassten Mitglieder vorliegen und Vorgespräche hinsichtlich der Person des Verwalters geführt wurden (so Flöther/*Flöther* Handbuch, § 4 Rn. 152). Leider kann in dieses akribisch intonierte Szenario der Antrag eines Gläubigers platzen, der dann ein sofortiges Reagieren erfordert, insbesondere, wenn ein Gruppen-Gerichtsstand begründet werden soll.

3. Koordinationsgericht

10 § 269d Abs. 1 InsO enthält eine **Legaldefinition** des Koordinationsgerichts, nach der das Gericht für die Durchführung des Koordinationsverfahrens zuständig ist, bei dem die **Gruppen-Folgeverfahren anhängig sind** oder anhängig gemacht werden können. Für Gruppen-Folgeverfahren ist nach § 3a Abs. 1 InsO das Insolvenzgericht zuständig, das sich auf Antrag für die Insolvenzverfahren über andere gruppenangehörige Schuldner für zuständig erklärt hat. Dabei ist es unerheblich, ob das Gericht bei der Begründung des Gruppen-Gerichtsstands von unzutreffenden Voraussetzungen ausgegangen ist. Dies ergibt sich bereits aus dem Rechtsgedanken der perpetuatio fori (vgl. *Wimmer-*

Amend § 3a Rdn. 31). Die Bündelung der Gruppe-Folgeverfahren und des Koordinationsverfahrens bei einem Gericht ist sinnvoll, da dort alle Erkenntnisse über die Unternehmensgruppe konzentriert vorliegen und ggf. erforderlich werdende Beweisaufnahmen nur einmal durchgeführt werden müssen. Außerdem ist dieses Gericht für die Einsetzung des Gruppen-Gläubigerausschusses zuständig (BT-Drucks. 18/407 S. 22).

Obwohl ein ausdrücklicher Hinweis auf § 3c Abs. 1 InsO fehlt, betrifft die Zuständigkeitsbegründung nach § 269d Abs. 1 InsO nicht nur das Gericht, sondern **auch die konkrete Person des Richters** (vgl. § 18 Abs. 1 Nr. 3 RPflG n.F.), so dass die Justizperson für das Koordinationsverfahren zuständig ist, die auch die Gruppen-Folgeverfahren bearbeitet. Eine analoge Anwendung ist geboten, da Normzweck und Interessenlage vergleichbar sind. Eine merkbare Verfahrenserleichterung durch Bündelung bei einem Gericht wird nur dann wirksam, wenn nicht nur auf die örtliche Zuständigkeit abgestellt wird, sondern auch auf die handelnden Personen. Gerade bei dem Koordinationsverfahren wird es darauf ankommen, dass der zuständige Richter einen möglichst umfassenden Überblick über alle insolventen Unternehmen hat, deren Verfahren am Gruppen-Gerichtsstand anhängig sind, unabhängig davon, ob sie in das Koordinationsverfahren einbezogen werden. 11

4. Antrag auf Einleitung eines Koordinationsverfahrens

Das Koordinationsverfahren wird nur auf Antrag eingeleitet. Es ist lediglich ein Angebot an die Verfahrensbeteiligten, wie sie in den Einzelverfahren auftretende Konflikte entschärfen können, um über eine Koordinierung ein möglichst optimales Ergebnis zu erzielen. Daraus erschließt sich zwanglos, dass das Insolvenzgericht **nicht befugt ist, von Amts wegen** ein Koordinationsverfahren einzuleiten, selbst wenn ihm handfeste Gründe vorliegen sollten, die für ein abgestimmtes Vorgehen sprechen. Das Gericht kann insofern lediglich den Verfahrensbeteiligten eine Anregung geben. 12

Die Antragsbefugnis erstreckt sich jedoch nicht nur darauf, die Ampel quasi auf grün zu schalten, um eine Verfahrenskoordination zu ermöglichen, vielmehr gibt sie es dem Antragsteller an die Hand, den **Kreis der gruppenangehörigen Schuldner** zu bestimmen, die in die Koordination eingebunden werden sollen. Insofern besteht hier die gleiche Interessenlage wie bei der Begründung des Gruppen-Gerichtsstands nach § 3a InsO, wo es ebenfalls der Disposition des Antragstellers unterliegt, die Schuldner zu benennen, deren Verfahren am Gruppen-Gerichtsstand geführt werden sollen (vgl. *Wimmer-Amend* § 3a Rdn. 14). 13

Der Antrag hat zum Ausdruck zu bringen, dass vom Gericht ein Koordinationsverfahren eingeleitet werden soll und hat die **Gruppen-Folgeverfahren zu benennen**, die in die Koordinierung einbezogen werden sollen. Weitere Angaben sind nicht erforderlich, da nach § 13a InsO das Insolvenzgericht über den Antrag zur Begründung eines Gruppen-Gerichtsstands bereits eingehend über die einzubeziehenden Unternehmen unterrichtet ist. Da für den **Antrag keine Form** vorgesehen ist, kann er auch zur Niederschrift der Geschäftsstelle abgegeben werden (vgl. MüKo-InsO/*Ganter*/*Lohmann* § 4 Rn. 87). 14

5. Entscheidung über den Antrag

Nach dem Wortlaut von Abs. 1 *kann* das Koordinationsgericht ein Koordinationsverfahren einleiten, wenn ein entsprechender Antrag bei ihm eingegangen ist. Diese Formulierung darf nicht dahingehend missverstanden werden, es stehe im freien Ermessen des Gerichts, ein solches Verfahren zu betreiben. Vielmehr hat das Gericht seine **Entscheidung** danach zu treffen, **ob das Verfahren Vorteile bringt**, die die mit ihm verbundenen Kosten übertreffen. Insofern ist es etwas missverständlich, wenn die Begründung zum RegE darauf abstellt, ob die zusätzlichen Kosten in einem angemessenen Verhältnis zu den zu erwartenden Vorteilen stehen (BT-Drucks 18/407 S. 35). Die Entscheidung sollte vielmehr davon abhängig gemacht werden, ob das Koordinationsverfahren geeignet ist, die Gesamthaftungsmasse aller insolventen Konzerngesellschaften zu erhöhen, ohne dass ein Beteiligter schlechter gestellt wird, als er ohne ein solches Verfahren stehen würde (vgl. zu dieser **Pareto-Superiorität** *Eidenmüller* ZHR 169 (2005) S. 528 [535 f.]; *ders.* ZZP 114 (2001) S. 3 [14 f.]; *Eidenmüller/Fro-* 15 *benius* ZIP 2013, Beil. zu Heft 22, S. 1 [4 f.]). Das Gericht sollte sich dabei insbesondere von der Überlegung leiten lassen, ob über dieses Verfahren verhindert werden kann, dass ein Gruppenmitglied sich der Koordination entzieht, ohne dass Nachteile eines solchen abgestimmten Vorgehens bei ihm zu befürchten wären. Bei der vom Gericht vorzunehmenden **Kosten-Nutzen-Analyse** wird auch zu berücksichtigen sein, ob das Koordinationsverfahren zu einer Verzögerung der Einzelverfahren führt und hieraus Nachteile für die Gläubiger erwachsen können.

16 Damit ist es gerade nicht Voraussetzung für die Einleitung eines Koordinationsverfahrens, dass in allen Verfahren gleichermaßen Vorteile zu erwarten wären. Ausreichend ist es vielmehr, dass **zumindest in einem Verfahren Koordinationsgewinne** feststellbar sind und in keinem anderen Verfahren hierdurch Gläubiger oder Gesellschafter schlechter gestellt werden. Allerdings dürfte es für die harmonische Zusammenarbeit aller in die Koordination eingebundenen Akteure von erheblicher Bedeutung sein, ob es gelingt, bei der Teilhabe der einzelnen Massen an dem Koordinationsgewinn einen für alle befriedigenden Ausgleich zu finden. Der Koordinationsplan dürfte auch hier das geeignete Instrument sein, um eine für alle akzeptable Lösung zu formulieren (vgl. § 269h Rdn. 73).

II. Zu Abs. 2

17 Nach dem Wortlaut von Abs. 2 Satz 1 steht die Antragsbefugnis jedem gruppenangehörigen Schuldner zu. Damit könnte auch ein Schuldner einen Antrag stellen, dessen Verfahren nicht am Gruppen-Gerichtsstand und damit auch nicht am Koordinationsgericht geführt wird und der selbst nicht an der Koordinierung teilnehmen möchte. Der **Wortlaut** bedarf somit einer **einengenden Interpretation** (teleologische Reduktion), dass der Schuldner antragsberechtigt ist, dessen Verfahren am Gruppen-Gerichtsstand geführt wird und der selbst in die Koordinierung eingebunden werden soll. Der ersten Einschränkung wird bereits dadurch Rechnung getragen, dass über den Antrag nach § 3a Abs. 1 InsO auch die Mitglieder der Unternehmensgruppe bezeichnet werden, über die ein Gruppen-Folgeverfahren eröffnet werden kann (vgl. *Wimmer-Amend* § 3a Rdn. 14 und zur Unternehmensgruppe § 3e Rdn. 13).

18 Wurde das Insolvenzverfahren noch nicht eröffnet und auch noch kein starker vorläufiger Insolvenzverwalter eingesetzt, steht **das Antragsrecht dem Schuldner** zu. Dies gilt auch, wenn das Insolvenzverfahren in Eigenverwaltung geführt wird (vgl. § 270d InsO). Durch die Verweisung in Abs. 2 Satz 1 auf § 3a Abs. 3 InsO wird dies ausdrücklich klargestellt. Im Grunde ist diese Verweisung überflüssig, da die Initiierung eines Koordinationsverfahrens zum Kernbereich der Masseverwaltung gehört, die dem Insolvenzverwalter obliegt, und nicht zu den Restbefugnissen, die der Geschäftsführung noch im insolvenzfreien Bereich verbleibt (vgl. *Uhlenbruck/Mock* InsO, § 80 Rn. 35 f.).

19 Neben dem Schuldner rsp. den bestellten Insolvenzverwaltern ist auch jeder **Gläubigerausschuss** oder vorläufige Gläubigerausschuss eines gruppenangehörigen Schuldners auf der *Grundlage eines einstimmigen Beschlusses* antragsbefugt. Damit wird zunächst klargestellt, dass der Gruppen-Gläubigerausschuss nach § 269c InsO nicht antragsberechtigt ist, da ausdrücklich nur die Gläubigerausschüsse von gruppenangehörigen Schuldnern genannt werden. Auch die Begründung zum RegE spricht nur den »jeweils eingesetzten ... Gläubigerausschuss« an (BT-Drucks. 18/407 S. 35). Dies ist der Sache auch gerechtfertigt, da die Einleitung eines Koordinationsverfahrens für die Einzelverfahren von ganz erheblicher Bedeutung sein kann und jeder Schuldner durch nur zwei Mitglieder im Gruppen-Gläubigerausschuss vertreten ist. Bei der Zubilligung einer Antragsbefugnis könnten diese ohne ausreichende Legitimation eine entscheidende Weichenstellung auslösen.

20 Chronologisch betrachtet ist zunächst jeder **vorläufige Gläubigerausschuss** eines gruppenangehörigen Schuldners bei Einstimmigkeit antragsberechtigt. Dass bei einem vorläufigen Gläubigerausschuss ein **einstimmiges Votum** gefordert wird, ist überzeugend, da im Eröffnungsverfahren ein solcher Ausschuss vom Insolvenzgericht nach § 21 Abs. 2 Nr. 1a InsO ohne Beteiligung der Gläubiger eingesetzt werden kann und seine Zusammensetzung damit noch nicht von den Gläubigern gebilligt wurde. Insofern wird etwa ein einstimmiger Beschluss des vorläufigen Gläubigerausschusses gefordert, wenn dieser eine bestimmte Person zum Insolvenzverwalter vorschlagen will. Diese Abwei-

chung von § 72 InsO wird u.a. damit begründet, dass der Ausschuss möglichst die Interessen aller Gläubigergruppen abbilden sollte und besonders wichtige Entscheidungen von einer möglichst repräsentativen Gesamtheit der Gläubiger getragen werden sollen (s. *Jahntz* § 56a InsO Rdn. 29).

Diese Bedenken sind bei einem **Gläubigerausschuss**, bei dem die Gläubigerversammlung nach § 68 InsO die Möglichkeit hatte, vom Insolvenzgericht bestellte Mitglieder abzuwählen und andere oder zusätzliche Mitglieder zu wählen, nicht gerechtfertigt. Durch die Gläubigerversammlung erhält er eine besondere Legitimation, die ihn nun als Repräsentanten der Gesamtgläubigerschaft ausweist. Insofern sollte der Ausschuss auch über die Einleitung eines Koordinationsverfahrens mit der **in § 72 InsO vorgesehenen Mehrheit** entscheiden können. Auch andere, für das Verfahren gravierende Weichenstellungen, wie etwa das Recht, die Entlassung des Verwalters zu beantragen (§ 59 Abs. 1 Satz 2 InsO), können mit dieser Mehrheit beschlossen werden. Ebenso kann der Ausschuss mit diesem Quorum in seinem wohl wichtigsten Aufgabenbereich, der Prüfung des Geldverkehrs und -bestandes, Beschlüsse fassen. Auch die Zustimmung zum Koordinationsplan, dem zentralen Rahmen für die Verfahrenskoordination, kann der Gruppen-Gläubigerausschuss nach § 269h Abs. 1 Satz 2 InsO mit der Mehrheit nach § 72 InsO beschließen. Deshalb ist es sinnvoll, das Einstimmigkeitserfordernis in Abs. 2 Satz 3 nur auf den vorläufigen Gläubigerausschuss zu beziehen. 21

§ 269e Verfahrenskoordinator

(1) ¹Das Koordinationsgericht bestellt eine von den gruppenangehörigen Schuldnern und deren Gläubigern unabhängige Person zum Verfahrenskoordinator. ²Die zu bestellende Person soll von den Insolvenzverwaltern und Sachwaltern der gruppenangehörigen Schuldner unabhängig sein. ³Die Bestellung eines gruppenangehörigen Schuldners ist ausgeschlossen.

(2) Vor der Bestellung des Verfahrenskoordinators gibt das Koordinationsgericht einem bestellten Gruppen-Gläubigerausschuss Gelegenheit, sich zu der Person des Verfahrenskoordinators und den an ihn zustellenden Anforderungen zu äußern.

Das Gesetz zur Erleichterung der Bewältigung von Konzerninsolvenzen (EKIG) vom 13.04.2017 (BGBl. I 2017, S. 866) tritt am 21.04.2018 in Kraft.

Übersicht	Rdn.		Rdn.
A. Normzweck	1	2. Noch nicht bestellter	
B. Im Einzelnen	3	Gruppen-Gläubigerausschuss	16
I. Entstehungsgeschichte	3	3. Einflussnahme der Gläubiger auf die	
II. Zu Abs. 1	5	Person des Verfahrenskoordinators	21
1. Allgemeine Vorgaben zur Unabhängigkeit	5	a) Gestufte Einflussnahme	21
2. Unabhängig von gruppenangehörigen Schuldnern und deren Gläubiger	7	b) Formale Anforderungen an die Mitwirkung	22
3. Unabhängigkeit von den Insolvenzverwaltern und Sachwaltern	13	c) Beschluss des Gruppen-Gläubigerausschusses	23
III. Zu Abs. 2	14	d) Abweichung vom Beschluss des Gruppen-Gläubigerausschusses	26
1. Bereits bestellter Gruppen-Gläubigerausschuss	14		

Literatur:
Anders/Möhlenkamp Konzerne in der Insolvenz – Chance auf Sanierung?, BB 2013, 579; *Harder/Lojowsky* Der Diskussionsentwurf für ein Gesetz zur Erleichterung der Bewältigung von Konzerninsolvenzen – Verfahrensoptimierung zur Sanierung von Unternehmensverbänden, NZI 2013, 327; *Pleister* Das besondere Koordinationsverfahren nach dem Diskussionsentwurf für ein Gesetz zur Erleichterung der Bewältigung von Konzerninsolvenzen, ZIP 2013, 1013.

§ 269e InsO Verfahrenskoordinator

A. Normzweck

1 Mit § 269e Abs. 1 InsO wird das Anforderungsprofil skizziert, dem der Verfahrenskoordinator zu genügen hat. Er soll ein neutraler Dritter, also von den gruppenangehörigen Schuldnern und deren Gläubiger unabhängige Person sein. Ebenso soll er möglichst wenige Berührungspunkte mit den Insolvenzverwaltern und Sachwaltern haben, die in den parallel anhängigen Insolvenzverfahren bestellt wurden. Ideal wäre es zudem, wenn er Erfahrungen mit Konzerninsolvenzen hätte und von seiner Persönlichkeitsstruktur her in der Lage wäre, als Mediator zwischen den Einzelverfahren zu vermitteln.

2 Um der in den letzten Jahren gestärkten Gläubigerautonomie Rechnung zu tragen, hat das Koordinationsgericht vor der Bestellung eines Verfahrenskoordinators dem Gruppen-Gläubigerausschuss Gelegenheit zu geben, sich zu dessen Person und Anforderungsprofil zu äußern.

B. Im Einzelnen

I. Entstehungsgeschichte

3 Nach § 269e Abs. 1 InsO i.d.F. des **Diskussionsentwurfs** zum EKIG war vorgesehen, als Koordinationsverwalter nicht einen neutralen Dritten heranzuziehen, sondern **aus dem Kreis der bereits bestellten Insolvenzverwalter** oder vorläufigen Insolvenzverwalter eine geeignete Person auszuwählen. Bei diesem Ansatz wurde zwar erkannt, dass eine bisher unbeteiligte Personen eher die Gewähr geboten hätte, keine eigenen Interessen zu verfolgen, jedoch wäre dies um den Preis erkauft worden, dass eine neue Person sich in die Interna der Unternehmensgruppe hätte einarbeiten müssen, der dann auch ein eigener Vergütungsanspruch zugestanden hätte. Insbesondere für kleinere Unternehmensgruppen wurde dabei ein Aufwand befürchtet, der nicht im Verhältnis zu der zu erwartenden Insolvenzmasse gestanden hätte. Zudem hätte keine neue Entscheidungsebene eingeführt werden müssen, wenn ein Insolvenzverwalter der Unternehmensgruppe die Aufgabe wahrgenommen hätte (vgl. ZIP 2013, Beil. Heft 2, S. 14).

4 Dieser Vorschlag ist jedoch auf heftige **Kritik gestoßen**, da ein für einen gruppenangehörigen Schuldner bestellter Verwalter kaum die Rolle eines neutralen Mediators ausfüllen könne. Es sei wenig überzeugend, die so nahezu zwangsläufig hervorgerufenen Interessenkonflikte bewusst in Kauf zu nehmen (vgl. etwa *Pleister* ZIP 2013, 1013 [1015]; *Flöther/Pleister* Handbuch, § 4 Rn. 375 m.w.N.; *Anders/Möhlenkamp* BB 2013, 579 [586]). Diese Kritik aufgreifend sieht der **RegE** vor, dass eine **neutrale Person** zum Koordinationsverwalter zu bestellen ist. Bei den Beratungen im Bundestag wurden dann der Begriff »Koordinationsverwalter« durch »Verfahrenskoordinator« ersetzt, da es nicht zur Aufgabe dieser Person gehören würde, die Insolvenzmassen der gruppenangehörigen Schuldner zu verwalten. Er habe lediglich für eine Koordination der einzelnen Verfahren zu sorgen (BT-Drucks. 18/11436 S. 25).

II. Zu Abs. 1

1. Allgemeine Vorgaben zur Unabhängigkeit

5 Der Verfahrenskoordinator hat dafür zu sorgen, dass die aus den Einzelverfahren resultierenden Interessenkonflikte zum Wohle eines optimalen Gesamtergebnisses möglichst entschärft werden. Insofern ist es überzeugend, dass die Begründung zum RegE den Koordinationsverwalter als eine Person beschreibt, die **Erfahrungen in der Mediation** und bei der **Abwicklung größerer Konzerninsolvenzen** hat. Nur eine **neutrale Person** ist geeignet, als Vermittler Interessenkonflikte zu entschärfen, ohne dabei eigenen Interessen zu verfolgen (BT-Drucks. 18/407 S. 35 f.).

6 Nach dem **Wortlaut differenziert** § 269e Abs. 1 InsO **zwischen der Unabhängigkeit** des Verfahrenskoordinators gegenüber gruppenangehörigen Schuldnern und deren Gläubigern einerseits und der Unabhängigkeit gegenüber den Insolvenzverwaltern und Sachwaltern andererseits. Während im ersten Fall (Satz 1) die Unabhängigkeit uneingeschränkt vorliegen muss, *soll* sie im zweiten Fall (Satz 2) lediglich gegeben sein, so dass theoretisch auch Fälle denkbar sind, in denen der Verfahrenskoordi-

nator nicht von den Insolvenzverwaltern unabhängig ist. Angesichts der zwingend vorgegebenen *Unabhängigkeit gegenüber gruppenangehörigen Schuldnern* ist es dann jedoch etwas verwirrend, wenn in Satz 3 ausdrücklich vorgegeben wird, dass die Bestellung eines gruppenangehörigen Schuldners zum Verfahrenskoordinator ausgeschlossen ist.

2. Unabhängig von gruppenangehörigen Schuldnern und deren Gläubiger

Das Erfordernis der Unabhängigkeit von Schuldnern und deren Gläubigern soll sich nach der Begründung des RegE bereits aus den allgemeinen Grundsätzen zur Verwalterbestellung nach § 56 Abs. 1 Satz 1 InsO ergeben (BT-Drucks. 18/407 S. 35). Angesichts des im Gesetzgebungsverfahren geschärften Anforderungsprofils, dem der Verfahrenskoordinator genügen muss, ist der Verweis auf die Auswahlkriterien für einen Insolvenzverwalter nur bedingt weiterführend. Insofern ist eher zu fragen, welche Voraussetzungen eine Person mitbringen muss, um eine **neutrale Vermittlerrolle** wahrnehmen zu können.

Diese Frage wird im **MediationsG** beantwortet. Danach ist ein Mediator eine unabhängige und neutrale Person *ohne Entscheidungsbefugnis*, die die Parteien durch die Mediation führt und allen Parteien gleichermaßen verpflichtet ist (§ 1 Abs. 2, § 2 Abs. 3 Satz 1 MediationsG). Der Mediator fördert die Kommunikation der Parteien und stellt sicher, dass diese in angemessener und **fairer Weise in das Verfahren eingebunden** sind. Sind die Beteiligten einverstanden, kann er auch getrennte Gespräche mit den Parteien führen (§ 2 Abs. 3 Satz 2 MediationsG). Er hat den Parteien alle **Umstände zu offenbaren**, die **Zweifel an seiner Unabhängigkeit und Neutralität** begründen. Liegen Zweifel vor, so darf er lediglich tätig werden, wenn die Parteien ausdrücklich zugestimmt haben (§ 3 Abs. 1 MediationsG). Wer in derselben Sache für eine Partei tätig gewesen ist, ist als Mediator ausgeschlossen. Er darf auch nicht während oder nach der Mediation für eine der Parteien in derselben Sache tätig werden (§ 3 Abs. 2 MediationsG). Dies gilt auch, wenn eine mit ihr in derselben Berufsausübungs- oder Bürogemeinschaft verbundene andere Person vor der Mediation in derselben Sache für eine Partei tätig gewesen ist (§ 3 Abs. 3 MediationsG).

Diese Kriterien passen auch für den Verfahrenskoordinator. Ergänzend können aber noch die Umstände herangezogen werden, die **Zweifel an der Unabhängigkeit** eines Insolvenzverwalters begründen würden. Solche Zweifel sind regelmäßig dann gerechtfertigt, wenn wirtschaftliche Verflechtungen oder persönliche Beziehungen vorliegen, die für das Gericht einen Ausschlussgrund nach § 41 ZPO darstellen oder die Besorgnis der Befangenheit nach § 42 ZPO begründen würden (s. *Jahntz* § 56 Rdn. 9). Überträgt man dies auf einen Verfahrenskoordinator, so sind Zweifel an seiner Neutralität etwa dann gerechtfertigt, wenn er bei einem Schuldner einen (gescheiterten) Sanierungsversuch durchgeführt hat oder wenn er als langjähriger Berater dort tätig war (für den Insolvenzverwalter vgl. *Jahntz* § 56 Rdn. 9). Angesichts der Vertrauensstellung, die der Verfahrenskoordinator für sich in Anspruch nimmt, sind an seine Unabhängigkeit hohe Anforderungen zu stellen. Zweifel sind bereits dann gerechtfertigt, wenn **ein wirtschaftliches oder tatsächliches Näheverhältnis** zu einem Insolvenzschuldner oder einem Insolvenzgläubiger der Gruppe besteht. Werden von Verfahrensbeteiligten an der Unabhängigkeit solche Zweifel geäußert, so hat das Gericht von Amts wegen dem nachzugehen und im Falle einer Bestätigung den Verfahrenskoordinator abzuberufen (vgl. zum Insolvenzverwalter MüKo-InsO/*Graeber* § 56 Rn. 25). War die Person, die als Verfahrenskoordinator eingesetzt werden soll, vorher bei einem Schuldner **als Berater tätig**, so dürfte dies ihn allerdings nicht per se ausschließen. Maßgebend wird vielmehr sein, wie lange diese Beratertätigkeit bereits zurückliegt, welchen Umfang sie angenommen hat und welchen Stellenwert dem beratenen Unternehmen im Konzernkontext zukommt. Dies hat auch dann zu gelten, wenn der Kandidat als **Wirtschaftsprüfer oder Steuerberater** für einen konzernangehörigen Schuldner tätig geworden ist. Allerdings ist auch die persönliche Einschätzung durch den Richter gefragt, inwiefern er den als Koordinator in Erwägung Gezogenen bereits früher als integre Persönlichkeit kennengelernt hat.

Hat der (spätere) Verfahrenskoordinator vor seiner Einsetzung bereits einen **Koordinationsplan** skizziert, so schließt dies angesichts der besonderen Zielrichtung eines solchen Plans nicht seine Unabhängigkeit aus. Dies wird bereits bei einem Insolvenzplan so gesehen, da dieser regelmäßig auf den

Ausgleich der gegenläufigen Interessen angelegt ist (s. *Jahntz* § 56 Rdn. 9). Insbesondere hat dies zu gelten, wenn der Planersteller dem Insolvenzgericht bekannt und das Gericht von seiner persönlichen Zuverlässigkeit überzeugt ist (MüKo-InsO/*Graeber* § 56 Rn. 30).

11 Wie im MediationsG ausdrücklich vorgeschrieben, so gilt auch bei der Bestellung des Insolvenzverwalters nach § 56 InsO, dass er **unaufgefordert über Umstände zu informieren** hat, die Zweifel an seiner Unabhängigkeit begründen (s. *Jahntz* § 56 Rdn. 11; eingehend MüKo-InsO/*Graeber* § 56 Rn. 31c, 36, 40, 53 f.). Dieser Pflicht hat deshalb auch der Verfahrenskoordinator nachzukommen.

12 Der apodiktische Wortlaut von § 269e Abs. 1 Satz 1 (»Das Koordinationsgericht bestellt ... eine unabhängige Person ...«) ist vor dem Hintergrund der an den Verfahrenskoordinator zu stellenden Anforderungen überzeugend. Eine **Ausnahme** ist nach diesem Wortlaut **nicht vorgesehen** und sollte nach der Aufgabe des Begriffs »Koordinationsverwalter« im Gesetzgebungsverfahren auch nicht zugelassen werden. Die Auswechslung der Bezeichnung ist nicht lediglich terminologischer Natur, sondern gibt dem Anforderungsprofil ein neues Gepräge und verpflichtet zur Bestellung einer **strikt neutralen Person**. Insofern ist Abs. 1 Satz 3 etwas überraschend, der die Bestellung eines gruppenangehörigen Schuldners ausschließt. Nimmt man die neutrale Vermittlerrolle des Verfahrenskoordinators ernst, so ist ein **Schuldner bereits durch Satz 1 zwingend ausgeschlossen**. Der Hinweis in der Begründung des RegE, bei Bestellung eines Schuldners könne der Auskunftsanspruch des Verfahrenskoordinators gegenüber den anderen Verwaltern zu stark eingeschränkt werden, stellt lediglich noch ein ergänzendes Hilfsargument dar (BT-Drucks. 18/407 S. 35 f.). Es spricht deshalb viel dafür, von der Bestellung eines in der Konzerninsolvenz tätigen Insolvenzverwalters zum Verfahrenskoordinator vollständig Abstand zu nehmen, da die Stellung eines solchen Vermittlers hierdurch *insgesamt* Schaden nehmen könnte. Die in der Begründung genannten Vorteile, unter Umständen verfüge die Person über eine besondere Expertise oder der Einarbeitungs- und Kostenaufwand könne verringert werden, vermögen diese Nachteile nicht zu kompensieren.

3. Unabhängigkeit von den Insolvenzverwaltern und Sachwaltern

13 Auch in dem Verhältnis des Verfahrenskoordinators zu den Insolvenzverwaltern und Sachwaltern hat zu gelten, dass keine Umstände vorliegen dürfen, die berechtigte Zweifel an seiner Unparteilichkeit oder Unabhängigkeit aufkommen lassen. Insofern kann auch hier auf § 42 ZPO verwiesen werden. Es ist nicht erforderlich, dass der Verfahrenskoordinator tatsächlich befangen ist, entscheidend ist allein, ob objektiv Gründe vorliegen, die nach der Meinung einer ruhig und vernünftig denkenden Person **Anlass geben, an seiner Unvoreingenommenheit zu zweifeln** (zur Ablehnung eines Richters vgl. *Zöller/Vollkommer* § 42 Rn. 9 m. zahlr. Beispielen aus der Rspr.). Solche Zweifel wären etwa begründet, wenn der Verfahrenskoordinator mit einem Insolvenzverwalter in einer Sozietät verbunden ist oder ein enges persönliches Näheverhältnis (z.B. Ehegatte oder nahe Verwandtschaft) besteht. Zweifel an der Unabhängigkeit wären wohl auch dann begründet, wenn der Koordinator fortlaufend von der Kanzlei eines Insolvenzverwalters mit Gutachtenaufträgen oder vergleichbaren Dienstleistungen betraut wird. Wie bereits ausgeführt, sollte auch bei Abs. 1 Satz 2 das »**soll**« als »***muss***« verstanden werden, da andernfalls das Vertrauensverhältnis, das für eine erfolgreiche Verfahrenskoordinierung unabdingbar ist, nicht aufgebaut werden könnte.

III. Zu Abs. 2

1. Bereits bestellter Gruppen-Gläubigerausschuss

14 Wie in § 56a Abs. 1 InsO für die Bestellung des Insolvenzverwalters vorgesehen, bestimmt auch § 269e Abs. 2 InsO, dass vor der Bestellung des Verfahrenskoordinators ein bereits bestellter Gruppen-Gläubigerausschuss Gelegenheit erhält, sich zur Person des Verfahrenskoordinators und/oder zu seinem Anforderungsprofil zu äußern. Aus dem Wortlaut erschließt sich eindeutig, dass das Mitwirkungsrecht der Gläubiger davon abhängig ist, dass ein **Gruppen-Gläubigerausschuss** existiert. Hat kein (vorläufiger) Gläubigerausschuss eines gruppenangehörigen Schuldners einen Antrag auf Be-

stellung eines Gruppen-Gläubigerausschusses gestellt, so können die Gläubiger keinen Einfluss auf die Auswahl des Gruppenkoordinators nehmen.

Die amtswegige Einsetzung eines Gruppen-Gläubigerausschusses wäre nicht zulässig, selbst wenn das Gericht überzeugt ist, die Mitwirkung der Gläubiger bei der Auswahl wäre für den Prozess der Verfahrenskoordination hilfreich oder wenn das Koordinationsverfahren auf Initiative eines Gläubigerausschusses nach § 269d Abs. 2 InsO eingeleitet wurde (vgl. *Wimmer-Amend* § 269c Rdn. 4). 15

2. Noch nicht bestellter Gruppen-Gläubigerausschuss

Existiert noch kein Gruppen-Gläubigerausschuss, aber wurde bereits nach § 269c Abs. 1 InsO von einem Gläubigerausschuss ein **Antrag auf Bildung eines Gruppen-Gläubigerausschusses** gestellt, so sollte das Koordinationsgericht mit der Bestellung des Verfahrenskoordinators so lange zuwarten, bis sich ein solcher Ausschuss gebildet hat, um dann dessen Vorschläge zur Person des Verfahrenskoordinators zur Kenntnis nehmen zu können. Andernfalls könnte leicht der Eindruck erweckt werden, das Gericht habe hinsichtlich des Verfahrenskoordinators seine Vorstellungen durchsetzen wollen, ohne die Wünsche der Gläubiger angemessen zu berücksichtigen. Dies würde sowohl die Arbeit des Verfahrenskoordinators erschweren, als auch das gesamte Koordinationsverfahren mit einer unnötigen Hypothek belasten. 16

Nach § 269 Abs. 2 i.V.m. § 56a Abs. 2 InsO ist das Gericht an einen **einstimmigen Vorschlag des Gruppen-Gläubigerausschusses** hinsichtlich der Person des Verfahrenskoordinators gebunden. Nicht recht nachvollziehbar ist es, inwiefern bei dieser eindeutigen Rechtslage ein »beredtes Schweigen« des Gesetzgebers vorliegen sollte, das zur Konsequenz hätte, dass dem Gruppen-Gläubigerausschuss lediglich ein unverbindliches Anhörungsrecht zusteht (so *Harder/Lojowsky* NZI 2013, 327, 330; a.A. etwa *Wimmer-Amend* § 269c Rdn. 39; *Flöther/Hoffmann* Handbuch, § 4 Rn. 111). Gerade um dieser Gefahr zu begegnen, stellt die Begründung zum RegE klar, dass die Anhörung des Gruppen-Gläubigerausschusses *»nicht im Unverbindlichen«* bleiben dürfe, sondern der Ausschuss die wesentlichen Vorgaben für das Koordinationsgericht festlege (BT-Drucks. 18/407 S. 36). 17

Hat das Gericht mit Rücksicht auf einen **erhöhten und dringlichen Koordinierungsbedarf** einen Verfahrenskoordinator **ohne Anhörung des (beantragten) Gruppen-Gläubigerausschusses** bestellt, so finden über § 269f Abs. 3 InsO die §§ 56a, 57 InsO entsprechend Anwendung. Bei der Mitwirkung des Gruppen-Gläubigerausschusses macht es keinen Sinn, danach zu differenzieren, ob das Insolvenzverfahren (welches soll das sein?) bereits eröffnet wurde oder sich noch im Stadium der Verfahrenseröffnung befindet. Ebenso wenig wäre es überzeugend, bei einer entsprechenden Anwendung von § 57 InsO auf die Gläubigerversammlungen in den Einzelverfahren abzustellen. Im Wege einer **Gesamtanalogie** ist die Verweisung vielmehr so zu verstehen, dass in der ersten Sitzung des Gruppen-Gläubigerausschusses *einstimmig*, also unter **Mitwirkung aller vom Gericht eingesetzten Mitglieder**, eine andere Person als die vom Gericht bestellte zum Verfahrenskoordinator gewählt werden kann. 18

Auch bei dem so Gewählten hat das **Insolvenzgericht zu prüfen**, ob die Bestellung zum Verfahrenskoordinator nicht wegen seiner fehlenden Eignung ausscheidet. Obwohl abweichend von § 56a Abs. 3, § 57 InsO InsO eine solche Prüfung durch das Gericht nicht vorsieht, ist sie geboten, da das Gericht zu verhindern hat, dass eine ungeeignete Person zum Koordinator bestellt wird. Wird der Gewählte vom Gericht nicht bestellt, so steht jedem Mitglied des Gruppen-Gläubigerausschusses entsprechend § 57 Satz 4 InsO ein Beschwerderecht zu (vgl. zum Insolvenzverwalter *Jahntz* § 56a Rdn. 56). 19

Um die Effektivität der Einzelverfahren nicht über Gebühr zu belasten, steht einem erst **nach längerer Zeit eingesetzten Gruppen-Gläubigerausschuss** das Recht zur Wahl eines anderen Verfahrenskoordinators nicht mehr zu, wenn der vom Gericht bestellte bereits einen Koordinierungsplan ausgearbeitet hat, der in einzelnen Verfahren einem Insolvenzplan nach § 269i Abs. 2 InsO zu Grunde 20 gelegt wurde. Im Übrigen dürfte dies nur eine theoretische Konstellation sein, da die Wahl einer anderen Person im Gruppen-Gläubigerausschuss einstimmig zu erfolgen hat.

3. Einflussnahme der Gläubiger auf die Person des Verfahrenskoordinators

a) Gestufte Einflussnahme

21 Durch die Mitwirkung der Gläubiger bei der Auswahl des Verfahrenskoordinators soll der durch das ESUG gestärkten Gläubigerautonomie Rechnung getragen werden. Wie bei der Verwalterbestellung können einzelne Gläubiger einen Vorschlag unterbreiten, eine Mehrheit von Gläubigern kann über den Gruppen-Gläubigerausschuss ein Anforderungsprofil beschließen und ein einstimmiges Votum des Ausschusses kann schließlich eine Bindungswirkung für das Gericht hinsichtlich einer bestimmten Person entfalten (vgl. *Jahntz* § 56a Rdn. 3).

b) Formale Anforderungen an die Mitwirkung

22 Durch § 269e Abs. 2 InsO enthält der Gruppen-Gläubigerausschuss lediglich Gelegenheit, sich zum Verfahrenskoordinator zu äußern. Es besteht also keine Pflicht für den Ausschuss, zu dieser Frage einen Beschluss zu fassen. Durch die Verweisung in § 269c Abs. 2 Satz 2 auf § 72 InsO müssen die Formalien beachtet werden, die für das Zustandekommen eines Beschlusses des Gläubigerausschusses maßgebend sind. Dies gilt etwa für die Frage, ob sich der Ausschuss ordnungsgemäß konstituiert hat oder ob die Mitglieder durch eine Erklärung gegenüber dem Insolvenzgericht ihr Amt angenommen haben (vgl. hierzu *Jahntz* § 56a Rdn. 18; MüKo-InsO/*Graeber* § 56a Rn. 22, 24).

c) Beschluss des Gruppen-Gläubigerausschusses

23 Der Gruppen-Gläubigerausschuss kann entweder ein Anforderungsprofil entwickeln, das er seinem Beschluss zu Grunde legt, oder er kann sich für eine bestimmte Person als Verfahrenskoordinator aussprechen. Denkbar ist auch eine Kombination aus beidem, dass der Ausschuss also ein Anforderungsprofil entwickelt und dem Gericht mitteilt, welche Person am ehesten diesem Profil entspricht (vgl. *Jahntz* § 56a Rdn. 20). Ebenso kann der Ausschuss mehrere Personen vorschlagen, die nach seiner Auffassung diesem Profil gerecht werden. Allerdings ist das Gericht, sofern nicht ein einstimmiges Votum des Ausschusses vorliegt, dann nur an das Profil gebunden.

24 Begnügt sich der Gruppen-Gläubigerausschuss mit einem **Anforderungsprofil**, so hat er möglichst **klare, eindeutig bestimmbare Kriterien** zu entwickeln, die sowohl bestimmte Eigenschaften voraussetzen können als auch andere ausschließen (s. *Jahntz* § 56a Rdn. 22). Bei einem Verfahrenskoordinator können das etwa Erfahrungen mit größeren Mediationen sein oder die Mitwirkung bei der Bewältigung von Konzerninsolvenzen. Denkbar sind auch Anforderungen, die dem konkreten Verfahren Rechnung tragen, wie etwa Branchenkenntnisse oder Erfahrungen auf einem bestimmten Marktsegment oder persönliche Eigenschaften des Verfahrenskoordinators, wie etwa Fremdsprachenkenntnisse oder umfangreiche Erfahrungen mit Insolvenzplanverfahren. Der Beschluss, mit dem das Anforderungsprofil festgelegt wird, bedarf der Mehrheit nach § 72 InsO.

25 Will sich der Ausschuss bindend auf eine **bestimmte Person** festlegen, so ist nach § 269f Abs. 3 i.V.m. § 56a Abs. 2 InsO eine *einstimmige Beschlussfassung* erforderlich. Denkbar ist, dass der Ausschuss auch zu dieser bestimmten Person ein Anforderungsprofil beschließt, um für das Gericht die Auswahlentscheidung transparent zu machen und ihm Gelegenheit zu geben, im Falle ihrer Ungeeignetheit eine andere Person zu benennen, die dem vom Ausschuss beschlossenen Profil genügt. Ein solcher Beschluss kommt wirksam nur zu Stande, wenn *alle gerichtlich bestellten* Mitglieder des Gruppen-Gläubigerausschusses mitgestimmt haben. Es reicht deshalb nicht aus, wenn lediglich die *anwesenden* Mitglieder sich einstimmig für eine bestimmte Person ausgesprochen haben (vgl. *Jahntz* § 56a Rdn. 29 m.w.N.).

d) Abweichung vom Beschluss des Gruppen-Gläubigerausschusses

Durch den einstimmigen Beschluss des Gruppen-Gläubigerausschusses hinsichtlich einer **bestimmten Person** wird das Gericht grds. gebunden, sofern der Vorgeschlagene nicht als Verfahrenskoordinator ungeeignet ist (§ 269f Abs. 3 i.V.m. § 56a Abs. 2 Satz 1 InsO). Das Gericht hat also nicht die Eignung positiv festzustellen, sondern kann sich damit begnügen, die **fehlende Eignung** zu konstatieren. Fehlt der im Beschluss bestimmten Person die Eignung, als Verfahrenskoordinator tätig zu sein, so kann das Gericht ohne erneute Beteiligung des Gruppen-Gläubigerausschusses eine ihm genehme Personen bestellen (vgl. *Jahntz* § 56a Rdn. 38 m.w.N.). Ob die Person geeignet ist, bestimmt sich nicht nach dem Anforderungsprofil, das der Ausschuss ggf. ebenfalls beschlossen hat, sondern lediglich nach den Anforderungen des § 269e Abs. 1 InsO (vgl. Rdn. 7 ff.). Angesichts seiner neutralen Funktion als Vermittler zwischen den widerstreitenden Interessen wird ein **besonderes Augenmerk auf seine Unabhängigkeit** zu richten sein. In noch stärkerem Umfang als vom Insolvenzverwalter muss von ihm gefordert werden, dass er zu keinem der Beteiligten in einem Näheverhältnis steht, das geeignet ist, Zweifel an seiner Neutralität zu begründen. Diese Unabhängigkeit des Verfahrenskoordinators ist schlechthin essenziell für das Koordinationsverfahren und steht nicht zur Disposition der Gläubiger. Es sollte deshalb ein *nobile officium* sein, dass dem Gericht mit dem Beschluss hinsichtlich einer bestimmten Person auch die den Ausschussmitgliedern bekannten Umstände mitgeteilt werden, die für eine fehlende Neutralität sprechen könnten.

26

Hat der Gruppen-Gläubigerausschuss die **Anforderungen** umrissen, denen der Verfahrenskoordinator zu genügen hat, so ist das Gericht hieran gebunden. Allerdings hat das **Gericht in eigener Verantwortung zu entscheiden**, ob eine bestimmte Person dem vom Ausschuss genannten Anforderungsprofil entspricht. Anforderungen, die dem Leitbild des § 269e Abs. 1 InsO widersprechen, hat das Gericht bei seiner Auswahl nicht zu beachten. Ebenso entfällt die Bindung des Gerichts, wenn der Ausschuss von unzutreffenden Annahmen ausgegangen ist oder sich die Sachlage nachträglich gravierend verändert hat. Ist das vom Ausschuss entwickelte Anforderungsprofil so detailliert, dass quasi nur noch eine einzelne Person als Verfahrenskoordinator infrage kommt, so wäre dies eine Umgehung des Einstimmigkeitserfordernisses, wenn nicht eine entsprechende Mehrheit bei der Beschlussfassung des Ausschusses erzielt wurde (vgl. *Jahntz* § 56a Rdn. 41, 43). Um den Beteiligten die gerichtliche Entscheidung, mit der von dem Beschluss des Gruppen-Gläubigerausschusses abgewichen wird, transparent zu machen, sind in dem Beschluss nach § 269f Abs. 3 i.V.m. § 27 Abs. 2 Nr. 5 InsO die **wesentlichen Umstände darzulegen**, die das Gericht zu der abweichenden Entscheidung bewogen haben.

27

Folgt das Insolvenzgericht dem Beschluss des Gruppen-Gläubigerausschusses nicht, so ist dessen Mitgliedern **kein Rechtsmittel** eröffnet (vgl. § 6 Abs. 1 InsO). Sie haben lediglich die Möglichkeit, nach § 269f Abs. 3 i.V.m. § 56a Abs. 3 InsO in der ersten Sitzung einstimmig eine andere Person zum Verfahrenskoordinator zu wählen (vgl. Rdn. 18).

28

§ 269f Aufgaben und Rechtsstellung des Verfahrenskoordinators

(1) ¹Der Verfahrenskoordinator hat für eine abgestimmte Abwicklung der Verfahren über die gruppenangehörigen Schuldner zu sorgen, soweit dies im Interesse der Gläubiger liegt. ²Zu diesem Zweck kann er insbesondere einen Koordinationsplan vorlegen. ³Er kann diesen in den jeweiligen Gläubigerversammlungen erläutern oder durch eine von ihm bevollmächtigte Person erläutern lassen.

(2) ¹Die Insolvenzverwalter und vorläufigen Insolvenzverwalter der gruppenangehörigen Schuldner sind zur Zusammenarbeit mit dem Verfahrenskoordinator verpflichtet. ²Sie haben ihm auf Aufforderung insbesondere die Informationen mitzuteilen, die er für eine zweckentsprechende Ausübung seiner Tätigkeit benötigt.

(3) Soweit in diesem Teil nichts anderes bestimmt ist, gelten für die Bestellung des Verfahrenskoordinators, für die Aufsicht durch das Insolvenzgericht sowie für die Haftung und Vergütung § 27 Abs. 2 Nr. 5 und die §§ 56 bis 60, 62 bis 65 entsprechend.

Das Gesetz zur Erleichterung der Bewältigung von Konzerninsolvenzen (EKIG) vom 13.04.2017 (BGBl. I 2017, S. 866) tritt am 21.04.2018 in Kraft.

Übersicht

	Rdn.
A. Normzweck	1
B. Im Einzelnen	3
I. Abgestimmte Abwicklung nach Abs. 1	3
1. Koordination im Eröffnungsverfahren	4
2. Koordination vor und nach Verfahrenseröffnung	6
a) Koordination ohne Koordinationsplan	6
b) Koordination mit Koordinationsplan	11
3. Koordination nur im Interesse der Gläubiger	13
II. Die Pflicht zur Zusammenarbeit nach Abs. 2	15
1. Pflicht zur Zusammenarbeit nicht nur für Insolvenzverwalter	15
2. Differenzierungen zwischen den mitteilungspflichtigen Tatsachen	16
3. Zurückhaltung von Informationen	23
4. Sonstige Form der Zusammenarbeit	24
III. Die Rechtsstellung des Verfahrenskoordinators nach Abs. 3	25
1. Bestellung des Verfahrenskoordinators	25
2. Aufsicht durch das Koordinationsgericht und Entlassung des Koordinators	26
3. Haftung des Koordinators	28
4. Vergütung des Koordinators	33

Literatur:
Brünkmanns Entwurf eines Gesetzes zur Erleichterung der Bewältigung von Konzerninsolvenzen: Kritische Analyse und Anregungen aus der Praxis, ZIP 2013,193; *ders.* Die koordinierte Verfahrensbewältigung in Insolvenzverfahren gruppenangehöriger Schuldner nach dem Diskussionsentwurf zur Konzerninsolvenz, Der Konzern 2013, 169.

A. Normzweck

1 Die Vorschrift behandelt die wesentliche Aufgabe des Verfahrenskoordinators, für eine abgestimmte Abwicklung der Einzelverfahren zu sorgen. Wie ein Mediator ist er allen Insolvenzverfahren über gruppenangehörige Schuldner gleichermaßen verpflichtet. Er fördert die Kommunikation zwischen den Insolvenzverwaltern und trägt dafür Sorge, dass alle Verwalter in angemessener und fairer Weise in die Koordination eingebunden werden. Ihm stehen dabei alle Maßnahmen zu Verfügung, die geeignet sind, diesem Ziel zu dienen. Als wichtigstes Instrument wird vom Gesetz der Koordinationsplan genannt. Etwas euphemistisch bezeichnet ihn deshalb die Begründung zum RegE als »*Seele des gesamten Koordinationsverfahrens*« (BT-Drucks. 18/407 S. 36).

2 Eine effektive Abstimmung der Einzelverfahren wird nur gelingen, wenn der Verfahrenskoordinator durch die Insolvenzverwalter unterstützt wird. Abs. 2 verpflichtet deshalb die Verwalter zur Zusammenarbeit mit dem Koordinator und gibt ihnen insbesondere auf, diesen umfassend mit den Informationen zu versorgen, die er für zur Erfüllung seiner Aufgabe benötigt.

B. Im Einzelnen

I. Abgestimmte Abwicklung nach Abs. 1

3 Der Verfahrenskoordinator hat dafür Sorge zu tragen, dass die Einzelverfahren über die gruppenangehörigen Schuldner so aufeinander abgestimmt werden, dass die Gesamtmasse aller Verfahren möglichst maximiert wird, also größer ist, als sie bei einer unabgestimmten Abwicklung der Einzelverfahren wäre. Der Koordinator hat dafür Sorge zu tragen, dass möglichst alle Stolpersteine aus dem Weg geräumt werden, die diesem Ziel widerstreiten könnten.

1. Koordination im Eröffnungsverfahren

Zu Recht weist die Begründung zum RegE darauf hin, dass die Koordination der Einzelverfahren **umso erfolgreicher** sein wird, **je früher sie eingeleitet** wird (BT-Drucks. 18/407 S. 37). Da der Verfahrenskoordinator nach § 269e Abs. 1 InsO vom Koordinationsgericht bestellt wird, welches das für die Eröffnung von Gruppen-Folgeverfahren zuständige Gericht ist (§ 269d Abs. 1 InsO), reicht es nach § 3a Abs. 1 InsO aus, dass zu einer Gesellschaft der Unternehmensgruppe ein zulässiger Eröffnungsantrag vorliegt, um einen Gruppen-Gerichtsstand zu begründen. Allerdings setzt dann § 269d Abs. 1 InsO voraus, dass zumindest zu zwei gruppenangehörigen Schuldnern ein Eröffnungsantrag gestellt wurde. Zumindest theoretisch kann deshalb der Verfahrenskoordinator frühzeitig seine Tätigkeit aufnehmen, um bereits **im Anfangsstadium der Konzerninsolvenz** steuernd auf die Verfahrensgestaltung einzuwirken.

Da als Ausfluss der in § 269f Abs. 2 InsO statuierten Kooperationspflicht dem Verfahrenskoordinator das Recht zusteht, an den Gläubigerversammlungen und den Sitzungen der Gläubigerausschüsse teilzunehmen (BT-Drucks. 18/407 S. 37), kann er etwa anregen, dass ein Antrag auf Einsetzung eines **Gruppen-Gläubigerausschusses** nach § 269c Abs. 1 Satz 1 InsO gestellt wird. Ebenso wäre es denkbar, dass er in der Sitzung eines vorläufigen Gläubigerausschusses nach § 56a Abs. 2 InsO daraufhin wirkt, dass eine bestimmte Person zum Verwalter vorgeschlagen wird oder er in der ersten Gläubigerversammlung nach § 57 InsO anregt, einen anderen Insolvenzverwalter zu wählen, etwa eine Person, die bereits in einem anderen Verfahren eines gruppenangehörigen Schuldners bestellt wurde.

2. Koordination vor und nach Verfahrenseröffnung

a) Koordination ohne Koordinationsplan

Möglichst frühzeitig sollte er das **Gespräch** mit den (vorläufigen) Insolvenzverwaltern der konzernangehörigen Gesellschaften **suchen**. Er sollte für ein Gesprächsforum sorgen, das es erlaubt, zunächst die Vorstellungen der einzelnen Verwalter zur Abwicklung ihrer Verfahren kennen zu lernen, um dann möglichst gemeinsam eine Strategie zu entwickeln, wie die Einzelverfahren im Interesse eines hohen Gesamtertrags harmonisiert werden können. Dies wird umso eher gelingen, als der Koordinator bereits seine Vorstellungen skizzieren kann, wie ein von ihm zu konzipierender Koordinationsplan aussehen wird. In diesem frühen Verfahrensstadium sollte möglichst verhindert werden, dass einzelne Verwalter durch vorschnelle Entscheidungen eine *fait accompli* schaffen, die dann die gesamte weitere Gestaltung der Konzerninsolvenz gefährden kann. Dieser Fall kann etwa eintreten, wenn der Geschäftsbetrieb von Gesellschaften eingestellt wird, deren Tätigkeit für die gesamte Unternehmensgruppe von Bedeutung ist. In diesem Zusammenhang sei lediglich an die EDV oder an die Herstellung von Vorprodukten erinnert, die für die Fertigung in anderen Konzerngesellschaften nicht zu substituieren sind.

In der Begründung zum RegE wird ein **Gesprächsforum** angeregt, in dem die Repräsentanten der einzelnen Gesellschaften die Möglichkeit erhalten, **konzerninterne Transaktionen und Forderungssalden** zu ermitteln, um dann Lösungswege zu vereinbaren, wie diese konzerninternen Vorgänge, die für alle Gesellschaften gleichermaßen Bedeutung haben, im weiteren Verfahren möglichst nach einheitlichen Grundsätzen zu behandeln sind (BT-Drucks. 18/407 S. 23).

Da der Verfahrenskoordinator auch ohne die Vorbereitung oder Vorlage eines Koordinationsplans zur Teilnahme an jeder Gläubigerversammlung berechtigt ist, wobei ihm im Hinblick auf seine Aufgabe und unter Berücksichtigung der Pflicht zur Zusammenarbeit über die reine Anwesenheit hinaus auch das Recht zur Äußerung zusteht, kann er im **Berichtstermin** nach dem Bericht des Verwalters **seine Sicht zur wirtschaftlichen Lage** der Gesellschaft und zu der der Unternehmensgruppe insgesamt darstellen. Dabei kann er auch zu der Frage Stellung nehmen, ob eine Erhaltung des Konzerns insgesamt oder seiner wesentlichen Teile Erfolg versprechend ist und welche Maßnahmen nach seiner Sicht hierfür geboten wären. Sind nach Auffassung des Verfahrenskoordinators die Fortführungschancen der Unternehmensgruppe negativ zu bewerten, so könnte er sich dazu äußern, welche Verwertungsmöglichkeiten sich bei einem harmonisierten Vorgehen in den Verfahren der einzelnen Gesellschaften ergeben, wie sich diese zu einer unabgestimmten Einzelverwertung verhalten und ob eine koordinierte übertragende Sanierung der wesentlichen *assets* der Unternehmensgruppe denkbar ist.

9   Korrespondierend zu seinem Recht auf Teilnahme und Äußerung in der Gläubigerversammlung hat der Verfahrenskoordinator die **Pflicht, die Fragen der am Verfahren Beteiligten möglichst erschöpfend zu beantworten** (vgl. zum Insolvenzverwalter *Wegener* § 156 Rdn. 13). Wenn möglich, hat er dabei auch darzulegen, ob und in welcher Höhe ein Koordinationsgewinn anfällt und wie dieser den einzelnen Verfahren zu Gute kommen soll.

10   Im Gegensatz zum Insolvenzverwalter, der den Berichtstermin in aller Regel persönlich wahrzunehmen hat und sich nur in Ausnahmefällen vertreten lassen darf (*Wegener* § 156 Rdn. 7), kann sich der **Verfahrenskoordinator nach Belieben in den Terminen vertreten lassen**. Die Formulierung in § 269f Abs. 1 Satz 2 InsO, er könne den Koordinationsplan *durch eine von ihm bevollmächtigte Person* in der Gläubigerversammlung erläutern lassen, ist zu eng und lediglich als Pars pro toto zu verstehen. Führt man sich den Fall einer großen Konzerninsolvenz mit möglicherweise Dutzenden von Gesellschaften vor Augen, kann es nahezu unmöglich sein, dass eine Person alle Termine wahrnimmt, um die Koordination der Einzelverfahren voranzutreiben.

b) Koordination mit Koordinationsplan

11   Das Herzstück des Koordinationsverfahrens ist der Koordinationsplan, dessen zentrale Aufgabe darin gesehen wird, den Konzern zu restrukturieren und wieder wettbewerbsfähig zu machen. Um dieses Ziel zu erreichen, müssen die einzelnen Verfahren über gruppenangehörige Schuldner auf ein übergeordnetes Sanierungsziel ausgerichtet werden. Mit dem Koordinationsplan entwickelt der Verfahrenskoordinator Vorgaben, wie die wirtschaftliche Leistungsfähigkeit wieder hergestellt werden kann (BT-Drucks. 18/407 S. 38; zu den Einzelheiten des Koordinationsplans vgl. die Erl. zu § 269h InsO). Wurde ein **Verfahrenskoordinator** bestellt, so kommt ihm das **alleinige Recht** zu, einen **Koordinationsplan vorzulegen**. Bis zu diesem Zeitpunkt sind auch die Insolvenzverwalter der gruppenangehörigen Schuldner berechtigt, beim Koordinationsgericht einen entsprechenden Plan einzureichen (vgl. § 269h Abs. 1 Satz 1 InsO).

12   Wie bereits ausgeführt, hat der Koordinator das Recht, an allen Gläubigerversammlungen teilzunehmen. Da die Leitlinien für die Koordination möglichst frühzeitig festgelegt werden sollten, empfiehlt es sich, dass der Verfahrenskoordinator bereits im **Berichtstermin** einen **Koordinationsplan vorlegt** oder zumindest die wesentlichen Leitlinien entwickeln kann. Liegt zum Berichtstermin noch kein Koordinationsplan vor, so hat das Gericht von Amts wegen einen Termin für eine weitere Gläubigerversammlung zu bestimmen, auf der der Verfahrenskoordinator oder sein Vertreter den Plan erläutern kann. Im Anschluss an den Vortrag des Koordinators hat der **Insolvenzverwalter** rsp. im Falle der Eigenverwaltung der Schuldner **zu dem Koordinationsplan Stellung zu nehmen** und die Gründe zu erläutern, die für oder gegen diesen Plan sprechen. Wie sich aus § 156 Abs. 1 Satz 2 InsO ergibt, hat er darzulegen, ob Aussichten bestehen, das Unternehmen im Ganzen oder in Teilen zu erhalten. Im Rahmen dieser Einschätzung hat er auch die Vorschläge des Verfahrenskoordinators zu würdigen. Insbesondere hat er zu erläutern, wie sich die Umsetzung des Koordinationsplans auf die Befriedigungsaussichten der Gläubiger auswirken würde. Angesichts der erheblichen Unsicherheiten, die mit dieser Prognose verbunden sind, wird zu Recht vorgeschlagen, dem Insolvenzverwalter durch die Anwendung der **business judgement rule** entsprechend § 93 Abs. 1 Satz 2 AktG zu helfen (*Thole* Der Konzern 2013, 182 [187]; wohl ebenso Flöther/*Madaus* Handbuch, § 5 Fn. 221).

3. Koordination nur im Interesse der Gläubiger

13   Wie alle Koordinationsmaßnahmen und insbesondere die Einleitung des Koordinationsverfahrens so steht auch die Tätigkeit des Verfahrenskoordinators unter dem Vorbehalt, dass sie geeignet ist, den Interessen der Gläubiger zu dienen. Der Maßstab, ob die Tätigkeit des Koordinators im Interesse der

Gläubiger liegt, bemisst sich wie bei § 269a Abs. 1 InsO (vgl. Rdn. 17) oder bei § 269d Abs. 1 InsO (vgl. Rdn. 15)nach der **Pareto-Effizienz**, also letztlich danach, ob zumindest die Quote für einzelne Gläubiger *eines* Verfahrens verbessert werden kann, ohne dass hierdurch die anderen Verfahrensbeteiligten Einbußen hinzunehmen hätten (BT-Drucks. 18/407 S. 37).

Im Interesse eines fairen Koordinationsverfahrens muss dieser Maßstab allerdings noch um den Gesichtspunkt ergänzt werden, dass für anfallende **Koordinationsgewinne** ein möglichst **gerechter Ausgleich** zwischen den Verfahren entsprechend § 245 Abs. 1 Nr. 2 InsO erreicht werden kann (vgl. zur Kritik an dem Schweigen des Gesetzes in diesem Punkt *Brünkmans* ZIP 2013, 193 [195]). Bei seiner gesamten Tätigkeit, also etwa auch bei der Vorlage eines Koordinationsplans, hat der Verfahrenskoordinator zu prüfen, ob hierdurch **Kosten verursacht** werden, die nicht durch einen Kooperationsgewinn kompensiert werden, oder ob Verfahrensverzögerungen auftreten, die zu Einbußen bei den Verfahrensbeteiligten führen. 14

II. Die Pflicht zur Zusammenarbeit nach Abs. 2

1. Pflicht zur Zusammenarbeit nicht nur für Insolvenzverwalter

Die Insolvenzverwalter sind nicht nur nach § 269a InsO untereinander zur Zusammenarbeit verpflichtet, sondern sie haben auch mit dem Verfahrenskoordinator zu kooperieren. Bildlich gesprochen haben sie ihn in den Kreis derjenigen aufzunehmen, die untereinander Informationen austauschen und die sich auch sonst bei ihrer Tätigkeit unterstützen. Auch hier wird deutlich, dass im Rahmen einer Konzerninsolvenz **alle Beteiligten**, die institutionalisierte Funktionen im Verfahren zu erfüllen haben, **zur Zusammenarbeit angehalten** sind. Selbst wenn Abs. 2 nur die (vorläufigen) Insolvenzverwalter zur Unterstützung des Verfahrenskoordinators verpflichtet, erstreckt sich dies auch auf die anderen Verfahrensbeteiligten im Rahmen ihrer jeweiligen Zuständigkeiten. Dies hat etwa im Falle der Eigenverwaltung für die Schuldner und Sachwalter zu gelten, die im Rahmen ihrer Befugnisse auch angehalten sind, den Verfahrenskoordinator bei der Erfüllung seiner Aufgaben zu unterstützen (vgl. *Wimmer-Amend* § 270d Rdn. 2). 15

2. Differenzierungen zwischen den mitteilungspflichtigen Tatsachen

Während **Abs. 2 Satz 1** zunächst grundlegend und unkonditioniert eine Pflicht zur Zusammenarbeit mit dem Verfahrenskoordinator anordnet, verpflichtet Satz 2 die Verwalter die Informationen mitzuteilen, die der Koordinator für eine zweckentsprechende Ausübung seiner Tätigkeit benötigt. Wie bei § 269a InsO sollte auch bei Abs. 2 zwischen den Informationen differenziert werden, die unaufgefordert als Ausfluss der allgemeinen Unterstützungspflicht mitzuteilen sind und solchen, die lediglich nach Aufforderung übermittelt werden müssen. 16

Unaufgefordert sind solche Informationen **zu übermitteln**, die für die Koordinierung der Einzelverfahren von so ausschlaggebender Bedeutung sind, dass sie dem Verfahrenskoordinator unverzüglich mitzuteilen sind, sobald der Verwalter Kenntnis von dessen Bestellung erhält. Dies gilt bereits für die grundlegenden Angaben, die zur Individualisierung des Verfahrens unerlässlich sind, wie etwa das zuständige Gericht, den Zeitpunkt der Verfahrenseröffnung, Aktenzeichen, Kontaktdaten des Insolvenzverwalters oder die Einsetzung eines vorläufigen Gläubigerausschusses. Da der Verfahrenskoordinator auch bereits im Eröffnungsverfahren vermittelnd tätig werden kann, sollte ihm auch zeitnah mitgeteilt werden, wenn einer der Insolvenzverwalter erfährt, dass bei einer konzernangehörigen Gesellschaft ein Eröffnungsantrag gestellt wurde. 17

Hat bei einzelnen gruppenangehörigen Unternehmen bereits ein **Berichtstermin** stattgefunden, an dem der Koordinator noch nicht teilnehmen konnte, so ist er auch unaufgefordert darüber zu informieren, wie sich die Insolvenzgläubiger entschieden haben, ob sie also für eine **Fortführung oder Stilllegung des Unternehmens** votiert haben. Erbringt ein Gruppenmitglied Schlüsselleistungen für die gesamte Unternehmensgruppe, so kann das Gelingen einer Verfahrenskoordination entscheidend davon abhängen, ob bei diesen Unternehmen eine Betriebsstilllegung beschlossen wurde. 18

19 Die mitteilungsbedürftigen »*Pflichtangaben*« sollten **nicht zu eng verstanden** werden, da es in einem frühen Verfahrensstadium noch nicht absehbar ist, welche Informationen zwingend vom Verfahrenskoordinator benötigt werden. Allerdings sind die Insolvenzverwalter nicht verpflichtet, ihr Unternehmen quasi mit den Augen des Verfahrenskoordinators zu beobachten, um ermessen zu können, welche Informationen dieser für seine Aufgabe benötigt.

20 Insofern können sie abwarten, bis der Verfahrenskoordinator auf sie zukommt, um seinen Informationsbedarf darzulegen. Insbesondere bei größeren Konzerninsolvenzen dürfte es sinnvoll sein, wenn der Koordinator einen **Fragenkatalog** erarbeitet, um sich einen **Überblick über die Einzelverfahren und den Umfang der Koordinationslast** zu verschaffen. Insbesondere muss er zügig Klarheit darüber gewinnen, wie der konzerninterne Leistungsaustausch oder das Cash Management beschaffen ist. Als Stichworte seien lediglich Cash Pooling, Upstream- oder Downstream-Finanzierungen, Lieferungen zu Konzernverrechnungspreisen, konzerninterne Vermietung von Anlagevermögen, konzerninternes Leasing oder Lizenzgebühren zu nicht marktgerechten Bedingungen genannt.

21 Alle diese **konfliktträchtigen Bereiche** muss der Verfahrenskoordinator in den Blick nehmen, um zu verhindern, dass aus ihnen Rechtsstreitigkeiten, etwa im Rahmen von Insolvenzanfechtungen, erwachsen, die alle Verfahren mit einer kaum zu bewältigenden Hypothek belasten würden. Gerade beim eng verflochtenen Konzern ist es unerlässlich, dass möglichst zügig Klarheit besteht, **welchem Verfahren welche Vermögenswerte zuzuordnen** sind. Insofern sei lediglich der Fall genannt, dass mehrere konzernangehörige Unternehmen das gleiche Betriebsgelände nutzen (Flöther/*Frege*/*Nicht* Handbuch, § 4 Rn. 329). Für die Fortsetzung des Geschäftsbetriebs der Unternehmensgruppe ist es von erheblicher Bedeutung, wie die einzelnen Insolvenzverwalter mit **wechselseitig nicht erfüllten gegenseitigen Verträgen** umzugehen gedenken. Nur wenn insofern ein abgestimmtes Vorgehen erreicht wird, kann es gelingen, die **Lieferbeziehungen**, auf die die Gruppe angewiesen ist, weiter **aufrecht zu erhalten**.

22 Lässt sich dies in einem frühen Verfahrensstadium nicht mit Sicherheit feststellen, so hat der Verfahrenskoordinator ein Procedere zu entwickeln, wie möglichst bald Klarheit zu diesen Fragen erreicht werden kann. Insofern wäre es wünschenswert, wenn beim **Verfahrenskoordinator alle wesentlichen Daten gepoolt** werden könnten, sofern deren Mitteilung durch die jeweiligen Insolvenzverwalter mit den Interessen ihres Verfahrens vereinbar ist.

3. Zurückhaltung von Informationen

23 Auch gegenüber dem Verfahrenskoordinator haben die Verwalter das Recht, entsprechend § 269a Abs. 1 InsO gewisse **Informationen zurückzuhalten**, die die **Interessen der Beteiligten ihres Verfahrens** beeinträchtigen könnten (vgl. § 269a Rdn. 18 f.). Allerdings ist bei der Informationspflicht gegenüber dem Verfahrenskoordinator ein deutlich strengerer Maßstab anzulegen als bei § 269a Abs. 1 InsO gegenüber den Mitverwaltern. Dies ergibt sich zum einen rein formal aus dem Wortlaut von Abs. 2, der für die Mitteilungspflicht gegenüber dem Koordinator keine Einschränkung vorsieht. In der Sache ist dies dadurch gerechtfertigt, dass der Verfahrenskoordinator Rechte und Pflichten gegenüber allen Insolvenzverwaltern hat und er bei Informationen, die er von diesen erhält, zu prüfen hat, ob sie vertraulich zu behandeln sind oder ob sie auch den anderen Verwaltern mitgeteilt werden können. Der Verfahrenskoordinator wird seine vermittelnde Tätigkeit zwischen den Verwaltern nur dann erfolgreich bewältigen können, wenn er von deren Vertrauen getragen wird und sie sich darauf verlassen können, dass für ihr Verfahren nachteilige Informationen nur mit ihrer Billigung weitergegeben werden.

4. Sonstige Form der Zusammenarbeit

24 Die **Pflicht zur Zusammenarbeit**, deren wichtigste Komponente wie bereits ausgeführt die Informationspflicht ist, erfasst alle Tätigkeiten, die nicht unmittelbar der Informationsüberlassung unterfallen (s. § 269a Rdn. 16). Gegenüber dem Verfahrenskoordinator kommt insbesondere die **Zurverfügungstellung von Urkunden** und sonstigen Dokumenten infrage oder die Ermöglichung der

Teilnahme an Gläubigerversammlungen und Sitzungen der Gläubigerausschüsse. Zutreffend wird in der Begründung des RegE darauf hingewiesen, dass die Insolvenzverwalter verpflichtet sein können, dem Verfahrenskoordinator **Zugang zu den Betrieben** zu ermöglichen, damit sich dieser selbst ein Bild verschaffen kann. Auch dürfte es geboten sein, ein etwaiges Informationsbedürfnis des Verfahrenskoordinators gegenüber dem Management oder den Mitarbeitern des schuldnerischen Unternehmens nicht unmittelbar durch diesen selbst befriedigen zu lassen, sondern ihn zu verpflichten, nur über den jeweiligen Verwalter mit dem Unternehmen zu kommunizieren (BT-Drucks. 18/407 S. 37).

III. Die Rechtsstellung des Verfahrenskoordinators nach Abs. 3

1. Bestellung des Verfahrenskoordinators

Obwohl sich das Aufgabenspektrum des Verfahrenskoordinators deutlich von dem eines Insolvenzverwalters unterscheidet, verweist Abs. 3 zur Präzisierung seiner Rechtsstellung wie beim Sachwalter nach § 274 Abs. 1 InsO auf die Vorschriften über den Insolvenzverwalter. Die durch die Verweisung auf § 56 InsO geforderte **Eignung des Verfahrenskoordinators** für den jeweiligen Einzelfall bedeutet insbesondere, dass er von seinem Naturell her eher auf Ausgleich bedacht ist und idealerweise bereits Erfahrungen mit Mediationen sammeln konnte (vgl. i.E. zur Auswahl des Verfahrenskoordinators, zur Gläubigerbeteiligung bei seiner Bestellung sowie zur Wahl eines anderen Verfahrenskoordinators § 269e Rdn. 5 ff.).

2. Aufsicht durch das Koordinationsgericht und Entlassung des Koordinators

Durch den Verweis in Abs. 3 auf § 58 InsO wird klargestellt, dass der Verfahrenskoordinator unter der **Aufsicht des Koordinationsgerichts** steht. Wie von einem Insolvenzverwalter kann das Gericht vom Koordinator einen **Bericht über den Sachstand** seiner bisherigen Verfahrenskoordination verlangen und bei Pflichtverletzungen ggf. ein Zwangsgeld gegen ihn festsetzen. Dabei ist zu berücksichtigen, dass der Pflichtenkreis eines Koordinators deutlich kleiner ist als der eines Insolvenzverwalters. Im Rahmen der Aufsicht kann es letztlich nur darum gehen, dass das Gericht prüft, ob der Koordinator sich rechtmäßig verhält und sich in den Bahnen des ihm vom Gesetz gezogenen Aufgabenkreises bewegt. Wie bei einem Insolvenzverwalter kann das Gericht verlangen, dass der Verfahrenskoordinator die Richtigkeit und Vollständigkeit seiner Angaben **eidesstattlich versichert**. An die Neutralität des Koordinators sind strenge Anforderungen zu stellen, damit er seiner vermittelnden Tätigkeit gerecht werden kann. Er hat deshalb sein eigenes Verhalten stets kritisch zu hinterfragen und ggf. dem Gericht einen Sachverhalt anzuzeigen, der bei unvoreingenommener Betrachtung die Besorgnis seiner Befangenheit begründet (vgl. zum Insolvenzverwalter *Jahntz* § 58 Rdn. 7).

Eine **Entlassung des Verfahrenskoordinators** entsprechend § 59 InsO kommt lediglich als Ultima Ratio bei schwerwiegenden Pflichtverletzungen in Betracht. Sie kann entweder von Amts wegen erfolgen oder auf Antrag des Verfahrenskoordinators selbst sowie des Gruppen-Gläubigerausschusses. Kein Antragsrecht haben die einzelnen Schuldner, die Gläubigerversammlungen und Gläubigerausschüsse sowie die Insolvenzverwalter. Diese können lediglich beim Koordinationsgericht anregen, den Koordinator von Amts wegen zu entlassen. Der Gruppen-Gläubigerausschuss ist das einzige Organ, das für die Unternehmensgruppe berechtigt ist, im Interesse der Gruppe einen solchen Antrag zu stellen. Dieses Antragsrecht korrespondiert mit seinem Recht zur Anhörung nach § 269e Abs. 2 InsO bei der Bestellung des Verfahrenskoordinators.

3. Haftung des Koordinators

Die **Haftung des Verfahrenskoordinators** soll sich entsprechend § 60 InsO wie die des Insolvenzverwalters gestalten. Dabei ist zunächst zu berücksichtigen, dass der Verfahrenskoordinator ein eher limitiertes Aufgabenspektrum wahrzunehmen hat, er häufig in einem sehr frühen Verfahrensstadium auf völlig ungesicherter Tatsachengrundlage seine ersten Einschätzungen abgeben muss und er zudem einer kaum überschaubaren Zahl von Beteiligten, im Extremfall allen Insolvenzgläubigern der Unternehmensgruppe, gegenüber tätig wird. Während § 60 InsO beim Verwalter auf die Verletzung insolvenzspezifischer Pflichten abstellt, kann es angesichts des deutlich geringeren Pflichtenkreises des Verfahrenskoordinators nur darum gehen zu prüfen, ob er seiner **zentralen Aufgabe** ordnungsgemäß nachgekommen ist, für eine **abgestimmte Abwicklung der Verfahren** zu sorgen und dabei die Interessen der Gläubiger zu beachten.

29 Zu den **Beteiligten**, gegenüber denen der Verfahrenskoordinator potenziell haftbar ist, gehören alle, denen gegenüber er seine Koordinationspflicht wahrzunehmen hat. Im Grunde sind diese alle, die durch eine fehlerhafte Koordination Einbußen hinzunehmen haben. Dies werden insbesondere die Gläubiger, u.U. aber auch die Gesellschafter sein.

30 **Prüfungsmaßstab**, ob den Koordinator eine Pflichtverletzung begangen hat, ist der Vergleich mit der **ordnungsgemäßen Amtsführung eines Verfahrenskoordinators**, der sich letztlich erst im Laufe der Jahre durch eine umfangreiche Kasuistik wird bilden können. Wie beim Insolvenzverwalter wird der Pflichtenkreis durch den **Kreis der Eigenverantwortlichkeit der anderen Verfahrensbeteiligten** limitiert (vgl. auch K. Schmidt/ *Thole* InsO, § 60 Rn. 7). Beim Verfahrenskoordinator und dessen mehr auf Ausgleich ausgerichtete Funktion hat dieser Ansatz zur Folge, dass die ihn treffenden **Pflichten überschaubar** sind. Er hat möglichst frühzeitig mit der Koordination zu beginnen, sich unter Zuhilfenahme der anderen Verfahrensbeteiligten ein möglichst zutreffendes Bild über die Unternehmensgruppe zu verschaffen, um dann geeignete Vorschläge zu entwickeln, wie durch ein abgestimmtes Vorgehen ein möglichst hoher Ertrag für die Gläubiger erzielt werden kann.

31 Hat er die ihm zur Verfügung stehenden Informationsquellen genutzt, frühzeitig das Gespräch mit den Insolvenzverwaltern gesucht, im Rahmen seiner Möglichkeiten an Gläubigerversammlungen und Sitzungen der Gläubigerausschüsse teilgenommen, so trifft ihn keine Pflichtverletzung, wenn er ausgehend von diesem Erkenntnisstand seine Vorschläge zur Koordination unterbreitet hat. Bei der Haftung wird ebenfalls zu berücksichtigen sein, dass der Verfahrenskoordinator es regelmäßig mit **erfahrenen Insolvenzverwaltern** und im Wirtschaftsleben gereiften Unternehmern zu tun hat, die aus eigener Sachkunde nach sorgfältiger Überlegung ihre Entscheidungen treffen werden. Weiter ist zu berücksichtigen, dass selbst ein vom Koordinationsverwalter initiierter Koordinationsplan **keine unmittelbaren Rechtswirkungen** hervorruft, sondern erst der Umsetzung in den Einzelverfahren bedarf. Insofern wird auch an die Kausalität der Pflichtverletzung für die Begründung eines Schadens ein strenger Maßstab anzulegen sein. Schließlich muss noch ein konkreter Schaden durch die Tätigkeit des Koordinators, also eine Verkürzung der Insolvenzmasse des Einzelverfahrens, die zu einem Quotenschaden für den Anspruchsteller geführt hat, feststellbar sein.

32 Angesichts der häufig unsicheren Tatsachengrundlage, auf der der Koordinator seine Vorschläge entwickeln muss, sollte ihm über die **business judgement rule** entsprechend § 93 Abs. 1 Satz 2 AktG eine gewisse Haftungsprivilegierung gewährt werden.

4. Vergütung des Koordinators

33 Obwohl die Vergütung des Verfahrenskoordinators in § 269g Abs. 1 InsO geregelt wird, verweist Abs. 2 auf § 63 InsO, um *den grundlegenden Anspruch des Verfahrenskoordinators auf eine angemessene Vergütung* sicherzustellen (so Begr. zum RegE, BT-Drucks. 18/407 S. 37). Nicht übernommen wurde eine Verweisung auf § 54 Nr. 2 InsO, die als überflüssig eingestuft wird, da die Vergütung des Verfahrenskoordinators »durch einen Zuschlag zu seiner Regelvergütung als Insolvenzverwalter abgegolten wird«. Bei der Übernahme der fraglichen Formulierung aus den Diskussionsentwurf zum EKIG wurde durch ein Redaktionsversehen nicht berücksichtigt, dass der Verfahrenskoordinator nun einen originären Vergütungsanspruch hat und somit eine **analoge Anwendung von § 54 Nr. 2 InsO** geboten ist, um sicherzustellen, dass auch die Vergütung des Verfahrenskoordinators zu den Kosten des Insolvenzverfahrens zählt. Durch die Verweisung auf die §§ 64 und 65 InsO, die § 269g Abs. 1 Satz 4 InsO nochmals wiederholt, wird sichergestellt, dass die Vergütung des Verfahrenskoordinators durch das Koordinationsgericht erfolgt und die Verordnungsermächtigung des BMJV auch diese Vergütung abdeckt.

§ 269g Vergütung des Verfahrenskoordinators

(1) ¹Der Verfahrenskoordinator hat Anspruch auf Vergütung für seine Tätigkeit und auf Erstattung angemessener Auslagen. ²Der Regelsatz der Vergütung wird nach dem Wert der zusammengefassten Insolvenzmassen der in das Koordinationsverfahren einbezogenen Verfahren über gruppenangehörige Schuldner berechnet. ³Dem Umfang und der Schwierigkeit der Koordinationsaufgabe wird durch Abweichungen vom Regelsatz Rechnung getragen. ⁴Die §§ 64 und 65 gelten entsprechend.

(2) Die Vergütung des Verfahrenskoordinators ist anteilig aus den Insolvenzmassen der gruppenangehörigen Schuldner zu berichtigen, wobei im Zweifel das Verhältnis des Werts der einzelnen Massen zueinander maßgebend ist.

Das Gesetz zur Erleichterung der Bewältigung von Konzerninsolvenzen (EKIG) vom 13.04.2017 (BGBl. I 2017, S. 866) tritt am 21.04.2018 in Kraft.

Übersicht	Rdn.		Rdn.
A. Normzweck	1	2. Höhe des Regelsatzes	9
B. Berechnung der Vergütung nach Abs. 1	2	3. Abweichungen vom Regelsatz	10
I. Wert der Insolvenzmasse	3		

A. Normzweck

Abweichend vom Diskussionsentwurf, der dem Verfahrenskoordinator (dort noch Koordinationsverwalter genannt) einen Zuschlag zu der Regelvergütung gewährte, die ihm als Insolvenzverwalter im Verfahren eines gruppenangehörigen Schuldners gebührt hätte, hat nun der Koordinator einen **eigenständigen Vergütungsanspruch**, der sich am Wert der zusammengefassten Insolvenzmassen der in das Koordinationsverfahren einbezogenen Verfahren bemisst. Wie beim Insolvenzverwalter handelt es sich also um eine **tätigkeits- und nicht um eine erfolgsbezogene Wertvergütung**. Durch die in § 269f Abs. 3 InsO fehlende Verweisung auf § 54 Nr. 2 InsO besteht eine Regelungslücke, die durch eine analoge Anwendung geschlossen werden muss, um sicherzustellen, dass auch die Vergütung des Verfahrenskoordinators eine Masseverbindlichkeit darstellt. Über die Höhe der Vergütung wird sich erst eine Aussage treffen lassen, wenn das BMJV die entsprechende Rechtsverordnung (§ 269g Abs. 1 Satz 4 InsO i.V.m. § 65 InsO) erlassen hat.

B. Berechnung der Vergütung nach Abs. 1

Die Vergütung des Verfahrenskoordinators bestimmt sich nach § 269g Abs. 1 Satz 2 InsO nach einem bestimmten Prozentsatz (Regelsatz) des Werts aller zusammengefassten Insolvenzmassen, der in das Koordinationsverfahren einbezogenen Verfahren.

I. Wert der Insolvenzmasse

Während § 63 Abs. 1 Satz 2 InsO bei der Vergütung des Insolvenzverwalters den Wert der Insolvenzmasse *zur Zeit der Beendigung des Insolvenzverfahrens* zugrunde legt, fehlt bei der Vergütung des Verfahrenskoordinators die Festlegung eines entsprechenden Zeitpunkts. Angesichts der fehlenden Regelung in § 269g Abs. 1 Satz 2 InsO sind mehrere Bezugspunkte denkbar. Die einfachste und wohl auch rechtssicherste Berechnungsmethode wäre, wie in § 1 Abs. 1 Satz 1 InsVV, jeweils auf den Wert der Insolvenzmasse abzustellen, auf die sich die **Schlussrechnung bezieht**. Der Verfahrenskoordinator müsste dann für die Festsetzung seiner Vergütung auf die Beendigung des letzten Insolvenzverfahrens warten, auf das sich seine Koordinationsleistungen bezogen haben. Ihm könnte jedoch entspr. § 9 InsVV durch einen Vorschuss geholfen werden, der aus den Massen der bereits beendeten Verfahren aufzubringen ist.

Ebenfalls vorstellbar wäre, auf den Wert der zusammengefassten Massen zum Zeitpunkt der Beendigung seiner Koordinationstätigkeit abzustellen oder für die Berechnung der Vergütung eine Schätzung vorzunehmen, wie hoch die Massen in den einzelnen Verfahren zum Zeitpunkt ihrer Beendigung voraussichtlich ausfallen werden. Dies alles ist jedoch mit einer erheblichen Unsicherheit und vielen Unwägbarkeiten verbunden.

5 Unklar ist auch, wie die für die Vergütung maßgebliche Masse im Einzelnen berechnet wird, ob etwa die in § 1 Abs. 2 InsVV aufgeführte Berechnungsmethode auch für die Vergütung des Verfahrenskoordinators maßgebend sein soll. Insofern müsste etwa geklärt werden, wie Absonderungsgut zu bewerten ist, ob es auch hier nur insofern zu berücksichtigen ist, als aus ihm der Masse ein Überschuss zufließt. Da nach der Begr. zum RegE die zusammengefassten Massen der in die Koordination einbezogenen Unternehmen »um Intragruppenforderungen zu bereinigen« sind (BT-Drucks. 18/407 S. 38), müsste auch geklärt werden, wie Sicherheiten zu berücksichtigen sind, die innerhalb der Unternehmensgruppe gestellt wurden. Ebenso wäre zu klären, wie Aussonderungsrechte innerhalb der Gruppe zu werten sind, ob diese wie bei der Verwaltervergütung ebenfalls ausgenommen werden sollen. Diese wenigen Beispiele zeigen, dass die Berechnungsgrundlage für die Vergütung des Verfahrenskoordinators noch einer eingehenden Regelung bedarf, die kaum hinter der des § 1 InsVV zurückbleiben wird.

6 Nach der Begr. RegE soll ein **Abschlag vom Regelsatz** vorgenommen werden, wenn einzelne oder mehrere Schuldner **vom Koordinationsverfahren nicht** oder nur unwesentlich **berührt** werden (BT-Drucks. 18/407 S. 38). Dies bedeutet, dass das Koordinationsverfahren u.U. keinen Einfluss auf das jeweilige Verfahren hat, auch keinerlei Koordinationsleistungen für dieses Verfahren beabsichtigt waren, gleichwohl dessen Masse in die Berechnungsgrundlage einbezogen werden müsste und allenfalls ein künftig noch vorzusehender Abschlag vorgenommen werden könnte. Nach § 269g Abs. 2 InsO hätte auch dieses Verfahren grds. zur Vergütung des Koordinators beizutragen.

7 In das Koordinationsverfahren sind letztlich alle gruppenangehörigen Schuldner einbezogen und es besteht für deren Insolvenzverwalter keine Möglichkeit, sich der Koordination zu entziehen. Angesichts dieser »*Zwangsbeglückung*« spricht viel dafür, den Wortlaut von § 269g Abs. 1 Satz 2 InsO dahingehend zu verstehen, dass nur die Insolvenzmasse eines Verfahrens einzubeziehen ist, auf die die **Verfahrenskoordination tatsächlich Auswirkungen** gezeigt hat.

8 Die im Gesetzgebungsverfahren zum EKIG erfolgte Änderung der InsVV sieht lediglich einen neuen **Abschlag** von der Verwaltervergütung **in Höhe der Vergütung des Verfahrenskoordinators** vom Regelsatz in § 3 Abs. 2 InsVV vor, der sicherstellen soll, dass das Koordinationsverfahren zu keinen Mehrkosten führt (BT-Drucks. 18/11436 S. 25).

2. Höhe des Regelsatzes

9 In der Begr. zum RegE wird in Aussicht gestellt, dass der Regelsatz und die Einzelheiten zur Vergütung des Koordinators noch durch eine **Rechtsverordnung** (wohl die InsVV) festgelegt werden, bevor das EKIG zum 21. April 2018 in Kraft treten wird. Zur Verdeutlichung, mit welchem Fingerspitzengefühl der Regelsatz für die Vergütung des Verfahrenskoordinators festgesetzt werden muss, seien die beiden Beispiele angeführt, wobei im ersten Fall ein größerer Konzern betroffen ist, während der zweite Fall eher ein mittelständisches Unternehmen betrifft.

	Masse	Regelvergütung
Fall 1		netto
A-GmbH	500.000.000,00 €	3.027.750,00 €
B-GmbH	1.200.000.000,00 €	6.527.750,00 €
C-GmbH	20.000.000,00 €	427.750,00 €
D-GmbH	5.000.000,00 €	127.750,00 €
Verfahrenskoordinator	1.725.000.000,00 €	9.152.750,00 €

Fall 2		
A-GmbH	5.000.000,00 €	127.750,00 €
B-GmbH	200.000,00 €	26.750,00 €
C-GmbH	50.000,00 €	16.250,00 €
D-GmbH	700.000,00 €	41.750,00 €
Verfahrenskoordinator	5.950.000,00 €	146.750,00 €

Um das Koordinationsverfahren und insbesondere den Koordinationsplan nicht von Anfang an mit einer schweren Hypothek zu belasten, muss neben einer Degression auch bei der Höhe des Regelsatzes darauf geachtet werden, dass die in die Koordination einbezogenen Verfahren nicht über Gebühr belastet werden.

3. Abweichungen vom Regelsatz

In Übereinstimmung mit der Berechnung der Verwaltervergütung sieht § 269g Abs. 1 Satz 3 InsO vor, dass dem Umfang und der Schwierigkeit der Koordinationsleistung durch Abweichungen vom Regelsatz, also durch Zu- und Abschläge Rechnung getragen werden soll. 10

Ein **Zuschlag** kann etwa gerechtfertigt sein, wenn der Verfahrenskoordinator einen Koordinationsplan vorgelegt und in den Gläubigerversammlungen erläutert hat. Ebenso ist ein Zuschlag geboten, wenn die Bearbeitung von Intragruppenforderungen einen erheblichen Teil der Tätigkeit des Verfahrenskoordinators ausgemacht hat, ohne dass diese Forderungen in die Berechnungsgrundlage eingeflossen sind. Weiter könnte durch Zuschläge berücksichtigt werden, wenn zahlreiche Gruppenmitglieder in die Koordination eingebunden werden mussten, ohne dass die Berechnungsgrundlage entsprechend vergrößert wurde. 11

Ein **Zurückbleiben hinter dem Regelsatz** wäre etwa gerechtfertigt, wenn die in die Berechnungsgrundlage einbezogenen Insolvenzmassen sehr groß waren und ihnen lediglich ein verhältnismäßig überschaubarer Koordinationsaufwand gegenüber steht. Ein Abschlag könnte auch für den Fall vorgesehen werden, dass die Insolvenzverwalter bereits von sich aus erhebliche Koordinationsanstrengungen unternommen haben und der Verfahrenskoordinator zu einem relativ späten Verfahrensstadium erst seine Aufgabe übernommen hat. Eine Kürzung der Regelvergütung dürfte auch dann gerechtfertigt sein, wenn bereits kurze Zeit nach Übernahme der Verfahrenskoordination die Konzerninsolvenz etwa durch eine übertragende Sanierung zu einem Abschluss kommt oder der Verfahrenskoordinator vorzeitig seine Tätigkeit beendet 12

§ 269h Koordinationsplan

(1) ¹Zur abgestimmten Abwicklung der Insolvenzverfahren über das Vermögen von gruppenangehörigen Schuldnern können der Verfahrenskoordinator und, wenn ein solcher noch nicht bestellt ist, die Insolvenzverwalter der gruppenangehörigen Schuldner gemeinsam dem Koordinationsgericht einen Koordinationsplan zur Bestätigung vorlegen. ²Der Koordinationsplan bedarf der Zustimmung eines bestellten Gruppen-Gläubigerausschusses. ³Das Gericht weist den Plan von Amts wegen zurück, wenn die Vorschriften über das Recht zur Vorlage, den Inhalt des Plans oder über die verfahrensmäßige Behandlung nicht beachtet worden sind und die Vorlegenden den Mangel nicht beheben können oder innerhalb einer angemessenen vom Gericht gesetzten Frist nicht beheben.

(2) ¹In dem Koordinationsplan können alle Maßnahmen beschrieben werden, die für eine abgestimmte Abwicklung der Verfahren sachdienlich sind. ²Insbesondere kann der Plan Vorschläge enthalten:
1. zur Wiederherstellung der wirtschaftlichen Leistungsfähigkeit der einzelnen gruppenangehörigen Schuldner und der Unternehmensgruppe,

2. zur Beilegung gruppeninterner Streitigkeiten,
3. zu vertraglichen Vereinbarungen zwischen den Insolvenzverwaltern.

(3) ¹Gegen den Beschluss, durch den die Bestätigung des Koordinationsplans versagt wird, steht jedem Vorlegenden die sofortige Beschwerde zu. ²Die übrigen Vorlegenden sind in dem Verfahren zuzuziehen.

Das Gesetz zur Erleichterung der Bewältigung von Konzerninsolvenzen (EKIG) vom 13.04.2017 (BGBl. I 2017, S. 866) tritt am 21.04.2018 in Kraft.

Übersicht

	Rdn.
A. Normzweck	1
B. Im Einzelnen	4
I. Die Planvorlage nach Abs. 1	4
1. Rechtsnatur des Koordinationsplans	4
2. Verfahrensfragen	13
a) Planinitiativrecht	14
b) Zustimmung des Gruppen-Gläubigerausschusses	17
c) Prüfungspflicht des Koordinationsgericht	19
d) Zurückweisung durch das Koordinationsgericht	23
II. Der Inhalt des Koordinationsplans nach Abs. 2	27
1. Der Sanierungskoordinationsplan	30
a) Externe Unternehmensanalyse und interne Unternehmensanalyse	35
b) Ursachen der Krise	39
c) Sanierungsfähigkeit	40
d) Leitbild des sanierten Unternehmens	43
e) Denkbare Sanierungsmaßnahmen	44
aa) Finanzwirtschaftliche Sanierung	45
bb) Leistungswirtschaftliche Sanierung	47
f) Schlüssige Darstellung der Planung	50
g) Behandlung der Unternehmensverträge	52
h) Ergänzungsbedürftigkeit des IDW S 6	53
2. Vorbereitung der Liquidation durch einen Koordinationsplan	55
3. Beilegung gruppeninterner Streitigkeiten	56
a) Wahlrecht des Insolvenzverwalters und sonstige Haftungsansprüche	57
b) Ansprüche wegen Insolvenzanfechtung	59
4. Vertragliche Vereinbarungen zwischen den Insolvenzverwaltern	62
a) Terminologische Präzisierung	62
b) Zulässigkeit der Vereinbarungen	66
c) Mitwirkung der Gläubiger	68
d) Abschlusszwang	69
e) Inhalt der Vereinbarungen	70
f) Bruch der Vereinbarung	75
III. Sofortige Beschwerde nach Abs. 3	80

Literatur:

Brünkmans Entwurf eines Gesetzes zur Erleichterung der Bewältigung von Konzerninsolvenzen: Kritische Analyse und Anregungen aus der Praxis, ZIP 2013, 193; *Ehricke* Die Zusammenarbeit der Insolvenzverwalter bei grenzüberschreitenden Insolvenzen nach der EuInsVO, WM 2005, 397; *Göpfert* In re Maxwell Communications – ein Beispiel einer »koordinierten« Insolvenzverwaltung in parallelen Verfahren, ZZPInt1 (1996), 269; *Paulus* »Protokolle« – ein anderer Zugang zur Abwicklung grenzüberschreitender Insolvenzen ZIP 1998, 977; *ders.* Die europäische Insolvenzverordnung und der deutsche Insolvenzverwalter, NZI 2001, 505; *ders.*, Änderungen des deutschen Insolvenzrechts durch die Europäische Insolvenzverordnung, ZIP 2002, 729; *ders.* Wege zu einem Konzerninsolvenzrecht, ZGR 2010, 270; *Pleister* Das besondere Koordinationsverfahren nach dem Diskussionsentwurf für ein Gesetz zur Erleichterung der Bewältigung von Konzerninsolvenzen, ZIP 2013, 1013; *Prütting* Der neue IDW-Standard zur Erstellung von Sanierungskonzepten (IDW S 6) in der rechtlichen Beurteilung, ZIP 2013, 203; *Tobias/Schampel* Sanierungskonzepte nach IDW S 6, KSI 2011, 245; *Verhoeven* Konzerne in der Insolvenz nach dem Regierungsentwurf zur Erleichterung der Bewältigung von Konzerninsolvenzen (RegE) – Ende gut, alles gut ... und wenn es nicht gut ist, dann ist es noch nicht zu Ende!, ZInsO 2014, 217; *Wimmer* Das Gesetz zur Erleichterung der Bewältigung von Konzerninsolvenzen, jurisPR-InsR 8/2017.

A. Normzweck

1 Auch ohne durch eine ausdrückliche gesetzliche Regelung hierzu angehalten zu sein, kann sich eine Pflicht der Insolvenzverwalter gruppenangehöriger Unternehmen zur Zusammenarbeit aus ihrer

Aufgabe ergeben, für die Gläubiger ihres Verfahrens ein möglichst optimales Ergebnis zu erzielen. Insofern ist es auch vorstellbar, dass die Insolvenzverwalter sich untereinander abstimmen, um die wesentlichen Leitlinien von Insolvenzplänen für die von ihnen verwalteten Unternehmen zu skizzieren, die dann jeweils in ihren Verfahren umgesetzt werden müssen. Ein solches Vorgehen ist einerseits von der wohlwollenden Mitwirkung aller Verwalter abhängig, andererseits dürfte ohne entsprechende Vorarbeiten ein im Wege des »Brainstorming« erarbeitetes Konzept wohl selten Aussicht auf Erfolg haben. Es bietet sich deshalb an, dass ein neutraler Dritter die Vorbereitung übernimmt und einen Fahrplan entwickelt, wie die widerstreitenden Interessen möglichst ausgeglichen und ein Weg gefunden werden kann, der für die Gläubiger einen möglichst hohen Ertrag verspricht. Das Instrument, mit dem ein solcher Ausgleich (auch) erreicht werden kann, ist der Koordinationsplan.

Mit dem in § 269h InsO geregelten Koordinationsplan wird – zumindest nach Vorstellung des Gesetzgebers – das Herzstück des Koordinationsverfahrens behandelt. In diesem Plan können alle Maßnahmen aufgeführt werden, die einer abgestimmten Abwicklung der Einzelverfahren dienlich sind. Auch wenn der Koordinationsplan bei einer Liquidation der Unternehmensgruppe ebenfalls einen wesentlichen Beitrag leisten kann, besteht seine vornehmliche Aufgabe jedoch darin, Wege zu beschreiben, wie die wirtschaftliche Leistungsfähigkeit der Gruppe oder ihrer wesentlichen Teile wiederhergestellt werden kann. Ein solcher *Sanierungskoordinationsplan* kann Vorgaben für die einzelnen Gesellschaften der Unternehmensgruppe machen, wie sie wieder erfolgreich am Markt operieren können. Beispielhaft werden die drei wesentlichen Zielrichtungen des Koordinationsplans aufgeführt: Zum einen Vorschläge zu entwickeln, wie die Krise der Unternehmensgruppe überwunden werden kann, zum anderen Anregungen zu formulieren, wie gruppeninterne Streitigkeiten vermieden oder beigelegt werden können und schließlich vertragliche Vereinbarungen zwischen den Insolvenzverwaltern vorzubereiten. Da der Plan keine verbindliche Wirkung in den Einzelverfahren zeigt, muss er, um Wirksamkeit zu entfalten, jeweils durch einen Insolvenzplan umgesetzt werden. 2

Das Procedere, in dem der Koordinationsplan zustande kommt, ist jedoch deutlich einfacher ausgestaltet als bei einem Insolvenzplan. Den Interessen der Gesamtgläubigerschaft wird durch die Einbindung des Gruppen-Gläubigerausschusses Rechnung getragen. Die Prüfungskompetenz des Gerichts ist im Vergleich zu einem Insolvenzplan deutlich reduziert, da der Plan keine unmittelbare Außenwirkung entfaltet. Wird die Bestätigung des Plans durch das Gericht abgelehnt, so steht jedem Vorlegenden ein Beschwerderecht zu. 3

B. Im Einzelnen

I. Die Planvorlage nach Abs. 1

1. Rechtsnatur des Koordinationsplans

Mit dem Koordinationsplan wird ein äußerst flexibles Instrument angeboten, um die Einzelverfahren über gruppenangehörigen Schuldner möglichst so zu gestalten, dass die Vorteile der konzernrechtlichen Verflechtungen im Interesse der Gläubiger gewahrt werden können. Der Plan kann umfassend und detailliert Vorgaben enthalten, wie die einzelnen Gesellschaften und damit letztlich der Konzern als solcher restrukturiert und wieder wettbewerbsfähig gemacht werden kann. Ebenso ist es jedoch denkbar, dass ein Teilplan lediglich die Liquidation einzelner unrentabler Gruppenmitglieder regelt. 4

Idealiter ist der Koordinationsplan jedoch der *Rahmenplan* (Begriff von *Paulus* ZGR 2010, 270 [287]), aus dem sich die Insolvenzpläne in den einzelnen Verfahren über die konzernangehörigen Gesellschaften entwickeln (*Wimmer* juris-PR 20/2013 Anm. 1). Er ist jedoch **kein Masterplan** in dem Sinne, dass er zumindest für eine Gesellschaft des Konzerns im gestaltenden Teil verbindliche Regelungen zur Umsetzung des für die Unternehmensgruppe entwickelten Sanierungskonzepts enthält. Die Effektivität dieser Insolvenzpläne wird erst dadurch erreicht, dass eine Klausel aufgenommen wird, nach der ein Plan erst wirksam wird, wenn alle Pläne rechtskräftig bestätigt wurden (Mü-Ko-InsO/*Eidenmüller* Vor § 217–269 Rn. 39; Flöther/*Pleister* Handbuch, § 5 Rn. 47 ff., 61 ff.). 5

§ 269h InsO Koordinationsplan

6 Demgegenüber beinhaltet der Koordinationsplan auf den ersten Blick lediglich **unverbindliche Vorschläge**, wie aus der Sicht der Planersteller die Konzerninsolvenz möglichst ohne große Reibungsverluste in den Einzelverfahren abgewickelt werden kann. Das Koordinationsverfahren enthält auch keine ausdrücklichen Zwangsmittel, mit denen dem Plan gegen den Willen der Beteiligten zu Wirksamkeit verholfen werden könnte. Insofern wird befürchtet, es würden hohe Transaktionskosten ausgelöst, ohne dass dem ein entsprechender Ertrag gegenüberstehen würde (MüKo-InsO/*Eidenmüller* Vor §§ 217–269 Rn. 42; ähnlich *Verhoeven* ZInsO 2014, 217 [221]; *Brünkmans* ZIP 2013, 193 [200]; *Pleister* ZIP 2013, 1013 [1015]; vgl. zu dieser Kritik bereits Vor § 269d Rdn. 6).

7 Auch ohne dass das Gesetz eine verbindliche Wirkung für den **Koordinationsplan** anordnet, kann dieser **seine Funktion erfüllen**. So ist zunächst darauf hinzuweisen, dass ein Verwalter sich schadenersatzpflichtig machen kann, wenn er seine Pflicht zur optimalen Masseverwertung dadurch verletzt, dass er eine abgestimmte Sanierung des Konzerns vereitelt (BT-Drucks. 18/407 S. 39). Die Haftung ist jedoch nicht der ausschlaggebende Gesichtspunkt. Bereits die Existenz eines detaillierten Sanierungskonzepts entfaltet eine **faktische Wirkung**, die die Verfahrensbeteiligten zwingt, **Position zu beziehen** und zu den im Plan angesprochenen Bereichen einen eigenen Standpunkt zu entwickeln und eigenständige Vorschläge zu formulieren. Wird der Koordinationsplan von wesentlichen institutionellen Gläubigern mitgetragen, so wird sich ein Insolvenzverwalter sehr sorgfältig überlegen, ob er dem Plan widerspricht und damit Gefahr läuft, bei zukünftigen Insolvenzverfahren nicht auf das Wohlwollen dieser Gläubiger zu stoßen.

8 Nach der Begr. RegE handelt es sich beim Koordinationsplan um einen »**kupierten Insolvenzplan**«, bei dem der gestaltende Teil weggelassen wurde (BT-Drucks. 18/407 S. 39). Dieser Auffassung wird mit dem Argument entgegengetreten, es handele sich um ein bloßes Informationspapier, das im Idealfall zur Referenz der Insolvenzpläne in den Einzelverfahren wird. Der Koordinationsplan stelle somit lediglich einer Art von »disclosure statement« dar, ein Verkaufsprospekt für eine Planlösung der Konzerninsolvenz (Flöther/*Madaus* Handbuch, § 5 Rn. 110).

9 In der Begrifflichkeit mag zwar ein gewisser Unterschied bestehen, doch in der Sache ist man sich einig. Entscheidend ist, dass der Koordinationsplan selbst keine verbindlichen Vorgaben trifft, sondern Vorschläge für die Einzelverfahren unterbreitet. Damit wird der fundamentale Unterschied zum **Insolvenzplan** angesprochen, gleich welche Rechtsnatur man diesem zuweist. Gleichgültig, ob er als prozessrechtlicher Vertrag, als materiellrechtlicher Vertrag oder als ein Rechtsgeschäft sui generis verstanden wird, kommt ihm im Unterschied zum Koordinationsplan eine **unmittelbare rechtsgestaltende Wirkung** hinsichtlich der materiellen Rechtslage zu (vgl. etwa zur Rechtsnatur des Insolvenzplans MüKo-InsO/*Eidenmüller* § 217 Rn. 6 ff.).

10 Wie im Sanierungskoordinationsplan sind im darstellenden Teil des Insolvenzplans nach § 220 InsO die Beteiligten über die gegenwärtige wirtschaftliche Lage (Betriebsergebnis, Verschuldungssituation, Sicherheiten) zu unterrichten. Ihnen sind sämtliche Informationen zu liefern, die die Beteiligten für ein sachgerechtes Urteil über den Insolvenzplan unter Berücksichtigung ihrer eigenen Interessen benötigen (s. *Jaffé* § 220 Rdn. 3; HK-InsO/*Haas* § 220 Rn. 2). Angesichts der umfangreichen Informationspflichten, denen im darstellenden Teil Rechnung getragen werden muss, wird die Regelung des § 220 InsO auch als »*deutsches disclosure statement*« bezeichnet (s. *Jaffé* § 220 Rdn. 5).

11 Fraglich könnte sein, ob hinsichtlich der **Rechtsnatur des Koordinationsplans** danach **zu differenzieren** ist, **wer die Planinitiative ergriffen** hat. Beim **Verfahrenskoordinator** ist die Sache relativ einfach. Er hat – ggf. unter Heranziehung von externem Sachverstand – den Entwurf des Koordinationsplans verfasst, dem Gruppen-Gläubigerausschuss zur Zustimmung zugeleitet und anschließend dem Koordinationsgericht vorgelegt. Die Zustimmung des Gläubigerausschusses hat jedoch nicht vertragsähnlichen Charakter, sondern ist lediglich Ausdruck einer Willensäußerung des Ausschusses gegenüber den vom Plan erfassten Schuldnern hinsichtlich einer bestimmten Koordination und Abwicklung der involvierten Insolvenzverfahren (vgl. zur entsprechenden Rechtslage beim Insolvenzplan MüKo-InsO/*Eidenmüller* § 217 Rn. 22).

12 Anders könnte es sich jedoch dann verhalten, wenn das **Initiativrecht von den Insolvenzverwaltern** ausgeübt wird. Sie haben sich hinsichtlich des Koordinationsplans abzustimmen und gemeinsam den Plan dem Gericht zur Bestätigung vorzulegen. Die Pflicht zur gemeinsamen Vorlage beinhaltet auch, dass der Entwurf des Koordinationsplans in seiner konkreten Ausgestaltung vom Willen der in die Koordination eingebundenen Verwalter mitgetragen wird. Diese Willensbildung hat jedoch keinen Einfluss auf die Rechtsnatur des Koordinationsplans, sondern betrifft lediglich das Verhältnis der Insolvenzverwalter untereinander. Ihr gemeinsam ausgeübtes Initiativrecht wird von einer einstimmigen Willensbildung getragen, die zumindest konkludent als **vertragliche Vereinbarung** zwischen den Insolvenzverwaltern i.S.v. Abs. 2 Nr. 3 gewertet werden kann. Insofern ist es auch denkbar, dass ein Insolvenzverwalter, der gegen die Umsetzung des Koordinationsplans in seinem Verfahren opponiert, sich dem Vorwurf eines venire contra factum proprium ausgesetzt sieht, was bei der Frage einer Haftung nach § 60 InsO eine Rolle spielen kann.

2. Verfahrensfragen

13 Verglichen mit einem Insolvenzplan sind die verfahrensrechtlichen Anforderungen an das Zustandekommen eines Koordinationsplans deutlich geringer, was damit begründet wird, dass der Koordinationsplan keinen gestaltenden Teil enthält und somit allenfalls mittelbar eine Bindungswirkung entfaltet (BT-Drucks. 18/407 S. 39 f.). Diese limitierte Wirkung schlägt sich sowohl in den verfahrensrechtlichen als auch in den inhaltlichen Anforderungen nieder, die deutlich großzügiger sind als bei einem Insolvenzplan.

a) Planinitiativrecht

14 Da nach dem Konzept des EKIG der **Verfahrenskoordinator** die wesentliche Rolle bei der Gestaltung des Koordinationsverfahrens spielen soll, kommt ihm auch vorrangig die Befugnis zu, einen Koordinationsplan vorzulegen. Im Interesse einer möglichst erfolgreichen Verfahrensgestaltung sollte er sein Planinitiativrecht möglichst frühzeitig ausüben, also zu einem Zeitpunkt, zu dem sich zumindest einzelne Verfahren noch in der Eröffnungsphase befinden.

15 Wurde noch kein Verfahrenskoordinator eingesetzt oder soll ein solcher überhaupt nicht bestellt werden, so sind auch die **Insolvenzverwalter der gruppenangehörigen Schuldner** *gemeinsam* berechtigt, dem Koordinationsgericht einen Plan zur Bestätigung vorzulegen. Ein Initiativrecht kommt also nicht dem einzelnen Insolvenzverwalter zu, sondern nur den Verwaltern gemeinschaftlich. Dies bedeutet jedoch nicht, dass *alle* Insolvenzverwalter gruppenangehöriger Schuldner, selbst wenn sie der in § 3a Abs. 1 InsO umrissenen Gruppe angehören sollten (vgl. *Wimmer-Amend* § 3a Rdn. 14), stets gemeinschaftlich handeln müssten und somit jedem Verwalter hinsichtlich der Planinitiative ein Vetorecht zustehen würde. Der Koordinationsplan hat insofern die grundlegende Aussage zu treffen, welcher Schuldner in welchem Umfang in die Verfahrensabstimmung eingebunden werden soll. Nur diese im Plan genannten Verwalter haben deshalb die Initiative mitzutragen.

16 Wurde bei einer Gesellschaft **Eigenverwaltung** angeordnet, so hat dessen Schuldner und nicht etwa der Sachwalter die Initiative zu unterstützen, da nach den in Analogie heranzuziehenden Vorschriften über den Insolvenzplan nur dem **Schuldner ein originäres Vorlagerecht** zukommt, während der Sachwalter nach § 284 Abs. 1 Satz 1 InsO einen Insolvenzplan nur im Auftrag der Gläubigerversammlung vorlegen darf (s. *Wimmer-Amend* § 270d Rdn. 13; *Flöther/Madaus* Handbuch, § 5 Rn. 88).

b) Zustimmung des Gruppen-Gläubigerausschusses

17 Um wirksam zu werden, bedarf der Koordinationsplan der Zustimmung eines *bestellten* Gruppen-Gläubigerausschusses. Es ist also nicht erforderlich, dass nur für das Planverfahren ein solcher Ausschuss eingesetzt wird (BT-Drucks. 18/407 S. 39). Wie bei der Bestellung des Verfahrenskoordinators nach § 269e Abs. 2 InsO (vgl. § 269e Rdn. 16) sollte mit der Vorlage eines Koordinationsplans jedoch zugewartet werden, wenn bereits ein **Antrag auf Bestellung eines Gruppen-Gläubigeraus-**

schusses nach § 269c Abs. 1 Satz 1 InsO **anhängig** ist. Auch das Koordinationsgericht, bei dem alle Fäden der Verfahrenskoordination zusammenlaufen, sollte, bevor es eine Entscheidung zu einem Koordinationsplan trifft, über einen bei ihm anhängigen Antrag auf Bestellung eines Gruppen-Gläubigerausschusses entscheiden, ehe es den vorgelegten Plan bestätigt oder ablehnt (**a.A.** *Flöther/ Madaus* Handbuch, § 5 Rn. 89 nach dem die Zustimmung des Gruppen-Gläubigerausschusses entbehrlich ist, selbst wenn dessen Bestellung noch vor oder zeitgleich mit der Entscheidung des Insolvenzgerichts über die Zurückweisung bzw. Bestätigung des Koordinationsplans erfolgt). Über den Gruppen-Gläubigerausschuss wird das Gläubigerinteresse im Konzernkontext kanalisiert, was eine abgestimmte Lösung auch dann ermöglicht, wenn bei Fehlen eines Verfahrenskoordinators unterschiedliche Gruppen von Insolvenzverwaltern konkurrierende Koordinationspläne vorlegen.

18 Nach der Verweisung in § 269c Abs. 2 Satz 2 auf § 72 InsO entscheidet der Gruppen-Gläubigerausschuss über den Koordinationsplan mit einfacher Mehrheit, wobei es sich bei größeren Konzerninsolvenzen empfiehlt, dass die Ausschüsse sich entsprechend organisieren und sich eine Geschäftsordnung geben, in der dann auch die Behandlung von Koordinationsplänen geregelt werden kann (vgl. *Wimmer-Amend* § 269c Rdn. 59). Um dem Gericht die Prüfung zu ermöglichen, ob eine wirksame Zustimmung des Gruppen-Gläubigerausschusses vorliegt, sollte der entsprechende Beschluss des Ausschusses zusammen mit dem Koordinationsplan beim Gericht eingereicht werden (*Flöther/ Madaus* Handbuch, § 5 Rn. 89).

c) Prüfungspflicht des Koordinationsgericht

19 Vorbehaltlich des Rechts zur Nachbesserung hat das Koordinationsgericht den Plan zurückzuweisen, wenn die Vorschriften über die Planvorlage, den Inhalt oder die verfahrensmäßige Behandlung nicht beachtet wurden. Angesichts der fehlenden Bindungswirkung ist diese sehr beschränkte Prüfungskompetenz ausreichend, da die Insolvenzgläubiger in den Einzelverfahren der Umsetzung des Koordinationsplans durch einen Insolvenzplan widersprechen können. Von dem umfangreichen Prüfungsprogramm, dass das Insolvenzgericht nach § 231 InsO abzuarbeiten hat, bleibt beim Koordinationsplan lediglich ein Teil von § 231 Abs. 1 Nr. 1 InsO hinsichtlich des Rechts zur Vorlage und des Inhalts des Plans, während mangels Abstimmung es keine Gläubigergruppen gibt, deren Zusammensetzung gerügt werden könnte. Ebenso wenig hat das Gericht zu prüfen, ob der Koordinationsplan Chancen hat, in den einzelnen Insolvenzplänen umgesetzt zu werden und ob das ihm zu Grunde liegende wirtschaftliche Konzept überzeugend ist (BT-Drucks. 18/407 S. 39 f.).

20 Wird der Plan durch einen **Verfahrenskoordinator vorgelegt**, dürfte es regelmäßig keine Schwierigkeiten bereiten, das Recht zur **Planinitiative** festzustellen. Allerdings könnten etwa Probleme auftreten, wenn die Tätigkeit des Verfahrenskoordinators vor Bestätigung des Koordinationsplans endet. In diesem Fall dürfte der Koordinationsplan zumindest dann wirksam werden können, wenn zuvor der Gruppen-Gläubigerausschuss seine Zustimmung erteilt hat.

21 Schwieriger kann es schon sein, wenn **Insolvenzverwalter gruppenangehöriger Schuldner** einen Plan vorlegen, der nicht von allen Insolvenzverwaltern mitgetragen wird. Dies kann zu der Situation führen, dass dem Gericht **konkurrierende Pläne** vorliegen. In diesem Fall wären die Pläne zurückzuweisen, da die Insolvenzverwalter, deren Schuldner in einer Koordination eingebunden werden sollen, nur **gemeinschaftlich berechtigt** sind, einen Plan vorzulegen. Insofern ist den Verwaltern nach Abs. 1 Satz 3 Gelegenheit zu geben, eine ordnungsgemäße gemeinschaftliche Initiative zu ergreifen.

22 Angesichts des breiten Spektrums von Vorschlägen, die mit dem Koordinationsplan unterbreitet werden können, dürften Rügen zum **Inhalt des Plans** eher selten sein. Eine fehlerhafte Planvorlage wäre jedoch denkbar, wenn versucht würde, unmittelbar über den Koordinationsplan eine Bindungswirkung zu erreichen. Zu den **verfahrensrechtlichen Anforderungen**, die vom Gericht zu prüfen sind, gehört vorrangig die ordnungsgemäße Zustimmung des Gruppen-Gläubigerausschusses (vgl. Rdn. 17). Wie ein Insolvenzplan ist auch der Koordinationsplan **schriftlich abzufassen** und von den Planvorlegenden zu unterschreiben. Dies ergibt sich bereits daraus, dass der Koordinationsplan ein bestimmender Schriftsatz ist (vgl. *Zöller/Greger* § 129 ZPO Rn. 3), die eigenhändig zu unter-

schreiben sind. Damit das Gericht über den Plan befinden kann, muss er auch ordnungsgemäß zugehen (vgl. zu den entsprechenden Regelungen zum Insolvenzplan MüKo-InsO/*Eidenmüller* § 218 Rn. 142).

d) Zurückweisung durch das Koordinationsgericht

Ist der vorgelegte Entwurf des Insolvenzplans fehlerhaft in dem o.a. Sinne (vgl. c), so hat das Gericht, sofern der Mangel behebbar ist, den Vorlegenden eine angemessene **Frist zur Nachbesserung** zu geben. Hinsichtlich der verfahrensmäßigen Behandlung und des Inhalts dürften **nahezu alle Mängel behebbar** sein. Wurde etwa der Gruppen-Gläubigerausschuss nicht ordnungsgemäß beteiligt, so kann dessen Zustimmung nun noch nachgeholt werden. Wurde der Plan vom Verfahrenskoordinator nicht eigenhändig unterschrieben, so kann die Unterschrift ohne Weiteres nachträglich geleistet werden. 23

Die Prüfungskompetenz des Gerichts hinsichtlich des **Inhalts des Plans** ist stark limitiert. Dies gibt sich bereits daraus, dass in dem Plan *alle* Maßnahmen aufgeführt werden können, die für eine abgestimmte Abwicklung der Verfahren sachdienlich sind. Das Gericht hat jedoch nicht zu überprüfen, ob die Maßnahmen tatsächlich geeignet sind, zu einer Verfahrensvereinfachung beizutragen oder ob der Plan von einem ökonomisch sinnvollen Konzept ausgeht (BT-Drucks. 18/407 S. 40). Eine Zurückweisung wegen inhaltlicher Mängel wäre jedoch dann zulässig, wenn die Planverfasser versuchen würden, unmittelbar über den Plan eine rechtsgestaltende Wirkung zu erreichen. Ebenso könnte der Plan zurückgewiesen werden, wenn durch ihn sittenwidrige Zwecke verfolgt werden, da es dem Gericht nicht zugemutet werden kann, sittenwidrige Vorschläge zu bestätigen. 24

Vor der Zurückweisung des Koordinationsplans hat das Gericht jedoch zu prüfen, ob der gerügte **Mangel behebbar** ist. Im Rahmen des gleichlautenden § 231 Abs. 1 Nr. 1 InsO soll es sich etwa um einen nicht behebbaren Mangel handeln, wenn der Planinitiator zur Korrektur *rechtlich nicht befugt* ist. Allgemein soll ein nicht behebbarer Mangel immer dann vorliegen, wenn die Korrektur des Mangels inhaltlich zu einem neuen Plan führen würde (MüKo-InsO/*Breuer* § 231 Rn. 15; *Nerlich/Römermann-Braun* InsO, § 231 Rn. 7). Dieser Maßstab ist jedoch relativ unpräzise, da vom Ergebnis her jede inhaltliche Änderung einen neuen Plan darstellt. Insofern wird zutreffend darauf hingewiesen, dass weder aus der Entstehungsgeschichte noch aus dem Wortlaut des § 231 Abs. 1 Satz 1 Nr. 1 InsO sich ergibt, dass eine inhaltliche Anpassung ausgeschlossen sein soll. Um einen praxistauglichen Maßstab zu gewinnen, sollte vielmehr darauf abgestellt werden, ob die ins Auge gefasste Korrektur dem **Plan einen völlig neuen Charakter** verleihen würde (so *Uhlenbruck/Lüer/Streit* InsO, § 231 Rn. 14). Angesichts der Unverbindlichkeit des Koordinationsplans sollte hinsichtlich der Frage, ob ein behebbarer Mangel vorliegt, ein *äußerst großzügiger Maßstab* angelegt werden. Enthält der Plan etwa Regelungen, die auf eine rechtsverbindliche Wirkung zielen, so können diese auf Rüge des Gerichts ohne Weiteres gestrichen werden. Wird mit dem Plan eine insolvenzzweckwidrige (vgl. zum amtswegigen Einschreiten gegen insolvenzzweckwidrige Handlungen *Uhlenbruck/Vallender* InsO, § 58 Rn. 21) oder sittenwidrige Zielrichtung verfolgt, so können auch diese Mängel abgestellt werden. Unter dem Gesichtspunkt einer **Charakteränderung des Koordinationsplans** könnte ein nicht behebbarer Mangel etwa dann angenommen werden, wenn der Plan zunächst eine abgestimmte Sanierung der Unternehmensgruppe vorgeschlagen hatte, während der auf Rüge überarbeitete Plan nun eine Zerschlagung der gesamten Gruppe vorsieht. 25

Angesichts der Eilbedürftigkeit des Insolvenzverfahrens und vor dem Hintergrund, dass das Koordinationsverfahren ohnehin zu einer gewissen Verfahrensverzögerung führt, soll die **Frist zur Abhilfe**, die das Gericht setzt, die **Zweiwochenfrist** nach § 231 Abs. 1 Satz 2 InsO nicht überschreiten (BT-Drucks. 18/407 S. 40). Ist es den Planvorlegenden nicht möglich, die vom Gericht gerügten Mängel zu beseitigen, so ist der Plan von Amts wegen zurückzuweisen. Die für den Insolvenzplan vorgesehene Zurückweisung nach § 231 InsO und die endgültige Prüfung nach § 250 InsO werden beim Koordinationsplan zusammengefasst, so dass nur eine Entscheidung nach Abs. 1 Satz 3 ergeht (BT-Drucks. 18/407 S. 39). 26

II. Der Inhalt des Koordinationsplans nach Abs. 2

27 Wie allgemein im Insolvenzrecht ist Ausgangspunkt und Begrenzung für den Inhalt des Koordinationsplans § 1 InsO, der als übergeordnetes Ziel eine bestmögliche Gläubigerbefriedigung nennt. Dieser Vorgabe muss der Koordinationsplan stets gerecht werden; er hat also **kein** wie auch immer geartetes **Konzerninteresse eigenständig zu berücksichtigen**. Allerdings ist nicht zuletzt unter dem Einfluss des ESUG der Sanierungsgedanke verstärkt in den Vordergrund getreten. Unter Beachtung des Grundsatzes der bestmöglichen Gläubigerbefriedigung wird deshalb als »*vornehmlichste Aufgabe eines Konzerninsolvenzverfahrens*« und damit auch des Koordinationsplans die Sanierung des gesamten Konzerns oder seiner wesentlichen Teile angesehen (BT-Drucks. 18/407 S. 38). Jedoch können mit dem Koordinationsplan auch deutlich weniger ambitionierte Ziele verfolgt werden, wie etwa eine Liquidierung unrentabler Betriebsteile oder eine abgestimmte Zerschlagung der gesamten Unternehmensgruppe.

28 **Inhalt und Umfang** des Koordinationsplans werden somit ausschlaggebend **von seiner Zielrichtung bestimmt**. Selbst ein Sanierungskoordinationsplan, der den gesamten Konzern in den Blick nimmt, muss nicht den Umfang eines Telefonbuchs erreichen, wenn er sich damit begnügt, die wesentlichen Leitlinien der Sanierung aufzuzeigen, die dann in den Insolvenzplänen der Einzelverfahren umgesetzt werden.

29 In Abs. 2 werden **beispielhaft drei Ziele** des Koordinationsplans genannt, die allerdings nicht strikt voneinander getrennt sind, sondern fließend ineinander übergehen oder sogar integrierender Bestandteil eines übergeordneten Ziels sein können. Zum einen sind dies Vorschläge, die zur Sanierung der Unternehmensgruppe beitragen sollen, des Weiteren Anregungen zur Beilegung gruppeninterner Streitigkeiten und letztlich Vorschläge für vertragliche Vereinbarungen zwischen den Insolvenzverwaltern.

1. Der Sanierungskoordinationsplan

30 Das dem Gesetzgeber vor Augen stehende Idealbild eines Koordinationsplans ist ein Plan, der auf die Sanierung des gesamten Konzerns abzielt (BT-Drucks. 18/407 S. 38). Ein solcher Plan kann detaillierte Vorschläge für die Restrukturierung der einzelnen Gesellschaften enthalten, er kann aber ebenso gut lediglich den groben Rahmen vorgeben, in den sich die Einzelpläne einzufügen haben. Im Grunde können sich die Vorgaben für die Sanierung der Unternehmensgruppe an den **Sanierungskonzepten** orientieren, die **für einzelne Unternehmen** bestimmt sind.

31 Allerdings sei bereits an dieser Stelle darauf hingewiesen, dass bei einem eng vernetzten Konzern die Frage nach der Sanierung einer Gesellschaft sich nicht beantworten lässt, ohne dass man die Möglichkeit einer **Restrukturierung der gesamten Unternehmensgruppe** in den Blick nimmt. Im Grunde ist dies die betriebswirtschaftliche Betrachtungsweise, die nicht auf den juristischen Rechtsträger abstellt, sondern auf das Unternehmen als rechtsformneutralen Träger der wirtschaftlichen Aktivitäten. Gerade bei einer stark integrierten Unternehmensgruppe stehen die einzelnen Gesellschaften nicht unverbunden nebeneinander, sondern sind rechtlich, wirtschaftlich und organisatorisch aufeinander bezogen, so dass ihre **Sanierungsfähigkeit nur unter Berücksichtigung der Verbundeffekte** der Gruppe beurteilt werden kann. Als Beispiel sei etwa eine Unternehmensgruppe angeführt, bei der die einzelnen Fertigungsstufen auf verschiedene Gesellschaften verteilt sind, so dass einzelne Gesellschaften keine eigene Marktpräsenz mehr haben. Ebenso wenig wird eine isolierte Aussage möglich sein, wenn für Einkauf, Produktion und Absatz unterschiedliche Gesellschaften zuständig sind. Eine Gesamtbetrachtung ist auch dann angezeigt, wenn die Gruppe enge **finanzwirtschaftliche Verbundeffekte** aufweist. Über den gebräuchlichen Cash-Pool hinaus können zwischen den konzernangehörigen Gesellschaften so enge Beziehungen entstanden sein, dass lediglich noch die konzerninterne Finanzierungsgesellschaft Verbindlichkeiten und offene Kreditlinien gegenüber außenstehenden Kreditgebern hat (vgl. Flöther/*Balthasar* Handbuch, § 3 Rn. 7, 24, 28, 32 ff.).

32 Als Fahrplan für die Umsetzung einer Sanierung ist insbesondere der vom IDW erarbeitete **IDW S 6** zu nennen, der heute faktisch den Standard für die Erstellung von Sanierungskonzepten vorgibt, und

sowohl von Sanierungsberatern als auch von Kreditinstituten als nahezu verbindlich angesehen wird. Er enthält die wesentlichen Grundsätze für die objektive und schlüssige Überprüfung sowie die konzeptionelle Darstellung der Sanierungsfähigkeit eines Unternehmens. Die heutige Fassung des IDW S 6, die nach Billigung durch den Fachausschuss Sanierung und Insolvenz am 11.12.2012 bekannt gemacht wurde, geht auf den FAR 1/1991 zurück, der seinerseits durch den IDW S 6 vom 20.08.2009 ersetzt worden war (vgl. *Prütting* ZIP 2013, 203 ff.).

Neben dem IDW S 6 bilden die **Grundsätze ordnungsgemäßer Planung (GoP)** des BDU den zweiten anerkannten Standard für eine strategische Unternehmensplanung. Die GoP enthalten allgemeine Grundsätze, die einen Rahmen vorzeichnen, in dem die Unternehmensplanung eigenständig und individuell gestaltet werden kann. Zwischen IDW S 6 und den GoP bestehen allerdings fundamentale Unterschiede hinsichtlich der Lage, in der sich das Unternehmen befindet, und der gestellten Zielsetzung. Während der IDW S 6 den Fokus vollständig auf eine Sanierungsplanung legt, finden die GoP auch dann Anwendung, wenn lediglich eine strategische Neuausrichtung des Unternehmens beabsichtigt ist. Dennoch wird versucht, beide Standards zu kombinieren, insbesondere indem dem IDW S 6 einzelne Elemente der GoP integriert werden (vgl. etwa *Baron/Presber* Marktorientierte Sanierungskonzepte, 2014). 33

Bevor die wesentlichen Leitlinien eines IDW S 6-Konzepts holzschnittartig skizziert werden, soll noch einmal an die **grundlegende Zielrichtung einer Sanierung** erinnert werden. Unter Sanierung wird die Zusammenfassung aller organisatorischen, finanziellen und rechtlichen Maßnahmen verstanden, die ein Unternehmen aus einer ungünstigen wirtschaftlichen Situation herausführen soll, um seine Weiterexistenz zu sichern. Damit wird die Gesamtheit aller Maßnahmen angesprochen, die ein in seiner Existenz bedrohtes Unternehmen durch Herstellung der Zahlungs- und Ertragsfähigkeit entweder vor dem Zusammenbruch retten oder danach wieder aufrichten soll (vgl. *Jaffé* § 220 Rdn. 25 f. m.w.N.; Flöther/*Balthasar* Handbuch, § 3 Rn. 3). 34

a) Externe Unternehmensanalyse und interne Unternehmensanalyse

Soll der Koordinationsplan den Vorgaben des IDW S 6 folgen, so ist zunächst der Status quo der Unternehmensgruppe zu analysieren, die Zielstellung der Sanierungsmaßnahmen zu definieren und schließlich die Sanierungschancen zu bewerten. 35

Ausgangspunkt eines Sanierungskonzepts sollte nach Beschreibung von Auftragsgegenstand und -umfang eine **Darstellung der wesentlichen rechtlichen und wirtschaftlichen Gegebenheiten** des Unternehmens sein. Dazu gehören insbesondere die finanzwirtschaftlichen, leistungswirtschaftlichen und personalwirtschaftlichen Verhältnisse des Unternehmens (IDW S 6 Rn. 33). Soll ein **Sanierungskonzept für einen Konzern** entwickelt werden, müssen auch die Konzernstruktur und die Kapitalisierung einschließlich der Sicherstellung der Zahlungsfähigkeit der einzelnen Konzerngesellschaften dargestellt werden (IDW S 6 Rn. 47). 36

Im Rahmen einer **externen Analyse** werden das makroökonomische Umfeld des Unternehmens sowie die externen Einflussfaktoren auf die Unternehmensentwicklung beleuchtet. Weit verbreitet ist in diesem Zusammenhang etwa die PESTEL-Analyse (d.h. die Untersuchung der »political, economic, social, technological, enviromental, legal« Einflussfaktoren, die auf das Unternehmen einwirken, wenn es um die Erschließung bzw. Bearbeitung von Märkten geht; vgl. *Theobald* Pestel-Analyse, www.management-monitor.de). Im Einzelnen geht es um eine Darstellung der politischen (z.B. Wirtschaftsordnung eines Landes), wirtschaftlichen (z.B. Wirtschaftswachstum, Inflationsrate), sozio-kulturellen (z.B. Bildungswesen), technologischen (z.B. IT, Kommunikation), ökologisch-geographischen (z.B. Infrastruktur, natürliche Ressourcen) und rechtlichen Einflussfaktoren (z.B. Rechtssystem und Staatsverfassung). 37

Die **interne Unternehmensanalyse** basiert zunächst auf der aktuellen Ergebnis-, Finanz- und Ertragslage sowie deren voraussichtliche Entwicklung. Dabei ist ein besonderer Schwerpunkt auf die Entwicklung von Umsätzen, Kosten und Deckungsbeiträgen der einzelnen Produkte oder Geschäftsbereiche zu legen (IDW S 6 Rn. 56). Um eine Aussage über die künftige Wettbewerbsfähigkeit tref- 38 fen zu können, müssen auch der Kundenstamm, die Organisation, die Fertigungsprozesse sowie das Humankapital beurteilt werden.

b) Ursachen der Krise

39 Darauf aufbauend erfolgt dann die **Analyse von Krisenstadium und -ursachen**, wobei zwischen exogenen und endogenen Ursachen unterschieden wird, und ein besonderes Augenmerk darauf liegt, ob für das Unternehmen eine Insolvenzgefahr besteht. Als Beispiel für exogene Ursache seien Konjunkturschwankungen, Änderung der Steuerpolitik oder neue Produktionstechnologien genannt. Zu den endogenen Ursachen zählen etwa das Festhalten an veralteten Konzepten, eine fehlende strategische Ausrichtung oder eine unzureichende Unternehmensplanung (*Kübler/Zabel* HRI, § 4 Rn. 36 ff.). Überwiegend werden in der Literatur **drei Erscheinungsformen von Krisen** ausgemacht: eine strategische Krise, eine operative oder Ergebnis-Krise und schließlich die Liquiditätskrise (vgl. *Blöse/Kihm/Zöller* Unternehmenskrisen, S. 19; der IDW S 6 enthält noch eine feinere Differenzierung, indem er sechs unterschiedliche Krisenstadien beginnend mit der Stakeholder Krise unterscheidet). Diese unterschiedlichen Krisenstadien sind in der Praxis jedoch weitgehend interdependent und können parallel verlaufen und sich gegenseitig beeinflussen(vgl. *Flöther/Balthasar* Handbuch, § 3 Rn. 5). Die Handlungsoptionen, die zur Bekämpfung der Krise zur Verfügung stehen, werden entscheidend durch den Zeitfaktor bestimmt. Während bei einer Strategiekrise noch die Möglichkeit besteht, die langfristigen Erfolgspotenziale des Unternehmens zu steigern, stehen bei einer Liquiditätskrise häufig nur wenige Tage zur Verfügung, um das Eintreten der Zahlungsunfähigkeit zu verhindern.

c) Sanierungsfähigkeit

40 Bemühungen um die Wiederherstellung der wirtschaftlichen Leistungsfähigkeit eines Unternehmens machen nur Sinn, wenn die **Sanierungsfähigkeit i.S.d. langfristigen Lebensfähigkeit** des Unternehmens gegeben ist. Es muss also die begründete Aussicht bestehen, dass das Unternehmen nachhaltig in der Lage ist, Erträge zu erwirtschaften und damit am Markt erfolgreich zu bestehen (*Kübler/Zabel* HRI, § 4 Rn. 41). Dabei sind die Fortführungs-, Wettbewerbs- und Renditefähigkeit zu bewerten. Ob Sanierungsfähigkeit gegeben ist, wird nach dem IDW S 6 in einem **zweistufigen Verfahren** festgestellt.

41 Ausgangspunkt ist zunächst **§ 252 Abs. 1 Nr. 2 HGB**, nach dem von einer *Fortführung der Unternehmenstätigkeit auszugehen* ist, »sofern dem nicht tatsächliche oder rechtliche Gegebenheiten entgegenstehen«. Dies ist nicht der Fall, wenn das Unternehmen in der Vergangenheit nachhaltige Gewinne erzielt hat, leicht auf finanzielle Mittel zurückgreifen kann, keine bilanzielle Überschuldung droht und die Fortführung des Unternehmens beabsichtigt ist (IDW PS 270, WPg Supplement 4/2010 S. 1 ff.). Tatsächliche Gegebenheiten stehen einer Unternehmensfortführung etwa dann entgegen, wenn das Unternehmen zwar einen Kreditbedarf hat, aber alle Kreditlinien bereits ausgeschöpft wurden. Ebenso wird in diesem Zusammenhang eine unzureichende Eigenkapitalausstattung genannt.

42 Auf der nächsten Stufe ist dann die nachhaltige Fortführungsfähigkeit zu überprüfen. Diese ist gegeben, wenn in einem überschaubaren Zeitraum eine Marktstellung erreicht werden kann, die zu einer **nachhaltigen und branchenüblichen Rendite** und Eigenkapitalausstattung führt (IDW S 6 WPg Supplement 4/2012 S. 130 ff.). Die Sanierungsfähigkeit ist nach den Sanierungskonzepten üblicherweise auf den einzelnen Rechtsträger ausgerichtet. Wie bereits oben erläutert wurde (Rdn. 31), ist eine solche isolierte Betrachtungsweise bei einem stark integrierten Konzern nicht zielführend, da die Überlebensfähigkeit der einzelnen Gesellschaften so eng an den Unternehmensverbund gekoppelt sein kann, dass eine sinnvolle Aussage nur möglich ist, wenn die Überprüfung der Sanierungsfähigkeit auf den Konzern oder zumindest auf einzelne Teile des Konzerns bezogen wird (vgl. *Flöther/Balthasar* Handbuch, § 3 Rn. 25).

d) Leitbild des sanierten Unternehmens

Für die Beteiligten der Insolvenzverfahren, aber auch für außenstehende Stakeholder, die für Unterstützungsmaßnahmen gewonnen werden sollen, ist es unerlässlich, dass ihnen eine Vision geboten wird, wie die Unternehmensgruppe nach Abschluss der Insolvenzverfahren und Umsetzung des Sanierungskonzepts aussehen soll. Im Leitbild ist somit ein Unternehmen zu skizzieren, das eine nachhaltige, branchenübliche Umsatzrendite und Eigenkapitalquote aufweist und damit für Kapitalgeber, aber auch für Mitarbeiter und Geschäftspartner wieder attraktiv ist. Dabei sind insbesondere die Potenziale herauszustellen, die die Unternehmensgruppe wieder wettbewerbsfähig machen und ihr die Möglichkeit eröffnen, nachhaltig Erträge zu erwirtschaften. Das Leitbild sollte darauf ausgerichtet sein, wie die Stärken der Gruppe ausgebaut und deren Schwächen reduziert werden können. 43

e) Denkbare Sanierungsmaßnahmen

Als grobe Unterteilung ist zwischen **finanzwirtschaftlichen und leistungswirtschaftlichen Maßnahmen** zu unterscheiden. 44

aa) Finanzwirtschaftliche Sanierung

Da sich die Unternehmensgruppe in der Insolvenz befindet, muss es zunächst vordringliches Ziel sein, die **Zahlungsunfähigkeit** der einzelnen Gesellschaften **zu überwinden**. Als weitere Restrukturierungsschritte sind etwa Maßnahmen auf der Gesellschafterebene zu nennen, wie etwa eine Kapitalherabsetzung bei gleichzeitiger Kapitalerhöhung oder die Durchführung eines Debt-Equity-Swaps. Gerade die letztgenannte Maßnahme ist ein wichtiges Hilfsmittel zur **finanzwirtschaftlichen Sanierung** und zwar sowohl im Hinblick auf die Vermögens- als auch Liquiditätslage (MüKo-InsO/ *Eidenmüller* § 225a Rn. 6). In diesem Zusammenhang ist auch an § 225a Abs. 3 InsO zu erinnern, der es ermöglicht, die *gesellschaftsrechtlichen Strukturen des Schuldners auch außerhalb eines Debt-Equity-Swaps grundlegend umzugestalten* und sie den Bedürfnissen des Insolvenzplanverfahrens anzupassen (BT-Drucks. 17/5712 S. 32). Damit ist es etwa zulässig, die Anteils- oder Mitgliedschaftsrechte von Altgesellschaftern am schuldnerischen Unternehmen auf Dritte oder andere Gesellschafter zu übertragen (MüKo-InsO/*Eidenmüller* § 225a Rn. 87). 45

Die so skizzierten Maßnahmen sind jedoch lediglich die ersten Schritte, auf dem Weg zu einer umfassenden **finanzwirtschaftlichen Restrukturierung**. In den Koordinationsplan können deshalb Aussagen aufgenommen werden, wie die Fremdfinanzierung der Unternehmensgruppe künftig ausgestaltet und in welcher Form das Cash Management abgewickelt werden soll. Zur Verbesserung der Liquiditätslage können ebenfalls eine Optimierung der Lagerhaltung, die Reduzierung von Debitorenlaufzeiten, die Einbindung von Lieferantengläubigern oder das Factoring von Forderungen vorgesehen werden (*Kübler/Zabel* HRI, § 4 Rn. 134). Im IDW S 6 werden eine Vielzahl weiterer finanzwirtschaftlicher Maßnahmen genannt, die zu einer Sanierung der einzelnen Rechtsträger und damit zu einer Restrukturierung der gesamten Unternehmensgruppe beitragen können. Insofern seien etwa die Zuführung neuen Eigenkapitals durch die Gesellschafter, Gehaltsverzichte der Geschäftsleitung, Forderungsverzichte durch Lieferantengläubiger oder die Übernahme von Beteiligungen durch Gläubigerbanken genannt (vgl. die Aufzählung bei *Jaffé* § 220 Rdn. 76). 46

bb) Leistungswirtschaftliche Sanierung

Zum Bereich der **leistungswirtschaftlichen Maßnahmen** könnten nun jeweils eigene Vorschläge aufgelistet werden, wie die einzelnen Krisenstadien, also etwa die Erfolgskrise oder die Produktkrise überwunden werden können. Im Grunde wird es aber regelmäßig darum gehen, Vorschläge zu unterbreiten, wie die Unternehmensgruppe neu ausgerichtet werden kann, um durch eine Optimierung des Produktprogramms, eine Verbesserung der Kostenstruktur und eine Steigerung der Umsatzerlöse die Wettbewerbsfähigkeit zu erreichen und nachhaltig zu sichern. Diese strategische Neuausrichtung des Konzerns wird regelmäßig dem Leitbild, das mit der Sanierung angestrebt wird, entsprechen (*Kübler/Zabel* HRI, § 4 Rn. 140). 47

48 Zumindest als theoretisches Konzept geht der IDW S 6 davon aus, dass die Krisenstadien in umgekehrter Reihenfolge ihrer Entstehung abgearbeitet werden. Nach Überwindung der Liquiditätskrise etwa durch die bereits genannten finanzwirtschaftlichen Maßnahmen müssen, um wieder eine branchenübliche Umsatzrendite zu erzielen, Verlustquellen beseitigt und Kosten gesenkt werden. Dies kann etwa durch eine Bereinigung des Produktportfolios, Reduzierung der Fertigungstiefe oder durch Maßnahmen zur Prozessoptimierung geschehen (IDW S 6 Rn. 114 ff.). Danach muss die Produkt- und Absatzkrise in Angriff genommen werden, wobei etwa ein Abbau von Zeitguthaben, eine Verkürzung der Wochenarbeitszeit, die Rücknahme von Leiharbeit oder die Einführung von Kurzarbeit infrage kommt (IDW S 6 Rn. 116). Zur Überwindung der Strategiekrise hat eine strategische Neuausrichtung des Unternehmens zu erfolgen, was etwa durch eine Stärkung oder Ausweitung des Kerngeschäfts, den Transfer angestammter Produkte, Marken oder Ressourcen auf neue Märkte sowie der Entwicklung neuer Erfolgspotenziale geschehen kann. Den Schlussstein bildet die Beseitigung der Stakeholderkrise, also die Schaffung einer vertrauensvollen Atmosphäre zwischen allen Interessengruppen.

49 Ebenso vielgestalt wie die Erscheinungsformen der einzelnen Gesellschaften und der Unternehmensgruppen ist letztlich auch das Spektrum leistungswirtschaftlicher Maßnahmen, mit dem die Restrukturierung verwirklicht werden soll. Oftmals wird es unvermeidbar sein, einen **Personalüberhang abzubauen**, was bei einer Massenentlassung regelmäßig die Aufstellung eines Interessenausgleichs und eines Sozialplans zur Folge hat. Denkbar sind auch ein länger andauernder Einstellungsstopp, der Abschluss von Aufhebungsverträgen oder vorzeitige Pensionierungen. Für den Bereich der **Produktion** kann die Konzentration auf rentable Geschäftsbereiche, die Aufgabe unrentabler Standorte oder die Verbesserung der Arbeitsabläufe vorgeschlagen werden. Für den **Vertrieb** kann eine Änderung der Werbung und des Marketings, eine Anpassung der Preispolitik und eine schärfere Konturierung der Corporate Identity vorgesehen werden (vgl. die Aufzählung bei *Jaffé* § 220 Rdn. 77).

f) Schlüssige Darstellung der Planung

50 Das so skizzierte Sanierungskonzept sollte auch eine **zahlenmäßige Darstellung** enthalten, wie die Sanierungsmaßnahmen umgesetzt werden. Dieser Sanierungsplan hat im Rahmen der integrierten Unternehmensplanung einen Ergebnis-, Finanz- und Vermögensplan zu enthalten (IDW S 6 WPg Supplement 4/2012 S. 130 ff.). Soweit dies möglich ist, sollte jede Sanierungsmaßnahme erläutert und ihre quantitativen Auswirkungen auf die zukünftige Ergebnis-, Finanz- und Vermögensentwicklung dargestellt werden. Nur wenn insoweit ein **belastbares Zahlenwerk** vorliegt, können die Gläubiger sich ein Bild machen, ob es lohnt, das Sanierungskonzept in den Insolvenzplänen der einzelnen Gesellschaften umzusetzen. Dabei sollte für die einzelnen Unternehmen im Hinblick auf ein anschließendes Insolvenzplanverfahren auch eine Vergleichsrechnung vorgelegt werden, welche Ergebnisse für die Gläubiger bei der im Koordinationsplan skizzierten Fortführung der Unternehmensgruppe zu erwarten sind und welche bei einer Liquidation anfallen würden. Wünschenswert wäre es, wenn bereits in diesem Stadium eine Grobschätzung vorgelegt werden könnte, welcher Koordinationsmehrwert zu erwarten ist und bei welcher Gesellschaft er anfällt.

51 Da der Koordinationsplan dazu beitragen soll, die Unternehmen der Gruppe fortzuführen, sollte er eine **Finanzplanung** enthalten, die sich an den **Vorgaben des** § 229 InsO orientiert und damit die Beschlussfassung über die ins Auge gefassten Fortführungspläne für die Einzelgesellschaften erleichtert. Sinnvoll wäre es auch, wenn für die einzelnen fortzuführenden Gesellschaften bereits die nach § 230 InsO erforderlichen Erklärungen vorbereitet werden könnten.

g) Behandlung der Unternehmensverträge

52 Gleich welcher Auffassung man hinsichtlich der Auswirkungen der Eröffnung des Insolvenzverfahrens auf Unternehmensverträge vertritt (vgl. Vor §§ 269a ff. Rdn. 23 ff.), ist es bereits aus Gründen der Rechtssicherheit sinnvoll, Ausführungen zum Schicksal dieser Verträge in den Koordinationsplan aufzunehmen. Dies hat unabhängig davon zu gelten, ob die einzelnen Rechtsträger der Unternehmensgruppe fortgeführt werden sollen oder ob im Wege der übertragenden Sanierung die Assets

auf einen oder mehrere neue Rechtsträger übergehen sollen. Im letzteren Fall wäre es sinnvoll, die Verbundeffekte der ehemaligen Gruppe bei den Übernehmern nachzuzeichnen.

h) Ergänzungsbedürftigkeit des IDW S 6

Von Vertretern der Kreditwirtschaft wird großer Wert darauf gelegt, dass ihnen vorgelegte Sanierungskonzepte dem IDW S 6 entsprechen. Darüber hinausgehend wird teilweise die Auffassung vertreten, der IDW S 6 markiere lediglich den Mindestumfang der für die Kreditinstitute notwendigen Informationen. Insofern seien regelmäßig weitere Angaben erforderlich, die nicht aus dem Sanierungskonzept hervorgehen. Deshalb sei es sinnvoll, auch **einzelne Bestandteile der GoP in den IDW S 6 zu übernehmen** (vgl. hierzu *Baron/Presber* Marktorientierte Sanierungskonzepte, S. 65 ff.). Vor diesem Hintergrund wird etwa vorgeschlagen, in die im Rahmen der Sanierungsplanung zu erstellende externe Analyse auch eine Analyse der aktuellen Bankenpolitik, insbesondere im Hinblick auf die Kreditvergabe zu übernehmen. Daneben wird auch eine Stakeholderanalyse für sinnvoll gehalten, etwa welchen Einfluss einzelne Interessengruppen auf das Unternehmen haben. Ebenso sei dessen Management näher zu beleuchten, beispielsweise im Hinblick auf Gesundheit, familiäres Umfeld oder Lebensplanung. Im Rahmen der strategischen Planung sei es geboten, auch eine langfristige Strategie zur Erreichung der Unternehmensziele zu erarbeiten, die etwa 5 Jahre abdecken sollte (*Baron/Presber* Marktorientierte Sanierungskonzepte, S. 31 f.). Selbst wenn die eine oder andere Ergänzung des IDW S 6 sinnvoll sein mag, darf doch nicht das Ziel der durch die Insolvenz bedingten Sanierungsplanung aus den Augen verloren werden. Sie hat vornehmlich die Aufgabe, als Entscheidungsgrundlage für Kreditinstitute, sonstige Gläubiger, Arbeitnehmer und Investoren zu dienen, und letztlich die Grundlage für den darstellenden Teil des Insolvenzplans zu bilden (*Tobias/Schampel* KSI 2011, 245). 53

Insofern besteht bereits bei der geltenden Fassung des IDW S 6 die Gefahr, dass insbesondere bei kmU ein **Aufwand betrieben werden muss, der an den tatsächlichen Sanierungsnotwendigkeiten vorbeigeht**. Dies führt zu einem unverhältnismäßigen Konzeptumfang, zu einem langen Konzepterstellungszeitraum und schließlich zu hohen Beraterhonoraren. Sollen, wie vom IDW S 6 vorgegeben, alle Krisenstadien aufgearbeitet werden, so wäre ein kostenträchtiges multiprofessionales Expertenteam notwendig. Zumindest bei einem insolventen Unternehmen rsp. Unternehmensgruppe geht es an der Realität vorbei, wenn die Sanierungsfähigkeit nur dann testiert werden kann, wenn alle vergangenen, gegenwärtigen und zukünftigen finanzwirtschaftlichen, operativen, strategischen, technischen und rechtlichen Themen vollständig abgearbeitet wurden (*Tobias/Schampel* KSI 2011, 245 [247, 250]). Insofern ist es in der Insolvenz einer Gruppe von kleineren Unternehmen, insbesondere jedoch bei der Erarbeitung eines Koordinationsplans eher geboten, die Anforderungen des IDW S 6 auf das tatsächlich Erforderliche zu reduzieren. 54

2. Vorbereitung der Liquidation durch einen Koordinationsplan

Auch wenn die Unterstützung einer Sanierung die vornehmste Aufgabe eines Koordinationsplans ist, hat er auch dann eine Berechtigung, wenn die Liquidation der gesamten Unternehmensgruppe oder von Teilen beabsichtigt ist. Eine abgestimmte Gesamtveräußerung der *assets* lässt regelmäßig einen höheren Ertrag erwarten, als wenn das Unternehmen unkoordiniert zerschlagen wird (BT-Drucks. 18/407 S. 38 f.). Besonders augenfällig wird dies, wenn eine **übertragende Sanierung** der Vermögenswerte der gesamten Unternehmensgruppe ins Auge gefasst ist, da nur bei einem abgestimmten Vorgehen die Möglichkeit besteht, zumindest Teile der Verbundeffekte rein faktisch auch für die übernehmende Gesellschaft zu nutzen oder zumindest die Verbundeffekte in der Hand des Übernehmers neu zu konzipieren. Ebenso wäre denkbar, in dem Plan ein langfristiges Konzept zu entwickeln, wie illiquide Massegegenstände möglichst optimal veräußert werden können (Flöther/*Madaus* Handbuch, § 5 Rn. 83). Soll eine Vielzahl gleichartiger Gegenstände veräußert werden, so kann ein marktschonendes Vorgehen nur realisiert werden, wenn die involvierten Insolvenzverwalter sich eng miteinander abstimmen. 55

3. Beilegung gruppeninterner Streitigkeiten

56 Nach **Abs. 2 Nr. 2** wird als weiteres Ziel eines Koordinationsplans die Beilegung gruppeninterner Streitigkeiten genannt, die eine Sanierung vereiteln oder zumindest deutlich erschweren, aber auch bei einer Liquidation hinderlich sein können. Der Koordinationsplan kann deshalb Vorschläge unterbreiten, wie dieses Konfliktpotenzial zu entschärfen ist (BT-Drucks. 18/407 S. 40). Dabei zielt das Gesetz insbesondere darauf ab, die Geltendmachung von gruppeninternen Anfechtungsansprüchen möglichst zu vermeiden.

a) Wahlrecht des Insolvenzverwalters und sonstige Haftungsansprüche

57 Über den Bereich der Insolvenzanfechtung hinaus können auch sonstige konzerninterne Ansprüche eine möglichst wertschonende Gestaltung der Insolvenzverfahren erschweren. In diesem Zusammenhang muss auch an das **Wahlrecht des Insolvenzverwalters** nach § 103 Abs. 1 InsO gedacht werden, das nicht nur bei gruppeninternen Austauschprozessen Schwierigkeiten bereiten kann, sondern ein besonderes Störpotenzial gerade dann entfaltet, wenn das Wahlrecht von einzelnen Verwaltern gegenüber Vertragspartnern ausgeübt wird, die Leistungen erbringen, auf die die gesamte Unternehmensgruppe angewiesen ist (vgl. Flöther/*Madaus* Handbuch, § 5 Rn. 79). Eine nicht abgestimmte Ausübung des Wahlrechts kann die Fortführung der gesamten Gruppe gefährden.

58 Allerdings sind neben den bereits genannten Ansprüchen auch **sonstige Haftungsansprüche** in den Blick zu nehmen, die sich ebenfalls nachteilig auf eine abgestimmte Bewältigung der Konzerninsolvenz auswirken können. Dabei ist insbesondere an die Kapitalerhaltungsansprüche nach §§ 30, 31 GmbHG und §§ 57, 62 AktG zu denken. Weiter sind die Haftungsansprüche gegen die Geschäftsführer nach § 64 GmbHG und §§ 92 Abs. 2, 93 Abs. 3 Nr. 6 AktG zu berücksichtigen und schließlich muss noch die Haftung wegen existenzvernichtenden Eingriffs nach § 826 BGB eingebunden werden (vgl. Flöther/*Thole* Handbuch, § 4 Rn. 405).

b) Ansprüche wegen Insolvenzanfechtung

59 Nach Einschätzung des Gesetzgebers, die mit der Rechtswirklichkeit übereinstimmen dürfte, resultiert das **größte Störpotenzial** aus der Gefahr, dass die involvierten Insolvenzverwalter wechselseitig **Anfechtungsansprüche** geltend machen (vgl. eingehend zu den Fallkonstellationen, in denen konzerninterne Anfechtungsansprüche auftreten Flöther/*Thole* Handbuch, § 4 Rn. 402 ff.). Vielfältig sind die konzerninternen Transaktionen, die als Rechtshandlung nach § 129 InsO angefochten werden können. In diesem Zusammenhang ist etwa an den gruppeninternen Verkauf zu Konzernverrechnungspreisen, die Leistungserbringung eines Gruppenmitglieds für ein anderes weit unterhalb der Marktpreise oder die unentgeltliche Überlassung von Produktionsmitteln oder Lizenzen zu denken (BT-Drucks. 18/407 S. 40). Als Ausgangspunkt der Überlegungen, wie dieses Konfliktpotenzial entschärft werden kann, muss die Erkenntnis stehen, dass konzerninterne Anfechtungsansprüche grds. den gleichen Regelungen unterliegen wie die gegenüber externen Anfechtungsgegnern.

60 Jedoch ist zu beachten, dass diese Ansprüche noch dadurch an Brisanz gewinnen können, als **Beweiserleichterungen** eingreifen. Dies gilt etwa für die Ansprüche nach den §§ 130, 131, 132 sowie bei § 133 Abs. 4 InsO gegenüber **nahestehenden Personen**. Streitig ist in diesem Zusammenhang, ob auch **abhängige Schwestergesellschaften** zu den nahestehenden Personen zu rechnen sind. Der RegE InsO geht davon aus, dass das Verhältnis zwischen abhängigen Unternehmen, die von denselben Unternehmen beherrscht werden, kein entsprechendes Näheverhältnis begründet, weil im Verhältnis der abhängigen Unternehmen zueinander nicht davon ausgegangen werden könne, dass ein Unternehmen besondere Informationsmöglichkeiten über die wirtschaftlichen Verhältnisse des anderen hat (BT-Drucks. 12/2443 S. 163). Abweichend von dem RegE InsO spricht jedoch viel dafür, dass Näheverhältnis über die gemeinsame Abhängigkeit zur Muttergesellschaft zu begründen, die es zumindest mittelbar ermöglicht, sich die entsprechenden Informationen zu beschaffen (vgl. Flöther/*Thole* Handbuch, § 4 Rn. 451 m.w.N.).

Selbst wenn die Geltendmachung von Anfechtungsansprüchen nicht im Interesse der Unternehmensgruppe liegen sollte, etwa weil selbst die erfolgreiche Durchsetzung solcher Ansprüche nicht die Gesamtmasse der Gruppe erhöhen würde, gehört es zu den haftungsbewerten Pflichten des Verwalters, diese Ansprüche im Interesse der Gläubiger *seines* Verfahrens durchzusetzen. Es geht auch nicht darum, irgendwelche Ansprüche zu »*verschenken*« (Flöther/ *Thole* Handbuch, § 4 Rn. 458), sondern entscheidend ist, wie ohne eine konflikträchtige Auseinandersetzung zwischen den Insolvenzverwaltern im Koordinationsplan ein Modus gefunden werden kann, der gewährleistet, dass einerseits keine streitige Durchsetzung erfolgt, andererseits jedoch die Gläubiger des begünstigten Verfahrens so gestellt werden, als wäre der Anspruch erfolgreich durchgesetzt worden. Auch bei der Insolvenzanfechtung hat zu gelten, dass durch die Koordinierungsmaßnahmen kein Gläubiger schlechter gestellt werden darf, als er ohne die Koordinierung gestanden hätte. Insofern muss im Koordinationsplan eine **ausreichende Kompensation** für die Gläubiger des durch die Anfechtung begünstigten Verfahrens vorgesehen werden. Damit ist jedoch nicht gesagt, dass die Kompensation genau die Höhe erreichen muss, die bei einer streitigen Durchsetzung des Anfechtungsanspruchs zu erwarten gewesen wäre. Fallen durch die abgestimmte Abwicklung der Insolvenzverfahren Kooperationsgewinne an, so sind diese bei der Berechnung der Kompensation zu berücksichtigen (a.A. wohl Flöther/ *Thole* Handbuch, § 4 Rn. 460). 61

4. Vertragliche Vereinbarungen zwischen den Insolvenzverwaltern

a) Terminologische Präzisierung

Als letztes Beispiel für Maßnahmen, die Gegenstand eines Koordinationsplans sein können, nennt **Abs. 2 Nr. 3** die vertraglichen Vereinbarungen zwischen Insolvenzverwaltern, die im Folgenden kurz vorgestellt werden sollen. 62

Seit Beginn der Neunzigerjahre sind verstärkt Bemühungen zu erkennen, eng verbundene Insolvenzverfahren, die in unterschiedlichen Jurisdiktionen angesiedelt sind, durch eine Verständigung zwischen den Verwaltern und/oder den Gerichten effizienter abzuwickeln. Das bekannteste Beispiel dürfte das Insolvenzverfahren über die **Maxwell Communication Corporation** sein (vgl. hierzu *Göpfert* ZZPInt (1996), 269 ff.) sein, das zu zwei Hauptverfahren im Vereinigten Königreich und in den USA führte. In dieser Situation wurde zwischen den englischen Administrators und dem amerikanischen Examiner eine Vereinbarung – protocol genannt – erzielt, in der zentrale Fragen des Verfahrens geklärt wurden (*Paulus* ZIP 1998, 97 [99] mit weiteren anschaulichen Beispielen; *ders.* NZI 2001, 505 [507]). 63

Etwas unklar ist, ob die Begriffe **Insolvenzverwaltungsvertrag** und protocol **synonym** zu verwenden sind oder ob sie verschiedene Instrumente bezeichnen, von denen protocol wohl als Oberbegriff zu werten wäre (i.S. eines synonymen Gebrauchs wohl *Eidenmüller* ZZP 114 (2001) 3 [5]). Andererseits wird die Auffassung vertreten, beide Begriffe seien zu trennen, protocol würde sowohl Insolvenzverwaltungsverträge als auch allgemein vorformulierte Abwicklungs- und Verwaltungsprogramme abdecken (*Ehricke* WM 2005, 397 [403]). In dem so verstandenen Sinn stellen die protocols ein sehr flexibles Instrument dar, nicht nur im Hinblick auf die Regelungsgegenstände, sondern auch hinsichtlich der involvierten Parteien (*Paulus* NZI 2001, 505 [507]; *ders.* ZIP 2002, 729 [735]). 64

Durch diesen **flexiblen Ansatz** sind sie gut geeignet, zu einer Koordinierung parallel anhängiger Insolvenzverfahren zu führen, ohne dass sie für die Beteiligten rechtlich verbindlich wären. In diesem Sinne sind sie lediglich als **Richtschnur für eine abgestimmte Verfahrensführung** zu verstehen. Im Folgenden sollen nur die protocols etwas näher behandelt werden, die als Insolvenzverwaltungsverträge zu werten sind. Liegt kein **Rechtsbindungswillen der Parteien** vor, so handelt es sich lediglich um unverbindliche Leitlinien, die allenfalls als Teil der Kooperationspflichten Wirksamkeit entfalten können. Allerdings sind die bei größeren internationalen Insolvenzen anzutreffenden Vereinbarungen regelmäßig mit Rechtsbindungswillen zustande gekommen (*Eidenmüller* ZZP 114 (2001), 3 [10]; *ders.* ZHR 169 (2005), 528 [542]; *Brünkmans* ZInsO 2013, 797 [801]; *Hortig* Kooperation, 65

S. 126). Aus diesem Grund wird künftig lediglich der Begriff Insolvenzverwaltungsvertrag verwendet.

b) Zulässigkeit der Vereinbarungen

66 Von einigen Stimmen in der Literatur wird die **Zulässigkeit solcher Vereinbarungen** grundlegend infrage gestellt, da sie den notwendigen Freiraum der Insolvenzverwalter verengen würden, was angesichts der Eilbedürftigkeit des Verfahrens eher hinderlich sei. Zudem würden sie eine »**Bürokratie der Zusammenarbeit**« mit sich bringen und die Verfahren komplexer, schwerfälliger und schwieriger machen. (so etwa MüKo-BGB/*Kindler* Art. 31 EuInsVO Rn. 20; ähnlich *Ehricke* WM 2005, 397 [402]). Diese Argumente sind wenig überzeugend, da es den Parteien der Vereinbarung freisteht, in welchem Umfang sie detaillierte Regelungen treffen wollen und wie sie die erforderlichen Freiräume gestalten. Sind die Gläubiger mit einer umfassenden Regelung einverstanden, so ist auch sichergestellt, dass durch den Abschluss ihre Interessen nicht verletzt werden. Die beklagte Starrheit der Vereinbarung ist letzten Endes der Preis, der für den Gewinn an Rechtssicherheit bezahlt werden muss (*Eidenmüller* ZHR 169 (2005), 528 [543]).

67 Während in der Vergangenheit nahezu selbstverständlich davon ausgegangen wurde, dass diese Vereinbarungen durch die involvierten Insolvenzverwalter oder durch die Gerichte abgeschlossen werden (*Eidenmüller* ZZP 114 (2001), 3 [11 f.]; *ders.* ZHR 169 (2005), 528 [542]), wird vereinzelt die Auffassung vertreten, dass **Gläubiger einer solchen Vereinbarung** immer der Insolvenzschuldner sei und es bei der Schuldnerstellung darauf ankomme, ob es sich um eine massebezogene Verpflichtung handele oder nicht (*Wittinghofer* Insolvenzverwaltungsvertrag, S. 85 ff.; krit. zu dieser Differenzierung *Hortig* Kooperation, S. 128). Eine solche Aufteilung wäre jedoch lebensfremd. Das Institut des Insolvenzverwaltungsvertrags stammt aus dem internationalen Insolvenzrecht und wird dort auch für eine Harmonisierung von Haupt- und Sekundärinsolvenzverfahren eingesetzt. In diesem Fall wäre jedoch der Anspruchsverpflichtete mit dem Anspruchsberechtigten identisch. Für das herkömmliche Verständnis spricht auch der Wortlaut von Art. 41 Abs. 1 Satz 2 EuInsVO und von § 269h Abs. 2 Nr. 3 InsO, wo ausdrücklich von einer vertraglichen Vereinbarung zwischen den Insolvenzverwaltern die Rede ist.

c) Mitwirkung der Gläubiger

68 Klärungsbedürftig ist, in welchem Umfang zum Abschluss einer solchen Vereinbarung die **Mitwirkung der Gläubiger** erforderlich ist. Die h.M. geht davon aus, ein Insolvenzverwaltungsvertrag stelle **per se eine besonders bedeutsame Rechtshandlung** dar, für die stets nach § 160 InsO entweder die Zustimmung des Gläubigerausschusses oder der Gläubigerversammlung einzuholen sei (*Eidenmüller* ZZP 114 (2001), 3 [18]; *Paulus* ZIP 1998, 977 [982 Fn. 38]; *Hortig* Kooperation, S. 149). Angesichts der notwendigen Flexibilität, die ein solcher Vertrag aufweisen soll, wäre es allerdings kontraproduktiv, stets die Einbindung der Gläubiger zu fordern. Denkbar ist auch, dass nicht eine umfassende Klärung aller für die abgestimmte Abwicklung der parallelen Verfahren sich stellenden Fragen beabsichtigt ist, sondern punktuell ein Problem geklärt wird, dessen Bedeutung für die Gesamtmasse nicht sehr hoch ist. Insofern spricht viel dafür, wie auch sonst bei § 160 InsO **zu prüfen**, ob die fragliche Rechtshandlung **für das Verfahren insgesamt von besonderer Bedeutung** ist. Dies wäre etwa der Fall, wenn der Abschluss der Vereinbarung außergewöhnliche Risiken oder Belastungen mit sich brächte oder eine gravierende Abweichung vom gesetzlich vorgeschriebenen Verfahrensablauf beinhalten würde (vgl. *Wegener* § 160 Rdn. 4). Insofern kann man als Richtschnur festhalten, dass eine Insolvenzverwaltungsvereinbarung, die umfassend die mit einer Konzerninsolvenz verbundenen Fragen aufgreift, stets unter § 160 InsO fällt, dass andererseits aber auch unbedeutende Abstimmungen denkbar sind, die keiner Einbindung der Gläubiger bedürfen.

d) Abschlusszwang

Teilweise wird geschlossen, aus der Pflicht zur Kooperation, wie sie nun in § 269a InsO statuiert ist, könne auch eine **Pflicht zum Abschluss eines Insolvenzverwaltungsvertrags** erwachsen (so etwa *Eidenmüller* ZZP 114 (2001), 3 [23 f.]; *ders.* ZHR 169 (2005), 528 [543]). Nach den allgemeinen Grundsätzen, wie sie sich aus § 56 InsO ergeben, hat der Insolvenzverwalter sein Amt unabhängig, frei von Weisungen Dritter und in Kernbereichen auch höchstpersönlich wahrzunehmen. Er hat zwar für eine bestmögliche Gläubigerbefriedigung zu sorgen, doch ist er grds., von Vorgaben der Gläubiger zunächst einmal abgesehen, frei, welchen Weg er zu diesem Ziel beschreitet. Die Auferlegung eines Kontrahierungszwanges würde diesem Bild deutlich widerstreiten. Hält es der Verwalter eines gruppenangehörigen Schuldners für geboten, eine Insolvenzverwaltungsvereinbarung abzuschließen, die jedoch nicht die Zustimmung aller involvierten Verwalter findet, so lässt sich aus **§ 269a InsO kein Zwang** herleiten, eine Vereinbarung auszuhandeln und abzuschließen (vgl. § 269a Rdn. 17). Besteht zwischen den Verwaltern ein Dissens über den einzuschlagenden Weg und bleiben die Bemühungen, eine Einigung zu erreichen, ohne Erfolg, so bleibt es bei den allgemeinen Folgen wie etwa einer Haftung nach § 60 InsO. 69

e) Inhalt der Vereinbarungen

Der Koordinationsplan kann sowohl einen ausformulierten Text für Vereinbarungen enthalten, der dann von den betroffenen Insolvenzverwaltern lediglich 1 zu 1 umzusetzen ist. Er kann sich jedoch auch darauf beschränken, Gegenstände zu beschreiben, die nach Einschätzung des Planverfassers regelungsbedürftig sind und eine grobe Orientierung vorgeben, wie eine angemessene Behandlung dieser Bereiche aussehen könnte. 70

Wie sich bereits aus dem Wortlaut von Abs. 2 ergibt, können in die Vereinbarung alle Maßnahmen aufgenommen werden, die für eine abgestimmte Abwicklung der Verfahren sachdienlich sind. Insofern ist der denkbare **Inhalt der Vereinbarungen sehr weit** zu verstehen. Alle in der Erläuterung zu § 269a InsO aufgeführten Gegenstände der Kooperation können auch in einer Verwaltervereinbarung aufgenommen werden, was für die Beteiligten einen Gewinn an Rechtssicherheit darstellen würde. Ebenso sollte die Beilegung von gruppeninternen Streitigkeiten (vgl. Rdn. 56 ff.) über eine Vereinbarung abgesichert werden, die auch die notwendigen Kompensationsleistungen vorsehen muss. 71

Diese Streitigkeiten können auch daraus resultieren, dass bei einzelnen **Vermögensgegenständen nicht mehr eindeutig feststellbar** ist, welcher Gesellschaft diese zuzuordnen sind. Über eine Vereinbarung kann hier die für die weitere Verfahrensführung notwendige Rechtssicherheit erreicht werden (vgl. Flöther/*Frege*/*Nicht* Handbuch, § 4 Rn. 328 ff.). Soll der ganze Konzern oder zumindest dessen unrentable Teile zerschlagen werden, so bietet es sich an, die Verwertungshandlungen so abzustimmen, dass ein möglichst höherer Erlös erzielt werden kann (vgl. Rdn. 55). Wird die Unternehmensgruppe im Insolvenzverfahren fortgeführt, so sind hierfür regelmäßig Massekredite erforderlich, die – zumindest in gewissen Umfang – ebenfalls Gegenstand einer Vereinbarung sein können, die etwa auch Regelungen zu den Sicherheiten enthält (vgl. zu den einzelnen Gegenständen von Vereinbarungen *Eidenmüller* ZZP 114 (2001), 3 [10 f.]). 72

Fallen durch die Koordinationsmaßnahmen **Kooperationsgewinne** an, die aber nicht gleichmäßig auf alle Gruppenmitglieder verteilt sind, so sollte frühzeitig ein Konsens angestrebt werden, wie diese Gewinne so aufgeteilt werden können, das in etwa der von jedem Gruppenmitglied erbrachte Koordinationsaufwand Berücksichtigung findet. 73

Gerade bei einem größeren Konzern, der im Interesse der Öffentlichkeit steht, ist eine abgestimmte **Kommunikationspolitik** und Öffentlichkeitsarbeit bei Eintritt einer Insolvenz unerlässlich. Dies hat insbesondere dann zu gelten, wenn Teile des Konzerns noch nicht infiziert sind, und sie mit den wirtschaftlichen Schwierigkeiten der anderen Gesellschaften möglichst nicht in Zusammenhang gebracht werden sollen (zweifelnd, ob die Kommunikationsstrategie im Koordinationsplan geregelt werden soll Flöther/*Specovius* Handbuch, § 3 Rn. 200 f.). 74

f) Bruch der Vereinbarung

75 Kommt eine Vereinbarung zustande, so muss geklärt werden, welche Rechtsfolgen eintreten, wenn eine der Parteien von den **Vorgaben des Vertrags abweicht**. Aus der Rechtsnatur dieser Vereinbarung als Prozessvertrag wird geschlossen, ein vertragswidriges Verhalten eines Beteiligten sei nicht nur unzulässig, sondern weitgehend unwirksam (*Eidenmüller* ZZP 114 (2001), 3 [20 f.]). Dies habe selbst dann zu gelten, wenn durch das abredewidrige Verhalten ein Dritter betroffen sei. Zur Begründung wird angeführt, die hierdurch eintretende Belastung für den Dritten hätte der Verwalter im Rahmen seiner Befugnisse auch sonst herbeiführen können (*Eidenmüller* ZZP 114 (2001), 3 [20 f.]).

76 Unabhängig von der dogmatischen Einordnung der Insolvenzverwaltungsvereinbarung wäre eine Wirkung gegenüber außenstehenden Dritten mit dem Vertrauensschutz und wesentlichen Grundsätzen des Insolvenzrechts nicht vereinbar. Danach ist ein eigenmächtiges – oder wie hier vertragswidriges – Handeln des Insolvenzverwalters im Außenverhältnis grds. wirksam, was sowohl für Verpflichtungs- als auch für Verfügungsgeschäfte gilt (K. Schmidt/*Jungmann* InsO, § 164 Rn. 3). Etwas anderes gilt nur dann, wenn das Handeln des Verwalters offensichtlich und für die Gegenseite erkennbar dem **Zweck des Insolvenzverfahrens zuwiderläuft** (*Wegener* § 164 Rdn. 4).

77 Sind die Verpflichtungen, die der Insolvenzverwalter in der Vereinbarung eingegangen ist, hinreichend bestimmt, so kann die andere Vertragspartei eine **Leistungsklage** erheben. Anderenfalls bleibt nur der Weg, über eine **Haftung nach § 60 InsO** einen mittelbaren Druck auf Einhaltung des Vertrags auszuüben. Zwar besteht die Pflicht aus der Vereinbarung gegenüber dem anderen Insolvenzverwalter, jedoch tritt der Schaden nicht bei diesem ein, sondern bei der von ihm verwalteten Insolvenzmasse. Im Rahmen des § 60 InsO dürfte es nicht streitig sein, dass bei der Verletzung einer Insolvenzverwaltungsvereinbarung eine **insolvenzspezifische Pflicht berührt** ist, da damit Pflichten angesprochen werden, die durch die Ziele des Insolvenzverfahrens und die in der InsO festgelegten Aufgaben und Verantwortungsbereiche des Verwalters bestimmt werden (vgl. zu den insolvenzspezifischen Pflichten *Jahntz* § 60 Rdn. 6).

78 Die Besonderheit im vorliegenden Fall besteht jedoch darin, dass die **vertragliche Pflicht gegenüber dem anderen Verwalter** besteht, der Schaden jedoch nicht bei diesem (von der Minderung der Berechnungsgrundlage für seine Vergütung einmal abgesehen) eintritt, sondern bei den Gläubigern seines Verfahrens. Allerdings ist für die Beteiligten offensichtlich, dass die vertragschließenden Verwalter nicht im eigenen Interesse tätig werden, sondern für die von ihnen verwaltete Masse. Auch aus der vertraglichen Vereinbarung wird wohl hinreichend deutlich werden, dass sie lediglich in ihrer Eigenschaft als Verwalter tätig werden. Insofern wird zu Recht eine Parallele zu den **Verträgen mit Schutzwirkung zugunsten Dritter** gezogen (so etwa *Eidenmüller* ZZP 114 (2001), 3 [22 f.]). Der Verwalter, demgegenüber der Vertragsbruch begangen wurde, hat den Schadenersatzanspruch im Interesse der Gläubiger seines Verfahrens als **Gesamtschaden nach § 92 InsO** geltend zu machen (vgl. zum Gesamtschaden *Wimmer-Amend* § 92 Rdn. 17).

79 Allerdings ist **fraglich, ob der Verwalter selbst haftet** oder ob lediglich die von ihm verwaltete Masse für seine Pflichtverletzung einzustehen hat. Da der Verwalter nicht für sich selbst tätig werden wollte, sondern nur im Rahmen seiner Masseverwaltung, lassen sich gute Gründe gegen eine Eigenhaftung des Verwalters anführen (vgl. K. Schmidt/*Thole* InsO, § 60 Rn. 46). Dies hätte zur Konsequenz, dass der Anspruch wegen Verletzung einer vertraglichen Pflicht, der dann aus allgemeinen Vorschriften herzuleiten wäre, aus der Masse des pflichtwidrig handelnden Verwalters zu begleichen ist. Die Gläubiger dieses Verfahrens könnten dann ihrerseits versuchen, über § 60 InsO gegen ihren Insolvenzverwalter vorzugehen. Allerdings dürfte regelmäßig der Anspruch unmittelbar auf § 60 InsO gestützt werden, da gegenüber dem aus der Vereinbarung begünstigten Insolvenzverwalter Pflichten bestehen, in deren Schutzbereich auch die Insolvenzgläubiger seines Verfahrens einbezogen sind.

III. Sofortige Beschwerde nach Abs. 3

80 Lehnt das Gericht die Bestätigung des Insolvenzplans nach Abs. 1 Satz 3 ab, so ist jeder, der den Plan vorgelegt hat, beschwerdebefugt. Demgegenüber wird gegen den Bestätigungsbeschluss kein Rechts-

mittel eröffnet. Nach dem gesetzlichen Regelfall wird der Koordinationsplan vom Verfahrenskoordinator vorgelegt, so dass dieser in aller Regel beschwerdebefugt sein wird. War zum Zeitpunkt der Planvorlage noch kein Koordinator eingesetzt, so ist *jeder* Insolvenzverwalter, der die Planinitiative mitgetragen hat (vgl. Rdn. 15), befugt, die sofortige **Beschwerde beim Koordinationsgericht** (abw. von § 569 ZPO nicht auch beim Landgericht, vgl. § 6 Abs. 1 Satz 2 InsO) einzulegen. Da der Antrag des oder der Vorlegenden auf Bestätigung des Koordinationsplans abgelehnt wurde, liegt eine formelle Beschwer vor, die für die Zulässigkeit ausreichend ist. Da den Koordinationsplan keine bindende Wirkung zukommt, war es nicht geboten, auch dem Schuldner oder den Insolvenzgläubigern ein Beschwerderecht einzuräumen (BT-Drucks. 18/407 S. 41).

Wurde der Koordinationsplan von mehreren Insolvenzverwaltern vorgelegt, so kann eine Entscheidung über das **Rechtsmittel nur einheitlich gegenüber allen** ergehen. Abs. 2 Satz 3 schreibt deshalb vor, dass die Vorlegenden, die selbst keine Beschwerde eingelegt haben, in dem Verfahren zuzuziehen sind, so dass die Entscheidung auch ihnen gegenüber wirkt. 81

§ 269i Abweichungen vom Koordinationsplan

(1) ¹Der Insolvenzverwalter eines gruppenangehörigen Schuldners hat im Berichtstermin den Koordinationsplan zu erläutern, wenn dies nicht durch den Verfahrenskoordinator oder eine von diesem bevollmächtigte Person erfolgt. ²Der Insolvenzverwalter hat im Anschluss an die Erläuterung zu begründen, von welchen im Plan beschriebenen Maßnahmen er abweichen will. ³Liegt zum Zeitpunkt des Berichtstermins noch kein Koordinationsplan vor, so kommt der Insolvenzverwalter seinen Pflichten nach den Sätzen 1 und 2 in einer Gläubigerversammlung nach, für die das Insolvenzgericht alsbald einen Termin bestimmt.

(2) Auf Beschluss der Gläubigerversammlung ist der Koordinationsplan einem vom Insolvenzverwalter auszuarbeitenden Insolvenzplan zugrunde zu legen.

Übersicht	Rdn.		Rdn.
A. Normzweck	1	3. Stellungnahme durch den Verwalter	6
B. Im Einzelnen	2	4. Abweichungen vom Koordinationsplan	7
I. Erläuterung des Koordinationsplans nach Absatz 1	2	5. Gesonderte Gläubigerversammlung	9
1. Erläuterung durch den Verfahrenskoordinator	2	II. Verpflichtung des Insolvenzverwalters zur Planumsetzung (Abs. 2)	10
2. Erläuterung durch den Verwalter	4		

A. Normzweck

Da dem Koordinationsplan selbst keine unmittelbare Bindungswirkung zukommt, trifft das Gesetz Vorkehrungen, um zumindest mittelbar seine Wirksamkeit zu steigern. Über die Plausibilität des im Koordinationsplan dargelegten Konzepts soll auf die Willensbildung der Gläubiger eingewirkt werden, diesen Plan zu unterstützen und ihn ggf. durch den Insolvenzverwalter in einem Insolvenzplan umsetzen zu lassen. Vorrangig wird die Vorstellung des Plans in der Gläubigerversammlung durch den Verfahrenskoordinator selbst oder durch seinen Vertreter erfolgen (vgl. § 269f Abs. 1 Satz 3 InsO). Ist dies nicht der Fall, so obliegt diese Aufgabe dem Insolvenzverwalter. Sind die Gläubiger von dem Konzept des Koordinationsplans überzeugt, so können sie durch Beschluss in der Gläubigerversammlung den Insolvenzverwalter verpflichten, die vorgeschlagenen Koordinationsmaßnahmen in einem Insolvenzplan für ihr Verfahren umzusetzen. 1

B. Im Einzelnen

I. Erläuterung des Koordinationsplans nach Absatz 1

1. Erläuterung durch den Verfahrenskoordinator

2 Regelmäßig wird der Verfahrenskoordinator bestrebt sein, den von ihm konzipierten Koordinationsplan in den Berichtsterminen der parallel anhängigen Insolvenzverfahren zu erläutern und für seine Umsetzung zu werben. Sollte dies nicht möglich sein – etwa weil mehrere Termine zeitgleich stattfinden –, so wird er in die wichtigen Verfahren zumindest einen Stellvertreter entsenden, der dann den Plan vorstellt. Ist ein Schuldner im Gruppenkontext so unbedeutend, dass der Koordinator völlig von einer Teilnahme absieht, so hat nach Abs. 1 Satz 1 der Insolvenzverwalter den Plan im Berichtstermin darzustellen. Dies gilt auch, wenn das Planinitiativrecht von den Insolvenzverwaltern ergriffen wurde (vgl. § 269h Rdn. 15).

3 Der Verfahrenskoordinator wird ohnehin bemüht sein, den Koordinationsplan möglichst umfassend und für die Gläubiger verständlich darzulegen, ihnen zu erläutern, wie ihr Verfahren mit den anderen parallel anhängigen Verfahren harmonisiert werden soll und welche Vorteile sich für sie aus der Verfahrenskoordination ergeben. Dabei sollte er möglichst auch einen Vergleich anstellen, wie sich das konkrete Verfahren ohne eine Koordinierung voraussichtlich entwickeln würde.

2. Erläuterung durch den Verwalter

4 Demgegenüber kann vom Insolvenzverwalter nicht im gleichen Umfang erwartet werden, dass er objektiv die im Koordinationsplan vorgeschlagenen Maßnahmen und ihre Auswirkungen auf das Verfahren darstellen wird. Dies wird zumindest dann gelten, wenn er bereits früher Position gegen eine Koordinierung überhaupt oder gegen den Verfahrenskoordinator bezogen hat. In diesem Fall ist zu befürchten, dass er die im Koordinationsplan dargestellten Maßnahmen zumindest in den Auswirkungen auf das von ihm betreute Verfahren verhorresziert. Entspricht dieses Bild nicht der Wirklichkeit, so verstößt der Verwalter gegen seine Pflicht aus § 156 InsO, im Berichtstermin **umfassend und zutreffend die Gläubiger** über die wirtschaftliche Lage des Unternehmens und über mögliche Fortführungschancen **zu informieren**, um ihnen eine fundierte Entscheidung über den weiteren Fortgang des Verfahrens zu ermöglichen (vgl. *Wegener* § 156 Rdn. 1). Unterbleibt wegen dieser unzureichenden Darstellung eine Verfahrenskoordination, so kann dies – auch wenn der Nachweis nicht einfach zu führen sein wird – zu einem **Schadensersatzanspruch** nach § 60 InsO führen.

5 Wurde in dem Verfahren **Eigenverwaltung** angeordnet, so hat nach § 281 Abs. 2 Satz 1 InsO der Schuldner den Koordinationsplan zu erläutern bzw. zu den Ausführungen des Verfahrenskoordinators Stellung zu nehmen (vgl. *Wimmer-Amend* § 270d Rdn. 14).

3. Stellungnahme durch den Verwalter

6 Hat der Verfahrenskoordinator oder sein Vertreter den Plan vorgestellt, so hat anschließend der Insolvenzverwalter seine Sicht der Dinge darzulegen. Er hat nicht nur das **Koordinationskonzept einer möglichst objektiven Bewertung zu unterziehen**, sondern auch darzulegen, wie nach seiner Einschätzung die geplanten Maßnahmen sich auf *sein* Verfahren auswirken werden. Da in diesem Verfahrensstadium naturgemäß eine Prognose schwierig ist, die zudem noch dadurch beeinflusst wird, dass Interdependenzen zu anderen Verfahren über gruppenangehörige Schuldner bereits bestehen oder hergestellt werden sollen, kann eine Haftung, sollte seine Einschätzung fehlerhaft sein, nur bei groben Pflichtverstößen eingreifen (vgl. § 269f Rdn. 12).

4. Abweichungen vom Koordinationsplan

7 Da die Vorgaben des Koordinationsplans für den Insolvenzverwalter zunächst, von einem Beschluss nach Abs. 2 abgesehen, nur unverbindliche Empfehlungen sind, kann er entweder den **Plan vollständig ablehnen** oder ihn modifiziert oder in Teilen seinem **Konzept für die Insolvenzbewältigung** zugrunde legen. Er hat dann aber der Gläubigerversammlung nach **Abs. 1 Satz 2** zu erläutern, von wel-

chen Maßnahmen des Plans er abweichen will und welche Gründe hierfür maßgebend sind. Umfang und Tiefe der Begründung sind davon abhängig, welche Bedeutung der entsprechende Vorschlag des Plans für das konkrete Verfahren und für die Gruppeninsolvenz insgesamt hat. Angesichts der Eigenverantwortlichkeit des Insolvenzverwalters für sein Verfahren kann auch nicht erwartet werden, dass er die möglicherweise sehr detaillierten Vorgaben des Koordinationsplans buchstabengetreu umsetzt, vielmehr muss es ihm möglich sein, auch ohne dass er hierzu das Plazet der Gläubigerversammlung hat, die **Vorschläge des Plans** so **anzupassen**, dass sie der tatsächlichen Verfahrensentwicklung Rechnung tragen.

Das vom Insolvenzverwalter ins Auge gefasste »*Konzept für die Insolvenzbewältigung*«, mit dem die Vorgaben des Koordinationsplans umgesetzt werden sollen, wird **regelmäßig ein Insolvenzplan** sein, bei dem er von seinem *originären Planvorlagerecht* nach § 218 Abs. 1 Satz 1 InsO Gebrauch macht. Denkbar ist jedoch auch, dass im Koordinationsplan lediglich eine **abgestimmte Liquidation** angestrebt wird, die dann durch eine Vereinbarung der Verwalter nach § 269h Abs. 2 Nr. 3 InsO abgesichert werden könnte. 8

5. Gesonderte Gläubigerversammlung

Nach § 29 Abs. 1 Nr. 1 InsO soll der Berichtstermin nicht über 6 Wochen und darf nicht über 3 Monate über die Verfahrenseröffnung hinaus angesetzt werden. Die Frist von 6 Wochen sollte, wenn möglich, regelmäßig eingehalten werden (s. *Schmerbach* § 29 Rdn. 13). Sollte zum **Zeitpunkt des Berichtstermins** noch kein **Koordinationsplan** vorliegen, was äußerst misslich ist, da die Koordination möglichst frühzeitig eingeleitet werden sollte, so hat das Gericht alsbald einen Termin für eine Gläubigerversammlung zu bestimmen, in der der Koordinationsverwalter oder der Insolvenzverwalter den Koordinationsplan vorstellt und Stellung nimmt. Im Interesse einer effektiven Verfahrenskoordination sollte, wenn irgend möglich, dieser Termin nicht später als 3 Monate nach Eröffnung der Verfahren angesetzt werden. Dabei ist es unschädlich, wenn dieser Termin mit dem Termin einer bereits angesetzten Gläubigerversammlung übereinstimmt (BT-Drucks. 18/407 S. 41). 9

II. Verpflichtung des Insolvenzverwalters zur Planumsetzung (Abs. 2)

Im Berichtstermin kann die Gläubigerversammlung nach § 157 Satz 2 InsO den Verwalter beauftragen, einen Insolvenzplan auszuarbeiten und ihm das **Ziel des Plans vorgegeben**. In der Literatur ist streitig, wie detailliert die Zielvorgabe durch die Gläubiger sein kann. Es spricht viel dafür, dass die Gläubiger lediglich die Befugnis haben, die zentrale Zielrichtung des Plans, also ob er auf eine Liquidation, eine Reorganisation oder auf eine übertragende Sanierung ausgerichtet sein soll, vorzugeben (MüKo-InsO/*Eidenmüller* § 218 Rn. 16ff. m.w.N.; vgl. zu der verwandten Frage, ob nach Auftrag und Zielvorgabe durch die Gläubigerversammlung der Verwalter noch befugt ist, sein originäres Planvorlagerecht auszuüben *Jaffé* § 218 Rdn. 38 ff.). 10

Für den Koordinationsplan scheint diese Streitfrage angesichts der klaren gesetzgeberischen Aussage in Abs. 2 obsolet zu sein. Falls der **Koordinationsplan einen zulässigen Inhalt** hat, was angesichts der gerichtlichen Bestätigung wohl regelmäßig der Fall sein wird, hat nach einem entsprechenden Beschluss der Gläubigerversammlung der Insolvenzverwalter dem von ihm abzufassenden Insolvenzplan den Koordinationsplan zugrunde zu legen. Er kann lediglich noch in Einzelfragen entscheiden, wie das Konzept des Koordinationsplans am besten auf das von ihm betreute Insolvenzverfahren zu übertragen ist (BT-Drucks. 18/407 S. 41). 11

Nach der Gesetzesbegründung hat die Gläubigerversammlung also nur die Möglichkeit, **den Verwalter in toto auf das Koordinationskonzept festzulegen** oder vollständig auf einen entsprechenden Beschluss zu verzichten. Teilt man die Auffassung, dass die Gläubigerversammlung nur die Befugnis hat, die zentrale Zielrichtung der Plangestaltung vorzugeben, so ist es in der Tat überzeugend, dass die Gläubiger lediglich das Recht haben, einen Beschluss zu fassen, dass der Koordinationsplan, so wie er im Termin vorgestellt wurde, dem Insolvenzplan des Einzelverfahrens zugrunde zu legen ist. Zwar hat der Insolvenzverwalter nach Abs. 1 Satz 2 im Rahmen seiner eigenständigen Verfahrens- 12 führung die Möglichkeit, von einzelnen Vorgaben des Koordinationsplans abzuweichen, doch besteht diese Befugnis nur so lange, als die Gläubigerversammlung keinen Beschluss nach Abs. 2 gefasst hat. Mit einem entsprechenden Beschluss erlischt **das originäre Planvorlagerecht des Insolvenzverwalters** (*Jaffé* § 218 Rdn. 42). Für ein solches Verständnis lässt sich auch anführen, dass dem Koordinationsplan ein Konzept für den gesamten Konzern zugrunde liegt und dass dieses Konzept nachhaltig gestört würde, wenn in jedem Einzelverfahren eine Art »*Rosinenpickerei*« stattfinden und nur die für die jeweilige Gläubigergruppe günstigen Maßnahmen akzeptiert würden.

Achter Teil[1] Eigenverwaltung

Vorbemerkungen vor §§ 270 ff.

Übersicht

	Rdn.			Rdn.
A.	Entstehungsgeschichte	1	E. Die Kollision von Eigenverwaltung und	
B.	Sinn und Zweck der Eigenverwaltung	2	Gesellschaftsrecht	14
C.	Struktur des Siebten Teiles	9	F. Internationales Insolvenzrecht	15
D.	Die Kritik an der Eigenverwaltung	10		

Literatur:
Bartels Gemeinschaftliche Befriedigung durch Verfahren – Zur Gläubigerakzeptanz bei Eigenverwaltung, KTS 2010, 259; *Blank* Sanierung eines mittelständischen Unternehmens durch Insolvenzplan in Verbindung mit Eigenverwaltung und französischem Sekundärinsolvenzverfahren, ZInsO 2008, 412; *Frind* Zum Diskussionsentwurf für ein »Gesetz zur weiteren Erleichterung der Sanierung von Unternehmen«, ZInsO 2010, 1473 (Teil 1) und ZInsO 2010, 1524 (Teil 2); *Fröhlich/Bächstädt* Erfolgsaussichten eines Insolvenzplans in Eigenverwaltung, ZInsO 2011, 985; *Görg/Stockhausen* Eigenverwaltung für Großinsolvenzen? FS Wilhelm Metzeler, S. 105; *Graf-Schlicker* Gefährdet die Eigenverwaltung die Unabhängigkeit des Insolvenzverwalters? FS Hans-Peter Kirchhof, S. 135; *dies.* Die Entwicklung des ESUG und die Fortentwicklung des Insolvenzrechts, ZInsO 2013, 1765; *Haarmeyer* Missbrauch der Eigenverwaltung? – Nicht der Gesetzgeber, sondern Gerichte, Verwalter und Berater sind gefordert, ZInsO 2013, 2345; *Hill* Das Eigenverwaltungsverfahren des Diskussionsentwurfs des BMJ im Spannungsfeld zwischen Sanierungsinteresse und Gläubigerschutz, ZInsO 2010, 1825; *Hingerl* Sanierung nach Plan- Entwicklungen, Erfahrungen, Chancen ZInsO 2008, 404; *Hofmann* Die Eigenverwaltung insolventer Kapitalgesellschaften, ZIP 2007, 260; *ders.* Die Vorschläge des DiskE – ESUG zur Eigenverwaltung und zur Auswahl des Sachwalters – Wege und Irrwege zur Erleichterung von Unternehmenssanierungen, NZI 2010, 798; *Huhn* Die Eigenverwaltung im Insolvenzverfahren 2003; *Kammel/Staps* Insolvenzverwalterauswahl und Eigenverwaltung im Diskussionsentwurf eines Gesetzes zur Sanierungserleichterungsgesetz, NZI 2010, 791; *Koch* Die Eigenverwaltung nach der Insolvenzordnung, 1998; *Kranzusch* Die Eigenverwaltung im Insolvenzverfahren – Anwendung und Hindernisse, ZInsO 2008,1346; *ders.* Eigenverwaltungen und Insolvenzpläne – Zur Lage vor der Einführung des ESUG, ZInsO 2012, 683; *Körner* Die Eigenverwaltung in der Insolvenz als bestes Abwicklungsverfahren?, NZI 2007, 270; *Leipold* Die Eigenverwaltung mit Sachverwalter und die Eigenverwaltung bei Kleinverfahren, in: Leipold (Hrsg.) Insolvenzrecht im Umbruch, 1991; *Pape* Erleichterung der Sanierung von Unternehmen durch Stärkung der Eigenverwaltung, ZInsO 2010, 1582; *ders.* Altbekanntes mal Neues zur Entschuldung mittelloser Personen, NZI 2007, 681; *ders.* Stärkung der Gläubigerrechte und Verschärfung der Aufsicht im Insolvenzverfahren, ZVI 2008, 89; *ders.* Entwicklungstendenzen in der Eigenverwaltung, ZIP 2013, 2285; *Paulus* Überlegungen zu einem modernen Konzerninsolvenzrecht, ZIP 2005, 1948; *ders.* Sanierung im Vorfeld von Insolvenzverfahren - Vorträge der gemeinsamen Tagung des BMWi und BMJ, WM 2010, 1337; *ders.* Deutschlands langer Weg in die insolvenzrechtliche Moderne, WM 2011, 2205; *Prütting* Insolvenzabwicklung durch Eigenverwaltung und die Anordnung der Zustimmung des Sachwalters, FS Hans-Peter Kirchhof, S. 433; *Runkel/Schulte* Sanierung eines kommunalen Krankenhauses durch Eigenverwaltung und Insolvenzplan, ZIP 2008, 852; *Schmidt-Räntsch* Insolvenzordnung mit Einführungsgesetz, 1995; *Skauradszun* (Kein) Reformbedarf bei der Eigenverwaltung nach §§ 270 ff. InsO, DZWIR 2010, 365; *Uhlenbruck* Chancen und Risiken eines plangesteuerten Insolvenzverfahrens als Eigenverwaltung, FS Wilhelm Metzeler, S. 85; *Spies* Insolvenzplan und Eigenverwaltung, ZInsO 2005, 1254; *Wehdeking* Eigenverwaltung der insolventen Aktiengesellschaft, DZWIR 2006, 451; *Wehdeking/Smid* Soll die Anordnung der Eigenverwaltung voraussetzen, dass der Schuldner dem Insolvenzgericht einen »pre-packaged« Insolvenzplan vorlegt?, ZInsO 2010, 1713; *Wuschek* Eigenverwaltung gewinnt an Bedeutung, ZInsO 2012, 110.

A. Entstehungsgeschichte

Schon der Diskussionsentwurf eines Gesetzes zur Reform des Insolvenzrechtes (Stand 15.08.1988) des Bundesministers der Justiz sah im Achten Teil unter »Besondere Arten des Insolvenzverfahrens« 1

---

[1] Bis zum 20.04.2018: Siebter Teil.

die Eigenverwaltung vor. Neben der »Eigenverwaltung unter Aufsicht eines Sachwalters« (Erster Abschnitt §§ 320–335 EGInsO) stand die »Eigenverwaltung ohne Sachwalter bei Kleinverfahren« (Zweiter Abschnitt §§ 336–345 EGInsO). Der Erste Abschnitt wurde nach einigen redaktionellen Änderungen im Siebten Teil unter dem Titel »Eigenverwaltung« Gesetz. Der Zweite Abschnitt wurde dagegen mit Rücksicht auf die »Restschuldbefreiung« des Achten Teiles (§§ 286–303 InsO) und der »Verbraucherinsolvenzverfahren und sonstige Kleinverfahren« des Neunten Teiles (§§ 304–314 InsO) fallen gelassen. Dabei ließ sich die Kommission für Insolvenzrecht von entsprechenden Regelungen in anderen Staaten leiten. Zum Vorbild wurde insbesondere aus dem Insolvenzrecht der USA der »debtor in possession«. Danach soll der Schuldner solange über sein Unternehmen die Kontrolle ausüben können »unless there is a cause to replace the debtor in possession« (*Koch* S. 277 ff. eingehend zur Eigenverwaltung in ausländischen Rechtsordnungen, *Vallender* WM 1998, 2129 [2130] jew. mit weiterführenden Nachw.; HK-InsO/*Landfermann* vor §§ 270 ff. Rn. 2–4; *Nerlich/Römermann-Riggert* InsO, vor § 270 Rn. 3). Die InsO wurde seit Inkrafttreten am 01.01.1999 mehrfach geändert und ergänzt (i.E. *Schmerbach* vor §§ 1 ff. Rdn. 49). Mit dem Gesetz zur weiteren Erleichterung der Sanierung von Unternehmen (ESUG) vom 07.12.2011 (BGBl. I S. 2582), wurde die Eigenverwaltung einer Grundlagenreform unterzogen. Es wurde ein gegenüber den Eröffnungsverfahrensregeln spezielles **Eigenverwaltungsvorverfahren** neu geschaffen, in dem wiederum spezielle Vorschriften für ein **Schutzschirmverfahren** die Unternehmenssanierung erleichtern sollen (§§ 270a, 270b InsO). Zugleich wurden Neuregelungen für die Behandlung der **Kollision des Gesellschaftsrechts mit dem Insolvenzrecht** geschaffen (§ 276a InsO). Zusammen mit neuen Vorschriften zur Stärkung der Gläubigerrechte (§§ 22a, 56a InsO) erfasst diese Reform beinahe alle Eigenverwaltungsvorschriften. Das **Gesetz zur Verkürzung des Restschuldbefreiungsverfahrens und zur Stärkung der Gläubigerrechte** v. 15.07.2013 (BGBl I S. 2379) führt lediglich zu Folgeänderungen in den §§ 270 Abs. 1 Satz 3, Abs. 4 2. HS, 274 Abs. 1 InsO, mit denen Änderungen materiellen Rechtes nicht verbunden sind. Mit dem **Gesetz zur Erleichterung der Bewältigung von Konzerninsolvenzen (EKIG)** v. **13.04.2017** (BGBl. I 2017 S. 866), Inkrafttreten am 21.04.2018, sollen die gesetzlichen Grundlagen dafür geschaffen werden, dass die im Fall einer Konzerninsolvenz zu eröffnenden Einzelverfahren über die Vermögen konzernangehöriger Unternehmen in einem größeren Umfang aufeinander abgestimmt werden können. Die Eigenverwaltung wird davon durch den neuen § 270d erfasst, indem der Schuldner den Kooperationspflichten des § 269a InsO unterstellt wird. Die Regelung hat dabei tiefgreifendere Auswirkungen, als dies auf den ersten Blick scheint. So erfasst die Bestimmung nach ihrem Wortlaut nicht ohne Weiteres den Schuldner im Eigenverwaltungsvorverfahren nach §§ 270a, 270b InsO, noch weniger den Sachwalter und den vorläufigen Sachwalter. Wird sie durch Auslegung auf diesen Personenkreis erstreckt, stellen sich aus der Gleichstellung mit dem (vorläufigen) Insolvenzverwalter Gleichstellungsfragen für die Rechtsstellung insbesondere des Schuldners im Eigenverwaltungsvorverfahren und des vorläufigen Sachwalters. Wird sie nicht auch auf den (vorläufigen) Sachwalter erstreckt, bleibt die Frage nach den Rechten und Pflichten dennoch, weil der Gesetzgeber die Bestellung eines einheitlichen Sachwalters für mehrere Konzerninsolvenzunternehmen für zulässig und ggf. geboten hält (BT-Drucks. 18/407 S. 42). Außerdem wirkt die Einbeziehung der Eigenverwaltung in die Konzerninsolvenz in zahlreiche Eigenverwaltungseinzelvorschriften, z.B. in die Insolvenzanfechtung (§ 280 InsO), in die Verwertung von Sicherungsgut (§ 282 InsO). Die Auswirkungen der Einbeziehung sind im Einzelnen bislang nicht absehbar.

B. Sinn und Zweck der Eigenverwaltung

2 Die Eigenverwaltung ist im Vergleich zur Konkursordnung ein neues Rechtsinstitut im Insolvenzrecht. Eine gewisse Ähnlichkeit besteht in § 150b ZVG, der bei der Zwangsverwaltung eines landwirtschaftlichen, forstwirtschaftlichen oder gärtnerischen Grundstücks die Bestellung des Schuldners selbst zum Zwangsverwalter ermöglicht. Die Eigenverwaltung der Insolvenzanordnung ist die konsequente Folge des Anspruchs auf einheitliche Kodifikation des gesamten Konkurs-, Vergleichs- und *Gesamtvollstreckungsrechtes* sowie dem **Ziel, den Gläubigern für die Umsetzung des Insolvenzzweckes, für die gemeinschaftliche Befriedigung der Gläubiger eines Schuldners**

(§ 1 Satz 1 InsO), ein möglichst umfangreiches Instrumentarium zur Verfügung zu stellen. Auch wenn die InsO am 01.01.2018 neunzehn Jahre in Kraft sein wird, ist ein näherer Blick auf die Zielsetzung des Gesetzgebers mit der Eigenverwaltung und deren Umsetzung nicht überflüssig geworden. Denn die Eigenverwaltung tat sich in der praktischen Akzeptanz zumindest bis zum Inkrafttreten des **ESUG** am 01.03.2012 schwer. Es genügt, dafür die Beurteilung der Bundesregierung im **Diskussionsentwurf des BMJ für ein Gesetz zur weiteren Erleichterung der Sanierung von Unternehmen** (DiskE 2010, abrufbar unter www.insolvenzrecht.de und www.bakinso.de) wiederzugeben: »Das Recht der Eigenverwaltung hat bislang eine zu geringe praktische Bedeutung. Viele Gerichte machen nur mit großer Zurückhaltung von dieser Möglichkeit des Gesetzes Gebrauch...«. Deswegen wurden nur wenige Gerichtsentscheidungen mit Eigenverwaltungsbezug bekannt und nur wenige Streitfragen gelöst. Diskussionen in der Literatur beruhten weniger auf tatsächlichen Falllagen, sondern versuchten vielmehr für möglich gehaltene Fälle zu lösen. Denn die Rechtsunsicherheit führte zur Unplanbarkeit und damit zu einer Risikolage für den Schuldner und seine Hauptgläubiger.

Der Grund für die mangelnde praktische Akzeptanz war weitgehend in handwerklichen Fehlern des Gesetzgebers zu suchen, dem – wenn auch in bester Absicht – die Verknüpfung der Insolvenzregeln zur bestmöglichen Gläubigerbefriedigung mit dem Verantwortungsmodell der Vergleichsordnung in weiten Bereichen nicht gelang (so schon zur FK-InsO 1. Aufl. 1999 vor §§ 270 ff. Rn. 6). Die sich aus den dogmatischen Brüchen ergebenden Streitfragen, insbesondere zur Kompetenzverteilung zwischen Schuldner, Sachwalter und Insolvenzgericht mit den sich daraus ergebenden Antrags-, Eingriffs- und Anordnungsbeschränkungen (näher s. § 270c Rdn. 12–33), zur Kollision der Eigenverwaltungsregeln mit den Gesellschafterrechten (jetzt: § 276a InsO) sowie zur Gefahr des missbräuchlichen Einsatzes der Eigenverwaltung durch den Schuldner oder ihn bestimmende einzelne Gläubiger gegen das gläubigergemeinschaftliche Befriedigungsinteresse (i.E. FK-InsO 6. Aufl., vor §§ 270 ff. Rn. 26–68 und hier Rdn. 9 f.) waren »hausgemacht«. Sie führten zur Rechtsunsicherheit und damit zu einem Gebrauchshindernis. Denn die Rechtsunsicherheit führte zur Unplanbarkeit und damit für den Schuldner und seine Hauptgläubiger zu einer Risikolage, die kaum jemand einzugehen bereit war. Erst mit der Lösung der angeführten Grundfragen des Eigenverwaltungsrechts war deswegen mit einer nachhaltigen praktischen Akzeptanz der Eigenverwaltung zu rechnen (schon FK-InsO 1. Aufl. 1999 vor §§ 270 ff. Rn. 6).

Mit InsO und EGInsO wollte der Gesetzgeber das gesamte geltende Konkurs-, Vergleichs- und Gesamtvollstreckungsrecht durch ein einheitliches Insolvenzverfahren ersetzen, das die Funktion von Konkurs und Vergleich in sich vereinigt und zugleich die innerdeutsche Rechtseinheit in diesem Bereich herstellt (*Schmidt-Räntsch* InsO, Vorb. Rn. 1, 56). Dabei kam es dem Gesetzgeber zugleich darauf an, die von ihm als gravierend angesehenen Mängel des geltenden Konkurs- und Vergleichsrechtes abzustellen (BT-Drucks. 12/2443 zu A. Diskussionsentwurf, Allgemeine Begründung A 1-A 9; *Schmidt-Räntsch* InsO, Vorb. Rn. 5 ff. mit einer »Mängelliste«). Bei der Umsetzung dieser Ziele sollte der **Gläubigerautonomie der Vorrang** gebühren. Nicht nur der Ausgang des Insolvenzverfahrens, sondern auch sein Gang sollten von den Beteiligten nach Maßgabe des Wertes ihrer in das Verfahren einbezogenen Rechte bestimmt werden. Weil ihre Vermögenswerte auf dem Spiel stehen, sollten sie die Folgen von Fehlern tragen. Das Insolvenzgericht sollte deswegen im Wesentlichen nur Hüter der Rechtmäßigkeit des Verfahrens sein (*Schmidt-Räntsch* InsO, Vorb. Rn. 25, 26).« Die Gläubigerversammlung soll nicht nur befähigt werden, den vom Gericht ernannten Insolvenzverwalter abzuwählen und die Ernennung eines neuen Insolvenzverwalters zu erreichen. Die Gläubiger sollen dem Schuldner auch die Eigenverwaltung überlassen können. Es ist allein Sache der Gläubiger zu beurteilen, ob dem Schuldner die Fortführung oder die Abwicklung seines Betriebes und ggf. eine Sanierung überlassen bleiben können. Die Eigenverwaltung soll deshalb allein vom Gläubigerwillen, nicht aber von dem angestrebten Verfahrensergebnis, von der beabsichtigten Form der Masseverwertung (Zwangsverwertung oder Plan) oder von der subjektiven Würdigkeit des Schuldners abhängig gemacht werden. Wenn es die Gläubiger wünschen, kann dem Schuldner auch die Abwicklung seines Vermögens in Form der Einzelverwertung überlassen werden. In geeigneten Fällen kann hierdurch eine kostengünstige und wirtschaftlich sinnvolle Verwertung erreicht werden. Im Falle der Eigenverwaltung steht dem Schuldner ein Sachwalter zur Seite, dessen Aufgaben im Wesentlichen denen des heutigen Vergleichsverwalters entsprechen. Anders als ein solcher hat der Sachwalter auch das Recht der Insolvenzanfechtung« (BT-Drucks. 12/2443 S. 100). Der Vorrang der Gläubigerautonomie ist bis heute nicht nur unverändert, sondern wurde durch die Regelungen des ESUG und des EKIG vertieft.

5 Das Ziel, mit InsO und EGInsO ein einheitliches Insolvenzverfahren zu schaffen, bedeutete, die Zwecke von Konkurs und Vergleich zu vereinigen: Die Konkursmasse als Haftungsobjekt für die Gläubiger und ihre gemeinschaftliche Befriedigung zu verwenden (§ 3 KO); den Konkurs durch den Abschluss eines Vergleiches zwischen Vergleichsschuldner und Vergleichsgläubiger abzuwenden (§ 1 VerglO). Beide Zwecke wurden im Insolvenzregelverfahren mit Insolvenzplanmöglichkeit vereinigt (§§ 1, 217 InsO). Dabei ersetzt der Insolvenzplan (§§ 217 ff. InsO) nicht nur das gerichtliche Vergleichsverfahren, sondern bietet durch die Einbeziehung auch der absonderungsberechtigten und nachrangigen Gläubiger (§§ 223, 225 InsO) weitergehende Möglichkeiten als das frühere Recht. **Die Eigenverwaltung erfasst also nicht den Vergleichszweck nach altem Recht**, er ist in den Regelungen des Insolvenzplans enthalten. Sie ergänzt ihn und ist damit – nicht nur, aber – vorzugsweise die Verfahrensgrundlage für einen Insolvenzplan (BT-Drucks. 12/2443 zu §§ 343, 344; HK-InsO/*Landfermann* 5. Aufl., Vor §§ 270 ff. Rn. 7; *Uhlenbruck* InsO, § 270 Rn. 8; s.a. Rdn. 8). Aus dieser vom Insolvenzgesetzgeber geschaffenen Struktur folgte, dass das Reformbedürfnis für die Eigenverwaltung zwangsläufig eine Reform auch der Insolvenzplanregeln bewirkte und umgekehrt, folgerichtig für beide Bereiche mit dem **ESUG** zugleich aufgenommen. In der Eigenverwaltung kann deswegen **sowohl die Sanierung als auch die Liquidation** des schuldnerischen Unternehmens angestrebt werden (deswegen zu Unrecht kritisch *AG Hamburg* ZIP 2014, 390: das Eigenverwaltungsverfahren sei nur bei Betriebsfortführungsverfahren mit konkreter Sanierungsaussicht sinnvoll).

6 Konkursordnung und Vergleichsordnung boten zur Erledigung ihrer Aufgaben unterschiedliche Verantwortungsmodelle auf. KO: Verlust der Verwaltungs- und Verfügungsbefugnis durch den Schuldner mit deren Übergang auf den Konkursverwalter (§ 6 KO) bzw. im Konkursantragsverfahren auf gesonderte Anordnung des Gerichts auf den Sequester (i.E. *Kuhn/Uhlenbruck* KO, § 106 Rn. 6 ff.). VerglO: Aufrechterhaltung der Verwaltungs- und Verfügungsbefugnis des Schuldners, allerdings unter Prüfung seiner wirtschaftlichen Lage sowie Überwachung seiner Geschäftsführung und seiner Ausgaben für seine Lebensführung und die seiner Familie durch den Vergleichsverwalter ohne Beschlagnahme der Vermögensgegenstände für die Gläubiger (§ 39 VerglO). Mit der Eigenverwaltung bezweckt der Gesetzgeber, für alle Aufgaben des Insolvenzverfahrens das Verantwortungsmodell der Vergleichsordnung als Instrument zur Verfügung zu stellen. Der Gläubigerautonomie soll die Entscheidung überantwortet werden, ob dem Schuldner selbst die Abwicklung oder Fortführung seines Betriebes und ggf. eine Sanierung überlassen werden oder verbleiben kann (§§ 270–272 InsO). Allerdings soll der Schuldner hierbei nicht ohne jede Kontrolle – wie außerhalb des Insolvenzverfahrens – agieren dürfen. Der Besonderheit des Insolvenzverfahrens wird vielmehr dadurch Rechnung getragen, dass der Schuldner – entsprechend dem bisherigen Verantwortungsmodell der Vergleichsordnung – unter die **Aufsicht** und **Überwachung** eines Verwalters, **des Sachwalters**, gestellt wird. Dementsprechend gehört die Überprüfung der wirtschaftlichen Lage des Schuldners und seiner Geschäftsführung sowie die Überwachung seiner Ausgaben für die Lebensführung zu den Kernpflichten des Sachwalters (§ 274 Abs. 2 InsO).

7 Der Gesetzgeber erhoffte sich durch die Übernahme des Verantwortungsmodells der Vergleichsordnung, die Kenntnisse und Erfahrungen der bisherigen Geschäftsleitung für das Insolvenzverfahren nutzen zu können: Vermeidung von Einarbeitungszeit für jeden Fremdverwalter; Aufwands- und Kostenvermeidung; Anreiz für den Schuldner zu einer möglichst frühzeitigen Beantragung der Eröffnung des Insolvenzverfahrens, weil er damit rechnen könne, nach der Verfahrenseröffnung nicht völlig aus der Geschäftsführung verdrängt zu werden (BT-Drucks. 12/2443 Vorwort zu § 331). Die Eigenverwaltung sollte in Anlehnung an das Modell der Vergleichsordnung die Möglichkeit schaffen, das Insolvenzverfahren im Wesentlichen durch den Schuldner unter Aufsicht durchzuführen. **Die Vorschriften des materiellen Insolvenzrechts sollten bei dieser Verfahrensgestaltung im Grundsatz unverändert gelten,** wenn auch mit Modifikationen. So sollten etwa das Wahlrecht bei gegen-

seitigen Verträgen und die Insolvenzanfechtung unter den gleichen Voraussetzungen möglich sein wie im Regelverfahren, allerdings bei einer Kompetenzverteilung zwischen Schuldner und Sachwalter (BT-Drucks. 12/2443 Vorwort zu § 331). Die Verknüpfung der Insolvenzregeln mit dem Verantwortungsmodell der Vergleichsordnung in diesem neuen Rechtsinstitut war jedoch nicht immer gelungen. Mit dem **ESUG** versucht der Gesetzgeber, Abhilfe zu schaffen. Daneben lösten öffentlichkeitswirksame großgläubigerbestimmte (Eigenverwaltungs-)Großverfahren wie z.B. Babcock Borsig AG, Grundig AG, Kirch Media GmbH & Co KGaA, Kirch Beteiligungs-GmbH & Co KG, eine lebhafte Diskussion zum Insolvenzgläubigerschutz in der Eigenverwaltung aus (*Graf-Schlicker* FS H.-P. Kirchhof, S. 135; *Prütting* FS H.-P. Kirchhof, S. 433; *Uhlenbruck* FS Metzeler, S. 85; *Görg/ Stockhausen* FS Metzeler, S. 105; *Westrick* NZI 2003, 65; *Förster* ZInsO 2003, 402; *Köchling* ZInsO 2003, 53; *Kluth* ZInsO 2002, 1001 [1170]; *Braun* NZI 2003, 588; *Hess/Ruppe* NZI 2002, 577). Es lässt sich feststellen: Erwartungsgemäß. So wie die Vergleichsordnung vereinzelt zum Einfallstor zur gläubigerschädigenden Selbstsanierung und zur großgläubigerbestimmten (gläubigerschädigenden) sanierenden Übertragung war, also missbraucht wurde (so schon FK-InsO 1. Aufl. vor §§ 270 ff. Rn. 16), so konnte es die vergleichsordnungsähnlich strukturierte Eigenverwaltung sein. Dass dieses Missbrauchspotential durch das **ESUG** herabgesetzt wurde, lässt sich nicht feststellen. Durch die Stärkung der Gläubigerrechte für die Anordnung der Eigenverwaltung (§ 270 Abs. 3, 4 InsO) sowie die Auswahl des vorläufigen Sachwalters im allgemeinen Eigenverwaltungsvorverfahren (§§ 270a Abs. 1 Satz 2, 274 Abs. 1, 56a InsO) und Schutzschirmverfahren (§§ 270b Abs. 2 Satz 1, 270a Abs. 1 Satz 2, 274 Abs. 1, 56a InsO) sowie im eröffneten Verfahren (§§ 270c Satz 1 InsO; § 274 Abs. 1, 56a InsO) trat schnell das Gegenteil ein (s. die kundgetanen Praxisklagen darüber bei *Graf-Schlicker* ZInsO 2013, 1766). Folge ist – nach glaubhaften Hinweisen aus der Praxis – die Erörterung zwischen Insolvenzrichtern, mit welchen gesetzlich zulässigen Mechanismen angenommenem Eigenverwaltungsmissbrauch begegnet werden kann. Bedenken zur Missbrauchsanfälligkeit der Eigenverwaltung (z.B. *Uhlenbruck* FS Metzeler S. 86 und *Uhlenbruck* InsO, § 270 Rn. 2; *Görg/Stockhausen* FS Metzeler, S. 105; *Förster* ZInsO 2003, 402) wurden durch das **ESUG** eher bekräftigt, weil der Insolvenzrichter befürchten muss, noch nachhaltiger durch die Anordnung der Eigenverwaltung Beihilfe zum Missbrauch leisten zu müssen. Daran kann die Akzeptanz der Eigenverwaltung wegen einer durch Rechtsunsicherheit ausgelösten Unplanbarkeit abermals scheitern (i.E. dazu FK-InsO 6. Aufl. vor §§ 270 ff. Rn. 8 zum DiskE 2010). Mit dem Abhilfeversuch des ESUG hat der Gesetzgeber neue Problemfelder geschaffen und damit Praxishindernisse aufgebaut, obwohl er solche gerade abbauen wollte, Rechtsunsicherheiten geschaffen, deren Abbau Reformziel war. So hat er mit den §§ 270a, 270b InsO zwar ein begrüßungswertes **Eigenverwaltungsvorverfahren** geschaffen, dessen Bestandteil das sog. **Schutzschirmverfahren** für die Selbstsanierung des redlichen Schuldners ist (§ 270b InsO), aber die **Rechtsstellung des Schuldners** ungeklärt gelassen. Folge: Eine beinahe unübersichtliche Vielfalt an Auffassungen zu Einzelfragen, z.B. zu der praktisch sehr bedeutsamen Frage, ob, inwieweit und mit welcher Begründung dem Schuldner ein **Recht zur Begründung von Masseverbindlichkeiten** mit der Wirkung des § 55 Abs. 2 InsO zusteht bzw. zustehen kann (i.E. s. § 270a Rdn. 25 und § 270b Rdn. 39–42). Daran hat der *BGH* mit seinem Urteil v. 16.06.2016 (– IX ZR 114/15, ZInsO 2016, 1421 = ZIP 2016, 1295) nur eine Teilabhilfe geschaffen und schaffen können. Daneben Grundlagenarbeit geleistet hat der *BGH* mit seinem Beschluss v. 21.07.2016 (– IX ZB 70/16, ZInsO 2016, 1637 = ZIP 20165, 1592) zu Fragen der Vergütung des vorläufigen Sachwalters.

Allerdings darf nicht übersehen werden, dass gerade in der Eigenverwaltung mit der Verbindung mit einem Insolvenzplan ein Instrumentarium zur Verfügung steht, welches ermöglicht, über ein gerichtliches Verfahren unter verantwortungsbewusster Eigengeschäftsführung und unter der Aufsicht eines Sachwalters den Insolvenzgrund zu beseitigen, damit das schuldnerische Unternehmen sanierend zu erhalten, ihm einen weitgehend unbelasteten Neustart zu ermöglichen und ihm damit eine dauerhafte Erhaltungschance zu eröffnen. Die Sanierungspraxis hat von diesem Instrumentarium zunehmend seriös und erfolgreich Gebrauch gemacht (instruktiv *Runkel/Schulte* ZIP 2008, 352 für ein kommunales Krankenhaus; *Blank* ZInsO 2008, 412 für einen Anlagenkonzern mit Auslandsberührung; *Hingerl* ZInsO 2008, 410 f. für einen kleinen Kfz-Handwerksbetrieb). Es war zu erwar- 8 ten, dass sich dieser Trend durch das ESUG verstärken wird. Die Erwartungen haben sich erfüllt. Bereits die Auswertungen des »Insolvenzbarometers« für 2012 und das 1. Hj. 2013 wiesen einen deutlichen Anstieg der Eigenverwaltungsanträge und der Eigenverwaltungsverfahren auf (näher *Pape* ZInsO 2013, 2285 f.).

C. Struktur des Siebten Teiles

9 Dem Zweck der Eigenverwaltung folgend, gliedert sich der Siebte Teil in zwei Vorschriftengruppen. Die §§ 270–273 InsO befassen sich mit den Anordnungs- und Aufhebungsvoraussetzungen sowie der Einrichtung eines Eigenverwaltungsvorverfahrens. Die §§ 274–285 InsO tragen dem Umstand Rechnung, dass die im Insolvenzregelverfahren allein dem Insolvenzverwalter zustehenden Rechte und Pflichten aufgrund der Überantwortung des Verwaltungs- und Verfügungsrechtes auf den Schuldner (§ 270 Abs. 1 Satz 1 InsO) unter der Kontrolle eines Sachwalters (§ 274 Abs. 2 InsO) eine Aufteilung der Rechte und Pflichten auf Schuldner und Sachwalter erfordern. Das Gesetz versucht, das Spannungsverhältnis zwischen Schuldner und Sachwalter im Wesentlichen aufzulösen und eine Zusammenarbeit zu erreichen, indem dem Schuldner die eher unternehmensgeschäftstypischen Rechte und Pflichten zugeordnet werden (§§ 275 Abs. 1 Satz 1, 279 InsO), dem Sachwalter dagegen die insolvenztypischen, wie z.B. die Geltendmachung des Anspruches auf Ersatz des Gesamtschadens oder von Haftungsansprüchen gegen die Gesellschafter (§ 280 InsO i.V.m. §§ 92, 93 InsO), Insolvenzanfechtungen (§ 280 InsO i.V.m. §§ 129–147 InsO).

D. Die Kritik an der Eigenverwaltung

10 Die Eigenverwaltung hatte sich mit Inkrafttreten des ESUG etabliert. Zur Grundlagenkritik an der Eigenverwaltung s. FK-InsO 6. Aufl. vor §§ 270 ff. Rn. 10–42. Aus der Diskussion zum Wechsel aus dem Konkurs- und Vergleichsrecht in das Insolvenzrecht unverändert aktuell ist allerdings das Argument der Gläubigergefährdung durch den Missbrauch insolvenzrechtlicher Sanierungsmittel (*Grub* WM 1994, 880 [881]; so i.E. auch schon *Leipold* S. 168 ff.).

11 Die verfahrensimmanenten Kontrollmechanismen mindern zwar die Gläubigergefährdung durch eine Eigenverwaltung, ausschließen können sie sie freilich nicht. Problematisch wird dieses Instrument, wenn es zweckentfremdet und missbräuchlich für **gläubigerschädigende Selbstsanierungen** durch Auffanglösungen eingesetzt werden soll, die die Insolvenzordnung aufgrund der Erfahrungen unter der Konkursordnung gerade verhindern will (*Schmidt-Räntsch* InsO, Vorb. Rn. 13). Gleiches gilt für das Entschuldungsziel über einen Insolvenzplan, insbesondere beim sog. Pre-Packaging (näher s. § 284 InsO). Die Struktur der Eigenverwaltung entspricht weitgehend der tatsächlichen Verantwortungsverteilung, wie sie unter dem Dach von Vergleichs- und Konkursordnung für missbilligte Selbstsanierungen gelegentlich zu beobachten war: Ein von Großgläubigern angeregter Vergleichsantrag führte zur Einsetzung eines vorläufigen Vergleichsverwalters, der sich – in Abstimmung mit den Großgläubigern – auf die Moderatorenrolle unter Fortsetzung der Geschäfte durch den Schuldner zurückzog. Konkursausfallgeld wurde bis zur Eröffnung des Anschlusskonkursverfahrens – sie war von Anfang an absehbar – geschöpft, die Konkursausfallgeldzeit zur Gründung der Auffanggesellschaft genutzt. Nach Eröffnung des Anschlusskonkursverfahrens wurde das Unternehmen vom Konkursverwalter auf die Auffanggesellschaft übertragen. Das Unternehmen wurde weitestgehend entschuldet. Es verblieben lediglich die Erwerbsverbindlichkeiten gegenüber den Großgläubigern, die regelmäßig als absonderungsberechtigte Gläubiger die Unternehmensübertragung wirtschaftlich und rechtlich beherrschen. In der Vergleichsphase wie in der Teilfortführungsphase nach Konkurseröffnung bis zur »sanierenden Übertragung« blieb die tatsächliche Ausübung des Verwaltungs- und Verfügungsrechtes also in den Händen des Schuldners, der vorläufige Vergleichsverwalter war bloßer »Sachwalter«, er blieb es als Konkursverwalter, weil er sich auf eine bloße Prüfungs- und Überwachungsfunktion zurückzog (vgl. § 274 Abs. 2 InsO). So gesehen entspricht die Struktur der Eigenverwaltung den schon nach Altrecht gelegentlich gepflegten Selbstsanierungsinstrumenten. Ferner gibt es in der Praxis Tendenzen, die Eigenverwaltung zu missbrauchen, indem nach Wegen gesucht wird, zu Lasten des Finanzfiskus und der Sozialversicherungsträger durch Nichtzahlung

von Steuern und Sozialversicherungsbeiträgen im vorläufigen Eigenverwaltungsverfahren für das eröffnete Insolvenzverfahren mit Anordnung der Eigenverwaltung »Masse« zu schaffen. Was dabei übersehen wird: Der Gesetzgeber hat dafür das Eigenverwaltungsverfahren nicht geschaffen. »Geschäftsgrundlage« des Eigenverwaltungsverfahrens ist vielmehr die Vorgabe an den Schuldner, für die angestrebte Selbstsanierung die grundsätzliche Durchfinanzierung durch Finanzierungsabreden mit seinen Hauptgläubigern sicherzustellen (BT-Drucks. 17/5712 S. 41 zu § 270b, Vorbereitung einer Sanierung) und damit auch die Zahlungsfähigkeit für Steuern und Sozialabgaben im vorläufigen Eigenverwaltungsverfahren.

Eine solche Großgläubigerstrategie kann vom ESUG durch die Einbindung der »wesentlichen Gläubiger« über den (vorläufigen) Gläubigerausschuss zur Anordnung der Eigenverwaltung und zur Bestellung des (vorläufigen) Sachwalters (§§ 22a, 56a, InsO über §§ 270a Abs. 1, Satz 2, 270b Abs. 2 Satz 1, 274 Abs. 1 InsO; § 270 Abs. 3, 4 InsO) gefördert werden. Das Problem wurde dem Grunde nach vom Gesetzgeber erkannt und die Reform deswegen auch mit Anti-Missbrauchsmechanismen versehen, z.B. der **doppelten Mehrheitsanforderung** für den Fall der nachträglichen Anordnung der Eigenverwaltung nach § 271 InsO (BT-Drucks. 17/5712 S. 41 zu Nr. 44). Für die Missbrauchsgefahr gilt deswegen dasjenige, was für jedes Rechtsinstitut gilt: Der rechtsmissbräuchliche Einsatz der Eigenverwaltung ist weniger ein Problem der vom Gesetzgeber zur Verfügung gestellten Einzelregelungen, das Problem liegt vielmehr im Gebrauch dieser Regelungen und der Kontrolle des Gebrauches durch die Verantwortungsbeteiligten im Einzelfall (Insolvenzrichter, Sachwalter, Gläubigerausschuss, Gläubigerversammlung; ebenso *Uhlenbruck* InsO, § 270 Rn. 5; darauf nachdrücklicher Hinweis von *Haarmeyer* ZInsO 2013, 2345). Das praktisch entscheidende Instrument zur Missbrauchsvorbeugung besteht in der **Erstbestellung des Sachwalters** durch das Insolvenzgericht (§ 270 Abs. 1, 3 InsO; so schon *Grub* ZIP 1993, 393 [398]), nach dem ESUG allerdings schon des **vorläufigen Sachwalters** (§§ 270a Abs. 1 Satz 2, 270b Abs. 2 Satz 1 InsO), in der Möglichkeit zum Widerstand des Insolvenzrichters gegen großgläubigerbeherrschte Beschlüsse der Gläubigerversammlung nach § 78 InsO, in der Kontrolle der Zusammenarbeit zwischen Schuldner, Sachwalter und Gläubigerausschuss und deswegen zuletzt ein vornehmlich praktisches Problem. Es stellt sich in der Eigenverwaltung nicht anders als im Regelinsolvenzverfahren (ebenso *Haarmeyer* ZInsO 2013, 2345).

Der **Sachwalter** ist im System der Eigenverwaltung der **geborene Kontrolleur** (§ 274 Abs. 2 InsO), er ist die zentrale Figur (ebenso *Uhlenbruck* InsO, § 270 Rn. 5). Die Funktionsfähigkeit der Eigenverwaltung hängt deswegen in erster Linie von seinen Rechten und Pflichten sowie von seinen persönlichen und fachlichen Fähigkeiten und seiner Lauterkeit ab und schließlich von dem Vertrauen, das die Gläubiger insoweit in ihn setzen. Betont wird das Vertrauensverhältnis der Gläubiger zum Schuldnermanagement und den Gesellschaftern (*Körner* NZI 2007, 273; ähnlich *Blank* ZInsO 2008, 413) zwar zu Recht, weil auch diese Vertrauensbeziehungen funktionieren müssen. Aber ohne das Vertrauensverhältnis zum Sachwalter sind sie nutzlos, weswegen die Blickrichtung nur auf das Schuldnermanagement und die Gesellschafter nicht der gesetzlichen und tatsächlichen Verantwortungsverteilung entspricht.

E. Die Kollision von Eigenverwaltung und Gesellschaftsrecht

Umstritten war, ob die Anordnung der Eigenverwaltung zur Aufhebung der gesellschaftsrechtlichen Bindungen des Schuldners zur Gesellschaft führt (zur Diskussion i.E. s. FK-InsO 6. Aufl. Vor §§ 270 ff. Rn. 66 ff.). Der Gesetzgeber hat sich mit der Reform dieses Problems angenommen und in § 276a Satz 1 InsO das Verhältnis der Eigenverwaltung zu den gesellschaftsrechtlichen Bindungen der Geschäftsleitung geklärt. Er hat bestimmt, dass Aufsichtsorgane keinen Einfluss auf die Geschäftsführung des Schuldners haben. Eine halbe Sache. Denn geklärt damit ist nicht der **Umfang der Einflusslosigkeit**, weil Satz 2 die Ausnahme festlegt: Die Abberufung und Neubestellung von Mitgliedern der Geschäftsleitung bedarf zu ihrer Wirksamkeit zwar der Zustimmung des Sachwalters, bleibt aber in der Entscheidungsmacht der Aufsichtsorgane. Es ist vorauszusehen, dass der Kollisionsstreit in dieser Befugnis der Aufsichtsorgane fortbestehen wird, weil sie ihre Interessen über die handelnden Personen durchzusetzen versuchen werden (deswegen rätselnd *Zipperer* ZIP 2012, 1492). Wie ein solcher Kollisionsstreit entschieden werden kann, ohne dass die Hauptgläubiger die Eigenverwaltung nicht deswegen leid sein sollen und den Aufhebungsantrag nach § 272 Abs. 1 Nr. 1 InsO stellen, hat der Gesetzgeber nicht geklärt. Jedenfalls sicher ist aber, dass die Vergütungsfrage Sache der Insolvenzorgane ist, weil die Einflusslosigkeit der Aufsichtsorgane nach § 276a Satz 1 InsO zwangsläufig zur Anwendbarkeit der **Entnahmeregeln zur bescheidenen Lebensführung (§ 278 InsO)** verweist. Wie dieser Forderung des Gesetzgebers in Fortführungsfällen namentlich von Großverfahren entsprochen werden kann, ist allerdings ebenfalls offen geblieben (i.E. s. §§ 276a, 278 InsO).

F. Internationales Insolvenzrecht

15 Nach den Bestimmungen der EUInsVO (Einzelheiten bei FK-InsO/*Wenner/Schuster* Anh. I) kann es zu länderübergreifenden (Konzern-Insolvenzverfahren kommen, weil eine Niederlassung i.S.d. Art. 2 lit. h) EUInsVO zur Insolvenzfähigkeit führt (so im Fall des *AG Köln* ZIP 2004, 471 m. Anm. *Blenske* EWiR 2004, 601 und *Meyer-Löwy/Poertzgen* ZInsO 2004, 195; vgl. auch den Konzernfall mit französischem Sekundärinsolvenzverfahren über das Vermögen der Konzerntochter nach Antrag des Sachwalters über das Vermögen der deutschen Muttergesellschaft bei *Blank* ZInsO 2008, 412). Ist dem Antrag des Schuldners für die Niederlassung in Deutschland ein Hauptinsolvenzverfahren im Ausland vorausgegangen, ist der Antrag auf die Anordnung der Eröffnung des Sekundärinsolvenzverfahrens über das Vermögen der Niederlassung gerichtet. Für eine einheitliche wirtschaftliche Ausrichtung beider Verfahren ist die Anordnung der Eigenverwaltung über das Vermögen der Niederlassung in Deutschland regelmäßig zulässig und begründet (*AG Köln* ZIP 2004, 471 m. Anm. *Blenske* EWiR 2004, 601; mit Klarstellung zustimmend HK-InsO/*Landfermann* § 270 Rn. 10 Fn. 25). Mit Hilfe der Anordnung der Eigenverwaltung wird also die Aufspaltung von Haupt- und Sekundärinsolvenzverfahren überwunden, indem die im Ausland zu Verwaltern bestellten Personen im deutschen Sekundärverfahren zum eigenverwaltenden Schuldner ernannt werden. Diese Vorgehensweise hat gegenüber der gem. § 56 InsO durchaus möglichen Bestellung eines ausländischen Verwalters den Vorteil, dass die Konformität des Handelns der ausländischen Akteure mit dem inländischen Recht durch die Aufsicht des inländischen Sachwalters sichergestellt wird (*Paulus* ZIP 2005, 1948 [1952]). Die Eigenverwaltung kann sich dementsprechend für eine – nach einzelfallbezogener Betrachtung – für wünschenswert gehaltene einheitliche Behandlung von konzerngebundenen insolventen Unternehmen auch auf alleiniger nationaler Ebene anbieten (vgl. *Ehricke* ZInsO 2002, 393; *Paulus* ZIP 2005, 1948 [1952 ff.] und den Fall von *Blank* ZInsO 2008, 412; HK-InsO/*Landfermann* § 270 Rn. 10).

§ 270 Voraussetzungen

(1) ¹Der Schuldner ist berechtigt, unter der Aufsicht eines Sachwalters die Insolvenzmasse zu verwalten und über sie zu verfügen, wenn das Insolvenzgericht in dem Beschluss über die Eröffnung des Insolvenzverfahrens die Eigenverwaltung anordnet. ²Für das Verfahren gelten die allgemeinen Vorschriften, soweit in diesem Teil nichts anderes bestimmt ist. ³Die Vorschriften dieses Teils sind auf Verbraucherinsolvenzverfahren nach § 304 nicht anzuwenden.

(2) Die Anordnung setzt voraus,
1. dass sie vom Schuldner beantragt worden ist und
2. dass keine Umstände bekannt sind, die erwarten lassen, dass die Anordnung zu Nachteilen für die Gläubiger führen wird.

(3) ¹Vor der Entscheidung über den Antrag ist dem vorläufigen Gläubigerausschuss Gelegenheit zur Äußerung zu geben, wenn dies nicht offensichtlich zu einer nachteiligen Veränderung in der Vermögenslage des Schuldners führt. ²Wird der Antrag von einem einstimmigen Beschluss des vorläufigen Gläubigerausschusses unterstützt, so gilt die Anordnung nicht als nachteilig für die Gläubiger.

(4) Wird der Antrag abgelehnt, so ist die Ablehnung schriftlich zu begründen; § 27 Absatz 2 Nummer 4 gilt entsprechend.

Übersicht

	Rdn.
A. Bedeutung und Zweck der Vorschrift, Änderungen	1
B. Struktur der Vorschrift	5
I. Besondere Verfahrensart	5
II. Selbstverwaltungsbeschränkungen des Schuldners durch Sachwaltung	8
III. Insolvenzeröffnungsverfahrensregeln – Eigenverwaltungsregeln	9
IV. Gesellschaftsrechtliche Bindungen	10
V. Steuerrecht; umsatzsteuerliche Organschaft; Auskunftsanspruch des Sachwalters	11
C. Grundsätze (Abs. 1)	15
I. ESUG	15
II. Verwaltungs- und Verfügungsrecht des Schuldners (Satz 1)	16
1. Eigenverwaltungsfähigkeit	16
2. Bestimmtes Vermögen; Sonderinsolvenzverwaltung	19
3. Anordnungswirkungen	20
4. Anordnungsbeschluss	31
III. Anwendbarkeit der allgemeinen Vorschriften (Satz 2)	35
1. Verwaltungs- und Verfügungsmacht; Einschränkungen, Insolvenzzweckbindung	35
2. Anwendungsreichweite, Analogien	36
IV. Unanwendbarkeit auf Verbraucherinsolvenzverfahren (Satz 3)	48
D. Anordnungsvoraussetzungen (Abs. 2)	49
I. Neuausrichtung durch das ESUG	49
II. Schuldnerantrag (Nr. 1)	50
III. Keine bekannten gläubigerbenachteiligenden Umstände (Nr. 2)	65
1. Normzweck der Neufassung	65
2. Feststellung durch freie Prognoseentscheidung	67
3. Unklarheitenlast	68
4. Drohende Verfahrensverzögerung	70
5. Gefährdungsprüfung	72
E. Beteiligung des vorläufigen Gläubigerausschusses (Abs. 3)	92
I. Systematik	92
II. Normzweck	93
III. Normzweckauslegung: nachteilige Veränderung in der Vermögenslage des Schuldners; offensichtlich; gilt als nicht nachteilig	94
IV. Die Beteiligungsvorgaben im Einzelnen	97
1. Äußerungsgelegenheit für vorläufigen Gläubigerausschuss vor der Entscheidung (Satz 1)	97
2. Keine offensichtliche Bewirkung einer nachteiligen Veränderung des Schuldnervermögens (Satz 1)	102
3. Antragsunterstützung durch einstimmigen Beschluss des vorläufigen Gläubigerausschusses (Satz 2)	107
4. Äußerungsgelegenheit für vorläufigen Gläubigerausschuss zur Sachwalterbestellung	110
F. Antragsablehnung (Abs. 4), Begründungspflicht	111
G. Inhalt der Eröffnungsentscheidung mit Eigenverwaltungsanordnung	114
H. Die Eigenverwaltung in der Konzerninsolvenz	115

Literatur:
Bachmann Organhaftung in der Eigenverwaltung, ZIP 2015, 101; *Bartels* Gemeinschaftliche Befriedigung durch Verfahren – Zur Gläubigerakzeptanz bei Eigenverwaltung, KTS 2010, 259; *Bilgery* Die Eigenverwaltung in der Konzerninsolvenz, ZInsO 2014, 1694; *Buchalik* Das Schutzschirmverfahren nach § 270b InsO, ZInsO 2012, 349; *Buchalik/Hiebert* Die Anfechtbarkeit der Zahlung von Beraterhonoraren und der Anspruch nach § 64 Satz 1 GmbHG in der (vorläufigen) Eigenverwaltung, ZInsO 2014, 1423; *Buchalik/Schröder/Ibershof* Die Vergleichsrechnung zwischen den Fortführungskosten in der (vorläufigen) Eigenverwaltung und im Regelinsolvenzverfahren – die Quadratur des Kreises?, ZInsO 2016, 1445; *Buchta/Ott* Business Judgement Rule in der Eigenverwaltung – eine Betrachtung 3 Jahre nach Inkrafttreten des ESUG, ZInsO 2015, 288; *Brinkmann/Zipperer* Die Eigenverwaltung nach dem ESUG aus der Sicht von Wissenschaft und Praxis, ZIP 2011, 1337; *Busch* Hat das ESUG die Praxis und die Kriterien der Insolvenzgerichte bei der Auswahl von Insolvenzverwaltern geändert?, ZInsO 2012, 1389; *Cranshaw* Haftung, Versicherung und Haftungsbeschränkung der (vorläufigen) Gläubigerausschusses?, ZInsO 2012, 1151; *Foltis* Grenzen des Gläubigerschutzes in der Sonderinsolvenzverwaltung, ZInsO 2010, 545; *Frind* Die Praxis fragt, »ESUG« antwortet nicht, ZInsO 2011, 2249; *ders.* Der vorläufige Gläubigerausschuss – Rechte, Pflichten, Haftungsgefahren, ZIP 2012, 1380; *ders.* Anmerkungen zur Musterbescheinigung des IDW nach § 270b Abs. 1 Satz 3 InsO, ZInsO 2012, 540; *ders.* Insolvenzrechtliche Veröffentlichungsnotwendigkeiten bei der vorläufigen Sachwalterschaft, ZIP 2012, 1591; *ders.* Die Begründung von Masseverbindlichkeiten im Eigenverwaltungseröffnungsverfahren, ZInsO 2012, 1099; *ders.* Eigenverwal-

tung für »dolos handelnde« Unternehmen?, ZIP 2017, 993; *Frind/Köchling* Die misslungene Sanierung im Insolvenzverfahren, ZInsO 2013, 1666; *Ganter* Das personengebundene Massedarlehen, ZIP 2013, 597; *Gehrlein* Haftung von Geschäftsführern und Gesellschaftern im Rahmen der Eigenverwaltung, ZInsO 2017, 849; *Haarmeyer* Missbrauch der Eigenverwaltung? – Nicht der Gesetzgeber, sondern Gerichte, Verwalter und Berater sind gefordert, ZInsO 2013, 2345; *Hammers* Keine Eigenverwaltung ohne Berater?, NZI 2017, 233; *Henkel* Die Voraussetzungen für die Anordnung der (vorläufigen) Eigenverwaltung, ZIP 2015, 562; *Hirte* Rede in der 2. und 3. Lesung des Gesetzentwurfs im Deutschen Bundestag am 9.3.2017, ZInsO-Dokumentation, ZInsO 2017, 582; *Hofmann* Die Vorschläge des DiskE-ESUG zur Eigenverwaltung und zur Auswahl des Sachwalters – Wege und Irrwege zur Erleichterung von Unternehmenssanierungen, NZI 2010, 798; *Hölzle* Eigenverwaltung im Insolvenzverfahren nach ESUG – Herausforderungen für die Praxis, ZIP 2012, 158; *ders.* Praxisleitfaden ESUG, 2. Aufl. 2013; *Horstkotte* Öffentliche Bekanntmachung der vorläufigen Sachwalterschaft nach ESUG durch das Insolvenzgericht?, ZInsO 2012, 1161; *Kahlert* Umsatzsteuerliche Organschaft und (vorläufige) Eigenverwaltung, ZIP 2013, 2348; *Klein/Thiele* Der Sanierungsgeschäftsführer einer GmbH in Eigenverwaltung – Chancen und Risiken im Spannungsfeld der divergierenden Interessen, ZInsO 2013, 2233; *Kranzusch* Das eigenverwaltete Insolvenzverfahren als Sanierungsweg – veränderte Nutzung seit der Insolvenzrechtsreform von 2012, ZInsO 2016, 1077; *Kraus* »Viel zu kurz gesprungen ...« Anmerkungen zum Entwurf des IDW Standards »Bescheinigung nach § 270b InsO (IDW ES 9)«, ZInsO 2012, 587; *ders.* Anmerkung zur Ablehnung der Eigenverwaltung wegen prognostizierter Gläubigerbenachteiligung, AG Essen Beschl. v. 3.2.2015, ZInsO 2015, 700 = ZIP 2015, 841, EWiR 2015, 457; *Lissner* Der Sonderinsolvenzverwalter – keine leichte Entscheidung gerichtlicher Aufsicht, ZInsO 2014, 768; *Madaus* Beschlussanmerkungen zu AG Freiburg, Beschlüsse vom 1.5.2015 und 11.5.2015 in 58 IN 37/15, NZI 2015, 606; *Meyer* Verfahrensunterbrechung nach § 240 Satz 1 ZPO bei Anordnung der Eigenverwaltung?, ZInsO 2007, 807; *Noack* »Holzmüller« in der Eigenverwaltung – Zur Stellung von Vorstand und Hauptversammlung im Insolvenzverfahren, ZIP 2002, 1873; *Obermüller* Das ESUG und seine Auswirkungen auf das Bankgeschäft, ZInsO 2011, 1809; *Pape* Gesetz zur weiteren Erleichterung der Sanierung von Unternehmen – Bemerkungen zum Regierungsentwurf v. 4.5.2011 (BT-Drucks. 17/5712), ZInsO 2011, 1033; *ders.* Der verhinderte Insolvenzverwalter als Mitglied des Gläubigerausschusses, ZInsO 2002, 1017; *ders.* Eigenverwaltungsverfahren im Spiegel der Rechtsprechung nach Inkrafttreten des ESUG, ZInsO 2013, 2129; *Pape/Schultz* Der Gläubigerausschuss im Eröffnungsverfahren und im eröffneten Insolvenzverfahren mit Eigenverwaltung des Schuldners, ZIP 2016, 506; *Pleister/Tholen* Anmerkung zu BGH Beschluss vom 07.02.2013 – IX ZB 43/12 (LG Fulda), ZInsO 2013, 460; *Schelo* Der neue § 270b InsO – Wie stabil ist das Schutzschirmverfahren in der Praxis? Oder: Schutzschirmverfahren versus vorläufige Eigenverwaltung, ZIP 2012, 712; *Schmerbach* Gesetz zur Verkürzung des Restschuldbefreiungsverfahrens und zur Stärkung der Gläubigerrechte verabschiedet – Ende gut, alles gut?, NZI 2013, 566; *Schmidt/Hölzle* Der Verzicht auf die Unabhängigkeit des Insolvenzverwalters, ZIP 2012, 2238; *Schmidt/Poertzgen* Geschäftsführerhaftung (§ 64 S. 1 GmbHG) in Zeiten des ESUG, NZI 2013, 369; *Seidl* Dailycer: Wer schützt das Insolvenzverfahren vor dem Richter, ZInsO 2012, 2285; *Siemon* Das ESUG und § 270b InsO in der Anwendung, ZInsO 2012, 1045; *Siemon/Klein* Haftung des (Sanierungs-) Geschäftsführers gem. § 64 GmbHG im Schutzschirmverfahren nach § 270 InsO, ZInsO 2012, 2009; *Schmittmann* Gefahren für die Organschaft in der Insolvenz, ZSteu 2007, 191; *Stapper/Jacobi* Der Eigenantrag (§ 13 InsO) nach neuem Recht, ZInsO 2012, 628; *Thiele* Antrag auf Insolvenz in Eigenverwaltung der GmbH-Geschäftsführung und die Pflicht zur Einführung von Krisenüberwachungssystemen, ZInsO 2014, 1882; *Vallender* Die Eigenverwaltung im neuen Gewand nach dem ESUG, GmbHR 2012, 445; *ders.* Das neue Schutzschirmverfahren nach dem ESUG, GmbHR 2012, 450; *Weber* PKH für den eigenverwaltenden Schuldner, ZInsO 2014, 2151.

A. Bedeutung und Zweck der Vorschrift, Änderungen

1 Die **Bedeutung** der Vorschrift liegt in der Möglichkeit für Gläubiger und Insolvenzgericht, die Selbstverwaltung des Schuldners zuzulassen, ihr **Zweck** in der Regelung der Anordnungsvoraussetzungen (*Kübler/Prütting/Bork-Pape* InsO, § 270 Rn. 1 f., 21; HK-InsO/*Landfermann* § 270 Rn. 1; MüKo-InsO/*Tetzlaff* § 270 Rn. 2).

2 Daran hat das **ESUG** nichts geändert. Mit den substantiellen Änderungen der Vorschrift wurde lediglich die Ausgestaltung der Vorschrift geändert, indem die **Anordnungsvoraussetzungen gelockert** wurden, um angenommene Hindernisse auf dem Weg zur Eigenverwaltung auszuräumen, die Geschäftsführung des Schuldners in Eigenverwaltung zu erleichtern und damit Anreize für frühzeitige Anträge auf Eröffnung von Insolvenzverfahren zu setzen (RegE BT-Drucks. 17/5712 Begr. II 5. S. 19). Der Bundesrat hatte am Änderungszweck und der geänderten Ausgestaltung der Vorschrift nichts auszusetzen (Stellungnahme BT-Drucks. 17/5712 S. 58), sodass die Entwurfsfassung das Ge-

setzgebungsverfahren ohne Änderung passierte (Nr. 45 der Beschlüsse des Rechtsausschusses BT-Drucks. 17/7511). Auch in der Literatur hat sich Kritik bislang nicht eingestellt (vgl. *Hölzle* ZIP 2012, 158; *Brinkmann/Zipperer* ZIP 2012, 1340 ff.; *Pape* ZInsO 2011, 1041), nachdem die Vorschrift in der Fassung des DiskE in seiner Ausgestaltung zum Teil heftige Kritik erfahren hatte (besonders zur Beteiligung der »wesentlichen Gläubiger« an der Anordnungsentscheidung gem. Abs. 3, z.B. *Pape* ZInsO 2010, 1593; *Frind* ZInsO 2010, 1475 [1479 ff., 1527]; insgesamt zum DiskE FK-InsO/*Foltis* 6. Aufl. vor §§ 270 ff. Rn. 70 ff.), der der Gesetzgeber Rechnung trug.

Allerdings hat die Vorschrift mit dem **ESUG** seine Alleinstellung für die Eigenverwaltung, d.h. für die Zulassung der Selbstverwaltung durch den Schuldner, verloren. § 270 InsO beschränkt den Regelungsbereich auf die Eigenverwaltungsanordnung mit der Eröffnung des Insolvenzverfahrens, indem er – mit dem neuen § 270c – die Entscheidungsfindung des Insolvenzrichters bestimmt. Beschränkt, weil nach neuem Recht die Selbstverwaltung des Schuldners auch schon im Eröffnungsverfahren möglich ist, geregelt in den neuen §§ 270a, 270b InsO. Die Erstreckung der Selbstverwaltungsmöglichkeit in das Eröffnungsverfahren dient der **Vereinfachung des Zugangs zur Eigenverwaltung** als einem der Kernanliegen der Reform (BT-Drucks. 17/5712 S. 2, 17, 19). In der Regelungssystematik missglückt, wird § 270 InsO durch § 270c InsO ergänzt, der den Entscheidungsinhalt der Eröffnungsentscheidung bestimmt und in Wortlaut und Inhalt dem früheren § 270 Abs. 3 InsO entspricht (BT-Drucks. 17/5712 S. 41) und deswegen als Regelungsbestandteil zu § 270 InsO zu lesen ist. Der durch das **Gesetz zur Erleichterung der Bewältigung von Konzerninsolvenzen v. 13.04.2017** (BGBl. I 2017 S. 866) eingefügte § 270d InsO wirkt teils in das eröffnete Eigenverwaltungsverfahren und ist insoweit ebenfalls als Regelungsbestandteil des § 270 InsO zu lesen, teils wirkt er in das Eigenverwaltungsverfahren und ist deswegen als § 270a Abs. 3 InsO bzw. § 270b Abs. 5 InsO zu lesen. 3

Mit dem **Gesetz zur Verkürzung des Restschuldbefreiungsverfahrens und zur Stärkung der Gläubigerrechte vom 15.07.2013** hat die Vorschrift mit Wirkung vom 01.07.2014 zwei weitere Änderungen erfahren, allerdings bloße **Folgeänderungen. Abs. 1** wurde um einen Satz 3 erweitert. Er regelt, dass die Vorschriften der Eigenverwaltung auf Verbraucherinsolvenzverfahren nach § 304 InsO nicht anzuwenden sind. Diese Regelung war bisher in § 312 Abs. 2 InsO enthalten. Die Aufhebung des § 312 Abs. 2 InsO unter der Beibehaltung ihres Regelungsinhaltes insoweit führte zur neuen Platzierung in § 270 Abs. 1 Satz 3 InsO (Gesetzentwurf der Bundesregierung BT-Drucks. 17/11268 S. 23). Eine inhaltliche Änderung der bisherigen Regelung ist damit nicht verbunden. In **Absatz 4** wurde im zweiten Halbsatz die Angabe »Nummer 5« durch die Angabe »Nummer 4« ersetzt. Die neue Bezifferung wurde notwendig, nachdem in der Bezugsvorschrift § 27 Absatz 2 die Nummer 4 aufgehoben und die bisherige Nummer 5 zur neuen Nummer 4 wurde (BT-Drucks. 17/11268 S. 21 zu Nr. 7b). Eine inhaltliche Änderung der bisherigen Regelung ist auch damit nicht verbunden. Im Gesetzentwurf war diese Folgeänderung – offenbar wegen eines Redaktionsversehens – noch nicht enthalten (BT-Drucks. 17/11268 S. 23). 4

B. Struktur der Vorschrift

I. Besondere Verfahrensart

Der Regelfall des Insolvenzverfahrens ist der Übergang des Verwaltungs- und Verfügungsrechtes vom Schuldner auf den Insolvenzverwalter mit der Verfahrenseröffnung (§ 80 Abs. 1 InsO) bzw. den vorläufigen Insolvenzverwalter schon im Eröffnungsverfahren, wenn dem Schuldner ein allgemeines Veräußerungsverbot auferlegt ist (§§ 21 Abs. 2 Nr. 1, Nr. 2 1. Alt., 22 Abs. 1 InsO). Demgegenüber zeigt die (unveränderte) Berechtigung des Schuldners zur Ausübung des Verwaltungs- und Verfügungsrechtes über sein Vermögen in dem Beschluss über die Eröffnung des Insolvenzverfahrens durch das Insolvenzgericht (Abs. 1 Satz 1), dass es sich bei der Eigenverwaltung um eine **besondere Verfahrensart des Insolvenzverfahrens** handelt (ebenso *Kübler/Prütting/Bork-Pape* InsO, § 270 Rn. 18, 60; *Nerlich/Römermann-Riggert* InsO, § 270 Rn. 1), indem bei ihrer Anordnung vom Regelfall der Zuordnung der Verwaltungs- und Verfügungsbefugnis abgewichen wird (*BGH* 5

Beschl. v. 11.01.2007 ZInsO 2007, 207 = ZIP 2007, 448 = NZI 2007, 240; zur Zwecksetzung des Gesetzgebers s.a. Rdn. 25 ff. mit auszugsweise zitierten Gesetzesgrundlagen).

6 Daran hat das **ESUG** mit dem Ziel der Vereinfachung des Zugangs zur Eigenverwaltung (BT-Drucks. 17/5712 unter B. S. 2) nichts geändert, auch nicht durch die Neufassung der Anordnungsvoraussetzungen in Abs. 2 (so aber *Vallender* GmbHR 2012, 446), weil die Anordnungsvoraussetzungen nicht das Regel-Ausnahmeprinzip im Verhältnis des Insolvenzverfahrens zum Eigenverwaltungsverfahren bestimmen. Es hat die Eigenschaft als besondere Verfahrensart vielmehr besonders herausgestellt, indem es auf das Gleichranggebot aller Verwertungsarten verwiesen (BT-Drucks. 12/2443 S. 77 f., zitiert Rdn. 25) und damit den eigenverwaltenden Schuldner im eröffneten Insolvenzverfahren dem Insolvenzverwalter und den eigenverwaltenden Schuldner im Eröffnungsverfahren dem vorläufigen Insolvenzverwalter gleichgestellt hat (**sehr str.**, i.E. Rdn. 24, § 270a Rdn. 22–25, § 270b Rdn. 39 ff.). Die Meinungsverschiedenheit hat für die Frage der Zielbestimmung allerdings keine praktische Bedeutung. Denn so oder so lassen sich Regelungslücken in der Eigenverwaltung durch die zweckentsprechende Heranziehung der Vorschriften zum Insolvenzregelverfahren schließen (§ 270 Abs. 1 Satz 2 InsO; s. Rdn. 36–39). Gleiches ist für Regelungslücken im »Eigenverwaltungseröffnungsverfahren« (§§ 270a, 270b InsO; nach hiesiger Terminologie das Eigenverwaltungsvorverfahren, s. § 270a Rdn. 3) anzunehmen, weil die beiden neuen Vorschriften nach ihrem Sinn und Zweck die allgemeinen Eröffnungsverfahrensvorschriften nicht ausgrenzen, sondern ergänzen, indem z.B. unter den dafür bestimmten Voraussetzungen auf die Bestellung eines vorläufigen Insolvenzverwalters verzichtet werden soll (BT-Drucks. 17/5712 S. 39).

7 Der Grund für diese Struktur nach dem **Regel-Ausnahme-Prinzip** liegt in der Überlegung, dass eine Person, die den Eintritt der Insolvenz vermeiden kann, meist nicht dazu geeignet sein wird, die Insolvenzmasse optimal zu verwerten und bei der Durchführung des Insolvenzverfahrens die Interessen der Gläubiger über die eigenen Interessen zu stellen. Deswegen erscheint es zweckmäßig, für den Regelfall des Insolvenzverfahrens anzuordnen, dass das Verwaltungs- und Verfügungsrecht von einem unabhängigen Insolvenzverwalter ausgeübt wird (BT-Drucks. 12/2443 vor § 331). Demgegenüber wird durch § 270 InsO die Möglichkeit geschaffen, ungeachtet der Eröffnung des Insolvenzverfahrens im Interesse der Gläubiger (s. vor §§ 270 ff. Rdn. 2–8) ausnahmsweise unter besonderen Voraussetzungen das Verwaltungs- und Verfügungsrecht des Schuldners »beizubehalten« (richtig: ihm erneut anzuvertrauen, s. Rdn. 18, 35), den Schuldner gleichsam sich selbst verwalten zu lassen (ebenso *Kübler/Prütting/Bork-Pape* InsO, § 270 Rn. 20; *Uhlenbruck/Zipperer* InsO, § 270 Rn. 4; zu den Folgen am Beispiel der Prozesskostenhilfegewährung s. Rdn. 25 ff.). Vor dem **ESUG** wurde die Auffassung vertreten, die Anordnungsvoraussetzungen seien vom Gesetzgeber bewusst eng gefasst worden, um die Eigenverwaltung als Regelvariante zu verhindern (*Nerlich/Römermann-Riggert* InsO, § 270 Rn. 1). Dieser Sichtweise konnte nicht gefolgt werden. Die Anordnungsvoraussetzungen sind vielmehr Ausdruck einer Abwägung der Beteiligteninteressen, wie sie aus der Sicht des Gesetzgebers typischerweise vorliegen, wenn der eigenverwaltende Schuldner verwaltungs- und verfügungsbefugter Hauptverantwortlicher für sein zugunsten der Gläubigergemeinschaft beschlagnahmtes Vermögen wird. Dies zeigt das Grundsatzbekenntnis des Gesetzgebers zur Eigenverwaltung auf (s. vor §§ 270 ff. Rdn. 4). Das ESUG hat diese Auffassung bestätigt (BT-Drucks. 17/5712 S. 1; so jetzt auch *Nerlich/Römermann-Riggert* InsO, § 270 Rn. 1).

II. Selbstverwaltungsbeschränkungen des Schuldners durch Sachwaltung

8 Die Selbstverwaltung des Schuldners wird nicht grenzenlos zugelassen. Der Gesetzgeber hatte das Interesse der Gläubiger an gemeinschaftlicher Befriedigung durch Verwertung des Schuldnervermögens und Erlösverteilung (§ 1 InsO) unter Zuhilfenahme eigenverantwortlichen Schuldnerhandelns gegen die sich daraus ergebende Gefahr der Gläubigerschädigung durch eigennütziges oder unfähiges Schuldnerhandeln nach Anordnung der Eigenverwaltung abzuwägen. Die Abwägung hat dazu geführt, dass diese besondere Verfahrensart der InsO mit der Ausübung der Verwertungs- und Verfügungsbefugnis nur möglich ist, wenn der Schuldner mit der Anordnung der Eigenverwaltung unter die **Aufsicht eines gleichzeitig zu bestellenden Sachwalters** gestellt wird (Abs. 1 Satz 1,

§ 270c Satz 1; wie hier MüKo-InsO/*Tetzlaff* 2. Aufl., § 270 Rn. 8). Eine insolvenzrichterliche Anordnung der Eigenverwaltung ohne gleichzeitige Bestellung eines Sachwalters ist damit ebenso unzulässig, wie die Bestellung eines Sachwalters ohne gleichzeitige Anordnung der Eigenverwaltung. Derartige Anordnungsbeschlüsse sind wegen schwerer und offenkundiger Fehlerhaftigkeit nichtig, weil dem Anordnungsbeschluss als Vollstreckungstitel (§ 794 Abs. 1 Nr. 3 ZPO; vgl. BGHZ 12, 389 m.w.N. und *Kuhn/Uhlenbruck* KO, § 117 Rn. 6 zur vollstreckungsrechtlichen Wirkung des Konkurseröffnungsbeschlusses) wegen schwerer und offenkundiger Fehlerhaftigkeit die Titeleigenschaft fehlt (vgl. *BGH* BGHZ 121, 101 ff.). Aufgrund der sich daraus ergebenden Haftungsgefahr für den Insolvenzrichter (das Spruchrichterprivileg des § 839 Abs. 2 BGB gilt nicht im Vollstreckungsverfahren, insbesondere nicht im Konkursverfahren, *BGH* NJW 1959, 1085) empfiehlt sich bei der Beschlussabfassung besondere Sorgfalt. Das ESUG hat die **Sachwaltergrundsätze** vom früheren Abs. 3 in den neu geschaffenen § 270c InsO verlagert und damit seine Rechtsstellung deutlich aufgewertet, i.E. s. § 270a InsO.

III. Insolvenzeröffnungsverfahrensregeln – Eigenverwaltungsregeln

Aus dem Strukturunterschied der Eigenverwaltung als besonderem Insolvenzverfahren zur VerglO 9
(s. vor §§ 270 ff. Rdn. 2 ff.) ergeben sich gegenüber der VerglO Unterschiede in den **Wirkungen des Eröffnungsbeschlusses**: Dem Vergleichsschuldner blieb durch die Eröffnung des Vergleichsverfahrens zwar die allgemeine Befugnis, sein Vermögen zu verwalten und hierüber zu verfügen, erhalten. Die Eröffnung bewirkte andererseits aber auch keine allgemeine Stundung der Schuldnerverbindlichkeiten. In der Hauptsache wurden die Geschäfts- und Lebensführung des Schuldners überwacht. Verfügungsbeschränkungen bestanden nur nach besonderer Anweisung (§§ 24, 58 VerglO). Auch wenn der Vergleichsverwalter die Kassenführung an sich ziehen konnte (§ 57 Abs. 2 VerglO), blieb der Schuldner grds. in der Eingehung der Verbindlichkeiten frei. Er sollte lediglich Verbindlichkeiten, die nicht zum gewöhnlichen Geschäftsbetrieb gehörten, nur mit Zustimmung des Vergleichsverwalters eingehen (§ 57 Abs. 1 VerglO). Rechtsstreitigkeiten wurden durch die Eröffnung des Vergleichsverfahrens nicht unterbrochen. Der Schuldner konnte persönlich auch nach der Eröffnung des Vergleichsverfahrens klagen oder verklagt werden (vgl. aber die Ausnahmeregelung des § 49 VerglO zur Kostenlast). Vergleichsgläubiger und Gläubiger bestimmter Ansprüche nach § 29 VerglO unterlagen lediglich einer Vollstreckungssperre (§ 47 VerglO). Demgegenüber **bewirkt die Anordnung der Eigenverwaltung grds. alle Folgen des eröffneten Insolvenzregelverfahrens (§§ 80 ff. InsO)**. Der Entzug der Verwaltungs- und Verfügungsmacht im Umfang der Beschlagnahme als allgemeine Folge der Insolvenzeröffnung fällt mit der Übertragung der Verwaltungs- und Verfügungsmacht in dem eingeschränkten Umfang der Eigenverwaltungsbefugnisse zusammen (**str.** s. Rdn. 18, 35). Es lässt sich von einem »Doppelbeschluss« sprechen (ebenso *FG Stuttgart* ZIP 2016, 2178 [2180]). Die Gläubiger werden durch die Eröffnung in einer Gläubigergemeinschaft ohne Vorrechte (näher *Schmidt-Räntsch* InsO, Teil 1 Rn. 30) zusammengefasst und nehmen am Verwertungserfolg bei Abschluss des Verfahrens teil (§§ 1, 195 f. InsO i.V.m. § 270 Abs. 1 Satz 2 InsO). Die InsO behandelt in der Eigenverwaltung das **Verwaltungs- und Verfügungsrecht des Schuldners als Verwertungsmittel** (s. vor §§ 270 ff. Rdn. 6 f.; ebenso *Hölzle* ZIP 2012, 162) und nicht wie die VerglO als Selbstsanierungsinstrument. Deshalb bleibt der Schuldner von der Auseinandersetzung mit Forderungen verschont, die vor der Verfahrenseröffnung begründet wurden (§ 87 InsO); kann er mit Prozessen, die bei Verfahrenseröffnung anhängig waren, nur nach Maßgabe der §§ 85 f. InsO belastet werden. Diese Wirkung der Eigenverwaltung hat zu Kritik geführt (s. vor §§ 270 ff. Rdn. 10 ff.).

IV. Gesellschaftsrechtliche Bindungen

Gesellschaftsrechtliche Bindungen des Geschäftsführungsorgans entfallen im Umfang der Eigen- 10
verwaltungsbindungen des Schuldners. Dieser Klarstellung dient die neue Regelung in § **276a InsO** (RegE BT-Drucks. 17/5712 S. 42). Sie löst damit den Streit i.S.d. dazu schon zum alten Recht überwiegend vertretenen Auffassung (eingehend FK-InsO/*Foltis* 6. Aufl., vor §§ 270 ff. Rn. 66–68). Davon unberührt bleibt allerdings die Haftungsbindung des Geschäftsführungsorgans

gegenüber der Gesellschaft für den Antrag auf Eröffnung des Insolvenzverfahrens selbst (*OLG München* ZIP 2013, 1121 für den Antrag des Geschäftsführers der Komplementär-GmbH einer Publikums-KG ohne Zustimmung der KG-Gesellschafter wegen drohender Zahlungsunfähigkeit; i.E. s. § 276a InsO).

V. Steuerrecht; umsatzsteuerliche Organschaft; Auskunftsanspruch des Sachwalters

11 Nach der Auffassung des **FG Hessen** in einem einstweiligen Rechtsschutzverfahren schließt die Anordnung der Eigenverwaltung den Fortbestand der **umsatzsteuerlichen Organschaft** nicht aus, sofern nicht die Verfügungsmacht des eigenverwaltenden Schuldners durch Anordnung weitreichender Zustimmungsvorbehalte oder die Übertragung der Kassenführung auf den Sachwalter massiv eingeschränkt werde. Eine nach ihrem Gesamtbild der tatsächlichen Verhältnisse finanzielle, wirtschaftliche und organisatorische Eingliederung der Schuldnerin in ein anderes Unternehmen nach § 2 Abs. 2 Nr. 2 UStG (Organschaft) werde grds. nicht durch die Eröffnung des Insolvenzverfahrens mit Anordnung der Eigenverwaltung unterbrochen, weil die Verwaltungs- und Verfügungsbefugnis über die Gegenstände der Insolvenzmasse gem. § 270 Abs. 1 Satz 1 InsO beim Schuldner verbleibe (so auch *Boochs/Nickel* § 155 Rdn. 1017) und er daher dem Grunde nach tatsächlich dazu in der Lage sei, über die Geschäftsführung der Tochtergesellschaften bei diesen ihren Willen durchzusetzen. Die in dem entschiedenen Einzelfall dem Sachwalter eingeräumten Befugnisse hätten keinen Umfang erreicht, bei dem nach einer Gesamtbetrachtung die erforderliche Möglichkeit zur Willensdurchsetzung nicht mehr in hinreichendem Maße gewährleistet sei (*FG Hessen* Beschl. v. 06.11.2013 – 6 V 2469/12, ZInsO 2014, 681 = ZIP 2014, 532). Das FG Hessen folgt damit der *OFD Hannover* v. 06.08.2007 (– S 7105-49-StO 172, UR 2007, 867) und Meinungen aus der Steuerrechtsliteratur (Birkenfeld/Wäger-*Birkenfeld* USt-Handbuch, Stand Oktober 2011, § 44 Rn. 423; *Offerhaus/Söhn/Lange* UStG, Stand Juli 2011, § 2 Rn. 97; *Schmittmann* ZSteu 2007, 191), die den Ausschluss der Organschaft an Verfügungsbeschränkungen des Schuldners zugunsten des Sachwalters über die Übertragung der Kassenführung und seinen allgemeinen Zustimmungsvorbehalt knüpfen wollen (§§ 277 Abs. 1, 275 Abs. 2 InsO; *FG Hessen* Beschl. v. 06.11.2013 – 6 V 2469/12, ZInsO 2014, 681 [685]). Entscheidung und Begründung sind nur auf den ersten Blick bestechend, auf dem zweiten Blick widersprechen sie der klaren Anordnung des Gesetzgebers. Im Ausgangspunkt richtig geht das Gericht von der Verwaltungs- und Verfügungsmacht des Schuldners über die Vermögensgegenstände der Insolvenzmasse aus (§ 270 Abs. 1 Satz 1 InsO). Unrichtig – weil wider die Anordnung des Gesetzgebers – behandelt es sie jedoch als Handlungsmacht eines vorinsolvenzlichen Schuldners, der als freies Rechtssubjekt über seine Gegenstände frei verfügen kann und deswegen in der überkommenen Rechtsstellung des Vergleichsschuldners (s. Rdn. 9). Das FG Hessen verkennt die dem eigenverwaltenden Schuldner vom Gesetzgeber zugewiesene Rechtsstellung, wie sie in § 270 Abs. 1 Satz 1 InsO mit den Worten »... berechtigt, ... die Insolvenzmasse zu verwalten und über sie zu verfügen, ...« ausdrücklich vorgegeben ist: Er ist in seiner Verwaltungs- und Verfügungsmacht kein freies Rechtssubjekt, sondern ein unfreies Insolvenzorgan, das nur als solches die insolvenzgläubigergebundenen Vermögensgegenstände verwaltet und über sie verfügt und steht in seiner Rechtsstellung dem Grunde nach dem Insolvenzverwalter gleich (s. hierzu die auszugsweise zitierten Gesetzesgrundlagen Rdn. 25). Die Insolvenzeröffnung ist die Wirksamkeitsvoraussetzung für die Anordnung der Eigenverwaltung (Rdn. 31), der Insolvenzeröffnungsbeschluss führt zum Entzug der Verwaltungs- und Verfügungsmacht des Schuldners über seine – nunmehr dem Insolvenzbeschlag unterliegenden – Vermögensgegenstände der Insolvenzmasse (Rdn. 5–7), dem Schuldner wird erst durch die Anordnung der Eigenverwaltung die Verwaltungs- und Verfügungsmacht (wieder) verliehen (Rdn. 9, 18, 35) und er wird dadurch als Partei kraft Amtes zum Handlungssubjekt der Insolvenzgläubigergemeinschaft (Rdn. 24), weil sein Verwaltungs- und Verfügungsrecht – im Gegensatz zur VerglO, dort: Selbstsanierungsinstrument – als Verwertungsmittel der Insolvenzgläubigergemeinschaft für deren bestmögliche gemeinschaftliche Befriedigung (§ 1 Satz 1 InsO, s. i.E. vor §§ 270 ff. Rdn. 2–8) eingesetzt wird (Rdn. 9). Der Insolvenzeröffnungsbeschluss unterbricht – wie für das Regelinsolvenzverfahren, s. i.E. *Boochs/Nickel* § 155 Rdn. 1017 – eine organisatorische Eingliederung des Schuldners kraft Gesetzes. Der Insolvenzgesetzgeber hat sie mit der Anordnung

der Eigenverwaltung nicht wieder aufleben lassen wollen, weil diese Anordnungsfolge in den Eigenverwaltungsregeln nicht enthalten ist. Sie kann auch nicht durch Auslegung in sie hineingelegt werden, weil sie ein massives Eigenverwaltungshindernis wäre und deswegen dem Eigenverwaltungszweck widersprechen würde, Hindernisse auf dem Weg zur Eigenverwaltung auszuräumen, die Geschäftsführung des Schuldners in Eigenverwaltung zu erleichtern und damit Anreize für frühzeitige Anträge auf Eröffnung von Insolvenzverfahren zu setzen (BT-Drucks. 17/5712 Begr. II. 5. S. 19; s. Rdn. 2). Sie kann nur kraft ausdrücklicher gesetzlicher Anordnung zum **Fiskusprivileg** gemacht werden. Entgegen dem FG Hessen und der umsatzsteuerlichen Literatur kommt es deswegen für eine Organschaftsannahme des eigenverwaltenden Schuldners nicht darauf an, wie im Insolvenzeinzelfall die Verwaltungs- und Verfügungskompetenzen zwischen eigenverwaltendem Schuldner und Sachwalter kraft Gesetzes (§§ 274, 275 InsO) oder kraft vom Sachwalter ausgeübter Ermächtigung (Kassenführungsübertragung, § 275 Abs. Abs. 2 InsO) oder kraft gerichtlicher Anordnung (§ 277 InsO oder entspr. § 21 InsO, i.E. s. § 270c Rdn. 12–32) ausgestaltet sind. Ganz abgesehen davon, dass sich die Fülle denkbarer Einzelfallgestaltungen der Festlegung rechtssicherer Abgrenzungskriterien entzieht. Der Insolvenzgesetzgeber und erst recht der Reformgesetzgeber des **ESUG** bezweckten mit den Eigenverwaltungsregeln ihre Antragskalkulierbarkeit und mit ihr Rechtssicherheit, nicht dagegen Antragsunkalkulierbarkeit und Rechtsunsicherheit als zwangsläufige Wirkungen der Auffassung des FG Hessen. Der **BFH** hat im Verfahren des FG Hessen zutreffend **ernstliche Zweifel** am Fortbestand der umsatzsteuerrechtlichen Konzernbesteuerung (Organschaft) im Insolvenzfall geäußert (Beschl. v. 19.03.2014 – V B 14/14, ZIP 2014, 889). Dies gelte unabhängig davon, ob das Insolvenzgericht einen Insolvenzverwalter bestelle oder die Eigenverwaltung anordne oder ob der Organträger oder die Organgesellschaft oder beide insolvent seien, weil der insolvenzrechtliche Einzelverfahrensgrundsatz die Fortsetzung eines Organschaftsverhältnisses verbiete. Im **weiteren Beschluss v. 15.02.2016 – 6 K 2013/12** (ZIP 2016, 2332) hat sich das **FG Hessen** in Kassel über die hier formulierten Bedenken gegen seine Rechtsauffassung und die vorläufige Auffassung des *BFH* in seinem Beschl. v. 19.03.2014 – 6 K 2013/12 (ZIP 2016, 2332) hinweggesetzt und seinen Rechtsstandpunkt vertieft. Ohne Erfolg. Der **BFH** hat hierzu in seinem Urt. v. 15.12.2016 – V R 1416 (ZIP 2017, 619) darauf erkannt (LS des Gerichts): »1. Mit der Insolvenzeröffnung über das Vermögen des Organträgers endet die Organschaft. 2. Unabhängig von den Verhältnissen beim Organträger endet die Organschaft jedenfalls mit der Insolvenzeröffnung bei der Organgesellschaft. 3. Die Bestellung eines Sachwalters im Rahmen der Eigenverwaltung nach §§ 270 ff. InsO in dem Insolvenzverfahren des bisherigen Organträgers und der bisherigen Organgesellschaft ändert hieran nichts.«

Entsprechend hat auch das *FG Stuttgart* im Urt. v. 15.06.2016 – 9 K 2564/14 (ZIP 2016, 2178) gestützt auf die hier vertretene Auffassung darauf erkannt, dass die **Entgeltvereinnahmungen durch den eigenverwaltenden Schuldner nach Insolvenzeröffnung** gem. § 17 Abs. 2 Nr. 1 Satz 2 UStG zu einer Berichtigung des Steuerbetrages führen und eine **Masseverbindlichkeit** i.S.v. § 55 Abs. 2 Satz 1 InsO begründen. **12**

Gleiches hat für das **Eröffnungsverfahren** (Eigenverwaltungsvorverfahren) nach § 270a InsO bzw. § 270b InsO zu gelten. Mit dem Beschluss über die Zulassung des Insolvenzeröffnungsverfahrens **und** der Eigenverwaltungsanordnung durch die vorläufige Sachwalterbestellung (i.E. § 270a Rdn. 24) wird ebenso die Rechtsstellung des Schuldners als Organ der Gläubigergemeinschaft begründet (**sehr str.**, i.E. s. § 270a Rdn. 22, 25), deswegen eine organisatorische Eingliederung des Schuldners kraft Gesetzes unterbrochen und endet notwendig eine Organschaft nach § 2 Abs. 2 Nr. 2 UStG schon zu diesem Zeitpunkt. Zu demselben Ergebnis kommt *Kahlert* (ZIP 2013, 2348) zum Urteil des *BFH* v. 08.08.2013 (– VR 18/13, ZIP 2013, 1773), gleichgültig, ob die Anordnungen die Organschaft, den Organträger oder beide treffen und gleichgültig, ob (und in welchem Umfang) der Schuldner im Eigenverwaltungsvorverfahren zur Masseverbindlichkeitenbegründung ermächtigt werde oder nicht. Aus dem Urteil des *BFH* v. 15.12.2016 (s. Rdn. 11) ergibt sich dafür nichts, die Frage war nicht Streitgegenstand. **13**

Nach der Rundverfügung der *OFD Frankfurt/M.* v. 05.12.2013 (– S 0130A-115-St23, ZInsO 2014, 774 [775]) soll der **Sachwalter nicht als Vertreter i.S.d. §§ 34, 35 AO** angesehen werden und sollen **14** ihm Verhältnisse des Schuldners nur insoweit offenbart werden, als dies **für Besteuerungszwecke erforderlich** sei (z.B. Anmeldung der Insolvenzforderungen beim Sachwalter gem. § 270 Abs. 3 Satz 2 InsO). Die Verfügung verkennt die Rechtsstellung des Sachwalters. Nach § 274 Abs. 2 InsO hat er im Verhältnis zum Schuldner die Rechtsstellung eines vorläufigen Insolvenzverwalters nach § 22 Abs. 3 InsO und hat ihm der Schuldner Einsicht in die Bücher und Geschäftspapiere zu gestatten und ihm alle erforderlichen Auskünfte zu erteilen (i.E. s. § 274 Rdn. 63 ff.), woraus ihm ein **umfassender Auskunftsanspruch gegen den Fiskus** aus dem Steuerverhältnis zum Schuldner zusteht. Davon geht die *OFD Frankfurt/M.* für den vorläufigen Insolvenzverwalter nach § 21 Abs. 1 InsO und dem Insolvenzverwalter selbst auch aus (die o.a. Rundverfügung ZInsO 2014, 775), denen der Sachwalter aufgrund seiner ihm gesetzlich zugewiesenen Verwaltungs- und Verfügungsmacht im Zuweisungsumfang gleich steht (i.E. § 270c Rdn. 7 f.). Hinter der Verfügung insoweit ist der Versuch auf ein weiteres **Fiskusprivileg versteckt**, indem dem Sachwalter über die Informationsvorenthaltung die Geltendmachung von Anfechtungsansprüchen (§ 280 InsO) vereitelt werden soll. Für den Insolvenzverwalter geht die Finanzgerichtsbarkeit von einem Einsichtsrecht des Insolvenzverwalters in die Steuerakten des Schuldners gegenüber dem Finanzamt aus (OVG NRW 24.11.2015 – 8 A 1074/14, ZInsO 2016, 159 = ZIP 2016, 535), gestützt auf den Insolvenzverwalter als natürliche und deswegen anspruchsberechtigte Person. Für den Sachwalter gilt nichts anderes als Organ der Gläubigergemeinschaft im Umgang seiner Rechtsstellung (i.E. § 280 Rdn. 1), so dass ihm das Recht in gleicher Weise gebührt.

C. Grundsätze (Abs. 1)

I. ESUG

15 § 270 Abs. 1 InsO hatte durch das ESUG keine Änderung erfahren. Durch das Gesetz zur Verkürzung des Restschuldbefreiungsverfahrens und zur Stärkung der Gläubigerrechte vom 15.07.2013 wurde als bloße Folgeänderung Satz 3 angefügt (Rdn. 4, 48).

II. Verwaltungs- und Verfügungsrecht des Schuldners (Satz 1)

1. Eigenverwaltungsfähigkeit

16 Das Gesetz nimmt mit der Schuldnereigenschaft auf die Insolvenzfähigkeit Bezug: Wer nicht insolvenzfähig ist, ist auch nicht **eigenverwaltungsfähig.** Schuldner ist damit die von einem Insolvenzeröffnungsantrag (§§ 13, 14 InsO) betroffene natürliche oder juristische Person (§ 11 Abs. 1 Satz 1 InsO), die OHG, KG, Partnerschaftsgesellschaft, GbR, Partenreederei, EWIV, der Nachlass, das Gesamtgut einer fortgesetzten Gütergemeinschaft oder das Gesamtgut einer Gütergemeinschaft, das von den Ehegatten gemeinschaftlich verwaltet wird, nach Maßgabe der §§ 315 bis 334 InsO (§ 11 Abs. 2 InsO). **Nur der Schuldner** ist zur Verwaltung und Verfügung über die Insolvenzmasse berechtigt. Die Anordnung der Eigenverwaltung über das Vermögen des Schuldners durch einen Dritten unter Aufsicht eines Sachwalters ist als Verstoß gegen den Zweck der Eigenverwaltung (s. vor §§ 270 ff. Rdn. 2–8) unzulässig (zu insolvenzzweckwidrigen Handlungen: *BGH* ZIP 2009, 428 Rn. 14; ZIP 2008, 884 Rn. 4 ff.; 15.12.2005 BGHZ 165, 283 = ZIP 2006, 431 = ZInsO 2006, 208 = NJW 2006, 227 = NZI 2006, 227 m. Anm. *Homann* EWiR § 130 InsO 2/06 S. 349; 04.11.2004 BGHZ 161, 49 = ZIP 2004, 2442 = ZVI 2005, 33 = WM 2004, 2482 m. Anm. *Bork* = BB 2005, 13 m. Anm. *Gundlach/Frenzel* EWiR § 60 InsO 1/05 S. 121; 04.11.2004 ZInsO 2005, 40 m. Anm. *Gantenberg* EWiR § 60 InsO 3/05 S. 227).

17 Besteht die Eigenverwaltungsfähigkeit nicht, wird der Mangel nicht durch die Eröffnung des Verfahrens geheilt. Dies gilt auch, wenn der das Verfahren eröffnende Richter ausweislich der Akten die Eigenverwaltungsfähigkeit ausdrücklich geprüft hat. Es besteht nur ein fehlerhafter Staatsakt, so dass gegen die Bestellung des Sachwalters und Handlungen des Schuldners wegen fehlender Eigenverwaltungsfähigkeit keine Unwirksamkeitseinwände geführt werden können (vgl. *RG* RGZ 129, 390 für Konkurs; *BGH* MDR 1959, 743 für Zwangsverwaltung). Das Insolvenzverfahren ist wirksam eröffnet, Sachwalter und Schuldner handelten wirksam. Allerdings bewirkt der Eröffnungs-

beschluss auch nicht eine Feststellungswirkung in der Weise, dass die Eigenverwaltungsfähigkeit besteht. Der Prozessrichter kann feststellen, dass die Eigenverwaltungsfähigkeit unzutreffend angenommen wurde, ferner, dass darin eine zum Schadensersatz verpflichtende Verletzung der Amtspflicht liegt (vgl. *Jaeger/Weber* KO, § 74 Anm. 4b).

Der Schuldner verliert im **Insolvenzantragsverfahren** (§§ 11 ff. InsO) die Verwaltungs- und Verfügungsbefugnis, wenn ein vorläufiger Insolvenzverwalter bestellt und dem Schuldner ein **allgemeines Veräußerungsverbot** auferlegt ist (§ 22 Abs. 1 InsO). Das ESUG hat diesen Fall nicht ausgeschlossen (Wortlaut § 270a Abs. 1 Satz 1 »soll ... davon absehen ...«). Er kann etwa vorliegen, wenn der Eigenverwaltungsantrag im Eröffnungsverfahren dem Insolvenzeröffnungsantrag nachfolgt und das Gericht bereits Sicherungsmaßnahmen angeordnet hatte. In diesem Fall führt der Anordnungsbeschluss nach § 270 InsO zur **Wiederherstellung der Verwaltungs- und Verfügungsbefugnis des Schuldners in dem durch die Eigenverwaltungsvorschriften bestimmten eingeschränkten Umfang** durch die Eröffnungsentscheidung des Gerichts (h.M., *Häsemeyer* InsR, Rn. 8.13; *Noack* ZIP 2002, 1873; *Kübler/Prütting/Bork-Pape* InsO, § 270 Rn. 1; **a.A.** *Bork* Einführung Rn. 405). Generell ausgeschlossen war schon nach altem Recht die Anordnung der Eigenverwaltung selbst im Falle der Anordnung nach § 21 Abs. 2 Nr. 1, Nr. 2 1. Alt. InsO nicht (*Nerlich/Römermann-Riggert* InsO, § 270 Rn. 5; KS-InsO/*Pape* S. 904 Rn. 12; *Kübler/Prütting/Bork-Pape* InsO, § 270 Rn. 108, 110, 113). Sie ist es nach der **Reform** erst recht nicht, weil sie auch durch die Erleichterung der nachträglichen Anordnungsmöglichkeit durch Änderung des § 271 InsO dafür sorgen will, dass die Gläubigerautonomie gestärkt wird (BT-Drucks. 17/5712 S. 42 zu Nr. 44).

2. Bestimmtes Vermögen; Sonderinsolvenzverwaltung

Die Verwaltungs- und Verfügungsberechtigung des Schuldners in der Eigenverwaltung bezieht sich auf ein **bestimmtes Vermögen**, die Insolvenzmasse. Sie ist das gesamte Vermögen, das dem Schuldner zur Zeit der Eröffnung des Verfahrens gehört und das er während des Verfahrens erlangt (§ 35 InsO). Der Schuldner ist eigenverwaltungsfähig nur mit seinem gesamten Vermögen, so dass eine **Ausgrenzung bestimmter Vermögensteile** aus einem dem Schuldner rechtlich zugeordneten Vermögensbestand unzulässig ist, z.B. die Ausgrenzung eines Neuerwerbs (i.E. dazu *Bornemann* § 35 Rn. 25 ff.), anders für unpfändbare Gegenstände, weil sie nicht zur Insolvenzmasse gehören (§ 36 InsO). Bei einem Einzelkaufmann etwa wäre eine auf sein Handelsvermögen im Gegensatz zum Privatvermögen beschränkte Eigenverwaltung unzulässig (vgl. *Bley/Mohrbutter* VerglO, § 2 Rn. 10). Dies gilt auch bei (nachträglicher) Anordnung einer **Sonderinsolvenzverwaltung**, die auch in der Eigenverwaltung als zulässig anzusehen ist, weil das unter Sonderinsolvenzverwaltung gestellte Vermögen Schuldnervermögen bleibt und der eigenverwaltende Schuldner lediglich im Umfang des Anordnungsgegenstandes der Sonderinsolvenzverwaltung sein Verwaltungs- und Verfügungsrecht verliert, dieses durch die Anordnung der Sonderinsolvenzverwaltung auf den Sonderinsolvenzverwalter übergeht. Dementsprechend hat das *AG Stendal* (ZIP 2012, 2171, die Beschwerde wurde als unzulässig angesehen, *LG Stendal* ZIP 2013, 1389) in einem instruktiven Fall die Sonderinsolvenzverwaltung zur Prüfung und evtl. gerichtlichen Geltendmachung etwaiger Ansprüche der Masse gegen den Geschäftsführer der Schuldnerin, den vorläufigen Sachwalter und die ein Massedarlehen im Verfahren nach § 270b InsO gewährende Bank angeordnet, nachdem das Darlehen drei Tage nach der Eröffnung des Insolvenzverfahrens mit Anordnung der Eigenverwaltung gekündigt worden war. Vom Insolvenzgericht wurde zur Unabhängigkeitssicherung ein anderer als der von diesen gewünschte Sachwalter bestellt (an der Anordnungsnotwendigkeit im Hinblick auf § 280 InsO zweifelnd, *Pape* ZInsO 2013, 2129 [2135]). Der Sonderinsolvenzverwalter hat in dem Bereich, für den er bestellt ist, die Rechtsstellung des Insolvenzverwalters (BT-Drucks. 12/2443 S. 20; die Entwurfsregelung wurde im Ausschuss gestrichen, weil die vorgesehene förmliche Regelung der Sonderinsolvenzverwaltung in der InsO für überflüssig gehalten wurde, BT-Drucks. 12/7302 S. 162, inhaltlich wiedergegeben bei *Uhlenbruck* InsO, 13. Aufl., § 56 Rn. 31; zum Ganzen *Foltis* ZInsO 2010, 545 [553 f.]; einen Überblick bietet *Lissner* ZInsO 2014, 768; zur Sonderinsolvenzverwaltung *BGH* NZI 2006, 475; *BGH* ZIP 2007, 550; *BGH* NZI 2015, 730; *Frege/Keller/Riedel* InsR, Rn. 1184; HK-InsO/*Schmidt* § 92 Rn. 55; *Uhlenbruck/Zipperer* InsO, § 56 Rn. 57 ff.).

3. Anordnungswirkungen

20 Im Fall der Anordnung der Eigenverwaltung durch Beschluss nach Abs. 1 Satz 1 **erhält der Schuldner durch den Anordnungsbeschluss die Befugnis, sein Vermögen zu verwalten und hierüber zu verfügen, grundsätzlich in vollem Umfang zurück** (ebenso *Häsemeyer* InsR, Rn. 8.13; *Kübler/Prütting/Bork-Pape* InsO, § 270 Rn. 1; *Noack* ZIP 2002, 1873; *Uhlenbruck/Zipperer* InsO, § 270 Rn. 12; a.A. ohne Begründung *BGH* Beschl. v. 07.12.2006 ZInsO 2007, 100 = ZIP 2007, 249 = NZI 2007, 188 und deswegen Kritik auslösend, s. Rdn. 35), auch nach der vorläufigen Eigenverwaltungsverfahrensregelung des **ESUG** in den §§ 270a, 270b InsO (**sehr str.**; i.E. s. § 270a Rdn. 22 ff.). Die Verweisung in Satz 2 auf die Geltung der allgemeinen Vorschriften verdeutlicht den Befugnisumfang (s. i.E. Rdn. 35). Der Schuldner kann grds. in demselben Umfang verwalten und verfügen, wie der Insolvenzverwalter hierzu befugt wäre (§ 80 Abs. 1 InsO). § 282 InsO unterstreicht die weite Rechtsmacht: Dem Schuldner steht sogar das Recht des Insolvenzverwalters zur Verwertung von Gegenständen zu, an denen Absonderungsrechte bestehen. Grds. bedeutet, dass das Verwaltungs- und Verfügungsrecht des Schuldners durch den an den Insolvenzzweck bestmöglicher Gläubigerbefriedigung (§ 1 InsO) gebundenen Eigenverwaltungszweck eingeschränkt ist (zu insolvenzzweckwidrigen Verfügungen s. Rdn. 16). Der Schuldner erhält die Verwaltungs- und Verfügungsmacht nicht, soweit sie dem Sachwalter zugewiesen ist (näher die Übersicht bei § 270c Rdn. 9 ff.; *Nerlich/Römermann-Riggert* InsO, § 270 Rn. 4 ff.). Insgesamt wird der Schuldner trotz Insolvenzeröffnung wieder »frei« (Eröffnungsverfahren ohne vorläufige Sachwalterschaft) bzw. bleibt auch mit der Insolvenzeröffnung so »frei«, wie er es unter der vorläufigen Sachwalterschaft im Eröffnungsverfahren (§§ 270a Abs. 1 Satz 2, 270b Abs. 2 Satz 1 InsO) war. Die dem Schuldner auf diese Weise erneut zugewiesene Rechtsmacht als Organ der Gläubigergemeinschaft hat der *BFH* in seinem Urt. v. 15.12.2016 – V R 1416 (ZIP 2017, 619) zur Entscheidungsgrundlage gemacht (i.E. s. Rdn. 11), ebenso das *FG Stuttgart* in seinem Urt. v. 15.06.2016 – 9 K 2564/14 (ZIP 2016, 2178, i.E. s. Rdn. 12). Nur dieses Verständnis von der Rechtsstellung des eigenverwaltenden Schuldners führt zur Frage seines Anspruchs auf Gewährung von Prozesskostenhilfe (i.E. Rdn. 25 ff.) und zu Fragen seiner Rechtsverhältnisse aufgrund des Gesetzes zur Erleichterung der Bewältigung von Konzerninsolvenzen v. 13.04.2017 zu sachgerechten Ergebnissen, vom Gesetzgeber in der Begründungsgrundlage zum neuen § 270d InsO überdies ausdrücklich angeführt (i.E. Rdn. 115 ff. und zu § 270d InsO).

21 Ging der Verfahrenseröffnung mit Anordnung der Eigenverwaltung das Eröffnungsverfahren mit der Anordnung von **Sicherungsmaßnahmen** voraus (§§ 11 ff, 21 InsO), **erlöschen** sie entgegen der Regelung des § 24 VerglO mit der Verfahrenseröffnung (§ 270 Abs. 1 Satz 2 i.V.m. § 80 Abs. 2 Satz 1 InsO), und zwar nach Sinn und Zweck des § 80 Abs. 2 Satz 1 InsO über ein angeordnetes Verwaltungs- und Verfügungsverbot nach § 21 Abs. 2 Nr. 2 1. Alt. InsO hinaus für alle angeordneten Sicherungsmaßnahmen (s. *Schmerbach* § 21 Rdn. 56).

22 Der eigenverwaltende Schuldner hat die gesamte Abwicklung des Verfahrens ausschließlich an den Interessen der Gläubiger auszurichten und eigene Interessen zurückzustellen (*BGH* Beschl. v. 07.12.2006 ZInsO 2007, 100, 101 = ZIP 2007, 249 = NZI 2007, 188). Diese **zweckgebundene Ausübung seines Verwaltungs- und Verfügungsrechtes unterliegt der Aufsicht des Sachwalters in einem abgestuften Kontroll- und Mitwirkungssystem.** Die Rechte und Pflichten des Sachwalters regeln die §§ 274 bis 285 InsO unter Abgrenzung von den Schuldnerrechten und -pflichten. Je nach der vom Gesetzgeber bewerteten Bedeutung in Frage kommenden Schuldnerhandelns kann der Schuldner teils allein handeln; teils muss der Sachwalter zustimmen, soll er zustimmen oder kann er vom Schuldner ein Handeln oder Unterlassen verlangen. Für die Aufteilung der Rechte und Pflichten auf Schuldner und Sachwalter, die Abgrenzung ihrer Handlungsbereiche und Mitwirkungspflichten ist maßgebend: Die laufenden Geschäfte werden vom Schuldner geführt; der Sachwalter kontrolliert und unterstützt diese Geschäftsführung; er nimmt dabei aber andererseits die besonderen Aufgaben wahr, die dem Insolvenzverwalter in erster Linie im Interesse der Gläubiger übertragen sind, insbesondere die Anfechtung von gläubigerbenachteiligenden Rechtshandlungen (zentrale Vorschrift: § 275 InsO; i.E. s. § 270c Rdn. 9 ff.). Nach diesen Grundsätzen ist die Aufteilung der Befugnisse zwischen Schuldner und Sachwalter auch in Fällen vorzunehmen, die im Gesetz nicht ausdrücklich geregelt sind (BT-Drucks. 12/2443 zu § 331; zust. HK-InsO/*Landfermann* § 270 Rn. 10).

Diese Zweckbindung hat das **ESUG** bekräftigt, indem es sie ausdrücklich und einschränkungslos in 23 das Eröffnungsverfahren mit vorläufiger Sachwalterschaft (Eigenverwaltungsvorverfahren) übernommen hat (§ 270a Abs. 1 Satz 2 InsO; BT-Drucks. 17/5712 zu Nr. 43 S. 39).

Der Anordnungsbeschluss gewährt dem Schuldner die Rechtsstellung, die ein Insolvenzverwalter 24 hätte, wenn es statt der Anordnung der Eigenverwaltung zu der Durchführung des Insolvenzregelverfahrens gekommen wäre, weil es sich bei der Insolvenzverwaltung und der Eigenverwaltung um **gleichrangige Verwertungsarten** handelt (BT-Drucks. 12/2443 S. 77 f. [100], i.E. mit auszugsweiser Wiedergabe des Begründungstextes Rdn. 25). Der Umfang der Befugnisse des eigenverwaltenden Schuldners ist allerdings nach Maßgabe der §§ 274 ff. InsO beschränkt (§ 270 Abs. 1 Satz 2 InsO i.V.m. § 80 Abs. 1 InsO). Im Umfang des dem **Schuldner** gewährten Verwaltungs- und Verfügungsrechtes wird er damit **Partei kraft Amtes** (für die Rechtsstellung des Konkursverwalters st. Rspr. seit RGZ 29, 29; zuletzt BGHZ 49, 16; *Uhlenbruck/Zipperer* InsO, § 270 Rn. 12; *Kübler/Prütting/Bork-Pape* InsO, § 270 Rn. 1; *Häsemeyer* InsR, Rn. 8.15; MüKo-InsO/*Tetzlaff* § 270 Rn. 141; *Hess/Weis* InsO § 270 Rn. 17; KS-InsO/*Pape* S. 895 ff. Rn. 40; *Nerlich/Römermann-Riggert* InsO, § 270 Rn. 6; *Uhlenbruck/Zipperer* InsO, § 270 Rn. 12; **a.A.** HK-InsO/*Landfermann* § 270 Rn. 30; *Graf-Schlicker* InsO, § 270a Rn. 13). Als solches Handlungssubjekt der Insolvenzmasse kann er als solches klagen und verklagt werden. Im Rechtsverkehr, insbesondere in Prozessen, tritt daher der Schuldner in seiner Eigenschaft als Eigenverwalter auf (HK-InsO/*Landfermann* § 270 Rn. 35; nach *Häsemeyer* InsR, Rn. 8.15 kann der Schuldner bei massebezogenen Prozessen nur als Prozessstandschafter auftreten), so dass die fehlerhafte Sachwalterbenennung im Rubrum durch Rubrumsberichtigung zu korrigieren ist (*BGH* Beschl. v. 07.12.2006 ZInsO 2007, 100), er entscheidet über die Aufnahme und Fortsetzung von Prozessen gem. §§ 85, 86 InsO (*Uhlenbruck/Zipperer* InsO, § 270 Rn 12).

Das *LAG Baden-Württemberg* hat dem eigenverwaltenden Schuldner durch Beschl. v. 03.07.2014 – 25 10 TaBV 3/14 (ZInsO 2014, 1719 = ZIP 2014, 1455) den Anspruch auf **Prozesskostenhilfe** versagt mit der Begründung, § 116 Satz 1 Nr. 1 ZPO finde bei der Eigenverwaltung weder unmittelbar noch entsprechend Anwendung. Die Entscheidung ist auf Ablehnung gestoßen (*Weber* ZInsO 2014, 2151; *Eckart* EWiR 2014, 571; HK-InsO/*Landfermann* § 270 Rn. 36). Sie widerspreche dem Ziel, die Insolvenzmasse im Interesse der Insolvenzgläubiger zu mehren; insoweit stehe der eigenverwaltende Schuldner einer Partei kraft Amtes gleich. Ihm gebühre sie ebenso wie einem Insolvenzverwalter an seiner Stelle. **Gegen die rigorose Haltung des LAG** spricht allerdings schon die Verweisung in Abs. 1 Satz 2 auf die Geltung der allgemeinen Vorschriften, soweit in den Eigenverwaltungsvorschriften nichts anderes bestimmt ist (s. Rdn. 35), was für die Frage der Prozesskostenhilfegewährung nicht der Fall ist. Also gehören die Prozesskostenhilferegelungen schon als Formalanweisung des Gesetzgebers zu den anzuwendenden allgemeinen Vorschriften über § 4 InsO, in deren Genuss auch der eigenverwaltende Schuldner kommen kann. Gleichwohl liegt in der Anwendbarkeitsvorgabe nicht eine einschränkungslose Bewilligungsvorgabe (ebenso wohl *Weber* ZInsO 2014, 2151; *Eckart* EWiR 2014, 571; HK-InsO/*Landfermann* § 270 Rn. 36, allerdings ohne der Einschränkungsfrage nachzugehen). Der materielle Grund für die Formalanweisung des Gesetzgebers und die Beantwortung der Einschränkungsfrage werden unter Heranziehung der **Zwecksetzung der Eigenverwaltung** gefunden bzw. **differenziert beantwortet** werden müssen.

Ausgangspunkt ist der Eigenverwaltungszweck als Teil des Insolvenzzweckes. »Ziel des Verfahrens 26 muss die bestmögliche Verwertung des Schuldnervermögens und die optimale Abwicklung oder Umgestaltung der Finanzstruktur des Schuldners im Interesse seiner Geldgeber sein. Die einzelwirtschaftliche Rentabilitätsrechnung der Beteiligten folgt im gerichtlichen Verfahren denselben Rationalitätsgesichtspunkten wie bei einer außergerichtlichen Investitions- oder Deinvestitionsentscheidung. Ein marktkonformes Verfahren ist deshalb an den Vermögensinteressen der Geldgeber des Schuldners auszurichten; es ist vermögens-, nicht organisationsorientiert. Die marktwirtschaftliche

§ 270 InsO Voraussetzungen

Aufgabe der gerichtlichen wie der außergerichtlichen Insolvenzabwicklung ist es, die in dem insolventen Unternehmen gebundenen Ressourcen der wirtschaftlich produktivsten Verwendung zuzuführen. Welche Verwertung des Schuldnervermögens am sinnvollsten ist, lässt sich nur im Einzelfall entscheiden. Es gibt wirtschaftspolitisch keine Gründe, die Sanierung des Schuldners generell vor der übertragenden Sanierung des Unternehmens zu bevorzugen oder auch nur irgendeine Art der Sanierung stets und überall der Zerschlagungsliquidation vorzuziehen. Die Struktur des Verfahrens muss demnach so angelegt sein, dass keines der möglichen Verfahrensziele vor dem anderen bevorzug wird. **Sämtliche Verwertungsarten sind den Beteiligten gleichrangig anzubieten.** Das Verfahren soll ein neutraler Rechtsrahmen sein, in dem die Beteiligten die für sie vorteilhafteste Lösung entdecken und durchsetzen können. Jede von den Beteiligten angestrebte und legitimierte Art der Masseverwertung ist zuzulassen. Es besteht auch kein Bedürfnis, die Zulässigkeit einer Sanierung von der subjektiven Würdigkeit des Schuldners oder von einer bestimmten Vermögenslage abhängig zu machen. Sogar im Falle der Massenunzulänglichkeit kann die Sanierung wirtschaftlicher sein als eine Liquidation. Die Gläubigerversammlung soll nicht nur befähigt werden, den vom Gericht ernannten Insolvenzverwalter abzuwählen und die Ernennung eines neuen Insolvenzverwalters zu erreichen. Die Gläubiger sollen dem Schuldner auch die Eigenverwaltung überlassen können. Es ist allein Sache der Gläubiger zu beurteilen, ob dem Schuldner die Fortführung oder die Abwicklung seines Betriebs und ggf. eine Sanierung überlassen bleiben können. Die Eigenverwaltung soll deshalb allein vom Gläubigerwillen, nicht aber von dem angestrebten Verfahrensergebnis, von der beabsichtigten Form der Masseverwertung (Zwangsverwertung oder Plan) oder von der subjektiven Würdigkeit des Schuldners abhängig gemacht werden« (BT-Drucks. 12/2443 S. 77 f., 100). Das vom Gesetzgeber vorgegebene **Gleichranggebot aller Verwertungsarten** gibt die **materielle Gleichstellung** des eigenverwaltenden Schuldners (zur Sanierung oder zur übertragenden Sanierung oder zur Zerschlagungsliquidation, s. i.E. vor §§ 270 ff. Rdn. 4) mit dem Insolvenzverwalter nicht nur für seine Prozesskostenhilfeantragsberechtigung vor, sondern zugleich auch die Organstellung für die Gläubigergemeinschaft als Partei kraft Amtes, § 116 Satz 1 Nr. 1 ZPO (s. i.E. Rdn. 35), deren direkte Anwendung der Gesetzgeber damit auf den eigenverwaltenden Schuldner verfügt hat. Die Prozesskostenhilfegewährung im Einzelfall hängt deswegen wirtschaftlich davon ab, ob dem eigenverwaltenden Schuldner die Aufbringung der Kosten des Rechtsstreits aus der von ihm selbstverwalteten Vermögensmasse nicht möglich und den wirtschaftlich Beteiligten nicht zumutbar ist, § 116 Satz 1 Nr. 1 ZPO. Die Frage der Selbstaufbringungsmöglichkeit beantwortet sich aus den allgemeinen Bewilligungsgrundsätzen (i.E. *Zöller/Geimer* ZPO, § 116 Rn. 6). Am Gegenstand des Rechtsstreits im eröffneten Insolvenzverfahren sind nur diejenigen Insolvenzgläubiger wirtschaftlich Beteiligte, deren Befriedigungsaussichten sich deutlich verbessern, wenn der Insolvenzverwalter obsiegt (*BGH* MDR 1998, 737 = NJW 1998, 1868; *OLG Celle* NJW-RR 2000, 728), also der eigenverwaltende Schuldner obsiegt. Für die Frage der **Kostenaufbringung durch Insolvenzgläubiger im konkreten Fall** wird nach dem Eigenverwaltungszweck der Eigenverwaltungsanordnung im konkreten Fall zu unterscheiden sein (ähnlich zur Zweckbegrenzung bei der Ermächtigung zur Masseverbindlichkeitenbegründung im Schutzschirmverfahren nach § 270 Abs. 3 InsO s. *LG Hamburg* ZInsO 2016, 1108 [1110], allerdings ohne Begründung). Die Vorgabe dazu ergibt sich abermals aus der Anordnungsvergabe des Gesetzgebers: »Mit § 270b InsO-E wird dem Schuldner im Zeitraum zwischen Eröffnungsantrag und Verfahrenseröffnung ein eigenständiges Sanierungsverfahren zur Verfügung gestellt. ... Der Antrag ... wird häufig zunächst zusätzlichen Liquidationsbedarf erzeugen, da die Gläubiger Kenntnis von der drohenden Zahlungsunfähigkeit erhalten und manche versuchen werden, ihre Forderungen fällig zu stellen oder Verträge zu kündigen. Das Verfahren bietet keinen Schutz hiervor durch ein Moratorium oder Ähnliches, denn es ist vor allem für solche Schuldner gedacht, die sich in Abstimmung und mit Unterstützung ihrer zentralen Gläubiger in einem Insolvenzverfahren sanieren wollen. Hierzu ist es erforderlich, im Vorfeld mit den maßgeblichen Gläubigern einen Konsens zu erzielen. Der Schuldner kann durch vorher getroffene Absprachen mit den Banken und seinen Hauptgläubigern vermeiden, dass mit der Antragstellung eine Zahlungsunfähigkeit eintritt, weil beispielsweise Kredite fällig gestellt werden. Kann ein solcher Konsens im Vorfeld der Antragstellung nicht gefunden werden, so ist das schuldnerische Unternehmen auch nicht für eine Sanierung im Verfahren nach § 270b InsO-E geeignet.« (BT-Drucks. 17/5712 S. 40). Der Gesetzgeber hat danach für die **Eigen-**

verwaltung mit Sanierungszweck – im Gegensatz zum zulässigen Zweck auch der Zerschlagungsliquidation durch den eigenverwaltenden Schuldner – dem eigenverwaltenden Schuldner zusammen mit seinen Banken und seinen Hauptgläubigern die **Liquidationssicherung** auferlegt, anderenfalls keine Sanierungseignung besteht oder – zu ergänzen – entfällt. Damit hat der Gesetzgeber diese Insolvenzgläubiger aus der Insolvenzgläubigergemeinschaft herausgehoben und ihnen eine Verantwortung für die Liquiditätssicherung zuerkannt (vgl. zur Aufhebung der Eigenverwaltung bei fehlender Liquiditätssicherung *AG Köln* ZInsO 2015, 518 [520 f.]). Damit sind sie grds. wirtschaftlich beteiligte Insolvenzgläubiger i.S.d. angeführten Rechtsprechung, deren Befriedigungsaussichten sich verbessern, wenn der eigenverwaltende Schuldner obsiegt, und damit kostenvorschusspflichtige Beteiligte i.S.d. § 116 Satz 1 Nr. 1 InsO. Für den Fall der **Zerschlagungsliquidation** durch den eigenverwaltenden Schuldner dagegen fehlt es grds. an dieser Beteiligtenstellung. Im Fall des LAG Baden-Württemberg wäre deswegen die Versagung der Prozesskostenhilfebewilligung davon abhängig gewesen, ob jedenfalls eine Eigenverwaltung mit Sanierungszweck vorlag und ob die Banken und die den Sanierungszweck tragenden Hautgläubiger kostenvorschussbereit waren. Dazu bietet der Urteilssachverhalt keine Hinweise.

Dieselben Grundsätze gelten im **Eigenverwaltungsvorverfahren** gem. §§ 270a ff., weil es ebenfalls der Verweisungsanordnung nach Abs. 1 Satz 2 unterliegt (Rdn. 3; *Uhlenbruck/Zipperer* InsO, § 270 Rn. 33), wegen der regelmäßigen Kürze des Eigenverwaltungsvorverfahrens ein eher seltener Fall. 27

Ebenfalls differenziert anzuwenden sind sie für die **Sachwalteranfechtung nach § 280 InsO**. Die Kostenvorschusspflichtigkeit der Banken und der den Sanierungszweck tragenden Hauptgläubiger entfällt, soweit sie Gegner des Anfechtungsrechtsstreits sind, weil eine **Selbstbetroffenheit** vorliegt. Sonst könnten sie durch eine Kostenvorschussverweigerung eine Anfechtungsgegnerschaft verhindern und sich in Widerspruch mit ihrer eingegangenen Liquiditätssicherungsverpflichtung setzen. 28

Dasselbe wird für die **Anfechtung von Beraterhonoraren** (zu Anfechtungsfragen *Buchalik/Hieber* ZInsO 2014, 1423 ff.) zu gelten haben, weil die vom eigenverwaltenden Schuldner eingesetzten und regelmäßig auch bezahlten Berater und Geschäftsführer grds. Teil des Sanierungskonzeptes sind und damit auch der notwendigen Finanzierungssicherungsabsprache mit den Banken und den den Sanierungszweck tragenden Hauptgläubigern. 29

Für das **Rechtsbehelfsverfahren** gegen die Beendigung der vorläufigen Eigenverwaltung und die Anordnung der vorläufigen Insolvenzverwaltung (im Fall »Mifa«) hat der *BGH* mit Beschl. v. 05.03.2015 – IX ZB 77/14 (ZIP 2015, 648; dazu Anm. *Madaus* NZI 2015, 414) die PKH verweigert, weil die Unterlassung der Rechtsverfolgung durch die Schuldnerin keinen allgemeinen Interessen zuwider laufe. Eine andere Begründung (HK-InsO/*Landfermann* § 270 Rn. 36 in Fn. 99) geht dahin, dass der Schuldner mit dem Rechtsbehelf nicht die Massemehrung bezwecke, sondern nur seinen Verfahrensstatus erhalten wolle. Diese Begründung wird nicht halten können, weil die Massemehrung auch für den eigenverwaltenden Schuldner Pflicht ist (§ 1 Abs. 1 InsO). Zuzustimmen ist der Entscheidung dagegen aus der Verweisung des Gesetzgebers in Abs. 1 Satz 2 und dem Verweisungszweck auf § 116 Abs. 1 Nr. 1 ZPO. Beschwert war der Schuldner nicht in seiner Rechtsstellung als Organ der Gläubigergemeinschaft, sondern als »privater« Schuldner, für den es am Verweisungsgrund fehlt, weil er nicht durch die Verweisung geschützt wird. 30

4. Anordnungsbeschluss

Das Verwaltungs- und Verfügungsrecht des Schuldners besteht nur, wenn das Insolvenzgericht in dem Beschluss über die Eröffnung des Insolvenzverfahrens die Eigenverwaltung anordnet. Der **Anordnungsbeschluss** ist Grundlage und Voraussetzung der Eigenverwaltung. Aufgrund der Verweisung auf die allgemeinen Vorschriften für das Verfahren (Abs. 1 Satz 2) entspricht er in Form und Wirksamkeit dem Eröffnungsbeschluss für das allgemeine Insolvenzverfahren nach § 27 InsO mit dem Inhalt der §§ 27 ff. InsO (Uhlenbruck/Zipperer § 270 Rn. 53; HK-InsO/*Landfermann* vor § 270 ff. Rn. 7), weswegen er zwar bei der Anordnung nicht begründet werden muss, 31 aber sollte, um Gläubigerentscheidungen nach §§ 271, 272 InsO zu ermöglichen (HK-InsO/*Landfermann* § 270 Rn. 24), im Fall der Ablehnung aber begründet werden muss (Abs. 4 Satz 1). Die Anordnungsbefugnisse des Gerichts im Interesse der Gläubigergemeinschaft zur »Gefahrenabwehr« sind umfassend (i.E. s. § 270c Rdn. 12 ff., 29) und schließen Eintragungen im Grundbuch und in Registern ein (i.E. s. § 270c Rdn. 38 ff.). Wirksamkeitsvoraussetzung ist ferner die gleichzeitige Anordnung der Eröffnung des Insolvenzverfahrens mit der Anordnung der Eigenverwaltung und der **Bestellung des Sachwalters** (s. Rdn. 5 und § 270c InsO). Der Beschluss unterliegt der **öffentlichen Bekanntmachung** (§ 30 InsO; *Uhlenbruck/Zipperer* § 270 Rn. 54). Für die Wirksamkeit der öffentlichen Bekanntmachung im **Internet** ist mit Rücksicht auf die notwendige Unterscheidungskraft auch die Angabe des Vornamens des Schuldners anzugeben, ansonsten die Adressaten, deretwegen die Bekanntmachung erfolgt, nicht in die Lage versetzt werden, ihre Rechte wahrzunehmen (*BGH* Beschl. v. 10.10.2013 – IX ZB 229/11, ZIP 2014, 86). Deswegen empfiehlt sich die genauestmögliche Schuldnerangabe, bei zeitnaher Firmenänderung vor dem Insolvenzantrag – häufiger Fall zur Verschleierung des Identitätshintergrundes – mit dem Zusatz der vorherigen Firma. Die allgemeine Vorschrift des § 27 Abs. 1 Satz 2 InsO trägt durch den ausdrücklichen Regelungsvorbehalt für § 270 InsO dieser Besonderheit der Eigenverwaltung Rechnung. Während der Anordnungsbeschluss nur zusammen mit dem Beschluss zur Eröffnung des Insolvenzverfahrens ergehen kann (so die ausdrückliche Gesetzesweisung in Abs. 1 Satz 1), kann die Zurückweisung des Antrages in einem gesonderten Beschluss erfolgen (*AG Darmstadt* ZIP 1999, 1494 [1495]; *Häsemeyer* InsR, Rn. 8.07). Der Gesetzeswortlaut verbietet diese Handhabung nicht, die gerade frühzeitig die notwendige Rechtssicherheit in das Antragsverfahren bringen kann und damit Sinn und Zweck der Eigenverwaltung entspricht. Dies kann sogar das gebotene Mittel sein, um dem Schuldner bei einem auf nur drohende Zahlungsunfähigkeit gestützten Insolvenzantrag die Möglichkeit zur Antragsrücknahme zu geben (*Schlegel* ZIP 1999, 954 [957]), jetzt Regelungsgegenstand in § 270a Abs. 2 InsO. Die Zurückweisungsentscheidung ist zu begründen (Abs. 4 1. HS).

32 Mit dem Eröffnungsbeschluss (§ 27 InsO) müssen die Gläubiger aufgefordert werden, ihre **Forderungen** innerhalb einer bestimmten Frist unter Beachtung des § 174 InsO **beim Sachwalter anzumelden** (§ 270c Satz 2 InsO). Der »offene Arrest« gem. § 28 Abs. 3 InsO entfällt, weil der Schuldner für den Einzug der Außenstände berechtigt wird (*Kübler/Prütting/Bork-Pape* InsO, § 270 Rn. 139; MüKo-InsO/*Tetzlaff* § 270 Rn. 114; *Uhlenbruck/Zipperer* § 270 Rn. 54).

33 Mit dem Anordnungsbeschluss wird die Eigenverwaltung nur **vorläufig angeordnet. Die endgültige Entscheidung über die Beibehaltung** ist der ersten Gläubigerversammlung vorbehalten (vgl. die Regelungen der §§ 271, 272 Abs. 1 Nr. 1 InsO; BT-Drucks. 12/2443 zu § 331; MüKo-InsO/*Tetzlaff* § 270 Rn. 111; *Uhlenbruck/Zipperer* § 270 Rn. 54).

34 Der Anordnungsbeschluss ist ebenso wenig **beschwerdefähig** wie die Ablehnung der Anordnung und auch nicht im Wege der sofortigen Beschwerde gegen den Eröffnungsbeschluss (sog. Kombinationsbeschwerde) angreifbar (*BGH* Beschl. v. 11.01.2007 ZInsO 2007, 207 = ZIP 2007, 448; *AG Köln* Beschl. v. 22.08.2005 ZInsO 2005, 1006 = ZIP 2005, 1975 = ZVI 2005, 611 = NZI 2005, 633 für die Anordnung der Eigenverwaltung, m. Anm. *Bähr/Landry* EWiR § 270 InsO 1/06 S. 153). Die früher heftig diskutierte Streitfrage um die Beschwerdemöglichkeit des Schuldners ist damit geklärt. Zu dem Streit i.E. s. die 4. Aufl. § 270 Rn. 19). Mit dem **ESUG** wurde die Rechtsmittellosigkeit ausdrücklich bestätigt (BT-Drucks. 17/5712 S. 39 zu Nr. 42). Der *BGH* hat mit seinem Beschluss v. 07.02.2013 (ZIP 2013, 525 = ZInsO 2013, 460) zur Unanfechtbarkeit der Entscheidung des Insolvenzgerichts, den Schuldner im Eröffnungsverfahren nach Antrag auf Anordnung der Eigenverwaltung nicht zur Begründung von Masseverbindlichkeiten zu ermächtigen, das gesamte Eigenverwaltungsvorverfahren einschließlich der Abschlussentscheidung des Insolvenzgerichts grds. (i.E. *Schmerbach* § 6 Rdn. 25) unanfechtbar gestellt. So jetzt auch für die Ablehnung des Antrages auf Anordnung der Eigenverwaltung *LG Frankfurt/M.* Beschl. v. 13.01.2014 (ZIP 2014, 742). Damit ist auch die Gehörsrüge nach § 321a ZPO unzulässig (**a.A.** *Nerlich/Römermann-Riggert* InsO, § 270 Rn. 25; MüKo-InsO/*Tetzlaff* § 270 Rn. 128). Das *AG Freiburg* hat im Beschl. v. 11.05.2015 dagegen eine Abhilfeberechtigung auf die sofortige Beschwerde der Schuldnerin nach der Ablehnung

der Eigenverwaltungsanordnung angenommen, nachdem nach gerichtlich gesetzter Anhörungsfrist und vor dem Ablehnungsbeschluss keine hinreichende Erklärung des vorläufigen Gläubigerausschusses eingegangen war (NZI 2015, 605 m. Anm. *Madaus* NZI 2015, 606). Die Abhilfeberechtigung bestand jedoch nicht, weil die sofortige Beschwerde unzulässig war. Das Versäumnis des vorläufigen Gläubigerausschusses hätte nur über einen sehr kurzfristig angesetzten Berichtstermin und eine Beschlussfassung der Gläubigerversammlung korrigiert werden können (§ 271 InsO). Zu den materiellen Auswirkungen der grundsätzlichen Unanfechtbarkeitsstellung s. Rdn. 94.

III. Anwendbarkeit der allgemeinen Vorschriften (Satz 2)
1. Verwaltungs- und Verfügungsmacht; Einschränkungen, Insolvenzzweckbindung

Satz 2 verweist für das Verfahren auf die allgemeinen Vorschriften, soweit in den Eigenverwaltungsregeln nichts anderes bestimmt ist. Damit soll angeordnet werden, dass für den Bereich außerhalb der Verwaltungs- und Verfügungsbefugnis des Schuldners in der Eigenverwaltung die gleichen Bestimmungen gelten, wie für ein Insolvenzverfahren mit Insolvenzverwalter (BT-Drucks. 12/2443 zu § 331; HK-InsO/*Landfermann* vor §§ 270 Rn. 7; *Uhlenbruck/Zipperer* InsO, § 270 Rn. 33). Dieser Hinweis erweist einen Begründungsbruch, der aus einer dogmatisch undurchdachten Übernahme von Strukturelementen aus der VerglO entstand (s.a. § 270c Rn. 9 ff. zu den zweckwidrigen Antrags-, Eingriffs- und Anordnungsbeschränkungen). Der Hinweis deutet auf eine insolvenzrechtsfreie Stellung des eigenverwaltenden Schuldners hin, während nur der Sachwalter insolvenzrechtsgebunden sein soll. In dieser Weise wird die Stellung des Schuldners zu recht nicht gesehen (z.B. *Häsemeyer* InsR, Rn. 8, 13 ff. »Amtswalterstellung des Schuldners«; MüKo-InsO/*Tetzlaff* § 270 Rn. 129; so wohl auch KS-InsO/*Pape* Rn. 38 f. und jetzt *Kübler/Prütting/Bork-Pape* InsO, § 270 Rn. 1 f.; *Vallender* MDR 1998, 2129 [2135]). Denn dieser Sichtweise steht der Gesetzeswortlaut in Abs. 1 Satz 1 entgegen, nach dem der **Schuldner berechtigt wird, die Insolvenzmasse zu verwalten und über sie zu verfügen.** Der Schuldner wird zum eigenverwaltenden Schuldner durch einen Insolvenzeröffnungsbeschluss (mit Eigenverwaltungsanordnung), Abs. 1 Satz 1. Das Insolvenzverfahren dient mit der Eigenverwaltung nicht den Interessen des Schuldners, sondern der gemeinschaftlichen Befriedigung der Gläubiger durch die Verwertung des Vermögens gem. § 1 InsO, wie der *BGH* im Beschl. v. 11.01.2007 (z.B. ZInsO 2007, 207, 208, zuvor Rdn. 24; so auch schon der 5. Senat im Beschl. v. 07.12.2006 ZInsO 2007, 100 = ZIP 2007, 249 = NZI 2007, 188) klargestellt hat. Deswegen kann der eigenverwaltende Schuldner im Umfang seiner Befugnisse nur eine amtliche Stellung wie ein Insolvenzverwalter inne haben mit der Folge, dass die **Insolvenzrechtsbestimmungen auch für den Bereich der Verwaltungs- und Verfügungsbefugnis des Schuldners** gelten (in diesem Sinn: *Noack* ZIP 2002, 1873; KS-InsO/*Pape* S. 895 Rn. 39 ff. und *Kübler/Prütting/Bork-Pape* InsO, § 270 Rn. 1; MüKo-InsO/*Tetzlaff* § 270 Rn. 12; *Nerlich/Römermann-Riggert* InsO, § 270 Rn. 3; **a.A.** *Bork* Rn. 405). Die Amtliche Begründung dürfte insoweit ein Redaktionsversehen sein und auf der für die Insolvenzanordnung gerade nicht übernommenen Struktur der VerglO beruhen, dem Schuldner die Verwaltungs- und Verfügungsbefugnis zu belassen, weil das Konkursverfahren mit seiner Beschlagnahmewirkung nicht eröffnet wurde und deswegen auch nicht entgegenstand. Dies ist bei der Eigenverwaltung durch die zwingend notwendige Eröffnung des Insolvenzverfahrens grundlegend anders. Der Schuldner behält also seine Verwaltungs- und Verfügungsbefugnis durch die Eigenverwaltungsanordnung nicht, sie wird ihm vielmehr durch die Insolvenzeröffnung als Folge des Insolvenzeröffnungsbeschlusses und als Teil des Gesamtbeschlusses nach § 270 Abs. 1 Satz 1 InsO zunächst entzogen und im Umfang seiner Eigenverwaltungsbefugnis in einer »logischen Sekunde« als Folge des Anordnungsbeschlusses zur Eigenverwaltung als Teil des Gesamtbeschlusses nach § 270 Abs. 1 Satz 1 InsO erneut verliehen (»Doppelbeschluss«), allerdings mit einem **eingeschränkten Wirkungskreis** (zust. wohl HK-InsO/*Landfermann* § 270 Rdn. 34; unklar jetzt HK-InsO/*Landfermann* § 270 Rn. 30; *Uhlenbruck/Zipperer* InsO, § 270 Rn. 12; ebenso jetzt *Kübler/Prütting/Bork-Pape* InsO, § 270 Rn. 1; i.E. s.a. Rdn. 18, 20, 24). Nur so lässt sich auch im Falle der im Insolvenzantragsverfahren zunächst durch Beschluss nach § 21 Abs. 2 Nr. 1, Nr. 2 InsO angeordneten »starken vorläufigen Insolvenzverwaltung« erklären, wie der Schuldner die entzogene Verwaltungs- und Verfügungsmacht durch einen späteren Beschluss nach § 270a InsO

35

oder § 270b InsO wieder erhält. Deswegen hat der eigenverwaltende Schuldner grds. den Anspruch auf Bewilligung der Prozesskostenhilfe, er ist dem Insolvenzverwalter insoweit rechtsstellungsgleich (i.E. Rdn. 25 ff.). Die Finanzgerichtsrechtsprechung hat sich der hier vertretenen Auffassung angeschlossen (i.E. Rdn. 11 ff.). Der Gesetzgeber hat sie jetzt im Gesetz zur Erleichterung der Bewältigung von Konzerninsolvenzen v. 13.04.2017 (BGBl. I Nr. 22) in der Begründung zu § 270d InsO bestätigt (i.E. Rdn. 115 f.). Der 5. Senat des *BGH* hat die Rechtsstellung in seinem Beschluss v. 07.12.2006 (ZInsO 2007, 100 = ZIP 2007, 249 = NZI 2007, 188) allerdings ohne Begründung zur Frage der Verfahrensunterbrechung nach § 240 Satz 1 ZPO bei Anordnung der Eigenverwaltung anders gesehen und darauf Unverständnis und Kritik erfahren (*Bähr/Landry* EWiR § 270 InsO 1/07 S. 249; *Meyer* ZInsO 2007, 807). Für das zustimmungswürdige Ergebnis (Verfahrensunterbrechung auch bei der Anordnung der Eigenverwaltung) musste er deswegen umständlich auf den Sinn und Zweck des § 240 Satz 1 ZPO (notwendige Überlegungsfrist auch für den eigenverwaltenden Schuldner) und der Eigenverwaltung (Gläubigerverwertungsinteresse) zurückgreifen. Weil es sich um eine aus der Eröffnungsentscheidung des Gerichts abgeleitete Rechtsmacht handelt, können die Verwaltungs- und Verwertungshandlungen des Schuldners als Eigenverwalter wegen Insolvenzzweckwidrigkeit nichtig sein (vgl. *BGH* ZIP 2009, 428 Rn. 14; ZIP 2008, 884 Rn. 4 ff.; *Kübler/Prütting/Bork-Pape* InsO, § 270 Rn. 2; jew. m.w.N.). Der für das Insolvenzrecht zuständige 9. Senat des BGH hat die Frage noch nicht entschieden.

2. Anwendungsreichweite, Analogien

36 Die allgemeinen Vorschriften der Insolvenzordnung, also alle Bestimmungen für das Insolvenzverfahren mit Insolvenzverwalter, gelten damit für das Insolvenzverfahren mit Eigenverwaltung, soweit die besonderen Regelungen der Eigenverwaltung nicht entgegenstehen. Bei der Anwendung der einzelnen Vorschriften der Eigenverwaltung ist in Zweifelsfällen zu prüfen, ob und inwieweit den Regelungen der §§ 270 ff. InsO nach dem Willen des Gesetzgebers gegenüber den Vorschriften des Insolvenzregelverfahrens eine abschließende Bedeutung zukommt. Nur insoweit ist der Rückgriff auf entsprechende Regelungen des Insolvenzregelverfahrens ausgeschlossen. Die **Reichweite einzelner Regelungen** in der Eigenverwaltung **ist ggf. durch Auslegung zu ermitteln** (ebenso *Uhlenbruck/Zipperer* InsO, § 270 Rn. 33). Sinn und Zweck der Eigenverwaltung (s. vor §§ 270 ff. Rdn. 2–8) kommen dabei besondere Bedeutung zu.

37 Dieses Verständnis der Verweisungsvorschrift des Abs. 1 Satz 2 hat zur Folge, dass das Antragsrecht des Sachwalters und das Eingriffs- und Anordnungsrecht des Insolvenzgerichtes nach der hier vertretenen Auffassung weiter gehen als die Regelungen des § 277 InsO auf den ersten Blick vermuten lassen. Sinn und Zweck der Eigenverwaltung gebieten, die Funktionsfähigkeit der Eigenverwaltung durch die grundsätzliche **Anwendbarkeit der Regelungen des Eröffnungsverfahrens** zu gewährleisten, **insbesondere des § 21 Abs. 1 InsO**, indem das Insolvenzgericht auf Antrag des Sachwalters, der Gläubigerversammlung oder eines absonderungsberechtigten Gläubigers oder eines Insolvenzgläubigers (§ 277 InsO) Maßnahmen anordnet, um eine nachteilige Veränderung in der Vermögenslage des Gemeinschuldners zu verhüten. Die Rspr. hat danach mehrfach verfahren, wegen der Einzelheiten s. § 270c Rdn. 21 ff. In der Regel wird es sich dabei um Verfügungsbeschränkungen handeln, etwa um die im Gläubigerinteresse liegende Verwertungsfähigkeit des Gemeinschuldnervermögens zu erhalten oder zu verbessern. Der Fall des AG Duisburg betr. die Babcock Borsig AG hat die Erforderlichkeit und die Wirkungsweise veranschaulicht; eingehend vor §§ 270 ff. Rdn. 2–8), um Maßnahmen von Insolvenzstörern (Verwertungstörern) zu begegnen oder die Vermögensmasse für den Fall der voraussichtlichen Aufhebung der Eigenverwaltung gem. § 272 InsO bis zum Übergang auf den Insolvenzverwalter zu sichern (vgl. *Berges* KTS 1955, 4 ff.; *Bley/Mohrbutter* VerglO, § 58 Rn. 2; *Böhle-Stamschräder/Kilger* KO, Anm. 2; zust. *Uhlenbruck/Zipperer* InsO, § 270 Rn. 33 f.). Gerade im letztgenannten Fall werden sichernde Anordnungen des Insolvenzgerichtes jedenfalls auf Antrag des Sachwalters die Regel sein, um masseverkürzenden Handlungen des Schuldners in Ansehung des für ihn absehbaren Verlustes seiner Verwaltungs- und Verfügungsbefugnis »in letzter Minute« zu verhindern. Die Interessenlage der Insolvenz- und Massegläubiger entspricht hier derjenigen der Gläubiger im Eröffnungsverfahren nach § 21 InsO. Hier wie dort geht es um die Be-

standssicherung, ggf. bis zur Entscheidung über den (neuerlichen) Verlust der Verwaltungs- und Verfügungsmacht des Schuldners durch den Übergang in das Regelinsolvenzverfahren.

Das **ESUG** stützt die hier vertretene Auffassung. Mit der Reform wurde das allgemeine Insolvenzantragsverfahren (§§ 11 ff. InsO) mit dem Zweck einer Vereinfachung des Zuganges zur Eigenverwaltung insbesondere zur Verbesserung von Sanierungschancen (BT-Drucks. 17/5712 S. 1 f. zu Problem, Ziel und Lösung) ebenso spezialisiert (§§ 270a, 270b InsO), wie das Insolvenzregelverfahren durch die Einrichtung der Eigenverwaltung (§§ 270, 270c ff. InsO). Die Reform stellt darauf ab, Gläubigern und Schuldnern dazu mit der Erweiterung des bisherigen Insolvenzregelbereiches um das besondere Regelwerk des Eigenverwaltungsvorverfahrens zur gemeinschaftlichen Nutzung ein Gesamtregelwerk zur Verfügung zu stellen, das mit der Kombination aus Insolvenzeigenantrag und Eigenverwaltungsantrag des Schuldners beginnt (§§ 270a Abs. 1 Satz 1, 270b Abs. 1 Satz 1) und über das Eröffnungsverfahren als Eigenverwaltungsvorverfahren (s. § 270a Rdn. 3) und das Eigenverwaltungsverfahren im eröffneten Verfahren gleichsam in einer Linie in einem geschlossenen System in der Verteilung (§ 283 InsO) bzw. dem Insolvenzplan (§ 284 InsO) endet (BT-Drucks. 17/5712 S. 1 f.). Die Insolvenzeröffnung stellt darin nur noch eine systemnotwendige Zäsur zur hoheitlichen Übertragung der Verwaltungs- und Verfügungsmacht auf den Schuldner dar, wie die Geltungsanordnungen für das Rechtsverhältnis des eigenverwaltenden Schuldners zum Sachwalter im eröffneten Verfahren in das Eröffnungsverfahren (§§ 274, 275 InsO über § 270a Abs. 1 Satz 2 InsO) zeigen. Das durch die Reform geschaffene geschlossene System »in einer Linie« fordert zu seiner vollen Funktionsfähigkeit die eigenverwaltungszweckbestimmte lückenfüllende entsprechende Anwendung aller Vorschriften des Eröffnungsverfahrens (i.E. zu § 270a Abs. 1) und damit auch der §§ 21, 22 InsO nach Verfahrenseröffnung. 38

Die **Anwendungsfähigkeit** besteht in der Folge bereits **mit dem Anordnungsbeschluss**, so dass die allgemeinen Vorschriften zum Bestandteil der Eigenverwaltungsanordnung gemacht werden können. Dies gilt nach der hier vertretenen Auffassung auch für die für die angeordnete Eigenverwaltung optional vorgesehenen Gläubigerschutzvorschriften, die als Ausdruck des Gläubigerwohls nach ihrem Sinn und Zweck erst recht allgemeine Vorschriften i.S.d. Satzes 2 sind (*AG Duisburg* ZInsO 2002, 1046 = ZIP 2002, 1636 = NZI 2002, 556; dazu eingehend § 270c Rdn. 9 ff., 39). Derartige Anordnungen sind als Teil des Eröffnungsbeschlusses **öffentlich bekanntzumachen** (§ 30 InsO). 39

Die anwendbaren Regelungsgruppen im Einzelnen: 40

a) Verfahren i.S.d. Vorschrift ist das durch Beschluss **eröffnete Insolvenzverfahren** mit angeordneter Eigenverwaltung nach Satz 1, wie Wortlaut und Stellung der Vorschrift zeigen. Deswegen sind die **§§ 11 bis 26a InsO** als Regelungsgruppe im eröffneten Verfahren unverändert nicht direkt anwendbar (unklar *Nerlich/Römermann-Riggert* InsO, § 270 Rn. 3 f.). Sie können nach Verfahrenseröffnung jedoch zur Lückenfüllung entsprechend angewandt werden, soweit Sinn und Zweck der Eigenverwaltungsregeln dies im Einzelfall gebieten. So etwa zur Eilanordnungskompetenz des Insolvenzgerichtes entsprechend § 21 Abs. 1 InsO (s. Rdn. 37–39). Anwendbar sind sie dagegen im neuen **Eigenverwaltungsvorverfahren**, also optionaler Bestandteil des Eröffnungsverfahrens (§§ 270a, 270b InsO), z.B. die allgemeinen Antragsregeln der §§ 13 ff. InsO (s. Rdn. 50; zust. *Uhlenbruck/Zipperer* InsO, § 270 Rn. 33). § 15 Abs. 1 InsO ist **unanwendbar**. Sämtliche vertretungsberechtigten Organe oder Gesellschafter müssen das Verwertungs- bzw. Sanierungskonzept mittragen, wenn die Eigenverwaltung Sinn machen soll, wobei alle organschaftlichen Vertreter bzw. der Schuldner aktiv mitarbeiten sollten. Deswegen muss der Eigenverwaltungsantrag von allen vertretungsberechtigten Organen bzw. persönlich haftenden Gesellschaftern gestellt werden (*Gottwald/Haas* HdbInsR, § 87 Rn. 9; vgl. auch *OLG Naumburg* ZInsO 2001, 810; MüKo-InsO/*Wittig/Tetzlaff* 2. Aufl., § 270 Rn. 14 f.; unklar MüKo-InsO/*Tetzlaff* 3. Aufl., § 270 Rn. 184; *Uhlenbruck* InsO,13. Aufl., § 270 Rn. 18; offener *Uhlenbruck/Zipperer* InsO, § 270 Rn. 34; **a.A.** *Koch* Eigenverwaltung, 5.77; *Nerlich/Römermann-Riggert* InsO, § 270 Rn. 20). Daran hat das **ESUG** nichts geändert, weil sich der Anwendungsbereich des neu geschaffenen § 276a InsO auf das bereits eröffnete Insolvenzverfahren beschränkt. 41

42 Im weiteren gelten im Besonderen: § 20 Satz 1 InsO, indem das Gericht vom Schuldner Ergänzungen seines im Übrigen zulässigen Antrages fordert, etwa Namen und Anschriften von Verfahrensbeteiligten mitzuteilen (*Uhlenbruck/Zipperer* InsO, § 270 Rn. 34). § 20 Satz 2 soll dagegen unanwendbar sein, weil Verstöße des Schuldners durch die Ablehnung/Aufhebung der Eigenverwaltung sanktioniert würden, § 274 Abs. 2 Satz 2 InsO (*Uhlenbruck/Zipperer* InsO, § 270 Rn. 34). Der Auffassung kann nicht gefolgt werden. Zwar ist § 274 InsO über § 270a Abs. 1 Satz 2 auch im Eigenverwaltungsvorverfahren unter Einschluss des Schutzschirmverfahrens anwendbar (i.E. s. § 270a Rdn. 9). Aber: § 274 InsO hat den Zweck, die Gläubigergemeinschaft vor der Anordnung (§ 270a Abs. 1 Satz 2 InsO) oder der Beibehaltung der Eigenverwaltung zu schützen und verpflichtet dazu den (vorläufigen) Sachwalter, auf die aussichtslose oder aussichtslos gewordene Eigenverwaltung hinzuweisen (i.E. § 274 Rdn. 3). Der Normadressat ist also der (vorläufige) Sachwalter, nicht der eigenverwaltende Schuldner. Dagegen ist der Normadressat des § 20 Satz 2 InsO der Schuldner als Gläubigergemeinschaftsorgan (zu seiner Rechtsstellung s. Rdn. 9, 20, 35), nach der hier vertretenen Auffassung auch bereits im Eröffnungsverfahren (i.E. § 270a Rdn. 24 f.). § 20 Satz 2 InsO ist also nicht durch § 270a Abs. 1 Satz 2 InsO i.V.m. § 274 aufgehoben, weil sich die Normzwecke nicht decken.

43 Die Vorschiften für die Haftung des Insolvenzverwalters gem. §§ 60, 61 InsO sollen nach einer verbreiteten Meinung nicht auf den eigenverwaltenden Schuldner anwendbar sein (*Siemon/Klein* ZInsO 2012, 2009 [2011]; *Schmidt/Poertzgen* NZI 2013, 369 [376]; *Bachmann* ZInsO 2015, 101 [102 ff.]; *Uhlenbruck/Zipperer* InsO, § 270 Rn. 35), weil § 60 InsO nicht eine Verfahrensvorschrift i.S.d. § 270 Abs. 1 Satz 2 InsO sei, sondern eine materielle Haftungsvorschrift; die Haftung des eigenverwaltenden Schuldners selbst sinnlos sei, weil sie keine kompensierende und auch keine präventive Wirkung entfalte (zusammenfassend *Bachmann* ZInsO 2015, 101 [103 f., 109]). Die Gegenauffassung (MüKo-InsO/*Tetzlaff* § 270 Rn. 179 ff.; *Gehrlein* ZInsO 2017, 849; *Thiele* ZInsO 2017, 877) unterstellt dagegen den eigenverwaltenden Schuldner der Haftung der §§ 60, 61 InsO. Ihr ist zu folgen. Der eigenverwaltende Schuldner erhält durch die Eigenverwaltungsanordnung die grundsätzliche Verwaltungs- und Verfügungsmacht über seine Vermögensgegenstände durch die im Insolvenzeröffnungsbeschluss liegende Beschlagnahme als Organ der Gläubigergemeinschaft und steht nach dem Willen des Gesetzgebers in diesem Umfang einem Insolvenzverwalter gleich (s. Rdn. 9, 20, 35). Die **Gleichstellungsanordnung des Gesetzgebers** führt unmittelbar zur gleichen Haftungsanordnung, weswegen die Verweisung in Abs. 1 Satz 2 nicht lediglich eine Verfahrensverweisungsvorschrift ist. Materiell haftet die Insolvenzmasse in analoger Anwendung des § 31 BGB gem. § 55 Abs. 1 Nr. 1 InsO jedem Beteiligten für pflichtwidrige Handlungen, wenn zwischen den Aufgaben des Verwalters und der schädigenden Handlung ein sachlicher, nicht bloß zufälliger zeitlicher und örtlicher Zusammenhang besteht; der Verwalter darf sich nicht so weit von seinen Aufgaben entfernt haben, dass er für Außenstehende erkennbar außerhalb des allgemeinen Rahmens der ihm übertragenen Aufgaben gehandelt hat. Die Zurechnungsnorm des § 31 BGB ermöglicht es, die Masse für die Verletzung vertraglicher oder deliktischer Pflichten für den Insolvenzverwalter haften zu lassen. Die Haftung aus § 61 InsO beruht darauf, dass der Primäranspruch aus der Masseverbindlichkeit nicht gegen den Schuldner durchgesetzt werden kann, es also zur Nichterfüllung einer Masseverbindlichkeit kommt (*BGH* NZI 2006, 592; ZInsO 2006, 100; *BAG* ZInsO 2007, 781), weswegen die eine Haftung nach §§ 60, 61 InsO auslösenden Pflichtverletzungen des Insolvenzverwalters regelmäßig gleichzeitig Ansprüche gegen die Masse begründen (Schmidt/Uhlenbruck-*Spliedt* Rn. 9.142; *Gehrlein* ZInsO 2017, 849 [856]). Die Gleichstellungsanordnung des Gesetzgebers unterstellt auch den eigenverwaltenden Schuldner diesen Haftungsgrundsätzen, weil durch nichts ersichtlich ist, dass der eigenverwaltende Schuldner mit seiner verwalteten Masse gegenüber dem Insolvenzverwalter mit dessen verwalteter Masse privilegiert werden sollte. Auch die »Sinnlosigkeitsannahme« wegen Zweckverfehlung (so aber andererseits MüKo-InsO/*Tetzlaff* § 270 Rn. 167 und *Gehrlein* ZInsO 2017, 856) greift nicht, weil der begründete Haftungsanspruch gegen den eigenverwaltenden Schuldner, etwa eine Gesellschaft, grds. zugleich den Innenhaftungsanspruch der Gesellschaft gegen ihren die Haftung begründenden Geschäftsführer auslöst, damit grds. zugleich seine gegenüber der Gesellschaft pflichtwidrige Geschäftsführungshandlung feststeht (z.B. nach § 43

Abs. 1 GmbHG) und dieser Anspruch vom geschädigten Beteiligten nach §§ 828 ff. ZPO gepfändet und überwiesen werden kann (vgl. *Stöber* Forderungspfändung, 15. Aufl., Rn. 12 f.). Deswegen besteht kein Bedürfnis, der unmittelbaren Gesellschaftshaftung nach §§ 60, 61 InsO als »Flankenschutz« entsprechend dem Modell der Regelverwaltung eine Eigenhaftung der Geschäftsleiter aus §§ 60, 61 InsO zur Seite zu stellen (so aber *AG Duisburg* ZIP 2005, 2335; MüKo-InsO/*Tetzlaff* § 270 Rn. 172–175; *Gehrlein* ZInsO 2017, 856; jeweils ohne Berücksichtigung der Pfändbarkeit). Hier wirkt die Gleichstellungsanerkennung des Gesetzgebers zu Lasten der Beteiligten; es ist kein sachgerechter Grund dafür ersichtlich, die Beteiligten in der Eigenverwaltung zu privilegieren. Eine unmittelbare Eigenhaftung der Geschäftsleiter aus §§ 60, 61 InsO ist deswegen de lege lata ausgeschlossen (so i.E. auch *Bachmann* ZIP 2015, 109). Dieselben Grundsätze gelten nach der hier vertretenen Auffassung über die Organschaftstellung des Schuldners auch schon im **Eröffnungsverfahren** (Eigenverwaltungsvorverfahren; i.E. § 270a Rdn. 22, 24 f.).

b) Anwendbar – und vom Gesetzgeber als Ausdruck der Sanierungsmöglichkeit gerade gewünscht – sind die **Vorschriften über das Insolvenzplanverfahren (§§ 217 ff. InsO)**, wie § 284 InsO herausstellt. Im Insolvenzplanverfahren erfolgt die Befriedigung der Gläubiger regelmäßig aus den Erträgen eines fortgeführten Unternehmens, weswegen der Verbleib des Verwaltungs- und Verfügungsrechtes beim Schuldner als besonders sinnvoll angesehen wird (*Koch* Eigenverwaltung, S. 93 ff.). Das **ESUG** hat diese Zweckbestimmung verstärkt (BT-Drucks. 17/5712 S. 1 f., 18). 44

c) § 312 Abs. 2 InsO a.F. schloss für das vereinfachte Insolvenzverfahren die Anwendung der Vorschriften über die Eigenverwaltung ausdrücklich aus (krit. hierzu *Uhlenbruck* FS Henkel, S. 878 ff.). Der Anwendungsausschluss wurde mit dem **Gesetz zur Verkürzung des Restschuldbefreiungsverfahrens und zur Stärkung der Gläubigerrechte vom 15.07.2013** für das Verbraucherinsolvenzverfahren (§§ 304 bis 314 InsO) nunmehr durch die neue Bestimmung in Abs. 1 Satz 3 angeordnet (Rdn. 4, 48). Bei **natürlichen Personen** ist deswegen die Eigenverwaltung auf solche Fälle beschränkt, die nicht nur eine geringfügige selbstständige wirtschaftliche Tätigkeit ausüben und die daher **nicht Verbraucher nach §§ 304 ff. InsO** sind. Nur insoweit ist auch ein Eigenverwaltungsverfahren mit anschließender Restschuldbefreiung (§§ 286 ff. InsO) denkbar. Insofern bietet sich die Eigenverwaltung vor allem an, wenn ein Insolvenzverwalter nicht die persönlichen Voraussetzungen mitbringt, um das Unternehmen des Schuldners fortzuführen, insbesondere für die Abwicklung bzw. Fortführung freiberuflicher Praxen, die mit der persönlichen Qualifikation des Inhabers eng verbunden sind, etwa bei einem Wirtschaftsprüfer, Steuerberater, vereidigten Buchprüfer, Rechtsanwalt, Arzt (*Uhlenbruck/Zipperer* InsO, § 270 Rn. 6; *Kübler/Prütting/Bork-Pape* InsO, § 270 Rn. 65; HambK-InsO/*Fiebig* § 270 Rn. 9). **Gewerberechtliche Fragen** bestimmen sich nicht nach den Regeln der InsO, sondern nach §§ 12, 35 GewO (*OVG Münster* ZInsO 2001, 478). 45

Im **Restschuldbefreiungsverfahren** selbst, insbesondere während der Wohlverhaltensperiode (§ 295 InsO), sind die Eigenverwaltungsregeln unanwendbar (*Nerlich/Römermann-Riggert* InsO, § 270 Rn. 13 f.), weil dieses Verfahren einmal die Aufhebung oder Einstellung des Insolvenzverfahrens voraussetzt, zum anderen der Schuldner verpflichtet ist, seine pfändbaren Forderungen auf Bezüge aus einem Dienstverhältnis oder an deren Stelle tretende laufende Bezüge für die Zeit von sechs Jahren nach der Eröffnung des Insolvenzverfahrens an einen vom Gericht zu bestimmenden Treuhänder abzutreten (§ 287 Abs. 2 Satz 1 InsO; *Uhlenbruck/Zipperer* InsO, § 270 Rn. 36). Allerdings kann die eigenverwaltende natürliche Person durchaus die Restschuldbefreiung nach den §§ 286–303 InsO erlangen, durch Eintritt in ein Restschuldbefreiungsverfahren nach Durchführung des Eigenverwaltungsverfahrens (vgl. *LG Cottbus* Beschl. v. 17.07.2001 ZIP 2001, 2188; *Uhlenbruck/Zipperer* InsO, § 270 Rn. 36). 46

d) Für die **besonderen Arten des Insolvenzverfahrens gem. §§ 315 ff. InsO** (Nachlassinsolvenzverfahren, Insolvenzverfahren über das Gesamtgut einer fortgesetzten Gütergemeinschaft sowie über das gemeinschaftlich verwertete Vermögen einer Gütergemeinschaft) sind die Eigenverwaltungsregeln grds. anwendbar (*Nerlich/Römermann-Riggert* InsO, § 270 Rn. 14; *Uhlenbruck/Zipperer* InsO, § 270 Rn. 37; **a.A.** für das Nachlassinsolvenzverfahren *AG Köln* ZInsO 1999, 601). 47

IV. Unanwendbarkeit auf Verbraucherinsolvenzverfahren (Satz 3)

48 Abs. 1 Satz 3 bestimmt die Unanwendbarkeit der Eigenverwaltungsvorschriften (§§ 270 bis 285) auf Verbraucherinsolvenzverfahren (§§ 304 bis 311). Satz 3 ist **bloße Folgeänderung** und beruht auf der Aufhebung des § 312 Abs. 2 unter Beibehaltung seines Regelungsinhalts insoweit. Verbraucher i.S.d. Insolvenzrechtes – vgl. die Definition in § 13 BGB – ist die natürliche Person, die keine selbstständige, wirtschaftliche Tätigkeit ausübt und ausgeübt hat oder nur eine geringfügige selbstständige Tätigkeit ausgeübt hat (§ 304 Abs. 1 InsO; *BGH* NJW 2006, 917; i.E. s. *Busch* § 304 Rdn. 6). Der Ausschluss der Eigenverwaltung auf Verbraucherinsolvenzverfahren beruht auf den unterschiedlichen Insolvenzzwecken und den unterschiedlichen Insolvenzorganen. Während die Eigenverwaltung in erster Linie dazu dient, einem unternehmerisch tätigen Schuldner die Fortführung seines Unternehmens im Insolvenzverfahren zu ermöglichen, bezweckt das Verbraucherinsolvenzverfahren die Schuldenbereinigung und nach deren Scheitern nur noch die baldige Verwertung des Schuldnervermögens. Die Streichung der §§ 312 bis 314 InsO mit dem **ESUG** sollte eine Verfahrensvereinfachung und Entlastung der Gerichte bewirken, von der Praxis mit guten Gründen angezweifelt (*Schmerbach* NZI 2013, 566 [568]; *Uhlenbruck/Zipperer* InsO, § 270 Rn. 38).

D. Anordnungsvoraussetzungen (Abs. 2)

I. Neuausrichtung durch das ESUG

49 Das **ESUG** hat im Bereich der Anordnungsvoraussetzungen gravierende Änderungen gebracht. Der Reformzweck besteht u.a. darin, die Sanierung von Unternehmen durch einen stärkeren Einfluss der Gläubiger auf die Auswahl des Insolvenzverwalters und durch die Vereinfachung des Zugangs zur Eigenverwaltung zu erleichtern (BT-Drucks. 17/5712 S. 17) und sie damit zugleich zu stärken, indem Hindernisse auf dem Weg zur Eigenverwaltung aus dem Weg geräumt werden (BT-Drucks. 17/5712 S. 19 zu Doppelbuchstabe bb im 1. Absatz). Zu dessen Umsetzung wurde die bisherige Nr. 2 des § 270 Abs. 2 InsO gestrichen und die bisherige Nr. 3 zur Nr. 2 umformuliert (BT-Drucks. 17/5712 S. 38 zu Nr. 42). Entgegen dem Begründungswortlaut handelt es sich allerdings bei letzterem nicht nur um eine bloße Umformulierung. Denn die Begründung stellt fest, in der neuen Nr. 2 würden die **materiellen Voraussetzungen für die Anordnung** der Eigenverwaltung mit einer Rückkehr zur Formulierung im RegE der Insolvenzordnung **neu geregelt** (BT-Drucks. 17/5712 S. 38 im 3. Absatz). Die mit der neuen Nr. 2 geschaffene Änderung der Anordnungsvoraussetzungen ist gravierend, weil sie für die Ablehnung des Antrags auf Anordnung der Eigenverwaltung eine Hürde aufbaut, die der Gesetzgeber aus einer ganzen Reihe von Fällen in der Praxis bewährter Eigenverwaltungsfälle ableitet und denen zufolge die schärferen Anforderungen des Altrechts etwas gelockert werden könnten: »Nunmehr kann der Antrag des Schuldners auf Eigenverwaltung nur dann abgelehnt werden, wenn tatsächlich konkrete Umstände bekannt sind, die erwarten lassen, dass die Anordnung zu Nachteilen für die Gläubiger führen wird. Unklarheiten über mögliche Nachteile für die Gläubiger gehen damit nicht mehr zu Lasten des Schuldners.« (BT-Drucks. 17/5712 S. 38 im 3. Absatz; krit. zu dieser Neuausrichtung *Bartels* KTS 2010, 267 f.).

II. Schuldnerantrag (Nr. 1)

50 Für das Antragserfordernis gelten die allgemeinen Antragsregeln der §§ 13 ff. InsO. Der Antrag ist **formelle Verfahrensvoraussetzung** (vgl. *Uhlenbruck/Delhaes* Rn. 104). Er muss im Zeitpunkt des Anordnungsbeschlusses vorliegen. Die Anordnung der Eigenverwaltung von Amts wegen ist ausgeschlossen (*Haarmeyer/Wutzke/Förster* Handbuch, Kap. 10 Rn. 5; *Nerlich/Römermann-Riggert* InsO, § 270 Rn. 18; MüKo-InsO/*Tetzlaff* § 270 Rn. 23; *Uhlenbruck/Zipperer* InsO, § 270 Rn. 41; vgl. *Kuhn/Uhlenbruck* KO, § 103 Rn. 1). Die Einhaltung einer vom Insolvenzgericht gesetzten **Nachbesserungsfrist** mit gerichtlichen Hinweisen ist Teil des Antragserfordernisses und damit Zulässigkeitsvoraussetzung. Deren Nichteinhaltung kann zur Antragsabweisung als unzulässig führen (*AG Hamburg* ZInsO 2012, 1482: Nichterfüllung bei zweimalig gewährter Nachbesserungsfrist nach Hinweis gem. § 20 Abs. 2; *AG Mönchengladbach* ZInsO 2012, 2299: Nichtvorlage eines Gläubiger- und Schuldnerverzeichnisses trotz gerichtlicher Aufforderung; vorsichtig zust. *Pape* ZInsO

2013, 2131; zur Heilung des Antragsmangels, aber »Gleichwohlindiz« *AG Hamburg* ZInsO 2014, 566; ähnlich *Haarmeyer* ZInsO 2013, 2347). Dieser Zulässigkeitsanforderung ist zu folgen. Nur der **vollständige Antrag** erfüllt die Verfahrensvoraussetzung. Im Regel-Ausnahme-Verhältnis der Insolvenzordnung ist die Eigenverwaltung mit der Zulassung der Selbstverwaltung des Schuldners die Ausnahme (Rdn. 5–7) und verlangt vom Schuldner im Eigen- und Gesamtgläubigerinteresse (Rdn. 20) besondere Sorgfalt. Es handelt sich um die in die Antragszulässigkeitsbeurteilung vorgezogene Versagungslage nach Abs. 2 Nr. 2 (s. Rdn. 77 erste Strichaufzählung). Ein einmaliger Hinweis mit Nachbesserungsgewährung (entspr. § 20 Abs. 2) ist zwar geboten, aber auch ausreichend. Im Fall des AG Hamburg hat der Schuldner eine nicht gebotene Fürsorgegroßzügigkeit nicht genutzt.

Die Anordnung der Eigenverwaltung setzt einen **doppelten Antrag** voraus (dementsprechend die Antragskorrespondenz zu der Gerichtsentscheidung nach Abs. 1 Satz 1 darauf als »Doppelbeschluss«, Rdn. 35). Neben dem Antrag auf Anordnung der Eigenverwaltung muss der Antrag auf Eröffnung des Insolvenzverfahrens vorliegen (Abs. 1 Satz 2 i.V.m. § 13 Abs. 1 InsO; wie hier *Frind* ZInsO 2011, 2260; MüKo-InsO/*Tetzlaff* § 270 Rn. 23; **a.A.** *Pape* ZInsO 2001, 2157; *Graf-Schlicker* InsO, § 270 Rn. 6; *Uhlenbruck/Zipperer* InsO, § 270 Rn. 41). Entgegen der Gegenauffassung enthält die Verweisung in Abs. 1 Satz 2 eine Aussage über die Antragspflicht, weil zu den verwiesenen »allgemeinen Vorschriften« auch § 13 Abs. 1 InsO gehört, der für die Eröffnung des Insolvenzverfahrens den schriftlichen Antrag fordert. Er ist überdies geboten, weil damit sichergestellt wird, dass die Insolvenzverfahrenseröffnung nicht von Amts wegen vorgenommen werden kann und auch nicht schon das Insolvenzeröffnungsverfahren (*Uhlenbruck/D. Wegener* InsO, § 13 Rn. 2). Allerdings wird im Antrag auf Anordnung der Eigenverwaltung im Wege der Auslegung i.d.R. zugleich der Antrag auf Eröffnung des Insolvenzverfahrens zu sehen sein. Denn die Eigenverwaltung soll dem Schuldner gerade den Anreiz bieten, rechtzeitig den Antrag auf Eröffnung des Insolvenzverfahrens zu stellen (BT-Drucks. 12/2442 vor § 331). Stellt er den Antrag, ist davon auszugehen, dass er hiervon Gebrauch machen will und auch den Willen zur Insolvenzverfahrenseröffnung im Allgemeinen hat. Es empfiehlt sich jedoch, eine klarstellende Erklärung des Antragstellers einzuholen. Umgekehrt lässt sich aus dem Antrag des Schuldners auf Eröffnung des Insolvenzverfahrens jedoch nicht auf die Mitbeantragung der Anordnung der Eigenverwaltung schließen. Sonst hätte es der gesetzlichen Formulierung der weiteren Antragsvoraussetzung in Nr. 1 nicht bedurft. Sie entspricht der Forderung nach einer klaren Rechtslage (BT-Drucks. 12/2443 zu § 331). Darin liegt kein Widerspruch (so aber *Uhlenbruck/Zipperer* InsO, § 270 Rn. 41), sondern der gebotene Gebrauch der Amtsermittlungspflicht gem. § 5 InsO. Auf **juristische Personen oder Gesellschaften** ist § 15 Abs. 1, 3 InsO nicht entsprechend anwendbar, so dass der Antrag von allen Organmitgliedern bzw. persönlich haftenden Gesellschaftern gestellt werden muss (*Gottwald/Haas* HdbInsR, § 87 Rn. 9; *Schlegel* Eigenverwaltung, S 68 f.; *Uhlenbruck* InsO, 13. Aufl., § 270 Rn. 18; *Kübler/Prütting/Bork-Pape* InsO, § 270 Rn. 80; so jetzt zu § 270a Abs. 2 *AG Mannheim* ZIP 2014, 484; **a.A.** *Koch* Eigenverwaltung, S. 77 ff.; MüKo-InsO/*Tetzlaff* § 270 Rn. 31; *Nerlich/Römermann-Riggert* InsO, § 270 Rn. 19; so jetzt auch MüKo-InsO/*Tetzlaff* § 270 Rn. 29–31; HK-InsO/*Landfermann* § 270 Rn. 11: nur de lege ferenda). Die Streitfrage wurde vom **ESUG** nicht geklärt. **Inhaltlich** muss der antragstellende Schuldner nicht schlüssig vortragen, dass die Anordnung der Eigenverwaltung weder zu einer Verzögerung des Verfahrens noch zu sonstigen Nachteilen für die Gläubiger führen wird (s. Rdn. 49 und Rdn. 66).

Der Eigenverwaltungsantrag wird vom Schuldner regelmäßig bereits mit seinem Eigenantrag auf Eröffnung des Insolvenzverfahrens gestellt werden (§ 13 Abs. 1 InsO). Denn Motiv für dieses neue Rechtsinstitut ist, dem Schuldner einen Anreiz für einen rechtzeitigen Antrag auf Eröffnung des Insolvenzverfahrens zu bieten. Er soll damit rechnen können, auch nach der Verfahrenseröffnung nicht völlig aus der Geschäftsführung verdrängt zu werden (BT-Drucks. 12/2443 vor § 331; näher vor §§ 270 Rdn. 2–8). Mit dem **ESUG** soll dieses Bereitstellungsangebot verstärkt werden (BT-Drucks. 17/5712 S. 1 f., 19). Der Eigenverwaltungsantrag ist **bedingungsfeindlich,** auch, wenn die Zustimmung mit der Anregung der Bestellung eines bestimmten Sachwalters oder von Anordnungen der Zustimmungsbedürftigkeit bestimmter Rechtsgeschäfte nach § 277 Abs. 2 InsO abhängig gemacht wird (*Kübler/Prütting/Bork-Pape* InsO, § 270 Rn. 76; *Uhlenbruck/Zipperer* InsO, § 270 Rn. 42; **a.A.** *Haarmeyer/Wutzke/Förster* Handbuch Kap. 10 Rn. 7). Der an die Anordnung

§ 270 InsO Voraussetzungen

der Eigenverwaltung gekoppelte Verfahrenskostenvorschuss ist eine echte Bedingung und wirkungslos, weil damit die Entscheidungsbefugnis des amtswegig entscheidenden Gerichts unzulässig gebunden werden soll (*AG Charlottenburg* DZWIR 2005, 168; *Kübler/Prütting/Bork-Pape* InsO, § 270 Rn. 82; *Uhlenbruck/Zipperer* InsO, § 270 Rn. 42). Dasselbe gilt für **personengebundene Massedarlehen** (*AG Stendal* ZIP 2012, 2031; *Ganter* ZIP 2013, 599 f.; *Uhlenbruck/Zipperer* InsO, § 270 Rn. 42; **a.A.** *Schmidt/Hölzle* ZIP 2012, 2242; *Seidl* ZInsO 2012, 2286; *Uhlenbruck/Zipperer* InsO, § 270 Rn. 42).

53 Der Eigenverwaltungsantrag kann auch **dem Insolvenzantrag nachfolgen**, weil Nr. 1 nur voraussetzt, dass überhaupt ein Eigenantrag des Schuldners vorliegt (ebenso MüKo-InsO/*Tetzlaff* § 270 Rn. 36). Erst mit ihm wird allerdings die Einrichtung des Eigenverwaltungsvorverfahrens mit der vorläufigen Verwaltungs- und Verfügungsmacht unter vorläufiger Sachwalterschaft im Eröffnungsverfahren möglich (§§ 270a Abs. 1, 270b Abs. 1, Abs. 2 Satz 1 InsO). Je später er gestellt wird, desto eher läuft der Schuldner Gefahr, dass der vorläufige Gläubigerausschuss nicht mehr vom Gericht angehört wird, auch nicht zur Person des vom Schuldner vorgeschlagenen Sachwalters (Abs. 3 Satz 1 2. HS, § 274 Abs. 1 InsO i.V.m. §§ 56, 56a InsO).

54 Das Gesetz verlangt als **Antragsinhalt** insoweit nur die **verbindliche Erklärung** des Schuldners, nach Eröffnung des Insolvenzverfahrens zur Fortsetzung der Verwaltungs- und Verfügungsbefugnis unter Aufsicht (Abs. 1 Satz 1) bereit zu sein (MüKo-InsO/*Tetzlaff*, § 270 Rn. 12; *Kübler/Prütting/Bork-Pape* InsO, § 270 Rn. 79). Die Antragsberechtigung im Eröffnungsverfahren **erlischt** erst mit dem Beschluss über die Eröffnung des Insolvenzverfahrens (§ 27 InsO) oder die Abweisung mangels Masse (§ 26 InsO), wie sich aus dem Anordnungswortlaut des Abs. 1 Satz 1 ergibt (so zutr. *Haarmeyer/Wutzke/Förster* Handbuch Kap. 10 Rn. 5; *Nerlich/Römermann-Riggert* InsO, § 270 Rn. 18; MüKo-InsO/*Tetzlaff*, § 270 Rn. 33; HK-InsO/*Landfermann* § 270 Rn. 9; *Uhlenbruck* InsO, 13. Aufl., § 270 Rn. 18).

55 **Nach der rechtskräftigen Entscheidung** des Gerichts über die Eröffnung des Insolvenzverfahrens ist ein wirksamer Eigenverwaltungsantrag nicht mehr möglich (*Gottwald/Haas* HdbInsR, § 87 Rn. 4; *Uhlenbruck/Zipperer* InsO, § 270 Rn. 41; HK-InsO/*Landfermann* § 270 Rn. 9). Im Beschwerdeverfahren gegen den Eröffnungsbeschluss kann der Schuldner keinen Antrag auf Eigenverwaltung nachschieben. Denn damit würde die Prüfungskompetenz des Insolvenzgerichts nach § 270 Abs. 2 Nr. 2 InsO übergangen (*Gottwald/Haas* HdbInsR, § 87 Rn. 4; *Haarmeyer/Wutzke/Förster* Handbuch 10/5; *Hintzen* ZInsO 1998. 15 f; *Gottwald/Haas* HdbInsR, § 87 Rn. 4; HK-InsO/*Landfermann* § 270 Rn. 9; **a.A.** *Graf-Schlicker* § 270 Rn. 7). Dafür besteht auch kein Bedürfnis, weil die Eigenverwaltung nach der Insolvenzeröffnung noch angeordnet werden kann (§ 271 InsO), der Gesetzgeber also ein nachträgliches Anordnungsinstrument vorgegeben hat (ebenso wohl MüKo-InsO/*Tetzlaff* § 270 Rn. 25).

56 Die Anordnung der Eigenverwaltung auf **Antrag eines Gläubigers** ist im Gesetz nicht vorgesehen und unzulässig. Soweit deswegen ein Gläubiger den Antrag stellt, ist er als bloße Anregung an den Schuldner zu sehen, seinerseits den Antrag zu stellen, was er kann (*Kübler/Prütting/Bork-Pape* InsO, § 270 Rdn. 88). Das Insolvenzgericht sollte Antragsteller und Schuldner hierüber aufklären. Eine Nachholung des Antrages nach der Verfahrenseröffnung ist auch in diesem Fall unzulässig (HK-InsO/*Landfermann* § 270 Rn. 9).

57 Der Antrag auf Anordnung der Eigenverwaltung ist **Prozesshandlung** und kann bis zur Rechtskraft des Beschlusses, mit dem die Eigenverwaltung angeordnet wird, zurückgenommen werden (*Vallender* WM 1998, 2131; *Uhlenbruck/Zipperer* InsO, § 270 Rn. 42; vgl. zur Rücknahme des Konkursantrages *OLG Köln* ZIP 1993, 936; *OLG Hamm* KTS 1976, 146; eingehend zur Frage auch schon *Kuhn/Uhlenbruck* KO, 11. Aufl., § 103 Rn. 3 ff.). Die **Rücknahme des Antrages** auf Anordnung der Eigenverwaltung durch den Schuldner beinhaltet grundsätzlich nicht zugleich die Rücknahme des Antrages auf Eröffnung des Insolvenzverfahrens. Denn mit Rücksicht auf Sinn und Zweck der Eigenverwaltung und der Anordnungsberechtigung des Insolvenzgerichtes gem. Abs. 1 Satz 1 kann zwar die Anordnung der Eigenverwaltung nur einheitlich mit der Anordnung der Eröffnung des Insolvenz-

Voraussetzungen § 270 InsO

verfahrens erfolgen, aber die Insolvenzverfahrenseröffnung auch ohne zeitgleiche Anordnung der Eigenverwaltung. Der Antragsteller kann sich in seinem Selbstverfügungsrecht wegen den damit zugleich verbundenen Verpflichtungen überfordert fühlen. Diese Folge entspricht auch der Anreizvorstellung des Gesetzgebers: Hat die Eigenverwaltung für ihn keinen Reiz, so hat sie nicht notwendig nicht auch die Verfahrenseröffnung, zu der sogar die Antragspflichtigkeit bestehen kann (§ 15a InsO). Die Eigenverwaltung in einem geschlossenen System bestehend aus Eröffnungsverfahren und eröffnetem Verfahren zur gemeinschaftlichen Ausübung durch Schuldner und Gläubiger ist ein Bereitstellungsangebot des Gesetzgebers, das nicht angenommen zu werden braucht und von dessen Gebrauch selbst nach einer Annahme wieder Abstand genommen werden kann (§ 272 Abs. 1 InsO). In dieser Zwecksetzung liegt, Gläubiger und Schuldner grundsätzlich jederzeit den Übergang in das allgemeine Eröffnungsverfahren bzw. Insolvenzregelverfahren zu ermöglichen. Deswegen liegt in der Erklärung des Schuldners auf Rücknahme des Eigenverwaltungsantrages nicht zugleich die Rücknahme des Insolvenzantrages. Im Regelfall wird deswegen davon auszugehen sein, dass der Schuldner mit dem Antrag auf Rücknahme der Anordnung der Eigenverwaltung nicht schlechthin von der Eröffnung des Insolvenzverfahrens Abstand nehmen will. Es empfiehlt sich, eine klarstellende Erklärung des Schuldners einzuholen (so in dem Fall *AG Mannheim* ZIP 2014, 484; ebenso *Uhlenbruck/Zipperer* InsO, § 270 Rn. 42).

Die Erklärung auf Rücknahme des Antrages auf Eröffnung des Insolvenzverfahrens enthält dagegen 58 die Rücknahmeerklärung zur Anordnung der Eigenverwaltung, weil eine Eigenverwaltung ohne Insolvenzantrag unzulässig ist, die wirksame Insolvenzantragsrücknahme mithin den Eigenverwaltungsantrag unzulässig macht.

Die Frage, welchen Erklärungsinhalt die Rücknahmeerklärung hat, kann für die **Kostenlast** erheblich 59 sein (s. Rdn. 63).

Soweit die **Antragsrücknahme auf die bloße Anordnung der Eigenverwaltung beschränkt** ist, liegt 60 in ihr die Erklärung, von dem Bereitstellungsangebot der InsO zur Durchführung eines Eigenverwaltungsvorverfahrens (§§ 270a, 270b) nicht oder nicht mehr Gebrauch machen zu wollen. Mit der Erklärung ist dem bereits angeordneten Eigenverwaltungsvorverfahren die Grundlage entzogen. Unter Übergang in das Regeleröffnungsverfahren müssen deswegen die Beschlüsse für das Eigenverwaltungsvorverfahren entsprechend § 272 Abs. 1 Nr. 3 InsO aufgehoben werden, also auch der vorläufige Sachwalter abberufen werden. Der Eröffnungsantrag ist im Weiteren nach den Regeln des Regeleröffnungsverfahrens zu behandeln. In dieser Folge liegt eine **Gefahr für Gläubiger**, die im Vertrauen auf die Eigenverwaltungsführung durch den Schuldner Vermögensdispositionen getroffen haben, insbesondere neue Kreditmittel bereitgestellt haben und sich plötzlich mit einer gerichtlich bestellten Verfügungsperson, z.B. einem vorläufigen Insolvenzverwalter, auseinandersetzen müssen, mit dem sie nicht gerechnet haben (für diese Gefahr aus einem unerwarteten Wechsel der Sachwalterperson der Fall *AG Stendal* ZIP 2012, 2030, i.E. s. § 270c Rdn. 4). Die Eigenverwaltungsunterstützung durch Gläubiger kann deswegen zu einer Abhängigkeit vom Schuldner führen, die in die Unterstützungsentscheidung einkalkuliert werden sollte (i.E. zu § 272 InsO). Nach Eingang der Antragsrücknahme kann deswegen kein wirksamer Eröffnungsbeschluss mit Anordnung der Eigenverwaltung mehr erfolgen, sondern nur noch auf Eröffnung des Regelinsolvenzverfahrens.

Wurde die Eigenverwaltung angeordnet, der Eröffnungsantrag aber mangels Masse abgewiesen, ist 61 die Anordnung der Eigenverwaltung unwirksam. Denn dem Beschluss wurde vor ihrem Erlass die Entscheidungsgrundlage entzogen. Die Unwirksamkeit ist vom Insolvenzgericht festzustellen, wenn der Antragsteller hieran ein schutzwürdiges Interesse hat (*LG München I* KTS 1973, 74 für den Konkurs). Es nicht erforderlich, die die Insolvenzverfahrenseröffnung ablehnende Entscheidung ausdrücklich aufzuheben (*OLG Hamm* KTS 1976, 146 für den Konkurs).

Die **Antragsrücknahme** ist **nur bis zur Rechtskraft des Anordnungsbeschlusses** zulässig, weil das Ge- 62 setz auch den Aufhebungsantrag des Schuldners gem. § 272 Abs. 1 Nr. 3 unbedingt respektieren und seiner Willenserklärung Geschäftsgrundlagewirkung beimisst (a.A. wohl *Kübler/Prütting/Bork-Pape* InsO, § 270 Rdn. 103: bis zur Entscheidung des Insolvenzgerichts). Geht die Antragsrücknahme nach Erlass des Eröffnungsbeschlusses mit Anordnung der Eigenverwaltung und vor seiner Rechtskraft ein, kann mit Rücksicht auf das Erfordernis einer klaren Rechtslage (BT-Drucks. 12/2443 zu § 331) und die Berührung der Belange Dritter nicht mehr zwischen der Rücknahme nur des Antrages auf Anordnung der Eigenverwaltung und des Antrages auf Anordnung der Eröffnung des Insolvenzverfahrens unterschieden werden. Die Ungewissheit, ob durch die bloße Rücknahme des Antrages auf Anordnung der Eigenverwaltung auch die Verfahrenseröffnung vermieden werden soll, ist mit der Struktur der Eigenverwaltung, der Verantwortungs- und Mitwirkungsverteilung auf Schuldner und Sachwalter, unvereinbar. Insbesondere der Sachwalter muss von Anbeginn an wissen, woran er ist. Der Eröffnungsbeschluss bestimmt den Sachwalter (Abs. 1 Satz 1) als solchen, also in seiner Rolle als verantwortliche Aufsichtsperson, nicht nur als »Hilfs-Insolvenzverwalter«. Im Risiko des Antragstellers liegt es dabei, dass er damit möglicherweise seiner Insolvenzantragspflicht nicht mehr genügt. Das formalisierte Antragsverfahren nimmt auf die Pflicht zur Antragstellung keine Rücksicht.

63 Das **ESUG** hat mit der Einführung des Eigenverwaltungsvorverfahrens im Eröffnungsverfahren (§§ 270a, 270b InsO) zugleich neue Kostentatbestände geschaffen, etwa den vorläufigen Gläubigerausschuss (§§ 270 Abs. 3, 21 Abs. 1 Nr. 1a InsO) und die vorläufige Sachwaltung (§ 270a Abs. 1 Satz 2 InsO). Deren Tätigkeiten lösen Gebühren, Auslagen und Umsatzsteuer aus (§ 17 Abs. 2 InsVV n.F.). Nicht mit dem ESUG geregelt wurde, wer diese Kosten des Eröffnungsverfahrens bei **Antragsrücknahmen** zu tragen hat. Dem allgemeinen Kostengrundsatz folgend, dass der Antragsteller, der den Antrag zurücknimmt, die Kosten des Verfahrens zu tragen hat (§ 4 InsO i.V.m. § 296 Abs. 3 ZPO, i.E. *Schmerbach* § 13 Rdn. 69–77), wird im Bereich der Eigenverwaltung die **Kostenlast** grds. den Schuldner treffen. § 269 Abs. 3 Satz 3 ZPO eröffnet die Möglichkeit, auch dem Schuldner die Kosten bei Rücknahme der Klage aufzuerlegen, weswegen dem Schuldner die Kosten nach billigem Ermessen unter Berücksichtigung des bisherigen Sach- und Streitstandes auferlegt werden können. Voraussetzung ist nur, dass der Anlass zur Einreichung des Antrags vor Rechtshängigkeit weggefallen ist und der Antrag daraufhin zurückgenommen wird. An die Stelle der Rechtshängigkeit tritt im Insolvenzverfahren der Zeitpunkt des Antragseingangs beim Insolvenzgericht (s. *Schmerbach* § 14 Rdn. 45). Die Anordnung der Eigenverwaltung und nunmehr auch des Eigenverwaltungsvorverfahrens ist ohne Schuldnerantrag unzulässig (Abs. 2 Nr. 1, §§ 270a Abs. 1, 270b Abs. 1 InsO), sodass grds. den Schuldner die Kostenlast aus seinem Rücknahmeantrag auf Anordnung der Eigenverwaltung trifft. Soweit zugleich durch ihn ein Eigenantrag auf Eröffnung des Insolvenzverfahrens zurückgenommen wird, hat er die Kostenlast auch insoweit. Hat ein Gläubiger den Insolvenzantrag gestellt und zurückgenommen, kommt es nach § 269 Abs. 3 Satz 3 ZPO auf das billige Ermessen des Insolvenzrichters an, sodass der Schuldner auch dann die allgemeinen Kosten des Eröffnungsverfahrens ganz oder teilweise zu tragen haben kann (i.E. *Schmerbach* § 13 Rdn. 75).

64 Nach Erlass des Eröffnungsbeschlusses lösen die Antragsrücknahmen dieselben Kostenfolgen aus.

III. Keine bekannten gläubigerbenachteiligenden Umstände (Nr. 2)

1. Normzweck der Neufassung

65 Die **Nr. 2 der Altfassung** machte die Anordnung der Eigenverwaltung bei einem Mitantrag eines Gläubigers auf Eröffnung des Insolvenzverfahrens von der Zustimmung des Gläubigers abhängig, auch wenn der Eigenantrag dem Gläubigerantrag nachfolgte. Damit sollte verhindert werden, dass der Schuldner einen Fremdantrag unterläuft, um sein bisheriges Verwaltungs- und Verfügungsrecht beizubehalten. Die geforderte Gläubigerzustimmung wirkte als Vetorecht. Falls mehrere Fremdanträge vorlagen, musste nach h.M. jeder Gläubiger dem Eigenverwaltungsantrag zustimmen und selbst dann, wenn die Gläubigeranträge dem Eigenantrag nachfolgten. Mit der **Nr. 3 der Altfassung** kam als weitere Anordnungsvoraussetzung hinzu, dass die Eigenverwaltungsanordnung nicht zu einer Verfahrensverzögerung oder zu sonstigen Nachteilen für die Gläubiger führen durfte, nach allg. Meinung vom Insolvenzrichter im Wege einer freien Prognoseentscheidung nach pflichtgemäßem Ermessen aus allen bekannten oder aufgeklärten (§ 5 InsO) Umständen festzustellen. Dazu war umstritten, ob den Schuldner die Darlegungslast trifft, ob er die Umstände darzulegen hat-

te, aus denen sich ergibt, dass solche Gefährdungsumstände nicht vorliegen und ob nicht ausgeräumte Zweifel des Insolvenzrichters zu seinen Lasten gingen (i.E. FK-InsO/*Foltis* 6. Aufl. § 270 Rn. 46–55).

Dem **Reformzweck** auf Stärkung der Eigenverwaltung zur Verbesserung von Sanierungschancen durch eine stärkere Verlagerung der Eigenverwaltungsanordnungsentscheidungen auf die Gläubigergemeinschaft, vertreten durch den vorläufigen Gläubigerausschuss (Abs. 3 der Neufassung, BT-Drucks. 12/5712 S. 39 zu Nr. 42) entsprechend waren die Nr. 2 und 3 a.F. hinderlich, weil eine Vereinfachung des Zugangs zur Eigenverwaltung geschaffen werden sollte (BT-Drucks. 17/5712 S. 1 f., 19). Hierzu wurden die **Anordnungsvoraussetzungen** – entgegen der Gesetzesbegründung nicht nur »maßvoll gelockert« (RegE BT-Drucks. 17/5712 S. 19), sondern – in teilweiser Abkehr von der ursprünglichen Zwecksetzung der Eigenverwaltung **gravierend umgestaltet**. Die Nr. 2 der Altfassung wurde ersatzlos gestrichen, um die – vom Gesetzgeber zutreffend angenommene – Blockademöglichkeit durch einen Einzelgläubiger zu beseitigen (BT-Drucks. 17/5712 S. 38 zu Nr. 42). Damit wurde allerdings zugleich entschieden, dass der Schuldner nunmehr jedweden Gläubigerantrag unterlaufen kann, um sein bisheriges Verwaltungs- und Verfügungsrecht beizubehalten. Ob die rechtsstaatliche Kontrolle des Schuldnerhandelns im Eigenverwaltungsvorverfahren (Eröffnungsverfahren) bzw. Eigenverwaltungsverfahren (nach Insolvenzverfahrenseröffnung) durch die bewusste Kontrollverlagerung auf (vorläufigen) Gläubigerausschuss und (vorläufige) Sachwaltung (BT-Drucks. 17/5712 S. 38 zu Nr. 42) ausreichen werden, wird die Praxis zeigen; über Gegenteiliges wird bislang jedenfalls nicht berichtet. Der Schlüssel zur **Missbrauchskontrolle gegen Gläubigergemeinschaftsgefährdung** wird wegen Absatz 3 Satz 2 jedenfalls jetzt in der Besetzung des (vorläufigen) Gläubigerausschusses liegen (s. Rdn. 94 f.). Die Nr. 3 der Altfassung wurde in der Nr. 2 der Neufassung so verändert, dass verdeutlicht wird: Der Antrag des Schuldners auf Eigenverwaltung kann »nur dann abgelehnt werden, wenn tatsächlich konkrete Umstände bekannt sind, die erwarten lassen, dass die Anordnung zu Nachteilen für die Gläubiger führen wird. Unklarheiten über mögliche Nachteile für die Gläubiger gehen damit nicht mehr zu Lasten des Schuldners« (BT-Drucks. 17/5712 S. 38 zu Nr. 42). Die Änderung des Gesetzeswortlautes war allerdings nur durch ein Fehlverständnis der Vorschrift durch die h.M. in Rechtsprechung und Literatur veranlasst, weil der Gesetzgeber bereits mit der Nr. 3 der Altfassung anderes gar nicht bezweckte (so die hier schon mit der ersten Auflage und durchgängig vertretene Auffassung, i.E. FK-InsO/*Foltis* 6. Aufl. § 270 Rn. 52). Die »Rückkehr zur Formulierung der früheren Nr. 3 im Regierungsentwurf der Insolvenzordnung (§ 331 Abs. 2 Nr. 3)« (BT-Drucks. 17/5712 S. 38 zu Nr. 42) ist so gesehen für die Darlegungslastverteilung eine Klarstellung, von der Interpretation der Altfassung durch die h.M. allerdings ebenfalls eine gravierende Änderung.

2. Feststellung durch freie Prognoseentscheidung

Die Gesetzesneufassung der Altfassung Nr. 3 durch das **ESUG** hat den **Feststellungsweg** nicht geändert, sondern nur die Unklarheitenlast (MüKo-InsO/*Tetzlaff* § 270 Rn. 44; i.E. s. Rdn. 68). Deswegen liegt die Feststellung darüber, ob bekannte Umstände erwarten lassen, dass die Anordnung der Eigenverwaltung zu Gläubigernachteilen führen wird, unverändert im **freien pflichtgemäßen Ermessen des Insolvenzgerichts**, das eine **freie Prognoseentscheidung** zu treffen hat (*AG Köln* ZIP 1999, 1646; *AG Darmstadt* ZIP 1999, 1494; *AG Duisburg* ZIP 2002, 1636; jeweils zum Altrecht; zum neuen Recht: *AG Potsdam* ZIP 2013, 181; *AG Köln* ZInsO 2013, 353; ZIP 2013, 1390; *AG Hamburg* ZIP 2014, 390; ZInsO 2014, 363; *AG Cottbus* ZInsO 2015, 115 [116]; *AG Essen* ZInsO 2015, 841; HK-InsO/*Landfermann* § 270 Rn. 13; unklar: MüKo-InsO/*Tetzlaff* § 270 Rn. 43 f.; *Uhlenbruck*/*Zipperer* InsO, § 270 Rn. 45: **a.A.** zum neuen Recht *Nerlich*/*Römermann-Riggert* § 270 Rn. 20, ohne Differenzierung). Die maßgebende Frage: Ist nach den bekannten Umständen dem Schuldner in Kooperation mit dem zu bestellenden Sachwalter zuzutrauen, dass das Eigenverwaltungsverfahren ohne vorsätzliche, leichtfertige oder grob fahrlässige Gläubigerschädigungen geführt werden wird und auch die Gläubigerversammlung die Einschätzung teilen wird? Das Gericht muss sorgfältig prüfen, da mit seiner Entscheidung weittragende Folgen für Schuldner und Gläubiger verbunden sein können (vgl. schon zur KO *Kuhn*/*Uhlenbruck* KO, § 106 Rn. 1 zu einstweiligen Anordnungen in der Sequestration; zum Altrecht so auch *Haarmeyer/Wutzke/Förster* Handbuch, Kap. 10 Rn. 8; HK-InsO/*Landfermann* 7. Aufl., § 270 Rn. 9; Prüfungsbeispiele: *AG Darmstadt* ZIP 1999, 1494; *AG Köln* ZIP 1999, 1646), auch wenn der vorläufige Gläubigerausschuss vor der Entscheidung grds. anzuhören ist (Abs. 3 Satz 1). Zutreffend weist *Uhlenbruck* (InsO, 13. Aufl. § 270 Rn. 22) darauf hin, dass es sich hierbei um die **wichtigste Prüfung** im Rahmen der Anordnung der Eigenverwaltung handelt. Demgemäß ist in diesem »Brennpunkt« der Eigenverwaltung – absehbar – eine umfangreiche Kasuistik in der Entwicklung, die wegen der vom Gesetzgeber grds. unanfechtbar gestellten Entscheidung des Insolvenzgerichts (vgl. *BGH* Beschl. v. 07.02.2013 – IX ZB 43/12, ZIP 2013, 525 = ZInsO 2013, 460; s. i.E. Rdn. 34, 113) – ebenfalls absehbar – keine Vereinheitlichung erfahren wird. Sie ist wegen der Fülle zur Beurteilung in Frage kommender Indizien und Einzelfallgestaltungen allerdings auch nicht erreichbar (a.A. *Pape* ZInsO 2013, 2129 [2133]). In der Regel kann davon ausgegangen werden, dass ein Schuldner, der selbst das Insolvenzverfahren beantragt oder den der antragstellende Gläubiger für vertrauenswürdig hält, dazu geeignet ist, bis zur Entscheidung der ersten Gläubigerversammlung die Eigenverwaltung zu führen (so schon BT-Drucks. 12/2443 zu § 331). Diese Sichtweise hat nunmehr in Abs. 3 Satz 2 den ausdrücklichen gesetzlichen Anknüpfungspunkt gefunden, weil die Bindungsanordnung aufgrund einstimmigen Unterstützungsbeschlusses sinnlos wäre, wenn das Gericht sonst auch schon gebunden wäre. Die Antragsunterstützung durch einen einstimmigen Beschluss des vorläufigen Gläubigerausschusses führt folgerichtig grds. (s. Rdn. 86 ff., 94 f., 102–105) dazu, dass das Gericht bei seiner Entscheidung über den Antrag des Schuldners zu unterstellen hat, dass die Anordnung der Eigenverwaltung nicht zu Nachteilen für die Gläubiger führen wird und damit die Voraussetzung der Nr. 2 als erfüllt anzusehen ist (BT-Drucks. 17/5712 S. 39 zu Nr. 42). Diese Vorgabe des Reformgesetzgebers entspricht derjenigen des Insolvenzordnungsgesetzgebers, dem Schuldner durch die Chance auf Beibehaltung seiner Verwaltungs- und Verfügungsbefugnis einen Anreiz für seinen rechtzeitigen Insolvenzeröffnungsantrag zu bieten (BT-Drucks. 12/2443 vor § 331).

3. Unklarheitenlast

68 Umstritten war zur Altfassung das **Verhältnis der Darlegungslast des Schuldners zur Nachforschungspflicht des Gerichts**, ausgelöst durch ein Fehlverständnis der Altfassung (s. Rdn. 66). Der Negativfassung der Vorschrift lag die Erwägung des Gesetzgebers zu Grunde: ». . . Er (ergänze: der Schuldner) hat dazu Gelegenheit, wenn er entweder selbst den Antrag auf Eröffnung des Insolvenzverfahrens stellt oder zu dem Antrag eines Gläubigers angehört wird . . . . Wird der Antrag auf Eigenverwaltung in dieser Weise gestellt, so entscheidet das Gericht vorläufig über den Antrag. Es ordnet die Eigenverwaltung unter Aufsicht des Sachwalters an, wenn der Gläubiger dem Antrag des Schuldners zugestimmt hat und wenn keine Umstände bekannt sind, die eine Gefährdung der Gläubigerinteressen durch die Anordnung befürchten lassen (Abs. 2 Nr. 3). Besondere Nachforschungen werden dem Gericht dabei nicht auferlegt. In der Regel kann davon ausgegangen werden, dass ein Schuldner, der selbst das Insolvenzverfahren beantragt oder den der antragstellende Gläubiger für vertrauenswürdig hält, dazu geeignet ist, bis zur Entscheidung der ersten Gläubigerversammlung die Eigenverwaltung zu führen . . .« (BT-Drucks. 12/2443 zu § 331). Diesen Normzweck schon der Altfassung bestätigt und vertieft die Neufassung: »Unklarheiten über mögliche Nachteile für die Gläubiger gehen damit nicht mehr zu Lasten des Schuldners« (BT-Drucks. 17/5712 S. 38 zu Nr. 42). Daraus folgt zunächst, dass der antragstellende Schuldner nichts zum Nichtvorliegen von Gläubigergefährdungsumständen nach § 270 Abs. 2 Nr. 2 InsO darzulegen hat. Das Gesetz geht vielmehr im **Regelfall** von der **einschränkungslosen Eigenverwaltungseignung des Schuldners** aus. Deswegen auch trifft das Insolvenzgericht insoweit **keine Amtsermittlungspflicht**. Zutreffend wird deswegen angenommen, dass das Gericht i.d.R. davon ausgehen darf, dass der Schuldner bzw. das Schuldnerunternehmen ernsthaft eine Sanierung anstrebt und keine masseschädigenden Handlungen vornehmen wird, selbst wenn der Schuldner mit dem Insolvenzantrag wegen drohender Zahlungsunfähigkeit (§ 18 InsO) einen Antrag auf Eigenverwaltung stellt und gleichzeitig ein Sanierungskonzept in Form eines »prepackaged plan« vorlegt (so schon zum Altrecht *Koch* Eigenverwaltung, S. 122, 128; *Smid* WM 1998, 2489 [2508]; *Gottwald/Haas* HdbInsR, § 87 Rn. 16; *Uhlen-*

bruck InsO, 13. Aufl., § 270 Rn. 15; *Kübler/Prütting/Bork-Pape* InsO, § 270 Rn. 90; so jetzt auch zum neuen Recht MüKo-InsO/*Tetzlaff* § 270 Rn. 43 f.; *Uhlenbruck/Zipperer* InsO, § 270 Rn. 45). Eine **Amtsermittlungsberechtigung** hat das Gericht aber gleichwohl (*Kübler/Prütting/Bork-Pape* InsO, § 270 Rn. 117; *Henkel* ZIP 2015, 569 f.; *Vallender* DB 2015, 231; HK-InsO/*Landfermann* § 270 Rn. 13; **a.A.** *Nerlich/Römermann-Riggert* InsO, § 270 Rn. 20).

Etwas anderes gilt erst, aber auch dann, **wenn das Insolvenzgericht Kenntnis von Gläubigergefährdungsumständen hat oder erhält**. Dabei ist der Weg zur Kenntniserlangung unerheblich. Es kann sich um Informationen des Schuldners selbst handeln, eines Gläubigers (der wohl häufigere Fall), des Gutachters im Antragsverfahren (der wohl häufigste Fall), durch Presse, Fernsehen, Rundfunk oder sonstige Weise. Auch ist der Informationsweg unerheblich, die Kenntniserlangung kann auf schriftliche, mündliche oder sonstige Weise erfolgen. Denn es kommt nur darauf an, dass dem Insolvenzrichter – vor der Entscheidung über den Eigenverwaltungsantrag – überhaupt Gläubigergefährdungsumstände bekannt werden. Dann allerdings ist eine Gläubigergefährdungsprognose nach § 270 Abs. 2 Nr. 2 InsO anzustellen und hierzu erforderlichenfalls gem. § 5 InsO amtswegig zu ermitteln. Denn das Gericht darf vor bekannten Gläubigergefährdungsumständen nicht die Augen schließen (so schon zum Altrecht *Uhlenbruck* InsO, 13. Aufl., § 270 Rn. 22; HK-InsO/*Landfermann* § 270 Rn. 8; BK-InsO/*Blersch* § 270 Rn. 14; *Haarmeyer/Wutzke/Förster* Handbuch Kap. 10 Rn. 7; *Vallender* WM 1998, 2129 [2131]; zum neuen Recht wie hier *Kübler/Prütting/Bork-Pape* InsO, § 270 Rn. 90; *Nerlich/Römermann-Riggert* InsO, § 270 Rn. 20; wohl auch *Klein/Thiele* ZInsO 2013, 2234; nachdrücklich die Gerichte in diesem Sinn mahnend *Haarmeyer* ZInsO 2013, 2345; so *AG Köln* ZInsO 2017, 510). Für das Gericht kann es sich deswegen empfehlen, bei konkreten Anhaltspunkten den Gutachtenauftrag auf Tatsachenfeststellungen zur Eigenverwaltungsgefährdung zu erweitern (ebenso schon zum Altrecht *Uhlenbruck* InsO, 13. Aufl., § 270 Rn. 13; mit dieser Verfahrensweise *AG Cottbus* ZInsO 2016, 115; *AG Essen* ZIP 2015, 841). Hierbei können Darlegungen des Schuldners selbst – zu denen er nicht verpflichtet ist – eine Rolle spielen und amtswegige Einzelnachforschungen auslösen. Die Gläubigergefährdung muss positiv festgestellt werden, Unklarheiten gehen nicht (mehr) zu Lasten des Schuldners (BT-Drucks. 17/5712 S. 38 zu Nr. 42), sondern zu Lasten der Gläubigergemeinschaft. Nur insoweit lässt sich von einer Darlegungs- und Glaubhaftmachungslast (vgl. § 272 Abs. 2 Satz 1 InsO) des Schuldners sprechen, die sich auf die Entkräftung konkreter Gläubigerbenachteiligungsumstände bezieht. Dann auch erst hängt die Versagung des Antrages auf Eigenverwaltung davon ab, ob zwar zur Überzeugung des Insolvenzrichters Gläubigergefährdungsumstände feststehen (**1. Prüfungsstufe**, Rdn. 76 ff.), die Gefährdung aber nicht durch die Bestellung eines geeigneten und bereiten Sachwalters sowie erforderlichenfalls der Anordnung zusätzlicher Sicherungsmaßnahmen bereits mit dem Anordnungsbeschluss neutralisiert werden können (**2. Prüfungsstufe**, Rdn. 85 ff.; wie hier i.E. zum Altrecht HK-InsO/*Landfermann* § 270 Rn. 8 f.; zum neuen Recht HK-InsO/*Landfermann* 7. Aufl., § 270 Rn. 14–21). Eingehend und aufschlussreich hierzu die Missbrauchsdiskussion in der Folge des Anordnungsbeschlusses des *AG Duisburg* vom 01.09.2002 in Sachen Babcock Borsig AG (ZInsO 2002, 1046 = ZIP 2002, 1636 = NZI 2002, 556; i.E. s. vor §§ 270 ff. Rdn. 2–8).

4. Drohende Verfahrensverzögerung

Der Fall der **drohenden Verfahrensverzögerung** ist Fall der Gläubigerbenachteiligung (»... zu Nachteilen ... führen wird«), weil die Verzögerung des Verfahrens zur Verzögerung der Gläubigerbefriedigung im Verteilungsverfahren führen kann (vgl. §§ 187 Abs. 2 Satz 1, 195 InsO). Bereits die Nr. 3 der Altfassung behandelte die drohende Verfahrensverzögerung als Gläubigerbenachteiligung (»..., dass die Anordnung nicht zu einer Verzögerung des Verfahrens oder zu sonstigen Nachteilen für die Gläubiger führen wird.«) Die **Gegenauffassung** hält die drohende Verfahrensverzögerung nach der Reformfassung dagegen für bedeutungslos (*Kübler/Prütting/Bork-Pape* InsO, § 270 Rn. 96–98, 115). Sie stützt sich auf den Lockerungszweck der Anordnungsvoraussetzungen und die Vorgabe zur Unklarheitenlastverteilung. Beide Gesichtspunkte betreffen jedoch nicht die Nachteilsgefahr für die Gläubiger, die – wenn sie sich aus bekannten Umständen ergeben – nach der neuen Nr. 2 gerade zur Antragsversagung führen sollen, weil sich nur mit dieser Voraussetzung das Hauptziel der Insolvenzordnung, die Gläubiger gemeinschaftlich und zügig zu befriedigen (§§ 1, 187 Abs. 2 Satz 1, 195 InsO), verwirklichen lässt (wie hier *AG Hamburg* ZIP 2013, 1684; *AG Köln* ZIP 2015, 440 [442] = ZInsO 2015, 518; HK-InsO/*Landfermann* § 270 Rn. 18; MüKo-InsO/ *Tetzlaff* § 270 Rn. 46; für Verzögerungen bei der Ausarbeitung eines Plans im Schutzschirmverfahren *Henkel* ZIP 2015, 569; *Vallender* DB 2015, 231).

71 Die Gläubigerbenachteiligung durch drohende Verfahrensverzögerung fordert vom Insolvenzrichter eine **Prognose** für das zukünftige Schuldnerverhalten (ebenso wohl *Hölzle* ZIP 2012, 158 [159 f.]; HK-InsO/*Landfermann* § 270 Rn. 13; a.A. *Kübler/Prütting/Bork-Pape* InsO, § 270 Rn. 115). Sie ist unter Würdigung aller Gesichtspunkte anzustellen. Der Fall drohender Verfahrensverzögerung wird allerdings selten vorliegen. Denn die Anordnung der Eigenverwaltung hat ohnehin nur Vorläufigkeitscharakter, weil die endgültige Entscheidung über die Anordnung der Eigenverwaltung in der ersten Gläubigerversammlung fällt (§§ 271, 272 InsO; BT-Drucks. 12/2443 vor und zu § 331) und außerdem nunmehr ein vorläufiger Gläubigerausschuss mitentscheiden kann.

5. Gefährdungsprüfung

72 Ob die Beurteilung der **Gefahr gläubigerbenachteiligenden Schuldnerhandelns** Gegenstand einer **Prognosebeurteilung** ist (so wohl *Hölzle* ZIP 2012, 158 [159 f.]) ist **streitig**. Richtig an der Gegenauffassung (*Kübler/Prütting/Bork-Pape* InsO, § 270 Rn. 115) ist, dass das Gericht handfeste Tatsachen feststellen muss, die dafür sprechen, dass die Eigenverwaltung zu Nachteilen für die Gläubiger führt. Diese Vorgabe des Gesetzgebers schließt jedoch die Prognosepflicht des Gerichts nicht aus, sondern beschreibt die Prognosegrundlage und den Prognoseanlass: *Wenn* Nachteilsumstände vorliegen, muss geprüft werden, *ob* sie zu Nachteilen für die Gläubiger führen *werden*. Andernfalls müsste bereits die Feststellung einer einzigen und für sich relativ unbedeutenden Nachteiltatsache zwangsläufig – und damit gegen den Reformzweck – zur Versagung des Eigenverwaltungsantrages führen. Von der Prognosepflicht geht der Reformgesetzgeber auch ausdrücklich aus: »... kann der Antrag ... nur dann abgelehnt werden, wenn tatsächlich konkrete Umstände bekannt sind, *die erwarten lassen*, dass die Anordnung zu Nachteilen für die Gläubiger führen wird.« (BT-Drucks. 17/5712 S. 38 zu Nr. 42). Dem Gericht wird also aufgegeben, seiner Entscheidung die Beurteilung einer möglichen Ursachenkette zu Grunde zu legen (deswegen zutr. *AG Potsdam* ZIP 2013, 181; instruktiv *AG Hamburg* ZInsO 2014, 566; *AG Köln* ZIP 2015, 440 [442]).

73 In die Beurteilung sind die gerichtsbekannten persönlichen und wirtschaftlichen Verhältnisse des Schuldners bzw. seiner handelnden Organe und sein früheres rechtsgeschäftliches Verhalten gegen die Gefahren des durch den Sachwalter beaufsichtigten Schuldnerhandelns in der Eigenverwaltung einzustellen und abzuwägen. In die **Abwägung** (ebenso deutlich HK-InsO/*Landfermann* § 270 Rn. 14) kann die Vorläufigkeit der Anordnung einfließen, weil sich die Verantwortlichkeit der Gerichtsentscheidung auf die Übergangszeit bis zur ersten Gläubigerversammlung beschränkt. Begründete Zweifel am Vorliegen der Eigenverwaltungsvoraussetzungen gehen nicht zu Lasten des Schuldners, hindern also die Anordnung nicht (MüKo-InsO/*Tetzlaff* § 270 Rn. 44). Die Gläubigergefährdungsgefahr muss nunmehr in dem die Anordnung der Eigenverwaltung versagenden Beschluss positiv festgestellt und begründet werden (Abs. 4).

74 Die Gefährdungsprüfung knüpft an dem Gericht **bekannte Umstände** an. Damit stellt sich die Frage, wie die Gefährdungsprüfung vorzunehmen ist, insbesondere welche (ggf. nach amtswegiger Ermittlung, § 5 InsO) bekannten Umstände in die Gefährdungsprüfung einbezogen werden, auf welche die Entscheidung des Gerichts gestützt werden können. Die Gesetzesbegründung schweigt zu dieser Frage (BT-Drucks. 17/5712 S. 38 f. Nr. 42). Zum Teil wird systematisch zwischen objektiven und subjektiven Umständen unterschieden (*Uhlenbruck/Zipperer* InsO, § 270 Rn. 47; MüKo-InsO/*Tetzlaff* § 270 Rn. 47), zum Teil eine davon losgelöste Umstandseinzelbetrachtung vorgenommen (HK-InsO/*Landfermann* § 270 Rn. 15 ff.). Beides hilft wegen der häufigen Umstandsüberschneidungen nicht entscheidend weiter. Wird auf das Gewicht der Einzelumstände abgestellt, ergibt sich:

Für die Beurteilung lohnt ein Blick auf die **Katalogfälle der Ablehnungsgründe der Vergleichsordnung (§§ 17, 18 VerglO)**, deren Modell Grundlage für die Eigenverwaltung war (s. vor §§ 270 ff. Rdn. 3–8). Nach ganz h.M. waren die Ablehnungsgründe nicht zwingend, weil ihr **Sinn und Zweck in der Gläubigerfürsorge** lag. Der Gläubigerfürsorge – mit der Folge der Unanwendbarkeit der Katalogfälle – wurde entsprochen, wenn **durch gläubigerschützende Maßnahmen deren Interesse gewahrt** und eine im Vergleichsvorschlag angestrebte, treuhänderisch durchzuführende Liquidation vorteilhafter als ein Konkurs war (*Bley/Mohrbutter* § 17 Anm. 1; *Berges* KTS 1955, 6; 1958, 32; 1975, 77 [87]; *Uhlenbruck* KTS 1975, 166 [174]; *Böhle-Stamschräder/Kilger* VerglO, § 17 Anm. 1; *LG Hamburg* ZIP 1981, 1240 m. Anm. *H.J. Müller*; zu eng *LG Bochum* EWiR 1985, 709 m. Anm. *v. Gerkan*). Darum geht es bei der **Anordnungsprognose des § 270 Abs. 2 Nr. 2 InsO** und der **Aufhebungsprognose des § 272 Abs. 1 Nr. 2 InsO** in gleicher Weise und deswegen hat der Insolvenzgesetzgeber ebenfalls eine **zweistufige Prüfungsfolge** vorgegeben (Rdn. 69, 76 ff., 85 ff.). Sie bestehen darin, die Eigenverwaltung nicht zuzulassen, wenn Umstände bekannt sind, die eine Gefährdung der Gläubigerinteressen durch die Anordnung befürchten lassen (BT-Drucks. 12/2443 zu § 331, BT-Drucks. 17/5712 S. 38 zu Nr. 42) oder kurzfristig zu beenden, wenn eine Gefährdung der Interessen der Gläubiger sichtbar wird (BT-Drucks. 12/2443 zu § 333). Zwischen **den Katalogfällen der §§ 17, 18 VerglO und §§ 270 Abs. 2 Nr. 2, 272 Abs. 1 Nr. 2 InsO** besteht damit eine **Normzweckidentität** (zu eng deswegen *Huhn* Eigenverwaltung, Rn. 268; eingeschränkt *Koch* S. 113 ff.). Mit einer Würdigkeit des Schuldners zum Vergleich haben die Katalogfälle der §§ 17, 18 VerglO bei ihrer gebotenen teleologischen Reduktion nichts zu tun und auch der Gesetzgeber hat mit seinem allgemeinen Hinweis darauf, die Eigenverwaltung werde nicht von einer subjektiven Würdigkeit des Schuldners abhängig gemacht (BT-Drucks. 12/2443 S. 100, zitiert Rdn. 26), nicht diese Katalogfälle gemeint (deswegen unzutreffend *Grub* WM 1994, 880 [881] und ZIP 1993, 393 [396] sowie *Huhn* Eigenverwaltung, Rn. 262). Denn die Katalogfälle knüpfen durchweg an **Tatsachen** an, **die auf künftige gläubigerschädigende Handlungen des Schuldners schließen lassen**. In allen Katalogfällen geht es um tatsächliche Ereignisse aus der Vergangenheit oder Gegenwart, die einen unmittelbaren Bezug zur Fähigkeit und Bereitschaft des Schuldners haben, mit eigenem und fremdem Vermögen und eigenen und fremden Belangen nach der verantwortungsvollen Art eines ordentlichen Geschäftsmannes (vgl. § 64 Abs. 1 GmbHG) umzugehen. Sie lassen deswegen in gesetzlich gewichteter Rechtstradition einen Schluss darauf zu, wie der Schuldner zukünftig als eigenverwaltender Schuldner mit fremdem Vermögen (der Insolvenzmasse) umgehen wird. 75

Aus der Normzweckidentität bietet sich für die Gefährdungsprüfung des § 270 Abs. 2 Nr. 2 InsO eine **zweistufige Prüfungsfolge** an: In der **1. Stufe** ist zu prüfen, ob – ggf. nach amtswegigen Ermittlungen – Umstände bestehen, die eine – über die allgemeinen Risiken hinausgehende – Gefährdung der Gläubigerinteressen befürchten lassen (**Missbrauchsgefahrenprüfung**), in der **2. Stufe**, ob eine solche Gefährdungslage durch die Anordnung besonderer gläubigerschützender Maßnahmen neutralisiert werden kann und darf (**Neutralisierungsprüfung**; mit dieser Prüfungssystematik *AG Köln* ZIP 2017, 889 = ZInsO 2017, 510; *AG Essen* ZIP 2015, 841 = ZInsO 2015, 700 m. Anm. *Kraus* EWiR 2015, 457). 76

Eine Gläubigergefährdung in der **1. Stufe** der Missbrauchsgefahrenprüfung besteht, wenn jedenfalls einer der Katalogfälle der §§ 17, 19 VerglO – der Insolvenzordnung angepasst – vorliegt: 77
– Die formalen Anforderungen an einen substantiierten Eigenantrag liegen nicht vor oder der Schuldner zeigt sich bei den amtswegigen Ermittlungen nicht kooperativ (§§ 5, 14, 15, 20 InsO; *AG Cottbus* ZInsO, 2016, 115).
– Der Schuldner ist flüchtig oder hält sich verborgen oder er bleibt auf eine an ihn ergehende Ladung des Gerichts ohne genügende Entschuldigung aus (§§ 5, 20 InsO).
– Gegen den Schuldner ist wegen Bankrotts nach §§ 282, 283a StGB eine gerichtliche Untersuchung oder ein wieder aufgenommenes Verfahren anhängig oder der Schuldner ist wegen einer solchen Straftat rechtskräftig verurteilt.
– Innerhalb der letzten fünf Jahre vor dem Tag des Antrags auf Eröffnung des Insolvenzverfahrens (mit Antrag auf Anordnung der Eigenverwaltung, der Eigenverwaltungsantrag kann auch später gestellt werden) ist in einem Mitgliedsstaat der Europäischen Union (Verordnung (EG)

Nr. 1346/2000 des Rates über Insolvenzverfahren vom 29.05.2000) ein Insolvenzverfahren über das Vermögen des Schuldners rechtskräftig eröffnet oder mangels Masse rechtskräftig abgelehnt worden (jetzt Art. 3, 16 EuInsVO).
- Der Schuldner hat innerhalb derselben Frist in einem Mitgliedsstaat der Europäischen Union in einem Zwangsvollstreckungsverfahren wegen einer Geldforderung die eidesstattliche Versicherung abgegeben oder ohne Grund verweigert.
- Das Vermögen des Schuldners reicht nicht aus, um die voraussichtlich entstehenden gerichtlichen Kosten des Verfahrens einschließlich der einem Sachwalter zu gewährenden Vergütung zu decken (vgl. *AG Hamburg* ZIP 2013, 1684 [1685]; so sehr deutlich jetzt *AG Köln* ZInsO 2014, 518 = ZIP 2015, 440; *AG Köln* ZInsO 2017, 510 = ZIP 2017, 889); die Ablehnung unterbleibt, wenn ein zur Deckung dieser Kosten ausreichender Geldbetrag bei Stellung des Antrages vorgeschossen oder sonst hinreichend sichergestellt wird.
- Der Schuldner hat dem Gutachter und/oder dem vorläufigen Verwalter und/oder dem vorläufigen Sachwalter die Einsicht in seine Bücher und Geschäftspapiere oder ohne genügenden Grund eine Auskunft oder eine Aufklärung verweigert (*AG Potsdam* ZIP 2013, 181; *AG Köln* ZInsO 2013, 353; *AG Hamburg* ZIP 2013, 1684; *AG Cottbus* ZInsO 2016, 115).
- Die geschäftlichen Aufzeichnungen des Schuldners sind so mangelhaft, dass sie keinen hinreichenden Überblick über seine Vermögenslage ermöglichen (*AG Potsdam* ZIP 2013, 181; *AG Cottbus* ZInsO 2016, 115; *AG Köln* ZInsO 2017, 510 = ZIP 2017, 889). Für die angenommene Unzuverlässigkeit des Schuldners wegen jahrelanger Zahlungsunfähigkeit und unüberschaubarer Vermögensverhältnisse selbst bei der Beauftragung eines insolvenzrechtlich erfahrenen Bevollmächtigten *AG Köln* ZIP 2017, 889 = ZInsO 2017, 510.
- Der Schuldner hat einer Sicherungsanordnung des Gerichts (§ 21 InsO) zuwidergehandelt und sein Verhalten nicht entschuldigt.
- Der Schuldner hat seinen Vermögensverfall durch Unredlichkeit, Preisschleuderei oder Leichtsinn herbeigeführt (*AG Köln* ZInsO 2013, 353: ungesicherte Darlehensvergabe in erheblicher Höhe (1,9 Mio. €), aufgedeckt durch ein vom vorläufigen Gläubigerausschuss in Auftrag gegebenes Gutachten). Hierher gehören die neuerdings von Unternehmen aus dem Anlagebereich und massehaltigen »Großverfahren« (*Kranzusch* ZInsO 2016, 1077) gestellten Eigenverwaltungsanträge, die nach meist hochverzinslichen Anleiheausgaben in der Öffentlichkeit mit Vorwürfen inadäquater Mittelverwendungen, vorsätzlicher Insolvenzverschleppung unter aktiver Herbeiführung der Insolvenzsituation durch ihre Geschäftsleitungen und persönliche Bereicherung begleitet sind (z.B. Lombardium, German Pellets, Wölbern Invest, MS Deutschland, Magellan Maritime Service, KTG-Agrarkonzern, eingehend *Frind* ZInsO 2017, 993). In solchen Falllagen den Antragstellern von vornherein die Eigenverwaltungswürdigkeit zu versagen (Unternehmen mit bisher »zweifelhaften Geschäftsgebaren«, *Frind* ZInsO 2017, 999) geht zu weit, weil der Gesetzgeber eine Würdigkeitsprüfung untersagt hat (i.E. Rdn. 75), die deswegen nicht über eine Gefährdungsprüfung umgangen werden kann, auch nicht dadurch, dass sie auf »subjektive Verdachtsumstände« gestützt wird (so aber *Frind* ZInsO 2017, 999). Wie in allen anderen Fällen auch braucht es vielmehr festgestellte und überprüfbare Tatsachen, die den Schluss auf inadäquate Mittelverwendungen durch die Geschäftsleitung, insbesondere persönliche Bereicherungen der Geschäftsleitung oder der Gesellschafter oder Insolvenzverschleppung zulassen. Das Mittel dazu ist die Darlegungslastverteilung: Erhält das Gericht Kenntnis von solchen gläubigergefährdenden Tatsachen, darf und muss es ggf. amtswegig ermitteln mit dem möglichen Ergebnis, dass die Redlichkeitsvermutung für den Antragsteller widerlegt ist (i.E. Rdn. 68 f.) und den Antragsteller für seine einschränkungslose Eigenverwaltungseignung nunmehr die volle Darlegungslast trifft, er zum Erreichen der Eigenverwaltungsanordnung (bereits im Eröffnungsverfahren) die vom Gericht festgestellten gläubigergefährdenden Tatsachen entkräften muss (vgl. § 270 Abs. 2 Nr. 3 InsO a.F., s.a. Rdn. 68 f.). Hier kann die Tatsache erheblich sein, dass der Schuldner kein Krisenüberwachungssystem vorgehalten hat (eingehend *Thiele* ZInsO 2014, 1882). Die problematisierte Falllage ist also kein »Dolosproblem« (so aber *Frind* ZInsO 2017, 993), sondern ein Tatsachenfeststellungsproblem.

– Der Schuldner hat den Antrag auf Insolvenzeröffnung nach der Auffassung des ordentlichen Geschäftsverkehrs schuldhaft verzögert (zust. *Frind/Köchling* ZInsO 2013, 1674; so schon *BGH* NZI 2006, 34; so wohl auch der Fall *AG Köln* ZInsO 2017, 510 = ZIP 2017, 889).

Ferner: 78
– Fehlende Unterstützung der gerichtlichen Ermittlungen (*AG Darmstadt* ZIP 1999, 1496; *AG Köln* ZIP 1999, 1647; *AG Potsdam* ZIP 2013, 181; *AG Hamburg* ZIP 2013, 1684: verspätete Vorlage von Verzeichnissen im Antragsverfahren; HK-InsO/*Landfermann* § 270 Rn. 16; *Uhlenbruck/Zipperer* InsO, § 270 Rn. 50; *Kübler/Prütting/Bork-Pape* InsO, § 270 Rn. 98).
– Interessenkollisionsgefahrenlage bei dem von der Schuldnerin benannten Verfahrensbevollmächtigten (Sachverhalt *AG Potsdam* ZIP 2013, 181).
– Fehlende Bereitschaft von Lieferanten, Waren und/oder Geldkreditgebern, sich unter der bisherigen Führung an einer kooperativen Sanierung zu beteiligen und einen Sanierungsbeitrag zu leisten oder auch nur die Belieferung aufrechtzuerhalten (*AG Köln* ZIP 2013, 1390 = ZInsO 2013, 1476). Dem kann jedoch nur gefolgt werden, wenn der Schuldner mit dem Eigenverwaltungsantrag die Sanierung seines Unternehmens bezweckte, was vom AG Köln nicht festgestellt wurde. Denn der Eigenverwaltungszweck besteht nicht allein in der Unternehmenssanierung, sondern die Eigenverwaltung kann auch für die Zerschlagungsliquidation eingesetzt werden (Rdn. 7 ff.; s.a. vor §§ 270 ff. Rdn. 4; übersehen von *AG Hamburg* ZIP 2014, 390).
– Nichtanzeige der eingetretenen Zahlungsunfähigkeit gem. § 270b Abs. 4 Satz 2 InsO (*AG Hamburg* ZIP 2013, 1684 [1685]; *Haarmeyer* ZInsO 2013, 2346: schon bei Zahlungsunfähigkeit im Antragszeitpunkt).
– Vorschlag des Schuldners auf Ernennung ihm oder seinem Unternehmen nahestehender Ausschussmitglieder (*Haarmeyer* ZInsO 2013, 2347).
– Unterlassene Unterrichtung des Gerichts über den Betriebsfortführungsverlauf im Schutzschirmverfahren (*AG Hamburg* ZIP 2013, 1684 [1685]).
– Nicht rechtzeitige Vorlage des Insolvenzplanentwurfes zum vorabgestimmten Insolvenzeröffnungszeitpunkt und dadurch ausgelöste Gläubigerschädigung der Insolvenzgeld vorfinanzierenden Bank (*AG Hamburg* ZIP 2013, 1685) oder eine nach Annahme des Insolvenzplans erfolgte Abtretung potenzieller Erstattungsansprüche an eine Insolvenzgläubigerin außerhalb der Planregelungen bei einer im Insolvenzplan enthaltenen Besserungsklausel (*AG Köln* ZInsO 2015, 518 = ZIP 2015, 440).
– Dagegen nicht schon ein einstimmiger unbegründeter Beschluss des vorläufigen Gläubigerausschusses (*AG Köln* ZIP 2013, 1390 = ZInsO 2013, 1476; *AG Freiburg* NZI 2015, 605 m. Anm. *Madaus*; s.a. Rdn. 96; **a.A.** offenbar *Frind/Köchling* ZInsO 2013, 1674).
– Es bestehen Anhaltspunkte dafür, dass der Schuldner ein erhebliches Interesse daran hat, Teile der Insolvenzmasse auf die Seite zu bringen. Das Vorliegen von Versagungsgründen nach § 290 InsO sind hierfür Indiz (vgl. den Fall *LG Bonn* ZIP 2013, 1412, zust. *Frind/Köchling* ZInsO 2013, 1674; ähnlich zu dieser Fallgruppe der »Selbstsuchtsanierung« A/G/R-*Ringstmeier* § 270 Rn. 12; *Graf-Schlicker* InsO, § 270 Rn. 12).
– Führungslose Gesellschaft (*Uhlenbruck/Zipperer* InsO, § 270, 50; MüKo-InsO/*Tetzlaff* § 270 Rn. 53; HK-InsO/*Landfermann* § 270 Rn. 15).
– Die voraussichtlichen Kosten einer Eigenverwaltung liegen um mehr als 30 % über den Kosten des Regelinsolvenzverfahrens (*AG Freiburg* ZInsO 2015, 1167 = NZI 2015, 407 m. Anm. *Madaus* NZI 2015, 606); ähnlich *AG Essen* (ZIP 2015, 841 = ZInsO 2015, 700 m. krit. Anm. *Kraus* EWiR 2015, 457): außerordentlich anfallende Beratungskosten und Kosten für Restrukturierungsberatung bei nicht erkennbarer Fortführungsgefährdung durch Anordnung der vorläufigen »schwachen« Insolvenzverwaltung (Apotheke). Für die Prüfung und Beurteilung anhand einer Vergleichsrechnung des Schuldners/seines (Sanierungs-)Beraters (!) *Buchalik/Schröder/Ibershoff* ZInsO 2016, 1445; dagegen sehr krit. zu Beratungskostenbelastungen *Hammes* NZI 2017, 233: schwer zu kontrollierende Nebeninsolvenzverwaltung, gesteigerte Missbrauchsanfälligkeit der Eigenverwaltung.

– Aufgrund des Gesetzes zur Erleichterung der Bewältigung von Konzerninsolvenzen v. 13.04.2017 (BGBl. I Nr. 22) die grundlose und beharrliche Verweigerung des Schuldners im Insolvenzantragsverfahren mit Sachwalterbestellung gem. §§ 270a, 270b InsO (Eigenverwaltungsvorverfahren, s. zu § 270a Rdn. 3–11, 22, 24) zur Erfüllung seiner Koordinationspflichten gem. § 270d InsO.

79 Von einer Gefahr gläubigerbenachteiligender Handlungen des eigenverwaltenden Schuldners wird auch auszugehen sein, wenn festgestellt ist, dass **ein Sachwalter insolvenztypische Ansprüche gegen den Schuldner, Gesellschafter oder ihnen nahe stehenden Personen** (vgl. zur vergleichbaren Problematik bei dem eigenkapitalersetzenden Gesellschafterdarlehen gem. §§ 135, 138 InsO) **geltend machen müsste** (ebenso *Uhlenbruck/Zipperer* § 270 Rn. 48; *AG Hamburg* ZIP 2014, 390 [391] und 2014, 566). Betroffen sind die Fälle, in denen der Sachwalter allein handeln muss: die Geltendmachung von Gesamtschäden, die persönliche Gesellschafterhaftung (§ 280 InsO i.V.m. §§ 92, 93 InsO), die Insolvenzanfechtung (§ 280 InsO i.V.m. §§ 129 ff. InsO). In diesen Fällen besteht der Verdacht, dass gläubigerschädigende Handlungen des Schuldners oder naher Angehöriger vorliegen und aus diesem Grund weitere gläubigerschädigende Handlungen zu befürchten sind. Ferner ist dem Insolvenzgericht nicht zuzumuten, ungeachtet eines offenkundigen unüberbrückbaren Gegensatzes zwischen einem vorläufigen Sachwalter und eigenverwaltenden Schuldner im Eröffnungsverfahren denselben Gegensatz im eröffneten Verfahren zu perpetuieren und ein dadurch von vornherein konfliktbelastetes Regelwerk in Gang zu setzen, das zum Wohl der Gläubiger auf der Kooperation beider aufgebaut ist (ähnlich KS-InsO/*Pape* S. 902 Rn. 8). Dem Sachwalter schließlich kann nicht zugemutet werden, mit einem Schuldner bzw. verantwortlich Handelnden des Schuldners (z.B. Geschäftsführer einer GmbH, Vorstand einer AG) zwangsweise zusammenzuarbeiten, wenn er ihn vermögensrechtlich in Anspruch nehmen muss. Die Konfrontation zwischen Sachwalter und Schuldner kann sich im Besonderen in Fortführungsfällen wegen langfristiger Bindungen der Beteiligten sehr schädlich für die Verwertungsmöglichkeiten auswirken (angenommen vom *AG Hamburg* ZIP 2014, 390: unübersichtliche konzerngesellschaftsrechtliche Verknüpfungen zu 63 Konzerngesellschaften mit strafrechtlichen Ermittlungen). Derartige Feststellungen werden sich für das Insolvenzgericht i.d.R. aus dem nach § 5 Abs. 1 Satz 2 InsO eingeholten Gutachten ergeben. Allerdings steht der Anordnung der Eigenverwaltung nicht allein schon die Tatsache entgegen, dass sich die Insolvenzmasse lediglich aus Haftungs- und Erstattungsansprüchen gegen die Gesellschafter zusammensetzt (*AG Köln* ZIP 1999, 1646; Gottwald/*Haas* HdbInsR, § 87 Rn. 18; *Uhlenbruck/Zipperer* InsO, § 270 Rn. 50), wenn geeignete Sicherungsmaßnahmen die sich aus solchen Umständen ergebende Gefahr für die Gläubigerinteressen neutralisieren.

80 Zum Altrecht wurde die Auffassung vertreten, das Gericht habe die Anordnung der Eigenverwaltung zu unterlassen, sofern nur **geringe Zweifel** am Vorliegen der Voraussetzungen bestehen *(Kübler/Prütting/Bork-Pape* InsO, § 270 Rn. 13, 95; *Haarmeyer/Wutzke/Förster* Handbuch, Kap. 10 Rn. 10; *Nerlich/Römermann-Riggert* InsO, § 270 Rn. 25; HK-InsO/*Landfermann* 7. Aufl., § 270 Rn. 9). Der Auffassung konnte nicht gefolgt werden, weil damit die Ermessensentscheidung des Gerichtes (s. Rdn. 67) unvertretbar eingeengt wurde. Sie ist nunmehr durch die Neufassung des **ESUG** widerlegt. Selbst das Regelinsolvenzverfahren bietet keine absolute Sicherheit gegen objektiv gläubigerschädigendes Verhalten des Insolvenzverwalters (vgl. §§ 60 f. InsO). Wie insbesondere die Haftungsverweisung für den Sachwalter (§ 274 Abs. 1 InsO) zeigt, hat der Gesetzgeber auch für die Eigenverwaltung das Risiko einer Gläubigerschädigung bewusst in Kauf genommen. Es besteht deswegen keine Veranlassung, den um Eigenverwaltung antragenden Schuldner schlechter zu stellen als ein Insolvenzverwalter stünde und die Eigenverwaltung durch allzu strenge Anforderungen an ihre Voraussetzungen schlechthin in Frage zu stellen. Es kommt deswegen letztlich allein auf die durch Abwägung aller festgestellter konkreter Umstände zu treffende **freie Prognoseentscheidung des Gerichtes** an, in der regelmäßig die Beurteilung der Frage den Ausschlag geben wird, ob (1. Stufe Missbrauchsgefahrenprüfung) konkret festgestellte Gläubigergefährdungsumstände (2. Stufe Neutralisierungsprüfung) durch die Berufung eines auf den Fall passenden geeigneten und bereiten Sachwalters sowie die begleitende Anordnung von Sicherungsmaßnahmen neutralisiert werden können (wie hier zum Altrecht *Kübler/Prütting/Bork-Pape* InsO, Stand November 2006, § 270 Rn. 94; HK-InsO/ *Landfermann* 7. Aufl. § 270 Rn. 9; s. Rdn. 69, 76).

Bei **organschaftlichen Vertretern** reicht es aus, wenn jedenfalls **bei einem der organschaftlichen Vertreter** die Missbrauchsgefahrenprüfung erfolgreich ist (instruktiv *AG Hamburg* ZInsO 2014, 566). Denn die Insolvenzordnung knüpft die Verantwortlichkeiten des Schuldners gegenüber seiner Gläubigergemeinschaft nicht an das Kollegialorgan an, sondern an die einzelnen Organmitglieder (§ 15 Abs. 1 InsO das Antragsrecht jedes Mitgliedes eines Vertretungsorgans; s. auch § 64 Abs. 1 GmbHG – *Baumbach/Hueck-Haas* GmbHG 19. Aufl. § 64 Rn. 11, str. – und § 15a InsO zum Ersatzanspruch des geschädigten Gläubigers gegen jeden Geschäftsführer). Daraus kann sich die Notwendigkeit zum Austausch eines belasteten Organmitgliedes zur Herstellung oder Wiederherstellung der Eigenverwaltungsfähigkeit ergeben (*Uhlenbruck* InsO, 13. Aufl., § 270 Rn. 7 und FS Metzeler, S. 85, 90 f.; *Görg/Stockhausen* FS Metzeler, S. 105, 111; *Braun* NZI 2003, 588; wohl auch *Hess/Ruppe* NZI 2002, 577; die Stellungnahmen befassen sich allerdings mit dem »Eintausch« erfahrener Insolvenzverwalterpersonen, nicht mit dem Austausch belasteter Organmitglieder). Im Fall einer angeordneten Eigenverwaltung droht bei Bekanntwerden solchermaßen belastender Umstände in der Person eines Organmitgliedes die Aufhebung der Eigenverwaltung (§ 272 Abs. 1 Nr. 1 und 2 InsO). Es entspricht Sinn und Zweck der Eigenverwaltung, dass der Schuldner diese Gefahr dadurch beseitigt, dass das belastete Organmitglied durch ein unbelastetes eigenverwaltungsfähiges Organmitglied ersetzt wird. Der **Austausch von Organmitgliedern** vor dem Antrag auf Anordnung der Eigenverwaltung und in jeder Phase danach ist deswegen ein **grundsätzlich zulässiges Gestaltungsmittel des Schuldners** (vgl. *AG Köln* ZIP 2005, 1975 [1977] = ZInsO 2005, 1006 = NZI 2005, 633 = ZVI 2005, 611; *Uhlenbruck* InsO, 13. Aufl., § 270 Rn. 7 und NJW 2002, 3219 f.; *Uhlenbruck/Zipperer* InsO, § 270 Rn. 48; *Görg/Stockhausen* FS Metzeler, S. 111; *Prütting* FS H.-P. Kirchhof, S. 437; *Braun/Riggert* InsO, § 270 Rn. 6; *Huhn* Eigenverwaltung, Rn. 258 f.; *Kübler/Prütting/ Bork-Pape* InsO, § 270 Rn. 32 f. MüKo-InsO/ *Tetzlaff* § 270 Rn. 71). 81

Von der grundsätzlichen Zulässigkeit des Austausches von Organmitgliedern zur Herstellung oder Beibehaltung der Eigenverwaltungsfähigkeit zu trennen ist die Frage, ob der Austausch eine bestehende Gläubigergefährdung perpetuiert oder gerade zu ihr führt, weil zum Beispiel das eingetauschte Organmitglied als potentieller Insolvenzverwalter in Frage gekommen wäre, es über die hierfür notwendigen Fachkenntnisse und Erfahrungen verfügt. In dieser Fragestellung liegt die **Kernproblematik** der durch den **Beschluss des AG Duisburg vom 01.09.2002** im Insolvenzantragsverfahren der Babcock Borsig AG (i.E. s. vor §§ 270 ff. Rdn. 7) ausgelösten Missbrauchsdiskussion. Sie ist durch die Reformgesetzgebung nicht beseitigt. Das AG Duisburg hat gemeint, die Auswechslung des Vorstandsvorsitzenden durch einen Insolvenzverwalter nach der Insolvenzantragstellung beinhalte die Gefahr, dass sich der Schuldner unter Verstoß gegen den in § 56 InsO normierten Grundsatz der Unabhängigkeit des Insolvenzverwalters einen ihm genehmen Insolvenzverwalter auswähle. Die Eigenverwaltung werde vom Schuldner dazu missbraucht, um sich diejenige Person auszuwählen, die das Insolvenzverfahren über ihr Vermögen abwickele, was im Regelinsolvenzverfahren gerade nicht möglich sei. Dieser Aufschrei hat Zuspruch erfahren. In der Auswechslung liege eine unzulässige Umgehung des Erstbestimmungsrechtes nach § 56 InsO (*Graf-Schlicker* FS H.-P. Kirchhof, S. 135, 146; *Frind* ZInsO 2002, 745 [751]; *Hess/Ruppe* NZI 2002, 577 [578]; *Uhlenbruck* NJW 2002, 3219 [3220] und FS Metzeler, S. 85, 91 f.; *Huhn* Eigenverwaltung, Rn. 258 mit Fn. 318; *Köchling* ZInsO 2003, 53 [55]; *Prütting* FS Metzeler, S. 433, 437 und ZIP 2002, 1965 [1973]; *Görg/Stockhausen* FS Metzeler, S. 113; HK-InsO/ *Landfermann* 7. Aufl., Vor §§ 270 ff. Rn. 13). In aller Regel wird sich diese Problematik durch die Reform nicht in der Beurteilung des Absatzes 2 Nr. 2 stellen, sondern in der Anwendung des Abs. 3. Denn in diesen Fällen wird es grundsätzlich um das Beschlussverhalten des vorläufigen Gläubigerausschusses und die Beschlussauswirkungen gehen. Die Frage, ob eine **Nachteilszufügungsgefahr** vorliegt, wenn das eingetauschte Organmitglied als potentieller Insolvenzverwalter in Frage gekommen wäre, lässt sich nur aus Sinn und Zweck der §§ 56 f. InsO beantworten, die in die Eigenverwaltungsregeln wirken, weil die Eigenverwaltung ein besonderes Verwaltungs- und Verwertungsverfahren der Insolvenzordnung ist. Die Vorschriften über den Insolvenzverwalter lehnen sich an das Konkursrecht an (BT-Drucks. 12/2443 vor § 65). Der Insolvenz- 82 verwalter muss von den Verfahrensbeteiligten unabhängig sein um sein Amt **frei von sachwidrigen Einflüssen** ausüben zu können. Die Tatsache allein, dass der Verwalter von einem Gläubiger vorgeschlagen worden ist, begründet jedoch keine Zweifel an seiner Unabhängigkeit (so schon BT-Drucks. 12/2443 zu § 65; jetzt § 56 Abs. 1 S. 3 InsO). Deswegen kann in der Auswechselung jetzt grds. keine unzulässige Umgehung des Erstbestimmungsrechtes und keine Nachteilszufügungstatsache mehr angenommen werden (ebenso HK-InsO/*Landfermann* § 270 Rn. 15; *Uhlenbruck/Zipperer* InsO, § 270 Rn. 50; MüKo-InsO/*Tetzlaff* § 270 Rn. 71).

83 Um die Annahme einer konkreten Gläubigergefährdung durch einen Austausch von Organmitgliedern auszulösen, müssen vielmehr **weitere tatsächliche Ereignisse aus der Vergangenheit oder Gegenwart** hinzukommen, die einen unmittelbaren Bezug zur Fähigkeit und Bereitschaft des Schuldnerorgans nach dem Einwechselvorgang haben, mit dem eigenverwalteten Vermögen in der verantwortungsvollen Art eines ordentlichen Geschäftsmannes umzugehen (vgl. *Kübler/Prütting/Bork-Pape* InsO, § 270 Rn. 1: Verfolgung insolvenzwidriger Zwecke). Ein solches tatsächliches Ereignis liegt z.B. vor, wenn die Einwechselung erfolgt ist, um den eingewechselten Insolvenzfachmann die Verwaltungs- und Verwertungshandlungen durchführen zu lassen, obwohl zunächst die Durchführung eines Regelinsolvenzverfahrens geplant war, die Bestellung des eingewechselten Insolvenzfachmannes oder einer mit ihm (z.B. in einer Sozietät) verbundenen Person aber am Insolvenzrichter – auch schon als Gutachter oder vorläufiger Insolvenzverwalter – gescheitert ist oder wäre (§ 56 InsO). Dann ist zu befürchten, dass die Verwaltungs- und Verwertungshandlungen des eigenverwaltenden Schuldners **sachwidrigen Einflüssen ausgesetzt sein können** und deswegen zu Nachteilen für die Gläubiger führen werden. Wer an der Eignungsprüfung des Insolvenzrichters für eine verantwortliche Rolle im Eröffnungsverfahren gescheitert ist oder gescheitert wäre, ist auch für Eigenverwaltungshandlungen grundsätzlich ungeeignet und ein grundsätzliches Gläubigerrisiko. Dieser Sachverhalt lag im Fall des AG Duisburg vor: Nach dem Eröffnungsantrag der Babcock Borsig AG – ohne Eigenverwaltungsantrag – hatte das Insolvenzgericht den vorläufigen Insolvenzverwalter bewusst nicht aus dem Kreis der Personen ausgewählt, die danach in die Führungspositionen aufgenommen wurden (der Beschlusstatbestand ist vollständig abgedruckt in ZIP 2002, 1636). Deswegen ging das AG Duisburg – auch unter den Reformprämissen – zu Recht von einer Gläubigergefährdung durch die Einwechslung des Insolvenzfachmannes aus (m. ähnlicher Begr. HK-InsO/*Landfermann* § 270 Rn. 15; *Uhlenbruck/Zipperer* InsO, § 270 Rn. 50; MüKo-InsO/*Tetzlaff* § 270 Rn. 71; so zum alten Recht schon *AG Köln* ZInsO 2005, 1006).

84 Soweit die Auffassung vertreten wird, eine **schlechtere Quotenerwartung** sei maßgebliches Beurteilungskriterium für eine Nachteilsannahme (*Braun/Riggert* InsO, § 270 Rn. 4; *Bork* Insolvenzrecht, Rn. 402), jedenfalls aber dann, wenn mit einer **signifikant nachteiligen Veränderung der Vermögenslage** des Schuldners zu rechnen sei (MüKo-InsO/*Tetzlaff* 270 Rn. 78), wird der Zweck der Eigenverwaltung übersehen. Die Eigenverwaltung ist ein insolvenzgläubigerbestimmtes Verfahren, das auf der Gleichranganordnung des Gesetzgebers für alle Verwertungsarten der Insolvenzanordnung beruht, sie werden den Beteiligten gleichrangig angeboten (i.E. mit den zitierten Quellen Rdn. 25 ff.). Das Gericht ist deswegen gehalten, grds. die Entscheidung der Beteiligten (Insolvenzgläubiger) zu respektieren, die erst im Berichtstermin erfolgen kann (§ 272 InsO) und die auch so aussehen kann, ungeachtet einer geringeren Quotenerwartung als im Insolvenzregelverfahren die angeordnete Eigenverwaltung beizubehalten, weil sie den Gläubigern höherwertige Vorteile bietet als eine Quotenverbesserung, z.B. den Erhalt einer höheren Arbeitsplatzzahl oder langfristig gesicherten Warenabsatz. Zweck der Eigenverwaltung ist nicht ein Quotenverbesserungszwang, sondern – vom seltenen Fall der Zerschlagungsliquidation abgesehen – die Sanierung des Unternehmens des Schuldners. Dem Insolvenzgericht gebührt deswegen nicht das Recht, den Antrag auf Anordnung der Eigenverwaltung mit Quotenverschlechterungserwartungen zu versagen, abgesehen davon, dass darin eine Zukunftsschätzung läge, die sich objektiv bestimmbaren Tatsachen entzieht (i.E. deswegen zutreffend *Hölzle* Praxisleitfahren ESUG, S. 95; *Nerlich/Römermann-Riggert* InsO, § 270 Rn. 20).

Hat die Prüfung in der 1. Stufe eine Gläubigergefährdung ergeben, hängt die Anordnungsfähigkeit der Eigenverwaltung in der **2. Stufe** der Prüfung davon ab, ob **durch Einzelanordnungen ein Gefahrenausgleich erreicht** werden kann. 85

Die Prüfung in der **2. Stufe** ist allerdings grds. bereits abgeschlossen, wenn ein **vorläufiger Gläubigerausschuss den Antrag des Schuldners durch einen einstimmigen Beschluss unterstützt**, weil die Rechtsfolgenanordnung dieses Beschlusses die fehlende Gläubigergefährdung vorgibt: Die Anordnung der Eigenverwaltung gilt (nach der hier vertretenen Auffassung nur grundsätzlich, Rdn. 87 f.) nicht als nachteilig für die Gläubiger (Abs. 3 Satz 2). Der einstimmige Beschluss (s. Rdn. 109) hat die Wirkung, dass das Gericht bei seiner Entscheidung über den Antrag des Schuldners zu unterstellen hat, dass die Anordnung der Eigenverwaltung nicht zu Nachteilen für die Gläubiger führt. Die Voraussetzung des neu gefassten § 270 Abs. 2 Nr. 2 InsO gilt also als erfüllt (BT-Drucks. 17/5712 S. 39 zu Nr. 42, so die Handhabung i. Erg. *AG Freiburg* NZI 2015, 605 m. Anm. *Madaus* NZI 2015, 606 sowie die Prüfungsfolge von *Frind* ZIP 2017, 993. 86

Allerdings fragt sich, ob das Gericht ausnahmslos an diese Beschlussfolgenanordnung gebunden ist, oder ob sich das Gericht – falls ja, unter welchen Voraussetzungen – über sie hinwegsetzen und den Schuldnerantrag gleichwohl abweisen kann. Es ist die Frage nach dem **Rechtscharakter der Beschlussfolgenanordnung**. Die Gesetzgebungsgrundlagen geben dazu keinen ausdrücklichen Hinweis. Die **Auslegung** ergibt, dass es sich um eine – widerlegliche – **normierte Vermutung** entsprechend § 292 ZPO (über § 4 InsO) handelt (i.E. ebenso *Kübler/Prütting/Bork-Pape* InsO, § 270 Rn. 161). Dafür spricht: Die Beschlussfolgenanordnung folgt dem typischen Vermutungsaufbau, indem an einen Tatbestand (einstimmiger Unterstützungsbeschluss des vorläufigen Gläubigerausschusses) eine Rechtsfolge geknüpft wird (gilt die Eigenverwaltungsanordnung als nicht gläubigerbenachteiligend und damit die Voraussetzung des Absatzes 2 Nr. 2 als erfüllt, BT-Drucks. 12/5712 S. 39 zu Nr. 42). Die geläufigen normierten Vermutungen folgen dem gleichen Schema (z.B. § 1006 Abs. 1 Satz 1, Abs. 2, Abs. 3 BGB; § 891 Abs. 1, Abs. 2 BGB; § 1362 Abs. 1, Abs. 2 BGB). Die Widerleglichkeit folgt aus der Stellung im Gesetz. Die Beschlussfolgenanordnung ist in Abs. 3 geregelt, ihre Wirkung bestimmt die Anwendbarkeit des Abs. 2 Nr. 2. Erst Abs. 4 regelt den Fall der Antragsablehnung durch das Gericht durch schriftliche Begründungspflicht, sodass die Antragsablehnungsmöglichkeit auch den Fall der Beschlussfolgenanordnung des Abs. 3 Satz 2 umfasst. Die Beschlussfolgenanordnung als normierte Vermutung folgt ferner aus Sinn und Zweck des Abs. 3 Satz 2. Zwar sollen die Gläubiger stärker als bisher in die Eröffnungsentscheidungen des Gerichts einbezogen werden (BT-Drucks. 17/5712 S. 1 f., 17 f., 19), jedoch soll die in richterlicher und damit verfassungsmäßig geschützter Unabhängigkeit gefasste Entscheidung auf Ablehnung des Antrags auf Eigenverwaltung respektiert werden. Denn dem Gericht ist im Falle der Antragsablehnung und/oder der vom Vorschlag des vorläufigen Gläubigerausschusses abweichenden Bestellung des Sachwalters nur die schriftliche Begründung der Entscheidung auferlegt (Abs. 4 mit § 27 Abs. 2 Nr. 5 InsO). Ein Rechtsmittel wurde bewusst nicht vorgesehen, weil die Selbstregelungsmöglichkeiten durch die Gläubigerversammlung (nachträgliche Anordnung § 271 InsO, nachträgliche Aufhebung § 272 Abs. 1 Nr. 1 InsO) für ausreichend angesehen wurden (BT-Drucks. 17/5712 S. 38 f. zu Nr. 42; **a.A.** ohne Begründung MüKo-InsO/ *Tetzlaff* § 270 Rn. 97; *Uhlenbruck/Zipperer* InsO, § 270 Rn. 58). 87

Allerdings kann die normierte Vermutungsfolge nicht zur Anwendung der allgemeinen pflichtgemäßen Ermessensgrundsätze auf die Entscheidung des Gerichts führen. Liegt ein einstimmiger Beschluss des vorläufigen Gläubigerausschusses vor, darf die Gläubigergefährdungsbeurteilung vielmehr nicht nur zur bloß möglichen Unrichtigkeit der Beschlussfolgenanordnung führen, sondern zur sicheren Unrichtigkeit (vgl. *BGH* MDR 1959, 114). Das Gericht muss vielmehr im Wege freier Umstandswürdigung die **Überzeugung vom Gegenteil der Beschlussfolgenanordnung** gewinnen (vgl. *Zöller/Greger* § 292 ZPO Rn. 2). Es wird sich deswegen letztlich um Ausnahmefälle solchen Gewichts handeln, in denen eine Eigenverwaltungsanordnung oder Sachwalterbestellung darauf hinausläuft, mit hoher Wahrscheinlichkeit Beihilfe zur Gläubigerbenachteiligung zu leisten. Vgl. zur parallel gelagerten Frage der Nichtbindung des Gerichts an den vorgeschlagenen Sachwalter durch 88 einstimmigen Beschluss des vorläufigen Gläubigerausschusses wegen Ungeeignetheit des Vorgeschlagenen *AG Stendal* Beschl. v. 31.08.2012 ZIP 2012, 1875 und 01.10.2012 ZIP 2012, 2030; i.E. s. § 270c Rdn. 4.

89 Wichtigstes – weil gesetzlich angeordnetes – Mittel zum Gefahrenausgleich ist die Bestellung eines **geeigneten und bereiten Sachwalters** gem. § 270 Abs. 2 Satz 1 InsO (zutr. *AG Köln* ZIP 2005, 1975 [1977 f.]; *Uhlenbruck* InsO, 13. Aufl., § 270 Rn. 49; *Vallender* WM 1998, 2129, 2139; KS-InsO/ *Pape* S. 907 f. Rn. 17). Er muss nicht nur entsprechend § 56 InsO über eine Geschäftskunde und Unabhängigkeit im allgemeinen Sinn verfügen (so aber offenbar *Braun/Riggert* InsO, § 274 Rn. 4; MüKo-InsO/*Tetzlaff* § 274 Rn. 15 ff.), sondern eine **Fachkompetenz, Erfahrung und Integrität, die den besonderen Anforderungen des jeweiligen Eigenverwaltungsverfahrens entspricht** (ähnlich *Uhlenbruck/Zipperer* InsO, § 274 Rn. 3). Der Sachwalter ist der gesetzlich vorgesehene Hüter des Gläubigerwohls (s. nur den Wortlaut § 270 Abs. 3 Satz 1: ». . . wird **anstelle** des Insolvenzverwalters ein Sachwalter bestellt«) und wegen der latenten Möglichkeit, jederzeit und kurzfristig gem. 272 Abs. 3 InsO in das Amt des Insolvenzverwalters einrücken zu müssen, Anforderungen an die Amtsführung ausgesetzt, die über diejenigen eines Insolvenzverwalters hinausgehen (s. § 274 Rdn. 4–13; vgl. *Uhlenbruck/Zipperer* § 274 Rn. 3). Findet sich deswegen für die besonderen Anforderungen des jeweiligen Eigenverwaltungsverfahrens unter Berücksichtigung besonderer Missbrauchsumstände kein geeigneter und bereiter Sachwalter, ist die **Gefährdungsprognose** des Abs. 2 Nr. 2 **negativ**, so dass von der Anordnung der Eigenverwaltung abgesehen werden muss. Denn dann kann die Gläubigerschutzkonstruktion der Eigenverwaltung absehbar insgesamt nicht wirken. Auf diesem Mechanismus beruhen die Beschlüsse des *AG Stendal* vom 31.08.2012 (ZIP 2012, 1875 m. Anm. *Schulte-Kaubrügger* EWiR 2012, 705) und 01.10.2012 (ZIP 2012, 2030), mit denen bei angenommener Ungeeignetheit des vom vorläufigen Gläubigerausschuss einstimmig Vorgeschlagenen ein vom Gericht Ausgewählter zum Sachwalter bestellt wurde (i.E. s. § 270c Rdn. 5). Die Problematik wurde durch die Reform mit Eigenverwaltungsvorverfahren und der Anhörungspflicht des vorläufigen Gläubigerausschusses sowie den Wirkungen des einstimmigen Unterstützungsbeschluss allerdings deutlich entschärft.

90 Liegen besondere Gläubigergefährdungsumstände vor und können sie nicht schon durch einen geeigneten und bereiten Sachwalter neutralisiert werden, kommt es darauf an, ob die durch diese Umstände ausgelöste Gläubigergefährdung dadurch vermieden werden kann, dass durch zusätzliche Anordnung gläubigerschützender Maßnahmen dennoch dem Gläubigerwohl entsprochen werden kann. Dafür steht nach der hier vertretenen Auffassung eine **Anordnungsbefugnis für alle nach seinem pflichtgemäßen Ermessen am Gläubigerwohl orientierten geeigneten und erforderlichen Maßnahmen zu, die das Instrumentarium der Insolvenzordnung für das Eröffnungsverfahren gewährt** (die Rspr. hat danach mehrfach verfahren, i.E. s. § 270c Rdn. 21 ff.; vgl. *Uhlenbruck* InsO, 13. Aufl., § 270 Rn. 10 f.; zust. *Uhlenbruck/Zipperer* InsO, § 270 Rn. 54; BK-InsO/*Blersch* § 270 Rn. 8; a.A. *Kübler/Prütting/Bork-Pape* InsO, § 270 Rn. 144 f.; *Kluth* ZInsO 2002, 1001 [1003 f.]; *Prütting* FS Kirchhof S. 433). Systematisch handelt es sich um die Frage der Anordnungsreichweite des Abs. 1 Satz 2 (s.a. Rdn. 37–39).

91 Umstritten ist, **ob die für die angeordnete Eigenverwaltung optional vorgesehenen Gläubigerschutzvorschriften bereits mit der Eigenverwaltung angeordnet** werden können, z.B. § 277 Abs. 1 InsO. Die Frage ist mit dem Anordnungsbeschluss des AG Duisburg vom 01.09.2002 im Verfahren Babcock Borsig AG (s. Rdn. 37) aufgekommen. Das AG Duisburg hat in Analogie zu §§ 21 Abs. 2 Nr. 2, 275 Abs. 1, 277 Abs. 1 InsO die Innenbindung des eigenverwaltenden Schuldners im Verhältnis zum Sachwalter ab dem Zeitpunkt der Eröffnung des Insolvenzverfahrens mit angeordneter Eigenverwaltung auf das Außenverhältnis ausgedehnt (ähnlich *AG Stendal* ZIP 2012, 1875 m. Anm. *Sulte-Kaubrügger* EWiR 2012, 705; i.E. dazu § 270c Rdn. 5). Diese Analogie hat in der eigenverwaltungsorientierten Praxis Widerspruch ausgelöst (*Kluth* ZInsO 2002, 1001 [1170]; *Köchling* ZInsO 2003, 53; ferner *Prütting* FS H.-P. Kirchhof, S. 433, 438). Die Frage ist durch das **ESUG** nicht überholt, weil sie von den Neuregelungen nicht berührt wird. Gegen die analoge Anwendung des § 277 Abs. 1 InsO wird zu Unrecht eingewandt, das Verfahren der Eigenverwaltung enthalte eine eigene

Regelung und darüber hinaus in § 270 Abs. 1 Satz 2 InsO einen generellen Bezug auf das eröffnete Insolvenzverfahren. Im Rahmen dieser Gesamtregelung sei eine Regelungslücke nicht zu erkennen. § 277 InsO enthalte ein in sich lückenlos geschlossenes Regelungssystem (*Prütting* FS H.-P. Kirchhof, S. 433, 439), weswegen diese gerichtliche Anordnung wegen besonders schwerwiegender Fehlerhaftigkeit bei verständiger Würdigung der Umstände rechtswidrig und nichtig sei (*Kluth* ZInsO 2002, 1001 [1003, 1170]; *Köchling* ZInsO 2003, 53 [54]). Das Gläubigerschutzsystem der Eigenverwaltung ist vielmehr bereits in sich lückenhaft, weil der Gesetzgeber den Strukturunterschied zwischen der Vergleichsordnung einerseits und der Eigenverwaltung andererseits nicht konsequent durchgeführt hat. Den Regeln der Vergleichsordnung hat er zwar die Aufsichts- und Unterrichtungspflicht des Sachwalters entnommen, aber die Eigenverwaltung anders als das Vergleichsverfahren als besondere Art des Insolvenzverfahrens angelegt. Während in der Vergleichsordnung das gläubigerfreundliche Verhalten des Schuldners über §§ 17 Nr. 7 und 9, 100 Abs. 1 Nr. 3 und 4 VerglO durchsetzbar war, fehlt in der Eigenverwaltung ein vergleichbares Sanktionensystem und mit ihm ein umfassendes Antrags-, Eingriffs- und Anordnungsinstrumentarium, das entsprechend nur aus Sinn und Zweck der Eigenverwaltung unter besonderer Berücksichtigung des Sinnes und Zweckes der Verweisungsregeln des § 270 Abs. 1 Satz 2 InsO abgeleitet werden kann und damit die Regelungslücke schließt. Das Gläubigerschutzsystem der Eigenverwaltung ist gerade nicht lückenlos und erst recht nicht § 277 InsO. Deswegen besteht die Analogiefähigkeit (i.E. ebenso *Hess/Ruppe* NZI 2002, 577 [579]; zust. m. eingehender Begr. *Uhlenbruck/Zipperer* InsO, § 270 Rn. 54). Ebenfalls nicht gefolgt werden kann dem Argument, die Anordnung widerspreche dem Bestimmtheitsgrundsatz, weil § 277 Abs. 1 InsO den Anordnungsbezug auf bestimmte Rechtsgeschäfte fordere, sich die gerichtliche Anordnung dagegen auf alle Verfügungen beziehe, die »nicht zum gewöhnlichen Geschäftsbetrieb gehören«. Denn der Gesetzgeber hat die Unterscheidung zwischen Rechtsgeschäften, die nicht zum gewöhnlichen Geschäftsbetrieb gehören und solchen, die zum gewöhnlichen Geschäftsbetrieb gehören, vorgegeben (§ 275 Abs. 1 Satz 1 und 2 InsO). Die Unterscheidung hatte in der VerglO eine jahrzehntelange Rechtstradition und bereitet keine besonderen Schwierigkeiten (s. § 275 Rdn. 10 f.). Deswegen entspricht die Analogie zu den § 277 Abs. 1 und § 275 Abs. 1 InsO der Ausübung pflichtgemäßem richterlichen Ermessens (i.E. ebenso *Hess/Ruppe* NZI 2002, 577 ff.; *Uhlenbruck/Zipperer* InsO, § 270 Rn. 54).

E. Beteiligung des vorläufigen Gläubigerausschusses (Abs. 3)

I. Systematik

Die Absätze 3 und 4 wurden durch das **ESUG** eingeführt. Abs. 3 regelt die Einflussnahmemöglichkeiten der Gläubiger auf die Anordnungsentscheidung des Gerichts zur Eigenverwaltung durch Einbindung des vorläufigen Gläubigerausschusses, Absatz 4 den Beschlussinhalt bei einer ablehnenden Entscheidung (BT-Drucks. 17/5712 S. 39 zu Nr. 42). In der Aufbausystematik hätte gelegen, wie nach Absatz 3 des Altrechts den Beschlussinhalt im Fall der Anordnung als Absatz 5 des § 270 InsO zu regeln und nicht in § 270c InsO als eigenständige Norm und damit alle Beschlussinhalte im inneren Zusammenhang des § 270 InsO zusammen mit den Anordnungsvoraussetzungen, zumal der frühere Absatz 3 wörtlich übernommen und in seinem früheren Regelungsumfang ausdrücklich bestätigt wurde (BT-Drucks. 17/5712 S. 39 zu Nr. 42 und S. 41 zu Nr. 43). Der Sinn für diesen Bruch in der Aufbausystematik erschließt sich nicht, die Gesetzesgrundlagen geben dazu keine Hinweise, auch nicht die Stellungnahme des Bundesrates. Für die Anwendung des § 270 empfiehlt es sich, § 270c als Absatz 5 zu lesen und nach seiner Zwecksetzung als Regelungsbestandteil des § 270 InsO anzusehen. Dieses Verständnis kann für Auslegungsfragen von Bedeutung sein.

II. Normzweck

Der Normzweck des Absatzes 3 (wie des Absatzes 4) folgt dem Kernanliegen der **Reform**, die Sanierung insolvenzbedrohter Unternehmen u.a. durch eine frühzeitigere Einbindung der Gläubiger in die Vorbereitung der Eröffnungsentscheidung und die Eröffnungsentscheidung selbst zu erleichtern und dazu insbesondere den Zugang zur Eigenverwaltung durch **maßvolle Lockerung ihrer Voraus-**

setzungen zu vereinfachen (BT-Drucks. 17/5712 S. 1 f.; S. 19 zu Ziff. 5). Das Umsetzungsmittel liegt in der Verstärkung des Einflusses der Gläubiger auf die Anordnung der Eigenverwaltung als Parallele zur Einflussnahmemöglichkeit der Gläubiger auf die Auswahl des Insolvenzverwalters, mit der Reform in § 56a InsO geregelt. Deswegen ist Absatz 3 mit dem Wortlaut in § 56a Abs. 1 und 2 InsO teilidentisch, die Regelungsbereiche entsprechen sich (BT-Drucks. 17/5712 S. 19 zu Ziff. 5). Ergänzt werden die Neuregelungen und ebenfalls zur Verstärkung des Einflusses der Gläubiger durch ihre Einbindung auch in die **Sachwalterauswahl**, die aufgrund der Verweisung in § 274 Abs. 1 InsO nach §§ 56, 56a InsO vorzunehmen ist.

III. Normzweckauslegung: nachteilige Veränderung in der Vermögenslage des Schuldners; offensichtlich; gilt als nicht nachteilig

94 Diese Parallelsicht des Gesetzgebers verlangt nicht, **Auslegungsfragen** des Abs. 3 ausschließlich nach den Bestimmungen des § 56a InsO zu beantworten. Denn nach der Prioritätsvorgabe des Gesetzgebers genießt der **Eigenverwaltungszweck** den **Auslegungsvorrang**. Die Reform hat den Zweck der Eigenverwaltung, die Geschäftsführung des Schuldners in Eigenverwaltung zu erleichtern und damit Anreize für frühzeitige Anträge auf Eröffnung von Insolvenzverfahren zu setzen, nicht nur unangetastet gelassen, sondern bestätigt (BT-Drucks. 17/5712 S. 19; BT-Drucks. 12/2443 S. 80 f., 100, 223 vor § 331), um dadurch im Hauptziel aller Insolvenzregeln durch die Selbstverwaltungsbeteiligung des Schuldners die bestmögliche Gläubigerbefriedigung (§ 1 InsO) zu erreichen (zutr. deswegen im Ausgangspunkt *Brinkmann/Zipperer* ZIP 2011, 1338). Dieses Ziel ist in erster Linie maßgeblich für die Entscheidungen, die innerhalb des Verfahrens zu treffen sind (BT-Drucks. 12/2443 S. 108 zu § 1). Das Selbstverwaltungsrecht des Schuldners als Mittel zur bestmöglichen Gläubigerbefriedigung ist jedoch etwas anderes als das Mittel des Fremdverwaltungsrechts durch einen Insolvenzverwalter zur bestmöglichen Gläubigerbefriedigung, weil das **Selbstverwaltungsrecht des Schuldners missbrauchsanfälliger** und deswegen für die bestmögliche Befriedigung der Gläubigergemeinschaft gefährdender ist (m. dem Hinw. darauf zur Haftung der Mitglieder des vorläufigen Gläubigerausschusses *Pape/Schultz* ZIP 2016, 506, 512).

95 Davon ging offenbar auch der Reformgesetzgeber aus. Denn die Verwalterauswahl wird in § 56a InsO an die *nicht nachteilige Veränderung der Vermögenslage des Schuldners* geknüpft (Abs. 1, Abs. 3), während es für die Anordnung der Eigenverwaltung darauf ankommt, dass die Anordnung *nicht zu Nachteilen für die Gläubiger führen wird* (Abs. 2 Nr. 2). § 56a InsO schützt also die Vermögenslage des Schuldners vor nachteiligen Veränderungen, § 270 InsO die Gläubigerbefriedigungschancen. Auch wenn nach der Vorgabe des Gesetzgebers schon zum Altrecht davon ausgegangen werden kann, dass ein antragstellender und gläubigergestützter Schuldner i.d.R. dazu geeignet ist, bis zur Entscheidung der ersten Gläubigerversammlung die Eigenverwaltung zu führen (BT-Drucks. 12/2443 zu § 331), erreicht die Selbstverwaltung des Schuldners auch unter der Überwachung und Kontrolle durch den Sachwalter (§§ 274, 275 InsO) nicht die **Schutzhöhe der Fremdverwaltung** durch einen Insolvenzverwalter in seiner Treuhandstellung (§§ 274, 275 InsO: Rechtsstellung und Mitwirkung des Sachwalters; § 277 InsO: Anordnung der Zustimmungsbedürftigkeit; so auch schon §§ 12, 24, 58, 59 VerglO: Fortdauer im Vorverfahren angeordneter Verfügungsbeschränkungen im Vergleichsverfahren mit zusätzlichen Verfügungsbeschränkungsmöglichkeiten). **Das Spannungsverhältnis zwischen** der durch die Reform abgesenkten Anforderungshöhe für die Anordnung der Eigenverwaltung durch die gegenüber dem Altrecht **gelockerten Anordnungsvoraussetzungen** einerseits und dem **amtswegig zu beachtenden Gesamtgläubigerschutz** andererseits bestimmt deswegen unverändert und auch im Anwendungsbereich des Abs. 3 die Anordnungsfähigkeit der Eigenverwaltung; ferner den Haftungsumfang der Mitglieder des (vorläufigen) Gläubigerausschusses im Verfahren der angeordneten Eigenverwaltung sowie schon im Eröffnungsverfahren (so zutr. *Pape/Schultz* ZIP 2016, 507). Die unbestimmten Rechtsbegriffe des Abs. 3 (nachteilige Veränderung in der Vermögenslage des Schuldners; offensichtlich; gilt als nicht nachteilig) müssen vorrangig nach dem Eigenverwaltungshauptziel der bestmöglichen Gesamtgläubigerbefriedigung durch die Selbstverwaltung des Schuldners ausgelegt werden und damit so, dass durch die hoheitliche Anordnungsentscheidung des Gerichts keine übermäßigen Risiken für das Befriedi-

gungsinteresse der Gläubigergemeinschaft begründet werden. Für diesen **Auslegungsgrundsatz** steht, dass **die Entscheidung des Gerichts** zur Anordnung oder Nichtanordnung der Eigenverwaltung vom Reformgesetzgeber mit dieser Begründung **rechtsmittellos gestellt** wurde: Die Entscheidung des Gerichts ist nur vorläufig bis zu ersten Gläubigerversammlung und diese hat die Möglichkeit, nach § 271 InsO nachträglich die Eigenverwaltung zu beantragen oder nach § 272 Abs. Nr. 1 InsO nachträglich deren Aufhebung zu verlangen; damit ist bereits eine Überprüfung der Entscheidung des Gerichts (durch die Gläubigergemeinschaft) vorgesehen (BT-Drucks. 17/5712 S. 39 zu Nr. 42). Letztlich »steht« der Reformgesetzgeber also zu der pflichtgemäßen Ermessensentscheidung des Gerichts in diesem Spannungsverhältnis. Der Beschluss des *BGH* v. 07.02.2013 stützt diese Sichtweise. Mit ihm wurde auf die Unanfechtbarkeit der Entscheidung des Insolvenzgerichtes, den Schuldner im Eröffnungsverfahren nach Antrag auf Anordnung der Eigenverwaltung nicht zur Begründung von Masseverbindlichkeiten zu ermächtigen, erkannt (*BGH* Beschl. v. 07.02.2013 ZIP 2013, 525 m. Anm. *Pleister/Tholen* ZInsO 2013, 460), mit der Begründung: In den Vorschriften der §§ 270a, 270b InsO seien insgesamt keine Rechtsmittel gegen die im Rahmen des Eröffnungs- oder des Schutzschirmverfahrens getroffenen Entscheidungen des Insolvenzgerichtes vorgesehen. Es handele sich um eilbedürftige, zügig durchzuführende Verfahren, in denen nicht auf die Entscheidung eines Rechtsmittelgerichts gewartet werden könne. Zusammen mit dem Beschl. v. 11.01.2007 (ZIP 2007, 448 = ZInsO 2007, 207, i.E. Rdn. 34) hat der *BGH* damit das gesamte eigenverwaltungsbestimmte Eröffnungsverfahren einschließlich der Abschlussentscheidung des Insolvenzgerichts grds. – Ausnahme bei Eingriff in den grundrechtlich geschützten Bereich des Schuldners, i.E. *Schmerbach* § 6 Rdn. 25 – unanfechtbar gestellt (ebenso HK-InsO/*Landfermann* § 270 Rn. 26; MüKo-InsO/*Tetzlaff* § 270 Rn. 125–127). Die Entscheidungen des Insolvenzgerichts sind Entscheidungen in einem eilbedürftigen und zügig durchzuführenden Verfahrensabschnitt, das nur mit pflichtgemäßen Ermessensentscheidungen des Insolvenzgerichtes durchzuführen ist. Der BGH stärkt mit seinem Beschluss vom 07.02.2013 diese Entscheidungsmacht des Insolvenzgerichts im Eröffnungsverfahren und damit zugleich in seiner Entscheidung über die Anordnung der Eigenverwaltung und geht deswegen deutlich über seinen formalen Anknüpfungspunkt der §§ 6, 270a, 270b InsO hinaus.

Die Auslegungsregel darf zusammen mit dem Grundsatz der pflichtgemäßen Ermessensentscheidung des Gerichts (s. Rdn. 67) allerdings nicht dazu eingesetzt werden, die Regelungsvorgaben des Gesetzgebers unangewendet zu lassen. Über einen **einstimmigen Unterstützungsbeschluss des vorläufigen Gläubigerausschusses** (Satz 2) etwa darf sich das Gericht in seiner verfassungsmäßig geschützten Unabhängigkeit (Art. 97 GG) ausnahmsweise nur hinwegsetzen, wenn tatsächliche Anhaltspunkte dafür bestehen, dass die Anordnung der Eigenverwaltung gleichwohl nach aller Wahrscheinlichkeit bis zur ersten Gläubigerversammlung zu Beeinträchtigungen der Befriedigungsmöglichkeiten der Gemeinschaft der Gläubiger führen wird (s. Rdn. 102–105), was nur selten der Fall sein kann (i.E. Rdn. 88 ff.). Ein einstimmiger unbegründeter Beschluss des vorläufigen Gläubigerausschusses, mit dem er sich gegen die Eigenverwaltung ausspricht, bindet das Gericht hingegen nicht (zutr. *AG Köln* ZIP 2013, 1390 = ZInsO 2013, 1476; *AG Freiburg* NZI 2015, 605 m. Anm. *Madaus*; s.a. Rdn. 78). **Einstimmig** heißt: Zustimmung aller Mitglieder, die Stimmenthaltung nur eine Mitgliedes verhindert die Nichtnachteiligkeitsanordnung des Abs. 3 Satz 2 (**a.A.** *Uhlenbruck/Zipperer* InsO, § 270 Rn. 58). Die Gegenauffassung widerspricht schon dem Wortlaut des Gesetzes »einstimmiger Beschluß« zur Unterstützung des Eigenverwaltungsantrages, der mit diesem Wortlaut in der Gesetzesbegründung wiederkehrt (BT-Drucks. 17/5712 S. 39 zu § 42). Die Stimmenthaltung eines Mitgliedes macht aus dem Abstimmungsergebnis nur einen Mehrheitsbeschluss, der nicht ausreicht (*Obermüller* ZInsO 2011, 1809 [1814]).

IV. Die Beteiligungsvorgaben im Einzelnen

1. Äußerungsgelegenheit für vorläufigen Gläubigerausschuss vor der Entscheidung (Satz 1)

Satz 1 greift die allgemeine Anordnungslage des Eröffnungsverfahrens auf und ergänzt damit §§ 270a, 270b InsO. Um der Gläubigerautonomie effektiv Geltung zu verschaffen, hält es der Ge-

§ 270 InsO Voraussetzungen

setzgeber für geboten, den Zeitpunkt der Einflussnahme der Gläubiger in das Eröffnungsverfahren vorzuverlegen. Wenn ein vorläufiger Gläubigerausschuss eingesetzt ist (§§ 21 Abs. 2 Nr. 1a, 22a InsO), ist diesem Ausschuss grds. vor der Entscheidung über den Antrag auf Eigenverwaltung Gelegenheit zur Äußerung zu geben (BT-Drucks. 17/5712 S. 39 zu Nr. 42). Nach Sinn und Zweck der Regelung gilt diese **grundsätzliche Anhörungspflicht** in allen Fällen der Entscheidung über einen Eigenverwaltungsantrag des Schuldners, also auch, wenn der Eigenverwaltungsantrag dem Insolvenzeröffnungsantrag nachfolgt. **Anhörungsberechtigt** ist nicht jedes Mitglied des vorläufigen Gläubigerausschusses in Person, sondern der vorläufige Gläubigerausschuss als Gläubigergemeinschaftsorgan, weil er sich nur aufgrund eines Beschlusses äußern kann. Deswegen entfällt die Anhörungspflicht vor der Konstituierung des Gläubigerausschusses (*AG München* ZIP 2012, 1308). Im Fall des **§§ 22a Abs. 2 InsO** besteht die Anhörungspflicht deswegen ebenfalls erst, wenn auf die Personenbenennungen des antragstellenden Schuldners/vorläufigen Insolvenzverwalters/Gläubigers, die als Mitglieder des vorläufigen Gläubigerausschusses mit deren beigefügten Einverständniserklärungen in Betracht kommen, der vorläufige Gläubigerausschuss konstituiert ist.

98 **Anhörungsempfänger** ist jedes Mitglied des Gläubigerausschusses, weil nur über die umfassende Information jedes Mitgliedes die umfassende Information des Gläubigerausschusses insgesamt sichergestellt werden kann. Liegt dem Gericht die Äußerung des vorläufigen Gläubigerausschusses vor der Einleitung des Anhörungsverfahrens vor, ist dessen Durchführung entbehrlich. Sie wäre bloße Förmelei und könnte zur unnötigen Verzögerung der Entscheidung des Gerichts führen. Die Mitglieder des (vorläufigen) Gläubigerausschusses trifft eine Fülle **haftungsbewehrter** (§§ 270 Abs. 1 Satz 2, 71 InsO) **insolvenzspezifischer Überwachungs- und Unterstützungspflichten** nicht nur gegenüber dem eigenverwaltenden Schuldner, sondern auch gegenüber dem (vorläufigen) Sachwalter zum Schutz der Insolvenzgläubiger und der absonderungsberechtigten Gläubiger, auch eine **Zweckmäßigkeitskontrolle** und insbesondere im **Eröffnungsverfahren** für die Fortführungseinzelentscheidungen des Schuldners mit oder ohne Zustimmung des Sachwalters. Haftungsmaßstab insoweit soll die Business Judgement Rule des § 93 Abs. 1 Satz 2 AktG in dessen entsprechender Anwendung sein (*Pape/Schultz* ZIP 2016, 506 [510, 514]). Der Auffassung ist zuzustimmen, weil die Haftung der Organmitglieder nicht weitergehen kann, als die des fortführungsbefugten eigenverwaltenden Schuldners. Allerdings muss § 93 Abs. 1 Satz 2 AktG auf die insolvenzspezifischen Überwachungs- und Unterstützungspflichten harmonisiert angewandt werden, mithin einzelfallauslegungsorientiert (ähnlich *Buchter/Ott* ZInsO 2015, 288).

99 Die Anhörung muss **inhaltlich** sicherstellen, dass die Mitglieder des Gläubigerausschusses in die vollständige Kenntnislage des Gerichts gesetzt werden, weil sonst der Anhörungszweck verfehlt wird. Dazu gehört die Mitteilung aller bekannten Umstände, die eine Nachteilsgefahr nach Abs. 2 Nr. 2 ausmachen. Schriftliche Unterlagen sind zu überlassen, wenn von Mitgliedern nicht darauf verzichtet wird, Akteneinsicht ist zu gewähren. Eine schriftliche Anhörung ist nicht gefordert. Erfolgt die Anhörung mündlich (telefonisch), z.B. in Eilfällen oder bei Mitgliedern mit auswärtigem Aufenthalt, ist über das Anhörungsverfahren und sein Ergebnis ein Aktenvermerk zu nehmen, um die Verständlichkeit, in Ausnahmefällen sogar die Überprüfbarkeit der Entscheidung sicherzustellen (arg.e. Abs. 4). Zwar ist die Entscheidung des Gerichts **nicht rechtsmittelfähig** gestellt (BT-Drucks. 17/5712 S. 38 f. zu Nr. 42; vgl. *BGH* ZIP 2013, 525 = ZInsO 2013, 460, s. Rdn. 94). Gleichwohl besteht das Beschwerderecht, wenn eine beschwerende Entscheidung des Insolvenzgerichts den grundrechtlich geschützten Bereich verletzt (grundlegend *BGH* Beschl. v. 04.03.2004 – IX ZB 133/03, BGHZ 158, 212 = ZInsO 2004, 550; s.a. *Schmerbach* § 6 Rdn. 25). Insbesondere für eine ablehnende Entscheidung des Gerichts ist ein grundrechtsverletzender Eingriff des Schuldners nicht ausgeschlossen, etwa bei willkürlicher Versagung des Eigenverwaltungsantrages. Deswegen sollten alle Entscheidungstatsachen aktenkundig gemacht werden.

100 Abs. 3 Satz 1 verlangt nicht, dass dem Gericht die **Stellungnahme des vorläufigen Gläubigerausschusses** vor der Entscheidung vorliegen muss; er verlangt nicht einmal, dass er überhaupt eine Stellungnahme abgibt (*Uhlenbruck/Zipperer* InsO, § 270 Rn. 57; MüKo-InsO/*Tetzlaff* § 270 Rn. 135). Der Ablauf der angemessen gesetzten Stellungnahmefrist muss allerdings abgewartet werden. Ist

sie ohne Eingang der Stellungnahme abgelaufen, ist der Anhörung Genüge getan und das Gericht kann nach Abs. 2 entscheiden. Die vom Gericht in seine Entscheidung einzubeziehende Stellungnahme liegt mit dem Zugang des Beschlusses des vorläufigen Gläubigerausschusses vor oder aller einzelner Stellungnahmen aller Mitglieder des vorläufigen Gläubigerausschusses, wenn sie eindeutige und offensichtlich endgültige Willenskundgebungen sind (vgl. BGHZ 15, 324 [329] zu § 48 Abs. 2 GmbHG). Im Fall des *AG Freiburg* (NZI 2015, 605 m. Anm. *Madaus*) hat das Gericht die Anordnung der Eigenverwaltung zutreffend daran scheitern lassen, dass ihm innerhalb der gewährten Anhörungsfrist der Gesamtheit der Mitglieder des vorläufigen Gläubigerausschusses keine bestimmten Erklärungen für die Beibehaltung der Eigenverwaltung nach Insolvenzeröffnung vorlagen, obwohl sich dazu alle Mitglieder zuvor intern erklärt hatten. Die Nachlässigkeit der Mitglieder des Gläubigerausschusses in ihren Außenerklärungen gegenüber dem Insolvenzgericht ist als Verletzung insolvenzspezifischer Pflichten anzusehen und deswegen haftungsbewehrt. Es empfiehlt sich, ein Beschlussprotokoll zu fertigen und es mit der Unterschrift aller Mitglieder rechtzeitig dem Insolvenzgericht zu übermitteln (*Madaus* NZI 2015, 606).

Antrag i.S.d. Abs. 3 Satz 1 ist der Antrag des Schuldners nach Abs. 2 Nr. 1, wie aus Wortlaut (»über den Antrag«) und Stellung der Regelung folgt. Für einen Fremdantrag auf Anordnung der Eigenverwaltung besteht deswegen keine Anhörungspflicht. 101

2. Keine offensichtliche Bewirkung einer nachteiligen Veränderung des Schuldnervermögens (Satz 1)

Die Gesetzesgrundlagen enthalten keine konkreten Hinweise darauf, in welchen Falllagen die Anhörung eines konstituierten vorläufigen Gläubigerausschusses (s. Rdn. 97) zu einer nachteiligen Veränderung in der Vermögenslage des Schuldners führt *und* sie offensichtlich ist. Unterschieden werden darin nur zwei unterschiedliche Handhabungsfälle: Einmal die Möglichkeit zur Verbindung der Anhörung des vorläufigen Gläubigerausschusses zur Frage der Eigenverwaltung mit seiner Beteiligung zur Auswahl des vorläufigen Insolvenzverwalters oder Sachwalters; zum anderen die Möglichkeit »im Einzelfall«, den Ausschuss erst kurz vor der Verfahrenseröffnung zur Entscheidung über die Eigenverwaltung zu konsultieren (BT-Drucks. 17/5712 S. 39 zu Nr. 42). Beide Fallerörterungen helfen für die Anwendbarkeitsbestimmung nicht weiter. Der erste Fall befasst sich mit einer technischen Anwendungsfrage, der zweite mit der Bestimmung des Anhörungszeitpunktes, keiner mit der Frage, unter welchen konkreten Umständen das Gericht von der Anhörung schon dem Grunde nach absehen darf (i.E. ebenso *Kübler/Prütting/Bork-Pape* InsO, § 270 Rn. 157–160). Es bleibt deswegen nur, die **Anwendbarkeitsbestimmung durch Auslegung des Abs. 3** zu ermitteln. Unterbleibt die Anhörung, ist der Anordnungsbeschluss jedenfalls nicht nichtig, weil das Gesetz Fälle vorsieht, in denen es nicht zur Anhörung kommt und deshalb der Mangel nicht offenkundig ist (*BGH* NZI 2002, 543 [546]). 102

Mit Abs. 3 soll einem Kernanliegen der Reform Rechnung getragen werden, eine Verbesserung der Sanierungschancen über eine Stärkung der Gläubigerautonomie zu erreichen, indem insbesondere die Gläubiger in die Auswahl der »maßgeblichen Akteure« einbezogen werden und deswegen schon im Eröffnungsverfahren maßgeblichen Einfluss auf die Entscheidung über die Eigenverwaltung haben sollen. Dieser Zweckbestimmung folgt die Konstruktion des Abs. 3 als Regel-Annahme-Prinzip. In der Regel ist dem vorläufigen Gläubigerausschuss vor der Entscheidung über den Eigenverwaltungsantrag Äußerungsgelegenheit zu geben, wenn dadurch nicht ausnahmsweise eine nachteilige Vermögenslageänderung eintritt. Wenn die Vorgabe des Gesetzgebers nicht leer laufen soll, muss deswegen der Ausnahmebereich auf einen **engen Anwendungsbereich** beschränkt sein, müssen die einzelnen Voraussetzungen der Ausnahmeregel eng ausgelegt werden. 103

Das Merkmal der **nachteiligen Veränderung der Vermögenslage** ist nach allgemeinen Grundsätzen bestimmbar. Das Vermögen des Schuldners besteht aus der Aktivmasse und der Passivmasse (§§ 35, 148, 153 InsO, s. die Kommentierungen dort sowie *Uhlenbruck/Hirte* InsO, § 35 Rn. 44 ff.). Nachteilig verändert wird das Vermögen des Schuldners, wenn die Aktivmasse verringert oder die Passivmasse (Schuldenmasse) vergrößert wird, weil sich in beiden Fällen die Quotenaussichten der 104

Gläubiger (§ 188 InsO) verschlechtern, gegen den Insolvenz- und Eigenverwaltungszweck auf bestmögliche gemeinschaftliche Gläubigerbefriedigung (§ 1 InsO, s. Rdn. 92). Die Anhörung des vorläufigen Gläubigerausschusses muss damit zu einer Verringerung der Aktivmasse oder Erhöhung der Passivmasse im eröffneten Verfahren bis zur ersten Gläubigerversammlung führen (§§ 271, 272 InsO) oder beides, also dafür **wenigstens mitursächlich** sein. Dieser Kausalitätszusammenhang muss außerdem **offensichtlich** sein (» ... offensichtlich ... führt.«). Nun kann das Gericht niemals die zukünftige Entwicklung einer Ursachenkette sicher voraussagen, sodass die Ausnahmeregel des 2. Halbsatzes bei rein formaler Anwendung keinen Anwendungsbereich hätte und sinnlos wäre. Die Anwendungslosigkeit des 2. Halbsatzes hat der Reformgesetzgeber allerdings selbst nicht vorausgesetzt. Denn Satz 2 des Abs. 3 zielt auf die Anwendungsfähigkeit des 2. Halbsatzes ab: Ein einstimmiger Unterstützungsbeschluss des vorläufigen Gläubigerausschusses führt zur Nichtnachteiligkeitsannahme, also dazu, dass der Ausnahmefall des Satzes 1 nicht vorliegt. Der Formalwiderspruch der gesetzlichen Regelung wird sich dadurch auflösen, dass dem Regelungszweck des Absatzes 3 folgend der Ausnahmefall des 2. Halbsatzes nicht erst vorliegt, wenn die nachteilige Veränderung in der Vermögenslage des Schuldners durch die Anhörung des vorläufigen Gläubigerausschusses sicher ist, sondern schon, wenn sie für das Gericht **mit großer Wahrscheinlichkeit zu erwarten** ist (ähnlich *Uhlenbruck/Zipperer* InsO, § 270 Rn. 57: seltene Ausnahmen). Diese dem Gericht abgeforderte Prognose geht damit weiter als die Nachteilszufügungsprognose nach Abs. 2 Nr. 2 (s. Rdn. 73 ff.; **a.A.** *Kübler/Prütting/Bork-Pape* InsO, § 270 Rn. 160 o. Begr.). Eine durch die Anhörung des vorläufigen Gläubigerausschusses offensichtliche Bewirkung einer nachteiligen Veränderung des Schuldnervermögens liegt daher vor, wenn das Gericht mit großer Wahrscheinlichkeit davon ausgehen kann, dass die Anhörung zu einer Verminderung der Aktivmasse oder zu einer Erhöhung der Passivmasse führen wird (i.E. ebenso *Hölzle* ZIP 2012, 158 [159 f.]). Stellt sich deswegen in der Eröffnungs- und Fortführungskonzeption des Gutachtens heraus, dass der eigenverwaltende Schuldner mit der Verfahrenseröffnung **Verlustwirtschaft** betreiben wird, besteht **keine Bindung des Gerichts an einen Einstimmigkeitsbeschluss** (zust. *Frind/Köchling* ZInsO 2013, 1674). Der Gegenauffassung von *Riggert* (in: Nerlich/Römermann InsO, § 270 Rn. 23) kann nicht gefolgt werden. Die Fortführung des Geschäftsbetriebes durch den eigenverwaltenden Schuldner mit Verlustwirtschaft unter Deckung des Gläubigerausschusses mit deren persönlichem Haftungsrisiko (so ausdrücklich *Nerlich/Römermann-Riggert* InsO, § 270 Rn. 23) ist die eine Sache, die gesetzliche und persönliche Verantwortlichkeit des Insolvenzrichters eine ganz andere Sache (**a.A.** *AG Freiburg* ZInsO 2015, 1167 m. Anm. *Hornung/Brechtel* = NJW Spezial 2015, 407 m. Praxishinweis; HK-InsO/*Landfermann* § 270 Rn. 23; *Uhlenbruck/Zipperer* InsO, § 270 Rn. 58; MüKo-InsO/*Tetzlaff* § 270 Rn. 97).

105 **Beurteilungszeitraum** ist der Zeitraum zwischen dem Antrag des Schuldners und der Entscheidung des Gerichts, denn der Gesetzgeber hat deswegen von der Rechtsmittelfähigkeit der Entscheidung abgesehen (BT-Drucks. 17/5712 zu Nr. 42 S. 39). Als solche **Ausnahmekonstellationen** denkbar sind Fälle mit Charakter eines **Gestaltungsmissbrauches:**

- Es bestehen konkrete Anhaltspunkte dafür, dass wenigstens ein Mitglied des vorläufigen Gläubigerausschusses (dann keine Einstimmigkeit) die Entscheidung des vorläufigen Gläubigerausschusses bewusst verzögert, um einem Einzelgläubiger zum Nachteil des Schuldners und der Gläubigergemeinschaft Vermögensvorteile zu verschaffen, insbesondere Wettbewerbsvorteile (vgl. *BGH* ZIP 1989, 403 m. Anm. *Hegmanns* EWiR 1/89, 409: Informationsweitergabe an Arbeitgeber zur Masseschädigung).
- Es sind Verschwiegenheitspflichtverletzungen durch wenigstens ein einzelnes Mitglied des vorläufigen Gläubigerausschusses jedweder Art für fremde oder eigene Vorteilsgewinnungen zu befürchten, z.B. Zwangsvollstreckungen in Auslandsvermögen des Schuldners (vgl. *Uhlenbruck* BB 1976, 1198 [1200] und ZIP 2002, 1373 [1376 ff.]).
- Es bestehen konkrete Anhaltspunkte dafür, dass wenigstens ein Mitglied des vorläufigen Gläubigerausschusses wegen einer Interessenkollisionslage an der Erörterung und Beschlussfassung über den Anhörungsgegenstand gehindert ist (vgl. *BGH* ZInsO 2007, 444 [445] = ZIP 2007, 781 [784]; ZIP 2008, 655; *Pape* WM 2006, 19 [20 f.]; *Vallender* WM 2002, 2040 [2044]), dessen Beteiligungsverzicht aber nicht zu erwarten ist.

Voraussetzungen § 270 InsO

Nicht eingeschränkt ist das Gericht durch Halbsatz 2 in der **Anhörungsgestaltung**, soweit nicht die 106 Anhörung durch die Gestaltung dem Grunde nach in Frage gestellt wird. Es kann die Anhörung mit der Auswahlbeteiligung des vorläufigen Insolvenzverwalters (gemeint wohl: des mit der Eröffnungsentscheidung vorläufig bis zur Entscheidung der ersten Gläubigerversammlung zu bestellenden Sachwalters, §§ 274 Abs. 1, 56a InsO) verbinden und/oder die Anhörung erst kurz vor der Eröffnungsentscheidung durchführen (BT-Drucks. 17/5712 S. 39 zu Nr. 42).

3. Antragsunterstützung durch einstimmigen Beschluss des vorläufigen Gläubigerausschusses (Satz 2)

Zwei Regelbezugspunkte lassen sich aus dem Wortlaut und der systematischen Stellung des Satzes 2 107 ausmachen. **Antrag** i.S.d. Vorschrift ist wie im Fall des Satzes 1 der **Antrag des Schuldners nach Abs. 2 Nr. 1**. Ein Fremdantrag löst die Nichtnachteiligkeitsanordnung des Satzes 2 selbst dann nicht aus, wenn er durch einen einstimmigen Beschluss des vorläufigen Gläubigerausschusses unterstützt wird. Die **Nichtnachteiligkeitsanordnung** des Satzes 2 bezieht sich auf Abs. 2 Nr. 2, soll also für das Gericht diese Anordnungsvoraussetzung positiv feststellen. Satz 2 bestimmt in seiner Anordnungsfolge damit unmittelbar die Anordnungsvoraussetzungen des Abs. 2. Diese Wirkung folgt dem Anliegen des Gesetzgebers, durch Abs. 3 die Gläubigerautonomie zu stärken und ihren Einfluss auf die Anordnung der Eigenverwaltung bei der Eröffnung des Insolvenzverfahrens durch den vorläufigen Gläubigerausschuss ausüben zu lassen (BT-Drucks. 17/5712 S. 38 f. zu Nr. 42). Satz 2 führt in seiner Anordnungsfolge damit dazu, dass dem Gericht die Anordnung der Eigenverwaltung mit dem Eröffnungsbeschluss vorgegeben ist, wenn der Antrag des Schuldners darauf durch einen einstimmigen Beschluss des vorläufigen Gläubigerausschusses unterstützt wird (s.a. Rdn. 67; allg. Meinung, z.B. HK-InsO/*Landfermann* § 270 Rn. 23; *Uhlenbruck/Zipperer* InsO, § 270 Rn. 58; MüKo-InsO/*Tetzlaff* § 270 Rn. 97).

Anwendbarkeitsbestimmend ist die Frage des **Verhältnisses des Satzes 2 zu Satz 1**. Es fragt sich, ob 108 ein einstimmiger Beschluss nach Satz 2 nur vorliegt, wenn er auf einer Äußerungsgelegenheit des Gerichts nach Satz 1 beruht; ob also ein einstimmiger Unterstützungsbeschluss des vorläufigen Gläubigerausschusses für das Gericht auch dann beachtlich ist, wenn er ohne Äußerungsgelegenheitsgabe des Gerichts gefasst wird. Ist das nicht der Fall, könnte das Gericht seine Entscheidung über die Anordnung der Eigenverwaltung nach den Voraussetzungen des Abs. 2 auch dann treffen, wenn ihm ohne Anhörung **vor** der Entscheidung ein einstimmiger Unterstützungsbeschluss des vorläufigen Gläubigerausschusses vorliegt. Für die Beachtlichkeit eines einstimmigen Unterstützungsbeschlusses auch außerhalb einer darauf gerichteten Anhörung durch das Gericht spricht das allgemeine Anliegen des Gesetzgebers, mit Abs. 3 die Gläubigerautonomie auf die Anordnung der Eigenverwaltung bei der Eröffnung des Insolvenzverfahrens durch den vorläufigen Gläubigerausschuss zu stärken (BT-Drucks. 17/5712 S. 38 f. zu Nr. 42). Mit Satz 1 2. HS hat der Gesetzgeber jedoch zugleich die Grenze der Gläubigerautonomie bestimmt. Kann das Gericht zum Zeitpunkt seiner Entscheidung mit großer Wahrscheinlichkeit davon ausgehen, dass die Anhörung des vorläufigen Gläubigerausschusses zu einer Verminderung der Aktivmasse oder zu einer Erhöhung der Passivmasse führen wird, braucht es den vorläufigen Gläubigerausschuss nicht anzuhören und ist die Gläubigerautonomie über den vorläufigen Gläubigerausschuss ausgeschaltet. Sie setzt erst wieder in der ersten Gläubigerversammlung durch die Gläubigerversammlung ein (§§ 271, 272 InsO), weil die Entscheidung des Gerichts nicht rechtsmittelfähig gestellt ist (BT-Drucks. 17/5712 S. 39 zu Nr. 42). **Anwendbar ist Satz 2** deswegen nur, wenn ein einstimmiger Unterstützungsbeschluss des vorläufigen Gläubigerausschusses auf einer Anhörung durch das Gericht nach Satz 1 beruht.

Der Unterstützungsbeschluss muss im Gläubigerausschuss **einstimmig** gefasst sein (s.a. Rdn. 96). 109 Er muss dem Gericht zum Zeitpunkt seiner Entscheidung **schriftlich** vorliegen, bei Einzelstimmabgaben der Gläubigerausschussmitglieder von allen schriftlich. Der einstimmige Unterstützungsbeschluss löst für die Gläubigergemeinschaft gravierende Folgen aus, weil er über die Anordnung des Satzes 2 i.d.R. die Eigenverwaltungsanordnung durch das Gericht auslöst, damit dem Schuldner mindestens bis zur ersten Gläubigerversammlung (§ 272 InsO) die Verwaltungs- und Verfügungsmacht über sein der Beschlagnahme durch die Gläubigergemeinschaft unterliegendes Vermögen verschafft und sich die Gläubiger wegen ihrer Quotenerwartung (§§ 1, 188 InsO) in die Hände des Schuldners begeben. Deswegen hat der Reformgesetzgeber durch die Stärkung der Gläubigerautonomie zugleich die **allgemeine Missbrauchskontrolle** (zur besonderen nach Satz 1 2. HS s. Rdn. 87 f., 104) vom Gericht auf den vorläufigen Gläubigerausschuss verlagert. Zu den sich daraus ergebenden Fragen zum Haftungsgegenstand und Haftungsumfang der Gläubigerausschussmitglieder *Papel Schultz* ZIP 2016, 506. Die rechtsstaatliche allgemeine Missbrauchskontrolle durch das Gericht ist deswegen in die **Besetzungsentscheidung des vorläufigen Gläubigerausschusses** durch das Gericht vorverlagert, also in den Bereich des § 22a InsO. Die Entscheidung des Gerichts über die Auswahl der Mitglieder des vorläufigen Gläubigerausschusses liegt unverändert im Ermessen des Gerichts, es besteht keine Verpflichtung, die vom Schuldner vorgeschlagenen Personen zu bestellen (BT-Drucks. 17/5712 S. 25 zu Nr. 5). Deswegen ist das Gericht zur sachgerechten Begleitung der Entscheidungen des vorläufigen Gläubigerausschusses und zur Missbrauchskontrolle im vorläufigen Gläubigerausschuss nicht gehindert, eine insolvenz- und fortführungserfahrene Person seines Vertrauens zu bestellen. Votiert sie im Anhörungsverfahren nach Satz 1 gegen die Anordnung der Eigenverwaltung mit dem Eröffnungsbeschluss, unterliegt die Anordnungsentscheidung des Gerichts nur den allgemeinen Voraussetzungen des Abs. 2, weil die grundsätzliche Bindungsvorgabe nach Satz 2 nicht besteht. Dieser Weg wird sich bei unübersichtlichen Vermögensverhältnissen des Schuldners ebenso empfehlen, wie bei Einzelgroßgläubigerlagen oder verlustrisikobehafteten Fortführungslagen. Damit wird die endgültige Missbrauchskontrolle und Gläubigergemeinschaftsgefährdung in die Beschlussfassungen der Gläubigergemeinschaft in der ersten Gläubigerversammlung verwiesen, ohne die rechtsstaatliche Kontrolle mit der gerichtlichen Entscheidung aufzugeben.

4. Äußerungsgelegenheit für vorläufigen Gläubigerausschuss zur Sachwalterbestellung

110 Entspricht das Gericht dem Antrag des Schuldners auf Anordnung der Eigenverwaltung, hat es mit der Anordnung der Eigenverwaltung im Eröffnungsbeschluss anstelle des Insolvenzverwalters einen Sachwalter zu bestellen (§ 270c InsO). Zuständig ist der Richter, nicht der Rechtspfleger (MüKo-InsO/*Tetzlaff* § 270 Rn. 110). Dem Grundsatz der Reform auf Stärkung der Gläubigerautonomie (BT-Drucks. 17/5712 S. 1 f., S. 39 zu Nr. 42) folgend, besteht die **Anhörungspflicht** des Gerichts gegenüber dem vorläufigen Gläubigerausschuss auch für die **Sachwalterbestellung**, durchzuführen nach § 56a InsO. Der vorläufige Gläubigerausschuss kann von seinem Vorschlagsrecht nach § 56a InsO Gebrauch machen. Der vom Schuldner ausgewählte vorläufige Sachwalter muss nicht zwangsläufig zum Sachwalter bestellt werden (BT-Drucks. 17/5712 S. 41 zu Nr. 43, dort zu § 270b a.E. unter Hinweis auf § 274 InsO i.V.m. § 56 InsO; die Gesetzentwurfsfassung des § 56 InsO wurde durch den Rechtsausschuss in § 56a InsO gefasst und Gesetz (BT-Drucks. 17/7511 zu Nr. 10).

F. Antragsablehnung (Abs. 4), Begründungspflicht

111 Lehnt das Gericht den Antrag des Schuldners auf Anordnung der Eigenverwaltung ab, muss es die Ablehnung im Eröffnungsbeschluss – und deswegen notwendig schriftlich – begründen (Abs. 4 i.V.m. § 27 Abs. 2 Nr. 5 InsO). Über § 27 Abs. 2 Nr. 4 InsO n.F. hinaus besteht die **Begründungspflicht** nicht nur, wenn das Gericht vom einstimmigen Unterstützungsbeschluss des vorläufigen Gläubigerausschusses abgewichen ist, sondern auch dann, wenn der Antrag des Schuldners auf Eigenverwaltung zunächst keine Unterstützung bei den Gläubigern (dem vorläufigen Gläubigerausschuss) gefunden hat (BT-Drucks. 17/5712 S. 39 zu Nr. 42). Die Begründung enthält eine kurze Zusammenfassung der Erwägungen, auf denen die Entscheidung in tatsächlicher und rechtlicher Hinsicht beruht (§ 313 Abs. 3 ZPO über § 4 InsO; *Uhlenbruck/Zipperer* InsO, § 270 Rn. 60). Im zweiten Halbsatz wurde mit dem **Gesetz zur Verkürzung des Restschuldbefreiungsverfahrens und zur Stärkung der Gläubigerrechte vom 15.07.2013** die »Nummer 5« durch die Angabe »Nummer 4« ersetzt. Die Ersetzung ist **bloße Folgenänderung** und beruht auf der Aufhebung der »Nummer 4« in der Bezugsvorschrift § 27 Abs. 2, die die bisherige »Nummer 5« zur neuen »Nummer 4« machte (BT-Drucks. 17/11268 S. 21 zu Nr. 7b; s.a. Rdn. 4).

Der Sinn und Zweck der Begründungspflicht besteht nicht darin, eine Überprüfung der Entscheidung durch eine höhere Instanz zu ermöglichen, weil die Entscheidung des Gerichts nicht rechtsmittelfähig gestellt ist. Er besteht vielmehr darin, der Gläubigerversammlung unter Berücksichtigung der Ablehnungsbegründung eine **Entscheidungshilfe** zur Frage der nachträglichen Eigenverwaltungsanordnung (§ 271 InsO) zu geben (BT-Drucks. 17/5712 S. 39 zu Nr. 42; vgl. *BGH* Beschl. v. 07.02.2013 ZIP 2013, 525 = ZInsO 2013, 460). Als bloße Ordnungsvorschrift führt deswegen der Begründungsverstoß nicht zu seiner Nichtigkeit (*Uhlenbruck/Zipperer* InsO, § 270 Rn. 61). 112

Den allgemeinen Beschwerdegrundsätzen der InsO folgend wird anzunehmen sein, dass auch die Ablehnungsentscheidung ungeachtet nicht ausdrücklich vorgesehener Rechtsmittelfähigkeit dann **beschwerdefähig** ist, wenn durch sie Grundrechte des Schuldners verletzt werden (grundlegend *BGH* Beschl. v. 04.03.2004 – IX ZB 133/03, BGHZ 158, 212 = ZInsO 2004, 550; s.a. FK-InsO/ *Schmerbach* § 6 Rdn. 25). In diesem Fall ist die Ablehnungsbegründung Überprüfungsgrundlage. In der Ablehnungsentscheidung allein liegt allerdings keine Grundrechtsverletzung (vgl. *BGH* Beschl. v. 07.02.2013 ZIP 2013, 525 = ZInsO 2013, 460). Im Übrigen ist die Entscheidung des Gerichts rechtsmittelunfähig gestellt (BT-Drucks 17/5712 S. 39 zu § 42). Deswegen scheiden auch **Amtshaftungsansprüche** aus (a.A. *Uhlenbruck/Zipperer* InsO, § 270 Rn. 61). Abs. 4 hat keine Schutzzweckfunktion (vgl. *BGH* NJW 2005, 742 f.). 113

G. Inhalt der Eröffnungsentscheidung mit Eigenverwaltungsanordnung

Der Entscheidungsinhalt der Eröffnungsentscheidung **mit der anzuordnenden Sachwalterbestellung** war ursprünglich in Abs. 3 geregelt. Durch das **ESUG** wurde mit der Schaffung des Eigenverwaltungsvorverfahrens (§§ 270a, 270b InsO) § 270 InsO in Abs. 2 Nr. 2, 3 und Abs. 3 umgestaltet, insbesondere, indem der Regelungsinhalt des Abs. 3 mit dem neu geschaffenen § 270c InsO eine eigenständige Regelungsvorschrift erhielt. Inhaltliche Änderungen des Regelungsinhaltes waren damit nicht verbunden (BT-Drucks. 17/5712 S. 41, s.a. Rdn. 2–4). Zum Inhalt der Eröffnungsentscheidung mit Eigenverwaltungsanordnung s. deshalb die Erl. zu § 270c. 114

H. Die Eigenverwaltung in der Konzerninsolvenz

Am 21.04.2018 tritt das **Gesetz zur Erleichterung der Bewältigung von Konzerninsolvenzen v. 13.04.2017** in Kraft (BGBl. I Nr. 22). Es beruht auf der Erkenntnis, dass die Regelungen der Konkursordnung und der Insolvenzordnung auf den Grundsatz »eine Person, ein Vermögen, eine Insolvenz« zugeschnitten waren (*Bilgery* ZInsO 2014, 1694 [1695]; *Hirte* ZInsO 2017, 592), insbesondere für die Gesellschaftsinsolvenz in der wirtschaftlichen Realität dagegen Unternehmensgruppen, teilweise mit mehreren hundert Einzelgesellschaften nicht nur multinationaler Konzerne, sondern auch im Bereich des Mittelstandes und sogar der Handwerkerschaft, das Geschehen bestimmen. Der Zuschnitt der Konkursordnung und der Insolvenzordnung auf die einzelne natürliche oder juristische Person wurde als Vergeudung von Synergievorteilen in der Abwicklung zum Nachteil der Gesellschafter von Konzerngesellschaften, ihren Gläubigern und Arbeitnehmern angesehen. Im Wesentlichen aus zwei Gründen: Insolvenzverfahren über die einer Unternehmensgruppe angehörigen Unternehmen konnten an unterschiedlichen Orten bei unterschiedlichen Insolvenzgerichten mit jeweils unterschiedlichen Insolvenzverwaltern stattfinden. Zum anderen die Insolvenzlage in England mit einem einheitlichen Konzerninsolvenzverfahren an einem Insolvenzgerichtsstandort und der Gefahr, dass dort aus Deutschland die einheitliche Abwicklung eines Insolvenzverfahrens über eine ganze Unternehmensgruppe durch die Verlegung des Mittelpunktes der hauptsächlichen Interessen der Unternehmensteile gesucht werde (*Hirte* ZInsO 2017, 592). Durch eine Fülle von Änderungen und Ergänzungen insolvenzrechtlicher Regelungen kann mit dem Gesetz nunmehr ein Gruppengerichtsstand gebildet werden (§§ 3a–e InsO), kann für alle Gruppengesellschaften lediglich ein Insolvenzverwalter bestellt werden (§ 56b InsO), besteht eine grundsätzliche Unterrichtungs- und Zusammenarbeitsverpflichtung der Insolvenzverwalter gruppenangehöriger Schuldner untereinander (§§ 269a InsO), ebenso der Gerichte (§ 269b InsO), der Gläubigerausschüsse 115

(§ 269c InsO) und kann ein Koordinationsverfahren für Gruppen-Folgeverfahren mit einem Koordinationsverwalter (§§ 269a–i InsO) durchgeführt werden, um damit den angenommenen Nachteilen der bisherigen Regelungen entgegen zu wirken. Dazu wird der Schuldner im Eigenverwaltungsverfahren oder schon im Eigenverwaltungsvorverfahren (vorläufige Eigenverwaltung) den Koordinationspflichten des § 269a InsO unterstellt und hat er nach Verfahrenseröffnung das Antragsrecht für den Gruppen-Gerichtsstand (§ 3a Abs. 1 InsO) sowie das Verweisungsrecht an den Gruppen-Gerichtsstand (§ 3d Abs. 2 InsO) und an das Koordinationsgericht (§ 269d Abs. 2 InsO), § 270d InsO. Der Schuldner selbst kann dazu im eröffneten Insolvenzverfahren mit angeordneter Eigenverwaltung und auch schon im Eigenverwaltungsvorverfahren vor der Eröffnungsentscheidung zum Koordinationsverwalter aller Gruppengesellschaften bestellt werden (BT-Drucks. 18/407 S. 42 zu Nr. 8). Aus diesen Antragsrechten folgt die Rechtsstellung des eigenverwaltenden Schuldners als Gläubigergemeinschaftsorgan im eröffneten Insolvenzverfahren mit angeordneter Eigenverwaltung ebenso, wie schon im Insolvenzantragsverfahren mit angeordneter Sachwaltung nach §§ 270a, 270b InsO (Eigenverwaltungsvorverfahren, s. i.E. § 270a Rdn. 3–11, 22, 24 ff.) als Gläubigergemeinschaftsorgan gem. §§ 270 Abs. 1 Satz 2, 1, 80 InsO (i.E. s. die Kommentierung zu § 270d). Diese gesetzlich bestimmte Rechtsstellung des eigenverwaltenden Schuldners in der Konzerninsolvenz stimmt mit der hier seit der 1. Aufl. vertretenen Auffassung zur Rechtsstellung des eigenverwaltenden Schuldners entsprechend der Rechtsstellung des Insolvenzverwalters als Organ der Gläubigergemeinschaft im eröffneten Insolvenzverfahren überein (so auch die neuere Rspr. der Finanzgerichte (s. Rdn. 11 f.), darüber hinaus auch des Schuldners im Insolvenzantragsverfahren mit angeordneter Eigenverwaltung nach §§ 270a, 270b InsO (i.E. s. § 270a Rdn. 22, 24 f.). Wegen der Einzelheiten zu den Gruppen-Insolvenzverpflichtungen s. die Erl. zu § 270d InsO.

§ 270a Eröffnungsverfahren

(1) [1]Ist der Antrag des Schuldners auf Eigenverwaltung nicht offensichtlich aussichtslos, so soll das Gericht im Eröffnungsverfahren davon absehen,
1. dem Schuldner ein allgemeines Verfügungsverbot aufzuerlegen oder
2. anzuordnen, dass alle Verfügungen des Schuldners nur mit Zustimmung eines vorläufigen Insolvenzverwalters wirksam sind.
[2]Anstelle des vorläufigen Insolvenzverwalters wird in diesem Fall ein vorläufiger Sachwalter bestellt, auf den die §§ 274 und 275 entsprechend anzuwenden sind.

(2) Hat der Schuldner den Eröffnungsantrag bei drohender Zahlungsunfähigkeit gestellt und die Eigenverwaltung beantragt, sieht das Gericht jedoch die Voraussetzungen der Eigenverwaltung als nicht gegeben an, so hat es seine Bedenken dem Schuldner mitzuteilen und diesem Gelegenheit zu geben, den Eröffnungsantrag vor der Entscheidung über die Eröffnung zurückzunehmen.

Übersicht

	Rdn.
A. Bedeutung und Zweck der Vorschrift; Eigenverwaltungsvorverfahren	1
I. Normzweck	1
II. Eigenverwaltungsvorverfahren (auch: »vorläufiges Eigenverwaltungsverfahren«)	3
III. Unanfechtbarkeiten; Geschäftsführerhaftung nach § 64 GmbHG	11
B. Nicht offensichtlich aussichtsloser Eigenverwaltungsantrag des Schuldners (Abs. 1)	15
I. Eigenverwaltungsantrag des Schuldners	15
II. Nicht offensichtlich aussichtslos	17
III. Anordnungen	19
1. Keine vorläufige Insolvenzverwaltung (§ 21 Abs. 2 Nr. 1 und 2 InsO)	19
2. Auswahl und Bestellung des vorläufigen Sachwalters (§§ 274 Abs. 1, 56, 56a InsO)	20
3. Rechtsstellung des vorläufigen Sachwalters, Befugnisaufteilung mit Schuldner	22
4. Aufhebung des Eigenverwaltungsvorverfahrens	33
C. Gelegenheit zur Rücknahme des Eigenverwaltungsantrages (Abs. 2)	34
I. Normzweck	34
II. Anträge des Schuldners	35

		Rdn.			Rdn.
III.	Antragstellung bei drohender Zahlungsunfähigkeit	36	V.	Hinweispflicht des Gerichts	42
IV.	Fehlende Eigenverwaltungsvoraussetzungen	41	D.	Konzernfragen	43

Literatur:
Brinkmann Haftungsrisiken im Schutzschirmverfahren und in der Eigenverwaltung Teil 1, DB 2012, 1313 und Teil 2 DB 2012, 1369; *Buchalik/Rekers* Rechte und Haftungsrisiken des Geschäftsführers und des vorläufigen Sachwalters für Umsatzsteuerverbindlichkeiten in der vorläufigen Eigenverwaltungsverfahren, ZInsO 2017, 905; *Buchalik/Schröder* Steuerverbindlichkeiten in der vorläufigen Eigenverwaltung sind keine Masseverbindlichkeiten, ZInsO 2016, 2025; *Bultmann* Von der vorläufigen Eigen- zur Insolvenzverwaltung, ZInsO 2015, 188; *Flöther* Der vorläufige Sachwalter – Pilot, Co-Pilot oder fünftes Rad am Wagen?, ZInsO 2014, 465; *Frind* Umgang mit sanktionsbewehrten öffentlich-rechtlichen Forderungen in der vorläufigen Eigenverwaltung, ZInsO 2015, 22; *Frind* Aktuelle Anwendungsprobleme beim »ESUG« – Teile 1 und 2, ZInsO 2013, 59 und 279; *ders.* Insolvenzrechtliche Veröffentlichungsnotwendigkeiten bei der vorläufigen Sachwalterschaft, ZIP 2012, 1591; *Graf-Schlicker* Die Entwicklung des ESUG und die Fortentwicklung des Insolvenzrechts, ZInsO 2013, 1765; *Haarmeyer/Mock* Die Vergütung des vorläufigen Sachwalters – Finales und Halbfinales aus Karlsruhe, ZInsO 2016, 1829; *Horstkotte* Öffentliche Bekanntmachung der vorläufigen Sachwalterschaft nach ESUG durch das Insolvenzgericht?, ZInsO 2012, 1161; *ders.* »Unabhängigkeit« – the new battleground, ZInsO 2013, 160; *Keller* Bedarf die Bestellung eines vorläufigen Sachwalters im Schutzschirmverfahren nach § 270b InsO der öffentlichen Bekanntmachung?, ZIP 2012, 1895; *Klinck* Die Begründung von Masseverbindlichkeiten durch den Schuldner im Eigenverwaltungs-Eröffnungsverfahren, ZIP 2013, 853; *ders.* Die Einzelermächtigung des Schuldners zur Begründung von Masseverbindlichkeiten in den Eigenverwaltungs-Eröffnungsverfahren nach §§ 270a und 270b InsO, ZInsO 2014, 365; *Mock* Die Vergütung des vorläufigen Sachwalters, ZInsO 2014, 67; *Pape* Entwicklungstendenzen bei der Eigenverwaltung, ZIP 2013, 2285; *Römermann* Die »Unabhängigkeit« des Insolvenzverwalters: Endlich Schluss mit der uferlosen Auslegung!, ZInsO 2013, 218; *Schmittmann/Dannemann* Schutzschirmverfahren versus Insolvenzanfechtung?, ZIP 2013, 760; *Schur* Die Vergütung des vorläufigen Sachwalters – Regelvergütung, Berechnungsgrundlage, Zuschläge, ZIP 2014, 757; *Stahlschmidt/Barthelheimer* Änderungen bei der Konzerninsolvenz in Eigenverwaltung durch das Gesetz zur Erleichterung der Bewältigung von Konzerninsolvenzen – Frischzellenkur auch für DAX-Unternehmen ZInsO 2017, 1010. Im Übrigen siehe Literatur zu § 270;

A. Bedeutung und Zweck der Vorschrift; Eigenverwaltungsvorverfahren

I. Normzweck

Mit dem **ESUG** wurde das Ziel des Insolvenzgesetzgebers, durch die Schaffung der Eigenverwaltung die unveränderte Selbstverwaltung des Schuldners zur bestmöglichen Gläubigerbefriedigung (§ 1 InsO) zuzulassen, bestätigt und vertieft, indem etwa durch die Lockerung der Anordnungsvoraussetzungen der Zugang zur Eigenverwaltung erleichtert werden soll (s. i.E. § 270 Rdn. 1–3). § 270 InsO wirkte – von den Entscheidungsvorläufen zur Insolvenzverfahrenseröffnung zu den Fragen, ob die Eigenverwaltung angeordnet wird und wer zum (vorläufigen, § 272 InsO, §§ 274 Abs. 1, 57 InsO) Sachwalter bestellt wird, abgesehen (in der Neuregelung §§ 270 Abs. 3, 270c Satz 1, §§ 274 Abs. 1, 57 InsO) – in das eröffnete Insolvenzverfahren (§§ 271–285 InsO), also nicht schon im Eröffnungsverfahren (§§ 11–34 InsO). Damit verlor der Schuldner im Regelfall der Sicherungsanordnungen nach §§ 21–23 InsO nach dem Altrecht im Eröffnungsverfahren stets die Kontrolle über sein Unternehmen, indem er – der Regelfall – mindestens fortan Verfügungen nur noch mit der Zustimmung eines vorläufigen Insolvenzverwalters vornehmen konnte (§ 21 Abs. 1 Satz 1, Abs. 2 Nr. 1, Nr. 2 2. Alt. InsO). In der Beurteilung des Reformgesetzgebers konnten diese allgemeinen Sicherungsinstrumente des Eröffnungsverfahrens u.a. dazu führen, dass das Vertrauen der Geschäftspartner in der Geschäftsleitung des Schuldners und deren Sanierungskonzept zerstört wird und deswegen einen Eigenverwaltungsantrag allein aus Gründen praktischer Auswirkungen sinnlos erscheinen lassen konnte (BT-Drucks. 17/5712 S. 39 zu Nr. 43 zu § 270a InsO). Zwar hat der Reformgesetzgeber das Regelungsproblem – das Gesetzgebungsverfahren ohne Einwände passiert – aus dem noch stärkeren Kontrollverlust bei Anordnung sogar eines allgemeinen Verfügungsverbotes

1

§ 270a InsO Eröffnungsverfahren

(§ 21 Abs. 1 Satz 1, Abs. 2 Nr. 1, Nr. 2 1. Alt. InsO) abgeleitet, jedoch eher mit dem Zweck plakativer Problembeschreibung. Denn die Neuregelung erstreckt sich auch auf die – nach neuem Recht zu unterlassende – sicherungsweise Anordnung des Zustimmungsvorbehaltes für einen vorläufigen Insolvenzverwalter in Abs. 2 Nr. 2 und ist damit Teil der Problemsicht. Rechtsprechung und Literatur behalfen sich in der Problembewältigung mit einer »Augenmaßempfehlung«, von der Anordnung von Sicherungsmaßnahmen bei Eigenverwaltungsantrag zurückhaltend und verhältnismäßig Gebrauch zu machen (i.E. FK-InsO/*Foltis* 6. Aufl., § 270 Rn. 10 m.N.). Der **Reformzweck** für die Eigenverwaltung, angenommene Hindernisse auf dem Weg zur Eigenverwaltung auszuräumen, die Geschäftsführung des Schuldners in Eigenverwaltung zu erleichtern und damit Anreize für frühzeitige Anträge auf Eröffnung von Insolvenzverfahren zu setzen (BT-Drucks. 17/5712 Begr. II 5. S. 19; s. i.E. § 270 Rdn. 2, 49, 69, 93), forderte deswegen bereits für das Eröffnungsverfahren Regelungsmodifikationen mit dem **Zwischenziel**, dem Schuldner mit – nicht von vornherein aussichtslosem, Abs. 1 Satz 1 – Eigenverwaltungsantrag im Eröffnungsverfahren im Regelfall nicht die Kontrolle über sein Unternehmen verlieren zu lassen und dem **Endziel**, den Weg zur Eigenverwaltung und zu Selbstsanierungsbemühungen für Schuldner dadurch attraktiver zu machen (BT-Drucks. 17/5712 S. 39 zu Nr. 43).

2 § 270a regelt dazu zwei Fragen. Absatz 1 gewährt dem Schuldner die Beibehaltung seiner Verwaltungs- und Verfügungsmacht (vgl. § 80 Abs. 1 InsO) in dem Umfang, in dem er sie für die bestmögliche Gläubigerbefriedigung (§ 1 InsO) im eröffneten Insolvenzverfahren bestenfalls auch nur hätte, also unter Überwachung, Mitwirkung und Beschränkung durch einen Sachwalter gem. §§ 274, 275 InsO, der im Eröffnungsverfahren (denknotwendig) nur vorläufig (§ 272 InsO, §§ 274 Abs. 1, 57 InsO) bestellt wird (s. Rdn. 22–32, zahlreiche Streitfragen). Absatz 2 sichert dem Schuldner die Entscheidungsfreiheit zur Rücknahme des Eröffnungsantrages bei einem auf drohende Zahlungsunfähigkeit gestellten Eröffnungsantrag mit Eigenverwaltung durch eine Informationspflicht des Gerichts zur fehlenden Anordnungsfähigkeit. Die Anwendungsreichweite auch dieser Regelung wirft Fragen auf (s. Rdn. 34 ff.).

II. Eigenverwaltungsvorverfahren (auch: »vorläufiges Eigenverwaltungsverfahren«)

3 Das **ESUG** sucht die **Problemlösung** durch Ergänzungen und Modifikationen der allgemeinen Eröffnungsverfahrensregeln (§§ 11–34 InsO) entsprechend der Normensystematik für das mit Eigenverwaltungsanordnung eröffnete Insolvenzverfahren (§ 270 Abs. 1 Satz 2 InsO), die sich in ihrer Gesamtheit – entsprechend dem eröffneten Insolvenzverfahren mit Eigenverwaltungsanordnung als Eigenverwaltungsverfahren – als **Eigenverwaltungsvorverfahren** beschreiben lassen. Die Terminologie ist nicht einheitlich, beschrieben wird dieser Verfahrensabschnitt auch als »vorläufiges Eigenverwaltungsverfahren« oder »vorläufige Eigenverwaltung« (z.B. HambK-InsO/*Fiebig* § 270a Rn. 4). Die Ergänzungen und Modifikationen wurden jedoch nicht in einer Vorschrift untergebracht, sondern auf mehrere Vorschriften verteilt, die deswegen stets im Zusammenhang zu lesen und anzuwenden sind:

4 – § **270a InsO** sichert dem Schuldner nach seinem Insolvenzantrag und seinem Eigenverwaltungsantrag die grundsätzliche Beibehaltung seiner Verwaltungs- und Verfügungsmacht und damit die Kontrolle seines Unternehmens, allerdings nicht weitergehend als im eröffneten Insolvenzverfahren mit angeordneter Eigenverwaltung, sowie grds. die Gläubigerbeteiligung schon bei der Bestellung des vorläufigen Sachwalters im Eigenverwaltungsvorverfahren.

5 – § **270b InsO** sichert dem Schuldner die Handlungsfreiheit zur Selbstsanierung bei lediglich drohender Zahlungsunfähigkeit oder Überschuldung für einen Sanierungsplan zur Umsetzung durch einen Insolvenzplan.

6 – § **270 Abs. 3 InsO** sichert dem Schuldner die grundsätzliche Gläubigerbeteiligung bei der Entscheidung des Gerichts über seinen Eigenverwaltungsantrag durch die Anhörung des vorläufigen Gläubigerausschusses.

7 – § **270c Satz 1** i.V.m. §§ 274 Abs. 1, 56a InsO sichert dem Schuldner die grundsätzliche Gläubigerbeteiligung zu der Auswahl des (vorläufigen) Sachwalters für das eröffnete Insolvenzverfahren mit Eigenverwaltungsanordnung durch die Anhörung des vorläufigen Gläubigerausschusses.

Die Einzelregelungen werfen eine Vielzahl ungeklärter Anwendungsfragen auf. z.B. zur Rechtsstel- 8
lung des Schuldners zum Masseverbindlichkeitenbegründungsrecht, zur Anfechtbarkeit seiner
Rechtshandlungen, zur Geschäftsführerhaftung, zur Rechtsstellung des vorläufigen Sachwalters,
zu seiner Vergütung. Sie lassen sich nur durch die Auslegung der jeweils berührten Einzelvorschriften
lösen. Angelpunkt ist dafür jeweils § 270a Abs. 1 InsO als Grundregelung (s. Rdn. 9). Für ihr Verständnis
wird die Begründungspassage wörtlich wiedergegeben (BT-Drucks. 17/5712 S. 39 zu
Nr. 43 (Einfügung des §§ 270a bis 270c), zu § 270a:

»Die Vorteile der Eigenverwaltung drohen vielfach schon dadurch verloren zu gehen, dass im Eröffnungsverfahren
ein »starker« vorläufiger Verwalter eingesetzt wird, dem Schuldner also die Verfügungsmacht
über das Unternehmensvermögen entzogen wird. Dies kann unter anderem dazu
führen, dass das Vertrauen der Geschäftspartner in die Geschäftsleitung des Schuldners und deren
Sanierungskonzept zerstört wird. Für den Fall, dass der Schuldner mit einem Insolvenzantrag den
Antrag auf Eigenverwaltung verbindet und dieser nicht offensichtlich ohne Aussicht auf Erfolg ist,
schreibt Absatz 1 daher vor, dass auf die Bestellung eines solchen vorläufigen Insolvenzverwalters verzichtet
werden soll. Um eine Vorentscheidung gegen die Eigenverwaltung zu vermeiden, soll allenfalls
ein vorläufiger Sachwalter mit den Befugnissen bestellt werden, die dem Sachwalter bei einer
Eigenverwaltung im eröffneten Insolvenzverfahren zustehen. Auf den vorläufigen Sachwalter finden
die Vorschriften über den Sachwalter nach den §§ 274, 275 InsO entsprechende Anwendung. Anstelle
der nach § 274 Absatz 3 Satz 2 InsO zu unterrichtenden Insolvenzgläubiger, die Forderungen
angemeldet haben, hat der vorläufige Sachwalter die ihm zu diesem Zeitpunkt bereits bekannten
Gläubiger zu unterrichten. Über diese Verweisung kommt auch die geänderte Vorschrift hinsichtlich
der Auswahl des Insolvenzverwalters nach § 56 InsO-E zur entsprechenden Anwendung, so dass
auch insoweit eine Gläubigerbeteiligung an der Auswahl des Sachwalters möglich ist. Zudem soll
das Gericht davon absehen, dem Schuldner ein allgemeines Verfügungsverbot aufzuerlegen. Damit
wird für den Regelfall vermieden, dass der Schuldner im Eröffnungsverfahren unmittelbar mit dem
Antrag die Kontrolle über sein Unternehmen verliert.«

Das sog. »Schutzschirmverfahren« nach § 270b InsO ist kein vom Eigenverwaltungsvorverfahren 9
nach § 270a InsO losgelöstes selbstständiges Eröffnungsverfahren, sondern eine auf die Sanierungsabsicht
des Schuldners über einen Insolvenzplan zugeschnittene Variante des Eigenverwaltungsvorverfahrens.
Es baut auf den Regelungen des § 270a InsO auf, indem die besonders gewährten Sanierungsinstrumente
des § 270b InsO gegenüber § 270a InsO an weitere Voraussetzungen geknüpft
werden, z.B. den zusätzlich vom Schuldner zu stellenden Antrag auf Schutz zur Vorbereitung einer
Sanierung (BT-Drucks. 17/5712 S. 40 zu Nr. 43 zu § 270b; wie hier *AG Ludwigshafen am Rhein*
ZInsO 2014, 853 [854]; offen *BGH* Beschl. v. 24.03.2016 ZInsO 2016, 903 und *BGH* Urt. v.
16.06.2016 ZInsO 2016, 1421 = ZIP 2016, 1295; **a.A.** o. Begr. *Nerlich/Römermann-Riggert* InsO,
§ 270 Rn. 5; unklar *Kübler/Prütting/Bork-Pape* InsO, § 270a Rn. 47; wie hier wohl A/G/R-*Ringstmeier*
§ 270b InsO Rn. 16; so wohl auch *OLG Naumburg* ZInsO 2013, 558 [559]; *LG Dresden*
ZInsO 2013, 1962 [1964]). Das Verhältnis beider Vorschriften zueinander i.S.v. allgemein (§ 270a
InsO) und besonders (§ 270b InsO) zeigt die Gesetzessystematik durch die Regelungsfolge, die
(klarstellende) Verweisung auf die notwendige vorläufige Sachwalteranordnung nach § 270a Abs. 1
InsO in § 270b Abs. 2 Satz 1 InsO sowie § 270b Abs. 4 InsO, der eine Aufhebungspflicht des
Gerichts für das angeordnete Schutzschirmverfahren anordnet mit der Begründung: Die Aufhebungspflicht
führt dazu, dass das Eröffnungsverfahren nach den allgemeinen Vorschriften der
§§ 21 bis 25 InsO sowie des § 270a InsO fortzuführen ist. So wird verhindert, dass unter dem
Schutzschirm der gerichtlichen Anordnung das letzte Vermögen des Schuldners vernichtet wird
(BT-Drucks. 17/5712 S. 41 zu Nr. 43 zu § 270b; teilzitiert Rn. 27). **§ 270a InsO** ist zu § 270b
InsO also als **Grundvorschrift** konzipiert und hat damit zugleich die **Auffangfunktion** (zust. *Uhlenbruck-Zipperer*
InsO, § 270a Rn. 1). Ferner wird dieses Rechtsverhältnis der beiden Vorschriften untereinander
und als besondere Regelungen unterschiedlicher Varianten des Eigenverwaltungsvorverfahrens
zum allgemeinen Eröffnungsverfahren durch die vorgegebene Behandlung von vorläufigen
Maßnahmen des Gerichts in dem Zeitraum vom Ablauf der angeordneten Schutzschirmfrist nach
§ 270b Abs. 1 Sätze 1 und 2 InsO bis zur Entscheidung des Gerichts über den Eröffnungs- und Ei-

genverwaltungsantrag begründet. Diese vorläufigen Maßnahmen sind nur nach § 21 Abs. 1 InsO möglich, sodass dem Schuldner und ggf. den aus- oder absonderungsberechtigten Gläubigern das Beschwerderecht nach § 21 Abs. 1 Satz 2 InsO zusteht (so für den Fall der Ablehnung der vorgeschlagenen vorläufigen Sachwalterbestellung wegen Ungeeignetheit aufgrund Nichtlistung beim zuständigen Insolvenzgericht *Pape* InsO 2013, 2133). Das Gericht hat weitergehend sogar die Pflicht, mit dem Fristablauf nach § 21 Abs. 2 Nr. 3 InsO Maßnahmen der Zwangsvollstreckung gegen den Schuldner zu untersagen oder einzustellen, sofern der Schuldner dies beantragt, BT-Drucks. 17/5712 S. 41 zu Nr. 43 zu § 270b:

»Nach Absatz 3 ist das Gericht jedoch verpflichtet, seine Anordnungen unter bestimmten Voraussetzungen insgesamt aufzuheben und damit das Eröffnungsverfahren nach den allgemeinen Vorschriften der §§ 21 bis 25 InsO sowie des § 270a InsO-E fortzuführen. So wird verhindert, dass unter dem Schutzschirm der gerichtlichen Anordnung das letzte Vermögen des Schuldners vernichtet wird. Mit der Aufhebung des Verfahrens nach § 270b InsO-E stehen dem Gericht wieder alle im Eröffnungsverfahren bestehenden Optionen zur Verfügung ...«.

10 Aus dieser Regelungssystematik folgt als **Anwendungsgrundsatz** für das Eigenverwaltungsvorverfahren: Es gelten die allgemeinen Vorschriften des Ersten Teiles und des Zweiten Teiles Erster Abschnitt, also die §§ 1–34 InsO, soweit die angeführten Regelungen für das Eigenverwaltungsvorverfahren nichts anderes bestimmen (§ 270 Abs. 1 Satz 2 InsO entsprechend, so offenbar auch *Kübler/Prütting/Bork-Pape* InsO, § 270a Rn. 10 ff.) und als **Auslegungsgrundsatz**: Die Regelungen für das Eigenverwaltungsvorverfahren sind untereinander harmonisiert auszulegen (s.a. Rdn. 29).

III. Unanfechtbarkeiten; Geschäftsführerhaftung nach § 64 GmbHG

11 Vor der Schaffung des **Eigenverwaltungsvorverfahrens** durch das **ESUG** waren die Fragen nach der **Anfechtbarkeit** von Rechtshandlungen des Schuldners bzw. des Schuldnerorganes (§§ 129 ff., 280 InsO) und der persönlichen Haftungsverantwortung des Geschäftsführers nach **§ 64 GmbHG** im Eröffnungsverfahren auch bei der Insolvenzeröffnung mit der Anordnung der Eigenverwaltung relativ unproblematisch. Es galten die allgemeinen Regeln. Die Anfechtungs- und Haftungsbestimmungen bezogen sich insoweit auf ein (allgemeines) Insolvenzeröffnungsverfahren, in dem der Schuldner als der Gläubigergemeinschaft nicht unmittelbar verpflichtete Organperson bis zur Insolvenzeröffnung grds. allein verantwortlicher Handelnder ist, wenn das Gericht nicht seine Verwaltungs- und Verfügungsmacht durch die Anordnung der »starken« vorläufigen Insolvenzverwaltung beendet und sie auf einen »starken« vorläufigen Insolvenzverwalter überträgt (§ 21 Abs. 1, Abs. 2 Nr. 2 1. Alt. InsO) oder das Gericht einzelne Verwaltungs- und Verwertungshandlungen durch Einzelermächtigung in die alleinige Ausübungsmacht eines »schwachen« vorläufigen Insolvenzverwalters (§§ 21 Abs. 1, 22 Abs. 2 InsO) oder Verfügungen des Schuldners unter den (allgemeinen) Zustimmungsvorbehalt eines »schwachen« vorläufigen Insolvenzverwalters stellt (§§ 21 Abs. 1, Abs. 2, Nr. 2 2. Alt. InsO). Aus Gründen des Vertrauensschutzes im Rechtsverkehr wird angenommen, dass Rechtshandlungen des starken vorläufigen Insolvenzverwalters zur Masseverbindlichkeitenbegründung, -besicherung oder -tilgung gem. § 55 Abs. 2 InsO unanfechtbar sind, dagegen nicht die auf die Erfüllung oder Besicherung bloßer Insolvenzforderungen aus der Insolvenzmasse gerichteten Rechtshandlungen. Gleiches gilt für die auf Einzelermächtigungen gestützten Rechtshandlungen entspr. § 55 Abs. 2 InsO. Für Rechtshandlungen des Schuldners mit Zustimmung eines vorläufigen schwachen Insolvenzverwalters innerhalb der Zustimmungsanordnung des Gerichts wird nach dem schutzwürdigen Vertrauen des Leistungsempfängers differenziert (*BGH* BGHZ 165, 283 [286 f.] = NJW 2006, 1134 [1135]; BGHZ 161, 315 [322] = NJW 2005, 1118 [1120]; BGHZ 151, 353 [366 f.] = NJW 2002, 3326 [3329 f.]; BGHZ 147, 28 [35] = NJW 2001, 3704 [3706]; *AG Hamburg* ZInsO 2004, 102 [103 f.]; *AG Bielefeld* DZWIR 2005, 167 f.; *AG Hamburg – St. Georg* DZWIR 2005, 392 f.; vgl. *OLG Dresden* ZInsO 2005, 1221 f.; *OLG Celle* ZIP 2003, 412 m. Anm. *Gundlach/Frenzel* EWIR 2003, 235; *Jaeger/Gerhardt* § 22 Rn. 226; HK-InsO/*Kreft* § 129 Rn. 32, 46; *Haarmeyer/Huber/Schmittmann* Teil IV Rn. 418; *Uhlenbruck/Vallender* InsO, § 22 Rn. 240; *Kübler/Prütting/Bork-Ehricke* InsO, § 129 Rn. 60; MüKo-InsO/*Kayser* § 129 Rn. 44 ff.; MüKo-InsO/*Kirchhof* 2. Aufl.,

§ 129 Rn. 46; HambK-InsO/*Rogge/Leptien* § 129 Rn. 21; A/G/R-*Gehrlein* § 129 Rn. 61; z.T. abweichend *Jaeger/Gerhardt* InsO, § 22 Rn. 228 f.; *Uhlenbruck/Hirte* InsO, § 129 Rn. 17; *Bork* Insolvenzrecht, Rn. 208). Auf diese Rechtsmachtlage wurde die persönliche Pflichtenbindung des GmbH-Geschäftsführers nach § 64 GmbHG durch das MoMiG zugeschnitten (i.E. *Scholz/K. Schmidt* GmbHG, § 64 Rn. 2 f.). Mit dem **ESUG** wurde diese alternative Verwaltungs- und Verfügungsmacht des Schuldners einerseits und des vorläufigen Insolvenzverwalters andererseits jedoch aufgehoben, indem sie um die **Verwaltungs- und Verfügungsmacht des eigenverwaltenden Schuldners und des vorläufigen Sachwalters im Eigenverwaltungsvorverfahren** jedenfalls zur Masseverbindlichkeitenbegründung im Schutzschirmverfahren (§ 270b Abs. 3 InsO) **erweitert** wurde (a.A. HK-InsO/*Landfermann* § 270a Rn. 19, 23; *Uhlenbruck/Zipperer* InsO, § 270a Rn. 17). Der Umfang dieser Rechtsmacht ist streitig und gehört zu den meist diskutierten Fragen des ESUG und des Eigenverwaltungsvorverfahrens (s. i.E. Rdn. 25 und § 270b Rdn. 39 ff.). Die Frage, ob und ggf. in welchem Umfang darauf beruhende Rechtshandlungen des **eigenverwaltenden Schuldners** und des **vorläufigen Sachwalters** unanfechtbar gestellt sind, ist auch nach dem Urteil des *BGH* v. 16.06.2016 ZInsO 2016, 1421, nur zum Teil gelöst: Unanfechtbar gestellt – zur grundsätzlichen Frage der Anfechtbarkeit von Rechtshandlungen des Insolvenzverwalters, des vorläufigen Insolvenzverwalters und des eigenverwaltenden Schuldners im Eigenverwaltungsvorverfahren, s. § 280 Rdn. 18 – hat er für das Schutzschirmverfahren (§ 270b InsO) die Rechtshandlungen des Schuldners unter Ausübung einer nach § 270b Abs. 2 InsO erteilten Ermächtigung, weil der Schuldner mit ihr in die Rechtsstellung eines vorläufigen Insolvenzverwalters mit dem Masseverbindlichkeitenbegründungsrecht nach § 55 Abs. 2 InsO einrücke, außerhalb der Ermächtigung liegende Rechtshandlungen dagegen nicht. Für § 270a InsO hat er die Frage ausdrücklich unbeantwortet gelassen (i.E. s. § 280 Rdn. 17–23). Auf § 270a InsO ohne Weiteres zu übertragen ist das Urteil deswegen nicht, zumal die analoge Anwendung des § 270b Abs. 3 InsO abgelehnt wird (*LG Hannover* ZIP 2016, 1790; a.A. *LG Erfurt* ZIP 2015, 2181). Die Problemstellung ist deswegen unverändert aktuell. Aus den Gesetzesgrundlagen ist nicht erkennbar, dass der Gesetzgeber diese Fragestellung erkannt hat (so zutr. *Schmittmann/Dannemann* ZIP 2013, 760), einleuchtend, weil § 270b Abs. 3 InsO erst durch den Rechtsausschuss eingefügt wurde (Rdn. 25) und der Gesetzgeber nach der hier vertretenen Auffassung die unmittelbaren Folgen seiner Rechtsgrundverweisung in Abs. 1 Satz 2 und § 270b Abs. 2 Satz 1 InsO auf §§ 274, 275 dabei unbeachtet gelassen hat (i.E. s. Rdn. 25 und § 270b Rdn. 39 ff.). *Schmittmann/Dannemann* wollen die **Unanfechtbarkeit** davon abhängig machen, ob der eigenverwaltende Schuldner mit ihnen Masseverbindlichkeiten begründe (Unanfechtbarkeiten möglich) oder nicht (stets anfechtbar), der Gläubiger (potentieller Anfechtungsgegner) davon wisse (Unanfechtbarkeit) oder nicht (Anfechtbarkeit), sie im Interesse der Gläubigergesamtheit sei (Unanfechtbarkeit) oder nicht (Anfechtbarkeit). Der Auffassung kann nicht gefolgt werden. Der Insolvenzanfechtung unterliegen Rechtshandlungen (§§ 129, 140 Abs. 1 InsO), nicht Rechtshandlungsfolgen (Masseverbindlichkeiten oder nicht Masseverbindlichkeiten). Über das Interesse der Gläubigergesamtheit hat das Insolvenzgericht bereits mit der Anordnung des Eigenverwaltungsvorverfahrens durch die Bestellung des vorläufigen Sachwalters und der darin liegenden Anordnung auf Durchführung des Eigenverwaltungsvorverfahrens entschieden (s. Rdn. 20). Auch ist das Vertrauen des Gläubigers (potentieller Anfechtungsgegner) umfassend geschützt, weil die vorläufige Sachwalterbestellung und mit ihr die Anordnung des Eigenverwaltungsvorverfahrens öffentlich bekannt zu machen ist (Rdn. 21; **str.**). Angelpunkt für die Unanfechtbarkeitsstellung ist – wie für Rechtshandlungen des vorläufigen Insolvenzverwalters – der Umfang der Rechtsmacht des eigenverwaltenden Schuldners nach § 55 Abs. 2 InsO (direkt oder entsprechend, i.E. s. § 280 Rdn. 18). Die Unanfechtbarkeitsstellung von Rechtshandlungen des vorläufigen Insolvenzverwalters beruht zwar auch auf dem Vertrauensschutz im Rechtsverkehr, aber nur, weil und soweit das Gericht durch eine Verwaltungs- und Verfügungsanordnung darüber (im Fall der direkten Anwendung des § 55 Abs. 2 InsO durch die Anordnung der starken vorläufigen Insolvenzverwaltung) entschieden hat. Der maßgebliche Anknüpfungspunkt für die Unanfechtbarkeitsstellung besteht deswegen in der hoheitlichen Anordnung des Gerichts durch den Beschluss auf Bestellung des Insolvenzgläubigerschutzorganes zur Ausübung der Verwaltungs- und Verfügungsmacht unter deren Ausschluss für den Schuldner und nur in ihrem Umfang. Danach muss sich auch entscheiden, ob und in welchem Umfang Rechtshandlungen des eigenverwaltenden Schuldners im Eigenverwaltungsvorverfahren unanfechtbar sind. Sie sind dies im Umfang der dem Schuldner durch hoheitliche Anordnung des Gerichts durch Beschluss originär zugewiesenen Verwaltungs- und Verfügungsmacht im Gegensatz zu seinen Rechtshandlungen aus einer bloßen Stellung als Rechtssubjekt außerhalb dieser Rechtsmacht. Die auf hoheitlicher Anordnung für den eigenverwaltenden Schuldner beruhende (originäre) Verwaltungs- und Verfügungsmacht, insbesondere das Masseverbindlichkeitenbegründungsrecht, ist nach der hier vertretenen Auffassung bereits gesetzliche Anordnungsfolge der Rechtsgrundverweisung auf die Anwendbarkeit der §§ 274, 275 InsO in **§ 270a Abs. 1 Satz 2 InsO**, verschafft dem Schuldner schon in diesem Anordnungsumfang entsprechend § 55 Abs. 2 InsO die Rechtsstellung des vorläufigen starken Insolvenzverwalters. Sie stellt damit seine Rechtshandlungen in Ausübung dieser Rechtsmacht unanfechtbar, soweit das Gericht keine Einzelbeschränkungen angeordnet hat, was es kann (insg. **sehr str.**; i.E. Rdn. 25, § 270b Rdn. 39 ff.). Die Erfüllung oder die Absicherung von Insolvenzforderungen durch den eigenverwaltenden Schuldner sind dagegen anfechtbar, weil die Begründung nicht auf der hoheitlich (originär) verschafften Rechtsmacht beruht, sondern auf seiner Rechtsstellung als bloßes Rechtssubjekt außerhalb der hoheitlich begründeten Amtsstellung. Erst recht gilt diese Unanfechtbarkeitsstellung für den eigenverwaltenden Schuldner im **Schutzschirmverfahren** nach § 270b InsO, weil die Anwendbarkeit des § 270a Abs. 2 Satz 1 InsO in § 270b Abs. 2 Satz 1 InsO angewiesen ist und damit gleichfalls die Regelungen zur Verwaltungs- und Verfügungsmacht der §§ 274, 275 InsO (i.E. Rdn. 25, § 270b Rdn. 43 ff.), eine Auffassung, die der *BGH* mit seinem Urteil v. 16.06.2016 ZInsO 2016, 1421, allerdings nicht geteilt hat (s.o.). Daraus folgt auch die Beantwortung der – bisher nicht diskutierten – Frage nach der Unanfechtbarkeit von Rechtshandlungen des **vorläufigen Sachwalters**, dem gleichfalls im Umfang der §§ 274, 275 InsO die Verwaltungs- und Verfügungsmacht, darunter das Masseverbindlichkeitenbegründungsrecht – einschränkbar oder erweiterbar durch gerichtliche Einzelanordnung – durch die gerichtliche Bestellung zugewiesen ist. Diese Frage ist mit dem Urteil des *BGH* v. 16.06.2016 (– IX ZR 114/15) nicht vorentschieden, weil es im Eigenverwaltungsvorverfahren nach § 270a InsO keine § 270b Abs. 3 InsO vergleichbare Regelung für den vorläufigen Sachwalter gibt. Sie besteht entsprechend im Umfang der gesetzlichen (§§ 274, 275 InsO) – ggf. gerichtlich modifizierten (i.E. Rdn. 25) – Anordnungen. **Wirksamkeitsgrenze** der Unanfechtbarkeitsstellung ist dem (allgemeinen) Insolvenzeröffnungsverfahren entsprechend der **Eigenverwaltungszweck** (vgl. BGHZ 150, 360 ff. = ZIP 2002, 1095 f.; MüKo-InsO/*Kayser* § 129 Rn. 44 u. 217).

12 Nach den gleichen Grundsätzen zu beantworten ist die Frage nach der **Haftungsgefahr des GmbH-Geschäftsführers nach § 64 GmbHG.** *Siemon/Klein* (ZInsO 2012, 2009 [2018]; ähnlich schon *Brinkmann* DB 2012, 1369), wollen für den Fall der Fortführung des Geschäftsbetriebes im Schutzschirmverfahren nach § 270b InsO aufgrund einstimmigen Beschlusses des vorläufigen Gläubigerausschusses zugunsten der Geschäftsführer die Darlegungs- und Beweislastverteilung des § 64 GmbHG durch teleologische Reduktion umgekehrt angewendet wissen, indem die Vermutung auf die Pflichtwidrigkeit von Zahlungen nach Abs. 1 Satz 1 als widerlegt anzusehen sein soll, wenn sie sich innerhalb der Schutzschirmplanungen bewegen. Der Auffassung kann nicht gefolgt werden. Die Frage nach Grund und Höhe der Haftung wird dadurch in die subjektive Rechtsmacht eines Planverfassers gestellt und entzieht sich jeder konkreten rechtssicheren Bestimmbarkeit. Zu einer Auslegung einer Haftungsvoraussetzung des § 64 GmbHG besteht auch kein Bedürfnis, weil die einfache Subsumtion die Fallbehandlung vorgibt. Haftungspflichtig nach § 64 GmbH sind nur die **Geschäftsführer**. Im Umfang der Verwaltungs- und Verfügungsmacht aus §§ 274, 275 InsO im Eigenverwaltungsvorverfahren handeln die Geschäftsführer jedoch nicht als solche, sondern aufgrund hoheitlicher Zuweisung als Insolvenzorgan der Gläubigergemeinschaft. Nur außerhalb dieser Rechtsmacht – z.B. außerhalb ihres Masseverbindlichkeitenbegründungsrechtes, etwa bei der Befriedigung oder der Absicherung von Insolvenzforderungen – handeln sie als Geschäftsführer mit der Pflichtbindung auch aus § 64 GmbHG. Insoweit ist für ein Haftungsprivileg kein Raum. Auf der Grundlage des Urteils des *BGH* v. 16.06.2016 (– IX ZR 114/15, i.E. s. Rdn. 11) gebührt ihnen allerdings das Haftungsprivileg nur für Masseverbindlichkeitenbegründungen und deren Erfüllungen im Schutzschirmverfahren, weil sie wie ein starker vorläufiger Insolvenzverwalter

nach § 55 Abs. 2 InsO handeln, soweit sie dazu wirksam ermächtigt sind, außerhalb der Ermächtigung dagegen nicht (i.E. s. Rdn. 11 und § 280 Rdn. 12 ff.). Um eine spezielle Fragestellung für das Schutzschirmverfahren nach § 270b InsO handelt es sich jedenfalls nicht, weil die Geschäftsführerstellung im Fall des § 270a InsO von ihr in gleicher Weise betroffen ist.

Von der zivilrechtlichen Haftungsfrage zu trennen ist die Frage nach der **möglichen Haftungsinanspruchnahme** durch die Finanzverwaltung **gem. §§ 34, 69 AO**, insbesondere für nicht bezahlte Umsatzsteuern. Das *FG Münster* hat in seinen Beschlüssen v. 06.02.2017 (– 7 V 3973/16 U, ZInsO 2017, 782) und 03.04.2017 (– 7 V 492/17 U, ZInsO 2017, 880) für den Fall nicht gezahlter Umsatzsteuern (für den Fall zwar vom vorläufigen Sachwalter gezahlter, vom Sachwalter aber erfolgreich angefochtener Lohnsteuerzahlungen *FG Münster* ZInsO 2017, 1895) darauf erkannt, dass der GmbH-Geschäftsführer als gesetzlicher Vertreter der eigenverwaltenden Schuldnerin den Grundsatz der anteiligen Tilgung auch in der vorläufigen Eigenverwaltung zu beachten habe und dieser Grundsatz haftungsrelevant wegen Verletzung des Gleichheitsgrundsatzes verletzt werde, wenn der Geschäftsführer andere Gläubiger trotz bestehender Massesicherungspflicht bevorzugt gegenüber dem Fiskus befriedigt habe, um zu verhindern, dass Sanierungsbemühungen auf Kosten der staatlichen Solidargemeinschaft erkauft werden. Allerdings werde die Haftung unter dem Gesichtspunkt des Verschuldens ausgeschlossen, wenn das Insolvenzgericht gem. §§ 270a, 21 Abs. 1 Satz 1 InsO angeordnet habe, dass Zahlungen aus dem Steuerschuldverhältnis i.S.v. § 37 AO nur mit Zustimmung des vorläufigen Sachwalters geleistet werden dürfen und der Sachwalter die Zustimmung ausdrücklich versagt habe. Mit dieser Begründung war der Antrag der Geschäftsführer auf Aussetzung der Vollziehung erfolgreich (erleichtert *Buchalik/Rekers* ZInsO 2017, 905; ähnlich so schon *Buchalik/Schröder* ZInsO 2016, 2025). Geschäftsführer, die in der vorläufigen Eigenverwaltung fällige Umsatzsteuern aus Umsatzgeschäften nach der Anordnung der vorläufigen Eigenverwaltung nicht bezahlen, und vorläufige Sachwalter, die daran durch die Verweigerung der Zahlungszustimmung nach Anordnung eines Zustimmungsvorbehaltes »mitmachen«, gehen ein erhebliches persönliches Haftungsrisiko ein, solange es eine gesetzliche »Enthaftungsregelung« (dafür *Buchalik/Rekers* ZInsO 2017, 905 [914]) nicht gibt und auch keine zwischen BGH und BFH abgestimmte »Enthaftungsrechtsprechung«. Die von der Beraterpraxis dazu angebotenen Umgehungslösungen der Verweigerung jeglicher Zahlungen an die Finanz- und Sozialkassen »zur Erfüllung der Massesicherungspflicht« oder die Zahlung zur späteren Insolvenzanfechtung, in jedem Fall das »dokumentierte Bemühen« des Schuldners um die Zustimmung des vorläufigen Sachwalters (so *Buchalik/Rekers* ZInsO 2017, 905 [913]), die vereinzelt von Insolvenzgerichten gestützt werden (*AG Düsseldorf* ZInsO 2014, 2329; *AG Heilbronn* ZInsO 2016, 1024; *AG Hamburg* ZInsO 2017, 1740 m. Anm. *Buchalik/Kraus* ZInsO 2017, 1743; dagegen *AG Hannover* ZInsO 2015, 1111; *Frind* ZInsO 2015, 22), sind jedenfalls nicht überzeugend und hochriskant: Verweigert der vorläufige Sachwalter die Zustimmung, kann er zum Haftungssubjekt nach §§ 34, 60 AO werden, weil er **als Rechtsmachtinhaber nach § 34 AO** und damit als **Haftungssubjekt** angesehen werden kann (die Zustimmungsverweigerung nicht berücksichtigt hat *Uhlenbruck/Zipperer* InsO, § 270a Rn. 31 mit seiner grundsätzlichen Haftungsablehnungsfeststellung). Außerdem besteht die Grundannahme einer »Massesicherungspflicht« in der vorläufigen Eigenverwaltung bereits nach der Anordnung des Gesetzgebers nicht: Die Eigenverwaltung und mit ihr das Eigenverwaltungsvorverfahren ist auf den Fall zugeschnitten, dass der Schuldner mit seinen zentralen Gläubigern vor Antragstellung die Durchfinanzierung sicherstellt und damit auch die Bezahlung fälliger Steuerverbindlichkeiten, BT-Drucks. 17/5712 S. 40:

»Der Antrag auf ein Verfahren nach § 270b InsO-E wird häufig zunächst zusätzlichen Liquiditätsbedarf erzeugen, da die Gläubiger Kenntnis von der drohenden Zahlungsunfähigkeit erhalten und manche versuchen werden, ihre Forderungen fällig zu stellen oder Verträge zu kündigen. Das Verfahren bietet keinen Schutz hiervor durch ein Moratorium oder Ähnliches, denn es ist vor allem für solche Schuldner gedacht, die sich in Abstimmung und mit Unterstützung ihrer zentralen Gläubiger in einem Insolvenzverfahren sanieren wollen. Hierzu ist es erforderlich, im Vorfeld mit den maßgeblichen Gläubigern einen Konsens zu erzielen. Der Schuldner kann durch vorher getroffene Absprache mit den Banken und seinen Hauptgläubigern vermeiden, dass mit der Antragstellung eine Zahlungsunfähigkeit eintritt, weil beispielsweise Kredite fällig gestellt werden. Kann ein solcher Konsens im Vorfeld der Antragstellung nicht gefunden werden, so ist das schuldnerische Unternehmen auch nicht für eine Sanierung im Verfahren nach § 270b InsO-E geeignet.«

14 Jegliche Umgehungsversuche werden deswegen kaum Erfolg haben können, eine Anfechtungsklage des Sachwalters – nach Übergang in das Regelinsolvenzverfahren nach § 272 InsO des Insolvenzverwalters – etwa an der fehlenden Gläubigerbenachteiligung scheitern müssen. Nach der gesetzlichen Anlage der Eigenverwaltung liegt in dem Antrag auf Anordnung der Eigenverwaltung die Erklärung des Schuldners, auch zur Bezahlung der fälligen Steuerverbindlichkeiten im Eigenverwaltungsvorverfahren bereit und in der Lage zu sein. Gleiches gilt für **Sozialversicherungsbeiträge** (i.E. wie hier *Uhlenbruck/Zipperer* InsO, § 270a Rn. 25).

B. Nicht offensichtlich aussichtsloser Eigenverwaltungsantrag des Schuldners (Abs. 1)

I. Eigenverwaltungsantrag des Schuldners

15 Abs. 1 Satz 1 verweist auf **den Eigenverwaltungsantrag** des Schuldners, also auf die Anwendungslage des § 270 InsO mit **§ 270 Abs. 2 Nr. 1 InsO**. Der Antrag ist damit formelle Verfahrensvoraussetzungen, bedingungsfeindlich, kann dem Insolvenzantrag nachfolgen und bei Rücknahme eine Kostenlast des Schuldners entsprechend § 269 Abs. 3 Satz 3 ZPO auslösen (i.E. § 270 Rdn. 50–64). Der Insolvenzantrag kann dagegen ein Fremdantrag sein (*Kübler/Prütting/Bork-Pape* InsO, § 270a Rn. 6), weil er durch den zeitgleichen oder nachfolgenden Eigenverwaltungsantrag des Schuldners zu »seinem« Insolvenzantrag wird.

16 Der Auffassung, § 270a InsO lasse den Eigenverwaltungsantrag nur bis zur Anordnung von Sicherungsmaßnahmen nach § 21 Abs. 2 Nr. 1 und 2 InsO zu (*Nerlich/Römermann-Riggert* InsO, § 270 Rn. 7; *Kübler/Prütting/Bork-Pape* InsO, § 270b Rn. 28), kann nicht gefolgt werden. Abgesehen davon, dass § 270a InsO als Vorverfahrensregelung § 270 InsO vorbereitet und ergänzt, widerspricht die Auffassung dem Reformzweck, dem Schuldner durch Lockerung der Anordnungsvoraussetzungen die unveränderte Selbstverwaltung zu ermöglichen und damit Schuldner und Gläubigern die Chance auf bestmögliche Gläubigerbefriedigung zu eröffnen, mit (§ 270b InsO) oder ohne (§ 270a InsO) Selbstsanierung. Der Reformzweck kann auch noch erreicht werden, wenn das Gericht auf den bloßen Insolvenzantrag des Schuldners bereits die vorläufige Insolvenzverwaltung angeordnet hat. Dann müssen allerdings vom Gericht vor der Anordnung die Sicherungsmaßnahmen nach § 21 InsO aufgehoben sein (arg. e. § 270a Abs. 1 Satz 1 InsO; i.E. zutreffend *Uhlenbruck/Zipperer* InsO, § 270a Rn. 2; *MüKo-InsO/Kern* § 270a Rn. 25). Abgesehen davon, dass die angeordnete vorläufige Insolvenzverwaltung noch keine Außenwirkung entfaltet haben muss, kann gerade die Wiedereinräumung der Selbstverwaltung bei außenwirksam gewordener vorläufiger Insolvenzverwaltung durch deren Beendigung die vom Gesetzgeber bezweckte Förderung des Vertrauens der Geschäftspartner in die Geschäftsleitung des Schuldners und deren Sanierungskonzept (BT-Drucks. 17/5712 S. 39 zu Nr. 43 zu § 270a) wiederherstellen. Letztlich wäre der Ausschluss des Eigenverwaltungsvorverfahrens durch die Anordnung der vorläufigen Insolvenzverwaltung auch kontraproduktiv, weil er mit unnötigem Zeit- und Kostenaufwand verbunden wäre. Denn der Schuldner wäre nicht gehindert, seinen Insolvenzantrag zurückzunehmen und anschließend mit Eigenverwaltungsantrag neu zu stellen. Er hätte dann die Rücknahmekosten zu tragen (s. Rdn. 15) und müsste sich weitgehender den Geschäftspartnern erklären, um deren Vertrauen wiederzugewinnen, von Unsicherheiten für die Eigenverwaltungsführung (z.B. der Insolvenzausfallgeldgewährung) ganz abgesehen.

II. Nicht offensichtlich aussichtslos

17 Die Gesetzesgrundlagen enthalten keine Hinweise darauf, unter welchen konkreten Umständen der Eigenverwaltungsantrag als nicht offensichtlich aussichtslos anzusehen ist. Sie setzen vielmehr für die Anwendbarkeit des § 270a InsO schlicht voraus, dass der Eigenverwaltungsantrag »nicht offensichtlich ohne Aussicht auf Erfolg ist« (BT-Drucks. 17/5712 S. 39 zu Nr. 43 zu § 270a). Hinter dieser

Voraussetzung verbirgt sich eine Rechtsgrundverweisung auf § **270 Abs. 2 Nr. 2 InsO**, indem an die Anordnungsvoraussetzung angeknüpft wird (i.E. ebenso *Nerlich/Römermann-Riggert* InsO, § 270a Rn. 8). Die Regelung versetzt den Richter bereits auf den Zeitpunkt des Eigenverwaltungsantrages zur Entscheidung über die Einleitung des Eigenverwaltungsvorverfahrens mit der Anordnung der vorläufigen Sachwalterschaft in die **Beurteilungsgrundsätze der Eröffnungsentscheidung**, die antizipiert werden (allg. Meinung; z.B. *Uhlenbruck/Zipperer* § 270a Rn. 3; *Graf-Schlicker* InsO, § 270a Rn. 4). Voraussetzung für die Anordnung des Eigenverwaltungsvorverfahrens ist die Feststellung des Gerichts, dass die Selbstverwaltung des Schuldners unter vorläufiger Sachwalterschaft aufgrund bekannter Umstände nicht erwarten lässt, dass die Anordnung des Eigenverwaltungsvorverfahrens zu Nachteilen für die Gläubiger führen wird (§ 270 Abs. 2 Nr. 2 InsO entsprechend; ebenso *AG Hamburg* ZInsO 2014, 566 [568]). Die Regelung setzt damit konsequent den Gesamtgläubigerschutz um, den die Reform nicht aufgegeben hat (s. i.E. § 270 Rdn. 5–7). Besondere Zulässigkeitsvoraussetzung ist ferner die **erkennbare Fähigkeit des Schuldners** zur rechtsgeschäftlichen Erfüllung der Eigenverwaltungsanforderungen auch schon im Eigenverwaltungsvorverfahren (*AG Hamburg* ZInsO 2014, 363, in dem Fall verneint; s.a. Rdn. 13).

Die nicht offensichtliche Aussichtslosigkeit des Eigenverwaltungsantrages entspricht deswegen nicht dem vom Gesetzgeber in § 231 Abs. 1 verwendeten Begriff der Offensichtlichkeit mit dem Inhalt, ohne Nachforschungen des Gerichts nur eine Evidenzkontrolle vorzunehmen (so aber o.Begr. *Nerlich/Römermann-Riggert* InsO, § 270a Rn. 9; ähnlich *Uhlenbruck/Zipperer* InsO, § 270a Rn. 4; *Graf-Schlicker* InsO, § 270a Rn. 4). Vielmehr verweist Abs. 1 Satz 1 auf die Anwendung der Beurteilungsgrundsätze mit Gefährdungsprüfungsregeln nach § 270 Abs. 2 Nr. 2 InsO (i.E. ebenso *Kübler/Prütting/Bork-Pape* InsO, § 270a Rn. 16; *A/G/R-Ringstmeier* § 270a InsO Rn. 2f; MüKo-InsO/*Kern* § 270a Rn. 23; *AG Hamburg* ZInsO 2014, 566 [568]). Sie lassen Amtsermittlungen zu gläubigergefährdenden Umständen zu (wegen der Einzelheiten s. § 270 Rdn. 65–91), werden unmittelbar nach Antrag allerdings nur ausnahmsweise vorkommen, schon um die Einleitung des Eröffnungsverfahrens nicht zu verzögern. Die Gläubigergemeinschaft bleibt nicht ungeschützt, weil das Gericht ggf. aus dem eingeleiteten Eigenverwaltungsvorverfahren in das allgemeine Eröffnungsverfahren übergehen kann (s. Rdn. 33) und der vorläufige Sachwalter berufenes Gläubigerschutzorgan ist (§§ 274, 275 InsO über Abs. 1 Satz 2). 18

III. Anordnungen

1. Keine vorläufige Insolvenzverwaltung (§ 21 Abs. 2 Nr. 1 und 2 InsO)

Liegen dem Gericht zum Zeitpunkt der Entscheidung über die Anordnung des Eigenverwaltungsvorverfahrens keine Kenntnisse über konkrete Gläubigergemeinschaftsgefährdungsumstände vor oder reichen sie ihm nicht für die Annahme einer Gefährdung aus, *soll* das Gericht von einer **Anordnung der vorläufigen Insolvenzverwaltung** absehen und einen vorläufigen Sachwalter bestellen. Weil das »soll« kein »hat« ist, deutet der Gesetzeswortlaut darauf hin, dass die vorläufige Insolvenzverwalterbestellung im Eigenverwaltungsvorverfahren nicht ausgeschlossen ist (ebenso problematisierend *Kübler/Prütting/Bork-Pape* InsO, § 270a Rn. 8). Für die Nichtausgeschlossenheit scheint neben dem Wortlaut die Reformbegründung zu der Vorschrift zu sprechen, *im Regelfall* die Gläubigerbeteiligung bei der Auswahl des vorläufigen Sachwalters unter gleichzeitigem Absehen von der Auferlegung eines allgemeinen Verfügungsverbotes sicherzustellen (BT-Drucks. 17/5712 S. 39 zu Nr. 43 zu § 270a). Für den Regelungsumfang wird dagegen zu differenzieren sein. Anders als für den Fall der *Aufhebung* des Eigenverwaltungsvorverfahrens mit der Aufhebung der vorläufigen Sachwaltung (s. Rdn. 33) wird die Vorschrift für die *Bestellung* des Sicherungsorgans der Gläubigergemeinschaft im Eigenverwaltungsvorverfahren keine Anordnung der vorläufigen Insolvenzverwaltung zulassen, weil die Gesetzessystematik auch keine Eigenverwaltung mit Insolvenzverwaltung zulässt, sondern nur mit Sachwalterschaft (näher § 270c Rdn. 9, § 270 Rdn. 8), und diese Systematik für das Eigenverwaltungsvorverfahren entsprechend gilt (vgl. Rdn. 3–10). In der Gesetzesbegründung wird sich daher das »damit« in dem Begründungssatz »Damit wird für den Regelfall vermieden, dass der Schuldner im Eröffnungsverfahren unmittelbar mit dem Antrag die Kontrolle über sein Un- 19 ternehmen verliert.« (BT-Drucks. 17/5712 S. 39 zu Nr. 43 zu § 270a) nicht auf eine nur grundsätzliche Anordnungspflicht der vorläufigen Sachwaltung unter ausnahmsweiser Anordnungsfähigkeit der vorläufigen Insolvenzverwaltung innerhalb des anzuordnenden Eigenverwaltungsvorverfahrens beziehen, sondern vielmehr auf die allgemeine Anordnungsalternative des Eröffnungsregelverfahrens, die sich in dem Vorliegen oder Nichtvorliegen der Anordnungsvoraussetzung des nicht offensichtlich aussichtslosen Eigenverwaltungsantrages des Schuldners in Satz 1 entscheidet: Mit den Einzelregelungen des Abs. 1 insgesamt wird für den Regelfall vermieden, dass der Schuldner im Eröffnungsverfahren unmittelbar mit dem Antrag die Kontrolle über sein Unternehmen verliert, im Ausnahmefall kommt es schon gar nicht zum Eigenverwaltungsvorverfahren. Im Eigenverwaltungsvorverfahren ist deswegen eine Anordnung der vorläufigen Insolvenzverwaltung ebenso **insolvenzzweckwidrig, ausgeschlossen und nichtig** wie die Bestellung eines Insolvenzverwalters mit der Anordnung der Eigenverwaltung im Eröffnungsbeschluss, mithin für die *Bestellung* (anders für die Aufhebung, s. Rdn. 33) das »soll« in Abs. 1 als »hat« zu lesen: Bei nicht offensichtlicher Aussichtslosigkeit des Eigenverwaltungsantrages *hat* **das Gericht von der Anordnung der vorläufigen Insolvenzverwaltung abzusehen** und einen vorläufigen Sachwalter zu bestellen (**a.A.** *Kübler/Prütting/Bork-Pape* InsO, § 270a Rn. 8 f.: unverhältnismäßige Anordnungen unterlassen; *Hofmann* NZI 2010, 800; HK-InsO/*Landfermann* § 270a Rn. 6; *K. Schmidt/Undritz* InsO, § 270a Rn. 3; ähnlich wie hier *Uhlenbruck/Zipperer* InsO, § 270a Rn. 6).

2. Auswahl und Bestellung des vorläufigen Sachwalters (§§ 274 Abs. 1, 56, 56a InsO)

20 Die **Auswahl** des vorläufigen Sachwalters ist nach den entsprechend anzuwendenden §§ 274 Abs. 1, 56, 56a InsO vorzunehmen (BT-Drucks. 17/5712 S. 39 zu Nr. 43 zu § 270a), mithin nach den Grundsätzen, die für die Auswahl des im Eröffnungsbeschluss mit Anordnung der Eigenverwaltung zu bestellenden (vorläufigen, § 272 InsO, § 274 Abs. 1, 57 InsO) Sachwalters gelten. Allerdings unterliegen die **Bestellungsgrundsätze** des Eröffnungsregelverfahrens in der Eigenverwaltung der **Modifikation nach dem Zweck der Eigenverwaltung**, sodass ihr Anwendungsbereich weiter oder enger sein kann (i.E. § 270c Rdn. 4 f.) und dementsprechend auch schon die Bestellungsgrundsätze für den vorläufigen Sachwalter dieser Zweckbindung unterliegen (entspr. die Fallbeispiele, s. § 270c Rdn. 4 f.). Der vorläufige Gläubigerausschuss ist an der Auswahl des vorläufigen Sachwalters zu beteiligen, allerdings nur, wenn er sich zum Zeitpunkt der Entscheidung über die Anordnung des Eigenverwaltungsvorverfahrens bereits **konstituiert** hat (*AG München* ZIP 2012, 1309). Zum **Auswahlverfahren** i.E. s. § 270c Rdn. 2–4 f., zu den **Anhörungsgrundsätzen** i.E. s. § 270 Rdn. 97 ff.). Die **Bestellung** erfolgt entsprechend (vgl. Rdn. 3–10) den allgemeinen Grundsätzen der Bestellung eines Insolvenzverwalters (i.E. s. § 270c Rdn. 9).

21 Die Bestellung unterliegt der **Veröffentlichung nach § 23 InsO** (i.E. ebenso *Frind* ZIP 2012, 1591 [1595]), der für das Eigenverwaltungsvorverfahren über die Verweisung in § 270 Abs. 1 Satz 2 InsO entsprechend anzuwenden ist und der Inhaltsstrenge, die sich daraus ergibt, die Veröffentlichungsadressaten in die Lage zu versetzen, ihre Rechte wahrzunehmen (*BGH* Beschl. v. 10.10.2013 ZIP 2014, 86 für die länderübergreifende Justizplattform im Internet). Die Anwendbarkeit der Verweisung folgt aus der Verweisung auf die entsprechend anwendbaren §§ 274, 275 InsO in Abs. 1 Satz 2 und der Regelungssystematik des Eigenverwaltungsvorverfahrens (Rdn. 3–10). Die damit angeordnete Aufteilung der Verwaltungs- und Verfügungsmacht auf Schuldner und vorläufigen Sachwalter unter Aufteilungsübernahme der Eigenverwaltung nach Verfahrenseröffnung ersetzt nach dem Gesetzeszweck im Eigenverwaltungsvorverfahren die sonst durch Einzelanordnungen des Gerichts nach § 21 Abs. 1 Satz 1 InsO notwendige inhaltsgleiche Befugnisaufteilung zur Gläubigergemeinschaftssicherung (s. Rdn. 24) und enthält dadurch mit Außenwirkung die Bestimmung der Verwaltungs- und Verfügungsperson im Eigenverwaltungsvorverfahren, so dass die Bestellung dem Veröffentlichungszweck des § 23 InsO unterliegt (i.E. ebenso *Frind* ZIP 2012, 1591 f.; **a.A.** *AG Göttingen* ZInsO 2012, 2297 und ZInsO 2012, 2413: pflichtgemäßes Ermessen; zust. *Graf-Schlicker* ZInsO 2013, 1765; **gänzlich ablehnend** *Horstkotte* ZInsO 2012, 1161; HambK-InsO/*Schröder* § 23 Rn. 4; *Keller* ZIP 2012, 1895; HK-InsO/*Landfermann* § 270a Rn. 12; *K. Schmidt/Undritz* § 270a Rn. 5).

3. Rechtsstellung des vorläufigen Sachwalters, Befugnisaufteilung mit Schuldner

Wegen der entsprechend anzuwendenden §§ 274, 275 InsO entspricht die Rechtsstellung des vorläufigen Sachwalters derjenigen des Sachwalters im eröffneten Insolvenzverfahren mit angeordneter Eigenverwaltung (BT-Drucks. 17/5712 S. 3a zu Nr. 43 zu § 270a), die Rechtsstellung des Schuldners dem »starken« vorläufigen Insolvenzverwalter in § 21 Abs. 2 Nr. 2 1. Alt. InsO; **str.**, i.E. Rdn. 24 f. § 275 InsO regelt den gesamten denkbaren Umfang der Verwaltungs- und Verfügungsmacht des Schuldners durch Befugnisverteilung auf Schuldner und Sachwalter, aufgrund der Verweisung dieser Regelung in das Eigenverwaltungsvorverfahren also auch bereits für das Eigenverwaltungsvorverfahren. Insofern zu außerordentlichen Unklarheiten und Streit hat allerdings die Einfügung des Absatzes 3 und die Streichung des Absatzes 4 Nr. 1 in § 270b InsO durch den Rechtsausschuss geführt (i.E. Rdn. 24 und § 270b Rdn. 39 bis 50). Aufgrund des klaren Wortlautes der Verweisung und ihrer Begründung in den Gesetzesgrundlagen ist der **Befugnisumfang des vorläufigen Sachwalters** allerdings **auf den Regelungsumfang der §§ 274, 275 InsO beschränkt** (ebenso *Frind* ZInsO 2012, 1101; ähnlich *Flöther* ZInsO 2014, 465; *Uhlenbruck/Zipperer* InsO, § 270a Rn. 29). 22

Deswegen ist etwa die **Abberufung und Neubestellung von Mitgliedern der Geschäftsleitung** ohne Beteiligung des vorläufigen Sachwalters wirksam (vgl. § 276a Satz 2 InsO). **Mittel zur Lebensführung** darf der Schuldner auch zu einer bescheidenen Lebensführung nicht entnehmen, weil § 278 InsO nicht für anwendbar erklärt ist (**a.A.** o. Begr. *Kübler/Prütting/Bork-Pape* InsO, § 270a Rn. 29; *Uhlenbruck/Zipperer* InsO, § 270a Rn. 29). Es bleibt ihm nur, sich mit dem vorläufigen Sachwalter über ein Tätigkeitsentgeld zu einigen (§ 275 Abs. 1 InsO i.V.m. § 270a Abs. 1 Satz 2 InsO; zur entspr. Problematik in der Eigenverwaltung s. § 278 Rdn. 6 ff.). 23

Die Anordnungsvorbehaltsmöglichkeit des § 277 InsO besteht deswegen zwar nicht, ist aber unschädlich. Denn dem Gericht stehen mit § 21 Abs. 1 Satz 1 InsO mit Ausnahme der vorläufigen Insolvenzverwaltung grds. alle Anordnungsmöglichkeiten des Eröffnungsverfahrens zu (ebenso i.E. *Kübler/Prütting/Bork-Pape* InsO, § 270a Rn. 5,18; A/G/R-*Ringstmeier* § 270a InsO Rn. 5, *Nehrlich/Römermann-Riggert* InsO, § 270 Rn. 4 f.; *Uhlenbruck/Zipperer* InsO, § 270a Rn. 9; HK-InsO/*Landfermann* § 270a Rn. 5; *AG Hamburg* ZInsO 2017, 1740; *AG Hannover* ZInsO 2016, 1635; **a.A.** *Obermüller* ZInsO 2011, 1815: nur auf Veranlassung der Gläubigerversammlung). Die Anwendbarkeit des § 21 Abs. 1 Satz 1 InsO tritt auch nicht zurück, weil der Gesetzgeber Schuldner und vorläufigem Sachwalter jeweils allein oder gemeinsam die Verwaltungs- und Verfügungsmacht durch die entsprechend anzuwendenden §§ 274, 275 InsO zugewiesen hat. Auch wenn das Regel-Ausnahme-Prinzip der Eigenverwaltung in § 270 Abs. 1 Satz 2 InsO entsprechend gilt (vgl. Rdn. 3–10), enthalten die §§ 274, 275, 277 nach der hier vertretenen Auffassung eine Regelungslücke, die auch im eröffneten Verfahren nur durch die entsprechende Anwendung des § 21 Abs. 1 Satz 1 InsO geschlossen werden kann (s. i.E. § 270c Rdn. 19–33). Im Eigenverwaltungsvorverfahren, das zugleich Insolvenzeröffnungsverfahren ist, wird deswegen die Anwendbarkeit des § 21 Abs. 1 InsO erst recht nicht eingeschränkt. Die angeordnete entsprechende Anwendbarkeit der §§ 274, 275 InsO macht für das Eigenverwaltungsvorverfahren lediglich inhaltsgleiche Einzelanordnungen des Gerichts nach § 21 Abs. 1 Satz 1 InsO überflüssig. Es bleibt bei der umfassenden **Anordnungsmacht des Gerichts nach § 21 Abs. 1 InsO**, durch die Streitigkeiten zwischen Schuldner und vorläufigem Sachwalter entschieden werden können. In diesem Fall besteht auch für den vorläufigen Sachwalter als Organträger die **Beschwerdefähigkeit nach § 21 Abs. 1 Satz 2 InsO**. Auf dieser umfassenden Anordnungsmacht des Gerichts beruht die gesamte Systematik des Eigenverwaltungsvorverfahrens. Der Hinweis des Gesetzgebers dazu findet sich in der Begründung zu § 270b Abs. 4 InsO. Die darin begründete Pflicht zur Aufhebung der Anordnung des Schutzschirmverfahrens nach § 270b Abs. 1 Satz 1 InsO führt zur Fortsetzung des Eröffnungsverfahrens »nach den allgemeinen Vorschriften der §§ 21–25 InsO sowie des § 270a InsO. So wird verhindert, dass unter dem Schutzschirm der gerichtlichen Anordnung das letzte Vermögen des Schuldners vernichtet wird. Mit der Aufhebung des Verfahrens nach § 270b InsO stehen dem Gericht wieder alle im Eröffnungsverfahren bestehenden Optionen zur Verfügung.« (BT-Drucks. 17/5712 S. 41 zu Nr. 43 zu § 270b). Also 24

§ 270a InsO   Eröffnungsverfahren

stehen dem Gericht in dem Anwendungsbereich des § 270a InsO alle Optionen des Insolvenzeröffnungsverfahrens zur Verfügung, es sei denn, sie werden durch § 270a ausgeschlossen, also auch § 21 Abs. 1 InsO, der durch die Anordnungen in § 270a InsO nicht ausgeschlossen wird.

25 Die weiterhin problematisierte Frage nach der **Begründung von Masseverbindlichkeiten** zu Lasten der späteren Insolvenzmasse – Beispiel: Vorfinanzierung Insolvenzausfallgeld – (*AG Fulda* Beschl. v. 28.03.2012 – 91 IN 9/12, ZIP 2012, 1471: fehlende Ermächtigungsgrundlage; ebenso *AG Montabaur* ZIP 2013, 899; zurückhaltend *Graf-Schlicker* InsO 2013, 1767; *AG Hamburg* ZIP 2012, 787: Ermächtigungsgrundlage nur für vorläufigen Sachwalter; *AG Köln* ZIP 2012, 788 und *Kübler/Prütting/Bork-Pape* InsO, § 270a Rn. 20: Ermächtigungsgrundlage nur für Schuldner; ebenso *AG München* ZIP 2012, 1470; *LG Duisburg* ZInsO 2012, 2347; *OLG Dresden* ZInsO 2015, 2273; *Uhlenbruck/Zipperer* InsO, § 270a Rn. 19; *Pape* ZIP 2013, 2292; insgesamt krit. *Klinck* ZIP 2013, 853; jetzt offener *Klinck* ZInsO 2014, 365) stellt sich nur ausnahmsweise, weil sie der Gesetzgeber durch die Verweisung auf die §§ 274, 275 InsO mit der entsprechenden grundsätzlichen Verwaltungs- und Verfügungsmachtaufteilung zwischen Schuldner und vorläufigem Sachwalter bereits im Grundsatz entschieden hat (zutr. *Frind* ZInsO 2012, 1101 f.; ebenso *AG Montabaur* ZIP 2013, 899; *AG Hannover* ZInsO 2015, 1112; rundweg abl. dagegen *OLG Jena* ZIP 2016, 1741). Der zu bestellende vorläufige Sachwalter soll aufgrund der Verweisung die Befugnisse haben, die dem Sachwalter bei der Eigenverwaltung im eröffneten Insolvenzverfahren zustehen (BT-Drucks. 17/5712 S. 39 zu Nr. 43 zu § 270a), mithin dem Schuldner diejenigen des eigenverwaltenden Schuldners im eröffneten Insolvenzverfahren, also das grundsätzliche Masseverbindlichkeitenbegründungsrecht. Die Verweisung der §§ 270a Abs. 1 Satz 2, 274, 275 InsO begründet deswegen für den Schuldner im Eigenverwaltungsvorverfahren mit dem Anordnungsbeschluss originär die **Rechtsstellung eines starken vorläufigen Insolvenzverwalters** und deswegen originär daraus die Masseverbindlichkeitenbegründungsfolge des **§ 55 Abs. 2 InsO** (konsequent erwogen von *AG Fulda* Beschl. v. 28.03.2012 – 91 IN 9/12, ZIP 2012, 1471). Im Umfang seines Verwaltungs- und Verfügungsrechtes wird er durch die Anordnung **Partei kraft Amtes** (i.E. § 270 Rdn. 20–24). Einer gesonderten Ermächtigung des Schuldners – nur er käme nach zutreffender Ansicht von *Pape* (in: Kübler/Prütting/Bork InsO, § 270a Rn. 20) in Betracht – bedarf es nicht.

Diese Verweisungswirkung hat der Rechtsausschuss nicht bedacht und hat deswegen im Schutzschirmverfahren mit § 270b Abs. 3 InsO eine Ermächtigungsgrundlage zur erstmaligen Rechtsmachtverschaffung nur für die Eingehung von Verbindlichkeiten, die nicht zum gewöhnlichen Geschäftsbetrieb gehören (§ 275 Abs. 1 InsO), geschaffen, während es nach der vorgegebenen Regelungssystematik des Eigenverwaltungsvorverfahrens weiterer erstmaliger Rechtsmachtverschaffungen nicht bedurfte und als rechtsbegründende Regel zu ihr im Widerspruch steht. § 270b Abs. 3 InsO hat deswegen nur eine geringe eigenständige Bedeutung (a.A. wohl A/G/R-*Ringstmeier* § 270b InsO Rn. 2, 30 f.; *Graf-Schlicker* ZInsO 2013, 1767; *Pape* ZInsO 2013, 2134; näher hierzu auch § 270b Rdn. 39–42 und § 275 Rdn. 5). Im Rahmen des § 270a Abs. 1 Satz 2 InsO stellt sich deswegen auch nicht die Frage, ob dem Schuldner entsprechend § 270b Abs. 3 InsO eine Einzel- oder Globalermächtigung zur Masseverbindlichkeitenbegründung erteilt werden kann (so aber die o.a. Gegenauffassung). Das Masseverbindlichkeitenbegründungsrecht steht dem Schuldner allerdings nur im Legitimationsumfang des eigenverwaltenden Schuldners nach § 275 InsO zu (näher § 270b Rdn. 39 ff.). Die Frage nach der Begründung von Masseverbindlichkeiten stellt sich deswegen nur, soweit das Gericht **ausnahmsweise** von der gesetzlich vorgegebenen Berechtigung dazu **abweichen** will (a.A. *AG Hamburg* Beschl. v. 04.04.2012 ZIP 2012, 787; *AG Köln* Beschl. v. 26.03.2012 ZInsO 2012, 790; *LG Hannover* ZIP 2016, 1790), was es nach der hier vertretenen Auffassung kann (i.E. wie hier *Oppermann/Smid* ZInsO 2012, 862 [869]). Es unterliegt dabei nur der pflichtgemäßen Ermessensbindung (vgl. BGH ZInsO 2006, 267 [268]; i.E. *Schmerbach* § 21 Rdn. 39).

26 Der **BGH** hat diese Frage allerdings in seinem Urteil v. 16.06.2016 (– IX ZR 114/15, ZInsO 2016, 1421 = ZIP 2016, 1295; ansatzweise zuvor schon im Beschl. v. 24.03.2016 – IX ZR 157/14, ZInsO 2016, 903) für das **Schutzschirmverfahren** anders beurteilt (für § 270a InsO und § 270b InsO so

schon *OLG Dresden* ZInsO 2015, 2273 = ZIP 2014, 1937). Erst die Ermächtigung durch das Gericht nach § 270b Abs. 3 InsO und die darauf gestützten Verpflichtungen des Schuldners begründeten (unanfechtbare) Masseverbindlichkeiten gem. § 55 Abs. 2 InsO. In der Begründung ist die Richtigkeit der Entscheidung anzuzweifeln (i.E. s. § 280 Rdn. 19–23). Für das **Verfahren nach § 270a InsO** hat der BGH die Frage jedenfalls im Beschluss v. 24.03.2016 unter Tz. 4, 6 ausdrücklich offen gelassen (s. auch Rdn. 12), aus seinem Urteil v. 16.06.2016 ergibt sich ebenfalls keine eindeutige Stellungnahme. Ein Hinweis könnte sich jedoch aus der Begründung ergeben. **Aus der Begründung** im Beschluss v. 24.03.2016 Tz. 4, 6, jedenfalls zum Schutzschirmverfahren werde nicht vertreten, dass der Schuldner kraft Gesetzes Masseverbindlichkeiten begründen könne, es könne offen bleiben, ob es im Verfahren nach § 270a InsO gegen die weit überwiegend vertretene Meinung möglich sei, dass der Schuldner oder der vorläufige Sachwalter ohne eigene entsprechende Ermächtigung dazu in der Lage sei, könnte zu schließen sein, dass er auch für das Masseverbindlichkeitenbegründungsrecht des Schuldners oder des vorläufigen Sachwalters im Falle des § 270a InsO eine gerichtliche Ermächtigung einfordert. Darin läge allerdings ein Gegensatz zur Rechtsstellung des eigenverwaltenden Schuldners im Eigenverwaltungsvorverfahren nach dem Gesetz zur Erleichterung von Konzerninsolvenzen v. 13.04.2017 in § 270d InsO (i.E. s. § 270 Rdn. 115 und die Komm. zu § 270d InsO). Mit ihm wurde der vorläufige eigenverwaltende Schuldner für die Mitwirkungsverpflichtung ausdrücklich (Wortlaut des Gesetzes) dem eigenverwaltenden Schuldner gleichgestellt, der in die Rechte und Pflichten des Schuldners eintritt, also **rechtsmachtgleich behandelt** (BT-Drucks. 18/407 S. 41 f., Teilabdruck mit der hier maßgebenden Passage s. § 272 Rdn. 19). Es besteht aus der Gesetzesbegründung kein Grund für die Annahme, die rechtsmachtgleiche Stellung des Schuldners im Eigenverwaltungsvorverfahren einer Konzerninsolvenz unterscheide sich von der Rechtsstellung des eigenverwaltenden Schuldners im (eröffneten) Eigenverwaltungsverfahren von demjenigen im Eigenverwaltungsvorverfahren. Ein sachgerechter Unterscheidungsgrund ist auch sonst nicht ersichtlich. Ist die Beschlussinterpretation als versteckter Hinweis richtig, dürfte dem BGH die Umsetzung nach der Anordnung des Gesetzgebers in § 270d InsO nicht möglich sein.

Die **umsatzsteuerliche Organschaft** endet bereits mit der Zulassung des Eigenverwaltungsvorverfahrens durch Anordnung der vorläufigen Sachwaltung (i.E. s. § 270 Rdn. 11 f.). 27

Treten im Eigenverwaltungsvorverfahren grundlegende Störungen im Verhältnis des Schuldners zum vorläufigen Sachwalter auf, indem sich der Schuldner etwa nicht an seine gesetzlich beschränkte Verwaltungs- und Verfügungsmacht hält, kann das Gericht als das einschneidendste und letzte Mittel auch die **Aufhebung des Eigenverwaltungsvorverfahrens** durch Übergang in das Eröffnungsregelverfahren anordnen (s. Rdn. 33). 28

Der Reformgesetzgeber hat die **Befugnisaufteilung** zwischen eigenverwaltendem Schuldner und Sachwalter des eröffneten Insolvenzverfahrens auf den Schuldner und vorläufigen Sachwalter im Eigenverwaltungsvorverfahren vorverlagert, so dass grds. dieselben Rechtsgrundsätze gelten, mithin originär der Schuldner, aber auch der vorläufige Sachwalter Masseverbindlichkeiten zu Lasten der späteren Insolvenzmasse eingehen kann, letzterer im Fall der Kassenführungsübernahme nach § 275 Abs. 2, sonst nur nach Einzelanordnungen des Gerichts gem. § 21 Abs. 1 Satz 1 InsO (**str.**, ähnlich wie hier A/G/R-*Ringstmeier* § 270a InsO Rn. 8; *Obermüller* ZInsO 2011, 1815; *Uhlenbruck/Zipperer* InsO, § 270a Rn. 29; *Graf-Schlicker* § 270a Rn. 6; dagegen *Oppermann/Smid* ZInsO 2012, 866 f.; *Kübler/Prütting/Bork-Pape* InsO, § 270a Rn. 19). Dabei kann allerdings eine **Anpassung an die Eröffnungsverfahrenssituation** notwendig sein, die nach der Vorläufigkeitslage im Eröffnungsverfahren im Einzelfall zu treffen ist (vgl. Rdn. 10; i.E. ebenso *Kübler/Prütting/Bork-Pape* InsO, § 270a Rn. 13; *Uhlenbruck/Zipperer* InsO, § 270a Rn. 29). Dieser **Auslegungsgrundsatz** hat den Anhalt in der Gesetzesbegründung zu § 270a InsO. Zu dem verwiesenen § 274 Abs. 3 wird der Vorläufigkeitslage ausdrücklich durch den Hinweis Rechnung getragen, dass anstelle der zu unterrichtenden Insolvenzgläubiger, die Forderungen angemeldet haben, der vorläufige Sachwalter die zu diesem Zeitpunkt bereits bekannten Gläubiger zu unterrichten hat (BT-Drucks. 17/5712 S. 39 zu Nr. 43 zu § 270a InsO). Das **Antragsrecht nach § 30d ZVG** steht dem Schuldner zu (§ 30d 29

Abs. 4 Satz 2 ZVG). Die **Einstellung** des Zwangsverwaltungsverfahrens **nach § 153b ZVG** ist dagegen nicht möglich (BT-Drucks. 17/5712 S. 41 zu Nr. 43 zu § 270b).

30 **Einzelheiten**: Grundsätzlich gelten die Rechtsgrundsätze der §§ 274, 275 InsO für die Rechtsstellung des vorläufigen Sachwalters und seine Befugnisabgrenzung zum Schuldner auch im Eigenverwaltungsvorverfahren, so dass auf die Kommentierung dort verwiesen wird. Allerdings gilt insoweit eine **Besonderheit**. Nach der Zwecksetzung des Eigenverwaltungsvorverfahrens ist die in der Gesetzesbegründung zur entsprechenden Anwendung erklärte **Anzeigepflicht des Sachwalters nach § 274 Abs. 3 InsO** für den vorläufigen Sachwalter an die ihm zu diesem Zeitpunkt bereits bekannten Gläubiger (BT-Drucks. 17/5712 S. 39 zu Nr. 43 zu § 270a) zwecklos und bloße Formallast. Sie steht im Widerspruch zur gesetzlich vorgegebenen Regelungssystematik des Eigenverwaltungsvorverfahrens. Der Zweck des § 274 Abs. 3 InsO besteht darin, den Gläubigern eine Informationsgrundlage für einen Aufhebungsantrag nach § 272 Abs. 1 Nr. 2 InsO oder einen Zustimmungsantrag nach § 277 Abs. 2 InsO zu verschaffen (i.E. s. § 274 Rn. 54 sowie *Uhlenbruck* InsO, § 274 Rn. 21). Beide Vorschriften hat der Gesetzgeber in Abs. 1 Satz 2 aber nicht für entsprechend anwendbar erklärt, sodass die Gläubigerinformationen nichts bewirken können. Sie sind überflüssig, weil die für entsprechend anwendbar erklärten §§ 274, 275 InsO § 21 Abs. 1 Satz 1 InsO nicht verdrängen, sondern ergänzen und dem Gericht das Aufhebungsrecht originär zusteht (vgl. Rdn. 3–10, 33). Wie sie überdies im Hinblick auf die Eilbedürftigkeit und zügige Verfahrensdurchführungspflicht (*BGH* ZIP 2013, 525 = ZInsO 2013, 460) überhaupt bewerkstelligt werden soll, bleibt ein Rätsel. Gleichwohl – deswegen bloße Formallast – hat der vorläufige Sachwalter die Informationen entsprechend § 274 Abs. 3 InsO gegenüber dem Insolvenzgericht und – falls bestellt – dem vorläufigen Gläubigerausschuss vorzunehmen, hilfsweise den ihm zu diesem Zeitpunkt bekannten Gläubigern (BT-Drucks. 17/5712 S. 39 zu Nr. 43 zu § 270a InsO). Als »ihm bekannt« zu behandeln sind alle Gläubiger, die ihm persönlich bekannt sind, bei Gericht aktenkundig sind, aus der Buchhaltung des Schuldners entnommen werden können, weil der Informationszweck in der umfassenden Gläubigerinformation besteht (i.E. s. § 274 Rdn. 68 f.; ähnlich A/G/R-*Ringstmeier* § 270a InsO Rn. 9; *Kübler/Prütting/Bork-Pape* InsO, § 270a Rn. 30). Aus der Verweisung auf § 275 InsO folgt das **originäre Masseverbindlichkeitenbegründungsrecht** des Schuldners im Legitimationsumfang des § 275 InsO (str.; s. Rdn. 24 f. und § 270b Rdn. 37, 39–42).

31 Es besteht ein **Entlassungsrecht** des Gerichts für den vorläufigen Sachwalter (ebenso *Kübler/Prütting/Bork-Pape* InsO, § 270a Rn. 24), das allerdings nur mit der zeitgleichen Neubestellung eines vorläufigen Sachwalters ausgeübt werden kann (s. i.E. § 270 Rdn. 16). Für die **Neubestellung** gilt § 56a InsO nicht, weil sich § 56a InsO nach dem Reformzweck auf die Erstbestellung beschränkt (BT-Drucks. 17/5712 S. 26 zu Nr. 8 zu Buchstabe b), und für das schwerfällige Anhörungsverfahren im engen Zeitrahmen des Eröffnungsverfahrens regelmäßig auch keine Zeit wäre (vgl. *BGH* Beschl. v. 07.02.2013 ZIP 2013, 525 = ZInsO 2013, 460 zur Eilbedürftigkeitslage des Eigenverwaltungsvorverfahrens).

32 Die **Vergütung** des vorläufigen Sachwalters wurde – im Gegensatz zum vorläufigen Gläubigerausschuss, § 17 Abs. 2 InsVV – nicht eigenständig geregelt, ohne dass dafür allerdings eine Begründung gegeben wird (BT-Drucks. 17/5712 S. 43 zu Art. 2). Erwartungsgemäß war sie umstritten. Zum Streitstand s. FK-InsO/*Foltis* 8. Aufl., § 270a Rn. 28. Der BGH hat die Vergütungsfrage durch seinen **Grundlagenbeschluss v. 21.07.2016** (– IX ZB 70/14, ZInsO 2016, 1637 = ZIP 2016, 1592) auf der Grundlage des § 12 InsVV entschieden (er ist mit den amtl. Leitsätzen bei § 274 Rdn. 40 abgedruckt und unter § 274 Rdn. 42–51 kommentiert, darunter auch die Vergütung des vorläufigen Sachwalters in § 274 Rdn. 51). Für den vorläufigen Sachwalter vergütungsbegründend sind nur die ihm vom Gesetz oder Insolvenzgericht und den Verfahrensbeteiligten wirksam übertragenen Tätigkeiten, festsetzbar erst mit der Festsetzung der Vergütung des Sachwalters. Er hat allerdings einen Abschlagsfestsetzungsanspruch in Höhe seiner zu erwartenden Vergütung. Die Berechnung erfolgt nach den Regeln für die Sachwaltervergütung und beträgt im Regelfall (= Regelsatz für den vorläufigen Sachwalter) 25 % der Regelvergütung für den Insolvenzverwalter. Die Zu- und Abschlagsregeln für den Insolvenzverwalter nach § 3 InsVV gelten entsprechend mit der Maßgabe, dass

nach angemessener tatrichterlicher Gesamtwürdigung ein Gesamtzuschlag oder Gesamtabschlag festzusetzen ist, wobei der Regelbruchteil um den Vomhundertsatz erhöht oder vermindert wird, der als Zu- oder Abschlag gewährt wird, und wegen des geringeren Aufgabenzuschnitts als eines Insolvenzverwalters deutlich geringere Zu- bzw. Abschläge vorzunehmen sind, als eines Insolvenzverwalters. S. hierzu auch die eingehende Besprechung von *Haarmeyer/Mock* ZInsO 2016, 1829).

4. Aufhebung des Eigenverwaltungsvorverfahrens

Vom Reformgesetzgeber nicht ausdrücklich geregelt wurde die Frage, ob das Gericht das eingeleitete Eigenverwaltungsvorverfahren – noch vor der Entscheidung über den Eigenverwaltungsantrag (§ 270 Abs. 3, 4 InsO) – aufheben und **in das allgemeine Eröffnungsverfahren übergehen** kann (*Schelo* ZIP 2012, 714 f.). Die Frage lässt sich nur aus Sinn und Zweck der Eigenverwaltung und des Eigenverwaltungsvorverfahrens beantworten. Die Anordnungsgrundlage für die Eigenverwaltung und das Eigenverwaltungsvorverfahren besteht in der Annahme des Gerichts, dass zu den jeweiligen Anordnungszeitpunkten (Eigenverwaltung: Eröffnungsentscheidung, § 270 Abs. 3, 4 InsO – Eigenverwaltungsvorverfahren: Vorverfahrensentscheidung nach Eigenverwaltungsantrag, § 270a Abs. 1 InsO) keine Umstände bekannt sind, die erwarten lassen, dass die Anordnung zu Nachteilen für die Gläubiger führen wird (§ 270 Abs. 2 Nr. 2 InsO, § 270a Abs. 1 Satz 1 1. HS, s. i.E. § 270 Rdn. 65, 91, 92–110 und hier Rdn. 17 f.). Werden dem Gericht solche Umstände nachträglich bekannt, stellt sich damit das Fehlen der Anordnungsgrundlage heraus und das Gericht ist in die Entscheidungssituation vor der Einleitung des Eigenverwaltungsvorverfahrens gesetzt. Es kann deswegen zum Gesamtgläubigerschutz nicht nur das **Eigenverwaltungsvorverfahren abbrechen**, sondern ist dazu vielmehr sogar als verpflichtet anzusehen. Die Anordnungsmacht folgt aus Sinn und Zweck des § 270a InsO, eine Vorentscheidung gegen die Eigenverwaltung durch die Anordnung der vorläufigen Insolvenzverwaltung im Eröffnungsverfahren zu vermeiden und diese Vermeidung durch die Anordnung der vorläufigen Sachwaltung dann sicher zu stellen, wenn der Eigenverwaltungsantrag des Schuldners nicht offensichtlich aussichtslos ist, weil keine Umstände bekannt sind, die Gläubigernachteile aus der Anordnung der Eigenverwaltung erwarten lassen (vgl. Rdn. 17 f.), aber auch nur **dann** und **solange** und damit entsprechend der Lage in der Eigenverwaltung nach § 272 Abs. 1 Nr. 2 InsO (*LG Halle* ZInsO 2014, 2355 »Mifa« m. Anm. *Bultmann* ZInsO 2015, 188; HK-InsO/ *Landfermann* § 270a Rn. 6; ergebnisunklar *Schelo* ZIP 2012, 715).

C. Gelegenheit zur Rücknahme des Eigenverwaltungsantrages (Abs. 2)

I. Normzweck

Abs. 2 sichert dem Schuldner die Entscheidungsfreiheit zur Rücknahme seines Eröffnungsantrages bei einem auf drohende Zahlungsunfähigkeit gestellten Eröffnungsantrag mit Eigenverwaltung durch eine Informationspflicht des Gerichts zur fehlenden Anordnungsfähigkeit, um damit für den Schuldner den Weg zur Eigenverwaltung und zu Selbstsanierungsbemühungen attraktiver zu machen (vgl. Rdn. 1 f.). Anknüpfungspunkt der Regelung ist eine angenommene – nicht näher begründete – Schuldnermotivation für die Zurückhaltung bei Eigenverwaltungsanträgen nach dem Altrecht, deren Ursache der Gesetzgeber in den Altrechtsregelungen geortet hat: »Eine der Hauptursachen für die geringe praktische Bedeutung der Eigenverwaltung dürfte darin liegen, dass ein Schuldner, dessen Unternehmen insolvent oder von einer Insolvenz bedroht ist, vor einem frühzeitigen Insolvenzantrag mit Antrag auf Eigenverwaltung häufig schon deshalb zurückschreckt, weil er damit rechnen muss, dass das Gericht seinen Antrag auf Eigenverwaltung ablehnt und ein Insolvenzverfahren mit Insolvenzverwalter eröffnet. Der Schuldner zieht es dann vor, außergerichtliche Sanierungsbemühungen fortzusetzen und ggf. so lange weiter zu wirtschaften, bis auch im Insolvenzverfahren keine Sanierungschancen mehr bestehen. Dieser Gefahr will die Neuregelung begegnen.« (BT-Drucks. 17/5712 S. 39/40 zu Nr. 43 zu § 270a). Gegenstand der dem Schuldner mit Abs. 2 eingeräumten Handlungsalternative durch den Hinweis des Gerichts ist nicht etwa die Rücknahme des Antrages auf Anordnung der Eigenverwaltung, sondern der Insolvenzantrag schlechthin: »Beantragt ein Schuldner schon bei drohender Zahlungsunfähigkeit die Eröffnung des Insolvenzverfahrens und verbindet er dies mit dem Antrag auf Eigenverwaltung, hat das Gericht dem Schuldner unter Angabe von Gründen mitzuteilen, dass es die Eigenverwaltung ablehnen will. Gleichzeitig hat es dem Schuldner **Gelegenheit zur Rücknahme des Insolvenzantrages** zu geben.« (BT-Drucks. 17/5712 S. 39 zu Nr. 43 zu § 270a). Ob die Problemortung für die Antragszurückhaltung auf Eigenverwaltung nach dem Altrecht zutrifft und ob ein Hinweis des Gerichts auf eine zu erwartende Nichtanordnung der Eigenverwaltung mit dem Eröffnungsbeschluss zu vermehrten auf drohende Zahlungsunfähigkeit gestützten Eigenverwaltungsanträgen führen wird, wird die Praxis zeigen. Die Regelung wirft jedenfalls eine Reihe offener Anwendungsfragen auf.

II. Anträge des Schuldners

35 Vorliegen müssen zwei Anträge: der Antrag auf Eröffnung des Insolvenzverfahrens (§ 13 InsO) und der Antrag auf Anordnung der Eigenverwaltung (§ 270 Abs. 1, Abs. 2 Nr. 1 InsO). Beide Anträge müssen **vom Schuldner gestellt** sein. Auf Fremdanträge (§ 13 Abs. 1 Satz 2 1. Alt. InsO; s. § 270 Rdn. 56) ist die Vorschrift nach ihrem klaren Wortlaut nicht anwendbar (ebenso *Kübler/Prütting/Bork-Pape* InsO, § 270a Rn. 42; *Uhlenbruck/Zipperer* § 270a Rn. 35; MüKo-InsO/*Kern* § 270a Rn. 59).

III. Antragstellung bei drohender Zahlungsunfähigkeit

36 Fraglich ist, ob lediglich die **formale** Antragsbegründung mit drohender Zahlungsunfähigkeit (§ 18 InsO) gefordert ist oder ob sie weiter zum Zeitpunkt der Antragstellung tatsächlich **materiell** vorliegen muss. Ist Letzteres der Fall, müsste die Feststellung der Zahlungsunfähigkeit durch das Gericht (ggf. nach Sachverständigengutachten, § 5 Abs. 1 Satz 2 InsO) zur Unanwendbarkeit des Abs. 2 führen. Das »*bei*« drohender Zahlungsunfähigkeit des Gesetzeswortlautes deutet auf eine materielle Anwendungsvoraussetzung hin. Diese Annahme würde aber dem Antragsförderungsweck durch Attraktivitätssteigerung widersprechen. Die vom Gesetzgeber angenommene Unkalkulierbarkeit des Antragsschicksals nach der Altregelung würde gesteigert. Der Schuldner würde wie nach dem Altrecht einschränkungslos der Insolvenzgrundbeurteilung des Gerichts unterworfen und die Bestimmung liefe leer. Zumal sich die Frage, ob nur eine drohende Zahlungsunfähigkeit vorliegt oder schon die Zahlungsunfähigkeit (§ 17 InsO), regelmäßig erst nach einer tiefgehenden fachanwaltlichen Prüfung der wirtschaftlichen Verhältnisse des Schuldners (§ 13 Abs. 1 Satz 2 InsO) erschließt, auch erst für den Schuldner (vgl. nur die Fülle der komplizierten Einzelfragen in der Darstellung bei *Uhlenbruck/Mock* InsO, § 18 Rn. 18–35). Für die Anwendbarkeit der Vorschrift genügt deswegen nach dem Gesetzeszweck die **bloße Darlegung der drohenden Zahlungsunfähigkeit** durch den Schuldner im Insolvenzantrag (ähnlich *Hölzle* NZI 2011, 130, *Brinkmann/Zipperer* ZIP 2011, 1343, jew. o. Begr.; a.A. *Kübler/Prütting/Bork-Pape* InsO, § 270a Rn. 43 o. Begr.; *Uhlenbruck/Zipperer* InsO, § 270a Rn. 35: Gericht im Zeitpunkt der Hinweispflicht). Legt der Schuldner allerdings die Zahlungsunfähigkeit dar, ist der Eigenverwaltungsantrag unzulässig. Das Gericht **kann** amtswegig ermitteln (§ 5 Abs. 1 InsO, s. Rdn. 10).

37 Soweit der Schuldner den Insolvenzantrag ohne die Angabe eines Insolvenzgrundes gestellt hat, kann er sie **nachholen**. Der Antragsförderungszweck des Gesetzes lässt dies zu. Sonst wäre der Schuldner – auf gerichtlichen Hinweis – gehalten, den Antrag zurückzunehmen und mit geänderter Insolvenzgrundangabe neu zu stellen, also mit dem gleichen Ergebnis, aber mit erhöhtem Zeit- und Kostenaufwand und damit sinnlos.

38 Fraglich ist, ob der Schuldner nach Antragstellung die Insolvenzgrundangabe auswechseln kann, also den Begründungswechsel von der Zahlungsunfähigkeit oder der Überschuldung in die drohende Zahlungsunfähigkeit. Die Frage ist aus dem Gesetzeszweck zu verneinen. Die Vorschrift gewährt nur ein **Erstbenennungsrecht**, weil sie auf die Antragsmotivation des Schuldners abzielt. Hat er sich bei Insolvenzantragstellung nicht von der Rücknahmemöglichkeit nach gerichtlichem Hinweis gem. Abs. 2 bestimmen lassen, hat Abs. 2 den Zweck verfehlt.

Ebenso unanwendbar ist Abs. 2, wenn der Schuldner den Insolvenzantrag neben der drohenden Zahlungsunfähigkeit **auch auf Überschuldung** (§ 19 InsO) gestützt hat, relevant für die Personen gem. § 15a InsO. Dann scheitert eine Rücknahme des Eröffnungsantrages und der gerichtliche Hinweis mit der Gelegenheit zur Rücknahme des Insolvenzantrags ist zwecklos, weil nach § 15a InsO eine Pflicht zur Stellung eines Eröffnungsantrages besteht (BT-Drucks. 17/5712 S. 40 zu Nr. 43 zu § 270a). 39

Damit ist Abs. 2 **nur anwendbar**, wenn der Schuldner den Insolvenzantrag **auf drohende Zahlungsunfähigkeit (§ 18 InsO) gestützt** hat. »Zielgruppe« des Gesetzgebers sind die natürlichen Personen, insbesondere Einzelkaufleute und freiberufliche Unternehmer, die nicht der Antragspflicht nach § 15a InsO unterfallen. Sie sollen eine größere Planungssicherheit erhalten (BT-Drucks. 17/5712 S. 40 zu Nr. 43 zu § 270a). 40

IV. Fehlende Eigenverwaltungsvoraussetzungen

Die Hinweispflicht des Gerichts besteht ferner nur, wenn das Gericht die Voraussetzungen der Eigenverwaltung als nicht gegeben ansieht. Fraglich ist, ob sich diese Voraussetzung auf das Nichtvorliegen oder das »Nichtalleinvorliegen« der drohenden Zahlungsunfähigkeit beschränkt oder ob sie auch die vom Gericht aufgrund seiner Prüfung angenommene Gläubigergemeinschaftsgefährdung nach § 270 Abs. 2 Nr. 2 InsO erfasst. Der Gesetzeswortlaut verwendet den Plural (Voraussetzun*gen* der Eigenverwaltung), bezieht die Anwendbarkeit also nicht nur auf die drohende Zahlungsunfähigkeit. Auch die Gesetzesbegründung stellt nur allgemein auf die Angabe von Gründen zur Eigenverwaltungsablehnung ab (BT-Drucks. 17/5712 S. 39 zu Nr. 43 zu § 270a, zitiert in Rdn. 34). Die Hinweispflicht des Gerichts erstreckt sich deswegen auf **jeden Ablehnungsgrund**, auch auf eine erwartete Gläubigergemeinschaftsgefährdung nach § 270 Abs. 2 Nr. 2 InsO, auch, wenn sich das Gericht ausnahmsweise über einen einstimmigen Unterstützungsbeschluss des vorläufigen Gläubigerausschusses hinwegsetzen will (nach der hier vertretenen Auffassung möglich, s. § 270 Rdn. 94 f.). 41

V. Hinweispflicht des Gerichts

Gleichzeitig mit dem begründeten Ablehnungshinweis hat das Gericht dem Schuldner **Gelegenheit zur Rücknahme des Insolvenzantrags** zu geben (BT-Drucks. 17/5712 S. 39 zu Nr. 43 zu § 270a). Ablehnungshinweis und Rücknahmegelegenheit müssen daher dem Schuldner »in einem« zugehen und zur Wahrung rechtlichen Gehörs grds. mit angemessener Frist vor der Entscheidung des Gerichts (zu den Grundsätzen rechtlichen Gehörs im Zivilprozess *Zöller/Greger* ZPO, vor § 128 Rn. 3 ff. m.N.). Mit Rücksicht auf das Gläubigerbefriedigungsinteresse und die regelmäßige zeitliche Enge des Eigenverwaltungsvorverfahrens (vgl. *BGH* Beschl. v. 07.02.2013 ZIP 2013, 525 = ZInsO 2013, 460) sollte eine Frist von **grds. einer Woche** nicht überschritten werden (a.A. *Kübler/Prütting/Bork-Pape* InsO, § 270a Rn. 46: zwei bis drei Wochen, wohl aus der Spruchrichterpraxis abgeleitet). In besonders gelagerten Einzelfällen, insbesondere Eilfällen, lässt der Gesetzeszweck auch mündliche Hinweise (aktenkundig festhalten) und eine auf bis zu einem Tag verkürzte Anhörungsfrist zu (vgl. § 270 Abs. 3 Satz 1 InsO), wie das bewusste Absehen des Gesetzgebers von der Rechtsmittelfähigkeit der Entscheidung (s. i.E. § 270 Rdn. 34, 99) zeigt und vom BGH aufgegriffen wurde mit der Folge, dass Entscheidungen des Gerichts im Eigenverwaltungsvorverfahren grds. rechtsmittellos gestellt sind (Rdn. 24; wie hier *Uhlenbruck/Zipperer* InsO, § 270a Rn. 37). 42

D. Konzernfragen

Durch das Gesetz zur Erleichterung der Bewältigung von Konzerninsolvenzen (EKIG) vom 13.04.2017 (BGBl. I 2017 S. 866) wurde das **Konzerninsolvenzrecht** mit der zentralen Frage, ob eine Konsolidierung des Vermögens oder zumindest der Verfahren der einzelnen Gesellschaften sinnvoll ist, ausgerichtet. Mit ihm soll der rechtliche Rahmen für die **optimale Gläubigerbefriedigungsvorgabe nach § 1 InsO** für Konzerneinbindungen einzelner Gesellschaften geboten werden, um den Gläubigern geldwerte synergetische Effekte eines Konzerns verwertbar zu machen (s. *Wimmer* Vor §§ 269d ff. Rdn. 1 ff.). Das Mittel dazu ist – neben der Verfahrenskoordination nach § 269d bis 43

§ 270b InsO Vorbereitung einer Sanierung

§ 269i InsO – die **Unterrichtungs- und Zusammenarbeitsverpflichtung** der Insolvenzverwalter sog. gruppenangehöriger Schuldner (Konzerngesellschaften, § 269a InsO, s. die Definition in § 3e InsO), der betroffenen Insolvenzgerichte (§ 269b InsO), der Gläubigerausschüsse (§ 269c InsO) und der eigenverwaltenden Schuldner (§ 270d InsO).

44 § 270 InsO erfasst dabei nach seinem Wortlaut (nur) den »eigenverwaltenden Schuldner« also (nur) den eigenverwaltenden Schuldner gem. Anordnungsbeschluss nach § 270 Abs. 1 Satz 1 InsO (ggf. i.V.m. § 271 InsO), also nicht den Schuldner im Eigenverwaltungsverfahren und auch nicht den (vorläufigen) Sachwalter. Der Schuldner im Eigenverwaltungsverfahren lässt sich darunter nach den allgemeinen Auslegungsgrundsätzen noch verstehen (*Wimmer-Amend* § 270d Rdn. 6 o. Begr.), weil der Gesetzgeber mit der Entwurfsbegründung den vorläufigen eigenverwaltenden Schuldner dem (endgültigen) eigenverwaltenden Schuldner gleichgestellt hat (BT-Drucks. 18/407 S. 41 f., Teilabdruck mit der maßgeblichen Passage s. § 272 Rdn. 19; s. dazu auch Rdn. 26). **Umstritten** dagegen ist bereits jetzt die Frage, ob der Sachwalter und der vorläufige Sachwalter der den (vorläufigen) Eigenverwalter treffenden Unterrichtungs- und Zusammenarbeitsverpflichtung gleichgestellt ist und sie ihn deswegen in gleicher Weise treffen (so *Wimmer-Amend* § 270d Rdn. 3; *Flöther/Hoffmann* FS Kübler S. 147, 156; dagegen *Stahlschmidt/Bartelheimer* ZInsO 2017, 1010 [1015]). Der Gegenauffassung ist zu folgen. Die Gleichstellung wird mit der Notwendigkeit (»geradezu geboten«, *Wimmer-Amend* § 270d Rdn. 3) begründet. Eine als notwendig angesehene Regelung führt allerdings noch nicht dazu, dass sie gesetzliche Regelung ist. Maßgebend ist nach den allgemeinen Auslegungsregeln, ob eine Regelungslücke besteht. Der Blick in die Gesetzesgrundlagen weist dazu aus, dass sie nicht besteht, weil der Gesetzgeber die Einbeziehung des vorläufigen Sachwalters in diese Pflichten nicht für notwendig erachtet hat und sie deswegen auch nicht angeordnet wissen wollte: »... In diesem Fall treten an die Stelle des Insolvenzverwalters der jeweilige eigenverwaltende Schuldner und der diesem zur Seite gestellte Sachwalter. Da dem Sachwalter dabei die Aufgabe zukommt, die Geschäftsführung des Schuldners zu überwachen, nicht aber die Geschäftsführung selbst zu übernehmen und nach außen hin aufzutreten, spricht viel dafür, *dass der eigenverwaltende Schuldner* in die Rechte und Pflichten des Insolvenzverwalters eintritt. ... Aus der Anwendung der allgemeinen Bestimmung ergibt sich auch die Zulässigkeit der Bestellung eines einheitlichen Sachwalters in den Fällen, in denen bei mehreren gruppenangehörigen Unternehmen die Eigenverwaltung angeordnet wird. ... Die einheitliche Sachwalterbestellung kommt erst recht in Betracht, wenn ...« (BT-Drucks. 18/407 S. 41 f. zu Nr. 8 – § 270d InsO-E Eigenverwaltung bei gruppenangehörigen Schuldnern, Kursivdruck hinzugefügt). Das Koordinationsmittel des Gesetzgebers ist also nicht die Gleichstellung des Sachwalters und des vorläufigen Sachwalters mit dem (vorläufigen) Eigenverwalter für dessen Unterrichtungs- und Zusammenarbeitsverpflichtungen, sondern die ggf. einheitliche Sachwalterbestellung mit der Einrichtungsfolge der **faktischen Kooperationssachwaltung** (i.E. dazu § 274 Rdn. 14 ff. und § 282 Rdn. 20).

45 Gestützt auf den in § 269a Satz 1 InsO festgelegten Grundsatz der **bewahrten Selbständigkeit** jedes einzelnen Gruppenverfahrens zur jeweiligen bestmöglichen Gläubigerbefriedigung (s. *Wimmer* § 269a Rdn. 18 und § 274 Rdn. 14 ff.) entstehen absehbar Interessenkollisionslagen, die zur Anordnung der **Sondersachwaltung** herausfordern (i.E. § 274 Rdn. 14 ff. und § 282 Rdn. 20).

§ 270b Vorbereitung einer Sanierung

(1) [1]Hat der Schuldner den Eröffnungsantrag bei drohender Zahlungsunfähigkeit oder Überschuldung gestellt und die Eigenverwaltung beantragt und ist die angestrebte Sanierung nicht offensichtlich aussichtslos, so bestimmt das Insolvenzgericht auf Antrag des Schuldners eine Frist zur Vorlage eines Insolvenzplans. [2]Die Frist darf höchstens drei Monate betragen. [3]Der Schuldner hat mit dem Antrag eine mit Gründen versehene Bescheinigung eines in Insolvenzsachen erfahrenen Steuerberaters, Wirtschaftsprüfers oder Rechtsanwalts oder einer Person mit vergleichbarer Qualifikation vorzulegen, aus der sich ergibt, dass drohende Zahlungsunfähigkeit oder Überschuldung, aber keine Zahlungsunfähigkeit vorliegt und die angestrebte Sanierung nicht offensichtlich aussichtslos ist.

(2) ¹In dem Beschluss nach Absatz 1 bestellt das Gericht einen vorläufigen Sachwalter nach § 270a Absatz 1, der personenverschieden von dem Aussteller der Bescheinigung nach Absatz 1 zu sein hat. ²Das Gericht kann von dem Vorschlag des Schuldners nur abweichen, wenn die vorgeschlagene Person offensichtlich für die Übernahme des Amtes nicht geeignet ist; dies ist vom Gericht zu begründen. ³Das Gericht kann vorläufige Maßnahmen nach § 21 Absatz 1 und 2 Nummer 1a, 3 bis 5 anordnen; es hat Maßnahmen nach § 21 Absatz 2 Nummer 3 anzuordnen, wenn der Schuldner dies beantragt.

(3) ¹Auf Antrag des Schuldners hat das Gericht anzuordnen, dass der Schuldner Masseverbindlichkeiten begründet. ²§ 55 Absatz 2 gilt entsprechend.

(4) ¹Das Gericht hebt die Anordnung nach Absatz 1 vor Ablauf der Frist auf, wenn
1. die angestrebte Sanierung aussichtslos geworden ist;
2. der vorläufige Gläubigerausschuss die Aufhebung beantragt oder
3. ein absonderungsberechtigter Gläubiger oder ein Insolvenzgläubiger die Aufhebung beantragt und Umstände bekannt werden, die erwarten lassen, dass die Anordnung zu Nachteilen für die Gläubiger führen wird; der Antrag ist nur zulässig, wenn kein vorläufiger Gläubigerausschuss bestellt ist und die Umstände vom Antragsteller glaubhaft gemacht werden.

²Der Schuldner oder der vorläufige Sachwalter haben dem Gericht den Eintritt der Zahlungsunfähigkeit unverzüglich anzuzeigen. ³Nach Aufhebung der Anordnung oder nach Ablauf der Frist entscheidet das Gericht über die Eröffnung des Insolvenzverfahrens.

Übersicht

	Rdn.
A. Bedeutung und Zweck der Vorschrift; Schutzschirmverfahren	1
I. Normzweck	1
II. § 270b InsO als Teil des Eigenverwaltungsvorverfahrens	5
III. Vorteile des Schutzschirmverfahrens	6
B. Anordnungsvoraussetzungen, Anordnung (Absatz 1)	9
I. Anträge	9
1. Insolvenzantrag, Eigenverwaltungsantrag	10
2. Schutzschirmantrag, Bescheinigung (Satz 3)	14
II. Anordnung	25
C. Vorläufiger Sachwalter und Sicherungsmaßnahmen (Abs. 2)	30
I. Vorläufiger Sachwalter	30
1. Bestellung	30
2. Personenverschiedenheit	32
3. Schuldnervorschlag, offensichtliche Ungeeignetheit	33
II. Vorläufige Sicherungsmaßnahmen	37
D. Masseverbindlichkeitenbegründungsrecht (Abs. 3)	39
E. Aufhebung der Schutzschirmanordnung (Abs. 4)	43
I. Normzweck	43
II. Anzeigepflicht für Eintritt der Zahlungsunfähigkeit (Abs. 4 Satz 2)	45
III. Aufhebungsfälle	46
1. Angestrebte Sanierung aussichtslos (Nr. 1)	46
2. Aufhebungsantrag des vorläufigen Gläubigerausschusses (Nr. 2)	51
3. Gläubigerantrag bei Gläubigernachteilsgefahr (Nr. 3)	53
IV. Aufhebungsanordnung	57
V. Entscheidungslage nach Aufhebung oder Fristablauf	60
F. Konzernfragen	61

Literatur:
Blankenburg Begründung von Masseverbindlichkeiten in Eigenverwaltungsverfahren, ZInsO 2016, 1337; *Buchalik* Das Schutzschirmverfahren nach § 270b InsO, ZInsO 2012, 349; *Buchalik/Kraus* Anm. zu BGH-Beschl. v. 24.3.2016 – IX ZR 157/14, ZInsO 2016, 904; *Cranshaw* Bemerkungen zur Vorfinanzierung von Insolvenzgeld, ZInsO 2013, 1493; *Frind* Die Bescheinigung gem. § 270b Abs. 1 Satz 3 InsO – Wann darf, soll, muss das Insolvenzgericht prüfen?, ZInsO 2012, 1546; *ders.* Der janusköpfige vorläufige Sachwalter?, ZInsO 2013, 2302; *Graf-Schlicker* Die Entwicklung des ESUG und die Fortentwicklung des Insolvenzrechts, ZInsO 2013, 1765; *Gutmann/Laubereau* Schuldner und Bescheiniger im Schutzschirmverfahren, ZInsO 2012, 1861; *Hölzle* Insolvenzplan auf Initiative des vorläufigen Sachwalters im Schutzschirmverfahren – Oder: Wer erstellt und wer bezahlt den Insolvenzplan im Verfahren nach § 270b InsO?, ZIP 2012, 855; *Keller* Bedarf die Bestellung eines vorläufigen Sachwalters im Schutzschirmverfahren nach § 270b InsO der öffentlichen Bekanntmachung?,

§ 270b InsO   Vorbereitung einer Sanierung

ZIP 2012, 1895; *Klinck* Die Begründung von Masseverbindlichkeiten durch den Schuldner im Eigenverwaltungs-Eröffnungsverfahren, ZIP 2013, 853; *ders.* Die Einzelermächtigung des Schuldners zur Begründung von Masseverbindlichkeiten in den Eigenverwaltungs-Eröffnungsverfahren nach §§ 270a und 270b InsO, ZInsO 2014, 365; *Klusmeier* Ist die Umsatzsteuer in der vorläufigen Eigenverwaltung keine Masseverbindlichkeit i.S.d. § 55 Abs. 4 InsO?, ZInsO 2014, 488; *Meyer* Vorrang des Insolvenzrechts vor dem Gesellschaftsrecht? – Überlegungen zur Position des Minderheitsgesellschafters im Schutzschirmverfahren, ZInsO 2013, 2361; *Pape* Gesetz zur weiteren Erleichterung der Sanierung von Unternehmen, ZInsO 2011, 1033; *Sämisch* Das Beschwerderecht und das Recht auf rechtliches Gehör im Verfahren über die Einsetzung eines Sachwalters nach § 270b InsO, ZInsO 2014, 1312; *Schelo* Der neue § 270b InsO – Wie stabil ist das Schutzschirmverfahren in der Praxis? Oder: Schutzschirmverfahren versus vorläufige Eigenverwaltung, ZIP 2012, 712; *Schmidt/Linker* Ablauf des Schutzschirmverfahrens nach § 270b InsO, ZIP 2012, 963; *Schmittmann* Zwischenruf: Allweiler lebt – oder: Überlegung zur Inhabilität des Steuerberaters und/oder Wirtschaftsprüfers beim Schutzschirmantrag, ZInsO 2012, 1921; *Siemon* Das ESUG und § 270b InsO in der Anwendung, ZInsO 2012, 1045; *Spliedt* Insolvenz der Gesellschaft ohne Recht der Gesellschaft?, ZInsO 2013, 2155; *Thole* Treuepflicht – Torpedo? Die gesellschaftliche Treuepflicht im Insolvenzverfahren, ZIP 2013, 1937; *Vallender* Das neue Schutzschirmverfahren nach dem ESUG, GmbHR 2012, 450; *Zimmer* Wann kann ein (vorläufiger) Sachwalter Gläubiger einer sonstigen Masseverbindlichkeit i.S.d. § 55 InsO sein? – Eigenverwaltung und Insolvenzvergütungsrecht, ZInsO 2013, 2305; im Übrigen s. § 270.

A. Bedeutung und Zweck der Vorschrift; Schutzschirmverfahren

I. Normzweck

1 Während § 270a InsO als Grundform des Eigenverwaltungsvorverfahrens an ein Kernanliegen der Reform anknüpft, eine Verbesserung von Sanierungschancen durch die Vereinfachung des Zugangs zur Eigenverwaltung und die Einbeziehung von Schuldner und Gläubigern in die Auswahl der maßgeblichen Akteure zu erreichen (BT-Drucks. 17/5712 S. 1 f. zur Problem- und Zielbeschreibung, S. 17 Begründung A. Allgemeiner Teil I. Überblick) und dazu allgemein bezweckt, vom Gesetzgeber angenommene Hindernisse auf dem Weg zur Eigenverwaltung auszuräumen, die Geschäftsführung des Schuldners in Eigenverwaltung zu erleichtern und damit Anreize für frühzeitige Anträge auf Eröffnung von Insolvenzverfahren zu setzen (i.E. § 270a Rdn. 1), soll darauf aufbauend durch § 270b InsO für den Schuldner ein **weiterer Anreiz zur frühzeitigen Sanierung** mit den Mitteln des Insolvenzrechts geschaffen werden. Für eine **spezielle Sanierungslage** wird ein **spezielles Sanierungsinstrumentarium** zur Verfügung gestellt: Für die Erarbeitung eines Sanierungsplanes in Eigenverwaltung zur anschließenden Umsetzung durch einen Insolvenzplan bei lediglich drohender Zahlungsunfähigkeit oder Überschuldung die Sicherheit eines »Schutzschirmes« (BT-Drucks. 17/5712 S. 19 Begründung A. Allgemeiner Teil II. Änderung der Insolvenzordnung unter 5. und S. 40 zu Nr. 43 zu § 270b). Der »Schutzschirm« besteht aus einer Summe von Einzelregelungen mit dem Zweck, dem Schuldner die Sorge zu nehmen, mit dem Eröffnungsantrag die Kontrolle über das Unternehmen zu verlieren und bereits im Vorfeld vorbereitete Sanierungsschritte nicht mehr durchführen zu können. Der »**Schutzschirmbeschluss**« soll den Schuldner für einen begrenzten Zeitraum dem unmittelbaren Zugriff seiner Gläubiger entziehen und durch die garantierte Frist bis zur Eröffnung dieses Vertrauen des Schuldners stärken, gekoppelt durch die Bestellung lediglich eines vorläufigen Sachwalters und eine eingeschränkte Anordnungskompetenz des Gerichts im Hinblick auf Sicherungsmaßnahmen (BT-Drucks. 17/5712 S. 40 zu Nr. 43 zu § 270b).

2 § 270b InsO soll mit seinen speziellen Regelungen allerdings keinen Schutz gegenüber Gläubigern gewähren, die ihre Forderungen aufgrund der drohenden Zahlungsunfähigkeit (oder Überschuldung) fällig stellen oder Verträge kündigen, also kein Moratorium oder Ähnliches. Denn die Vorschrift zielt vor allem auf solche Schuldner ab, die sich **in Abstimmung und mit Unterstützung ihrer zentralen Gläubiger** in einem Insolvenzverfahren sanieren wollen. Hierzu hält es der Reformgesetzgeber für den Schuldner erforderlich, im Vorfeld mit den maßgeblichen Gläubigern einen Konsens zu erzielen, indem er durch vorher getroffene Absprachen mit den Banken und seinen Hauptgläubigern den Eintritt der Zahlungsunfähigkeit mit der Antragstellung vermeidet, weil beispielsweise Kredite fällig gestellt werden. Kann ein solcher **Konsens im Vorfeld der Antragstellung** nicht gefunden werden, wird er vom Reformgesetzgeber nicht für eine Sanierung seines Unternehmens im Schutz-

1. Insolvenzantrag, Eigenverwaltungsantrag

Zum Insolvenz- und Eigenverwaltungsantrag s. i.E. § 270 Rdn. 50–64 und § 270a Rdn. 15. **Adres- 10 sat** aller Anträge ist das Insolvenzgericht. Die Anträge sind schon für das Eigenverwaltungs- und Eigenverwaltungsvorverfahren **formelle Verfahrensvoraussetzung, bedingungsfeindlich,** der Eigenverwaltungsantrag kann dem Insolvenzantrag **nachfolgen** (*Kübler/Prütting/Bork-Pape* InsO, § 270b Rn. 27), die Antragsrücknahmen können die **Kostenlast** des Schuldners entsprechend § 269 Abs. 3 ZPO auslösen, die **Antragsberechtigung erlischt** mit dem das Eröffnungsverfahren beendigenden Beschluss des Gerichts. Der Insolvenzantrag kann ein **Fremdantrag** sein (a.A. *Kübler/Prütting/Bork-Pape* InsO, § 270b Rn. 27), weil er auch unzulässig oder unbegründet sein kann, etwa die behauptete Zahlungsunfähigkeit nicht besteht, der Eigenverwaltungsantrag dagegen nicht. Bei der Anschließung an einen Fremdantrag muss der Schuldner allerdings im Eigenverwaltungsantrag die notwendigen Angaben für den Insolvenzeigenantrag nachholen, weil der Antrag mit einem Eigenverwaltungsantrag verbunden wird, also die Angaben nach § 13 Abs. 1 Satz 6 enthalten: Höchste Forderungen, höchste gesicherte Forderungen, Forderungen der Finanzverwaltung, Forderungen der Sozialversicherungsträger, Forderungen wegen betrieblicher Altersversorgung. Zu den Einzelheiten s. die Kommentierungen zu § 13 InsO. Der Eigenverwaltungsantrag muss von **allen Organmitgliedern bzw. persönlich haftenden Gesellschaftern** gestellt werden (a.A. HK-InsO/*Landfermann* § 270b Rn. 19; zu § 270a Abs. 2 *AG Mannheim* ZIP 2014, 484; i.E. s. § 270 Rdn. 50 f.). Der Antrag ist auch nach der Anordnung von Sicherungsmaßnahmen, z.B. der Bestellung eines **vorläufigen Insolvenzverwalters** zulässig (**str.**; i.E. § 270a Rdn. 16).

Der **Eröffnungsantrag** muss in seinem **Inhalt** darauf gerichtet sein, dass entweder der Insolvenz- 11 grund der drohenden Zahlungsunfähigkeit (§ 18 InsO) vorliegt oder derjenige der Überschuldung (§ 19 InsO). Beide Insolvenzgründe können auch zusammen vorliegen und zur Antragsbegründung angegeben werden, weil die Gesetzesformulierung (»... oder ...«) darauf ausgerichtet ist, dass der Schuldner nur nicht zahlungsunfähig ist (vgl. BT-Drucks. 17/5712 S. 40 zu Nr. 43 zu § 270b, s. auch Abs. 1 Satz 3) und diese Vorgabe des Reformgesetzgebers auch erfüllt ist, wenn der Insolvenzantrag auf drohende Zahlungsunfähigkeit **und** Überschuldung gestützt wird (HK-InsO/*Landfermann* § 270b Rn. 9, 13; *Uhlenbruck/Zipperer* InsO, § 270b Rn. 11).

Wie im Fall des § 270a Abs. 2 InsO stellt sich die Frage, ob lediglich die formale Antragsbegründung 12 mit diesen beiden Insolvenzgründen gefordert ist oder ob sie zum Zeitpunkt der Antragstellung materiell auch tatsächlich vorliegen müssen, also jedenfalls tatsächlich keine Zahlungsunfähigkeit vorliegen darf (vgl. *AG Erfurt* ZInsO 2012, 944; *AG München* ZIP 2012, 789; so *Kübler/Prütting/Bork-Pape* InsO, § 270b Rn. 30). Letztere Sicht widerspricht wie im Fall des § 270a Abs. 2 InsO dem Antragsförderungszweck durch Attraktivitätssteigerung und ließe die Vorschrift in ihrer Anwendbarkeit weitgehend leerlaufen (s. § 270a Rdn. 36). Deswegen reicht für Abs. 1 Satz 1 die **bloße Darlegung der drohenden Zahlungsunfähigkeit und/oder Überschuldung** aus, zumal sie nach Abs. 1 Satz 3 für das Schutzschirmverfahren mit dem Schutzschirmantrag schlüssig bescheinigt werden muss (s. Rdn. 20 ff.). Deren Prüfung und Feststellung unterliegt – wie bei § 270a, i.E. § 270a Rdn. 17 und § 270 Rdn. 65 ff. – der amtswegigen Prüfung und Feststellung (*AG Charlottenburg* ZInsO 2013, 2502). Eine andere Frage ist, ob die nachträgliche Feststellung der Zahlungsunfähigkeit oder der Eintritt der Zahlungsunfähigkeit nach Antragstellung Rechtsfolgen auslöst, zur Aufhebung des Schutzschirmverfahrens führen kann (so der Fall *AG Ludwigshafen* ZIP 2014, 1746; a.A. *Uhlenbruck/Zipperer* InsO, § 270b Rn. 12; dazu s.a. Rdn. 45–50).

Für den **Inhalt** des **Eigenverwaltungsantrages** sind keine besonderen Angaben gefordert. Die inso- 13 fern von § 270a Abs. 1 Satz 1 InsO für das Eigenverwaltungsvorverfahren geforderte Voraussetzung der nicht offensichtlichen Aussichtslosigkeit für die Anordnung der Eigenverwaltung im Eröffnungsbeschluss (§ 270 Abs. 1 Satz 1, Abs. 2 InsO) besteht zwar auch im Schutzschirmverfahren nach § 270b InsO (ebenso A/G/R-*Ringstmeier* § 270b InsO Rn. 16; *Kübler/Prütting/Bork-Pape* InsO, § 270b Rn. 37), geht aber in der speziellen Anordnungsvoraussetzung der nicht offensichtlich aussichtslos angestrebten Sanierung auf (s. Rdn. 18 f.; unklar A/G/R-*Ringstmeier* § 270b InsO Rn. 16,

18). Er darf augenscheinlich nicht unwirksam und nicht mit überwiegender Wahrscheinlichkeit erfolglos sein (*AG Charlottenburg* ZInsO 2013, 2502).

2. Schutzschirmantrag, Bescheinigung (Satz 3)

14 Die Regeln zum Antragsadressaten und zur Antragsform entsprechen denjenigen zum Insolvenz- und Eigenverwaltungsantrag ebenso wie zum Erlöschen der Antragsberechtigung (s. Rdn. 10). Auch die Kostengrundsätze gelten entsprechend. Insbesondere im Fall der Schutzschirmaufhebung nach Absatz 4 kann den Schuldner die auf seinem Antrag beruhende **Kostenlast entsprechend § 269 Abs. 3 ZPO** treffen, wenn das Gericht danach das Eröffnungsverfahren nach § 270a InsO oder als allgemeines Eröffnungsverfahren fortsetzt (s. Rdn. 60).

15 Der Schutzschirmantrag geht auf die Schutzgewährung zur Vorbereitung einer Sanierung durch einen Insolvenzplan (BT-Drucks. 17/5712 S. 40 zu Nr. 43 zu § 270b). Aufgrund der notwendigen Vorabstimmung des Schuldners mit den Hauptgläubigern zur Einleitung und Durchführung dieses Sanierungsverfahrens (s. Rdn. 2) wird er zweckmäßig bereits mit dem Antrag auf Bestellung einer bestimmten Person zum vorläufigen Sachwalter verbunden (Abs. 2 Satz 2), falls ein Wunschkandidat besteht, ferner mit dem Antrag auf Untersagung oder einstweiligen Einstellung der Zwangsvollstreckung (Abs. 2 Satz 3 i.V.m. § 21 Abs. 2 Nr. 3 InsO).

16 Aus dem Rechtsverhältnis der §§ 270a, 270b InsO als allgemeines bzw. besonderes Eigenverwaltungsvorverfahren zueinander folgt wie für den Eigenverwaltungsantrag im Rechtsverhältnis des allgemeinen Eröffnungsverfahrens zum Eigenverwaltungsvorverfahren (i.E. § 270a Rdn. 3–10, § 270 Rdn. 53, 60), dass der **Schutzschirmantrag** nicht zeitgleich mit dem Insolvenzantrag gestellt werden muss und auch nicht zeitgleich mit einem nach dem Insolvenzantrag gestellten Eigenverwaltungsantrag, sondern beiden Anträgen **nachfolgen kann**. Das Schutzschirmverfahren kann deswegen bereits mit dem Insolvenzantrag eingeleitet werden, wenn zeitgleich Eigenverwaltungsantrag und Schutzschirmantrag gestellt wurden. In diesem Fall wird das Eigenverwaltungsvorverfahren sogleich als Schutzschirmverfahren eingeleitet. Es kann aber auch nach dem Insolvenzantrag eingeleitet werden, wenn danach Eigenverwaltungsantrag und Schutzschirmantrag zeitgleich gestellt werden. In diesem Fall wird aus dem allgemeinen Eröffnungsverfahren in das als Schutzschirmverfahren geführte Eigenverwaltungsvorverfahren übergegangen. Wird der Schutzschirmantrag erst nach dem Insolvenzantrag und nach dem Eigenverwaltungsantrag gestellt und wurde das Eigenverwaltungsverfahren daraufhin bereits durch den Beschluss nach § 270a Abs. 1 InsO eingeleitet, wird es mit dem Schutzschirmbeschluss nach Abs. 1 Satz 1 als Schutzschirmverfahren fortgeführt. Wegen der für den Sanierungszweck notwendigen Vorabstimmungen des Schuldners mit seinen Hauptgläubigern werden die Fälle 2 und 3 allerdings selten sein. Entsprechend stellt sich die Frage, welche Folgen ein Aufhebungsbeschluss nach Abs. 4 haben kann, ob er den Übergang in das allgemeine Eigenverwaltungsvorverfahren des § 270a InsO oder in das allgemeine Eröffnungsverfahren bewirken kann oder ob nur eine eröffnungsverfahrensbeendigende Entscheidung nach § 26, 27 InsO möglich ist (dazu s. Rdn. 60).

17 Während im **Inhalt** Insolvenz- und Eigenverwaltungsantrag gegenüber den allgemeinen Eigenverwaltungsvorverfahrensvoraussetzungen – folgerichtig, s. § 270a Rdn. 9 – keine Besonderheiten aufweisen, ist dies für den Schutzschirmantrag – aus der Zwecksetzung der Vorschrift (s. Rdn. 1–8) ebenfalls folgerichtig – anders. Der Schutzschirmbeschluss richtet das Eigenverwaltungsvorverfahren als einer besonderen Variante des allgemeinen Eröffnungsverfahrens (i.E. § 270a Rdn. 3–10) auf die Selbstsanierung über einen Insolvenzplan unter notwendiger Vorabstimmung des Schuldners mit seinen Hauptgläubigern aus und verlangt zum rechtsstaatlichen Schutz der gegenwärtigen und zukünftigen Gläubiger besondere Regeln, insbesondere zur Vermeidung von Gläubigerschädigungen und darunter insbesondere zur Vermeidung unter der Geltung der VerglO zu beobachtender gläubigerschädigender Selbstsanierungen (s. vor §§ 270 ff. Rdn. 10; Grundsatzwarnung auch von A/G/R-*Ringstmeier* § 270b InsO Rn. 5). Dementsprechend sind die Anforderungen an den Schutzschirmantrag auf die rechtsstaatliche Balance zwischen der gläubigergemeinschaftsfreundlichen Selbstsanierung über ein Insolvenzplanverfahren unter der Vermeidung des Missbrauches der dafür

bereitgestellten Instrumente zur gläubigerschädigenden Selbstsanierung ausgerichtet. In der Praxis sind schnell erste beunruhigende Missbrauchsfälle aufgetreten (nach *Graf-Schlicker* ZInsO 2013, 1766).

Der Schuldner muss in dem Schutzschirmantrag **schlüssig darlegen**, dass **keine Zahlungsunfähigkeit** vorliegt und die angestrebte Sanierung **nicht offensichtlich aussichtslos** ist (BT-Drucks. 17/5712 S. 40 zu Nr. 43 zu § 270b). Angestrebte Sanierung ist nicht eine allgemeine Sanierungsabsicht des Schuldners, sondern **nur die Sanierung über einen Sanierungsplan, der anschließend durch einen Insolvenzplan umgesetzt werden soll** (BT-Drucks. 17/5712 S. 40 zu Nr. 43 zu § 270b), was einer näheren Darlegung unterliegt. Mit Rücksicht darauf, dass das Schutzschirmverfahren gerade dazu dient, einen Insolvenzplan zu erarbeiten, dürfen keine überzogenen Anforderungen gestellt werden (*Wimmer* S. 26 f.; *Kübler/Prütting/Bork-Pape* InsO, § 270b Rn. 34 f.). Es reichen vereinzelte Angaben dazu aus, dass ein innerhalb der Schutzfrist zu erstellender Sanierungsplan eine ernsthafte Chance hat, als Insolvenzplan angenommen zu werden. Dazu gehören Angaben dazu, wie es zu der Krise gekommen ist und wie sie und mit welchen zu erwartenden Ergebnissen überwunden werden kann, wie die dauerhafte Zahlungsunfähigkeit nach einer Teilbefriedigung der Gläubiger wiederhergestellt werden kann (*Kübler/Prütting/Bork-Pape* InsO, § 270b Rn. 35; ähnlich *Uhlenbruck/Zipperer* InsO, § 270b Rn. 13). Als notwendiger Bestandteil des Eigenverwaltungsvorverfahrens gehört dazu allerdings auch, dass die vom Schuldner für die vorläufige Sachwaltung vorgeschlagene Person nicht nach Abs. 2 Satz 2 offensichtlich ungeeignet ist. Ist sie das und steht dem Gericht für die vorläufige Sachwaltung keine andere geeignete Person zur Verfügung, ist die angestrebte Sanierung offensichtlich aussichtslos. Gleiches gilt für den Schuldner: Verfügt sein Geschäftsführer über keine Kenntnisse für eine Betriebsfortführung im Insolvenzeröffnungsverfahren unter der Kontrolle eines vorläufigen Sachwalters, ist schon von der Bestellung eines vorläufigen Sachwalters – mithin von der Anordnung des Schutzschirmverfahrens – abzusehen (*AG Erfurt* ZInsO 2012, 944).

Auf die Darlegungslast des Schuldners wirkt sich ferner die Annahme des Reformgesetzgebers aus, dass der Schutzschirmantrag häufig zunächst **zusätzlichen Liquiditätsbedarf erzeugen** wird, da die Gläubiger Kenntnis von der drohenden Zahlungsunfähigkeit erhalten und manche versuchen werden, ihre Forderungen fällig zu stellen oder Verträge zu kündigen (BT-Drucks. 17/5712 S. 40 zu Nr. 43 zu § 270b) und die Zahlungsunfähigkeit zum Antragszeitpunkt nicht bestehen darf (BT-Drucks. 17/5712 S. 40 zu Nr. 43 zu § 270b). Ihr Eintritt darf auch nicht im Lauf des Schutzschirmverfahrens zu erwarten sein (und grds. auch nicht eintreten, Abs. 4 Nr. 1; s. Rdn. 43–50; **a.A.** A/G/R-*Ringstmeier* § 270b InsO Rn. 8 f.; *Kübler/Prütting/Bork-Pape* InsO, § 270b Rn. 11 f., 30; *Schelo* ZIP 2012, 712 [713]). Denn das Schutzschirmverfahren löst kein Moratorium oder ähnliches aus, sondern verlangt vom Schuldner vor seinem Antrag getroffene Absprachen mit den Banken und seinen Hauptgläubigern, dass mit der Antragstellung keine Zahlungsunfähigkeit eintritt, weil beispielsweise Kredite fällig gestellt werden (BT-Drucks. 17/5712 S. 40 zu Nr. 43 zu § 270b). Deswegen ist der absehbare Nichteintritt der Zahlungsunfähigkeit während des Schutzschirmverfahrens Voraussetzung für die Annahme, dass die angestrebte Sanierung nicht offensichtlich aussichtslos ist und Darlegungslastbestandteil (deswegen zutr. die Antragsbehandlung *AG Erfurt* Beschl. v. 13.04.2012 – 172 IN 190/12, ZInsO 2012, 944 m. Anm. *Siemon* ZInsO 2012, 1045). Mithin notwendiger Darlegungsgegenstand ist ein vereinzelter **Liquiditätsstatus auf den Antragszeitpunkt** sowie ein **Liquiditätsplan für den absehbaren Schutzschirmzeitraum**, also von bis zu drei Monaten (Abs. 1 Satz 2). Die Anforderungen entsprechen den Kernanforderungen an den Liquiditätsstatus nach § 17 InsO (i.E. *Schmerbach* § 17 Rdn. 7–48; *Uhlenbruck/Mock* InsO, § 17 Rn. 38 ff.) und müssen – aus der Anlage des § 17 InsO negativ formuliert – verdeutlichen, dass keine Zahlungsunfähigkeit besteht und auch nicht zu erwarten ist. Für den absehbaren Schutzschirmzeitraum wird dafür ein **mindestens wochenweise** aufgestellter Liquiditätsplan zu fordern sein (z.B. im Maschinenbau mit relativ langen Geldbewegungszyklen), in Einzelfällen auch tageweise (z.B. im Groß- und Einzelhandel mit kurzen Geldbewegungszyklen; ähnlich *Frind* ZInsO 2012, 1549; *Uhlenbruck/Zipperer* InsO, § 270d Rn. 18, 27; **a.A.** *Schmidt/Linker* ZIP 2013, 964; HambK-InsO/*Fiebig* § 270b Rn. 15).

20 Alle Angaben des Schuldners im Schutzschirmantrag hat sich der Schuldner bescheinigen zu lassen und die **Bescheinigung** dem Gericht mit dem Schutzschirmantrag vorzulegen (Satz 3). Sie erfasst damit die Gegenstände:
– keine Zahlungsunfähigkeit, sondern nur drohende Zahlungsunfähigkeit oder/und Überschuldung im Antragszeitpunkt;
– kein in dem erwartend gewährten Schutzschirmzeitraum zu erwartender Eintritt der Zahlungsunfähigkeit;
– die Möglichkeit, während des Schutzschirmzeitraumes einen Sanierungsplan zu erstellen;
– die Chance, dass der zu erstellende Sanierungsplan in einen Insolvenzplan nach der Eröffnung des Insolvenzverfahrens umgesetzt werden kann,
(ähnlich HK-InsO/*Landfermann* § 270d Rn. 21; *Uhlenbruck/Zipperer* InsO, § 270b Rn. 21; A/G/R-*Ringstmeier* § 270d Rn. 15–17).

21 Die Bescheinigung muss **zum Antragzeitpunkt zeitnah ausgestellt** worden sein (A/G/R-*Ringstmeier* § 270b InsO Rn. 14; *Kübler/Prütting/Bork-Pape* InsO, § 270b Rn. 49, 52; *Frind* ZInsO 2012, 1547; *Gutmann/Lauberau* ZInsO 2012, 1869 f.; *Schmidt/Linker* ZIP 2013, 963: höchstens 3 Tage alt; *Uhlenbruck/Zipperer* InsO, § 270a Rn. 28) und **mit Gründen** versehen sein (BT-Drucks. 17/5712 S. 40 zu Nr. 43 zu § 270b). Es wird zwar keine **Begründungsdichte** im Tiefgang eines umfassenden Sanierungsgutachtens entsprechend bestimmten formalisierten Standards verlangt, weil die damit verbundenen erheblichen Kosten insbesondere für kleine und mittlere Unternehmen den Zugang zum Schutzschirmverfahren erschweren könnten (BT-Drucks. 17/5712 S. 40 zu Nr. 43 zu § 270b). Ihren Zweck auf Feststellung der nicht offensichtlich aussichtslos angestrebten Sanierung durch den Richter kann die Bescheinigung aber nur mit einer Begründung erfüllen, die dem Gericht den Regelungen zum Sachverständigengutachten nach **§ 5 Abs. 1 InsO entsprechend** die Kenntnisnahme aller wirtschaftlichen und rechtlichen Verhältnisse des Schuldners dazu verschafft. Die geforderte Begründungsdichte ist Frage des Einzelfalles. Hält sie das Gericht für nicht ausreichend, ist dem Schuldner innerhalb angemessener Frist Gelegenheit zur Erhöhung der Begründungsdichte zu geben, um dem Zweck des Gesetzes auf Öffnung des Eigenverwaltungsverfahrens für Sanierungen zu entsprechen (ebenso *Frind* ZInsO 2012, 1551; darauf laufen i.E. alle übrigen Auffassungen hinaus, z.B. HK-InsO/*Landfermann* § 270d Rn. 22; *Uhlenbruck/Zipperer* InsO, § 270d Rn. 13; HambK-InsO/*Fiebig* § 270d Rn. 15–23; A/G/R-*Ringstmeier* § 270d Rn. 10–14).

22 Hat das Gericht Zweifel an der Richtigkeit oder Vollständigkeit der Bescheinigungsangaben, kann es die Bescheinigung – und damit diese Antragsangaben des Schuldners – nach § 5 Abs. 1 InsO überprüfen oder überprüfen lassen (zutr. *AG Erfurt* ZInsO 2012, 944; **a.A.** *Gutmann/Lauberau* ZInsO 2012, 1866 f.). Eine Verpflichtung dazu besteht nicht (A/G/R-*Ringstmeier* § 270b InsO Rn. 10; ähnlich *Kübler/Prütting/Bork-Pape* InsO, § 270b Rn. 32; *Vallender* GmbHR 2012, 451; *Frind* ZInsO 2012, 1550).

23 Erheblich ist nur eine Bescheinigung, die von einem in **Insolvenzsachen erfahrenen** Steuerberater, Wirtschaftsprüfer oder Rechtsanwalt oder einer Person mit vergleichbarer Qualifikation ausgestellt wurde (Satz 2). Der Gesetzgeber hat die Qualifikation der Personen mit vergleichbarer Qualifikation vorgegeben (BT-Drucks. 17/5712 S. 40 zu Nr. 43 zu § 270b): zum Beispiel Steuerbevollmächtigte oder vereidigte Buchprüfer, die nach § 3 Nr. 1 StBerG ebenso wie Steuerberater zur geschäftsmäßigen Hilfeleistung in Steuersachen befugt sind; Angehörige eines anderen Mitgliedsstaates der EU oder eines Vertragsstaates des Abkommens über den Europäischen Wirtschaftsraum und Personen, die in einem dieser Staaten ihre berufliche Niederlassung haben und über eine vergleichbare Qualifikation verfügen **sowie über Erfahrungen in Insolvenzsachen**. Sie ist dem Gericht darzulegen (*Kübler/Prütting/Bork-Pape* InsO, § 270b Rn. 43; *Gutmann/Lauberau* ZInsO 2012, 1867). Auch solchermaßen nicht Benannte kommen in Frage, wenn sie diese Qualifikation ausweisen, weil sie vom Gesetzgeber nur beispielhaft benannt wurden. Entsprechend § 56 InsO kommen nur natürliche Personen in Frage (**a.A.** *Gutmann/Lauberau* ZInsO 2012, 1868). Die Qualifikation des Bescheinigten ist nach Satz 2 Anordnungsvoraussetzung und deswegen vom Gericht im Anordnungsbeschluss für die »vergleichbare Person« festzustellen. Fehlt sie, ist zum Risiko des Schuldners die

vorgelegte Bescheinigung nicht erheblich, liegt sie nicht vor und ist der Schutzschirmantrag unzulässig und unbegründet, weil nicht von einer nicht offensichtlich aussichtslos angestrebten Sanierung ausgegangen werden kann (HK-InsO/*Landfermann* § 270b Rn. 26). Der Bescheiniger kann gehalten sein, sich durch frühere Auftraggeber von der Verschwiegenheitspflicht befreien zu lassen (*Frind* ZInsO 2012, 1549). Als Teil der Entscheidungsgrundlage des Gerichts und notwendigem Bestandteil der Insolvenzakte muss sie **schriftlich** abgefasst werden, den **Aussteller zweifelsfrei erkennen lassen** und **handschriftlich unterzeichnet** sein. Eine erhebliche Bescheinigung durch einen **Vertreter des Schuldners** ist ausgeschlossen (*AG München* ZIP 2012, 789). Der Aussteller muss vom Schuldner unabhängig sein (*AG München* ZIP 2012, 789: strenge Anforderungen wie bei der Auswahl eines vorläufigen Insolvenzverwalters nach § 21 Abs. 2 Satz 1 Nr. 1 und § 56 Abs. 1 InsO; *Kübler/Prütting/Bork-Pape* InsO, § 270b Rn. 44; *Schmittmann* ZInsO 2012, 1922; a.A. *Gutmann/Lauberau* ZInsO 2012, 1867; *Schmidt/Linker* ZIP 2012, 964). Zu deren Beurteilung muss er frühere oder gegenwärtige Rechtsverhältnisse zu Schuldnern, vorläufigem Sachwalter und Insolvenzgläubigern von sich aus offenlegen (*Frind* ZInsO 2012, 1549; *Vallender* GmbHR 2012, 451; s. auch die Fälle § 270c Rdn. 4 f.).

Der Aussteller der Bescheinigung kann Schuldner und Dritten nach den allgemeinen zivilrechtlichen Haftungsgrundsätzen, insbesondere gegenüber Gläubigern des Schuldners, Investoren und sonstigen Dritten aus den Grundsätzen des Vertrages mit Schutzwirkung für Dritte, **haften** (*Graf-Schlicker* InsO, § 270b Rn. 16; ausf. *Uhlenbruck/Zipperer* InsO, § 270d Rn. 29–40). Seine Vergütung kann anfechtbar sein (MüKo-InsO/*Kern* § 270b Rn. 73; *Uhlenbruck/Zipperer* InsO, § 270b Rn. 43). 24

II. Anordnung

Liegen nach den drei Anträgen des Schuldners mit der Bescheinigung nach Satz 3 die Anordnungsvoraussetzungen vor, bestimmt das Gericht eine **Frist von höchstens drei Monaten** zur Vorlage des später durch einen Insolvenzplan vorzulegenden Sanierungsplanes (Abs. 1 Satz 1 und 2, Abs. 2 Satz 1; BT-Drucks. 17/5712 S. 40 zu Nr. 43 zu § 270b) und ernennt einen vorläufigen Sachwalter (Abs. 2 Satz 1). Die Anordnung erfolgt durch – nicht anfechtbaren, § 6 Abs. 1 InsO (vgl. *BGH* Beschl. v. 07.02.2013 ZIP 2013, 525 = ZInsO 2013, 460; s. dazu § 270 Rdn. 24); BT-Drucks. 17/5712 S. 38 f. zu Nr. 42 zur Änderung § 270) – Beschluss. Mit dem Beschluss erhält der Schuldner die Rechtsstellung als vorläufiger Eigenverwalter. 25

Nach dem klaren Wortlaut des Gesetzes ist die Frist eine nicht verlängerbare und nicht überschreitensfähige **Höchstfrist** (*AG Hamburg* ZInsO 2013, 1523; HK-InsO/*Landfermann* § 270d Rn. 36; *Uhlenbruck/Zipperer* InsO, § 270b Rn. 52). Hat das Gericht zunächst eine kürzere als die Höchstfrist bestimmt, kann das Gericht diese kürzere Frist – auch mehrfach – verlängern, solange die Höchstfrist nicht überschritten wird (ebenso A/G/R-*Ringstmeier* § 270b InsO Rn. 20; ähnlich *Kübler/Prütting/Bork-Pape* InsO, § 270b Rn. 58–60; *Vallender* GmbHR 2012, 451), weil der Gesetzgeber keinen weitergehenden Eingriff in das Einzelzwangsvollstreckungsinteresse der Gläubiger zulassen wollte (vgl. BT-Drucks. 17/5712 zu Nr. 43 S. 41 zu Nr. 43 zu § 270b; zum Abwägungsproblem zwischen Sanierungsinteresse des Schuldners und Einzelzwangsvollstreckungsinteresse der Gläubiger s. Rdn. 17). 26

Die Fristsetzung durch das Gericht innerhalb oder entsprechend der Höchstfrist unterliegt wegen fehlender Einzelvorgaben des Gesetzgebers seinem pflichtgemäßen Ermessen. Der innerhalb der Frist vom Schuldner zu erarbeitende und vorzulegende Insolvenzplan i.S. eines »**pre-packaged plan**«, also eines vorab erstellten Plans, bezweckt die Entscheidung über den Plan im eröffneten Insolvenzverfahren nach den allgemeinen Vorschriften über den Insolvenzplan (BT-Drucks. 17/5712 S. 41 zu Nr. 43 zu § 270b) und damit die Vorbereitung der Eröffnungsentscheidung des Gerichts, die es nach den allgemeinen Vorschriften über die Eröffnung des Insolvenzverfahrens trifft. Deswegen wird davon auszugehen sein, dass sich das Gericht in einer Erkenntnislage befindet, die der Einbindung eines Sachverständigen nach § 5 Abs. 1 InsO entspricht, sodass es die Fristsetzung entsprechend der Fristsetzung für den Sachverständigen vornehmen wird. Die **fristgemäße Vorlage** des 27

Insolvenzplanes **zwingt nicht zur Eröffnung** des Insolvenzverfahrens mit Anordnung der Eigenverwaltung, sondern das Gericht kann jede Entscheidung treffen, mit der nach den Eröffnungsverfahrensregeln das Eröffnungsverfahren beendet werden kann, also auch die Eröffnung mangels Masse abweisen oder das Insolvenzverfahren ohne Eigenverwaltungsanordnung eröffnen (BT-Drucks. 17/5712 S. 41 zur Nr. 43 zu § 270b r. Sp.: »**Wird** das Insolvenzverfahren in Eigenverwaltung eröffnet, so ...«; HK-InsO/Landfermann § 270b Rn. 35). Nach der Zwecksetzung des § 270b InsO (s. Rdn. 1–4) wird allerdings anzunehmen sein, dass das Gericht die Eröffnung des Insolvenzverfahrens in Eigenverwaltung grds. nicht am Inhalt des Insolvenzplanes scheitern lassen darf. Denn damit würde es in einen Entscheidungsbereich eingreifen, der den Gläubigern des Schuldners im Insolvenzplanverfahren zugewiesen ist. Eine Ausnahme davon wird nur in begründeten Ausnahmefällen anzunehmen sein, wenn der fristgemäß eingereichte Insolvenzplan für ein aussichtsreiches Insolvenzplanverfahren offensichtlich (§ 291 ZPO) nicht geeignet ist, sich der rechtsmissbräuchliche Einsatz des eingereichten Insolvenzplanes aufdrängt und die Insolvenzverfahrenseröffnung in Eigenverwaltung Nachteile für die Gläubiger erwarten lässt (§ 270 Abs. 2 Nr. 2 InsO). § 270 Abs. 2, 3 InsO bestimmt also die Insolvenzplanbedeutung für die Eröffnungsentscheidung, nicht umgekehrt ein fristgemäß eingereichter Insolvenzplan die Eröffnungsentscheidung nach § 270 Abs. 2, 3 InsO.

28 Ferner sind **zwei Zeitpunkte zu unterscheiden**: Der Ablauf der angeordneten Schutzschirmfrist und der Zeitpunkt der Eröffnungsentscheidung (s.a. Rdn. 60). In diesem Zeitraum wirkt der Schutzschirm nicht mehr, dennoch darf kein Sachverständiger oder vorläufiger Insolvenzverwalter bestellt werden (Abs. 2 Satz 3; BT-Drucks. 17/5712 S. 41 zu Nr. 43 zu § 270b). Daraus folgt, dass die **Eigenverwaltungsanordnung** als notwendiger Bestandteil der Schutzschirmanordnung (s. Rdn. 16) **von dem Fristablauf nicht erfasst** wird und fortwirkt, das Eigenverwaltungsvorverfahren also nach den gegenüber § 270b InsO allgemeinen Regeln des § 270a InsO bis zur eröffnungsverfahrensbeendenden Entscheidung des Gerichts grds. fortzusetzen ist und der Übergang in das allgemeine Eröffnungsverfahren voraussetzt, dass auch das Eigenverwaltungsvorverfahren nach § 270a InsO aufgehoben wird, was möglich ist (s. Rdn. 60; vgl. *AG Ludwigshafen* ZIP 2014, 1746). Für den Zeitraum bis zur Eröffnungsentscheidung besteht allerdings die Pflicht des Gerichts, nach § 21 Abs. 2 Nr. 3 InsO Maßnahmen der Zwangsvollstreckung gegen den Schuldner zu untersagen oder einzustellen, sofern der Schuldner dies beantragt (BT-Drucks. 17/5712 S. 41 zu Nr. 43 zu § 270b). Diese Vorgabe des Gesetzgebers ist nicht auf den Fall der zu erwartenden Eröffnungsentscheidung mit der Anordnung der Eigenverwaltung nach §§ 270, 270c InsO beschränkt, sodass sie auch gilt, wenn das Gericht die Eröffnung des Insolvenzverfahrens ohne Anordnung der Eigenverwaltung beabsichtigt oder sogar von einer Insolvenzverfahrenseröffnung absehen will.

29 Der Schutzschirmbeschluss unterliegt der **Veröffentlichung nach § 23 InsO**, schon weil er auch die Anordnung der vorläufigen Sachwaltung enthält und deswegen den Regeln des § 270a Abs. 1 Satz 2 InsO unterliegt (Abs. 2 Satz 1; i.E. § 270a Rdn. 21). Außerdem kann nur auf diese Weise im Geschäftsverkehr Klarheit über die Verfügungs- und Verwaltungsbefugnisse im Insolvenzverfahren bestehen (BT-Drucks. 12/2443 S. 224 zu § 334 des RegE für die öffentliche Bekanntmachung in der Eigenverwaltung = § 273 InsO; **a.A.** *Vallender* GmbHR 2012, 451; *Keller* ZIP 2012, 1895; s.a. § 270a Rdn. 21; wie hier und eingehend zum Streit *Uhlenbruck/Zipperer* InsO, § 270b Rn. 54), für die Frage der Unanfechtbarkeit von Rechtshandlungen des Schuldners und des vorläufigen Sachwalters von besonderer Bedeutung (s. Rdn. 7 und § 270a Rdn. 11). Das *AG Göttingen* (ZInsO 2012, 2297) hat sie allerdings in das Ermessen des Insolvenzgerichts gestellt (zust. *Graf-Schlicker* ZInsO 2013, 1765; zurückhaltender *Pape* ZInsO 2013, 2135), dabei allerdings die Bedeutung der Veröffentlichung für die Unanfechtbarkeitswirkung von Rechtshandlungen des vorläufigen Insolvenzverwalters übersehen. Gleiches gilt für den Aufhebungsbeschluss (s. Rdn. 59).

C. Vorläufiger Sachwalter und Sicherungsmaßnahmen (Abs. 2)

I. Vorläufiger Sachwalter

1. Bestellung

In dem Schutzschirmbeschluss nach Abs. 1 bestellt das Gericht einen vorläufigen Sachwalter nach § 270a Abs. 1 InsO (Satz 1). Die **Bestellungsgrundsätze** nach § 270a InsO gelten entsprechend (i.E. § 270a Rdn. 20 ff.). Diese Anordnungsvorgabe schließt mehreres aus: Die Bestellung eines vorläufigen Insolvenzverwalters für die Dauer der gerichtlich bestimmten Schutzschirmfrist, die Auferlegung eines allgemeinen Verfügungsverbotes, Verfügungszulassungen nur unter Zustimmungsvorbehalt (BT-Drucks. 17/5712 S. 41 zu Nr. 43 zu § 270b), allesamt Hinweise, die sich aus der Systematik des Eigenverwaltungsvorverfahrens mit der entsprechenden Anwendbarkeitsanordnung der §§ 274, 275 InsO auf den vorläufigen Sachwalter allerdings von selbst verstehen (s. § 270a Rdn. 19). Für die Auswahl und Bestellung des vorläufigen Sachwalters (s. aber die Einschränkung hier Rdn. 32), seine **Rechtsstellung** mit der **Befugnisaufteilung mit dem Schuldner, Entlassungsrecht des Gerichts** mit **Neubestellungsrecht, Haftung** und **Vergütung** s. § 270a Rdn. 20–32. 30

Die Bestellung im Schutzschirmbeschluss führt zur **Veröffentlichung gem. § 23 InsO** (str.; s. Rdn. 29). 31

2. Personenverschiedenheit

Zum vorläufigen Sachwalter darf nur bestellt werden, wer **vom Aussteller der Bescheinigung** nach Abs. 1 **personenverschieden** ist. Diese Anforderung beruht auf den Beschlüssen des Rechtsausschusses und geht auf die Kritik zur Bestellungsregelung des DiskE zurück, der diese Vorgabe – wie der Gesetzentwurf – nicht enthielt (i.E. zur Kritik FK-InsO/*Foltis* 6. Aufl., vor §§ 270 ff. Rn. 91–93). Die Begründung der Beschlüsse des Rechtsausschusses verweist darauf, dass die vom Sachwalter nach § 270a Abs. 1 Satz 2 i.V.m. §§ 274, 275 InsO stets verlangte Unabhängigkeit dann nicht gegeben ist, wenn die betreffende Person dem Schuldner zuvor die Bescheinigung nach Abs. 1 ausgestellt hat (BT-Drucks. 17/7511 Begr. zu § 270b Abs. 2). Die Forderung auf Personenverschiedenheit beruht also auf der vom Gesetzgeber stets verlangten Unabhängigkeit des Sachwalters und gilt deswegen auch für den vorläufigen Sachwalter. Mithin unterliegt die Voraussetzung der **weiten Auslegung**. Die Personenverschiedenheit ist schon nicht gewahrt, wenn die vom Schuldner vorgeschlagene oder sonst in Betracht kommende Person aus seiner Vortätigkeit wegen irgendeiner Befassung mit der Bescheinigungsleistung oder eines Rechtsverhältnisses zum Aussteller der Bescheinigung den **Schein einer Abhängigkeit erwecken kann** (vgl. *BGH* Beschl. v. 15.05.2003 – IX ZB 448/02, ZInsO 2003, 560; Bestätigung von *LG Kassel* Beschl. v. 14.08.2002 – 3 T 301/02, ZInsO 2002, 839 m. Anm. *Pape* ZInsO 2002,1017, zur Abberufung eines Gläubigerausschussmitgliedes aus wichtigem Grund). An der Personenverschiedenheit fehlt es daher, wenn die Person an der Bescheinigungsleistung etwa als Angestellter oder freier Mitarbeiter des Ausstellers mitgewirkt oder zum Zeitpunkt der Bescheinigungsleistungen zu ihrem Aussteller in einem gesellschafts- oder gesellschaftsähnlichen Rechtsverhältnis gestanden hat, etwa als Sozius oder Gesellschafter eines mit dem Aussteller verbundenen Unternehmens (so auch *Graf-Schlicker* InsO, § 270d Rn. 18; MüKo-InsO/*Kern* § 270d Rn. 88; *Uhlenbruck/Zipperer* § 270d Rn. 57). 32

3. Schuldnervorschlag, offensichtliche Ungeeignetheit

Der Schuldner kann dem Gericht eine bestimmte Person zur Bestellung des vorläufigen Sachwalters vorschlagen. Dann kann das Gericht von dem Vorschlag nur bei offensichtlicher Ungeeignetheit zur Amtsübernahme absehen (Satz 2 HS 1). Der Zweck der Regelung besteht darin, dem Schuldner die Sicherheit zu geben, die Sanierung durch das Insolvenzplanverfahren mit einer für ihn vertrauenswürdigen, gleichzeitig aber unabhängigen Person vorbereiten zu können (BT-Drucks. 17/5712 S. 40 zu Nr. 43 zu § 270b). Amtspflicht des vorläufigen Sachwalters ist – wie die des Sachwalters im eröffneten Verfahren – die Aufgabenwahrnehmung für die Gläubigergemeinschaft (i.E. § 270c Rdn. 6 ff.), für die er die insolvenztypischen Rechte und Pflichten wahrzunehmen, insbesondere 33

§ 270b InsO Vorbereitung einer Sanierung

den Schuldner in der Ausübung seiner ihm gebührenden Verwaltungs- und Verfügungsmacht zu überwachen (§ 274 Abs. 2 InsO) und eine Anzeigepflicht gegenüber Gericht und vorläufigem Gläubigerausschuss hat, wenn die wirtschaftliche Lage des Schuldners und seine Geschäftsführung zu Nachteilen für die Gläubiger führen kann (§ 274 Abs. 3 InsO), weil das Interesse der Gläubigergemeinschaft an bestmöglicher Befriedigung (§ 1 Abs. 1 InsO) gefährdet wird (s. § 274 Rdn. 68 ff.). Im Merkmal der offensichtlichen Ungeeignetheit spitzt sich die **rechtsstaatliche Balance** zwischen der gläubigergemeinschaftsfreundlichen und der gläubigerschädigenden Selbstsanierung zu (ähnlich A/G/R-*Ringstmeier* § 270b InsO Rn. 22), vom Gesetzgeber erkannt und in der Gesetzesbegründung wiedergegeben: Der vorläufige Sachwalter soll für den Schuldner vertrauenswürdig sein, aber auch vertrauenswürdig für die Gläubigergemeinschaft durch seine Unabhängigkeit (BT-Drucks. 17/5712 zu Nr. 43 zu § 270b S. 40). Die Frage ist: Wie kann ein vorläufiger Sachwalter für den Schuldner vertrauenswürdig sein, der seine Amtsstellung aus der Interessenwahrung für die Gläubigergemeinschaft ableitet und dazu den Schuldner laufend zu überwachen hat? Und umgekehrt: Wie kann angenommen werden, dass eine vom Schuldner vorgeschlagene Person für die vorläufige Sachwaltung zugleich für die Gläubigergemeinschaft in der vom Gesetz für ihren Schutz vorgegebenen Aufgabenwahrnehmung vertrauenswürdig ist? Die Antwort wird zugleich die nähere Bestimmung des Merkmals der offensichtlichen Ungeeignetheit vorgeben.

34 Die Antwort wird durch eine Auslegung des Merkmals der offensichtlichen Ungeeignetheit zu suchen sein. Die Gesetzesbegründung verlangt die **Bestellung einer unabhängigen Person**. Sie entspricht damit der Anforderung des Rechtsausschusses zur Beschränkung des Personenkreises auf eine Person, die vom Aussteller der Bescheinigung nach Abs. 1 unabhängig ist (s. Rdn. 32) und der Unabängigkeitsanforderung für die Sachwalterbestellung nach §§ 270c Satz 1, 274 Abs. 1, 56a Abs. 2 InsO. Aufgrund dieser Rechtsgrundverweisung sind die Auswahl und Bestellungsgrundsätze mit denjenigen für das Eigenverwaltungsvorverfahren nach § 270a InsO (i.E. s. § 270a Rdn. 20) und für das Eigenverwaltungsverfahren (i.E. § 270c Rdn. 4 f., 9) identisch (ebenso *Uhlenbruck/Zipperer* InsO, § 270b Rn. 61). Zu Einzelheiten auch aus Anlass der Fälle des *AG Stendal* (ZIP 2012, 1875 und ZIP 2012, 2030) s. § 270c Rdn. 4 f. Daraus folgt, dass das Merkmal einer **weiten Auslegung** unterliegt. Deswegen besteht keine Unabhängigkeit und ist die vorgeschlagene Person offensichtlich ungeeignet, wenn sie entsprechend den in Rdn. 32 angeführten Grundsätzen **aus ihrer Vortätigkeit wegen irgendeines unmittelbaren oder mittelbaren Rechtsverhältnisses zum Schuldner den Schein einer Abhängigkeit erwecken** kann. Das ist der Fall, wenn die Person Angestellter oder freier Mitarbeiter des Schuldners war oder ist oder zu ihm in einem gesellschafts- oder gesellschaftsähnlichen Rechtsverhältnis gestanden hat oder steht, etwa als Sozius oder Partner oder als Mitarbeiter oder Gesellschafter eines mit dem Schuldner verbundenen Unternehmens, oder in einem entgeltlichen oder unentgeltlichen Dienstleistungs- oder Auftragsverhältnis zu einem Dienst- oder Auftragnehmer des Schuldners (wie hier i.E. *Uhlenbruck/Zipperer* InsO, § 270b Rn. 61). Das ist dagegen nicht der Fall, wenn der vom Schuldner vorgeschlagene vorläufige Sachwalter beim Insolvenzgericht in der Vergangenheit aus dem Kreis der dort bestellten Insolvenzverwalter delistet wurde, weil die Bestellung des vom Schuldner vorgeschlagenen vorläufigen Sachwalters die Listung beim Insolvenzgericht nicht voraussetzt (*Pape* ZInsO 2013, 2133; a.A. *AG Hamburg* ZInsO 2013, 1533) und überdies damit eine zweckwidrige Einschränkung des Schuldnerbenennungsrechts nach Abs. 2 Satz 2 verbunden ist. Das Merkmal der Ungeeignetheit gestattet keine Auslegung mit einer »closed-shop-Wirkung«. Für einen solchen Ablehnungsgrund erwägt *Pape* zu Recht ein Beschwerderecht des Schuldners nach § 21 Abs. 1 Satz 2 InsO.

35 Das Merkmal der offensichtlichen Ungeeignetheit hat – anders als die Personenverschiedenheit mit dem Bescheinigungsaussteller – in der Amtsführung des vorläufigen Sachwalters den gesetzlichen Bezugspunkt (Satz 2 Wortlaut). Der Person dürfen aufgrund der Überwachungs- und Mitwirkungsfunktion gem. §§ 274, 275 InsO deswegen nicht offensichtlich (§ 291 ZPO über § 4 InsO) die für das jeweilige Insolvenzverfahren geforderte **Persönlichkeit und die fachlichen Fähigkeiten** für einen starken vorläufigen Insolvenzverwalter in gleicher Geschäftsführungssituation des schuldnerischen Unternehmens (s. § 270a Rdn. 24) fehlen, ferner dem Sachwalterprofil entsprechend nicht **ausgeprägte Führungsqualitäten** und **persönliche Integrität** (s. § 274 Rdn. 9). Seine **werthaltige Haf-**

tung darf nicht zweifelhaft sein (A/G/R-*Ringstmeier* § 270b InsO Rn. 23). Eine **Berufserfahrung** als Insolvenzverwalter im Verfahren vergleichbarer Größe und Schwierigkeit (z.B. Umsatz, Arbeitnehmerzahl, Filialbetrieb, insbesondere Auslandsfilialen) wird grds. unverzichtbar und deswegen Maßstab für die offensichtliche Ungeeignetheit sein.

Das Gericht muss die von ihm **angenommene offensichtliche Ungeeignetheit** der vom Schuldner vorgeschlagenen Person **begründen**, wenn es eine andere Person bestellt (Satz 2 2. HS), also nur, wenn das Schutzschirmverfahren angeordnet wird und deswegen im Anordnungsbeschluss (BT-Drucks. 17/5712 S. 40 zu Nr. 43 zu § 270b). Die Nichtbestellung der vom Schuldner vorgeschlagenen Person ist **nicht rechtsmittelfähig** (§ 6 Abs. 1 InsO; BT-Drucks. 17/5712 S. 38 f. zu Nr. 42 zu § 270; vgl. *BGH* Beschl. v. 07.02.2013 ZIP 2013, 525 = ZInsO 2013, 460; s. dazu § 270 Rdn. 34; wie hier *Uhlenbruck/Zipperer* InsO, § 270b Rn. 63; a.A. *Sämisch* ZInsO 2014, 1312). Der Zweck der Begründungspflicht besteht lediglich darin, den Gläubigern in Kenntnis dieser Umstände nach Eröffnung des Verfahrens die Entscheidungsmöglichkeit zu geben, ob eine Abwahl des gerichtlich bestellten und Neuwahl des vorgeschlagenen Sachwalters nach § 274 InsO i.V.m. § 57 InsO in Betracht kommt (BT-Drucks. 17/5712 S. 40 zu Nr. 43 zu § 270b). Die Bestellung zum vorläufigen Sachwalter im Eigenverwaltungsvorverfahren muss allerdings nicht stets zur Bestellung des (vorläufigen) Sachwalters im Eröffnungsbeschluss mit Eigenverwaltungsanordnung nach §§ 270 Abs. 1 Satz 1, 270c Satz 1 InsO führen. Ein Bestellungszwang besteht vielmehr nicht: Wird das Insolvenzverfahren in Eigenverwaltung eröffnet, so muss nicht zwangsläufig der vom Schuldner ausgewählte vorläufige Sachwalter zum Sachwalter bestellt werden. Nach den allgemeinen Vorschriften wird hierzu der vorläufige Gläubigerausschuss anzuhören sein. Dieser kann auch bei der Eigenverwaltung von seinem Vorschlagsrecht nach § 274 InsO i.V.m. § 56 Abs. 2 InsO-E Gebrauch machen (BT-Drucks. 17/5712 S. 41 zu Nr. 43 zu § 270b). Nach diesen Grundsätzen kann das Gericht eine von ihm bestimmte Person zum vorläufigen Sachwalter bestellen, wenn es die vom Schuldner vorgeschlagene Person für ungeeignet hält und ablehnt (vgl. *Kübler/Prütting/Bork-Pape* InsO, § 270b Rn. 66; i.E. s. § 270c Rdn. 2–4, 10).

II. Vorläufige Sicherungsmaßnahmen

Auf den Antrag des Schuldners **muss** das Gericht Zwangsvollstreckungsmaßnahmen gegen den Schuldner untersagen oder einstweilen einstellen (Satz 3 2. HS i.V.m. § 21 Abs. 2 Nr. 3 InsO). Der Antrag wird zweckmäßig bereits mit dem Schutzschirmantrag gestellt werden. Er kann aber dem Antrag auch nachfolgen (A/G/R-*Ringstmeier* § 270b InsO Rn. 26), selbst nachdem die Schutzschirmfrist abgelaufen ist (s. Rdn. 28). **Ausgeschlossen** ist die Bestellung eines vorläufigen Insolvenzverwalters, dem Schuldner darf kein allgemeines Verfügungsverbot auferlegt werden, seine Verfügungen dürfen auch nicht unter Zustimmungsvorbehalt gestellt werden (Satz 3 1. HS; BT-Drucks. 17/5712 S. 41 zu Nr. 43 zu § 270b). Alle anderen Sicherungsmaßnahmen **kann** das Gericht anordnen. Nach der hier vertretenen Auffassung kann das Gericht mit Anordnungen nach § 21 Abs. 1 InsO in begründeten Einzelfällen in die Befugnisaufteilung zwischen vorläufigem Sachwalter und Schuldner (§ 275 InsO) eingreifen (i.E. s. § 270a Rdn. 24 f.; ebenso *Uhlenbruck/Zipperer* InsO, § 270b Rn. 64; a.A. *Kübler/Prütting/Bork-Pape* § 270b Rn. 80 f.). Es wird regelmäßige Berichte des vorläufigen Sachwalters anfordern und die Geschäftszahlen des Schuldners gegen den mit dem Schutzschirmantrag des Schuldners vorgelegten Liquiditätsplan (s. Rdn. 19) abgleichen, um sicherzustellen, dass kein Aufhebungsgrund nach Abs. 4 Nr. 1 eingetreten ist (vgl. *Brinkmann/Zipperer* ZIP 2011, 1337 [1344]; A/G/R-*Ringstmeier* § 270a InsO Rn. 25).

Vorläufige Maßnahmen des Gerichts nach § 21 InsO sind nach § 21 Abs. 1 Satz 2 InsO beschwerdefähig (BT-Drucks. 17/5712 S. 41 zu Nr. 43 zu § 270b), im Übrigen sind alle Entscheidungen im Eigenverwaltungsvorverfahren (grundsätzlich, s. § 270 Rdn. 34, 99) nicht rechtsmittelfähig (§ 6 Abs. 1 InsO; BT-Drucks. 17/5712 S. 38 f. zu Nr. 42; vgl. *BGH* Beschl. v. 07.02.2013 ZIP 2013, 525 = ZInsO 2013, 460; s. dazu § 270 Rdn. 34), auch nicht für aus- und absonderungsberechtigte Gläubiger (a.A. A/G/R-*Ringstmeier* § 270b InsO Rn. 32).

D. Masseverbindlichkeitenbegründungsrecht (Abs. 3)

39 Auf Antrag des Schuldners hat das Gericht anzuordnen, dass der Schuldner entsprechend § 55 Abs. 2 InsO Masseverbindlichkeiten begründet (Abs. 3). Diese Vorgabe wurde erst auf die Beschlüsse des Rechtsausschusses in die Vorschrift aufgenommen und so begründet: »Um eine Betriebsfortführung im Eröffnungsverfahren und damit die Grundvoraussetzung für eine Sanierung überhaupt erst zu ermöglichen, wurde mit § 55 Absatz 2 InsO eine Regelung geschaffen, die dem Schutz von Personen zu dienen bestimmt ist, die Geschäfte mit einem vorläufigen Insolvenzverwalter abschließen oder ihm gegenüber ein Dauerschuldverhältnis erfüllen, das sie mit dem Schuldner vereinbart hatten. Gerade in der kritischen Phase des Eröffnungsverfahrens ist es besonders geboten, das Vertrauen der Geschäftspartner zu gewinnen, deren Mitwirkung für eine Betriebsfortführung unerlässlich ist. Ist bei einem »normalen« Eröffnungsverfahren das Vertrauen häufig an die Person des vorläufigen Insolvenzverwalters geknüpft, so ist es bei einem eigenverwaltenden Schuldner in einem Verfahren nach § 270b InsO-E besonders geboten, um Vertrauen im Geschäftsverkehr zu werben. Der Ausschuss sieht es deshalb als notwendig an, den Schuldner in dieser besonders kritischen Phase der Unternehmenssanierung dadurch zu unterstützen, dass ihm die Möglichkeit eröffnet wird, über eine Anordnung des Gerichts quasi in die Rechtsstellung eines starken vorläufigen Insolvenzverwalters einzurücken. Er erlangt damit die Befugnis, durch alle seine Rechtshandlungen Masseverbindlichkeiten zu begründen. Liegen die allgemeinen Voraussetzungen für die Anordnung eines Verfahrens nach § 270b InsO-E vor, so hat das Gericht den Schuldner auf seinen Antrag mit dieser Befugnis auszustatten. Der eigenverwaltende Schuldner hat bei der Antragstellung abzuwägen, ob es in der konkreten Situation der Vorbereitung einer Sanierung sinnvoller ist, beim Gericht Einzelermächtigungen zur Begründung von Masseverbindlichkeiten anzuregen oder von der Möglichkeit Gebrauch zu machen, sich mit einer globalen Ermächtigung ausstatten zu lassen. Nach Überzeugung des Ausschusses kann der mit dem vorliegenden Gesetz eingeführte vorläufige Sachwalter nicht mehr Kompetenzen haben als der Sachwalter bei der Eigenverwaltung nach Eröffnung des Insolvenzverfahrens. Er hat also vorrangig die wirtschaftliche Lage des Schuldners zu prüfen und die Geschäftsführung sowie die Ausgaben für die Lebensführung des Schuldners zu überwachen. Will der Schuldner Verbindlichkeiten begründen, die nicht zum gewöhnlichen Geschäftsbetrieb gehören, so sollte er diese auch im Eröffnungsverfahren nur mit Zustimmung des Sachwalters eingehen. Mit dem neuen Absatz 3 wird es bei Vorliegen eines Schuldnerantrags dem Gericht ermöglicht, die Verfügungsbefugnis ausschließlich beim Schuldner zu konzentrieren und den vorläufigen Sachwalter lediglich auf einer Überwachungsfunktion zu begrenzen. Da beim Schuldner noch keine Zahlungsunfähigkeit vorliegt, ist es nach Einschätzung des Ausschusses gerechtfertigt, den Beteiligten einen weiteren Rechtsrahmen zu eröffnen, um die Verfügungsbefugnis so auszugestalten, wie sie im Interesse einer möglichst optimale Sanierung am sinnvollsten ist.«

40 Der **BGH** hat in seinem **Urteil v. 16.06.2016** (ZInsO 2016, 1421 = ZIP 2016, 1295; ansatzweise zuvor schon im **Beschl. v. 24.03.2016** ZInsO 2016, 903 m. Anm. *Buchalik/Kraus* ZInsO 2016, 904 und *Blankenburg* ZInsO 2016, 1337 mit der Zusammenfassung des Streitstandes) darauf erkannt, dass erst die Ermächtigung durch das Gericht nach Abs. 3 und die darauf gestützten Rechtshandlungen des Schuldners (unanfechtbare) Masseverbindlichkeiten gem. § 55 Abs. 2 InsO begründen. Eingeschlossen sind Ansprüche der Arbeitnehmer auf Arbeitsentgelt für Arbeitsverhältnisse, die vor Insolvenzantrag bereits bestanden, soweit sie der Schuldner nach der Anordnung nach § 270b Abs. 3 InsO weiterbeschäftigt hat. Gleiches gilt für dadurch ausgelöste Sozialversicherungsbeiträge. Bis dahin und außerhalb der Ermächtigung vorgenommene Rechtshandlungen des Schuldners sind grds. anfechtbar. § 55 Abs. 3 InsO ist zwar gleichfalls entsprechend anzuwenden, scheidet aber aus, soweit der Schuldner diese Masseverbindlichkeiten erfüllt hat. Damit kann der Schuldner **im Schutzschirmverfahren** unanfechtbare Masseverbindlichkeiten nur begründen, soweit sie auf der gerichtlichen Ermächtigung nach Abs. 3 beruhen.

41 Auch wenn die Praxis mit dieser Vorgabe wird leben müssen, die Begründung kann nicht überzeugen. Die Annahme, die auf Anregung des Rechtsausschusses eingeführte Regelung des Abs. 3 habe den Zweck, das Vertrauen in den eigenverwaltenden Schuldner zu stärken und ihn dadurch zu unter-

stützen, dass ihm die Möglichkeit eröffnet werde, über eine Anordnung des Gerichts in die Rechtsstellung eines starken vorläufigen Insolvenzverwalters einzurücken (Tz. 18), ist zwar richtig. Sie ist aber mit der weiteren erklärten Absicht des Gesetzgebers zu sehen, die weitere Tätigkeit des vorläufigen Sachwalters auf die Überwachungsfunktion zu begrenzen (Tz. 32) und dadurch dem Schuldner die Möglichkeit zu geben, Verbindlichkeiten zu begründen, die nicht zum gewöhnlichen Geschäftsbetrieb gehören (jeweils BT-Drucks. 17/7511 S. 37). Daraus folgt, dass der Gesetzgeber mit Abs. 3 nicht die rechtsmachtbegründende Wirkung der gerichtlichen Ermächtigung schlechthin wollte, sondern diese bereits als gegeben vorausgesetzt hat, und nur eine **Rechtsmachterweiterung** des Schuldners auf ein Verbindlichkeitenbegründungsrecht auch für solche Verbindlichkeiten wollte, die nicht zum gewöhnlichen Geschäftsbetrieb gehören. Solche hätte er sonst mit dem vorläufigen Sachwalter abstimmen müssen, § 275 Abs. 1 Satz 1 InsO über §§ 270b Abs. 2 Satz 1, § 270a Abs. 1 Satz 2 InsO. Dadurch erst konnte die Begrenzung des vorläufigen Sachwalters auf die Überwachungsfunktion erreicht und festgestellt werden: ». . . Will der Schuldner Verbindlichkeiten begründen, die nicht zum gewöhnlichen Geschäftsbetrieb gehören, so sollte er diese auch im Eröffnungsverfahren nur mit Zustimmung des Sachwalters eingehen. Mit dem neuen Absatz 3 wird es bei Vorliegen eines Schuldnerantrags dem Gericht ermöglicht, die Verfügungsbefugnis ausschließlich beim Schuldner zu konzentrieren und den vorläufigen Sachwalter lediglich auf eine Überwachungsfunktion zu begrenzen . . . .« (BT-Drucks. 17/7511 S. 37 zu § 270b Abs. 3). Für dieses Verständnis der Gesetzesgrundlagen spricht ferner, dass es sich um eine vom Rechtsausschuss empfohlene Änderung gegenüber der ursprünglichen Fassung des Gesetzesentwurfes handelt und nicht angenommen werden kann, dass Rechtsstellung und Rechtsmacht des Schuldners im Eigenverwaltungsvorverfahren gerade für die sanierungsfördernden Regelungen des Schutzschirmverfahrens im Regierungsentwurf unbeachtet geblieben sein sollen. Schließlich spricht dafür die Ausgestaltung der Rechtsstellung des Schuldners im Eigenverwaltungsvorverfahren durch das **Gesetz zur Erleichterung der Bewältigung von Konzerninsolvenzen (EKIG) v. 13.04.2017** in § 270d InsO, das ihn dem **eigenverwaltenden Schuldner in den Rechten und Pflichten gleichgestellt und rechtsmachtgleich behandelt** hat, Teilabdruck mit der hier maßgeblichen Passage s. § 272 Rdn. 19 (s.a. die Ausführungen dort). Nach dem hier vertretenen Verständnis der Vorgaben des Gesetzgebers folgt die entsprechende Anwendbarkeit des § 55 Abs. 2 und Abs. 3 InsO auf den Schuldner bereits aus der Grundlage des Eigenverwaltungsvorverfahrens mit der Verweisung auf § 275 Abs. 1 Satz 1 InsO über §§ 270b Abs. 2 Satz 1, 270a Abs. 1 Satz 2 InsO. Im Übrigen s. zum Streitstand die FK-InsO/*Foltis* 8. Aufl., § 270b Rn. 39.

Nach den Urteilsgrundsätzen des BGH v. 16.06.2016 kann das Gericht Einzelermächtigungen als ein »weniger« auch anordnen, wenn eine Globalermächtigung beantragt ist (*AG Ludwigshafen* ZInsO 2014, 853). Die Anordnungen treten mit dem Erlöschen der Schutzschirmwirkungen nach Abs. 4 Satz 3 **außer Kraft** (*AG Ludwigshafen* ZInsO 2014, 854; Rdn. 57 f.). Zur Frage der **umsatzsteuerlichen Folgen** *Klusmeier* ZInsO 2014, 488. Zur **Vorfinanzierung von Insolvenzgeld** in der Qualität von Masseverbindlichkeiten *Cranshaw* ZInsO 2013, 1498 ff. Für den Masseverbindlichkeitencharakter der **Kosten eines Insolvenzplanes** auf Initiative des vorläufigen Sachwalters im Schutzschirmverfahren *Hölzle* ZIP 2012, 855. In der Folge wird nach dem Anordnungsumfang der Aufgabenbereich des vorläufigen Sachwalters nach §§ 274, 275 InsO eingeschränkt, die Prüfung der wirtschaftlichen Lage des Schuldners und die Überwachung seiner Geschäftsführung darf jedoch nicht beschränkt werden (vgl. BT-Drucks. 17/5712 S. 41 zu Nr. 43 zu § 270b). 42

E. Aufhebung der Schutzschirmanordnung (Abs. 4)

I. Normzweck

§ 270b InsO ist darauf ausgerichtet, für den Schuldner einen weiteren Anreiz zur frühzeitigen Sanierung durch Erarbeitung eines Sanierungsplanes in Eigenverwaltung zur anschließenden Umsetzung durch einen Insolvenzplan bei lediglich drohender Zahlungsunfähigkeit oder Überschuldung zu schaffen und ihm dafür die Sicherheit eines Schutzschirmes zur Verfügung zu stellen, indem er durch den Schutzschirmbeschluss nach Abs. 1 Satz 1 für einen begrenzten Zeitraum dem unmittelbaren 43

Zugriff seiner Gläubiger entzogen wird. Der Schutzschirmbeschluss richtet das allgemeine Eröffnungsverfahren auf die Selbstsanierung des Schuldners unter seiner notwendigen Vorabstimmung mit seinen Hauptgläubigern aus, verlangt aber zugleich Schutzmechanismen für die Gläubigergemeinschaft und Einzelgläubiger, denen der befristete Verzicht auf die Einzelzwangsvollstreckung abgefordert wird (Abs. 2 Satz 3), schon dafür, dass der Schuldner den Schutzschirm nicht zweckwidrig einsetzt, indem er ihre bestmöglichen Befriedigungschancen (§ 1 InsO, **a.A.** für § 270b InsO *Kübler/Prütting/Bork-Pape* InsO, § 270b Rn. 11 f., 30: Paradigmenwechsel) durch (weitere) Verlustwirtschaft schmälert. Der Gesamtgläubigerschutz bildet sich in den Anordnungsvoraussetzungen ab. Zum Antragszeitpunkt darf keine Zahlungsunfähigkeit vorliegen und die angestrebte Sanierung darf nicht offensichtlich aussichtslos sein: Ihre positive Feststellung durch das Gericht ist Anordnungsgrundlage (s. Rdn. 1 f., 17–19). **Absatz 4 perpetuiert den Gesamtgläubigerschutz** über den Anordnungszeitpunkt hinaus bis zum Ablauf der Schutzschirmfrist, indem er verhindert, dass unter dem Schutzschirm der gerichtlichen Anordnung das letzte Vermögen des Schuldners vernichtet wird. Das Verhinderungsmittel besteht in der Verpflichtung des Gerichts seine Anordnung unter bestimmten Voraussetzungen insgesamt aufzuheben und damit das Eröffnungsverfahren nach den allgemeinen Vorschriften der §§ 21–25 InsO sowie des § 270a InsO fortzuführen (BT-Drucks. 17/5712 S. 41 zu Nr. 43 zu § 270b; umgesetzt vom *AG Ludwigshafen* ZIP 2014, 1746). Die **Schutzschirmsystematik** besteht also in den Anordnungsvoraussetzungen des Abs. 1 nach Art einer Geschäftsgrundlage, deren Wegfall zur Aufhebung der Schutzschirmanordnung nach Abs. 4 führt. Zu weit geht dazu die von *Pape* (in: Kübler/Prütting/Bork InsO, § 270b Rn. 83, 14 ff.) vertretene »Theorie der Konsensaufgabe«, nach der die Einfügung des Abs. 3 und die Streichung des Abs. 4 Nr. 1 zu einer Aufgabe der Konsensforderung des § 270b InsO (s. Rdn. 2) geführt habe. Die Begründung zu den Beschlüssen des Rechtsausschusses erklärt so dazu nicht, dieser Beweggrund lässt sich auch nicht daraus ableiten (BT-Drucks. 17/7511 zu § 270b Abs. 3 und Abs. 4). Die Begründungen zeigen lediglich auf, dass sich der Rechtsausschuss von tatsächlichen Zusammenhängen hat leiten lassen, ohne die Verweisungsregel des Abs. 2 Satz 1 auf § 275 InsO beachtet zu haben.

44 Diese Normensystematik ist **teleologisches Auslegungsmittel** für die einzelnen Aufhebungsvoraussetzungen

II. Anzeigepflicht für Eintritt der Zahlungsunfähigkeit (Abs. 4 Satz 2)

45 Nach Abs. 4 Satz 2 haben Schuldner oder vorläufiger Sachwalter dem Gericht den Eintritt der Zahlungsunfähigkeit unverzüglich anzuzeigen. Die **Anzeigepflicht** hat auf den ersten Blick keine Bedeutung, weil der Eintritt der Zahlungsunfähigkeit gegen den Normzweck nicht als selbständiger Aufhebungsgrund formuliert ist. Das war allerdings im Regierungsentwurf anders. Er sah den Eintritt der Zahlungsunfähigkeit im Schutzschirmzeitraum in Abs. 4 Satz 1 Nr. 1 als ersten Aufhebungsgrund vor (»Das Gericht hebt die Anordnung nach Absatz 1 vor Ablauf der Frist auf, wenn 1. Zahlungsunfähigkeit eintritt«). Die Nr. 1 wurde durch den Rechtsausschuss gestrichen, so dass die Korrespondenzvorschrift zu Satz 2 zu fehlen scheint. Der Rechtsausschuss hat allerdings das Korrespondenzproblem gesehen, Satz 2 gleichwohl beibehalten und den Zweck der Regelung bestimmt: Um die **erforderliche Aufsicht durch das Insolvenzgericht sicherzustellen**, werde die Anzeigepflicht des Schuldners bzw. des vorläufigen Sachwalters in Bezug auf den Eintritt der Zahlungsunfähigkeit in § 270b Abs. 3 Satz 2 InsO beibehalten (BT-Drucks. 17/7511 zu § 270b Abs. 4). Bezugspunkt des Satzes 2 ist also die Aufsicht des Gerichts. Der Aufsicht des Gerichts unterliegt nicht nur der vorläufige Sachwalter (§ 58 InsO über §§ 270b Abs. 2 Satz 1, 270a Abs. 1 Satz 2, 274 Abs. 1 InsO), sondern auch der Schuldner, weil das Schutzschirmverfahren als Sonderfall des allgemeinen Eigenverwaltungsvorverfahrens nach § 270a InsO Teil des Eröffnungsverfahrens ist und dem Anwendungsbereich des § 21 Abs. 1 InsO unterliegt (i.E. § 270a Rdn. 9, 24). Damit untersteht dem Gericht die Aufsicht über die Zahlungsfähigkeit des Schuldners, die sie über die Anzeigepflicht des Satzes 2 ausübt und nach seiner pflichtgemäßen Entscheidung **zur amtswegigen Aufhebung der Schutzschirmanordnung** nach der Nr. 1 führen kann (wie hier HK-InsO/*Landfermann* § 270b Rn. 51; MüKo-InsO/*Kern* § 270b Rn. 118 f.; **a.A.** *Kübler/Prütting/Bork-Pape* § 270b Rn. 11 f., 30, wie hier aber Rn. 86), das Gericht muss aber von den materiellen Voraussetzungen der Nr. 1 über-

zeugt sein (*Uhlenbruck/Zipperer* InsO, § 270d Rn. 74). Die Kontrolle kann es dadurch erreichen, dass vorläufigem Sachwalter und/oder Schuldner die periodische Einreichung des Liquiditätsstatus aufgegeben und dieser gegen den mit dem Schutzschirmantrag einzureichenden Liquiditätsplan (s. Rdn. 19) abgeglichen wird. Die **Bedeutung der Streichung der Nr. 1 des Regierungsentwurfes** durch den Rechtsausschuss liegt darin, dass das Gericht die Aufhebung des Schutzschirmes nicht – wie ursprünglich vorgesehen – sofort mit dem Eintritt der Zahlungsunfähigkeit anordnen muss, sondern kann, indem es den Eintritt der Zahlungsunfähigkeit zu einem Beurteilungsmerkmal in der Aussichtslosigkeit der angestrebten Sanierung nach Satz 1 Nr. 1 macht. Dadurch fügt sich Satz 2 in die Schutzschirmsystematik ein und entspricht dem Normzweck des § 270b InsO insgesamt. Dadurch bekommt das Gericht einen größeren Anordnungsspielraum, den es nach der konkreten Sanierungslage ausüben kann.

III. Aufhebungsfälle

1. Angestrebte Sanierung aussichtslos (Nr. 1)

Die Anordnung ist aufzuheben, wenn die angestrebte Sanierung **erkennbar aussichtslos wird**, weil beispielsweise die Bank, mit der der Schuldner über eine weitere Finanzierung verhandelt hat, die Verhandlungen endgültig abbricht und damit für ihn keine Möglichkeit mehr besteht, an neues Kapital zu gelangen (BT-Drucks. 17/5712 S. 41 zu Nr. 43 zu § 270b). Die Aufhebungsvoraussetzung liegt erst recht vor, wenn die angestrebte Sanierung **erkennbar aussichtslos geworden ist**, weil dann der Anordnungsgrund des Abs. 1 weggefallen ist (s. Rdn. 43). Der in der Gesetzesbegründung aufgenommene Beispielsfall hat seinen Bezug zur Liquiditätsausstattung des Schuldners, die er nach dem Zweck des § 270b InsO für sein gesamtes Sanierungsvorhaben durch einen Konsens mit seinen Hauptgläubigern, insbesondere seinen Banken sicherzustellen hat (s. Rdn. 2). Fehlt ein solcher Konsens oder kommt er in Fortfall und ist dadurch die Durchfinanzierung des Geschäftsbetriebes bis zur Annahme des Insolvenzplanes nicht sichergestellt, wird die angestrebte Sanierung erkennbar aussichtslos, ist insbesondere **die Zahlungsunfähigkeit nicht kurzfristig beseitigbar eingetreten** (s. Rdn. 45), ist sie erkennbar aussichtslos geworden. Aufhebungsgrund ist ferner die **nachträglich als unrichtig erkannte Bescheinigung** nach Abs. 1 Satz 3 (*Hölzle* § 270b Rn. 80; *Kübler/Prütting/Bork-Pape* § 270b Rn. 85). Der Zweck der Sanierungsvorschrift des § 270b InsO verlangt dann den Abbruch der Sanierungsvorbereitungen. Gleiches gilt, wenn ein **Insolvenzplanverfahren undurchführbar geworden** ist (i.E. s. Rdn. 27). Undurchführbar wird er auch, wenn der Schuldner von seinem Insolvenzplanvorhaben Abstand nimmt (*Brinkmann/Zipperer* ZIP 2011, 1344; *Kübler/Prütting/Bork-Pape* § 270b Rn. 39). Denn das Verfahren nach § 270b InsO steht nach seinem Zweck nur für die Sanierung durch ein Insolvenzplanverfahren zur Verfügung (s. Rdn. 1). 46

Es besteht die Gefahr, dass die Nr. 1 zu einem »Kampfplatz« **gesellschaftlicher Auseinandersetzungen** gemacht wird, indem ein Gesellschafter für fällige Gewinnforderungen, die Grund für die Eröffnung des Schutzschirmverfahrens waren, den Rangrücktritt erklärt, um einen Aufhebungsgrund für das Schutzschirmverfahren insgesamt zu schaffen und so eine Sanierungsmöglichkeit außerhalb eines Insolvenzverfahrens, und ein anderer Gesellschafter dieses Ziel dadurch zu vereiteln sucht, indem er seine Gewinnforderungen fällig stellt, ggf. um den anderen Gesellschafter über das Schutzschirm- und Insolvenzplanverfahren aus der Gesellschaft zu drängen (»Suhrkamp«). Das *LG Frankfurt/M.* (ZInsO 2013, 1585) hat diese Verteilungsstrategie gesellschaftsrechtlich beurteilt und wegen offensichtlicher Verfolgung gesellschaftsfremder Zwecke als gegen Sinn und Zweck des Schutzschirmverfahrens gerichtet und damit treuwidrig und rechtsmissbräuchlich angesehen. Zu dem recht unübersichtlichen Gesamtsachverhalt *Fölsing* ZInsO 2013, 1325. 47

Ob eine erkennbar aussichtslos gewordene Sanierung zu einer **Abweisung des Insolvenzeröffnungsantrages** führt, hängt davon ab, ob sie auf dem Nichtvorliegen eines Insolvenzgrundes bei der Zulassung des Insolvenzantrages zum Insolvenzeröffnungsverfahren mit der gleichzeitigen oder späteren Anordnung des Eigenverwaltungsvorverfahrens nach § 270a oder 270b InsO oder auf dem späteren Eintritt der Insolvenzgrundlosigkeit beruht (Rdn. 58). Auch diese Fälle machen die Sanierung aussichtslos, weil es schon an einem Sanierungsbedarf fehlt (vgl. BT-Drucks. 17/5712 S. 40 zu § 270b; 48

a.A. *Fölsing* ZInsO 2013, 1330). Zu weiteren Fällen möglicher rechtsmissbräuchlicher Schutzschirmverfahrensveranlassungen durch Gesellschafter *LG Frankfurt/M.* ZInsO 2013, 1793 = ZIP 2013, 1831 (aufgehoben durch das *OLG Frankfurt/M.* ZInsO 2013, 2164; dazu *Thole* ZIP 2013, 1937; *Spliedt* ZInsO 2013, 2155; *Meyer* ZInsO 2013, 2361) und *LG Frankfurt/M.* ZInsO 2013, 1585.

49 Nr. 1 stellt die Aufhebungsentscheidung in das **pflichtgemäße Ermessen des Gerichts**, weil es dem pflichtgemäßen Ermessen des Gerichts obliegt, wie es den unbestimmten Rechtsbegriff der erkennbar aussichtslos gewordenen Sanierung im Einzelfall ausfüllt und bewertet. Eine Gläubigerbeteiligung an der Entscheidung besteht nicht, auch nicht des vorläufigen Gläubigerausschusses. Allerdings wird das Gericht den Gläubigerausschuss vor der Entscheidung anhören, schon um den Hauptgläubigern des Schuldners, die darin regelmäßig vertreten sein werden, eine letzte Möglichkeit auf Wiederherstellung der Anordnungsvoraussetzungen durch eine Konsensherstellung mit dem Schuldner nicht zu nehmen.

50 Der vorläufige Sachwalter hat die Pflicht, das Gericht über alle Umstände unverzüglich zu informieren, die zu Nachteilen für die Gläubigergemeinschaft durch das Eigenverwaltungsvorverfahren führen können, also auch durch das Schutzschirmverfahren (Abs. 2 Satz 1 i.V.m. §§ 270a Abs. 1 Satz 2, 274 Abs. 3 InsO). Es ist eine insolvenzspezifische Pflicht, die bei Verletzung eine persönliche Haftung des vorläufigen Sachwalters auslösen kann (Abs. 2 Satz 1 i.V.m. §§ 270a Abs. 1 Satz 2, 274 Abs. 1, 60 f. InsO, i.E. vgl. § 274 Rdn. 75). Die Unterrichtung des Gerichts über anordnungs- und aufhebungsrelevante Schutzschirmtatsachen ist deswegen **haftungsbewehrte insolvenzspezifische Pflicht** des vorläufigen Sachwalters.

2. Aufhebungsantrag des vorläufigen Gläubigerausschusses (Nr. 2)

51 Beantragt der vorläufige Gläubigerausschuss die Aufhebung der Schutzschirmanordnung, hat das Gericht dem Antrag ohne weitere eigene Prüfung zu entsprechen (ebenso *Kübler/Prütting/Bork-Pape* InsO, § 270 Rn. 87). Die Regelung beruht auf der Überlegung, dass der Schutz der Gläubiger in diesem Fall den **Abbruch der Sanierungsvorbereitungen gebietet** (BT-Drucks. 17/5712 S. 41 zu Nr. 43 zu § 270b). Nr. 1 und Nr. 2 unterscheiden sich im amtswegigen Gläubigergemeinschaftsschutz im Eröffnungsverfahren (§ 21 Abs. 1 InsO) mit der Nr. 1, dessen Bestandteil das Verfahren nach § 270b InsO ist, einerseits und im individualisierten Gesamtgläubigerschutz über einen vorläufigen Gläubigerausschuss, der nicht über die Gläubigerversammlung bestellt wird (§ 68 InsO), sondern nach Schuldner oder Individualgläubigervorschlag (§ 22a InsO). Die Gläubigergemeinschaftsschutzgewährungen können sich deswegen unterscheiden und das Gericht kann die Aufhebung auch **gegen den Willen des vorläufigen Gläubigerausschusses** anordnen (zweifelnd *Uhlenbruck/Zipperer* InsO, § 270d Rn. 75).

52 Der Aufhebungsantrag muss **schriftlich** gestellt werden. Er hat seine Grundlage notwendig in einem **Mehrheitsbeschluss entsprechend § 72 InsO**, der dem Antrag zur Nachweisführung beizufügen ist (ebenso *Kübler/Prütting/Bork-Pape* InsO, § 270b Rn. 87; HK-InsO/*Landfermann* § 270d Rn. 52; *Uhlenbruck/Zipperer* InsO, § 270d Rn. 75). Der Antrag ist mit Eingang bei Gericht wirksam gestellt. Rechtsschutzmöglichkeiten des Schuldners oder einzelner Gläubiger dagegen bestehen nicht.

3. Gläubigerantrag bei Gläubigernachteilsgefahr (Nr. 3)

53 Die Nr. 3 ist **unanwendbar**, wenn ein vorläufiger Gläubigerausschuss besteht, weil der individualisierte Gesamtgläubigerschutz in erster Linie vom vorläufigen Gläubigerausschuss wahrgenommen wird (vgl. BT-Drucks. 17/5712 S. 41 zu Nr. 43 zu § 270b; ebenso HK-InsO/*Landfermann* § 270d Rn. 53; *Uhlenbruck/Zipperer* InsO, § 270d Rn. 76). Das Verhältnis von Nr. 2 zu Nr. 3 entspricht der Kompetenzabstufung in Abs. 2 Satz 1 i.V.m. §§ 270a Abs. 1 Satz 2, 274 Abs. 3 InsO für die Informationspflicht des vorläufigen Sachwalters. Der vorläufige Gläubigerausschuss (§§ 21 Abs. 2 Satz 1 Nr. 1a, 22a InsO) besteht, wenn das Gericht alle Mitglieder für die von ihm bestimmte Kopfzahl bestellt hat, bis zu seiner Auflösung, entweder durch die das Eröffnungsverfahren beendende

Entscheidung des Gerichts nach § 26 oder § 27 InsO oder durch einen Auflösungsbeschluss des Gerichts mit der Abberufung der Mitglieder des vorläufigen Gläubigerausschusses (§ 70 InsO entsprechend; *Frind* ZInsO 2011, 2249 [2251]; A/G/R-*Sander* § 21 InsO Rn. 20). Die Nr. 3 bleibt deswegen bis zur Bestellung des vorläufigen Gläubigerausschusses **anwendbar** und ist es wieder ab der vorzeitigen Auflösung bis zu der das Eröffnungsverfahren beendenden Entscheidung des Gerichts (ebenso *AG Charlottenburg* ZInsO 2013, 2502). Liegt ein zulässiger Antrag nach Abs. 4 Nr. 3 vor und wird der vorläufige Gläubigerausschuss danach bestellt, ist der Antrag nach dem Zweckverhältnis der Nr. 2 zur Nr. 3 mit der Bestellung erledigt, weil dem vorläufigen Gläubigerausschuss die **Vorrangkompetenz** gebührt.

Die Nr. 3 verpflichtet das Gericht, auf Antrag eines Insolvenzgläubigers oder absonderungsberechtigten Gläubigers unverzüglich die Aufhebung anzuordnen, wenn nachträglich Umstände bekannt werden, die befürchten lassen, dass die Sanierungsbemühungen des Schuldners zu Nachteilen für die Gläubiger führen (BT-Drucks. 17/5712 S. 41 zu Nr. 43 zu § 270b). Nr. 3 stellt anders als Nr. 1 nicht auf die aussichtslos gewordene Sanierung des Schuldners ab, sondern sehr viel allgemeiner auf die Erwartung von Nachteilen für die Gläubiger. Der Aufhebungsfall knüpft damit an die **Anordnungsfähigkeit der Eigenverwaltung mit dem Anordnungsbeschluss in § 270 Abs. 2 Nr. 2 InsO** an, der in § 270a Abs. 1 InsO für die Anordnung des Eigenverwaltungsvorverfahrens in dem Begriff der nicht offensichtlichen Aussichtslosigkeit wiederkehrt (i.E. § 270a Rdn. 17 f.), so dass zu den Beurteilungsmerkmalen auf die Erläuterungen zu § 270 Abs. 2 Nr. 2 InsO verwiesen werden kann. Das Gericht kann insbesondere die vom Antragsteller glaubhaft gemachten Umstände amtswegig ermitteln (i.E. § 270 Rdn. 65–91). Kommt das Gericht zur Annahme des Aufhebungsfalles, fehlt es deswegen zugleich an der Grundvoraussetzung des Eigenverwaltungsvorverfahrens und das Gericht kann nur entweder in das allgemeine Eröffnungsverfahren nach §§ 21–25 InsO übergehen oder das Regelinsolvenzverfahren eröffnen (BT-Drucks. 17/5712 S. 41 zu Nr. 43 zu § 270b).

54

Nach dem klaren Wortlaut der Nr. 3 steht einem absonderungsberechtigten Gläubiger oder einem Insolvenzgläubiger der Weg aber nur offen, wenn Umstände bekannt werden, durch die die Schutzschirmanordnung Gläubigernachteile erwarten lässt. Daraus folgt, dass die **Umstände nachträglich bekannt** werden müssen (BT-Drucks. 17/5712 S. 41 zu Nr. 43 zu § 270b). Nr. 3 knüpft deswegen an den Kenntnisstand des Gerichts zum Zeitpunkt seiner Schutzschirmanordnung an. Die Aufhebung der Schutzschirmanordnung wegen Umständen, die dem Gericht zum Zeitpunkt seiner Anordnung bekannt waren, kann ein Gläubiger nicht erreichen. Darin liegt eine wesentliche Einschränkung der Antragsmöglichkeiten (zust. *Uhlenbruck/Zipperer* InsO, § 270d Rn. 76).

55

Der Gläubiger hat die nachträglich bekannt gewordenen Umstände glaubhaft zu machen (§ 294 ZPO über § 4 InsO).

56

IV. Aufhebungsanordnung

Die Aufhebung der Anordnung erfolgt durch Beschluss. Er ist **nicht rechtsmittelfähig** (§ 6 Abs. 1 InsO; vgl. *BGH* Beschl. v. 07.02.2013 ZIP 2013, 525 = ZInsO 2013, 460; BT-Drucks. 17/5712 S. 38 f. zu Nr. 42 zu § 270; § 270 Rdn. 34). Er ist Schuldner und vorläufigem Sachwalter **zuzustellen**, ferner den Mitgliedern des vorläufigen Gläubigerausschusses. Eine Begründungspflicht besteht nicht (arg. e contrario § 270 Abs. 4, § 270b Abs. 2 Satz 2 InsO). Eine Begründung empfiehlt sich aber, um dem Eindruck einer willkürlichen Entscheidung des Gerichts vorzubeugen (zust. *Uhlenbruck/Zipperer* InsO, § 270d Rn. 77).

57

Für den **Inhalt** der Aufhebungsanordnung kommt es darauf an, welche Anordnungsvoraussetzung für das Schutzschirmverfahren entfallen ist. Ist eine **schutzschirmspezifische Voraussetzung** betroffen (Satz 1 Nr. 1 und Nr. 2, nachträglich als unrichtig erkannte Bescheinigung), kann das Eigenverwaltungsvorverfahren nach § 270a InsO fortgeführt werden, wenn dessen Voraussetzungen weiter vorliegen, sonst bleibt nur der Übergang in das Eröffnungsverfahren nach den allgemeinen Vorschriften der §§ 21 bis 25 InsO oder die Insolvenzverfahrenseröffnung. Denn die Anordnungslage entspricht derjenigen des Ablaufs der Schutzschirmfrist nach Satz 3 (s. Rdn. 60). Fehlt es an einem

58

Insolvenzgrund, ist mit der Aufhebung der Insolvenzeröffnungsantrag abzuweisen. Die Aufhebungsanordnung lässt jedenfalls Masseverbindlichkeitenbegründungsermächtigungen nach Abs. 3 erlöschen, Gleiches gilt bei Ablauf der Schutzschirmfrist (*AG Ludwigshafen* ZInsO 2014, 854; *Uhlenbruck/Zipperer* InsO, § 270d Rn. 77).

59 Die Aufhebungsanordnung unterliegt der **Veröffentlichung nach § 23 InsO**, schon weil die Schutzschirmanordnung veröffentlicht wurde (s. Rdn. 29) und nur auf diese Weise im Geschäftsverkehr Klarheit über die Verfügungs- und Verwaltungsbefugnisse im Insolvenzverfahren besteht. Auf die Anordnung folgende spätere Entscheidungen über die Eigenverwaltung müssen deswegen besonders bekannt gemacht werden (BT-Drucks. 12/2443 S. 224 zu § 334 des RegE InsO für die öffentliche Bekanntmachung in der Eigenverwaltung = § 273 InsO; wie hier *Uhlenbruck/Zipperer* InsO, § 270d Rn. 77).

V. Entscheidungslage nach Aufhebung oder Fristablauf

60 Zur Beantwortung der Frage, wie die Verfahrensanordnungen des Gerichts nach dem Ablauf der Schutzschirmfrist oder der Aufhebung der Schutzschirmanordnung auszusehen haben, ist die gesetzliche Anordnungslage unklar. Satz 3 gibt dem Gericht vor, über die Eröffnung des Verfahrens zu entscheiden. Es gibt aber nicht vor, wann und wie. Nach dem Wortlaut klar ist nur, dass die Entscheidung über die Eröffnung des Verfahrens dem Ablauf der Schutzschirmanordnung nachfolgen muss. Deswegen schließt sich der Aufhebungsanordnung stets ein »offener« **Verfahrenszeitraum bis zur Entscheidung** des Gerichts nach § 26 oder § 27 InsO an. Dem entspricht die Gesetzesbegründung, in jedem dieser beiden Fälle über die Eröffnung des Insolvenzverfahrens nach den allgemeinen Vorschriften zu entscheiden, wenn das Gericht seine Anordnung aufgehoben hat (BT-Drucks. 17/5712 S. 41 zu Nr. 43 zu § 270b r.Sp.). Dagegen steht allerdings die Eingangsfeststellung in der Gesetzesbegründung zum Absatz 4. Danach bezweckt Abs. 4, das Gericht zu verpflichten, seine Anordnung unter bestimmten Voraussetzungen insgesamt aufzuheben und damit das Eröffnungsverfahren nach den allgemeinen Vorschriften **der §§ 21 bis 25 InsO sowie des § 270a InsO fortzuführen**, um zu verhindern, dass unter dem Schutzschirm der gerichtlichen Anordnung das letzte Vermögen des Schuldners vernichtet wird. Mit der Aufhebung stehen dem Gericht wieder alle im Eröffnungsverfahren bestehenden Optionen zur Verfügung (BT-Drucks. 17/5712 S. 41 zu Nr. 43 S. 41 zu § 270b l.Sp.). Danach folgt dem Ablauf der Schutzschirmfrist oder der Aufhebung der Anordnung nicht zwangsläufig sogleich die Beendigung des Eröffnungsverfahrens nach §§ 26, 27 InsO (i.E. ebenso *Kübler/Prütting/Bork-Pape* InsO, § 270b Rn. 93). Die Spannung zwischen den beiden Gesetzgebungshinweisen wird sich auflösen: Abs. 4 Satz 3 ist nach seiner Zwecksetzung als Teil der Aufhebungsregeln des Absatzes 4 so zu verstehen, dass nicht sogleich die Beendigung des Eröffnungsverfahrens nach §§ 26, 27 InsO betrieben werden muss, sondern das Eröffnungsverfahren **auch als allgemeines Eröffnungsverfahren oder als Eigenverwaltungsvorverfahren nach § 270a InsO** bis zur Entscheidungsreife fortgesetzt werden kann (*AG Ludwigshafen* ZInsO 2014, 854). Denn der Zweck der Eigenverwaltung durch die Selbstverwaltung des Schuldners unter der Aufsicht eines Sachwalters besteht auch in der Einbringung des Schuldners in die bestmögliche Gläubigerbefriedigung (§ 1 InsO, i.E. § 270 Rdn. 1–7; **a.A.** für § 270b InsO *Kübler/Prütting/Bork-Pape* InsO, § 270b Rn. 14: Paradigmenwechsel des Gesetzgebers). Diesem Zweck kann das Eigenverwaltungsvorverfahren auch dann noch entsprechen, wenn lediglich die Schutzschirmvoraussetzungen in Fortfall gekommen sind, weil etwa die angestrebte Sanierung wegen Aufgabe des Konsenses des Schuldners mit seinen Hauptgläubigern gescheitert ist (Abs. 4 Nr. 1), er sich aber gleichwohl um eine optimal werthaltige Verwertung seines Vermögens bemühen will und dies auch kann. Dem pflichtgemäßen Ermessen des Gerichts unterliegt deswegen die Entscheidung, in welcher Verfahrensart das Eröffnungsverfahren und wie lange fortgeführt wird. Vorgegeben ist die Aufhebung für eine unverzügliche Entscheidung nach den §§ 26, 27 InsO nicht (s.a. Rdn. 28; zust. *Uhlenbruck/Zipperer* § 270d Rn. 79).

F. Konzernfragen

Durch das Gesetz zur Erleichterung der Bewältigung von Konzerninsolvenzen (EKIG) vom 13.04.2017 (BGBl. I 2017 S. 866) wurde das **Konzerninsolvenzrecht** mit der zentralen Frage, ob eine Konsolidierung des Vermögens oder zumindest der Verfahren der einzelnen Gesellschaften sinnvoll ist, ausgerichtet. Mit ihm soll der rechtliche Rahmen für die **optimale Gläubigerbefriedigungsvorgabe nach § 1 InsO** für Konzerneinbindungen einzelner Gesellschaften geboten werden, um den Gläubigern geldwerte synergetische Effekte eines Konzerns verwertbar zu machen (s. *Wimmer* Vor §§ 269d ff. Rdn. 1 ff.). Das Mittel dazu ist – neben der Verfahrenskoordination nach § 269d bis § 269i InsO – die **Unterrichtungs- und Zusammenarbeitsverpflichtung** der Insolvenzverwalter sog. gruppenangehöriger Schuldner (Konzerngesellschaften, § 269a InsO, s. die Definition in § 3e InsO), der betroffenen Insolvenzgerichte (§ 269b InsO), der Gläubigerausschüsse (§ 269c InsO) und der eigenverwaltenden Schuldner (§ 270d InsO). Die Konzerninsolvenzrechtsfragestellungen gleichen sich mit denjenigen nach § 270a InsO, weil der Rechte- und Pflichtadressat in beiden Fällen mit dem vorläufigen eigenverwaltenden Schuldner gleich ist (s. deswegen § 270a Rdn. 44 f.).

61

§ 270c Bestellung des Sachwalters

¹Bei Anordnung der Eigenverwaltung wird anstelle des Insolvenzverwalters ein Sachwalter bestellt. ²Die Forderungen der Insolvenzgläubiger sind beim Sachwalter anzumelden. ³Die §§ 32 und 33 sind nicht anzuwenden.

Übersicht	Rdn.			Rdn.
A. Bedeutung und Zweck der Vorschrift	1	II.	Die Aufteilung der Verwaltungs- und Verwertungshandlungen auf Sachwalter und Schuldner, Anordnungsbefugnisse des Gerichts	12
B. Äußerungsgelegenheit für vorläufigen Gläubigerausschuss zur Sachwalterbestellung	2			
C. Der Sachwalter	6	D.	Forderungsanmeldung	34
I. Begriff, Rechtsstellung, Bestellung	6	E.	Grundbuch und Registerfreiheit	38

Literatur:
Fölsing Die Auswahl des Sachwalters in der Eigenverwaltung, ZInsO 2012, 2272; *Frind* Die Unabhängigkeit des (vorläufigen) Insolvenzverwalters/Sachwalters nach Inkrafttreten des »ESUG«, ZInsO 2014, 119; *Frind* Der janusköpfige vorläufige Sachwalter?, ZInsO 2013, 2302; *Haarmeyer* Anmerkung zu LG Bonn Beschl. v. 11.10.2013 – 6 T 184/13, ZInsO 2013, 2343; *Haarmeyer/Mock* Zur Struktur der Vergütung des Sachwalters, ZInsO 2016, 1; *Pape* Eigenverwaltung im Spiegel der Rechtsprechung nach Inkrafttreten des ESUG, ZInsO 2013, 2129; *Seidl* Wer schützt das Insolvenzverfahren vor dem Richter?, ZInsO 2012, 2285; *Zimmer* Wann kann ein (vorläufiger) Sachwalter Gläubiger einer sonstigen Masseverbindlichkeit i.S.d. § 55 InsO sein? – Eigenverwaltung und Insolvenzvergütungsrecht, ZInsO 2013, 2305; s.i.Ü. zu § 270 InsO.

A. Bedeutung und Zweck der Vorschrift

Die Vorschrift entspricht inhaltlich der bisherigen Regelung des § 270 Abs. 3 InsO (BT-Drucks. 17/5712 S. 41 zu Nr. 43, dort zu § 270c). Diese Feststellung des Gesetzgebers in der Gesetzesgrundlage (missverstanden von *Uhlenbruck/Zipperer* InsO, § 270c Rn. 2) verkürzt den Bedeutungsgehalt, weil die Reform den bisherigen Grundsatz der freien Auswahl des Sachwalters durch das Gericht fallen gelassen und durch den Grundsatz der Gläubigerbeteiligung durch den vorläufigen Gläubigerausschuss auch bei der **Sachwalterauswahl** ersetzt hat (§ 56a InsO über § 274 Abs. 1 InsO). Die Sachwalterauswahl endet mit der Bestellung, sodass sie Teil der Bestellung ist. In der Begründung zum Gesetzentwurf der Bundesregierung wird darauf ausdrücklich – wenn auch versteckt – hingewiesen (BT-Drucks. 17/5712 S. 41 zu Nr. 43, zu § 270b a.E.). Die Vorschrift ist als Regelungsbestandteil des § 270 zu lesen (s. § 270 Rdn. 3).

1

§ 270c InsO Bestellung des Sachwalters

B. Äußerungsgelegenheit für vorläufigen Gläubigerausschuss zur Sachwalterbestellung

2 Es besteht eine **Anhörungspflicht** des Gerichts gegenüber dem **vorläufigen Gläubigerausschuss** auch für die Sachwalterbestellung. Aufgrund der Verweisung in § 274 Abs. 1 ist sie nach den Regelungen des § 56a InsO durchzuführen (BT-Drucks. 17/5712 S. 41 zu Nr. 43, zu § 270b a.E.), sodass nicht – auch nicht entsprechend – auf die Anhörungsgrundsätze nach § 270 Abs. 3 InsO zurückgegriffen werden kann. Der vorläufige Gläubigerausschuss kann von seinem Vorschlagsrecht Gebrauch machen, der vorläufige Sachwalter muss nicht zwangsläufig zum Sachwalter bestellt werden (BT-Drucks. 17/5712 S. 41 zu Nr. 43, zu § 270b a.E.), die Auswahl unterliegt also dem pflichtgemäßen Ermessen des Gerichts (insoweit zutreffend: *AG Stendal* ZIP 2012, 1875 m. Anm. *Schulte-Kaubrügger* EWiR 2012, 705 und ZIP 2013, 2030; zust. *Pape* ZInsO 2013, 2132).

3 Das Gericht darf allerdings von einem **einstimmigen Vorschlag des vorläufigen Gläubigerausschusses** zur Person des Sachwalters nur abweichen, wenn die vorgeschlagene Person für die Übernahme des Amtes **nicht geeignet** ist. Das Gericht hat bei der Auswahl des Sachwalters die vom vorläufigen Gläubigerausschuss beschlossenen Anforderungen an die Person des Sachwalters zu Grunde zu legen (§ 56a Abs. 2 InsO i.V.m. § 274 Abs. 1 InsO). Durch die Reformänderung des § 27 Abs. 2 InsO mit der Ergänzung durch die Nr. 4 (durch das Gesetz zur Verkürzung des Restschuldbefreiungsverfahrens und zur Stärkung der Gläubigerrechte vom 15.07.2013 wurde die Nr. 5 zur Nr. 4, i.E. s. § 270 Rdn. 4) wurde bestimmt, dass die Gründe, aus denen das Gericht von einem einstimmigen Vorschlag des vorläufigen Gläubigerausschusses zur Person des Verwalters abgewichen ist, im Eröffnungsbeschluss anzugeben sind. Diese Bestimmung gilt über die ausdrückliche Verweisung auf § 27 Abs. 2 Nr. 4 InsO in § 274 Abs. 1 InsO auch für die bestellte Person des Sachwalters. Durch die Verweisung wurde klargestellt, dass die **schriftliche Begründungspflicht** auch für den Fall der Abweichung von einem Vorschlag des vorläufigen Gläubigerausschusses zur Person des Sachwalters besteht (BT-Drucks. 17/5712 S. 42 zu Nr. 46). Da § 274 Abs. 1 InsO Rechtsgrundverweisung ist und sich § 27 Abs. 2 Nr. 4 InsO auf § 56a Abs. 2 InsO bezieht, ist der »Vorschlag des vorläufigen Gläubigerausschusses« in der Gesetzesbegründung nach § 56a Abs. 2 InsO als der **einstimmige Vorschlag** des vorläufigen Gläubigerausschusses zu lesen. Besteht also kein einstimmiger Vorschlag, besteht keine schriftliche Begründungspflicht, wie auch schon nicht die Bindung des Gerichts nach §§ 274 Abs. 1, 56a Abs. 2 InsO. Auch darin kommt die Vorverlagerung der rechtsstaatlichen Missbrauchskontrolle in der **Besetzungsentscheidung des vorläufigen Gläubigerausschusses** durch das Gericht (§ 22a InsO) zum Ausdruck (s. § 270 Rdn. 109).

4 Zur Frage, unter welchen Umständen von einer **Ungeeignetheit** der vom Gläubigerausschuss vorgeschlagenen Sachwalterperson auszugehen ist, gelten zunächst die Bestellungsregeln für den Insolvenzverwalter entsprechend (§ 56a Abs. 2, i.E. s. *Jahntz* § 56a Rdn. 36–47). Für die Eigenverwaltung kommen die **besonderen Anforderungen aus der Organschaftsaufteilung** auf Schuldner und eigenverwaltenden Schuldner (s. Rdn. 12–33) hinzu und die **Notwendigkeit einer vollständigen Unabhängigkeit vom eigenverwaltenden Schuldner** schon wegen der in seine alleinige Zuständigkeit gestellten Haftungsausübungen nach §§ 92 und 93 InsO sowie der Anfechtungen (§ 280 InsO). Diese Besonderheiten aus dem Eigenverwaltungszweck sind bei der Anwendungsbestimmung in der Eigenverwaltung zu berücksichtigen (Rdn. 5). Die durch die Reform eingeführten Gläubigerbeteiligungsrechte (§ 22a InsO, § 56a InsO über § 274 Abs. 1 InsO, § 270 Abs. 3 InsO) bergen die Gefahr, dass einzelne Großgläubiger versuchen, die Eigenverwaltung zu missbrauchen, um »ihren« Sachwalter durchzubringen, der seine Amtsführung an ihren Interessen ausrichtet, z.B. von Insolvenzanfechtungen oder der Geltendmachung von Schadensersatzansprüchen (z.B. nach § 826 BGB) absieht (s. das Fallbeispiel bei FK-InsO/*Foltis* 6. Aufl. vor §§ 270 ff. Rn. 92). Deswegen ist selbst für den einstimmig vorgeschlagenen Sachwalter eine Ungeeignetheit jedenfalls anzunehmen, wenn seine anstehende Amtsführung durch eine Vereinbarung mit einem oder mehreren Gläubigern oder dem Schuldner mitbestimmt wird, z.B. durch eine – selbst bei Offenlegung – **Haftungsfreistellung** (vgl. § 274 Abs. 1 i.V.m. §§ 60, 62 InsO, s. Rdn. 29). Denn dann fehlt es an seiner Unabhängigkeit. **Unabhängig** ist der vorgeschlagene Sachwalter insbesondere nur, wenn er weder Interessenvertreter des Schuldners ist, noch einzelner Gläubiger war oder ist, also keine Mandatsbeziehung

unterhielt und keine Vorbefassung stattfand, unter weitem Verständnis nicht nur mit die Masse betreffenden Angelegenheiten persönlich, sondern die gesamte Kanzlei des Rechtsanwaltes (oder Steuerberaters) einschließlich inländischer oder ausländischer Niederlassungen (*Uhlenbruck/Zipperer* InsO, § 270c Rn. 2; so schon der Rechtsausschuss BT-Drucks. 17/7511 S. 35).

Das **AG Stendal** hatte über die **Unabhängigkeitsfrage** zweimal zu entscheiden. Im Beschl. v. 5 31.08.2012 (ZIP 2012, 1875 m. Anm. *Schulte-Kaubrügger* EWiR 2012, 705; dagegen fundamentalkritisch und zum Sachverhalt informativ *Seidl* ZInsO 2012, 2285, er war der vorläufige Sachwalter und vorgeschlagene Sachwalter) hatte der vom vorläufigen Gläubigerausschuss (offenbar einstimmig) Vorgeschlagene nach den im Verfahren nach § 270b InsO gewonnenen Erkenntnissen in der Vorzeit mit dem Geschäftsführer der Schuldnerin in mehreren Verfahren gemeinsam Unternehmenssanierungen durchgeführt, diese umfangreiche frühere Geschäftsverbindung (gegenüber dem Gericht) auf Befragung zwar eingeräumt, nicht jedoch selbst angezeigt. Die Richtigkeit seiner Behauptung, diese Geschäftsverbindungen seien seit längerem beendet, war zweifelhaft. Das Gericht zweifelte an der Unabhängigkeit des Vorgeschlagenen und bestellte eine andere Person zum Sachwalter (krit. zu der Entscheidung auch *Fölsing* ZInsO 2012, 2272; dagegen zust. *Pape* ZInsO 2013, 2132). Eine entsprechende Entscheidung traf das *AG Lüneburg* durch Beschl. v. 14.09.2012 unter Bezugnahme auf die Entscheidung des AG Stendal wegen einer Schwestergesellschaft der Schuldnerin in der gleichen Personenkonstellation des Geschäftsführers der Schuldnerin und des Vorgeschlagenen (n.v., ZIP 2012, 1876 Redaktionsanmerkung). Im Beschl. v. 01.10.2012 (ZIP 2012, 2030; erfolglose Beschwerde: *LG Stendal* ZIP 2012, 2168) bestellte das *AG Stendal* gleichfalls einen anderen Sachwalter als den (einstimmig) Vorgeschlagenen, weil die Gläubigerin den Bestand des von ihr gewährten Massedarlehens über die Insolvenzeröffnung hinaus an die Bestellung des vorläufigen Sachwalters zum endgültigen Sachwalter geknüpft hatte. Der vorläufige Sachwalter hatte sich vom Gericht nicht zur Darlehensaufnahme ermächtigen lassen. Das Gericht sah in dieser Bindung einen unzulässigen Eingriff in die Entscheidungsbefugnis des Gerichts, weil mit der Koppelung auf die zu bestellende Person des Sachwalters bei der Eröffnung wesentlich habe eingewirkt werden sollen (zust. zu dieser Entscheidung *Pape* ZInsO 2013, 2132). Beiden Beschlüssen ist zwar im Ergebnis zuzustimmen, in ihren Begründungen jedoch nicht. Ihnen liegt eine Auslegung des Merkmals der Ungeeignetheit zugrunde, die dem Willen des Gesetzgebers zuwider läuft. Der wesentliche (nicht: alleinige) Eigenverwaltungszweck besteht darin, dem Schuldner und seinen Hauptgläubigern unter weitgehender Gläubigerautonomie ein Sanierungsinstrument vornehmlich zur Entschuldung in einem Insolvenzplan zur Verfügung zu stellen und sich den Schuldner bei der Fortführung des Geschäftsbetriebes dazu unter der Aufsicht der Insolvenzgläubigergemeinschaft durch einen Sachwalter selbst verwalten zu lassen (s. vor §§ 270 ff. Rdn. 2–8, § 270 Rdn. 6 f., § 270a Rdn. 1). In der **Eigenverwaltung** unterliegt deswegen das Merkmal der Ungeeignetheit nach § 56a Abs. 2 Satz 1 InsO **dieser Zweckbindung und kann folglich enger oder weiter auszulegen sein** als für den Fall der Insolvenzverwalterbestellung, die dieser Zweckbindung nicht unterliegt. Eine einschränkungslose Übertragung der Grundsätze für die Insolvenzverwalterbestellung auf die Sachwalterbestellung verbietet sich deswegen. Der Sachwalter ist in dieser Zwecksetzung zwar das Schutzorgan der Gläubigergemeinschaft (Rdn. 8, 12 ff.). Darauf beschränkt sich sein Tätigkeitsfeld aber nicht. Er überwacht und leitet – zumal bei der Betriebsfortführung – fremdes verantwortliches Handeln bei eigener persönlicher Verantwortung (Rdn. 24, 33) auch im Massegläubigerinteresse (zur Haftung des Sachwalters s. § 274 Rdn. 31–37). Wenn deswegen von den Insolvenzgläubigern über einen vorläufigen Gläubigerausschuss die Sanierung des Unternehmens über ein (Eigenverwaltungsvorverfahren und ein) Eigenverwaltungsverfahren unterstützt und begleitet wird, ggf. auch zur Entschuldung im Insolvenzplanverfahren, weil der Geschäftsführer der Schuldnerin und der einstimmig vorgeschlagene Sachwalter schon in früheren Sanierungsfällen (erfolgreich oder nicht erfolgreich) zusammengearbeitet haben (zur Einwechslungsfrage s. § 270 Rn. 70 f.) oder die Massedarlehensgläubigerin des Insolvenzantragsverfahrens die Massedarlehensgewährung über die Verfahrenseröffnung an eine bestimmte Sachwalterperson ihres Vertrauens knüpft, verletzt eine allein auf diese Umstände gestützte Annahme der Ungeeignetheit der für das Sachwalteramt einstimmig (§ 56a Abs. 2 Satz 1 über § 274 Abs. 1 InsO) vorgeschlagenen Person den Eigenverwaltungszweck und damit die Ungeeignetheitsvorgabe des Gesetzgebers. Beiden Beschlüssen ist jedoch aus ihren weiteren Tatsachen – wegen des Falles AG Lüneburg ist der Sachverhalt nicht bekannt – zuzustimmen. In beiden Fällen waren dem Insolvenzrichter vom Vorgeschlagenen wesentliche Entscheidungstatsachen verschwiegen worden, seine Vorverbindungen aus anderen Sanierungsfällen zu dem Geschäftsführer bzw. die Massekreditaufnahme (anzeigepflichtig nach §§ 270b Abs. 2 Satz 1, 270a Abs. 2 Satz 2, 274 Abs. 1, 58 InsO). (Erst) die für das Gericht in den wesentlichen Beurteilungstatsachen unvollständigen Informationen begründeten zu Recht durchgreifende Zweifel an der Geeignetheit der Vorgeschlagenen für das Sachwalteramt, weil der Eindruck aufkommen musste, die Entscheidungsmacht des Gerichtes solle durch das Verschweigen entscheidungserheblicher Tatsachen für eigenverwaltungszweckwidrige Ziele missbraucht werden. Das Eigenverwaltungsverfahren ist in allen Phasen auf offene Kooperation aller Beteiligten mit dem Insolvenzgericht angelegt (BT-Drucks. 17/5712 S. 1 f., 17 f., 19, 39 zu Nr. 42b und S. 40 Rn. 43/§ 270b). Deswegen: **Heimlichkeit ist Missbrauch, Missbrauch ist Ungeeignetheit** (so im Ergebnis zutreffend *AG Potsdam* Beschl. v. 13.12.2012 ZIP 2013, 181 [184] für die Versagung der Eigenverwaltungsanordnung; vgl. *Haarmeyer* ZInsO 2013, 2346 f.; ähnlich wohl *Frind* ZInsO 2014, 128), erst recht ist es die vorsätzliche Täuschung (vgl. *AG Potsdam* ZIP 2013, 184; so i.E. auch *AG Göttingen* ZInsO 2014, 743: Vergütungsentfall bei treuwidrigem Erschleichen der Bestellung zum vorläufigen Insolvenzverwalter). Die Fundamentalkritik von *Seidl* (ZInsO 2012, 2285) als dem unmittelbar Betroffenen verkennt deswegen Ursache und Wirkung: Die mangelnde Kooperation des vorläufigen Sachwalters mit dem Gericht, seine Vertrauen zerstörende Heimlichkeit, führte zu Recht zu seiner Nichtberufung als Sachwalter im eröffneten Insolvenzverfahren, nicht Rechtsanwendungsfehler des Gerichts. Dem Grunde nach bildet sich insgesamt betrachtet eine Tendenz ab, die Ungeeignetheitsanforderungen in der Eigenverwaltung zu lockern (vgl. *Graf-Schlicker* ZInsO 2013, 1766; *Horstkotte* ZInsO 2013, 160; *Frind* ZInsO 2013, 59 und 288; *Römermann* ZInsO 2013, 218; wesentlich strenger *Pape* ZIP 2013, 2289 f.; im Übrigen s. Rdn. 15).

C. Der Sachwalter

I. Begriff, Rechtsstellung, Bestellung

6   Der Sachwalter der InsO ist gegenüber der KO eine Neuschöpfung und unterscheidet sich von dem Sachwalter der Vergleichsordnung (§§ 91 – 95 VerglO) grundlegend. Die Vergleichsordnung beschrieb den Geschäftsbereich des Sachwalters zwar als Amt (§§ 92 Abs. 2, 3 VerglO). Dennoch hatte er – im Gegensatz zum Vergleichsverwalter (*Böhle/Stamschräder/Kilger* VerglO, § 92 Anm. 1, § 20 Anm. 3) – keine amtsähnliche Stellung. Der Sachwalter leitete seine Stellung nicht vom Gericht ab, sondern vom Schuldner. Auf der Grundlage des bestätigten Vergleiches (§ 78 VerglO) wurde der Sachwalter in Ausführung des Vergleiches vom Vergleichsschuldner ausdrücklich oder stillschweigend beauftragt; das somit privatrechtlich begründete Geschäftsbesorgungsverhältnis zum Vergleichsschuldner war zugleich ein Vertrag zugunsten Dritter (BGHZ 71, 312). Der Sachwalter wurde zum »doppelseitigen Treuhänder« (*Bley/Mohrbutter* VerglO, § 92 Rn. 2).

7   Die InsO verwendet dagegen den Begriff des Sachwalters nicht, um eine Aufgabenparallele zum Sachwalter der VerglO zu ziehen, sondern um die Aufsichtsperson in der Eigenverwaltung gegenüber dem Insolvenzverwalter des Regelverfahrens terminologisch abzugrenzen (BT-Drucks. 12/2443 vor § 331). Der Sachwalter der InsO hat deswegen eine **insolvenzverwalterähnliche Stellung** inne (vgl. § 274 Abs. 1 InsO; *Grub* ZIP 1993, 393 [397]: »Verwalter zweiter Klasse zum halben Honorar«) und ist **Inhaber eines öffentlichen Amtes** aufgrund gerichtlicher Bestellung (Satz 1; ähnlich *Uhlenbruck/Zipperer* InsO, § 270c Rn. 3; *Kübler/Prütting/Bork-Pape* InsO, § 270c Rn. 5 f.). Verdeutlicht wird die Gleichstellung zum Insolvenzverwalter durch die Einbeziehung der Haftungsregeln für den Insolvenzverwalter (§ 274 Abs. 1 InsO i.V.m. §§ 60, 62 InsO) und grds. auch dessen Vergütungsansprüchen (§ 274 InsO i.V.m. §§ 63–65 InsO, § 12 InsVV).

8   Die Rechte und Pflichten des Sachwalters werden grds. in den §§ 274 bis 285 InsO geregelt und gegenüber der Rechtsstellung des Schuldners abgegrenzt. Für diese Abgrenzung ist maßgebend, dass **die laufenden Geschäfte vom Schuldner geführt** werden und der **Sachwalter** einerseits diese Ge-

schäftsführung kontrolliert und unterstützt, andererseits **die besonderen Aufgaben wahrnimmt, die dem Insolvenzverwalter in erster Linie im Interesse der Gläubiger übertragen** sind. Dies ist insbesondere die Anfechtung von gläubigerbenachteiligenden Rechtshandlungen. Nach diesen Grundsätzen ist die **Aufteilung der Befugnisse zwischen Schuldner und Sachwalter** auch in den Fällen vorzunehmen, die im Gesetz nicht ausdrücklich geregelt sind (BT-Drucks. 12/2443 zu § 331; i.E. Rdn. 12–22). Der Sachwalter hat in dem ihm übertragenen Verwaltungsumfang die **Rechtsstellung**, die im Regelinsolvenzverfahren insoweit dem Insolvenzverwalter gebührt. Er ist **Partei kraft Amtes** (§ 80 Abs. 1 über § 270 Abs. 1 Satz 2 InsO). Entsprechend zu den Regeln zur Bestellung eines Sonderverwalters ist die Bestellung eines **Sondersachwalters** möglich (HK-InsO/*Landfermann* § 270c Rn. 4; *Kübler/Prütting/Bork-Pape* InsO, § 270 Rn. 137), weil sie die Gläubigergemeinschaftsschutzgrundlage gemeinsam haben.

Für die Bestellung des Sachwalters mit der Anordnung der Eigenverwaltung gelten die **allgemeinen Grundsätze der Bestellung eines Insolvenzverwalters** (§ 270 Abs. 1 Satz 2 InsO). Der Sachwalter muss insbesondere eine natürliche Person sein (*Uhlenbruck/Zipperer* § 270c Rn. 2). Zutreffend verweist *Pape* (KS-InsO, S. 907 f.) auf die besondere Bedeutung der **Unabhängigkeit des Sachwalters von Einzelgläubigerinteressen** (s.a. Rdn. 4 f.). Sie ist fast noch wichtiger als die des Insolvenzverwalters, um zu vermeiden, dass Großgläubiger die Eigenverwaltung unter Aufsicht eines Sachwalters für sich ausnutzen (ebenso *Vallender* WM 1998, 2129 [2139]; *Uhlenbruck* InsO, 13. Aufl., § 270 Rn. 49; *Uhlenbruck/Zipperer* InsO, § 270c Rn. 2; s.a. die Fälle Rdn. 4). Die Anordnung der Eigenverwaltung ohne gleichzeitige Sachwalterbestellung ist nichtig (i.E. s. § 270 Rdn. 8). Zuständig für die Bestellung ist der Richter, nicht der Rechtspfleger (§ 18 Abs. 1 Satz 1 RpflG; **h.M.**, MüKo-InsO/*Wittig/Tetzlaff* 2. Aufl., § 270 Rn. 58; *Mohrbutter/Ringstmeier-Bähr/Landry* § 15 Rn. 33; *Kübler/Prütting/Bork-Pape* § 270 Rn. 133; *Andres/Leithaus-Andres* InsO, § 270 Rn. 10; **a.A.** KS-InsO/*Bernsen* S. 1843 Rn. 45). Zur nachträglichen Bestellung s. Erl. zu § 271 InsO. 9

Die Entscheidungslage des Gerichts bei Abschluss des Insolvenzeröffnungsverfahrens nach § 270 InsO entspricht derjenigen des § 27 InsO für das Insolvenzregelverfahren. Für die **Auswahl des Sachwalters** gelten deswegen die Regeln der Auswahl eines Insolvenzverwalters entsprechend (§ 274 Abs. 1 mit § 56 InsO), einschränkungslos allerdings nur, wenn kein vorläufiger Gläubigerausschuss bestellt ist (§ 56a InsO über § 274 Abs. 1 InsO). Außerdem unterliegen die Auswahl- und Bestellungskriterien der Zweckbestimmung der Eigenverwaltung, sodass die Auswahl- und Bestellungsgrundsätze im Einzelfall unterschiedlich sein können (i.E. Rdn. 4). Ist ein vorläufiger Gläubigerausschuss bestellt, hat der Richter die Entscheidungsfreiheit nach § 56 InsO nur, wenn die durch einen einstimmigen Vorschlag des Gläubigerausschusses vorgeschlagene Person für die Übernahme des Amtes nicht geeignet ist oder schon kein einstimmiger Vorschlag vorliegt (§ 56a Abs. 2 Satz 1 InsO). Damit hat der Gesetzgeber für das Gericht die Missbrauchskontrolle auf die Bestellung der Mitglieder des vorläufigen Gläubigerausschusses (§ 22a InsO) vorverlagert (s. Rdn. 3 und i.E. § 270 Rdn. 109). In Vorschlag, Auswahl und Bestellung sind insofern vorläufiger Gläubigerausschuss und Gericht frei, es kann ein anderer als der vorläufige Sachwalter des allgemeinen Eigenverwaltungsvorverfahrens (§ 270a Abs. 1 Satz 2 InsO) oder des Schutzschirmverfahrens (§ 270b Abs. 2 Satz 1 InsO) bestellt werden. Denn sonst wäre die Einbeziehung des § 56a InsO in die Verweisung des § 274 Abs. 1 InsO (Gläubigerbeteiligung bei der Sachwalterbestellung) verfehlt. Sie wird – auch im Schutzschirmverfahren über die Verweisung in § 270b Abs. 2 Satz 1 InsO – vielmehr ausdrücklich gewünscht (BT-Drucks. 17/5712 S. 39 zu Nr. 43 zu § 270a). 10

Soweit der Richter in seiner Entscheidung frei ist, hat er nach **pflichtgemäßem Ermessen** eine für den jeweiligen Einzelfall geeignete, insbesondere geschäftskundige und von den Gläubigern und dem Schuldner unabhängige natürliche Person auszuwählen und zu bestellen. Der Sachwalter erhält hierüber eine Urkunde. 11

II. Die Aufteilung der Verwaltungs- und Verwertungshandlungen auf Sachwalter und Schuldner, Anordnungsbefugnisse des Gerichts

12 Ob und wie die Eigenverwaltung nach der Reform in der Praxis als Instrument zur gemeinschaftlichen Befriedigung der Gläubiger eines Schuldners (§ 1 InsO) genutzt werden kann, wird sich neben der neu bestimmten Grenze zwischen amtswegigem Gläubigergemeinschaftsschutz und Gläubigerautonomie durch die Mitglieder des vorläufigen Gläubigerausschusses nach § 22a InsO, § 270 Abs. 3 InsO (s. § 270 Rdn. 102–109) und §§ 67, 68 InsO im Wesentlichen danach entscheiden, ob die Aufteilung der sonst allein auf den Insolvenzverwalter entfallenden Rechte und Pflichten auf Schuldner und Sachwalter zur Umsetzung der Zwecke des Insolvenzverfahrens handhabbar ist; ob der Richter (§ 270 Abs. 2, 3 InsO), der (vorläufige) Gläubigerausschuss (§ 67 Abs. 1 InsO) und/oder die Gläubigerversammlung (§§ 271, 272 InsO) das Vertrauen haben dürfen, dass das vom Gesetzgeber angeordnete und vorausgesetzte Zusammenspiel zwischen Schuldner und Sachwalter rechtlich und tatsächlich funktionieren kann. Die **Aufteilung der Befugnisse** nebst ihrer Inhalte muss sich am Zweck der Eigenverwaltung orientieren, dem Gesamtgläubigerinteresse und deswegen dem Gesamtgläubigerschutz: Der eigenverwaltende Schuldner hat die gesamte Abwicklung des Verfahrens ausschließlich an den Interessen der Gläubiger auszurichten und eigene Interessen zurückzustellen (*BGH* Beschl. v. 07.12.2006 ZInsO 2007, 100 [101] = ZIP 2007, 249 = NZI 2007, 188; 11.01.2007 ZInsO 2007, 207 [208] = ZIP 2007, 448), mithin auch der Sachwalter.

13 a) Die **Abgrenzungsleitlinie** für die Befugnisaufteilung besteht darin, dass die laufenden Geschäfte vom Schuldner geführt werden und der Sachwalter zum einen diese Geschäftsführung kontrolliert und unterstützt, zum anderen die Aufgaben wahrnimmt, die einem Insolvenzverwalter in erster Linie im Interesse der Gläubiger übertragen sind (BT-Drucks 12/2443 zu § 331; HK-InsO/*Landfermann* vor §§ 270 ff. Rn. 10). Nicht geregelte Fälle sind anhand dieser Leitlinie zu entscheiden (ebenso HK-InsO/*Landfermann* vor §§ 270 ff. Rn. 10; anhaltsweise auch BT-Drucks. 12/2443 zu § 331). Die Aufteilung der Befugnisse zwischen Schuldner und Sachwalter (rechtliche Funktionsfähigkeit) hat der Gesetzgeber nach **geschäftstypischen** Rechten und Pflichten einerseits sowie **insolvenztypischen** andererseits vorgenommen (zust. HK-InsO/*Landfermann* Vor §§ 270 ff. Rn. 10). Die geschäftstypischen Rechte und Pflichten hat er dem Schuldner übertragen. Dazu gehören das Verwaltungs- und Verwertungsrecht (§ 270 Abs. 1 Satz 1 InsO), die Vorschriften über die Erfüllung der Rechtsgeschäfte und die Mitwirkung des Betriebsrates (§ 279 Satz 1 InsO), das Recht zur Verwertung von Gegenständen, an denen Absonderungsrechte bestehen (§ 282 Abs. 1 Satz 1 InsO). Die insolvenztypischen Rechte und Pflichten gebühren dagegen dem Sachwalter. Dazu gehören die Geltendmachung von Gesamtschäden, die Ansprüche auf persönliche Gesellschafterhaftung (§ 280 InsO i.V.m. §§ 92, 93 InsO), die Insolvenzanfechtung (§ 280 InsO i.V.m. §§ 129 ff. InsO) und die Anzeige der Masseunzulänglichkeit (§ 285 InsO).

14 Das Schuldnerhandeln soll allerdings im weiteren durch ein **abgestuftes Überwachungssystem** kontrolliert und beeinflusst werden, in dem der Sachwalter bestimmten Handlungen des Schuldners zustimmen muss, zustimmen soll oder ein Handeln oder Unterlassen verlangen kann.

15 Der Sachwalter **muss** zustimmen, wenn das Insolvenzgericht dies für bestimmte Rechtsgeschäfte des Schuldners angeordnet hat (§ 277 Abs. 1 Satz 1, Abs. 2 InsO). Bei bestimmten gegenseitigen Verträgen kann er Rechte nur mit Zustimmung des Sachwalters ausüben (§ 279 Satz 2 InsO): die Kündigung von Betriebsvereinbarungen (§ 120 InsO), die Einholung der gerichtlichen Zustimmung zur Durchführung einer Betriebsänderung (§ 122 InsO), die Einleitung des Beschlussverfahrens zum Kündigungsschutz (§ 126 InsO).

16 Der Sachwalter **soll** zustimmen, wenn die beabsichtigte Eingehung der Verbindlichkeit nicht zum gewöhnlichen Geschäftsbetrieb gehört (§ 275 Abs. 1 Satz 1 InsO), bei der Erfüllung der Rechtsgeschäfte und der Mitwirkung des Betriebsrates (§ 279 Satz 1 InsO), bei der Verwertung von mit Absonderungsrechten behaftetem Sicherungsgut (§ 282 Abs. 2 InsO).

Der Sachwalter **kann** die Kassenführung verlangen (§ 275 Abs. 2 InsO), der Eingehung von Verbindlichkeiten widersprechen, auch wenn sie zum gewöhnlichen Geschäftsbetrieb gehören (§ 275 Abs. 1 Satz 2 InsO). 17

Schließlich **hat** der Sachwalter das **Recht und die Pflicht**, (laufend) die wirtschaftliche Lage des Schuldners zu prüfen, seine Geschäftsführung und die Ausgaben für seine Lebensführung zu überwachen (§ 274 Abs. 2 InsO). 18

b) Eigene Stellungnahme. Der Gesetzgeber hat sich um eine am Zweck der InsO orientierte sachgerechte Verteilung der Rechte und Pflichten auf Schuldner und Sachwalter bemüht. Das gewählte System »kontrollierter Handlungsfreiheit« des Schuldners hat sich bislang bewährt, um insolvenzzweckmäßige Handlungen des Schuldners zu fördern, dagegen insolvenzzweckwidrigen Handlungen entgegenzuwirken. Fundamentalkritische Fälle wurden jedenfalls bislang nicht bekannt. Sehr fraglich ist jedoch, ob das Regelungssystem zur Aufteilung der Befugnisse zwischen Schuldner und Sachwalter des Siebten Teiles ausreicht, um die rechtliche Funktionsfähigkeit der Eigenverwaltung in einem Umfang herzustellen, der die Regelungen der Eigenverwaltung und damit dieses neue Rechtsinstitut insbesondere auch nach dem Reformanliegen praktisch handhabbar macht. Das im Regelungssystem der §§ 270–285 InsO vorgesehene Rechtsfolgensystem, die Kompetenzbeschreibung von Sachwalter und Insolvenzgericht, erscheint lückenhaft, wenn ein Fehlverhalten des Schuldners droht oder festgestellt ist. Der praktische Wert der Eigenverwaltung wird dadurch herabgesetzt. Die Durchsetzbarkeit der Sachwalterbefugnisse gegen den Schuldner ist eine der zentralen Fragen des Eigenverwaltungsrechtes (ebenso *Uhlenbruck* InsO, 13. Aufl. § 274 Rn. 19). Es wäre wünschenswert gewesen, wenn der Reformgesetzgeber auch auf die Kritik dazu mit klaren Regeln reagiert hätte (s. FK-InsO/*Foltis* 6. Aufl. vor §§ 270 ff. Rn. 79 ff., 83). 19

Zu den **Kernpflichten des Sachwalters** gehört die (laufende) Prüfung der wirtschaftlichen Lage des Schuldners und seiner Geschäftsführung. Stellt er Umstände fest, die erwarten lassen, dass die Fortsetzung der Eigenverwaltung zu Nachteilen für die Gläubiger führen wird, so hat er dies unverzüglich Gläubigerausschuss und Insolvenzgericht anzuzeigen, für ersteren ersatzweise den Insolvenzgläubigern mit Forderungsanmeldungen und den absonderungsberechtigten Gläubigern (§ 274 Abs. 2 Satz 1, Abs. 3 InsO). 20

Im Falle eines **vom Sachwalter festgestellten Fehlverhaltens des Schuldners** sieht die InsO zwei Reaktionsmodelle vor: 21
– Als Regelfall die Aufhebung der Eigenverwaltung durch das Insolvenzgericht nach Antrag der Gläubigerversammlung, ggf. eines absonderungsberechtigten Gläubigers oder eines Insolvenzgläubigers (§ 272 Abs. 1 Nr. 1, 2 InsO). Hierzu dient die Unterrichtungspflicht des Sachwalters (BT-Drucks. 12/2443 zu § 335).
– Die Anordnung der Wirksamkeit bestimmter Rechtsgeschäfte des Schuldners nur bei Zustimmung des Sachwalters durch das Insolvenzgericht auf Antrag der Gläubigerversammlung. In Eilfällen kann die Beschränkung auch auf Antrag eines einzelnen Gläubigers angeordnet werden (§ 277 InsO).

Das bedeutet: – der Sachwalter hat kein Antragsrecht (**Antragsbeschränkung**) – deswegen kann das Insolvenzgericht nicht auf Antrag des Sachwalters eingreifen, noch weniger von Amts wegen (**Eingriffsbeschränkung**); die grundsätzliche Möglichkeit zur Entlassung des Sachwalters (§ 274 Abs. 1 i.V.m. § 59 Abs. 1 Satz 1 InsO) knüpft an ein Fehlverhalten des Sachwalters an und erweitert die Eingriffsbefugnis bei pflichtwidrigem Schuldnerverhalten nicht; – das Insolvenzgericht kann nur die Aufhebung der Eigenverwaltung anordnen oder einzelne Rechtsgeschäfte dem Zustimmungsvorbehalt unterwerfen (**Anordnungsbeschränkung**). 22

Dieses **beschränkte Instrumentarium** birgt für die Insolvenzpraxis **Gefahren** und hat deswegen Gerichte zu deren Abwehr im Anordnungsbeschluss zu Einzelanordnungen veranlasst, für die eine **ausdrückliche** gesetzliche Anordnungsgrundlage nicht bestand und deswegen auch nicht benannt wurde (erstmals im Fall *AG Duisburg* betr. Babcock-Borsig AG ZInsO 2002, 1046 = ZIP 2002, 1636 = NZI 2002, 556; so jetzt auch *AG Stendal* ZIP 2012, 1875 m. Anm. *Schulte-Kaubrügger* 23

EWiR 2012, 705). Nach dem Willen des Gesetzgebers soll die Eigenverwaltung unter Aufsicht regelmäßig in Fortführungsfällen in Betracht kommen (BT-Drucks. 12/2443 vor § 331z zu § 343). Damit wird aus der Eigenverwaltung als Regelfall die (weitere) unternehmerische Tätigkeit des Schuldners unter Aufsicht des Sachwalters. Der Sachwalter haftet den Gläubigern für die Erfüllung seiner Aufsichts- und Unterrichtungspflicht (§ 274 Abs. 1 InsO).

24 **aa)** Die Führung eines laufenden Geschäftsbetriebes ist oft Tagesgeschäft, es besteht ständiger Handlungs- und Entscheidungsbedarf. Der Einkauf von Rohstoffen für die Versorgung des Unternehmens kann in der einen Minute vorteilhaft sein, in der anderen nicht mehr. Gleiches gilt für die Eingehung von Lieferverpflichtungen, die Absatzsteuerung kann gewinnbringend sein oder verlustbringend. Die sich aus den Fortführungsumständen ergebenden **zeitgebundenen Entscheidungen** dürfen nicht unentschieden bleiben, weil Schuldner und Sachwalter in Verwaltungs- und Verwertungsfragen uneinig sind. Im Streitfall muss die Entscheidung nach den Notwendigkeiten des Geschäftsbetriebes ebenso schnell fallen, als sei die Eigenverwaltung nicht angeordnet worden, wenn nicht eine Gläubigerschädigung in Kauf genommen werden soll (instruktiv *Görg/Stockhausen* FS Metzeler, S. 105, 110 f. aus der Sicht eines Praktikers). In **Fortführungsfällen** jedenfalls wird der Weg über die Unterrichtung von Gläubigerausschuss/forderungsanmeldende Insolvenzgläubiger und absonderungsberechtigte Gläubiger sowie Insolvenzgericht regelmäßig zu zeitintensiv und schwerfällig sein. Der Unterrichtung müsste ein Antrag folgen, dem Antrag die Anordnung des Insolvenzrichters (§§ 273, 277 Abs. 3 InsO). Bis dahin kann die Schädigung schon eingetreten sein.

25 **bb)** Die Notwendigkeit zur laufenden Eingehung zum Teil erheblicher Verpflichtungen vergrößert das Ausfallrisiko der Gläubiger und das Haftungsrisiko des Sachwalters in dem Umfang, in dem die **Verpflichtungen längerfristig eingegangen** werden. Im Maschinenbau liegen allein die Bauzeiten bis zur Auslieferung bei größeren Maschinen nicht unter einem Jahr, in der Bauwirtschaft die abnahmefähige Herstellung des Werkes von der Auftragsannahme gerechnet selten unter einem halben Jahr etc. Hinzu kommen die Garantie- und Gewährleistungsverpflichtungen. Die Herstellung der Wettbewerbsfähigkeit des Unternehmens zur Vorbereitung einer übertragenden Sanierung erfordert oft eine Restrukturierung des Unternehmens mindestens in Teilbereichen, von Personalveränderungen abgesehen oft technische Ergänzungen zur Verbesserung der Absatzmöglichkeiten oder zur Produktivitätssteigerung. Damit verbundene Investitionen können erhebliche Umfänge annehmen und die Eingehung längerfristiger Verpflichtungen erfordern. Sie können die Fortführung wegen der mit ihnen verbundenen Liquiditätsbindung mit Risiken belasten, andererseits aber das allein gebotene Restrukturierungsmittel für eine übertragende Sanierung sein, weil etwa die Produktivität maßgeblich verbessert wird, und damit dem Gläubigerwohl dienen. Die sich aus zeitintensiven und unflexiblen Einwirkungsmöglichkeiten des Sachwalters auf das Schuldnerhandeln ergebenden Gefahren dürften auf der Hand liegen.

26 **cc)** In **Fortführungsfällen** jedenfalls entspricht die Einzelanordnungsbefugnis des Insolvenzgerichts zum Zustimmungsvorbehalt bestimmter Rechtsgeschäfte (§ 277 Abs. 1, 2 InsO) nicht den **Handlungsmöglichkeiten des Schuldners** mit Verwaltungs- und Verfügungsbefugnis. Der Schuldner handelt nicht nur aktiv, er kann einen Zustand auch dulden oder absehbare Veränderungen durch Unterlassen eintreten lassen. In den beiden letztgenannten Fällen läuft die bloße Möglichkeit zur Anordnung der Zustimmungsbedürftigkeit leer. Es bleibt nur die Aufhebung der Eigenverwaltung (§ 272 InsO). Die Aufhebung der Eigenverwaltung kann aber das unangemessene Mittel sein, weil die Anordnungsvoraussetzungen des § 270 Abs. 2 InsO ungeachtet einzelnen Schuldnerfehlverhaltens noch vorliegen können, insbesondere sich das Schuldnerunternehmen im ganzen positiv entwickelt. Konsequenz: die Gläubiger hätten nur zu wählen, ob sie einzelschädigende Handlungen des Schuldners bei Fortsetzung der Eigenverwaltung dulden oder die Eigenverwaltung abbrechen und sich ihrer Vorteile begeben wollen.

27 **dd)** Dabei kann darüber hinaus der Entscheidungsspielraum nach Maßgabe des vom Schuldner ausgeübten **Erfüllungsverlangens für teilerfüllte gegenseitige Verträge** (§§ 279 Satz 1, 103 InsO) eingeengt sein. Nach der Änderung der Rechtsprechung zur Dogmatik der Erfüllungswahl durch Urteil des *BGH* vom 25.04.2002 NJW 2002, 2783 = ZIP 2002, 1093 = ZInsO 2002, 577) bewirkt die

Verfahrenseröffnung keine materiellrechtliche Umgestaltung des gegenseitigen Vertrages, sondern ihre noch ausstehenden Erfüllungsansprüche sind, soweit es sich nicht um Ansprüche auf die Gegenleistung für schon erbrachte Leistungen handelt, lediglich nicht mehr durchsetzbar. Steht die Gegenleistung des Schuldners/Insolvenzverwalters für solche Leistungen des Vertragspartners noch aus, kann dieser die entsprechende Forderung zur Tabelle anmelden. Hat der Schuldner vorgeleistet, kann der Insolvenzverwalter die ausstehende Gegenleistung des Vertragspartners zur Masse ziehen. Die Erfüllungswahl des Insolvenzverwalters – in der Eigenverwaltung des Schuldners gem. § 279 Satz 1 InsO – führt dazu, dass die – zunächst nicht durchsetzbaren – Ansprüche der Vertragsparteien auf die noch ausstehenden Leistungen und deren Gegenleistungen die Qualität originärer Masseverbindlichkeiten und Masseforderungen bekommen. Im Falle der **Aufhebung der Eigenverwaltung** müsste also der Insolvenzverwalter, regelmäßig der bisherige Sachwalter (§ 272 Abs. 3 InsO), unverändert sämtliche Verpflichtungen des Schuldners aus der Phase der Eigenverwaltung als eigene erfüllen, auch wenn er als Sachwalter selbst an der Erfüllungswahl nicht einmal beteiligt gewesen sein muss, ja sogar widersprochen haben kann (BT-Drucks. 12/2443 zu § 340). Der Reiz der **Verantwortungsübernahme durch den Sachwalter** als Insolvenzverwalter **bei voller Haftungsgefahr** (§ 274 Abs. 1 InsO) wird gering sein.

ee) Hier deutet sich an, dass der Gesetzgeber offenbar den **Strukturunterschied zwischen Vergleichsordnung und Eigenverwaltung** nicht konsequent durchgeführt hat, von der Reformgesetzgebung nicht aufgegriffen: Die Aufsichts- und Unterrichtungspflicht des Sachwalters wurde derjenigen des Vergleichsverwalters in §§ 39, 40 VerglO entnommen (BT-Drucks. 12/2443 zu § 335). Die Rechte des Vergleichsverwalters waren mittelbar durchsetzbar, durch die Ablehnung der Eröffnung des Verfahrens gem. § 17 Nr. 7 und 9 VerglO, bei Verweigerungshaltung des Schuldners gegenüber dem vorläufigen Vergleichsverwalter durch Einstellung des Verfahrens nach § 100 Abs. 1 Nr. 4 bzw. 3 VerglO, wobei in beiden Fällen das Gericht zugleich über die Eröffnung des Anschlusskonkursverfahrens zu beschließen hatte (§§ 19, 101 VerglO; zum Ganzen eingehend *Bley/Mohrbutter* VerglO, § 38 Rn. 1). Dieser mittelbare Druck auf den Schuldner der InsO entfällt, weil das Insolvenzverfahren mit der Eigenverwaltung eröffnet ist und die Eigenverwaltung (nur) eine besondere Verwaltungs- und Verwertungsart des Insolvenzverfahrens ist. Daneben wurden die Konkursgläubiger bei sachwidriger Ausübung des Verwaltungs- und Verfügungsrechtes durch den Vergleichsschuldner durch § 17 KO aufgrund des Erlöschens der zuvor begründeten Verbindlichkeiten (*BGH* BGHZ 106, 236 [241 ff.] = *BGH* ZIP 1989, 168 [171]) geschützt. Dieser Schutz entfällt bei der Aufhebung der Eigenverwaltung, soweit der Schuldner bereits die Erfüllung erklärt hat, weil der Übergang in das Insolvenzregelverfahren (§ 272 InsO) nicht die Wirkungen der Eröffnung des Insolvenzverfahrens hat (BT-Drucks. 12/2443 zu § 333).

ff) Antrags-, Eingriffs- und Anordnungsbeschränkung entsprechen deshalb weder der Pflichtenbindung des Sachwalters, noch dem Zweck des Insolvenzverfahrens. Die bestmögliche gemeinschaftliche Befriedigung der Gläubiger (§ 1 InsO) über die Fortführung des Schuldnerunternehmens in Eigenverwaltung **erfordert fortführungsorientierte Antrags-, Eingriffs- und Anordnungsbefugnisse**, die Durchsetzbarkeit der ganzen Breite gegenständlicher und zeitlicher Befugnisse, die der Insolvenzverwalter hätte, wenn die Eigenverwaltung nicht angeordnet worden wäre. Geboten ist ein Antrags-, Eingriffs- und Anordnungsrecht für jedwede einzelfallbezogene angemessene und verhältnismäßige vom Gläubigerwohl bestimmte Maßnahme, sei es ein Handeln, Dulden oder Unterlassen, wenn dies erforderlich ist, um Nachteile für die Gläubiger zu vermeiden (vgl. § 277 Abs. 2 InsO). Beispiele: Hausverbot, Klageerhebung, Entlassung oder Einstellung von Mitarbeitern, Teilnahme an Ausschreibungen, Vertragskündigung. Ein instruktives Beispiel hierfür und für ein Großverfahren ist der Beschluss des *AG Duisburg* betr. Babcock Borsig AG v. 01.09.2002 (ZInsO 2002, 1046 = ZIP 2002, 1636 = NZI 2002, 556; ähnlich *AG Stendal* ZIP 2012, 1875 m. Anm. *Schulte-Kaubrügger* EWiR 2012, 705).

Vom Gesetzgeber wurden die Auswirkungen der Antrags-, Eingriffs- und Anordnungsbeschränkung auf den Zweck der Eigenverwaltung als vorzugsweise fortführungsbestimmtes Insolvenzinstrument im Rahmen der eigenverwaltungsimmanenten Regularien nicht gesehen, die Instrumente blieben unabgestimmt, obwohl schon die Vergleichsordnung das passende Instrument enthielt. **§ 24 VerglO** ordnete an, dass eine im Vergleichsantragsverfahren angeordnete Verfügungsbeschränkung nach der Eröffnung des Vergleichsverfahrens fortwirkt. **§ 58 VerglO** ermögliche dem Gericht jederzeit von Amts wegen oder auf Antrag des Vergleichsverwalters, eines Mitgliedes des Gläubigerbeirates oder eines Vergleichsgläubigers dem Schuldner Verfügungsbeschränkungen aufzuerlegen (Abs. 1). Nach dessen Abs. 2 hatte das Gericht überdies bei der Eröffnung des Verfahrens zu prüfen, ob dem Schuldner solche Beschränkungen aufzuerlegen waren.

31 Die **Regelungslücke** wird sich durch die Anwendung der allgemeinen Verweisungsvorschrift für das Insolvenzregelverfahren schließen lassen. § 270 Abs. 1 Satz 2 InsO bestimmt die Anwendbarkeit der für das Verfahren geltenden allgemeinen Vorschriften, soweit im Siebten Teil nichts anderes bestimmt ist. Die Vorschrift bedeutet, dass außerhalb des Bereichs der Verwaltungs- und Verfügungsbefugnisse für das Insolvenzverfahren, bei dem die Eigenverwaltung unter Aufsicht eines Sachwalters angeordnet ist, die gleichen Bestimmungen gelten, wie für ein Insolvenzverfahren mit Insolvenzverwalter (BT-Drucks. 12/2443 zu § 331). Schon nach altem Recht war das Eröffnungsverfahren Insolvenzverfahren (vgl. § 11 InsO: Zulässigkeit des Insolvenzverfahrens), für das ein (vorläufiger) Insolvenzverwalter bestellt werden konnte (§§ 21 Abs. 2 Nr. 12, 22 InsO). Diese Systematik hat sich der Reformgesetzgeber durch die neuen Regeln zum Eigenverwaltungsvorverfahren (§§ 270a, 270b InsO) zu Nutze gemacht. Erst recht nach der Reformgesetzgebung kann deswegen das Insolvenzgericht nicht nur im Eröffnungsverfahren und damit vor dem Beschluss über die Eröffnung bzw. Nichteröffnung des Insolvenzverfahrens **mit dem Beschluss über die Anordnung der Eigenverwaltung** gem. §§ 27, 270 Abs. 1 Satz 1 InsO entsprechend §§ 270b Abs. 2 Satz 3, 21 Abs. 1 InsO alle erforderlichen Maßnahmen treffen, (zum Altrecht z.B. KS-InsO/*Pape* S. 904 Rn. 12; *Vallender* WM 1998, 2129 [2132]; *Nerlich/Römermann-Riggert* InsO, § 270 Rn. 5), sondern **auch im eröffneten Insolvenzverfahren mit angeordneter Eigenverwaltung**, um eine am Gläubigerwohl orientierte Funktionsfähigkeit der Eigenverwaltung sicherzustellen (zutreffend deswegen der Beschluss des *AG Duisburg* betr. Babcock Borsig AG v. 01.09.2002, eingehend vor §§ 270 ff. Rdn. 7 ff.; i.E. ebenso *Uhlenbruck* InsO 13. Aufl. § 274 Rn. 19, allerdings mit der Beschränkung auf solche Maßnahmen, die die Verfahrensabwicklung sicherstellen, keine Zwangsmaßnahmeberechtigung; wie hier *AG Stendal* ZIP 2012, 1875 m. Anm. *Schulte-Kaubrügger* EWiR 2012, 705, wobei das Gericht – bezeichnend – für die Fülle der angeordneten Beschränkungen keine Ermächtigungsgrundlage benennt; **a.A.** *Kübler/Prütting/Bork-Pape* InsO, § 270c Rn. 144 f.; zurückhaltend HK-InsO/*Landfermann* § 277 Rn. 4; zweifelnd A/G/R-*Ringstmeier* § 274 InsO Rn. 19).

32 Es darf nicht verkannt werden, dass die Eigenverwaltung aus der Besonderheit der Insolvenzsituation heraus das einzig gebotene Sanierungsinstrument sein kann, so etwa in der bei vor §§ 270 ff. Rdn. 15 angeführten Fallkonstellation, für die das im Siebten Teil vorgesehene Instrumentarium ausreichen kann. *Uhlenbruck* (InsO, 13. Aufl., § 270 Rn. 2) stellt zutreffend fest: »Das Modell der Eigenorganschaft ist eine ernsthafte strategische Option bei der Lösung von Unternehmenskrisen vor allem bei Großinsolvenzen« (ähnlich *Nerlich/Römermann-Riggert* InsO, vor § 270 Rn. 4–6). Die Anwendungsfähigkeit der Eigenverwaltung erstreckt sich auf alle Insolvenzfälle (s. vor §§ 270 ff. Rdn. 5). Deswegen muss auch ein für alle Insolvenzlagen geeignetes Instrumentarium zur Verfügung stehen. Wird die Geschäftsführung in der Krise ausgetauscht, genießt sie das Vertrauen der Fortführungsbeteiligten und besteht keine Missbrauchsgefahr, besteht keine Notwendigkeit zur Anordnung von zusätzlichen Verfügungsbeschränkungen. In anderen Eigenverwaltungslagen können sie dagegen durch das Gläubigerschutzinteresse gefordert sein. Die hiergegen gerichtete Argumentation von *Pape* (*Kübler/Prütting/Bork-Pape* InsO, Vorauflage § 270 Rn. 39, Neuauflage Stand 4/12 Rn. 145) überzeugt nicht. Ein Bestimmtheitsgrundsatz des § 277 Abs. 1 Satz 1 steht nicht in Frage, weil er aus den Gesetzesgrundlagen (BT-Drucks. 12/2443 zu § 338) schon dem Grunde nach nicht herleitbar ist; eine kalte Abschaffung der Eigenverwaltung ebenfalls nicht, weil sie auf einen vorläufigen (so z.B. im Fall Babcock Borsig AG) und einen Eilanwendungsbereich beschränkt ist. Zwar haben die §§ 270 ff. eine eigenständige Neuregelung erhalten, ausweislich der Gesetzesgrundlagen allerdings ausdrücklich unter der Übernahme des Verantwortungsmodells der Vergleichsordnung (BT-Drucks. 12/2443 Vorwort zu § 331), also gestützt auf das Grundschema der Vergleichsord-

nung. Es wurde dazu im Gesetzgebungsverfahren versucht, dieses Grundschema »passend« zu machen. Deswegen sind Rückblick und Rückgriff durchaus erlaubt. Auch liegt in der Möglichkeit zu Einschränkungsanordnungen entsprechend § 21 InsO und 58 VerglO kein Widerspruch zur Verpflichtung des Gerichts, die Gläubigerschädlichkeit der Anordnung der Eigenverwaltung zu prüfen. Denn diese Prüfungskompetenz ist im Gegensatz zum Altrecht zwar nicht mehr so umfassend, sondern nach Maßgabe des § 270 Abs. 3 InsO beschränkt, gänzlich aufgehoben ist sie aber nicht, wie § 270 Abs. 2 Nr. 2, Abs. 3 Satz 1 InsO zeigen. § 270 Abs. 3 Satz 1 InsO lässt überdies nur die Wahl zwischen Anordnung oder Nichtanordnung zu und schließt damit keineswegs eine eingeschränkte Anordnung aus, die ohnehin bis zu ersten Gläubigerversammlung nur vorläufig ist (§§ 271, 272 InsO) und für das amtswegig zu beachtende Gesamtgläubigerwohl die verhältnismäßige und damit richtige Entscheidung sein kann.

c) Während eine Geschäftsfortführung in der Insolvenz (§ 157 InsO; zum Konkurs vgl. *BGH* KTS 1961, 94 = MDR 1961, 493 = WM 1961, 511) aufgrund des Überganges der Verwaltungs- und Verfügungsbefugnis auf den Insolvenzverwalter bis zur Aufhebung oder Einstellung des Insolvenzverfahrens notwendig dazu führt, dass der Gemeinschuldner ausgeschaltet bleibt, handelt es sich bei der Eigenverwaltung darum, die Geschäftsfortführung oder Verwertung unter besseren betrieblichen Voraussetzungen durchführen zu können, indem zwar der Schuldner die Verwertungs- und Verfügungsbefugnis ausübt (§ 270 Abs. 1 InsO), er dabei aber durch das abgestufte Mitwirkungsrecht des Sachwalters und seine Überwachung kontrolliert wird (vgl. *Uhlenbruck* KTS 1972, 220 zum Vergleichsverfahren; *Körner* NZI 2007, 274 [275]). Die **Mitwirkungs- und Überwachungsrolle des Sachwalters bei voller persönlicher Haftungsgefahr** für fremdes Handeln (§ 274 Abs. 1 InsO) und bei ständiger Gefahr, aufgrund des Abbruches der Eigenverwaltung als Insolvenzverwalter aus der vorgefundenen Lage des Unternehmens das Beste machen zu müssen, stellt an den Sachwalter Anforderungen, die über die Erfordernisse eines Insolvenzverwalters hinausgehen. Die tatsächliche Funktionsfähigkeit der Eigenverwaltung hängt deswegen davon ab, ob Insolvenzgericht und Gläubigern eine geeignete und bereite Person zur Amtsübernahme zur Verfügung steht (vgl. *Kübler/Prütting/Bork-Pape* InsO, § 274 Rn. 63 f., der an der vergütungsrechtlichen Ausgestaltung der Sachwaltung die Problematik der Eigenverwaltung festmacht), die sich nicht nur von einzelnen Großgläubigerinteressen über deren (vorläufige) Gläubigerausschussbesetzungen bestimmen lässt (s. Rdn. 4). Der Sachwalter muss mehr als der Insolvenzverwalter in der Lage sein, wirtschaftliche Zusammenhänge richtig zu beurteilen und wirtschaftliche Möglichkeiten richtig einzuschätzen (so schon *Bley/Mohrbutter* VerglO, § 38 Rn. 11). Er überwacht und leitet fremdes verantwortliches Handeln bei eigener persönlicher Verantwortung. Das Amt stellt hohe Anforderungen an Verantwortungsbewusstsein und Integrität, Fach- und Sachkompetenz. Gefordert werden von ihm ausgeprägte Führungsqualitäten, die Fähigkeit, das Schuldnerhandeln mit den Gläubigerinteressen zu koordinieren, ggf. im Zusammenwirken mit dem Insolvenzgericht rasch einzugreifen. Den sich daraus ergebenden besonderen Schwierigkeiten der Amtsführung im Einzelfall wird bei der **Vergütungsbemessung** Rechnung getragen werden können. Die Annahme des Gesetzgebers, die Vergütung des Sachwalters solle niedriger zu bemessen sein als die Vergütung des Insolvenzverwalters, verweist zur Begründung auf den eingeschränkten Tätigkeitsbereich des Sachwalters (BT-Drucks. 12/2443 zu § 335), so dass die niedrigere Bemessung nur gerechtfertigt ist, wenn und soweit im Einzelfall der Tätigkeitsbereich tatsächlich eingeschränkt ist und nicht vielmehr besondere Erschwernisse hinzutreten (so jetzt offenbar auch HK-InsO/*Landfermann* § 274 Rn. 10; *Kübler/ Prütting/Bork-Pape* InsO, § 274 Rn. 63 f.). Letzteres wird wegen der Schwierigkeiten der Amtsführung die Regel sein. Der *BGH* hat in seinem Vergütungsgrundlagenbeschluss v. 21.07.2017 (– IX ZB 70/14, ZIP 2016, 1592 = ZInsO 2016, 163) auf die vergütungserhöhende Erschwernisberücksichtigung für den Sachwalter und den vorläufigen Sachwalter als Tatrichteraufgabe einer Gesamtwürdigung erkannt (Tz. 53, 55 ff.; überholt deswegen die Überlegungen von *Haarmeyer/Mock* ZInsO 2016, 1). Zu den Vergütungsregeln s. § 274 Rdn. 40 ff.

33

D. Forderungsanmeldung

34 Die Forderungen der Insolvenzgläubiger sind beim Sachwalter anzumelden (Satz 2). Die Regelung ist Ausdruck der Abgrenzung der Sachwalterpflichten von den Schuldnerpflichten. Die Entgegennahme der Forderungsanmeldungen ist eine besondere Aufgabe des Insolvenzverwalters im Interesse der Gläubiger. Aus Satz 2 folgt die **Zuständigkeit des Sachwalters für das Feststellungsverfahren (§§ 174–186 InsO)** insgesamt. Der Sachwalter hat also nicht etwa nur die Anmeldungen der Gläubiger entgegenzunehmen, zu sammeln und danach zur weiteren Prüfung an den Schuldner abzugeben. Er nimmt vielmehr im gesamten Feststellungsverfahren die Rolle des Insolvenzverwalters ein (wie hier MüKo-InsO/*Tetzlaff* § 283 Rn. 5 f.; *Uhlenbruck/Zipperer* InsO, § 270c Rn. 5). Diese über den bloßen Wortlaut der Vorschrift hinausgehende Aufgabe des Sachwalters folgt Sinn und Zweck der Aufgabenverteilung nach § 283 InsO. Im Feststellungsverfahren (§ 283 Abs. 1 InsO) erfährt die Eigenverwaltung lediglich die Erweiterung durch die Möglichkeit des Schuldnerwiderspruches, während im Verteilungsverfahren der Schuldner die Verteilungsverzeichnisse aufstellt, die Verteilungen vornimmt, der Sachwalter aber die Verzeichnisse überprüft (§ 283 Abs. 2 InsO; vgl. BT-Drucks. 12/2443 zu § 344). Die Gläubiger mit Sicherungsrechten sind deswegen aufzufordern, ihre Sicherungsrechte dem Sachwalter unverzüglich mitzuteilen (§ 28 Abs. 2 InsO über § 270 Abs. 1 Satz 2 InsO). Der Sinn zeigt sich insbesondere im Fall der nachträglichen Aufhebung der Eigenverwaltung gem. § 272 InsO (HK-InsO/*Landfermann* § 270 Rn. 36; *Kübler/Prütting/Bork-Pape* InsO, § 270 Rn. 138) und darin, dass sonst eine Interessenkollisionslage bestünde, weil der Schuldnerwiderspruch die Forderungsfeststellung hindert (§ 283 Abs. 1 Satz 2 InsO) und deswegen der Schuldner seine Erklärung an sich selbst richten und prüfen müsste. Die Tabellenführung ist insolvenztypisch (Rn. 13) und liegt durch die allgemeine Befugnisabgrenzung zum Schuldner beim Sachwalter.

35 Damit obliegen Tabellenführung und Forderungsprüfung dem Sachwalter (Abs. 1 Satz 2 i.V.m. §§ 174 ff. InsO; ebenso *Uhlenbruck* InsO, 13. Aufl., § 270 Rn. 51; *Uhlenbruck/Zipperer* InsO, § 270c Rn. 5; A/G/R-*Ringstmeier* § 270c Rn. 5; so als selbstverständlich die Annahme in *BGH* ZInsO 2017, 704, 706 unter Tz. 17). Deswegen muss der Sachwalter rechtzeitig die Tabelle niederlegen, § 175 Abs. 1 Satz 2 InsO (A/G/R-*Ringstmeier* § 270c Rn. 5). Das **Verteilungsverfahren** ist dann allerdings Sache des eigenverwaltenden Schuldners, unter Überwachungsbeteiligung des Sachwalters, § 283 Abs. 2 InsO.

36 Die Zuständigkeit des Sachwalters für die Tabellenführung gem. Satz 2 darf nicht dazu führen, die Befugnisabgrenzung des Gesetzgebers nach geschäftstypischen Rechten und Pflichten einerseits – Zuordnung zum eigenverwaltenden Schuldner – und insolvenztypischen Rechten und Pflichten andererseits (Zuordnung zum Sachwalter, i.E. Rdn. 12–19) aus dem Auge zu verlieren. Erklärungsempfänger materiell-rechtlicher Erklärungen ist allein der eigenverwaltende Schuldner, verfahrensrechtlicher Erklärungen allein der Sachwalter. Deswegen können Erklärungen – etwa von Insolvenzgläubigern – an den falschen Adressaten unwirksam sein, so etwa eine Verzichtserklärung eines absonderungsberechtigten Gläubigers an den Sachwalter, sowie umgekehrt die Freigabeerklärung durch den Sachwalter, der das Verwaltungs- und Verfügungsrecht nicht hat (§ 270 Abs. 1 Satz 1 InsO), an den absonderungsberechtigten Gläubiger (*BGH* ZInsO 2017, 704 unter Rn. 8, 17). **Erklärungs- und Erklärungsempfangszuständigkeit** ergeben sich aus den Abgrenzungsregeln Rdn. 12–19. So sind die Insolvenzgläubigererklärungen zum Absonderungsrechtsausfall und zur erhobenen Feststellungsklage gem. §§ 189, 190 InsO als verfahrensrechtliche Erklärungen an den Sachwalter zu richten, nicht an den eigenverwaltenden Schuldner (a.A. A/G/R-*Ringstmeier* § 270c Rn. 6 o. Begr.).

37 Bei der Prüfung der Forderungen können außer den Insolvenzgläubigern auch der Schuldner und der Sachwalter angemeldete Forderungen bestreiten (§ 283 Abs. 1 Satz 1 InsO). Im Gegensatz zum allgemeinen Insolvenzverfahren (§ 178 Abs. 1 Satz 2 InsO) hindert in der Eigenverwaltung der alleinige Schuldnerwiderspruch die Forderungsfeststellung (§ 283 Abs. 1 Satz 2 InsO).

E. Grundbuch und Registerfreiheit

Bei Anordnung der Eigenverwaltung ist die Eintragung der Verfahrenseröffnung im **Grundbuch** (§ 32 InsO) oder im **Schiffsregister, Schiffbauregister**, im **Register für Pfandrechte an Luftfahrzeugen** (§ 33 InsO) entbehrlich (Satz 3). Die Eintragung hat aber für eine angeordnete Verfügungsbeschränkung zu erfolgen (§ 277 Abs. 3 Satz 3 InsO). Eine derartige Verfügungsbeschränkung setzt allerdings nach dem Gesetzeswortlaut einen Antrag der Gläubigerversammlung voraus (§ 277 Abs. 1 Satz 1 InsO). Frühester Anordnungszeitpunkt ist damit i.d.R. die erste Gläubigerversammlung (§§ 271, 272 InsO), deren Zusammentreffen bis zu drei Monate nach dem Eröffnungsbeschluss liegen kann (§ 270 Abs. 1 Satz 3 InsO i.V.m. § 29 Abs. 1 Nr. 1 InsO). Die Regelungen der Eigenverwaltung lassen dem Schuldner bis dahin nicht nur die Verwaltungs- und Verfügungsbefugnis über Grundstücke, Schiffe und Luftfahrzeuge. Er kann nicht einmal in seiner Verfügung beschränkt werden.

38

Kritik: Mit dieser Regelung ist abermals die Einpassung der Selbstverwaltungsstruktur der VerglO in die Insolvenzordnung nicht gelungen (s. Rdn. 19–33). § 58 Abs. 1 VerglO sah vor, dass das Gericht jederzeit von Amts wegen oder auf Antrag des Vergleichsverwalters, eines Mitgliedes des Gläubigerbeirats oder eines Vergleichsgläubigers dem Schuldner Verfügungsbeschränkungen auferlegen kann. Die Vorschrift – wie auch die weiteren der §§ 58 ff. VerglO – war erforderlich, weil anders als bei der Eröffnung des Konkursverfahrens über das Vermögen des Schuldners die Eröffnung des Vergleichsverfahrens die Verwaltungs- und Verfügungsmacht des Schuldners nicht berührte (*Böhle-Stamschräder/Kilger* KO, § 58 Anm. 1). Dies ist die Verantwortungssituation der Eigenverwaltung in gleicher Weise. Der Schuldner ist mit der Anordnung verwaltungs- und verfügungsbefugt, allerdings im Insolvenzgläubigerinteresse. Es ist nicht nur nicht einsehbar, sondern dem Insolvenzzweck widersprechend, den Schuldner nicht entsprechend den Gläubigerschutzbestimmungen der VerglO wegen einzelner besonders wertvoller Verfügungsgegenstände in seiner Verwaltungs- und Verfügungsbefugnis beschränken zu können. Auch die InsO ist in erster Linie Gläubigerschutzrecht (vgl. § 1 InsO). Der Gläubigerautonomie soll deshalb auch die Entscheidung über den Fortbestand der Eigenverwaltung überlassen bleiben.

39

Gesetz und Gesetzesbegründung bleiben auch nach der Reform die Antwort schuldig. Es liegt offenbar ein Redaktionsversehen vor. Wahrscheinlich ist, dass aufgrund der grundsätzlichen Abkehr der InsO von der Amtsermittlung und amtswegigen Entscheidung hin zur Privatautonomie § 58 VerglO mit diesem Grundgedanken für nicht im Einklang stehend angesehen wurde. Wenn die Eigenverwaltung ein funktionables Instrument für die Gläubigerbefriedigung sein soll (s. vor §§ 270 ff. Rdn. 6 f.), wird dieser Zweck nur erreicht werden können, wenn aufgrund des Gläubigerschutzinteresses bereits mit Eröffnung des Insolvenzverfahrens unter Anordnung der Eigenverwaltung eine am konkreten Einzelfall orientierte Entscheidung zu Verfügungsbeschränkungen i.S.d. Regelung des § 58 VerglO getroffen werden kann. An der Gefahr gläubigerschädigender Schuldnerverfügungen ändert sich auch nichts dadurch, dass der Schuldner die Zustimmung des Gläubigerausschusses einholen soll (§ 276 InsO mit § 160 Abs. 2 Nr. 1 InsO). Die Verfügung ist ausdrücklich auch ohne Zustimmung wirksam (§ 276 Satz 2 i.V.m. § 164 InsO; zu den entsprechenden Regelungen der Konkursordnung *Kuhn/Uhlenbruck* KO, § 134 Rn. 1). Die Insolvenzmasse kann also etwa ein Grundstück verlieren, aber dafür nur einen wertlosen Schadensersatzanspruch (vgl. *Kuhn/Uhlenbruck* KO, § 134 Rn. 1) gegen den eigenverwaltenden Schuldner erhalten. Das Gericht muss deswegen in der Lage sein, eine Verfügungsbeschränkung anzuordnen, die auf einen Antrag des Sachwalters zurückgeht. Dem Insolvenzrichter ist jedenfalls in Zweifelsfällen zu raten, nach § 270 Abs. 2, Abs. 3 Satz 1 2. HS InsO von der Anordnung der Eigenverwaltung unter dem Gesichtspunkt der Gefahr gläubigerbenachteiligender Handlungen durch den Schuldner bis zur ersten Gläubigerversammlung abzusehen oder bereits mit der Anordnung der Eigenverwaltung entsprechend §§ 270 Abs. 1 Satz 2, 21 Abs. 1, 22 Abs. 2 InsO im Umfange der Möglichkeiten des § 58 VerglO für den eigenverwaltenden Schuldner Verfügungsbeschränkungen anzuordnen (wie hier *Uhlenbruck* InsO, 13. Aufl., § 270 Rn. 52; **a.A.** *Nerlich/Römermann-Riggert* InsO, Vorauflage, § 270 Rn. 3, in der Neuauflage 2012 ohne Stellungnahme; *Kübler/Prütting/Bork-Pape* InsO, § 270c Rn. 144 f.;

40

dazu Rdn. 32). Den zweiten Weg sind das *AG Duisburg* im Fall der Babcock Borsig AG (ZInsO 2002, 1046 = ZIP 2002, 1636 mit vollständig abgedrucktem Beschlusstatbestand = NZI 2002, 556; eingehend zu der Problematik s. vor §§ 270 ff. Rdn. 7 ff.) und neuerdings das *AG Stendal* (ZIP 2012, 1875 m. Anm. *Schulte-Kaubrügger* EWiR 2012, 705) gegangen. Werden derartige Verfügungen i.S.d. Regelung des § 58 VerglO über § 270 Abs. 1 Satz 2 InsO i.V.m. § 21 InsO zugelassen, ist dem Antragsprinzip Genüge getan, wenn ein entsprechender Antrag des vorläufigen Sachwalters oder des vorläufigen Gläubigerausschusses im Eröffnungsverfahren vorliegt.

41 Im **Handels- und Genossenschaftsregister** wird die Anordnung der Eigenverwaltung mit der Verfahrenseröffnung eingetragen (§§ 32 Abs. 1 Nr. 3 HGB, 102 Abs. 1 Nr. 3 GenG), § 31 InsO ist also anwendbar (*Kübler/Prütting/Bork-Pape* InsO, § 270c Rn. 10). Die VO zur Anpassung registerrechtlicher Vorschriften hat klargestellt, dass die Anordnung und Aufhebung der Eigenverwaltung gem. § 19 Abs. 2 Satz 2, § 40 Nr. 5 Abs. 5d und § 43 Nr. 6i HRV einzutragen sind (*Uhlenbruck/Zipperer* InsO, § 270c Rn. 6). Für Genossenschaften gilt § 21 Abs. 2 Nr. 3 GenRegV v. 11.07.1889 in der Fassung der VO v. 08.12.1998 (BGBl. I S. 3580). Die Eintragung in das **Partnerschaftsregister** erfolgt nach § 5 Abs. 4 Nr. 4 PRV. Mit der Aufhebung der Eigenverwaltung muss die Eintragung des Überganges in das Regelverfahren in allen Registern erfolgen (*Kübler/Prütting/Bork-Pape* InsO, § 270c Rn. 10; *Uhlenbruck/Zipperer* InsO, § 270c Rn. 6). Anders im Falle der nachträglichen Anordnung nach § 271 InsO (s. § 271 Rdn. 6, ebenso *Uhlenbruck* InsO, § 270c Rn. 6).

§ 270d Eigenverwaltung bei gruppenangehörigen Schuldnern

Wird die Eigenverwaltung oder die vorläufige Eigenverwaltung bei einem gruppenangehörigen Schuldner angeordnet, unterliegt der Schuldner den Kooperationspflichten des § 269a. Dem eigenverwaltenden Schuldner stehen nach Verfahrenseröffnung die Antragsrechte nach § 3a Absatz 1, § 3d Absatz 2 und § 269d Absatz 2 Satz 2 zu.

Das Gesetz zur Erleichterung der Bewältigung von Konzerninsolvenzen (EKIG) vom 13.04.2017 (BGBl. I 2017, S. 866) tritt am 21.04.2018 in Kraft.

Übersicht	Rdn.			Rdn.
A. Normzweck	1		Gruppen-Gerichtsstand (§ 3d Abs. 2	
B. Kooperationspflichten	2		InsO)	10
I. Nach § 269a InsO	2	E.	Antrag auf Eröffnung eines	
II. Nach § 269f InsO	4		Koordinationsverfahrens (§ 269d	
III. Zeitliche Dauer	6		Abs. 2 Satz 2 InsO)	11
C. Antrag auf Begründung eines Gruppen-Gerichtsstand (§ 3a Abs. 1 InsO)	7	F.	Vorlage eines Kooperationsplanes, Stellungnahme und Umsetzung eines Kooperationsplanes	12
D. Antrag auf Verweisung an den				

Literatur:
Brünkmanns Entwurf eines Gesetzes zur Erleichterung der Bewältigung von Konzerninsolvenzen: Kritische Analyse und Anregungen aus der Praxis, ZIP 2013, 193; *Flöther/Hoffmann* Die Eigenverwaltung in der Konzerninsolvenz, FS für Bruno Kübler, S. 147; *Harder/Lojowsky* Der Diskussionentwurf für ein Gesetz zur Erleichterung der Bewältigung von Konzerninsolvenzen – Verfahrensoptimierung zur Sanierung von Unternehmensverbänden, NZI 2013, 327; *Stahlschmidt/Bartelheimer* Änderungen bei der Konzerninsolvenz in Eigenverwaltung durch das Gesetz zur Erleichterung der Bewältigung von Konzerninsolvenzen – Frischzellenkur auch für DAX-Unternehmen?, ZInsO 2017, 1010.

A. Normzweck

1 § 270d InsO wurde durch das Gesetz zur Erleichterung der Bewältigung von Konzerninsolvenzen 2017 (BT-Drucks. 18/11436) eingeführt. Die Vorschrift stellt klar, dass die konzerninsolvenzrechtlichen Instrumentarien auch dann Anwendung finden, wenn in Bezug auf einen oder mehrere gruppenangehörige Schuldner eine Eigenverwaltung angeordnet wird. In diesem Fall tritt der jeweilige

eigenverwaltende Schuldner an die Stelle des Sachwalters. Die Anwendung der konzernrechtlichen Vorschriften ergab sich zwar bereits aus allgemeinen Grundsätzen. Die Vorschrift wurde lediglich zur Klarstellung eingefügt, nachdem Stimmen in der Literatur (*Brünkmanns* ZIP 2013, 193 [199]; *Harder/Lojowsky* NZI 2013, 327 [330]) ein Fehlen für die Eigenverwaltung kritisierten (Begr. RegE BT-Drucks. 18/407, S. 42).

B. Kooperationspflichten

I. Nach § 269a InsO

Der **eigenverwaltende Schuldner** unterliegt denselben Kooperationspflichten nach § 269a InsO wie die bestellten Insolvenzverwalter (Begr. RegE BT-Drucks. 18/407, S. 42). Nach § 269a InsO sind die Insolvenzverwalter der gruppenangehörigen Schuldner zur Zusammenarbeit verpflichtet, sie haben sich gegenseitig zu unterrichten und auf Anforderung alle Informationen mitzuteilen, die für das andere Verfahren von Bedeutung sind. Die Pflicht zur Kooperation findet erst dann eine Grenze, wenn die Interessen der an diesem Verfahren Beteiligten beeinträchtigt werden (vgl. ausf. zu den Kooperationspflichten *Wimmer* § 269a Rdn. 1, 18). Die Pflicht zur Kooperation besteht für die eigenverwaltenden Schuldner gegenüber weiteren gruppenangehörigen eigenverwaltenden Schuldnern wie auch den im Konzern bestellten (vorläufigen) Insolvenzverwaltern gegenüber. 2

Nicht ausdrücklich geregelt ist, ob diese Kooperationspflichten ebenso für die (vorläufigen) **Sachwalter** bestehen. Es ist nicht stets davon auszugehen, dass für alle Gruppenverfahren, die in Eigenverwaltung durchgeführt werden, auch ein einheitlicher Sachwalter bestellt werden wird. So kann sowohl das Gruppen-Gericht wie auch jedes andere zuständige Insolvenzgericht aus unterschiedlichen Gründen personenverschiedene Sachwalter einsetzen. Aus dem vielfältigen Pflichtenkreis der Sachwalter (vgl. §§ 270c, 274 Abs. 2 und 3, §§ 275, 276, 276a, 277, 279, 284 InsO) hervorzuheben ist insbesondere die Beaufsichtigung des eigenverwaltenden Schuldners oder auch die Möglichkeit der Beauftragung zur Erstellung eines Insolvenzplanes. Deshalb ist es geradezu geboten, die bestellten Sachwalter mit in die Kooperationspflichten einzubinden, sei es durch eine analoge Anwendung von § 270d InsO, sei es durch die Fortgeltung der allgemeinen Vorschriften (so auch MüKo-InsO/*Brünkmanns* Konzerninsolvenzrecht Rn. 83; *Flöther/Hoffmann* FS *Kübler*, S. 147, 156). 3

II. Nach § 269f InsO

Wurde ein Kooperationsverfahren beschlossen und ein Verfahrenskoordinator bestellt, sind nach § 269f Abs. 2 InsO die (vorläufigen) Insolvenzverwalter gegenüber dem Verfahrenskoordinator zur Zusammenarbeit verpflichtet. Für den Fall der Eigenverwaltung benennt § 270d InsO diese Pflicht zwar nicht ausdrücklich. Für die eigenverwaltenden Schuldner kann insofern nichts anderes gelten (so auch *Flöther/Hoffmann* FS *Kübler*, S. 147, 156: es handelt sich dabei lediglich um Redaktionsversehen des Gesetzgebers, so dass in entsprechender Anwendung von § 270d InsO für die eigenverwaltenden Schuldner sowohl im vorläufigen, wie auch eröffneten Verfahren diese Kooperationspflichten gegenüber dem Verfahrenskoordinator bestehen). Es ist nicht nachvollziehbar, weshalb gerade der eigenverwaltende Schuldner von Kooperationspflichten gegenüber dem Verfahrenskoordinator ausgenommen sein sollte. Schließlich hat der Gesetzgeber sogar angeordnet, dass der eigenverwaltende Schuldner berechtigt ist, ein Koordinationsverfahren zu beantragen. Darüber hinaus gelten im Rahmen der Eigenverwaltung nach § 270 Abs. 1 Satz 2 InsO ohnehin die allgemeinen Vorschriften, soweit keine Besonderheiten angeordnet sind. Der Gesetzgeber sah dieses bereits auch hinsichtlich der Kooperationspflichten des § 269a InsO (Begr. RegE BT-Drucks. 18/407, S. 42) und hatte lediglich zur Klarstellung und Ausräumung von Zweifeln § 270d InsO eingeführt. 4

Diesen Pflichten unterliegt auch der (vorläufige) Sachwalter. Auch hier ergibt der ihm zugewiesene Pflichtenkreis (s. Rdn. 3) keine andere Wertung (ebenso *Flöther/Hoffmann* FS Kübler, S. 147, 156; anders *Stahlschmidt/Bartelheimer* ZInsO 2017, 1010 [1015]). 5

III. Zeitliche Dauer

6 Die Kooperationspflichten für die eigenverwaltenden Schuldner und Sachwalter gelten sowohl für das vorläufige wie auch das eröffnete Verfahren. Sie enden erst, wenn das jeweilige Verfahren abgeschlossen ist. Wird während eines Verfahrensabschnitts die Eigenverwaltung aufgehoben und ein Insolvenzverwalter eingesetzt, finden die §§ 269a, 269f InsO wieder unmittelbar Anwendung.

C. Antrag auf Begründung eines Gruppen-Gerichtsstand (§ 3a Abs. 1 InsO)

7 Das Recht, einen Gruppen-Gerichtsstand zu beantragen, steht originär zunächst dem Schuldner zu, § 3a InsO (Begr. RegE BT-Drucks. 18/407, S. 26). Nach § 3a Abs. 3 InsO geht es erst nach Verfahrenseröffnung auf den Insolvenzverwalter über, im vorläufigen Verfahren nur dann, wenn ein vorläufiger Verwalter bestellt wurde, auf den die Verwaltungs- und Verfügungsbefugnis übergegangen ist. Im Fall der Eigenverwaltung oder bei der Einsetzung eines sog. schwachen vorläufigen Insolvenzverwalters verbleibt dieses Recht bis zur Eröffnung beim Schuldner.

8 Wird das Insolvenzverfahren in Eigenverwaltung eröffnet, verbleibt das Antragsrecht auf Bildung eines Gruppen-Gerichtsstandes weiter bei dem eigenverwaltenden Schuldner, § 270d Satz 2 InsO. Auch ohne diese ausdrückliche Klarstellung wären über §§ 270 Abs. 1 Satz 2, 80 InsO nach den allgemeinen Vorschriften, zu denen auch die konzernrechtlichen gehören, weiter der eigenverwaltende Schuldner zuständig geblieben. In diesem Fall tritt an die Stelle des Insolvenzverwalters der jeweilige eigenverwaltende Schuldner.

9 Demgegenüber geht das Antragsrecht nicht auf den Sachwalter über. Der Sachwalter hat lediglich die Aufgabe, die Geschäftsführung des Schuldners zu überwachen, nicht aber die Geschäftsführung selbst zu übernehmen und nach außen hin aufzutreten (Begr. RegE BT-Drucks. 18/407, S. 42). Das erfolgt auch weiterhin durch den Schuldner selbst. Die rechtliche Stellung des eigenverwaltenden Schuldners ist insofern der des Insolvenzverwalters stark angenähert. Der Antrag steht auch nicht unter dem Zustimmungsvorbehalt des Sachwalters Dafür fehlt es an einer entsprechenden gesetzlichen Regelung zu den Pflichten des Sachwalters.

D. Antrag auf Verweisung an den Gruppen-Gerichtsstand (§ 3d Abs. 2 InsO)

10 Nach § 3d Abs. 2 InsO ist im vorläufigen Verfahren der Schuldner berechtigt, einen Antrag auf Verweisung an den Gruppen-Gerichtsstand zu stellen. Für die Zeit nach Verfahrenseröffnung findet § 3a Abs. 3 InsO entsprechende Anwendung. Insofern gilt auch bei einer Eigenverwaltung nichts anderes als zur Zuständigkeit der Begründung eines Gruppen-Gerichtsstandes nach Verfahrenseröffnung (vgl. Rdn. 7).

E. Antrag auf Eröffnung eines Koordinationsverfahrens (§ 269d Abs. 2 Satz 2 InsO)

11 Nach § 269d Abs. 2 InsO ist im vorläufigen Verfahren der Schuldner berechtigt, einen Antrag auf Einleitung eines Koordinationsverfahrens an das Koordinationsgericht zu stellen. Nach Verfahrenseröffnung verweist § 269d Abs. 2 Satz 2 InsO auf § 3a Abs. 3 InsO, der entsprechende Anwendung findet. Wurde die Eigenverwaltung auch nach Verfahrenseröffnung angeordnet, kann auf die Ausführungen zur Zuständigkeit der Begründung des Gruppen-Gerichtsstandes verwiesen werden (vgl. Rdn. 7). Insofern gilt nichts anderes.

F. Vorlage eines Kooperationsplanes, Stellungnahme und Umsetzung eines Kooperationsplanes

12 Unabhängig von den bestehenden Kooperationspflichten gegenüber dem Verfahrenskoordinator (s. Rdn. 4) stellt sich die Frage, ob und wenn ja wem, ein Initiativrecht auf Erstellung eines Kooperationsplanes zusteht, wenn ein Verfahrenskoordinator noch nicht bestellt ist. Eine entsprechende Vorschrift hierzu enthalten weder die konzerninsolvenzrechtlichen Vorschriften noch die zur Eigenverwaltung.

Aus der Systematik der Eigenverwaltung und der Insolvenzplanvorschriften steht das allgemeine 13
Planinitiativrecht auf Vorlage eines Kooperationsplanes zunächst dem eigenverwaltenden Schuldner
zu (§ 218 Abs. 1 InsO), subsidiär ist der Sachwalter berechtigt, wenn ihn die Gläubigerversammlung
analog nach § 284 Abs. 1 InsO mit der Vorlage eines Kooperationsplanes beauftragt hat (so auch
Flöther/Madaus Handbuch, § 5 Rn. 88).

Wurde bereits ein Kooperationsplan erstellt, stellt der Verfahrenskoordinator oder der Insolvenzver- 14
walter diesen im Berichtstermin vor. Der Insolvenzverwalter hat dazu Stellung zu nehmen und zu
begründen, von welchen im Plan aufgeführten Maßnahmen er abweichen will (vgl. dazu die Erl.
zu § 269i InsO). Für ein Verfahren in Eigenverwaltung fehlt insofern eine entsprechende Verweisung. Diese Gesetzeslücke ist im Wege der Analogie zu schließen (§§ 270d, 269i InsO). Im Falle
der Eigenverwaltung tritt der Schuldner an die Stelle des Insolvenzverwalters, dann hat der eigenverwaltende Schuldner dazu im Berichtstermin in seinem Verfahren Stellung zu nehmen (vgl. auch *Flöther/Madaus* Handbuch, § 5 Rn. 97).

Nach § 269i Abs. 2 InsO kann die Gläubigerversammlung beschließen, dass der Koordinationsplan 15
einem vom Insolvenzverwalter auszuarbeitenden Insolvenzplan zugrunde zu legen ist. Eine entsprechende Regelung für den Fall der Eigenverwaltung existiert nicht. Insofern ist die Gesetzeslücke über
eine Analogie zu § 270d InsO zu schließen. Im Fall der Eigenverwaltung tritt an die Stelle des Insolvenzverwalters der eigenverwaltende Schuldner. Demgegenüber kann die Gläubigerversammlung
nicht analog §§ 270d, 284 Abs. 1 InsO dem Sachwalter die Zuständigkeit zuweisen, da es sich nicht
um die Erstellung eines Insolvenzplanes handelt, sondern um originäre Durchsetzung des Kooperationsplanes (so auch *Flöther/Madaus* Handbuch, § 5 Rn. 102).

§ 271 Nachträgliche Anordnung

¹Beantragt die Gläubigerversammlung mit der in § 76 Absatz 2 genannten Mehrheit und der Mehrheit der abstimmenden Gläubiger die Eigenverwaltung, so ordnet das Gericht diese an, sofern der Schuldner zustimmt. ²Zum Sachwalter kann der bisherige Insolvenzverwalter bestellt werden.

Übersicht	Rdn.		Rdn.
A. Bedeutung und Zweck der Vorschrift	1	II. Zustimmung des Schuldners	10
B. Die Regelungen im Einzelnen	3	III. Anordnung des Insolvenzgerichts	11
I. Antrag der Gläubigerversammlung	3	IV. Sachwalterbestellung	13

Literatur:
Siehe bei § 270.

A. Bedeutung und Zweck der Vorschrift

Das Verständnis für die **Reformfassung** des § 271 InsO **und seine Zweckbestimmung** durch das 1
ESUG erschließt sich durch einen Blick auf die Altregelung. Die §§ 271, 272 InsO waren Ausdruck
der durch die InsO angestrebten **Deregulierung des Insolvenzrechtes** mit einer Betonung des
Grundsatzes der Gläubigerautonomie: Die Normen des Insolvenzrechtes sollten der privatautonomen Abwicklung der Insolvenz so wenig Schranken wie möglich setzen. Nicht nur der Ausgang
des Insolvenzverfahrens sollte von den Beteiligten bestimmt werden, sondern auch der Gang des Verfahrens, nach Maßgabe des Wertes ihrer in das Verfahren einbezogenen Rechte (*Schmidt-Räntsch*
InsO, Einführung Rn. 21, 25; allg. Meinung). Für die Durchführung der Eigenverwaltung nach Insolvenzeröffnung folgerte der Gesetzgeber daraus für die mit der Insolvenzeröffnung nicht angeordnete Eigenverwaltung, dass der Wille der ersten Gläubigerversammlung grds. über der Anordnungsmacht des Insolvenzgerichts steht: Wurde der (vor der Eröffnung des Insolvenzverfahrens gestellte)
Eigenverwaltungsantrag des Schuldners abgelehnt, konnte sich die erste Gläubigerversammlung darüber hinwegsetzen, ihrerseits den Eigenverwaltungsantrag stellen und so die Eigenverwaltung nach
Maßgabe des § 271 InsO zur Durchführung bringen. Wurde dagegen dem Eigenverwaltungsantrag

des Schuldners stattgegeben, konnte die erste Gläubigerversammlung ihre Fortsetzung nach Maßgabe des § 272 InsO zu Fall bringen. Die erste Gläubigerversammlung bestätigte also die stets vorläufige Entscheidung des Insolvenzgerichts, veranlasste seine Erstentscheidung oder hob sie auf (wie hier *Uhlenbruck* InsO, 13. Aufl. § 271 Rn. 2). Daraus folgte auch die Befugnis der ersten Gläubigerversammlung, zwar über die Fortsetzung der Eigenverwaltung zu beschließen, aber eine andere Sachwalterbestimmung vorzunehmen. Die **Umsetzung des Zweckes** durch die einzelnen Anordnungsvoraussetzungen des § 271 InsO mit der dadurch bestimmten Anwendungsreichweite warf jedoch Fragen auf, die kontrovers diskutiert wurden. Die insoweit unklare Rechtslage löste **Rechtsunsicherheit** aus und damit die **Gefahr eines Anwendungshindernisses** in der Praxis. So war insbesondere unklar, ob der ersten Gläubigerversammlung die Antragskompetenz fehlte, wenn der Eigenverwaltungsantrag vom Schuldner im Insolvenzantragsverfahren nicht gestellt worden war oder ob ihr die Antragskompetenz in allen Fällen zustand, in denen noch keine Eigenverwaltung bestand, gleich aus welchem Grund; ob sie deswegen auch bei einem gescheiterten Eigenverwaltungsantrag des Schuldners bestand; ob zum Antragszeitpunkt auch die Bereitschaft des Schuldners zur Eigenverwaltung bestehen musste; mit welchen Mehrheitsverhältnissen der Beschlussantrag zustande kommen musste und wie der Gefahr einer Großgläubigerbestimmung entgegen gewirkt werden konnte (i.E. s. die Kommentierung zu § 271 InsO in der 6. Auflage).

2 Der Reformgesetzgeber entschied sich dazu, die Rechtsunsicherheit und daraus die Gefahr eines Anwendungshindernisses durch eine **Neuregelung** der Vorschrift mit geänderten Umsetzungsvorgaben zu beseitigen. Zugleich modifizierte er ihren Anwendungsbereich umfassend und damit ihren Zweck. Gestützt auf die Ziele des Insolvenzgesetzgebers zur Deregulierung des Insolvenzrechts mit einer Betonung des Grundsatzes der Gläubigerautonomie, gehören die Verbesserung von Sanierungschancen durch Einbeziehung von Schuldnern und Gläubigern in die Auswahl der maßgeblichen Akteure und eine größere Planungssicherheit hinsichtlich des Ablaufes des Verfahrens zu den Kernanliegen des ESUG, im Einzelnen u.a. durch einen stärkeren Einfluss der Gläubiger auf die Auswahl des Insolvenzverwalters und die Vereinfachung des Zugangs zur Eigenverwaltung. In der Eigenverwaltung erfolgt die Umsetzung u.a. durch den Zweck, Hindernisse auf dem Weg zur Eigenverwaltung durch maßvolle Lockerung ihrer Anordnungsvoraussetzungen aus dem Weg zu räumen und die Gläubigerautonomie zu stärken (BT-Drucks. 17/5712 S. 1 f. zu A. Problem und Ziel, S. 19 zu 5. Eigenverwaltung stärken), insbesondere durch die Änderung des § 271 InsO in dieser Zweckbestimmung zur Stärkung der Eigenverwaltung (BT-Drucks. 17/5712 S. 42 zu Nr. 44 Änderung von § 271). Die Neufassung des § 271 InsO bezweckt hierzu im Besonderen: Klarzustellen, dass die Anordnung der Eigenverwaltung nach Insolvenzeröffnung auch dann möglich ist, wenn der Schuldner einen Antrag darauf vor Insolvenzeröffnung noch nicht gestellt hatte, sofern zwischen Schuldner und Gläubigerversammlung über die Fortsetzung des Verfahrens in Eigenverwaltung Einigkeit besteht; zur Vermeidung eines Antragsmissbrauches zum Schutz der Gläubigergesamtheit sicherzustellen, dass der Beschlussantrag der Gläubigerversammlung den Mehrheitsanforderungen der §§ 57 Satz 2, 76 Abs. 2 InsO entspricht, also neben der Stimmenmehrheit der abstimmenden Gläubiger auch die Kopfmehrheit erfordert. Der Bestimmungsmacht der Gläubigerversammlung gebührt damit der Vorrang vor der gerichtlichen Entscheidung (*Kübler/Prütting/Bork-Pape* § 271 Rn. 3; MüKo-InsO/*Tetzlaff* § 271 Rn. 26). Mit dem neuen **Leitsatz des § 271 InsO** »Spricht sich die Gläubigerversammlung im Einverständnis mit dem Schuldner für eine Eigenverwaltung aus, sind keine Gründe erkennbar, warum diese einvernehmliche Eigenverwaltung versagt werden sollte« (BT-Drucks. 17/5712 S. 41 f. zu Nr. 44), lassen sich durch Auslegung auch alle übrigen Einzelfragen verlässlich beantworten. Die Neuregelung gilt für alle ab dem 01.03.2012 beantragten Verfahren. Für die zuvor eröffneten Altverfahren gilt die Altfassung gem. Art. 103g EGInsO fort (*Kübler/Prütting/Bork-Pape* InsO, § 271 Rn. 5), wird durch den Zeitablauf allerdings keine praktische Relevanz mehr haben.

B. Die Regelungen im Einzelnen

I. Antrag der Gläubigerversammlung

Nach der Neufassung kommt es auf ein **früheres Antragsverhalten des Schuldners** und einen Antragserfolg nicht mehr an. Der zulässige Eigenverwaltungsantrag der Gläubigerversammlung hat nur noch eine Voraussetzung (s. aber Rdn. 5 zur Sachwalterbenennung mit dem Antrag), die sich allerdings von selbst versteht: Die Eigenverwaltung darf von der Gläubigerversammlung noch nicht beantragt und erst recht nicht angeordnet worden sein, weil er dann zwecklos wäre. Der Antrag kann also auch gestellt werden, wenn der Schuldner noch keinen Eigenverwaltungsantrag zuvor gestellt hatte oder ein Eigenverwaltungsantrag erfolglos war oder mehrere Eigenverwaltungsanträge erfolglos waren. Denn der Begründungszwang für das Gericht bei Aufhebung des Eigenverwaltungsantrages nach § 270 Abs. 4 InsO bezweckt gerade, der Gläubigerversammlung zur Berücksichtigung der Ablehnungsbegründung eine Entscheidungshilfe zu geben (i.E. s. § 270 Rdn. 111–113), worin liegt, dass die Anordnung der Eigenverwaltung im eröffneten Verfahren nach § 271 InsO Anordnungsoption ist. Auch die **Aufhebung des allgemeinen Eigenverwaltungsvorverfahrens** nach § 270a Abs. 1 InsO (s. § 270a Rdn. 33) oder **des Schutzschirmverfahrens** nach § 270b Abs. 4 InsO macht einen Antrag der Gläubigerversammlung nicht unzulässig, weil § 271 InsO nicht allein auf den Schuldnerantrag abstellt, sondern auch auf den Willen der Gläubigergemeinschaft in der Gläubigerversammlung und sein Einvernehmen mit dem Schuldner (vgl. BT-Drucks. 17/5712 S. 42 zu Nr. 44), und das, was nach dem Zweck des § 271 InsO für den erfolglosen Eigenverwaltungsantrag mit der Eröffnungsentscheidung des Gerichts gilt, erst recht für das aufgehobene Eigenverwaltungsvorverfahren gelten muss.

Antrag ist der auf die Anordnung der Eigenverwaltung durch Beschluss des Gerichts (§ 270 Abs. 1 Satz 1 InsO) gerichtete Mehrheitsbeschluss der Gläubigerversammlung. Für Antragstellung und Beschlussfassung gelten grds. §§ 74 bis 77 InsO über § 270 Abs. 1 Satz 2 InsO, sodass die Erörterung und Beschlussfassung zur Anordnung der Eigenverwaltung zum öffentlich bekannt zu machenden Tagesordnungspunkt nach § 74 Abs. 2 InsO gehört (*Kübler/Prütting/Bork-Pape* § 271 Rn. 12). Deswegen kann nicht der Auffassung gefolgt werden, die Antragsfeststellung zu Protokoll der Gläubigerversammlung reiche aus (so aber *Uhlenbruck/Zipperer* InsO, § 271 Rn. 2). Wird der Antrag erst in der Gläubigerversammlung gestellt, muss zur Beschlussfassung über den Antrag vertagt werden, wobei sich die Veröffentlichung des neuen Termins mit Tagesordnung abweichend von § 74 Abs. 2 Satz 2 InsO anbietet, um dem Einwand auf eine unzulässige Erweiterung der Tagesordnung (K. Schmidt/*Jungmann* InsO, § 271 Rn. 22) zu entgehen (*Uhlenbruck/Zipperer* InsO, § 271 Rn. 2). Abweichend von § 76 Abs. 2 InsO (§ 270 Abs. 1 Satz 2 InsO) reicht als Besonderheit des § 271 InsO für den erfolgreichen Beschluss der Gläubigerversammlung jedoch nicht aus, dass die Summe der Forderungsbeträge der zustimmenden Gläubiger mehr als die Hälfte der Summe der Forderungsbeträge der abstimmenden Gläubiger beträgt, sondern zusätzlich zu der **Stimmenmehrheit** auch die **Kopfmehrheit** der abstimmenden Gläubiger wie nach § 57 InsO vorliegt, sodass § 271 InsO eine Parallelregelung zu § 57 InsO ist (BT-Drucks. 17/5712 S. 41 zu Nr. 44). Für die Beschlussfähigkeit reicht die Anwesenheit nur eines stimmberechtigten Gläubigers, der über die Forderungsmehrheit verfügt (vgl. *BGH* NZI 2007, 732 [733]; *Uhlenbruck/Zipperer* InsO, § 271 Rn. 2). Der Sinn dieser – gegenüber § 271 InsO a.F. – **Mehrheitsneuregelung** liegt im Gesamtgläubigerschutz. Die Möglichkeit zur nachträglichen Anordnung der Eigenverwaltung soll nicht durch wenige Großgläubiger oder eine geschickt agierende Kleingläubigergruppe beherrscht werden (BT-Drucks. 17/5712 S. 41 zu Nr. 44; krit. zu diesem Missbrauchsschutzmittel *Uhlenbruck/Zipperer* InsO, § 271 Rn. 2). Zu Einzelfragen der Mehrheitsfeststellung s. *Jahntz* § 57 Rdn. 4.

Die Bedeutung der Mehrheitsneuregelung geht allerdings weiter, als auf den ersten Blick ersichtlich ist. Zu § 272 Abs. 1 Nr. 1 InsO ist streitig, ob der Aufhebungsantrag der Gläubigerversammlung vom Gericht auf Gläubigerbeschwerde nach § 78 InsO auf einen Widerspruch zum gemeinsamen Interesse der Insolvenzgläubiger geprüft werden kann (i.E. FK-InsO/*Foltis* 6. Aufl. § 272 Rn. 9 f. m.N.). Der *BGH* hat mit Beschluss vom 21.07.2011 (– IX ZB 64/10, ZIP 2011, 1622 m. krit. Anm. *Flöther/Gelbrich*) zu § 272 Abs. 1 Nr. 1 InsO a.F. auf die Unanfechtbarkeit nach § 78

InsO erkannt und damit für einen solchen Antrag die Unzulässigkeitsbehandlung vorgegeben (i.E. s. § 272 Rdn. 11 f.). Gleiches wird für § 271 InsO aus der Entscheidung des BGH geschlossen (A/G/R-*Ringstmeier* § 271 InsO Rn. 6 f.; *Nerlich/Römermann-Riggert* InsO, § 271 Rn. 6; *Uhlenbruck/Zipperer* InsO, § 271 Rn. 2). *Pape* (in: *Kübler/Prütting/Bork* InsO, § 271 Rn. 19) meint dagegen zu § 271 InsO n.F., benachteiligt fühlenden Gläubigern könne das Antragsrecht mit Rücksicht darauf, dass der Insolvenzgesetzgeber in der Begründung zum Regierungsentwurf ausdrücklich auf die Überprüfungsmöglichkeit nach § 78 InsO verwiesen habe, das Antragsrecht nicht absolut genommen werden. Dieser Auffassung ist beizutreten (ebenso *Graf-Schlicker* InsO, § 271 Rn. 5; MüKo-InsO/*Tetzlaff* § 271 Rn. 20, 26, 33). Die Entscheidung des BGH leidet an einem erheblichen Auslegungsfehler schon zu § 272 Abs. 1 Nr. 1 InsO a.F., weil die Verweisungsvorschrift des § 270 Abs. 1 Satz 2 InsO mit der Verweisung auf § 78 InsO ebenso unbeachtet geblieben ist, wie die Zwecksetzung der Vorschrift durch Anordnung in den Gesetzesgrundlagen auf Anwendung des § 78 InsO auf die »Nachträglichkeitsfälle« der §§ 271, 272 InsO und deswegen die Anwendbarkeit des § 78 InsO nicht durch eine Auslegung des Gesetzes beseitigt werden kann. Im Rahmen des § 271 InsO ist deswegen ein Gläubigerantrag nach § 78 Abs. 1 InsO nicht unzulässig. Eine andere Frage ist, inwieweit ein Antrag nach § 78 Abs. 1 InsO auch begründet sein kann. Der Reformgesetzgeber hat mit der **Mehrheitsneuregelung** in Kenntnis der Diskussion um die Anwendbarkeit des § 78 InsO die Verbesserung des Schutzes der Gläubigergesamtheit vor missbräuchlichen Anträgen durch wenige Großgläubiger oder eine geschickt agierende Kleingläubigergruppe bezweckt. Die Mehrheitsneuregelung wird dazu führen, dass die Anwendbarkeit des § 78 InsO auf Fälle des **Antragsmissbrauches beschränkt** bleibt, z.B. der Mehrheitsbeschluss regelwidrig zustande kam, etwa die Summen- oder Kopfmehrheit dadurch, dass sich stimmberechtigte Gläubiger durch Vorteilsversprechen oder -gewährungen haben bestimmen lassen (i.E. s. § 272 Rdn. 11–13; wie hier HK-InsO/*Landfermann* § 271 Rn. 6; ähnlich MüKo-InsO/*Tetzlaff* § 271 Rn. 20; HambK-InsO/*Fiebig* § 271 Rn. 10).

6 Der Antrag der Gläubigerversammlung hat bereits die **Benennung einer bestimmten natürlichen Person** (§§ 270 Abs. 1 Satz 2, 56 Satz 1 InsO) zu enthalten, die das Insolvenzgericht **zum Sachwalter** bestellen soll (§§ 274 Abs. 1, 57 Satz 1 InsO). Enthält der Antrag der Gläubigerversammlung nicht zugleich die Benennung des zu bestellenden Sachwalters, ist er unzulässig. Denn das Antragsrecht der Gläubigerversammlung folgt dem Grundsatz der Gläubigerautonomie im Insolvenzverfahren. Das Insolvenzgericht ist nicht befugt, diesen Grundsatz zu durchbrechen. Dagegen meint *Uhlenbruck* InsO 13. Aufl., § 271 Rn. 6 unter Berufung auf den Gesetzeswortlaut des § 271 InsO a.F., der (ersten) Gläubigerversammlung stehe weder ein Weisungs- noch ein Vorschlagsrecht zu (ebenso *Nerlich/Römermann-Riggert* InsO, § 271 Rn. 3, MüKo-InsO/*Wittig/Tetzlaff* 2. Aufl., § 271 Rn. 17, jeweils zu § 271 InsO a.F., allerdings ohne Begründung; jetzt *Nerlich/Römermann-Riggert* InsO, § 271 Rn. 3 zu § 271 InsO n.F; MüKo-InsO/*Tetzlaff* § 271 Rn. 15; wie hier jetzt auch A/G/R-*Ringstmeier* § 271 Rn. 8). Dem ist entgegenzuhalten, dass die Vorschrift Ausdruck der Deregulierung des Insolvenzrechts mit einer Betonung des Grundsatzes der Gläubigerautonomie ist (s. Rdn. 1 f.). Damit entspricht sie der anwendbaren (§ 270 Abs. 1 Satz 2 InsO) Neuwahlvorschrift des § 57 InsO für den Insolvenzverwalter (HK-InsO/*Landfermann* 7. Aufl., § 57 Rn. 2; HK-InsO/*Riedel* § 57 Rn. 2), auf deren Parallele die Neufassung ausdrücklich beruht und für den ein bloßer Antrag eines Gläubigers auf Abwahl des bisherigen Verwalters nicht als ausreichend angesehen wird (*Uhlenbruck/Vallender* InsO, § 57 Rn. 10; *Nerlich/Römermann-Delhaes* InsO, § 57 Rn. 3; MüKo-InsO/*Graeber*, § 57 Rn. 13), mithin im Fall des § 271 InsO ein bloßer Antrag auf Anordnung der Eigenverwaltung gleichfalls nicht ausreichen kann. Wenn die Gläubigerversammlung von ihrem Recht zur Gläubigerautonomie nach § 271 InsO Gebrauch machen will, übernimmt sie im Übrigen auch die Pflicht, sich über die Person des Sachwalters im Klaren zu sein und kann sich dieser Pflicht nicht einfach durch Aufgabenzuweisung an den Insolvenzrichter (i.d.R. der Rechtspfleger) entledigen. Entgegen der Auffassung von *Uhlenbruck/Zipperer* (InsO, § 271 Rn. 2; ebenso HK-InsO/*Landfermann* § 271 Rn. 8) besteht im Fall des § 271 InsO das **Erstbestimmungsrecht des Insolvenzgerichts** gem. § 56 InsO nicht mehr, weil kein Fall des § 270 Satz 1 InsO vorliegt und § 271 InsO gegenüber § 56 InsO lex specialis ist (§ 270 Abs. 1 Satz 2 InsO; i.E. wie hier schon zu § 271

InsO a.F. MüKo-InsO/*Wittig/Tetzlaff* 2. Aufl., § 271 Rn. 25; ebenso nach neuem Recht A/G/R-*Ringstmeier* § 270 Rn. 8), nach dem ESUG erst recht nicht, weil selbst das Erstbestimmungsrecht des Gerichts nach § 270 Abs. 3, 4 InsO stark eingeschränkt ist und im Fall des § 271 InsO anders als nach § 270 InsO der Antrag von der Gläubigerversammlung selbst ausgehen muss. Die Gläubigerversammlung kann den bisherigen Insolvenzverwalter benennen (Satz 2). Das Insolvenzgericht wird darauf hinweisen.

Gleiches gilt für die Stellung des (vorläufigen) **Gläubigerausschusses**. Er hat im Fall des § 271 InsO 7 kein Mitwirkungsrecht. Für die Sachwalterbestellung bestimmt zwar § 274 Abs. 1 InsO die entsprechende Anwendbarkeit auch der Regeln für die Gläubigerbeteiligung bei der Verwalterbestellung nach § 56a InsO, die durch eine besondere Bestimmung in § 271 InsO nicht von der Anwendbarkeit ausgenommen ist und deswegen bei einer Formalanwendung des § 274 Abs. 1 InsO auf § 271 InsO zur Beteiligung des vorläufigen Gläubigerausschusses nach den Regeln des § 56a InsO führen müsste. Die **Anwendbarkeit des § 56a InsO** besteht jedoch nach Sinn und Zweck des § 271 InsO gleichfalls nicht. Einmal, weil § 56a InsO auf die Erstbestellung des Verwalters abzielt und deswegen in der Eigenverwaltung auf die Erstbestellung des Sachwalters (i.E. s. § 270c Rdn. 2–4, § 274 Rdn. 9–13) und sich aus dieser Erstbestellungsausrichtung die Beteiligung nur eines vorläufigen Gläubigerausschusses (§ 56a InsO Wortlaut) ergeben kann. Im Fall des § 271 InsO liegt jedoch kein Erstbestimmungsfall mit einem vorläufigen Gläubigerausschuss vor, sondern die Erstbestimmung des Insolvenzverwalters ist bereits mit der Insolvenzeröffnung vollzogen, ein bestellter Gläubigerausschuss ist kein vorläufiger nach § 56a InsO, sondern ein (vorläufig) endgültiger. Außerdem kann ein bestellter Gläubigerausschuss im Zeitpunkt der Gläubigerversammlung nach § 271 InsO nicht mehr für die erste Gläubigerversammlung vom Insolvenzgericht nur vorläufig nach § 67 Abs. 1 InsO bestellt sein, weil es sich nicht um die erste Gläubigerversammlung handeln muss, sondern auch eine spätere außerordentliche sein kann (s. Rdn. 8), in dem der Gläubigerausschuss bereits »endgültig« bestellt wurde. Schließlich ist die Gläubigerversammlung das gegenüber dem Gläubigerausschuss »übergeordnete« Insolvenzorgan mit absoluter Entscheidungskompetenz (*Uhlenbruck/Knof* InsO, § 76 Rn. 2) und damit allein vom Gesetzgeber zum Antrag nach § 271 InsO berufen. Die Mitglieder des (vorläufigen) Gläubigerausschusses können zwar vom Gericht angehört werden (§ 76 Abs. 1 InsO) und werden dies in aller Regel zur sachgerechten Information der Gläubigerversammlung aus ihren Kenntnissen und Erfahrungen aus der Gläubigerausschussarbeit über den Schuldner und den Insolvenzverwalter auch werden, eine Antragskompetenz gebührt ihnen jedoch weder als einzelne Mitglieder des Gläubigerausschusses, noch als Gläubigerausschussorgan (i.E. ebenso *Kübler/Prütting/Bork-Pape* InsO, § 271 Rn. 25).

Für die nachträgliche Anordnung der Eigenverwaltung grundlegend ist die Einigkeit des Schuldners 8 und der Gläubigerversammlung über die Fortsetzung des Verfahrens in Eigenverwaltung (BT-Drucks. 17/5712 S. 41 zu Nr. 44), sodass die **Zustimmung des Schuldners** Anordnungsvoraussetzung ist. Nach dem Wortlaut des Gesetzes hängt die Anordnung der Eigenverwaltung durch das Gericht von der Zustimmung des Schuldners ab, nicht der Antrag der Gläubigerversammlung, sodass die Zustimmung des Schuldners **keine Zulässigkeitsvoraussetzung für den Antrag** der Gläubigerversammlung ist. Liegt dem Gericht jedoch vor dem Antrag die Erklärung des Schuldners vor, zur Eigenverwaltung nicht bereit zu sein, ist der Antrag der Gläubigerversammlung zwecklos und deswegen unzulässig (**a.A.** *Uhlenbruck/Zipperer* InsO, § 271 Rn. 3: unbegründet). Denn es kann keinen Sinn machen, ohne die vorab erklärte Bereitschaft des Schuldners, dies auch zu wollen, in das Antragsverfahren zur Anordnung der Eigenverwaltung zu gehen, weil riskiert wird, dass der Schuldner nach dem Antrag auf Befragen des Gerichts vor der Anordnung erklärt, diese gar nicht zu wollen (so schon die allg. Meinung zum Altrecht, s. FK-InsO 6. Aufl. § 270 Rn. 6). Das Gericht wird deswegen den Schuldner **vor der Antragstellung** zu seiner Eigenverwaltungsbereitschaft befragen und seine Erklärung protokollieren sowie nach der Antragstellung **und vor der Eigenverwaltungsanordnung** zu Protokoll noch einmal, um diese Anordnungsvoraussetzung sicherzustellen. Der Schuldner ist allerdings nicht gehindert, durch Erklärung gegenüber dem Gericht seine Zustimmung zurückzunehmen. Er kann dies bis zur Anordnung der Eigenverwaltung durch das Gericht. Danach ist dem Schuldner nur noch die Aufhebung der Anordnung der Eigenverwaltung über § 272 Abs. 1 Nr. 3

Foltis

InsO möglich. Den Antrag kann er bereits unmittelbar nach der Anordnung der Eigenverwaltung nach § 271 InsO stellen.

9 Nach neuem Recht ist der Eigenverwaltungsantrag nicht mehr an die erste Gläubigerversammlung gebunden, sondern kann **in jeder Gläubigerversammlung** gestellt werden (ebenso HambK-InsO/ *Fiebig* § 271 Rn. 3; MüKo-InsO/*Tetzlaff* § 271 Rn. 13). Insoweit wurde § 271 InsO im Anwendungsbereich § 272 InsO gleichgestellt (i.E. s. § 272 Rdn. 1). Er kann selbst dann in einer (außerordentlichen) Gläubigerversammlung gestellt werden, wenn der Antrag vom Gericht in einer Gläubigerversammlung zuvor unter Anwendung des § 78 InsO (nach der hier vertretenen Auffassung anwendbar über § 270 Abs. 1 Satz 2 InsO, s. Rdn. 5) mit Erfolg abgelehnt wurde. Der Grund liegt in der Neuausrichtung des § 271 InsO, der nach seinem Zweck jetzt die Eigenverwaltung **in jeder Phase des Insolvenzverfahrens ermöglichen** will, wenn darüber zwischen der Gläubigerversammlung und dem Schuldner Einvernehmen besteht. Der Fall ist denkbar, wenn aus einer Verwaltungs- und Verwertungslage mit oder ohne Fortführung des Geschäftsbetriebes mit einem Insolvenzverwalter in eine Sanierungslage oder eine »normale Verwaltungs- und Verwertungslage« mit oder ohne Wiederaufnahme des Geschäftsbetriebes übergegangen werden soll (§ 271 Satz 2 Wortlaut), z.B. weil der Schuldner für die Gläubiger kostengünstiger und damit wirtschaftlich sinnvoller ist (BT-Drucks. 12/2443 S. 100 unter bb) Eigenverwaltung).

II. Zustimmung des Schuldners

10 Die Zustimmung des Schuldners soll vor der Antragstellung vorliegen, sie muss dies vor der Anordnung (i.E. s. Rdn. 8).

III. Anordnung des Insolvenzgerichts

11 Die Anordnung der Eigenverwaltung durch das Insolvenzgericht auf Antrag der Gläubigerversammlung erfolgt durch **Beschluss** (§ 273 InsO). Im Gegensatz zum Aufhebungsbeschluss nach § 272 Abs. 1, Abs. 2 Satz 3 InsO ist er **nicht rechtsmittelfähig**, weil die sofortige Beschwerde nicht vorgesehen ist (§ 6 Abs. 1 InsO; *Uhlenbruck/Zipperer* InsO, § 271 Rn. 8; *Kübler/Prütting/Bork-Pape* InsO, § 271 Rn. 17; MüKo-InsO/*Tetzlaff* § 271 Rn. 30). Er ist **öffentlich bekannt zu machen** (§ 273 InsO), weil er beträchtliche Folgen auslöst: Die Wiedereinräumung der Verwaltungs- und Verfügungsmacht auf den Schuldner mit der Beendigung der Insolvenzverwaltertätigkeit und deren Erlöschen beim Insolvenzverwalter (i.E. s. § 273). Übergangsprobleme aus dem Rechtsmachtwechsel mit der Gefahr von Gläubigernachteilen können durch die Anordnung von Sicherungsmaßnahmen nach § 21 Abs. 1 InsO (str.; i.E. s. § 270c Rdn. 31) oder durch eine Sonderverwaltung (s. § 270 Rdn. 19) geregelt werden. Für die Anordnung der Eigenverwaltung wird regelmäßig der Rechtspfleger zuständig sein (§ 18 RPflG; *Kübler/Prütting/Bork-Pape* InsO, § 271 Rn. 14; MüKo-InsO/*Tetzlaff* § 271 Rn. 29). Gegen seine Entscheidung ist auch die Rechtspflegererinnerung ausgeschlossen, weil sie eine Ermessensentscheidung ist und über diesen Rechtsbehelf nicht unterlaufen werden darf (*Uhlenbruck* InsO, 13. Aufl., § 271 Rn. 7; *Kübler/Prütting/Bork-Pape* InsO, § 271 Rn. 17; **a.A.** HK-InsO/*Landfermann* § 271 Rn. 5; K. Schmidt/*Undritz* § 271 Rn. 8; HambK-InsO/*Fiebig* § 271 Rn. 15; *Uhlenbruck/Zipperer* InsO, § 271 Rn. 8). Einem sich durch die Anordnung beschwert fühlenden Gläubiger bleibt nur der Antragsweg über § 272 Abs. 1 Nr. 2 InsO (Antrag auf Aufhebung der Anordnung; *Kübler/Prütting/Bork-Pape* § 271 Rn. 17). Die Entscheidung sollte Tag und Stunde nennen (§§ 270 Abs. 1 Satz 2, 27 Abs. 2 InsO), um Unklarheiten und Abgrenzungsschwierigkeiten vorzubeugen (*Kübler/Prütting/Bork-Pape* § 271 Rn. 15). Mit der nachträglichen Anordnung befindet sich das Insolvenzgericht in der **Anordnungslage der Verfahrenseröffnung nach § 270 Abs. 1 InsO**, sodass alle insoweit geforderten Verfügungen zu treffen sind. Entgegenstehende Verfügungen im Eröffnungsbeschluss sind aufzuheben bzw. rückgängig zu machen (*Uhlenbruck/Zipperer* InsO, § 271 Rn. 6). Deswegen sollte im Beschluss entsprechend § 28 Abs. 3 InsO die Leistungsverpflichtung an den Schuldner ausgesprochen werden, Eintragungen nach §§ 32, 33 dürfen jedoch nicht gelöscht werden (so aber *Kübler/Prütting/Bork-Pape* § 271 Rn. 16; *Uhlenbruck/Zipperer* InsO, § 271 Rn. 6), weil die Eintragung den Insolvenzbeschlag ver-

lautbart und sich durch die Eigenverwaltungsanordnung der Insolvenzbeschlag zugunsten der Gläubigergemeinschaft nicht ändert und er zu ihrem Schutz keinesfalls unterbrochen werden darf. Verfügungen werden dem eigenverwaltenden Schuldner dadurch nicht unmöglich, er kann mit dem Anordnungsbeschluss seine Verwaltungs- und Verfügungsmacht nachweisen und die Löschung im Einzelfall durch Anordnung des Gerichts erreichen, § 32 Abs. 3 InsO, der das Schicksal vorgenommener Eintragungen abschließend regelt. § 270c Satz 2 InsO ist unanwendbar, weil § 271 InsO das eröffnete Insolvenzregelverfahren voraussetzt (a.A. *Kübler/Prütting/Bork-Pape* § 271 Rn. 16). Die Anordnung obliegt dem Rechtspfleger (§ 18 RPflG; allg. Meinung, z.B. *Uhlenbruck/ Zipperer* InsO, § 271 Rn. 4; *Kübler/Prütting/Bork-Pape* InsO, § 271 Rn. 14).

Dem Gericht ist es nach der hier vertretenen Auffassung nicht verwehrt, den Beschluss der Gläubigerversammlung nach **§ 78 Abs. 1 InsO** zu prüfen, sodass der Antrag darauf eines absonderungsberechtigten Gläubigers, eines nicht nachrangigen Insolvenzgläubigers oder des Insolvenzverwalters nicht unzulässig ist, allerdings aber regelmäßig unbegründet sein wird (Beschl. des *BGH* v. 21.07.2011 – IX ZB 64/10, ZIP 2011, 1622; i.E. s, Rdn. 5). 12

IV. Sachwalterbestellung

Zum Sachwalter kann der bisherige Insolvenzverwalter bestellt werden. Der Gesetzgeber respektiert mit der Regelung die Sachnähe des bisherigen Insolvenzverwalters wie im umgekehrten Fall der Eigenverwaltungsaufhebung diejenige des bisherigen Sachwalters (§ 272 Abs. 3 InsO; bestätigt: BT-Drucks. 17/5712 S. 42 zu Nr. 44). 13

Die Regelung beschränkt sich auf die Klarstellung zur Personenwahl: Der bisherige Insolvenzverwalter ist grds. nicht etwa unter dem Gesichtspunkt der Interessenkollision vom Sachwalteramt ausgeschlossen (ebenso MüKo-InsO/*Tetzlaff* § 271 Rn. 38; A/G/R-*Ringstmeier* § 270 Rn. 8; *Uhlenbruck/Zipperer* InsO, § 271 Rn. 7). Aus der Struktur der Eigenverwaltung insgesamt mit der grundsätzlichen Gefahr gläubigergefährdenden Handelns des Schuldners in der Eigenverwaltung folgt, dass wie bei der vorläufigen Anordnung der Eigenverwaltung nach § 270 Abs. 2 InsO die Anordnung der Eigenverwaltung ohne gleichzeitige Bestellung eines Sachwalters unzulässig ist (s. § 270 Rdn. 5, 31; § 270c Satz 1 InsO). 14

Die Überwachungsfunktion des Sachwalters (§ 274 InsO) und seine Mitbefugnis bei Begründung von Verbindlichkeiten (§ 275 InsO) für die Wahrung der Gläubigerinteressen macht die **Auswahl und Berufung des Sachwalters zu einer der Kernfragen der Eigenverwaltung** (s. § 270c Rdn. 33). § 271 InsO entspricht der Situation der ersten Gläubigerversammlung des allgemeinen Insolvenzverfahrens, sodass über § 270 Abs. 1 Satz 2 InsO § 57 InsO anzuwenden ist. Darauf beruht die Reformfassung (s. Rdn. 2, 4 f.). Damit steht den Gläubigern die Wahl zu. Das Insolvenzgericht kann die Bestellung des Gewählten **nur versagen, wenn** er für die Annahme des Amtes **nicht geeignet** ist (ebenso i.E. MüKo-InsO/*Tetzlaff* § 271 Rn. 39, *Uhlenbruck* InsO 13. Aufl., § 271 Rn. 8; *Kübler/Prütting/Bork-Pape* § 271 Rn. 28). Die **Gegenauffassung** (*Gottwald/Haas* HdbInsR, § 87 Rn. 30; HK-InsO/*Landfermann* § 271 Rn. 8; *Uhlenbruck/Zipperer* InsO, § 271 Rn. 7: verbotene Auslegung) überstrapaziert den Wortlaut des Satzes 2 »kann«, indem es dem Gericht ein »Bestellermessen« einräumt. Satz 2 stellt nach seinem Sinn und Zweck lediglich klar, dass die Berufung des bisherigen Insolvenzverwalters nicht ausgeschlossen ist, weil keine Interessenkollisionslage vorliegt (s. Rdn. 13). Sie gewährt dem Gericht (i.d.R. der Rechtspfleger) nicht zugleich ein »Bestellermessen«. Die Gegenauffassung widerspricht vielmehr Sinn und Zweck der Vorschrift insgesamt, der den Grundsatz der Gläubigerautonomie umsetzt und der durch ein »Bestellermessen« des Gerichts verletzt würde. Die Versagung erfolgt nach § 57 InsO über § 274 Abs. 1 InsO durch Beschluss und ist für jeden Gläubiger beschwerdefähig, die Bestellung dagegen nicht. Ein Gläubiger kann sich deswegen nur nach Maßgabe des **§ 78 InsO** gegen die Bestellung zur Wehr setzen, indem das Insolvenzgericht davon überzeugt wird, dass die Bestellung den gemeinsamen Interessen der Insolvenzgläubiger widerspricht und er deswegen für die Amtsführung ungeeignet ist. Der Antrag muss noch in der Gläubigerversammlung gestellt werden, in der der Sachwalter bestellt wird (*Kübler/Prütting/Bork-Pape* InsO, § 271 Rn. 15). Der Beschluss des BGH zu § 272 Abs. 1 Nr. 1 InsO vom 21.07.2011 15

§ 272 InsO Aufhebung der Anordnung

(ZIP 2011, 1622 m. krit. Anm. *Flöther/Gelbrich*) befasst sich mit dem Aufhebungsantrag der Gläubigerversammlung, nicht mit dem Antrag nach § 271 InsO und auch nicht mit der Sachwalterbestellung. Zwar kann er wegen seiner Begründung Auswirkungen auf Antragstellung und Anordnung nach § 271 haben (s. Rdn. 5), nicht jedoch auf die Sachwalterbestellung, sodass daraus kein Grund dafür abzuleiten ist, § 78 Abs. 1 InsO nicht auf die Sachwalterbestellung anzuwenden. Folgt das Gericht dem Antrag nach § 78 InsO, bleibt dem Antrag auf Anordnung der Eigenverwaltung der Erfolg versagt; in diesem Fall kann keine Eigenverwaltung angeordnet werden. Mit dieser Regelung hat der Gesetzgeber der Missbrauchsgefahr vorgebeugt, die dadurch entstehen kann, dass etwa eine kleine Zahl von Großgläubigern, die in der Gläubigerversammlung die Stimmenmehrheit auf sich vereint, versucht, nach ihren Vorstellungen eine Eigenverwaltung durchzusetzen (zum Problem auch *Leipold* Eigenverwaltung S. 170; *Häsemeyer* InsR, Rn. 8.02). Die Gläubigerversammlung ist deswegen gut beraten, wenn sie ihren Eigenverwaltungsantrag mit dem Berufungsvorschlag für einen **geeigneten und bereiten Sachwalter** verbindet. Zum Ungeeignetheitsmerkmal s.a. § 270c Rdn. 5.

16 Gegen die Ablehnung des Antrages auf Aufhebung des Beschlusses der ersten Gläubigerversammlung kann sofortige Beschwerde eingelegt werden (§§ 270 Abs. 1 Satz 2, 78 Abs. 2 Satz 3 InsO; *Uhlenbruck* InsO, 13. Aufl., § 271 Rn. 7). Erst wenn das Rechtsmittelverfahren rechtskräftig abgeschlossen ist, sollte über die nachträgliche Anordnung der Eigenverwaltung entschieden werden (*Uhlenbruck* InsO, 13. Aufl., § 271 Rn. 7).

17 Die Frage, ob bei angeordneter Eigenverwaltung **der gerichtlich bestellte Sachwalter vor der ersten Gläubigerversammlung abgewählt** werden kann, beurteilt sich nicht nach § 271 InsO, weil die Vorschrift eine nicht angeordnete Eigenverwaltung voraussetzt. Es stellt sich auch nicht die Frage nach ihrer entsprechenden Anwendung. Denn die Beurteilung dieser Frage erfolgt über § 57 InsO i.V.m. § 270 Abs. 1 Satz 2 InsO. Die Gleichstellung des Sachwalters mit dem Insolvenzverwalter in § 270c Satz 1 InsO (im Rahmen seiner eingeschränkten Verwaltungs- und Verwertungsbefugnis, § 274 ff. InsO) führt dazu, dass die Gläubigerversammlung den vom Insolvenzgericht mit dem Anordnungsbeschluss vorläufig berufenen Sachwalter abwählen und einen anderen Sachwalter neu wählen kann, ohne dass der abgewählte Sachwalter dadurch beschwert ist (zur Beschwer des Insolvenzverwalters *BVerfG* ZIP 2005, 537 m. Anm. *Linke*; *BGH* ZIP 2004, 2341; ebenso *Uhlenbruck* InsO, 13. Aufl., § 271 Rn. 8).

§ 272 Aufhebung der Anordnung

(1) Das Insolvenzgericht hebt die Anordnung der Eigenverwaltung auf,
1. wenn dies von der Gläubigerversammlung mit der in § 76 Absatz 2 genannten Mehrheit und der Mehrheit der abstimmenden Gläubiger beantragt wird;
2. wenn dies von einem absonderungsberechtigten Gläubiger oder von einem Insolvenzgläubiger beantragt wird, die Voraussetzung des § 270 Absatz 2 Nummer 2 weggefallen ist und dem Antragsteller durch die Eigenverwaltung erhebliche Nachteile drohen;
3. wenn dies vom Schuldner beantragt wird.

(2) ¹Der Antrag eines Gläubigers ist nur zulässig, wenn die in Absatz 1 Nummer 2 genannten Voraussetzungen glaubhaft gemacht werden. ²Vor der Entscheidung über den Antrag ist der Schuldner zu hören. ³Gegen die Entscheidung steht dem Gläubiger und dem Schuldner die sofortige Beschwerde zu.

(3) Zum Insolvenzverwalter kann der bisherige Sachwalter bestellt werden.

Übersicht

	Rdn.
A. Bedeutung und Zweck der Vorschrift	1
B. Die Regelungen im Einzelnen	5
I. Aufhebungsvoraussetzungen (Abs. 1)	5
1. Anordnung der Eigenverwaltung	5
2. Aufhebungsvoraussetzung in allen Fällen: Aufhebungsantrag	6
3. Aufhebung durch das Insolvenzgericht	9

	Rdn.		Rdn.
4. Aufhebungsantrag der Gläubigerversammlung (Nr. 1)	10	6. Schuldnerantrag (Nr. 3)	30
5. Aufhebungsantrag durch absonderungsberechtigten Gläubiger oder durch Insolvenzgläubiger und drohende Gläubigerschädigung (Nr. 2), Konzernbindungsfragen	17	II. Anordnung der Aufhebung (Abs. 2 Satz 2) .... III. Aufhebungsfolge, Rechtsmittel (Abs. 2 Satz 3, Abs. 3)	33 35

Literatur:
Siehe § 270 InsO.

A. Bedeutung und Zweck der Vorschrift

§ 272 InsO respektiert den Grundsatz der Gläubigerautonomie im Insolvenzrecht. Die Anordnung 1 der Eigenverwaltung auf Antrag des Schuldners durch das Insolvenzgericht mit Eröffnung des Insolvenzverfahrens (§ 270 Satz 1 InsO) ist vorläufig bis zur ersten Gläubigerversammlung. Ihrer Entscheidung ist vorbehalten, ob die Anordnung rückgängig gemacht wird oder nicht. Wurde der Eigenverwaltungsantrag abgelehnt, konnte es nach dem Altrecht in der ersten Gläubigerversammlung nach Maßgabe des § 271 InsO zur Anordnung der Eigenverwaltung kommen. Sie kann dies nach neuem Recht in jeder Gläubigerversammlung (s. § 271 Rdn. 9). § 271 InsO wurde damit durch das **ESUG** im Anwendungsbereich erweitert und insoweit § 272 InsO gleichgestellt, der stets die Entscheidungskompetenz jeder Gläubigerversammlung vorsah. Nicht nur die erste Gläubigerversammlung kann also nach § 272 InsO die Eigenverwaltung beenden, sondern auch jede spätere Gläubigerversammlung (ebenso HK-InsO/*Landfermann* § 272 Rn. 2; *Uhlenbruck* InsO, § 272 Rn. 1). Der Grund liegt im erheblichen Risiko der Eigenverwaltung für die Gläubiger trotz Aufsicht des Sachwalters. Gläubigerschädigende Handlungen des Schuldners können etwa nicht mit der Insolvenzanfechtung rückgängig gemacht werden, auch nicht nach einer Aufhebung der Eigenverwaltung. Daher soll es möglich sein, die Eigenverwaltung kurzfristig zu beenden, wenn eine Gefährdung der Gläubigerinteressen sichtbar wird (BT-Drucks. 12/2443 zu § 333). Die Antragskompetenz steht deswegen nicht nur jeder Gläubigerversammlung zu (Abs. 1 Nr. 1), sondern auch jedem absonderungsberechtigten Gläubiger und jedem Insolvenzgläubiger unter den Voraussetzungen des Abs. 1 Nr. 2. Darin kommt der **Gläubiger- und Minderheitenschutz** in der Eigenverwaltung zum Ausdruck (ebenso MüKo-InsO/*Wittig/Tetzlaff* 2. Aufl., § 272 Rn. 2 f.) sowie eine **Sanktionswirkung** für den Schuldner bzw. das Schuldnerunternehmen (*Uhlenbruck* InsO, § 272 Rn. 1) und damit auch die **Sanktionsdrohung** gegenüber dem Schuldner bzw. Schuldnerunternehmen. Als milderes Mittel zur Aufhebung der Eigenverwaltung sieht das Gesetz die Anordnung von Verfügungsbeschränkungen des Schuldners vor (§ 277 InsO). Für vor dem 01.03.2012 beantragte Insolvenzverfahren bleiben die Vorschriften der Altfassung maßgeblich, Art. 103g EGInsO.

Während der Anwendungsbereich des § 271 InsO durch das **ESUG** deutliche Erweiterungen erfah- 2 ren hat (i.E. § 271 Rdn. 1 f.), wurde der **Anwendungsbereich** des § 272 InsO **deutlich eingeschränkt**, eine Konsequenz aus dem Grundanliegen des Reformgesetzgebers. Gestützt auf die Ziele des Insolvenzgesetzgebers zur Deregulierung des Insolvenzrechts mit einer Betonung der Gläubigerautonomie, gehört die Verbesserung von Sanierungschancen durch die Einbeziehung von Schuldner und Gläubigern in die Auswahl der maßgeblichen Akteure und eine größere Planungssicherheit hinsichtlich des Ablaufes des Verfahrens zu den Kernanliegen des ESUG. In § 271 InsO erfolgt die Umsetzung für den Fall des nach Verfahrenseröffnung gewünschten Eigenverwaltungsantrages mit dem Zweck, Hindernisse dazu aus dem Weg zu räumen und die Gläubigerautonomie zu stärken. Das Mittel dazu ist die Erweiterung der Anordnungsmöglichkeit, ohne dabei die Balance zur Gefahr eines gläubigergemeinschaftsschädlichen Antragsmissbrauches aufzugeben (i.E. § 271 Rdn. 2). In § 272 InsO erfolgt die Umsetzung für die Aufhebung der bereits angeordneten Eigenverwaltung dagegen durch Erschwernisse und damit einer Verengung des Anwendungsbereichs, allerdings gleichfalls ohne dabei die Balance zur Gefahr eines gläubigergemeinschaftsschädlichen Antragsmissbrauches

§ 272 InsO   Aufhebung der Anordnung

aufzugeben. In beiden Vorschriften ist das Mittel für den Gesamtgläubigerschutz gleich: Ein Mehrheitsantrag der Gläubigerversammlung erfordert nunmehr zusätzlich zur **Summenmehrheit** eine **Kopfmehrheit**. Ob das Mittel ausreicht, ist nach dem Beschluss des *BGH* v. 21.07.2011 (– IX ZB 64/10, ZIP 2011, 1622) zur Unanwendbarkeit des § 78 InsO auf § 272 Abs. 1 Nr. 1 InsO a.F. allerdings fraglich (s. Rdn. 13 ff.).

3   Das Reformkonzept für § 272 InsO besteht in einer stärkeren Bestandssicherheit für die angeordnete Eigenverwaltung und damit einer stärkeren Planungssicherheit für die Beteiligten möglicher Eigenverwaltungsverfahren vor Antragstellung: »Nach bisheriger Rechtslage ist es zwar schwer für den Schuldner, die Anordnung einer Eigenverwaltung zu erreichen, hingegen ist es für die Gläubiger vergleichsweise leicht, die Beendigung einer angeordneten Eigenverwaltung zu erzielen. Zum einen ist die Eigenverwaltung auf Antrag einer Gläubigerversammlung aufzuheben, wobei eine einfache Summenmehrheit ausreichend ist. Daneben hat eine Aufhebung auch dann zu erfolgen, wenn ein einzelner Gläubiger dies beantragt und die Voraussetzung des § 270 Abs. 2 Nr. 3 InsO weggefallen ist (§ 272 Abs. 1 Nr. 2 InsO). Auch hier gehen Unklarheiten über mögliche Nachteile für die Gläubiger zu Lasten des Schuldners. Hat das Gericht nach seiner Prüfung der Gläubigerinteressen zunächst die Eigenverwaltung angeordnet, ist es im Interesse der Planungssicherheit geboten, höhere Anforderungen an die Beendigung der Eigenverwaltung auf Begehren eines einzelnen Gläubigers zu stellen.« (BT-Drucks. 17/5712 S. 42 zu Nr. 45 Änderung von § 272). Zweifel an einer harmonisierten Änderung des § 272 InsO bestehen, weil für § 272 Abs. 1 Nr. 1 InsO **n.F.** die Anwendbarkeit des § 78 InsO nach den Entscheidungsgrundsätzen des BGH vom 21.07.2011 zu § 272 Abs. 1 Nr. 1 InsO **a.F.** durch den Reformgesetzgeber ungeklärt geblieben ist, ob also das Gericht trotz der Einschränkung durch die Reformierung auf einen Gläubigerantrag eine Prüfung nach § 78 InsO vornehmen darf oder nicht. Aus der Ungeklärtheit folgen auch Anwendungsfragen zu einem Aufhebungsantrag zu einer nachträglich angeordneten Eigenverwaltung nach § 271 InsO (s. dort Rdn. 13 ff.).

4   Auf die **Abberufung eines Sachwalters** ist § 272 InsO nicht entsprechend anwendbar. § 272 InsO regelt die Voraussetzungen für einen Übergang aus dem Eigenverwaltungsverfahren in das Insolvenzregelverfahren mit dem Übergang der Verwaltungs- und Verfügungsmacht vom eigenverwaltenden Schuldner auf den Insolvenzverwalter (zu notwendigen Gläubigerschutzmaßnahmen in der Übergangszeit s. Rdn. 34) und dadurch den damit unmittelbar verbundenen Fortfall der Sachwaltung. Ein Sachwalterwechsel vollzieht sich über § 274 Abs. 1 InsO entsprechend § 59 InsO (i.E. § 274 Rdn. 21).

B. Die Regelungen im Einzelnen

I. Aufhebungsvoraussetzungen (Abs. 1)

1. Anordnung der Eigenverwaltung

5   Es muss eine Anordnung der Eigenverwaltung durch das Insolvenzgericht auf Antrag des Schuldners als Teil des Eröffnungsbeschlusses nach § 270 Abs. 1 Satz 1 InsO oder in Folge des § 271 InsO vorliegen, also ein **Anordnungsbeschluss**. Die Wirksamkeit des Anordnungsbeschlusses ist vom Wortlaut des Gesetzes nicht gefordert, ist aber als immanente Voraussetzung anzusehen. Wurde etwa die Eigenverwaltung ohne gleichzeitige Sachwalterbestellung angeordnet, erfolgte die Anordnung ohne Anordnungsbeschluss oder lag dem Anordnungsbeschluss kein Eigenverwaltungsantrag zugrunde (s. § 270 Rdn. 8, 31, 50; § 270c Rdn. 9), ist die Anordnung nichtig, ihre Aufhebung entbehrlich. Dennoch ist die Aufhebung durch gesonderten Beschluss zulässig und im Hinblick auf die Rechtssicherheit empfehlenswert.

2. Aufhebungsvoraussetzung in allen Fällen: Aufhebungsantrag

6   Alle Fälle der Aufhebung (Nr. 1–3) setzen einen Aufhebungsantrag voraus. Daraus wird gefolgert, dass eine **Aufhebung** der Anordnung der Eigenverwaltung **von Amts wegen** ausgeschlossen sei (*Nerlich/Römermann-Riggert* InsO, § 272 Rn. 1; *Haarmeyer/Wutzke/Förster* Handbuch, Kap. 10, Rn. 12; *Uhlenbruck/Zipperer* InsO, § 272 Rn. 1). Dem kann jedoch nur im Grundsatz beigepflich-

tet werden. In den Fällen nichtiger Eigenverwaltungsanordnung (s. Rdn. 5) muss hingegen das Insolvenzgericht die Möglichkeit haben, die Anordnung entsprechend der Nr. 2 **von Amts wegen** aufzuheben, um für alle Insolvenzbeteiligten nachteilige Folgen aus einer zu Unrecht ergangenen Anordnung zu unterbinden und Rechtssicherheit zu schaffen. Vertreten wird, eine Aufhebung sei von Amts wegen im Übrigen zulässig, etwa um gläubigerschädigende Handlungen zu verhindern (s. *Smid* WM 1998, 2489 [2515]; *Hess/Weis* InsO, § 272 Rn. 2; HambK-InsO/*Fiebig* § 272 Rn. 14). Die Auffassung wird zu Recht abgelehnt (*Kübler/Prütting/Bork-Pape* § 272 Rn. 32; MüKo-InsO/*Tetzlaff* § 272 Rn. 10; *Uhlenbruck/Zipperer* InsO, § 272 Rn. 2), weil sie Sinn und Zweck der Eigenverwaltung im Allgemeinen und des § 272 InsO im Besonderen widerspricht: Der Respektierung der Gläubigerautonomie, die eine Aufhebungsbevormundung der Gläubiger durch das Insolvenzgericht nicht zulässt. Für sie besteht auch kein Bedürfnis, weil das Insolvenzgericht die Gläubiger über einen angenommenen Aufhebungssachverhalt befragen kann (§ 74 über § 270 Abs. 1 Satz 2 InsO; vgl. *LG Stuttgart* ZIP 1989, 1596; i.E. s. *Schmitt* § 74 Rdn. 3–5). Im Übrigen heißt ein Recht zu gewähren, grds. auch, eine Pflicht zu begründen, also dem Insolvenzgericht auch eine Aufhebungspflicht aufzuerlegen und damit einem Haftungsrisiko auszusetzen. Dafür fehlt es an einer gesetzlichen Grundlage.

Auch wenn ein Aufhebungsantrag vorliegt, führt er nicht allein schon zwangsläufig zur Anordnung 7 der Aufhebung. So müssen **im Fall der Nr. 2** weitere Voraussetzungen mit einer zweifelhaften Darlegungslast (s. Rdn. 22 ff.) für den antragstellenden Gläubiger hinzukommen. Das **Aufhebungsermessen** des Gerichts nach § 272 InsO a.F. (i.E. FK-InsO 6. Aufl. § 272 Rn. 5) besteht nicht mehr.

Eine Ausnahme gilt schließlich auch für die Nr. 1, soweit die Voraussetzungen für eine Aufhebung 8 des Beschlusses der Gläubigerversammlung nach § 78 InsO vorliegen (str., s. Rdn. 11 ff.).

3. Aufhebung durch das Insolvenzgericht

Die Aufhebung der Anordnung der Eigenverwaltung erfolgt durch förmlichen Beschluss des Insol- 9 venzgerichts. Gegen die Entscheidung steht dem Gläubiger und dem Schuldner im Falle des Abs. 1 Nr. 2 die sofortige Beschwerde zu (Abs. 2 Satz 3), nur sie ist damit **rechtsmittelfähig** (§ 6 Abs. 1 InsO, näher Rdn. 36). Die Rechtsmittelfrist beginnt mit der Zustellung (*BGH* Beschl. v. 20.03.2003 – IX ZB 140/02, ZIP 2003, 769; *OLG Köln* Beschl. v. 03.01.2000 – 2 W 270/99, ZIP 2000, 196 f.).

4. Aufhebungsantrag der Gläubigerversammlung (Nr. 1)

Die Gläubigerversammlung kann die Aufhebung der Anordnung der Eigenverwaltung beantra- 10 gen (Nr. 1). Die Vorschrift gewährt **jeder Gläubigerversammlung** die Antragskompetenz (BT-Drucks. 12/2443 zu § 333; allg. Meinung; s.a. Rdn. 2). Antragsvoraussetzung ist nicht, dass es zu Unregelmäßigkeiten des Schuldners gekommen ist, die Gläubigerversammlung braucht **nicht einmal Gründe zu benennen** (allg. Meinung; vgl. *BGH* Beschl. v. 11.01.2007 – IX ZB 10/05, ZIP 2007, 448; *Kübler/Prütting/Bork-Pape* § 272 Rn. 12; *Gottwald/Haas* HdbInsR, § 88 Rn. 7; MüKo-InsO/*Tetzlaff* § 272 Rn. 15; *Uhlenbruck/Zipperer* InsO, § 272 Rn. 3). Für den Antrag der Gläubigerversammlung und das Antragsverfahren gelten über § 270 Abs. 1 Satz 2 InsO die Vorschriften über den Antrag der Gläubigerversammlung auf Entlassung des Insolvenzverwalters entsprechend (§ 59 Abs. 1 Satz 2 InsO, §§ 76 ff. InsO).

Damit bestand nach Altrecht die **Gefahr der faktischen Beherrschung der Eigenverwaltung** durch 11 einen oder wenige Großgläubiger oder eine geschickt agierende Kleingläubigergruppe. Es bestand die Gefahr, dass die Eigenverwaltung ein Instrument für einseitige Verwertungsinteressen weniger Großgläubiger wird. War die Eigenverwaltung einmal angeordnet, konnte sie von jeder – auch außerordentlichen (§ 75 InsO) – Gläubigerversammlung wieder zu Fall gebracht werden. Der Beschluss über den Antrag auf Aufhebung der Eigenverwaltung bedurfte lediglich der Mehrheit in der Summe der Forderungsbeträge der zustimmenden Gläubiger aller abstimmenden Gläubiger (§ 76 Abs. 2 InsO). Großgläubiger konnten i.d.R. mit ihren Forderungsbeträgen die Mehrheit in der Gläubigerversammlung kontrollieren. Ohne sie war deswegen faktisch die Durchführung der Eigenverwaltung kaum möglich. Sie waren regelmäßig auch jederzeit durch Einberufung einer außerordentlichen Gläubigerversammlung in der Lage, die Eigenverwaltung zu beenden. Die sich daraus ergebenden Risiken für Schuldner und insbesondere Sachwalter gerade im Hinblick auf Fortführungsfälle waren unabsehbar (i.E. FK-InsO/*Foltis* 6. Aufl. vor §§ 270 ff. Rn. 22–42, 52–65, Hinweis darauf hier seit der 1. Aufl.). Großgläubigern gehörte regelmäßig die Masse der Absonderungsrechte (Grundpfandrechte, Sicherungsübereignungen, Sicherungszessionen), so dass zur Insolvenzgläubigerschädigung durch eine Initiative einiger Großgläubiger, die ihre Einzelverwertungsinteressen durch das Verwertungsverhalten von Schuldner und Sachwalter gefährdet sahen, nur ein kleiner Schritt nötig war. Der Kenntnis- und Kenntnisnahmemöglichkeit des Insolvenzrichters über derartige Sachverhalte waren Grenzen gesetzt. In der Gläubigerversammlung blieben nur Hinweise und Interventionen einer kritischen Restgläubigerschaft (§§ 270 Abs. 1 Satz 2, 78 Abs. 1 InsO). Entsprechend bestand die Gefahr, dass eine geschickt agierende Kleingläubigergruppe aus eigennützigen Motiven eine die Gläubigerinteressen insgesamt fördernde Eigenverwaltung zu Fall brachte. Sie brauchte nur eine außerordentliche Gläubigerversammlung zustande zu bringen, in der sie die Abstimmungsmehrheit nach § 76 Abs. 2 InsO hatte. Wegen dieser Missbrauchsgefahr wurde die Auffassung vertreten, dass eine Aufhebung des Beschlusses der Gläubigerversammlung wegen Missbrauchs der Mehrheit gem. § 78 InsO auch in diesem Fall grds. in Betracht komme (hier seit der 1. Aufl. 1998 vertreten; HK-InsO/*Landfermann* § 272 Rn. 3; ebenso *Nerlich/Römermann-Riggert* InsO, Vorauflage, § 272 Rn. 2; *Huhn* Rn. 1122 ff.; *Haarmeyer/Wutzke/Förster* Handbuch, Kap. 10 Rn. 12; **a.A.** *Kübler/Prütting/Bork-Pape* InsO, § 272 Rn. 3, 3a; *Graf-Schlicker* InsO, § 272 Rn. 4; MüKo-InsO/*Wittig/Tetzlaff* 2. Aufl., § 272 Rn. 9). Ob mit der Neuregelung die Missbrauchsgefahr beseitigt ist und Gläubigern das darin liegende Drohpotential genommen ist, ist zweifelhaft (MüKo-InsO/*Tetzlaff* § 272 Rn. 13; *Uhlenbruck/Zipperer* InsO, § 272 Rn. 3).

12 Umstritten war und ist unverändert das **Verhältnis des § 272 InsO zu § 78 InsO**, die Anwendbarkeit des § 78 InsO auf § 272 InsO. Die Frage stellt sich grds. nur im Fall der Nr. 1, weil die Nr. 2 mit der notwendigen Prüfung der Gläubigerbenachteiligungslage durch das Insolvenzgericht eine materielle Prüfung fordert und sich im Fall der Nr. 3 eine Gläubigerbenachteiligungsprüfung von vornherein verbietet. Nach der hier vertretenen Auffassung ist § 78 InsO neben § 272 InsO ungeachtet der Entscheidung des BGH v. 21.7.2011 zu § 272 Abs. 1 Nr. 1 InsO a.F. (s. Rdn. 13 ff.) anwendbar. Zum Altrecht ebenso HK-InsO/*Landfermann* § 272 Rn. 3; *Nerlich/Römermann-Riggert* InsO, Vorauflage, § 272 Rn. 2; *Huhn* Eigenverwaltung, Rn. 1122–1128; modifizierend *Uhlenbruck* InsO, 13. Aufl., § 272 Rn. 3. Die Gegenauffassung zur Gesetzesneufassung (*Kübler/Prütting/Bork-Pape* InsO, § 272 Rn. 13–16; MüKo-InsO/*Tetzlaff* § 272 Rn 16; *Uhlenbruck/Zipperer* InsO, § 272 Rn. 13) widerspricht der Anordnung des Gesetzgebers zur Anwendbarkeit der allgemeinen Vorschriften in § 270 Abs. 1 Satz 2 InsO und damit auch des § 78 InsO, weil § 272 Abs. 1 InsO die Anwendbarkeit nicht ausdrücklich ausschließt. Deswegen stellt sich die Frage nach dem Anwendungsbedürfnis neben dem Aufhebungsfall des § 272 Abs. 1 Nr. 2 InsO richtigerweise von vornherein nicht (so aber *Kübler/Prütting/Bork-Pape* InsO, § 272 Rn. 13; ebenso jetzt MüKo-InsO/*Tetzlaff* § 272 Rn. 16 zur Nr. 1). Aber selbst dieses Anwendungsbedürfnis besteht nicht nur, es ist sogar als Teil der umfassenden Wahrung des Insolvenzgläubigerschutzes durch Minderheitenschutz geboten. Dabei geht es entgegen der Auffassung von *Landfermann* (HK-InsO, § 272 Rn. 3) nicht nur um den potentiellen Gläubigernachteil der Mehrkosten, die durch den Übergang in das Regelinsolvenzverfahren entstehen können (zu den abw. Regelsätzen des Insolvenzverwalters und des Sachwalters vgl. § 12 InsVV, i.E. s. § 274 Rdn. 40 ff.). Vielmehr besteht – auch nach der Neufassung – die echte Gefahr eines Mehrheitsmissbrauches, weil wenige Großgläubiger gemeinschaftlich oder eine geschickt agierende Kleingläubigergruppe eine den Gesamtgläubigerinteressen entsprechende und sie fördernde Eigenverwaltung willkürlich oder aus reinem Eigennutz zu Fall bringen können. Das Argument der Gegenauffassung, im Rahmen des § 272 Abs. 1 Nr. 1 InsO setze sich die Gläubigerautonomie mit ihrer freien Entscheidung über die Art der Verfahrensabwicklung durch (MüKo-InsO/*Tetzlaff* § 272 Rn. 16) lässt diese Missbrauchsgefahr unberücksichtigt und trifft deswegen nicht zu (ähnlich *Huhn* Eigenverwaltung, Rn. 1123). Diese Missbrauchsgefahr wird auch nicht vom Fall des § 272 Abs. 1 Nr. 2 InsO erfasst, weswegen dieser Aufhebungsfall

§ 78 InsO nicht entbehrlich macht (so aber *Uhlenbruck* InsO, 13. Aufl., § 272 Rn. 3; anders jetzt *Uhlenbruck/Zipperer* InsO, § 272 Rn. 3: keine praktische Streitrelevanz). Denn die beiden Vorschriften unterscheiden sich in den Rechtsfolgen und damit in ihren Anwendungsbereichen: Während § 272 Abs. 1 Nr. 2 InsO auf die Aufhebung der Eigenverwaltung gerichtet ist, richtet sich die Anwendbarkeit des **§ 78 InsO** auf die **Beibehaltung der Eigenverwaltung**. § 272 InsO und § 78 InsO schließen sich deswegen nicht aus, sie ergänzen sich vielmehr in ihren Anwendungsbereichen und ebenso wie im Fall des § 271 InsO. Nicht gefolgt werden kann dem dagegen gerichteten Einwand, durch die Bestellung eines unabhängigen Verwalters als Folge der Aufhebung könnten Gläubigergemeinschaftsinteressen nicht beeinträchtigt werden (so insbesondere *Kübler/Prütting/Bork-Pape* InsO, § 272 Rn. 14). Denn die Aufhebungsfolge besteht nicht nur in einem Formalaustausch des eigenverwaltenden Schuldners gegen einen Insolvenzverwalter, sondern in der Inhaberschaft der Verwaltungs- und Verfügungsmacht. An diese Inhaberschaft ist in den Fortführungsfällen – der Eigenverwaltungsregelfall – regelmäßig das Vertrauen der Geschäftspartner geknüpft, so dass die Fortführung mit einem Austausch der Verwaltungs- und Verfügungsinhaberschaft erheblichen Schaden nehmen kann. Die Auffassung unterstellt auch, dass ein Insolvenzverwalter das stets bessere Verwaltungs- und Verfügungsorgan ist. Die Insolvenzpraxis bestätigt diese Einschätzung nicht: Es gibt auch »schlechte« Insolvenzverwalter, jedenfalls »schlechtere«, als ein eigenverwaltender Schuldner sein kann (wie hier für den Minderheitenschutz nach § 78 InsO K. Schmidt/*Undritz* InsO, § 272 Rn. 3).

Der *BGH* hat allerdings zu § 272 Abs. 1 Nr. 1 InsO mit Beschluss v. 21.07.2011 (– IX ZB 64/10, ZIP 2011, 1622 m. krit. Anm. *Flöther/Gelbrich*) auf die Unanfechtbarkeit nach § 78 InsO erkannt, mit der Begründung: Ob die Verwaltung der Masse durch den Insolvenzverwalter oder den Schuldner in Eigenverwaltung erfolge, sei allein vom Gläubigerwillen, nicht aber von dem angestrebten Verfahrensergebnis, von der beabsichtigten Form der Masseverwertung (Zwangsverwertung oder Plan) oder von der subjektiven Würdigkeit des Schuldners abhängig. Die Vorschriften über die Eigenverwaltung enthielten nämlich einen deutlichen Vorrang der Gläubigerautonomie vor den Einflussmöglichkeiten des Schuldners oder des Insolvenzgerichts. Sinn und Zweck der gesetzlichen Regelung dazu widerspreche es, wenn das Insolvenzgericht auf Antrag eines überstimmten Gläubigers im Rahmen des § 272 InsO ermitteln und prüfen müsste (§ 5 InsO), ob der nicht zu begründende Beschluss der Gläubigerversammlung, die Aufhebung der Eigenverwaltung zu beantragen, mit dem gemeinsamen Interesse der Insolvenzgläubiger im Einklang stehe. Die Gläubigerversammlung würde dadurch nachträglich gezwungen, ihre Entscheidung gegenüber dem Insolvenzgericht zu rechtfertigen, obwohl nach der Konzeption des Gesetzes sie und nicht das Insolvenzgericht letztverbindlich über die Anordnung der Eigenverwaltung zu entscheiden habe. Die beabsichtigte Stärkung der Gläubigerautonomie würde in ihr Gegenteil verkehrt, wenn § 78 Abs. 1 InsO zur Anwendung käme. Auch das (ergänze: zum Beschlusszeitpunkt) geplante ESUG ändere daran nichts, weil sich wegen der Gläubigerversammlung als letztendscheidendem Organ nichts an der fehlenden Überprüfbarkeit des Entscheidungsermessens der Gläubigerversammlung ändere. Die Entscheidung hat Kritik erfahren (*Flöther/Gelbrich* ZIP 2011, 1624 ff.; *Smid* JurisPR-InsR 21/2011 Anm. 2), aber auch Zustimmung (*Kübler/Prütting/Bork-Pape* InsO, § 272 Rn. 15; A/G/R-*Ringstmeier* § 272 InsO Rn. 7). Die Entscheidung führt dazu, dass ein Gläubigerantrag nach § 78 Abs. 1 InsO schon unzulässig ist, weil das Gericht schon keine Prüfungsmacht hat, und nicht erst unbegründet ist, weil das Gericht gar nicht erst zu einer materiellen Prüfung kommt.

Die Entscheidung hat die Planbarkeit für die »Mehrheitsfraktion« einer Gläubigerversammlung nach den mit dem ESUG modifizierten Mehrheitsverhältnissen und damit die Rechtssicherheit für sich. »Organisieren« sich die Forderungsmehrheitsgläubiger vor dem Antrag die Kopfmehrheit zusammen (so die Praxis), wird der Antrag zu einem »Selbstläufer«: Jede Überprüfbarkeit durch das Gericht und die Beschwerdeinstanz (§ 78 Abs. 2 Satz 3 InsO) ist ausgeschlossen und damit auch die Rechtsbeschwerdemöglichkeit zum BGH zur Sicherung einer einheitlichen Rechtsprechung (§ 574 Abs. 1 Nr. 2 ZPO). Zweifel an der Überzeugungskraft der Entscheidung müssen allerdings schon mit dem Begründungsteil zum ESUG aufkommen, das zum Beschlusszeitpunkt 21.07.2011 noch nicht einmal im Rechtsausschuss mit seinen Beschlüssen erst vom 26.10.2011 abschließend beraten war und

§ 272 InsO   Aufhebung der Anordnung

deswegen mit einer Überschreitung der Spruchrichterkompetenz begründet ist: Die Unzulässigkeit der Überprüfbarkeit eines Antrages nach § 272 Abs. 1 Nr. 1 InsO n.F. durch das Gericht nach § 78 Abs. 1 InsO soll sich daraus ergeben, dass die Altfassung der Gläubigerversammlung als letztentscheidendem Organ das Entscheidungsermessen gewähre und dies die beabsichtigte Neufassung der Vorschrift nicht ändere. Der durch Gesetzesauslegung der Altfassung gefundene Rechtsstandpunkt wird kurzerhand für eine Neufassung vorgegeben, die noch gar nicht Gesetz ist. Diesem verfassungsformalen Gesichtspunkt (Art. 20 GG) wird allerdings keine entscheidende Bedeutung beizumessen sein, wenn die Begründung im Übrigen die Regeln der Gesetzesauslegung einhält. Auch daran bestehen allerdings erhebliche Zweifel. Ein Gesetz ist nach dem im Gesetzeswortlaut objektivierten Willen des Gesetzgebers auszulegen (*BVerfG* BVerfGE 1, 312; 10, 244; 62, 45; *BGH* BGHZ 46, 47; 49, 221). In Übereinstimmung mit der Beschlussbegründung ergibt sich aus den Gesetzesgrundlagen zur InsO zwar der deutliche Vorrang der Gläubigerautonomie vor den Einflussmöglichkeiten des Schuldners und einzelner Gläubiger, erst recht zum ESUG, das auf eine Stärkung der Gläubigerautonomie angelegt ist, insbesondere durch die Änderung der §§ 271, 272 InsO (i.E. s. § 270 Rdn. 1 ff., § 271 Rdn. 1 f. und hier Rdn. 2). Darin erschöpfen sich Sinn und Zweck der Regelung aber nicht, weil sie Teil der Eigenverwaltungsregeln ist und zugleich Teil aller Insolvenzregeln und sich deswegen der im Gesetzeswortlaut des § 272 Abs. 1 Nr. 1 InsO alter und neuer Fassung objektivierte Wille des Gesetzgebers auch in den Regeln abbildet, in die die Vorschrift eingebettet ist. § 270 Abs. 1 Nr. 1 InsO ist in alter und neuer Fassung Teil der Normensystematik aller Eigenverwaltungsregeln, für die **§ 270 Abs. 1 Satz 2 InsO** (in unveränderter Fassung) die **Anwendbarkeit der allgemeinen Vorschriften** anordnet, soweit die speziellen Eigenverwaltungsregeln nichts anderes bestimmen. § 272 InsO schließt in alter und neuer Fassung die Anwendbarkeit des § 78 InsO nicht aus, so dass sich die Anwendbarkeitsanordnung des Gesetzgebers schon von daher aufdrängt. Dagegen kann der sich im Beschluss abbildende Rechtsfortbildungsanspruch des BGH nicht stehen, den Anwendbarkeitsausschluss durch Auslegung des § 272 Abs. 1 Nr. 1 InsO alter und neuer Fassung (die es noch gar nicht gab) ermittelt und sich deswegen in den Beschlussgründen mit der Anwendbarkeitsanordnung in § 270 Abs. 1 Satz 2 InsO nicht auseinandergesetzt zu haben. Denn dagegen steht, dass der Insolvenzgesetzgeber sogar mit der Gesetzesbegründung zur Eigenverwaltung die Anwendbarkeit des § 78 InsO über die Verweisungsregeln des § 270 Abs. 1 Satz 2 InsO ausdrücklich vorgibt: »Sieht eine Minderheit in der Gläubigerversammlung durch die von der Mehrheit getroffene Entscheidung ihre Interessen gefährdet, so steht das allgemeine Verfahren zur Verfügung, nach dem Beschlüsse der Gläubigerversammlung, die einen Teil der Gläubiger unangemessen benachteiligen, vom Gericht aufgehoben werden können (§ 89 des Entwurfs [= § 78 InsO]« BT-Drucks. 12/2443 S. 224 zu § 332 = § 271 InsO). Der im Gesetzeswortlaut objektivierte Wille des Gesetzgebers führt mit seiner Anwendungsanweisung in den Gesetzesgrundlagen gegen den BGH also dazu, dass der Gesetzgeber § 78 InsO über § 270 Abs. 1 Satz 2 InsO ausdrücklich angewendet wissen wollte. Die Anwendungsanweisung steht zwar bei der »Nachträglichkeitsvorschrift« des § 271 InsO. Der Gesetzgeber wollte sie aber auch auf § 272 InsO angewendet wissen, weil es sich dabei ebenso um eine »Nachträglichkeitsvorschrift« handelt, um das Pendant zu § 271 InsO in derselben Regelungsgruppe der nachträglichen Anordnung des Gerichts zum Eigenverwaltungsgrund, und kein sachgerechter Grund dafür erkennbar ist, beide Vorschriften in der Anwendbarkeit des § 78 InsO zu unterscheiden. Mehr noch: Es keinen sachgerechten Unterscheidungsgrund gibt, weil sich die Beschlussgründe des BGH nicht mit diesen Anordnungen des Gesetzgebers auseinandersetzen. Die Entscheidung des BGH vom 21.07.2011 beruht auf einem erheblichen Auslegungsfehler. Ihr kann deswegen nicht gefolgt werden, weder zum Altrecht, noch zum neuen Recht. Dem Gericht ist vielmehr nach § 78 Abs. 1 InsO die Überprüfbarkeit eines Antrages eröffnet.

15 Allerdings zielt § 272 Abs. 1 Nr. 1 InsO in seiner Neufassung – wie auch § 271 InsO n.F., s. § 271 Rdn. 2, 4 – mit seiner Mehrheitsneuregelung gerade auf die Eindämmung von Missbrauchsmöglichkeiten durch einen Mehrheitsbeschluss ab, indem zusätzlich zur **Summenmehrheit** eine **Kopfmehrheit** vorliegen muss (BT-Drucks. 17/5712 S. 42 zu Nr. 45 mit der Begründungsverweisung auf Nr. 44). Dadurch wird die Wahrscheinlichkeit dafür, dass der Mehrheitsbeschluss tatsächlich dem freien Willen der Gläubigermehrheit entspricht, so deutlich erhöht, dass das Gericht einen Wi-

derspruch des Antrages gegen das gemeinsame Interesse der Insolvenzgläubiger nur in Fällen des Antragsmissbrauches annehmen wird, wenn z.B. der Mehrheitsbeschluss regelwidrig zustande kam, etwa die Summen- oder Kopfmehrheit dadurch, dass sich stimmberechtigte Gläubiger durch Vorteilsversprechen oder -gewährungen haben bestimmen lassen. Deswegen verlangt der Insolvenzgläubigerschutz die Überprüfbarkeit nach § 78 InsO. Die Diskussion zu § 272 Abs. 1 Nr. 1 InsO a.F. ist nach der hier vertretenen Auffassung unverändert aktuell (a.A. *Uhlenbruck/Zipperer* InsO, § 272 Rn. 3).

Einer **Anhörung des Schuldners** bedarf es im Fall der Nr. 1 nicht, wie sich aus Abs. 2 Satz 2 ergibt. **16** Dort ist die Schuldneranhörung nur für den Gläubigerantrag gefordert. Außerdem kann der Schuldner an der Gläubigerversammlung teilnehmen (*Kübler/Prütting/Bork-Pape* InsO, § 272 Rn. 19; *Hess/Weis* § 272 Rn. 13; *Uhlenbruck/Zipperer* InsO, § 272 Rn. 3; *MüKo-InsO/Tetzlaff* § 272 Rn. 17).

5. **Aufhebungsantrag durch absonderungsberechtigten Gläubiger oder durch Insolvenzgläubiger und drohende Gläubigerschädigung (Nr. 2), Konzernbindungsfragen**

Die Antragskompetenz auf Aufhebung der Anordnung der Eigenverwaltung stand einem absonderungsberechtigten Gläubiger und einem Insolvenzgläubiger nach dem Altrecht zu, wenn er glaubhaft machte, dass die Fortsetzung der Eigenverwaltung zu einer Verzögerung des Verfahrens oder zu sonstigen Nachteilen für die Gläubiger führen wird (Nr. 2 i.V.m. Abs. 2 Satz 1, § 270 Abs. 2 Nr. 3 InsO a.F.). Die Nr. 2 diente dem Schutz vor gläubigerschädigenden Handlungen des Schuldners. Die Eigenverwaltung konnte kurzfristig beendet werden, wenn eine Gläubigergefährdung sichtbar wurde (BT-Drucks. 12/2443 zu § 333). Umstritten war, ob es darauf ankam, dass der Antrag gestellt wurde, weil die Voraussetzung des § 270 Abs. 2 Nr. 3 InsO weggefallen war oder weil deren Voraussetzung von vornherein fehlte (zur Diskussion i.E. s. FK-InsO 6. Aufl. § 272 Rn. 12). Diese Frage wurde durch das **ESUG** entschieden, indem der **Zweck der Regelung modifiziert** wurde. Die Nr. 2 dient zwar unverändert dem Schutz vor gläubigerschädigenden Handlungen des Schuldners, aber nur noch, wenn die Anordnungsvoraussetzungen für die Eigenverwaltung nach § 270 Abs. 2 Nr. 2 InsO n.F. entfallen sind und außerdem dem antragstellenden Gläubiger durch die Eigenverwaltung erhebliche Nachteile drohen (BT-Drucks. 17/5712 S. 42 zu Nr. 45), er also durch die Fortsetzung der Eigenverwaltung erheblich beschwert ist. Das ESUG zielt damit auf eine höhere Erfolgsschwelle für einen Antrag ab, um die **Planungssicherheit für die Durchführung eines Eigenverwaltungsverfahrens** zu erhöhen (BT-Drucks. 17/5712 S. 42 zu Nr. 45, zitiert in Rdn. 3). **17**

Absonderungsberechtigte Gläubiger: §§ 49–51 InsO. Insolvenzgläubiger: § 38 InsO. Nachrangigen Gläubigern (§ 39 InsO) steht kein Antragsrecht zu (*Kübler/Prütting/Bork-Pape* InsO, § 272 Rn. 21; *Gottwald/Haas* HdbInsR, § 88 Rn. 4; *Uhlenbruck* InsO, 13. Aufl., § 272 Rn. 4; *Graf-Schlicker* InsO, § 272 Rn. 5; *MüKo-InsO/Tetzlaff* § 272 Rn. 22; **a.A.** BK-InsO/*Blersch* § 272 Rn. 4; HK-InsO/*Landfermann* § 272 Rn. 6; *Uhlenbruck/Zipperer* InsO, § 272 Rn. 4), weil sie in der Regelverteilung unberücksichtigt bleiben (§§ 174 Abs. 3, 187 Abs. 2 Abs. 2 InsO) und deswegen nicht stimmberechtigt sind (§ 76 Abs. 2 InsO) und ihnen deswegen keine Insolvenzgläubigerstellung gebührt. In entsprechender Anwendung der Nr. 2 kann im Fall der Masseunzulänglichkeit, der drohenden Masseunzulänglichkeit und erst recht der Masselosigkeit jeder (potentielle) Altmassegläubiger die Aufhebung der Eigenverwaltung beantragen (i.E. s. § 285 Rdn. 1). **18**

Durch das **Gesetz zur Erleichterung der Bewältigung von Konzerninsolvenzen** v. 13.04.2017 (BT-Drucks 18/11436) wird der eigenverwaltende Schuldner – und schon im Eigenverwaltungsvorverfahren – durch **§ 270d InsO** denselben Kooperationspflichten nach § 269a InsO unterstellt, die die Insolvenzverwalter sowie die vorläufigen Insolvenzverwalter (s. die Komm. zu § 269a Rn. 20) der Konzerngesellschaften trifft (i.E. s. § 270 Rdn. 115 sowie die Erl. zu § 270d InsO). Die Durchsetzung dieser Pflichten gegenüber Insolvenzverwaltern und vorläufigen Insolvenzverwaltern ist nicht geklärt (i.E. s. *Wimmer* § 269a Rdn. 23 ff.), und deswegen erst recht nicht gegenüber eigenverwaltenden Schuldnern im Eigenverwaltungsvorverfahren und im Eigenverwaltungsverfahren. Erwogen werden kann, die Durchsetzungsmöglichkeiten grds. aus den Gläubigerschutzschriften für die **19**

Kontrolle der Ausübung der Verwaltungs- und Verfügungsmacht des Insolvenzverwalters bzw. des vorläufigen Insolvenzverwalters abzuleiten, indem der **Verfahrenskoordinator gem. § 269f InsO** – jedenfalls nach einem bestätigten Koordinationsplan, § 269h InsO – **einem Insolvenzgläubiger gleichgestellt** wird, damit also die Antragsberechtigung nach § 272 Abs. 2 Nr. 2 InsO erhält. Immerhin ist die Koordinationspflichtverletzung Gläubigergefährdungsumstand nach § 270 Abs. 2 Nr. 2 InsO (s. dazu auch § 270 a.E.). Auf einer solchen Gleichstellungsanordnung beruht außerdem die Mitwirkungsverpflichtung des (vorläufigen) eigenverwaltenden Schuldners nach § 270d InsO: »... In diesem Fall (ergänze: der angeordneten Eigenverwaltung) treten an die Stelle des Insolvenzverwalters der jeweilige eigenverwaltende Schuldner und der diesem zur Seite gestellte Sachwalter. Da dem Sachwalter dabei die Aufgabe zukommt, die Geschäftsführung des Schuldners zu überwachen, nicht aber die Geschäftsführung selbst zu übernehmen und nach außen hin aufzutreten, spricht viel dafür, dass der eigenverwaltende Schuldner in die Rechte und Pflichten des Insolvenzverwalters eintritt: Ihm steht daher das mit Verfahrenseröffnung an sich auf den Insolvenzverwalter übergehende Antragsrecht zur Begründung des Gruppengerichtsstands (§ 3a Abs. 1 und 3 InsO-E) bzw. zur Verweisung an das Gericht des Gruppen-Gerichtsstands (§ 3d Abs. 2 InsO-E) zu. Auch unterliegt der eigenverwaltende Schuldner den Kooperationspflichten des § 269a InsO-E in dem Umfang, in dem auch ein Insolvenzverwalter gebunden wäre. Obgleich sich dies zwanglos aus der Anwendung allgemeiner Grundsätze ergibt, erfolgt durch § 270d InsO-E zur Ausräumung von Zweifeln eine Klarstellung.« (BT-Drucks. 18/407 S. 41 f. zu Nr. 8 (§ 270d InsO-E – Eigenverwaltung bei gruppenangehörigen Schuldnern), so dass die Schlussfolgerung auf eine zwar gewollte, aber nicht ausdrücklich ausgeführte, Gleichstellung des Verfahrenskoordinators mit einem Gläubiger zur Durchsetzung der Kooperationspflichten nahe liegen kann (»Redaktionsversehen«). Weiter decken sich die Schutzzweckanordnungen im Grundsatz: Zielvorgabe der Konzerninsolvenzregeln ist, den Verwertungs- und damit Gläubigergemeinschaftsnachteilen entgegenzuwirken, die entstehen könnten, wenn – wie nach dem Altrecht – die in einem Konzern zusammengeschlossenen Unternehmen eine wirtschaftliche Einheit bilden, weil betriebs- und finanzwirtschaftliche Funktionen der insgesamt verfolgten unternehmerischen Tätigkeit auf unterschiedliche Unternehmensträger verteilt sind. Durch die Dezentralisierung der – ehemals durch die Konzernleitungsmacht aufeinander abgestimmten – Verwaltungs- und Verfügungsbefugnis über die konzernweit verfügbaren Ressourcen, d.h. durch deren Verteilung auf mehrere Insolvenzverwalter, werde es schwieriger, die wirtschaftliche Einheit des Konzerns als solche zu erhalten und ihren vollen Wert für die Gläubiger zu realisieren. Ineffizienzen drohten in Gestalt suboptimaler Verwertungsergebnisse insbesondere dann, wenn die Insolvenzverwalter unterschiedliche und nicht aufeinander abgestimmte Verwertungsstrategien verfolgten oder wenn sie wegen konzerninterner Transaktionen – aus der Sicht der Einzelmassen – unproduktive und kostenträchtige Rechtsstreitigkeiten führten (BT-Drucks. 18/407 S. 1 A. Problem und Ziel). Für die Gleichstellung könnte also die Zweckunterstellung der Kooperationspflichten unter § 1 InsO (s. *Wimmer* § 269a Rdn. 2) sprechen. Gegen eine solche Annahme steht allerdings die fehlende Rechtsmachtausgestaltung der Konzerninsolvenzverwaltungsregeln für den Verfahrenskoordinator (§ 269f InsO) selbst für den bestätigten Koordinationsplan (§ 269h InsO), weil das Koordinationsverfahren (nur) den Zweck hat, die Abstimmung der Einzelverfahren zu verbessern, ohne die Selbständigkeit der Einzelverfahren in Frage zu stellen. Die Aufgaben des zu bestellenden Koordinationsverwalters der Einzelverfahren besteht (lediglich) darin, Vorschläge für die abgestimmte Insolvenzverwaltung auszuarbeiten und dazu einen bestätigten Koordinationsplan als Referenzplan für die auf der Ebene der Einzelverfahren, insbesondere auf der Grundlage von Insolvenzplänen, zu ergreifenden Maßnahmen zu erreichen (BT-Drucks. 18/407 S. 2 B. Lösung). Dem **Grundsatz der bewahrten Selbständigkeit der Einzelverfahren** folgend kommt dem Koordinationsverwalter in den Einzelverfahren keine bestimmende Rechtsmachtstellung zu. Einziges Mittel ist sein Anhörungsrecht in der Gläubigerversammlung und in Sitzungen der Gläubigerausschüsse (s. *Wimmer* § 269f Rdn. 5; BT-Drucks. 18/407 S. 37 2. Abs.). Er hat zwar die Aufgabe, für eine abgestimmte Abwicklung der Einzelverfahren zu sorgen, soweit dies im Interesse der Gläubiger liegt, § 269 f Abs. 1 Satz 1 InsO. Dazu kann er aber den Gläubigern in den Einzelverfahren nur den Koordinationsplan vorlegen und in den jeweiligen Gläubigerversammlungen erläutern oder durch von ihm bevollmächtigte Personen erläutern lassen (§ 269f Abs. 1 Satz 2, 3 InsO), während umgekehrt die Unterstützungsleistungen der Insolvenzverwalter in den Einzelverfahren gem. § 269a InsO dahingehend limitiert werden, dass sie nicht verpflichtet sind, die Interessen der Beteiligten ihres Verfahrens zu vernachlässigen (BT-Drucks. 18/407 S. 37 2. Abs.). Die Beschränkung der Durchsetzungsmittel des Koordinationsverwalters auf ein Anhörungsrecht in den Einzelverfahren zeigt, dass der Gesetzgeber die Durchsetzungsfrage erkannt und gelöst hat, sodass eine Gleichstellung des Koordinationsverwalters mit einem Insolvenzgläubiger in einem Einzelverfahren de lege lata nicht möglich ist. Ihm gebührt damit kein Antragsrecht nach § 272 Abs. 1 Nr. 2 InsO.

Aus der systematischen Stellung zur Nr. 1 folgt, dass sich die Nr. 2 auf ein **Aufhebungsverfahren** **außerhalb einer Gläubigerversammlung** bezieht. Denn absonderungsberechtigte Gläubiger und Insolvenzgläubiger sind in ihr sowieso antragsbefugt (vgl. *Uhlenbruck/Knof* InsO, § 76 Rn. 10), so dass der Nr. 2 innerhalb einer Gläubigerversammlung der Zweck fehlt. Während einer Gläubigerversammlung ist die Nr. 2 daher unanwendbar (**a.A.** *Uhlenbruck/Zipperer* InsO, § 272 Rn. 4; HK-InsO/*Landfermann* 7. Aufl., § 272 Rn. 8; MüKo-InsO/*Tetzlaff* § 272 Rn. 21; K. Schmidt/ *Undritz* InsO, § 272 Rn. 4). Der Antrag ist beim Insolvenzgericht schriftlich oder zu Protokoll der Geschäftsstelle anzubringen. Aus der Gesetzessystematik, die der Gläubigerversammlung die Entscheidungspriorität gewährt, folgt ferner, dass das Insolvenzgericht von der durch einen Antrag nach Nr. 2 ausgelösten Aufhebungskompetenz zurückhaltend Gebrauch machen sollte. Die Aufhebung der Anordnung durch das Insolvenzgericht wird nach Nr. 2 nur in Betracht kommen, soweit sich aus dem glaubhaft gemachten Gläubigerantrag (Abs. 2 Satz 1) ergibt, dass der Beschluss einer ggf. kurzfristig einzuberufenden Gläubigerversammlung nach Nr. 1 i.V.m. § 74 InsO (vgl. *Schmitt* § 74 Rdn. 3–5; *Uhlenbruck* InsO, § 74 Rn. 12; HK-InsO/*Eickmann* § 74 Rn. 3) nicht abgewartet werden kann (**a.A.** HK-InsO/*Landfermann* 7. Aufl., § 272 Rn. 8). Damit beschränkt sich der Anwendungsbereich der Nr. 2 auf die Fälle **unaufschiebbarer Erforderlichkeit**, um Nachteile für die Gläubiger zu vermeiden (vgl. § 277 Abs. 2 Satz 1 InsO). Kommt es zu einer Gläubigerversammlung bevor über den Gläubigerantrag entschieden ist, wird der Antrag wegen fehlenden Rechtsschutzbedürfnisses unzulässig (ebenso *Kübler/Prütting/Bork-Pape* InsO, § 272 Rn. 23; **a.A.** *Uhlenbruck/ Zipperer* InsO, § 272 Rn. 4).

Der Aufhebungsantrag ist bei dem Insolvenzgericht anzubringen, mündlich oder zu Protokoll der Geschäftsstelle (*Graf-Schlicker* InsO, § 272 Rn. 5; *Kübler/Prütting/Bork-Pape* InsO, § 272 Rn. 24; MüKo-InsO/*Tetzlaff* § 272 Rn. 23). Es entscheidet nach Anhörung des Schuldners durch rechtsmittelfähigen Beschluss (Abs. 2 Satz 2, 3). Die Anhörung folgt § 10 InsO (*Uhlenbruck/Zipperer* InsO, § 272 Rn. 4; MüKo-InsO/*Tetzlaff* § 272 Rn. 33).

Die Aufhebungsvoraussetzungen sind **glaubhaft zu machen**, nach der Neufassung des § 272 InsO **zweifach**: Zum Wegfall der Voraussetzung des § 270 Abs. 2 Nr. 2 InsO und dazu, dass dem Antragsteller durch die Eigenverwaltung erhebliche Nachteile drohen. Der antragende Gläubiger kann sich aller Beweismittel bedienen, auch zur Versicherung an Eides Statt zugelassen werden (§ 4 InsO i.V.m. § 294 ZPO). Glaubhaftmachung wird verlangt, um missbräuchliche Anträge abzuwehren (BT-Drucks. 12/2443 zu § 333). Bloße Behauptungen oder der bloße Hinweis auf Verfahrensverzögerungen reichen nicht aus (*LG Potsdam* ZIP 2001, 1689; *Kübler/Prütting/Bork-Pape* InsO, § 272 Rn. 26). Mit Rücksicht auf die weitreichende Bedeutung des Aufhebungsbeschlusses wird das Insolvenzgericht die Glaubhaftmachung der Aufhebungsvoraussetzungen sehr sorgfältig prüfen und ggf. von Amts wegen ermitteln oder ermitteln lassen (§ 5 Abs. 1 InsO). Es wird vor einer Entscheidung regelmäßig eine Stellungnahme des Sachwalters einholen und vor allem auch den Schuldner anhören (Abs. 2 Satz 2). Wie im Insolvenzeröffnungsverfahren kann sich daraus ein **quasi-streitiges Parteiverfahren** entwickeln, wenn der Schuldner bzw. die Schuldnerorgane die – glaubhaft gemachten – Antragsbehauptungen durch **Gegenglaubhaftmachung** zu erschüttern versuchen (*Kübler/Prütting/ Bork-Pape* InsO, § 272 Rn. 27; *Uhlenbruck/Zipperer* InsO, § 272 Rn. 4). Kommt es auf diesem Weg – also außerhalb einer Gläubigerversammlung – zur Aufhebung der Eigenverwaltung, ist eine erneute Anordnung der Eigenverwaltung nicht ausgeschlossen, weil die Abänderung der insolvenzrichterlichen Entscheidung zugunsten einer Anordnung der Eigenverwaltung jetzt nicht mehr nur in der ersten Gläubigerversammlung möglich ist (§ 271 InsO). Der Sachwalter muss (**a.A.** *Uhlenbruck*

§ 272 InsO Aufhebung der Anordnung

InsO, 13. Aufl., § 272 Rn. 4 u. *Kübler/Prütting/Bork-Pape* InsO, § 272 Rn. 27: sollte) zuvor angehört werden, weil er außerhalb der Gläubigerversammlung das Gläubigerschutzorgan ist.

23 **Gegenstand der Antragsprüfung** ist zunächst die Frage, ob die Anordnungsvoraussetzung nach **§ 270 Abs. 2 Nr. 2 InsO weggefallen** ist. Umstritten ist die Frage, ob die Voraussetzung auch den Fall erfasst, dass die Anordnungsvoraussetzung bereits zum Anordnungszeitpunkt nicht vorlag. Während dies die überwiegende Auffassung einschränkungslos bejaht (*Uhlenbruck/Zipperer* InsO, § 272 Rn. 4; *K. Schmidt/Undritz* InsO, § 272 Rn. 5), wird von anderen die Anwendbarkeit auf den Fall beschränkt, dass die vom Antragsteller glaubhaft gemachten erheblichen Tatsachen erst nach der Anordnung bekannt wurden (*Kübler/Prütting/Bork-Pape* InsO, § 272 Rn. 22; HK-InsO/*Landfermann* § 272 Rn. 7; *Graf-Schlicker* InsO, § 272 Rn. 5; diff. MüKo-InsO/*Tetzlaff* § 272 Rn. 25). Der letztgenannten einschränkenden Betrachtungsweise ist der Verzug zu geben. § 272 Abs. 1 Nr. 2 InsO enthält eine Rechtsgrundverweisung auf § 270 Abs. 2 Nr. 2 InsO und bezieht dadurch den Aufhebungsgrund nicht auf die vom Gericht getroffene Entscheidung, sondern auf die Tatsachen, auf der die gerichtliche Entscheidung beruht, die »Umstände« i.S.d. § 270 Abs. 2 Nr. 2 InsO. Nach Sinn und Zweck der Rechtsgrundverweisung in Abs. 1 Nr. 2 und des § 270 Abs. 2 Nr. 2 InsO können aufhebungserheblich nur Tatsachen sein, die dem Gericht zum damaligen Entscheidungszeitpunkt nicht bekannt waren. Beurteilungsbezugspunkt ist also die gerichtliche Tatsachenkenntnis zum Zeitpunkt der Eigenverwaltungsanordnung.

24 Weiter stellt sich die Frage der **Anwendbarkeit des Abs. 1 Nr. 2 auf § 271 InsO**, ob also die nachträgliche Anordnung auf Antrag der Gläubigerversammlung überhaupt über einen Antrag eines Gläubigers nach Abs. 1 Nr. 2 aufgehoben werden kann und – falls zu bejahen – unter welchen Voraussetzungen der Anordnungsgrund des § 271 InsO »wegfällt«. *Landfermann* (HK-InsO 7. Aufl., § 272 Rn. 6 und HK-InsO/*Landfermann* § 272 Rn. 7) tritt für die Anwendbarkeit ein, weil im Fall des § 271 InsO eine Prüfung des Gerichts nach § 270 Abs. 2 Nr. 2 InsO fehle. Dagegen steht aber der Wortlaut des Abs. 2 Nr. 2. Die Anordnungsvoraussetzung des § 270 Abs. 2 Nr. 2 InsO n.F. kann nur weggefallen sein, wenn sie Anordnungsvoraussetzung war, was bei § 271 InsO nicht der Fall ist. Allerdings fragt sich, ob nicht eine planwidrige Regelungslücke vorliegt, die es durch eine entsprechende Anwendung des Abs. 2 Nr. 2 auf § 271 InsO zu schließen gilt. Der Normzweck des Abs. 2 Nr. 2 geht zwar auf den Schutz von gläubigerschädigenden Handlungen des Schuldners, nach der Neufassung durch das ESUG aber nur noch, wenn zwar die Anordnungsvoraussetzung nach § 270 Abs. 2 Nr. 2 InsO entfallen ist, aber außerdem dem antragstellenden Gläubiger durch die Eigenverwaltung erhebliche Nachteile drohen. Mit dem ESUG war eine Normzweckänderung der Vorschrift verbunden, im Interesse der Planungssicherheit höhere Anforderungen an die Beendigung der Eigenverwaltung zu stellen, indem eine höhere Erfolgsschwelle eingezogen wird. Dieser Normzwecksetzung widerspricht die entsprechende Anwendung auf den Anordnungsfall des § 271 InsO. Es besteht keine planwidrige Regelungslücke (a.A. *Uhlenbruck/Zipperer* InsO, § 272 Rn. 4; MüKo-InsO/*Tetzlaff* § 272 Rn. 25).

25 Soweit also die laufende Eigenverwaltung auf der Anordnung des Gerichts nach § 270 Abs. 1 Satz 1 InsO beruht und Tatsachen glaubhaft gemacht werden, die das Gericht zur Eigenverwaltungsanordnung nicht kannte, vollzieht sich die Prüfung des Gerichts nach denselben Grundsätzen, denen es unterläge, wenn der Schuldner den Eigenverwaltungsantrag auf den Zeitpunkt gestellt hätte, in dem der Antrag des Gläubigers nach Abs. 1 Nr. 2 angebracht wird. Weggefallen ist der Anordnungsgrund, wenn das Gericht zu dem Ergebnis kommt, dass unter den vom Gläubiger glaubhaft gemachten Umständen nach § 270 Abs. 2 Nr. 2 InsO eine Eigenverwaltung nicht anzuordnen wäre (ähnlich A/G/R-*Ringstmeier* § 272 Rn. 9). **Unklarheiten** insoweit gehen zu Lasten des Gläubigers (vgl. BT-Drucks. 17/5712 S. 42 zu Nr. 45). Wegen der Prüfungsgrundsätze i.E. s. § 270 Rdn. 49–91. Wegen der Rechtsgrundverweisung in Abs. 1 Nr. 2 auf § 270 Abs. 2 Nr. 2 InsO und nicht zugleich auch auf dessen Abs. 3 kommt es auf die **Haltung eines Gläubigerausschusses** ebenso wenig an, wie auf eine solche des **Sachwalters**.

26 Weiterer Antragsgegenstand ist die Glaubhaftmachung des Gläubigers, dass ihm durch (die Beibehaltung) der Eigenverwaltung **erhebliche Nachteile** drohen. Nachteile i.S.d. Vorschrift sind nur Ver-

mögensnachteile, weil die Eigenverwaltung als Teil der InsO auf die gemeinschaftliche Gläubigerbefriedigung (§ 1 Abs. 1 InsO) angelegt ist und eine Einzelzwangsvollstreckung durch den Gläubiger (vgl. § 21 Abs. 2 Nr. 3 InsO) auch nur zu einem Vermögenszufluss führen könnte (§ 1 Abs. 1 InsO). Der Vermögensnachteil muss für den Gläubiger **erheblich** sein (*Kübler/Prütting/Bork-Pape* InsO, § 272 Rn. 26: Konkret messbare Beeinträchtigung). Die Nachteilsgefahr verwendet der Reformgesetzgeber wortgleich in § 270b Abs. 4 Nr. 3 InsO, bezogen auf die Gläubigergesamtheit, hat also einen Gleichstellungsinhalt, sodass der Vermögensnachteil des Einzelgläubigers nach Abs. 2 Nr. 2 wegen der Erheblichkeitsanordnung nicht unter dem dortigen (allgemeinen) Maß liegen darf (s. § 270b Rdn. 53–55; anders noch in der Vorauflage § 272 Rn. 25). Letztlich ist es eine Abwägung zwischen dem fortgesetzten Eigenverwaltungsinteresse des Schuldners und dem bestmöglichen Befriedigungsinteresse des antragstellenden Gläubigers im Einzelfall, in dem das Individualinteresse des Gläubigers deutlich überwiegen muss. Nach dem Zweck der Bestimmung gehen **Zweifel zu Lasten des Gläubigers** (so zum Altrecht schon *Uhlenbruck* InsO, § 272 Rn. 4). Hauptfall werden Verfehlungen des Schuldners in der Eigenverwaltung sein, die bereits zu einem Quotenschaden des Gläubigers geführt haben, dieselben oder ähnliche Verfehlungen in der Zukunft zu erwarten sind und sich deswegen ein Quotenschaden absehbar erhöhen wird, etwa durch laufende Verlustwirtschaft, die absehbar dazu führen wird, dass der Schuldner das letzte Vermögen vernichtet (vgl. BT-Drucks. 17/5712 S. 41 zu Nr. 43 zu § 270b; s. § 270b Rdn. 43 f.). Die drohenden Vermögensnachteile müssen **auf der Eigenverwaltung beruhen**. Sie können also kausal nicht nur auf der Verwaltungs- und Verfügungsmacht des Schuldners über Massegegenstände (§ 275 InsO) beruhen, sondern auch auf der Verwaltungs- und Verfügungsmacht des **Sachwalters**, z.B. wegen der ihm allein zustehenden Geltendmachung von Haftungsansprüchen nach den §§ 92 und 93 InsO oder von Insolvenzanfechtungen. Der Anwendungsbereich der Vorschrift erstreckt sich auch auf ein absehbar verfehltes Handeln des Sachwalters, weil er z.B. wegen der allein seiner Ausübung zugewiesenen Ansprüche untätig war, absehbar untätig bleiben wird und deswegen eine Massemehrung zu unterbleiben droht. Für das Gericht insofern vorrangig wird allerdings die Abberufung des Sachwalters mit einer Sachwalterneubestellung geprüft werden (s. § 274 Rdn. 21 f.).

Mit dieser Prüfungsweise hat das ***AG Köln*** (ZInsO 2015, 518 = ZIP 2015, 440) auf die Aufhebung der Eigenverwaltung nach Anhörung des Sachwalters auf Antrag einer Insolvenzgläubigerin aufgrund einer Gesamtschau aller Umstände erkannt, weil – nach Anordnung der Eigenverwaltung – gläubigerbenachteiligende Umstände bekannt geworden waren, 27
- indem die Schuldnerin ankündigungswidrig und verfahrensverzögernd die Masseverbindlichkeiten nicht beglichen hatte,
- die Nichtbegleichung im Widerspruch zu ihrem behaupteten Liquiditätsüberschuss stand,
- sie stattdessen ihre sämtlichen gegen ihre Bank gerichteten Ansprüche an eine Insolvenzgläubigerin unter Verstoß gegen den Gleichbehandlungsgrundsatz abgetreten hatte,
- sie dazu zuvor nicht die Zustimmung des Sachwalters eingeholt hatte, der davon nichts gewusst hatte,
- dadurch die Benachteiligung der Insolvenzgläubiger und mit ihnen die Antragstellerin überwiegend wahrscheinlich gestellt wurde.

Der Entscheidung ist zuzustimmen, weil allein schon die **Heimlichkeit der Schuldnerhandlungen** zu einer Nichtanordnung der Eigenverwaltung gem. § 270 Abs. 2 Nr. 2 InsO hätten führen müssen (vgl. die Unaufrichtigkeitslage des Sachwalters bei seiner Bestellung, § 270c Rdn. 5).

Besonderer Aufhebungsgrund kann die **Verletzung der Koordinationspflichten des Schuldners nach § 270d InsO** sein, eingeführt durch das Gesetz zur Erleichterung und Bewältigung von Konzerninsolvenzen 2017 (BT-Drucks. 18/11436). Die Vorschrift unterstellt den eigenverwaltenden Schuldner denselben Kooperationspflichten nach § 269a InsO, wie die bestellten Insolvenzverwalter der Konzerngesellschaften. Die Pflicht zur Kooperation besteht für ihn gegenüber weiteren gruppenangehörigen eigenverwaltenden Schuldnern, wie auch den im Konzern bestellten (vorläufigen) Insolvenzverwaltern. I.E.s. die Erl. zu § 270d InsO. Daraus erwächst die Kooperationsverpflichtung des Schuldners gegenüber den insolvenzbefangenen Gläubigergemeinschaften von Konzerngesellschaf- 28 ten als gesetzliche Mitwirkungspflicht entsprechend § 20 Abs. 1 InsO über § 270 Abs. 1 Satz 2 InsO. Das Schuldnerverhalten im Insolvenzantragsverfahren mit angeordneter Eigenverwaltung kann deswegen entscheidungsbestimmende Tatsache für die Anordnungsentscheidung nach § 270 Abs. 2 Nr. 2 InsO sein (s. dazu § 270 Rdn. 78, 115).

29 Das Gericht muss den Beschluss begründen, weil er **nach Abs. 2 Satz 3 anfechtbar** ist (*LG Potsdam* ZIP 2001, 1689). Der Aufhebungsbeschluss muss mit seinem Erlass öffentlich bekannt gemacht werden, weil die Beschwerdefrist erst mit der öffentlichen Bekanntmachung zu laufen beginnt (§ 273 InsO). Dadurch ausgelöste Unsicherheiten bis zum Rechtskrafteintritt müssen wegen der klaren gesetzlichen Anordnung hingenommen werden (*Kübler/Prütting/Bork-Pape* InsO, § 272 Rn. 28; MüKo-InsO/*Tetzlaff*, § 272 Rn. 6).

6. Schuldnerantrag (Nr. 3)

30 Grundlage der Eigenverwaltung ist die Annahme des Gesetzgebers, dass sie nur Erfolg haben kann und deswegen sinnvoll ist, wenn der Schuldner bereit ist, das Verwaltungs- und Verfügungsrecht unter Aufsicht eines Sachwalters auszuüben und er hierzu mit vollem Einsatz bereit ist (BT-Drucks. 12/2443 zu 333). Deswegen schafft das Gesetz die Möglichkeit, die Anordnung der Eigenverwaltung auf bloßen Schuldnerantrag durch das Insolvenzgericht außerhalb einer Gläubigerversammlung aufheben zu lassen (Nr. 3). Das Gesetz respektiert hier in besonderer Weise die Verwaltungs- und Verfügungsbereitschaft des Schuldners: Auch wenn der Schuldner zunächst die Eigenverwaltung unter Aufsicht des Sachwalters beantragt und erhalten hat, kann seine Bereitschaft im weiteren Verlauf des Insolvenzverfahrens entfallen, etwa weil er mit den Weisungen des Gläubigerausschusses oder mit den ihm auf Antrag der Gläubigerversammlung auferlegten Einschränkungen (§§ 276, 277 InsO) nicht einverstanden ist (BT-Drucks. 12/2443 zu § 333), z.B. auch mit den Aufgabenwahrnehmungen durch den Sachwalter nicht sein »kann«. Daraus folgt, dass das Insolvenzgericht für die Ausübung der Aufhebung der Anordnung auf Eigenverwaltung **keinen Entscheidungsspielraum** hat: Liegt der Schuldnerantrag vor, ist die Anordnung aufzuheben (*Uhlenbruck/Zipperer* InsO, § 272 Rn. 5; *Kübler/Prütting/Bork-Pape* InsO, § 272 Rn. 29; MüKo-InsO/*Tetzlaff* § 272 Rn. 38). Ein verfahrenszweckwidriger Beschluss der Anteilseigner, den Antrag zurückzunehmen, bindet die gesetzlichen Vertreter nicht (§ 276a Satz 1). Sie aus diesem Grund abzulösen, ist gem. § 276a Satz 2 InsO nicht möglich (MüKo-InsO/*Tetzlaff* § 272 Rn. 39; *Uhlenbruck/Zipperer* InsO, § 272 Rn. 5).

31 Allerdings knüpft Nr. 3 an die Willensentschließung des Schuldners an. Problematisch kann deswegen die Handhabung der Nr. 3 werden, wenn nur einer von mehreren Geschäftsführern oder Vorständen den Antrag stellt, oder zwar alle vertretungsberechtigten Geschäftsführer oder Vorstände den Antrag stellen, aber eine kompetente Ersatzperson (mehrere bei mehrköpfigem Vertretungsorgan) zur Übernahme der Organstellung bereit steht. In derartigen Zweifelsfällen ist dem Insolvenzgericht eine Entscheidung außerhalb einer Gläubigerversammlung angesichts ihrer weitreichenden Bedeutung nicht zuzumuten, weswegen das Gericht regelmäßig die Stellungnahme oder gar **Entscheidung der Gläubigerversammlung einholen** wird (so i.E. auch K. Schmidt/*Undritz* InsO, § 272 Rn. 6; strikt dagegen *Uhlenbruck/Zipperer* InsO, § 272 Rn. 5). Sie kann vom Insolvenzgericht auch kurzfristig einberufen werden (§ 74 Abs. 1 InsO; zur Einberufung durch das Gericht nach pflichtgemäßem Ermessen (s. *Schmitt* § 74 Rdn. 5; *Uhlenbruck* InsO, § 74 Rn. 15; HK-InsO/*Eickmann* § 74 Rn. 3). Demgegenüber wird die Auffassung vertreten, jede vertretungsberechtigte Person sei zur Antragstellung berechtigt, das Innenverhältnis sei nicht maßgebend (HK-InsO/*Landfermann* § 272 Rn. 10; *Uhlenbruck/Zipperer* InsO, § 272 Rn. 5; *Graf-Schlicker* InsO, § 272 Rn. 8; HambK-InsO/*Fiebig* § 272 Rn. 12; MüKo-InsO/*Tetzlaff* § 272 Rn. 39), weswegen (so wohl HK-InsO/*Landfermann* § 272 Rn. 10 und *Kübler/Prütting/Bork-Pape* § 272 Rn. 29) die Antragsbearbeitung durch das Gericht allein danach zu richten sei, die Eigenverwaltung aufzuheben sei. Diese Auffassung ist abzulehnen. Sie hat zwar auf den ersten Blick die Regelung des § 15 Abs. 1 InsO für sich (i.E. *Schmerbach* § 15 Rdn. 3 ff.), im Rahmen des § 272 Abs. 1 Nr. 3 InsO geht es jedoch nicht wie im Fall des § 15 InsO um das in Gang setzen eines Insolvenzantragsverfahrens zur Prüfung eines

Insolvenzgrundes zum Schutz der Gläubigergemeinschaft und potentieller weiterer Gläubiger. Es geht vielmehr um einen **Wechsel in der Art des Insolvenzverfahrens**, das auch im Gläubigerinteresse angeordnet wurde, das nur durch die Bereitschaft zur Eigenverwaltung durch den Schuldner möglich war (§ 270 Abs. 2 Nr. 1 u. Nr. 2 InsO sowie für den Fall des § 271 InsO s. § 271 Rdn. 10) und deswegen von den jeweiligen Entscheidungsträgern auf die Verlässlichkeit und Beständigkeit der Schuldnerbereitschaft gesetzt und vertraut wurde. Wer den Antrag nur einer vertretungsberechtigten Person genügen lässt, um einen unkritischen Aufhebungsmechanismus in Gang zu setzen, riskiert die Aufhebung der Eigenverwaltung schon durch einen leichtfertigen, unabgestimmten und letztlich sachwidrigen Aufhebungsantrag. Die Schädigung der Gläubiger kann unabsehbar sein, auch wenn eine Korrektur durch eine erneute Anordnung der Eigenverwaltung nach neuem Recht nicht ausgeschlossen ist (s. § 271 Rdn. 9). Die Eigenverwaltung ist hauptsächlich für Fortführungsfälle gedacht, die Fortführung des Unternehmens nach Insolvenzeröffnung verlangt vom Management u.a. Beständigkeit und Verlässlichkeit, das Vertrauen darin ist Grundlage der Eigenverwaltungsanordnung. Darauf haben die Insolvenzbeteiligten, besonders aber die Gläubiger und Schuldner des fortgeführten Unternehmens, vertraut und darauf ihre Dispositionen getroffen. Dem widerspricht diese folgenschwere Außenwirkung einer im Vertretungsorgan möglicherweise unabgestimmten Handlungsweise wegen dieser Grundlagenfrage. Auch würde der jeweiligen Gesellschaft jede Möglichkeit genommen, in Zusammenarbeit mit Sachwalter, Gläubigerausschuss und Insolvenzgericht das Problem durch eine Änderung in der Zusammensetzung des Vertretungsorgans zu lösen und auf diese Weise die Verlässlichkeit und Beständigkeit des Schuldners wiederherzustellen bzw. zu sichern, um damit dem Gläubigerschutzgedanken insgesamt Rechnung zu tragen. Schließlich widerspricht sie dem Reformanliegen, mit der modifizierten Zweckausrichtung des § 272 InsO zur Verbesserung der Planungssicherheit höhere Anforderungen an die Beendigung der Eigenverwaltung zu stellen (BT-Drucks. 17/5712 S. 42 zu Nr. 45). Deswegen ist gegen die Kritik (statt vieler: *Kübler/Prütting/Bork-Pape* § 272 Rn. 30 f. m.w.N.) an der Auffassung festzuhalten. Eine Pflicht zur Anhörung der Gläubiger besteht jedenfalls nicht (*Uhlenbruck/Zipperer* InsO, § 272 Rn. 5; MüKoInsO/*Tetzlaff* § 272 Rn. 38).

Für die **Praxis** bietet **Nr. 3 erhebliche Gefahren**. Die Eigenverwaltung wird regelmäßig in Fortführungsfällen in Betracht kommen (BT-Drucks. 12/2443 vor § 331). Die Fortführung eines Geschäftsbetriebes kann mit langfristig einzugehenden Verpflichtungen verbunden sein, etwa Investitionsentscheidungen, Auftragsbearbeitungszeiten etc. Ist dabei die Fortführungskompetenz auf die Person des Schuldners oder einzelne für den Schuldner handelnde Personen beschränkt, kann die Fortführungsentscheidung in eine personelle Abhängigkeit geraten. In dieser Abhängigkeit stehen dann alle, die auf die langfristige Fortführung vertraut haben, z.B. fortführungsfinanzierende Banken, Lieferanten wegen Lieferantenkredites. Die Abhängigkeit wird in der Praxis deswegen nur zu mildern sein, wenn der Sachwalter von vornherein seine Überwachungsfunktion so ausübt, dass er bei aufkommendem Unwillen des Schuldners in der Lage ist, die Fortführungsaufgabe als Insolvenzverwalter nahtlos zu übernehmen. Die Abhängigkeit der Eigenverwaltung vom Schuldnerwillen stellt deswegen überdurchschnittliche Anforderungen an den Sachwalter, der sich in einer »latenten Auffangposition« sehen muss. Wegen der mit der Aufhebung verbundenen Tragweite für die Eigenverwaltungsbeteiligten sollte die Aufhebung vom Gericht grundsätzlich nicht ohne die Anhörung der Gläubiger durch eine außerordentliche Gläubigerversammlung (§ 74 Abs. 1 InsO) angeordnet werden. 32

II. Anordnung der Aufhebung (Abs. 2 Satz 2)

Die Anordnung der Aufhebung erfolgt durch rechtsmittelfähigen Beschluss (Abs. 2 Satz 3 i.V.m. 33 § 6 Abs. 1 InsO). Funktionell zuständig ist regelmäßig der Rechtspfleger (*Kübler/Prütting/Bork-Pape* InsO, § 272 Rn. 33; *Uhlenbruck/Zipperer* InsO, § 272 Rn. 6). Er ist den Beteiligten zuzustellen (§ 6 Abs. 2 InsO). Dazu gehört die Zustellung an den Schuldner bzw. die organschaftlichen Vertreter, weil sie die Verwaltungs- und Verfügungsbefugnis (§ 80 InsO) verlieren, entspr. § 30 Abs. 2 InsO (*Kübler/Prütting/Bork-Pape* InsO, § 272 Rn. 33; *Uhlenbruck/Zipperer* InsO, § 272 Rn. 6). Die Zustellungen an die Gläubiger sind möglich und können dem Insolvenzverwalter gem. § 8

§ 272 InsO Aufhebung der Anordnung

Abs. 3 InsO übertragen werden (*Kübler/Prütting/Bork-Pape* InsO, § 272 Rn. 33; *Uhlenbruck/Zipperer* InsO, § 272 Rn. 6). Zuzustellen ist stets die Ablehnung eines Antrags und der Aufhebungsbeschluss nach § 272 Abs. 1 Nr. 2 InsO an den antragstellenden Gläubiger und den Schuldner, weil sie die Rechtsmittelfrist gem. Abs. 2 Satz 3 in Gang setzen. In dem Beschluss sollte der genaue Zeitpunkt des Erlasses (§ 27 Abs. 2 Nr. 3 InsO) angegeben werden, um eine Abgrenzung einzelner wirksamer Rechtshandlungen des Schuldners und des nunmehrigen Insolvenzverwalters sicherzustellen (*Kübler/Prütting/Bork-Pape* InsO, § 272 Rn. 33; *Uhlenbruck/Zipperer* § 272 Rn. 6). Der Beschluss ist zu begründen, die Mitteilungen nach §§ 31–33 InsO sind zu veranlassen (*Uhlenbruck/Zipperer* InsO, § 272 Rn. 6).

34 Die Anordnung der Eigenverwaltung bleibt bis zur Rechtskraft des Beschlusses wirksam. Mit Rücksicht auf die Dauer einer Rechtsmittelentscheidung kann sich zum Schutz vor gläubigerschädigenden Handlungen des Schuldners das Bedürfnis ergeben, die Handlungsfreiheit des Schuldners in dieser Zeit zu beschränken. Diese Möglichkeit bietet das Gesetz mit Einzelanordnungen des Insolvenzgerichtes entsprechend §§ 21, 22 InsO, die nicht rechtsmittelfähig sind (ähnlich *Uhlenbruck/Zipperer*, InsO, § 272 Rn. 7; zust. wohl *Kübler/Prütting/Bork-Pape* InsO, § 272 Rn. 36; insgesamt sind Grund und Umfang dieser Anordnungsmöglichkeit sehr streitig, i.E. s. § 270c Rdn. 26 ff.).

III. Aufhebungsfolge, Rechtsmittel (Abs. 2 Satz 3, Abs. 3)

35 Die Aufhebung der Eigenverwaltung unter Aufsicht des Sachwalters hat zur Folge, dass ein **Insolvenzverwalter eingesetzt** wird und die Verwaltung der Insolvenzmasse übernimmt. Die Bestellung erfolgt nach den allgemeinen Regeln durch das Gericht (§ 56 InsO) im Aufhebungsbeschluss (Abs. 3), also regelmäßig (§ 18 RPflG) durch den Rechtspfleger (HK-InsO/*Landfermann* § 272 Rn. 13; *Uhlenbruck/Zipperer* InsO, § 272 Rn. 8). In der Regel wird es vorteilhaft sein, zum Insolvenzverwalter den bisherigen Sachwalter zu bestellen. Denn er hat bereits (mindestens) einen Einblick in die Vermögensverhältnisse des Schuldners gewonnen (BT-Drucks. 12/2443 zu § 333). Abs. 3 sieht deswegen diese Möglichkeit der Personenauswahl für den Sachwalter ausdrücklich vor. Der bisherige Sachwalter kann bestellt werden, muss dies aber nicht (HK-InsO/*Landfermann* § 272 Rn. 11; *Uhlenbruck/Zipperer* InsO, § 272 Rn. 8; allg. Meinung). Es empfiehlt sich grundsätzlich, von Amts wegen (vgl. *Uhlenbruck* InsO, 13. Aufl. § 74 Rn. 12) eine berichtsterminsähnliche außerordentliche Gläubigerversammlung einzuberufen, weil mit dem Übergang in das Regelinsolvenzverfahren eine grundlegend neue Verwertungslage entstanden ist. So entfällt etwa zukünftig die Sachwalterschaft und damit das »geborene« Überwachungsorgan der Gläubigergemeinschaft, so dass sich die – erstmalige – Einsetzung eines Gläubigerausschusses empfehlen kann. Ihr steht – wie im Berichtstermin – die Entscheidung über die Beibehaltung des vom Insolvenzgericht bestellten Insolvenzverwalters zu, weil sie der Gläubigerautonomie unterliegt, die nicht umgangen werden darf, zumal die Bestellung i.d.R. durch den Rechtspfleger vorgenommen wurde. Es tritt keine Verfahrensunterbrechung nach § 240 ZPO ein (allg. Meinung).

36 Dem Beschwerten steht im Falle des Abs. 1 Nr. 2 die **sofortige Beschwerde** zu (Abs. 2 Satz 3), also im Fall der Aufhebung dem Schuldner, im Fall der Ablehnung jedem antragstellenden Gläubiger. Daneben kann nach der hier vertretenen Auffassung die Beschwerdebefugnis gem. § 78 InsO bestehen (s. Rdn. 12 ff.). In den verbleibenden Fällen (Abs. 1 Nr. 1 und 3) besteht keine Beschwerdebefugnis, weil sie nicht ausdrücklich vorgesehen ist (§ 6 Abs. 1 InsO), so dass die Entscheidung des Insolvenzgerichts in diesen Fällen mit ihrem Erlass rechtskräftig ist. Auch eine Rechtspflegererinnerung ist unzulässig (*Kübler/Prütting/Bork-Pape* InsO, § 272 Rn. 34; so wohl auch MüKo-InsO/*Tetzlaff* § 272 Rn. 56).

§ 273 Öffentliche Bekanntmachung

Der Beschluss des Insolvenzgerichts, durch den nach der Eröffnung des Insolvenzverfahrens die Eigenverwaltung angeordnet oder die Anordnung aufgehoben wird, ist öffentlich bekanntzumachen.

Die Eigenverwaltung mit der Verwaltungs- und Verfügungsberechtigung des Schuldners ist eine besondere Art des Insolvenzverfahrens (s. § 270 Rdn. 2 f.). Sie **fordert für den Geschäftsverkehr Klarheit über die Verfügungs- und Verwaltungsbefugnisse.** Deswegen ordnet § 273 InsO die öffentliche Bekanntmachung der nachträglichen Anordnung der Eigenverwaltung unter Aufsicht eines Sachwalters (§ 271 InsO) ebenso an, wie die Aufhebung der Anordnung (§ 272 InsO; BT-Drucks. 12/2443 zu § 334). Wenn die Anordnung schon bei der Eröffnung des Verfahrens ergeht, wird sie als Teil des Eröffnungsbeschlusses öffentlich bekannt gemacht (§ 30 InsO). Art und Weise der öffentlichen Bekanntmachung nebst ihrer Wirkung regelt § 9 InsO. Möglich und mittlerweile die Regel ist eine Bekanntmachung im Internet. Neben dem Anordnungs- bzw. Aufhebungsbeschlussinhalt sind **auch die weitergehenden Anordnungen** (Sicherungsanordnungen) des Gerichts öffentlich bekannt zu machen, z.B. die Aufforderungen an Drittschuldner (§ 28 Abs. 3 InsO) oder das Erlöschen der Verfügungsbefugnis des Insolvenzverwalters im Fall des § 271 InsO bzw. des Schuldners im Fall des § 272 InsO (*Uhlenbruck* InsO, § 273 Rn. 2), nach der hier vertretenen Auffassung auch solche entsprechend §§ 21, 22 InsO (s. § 272 Rdn. 34). Insbesondere im Fall des § 271 InsO hat die öffentliche Bekanntmachung erhebliche Bedeutung, weil sie die Wiedereinräumung der Verwaltungs- und Verfügungsmacht für den Schuldner verlautbart und dadurch für die von Insolvenzgläubigern getragenen Selbstsanierungsbemühungen des Schuldners vertrauensbildend und damit grundlegend sein können (s. § 271 Rdn. 11). 1

Die öffentliche Bekanntmachung hat **unverzüglich** zu erfolgen, kann also nicht etwa bis zur Rechtskraft des Beschlusses zurückgestellt werden (HK-InsO/*Landfermann* § 273 Rn. 1; *Uhlenbruck/Zipperer* InsO, § 273 Rn. 2). Denn der Anordnungsbeschluss nach § 271 InsO wird wie der Aufhebungsbeschluss nach § 272 InsO **mit der Abgabe des Beschlusses in den Geschäftsgang oder mit der Mitteilung an Dritte von dem Erlass wirksam**, weil er dann aufhört, eine interne Angelegenheit des Gerichts zu sein (vgl. *BGH* ZIP 1982, 464; *Kübler/Prütting/Bork-Pape* InsO, § 273 Rn. 4; *Uhlenbruck/Zipperer* InsO, § 273 Rn. 3). In einem Zuwarten bis zur Rechtskraft des Beschlusses läge ferner ein Verstoß gegen die Bekanntmachungsanordnung des Gesetzgebers, weil damit der Geschäftsverkehr gegen Sinn und Zweck der Vorschrift jedenfalls zeitweise über die tatsächlichen Verwaltungs- und Verfügungsbefugnisse im Unklaren gelassen wird. Die öffentliche Bekanntmachung ist deswegen für die Wirksamkeit des Beschlusses nicht von Bedeutung, wohl aber für den Beginn der Rechtsmittelfrist (*Uhlenbruck* InsO, § 273 Rn. 3). 2

Die **Rechtsmittelfrist** der sofortigen Beschwerde im Fall der Eigenverwaltungsaufhebung (§ 272 Abs. 2 Satz 3 InsO) **beginnt** nicht erst mit dem Ablauf des zweiten Tages nach dem Tag der Veröffentlichung, wenn – anders als zur KO (*OLG Hamm* ZIP 1993, 777; *Kuhn/Uhlenbruck* KO, § 76 Rn. 4) – die individuelle Zustellung an Gläubiger und Schuldner früher erfolgt sein sollte (*Kübler/Prütting/Bork-Pape* § 273 Rn. 2, 5), sondern **mit der Zustellung an den Schuldner** (*BGH* Beschl. v. 20.03.2003 ZIP 2003, 768 = ZInsO 2003, 374 = ZVI 2003, 165 m. Anm. *Keller* EWiR § 9 InsO 1/03 S. 977; HK-InsO/*Sternal* § 9 Rn. 9; *Uhlenbruck/Zipperer* InsO, § 273 Rn. 4). Die Individualzustellung an Gläubiger und Schuldner (§ 8 InsO) empfiehlt sich auch, um zu vermeiden, dass die Wirkungen der §§ 81, 82 InsO erst mit der öffentlichen Bekanntmachung eintreten (*Kübler/Prütting/Bork-Pape* InsO, § 273 Rn. 2). Sie hat auch an den Sachwalter bzw. Insolvenzverwalter zu erfolgen (*Kübler/Prütting/Bork-Pape* InsO, § 273 Rn. 2). Die **Zustellung** kann durch Aufgabe zur Post erfolgen. Dem Sachwalter kann sie nicht übertragen werden, weil sie in § 8 Abs. 3 InsO nicht ausdrücklich vorgesehen ist (*Kübler/Prütting/Bork-Pape* InsO, § 273 Rn. 3; *Uhlenbruck/Zipperer* InsO, § 273 Rn. 4). 3

Mit der Aufhebung der Eigenverwaltung (§ 272 InsO) muss das Gericht die Eintragung der Eröffnung des Regelinsolvenzverfahrens im **Grundbuch** und gleichgestellten **Registern** (§§ 32, 33 InsO) 4 unverzüglich nachholen (HK-InsO/*Landfermann* § 273 Rn. 2; *Häsemeyer* Rn. 8.10). Im Fall der nachträglichen Eigenverwaltungsanordnung (§ 271 InsO) müssen die ursprünglichen Vermerke gelöscht werden (*Uhlenbruck/Zipperer* InsO, § 273 Rn. 5; HK-InsO/*Landfermann* § 273 Rn. 2).

§ 274 Rechtsstellung des Sachwalters

(1) Für die Bestellung des Sachwalters, für die Aufsicht des Insolvenzgerichts sowie für die Haftung und die Vergütung des Sachwalters gelten § 27 Absatz 2 Nummer 4, § 54 Nummer 2 und die §§ 56 bis 60, 62 bis 65 entsprechend.

(2) ¹Der Sachwalter hat die wirtschaftliche Lage des Schuldners zu prüfen und die Geschäftsführung sowie die Ausgaben für die Lebensführung zu überwachen. ²§ 22 Abs. 3 gilt entsprechend.

(3) ¹Stellt der Sachwalter Umstände fest, die erwarten lassen, dass die Fortsetzung der Eigenverwaltung zu Nachteilen für die Gläubiger führen wird, so hat er dies unverzüglich dem Gläubigerausschuss und dem Insolvenzgericht anzuzeigen. ²Ist ein Gläubigerausschuss nicht bestellt, so hat der Sachwalter an dessen Stelle die Insolvenzgläubiger, die Forderungen angemeldet haben, und die absonderungsberechtigten Gläubiger zu unterrichten.

Übersicht

	Rdn.		Rdn.
A. Bedeutung und Zweck der Vorschrift	1	3. Regelsatzabweichungen (§ 12 Abs. 1, 2 InsVV, § 3 InsVV)	45
B. Bestellung, Aufsicht, Haftung, Vergütung (Abs. 1)	7	4. Einzelfallbezogene Beurteilung	46
I. Bestellung	8	5. Geschäftsunkostenabgeltung (§ 4 InsVV)	47
1. Persönliche Eignung	9	6. Besondere Sachkunde (§ 5 InsVV)	48
2. Neubestellung durch erste Gläubigerversammlung	13	7. Pauschsatz (§ 12 Abs. 3 InsVV)	49
3. Konzernfragen; faktische Kooperationssachwaltung	14	8. Vorschussberechtigung (§ 9 InsVV)	50
		9. Vorläufiger Sachwalter	51
II. Aufsicht	18	10. Konzernfragen	52
1. Aufsichtsinhalt	19	V. Steuerrechtliche Stellung	53
2. Entlassungsrecht	21	C. Grundpflichten (Abs. 2)	54
3. Konzernfragen	24	I. Zweck der Vorschrift, Prüfungsgegenstand	54
III. Haftung	25	II. Beginn und Ende der Pflichtenbindung	57
1. Allgemeiner Haftungsmaßstab, Beteiligte	26	III. Prüfung der wirtschaftlichen Lage des Schuldners	58
2. Allgemeiner Sorgfaltsmaßstab	31	IV. Überwachung der Geschäftsführung des Schuldners und seiner privaten Ausgaben für die Lebensführung, Auskunftsrechte	63
3. Sorgfaltsmaßstab bei Einschaltung von Erfüllungsgehilfen	32	D. Unterrichtungspflichten (Abs. 3)	68
4. Sorgfaltsmaßstab bei drohender Masseunzulänglichkeit	35	I. Unterrichtungspflichtige Tatsachen, Kombinationen und Schlussfolgerungen	68
5. Verjährung	38	II. Erfüllung	71
6. Konzernfragen	39	III. Sonstige Sachwalterpflichten	74
IV. Vergütung	40	IV. Haftung	75
1. Regelsatzprinzip (§ 63 InsO)	42		
2. Regelvergütung (§ 12 Abs. 1 InsVV)	44		

Literatur:

Blersch Insolvenzrechtliche Vergütungsverordnung, 2000; *Braun/Uhlenbruck* Unternehmensinsolvenz, 1997; *Buchalik/Schröder* Kriterien zur Festsetzung angemessener Vergütungen in der Eigenverwaltung, ZInsO 2016, 2231; *Foltis* Grenzen des Gläubigerschutzes in der Sonderinsolvenzverwaltung, ZInsO 2010, 545; *Graf-Schlicker* Die Entwicklung des ESUG und die Fortentwicklung des Insolvenzrechts, ZInsO 2013, 1765; *Haarmeyer* Missbrauch der Eigenverwaltung? – Nicht der Gesetzgeber, sondern Gerichte, Verwalter und Berater sind gefordert, ZInsO 2013, 2345; *Haarmeyer/Mock* Die Vergütung des vorläufigen Sachwalters – Finales und Halbfinales aus Karlsruhe, ZInsO 2016, 1829; *Koch* Die Eigenverwaltung nach der Insolvenzordnung, 1998; *Pape* Qualität durch Haftung? – Die Haftung des rechtsanwaltlichen Insolvenzverwalters, ZInsO 2005, 953; *ders.* Eigenverwaltungsverfahren im Spiegel der Rechtsprechung nach Inkrafttreten des ESUG, ZInsO 2013, 2129; *Schlegel* Die Eigenverwaltung in der Insolvenz, 1999; im Übrigen siehe vor §§ 270 ff., 270.

A. Bedeutung und Zweck der Vorschrift

§ 274 InsO ist neben § 270 InsO, der die formalen und materiellen Anordnungsvoraussetzungen für die Eigenverwaltung regelt, wichtigste Vorschrift der Eigenverwaltung. Die Eigenverwaltung ist **besondere Verfahrensart des Insolvenzverfahrens** (s. vor §§ 270 ff. Rdn. 2–8). Sie unterscheidet sich vom Regelinsolvenzverfahren durch die Aufteilung der Insolvenzverwalterbefugnisse (§ 80 InsO) auf Schuldner und Sachwalter (§ 270 Abs. 1 Satz 1 InsO und § 270c Satz 1 InsO; eingehend § 270c Rdn. 12–33), so dass der Sachwalter im Verhältnis zum Insolvenzverwalter einen eingeschränkten Tätigkeitsbereich ausübt (BT-Drucks. 12/2443 zu § 335). Nicht gefolgt werden kann der Beschreibung der Sachwalterbestellung, mit den detaillierten Regelungen seiner Rechte und Pflichten in den §§ 275, 277, 279, 280–285 InsO sei klargestellt worden, dass für die Rechtsstellung des Sachwalters nicht die Regelungen für den Insolvenzverwalter herangezogen werden können, da ihm keine eigene Verwaltungs- und Verfügungsbefugnis zukomme, sondern er mit speziell geregelten Befugnissen auf die Kontrolle des Schuldners beschränkt sei (*Nerlich/Römermann-Riggert* InsO, § 274 Rn. 1; ihm folgend MüKo-InsO/*Wittig/Tetzlaff* 2. Aufl., § 274 Rn. 3). Dass diese Schlussfolgerung nicht stimmt, zeigt sich schon für den Fall der Mitwirkungsrechte des Sachwalters (§§ 275, 277 InsO), besonders aber in den Fällen der Haftungsgeltendmachung und der Insolvenzanfechtung durch ihn (§§ 280, 281 InsO). In all diesen Fällen ist dem Sachwalter das Verwaltungs- und Verfügungsrecht über Massegegenstände (§ 80 InsO) – in den Fällen der §§ 275, 277 InsO neben dem Schuldner – zugewiesen. Diese Einzelrechte des Sachwalters zu seiner Ausübung der Verwaltungs- und Verfügungsmacht über Massegegenstände folgen der grundlegenden Rechtsstellungszuordnung in §§ 270 Abs. 1 Satz 1, § 270c Satz 1 InsO. Der Sachwalter wird deswegen als Gläubigergemeinschaftsorgan tätig und ist keineswegs auf die Schuldnerkontrolle beschränkt. **Die Überwachung und Kontrolle des Schuldners** ist sicherlich die Kernaufgabe des Sachwalters, beschränkt ist sie darauf allerdings nicht. Die Ausgestaltung der Sachwalterrechte und -pflichten beinhaltet zugleich die Abgrenzung seiner Rechte und Pflichten zu denjenigen des Schuldners (ähnlich *Uhlenbruck/Zipperer* InsO, § 274 Rn. 1). Damit hängt die Funktionsfähigkeit der Eigenverwaltung entscheidend von der Ausgestaltung seiner Rechte und Pflichten ab.

Für den Sachwalter regelt § 274 InsO die Bestellung, die Aufsicht, die Haftung und die Vergütung (Abs. 1) sowie die Grundpflichten (Abs. 2) und die Unterrichtungspflichten (Abs. 3). § 274 InsO enthält darüber hinaus die Grundlagen zu den Verteilungsregeln für die Verantwortlichkeiten von Schuldner, Sachwalter, Insolvenzgericht, Gläubigerausschuss und Gläubigerversammlung, die in den §§ 275–285 InsO geregelt sind. In Absatz 1 wurde mit dem **Gesetz zur Stärkung der Gläubigerrechte vom 15.07.2013** »§ 27 Absatz 2 Nummer 5« durch »§ 27 Absatz 2 Nummer 4« ersetzt. Die Ersetzung ist **bloße Folgeänderung** und beruht auf der Aufhebung der »Nummer 4« in der Bezugsvorschrift § 27 Absatz 2, die die bisherige »Nummer 5« zur neuen »Nummer 4« machte (BT-Drucks. 17/11268 S. 21 zu Nr. 7b; s.a. § 270 Rdn. 4, 111).

§ 274 InsO hat durch das **ESUG** eine Erweiterung erfahren, durch die Sinn und Zweck der Vorschrift allerdings nicht berührt wird. Sie beruht auf den Kernanliegen der Reform für die Eigenverwaltung, angenommene Hindernisse auf dem Weg zur Eigenverwaltung auszuräumen, die Geschäftsführung des Schuldners in Eigenverwaltung zu erleichtern, Planungssicherheit zu schaffen und damit Anreize für frühzeitige Anträge auf Eröffnung von Insolvenzverfahren zu setzen (BT-Drucks. 17/5712 Begründung II. 5. S. 19; i.e. s. § 270 Rdn. 2, 49, 69, 93), umgesetzt im Besonderen im Eröffnungsverfahren durch die Einrichtung eines **Eigenverwaltungsvorverfahrens** (§§ 270a, 270b InsO). Es soll sicherstellen, dass der Schuldner mit nicht aussichtslosem Eigenverwaltungsantrag nicht die Kontrolle über sein Unternehmen verliert. Dadurch soll der Weg zu Selbstsanierungsbemühungen für Schuldner attraktiver gemacht werden (BT-Drucks. 17/5712 S. 39 zu Nr. 43). Zur Umsetzung bedarf es dazu zweierlei: Einmal die (weitgehende) **Beibehaltung der Kontrolle des Unternehmens** des Schuldners durch ihn in einem Eigenverwaltungsvorverfahren, mit

§ 274 InsO Rechtsstellung des Sachwalters

einem vorläufigen Sachwalter, mit dem er »kann«. Die Zuversicht dazu gewähren ihm und den ihn unterstützenden Gläubigern die Anordnungsvorgaben im Eigenverwaltungsvorverfahren für die Bestellung des vorläufigen Sachwalters (§§ 270a Abs. 1 Satz 2, 270b Abs. 2 Satz 1 InsO über § 274 Abs. 1 InsO) auf den neuen **§ 56a InsO**: die Gläubiger werden über einen vorläufigen Gläubigerausschuss an der Auswahl des vorläufigen Sachwalters beteiligt. Zum anderen die Bestellung eines Sachwalters im Eröffnungsbeschluss mit demselben »kann-Profil«, geregelt über die direkte Anwendung des § 274 Abs. 1 InsO mit der Verweisung auch auf § 56a InsO. Das Gericht darf nach § 56a Abs. 2 InsO von einem Vorschlag des vorläufigen Gläubigerausschusses zur Person des zu bestellenden Verwalters zwar abweichen, wenn entweder der Vorschlag des vorläufigen Gläubigerausschusses dazu nicht einstimmig war oder er zwar einstimmig war, aber die vorgeschlagene Person für die Übernahme des Amtes nicht geeignet ist. Für diesen Fall wurde § 56a InsO aber durch eine weitere Neuregelung ergänzt. **§ 27 Abs. 2 Nr. 4 InsO** (s. Rdn. 2) bestimmt für den Eröffnungsbeschluss, dass das Gericht die Gründe für die Vorschlagsabweichung angeben muss. Durch die Begründung sollen sich die Beteiligten mit den Gründen der gerichtlichen Entscheidung auseinandersetzen können, um ggf. in der Gläubigerversammlung dennoch die vorgeschlagene, aber zunächst abgelehnte Person zum Verwalter zu wählen. Durch die Begründung soll sichergestellt werden, dass diese Entscheidung in Kenntnis und in Auseinandersetzung mit den Bedenken des Gerichts erfolgen kann. Aus Gründen des Persönlichkeitsschutzes darf allerdings der Name der abgelehnten Person nicht genannt werden (BT-Drucks. 17/5712 S. 25 zu Nr. 7 Änderung von § 27 Abs. 2; Kritik zu letzterem von *Frind* ZInsO 2011, 379). Die entsprechende Anwendbarkeitserklärung des § 56a InsO auf die Sachwalterauswahl in § 274 Abs. 1 InsO legte zwar bereits auch die Begründungspflicht bei einer Vorschlagsabweichung des Gerichts für die Person des Sachwalters nach § 27 Abs. 2 Nr. 4 InsO für das Gericht im Anordnungsbeschluss nach § 270 Abs. 1 Satz 1 InsO nahe. Um hierzu aber keine Fragen aufkommen zu lassen, entschied sich der Reformgesetzgeber dazu, die Anwendbarkeit des § 27 Abs. 2 Nr. 4 InsO klarzustellen, indem diese Vorschrift in den Verweisungskatalog aufgenommen wurde (BT-Drucks. 17/5712 S. 42 zu Nr. 46). Von dieser Erweiterung des Verweisungskatalogs abgesehen, blieb § 274 InsO in der Reform unverändert.

4 Der Sachwalter hat mit dem Sachwalter der VerglO nur den Namen gemeinsam, in seiner Rechts- und Pflichtenstellung unterscheidet er sich grundlegend. Er hat eine insolvenzverwalterähnliche Stellung inne und ist **Inhaber eines öffentlichen Amtes aufgrund gerichtlicher Bestellung** (§ 270 Abs. 3 Satz 1 InsO; näher s. § 270c Rdn. 7; ebenso *Uhlenbruck* InsO, 13. Aufl., § 274 Rn. 2; ähnlich HambK-InsO/*Fiebig* § 273 Rn. 2; **a.A.** MüKo-InsO/*Tetzlaff/Kern* § 274 Rn. 1).

5 Zur Rechtsstellung des Sachwalters wurde zum Altrecht zutreffend darauf hingewiesen, dass der Gesetzgeber zwar Abgrenzungen zwischen Zuständigkeitsbereichen des Schuldners bzw. des Schuldnerunternehmens (dessen geschäftsführenden Organmitgliedern) und des Sachwalters vorgenommen hat, nicht aber zwischen dessen Aufsichtsorganen (Aufsichtsrat, Verwaltungsrat, Beirat) und dem Sachwalter oder gar den Gesellschaftern selbst und dem Sachwalter. Daraus wurde geschlossen, dass sich für die **Mitglieder des geschäftsführenden Organs** aus dem grundsätzlichen Nebeneinander der Gesellschaftsregeln und den Insolvenzregeln der Eigenverwaltung **Pflichtenkollisionslagen** ergeben können (*Uhlenbruck* InsO, 13. Aufl., § 274 Rn. 2–6 im Anschluss an die Problembeschreibung von *Schlegel* Eigenverwaltung, S. 196 ff.). Streitig hierzu war, ob der Gesetzgeber dazu besondere Abgrenzungsregeln aufzustellen hatte. Nach der hier vertretenen Auffassung war dies nicht der Fall, weil sie sich ohne weiteres aus der Struktur der Eigenverwaltung ergaben und deswegen Pflichtenkollisionslagen nicht entstehen konnten. Es war anzunehmen, dass die **insolvenzrechtliche Pflichtenbindung des Schuldnerorgans bzw. seiner Organmitglieder der gesellschaftsrechtlichen Pflichtenbindung vorgeht** (i.E. FK-InsO/*Foltis* 6. Aufl. § 274 Rn. 4). Der Reformgesetzgeber hat sich der Fragestellung mit dem neu eingefügten § 276a InsO i.S.d. hier vertretenen Auffassung angenommen und die Einflusslosigkeit der Gesellschaftsorgane auf die Geschäftsführung des Schuldners bestimmt. Zudem hat er die Abberufung und Neubestellung von Mitgliedern der Geschäftsführung von der Zustimmung des Sachwalters abhängig gemacht. Die vorgesehene Regelung respektiert damit die Gläubigergemeinschaftsbindung des Vermögens des Schuldners mit der Beschlagnahmewirkung aufgrund der Insolvenzeröffnung (§ 80 Abs. 1 InsO). I.E. s. die Erl. zu § 276a InsO.

§ 274 InsO gilt im **Eigenverwaltungsvorverfahren** entsprechend (§ 270a Abs. 1 Satz 2 InsO und 6
§ 270 Abs. 2 Satz 1 InsO), sodass er (mit § 275 InsO) die **Rechtsstellung des vorläufigen Sachwalters** und dadurch zugleich auch des Schuldners bestimmt, mithin § 274 InsO umfassend bereits in das Eigenverwaltungsvorverfahren hineinwirkt. Daraus folgt das Problem um die Bestimmung der **Rechtsstellung des Schuldners im Eigenverwaltungsvorverfahren**, eines seiner Kernfragen, das sehr streitig diskutiert wird. Nach der hier vertretenen Auffassung sind die Verweisungen in § 270a Abs. 1 Satz 2 InsO und § 270 Abs. 2 Satz 1 InsO Rechtsgrundverweisungen auch für die Bestimmung der Rechtsstellung des Schuldners wie im eröffneten Insolvenzverfahren, sodass ihm im Umfang seiner Befugnisse im eröffneten Insolvenzverfahren die entsprechende Rechtsstellung im Eigenverwaltungsvorverfahren als vorläufiger starker Insolvenzverwalter (§ 55 Abs. 2 InsO) gebührt und daraus das originäre Masseverbindlichkeitenbegründungsrecht (i.E. s. § 270a Rdn. 22 ff., § 270b Rdn. 39 ff.).

B. Bestellung, Aufsicht, Haftung, Vergütung (Abs. 1)

Abs. 1 ist Ausdruck der insolvenzverwalterähnlichen Stellung des Sachwalters, indem Bestellung, 7
Aufsicht, Haftung und Vergütung des Sachwalters grds. den Regelungen des Regelinsolvenzverfahrens unterworfen werden. Abs. 1 hat klarstellende Bedeutung, weil die Regelungen des Regelinsolvenzverfahrens bereits über § 270 Abs. 1 Satz 2 InsO gelten. Die Besonderheiten der Eigenverwaltung aufgrund des Eigenverwaltungszweckes machen jedoch eine genaue Betrachtung der (nur) entsprechend anzuwendenden Regelungen erforderlich. Die Regelungen für den Insolvenzverwalter passen nicht immer ohne weiteres auf den Sachwalter, weil sich die Eigenverwaltung vom Regelinsolvenzverfahren strukturell unterscheidet und damit die Sachwalterstellung von der des Insolvenzverwalters (ähnlich *Uhlenbruck/Zipperer* InsO, § 274 Rn. 2).

I. Bestellung

Die Bestellung des Sachwalters folgt den Regelungen der Bestellung des Insolvenzverwalters in den 8
§§ 56, 56a, 57 InsO (HK-InsO/*Landfermann* § 274 Rn. 5; *Kübler/Prütting/Bork-Pape* InsO, § 274 Rn. 9).

1. Persönliche Eignung

Zum Sachwalter ist vom Insolvenzrichter eine für den jeweiligen Einzelfall geeignete, insbes. ge- 9
schäftskundige und von den Gläubigern und dem Schuldner unabhängige **natürliche Person** (auszuwählen und) zu bestellen (§ 56 InsO). Seit dem Vereinfachungsgesetz 2007 gibt § 56 Abs. 1 Satz 2 die Führung offener Listen vor. Sie gilt aufgrund der Verweisung auch für die Sachwalterauswahl (s. *Jahntz* § 56 Rdn. 2). Allerdings wird aufgrund der gegenüber dem Insolvenzverwalter sehr deutlich eingeschränkten Verwaltungs- und Verfügungsmacht und aus dem Eigenverwaltungszweck nicht zu fordern sein, dass der zu bestellende Sachwalter bei dem für die Eigenverwaltungsanordnung und damit die Sachwalterbestellung zuständigen Gericht gelistet ist, sondern ausreichend ist, dass er überhaupt bei einem Insolvenzgericht gelistet ist. Denn sonst erführe der Bestellerkreis eine Personenbeschränkung, die sich gegen den Eigenverwaltungszweck richtet, wie er durch die Einrichtung des Eigenverwaltungsvorverfahrens vom Gesetzgeber vertieft vorgegeben ist: angenommene Hindernisse auf dem Weg zur Eigenverwaltung auszuräumen, die Geschäftsführung des Schuldners in Eigenverwaltung zu erleichtern, Planungssicherheit zu schaffen und damit Anreize für frühzeitige Anträge auf Eröffnung von Insolvenzverfahren zu setzen (s. Rdn. 3). Eine **Listungsbeschränkung** auf das für die Anordnung zuständige Insolvenzgericht ist damit unvereinbar (**a.A.** *AG Hamburg* ZInsO 2013, 2133 für die Bestellung des vorläufigen Sachwalters im Schutzschirmverfahren; i. Ergebnis wie hier *Pape* ZInsO 2013, 2133; MüKo-InsO/*Tetzlaff/Kern* § 274 Rn. 8; i.E. s. § 270b Rdn. 34). Bei der gebotenen Beurteilung zur Einzelfalleignung wird der Insolvenzrichter die besonderen Schwierigkeiten des Sachwalteramtes berücksichtigen, die mit der Pflicht zur (laufenden) Überwachung des Schuldners (Abs. 2) und der latenten Möglichkeit eines raschen Wechsels in das Amt eines Insolvenzverwalters (§ 272 Abs. 3 InsO) verbunden sind (ebenso *Uhlenbruck* InsO, 13. Aufl., § 274 Rn. 7).

§ 274 InsO Rechtsstellung des Sachwalters

Die Eigenverwaltung ist vornehmlich auf Fortführungsfälle angelegt (BT-Drucks. 12/2443 vor § 331). Fortführungsfälle werden regelmäßig mit der Eingehung längerfristiger und teils erheblicher Verpflichtungen durch den Schuldner verbunden sein, die zu einer erheblichen Gläubigerschädigung führen können, insbes. bei ihrem Scheitern durch eintretende Masseunzulänglichkeit. Daraus folgt das maßgebende Beurteilungskriterium: Einzelfallbezogene persönliche und fachliche Fähigkeiten wie ein Insolvenzverwalter in gleicher (Fortführungs-)Situation, aufgrund der Überwachungs- und Mitwirkungsfunktion, ferner ausgeprägte Führungsqualitäten (ähnlich HK-InsO/*Landfermann* § 274 Rn. 5). Schließlich **persönliche Integrität**: Die Gefahr rechtsmissbräuchlichen Einsatzes der Eigenverwaltung schwindet mit der persönlichen Integrität des Sachwalters (ähnlich MüKo-InsO/*Wittig/Tetzlaff* 2. Aufl., § 274 Rn. 8). Die erforderliche Unabhängigkeit fehlt deswegen bei Personen, die den Schuldner vor dem Eintritt der Insolvenz rechtlich oder wirtschaftlich beraten haben (*Graf-Schlicker* InsO, § 274 Rn. 2; *Kübler/Prütting/Bork-Pape* InsO, § 274 Rn. 17; MüKo-InsO/*Tetzlaff/Kern* § 274 Rn. 18 ff.; offener *Uhlenbruck/Zipperer* InsO, § 274 Rn. 3). Zu den Bestellungsätzen i.E. s. § 270c Rdn. 6–11. Durch die Verweisungen im Eigenverwaltungsvorverfahren (§ 270a Abs. 1 Satz 2 InsO bzw. § 270b Abs. 2 Satz 1 InsO) entsprechen sich die Bestellgrundsätze, sodass die dazu entwickelten Kriterien auch auf die Sachwalterbestellung im eröffneten Verfahren angewendet werden können. Dazu i.E. § 270a Rdn. 20 und § 270b Rdn. 30–35.

10 Von der **Bestellung des Planerstellers zum Sachwalter** sollte grds. Abstand genommen werden, weil dem Planersteller wegen seiner rechtlichen und/oder wirtschaftlichen Beratung des Schuldners vor Insolvenzantrag regelmäßig die erforderliche Unabhängigkeit fehlen wird (so zutr. *Vallender* WM 1998, 2133 f.; *Koch* S. 196 f.; *Kübler/Prütting/Bork-Pape* InsO, § 274 Rn. 19 f.; *Graf-Schlicker* InsO, § 274 Rn. 2; ähnlich jetzt MüKo-InsO/*Tetzlaff/Kern* § 274 Rn. 19 ff.; **a.A.** wohl *LG Cottbus* Beschl. v. 17.07.2001 – 7 T 421/00, ZIP 2001, 2189 [2190] m. krit. Anm. *Lüke* S. 2188; *Nerlich/Römermann-Riggert* InsO, § 274 Rn. 13; *Braun/Uhlenbruck* S. 723 f.; *Uhlenbruck* InsO, 13. Aufl., § 274 Rn. 7; kritischer *Uhlenbruck/Zipperer* InsO, § 274 Rn. 3). Zu Recht wird darauf hingewiesen, dass hier das Missbrauchsgefährdungspotential der Eigenverwaltung auf dem Prüfstand steht und mit ihm die Zweckmäßigkeit der Eigenverwaltung schlechthin. Siehe hierzu das Fallbeispiel *LG Bonn* Beschl. v. 23.07.2003 – 6 T 135/03, ZIP 2003, 1412, m. Anm. *Bork* EWiR § 21 InsO 3/2003 S. 871: der neu bestellte Geschäftsführer hatte kurz vor der Antragstellung einen Betrag von 250.000,00 € für sich »entnommen«. Die Gefahr des kollusiven Zusammenwirkens von Schuldner und nicht unabhängigem Sachwalter ist groß (*Kübler/Prütting/Bork-Pape* InsO, § 274 Rn. 18, 26). Die Einholung einer ausdrücklichen Unabhängigkeitsversicherung des Sachwalters durch das Insolvenzgericht empfiehlt sich deswegen dringend (so zu Recht MüKo-InsO/*Tetzlaff/Kern* § 274 Rn. 21; *Uhlenbruck* InsO, 13. Aufl., § 270 Rn. 7).

11 Das **Amt des Sachwalters** beginnt – wie beim Insolvenzverwalter (*Uhlenbruck* InsO, 13. Aufl., § 56 Rn. 85) – gem. § 270 Abs. 1 Satz 2 InsO mit seiner Bestellung durch richterlichen Beschluss. Der **Gegenansicht**, die – offenbar unter dem Eindruck der Bestellungsgrundsätze des Insolvenzverwalters (i.E. *Uhlenbruck/Zipperer* InsO, § 56 Rn. 63 f.) – auf die Annahme des Amtes durch den Sachwalter abstellt (*Uhlenbruck/Zipperer* InsO, § 274 Rn. 3; *Kübler/Prütting/Bork-Pape* InsO, § 274 Rn. 28) kann nicht gefolgt werden. Die Verwaltungs- und Verfügungsmacht über Massegegenstände durch den Sachwalter sowie die Ausübung der Verwaltungs- und Verfügungsmacht durch den eigenverwaltenden Schuldner unter Mitwirkung des Sachwalters, aber auch die Kontrolle des Schuldners (s. Rdn. 1), vertragen keine offene oder unklare Verantwortlichkeit. Die Eigenverwaltung ist per se missbrauchsanfällig. Diese Missbrauchsanfälligkeit kann schnell zu einem Gesamtgläubigerschaden anwachsen, wenn die Annahmeerklärung des bestellten Sachwalters mehrere Tage oder Wochen ausbleibt oder letztlich sogar – unter Umständen gerade wegen eingetretener Masseschädigungen – verweigert wird, der Schuldner also längere Zeit ohne jede Gläubigergemeinschaftskontrolle über Massemittel verfügen kann. Diese Folge widerspricht Sinn und Zweck der Eigenverwaltung und damit der Wirksamkeit der Sachwalterbestellung erst mit ihrer Annahme durch den Sachwalter. Zu fordern ist deswegen, dass das Insolvenzgericht die Zustimmung der am Insolvenzgericht ausgewählten Person zur Amtsübernahme vor der Bestellung – vorzugsweise schriftlich – einholt, wenn sie für erforderlich gehalten wird, um gar nicht erst eine Lücke im Gläubigerschutz

entstehen zu lassen. Der Insolvenzrichter muss sich auch ohnehin vor der Sachwalterbestellung über die persönliche Eignung der ausgewählten Person im Klaren sein (s. Rdn. 9). Die Lage stellt sich in der ersten Gläubigerversammlung (§ 271 InsO) nicht anders dar (s.a. Rdn. 13). Der Sachwalter erhält eine **Urkunde** über seine Bestellung, die er bei der Beendigung seines Amtes zurückzugeben hat (§ 56 Abs. 2 InsO; *Uhlenbruck/Zipperer* InsO, § 274 Rn. 3). Es empfiehlt sich, entsprechend § 22 Abs. 2 InsO die dem Sachwalter zukommenden einzelnen Verwaltungs- und Verfügungsbefugnisse (z.B. nach §§ 275 Abs. 2, 277 Abs. 1 Satz 1, 279 Satz 3, 280 InsO) im Einzelnen in den Beschluss aufzunehmen, um von vornherein die Sachwalterbefugnisse amtlich zu verlautbaren und damit Missverständnissen im Rechtsverkehr und Nachfragen bei Gericht vorzubeugen. Es kann stets nur ein Sachwalter bestellt werden, daneben ggf. entsprechend dem Sonderverwalter ein **Sondersachwalter** (näher s. Rdn. 22, 64; *Kübler/Prütting/Bork-Pape* InsO; § 274 Rn. 12, 27; für den Bestellungsanlass aufgrund **Kollisionslagen im Konzern** s. Rdn. 14 ff.).

§ 274 Abs. 1 InsO verweist zur Anwendbarkeit auf die §§ 56 bis 60 InsO und damit für die Sachwalterbestellung auf die Verwalterneuregelungen durch das **ESUG** (s. Rdn. 3). Es kann deswegen zu einer Sachwalterbestellung kommen, die von einem vorläufigen Gläubigerausschuss (§ 22a InsO) durch einstimmigen Beschluss vorgegeben ist (§ 56a Abs. 2 InsO), nach der Vorgabe der Verfahrenseröffnung mit Eigenverwaltungsanordnung durch ebenfalls seinen einstimmigen Beschluss (§ 270 Abs. 3 InsO; vgl. *Landfermann* WM 2012, 823 ff.), besonders bei größeren Verfahren mit überregionaler Bedeutung. Einer darin liegenden Missbrauchsgefahr kann das Gericht über seine – nicht vorbestimmbare – Besetzungsentscheidung des vorläufigen Gläubigerausschusses zuvorkommen. Bestellt das Gericht eine Person seines Vertrauens in den vorläufigen Gläubigerausschuss und widersetzt sich der Berufene in sachgerechter Ausübung seiner Amtspflicht der Einstimmigkeit, ist für das Gericht der Weg für eine pflichtgemäße Ermessensanordnung der Eigenverwaltung ebenso frei wie für eine Sachwalterbestellung in pflichtgemäßer Ermessensausübung. Allerdings sollte das Gericht diesen Weg eines »qualifizierten Gesamtgläubigerschutzes« nur gehen, wenn es begründete Zweifel an einer missbrauchslosen Abstimmungs- und Vorschlagspraxis hat. Die Forderungsmehrheit den Eigenverwaltungsantrag stützender weniger Großgläubiger reicht dafür allein nicht aus, weil der Reformzweck der Eigenverwaltung gerade auf den Konsens des Schuldners mit seinen Hauptgläubigern ausgelegt ist (BT-Drucks. 17/5712 S. 40 zu Nr. 43 zu § 270b) und dieser Zweck durch grundlose oder sachwidrige Vorbehalte des Gerichts verletzt würde. In jedem Fall hat das Gericht die Eignung des Vorgeschlagenen nach allen Kriterien des § 56 Abs. 1 InsO zu prüfen (*Kübler/Prütting/Bork-Pape* InsO, § 274 Rn. 15) und bei Ungeeignetheit die vorgeschlagene Bestellung zu versagen (§ 56a Abs. 2 InsO; MüKo-InsO/ *Tetzlaff/Kern* § 274 Rn. 29). 12

2. Neubestellung durch erste Gläubigerversammlung

Die Sachwalterbestellung durch das Insolvenzgericht ist vorläufig. Die Gläubiger können in der ersten Gläubigerversammlung, die auf die Bestellung des Sachwalters durch das Insolvenzgericht folgt, an seiner Stelle eine andere Person mit Stimmen- und Kopfmehrheit wählen (§ 57 InsO). Das Gericht kann die Bestellung des Gewählten nur versagen, wenn er für die Übernahme des Amtes nicht geeignet ist, für Nützlichkeitserwägungen ist kein Raum (ebenso *Kübler/Prütting/Bork-Pape* § 274 Rn. 30; *Uhlenbruck/Zipperer* InsO, § 274 Rn. 5; MüKo-InsO/ *Tetzlaff/Kern* § 274 Rn. 37). Gegen die **Versagung** steht **jedem Insolvenzgläubiger die sofortige Beschwerde** zu (§ 57 InsO; **a.A.** MüKo-InsO/ *Tetzlaff/Kern* § 274 Rn. 39), **nicht jedoch dem abgewählten Sachwalter** (BVerfG ZIP 2005, 537 m. Anm. *Linke* und BGH ZIP 2004, 2341 zum abgewählten Insolvenzverwalter). Entgegen der Ansicht von *Koch* (Eigenverwaltung, S. 199) kann bei einer **nachträglichen Anordnung der Eigenverwaltung nach § 271 InsO** kein Schwebezustand über die Person des Sachwalters bestehen. Denn in der Neuwahl eines anderen als des vorläufig vom Gericht bestellten Sachwalters liegt immer dessen Abwahl und ein bloßer Antrag auf Abwahl des vorläufig vom Gericht bestellten Sachwalters ohne Benennung einer anderen bestimmten natürlichen Person zum neuen Sachwalter wäre – wie im Fall der erstmaligen Eigenverwaltungsanordnung nach § 271 InsO (s. § 271 Rdn. 6) – unzulässig, weil die Insolvenzordnung insoweit keinen Schwebezustand und keine Rechtsunsicherheiten zulässt (wie hier *Kübler/Prütting/Bork-Pape* InsO, § 274 Rn. 30; *Uhlenbruck* InsO, 13. Aufl., § 274 Rn. 8). 13

Wie bei der Entscheidung über die Aufhebung der Anordnung der Eigenverwaltung nach § 271 InsO besteht allerdings die Gefahr der faktischen Beherrschung der Eigenverwaltung durch einen oder wenige Großgläubiger oder eine geschickt agierende Kleingläubigergruppe, indem die Sachwalterneubestellung über eine Mehrheitssicherung (Missbrauchslage entsprechend § 271 InsO, s. § 271 Rdn. 5 und § 272 Rdn. 15) gesteuert wird. Ein Beschluss über die Sachwalterneubestellung kann wegen Missbrauches der Mehrheit gem. § 78 InsO durch das Gericht aufgehoben werden. Der **Gegenauffassung**, die sich auf die Nichtüberprüfbarkeit der Abwahlentscheidung eines Insolvenzverwalters (*BGH* Beschl. v. 17.07.2003 – IX ZB 530/02, ZIP 2003, 1613) beruft (*Kübler/Prütting/Bork-Pape* InsO, § 274 Rn. 31; *Uhlenbruck/Zipperer* InsO, § 274 Rn. 5) kann nicht gefolgt werden. Diese Rechtsprechung lässt sich nicht übertragen. Der BGH hat in dieser Entscheidung § 57 Sätze 3 und 4 InsO als abschließende Sonderregelung für die Anfechtbarkeit der Wahlrechtsausübung durch die erste Gläubigerversammlung gegenüber § 78 InsO angesehen, weil der Gesetzgeber in Kenntnis der Sonderregelungsrechtsprechung der Oberlandesgerichte in der Vorschriftsnovellierung (Änderung des Satzes 2) durch das Gesetz v. 26.10.2001 (BGBl. I S. 2710) keine gegenläufige klare gesetzliche Regeländerung vorgenommen habe. Diese Entscheidung befasst sich aber nur mit der Insolvenzverwalterwahl, nicht mit der Sachwalterwahl. Eine Übertragung dieser Rechtsprechung zur Insolvenzverwalteranfechtung auf die Sachwalteranfechtung ist daher nur möglich, wenn sich die Stellung des Insolvenzverwalters für die Gläubigergemeinschaft mit derjenigen des Sachwalters zumindest im Wesentlichen gleicht. Dies ist jedoch nicht der Fall. Während der Insolvenzverwalter das umfassende Verwaltungs- und Verfügungsorgan der Gläubigergemeinschaft ist (§ 80 InsO), ist dies der Sachwalter nur in einigen wenigen Teilausschnitten daraus (s. Rdn. 1), weil das Verwaltungs- und Verfügungsrecht im Wesentlichen dem Schuldner allein zusteht (§ 270 Abs. 1 Satz 1 InsO). Nicht die Sachwalterstellung steht der Stellung des Insolvenzverwalters »gleich«, sondern die Schuldnerstellung. Die Rechtsstellung des Insolvenzverwalters und des Sachwalters und damit ihre Rolle für die Gläubigergemeinschaft unterscheiden sich also wesentlich. Deswegen kann die Sonderregelungsrechtsprechung zur Nichtüberprüfbarkeit der Abwahlentscheidung eines Insolvenzverwalters durch einen Insolvenzverwalter nicht auf die Sachwalterwahl bzw. Sachwalterabwahl übertragen werden. Auch aus dem Beschluss des *BGH* vom 21.07.2011 (– IX ZB 64/10, ZIP 2011, 1622) zur Unanfechtbarkeit des Antragsbeschlusses der Gläubigerversammlung zur Aufhebung der Eigenverwaltung nach § 272 Abs. 1 Nr. 1 InsO folgt für den Standpunkt der Gegenauffassung nichts. Er ist nicht nur zu Unrecht ergangen, sondern befasst sich lediglich mit dem Aufhebungsantrag nach § 272 Abs. 1 Nr. 1 InsO a.F. (i.E. s. § 272 Rdn. 12 ff.).

3. Konzernfragen; faktische Kooperationssachwaltung

14   Mit dem Gesetz zur Erleichterung der Bewältigung von Konzerninsolvenzen v. 13.04.2017 (i.E. s. § 270 Rdn. 115) soll der engen Verzahnung von Konzerngesellschaften wegen zahlreichen innerkonzernlichen Ansteckungseffekten, organisatorischen Verschränkungen, Außenfinanzierungsmithaftungen, z.B. auch durch harte Patronatserklärungen, bestehenden Beherrschungs- und Gewinnabführungsverhältnissen gem. § 302 AktG ein insolvenzrechtlicher Rahmen zur optimalen Befriedigung der Insolvenzgläubiger gegeben werden (s. *Wimmer* Vor § 269a Rdn. 16 ff.). Die wesentlichen Mittel: Verfahrensbündelungen bei einem Insolvenzgericht (§§ 3a–3e, 13a InsO), Insolvenzverwalterkonzentration (§ 56a InsO), bei mehreren Verwaltern Unterrichtungs- und Zusammenarbeitsverpflichtungen (§§ 269a ff. InsO), Koordinationsverfahren (§§ 269d ff. InsO). In der (vorläufigen) Eigenverwaltung wird der (vorläufige) Eigenverwalter eingebunden (§ 270d InsO). Zur Einbindungsfrage für den/die (vorläufigen) Sachwalter in Konzerninsolvenzgesellschaften schweigt das Gesetz, obwohl auch der Sachwalter einen Teil der Verwaltungs- und Verfügungsmacht trägt, die sonst dem Insolvenzverwalter gebührt, er deswegen insoweit eine – eingeschränkte – Organstellung hat (**str.**; näher Rdn. 4 und § 270c Rdn. 7). Der Nichtbehandlung des (vorläufigen) Sachwalters in § 270d InsO ist zwar zu entnehmen, dass den (vorläufigen) Sachwalter nicht die Kooperationspflichten des (vorläufigen) Eigenverwalters treffen sollen und er auch nicht die für *ihn* vorgesehenen Rechte ausüben kann. Gleichwohl kann erwartet werden, dass die Praxis diese Kooperationslage dadurch herstellen wird, dass dieselbe Person für ggf. mehrere (vorläufige) Eigenver-

waltungskonzernverfahren zum (vorläufigen) Sachwalter bestellt wird und deswegen die Kooperationslage faktisch durch die Berufung derselben Person hergestellt wird. Für die Zulässigkeit einer solchen **faktischen Kooperationslage** spricht die zugelassene Insolvenzverwalterkonzentration gem. § 56a InsO, die sich unter dem Gesichtspunkt des Insolvenzgläubigerschutzes davon nicht unterscheidet. Was für den Insolvenzverwalter mit deutlich umfassenderer Verwaltungs- und Verfügungsmacht gilt, muss erst recht für den Sachwalter gelten.

Andererseits liegt der Bestellung eines Verfahrenskoordinators der Gedanke zugrunde, dass er von bestellten Insolvenzverwaltern und Sachwaltern unabhängig sein und deswegen eine neutrale dritte Person sein soll. Eingriffsrechte in die einzelnen Insolvenzverfahren hat er jedoch nicht: Da der Verfahrenskoordinator zugleich auch Insolvenzverwalter eines gruppenangehörigen Schuldners ist, wird die Verpflichtung der einzelnen Verwalter zu Unterstützungsleistungen über § 269a InsO dahingehend limitiert, dass sie im Rahmen der Zusammenarbeit mit dem Verfahrenskoordinator nicht verpflichtet sind, die Interessen der Beteiligten ihres Verfahrens zu vernachlässigen. Vorrangig haben die Insolvenzverwalter die Belange der Beteiligten ihres Verfahrens zu beachten und nur wenn sie deren Interessen hinreichend wahren können, haben sie den Verfahrenskoordinator zu unterstützen (BT-Drucks. 18/407 S. 35, 37, **Grundsatz der bewahrten Selbständigkeit**, i.E. s. § 272 Rdn. 19). Entsprechendes hat für den **faktischen Kooperationssachwalter** zu gelten. Er hat bei seinen Rechtshandlungen die Belange der Beteiligten seines jeweiligen Verfahrens zu beachten und darf sich nicht von Gesamtnützlichkeitserwägungen des »Insolvenzkonzerns« leiten lassen, anderenfalls ihn die Haftung treffen kann (i.E. Rdn. 25 ff.). 15

Der **Interessenkollisionslage aus Konzernverhältnissen** in der faktischen Kooperationssachwaltung wird begegnet werden können, indem bei Interessenkollisionslagen die Sondersachwaltung angeordnet wird (näher Rdn. 11, 22, 64), gestützt auf die Verpflichtung des faktischen Kooperationssachwalters, die Interessenkollisionslage dem Gericht **rechtzeitig und umfassend anzuzeigen**. 16

Beispiele: Insolvenzanfechtung (§ 280 InsO) unter Beteiligung eines (vorläufigen) Eigenverwalters eines anderen Konzerninsolvenzunternehmens an der angefochtenen Rechtshandlung mit seiner weiteren Sachwaltung, z.B. der Konzernmuttergesellschaft durch einen von ihr eingerichteten cash-pool; Haftungsansprüche gem. §§ 92, 93 InsO (§ 280 InsO) gegen den (vorläufigen) Eigenverwalter eines anderen Konzerninsolvenzunternehmens unter seiner weiteren Sachwaltung oder einer ihm nahestehenden Person entspr. § 138 InsO; die Forderungsprüfung und Forderungsfeststellung (§ 283, i.E. s. § 270c Rdn. 34 ff. und § 283 Rdn. 8 ff.) auf einen Antrag eines Eigenverwalters eines anderen Konzerninsolvenzunternehmens mit seiner weiteren Sachwaltung. 17

II. Aufsicht

Die Aufsicht des Sachwalters folgt grds. den Regelungen der Insolvenzverwalteraufsicht (§ 58 f. InsO). 18

1. Aufsichtsinhalt

Der Sachwalter steht unter der Aufsicht des Insolvenzgerichts. Es kann jederzeit einzelne Auskünfte oder einen Bericht über den Sachstand und die Geschäftsführung von ihm verlangen, ihn ferner durch Zwangsgeld zur Erfüllung dieser Pflichten anhalten (§ 58 Abs. 1, 2 InsO; allg. Meinung, z.B. MüKo-InsO/*Tetzlaff/Kern* § 274 Rn. 40). 19

Für den **Inhalt der Auskunfts- und Berichtspflicht** des Sachwalters besteht allerdings eine Besonderheit, soweit sie die Geschäftsführung betrifft. Im Gegensatz zum Insolvenzverwalter übt der Sachwalter das Verwaltungs- und Verfügungsrecht – mit Einschränkungen, s. Rdn. 1 – gerade nicht aus (§ 270 Abs. 1 Satz 1 InsO). Er überwacht insoweit lediglich die wirtschaftliche Lage des Schuldners und prüft seine Geschäftsführung und seine Ausgaben für die Lebensführung (Abs. 2). Der Sachwalter kann nicht zu weitergehenden Auskünften und Berichten verpflichtet sein, als sie ihm zur Wahrung seiner Aufgaben in der Eigenverwaltung gesetzlich auferlegt sind, so dass sich die Auskunfts- und Berichtspflicht des Sachwalters über seine Geschäftsführung i.S.d. § 58 Abs. 1 InsO lediglich 20

§ 274 InsO   Rechtsstellung des Sachwalters

auf **seinen Pflichtenumfang der Eigenverwaltung** bezieht. Das sind neben seinen Grundpflichten gem. Abs. 2 und den Unterrichtungspflichten nach Abs. 3 die weiteren sachwalterspezifischen Pflichten nach § 277 Abs. 1 Satz 1, Abs. 2; § 279 Satz 2; § 275 Abs. 1 Satz 1; § 279 Satz 1; § 282 Satz 2; § 275 Abs. 2; § 275 Abs. 1 Satz 2; § 274 Abs. 2; § 284; § 285 InsO. Darauf beschränkt sich die Aufsicht des Insolvenzgerichts (ebenso KS-InsO/*Pape* 2000, S. 908 Rn. 19; *Uhlenbruck/Zipperer* InsO, § 274 Rn. 6; *Graf-Schlicker* InsO, § 274 Rn. 3; *A/G/R-Ringstmeier* § 274 InsO Rn. 7; K. *Schmidt/Undritz* InsO, § 274 Rn. 4; *Kübler/Prütting/Bork-Pape* InsO, § 274 Rn. 34).

2. Entlassungsrecht

21   Die Sanktionsmöglichkeiten des Insolvenzgerichts entsprechen denjenigen gegenüber einem Insolvenzverwalter nach § 58 Abs. 2 InsO. Zwangsgelder können einen Gesamtbetrag von 25.000 € erreichen. Er kann: zu Aufklärungen in einem Anhörungstermin verpflichtet werden, zu dessen Durchsetzung bei unentschuldigtem Fernbleiben die Verhängung eines Zwangsgeldes möglich ist (*BGH* ZIP 2010, 382 = ZInsO 2010, 185); zur Abgabe der eidesstattlichen Versicherung verpflichtet werden (*BGH* ZInsO 2010, 188). Ihm kann die Kassenführung entzogen werden, unter Übertragung auf einen Sondersachwalter (*BGH* ZInsO 2010, 187). Er kann aber nicht inhaftiert werden (*BGH* ZInsO 2010, 132, **str.**). Die Entscheidungen ergingen zum Insolvenzverwalter (dazu näher: *Foltis* ZInsO 2010, 545). Insbesondere kann das Insolvenzgericht den Sachwalter auch aus wichtigem Grund aus dem Amt entlassen (§ 59 Abs. 1 Satz 1 InsO; *Uhlenbruck/Zipperer* InsO, § 270 Rn. 6; *Kübler/Prütting/Bork-Pape* InsO, § 274 Rn. 41 f.). Sinn und Zweck der Eigenverwaltung lassen allerdings das Verwaltungs- und Verfügungsrecht des Schuldners ohne Aufsicht nicht zu (§ 270 Abs. 1 Satz 1, Abs. 3 Satz 1, § 274 Abs. 2 InsO; s. § 270 Rdn. 5), so dass die **Entlassung nur bei gleichzeitiger Neubestellung eines Sachwalters** zulässig ist (ebenso *Uhlenbruck/Zipperer* InsO, § 274 Rn. 6). Soweit die Entlassung von Amts wegen oder auf Antrag des Sachwalters oder des Gläubigerausschusses erfolgt (§ 59 Abs. 1 Satz 2 InsO), wird sie außerhalb einer Gläubigerversammlung vorgenommen. Deswegen greift die Antragskompetenz der Gläubigerversammlung (s. § 272 Rdn. 10 f.) nicht. Das Insolvenzgericht ist deswegen in der Situation der Erstbestellung (§ 56 InsO), es trifft Auswahl und Bestellung nach pflichtgemäßem Ermessen. Die **Entlassung** des Sachwalters **aus wichtigem Grund** (§ 59 InsO) ist nur bei schweren oder wiederholten Pflichtverletzungen oder absoluter Unfähigkeit zur ordnungsgemäßen Amtsausübung möglich, z.B. bei nachträglich festgestellter fehlender Eignung, Krankheit, masseschädigendem Verhalten, nicht sachgerechter Ausübung des Insolvenzanfechtungsrechtes (*Koch* Eigenverwaltung, S. 203 f.; *Uhlenbruck/Zipperer* InsO, § 274 Rn. 6), des Verschweigens einer Vorbefassung durch die Beratung des Schuldners (*Kübler/Prütting/Bork-Pape* InsO, § 274 Rn. 43; s.a. die Fälle des AG Stendal i.E. s. § 270c Rdn. 4 f.) oder der Nichtanzeige einer beabsichtigten Auftragserteilung mit drohender Interessenkollision (*BGH* ZIP 2012, 1187), die grobe Vernachlässigung seiner Aufsichts- und Prüfungspflichten, Amtsmissbrauch zum Nachteil der Masse (vgl. *BGH* NZI 2011, 282 f.); Deckung von Vermögensverschiebungen (*Kübler/Prütting/Bork-Pape* InsO, § 274 Rn. 43 f.; *Uhlenbruck/Zipperer* InsO, § 274 Rn. 6). Nach den Reformänderungen ist bei den Gerichten ein höherer Wachsamkeitsgrad gefordert, weil aufgrund der erhöhten Gläubigerbestimmtheit der Eigenverwaltung die Gefahr einseitiger Interessenvertretung durch den Sachwalter steigt, weil etwa Anfechtungsrechte nicht ausgeübt werden (zutr. *Kübler/Prütting/Bork-Pape* InsO, § 274 Rn. 44; Hinweis bei *Graf-Schlicker* ZInsO 2013, 1766; Kernanliegen von *Haarmeyer* ZInsO 2013, 2345). Der Sachwalter ist vor der Entlassung anzuhören (§ 59 Abs. 1 Satz 3 InsO). Ihm steht die sofortige Beschwerde zu (§ 59 Abs. 2 Satz 1 InsO). Gegen die Ablehnung des Entlassungsantrages stehen dem eigenverwaltenden Schuldner, dem Gläubigerausschuss und jedem Insolvenzgläubiger (wenn die Gläubigerversammlung den Entlassungsantrag gestellt hat) die **sofortige Beschwerde** zu (§ 59 Abs. 2 Satz 2 InsO; wie hier *Uhlenbruck/Zipperer* InsO, § 274 Rn. 6).

22   Im Hinblick auf die Sonderinsolvenzverwalterrechtsprechung des *BGH* (Beschl. v. 01.02.2007 – IX ZB 45/05, ZIP 2007, 547 zur Frage der Anfechtbarkeit der Sonderinsolvenzverwalterbestellung durch den Insolvenzverwalter; Beschl. v. 25.01.2007 – IX ZB 240/05, ZIP 2007, 548 = ZInsO 2007, 326 zur Frage der Befangenheitsablehnung des Sonderinsolvenzverwalters durch den Insolvenzver-

walter; ferner zu Einzelfragen des Verhältnisses des Insolvenzverwalters zum Insolvenzgericht bei angeordneter Sonderinsolvenzverwaltung die Beschlusse des *BGH* ZInsO 2010, 132; ZInsO 2010, 185; ZInsO 2010, 186; ZInsO 2010, 187; zu den vier Beschlüssen *Foltis* ZInsO 2010, 545 ff.; zum Sonderinsolvenzverwalter näher auch *Lüke* ZIP 2004, 1693; *Pape* ZInsO 2005, 953) ist der Auffassung beizutreten, dass das Insolvenzgericht einen **Sondersachwalter** bestellen kann (angeordnet von *AG Stendal* ZIP 2012, 2171 für evtl. Schadensersatzansprüche gegen die Geschäftsführer der Schuldnerin, den vormaligen vorläufigen Sachwalter und gegen eine beteiligte Bank; dazu i.E. s. § 270 Rdn. 19). Beispiele: Verhinderung des amtierenden Sachwalters zur Tätigkeit in einer bestimmten Angelegenheit (z.B. Interessenkollisionslage); Verdacht auf erhebliche Pflichtverletzung(en) des Sachwalters, die wegen fehlender Ermittlungsmöglichkeiten und fehlender Entscheidungskompetenz des Insolvenzgerichts nicht festgestellt werden können (*Kübler/Prütting/Bork-Pape* InsO, § 274 Rn. 47 f.; HK-InsO/*Landfermann* § 274 Rn. 7; *Uhlenbruck* InsO, 13. Aufl., § 274 Rn. 10). Damit beginnen allerdings erst die Probleme einer Sondersachwaltung, weil schon die Sonderinsolvenzverwaltung keine gesetzliche Regelung erfahren hat, die Rechtsprechung insoweit nur ganz wenige Einzelaspekte beleuchtet hat (Anfechtbarkeit der Sonderinsolvenzverwalterbestellung, Befangenheitsablehnung, jeweils durch den Insolvenzverwalter) und deswegen zumindest entsprechend anwendbare Rechtsprechungsregeln der Sonderinsolvenzverwaltung fehlen. Im Hinblick auf das Gesamtgläubigerinteresse und den Gesamtgläubigerschutz als Sinn und Zweck der Eigenverwaltung und der Sachwaltung dürfte die Sondersachwaltung gegenüber der amtswegigen Entlassung das angemessenere (mildere) Aufsichtsmittel sein, allerdings ausscheiden, wenn ein Entlassungsgrund vorliegt und die Entlassungsfolgen die Gläubigergemeinschaft in der fortgesetzten Eigenverwaltung nicht unangemessen belasten (so wohl auch *Kübler/Prütting/Bork-Pape* InsO, § 274 Rn. 48; *Uhlenbruck/Zipperer* InsO, § 274 Rn. 7). Dann fehlt es an der **Notwendigkeit der Sondersachwalteranordnung**, weil dasselbe Ziel aus der Anwendung ordentlicher Rechtsregeln erreichbar ist (mit diesem Grundsatz auch: *Pape* ZInsO 2013, 2135). Entlassungsfähigkeit kann vorliegen, wenn der Sachwalter die Kassenführung hatte (§ 275 Abs. 2 InsO), sich insoweit aber fortgesetzt nicht bereit und/oder nicht in der Lage gezeigt hat, Rechnung zu legen (§ 66 i.V.m. § 270 Abs. 1 Satz 2 InsO). Dann kann allerdings die Sondersachwaltung zur Sachverhaltsaufklärung mit den dem Sondersachwalter und dem Insolvenzgericht zur Verfügung stehenden Zwangsmitteln (§§ 97, 98 über § 274 Abs. 2 Satz 2 und 22 Abs. 3 einerseits und § 58 über § 274 Abs. 1 andererseits, jeweils in direkter Anwendung) dienen und das zunächst geeignetere Mittel sein. **Beide Zwangsdurchsetzungsmöglichkeiten** werden hier **nebeneinander** bestehen, weil der Sachwalter mit seinen Auskunfts- und Mitwirkungspflichten gegenüber dem Sondersachwalter als diese Erfüllungen für die Gläubigergemeinschaft einforderndes Gläubigergemeinschaftsorgan in die Verpflichtungsposition des Schuldners gegenüber der Gläubigergemeinschaft einrückt. Der **Erlass eines Haftbefehls** gegen den unbotmäßigen Sachwalter auf Antrag des Sondersachwalters ist allerdings – anders als ein solcher gegen den Schuldner auf Antrag des Sachwalters (entsprechend §§ 274 Abs. 2 Satz 2, 22 Abs. 3 Satz 3, 98 Abs. 2, 3 InsO; zu den Erzwingungsmöglichkeiten s.a. Rdn. 64) – unzulässig, weil die Verweisungskette § 98 Abs. 2, 3 InsO nicht für den Sachwalter für ausdrücklich anwendbar erklärt (vgl. *BGH* Beschl. v. 17.12.2009 – IX ZB 175/08, ZInsO 2010, 132 zur **Inhaftnahme des Insolvenzverwalters** nach § 98 Abs. 2 InsO bei angeordneter Sonderinsolvenzverwaltung; krit. *Foltis* ZInsO 2010, 545 ff.).

Den Sachwalter sollen keine steuerrechtlichen Pflichten treffen, weil er lediglich die Aufgabe habe, die wirtschaftliche Lage des Schuldners zu prüfen und den Schuldner bei der Geschäftsführung und den Angaben für die Lebensführung zu überwachen (*Uhlenbruck* InsO, § 274 Rn. 16; *Kübler/Prütting/Bork-Pape* InsO, § 274 Rn. 49). Diese Feststellung ist jedoch nur richtig, **soweit** der Sachwalter diese Rechtsstellung hat. Handelt er dagegen kraft originärer Verwaltungs- und Verfügungsmacht und zieht er dazu Geld ein, wird er dadurch Verfügender i.S.d. §§ 34, 35 AO. Der Fall tritt bei der Übernahme der Kassenführung nach § 275 Abs. 2 InsO ein, insbesondere, wenn er durch Anspruchsgeltendmachungen nach § 280 InsO Gelder für die Masse realisiert (i.E. s. Rdn. 53).

3. Konzernfragen

24 Das Gesetz zur Erleichterung der Bewältigung von Konzerninsolvenzen v. 13.04.2017 (i.E. § 270 Rdn. 115) folgt dem **Grundsatz der bewahrten Selbständigkeit** (s. Rdn. 15, § 272 Rdn. 19). Er beschränkt die Rechtsstellung des Verfahrenskoordinators (§ 269e InsO) auf die Erstellung und Vorlage eines Koordinationsplanes mit Erläuterungsrecht in Gläubigerversammlungen und Sitzungen der Gläubigerausschüsse (i.E. s. § 272 Rdn. 19). Wie das Insolvenzgericht sein Aufsichtsrecht gem. § 58 InsO ausübt, liegt in seinem pflichtgemäßem Ermessen (*BGH* NZI 2010, 147). Deswegen kann der **Verfahrenskoordinator keinen bestimmenden Einfluss** darauf ausüben, dass das Gericht aufsichtsrechtlich gegen den Sachwalter vorgeht, erst recht nicht zu einem bestimmten Zeitpunkt oder in bestimmter Weise. Er ist auf Tatsachenangaben beschränkt und kann bestenfalls Handlungsanregungen geben.

III. Haftung

25 Die Haftung des Sachwalters richtet sich grds. nach den Regeln der Insolvenzverwalterhaftung (§§ 60–62 InsO).

1. Allgemeiner Haftungsmaßstab, Beteiligte

26 Der Sachwalter ist allen Beteiligten zum Schadensersatz verpflichtet, wenn er schuldhaft die Pflichten verletzt, die ihm in der Eigenverwaltung obliegen. Er hat für die Sorgfalt eines ordentlichen und gewissenhaften Sachwalters einzustehen (§ 60 Abs. 1). Für die **Haftungsmerkmale** (pflichtwidrige Schädigung, Kausalität, Verschulden, Haftung für Dritte, mitwirkendes Verschulden des Geschädigten) s. zunächst die Kommentierung zu § 60 InsO.

27 Für die **Bestimmung der Beteiligtenstellung** im Verhältnis zum Sachwalter wird immer zu beachten sein, dass der Sachwalter das Verwaltungs- und Verfügungsrecht zwar grds. nicht ausübt, zu seinen Grundpflichten aber die Überwachung der Ausübung des Verwaltungs- und Verfügungsrechtes durch den Schuldner gehört (Abs. 2), also die Beteiligtenbestimmung nach dem Eigenverwaltungszweck und den daraus abgeleiteten Sachwalterpflichten vorgenommen werden muss. Im Fehlverhalten des Schuldners bei der Ausübung des Verwaltungs- und Verfügungsrechtes kann deswegen zugleich ein Fehlverhalten des Sachwalters durch unzureichende Überwachung liegen (so wohl auch *Uhlenbruck* InsO, § 274 Rn. 11). Beteiligte nach §§ 274 Abs. 1, 60 InsO sind daher alle Personen, die Beteiligte wären, wenn es sich statt der Handlung des Schuldners um die Handlung eines Insolvenzverwalters in einem Regelinsolvenzverfahren handeln würde (ebenso *Uhlenbruck/Zipperer* InsO, § 274 Rn. 88). Ihnen gegenüber hat der Sachwalter die Pflichten zu erfüllen (vgl. *BGH* LM § 82 KO Nr. 3; WM 1976, 1336 f.). Für die insolvenztypischen Pflichten des Sachwalters (s. Rdn. 20) gelten die allgemeinen Beteiligtengrundsätze (Einzelheiten bei *Jahntz* § 60 Rdn. 8–15; *Uhlenbruck/Sinz* InsO, § 60 Rn. 8 ff.) ohnehin, weil der Sachwalter insoweit von seinem Verwaltungs- und Verfügungsrecht Gebrauch macht und deswegen wie ein Insolvenzverwalter handelt.

28 **Das sind:** Insolvenzgläubiger; eigenverwaltender Schuldner; Aus- und Absonderungsberechtigte; Massegläubiger; die als Hinterlegungsstelle bestimmte Bank; der Nacherbe im Falle des § 83 Abs. 2 InsO; der Justizfiskus; die Mitglieder des Gläubigerausschusses; die Genossen in der Genossenschaftsinsolvenz, soweit ihre Haftung betroffen ist; diejenigen, denen der Sachwalter vertraglich verpflichtet ist oder zu denen er in Vertragsverhandlungen tritt; nichtbevorrechtigte Insolvenzgläubiger; Vorstandsmitglieder einer in Insolvenz geratenen juristischen Person, soweit sie dem Sachwalter gegenüber als Vertreter des Schuldners auftreten; die Bundesagentur für Arbeit; **dagegen nicht:** Kommanditisten, Bürgen (*Uhlenbruck* InsO, 13. Aufl., § 274 Rn. 11; *Kübler/Prütting/Bork-Pape* InsO, § 274 Rn. 30). Einheitliche und klare Kriterien für die Bestimmung der Beteiligtenstellung fehlen (*Uhlenbruck* InsO, 13. Aufl., § 60 Rn. 9). Die Beteiligtenstellung wird aus den Pflichten des Insolvenzverwalters – hier also des Sachwalters – ausgelegt. Beteiligter ist derjenige, dessen Interessen durch eine Verletzung der dem Sachwalter gesetzlich auferlegten Pflichten berührt werden können (vgl. *BGH* NZI 2006, 350; *Jaeger/Gerhardt* InsO, § 60 Rn. 22; *Uhlenbruck/Sinz* InsO, § 60 Rn. 9).

Gegenstand des Pflichtwidrigkeitsvorwurfes gegenüber dem Sachwalter kann die schuldhafte und 29
schadenstiftende Verletzung aller Pflichten sein, die in der Eigenverwaltung dem Sachwalter obliegen, also neben seinen Grundpflichten (Abs. 2) und seinen weiteren Unterrichtungspflichten (Abs. 3) die weiteren insolvenztypischen Pflichten nach § 277 Abs. 1 Satz 1, Abs. 2, § 279 Satz 2, § 275 Abs. 1 Satz 1, § 279 Satz 1, § 282 Satz 2, § 275 Abs. 2, § 275 Abs. 1 Satz 2, § 274 Abs. 2, §§ 284, 285 InsO (ebenso *Uhlenbruck/Zipperer* InsO, § 274 Rn. 9; ähnlich *Kübler/Prütting/Bork-Pape* InsO, § 274 Rn. 52; HK-InsO/*Landfermann* § 274 Rn. 9).

Folgt man der hier vertretenen Auffassung, nach der das Insolvenzgericht entsprechend §§ 21, 22 30
InsO gegenüber dem eigenverwaltenden Schuldner alle erforderlichen Maßnahmen treffen kann, um eine am Gläubigerwohl orientierte Funktionsfähigkeit der Eigenverwaltung sicherzustellen (s. § 270c Rdn. 23 ff.), kann sich das Überwachungsverschulden des Sachwalters darauf beziehen, nicht durch rechtzeitige und vollständige Informationen des Insolvenzgerichts die erforderlichen Gläubigerschutzmaßnahmen des Insolvenzgerichts veranlasst zu haben. Mit dem Haftungsvorwurf müsste allerdings vom Geschädigten auch die Kausalität zwischen unterlassener rechtzeitiger und vollständiger Informationen des Insolvenzgerichts und eingetretenem Schaden dargelegt und bewiesen werden (schadensbegründende und schadensausfüllende Kausalität). Die damit verbundenen Schwierigkeiten sind erheblich, weswegen den Anforderungen nur selten wird entsprochen werden können.

2. Allgemeiner Sorgfaltsmaßstab

Sorgfaltsmaßstab ist die Sorgfalt eines ordentlichen und gewissenhaften Sachwalters (§ 60 Abs. 1 31
Satz 2 InsO entspr.). Das Gesetz verdeutlicht damit, dass die Sorgfaltsanforderungen des Handels- und Gesellschaftsrechts (§ 347 Abs. 1 HGB; § 93 Abs. 1 Satz 1 AktG; § 34 Abs. 1 Satz 1 GenG; § 43 Abs. 1 GmbHG) nicht unverändert auf den Sachwalter übertragen werden können. Vielmehr sind die **Besonderheiten zu beachten, die sich aus den Aufgaben des Sachwalters und aus den Umständen ergeben, unter denen er seine Tätigkeit ausübt** (ebenso MüKo-InsO/*Tetzlaff/Kern* 2. Aufl., § 274 Rn. 70; *Uhlenbruck/Zipperer*, § 274 Rn. 8; ähnlich *Kübler/Prütting/Bork-Pape* InsO, § 274 Rn. 53). Bei der Fortführung eines insolventen Unternehmens steht der Sachwalter regelmäßig vor besonderen Schwierigkeiten. Außer den Problemen, die sich unmittelbar aus der Insolvenz des Unternehmens ergeben, ist z.B. zu berücksichtigen, dass der Sachwalter eine Einarbeitungszeit benötigt, wenn er ein fremdes Unternehmen in einem ihm möglicherweise nicht vertrauen Geschäftszweig zu überwachen übernimmt, und dass er häufig keine ordnungsgemäße Buchführung vorfindet. Er übt sein Amt also in aller Regel unter erheblich ungünstigeren Bedingungen aus als der Geschäftsleiter eines wirtschaftlich gesunden Unternehmens. Soweit im Verfahren keine Unternehmensfortführung stattfindet, sondern die Verwertung der einzelnen Gegenstände des Schuldnervermögens betrieben wird, kommt ohnehin nur ein besonderer, speziell auf die Sachwaltertätigkeit bezogener Sorgfaltsmaßstab in Betracht (vgl. BT-Drucks. 12/2443 zu § 71 für den Insolvenzverwalter). Mit dieser Maßgabe treffen den Sachwalter Vorsatz und jeder Grad von Fahrlässigkeit (KS-InsO/*Pape* 2000, S. 909 Rn. 20; *Koch* Eigenverwaltung, S. 205 ff.; *Uhlenbruck/Zipperer* InsO, § 274 Rn. 8). Für den dem Sachwalter auferlegten Sorgfaltsmaßstab muss danach unterschieden werden, in welcher Pflichtenrolle vom Sachwalter gehandelt wird. Denn der Sachwalter ist nicht nur »Prüfer und Überwacher«, wie Abs. 2 vorschreibt. Er ist in bestimmten Fällen auch verwaltungs- und verfügungsbefugtes Organ des Insolvenzverfahrens, weil insoweit der Schuldner kraft Gesetzes ausgeschlossen ist (z.B. im Falle der Geltendmachung von Haftungsansprüchen oder der Insolvenzanfechtung nach § 280 InsO) oder durch Anordnung des Insolvenzgerichts nicht ohne Zustimmung des Sachwalters rechtsgeschäftlich wirksam handeln kann (§ 277 Abs. 1 Satz 1 InsO). Nach Sinn und Zweck des § 274 InsO gilt die **Haftungserleichterung durch Nichtinbezugnahme des § 61 InsO in Abs. 1 nur im Umfang der Prüfungs- und Überwachungsaufgaben nach Abs. 2**, so dass den Sachwalter die umfassenden Haftungsregeln des Insolvenzverwalters über die allgemeine Verweisungsvorschrift (§ 270 Abs. 1 Satz 2 InsO) treffen, soweit er als verwaltungs- und verfügungsbefugtes Organ handelt und deswegen insoweit auch § 61 InsO anzuwenden ist (s. § 280 Rdn. 15; ebenso HK-InsO/*Landfermann* § 274 Rn. 9; *Kübler/Prütting/Bork-Pape* InsO, § 274 Rn. 32 f.;

Uhlenbruck/Zipperer InsO, § 274 Rn. 9). Wurde etwa vom Gericht die Zustimmungsbedürftigkeit bestimmter Rechtsgeschäfte des Schuldners angeordnet (§ 277 Abs. 1 InsO), gilt § 61 InsO im Umfang dieser Anordnung entsprechend (§ 277 Abs. 1 Satz 3 InsO), weil dem Sachwalter durch die Anordnung eine originäre Sachwalterpflicht auferlegt wurde (MüKo-InsO/*Tetzlaff/Kern* § 274 Rn. 73).

3. Sorgfaltsmaßstab bei Einschaltung von Erfüllungsgehilfen

32 Das Verschulden von Personen, deren sich der Sachwalter zur Erfüllung der spezifischen, ihm als Sachwalter obliegenden Pflichten bedient, hat er wie eigenes Verschulden zu vertreten (vgl. BT-Drucks. 12/2443 zu § 71 InsO; *Uhlenbruck/Zipperer* InsO, § 274 Rn. 8; KS-InsO/*Pape* 2000, S. 895 Rn. 20 f.; *Kübler/Prütting/Bork-Pape* InsO, § 274 Rn. 50).

33 Allerdings wird der Sorgfaltsmaßstab gelockert, falls der Sachwalter zur Erfüllung der ihm obliegenden Pflichten **Angestellte des Schuldners im Rahmen ihrer bisherigen Tätigkeit einsetzen** muss. Sind diese Angestellten nicht offensichtlich ungeeignet, hat der Verwalter ein Verschulden dieser Personen nicht gem. § 278 BGB zu vertreten, sondern ist nur für deren Überwachung und für Entscheidungen von besonderer Bedeutung verantwortlich (§ 60 Abs. 2 InsO; zust. *Uhlenbruck/Zipperer* InsO, § 274 Rn. 8; MüKo-InsO/*Tetzlaff/Kern* § 274 Rn. 70). Hauptfall wird die Einschaltung eines Buchhalters des Schuldners in die übernommene Kassenführung sein (§ 275 Abs. 2 InsO). Die Haftungslockerung kann auch im Übrigen dazu führen, dass der Sachwalter eher Angestellte des Schuldners in seine Pflichtenerfüllung einbinden wird als eigene Angestellte.

34 Die Lockerung des Sorgfaltsmaßstabes gilt nicht für den Bereich der **Grundpflichten des Sachwalters nach § 274 Abs. 2 InsO**, weil schon § 60 Abs. 2 InsO nicht für diese originären Überwachungspflichten gilt (a.A. *Uhlenbruck/Zipperer* InsO, § 274 Rn. 8). Die Regelung ist Ausdruck des im Grundsatz geforderten speziell auf die Verwaltertätigkeit bezogenen Sorgfaltsmaßstabes. Der Sachwalter ist wie der Insolvenzverwalter insbes. im Falle einer Unternehmensinsolvenz auf die Mitarbeit der Angestellten des Schuldners angewiesen. Er kann seine vielfältigen Pflichten nicht alle persönlich erledigen. Denn ihm sind bei der Übernahme seines Amtes i.d.R. die tatsächlichen, rechtlichen und wirtschaftlichen Verhältnisse des Schuldners nicht bekannt. Beispielsweise muss er bei der Erfüllung seiner Buchführungs- und Rechnungslegungspflichten auf die mit der Buchhaltung des Schuldners beschäftigten Personen zurückgreifen können. Insoweit kann ihm **nur die Pflicht zur allgemeinen Überwachung dieser Angestellten** auferlegt werden (vgl. BT-Drucks. 12/2443 zu § 71). Trifft ihn schon die Überwachungspflicht uneingeschränkt im Rahmen der Sorgfaltslockerungen, muss dies erst recht gelten, wenn das Gesetz die Überwachungspflicht zur Hauptpflicht macht. Es wäre widersinnig, gerade die Überwachungspflichten des Sachwalters zu privilegieren.

4. Sorgfaltsmaßstab bei drohender Masseunzulänglichkeit

35 Dagegen bekräftigt die Verweisung auf § 60 Abs. 2 InsO, die sich dem Grunde nach schon aus der Struktur der Eigenverwaltung mit der Verwaltungs- und Verfügungsbefugnis des Schuldners ergebende Regel, dass dem Sachwalter eine schuldhafte Handlung des Schuldners und seiner Erfüllungsgehilfen in der Ausübung seines Verwaltungs- und Verfügungsrechtes grds. nur angelastet werden kann, wenn dem Sachwalter ein **Überwachungsverschulden** vorzuwerfen ist. Es fragt sich allerdings, ob die **Nichterfüllung von Verbindlichkeiten bei eingetretener Masseunzulänglichkeit** Gegenstand der Haftung des Sachwalters sein kann oder ob der Gesetzgeber diesen denkbaren Haftungsfall ausgenommen hat (eingehend zum Problem auch *Kübler/Prütting/Bork-Pape* InsO, § 274 Rn. 54 ff.). Immerhin trifft den Sachwalter die Pflicht zur Anzeige der Masseunzulänglichkeit (§ 285 InsO). Denn § 61 InsO, der für den Insolvenzverwalter die Haftung auch hierfür bestimmt und ihm den Entlastungsbeweis aufbürdet, ist in der Verweisungsregel des Abs. 1 ausgenommen, dagegen für den Fall der gerichtlich angeordneten Zustimmungsbedürftigkeit für anwendbar erklärt (§ 277 Abs. 1 Satz 3 InsO). Damit wäre allerdings der wesentlichste Bereich der Sachwalterpflichten, die Prüfung der wirtschaftlichen Lage des Schuldners und seiner Geschäftsführung (Abs. 2), von der Haftung ausgenommen. Denn die Eigenverwaltung ist schwerpunktmäßig auf Fortführungsfälle angelegt (BT-Drucks. 12/2443 vor § 331), also auf die Eingehung von Verbindlichkeiten des Schuldners für den laufenden Geschäftsbetrieb. Von daher wäre die Annahme einer vollständigen Haftungsfreistellung des Sachwalters bei der Eingehung von Verbindlichkeiten durch den Schuldner sinn- und zweckwidrig.

Andererseits können Beteiligte im Sachwalterhaftungsrecht nicht besser gestellt werden als im Insolvenzverwalterhaftungsrecht. Die Eigenverwaltung hat nicht den Zweck, Beteiligten einen erleichterten Haftungszugriff auf den Sachwalter als eine Art Garanten für sorgfältiges Schuldnerhandeln zu eröffnen oder die grundsätzlichen Risiken der Eigenverwaltung hinsichtlich pflichtwidrigem Schuldnerhandeln dem Sachwalter zu überbürden (zust. *Uhlenbruck* InsO, § 274 Rn. 14). Der Gesetzgeber hat die Eigenverwaltung eingeführt in der klaren Erkenntnis, dass sie trotz der Aufsicht des Sachwalters ein erhebliches Risiko für die Gläubiger bedeutet (BT-Drucks. 12/2443 zu § 333). Grundsätzlich müssen deswegen die Beteiligten in der Eigenverwaltung mit der Gefahr, dass sich das Risiko realisiert, leben. Die Haftung des Sachwalters ist deswegen nach Sinn und Zweck der Eigenverwaltung dadurch begrenzt, dass er – die schadenstiftende Schuldnerhandlung als Insolvenzverwalterhandlung gedacht – als Insolvenzverwalter haften würde. Dabei gilt die zu Lasten des Insolvenzverwalters angeordnete Beweislastumkehr des § 61 InsO für ihn nicht, weil sie durch die insoweit fehlende Verweisung in Abs. 1 gesetzlich ausgenommen ist. Sinn und Zweck der Eigenverwaltung und des Sachwalterrechts führen deswegen dazu, dass die **Sachwalterhaftung bei der Nichterfüllung von Verbindlichkeiten bei eingetretener Masseunzulänglichkeit** nicht schon dem Grunde nach ausgeschlossen ist, sondern nur die in § 61 InsO geregelte Haftungserschwernis durch den dem Insolvenzverwalter abgeforderten Entlastungsbeweis unanwendbar ist (ähnlich jetzt *Kübler/Prütting/Bork-Pape* InsO, § 274 Rn. 56 ff.; **a.A.** MüKo-InsO/*Tetzlaff/Kern* § 274 Rn. 73: Haftung nur bei Zustimmungsanordnung nach § 277 Abs. 1 InsO und Zustimmung des Sachwalters). 36

Daraus ergeben sich für die Haftungsinanspruchnahme des Sachwalters folgende Prüfungsschritte: 37
1. Könnte ein Insolvenzverwalter in der Lage des Schuldners nach den Haftungsregeln der §§ 60, 62 InsO in Anspruch genommen werden?
2. Falls ja: Konnte der Sachwalter bei Anwendung der Sorgfalt eines ordentlichen und gewissenhaften Sachwalters die Haftungslage nach Nr. 1 voraussehen und vermeiden?

Schon im Konkursrecht war streitig, inwieweit der Verwalter im Falle einer von ihm begründeten Masseverbindlichkeit persönlich dafür einstehen muss, dass eine zur Erfüllung dieser Schuld ausreichende Masse vorhanden ist (zuletzt BGHZ 100, 346 ff.; eingehend *Kuhn/Uhlenbruck* KO, § 82 Rn. 7 ff.). Der Gesetzgeber lässt nunmehr entscheidend sein, ob der Verwalter bei der Begründung der Schuld erkennen konnte, dass die Masse zur Erfüllung »voraussichtlich« nicht ausreichen würde (§ 61 Satz 2 InsO; BT-Drucks. 12/2443 zu § 72). Dabei ist das Wort »voraussichtlich« so auszulegen, dass der Eintritt der Masseunzulänglichkeit wahrscheinlicher sein muss als der Nichteintritt. Ist diese Voraussetzung gegeben, so trifft den Vertragspartner ein erhöhtes Risiko, das über die allgemeinen Gefahren eines Vertragsabschlusses – auch des Vertragsabschlusses mit einem Insolvenzverwalter – weit hinausgeht und das den Verwalter daher schon nach allgemeinen schuldrechtlichen Grundsätzen zu einer Warnung des Vertragspartners verpflichtet (BT-Drucks. 12/2443 zu § 72). Für das Verschulden des Sachwalters im Rahmen eines Pflichtverletzungsvorwurfes nach § 274 Abs. 3, Abs. 1 in § 60 Abs. 1 InsO kommt es deswegen darauf an, ob er bei der Begründung der Schuld durch den Schuldner erkennen konnte, dass die Masse zur Erfüllung der Verbindlichkeit voraussichtlich nicht ausreichen wird, die Nichterfüllung durch den Schuldner wahrscheinlicher war als die Erfüllung und er nichts gegen die Begründung unternommen hat, weil er seiner Anzeigepflicht nicht entsprochen hat (Abs. 3). Das ist jedenfalls der Fall, wenn er keine eigenen Zulänglichkeitsberechnungen angestellt hat, oder zwar eigene, aber nicht hinreichende, oder vom Schuldner vorgelegte Berechnungen nicht hinreichend überprüft hat (insgesamt ähnlich *Kübler/Prütting/Bork-Pape* InsO, § 274 Rn. 56 ff.). Nach der hier vertretenen Auffassung kann selbst die Anzeige nicht ausreichend sein, wenn die Gläubigerschädigung durch Eilmaßnahmen (eingehend § 270c Rdn. 23 ff.) hätte verhindert werden können, der Sachwalter insoweit aber nichts unternommen hat. Darüber hinaus wird der Sachwalter unter besonderen über die bloßen »Überwachungsumstände« hinausgehenden Umständen sogar die insolvenztypische Pflicht haben, einen Beteiligten auf die Nichterfüllungsgefahr gem. § 274 Abs. 3 InsO hinzuweisen (**a.A.** HK-InsO/*Landfermann* § 274 Rn. 9; MüKo-InsO/*Tetzlaff/Kern* § 274 Rn. 72). Zu beachten ist aber stets, dass die Haftungsregel nach § 61 InsO nicht anzuwenden ist, so dass den Gläubiger im Rahmen der Haftungsanordnung des § 60 InsO die volle Darlegungs- und Beweislast trifft.

5. Verjährung

38 Ein Schadensersatzanspruch aus einer Pflichtverletzung des Sachwalters verjährt in drei Jahren seit Kenntniserlangung, spätestens in drei Jahren von der Aufhebung oder der Rechtskraft der Einstellung des Insolvenzverfahrens an (§ 62 InsO; MüKo-InsO/*Tetzlaff/Kern* § 274 Rn. 71).

6. Konzernfragen

39 In der Konzerninsolvenz kommen schadensbegründende Pflichtwidrigkeitshandlungen des Sachwalters bei der **faktischen Kooperationssachwaltung** (s. Rdn. 14 ff.) in Betracht, indem Beteiligte i.S.d. § 60 InsO (s. Rdn. 27 f.) des einen Eigenverwaltungsverfahrens dadurch geschädigt werden, dass der Sachwalter gegen den **Grundsatz der bewahrten Selbständigkeit** (s. Rdn. 15; § 272 Rdn. 19) unter Rücksichtnahme auf Belange einer anderen Eigenverwaltung im Konzern mit seiner Sachwaltung insolvenzspezifische Pflichten (s. Rdn. 29 f.) verletzt. Diese unterlassenen oder nicht korrekt ausgeführten Rechtshandlungen lassen sich nach den allgemeinen Sachwalterhaftungsregeln hinreichend beurteilen. Hinzu kommt allerdings als möglicher Pflichtwidrigkeitsgrund die **unterlassene Pflichtenkollisionsanzeige**, die zur Anordnung der **Sondersachwaltung** hätte führen müssen (Rdn. 14 ff.). Wäre bei einem Eigenverwaltungsbeteiligten durch Anordnung einer Sondersachwaltung kein Schaden entstanden, beruht er auf der pflichtwidrig unterlassenen Anzeige, wofür der Sachwalter haften kann. Der Grundsatz der bewahrten Selbständigkeit schließt eine Beteiligtenstellung des Verfahrenskoordinators oder eines Konzerngesellschaftsinsolvenzverwalters/-eigenverwalters oder eines dortigen Beteiligten als potentiell durch eine unterlassene Anzeige Geschädigten aus.

IV. Vergütung

40 Die Vergütung folgt grds. den Regelungen der Insolvenzverwaltervergütung in den §§ 63–65 InsO. § 12 InsVV (s.a. die Erl. bei *Lorenz* § 12 InsVV) sieht Sonderregelungen für die Sachwaltervergütung vor:

»§ 12 Vergütung des Sachwalters

(1) Der Sachwalter erhält in der Regel 60 von Hundert der für den Insolvenzverwalter bestimmten Vergütung.

(2) Eine den Regelsatz übersteigende Vergütung ist auch festzusetzen, wenn das Insolvenzgericht gemäß § 277 Abs. 1 der Insolvenzordnung angeordnet hat, dass bestimmte Rechtsgeschäfte des Schuldners nur mit Zustimmung des Sachwalters wirksam sind.

(3) § 8 Abs. 3 gilt mit der Maßgabe, dass an die Stelle des Betrags von 250 Euro der Betrag von 125 Euro tritt.«

Die Vergütung des Sachwalters gehört zu den Kosten des Insolvenzverfahrens und ist als Masseverbindlichkeit vorab zu befriedigen, wie sich aus der Verweisung auf § 54 Nr. 2 InsO in Absatz 1 ergibt.

41 Der *BGH* hat in seinem **Grundlagenbeschluss v. 21.07.2016** (– **IX ZB 70/14**, ZInsO 2016, 1637 = ZIP 2016, 1592) darauf erkannt (**LS des Gerichts**):
  1. Dem (vorläufigen) Sachwalter sind die Tätigkeiten zu vergüten, die ihm vom Gesetz oder vom Insolvenzgericht und den Verfahrensbeteiligten in wirksamer Weise übertragen worden sind.

2. Die Vergütung des vorläufigen Sachwalters ist in Anwendung der Vorschriften über die Vergütung des (endgültigen) Sachwalters festzusetzen; die Vorschriften über die Vergütung des vorläufigen Insolvenzverwalters sind nicht entsprechend anwendbar.
3. Die Berechnungsgrundlage für die Vergütung des vorläufigen Sachwalters ist die Berechnungsgrundlage für die Vergütung des (endgültigen) Sachwalters.
4. Die Vergütung des vorläufigen Sachwalters beträgt im Normalfall 25 v.H. der Regelvergütung des Insolvenzverwalters.
5. Die Festsetzung der Vergütung des vorläufigen Sachwalters erfolgt mit der Festsetzung der Vergütung des Sachwalters; dem vorläufigen Sachwalter ist nach Eröffnung auf seinen Antrag ein Abschlag in Höhe der zu erwartenden Vergütung für die Tätigkeit als vorläufiger Sachwalter zu gewähren.
6. Zu den allgemeinen Grundsätzen für die Bemessung von Zu- und Abschlägen auf die Regelvergütung des (vorläufigen) Sachwalters.
7. Zuschläge können insbesondere in Betracht kommen:
   – bei Unternehmensfortführung
   – bei begleitenden Bemühungen zur übertragenden Sanierung
   – bei Zusammenarbeit mit einem eingesetzten vorläufigen Gläubigerausschuss bei hoher Zahl von Mitarbeitern des fortgeführten Unternehmens
   – bei Übernahme des Zahlungsverkehrs
   – bei Überwachung der Vorfinanzierung der Löhne und Gehälter.
8. Der Umstand, dass der Schuldner einen Berater mit insolvenzrechtlicher Expertise als Generalbevollmächtigten bestellt hat, rechtfertigt keinen Abschlag.
9. Die Bemessung der Zuschläge im Einzelfall ist Aufgabe des Tatrichters, der als Ergebnis einer angemessenen Gesamtwürdigung einen Gesamtzuschlag (oder Gesamtabschlag) festzulegen hat.
10. Der Aufgabenzuschnitt des vorläufigen Sachwalters führt regelmäßig zu deutlich geringeren Zuschlägen als für vergleichbare Zuschlagspflichtige Tätigkeitsbereiche des Verwalters im Regelinsolvenzverfahren.

Bestätigt und ergänzt durch Beschl. v. 22.09.2016 (– IX ZB 71/14, ZInsO 2016, 2077 m. Anm. *Haarmeyer/Mock*).

1. Regelsatzprinzip (§ 63 InsO)

Der Sachwalter hat Anspruch auf Vergütung für seine Geschäftsführung und auf Erstattung angemessener Auslagen. Ausgangspunkt der Berechnung ist der sog. **Regelsatz**. Er ist nach dem Wert der Insolvenzmasse zur Zeit der Beendigung des Insolvenzverfahrens zu berechnen und beträgt unter Anwendung der §§ 12 Abs. 1, 2 InsVV 60 % der Regelvergütung des Insolvenzverwalters (*BGH* Beschl. v. 21.07.2016 ZInsO 2016, 1637 Tz. 49 f.). Im Fall der vorzeitigen Beendigung, etwa bei dem Übergang in das Regelinsolvenzverfahren gem. § 272 InsO, ist die Insolvenzmasse zu schätzen (*Haarmeyer/Wutzke/Förster* InsVV, § 12 Rn. 7; *Uhlenbruck/Zipperer* InsO, § 274 Rn. 10). Die Feststellung der **Berechnungsgrundlage** erfolgt wie beim Insolvenzverwalter nach §§ 10, 1 InsVV (*BGH* Beschl. v. 21.07.2016 ZInsO 2016, 1637 Tz. 50). Umfang und Schwierigkeit der Geschäftsführung des Sachwalters wird durch Regelsatzabweichungen Rechnung getragen (§ 63 InsO i.V.m. §§ 10, 12 Abs. 1, 2 InsVV; *BGH* Beschl. v. 21.07.2016 ZInsO 2016, 1637 Tz. 53–61). **Geschäftsführung i.S.d. Sachwaltervergütungsrechts** meint die Wahrnehmung der dem Sachwalter durch die Vorschriften der Eigenverwaltung übertragenen Aufgaben, nicht die Geschäftsführung des Schuldners (*BGH* Beschl. v. 21.07.2016 ZInsO 2016, 1637 Tz. 38).

Problematisch kann für den Sachwalter die Regelsatzregelung in **Fortführungsfällen** werden, weil nur der **Einnahmeüberschuss berücksichtigt** werden soll (§ 1 Abs. 2 Nr. 4b InsVV). *Eickmann* (VergVO, § 2 Rn. 21) weist zu Recht darauf hin, dass sich in dieser Regelung, die schon im alten Vergütungsrecht enthalten war, ein sonst regelmäßig vermiedenes, erfolgsorientiertes Moment findet. Der Verwalter, der Überschüsse erwirtschaftet, erhöht seine Vergütung einmal durch den Erhöhungsbetrag (§ 3 Abs. 1 lit. b InsVV), zum anderen durch die Erhöhung des allgemeinen Berechnungswertes nach § 1 InsVV. In diesen Genuss kann der Sachwalter nur kommen, wenn der Schuldner Überschüsse erwirtschaftet. Denn nur ihm steht die Fortführungsgeschäftstätigkeit aufgrund seines alleinigen Verwaltungs- und Verfügungsrechts zu. Der Sachwalter hat damit selbst bei größten Anstrengungen zur Erledigung seiner Aufgaben nur begrenzten Einfluss auf seine Vergütung. Seine Vergütung ist von dem Erfolg der von ihm nur überwachten Geschäftsführung des Schuldners abhängig. Allerdings hat auch der Sachwalter einen Anspruch auf eine Vergütung, die dem Umfang und der Schwierigkeit seiner Aufgabenwahrnehmung entspricht (§§ 274 Abs. 1, 63 Abs. 1 Satz 3 InsO), weswegen einer sich aus der Erfolgsabhängigkeit von der Schuldnergeschäftsführung ergebenden Unangemessenheit durch eine Zuschlagsgewährung nach §§ 10, 3 Abs. 1 InsVV Rechnung getragen werden muss (ebenso wohl *Uhlenbruck/Zipperer* InsO, § 274 Rn. 10). Die für seine Vergütung maßgebliche Teilungsmasse nach § 1 InsVV hat deswegen zwei rechnerische Bestandteile, die aus den von ihm überwachten Verwaltungs- und Verwertungshandlungen des Schuldners gebildete Teilungsmasse nach den Regeln des § 1 InsVV einerseits und die aus seinen originären Verwaltungs- und Verwertungshandlungen (z.B. die Fälle nach § 280 InsO) gebildete Teilungsmasse nach § 1 InsVV andererseits, die für die Ermittlung seiner Regelvergütung nach §§ 2, 12 InsVV zu addieren sind. § 1 Abs. 2 Nr. 1 InsVV ist unanwendbar, weil die Verwertung der Absonderungsgegenstände durch den Schuldner erfolgt (§ 282 Abs. 1 Nr. 1 InsO; *Kübler/Prütting/Bork-Pape* InsO, § 274 Rn. 62; MüKo-InsO/*Tetzlaff/Kern* § 274 Rn. 75; *Uhlenbruck/Zipperer* InsO, § 274 Rn. 10). In der Berechnungsgrundlage für den Sachwalter, die auf der Berechnungsgrundlage für den Insolvenzverwalter aufbaut, sind deswegen die Absonderungsgegenstände einschränkungslos anzusetzen, auch auf sie erstreckt sich die Prüfungs- und Überwachungspflicht nach Abs. 2. Zur Bemessungsgrundlage gehören ferner die Verwertungskosten und die darauf entfallende Umsatzsteuer gem. § 282 Abs. 1 Satz 3 InsO (K. Schmidt/*Undritz* InsO, § 274 Rn. 7; *Uhlenbruck/Zipperer* InsO, § 274 Rn. 10), weil sich auch darauf die Prüfungs- und Überwachungspflicht erstreckt. In Fällen überproportionaler Verwertungen wertausschöpfend belasteter Grundstücke kann daraus allerdings ein rechnerisch höherer Regelsatz herauskommen, als für den Insolvenzverwalter, der Einschränkungen dafür hinnehmen muss (*BGH* ZInsO 2013, 2288; ZInsO 2013, 1104; i.E. *Haarmeyer/Mock* InsVV, § 1 Rn. 55). Ein Ungleichgewicht daraus kann im Rahmen der gebotenen Gesamtwürdigung durch das Gericht, der eine genaue Überprüfung und Beurteilung aller in Frage kommenden Vergütungstatbestände vorausgehen muss (*BGH* Beschl. v. 21.07.2016 – IX ZB 70/14, ZInsO 2016, 1592 Tz. 57, 60), berücksichtigt werden.

2. Regelvergütung (§ 12 Abs. 1 InsVV)

44 Nach den Vorstellungen des Gesetzgebers soll die Vergütung des Sachwalters aufgrund seines eingeschränkten Tätigkeitsbereiches niedriger zu bemessen sein, als die Vergütung des Insolvenzverwalters (BT-Drucks. 12/2443 zu § 335). § 12 Abs. 1 InsVV hat daraus die Konsequenz gezogen und bestimmt, dass der Sachwalter i.d.R. 60 v.H. der für den Insolvenzverwalter bestimmten Vergütung erhält. Zur Begründung ist auf die entsprechende bisher für den Vergleichsverwalter getroffene Regelung, nach der i.d.R. die Hälfte der für den Konkursverwalter vorgesehenen Vergütung festzusetzen war (§ 9 VergVO), verwiesen. Wenn allerdings das Gericht gem. § 277 InsO besondere Mitwirkungspflichten des Sachwalters angeordnet hat, sollen sie mit einem besonderen Zuschlag zum Regelsatz zu vergüten sein (Begr. zu § 13 EInsVV, § 12 Abs. 2 InsVV; HK-InsO/*Landfermann* § 274 Rn. 6; *Uhlenbruck* InsO, § 274 Rn. 15). Daraus folgt, dass auch die Sachwaltervergütung ungeachtet des geminderten Regelvergütungssatzes nach § 12 Abs. 1 InsVV für Besonderheiten der Sachwaltertätigkeit offen ist (ähnlich schon *Kübler/Prütting/Bork-Pape* § 274 Rn. 63). Der *BGH* hat diesen Anspruch des Sachwalters in seinem Beschluss vom 21.07.2016 ausdrücklich festgestellt (ZInsO 2016, 1637 Tz. 53, 55). Diese Öffnung entspricht dem über § 274 Abs. 1 InsO anzuwendenden Grundsatz des Insolvenzverwaltervergütungsrechtes, dass dem Umfang und der Schwierigkeit in der Geschäftsführung des Verwalters (Sachwalters) durch Abweichungen vom Regelsatz Rechnung getragen wird (§ 63 Abs. 1 Satz 3 InsO). Die Gegenauffassung ist deswegen überholt (Einzelheiten s. FK-InsO/*Foltis* 8. Aufl., § 274 Rn. 27). Die **Bestimmung des Normalfalls der Ei-**

genverwaltung als Ausgangspunkt für Regelsatzabweichungen sollte in Anlehnung an die gesetzlichen Regelzuweisungen (§§ 274 Abs. 2, 275, 279 Satz 3, 280, 281 Abs. 1 Satz 2, 282 Abs. 2, 283, 285 InsO) vorgenommen werden (so zutreffend *Haarmeyer/Mock* InsVV, § 12 Rn. 8; s. hierzu auch den Kriterienvorschlag bei *Blersch* InsVV, § 12 Rn. 15). Der *BGH* hat sich in seinem Beschl. v. 21.07.2016 hierzu auf die Feststellung beschränkt, maßgebend sei eine tatrichterliche Gesamtwürdigung, gestützt auf den Maßstab des Art. 12 Abs. 1 GG und den daraus abzuleitenden Auslegungsgrundsatz, dass die dem (vorläufigen) Sachwalter zustehende Vergütung insgesamt einen seiner Qualifikation und seiner Tätigkeit angemessenen Umfang haben müsse (ZInsO 2016, 1637 Tz. 52, 60 f.).

3. Regelsatzabweichungen (§ 12 Abs. 1, 2 InsVV, § 3 InsVV)

Vom Text des § 12 InsVV bleibt die Frage, unter welchen Voraussetzungen ausnahmsweise nicht die Sachwalter-Regelvergütung festzusetzen ist, sondern – außerhalb der Pflichterhöhung im Falle des Abs. 2 – eine die Sachwalter-Regelvergütung übersteigende oder unterschreitende Vergütung (vgl. § 10 VergVO). Zu- oder Abschläge sind bei der Bemessung der Sachwalter-Regelvergütung nach § 12 Abs. 1 InsVV (»... in der Regel ...«) ebenso denkbar, wie nach § 12 Abs. 2 InsVV (»... insbesondere festzusetzen ...«). Die InsVV nimmt zwar in ihrer Begründung auf die Regelungen der Vergleichsverwaltervergütung Bezug, greift aber die in der Vergleichsverwaltervergütung enthaltenen Regelbeispiele für Erhöhungen und Verminderungen (§ 10 VergVO) ebenso wenig auf, wie die Regelungen über den Abgeltungsbereich (§ 11 VergVO), das Festsetzungsverfahren und die Vorschussbewilligung (§ 12 VergVO). Daraus kann nur gefolgert werden, dass insoweit in vollem Umfang die Vergütungsregelungen für den Insolvenzverwalter anzuwenden sind (jetzt allg. Meinung, z.B. *Haarmeyer/Mock* InsVV, § 12 Rn. 6, 8–12; *Blersch* InsVV, § 12 Rn. 21 ff.; *Eickmann* InsVV, § 12 Rn. 8; *Hess* InsVV, § 12 Rn. 9; s.a. *Lorenz* Erl. zu § 12 InsVV). Der *BGH* hat in seinem Grundlagenbeschluss vom 21.07.2016 darauf ausdrücklich erkannt (ZInsO 2016, 1637 Tz. 55, 66). Dabei hat er zwar – wie hier – die Anwendbarkeit des § 3 InsVV aus Wortlaut und Sinn und Zweck des § 12 Abs. 1 und Abs. 2 InsVV abgeleitet (ZInsO 2016, 1637 Tz. 55), die Regelungsunterschiede im Übrigen aber nicht vereinzelt, sondern lediglich eine tatrichterliche Gesamtwürdigung vorgegeben (ZInsO 2016, 1637 Tz. 57, 59 f.) mit der einschränkungslosen Maßgabe:»Zuzuerkennende Zuschläge erhöhen den Regelbruchteil um den Vomhundertsatz, der als Zuschlag gewährt wird« (ZInsO 2016, 1637 Tz. 58, i.Ü. Tz. 57, 59 f.). Damit ist der bisherigen Diskussion zur Frage geschmälerter Regelsatzabweichungen bei verfahrensbezogenen Tätigkeiten gem. Abs. 1 und ungeschmälerten Regelsatzabweichungen bei sachwalterbezogenen Tätigkeiten und damit der Vereinzelung nach Tätigkeiten gem. Abs. 1 einerseits und Tätigkeiten nach Abs. 2 andererseits (i.E. FK-InsO/*Foltis* 8. Aufl., § 274 Rn. 39–46) der Boden entzogen. Abgelehnt hat er die Bindung des Gerichts an Faustregeltabellen, die Heranziehung von Entscheidungen anderer Gerichte als Orientierungshilfe dagegen zugelassen (ZInsO 2016, 1637 Tz. 59). Die Zuschläge müssen allerdings i.d.R. deutlich geringer ausfallen, als im Regelinsolvenzverfahren (ZInsO 2016, 1637 Tz. 81 a.E.).

4. Einzelfallbezogene Beurteilung

Durch das Wort »insbesondere« in § 3 InsVV sowohl bei der Ausführung der Regelbeispiele für vergütungserhöhende, als auch für die vergütungsmindernden Faktoren soll gewährleistet werden, dass auch nicht geregelte Faktoren, die Einfluss auf den Umfang und die Schwierigkeit der Geschäftsführung des Sachwalters haben, die Höhe der Vergütung beeinflussen können (Amtl. Begr. zu § 3 EInsVV). Die Vergütungsfestsetzung ist daher stets einzelfallbezogene Festsetzung, das Ergebnis einer Gesamtbetrachtung der Sachwaltertätigkeit, in die konkrete Erschwernisse seiner Geschäftstätigkeit ebenso einzustellen sind wie konkrete Erleichterungen (so ausdrücklich jetzt *BGH* Beschl. v. 21.07.2016 – IX ZB 70/14, ZInsO 2016, 1637 = ZIP 2016, 1592 Tz. 55). **Im Einzelfall kann die Vergütung eines Insolvenzverwalters** (als alleiniges Verwaltungs- und Verfügungsorgan der Eigenverwaltung gedacht) **erreicht werden** (*Haarmeyer/Mock* InsVV, § 12 Rn. 8).

5. Geschäftsunkostenabgeltung (§ 4 InsVV)

47 Mit der Vergütung sind die allgemeinen Geschäftsunkosten abgegolten (§§ 10, 4 Abs. 1 InsVV). Die **Erstattung einer gesondert abgeschlossenen Haftpflichtversicherung** ist nicht auf den Fall der Anordnung der Zustimmungsbedürftigkeit gem. § 277 Abs. 1 InsO beschränkt (so aber *Haarmeyer/ Mock* InsVV, 5. Aufl., § 12 Rn. 14), weil es allein darauf ankommt, ob die Wahrnehmung der konkreten Sachwalteraufgaben mit einem besonderen Haftungsrisiko verbunden sind (§§ 10, 4 Abs. 3 Satz 2 InsVV). Das kann schon etwa bei der Aufgabenwahrnehmung für die Beurteilung und Durchsetzung von Anfechtungsansprüchen, Gesamtschadensansprüchen oder der persönlichen Haftung der Gesellschafter der Fall sein, weil mit ihnen schwierige Sachverhalts- oder Rechtsfragen verbunden sein können und sie ein erhebliches wirtschaftliches Gewicht haben. Denn in diesen Fällen trägt der Sachwalter ein erhebliches originäres Haftungsrisiko (§§ 274 Abs. 1, 60, 277 Abs. 1 Satz 3, 61 InsO).

6. Besondere Sachkunde (§ 5 InsVV)

48 Ein Einsatz besonderer Sachkunde mit besonderer Vergütungsberechtigung nach der BRAGO, dem RVG oder der StBGebVO (§§ 10, 5 Abs. 1, Abs. 2 InsVV) kommt in Betracht, wenn der Sachwalter gegen den Willen des Schuldners eine Prozessführung für die Masse durch sich selbst gem. § 277 InsO durch Einzelverfügung des Insolvenzgerichts vornimmt. Denn der Sachwalter hat grds. nicht das Verwaltungs- und Verfügungsrecht (§ 270 Abs. 1 Satz 1 InsO), sodass der eigenverwaltende Schuldner den Dienstleister für die Masse bestimmt. Soweit er allerdings **im Auftrag des Schuldners für die Masse tätig** wird, handelt er wie ein beauftragter Dritter und kann für seine Tätigkeit nach den Regeln der BRAGO bzw. RVG oder der StBGebVO Gebühren und Auslagen abrechnen, allerdings schon von vornherein kein Anwendungsfall des § 5 InsVV. Wird der Sachwalter für die Masse **in seiner originären Aufgabenwahrnehmung** (z.B. die Fälle § 280 InsO) tätig, führt er etwa einen Prozess, ist § 5 InsVV einschränkungslos anwendbar. Dies wird der häufigste Anwendungsfall sein, weil die Geltendmachung des Gesamtschadens sowie der Insolvenzanfechtung originäre Sachwalterangelegenheit ist (§ 280 InsO). Dies gilt insbes. für den für die Masse wirtschaftlich bedeutsamen Komplex der Ansprüche des Gemeinschuldners aus § 135 InsO und § 64 GmbHG (i.E. zu § 280 InsO). Entsprechendes gilt für den Sachwalter, der Wirtschaftsprüfer oder Steuerberater ist oder eine andere besondere Qualifikation besitzt (§ 5 Abs. 2 InsVV). Der Einsatz besonderer Sachkunde mit besonderer Vergütungsberechtigung besteht, **wenn der Sachwalter in seiner amtlichen Tätigkeit eine Aufgabe wahrgenommen hat, die besonderer Fähigkeiten bedurfte und daher von einem Verwalter, der diese besonderen Fähigkeiten für seine Amtsführung nicht besitzen muss, bei sachgerechter Arbeitsweise einem Dritten, der diese besonderen Fähigkeiten besitzt, übertragen worden wäre** (vgl. *BGH* Beschl. v. 11.11.2004 – IX ZB 48/04, ZInsO 2004, 1348; Beschl. v. 17.09.1998 – IX ZR 237/97, BGHZ 139, 309; jeweils zum Rechtsanwalt als Verwalter).

7. Pauschsatz (§ 12 Abs. 3 InsVV)

49 Die Festsetzung der Auslagen erfolgt beim Sachwalter nach § 12 Abs. 3 InsVV (*BGH* Beschl. v. 21.07.2016 – IX ZB 70/14, ZInsO 2016, 1637 = ZIP 2016, 1592 Tz. 84), also gem. § 8 Abs. 3 InsVV mit der Maßgabe, dass nur ein monatlicher Pauschalsatz von 125 € für jeden angefangenen Monat der Tätigkeitsdauer verlangt werden kann (§ 12 Abs. 3 InsVV).

8. Vorschussberechtigung (§ 9 InsVV)

50 Der Sachwalter ist vorschussberechtigt (§§ 10, 9 InsVV), weil die gesetzlichen Bestimmungen der Vergütung des vorläufigen und des endgültigen Sachwalters am Maßstab des Art. 12 Abs. 1 GG zu messen sind (*BGH* Beschl. v. 21.07.2016 – IX ZB 70/14 – ZInsO 2016, 1637 = ZIP 2016, 1592 Tz. 28, 52). Er ist nach der Festsetzung durch das Gericht entnahmeberechtigt, auch wenn er nicht gem. § 275 Abs. 2 InsO die Kassenführung an sich gezogen hat (**a.A.** *Kübler/Prütting/Bork-Pape* InsO, § 274 Rn. 65; MüKo-InsO/*Tetzlaff/Kern* 2. Aufl., § 274 Rn. 82). Denn der gesetzliche Festsetzungs- und Entnahmebeschluss (§ 64 InsO) unterscheidet sich nicht von demjenigen für die

Vergütung der Mitglieder des Gläubigerausschusses gem. § 17 InsVV (für die Gläubigerausschussvergütung *Haarmeyer/Mock* InsVV, § 17 Rn. 16 f.). Deswegen ist der für den Sachwalter vorgeschlagene Weg über eine vollstreckbare Ausfertigung des Festsetzungsbeschlusses und dessen Vollstreckung (§ 794 Abs. 1 Nr. 3 ZPO) nicht nur beschwerlich, sondern auch unzulässig (so aber *Haarmeyer/Wutzke/Förster* InsVV, 4. Aufl., § 12 Rn. 16; *Keller* Vergütung, Rn. 217; MüKo-InsO/ *Tetzlaff/Kern* § 274 Rn. 82).

9. Vorläufiger Sachwalter

Im Gegensatz zum vorläufigen Gläubigerausschuss (§ 17 Abs. 2 InsVV) wurde die Vergütung des 51 vorläufigen Sachwalters nicht eigenständig geregelt. Sie beträgt im Normalfall 25 % der Regelvergütung des Insolvenzverwalters (überholt deswegen *AG Potsdam* ZInsO 2015, 975), wird (erst) mit der Vergütung des Sachwalters festgesetzt (deswegen überholt *AG Köln* ZInsO 2017, 514 = ZIP 2017, 980), ist vorschussfähig und kann mit Zu- oder Abschlägen gem. § 3 InsVV versehen werden, insgesamt einer Gesamtwürdigung des Tatrichters unterliegend (*BGH* Beschl. v. 21.07.2016 – IX ZB 70/14, ZInsO 2016, 1637 = ZIP 2016, 1592 m. Anm. *Haarmeyer/Mock* ZInsO 2016, 1829; i.E. s. § 270a Rdn. 32). Wiedergabe der Beschlussleitsätze s. Rdn. 40. Damit dürfte der zuvor intensiv geführte Vergütungsstreit (i.E. FK-InsO/*Foltis* 8. Aufl., § 270a Rn. 28) beigelegt sein.

10. Konzernfragen

Der auf den Sachwalter über § 10 InsVV entsprechend anwendbare Regelungskatalog für Zu- oder 52 Abschläge ist nicht abschließend, sondern eine für andere, vergleichbar schwerwiegende Fallkonstellationen offene Regelung (*Haarmeyer/Mock* InsVV, § 3 Nr. 3; so wohl auch *BGH* Beschl. v. 21.07.2016 – IX ZB 70/14, ZInsO 2016, 1637 = ZIP 2016, 1592 Tz. 55–60). In der Konzerninsolvenz kann § 3 InsVV erheblich werden, wenn eine **faktische Kooperationssachwaltung** (näher Rdn. 14 ff.) vorliegt und der Sachwalter aus seinen Mehrfacheinbindungen im Konzern mit Erschwernisbehauptungen einen Zuschlag ableiten will. Diese Möglichkeit ist ihm vom BGH mit seinem Beschluss v. 21.07.2016 genommen. Danach sind alle Tätigkeiten zu vergüten, die dem (vorläufigen) Sachwalter vom Gesetz selbst oder vom Insolvenzgericht oder den Verfahrensbeteiligten in gesetzlicher Weise wirksam übertragen worden sind (so schon *LG Dessau-Roßlau* ZInsO 2015, 1234). Aufgaben, die der (vorläufige) Sachwalter in Überschreitung seiner ihm gesetzlich zukommenden Aufgaben ausgeübt hat, sind nicht gesetzlich zu vergüten (unter Tz. 61). Die faktische Kooperationssachwaltung ist kein konzerninsolvenzliches Rechtsinstitut, sondern der Begriff erfasst eine tatsächliche Ämterhäufung (i.E. s. Rdn. 14 ff.). Gestützt auf den **Konzernrechtsgrundsatz der bewahrten Selbständigkeit** (s. Rdn. 15; § 272 Rdn. 19) würden solche behaupteten Erschwernishandlungen **grds. außerhalb der gesetzlichen Aufgabenstellung** erbracht und damit kein Vergütungsmerkmal sein können.

V. Steuerrechtliche Stellung

Aus der (beschränkten) Aufgabenstellung des Sachwalters auf Prüfung der wirtschaftlichen Lage des 53 Schuldners sowie der Überwachung der Geschäftsführung und der Ausgaben für die Lebensführung (§ 274 Abs. 2 InsO) wird gefolgert, der Sachwalter sei weder Vertreter noch Verfügungsberechtigter i.S.v. §§ 34, 35 AO (*Kübler/Prütting/Bork-Pape* InsO, § 274 Rn. 29). Dieser Auffassung kann nur eingeschränkt gefolgt werden. Zutreffend ist, dass der Sachwalter im Rahmen seiner Verpflichtungen nach § 274 Abs. 2 InsO nicht Vertreter und Verfügungsberechtigter nach §§ 34, 35 AO ist. Er kann dies nicht sein, weil er im Umfang dieser Aufgabenwahrnehmungen **keine Verwaltungs- und Verfügungsmacht über Mittel der Insolvenzmasse** hat. Soweit er diese allerdings hat, ist er Verfügungsberechtigter nach §§ 34, 35 AO und hat deswegen **alle Verpflichtungen aus dem Steuerschuldverhältnis des Schuldners** zu erfüllen, insbesondere die Umsatzsteuermeldungen abzugeben. Dazu sollte sich der Sachwalter eine eigene Steuernummer holen und darauf anmelden und abführen. Das ist der Fall, wenn der Sachwalter das **Kassenführungsrecht nach § 275 Abs. 2 InsO** ausübt (für den Sachwalter: *BFH* UR 1989, 211 [213]; i.E. *Tipke/Kruse-Loose* Stand Oktober 2012 § 35

§ 274 InsO   Rechtsstellung des Sachwalters

Rn. 5; wie hier *Uhlenbruck/Zipperer* InsO, § 274 Rn. 11; **a.A.** *Kübler/Prütting/Bork-Pape* InsO, § 274 Rn. 49; Einzelheiten auch bei § 270 Rdn. 11 insb. zur Organschaft).

C. Grundpflichten (Abs. 2)

I. Zweck der Vorschrift, Prüfungsgegenstand

54 Abs. 2 bestimmt den Kern des Aufgabenkreises des Sachwalters. Die Begründung (BT-Drucks. 12/2443 zu § 335) fordert für den Sachwalter im Hinblick auf die Geschäftsführung des Schuldners nur Aufsichtsfunktionen. Insoweit sollten die §§ 39, 40 VerglO inhaltlich übernommen werden. Aus der nahezu wörtlichen Übernahme des § 39 VerglO zeigt sich die enge Anlehnung des Aufgabenkreises des Sachwalters an den Aufgabenkreis des Vergleichsverwalters (HK-InsO/*Landfermann* § 274 Rn. 11). Die Begründung stellt den Aufgabenkreis verkürzt dar. Die §§ 39, 40 VerglO sind mit den Grundpflichten des Sachwalters in § 274 Abs. 2 InsO nur teilidentisch, weil sich die Vorschriften im Regelungsziel unterscheiden. Die »inhaltliche Übernahme« der §§ 39, 40 VerglO muss sich am Zweck der Eigenverwaltung orientieren und ggf. danach abweichend bestimmt werden. Dies führt teilweise zu einer abweichenden Betrachtungsweise der §§ 39, 40 VerglO. Gegenüber §§ 39, 40 VerglO ist der Anwendungsbereich des Abs. 2 teils größer, teils kleiner. Die Bestimmung des Anwendungsbereiches und damit des Pflichtenumfanges ist allerdings für die Frage der Sachwalterhaftung (s. Rdn. 25–38 ff.) grundlegend.

55 Die Aufsichtsfunktionen teilen sich nach dem Wortlaut des Gesetzes in Prüfungs- und Überwachungsaufgaben. Schon § 39 VerglO beschreibt als Kernbestimmung des Aufgabenkreises des Sachwalters seine Pflichten nicht erschöpfend und abschließend. Der Vergleichsverwalter hatte weitere Funktionen auszuüben als nur die Prüfung der wirtschaftlichen Lage des Schuldners, die Überwachung seiner Geschäftsführung und die Überwachung seines privaten Aufwandes. Als Helfer des Vergleichsgerichts hatte der Vergleichsverwalter durch seine überwachende und prüfende Tätigkeit mit dafür zu sorgen, dass der Schuldner sowohl für den Fall des Vergleichs wie für den des Anschlusskonkursverfahrens gehindert wurde, sein Vermögen zum Nachteil der Gläubigergemeinschaft zu schmälern (*Berges* KTS 1955, 5 f.). Daraus ergab sich für den Vergleichsverwalter formell die Pflicht, alle Umstände, die eine Ablehnung des Vergleichsantrages, Einstellung des Verfahrens oder Versagung der Bestätigung des Vergleichs rechtfertigen können, dem Vergleichsgericht anzuzeigen (*Bley/Mohrbutter* VerglO, 4. Aufl., § 39 Rn. 1). Dieser Grundsatz nach Sinn und Zweck der Eigenverwaltung auf die Sachwaltung übertragen beschreibt den Pflichtenumfang des Sachwalters: **Der Sachwalter hat fortlaufend alle Umstände zu prüfen, die aufsichtsrechtliche Maßnahmen gegen den Schuldner oder eine Aufhebung der Eigenverwaltung rechtfertigen können und diese Umstände dem Insolvenzgericht und dem Gläubigerausschuss – hilfsweise den Insolvenzgläubigern und den absonderungsberechtigten Gläubigern, Abs. 3 Satz 2 – anzuzeigen.** Die Prüfung der wirtschaftlichen Lage des Schuldners und seiner Geschäftsführung nach Abs. 2 Satz 1 wird also inhaltlich durch die laufende Prüfung aller denkbaren gläubigerbenachteiligenden Handlungen des Schuldners in der Verfügung und Verwaltung seines beschlagnahmten Vermögens (§§ 270 Abs. 1, 80 Abs. 1 InsO) und der ihnen zugrunde liegenden Umstände bestimmt (zust. *Uhlenbruck/Zipperer* InsO, § 274 Rn. 12). Die Prüfungstätigkeiten für die Stellungnahme des Sachwalters zum Bericht des Schuldners in der ersten Gläubigerversammlung (§ 281 Abs. 2), die Überprüfung der vom Schuldner erstellten Verzeichnisse (§ 281 Abs. 1), der Rechnungslegung des Schuldners (§ 281 Abs. 3) und zur Vorbereitung der Geltendmachung von Gesamtschäden sowie die dem Sachwalter obliegende Insolvenzanfechtung (§ 280 InsO) sind deswegen nur Ausschnitte des dem Sachwalter insgesamt auferlegten Prüfungs- und Überwachungsumfangs (zu eng deswegen *Kübler/Prütting/ Bork-Pape* InsO, § 274 Rn. 70; wie hier *Uhlenbruck/*Zipperer InsO, § 274 Rn. 12; ebenso im Ausgangspunkt MüKo-InsO/*Tetzlaff/Kern* § 274 Rn. 47–53). Daraus erwächst für den Sachwalter die umfassende Informationspflicht nach Abs. 3, unter besonderen Umständen aber auch gegenüber einzelnen Beteiligten (s. Rdn. 37). Abs. 3 knüpft deswegen im Eingang (»Stellt ... Umstände fest ...«) weitergehend die Informationspflichten des Sachwalters an die **Feststellung von Umständen**

zur drohenden oder bereits eingetretenen Gläubigerschädigung. Der Prüfungsgegenstand ist also weiter, als der bloße Wortlaut der Vorschrift auf den ersten Blick vermuten lässt.

Für die entsprechenden Pflichten der VerglO wurde angenommen, der Verwalter habe als Helfer des Vergleichsgerichts durch seine Aufsichtsfunktionen dafür zu sorgen, dass nur vergleichswürdigen Schuldnern der Weg des Vergleichsverfahrens offen stehe und offen bleibe und dass nur der Vermögenslage des Schuldners angemessene und erfüllbare Vergleiche bestätigt werden (*BGH* BB 1963, 996 = WM 1963, 916 = VersR 1963, 957). Für die Eigenverwaltung bestehen derartige Pflichten des Sachwalters nicht. Die Eigenverwaltung ist nicht Vergleichsverfahren. Deswegen kann insoweit keine vergleichsorientierte Pflichtenbindung des Sachwalters bestehen, weswegen der Anwendungsbereich des Abs. 2 insoweit kleiner ist. Die Eigenverwaltung ist Insolvenzverfahren, wenn auch ein besonderer Fall, und deswegen auf gemeinschaftliche Befriedigung der Gläubiger des Schuldners angelegt. Die Übernahme des Verantwortungsmodells der Vergleichsordnung soll lediglich die Kenntnisse und Erfahrungen der bisherigen Geschäftsleitung für das Insolvenzverfahren nutzen und damit die Verwertung der Insolvenzmasse – insbes. durch Fortführung des Schuldnerbetriebes – mit größtmöglicher wirtschaftlicher Effektivität sicherstellen (eingehend vor §§ 270 ff. Rdn. 2–8). Deswegen können die **Regelungen der §§ 39, 40 VerglO nur zur Pflichtenbestimmung des Sachwalters herangezogen werden, soweit sie mit Ziel und Zweck der Eigenverwaltung übereinstimmen**, soweit sie die Übernahme des Verantwortungsmodells der Vergleichsordnung betreffen, nicht soweit sie vergleichsorientiert sind. Danach muss die Pflichtenbindung des Sachwalters **im Einzelfall geprüft** werden. 56

II. Beginn und Ende der Pflichtenbindung

Die Prüfungs- und Überwachungsrechte und -pflichten sind an das Amt des Sachwalters gebunden, beginnen also mit seiner Bestellung und enden mit seiner Abberufung. 57

III. Prüfung der wirtschaftlichen Lage des Schuldners

Die Prüfung bezieht sich zunächst auf die Gegenstände, die **Gegenstand des Berichtes des Schuldners** sind, weil der Sachwalter hierzu Stellung zu nehmen hat (§ 281 Abs. 2 Satz 2 InsO), ferner auf die verzeichneten Massegegenstände, das Gläubigerverzeichnis und die Vermögensübersicht (§ 281 Abs. 1 InsO). Dazu gehört die Nachprüfung der Angaben des Schuldners ebenso wie die Wertansätze im Hinblick auf die Fortführung des Unternehmens (vgl. *Bley/Mohrbutter* VerglO, § 39 Rn. 2). Damit bezieht sich die Prüfung der wirtschaftlichen Lage des Schuldners nicht nur auf die Prüfung des **gegenwärtigen Vermögensstandes**, sondern auch auf die Beurteilung der **wirtschaftlichen Möglichkeiten, persönlichen Fähigkeiten und Aussichten auf ordnungsgemäße, d.h. gläubigerunschädliche Erfüllung des Verwaltungs- und Verfügungsrechtes** (vgl. *Bley/Mohrbutter* VerglO, § 39 Rn. 2; *Uhlenbruck/Zipperer* InsO, § 274 Rn. 12 f.; *Kübler/Prütting/Bork-Pape* InsO, § 274 Rn. 73). Die Prüfung bezieht sich ferner auf **alle Umstände zur Erfüllung weiterer originärer Sachwalterpflichten**, der Prüfung der Rechnungslegung des Schuldners nebst Stellungnahme hierzu (§ 281 Abs. 3 InsO), der Prüfung der Verwertungshandlungen für Absonderungsrechte (§ 282 Abs. 1, Abs. 2 InsO), der Forderungsanmeldungen (§ 283 Abs. 1 InsO) sowie der vom Schuldner aufgestellten Verteilungsverzeichnisse (§ 283 Abs. 2 InsO), die Überwachung der Planerfüllung (§ 284 Abs. 2 InsO), ggf. schon der Planerstellung durch den Schuldner (§ 284 Abs. 1 Satz 2 InsO). 58

Für die Insolvenzgläubiger sind alle Umstände bedeutsam, die zu einem Antrag auf Aufhebung der Eigenverwaltung führen können (§ 272 InsO) oder wenigstens aufsichtsrechtliche Maßnahmen gegen den Schuldner auslösen können. Daraus erwächst die Notwendigkeit, die Gegenstände denkbar aufsichtsrechtlicher Maßnahmen festzustellen (hierzu bereits § 270c Rdn. 23 ff. sowie § 277 Rdn. 2). Deswegen umfasst die Prüfungspflicht **alle Umstände, die erwarten lassen können, dass die Eigenverwaltung zu einer Verzögerung des Verfahrens oder zu sonstigen Nachteilen für die Gläubiger führen wird** (§§ 272 Abs. 1 Nr. 2, 270 Abs. 2 Nr. 3 InsO). Der Sachwalter hat daher die Ursachen des Zusammenbruchs aufzuklären und auf die Schuldnerbeteiligung zu untersuchen. Insbesondere hat er zu prüfen, ob anfechtbare Rechtshandlungen des Schuldners vorliegen. Neben 59 dem alleinigen Recht und der alleinigen Pflicht des Sachwalters zur Insolvenzanfechtung (§ 280 InsO) sind Anfechtungstatbestände wichtiges Indiz für eine gläubigerschädigende Einstellung des Schuldners (vgl. *Bley/Mohrbutter* VerglO, § 39 Rn. 39) und damit möglicher Anlass für die Beendigung der Eigenverwaltung nach § 272 Abs. 1 Nr. 1, 2 InsO; zust. wohl *Uhlenbruck/Zipperer* InsO, § 274 Rn. 14).

60 Die Prüfung der Bücher ist darauf abzustellen, ob sie einen hinreichenden Überblick über die Vermögenslage des Schuldners. Ergeben sich dabei besondere Schwierigkeiten und hält der Sachwalter die Zuziehung eines Sachverständigen für erforderlich, hat er im Hinblick auf die Aufsichtspflicht des Insolvenzgerichts (Abs. 1) die vorherige Zustimmung des Gerichtes einzuholen (vgl. BGHZ 23, 69; *Bley/Mohrbutter* VerglO, § 39 Rn. 3). Dadurch kann das Recht zur Begründung von Masseverbindlichkeiten entstehen.

61 Der Sachwalter ist in Fortführungsfällen verpflichtet, eine **Fortführungsbeurteilung** zu geben (vgl. *Bley/Mohrbutter* VerglO, § 39 Rn. 3). Dazu gehören i.d.R. Aussagen zu Planrechnung und Liquiditätsplanung des Schuldners, zu einer erforderlichen Umstrukturierung des Schuldnerunternehmens, den sich daraus ergebenden Kosten, zur erwarteten Wettbewerbfähigkeit, zu den Chancen einer sanierenden Übertragung, kurzum betriebswirtschaftliche Beurteilungen, einschließlich aussagekräftiger Beurteilungen zur Personal- und Sachkonzeption innerhalb der Fortführungskonzeption (ebenso KS-InsO/*Pape* 2000, S. 911 Rn. 24; *Kübler/Prütting/Bork-Pape* InsO, § 274 Rn. 73). Eine besondere Prüfungspflicht besteht für die angemeldeten Forderungen, weil er das Bestreitensrecht hat (§ 283 Abs. 1 Satz 1 InsO; *Uhlenbruck/Zipperer* InsO, § 274 Rn. 13).

62 Hinsichtlich dieser Prüfungsgegenstände hat der Sachwalter in jedem Stadium des Verfahrens zu prüfen, ob **Anlass zu Informationen nach Abs. 3** bestehen, um gläubigerschädigenden Handlungen oder Entwicklungen vorzubeugen. Ändern sich etwa die marktwirtschaftlichen Rahmenbedingungen so grundlegend und ohne jedes Verschulden des Schuldners, dass die Betriebsfortführung gefährdet erscheint, hat er nach Abs. 3 zu informieren (zust. *Uhlenbruck/Zipperer* InsO, § 274 Rn. 16; ferner *Kübler/Prütting/Bork-Pape* InsO, § 274 Rn. 71 ff.).

IV. Überwachung der Geschäftsführung des Schuldners und seiner privaten Ausgaben für die Lebensführung, Auskunftsrechte

63 Der Sachwalter hat zu verhüten, dass der Schuldner die Eigenverwaltung dazu benutzt, um zum Schaden der Insolvenzgläubiger Vermögenswerte zu beseitigen oder entgegen den Grundsätzen einer ordnungsgemäßen Wirtschaftsführung handelt (vgl. *OLG Celle* KTS 1971, 216). Damit der Sachwalter diesen Pflichten nachkommen kann, ist er berechtigt, die **Geschäftsräume des Schuldners zu betreten und dort Nachforschungen anzustellen, hat also die Rechte eines vorläufigen Insolvenzverwalters nach § 22 Abs. 3 InsO** (HK-InsO/*Landfermann* § 274 Rn. 13; *Uhlenbruck/Zipperer* InsO, § 274 Rn. 12). Da es sich dabei um die Ausübung originärer gesetzlicher Rechte im Umfang der Beschlagnahme handelt, ist die Sachwalterbestellung zugleich Vollstreckungstitel nach § 885 ZPO, wenn sie die darauf gerichtete Ermächtigung durch das Gericht enthält (vgl. zum gleichgelagerten Fall der Zwangsverwaltung *Stöber* ZVG, 20. Aufl., § 150 Rn. 5). Der Schuldner hat ihm Einsicht in die Bücher und Geschäftspapiere zu gestatten und ihm alle erforderlichen Auskünfte zu erteilen. Der Sachwalter kann diese Rechte zwangsweise durchsetzen (Abs. 2 Satz 2 i.V.m. § 22 InsO; näher Rdn. 64 f.). **Nicht anwendbar** sind die Vorschriften über die Postsperre (§§ 99, 102 InsO), weil der Schuldner im Rahmen der Eigenverwaltung schlechthin nicht vom Postverkehr ausgeschlossen werden kann (KS-InsO/*Pape* 2000, S. 911 Rn. 25; *Uhlenbruck/Zipperer* InsO, § 274 Rn. 15, 20; HK-InsO/*Landfermann* § 274 Rn. 14). Insbesondere die gesetzlich angeordnete »Soll-Kann-Muss-Zusammenarbeit« zwischen Sachwalter und Schuldner (s. die eingehende Darstellung bei § 270c Rdn. 12 ff.) kann zu **Abgrenzungsschwierigkeiten** zwischen den Befugnissen beider führen und damit zur Bestimmung der Sachwalterbefugnis bzw. -pflicht im Einzelfall und damit auch seiner Haftungsverantwortlichkeit. Zu Recht wird dabei insbes. die Frage aufgeworfen, **wie der Sachwalter seine Befugnisse gegen den Schuldner durchsetzen** kann, etwa einen Widerspruch gegen die Eingehung von Verbindlichkeiten nach § 275 Abs. 2 InsO. Es handelt sich um eine der zentralen Fragen

des Eigenverwaltungsrechtes, weil der Schuldner durch die Ausübung des Verwaltungs- und Verfügungsrechts unmittelbar über den Gläubigerschutz entscheidet. Die Frage wird eingehend behandelt bei § 270c Rdn. 12 ff.). Die Antwort lässt sich nur mit Sinn und Zweck der Eigenverwaltung finden. **Das Gericht ist** auf Hinweis oder Antrag des Sachwalters **befugt, entsprechend §§ 21, 22 InsO alle erforderlichen Maßnahmen zu treffen, um eine am Gläubigerwohl orientierte Funktionsfähigkeit der Eigenverwaltung sicherzustellen** (sehr str., krit. dazu z.B. HK-InsO/*Landfermann* § 277 Rn. 4; gegen die Kritik *Foltis* § 277 Rdn. 2; MüKo-InsO/*Tetzlaff/Thole* § 274 Rn. 56 f. halten die Anzeigepflicht nach Abs. 3 und die Zwangsmittel über § 22 Abs. 3 Satz 3 InsO nach § 98 InsO für ausreichend.). Es stehen dem Gericht alle Instrumente des Insolvenzantragsverfahrens zur Verfügung, so dass auch die Informationsrechte ohne Weiteres durchgesetzt werden können.

Von der Frage der Befugnisdurchsetzung gegen den Schuldner zu trennen ist die vorgeschaltete Frage nach der **Durchsetzung der Auskunfts- und Mitwirkungspflichten des Schuldners durch den Sachwalter**, insbesondere zur Erkenntnisverschaffung für seine Befugnisausübungen, **und das Gericht**. Hierzu steht das weitest mögliche Insolvenzinstrumentarium zur Verfügung (s. dazu auch *Kübler/Prütting/Bork-Pape* InsO, § 274 Rn. 75 f.): 64

– Der Schuldner bzw. jeder organschaftliche Vertreter des Schuldners ist gegenüber Insolvenzgericht, Sachwalter, Gläubigerausschuss und ggf. der Gläubigerversammlung umfassend auskunftspflichtig, auch über straf- und ordnungswidrigkeitenverfolgungsgeeignete Tatsachen, und hat den Sachwalter bei dessen Aufgabenerfüllung zu unterstützen. Dazu kann der Schuldner zur Abgabe der eidesstattlichen Versicherung veranlasst werden, auch die Zwangsvorführung und die Haft angeordnet werden (§§ 97, 98, 101 über §§ 274 Abs. 2 Satz 2, 22 Abs. 3). Diese Verweisung hat den Sinn, dem Verwalter den gleichen Zugang zu den Geschäftsräumen und zu allen Unterlagen des Schuldners sowie die gleichen Auskunftsrechte einzuräumen wie einem vorläufigen Insolvenzverwalter, der nicht selbst verfügungsbefugt ist (ebenso MüKo-InsO/*Tetzlaff/Kern* § 274 Rn. 57).
– Der Schuldner steht ferner unmittelbar unter der Aufsicht des Insolvenzgerichts (§ 58 über § 270 Abs. 1 Satz 2), weil das Aufsichtsrecht des Insolvenzgerichts auf das Verwaltung- und Verfügungsorgan über Massegegenstände bezogen ist (vgl. *Uhlenbruck* InsO, § 58 Rn. 1; MüKo-InsO/*Graeber* 2. Aufl., § 58 Rn. 1 f.) und das Verwaltungs- und Verfügungsrecht in der Eigenverwaltung Kernkompetenz des Schuldners ist (näher s. vor §§ 270 ff. Rdn. 2–8, § 270 Rdn. 6, 17, 31). Deswegen kann gegen den Schuldner zur Erfüllung der Auskunftspflichten – nach vorheriger Androhung – auch Zwangsgeld festgesetzt werden (ebenso MüKo-InsO/*Tetzlaff/Kern* § 274 Rn. 57).

Wie im Insolvenzregelverfahren bestehen diese **Erzwingungsmöglichkeiten nebeneinander**. Macht sich deswegen das Insolvenzgericht die – vom Schuldner zur Erfüllung verweigerten – Auskunftsgegenstände des Sachwalters zu eigen, kann die Verweigerungshaltung des Schuldners für ihn bei Ausschöpfung des Erzwingungsinstrumentariums äußerst schwerwiegende Konsequenzen haben. Nach Sinn und Zweck der Auskunftspflichten des Schuldners (Gesamtgläubigerschutz, Sicherstellung sachgerechter Verwaltungs- und Verwertungshandlungen zum Gesamtgläubigerschutz) ist dieses Erzwingungsinstrumentarium auf die Auskunftspflichten des Sachwalters bei **angeordneter Sondersachwaltung** (s. Rdn. 22) entsprechend anwendbar, zumal der Sachwalter mit seiner Amtsübernahme die umfassende Wahrnehmung der Gesamtgläubigerinteressen als Amtsträger für die Schuldnerüberwachung übernommen hat und daraus originär eine gesteigerte Vermögensverantwortlichkeit eingegangen ist. 65

Im Gegensatz zur VerglO (vgl. *Bley/Mohrbutter* VerglO, § 39 Rn. 4) gewährt § 278 Abs. 1 InsO dem Schuldner der Eigenverwaltung ausdrücklich das Recht, für sich und die Familienangehörigen nach § 100 Abs. 2 Satz 2 InsO aus der Insolvenzmasse die Mittel zu entnehmen, die unter Berücksichtigung der bisherigen Lebensverhältnisse des Schuldners eine bescheidene Lebensführung gestatten. Insofern steht dem Schuldner ein **Entnahmerecht** zu (BT-Drucks. 12/2443 zu § 339), so dass der Sachwalter weder ein Bestimmungsrecht hat, noch die Entnahme verhindern kann. Er hat nur die Anzeigemöglichkeit nach Abs. 3. Als Überwachungsmittel steht dem Sachwalter hierzu das Kas- 66 senführungsrecht zur Verfügung (§ 275 Abs. 2 InsO). Zu den sich daraus u.U. ergebenden Problemen aus dem »Geldverfügungsanspruch« des Schuldners bei der »Geldverfügungsmacht« des Sachwalters s. Kommentierung zu § 278 InsO.

67 Zur entsprechenden Anwendbarkeit der Vorschrift auf den vorläufigen Sachwalter s. § 270a Rdn. 22–29 und § 270b Rdn. 30, 50.

D. Unterrichtungspflichten (Abs. 3)

I. Unterrichtungspflichtige Tatsachen, Kombinationen und Schlussfolgerungen

68 Abs. 3 verpflichtet den Sachwalter zur unverzüglichen Unterrichtung des Gerichtes und der Gläubiger, wenn er erkennt, dass bei einer Fortsetzung der Eigenverwaltung Nachteile für die Gläubiger drohen (ebenso *Kübler/Prütting/Bork-Pape* InsO, § 274 Rn. 79). Die Gläubiger werden auf diese Weise in die Lage versetzt, die Aufhebung der Anordnung der Eigenverwaltung zu beantragen (§ 272 InsO) oder Verfügungsbeschränkungen zur Anordnung zu bringen (§ 277 InsO). Eine Abs. 3 ähnliche Unterrichtungspflicht, allerdings nur gegenüber dem Gericht, enthielt § 40 Abs. 2 VerglO (BT-Drucks. 12/2443 zu § 335).

69 Die Begründung verweist durch das Wort »ähnliche« (»ähnliche Unterrichtungspflicht«) darauf, dass die Regelung des § 40 Abs. 2 VerglO zwar einen Anhalt zur konkreten Bestimmung der unterrichtungspflichtigen Tatsachen bietet, die konkrete Bestimmung jedoch aus der Zwecksetzung der Eigenverwaltung und seiner einzelnen Regelungen zu erfolgen hat. Da die Gläubiger durch die Unterrichtungspflichten in die Lage versetzt werden sollen, durch die Geltendmachung ihrer Rechte drohenden Schädigungen des eigenverwaltenden Schuldners entgegenzuwirken, ist der Sachwalter verpflichtet, alle ihm bekannt gewordenen Tatsachen mitzuteilen, die auf die **Beibehaltung, Beschränkung oder Aufhebung des Verwaltungs- und Verfügungsrechtes des Schuldners Einfluss** haben können (s. Rn. 54). Tatsachen sind dabei nicht nur die Gegenstände seiner unmittelbaren Wahrnehmung, sondern auch die durch Umstände nahe gelegten Kombinationen und Schlussfolgerungen (vgl. *Bley/Mohrbutter* VerglO, § 40 Rn. 6; zust. *Uhlenbruck* InsO, 13. Aufl., § 274 Rn. 21). Die Begründung verweist als Entscheidungsziel der unterrichteten Gläubiger verkürzt nur auf die Möglichkeit zur Aufhebung der Eigenverwaltung nach § 272 InsO. Die Handlungsmöglichkeiten der Gläubiger gehen jedoch weiter. So kann es über eine außerordentliche Gläubigerversammlung (§ 270 Abs. 1 Satz 2, § 75 InsO) zu nachträglichen Anordnungen nach § 277 Abs. 1 InsO kommen, indem bestimmte Rechtsgeschäfte des Schuldners dem Zustimmungsvorbehalt des Sachwalters unterstellt werden. Derartige Anordnungen können bei Unaufschiebbarkeit sogar außerhalb einer Gläubigerversammlung auf Antrag eines absonderungsberechtigten Gläubigers oder eines Insolvenzgläubigers ergehen (§ 277 Abs. 2 InsO). Deswegen hat der Sachwalter nicht nur alle Tatsachen, nahe liegende Kombinationen und Schlussfolgerungen mitzuteilen, die auf die Beibehaltung des Verwaltungs- und Verfügungsrechtes des Schuldners Einfluss haben können, sondern weitergehend auch solche, die zu einer Ausgestaltung dessen Verwaltungs- und Verfügungsrechtes durch einschränkende Maßnahmen nach § 277 InsO führen können.

70 Nach der hier vertretenen Auffassung (str., s. § 270c Rdn. 12 ff.) geht die Anordnungskompetenz des Insolvenzgerichts und die Antragskompetenz des Sachwalters über die ausdrücklich in der Eigenverwaltung geregelten Möglichkeiten hinaus. Das Insolvenzgericht kann gem. §§ 270 Abs. 1 Satz 2, 21 InsO alle erforderlichen Maßnahmen treffen, um die Funktionsfähigkeit einer am Gläubigerwohl orientierten Eigenverwaltung sicherzustellen. Diesem Regelungsbereich müssen die Unterrichtungspflichten des Sachwalters entsprechen. Sie korrespondieren mit seinen Prüfungspflichten nach Abs. 2 Satz 1 und erstrecken sich auf **alle ihm bekannt gewordenen Umstände, die aufsichtsrechtliche Maßnahmen gegen den Schuldner oder eine Aufhebung der Eigenverwaltung rechtfertigen können** (s. Rn. 54; zust. *Uhlenbruck/Zipperer* InsO, § 274 Rn. 16; ähnlich *Kübler/Prütting/Bork-Pape* InsO, § 274 Rn. 78; unklar MüKo-InsO/*Tetzlaff/Kern* 2. Aufl., § 274 Rn. 59).

II. Erfüllung

Die Unterrichtungspflichten sind **unaufgefordert und unverzüglich**, d.h. ohne schuldhaftes Verzögern zu erfüllen (*Bley/Mohrbutter* VerglO, § 40 Rn. 6; HK-InsO/*Landfermann* § 274 Rn. 15). Nach zutreffender Auffassung darf der Sachwalter sich nicht bloß intern auf eine Verhaltensänderung des Schuldners einlassen, weil Pflichtverletzungen des Schuldners auf eine Gefährdung der Gläubigerinteressen schließen lassen (*Kübler/Prütting/Bork-Pape* InsO, § 274 Rn. 82; MüKo-InsO/ *Tetzlaff/Kern* § 274 Rn. 60), vor allem aber auch, weil die abschließende Sanktionsentscheidung über Pflichtverletzungen der Gläubigergemeinschaft vorbehalten ist (§ 277 Abs. 1 und 2, § 272), also nicht in die Disposition des Sachwalters gestellt ist (a.A. *Uhlenbruck* InsO, 13. Aufl., § 274 Rn. 21: zunächst eine Zwangsmittelandrohung durch den Sachwalter mit Erfüllungsfrist). 71

Anzeigeempfänger sind Gläubigerausschuss und Insolvenzgericht, falls ersterer nicht bestellt ist an seiner Stelle die forderungsanmeldenden Insolvenzgläubiger und die absonderungsberechtigen Gläubiger (ebenso MüKo-InsO/*Tetzlaff/Kern* § 276 Rn. 62–65). Das Gesetz schreibt eine Anzeigeform nicht vor. In der Regel wird die Anzeige schon aus Beweisgründen schriftlich erfolgen, in Eilfällen genügt eine mündliche (telefonische) Anzeige. Es empfiehlt sich, die schriftliche Anzeige nachzuholen. In besonderen Fällen kann die Verpflichtung zur direkten Unterrichtung einzelner Beteiligter bestehen (s. Rdn. 36 f.). 72

Die Anzeigen an Gläubigerausschuss und Insolvenzgericht werden keine praktischen Schwierigkeiten aufweisen, weil es sich um einen überschaubaren und dem Sachwalter bekannten Personenkreis handelt. Anders verhält es sich mit den Anzeigen gegenüber den forderungsanmeldenden Insolvenzgläubigern und den absonderungsberechtigten Gläubigern, ggf. sonstigen Beteiligten (s. Rdn. 36 f.). Namentlich in Großverfahren kann die Zahl unüberschaubar sein. Dem Sachwalter kann der aktuelle Personenkreis auch nicht ohne weiteres bekannt sein, weil dem Schuldner das Recht zur Verwertung des Sicherungsgutes zusteht (§ 283 Abs. 1 InsO). Wenn der Sachwalter überdies einem Haftungsvorwurf eines Beteiligten wegen Nichtunterrichtung entgehen will (ebenso *Kübler/Prütting/Bork-Pape* InsO, § 274 Rn. 58; HK-InsO/*Landfermann* § 274 Rn. 15; *Uhlenbruck* InsO, 13. Aufl., § 274 Rn. 21; *Graf-Schlicker* InsO, § 274 Rn. 7), muss er sicherstellen, dass der Personenkreis vollständig und nachweisbar informiert wird, i.d.R. also durch Einwurfeinschreiben mit Rückschein. Der dadurch unter Umständen ausgelöste gewaltige **Zeit- und Kostenaufwand** liegt auf der Hand. Allein die Dauer der Unterrichtungen in Großverfahren kann einen Zeitaufwand erfordern, aufgrund dessen die drohende Schädigung der Gläubiger durch den Schuldner bei vollständiger Unterrichtung in eine eingetretene Schädigung umgeschlagen ist. Der Sinn der gesetzlich angeordneten Unterrichtungspflichten kann deswegen aus rein praktischen Gründen in sein Gegenteil verkehrt werden. Mit Rücksicht darauf, ist es als ausreichend anzusehen, wenn der Sachwalter die Anzeige an das Insolvenzgericht, die in jedem Fall erfolgen muss, entsprechend § 277 Abs. 3 InsO **öffentlich bekannt macht** bzw. durch das Insolvenzgericht öffentlich bekannt machen lässt (§ 273 InsO; ebenso *Kübler/Prütting/Bork-Pape* InsO, § 274 Rn. 82; *Uhlenbruck* InsO, 13. Aufl., § 274 Rn. 22; *Graf-Schlicker* InsO, § 274 Rn. 7; HK-InsO/*Landfermann* § 274 Rn. 15). Zutreffend wird dem Sachwalter darüber hinaus das Recht zugestanden, nach § 75 Abs. 1 Nr. 1 InsO die **Einberufung einer Gläubigerversammlung** zu beantragen (*Kübler/Prütting/Bork-Pape* InsO, § 274 Rn. 83; gegen *Huhn* Eigenverwaltung, Rn. 840; HK-InsO/*Landfermann* § 274 Rn. 15). Dieses Recht folgt aus der Verweisungsanordnung in § 270 Abs. 1 Satz 2 InsO. Der Fall wird allerdings kaum vorkommen, so dass der Streit eher theoretischer Natur ist. Er setzt voraus, dass sich Sachwalter und Insolvenzgericht nach der Sachwalteranzeige nach Abs. 3 Satz 1 über die Notwendigkeit zur Einberufung einer außerordentlichen Gläubigerversammlung uneinig sind, weil das Insolvenzgericht stets zu einer Einberufung berechtigt ist (allg.M., z.B. MüKo-InsO/*Graeber* § 74 Rn. 22, *Uhlenbruck/Knof* InsO, § 74 Rn. 15). Eine Verweigerungshaltung ist aus der Pflichtentbindung des Insolvenzgerichts kaum denkbar. 73

III. Sonstige Sachwalterpflichten

74 Das Gesetz bestimmt neben den in § 274 Abs. 2 normierten Prüfungs- und Überwachungspflichten in einzelnen Vorschriften **weitere originäre Pflichten**: Die Führung der Insolvenztabelle (§ 270 Abs. 3 InsO; KS-InsO/*Pape* 2000, S. 913 f. Rn. 30; zust. *Uhlenbruck/Zipperer* InsO, § 274 Rn. 18; a.A. *Nerlich/Römermann-Riggert* InsO, § 270 Rn. 10); Mitwirkung bei laufenden Geschäften (§ 275 InsO); Entscheidung über die Zustimmung zu bestimmten Rechtsgeschäften (§ 277 InsO); Geltendmachung von Gesamtschäden (§§ 280, 92 InsO); Geltendmachung der Gesellschafterhaftung (§§ 280, 93 InsO); Insolvenzanfechtung (§§ 280, 129 ff. InsO); Prüfung des Gläubiger- und Schuldnerverzeichnisses (§ 281 Abs. 1 Satz 2 InsO); Stellungnahme zum Bericht des Schuldners im Berichtstermin (§ 281 Abs. 2 InsO); Prüfung des Verteilungsverzeichnisses (§ 283 InsO); Anzeigepflicht bei Masseunzulänglichkeit (§ 285 InsO). Ferner ist anzunehmen, dass dem Sachwalter das Recht zur **Freigabe** aus dem Insolvenzbeschlag zusteht, weil es sich um ein ungewöhnliches Rechtsgeschäft mit besonderer Tragweite für die Gläubigergemeinschaft handelt und der Sachwalter das »geborene« Gläubigergemeinschaftsorgan ist (vgl. HK-InsO/*Landfermann* § 282 Rn. 5, vor §§ 270 ff. Rn. 6). Dem Sachwalter können außerdem durch Gläubigerversammlung und Gericht sonstige, im Gesetz nicht ausdrücklich vorgesehene Pflichten übertragen werden (*Uhlenbruck/Zipperer* InsO, § 274 Rn. 18). Diese Möglichkeiten wurden erstmals im Großverfahren der Babcock Borsig AG genutzt und haben eine breite Diskussion ausgelöst (eingehend hierzu § 270c Rdn. 12 ff.).

IV. Haftung

75 Die Unterrichtungspflichten dienen unmittelbar dem Schutz der Gläubiger. Deswegen kann die Verletzung der Unterrichtungspflichten die Haftung nach §§ 274 Abs. 1, 60, 62 InsO auslösen (vgl. *Böhle-Stamschräder/Kilger* VerglO, § 40 Rn. 6; MüKo-*Tetzlaff/Kern* § 274 Rn. 68; *Kübler/Prütting/Bork-Pape* InsO, § 274 Rn. 79; i.E. s.a. Rdn. 25–38).

§ 275 Mitwirkung des Sachwalters

(1) ¹Verbindlichkeiten, die nicht zum gewöhnlichen Geschäftsbetrieb gehören, soll der Schuldner nur mit Zustimmung des Sachwalters eingehen. ²Auch Verbindlichkeiten, die zum gewöhnlichen Geschäftsbetrieb gehören, soll er nicht eingehen, wenn der Sachwalter widerspricht.

(2) Der Sachwalter kann vom Schuldner verlangen, dass alle eingehenden Gelder nur vom Sachwalter entgegengenommen und Zahlungen nur vom Sachwalter geleistet werden.

Übersicht	Rdn.			Rdn.
A. Sinn und Zweck der Vorschrift	1	C.	Das Kassenführungsrecht des Sachwalters (Abs. 2)	19
B. Eingehen von Verbindlichkeiten im nicht gewöhnlichen und gewöhnlichen Geschäftsbetrieb (Abs. 1)	9	I.	Der Sachwalteranspruch, die Sachwalterpflicht	19
I. Eingehen von Verbindlichkeiten	9	II.	Die Rechtsstellung des kassenführenden Sachwalters im Außenverhältnis	26
II. Zugehörigkeit zum Geschäftsbetrieb, nicht gewöhnlich – gewöhnlich	10	III.	Die Rechtsstellung des kassenführenden Sachwalters im Innenverhältnis	28
III. Zustimmungserfordernis (Satz 1)	12	IV.	Sonstige Sachwalterpflichten	34
IV. Widerspruchsmöglichkeit des Sachwalters (Satz 2)	15	V.	Aufhebung des Sachwalteramtes	37
V. Wirksamkeit der Verbindlichkeiten	18			

Literatur:
Bley Der Einfluss der Vergleichsverwalter und der Sachwalter auf die Geschäftsführung des Vergleichsschuldners, ZZP 61 (1961), 410; *ders.* Verrechnung von Giroguthaben des zahlungsunfähig gewordenen Kunden durch die Bank als nichtige Sonderbegünstigung, KuT 1935, 177; *Frind* Beschlussanmerkung zu AG Hannover v. 8.5.2015 – 909 IN 264/15 zur Frage der Anordnung zur Übernahme der Kassenführung durch den (vorläufigen) Sachwalter, EWiR 2015, 651; *Kiesow* Rechtsgeschäfte im gerichtlichen Vorverfahren nach der Vergleichsordnung vom 26. Februar 1935, KuT 1935, 113; *ders.* Das neue Insolvenzrecht, DRiZ 1935 (1. Teil), 239;

Oppermann/Smid Ermächtigung des Schuldners zur Aufnahme eines Massekredits zur Vorfinanzierung des Insolvenzgeldes im Verfahren nach § 270a InsO, ZInsO 2012, 862; *Undritz/Schur* Das Recht des (vorläufigen) Sachwalters zur Kassenführung, ZIP 2016, 549; im Übrigen s. vor §§ 270 ff., § 270.

A. Sinn und Zweck der Vorschrift

Die Begründung des Regierungsentwurfs beschränkt sich auf die Feststellung, dass die Vorschrift 1 über die Mitwirkung des Sachwalters bei der Begründung von Verbindlichkeiten und seine Befugnisse zur Kassenführung dem geltenden Vergleichsrecht entspreche (§ 57 VerglO; BT-Drucks. 12/2443 S. 224 zu § 336). Danach besteht ihr Zweck in einer lediglich verstärkten Überwachung: Verstöße des Schuldners berühren nicht die Wirksamkeit der Verbindlichkeiten, sondern haben vielmehr, vorbehaltlich einer Gläubigeranfechtung, nur verfahrensrechtliche Sanktionen zur Folge (*Bley* VerglO, 2. Aufl. 1955, § 57 Rn. 2). Die Gesetzesbegründung erweist damit abermals einen Systemmangel in der Eigenverwaltungskonzeption, der zu vielfältigen Einzelproblemen geführt und damit erheblich zur anfänglichen Inakzeptanz der Eigenverwaltung beigetragen hat (i.E. FK-InsO/*Foltis* 6. Aufl., vor §§ 270 ff. Rn. 2 f.) und denen der Gesetzgeber mit dem **ESUG** Einzelabhilfe zu schaffen versucht hat (s. Vor §§ 270 ff. Rdn. 1–6): In der VerglO war die Eröffnung des Anschlusskonkursverfahrens Anfechtungsvoraussetzung, weil erst mit ihr der Konkursverwalter berufen wurde (§ 107 VerglO i.V.m. §§ 29 ff. KO), das Anfechtungsrecht also nicht dem Sachwalter gebührte und deswegen für § 57 VerglO Anfechtungsüberlegungen unmittelbar keine Rolle spielten, während in der Eigenverwaltung das Anfechtungsrecht dem Sachwalter gebührt (§ 280 InsO). Der Unterschied beruht auf der unterschiedlichen Ausgestaltung der Rechtsstellungen des Schuldners in § 57 VerglO und § 275 InsO: Das Wesen des Vergleichsverfahrens war kein Vorkonkurs mit dem Entzug der Verwaltungs- und Verfügungsmacht des Schuldners unter Übertragung auf einen »Vorkonkursverwalter«, sondern in Anlehnung an § 8 Abs. 2 der österreichischen Ausgleichsordnung die dem Schuldner gebotene Handhabe, seine Vermögenslage durch Anpassung seiner Schulden an seine Leistungsfähigkeit zu ordnen und auf der Vergleichsbasis sein Unternehmen fortzuführen, also seine Verwaltungs- und Verfügungsmacht beizubehalten (*Bley* VerglO, 2. Aufl. 1955, § 57 Rn. 1). Diese Rechtsstellung wurde mit der Eigenverwaltung nicht aufgegriffen, sondern sie entzieht sie dem Schuldner mit dem Insolvenzeröffnungsbeschluss (§ 270 Abs. 1 Satz 1 InsO) und räumt sie ihm mit dem Beschluss zur Anordnung der Eigenverwaltung – allerdings als Insolvenzorgan – wieder ein (»Doppelbeschluss«, i.E. s. § 270 Rdn. 15–24), sodass das Anfechtungsrecht folgerichtig schon während der Eigenverwaltung ausgeübt werden kann, allerdings durch den Sachwalter (§ 280 InsO), und Rechtshandlungen des eigenverwaltenden Schuldners – auch nach dem Übergang in das Insolvenzverfahren nach § 272 InsO – unanfechtbar gestellt sind, wegen der Vorverlagerung dieser Rechtsstellung des Schuldners in das Eigenverwaltungsvorverfahren schon für diese Rechtshandlungen (i.E. s. § 270a Rdn. 11 und Erl. zu § 280).

Die durch die Gesetzesbegründung für § 275 InsO in Bezug genommene Regelung des § 57 VerglO 2 (»... entspricht ...«) ging über § 47 Abs. 1 Satz 1 VerglO, der das Vollstreckungsverbot für Vergleichsgläubiger bis zur Rechtskraft der Verfahrensabschlussentscheidung anordnete, weit hinaus (a.A. HK-InsO/*Landfermann* § 275 Rn 1 m. Fn. 1 o. Begr.; wie hier *Uhlenbruck/Zipperer* InsO, § 275 Rn. 1). Der Schuldner behielt stets die Verwaltungs- und Verfügungsmacht, vom Verbot betroffene Verfügungen, die gleichwohl vom Schuldner getroffen werden konnten, bedurften zu ihrer (vollen) Wirksamkeit der Zustimmung des Vergleichsverwalters (§ 64 Satz 1 VerglO), sodass Veräußerungsverbote für die Eingehung von Verbindlichkeiten durch den Schuldner überhaupt kein Hindernis bildeten: Die Eingehung von Schulden ist keine Verfügung. Die Vergleichsgläubiger bedurften aber gerade gegen eine unwirtschaftliche Begründung neuer Verbindlichkeiten durch den Schuldner eines ausreichenden Schutzes. Diesen Schutz bezweckte § 57 Abs. 1 VerglO (*Bley* VerglO, 2. Aufl. 1955, § 57 Rn. 1), Wortlaut: »Verbindlichkeiten, die nicht zum gewöhnlichen Geschäftsbetriebe gehören, soll der Schuldner nur mit Zustimmung des Vergleichsverwalters eingehen. Auch die Eingehung von Verbindlichkeiten, die zum gewöhnlichen Geschäftsbetriebe gehören, soll er unterlassen, wenn der Verwalter dagegen Einspruch erhebt.« Diese Regelung des § 64 Satz 1 VerglO kehrt in § 275 Abs. 1 InsO wieder und hat dort dieselbe Wirkung (Rn. 18). Der **Zweck** des § 275 InsO besteht deswegen wie in § 57 VerglO insoweit nicht in der Beschränkung der Verpflichtungsfähigkeit des Schuldners, sondern in seiner Verpflichtungsbefugnis, also nicht i.S.d. rechtlichen Könnens (Rechtsmacht, Zuständigkeit), sondern des rechtlichen Dürfens (Erlaubtheit), weil sonst die Geschäftsführung auf den Sachwalter verlagert würde, dessen Rechtsmacht über seine Geschäftsaufsicht hinausginge, aus dem Eigenverwaltungsverfahren ein Insolvenzverfahren würde und damit einem so gehemmten Schuldner kaum ein Sanierungsplan (Insolvenzplan) gelingen dürfte und erst recht keine dauernde wirtschaftliche Gesundung. Deswegen wird durch die Verpflichtungsbeschränkungen des § 275 Abs. 1 InsO lediglich ein **verstärkter Überwachungsgegenstand für den Sachwalter nach § 274 Abs. 2 InsO** geregelt: Verstöße des Schuldners führen nur zu verfahrensrechtlichen Sanktionen (nach *Bley* VerglO, 2. Aufl. 1955, § 57 Rn. 2; ebenso ohne Begründung *Kübler/Prütting/Bork-Pape* InsO § 275 Rn. 1).

3 Zu beachten ist aber der **grundlegende strukturelle Unterschied der Eigenverwaltung zur VerglO**, indem die Eigenverwaltung nur das Verantwortungsmodell der VerglO übernimmt. Das Eigenverwaltungsziel unterscheidet sich vom Ziel der VerglO und damit in der inhaltlichen Ausgestaltung des Regelwerkes. Den Unterschied verdeutlicht das **Rechtsfolgensystem**: Gläubigerschädigende Handlungen des Schuldners nach der VerglO konnten durch Eröffnung des Anschlusskonkursverfahrens geahndet werden. Dem Konkursverwalter stand das gesamte Instrumentarium der Konkursordnung zu, einschl. der Regelungen über teilerfüllte Verträge nach § 17 KO und des Anfechtungsrechtes. **Gläubigerschädigende Handlungen** des Schuldners in der Eigenverwaltung führen dagegen im Extremfall nur zum Übergang in das Regelinsolvenzverfahren gem. § 272 InsO. Dem Insolvenzverwalter steht nach der Aufhebung der Eigenverwaltung wegen derartiger Handlungen nicht das gesamte Instrumentarium der Insolvenzordnung zur Verfügung, insbes. nicht die Regelungen über teilerfüllte Verträge (§ 103 InsO) und das Anfechtungsrecht (§§ 129 ff. InsO; BT-Drucks. 12/2443 zu § 333). Ziel der VerglO war die Abwendung des Konkurses durch Vergleich (§ 1 VerglO). Ziel der Eigenverwaltung ist die gemeinschaftliche Gläubigerbefriedigung aufgrund wirtschaftlich optimaler Masseverwertung (§ 1 InsO), die auch durch einen Insolvenzplan sichergestellt werden kann (§ 284 InsO). Diese Unterschiede sind bei der **Anwendung (Auslegung) des § 275 InsO** zu beachten, wenn auf Rechtsprechung und Literatur zu § 57 VerglO zurückgegriffen werden soll, auch wenn die Gesetzeswortlaute nahezu identisch sind (vgl. HK-InsO/*Landfermann* § 274 Rn. 7: enge Anlehnung an den Aufgabenkreis des Vergleichsverwalters früheren Rechts; wie hier MüKo-InsO/*Tetzlaff/Kern* § 275 Rn. 2; *Uhlenbruck/Zipperer* InsO, § 275 Rn. 1).

4 Die Eigenverwaltung »erhält« (insoweit ist der Gesetzeswortlaut missverständlich, näher § 270 Rn. 19) dem Schuldner das Verwaltungs- und Verfügungsrecht (§ 270 Abs. 1 Satz 1, Abs. 2 InsO) oder verschafft sie ihm wieder (§ 271 InsO). Selbst bei der Anordnung der Zustimmungsbedürftigkeit für bestimmte Rechtsgeschäfte (§ 277 InsO) erhält der Sachwalter kein eigenes Verfügungsrecht (vgl. BGH BGHZ 23, 318), sondern lediglich ein Mitwirkungsrecht. Damit tritt eine Art »**gemeinsame Unternehmensleitung**« (vgl. *Bley/Mohrbutter* VerglO, § 57 Rn. 1) ein mit der Chance, dass bei der Gläubigerschaft ebenso wie bei Kunden verloren gegangenes Vertrauen wieder zurückgewonnen werden kann, Grundvoraussetzung für die Chance auf eine sanierende Übertragung. § 275 InsO ist die wichtigste Regelung für die »gemeinsame Unternehmensleitung« im laufenden Geschäftsbetrieb, insgesamt geregelt in den §§ 275–277 InsO, und damit die Grundlagenregel in einem **abgestuften Mitwirkungssystem zur »kontrollierten Handlungsfreiheit«** des Schuldners (eingehend § 270c Rdn. 12–33; s.a. *Koch* Eigenverwaltung, S. 218 ff.; KS-InsO/*Grub* 2000, S. 671, 678 f. Rn. 21–23; *Kübler/Prütting/Bork-Pape* InsO, § 275 Rn. 1).

5 Der **Anwendungsbereich** des § 275 InsO hat durch das **ESUG** – wie § 274 InsO (s. § 274 Rdn. 3) – eine **erhebliche Erweiterung** erfahren, die nicht aus dem Wortlaut des § 275 InsO ersichtlich ist und auch Sinn und Zweck der Vorschrift nicht berührt. Die Anordnung des Eigenverwaltungsvorverfahrens als allgemeines nach **§ 270a InsO** und als **Schutzschirmverfahren nach § 270b InsO** (s. § 270b Rdn. 5) erfolgt durch die Bestellung des vorläufigen Sachwalters (§ 270a Abs. 1 Satz 2 InsO bzw. § 270b Abs. 2 Satz 1 InsO). In beiden Fällen sind auf den vorläufigen Sachwalter die §§ 274 und 275 InsO entsprechend anzuwenden (§ 270a Abs. 1 Satz 2 InsO), so dass **§ 275 InsO bereits um-**

fassend im **Eigenverwaltungsvorverfahren** anwendbar ist. § 275 InsO beruht auf der Anordnungswirkung der Eigenverwaltung mit dem Eröffnungsbeschluss (i.E. s. § 270 Rdn. 20–24). Dem Schuldner wird die durch den Eröffnungsbeschluss entzogene Verwaltungs- und Verfügungsmacht über die Gegenstände des Insolvenzbeschlages durch den Anordnungsbeschluss zur Eigenverwaltung wieder verliehen, allerdings in dem durch die §§ 274–285 InsO beschränkten Umfang, betreffend die §§ 274, 275 InsO in Übernahme der §§ 39, 40 VerglO bzw. des § 57 VerglO (BT-Drucks. 12/2443 S. 224 zu §§ 335, 336). Zu § 275 InsO wird die entzogene umfassende Verwaltungs- und Verfügungsmacht fortan von Schuldner und Sachwalter – durch die dem Sachwalter eingeräumten Mitwirkungsrechte wie nach § 57 VerglO – **gemeinsam ausgeübt**. Die Verweisungsbegründung zu §§ 270a Abs. 1 Satz 2, 270b Abs. 2 Satz 1 InsO gibt als Verweisungszweck an, es solle mit ihr eine Vorentscheidung gegen die Eigenverwaltung vermieden werden, indem allenfalls ein vorläufiger Sachwalter mit den Befugnissen bestellt werden solle, die dem Sachwalter bei der Eigenverwaltung im eröffneten Verfahren zustehen. Auf den vorläufigen Sachwalter fänden die Vorschriften über den Sachwalter nach den §§ 274, 275 InsO entsprechende Anwendung (BT-Drucks. 17/5712 S. 39 zu Nr. 43). Die Verweisung bestimmt damit **bereits für das Eigenverwaltungsvorverfahren die gemeinsame Unternehmensleitung durch Schuldner und vorläufigen Sachwalter** unter dem Mitwirkungsrecht des vorläufigen Sachwalters in einem abgestuften Mitwirkungssystem zur kontrollierten Handlungsfreiheit des Schuldners bei seinen Verfügungen nach den Regeln des § 57 VerglO. Damit entspricht der Anordnungsbeschluss nach §§ 270a Abs. 1 Satz 2, 270b Abs. 2 Satz 1 InsO zur Einleitung des Eigenverwaltungsverfahrens dem Anordnungsbeschluss nach § 270 Abs. 1 Satz 1 InsO für das mit der Verfahrenseröffnung eingeleitete Eigenverwaltungsverfahren und es erhalten **vorläufiger Sachwalter und Schuldner** ihre Rechtsmacht wie im eröffneten Verfahren vom Gericht zugewiesen, allerdings beschränkt auf den Regelungsumfang der §§ 274, 275 InsO. Der Anordnungsbeschluss nach §§ 270a Abs. 1 Satz 2, 270b Abs. 2 Satz 1 InsO hat mit der Verweisung auf §§ 274, 275 weitreichende Konsequenzen für die Rechtsstellung des Schuldners im Eigenverwaltungsvorverfahren. Er wird **Partei kraft Amtes** (s. § 270 Rdn. 24) und nimmt aufgrund seiner verliehenen Verwaltungs- und Verfügungsmacht die Rechtsstellung eines (sich selbst verwaltenden) vorläufigen Insolvenzverwalters ein, auf den die Verwaltungs- und Verfügungsbefugnis über das Vermögen des Schuldners übergegangen ist (sog. starker vorläufiger Insolvenzverwalter, §§ 21 Abs. 2 Nr. 2 1. HS, 22 Abs. 1 Satz 1 InsO). Insbesondere werden dadurch die von ihm begründeten Verbindlichkeiten Masseverbindlichkeiten nach **§ 55 Abs. 2 InsO** (**sehr str.**, i.E. s. § 270a Rdn. 22 ff.). Diese Anordnungsfolge entspricht der Zwecksetzung des Eigenverwaltungsvorverfahrens, mit dem die Sicherung zusätzlichen Liquiditätsbedarfs des Schuldners auf seinem Weg zur Sanierung über das Eigenverwaltungsvorverfahren, Eigenverwaltungsverfahren und Insolvenzplanverfahren ausdrücklich allein zur Sache vor Auftragstellung getroffener Absprachen des Schuldners mit seinen Hauptgläubigern gemacht wurde (BT-Drucks. 17/5712 S. 40 zu Nr. 43 zu § 270b; s. § 270b Rdn. 1 ff., § 270a Rdn. 24). **§ 270b Abs. 3 InsO** (**Masseverbindlichkeitenbegründungsrecht**) hat nach den Gesetzesgrundlagen seine Rechtsmacht schaffende Veranlassung in § 275 Abs. 1 InsO, weil dem Schuldner im Eigenverwaltungsvorverfahren über seine Rechtsmacht im eröffneten Insolvenzverfahren mit Eigenverwaltungsanordnung hinaus unter Ausschluss des vorläufigen Sachwalters die einschränkungslose Verwaltungs- und Verfügungsmacht auch für die Eingehung zum Geschäftsbetrieb gehörender nicht gewöhnlicher Verbindlichkeiten verschafft und er auch insoweit dem starken vorläufigen Insolvenzverwalter nach § 55 Abs. 2 InsO gleichgestellt werden sollte (**str.**; i.E. s. § 270b Rdn. 39–42). Das viel diskutierte Hauptproblem des Eigenverwaltungsvorverfahrens um das Masseverbindlichkeitenbegründungsrecht des Schuldners hat danach seinen Ursprung in § 275 Abs. 1 InsO, ohne Not, weil Absatz 1 die Rechtsmacht des Schuldners im Außenverhältnis ohnehin nicht beschränkt (Rdn. 13). Auch die bekannt gewordene Spruchpraxis weist zu der Frage beträchtliche Unsicherheiten auf (ähnlich krit. *Frind* ZInsO 2012, 1099 [1101]).

Zu **Sinn und Zweck der Kassenführungsübertragung nach Absatz 2** ergibt sich, was nicht besser als mit *Bley* (VerglO, 2. Aufl. 1955, § 57 Rn. 3) unter Aktualisierung nach dem Sprachgebrauch der InsO zu formulieren ist: »Durch die Vorschrift des Abs. 1 soll der Schuldner vor allem an unwirtschaftlichen Bargeschäften gehindert werden. Ein Drauflöswirtschaften ist aber auch bei Bargeschäften möglich. Deshalb stellt das Gesetz dem Sachwalter noch eine **weitere Schutzmaßnahme** zugunsten der Gläubiger zur Verfügung. Er kann, wenn er dies für nötig hält, die **Kassenführung an Stelle des Schuldners** selbst übernehmen (Abs. 2). Die Maßnahme hat nicht nur den unmittelbaren Vorteil, die Überwachung der Geschäfts- und Lebensführung des Schuldners zu erleichtern und zu sichern, insbesondere einen rechtswidrigen Geldabfluss zu unterbinden. Sie kann überdies eigenverwaltungsschädliche Veräußerungsverbote überflüssig machen und ist auch geeignet, Kreditgebern die Lust zu nehmen, dem Schuldner kurzfristige Kredite, die ja die Durchführbarkeit einer Eigenverwaltung besonders gefährden, ohne Einverständnis des Sachwalters einzuräumen, wenn sie nicht damit rechnen können, noch rechtzeitig vor der Insolvenz (im Fall des § 272 InsO) befriedigt zu werden . . . . Hier hat bei Unvermeidbarkeit des Insolvenzverfahrens im Fall des § 272 InsO der kassenführende Sachwalter das Recht und die Pflicht, die Zahlung zu verweigern. Damit wird die Kassenführung zugleich zu einer mittelbaren Sanktion für die Vorschrift des Abs. 1.« (zust. *Uhlenbruck* InsO, § 275 Rn. 1).

7 § 275 InsO gewährt dem Sachwalter **kein Recht zur Geschäftsschließung**. Er hat nur die Unterrichtungsmöglichkeiten und -pflichten nach § 274 Abs. 3 InsO, wenn er aufgrund seiner Überwachung feststellt, dass die Fortführung des Geschäfts keinen Gewinn abwirft. Falls der Sachwalter die Unterrichtung nach § 274 Abs. 3 InsO bei erfolgloser Geschäftsfortführung unterlässt, muss das Gericht als Aufsichtsorgan (§ 274 Abs. 1 InsO) einschreiten (vgl. *Bley/Mohrbutter* VerglO, § 57 Rn. 4).

8 Der Sachwalter ist den Verfahrensbeteiligten für die Erfüllung seiner Pflichten nach § 275 InsO **persönlich verantwortlich**. Die Verantwortlichkeit beschränkt sich allerdings darauf, dass seine Mitwirkung bzw. seine Unterlassung oder Weigerung nach Lage der Dinge im Zeitpunkt der Eingehung der Verbindlichkeit bzw. der Geldzahlung bei Bargeschäften des Schuldners nicht sachwidrig war (vgl. *Bley/Mohrbutter* VerglO, § 57 Rn. 6). Für den Sachwalter des § 91 VerglO (im Vergleich vereinbarte Überwachung des Schuldners) wurde angenommen, dass er im Wege des Überwachungsverschuldens in Ausübung der ihm übertragenen Rechte und Pflichten einem Gläubiger verantwortlich sein kann, der nach der Eröffnung des Vergleichsverfahrens Ware an den Schuldner verkauft hat (vgl. *BGH* BGHZ 35, 32 = LM Nr. 1 zu § 92 VerglO m. Anm. *Weitnauer*; BGHZ 67, 223). Dies entspricht der Interessenlage der Massegläubiger nach Verfahrenseröffnung, so dass dieser Haftungsgrund grds. auch für den Sachwalter in Betracht kommt. Nach § 91 VerglO leitete der Sachwalter zwar die ihm obliegenden Rechte und Pflichten von einem Auftrag des Vergleichsschuldners ab (vgl. *BGH* BGHZ 35, 32). §§ 274, 275 InsO lassen sich jedoch als Auftrag kraft Gesetzes verstehen, so dass die Schutzrichtung identisch ist.

B. Eingehen von Verbindlichkeiten im nicht gewöhnlichen und gewöhnlichen Geschäftsbetrieb (Abs. 1)

I. Eingehen von Verbindlichkeiten

9 Die Verbindlichkeit des Schuldners muss durch Vertrag oder einseitiges Verpflichtungsgeschäft, etwa einer Anweisung auf Kredit (§ 784 BGB), begründet werden. Dazu gehört der Abschluss **verpflichtender Leistungsgeschäfte aller Art** (*Uhlenbruck/Zipperer* InsO, § 274 Rn. 2; MüKo-InsO/ *Tetzlaff/Kern* § 275 Rn. 6). Dazu gehören nicht sog. Handgeschäfte (Bargeschäfte) auf Seiten des Schuldners, insbes. der reine oder einseitig nur den Gegner verpflichtende Handkauf (*Böhle-Stamschräder/Kilger* VerglO, § 57 Rn. 2; *Bley/Mohrbutter* VerglO, § 57 Rn. 11). Darlehensgeschäfte, bei denen der Schuldner Darlehensgeber ist, unterliegen deswegen als Handdarlehen nicht § 275 InsO (ebenso *Kübler/Prütting/Bork-Pape* InsO, § 275 Rn. 7; *Uhlenbruck/Zipperer* InsO, § 275 Rn. 2; **a.A.** MüKo-InsO/ *Tetzlaff/Kern* § 275 Rn. 6). Sie begründen keine Verpflichtung des Gebers. Sie unterliegen jedoch § 276 Satz 1 InsO (*Uhlenbruck/Zipperer* InsO, § 275 Rn. 2). Als Vorvertrag oder Versprechensdarlehen unterliegen sie jedoch der Mitwirkungspflicht (*Böhle-Stamschräder/Kilger* VerglO, § 57 Rn. 2; *Uhlenbruck/Zipperer* InsO, § 275 Rn. 2; *Kübler/Prütting/Bork-Pape* InsO, § 275 Rn. 8). Darlehensgeschäfte, bei denen der Schuldner Darlehensnehmer ist, sowie die Bestellung von Sicherheiten dafür sind zustimmungspflichtig (*Uhlenbruck/Zipperer* InsO, § 274 Rn. 2; s.a. Rdn. 6).

II. Zugehörigkeit zum Geschäftsbetrieb, nicht gewöhnlich – gewöhnlich

a) § 275 Abs. 1 InsO fordert zum Geschäftsbetrieb gehörende Verbindlichkeiten. Diese sind von solchen für die Lebensführung (§ 278 Abs. 1 InsO) abzugrenzen. Für letztere gilt ausnahmslos § 278 Abs. 1 InsO (wie hier: *Kübler/Prütting/Bork-Pape* InsO, § 275 Rn. 6; HK-InsO/*Landfermann* § 275 Rn. 2; *Graf-Schlicker* InsO, § 275 Rn. 4; *Uhlenbruck/Zipperer* InsO, § 274 Rn. 2). Einen Anhalt für die Abgrenzung bietet § 343 HGB für die Bestimmung von Handelsgeschäften. Zum Geschäftsbetrieb gehörige Verbindlichkeiten i.S.d. § 275 Abs. 1 InsO sind danach alle **Verbindlichkeiten, die dem Interesse des Geschäftsbetriebes, der Erhaltung seiner Substanz und Erzielung von Gewinnen dienen sollen, einschließlich der Hilfs- oder Nebengeschäfte, ungewöhnlichen oder vorbereitenden Geschäfte, abwickelnden Geschäfte** (vgl. BGH NJW 1960, 1853; BGHZ 63, 35; RGZ 87, 331; RG JW 1908, 206; RGZ 72, 436; *Baumbach/Duden/Hopt* HGB, 28. Aufl., § 343 Rn. 2; ähnlich *Uhlenbruck/Zipperer* InsO, § 275 Rn. 3; MüKo-InsO/*Tetzlaff/Kern* § 275 Rn. 8; *Nerlich/Römermann-Riggert* InsO, § 275 Rn. 3; *Kübler/Prütting/Bork-Pape* InsO, § 275 Rn. 7, 9).

10

b) Während gewöhnliche Verbindlichkeiten vom Schuldner nicht eingegangen werden sollen, wenn der Sachwalter widerspricht (Abs. 1 Satz 2), soll der Schuldner weitergehend ungewöhnliche Verbindlichkeiten von vornherein nicht ohne Zustimmung des Sachwalters eingehen (Abs. 1 Satz 1). Die **Unterscheidung gewöhnlicher von ungewöhnlichen Verbindlichkeiten** ist in erster Linie nicht nach der wirtschaftlichen Kalkulationsgrundlage vorzunehmen, sondern nach Art und Umfang des einzelnen Rechtsgeschäftes. Dieses ist stets an Art und Umfang des bisherigen Geschäftsbetriebes zu messen (*Bley/Mohrbutter* VerglO, § 57 Rn. 15; *Kübler/Prütting/Bork-Pape* InsO, § 275 Rn. 9; *Uhlenbruck/Zipperer* InsO, § 274 Rn. 3). Die Bestimmung kann im **Einzelfall** schwierig sein. Nach der Begr. II 73 zu § 57 VerglO sollen die auf **Erweiterung des Unternehmens** oder **auf seine Umgestaltung abzielenden Geschäfte** aus dem Rahmen des bisherigen Geschäftsbetriebes herausfallen. Andererseits ist zwar für das Unternehmen des Einzelhändlers, wenn in der Zukunft Großhandel betrieben werden soll, für die Übergangszeit bis zur Umstellung jeder über das Einzelhandelsgeschäft hinausgehende Abschluss ungewöhnlich. Dagegen nicht, wenn das Unternehmen wegen des Ausbaues einer Betriebsabteilung Halbfertigfabrikate oder Rohstoffe bezieht, die es bisher nicht führte (*Bley/Mohrbutter* VerglO, § 57 Rn. 15). Ungewöhnlich ist dagegen die Anschaffung neuer teurer Maschinen (*Bley/Mohrbutter* VerglO, § 57 Rn. 15), aber auch gebrauchter Maschinen, wenn sie nicht nur der Ersatzbeschaffung dienen und nicht den Einsatz verhältnismäßig geringer Mittel erfordern. Ebenso die Einstellung einer größeren Anzahl weiterer Arbeitskräfte (*Bley/Mohrbutter* VerglO, § 57 Rn. 15; ebenso *Kübler/Prütting/Bork-Pape* InsO, § 275 Rn. 9; *Uhlenbruck/Zipperer* InsO, § 275 Rn. 3; MüKo-InsO/*Tetzlaff/Kern* § 275 Rn. 8). Zu kollektivrechtlichen Maßnahmen s. § 279 Satz 1 InsO. Ein **Massedarlehen** ist stets ungewöhnliche Verbindlichkeit (*Bley/Mohrbutter* VerglO § 57 Rn. 15), weswegen auch die Zustimmung des Gläubigerausschusses einzuholen ist (§§ 276, 160 Abs. 2 Nr. 2 InsO). Die Zustimmungen sind aber keine Wirksamkeitsvoraussetzung (s. Rdn. 13).

11

III. Zustimmungserfordernis (Satz 1)

Die Vorschrift gewährt dem Sachwalter kein Vertretungsrecht, sondern nur die Zuständigkeit zur Mitwirkung (vgl. *Böhle-Stamschräder/Kilger* VerglO, § 57 Rn. 2g). Über die Erteilung der Zustimmung oder deren Versagung entscheidet der Sachwalter **eigenverantwortlich nach pflichtgemäßem Ermessen** (ebenso *Kübler/Prütting/Bork-Pape* InsO, § 275 Rn. 13; *Uhlenbruck/Zipperer* InsO, § 275 Rn. 5; MüKo-InsO/*Tetzlaff/Kern* § 275 Rn. 13). Eine Verpflichtung zur Abstimmung mit einem bestellten Gläubigerausschuss besteht zwar nicht, wird aber bei Rechtsgeschäften großen Gewichtes sinnvoll sein (*Bley/Mohrbutter* VerglO, § 57 Rn. 17; *Uhlenbruck/Zipperer* InsO, § 275 Rn. 4; *Kübler/Prütting/Bork-Pape* InsO, § 275 Rn. 15).

12

Die **Zustimmung** des Sachwalters ist **nicht Wirksamkeitsvoraussetzung** für das vom Schuldner eingegangene Rechtsgeschäft (§§ 270 Abs. 1 Satz 2, 164 InsO; HK-InsO/*Landfermann* § 275 Rn. 5; *Uhlenbruck/Zipperer* InsO, § 274 Rn. 4; s.a. Rdn. 1, 2), woraus allenfalls eine entsprechende Anwendung der §§ 182–184 BGB folgt. Sie bedarf nicht der für das Schuldnergeschäft vorgeschriebe-

13

§ 275 InsO Mitwirkung des Sachwalters

nen Form und kann durch schlüssiges Verhalten erteilt werden (*Kübler/Prütting/Bork-Pape* InsO, § 275 Rn. 16; *Uhlenbruck/Zipperer* InsO, § 274 Rn. 4). Sie ist bis zur Eingehung des Schuldnergeschäftes frei widerruflich. Der Widerruf kann dem Schuldner nicht vorgeworfen werden, wenn er ihn nicht kannte. Dies ist nicht der Fall, wenn er die Kenntnisnahme vereitelt hat. Eine Genehmigung des Sachwalters bewirkt, dass eine spätere Anzeige nach § 274 Abs. 3 Satz 1 InsO entbehrlich wird (vgl. *Böhle-Stamschräder/Kilger* VerglO § 57 Rn. 2d; *Bley/Mohrbutter* VerglO, § 57 Rn. 18).

14 Die erteilte Zustimmung wirkt – wie eine Genehmigung – nur für das einzelne Geschäft, so, wie es dem Sachwalter mitgeteilt wurde. Deswegen fehlt die Zustimmung, wenn der Sachwalter nicht vollständig und wahrheitsgemäß informiert wurde (*Bley/Mohrbutter* VerglO, § 57 Rn. 19). Eine **generelle Zustimmung** für die Eingehung sämtlicher Verbindlichkeiten, die nicht zum gewöhnlichen Geschäftsbetrieb des Schuldners gehören, ist unzulässig (*Uhlenbruck/Zipperer* InsO, § 275 Rn. 4), aber auch schon für die Eingehung **einer oder mehrerer bestimmter Gruppen** solcher Verbindlichkeiten (ähnlich *Kübler/Prütting/Bork-Pape* InsO, § 275 Rn. 16; *Uhlenbruck/Zipperer* InsO, § 275 Rn. 4). Es wird die Auffassung vertreten, dass eine Anfechtung der Zustimmungserklärung nach §§ 119 ff. BGB die Wirksamkeit des Schuldnergeschäftes nicht berühre (*Bley/Mohrbutter* VerglO, § 57 Rn. 19). Dieser Auffassung kann jedenfalls nicht gefolgt werden, soweit es um die Anfechtung wegen arglistiger Täuschung (§ 123 BGB) geht (abw. *Uhlenbruck/Zipperer* InsO, § 275 Rn. 5: keine Relevanz). Denn in diesem Fall liegt schon keine Zustimmung vor. Die weitergehende Rechtsfolge einer fehlenden Zustimmung soll den Schuldner im Gläubigerschutzinteresse zu einer **vollständigen und wahrheitsgemäßen Information des Sachwalters** anhalten (*Uhlenbruck/Zipperer* InsO, § 275 Rn. 4; MüKo-InsO/ *Tetzlaff/Kern* § 275 Rn. 11). Hat der Schuldner diesem Erfordernis nicht entsprochen, ist der Sachwalter nach § 274 Abs. 3 InsO zur Unterrichtung verpflichtet (*Uhlenbruck/Zipperer* InsO, § 275 Rn. 4). Praktisch bedeutsam wird die Frage, soweit das Insolvenzgericht die Zustimmungsbedürftigkeit nach § 277 Abs. 1 Satz 1 InsO verfügt hat.

IV. Widerspruchsmöglichkeit des Sachwalters (Satz 2)

15 Im Fall des Satzes 1 muss der Schuldner vor der Eingehung von Verbindlichkeiten, die nicht zum gewöhnlichen Geschäftsbetrieb gehören, die Zustimmung des Sachwalters einholen. Der Schuldner ist also Adressat einer Handlungspflicht, er ist der »aktive Teil« der »gemeinsamen Unternehmensleitung« (ebenso *Uhlenbruck* InsO, 13. Aufl., § 275 Rn. 5). Nach Satz 2 trifft ihn eine solche Handlungspflicht für zum gewöhnlichen Geschäftsbetrieb gehörende Verbindlichkeiten demgegenüber nicht. Der Sachwalter ist am Zug: Ihm ist auferlegt, ob er der Eingehung von Verbindlichkeiten widerspricht oder nicht, sei es für ein einzelnes Geschäft oder eine Gruppe von Geschäften (*Bley/Mohrbutter* VerglO, § 57 Rn. 20). Der Schuldner ist nicht einmal zur Information des Sachwalters verpflichtet, braucht also auch insoweit nicht zu handeln. Es ist vielmehr **Sache des Sachwalters**, sich in Ausübung seiner **Grundpflichten nach § 274 Abs. 2 InsO** laufend über die beabsichtigten und anfallenden Geschäftsabschlüsse zu unterrichten (ebenso *Uhlenbruck* InsO, 13. Aufl., § 275 Rn. 5; **a.A.** *Uhlenbruck/Zipperer* InsO, § 275 Rn. 4; MüKo-InsO/ *Tetzlaff/Kern* 2. Aufl., § 275 Rn. 9). Die **Gegenauffassung** (*Kübler/Prütting/Bork-Pape* InsO, § 275 Rn. 17) meint, eine haftungsbewehrte Untätigkeit des Sachwalters müsse daran scheitern, dass der Schuldner überhaupt keine Verpflichtung zur Information des Sachwalters habe. Das Argument überzeugt nicht. § 275 Abs. 1 InsO unterscheidet in den Sätzen 1 und 2 nicht nach Informationspflichten des Schuldners, sondern nach dem Geschäftsgegenstand, der den Schuldner zur Einholung der Sachwalterzustimmung verpflichtet. Satz 1 auferlegt dem Schuldner die Informationspflicht als von ihm zu betreibende aktive Pflicht, weil die Information des Sachwalters zur Einholung seiner Zustimmung denknotwendige Voraussetzung zur Zustimmung des Sachwalters ist. Wie soll der Sachwalter einem ungewöhnlichen Geschäft des Schuldners zustimmen, wenn er von ihm mangels Aufklärung des Schuldners nichts weiß? Diese der Zustimmungsregelung des Satzes 1 immanente (originäre) Informationspflicht des Schuldners schließt die Informationsverschaffungspflicht des Sachwalters nach Satz 2 keineswegs aus, sondern entspricht gerade seiner originären Pflichtenlast (Rn. 1, 2). Hier ist der Schuldner zwar nicht als aktiver Teil der gemeinsamen Unternehmensleitung betroffen, aber als deren passiver Teil und als solcher nach den allgemeinen Eigenverwaltungsgrundsätzen (§ 274 Abs. 2, zu den Ein-

zelheiten s. dort) auskunftspflichtig (zust. insoweit *Kübler/Prütting/Bork-Pape* InsO, § 275 Rn. 18), der Sachwalter auskunftsberechtigt und zur Durchsetzung mit dem gesamten Auskunftsinstrumentarium ausgestattet (i.E. § 274 Rdn. 63 ff.). Macht er davon schuldhaft keinen Gebrauch, haftet er für die Nichterfüllung einer ihm auferlegten **insolvenzspezifischen Pflicht** nach den allgemeinen Regeln (s. § 274 Rdn. 25–38, 75). Wie der Sachwalter dabei die Umsetzung seiner Prüfungs- und Überwachungspflicht (§ 274 Abs. 2 InsO) sicherstellt, ist seine Sache und wird sich an den jeweiligen Besonderheiten des Eigenverwaltungsgegenstands orientieren. Die Übernahme der Kassenführung nach Abs. 2 kann dazu ein Weg sein. Soweit dagegen eingewandt wird, der Schuldner sei auch im Fall des § 275 Abs. 1 Satz 2 InsO unterrichtungspflichtig (*Uhlenbruck/Zipperer* InsO, § 275 Rn. 4), steht dagegen die vom Gesetzgeber vorgegebene Unterscheidung in ungewöhnliche und gewöhnliche Geschäftsbetriebsverbindlichkeiten in Satz 1, weil die Gegenauffassung diese vorgegebene Unterscheidung aufhebt. Der Gesetzgeber hat nicht bestimmt vorgegeben, wie die Unterscheidung zu treffen ist und vor allem auch nicht, von wem, Schuldner oder Sachwalter. Deswegen bleibt nur, auf die allgemeinen Regeln zurückzugreifen, die für den Fall des § 275 Abs. 1 Satz 2 offensichtlich nicht sinnlos gestellt werden sollten. Diese allgemeine Regel enthält § 274 Abs. 2 InsO mit der Sachwalterpflichtbestimmung auf Überprüfung der wirtschaftlichen Lage des Schuldners und der Geschäftsführung sowie seiner Lebensführung (ähnlich MüKo-InsO/*Tetzlaff/Kern* § 275 Rn. 9). Widerspricht er deswegen gläubigerschädigenden Geschäften des Schuldners nicht, die zum gewöhnlichen Geschäftsbetrieb gehören, kann er dafür wegen Verletzung seiner Überwachungspflichten nach § 274 Abs. 2, Abs. 1 i.V.m. §§ 60, 62 InsO haften. Zum Beispiel: Eingehung riskanter Lieferverpflichtungen bei fraglicher Kundenbonität oder wahrscheinlich nicht einzuhaltender Liefertermine mit Schadensersatzgefahr, Darlehensaufnahme (Rn. 6). Erteilt der Schuldner auf Anfrage unvollständige oder wahrheitswidrige Auskünfte, kann der Sachwalter zu Maßnahmen nach § 274 Abs. 3 InsO verpflichtet sein (zust. *Kübler/Prütting/Bork-Pape* InsO, § 275 Rn. 21; *Uhlenbruck/Zipperer* § 275 Rn. 5).

Gegenstand des Widerspruches kann ein Einzelgeschäft sein oder auch eine Gruppe von Geschäften (z.B. Sukzessivlieferverträge; Rohstofferwerb auf Wechselkredit; zust. *Kübler/Prütting/Bork-Pape* InsO, § 275 Rn. 20), aber niemals der Abschluss von Verpflichtungsgeschäften insgesamt (ebenso MüKo-InsO/*Tetzlakff/Kern* § 275 Rn. 9). Denn dies liefe auf den rechtswidrigen Entzug der Verwaltungs- und Verfügungsbefugnis des Schuldners hinaus. Das Verpflichtungsgeschäft kann vom Sachwalter schlechthin untersagt oder zeitlich oder betragsmäßig beschränkt werden. Es muss für den Sachwalter aber stets ein **hinreichender Grund** vorliegen (*Bley/Mohrbutter* VerglO, § 57 Rn. 21; ähnlich *Uhlenbruck/Zipperer* InsO, § 275 Rn. 5: nicht willkürlich). Er liegt vor, wenn der Sachwalter bei Erfüllung des Verpflichtungsgeschäftes von einer drohenden Gläubigerschädigung ausgehen kann (ähnlich *Kübler/Prütting/Bork-Pape* InsO, § 275 Rn. 12; MüKo-InsO/*Tetzlaff/Kern* § 275 Rn. 10). Da der Schuldner das Verwaltungs- und Verfügungsrecht hat, darf diese Legitimation nicht durch ein weitgehendes Einspruchsrecht beeinträchtigt werden. An die drohende Gläubigerschädigung ist deswegen ein strenger Maßstab anzulegen. Dementsprechend kommt eine Haftung des Sachwalters wegen pflichtwidrigen Nichteinschreitens nach Satz 2 nur unter diesen engen Voraussetzungen in Betracht. 16

Erklärungsempfänger des Widerspruches ist der Schuldner, einer bestimmten Form bedarf der Widerspruch nicht (ebenso *Uhlenbruck* InsO, 13. Aufl., § 274 Rn. 5). Er muss dem Schuldner vor dem Geschäftsabschluss nicht nur zugegangen sein, sondern er muss Kenntnis genommen haben. Der bloße Zugang reicht nur aus, wenn der Schuldner die persönliche Kenntnisnahme bewusst verhindert oder unterlassen hat (*Bley/Mohrbutter* VerglO, § 57 Rn. 22). § 162 BGB kann entsprechend angewendet werden. 17

V. Wirksamkeit der Verbindlichkeiten

Die vom Schuldner eingegangenen Verbindlichkeiten werden gegenüber dem anderen Teil in ihrer Wirksamkeit bei fehlender oder verweigerter Zustimmung des Sachwalters nach Satz 1 oder eines Widerspruches des Sachwalters nach Satz 2 grds. nicht berührt, selbst wenn dies dem anderen 18

Teil bekannt ist (*Bley/Mohrbutter* VerglO, § 57 Rn. 24; *Uhlenbruck/Zipperer* § 275 Rn. 6; HK-InsO/*Landfermann* § 275 Rn. 6; allg. Meinung). Dies gilt im Besonderen für Satz 2. Er verpflichtet den Schuldner nach einem Widerspruch des Sachwalters zum Unterlassen (des Verpflichtungsgeschäftes), jedoch nur in der Form des »Solls«. Ein **Verstoß des Schuldners** berührt deswegen die Wirksamkeit des Schuldgeschäftes grds. nicht (vgl. *BGH* BGHZ 67, 223). Bei Geschäften für den gewöhnlichen Geschäftsbetrieb muss der Gläubiger auf die uneingeschränkte Handlungsfähigkeit des Schuldners vertrauen dürfen, eine Rechtsunsicherheit darf es nicht geben (*Bley/Mohrbutter* VerglO, § 57 Rn. 23; ebenso HK-InsO/*Landfermann* § 275 Rn. 5; *Nerlich/Römermann-Riggert* InsO, § 275 Rn. 7; *Uhlenbruck/Zipperer* InsO, § 275 Rn. 6; *Kübler/Prütting/Bork-Pape* InsO, § 275 Rn. 22; **a.A.** *Huhn* Eigenverwaltung, Rn. 686 ff.). Es kann jedoch nach Insolvenzzweckwidrigkeitsgrundsätzen oder allgemeinen Zivilgrundsätzen nichtig sein und den anderen Teil ggf. zum Schadensersatz verpflichten, wenn der andere Teil mit dem Schuldner kollusiv zum Nachteil der Insolvenzmasse und damit zum Nachteil der Insolvenzgläubiger zusammenwirkt (vgl. *Palandt/Heinrichs* BGB, 67. Aufl., § 138 Rn. 61 ff.; ebenso HK-InsO/*Landfermann* § 275 Rn. 5; *Nerlich/Römermann-Riggert* InsO, § 275 Rn. 7; *Uhlenbruck-Zipperer* § 275 Rn. 6; *Kübler/Prütting/Bork-Pape* InsO, § 275 Rn. 23 unter Hinweis auf die Insolvenzzweckwidrigkeitsrechtsprechung des BGH, s. dazu § 270 Rdn. 8; ebenso MüKo-InsO/*Tetzlaff/Kern* § 275 Rn. 15). Eine **gesetzliche Ausnahme** besteht für Rechtsausübungen im Insolvenzarbeitsrecht mit den §§ 120, 122, 126 InsO (§ 279 Satz 3 InsO; ebenso *Kübler/Prütting/Bork-Pape* InsO, § 275 Rn. 22; *Uhlenbruck/Zipperer* InsO, § 275 Rn. 6).

C. Das Kassenführungsrecht des Sachwalters (Abs. 2)

I. Der Sachwalteranspruch, die Sachwalterpflicht

19 Der Zweck des Kassenführungsrechtes besteht darin, unwirtschaftliche Bargeschäfte des Schuldners unmöglich zu machen, rechtswidrigen Geldabfluss zu verhindern und die Aufnahme kurzfristiger Kredite ohne Zustimmung des Sachwalters zu unterbinden (vgl. *Hartlage-Laufenberg* KTS 1977, 224; *Böhle-Stamschräder/Kilger* VerglO, § 57 Rn. 3a; ebenso im Anschluss daran *Kübler/Prütting/Bork-Pape* InsO, § 274 Rn. 24 f.; s.a. Rdn. 6).

20 Der Anspruch des Sachwalters besteht ohne besondere Anordnung des Gerichtes kraft Gesetzes als verfahrensrechtliche Gestaltungsbefugnis. Es steht im pflichtgemäßen Ermessen des Sachwalters, ob, in welchem Umfang und zu welchem Zeitpunkt er vom Kassenführungsrecht Gebrauch macht (zust. *Uhlenbruck/Zipperer* InsO, § 275 Rn. 7). Der Auffassung, die Anordnung der Kassenführung unterliege nicht der Anordnungsmacht des Insolvenzgerichtes, dieses sei auf bloße Anregung an den Sachwalter beschränkt (*Undritz/Schur* ZIP 2016, 551, so wohl auch *Uhlenbruck/Zipperer* InsO, § 275 Rn. 7), kann nicht gefolgt werden. Sie übersieht bereits die Verweisungsanordnung des § 270 Abs. 1 Satz 2 InsO, die die Anwendbarkeit des § 21 InsO einschließt (i.E. s. Rdn. 24; § 270 Rdn. 36 ff., § 270 Rdn. 20–40). Eigenverwaltender Schuldner und Sachwalter sind überdies innerhalb ihres gesetzlichen Pflichtenkreises Gläubigergemeinschaftsorgane, weil der Gesetzgeber die Rechte und Pflichten des Insolvenzverwalters auf sie verteilt hat (i.E. Rdn. 24, § 270 Rdn. 20 ff., § 270c Rdn. 19–33) und unterliegen als solche der Aufsicht des Gerichts nach § 58 InsO. Die Übertragung der Kassenführung oder die Übertragungsveranlassung durch den Sachwalter sind deswegen gegenüber der Eigenverwaltungsaufhebung über § 272 Abs. 1 Nr. 2, 3 InsO das mildere und ggf. gebotene gläubigerschützende Mittel (s. i.E. *AG Hamburg* ZIP 2014, 2001; *Frind* EWiR 2015, 651 [652]).

21 Zu § 57 VerglO wurde angenommen, der Verwalter dürfe vom Kassenführungsrecht nur Gebrauch machen, wenn die Besorgnis bestehe, dass massenachteilige Geschäfte geschlossen werden (*OLG Nürnberg* KTS 1965, 172; *Bley/Mohrbutter* VerglO, § 57 Rn. 25; *Böhle-Stamschräder/Kilger* VerglO, § 57 Rn. 3a). Für die Eigenverwaltung kann dieser engen Auffassung nicht gefolgt werden. Die Eigenverwaltung unterscheidet sich strukturell grundlegend von der Vergleichsordnung (s. Vor §§ 270 ff. Rdn. 3–8). Der Sachwalter kann seinen haftungsbewehrten Überwachungspflichten (§ 274 Abs. 1, Abs. 2) im eröffneten Insolvenzverfahren (!) nur entsprechen, wenn er in die Lage ver-

setzt wird, die Überwachung mit einem Höchstmaß an Effektivität und damit Sicherheit für die Insolvenzgläubiger vor gläubigerschädigenden Handlungen des Schuldners oder vor drohenden Schädigungen aufgrund nachteiliger Entwicklungen des Geschäftsbetriebes – gerade in Fortführungsfällen – zu erledigen. Der Gesetzgeber geht selbst von gläubigerschädigenden Risiken der Eigenverwaltung aus: Die Eigenverwaltung bedeute trotz der Aufsicht des Sachwalters ein erhebliches Risiko für die Gläubiger. Beispielsweise könnten gläubigerschädigende Handlungen des Schuldners nicht mit der Insolvenzanfechtung rückgängig gemacht werden, auch nicht nach einer Aufhebung der Eigenverwaltung (BT-Drucks. 12/2443 zu § 333). Insbesondere in Fortführungsfällen ist die Einsicht und Kontrolle in den Geldfluss die strategisch entscheidende Stelle zur Überwachung der wirtschaftlichen Effektivität der Fortführung. An den Veränderungen der Liquidität und der – in aller Regel monatlich erstellten – Gewinn-und-Verlust-Rechnung zeichnen sich nachteilige Veränderungen zuerst ab. Wenn deswegen dem Sachwalter die grundsätzliche Haftung für Gläubigerausfälle bei eingetretener Masseunzulänglichkeit aufgebürdet wird (§§ 274 Abs. 1, 60 InsO; näher § 274 Rdn. 35–37), muss ihm das uneingeschränkte Recht zur Kassenführung zur Haftungsvermeidung zustehen. Deswegen steht ihm das **Kassenführungsrecht nach pflichtgemäßem Ermessen einschränkungslos** zu (ebenso *Uhlenbruck/Zipperer* InsO, § 275 Rn. 7; MüKo-InsO/*Tetzlaff/Kern* § 275 Rn. 18; Kübler/*Prütting/Bork-Pape* InsO, § 275 Rn. 25). Besteht allerdings im Gläubigerschutzinteresse Veranlassung zur Übernahme der Kassenführung, wie z.B. bei leichtsinnigem Ausgabeverhalten des Schuldners oder bei der Gefahr ungleichmäßiger Befriedigung von Verbindlichkeiten, besteht die **Verpflichtung** des Sachwalters **zur Übernahme der Kassenführung** (*Kübler/Prütting/Bork-Pape* InsO, § 275 Rn. 24 unter Hinweis auf die Haftungsrechtsprechung des BGH zum Vergleichsverwalter bei dessen Kassenführungsübernahme, *BGH* Urt. v. 12.07.1983 – VI ZR 280/81 – ZIP 1983, 1221; *Uhlenbruck/Zipperer* § 275 Rn. 7). Der Sachwalter hat dann die Zahlungsabwicklung über ein von ihm eingerichtetes Fremdkonto vorzunehmen (vgl. *BGH* 19.05.1988 – III ZR 38/87, ZIP 1988, 1136; *Uhlenbruck* InsO, 13. Aufl., § 275 Rn. 7; i.E. s. Rdn. 34 ff.).

Das Recht des Sachwalters zur Kassenführung ist für den Schuldner Beschränkung und gesetzlich angeordnete verfahrensrechtliche Last (*Bley/Mohrbutter* VerglO, § 57 Rn. 26, 6). Sie bedeutet, dass der Schuldner zwar die Befugnis zur Kassenführung verliert (also nicht mehr »darf«), gleichwohl aber die Rechtsmacht zur Kassenführung behält (also immer noch »kann«). Ungeachtet der Kassenführung des Sachwalters sind daher Zahlungen des Schuldners wirksam, Zahlungen von Drittschuldnern an den Schuldner wirken schuldbefreiend (*Bley/Mohrbutter* VerglO, § 57 Rn. 26, 42 f.; *Nerlich/Römermann-Riggert* InsO, § 275 Rn. 7). 22

Die Übernahme der Kassenführung durch den Sachwalter begründet für den Schuldner nicht nur die Pflicht, keine Gelder in Empfang zu nehmen und Zahlungen zu unterlassen. Der Schuldner muss darüber hinaus vorhandene oder erlangte Gelder an den Sachwalter aushändigen, Drittschuldner vom Übergang der Kassenführung auf Verlangen des Sachwalters unterrichten und alle Erklärungen gegenüber Dritten abgeben, die erforderlich sind, um dem Sachwalter die ungehinderte Kassenführung zu ermöglichen. 23

Das pflichtgemäße Verhalten des Schuldners kann nur **mit den Mitteln des Eigenverwaltungsrechtes durchgesetzt** werden. Hier erweist sich, dass das im Eigenverwaltungsrecht ausdrücklich vorgesehene Instrumentarium zu eng ist. Der Sachwalter kann danach nur nach § 274 Abs. 3 unterrichten. Er kann von sich aus Einzelanordnungen des Insolvenzgerichtes nach § 277 InsO nicht auslösen, auch nicht als Eilanordnung nach § 277 Abs. 2 InsO, selbst wenn hierzu eine unaufschiebbare Erforderlichkeit besteht (zu diesem Problem eingehend § 270c Rdn. 12–33). Nach der hier vertretenen Auffassung erstreckt sich allerdings die Verweisung in § 270 Abs. 1 Satz 2 InsO auf § 21 InsO, so dass das Insolvenzgericht auf Antrag des Sachwalters alle gebotenen Maßnahmen ergreifen kann (s. § 270c Rdn. 19–33; zur Frage der Anordnungsmacht für die Übertragung der Kassenführung s. Rdn. 29). 24

§ 275 InsO Mitwirkung des Sachwalters

25 Aus § 278 Abs. 1 InsO folgt, dass sich die Kassenführung auf den laufenden Geschäftsbetrieb erstreckt, nicht auf die **Lebensführung des Schuldners**. Dem Sachwalter ist jeder Eingriff in die Privatsphäre des Schuldners untersagt.

II. Die Rechtsstellung des kassenführenden Sachwalters im Außenverhältnis

26 Mit der Kassenführung übernimmt der Sachwalter keine eigenen Rechte, sondern Rechte des Schuldners, dem allein das Verwaltungs- und Verfügungsrecht unverändert zusteht. Er ist **gesetzlicher Vertreter des Schuldners aufgrund gerichtlicher Anordnung** (der Eigenverwaltung) und handelt deswegen namens und in Vollmacht des Schuldners (vgl. *Bley* ZZP 1961, 426; *Bley/Mohrbutter* VerglO, § 57 Rn. 29; *Böhle-Stamschräder/Kilger* VerglO, § 57 Rn. 3b; *BGH* WM 1988, 1222 = ZIP 1988, 1136 zur VerglO; *Nerlich/Römermann-Riggert* InsO, § 275 Rn. 6; *Uhlenbruck/Zipperer* InsO, § 275 Rn. 8; MüKo-InsO/*Tetzlaff/Kern* § 275 Rn. 19; *Kübler/Prütting/Bork-Pape* InsO, § 275 Rn. 26; allg.M.). Insoweit treffen ihn gem. §§ 34, 35 AO die **Steuerpflichten** (i.E. § 274 Rdn. 23, 53). Weil es sich um einen Fall der gesetzlichen Vertretung handelt, hat der Schuldner auf die Dauer und die Art der Kassenführung durch den Sachwalter keinen Einfluss. Der Sachwalter ist weisungsunabhängig (vgl. *Hartlage-Laufenberg* KTS 1977, 224; *Uhlenbruck/Zipperer* InsO, § 275 Rn. 8). Für die rechtlichen Folgen einer Willenserklärung, die auf Willensmängeln beruht (§§ 116 ff. BGB) oder die Kenntnis wie das Kennenmüssen gewisser Umstände (z.B. Eigentum an abhanden gekommenem Geld: §§ 932, 935 BGB, § 366 HGB) kommt es auf die Person des Sachwalters an (vgl. *OLG Nürnberg* KTS 1965, 720 zum Rechtsverhältnis aus Anlass der Kassenführung).

27 Für ein etwaiges Verschulden des Sachwalters haftet der Schuldner – also die Insolvenzmasse – nach § 278 BGB. Außerdem haftet der Sachwalter persönlich gegenüber dem Beteiligten gem. §§ 274 Abs. 1, 60, 62 InsO. Ein Haftungsfall nach § 61 InsO kann dagegen nicht eintreten, weil er an eine Sachwalterzustimmung bei Begründung einer Masseverbindlichkeit geknüpft ist (§ 277 Abs. 1 Satz 3 InsO einerseits und § 274 Abs. 1 InsO mit seiner beschränkten Verweisung andererseits), dazu die Ausübung des Kassenführungsrechtes als gesetzlicher Vertreter des Schuldners aber nicht gehört (wie hier *Uhlenbruck/Zipperer* InsO, § 275 Rn. 9; *Kübler/Prütting/Bork-Pape* InsO, § 275 Rn. 28). Er haftet jedoch insbes. auch Neugläubigern (vgl. *BGH* BGHZ 67, 223), wenn der Sachwalter dem Rechtsgeschäft ausdrücklich zugestimmt hat (§ 277 Abs. 1 Satz 3 InsO, *Uhlenbruck/Zipperer* InsO, § 274 Rn. 9).

III. Die Rechtsstellung des kassenführenden Sachwalters im Innenverhältnis

28 Der **Umfang der gesetzlichen Vertretungsmacht des Sachwalters** beschränkt sich auf die Entgegennahme von Geldern und die Geldzahlung (*Böhle-Stamschräder/Kilger* VerglO, § 57 Rn. 3c; *Bley/Mohrbutter* VerglO, § 57 Rn. 32; zust. *Kübler/Prütting/Bork-Pape* InsO, § 275 Rn. 26). In der Praxis wird es zwischen Sachwalter und Schuldner zu einem abgestimmten Miteinander kommen. Denn ein völliger Ausschluss des Schuldners vom gesamten Geldverkehr ist namentlich bei Großverfahren nicht durchführbar. Ob und in welchem Umfang der Schuldner – in aller Regel konkret dessen Mitarbeiter – am Geldverkehr teilnehmen, ist Sache des Sachwalters (z.B. Empfang von Kundenschecks oder Bargeld bei Auslieferungen oder im Barverkauf; Vorauszahlungen für Warenlieferungen bei Abholung).

29 Der Sachwalter muss **Neuschulden des Schuldners** (Masseschulden) erfüllen (ebenso *Uhlenbruck/Zipperer* InsO, § 275 Rn. 8). Falls er aber die drohende Masseunzulänglichkeit erkennt, kann er berechtigt sein, Neuschulden unbezahlt zu lassen (s.a. Rdn. 6). Das Weigerungsrecht des Sachwalters folgt nicht aus der Gefahr, wegen eines Verstoßes des Schuldners aus Abs. 1 eine der Gläubigeranfechtung unterliegende Rechtshandlung selbst auszulösen (so aber *Bley/Mohrbutter* VerglO, § 57 Rn. 33 a.E., 40 m.w.N.). Denn im Gegensatz zum Vergleichsverfahren ist in der Eigenverwaltung das Insolvenzverfahren bereits eröffnet. Das Weigerungsrecht folgt dagegen aus der Gefahr des Vorwurfes eines Gläubigers, andere Gläubiger wissentlich bevorteilt zu haben und einer sich daraus ergebenden Haftungsgefahr (wohl zustimmend *Uhlenbruck/Zipperer* InsO, § 274 Rn. 8).

Der Sachwalter ist zur **Eingehung von Verpflichtungen** zu Lasten des Schuldners berechtigt, soweit 30
dies zur Ausübung des Kassenführungsrechtes erforderlich ist, z.B. bei einem Handdarlehen zur Entgegennahme von Geld (vgl. *Kiesow* DRiZ 1935, 244; ebenso *Uhlenbruck/Zipperer* InsO, § 275 Rn. 8). Geldbeträge, die dem Schuldner unentgeltlich zugewendet werden sollen, darf der Schuldner nur mit Einverständnis des Sachwalters entgegen nehmen, es sei denn, sie betreffen den Lebensunterhalt des Schuldners (§ 278 Abs. 1 InsO; vgl. *OLG Nürnberg* KTS 1965, 172).

Zum Kassenführungsrecht gehören **Verpflichtungen und Verfügungen aller Art**, soweit sie den 31
Geldverkehr betreffen: der bargeldlose Zahlungsverkehr in allen Formen (vgl. *Hartlage-Laufenberg* KTS 1977, 224; HK-InsO/*Landfermann* § 275 Rn. 7); die Hinterlegung gem. §§ 372, 378 BGB; Herbeiführung eines Verzichts der Hausbank des Schuldners auf Verrechnung von Giroguthaben (vgl. *Bley* KuT 1935, 178). Der Sachwalter ist nicht berechtigt: zum Erlass, zur Aufrechnung. Letztere muss vom und gegenüber dem Schuldner erklärt werden (§ 389 BGB, vgl. *Bley/Mohrbutter* VerglO, § 57 Rn. 5), wobei allerdings der Sachwalter als gesetzlicher Vertreter des Schuldners handeln kann (i.E. ebenso *Uhlenbruck/Zipperer* InsO, § 275 Rn. 8; *Kübler/Prütting/Bork-Pape* InsO, § 275 Rn. 27). Der Sachwalter kann eine Leistung an Erfüllungs Statt nur mit Einverständnis des Schuldners entgegennehmen (vgl. *Böhle-Stamschräder/Kilger* VerglO, § 57 Rn. 3c). Eine Zahlung des Sachwalters an Erfüllungs Statt soll dagegen mit Einverständnis des Gläubigers wirksam sein, allerdings vom Recht auf Kassenführung nicht gedeckt sein (*Bley/Mohrbutter* VerglO, § 57 Rn. 35). Dem kann nicht gefolgt werden. Ist diese Zahlung vom Recht auf Kassenführung nicht gedeckt, fällt das Rechtsgeschäft nicht in den Umfang der gesetzlichen Vertretungsmacht. Bis zur Genehmigung des Schuldners ist diese Zahlung daher schwebend unwirksam. Aus seiner Überwachungspflicht gem. § 274 Abs. 2 hat er das Recht zur Fälligkeitsbeurteilung und darf die Bezahlung einer nicht vorliegenden oder nicht ordnungsgemäß gestellten Rechnung (§§ 14 f. UStG) verweigern.

Zum Kassenführungsrecht gehören die sog. **Hilfsgeschäfte** wie Mahnungen von und gegenüber dem 32
Sachwalter (ebenso BK-InsO/*Blersch* § 275 Rn. 8; *Uhlenbruck/Zipperer* InsO, § 275 Rn. 8). Sie können daneben von und gegenüber dem Schuldner wirksam ausgesprochen werden (*Bley/Mohrbutter* VerglO, § 57 Rn. 36; *Kübler/Prütting/Bork-Pape* InsO, § 275 Rn. 26; *Uhlenbruck/Zipperer* InsO, § 275 Rn. 8). Der Sachwalter kann Schuldscheine und Quittungen aushändigen und in Empfang nehmen, Wechsel und Schecks quittieren (ebenso *Uhlenbruck/Zipperer* InsO, § 275 Rn. 8). Diese Papiere hat der Schuldner auszuhändigen. Zum Protest ist der Sachwalter berechtigt. Ist der Schuldner Wechselverpflichteter, kann die Vorlage zur Zahlung gem. § 39 Abs. 1 WG an den Sachwalter erfolgen. Im Hinblick auf die Bestimmtheit und Formenklarheit des Wechselrechts ist dagegen ein Protest mangels Zahlung gegen den Schuldner zu erheben (*Bley/Mohrbutter* VerglO, § 57 Rn. 36).

Der kassenführende Sachwalter ist nicht zur **Prozessführung** befugt (vgl. *Kiesow* KuT 1935, 114; 33
Böhle-Stamschräder/Kilger VerglO, § 57 Rn. 3c; *Bley/Mohrbutter* VerglO, § 57 Rn. 37, ebenso *Uhlenbruck/Zipperer* InsO, § 275 Rn. 8; *Kübler/Prütting/Bork-Pape* InsO, § 275 Rn. 27). Er kann ferner weder im eigenen Namen, noch als gesetzlicher Vertreter des Schuldners klagen oder verklagt werden (vgl. *BGH* KTS 1979, 180 zu § 91 VerglO). Der Schuldner muss Leistungsklagen nicht mit dem Antrag auf Zahlung an den Sachwalter erheben. Er entspricht seiner Aushändigungspflicht, wenn er entweder den Beklagten oder den Gerichtsvollzieher anweist, an den Sachwalter zu zahlen (vgl. *Bley/Mohrbutter* VerglO, § 57 Rn. 37).

IV. Sonstige Sachwalterpflichten

Das Recht zur Übernahme der Kassenführung ist an das **Amt des Sachwalters gebunden**. Es darf 34
deswegen von ihm nicht auf andere übertragen werden (vgl. *Hartlage-Laufenberg* KTS 1977, 224; ebenso *Uhlenbruck/Zipperer* InsO, § 275 Rn. 9). Er kann sich allerdings zur Erledigung der Aufgaben eigener Mitarbeiter oder Mitarbeiter des Schuldners bedienen (vgl. *Bley/Mohrbutter* VerglO, § 57 Rn. 38). Bei letzterem kann ihm die Haftungslockerung gem. § 60 Abs. 2 InsO zugutekommen (s. § 274 Rdn. 32–34). Der Sachwalter ist dem Schuldner **auskunfts- und abrechnungspflichtig**, damit der Schuldner verjährungsunterbrechende Schritte einleiten kann (vgl. *Bley/Mohrbutter*

VerglO, § 57 Rn. 38). Er ist dies im Besonderen bei der Beendigung seiner Kassenführung, bei einem Sachwalterwechsel auch gegenüber dem Nachfolger. Er muss den Kassenbestand, Quittungen und Schuldurkunden übergeben, die Verfügungsfreiheit des Schuldners oder des neuen Sachwalters über die Konten herstellen. Diese Pflichten dauern über die formelle Beendigung der Kassenführung fort (vgl. *Hartlage-Laufenberg* KTS 1977, 224).

35 Der Sachwalter hat mit dem Geld wie ein ordentlicher Kaufmann umzugehen. Er darf eingehende Gelder nicht mit eigenem Geld vermengen, sie auch nicht auf das eigene Konto einzahlen oder einzahlen lassen. Nicht gebrauchte Gelder muss er möglichst zinsgünstig anlegen. Er kann hierzu auch ein neues Konto lautend auf den Namen des Schuldners als Fremdkonto einrichten, nicht als Anderkonto (ebenso *Uhlenbruck/Zipperer* InsO, § 275 Rn. 7; *Kübler/Prütting/Bork-Pape* InsO, § 275 Rn. 24 unter Hinweis auf *BGH* Urt. v. 19.05.1988 – III ZR 38/87, ZIP 1988, 1136; **a.A.** BK-InsO/*Blersch* § 275 Rn. 8). Der Schuldner muss mitwirken (vgl. *Bley/Mohrbutter* VerglO, § 57 Rn. 39).

36 Der Sachwalter muss auch Gelder für Rechtsgeschäfte annehmen, bei deren Begründung der Schuldner gegen die Pflichten nach Abs. 1 verstoßen hat. In der Entgegennahme liegt jedoch ohne weitere Erklärung des Sachwalters keine Genehmigung des Rechtsgeschäfts. Darf der Schuldner eine Forderung nicht einziehen (z.B. nach §§ 1282 BGB, 829 Abs. 1 Satz 2 ZPO), muss der Sachwalter die Entgegennahme von Geldern ablehnen (vgl. *Bley/Mohrbutter* VerglO, § 57 Rn. 41).

V. Aufhebung des Sachwalteramtes

37 Das Amt des Sachwalters endet mit der Aufhebung des Insolvenzverfahrens (§§ 270 Abs. 1 Satz 2, 200 InsO), oder mit der Aufhebung der Anordnung der Eigenverwaltung (§ 272 InsO). Der Sachwalter ist dagegen berechtigt und verpflichtet, über die formelle Beendigung seines Amtes hinaus die erforderlichen Abwicklungsgeschäfte vorzunehmen (vgl. *OLG Hamm* NJW 1956, 125; *OLG Frankfurt* Rpfleger 1960, 409; jeweils für Zwangsverwaltung; *Bley/Mohrbutter* VerglO, § 57 Rn. 45; ebenso *Uhlenbruck/Zipperer* InsO, § 275 Rn. 9).

§ 276 Mitwirkung des Gläubigerausschusses

¹Der Schuldner hat die Zustimmung des Gläubigerausschusses einzuholen, wenn er Rechtshandlungen vornehmen will, die für das Insolvenzverfahren von besonderer Bedeutung sind. ²§ 160 Abs. 1 Satz 2, Abs. 2, § 161 Satz 2 und § 164 gelten entsprechend.

Übersicht	Rdn.		Rdn.
A. Sinn und Zweck der Vorschrift	1	versammlung (§ 160 Abs. 1 Satz 2 InsO)	11
B. Rechtshandlungen von besonderer Bedeutung	2	III. Vorläufige Untersagung der Rechtshandlung (§ 161 Satz 2 InsO)	12
C. Mitwirkung des Gläubigerausschusses und der Gläubigerversammlung	9	IV. Wirksamkeit der Schuldnerhandlung (§ 164 InsO)	13
I. Zustimmung des Gläubigerausschusses	9		
II. Hilfsweise: Zustimmung der Gläubiger-			

Literatur:
Siehe vor §§ 270 ff., 270.

A. Sinn und Zweck der Vorschrift

1 Mit der Vorschrift soll klargestellt werden, dass die Geschäfte, die im Regelinsolvenzverfahren an die Zustimmung des Gläubigerausschusses, hilfsweise der Gläubigerversammlung, gebunden sind, auch im Fall der Eigenverwaltung unter Aufsicht eines Sachwalters nur mit der Zustimmung des Gläubigerausschusses, hilfsweise der Gläubigerversammlung, vorgenommen werden dürfen. Zweck der Vorschrift ist es deswegen, sicherzustellen, dass die Gläubiger aufgrund der umfassenden Gläubigerautonomie ständig an den wesentlichen Entscheidungsprozessen bei der Insolvenzabwicklung betei-

ligt werden, und zwar unabhängig von den Zielvorgaben des § 157 InsO (*Uhlenbruck/Zipperer* § 160 Rn. 1). Auch das Recht einer Minderheit von Gläubigern, im Fall einer Zustimmung des Gläubigerausschusses die Einberufung der Gläubigerversammlung zu beantragen (§ 161 Satz 2 InsO) wird übernommen. Anstelle des Insolvenzverwalters ist in diesem Fall der Sachwalter zu hören (BT-Drucks. 12/2443 zu § 337). Durch § 276 Satz 1 InsO wird der in § 69 InsO festgelegte Aufgabenbereich des Gläubigerausschusses erweitert, die Anwendbarkeit der §§ 67 ff. InsO aber nicht eingeschränkt (*Kübler/Prütting/Bork-Pape* InsO, § 276 Rn. 2, 4).

B. Rechtshandlungen von besonderer Bedeutung

Die Struktur der Eigenverwaltung weist allerdings eine Besonderheit auf, deretwegen eine nahtlose Übernahme der Zustimmungspflichtigkeit der »besonders bedeutsamen Rechtshandlungen« des Regelinsolvenzverfahrens nach § 160 InsO auf die Eigenverwaltung nicht passt. Im Regelinsolvenzverfahren wird der Insolvenzverwalter von den Gläubigern außerhalb der Gläubigerversammlung nur durch den Gläubigerausschuss überwacht (§ 69 InsO), falls er bestellt ist (§ 68 InsO). Der Schuldner der Eigenverwaltung wird dagegen systemimmanent laufend vom Sachwalter überwacht (§ 274 Abs. 2, § 275 InsO), der Gläubigerausschuss übt also (nur) eine zusätzliche Überwachungs- bzw. Mitwirkungsfunktion aus. Deswegen stellt sich die Frage der Abgrenzung der Überwachungs- bzw. Mitwirkungskompetenzen zwischen Sachwalter und Gläubigerausschuss bei »besonders bedeutsamen Rechtshandlungen« nach § 276 Satz 1 InsO gegenüber der »Eingehung ungewöhnlicher Verbindlichkeiten« nach § 275 Abs. 1 Satz 1 InsO, ob also neben der Zustimmung des Gläubigerausschusses **auch der Sachwalter zustimmen** muss (bejahend *Uhlenbruck* InsO, 13. Aufl.; HK-InsO/*Landfermann* § 276 Rn. 1; HambK-InsO/*Fiebig* § 276 Rn. 3; **a.A.** *Uhlenbruck/Zipperer* InsO, § 276 Rn. 3, dagegen s. Rdn. 5). Der Blick in die Gesetzesgrundlagen hilft für die Beantwortung nicht. Dass beide Organe – falls ein Gläubigerausschuss bestellt ist – die gleiche Funktion haben sollen, ist vom Gesetzgeber offensichtlich nicht gewollt. § 275 Abs. 1 Satz 1 InsO fordert die Zustimmung des Sachwalters für die Eingehung ungewöhnlicher Verbindlichkeiten, nicht auch die Zustimmung des Gläubigerausschusses. Bereits für das Regelinsolvenzverfahren gilt der Grundsatz, dass der Gläubigerausschuss keinen Einfluss auf die Geschäftsführung durch den Verwalter hat, soweit Rechtshandlungen von besonderer Bedeutung nicht vorgenommen werden (BT-Drucks. 12/2443 zu § 179). Von daher kann für die Geschäftsführungsüberwachungstätigkeit des Sachwalters nach § 275 Abs. 1 Satz 1 InsO nichts anderes gelten. Im Übrigen wäre die Funktionsfähigkeit der Eigenverwaltung in Frage gestellt, weil die Entscheidungen in Geschäftsführungsangelegenheiten auf Schwerfälligkeit angelegt wären, wie Satz 2 i.V.m. § 160 Abs. 1 Satz 2 InsO zeigt. Besteht kein Gläubigerausschuss, ist die Zustimmung der Gläubigerversammlung gefordert (Satz 2 i.V.m. § 160 Abs. 1 Satz 2 InsO). Die Eigenverwaltung ist aber im Besonderen auf Fortführungsfälle angelegt (BT-Drucks. 12/2443 vor § 331). Das schwerfällige Verfahren für eine Zustimmung der Gläubigerversammlung könnte die Fortführung des Unternehmens in der Insolvenz erheblich beeinträchtigen.

Das **Abgrenzungsproblem** zu den Aufgabenbereichen von Sachwalter und Gläubigerausschuss wäre leicht zu lösen, wenn der Mitwirkungskatalog des § 160 Abs. 2 InsO für das Merkmal der »Rechtshandlungen von besonderer Bedeutung für das Insolvenzverfahren« nach Satz 1 abschließend wäre. Dann wären besonders bedeutsame Rechtshandlungen nach § 160 Abs. 2 InsO keine zum gewöhnlichen Geschäftsbetrieb nach § 275 Satz 1 InsO gehörende Verbindlichkeiten, für erstere wäre nur der Gläubigerausschuss zuständig, für letztere der Sachwalter. So liegt es jedoch nicht. Denn § 160 InsO weicht insofern von den §§ 133 Nr. 2, 134 KO ab: Dass der Verwalter vor bestimmten, für das Verfahren besonders bedeutsamen Rechtshandlungen die Zustimmung des Gläubigerausschusses einholen muss, entspricht den vorerwähnten Regelungen des Konkursrechtes. Während jedoch die Konkursordnung diese Rechtshandlungen abschließend aufzählt und dabei noch hinsichtlich der Voraussetzungen und der Rechtsfolge differenziert, ist § 160 InsO flexibler gefasst. Die Vorschrift stellt in Abs. 1 Satz 1 den allgemeinen Begriff der »Rechtshandlungen, die für das Insolvenzverfahren von besonderer Bedeutung sind« voraus; in Abs. 2 wird dieser Begriff beispielhaft erläutert (BT-Drucks. 12/2443 zu § 179). Der Begriff geht also über die Beispielsfälle hinaus. Seine Bestim-

§ 276 InsO Mitwirkung des Gläubigerausschusses

mung kann deswegen zu einer Überschneidung mit den Sachwalterkompetenzen nach § 275 Abs. 1 Satz 1 führen, dessen Zustimmung zusätzlich gefordert sein kann (ebenso HK-InsO/*Landfermann* § 276 Rn. 1; *Kübler/Prütting/Bork-Pape* InsO, § 276 Rn. 10; s.a. § 277 Rdn. 15 ff.; MüKo-InsO/ *Tetzlaff/Kern* § 276 Rn. 9; **a.A.** *Graf-Schlicker* InsO, § 276 Rn. 6; *Uhlenbruck/Zipperer* InsO, § 276 Rn. 3).

4 a) Zweifelsfrei zustimmungsbedürftige Gläubigerausschussangelegenheiten sind die in § 160 Abs. 2 InsO aufgeführten Fälle (§ 276 Satz 2 InsO), also: die Veräußerung eines Unternehmens oder eines Betriebes, eines Warenlagers im Ganzen, eines unbeweglichen Gegenstandes aus freier Hand, einer Beteiligung des Schuldners an einem anderen Unternehmen, die der Herstellung einer dauernden Verbindung zu diesem Unternehmen dienen soll, sowie eines Rechts auf den Bezug wiederkehrender Einkünfte, die Aufnahme eines die Masse erheblich belastenden Darlehens, die Anhängigmachung oder Aufnahme eines Rechtsstreites mit erheblichem Streitwert, die Ablehnung der Aufnahme eines solchen Rechtsstreits oder die Beilegung oder Vermeidung eines solchen Rechtsstreits durch Vergleich oder Schiedsvertrag (ebenso *Uhlenbruck/Zipperer* InsO, § 276 Rn. 2; *Graf-Schlicker* InsO, § 276 Rn. 4; *Nerlich/Römermann-Riggert* InsO, § 276 Rn. 4).

5 Nach zutreffender Auffassung ist die Nichtnennung des § 160 Abs. 1 Satz 3 InsO kein Redaktionsversehen, sondern vom Gesetzgeber gewollt, weswegen es keine Zustimmungsfiktion einer beschlussunfähigen Gläubigerversammlung gibt (*Uhlenbruck/Zipperer* InsO, § 276 Rn. 1). Der Grund liegt in dem Pflichtenumfang des Sachwalters. § 277 Abs. 1 Satz 1 InsO bestimmt die Schuldnerverpflichtung zur Einholung der Zustimmung des Sachwalters für Verbindlichkeiten, die nicht zum gewöhnlichen Geschäftsbetrieb gehören, also stets auch der besonders bedeutsamen Rechtshandlungen nach § 160 Abs. 1 Satz 1, Abs. 2 InsO. Der Sachwalter ist mit seiner Überwachungspflicht nach § 274 Abs. 2 zum Schutz der Gläubigergemeinschaft berufen. Von einer Beschlussunfähigkeitslage der Gläubigerversammlung wird diese Sachwalterpflicht nicht berührt, so dass der Gläubigergemeinschaftsschutz auch ohne einen Beschluss der Gläubigerversammlung durch den Sachwalter sichergestellt ist. Dass das Schutzniveau dadurch »geringer« ausfällt, ist der Tatsache geschuldet, dass die Gläubigergemeinschaft für ihre Herstellung der Beschlussunfähigkeit verantwortlich ist. Es liegt deswegen kein Redaktionsversehen vor (so aber HK-InsO/*Landfermann* § 276 Rn. 4; K. Schmidt/*Undritz* InsO, § 276 Rn. 3; *Kübler/Prütting/Bork-Pape* InsO, § 276 Rn. 6), sondern eine gewollte Regelung, indem die Rechtewahrnehmung durch die Gläubigerversammlung für ihre Entscheidung dispositiv gestellt ist. Deswegen auch ist die Einholung der Sachwalterzustimmung nicht überflüssig oder gar (*Uhlenbruck/Zipperer* InsO, § 276 Rn. 3) nicht vom Gesetzgeber gewollt.

6 b) Die weitergehende zustimmungsbedürftige Gläubigerausschussangelegenheit muss eine Rechtshandlung sein. Zum Begriff der Rechtshandlung s. Kommentierung zu § 129 InsO. Hierzu gehören auch die Verpflichtungen nach § 275 Abs. 1 Satz 1 InsO. Deswegen können grds. die Verbindlichkeiten nach § 275 Abs. 1 Satz 1 InsO zustimmungsbedürftige Gläubigerausschussangelegenheiten sein (HK-InsO/*Landfermann* § 276 Rn. 1).

7 Wenn allerdings Satz 1 wie § 160 Satz 1 InsO die Zustimmung nur für besonders bedeutsame Rechtshandlungen fordert, folgt daraus, dass außerhalb der in § 160 Abs. 2 InsO aufgeführten Fälle nur besonders bedeutsame Verpflichtungen des Schuldners der Zustimmung des Gläubigerausschusses bedürfen. Dafür reicht die Annahme einer nicht gewöhnlichen Verbindlichkeit nach § 275 InsO nicht aus. Sie muss vielmehr als weitere Voraussetzung **besonders bedeutsam** sein, weil sonst die laufende Sachwalterkompetenz systemwidrig auf den Gläubigerausschuss übertragen wird. Was eine besonders bedeutsame Rechtshandlung ist, hat das Gesetz im Einzelnen nicht geregelt. Dies ermöglicht es zwar einerseits, die Zustimmungspflicht der Bedeutung und den Bedürfnissen des Einzelfalles anzupassen und es sogar der Gläubigerversammlung zu überlassen, im Einzelfall die zustimmungsbedürftigen Rechtshandlungen durch Beschluss festzulegen. Aber zugleich liegt in der Unbestimmtheit – sieht man einmal von den Tatbestandsfällen des § 160 Abs. 2 InsO ab – weitgehende Rechtsunsicherheit (*Uhlenbruck/Zipperer* InsO, § 160 Rn. 14). Die zur Bestimmung empfohlene Definition: Weichenstellung durch diese Handlung für das Insolvenzverfahren und nicht nur reine

Wirtschaftlichkeitskontrolle (*Graf-Schlicker* InsO, § 276 Rn. 4; *Huhn* Eigenverwaltung, Rn. 1159; *Kübler/Prütting/Bork-Pape* InsO, § 276 Rn. 3) hilft nicht weiter (**a.A.** *Uhlenbruck/Zipperer* InsO, § 276 Rn. 2), sondern ersetzt nur den unbestimmten Rechtsbegriff des Gesetzes durch einen anderen. Vielmehr lässt sich eine allgemeingültige Bestimmung von vornherein nicht erarbeiten, weil es schon an einer Bestimmungsgrundlage fehlt: die Sicherstellung der Gläubigerzustimmung zu ihrer Beteiligung an den wesentlichen Entscheidungsprozessen bei der Insolvenzabwicklung als Normzweck gibt keine Bestimmbarkeitsvorgabe (Was sind wesentliche Entscheidungsprozesse?), weil »Wesentliches« von »Unwesentlichem« nicht durch einen subsumtionsfähigen Obersatz voneinander abzugrenzen ist (vgl. die Darstellung der Bestimmbarkeitsbemühungen der Literatur bei *Uhlenbruck/Zipperer* InsO, § 160 Rn. 14). Dieses Unbestimmbarkeitsproblem war dem Gesetzgeber bewusst, wie der Regelkatalog in § 160 Abs. 2 InsO »... insbesondere erforderlich ...« zeigt. Denn er musste sich darin mit Regelbeispielen behelfen. Das Abgrenzungs- bzw. Bestimmbarkeitsproblem lässt sich deswegen nur in den Griff bekommen, indem eine Bewertung der einzelnen Rechtshandlung anhand des Normzwecks vorgenommen wird und für die Wertigkeitsstufe der besonderen Bedeutsamkeit die vom Gesetzgeber mit den **Regelbeispielen in § 160 Abs. 2 InsO getroffenen Wertigkeitsstufen** herangezogen werden (zust. *Uhlenbruck* InsO, 13. Aufl., § 276 Rn. 2). Aus der Möglichkeit der Bestimmung durch die Gläubigerversammlung folgt dabei, dass **im Zweifel nicht** von einer besonders bedeutsamen Rechtshandlung auszugehen ist. Für Gericht, Schuldner, Sachwalter und Gläubigergemeinschaft empfiehlt es sich deswegen, anhand der aufgrund der konkreten Eigenverwaltungslage in Frage kommenden Verwertungshandlungen durch Beschlussfassung in der Gläubigerversammlung möglichst klare Vorgaben zu machen (wie hier MüKo-InsO/*Tetzlaff/Kern* § 276 Rn. 6).

Anzunehmen ist diese Zustimmungsbedürftigkeit deswegen ausnahmsweise bei der Eingehung von Verpflichtungen für **ungewöhnlich hohe Investitionen** in den Schuldnerbetrieb oder **ungewöhnlich langfristig bindende Verträge** oder **Verträge mit ganz außergewöhnlich hohem Verpflichtungsvolumen** (ebenso *Uhlenbruck/Zipperer* InsO, § 276 Rn. 2). Wie bei der Beurteilung nicht gewöhnlicher Verbindlichkeiten nach § 275 Abs. 1 Satz 1 InsO ist die Einordnung Sache einer Einzelfallbeurteilung und nicht in erster Linie nach der wirtschaftlichen Kalkulationsgrundlage vorzunehmen, sondern an Art und Umfang der einzelnen Verpflichtung orientiert (vgl. *Bley/Mohrbutter* VerglO, § 57 Rn. 15; zust. *Uhlenbruck/Zipperer* InsO, § 276 Rn. 2), hängt also jeweils vom schuldnerischen Unternehmen ab. Im Zweifel besteht keine der Zustimmung des Gläubigerausschusses bedürftige besonders bedeutsame Verpflichtung. Die Zustimmung ist vom Schuldner vor der Rechtshandlung einzuholen (HK-InsO/*Landfermann* § 276 Rn. 3; MüKo-InsO/*Tetzlaff/Kern* 2. Aufl., § 276 Rn. 8; *Kübler/Prütting/Bork-Pape* InsO, § 276 Rn. 8). 8

C. Mitwirkung des Gläubigerausschusses und der Gläubigerversammlung

I. Zustimmung des Gläubigerausschusses

Verlangt wird die vorherige Zustimmung des Gläubigerausschusses, also die Einwilligung (vgl. *Jaeger/Weber* KO, §§ 133, 134 Rn. 3; ebenso *Graf-Schlicker* InsO, § 276 Rn. 2; MüKo-InsO/*Tetzlaff/Kern* § 276 Rn. 8; *Uhlenbruck/Zipperer* InsO, § 276 Rn. 3). Schon nach Konkursrecht war die nachträgliche Zustimmung möglich (*Kuhn/Uhlenbruck* KO, § 133 Rn. 1; *Kilger/Karsten Schmidt* KO, §§ 133, 134 Rn. 1). Der Gesetzesbegründung ist nicht zu entnehmen, dass hiervon Abstand genommen werden soll (BT-Drucks. 12/2443 zu §§ 179, 336), so dass die nachträgliche Zustimmung (Genehmigung) möglich bleibt. Sie nimmt dem Handeln des Schuldners allerdings nur die Eigenmächtigkeit (vgl. *Kuhn/Uhlenbruck* KO, § 133 Rn. 1; ebenso *Uhlenbruck/Zipperer* InsO, § 276 Rn. 3; *Kübler/Prütting/Bork-Pape* InsO, § 276 Rn. 9; HK-InsO/*Landfermann* § 276 Rn. 3; **a.A.** *Graf-Schlicker* InsO, § 276 Rn. 5; MüKo-InsO/*Tetzlaff/Kern* 2. Aufl., § 276 Rn. 8; A/G/R-*Ringstmeier* § 276 InsO, Rn. 6). 9

Der Gläubigerausschuss (§§ 67 ff. InsO) entscheidet mit der Mehrheit der abgegebenen Stimmen durch Beschluss (§ 72 InsO). Zu Recht wird angenommen, dass der Gläubigerausschuss als Organ der Gläubigergemeinschaft in der Eigenverwaltung sowohl den Schuldner als auch den Sachwalter 10 berät und überwacht (*Uhlenbruck* InsO, 13. Aufl., § 276 Rn. 3; *Kübler/Prütting/Bork-Pape* InsO, § 276 Rn. 12; MüKo-InsO/*Tetzlaff/Kern* § 276 Rn. 18), weil beide – Schuldner und Sachwalter und jeder für sich – Verwaltungs- und Verwertungsorgan über Massegegenstände sind (s. § 274 Rdn. 1).

II. Hilfsweise: Zustimmung der Gläubigerversammlung (§ 160 Abs. 1 Satz 2 InsO)

11 Ist ein Gläubigerausschuss nicht bestellt, so ist die Zustimmung der Gläubigerversammlung einzuholen (Satz 2 i.V.m. § 160 Abs. 1 Satz 2 InsO). Der Gesetzgeber sieht die in § 160 Abs. 2 InsO besonders aufgezählten Rechtshandlungen – richtigerweise die dort nur beispielhaft aufgezählten Rechtshandlungen – als so wichtig an, dass der Schuldner diese Rechtshandlungen keinesfalls allein vornehmen soll (vgl. BT-Drucks. 12/2443 zu § 179). Die Befugnis zum Antrag auf Einberufung der Gläubigerversammlung (§ 275 InsO) steht Schuldner und Sachwalter je für sich allein zu, weil jeder einen Teil der Verantwortung des Insolvenzverwalters des Regelverfahrens trägt und damit auch seiner Befugnis (§ 75 Abs. 1 Nr. 1 InsO; zust. HK-InsO/*Landfermann* § 276 Rn. 8; MüKo-InsO/*Tetzlaff/Kern* § 276 Rn. 11; *Kübler/Prütting/Bork-Pape* InsO, § 276 Rn. 14). Das Zustimmungsverfahren folgt den allgemeinen Regeln (§§ 74 ff. InsO).

III. Vorläufige Untersagung der Rechtshandlung (§ 161 Satz 2 InsO)

12 Sofern nicht die Gläubigerversammlung ihre Zustimmung erteilt hat, kann das Insolvenzgericht auf Antrag einer in § 75 Abs. 1 Nr. 3 InsO bezeichneten Mehrzahl von Gläubigern und nach Anhörung des Schuldners (zust. *Nerlich/Römermann-Riggert* InsO, § 276 Rn. 5; *Kübler/Prütting/Bork-Pape* InsO, § 276 Rn. 16; *Uhlenbruck-Zipperer* § 276 Rn. 5) die Vornahme der Rechtshandlung vorläufig untersagen und eine Gläubigerversammlung einberufen, die über die Vornahme beschließt (Satz 2 i.V.m. § 161 Satz 2 InsO). Mit dieser Regelung sollen die Rechte der Gläubigerversammlung gegenüber dem Gläubigerausschuss gestärkt werden (BT-Drucks. 12/2443 zu § 180). Aus dem Schutzzweck der Vorschrift folgt, dass dieser Minderheit von Gläubigern das Recht immer zusteht, also selbst bei Fehlen eines Gläubigerausschusses. Der Sachwalter ist anzuhören (BT-Drucks. 12/2443 zu § 337). Diese Regelung hat neben der Eilanordnungsmöglichkeit nach § 277 InsO praktische Bedeutung, weil sie nicht nur zur vorläufigen Untersagung der Rechtshandlung führt, sondern auch zu einer abschließenden Entscheidung der Gläubigerversammlung. Die Beteiligungsrechte der Gläubigerversammlung bei der Betriebsveräußerung (§§ 162, 163) gelten über § 270 Abs. 1 Satz 2 InsO auch in der Eigenverwaltung, auch wenn sich die Verweisung in Satz 2 darauf nicht ausdrücklich erstreckt (HK-InsO/*Landfermann* § 276 Rn. 7; *Graf-Schlicker* InsO, § 276 Rn. 10; *Nerlich/Römermann-Riggert* InsO, § 276 Rn. 6). Gegen den Untersagungsbeschluss kann der Schuldner die befristete Rechtspflegererinnerung einlegen (§ 11 Abs. 2 Satz 1 RPflG), gegen die Richterentscheidung besteht kein Rechtsbehelf (*Kübler/Prütting/Bork-Pape* InsO, § 276 Rn. 18).

IV. Wirksamkeit der Schuldnerhandlung (§ 164 InsO)

13 Ein Verstoß des Schuldners gegen seine Pflichten nach § 276 InsO berührt die Wirksamkeit seiner Handlung nicht (Satz 2 i.V.m. § 164 InsO). Mit dieser Regelung sollen wie im Konkursrecht (§ 136 KO) Rechtsunsicherheiten im Geschäftsverkehr vermieden werden. Die Pflichtenbindung des Schuldners in der Eigenverwaltung hat also keine Außenwirkung (vgl. BT-Drucks. 12/2443 zu § 183; ebenso *Uhlenbruck/Zipperer* InsO, § 276 Rn. 6; *Kübler/Prütting/Bork-Pape* InsO, § 276 Rn. 19; MüKo-InsO/*Tetzlaff/Kern* 2. Aufl., § 276 Rn. 13). In der Eigenverwaltung ergeben sich daraus für die Insolvenzgläubiger erhebliche Gefahren. Sie lassen sich nur durch eine sorgfältige Prüfung und Überwachung des Schuldners durch den Sachwalter minimieren (§ 274 Abs. 2 InsO).

14 **Allerdings sind die Regeln des § 277 InsO neben § 276 InsO anwendbar.** Die danach vom Insolvenzgericht angeordneten Beschränkungen des Schuldners wirken gegenüber Dritten (s. § 277 Rdn. 7; *Uhlenbruck/Zipperer* InsO, § 276 Rn. 6; *Kübler/Prütting/Bork-Pape* InsO, § 276 Rn. 21).

Besteht ein Bedürfnis zum Schutz vor gläubigerschädigenden Verfügungen des Schuldners bei Rechtshandlungen von besonderer Bedeutung, empfiehlt sich deswegen der Weg über § 277 InsO.

§ 276a Mitwirkung der Überwachungsorgane

¹Ist der Schuldner eine juristische Person oder eine Gesellschaft ohne Rechtspersönlichkeit, so haben der Aufsichtsrat, die Gesellschafterversammlung oder entsprechende Organe keinen Einfluss auf die Geschäftsführung des Schuldners. ²Die Abberufung und Neubestellung von Mitgliedern der Geschäftsleitung ist nur wirksam, wenn der Sachwalter zustimmt. ³Die Zustimmung ist zu erteilen, wenn die Maßnahme nicht zu Nachteilen für die Gläubiger führt.

Übersicht

	Rdn.			Rdn.
A. Bedeutung und Zweck der Vorschrift	1	C.	Abberufung und Neubestellung von Mitgliedern der Geschäftsführung (Sätze 2, 3)	10
B. Einflusslosigkeit der Aufsichtsorgane auf die Geschäftsführung (Satz 1)	6	D.	Konzernfragen	16

Literatur:
Flöther/Hoffmann Die Eigenverwaltung in der Konzerninsolvenz, FS für Bruno Kübler S. 147; *Fölsing* »Die Zähmung des Widerspenstigen im Suhrkamp-Fall: Schutzschirmverfahren bei Gesellschafterstreit«, ZInsO 2013, 1325; *Hölzle* Der Insolvenzantrag als Sanierungsoption – auch gegen den Willen von Gesellschaftern?, Entscheidungszuständigkeiten und Organkompetenzen in der Krise, ZIP 2013, 1846; *Klöhn* Gesellschaftsrecht in der Eigenverwaltung: Die Grenzen des Einflusses auf die Geschäftsführung gem. § 276a Satz 1 InsO, NZG 2013, 8; *Körner* Die Eigenverwaltung in der Insolvenz als bestes Abwicklungsverfahren?, NZI 2007, 270; *Meyer* Vorrang des Insolvenzrechts vor dem Gesellschaftsrecht? – Überlegungen zur Position des Minderheitsgesellschafters im Schutzschirmverfahren, ZInsO 2013, 2361; *Thole* Die gesellschaftsrechtliche Treuepflicht im Insolvenzverfahren, ZIP 2013, 1937; *Zipperer* Die Einflussnahme der Aufsichtsorgane auf die Geschäftsleitung in der Eigenverwaltung – eine Chimäre vom Gesetzgeber, Trugbild oder Mischwesen?, ZIP 2012, 1492. Im Übrigen s. zu § 270b.

A. Bedeutung und Zweck der Vorschrift

Die durch das **ESUG** neu eingefügte Vorschrift dient dazu, das Verhältnis der Eigenverwaltung zu den gesellschaftsrechtlichen Bindungen der Geschäftsleitung des Schuldners zu klären (BT-Drucks. 17/5712 S. 42 zu Nr. 47). 1

Die Auswirkungen der Anordnung der Eigenverwaltung auf die gesellschaftsrechtlichen Bindungen der Geschäftsleitung des Schuldners gehörten im Altrecht zu den ungeklärten und heftigst umstrittenen Grundlagenfragen der Eigenverwaltung. Die Kollision des Insolvenzrechts mit dem Gesellschaftsrecht mit seinen ungelösten Abgrenzungsfragen wurde wegen der mit ihnen verbundenen Rechtsunsicherheiten und daraus sich ergebenden Planbarkeitsschwierigkeiten für den Schuldner und seine Gläubiger als besonderes Gebrauchshindernis der Eigenverwaltung angesehen. Folge war die Forderung an den Gesetzgeber, Abhilfe zu schaffen (insb. *Körner* NZI 2007, 274 f. mit einer Studie über Praxiserfahrungen). Betroffen waren Fragen zur Anordnungsfähigkeit und Aufhebungsbefugnis der Eigenverwaltung (§ 270 Abs. 2 Nr. 3 InsO a.F., § 272 Abs. 1 Nr. 2 InsO), zur Zuständigkeit und Wirksamkeit der Abberufung und Neubestellung der Geschäftsleitungsmitglieder, zu deren Vergütungsbestimmungen. Überwiegend – und nach der hier vertretenen Auffassung – wurde den Eigenverwaltungsregeln der Vorrang eingeräumt. Die Vorrangreichweite war aber auch nach den Beschlüssen des *BGH* v. 07.12.2006 (ZInsO 2007, 100 = ZIP 2007, 249 = NZI 2007, 188) und vom 11.02.2007 (ZInsO 2007, 207 = ZIP 2007, 448) offen, weil die Feststellung, der Insolvenzschuldner habe in der Eigenverwaltung die gesamte Abwicklung des Insolvenzverfahrens ausschließlich an den Interessen der Gläubiger auszurichten und eigene Interessen zurückzustellen, mit dieser Pflicht sei eine »umfassende Unterwerfung« der Verwaltungs- und Verwaltungshandlungen des eigenverwaltenden Schuldnerorgans unter gesellschaftsrechtliche Bindungen unvereinbar, nicht wirklich weiterhalf (i.E. s. FK-InsO/*Foltis* 6. Aufl., vor §§ 270 ff. Rn. 66–68). 2

3 Der Regierungsentwurf zu § 276a InsO passierte den Rechtsausschuss ohne Änderungen (BT-Drucks. 17/7511 S. 42 zu Nr. 47). In seiner Anwendungsreichweite beruht § 276a InsO auf dem **Grundgedanken**, dass die Überwachungsorgane bei Eigenverwaltung im Wesentlichen keine weitergehenden Einflussmöglichkeiten auf die Geschäftsführung haben sollen als in dem Fall, dass ein Insolvenzverwalter bestellt ist (BT-Drucks. 17/5712 S. 42 zu Nr. 47; HK-InsO/*Landfermann* § 276a Rn. 3; MüKo-InsO/*Klöhn* § 276a Rn. 4: Gleichstellungsgedanke). Wegen ihrer klarstellenden Funktion kann die Vorschrift auch in anderen Insolvenzverfahren als Auslegungshilfe herangezogen werden (HK-InsO/*Landfermann* § 276a Rn. 1). Dazu bestimmt Satz 1 die Einflusslosigkeit der Aufsichtsorgane des Schuldners auf seine Geschäftsführung in der Eigenverwaltung unter Bestätigung der alleinigen Einflusszuweisung an Sachwalter, Gläubigerausschuss und Gläubigerversammlung und verweist die Aufsichtsorgane – wie im Regelinsolvenzverfahren – auf den insolvenzfreien Bereich, in dem die Verwalterzuständigkeit nicht besteht, z.B. die Wahrnehmung der verfahrensrechtlichen Befugnisse und Pflichten (vgl. BGHZ 163, 32 [34]; BGHZ 148, 252 [258 ff.]; insgesamt dazu *Uhlenbruck/Mock* InsO, § 80 Rn. 32 ff.). Satz 2 bestimmt für die Abberufung und die Neubestellung von Mitgliedern der Geschäftsleitung davon eine Ausnahme, indem dem Gesellschaftsorgan dazu die Befugnis belassen wurde. Allerdings wird die Wirksamkeit ihrer Ausübung an die Zustimmung des Sachwalters gebunden, deren Verweigerung (Satz 3) wiederum daran gebunden ist, dass die Abberufung/Neubestellung zu Nachteilen für die Gläubiger führt (BT-Drucks. 17/5712 S. 42 zu Nr. 47). Eingriffe in die Zusammensetzung der Geschäftsleitung sind danach solange unbedenklich, wie sie sich mit dem Zweck der Eigenverwaltung decken: Zugelassen sind alle Formen der Einflussnahme auf die Geschäftsleitung solange sie nicht für die Gläubiger i.S.v. § 270 Abs. 2 Nr. 2 InsO nachteilig sind (*Zipperer* ZIP 2012, 1494; *Uhlenbruck/Zipperer* InsO, § 276a Rn. 3).

4 § 276a InsO ist Insolvenzrechtsregelung und deswegen kollisionsrechtlich auf Gesellschaften mit ausländischer Rechtsform anzuwenden, wenn das Insolvenzverfahren nach deutschem Recht über ihr Vermögen eröffnet wurde (*Klöhn* NZG 2013, 82; *Haas* FS Kübler 2015, S. 205 ff.; HK-InsO/*Landfermann* § 276a Rn. 5).

5 Auf das Eigenverwaltungsvorverfahren (§§ 270a, 270b InsO) ist die Vorschrift nicht – auch nicht entsprechend – anwendbar, weil dort auf sie nicht verwiesen ist (*Kübler/Prütting/Bork-Pape* InsO, § 276a Rn. 6; *Nerlich/Römermann-Riggert* InsO, § 276a Rn. 6; *Zipperer* ZIP 2012, 1493 [1494]; *Uhlenbruck/Zipperer* InsO, § 276a Rn. 4; **a.A.** *Brinkmann* WM 2012, 1369; ähnlich *Hölzle* ZIP 2012, 2429). Die Vorschrift schließt die Abberufung/Neubestellung von Mitgliedern der Geschäftsleitung durch den Sachwalter – erst recht durch die Gläubiger – allein aus (vgl. *Kübler/Prütting/Bork-Pape* InsO, § 276a Rn. 8). Eine eher unerwartete Wirkung des § 276a InsO auf das Gesellschaftsrecht wurde durch die vielfältigen Auseinandersetzungen zwischen den Gesellschaftern im Fall Suhrkamp ausgelöst (*LG Frankfurt/M.* ZIP 2013, 1831 m. Anm. *Hölzle* EWiR 2013, 589; ZIP 2013, 1720 m. Anm. *v. Falkenhausen* EWiR 2013, 579; ZInsO 2013, 2162), indem die Frage aufgeworfen und diskutiert wird, ob und in welchem Umfang das Insolvenzrecht, insbesondere § 276a InsO, die gesellschafterlichen Treuepflichten im Gesellschaftsrecht bestimmt (*Meyer* ZInsO 2013, 2361; *Thole* ZIP 2013, 1937; *Fölsing* ZInsO 2013, 1325; *Hölzle* ZIP 2013, 1846), eine Frage, die die Anwendung des § 276a InsO allerdings nicht berührt.

B. Einflusslosigkeit der Aufsichtsorgane auf die Geschäftsführung (Satz 1)

6 »Einflussnahmen« sind alle erdenklichen Möglichkeiten der Einwirkung auf das Bewirken der Geschäftsleitung, es sei denn, sie sind für die Gläubiger nicht nachteilig (*Klöhn* NZG 2013, 84; *Uhlenbruck/Zipperer* InsO, § 276a Rn. 5; *Zipperer* ZIP 2012, 1494; s.a. Rdn. 3). Gedacht hat der Gesetzgeber allerdings nur an **Rechtshandlungen** (BT-Drucks. 17/5712 S. 42 zu Nr. 47), vgl. § 129 InsO, so dass rein tatsächliche Einwirkungen nicht ausreichen. Solche Rechtshandlungen können direkte sein (Ausübung von Weisungs- und Mitbestimmungsrechten, insbesondere Zustimmungen) oder indirekte (Einberufungs-, Auskunfts-, Einsichts-, Informations- und vergleichbare Rechte; *Uhlenbruck/Zipperer* InsO, § 276a Rn. 7 f.).

Ist der Schuldner eine juristische Person oder eine Gesellschaft ohne Rechtspersönlichkeit, so haben 7
der Aufsichtsrat, die Gesellschafterversammlung oder entsprechende Organe keinen Einfluss auf die
Geschäftsführung des Schuldners (Satz 1). Die Vorschrift verweist auf die **insolvenzfähigen Personen mit Aufsichtsorganen** nach § 11 Abs. 1 und 2 InsO, also alle juristischen Personen, AG
(§ 1 AktG), KGaA (§ 278 Abs. 1 AktG), GmbH (§ 13 GmbHG), UG (§ 5a GmbHG), eingetragene Genossenschaft (§§ 2, 17 GenG), SE (Art. 63 SE-VO i.V.m. § 11 Abs. 1 Satz 1 InsO),
SCE, rechtsfähiger Verein (§§ 21, 22 BGB), VVaG (§ 15 VAG), rechtsfähige Stiftung (§§ 80, 81
Satz 2, 42 BGB), die nach Landesrecht körperschaftliche bergrechtliche Gewerkschaft (§ 96
PrABG) und solche ohne Rechtspersönlichkeit, OHG (§ 105 HGB), KG (§ 161 HGB), die GbR
in der Form der Außengesellschaft (FK-InsO/*Schmerbach* § 11 Rn. 14), Partenreederei (§§ 489 ff.
HGB), Partnerschaftsgesellschaft, EWIV (*Jaeger/Ehricke* InsO, § 11 Rn. 16 ff., HK-InsO/*Sternal*
§ 11 Rn. 19), soweit sie über Aufsichtsorgane verfügen.

Überwachungsorgane i.S.d. Vorschrift sind je nach Rechtsform insbesondere der Aufsichtsrat und 8
die Hauptversammlung sowie die Gesellschafterversammlung (BT-Drucks. 17/5712 S. 42 zu
Nr. 47), mithin alle gesellschaftsrechtlichen Organe, denen im Innenverhältnis eine **Weisungsbefugnis gegenüber der Geschäftsführung** zusteht, auch bei ausländischen Gesellschaften (s. Rdn. 4). Die
Organstellung ist weit auszulegen, weil § 276a InsO darauf abzielt, jeglichen Gesellschaftereinfluss
auf die Geschäftsführung zu unterbinden.

Die Anordnung der Einflusslosigkeit der Überwachungsorgane auf die Geschäftsführung soll sicherstellen, dass die Geschäfte in der Eigenverwaltung an den Interessen der Gläubiger ausgerichtet 9
werden und deren Überwachung allein durch die Insolvenzorgane erfolgen kann: Sachwalter, Gläubigerausschuss und Gläubigerversammlung. Eine zusätzliche Überwachung mit zusätzlichen Einwirkungsmöglichkeiten durch die Organe des Schuldners erscheint nicht nur nicht erforderlich, sondern sie können hemmend und blockierend wirken (BT-Drucks. 17/5712 S. 42 zu Nr. 47). Damit
unterliegen alle Rechtshandlungen (rätselnd *Zipperer* ZIP 2012, 1494; *Uhlenbruck/Zipperer* InsO,
§ 276a Rn. 5) von Aufsichtsorganen des eigenverwaltenden Schuldners, denen die insolvenzrechtliche Zuordnung zum Sachwalter, Gläubigerausschuss, Gläubigerversammlung oder Insolvenzgericht entgegensteht, einem **gesetzlichen Verbot** und sind nichtig (§ 134 BGB; **a.A.** *Uhlenbruck/
Zipperer* InsO, § 276a Rn. 9: fehlende Schutzgesetzqualität). Die sich solchen Rechtshandlungen
beugenden Geschäftsleiter können sich nach § 266 BGB wegen Vollmachtsmissbrauch und Treuebruch strafbar machen. Die Verbotswirkung des Satzes 1 ist der Grund dafür, dass die Vergütung der
Gläubigerbestimmung nach § 278 InsO unterliegt (s. § 278 Rn. 5–16).

C. Abberufung und Neubestellung von Mitgliedern der Geschäftsführung (Sätze 2, 3)

Die Abberufung und Neubestellung von Mitgliedern der Geschäftsleitung ist nur wirksam, wenn der 10
Sachwalter zustimmt (Satz 2), so dass Satz 2 eine **Ausnahme des Einflussnahmeverbots des Satzes 1**
regelt. Die Eigenverwaltung wird bei einer Gesellschaft nicht für eine bestimmte natürliche Person
als Geschäftsleiter angeordnet, sondern sie betrifft die (jeweilige) Geschäftsleitung der insolventen
Gesellschaft. Wechsel in der Geschäftsleitung können auch während eines Insolvenzverfahrens aus
den verschiedensten Gründen erforderlich sein; weder das Gericht, noch der überwachende Sachwalter scheinen geeignet zu sein, hier an die Stelle der Gesellschaftsorgane zu treten. Deswegen erscheint
es nicht angebracht, den Gesellschaftsorganen auch die Befugnis zur Abberufung und zum Austausch von Vorstandsmitgliedern bzw. Geschäftsführern gänzlich zu nehmen (BT-Drucks. 17/5712
S. 42 zu Nr. 47). Damit unterliegt die personelle Zusammensetzung der Geschäftsführung nicht den
Insolvenzorganen und damit grds. nicht der Gläubigergemeinschaft, sondern den Aufsichtsorganen
der Gesellschaft. Aus dieser Rechtsmacht sind Probleme für die Praxis zu erwarten (*Kübler/Prütting/
Bork-Pape* InsO, § 276a Rn. 20 f.).

Widersprechen sich die Verwertungs- oder Sanierungsvorstellungen der Gläubigergemeinschaft 11
und der Aufsichtsorgane des Schuldners, kann es zwar wegen der Regelung in Satz 1 nicht zum Streit
um Rechtshandlungen der Geschäftsführung kommen, aber zum Streit um die Besetzung der Geschäftsführung und damit um die »Rechtshandelnden« und deswegen auf diesem Umweg doch wie-

der um die Rechtshandlungen der Geschäftsführung. Lässt sich das Problem nicht einvernehmlich lösen, bleibt den Gläubigern letztlich nur der Aufhebungsantrag nach § 272 Abs. 1 Nr. 1 InsO und damit die Aufhebung der Eigenverwaltung. Die Ausnahmeregelung des Satzes 2 widerspricht deswegen einem Kernanliegen der Reform, der Planungssicherheit der Eigenverwaltung für die Gläubiger (BT-Drucks. 17/5712 S. 1 f.: A. Problem und Ziel).

12   Die Zustimmung des Sachwalters ist **Wirksamkeitsvoraussetzung** sowohl für die – nach den Gesellschaftsregeln abgegebene – Erklärung des Aufsichtsorgans zur Abberufung eines Mitgliedes der Geschäftsführung, als auch der Neubestellung. Sie ist also Einverständniserklärung nach §§ 183, 184 BGB. Sie darf vom Sachwalter nur verweigert werden, wenn sie zu Nachteilen für die Gläubiger führt (Satz 3). Aus dem Regel-Ausnahme-Prinzip der Sätze 2 und 3 folgt, dass den Sachwalter im Streitfall die Darlegungs- und Beweislast für die von ihm behauptete Nachteilszuführung trifft (so wohl auch *Nerlich/Römermann-Riggert* InsO, § 276a Rn. 5; **a.A.** HK-InsO/*Landfermann* § 276a Rn. 13).

13   **Nachteilszuführung** nach Satz 3 bedeutet, dass die Maßnahme zu Nachteilen für die Gläubiger führen **wird** (BT-Drucks. 17/5712 S. 42 zu Nr. 42). Eine bloße Nachteilsgefahr für die Gläubiger reicht danach nicht aus. Vielmehr muss die Maßnahme anhand konkreter Umstände erwarten lassen, dass sie zu Nachteilen führen wird. Sie unterliegt nicht dem pflichtgemäßen Ermessen des Sachwalters (so aber *Kübler/Prütting/Bork-Pape* InsO, § 276a Rn. 33; A/G/R-*Ringstmeier* § 276a InsO Rn. 7; *Uhlenbruck/Zipperer* InsO, § 276a Rn. 11; MüKo-InsO/*Klöhn* § 276a Rn. 58: Abwägung im Einzelfall), weil sonst die Eigentumsgarantie des Grundgesetzes verletzt wird. Der Sachwalter unterliegt vielmehr den Beurteilungsgrundsätzen des Gerichts im Fall der Eigenverwaltungsanordnung nach § 270 Abs. 2 Nr. 2 InsO. Nur der Kausalzusammenhang unterscheidet sich. Dort ist der Bezugspunkt die Anordnung der Eigenverwaltung schlechthin, hier die zustimmungspflichtige konkrete Maßnahme. Zu den entsprechenden Beurteilungsanforderungen i.E. s. § 270 Rn. 56–81.

14   Der Sachwalter unterliegt der Aufsicht des Insolvenzgerichts, §§ 274 Abs. 1, 58 f. InsO, so dass das Gericht im **Streitfall** zur Überprüfung der Entscheidung des Sachwalters berufen ist (MüKo-InsO/*Klöhn* § 276a Rn. 61; *Uhlenbruck/Zipperer* InsO, § 276a Rn. 11; **a.A.** *Nerlich/Römermann-Riggert* InsO, § 276a Rn. 9: es bestehe Justitiabilität). Das Gericht kann eine Gläubigerversammlung einberufen (§ 74 Abs. 1 Satz 1 InsO über § 270 Abs. 1 Satz 2 InsO), die dem Sachwalter durch Mehrheitsbeschluss eine Handlungsanweisung geben kann. Der Maßnahmestreit unterfällt der Unterrichtungspflicht des Sachwalters nach § 274 Abs. 3 InsO (A/G/R-*Ringstmeier* § 276a Rn. 10). Für das Aufsichtsorgan besteht keine Beschwerdemöglichkeit, weil sie nicht vorgesehen ist (§ 6 Abs. 1 InsO). Die sachgerechte Zustimmungsausübung ist insolvenzspezifische Sachwalterpflicht und deswegen nach § 60 InsO **haftungsbewehrt** (A/G/R-*Ringstmeier* § 276a Rn. 7; *Kübler/Prütting/Bork-Pape* InsO, § 276a Rn. 33). Für den Sachwalter empfiehlt sich deswegen eine sorgfältige Ermittlung seiner Entscheidungstatsachen und deren beweiskräftiges Festhalten, entsprechend den Begründungsanforderungen an das Gericht nach § 270 Abs. 4 InsO.

15   Für die Zustimmungserklärung müssen die handelsrechtlichen Formvorschriften eingehalten werden (A/G/R-*Ringstmeier* § 276a Rn. 10; *Kübler/Prütting/Bork-Pape* InsO, § 276c Rn. 30), wegen der Anwendbarkeit der §§ 183, 184 BGB auch für den Sachwalter bei seiner Zustimmung.

D. Konzernfragen

16   Es ist zu erwarten, dass § 276a InsO eine **Schlüsselrolle im Konzerninsolvenzrecht** erhalten wird. Der Grund dafür liegt in der vom Gesetzgeber »stumpf« ausgestalteten **Durchsetzungsmacht des Verfahrenskoordinators** sowie des Insolvenzverwalters/eigenverwaltenden Schuldners anderer Konzerninsolvenzgesellschaften schon für die Kooperationspflichten des eigenverwaltenden Schuldners und erst recht des Sachwalters, für den keine Verpflichtung begründet ist (i.E. s. § 272 Rdn. 19, § 274 Rdn. 24; **a.A.** MüKo-InsO/*Brünkmanns* Konzerninsolvenzrecht Rn. 83; *Flöther/Hoffmann* FS Kübler S. 147, 156; *Wimmer/Amend* § 270d Rdn. 3: de lege lata). Kann der Verfahrenskoordinator (§ 269e InsO) seinen Zusammenarbeitsanspruch (§ 269f InsO) nicht gegen den eigenverwaltenden Schuldner (über § 270d InsO, so wird § 270d InsO nach Sinn und Zweck auszulegen sein,

i.E. s. *Wimmer/Amend* § 270d Rdn. 4) oder können die gruppenangehörigen Schuldner die Unterrichtungs- und Zusammenarbeitsverpflichtungen (§ 270d InsO mit § 269a InsO, i.E. s. *Wimmer/Amend* § 270d Rdn. 2) nicht durchsetzen, hängt aber die Maximierung der Gesamtmasse aller Verfahren (s. *Wimmer* § 269f Rdn. 3 f.) davon ab, dass der eigenverwaltende Schuldner bei dem Konzept für die »Gesamtmasseverwertung« mitmacht, wird nach Wegen zur Druckausübung auf den eigenverwaltenden Schuldner gesucht werden. **Beispiel:** Über eine Konzernfinanzierung sind die wesentlichen Investitionsmittel in das Unternehmen des eigenverwaltenden Schuldners geflossen und wurde es so gegenüber anderen Konzernunternehmen als Konzerngesellschaft zu einem Vermögenskern des Konzerns aufgewertet (s. dazu auch *Wimmer* Vor §§ 269a ff. Rdn. 33). Der Weg zur Durchsetzung der Gesamtkonzernbelange durch eine »Gesamtmasseverwertung« kann dann nur über den Gesellschafter – im Vertragskonzern i.d.R. der Insolvenzverwalter der Muttergesellschaft – gesucht werden, über gesellschaftsrechtliche Einflussnahmen auf den eigenverwaltenden Schuldner. Zulässig sind sie nach dem die Konzernrechtsregelungen tragenden **Grundsatz der bewahrten Selbstständigkeit** (i.E. s. § 272 Rdn. 19) jedoch nur, soweit sie nicht auf eine Schädigung der Gläubigergemeinschaft des eigenverwaltenden Schuldners entsprechend § 270 Abs. 2 Nr. 2 InsO (s. Rdn. 3, 13) hinauslaufen. Der Gesetzgeber hat jeglichen Konzernzwang ausgeschlossen (i.E. *Wimmer* Vor §§ 269a ff. Rdn. 34, 37 f., § 269a Rdn. 3 f., 23 ff.), weswegen bestenfalls eine kaum begründbare Leistungsklage und eine kaum begründbare Haftungsinanspruchnahme möglich sind (*Wimmer* § 269a Rdn. 24 f.). Diese Anordnung kann nicht über Einflussnahmen nach Satz 2, 3 umgangen werden. In der Konzerninsolvenz ist deswegen gegenüber Einflussnahmen des Gesellschafters größte Vorsicht geboten und werden sie in der gebotenen Einzelfallprüfung durch den Sachwalter nach Satz 3 grds. zur Annahme einer Nachteilsgefahr für die Gläubiger führen.

§ 277 Anordnung der Zustimmungsbedürftigkeit

(1) ¹Auf Antrag der Gläubigerversammlung ordnet das Insolvenzgericht an, dass bestimmte Rechtsgeschäfte des Schuldners nur wirksam sind, wenn der Sachwalter ihnen zustimmt. ²§ 81 Abs. 1 Satz 2 und 3 und § 82 gelten entsprechend. ³Stimmt der Sachwalter der Begründung einer Masseverbindlichkeit zu, so gilt § 61 entsprechend.

(2) ¹Die Anordnung kann auch auf den Antrag eines absonderungsberechtigten Gläubigers oder eines Insolvenzgläubigers ergehen, wenn sie unaufschiebbar erforderlich ist, um Nachteile für die Gläubiger zu vermeiden. ²Der Antrag ist nur zulässig, wenn diese Voraussetzung der Anordnung glaubhaft gemacht wird.

(3) ¹Die Anordnung ist öffentlich bekanntzumachen. ²§ 31 gilt entsprechend. ³Soweit das Recht zur Verfügung über ein Grundstück, ein eingetragenes Schiff, Schiffsbauwerk oder Luftfahrzeug, ein Recht an einem solchen Gegenstand oder ein Recht an einem solchen Recht beschränkt wird, gelten die §§ 32 und 33 entsprechend.

Übersicht

		Rdn.
A.	Sinn und Zweck der Vorschrift, Anwendungsgrundproblem	1
I.	Allgemeines	1
II.	Anwendungsgrundproblem: Antrags-, Eingriffs- und Anordnungsbeschränkung	2
B.	Regelfall: Antrag der Gläubigerversammlung (Abs. 1)	3
I.	Antrag	3
II.	Anordnung	6
III.	Rechtsfolgen	8
IV.	Sachwalterhaftung bei Zustimmung (Abs. 1 Satz 3, § 61 InsO)	13
C.	Eilfall: Antrag eines einzelnen absonderungsberechtigten Gläubigers oder Insolvenzgläubigers (Abs. 2)	14
I.	Antrag, Anordnung	14
II.	Eilbedürftigkeit, Glaubhaftmachung	17

§ 277 InsO Anordnung der Zustimmungsbedürftigkeit

A. Sinn und Zweck der Vorschrift, Anwendungsgrundproblem

I. Allgemeines

1 § 277 gibt die Möglichkeit, die Verwaltungs- und Verfügungsbefugnis des Schuldners für bestimmte Rechtsgeschäfte zu beschränken, indem ihre Wirksamkeit an die Zustimmung des Sachwalters geknüpft wird. Im Unterschied zu den Beschränkungen, die der Schuldner nach den §§ 275, 276 InsO zu beachten hat, wirkt die in § 277 InsO vorgesehene Einschränkung auch gegenüber Dritten. Gutgläubige Dritte werden nur im engen Rahmen des § 81 Abs. 1 InsO und des § 82 InsO geschützt. Wegen der Drittwirkung der Anordnung sieht Abs. 3 eine öffentliche Bekanntmachung und die Verlautbarung der Anordnung im Handelsregister und ggf. im Grundbuch vor (BT-Drucks. 12/2443 zu § 338). Eigenverwaltende Rechtshandlungen des Sachwalters, die **offensichtlich dem Insolvenzzweck zuwiderlaufen**, sind wie entsprechende des Insolvenzverwalters allerdings ohnehin unwirksam (*Vallender* WM 1998, 2129 [2138]; KS-InsO/*Pape* S. 895, 918 f. Rn. 40; *Uhlenbruck/Zipperer* InsO, § 277 Rn. 1; zur Insolvenzzweckwidrigkeit *BGH* 20.03.2014 – IX ZR 80/13, ZIP 2014, 978).

II. Anwendungsgrundproblem: Antrags-, Eingriffs- und Anordnungsbeschränkung

2 § 277 ist nach seinem **Wortlaut** in der **Rechtsfolge** auf die Anordnung der Sachwalterzustimmung bestimmter (einzelner) Rechtsgeschäfte des Schuldners beschränkt, weswegen die Anordnung der Zustimmung pauschal für alle Rechtsgeschäfte des Schuldners unzulässig ist (HK-InsO/*Landfermann* § 277 Rn. 1; *Uhlenbruck/Zipperer* InsO, § 277 Rn. 1); in seinem **Tatbestand** an einen Antrag der Gläubigerversammlung oder – in Eilfällen – an einen Antrag eines absonderungsberechtigten Gläubigers oder eines Insolvenzgläubigers gebunden. Daraus erwächst eine **Antragsbeschränkung**, weil schon dem Sachwalter keine Antragsbefugnis – nicht einmal in Eilfällen, Abs. 2 – zusteht, obwohl er als Aufsichtsorgan (§ 274 Abs. 2 InsO) an gläubigerschädigendem Verhalten des Schuldners am ehesten »dran« ist und gläubigerschützend tätig werden könnte; ferner eine **Eingriffsbeschränkung**, weil das Insolvenzgericht nicht einmal auf Antrag des Sachwalters Eilmaßnahmen erlassen kann, noch weniger von Amts wegen; schließlich eine **Anordnungsbeschränkung**, weil nur die Aufhebung der Eigenverwaltung schlechthin (§ 272 Abs. 1 Nr. 1, 2 InsO) angeordnet werden kann oder die Zustimmungspflichtigkeit einzelner Rechtsgeschäfte (Abs. 1 Satz 1). Diese Beschränkungen widersprechen Sinn und Zweck der Eigenverwaltung, der in der Wahrung der Befriedigungsinteressen durch Verwaltungs- und Verwertungshandlungen des Schuldners besteht und der in Tatbestand und Rechtsfolge ein Anordnungsinstrumentarium fordert, mit dem Sinn und Zweck der Eigenverwaltung im Einzelfall angemessen durchgesetzt werden können. Insbesondere in den Fortführungsfällen, die der Gesetzgeber für die Eigenverwaltung vornehmlich im Auge hatte, können gläubigerschädigende Handlungen des Schuldners schnell, mit großen Schadensfolgen und nicht nur durch aktives Tun, sondern auch durch Dulden oder Unterlassen vorgenommen werden, so dass Sinn und Zweck der Eigenverwaltung – je nach konkreter Schadenslage – ein schnelles angemessenes Eingreifen durch gerichtliche Anordnung außerhalb des durch § 277 InsO gewährten formalen Anordnungsrahmens gebieten können. Diese Möglichkeit besteht nach der hier vertretenen Auffassung über §§ **270 Abs. 1 Satz 2, 21 InsO im gesamten Anordnungsspektrum des vorläufigen Insolvenzverfahrens** (eingehend zum Problem § 270c Rdn. 12–33). Bei § 277 InsO stimmt also der Wortlaut der Vorschrift nicht mit seinem Sinn und Zweck überein. Diese seit der 1. Auflage vertretene Auffassung hat **Kritik** erfahren. Ein Eingreifen des Gerichts von Amts wegen und die Anordnung von Verfügungsbeschränkungen aller Art widersprächen der vom Gesetzgeber vorgegebenen Rollenverteilung zwischen Gläubiger und Gericht. Das Gericht habe nicht die Aufgabe, das Verfahren daraufhin zu überwachen, ob die Gläubiger wirtschaftliche Nachteile erleiden könnten, oder darauf zu achten, dass ein »unwürdiger« Schuldner von dieser Art des Verfahrens ferngehalten werde; die Analogie sei mangels Regelungslücke unzulässig (HK-InsO/*Landfermann* § 277 Rn. 4; zust. dagegen mit Differenzierung *Uhlenbruck/Zipperer* InsO, § 277 Rn. 3). Die Argumente der Kritik überzeugen nicht. Die in Einzelvorschriften zum Ausdruck kommende Rollenverteilung zwischen Gläubiger und Gericht geben nicht Sinn und Zweck der Eigenverwaltung vor, sondern umgekehrt

vielmehr Sinn und Zweck der Eigenverwaltung die Rollenverteilung zwischen Gläubiger und Gericht. Wenn vom Gesetzgeber bei der Umsetzung des Sinnes und Zweckes der Eigenverwaltung in die Rollenverteilung zwischen Gläubiger und Gericht – wie hier mit einem sinn- und zweckwidrig beschränkten Anordnungsinstrumentarium – handwerkliche Fehler gemacht und Regelungslücken produziert werden, ist es Aufgabe der Rechtsanwendung, solche handwerkliche Fehler zu korrigieren und Regelungslücken zu schließen. Es geht auch nicht um einen Allgemeinschutz der Gläubiger vor wirtschaftlichen Nachteilen durch Verwaltungs- und Verwertungshandlungen des Schuldners und noch weniger darum, den eigenverwaltenden Schuldner Würdigkeitsmaßstäben zu unterwerfen. Es geht vielmehr darum, anhand einer konkreten Gefahrenlage missbräuchliches Schuldnerhandeln angemessen zu unterbinden und den Gläubigerschutz effektiv durchzusetzen. Deswegen hängt die Missbrauchsanfälligkeit der Eigenverwaltung und damit ihre praktische Akzeptanz, die vom **ESUG** zum Anlass von Korrekturen genommen wird, davon ab (i.E. § 270c Rdn. 12–33). Der Anordnungsfall der Babcock Borsig AG (*AG Duisburg* ZInsO 2002, 1046 = ZIP 2002, 1636 = NZI 2002, 556) hat die handwerklichen Fehler des Gesetzgebers wegen seines sinn- und zweckwidrig eingeschränkten formalen Anordnungsinstrumentariums aufgedeckt und den rechtsanwendungspflichtigen Insolvenzrichter – nach der hier durchgängig vertretenen Auffassung zutreffend – zu umfassenden Rechtsanalogien veranlasst, um trotz angeordneter Eigenverwaltung eine den Anforderungen des Einzelfalles angepasste Gläubigerschutzlage sicherzustellen (zu diesem Fall und den sich aus ihm insgesamt ergebenden Missbrauchsfragen in der Eigenverwaltung eingehend § 270c Rdn. 12–33). Dagegen lässt sich auch nicht einwenden, dass der Gesetzgeber mit dem Antragserfordernis vom Vorbild der Regelung in den §§ 58–65 VerglO abgewichen ist, nach denen das Gericht auch von Amts wegen Verfügungsbeschränkungen anordnen konnte (s. HK-InsO/*Landfermann* § 277 Rn. 2 bis zur 5. Aufl.). Einmal, weil sich die Abweichung nicht auf das Antragserfordernis beschränkt, wie die Eingriffs- und die Anordnungsbeschränkungen aufzeigen. Zum anderen, weil der Gesetzgeber die sich aus den tatsächlichen Verwertungsverhältnissen ergebende Problematik für den Gläubigerschutz der Vorläufigkeitslage (so der Fall der Babcock Borsig AG, *AG Duisburg* ZInsO 2002, 1046) nicht, und der Eilfalllage nur mit grober Unterschätzung (Abs. 2, s. Rdn. 14 ff.) gesehen und damit eine planwidrige Regelungslücke geschaffen hat. Der Sache nach hat der Reformgesetzgeber diese Auffassung bestätigt, indem das Eigenverwaltungsvorverfahren nach dem Normensystem des Eigenverwaltungsverfahrens strukturiert wurde (§§ 274, 275 InsO über §§ 270a Abs. 1 Satz 2, 270b Abs. 2 Satz 1 InsO (näher § 270a Rdn. 3–12, § 274 Rdn. 3) und § 21 Abs. 1 InsO anwendbar bleibt (s. § 270 Rdn. 37, § 270a Rdn. 9). Deswegen sind im Eröffnungsbeschluss beschränkende Anordnungen **von Amts wegen** möglich (**sehr streitig**; wie hier *AG Duisburg* Beschl. v. 01.09.2002 – 62 IN 167/02, ZIP 2002, 1636; *AG München* Beschl. v. 14.06.2002 – 1502 IN 879/02, n.v.; m. zust. Anm. *Gundlach/Schmidt* DStR 2002, 2092, zit. nach *Kübler/Prütting/Bork-Pape* InsO, § 277 Rn. 12 Fn. 19; *Frind* EWiR 2015, 651; *Hess/Ruppe* NZI 2002, 577 [579]; *Schmidt/Fiebig* InsO, § 277 Rn. 2; BK-InsO/*Blersch* § 270 Rn. 20; a.A. *Kluth* InsO 2002, 1001 [1003]; *Prütting* FS H.-P. Kirchhof, S. 433; HK-InsO/*Landfermann* § 277 Rn. 4; *Kübler/Prütting/Bork-Pape* InsO, § 277 Rn. 12–14; *Graf-Schlicker* InsO, § 277 Rn. 3; MüKo-InsO/*Tetzlaff/Kern* § 277 Rn. 7; A/G/R-*Ringstmeier* § 277 InsO Rn. 2; differenzierend *Uhlenbruck/Zipperer* InsO, § 277 Rn. 3; zum Ganzen mit aktuellem Diskussionsstand s. § 270c Rdn. 12–33). Die **Aufhebung** der Anordnung ist entsprechend § 277 Abs. 1 Satz 1 InsO zulässig. Sie folgt den Regeln der Anordnung (HK-InsO/*Landfermann* § 277 Rn. 11; *Uhlenbruck/Zipperer* InsO, § 277 Rn. 4), also im Fall der Beantragung durch die Gläubigerversammlung auf Antrag der Gläubigerversammlung, im Fall der hier als zulässig angesehenen amtswegigen Anordnung von Amts wegen oder auf Antrag der Gläubigerversammlung.

B. Regelfall: Antrag der Gläubigerversammlung (Abs. 1)

I. Antrag

a) Die Gläubigerversammlung kann den Antrag auf Sachwalterzustimmung stellen. Der Antrag kann in **jeder Gläubigerversammlung** gestellt werden (vgl. BT-Drucks. 12/2443 zu § 333). Er erfolgt durch Beschluss der Gläubigerversammlung.

3

4 **b)** Inhaltlich ist der Antrag (wie schon der Beschluss) auf die Anordnung des Insolvenzgerichtes gerichtet, dass bestimmte Rechtsgeschäfte des Schuldners nur mit der Zustimmung des Sachwalters wirksam sind. Das Rechtsgeschäft besteht aus einer oder mehreren Willenserklärungen, die allein oder i.V.m. anderen Tatbestandsmerkmalen eine Rechtsfolge herbeiführen, weil sie gewollt ist (*Palandt/Heinrichs* Überblick vor § 104 Rn. 2), so dass zahlreiche Verwaltungshandlungen und Verfügungen des Schuldners dem Zustimmungsvorbehalt des Sachwalters unterworfen werden können. Für die Anforderungen an die Bestimmtheit kann auf die Rechtsgrundsätze zurückgegriffen werden, die zur sachenrechtlichen Einigung, insbes. nach § 930 BGB, entwickelt wurden. Der Grundsatz der Rechtssicherheit gebietet die Anwendung dieser strengen Regeln. Aufgrund des in § 277 angeordneten Unwirksamkeitsgebotes auch gegenüber Dritten wird das Bedürfnis nach Rechtssicherheit deutlich. Das betroffene Rechtsgeschäft muss daher durch **einfache äußere Merkmale so bestimmt bezeichnet sein,** dass jeder, der von der Anordnung Kenntnis erlangt, zum Zeitpunkt der Vornahme des Rechtsgeschäftes unschwer in der Lage ist, zu erkennen, dass das konkrete Rechtsgeschäft dem Zustimmungsvorbehalt unterliegt; die bloße Bestimmbarkeit insbes. aufgrund außerhalb der Anordnung liegender Umstände genügt nicht (vgl. *BGH* LM § 930 BGB Nr. 9; NJW 1995, 2348; *BGH* NZI 2002, 546; zust. *Uhlenbruck/Zipperer* InsO, § 277 Rn. 5; *Kübler/Prütting/Bork-Pape* InsO, § 277 Rn. 10; *Nerlich/Römermann-Riggert* InsO, § 277 Rn. 2; MüKo-InsO/*Tetzlaff/Kern* § 277 Rn. 15 f.; **a.A.** HambK-InsO/*Fiebig* § 277 Rn. 4). Es empfiehlt sich deswegen, im Antrag das betroffene Rechtsgeschäft oder den betroffenen Gegenstand des Rechtsgeschäfts (etwa Grundstücke, Maschinen) so gut es geht genau zu bezeichnen, bei Grundstücken etwa die genaue Grundbuchbezeichnung anzugeben, bei Fahrzeugen die Fahrgestellnummer, bei Maschinen die Maschinennummer etc. (**a.A.** *Uhlenbruck/Zipperer* InsO, § 277 Rn. 2: Individualisierbarkeit genügt).

5 § 277 Abs. 1 Satz 1 InsO beschränkt den Antrag nicht auf ein konkretes einzelnes Rechtsgeschäft bzw. Rechtsgeschäfte über einen konkreten einzelnen Rechtsgeschäftsgegenstand (»bestimmte Rechtsgeschäfte«). Deswegen kann auch eine **Gruppe von Rechtsgeschäften** Gegenstand des Antrages sein (z.B. Verpflichtungen oder Verfügungen über alle oder bestimmte beweglichen Gegenstände des Anlagevermögens, vgl. § 160 Abs. 2 Nr. 1 InsO) oder eine **Sachgesamtheit** (z.B. das Warenlager im Ganzen, vgl. § 160 Abs. 2 Nr. 1 InsO), solange nur der Bestimmtheitsgrundsatz gewahrt bleibt (ebenso *Uhlenbruck/Zipperer* InsO, § 277 Rn. 2; *Kübler/Prütting/Bork-Pape* InsO, § 277 Rn. 7). Die Beschränkung kann sich auf **Geschäfte mit einem bestimmten Volumen** beziehen oder auf die **Einziehung von Forderungen** oder auf die **Belastung von Grundstücken** (*Kübler/Prütting/Bork-Pape* InsO, § 277 Rn. 7). Die Anordnung einer generellen Zustimmungsbedürftigkeit wird mit Recht für unzulässig gehalten, weil sie einer Aufhebung der Eigenverwaltung gleichkommt (*Häsemeyer* InsR, Rn. 8.18; HK-InsO/*Landfermann* § 277 Rn. 1; *Uhlenbruck* InsO, § 277 Rn. 1; *Kübler/Prütting/Bork-Pape* InsO, § 277 Rn. 9; **a.A.** HambK-InsO/*Fiebig* § 277 Rn. 5). Genau genommen verstieße sie gegen den Insolvenzzweck und wäre deswegen nichtig (vgl. die bei § 270 Rdn. 8 angeführte BGH-Rechtsprechung). Weitere Antragsgegenstände: Geschäfte mit bestimmtem Volumen (*Kübler/Prütting/Bork-Pape* InsO, § 277 Rn. 7); Einziehung von Forderungen durch Schuldner oder Grundvermögensbelastung zur Kreditaufnahme nur mit Zustimmung des Sachwalters (*Uhlenbruck* InsO 13. Aufl., § 277 Rn. 2).

II. Anordnung

6 Die Anordnung erfolgt durch **förmlichen Beschluss** des Insolvenzgerichtes. Sie ist nicht rechtsmittelfähig (§ 6 Abs. 1 InsO), unterliegt aber der Rechtspflegererinnerung (§ 11 Abs. 2 Satz 1 RPflG), wenn sich der Richter nicht – der Regelfall – die Entscheidung vorbehalten hat (*Kübler/Prütting/Bork-Pape* InsO, § 277 Rn. 35; HK-InsO/*Landfermann* § 277 Rn. 8). Die vorherige Anhörung des Schuldners und des Sachwalters durch das Insolvenzgericht ist vom Gesetz nicht verlangt und auch entbehrlich. Denn für die Wahrung rechtlichen Gehörs genügt, dass der Betroffene hinreichend Gelegenheit hatte, sich in allen wichtigen Fragen zur Sache zu äußern und er diese Gelegenheit schuldhaft ungenutzt verstreichen ließ (vgl. *BVerfGE* 55, 72 [94] zur Wirksamkeit von Präklusionsvorschriften gem. Art. 103 Abs. 1 GG; zust. *Uhlenbruck/Zipperer* InsO, § 277 Rn. 4). Diese Gelegenheit hatten Schuldner und Sachwalter, wenn sie ordnungsgemäß über den Termin zur Gläubigerversammlung informiert wurden. Insoweit ist ihre Nichtanwesenheit in der Gläubigerversammlung nicht erheblich (so auch *Kübler/Prütting/Bork-Pape* InsO, § 277 Rn. 26). In dem Beschluss ist das zustimmungsbedürftige Rechtsgeschäft genau zu bezeichnen. Der Sachwalter erteilt die Zustimmung – weisungsunabhängig – nach pflichtgemäßem Ermessen in eigener Verantwortung, er unterliegt also keinerlei Weisungen (*Koch* Eigenverwaltung, S. 254; *Uhlenbruck/Zipperer* InsO, § 277 Rn. 4).

Die Anordnung ist **öffentlich bekanntzumachen** (Abs. 3), also nach § 9 InsO zu veröffentlichen (§ 270 Abs. 1 Satz 2 InsO). Ist der Gemeinschuldner im Handels-, Genossenschafts- oder Vereinsregister eingetragen, ist der Beschluss dem **Registergericht** zu übermitteln (Satz 2, § 31 InsO). Ferner sind das Grundbuchamt, Schiffsregister, Schiffsbauregister und das Register für Pfandrechte an Luftfahrzeugen von der Geschäftsstelle des Insolvenzgerichtes von Amts wegen (§ 32 Abs. 2 Satz 1 InsO) zu unterrichten, soweit ein Recht an einem dort eingetragenen Gegenstand oder ein Recht an einem solchen Recht beschränkt wird (Abs. 3 Satz 2). Empfehlenswert ist die Zustellung des Beschlusses auch an den Schuldner, auch wenn sie nicht ausdrücklich gefordert ist; dem Sachwalter ist er formlos zu übersenden. Wegen der Anwendbarkeit des § 82 InsO sollte auch eine Zustellung an die Schuldner des Schuldners erfolgen (*Kübler/Prütting/Bork-Pape* InsO, § 277 Rn. 37; *Uhlenbruck/Zipperer* InsO, § 277 Rn. 11; *Graf-Schlicker* InsO, § 277 Rn. 14). Der Beschluss sollte nach Tag und Stunde datiert werden, um im Streitfall die Prüfung einer etwaig zustimmungswidrigen Verfügung zu ermöglichen (*Kübler/Prütting/Bork-Pape* InsO, § 277 Rn. 18; MüKo-InsO/*Tetzlaff/Kern* § 277 Rn. 25; *Uhlenbruck/Zipperer* InsO, § 277 Rn. 5).

III. Rechtsfolgen

a) Bereits der Anordnungsbeschluss bewirkt, dass das in der Anordnung bezeichnete Rechtsgeschäft nicht ohne Zustimmung des Sachwalters wirksam ist, die Verpflichtungs- und Verfügungsbeschränkung also auch gegenüber Dritten wirkt. Dies folgt aus Satz 2 i.V.m. § 81 Abs. 1 Satz 1 InsO. Nach § 82 wird vermutet, dass bei Leistungen an den Schuldner vor der öffentlichen Bekanntmachung der Leistende die Anordnung nicht kannte, so dass Schuldbefreiung eintritt. Dies gilt bei § 277 entsprechend (vgl. Abs. 1 Satz 1). Die Anordnung enthält damit ein Verbot zur Ausführung des bezeichneten Rechtsgeschäftes ohne Zustimmung des Sachwalters. Vom Schuldner verbotswidrig vorgenommene Rechtsgeschäfte sind absolut (schwebend) unwirksam (BT-Drucks. 12/2443 zu § 92; ebenso *Kübler/Prütting/Bork-Pape* InsO, § 277 Rn. 26; MüKo-InsO/*Tetzlaff/Kern* § 277 Rn. 36; *Uhlenbruck/Zipperer* InsO, § 277 Rn. 6; wohl auch HK-InsO/*Landfermann* § 277 Rn. 9). Die Konzeption einer Verfügungsbeschränkung mit der Rechtsfolge einer relativen Unwirksamkeit ist der InsO fremd (BGH BGHZ 166, 74 [77] = NZI 2006, 224 f.; HK-InsO/*Landfermann* § 277 Rn. 9). Eine nachträgliche Genehmigung durch den Sachwalter nach § 184 f. BGB ist möglich (*Uhlenbruck* InsO 13. Aufl., § 277 Rn. 5; MüKo-InsO/*Tetzlaff/Kern* § 277 Rn. 40).

Die Geltendmachung der Unwirksamkeit erfolgt allgemeinen Grundsätzen folgend durch den Geschützten (*Palandt/Heinrichs* 67. Aufl., § 136 Rn. 7). Die Wahrnehmung dieser Rechte ist in der Eigenverwaltung nicht geregelt. Die Insolvenzgläubiger können es jedenfalls nicht sein, weil sie durch die Insolvenzeröffnung von der Verwaltungs- und Verfügungsbefugnis ausgeschlossen sind (§ 270 Abs. 1 Satz 1 InsO). Der Schuldner, der die Verwaltungs- und Verfügungsbefugnis ausübt, kann es gleichfalls nicht sein, weil er gerade die verbotswidrige Handlung vorgenommen hat. Es besteht eine Interessenkollision. Mithin bleibt zur **Geltendmachung** der **Sachwalter**. Seine Legitimation folgt aus Sinn und Zweck der Eigenverwaltung und seiner Funktion als systemimmanentes Schutzorgan für die Belange der Gläubiger (§ 274 Abs. 2 InsO). In dieser Funktion nimmt er im System der Eigenverwaltung einen Teil der Rechte wahr, die sonst der Insolvenzverwalter ausübt. Prozessual handelt es sich um einen Fall der gesetzlichen Prozessstandschaft (vgl. *Zöller/Vollkommer* ZPO, vor § 50 Rn. 21; zust. wohl *Kübler/Prütting/Bork-Pape* InsO, § 277 Rn. 27; **a.A.** *Uhlenbruck/Zipperer* InsO, § 277 Rn. 6: Schuldner; *Braun/Riggert*: Übergang in das Regelinsolvenzverfahren wegen Ungeeignetheit des Schuldners).

10 b) Die vorherige Zustimmung des Sachwalters ist **Einwilligung** (vgl. *Jaeger/Weber* KO, §§ 133, 134 Rn. 3; *Kuhn/Uhlenbruck* KO, §§ 133, 134 Rn. 1) und folgt deswegen den Regeln der §§ 182f. BGB. Sie kann als generelle Zustimmung auch allgemein erteilt werden (vgl. *Jaeger/Weber* KO, §§ 133, 134 Rn. 4; *Kuhn/Uhlenbruck* KO, §§ 133, 134 Rn. 1b). Seine Einwilligung (bzw. Genehmigung, § 184f. BGB) kann durch die **Gläubigerversammlung ersetzt** werden.

11 c) Ein gutgläubiger Erwerb durch Dritte ist bei Verfügungen des Schuldners nach den §§ 892, 893 BGB, §§ 16, 17 des Gesetzes über Rechte an eingetragenen Schiffen und Schiffsbauwerken und §§ 16, 17 des Gesetzes über Rechte an Luftfahrzeugen möglich (Satz 2 i.V.m. § 81 Abs. 1 Satz 2 InsO; *Uhlenbruck/Zipperer* InsO, § 277 Rn. 6). Leistungen an den Schuldner zur Erfüllung einer Verbindlichkeit wirken **schuldbefreiend**, wenn der Leistende zur Zeit der Leistung den angeordneten Zustimmungsvorbehalt nicht kannte. Bei Leistung vor der öffentlichen Bekanntmachung des Zustimmungsvorbehaltes wird vermutet, dass der Leistende die Eröffnung nicht kannte (Satz 2 i.V.m. § 82 InsO; zust. *Kübler/Prütting/Bork-Pape* InsO, § 277 Rn. 20; MüKo-InsO/*Tetzlaff/Kern* § 277 Rn. 42; *Uhlenbruck/Zipperer* InsO, § 277 Rn. 6).

12 Ist das Rechtsgeschäft unwirksam, ist dem anderen Teil die Gegenleistung aus der Insolvenzmasse zurückzugewähren, soweit die Masse durch sie bereichert ist (Satz 2 i.V.m. § 81 Abs. 1 Satz 3 InsO; zust. *Kübler/Prütting/Bork-Pape* InsO § 277 Rn. 20; *Uhlenbruck/Zipperer* InsO, § 277 Rn. 6). Wie für die Geltendmachung der relativen Unwirksamkeit ist der Sachwalter hierfür als materiell Verpflichteter und prozessual als gesetzlicher Prozessstandschafter anzusehen. Die in Rdn. 9 angestellten Erwägungen gelten auch hier (zust. wohl *Kübler/Prütting/Bork-Pape* InsO § 277 Rn. 27).

IV. Sachwalterhaftung bei Zustimmung (Abs. 1 Satz 3, § 61 InsO)

13 Die Zustimmung des Sachwalters zur Begründung einer Masseverbindlichkeit löst für ihn den **Haftungsmaßstab des § 61 InsO** aus (Abs. 1 Satz 3). Das bedeutet, dass er dem Massegläubiger zum Schadensersatz verpflichtet ist, wenn diese Masseverbindlichkeit aus der Insolvenzmasse nicht voll erfüllt werden kann und er nicht beweisen kann, dass er bei der Begründung der Verbindlichkeit nicht erkennen konnte, dass die Masse voraussichtlich zur Erfüllung nicht ausreichen wird (*Kübler/Prütting/Bork-Pape* InsO, § 277 Rn. 21; HK-InsO/*Landfermann* § 277 Rn. 10; *Nerlich/Römermann-Riggert* InsO, § 277 Rn. 4; *Uhlenbruck/Zipperer* InsO, § 277 Rn. 7). Bei einer deutlichen Zeitdifferenz zwischen Zustimmung des Sachwalters und Abschluss des Rechtsgeschäftes durch den Schuldner kann sich die Frage stellen, ob der Haftungstatbestand an die Handlung des Sachwalters anknüpft – also die Erkennbarkeit der Masseunzulänglichkeit bei der Zustimmung – oder an das Schuldnergeschäft. Der Wortlaut des § 61 Satz 2 InsO lässt auf letzteres schließen. Dagegen ist zu beachten, dass § 61 InsO nur entsprechend gilt. § 61 InsO knüpft die Haftungsverantwortung an die Handlung des Verantwortlichen, des Insolvenzverwalters. Er haftet, weil er selbst handelt oder durch Erfüllungsgehilfen handeln lässt. Daraus folgt für den Sachwalter, dass auch er nur für die **Erkennbarkeit der Masseunzulänglichkeit bei seiner Handlung** – die Erteilung einer Zustimmung durch Erfüllungsgehilfen scheidet regelmäßig aus – haften kann (zust. *Kübler/Prütting/Bork-Pape* InsO, § 277 Rn. 21). Anknüpfungszeitpunkt ist also die von ihm erteilte Zustimmung (zust. *Kübler/Prütting/Bork-Pape* InsO, § 277 Rn. 23; HK-InsO/*Landfermann* § 277 Rn. 10). Für den Entlastungsbeweis gelten die allgemeinen Regeln (s. § 274 Rdn. 25–38).

C. Eilfall: Antrag eines einzelnen absonderungsberechtigten Gläubigers oder Insolvenzgläubigers (Abs. 2)

I. Antrag, Anordnung

14 Die Anordnung kann auch auf den Antrag eines absonderungsberechtigten Gläubigers oder eines Insolvenzgläubigers ergehen, wenn sie unaufschiebbar erforderlich ist, um Nachteile für die Gläubiger zu vermeiden.

15 Absonderungsberechtigte Gläubiger sind Gläubiger nach §§ 49–51 InsO, Insolvenzgläubiger solche nach § 38 InsO. Der **Antrag eines einzelnen Gläubigers genügt** (ebenso *Uhlenbruck/Zipperer* InsO,

§ 277 Rn. 8; *Kübler/Prütting/Bork-Pape* InsO, § 277 Rn. 29). Damit soll die Gläubigerschaft bei einem unmittelbar bevorstehenden nachteiligen Rechtsgeschäft geschützt werden (BT-Drucks. 12/2443 zu § 338). Der Antrag ist beim Insolvenzgericht anzubringen. Zum notwendigen Inhalt, zu Anordnung, Rechtsfolge und Sachwalterhaftung gilt das in Rn. 3–13 ausgeführte. Der Antrag kann insbesondere mündlich zu Protokoll der Geschäftsstelle (Service-Einheit) gestellt werden (*Uhlenbruck/Zipperer* InsO, § 277 Rn. 8).

Abs. 2 sieht nicht ausdrücklich eine **Anhörung des Schuldners** vor. Zur Verwirklichung des Grundsatzes des rechtlichen Gehörs (Art. 103 Abs. 1 GG) ist jedoch grds. eine Anhörung des Schuldners erforderlich, es sei denn, dass wegen der Gefährdung des Zweckes der Eilanordnung von der Anhörung abgesehen werden muss (vgl. BVerfGE 9, 89 [98] zur Anordnung der Untersuchungshaft; *Zöller/Vollkommer* ZPO § 921 Rn. 1; zust. *Uhlenbruck/Zipperer* InsO, § 277 Rn. 8; MüKo-InsO/*Tetzlaff/Kern* § 277 Rn. 20). 16

II. Eilbedürftigkeit, Glaubhaftmachung

Die Anordnung muss unaufschiebbar erforderlich sein, um Nachteile für die Gläubiger zu vermeiden. § 277 Abs. 2 gleicht in seiner Schutzrichtung § 21 InsO, der dem Insolvenzrichter die Möglichkeit gibt, durch Anordnung von Sicherungsmaßnahmen eine den Gläubigern **nachteilige Veränderung in der Vermögenslage des Schuldners zu verhüten**. Nachteile für die Gläubiger i.S.d. Abs. 2 sind deswegen alle nachteiligen Veränderungen in der Vermögenslage des Schuldners i.S.d. § 21 InsO (vgl. § 270 Abs. 1 Satz 2 InsO); zust. *Uhlenbruck/Zipperer* InsO, § 277 Rn. 8). Liegen die Anordnungsvoraussetzungen vor, muss die Anordnung erlassen werden; das Gericht hat kein Ermessen (HK-InsO/*Landfermann* § 277 Rn. 15; *Uhlenbruck/Zipperer* InsO, § 277 Rn. 9). 17

§ 277 Abs. 2 InsO unterscheidet sich von § 21 InsO dagegen in den Anordnungsvoraussetzungen. Während dort der Insolvenzrichter von Amts wegen handelt, wird er hier nur auf Antrag und der glaubhaft gemachten Anordnungsvoraussetzung (Satz 3) tätig. Zu den sich aus dieser Anwendungsbeschränkung ergebenden Problemen zuvor Rdn. 2 und eingehend § 270c Rdn. 12–33. 18

§ 278 Mittel zur Lebensführung des Schuldners

(1) Der Schuldner ist berechtigt, für sich und die in § 100 Abs. 2 Satz 2 genannten Familienangehörigen aus der Insolvenzmasse die Mittel zu entnehmen, die unter Berücksichtigung der bisherigen Lebensverhältnisse des Schuldners eine bescheidene Lebensführung gestatten.

(2) Ist der Schuldner keine natürliche Person, so gilt Absatz 1 entsprechend für die vertretungsberechtigten persönlich haftenden Gesellschafter des Schuldners.

Übersicht	Rdn.		Rdn.
A. Sinn und Zweck der Vorschrift	1	I. Bescheidene Lebensführung	5
I. Allgemeines	1	II. Unterhaltsberechtigter Personenkreis	11
II. Stellung der Vorschrift in der Eigenverwaltung	2	III. Dauer des Entnahmerechts, Pflichtverletzung	12
B. Entnahmerecht für bescheidene Lebensführung	5	IV. Erweiterungstatbestand (Abs. 2)	16

Literatur:
Wipperfürth Unterhalt des selbständigen Schuldners in der Eigenverwaltung, ZInsO 2015, 1127.

A. Sinn und Zweck der Vorschrift

I. Allgemeines

Die Vorschrift legt in Anlehnung an § 56 VerglO fest, dass im Fall der Eigenverwaltung unter Aufsicht eines Sachwalters nicht nur der notwendige Unterhalt des Schuldners, sondern darüber hinaus 1

§ 278 InsO   Mittel zur Lebensführung des Schuldners

Mittel zu einer bescheidenen Lebensführung unter Berücksichtigung der bisherigen Lebensverhältnisse des Schuldners aus der Insolvenzmasse entnommen werden dürfen. Diese Mittel sollen allerdings häufig ganz oder überwiegend aus dem unpfändbaren Teil seines laufenden Einkommens, der nicht zur Insolvenzmasse gehört, bestritten werden können. Insoweit soll ein Recht zur Entnahme aus der Insolvenzmasse entfallen. Der Kreis der Personen, deren Unterhalt die Vorschrift gewährleisten soll, wird in gleicher Weise abgegrenzt wie im Insolvenzregelverfahren (BT-Drucks. 12/2443 zu § 339).

II. Stellung der Vorschrift in der Eigenverwaltung

2 Die Gesetzesbegründung deutet mit dem vorsichtigen Hinweis auf eine **Anlehnung** an die Regelung des § 56 VerglO an, dass jene Regelung nicht einfach übernommen wurde, sondern die Anwendung im Hinblick auf die besondere Struktur der Eigenverwaltung erfolgen muss. In der Tat unterscheidet sich der Stellenwert des § 56 VerglO innerhalb der Regelungen der VerglO vom Stellenwert des § 278 innerhalb der Eigenverwaltung, insbesondere im Bereich der Sanktion pflichtwidrigen Schuldnerhandelns.

3 Problematisch ist die **Überschreitung der Entnahmegrenze** durch den Schuldner, respektive deren **Rechtsfolgen**. Immerhin fällt nach der Insolvenzordnung auch der Neuerwerb in die Insolvenzmasse (§ 35 InsO), wenn auch für die nach dem 01.07.2014 beantragten Verfahren (Art. 103h EGInsO) nur bis längstens zur Erteilung der Restschuldbefreiung (§ 300a Abs. 1 Satz 1 InsO; HK-InsO/Ries § 35 Rn. 39), so dass der Schuldner sehr viel häufiger auf Unterhalt aus der Insolvenzmasse angewiesen sein wird, als dies früher der Fall war (*Kübler/Prütting/Bork-Pape* § 278 Rn. 2; MüKo-InsO/*Tetzlaff/Kern* § 278 Rn. 12). Der Schuldner der Eigenverwaltung verliert anders als früher der Vergleichsschuldner mit der Eröffnung des Insolvenzverfahrens zwar die Verwaltungs- und Verfügungsmacht, erhält sie aber durch die Anordnung der Eigenverwaltung in dem eingeschränkten Umfang der gesetzlichen Eigenverwaltungsvollmachten zurück, weil die Anordnung mit der Eröffnung des Insolvenzverfahrens erfolgt (§ 270 Abs. 1 Satz 1 InsO; i.E. s. § 270 Rdn. 20). Bei nachträglicher Anordnung erhält er sie entsprechend übertragen (§ 271 InsO; s. § 271 Rdn. 11). Hier wie dort wird der Unterhalt für sich und seine Familie nicht wie im Insolvenzfall/Konkursfall vom Verwalter mit Genehmigung des Gerichts bzw. Gläubigerausschusses zugeteilt (§ 129 Abs. 1 KO – § 100 Abs. 2 InsO) oder später durch Beschluss der Gläubigerversammlung bewilligt (§ 132 Abs. 1 KO – § 100 Abs. 1 InsO). Der Schuldner **entnimmt die Mittel vielmehr selbst** seinem (beschlagnahmten – vgl. § 35 f. InsO) Vermögen. Der Gefahr, dass der Vergleichsschuldner die Entnahmegrenze überschritt, begegnete die VerglO durch das Gebot einer bescheidenen Lebensführung und bei einem Verstoß hiergegen durch einen mittelbaren Erfüllungszwang. Das Vergleichsgericht konnte Sicherungsmaßnahmen gem. § 12 VerglO anordnen. Bei einem Verstoß nach der Eröffnung des Vergleichsverfahrens (§ 20 VerglO) war das Verfahren nach § 100 Abs. 1 Nr. 5 VerglO einzustellen und zugleich über die Eröffnung des Anschlusskonkursverfahrens zu entscheiden (§ 101 VerglO), sofern noch kein Bestätigungsbeschluss (§ 78 VerglO) vorlag (*Bley/Mohrbutter* VerglO, § 56 Rn. 3). Im Anschlusskonkursverfahren unterlagen pflichtwidrige Rechtsgeschäfte, etwa unverhältnismäßige Schenkungen, der Anfechtung nach § 32 Nr. 1 KO. In der Eigenverwaltung dagegen scheidet die Insolvenzanfechtung selbst dann aus, wenn die pflichtwidrige Schuldnerhandlung Anlass zur Aufhebung der Eigenverwaltung mit Übergang in das Insolvenzregelverfahren gewesen sein sollte (§ 272 InsO). Denn die Schuldnerhandlung erfolgte nach Eröffnung des Insolvenzverfahrens und in Ausübung seiner (besonderen) Regularien (vgl. BT-Drucks. 12/2243 zu § 333). Die sich daraus ergebende **Gefährdung der Interessen der Gläubiger** liegt auf der Hand. Sie wird in dem vom *AG Duisburg* entschiedenen Fall deutlich (Beschl. v. 04.10.2005 – 60 IN 136/02, ZIP 2005, 2335 = NZI 2006, 112): Die mit Verfahrenseröffnung angeordnete Eigenverwaltung wechselte nach 17 Monaten in die Regelinsolvenzverwaltung (§ 272 InsO). Der Geschäftsführer der eigenverwaltenden Schuldnerin legte über den Eigenverwaltungszeitraum Rechnung und wies darin die Entnahme von 3 % der Insolvenzmasse bei Beendigung der Eigenverwaltung als Vergütung für »Kosten des Insolvenzmanagements« aus. In der Gläubigerversammlung wurden Einwendungen gegen die Bemessungsgrundlage und die Vergütungshöhe erhoben. Das Insolvenzgericht wies den Antrag auf gericht-

liche Entscheidung insoweit als unzulässig mit der Begründung zurück, die Vergütung richte sich nach dem Anstellungsvertrag des organschaftlichen Vertreters mit der Schuldnerin, weswegen das Insolvenzgericht für die Vergütungsfrage nicht zuständig sei. Die Auffassung, das Insolvenzgericht sei für die Vergütungsfestsetzung unzuständig, ist zwar unzutreffend (**h.M.**, z.B. *Kübler/Prütting/ Bork-Pape* InsO, § 278 Rn. 9; *Uhlenbruck* InsO, 13. Aufl., § 278 Rn. 2; FK-InsO/*Foltis* 6. Aufl. vor §§ 270 ff. Rn. 68 und unter Rn. 11, i.E. s. dort), erst recht nach der Entscheidung des Reformgesetzgebers zum Vorrang der Eigenverwaltungsvorschriften vor gesellschaftsrechtlichen Regeln (§ 276a InsO). Der Fall zeigt aber das Dilemma auf, in dem sich die Gläubigergemeinschaft und das Insolvenzgericht befinden, wenn der Schuldner bzw. organschaftliche Vertreter durch ihre Entnahmepraxis Tatsachen geschaffen haben und eine nachträgliche Entscheidung des Insolvenzgerichtes nur noch deren (teilweise) Rechtsgrundlosigkeit feststellen kann – und damit eine Vielfalt weiterer Fragen aufwirft, etwa nach der Durchsetzbarkeit von Rückforderungsansprüchen der Gläubigergemeinschaft und der Sachwalterhaftung bei einer Undurchsetzbarkeit (letzteres angedeutet von *Kübler/Prütting/Bork-Pape* InsO, § 278 Rn. 3). In der Eigenverwaltung ist der Schutzmechanismus auf die sorgfältige Überwachung durch den Sachwalter und seine Anzeige bei festgestellten Pflichtwidrigkeiten beschränkt (§ 274 Abs. 2, 3 InsO). Die Gläubiger haben grds. nur die Wahl, die Pflichtwidrigkeiten durch die Aufhebung der Eigenverwaltung sanktionieren zu lassen (§ 272 InsO) und damit auf die Mitarbeit des Schuldners im weiteren Verfahren zu verzichten, oder es bei der Eigenverwaltung zu belassen und weitere pflichtwidrige Entnahmen zu riskieren. Die Wahl kann dabei gleichsam eine Wahl zwischen »Pest und Cholera« sein. Denn die Eigenverwaltung ist auf Fortführungsfälle unter der Verwaltungs- und Verfügungsmacht des Schuldners angelegt (BT-Drucks. 12/2443 vor § 331). **Mit der Fortführung kann eine Abhängigkeit von der Sach- und Fachkompetenz des Schuldners entstehen**, die zu riskieren mit schwerwiegenderen Folgen für die Gläubiger verbunden sein kann, etwa bei langfristig eingegangenen Verbindlichkeiten, deren Nichterfüllung drohen kann und damit die drohende Masseunzulänglichkeit, oder bei größeren Investitionen in den Schuldnerbetrieb, die – zumal bei einer Finanzierung – fehlschlagen können. Weitergehende Sanktionen bestehen grds. nicht. Die Möglichkeit zur Anordnung der Zustimmungsbedürftigkeit besteht nicht, weil die Vorschrift auf ein auf Außenwirkung (Drittwirkung) gerichtetes Veräußerungsverbot angelegt ist (s. § 277 Rdn. 8), der Schuldner die Pflichtwidrigkeit aber nur durch bloßen nach innen gerichteten Entnahmeakt – z.B. Plünderung der Barkasse – begehen kann. Relativer Schutz kann sich nur ergeben, wenn das Insolvenzgericht auf Antrag des Sachwalters die Regelungskompetenz des § 21 InsO hat, was nach dem hier vertretenen Standpunkt der Fall ist (s. § 270c Rdn. 19 ff. und § 277 Rdn. 2; vgl. die Parallele bei *Bley/Mohrbutter* VerglO, § 56 Rn. 3 zu Sicherungsmaßnahmen nach § 12 VerglO).

Jedenfalls wird deutlich: Was der Gesetzgeber den Insolvenzgläubigern und dem Schuldnerunternehmen guten Willens nützlich machen will – die Kenntnisse und Erfahrungen der bisherigen Geschäftsleitung bestmöglich zu nutzen (BT-Drucks. 12/2443 vor § 331) –, kann in einer gefährlichen Abhängigkeit und der faktischen Unkorrigierbarkeit von Missbrauchshandlungen enden. Dies sollte bei dem Antrag auf Anordnung der Eigenverwaltung ebenso bedacht werden, wie bei allen Maßnahmen, die zu einer Abhängigkeit vom Schuldner führen oder eine bestehende Abhängigkeit vertiefen können. Der Sachwalter sollte seine diesbezügliche Überwachungspflicht nach § 274 Abs. 2 InsO ernst nehmen. 4

B. Entnahmerecht für bescheidene Lebensführung

I. Bescheidene Lebensführung

a) Das Entnahmerecht besteht nur, soweit die Mittel zu einer bescheidenen Lebensführung unter Berücksichtigung der bisherigen Lebensverhältnisse unerlässlich sind. Es entscheidet die **Lage des Einzelfalles** (vgl. *Böhle-Stamschräder/Kilger* VerglO, § 56 Anm. 1; *Bley/Mohrbutter* VerglO, § 56 Rn. 5; zust. HK-InsO/*Landfermann* § 278 Rn. 2; so wohl auch MüKo-InsO/*Tetzlaff/Kern* § 278 Rn. 11, 27). Die Auffassung, die Entnahmehöhe sei eng an die Pfändungsfreigrenzen und die Sätze des Bundessozialhilfegesetzes gebunden (KS-InsO/*Pape* S. 920 Rn. 44; *Kübler/Prütting/Bork-Pape* 5

InsO, § 278 Rn. 5; dagegen HK-InsO/*Landfermann* § 278 Rn. 2) ist zu eng und deswegen abzulehnen. Sie widerspricht der gesetzlichen Anordnung, weil das Gesetz den notwendigen Unterhalt von den Mitteln einer bescheidenen Lebensführung unter Berücksichtigung seiner bisherigen Lebensverhältnisse unterscheidet und ihm letztere **zusätzlich** zur ersteren gewährt. Es hat sich damit gegen die Beachtung der Pfändungsfreigrenzen und die Sätze des Bundessozialhilfegesetzes entschieden. Die bisherigen Lebensverhältnisse des Schuldners sind Bestimmungsgrundlage. An ihnen orientieren sich die Pfändungsfreigrenzen und die Sätze des Bundessozialhilfegesetzes nicht (s. Rdn. 1). Die Gegenauffassung lässt sich zu sehr von dem Bild der natürlichen Person als eigenverwaltendem Schuldner leiten, weniger von dem sicher nicht weniger häufigen Fall der Gesellschaftsinsolvenz mit entnahmebefugten organschaftlichen Vertretern (s. Rdn. 3). Auch die Gesetzesbegründung geht von einer Einzelfallbeurteilung aus. Die Mittel für die **bescheidene Lebensführung des Schuldners**, also Unterhalt **und** weitere Mittel (s. Rdn. 1), sollen regelmäßig ganz oder überwiegend aus dem unpfändbaren Teil seines laufenden Einkommens, der nicht zur Insolvenzmasse gehört, bestritten werden können, weswegen das Entnahmerecht insoweit entfallen soll (so auch MüKo-InsO/ *Tetzlaff/Kern* 3. Aufl., § 278 Rn. 2; *Uhlenbruck* InsO, 13. Aufl., § 278 Rn. 7; jetzt einlenkend *Kübler/Prütting/Bork-Pape* InsO, § 278 Rn. 6 f.). Daraus folgt zunächst die **Subsidiarität des Entnahmerechtes** gegenüber den Unterhalts- und Lebensführungssicherungsmöglichkeiten aus dem insolvenzfreien Schuldnervermögen. Nur soweit insolvenzfreies Schuldnervermögen nicht besteht, ist eine Entnahme nach § 278 InsO möglich (*Kübler/Prütting/Bork-Pape* InsO, § 278 Rn. 5; MüKo-InsO/*Tetzlaff/Kern* § 278 Rn. 10; HambK-InsO/*Fiebig* § 278 Rn. 3). Aus der Gesetzesbegründung folgt weiter, dass grds. die Unterhaltsbeträge nicht größer sein dürfen als der unpfändbare Teil eines laufenden Einkommens des Schuldners (§§ 850 ff. ZPO). Weitergehende Mittelentnahmen sind gestattet, müssen aber auf der Grundlage der bisherigen Lebensverhältnisse des Schuldners gerechtfertigt sein. Sie sind dies nur, soweit der Maßstab der Bescheidenheit gewahrt bleibt. Gefordert wird, dass sie 40 % der Sachwaltervergütung nicht überschreiten dürfen (*Uhlenbruck/Zipperer* InsO, § 278 Rn. 5; ähnlich *Kübler/Prütting/Bork-Pape* InsO, § 278 Rn. 6).

6 **Die Regelung steht im Widerspruch zur Struktur der Eigenverwaltung** und ist praktisch kaum handhabbar (ebenso kritisch *Uhlenbruck* InsO 13. Aufl., § 278 Rn. 4 f.). Der Schuldner soll seine Kenntnisse und Erfahrungen als bisheriger Geschäftsleiter bei der Verwertung der Insolvenzmasse durch die Insolvenzgläubiger einbringen, insbes. in Fortführungsfällen (BT-Drucks. 12/2443 vor § 331) also fremdnützige Dienste erbringen. Er wird dies kaum tun, wenn ihm dafür als Gegenleistung grds. nur der unpfändbare Teil seines laufenden Einkommens nebst bescheidenen weiteren Lebensführungsmitteln zusteht. Fortführungsfälle kommen nach aller Erfahrung regelmäßig nur bei mittleren oder größeren Unternehmen in Betracht. Deswegen müsste der Schuldner im Verhältnis zu seinen regelmäßigen bisherigen Bezügen mit nur einem Bruchteil dessen zufrieden sein. Damit wird ihm vom Gesetzgeber ein wichtiger Anreiz zur tätigen Mitarbeit in der Insolvenz genommen. Damit entfällt auch der Anreiz, frühzeitig einen Insolvenzeröffnungsantrag zu stellen (vgl. BT-Drucks. 12/2443 vor § 331; ebenso HK-InsO/*Landfermann* § 278 Rn. 2). Der Gesetzgeber hat hier abermals die unterschiedliche Struktur der VerglO zur Eigenverwaltung unberücksichtigt gelassen (a.A. *Uhlenbruck/Zipperer* InsO, § 278 Rn. 5). Während dem Vergleichsschuldner die Chance gegeben wurde, sich durch eigene Bemühungen von seinen Schulden im Wesentlichen selbst zu befreien und sich damit – wenn auch unter Aufsicht – selbst zu sanieren (*Böhle-Stamschräder/Kilger* VerglO, Einl. I.), ist die Eigenverwaltung eine besondere Art des Insolvenzverfahrens und damit in erster Linie auf eine gemeinschaftliche Gläubigerbefriedigung angelegt (§ 1 InsO, s. Vor §§ 270 ff. Rdn. 3–8). Die Entschuldung über einen Insolvenzplan (§§ 284, 217 ff.) ist nur als Möglichkeit vorgesehen.

7 Die Bestimmung des § 278 InsO muss mit § 35 InsO und dessen Regelung, dass der **Neuerwerb** grds. (s. Rdn. 3) in die Insolvenzmasse fällt, harmonisiert werden. Denn rechtssystematisch ist die Entnahme nach § 278 InsO Neuerwerb, so dass das Entnommene automatisch der Beschlagnahme nach § 35 InsO unterworfen wäre. Die Insolvenzordnung würde also »Zahlungen« gewähren, die sie dem Grunde nach gleich wieder zurückholt. Eine Begründung dafür, dass der Schuldner im Gegensatz zu § 35 InsO auch die über der Unpfändbarkeitsgrenze liegenden Beträge behalten kann, lässt

sich nur aus Sinn und Zweck der Eigenverwaltung ableiten. Sie setzt die Bereitschaft des Schuldners voraus, seine Kenntnisse und Fähigkeiten – unter Aufsicht – in den Dienst der Gläubigerbefriedigung zu stellen (BT-Drucks. 12/2443 vor § 331). Was ihm hierfür von den Gläubigern als Entgelt gewährt wird (s. Rn. 8) oder gebührt (§ 278), ist als Freigabe aus der Beschlagnahme anzusehen. Die Befugnis zur Freigabe wird von der InsO vorausgesetzt, vgl. § 32 Abs. 3 (a.A. *Kübler/Prütting/Bork-Pape* InsO, § 278 Rn. 4; HambK-InsO/*Fiebig* § 278 Rn. 3 ff.; *Uhlenbruck/Zipperer* InsO, § 278 Rn. 5, offener Rn. 7). Der Sache nach hat deswegen der – sowieso unbestimmte und nicht bestimmbare (vgl. nur die Darstellung der Bestimmungsschwierigkeiten bei *Uhlenbruck/Zipperer* § 278 Rn. 5) – Begriff der bescheidenen Lebensführung für das Entnahmerecht keine rechtlich durchsetzbare Bedeutung und ist für den Schuldner nur Verfahrenslast (s. Rdn. 13; a.A. *Kübler/Prütting/Bork-Pape* InsO, § 278 Rn. 6 f.; *Uhlenbruck/Zipperer* InsO, § 278 Rn. 5). Letztlich kommt es auf den Einzelfall an. Einem **Übermaß des Schuldners** kann über Hinweise des die Entnahmen überwachenden Sachwalters (§ 274 Abs. 2 Satz 1 InsO) nicht durch die Anordnung der Zustimmungsbedürftigkeit und der Festsetzung bestimmter Entnahmebeträge durch die Gläubigerversammlung (§ 277 Abs. 1 Satz 1 InsO) begegnet werden, weil § 277 InsO auf Rechtsgeschäfte des Schuldners mit Dritten angelegt ist, nicht auf tatsächliche Handlungen des Schuldners »mit sich selbst« (s. § 277 Rdn. 8). Deswegen bleiben nur zwei Möglichkeiten: Entweder die Sicherung der Einhaltung der Entnahmehöhe durch die Ausübung des Kassenführungsrechts durch den Sachwalter (§ 275 Abs. 2 InsO, s. Rn. 14, 15; *Wipperfürth* ZInsO 2015, 1127 [1130]) oder den Übergang in das Regelinsolvenzverfahren nach § 272 InsO. Weitere Möglichkeiten bot auch § 56 VerglO nicht (*Bley/Mohrbutter* VerglO, § 56 Rn. 3). Nach der hier vertretenen Auffassung hat das Gericht außerdem die Eilanordnungskompetenz nach § 270 Abs. 1 Satz 2 InsO i.V.m. §§ 21, 22 InsO (**sehr str.**; i.E. s. § 270c Rdn. 21 ff. und § 277 Rdn. 2).

Fremdnützige Leistungen – auch des Schuldners in der Eigenverwaltung – werden nur durch eine im Wesentlichen gleichwertige Gegenleistung zu erreichen sein (zust. *Uhlenbruck* InsO, § 278 Rn. 5). Um den Belangen der Beteiligten gerecht zu werden, wird § 278 InsO kaum praktische Bedeutung erlangen. Die Beteiligten werden vielmehr darum bemüht sein, die Schuldnerleistung vertraglich zu sichern und dabei ein angemessenes – verhandeltes – Entgelt zu vereinbaren. Die Handhabe hierzu bietet § 100 Abs. 1 InsO i.V.m. § 270 Abs. 1 Satz 2 InsO. § 278 InsO gewährt ein einseitiges Schuldnerrecht. Es entfällt, soweit der Schuldner mit den Insolvenzgläubigern anderes vereinbart hat. Eine solche Vereinbarung ist auf der Grundlage eines Beschlusses der Gläubigerversammlung möglich. Ein solcher Beschluss wird auf Anregung des Schuldners oder des Sachwalters, jedenfalls aber stets nach Anhörung des Schuldners, gefasst werden. Damit werden die **Mitarbeitsbedingungen des Schuldners frei aushandelbar** (zust. *Uhlenbruck/Zipperer* InsO, § 278 Rn. 5, § 100 Rn. 12; HK-InsO/*Landfermann* § 278 Rn. 2; MüKo-InsO/*Tetzlaff/Kern* 3. Aufl., § 278 Rn. 17), Grundvoraussetzung für eine funktionsfähige Eigenverwaltung. Die vereinbarten Beträge unterliegen der Freigabe aus dem Insolvenzbeschlag (s. Rdn. 7). Eine solche Vereinbarung schließt die Anwendbarkeit des § 278 InsO aus. Kommt es zu keiner derartigen Vereinbarung, laufen die Gläubiger Gefahr, dass der Schuldner die Angemessenheit selbst bestimmt, weil er sich auf einen Anspruch auf die Mittel zur bescheidenen Lebensführung berufen kann (vgl. § 316 BGB). Dass die Mittelentnahme allerdings die Ausnahme sein soll, folgt aus dem Grundsatz, dass der Schuldner das Entnahmerecht nicht hat, wenn er diese Mittel ganz oder überwiegend aus dem unpfändbaren Teil seines laufenden Einkommens, das nicht zur Insolvenzmasse gehört, bestreiten kann (BT-Drucks. 12/2443 zu § 339; HK-InsO/*Landfermann* § 278 Rn. 2). 8

b) Zur VerglO wurde die Auffassung vertreten, der Schuldner dürfe **nur aus vorhandenen Mitteln**, nicht aber aus solchen, die während des Vergleichsverfahrens durch Darlehnsaufnahme beschafft werden, Beträge für den Unterhalt entnehmen (*Bley/Mohrbutter* VerglO, § 56 Rn. 5; *Böhle-Stamschräder/Kilger* VerglO, § 56 Anm. 1; zust. *Kübler/Prütting/Bork-Pape* InsO, § 278 Rn. 6). Für die Eigenverwaltung kann dieser Auffassung nicht gefolgt werden (zust. MüKo-InsO/*Tetzlaff/Kern* 3. Aufl., § 278 Rn. 14; *Uhlenbruck/Zipperer* InsO, § 278 Rn. 6; *Nerlich/Römermann-Riggert* InsO, § 278 Rn. 3). Nach der Eröffnung des Insolvenzverfahrens sind alle durch die Ausübung des Verwaltungs- und Verfügungsrechtes oder gesetzlich begründeten Verbindlichkeiten Masseverbindlichkei- 9 ten (§ 55 InsO), also auch die Unterhaltsleistungen an den Schuldner nach § 100 Abs. 1 InsO oder die Schuldnerunterstützung nach § 278 InsO. Woher die Mittel stammen ist unerheblich. Eine Unterscheidung der zur Verfügung stehenden Mittel in »vorhandene Mittel« oder »nicht vorhandene Mittel (Darlehen)« ist auch praktisch nicht durchführbar. Denn Darlehensmittel gehen durch die Geschäftstätigkeit im Umlauf- oder Anlagevermögen unter und verlieren ihre Eigenständigkeit. So wäre etwa eine solche Aufgliederung bei laufenden oder auch nur vorübergehenden Verlusten nicht möglich (ebenso *Uhlenbruck/Zipperer* InsO, § 278 Rn. 6). Außerdem bezieht § 35 InsO (§ 270 Abs. 1 Satz 2 InsO) Neuvermögen grds. einschränkungslos in die Insolvenzmasse ein (*Uhlenbruck* InsO, § 278 Rn. 4).

10 Problematisch ist der Rang des Entnahmerechtes bei **Masseunzulänglichkeit**. Der Auffassung, es sei unterhaltsgleich als übrige Masseverbindlichkeit nach § 209 Abs. 1 Nr. 3 InsO einzuordnen (HambK-InsO/*Fiebig* § 278 Rn. 10; *Kübler/Prütting/Bork-Pape* InsO, § 278 Rn. 10), nach anderer Auffassung wegen der Unabgrenzbarkeit des Unterhaltselements vom Entgeltelement insgesamt nach § 209 Abs. 1 Satz 2 InsO (*Uhlenbruck/Zipperer* InsO, § 278 Rn. 7), kann nicht gefolgt werden. Anders als die Unterhaltsgewährung nach § 100 InsO, die kein Anspruch des Schuldners ist und deswegen zu Recht als Nachrangforderung nach § 209 Abs. 1 Nr. 3 InsO eingeordnet wird (*Uhlenbruck/Zipperer* InsO, § 278 Rn. 7), begründet § 278 InsO ein **Entnahmerecht**. Dieses Recht beruht darauf, dass der **eigenverwaltende Schuldner im Umfang seiner Geschäftsführungsbefugnisse Verwaltungs- und Verwertungsorgan der Gläubigergemeinschaft** ist (i.E. § 270 Rdn. 24). Sein Entnahmerecht ist die Gegenleistung der Gläubigergemeinschaft dafür, dass er sich für sie für ihre bestmögliche Befriedigung (§ 1 Satz 1 InsO) mitwirkungsbereit zeigt (i.E. s. § 270 Rdn. 8). Sein Entnahmeanspruch ist nach Sinn und Zweck des § 278 InsO wie der Vergütungsanspruch des Insolvenzverwalters entsprechend § 54 Nr. 2 InsO deswegen **vorrangiger Massekostenanspruch nach § 209 Abs. 1 Nr. 1 InsO**. Die Gleichstellung mit dem Vergütungsanspruch des Insolvenzverwalters wird durch die Pflicht zur Fortsetzung der Verwaltungs- und Verwertungstätigkeit nach § 208 Abs. 3 InsO bestätigt. Sie trifft den eigenverwaltenden Schuldner im Falle der Masseunzulänglichkeit als Verwaltungs- und Verwertungsorgan der Gläubigergemeinschaft ebenso wie den Insolvenzverwalter oder den Sachwalter.

II. Unterhaltsberechtigter Personenkreis

11 Entgegen § 56 VerglO und den entsprechenden konkursrechtlichen Bestimmungen (§§ 129 Abs. 1, 132 Abs. 1 KO) wurde nunmehr der unterhaltsberechtigte Personenkreis durch die Verweisung auf § 100 Abs. 2 InsO näher bestimmt. Unterhaltsberechtigt (anspruchsberechtigt auf den Unterhalt **und** die weiteren Mittel zur bescheidenen Lebensführung (s. Rdn. 5) sind danach neben dem Schuldner seine minderjährigen unverheirateten Kinder, sein Ehegatte, sein früherer Ehegatte und der andere Elternteil seines Kindes gem. §§ 1615l, 1615n BGB. Besteht eine **vertragliche Entnahmeregelung** (s. Rdn. 8), ist deren **Unterhaltsberechtigung nach § 278 InsO ausgeschlossen** (zust. *Uhlenbruck/Zipperer* InsO, § 278 Rn. 8; wohl auch *Kübler/Prütting/Bork-Pape* InsO, § 278 Rn. 9). § 278 InsO gewährt diesem Personenkreis kein eigenes Entnahmerecht (Forderungsrecht; ebenso *Uhlenbruck/Zipperer* InsO, § 278 Rn. 8). Die Regelung dient insoweit lediglich der Bemessung der Entnahmehöhe (vgl. BT-Drucks. 12/2443 zu § 339). **Organmitglieder des Schuldners** (Geschäftsführer, Vorstände) unterfallen der Regelung des Abs. 1, weil Regelungsadressat der für die Gläubigergemeinschaft im eröffneten Insolvenzverfahren (§ 270 Abs. 1 Satz 1 InsO) Verwaltungs- und Verfügungsbefugte ist (a.A. MüKo-InsO/*Tetzlaff/Kern* § 278 Rn. 23 f.; *Kübler/Prütting/Bork-Pape* InsO, § 278 Rn. 13; *Uhlenbruck/Zipperer* InsO, § 278 Rn. 3; HambK-InsO/*Fiebig* § 278 Rn. 7; A/G/R-*Ringstmeier* § 278 InsO Rn. 14; *Graf-Schlicker* InsO, § 278 Rn. 6). Deswegen unterliegt das Entnahmerecht nicht der Bestimmung des Anstellungsvertrages und auch nicht der Bestimmung der Gesellschafter. Die ursprünglichen Gesellschafterrechte werden durch § 278 InsO verdrängt. Die Frage war zum Altrecht streitig (i.E. FK-InsO/*Foltis* 6. Aufl. § 278 Rn. 11 m.N.). Mit dem **ESUG** ist durch die Einfügung des § 276a InsO die Bestimmung der **Einflusslosigkeit** der Gesellschafter und ihrer Organe auf die Geschäftsführung des Schuldners erfolgt. Diese Regelung bestätigt die hier vertretene Auffassung, weil die Geschäftsführung als allein verwertungs- und verwaltungs-

bestimmendes Gläubigergemeinschaftsorgan bestätigt wird. Als **Konsequenz** daraus muss der Vergütungsanspruch der Organmitglieder des Schuldners den Eigenverwaltungsregeln folgen, also § 278 Abs. 1 InsO. In aller Regel wird die Entnahmebefugnis der Organmitglieder allerdings zwischen ihnen und der Gläubigergemeinschaft ausgehandelt werden, was möglich ist (s. Rdn. 5–8; i.E. ebenso *Kübler/Prütting/Bork-Pape* InsO, § 278 Rn. 9; *Uhlenbruck/Zipperer* InsO, § 278 Rn. 2). Entnahmegegenstand sind zwangsläufig auch die Aufwendungen des Schuldners, also z.B. seine **Vermögensschadenshaftpflichtversicherung**. Mit der Bestimmung des entnahmeberechtigten Personenkreises ist allerdings nichts über die weitere Frage nach der Höhe der berechtigten Entnahme gesagt. Sie orientiert sich an dem Grundsatz der bescheidenen Lebensführung (s. Rdn. 5–9).

III. Dauer des Entnahmerechts, Pflichtverletzung

Aus der Aufnahme der Bestimmung in die Eigenverwaltung folgt, dass das Recht zur Entnahme nach dem Grundsatz der bescheidenen Lebensführung erst mit der Eröffnung des Insolvenzverfahrens und der Anordnung der Eigenverwaltung beginnt. Im **Eigenverwaltungsvorverfahren** besteht es nicht, weil §§ 270a Abs. 1 Satz 2 InsO und § 270 Abs. 2 Satz 1 InsO nicht auf § 278 InsO verweisen. Die freie Aushandelbarkeit (s. Rdn. 8) bleibt allerdings unberührt (s. § 270a Rdn. 23). Bei der nachträglichen Anordnung nach § 271 InsO wird § 100 InsO durch § 278 InsO ersetzt (*Uhlenbruck/Zipperer* InsO, § 278 Rn. 9). Es ist an den Bestand der Eigenverwaltung gebunden, genauer: an die Verwaltungs- und Verfügungsbefugnis des Schuldners. Das Recht erlischt also mit ihrem Entzug (zust. *Uhlenbruck/Zipperer* InsO, § 278 Rn. 9). 12

Die »Pflicht« zur Entnahmebeschränkung auf die Mittel zur bescheidenen Lebensführung ist **bloße Verfahrenslast**. Überschreitungen – etwa unverhältnismäßige Schenkungen – sind also wegen des Fehlens eines entsprechenden Veräußerungsverbotes wirksame Rechtshandlungen (vgl. *Bley/Mohrbutter* VerglO, § 56 Rn. 2; zust. *Kübler/Prütting/Bork-Pape* InsO, § 278 Rn. 4; MüKo-InsO/*Tetzlaff/Kern* § 278 Rn. 28; *Uhlenbruck/Zipperer* InsO, § 278 Rn. 10). Daraus ergeben sich die eingangs Rn. 3 f. beschriebenen Probleme für die Eigenverwaltung. Die Sicherstellung ist nach der hier vertretenen Auffassung nur nach den §§ 272 und 275 Abs. 2 InsO möglich (s. Rdn. 7). 13

Der Sachwalter hat die Möglichkeit, seinen diesbezüglichen Überwachungspflichten (§ 274 Abs. 2 InsO) durch die Übernahme der **Kassenführung** nachzukommen (§ 275 Abs. 2 InsO; zust. *Uhlenbruck/Zipperer* InsO, § 278 Rn. 10; MüKo-InsO/*Tetzlaff/Kern* § 278 Rn. 33). Jedoch bleiben auch bei übernommener Kassenführung Zahlungen des Schuldners wirksam, Zahlungen von Dritten an den Schuldner wirken schuldbefreiend (s. § 275 Rdn. 22). Die Überprüfung der Lebenshaltung wird dem Sachwalter durch die Kassenführung zwar erleichtert, lückenlos ist die Überwachung indes nicht. 14

Als Sanktionsmöglichkeiten für unberechtigte Entnahmen nach Grund und/oder Höhe besteht die Anordnung der Zustimmungsbedürftigkeit nach § 277 Abs. 1 InsO (*Uhlenbruck/Zipperer* InsO, § 278 Rn. 10; MüKo-InsO/*Tetzlaff/Kern* § 278 Rn. 35), nach der hier vertretenen Auffassung für die Eigenverwaltungsanordnung mit dem Insolvenzeröffnungsbeschluss sowie in Eilfällen das Anordnungsinstrumentarium des vorläufigen Insolvenzverfahrens (i.E. s. § 270c Rdn. 12–33) und die Aufhebung der Eigenverwaltung (§ 272 InsO). Im Fall der Entnahmefestsetzung durch das Insolvenzgericht kann bei tatsächlich überhöhter Entnahme gegen den Schuldner ein Rückforderungsanspruch nach den allgemeinen Vorschussregeln (BGH Urt. v. 17.11.2005 – IX ZR 179/04, ZInsO 2006, 27; *LG Göttingen* Beschl. v. 02.08.2001 – 10 T 40/01, ZInsO 2001, 846; *Haarmeyer/Mock* InsVV, 5. Aufl., § 9 Rn. 22; MüKo-InsO/*Tetzlaff/Kern* § 278 Rn. 30; vgl. auch *OLG Koblenz* NZI 2012, 88 f.) bestehen (**a.A.** *Uhlenbruck/Zipperer* InsO, § 278 Rn. 10). Ferner kann der Sachwalter wegen Verletzung der Überwachungspflicht schadensersatzpflichtig sein (so wohl auch *Kübler/Prütting/Bork-Pape* InsO, § 278 Rn. 10, 3). Denn den Sachwalter trifft sogar die Pflicht, die Entnahme des Schuldners nach Grund und Höhe zu überwachen und er ist deswegen nach § 274 Abs. 3 anzeigepflichtig (*Kübler/Prütting/Bork-Pape* InsO, § 278 Rn. 10; MüKo-InsO/*Tetzlaff/* 15

Kern § 278 Rn. 34; *Uhlenbruck/Zipperer* InsO, § 278 Rn. 10; *Wipperfürth* ZInsO 2015, 1127 [1129 f.]).

IV. Erweiterungstatbestand (Abs. 2)

16 Ist der Schuldner keine natürliche Person, gelten vorstehende Regelungen entsprechend für die vertretungsberechtigten persönlich haftenden Gesellschafter des Schuldners (Abs. 2). Mit dieser Regelung folgt der Gesetzgeber dem in der Literatur zu § 56 VerglO vertretenen Standpunkt (*Bley/Mohrbutter* VerglO, § 56 Rn. 4). Sie folgt dem Gedanken, dass der Schuldner als persönlich haftender Gesellschafter durch die Beschlagnahmewirkung des eröffneten Insolvenzverfahrens ebenso seine Unterhaltsgrundlage verliert wie die natürliche Person, also in gleicher Weise schutzbedürftig ist. Der Schuldner muss also insoweit Komplementär einer OHG, einer KG oder KGaA sein (*Kübler/Prütting/Bork-Pape* InsO, § 278 Rn. 9). Allerdings bleibt die Anwendbarkeit des Absatzes 1 auf die Organmitglieder davon unberührt (i.E. s. Rdn. 11).

§ 279 Gegenseitige Verträge

¹Die Vorschriften über die Erfüllung der Rechtsgeschäfte und die Mitwirkung des Betriebsrats (§§ 103 bis 128) gelten mit der Maßgabe, dass an die Stelle des Insolvenzverwalters der Schuldner tritt. ²Der Schuldner soll seine Rechte nach diesen Vorschriften im Einvernehmen mit dem Sachwalter ausüben. ³Die Rechte nach den §§ 120, 122 und 126 kann er wirksam nur mit Zustimmung des Sachwalters ausüben.

Übersicht

	Rdn.		Rdn.
A. Sinn und Zweck der Vorschrift	1	D. Die Pflicht zum Einvernehmen mit dem Sachwalter als Muss-Handlung (Satz 3)	13
I. Die Stellung des § 279 im Regelungssystem	1	I. Die Bedeutung des Wirksamkeitserfordernisses	13
II. Sinn und Zweck der Regelungen des § 279 InsO im Einzelnen	3	II. Das Wirksamkeitserfordernis nach § 120 InsO	15
B. Der Schuldner als Handelnder bei Regelungen des Zweiten Abschnitts (§§ 103–128 InsO – Satz 1)	6	III. Das Wirksamkeitserfordernis nach §§ 122, 126 InsO	16
C. Die Pflicht zum Einvernehmen mit dem Sachwalter als Soll-Handlung (Satz 2)	9		

A. Sinn und Zweck der Vorschrift

I. Die Stellung des § 279 im Regelungssystem

1 § 279 InsO unterwirft einen Ausschnitt der Verwaltungs- und Verfügungsbefugnis des Schuldners in der Eigenverwaltung einer besonderen Regelung. Dem Schuldner wird durch die Anordnung der Eigenverwaltung gem. § 270 Abs. 1 Satz 1 InsO die Verwaltungs- und Verfügungsbefugnis zur Ausübung unter Aufsicht des Sachwalters belassen (genauer: in eingeschränktem Umfang durch den Beschluss auf Anordnung der Eigenverwaltung wieder eingeräumt, nachdem sie ihm durch den Insolvenzeröffnungsbeschluss entzogen wurde, s. § 270 Rdn. 9, 18, 35). Sieht man einmal von der Aufsicht des Sachwalters und dessen einzelnen originären Befugnissen ab, **erhält der Schuldner die Befugnisse des Insolvenzverwalters** (§ 80 Abs. 1 InsO; vgl. HK-InsO/*Landfermann* § 279 Rn. 2 mit dem Hinweis auf die Masseverbindlichkeitenbegründung durch die Erfüllungswahl des Schuldners; ebenso *Uhlenbruck/Zipperer* InsO, § 279 Rn. 1 f.; MüKo-InsO/*Tetzlaff/Kern* § 279 Rn. 1), eine für die Gläubiger risikobehaftete Rechtsstellung (BT-Drucks. 12/2443 zu § 333). Die Regelungen der §§ 275–277 InsO sollen das Schädigungsrisiko durch unterschiedlich ausgestaltete Mitwirkungs- und Zustimmungsrechte der übrigen Insolvenzorgane, insbesondere durch den Sachwalter, mildern. Ihnen ist gemeinsam, dass sie die Mitwirkungs- und Zustimmungsrechte an unbestimmte Rechtsbegriffe knüpfen, die im Einzelfall auszufüllen sind, aber stets alle in Frage kommenden

Rechtshandlungen des Schuldners erfassen (z.B. § 275 Abs. 1 InsO: Verbindlichkeiten, die nicht zum gewöhnlichen Geschäftsbetrieb gehören, § 276 InsO: Rechtshandlungen von besonderer Bedeutung; § 277 Abs. 1 InsO: Anordnung der Zustimmungsbedürftigkeit für bestimmte Rechtsgeschäfte).

§ 279 InsO greift aus der Gesamtheit in Frage kommender Rechtshandlungen des Schuldners eine Einzelgruppe von Rechtsgeschäften heraus und unterwirft sie besonderen Mitwirkungsregelungen, weil diese **Rechtsgeschäfte** aus der Sicht des Gesetzgebers in Rechtsbeziehungen **von besonderer Bedeutung** eingebettet sind. Dies gilt etwa für das Wahlrecht des Insolvenzverwalters, das in der Eigenverwaltung dem Schuldner grundsätzlich zusteht. Da die Ausübung dieses Wahlrechtes sowohl für die Gläubiger als auch für die Vertragspartner von erheblichem Gewicht ist, soll bei der Ausübung der Sachwalter mitwirken. Für die Vorschriften über die Mitwirkung des Betriebsrates (§§ 113–128 InsO) – genau genommen, über den Bestand und die Ausgestaltung der Arbeitsverhältnisse – gilt dies in noch stärkerem Maße, zumal der Gesetzgeber eine bessere Verknüpfung von Arbeits- und Insolvenzrecht, kurz: eine bessere Einbindung der Arbeitnehmerrechte, zu einem wesentlichen Bestandteil des neuen Insolvenzrechtes machen wollte (BT-Drucks. 12/2443: A. Allgemeines 4. g). Dieses Ziel wird in der Eigenverwaltung durch die Bestimmung der **Aufgabenverteilung auf Schuldner und Sachwalter** umgesetzt. 2

II. Sinn und Zweck der Regelungen des § 279 InsO im Einzelnen

Satz 1 bestimmt den »**Rollentausch**« zwischen Insolvenzverwalter und Schuldner (ähnlich HK-InsO/*Landfermann* § 279 Rn. 1; MüKo-InsO/*Tetzlaff*/*Kern* § 279 Rn. 1). Die Regelung hat klarstellende Funktion, weil dieser Funktionswechsel systemimmanent ist und bereits in § 270 Abs. 1 Satz 1 InsO geregelt wird. Allerdings wählt die InsO einen von der VerglO abweichenden Ansatz, die in den §§ 50–53 VerglO eingehende Bestimmungen über das Wahlrecht bei gegenseitigen Verträgen und das Recht zur vorzeitigen Kündigung von Dauerschuldnerverhältnissen enthielt. Für die Eigenverwaltung unter Aufsicht eines Sachwalters sind dagegen keine solchen Sonderregelungen vorgesehen. Die Entscheidung, ob ein Insolvenzverwalter eingesetzt wird oder ob diese Art der Eigenverwaltung zugelassen wird, soll nicht dadurch beeinflusst werden, dass unterschiedliche materiell-rechtliche Regeln zur Anwendung kommen (BT-Drucks. 12/2443 zu § 340). 3

Satz 2 bestimmt die **Pflicht des Schuldners zum einvernehmlichen Handeln mit dem Sachwalter** bei Ausübung aller von Satz 1 betroffenen Rechtsgeschäfte. Ein Verstoß kann allerdings nur Sanktionen nach §§ 277, 272 InsO auslösen, das verbotswidrig vorgenommene Rechtsgeschäft ist wirksam: »Unberührt bleibt das Recht der Gläubigerversammlung, nach § 338 des Entwurfs (= § 277 InsO) eine Anordnung des Gerichts zu beantragen, nach der auch andere, nicht von Satz 3 erfasste Rechtsgeschäfte des Schuldners wirksam nur mit Zustimmung des Sachwalters vorgenommen werden können. Verstößt der Schuldner gegen die in Satz 2 geregelte Pflicht, im Einvernehmen mit dem Sachwalter zu handeln, so kann dies zu einem solchen Antrag der Gläubigerversammlung oder auch zum Antrag auf Aufhebung der Eigenverwaltung (§ 338 des Entwurfs = § 272 InsO) führen« (BT-Drucks. 12/2443 zu § 340). 4

Mit **Satz 3** greift der Gesetzgeber die aus seiner Sicht für die Eigenverwaltung **besonders bedeutsamen Rechte** heraus und bestimmt für sie eine zwingende Verpflichtung zum Einvernehmen. Stets wird eine Vielzahl von Arbeitnehmerrechten betroffen. Bei der Kündigung von Betriebsvereinbarungen (§ 120 InsO), der gerichtlichen Zustimmung zur Durchführung einer Betriebsänderung (§ 122 InsO) und im Beschlussverfahren zum Kündigungsschutz (§ 126 InsO) sind kraft gesetzlicher Anordnung Rechtsgeschäfte des Schuldners nur mit der Zustimmung des Sachwalters wirksam: »Das Wahlrecht und das Kündigungsrecht sollen nach Satz 1 vom Schuldner ausgeübt werden, da sie unmittelbar mit der vom Schuldner ausgeübten Geschäftsführung zusammenhängen. Wegen der Bedeutung dieser Rechte soll er von ihnen allerdings nur im Einvernehmen mit dem Sachwalter Gebrauch machen (Satz 2). Ein Verstoß des Schuldners gegen diese Vorschrift hat im Allgemeinen keine Außenwirkung; die Ausübung des Wahlrechts oder des Kündigungsrechts ist wirksam, auch wenn der Sachwalter nicht einverstanden ist. Nach Satz 3 gilt dies jedoch nicht für bestimmte Rech- 5 te, durch die ohne Zustimmung des Betriebsrats in die Rechtsstellung einer Vielzahl von Arbeitnehmern eingegriffen werden kann: für das Recht, beim Arbeitsgericht die soziale Rechtfertigung der Entlassung bestimmter Arbeitnehmer feststellen zu lassen (§ 129 des Entwurfs = § 126 InsO), für die vorzeitige Kündigung von Betriebsvereinbarungen (§ 138 des Entwurfs = § 120 InsO) und für den Antrag auf gerichtliche Zustimmung zur Durchführung einer Betriebsänderung (§ 140 des Entwurfs = § 122 InsO). Die Ausübung dieser besonders weit reichenden Rechte ist unwirksam, solange die Zustimmung des Sachwalters fehlt« (BT-Drucks. 12/2443 zu § 340).

B. Der Schuldner als Handelnder bei Regelungen des Zweiten Abschnitts (§§ 103–128 InsO – Satz 1)

6 Der Schuldner nimmt bei der Anwendung der Regelungen der §§ 103–128 InsO die **Stellung des Insolvenzverwalters** ein (HK-InsO/*Landfermann* § 278 Rn. 2; MüKo-InsO/*Tetzlaff/Kern* § 279 Rn. 1; *Uhlenbruck/Zipperer* InsO, § 279 Rn. 2). Er ist also derjenige, der nach Anordnung der Eigenverwaltung etwa gegenüber dem Vertragspartner die Vertragserfüllung erklären und die Erfüllung vom anderen Teil verlangen kann (§ 103 Abs. 1 InsO) oder demgegenüber das Dienstverhältnis zu kündigen ist, wenn der Schuldner der Dienstberechtigte ist (§ 113 Abs. 1 InsO).

7 Mit der Eröffnung des Insolvenzverfahrens wird der Schuldner nunmehr wie ein Insolvenzverwalter für die Insolvenzmasse tätig. Verdeutlicht wird dies etwa durch die ausdrücklich für anwendbar erklärte Regelung des § 103 Abs. 1 InsO. Nach der Änderung der Rechtsprechung des *BGH* durch Urteil vom 25.04.2002 (NJW 2002, 2783 = ZIP 2002, 1093 = ZInsO 2002, 577) bewirkt die Verfahrenseröffnung keine materiellrechtliche Umgestaltung des gegenseitigen Vertrages mehr, sondern ihre noch ausstehenden Erfüllungsansprüche sind, soweit es sich nicht um Ansprüche auf die Gegenleistung für schon erbrachte Leistungen handelt, lediglich nicht mehr durchsetzbar (s. *Wegener* § 103 Rdn. 93 ff.). Für die Ausübung des Wahlrechts durch den Schuldner der Eigenverwaltung gilt nichts anderes. Insbesondere der Vertragspartner des Schuldners müssen sich also auf den Rollentausch einstellen und den Schuldner der Eigenverwaltung so behandeln als sei er der Insolvenzverwalter. Er bzw. der/die organschaftlichen Vertreter des Schuldnerunternehmens entscheiden nicht nur über die **Erfüllung gegenseitiger Verträge** einschließlich der Geltendmachung von Forderungen aus Nichterfüllung eines Fix- oder Finanztermingeschäftes (§ 104 InsO), er ist auch zur **Kündigung von Miet- und Pachtverhältnissen**, die er selbst als Mieter oder Pächter einging (§ 109 InsO), zur **Kündigung von Arbeitsverhältnissen** (§ 113 InsO), zur **Aufstellung eines Sozialplans** (§ 123 InsO) sowie zur Vereinbarung eines **Interessenausgleiches** über die zu kündigenden Arbeitnehmer (§ 125 InsO) berechtigt. Der dadurch betroffene Gläubigerschutz vor inkompetenter oder missbräuchlicher Ausübung soll durch die Mitwirkungsvorgaben der Sätze 2 und 3 gewahrt werden (vgl. HK-InsO/*Landfermann* § 279 Rn. 1).

8 Satz 1 hat neben der klarstellenden (s. Rdn. 3) auch eine **bestimmende Funktion**. Aus Satz 1 folgt im Umkehrschluss, dass die genannten Rechtsgeschäfte als Ausschnitt aller in Frage kommenden Rechtshandlungen des Schuldners in der Eigenverwaltung einer Sonderregelung – derjenigen in Satz 2 und 3 – unterworfen werden, aber eben auch nur diese. Die Regelung kann demnach nicht entsprechend auf andere Rechtsgeschäfte angewandt werden.

C. Die Pflicht zum Einvernehmen mit dem Sachwalter als Soll-Handlung (Satz 2)

9 Wegen der Bedeutung der in den §§ 103–128 InsO geregelten Rechte soll der Schuldner von ihnen nur im Einvernehmen mit dem Sachwalter Gebrauch machen, ohne dass das fehlende Einvernehmen bei der Ausübung der Rechte Außenwirkung haben soll: **die Ausübung des Wahlrechts oder des Kündigungsrechts ist wirksam, auch wenn der Sachwalter nicht einverstanden ist** (BT-Drucks. 12/2443 zu § 340; *Nerlich/Römermann-Riggert* InsO, § 279 Rn. 3; *Kübler/Prütting/Bork-Pape* InsO, § 279 Rn. 14; *Uhlenbruck/Zipperer* InsO, § 279 Rn. 3; HK-InsO/*Landfermann* § 279 Rn. 3; MüKo-InsO/*Tetzlaff/Kern* § 279 Rn. 8). Daraus folgt, dass die Ausübung der Rechte durch den Schuldner auch wirksam ist, wenn er sich nicht um das Einvernehmen des Sachwalters bemüht hat, der Sachwalter z.B. von der einzelnen Handlung des Schuldners nichts weiß. Für den von der

Schuldnerhandlung betroffenen Dritten – etwa der Vertragspartner im Falle des § 103 Abs. 1 InsO oder der Arbeitnehmer im Falle des § 113 Abs. 1 InsO – ist deswegen die Einhaltung der Schuldnerpflicht nach Satz 2 unerheblich (ebenso *Uhlenbruck/Zipperer* InsO, § 279 Rn. 3). Ihn braucht das Einvernehmen nicht zu kümmern. Er kann seinem Handeln allein die Schuldnererklärung zugrunde legen. Auf die Haltung des Sachwalters kommt es ebenso wenig an, wie auf seine etwaigen Erklärungen gegenüber dem betroffenen Dritten. Der Dritte kann den Sachwalter auf die Rechtsstellung des Schuldners verweisen (§ 270 Abs. 1 Satz 1 InsO), die bis zur Aufhebung der Eigenverwaltung (§ 272 Abs. 1 Nr. 2 u. 3 InsO) maßgebend ist, oder auf eine Veranlassung des Sachwalters nach § 277 Abs. 1 InsO gegebenenfalls als Eilanordnung nach § 277 Abs. 2 InsO (vgl. BT-Drucks. 12/2443 zu § 340). Etwas anderes gilt nur bei **Anordnung der Zustimmungsbedürftigkeit** gem. § 277 Abs. 1 Satz 1 InsO (*Uhlenbruck/Zipperer* InsO, § 279 Rn. 3). Aus Satz 2 folgt, dass der Schuldner bzw. die Organmitglieder des Schuldnerunternehmens den Sachwalter vor der jeweiligen Entscheidung **informieren müssen**, damit der Sachwalter sein Widerspruchsrecht nach § 275 Abs. 1 InsO ausüben kann (*Hess/Weis* InsO, § 279 Rn. 13; *Uhlenbruck/Zipperer* InsO, § 279 Rn. 3). Gegebenenfalls muss zusätzlich die Zustimmung des Gläubigerausschusses eingeholt werden (§ 276 InsO).

Allerdings führt die Gesetzesbegründung aus, ein Verstoß des Schuldners habe »im Allgemeinen« keine Außenwirkung (BT-Drucks. 12/2443 zu § 340). Sie schweigt dazu, in welchen »besonderen« Fällen die Außenwirkung vorliegen soll, der Verstoß also zu einer Unwirksamkeit der Rechtsausübung durch den Schuldner führt. Diese Ausnahme wird nur in den gesetzlich angeordneten allgemeinen Fällen des § 138 BGB anzunehmen sein, im Fall des § 277 Abs. 1 InsO sowie bei insolvenzzweckwidrigen Handlungen des Schuldners (i.E. mit Rechtsprechungsangaben s. § 270 Rdn. 16; zust. *Uhlenbruck/Zipperer* InsO, § 279 Rn. 3). 10

Stellt der Sachwalter im Rahmen seiner laufenden Prüfungspflicht einen oder mehrere Verstöße des Schuldners gegen seine Pflichten nach Satz 2 fest, muss er entscheiden, ob er eine Anzeige nach § 274 Abs. 3 InsO vornimmt, ob demnach die Verstöße erwarten lassen, dass die Fortsetzung der Eigenverwaltung zu Nachteilen für die Gläubiger führen wird. Er wird dies zur Vermeidung einer Haftungsgefahr im Zweifel tun, weil er nach der Anlage des Gesetzes kein Antragsrecht nach § 277 InsO hat. Nach der hier vertretenen Auffassung kann er allerdings ein insolvenzgerichtliches Einschreiten nach §§ 270 Abs. 1 Satz 2, 21 Abs. 1 InsO beantragen (s. § 270c Rdn. 12 ff. und § 277 Rdn. 2). Verstöße können zur Aufhebung der Eigenverwaltung führen (§ 272 Abs. 1 Nr. 1, 2 InsO; zust. *Uhlenbruck/Zipperer* InsO, § 279 Rn. 3). 11

Das Einvernehmen kann schriftlich, mündlich oder in anderer Weise (z.B. Handzeichen) hergestellt werden. Es sollte zu Beweiszwecken in den Insolvenzunterlagen schriftlich festgehalten werden. Es kann auch nachträglich durch Genehmigung des Sachwalters hergestellt werden (ähnlich MüKo-InsO/*Tetzlaff/Kern* § 279 Rn. 12). 12

D. Die Pflicht zum Einvernehmen mit dem Sachwalter als Muss-Handlung (Satz 3)

I. Die Bedeutung des Wirksamkeitserfordernisses

Die vom Gesetzgeber nach Satz 3 als ganz besonders wichtig angesehenen Rechte nach §§ 120, 122, 126 InsO, die nachhaltig die Interessen der Arbeitnehmer berühren, können wirksam nur mit der Zustimmung des Sachwalters ausgeübt werden. Der Gesetzeswortlaut veranlasst, die **Wirksamkeitsanforderung und die Unwirksamkeitsfolge** der Regelung des § 277 InsO zu entnehmen. § 277 Abs. 1 Satz 1 InsO bestimmt das Recht des Insolvenzgerichtes, auf Antrag der Gläubigerversammlung anzuordnen, dass bestimmte Rechtsgeschäfte des Schuldners nur wirksam sind, wenn ihnen der Sachwalter zustimmt. Fehlende Zustimmung führt zur absoluten (schwebenden) Unwirksamkeit (s. § 277 Rdn. 8; a.A. BK-InsO/*Blersch* § 279 Rn. 5: §§ 135, 136 BGB). Sie kann durch die Aufhebung der Anordnung und Genehmigung der Gläubigerversammlung entfallen, das verbotswidrige Verpflichtungs- bzw. Verfügungsgeschäft dadurch voll wirksam werden (s. § 277 Rdn. 10). Für die Gleichstellung der Wirksamkeitsanforderungen nach § 277 InsO und § 279 Satz 3 InsO spricht ne- 13 ben dem gleichen Wortlaut »wirksam« und der gleichen Anordnungsterminologie ». . . nur wirksam, wenn der Sachwalter ihnen zustimmt/. . . kann er wirksam nur mit Zustimmung des Sachwalters ausüben« die Stellung beider Vorschriften innerhalb der Eigenverwaltung als Handlungsbeschränkungsanordnungen und damit systemimmanente Gläubigerschutzmaßnahmen. Die Genehmigung durch den Sachwalter im Nachhinein ist möglich (MüKO-InsO/*Tetzlaff/Kern* § 279 Rn. 13).

14 Die nähere Betrachtung beider Vorschriften deckt jedoch durchgreifende strukturelle Unterschiede auf, die die automatische Unwirksamkeitsfolge des § 277 InsO für alle drei Fälle ausschließen. Zunächst unterscheiden sich die Schutzrichtungen. § 277 InsO dient dem Schutz der Insolvenzgläubiger vor gläubigerschädigenden Handlungen des Schuldners. Deswegen führen verbotswidrige Schuldnerhandlungen zur Unwirksamkeit der Handlungen. Durch die Schutzwirkung Belasteter kann jede Person sein, der Personenkreis ist unbestimmt. § 279 Satz 3 InsO schützt dagegen mit den Arbeitnehmern des Schuldners einen mit der Eröffnung des Insolvenzverfahrens und der Anordnung der Eigenverwaltung **bestimmten Personenkreis**, der mit der Eröffnung des Insolvenzverfahrens und Anordnung der Eigenverwaltung von vornherein auf der Schuldnerseite in das Verfahren eingebunden ist. Sinn und Zweck gehen zwar dahin, in den drei gesetzlich genannten Fällen dem Schuldner Handlungsbeschränkungen zum Schutze dieser bestimmten Massegläubigergruppen aufzuerlegen. Anders als in den Fällen der denkbaren Gläubigerschädigung durch Schuldnerhandlungen nach § 277 InsO besteht bei den von § 279 Satz 3 InsO betroffenen Handlungsbeschränkungsanordnungen auch kein Bedürfnis zu der scharfen Unwirksamkeitssanktion, weil in allen betroffenen Fällen der §§ 120, 122, 126 InsO die vom Gesetzgeber angeordnete Handlungsbeschränkung des Schuldners der Eigenverwaltung auf mildere, einfachere und der jeweiligen Norm der drei Vorschriften entsprechende und praktikable Weise sichergestellt wird (s. Rdn. 15 ff.). Dem Schutzzweck des § 279 Satz 3 InsO entspricht deswegen, dass sich die Handlungsbeschränkung in den drei betroffenen Vorschriften so auswirkt, dass eine **Alleinhandlung des Schuldners** im Rahmen der jeweils betroffenen Einzelregelungen der §§ 120, 122, 126 InsO **nicht zu einer Rechtsänderung führen kann**. Nach der jeweiligen betroffenen Vorschrift ist daher (differenzierend) zu bestimmen, wie sich die durch § 279 Satz 3 InsO angeordnete Handlungsbeschränkung auswirkt (zust. HK-InsO/*Landfermann* § 279 Rn. 4; *Uhlenbruck/Zipperer* InsO, § 279 Rn. 4).

II. Das Wirksamkeitserfordernis nach § 120 InsO

15 §§ 279 Satz 1, 120 InsO gewähren dem Schuldner die Möglichkeit, Betriebsvereinbarungen zu kündigen, die Leistungen vorsehen, die die Insolvenzmasse belasten. Die Kündigung beendet ein Schuldverhältnis für die Zukunft, ist ein Gestaltungsrecht, in der Regel bedingungsfeindlich und verträgt auch keinen Schwebezustand. **Fehlt** zu ihrer Ausübung **die erforderliche Einwilligung**, ist die Kündigung deswegen abweichend von den allgemeinen Grundsätzen nicht schwebend unwirksam, sondern **nichtig** (*BGH* NJW 1962, 1345: Fall des § 185 Abs. 1 BGB; *Palandt/Heinrichs* § 185 Rn. 2, vor § 346 Rn. 8, vor § 104 Rn. 17). Legt deswegen der Schuldner mit der Kündigung nach § 120 InsO nicht zugleich die Zustimmung des Sachwalters vor, ist die Kündigung nichtig (zust. *Uhlenbruck/Zipperer* InsO, § 279 Rn. 4; HK-InsO/*Landfermann* § 279 Rn. 4; MüKo-InsO/*Tetzlaff/Kern* § 279 Rn. 13).

III. Das Wirksamkeitserfordernis nach §§ 122, 126 InsO

16 §§ 279 Satz 1, 122 InsO gewähren dem Schuldner die Möglichkeit, die Zustimmung des Arbeitsgerichtes dazu zu beantragen, dass eine Betriebsänderung durchgeführt wird, ohne dass das Verfahren nach § 112 Abs. 2 BetrVG vorangegangen ist, wenn eine Betriebsänderung geplant ist, aber nicht innerhalb von drei Wochen nach Verhandlungsbeginn oder schriftlicher Aufforderung zur Aufnahme von Verhandlungen zwischen Insolvenzverwalter und Betriebsrat der Interessenausgleich nach § 112 BetrVG zustande kommt. Es gelten die Vorschriften des Beschlussverfahrens des ArbGG (§ 122 Abs. 2 Satz 2 InsO). Das Beschlussverfahren gilt gleichfalls für den Fall der §§ 279 Satz 1, 126 InsO (§ 126 Abs. 2 Satz 1 InsO). Dem Schuldner wird die Möglichkeit gegeben, beim Arbeitsgericht die Feststellung zu beantragen, dass die Kündigung der Arbeitsverhältnisse bestimmter, im

Antrag bezeichneter Arbeitnehmer durch dringende betriebliche Erfordernisse bedingt und sozial gerechtfertigt ist, wenn der Betrieb keinen Betriebsrat hat oder aus anderen Gründen nicht innerhalb von drei Wochen nach Verhandlungsbeginn oder schriftlicher Aufforderung zur Aufnahme von Verhandlungen ein Interessenausgleich nach § 125 Abs. 1 InsO zustande kommt. Beide Regelungen knüpfen also die Rechtsänderungen nach einem Antrag des Schuldners an die Entscheidung des Arbeitsgerichts im Beschlussverfahren.

Im Beschlussverfahren gelten die Prozessvoraussetzungen des Urteilsverfahrens (*Grunsky* Arbeitsgerichtsgesetz, § 80 Rn. 13 ff.). Zum Rechtsschutzbedürfnis speziell im Beschlussverfahren hat das *BAG* im Beschluss vom 05.02.1971 (– 1 ABR 25/70, AP Nr. 5 zu § 94 BetrVG) entschieden, dass der Wegfall eines Vertretungsorgans während des Beschlussverfahrens das Rechtsschutzbedürfnis für das von dem Organ eingeleitete Beschlussverfahren entfallen lässt. Dies ist die Falllage der §§ 279 Satz 1, 122, 126 InsO: Ohne Zustimmung des Sachwalters zu den Schuldneranträgen fehlt das Vertretungsorgan der Insolvenzmasse für die Einleitung des Beschlussverfahrens. Auch wenn der Beschluss in der arbeitsgerichtlichen Literatur kritisiert wurde (*Richardi* Anm. zu *BAG* AP Nr. 5 zu § 94 BetrVG; *Grunsky* Arbeitsgerichtsgesetz, § 80 Rn. 20a), besteht doch Einigkeit darin, dass in der vom BAG entschiedenen Fallkonstellation das Beschlussverfahren unzulässig ist. Daraus folgt für die Falllagen der §§ 279 Satz 1, 122, 126 InsO, dass das **Beschlussverfahren ohne Zustimmung des Sachwalters unzulässig** ist, die Durchführung der Betriebsänderung ohne Zustimmung des Sachwalters also ebenso ausgeschlossen ist, wie die Feststellung zur betrieblichen und sozialen Rechtfertigung von Kündigungen (zust. HK-InsO/*Landfermann* § 279 Rn. 4; *Uhlenbruck/Zipperer* InsO, § 279 Rn. 4). 17

Die Unwirksamkeitsanordnung des § 279 Satz 3 InsO wirkt demnach im Fall des § 120 InsO materiell, in den Fällen der § 122, 126 InsO prozessual (zust. *Uhlenbruck/Zipperer* InsO, § 279 Rn. 4; HK-InsO/*Landfermann* § 279 Rn. 4). Diese Folgen entsprechen dem Schutzbedürfnis der Arbeitnehmer in den drei Vorschriften und sind angemessen. Insbesondere in den Fällen der §§ 122, 126 InsO kann ein zunächst unzulässiger Schuldnerantrag zulässig werden, wenn die Zustimmung des Sachwalters vor der Entscheidung des Arbeitsgerichtes beigebracht wird (zust. HK-InsO/*Landfermann* § 279 Rn. 4; *Uhlenbruck/Zipperer* InsO, § 279 Rn. 4; MüKo-InsO/*Tetzlaff/Kern* § 279 Rn. 15). Denn als Prozessvoraussetzung muss das Rechtsschutzbedürfnis (erst) zum Zeitpunkt des Schlusses der mündlichen Verhandlung vorliegen (*Zöller/Greger* ZPO, vor § 253 Rn. 9). 18

§ 280 Haftung. Insolvenzanfechtung

Nur der Sachwalter kann die Haftung nach den §§ 92 und 93 für die Insolvenzmasse geltend machen und Rechtshandlungen nach den §§ 129 bis 147 anfechten.

Übersicht	Rdn.			Rdn.
A. Sinn und Zweck der Vorschrift	1	VI.	Die Anfechtung von Rechtshandlungen des Schuldners im Eröffnungsverfahren	17
B. **Die Sachwalterbefugnis**	4		1. Anfechtungsbefugnis des Sachwalters	17
I. Sachwalterbestellung (§§ 270 Abs. 1 Satz 1, 271 Satz 2 InsO)	4		2. Unanfechtbarkeit von Rechtshandlungen bei originärem Masseverbindlichkeitenbegründungsrecht	18
II. Die Rechtsstellung des Sachwalters zur Insolvenzmasse	5			
1. Rechtsgeschäftliche Erklärungen	6		3. Anfechtbarkeit bei nicht originärem Masseverbindlichkeitenbegründungsrecht	19
2. Stellung im Prozess	7			
3. Besonderheit: Widerklage	10			
4. Besonderheit: Anfechtungseinrede, Anfechtungswiderklage	11		4. Eigene Meinung	23
5. Stellung in der Zwangsvollstreckung	12		5. Interessenkollisionslage bei personenidentischer vorläufiger Sachwaltung	24
III. Die Rechtsstellung des Sachwalters zum Schuldner	13	C.	**Konzernfragen**	25
IV. Die Haftung des Sachwalters	15			
V. Vergütungsfragen	16			

§ 280 InsO Haftung. Insolvenzanfechtung

Literatur:
Brückl/Bellmann Gesetzlicher Sanierungsversuch zulasten der Solidargemeinschaft? – Zur Insolvenzanfechtung von Sozialversicherungsbeiträgen im Schutzschirmverfahren, ZInsO 2015, 1173; *Buchalik/Kraus* Anmerkung zu BGH Beschl. v. 24.3.2016 – IX ZR 157/14, ZInsO 2016, 904; *dies.* Anmerkung zu BGH Urt. v. 16.6.2016 – IX ZR 114/15, ZInsO 2016, 1425; *Gehrlein* Keine mittelbare Zuwendung des Hauptschuldners bei Zahlungen seines Sicherungsgebers an den Gläubiger, ZInsO 2012, 197; *Hiebert* Die Insolvenzanfechtung als notwendiges Korrektiv des faktischen Fiskus- und Krankenkassenprivilegs im Rahmen der Eigenverwaltung, ZInsO 2015, 1242; *Hofmann* Die Eigenverwaltung insolventer Kapitalgesellschaften, ZIP 2007, 260; *Hunsalzer* Haftung für Sozialversicherungsbeiträge und deren Insolvenzanfechtung im Schutzschirmverfahren gem. § 270b InsO, ZInsO 2014, 1748; *Pape* Entwicklungstendenzen bei der Eigenverwaltung, ZIP 2013, 2285; *Roth* Strafbarkeit von Geschäftsführer, vorläufigem Sachwalter und vorläufigem Insolvenzverwalter nach § 266a StGB – und ein vergessenes Kleinod: Masseforderungen sind doch anfechtbar, ZInsO 2017, 617; *Thole* Neues zur Doppelbesicherung und § 135 Abs. 2 InsO, ZIP 2017, 174; s. im Übrigen vor §§ 270 ff. und § 270.

A. Sinn und Zweck der Vorschrift

1 Die Eröffnung des Insolvenzverfahrens mit der Anordnung der Eigenverwaltung oder der nachträglichen Anordnung der Eigenverwaltung führt zur grundsätzlichen Ausübung der Verwaltungs- und Verfügungsbefugnis, also der originären Verwalterrechte des Regelinsolvenzverfahrens (§ 80 Abs. 1 InsO), durch den Schuldner unter Aufsicht des Sachwalters (§§ 270 Abs. 1 Satz 1, 271 InsO). Insbesondere die Gedanken des Schutzes der Insolvenzgläubiger vor schädigenden Handlungen des Schuldners und des Schutzes besonders schützenswerter Güter der Arbeitnehmer hat den Gesetzgeber vornehmlich in den §§ 275–279 InsO zu einem abgestuften Mitwirkungssystem zwischen Schuldner und Sachwalter veranlasst (eingehend § 270c Rdn. 12–33). § 280 enthält eine weitere Form der Handhabung originärer Verwalterbefugnisse des Regelinsolvenzverfahrens in der Eigenverwaltung. Die Vorschrift **durchbricht den Grundsatz der Ausübung der Verwaltungs- und Verfügungsbefugnis durch den Schuldner (§ 270 Abs. 1 Satz 1 InsO)** durch die Anordnung, dass die in § 280 InsO aufgeführten Rechte von vornherein dem Sachwalter zustehen. Der Sachwalter wird im Umfang des § 280 InsO zu einem »Quasi-Insolvenzverwalter«, weil er insoweit zur Geltendmachung der Insolvenzverwalterrechte befugt ist, also das Verwaltungs- und Verfügungsrecht (§ 80 Abs. 1 InsO) insoweit von ihm und allein ausgeübt wird (zust. HK-InsO/*Landfermann* § 280 Rn. 1; *Uhlenbruck/Zipperer* InsO, § 280 Rn. 2). Zusammen mit der Übernahme der Kassenführung können ihn deswegen die **Steuerpflichten** nach §§ 34, 35 AO treffen (s. § 274 Rdn. 53, § 275 Rdn. 26).

2 Der Gesetzgeber begründet diese Ausnahme vom Grundsatz des § 270 Abs. 1 Satz 1 InsO damit, dass der **Sachwalter** zur Ausübung der durch § 280 InsO in Bezug genommenen Rechte **besser geeignet** erscheine als der Schuldner (BT-Drucks. 12/2443 zu § 341). Der Hintergrund hierfür ergibt sich aus einer Betrachtung der in § 280 InsO in Bezug genommenen Vorschriften. Der Gesetzgeber setzt den Gläubigerschutzgrundsatz um und versucht, Störungen der Eigenverwaltung, die im Kern auf Fortführungsfälle angelegt ist (BT-Drucks. 12/2443 vor § 331), zu vermeiden. So betrifft § 92 InsO den Fall, dass die Insolvenzmasse durch eine Handlung verkürzt wurde, die nach den Bestimmungen des Haftungsrechtes Schadensersatzansprüche der Insolvenzgläubiger begründet.

3 Für diesen Fall wird vorgeschrieben, dass die Ersatzansprüche wegen eines **Gesamtschadens während der Dauer des Verfahrens** nicht von den einzelnen Gläubigern, sondern nur von dem Insolvenzverwalter geltend gemacht werden dürfen. Die Ansprüche gehören zur Insolvenzmasse und der Schädiger hat den Schadensersatz in die Masse zu leisten (BT-Drucks. 12/2443 zu § 103). Der danach zum Schadensersatz Verpflichtete kann der Schuldner selbst oder ein naher Angehöriger oder ein ihm besonders Verpflichteter sein. Der Schuldner müsste somit häufig einen Anspruch gegen sich selbst durchsetzen, was einerseits wenig Erfolg versprechend erscheint und andererseits auch unzumutbar wäre. Ferner liefe die Anspruchsverfolgung durch den Schuldner dem Zweck der Eigenverwaltung zuwider, die Kenntnisse und Erfahrungen der bisherigen Geschäftsleitung bestmöglich zu nutzen und ihm einen Anreiz für einen rechtzeitigen Antrag auf Eröffnung des Insolvenzverfahrens zu geben (BT-Drucks. 12/2443 vor § 331). Die durch eine gesetzliche Verpflichtung gegen sich selbst ausgelöste Konfliktlage müsste anreizhemmend wirken (zust. *Uhlenbruck/Zipperer* InsO, § 280 Rn. 2).

Außerdem bestünde die Gefahr, dass der Anspruch nicht, nicht rechtzeitig oder nicht hinreichend geltend gemacht wird und damit die Insolvenzgläubiger geschädigt werden. Selbst wenn der Schuldner für derart schädigende Handlungen nicht selbst haftet, könnte die Geltendmachung des Haftungsanspruches durch den Schuldner dem Zweck der Eigenverwaltung zuwiderlaufen. Denn die Ausübung der Verwaltungs- und Verfügungsbefugnis des Schuldners könnte gestört und belastet werden, weil der zum Schadensersatz Verpflichtete gerade in Fortführungsfällen bedeutsamer Kunde oder Lieferant des fortgeführten Unternehmens sein kann. Deswegen könnte ein zur Ausübung der Rechte nach § 280 berechtigter Schuldner geradezu dazu eingeladen werden, in solchen Fällen gläubigerschädigende Abreden mit derartigen Haftungsverpflichteten zu treffen (zust. *Uhlenbruck/Zipperer* InsO, § 280 Rn. 2). Dieselben Erwägungen gelten für die Übertragung der Verwalterrechte auf den Sachwalter in den Fällen der Geltendmachung von **Haftungsansprüchen gegen die Gesellschafter persönlich (§ 93 InsO)** und der Rückgängigmachung von Vermögensverschiebungen zur Wiederherstellung des Bestandes des den Gläubigern haftenden Schuldnervermögens, die insbesondere in der Zeit der Krise vor der Verfahrenseröffnung zum Nachteil der Gläubiger vorgenommen werden, also durch die **Insolvenzanfechtung (§§ 129–147 InsO)**. Insoweit stellt § 280 InsO zugleich klar, dass auch bei der Eigenverwaltung die **Insolvenzanfechtung einschränkungslos anwendbar** ist (*OLG Dresden* ZIP 2014, 1294; *LG Köln* ZInsO 2014, 1503 [1504]; *LG Hamburg* ZInsO 2014, 451; HK-InsO/*Landfermann* § 280 Rn. 1; MüKo-InsO/*Kirchhof* § 280 Rn. 1; *Uhlenbruck/Zipperer* InsO, § 280 Rn. 1; *Kübler/Prütting/Bork-Pape* InsO, § 280 Rn. 1). Diese Interessenlage wird im Fall des § 135 InsO besonders deutlich, mit dem eigenkapitalersetzende Leistungen nach §§ 30–32b GmbHG a.F. der Insolvenzanfechtung unterstellt wurden (zuletzt *BGH* ZIP 2017, 1632; dazu *Thole* ZIP 2017, 1742). Die Übertragung des Anfechtungsrechtes vermeidet von vornherein eine Konfliktlage, die sich daraus ergeben und die Eigenverwaltung insgesamt beeinträchtigen könnte, dass ein Geschäftsführer der Schuldnerin, vor Insolvenzeröffnung von Gesellschaftern berufen, als Organ der eigenverwaltenden Schuldnerin gegen die Gesellschafter vorgehen müsste, ganz abgesehen davon, dass der Geschäftsführer häufig mit den Gesellschaftern identisch ist (i.E. ebenso *Kübler/Prütting/Bork-Pape* InsO, § 280 Rn. 1–3; *Koch* Eigenverwaltung, S. 254 ff.; *Uhlenbruck/Zipperer* § 280 Rn. 1, 2). Dem Grunde nach dieselbe Lage besteht bei **pflichtwidriger Schädigung der Insolvenzmasse durch Mitglieder des Schuldnerorgans**. Hierzu wird zu Recht die entsprechende Anwendung des § 280 InsO befürwortet (*Hofmann* ZIP 2007, 262; *Gottwald/Haas* HdbInsR, § 89 Rn. 26; MüKo-InsO/*Kirchhof* § 280 Rn. 3). Denn geschädigt ist die Insolvenzmasse mit gläubigerbeschlagnahmtem Vermögen des Schuldners, an deren Verfolgung die (übrigen) Mitglieder des Schuldnerorgans wegen Interessenkollision gehindert sind. Gleiches gilt für Gesellschafterhilfen, die während der Eigenverwaltung an Kapitalgesellschaften gewährt werden (*Gottwald/Haas/Kahlert* § 89 Rn. 26; MüKo-InsO/*Kirchhof* § 280 Rn. 3).

B. Die Sachwalterbefugnis

I. Sachwalterbestellung (§§ 270 Abs. 1 Satz 1, 271 Satz 2 InsO)

Sachwalter ist, wer durch Beschluss des Insolvenzgerichtes zum Sachwalter bestellt (§§ 270 Abs. 1 Satz 1, § 271 Satz 2 InsO) und nicht abberufen ist (§§ 270 Abs. 1 Satz 2, 57, 59 InsO). Besteht **gegen den Sachwalter selbst ein Haftungsanspruch** (§ 274 Abs. 1 InsO) muss ein neuer Sachwalter bestellt werden (HK-InsO/*Landfermann* § 280 Rn. 3) oder im Falle weniger gravierender Pflichtverletzungen oder in Zweifelsfällen ein **Sondersachwalter** (§ 56 i.V.m. § 270 Abs. 1 Satz 2; näher § 274 Rdn. 22; ebenso *Uhlenbruck/Zipperer* InsO, § 280 Rn. 2; MüKo-InsO/*Kirchhof* 3. Aufl., § 280 Rn. 4; HK-InsO/*Landfermann* § 280 Rn. 3).

4

II. Die Rechtsstellung des Sachwalters zur Insolvenzmasse

Im Rahmen der ihm nach § 280 InsO übertragenen Befugnisse wird der Sachwalter wie ein Insolvenzverwalter tätig (ebenso *Uhlenbruck-Zipperer* § 280 Rn. 5; HK-InsO/*Landfermann* § 280 Rn. 1), so dass ihm diese Aufgabenwahrnehmungen als Amtspflicht (§§ 274 Abs. 1, 60) obliegen (MüKo-InsO/*Kirchhof* § 280 Rn. 5, 7; *Kübler-Prütting/Bork-Pape* InsO, § 280 Rn. 7; *Uhlenbruck/*

5

Zipperer InsO, § 280 Rn. 5; HambK-InsO/*Fiebig* § 280 Rn. 3; A/G/R-*Ringstmeier* § 280 Rn. 8). Unabhängig vom Streit über die Rechtsstellung des Insolvenzverwalters (i.E. *Wimmer-Amend* § 80 Rdn. 10 ff.) folgt daraus für die Sachwalterbefugnis im Besonderen:

1. Rechtsgeschäftliche Erklärungen

6 Die rechtsgeschäftlichen Erklärungen des Sachwalters berechtigen und verpflichten den Schuldner unmittelbar (zust. *Uhlenbruck/Zipperer* InsO, § 280 Rn. 4 f.; MüKo-InsO/*Kirchhof* § 280 Rn. 6).

2. Stellung im Prozess

7 Im Prozess tritt der Sachwalter als **Partei kraft Amtes** auf (vgl. *BGH* WM 1969, 37). Er führt ihn im eigenen Namen über fremdes Vermögen, nicht in Vertretung des Schuldners oder der Insolvenzgläubiger (*Uhlenbruck/Zipperer* InsO, § 280 Rn. 4 f.; *Kuhn/Uhlenbruck* KO, § 6 Rn. 24; MüKo-InsO/ *Kirchhof* § 280 Rn. 6). Die **Rechtskraft** eines im Prozess ergehenden Urteils trifft nicht den Sachwalter persönlich, weil er Partei kraft Amtes und (insoweit) Verwalter der Insolvenzmasse ist. Sie trifft den Schuldner, weil ihn seine Rechtshandlungen binden (MüKo-InsO/*Kirchhof* § 280 Rn. 6).

8 Tritt während des Rechtsstreites ein Sachwalterwechsel ein oder wird der Sachwalter von einem Insolvenzverwalter abgelöst, findet kein **Parteiwechsel** statt. Der Prozess wird nicht unterbrochen. Denn es wechselt jeweils nur der Träger der Verwaltungs- und Verfügungsmacht für die Insolvenzmasse, die Partei bleibt dieselbe.

9 Dem Sachwalter kann **Prozesskostenhilfe** bewilligt werden, wenn die zur Führung des Prozesses erforderlichen Mittel weder aus der verwalteten Vermögensmasse aufgebracht werden können, noch von den an der Führung des Prozesses wirtschaftlich Beteiligten (§ 116 Abs. 1 Nr. 1 ZPO; ebenso *Uhlenbruck* InsO, § 280 Rn. 5). Denn § 116 Abs. 1 Nr. 1 ZPO stellt auf die Partei kraft Amtes als Berechtigten ab, die der Sachwalter bei der Aufgabenwahrnehmung nach § 280 InsO ist. Zu dieser Frage sehr eingehend § 270 Rdn. 25 ff. für den eigenverwaltenden Schuldner als Verwaltungs- und Verwertungsorgan der Gläubigergemeinschaft.

3. Besonderheit: Widerklage

10 Besondere Probleme können sich ergeben, wenn der Anfechtungsgegner im Anfechtungsprozess eine Widerklage entgegensetzen will. Sie wird wegen des erforderlichen Sachzusammenhanges i.S.d. § 33 ZPO (zu diesem Erfordernis i.E. *Zöller/Vollkommer* ZPO, § 33 Rn. 2) nur zulässig sein, wenn der Widerkläger mit der Widerklage eine **Parteierweiterung nach § 263 ZPO** verbindet und die Widerklage gegen den Schuldner der Eigenverwaltung als Träger der behaupteten Verpflichtung des Widerklageanspruches richtet. Denn die Regelungen der Eigenverwaltung mit der gesetzlichen Abgrenzung der Schuldner- und Sachwalterbefugnisse hinsichtlich der Insolvenzmasse gehen als lex specialis den Regelungen der ZPO vor und müssen von ihr respektiert werden. Die Regelungen der Eigenverwaltung mit der Aufteilung der Verwaltungs- und Verfügungsbefugnis des Regelinsolvenzverfahrens teils auf den Schuldner, teils auf den Sachwalter, führen zu voneinander unabhängigen Parteistellungen. Damit ist die Widerklage nur nach den Regeln der Parteierweiterung zulässig, wenn also Sachwalter und Schuldner einwilligen oder das Gericht sie für sachdienlich erachtet (§ 263 ZPO, zust. MüKo-InsO/*Kirchhof* § 280 Rn. 6). Bei der Bejahung der **Sachdienlichkeit ist größte Vorsicht und Zurückhaltung geboten**. Sie kann nur ausnahmsweise angenommen werden. In dem vom Sachwalter angestrengten Prozess kann der Gemeinschuldner Zeuge sein (*Baur/Stürner* Insolvenzrecht Bd. II, Rn. 1028; *Kuhn/Uhlenbruck* KO, § 6 Rn. 12), oft das einzige Beweismittel, das zur Verfügung steht. Mit der zulässigen Widerklage rückt der Schuldner jedoch in die Parteistellung ein, der Zeugenbeweis geht verloren. Der Gesetzesbegründung ist nicht nur nicht zu entnehmen, dass dem Sachwalter die Durchsetzung der Ansprüche schwerer gemacht werden soll, als einem Insolvenzverwalter in gleicher Lage. Eine solche Erschwernis widerspräche dem Zweck der Eigenverwaltung, die Vorteile aus den Kenntnissen und Erfahrungen des Schuldners für die Insolvenzgläubiger zu ziehen und ihm einen Anreiz auf einen frühzeitigen Insolvenzantrag zu bieten (BT-

Drucks. 12/2443 vor § 331). Sie widerspräche ferner den allgemeinen Grundsätzen des Insolvenzrechtes, das gerade auf die Erleichterung der Anfechtungsmöglichkeiten angelegt ist (BT-Drucks. 12/2443 vor § 144, zust. *Uhlenbruck/Zipperer* InsO, § 280 Rn. 4).

4. Besonderheit: Anfechtungseinrede, Anfechtungswiderklage

Im **Passivprozess** des Schuldners kann sich umgekehrt das Problem der Verteidigung mit einem Insolvenzanfechtungsanspruch stellen, sei es als Widerklage (Anfechtungswiderklage) oder als Einrede gem. § 146 Abs. 2 InsO (Anfechtungseinrede; i.E. *Zeuner* Rn. 303–307, 344; HK-InsO/*Thole* § 146 Rn. 13 ff.; *Nerlich/Römermann* InsO, § 146 Rn. 11–14; *Hess/Weis* § 146 Rn. 35–44; jeweils m.N.). Da die Abtretbarkeit von Anfechtungsansprüchen – im Gegensatz zur KO – nach der InsO zwar richtigerweise bejaht wird (i.E. MüKo-InsO/*Kayser* § 129 Rn. 214 ff.; **a.A.** *OLG Zweibrücken* ZInsO 2010, 1606), aber gegenwärtig höchstrichterlich noch ungeklärt ist, muss zunächst noch davon ausgegangen werden, dass die Ausübung des Anfechtungsrechtes in jedweder prozessualen Form an den Sachwalter als Anfechtungsberechtigten gebunden ist (davon geht offenbar auch *Zeuner* Rn. 344 aus). Im Gegensatz zum Insolvenzverwalter (HK-InsO/*Thole* Rn. 16 unter Hinweis auf *BGH* BGHZ 106, 131 f.; *Jaeger/Henckel* KO, § 41 Rn. 41; *Kilger/Karsten Schmidt* KO, § 41 Anm. 8) kann der Sachwalter die Gegenrechte im Passivprozess des Schuldners als (streitgenössischer) Nebenintervenient (§ 69 ZPO) geltend machen, soweit es um die **Erhebung der Anfechtungseinrede** geht. Denn § 146 Abs. 2 InsO schützt die Insolvenzmasse (HK-InsO/*Thole* § 146 Rn. 14), für die Anfechtungsrechte in der Eigenverwaltung gerade (nur) durch den Sachwalter ausgeübt werden (wie hier MüKo-InsO/*Kirchhof* § 280 Rn. 6). In der Nebenintervention ist allerdings die Erhebung der Widerklage unzulässig (*BGH* LM Nr. 12 zu § 33 ZPO; *Zöller/Vollkommer* ZPO, § 33 Rn. 18). Soll **Anfechtungswiderklage** erhoben werden, muss der Sachwalter als Hauptintervenient (§ 64 ZPO) tätig werden (vgl. *Zöller/Vollkommer* ZPO, § 33 Rn. 18, § 64 Rn. 3), womit dem Zweck der Hauptintervention (Verfahrenskonzentration, Vermeidung einander widersprechender Entscheidungen, *Zöller/Vollkommer* ZPO, § 64 Rn. 1) entsprochen wird (zust. MüKo-InsO/*Kirchhof* § 280 Rdn. 7).

5. Stellung in der Zwangsvollstreckung

Die Zwangsvollstreckung aus einem gegen den Sachwalter insoweit ergangenen Urteil oder Beschluss (z.B. Kostenfestsetzungsbeschluss) richtet sich gleichfalls nicht gegen den Sachwalter persönlich, sondern gegen die Insolvenzmasse, als deren Verwalter er insoweit aufgetreten ist (zust. MüKo-InsO/*Kirchhof* 3. Aufl., § 280 Rn. 6). Die Insolvenzmasse ist auch in der Eigenverwaltung als einheitliches Ganzes zu verstehen, die lediglich im Umfang der jeweiligen gesetzlichen Anordnung mit Schuldner und Sachwalter zwei Verwaltungs- und Verfügungsbefugte hat. Deswegen kann die Zwangsvollstreckung in das gesamte verwaltete Vermögen geführt werden, also auch in die vom Schuldner verwalteten Vermögensteile. Einer Titelumschreibung gegen den Schuldner bedarf es deswegen nicht (*Uhlenbruck/Zipperer* InsO, § 280 Rn. 4). Ebenso wenig bedarf es einer Titelumschreibung, wenn der Sachwalter wechselt oder der Sachwalter von einem Insolvenzverwalter abgelöst wird, falls die Eigenverwaltung aufgehoben wird (§ 272 InsO). Denn die Vorschriften der §§ 727 ff. ZPO zielen auf die Befreiung des Vollstreckungsorgans von der Prüfung schwieriger Legitimationsfragen und Haftungslagen. Die Bestallungsurkunde stellt den Massebezug hinreichend sicher fest (vgl. *LG Essen* NJW-RR 1992, 576; *Münzberg* in: *Stein/Jonas* § 727 ZPO Rn. 27; *Jaeger/Henckel* KO, § 6 Rn. 99; *Kuhn/Uhlenbruck* KO, § 6 Rn. 28; *Uhlenbruck/Zipperer* InsO, § 280 Rn. 4). Nach der Beendigung des Insolvenzverfahrens ist die Zwangsvollstreckung aus einem Titel, den der Sachwalter erstritten hat, jedoch nur nach Titelumschreibung möglich (vgl. *OLG Kiel* OLGZ 16, 322; *KG* OLGZ 25, 219). Titel, die während des Insolvenzverfahrens gegen den Sachwalter ergangen sind, können nach der Beendigung des Insolvenzverfahrens ebenfalls nur nach der Umschreibung gem. §§ 727 ff. ZPO vollstreckt werden (*Jaeger/Henckel* KO, § 6 Rn. 97).

III. Die Rechtsstellung des Sachwalters zum Schuldner

13 Soweit dem Sachwalter das Verwaltungs- und Verfügungsrecht nach § 280 InsO zusteht, ist der Schuldner davon ausgeschlossen. Denn nach dem Wortlaut des § 280 InsO und den Vorstellungen des Gesetzgebers (BT-Drucks. 12/2443 zu § 341) hat der Sachwalter die Rechte nach § 280 InsO allein. Im Umfang des § 280 InsO muss der Sachwalter auch die tatsächliche Möglichkeit zur Ausübung des Verwaltungs- und Verfügungsrechtes haben, weil er sonst nicht hinreichend handlungsfähig wäre. Soweit deswegen der Sachwalter der Mitwirkung des Schuldners bedarf (z.B. Vornahme von Zahlungen oder Empfangnahme von Geld, falls der Sachwalter das Kassenführungsrecht nach § 275 Abs. 2 InsO nicht an sich gezogen hat), ist der Schuldner nach Sinn und Zweck des § 280 InsO zu der erforderlichen Mitwirkung verpflichtet (§ 274 Abs. 2 Satz 2 InsO i.V.m. § 22 Abs. 3 InsO, *Uhlenbruck/Zipperer* InsO, § 280 Rn. 4). Ein vom Sachwalter erstrittener Erlös fällt in das vom Schuldner selbst verwaltete Vermögen (*Kübler/Prütting/Bork-Pape* InsO, § 280 Rn. 5; MüKo-InsO/*Kirchhof* § 280 Rn. 3) allerdings nur, wenn er die Kasse führt, sonst wird es vom Sachwalter verwaltet (§ 275 Abs. 2 InsO).

14 Damit stellt sich das Problem der **Durchsetzung der Mitwirkungspflicht**, falls sich der Schuldner widersetzt oder die notwendige Mitwirkung verzögert. Der Fall ist im Gesetz nicht geregelt. Nach der hier vertretenen Auffassung kann das Insolvenzgericht auf Antrag des Sachwalters gem. §§ 270 Abs. 1 Satz 2, 21 InsO tätig werden und die geeignete und erforderliche Anordnung treffen (s. § 270c Rdn. 19 ff.; ebenso *Uhlenbruck/Zipperer* InsO, § 280 Rn. 4; *str.*), weil sonst eine partielle Funktionsunfähigkeit der Eigenverwaltung droht. Sie wäre wider Sinn und Zweck der Eigenverwaltung. Folgt man der Auffassung nicht, bleiben die aufsichtsrechtlichen Maßnahmen (i.E. § 274 Rdn. 64 f.) und Maßnahmen nach §§ 277, 272 Abs. 1 InsO. Der Mitwirkungspflicht des Schuldners nach **§ 274 Abs. 2 Satz 2 InsO i.V.m. § 22 Abs. 3 InsO** kommt jedenfalls besondere Bedeutung zu (*Uhlenbruck/Zipperer* InsO, § 280 Rn. 4), weil ein Verstoß gegen die Mitwirkungspflicht im Rahmen der Realisierung der persönlichen Haftung gegen ihn selbst eine Pflichtverletzung des Schuldners darstellt, die unter Umständen die Aufhebung der Eigenverwaltung rechtfertigt (*Uhlenbruck/Zipperer* InsO, § 280 Rn. 4; *Kübler/Prütting/Bork-Pape* InsO, § 280 Rn. 5; MüKo-InsO/*Kirchhof* § 280 Rn. 6). Dazu kann der Sachwalter anzeigepflichtig nach § 274 Abs. 3 InsO sein (*Uhlenbruck/Zipperer* InsO, § 280 Rn. 4; *Kübler/Prütting/Bork-Pape* InsO, § 280 Rn. 10 ff.; MüKo-InsO/*Kirchhof* § 280 Rn. 5).

IV. Die Haftung des Sachwalters

15 Die Sachwalterhaftung folgt bei Handlungen nach § 280 nicht der Regelung des § 274 Abs. 1 InsO, sondern über § 270 Abs. 1 Satz 2 InsO der Insolvenzverwalterhaftung nach §§ 60–62 InsO (zust. *Uhlenbruck/Zipperer* InsO, § 280 Rn. 6; MüKo-InsO/*Kirchhof* § 280 Rn. 7; *Kübler/Prütting/Bork-Pape* InsO, § 280 Rn. 7). Deswegen ist § 61 InsO im Gegensatz zur allgemeinen Sachwalterhaftung über § 270 Abs. 1 Satz 2 InsO anwendbar. Dies ergibt sich zunächst aus der Stellung des Sachwalters im Rahmen des § 280 InsO als »Quasi-Insolvenzverwalter« (s. Rdn. 1; ebenso *Uhlenbruck* InsO, 13. Aufl., § 280 Rn. 6; gegen den Begriff *Nerlich/Römermann-Riggert* InsO, § 280 Rn. 1). Der Sachwalter handelt im Rahmen des § 280 InsO wie ein Insolvenzverwalter. Deswegen kann er eine Masseverbindlichkeit begründen, etwa durch Einholung eines Gutachtens über die Erfolgsaussichten eines Anfechtungsprozesses oder durch einen Anfechtungsprozess selbst. Mithin muss deren Nichterfüllung den Haftungsgrundsätzen des § 61 InsO unterliegen. Für ein Haftungsprivileg des Sachwalters ist im Rahmen des § 280 InsO kein Raum. Die Geltung des § 61 InsO im Rahmen des § 280 InsO folgt ferner aus Sinn und Zweck der Haftungsverweisung des § 274 Abs. 1 InsO. Sie ist auf den Regelfall der Sachwalterstellung als Aufsichts- und Mitwirkungsorgan der Eigenverwaltung zugeschnitten, während der Sachwalter nach § 280 InsO das handelnde Organ selbst ist (zust. *Uhlenbruck/Zipperer* InsO, § 280 Rn. 4). Haftungsbeispiele: Einholung eines Gutachtens über die Erfolgsaussichten eines Haftungsprozesses unter Masseverbindlichkeitenbegründung, Anfechtungsprozessführung ohne Kostendeckung nach § 826 BGB (*BGH* BGHZ 148, 175; NZI 2005, 155, jew. zum Insolvenzverwalter).

V. Vergütungsfragen

Besonderen Leistungen des Sachwalters zur Vermehrung der Masse, etwa durch die erfolgreiche außergerichtliche oder gerichtliche Geltendmachung der Ansprüche nach §§ 92, 93, 129–147 InsO, kann im Rahmen der gebotenen einzelfallbezogenen Vergütungsbeurteilung durch ungeschmälerte Vergütungszuschläge nach § 3 Abs. 1 InsVV entsprochen werden, weil es sich um einen sachwalterbezogenen Zuschlagstatbestand handelt (s. § 274 Rdn. 45 ff.). 16

VI. Die Anfechtung von Rechtshandlungen des Schuldners im Eröffnungsverfahren

1. Anfechtungsbefugnis des Sachwalters

Die Zuständigkeit für die Ausübung des Anfechtungsrechtes gem. §§ 129 ff. InsO gebührt ausschließlich dem Sachwalter (*BGH* ZInsO 2016, 1421 Tz. 11) wie einem Insolvenzverwalter als Amtspflicht (s. Rdn. 5), erfasst also grds. auch gläubigerbenachteiligende Rechtshandlungen im Eröffnungsverfahren, insbesondere auch des Schuldners (i.E. MüKo-InsO/*Kayser* § 129 Rn. 34 ff.). Die **Anfechtungsbefugnis** des Sachwalters ist deswegen in der Eigenverwaltung für das Eröffnungsverfahren mit vorläufiger Eigenverwaltung nicht eingeschränkt. 17

2. Unanfechtbarkeit von Rechtshandlungen bei originärem Masseverbindlichkeitenbegründungsrecht

Eine andere Frage ist, ob Rechtshandlungen des eigenverwaltenden Schuldners im Eröffnungsverfahren nach den §§ 270a, 270b InsO angefochten werden können, also die Frage nach der **Anfechtbarkeit**. Rechtshandlungen des Insolvenzverwalters sind sogar für den Fall späterer Masselosigkeit oder Masseunzulänglichkeit unanfechtbar, weil der Insolvenzverwalter als unabhängiges Organ der Gläubigerselbstverwaltung nicht dem Insolvenzschuldner gleichgesetzt werden kann, der vor der Insolvenzeröffnung sein Vermögen eigennützig bewirtschaftet. Das Vertrauen in Rechtshandlungen aller Insolvenzverwalter würde untergaben, wenn seine Partner später mit der Anfechtbarkeit rechnen müssten. Dasselbe wird für Rechtshandlungen des eigenverwaltenden Schuldners nach der Verfahrenseröffnung angenommen (MüKo-InsO/*Kayser* § 129 Rn. 42; MüKo-InsO/*Kirchhof* § 147 Rn. 9; *Kübler/Prütting/Bork-Linke* InsO, § 129 Rn. 42, 74, 105; HK-InsO/*Thole* § 129 Rn. 35; jew. M.w.N.; **a.A.** *Henckel* JZ 1996, 531 f.). Entspricht deswegen die Rechtsstellung des eigenverwaltenden Schuldners im vorläufigen Eigenverwaltungsverfahren nach den §§ 270a, 270b InsO seiner Rechtsstellung als eigenverwaltendem Schuldner nach Insolvenzeröffnung und damit einem Insolvenzverwalter, würde die Anfechtbarkeit seiner Rechtshandlungen fehlen. Der eigenverwaltende Schuldner stünde dann mit der Anordnung des vorläufigen Eigenverwaltungsverfahrens dem vorläufigen starken Insolvenzverwalter gleich, dessen Rechtshandlungen grds. unanfechtbar gestellt sind (*BGH* Urteil v. 20.02.2014 DB 2014, 651 = ZIP 2014, 584; 30.09.2010 ZInsO 2010, 2133; A/G/R-*Gehrlein* § 129 Rn. 61). Nach der hier vertretenen Auffassung gebührt dem eigenverwaltenden Schuldner diese Rechtsstellung, weil er vom Gesetzgeber über die Rechtsmachtstellung des vorläufigen Sachwalters mit der Anwendbarkeitsanordnung der §§ 274 und 275 InsO gem. §§ 270a Abs. 1 Satz 2, 270b Abs. 2 Satz 1 InsO mit dem Masseverbindlichkeitsbegründungsrecht und dadurch der Organstellung des vorläufigen starken Insolvenzverwalters ausgestattet wurde (**sehr str.**; i.E. s. § 270a Rdn. 11, 25 f.). Wird dieser Auffassung gefolgt, sind Rechtshandlungen des eigenverwaltenden Schuldners im vorläufigen Eigenverwaltungsverfahren grds. ebenso unanfechtbar gestellt. Die Unanfechtbarkeit beginnt dann mit der Anordnung der Eigenverwaltung, die auch noch nach der Einleitung des Regeleröffnungsverfahrens erfolgen kann (s. § 270a Rdn. 15). 18

3. Anfechtbarkeit bei nicht originärem Masseverbindlichkeitenbegründungsrecht

Wird dagegen der Gegenauffassung gefolgt, wird damit die grundsätzliche Anfechtbarkeit angenommen. Dann stellen sich eine Reihe von Einzelfragen. 19

20 Unproblematisch ist die Anfechtbarkeit von Rechtshandlungen **vor der Anordnung der Eigenverwaltung**. Hier gelten die allgemeinen Regelungen für das Regeleröffnungsverfahren (i.E. MüKoInsO/*Kayser* § 129 Rn. 42 ff. m.w.N.).

21 Für Rechtshandlungen **nach der Anordnung der Eigenverwaltung** unterstellt die strengste Auffassung alle Rechtshandlungen der Anfechtbarkeit, Vertrauensaspekte sollen erst bei der Prüfung der einzelnen Tatbestandsmerkmale erheblich werden, insbesondere der subjektiven Anfechtungsvoraussetzungen (*OLG Dresden* ZIP 2014, 1294; *Pape* ZIP 2013, 2285 [2294]; *Roth* ZInsO 2017, 617 [620 f.]; ähnlich *Hiebert* ZInsO 2015, 1242).

22 Nach einschränkender Auffassung sind Rechtshandlungen im sog. **Schutzschirmverfahren** jedenfalls auf einer Ermächtigungsgrundlage nach § 270b Abs. 3 InsO unanfechtbar gestellt, weil die Ermächtigung ein Masseverbindlichkeitenbegründungsrecht gem. § 55 Abs. 2 InsO auslöse und damit der eigenverwaltende Schuldner einem vorläufigen starken Insolvenzverwalter gleichstehe (*BGH* 16.06.2016 ZInsO 2016, 1421 [1422] m. zust. Anm. *Buchalik/Kraus* ZInsO 2016, 1425; *LG Köln* ZInsO 2014, 1503 [1504]; *LG Hamburg* ZInsO 2014, 451 [454]; ähnlich *Brückl/Bellmann* ZInsO 2015, 1173; für die umfassende Anfechtung im Schutzschirmverfahren *Hunsalzer* ZInsO 2014, 1748); außerhalb der Ermächtigung nach § 270b Abs. 3 InsO bestehe lediglich eine schwache vorläufige Eigenverwaltung (*LG Köln* ZInsO 2014, 1503 [1504]). Damit besteht die grundsätzliche Unanfechtbarkeit jedenfalls für Rechtshandlungen aufgrund der Ermächtigung nach § 270b Abs. 3 InsO. Für die außerhalb der Ermächtigung liegenden Rechtshandlungen im Schutzschirmverfahren nach § 270b InsO besteht sie dagegen nicht, weil es sich um ein Eröffnungsverfahren zur Vorbereitung einer Sanierung handelt und der Gesetzgeber den Schuldner in diesem Verfahren ausdrücklich ermöglichen wollte, über die Anordnung nach § 270b Abs. 3 InsO gleichsam in die Rechtsstellung eines starken vorläufigen Insolvenzverwalters einzurücken (*BGH* Beschl. v. 24.03.2016 ZInsO 2016, 903 m. Anm. *Buchalik/Kraus* ZInsO 2016, 904). Die Frage nach dem Masseverbindlichkeitenbegründungsrecht im Insolvenzeröffnungsverfahren nach § 270a InsO und damit der grundsätzlichen Unanfechtbarkeitsstellung hat der BGH ausdrücklich offen gelassen (*BGH* Beschl. v. 24.03.2016 ZInsO 2016, 903 [904] Tz. 4, 6). Insoweit ist die Unanfechtbarkeitsstellung bislang ungeklärt.

4. Eigene Meinung

23 Soweit der BGH im Beschl. v. 24.03.2016 darauf abstellt, der Gesetzgeber habe dem eigenverwaltenden Schuldner über die Anordnung nach § 270b Abs. 3 InsO (dem Grunde nach) die Rechtsstellung eines starken vorläufigen Verwalters ermöglichen wollen, findet diese Annahme in den Gesetzesgrundlagen keine Stütze. Dem Gesetzgeber ging es mit § 270b Abs. 3 InsO vielmehr darum, sicherzustellen, dass der Schuldner wegen der Verweisung auf die Sachwalterrechte der §§ 274, 275 InsO über §§ 270a Abs. 1 Satz 2, 270b Abs. 2 Satz 1 InsO das alleinige Masseverbindlichkeitenbegründungsrecht auch für die nicht zum gewöhnlichen Geschäftsbetrieb gehörenden Verbindlichkeiten erhält (BT-Drucks. 17/7511 zu § 270b Abs. 3 a.E.; i.E. s. § 270b Rdn. 41). Gleichwohl wird die Rechtspraxis mit den Vorgaben des BGH zu leben haben und muss auf eine entsprechende Klärung zum Insolvenzeröffnungsverfahren nach § 270a InsO warten.

5. Interessenkollisionslage bei personenidentischer vorläufiger Sachwaltung

24 Wird der »Theorie zur schwachen vorläufigen Eigenverwaltung« gefolgt, kann in der Person des Sachwalters ein **Anfechtungsdilemma** mit der Notwendigkeit der **Anordnung der Sondersachwaltung** (s. Rdn. 4 und § 274 Rdn. 22) entstehen. Aufgrund der auf ihn entsprechend anzuwendenden §§ 274, 275 InsO hat er wie der Sachwalter im eröffneten Insolvenzverfahren den eigenverwaltenden Schuldner im Eröffnungsverfahren haftungsbewehrt zu überwachen, insbesondere auch an der Eingehung der Verbindlichkeiten mitzuwirken, §§ 274 Abs. 1 Abs. 2, 275 Abs. 1 InsO (i.E. s. § 274 Rdn. 25 ff., 58 ff.; § 275 Rdn. 9 ff.). Zu seinen Pflichten gehört deswegen auch die Überwachung eines Sanierungsplanes des eigenverwaltenden Schuldners mit der laufenden Einschätzung der Sanierungsfähigkeit. Der BGH hat in seinem Urteil v. 12.05.2016 ZIP 2016, 1235 auf die grundsätzliche

Unanfechtbarkeit von Rechtshandlungen auf der Grundlage eines schlüssigen Sanierungskonzeptes unter der Darlegungs- und Beweislast des Gläubigers als des Anfechtungsgegners erkannt. Hat deswegen der Sachwalter als vorläufiger Sachwalter die Einhaltung des Sanierungskonzeptes durch den Schuldner im vorläufigen Eigenverwaltungsverfahren zu überwachen gehabt und gläubigergemeinschaftsgefährdende Abweichungen – wenn auch pflichtwidrig – nicht angezeigt, kann darin schon die Erfüllung der Darlegungs- und Beweislast durch den Gläubiger liegen mit der Folge, dass eine faktische Unanfechtbarkeit eintritt. Daraus kann eine Interessenkollision in der Ausübung des Sachwalteramtes vorliegen: Ficht der Sachwalter Zahlungen an anfechtungsprivilegierte Gläubiger an, wird er nur Erfolg mit der dargelegten und bewiesenen Behauptung haben, dass kein schlüssiges Sanierungskonzept bestanden habe und/oder nicht erfolgversprechend gewesen sei, womit er zugleich seine pflichtwidrigen Handlungen als vorläufiger Sachwalter einräumen müsste. Deswegen wird er eher zu Lasten der Gläubigergemeinschaft von solchen Anfechtungshandlungen absehen. Zahlungen an Gläubiger auf der Grundlage eines schlüssigen und Erfolg versprechenden Sanierungskonzeptes sollten deswegen bereits mit der Anordnung der Eigenverwaltung in die Ausübung eines Sondersachwalters gestellt werden, wenn zwischen dem Sachwalter und dem vorläufigen Sachwalter Personenidentität besteht. Das Gleiche gilt für den Fall, dass ein Insolvenzverwalter nach dem Übergang aus dem Eigenverwaltungsverfahren in das Regelinsolvenzverfahren nach § 272 InsO und seinem vorherigen Amt als vorläufiger Sachwalter solche Zahlungen oder entsprechende Rechtshandlungen anfechten will. Er müsste dazu ggf. seine eigenen Pflichtverletzungen als vorläufiger Sachwalter darlegen und beweisen.

C. Konzernfragen

In der Konzerninsolvenz, §§ 269a ff. InsO und § 270d InsO, kann die in die Hände des Sachwalters gelegte Insolvenzanfechtung zunächst für die Anfechtungsbefugnis des Sachwalters problematisch sein, wenn er zugleich in Personenidentität Sachwalter der anfechtungsgegnerischen Konzerninsolvenzgesellschaft ist, aber auch bei einer nicht auszuschließenden mittelbaren Betroffenheit einer anderen Konzerngesellschaft. In diesen Fällen wird, gestützt auf den **Grundsatz der bewahrten Selbständigkeit**, seine **Anzeigepflicht** gegenüber dem Insolvenzgericht bestehen und Veranlassung zur Anordnung einer **Sondersachwaltung** sein (§ 56b InsO entsprechend, i.E. s. § 274 Rdn. 14–17, § 282 Rdn. 20). Für die Frage der **Anfechtbarkeit** gläubigerbenachteiligender Schuldnerhandlungen (§§ 129 ff. InsO) wird weniger das Rechtsverhältnis der Schuldnerin zu anderen Konzerninsolvenzgesellschaften eine Rolle spielen, weil sich die Anfechtbarkeit in das Forderungsfeststellungsverfahren (§§ 174 ff. InsO) der potenziellen Anfechtungsgegnerin verlagert. Ganz anders liegt es, wenn ein **Fall der möglichen mittelbaren Gläubigerbenachteiligung** vorliegt, weil ein Gläubiger der Schuldnerin nicht von ihr – bestenfalls bei Fälligkeit – bezahlt wurde, sondern von einer (insolvenzbefangenen) Konzerngesellschaft, die ihrerseits der Schuldnerin im Konzerninnenverhältnis etwas schuldig war. Es ist die Formalrechtslage der anfechtbaren Anweisung auf fremde Schuld (*BGH* BGHZ 174, 228 = ZIP 2008, 125; BGHZ 142, 287 = ZIP 1999, 1765; BGHZ 118, 167 = ZIP 1992, 786; BGHZ 72, 42 = WM 1978, 989; BGHZ 38, 46 = WM 1962, 1241). Die Anfechtbarkeit kann jedoch wegen fehlender Gläubigerbenachteiligung scheitern, wenn der vom Sachwalter (im Fall des § 272 InsO: Insolvenzverwalter) in Anspruch genommene Gläubiger zugleich einen fälligen Zahlungsanspruch gegen die Konzerngesellschaft hatte, die an den Gläubiger gezahlt hat. Diese gesamtschuldnerische Haftungslage kann entsprechend §§ 303, 322 Abs. 1 Satz 2 AktG jedenfalls vorliegen, wenn die zahlende Konzerngesellschaft als Konzernmuttergesellschaft durch die Vertragskonzerngestaltung die Vermögenslosigkeit der Schuldnerin ausgelöst hat (vgl. dazu *BGH* 16.09.1985 – II ZR 275/84, NJW 1986, 188 und *Gehrlein* ZInsO 2012, 197 [198 f.]). Im Einzelnen ist dieser gesamte Bereich des **Gläubigerschutzes in der Konzerninsolvenz** ungeklärt.

§ 281 Unterrichtung der Gläubiger

(1) ¹Das Verzeichnis der Massegegenstände, das Gläubigerverzeichnis und die Vermögensübersicht (§§ 151 bis 153) hat der Schuldner zu erstellen. ²Der Sachwalter hat die Verzeichnisse und die Vermögensübersicht zu prüfen und jeweils schriftlich zu erklären, ob nach dem Ergebnis seiner Prüfung Einwendungen zu erheben sind.

(2) ¹Im Berichtstermin hat der Schuldner den Bericht zu erstatten. ¹Der Sachwalter hat zu dem Bericht Stellung zu nehmen.

(3) ¹Zur Rechnungslegung (§§ 66, 155) ist der Schuldner verpflichtet. ²Für die Schlussrechnung des Schuldners gilt Absatz 1 Satz 2 entsprechend.

Übersicht

	Rdn.		Rdn.
A. Sinn und Zweck der Vorschrift	1	II. Prüfungs- und Erklärungspflicht des Sachwalters	17
B. Anwendungsbereich	4	III. Ergänzungspflicht des Sachwalters in den Fällen des § 280 InsO (§§ 92, 93, 129–147 InsO)	20
C. Die Unterrichtungspflichten vor dem Berichtstermin (Abs. 1)	9	D. Berichtspflicht und Pflicht zur Stellungnahme (Abs. 2)	22
I. Erstellungspflicht der Verzeichnisse durch den Schuldner	10	E. Rechnungslegungspflichten (Abs. 3)	25
1. Massegegenstände (§ 151 InsO)	11	I. Schuldner	26
2. Gläubigerverzeichnis (§ 152 InsO)	13	II. Sachwalter	28
3. Vermögensübersicht (§ 153 InsO)	14		
4. Niederlegung (§ 154 InsO)	16		

A. Sinn und Zweck der Vorschrift

1 § 281 InsO verfolgt das Ziel, die Gläubiger wie im Regelinsolvenzverfahren unter Respektierung und Nutzung der Aufgabenverteilung zwischen Schuldner und Sachwalter vollständig und korrekt zu unterrichten (BT-Drucks. 12/2443 zu § 342).

2 Zu den zentralen Vorschriften der Verwaltung und Verwertung der Insolvenzmasse gehört die Pflicht des Insolvenzverwalters als Inhaber der Verwaltungs- und Verfügungsbefugnis (§ 80 Abs. 1 InsO) zur Aufstellung eines Verzeichnisses der Massegegenstände (§ 151 InsO), des Gläubigerverzeichnisses (§ 152 InsO) und der Vermögensübersicht (§ 153 InsO). Die Verzeichnisse dienen der Unterrichtung der Insolvenzgläubiger (§ 154 InsO) und sind Teil der Gesamtunterrichtungspflichten des Insolvenzverwalters im Berichtstermin (§ 156 InsO). Zentrale Bedeutung haben die Vorschriften, weil sie neben der Feststellung der Insolvenzmasse dazu dienen, **Anhaltspunkte für weitere Rechnungslegungen des Insolvenzverwalters zu erhalten, seine Kontrolle zu ermöglichen sowie den Insolvenzbeteiligten das Wissen für ihre Entscheidungen zu vermitteln** (vgl. *Wegener* § 151 Rdn. 1; *Kuhn/Uhlenbruck* KO, § 123 Rn. 1, § 124 Rn. 2; *Kilger/Karsten Schmidt* KO, § 124 Anm. 2a; *Uhlenbruck/Sinz* InsO, § 151 Rn. 1). Die Eigenverwaltung ist auf die Verwaltungs- und Verfügungsbefugnis des Schuldners zugeschnitten, die er allerdings unter der Aufsicht des Sachwalters auszuüben hat (§§ 270 Abs. 1 Satz 1, 274 Abs. 2 InsO). § 281 knüpft an diese Geschäftsführung des Schuldners an. Die Vorschrift sieht deswegen für die Unterrichtung der Gläubiger Regelungen vor, die in erster Linie den Schuldner zur Erstellung der Unterlagen und zum mündlichen Bericht verpflichten (BT-Drucks. 12/2443 zu § 342). Die Vorschrift respektiert daneben den Sachwalter als Aufsichtsorgan. Sie verpflichtet ihn zur Prüfung der Unterlagen. Er hat sich im Berichtstermin zu dem Bericht des Schuldners zu äußern.

3 Nach dem Wortlaut des § 281 InsO ist der Schuldner Normadressat originärer Pflichten gegenüber den Insolvenzgläubigern, der Sachwalter nur in seiner Überwachungsrolle. Die Vorschrift auferlegt dem Schuldner die Unterrichtungspflichten, weil er als Inhaber der Verwaltungs- und Verfügungsbefugnis die Geschäfte führt (§ 270 Abs. 1 Satz 1 InsO). Die Anknüpfung der Unterrichtungspflichten an die Geschäftsführung bedeutet nach Sinn und Zweck der Vorschrift aber auch, dass dem Schuldner die Unterrichtungspflichten nur auferlegt sind, soweit er die Geschäftsführung hat. Diese

Beschränkung der Pflichten folgt ferner aus dem verfassungsmäßig verankerten Verhältnismäßigkeitsgrundsatz. Er gebietet, dass dem Normadressaten die gesetzlich auferlegte Pflicht zumutbar sein muss, also die verlangte Handlung oder Unterlassung zur Erreichung des Gesetzeszweckes in einem angemessenen Verhältnis zueinander stehen muss (vgl. *BVerfGE* 30, 292 [316] –Mineralölbevorratung; *BVerfGE* 59, 336 [355] – Ladenschluss für Frisörbetriebe; *BVerfGE* 77, 84 [107 ff.] – Arbeitnehmerüberlassung im Baugewerbe). Kraft Gesetzes entzogen ist dem Schuldner die Geschäftsführung in den Fällen des § 280 InsO und nach § 275 Abs. 2 InsO bei der Übertragung der Kassenführung auf den Sachwalter. Diese Rechte übt der Sachwalter als Partei kraft Amtes mit der Anordnung der Eigenverwaltung bzw. seinem Übertragungsverlangen (näher s. § 275 Rdn. 19 ff.) allein aus (dazu § 280 Rdn. 5–11). Deswegen können dem Schuldner in diesen Fällen nicht die Unterrichtungspflichten auferlegt sein. Sie müssen dem Sachwalter auferlegt sein. Der Schuldner könnte insoweit einer Unterrichtspflicht vollständig und korrekt nicht nachkommen. Ihm ist von vornherein die Beurteilung entzogen, ob und in welchem Umfang vom Sachwalter Schadensersatzansprüche nach den §§ 92, 93 InsO geltend gemacht werden können, ob und in welchem Umfang der Sachwalter Anfechtungsansprüche für durchsetzbar hält, ob der Kassenbestand des Sachwalters stimmt. Ferner wäre er im Bereich des § 281 einer Konfliktsituation ausgesetzt, die § 280 InsO mit der Rechtsübertragung auf den Sachwalter gerade verhindern will (s. § 280 Rdn. 2). Wäre nur der Schuldner als Normadressat der Unterrichtungspflichten nach § 281 anzusehen, wäre der Informationsanspruch der Gläubiger gefährdet. Deswegen sind dem **Sachwalter die Unterrichtungspflichten nach § 281 InsO** auferlegt, **soweit ihm die Verwaltungs- und Verfügungsmacht auferlegt** ist, insbesondere nach § 280 InsO, ggf. nach §§ 275, 277 InsO (zust. *Uhlenbruck* InsO, 13. Aufl., § 281 Rn. 1; HK-InsO/*Landfermann* § 281 Rn. 4; MüKo-InsO/*Tetzlaff/Kern* § 281 Rn. 25).

B. Anwendungsbereich

§ 281 InsO erfasst nur den **Fall der Anordnung der Eigenverwaltung mit der Eröffnung des Insolvenzverfahrens im Eröffnungsbeschluss** (§ 270 Abs. 1 Satz 1 InsO), also nicht den Fall nachträglicher Anordnung (§ 271 InsO; zust. *Uhlenbruck/Zipperer* InsO, § 281 Rn. 1; HK-InsO/*Landfermann* § 281 Rn. 5; MüKo-InsO/*Tetzlaff/Kern* § 281 Rn. 7). Zwar enthält der Wortlaut des § 281 InsO diese Beschränkung nicht ausdrücklich und auch die Gesetzesgrundlagen schweigen (BT-Drucks. 12/2443 zu § 342). Dieser eingeschränkte Anwendungsbereich ist aber zwingende Folge der Regelungssystematik in der Eigenverwaltung und des Regelungsinhaltes des § 281 InsO.   4

Adressat der Pflichten des § 281 InsO sind der Schuldner der Eigenverwaltung und der Sachwalter. Die Unterrichtungspflichten nach Abs. 1 dienen der vollständigen und korrekten Unterrichtung der Gläubiger vor dem Berichtstermin (= erste Gläubigerversammlung) **zur Vorbereitung des Berichtstermins** nach § 156 InsO (§ 154 InsO; i.E. Rdn. 9 ff.). Ist die Eigenverwaltung mit Schuldner und Sachwalter zu diesem Zeitpunkt noch nicht existent, gibt es die von § 281 InsO vorausgesetzten Normadressaten nicht. Die nachträgliche Anordnung der Eigenverwaltung nach § 271 InsO ist erst auf Antrag (Beschluss) der Gläubigerversammlung in der ersten Gläubigerversammlung (= Berichtstermin) möglich (i.E. s. § 271 Rdn. 8), so dass Schuldner und Sachwalter aus dem Zeitablauf die Unterrichtungs-, Berichts- und Stellungnahmepflichten der §§ 151–153 InsO in diesem Fall nicht treffen können.   5

Die Beschränkung der Pflichten nach § 281 auf den Fall der vorläufigen Anordnung nach § 270 Abs. 1 Satz 1 InsO verdeutlicht die nähere Betrachtung der Berichtspflicht des Schuldners nach Abs. 2. Voraussetzung der Berichtspflicht ist die Eigenschaft als Schuldner der Eigenverwaltung. Der Berichtstermin (= erste Gläubigerversammlung) wird vom Insolvenzgericht bereits in dem Eröffnungsbeschluss bestimmt (§ 29 Abs. 1 Nr. 1 InsO). In dem Berichtstermin kann den Schuldner als solchen die Berichtspflicht nicht treffen, wenn er erst in diesem Termin nach seiner früheren Antragsablehnung durch Antrag der Gläubigerversammlung und Anordnung des Insolvenzgerichtes zum Schuldner der Eigenverwaltung wird (§ 271 InsO). Die Beschränkung folgt ferner aus Sinn und Zweck des Berichtstermins nach § 156 InsO, der über § 270 Abs. 1 Satz 2 InsO in der Eigenverwal-   6 tung anzuwenden ist. In dem neu eingeführten Berichtstermin sollen die verschiedenen Möglichkeiten für den Fortgang des Verfahrens auf der Grundlage eines Berichtes des Insolvenzverwalters umfassend erörtert werden; die Gläubigerversammlung soll entscheiden, welche dieser Möglichkeiten wahrgenommen oder näher untersucht werden sollen (BT-Drucks. 12/2443 zu § 175). Die Voraussetzungen hierfür zu schaffen, ist dem Schuldner durch seinen Bericht nur möglich, wenn er wie der mit dem Eröffnungsbeschluss (§ 27 InsO) bestellte Insolvenzverwalter als Adressat der Pflichten nach § 156 InsO bereits mit dem Eröffnungsbeschluss durch Anordnung der Eigenverwaltung zum Adressaten der Berichtspflicht wird. Dies ist bei § 271 InsO nicht der Fall.

7   Konsequenz dieser Gesetzeskonstruktion ist, dass im Fall der nachträglichen Anordnung der Eigenverwaltung (§ 271 InsO) der vom Insolvenzgericht mit dem Eröffnungsbeschluss (vorläufig) bestimmte Insolvenzverwalter (§§ 27 Abs. 1 Satz 1, 57 InsO; i.E. HK-InsO/*Rüntz* § 27 Rn. 21; MüKo-InsO/*Schmahl/Busch* § 27 Rn. 29; HambK-InsO/*Denkhaus* § 27 Rn. 15; A/G/R-*Sander* § 27 InsO Rn. 11) den Bericht erstattet (genau genommen: erstattet hat) und damit ggf. auch Gelegenheit zur Äußerung darüber hatte, ob die Anordnung der Eigenverwaltung angebracht ist. Daraus kann sich für die Gesamtheit der Gläubiger im Berichtstermin ein **Informationsproblem** ergeben, wenn der Antrag nach § 271 InsO von einzelnen Großgläubigern oder Gläubigergruppen gestellt wird. Sie sind auf die Informationen allein des (vorläufigen) Insolvenzverwalters angewiesen, vom Schuldner selbst erarbeitete und von einem Organ der Gläubigergemeinschaft geprüfte Unterlagen und Informationen haben sie nicht. Dadurch besteht die Gefahr, dass sie ihre Entscheidung auf unzureichender Beurteilungsgrundlage treffen, von einzelnen Großgläubigern zusammen mit dem Schuldner überrumpelt werden können. Es bleibt ihnen nur, das Gericht unter Bearbeitungsauflagen an den Schuldner entsprechend § 281 InsO zur Vertagung des Berichtstermins zu veranlassen oder einen Beschluss der Gläubigerversammlung auf eine zeitnahe außerordentliche Gläubigerversammlung, ggf. periodisch abzuhaltende außerordentliche Gläubigerversammlungen, zu erreichen, zu der (denen) dem Schuldner und dem Sachwalter Unterrichtungspflichten entsprechend § 281 InsO auferlegt werden.

8   Im Fall der nachträglichen Anordnung der Eigenverwaltung nach **§ 271 InsO** ist zu beachten, dass außerhalb des Anwendungsbereichs einzelner in §§ 271–285 InsO angeführter spezieller Regelungen für die Eigenverwaltung stets die allgemeinen Vorschriften des Regelinsolvenzverfahrens nach **§ 270 Abs. 1 Satz 2 InsO** gelten. Den Schuldner treffen deswegen die Pflichten eines Insolvenzverwalters entsprechend, soweit sie sich aus seiner Stellung als eigenverwaltender Schuldner ergeben, z.B. die Berichtspflicht in einer außerordentlichen Gläubigerversammlung (§ 79 InsO); entsprechend den Sachwalter wegen seines Pflichtumfanges. Rechnungslegungspflicht und Schlussrechnungspflicht (Abs. 3) bleiben unberührt, weil sie nicht die Eigenverwaltungsanordnung im Eröffnungsbeschluss voraussetzen (s. Rdn. 4–7; zust. *Uhlenbruck* InsO, 13. Aufl., § 281 Rn. 1).

C. Die Unterrichtungspflichten vor dem Berichtstermin (Abs. 1)

9   Die gesetzliche Verteilung der Rechte und Pflichten zur Geschäftsführung in der Eigenverwaltung wiederholt sich gleichsam spiegelbildlich in den Unterrichtungspflichten nach § 281 InsO vor der ersten Gläubigerversammlung. Teils hat der Schuldner Gericht und Gläubiger zu informieren und der Sachwalter ist lediglich als Aufsichtsorgan beteiligt, teils trifft den Sachwalter die Unterrichtungspflicht allein.

I. Erstellungspflicht der Verzeichnisse durch den Schuldner

10 Das Verzeichnis der Massegegenstände (§ 151 InsO) ist zusammen mit dem Gläubigerverzeichnis (§ 152 InsO) Grundlage für die Vermögensübersicht (§ 153 InsO), die den Insolvenzgläubigern eine Beurteilung der Vermögenslage des Schuldners zur Vorbereitung des Berichtstermins ermöglichen soll (BT-Drucks. 12/2443 zu § 170). Hinsichtlich der Erfüllung der Informationsrechte der Insolvenzgläubiger sind in der Eigenverwaltung folgende Fälle der §§ 151–153 InsO zu unterscheiden.

1. Massegegenstände (§ 151 InsO)

Die Pflicht zur Aufstellung der einzelnen Gegenstände der Insolvenzmasse trifft (zunächst) den Schuldner. § 151 InsO ist weitgehend an § 123 KO angelehnt. Alle Gegenstände der Masse sind genau zu bezeichnen, z.B. Grundstücke mit der Angabe des Grundbuchblattes. Ansprüche, die sich aus den Vorschriften über die Insolvenzanfechtung ergeben, gehören zwar ebenfalls zur Masse und sind daher in das Verzeichnis aufzunehmen, für diese zuständig ist allerdings der Sachwalter (s. Rdn. 3). Für jeden Gegenstand ist der tatsächliche Wert anzugeben. Bei Forderungen, die rechtlich zweifelhaft oder schwer einbringlich sind, müssen Abschläge vom Forderungsbetrag vorgenommen werden. Soweit die Möglichkeit der Fortführung des Unternehmens besteht – in der Eigenverwaltung aus ihrer Zwecksetzung der Regelfall – und zu einer unterschiedlichen Bewertung von Vermögensgegenständen führt, müssen Fortführungswerte und Einzelveräußerungswerte nebeneinander angegeben werden. Der Schuldner ist nicht berechtigt, bei der Bewertung nach seinem Ermessen die Fortführung oder die Einzelveräußerung zugrunde zu legen und dadurch die Entscheidung der Gläubiger über den Fortgang des Verfahrens vorwegzunehmen. Auch bewegliche Sachen, die der Schuldner nicht in seinem Besitz hat, müssen bewertet werden. Soweit der Schuldner keine Herausgabe der Sachen zur Verwertung verlangen kann (i.E. s. § 282 InsO), etwa weil die Sache im Besitz eines absonderungsberechtigten Gläubigers ist (vgl. § 166 Abs. 1 InsO), kann der Schuldner nach §§ 809, 811 BGB verlangen, dass ihm die Besichtigung der Sache gestattet wird (vgl. BT-Drucks. 12/2443 zu § 170; i.E. s. *Wegener* § 151; *Uhlenbruck/Sinz* InsO, § 151 Rn. 3). Besonders schwierige Bewertungen kann der Schuldner einem Sachverständigen übertragen (wie hier *Kübler/Prütting/Bork-Pape* InsO, § 281 Rn. 8; MüKo-InsO/*Tetzlaff/Kern* § 281 Rn. 8 f.). Die Werte der aufgeführten Gegenstände müssen doppelt angegeben werden, wenn im Fortführungsfall, der die Regel sein wird, für den Liquidationsfall anders zu bewerten ist, als bei der Fortführung (§ 151 Abs. 2 InsO; *Graf-Schlicker* InsO, § 281 Rn. 3; *Uhlenbruck/Zipperer* InsO, § 281 Rn. 6; also Fortführungs- und Zerschlagungswerte MüKo-InsO/*Tetzlaff/Kern* § 281 Rn. 8).

Eine Besonderheit besteht für § 151 Abs. 3 Satz 2 InsO. Danach kann der Verwalter beantragen, von der **Aufstellung des Verzeichnisses abzusehen**, sofern der Gläubigerausschuss zustimmt. Die Regelung folgt dem Gläubigerschutzgedanken der InsO. Wenn die Gläubiger sich zu ihrem Schutz für ein gesondertes Aufsichtsorgan zur Überwachung der Verwaltergeschäfte entschieden haben (§ 69 InsO), soll dieses auch bei der Entscheidung mitwirken, ob von der Aufstellung eines Verzeichnisses ausnahmsweise abgesehen werden kann. Dies muss entsprechend auch für die Eigenverwaltung gelten. Deswegen bedarf der Antrag des Schuldners der Zustimmung des Sachwalters auch dann, wenn kein Gläubigerausschuss bestellt ist (ebenso *Kübler/Prütting/Bork-Pape* InsO, § 281 Rn. 9; a.A. *Uhlenbruck/Zipperer* InsO, § 281 Rn. 2; *Graf-Schlicker* InsO, § 281 Rn. 4). Zutreffend wird angenommen, dass diese Gestattung die Ausnahme bleiben muss, weil gerade bei der Eigenverwaltung die Gefahr droht, dass der Schuldner nicht inventarisierte Massegegenstände später beiseiteschafft (*Kübler/Prütting/Bork-Pape* InsO, § 281 Rn. 9; *Uhlenbruck* InsO, 13. Aufl., § 281 Rn. 2). Ist ein Gläubigerausschuss bestellt, ist seine zusätzliche Zustimmung entbehrlich (a.A. BK-InsO/*Blersch* § 281 Rn. 3).

2. Gläubigerverzeichnis (§ 152 InsO)

Den Schuldner trifft die Pflicht, ein Verzeichnis aller Gläubiger des Schuldners aufzustellen, die ihm aus den Büchern und Geschäftspapieren des Schuldners, durch dessen sonstige Angaben, durch die Anmeldung ihrer Forderungen oder auf andere Weise bekannt sind. Das Gläubigerverzeichnis erfasst auch die absonderungsberechtigten Gläubiger, denen keine persönlichen Forderungen gegen den Schuldner zustehen, und die Insolvenzgläubiger, die ihre Forderung nicht oder noch nicht angemeldet haben. Wie das Verzeichnis der Massegegenstände einen möglichst vollständigen Überblick über das Vermögen verschaffen soll, das zur Befriedigung der Gläubiger zur Verfügung steht, so soll das Gläubigerverzeichnis die diesem Vermögen gegenüberstehenden Belastungen und Verbindlichkeiten **so vollständig wie möglich** aufzeigen (ebenso *Kübler/Prütting/Bork-Pape* InsO, § 281 Rn. 10; *Uhlenbruck/Zipperer* InsO, § 281 Rn. 2; MüKo-InsO/*Tetzlaff/Kern* § 281 Rn. 11). Die Aussagekraft des Gläubigerverzeichnisses soll dadurch vervollständigt werden, dass **Aufrechnungslagen** anzugeben sind. Denn eine bestehende Aufrechnungslage kann ebenso zur vollen Befriedigung des Gläubigers führen wie ein Recht auf abgesonderte Befriedigung. Für die Schätzung der Höhe der Masseverbindlichkeiten (zust. MüKo-InsO/ *Tetzlaff/Kern* § 281 Rn. 12) ist die alsbaldige Liquidation zu unterstellen, da die bei einer Unternehmensfortführung entstehenden Masseverbindlichkeiten in ihrer Höhe maßgeblich von der Dauer der Fortführung abhängen und daher im Voraus kaum geschätzt werden können (BT-Drucks. 12/2443 zu § 171).

3. Vermögensübersicht (§ 153 InsO)

14 Die Vorschrift sieht für den Insolvenzverwalter die Pflicht vor, auf den Zeitpunkt der Eröffnung des Insolvenzverfahrens eine geordnete Übersicht aufzustellen, in der die Gegenstände der Insolvenzmasse und die Verbindlichkeiten des Schuldners ähnlich wie in einer Bilanz aufgeführt und einander gegenübergestellt werden. Buchwerte sind jedoch nicht zulässig. Der Schuldner darf sich deswegen nicht auf eine vorhandene Handelsbilanz beziehen (ebenso *Uhlenbruck* InsO, 13. Aufl., § 281 Rn. 2; *Kübler/Prütting/Bork-Pape* InsO, § 281 Rn. 11). Er muss die **Vermögensübersicht auf der Grundlage des Verzeichnisses der Massegegenstände und des Gläubigerverzeichnisses neu erstellen.** Diese Vermögensübersicht ähnelt der »Konkurseröffnungsbilanz« nach § 124 KO, dem Vermögensverzeichnis nach § 11 Abs. 1 GesO und der Vermögensübersicht nach § 5 Abs. 1 VerglO. Es müssen jedoch nebeneinander die Fortführungs- und Einzelveräußerungswerte angegeben werden (BT-Drucks. 12/2243 zu § 172), es gelten die Bewertungsgrundsätze des § 151 Abs. 2 InsO und die Gliederungsvorschrift des § 152 Abs. 2 Satz 1 InsO (§ 153 Abs. Satz 2 InsO).

15 Auf Anordnung des Insolvenzgerichtes hat der Schuldner **eidesstattlich zu versichern**, dass die Gegenstände der Insolvenzmasse und die Verbindlichkeiten des Schuldners nach seiner Kenntnis in der Vermögensübersicht vollständig erfasst sind. § 153 Abs. 2 InsO verlangt hierfür neben der Erforderlichkeit zur Herbeiführung wahrheitsgemäßer Aussagen des Schuldners den Antrag des Verwalters oder eines Gläubigers. Nun ist nicht damit zu rechnen, dass der Schuldner der Eigenverwaltung für sich die eidesstattliche Versicherung abzugeben verlangt. In der Eigenverwaltung ist der **Sachwalter** das systemimmanente Gläubigerschutzorgan, das über die erforderliche Sachnähe verfügt, um begründete Zweifel an der Vollständigkeit aufkommen zu lassen oder nicht. Deswegen **steht ihm dieses Antragsrecht** nach Sinn und Zweck der Eigenverwaltung »an Stelle des Verwalters« neben einem Gläubiger **nach § 153 InsO zu.** Der Sachwalter ist als der »Verwalter« i.S.d. § 153 Abs. 2 InsO anzunehmen (zust. HK-InsO/*Landfermann* § 281 Rn. 2; MüKo-InsO/*Tetzlaff/Kern* § 281 Rn. 15; *Kübler/Prütting/Bork-Pape* InsO, § 281 Rn. 11; *Uhlenbruck/Zipperer* InsO, § 281 Rn. 2).

4. Niederlegung (§ 154 InsO)

16 Die Vorschrift verlangt die Niederlegung der Verzeichnisse nach §§ 151–153 InsO in der Geschäftsstelle zur Einsicht der Beteiligten spätestens eine Woche vor dem Berichtstermin. § 281 Abs. 1 InsO erklärt die Niederlegungspflicht des Insolvenzverwalters für den Schuldner nicht ausdrücklich für anwendbar. Dies ist allerdings auch nicht erforderlich, weil sich die Anwendbarkeit aus der allgemeinen Verweisungsregel des § 270 Abs. 1 Satz 2 InsO ergibt. Ohne die Anwendung dieser Vorschrift stünde der praktische Wert der Schuldnerpflichten nach § 281 Abs. 1 in Frage.

II. Prüfungs- und Erklärungspflicht des Sachwalters

17 Der Sachwalter muss die Verzeichnisse prüfen und schriftlich erklären, ob von ihm Einwendungen erhoben werden. Bei der Aufstellung Hilfe leisten muss er nicht (BK-InsO/*Spliedt/Frigden* § 281 Rn. 6; MüKo-InsO/*Tetzlaff/Kern* § 281 Rn. 16). Die Einwendungen sind substantiiert darzulegen, damit die Insolvenzgläubiger die gebotene hinreichende Beurteilungsgrundlage haben (ebenso *Uhlenbruck/Zipperer* InsO, § 281 Rn. 3), stichprobenweise Prüfungen genügen nicht (MüKo-InsO/ *Tetzlaff/Kern* § 281 Rn. 31; *Kübler/Prütting/Bork-Pape* InsO, § 281 Rn. 1; **a.A.** *Uhlenbruck* InsO, § 281 Rn. 3; K. Schmidt/*Undritz* InsO, § 281 Rn. 2), weil der Sachwalter die umfassende Gläubigergemeinschaftskontrolle ausübt und sonst seine Haftungsgrundlage unbestimmt wäre. Hat er

Zweifel an der Richtigkeit und/oder Vollständigkeit der Angaben des Schuldners, muss er **eigene Nachforschungen** anstellen (*Hess/Weis* InsO, § 281 Rn. 7; *Uhlenbruck/Zipperer* InsO, § 281 Rn. 3). Erforderlichenfalls ist der Sachwalter berechtigt, auf Kosten der Masse einen Sachverständigen zur Klärung besonders schwieriger oder zweifelhafter Bewertungsfragen hinzuziehen (*Uhlenbruck* InsO, 13. Aufl., § 281 Rn. 3; MüKo-InsO/ *Tetzlaff/Kern* § 281 Rn. 31). Die Gegenauffassung meint, die Hinzuziehung sei Sache des Schuldners (*Graf-Schlicker* InsO, § 281 Rn. 3; *Uhlenbruck/Zipperer* InsO, § 281 Rn. 3). Gegen sie spricht, dass § 281 ein besonders hervorgehobener Anwendungsfall der Prüfungs- und Überwachungspflichten als der Grundpflichten des Sachwalters nach § 274 Abs. 2 InsO ist (s. Rdn. 2, § 274 Rdn. 54 ff.), für den die Zuziehung eines Sachverständigen anerkannt ist (*BGH* BGHZ 23, 69 für die VerglO; *Bley/Mohrbutter* VerglO, § 39 Rn. 3). Mithin ist sie auch dem Sachwalter in der Eigenverwaltung nach § 281 InsO zugelassen. Überdies führt die Gegenauffassung zweckwidrig dazu, dass der Schuldner durch eine gezielte Untätigkeit einen Erkenntnisgewinn der Insolvenzgläubiger über die Feststellungen des Sachwalters verhindern könnte, damit die Aufklärung pflichtwidriger Verwaltungs- und Verwertungshandlungen, damit Gläubigerschädigungen und damit die Entscheidungsgrundlage für einen beabsichtigten Insolvenzplan manipulieren könnte. Es handelt sich um **insolvenzspezifische Pflichten des Sachwalters**, für deren ordnungsgemäße Erfüllung er gem. §§ 274 Abs. 1, 60 InsO haftet (*Kübler/Prütting/Bork-Pape* InsO, § 281 Rn. 16; MüKo-InsO/ *Tetzlaff/Kern* § 281 Rn. 19; *Uhlenbruck/Zipperer* InsO, § 281 Rn. 3). Sie können aber auch eine **Vergütungserhöhung** rechtfertigen (*Kübler/Prütting/Bork-Pape* InsO, § 281 Rn. 17). Die Gegenauffassung verneint eine Vergütungserhöhungsmöglichkeit mit der Begründung, es handele sich um eine gesetzliche Pflicht (*Uhlenbruck/Zipperer* InsO, § 281 Rn. 3). Nach dem Grundlagenbeschluss des *BGH* v. 21.07.2016 – IX ZB 70/14, ZInsO 2016, 1638, ist dagegen eine gesetzliche – wie eine in gesetzlicher Weise wirksam übertragene Pflichtenstellung – Grundlage für eine Zuschlagsbeurteilung (unter Tz. 55, 61). Zuschlagskriterium ist ein gestiegener Arbeitsaufwand, Einzeltatsache im Rahmen der gebotenen Gesamtwürdigung (unter Tz. 56 f.). Die Zuschlagsmöglichkeit ist deswegen bei der Pflichtenwahrnehmung nach § 281 InsO nicht von vornherein ausgeschlossen, entscheidend ist vielmehr der Arbeitsaufwand des Sachwalters.

§ 154 InsO gilt über § 270 Abs. 1 Satz 2 InsO nach Sinn und Zweck des § 281 auch für die **Prüfungs- und Erklärungspflicht des Sachwalters** (zust. MüKo-InsO/ *Tetzlaff/Kern* § 281 Rn. 20). Denn sonst stünde die vollständige und korrekte Unterrichtung der Gläubiger in Frage (zust. *Uhlenbruck/Zipperer* InsO, § 281 Rn. 3). Die vom Schuldner allein vorgelegten Verzeichnisse besagen nichts über die vollständige und korrekte Erfassung aller Tatsachen, die für die Beurteilung der Vermögenslage des Schuldners bedeutsam sind (ebenso MüKo-InsO/ *Tetzlaff/Kern* § 281 Rn. 20). **18**

Will der Schuldner sich von der Aufstellung des Verzeichnisses der Massegegenstände befreien lassen, ist dies nur mit der Zustimmung des Sachwalters möglich (s. Rdn. 12). **19**

III. Ergänzungspflicht des Sachwalters in den Fällen des § 280 InsO (§§ 92, 93, 129–147 InsO)

Der Sachwalter übt die Verwaltungs- und Verfügungsbefugnis aus, soweit er zur Geltendmachung der Rechte der §§ 92, 93 und 129–147 InsO berechtigt und verpflichtet ist (s. § 280 Rdn. 1 f.). Im Umfang dieser Rechte hat er deswegen die Gläubiger **vollständig und korrekt** zu unterrichten (s. Rdn. 3). Betroffen sind Forderungen, die den Insolvenzgläubigern aus einem Gesamtschaden (§ 92 InsO), aus persönlicher Haftung der Gesellschafter (§ 93 InsO) oder aus Insolvenzanfechtung (§ 129–147 InsO) zustehen können. Sie gehören deswegen nach Grund und Höhe in das Verzeichnis der Massegegenstände (§ 151 InsO). Der Sachwalter muss daher dafür sorgen, dass dieses Verzeichnis durch seine Angaben zu den o.a. Forderungen rechtzeitig ergänzt wird (zust. HK-InsO/ *Landfermann* § 281 Rn. 4; weitergehend *Uhlenbruck* InsO, 13. Aufl., § 281 Rn. 6; a.A. *Nerlich/ Römermann-Riggert* InsO, § 281 Rn. 4). Die Forderungen nach §§ 92, 93, 129–147 InsO gehören zu den Gegenständen der Insolvenzmasse, die in die Vermögensübersicht (§ 153 InsO) aufzunehmen sind, zu deren Aufstellung der Schuldner verpflichtet ist. Der Sachwalter muss deshalb seine Angaben durch schriftliche Erklärung (vgl. § 154 InsO) gegenüber dem Schuldner so rechtzeitig machen, dass dieser seinerseits seiner Unterrichtungspflicht nachkommen kann. Der Schuldner muss **20** die Verzeichnisse spätestens eine Woche vor dem Berichtstermin in der Geschäftsstelle zur Einsicht niederlegen (§ 154 InsO). Dem Schuldner ist eine Bearbeitungszeit zu gewähren, so dass der Sachwalter das Ergänzungsverzeichnis dem Schuldner entsprechend § 154 InsO spätestens zwei Wochen vor dem Berichtstermin zugeleitet haben muss. Die rechtzeitige Zuleitung seiner Angaben an den Schuldner ist haftungsbewehrte insolvenzspezifische Pflicht (§§ 274 Abs. 1, 60). Im Berichtstermin muss der Sachwalter über die von ihm durchgeführten Maßnahmen und deren Erfolg **persönlich berichten**. Ferner kann das Insolvenzgericht vom Sachwalter jederzeit einzelne Auskünfte oder einen Bericht über den Sachstand oder die Geschäftsführung gem. §§ 274 Abs. 1, 58 Abs. 1 Satz 2 InsO verlangen (HK-InsO/*Landfermann* § 281 Rn. 4; MüKo-InsO/*Tetzlaff/Kern* § 281 Rn. 25; *Uhlenbruck/Zipperer* § 281 Rn. 4; a.A. *Graf-Schlicker* InsO, § 281 Rn. 13).

21 Kommt der Sachwalter zu dem Ergebnis, dass keine derartigen Ansprüche bestehen oder er seine Prüfungen noch nicht abgeschlossen hat, ist dem Schuldner auch diese Erklärung fristgemäß zuzuleiten.

D. Berichtspflicht und Pflicht zur Stellungnahme (Abs. 2)

22 Im Berichtstermin hat der Schuldner den Bericht zu erstatten, der Sachwalter zu ihm Stellung zu nehmen. Da die Stellungnahme in der Gläubigerversammlung erfolgt, hat sie mündlich zu erfolgen (*Uhlenbruck/Zipperer* InsO, § 281 Rn. 4; MüKo-InsO/*Tetzlaff/Kern*, § 281 Rn. 18). Der Schuldner muss über die wirtschaftliche Lage des Unternehmens und ihre Ursachen berichten sowie darlegen, ob Aussichten bestehen, das Unternehmen im Ganzen oder in Teilen zu erhalten, welche Möglichkeiten für einen Insolvenzplan bestehen und welche Auswirkungen jeweils für die Befriedigung der Gläubiger eintreten würden (§ 156 Abs. 1 InsO). Der Schuldner hat also insoweit über sich selbst zu berichten. Er kann durch seine Offenheit und Überzeugungskraft erheblich auf das Verfahren Einfluss nehmen (ähnlich *Kübler/Prütting/Bork-Pape* InsO, § 281 Rn. 14).

23 Die Berichtspflicht knüpft wie die Unterrichtungspflicht nach Abs. 1 an die Stellung als verwaltungs- und verfügungsbefugtes Organ der Eigenverwaltung an. Deswegen ist der Sachwalter im Rahmen seiner Rechte nach §§ 280, 92, 93, 129–147 InsO berichtspflichtig wie ein Insolvenzverwalter in gleicher Lage (wie hier *Uhlenbruck/Zipperer* InsO, § 281 Rn. 4; MüKo-InsO/*Tetzlaff/Kern* § 281 Rn. 21).

24 Die Berichtspflicht des Schuldners und die Stellungnahmepflicht des Sachwalters bezwecken wie die Unterrichtungspflichten nach Abs. 1, den Insolvenzgläubigern eine hinreichende Beurteilungsgrundlage für ihre Entscheidungen in der Gläubigerversammlung zu geben. Daraus folgt die Pflicht des Sachwalters, dazu Stellung zu nehmen, ob und inwieweit der Bericht des Schuldners von den vorgelegten Verzeichnissen abweicht oder unvollständig ist, ob und inwieweit die im Übrigen vom Schuldner vorgetragenen Tatsachen stimmen oder nicht, ob und inwieweit der Bericht zu vervollständigen ist (zust. *Uhlenbruck/Zipperer* InsO, § 281 Rn. 4 und wohl auch HK-InsO/*Landfermann* § 281 Rn. 1). Der Sachwalter muss sich darüber im Klaren sein, dass die Gläubiger in aller Regel letztlich ihre Entscheidungen auf seine Stellungnahme stützen. Denn er hatte in der bisherigen Eigenverwaltungszeit die Sachnähe. Er hatte die Überwachungs- und Prüfungspflichten auszuüben (§ 274 Abs. 2 InsO). Ihm wird letztlich das Vertrauen für eine gewissenhafte und kompetente Aufsicht über den Schuldner entgegengebracht. Er ist deswegen im Berichtstermin gegenüber den Gläubigern in einer **garantenähnlichen Stellung** und muss **auch dazu Stellung nehmen, ob der Schuldner aus seiner Sicht die fachlichen und persönlichen Voraussetzungen für die Eigenverwaltung mitbringt** (ähnlich *Kübler/Prütting/Bork-Pape* InsO, § 281 Rn. 2, 16; MüKo-InsO/*Tetzlaff/Kern* § 281 Rn. 24). Die Verletzung dieser insolvenzspezifischen Pflicht kann zu einer Haftung gegenüber den Insolvenzgläubigern führen (§§ 274 Abs. 1, 60).

E. Rechnungslegungspflichten (Abs. 3)

25 Der Schuldner ist zur Rechnungslegung wie ein Insolvenzverwalter verpflichtet. Es handelt sich um eine Klarstellung gegenüber der allgemeinen Regelung des § 270 Abs. 1 Satz 2 InsO (*Uhlenbruck/*

Zipperer § 281 Rn. 5; MüKo-InsO/*Tetzlaff/Kern* § 281 Rn. 26). Für die Schlussrechnung des Schuldners besteht die Prüfungs- und Stellungnahmepflicht des Sachwalters gem. Abs. 1 Satz 2.

I. Schuldner

Nach Abs. 3 i.V.m. § 155 InsO trifft den Schuldner eine **doppelte Rechnungslegungspflicht**. Die Vorschrift bestimmt, dass **handels- und steuerrechtliche Pflichten** des Schuldners zur Buchführung und zur Rechnungslegung unberührt bleiben, hinsichtlich der Insolvenzmasse allerdings der Insolvenzverwalter diese Pflichten zu erfüllen hat (§ 155 Abs. 1 InsO). Im Grundsatz hat der Insolvenzverwalter danach Handelsbücher zu führen (§ 239 HGB) und für den Schluss eines jeden Geschäftsjahres eine Gewinn- und Verlustrechnung aufzustellen (§ 242 HGB), wenn das Insolvenzverfahren ein vollkaufmännisches Unternehmen betrifft (vgl. § 4 Abs. 1 HGB). Bei Kapitalgesellschaften können die besonderen Vorschriften über die Jahresabschlüsse im Liquidationsstadium insoweit entsprechend angewendet werden, als dort vorgesehen ist, dass das Registergericht von der Prüfung des Jahresabschlusses und des Lageberichtes durch einen Abschlussprüfer befreien kann (vgl. §§ 270 Abs. 3 AktG, 71 Abs. 3 GmbHG; BT-Drucks. 12/2443 zu § 174). Diese Pflichten treffen den Schuldner (HK-InsO/*Landfermann* § 281 Rn. 5; MüKo-InsO/*Tetzlaff/Kern* § 281 Rn. 30). Daneben treffen den Schuldner die **insolvenzrechtlichen Rechnungslegungspflichten**, insbesondere die Pflicht zur Zwischenrechnungslegung gem. § 66 Abs. 3 InsO, gesondert und unabhängig hiervon (*Uhlenbruck/Zipperer* InsO, § 281 Rn. 6; HK-InsO/*Landfermann* § 281 Rn. 6; MüKo-InsO/*Tetzlaff/Kern* 3. Aufl., § 281 Rn. 28), ebenso für den Zeitraum nach **Anzeige der** Masseunzulänglichkeit (MüKo-InsO/*Tetzlaff/Kern* § 281 Rn. 28). Für Einwendungen gegen das Schlussverzeichnis des Schuldners ist das Insolvenzgericht zuständig, andere Einwendungen und Einwendungen gegen ein Zwischenverzeichnis oder einzelne Teile eines Rechnungswerkes müssen vor dem Prozessgericht verfolgt werden (*AG Duisburg* NZI 2006, 112 f.; MüKo-InsO/*Tetzlaff/Kern* § 281 Rn. 29). 26

Den Schuldner trifft ferner die Pflicht zur Schlussrechnung (§ 66 Abs. 1, 2 InsO). 27

II. Sachwalter

a) Hinsichtlich der handels- und steuerrechtlichen Pflichten des Schuldners (§ 155 InsO) treffen den Sachwalter nur im Rahmen seiner allgemeinen Pflichten nach § 274 Abs. 2 InsO **Prüfungs- und Überwachungspflichten**, etwa zur sorgfältigen Buchführung und zur rechtzeitigen und vollständigen Aufstellung der Bilanz sowie der Gewinn- und Verlustrechnung (zu eng deswegen *Kübler/Prütting/Bork-Pape* InsO, § 281 Rn. 13; *Uhlenbruck/Zipperer* InsO, § 281 Rn. 5). Kommt der Schuldner seinen Pflichten nicht oder nicht hinreichend nach, ist der Sachwalter nach Maßgabe des § 274 Abs. 3 InsO anzeigepflichtig. 28

Zu der Schlussrechnung des Schuldners nach § 66 Abs. 1, 2 InsO besteht die **Prüfungs- und Erklärungspflicht** des Sachwalters nach Abs. 1 Satz 2 (ebenso MüKo-InsO/*Tetzlaff/Kern* 3. Aufl., § 281 Rn. 31). Hierfür gelten die Ausführungen in Rdn. 17–19 entsprechend. 29

Dagegen besteht die **Schlussrechnungspflicht für den Sachwalter als eigene Pflicht** im Rahmen seiner Rechte nach §§ 280, 92, 93, 129–147 InsO. Denn insoweit übt er die Verwaltungs- und Verfügungsbefugnis aus (s. § 280 Rdn. 1, 5–9; ebenso *Uhlenbruck/Zipperer* InsO, § 281 Rn. 6; MüKo-InsO/*Tetzlaff/Kern* § 281 Rn. 32). Sie ist für das Insolvenzgericht Prüfungsgegenstand nach § 66 Abs. 2 Satz 1 InsO. 30

b) Das Verhältnis des Sachwalters zum Schuldner hinsichtlich **von der Gläubigerversammlung verlangter Zwischenrechnungen** (§ 66 Abs. 3 InsO) wird vom Gesetz nicht behandelt. Nach dem Wortlaut des Abs. 3 Satz 2 gilt die Prüfungs- und Erklärungspflicht nach Abs. 1 Satz 2 nur für die Schlussrechnung. Es ist aber davon auszugehen, dass hier ein Redaktionsversehen vorliegt und sich Abs. 3 Satz 2 auf alle Rechnungslegungen des § 66 InsO bezieht, also auch auf die Zwischenrechnungen. Zunächst ist aus der Gesetzesbegründung nicht ersichtlich, dass die Zwischenrechnungen vom Sachwalter ungeprüft bleiben sollen. Es gibt auch keinen sachgerechten Grund, die Zwischenrechnungen davon auszunehmen. Sinn und Zweck der Regelungen zur Unterrichtung der 31

Gläubiger nach § 281 sowie der Regelungen zur Zwischenrechnung legen es vielmehr nahe, die Prüfung durch den Sachwalter auch auf die Zwischenrechnungen zu erstrecken. Anliegen des Gesetzgebers ist mit Abs. 3 die vollständige und korrekte Unterrichtung der Gläubiger über die Geschäftsführung des Schuldners (BT-Drucks. 12/2443 zu § 342). § 66 Abs. 3 InsO gewährt der Gläubigerversammlung das Recht, schon während des Verfahrens Zwischenrechnungen zu verlangen, wie nach geltendem Konkursrecht gem. § 132 Abs. 2 KO (BT-Drucks. 12/2443 zu § 76). Damit sollen die Gläubiger auf dem Laufenden gehalten, der Verwalter zu unausgesetzter Tätigkeit angespornt und der Schlussbericht vereinfacht werden (vgl. *Jaeger/Lent* KO, § 132 Rn. 2). Die Zwischenrechnungen sollen »kleine Schlussrechnungen« sein, die den Gläubigern einen exakten Einblick in den aktuellen Verfahrensstand gewähren sollen. Diesem Ziel wird nur entsprochen, wenn die Zwischenrechnungen vollständig und korrekt sind. Dies in der Eigenverwaltung sicherzustellen ist gerade der Zweck der Prüfungs- und Stellungnahmepflicht des Sachwalters nach Abs. 1 Satz 2. Allein die Aufsicht des Insolvenzgerichtes (§§ 274 Abs. 1, 58 InsO) kann diesem Anliegen nicht genügen. Danach kann das Insolvenzgericht vom Sachwalter zwar einzelne Auskünfte oder einen Bericht über den Sachstand und die Geschäftsführung verlangen (s. § 274 Rdn. 19 f.), es muss dies aber nicht. Eine vollständige und korrekte Gläubigerinformation kann bei Zwischenrechnungen aber ebenso wenig vom Ermessen des Insolvenzgerichtes abhängen, wie die Schlussrechnung (zust. HK-InsO/*Landfermann* § 281 Rn. 6; *Uhlenbruck/Zipperer* InsO, § 281 Rn. 5; a.A. *Kübler/Prütting/Bork-Pape* InsO, § 281 Rn. 13; *Nerlich/Römermann-Riggert* InsO, § 281 Rn. 4; MüKo-InsO/*Tetzlaff/Kern* § 281 Rn. 33; *Graf-Schlicker* InsO, § 281 Rn. 14).

§ 282 Verwertung von Sicherungsgut

(1) ¹Das Recht des Insolvenzverwalters zur Verwertung von Gegenständen, an denen Absonderungsrechte bestehen, steht dem Schuldner zu. ²Kosten der Feststellung der Gegenstände und der Rechte an diesen werden jedoch nicht erhoben. ³Als Kosten der Verwertung können nur die tatsächlich entstandenen, für die Verwertung erforderlichen Kosten und der Umsatzsteuerbetrag angesetzt werden.

(2) Der Schuldner soll sein Verwertungsrecht im Einvernehmen mit dem Sachwalter ausüben.

Übersicht

	Rdn.			Rdn.
A. Sinn und Zweck der Vorschrift	1	II.	Keine Feststellungskosten (Abs. 1 Satz 2)	15
I. Anliegen des Gesetzgebers	1	III.	Verwertungskosten, Umsatzsteuer (Abs. 1 Satz 3)	16
II. Eigene Stellungnahme	3			
B. Die Regelungen im Einzelnen	14	IV.	Ausübung im Einvernehmen mit dem Sachwalter (Abs. 2)	17
I. Grundsatz: Verwertungsrecht des Schuldners (Abs. 1 Satz 1)	14	C.	Konzernfragen	20

A. Sinn und Zweck der Vorschrift

I. Anliegen des Gesetzgebers

1 § 282 InsO hat mit seiner Bestimmung in Satz 1, dass das Verwertungsrecht für absonderungsrechtsbelastete Gegenstände dem Schuldner zusteht, zunächst klarstellende Funktion. Denn diese Rechtsfolge ergibt sich bereits aus der Stellung des Schuldners in der Eigenverwaltung und der Regelverweisung auf die anzuwendenden Vorschriften des allgemeinen Teils in § 270 Abs. 1 Satz 2 InsO. Die Entscheidung für den allgemeinen Eintritt des Schuldners in die Rolle des Insolvenzverwalters auch insoweit knüpft der Gesetzgeber an die Fortführung des Unternehmens nach Eröffnung des Insolvenzverfahrens als angenommenem Regelfall der Eigenverwaltung. Zur Erhaltung einer **Sanierungschance** soll ein ungehinderter Zugriff der absonderungsberechtigten Gläubiger auf ihre Sicherheiten ebenso wenig hingenommen werden wie im Regelinsolvenzverfahren. Ferner sollen – in den Händen des Schuldners und im Einvernehmen mit dem Sachwalter wie bei den gegenseitigen Ver-

trägen nach § 279 InsO, Abs. 2 – die gleichen **günstigen Voraussetzungen für eine gemeinsame Verwertung verschiedener belasteter Gegenstände** geschaffen werden wie im Regelinsolvenzverfahren (BT-Drucks. 12/2443 zu § 343). Damit bleibt die Insolvenzgläubigerbindung des Absonderungsgutes des Regelinsolvenzverfahrens in der Eigenverwaltung grundsätzlich erhalten. Darum ging es dem Gesetzgeber in erster Linie (HK-InsO/*Landfermann* § 282 Rn. 1). Die weite Formulierung der Vorschrift verweist darauf, dass dem Schuldner auch das Recht zusteht, die Zwangsversteigerung eines Grundstücks der Insolvenzmasse zu betreiben (§§ 172–174a ZVG über §§ 49, 165 InsO; HK-InsO/*Landfermann* § 282 Rn. 1).

Daneben versucht der Gesetzgeber, den Besonderheiten der Eigenverwaltung zu entsprechen, indem ihre Vorteile auch für die absonderungsberechtigten Gläubiger genutzt werden. Zu ihren Gunsten werden die Kostenerstattungsansprüche der Insolvenzmasse begrenzt. Kostenpauschalen (§ 171 InsO) dürfen durch den Schuldner nicht erhoben werden (Abs. 1 Satz 2), tatsächlich entstandene und erforderliche Kosten nur für die Verwertung selbst und für die Umsatzsteuer (Abs. 1 Sätze 2, 3). Begründet wird die **Kostenbegrenzung** mit der Sachnähe des Schuldners und einer am »typischen Fall der Eigenverwaltung« orientierten fehlenden Erforderlichkeit. **Kosten für die Feststellung** der belasteten Gegenstände und der Rechte an diesen sollen typischerweise nicht anfallen, weder bei beweglichen Sachen, noch bei Grundstückszubehör (§ 10 Abs. 1 Nr. 1a ZVG). Deswegen soll ein Abzug unnötig sein. Der Schuldner der Eigenverwaltung sei i.d.R. über die Rechte der Gläubiger an den Gegenständen der Insolvenzmasse hinreichend unterrichtet. Der Sachwalter brauche insoweit nur im Rahmen seiner allgemeinen Aufsicht eingeschaltet zu werden. Für die **Verwertung** durch den Schuldner soll lediglich die Kostenpauschale (§ 171 Abs. 1 InsO) unangemessen sein. Im typischen Fall der Eigenverwaltung, der Fortführung des Unternehmens, würden regelmäßig keine aufwendigen Verwertungsvorgänge stattfinden. Denn die Sicherheiten an den zur Fortführung erforderlichen Betriebsmitteln blieben während des Verfahrens bestehen. Die Veräußerung belasteter Waren werde häufig im laufenden Geschäftsbetrieb ohne besondere Kosten erfolgen können. Die Einziehung von zur Sicherheit abgetretenen Forderungen werde regelmäßig geringere Kosten verursachen (BT-Drucks. 12/2443 zu § 343 und vor § 331). 2

II. Eigene Stellungnahme

Die Grundsatzentscheidung des Gesetzgebers zur Übertragung der Insolvenzverwalterrolle auf den Schuldner der Eigenverwaltung auch für die Verwertung von Sicherungsgut ist aus der Zwecksetzung der Eigenverwaltung konsequent. Die Anreizwirkung der Eigenverwaltung für den Schuldner, rechtzeitig den Antrag auf Eröffnung des Insolvenzverfahrens zu stellen (BT-Drucks. 12/2443 vor § 331), wäre durchgreifend entwertet, wenn der Schuldner zwar nicht mit der Verdrängung aus der Geschäftsführung rechnen müsste (vgl. BT-Drucks. 12/2443 vor § 331), er die Eigenverwaltung zum Zwecke der Fortführung des Unternehmens aber tatsächlich gar nicht ausüben könnte, weil die absonderungsberechtigten Gläubiger den Einzelzugriff auf fortführungsnotwendiges Anlagevermögen nehmen können. 3

Die eingeschränkte Übertragung der Verwertungsregeln des Regelinsolvenzverfahrens führt jedoch zu Systembrüchen und ist eine augenfällige Fehlleistung des Gesetzgebers. Schon die in der Begründung des Regierungsentwurfes verwendete Vielfalt typisierter unbestimmter Begriffe (i.d.R.; insoweit; typischerweise; erscheint hier nicht angemessen; im typischen Fall der Eigenverwaltung; regelmäßig; häufig) macht misstrauisch. Die Regelung ist Folge einer praxisfernen Beurteilung der Verwertungsverantwortlichkeiten zwischen Schuldner und Sachwalter, die einvernehmlich handeln **sollen** (Abs. 2). Sie führt dazu, dass die Verwertungsregelungen der Insolvenzordnung widersprüchlich sind. 4

Mit § 282 InsO bietet die Eigenverwaltung absonderungsberechtigten Gläubigern erhebliche wirtschaftliche Vorteile, weil die Kostenpauschale von 4 % des Verwertungserlöses für die Feststellung der Gegenstände und der Rechte an ihnen (§§ 170 Abs. 1 Satz 1, 171 Abs. 1 InsO) entfällt. Insbesondere bei mittleren und größeren Unternehmen können die dadurch steigenden Erlöse der absonderungsberechtigten Gläubiger erheblich sein. Dieser wirtschaftliche Vorteil der absonderungsberech- 5

Foltis

§ 282 InsO   Verwertung von Sicherungsgut

tigten Gläubiger wird nur dann nicht zu Lasten der Insolvenzgläubiger finanziert, wenn die Annahme des Gesetzgebers stimmt, die Sachnähe des Schuldners und der »typische Fall der Eigenverwaltung« machten keine aufwendigen Feststellungen von Schuldner und Sachwalter zu den Absonderungsrechten erforderlich. Es ist sehr zweifelhaft, ob diese Annahme zutrifft (ähnlich MüKo-InsO/ *Tetzlaff/Kern* 3. Aufl., § 282 Rn. 7).

6 Mit der Festellungskostenpauschale der §§ 170 Abs. 1, 171 Abs. 1 InsO will der Gesetzgeber die Konsequenzen aus den Erfahrungen mit der Konkursordnung ziehen. Insbesondere die Verlängerungs- und Erweiterungsformen des Eigentumsvorbehaltes, die Sicherungsübereignung und die Sicherungsabtretung verursachten erhebliche Bearbeitungskosten. Die VergütVO sah in § 4 Abs. 2 lit. a) eine den Regelsatz übersteigende Konkursverwaltervergütung vor, wenn die Bearbeitung von Aus- und Absonderungsrechten einen erheblichen Teil der Verwaltertätigkeit ausmachte, ohne dass die Teilungsmasse entsprechend vergrößert wurde. Der Gesetzgeber meint, in der Praxis seien auf Grund dieser Vorschrift häufig **beträchtliche Zuschläge zum Verwalterhonorar** gewährt worden. Es sei allgemein als **unbillig** empfunden worden, dass diese Bearbeitungskosten nicht von den gesicherten Gläubigern getragen worden seien, sondern aus der Masse haben aufgebracht werden müssen, so dass sie im Ergebnis zu einer Kürzung der Quote der ungesicherten Gläubiger geführt hätten. Der jetzt vorgesehene Kostenbetrag diene der Vermeidung dieser Unbilligkeit (BT-Drucks. 12/2443 zu § 195). Der durch erhöhte Bearbeitung anfallende Zuschlag im Honorar des Insolvenzverwalters soll also aus der Kostenpauschale finanziert werden, so dass die Insolvenzgläubiger dieses Geld nicht aufwenden müssen.

7 Die Regelung des § 4 Abs. 2 lit. a) VergütVO wird allerdings vom Verordnungsgeber auch für die Insolvenzordnung beinahe wortgleich in § 3 Abs. 1 lit. a) InsVV aufgegriffen. Die Vorschrift gilt auch für die Sachwaltervergütung, die als Folge einer einzelfallbezogenen Festsetzung das Ergebnis einer Gesamtbetrachtung der Sachwaltertätigkeit ist, in die konkrete Erschwernisse seiner Geschäftstätigkeit ebenso einzustellen sind wie konkrete Erleichterungen (so ausdrücklich *BGH* Beschl. v. 21.07.2016 ZInsO 2016, 1638 Tz. 56–60). § 3 InsVV erhöht – wie jeder andere Zuschlag auch – den Regelbruchteil um den Vomhundertsatz, der als Zuschlag gewährt wird (*BGH* Beschl. v. 21.07.2016 ZInsO 2016, 1638 Tz. 58). Die Mitwirkung des Sachwalters bei der Verwertung von Sicherungsgut ist nach Abs. 2 originäre Sachwalterpflicht. Damit kann es in der Praxis der Eigenverwaltung genau zu den Folgen kommen, die der Gesetzgeber mit der Verwertungskostenregelung dem Grunde nach vermeiden wollte. Das Insolvenzgericht kann dem **Sachwalter** im Hinblick auf seine überdurchschnittliche Leistung bei der Bearbeitung – dies ist Voraussetzung – einen **Vergütungszuschlag nach § 3 Abs. 1 lit a) InsVV** gewähren, ohne dass der betroffene Sicherungsgläubiger hierfür den Ausgleichsbetrag in die Masse zu zahlen hat. Somit hängt – eine als unbillig empfundene – Überbürdung einer grds. möglichen erhöhten Festsetzung der Sachwaltervergütung für die Bearbeitung der Aus- und Absonderungsrechte auf die Insolvenzgläubiger wie schon nach der Konkursordnung letztlich von der Handhabung der Vergütungsfestsetzung durch das Insolvenzgericht ab. Der wirtschaftliche Vorteil des absonderungsberechtigten Gläubigers geht also doch wieder allein zu Lasten der Insolvenzgläubiger, über den Umweg der Sachwaltervergütung, eine Folge, die zu verhindern gerade Anliegen des Insolvenzgesetzgebers war.

8 Die Problematik wiederholt sich dadurch, dass auch **keine Feststellungskosten für das Grundstückszubehör in Abzug** gebracht werden können (*Uhlenbruck* InsO, 13. Aufl., § 282 Rn. 5), die Mitwirkung des Sachwalters an der Feststellung der Absonderungsgegenstände nach Abs. 1 Satz 2 aber insolvenzspezifische Sachwalterpflicht nach § 281 Abs. 1 Satz 2 InsO ist (s. § 281 Rn. 17 f.), so dass auch in einem aufgrund dieser Tätigkeit ausgelösten Vergütungserhöhungsfalll die Verwertung allein von den Insolvenzgläubigern bezahlt wird. Parallel zu §§ 170 Abs. 1, 171 Abs. 1 InsO wurde das ZVG dahin geändert, dass im Falle der Zwangsversteigerung in ein Grundstück der Insolvenzmasse die Kosten zu erstatten sind, die durch die Feststellung des mithaftenden Grundstückzubehörs entstehen (§§ 10 Abs. 1 Nr. 1a, 20 Abs. 2, 21 ZVG i.V.m. §§ 1120 bis 1122 BGB). Durch diese Gesetzesänderung soll auch für den Bereich der Absonderungsrechte an unbeweglichen Gegenständen vermieden werden, dass die Insolvenzmasse zum Nachteil der ungesicherten Gläubiger mit

Kosten – insbesondere aus einer erhöhten Vergütung des Insolvenzverwalters – belastet bleibt, die ausschließlich im Interesse der gesicherten Gläubiger aufgewendet werden. Die Erstattung der Feststellungskosten wird ausschließlich auf das Grundstückszubehör bezogen, weil der Verwalter häufig Schwierigkeiten haben wird, zu klären, ob beim Schuldner vorgefundene bewegliche Sachen rechtlich als Zubehör einzuordnen sind und ob die Voraussetzung des § 1120 BGB gegeben ist, dass also Zubehörstücke ins Eigentum des Schuldners gelangt sind (BT-Drucks. 12/3803, S. 69 f. zu Art. 20 Allgemeines). Auch dieser Fall einvernehmlicher Behandlung der Absonderungsrechte zwischen Schuldner und Sachwalter kann der Sachwaltervergütungsregelung über einen Erschwerniszuschlag unterfallen, so dass eine derart erhöhte Festsetzung allein von den Insolvenzgläubigern bezahlt wird.

9 Der Gesetzgeber hatte sicherlich nicht die Verwertung von Sicherungsgut durch den Sachwalter als Regelfall im Blick. Ausgeschlossen ist dieser Fall aber auch nicht und gerade nicht auf der Grundlage des Grundsatzbeschlusses des *BGH* v. 02.07.2016 (ZInsO 2016, 1638, s.a. Rdn. 7). Es besteht entgegen der Intention des Gesetzgebers nach aller Erfahrung mehr als eine bloße Möglichkeit, dass der Zuschlagstatbestand des § 3 InsVV in der Praxis auf die Sachwaltervergütung angewendet werden wird, weil zu erwarten ist, dass die **Verwertungshandlungen des Sachwalters bzw. seine maßgebliche Mitwirkung daran zur Regel** werden. Die Anordnung in Abs. 2 zur einvernehmlichen Verwertungsrechtsausübung mit dem Sachwalter und der Beschluss des BGH v. 02.07.2016 fordern dazu geradezu auf (a.A. *Kübler/Prütting/Bork-Pape* InsO, § 282 Rn. 1).

10 Es ist schon fraglich, ob die Eigenverwaltung die vom Gesetzgeber vorausgesetzte und feststellungserleichternde »typische Eigenverwaltungslage« aufweist, also die Fortführung des Unternehmens durch den Schuldner unter Aufsicht, mit einer hinreichenden Unterrichtung des Schuldners über die Gegenstände der Insolvenzmasse. Die Eigenverwaltung mag vornehmlich für Fortführungsfälle konzipiert worden sein, darauf beschränkt ist sie indes nicht. Der Gesetzgeber anerkennt ausdrücklich, dass der Schuldner im Wege der Eigenverwaltung unter Aufsicht des Sachwalters auch die Einzelverwertung seines Vermögens betreiben kann (Zerschlagungsverwertung, BT-Drucks. 12/2443 zu § 343; näher vor §§ 270 ff. Rdn. 3–8). Ausgehend von der gesetzgeberischen Grundkonzeption, durch die Eigenverwaltung bei einem Unternehmen auch in der Insolvenz die Kenntnisse und Erfahrungen der bisherigen Geschäftsleitung am besten zu nutzen (BT-Drucks. 12/2443 vor § 331), bietet sich die Eigenverwaltung für alle Fälle an, in denen Schuldner, Insolvenzgläubiger und absonderungsberechtigte Gläubiger ein gleichgerichtetes Interesse an einer möglichst günstigen Verwertung des Schuldnervermögens haben, dafür die Kenntnisse und Erfahrungen der bisherigen Geschäftsleitung besonders vorteilhaft sind und die Insolvenzorgane (Schuldner, Sachwalter) die erforderliche Fachkompetenz und persönliche Integrität aufweisen. Lässt man einmal Eigenkapitalersatzüberlegungen (nach den Änderungen durch das MoMiG: erweiterte Anfechtungsüberlegungen) unberücksichtigt, besteht das gleichgerichtete Interesse in der Praxis oft schon, weil das Privatvermögen des Schuldners oder seiner Familie oder Dritten zu einem wesentlichen Teil oder vollständig den Gläubigern des Schuldnerunternehmens verhaftet ist. Diese Haftungslage ist in dem häufigen Fall der geschäftsführenden Gesellschafter beinahe die Regel. Je besser das Vermögen verwertet wird, desto eher treten Haftungsbefreiungen ein. Oft auch hat der Schuldner bzw. das für ihn handelnde Organ ein Interesse an einer konstruktiven Zusammenarbeit um die eigenen Chancen für einen Neuanfang zu verbessern, eines der Kernanliegen des ESUG (BT-Drucks. 17/1572 S. 1 zu A. Problem und Ziel). Diese Interessenlage besteht für alle Verwertungslagen in gleicher Weise, die (zeitweilige) Fortführung zur Sanierung auf der Grundlage eines Insolvenzplanes (§ 284 InsO) oder zur sanierenden Übertragung sind dafür nur Unterfälle. Sie wird die praktische Anwendung der Eigenverwaltungsregeln bestimmen. Der Annahme einer »typischen Eigenverwaltungslage« in der Fortführung des Unternehmens durch den Schuldner unter Aufsicht kann daher aufgrund der Anwendungsbreite der Eigenverwaltungsregelungen und der absehbaren Anwendungspraxis nicht gefolgt werden.

11 In der Praxis liegen die Schwierigkeiten i.d.R. auch nicht in der Feststellung dessen, was an Gegenständen der Insolvenzmasse da sein sollte oder was tatsächlich da ist. Die erste Information bezieht der Insolvenzverwalter ohne große Umstände aus der Anlagenbuchhaltung, die in der Praxis kaum zu beanstanden ist. Die zweite Information muss sich der Schuldner ebenso durch eine Inventarisierung

§ 282 InsO Verwertung von Sicherungsgut

beschaffen wie der Insolvenzverwalter (§ 281 Abs. 1 Satz 1 InsO). Die Schwierigkeiten liegen in der Ergründung der Abweichung von beiden sowie in der rechtlichen Zuordnung des inventarisierten Bestandes zum jeweiligen Rechtsinhaber, insbesondere zum Vorbehaltseigentümer, Sicherungseigentümer und zum Forderungsinhaber bei der Sicherungsabtretung. In der Praxis sind dem Schuldner diese oft recht komplizierten Zuordnungen (z.B. verlängerter und erweiterter Eigentumsvorbehalt, Kontokorrentvorbehalt) selbst nicht bekannt; er ist regelmäßig nicht in der Lage, die – von ihm selbst abgeschlossenen – Sicherungsverträge auf ihre Wirksamkeit zu überprüfen. Sehr häufig kennt er nicht einmal den Bestand der Sicherungsverträge, geschweige denn ihre Inhalte. Diese praktischen Schwierigkeiten können (und werden) dazu führen, dass **der Sachwalter die Aus- und Absonderungsrechte bearbeitet, nicht der Schuldner,** und dass aus diesem Grund die **Sachwaltervergütung erhöht** werden wird. Die **Kosten** hierfür müssen nach § 282 Satz 2 InsO **von den Insolvenzgläubigern getragen** werden, während dies bei wesentlich gleicher Sachlage im Regelinsolvenzverfahren gerade nicht der Fall sein soll (deswegen an der Zweckmäßigkeit des Regelungsinhalts ebenso zweifelnd HK-InsO/*Landfermann* § 281 Rn. 2).

12 In gleicher Weise wird der Sachwalter, mit dem der Schuldner einvernehmlich handeln soll (Abs. 2), bei der **Feststellung des Zubehörs und seiner rechtlichen Zuordnung** in die Verantwortung genommen werden, weil der Schuldner für die Lösungen der oft komplizierten Fragen den erforderlichen Sach- und Fachverstand sowie die notwendigen Rechtskenntnisse nicht hat. Für den Sachwalter werden sich namentlich bei mittleren und größeren Unternehmen dieselben Aufgaben stellen wie für den Insolvenzverwalter, so dass der Zuschlagstatbestand auch bei ihm und insoweit regelmäßig ausgelöst werden wird. Die Kosten müssen die Insolvenzgläubiger wider den Insolvenzzweck tragen.

Dagegen kann überzeugend nicht eingewendet werden, die Eigenverwaltung werde in einem derartigen Fall nicht angeordnet. Der Insolvenzrichter kann die Verwertungsfähigkeiten des Schuldners bei der Anordnung nach § 270 InsO in aller Regel nicht einschätzen. Ob die Gläubiger ihre Entscheidung zur Beibehaltung der Eigenverwaltung oder zur erstmaligen Anordnung auf die Verwertungsfähigkeiten des Schuldners stützen, bleibt zweifelhaft, mindestens offen. Sicher ist indes, dass die Gläubiger ihre Entscheidung davon nicht leiten zu lassen brauchen, weil es ihnen vorzugsweise um die Sach- und Fachkompetenz bei der Fortführung des schuldnerischen Unternehmens gehen wird.

13 Daneben wird dem Schuldner ein **Druckmittel gegen die absonderungsberechtigten Grundpfandrechtsgläubiger genommen**, eine Benachteiligung der Insolvenzgläubiger in der Eigenverwaltung gegenüber denjenigen des Regelinsolvenzverfahrens. Die Erstattung der Kosten nach § 10 Abs. 1 Nr. 1a ZVG wird rechtstechnisch dadurch erreicht, dass ein vorrangiges Recht auf Befriedigung aus dem Grundstück geschaffen wird. Dieses Recht muss bei jeder Zwangsversteigerung, die von einem Gläubiger mit schlechterem Rang betrieben wird, in das geringste Bargebot aufgenommen werden (vgl. § 49 Abs. 1 ZVG). Der Verwalter kann auch selbst die Versteigerung des Grundstücks mit dem Rang dieses Rechtes betreiben. Hierzu wird ihm durch die Einfügung des § 174a ZVG ein vereinfachtes Verfahren bereitgestellt. Der Verwalter, der aufgrund von § 172 ZVG die Zwangsversteigerung betreibt, kann verlangen, dass das Grundstück auch in der Weise ausgeboten wird, dass im geringsten Gebot abgesehen von Kosten des Verfahrens (vgl. § 109 Abs. 1 ZVG) nur die Ansprüche aus § 10 Abs. 1 Nr. 1 ZVG berücksichtigt werden. Von diesem Recht wird der Verwalter insbesondere Gebrauch machen, wenn sich anderenfalls wegen der hohen Belastungen des Grundstücks kein Bieter in der Zwangsversteigerung finden würde. Die Gläubiger, denen der Verlust ihrer Rechte an dem Grundstück droht (vgl. §§ 52 Abs. 1, 91 Abs. 1 ZVG), können diesen Verlust nur dadurch abwenden, dass sie die Ansprüche aus § 10 Abs. 1 Nr. 1a ZVG berichtigen (BT-Drucks. 12/3803, S. 69 f. Allgemeines, zu Art. 20 § 174a). Der Eigenverwaltung ist mit der Nichtanwendung dieser Vorschriften des ZVG die Möglichkeit genommen, die zwangsweise Verwertung eines Grundstückes mindestens mit dem Erfolg einer Anspruchsberichtigung nach § 10 Abs. 1 Nr. 1a ZVG zu betreiben: In das **geringste Gebot** fallen bei der Eigenverwaltungsversteigerung (§§ 165 InsO, 172 ZVG) nur die Kosten und Ansprüche aus § 10 Abs. 1 Nr. 1–3 ZVG und alle das Grundstück belastenden Rechte (vgl. *Kuhn/Uhlenbruck* KO, § 126 Rn. 1; *Stöber* ZVG, 17. Aufl. § 174a Rn. 2). Da-

mit tritt in der Eigenverwaltung **faktisch die Versteigerungsunfähigkeit** ein (vgl. die entspr. Lage nach der KO bei *Kuhn/Uhlenbruck* KO, § 126 Rn. 1) und damit für Schuldner und Sachwalter mittelbar die Verwertungsunfähigkeit (zust. HK-InsO/*Landfermann* § 282 Rn. 5; ebenso wohl *Uhlenbruck/Zipperer* InsO, § 282 Rn. 1). Eine Verwertung – etwa durch freihändige Verwertung – gegen den Willen der Grundpfandrechtsgläubiger ist durch Schuldner und Sachwalter etwa bei einer sanierenden Übertragung nach ihren Vorstellungen gegen den Widerstand auch nur eines Grundpfandrechtsgläubigers praktisch nicht zu erreichen. Es bleibt dem Schuldner die Möglichkeit der Freigabe (HK-InsO/*Landfermann* § 282 Rn. 5), für deren Entgegennahme die Zuständigkeit des Sachwalters entsprechend Abs. 2 bestehen wird. Auch wenn die Regelung eine Fehlleistung des Gesetzgebers ist, sie kann nicht de lege lata korrigiert werden. An der Berechtigung zum Verbot zur Berechnung von Kostenpauschalen wird inzwischen teils gezweifelt (so wohl HK-InsO/*Landfermann* § 282 Rn. 2, 5), teilweise wird sie zum Gegenstand einer Fundamentalkritik an der Anwendungsreichweite der Eigenverwaltung mit der Forderung auf einen teleologisch reduzierten Anordnungsbereich auf ausschließlich sanierungsfähige Schuldnerunternehmen gemacht (BK-InsO/*Blersch* § 282 Rn. 5). Letzteres geht sicher schon zu weit, weil der Sinn und Zweck der Eigenverwaltung nicht nur in der Schaffung eines Sanierungsinstruments besteht (näher s. vor §§ 270 ff. Rdn. 3–8; dagegen deswegen mit Recht MüKo-InsO/*Tetzlaff/Kern* 3. Aufl., § 282 Rn. 7).

B. Die Regelungen im Einzelnen

I. Grundsatz: Verwertungsrecht des Schuldners (Abs. 1 Satz 1)

Abs. 1 Satz 1 überträgt das Verwertungsrecht des Insolvenzverwalters gem. §§ 165 ff. InsO auf den Schuldner. Der Schuldner rückt also mit der Anordnung der Eigenverwaltung insoweit in vollem Umfang in die Rechtsstellung des Insolvenzverwalters ein (HK-InsO/*Landfermann* § 282 Rn. 3). Damit soll im Besonderen verhindert werden, dass dinglich gesicherte Gläubiger durch die Realisierung ihrer Sicherungsrechte die Fortführung des schuldnerischen Betriebs unmöglich machen (*Kübler/Prütting/Bork-Pape* InsO, § 282 Rn. 6; *Uhlenbruck/Zipperer* InsO, § 282 Rn. 1). Aussonderungsrechte (§§ 47, 48 InsO) werden nicht beeinträchtigt, ihre Verteilung durch den Schuldner führt zum Ersatzaussonderungsanspruch (*Kübler/Prütting/Bork-Pape* InsO, § 282 Rn. 3 f.; MüKo-InsO/*Tetzlaff/Kern* § 282 Rn. 12). Auch die Ersatzabsonderungsregeln gelten entsprechend (*Uhlenbruck/Zipperer* InsO, § 282 Rn. 2). Bei unbeweglichen Gegenständen kann er die Zwangsversteigerung oder die Zwangsverwaltung betreiben (§§ 49, 165 InsO), absonderungsrechtsbelastete bewegliche Gegenstände in seinem Besitz und zedierte Forderungen darf er freihändig verwerten (§ 166 InsO; *Uhlenbruck/Zipperer* InsO, § 282 Rn. 2; MüKo-InsO/*Tetzlaff/Kern* § 282 Rn. 16). Letzteres Verwertungsrecht besteht nach der Bestandsunterrichtung der betroffenen absonderungsberechtigten Gläubiger (§ 167 InsO) und der Mitteilung der Veräußerungsabsicht (§ 168 InsO). Insoweit unterliegt er auch der Zinszahlungspflicht (§ 169 InsO) sowie der Pflicht, Entwertungen beweglicher Sachen durch laufende Zahlungen an den absonderungsberechtigten Gläubiger auszugleichen (§ 172 InsO). Ihm steht ferner das Verwertungsrecht nach Fristsetzung und Fristablauf zu, wenn der absonderungsberechtigte Gläubiger seiner Verwertungspflicht nicht nachgekommen ist (§ 173 InsO). Betreibt ein Gläubiger die Zwangsvollstreckung nach § 49 InsO, kann der Schuldner Vollstreckungsschutz nach §§ 30d ff. ZVG erlangen (ebenso KS-InsO/*Pape* S. 920 Rn. 43; HK-InsO/*Landfermann* § 282 Rn. 4; MüKo-InsO/*Tetzlaff/Kern* § 282 Rn. 18). Dem Schuldner steht insbesondere das Recht zu, das **Sicherungsgut zu benutzen** (HK-InsO/*Landfermann* § 282 Rn. 3; *Uhlenbruck/Zipperer* InsO, § 282 Rn. 2)

II. Keine Feststellungskosten (Abs. 1 Satz 2)

Feststellungskosten werden nicht erhoben (Abs. 1 Satz 2). Für die Feststellung beweglicher Sachen (§§ 166 Abs. 1, 173 Abs. 2 InsO) und Forderungen (§ 166 Abs. 2 InsO), besteht kein Anspruch der Insolvenzmasse auf die vierprozentige Kostenpauschale; die §§ 170 Abs. 1, 171 Abs. 1 InsO sind insoweit unanwendbar. Entsprechendes gilt für die Feststellung des Zubehörs (§ 10 Abs. 1 Nr. 1a ZVG). § 282 Abs. 1 Satz 2 enthält nach Sinn und Zweck ein Verbot zur Erhebung von Feststellungskosten auf gesetzlicher Grundlage. Für die Regelung des § 170 Abs. 2 InsO (vom Insolvenzverwalter zugelassene Eigenverwertung durch den Schuldner) besteht in der Eigenverwaltung kein Bedürfnis. Der Schuldner ist jedoch nicht gehindert, in Anlehnung an die Praxis unter der Konkursordnung mit dem absonderungsberechtigten Gläubiger eine Kostenerstattung zu vereinbaren, die bei beweglichen und unbeweglichen Gegenständen der **Umsatzsteuerpflicht** unterliegt (*BFH* 28.07.2011 – VR 28/09, ZIP 2011, 1923 [1925] auch unter Änderung seiner Rspr. zu beweglichen Gegenständen im Gerichtsbescheid v. 10.02.2005 – VR 31/04, ZInsO 2005, 813). Das Recht zur **Freigabe** des Grundstückes aus der Insolvenzmasse steht zum Zwecke des Gläubigergemeinschaftsschutzes nicht dem Schuldner zu, sondern entsprechend § 279 InsO dem **Sachwalter** (vgl. § 274 Rdn. 74; HK-InsO/*Landfermann* § 282 Rn. 5).

III. Verwertungskosten, Umsatzsteuer (Abs. 1 Satz 3)

16 Der Schuldner kann für die Kosten der Verwertung die tatsächlich entstandenen und erforderlichen Kosten beanspruchen, ferner die Umsatzsteuer (Abs. 1 Satz 3). Der Anspruch auf die fünfprozentige Kostenpauschale des § 171 Abs. 2 Satz 1 InsO besteht nicht. Damit sind von der Verwertungsregel des § 171 InsO nur Abs. 2 Sätze 2 u. 3 in der Eigenverwaltung anwendbar (HK-InsO/*Landfermann* § 282 Rn. 2; *Kübler/Prütting/Bork-Pape* InsO, § 282 Rn. 7; *Nerlich/Römermann-Riggert* InsO, § 282 Rn. 5; *Uhlenbruck* InsO, 13. Aufl., § 282 Rn. 4). Für die abzuführende Umsatzsteuer gelten keine Unterschiede zum Regelverfahren mit Insolvenzverwalterverwertungen (*Uhlenbruck/Zipperer* InsO, § 282 Rn. 5; MüKo-InsO/*Tetzlaff/Kern* § 282 Rn. 27). Für die Umsatzsteuer auf vereinbarte Masseprovisionen s. Rdn. 15.

IV. Ausübung im Einvernehmen mit dem Sachwalter (Abs. 2)

17 Der Schuldner soll sein Verwertungsrecht im Einvernehmen mit dem Sachwalter ausüben. Der Gesetzgeber verweist zur Begründung auf die Nachbildung zur Regelung bei gegenseitigen Verträgen (§ 279 Satz 2 InsO; BT-Drucks. 12/2443 zu § 343). Das bedeutet: Handlungen des Schuldners, die nicht im Einvernehmen mit dem Sachwalter erfolgen, sind wirksam (Ausnahme: § 138 BGB; ebenso HK-InsO/*Landfermann* § 282 Rn. 8; *Uhlenbruck/Zipperer* InsO, § 282 Rn. 6; MüKo-InsO/*Tetzlaff/Kern* § 282 Rn. 19). Dritte brauchen nicht auf ein Einvernehmen hinzuwirken, können aber andererseits darauf vertrauen, dass der Schuldner einvernehmlich handelt (*Uhlenbruck/Zipperer* InsO, § 282 Rn. 6). Der Sachwalter ist auf seine allgemeinen Überwachungsrechte und Mitteilungspflichten beschränkt. Verweigert der Sachwalter seine Zustimmung ohne sachgerechten Grund, kann er sich haftbar machen (Einzelheiten s. § 279 Rdn. 9 ff.).

18 In der Praxis kann (und wird wahrscheinlich) die Sachkompetenz des Sachwalters zu umgekehrten Parteirollen führen: Der Sachwalter stellt die Absonderungsrechte fest und verwertet im Einvernehmen mit dem Schuldner. Die Feststellung der Absonderungsrechte erfordert häufig eine tatsächliche und rechtliche Beurteilung komplizierter Zuordnungen, insbesondere bei verlängertem und erweitertem Eigentumsvorbehalt, der Globalzession und der Sicherungsübereignung. Oft überschneiden sich die Sicherungsrechte, etwa der verlängerte Eigentumsvorbehalt mit der Globalzession(en), das Vorbehaltseigentum mit der Raumsicherungsübereignung oder letztere mit der Zubehörhaftung. Die Praxis zeigt, dass der Schuldner der Aufgabe zutreffender Bestimmungen i.d.R. nicht gewachsen ist, deswegen den Rechtsstandpunkt der Masse zu sicherungsfreiem Vermögen gegenüber vermeintlichen Sicherungsgläubigern nicht standfest vertreten kann, ganz abgesehen davon, dass er ihn aus seinen oben (Rdn. 10) geschilderten persönlichen Enthaftungsinteressen möglicherweise auch gar nicht vertreten will. Der Sachwalter wird dafür in aller Regel geeigneter sein. Deswegen wird das Einvernehmen zwischen Schuldner und Sachwalter nach Abs. 2 im Kern darin bestehen, dem Sachwalter die Feststellung und Verwertung im Wesentlichen zu überlassen (zust. HK-InsO/*Landfermann* § 282 Rn. 7; *Kübler/Prütting/Bork-Pape* InsO, § 282 Rn. 1 sieht die Kontrollwirksamkeit durch den Sachwalter dadurch stark herabgesetzt; **a.A.** *Uhlenbruck/Zipperer* InsO, § 282 Rn. 6). Ein Anspruch des Sachwalters auf diese Verwertungsrolle besteht jedoch nicht (Satz 1). Er kann sie nur mit der Vollmacht des Schuldners ausüben (krit. hierzu *Uhlenbruck/Zipperer* InsO, § 282 Rn. 6) oder

das Gericht ordnet auf Antrag der Gläubigerversammlung die Zustimmung des Sachwalters an oder das Gericht überträgt dem Sachwalter im Eilfall entsprechend §§ 270 Abs. 1 Satz 2, 21 Abs. 1 InsO das Verwertungsrecht im Allgemeinen oder für bestimmte Vermögensstücke (z.B. Grundstücke) zur alleinigen Ausübung (eingehend hierzu § 270c Rdn. 12 ff., **str.**; vgl. *AG Duisburg* ZInsO 2002, 1046 = ZIP 2002, 1636 = NZI 2002, 556).

Sinn und Zweck der Eigenverwaltung und seiner Gläubigerschutzmechanismen (§§ 274–280 InsO) ermöglichen der Gläubigerversammlung die erstmalige Anordnung der Eigenverwaltung (§ 271 InsO) oder deren Beibehaltung (vgl. § 272 InsO) jedenfalls mit der Auflage, dass das Verwertungsrecht nach § 282 InsO dem Sachwalter ganz oder teilweise zusteht (§ 277 Abs. 1 InsO). Insoweit ist § 282 InsO dispositiv (**str.**; zust. *Uhlenbruck* InsO, 13. Aufl., § 282 Rn. 5; **a.A.** *Graf-Schlicker* InsO, § 282 Rn. 8; *Uhlenbruck/Zipperer* InsO, § 282 Rn. 6: keine gesetzliche Anordnungsgrundlage). Dies folgt aus dem Reformziel der Beteiligtenautonomie bei Entscheidungen über den Ablauf des Verfahrens. Der Gang des Insolvenzverfahrens soll von den Beteiligten bestimmt werden, weil ihre Vermögenswerte auf dem Spiel stehen und sie die Folgen von Fehlern zu tragen haben (BT-Drucks. 12/2443 A. Allgemeines 3. a, kk). 19

C. Konzernfragen

Im Konzern (zu den Erscheinungsformen des Konzerns *Wimmer* Vor §§ 269a ff. Rdn. 11 ff.) wird es regelmäßig zum Auseinanderfallen von Eigentum und Besitz an beweglichen und unbeweglichen Gegenständen zwischen Konzerngesellschaften (auch: Gruppengesellschaften, Legaldefinition in § 3e InsO, zur Terminologie s. Wortlaut §§ 3a Abs. 1 Satz 1, 3b InsO und *Wimmer* vor §§ 269a ff. Rdn. 1, 10) kommen, weil der Konzern am Markt als geschlossenes Gebilde aufgetreten ist und deswegen innerhalb des Konzerns die Eigentums- und Besitzstellungen der Konzerngesellschaften von nachrangiger Bedeutung waren. Beispiele: Eigentümerin des Gewerbegrundstückes ist die eine Konzerngesellschaft, Nutzerin aufgrund Mietvertrages die andere Konzerngesellschaft, z.B. die Schwestergesellschaft; Eigentümerin (Vorbehaltseigentümerin) des Warenbestandes ist eine Konzerngesellschaft, die den zentralen Einkauf für alle Konzerngesellschaften durchgeführt und die Waren im Konzerninnenverhältnis unter allen üblichen Eigentumsvorbehaltsformen an die jeweilige andere Konzerngesellschaft weiterverkauft hat, mithin Vorbehaltseigentümerin an allen Waren ist. Gestützt auf den Konzernrechtsgrundsatz der **bewahrten Selbständigkeit** eines jeden Konzerngesellschaftsinsolvenzverfahrens aus der Verantwortung vor dem Befriedigungsinteresse der Gläubigergemeinschaft jeder Konzerninsolvenzgesellschaft nach § 1 InsO (§ 269a Satz 1 InsO Wortlaut; i.E. s. *Wimmer* § 269a Rdn. 18 f. sowie § 272 Rdn. 19, § 274 Rdn. 14–17, 24, 39, 52 sowie die Konzernrechtskommentierungen bei den übrigen Eigenverwaltungsvorschriften) ist jede Konzerngesellschaft **sicherungsrechtlich als Dritte** zu behandeln. Daraus können sich ungeachtet der Konzerninsolvenzrechtsbindungen nach §§ 269a ff., 270d InsO im Interesse der jeweiligen Gläubigergemeinschaften notwendige Auseinandersetzungen ergeben, die zwar im Interesse der Konzerninsolvenzgesamtverwertung tunlichst vermieden werden sollten (dazu dient das Koordinationsverfahren nach §§ 269d ff. InsO, i.E. *Wimmer* vor §§ 269d ff. Rdn. 1 f.), aber aus der einer einzelnen Gläubigergemeinschaft geschuldeten bestmöglichen Befriedigung unvermeidlich sein können. Dadurch können in den Personen der Insolvenzorgane, der Mitglieder der Gläubigerausschüsse, der Insolvenzverwalter, der Sachwalter **Interessenkollisionslagen** entstehen, weil das Gesetz darauf abzielt, die Gruppeninsolvenz mit möglichst wenigen Verwaltern zu bewältigen, § 56b Abs. 1 Satz 1 InsO, mit der Folge, dass dieselbe Person zum Insolvenzverwalter mehrerer Konzerngesellschaften bestellt werden kann (s. *Wimmer-Amend* § 56b Rdn. 5). Zu erwarten ist deswegen, dass das Konzerninsolvenzrecht wegen der dadurch ausgelösten Interessenkonflikte nicht nur der Möglichkeit, sondern vielmehr der **Notwendigkeit zur Anordnung der Sonderinsolvenzverwaltung** und damit der **Anzeigepflicht,** für den Insolvenzverwalter ausdrücklich in § 56b Abs. 2 Satz 2 InsO vorgesehen (näher *Wimmer/Amend* § 56b Rdn. 46 ff.), ein ganz neues Gewicht gibt. Gleiches gilt für den (vorläufigen) Sachwalter in Personalunion für mehrere Konzerneigenverwaltungsverfahren (näher dazu *Wimmer-Amend* § 270d Rdn. 3, § 274 Rdn. 14 ff.). 20

§ 283 Befriedigung der Insolvenzgläubiger

(1) ¹Bei der Prüfung der Forderungen können außer den Insolvenzgläubigern der Schuldner und der Sachwalter angemeldete Forderungen bestreiten. ²Eine Forderung, die ein Insolvenzgläubiger, der Schuldner oder der Sachwalter bestritten hat, gilt nicht als festgestellt.

(2) ¹Die Verteilungen werden vom Schuldner vorgenommen. ²Der Sachwalter hat die Verteilungsverzeichnisse zu prüfen und jeweils schriftlich zu erklären, ob nach dem Ergebnis seiner Prüfung Einwendungen zu erheben sind.

Übersicht	Rdn.		Rdn.
A. Sinn und Zweck der Vorschrift	1	III. Klage gegen einen Widerspruch des Sachwalters oder des Schuldners	4
B. Die Erweiterung des Schuldnerwiderspruchs im Feststellungsverfahren (Abs. 1)	2	C. Die Aufgabenverteilung im Verteilungsverfahren (Abs. 2)	5
I. Allgemeine Stellung des Schuldners im Feststellungsverfahren	2	I. Allgemeine Stellung des Schuldners im Verteilungsverfahren	5
II. Bestreiten durch Schuldner oder Sachwalter	3	II. Stellung des Sachwalters im Verteilungsverfahren	7
		D. Konzernfragen	10

Literatur:
Siehe Vor §§ 270 ff., § 270.

A. Sinn und Zweck der Vorschrift

1 § 283 InsO erfasst Besonderheiten für das Feststellungsverfahren (§§ 174 ff. InsO, Abs. 1) und das Verteilungsverfahren (§§ 187 ff. InsO, Abs. 2) in der Eigenverwaltung. Abs. 1 enthält als Besonderheit in Anlehnung an die VerglO die Regelung, dass Schuldner und Sachwalter der Forderungsfeststellung wirksam widersprechen können (BT-Drucks. 12/2443 zu § 344; vgl. §§ 71 Abs. 1 u. 2, 85 Abs. 1 VerglO). Diese Regelung ist allerdings schon notwendige Folge der Übertragung der Insolvenzverwalterrechte. Die Wirksamkeit des Widerspruches durch den Schuldner beruht unmittelbar auf seiner Verwaltungs- und Verfügungsbefugnis (§ 270 Abs. 1 Satz 1 InsO), diejenige des Sachwalters folgt aus seiner Gläubigerschutzfunktion. Abs. 2 bestimmt die Aufgabenverteilung zwischen Schuldner und Sachwalter im Verteilungsverfahren. Für den Sachwalter ist die Pflicht zur Prüfung der Verzeichnisse vorgesehen (zust. HK-InsO/*Landfermann* § 282 Rn. 3).

B. Die Erweiterung des Schuldnerwiderspruchs im Feststellungsverfahren (Abs. 1)

I. Allgemeine Stellung des Schuldners im Feststellungsverfahren

2 Für das Feststellungsverfahren rückt der Schuldner nicht in die Stellung des Insolvenzverwalters ein (§ 270 Abs. 1 Satz 1, 2 InsO). Das **Feststellungsverfahren wird vom Sachwalter durchgeführt** (§ 270c Satz 2 InsO; i.E. s. § 270c Rdn. 34–37). Bei ihm sind die Forderungen schriftlich anzumelden (§ 174 InsO). Er führt die Tabelle (§ 175 InsO; zust. MüKo-InsO/*Tetzlaff/Kern* 3. Aufl., § 283 Rn. 5). Er hat die angemeldeten Forderungen zu prüfen (§§ 176, 177 InsO) und ist im Feststellungsprozess passivlegitimiert (§§ 179 bis 182 InsO). Die rechtskräftige Entscheidung wirkt gegen den Sachwalter als Partei kraft Amtes und gegen die Insolvenzgläubiger (§ 183 InsO), sie erstreckt sich dagegen nicht zugleich auf den Schuldner, in dessen Rechte sonst unzulässig eingegriffen würde (vgl. den Fall *BGH* BeckRS 2013, 18353 Rn. 3). § 184 InsO bleibt anwendbar (*Uhlenbruck/Zipperer* InsO, § 283 Rn. 2; **a.A.** HK-InsO/*Landfermann* § 283 Rn. 6: § 180 InsO; *Kübler/Prütting/Bork-Pape* InsO, § 283 Rn. 4; MüKo-InsO/*Tetzlaff/Kern* 3. Aufl., § 283 Rn. 15; näher Rdn. 4). Der Schuldner kann die Nebenintervention betreiben (zur Forderungsfeststellungsklage näher Rdn. 4). Der Standpunkt der Gegenauffassung führt dazu, dass sich die Wirkung einer rechtskräftigen Entscheidung im Feststellungsprozess auf den Schuldner erstreckt.

II. Bestreiten durch Schuldner oder Sachwalter

§ 178 Abs. 1 InsO sieht vor, dass eine Forderung als festgestellt gilt, soweit gegen sie im Prüfungs- 3
termin oder im schriftlichen Verfahren (§ 177 InsO) ein Widerspruch weder vom Insolvenzverwalter noch von einem Insolvenzgläubiger erhoben wird oder soweit ein erhobener Widerspruch beseitigt ist. Ein Widerspruch des Schuldners steht der Feststellung der Forderung entgegen (*BGH* ZIP 2010, 1499 [1500] Tz. 10). **§ 283 Abs. 1 erweitert das Recht zum Bestreiten bei Nichtfeststellungswirkung auf Schuldner und Sachwalter.** Eine echte Erweiterung liegt in dieser Regelung allerdings nur im Hinblick auf den Sachwalter (*Uhlenbruck/Zipperer* InsO, § 283 Rn. 2; MüKo-InsO/*Tetzlaff/Kern* 3. Aufl., § 283 Rn. 13), der nach **pflichtgemäßem Ermessen** entscheidet (MüKo-InsO/*Tetzlaff/Kern* 3. Aufl., § 283 Rn. 13). Denn der Schuldner der Eigenverwaltung ist das Handlungssubjekt des Insolvenzverfahrens (s. § 270 Rdn. 17), so dass seine Erklärungen den Wirkungen der Erklärungen des Insolvenzverwalters entsprechen (ebenso HK-InsO/*Landfermann* § 283 Rn. 2; ähnlich MüKo-InsO/*Tetzlaff/Kern* 3. Aufl., § 283 Rn. 10; krit. zur Widerspruchswirkung KS-InsO/*Eckhardt* S. 777 Rn. 60; KS-InsO/*Pape* S. 922 f. Rn. 50). Die Wirkung des Bestreitens durch einen Insolvenzgläubiger (§§ 176 Abs. 1, 177 Abs. 1, 178 Abs. 1 InsO) bleibt in der Eigenverwaltung erhalten (BT-Drucks. 12/2443 zu § 344). *Häsemeyer* (InsO, Rn. 8.16) meint, der Schuldner könne wegen der unterschiedlichen Werthaltigkeit der Rechte die Widerspruchsrechte unterschiedlich ausüben, indem er es einerseits auf sich in seiner Eigenschaft als Eigenverwalter ausübt, zum anderen als Träger der Schuldnerrolle, also »spaltet« (so *BGH* BeckRS 2013, 18353 für die Widerspruchsbeschränkung auf den Rechtsgrund). Ihr wird mit der Begründung gefolgt, nur so könne der Schuldner seiner Nachhaftung gem. § 201 Abs. 2 Satz 1 InsO entgehen (BK-InsO/*Blersch* § 283 Rn. 3; MüKo-InsO/*Schumacher* § 178 Rn. 30; *Uhlenbruck/Zipperer* InsO, § 283 Rn. 2). Diese Auffassung findet jedenfalls bei einem Bestreiten des Grundes und der Höhe der Forderung nicht nur im Gesetz keine Stütze, sie ist auch mit der prozessualen Wahrheitspflicht des Schuldners nicht zu vereinbaren (HK-InsO/*Landfermann* § 283 Rn. 5 mit Auszügen aus dem abgelehnten BGH-Urteil; vgl. KS-InsO/*Pape* S. 923 Rn. 50; *Uhlenbruck* InsO, 13. Aufl., § 283 Rn. 2). Die Gegenauffassung läuft darauf hinaus, für den Schuldner die prozessuale Wahrheitspflicht dispositiv zu stellen. Dafür fehlt im Gesetz die Stütze. Auch die Rechtsfolgen des Übergangs in das fremdverwaltete Verfahren sind kein Beleg für die Gegenauffassung (so aber *Uhlenbruck/Zipperer* InsO, § 283 Rn. 2). Dass der Insolvenzverwalter den Widerspruch des Schuldners zurücknehmen kann, beruht auf dem Übergang der Rechtsstellung des Schuldners auf den Insolvenzverwalter und damit des Rücknahmerechtes des Schuldners auf ihn; auch der Schuldner hätte es ausüben können. Die Nichtbeseitigungsmacht des Insolvenzverwalters nach § 201 Abs. 2 Satz 1 InsO beruht auf der Feststellungswirkung des § 201 Abs. 2 Satz 1 InsO, weswegen sie nicht auf den Insolvenzverwalter übergehen konnte, der Schuldner hatte sie selbst schon nicht. Die Argumente der Gegenauffassung sind aus den Übergangsfolgen in das fremdverwaltete Verfahren gerade ein Beleg für die hier vertretene Auffassung. Das Bestreiten durch den Schuldner führt grds. zum **Stimmrechtsausschluss** (§§ 270 Abs. 1 Satz 2, 77 Abs. 1 InsO; MüKo-InsO/*Tetzlaff/Kern* 3. Aufl., § 283 Rn. 12). Auch jeder Insolvenzgläubiger kann bestreiten und die Forderungsfeststellung verhindern (§§ 270 Abs. 1 Satz 2, 178 Abs. 1, 179 Abs. 1 InsO).

III. Klage gegen einen Widerspruch des Sachwalters oder des Schuldners

Falls die angemeldete Forderung vom Sachwalter oder vom Schuldner oder von einem Insolvenz- 4
gläubiger bestritten wird, kann der Gläubiger die Feststellung gegen den jeweiligen Bestreitenden betreiben (§§ 179 Abs. 1, 180 InsO). Auch das Bestreiten des Sachwalters schließt aus, dass der Gläubiger nach der Aufhebung des Insolvenzverfahrens aus der Eintragung in die Tabelle die Zwangsvollstreckung betreiben kann (§ 201 Abs. 2 InsO), also einen Zugriff auf das Schuldnervermögen nach Verfahrensaufhebung nehmen kann, so dass der Gläubiger ein rechtliches Interesse daran hat, den Widerspruch auszuräumen (vgl. BT-Drucks. 12/2443 zu § 212; *Uhlenbruck/Zipperer* InsO, § 283 Rn. 3). In diesem **Feststellungsprozess ist der Sachwalter Partei kraft Amtes**, weil er kraft Gesetzes die Rechte der Gläubiger wahrnimmt. Seine Rolle entspricht derjenigen im Anfechtungsprozess oder Schadensersatzprozess gem. § 280 InsO, allerdings in umgekehrter Parteirolle. Wegen der Einzelhei-

ten s. § 280 Rdn. 7 ff. Bestreitet der Schuldner in seinen Eigenschaften als **Eigenverwalter und** (damit regelmäßig notwendig zugleich) **als Schuldner** eine zur Tabelle angemeldete Forderung im Prüfungstermin, so ist nach Verfahrensaufhebung die Vollstreckung aus dem vollstreckbaren Tabellenauszug gegen ihn gem. § 201 Abs. 2 InsO nicht möglich, weil die Rechtswirkungen nach § 178 Abs. 3 InsO nicht eintreten (ebenso *Uhlenbruck/Zipperer* InsO, § 283 Rn. 3). Das Insolvenzgericht sollte den Inhalt eines entsprechenden Widerspruchs klarstellen und zu Protokoll nehmen, weil der Schuldner nach BGH die Widerspruchsbeschränkung auf den Forderungsgrund erklären kann (s. Rdn. 3). Der Gläubiger kann die Feststellungswirkung nur durch **Feststellungsklage gegen den bestreitenden Schuldner** herbeiführen (*Uhlenbruck/Zipperer* InsO, § 283 Rn. 3; ebenso MüKo-InsO/ *Tetzlaff/Kern* 3. Aufl., § 283 Rn. 16 und MüKo-InsO/*Schumacher* § 179 Rn. 14). Hinsichtlich des jeweiligen Streitgegenstandes (Forderungsfeststellung) besteht zwischen Sachwalter und Schuldner eine Rechtsgemeinschaft, weil sie beide anstelle des Insolvenzverwalters als Insolvenzorgane der Gläubigergemeinschaft handeln (Rdn. 1) und deswegen aus demselben rechtlichen Grund, ihrer Organstellungen, berechtigt und verpflichtet sind. Sie sind deswegen **Streitgenossen nach § 59 ZPO** (a.A. HK-InsO/*Landfermann* § 283 Rn. 6: Feststellungswirkung aus Feststellungsprozess gegen Sachwalter auch gegen den Schuldner; ähnlich MüKo-InsO/*Tetzlaff/Kern* 3. Aufl., § 283 Rn. 18). Wird der Auffassung gefolgt, der Schuldner habe eine Berechtigung zum Bestreiten sowohl als Organ der Gläubigergemeinschaft, als auch als Privatperson (s. Rn. 3), beschränkt sich die Streitgenossenschaft auf seine Rechtsstellung als Organ der Gläubigergemeinschaft. War die Forderung bereits vor Verfahrenseröffnung tituliert, muss der Schuldner den Widerspruch gem. § 179 InsO im Klageweg oder vor der zuständigen Verwaltungsbehörde verfolgen (§ 185 Satz 1 InsO). Ein bei Verfahrenseröffnung **anhängiger Rechtsstreit** muss durch Aufnahme des Rechtsstreits nach § 180 Abs. 2 InsO weiterverfolgt werden, allerdings durch Parteierweiterung auch gegen den Schuldner, weil es sonst an der Wirkung gegen ihn nach § 183 Abs. 1 InsO fehlt (a.A. *Kübler/Prütting/Bork-Pape* InsO, § 283 Rn. 14; *Uhlenbruck/Zipperer* InsO, § 283 Rn. 4).

C. Die Aufgabenverteilung im Verteilungsverfahren (Abs. 2)

I. Allgemeine Stellung des Schuldners im Verteilungsverfahren

5 Für das Verteilungsverfahren rückt der Schuldner in die Stellung des Insolvenzverwalters ein (§ 270 Abs. 1 Satz 1, 2 InsO; zust. MüKo-InsO/*Tetzlaff/Kern* 3. Aufl., § 283 Rn. 20; *Kübler/Prütting/ Bork-Pape* InsO, § 283 Rn. 11). Verteilungen werden vom Schuldner vorgenommen (Satz 1, § 187 Abs. 3 InsO). Er hat das **Verteilungsverzeichnis** aufzustellen, auf der Geschäftsstelle niederzulegen und die Forderungssummen öffentlich bekannt zu machen (§ 188 InsO; *Uhlenbruck* InsO, § 283 Rn. 5). Ihm ist vom Insolvenzgläubiger die Klageerhebung oder die Verfahrensaufnahme innerhalb der zweiwöchigen Ausschlussfrist nachzuweisen (§ 189 InsO). Absonderungsberechtigte Gläubiger müssen dem Schuldner ihren endgültigen Forderungsausfall nachweisen (§ 190 InsO). Er muss das Verzeichnis nach Maßgabe der §§ 189 bis 192 InsO ändern (§ 193 InsO). Die Berichtigungsanordnung des Gerichts ist dem Schuldner zuzustellen. Er ist beschwerdeberechtigt (§ 194 Abs. 3 InsO). Der Schuldner schlägt den Bruchteil für eine Abschlagsverteilung vor oder bestimmt ihn, wenn kein Gläubigerausschuss besteht (§ 195 InsO). Ihn trifft die Hinterlegungspflicht für Beträge, die bei der Schlussverteilung zurückzuhalten sind (§ 198 InsO). Er kann zur Nachtragsverteilung verpflichtet sein (§ 203 InsO), auch wenn das Insolvenzverfahren und damit der Insolvenzbeschlag bereits aufgehoben ist und deswegen eine Interessenkollisionslage bestehen kann, insbesondere im Fall des § 203 Abs. 1 Nr. 3 InsO (*Uhlenbruck/Zipperer* InsO, § 283 Rn. 5; HK-InsO/*Landfermann* § 283 Rn. 8). Der Schuldner hat das Beschwerderecht, wenn seinem entsprechenden Antrag nicht entsprochen wird (§ 204 Abs. 1 InsO). Gegen die Anordnung der Nachtragsverteilung steht ihm als Schuldner in seiner Eigenschaft als Träger der Insolvenzmasse, also nicht in seiner Eigenschaft als verwaltungs- und verfügungsbefugter Schuldner der Eigenverwaltung (als Partei kraft Amtes), das Beschwerderecht zu (§ 204 Abs. 2 InsO; zust. MüKo-InsO/*Tetzlaff/Kern* 3. Aufl., § 283 Rn. 20). Dieser Fall kann eintreten, weil die **Nachtragsverteilung** im Regelinsolvenzverfahren auf Antrag eines Insolvenzgläubigers oder sogar von Amts wegen angeordnet werden kann (§ 203 Abs. 1 InsO), sich der Insolvenzverwalter dagegen nicht zur Wehr setzen kann (§ 204 Abs. 2) und dem Schuldner

diese Möglichkeit als Partei kraft Amtes deshalb ebenso entzogen ist. Der Schuldner kann durch eine Nachtragsverteilung beschwert und deswegen aufgrund bestehender Interessenkollision entsprechend § 279 InsO von der Nachtragsverteilung ausgeschlossen sein (a.A. HK-InsO/*Landfermann* § 283 Rn. 8). Die Nachtragsverteilung muss dann **dem früheren Sachwalter entsprechend § 280 InsO** (zum Anwendungsbereich s. § 280 Rdn. 1 f.) übertragen werden, hilfsweise einem geeigneten und bereiten Dritten als Sachwalter oder **Sondersachwalter** (i.E. s. § 270 Rdn. 9) Sie vermeidet die Kollision der Interessen des Schuldners mit denen der Gläubigergemeinschaft, deren Träger er nach der Aufhebung der Eigenverwaltung ohnehin nicht mehr ist.

Tritt der seltene Fall einer vollständigen Gläubigerbefriedigung durch das Verteilungsverfahren ein, hätte der Schuldner einen verbleibenden Überschuss an sich selbst herauszugeben (§ 199 Satz 1 InsO), ein offensichtlich zweckwidriges Ergebnis. Es ist anzunehmen, dass der Schuldner in diesem Fall die uneingeschränkte Verwaltungs- und Verfügungsbefugnis über den Überschuss erhält bzw. behält (zust. MüKo-InsO/*Tetzlaff/Kern* 3. Aufl., § 283 Rn. 21). 6

II. Stellung des Sachwalters im Verteilungsverfahren

Das Gesetz knüpft die Stellung des Sachwalters im Verteilungsverfahren an §§ 188, 193 InsO. Der Sachwalter hat – als insolvenzspezifische und damit haftungsbewehrte Pflicht (MüKo-InsO/*Tetzlaff/Kern* 3. Aufl., § 283 Rn. 22; ebenso wohl *Kübler/Prütting/Bork-Pape* InsO, § 283 Rn. 2) – die **Verteilungsverzeichnisse zu prüfen** und jeweils schriftlich zu erklären, ob nach dem Ergebnis seiner Prüfung Einwendungen zu erheben sind (Abs. 2 Satz 2). Das Recht der Insolvenzgläubiger auf vollständige und korrekte Information (vgl. BT-Drucks. 12/2443 zu § 342) verlangt, dass die Prüfung abgeschlossen sein muss, bevor das Verzeichnis des Schuldners auf der Geschäftsstelle zur Einsicht der Beteiligten niedergelegt wird (§ 188 Satz 2 InsO), ferner die Niederlegung des Verzeichnisses mit der schriftlichen Erklärung des Sachwalters nach Abs. 2 Satz 2 (ebenso *Uhlenbruck/Zipperer* InsO, § 283 Rn. 6; HK-InsO/*Landfermann* § 283 Rn. 7). Unstimmigkeiten zwischen Schuldner und Sachwalter sind daher vor der Niederlegung auszuräumen, soweit dies zwischen ihnen einvernehmlich möglich ist. 7

Das Gesetz regelt nicht, wie die **Einwendungen des Sachwalters** zu behandeln sind, falls ein Streit hierüber zwischen Schuldner und Sachwalter nicht ausgeräumt werden kann. Für Gläubigereinwendungen gegen das Verzeichnis bei der Abschlagsverteilung besteht die Entscheidungskompetenz des Insolvenzgerichts mit Beschwerderecht (§ 194 InsO). Hierzu gleichen sich Sach- und Interessenlage der Insolvenzbeteiligten in der Eigenverwaltung. Der Streit kann nicht ungelöst bleiben, weil von ihm die Feststellungswirkung abhängt und damit tiefstgehend in die Gläubigerbefriedigung und damit zugleich in die Gläubigerrechte schlechthin eingegriffen wird. Auf eine Erhebung von Einwendungen durch einen Insolvenzgläubiger gem. § 194 kann deswegen nicht gewartet werden (so aber HK-InsO/*Landfermann* § 283 Rn. 7; MüKo-InsO/*Tetzlaff/Kern* 3. Aufl., § 283 Rn. 23; *Graf-Schlicker* InsO, § 283 Rn. 3; *Uhlenbruck/Zipperer* InsO, § 283 Rn. 7). Deswegen wird § 194 **InsO** auf den Streit zwischen Schuldner und Sachwalter **entsprechend** anzuwenden sein (zust. *Uhlenbruck* InsO, 13. Aufl., § 283 Rn. 6). 8

§ 283 Abs. 2 InsO ist als Gläubigerschutzregel erweiterungsfähig, soweit es um die Rolle des Sachwalters geht. Die Gläubigerversammlung kann daher die **Beteiligungsrechte des Sachwalters im Verteilungsverfahren erweitern**, etwa die Schlussverteilung von einem Einvernehmen mit dem Sachwalter abhängig machen (zust. MüKo-InsO/*Tetzlaff/Kern* 3. Aufl., § 283 Rn. 24), auch schon die Aufstellung des Verteilungsverzeichnisses an die Zustimmung des Sachwalters gem. § 277 InsO binden (vgl. BGH ZIP 2010, 1499 Tz. 9 für Insolvenzplanregelungen; MüKo-InsO/*Tetzlaff/Kern* 3. Aufl., § 283 Rn. 24; *Graf-Schlicker* InsO, § 283 Rn. 12; *Uhlenbruck/Zipperer* InsO, § 283 Rn. 6). Auch in diesem Fall sind Meinungsverschiedenheiten zwischen Schuldner und Sachwalter entsprechend § 194 InsO zu klären (**str.**, s. Rdn. 8). 9

D. Konzernfragen

10 Nach dem **Grundsatz der bewahrten Selbstständigkeit** jedes Insolvenzverfahrens über das Vermögen einer Konzerngesellschaft (s. § 272 Rdn. 19, § 274 Rdn. 15) hat auch der Sachwalter als Gläubigergemeinschaftsorgan vorrangig die Belange der Beteiligten seines Verfahrens zu beachten. In dem Fall, dass die Person des Sachwalters **nur in *einem* Konzerninsolvenzverfahren** mit Anordnung der Eigenverwaltung berufen ist und weder er, noch eine ihm nahestehende Person, wozu auch Sozien, Arbeitgeber oder Mitarbeiter zu zählen sind, keine Organstellung in einem anderen Konzerninsolvenzverfahren desselben Konzerns ausüben, können für die Rechtsstellung des Sachwalters im Forderungsfeststellungsverfahren (Abs. 1) und Verteilungsverfahren (Abs. 2) keine Probleme entstehen: Der Sachwalter ist wie sonst auch vollen Umfanges seiner Gläubigergemeinschaft verpflichtet.

11 Ganz anders stellt sich dagegen die Lage dar, wenn die Person des Sachwalters in diejenige eines **faktischen Konzernsachwalters** mutiert, weil dieselbe Person in mehreren Eigenverwaltungsverfahren zum Sachwalter bestellt wird (s. § 274 Rdn. 14 ff.). Dann können in Forderungs- und Verteilungsverhältnissen seiner Konzerngesellschaft mit anderen Konzerngesellschaften oder Beteiligten anderer Konzerngesellschaften Gläubigergemeinschaftsgefährdungen durch Interessenkollisionslagen entstehen (**Beispiel:** *BGH* 16.09.1985 – II ZR 275/84, NJW 1986, 188. In dem Fall war zu entscheiden, ob der Gläubiger einer abhängigen GmbH im Konzern – sie hatte diverse Schwestergesellschaften – gegen ihren mit uneingeschränkter und vollständiger Leitungsmacht ausgestatteten Gesellschafter einen Zahlungsanspruch durchsetzen konnte, für den die abhängige GmbH die Zahlungsverpflichtung eingegangen war, aber wegen vollständigen Geldmittelentzuges durch diesen Gesellschafter und dadurch ausgelöster Vermögenslosigkeit der abhängigen GmbH nicht erfüllen konnte. Der Gläubiger nahm diesen Gesellschafter im Wege der Durchgriffshaftung in Anspruch und hatte dazu auch einen eventuellen Ausgleichsanspruch der vermögenslosen Tochtergesellschaft gegen den alleinigen Gesellschafter gepfändet, sich zur Einziehung überweisen lassen und war auch daraus gegen den alleinigen Gesellschafter vorgegangen. Der BGH hat in dem Urteil wegen der faktischen Konzernlage die Gleichstellung zum aktienrechtlichen Vertragskonzern hergestellt und mit ihr die entsprechende Anwendung der §§ 303, 322 AktG mit der Folge, dass der Gesellschafter dem Gläubiger neben der abhängigen GmbH gesamtschuldnerisch haftete (§ 322 Abs. 1 Satz 2 AktG entspr.) und er gegenüber dem Gläubiger die der abhängigen GmbH zustehenden Einwendungen geltend machen konnte (§ 322 Abs. 2, 3 AktG entspr.). Die Sicherheitsleistungspflicht gegenüber dem Gläubiger (§ 303 Abs. 1 AktG entspr.) wandle sich ab dem Eintritt der Vermögenslosigkeit in einen Zahlungsanspruch gegen den Gesellschafter um.

12 Der Fall zeigt, wie der Gläubigerschutz im Vertragskonzern zu gesamtschuldnerischen Außenverpflichtungen von Konzerngesellschaften ebenso führen kann, wie zu Innenverpflichtungen zwischen den Konzerngesellschaften, weil der Vertragskonzern im Außenauftritt zu einem Gesamtkonzernunternehmen mit einzelnen Konzerngesellschaften als bloßen Betriebsabteilungen gebildet wurde und als solcher werbend tätig war. Die Potenzierung einer solchen Konzernlage ist erreicht, wenn die Konzernmutter für alle Konzerngesellschaften das Cash-Pooling durchgeführt hat oder hat durchführen lassen, indem sämtliche Einnahmen zur Finanzierung des Gesamtkonzernunternehmens an den Cash-Pool abzuführen waren und der Cash-Pool im Gegenzug die Rechnungen der Konzerngesellschaften bezahlt hat, die Konzerngesellschaften also keine Geldmittelverfügbarkeit mehr hatten und die Geldmittelbewegungen im Konzern lediglich noch Buchungsposten für fiktive Haben- oder Sollsalden wurden (s. hierzu den Fall *BGH* 13.06.2013 – IV ZR 259/12, ZInsO 2013, 1898).

13 Gesamtschuldnerische Außenverpflichtungen sind in der Konzerninsolvenz deswegen in so vielfältiger Weise denkbar, wie Konzerninnenverpflichtungen, die sämtlich in Forderungsanmeldungen mehrerer Konzerngesellschaftsinsolvenzen münden können und deswegen **Interessenkollisionslagen** eines faktischen Konzernsachwalters auslösen können. Der Gläubigergemeinschaftsschutz verlangt für jedes Eigenverwaltungsverfahren die Anzeige des Sachwalters als insolvenzspezifische und damit

haftungsbewehrte Pflicht, damit die dem Sachwalter mit § 283 InsO auferlegten Rechtshandlungen von einem zu bestellenden **Sondersachwalter** vorgenommen werden können (s. § 274 Rdn. 14 ff.).

§ 284 Insolvenzplan

(1) ¹Ein Auftrag der Gläubigerversammlung zur Ausarbeitung eines Insolvenzplans ist an den Sachwalter oder an den Schuldner zu richten. ²Wird der Auftrag an den Schuldner gerichtet, so wirkt der Sachwalter beratend mit.

(2) Eine Überwachung der Planerfüllung ist Aufgabe des Sachwalters.

Übersicht	Rdn.		Rdn.
A. Sinn und Zweck der Vorschrift	1	3. Sachwalter oder Schuldner	8
B. Ausarbeitung des Insolvenzplans (Abs. 1)	5	4. Unanfechtbarer Beschluss	9
		II. Ausarbeitung durch den Sachwalter	10
I. Auftrag der Gläubigerversammlung	6	III. Ausarbeitung durch den Schuldner	13
1. Auftrag	6	C. **Überwachung der Planerfüllung**	
2. Zeitpunkt	7	(Abs. 2)	14

Literatur:
Berscheid Das Insolvenzarbeitsrecht im Insolvenzplanverfahren und in der Eigenverwaltung, Festschrift Kirchhof, 2003, S. 27; *Graf/Wunsch* Nochmals: Insolvenzplan und Eigenverwaltung – Ein gangbarer Weg auch in der Insolvenz von Rechtsanwälten, Notaren und Steuerberatern?, ZVI 2005, 105; *Hölzle* Insolvenzplan auf Initiative des vorläufigen Sachwalters im Schutzschirmverfahren – Oder: Wer erstellt und wer bezahlt den Insolvenzplan im Verfahren nach § 270b InsO?, ZIP 2012, 855; *Spies* Insolvenzplan und Eigenverwaltung – Sanierungsansatz zur Krisenbewältigung bei Unternehmen mittlerer Größe, ZInsO 2005, 1254; *Uhlenbruck* Chancen und Risiken eines plangesteuerten Insolvenzverfahrens als Eigenverwaltung, FS Metzeler, 2003, S. 85.

A. Sinn und Zweck der Vorschrift

Den Insolvenzplan regeln die §§ 217 bis 269 InsO. Der Plan ersetzt alle Regelungen zur Beseitigung der Insolvenz außerhalb der Zwangsverwertung durch Konkurs (gerichtliches Vergleichsverfahren nach der Vergleichsordnung; Zwangsvergleich; Vergleich zur Beendigung des Gesamtvollstreckungsverfahrens). Gestützt auf den Grundsatz der Privatautonomie schaffen die Regelungen das Recht der Beteiligten, im Insolvenzverfahren die Rechtsstellung der Gläubiger und des Schuldners durch einen Plan zu gestalten (BT-Drucks. 12/2443 Erster Abschnitt vor § 253). 1

Der Insolvenzplan ist in drei Abschnitte (Phasen) gegliedert: Den Regeln über die Aufstellung des Plans (§§ 217 bis 234 InsO) folgen diejenigen über die Annahme und Bestätigung des Plans (§§ 235 bis 253 InsO), danach die Vorschriften über die Wirkungen des bestätigten Plans und die Überwachung der Planerfüllung (§§ 254 bis 269 InsO). § 284 befasst sich nur mit Besonderheiten zum ersten und dritten Abschnitt. Abs. 1 regelt, wem die Ausarbeitung des Insolvenzplans aufgetragen werden kann, Abs. 2 wer die Planerfüllung zu überwachen hat. 2

Die ursprüngliche Fassung der Vorschrift durch den Gesetzentwurf der Bundesregierung vom 15.04.1992 (BT-Drucks. 12/2443) erfuhr durch die Beschlussempfehlung und den Bericht des Rechtsausschusses vom 19.04.1994 (BT-Drucks. 12/7302) eine bedeutsame Erweiterung. Zunächst wurden die Befugnisse zwischen Schuldner und Sachwalter – der allgemeinen Befugnisaufteilung folgend – so aufgeteilt, dass der von der Gläubigerversammlung in Auftrag gegebene Insolvenzplan vom Schuldner erstellt wird und der Sachwalter bei der Aufstellung nur berät (BT-Drucks. 12/2443 zu § 345). Nach der Gesetz gewordenen Regelung kann auch der Sachwalter mit der Aufstellung des Insolvenzplanes beauftragt werden. Mit der Möglichkeit zur Ausarbeitung des Insolvenzplanes durch den Sachwalter soll die Eigenverwaltung flexibler gestaltet und die Gläubigerautonomie durch die Alternative zur Beauftragung einer vom Schuldner unabhängigen Person gestärkt werden. Der Gesetzgeber ist dabei davon ausgegangen, dass der Sachwalter wegen der Vielzahl der widerstreitenden Interessen häufig zur Planausarbeitung geeigneter ist als der Schuldner. Die 3

Möglichkeit zur Planausarbeitung durch ihn soll zur Akzeptanz der Eigenverwaltung beitragen (BT-Drucks. 12/7302 zu § 284 InsO).

4 So sehr die Zielrichtung einer Verbindung des Eigenverwaltungsverfahrens mit einem Insolvenzplan insbesondere über ein Pre-Packaging und zur Fortsetzung der Tätigkeit eines freiberuflich tätigen Schuldners ohne berufsrechtlichen Zulassungsentzug begrüßt wurde, so sehr wurde deren **Umsetzung durch den Gesetzgeber kritisiert**. Durch das **ESUG** wurden die Regelungen grundlegend reformiert, insbesondere durch zugelassene Kapitalmaßnahmen auch gegen den Willen der Gesellschafter (*Uhlenbruck/Zipperer* InsO, § 284 Rn. 1). Zur Diskussion zum Altrecht s. FK-InsO/*Foltis* 6. Aufl., § 284 Rn. 4.

B. Ausarbeitung des Insolvenzplans (Abs. 1)

5 Die Gläubigerversammlung kann wählen, ob sie den Sachwalter oder den Schuldner zur Planausarbeitung beauftragt. Wird der Schuldner beauftragt, wirkt der Sachwalter beratend mit.

I. Auftrag der Gläubigerversammlung

1. Auftrag

6 Abs. 1 knüpft an § 218 Abs. 2 InsO an, der die Beauftragung des Verwalters durch die Gläubigerversammlung regelt. Der Sachwalter ist ohne einen **Auftrag der Gläubigerversammlung** nicht berechtigt, einen Plan vorzulegen (BT-Drucks. 12/2443 zu § 254; *Uhlenbruck/Zipperer* InsO, § 284 Rn. 1; *Nerlich/Römermann-Riggert* InsO, § 284 Rn. 2; HK-InsO/*Landfermann* § 284 Rn. 3; MüKo-InsO/*Tetzlaff/Kern* 3. Aufl., § 284 Rn. 2, 16; BK-InsO/*Blersch* § 284 Rn. 2; a.A. *Warikoff* KTS 1997, 532; *Hess/Weis/Wienberg-Weis* § 284 Rn. 4). Der Schuldner kann von der Gläubigerversammlung ebenfalls beauftragt werden, er kann die Ausarbeitung aber auch ohne Auftrag der Gläubigerversammlung vornehmen. Das **originäre Planinitiativrecht** des Schuldners wird durch § 284 InsO nicht berührt (ebenso *Uhlenbruck/Zipperer* InsO, § 284 Rn. 2; *Nerlich/Römermann-Riggert* InsO, § 284 Rn. 3; HK-InsO/*Landfermann* § 284 Rn. 3; MüKo-InsO/*Tetzlaff/Kern* 3. Aufl., § 284 Rn. 13 f.; *Kübler/Prütting/Bork-Pape* InsO, § 284 Rn. 11). Die Gläubigerversammlung kann mit dem Auftrag das **Ziel des Plans** vorgeben oder auch das Planziel eines vom Schuldner bereits mit dem Insolvenzantrag (und Eigenverwaltungsantrag) vorgelegten »**prepackaged plans**« akzeptieren oder verwerfen (*Uhlenbruck/Zipperer* InsO, § 284 Rn. 2, 3). Theoretisch denkbar ist, allerdings kaum von praktischer Relevanz sein wird, dass es zu konkurrierenden Insolvenzplänen von Schuldner und Sachwalter kommt, weil die Zielvorgabe der Gläubigerversammlung gegenüber dem Sachwalter von den Vorstellungen des Schuldners abweichen kann (*Kübler/Prütting/Bork-Pape* InsO, § 284 Rn. 12; MüKo-InsO/*Tetzlaff/Kern* 3. Aufl., § 284 Rn. 15). Denn letztlich entscheidet ohnehin die Gläubigerversammlung, sodass Schuldner und Sachwalter bemüht sein werden, durch ihr vorheriges Einvernehmen eine Kampfabstimmung zu vermeiden.

2. Zeitpunkt

7 Die Beauftragung (§§ 284 Abs. 1 Satz 1, 218 Abs. 2 InsO) erfolgt in erster Linie in der **ersten Gläubigerversammlung** (Berichtstermin, § 156 InsO), weil in ihr darüber entschieden wird, ob das Insolvenzverfahren auf der Grundlage der gesetzlichen Vorschriften über die Zwangsverwertung des Schuldnervermögens oder auf der Grundlage eines Plans abgewickelt werden soll (§ 157 InsO; BT-Drucks. 12/2443 zu § 259). Die Beauftragung zur Insolvenzplanerstellung in einer späteren (außerordentlichen) Gläubigerversammlung bleibt allerdings möglich (ebenso *Uhlenbruck/Zipperer* InsO, § 284 Rn. 2; *Kübler/Prütting/Bork-Pape* InsO, § 284 Rn. 13; MüKo-InsO/*Tetzlaff/Kern* 3. Aufl., § 284 Rn. 18). Denn die Gläubigerversammlung kann auch in der Eigenverwaltung ihre Entscheidungen in dem Berichtstermin in späteren Terminen ändern (§§ 270 Abs. 1 Satz 2, 157 Satz 3 InsO). Die Nichtbeauftragung zur Erstellung eines Insolvenzplanes (§§ 284 Abs. 1 Satz 1, 270 Abs. 1 Satz 2, 157 Satz 2 InsO) ist eine abänderbare Entscheidung. Dies gilt auch, falls sich die erste Gläubigerversammlung im Berichtstermin mit der Frage nicht ausdrücklich befasste. Denn sie hätte

sich mit ihr befassen können. Nach der Änderung des § 271 InsO durch das **ESUG** gilt dies erst recht. Die Beauftragung kann mit dem Antragsbeschluss nach § 271 InsO erfolgen oder in einer späteren Gläubigerversammlung.

3. Sachwalter oder Schuldner

Der klare Wortlaut des Gesetzes verlangt eine Wahl der Gläubigerversammlung für die Insolvenzplanerstellung durch den Sachwalter oder den Schuldner. Beide können nicht zugleich beauftragt werden (zust. MüKo-InsO/*Tetzlaff-Kern* 3. Aufl., § 284 Rn. 20; *Kübler/Prütting/Bork-Pape* InsO, § 284 Rn. 14; *Uhlenbruck* InsO, § 284 Rn. 3).

4. Unanfechtbarer Beschluss

Die Beauftragung erfolgt durch Beschluss der Gläubigerversammlung (§ 76 InsO), mithin mit der Vorgabe des Planzieles (*Uhlenbruck/Zipperer* InsO, § 284 Rn. 2). Er ist nicht anfechtbar (§ 6 Abs. 1 InsO). Der Auffassung, auch ein vorläufiger Gläubigerausschuss könne ein Planziel vorgeben (*Hötzle* ZIP 2012, 855 [877]), fehlt durch den klaren Wortlaut des § 284 InsO die Grundlage im Gesetz (Kübler/*Rendels* HRI, § 24 Rn. 30; *Uhlenbruck/Zipperer* InsO, § 284 Rn. 3).

II. Ausarbeitung durch den Sachwalter

Für die Ausarbeitung des Insolvenzplanes steht der beauftragte Sachwalter dem Insolvenzverwalter gleich. Die Gleichstellung folgt aus Sinn und Zweck der Möglichkeit zu seiner Beauftragung. Der Gesetzgeber beabsichtigte die Stärkung der Gläubigerautonomie durch eine schuldnerunabhängige Person, die außerdem wegen der Vielzahl der widerstreitenden Interessen häufig eine größere Geeignetheit aufweist. Diese Beschreibung der Sachwalterrolle deckt sich mit der Position des Insolvenzverwalters.

Die §§ 217 ff. InsO sind deswegen auf den Sachwalter so anzuwenden, als sei er der Insolvenzverwalter. Insbesondere gilt **§ 218 Abs. 3 InsO** (zust. *Kübler/Prütting/Bork-Pape* InsO, § 284 Rn. 18; *Graf-Schlicker* InsO, § 284 Rn. 6; *Uhlenbruck/Zipperer* InsO, § 284 Rn. 3). Bei der Aufstellung des Plans durch den Sachwalter hat er den Rat des Gläubigerausschusses, des Schuldners und gegebenenfalls des Betriebsrates und des Sprecherausschusses der leitenden Angestellten einzuholen (ebenso *Uhlenbruck* InsO, 13. Aufl., § 284 Rn. 3). Ist der Schuldner keine natürliche Person, können benannte Sprecher der an ihm beteiligten Personen hinzukommen. Wegen der Einzelheiten s. *Jaffé* § 218 Rdn. 50 ff. Die Mitwirkung löst keine besonderen Vergütungs- oder Entschädigungsansprüche aus. Für die Mitglieder des Gläubigerausschusses, des Betriebsrates und des Sprecherausschusses gelten auch im Hinblick auf diese Mitwirkung die Vergütungs- und Entschädigungsregelungen in § 73 InsO, §§ 37, 40 BetrVG, § 14 Sprecherausschussgesetz (vgl. BT-Drucks. 12/2443 zu § 254; *Uhlenbruck/Zipperer* InsO, § 284 Rn. 3). Für den Sachwalter kommt im Rahmen der gebotenen einzelfallbezogenen Vergütungsbeurteilung ein **Vergütungszuschlag** nach § 3 Abs. 1 lit e) InsVV in Betracht (zust. *Uhlenbruck/Zipperer* InsO, § 284 Rn. 3; ähnlich MüKo-InsO/*Tetzlaff-Kern* 3. Aufl., § 284 Rn. 22; *Kübler/Prütting/Bork-Pape* InsO, § 284 Rn. 18; BK-InsO/*Blersch* § 284 Rn. 5).

Mitwirkung bedeutet, die Mitwirkungsberechtigten immer wieder über den Fortgang der Bemühungen zu unterrichten, zu konsultieren und ihren Rat einzuholen. Dies kann außerhalb des Gläubigerausschusses zu einer Art Beiratsbildung der übrigen Mitwirkungsberechtigten führen (BT-Drucks. 12/2443 zu § 254). Die **Mitwirkungsrechte** sind aufsichtsrechtlich durchsetzbar (§§ 274 Abs. 1, 58 f. InsO). Die Anwendung des § 232 InsO (über § 270 Abs. 1 Satz 2) führt zu wechselseitigen Informations-, Vorlage- und Mitwirkungspflichten zwischen Schuldner und Sachwalter (*Nerlich/Römermann-Riggert* InsO, § 284 Rn. 5). Ist im gestaltenden Teil des Insolvenzplanes die Fortführung eines anhängigen Anfechtungsprozesses vorgesehen, obliegt die Prozessführung dem Sachwalter (MüKo-InsO/*Tetzlaff/Kern* 3. Aufl., InsO, § 284 Rn. 26; *Kübler/Prütting/Bork-Pape*

InsO, § 284 Rn. 20), weil ihm die Insolvenzanfechtung nebst Prozessführung vom Gesetzgeber originär zugewiesen wurde (§ 280 InsO).

III. Ausarbeitung durch den Schuldner

13 Schon aus der allgemeinen Stellung des Schuldners in der Eigenverwaltung (vgl. BT-Drucks. 12/2443 zu § 345), seiner Verwaltungs- und Verfügungsbefugnis, folgt, dass er im Insolvenzplan die Stellung des Insolvenzverwalters einnimmt (§ 284 Abs. 1 Satz 1 i.V.m. §§ 270 Abs. 1 Satz 2, 217 ff. InsO; zust. *Kübler/Prütting/Bork-Pape* InsO, § 284 Rn. 13; MüKo-InsO/*Tetzlaff/Kern* 3. Aufl., § 284 Rn. 19). Bei der Aufstellung des Plans wirkt neben Gläubigerausschuss, Betriebsrat und Sprecherausschuss der leitenden Angestellten (§ 218 Abs. 3 InsO) auch der **Sachwalter beratend** mit (§ 284 Abs. 1 Satz 2; HK-InsO/*Landfermann* § 284 Rn. 2; *Uhlenbruck/Zipperer* InsO, § 284 Rn. 4). Für den Mitwirkungsinhalt und Vergütungsfragen s. Rn. 11, so dass sich die Mitwirkung des Sachwalters entsprechend § 12 Abs. 2 InsVV i.V.m. § 3 Abs. 1 InsVV durch einen **Zuschlag vergütungserhöhend** auswirken kann (ebenso BK-InsO/*Blersch* § 284 Rn. 6; *Uhlenbruck/Zipperer* InsO, § 284 Rn. 3). Die Mitwirkungsrechte sind auch gegenüber dem Schuldner **aufsichtsrechtlich durchsetzbar**, weil er als Verwaltungs- und Verfügungsorgan unter der Aufsicht des Insolvenzgerichtes steht (§§ 270 Abs. 1 Satz 2, 58 f. InsO; i.E. s. § 274 Rn. 63; zust. MüKo-InsO/*Tetzlaff/Kern* 3. Aufl., § 284 Rn. 19; a.A. *Kübler/Prütting/Bork-Pape* InsO, § 284 Rn. 14: macht keinen Sinn).

C. Überwachung der Planerfüllung (Abs. 2)

14 Abs. 2 knüpft an § 261 Abs. 1 Satz 1 InsO an, der dem Insolvenzverwalter die Überwachung der Planerfüllung (§ 260 InsO) auferlegt. In der Eigenverwaltung ist diese Überwachung Pflicht des Sachwalters, gleichgültig, ob der Plan von ihm ausgearbeitet wurde oder vom Schuldner (ebenso *Uhlenbruck/Zipperer* InsO, § 284 Rn. 5; MüKo-InsO/*Tetzlaff/Kern* 3. Aufl., § 284 Rn. 31).

15 Voraussetzung der Überwachungspflicht ist die Begründung der Überwachung zur Planerfüllung durch **entsprechende Regeln im gestaltenden Teil** des Insolvenzplanes (§§ 270 Abs. 1 Satz 2, 260 Abs. 1, 219, 221 InsO; *Kübler/Prütting/Bork-Pape* InsO, § 284 Rn. 21; *Nerlich/Römermann-Riggert* InsO, § 284 Rn. 6; HK-InsO/*Landfermann* § 284 Rn. 5), so dass den Sachwalter **keine generelle Pflicht** hierzu trifft (*Uhlenbruck-Zipperer* § 284 Rn. 5; zust. MüKo-InsO/*Tetzlaff/Kern* 3. Aufl., § 284 Rn. 31). Soweit die Überwachung es erfordert, bleiben der Sachwalter – er erhält die Stellung des Insolvenzverwalters – und die Mitglieder des Gläubigerausschusses im Amt, die Aufsicht des Insolvenzgerichtes bleibt bestehen (§§ 270 Abs. 1 Satz 2, 261 Abs. 1 Satz 2 InsO; zust. *Kübler/Prütting/Bork-Pape* InsO, § 284 Rn. 22; MüKo-InsO/*Tetzlaff/Kern* 3. Aufl., § 284 Rn. 31). Fraglich ist, ob auch der Schuldner im Amt bleibt, weil er in der Eigenverwaltung die Verwaltungs- und Verfügungsbefugnis hat, also die Rolle des Insolvenzverwalters wahrnimmt (§ 270 Abs. 1 Satz 1 InsO) und die Überwachungspflicht nach § 261 Abs. 1 Satz 1 InsO als nachwirkende Verwalterpflicht gesehen werden kann. Die Frage ist zu verneinen (ebenso *Kübler/Prütting/Bork-Pape* InsO, § 284 Rn. 22 und MüKo-InsO/*Tetzlaff/Kern* 3. Aufl., § 284 Rn. 32; *Uhlenbruck*-InsO § 284 Rn. 5). Denn das Vermögen des Schuldners soll mit der Rechtskraft der Bestätigung des Insolvenzplans (§ 254 Abs. 1 Satz 1 InsO) aus der Beschlagnahme genommen werden. Die Gläubiger sollen lediglich über das Ergebnis der Überwachungstätigkeit bei Nichterfüllung oder der fehlenden Erfüllbarkeit des Plans die Möglichkeit haben (rechtzeitig) die Eröffnung eines neuen Insolvenzverfahrens zu beantragen (BT-Drucks. 12/2443 zu § 309). Wegen weiterer Einzelheiten s. Kommentierung zu §§ 260 bis 262 InsO.

16 Für die Überwachung der Planerfüllung durch den Sachwalter kann im Rahmen der einzelfallbezogenen Vergütungsbeurteilung ein **Vergütungszuschlag** gem. § 3 Abs. 1 lit. e) InsVV festgesetzt werden (*Uhlenbruck/Zipperer* § 284 Rn. 5; *Kübler/Prütting/Bork-Pape* InsO, § 284 Rn. 23; MüKo-InsO/*Tetzlaff/Kern* 3. Aufl., § 284 Rn. 33), ausgenommen eine Übernahmegesellschaft ist für die Vergütung eintrittspflichtig (§ 269 Satz 2; *Uhlenbruck/Zipperer* § 284 Rn. 5). Die Aufhebung der Überwachung darf erst erfolgen, wenn der Vergütungsanspruch des Sachwalters hinsichtlich

der Überwachung befriedigt ist (*Kübler/Prütting/Bork-Pape* InsO, § 284 Rn. 8; *Haarmeyer/Wutzke/ Förster* Handbuch Rn. 9.133; MüKo-InsO/*Tetzlaff/Kern* 3. Aufl., § 284 Rn. 33, *Uhlenbruck/Zipperer* § 284 Rn. 5).

§ 285 Masseunzulänglichkeit
Masseunzulänglichkeit ist vom Sachwalter dem Insolvenzgericht anzuzeigen.

Die Vorschrift knüpft an § 208 InsO an. Sie bestimmt in Abs. 1, dass der Insolvenzverwalter dem Insolvenzgericht anzuzeigen hat, dass Masseunzulänglichkeit vorliegt, falls zwar die Kosten des Verfahrens gedeckt sind, die Insolvenzmasse jedoch nicht ausreicht, um die fälligen sonstigen Verbindlichkeiten zu erfüllen oder die Masse voraussichtlich nicht ausreichen wird, um die bestehenden sonstigen Masseverbindlichkeiten im Zeitpunkt der Fälligkeit zu erfüllen. Der Zweck des § 285 InsO besteht darin, für die Abwicklung eines massearmen Verfahrens die Feststellung der Masseunzulänglichkeit möglichst schnell erfolgen zu lassen (BT-Drucks. 1224/43 S. 226 zu § 346). Deswegen wird zu Recht angenommen, dass § 285 InsO auch den Fall **drohender Masseunzulänglichkeit** erfasst (*Uhlenbruck/Zipperer* InsO, § 285 Rn. 2; *Nerlich/Römermann-Riggert* InsO, § 285 Rn. 1; HK-InsO/*Landfermann* § 285 Rn. 2). Nach seinem Zweck erfasst § 285 InsO erst recht den Fall der **Masselosigkeit** (§ 207 InsO; wie hier MüKo-InsO/*Tetzlaff-Kern* § 284 Rn. 23; **a.A.** HK-InsO/ *Landfermann* § 285 Rn. 5; *Uhlenbruck/Zipperer* InsO, § 285 Rn. 5). Der Gesetzgebungsverlauf hat letztlich den Schuldner von der Anzeigezuständigkeit bewusst ausgeklammert, weil der damit verbundene Eingriff in die Gläubigerrechte (§§ 209, 210 InsO) vom Willen des Schuldners gelöst werden sollte (HK-InsO/*Landfermann* § 285 Rn. 1; *Uhlenbruck/Zipperer* InsO, § 285 Rn. 2). Der Schuldner hat deswegen keine eigene Anzeigeberechtigung, er kann nur den Sachwalter von der Masseunzulänglichkeitslage unterrichten, die dieser zu prüfen und – je nach Prüfungsverlauf – anzuzeigen hat (*Uhlenbruck/Zipperer* InsO, § 285 Rn. 2; *Kübler/Prütting/Bork-Pape* InsO, § 285 Rn. 12; MüKo-InsO/*Tetzlaff/Kern* 3. Aufl., § 285 Rn. 10), wenn der Sachwalter nicht schon auf Grund seiner eigenen Überwachungen zur Feststellung der Masseunzulänglichkeitslage kommt. Die **laufende Masseunzulänglichkeitsprüfung** ist Teil der **insolvenzspezifischen Überwachungspflicht** des Sachwalters (§ 274 Abs. 2 InsO; *Uhlenbruck/Zipperer* InsO, § 285 Rn. 2; HK-InsO/*Landfermann* 7. Aufl., § 285 Rn. 3), eine von ihm im Allgemeinen nur schwer zu leistende Aufgabe und deswegen erhebliche Haftungsfalle (so zu Recht *Kübler/Prütting/Bork-Pape* InsO, § 285 Rn. 9–11; ähnlich MüKo-InsO/*Tetzlaff/Kern* 3. Aufl., § 285 Rn. 7 f.). Auch jeder Altmassegläubiger hat das Recht nach § 272 Abs. 1 Nr. 2 InsO, die Aufhebung der Eigenverwaltung zu beantragen (HK-InsO/*Landfermann* § 285 Rn. 4; MüKo-InsO/*Tetzlaff/Kern* 3. Aufl., § 285 Rn. 16; dagegen sehr kritisch *Kübler/Prütting/Bork-Pape* InsO, § 285 Rn. 17), nicht dagegen die Insolvenzgläubiger (*Kübler/Prütting/Bork-Pape* InsO, § 285 Rn. 13).

Stellt der Schuldner **insbesondere Masselosigkeit** (§ 207 InsO) **fest**, hat er dies dem Sachwalter mitzuteilen. Er kann sie auch dem Insolvenzgericht anzeigen und dadurch auf die Einberufung einer Gläubigerversammlung zur Anhörung darüber hinwirken, ob jemand bereit ist, einen ausreichenden Geldbetrag vorzuschießen (§ 207 Abs. 1 Satz 2 InsO; *Kübler/Prütting/Bork-Pape* InsO § 285 Rn. 18; *Uhlenbruck/Zipperer* InsO, § 285 Rn. 3), wenn nicht der Sachwalter selbst sogleich entsprechend tätig wird. Das Gericht wird vom Sachwalter unverzügliche Aufklärung und Stellungnahme verlangen (§§ 274 Abs. 1, 58 InsO; so auch MüKo-InsO/*Tetzlaff/Kern* 3. Aufl., § 285 Rn. 11). Bei Anzeige der Masselosigkeit/Masseunzulänglichkeit richtet sich das **weitere Verfahren** nach §§ 207–216 InsO (*Kübler/Prütting/Bork-Pape* InsO, § 285 Rn. 2; *Uhlenbruck/Zipperer* InsO, § 285 Rn. 3). Der Auffassung, zwischen Masselosigkeit und Masseunzulänglichkeit sei nicht zu unterscheiden, weil es sonst der Schuldner allein in der Hand hätte, die Einstellung des Insolvenzverfahrens nach § 207 Abs. 1 Satz 1 InsO herbeizuführen (*Uhlenbruck/Zipperer* InsO, § 284 Rn. 3; *Graf-Schlicker* InsO, § 285 Rn. 3; *Kübler/Prütting/Bork-Pape* InsO, § 285 Rn. 11–14) kann nicht gefolgt werden. Denn allein die Anzeige der Massearmut löst die Folgen des § 207 InsO nicht aus. Vielmehr hat das Insolvenzgericht von Amts wegen, um vorschnelle Einstellungen zu vermeiden, zu

§ 285 InsO   Masseunzulänglichkeit

klären, ob die Masselosigkeit tatsächlich vorliegt (allg. Meinung, z.B. *Uhlenbruck* InsO, 13. Aufl., § 270 Rn. 4). Kommt das Gericht bei seiner Prüfung zu dem Ergebnis, dass z.B. im Hinblick auf noch vorhandene Erfolg versprechende Ansprüche eine ausreichende Verfahrenskostendeckung vorhanden ist, nimmt das Insolvenzverfahren seinen Fortgang (MüKo-InsO/*Hefermehl* § 207 Rn. 50). Die Anzeige des Schuldners kann deswegen die Einstellung nach § 207 InsO nicht »automatisch« herbeiführen. Darin liegt der Unterschied zur Masseunzulänglichkeitserklärung des Sachwalters nach §§ 285, 208 InsO, deren Richtigkeit allein in seine Verantwortung gelegt ist, ohne dass also das Insolvenzgericht die angezeigte Masseunzulänglichkeit nachzuprüfen hat (allg. Meinung, z.B. *Uhlenbruck/Ries* InsO, § 208 Rn. 4). Die Unzulänglichkeitsanzeige führt nicht zur Beendigung der Eigenverwaltung, es sei denn, sie wird gesondert angeordnet (§ 272 InsO; HK-InsO/*Landfermann* § 285 Rn. 4). Deswegen hat der Schuldner das Verfahren fortzusetzen und dabei die Rangordnung des § 209 InsO zu beachten (*Kübler/Prütting/Bork-Pape* InsO, § 285 Rn. 15; *Uhlenbruck/Zipperer* InsO, § 285 Rn. 3). Der Sachwalter hat die fehlende Massekostendeckung unverzüglich dem Gericht anzuzeigen (*Smid* WM 1998, 1313 [1324]; KS-InsO/*Pape* S. 767 ff. Rn. 49; MüKo-InsO/*Tetzlaff/Kern* 3. Aufl., § 285 Rn. 23; anders *Kübler/Prütting/Bork-Pape* InsO, § 285 Rn. 19 f.).

3   Die **Verfahrenseinstellung gem. §§ 207 Abs. 1, 211 InsO** führt dazu, dass der Schuldner als vom Insolvenzbeschlag befreite Person die Verwaltungs- und Verfügungsmacht gem. § 215 Abs. 2 Satz 1 InsO zurück erlangt, weil der Beschluss zur Anordnung der Eigenverwaltung mit der sie ihm übertragen wurde, seine Wirkung verliert und deswegen die allgemeinen Folgen der Aufhebung der Insolvenzanordnung eintreten. Die Eigenverwaltungsanordnung hat nicht zum Verbleib der Verfügungsbefugnis beim Schuldner geführt, sondern aufgrund der Anordnung der Insolvenzeröffnung zu ihrem Entzug und aufgrund der zeitgleichen Anordnung der Eigenverwaltung zu ihrer erneuten Verleihung im Umfang der demgegenüber eingeschränkten Eigenverwaltungsbefugnisse (i.E. § 270 Rdn. 20–24). Wird die Eigenverwaltung zur Abwicklung zunächst aufrechterhalten (i.E. § 207 Rdn. 32, 36), bleibt die Verwaltungs- und Verfügungsbefugnis zunächst erhalten. Verfügungsbeschränkungen nach § 277 InsO sind mit dem Einstellungsbeschluss aufzuheben (*Kübler/Prütting/Bork-Pape* InsO, § 285 Rn. 31; *Uhlenbruck/Zipperer* InsO, § 285 Rn. 4). Insolvenzgläubiger können fortan mit einem Auszug aus der Tabelle in das Schuldnervermögen vollstrecken (§§ 215 Abs. 2 Satz 2, 201, 202 InsO). Ist der Schuldner eine natürliche Person, kann das **Restschuldbefreiungsverfahren** gem. §§ 286 ff. InsO dennoch durchgeführt werden (*Uhlenbruck/Zipperer* InsO, § 285 Rn. 4). Für die **Nachhaftung** wird eine Besonderheit angenommen. Anders als im Regelinsolvenzverfahren, in dem der Schuldner nach ganz überwiegender Auffassung nur auf die an ihn ausgekehrte Masse für Masseansprüche beschränkt haftet (**str.**, i.E. *Uhlenbruck* InsO, § 207 Rn. 16; *Kübler/Prütting/Bork-Pape* InsO, § 207 Rn. 37 f.), soll der Schuldner nach der Aufhebung der Eigenverwaltung uneingeschränkt in Anspruch genommen werden können. Begründet wird dies damit, der Schuldner habe selbst diese Verbindlichkeiten begründet (MüKo-InsO/*Wittig/Tetzlaff* 2. Aufl., § 285 Rn. 18, unklar MüKo-InsO/*Tetzlaff/Kern* 3. Aufl., § 285 Rn. 25; *Kübler/Prütting/Bork-Pape* InsO, § 285 Rn. 30). Dieser Auffassung kann nicht gefolgt werden, weil die Verbindlichkeitenbegründung durch den eigenverwaltenden Schuldner – anders als nach der VerglO – durch ihn als Gläubigergemeinschaftsorgan erfolgt ist (s. näher § 270 Rn. 19–23) und sich deswegen der Begründungsgrund nicht von demjenigen eines Insolvenzverwalters unterscheidet. Wer der Auffassung ist, die Nachhaftung im Regelinsolvenzverfahren beschränke sich auf das insolvenzbefangene Vermögen (so *Pape* ZInsO 2001, 60 [63]; *Kübler/Prütting/Bork-Pape* InsO, § 207 Rn. 37 f.), kann in der Eigenverwaltung keinen anderen Rechtsstandpunkt einnehmen (wie hier *Uhlenbruck/Zipperer* InsO, § 285 Rn. 4).

Neunter Teil[1] Restschuldbefreiung

Vorbemerkungen vor §§ 286 ff. InsO

Rechtstatsächlicher Hintergrund der Reform. Internationale Erfahrungen und Konsequenzen

Übersicht

		Rdn.			Rdn.
A.	Vorbemerkung	1	I.	USA	19
B.	Konsumentenkredite	2	II.	Großbritannien und Frankreich	22
C.	Überschuldung	3	III.	Skandinavien	24
D.	Folgen der Überschuldung	7	IV.	Beneluxstaaten	25
E.	Materiellrechtliche Konsequenzen der Überschuldung	9	V.	Mittel- und Osteuropa	27
			VI.	Fazit	32
F.	Internationale Erfahrungen	18	G.	Insolvenzrechtliche Konsequenzen	34

Literatur:
Backert Soziale Ungleichheit und Sozialstrukturanalyse, Tagungsvortrag auf der Frühjahrstagung der DGS-Sektion in Hamburg am 21.03.1997; *ders.* Leben im modernen Schuldturm, Überschuldung von Privathaushalten und sozialen Milieus in den neuen und alten Bundesländern, 2003; *Bock u.a.* Verschuldung und Zahlungsunfähigkeit von Privatpersonen als Gegenstand interdisziplinärer Forschung, ZVI 2007, 515; *Bundesministerium für Familie, Senioren, Frauen und Jugend* (Hrsg.) Lebenslagen von Familien und Kindern – Überschuldung privater Haushalte, in: Materialien zur Familienpolitik Nr. 19, 2004; *Deutscher Bundestag* Lebenslagen in Deutschland, Dritter Armuts- und Reichtumsbericht BT-Drucks. 16/9915; *ders.* Vierter Armuts- und Reichtumsbericht, BT-Drucks. 17/12650; *ders.* Fünfter Armuts- und Reichtumsbericht, BT-Drucks. 18/11690; *Diakonisches Werk der evangelischen Kirche in Deutschland* Menschen im Schatten, 1997; *Fischer/Ganter/Kirchhof* Schutz des Bürgen, in: Geiß u.a. (Hrsg.), Festschrift 50 Jahre Bundesgerichtshof, 2000, S. 33; *Hergenröder* Verbraucherinsolvenz und Restschuldbefreiung – Auslaufmodell oder Zukunftskonzept?, Festschrift für Konzen, 2006, S. 287 ff.; *ders.* (Hrsg.) Gläubiger, Schuldner, Arme, 2010; *ders.* (Hrsg) Krisen und Schulden, 2011; *ders.* (Hrsg.) Gesellschaftliche Teilhabe trotz Schulden?, 2012; *ders.* Schulden und ihre Bewältigung, 2014; *Hoffmann* Der Schutz verletzlicher VerbraucherInnen in der Energiearmut, Diss. Halle 2017; *Knobloch/Reifner* iff-Überschuldungsreport 2013; *Kohte* Forderungen und Anforderungen an ein vereinfachtes Restschuldbefreiungsverfahren, ZVI 2005, 9; *Korczak* Überschuldung in Deutschland zwischen 1998 und 1999, Gutachten der GP Forschungsgruppe 2001; *ders.* Überschuldungssituation in Deutschland im Jahr 1997, Expertise der GP-Forschungsgruppe, Weiler 1998; *ders.* Marktverhalten, Verschuldung und Überschuldung privater Haushalte in den neuen Bundesländern, 1997; *Korczak/Pfefferkorn* Überschuldungssituation und Schuldnerberatung in der Bundesrepublik Deutschland, 1992; *Landesarbeitsamt Nordrhein-Westfalen (Hrsg.)* Zur Überschuldung von Arbeitslosen, 1996; *Lechner* Das Verbraucherinsolvenzverfahren: Integration zeigt alte und neue Muster sozialer Ungleichheit, ZfRSoz 2010, 39; *May* Das P-Konto und der Rückgang der Verbraucherinsolvenzen, in: BAG-SB-Informationen, 2012, S. 158; *Ministerium für Arbeit, Gesundheit und Soziales NRW* Landessozialbericht, Verschuldung, Überschuldung und Schuldnerberatung, 1993; *Möller* Schulden der Verbraucher, 1994; *Münster/Letzel* Krankheit als Auslöser einer Überschuldungssituation, in *Hergenröder* (Hrsg.), Krisen und Schulden, 2011, S. 157; *Nitze/Grädler* Die Sittenwidrigkeit von Angehörigenbürgschaften, VuR 2012, 91; *Nolte* Download, Handy und Kids, ZVI 2012, 324; *Pape* Referentenentwurf eines Gesetzes zur Änderung der InsO – Anmerkung zu den geplanten Neuregelungen, NZI 2004, 601; *ders.* Altbekanntes und Neues zur Entschuldung mittelloser Personen – Anmerkung zum Regierungsentwurf vom 22.08.2007, NZI 2007, 681; *Pfab* Die Sittenwidrigkeit von Arbeitnehmerbürgschaften, Jura 2005, 737; *Piorkowsky* Zunehmende Überschuldung privater Haushalte, VuR 2012, 383; *Raab/Neuner* (Hrsg.) Verbraucherinsolvenz und Restschuldbefreiung, 2001; *Reifner* in: Der neue Schuldenreport, Arbeitsgemeinschaft der Verbraucherverbände e.V. (Hrsg.), 1995; *Reill-Ruppe* Anspruch und Wirklichkeit des Restschuldbefreiungsverfahrens, 2013; *Schnabl* Kehrtwende in der Rechtsprechung zu sittenwidrigen Bürgschaftsverträgen, WM 2006, 706; Schufa Kredit-Kompass 2017; *Schulz-Nieswandt/Kurscheidt* Die Schuld an der Schuld, 2009; *Tiedtke* Die Rechtsprechung des BGH auf dem Gebiet des Bürgschaftsrechts seit 2003,

---

1 Bis zum 20.04.2018: Achter Teil.

NJW 2005, 2498; *Ulbricht u.a.* IFF-Überschuldungsreport 2016; Verbraucherzentrale *Bundesverband* (Hrsg.), Schuldenreport 2006; *Verbraucherzentrale Bundesverband* (Hrsg.), Schuldenreport 2009; *Wagner* Die Sittenwidrigkeit von Angehörigenbürgschaften nach Einführung der Restschuldbefreiung und Kodifizierung der c.i.c., NJW 2005, 2956.

Literatur zum internationalen Recht:
Ackmann Schuldbefreiung durch Konkurs?, 1983; *Allemand u.a.* Mindeststandards für Entschuldungsverfahren in Europa?, NZI 2014, 1; *Dellinger/Oberhammer* Insolvenzrecht, 2. Aufl., Wien 2004; *Eckhardt* Die Restschuldbefreiung – Probleme der Voraussetzungen und Rechtsfolgen der Restschuldbefreiung unter vergleichender Berücksichtigung des US-amerikanischen Rechts, 2006; *Ehricke* Verbraucherinsolvenz und Restschuldbefreiung in den Mitgliedstaaten der EU, S. 285; *ders.* Überblick über Regelungsansätze zur Verbraucherinsolvenz und/oder zur Restschuldbefreiung in den Mitgliedstaaten der Europäischen Union, ZVI 2005, 285; *Forsblad* Restschuldbefreiung und Verbraucherinsolvenz im künftigen deutschen Insolvenzrecht, 1997; *Giese/Krüger* Das Insolvenzrecht in der Tschechischen Republik – Ein Überblick, NZI 2008, 12; *Hergenröder* Internationales Verbraucherinsolvenzrecht, ZVI 2005, 233; *ders.* Das Privatinsolvenzrecht in Österreich, der Schweiz und Tschechien, ZVI 2012, 1; *Hergenröder/Alsmann* Das Privatinsolvenzrecht auf der britischen Insel, ZVI 2007, 337; *dies.* Das Privatinsolvenzrecht in Skandinavien, ZVI 2010, 413; *Hölzle* Wege in die Restschuldbefreiung und Schuldenerlass im Exil – Oder: Lohnt die Flucht nach Frankreich wirklich?, ZVI 2007, 1; *Huls* Overindebtedness and Overlegalization, JCP 1997, 143; *Jahn/Sahm* Insolvenzen in Europa, 4. Aufl. 2004; *Jurisch* Verbraucherinsolvenzrecht nach deutschem und U.S.-amerikanischen Insolvenzrecht, 2002; *Kindler/Nachmann* Handbuch Insolvenzrecht in Europa, 2010; *Laroche* Entschuldung natürlicher Personen und Restschuldbefreiung nach deutschem und niederländischem Recht, 2003; *Lewandowski/Schürer* Polen: Verbraucherinsolvenz – Gesetz vom 05.12.2008 über die Änderungen des Gesetzes – Konkurs- und Reorganisationsrecht und des Gesetzes über die Gerichtskosten in Zivilsachen, WiRO 2009, 177; *Lorandi* Nachlassvertrag im Privatkonkurs, AJP/PJA 2009, 565; *Lutz* Verbraucherüberschuldung, 1992; *Meier/Hamburger* Die Entschuldung von Privathaushalten im schweizerischen Recht, SJZ 2014, 93; *Moltrecht* Schuldenregulierungsverfahren nach Kapitel 13, Diss., Bonn 1987; *Musial* Das polnische Verbraucherinsolvenzverfahren mit vergleichenden Bezügen zum deutschen Recht, ZVI 2017, 134; *Nunner-Krautgasser/Anzenberger* Verbraucherinsolvenz in Österreich, ZInsO 2012, 2359; *Schönen* Verbraucherinsolvenzrecht im internationalen Vergleich unter besonderer Berücksichtigung der Vorschriften zur Restschuldbefreiung, ZVI 2009, 229 und ZVI 2010, 81; *Schulte* Die europäische Restschuldbefreiung, 2001; *Springeneer* Das österreichische Abschöpfungsverfahren: Brauchbare Vorlage für die Reform des deutschen Verbraucherinsolvenzrechts?, VuR 2005, 411; *dies.* Der insolvenzrechtliche Umgang mit »Masselosen«: Die US- amerikanische »Straight liquidation«, das französiche »Retablissement personnelle« und die britische »Debt relief order«, VuR 2005, 441; *Stephan* Das österreichische Privatinsolvenzrecht auf der Überholspur – Insolvenzrechtsänderungsset 2017, VIA 2017, 41; *Taupitz* Das (zukünftige) europäische Internationale Insolvenzrecht: insbesondere aus international-privatrechtlicher Sicht, ZZP 111 (1998), 315 ff.; *Trendelenburg* Restschuldbefreiung, 2000.

A. Vorbemerkung

1   Die drastisch gestiegene Überschuldungsquote privater Haushalte hat den Gesetzgeber 1999 dazu veranlasst, ein Instrumentarium zur Restschuldbefreiung einzuführen. Das Gesetz hat nach anfänglichen Startschwierigkeiten dazu geführt, dass zeitweilig pro Jahr ca. 110.000 natürliche Personen einen Antrag auf Restschuldbefreiung stellten. Der Großteil der Verfahren wird mit der Restschuldbefreiung abgeschlossen, die Versagung bleibt die Ausnahme. Inzwischen hat sich die wirtschaftliche Lage teilweise stabilisiert und der Nachholbedarf an Verbraucherinsolvenzverfahren ist teilweise aufgeholt, so dass 2015 ca. **85.000 Verbraucherinsolvenzverfahren** eingeleitet worden sind (IFF-Überschuldungsreport 2016, S. 11). Ein Teil der Betroffenen hat anstelle eines Insolvenzantrags sich mit der Einrichtung eines Pfändungsschutzkontos nach § 850k ZPO begnügt (*May* BAG-SB-Informationen 2012, 158 [160]).

B. Konsumentenkredite

2   Die **Verschuldung privater Verbraucher** ist in der Bundesrepublik Deutschland in den letzten Jahrzehnten ständig gestiegen. Betrug die Verschuldung für nicht grundpfandrechtlich gesicherte Kredite 1950 noch DM 3,60 pro Kopf, so stieg die durchschnittliche Kreditverpflichtung zuletzt von durchschnittlich 8.627 € pro Kopf im Jahr 2011 auf 9.500 € im Jahr 2015 (iff-Überschuldungs-

report 2016, S. 15). Insgesamt wurden zum 31.12.2016 17,4 Mio. private Verbraucherratenkredite mit einer durchschnittlichen Kreditschuld von 10.793 € festgestellt (Schufa-Kredit-Kompass 2017, S. 11 ff.). Die bargeldlose Zahlung insbesondere durch den Einsatz von EC- und Kreditkarten verringert dabei die Hemmschwelle zum Konsum. In der Bundesrepublik gab es bereits 2009 ca. 96,1 Mio. EC-Karten und ca. 24 Mio. Kreditkarten im Jahr 2007 (Bundesverband Deutscher Banken). Verschuldung für Konsumgüter ist in der modernen Industriegesellschaft selbstverständlich geworden; Doku-Soaps über Schuldnerkarrieren laufen im Fernsehen zur besten Sendezeit. Die Strukturveränderungen im Konsumentenverhalten und steigende Ansprüche im Konsumgüterbereich tragen maßgeblich zur Verbraucherverschuldung bei (*Forsblad* S. 27). Auch in den **neuen Bundesländern** hat sich die Situation nach dem Fall der Mauer entscheidend verändert. Während in der DDR der Konsumentenkredit kaum von Bedeutung war, ist die Bereitschaft zur Kreditaufnahme in den neuen Ländern explosionsartig gestiegen. Grund dafür war nach einer Studie im Auftrag des Bundesministeriums für Familie, Senioren, Frauen und Jugend vor allem die Deckung des konsumtiven Nachholbedarfs (*Korczak* S. 13). Im Jahre 1991 hatten bereits 29 % der befragten Haushalte in den neuen Bundesländern seit 1989 einen oder mehrere Kredite aufgenommen, 1995 waren es bereits 67 % (*Korczak* S. 156). Mittlerweile unterscheiden sich die Verschuldungsraten in den neuen und alten Bundesländern nur noch marginal (Schuldenreport 2006, S. 80 m.w.N.; zur regionalen Verschuldung jetzt Schufa-Kredit-Kompass, 2017, S. 22 ff.; ausf. *Reill-Ruppe* Anspruch und Wirklichkeit, S. 59 ff.). Nicht erfasst von der hier genannten Kreditverpflichtung pro Kopf ist die nicht unerhebliche Verschuldung bei Versandhäusern und Warenlieferanten und Dienstleistungsanbietern, insbesondere im Bereich der Telekommunikation (so auch 3. Armuts- und Reichtumsbericht der Bundesregierung, BT-Drucks. 16/9915, S. 49 f.). Ein Großteil der Kredite wird zur Finanzierung gehobener Konsumgüter aufgenommen, am häufigsten für Autos und Möbel (*Korczak/Pfefferkorn* Überschuldungssituation und Schuldnerberatung, S. 106). In fortgeschrittenen Stadien der Verschuldung ist immer häufiger zu beobachten, dass insbesondere Ratenkredite zur Ablösung überzogener Girokonten aufgenommen werden und somit indirekt der Finanzierung des allgemeinen Lebensbedarfes dienen (vgl. bereits *Reifner* Der neue Schuldenreport, 1995, S. 11). Große Probleme bereiten auch die zunehmenden Energieschulden, die von den Lieferanten meist mit einer Liefersperre sanktioniert werden. Die Zahl der angedrohten Stromsperren liegt in Deutschland bei ca. 1.500.000 im Jahr, von denen 2015 331.272 durchgeführt wurden (*Hoffmann* Der Schutz verletzlicher VerbraucherInnen in der Energiearmut, S. 18 ff.; dazu auch *Kohte* VuR 2012, 338 [341]). Auch **Jugendliche** und junge Erwachsene sind bereits häufig verschuldet. Die unter 20-Jährigen haben schon jetzt durchschnittliche Schulden (gerade nicht nur aus Kreditverbindlichkeiten) in Höhe von 4.102 € (*VZBV* Schuldenreport 2009, S. 38; vgl. *Bock u.a.* ZVI 2007, 515 [519]).

C. Überschuldung

Während die Verschuldung für die Anschaffung von Konsumgütern gesellschaftlich erwünscht ist, ist die **Überschuldung** die zwingende, aber problematische Schattenseite der modernen Konsumgesellschaft. Überschuldung liegt vor, wenn nach Abzug der notwendigen Lebenshaltungskosten der verbleibende Einkommensrest nicht mehr zur Erfüllung der Zahlungsverpflichtungen reicht. Sie führt nicht nur zu einer ökonomischen, sondern auch psychosozialen **Destabilisierung von Schuldnern** (*Korczak/Pfefferkorn* Der neue Schuldenreport, S. XXI). Je nach der Vorgehensweise der verschiedenen Expertisen schwanken die Zahlen bzgl. der absolut oder relativ überschuldeten Haushalte. Im Jahr 1994 gab es insgesamt rund 1,96 Millionen überschuldete Haushalte (*Korczak* Überschuldung S. 205). 2003 ist die Zahl auf 2,9 Millionen gestiegen. Die Inkassobranche geht für das Jahr 2008 von 3,3 Mio. überschuldeten Haushalten aus (*VZBV* Schuldenreport 2009, S. 55). Im Schufa Kredit-Kompass 2010 wird eine Zahl von 2,8 Mio. überschuldeten Haushalten angenommen, wobei hier eine andere Abgrenzung der Überschuldung vorgenommen wird (*VZBV* Schuldenreport 2009, S. 53). Die meisten Expertisen gingen für das Jahr 2011 von etwa 3 Mio. überschuldeten Haushalten aus (dazu ausf. *Piorkowsky* VuR 2012, 383 f.), die Zahl ist bis 2012 auf mindestens 3,25 Mio. Haushalte gestiegen (*Knobloch/Reifner* Überschuldungsreport 2013, S. 24). Irreführend war die Zahl von 1,6 Mio. überschuldeten Haushalten für das Jahr 2006 im 3. Armuts- und Reichtumsbericht der Bundesregierung, weil dort nur die Kreditverbindlichkeiten berücksichtigt worden sind (vgl. im 4. Bericht, BT-Drucks. 17/12650, S. 245). Eine solche Einschränkung auf eine – wenn auch wichtige – Schuldenart ist jedoch grob sachwidrig (zur Gläubigerstruktur bei Verbraucherverschuldung: *Statistisches Bundesamt* Statistik zur Überschuldung privater Personen 2008, S. 9). Im 5. Armuts- und Reichtumsbericht wird für 2016 eine wachsende Zahl von 4,17 Mio. überschuldeten Haushalten eingeräumt (BT-Drs. 18/11980, S. 331 ff.).

4 Als Grund für den **Übergang von der Ver- in die Überschuldung** werden meist vier Ursachen ausgemacht: die Arbeitslosigkeit, Scheidung/Trennung, Krankheit und das Konsumverhalten (iff-Überschuldungsreport 2013, S. 48 ff.; *Bock u.a.* ZVI 2007, 515 [518]; ebenso der 4. und 5. Armuts- und Reichtumsbericht BT-Drucks. 17/12650, S. 246 und 18/11980, S. 334). Die Begriffe sind dabei weit zu fassen, auch der Wegfall eines Nebenverdienstes, der Wegfall von Überstunden oder die Reduzierung der Stelle wegen Kinderbetreuung sind oft mit empfindlichen Einschnitten in das Familienbudget verbunden, die zur Zahlungsunfähigkeit führen. Als weitere Überschuldungsursache wird inzwischen die Einkommensarmut erfasst; der Anteil von Überschuldung, der auf Niedrigeinkommen zurückzuführen ist, hat sich seit 2007 bis 2015 verdoppelt (BT-Drucks. 18/11980, S. 335). Aber nicht nur die Aufnahme von Konsumentenkrediten kann zur Überschuldung führen, auch gescheiterte Baufinanzierungen oder Gewerbetätigkeiten führen oft zu ausweglos hohen Schuldverpflichtungen. Die gescheiterte Selbständigkeit liegt nach der Untersuchung des iff auf Platz fünf der häufigsten Gründe für die Überschuldung (iff-Überschuldungsreport 2013, S. 14). Die Zahl der Zwangsversteigerungen von Immobilien ist in den letzten Jahren rückläufig. Von 91.788 in 2007 ist sie in 2011 auf 73.038 gesunken (Argetra Jahresbericht Zwangsversteigerungen 2011). Grund dafür ist sicher das konstant niedrige Zinsniveau, was allerdings derzeit auch zu langfristig riskanten Finanzierungen verführt. **Gescheiterte Baufinanzierungen** führen nicht nur zu einem Verlust des Objektes, sondern hinterlassen häufig erhebliche Restverpflichtungen, für die die Kreditnehmer persönlich haften. Die Verkehrswerte der Immobilien bei einer Versteigerung sind im letzten Jahr um dramatische 14,9 % gesunken (Argetra Jahresbericht Zwangsversteigerungen 2011). Im ersten Halbjahr 2013 sank die Zahl der Versteigerungstermine sichtbar auf 23.474 (Argetra Bericht 2013), dabei dominierten Wohnimmobilien, doch gibt es ein beachtliches Segment freihändiger Verkäufe, so dass die Quote gescheiterter Baufinanzierungen nicht allein aus den Versteigerungsterminen entnommen werden kann.

5 Im **gewerblichen Bereich** ist die Zahl der Unternehmensinsolvenzen nach zwischenzeitlichen Steigerungen mittlerweile in etwa konstant. Im Jahr 1995 betrug die Zahl der angemeldeten Konkurse 29.000, im Jahr 2008 betrug die Zahl der Unternehmensinsolvenzen 29.300, wobei im Jahr 2009 eine Steigerung auf 32.700 zu vermelden war (Statistisches Bundesamt). Seit 2010 sind die Zahlen jährlich um ca. 5 % zurückgegangen und erreichten 2016 einen Tiefstand mit 21.518 Unternehmensinsolvenzen. Die Zahl der Verbraucherinsolvenzen hat dagegen im Jahr 2007 erstmals die Marke der 100.000 überschritten. 129.800 Personen beantragten im Jahr 2011 in Deutschland die Restschuldbefreiung (www.creditreform.de). Zuletzt war ein Rückgang der Insolvenzen festzustellen. Im 1. Halbjahr 2012 ging die Zahl der Privatinsolvenzen um 4,7 % zurück (65.581 im 1. Halbjahr 2012), allerdings stieg die Zahl der Insolvenzen in der Altersgruppe von 18 bis 25 Jahren im gleichen Zeitraum um 29,4 % (Pressemitteilung Bürgel Wirtschaftsinformationen vom 06.09.2012). 2013 wurden 94.468 Verbraucherinsolvenzverfahren eröffnet (Statistisches Bundesamt 2014 – 52411 – 0009). Inzwischen liegt 2016 die Zahl der Verbraucherinsolvenzverfahren bei 85.000 (*Ulbricht u.a.* IFF-Überschuldungsreport 2016, S. 11).

6 Das Risiko der Überschuldung ist in den unteren Segmenten der Sozialstruktur besonders hoch. Aber nicht nur einkommensschwache Haushalte sind von Überschuldung betroffen, die Welle der Überschuldung hat mittlerweile auch den **Mittelstand** erreicht (vgl. *Lechner* ZfRSoz 2010, 39 [54 ff.]). Allerdings befinden sich Menschen am unteren Ende der sozialstrukturellen Skala in einem doppelten Dilemma: Einerseits sind sie aufgrund ihres Einkommens auf Kredite angewiesen, um an den konsumtorischen Möglichkeiten der modernen Gesellschaft teilzunehmen, andererseits wird hierdurch für sie das Risiko besonders hoch, statt der gewünschten Inklusion in die moderne Kon-

sumwelt dauerhafte Exklusion am Rande der Pfändungsfreigrenzen zu erfahren (*Backert* Tagungsvortrag 1997, S. 5 f.).

D. Folgen der Überschuldung

Lohnpfändungen führen wegen der hiermit verbundenen befürchteten Unzuverlässigkeit der Arbeitnehmer, aber auch wegen des mit Pfändungen verbundenen Bearbeitungsaufwandes der Personalabteilungen häufig zu einer **Beendigung von Arbeitsverhältnissen oder Nichteinstellung** (*Landesarbeitsamt NRW* Zur Überschuldung von Arbeitslosen, 1996, S. IX), obgleich eine Kündigung des Arbeitsverhältnisses beim Vorliegen von Pfändungen nur in seltenen Ausnahmefällen sozial gerechtfertigt ist (*BAG* NJW 1982, 1062; KR-*Griebeling/Rachor* § 1 KSchG Rn. 459; *Stöber* Forderungspfändung, Rn. 934 m.w.N.). Aber nicht nur das Arbeitsverhältnis ist – vor allem während der Probezeit – gefährdet, Überschuldung kann auch zu Eheproblemen (*Möller* Schulden der Verbraucher, S. 17), Kriminalität, Ausgrenzung, Obdachlosigkeit, Sucht, chronischer Krankheit und Sozialhilfebezug führen (*Korczak* Überschuldung, S. 161; *Reill-Ruppe* Anspruch und Wirklichkeit, S. 43 ff.). Im 4. Armuts- und Reichtumsbericht der Bundesregierung wird diese Situation als »**psychosoziale Destabilisierung**« bezeichnet (BT-Drucks. 17/12650, S. 247). **Schulden bedrohen die Existenz**, wenn Mietrückstände zu einer Wohnraumkündigung führen und Energierückstände die Regelfolge der Stromsperre nach sich ziehen. In den neuen Bundesländern hat jeder dritte Haushalt Miet- oder Energieschulden (*Korczak* Überschuldung, S. 230). In Bayern haben 80.000 Haushalte Energieschulden, die in Zusammenhang mit Überschuldung stehen (*Bayerischer Armutsbericht* S. 97). Im Jahr 2015 wurden mehr als 1 Mio. Energiesperren in Auftrag gegeben und letztlich 331.272 Sperrungen durchgeführt (*Hoffmann* Energiearmut, 2017, S. 18 ff.). Neben den individuellen, sozialen und gesellschaftspolitischen Folgen zieht die Überschuldung immer größerer Bevölkerungsteile aber auch volkswirtschaftliche Konsequenzen nach sich, da sie zum Ausfall von Steuern und Sozialabgaben führt. Die praktisch lebenslange Nachhaftung drängt Menschen in die Schattenwirtschaft und in die Schwarzarbeit ab, wenn nicht ihre Fähigkeiten der Volkswirtschaft ganz verloren gehen (BT-Drucks. 12/1443 S. 81). 7

Überschuldung und Arbeitslosigkeit stehen in engem Zusammenhang. Jeder zweite überschuldete Schuldner ist arbeitslos (*Landessozialbericht NRW* S. 110; *Korczak* Überschuldung, S. 232). Einerseits gilt Arbeitslosigkeit als Auslöser für Überschuldung, andererseits führt Überschuldung zum Verlust des Arbeitsplatzes (*Landesarbeitsamt NRW* Zur Überschuldung von Arbeitslosen, 1996, S. IX; *Hergenröder* S. 397 [400]). Darüber hinaus verfügen Arbeitslose nur über geringe Einkünfte, so dass Schuldensanierungen oft unmöglich sind, wenn den Gläubigern keine oder nur geringe Beträge zur Schuldrückführung angeboten werden können. Schulden können zu erheblichen **gesundheitlichen Problemen** führen. Nach einer Untersuchung der Uni Mainz besteht bei überschuldeten Personen ein zwei- bis dreifach erhöhtes Risiko, an bestimmten Krankheiten zu erkranken. In mehr als der Hälfte der Fälle begünstigt die Überschuldung psychische Erkrankungen (ASG Studie der Uni Mainz; dazu *Münster/Münster/Letzel* in *Hergenröder* (Hrsg.) Gläubiger, Schuldner, Arme, S. 117 ff.; *Münster/Letzel* 2011, S. 157 ff.; *Bock u.a.* ZVI 2007, 515 [520]; *Hergenröder/Kokott* in Hergenröder, Teilhabe, 2012, S. 65 ff.). Besonders von Überschuldung betroffen sind aus demselben Grund auch allein erziehende **Mütter und Familien** mit mehreren minderjährigen Kindern (*Landesarbeitsamt NRW* Zur Überschuldung von Arbeitslosen, 1996, S. 17; *Piorkowsky* VuR 2012, 383 [385]). Alleinerziehende weisen mit 23% die mit Abstand höchste Armutsrisikoquote auf (BT-Drucks. 18/11980, S. 392). Nicht selten haften insbesondere geschiedene Ehefrauen gesamtschuldnerisch für die gesamten Schulden aus der Ehezeit, können aber wegen der Kinderbetreuung lange Zeit kein pfändbares Einkommen erwirtschaften und keine Tilgungsbeträge leisten. Sind die Kinder dann erwachsen, ist der Schuldenberg so hoch, dass er nicht mehr abtragbar ist. Aber auch die **Kinder** selbst sind durch die Belastung ihrer Eltern und die Stigmatisierung durch die Ausgrenzung vom Konsum psychisch und gesundheitlich betroffen und diskriminiert (*Walper* Auswirkungen von Armut auf die betroffenen Kinder und Jugendlichen, in: Expertise zur Lebenslage von Familien und Kindern – Überschuldung privater Haushalte, Bundesministerium FSFJ, Materialien zur Familienpolitik Nr. 19/2004; zur deutlich wachsenden »eigenständigen« Überschuldung junger Menschen 8

Nolte ZVI 2012, 324 [333]). Unter den überschuldeten Haushalten befanden sich schon 1999 rund 1,2 Mio. Familien mit 2 Mio. Kindern. Armut beschädigt ihr Selbstwertgefühl und kann sie nachhaltig entmutigen. Den Betroffenen fällt es im späteren Leben schwerer, sich einen befriedigenden Platz im beruflichen, privaten und sozialen Leben zu sichern (ausf. hierzu Erster und Dritter Armutsbericht BT-Drucks. 14/5990 S. 11 und BT-Drucks. 16/9915, S. 55). Überschuldung führt zur Notwendigkeit eines sorgfältigen Managements des Mangels, zu dem allerdings nur die wenigsten der Betroffenen selbstständig in der Lage sind (vgl. *Backert* Tagungsvortrag 1997, S. 9). Geringste Zahlungsverzögerungen z.B. bei Sozialleistungen führen zu existentiellen Nöten, möglicherweise getroffene Zahlungsvereinbarungen mit den Gläubigern können nicht mehr eingehalten werden (*Backert* Tagungsvortrag 1997, S. 9). Überschuldete geraten in einen **Teufelskreis von Armut**, wobei die Handlungsfreiheit der Betroffenen in noch stärkerem Maße eingeschränkt ist, als dies in anderen Armutslagen der Fall ist (*Backert* Tagungsvortrag 1997, S. 14). Ohne ein korrektives Reglement gibt es für die meisten Betroffenen keinen Ausweg aus dieser Situation. Überschuldung ist somit eine Ursache der **steigenden Zahl von Sozialhilfeempfängern und Langzeitarbeitslosen** und hindert diese an einer Reintegration in die Gesellschaft. Dabei sind, wie eine Studie zeigt, längst nicht alle in Armut lebenden Menschen von den offiziellen Statistiken erfasst. Hiernach kommen auf 10 Bezieher von Hilfe zum Lebensunterhalt nach dem Sozialhilferecht fast 17 verdeckt arme Personen, die faktisch unter dem gesetzlich fixierten Existenzminimum leben (*Diakonisches Werk der evangelischen Kirche in Deutschland* Menschen im Schatten, S. 13 f.). Will man diesen Menschen eine Chance geben, so geht das nur, wenn auch die Schuldenbarriere überwunden werden kann. Da dies mit dem Instrumentarium nicht möglich ist, sind grundlegende Lösungen dringend erforderlich.

E. Materiellrechtliche Konsequenzen der Überschuldung

9 Im **klassischen Zivilrecht** wurde Überschuldung materiellrechtlich eingedämmt durch **Ausgrenzung des Schuldners**, denn bei schwerwiegender Überschuldung, die zur Gefährdung der wirtschaftlichen Existenz des Schuldners und möglicherweise seiner Familie führte (dazu OLG Zweibrücken FamRZ 1967, 55; MüKo-BGB/*Gitter* 2. Aufl., § 6 Rn. 20 ff.), erfolgte die **Entmündigung nach § 6 Abs. 1 Nr. 2 BGB** a.F. wegen Verschwendung. Dieser Versuch, Stadien der Überschuldung durch Pathologisierung des Schuldners zu erfassen, musste sowohl fachlich als auch praktisch scheitern (dazu rechtstatsächlich *in der Beeck/Wuttke* NJW 1969, 2286), so dass Überschuldung im heutigen Privatrecht i.d.R. nicht mehr die Geschäftsfähigkeit des Schuldners in Frage stellt. Wie die wertungsparallele Aufhebung der früheren strikten Ausgrenzung des Gemeinschuldners vom Recht der elterlichen Sorge in § 1670 BGB zeigt (vgl. zur Neuregelung der elterlichen Sorge in der Insolvenz BT-Drucks. 12/3803 S. 79; *Staudinger/Coester* 14. Aufl., § 1666 BGB Rn. 174), soll im heutigen Zivilrecht Überschuldung nur zu differenzierten und abgestuften materiellrechtlichen Konsequenzen führen. Nur wenn eine **Betreuung** mit **konkretem Einwilligungsvorbehalt** (dazu BayObLG FamRZ 1997, 902 [904]; 2001, 1245 m. Anm. *Bienwald* sowie KG FGPrax 2007, 220 [221]) angeordnet ist, sind ohne Zustimmung des Betreuers (s. *Kohte/Busch* § 304 Rdn. 5) begründete Verbindlichkeiten unwirksam.

10 Ergänzend wird in der zivilrechtlichen Judikatur seit längerer Zeit thematisiert, ob und wann **wirtschaftliche Überforderung** zur **Nichtigkeit** eines Kreditvertrages **nach § 138 BGB** führen kann. Vereinzelt waren in der instanzgerichtlichen Praxis Entscheidungen ergangen, die mit Hilfe der §§ 850c ff. ZPO bzw. § 138 BGB einfache und rigorose Lösungen getroffen hatten (dazu nur LG Lübeck NJW 1987, 959; OLG Stuttgart NJW 1988, 833). Diese Lösungen sind vor allem in der Judikatur des BGH verworfen worden (dazu nur BGH NJW 1989, 1665 [1666]; ausführlich *Wenzel* Die Restschuldbefreiung in den neuen Bundesländern, 1994, S. 12 ff.). Damit ist jedoch die wirtschaftliche Überforderung nicht vollständig als Kriterium bei der Bewertung von Schuldverträgen verabschiedet worden. Die Bedeutung dieser Kategorie zeigt sich bei einer näheren Untersuchung verschiedener Fallgruppen.

11 Eine breit angelegte und differenzierte Judikatur zur materiellrechtlichen Bedeutung der wirtschaftlichen Überforderung ist für die **Fallgruppe der Mithaftung** – vor allem **Bürgschaft oder Schuldbei-**

tritt – naher Angehöriger entwickelt worden. Ausgangspunkt waren mehrere Entscheidungen des Bundesverfassungsgerichts (*BVerfG* NJW 1994, 36; 1994, 2749; authentische Interpretation bei *Dieterich* WM 2000, 11; zum verfassungsrechtlichen Vollstreckungsschutz von Altfällen *BVerfG* ZVI 2006, 566 ff.; dazu *Ernst* ZVI 2006, 558 ff.), in denen von den Zivilgerichten die Anwendung der Generalklauseln zur Sicherung der grundrechtlichen Gewährleistung der Privatautonomie verlangt wird, wenn bei einem Vertrag **eine der beiden Vertragsparteien infolge strukturell ungleicher Verhandlungsstärke ungewöhnlich stark belastet wird** (zu den zivilrechtlichen Konsequenzen *Wiedemann* JZ 1994, 411 ff.; *Grün* WM 1994, 713 ff.; *Kohte* ZBB 1994, 172 ff.). In der folgenden Rspr. haben der IX. und der XI. Zivilsenat des BGH in einem mitunter spannungsreichen Dialog diese Grundsätze schrittweise konkretisiert. Seit mehreren Jahren ist eine gewisse Konsolidierung dieser Judikatur zu verzeichnen (dazu vor allem *Nobbe/Kirchhof* BKR 2001, 5 ff.; *Fischer* WM 2001, 1049 [1056]; *Krüger* MDR 2002, 855 [856] und NJW 2009, 3408; *Wagner* NJW 2005, 2956; *Nitze/Grädler* VuR 2012, 91 ff.; MüKo-BGB/*Armbrüster* 7. Aufl., § 138 Rn. 92; PWW-*Ahrens* BGB 12. Aufl., § 138 Rn. 82 f.; *Staudinger/Horn* 2012, § 765 BGB Rn. 178 ff.). Ebenso ist die Abgrenzung zwischen Mitdarlehensnehmern und Mithaftenden weitgehend geklärt (*BGH* NJW 2009, 2671 [2672]; WM 2017, 93 [94 f.]; *OLG Frankfurt* 24.6.2013 – 23 U 86/12; *Palandt/Weidenkaff* § 491 BGB Rn. 6).

Danach ist davon auszugehen, dass Sittenwidrigkeit einer Bürgschaft bzw. eines Schuldbeitritts nach § 138 Abs. 1 BGB vor allem anzunehmen ist, wenn der Bürge durch die Abgabe der Bürgschaftserklärung krass finanziell überfordert ist und diese Überforderung auf der emotionalen Verbindung zum Hauptschuldner beruht (dazu zuletzt vor allem *BGH* WM 2017, 93 [95]; ZIP 2014, 1016; NJW 2013, 1534 = VuR 2013, 218; NJW 2009, 2671; FamRZ 2006, 1024 [1025]; NJW 2005, 971 [972]; NJW 2005, 973 [975]; NJW 2002, 2228 [2229]; NJW 2001, 815 und 2466; NJW 2000, 1182). Diese Überforderung muss dem Bürgschaftsgläubiger erkennbar gewesen sein; hat eine Bank in unprofessioneller Weise von einer ordnungsgemäßen Bewertung der Sicherheit abgesehen, dann war ihr entweder die wirtschaftliche Situation des Bürgen bekannt oder sie hat sich dieser bewusst verschlossen und kann sich auf ihre Unkenntnis nicht berufen (*BGH* NJW 2000, 1182 [1184]; NJW 2001, 815 [816]). Eine krasse finanzielle Überforderung liegt insbesondere vor, wenn der Bürge, auf dessen Verhältnisse es allein ankommt, selbst die laufenden Zinsen der Verbindlichkeit des Hauptschuldners nicht aufbringen kann (*BGH* NJW 2005, 971 [972]; NJW 2005, 973 [975]; NJW 2002, 2228 [2229]; NJW 2013, 1534; ZIP 2014, 1016 [1018]; *OLG Nürnberg* WM 2010, 2348 [2351]; *OLG Koblenz* MDR 2012, 1454; *Ernst* ZVI 2006, 558 [559]; *Seifert* NJW 2004, 1707 [1708]; *Schultheiß* VuR 2013, 219; *Palandt/Ellenberger* § 138 Rn. 38b; *Fischer* WM 2001, 1049 [1057]; *Fischer/Ganter/Kirchhof* FS 50 Jahre BGH, S. 33, 39 ff.). In einem solchen Fall wird vermutet, dass eine wirtschaftlich unvernünftige und belastende Entscheidung auf der emotionalen Verbundenheit zum Hauptschuldner beruht (*BGH* WM 2017, 93 [95]; zur Differenzierung der Darlegungslast zwischen Verbrauchern und selbstständig tätigen Bürgen *BGH* ZIP 2001, 1954; *OLG Köln* WM 2009, 2040).

Ohne eine krasse finanzielle Überforderung kann die Sittenwidrigkeit einer Bürgschafts- oder Schuldbeitrittserklärung unter besonders belastenden Bedingungen zu bejahen sein. Die höchstrichterliche Judikatur hat als solche Bedingungen zum Beispiel die Beeinträchtigung der Entscheidungsfreiheit des Bürgen (dazu nur *BGH* NJW 1994, 1341 [1343]) und die spezifische Ausnutzung emotionaler Bindungen des Bürgen anerkannt (*Staudinger/Sack/Fischinger* 2017, § 138 BGB Rn. 411). Ein besonders anschauliches Beispiel für diese Fallgruppen sind **Bürgschafts- und Mithaftungserklärungen junger Erwachsener** zugunsten ihrer Eltern. In diesen Fällen besonders schwerwiegender Rücksichtslosigkeit des Bürgschaftsgläubigers (so zutreffend *Nobbe/Kirchhof* BKR 2001, 5 [7]) reicht für die Bejahung der Sittenwidrigkeit bereits eine die Leistungsfähigkeit des Bürgen deutlich übersteigende Bindung (*BGH* NJW 1997, 52 [53]; zustimmend *Singer* ZBB 1998, 141 [146 f.]; *Döbereiner* KTS 1995, 31 [52]; *Palandt/Ellenberger* § 138 Rn. 38; *Erman/Palm/Arnold* § 138 BGB Rn. 93). Ebenfalls als erschwerender Umstand kann die Ausnutzung der geschäftlichen Unerfahrenheit von Bürgen in Betracht kommen (dazu nur *BGH* NJW 1995, 1886 [1888]). Zu dieser Fallgruppe rechnen auch i.d.R. wirtschaftlich belastende **Bürgschaftserklärungen von Arbeitnehmern zugunsten ihrer Arbeitgeber** (dazu nur *BGH* NJW 2004, 161 [162]; *OLG Zweibrücken*

NJW-RR 2005, 1652; *Pfab* Jura 2005, 737 [741 ff.]; *Seifert* NJW 2004, 1707 [1708 f.]; *KG* MDR 1998, 234; *Pape* NJW 1997, 980 [984]; *Erman/Palm/Arnold* § 138 BGB Rn. 94; *Palandt/Ellenberger* § 138 BGB Rn. 38g; *Staudinger/Sack/Fischinger* 2017, § 138 BGB Rn. 437; PWW/*Brödermann* 2017, § 765 BGB Rn. 46; *Kohte* JR 2001, 352).

14 Anfänglich waren in der Judikatur überfordernde Bürgschaften teilweise mit der generellen Möglichkeit gerechtfertigt worden, dass zwischen emotional verbundenen Personen die generelle **Gefahr von Vermögensverschiebungen** bestehe. Diesem Zweck dient jedoch das Rechtsinstitut der Insolvenzanfechtung; in der neueren Judikatur wird – zumindest für Bürgschaftsverträge, die nach Inkrafttreten der InsO abgeschlossen worden sind (*BGH* NJW 1999, 58) – daher zutreffend eine pauschale Rechtfertigung von überfordernden Bürgschaften mit dieser **Argumentationsfigur nicht mehr akzeptiert** (*Tiedtke* NJW 2005, 2498 [2499]; Hk-BGB/*Staudinger* § 765 Rn. 11; *Nobbe/Kirchhof* BKR 2001, 5 [11]; vgl. *Tiedtke* JZ 2000, 677).

15 Vereinzelt war erwogen worden, dass diese Rspr. durch die Einführung der Restschuldbefreiung nach § 286 ff. InsO verdrängt worden sei (so z.B. *Kapitza* ZGS 2005, 133 [135]); *ders.* NZI 2004, 14 [16]; *Aden* NJW 1999, 3763; *Zöllner* WM 2000, 1 [5]; ähnlich *Schnabl* WM 2006, 706 [710]). Gewichtige Stimmen in der Literatur verneinten von Anfang an eine solche methodisch ungewöhnliche Absorption der als Auffangnorm bewährten Generalklausel des § 138 BGB durch das Insolvenzrecht (so nur *Gernhuber* JZ 1995, 1086 [1094]; *Odersky* ZGR 1998, 169 [184]; vorsichtig *Nobbe/Kirchhof* BKR 2001, 5 [9]). Inzwischen hat sich deutlich die Meinung durchgesetzt, dass die **Möglichkeit gesetzlich geordneter Restschuldbefreiung keine Korrektur der Rspr. zu den Angehörigenbürgschaften rechtfertigt** (*Ahrens* NZI 2009, 597 ff.; *Tiedtke* NJW 2005, 2498; *Wagner* NJW 2005, 2956 ff.; *Krüger* NJW 2009, 3408; *Nitze/Grädler* VuR 2012, 91 ff.; *Palandt/Ellenberger* § 138 BGB Rn. 37; PWW-*Brödermann* BGB, § 765 Rn. 22; *Staudinger/Sack/Fischinger* 2017, § 138 BGB Rn. 428; *Canaris* AcP 2000, 273 [298]; *Oberhammer* DZWIR 2000, 45 [53]; *Kohler* FS für A. Wacke, 2001, S. 229, 244; *Döbereiner* KTS 1998, 31 [53 ff.]; ähnlich zur Begrenzung der Haftung Minderjähriger *Simon* AcP 2004, 264 [278]). Diese Ansicht hat zutreffend Zustimmung in der Judikatur gefunden (*BGH* NJW 2009, 2671 [2674]; *OLG Frankfurt* NJW 2004, 2392 [2394]; *OLG Celle* NJW-RR 2006, 131 [132]; *OLG Dresden* OLG-NL 2006, 265 [267]; *LG Mönchengladbach* NJW 2006, 67 [68] = VuR 2006, 112 [113]), denn die verfassungsgerichtlich verdeutlichte Pflicht zur Inhaltskontrolle nach § 138 BGB dient nicht fürsorglichem Sozialschutz, sondern materieller Vertragsfreiheit (*Canaris* AcP 2000, 273 [298]; *Kohte* ZBB 1994, 172 [175]). Die Einrichtung der Restschuldbefreiung kann daher materiell rechtsmissbräuchliches Verhalten nicht legitimieren; gerade der Umstand, dass einem strukturell unterlegenen Bürgen eine Verpflichtung auferlegt wird, von der er sich nur durch ein Insolvenzverfahren befreien kann, ist Ausdruck der krassen finanziellen Überforderung (*Oberhammer* DZWIR 2000, 45 [53]). Im Übrigen ist bei Hinnahme solcher ruinöser Bürgschaften nicht erklärbar, warum die anderen Gläubiger eine Verkürzung ihrer Quote akzeptieren sollen, nachdem das rücksichtslose Verhalten des Bürgschaftsgläubigers bereits deren Befriedigungschancen gegenüber dem Schuldner verschlechtert oder gar ruiniert hat. Damit kann die Einführung der §§ 286 ff. InsO nicht zu einer Korrektur der inzwischen konsolidierten Judikatur zu sittenwidrigen Verpflichtungen von Bürgen und mithaftenden Personen herangezogen werden.

16 Die Sittenwidrigkeit von Kredit- oder anderen Schuldverträgen wegen **wirtschaftlicher Überforderung der Hauptschuldner** wird dagegen in der Judikatur nur bejaht, wenn infolge einer **Störung der Vertragsparität** weitere Elemente zu Lasten der Gläubiger zu berücksichtigen sind (dazu ausführlich *Hoes* Die Überschuldung Privater als Problem von Ungleichgewichten, 1997, S. 78 ff.) In der Judikatur ist dies vor allem am **Beispiel junger Erwachsener** entwickelt worden, die durch entsprechende Verträge gehindert worden waren, eine akzeptable wirtschaftliche Existenz begründen zu können (dazu nur *BGH* NJW 1966, 1451; NJW 1982, 1457 [1458]; *OLG Düsseldorf* ZIP 1984, 166; *Jaquemoth* ZVI 2011, 141 [143]; zur Rechtsprechung des BGH *Grün* NJW 1994, 2935 ff.; ausführlich *Kohte* ZBB 1989, 130 [140]; *ders.* ZBB 1994, 172 [175]; *Singer* ZBB 1998, 141 [144]). Ebenso können Darlehen, die im Zusammenhang mit Spielzwecken gegeben werden, entweder in direkter oder entsprechender Anwendung von § 762 BGB (dazu nur *OLG Düsseldorf* MDR 1984, 757; *AG Rends-*

burg NJW 1990, 916; *LG Mönchengladbach* WM 1994, 1374 [1376]; *LG Leipzig* MDR 2012, 452; PWW/*Brödermann* § 762 BGB Rn. 19; *Palandt*/*Sprau* § 762 BGB Rn. 8) oder nach § 138 Abs. 1 BGB unwirksam sein, wenn dieses Darlehen in dem Gläubiger erkennbarer Weise bewirkt, dass sich der Spieler immer tiefer in **Spielschulden** verstricken wird (*BGH* NJW 1992, 316; *LG Leipzig* MDR 2012, 452 [453]; Hk-BGB/*Schulze* § 762 Rn. 6; *Staudinger*/*Engel* 2015, § 762 Rn. 42; *Henssler* Risiko als Vertragsgegenstand, 1994, S. 477 ff.). Stellt ein Spieler bei einer Spielbank den Antrag auf eine Spielsperre und nimmt die Spielbank diesen an, indem sie erklärt, den Spieler zukünftig vom Spiel auszuschließen, so wird ein Vertrag geschlossen (jetzt in § 8 Abs. 2 GlüStV für das öffentliche Glücksspiel geregelt). Die Spielbank ist nun verpflichtet, die Vermögensinteressen des Spielers zu schützen und ihn aufgrund seiner Spielsucht vor den möglichen wirtschaftlichen Schäden zu bewahren (*BGH* NJW 2006, 362 [363]; 2008, 840 [841]; anders noch *BGH* NJW 1996, 248 f.). Z.B. können die Spielbanken den Schutz des Spielers vor sich selbst durch effektive Ausweis- und Personenkontrollen gewährleisten. Es ist zu erwarten, dass im Rahmen der Verbraucherinsolvenzverfahren weitere Fälle und Fallgruppen, die bisher in der Gerichtspraxis kaum erörtert worden sind, bekannt werden.

Schließlich kann die wirtschaftliche Überforderung des Schuldners einer weiteren Geltendmachung der Forderung unter dem Gesichtspunkt von **Treu und Glauben** entgegenstehen. Der Vermeidung ruinöser Bindungen dient auch die **Inhaltskontrolle** von Interzessionserklärungen nach § 307 i.V.m. § 309 Nr. 11 BGB (dazu *BGH* BB 2001, 2021; *Kohte* JZ 1990, 997 [1003]) sowie von vorformulierten weiten Zweckerklärungen bei Bürgschaften nach § 307 BGB, die inzwischen zutreffend wegen der Unkalkulierbarkeit und Gefährlichkeit des Risikos für den Schuldner typischerweise als unwirksam qualifiziert wird (*BGH* NJW 1995, 2553 [2556]; 1998, 2815 [2816]; 1999, 3195; 2003, 1521 [1522]; *Fischer*/*Ganter*/*Kirchhof* FS 50 Jahre BGH, S. 33, 44 ff.; *BAG* NZA 2000, 940 [943]; dazu *Kohte* JR 2001, 352). Weiter kann sich die vollständige Beitreibung einer Forderung als **rechtsmissbräuchlich** erweisen, wenn sie eine **wirtschaftliche Existenzgefährdung** des Schuldners bewirken kann, ohne dass der Gläubiger in vergleichbarer Weise auf diese Beitreibung angewiesen ist (dazu vor allem *BVerfG* NJW 1998, 3557; vgl. bereits die Entscheidungen aus dem Bürgschaftsrecht *BGH* NJW 1997, 1003 [1004], aus dem Arbeitsrecht *BAG* NZA 1993, 547 [549] und BB 1999, 534 [535] – dazu auch *Ahrens* DB 1996, 934 [936] – und aus dem Recht der unerlaubten Handlungen *LG Bremen* NJW-RR 1991, 1432; zu weiteren Einzelheiten *Rolfs* JZ 1999, 233 [237 ff.]; *Goeke* NJW 1999, 2305 ff.; *Stürner* GS Lüderitz, S. 789 ff.; PWW/*Schaub* § 828 BGB Rn. 12; *Palandt*/*Sprau* § 828 BGB Rn. 8; *Soergel*/*Spickhoff* 2005, § 828 BGB Rn. 5 f.; *Simon* AcP 2004, 264 [281 ff.] sowie *Ahrens* § 302 Rdn. 24).

F. Internationale Erfahrungen

Sowohl die wissenschaftliche als auch die politische Diskussion zur Einführung einer Restschuldbefreiung und eines Verbraucherinsolvenzverfahrens in Deutschland ist auch durch **internationale Erfahrungen** geprägt worden. Nachdem 1978 das amerikanische Recht nachhaltig modernisiert worden war, wurde bereits wenige Jahre später in Deutschland die Frage gestellt, ob diese Erfahrungen Anstöße zur Reform des deutschen Rechts der freien Nachforderung nach § 164 KO geben können (*Ackmann* ZIP 1982, 1266 ff.; *ders*. Schuldbefreiung durch Konkurs?, 1983, S. 66 ff.). Bereits bei den Vorarbeiten im Bundesjustizministerium spielte dann das amerikanische Modell eine besondere Rolle (*Balz* ZRP 1986, 12 ff.), die sich im parlamentarischen Beratungsprozess durch eine Informationsreise der zuständigen Berichterstatter in die USA noch deutlicher herauskristallisiert hat. Aus diesem Grund ist das **amerikanische Modell** an die Spitze dieses kurzen Überblickes zu setzen.

I. USA

In den USA stellt die Gewährung der Restschuldbefreiung (**discharge**) einen gesellschaftlichen Akt der Vergebung und Gnade dar, weil es ein Gebot der Humanität sei, hoffnungslos überschuldete Menschen von Schulden zu befreien (*Jurisch* Verbraucherinsolvenzrecht nach deutschem und U.S.-amerikanischen Insolvenzrecht, Diss. Konstanz 2002, S. 123). Der amerikanische **Bankruptcy Code** stellt **drei Verfahrenswege** zur Verfügung, die jeweils eine Restschuldbefreiung (**discharge**) für die Schuldner ermöglichen. Der Weg des **Chapter 7** führt in ein **Liquidationsverfahren**, indem die zu einem bestimmten Zeitpunkt vorhandene verwertbare Masse liquidiert und den Gläubigern zur Verfügung gestellt wird. Dieses Verfahren, das bis heute von der Mehrzahl der amerikanischen Verbraucher gewählt wird, ermöglicht eine relativ kurzfristige Lösung, die zu einer Erhöhung der Missbrauchsgefahr führt, weil das Verfahren im Durchschnitt nach vier Monaten beendet ist (*Eckhardt* Restschuldbefreiung, S. 283 f.). Um dem entgegenzuwirken, ist seit 2005 die Bedürftigkeit des Schuldners Voraussetzung für dieses Verfahren (*Schönen* ZVI 2010, 81 [92]). Jedoch führt dieses Verfahren nicht zu einer vollständigen Restschuldbefreiung, weil einige Forderungsarten davon ausgenommen sind, z.B. Ausbildungsdarlehen oder Luxusaufwendungen (www.justice.gov./ust – U.S. Trustee Program/Department of Justice).

20 So gut wie keine Bedeutung hat das **Reorganisationsverfahren** nach **Chapter 11** (zu diesem Verfahren *BGH* NZI 2009, 859 und *Hergenröder/Götzen* DZWIR 2010, 273) für den Verbraucher. Wird ein von Schuldner und Gläubigern ausgehandelter Plan vollständig erfüllt, so beschließt das Gericht im Folgenden die Restschuldbefreiung (MüKo-InsO/*Grauke/Horwitz* 2016, Länderberichte USA Rn. 61). Aufgrund mangelnden Vermögens wird ein Verbraucher regelmäßig zu keiner Einigung mit den Gläubigern gelangen.

21 Dagegen ist das Sanierungsverfahren nach **Chapter XIII** als ein **Schuldenregulierungsverfahren** ausgestaltet, in dem der Schuldner sein pfändbares Einkommen für eine bestimmte Zeit – i.d.R. drei Jahre, die im Einzelfall auf fünf Jahre verlängert werden können – seinen Gläubigern nach einem vorhandenen und vom Gericht bestätigten Schuldenbereinigungsplan zur Verfügung stellt (dazu ausführlich *Moltrecht* Schuldenregulierungsverfahren nach Kapitel 13, Diss., Bonn 1987; *Ackmann* KTS 1986, 555 ff.). Adressaten des Verfahrens sind daher nur Verbraucher mit regelmäßigem Einkommen, die zusätzlich eine begrenzte Menge an Schulden aufweisen (*Schönen* ZVI 2010, 81 [94]). Dieses stärker regulierte Verfahren war das wichtigste Vorbild für den Rechtsausschuss bei der Ausgestaltung der Insolvenzordnung im Jahr 1994.

II. Großbritannien und Frankreich

22 Im britischen Recht gehört das Ziel der discharge ebenfalls seit langem zu den anerkannten Zielen von Insolvenzverfahren, was sich vor allem im seit 1986 gültigen **Insolvency Act** zeigt. Dieses Gesetz gilt aber nur für England und Wales. Durchläuft der Verbraucher das **bankruptcy**-Verfahren, so wird die discharge nach maximal zwölf Monaten erteilt (www.insolvency.gov.uk). Voraussetzung ist aber, dass zumindest die Verfahrenskosten getragen werden können. Von besonders großer praktischer Bedeutung ist die Möglichkeit einer discharge nach Abschluss eines **individual voluntary arrangement**. Solche Vereinbarungen werden im Wege von Vergleichsverhandlungen mit den Gläubigern getroffen, was zumindest einen geringen finanziellen Spielraum des Schuldners voraussetzt. Durch einen Antrag des Schuldners beim Gericht, kann dieses eine einstweilige Anordnung – sog. **interim order** – erlassen, so dass während der Vergleichsverhandlungen ein effektives Vollstreckungsverbot besteht. Seit April 2009 gibt es nun auch in England mit der **debt relief order** ein vereinfachtes Verfahren für Mittellose (*Hergenröder/Alsmann* ZVI 2007, 337 [338 ff.]; *Springeneer* VuR 2005, 441 [444 f.]; MüKo-InsO/*Schlegel* 2016, Länderberichte England Rn. 64). Sollte der Schuldner allen Pflichten ordnungsgemäß nachkommen, ist ebenfalls eine discharge nach zwölf Monaten erreichbar. Auch im schottischen Insolvenzrecht sind nach 1980 die Möglichkeiten einer auch für Verbraucher nutzbaren discharge kodifiziert worden (*Schulte*, S. 36 ff.). Die Insolvenz wird in **Schottland** nicht als insolvency sondern als sequestration bezeichnet (www.aib.gov.uk – Accountant in Bankruptcy, Scotland's Insolvency Service). In **Irland** gehört die zeitnahe Entschuldung zu den Zielen des 2012 erlassenen Personal Insolvency Act; das Insolvenzverfahren führt i.d.R. nach 3 Jahren zur Restschuldbefreiung (*Allemand/O'Neill* ZVI 2014, 1 [2]).

23 Im französischen Recht ist – wie in romanisch geprägten Rechtsordnungen allgemein üblich – das Konkursverfahren Kaufleuten und ihnen gleichgestellten natürlichen und juristischen Personen vorbehalten, während ein »Zivilkonkurs« für Privatpersonen außerhalb von Elsass-Lothringen (dazu der

bemerkenswerte Sachverhalt in *BGH* WM 2001, 2177 [2178]) in Frankreich nicht möglich ist. Für Privatpersonen ist seit 1989 ein – 1995 und 2003 nachhaltig novelliertes – Schuldensanierungsverfahren, das sog. surendettement des particuliers (dazu ausführlich *Lutz* Verbraucherüberschuldung, 1992, S. 95 ff.; vgl. *Trendelenburg* Restschuldbefreiung, S. 115 ff.; zur Reform *Köhler* ZVI 2003, 626 ff.), eingeführt worden, das von einer **verwaltungsrechtlich organisierten Schlichtungskommission** geleitet wird. Die Kommission wirkt in einer ersten Phase des Verfahrens auf eine einvernehmliche Schuldensanierung mit den Insolvenzgläubigern hin; in einer weiteren Phase findet dann unter gerichtlicher Leitung und weiterhin begleitet durch die Regulierungskommission eine zwangsweise Schuldensanierung statt, die sich als ein begrenztes **Vertragshilfeverfahren** darstellt (so *App* DGVZ 1991, 180; zustimmend *Forsblad* S. 183), denn das Gericht kann zwar eine Stundung und einen Zinserlass, jedoch keine effektive Restschuldbefreiung anordnen. Für besonders arme Verbraucher, welchen mangels finanzieller Mittel eine Schuldsanierung über den Sanierungsplan verwehrt ist, gibt es seit 2003 mit dem **procédure de rétablissement personnel** einen eigenen gerichtlichen Verfahrensabschnitt (*Köhler* ZVI 2003, 626 [637 ff.]; *Hölzle* ZVI 2007, 1 [3 ff.]; MüKo-InsO/*Niggemann* 2016, Länderberichte Frankreich Rn. 20). Innerhalb von zwölf Monaten verwertet ein Liquidator jegliches Vermögen; infolgedessen tritt durch Einstellung des Verfahrens die Restschuldbefreiung ein (*Schönen* ZVI 2009, 229 [237]).

III. Skandinavien

Diese Trennung von formalem **Konkursverfahren** für **unternehmerisch tätige Personen** und der **Schuldensanierung** für **Privatpersonen** kennzeichnet auch das skandinavische Modell (*Hergenröder* Schulden und ihre Bewältigung, 2014, S. 75, 93 ff.). In Dänemark war bereits 1984 als einem der ersten Länder Westeuropas ein besonderes Schuldbefreiungsverfahren mit anschließender Restschuldbefreiung eingeführt worden (*App* DGVZ 1990, 69; *Forsblad*, S. 184; *Ehricke* ZVI 2005, 285 [286 f.]). Seit 1993 bietet Finnland die Ausarbeitung eines Schuldenregulierungsplans an, der auf grundsätzlich fünf Jahre angelegt ist und dem im Anschluss die Restschuldbefreiung folgt (*Koskelo* ZEuP 1995, 622 ff.; *Schönen* ZVI 2009, 229 [235 f.]). Für besonders arme Schuldner gibt es auch die Möglichkeit eines sog. Null-Planes. Schweden folgt diesem System, das durch den Vorrang des freiwilligen Sanierungsplans und den subsidiären gerichtlichen Zwangsvergleich gekennzeichnet ist (*Hergenröder/Alsmann* ZVI 2010, 413 [416]). Vor allem das in Norwegen geltende Schuldregelungsgesetz zeigt (MüKo-InsO/*Hegdal* 2016, Länderberichte Norwegen Rn. 25 ff.), dass die skandinavischen Modelle regelmäßig ein ausgeprägtes außergerichtliches Verfahren vorsehen (dazu nur *Bogdan* ZEuP 1995, 617 ff.) und insgesamt die Integration des Schuldners in das Wirtschaftsleben als zentrales Ziel verfolgen (*Hergenröder/Alsmann* ZVI 2010, 413 [420]).

24

IV. Beneluxstaaten

Große Ähnlichkeiten zeigen die Verfahren der kollektiven Schuldenregulierung in **Belgien und Luxemburg**. Diese Verfahren werden in zwei Phasen unterteilt. Zu Beginn soll ein gütlicher Plan ausgearbeitet werden (*Hergenröder* Schulden und ihre Bewältigung, 2014, S. 75, 91 ff.); bei dessen Scheitern kommt die gerichtliche Phase in Gang, an deren Ende ebenfalls ein Schuldenregulierungsplan steht (www.ec.europa.eu/civiljustice/index.de.htm – Europäisches Justizielles Netz für Zivil- und Handelssachen). Restschuldbefreiung ist demnach möglich, wenn sie im Plan inbegriffen ist. Hingegen ist eine gewährleistete Restschuldbefreiung in Belgien nach fünf Jahren möglich; das Gesetz zur kollektiven Schuldenregulierung ist im März 2012 aktualisiert worden (www.vsz.be – Verbraucherschutzzentrale Ostbelgien). Luxemburg sah eine solche Möglichkeit nicht vor. Dafür gibt es einen staatlichen Sanierungsfonds, mit dem der Schuldner unterstützt wird, um den beschlossenen Sanierungsplan umfassend erfüllen zu können (*Schönen* ZVI 2010, 81 [82]). An diesen Gedanken anknüpfend wurde im Sommer 2010 in der Abgeordnetenkammer und im Conseil d'Etat eine Reformregelung beraten, die für völlig Mittellose eine dritten Alternative, die Restschuldbefreiung nach zwölf Monaten vorsieht, festhalten soll (www.chd.lu – Chambre des Députés du Grand-Duché de Luxembourg). Inzwischen ist das Gesetz vom 08.12.2000 zur kollektiven Schuldenregulierung durch das Gesetz vom 08.01.2013 (Memorial A 26) ersetzt worden.

25

26 In den **Niederlanden** wird im Schuldenbereinigungsverfahren vom Gericht ein Zahlungsplan festgestellt; ist dieser ordnungsgemäß erfüllt worden, so folgt innerhalb von 3 bis 5 Jahren die Restschuldbefreiung (zu weiteren Einzelheiten *Laroche* S. 157 ff.; *Allemand/Mathijsen* ZVI 2014, 1 [5 f.]; MüKo-InsO/*Kortmann* 2016, Länderberichte Niederlande Rn. 16 ff.). Eine Besonderheit des niederländischen Modells liegt in der relativ starken Stellung des Insolvenzgerichts (weitere Informationen zum niederländischen und skandinavischen Recht *Hergenröder* FS Konzen, S. 287 [295 f.]). Dazu gehört, dass das Gericht die Verfahrensdauer bestimmt und festlegt, an welche Gläubiger der Schuldner welche Beträge abzuführen hat (*Schönen* ZVI 2010, 81 [82 f.]).

V. Mittel- und Osteuropa

27 Auf dem Kontinent hatte die **Schweiz** als eines der ersten Länder das Insolvenzrecht als Mittel gegen lang dauernde Überschuldung eingesetzt (*Hergenröder* ZVI 2012, 1 [5]). Die bereits früh geschaffene Norm des Art. 265 SchKG (dazu auch *BGH* BGHZ 122, 373 = NJW 1993, 2312) gewährleistete jedoch keine Restschuldbefreiung, sondern **einen erweiterten Vollstreckungsschutz** nach dem Ende des Insolvenzverfahrens, mit dem den Beteiligten die Möglichkeit einer Ansammlung von neuem Vermögen gegeben werden sollte (*Trendelenburg* Restschuldbefreiung, S. 121 f.; *Staehelin/Bauer/Staehelin* SchKG III Art. 265 Rn. 13 ff.; *Meier/Hamburger* SJZ 2014, 93 ff.). Zunächst müssen Privatpersonen, wenn Aussicht auf eine einvernehmliche Schuldenbereinigung besteht, ein privates und ggf. ein gerichtliches Schuldenbereinigungsverfahren, deren Ziel der Abschluss eines sog. **Nachlassvertrages** ist, beschreiten (*Strub/Jeanneret* Handbuch Insolvenzrecht in Europa/Länderberichte Rn. 324 ff.). Infolge der Vereinbarungen mit den Gläubigern ist eine Restschuldvereinbarung möglich, die nur selten realisiert wird (*Lorandi* AJP/PJA 2009, 565 [567]). Erst wenn diese Verfahren keinen Erfolg aufweisen, ist der Weg zum **Konkursverfahren** frei, das keine Restschuldbefreiung, aber erweiterten Vollstreckungsschutz garantiert. In den aktuellen Reformdiskussionen zum SchKG (*Lorandi* AJP/PJA 2009, 565 [570]) spielen Fragen der Restschuldbefreiung bisher nur eine geringe Rolle (www.bj.admin.ch – Eidgenössisches Justiz- und Polizeidepartement).

28 Durch relativ enge Verbindungen zur deutschen Diskussion ist die Rechtslage in **Österreich** geprägt (*Konecny* ZEuP 1995, 589 ff.; *Hergenröder* ZVI 2012, 1 ff.). Ähnlich wie in Deutschland findet sich eine enge Verbindung zwischen allgemeinem Insolvenzverfahren und einem auf Verbraucher zugeschnittenem Schuldenbereinigungsverfahren, welches sich in zwei Stufen unterteilt: zunächst soll das **Zahlungsplanverfahren** zu einer Einigung mit den Gläubigern führen, wobei der Schuldner eine gewisse Mindestquotenbefriedigung anbieten muss. Scheitert dieses Verfahren, soll das Abschöpfungsverfahren zur Restschuldbefreiung führen, wobei die Zeit der Wohlverhaltensperiode – höchstens sieben Jahre – von der Befriedungsleistung des Schuldners abhängt (*Schönen* ZVI 2010, 81 [84]). Um überhaupt in den Genuss der Restschuldbefreiung zu kommen, muss ebenfalls eine gewisse Quote erfüllt werden, die im Rahmen einer Billigkeitsentscheidung verringert werden kann (*Grobis u.a.* ZIK 2/2008, S. 47 ff.). Das weitgehende Beharren auf einer **Mindestquote** im österreichischen Modell zeigt, dass damit gerade für die Gruppen der besonders armen Verbraucher, die vor allem durch nachhaltige Arbeitslosigkeit geprägt sind, deutliche und schwer zu bewältigende Hürden aufgebaut werden (vgl. *Springeneer* VuR 2001, 370 ff.; *Dellinger/Oberhammer* Insolvenzrecht, Rn. 656 ff.; zum österreichischen Abschöpfungsverfahren *Springeneer* VuR 2005, 411 ff.; *Nunner-Krautgasser/Anzenberger* ZInsO 2012, 2359 [2365 f.]). Das Insolvenzrechtsänderungsgesetz 2010 hat die Struktur des Privatkonkurses nur punktuell geändert (*Konecny* ZIK 2010/119, 82 [90]); weitergehende Pläne zur Erleichterung der Restschuldbefreiung waren lange Zeit umstritten (vgl. *Birgit Schneider* Privatinsolvenz, Wien 2010; zum Volksbegehren »armutsfreies Österreich« vgl. www.gegen-armut.at; zu weiteren Forderungen *Nunner-Krautgasser/Anzenberger* ZInsO 2012, 2359 [2368]). Inzwischen ist mit dem **Insolvenzrechtsänderungsgesetz 2017** eine deutliche Kurskorrektur erfolgt: die Verfahrensdauer wird im Regelfall auf drei Jahre beschränkt, die bisherige Mindestquote entfällt (*Stephan* VIA 2017, 41 ff.).

29 In **Tschechien** sieht das seit dem 01.01.2008 geltende Insolvenzgesetz die Möglichkeit der Restschuldbefreiung vor (*Giese/Krüger* NZI 2008, 12 ff. [17]). Diese Restschuldbefreiung können

Schuldner einerseits kurzfristig erlangen, wenn nach einem vereinfachten Insolvenzverfahren das Vermögen des Schuldners verwertet und wenigstens 30 % der Forderungen gedeckt werden (*Schönen* ZVI 2010, 81 [92]). In der anderen Variante tritt der Schuldner ähnlich wie im deutschen Recht für fünf Jahre das pfändbare Arbeitseinkommen ab; bei entsprechender Redlichkeit erfolgt danach die Restschuldbefreiung (vgl. *Hergenröder* ZVI 2012, 1 [8 ff.]).

Seit dem 30.03.2009 gibt es auch in **Polen** ein Verbraucherinsolvenzverfahren, in dem ein Schuldenrückzahlungsplan entwickelt wird, an den sich grundsätzlich nach fünf Jahren die Restschuldbefreiung anschließt. Problematisch erscheint aber, dass der Eröffnungsgrund der Zahlungsunfähigkeit auf außergewöhnlichen und vom Schuldner unabhängigen Umständen beruhen muss (vgl. *Barlowski* Handbuch Insolvenzrecht in Europa/Länderberichte Rn. 569 f.). Z.B. wird die Eröffnung versagt, wenn der Schuldner verantwortlich für den Verlust seiner Arbeitsstelle ist. Das Verfahren war nur einem engen Personenkreis zugänglich (*Lewandowski/Schürer* WiRO 2009, 177 f.), so dass nach kurzer Zeit intensiv Pläne für ein Verbraucherinsolvenzverfahren mit einer Frist von 3 bis 5 Jahren für eine Restschuldbefreiung diskutiert wurden (*Allemand/Kuglarz* NZI 2014, 1 [6 f.]). Seit 2016 ist ein neues Verbraucherinsolvenzverfahren normiert, in dem die Kostenhürden herabgesetzt und die Frist für den Zahlungsplan auf i.d.R. 3 Jahre verkürzt worden ist. Dementsprechend hat die Zahl der Verfahren in Polen deutlich zugenommen (*Musial* ZVI 2017, 134 ff.). 30

Auch **Slowenien** (*Schönen* ZVI 2010, 81 [88]) und die **Slowakische Republik** (MüKo-InsO/*Giese/Krüger* 2016, Länderberichte Slowakei Rn. 9 ff. – »kleiner Konkurs«) sehen Verbraucherinsolvenzverfahren mit anschließender Restschuldbefreiung vor. Rumänien, Ungarn und Kroatien kennen noch kein spezielles Verfahren. 31

VI. Fazit

Der kursorische Überblick zeigt, dass in den meisten europäischen Rechtsordnungen – ebenso in den USA und Japan (dazu *Mikami* DGVZ 1995, 17) – die **Restschuldbefreiung** inzwischen als ein **eigenständiges und legitimes Ziel von Insolvenzverfahren** angesehen wird. Daher setzt die **EG-Verordnung Nr. 1346/2000** über das Insolvenzverfahren vom 29.05.2000 implizit diese Möglichkeiten ebenfalls voraus, ohne sie jedoch bisher auf supranationaler Ebene vereinheitlichen zu wollen (vgl. *Wimmer* ZInsO 2001, 97 [100]; *Taupitz* ZZP 1998, 315 [347]). Für die verschiedenen Staaten ist jedoch die Restschuldbefreiung des jeweils nach internationalem Insolvenzrecht zuständigen Staates als grds. legitimes Ziel zu respektieren; auch bei **Wahl einer ausländischen Rechtsordnung durch Umzug** ist die jeweilige nationale Restschuldbefreiung für Beteiligte in Deutschland verbindlich und mit dem **deutschen ordre public vereinbar** (dazu bereits *BGH* NJW 1993, 2312; bestätigt durch *BGH* BGHZ 134, 71 und kürzlich durch *BGH* WM 2001, 2177 = ZInsO 2001, 1009 m. Anm. *Vallender*; zu einigen Problemen des »Restschuldbefreiungstourismus«: *Hölzle* ZVI 2007, 1). Im Evaluationsbericht – COM (2012) 743 final – der Kommission vom 12.12.2012 zur Entwicklung der EuInsVO ist für die Zukunft vorsichtig eine umfassende Einbeziehung der Verbraucherinsolvenzverfahren in das europäische Insolvenzrecht in den Blick genommen worden (*Albrecht* ZInsO 2013, 1876 [1881]; jetzt *Heyer* ZVI 2017, 45 ff.). 32

Zu den weiteren Gemeinsamkeiten zwischen den europäischen Staaten gehört ein weitgehender Konsens, dass es auch bei der Überschuldung spezifischer Regelungen für Verbraucher bedarf (*Allemand* NZI 2014, 1 [8 f.]). Diese Regelungen zeichnen sich in den meisten Staaten aus durch relativ einfache und weniger formalisierte mündliche Erörterungsverfahren, die zunächst außergerichtliche und erst in zweiter Linie gerichtliche Verständigungen ermöglichen sollen (dazu *Huls* JCP 1997, 143 ff.). Typischerweise sehen sich die Mitgliedsstaaten gleichzeitig in einer fördernden Funktion, so dass diese Verfahren – anders als nach dem bisherigen deutschen Insolvenzrecht – in aller Regel nicht an Kostenhürden scheitern. Die zu treffenden Vereinbarungen werden durch **Schuldenbereinigungspläne** charakterisiert, die im Schnitt der verschiedenen Staaten eine Laufzeit zwischen **drei und fünf Jahren** haben, so dass in einem überschaubaren Zeitraum eine Entschuldung erreicht werden soll. Das **deutsche Verfahren**, das in Kombination mit der Verfahrenskostenstundung auch eine Dauer von zehn Jahren einkalkuliert, ist damit eindeutig in der Spitzengruppe der zeitlichen Ausdeh- 33 nung (zur Kritik *Hergenröder* DZWIR 2001, 397 [408]; *Hergenröder/Alsmann* ZVI 2007, 337 [347]).

G. Insolvenzrechtliche Konsequenzen

34 Nach 1980 ist auch in der deutschen Diskussion die privatrechtliche Bedeutung der wirtschaftlichen und persönlichen Überforderung von Verbrauchern immer deutlicher geworden. Einfache materiellrechtliche Lösungen waren nicht konsensfähig. Auch die Einführung einer verjährungsrechtlichen Lösung – z.B. Verkürzung der Verjährungsfristen auf maximal zehn Jahre – erwies sich als nicht hinreichend praktikabel (dazu nur *Ruby* Schuldbefreiung durch absolute Anspruchsverjährung, 1997, S. 69 ff.). Deswegen nahmen ab 1985 die Stimmen zu, die eine **verfahrensrechtliche Lösung** bevorzugten. Die wissenschaftliche Diskussion wurde vor allem durch mehrere Dissertationen forciert, die fast zeitgleich – jedoch unabhängig voneinander – die einschlägigen Regelungen und Erfahrungen der Restschuldbefreiung (discharge) im Recht der USA untersucht und daraus erste Vorschläge für das deutsche Recht entwickelt hatten (dazu nur *Ackmann* Schuldbefreiung durch Konkurs?, 1983, S. 52 ff.; *Menzinger* Das freie Nachforderungsrecht der Konkursgläubiger, 1982, S. 140 ff.; *Knüllig-Dingeldey* Nachforderungsrecht oder Schuldbefreiung, 1984, S. 37 ff.). Auf einer Fachtagung der Verbraucherverbände wurde 1985 erstmals eine insolvenzrechtliche Lösung in die rechtspolitische Diskussion eingeführt (*Hörmann* [Hrsg.], Verbraucherrecht und Verbraucherinsolvenz, 1986); dieser Vorschlag fand schnell eine gewisse Resonanz in der Kreditwirtschaft (dazu *Scholz* ZIP 1988, 1157) und erfuhr seinen Durchbruch 1990, als beschlossen wurde, die Perspektive der Restschuldbefreiung in die Neugestaltung des Insolvenzrechts zu integrieren.

35 Die damit angestrebte Lösung wurde von Anfang an **doppelspurig** begründet: Einerseits sollte die Restschuldbefreiung dem persönlichen Schutz und vor allem dem **Persönlichkeitsrecht der Schuldner** dienen, denen eine neue Perspektive ermöglicht werden sollte (dazu nur *Häsemeyer* InsR, Rn. 26.02). Auf der anderen Seite wurde das Ziel verfolgt, die betroffenen **Schuldner wieder in den Markt zu integrieren**, ein Abdriften in graue Kredit- und Arbeitsmärkte zu verhindern und den Verbraucherkredit zu fördern und zu stabilisieren (dazu nur *Haarmeyer* in Smid, InsO, 2. Aufl., § 286 Rn. 18, 19). Diese **doppelte Zielrichtung persönlichen Schutzes und wirtschaftlicher (Re-)integration** entspricht auch der Zielsetzung des Pfändungsschutzes nach § 811 ff. ZPO, der ebenso beide Elemente enthält (dazu *BFH* NJW 1990, 1871; *BGH* NJW 1993, 921 [922]; *Stein/Jonas-Münzberg* ZPO, § 811 Rn. 2 ff.). Bei der Konzeption des Restschuldbefreiungsverfahrens kam hinzu, dass diese Möglichkeit auf eine Änderung der Markt- und Kreditverhältnisse abzielte und eine Änderung sowohl des Schuldnerverhaltens als auch der bisherigen Praxis der Kreditvergabe erreichen soll (dazu *Wimmer* BB 1998, 386 [387]). Insoweit liegt der Gesetzgebung sowohl eine sozial- als auch eine wirtschaftsrechtliche Zielsetzung zugrunde. Diese doppelte Zielrichtung hat der BGH inzwischen ausdrücklich übernommen (*BGH* NZI 2015, 858 m. Anm. *Stephan* = VuR 2016, 75 m. Anm. *Kohte*; vgl. *Madaus* JZ 2016, 548 ff.) und sie für die Inhaltskontrolle von Abreden eingesetzt, mit denen die Möglichkeiten der Restschuldbefreiung unzulässig eingeschränkt werden sollen.

36 Diese Elemente knüpfen schließlich an **verfassungsgerichtliche Entscheidungen** an, die eine lang dauernde wirtschaftliche Überschuldung als eine Beeinträchtigung bzw. Verletzung der Grundrechte aus Art. 1 bzw. Art. 2 Abs. 1 GG qualifiziert haben. Für die Gruppe der jungen Erwachsenen hatte das BVerfG bereits 1986 entsprechende Schutzpflichten formuliert, die verhindern sollen, dass Minderjährige bereits beim Weg in die Volljährigkeit mit einer kaum noch lösbaren Überschuldung belastet sind (*BVerfG* NJW 1996, 1859; zwölf Jahre später umgesetzt durch das Gesetz zur Beschränkung der Haftung Minderjähriger, dazu s. *Ahrens* § 286 Rdn. 88 und *BSGE* 108, 289). Weiter ist inzwischen die Bedeutung des Rechtsmissbrauchsverbots zur Begrenzung lang dauernder Haftung hervorgehoben worden (*BVerfG* NJW 1998, 3557 [3558]). Schließlich hatte das BVerfG in seinen Entscheidungen zur Mithaftung naher Angehöriger (*BVerfG* NJW 1994, 36 u. 2749) in einer solchen Überschuldung eine Verletzung der Vertragsfreiheit der Schuldner gesehen, wenn diese auf einer Störung der Vertragsparität beruhte. Gerade diese Entscheidungen haben das wirtschaftsrechtliche Element der Ausgestaltung fairer Bedingungen am Markt besonders betont und damit einen breiten

Spielraum für kohärente gesetzgeberische Konzeptionen eröffnet (dazu nur *Kohte* ZBB 1994, 172 [177]; *Grün* WM 1994, 713 [724 f.]).

Die 1994 gefundene Lösung hat das Restschuldbefreiungsverfahren sehr eng mit dem Insolvenzverfahren verknüpft (zur partiell anderen Konzeption des Verbraucherinsolvenzverfahrens s. *Kohte/Busch* vor § 304 Rdn. 1 ff.). Es ist gerade wegen dieser Verknüpfung in der Literatur nachhaltig kritisiert worden (dazu nur *Smid* ZIP 1993, 1037 ff.; *Kohte/Kemper* Blätter für Wohlfahrtspflege 1993, S. 81 ff.). Diese Defizite tragen in sich die Gefahr, dass eine Restschuldbefreiung nur für einzelne Gruppen von Schuldnern erreichbar sein wird und damit die Ziele des Gesetzgebungsverfahrens teilweise verfehlt werden. Andererseits sind vor allem durch das InsOÄndG die Chancen erhöht worden, dass in einer relevanten Zahl von Einzelfällen eine reale Restschuldbefreiung erfolgen wird. Soweit damit das Verfahren Erfolg hat, werden die Schuldner von der Leistungspflicht befreit. 37

In der Literatur wird überwiegend das neue Verfahren als eine **zulässige Inhaltsbestimmung** der Forderungsrechte der Gläubiger qualifiziert, die **mit Art. 14 GG vereinbar** ist (ebenso *Kübler/Prütting/Bork-Wenzel* InsO, § 286 Rn. 63; HK-InsO/*Waltenberger* vor § 286 Rn. 14 ff.; A/G/R-*Fischer* vor § 286 InsO Rn. 2; MüKo-InsO/*Stephan* 2014, vor § 286 Rn. 13), zumal bei den Beteiligten typischerweise das bisherige Konkursrecht sein Regelungsziel verfehlte und einer nachhaltigen Realisierung der Forderungen im Weg stand (dazu nur *Döbereiner* S. 28 ff.; *Forsblad* S. 277 ff.). In der Literatur konnte daher *Uhlenbruck* sehr früh resümieren, dass an der **Notwendigkeit der Restschuldbefreiung heute kein Zweifel mehr bestehen könne** (NZI 1998, 1 [7]), so dass die weiterhin bestehenden Probleme nicht das Ziel, sondern den Weg betreffen. Aus dieser Problemlage wird weiter zutreffend der Schluss gezogen, dass eine insolvenzrechtliche Restschuldbefreiung nur ein Element zur Problemlösung ist und dass die oben erläuterten **Instrumente des materiellen Rechts** ebenso zu beachten und zu entwickeln sind (*Döbereiner* KTS 1998, 31 [60]). 38

Zeitweilig war vereinzelt die These vertreten worden, dass eine rein **materiellrechtliche Verjährungslösung** besser geeignet sei und vor allem die Justiz von weiteren Kosten entlasten könne (so vor allem *Wiedemann* ZVI 2004, 645). Dies war überraschend, nachdem im Rahmen der Schuldrechtsreform ein Konsens erzielt worden war, dass die Probleme der Überschuldung mit dem Mittel des Verjährungsrechts nicht adäquat erreicht werden könne (BT-Drucks. 14/6040 S. 106). Überschuldung ist regelmäßig durch eine Vielzahl von Gläubigern gekennzeichnet; die **Situation des Mangelfalls kann nicht nach dem Prioritätsprinzip geordnet werden**, so dass in jedem Fall ein **Gesamtverfahren** erforderlich ist (*Kohte* ZVI 2005, 9 [10]; vgl. aus dem Anfechtungsrecht BGH NJW 1997, 3445; NJW 2004, 1385; ZVI 2008, 392 und *Kirchhof* ZInsO 2004, 1168). Werden rechtsstaatliche Grundsätze beachtet, dann führen die Einzelverfahren des materiellen Verjährungsrechts nicht zur Vereinfachung, sondern zu einer weiteren Komplizierung (dazu anschaulich *Ruby* Schuldbefreiung durch absolute Anspruchsverjährung, 1997, S. 87 ff.). Im Übrigen würde auf diese Weise der Unterschied zwischen Forderungs- und Titelverjährung missachtet werden (*Ahrens* ZVI 2005, 1 [2]). Es ist daher an der Notwendigkeit einer Verknüpfung von Verfahrensrecht und Restschuldbefreiung festzuhalten (*Ahrens* NZI 2007, 193 [194]). 39

In der Bund-Länder-AG wurde zeitweise eine Zweiteilung des Insolvenzverfahrens diskutiert, die ein Insolvenzverfahren mit Mindestquote und ein deutlich länger dauerndes Verfahren ohne Vollstreckungsschutz kombinieren wollte. Das zweite Verfahren sollte einen deutlichen Lästigkeitswert haben und die Schuldner schlechter stellen, die die Mindestquote nicht aufbringen können. Dies widersprach eindeutig dem verfassungsrechtlichen Gebot, den Rechtsschutz nicht nach dem Einkommen zu differenzieren (BVerfG NZI 2003, 448 f.). Im Übrigen ist die Vorstellung, dass ein Verfahren ohne Vollstreckungsschutz für die staatlichen Kassen sparsam sei, evident realitätsfremd (*Pape* ZInsO 2005, 842 [843]). Zutreffend hat daher bereits der **Regierungsentwurf zur Entschuldung mittelloser Personen** vom 22.08.2007 (*Holzer* ZVI 2007, 393) diese Modelle verlassen und sich darauf konzentriert, am Rahmen der Insolvenzordnung festzuhalten und diese durch ein systemimmanentes Entschuldungsverfahren zu ergänzen. Auch der Regierungsentwurf vom 18.07.2012 (BR-Drucks. 467/12) und die 2013 verabschiedete Fassung des Gesetzes haben sich in diesem Rahmen gehalten (so schon die Prognose von *Schmerbach* ZInsO 2009, 2388). 40

41 In den letzten Jahren sind hinreichend praktikable Modelle erarbeitet worden, wie das **bisherige Restschuldbefreiungsverfahren** unter Wahrung rechtsstaatlicher Anforderungen und vollstreckungsrechtlicher Sicherungen wesentlich **vereinfacht und transparenter gestaltet werden kann** (dazu nur *Heyer* Restschuldbefreiung, 2004, S. 24 ff.; *Schmerbach* ZInsO 2005, 77; *Kohte* ZVI 2005, 9; *Hofmeister/Jaeger* ZVI 2005, 180; *Heyer/Grote* ZInsO 2006, 1121). Auf dieser Basis kann das bisherige Recht der Restschuldbefreiung im Einklang mit der europäischen Rechtsentwicklung präzisiert und vereinfacht werden. Die 1994 und 2001 gefundenen Grundwertungen sind belastbar; die bisherigen Defizite beruhen nicht selten auf Anschauungslücken (dazu *Kohte/Busch* DZWIR 2005, 71 [74]), die am ehesten durch die fallnahe Gerichtspraxis geschlossen werden können (dazu *Kohte* VuR 2005, 312 [314]). Dagegen war die Vorstellung des Regierungsentwurfs vom 18.07.2012, man könne weitgehend – mit Ausnahme eines nicht näher konkretisierten Verweises auf den Insolvenzplan (dazu *Frind* ZInsO 2012, 1455 [1459] und *Heyer* ZVI 2012, 321 [324]) – auf Verfahrensvorschriften verzichten, jedoch die Versagungsgründe erweitern (dagegen bereits *Ahrens* ZVI 2011, 273 ff.), grob sachwidrig (*Stephan* VIA 2012, 65 ff.; *Kohte* VuR 2012, 381). In der endgültigen Fassung wurde das Schuldenbereinigungsverfahren jedoch beibehalten und die geplante Erweiterung von § 290 InsO begrenzt (*Henning* ZVI 2014, 7 ff.).

§ 286 Grundsatz

Ist der Schuldner eine natürliche Person, so wird er nach Maßgabe der §§ 287 bis 303 von den im Insolvenzverfahren nicht erfüllten Verbindlichkeiten gegenüber den Insolvenzgläubigern befreit.

Übersicht

	Rdn.			Rdn.
A. **Normzweck**	1	IV.	Restschuldbefreiung im System von Schuld und Haftung	75
B. **Verfassungsmäßigkeit der Restschuldbefreiung**	13	E.	**Voraussetzungen und Einzelfragen des Verfahrens**	83
I. Grundlagen	13	I.	Persönlicher Anwendungsbereich	83
II. Eigentumsgarantie	18		1. Natürliche Person	83
III. Sonstige Verfassungsrechte	22		2. Tod des Schuldners	93
C. **Gesetzliche Systematik**	26	II.	Sachlicher Anwendungsbereich	108
I. Restschuldbefreiung als Ziel des Insolvenzverfahrens	26	III.	Antragsgrundsatz	109
II. Restschuldbefreiung im Insolvenzverfahren	32	IV.	Streitgenossenschaft	111
1. Konzeption	32	V.	Verfahrenskostenstundung im Restschuldbefreiungsverfahren	113
2. Anwendbare Vorschriften	45	VI.	Massearme Verfahren	116
III. Schuldbefreiung auf anderer Grundlage	50	VII.	Unterhalt im Restschuldbefreiungsverfahren	117
D. **Konzept des Restschuldbefreiungsverfahrens**	52	VIII.	Kosten	121
I. Eigenständiges Verfahren	52	IX.	Zuständigkeit	124
II. Zweistufiges Verfahren	56	F.	**Folgen**	128
1. Grundlagen	56	G.	**Restschuldbefreiung im Konkurs- und Gesamtvollstreckungsverfahren**	131
2. Erster Abschnitt	57			
3. Zweiter Abschnitt	65	H.	**Auslandsbezug**	133
III. Dynamisches und dauerhaftes Verfahren	70			

Literatur:
Verbraucher- und Privatinsolvenz:
Ackmann Schuldbefreiung durch Konkurs?, 1983; *Ahnert* Verbraucherinsolvenz- und Restschuldbefreiung, 2. Aufl. 2003; *Ahrens* Der mittellose Geldschuldner, 1994; *ders.* Privatinsolvenzrecht – Umrisse eines Systems, ZZP 122 (2009), 133; *ders.* Insolvenzrechtliche Hinweispflichten, in FS für Ganter, 2010, S. 1; *Bayer* Stundungsmodell der Insolvenzordnung und die Regelungen der Prozesskostenhilfe, 2005; *Bayer/Schützeberg* Die unterhaltsrechtliche Obliegenheit zur Einleitung eines Insolvenzverfahrens, ZVI 2005, 393; *Bindemann* Handbuch Verbraucherkonkurs, 3. Aufl. 2002; *Brei* Entschuldung Straffälliger durch Verbraucherinsolvenz

und Restschuldbefreiung, 2005; *Bruckmann* Verbraucherinsolvenz in der Praxis, 1999; *Erhardt* Regel- und Verbraucherinsolvenz: Prozessuale Probleme der Zweigleisigkeit des Insolvenzverfahrens, 2003; *Forsblad* Restschuldbefreiung und Verbraucherinsolvenz im künftigen deutschen Insolvenzrecht, 1997; *Frind* Praxishandbuch Privatinsolvenz, 2. Aufl. 2017; *Fuchs* Verbraucherinsolvenzverfahren und Restschuldbefreiung, Kölner Schrift zur Insolvenzordnung, 2. Aufl. 2000, S. 1679; *Gaul* Tradition, Stagnation und schrittweiser Fortschritt im Insolvenzrecht. Eine Zwischenbilanz der neuen Rechtsinstitute: Insolvenzplan, Restschuldbefreiung und Verbraucherinsolvenzverfahren, in: Liber Amicorum Wolfram Henckel, 2015, S. 119; *Gold* Verbraucherinsolvenz- und Restschuldbefreiungsverfahren versus pacta sunt servanda. Solidarität versus Subsidiarität und Eigenverantwortung, 2006; *Grote/Weinhold* Arbeitshilfe InsO, 2001; *Graf-Schlicker/Livonius* Restschuldbefreiung und Verbraucherinsolvenz nach der InsO, 1999; *Grote* Einkommensverwertung und Existenzminimum des Schuldners in der Verbraucherinsolvenz, 2000; *Häsemeyer* Schuldbefreiung und Vollstreckungsschutz, in FS für Henckel 1995, S. 353; *Henckel* Verbraucherinsolvenzverfahren, in FS für Gaul, 1997, S. 199 ff.; *Henning* Aktuelles zu den Insolvenzverfahren natürlicher Personen 2007, ZInsO 2007, 1253; *Hess/Groß/Reill-Ruppe/Roth* Insolvenzplan, Sanierungsgewinn, Restschuldbefreiung und Verbraucherinsolvenz, 4. Aufl., 2014; *Hess/Obermüller* Insolvenzplan, Restschuldbefreiung und Verbraucherinsolvenz, 3. Aufl. 2003; *Heyer* Verbraucherinsolvenzverfahren und Restschuldbefreiung, 1997; *ders.* Strafgefangene im Insolvenz- und Restschuldbefreiungsverfahren, NZI 2010, 81; *ders.* Nochmals: problematischer Selbstversuch – außergerichtliche Einigungsversuche durch den Schuldner ohne hinreichende Unterstützung durch Beratungsstellen oder geeignete Personen, ZVI 2011, 41, *ders.* Restschuldbefreiung und Verbraucherinsolvenz in der Praxis, S. 201; *Hoffmann* Verbraucherinsolvenz und Restschuldbefreiung, 2. Aufl. 2002; *Holzer* »Geeignete Stellen« im Verbraucherinsolvenzverfahren und Dienstleistungsrichtlinie der Europäischen Union, ZVI 2011, 237; *Homann* Praxis und Recht der Schuldnerberatung, 2009; *Jacobi* Insolvenzrechtsreform zum Verfahren natürlicher Personen, InsbürO 2012, 123; *Jäger* Der Regierungsentwurf eines Gesetzes zur Entschuldung völlig mittelloser Personen – mehr als nur ein Silberstreif am Horizont, ZVI 2007, 507; *Janlewing* Familienrechtliche Ansprüche gegen den Selbständigen in der Insolvenz, 2014; *Jurisch* Verbraucherinsolvenzrecht nach deutschem und U.S.-amerikanischem Insolvenzrecht, 2002; *Klasmeyer/Elsner* Zur Behandlung von Ausfallforderungen im Konkurs, in FS für Merz, 1992, S. 303; *Kniesch* Praktische Probleme des Verbraucherinsolvenzverfahrens gem. §§ 304 ff. InsO, 2000; *Köhler* Entschuldung und Rehabilitierung vermögensloser Personen im Verbraucherinsolvenzverfahren, 2003; *Krug* Der Verbraucherkonkurs, 1998; *Kühne* Die Insolvenz des selbständig tätigen Schuldners, 2013; *Laroche* Entschuldung natürlicher Personen und Restschuldbefreiung nach deutschem und niederländischem Recht, 2003; *Melchers/Hauß* Unterhalt und Verbraucherinsolvenz, 2003; *Neuner/Raab* Verbraucherinsolvenz und Restschuldbefreiung, 2001; *Nobbe* Das Girokonto in der Insolvenz, in Prütting (Hrsg.), Insolvenzrecht 1996, 1997, S. 99; *Pape, G.* Linien der Rechtsprechung des IX. Zivilsenats zu den Verfahren der natürlichen Personen, ZVI 2010, 1; *Piekenbrock* Die Überschuldung Minderjähriger als insolvenzrechtliches Problem, KTS 2008, 307; *Preis* Der persönliche Anwendungsbereich der Sonderprivatrechte, ZHR 158 (1994), 567; *Preuß* Verbraucherinsolvenzverfahren und Restschuldbefreiung, 2. Aufl. 2003; *Prziklang* Verbraucherinsolvenz und Restschuldbefreiung, 2000; *Rohleder* Unterhaltsansprüche in der Insolvenz, 2005; *Schallock* Die gesetzlichen Veränderungen bei der Abwicklung von Verbraucherinsolvenzen, 2009; *Schmerbach* Der Tod des Schuldners im Verbraucherinsolvenzverfahren, NZI 2008, 353; *ders.* Zweitinsolvenzverfahren, ZInsO 2009, 2078; *Schmidt* Privatinsolvenz – Schuldenbereinigung, Restschuldbefreiung, Insolvenzplan, 4. Aufl. 2014; *Schmidt-Räntsch* Verbraucherinsolvenzverfahren und Restschuldbefreiung, Kölner Schrift zur Insolvenzordnung, 1. Aufl. 1997, S. 1177; *dies.* Restschuldbefreiung, Verbraucherinsolvenzverfahren und sonstige Kleinverfahren, Insolvenzrechts-Handbuch, 3. Aufl. 2006, §§ 76–85; *Scholz* Verbraucherinsolvenz und Restschuldbefreiung, ORDO 47 (1996), 263; *Sinz/Wegener/Hefermehl* Verbraucherinsolvenz und Insolvenz von Kleinunternehmern, 3. Aufl. 2014; *Uhlenbruck* Die Stellung des vorläufigen Insolvenzverwalters, Kölner Schrift zur Insolvenzordnung, 2. Aufl. 2000, S. 325; *Winter* Außergerichtliche Einigungsversuche durch Anwälte unter Berücksichtigung neuer Gerichtsbeschlüsse und der künftigen Verbraucherinsolvenzreform, ZVI 2008, 200; *Zilkens* Die discharge in der englischen Privatinsolvenz, 2006.

Restschuldbefreiung:
Adam Grundfragen der Restschuldbefreiung, DZWIR 2006, 495; *Ahrens* Das Restschuldbefreiungsverfahren – Systematisierende Vorüberlegungen, Jahrbuch Junger Zivilrechtswissenschaftler, 1999, S. 189; *ders.* Asymmetrische Verfahren, in FS für Görg, 2010, S. 1; *ders.* Restschuldbefreiung und Versagungsgründe, ZVI 2011, 273; *ders.* Schadensersatz aus § 826 BGB nach einer Restschuldbefreiung, NZI 2015, 687; *Anlauf* Vorgänger der Restschuldbefreiung nach heutigem Insolvenzrecht, 2006; *ders.* Die Restschuldbefreiung – ein Novum im deutschen Recht?, DZWIR 2007, 146; *Bartels* Das gegenwärtige Institut der Restschuldbefreiung – Verortung im System und Kritik, KTS 2013, 349; *Bernhardi* Die Abtretung des Anspruchs auf Arbeitsentgelt und das Verbraucherinsolvenzverfahren, 2014; *Büttner* Der Schutz des unredlichen Schuldners im Restschuldbefreiungsverfahren, ZVI 2007, 116; *ders.* Erteilung der Restschuldbefreiung für die Erben, ZInsO 2013, 588; *Döbereiner* Die

Restschuldbefreiung nach der Insolvenzordnung, 1997; *Eckhardt* Die Restschuldbefreiung. Probleme der Voraussetzungen und Rechtsfolgen der Restschuldbefreiung unter vergleichender Berücksichtigung des US-amerikanischen Rechts, 2006; *Ehlers* Alternativen der Restschuldbefreiung, InsbürO 2009, 202; *Fischer* Die Wirkungen der Restschuldbefreiung nach der Insolvenzordnung, Rpfleger 2007, 173; *Fischinger* Haftungsbeschränkung im Bürgerlichen Recht, 2015; *Fuchs* Nationale und internationale Aspekte des Restschuldbefreiungs-Tourismus, 2015; *Häsemeyer* Die Nötigung des Insolvenzschuldners zum eigenen Eröffnungsantrag zwecks Restschuldbefreiung, KTS 2011, 151; *Heicke* Die Zukunft der Sperrfristrechtsprechung, NZI 2012, 873; *Hergenröder* Entschuldung durch Restschuldbefreiungstourismus, DZWIR 2009, 309; *Heyer* Restschuldbefreiung im Insolvenzverfahren, 2004; *ders.* Dauerthema: Restschuldbefreiung für Strafgefangene, ZVI 2015, 357; *ders.* Refugees und Restschuldbefreiung, ZVI 2016, 87; *Heyrath/Jahnke/Kühn* Der Tod des Schuldners im Insolvenz- und Restschuldbefreiungsverfahren, ZInsO 2007, 1202; *Hörmann* Vergleichsverhandlungen mit natürlichen Personen zur Schuldenbereinigung, VIA 2012, 81; *Knüllig-Dingeldey* Nachforderungsrecht oder Schuldbefreiung, 1984; *Köke/Schmerbach* Tod des Schuldners in der Insolvenz, ZVI 2007, 497; *Kupka* Die Stellung des Schuldners zwischen Ankündigung und Erteilung der Restschuldbefreiung, ZInsO 2010, 113; *Lindner* Eigenverwaltung und Restschuldbefreiung, 2013; *Lissner* Fehlende Deckung der Mindestvergütung – praktische Umsetzungsprobleme bei der Versagung der Restschuldbefreiung nach § 298 InsO, ZInsO 2013, 162; *Madaus* Schulden, Entschuldung, Jubeljahre – vom Wandel der Funktion des Insolvenzrechts, JZ 2016, 548; *Medicus* Schulden und Verschulden, DZWIR 2007, 221; *Menzinger* Das freie Nachforderungsrecht der Konkursgläubiger, 1982; *Pape, G.* Unzulässigkeit des Eröffnungsantrags eines Insolvenzgläubigers während der Wohlverhaltensphase, ZVI 2011, 353; *Pape/Grote* Ist die Restschuldbefreiung gerecht?, ZInsO 2009, 601; *Papel Wenzel* Das Zweitinsolvenzverfahren als Weg von der Vollstreckungsbeschränkung zur Restschuldbefreiung, ZInsO 2008, 287; *Reill-Ruppe* Anspruch und Wirklichkeit des Restschuldbefreiungsverfahrens, 2013; *Renger* Wege zur Restschuldbefreiung nach dem Insolvency Act 1986, 2012; *Rothammer* Die insolvenzrechtliche Restschuldbefreiung – Probleme und Lösungen, 2008; *Rothenburg/Echterkamp* Das Restschuldbefreiungsverfahren auf dem Prüfstand – Ein Instrument zur nachhaltigen Überwindung der Verschuldung, ZVI 2011, 148; *Schmerbach* Der Tod des Schuldners im Insolvenzverfahren, InsbürO 2009, 251; *ders.* Anspruch auf Restschuldbefreiung nach sechs Jahren, NZI 2010, 54; *ders.* Die Odyssee des BGH bei der Suche nach der Zulässigkeit von Restschuldbefreiungsanträgen in einem Zweitinsolvenzverfahren, ZInsO 2010, 647; *Schmidt-Räntsch* Die Restschuldbefreiung im Regierungsentwurf einer Insolvenzordnung, in FS für Hanisch, 1994, S. 217; *Schröder* Überschuldung privater Haushalte und Restschuldbefreiung, 2017; *Schulte* Die europäische Restschuldbefreiung, 2001; *Schwede* Restschuldbefreiung für Verbraucher – Eine Untersuchung der Zugangshürden und Versagungsgründe nach der Insolvenzordnung, 2006; *Smid* Restschuldbefreiung, in: Leipold (Hrsg.), Insolvenzrecht im Umbruch, S. 139; *Trendelenburg* Restschuldbefreiung, 2000; *dies.* Discharge in Germany from an International Point of View, Int. Insolv. Rev., 9, 111; *Wollweber/Bertrand* Restschuldbefreiung bei strafbefangenen Steuerverbindlichkeiten, DStR 2015, 1115.

Reformdiskussion über die Verbraucherinsolvenz und Restschuldbefreiung seit 2002:
Ahrens Schuldbefreiung durch absolute Anspruchsverjährung – 12 Antithesen, ZVI 2005, 1; *ders.* Entschuldungsverfahren und Restschuldbefreiung, NZI 2007, 193; *ders.* Zwei Schritte vor, ein Schritt zurück – die geplante Reform des Insolvenzrechts natürlicher Personen, ZRP 2007, 84; *ders.* Versagung contra Restschuldbefreiung, ZInsO 2007, 673; *ders.* Die Entschuldung mittelloser Personen im parlamentarischen Verfahren, NZI 2008, 86; *ders.* Eckpunkte des Bundesjustizministeriums zur Reform der Verbraucherinsolvenz, NZI 2011, 425; *ders.* Abpfiff – Eine Stellungnahme zu den geplanten Änderungen in § 302 Nr. 1 InsO-RefE 2012, ZVI 2012, 122; *ders.* Geplante Gesetzesänderungen im Verbraucherinsolvenz- und Restschuldbefreiungsrecht, in: Berger/Bähr/Melchior/Sturm/Winderlich (Hrsg.), 14. Leipziger Insolvenzrechtstag, 2013, 109 ff.; *Biegelsack* Ist die Übertragung des Versagungsverfahrens der Restschuldbefreiung auf den Rechtspfleger verfassungskonform?, ZInsO 2012, 109; *Beck* Der Referentenentwurf zur Reform des Insolvenzrechts vom 18.1.2012 aus Schuldnerperspektive, ZVI 2012, 223; *Bruns* Die geplante Novellierung der Restschuldbefreiung mittelloser Personen – ein geglückter fresh start?, KTS 2008, 41; *Bundesministerium der Justiz* Reform der Verbraucherinsolvenz – Eckpunkte eines vereinfachten Entschuldungsverfahrens; ZVI 2006, 526; *Busch/Mäusezahl* Restschuldbefreiungsverfahren – was kostet es wirklich?, ZVI 2005, 398; *Dick* Versagungsgründe – aktuelle Rechtslage und Neuregelung durch den Referentenentwurf 2007, ZVI 2007, 123; *Ehricke* Die geplante Verteilung aufgrund des besonderen Feststellungsverfahrens nach § 292a InsO RegE, ZVI 2008, 193; *Ernst* Entwurf eines Gesetzes zur Verkürzung des Restschuldbefreiungsverfahrens und zur Stärkung der Gläubigerrechte, JurBüro 2013, 401; *Frind* Entschuldung light – auf dem Rücken der Schuldner und Insolvenzgerichte?, ZInsO 2006, 342; *ders.* Preiswert ist nicht immer gerecht – Anmerkungen zum RefE-BMJ betreffend die Reform des Verbraucherinsolvenzverfahrens, ZInsO 2007, 473; *ders.* Preiswert ist immer noch nicht gerecht, ZInsO 2007, 1097; *ders.* Bausteine eines neuen effizienten Insolvenzverfahrens natürlicher Personen, ZInsO 2009, 1135; *ders.* Praxis-

Prüfstand: Die Vorschläge zur Neuordnung des Insolvenzverfahrens natürlicher Personen – Teil 1, Zum Referentenentwurf v. 18.1.2012 eines Gesetzes zur Verkürzung des Restschuldbefreiungsverfahrens, zur Stärkung der Gläubigerrechte und zur Insolvenzfestigkeit von Lizenzen, ZInsO 2012, 475, Teil 2 ZInsO 2012, 668; *ders.* Ein »schlankes« Privatinsolvenzverfahren? Eine Betrachtung aus insolvenzgerichtlicher Sicht zum RegE v. 18.7.2012 »Gesetz zur Verkürzung des Restschuldbefreiungsverfahrens und zur Stärkung der Gläubigerrechte«, ZInsO 2012, 1455; *Grote* Fresh start für natürliche Personen – materiellrechtliche oder insolvenzrechtliche Lösung, in FS für Kirchhof, S. 149; *ders.* Baukasten Restschuldbefreiung und das Licht am Ende des Tunnels, ZInsO 2006, 119; *ders.* Verbraucherinsolvenz und Entschuldungsverfahren: Neuer Regierungsentwurf – Eine erste Einschätzung der wichtigsten Änderungen, ZInsO 2007, 918; *Grote/Heyer* Alternativmodell zur Änderung der Insolvenzordnung zur Regelung der Entschuldung mittelloser Personen, ZInsO 2006, 1138 = ZVI 2006, 528; *Grote/Müller* Rückflüsse an die Staatskasse bei der Kostenstundung in Insolvenz- und Restschuldbefreiungsverfahren, ZInsO 2006, 187; *Grote/Pape* Der Referentenentwurf zur Verkürzung des Restschuldbefreiungsverfahrens und Stärkung der Gläubigerrechte, ZInsO 2012, 409; *dies.* Verkürzung des Restschuldbefreiungsverfahrens und Stärkung der Gläubigerrechte – Bemerkungen zu dem Regierungsentwurf, ZInsO 2012, 1913; *Harder* Die geplante Reform des Verbraucherinsolvenzrechts, NZI 2012, 113; *Heinze* Die Finanzierung des neuen Entschuldungsverfahrens, DZWIR 2007, 283; *Hellmich* Die Entschuldung mittelloser Personen und die Änderung des Verbraucherinsolvenzverfahrens – Stand der Diskussion, ZInsO 2007, 739; *Henning* Die Stärkung der außergerichtlichen Verhandlungen – Ein Bericht über die bisherige Tätigkeit der »Stephan-Kommission«, ZVI 2012, 126; *Hergenröder* Entschuldungsmodell statt Verbraucherinsolvenz bei Masselosigkeit, DZWIR 2006, 265; *ders.* Modifizierte Verbraucherinsolvenz bei Massehaltigkeit, DZWIR 2006, 441; *ders.* Die ewige Reform, DZWIR 2009, 221; *Hergenröder/Hohmann* Die Reform der Verbraucherentschuldung: Der nächste untaugliche Versuch, ZVI 2013, 91; *dies.* Die Reform der Verbraucherentschuldung: Plädoyer für eine Neuorientierung, ZVI 2013, 129; *Heyer* Reform des Restschuldbefreiungssystems, ZInsO 2005, 1009; *ders.* 3. Deutscher Insolvenzrechtstag: Widerstand gegen den Gesetzentwurf zum Entschuldungsverfahren, ZVI 2006, 169; *ders.* Der vorläufige Treuhänder – ein notwendiges Element im neuen Entschuldungsverfahren?, ZVI 2008, 98; *ders.* Reform der Verbraucherentschuldung: Übertragung der Zuständigkeit für die Verbraucherinsolvenzverfahren auf den Rechtspfleger, ZVI 2011, 437; *ders.* Verfahrenskostenstundung – wofür wir sie brauchen und benutzen, ZVI 2012, 130; *Heyer/Grote* Alternativmodell zum Entschuldungsmodell bei Masselosigkeit, ZInsO 2006, 1121; *Hingerl* Verkürzung des Verbraucherinsolvenzverfahrens durch Insolvenzplan, ZVI 2012, 258; *ders.* System der Restschuldbefreiung bei natürlichen Personen, De lege lata – Regierungsentwurf v. 31.10.2012 – Ergänzungsvorschlag, ZInsO 2013, 21; *Hofmeister/Jäger* Kleintransporter statt Sattelschlepper, ZVI 2005, 180; *Hofmeister/Schilz* Stärkung der außergerichtlichen Einigung – wirklich gut oder gut gemeint?, ZVI 2012, 134; *Holzer* Regierungsentwurf zur Entschuldung mittelloser Personen, zur Stärkung der Gläubigerrechte sowie zur Regelung der Insolvenzfestigkeit von Lizenzen, ZVI 2007, 393; *Jäger* Masselose Verbraucherinsolvenzverfahren ohne Verfahrenseröffnung – eine Neubelebung einer »alten« Idee, ZVI 2005, 15; *ders.* Schnellere Restschuldbefreiung durch Mindestquote – § 300 Abs. 1 Satz 2 Nr. 1 InsO-RefE 2012 auf dem Prüfstand, ZVI 2012, 142; *ders.* Kein großer Wurf – der Referentenentwurf vom 18. Januar 2012, ZVI 2012, 177; *Kainz* Das Scheitern der Reform des Verbraucherinsolvenzverfahrens – Gegenüberstellung der Rechtslage mit den geplanten Änderungen im Referenten- und im Regierungsentwurf 2007, 2010; *Kemper* Keine Entschuldung für unbenannte Gläubiger nach dem geplanten Entschuldungsverfahren, ZVI 2006, 434; *Koark* Restschuldbefreiung: Sozial ungerechtfertigte Quote ohne vernünftiges Wirtschaftsergebnis für das Entschuldungsverfahren als »Gegenleistung« für Verhaltensänderung tauschen?, ZInsO 2013, 64; *Koark/du Carrois/Haarmeyer* Vorzeitige Erteilung der Restschuldbefreiung mit Zustimmung der Gläubiger oder Ratingsystem als Alternative zur geplanten Mindestbefriedigungsquote im verkürzten Verbraucherinsolvenzverfahren, ZInsO 2012, 469; *Köchling* Der Gesetzentwurf zur Verkürzung des Restschuldbefreiungsverfahrens und zur Stärkung der Gläubigerrechte – Stellungnahme aus Sicht eines Gläubigers, ZInsO 2013, 316; *Kohte* Forderungen und Anforderungen an ein vereinfachtes Restschuldbefreiungsverfahren, ZVI 2005, 9; *Kranzusch* Zur Reform des Insolvenzrechts im Bereich Restschuldbefreiung laut Regierungsentwurf, ZInsO 2012, 2169; *Lissner* Die geplante Zuständigkeitsübertragung auf den Rechtspfleger im Rahmen der Verbraucherinsolvenzrechtsreform, ZInsO 2012, 681; *ders.* Praxis steht einer Übertragung des Verbraucherinsolvenzverfahrens aufgeschlossen gegenüber, ZInsO 2012, 1164; *ders.* Die Reform des Verbraucherinsolvenzrechts – Zuständigkeit des Rechtspflegers unabdingbar, ZVI 2012, 83; *ders.* Der neue Regierungsentwurf des Gesetzes zur Verkürzung des Restschuldbefreiungsverfahrens und zur Stärkung der Gläubigerrechte in der Fassung vom 31.10.2012 und die Konsequenzen für die funktionelle Zuständigkeit, ZInsO 2012, 2282; *ders.* Die angestrebte Reform der Verbraucherinsolvenz und anderer Reformen und ihre Auswirkungen auf die Beratungshilfe, ZInsO 2013, 330; *ders.* Der außergerichtliche Einigungsversuch – Notwendigkeit oder staatliche Subvention?, ZInsO 2014, 229; *Löffler* Entwicklung der Verfahrenszahlen und Kosten in Stundungsfällen beim AG Göttingen, ZVI 2006, 385; *Mattern* Die Reformierung des Restschuldbefreiungsverfahrens unter Einbeziehung des Stundungsverfahrens: Erörterung von Problemfeldern und Reformüberlegungen im Restschuldbefreiungsverfahren, 2006; *Napoletano* Privatinsolvenz und Restschuldbefreiung: Fresh start oder »bürgerlicher Tod«? Rechtspolitische Überlegungen zur Entschuldung natürlicher Personen unter besonderer Berücksichtigung ökonomischer Aspekte, 2012; *Obermüller* Kreditsicherheiten in der Verbraucherinsolvenzreform, ZVI 2012, 146; *Ohle/Schatz/Jäger* Zur Reform des Verbraucherinsolvenzverfahrens – ein schlechtes Entschuldungsmodell und eine gute Alternative, ZVI 2006, 480; *Pape, G.* Von der »Perle der Reichsjustizgesetze« zur Abbruchhalde, ZInsO 2005, 842; *ders.* Ende der Restschuldbefreiung für alle?, ZInsO 2006, 897; *ders.* Neue Wege zur Entschuldung völlig mittelloser Personen, ZVI 2007, 239; *ders.* Altbekanntes und Neues zur Entschuldung mittelloser Personen, NZI 2007, 681; *ders.* Verbraucherinsolvenz 2012 – gefühlter und tatsächlicher Reformbedarf, ZVI 2012, 150; *Pianowski* Ein Hilferuf aus der Praxis, ZInsO 2008, 308; *Pluta* Insolvenzverfahren ohne sinnlosen Arbeitsaufwand, ZVI 2005, 20; *Ritter* Die neue 25 %-Quote zur Verkürzung der Restschuldbefreiungsphase – geht die Reform in die Leere?, ZVI 2013, 135; *Rüntz/Heßler/Wiedemann/Schwörer* Die Kosten des Stundungsmodells, ZVI 2006, 185; *Schmerbach* Änderungsbedarf im Regel- und Verbraucherinsolvenzverfahren, ZInsO 2003, 253; *ders.* InsO-Änderungsgesetz 2005 – ein Ausblick, ZInsO 2004, 697; *ders.* Strukturreform InsO, ZInsO 2005, 77; *ders.* Die geplante Entschuldung völlig mittelloser Personen, NZI 2007, 198; *ders.* Konkrete Änderungsvorschläge zum Entwurf eines Gesetzes zur Entschuldung mittelloser Personen, zur Stärkung der Gläubigerrechte sowie zur Regelung der Insolvenzfestigkeit von Lizenzen, NZI 2007, 710; *ders.* 10 Thesen zur Insolvenzreform in Verfahren natürlicher Personen, ZInsO 2009, 2388; *ders.* Entschuldungsverfahren und Restschuldbefreiung – Reform aus einem Guss, InsbürO 2009, 452; *ders.* Leitlinien einer Reform der Insolvenzverfahren natürlicher Personen, NZI 2011, 131; *ders.* RefE 2012: Geplante Änderungen im Restschuldbefreiungsverfahren und Vollübertragung auf den Rechtspfleger, NZI 2012, 161; *ders.* Ausweitung der Erwerbspflicht des Schuldners auch das eröffnete Verfahren – Startschuss für einheitliche Versagungsgründe?, ZVI 2012,155; *ders.* Verkürzung der Restschuldbefreiungsdauer – Ergänzungsvorschlag zum Entwurf eines Gesetzes zur Verkürzung des Restschuldbefreiungsverfahrens, zur Stärkung der Gläubigerrecht und zur Insolvenzfestigkeit von Lizenzen; NZI 2012, 364; *ders.* Vereinfachung des Restschuldbefreiungsverfahrens, ZInsO 2012, 916; *ders.* Änderungen in Insolvenzverfahren natürlicher Personen – Der Regierungsentwurf vom 18.7.2012, VIA 2012, 57; *Schmidberger* Die zweite Stufe der Reform des Insolvenzrechts – Analyse und Anregungen, Rpfleger 2012, 297; *Schmitz-Winnenthal/Reuter* Warum eine große InsO-Reform?, ZVI 2010, 41; *Siebert* Geplante Änderungen im Verbraucherinsolvenzverfahren, VIA 2012, 17; *Springeneer* Reform des Verbraucherinsolvenzrechts: Das schwierige Unterfangen, Null-Masse-Fälle ohne Systembrüche neu zu regeln, ZVI 2006, 1; *dies.* Nachbesserungsbedarf bei der Konzeption des Entschuldungsverfahrens, ZVI 2008, 106; *ders.* Stellungnahme der *Neuen Insolvenzverwaltervereinigung Deutschlands e.V. (NIVD)* zum Referentenentwurf für ein Gesetz zur Verkürzung des Restschuldbefreiungsverfahrens, zur Stärkung der Gläubigerrechte und zur Insolvenzfestigkeit von Lizenzen (RefE Stand 23.1.2012), ZInsO 2012, 1112; Stellungnahme des *Deutschen Anwaltvereins* durch den DAV-Insolvenzrechtsausschuss zum Referentenentwurf eines Gesetzes zur Änderung der Insolvenzordnung, des Kreditwesengesetzes und anderer Gesetze, ZInsO 2005, 32; *Stephan* Die Reform des Verbraucherinsolvenz- und Restschuldbefreiungsverfahrens, NZI 2006, 671; *ders.* Der vorläufige Treuhänder im Regierungsentwurf zur Entschuldung mittelloser Personen, ZVI 2007, 441; *ders.* Die Neufassung des § 303 InsO – ein gefährlicher Kampf des Don Quijote gegen die Windmühlen, ZVI 2008, 141; *ders.* Die Reform des Verbraucherinsolvenz- und Restschuldbefreiungsverfahrens, VIA 2011, 25; *ders.* Stellungnahme zum Referentenentwurf eines Gesetzes zur Verkürzung des Restschuldbefreiungsverfahrens, zur Stärkung der Gläubigerrechte und zur Insolvenzfestigkeit von Lizenzen, ZVI 2012, 85; *Stephan-Kommission* Die Ergebnisse der Kommission zur Förderung und Optimierung der außergerichtlichen Einigung, ZVI 2013, 117; *Vallender* Brauchen wir ein Entschuldungsverfahren?, NZI 2006, 279; *ders.* Die Richtung stimmt – Anmerkungen zum Entwurf eines Gesetzes zur Entschuldung völlig mittelloser Personen und zur Änderung des Verbraucherinsolvenzverfahrens, InVo 2007, 219; *ders.* Erfolg beim dritten Anlauf?, NZI 2007, 617; *ders.* Die anstehende Reform des Verbraucherinsolvenz- und Restschuldbefreiungsverfahrens – zum Referentenentwurf eines Gesetzes zur Verkürzung des Restschuldbefreiungsverfahrens, zur Stärkung der Gläubigerrechte und zur Insolvenzfestigkeit von Lizenzen, KSzW 2012, 260; *Vallender/Laroche* 13 Jahre sind genug! – Plädoyer für die Abschaffung des (eigenständigen) Verbraucherinsolvenzverfahrens, VIA 2012, 9; *Wagner* Überlegungen zur Struktur eines Entschuldungsverfahrens, ZVI 2005, 173; *ders.* Die natürliche Person mit beschränkter Haftung, ZIP 2008, 630; *Weiß* Die Versagung der Restschuldbefreiung bei strafrechtlichen Verurteilungen, ZInsO 2012, 1058; *Wimmer* Der Referentenentwurf eines Gesetzes zur Verkürzung des Restschuldbefreiungsverfahrens, zur Stärkung der Gläubigerrechte und zur Insolvenzfestigkeit von Lizenzen, ZVI 2012, 160; Zwischenbericht der Bund-Länder-Arbeitsgruppe zur Restschuldbefreiung, ZVI 2005, 445; *Zurlinden* Reform der Restschuldbefreiung, 2007; *Zypries* Aktuelles Insolvenzrecht, ZVI 2005, 157.

Reform des Restschuldbefreiungs- und Verbraucherinsolvenzrechts 2014:
Ahrens Reform des Insolvenzverfahrens natürlicher Personen verabschiedet, NJW-Spezial 2013, 341; *ders.* Anfechtung in der Insolvenz natürlicher Personen, NJW-Spezial 2014, 341; *ders.* Systematisches und Unsystematisches bei den RSB-Versagungsverfahren, ZVI 2014, 227; *ders.* Die Reform des Privatinsolvenzrechts 2014, NJW 2014, 1841; *ders.* Lohnabtretungen in der Insolvenz nach der Aufhebung von § 114 InsO, NZI 2014, 529; *ders.* Das neue Privatinsolvenzrecht, 2. Aufl. 2016; *ders.* Erste Entscheidungen zum neuen Insolvenzrecht, NJW-Spezial 2014, 725; *ders.* Das neue Privatinsolvenzrecht – Probleme und Lösungen, ZAP 2014, 1387; *ders.* Vorprüfung von Versagungsgründen, VIA 2015, 49; *ders.* Zu Risiken und Nebenwirkungen, Liber amicorum Henckel, 2015, 1; *ders.* Sachverhaltsfeststellungen im neuen Privatinsolvenzrecht, FS Vallender, 2015, 1; *ders.* Die Dauer des Restschuldbefreiungsverfahrens, NJW-Spezial 2015, 341; *ders.* Vorprüfung von Versagungsgründen gem. § 287a I 1 InsO, VIA 2015, 49; *ders.* Keine sofortige Restschuldbefreiung ohne Kostenberichtigung, NJW 2017, 21; *Baczako* Was lange währt, wird endlich gut?, ZVI 2013, 209; *Beyer* Insolvenzplanverfahren bei natürlichen Personen, ZVI 2013, 334; *Bigge/Peters-Lange* Auswirkungen der Streichung des § 114 InsO für gesicherte Gläubiger und Auf-/Verrechnungsberechtigte durch das Gesetz zur Verkürzung des Restschuldbefreiungsverfahrens und Stärkung der Gläubigerrechte zum 1.7.2014, ZIP 2014, 2114; *Blankenburg* Änderungen im Ablauf des Eröffnungsverfahrens durch das Gesetz zur Verkürzung des Restschuldbefreiungsverfahrens und zur Stärkung der Gläubigerrechte, ZInsO 2014, 801; *Blankenburg* Verfehlte Erweiterung der Sperrfrist auf § 305 Abs. 3 Satz 2 InsO, Anmerkung zu BGH, Beschl. v. 18.9.2014 – IX ZB 72/13, ZInsO 2014, 2177, ZInsO 2015, 130; *Blankenburg/Godzierz* Die vorzeitige Restschuldbefreiung gem. § 300 Abs. 1 Satz 2 InsO im laufenden Verfahren, ZInsO 2014, 1360; *Deppe* Von der Restschuldbefreiung ausgenommene Unterhaltsforderungen in der Insolvenztabelle, InsbürO 2015, 287; *Freydag* Neuerwerb bei vorzeitiger Restschuldbefreiung, Anmerkungen zu BGH v. 13.2.2014 – IX ZB 23/13, ZVI 2014, 147, ZVI 2015, 49; *Frind* Praxisprobleme des reformierten Privatinsolvenzverfahrens. Zur praktischen Umsetzung von »Eingangsentscheidung« und Verkürzung der Restschuldbefreiungserteilungszeit, ZInsO 2013, 1448; *ders.* Neue Möglichkeiten zur schnelleren Erlangung der Restschuldbefreiung, BB 2013, 1674; *ders.* Der »auf Halde« gelegte Antrag auf Versagung der Restschuldbefreiung, NZI 2013, 729; *ders.* Störeinflüsse im Privatinsolvenz-Planverfahren, ZInsO 2014, 280; *ders.* Gläubigerschutz bei der Verfahrenskostenstundung – Stundungsgewährung, Eingangsentscheidung und Stundungsaufhebung nach dem neuen Privatinsolvenzrecht seit 1.7.2014, ZInsO 2015, 542; *Graeber* Reform der Verbraucherinsolvenz- und Restschuldbefreiungsverfahren, Teil 4, Das Ende des § 313-Nur-Treuhänder?, InsbürO 2013, 339; *Graf-Schlicker* Insolvenzrechtsreform 2014 – aus dem Blickwinkel des Gesetzgebungsverfahrens, ZVI 2014, 202; *Grote* Reform der Restschuldbefreiung zum 1.7.2014 – die 25 wichtigsten Änderungen, InsbürO 2013, 207; *ders.* Reform der Verbraucherinsolvenz- und Restschuldbefreiungsverfahren, Teil 2, Inkrafttreten und Überleitungsvorschrift, InsbürO 2013, 295; *ders.* Reform der Verbraucherinsolvenz- und Restschuldbefreiungsverfahren, Teil 9, Vorzeitige Restschuldbefreiung nach 3 oder 5 Jahren, InsbürO 2014, 47; *ders.* Reform der Verbraucherinsolvenz- und Restschuldbefreiungsverfahren, Teil 11, Insolvenzplanverfahren für Verbraucher, InsbürO 2014, 203; *ders.* Reform der Verbraucherinsolvenz- und Restschuldbefreiungsverfahren, Teil 12, Insolvenzplanverfahren für Verbraucher?, Teil 2, InsbürO 2014, 252; *Grote/Pape* Das Ende der Diskussion? Die wichtigsten Neuregelungen zur Restschuldbefreiung, ZInsO 2013, 1433; *dies.* Endlich: Die Reform der Verbraucherinsolvenz – lohnte das den Aufwand?, AnwBl 2013, 601; *Grunicke* Der neue § 302 Nr. 1 InsO – Fiskusprivileg durch die Hintertür, ZVI 2014, 361; *Harder* Der schnelle Weg zur Restschuldbefreiung, VIA 2014, 277; *Heicke* Die Modifikationen des § 290 InsO durch die Insolvenzrechtsreform, VIA 2014, 49; *Heilmaier* Die Prüfung von Versagungsgründen des § 290 InsO in Stundungs- und Eingangsentscheidung, ZInsO 2015, 1838; *Henning* Die Änderungen in den Verfahren natürlicher Personen durch die Reform 2014, ZVI 2014, 7; *ders.* Die Verkürzung des Restschuldbefreiungsverfahrens gem. § 300 InsO n.F. – aus Schuldnersicht, ZVI 2014, 219; *ders.* Die praktische Umsetzung der vorzeitigen Erteilung der Restschuldbefreiung gem. § 300 InsO, InsbürO 2015, 280; *Heyer* Die qualifizierte Abschlussbescheinigung nach der Insolvenzrechtsreform 2013/2014, ZVI 2013, 214; *ders.* Eintragungen in das Schuldnerverzeichnis nach § 303a InsO n.F., ZVI 2014, 244; *Hofmeister* Insolvenzrechtsreform 2014: Kein Hinkelstein, aber jede Menge Schotter im Detail, Anmerkungen aus Sicht der Schuldner- und Insolvenzberatung, ZVI 2014, 247; *Hohmann* Die Reform des Rechts der Verbraucherentschuldung zum 1. Juli 2014: Evolution statt Revolution, Teil 1, DGVZ 2014, 137, Teil 2, DGVZ 2014, 160; *Jäger* Die Verkürzung des Restschuldbefreiungsverfahrens gem. § 300 InsO n.F. – aus Gläubigersicht, ZVI 2014, 223; *Kluth* Die Verkürzung der Wohlverhaltensphase auf drei Jahre nach § 300 I 2 Nr. 2 InsO n.F., NZI 2014, 801; *Kuleisa* Aufhebung des § 114 InsO – Was wird aus der Abtretung von Bezügen während und nach der Insolvenz, ZVI 2015, 85; *Lackmann* Reform der Verbraucherinsolvenz- und Restschuldbefreiungsverfahren, Teil 13, Neue Herausforderungen für die anerkannten Schuldnerberatungsstellen?, InsbürO 2014, 303; *Laroche/Harder* Keine Angst vor dem Insolvenzplan!, VIA 2014, 81; *Laroche/Siebert* Neuerungen bei Versagung und Erteilung der Restschuldbefreiung, NZI 2014, 541; *Leipold* Anmerkungen eines Rechtspflegers in Insolvenzsachen zum Gesetz zur »Verkürzung der Wohlverhaltensphase«, ZInsO 2013, 2052; *Lissner* Das Gesetz zur Verkürzung

§ 286 InsO Grundsatz

des Restschuldbefreiungsverfahrens und zur Stärkung der Gläubigerrechte – Stärkung der Gläubigerrechte oder nur Verkürzung des Restschuldbefreiungsverfahrens?, JurBüro 2014, 342; *Michaelsen* Subprime-Umschuldungsdarlehen bei teilweisem Schuldenerlass, ZInsO 2013, 2466; *Möhring* Die Rechtsprechung des Bundesgerichtshofs zu den Sperrfristen und § 287a InsO. Zugleich Besprechung von BGH v. 4.5.2017 – IX ZB 92/16, ZVI 2017, 299, ZVI 2017, 289; *Pape* Fortfall der Zweistufigkeit bei den RSB-Versagungsgründen, § 297a InsO n.F., ZVI 2014, 234; *ders.* Reform der Verbraucherinsolvenz- und Restschuldbefreiungsverfahren, Teil 13, Neuregelung des asymmetrischen Verfahrens im Gesetz zur Verkürzung des Insolvenzverfahrens und zur Stärkung der Gläubigerrechte, InsbürO 2014, 299; *Praß* Reform 2014: Der Herkunftsnachweis nach § 300 Abs. 2 Satz 1 InsO, ZVI 2014, 170; *Reck* Rückstellung für die Wohlverhaltensperiode – Fluch für die Gläubiger und Segen für Schuldner und Staatskasse?, ZVI 2015, 161; *Reck/Köster/Wathling* 1 1/2 Jahre neues Verbraucherinsolvenzrecht – ein Zwischenstand, ZVI 2016, 1; *Rein* Der Insolvenzplan im Verbraucherinsolvenzverfahren, ZVI 2014, 239; *Reinfelder* Aktuelles zur Insolvenz des Arbeitnehmers, NZA 2014, 633; *Rugullis* Schuldenbereinigungsplan und Insolvenzplan – ein Rechtsfolgenvergleich, NZI 2013, 869; *Schmerbach* Überblick über die Änderungen im Insolvenzverfahren natürlicher Personen, VIA 2013, 41; *ders.* Gesetz zur Verkürzung des Restschuldbefreiungsverfahrens und zur Stärkung der Gläubigerrechte verabschiedet – Ende gut, alles gut?, NZI 2013, 566; *ders.* Auswirkungen der Änderungen von Verfahrensvorschriften der InsO, ZInsO 2014, 132; *ders.* Reform der Verbraucherinsolvenz- und Restschuldbefreiungsverfahren, Teil 7, Das neue Recht der Versagung, InsbürO 2013, 471; *ders.* Übersicht über den Verfahrensablauf in den ab dem 1.7.2014 beantragten Insolvenzverfahren natürlicher Personen, NZI 2014, 553; *ders.* Kosten bei vorzeitiger Erteilung der RSB nach drei Jahren gem. § 300 InsO nF und beim Insolvenzplan, NZI 2014, 554; *Schmerbach/Semmelbeck* Zwölf offene Fragen zur Reform der Privatinsolvenzen, NZI 2014, 547; *Semmelbeck* Auskunftsanspruch des Schuldners im Rahmen des § 300 I 2 InsO, VIA 2014, 57; *Schmidt* Was wird aus der Sperrfrist-Rechtsprechung des BGH? Die Eingangsentscheidung gem. § 287a InsO n.F., ZVI 2014, 211; *Schmittmann* Reform der Verbraucherinsolvenz- und Restschuldbefreiungsverfahren, Teil 10, Die Neufassung der Deliktsforderungen in § 302 InsO, InsbürO 2014, 159; *Scholz-Schulze/Graeber* Checkliste der durch die Insolvenzgerichte zu beachtenden Änderungen ab dem 1.7.2014, ZInsO 2014, 587; *Semmelbeck* Zeitlicher Anwendungsbereich der Neuregelungen im Genossenschaftsgesetz, ZInsO 2013, 1785; *Stephan* Die Erwerbsobliegenheit des Schuldners ab Eröffnung des Insolvenzverfahrens, ZVI 2014, 214; *Streck* Die Eingangsentscheidung gem. § 287a InsO – mehr Arbeit für Gerichte und Verwalter?, ZVI 2014, 205; *Waltenberger* Die neue Zulässigkeitsentscheidung des Restschuldbefreiungsantrags und die von der Restschuldbefreiung ausgenommenen Forderungen, ZInsO 2013, 1458; *ders.* Die vorzeitige Restschuldbefreiung und Problemfälle zum »neuen« § 300 InsO, ZInsO 2014, 808.

A. Normzweck

1 Als **prinzipiengestaltende Grundlagenbestimmung** des Achten Teils weist § 286 InsO eine mehrfach gestufte Struktur auf. Die Vorschrift kleidet zunächst die **programmatische Aussage** von § 1 Satz 2 InsO aus, wonach im Insolvenzverfahren dem redlichen Schuldner Gelegenheit gegeben wird, sich von seinen restlichen Verbindlichkeiten zu befreien (*Ahrens* VuR 2000, 8 ff.). Dazu gewährleistet sie zusätzlich die eigenständigen Funktionen der gesetzlichen Schuldbefreiung. Über die Verweisung auf die §§ 287–303 InsO bestimmt sie weiter die Restschuldbefreiung als **materiell- und verfahrensrechtliches Institut** und grenzt schließlich dessen Anwendungsbereich ab (A/G/R-*Fischer* § 286 InsO Rn. 1). Auf § 303a InsO wird dagegen nicht verwiesen. Obwohl diese Vorschrift nicht unmittelbar die Erteilung der Restschuldbefreiung regelt, konkretisiert sie doch deren Wirkungen und gehört damit zu den anzuführenden Normen. Letztlich folgt diese Verweisungspflicht auch aus der Gesamtbezugnahme in § 286 InsO auf die Vorschriften des Achten Teils der Insolvenzordnung. Bei der fehlenden Verweisung handelt es sich um einen redaktionellen Fehler. Während die anderen Redaktionsfehler im Rahmen der Novellierung des Privatinsolvenzrechts 2014 mit Art. 2 des Gesetzes zur Durchführung der Verordnung (EU) 2015/848 über das Insolvenzverfahren vom 05.06.2017 (BGBl. I 2017, 1476) repariert worden sind, ist die Verweisung auf § 303a InsO nicht ergänzt worden. Auswirkung hat diese Unterlassung nicht, zumal sie durch eine teleologische Extension von § 286 InsO korrigiert werden kann. Der Verweisungsgehalt folgt aus der Gesamtbezugnahme in § 286 InsO auf die Vorschriften des Achten Teils der Insolvenzordnung (*Ahrens* Das neue Privatinsolvenzrecht, Rn. 1178a).

2 Die Restschuldbefreiung dokumentiert einen **Strukturwandel**, durch den das Insolvenzrecht aus seiner einseitigen Fixierung auf das Haftungsrecht (so aber *Häsemeyer* InsR, Rn. 1.11; *Smid* Praxis-

handbuch, § 1 Rn. 1) gelöst wird. Bei der Insolvenz natürlicher Personen treten dadurch neben die weiterhin zentrale haftungsrechtliche Ausrichtung andere Leistungen. Im Mittelpunkt steht bislang die Befreiung von den restlichen Verbindlichkeiten. Langsam gerät aber auch die Aufgabe des Insolvenzrechts bei der Abwicklung und veränderten Ausrichtung von Vermögensverhältnissen in das Blickfeld (*Gottwald/Ahrens* HdbInsR, § 76 Rn. 1).

Mit dem Institut der Restschuldbefreiung wird das seit Langem kritisierte **freie Nachforderungsrecht** der Konkursgläubiger aus § 164 Abs. 1 KO (*Heilmann* KTS 1975, 18; *Menzinger* Das freie Nachforderungsrecht der Konkursgläubiger, insbes. S. 15 ff., 133 ff.; *Ackmann* Schuldbefreiung durch Konkurs?, S. 114 ff., aber 140; *Knüllig-Dingeldey* Nachforderungsrecht oder Schuldbefreiung, S. 57 ff., 114, 216; *Uhlenbruck* FLF 1989, 11) **eingeschränkt**, wenn auch nicht aufgehoben, vgl. § 201 Abs. 1 und 3 InsO (LSZ/*Kiesbye* InsO, § 286 Rn. 3; *Jauernig* Zwangsvollstreckungs- und Insolvenzrecht, § 95 I, sieht das Nachforderungsrecht beseitigt). Erstmals im jüngeren deutschen Recht (entwicklungsgeschichtliche Hinweise bei *Hahn* Die gesammten Materialien zu den Reichsjustizgesetzen, Bd. IV, S. 342 f.; *Ackmann* Schuldbefreiung durch Konkurs?, S. 9 ff.) ist damit eine gesetzliche Schuldbefreiung für natürliche Personen verwirklicht. 3

Auf diese Weise wird die frühere **Ungleichbehandlung** bei der nachkonkurslichen Haftung natürlicher Personen und Personengesellschaften gegenüber Kapitalgesellschaften durchbrochen (*Arnold* DGVZ 1996, 65 [66]; *Fuchs* Restschuldbefreiungstourismus, S. 24 f.). Ökonomisch steuert die gesetzliche Schuldbefreiung ein der Unternehmensliquidation entsprechendes Ausfallrisiko. Dies gilt im Ergebnis gleichermaßen gegenüber den vertraglichen Gläubigern wie den gesetzlichen Gläubigern, deren Rechtsanspruch die Rechtsordnung begrenzt (*Madaus* JZ 2016, 548 [552]). Beseitigt ist die Ungleichbehandlung jedoch noch nicht. Neben den weitreichenden persönlichen Anforderungen des regelmäßig sechsjährigen Restschuldbefreiungsverfahrens, die mit scharfen Versagungsregeln gesichert werden, sind insbesondere die vielfältigen Nachhaftungswirkungen zu nennen, mit den prominentesten Beispielen in § 302 InsO. Vergleichbare Regeln im Unternehmensinsolvenzrecht fehlen (*Gottwald/Ahrens* HdbInsR, § 76 Rn. 5; *Mohrbutter/Ringstmeier-Pape* § 17 Rn. 3). Als weiteres Regelungsziel der Restschuldbefreiung wird dem Schuldner zudem die Chance eröffnet, sich wirtschaftlich zu erholen und eine **neue Existenz** aufzubauen. Dieser umfassende Ansatz wird verkannt, wenn die Legitimation der Schuldbefreiung einseitig auf den Unternehmer zugeschnitten wird (so aber *Medicus* DZWIR 2007, 221 [224]). 4

Neben der sozialen und einzelwirtschaftlichen Aufgabe, dem Schuldner einen **Neubeginn** (fresh start) zu ermöglichen (*BGH* BGHZ 183, 258 Tz. 21; ZInsO 2015, 1739 Rn. 8 = EWiR 2015, 611 m. Anm. *Ahrens*; *Smid* Praxishandbuch, § 45 Rn. 4; für den Zwangsvergleich bereits *RG* RGZ 150, 163 [170]), wird damit auch das gesamtwirtschaftliche Ziel verfolgt, den Schuldner als **Marktteilnehmer** zu reintegrieren (*BGH* ZInsO 2015, 1739 Rn. 9 = EWiR 2015, 611 m. Anm. *Ahrens*). Über das Insolvenzverfahren soll nicht nur der Marktaustritt, sondern auch die Chance auf einen erneuten Marktzutritt gesteuert werden. Als quantitatives Ziel soll die Zahl der überschuldeten Haushalte reduziert werden (*Schröder* Überschuldung privater Haushalte und die Möglichkeit der Restschuldbefreiung, S. 266, aber S. 278). 5

Zusätzlich trägt eine Restschuldbefreiung auch der **Achtung vor der Person** des Schuldners Rechnung (*Häsemeyer* Insolvenzrecht, Rn. 26.02; MüKo-InsO/*Stürner* Einl. Rn. 70, 93; *Mohrbutter/Ringstmeier-Pape* § 17 Rn. 6) und dient damit dem Schutz des Schuldners und seinem **Persönlichkeitsrecht** (*BGH* ZInsO 2015, 1739 Rn. 9 = EWiR 2015, 611 m. Anm. *Ahrens*). Folgerichtig sind deswegen ebenfalls die Personen eingeschlossen, die etwa aus Altersgründen oder krankheitshalber nicht mehr in der aktiven Wertschöpfungskette stehen. Aufgrund dieser Achtung vor der Persönlichkeit des Schuldners ist auch den Personen die Chance auf eine Schuldbefreiung zu geben, die derzeit über kein pfändbares Einkommen verfügen. Obwohl diese genannten Zielsetzungen die §§ 286 bis 303 InsO dominieren, wird die gesetzliche Schuldbefreiung doch nicht einseitig zulasten der Gläubiger durchgesetzt (vgl. auch BGHZ 144, 78 [83]). Ihre berechtigten Interessen werden in dem ausbalancierten Regelungskanon insbesondere durch die §§ 290 Abs. 1, 295 bis 297a und 303 InsO (*BGH* ZInsO 2015, 1739 Tz. 8 = EWiR 2015, 611 m. Anm. *Ahrens*) mit in das Schuldbefreiungs- 6

§ 286 InsO Grundsatz

verfahren einbezogen, das den höchstrichterlichen und verfassungsrechtlichen (dazu Rdn. 14 ff.) Anforderungen entspricht (BGHZ 122, 373 [379]; BGHZ 134, 79 [92]). Damit kann die Restschuldbefreiung auch aus **sozialstaatlichen Anforderungen** abgeleitet werden (*BGH* ZInsO 2015, 1739 Tz. 9 = EWiR 2015, 611 m. Anm. *Ahrens*). Letztlich soll die Schuldbefreiung auf diese Weise nicht nur dem Schuldner, sondern auch den Gläubigern Vorteile bringen und einen Interessenausgleich zwischen Schuldner und Gläubigern ermöglichen (Begr. RegE BR-Drucks. 1/92 S. 100; *Ahrens* VuR 2000, 8 [11]).

7 § 286 InsO begründet ein **eigenes Recht des Schuldners auf Restschuldbefreiung**. Über die den Insolvenzzweck aus § 1 Satz 2 InsO konkretisierende Wirkung hinaus erhält § 286 InsO durch die Verweisung auf die §§ 287 bis 303 InsO eine eigene gestaltende Aussage. § 286 InsO verweist nicht allein deklaratorisch auf die nachfolgenden Vorschriften, sondern ordnet die **materiellrechtliche Folge** einer Befreiung von den im Insolvenzverfahren nicht erfüllten Verbindlichkeiten systematisch in das verfahrensrechtliche Programm der Schuldbefreiung ein. Restschuldbefreiung ist damit ein durch Prozesshandlungen, wie die Antragstellung und die Abtretungserklärung (s. § 287 Rdn. 132 ff.), sowie durch Verfahrensformen, von der Glaubhaftmachung der Versagungsgründe bis hin zur rechtsmittelfähigen Erteilung der Schuldbefreiung, geprägtes insolvenzverfahrensrechtliches Institut.

8 Damit ist eine allein von den tatbestandsmäßigen Voraussetzungen und Einwendungen abhängige gesetzliche Schuldbefreiung als **subjektives Recht** eines jeden insolventen Schuldners geschaffen. Dieses subjektive Recht wird aufgrund eines gerichtlichen Verfahrens durch die richterliche Entscheidung begründet (*Ahrens* Jahrbuch Junger Zivilrechtswissenschaftler, 1999, S. 189 [199]; *Uhlenbruck/Sternal* InsO, § 286 Rn. 1; *Braun/Pehl* InsO, § 286 Rn. 3; HambK-InsO/*Streck* 4. Aufl., § 291 Rn. 2; *Graf-Schlicker/Kexel* InsO, § 286 Rn. 1; LSZ/*Kiesbye* InsO, § 286 Rn. 20; *Schmidt* Privatinsolvenz, § 5 Rn. 1; A/G/R-*Fischer* § 286 InsO Rn. 1, Rechtsanspruch; MüKo-InsO/*Stephan* § 286 Rn. 1, Rechtsanspruch; ebenso K. Schmidt/*Henning* InsO, § 286 n.F. Rn. 1; *Schmerbach* NZI 2010, 54, Anspruch). Formuliert wird ein Anspruch auf Restschuldbefreiung (*Hergenröder/Homann* ZVI 2013, 129 [132]; *Heyer* ZVI 2017, 45 [47]). Die Bezeichnung durch den *BGH* als Privileg (*BGH* ZInsO 2006, 265 [266]) steht dem nicht entgegen, doch ist die Rede von einer Rechtswohltat verfehlt (aber KK-InsO/*Henning* § 4c Rn. 10; *Schulze* Naturalobligation, S. 537; s.a. *Hergenröder* DZWIR 2006, 265 [274 f.]; *Hergenröder/Homann* ZVI 2013, 129 [132]; *Frind* Praxishandbuch Privatinsolvenz, Rn. 1: »Gelegenheit«).

9 Aus dem Charakter der Restschuldbefreiung als subjektives Recht sind konkrete **verfahrens- und materiellrechtliche Wirkungen** abzuleiten. Ist die Frist der Abtretungserklärung abgelaufen, § 300 Abs. 1 Satz 1 InsO, muss das Insolvenzgericht über die beantragte Restschuldbefreiung entscheiden und der Insolvenzverwalter bzw. der Treuhänder hat auf diese Entscheidung hinzuwirken (*BGH* NZI 2010, 111 Tz. 40). Geboten ist eine schnellstmögliche Entscheidung. Erfolgt diese nicht, kommen Ansprüche des Schuldners gegen den Insolvenzverwalter bzw. Treuhänder bei einer verspäteten Schlussrechnungslegung oder das Gericht bei einer verzögerten Schuldbefreiung oder einem Verstoß gegen die Hinweispflichten aus den §§ 20 Abs. 2, 175 Abs. 2 InsO in Betracht. Infolge des Individualschutzes muss es auch einen Rechtsschutz geben, Art. 19 Abs. 4 GG, wenn der Zugang zur Restschuldbefreiung verhindert wird. Als Mittel einer Gesamtbereinigung der Schulden durch eine gleichmäßige quotenmäßige Befriedigung aller Gläubiger trägt diese Restschuldbefreiung die charakteristischen Merkmale des Insolvenzrechts (*Schmidt-Räntsch* FS Hanisch, S. 217 [227 f.]; *Häsemeyer* FS Henckel, S. 353 [357]; *Pape* ZRP 1993, 285 [289]; krit. zur Einordnung in das Insolvenzverfahren etwa *Gerhardt* FLF 1989, 99, [105]; *Smid* in: Insolvenzrecht im Umbruch, S. 139 [148 ff., 162 f.]; *Prütting* ZIP 1992, 882 [883]). Ausgestaltet wird dieses Konzept insbesondere durch die in den §§ 290 Abs. 1, 295 bis 297a InsO präzisierten Anforderungen und die materiellrechtliche Konsequenz der Schuldbefreiung gem. § 301 InsO. § 286 InsO erklärt damit die Entschuldung als verfahrensrechtliches Institut mit materiellen Wirkungen.

10 Neben seinem programmatischen Gehalt erfüllt § 286 InsO auch **positive** dogmatische **Aufgaben**, denn die Vorschrift bestimmt den personalen Anwendungsbereich der Restschuldbefreiung und

konturiert den Umfang der Befreiungswirkung. Allein **natürliche Personen** (Rdn. 83 ff.) können nach Maßgabe der §§ 287 bis 303 InsO von ihren im Insolvenzverfahren **nicht erfüllten Verbindlichkeiten** gegenüber den Insolvenzgläubigern befreit werden. Unerheblich für die Befreiung ist, ob die Insolvenzgläubiger teilweise oder gar nicht befriedigt worden sind (*BGH* NJW 2002, 960 [961]; *Hess* InsO, 2007, § 286 Rn. 24; *Graf-Schlicker/Kexel* InsO, § 286 Rn. 4), solange der Schuldner die verfahrensrechtlichen Anforderungen erfüllt.

Die **Redlichkeit** des Schuldners ist dagegen kein positives Kriterium der Restschuldbefreiung (a.A. *Schallock* Die gesetzlichen Veränderungen bei der Abwicklung von Verbraucherinsolvenzen, S. 193, Tatbestandsvoraussetzung von § 286 InsO). Teilweise wird die Redlichkeitskonstruktion als Bestandteil des rechtspolitischen Kompromisses des Gesetzgebers angesehen, was positivrechtlich keine klare Orientierung ermöglicht (*Schröder* Überschuldung privater Haushalte und die Möglichkeit der Restschuldbefreiung, S. 326). Der Terminus des redlichen Schuldners wird allein in § 1 Satz 2 InsO verwendet, um das Programm der § 286 ff. InsO zu skizzieren. Die umfassenden Normierungen der §§ 286 ff. InsO konkretisieren die Anforderungen an den Schuldner. Aus deren Regelungsprogramm sind offene Fragen hinreichend zu beantworten. Insbesondere ist es ausgeschlossen, einem als unredlich bezeichneten Schuldner die Restschuldbefreiung zu versagen, obwohl die Voraussetzungen der §§ 290, 296 ff. InsO nicht vorliegen (KK-InsO/*Hess* § 1 Rn. 30). Der Rekurs auf den redlichen Schuldner dient deswegen vielfach dazu, eine detaillierte Analyse der konkreten Fragestellung anhand des Normenprogramms der Restschuldbefreiung zu vermeiden oder gar deren Ergebnisse zu überwinden. Dazu bietet § 1 Satz 2 InsO keinen tauglichen Anknüpfungspunkt (zur Kritik auch KK-InsO/*Henning* § 4a Rn. 170 f.). 11

Ebenso wenig stellt eine Differenzierung nach den **Ursachen der (drohenden) Zahlungsunfähigkeit** einen tauglichen Anknüpfungspunkt dar. Bei den Eröffnungsgründen der §§ 16 f. InsO ist eine derartige Unterscheidung nicht angelegt. Sie kollidiert auch mit dem Ziel, die Ungleichbehandlung der Insolvenzen natürlicher und juristischer Personen einzuschränken. Zudem muss die ökonomische Struktur des Insolvenzrechts von derartigen moralisierenden Elementen freigehalten werden. 12

B. Verfassungsmäßigkeit der Restschuldbefreiung

I. Grundlagen

Die **Verfassungskonformität** der Restschuldbefreiung ist in den ersten Jahren nach Inkrafttreten der Insolvenzordnung von einigen bezweifelt worden. Nach einer intensiven Diskussion wird die Verfassungsmäßigkeit des Instituts und seiner einzelnen Regelungen weder in der Rechtsprechung (*BGH* NZI 2016, 922 Tz. 19) noch der Literatur (so ausdrücklich *Kübler/Prütting/Bork-Wenzel* InsO, § 286 Rn. 3d) ernsthaft bezweifelt. Unzweifelhaft greift die Befreiung des Schuldners von seinen nicht erfüllten Verbindlichkeiten nach den §§ 286, 301 Abs. 1 Satz 1 InsO in das Forderungsrecht des Gläubigers ein. 13

Aus verfassungsrechtlicher Perspektive ist vorrangig zu prüfen, ob es sich hierbei um eine als Inhalts- und Schrankenbestimmung zu rechtfertigende **Eigentumsbeeinträchtigung** i.S.v. **Art. 14 Abs. 1 GG** handelt. Zudem können auch andere Grundrechte, wie der allgemeine Gleichheitssatz aus Art. 3 Abs. 1 GG, oder grundrechtsgleiche Rechte, etwa der Anspruch auf rechtliches Gehör gem. Art. 103 Abs. 1 GG, im Verfahren und durch die Restschuldbefreiung beeinträchtigt werden. Bereits vor dem Inkrafttreten der Insolvenzordnung ist die verfassungsrechtliche Zulässigkeit der Restschuldbefreiung eingehend erörtert worden, wobei die Verfassungskonformität zumeist bejaht wurde (*Ackmann* Schuldbefreiung durch Konkurs?, S. 93 ff., 107; *ders.* ZIP 1982, 1266 [1271]; *Forsblad* Restschuldbefreiung und Verbraucherinsolvenz, S. 275 ff.; *Ruby* Schuldbefreiung durch absolute Anspruchsverjährung, S. 116 ff.; *Döbereiner* Restschuldbefreiung nach der Insolvenzordnung, S. 28 ff.; *Gerhardt* ZZP 95 (1982), 467 [492]; *Seuffert* ZIP 1986, 1157 [1158 ff.]; *Pape* ZRP 1993, 285 [288]; *Wenzel* DGVZ 1993, 81 [82 ff.]; *Arnold* DGVZ 1996, 129 [130 Fn. 5 a.E.]; s.a. *Balz* ZRP 1986, 12 [16]; *Wochner* BB 1989, 1065 [1067]) und nur vereinzelt aus unterschiedlichen Gründen verneint wurde (*Gerhardt* FLF 1989, 99, [104]; *Smid* in: Leipold (Hrsg.), Insolvenzrecht im Um- 14

§ 286 InsO Grundsatz

bruch, S. 139 [149 ff.]; *Christmann* DGVZ 1992, 177 [178 f.]). Im allgemeinen Konsens über die rechts-, wirtschafts- und sozialpolitische Notwendigkeit einer gesetzlich normierten Schuldbefreiung ist die verfassungsrechtlich determinierte Kritik alsbald verstummt.

15 Mehrere **Richtervorlagen** des *AG München* nach Art. 100 Abs. 1 GG, § 80 Abs. 2 Satz 1 BVerfGG haben die Diskussion vorübergehend wieder entfacht. In einem – soweit ersichtlich – in der bundesrepublikanischen Rechtsprechung einmaligen Vorgang mit jährlichen Anläufen aus dem Zeitraum 2002 bis 2005 wollte das Münchener Insolvenzgericht die Restschuldbefreiung insgesamt oder jedenfalls mit ihren wesentlichen Regelungen im Wege der konkreten Normenkontrolle durch das BVerfG für verfassungswidrig erklären lassen. Allerdings waren sämtliche vom BVerfG entschiedenen Vorlageverfahren zur Restschuldbefreiung **unzulässig**, weshalb sich das Verfassungsgericht in der Sache nicht äußern konnte. In seiner Auftaktserie aus dem Jahr 2002 legte das Insolvenzgericht insgesamt fünf Verfahren dem BVerfG zur Entscheidung vor, um die Verfassungswidrigkeit des gesamten Achten Teils der InsO feststellen zu lassen (*AG München* Beschl. v. 30.08.2002 – 1506 IN 656/02, NZI 2002, 676; 1506 IN 953/02, ZVI 2002, 330; 1506 IN 1343/02; v. 24.09.2002 – 1506 IN 748/02; v. 20.11.2002 – 1502 IN 1944/00, ZVI 2003, 39; abl. *Prütting/Stickelbrock* ZVI 2002, 305 ff.; *G. Pape* ZInsO 2002, 951 ff.; *I. Pape* NZI aktuell 12/2002, V; *Ahrens* ZInsO 2002, 1010 ff.; *Sesemann* NZI 2002, 655 ff.). Am Ausgangspunkt der Richtervorlagen standen entweder Entscheidungen über die Kostenstundung gem. § 4a Abs. 1 Satz 1 InsO oder über die Ankündigung der Restschuldbefreiung nach § 291 InsO a.F. Stets wurden die inzidenten Normenkontrollverfahren über das gesamte Rechtsinstitut der Restschuldbefreiung aus Anlass von Zwischenentscheidungen eingeleitet.

16 Allen Vorlagen **fehlte** deswegen die verfassungsrechtlich erforderliche **Entscheidungserheblichkeit** der gerügten Vorschriften (*Ahrens* ZInsO 2002, 1010 [1011 ff.]; *Hess* InsO, 2007, § 286 Rn. 28), weswegen sie durch Beschluss des *BVerfG* v. 03.02.2003 als unzulässig verworfen wurden (*BVerfG* NZI 2003, 162; zust. *Ahrens* ZInsO 2003, 197; *Pape* ZVI 2003, 97; *Kocher* DZWIR 2004, 187; *Kohte/Busch* EWiR 2003, 591). Im zweiten Anlauf wollte das *AG München* die Verfassungswidrigkeit der §§ 289 Abs. 1, 290, 292 Abs. 1 Satz 2 und 4, Abs. 2, 294, 295, 296 Abs. 1, 297, 301 Abs. 1 sowie 302 Nr. 1 InsO feststellen lassen (*AG München* ZVI 2003, 546; dazu *Ahrens* ZVI 2003, 509), doch scheiterte dieses Normenkontrollverfahren an der unzureichenden Darlegung zur Verfassungswidrigkeit der zur Überprüfung gestellten Normen sowie ihrer mangelnden Entscheidungserheblichkeit (*BVerfG* Beschl. v. 14.01.2004 NJW 2004, 1233; *Ahrens* ZVI 2004, 69; *Pape* ZInsO 2004, 314; *ders.* ZInsO 2005, 682 [686]; *Vallender* WuB VI C § 286 InsO 1.04). Auch in der dritten Runde der Richtervorlagen (*AG München* NZI 2004, 456, m. Anm. *Sesemann*) konnte das Insolvenzgericht die Zulässigkeitshürden nicht überwinden (*BVerfG* Beschl. v. 07.07.2004 – 1 BvL 3/04). Schließlich ist der vierte Versuch (*AG München* Beschl. v. 06.07.2005 – 1506 IN 2348/03) ebenfalls erfolglos geblieben (*BVerfG* ZInsO 2006, 317, m. Anm. *Grote*). Es erscheint durchaus bemerkenswert, wenn ein Insolvenzgericht nicht in der Lage ist, in vier Anläufen eine zulässige Richtervorlage zu formulieren. Eine solche Situation ist aber vielleicht auch aussagekräftig, weil das Institut der Restschuldbefreiung offenbar als wohlbegründet erscheint.

17 **Weitere Richtervorlagen** sind nicht ausgeschlossen, indessen insbesondere für den zeitlichen Abschnitt vor Ende des Insolvenzverfahrens kaum mehr zu erwarten. Wird ein Normenkontrollverfahren eingeleitet, nachdem die Laufzeit der Abtretungserklärung beendet ist, wiegen die Hinweise des *BVerfG* auf eine sorgfältige Prüfung der Voraussetzungen einer Richtervorlage besonders schwer. Mit der Aussetzung des Verfahrens verweigert der Richter den Beteiligten zunächst eine Entscheidung in der Sache und verzögert die Erledigung des Rechtsstreits (*BVerfG* NZI 2003, 162; NJW 2004, 1233 [1234]; *Kohte/Busch* EWiR 2003, 591 [592]). Eine zusätzliche Konsequenz besteht darin, dass unzulässige Normenkontrollverfahren nicht – insbesondere auch über eine Aussetzung anderer Restschuldbefreiungsverfahren, im Verfahren *AG München* 1506 IK 2350/03 nunmehr zum dritten Mal – dazu führen dürfen, den Schuldnern die Aussicht auf Erteilung der Restschuldbefreiung zu nehmen (*Pape* ZInsO 2005, 682 [686]). Eine verfassungsgerichtliche Überprüfung der Restschuldbefreiung ist auch aufgrund einer Verfassungsbeschwerde nach Art. 93 Nr. 4a GG möglich, etwa

wenn ein Insolvenz- oder Neugläubiger die Verletzung seiner Grundrechte bzw. grundrechtsgleichen Rechte geltend macht. Die Rüge des Konzepts der Restschuldbefreiung als verfassungswidrig durch die Finanzverwaltung des Landes Hessen in einem Rechtsbeschwerdeverfahren ohne konkreten Bezug zur angegriffenen Entscheidung hat der *BGH* als unzulässig verworfen (*BGH* NZI 2004, 510). In seiner Entscheidung vom 07.12.2016 ist das *BVerfG* (NZI 2017, 111) zudem von einer Verfassungskonformität der Vorschriften über die Restschuldbefreiung ausgegangen.

II. Eigentumsgarantie

Im Zentrum der verfassungsrechtlichen Diskussion steht die mögliche Verletzung des **Eigentumsrechts** der Insolvenzgläubiger aus **Art. 14 Abs. 1 GG** durch die Restschuldbefreiung. Insolvenzforderungen können vom Garantiebereich des Art. 14. Abs. 1 Satz 1 GG erfasst werden und damit zu den als Eigentum i.S.d. Grundrechts schutzfähigen Positionen gehören (*BVerfGE* 92, 263 [271]; *Ahrens* ZInsO 2002, 1010 [1015]). Bereits eine beschränkte oder erheblich erschwerte Forderungsdurchsetzung kann zu einer Eigentumsverletzung führen (*BVerfG* NJW 2004, 1233). Bei der Eröffnung des Insolvenzverfahrens sind freilich die Forderungen oftmals nicht mehr werthaltig und abgeschrieben, denn der Übergang in die Gesamtvollstreckung dokumentiert, dass mit einzelvollstreckungsrechtlichen Instrumenten keine hinreichende Befriedigung aller Gläubiger zu bewirken ist. Zudem ist es nur wenig wahrscheinlich, dass der Schuldner nach Abschluss des gesamtvollstreckungsrechtlichen Verfahrens erneut zu Vermögen gelangt (*BVerfGE* 92, 263 [271]; MüKo-InsO/*Stephan* vor §§ 286–303 Rn. 8). In der Entscheidung über den Ausschluss verspätet angemeldeter Forderungen vom **Gesamtvollstreckungsverfahren** gem. § 14 Abs. 1 Satz GesO hat das *BVerfG* deswegen mit großer Deutlichkeit die Verfassungskonformität dieser Regelung bejaht (*BVerfGE* 92, 263 [272 ff.]). Die Befreiung des Schuldners von seinen nicht erfüllten Verbindlichkeiten greift also nur in eine bereits geschwächte Rechtsposition der Gläubiger ein. Insgesamt wirkt die Beschränkung der Gläubigerrechte durch die gesetzliche Schuldbefreiung nicht außergewöhnlich, denn die Entwertung von Rechtspositionen gehört zu den typischen Folgen des Insolvenzverfahrens. Zumeist werden die haftungsrechtlichen Folgen wie im Anfechtungsrecht wahrgenommen, während der Blick auf die Durchsetzbarkeit subjektiver Rechte in diesem Zusammenhang ungewohnt, aber aus dem Verjährungsrecht geläufig ist. So bleiben allein begrenzte zusätzliche Lasten der Insolvenzgläubiger.

Ganz einhellig wird von der höchstrichterlichen Rechtsprechung und jüngeren insolvenzrechtlichen Literatur in der Restschuldbefreiung eine **verfassungskonforme Inhalts- und Schrankenbestimmung** des Eigentums gesehen (*BGH* NZI 2016, 922 Tz. 19; Kübler/Prütting/Bork-*Wenzel* InsO, § 286 Rn. 3d; MüKo-InsO/*Stephan* vor §§ 286–303 Rn. 13; Uhlenbruck/*Sternal* InsO, Vor § 286 Rn. 68; A/G/R-*Fischer* § 286 InsO Rn. 3; HK-InsO/*Waltenberger* Vor §§ 286 Rn. 14 ff.; Nerlich/Römermann vor § 286 Rn. 35; HWF/*Schmerbach* § 286 Rn. 14; *Hess* InsO, 2007, § 286 Rn. 23; LSZ/*Kiesbye* InsO, § 286 Rn. 12; Gottwald/*Ahrens* HdbInsR, § 76 Rn. 9; *Foerste* Insolvenzrecht, 2. Aufl., Rn. 529; Frege/Keller/*Riedel* Insolvenzrecht, 8. Aufl., Rn. 2090; Mohrbutter/Ringstmeier-*Pape* § 17 Rn. 4; *Forsblad* Restschuldbefreiung und Verbraucherinsolvenz, S. 275 ff.; *Ruby* Schuldbefreiung durch absolute Anspruchsverjährung, S. 116 ff.; *Döbereiner* Restschuldbefreiung nach der Insolvenzordnung, S. 28 ff.; *Rothammer* Die insolvenzrechtliche Restschuldbefreiung, S. 20 ff., 27; *Brei* Entschuldung Straffälliger, S. 276 ff.; *G. Pape* ZInsO 2002, 951 ff.; *Fischinger* Haftungsbeschränkung, S. 105 ff.; Prütting/*Stickelbrock* ZVI 2002, 305 [308]; *Sesemann* NZI 2002, 655 ff.; *Ahrens* ZInsO 2002, 1010 [1015 f.]; ders. ZVI 2004, 69 [73 ff.]; *Vallender* WuB VI C § 286 InsO 1.04; *Adam* DZWIR 2006, 495 [496]; *Madaus* JZ 2016, 548 [552]; grds. auch *Trendelenburg* Restschuldbefreiung, S. 219 ff.; s.a. K. Schmidt/*Henning* InsO, § 286 n.F. Rn. 7; stark einschränkend Runkel/Schmidt/*Ley* Anwaltshandbuch Insolvenzrecht, § 16 Rn. 507). Wegen der überaus hohen Anforderungen an ein verkürztes Restschuldbefreiungsverfahren gilt dies auch bei einer vorzeitig erteilten Restschuldbefreiung (*Vallender* KSzW 2012, 260 [265]). Gegen den Eingriff in die Rechte der Gläubiger sind in erster Linie ihre Befriedigungsaussichten, ihre Beteiligungsrechte und die Elemente des sozialen Schuldnerschutzes abzuwägen.

20 Die zentrale Bedeutung der **Gläubigerbefriedigung** auch nach der wirtschaftlichen Krise des Schuldners wird durch das Liquidationsverfahren, den weitgehenden Bestand von Sicherungsrechten, die in einem Vollstreckungsverfahren ganz singuläre Erwerbsobliegenheit gem. den §§ 287b, 295 Abs. 1 Nr. 1, Abs. 2 InsO, das auf eine ganz erhebliche Dauer angelegte Restschuldbefreiungsverfahren sowie die Bereichsausnahmen von der Restschuldbefreiung nach § 302 InsO dokumentiert. In einer scharfen, noch über das Einzelvollstreckungsrecht hinausgehenden Ausprägung des Prioritätsprinzips, ist nach § 35 Abs. 1 InsO der **Neuerwerb** während des Insolvenzverfahrens und durch die Abtretung der pfändbaren Forderungen auf Bezüge weithin auch während der Treuhandperiode den Insolvenzgläubigern zugewiesen (*BGH* ZInsO 2015, 1739 Tz. 8 = EWiR 2015, 611 m. Anm. *Ahrens*) und damit dem konkurrierenden Zugriff der Neugläubiger entzogen. Darin mag ein kollektivierter Prioritätsgedanke gesehen werden. Insolvenzgläubiger und insbesondere der Staat als Verfahrenskostengläubiger werden gegenüber den Neugläubigern begünstigt. Die Gleichbehandlung der Gläubiger wird damit durch einen Prioritätsgedanken limitiert. Verglichen mit der nachinsolvenzlichen Haftung juristischer Personen ist hier die Rechtsstellung der Insolvenzgläubiger natürlicher Personen entscheidend verbessert. Zur Kompensation wird den Neugläubigern eine ferne, aber klare zeitliche Perspektive auf das nach Abschluss des Restschuldbefreiungsverfahrens gebildete Vermögen eröffnet (*Ahrens* ZVI 2004, 69 [75]) und eine zehnjährige Schutzfrist gewährt, § 290 Abs. 1 Nr. 3 Alt. 2 InsO. Vereinzelt wird eine Verfassungsmäßigkeit der **Kostenstundungsregeln** und ihres Befriedigungsvorrangs von einer rechtstatsächlich bestätigten angemessenen Befriedigung der Gläubiger abhängig gemacht (*Kübler/Prütting/Bork-Wenzel* InsO, § 286 Rn. 3e). Aufgrund der differenzierten gesetzgeberischen Abwägung und der Subsidiarität von Sozialleistungen sind solche Zweifel nicht berechtigt.

21 Rechtlich und wirtschaftlich sind einerseits für die Insolvenzgläubiger während und andererseits für die Neugläubiger nach Ende des Restschuldbefreiungsverfahrens umfassende **Vorbehaltzonen** gebildet, die einen sachgerechten Interessenausgleich schaffen (a.A. *Jaeger/Henckel* InsO, § 35 Rn. 123, der die verfassungsrechtlichen Grenzen für überschritten hält; ohne Begründung ebenfalls ablehnend *Runkel/Schmidt/Ley* Anwaltshandbuch Insolvenzrecht, § 16 Rn. 507). Verfahrensbezogene Rechte zur Verfolgung und Verteidigung ihrer Forderungen stehen den Insolvenzgläubigern während der ersten Phase des Restschuldbefreiungsverfahrens in den Gläubigerversammlungen und im Gläubigerausschuss sowie anschließend bei den Versagungs- oder Widerrufsanträgen und der Überwachung des Schuldners (§ 292 Abs. 2 Satz 1 InsO) zu. Geschützt und verstärkt werden diese Positionen durch die Gebote des rechtlichen Gehörs, vgl. etwa §§ 296 Abs. 2 Satz 1, 300 Abs. 1 InsO, und die Amtsermittlungspflicht des Gerichts.

III. Sonstige Verfassungsrechte

22 Zur verfassungskonformen Inhalts- und Schrankenbestimmung tragen schließlich auch der soziale Pfändungsschutz sowie die **Achtung vor der Person des Schuldners** als Ausdruck seiner menschlichen Würde bei (*Ahrens* ZVI 2004, 69 [75 f.]; s.a. Rdn. 4 f.; a.A. *Fischinger* Haftungsbeschränkung, S. 109). Das Grundrecht auf Gewährleistung eines **menschenwürdigen Existenzminimums** verpflichtet den Staat dazu, die Menschenwürde positiv zu schützen (*BVerfG* NJW 2010, 505 Rn. 132–134). Verkürzt wäre es, allein darauf abzustellen, ob das Existenzminimum durch die Pfändungsfreigrenzen gewährleistet ist. Auch ein unabänderliches Leben unter staatlichem Zwang kann die Menschenwürde beeinträchtigen. Zu erwägen ist deswegen auch, wie lange eine Person unter den staatlichen Zwang gestellt werden darf, den die Vollstreckung beinhaltet, wenn keine hinreichenden Aussichten auf eine Gläubigerbefriedigung bestehen. Langjährige Einzelvollstreckungen, die nur ihre eigen Kosten erwirtschaften und damit lediglich ihren eigenen Bestand sichern, verwirklichen nicht das Eigentumsrecht der Gläubiger, beeinträchtigen aber in einer unverhältnismäßigen Weise die Freiheit und Autonomie des Schuldners. Demgegenüber eröffnet die Restschuldbefreiung einen den Interessen auch der Gläubiger angemessen berücksichtigenden Ausweg. Angesichts der erweiterten gesetzgeberischen Gestaltungskompetenzen im Vollstreckungsverfahren, der bis zum Eintritt in ein Gesamtvollstreckungsverfahren bereits eingetretenen Entwertung der Forderungen, den Verfahrensrechten der Insolvenzgläubiger, den Anforderungen an den Schuldner sowie seinen schützenswerten

Rechten und schließlich den Rechtspositionen der Neugläubiger ist eine komplexe Abwägung erforderlich, die der Gesetzgeber in einer verfassungskonformen Weise vorgenommen hat.

Eine gewisse Relevanz kommt möglichen Verstößen gegen **Art. 6 Abs. 1 und 3 Abs. 1 GG** zu, etwa 23 bei der Diskussion darüber, ob eine Ausnahme von der Schuldbefreiung zugunsten (minderjähriger) Unterhaltsgläubiger geboten ist (vgl. *Trendelenburg* Restschuldbefreiung, S. 223 ff.). Durch die Obliegenheit zur Ausübung einer zumutbaren Erwerbstätigkeit nach § 295 Abs. 1 Nr. 1 InsO wird nicht in die Freiheiten aus **Art. 12 GG** eingegriffen (s. § 295 Rdn. 70).

Bedenken wegen einer **Verletzung des rechtlichen Gehörs gem. Art. 103 Abs. 1 Satz 2 GG** auf- 24 grund der Anmeldeobliegenheit trotz öffentlicher Bekanntmachung gem. §§ 30 i.V.m. 9 InsO (*Prütting/Stickelbrock* ZVI 2002, 305 [307 f.]; *Wagner* ZVI 2007, 9, der sich aber nicht mit der einschlägigen verfassungsgerichtlichen Judikatur auseinandersetzt) sind im Allgemeinen nicht zu teilen (*Ahrens* ZInsO 2002, 1010 [1016]). Ausdrücklich hat das *BVerfG* im Vergleichsverfahren die öffentliche Bekanntgabe einer Entscheidung mit der Wirkung einer Zustellung gebilligt. In Massenverfahren, so das Gericht, in denen der Kreis der Betroffenen groß ist und sich nicht von vornherein übersehen lässt, ist diese Art der Zustellung sachgerecht und verfassungsrechtlich legitimiert (BVerfGE 77, 275 [285]; s.a. *Nolte* in: v. Mangoldt/Klein/Starck, GG, 4. Aufl., Art. 103 Rn. 31; *Schmidt-Aßmann in:* Maunz/Dürig/Herzog, GG, Art. 103 Rn. 72). Die Kenntnisnahme muss möglich, nicht üblich sein. Infolge der öffentlich bekanntgemachten Eröffnung des Insolvenzverfahrens, §§ 30 Abs. 1, 9 Abs. 1 InsO, ist jeder Gläubiger grds. in der Lage, von der Insolvenz eines Schuldners Kenntnis zu nehmen. Die elektronische Bearbeitung ermöglicht zudem einen erleichterten Zugang zu den Informationen. Da natürliche Personen seit dem Inkrafttreten der Insolvenzordnung Restschuldbefreiung nach den §§ 286 ff. InsO erlangen können, müssen Gläubiger seither verstärkt damit rechnen, dass auch ihr Schuldner einen Insolvenz- und Restschuldbefreiungsantrag stellt (*BGH* NZI 2006, 602 Tz. 11; ZInsO 2011, 244 Tz. 21). Mit der Anmeldeobliegenheit hat der Gesetzgeber die Anforderungen der Rechtssicherheit im Rahmen der ihm zustehenden Gestaltungsfreiheit verfassungskonform umgesetzt.

Umgekehrt können durch eine fehlerhafte Anwendung der Vorschriften über die Restschuldbefrei- 25 ung auch die **verfassungsmäßigen Rechte des Schuldners** verletzt werden. Dies gilt zunächst für die Wahrung des Existenzminimums, das auch im Insolvenzverfahren zu beachten ist (*BVerfG* NJW 2010, 505 Tz. 133; NJW 2014, 3425 Tz. 74; *BGH* WM 2011, 76 Tz. 15; s.a. § 287 Rdn. 208). Außerdem ist die Achtung vor der Persönlichkeit des Schuldners und der Schutz seines Persönlichkeitsrechts erforderlich (Rdn. 5, 22). Der Gleichheitsgrundsatz kann bei einer sachfremden und willkürlichen Anwendung der Restschuldbefreiungsvorschriften verletzt sein.

C. Gesetzliche Systematik

I. Restschuldbefreiung als Ziel des Insolvenzverfahrens

Ziele des Insolvenzverfahrens sind nach § 1 InsO gleichermaßen, eine gemeinschaftliche Haftungs- 26 verwirklichung der Insolvenzgläubiger durch eine Liquidierung des Schuldnervermögens oder eine Unternehmenssanierung herbeizuführen, wie dem Schuldner die Möglichkeit zur Restschuldbefreiung zu eröffnen. Dieses Zieldreieck bestimmt die wesentlichen Aufgaben der Insolvenzordnung (A/G/R-*Ahrens* § 1 InsO Rn. 5 ff.; vgl. auch *Schmerbach* vor § 1 Rdn. 30 ff.; *Pape/Uhlenbruck* Insolvenzrecht, Rn. 933). Dadurch wird das Insolvenzverfahren auf **konkrete Zielsetzungen** festgelegt, zu der auch die Schuldbefreiung gehört (BGHZ 144, 78 [83 f.]; außerdem BGHZ 122, 373 [379]; BGHZ 134, 79 [84]). Mit dem Hinweis auf die Schuldbefreiung ist in erster Linie die unter den gesetzlichen Voraussetzungen eintretende, also nicht konsensuale, und erst sekundär die durch Insolvenz- oder Schuldenbereinigungspläne begründete Schuldbefreiung gemeint. Welche vordringliche Bedeutung die Restschuldbefreiung besitzt, ist bereits an ihrer Erwähnung in der ersten Vorschrift der InsO abzulesen (*Jaeger/Henckel* InsO, § 1 Rn. 22).

Nach dem Programmsatz des § 1 Satz 2 InsO tritt das **Ziel der Restschuldbefreiung gleichrangig** 27 **neben die Gläubigerbefriedigung** (§ 1 Rn. 12 f.; A/G/R-*Ahrens* § 1 InsO Rn. 8 ff.; *Kübler/Prüt-*

ting/Bork-Pape InsO, § 270b Rn. 16; *Mohrbutter/Ringstmeier-Pape* Kap. 17 Rn. 1; K. Schmidt/*K. Schmidt* InsO, § 1 Rn. 10; HambK-InsO/*Schmidt* § 1 Rn. 3, 35; BeckOK InsO/*Madaus* § 1 Rn. 17; *Hess* § 1 Rn. 25, von einem wesentlichen Verfahrensziel; *Schallock* Die gesetzlichen Veränderungen bei der Abwicklung von Verbraucherinsolvenzen, S. 176; § 4a Rn. 2, grundlegender Verfahrenszweck; MüKo-InsO/*Stürner* Einl. Rn. 5, Entschuldung als selbständiger Verfahrenszweck). Dementsprechend formuliert der *BGH*, bei der Restschuldbefreiung handele es sich um ein zusätzliches, neben der Gläubigerbefriedigung stehendes Verfahrensziel (*BGH* NZI 2015, 858 Tz. 8 = EWiR 2015, 611 m. Anm. *Ahrens*).

28 Auch ein gesplitteter und damit **sachlich reduzierter Zielgehalt**, nach dem die Restschuldbefreiung kein unmittelbares Ziel des Insolvenzverfahrens ist, sondern erst in einem weiteren Verfahren erreicht werden kann (so aber MüKo-InsO/*Ganter/Lohmann* § 1 Rn. 98), vermag nicht zu überzeugen. Diese Interpretation begründet eine in der gesetzlichen Aufgabenbestimmung nicht angelegte Differenzierung zwischen den insolvenzrechtlichen Verfahren, die ebenso in ihrer Umkehrung, nach der die Gläubigerbefriedigung im Restschuldbefreiungsverfahren ausscheiden müsste, kaum plausibel erscheint. Im Übrigen lässt auch das Normenprogramm eine solche Splittung nicht zu, denn etwa die §§ 4a ff., 20 Abs. 2, 27 Abs. 2 Nr. 4, 174 Abs. 2 InsO und die Konzepte des Schuldenbereinigungsplans, aber auch Insolvenzplans, richten das Insolvenzverfahren auf die Restschuldbefreiung aus (A/G/R-*Ahrens* § 1 InsO Rn. 18). Wenn im Gesetz die Schuldbefriedigung vor der Schuldbefreiung genannt ist, wird damit nicht zuletzt die temporäre Abfolge und damit eine praktische Reihung ausgedrückt (*Ahrens* VuR 2000, 8 [9 ff.]). Verkürzt wäre es allerdings, in dieser Auseinandersetzung allein einen definitorischen Streit zu sehen, denn in ihr kommen die grundlegenden Verständnisunterschiede über die Aufgaben des Insolvenzverfahrens zum Tragen. Letztlich geht es um die Frage, wie die modernen Anforderungen an ein Insolvenz- und Schuldbefreiungsverfahren natürlicher Personen in den Kontext der tradierten Bestände des Insolvenzrechts einzubinden sind (*Gottwald/Ahrens* HdbInsR, § 76 Rn. 20).

29 Gegenüber diesen Aufgaben des Insolvenzverfahrens verhält sich § 1 InsO selbst also inhaltlich neutral und ordnet **keine Hierarchie der Ziele** an (sehr str. *AG München* NZI 1999, 32 [33]; Uhlenbruck/*Sternal* InsO, Vor § 286 Rn. 24; A/G/R-*Ahrens* § 1 InsO Rn. 8; *Mohrbutter/Ringstmeier-Pape* § 17 Rn. 1; *Bork* Einführung in das Insolvenzrecht, Rn. 7, 386; *Pape* Rpfleger 1997, 237 [241]; *Kohte* FS Remmers, S. 479 [484 f.]; *Gerlinger* ZInsO 2000; 25 [31]; nach *Gerhardt* in: Leipold (Hrsg.), Insolvenzrecht im Umbruch, S. 1 [2], werden sich die Gewichte hin zu dem Verfahrenszweck der Schuldbefreiung verschieben; ähnlich *LG Konstanz* NZI 2000, 29 [31]; **a.A.** MüKo-InsO/*Ganter/Lohmann* § 1 Rn. 20, 101; *Jaeger/Henckel* InsO, § 1 Rn. 20, denn das Insolvenzverfahren diene der Gläubigerbefriedigung, nicht der Restschuldbefreiung; HK-InsO/*Sternal* § 1 Rn. 3, 8; *Smid* DZWiR 1997, 309 [312]; *Häsemeyer* Insolvenzrecht, Rn. 1.12; KS-InsO/*Thomas* 2000, S. 1763 Rn. 6 f.; *Kirchhof* ZInsO 2001, 1 [12]; *Bruns* KTS 2008, 41 [42]; *Onciul* Rechtzeitige Auslösung des Insolvenzverfahrens, S. 2; *Buchalik* ZInsO 2015, 484 [486]; krit. zur Einordnung der Restschuldbefreiung unter die Ziele des Insolvenzverfahrens, KS-InsO/*Prütting* 2009, S. 1 Rn. 81; s.a. *Dorndorf* FS Merz, S. 31 [38]; *Balz* FLF 1989, 16 [18]). So betont das *BVerfG* (NZI 2006, 453 Tz. 34) ebenfalls den vorrangigen Zweck der Gläubigerbefriedigung, doch spricht es zugleich auch die zu berücksichtigende Lage des Schuldners an, die sich auch in der Chance der Restschuldbefreiung konkretisiert. Es existiert keine für die gesamte Insolvenzordnung gültige Rollenverteilung in primäre und sekundäre Funktionen des Insolvenzverfahrens. Vielmehr ist das Verhältnis zwischen den einzelnen Maximen aus der konkreten Normierung der jeweiligen Institute zu entwickeln, damit jede Wirklichkeit gewinnt. Kollidieren die Zwecke miteinander, darf nicht einer vorschnell auf Kosten des anderen realisiert werden. Dabei sind jeder Zielsetzung Grenzen zu ziehen, damit alle zu einer optimalen Wirksamkeit gelangen können.

30 In sämtlichen Bereichen der Insolvenzordnung ist deswegen eine **optimierende Abstimmung** aller Aufgaben zu erreichen (A/G/R-*Ahrens* § 1 InsO Rn. 20 f.). Die verschiedenen Zwecke sind nach Maßgabe des Möglichen zu einer praktischen Konkordanz zu führen. Die Vorschriften des Achten Teils über die Restschuldbefreiung sind daher auch mit der allgemeinen Zielsetzung der Gläubigerbe-

friedigung zu verbinden, weshalb etwa die Bezügeabtretung gem. § 287 Abs. 2 Satz 1 InsO sowie die Obliegenheiten aus § 295 InsO ebenfalls einer Haftungsrealisierung dienen. Zugleich dokumentieren diese Obliegenheiten die veränderte Reichweite der Gläubigerbefriedigung nach Beendigung des Insolvenzverfahrens. Anschaulich wird diese eigene Ausformung der Haftungsverwirklichung durch § 295 Abs. 1 Nr. 2 InsO belegt, weil der Schuldner nur die Hälfte des von Todes wegen oder mit Rücksicht auf ein zukünftiges Erbrecht erworbenen Vermögens herauszugeben hat. Auch die beschränkten Zahlungsanforderungen bei Ausübung einer selbständigen Tätigkeit nach Beendigung des Insolvenzverfahrens gem. § 295 Abs. 2 InsO fügen sich in dieses eigenständige Bild ein.

Gesetzlich hat die **Gläubigerbefriedigung** eine vom Insolvenzverfahren **abweichende Gestalt** gewonnen, die bereits dem Gedanken der späteren Schuldbefreiung Rechnung trägt. Dabei darf eine Konkordanz nur in dem durch die positiven Normen des Gesetzes vorgegebenen Rahmen hergestellt werden. Hier gewährleistet § 286 InsO die als interpretatorische Leitlinie maßgebende vorrangige Ausrichtung des Achten Teils an der gesetzlichen Schuldbefreiung. Offensichtlich wird diese primäre Ausrichtung an der Restschuldbefreiung in den asymmetrischen Verfahren. Ist die Frist für die Abtretungserklärung vor Beendigung des Insolvenzverfahrens abgelaufen, wird der Insolvenzbeschlag nach den §§ 300a Abs. 1 Satz 1, 287 Abs. 2 Satz 1 InsO beendet (vor der Neufassung bereits *BGH* NZI 2010, 111 Tz. 30). Das Restschuldbefreiungsverfahren ist nicht mehr nur von einer Fortführung des Insolvenzverfahrens unabhängig, sondern umgekehrt sind die Wirkungen des Insolvenzverfahrens zumindest partiell durch die Dauer des Schuldbefreiungsverfahrens motiviert und begrenzt (*Ahrens* FS Görg, S. 1, 5). Nach der zuzustimmenden Ansicht des *BGH* (BGHZ 144, 78 [83]) liegt das Ziel der Restschuldbefreiung in erster Linie im **Interesse des Schuldners**. Durch diese Regelung wird dem eigenständigen Institut der Restschuldbefreiung eine gegenüber der ebenfalls zu realisierenden Gläubigerbefriedigung dominierende Gestalt verliehen. Dem offenen Programmsatz der Restschuldbefreiung wird dabei ein fester Normenkatalog beigelegt, der die notwendigen Voraussetzungen und Schranken der schuldbefreienden Wirkung fixiert. Dazu formuliert § 1 Satz 2 InsO eine Auslegungsregel (*AG Offenbach* ZInsO 1999, 296 [297]; *AG Dortmund* ZInsO 1999, 417 [418]; *Ahrens* VuR 2000, 8 [11]). 31

II. Restschuldbefreiung im Insolvenzverfahren

1. Konzeption

Mit der Entscheidung für eine gesetzliche Schuldbefreiung ist in der InsO ein grundlegender **Richtungswechsel** gegenüber der KO vollzogen worden. Dementsprechend gehört das Restschuldbefreiungsverfahren zu den am intensivsten diskutierten Neuerungen der Insolvenzordnung (z.B. Zweiter Bericht der Kommission für Insolvenzrecht, Leitsatz 6.3, 162 ff.; *Balz* ZRP 1986, 12 [19]; *ders.* BewHi 1989, 103 [112 ff.]; *Bruchner* WM 1992, 1268; *Gerhardt* FLF 1989, 99; *Gravenbrucher Kreis* ZIP 1990, 476 [478]; *ders.* ZIP 1993, 625 [627]; *Kohte* ZIP 1994, 184; *Pape* ZRP 1993, 285; *Schmidt-Räntsch* FS Hanisch, S. 217; *Scholz* ZIP 1988, 1157 [1159 ff.]; *ders.* BB 1992, 2233; *Uhlenbruck* MDR 1990, 4; *ders.* DGVZ 1992, 33; *Wacket* FLF 1989, 65; *Wenzel* DB 1990, 975; *ders.* DGVZ 1993, 81; *Wochner* BB 1989, 1065). Nahezu einhellig erfuhr das rechtspolitische Anliegen einer Restschuldbefreiung überschuldeter Personen Zustimmung, doch wurde ihre konkrete Gestaltung vielfach auch grds. kritisiert. 32

Als Ausgangspunkt dieser Kritik an der Schuldbefreiung auf Grundlage der §§ 286 bis 303 InsO wurden immer wieder Bedenken gegen ihre **scheinbar systemfremde Regelung** in der Insolvenzordnung erhoben (*Uhlenbruck* FLF 1989, 11 [14]; *Gerhardt* FLF 1989, 99 [105]; *Gravenbrucher Kreis* ZIP 1990, 476 [478]; 1993, 625 [627]; *Prütting* ZIP 1992, 882 [883]; *Henckel* FS Gaul, S. 199; *Ruby* Schuldbefreiung durch absolute Anspruchsverjährung, S. 37 ff., 57). Materiell reichen die Positionen von der Einschätzung als ein verfehlt geregeltes Verfahren der Individualvollstreckung bis hin zu der Forderung nach einer eigenständigen Vertragshilfeprozedur. Bei allem Gewicht dieser Bedenken im Einzelnen legt bereits ihre divergierende inhaltliche Ausrichtung nahe, dass es keinen dogmatisch allein folgerichtigen Entwurf gibt. Zudem spiegeln sich in diesen Überlegungen die generellen 33

§ 286 InsO Grundsatz

Auseinandersetzungen über die Wesensverwandtschaften des Insolvenzverfahrens und die Unterschiede zu anderen Verfahrenstypen mit (dazu *Jaeger/Henckel* InsO, § 2 Rn. 8 ff., 19 ff.). Eine leichtere Antwort als auf die allgemeinen Fragen ist deswegen nicht zu erwarten. In der nachfolgenden rechtspolitischen Diskussion wurde nicht so sehr auf die systematischen Aspekte abgestellt. Aus primär fiskalischen Gründen wurde überlegt, ob einzelne Teile des Insolvenzverfahrens auf dem Weg zur Restschuldbefreiung verzichtbar seien (z.B. *Kohte* ZVI 2005, 9 ff.; *Grote* FS Kirchhof, S. 149 ff.; *Jaeger* ZVI 2005, 15 ff.; *Hofmeister/Jaeger* ZVI 2005, 180; Überblick über die Reformbestrebungen bei *Ahrens* Das neue Privatinsolvenzrecht, Rn. 30 ff.) oder ein Schuldbefreiungsverfahren weitgehend ohne die Instrumente des Insolvenzrechts auskommen kann (*Sternal* NZI aktuell 8/2005, V).

34 An der prinzipiellen **Abgrenzung** zwischen **Individual- und Gesamtvollstreckung** rühren die Einwände, die in der Restschuldbefreiung ein an falscher Stelle geregeltes Verfahren der Einzelzwangsvollstreckung sehen (*Gravenbrucher Kreis* ZIP 1993, 625 [627]; *Uhlenbruck* FLF 1989, 11 [14]; *ders.* MDR 1990, 4 [8 f.]; *Nerlich/Römermann* InsO, vor § 286 Rn. 25, gehen immer noch von einer Form des Vollstreckungsschutzes aus), bei dem das formale Prioritätsprinzip durch eine Gleichbehandlung der Gläubiger ersetzt ist (*Henckel* FS Gaul, S. 199, jedenfalls für das Verfahren zur Restschuldbefreiung von Verbrauchern). Auch das Plädoyer für einen § 18 Abs. 2 Satz 3 GesO entsprechenden Vollstreckungsschutz (*Smid* BB 1992, 501 [511]) bleibt an die Vorstellung des Individualvollstreckungsrechts gebunden. Vereinzelt wird immer noch eine Regelung im Einzelvollstreckungsverfahren als vorteilhaft angesehen (*Jaeger/Henckel* InsO, § 1 Rn. 23).

35 Als **dauerhaft angelegtes Gemeinschaftsverfahren** ist jedoch die Schuldbefreiung in andere Prinzipien eingebettet als die Individualvollstreckung. Der durch das Prioritätsprinzip gekennzeichneten Durchsetzung eines einzelnen Rechts in der Zwangsvollstreckung stehen im Restschuldbefreiungsverfahren nicht allein vergemeinschaftliche Handlungen und Wirkungen entgegen, wie etwa die Einsetzung des Insolvenzverwalters oder Treuhänders (vgl. *Gaul* Liber amicorum Henckel, S. 119, 141). Auch das bewusst geschaffene dynamische Konzept der Restschuldbefreiung in einem zukunftsgerichteten Verfahren (vgl. Rdn. 70 ff.) ist mit einem momentbezogenen Vollstreckungsschutz nicht zu vereinbaren. Aus dieser dem Schuldner eröffneten Zukunftsperspektive resultieren konkrete verfahrensrechtliche Folgen. Deshalb darf das Rechtsschutzbedürfnis für den Antrag auf Restschuldbefreiung nicht schon verneint werden, weil der Schuldner gegenwärtig und in absehbarer Zukunft über kein pfändbares Einkommen oder sonstiges Vermögen verfügt (**a.A.** *Henckel* FS Gaul, S. 199 [204]; dazu außerdem § 287 Rdn. 75).

36 Für ein selbständiges Gesetz außerhalb der Insolvenzordnung, das dem Verfahren der **freiwilligen Gerichtsbarkeit** unterstellt werden soll, hat sich nicht zuletzt der Bundesrat ausgesprochen (ZIP 1992, 882 [885]; zustimmend *Prütting* ZIP 1992, 882 [883]; krit. *Häsemeyer* FS Henckel, S. 353 [358]). Abgesehen von einer gewissen Verfahrenspragmatik beruht dies auch auf der Einschätzung, dass es sich bei der Restschuldbefreiung um keine richterliche Streitentscheidung, sondern um eine verwaltungsmäßige Tätigkeit handele (vgl. *Smid* Restschuldbefreiung, in: Insolvenzrecht im Umbruch, S. 139 [153 ff.]). Gegen ein Verfahren der administrativen Rechtsfürsorge spricht jedoch bereits der Stufenaufbau von Insolvenz- und Restschuldbefreiungsverfahren mit dem gerade in der Verbraucherinsolvenz deutlichen Vorrang vertraglicher Lösungen. Außerdem trägt ein verwaltungsverfahrensrechtlicher Ansatz den Strukturmerkmalen des gesetzlichen Schuldbefreiungsverfahrens nicht hinreichend Rechnung (dazu Rdn. 52 ff.).

37 Vor allem im ersten Verfahrensabschnitt, aber auch in der Treuhandperiode besitzt das Restschuldbefreiungsverfahren **vollstreckungsrechtliche Elemente**, die das Insolvenzverfahren kennzeichnen (vgl. *BVerfG* NZI 2006, 453 Tz. 34). Geprägt wird das Schuldbefreiungsverfahren zudem durch echte Streitsachen, die nach zivilprozessualen Regeln beurteilt werden. Eigenständige normative Zwecke, wie in einem administrativen Verfahren, verfolgt das Gericht dabei nicht, weshalb der Richter bei seiner Entscheidung kein Ermessen besitzt. Das Restschuldbefreiungsverfahren ist kein Verfahren der freiwilligen Gerichtsbarkeit (so allgemein zum Insolvenzverfahren *Kübler/Prütting* InsO, § 5 Rn. 4; KS-InsO/*Prütting* 2000, S. 221, Rn. 1; **a.A.** *Smid* InsO, § 4 Rn. 2 ff.; nach *Nerlich/*

Römermann-Becker InsO, § 5 Rn. 1, ist das Insolvenzverfahren eher der freiwilligen Gerichtsbarkeit zuzuordnen).

Auch eine gesetzliche Konzeption als **Vertragshilfeverfahren** muss als wenig sachgerechte Konzeption ausscheiden (a.A. *Heilmann/Smid* Grundzüge des Insolvenzrechts, § 17 Rn. 5; *Smid* Restschuldbefreiung, in: Insolvenzrecht im Umbruch, S. 139 [162 f.]; *ders.* DtZ 1993, 98 [100]; *Dieckmann* in: Insolvenzrecht im Umbruch, S. 127 [130 f.]; eine Nähe dazu sieht auch *Uhlenbruck* FLF 1989, 11 [14]; aus historischer Perspektive *Anlauf* Vorgänger der Restschuldbefreiung nach heutigem Insolvenzrecht, 2006, S. 309 ff.). Ein Vertragshilfeverfahren sieht ein einzelfallbezogen an der Zumutbarkeit der Rechtsfolgen orientiertes flexibles Instrumentarium vor (vgl. etwa *Staudinger/ Weber* BGB, 11. Aufl., § 242 Rn. G 204 ff., G 232 ff., außerdem krit. zum Verhältnis der Vertragshilfe gegenüber dem Insolvenzrecht Rn. G 120 ff.; *Häsemeyer* FS Henckel, S. 353 [357]; ablehnend auch *Forsblad* Restschuldbefreiung, S. 319 f.; *Jauernig* Zwangsvollstreckungs- und Insolvenzrecht, § 66 Rn. 4). Es kann deswegen allein einzelne Forderungen umgestalten und gerade nicht die erforderliche Gesamtbereinigung gewährleisten. Seine hohen Transaktionskosten und die fehlende Rechtssicherheit schließen eine praktische Bewährung aus. 38

Um die Gläubigerautonomie zu wahren, wird die Konzeption der Restschuldbefreiung nicht ganz selten aus den Prinzipien des **Zwangsvergleichs** entwickelt oder zumindest daran angelehnt (insb. *Balz* BewHi 1989, 103; *ders.* ZRP 1986, 12 [19]; *ders.* FLF 1989, 16 [18]; *Scholz* FLF 1992, 115 [120]; *ders.* ORDO 47, 263 [272]; vgl. zu diesem Verhältnis auch *Knüllig-Dingeldey* Nachforderungsrecht oder Schuldbefreiung, S. 63 ff., 115; *Ackmann* KTS 1984, 743 [749]). Das Grundkonzept der Restschuldbefreiung bildet jedoch kein funktionales Äquivalent des Vergleichs. Entscheidendes Merkmal des Zwangsvergleichs ist sein Zustandekommen aufgrund der Zustimmung einer qualifizierten Gläubigermehrheit, §§ 182 KO, 74 VglO (*Jaeger/Weber* KO, § 173 Rn. 1; *Bork* Der Vergleich, S. 306 f.). Dies gilt jedenfalls nach der Vertragstheorie und den vermittelnden Theorien (vgl. *RG* RGZ 77, 403 [404]; RGZ 119, 391 [395]; RGZ 127, 372 [375]; *Kuhn/Uhlenbruck* KO, § 173 Rn. 1a ff.; *Jaeger/Weber* KO, § 173 Rn. 9 ff.; *Hess* KO, § 173 Rn. 10 ff.; *Kilger/Karsten Schmidt* KO, § 173 Anm. 1, VglO, § 1 Anm. 1; *Bley/Mohrbutter* VglO, § 8 Rn. 1 f.; *Kohler* Lehrbuch des Konkursrechts, S. 452 ff.). Damit stellt der Zwangsvergleich ein vom Mehrheitswillen der Gläubiger getragenes Werkzeug der Gläubigermacht dar. Diese Gläubigerautonomie wird von sämtlichen Modellen überbetont, welche die Restschuldbefreiung aus dem Vergleichsrecht entwickeln. 39

Im Gegensatz dazu schafft die Restschuldbefreiung ein Instrument der **Schuldnerautonomie**, denn ihr Eintritt hängt allein von dem Antrag des Schuldners und seinem Verhalten ab. Hat der Schuldner seine Anforderungen erfüllt, ist ihm die Restschuldbefreiung selbst gegen den einhelligen Willen sämtlicher Gläubiger zu erteilen (*Häsemeyer* Insolvenzrecht, Rn. 2.37; *Gerhardt* FLF 1989, 99 [100]; *Jauernig* Zwangsvollstreckungs- und Insolvenzrecht, § 66 Rn. 1; s.a. *App* Die Insolvenzordnung, Rn. 538). Die Restschuldbefreiung kann der Schuldner unter den gesetzlichen Voraussetzungen einseitig erreichen. Ihm stehen dafür die vier Wege des § 300 InsO zur Verfügung, also der einseitigen Restschuldbefreiung ohne Mindestfrist, § 300 Abs. 1 Satz 2 Nr. 1 InsO, nach drei Jahren, § 300 Abs. 1 Satz 2 Nr. 2 InsO, nach fünf Jahren, § 300 Abs. 1 Satz 2 Nr. 3 InsO oder, wie als Grundfall, nach sechs Jahren, § 300 Abs. 1 Satz 1 InsO. Von dem vergleichsrechtlich erforderlichen Mehrheitskonsens der Gläubiger sowie einer Vereinbarung mit dem Schuldner als privatautonomer Grundlage ist die gesetzliche Schuldbefreiung gelöst. 40

Trotzdem wird auch die **Gläubigerautonomie** berücksichtigt, denn die Gläubiger dürfen im Verbraucherinsolvenzverfahren anstelle der gesetzlichen Schuldenbereinigung eine zumindest auf einem Mehrheitskonsens beruhende Schuldbefreiung mit dem Schuldner vereinbaren, vgl. §§ 305 Abs. 1 Nr. 1, 308 Abs. 1, 309 Abs. 1 InsO (vgl. *Wenzel* ZRP 1993, 161 [162]). In den unterschiedlichen Gestaltungen der außergerichtlichen Einigung, des gerichtlichen Schuldenbereinigungsplans, des Insolvenzplans und der Einstellung des Insolvenzverfahrens mit Zustimmung der Gläubiger nach § 213 InsO existieren vier konsensuale Schuldenbereinigungsmechanismen (*Ahrens* Das neue Privatinsolvenzrecht 2014, Rn. 444). Mit dem Schuldner kann dabei auch eine über den gesetzlichen Umfang hinausgehende Erfüllungsleistung vereinbart werden. Den Gläubigern wird lediglich die 41

Möglichkeit genommen, gegen den Willen des Schuldners eine Regelung durchzusetzen, die für ihn nachteiliger als die gesetzlichen Anforderungen ist.

42 Als rechtspolitischer **Kompromiss** ist die Restschuldbefreiung nicht aus einer einheitlich durchgeführten Konzeption entstanden. Gegen sämtliche Versuche, die Restschuldbefreiung aus hergebrachten systematischen Vorstellungen zu erklären, bestehen wegen des Monismus ihrer Ansätze erhebliche Bedenken, von denen stets nur einzelne Aspekte hervorgehoben, aber keine umfassenden Erklärungen des gesamten Instituts der Restschuldbefreiung geleistet werden. Weder das Vollstreckungsziel noch die richterlichen Kompetenzen oder die Gläubigerautonomie sind allein zur Erklärung der Restschuldbefreiung tauglich. Entworfen wurde vielmehr ein neues insolvenzverfahrensrechtliches Institut mit materiellen Wirkungen (zustimmend *LG Bochum* ZInsO 2001, 564 [566]). Das Verfahren zur Restschuldbefreiung ist Insolvenzrecht (*Gottwald/Ahrens* HdbInsR, § 76 Rn. 14; *Frege/Keller/Riedel* Insolvenzrecht, 8. Aufl., Rn. 2097).

43 Das unbestreitbare **Optimierungspotenzial** des Verbraucherinsolvenz- und Restschuldbefreiungsverfahrens hat seit 2002 zu einer vielgestaltigen Reformdebatte geführt (ausf. *Ahrens* Das neue Privatinsolvenzrecht 2014, 2. Aufl., Rn. 13 ff.; *Springeneer* ZVI 2006, 1 ff.; s.a. *Kohte/Busch* vor § 286 Rdn. 39 ff.). Das Insolvenzrecht bietet den geeigneten Rahmen für die organisatorischen und funktionellen Anforderungen an eine gesetzliche Schuldbefreiung. Es stellt ebenso einen verlässlichen Auslöseatbestand wie einen klaren Rahmen der erfassten Ansprüche zur Verfügung. Vor allem aber erfordert eine materielle Insolvenz eine kollektive Haftungsordnung. Es ist anerkanntermaßen ungerecht, im Fall der Insolvenz den zufälligen Zeitpunkt einer Pfändung über die vorrangige und möglicherweise vollständige Befriedigung des ersten Gläubigers entscheiden zu lassen und den Ausfall anderer Gläubiger mit ihren Forderungen in Kauf zu nehmen (*Gerhardt* Vollstreckungsrecht, 2. Aufl., S. 77). Einzelzwangsvollstreckung und privatautonome Gläubigerbefriedigung führen gegenüber dem nicht mehr leistungsfähigen Schuldner zu willkürlichen Ergebnissen (*Häsemeyer* InsR, Rn. 2.02).

44 Eine materiell- und einzelzwangsvollstreckungsrechtliche Konzeption, wie eine Schuldbefreiung durch **absolute Anspruchsverjährung**, vermag die notwendigen Verfahrenssicherungen nicht zu gewährleisten (*Ahrens* ZVI 2005, 1 ff.; **a.A.** *Sternal* NZI aktuell 8/2005, V f.; jetzt auch KK-InsO/*Hess* § 1 Rn. 27). Ohne ein normatives Haftungskonzept, wie es die InsO bietet, verstößt eine Schuldbefreiung gegen prinzipielle Gerechtigkeitsvorstellungen. Unverzichtbar ist aber nur ein Kern- und nicht der Gesamtbestand insolvenzrechtlicher Regeln. Existiert ein tragfähiges insolvenzrechtliches Gerüst, so kann, wie es für die masselosen Insolvenzen diskutiert wird, eine Verfahrenseröffnung entbehrlich sein (*Heyer* Restschuldbefreiung, S. 24 ff., 35 ff.; *ders.* ZInsO 2005, 1009 ff.; *Kohte* ZVI 2005, 9 ff.; *Grote* FS Kirchhof, S. 149 ff.; *Jaeger* ZVI 2005, 15 ff.; *Hofmeister/Jaeger* ZVI 2005, 180).

2. Anwendbare Vorschriften

45 Im Restschuldbefreiungsverfahren gelten die **Vorschriften der** Teile 1 bis 7, 9 bis 11 **Insolvenzordnung**, soweit die Vorschriften der §§ 286 bis 303 InsO keine besondere Regelung enthalten. Dabei ist zwischen dem parallel zum Insolvenzverfahren verlaufenden ersten Abschnitt bis zur Beendigung des Insolvenzverfahrens und dem zweiten Abschnitt der Treuhandperiode zu unterscheiden. Im **ersten Verfahrensteil unanwendbar** sind
- § 89 Abs. 3 Satz 1 InsO für Entscheidungen über das Vollstreckungsverbot nach § 294 Abs. 1 InsO (s. § 294 Rdn. 50);
- § 139 InsO über die Berechnung der Anfechtungsfristen auf die allgemeinen Fristbestimmungen im Restschuldbefreiungsverfahren.

46 In der **Treuhandperiode unanwendbar** sind die Regeln, die eine Beschränkung der Schuldnerrechte begründen (s. § 289 Rdn. 13 ff.). Dies sind die:
- §§ 80 bis 86 InsO,
- §§ 99, 100 InsO.

Die Beschränkung der Gläubigerrechte bleibt dagegen bestehen.

Über § 4 InsO gelten die Vorschriften der **ZPO** entsprechend im Restschuldbefreiungsverfahren. 47
Anwendbar sind insbesondere
- §§ 59 f. ZPO über die Streitgenossenschaft (Rdn. 111 f.);
- §§ 91 ff. ZPO auf die Kostenerstattungspflicht in den Versagungs- und Widerrufsverfahren nach den §§ 295 ff., 303 InsO (*Nerlich/Römermann* InsO, vor § 286 Rn. 58 ff.);
- § 91a ZPO und die Grundsätze über die Erledigung (*BGH* NZI 2005, 399 [400], m. Anm. *Ahrens*);
- § 178 Abs. 1 Nr. 1 ZPO auf die Zustellung eines Versagungsbeschlusses an einen nicht volljährigen ständigen Mitbewohner (*LG Arnsberg* ZInsO 2010, 1160), doch muss der Mitbewohner mindestens 14 Jahre alt sein (PG/*Kessen* § 178 ZPO Rn. 5);
- § 222 ZPO über die Fristberechnung;
- § 232 ZPO über die Rechtsbehelfsbelehrung bei Entscheidungen des Insolvenzgerichts, gegen welche die sofortige Beschwerde oder die Rechtsbeschwerde statthaft ist (*Zipperer* NZI 2013, 865);
- § 233 ZPO über die Wiedereinsetzung in den vorigen Stand bei einer unzureichenden Belehrung über das Widerspruchsrecht nach § 175 Abs. 2 InsO (*BGH* NZI 2016, 238 Tz. 6). Im Fall einer unzutreffenden Internetbekanntmachung soll nach der Rechtsprechung des *BGH* eine Wiedereinsetzung in die Frist des § 300 InsO a.F. wegen verletzter verfassungsrechtlicher Rechtsschutzgarantien zulässig sein (*BGH* NZI 2014, 77 Tz. 14 ff.);
- § 269 ZPO auf die Rücknahme des Antrags auf Erteilung von Restschuldbefreiung (s. § 287 Rdn. 113 ff.; *BGH* NZI 2005, 399 [400], m. Anm. *Ahrens*; NZI 2017, 75; *LG Freiburg* NZI 2004, 98 [99]; *Ahrens* ZInsO 2017, 193 [198 ff.]) und § 269 Abs. 3 ZPO auf die Rücknahme des Antrags auf Versagung der Restschuldbefreiung (*BGH* ZInsO 2010, 1495 Tz. 4; *Ahrens* ZInsO 2017, 193 [194]);
- § 294 ZPO über die Glaubhaftmachung (*BGHZ* 156, 139 [142]; s. § 290 Rdn. 250);
- § 299 ZPO zum Akteneinsichtsrecht, einsichtsberechtigt sind die formell Verfahrensbeteiligten, das Einsichtsrecht kann durch ein besonderes Geheimhaltungsinteresse und das informationelle Selbstbestimmungsrecht des Schuldners begrenzt sein (s. *Schmerbach* § 4 Rdn. 73);
- §§ 578 ff. ZPO über die Wiederaufnahme des Verfahrens (vgl. *LG Göttingen* ZVI 2007, 85, zu § 298 InsO).

Unanwendbar ist
- § 148 ZPO im Insolvenzverfahren. Dies hat der *BGH* für das eilbedürftige Insolvenzverfahren entschieden (NZI 2006, 642 Tz. 5; NZI 2007, 408 Tz. 12). Eine Aussetzung vor Eröffnung oder während des Insolvenzverfahrens ist daher ausgeschlossen. Wegen der gesetzlich in § 287 Abs. 2 Satz 1 InsO fixierten Verfahrensdauer und der darin angelegten Verteilungsentscheidung scheidet eine Aussetzung auch während der Treuhandperiode aus.
- Die Aussetzung des Verfahrens analog § 148 ZPO bei Durchführung eines konkreten Normenkontrollverfahrens in einem anderen Verfahren scheitert an dem Eilcharakter des Verfahrens (*Ahrens* ZInsO 2002, 1010 [1016]; **a.A.** *AG München* Beschl. v. 15.10.2002 – 1507 IK 2235/02).
- § 233 ZPO über die Wiedereinsetzung in den vorigen Stand bei den Fristen aus §§ 287 Abs. 1 Satz 2 (s. § 287 Rdn. 51), 290 Abs. 1 (s. § 290 Rdn. 246), 296 Abs. 1 Satz 2 (s. § 296 Rdn. 55) und 303 Abs. 2 InsO (s. § 303 Rdn. 32) ist unanwendbar.
- Das ZSHG mit den §§ 4, 9, 10 (*LG Hamburg* ZInsO 2005, 1000) kann nicht herangezogen werden.

Nach § 204 Abs. 1 Nr. 10 BGB wird die **Verjährung** durch Anmeldung des Anspruchs im Insolvenz- 48
verfahren gehemmt. Die **Hemmung** endet gem. § 204 Abs. 2 BGB sechs Monate nach Beendigung bzw. Stillstand des Verfahrens. Ein Stillstand des Verfahrens tritt ein, wenn die angemeldete Forderung bestritten wird (*Staudinger/Peters* BGB, 2003, § 204 Rn. 140). Ob die Verjährung während der Treuhandperiode des Restschuldbefreiungsverfahrens gehemmt wird, kann so noch nicht beantwortet werden. § 204 Abs. 1 Nr. 10 BGB spricht von der Anmeldung der Forderung im Insolvenzverfahren und § 204 Abs. 2 BGB von der Beendigung des eingeleiteten Verfahrens. Aufgrund der gebotenen sachlichen Unterscheidung zwischen Insolvenz- und Restschuldbefreiungsverfahren

wird damit nur auf das Insolvenzverfahren abgestellt. Im Restschuldbefreiungsverfahren ist die Verjährung demgemäß nicht mehr gehemmt, wie in der Rechtsprechung zutreffend gesehen wird (*OLG Stuttgart* NZI 2007, 527 f.; *OLG Düsseldorf* NZI 2010, 694). Zwar ist während der Treuhandperiode eine Zwangsvollstreckung durch die Insolvenzgläubiger nach § 294 Abs. 1 InsO unzulässig, doch genügt dies noch nicht, um eine Verjährungshemmung zu begründen.

49 Auf die Verjährung kommt es allerdings nur an, wenn die **Feststellung** der Forderung zur Tabelle und die damit verbundene Tituierung durch den Widerspruch des Insolvenzverwalters oder eines Gläubigers **verhindert** wurde, §§ 178 Abs. 1 Satz 1, 201 Abs. 2 Satz 1 InsO (vgl. *OLG Düsseldorf* NZI 2010, 694). Ist die Forderung zur Tabelle festgestellt, gilt die dreißigjährige Titelverjährungsfrist aus § 197 Abs. 1 Nr. 5 BGB. Sie läuft auch bei einem Widerspruch des Schuldners gegen die Forderung, durch den nicht die Feststellung zur Tabelle, sondern allein die Vollstreckbarkeit verhindert wird, §§ 178 Abs. 1 Satz 2, 201 Abs. 2 Satz 1 InsO. Wird dem Schuldner die Restschuldbefreiung versagt oder die Forderung in den Fällen des § 302 InsO nicht von der Schuldbefreiung erfasst, verbleibt dem Gläubiger hinreichend Zeit, um eine titelergänzende Feststellungsklage zu erheben (vgl. § 302 Rdn. 70).

III. Schuldbefreiung auf anderer Grundlage

50 Mit der Restschuldbefreiung nach den §§ 286 bis 303 InsO ist ein durch die positivierten Voraussetzungen und Einwendungen konturiertes Instrumentarium zur Schuldenbereinigung geschaffen. Als Alternative zu dieser gesetzlichen Regelung können Schuldner und Gläubiger aber auch eine **privatautonom** determinierte und damit **konsensuale Schuldbefreiung** mit einer Bereinigung sämtlicher Verbindlichkeiten vereinbaren. Dabei setzt die Insolvenzordnung die konkurs- und vergleichsrechtliche Tradition fort und lässt eine Schuldenbereinigung durch eine Vereinbarung mit dem Schuldner auf Grundlage eines Mehrheitswillens der Gläubiger zu. Mit den vier Gestaltungen der außergerichtlichen Einigung, des gerichtlichen Schuldenbereinigungsplans, des Insolvenzplans und der Einstellung des Insolvenzverfahrens mit Zustimmung der Gläubiger nach § 213 InsO existieren unterschiedliche konsensuale Schuldenbereinigungsmechanismen (*Ahrens* Das neue Privatinsolvenzrecht 2014, Rn. 444). Wegen der je unterschiedlichen Voraussetzungen und Wirkungen ist sorgsam zwischen diesen konsensualen, aber auch zwischen diesen und den einseitigen Möglichkeiten der Restschuldbefreiung abzuwägen.

51 **Keine Schuldbefreiung** begründet dagegen der Vollstreckungsschutz nach § 18 Abs. 2 Satz 3 GesO (*Wenzel* Die »Restschuldbefreiung« in den neuen Bundesländern, S. 126, 181; *Smid* GesO, § 18 Rn. 34; *Uhlenbruck* BB 1990, Beil. 26, 1 [5]; *Schmidt-Räntsch* FS Hanisch, S. 217 [219 f.]; *Pape* ZIP 1997, 190). Durch einen bürgerlichrechtlichen **Erlass** wird ebenfalls keine Restschuldbefreiung erreicht, denn es erlischt lediglich ein Schuldverhältnis i.S.d. § 379 Abs. 1 BGB, also jeweils nur eine Forderung (MüKo-BGB/*Schlüter* § 397 Rn. 7; *Soergel/Zeiss* BGB, § 397 Rn. 7). Eine Gesamtbereinigung ist deshalb nur über eine Vielzahl einzelner Vereinbarungen zu erlangen. Bei einer gescheiterten außergerichtlichen Einigung ist allerdings zu prüfen, ob die einzelne Forderung unabhängig von dem Akkord erlassen werden sollte. Vollstreckungsbeschränkende Parteivereinbarungen dürfen ebenfalls getroffen werden (*BGH* NJW 1968, 700; 1991, 2295 [2296]; *Stein/Jonas-Münzberg* ZPO, 22. Aufl., vor § 704 Rn. 99; MüKo-ZPO/*Rauscher* Einl. Rn. 405; *Zöller/Stöber* ZPO, Vor § 704 Rn. 25; *Rosenberg/Gaul/Schilken* Zwangsvollstreckungsrecht, § 33 IV 2), doch schaffen auch sie keine Gesamtbereinigung.

D. Konzept des Restschuldbefreiungsverfahrens

I. Eigenständiges Verfahren

52 Das Restschuldbefreiungsverfahren bildet ein in der Insolvenzordnung geregeltes **selbständiges Verfahren**. Neben dem als allgemeines Insolvenzverfahren (Regelinsolvenzverfahren) oder als Verbraucherinsolvenzverfahren ausgestalteten insolvenzrechtlichen Liquidationsverfahren kann damit für natürliche Personen noch ein anderes **insolvenzrechtliches Verfahren** durchgeführt werden. Durch

das Erfordernis eines zusätzlichen, allein vom Schuldner zu stellenden Antrags, der mit dem Antrag auf Eröffnung des Insolvenzverfahrens verbunden werden soll, § 287 Abs. 1 Satz 1 InsO, und das besondere Rechtsschutzziel der Schuldenbefreiung wird ein eigenständiges Verfahren konstituiert (A/G/R-*Fischer* § 286 InsO Rn. 4; *Uhlenbruck/Sternal* InsO, Vor § 286 Rn. 58; MüKo-InsO/*Stephan* vor §§ 286–303 Rn. 28; HambK-InsO/*Streck* § 286 Rn. 4; *Braun/Pehl* InsO, § 286 Rn. 9; LSZ/*Kiesbye* InsO, § 286 Rn. 15), das mit dem Insolvenzverfahren eine Mehrheit von Verfahrensgegenständen bildet.

Insolvenz- und Schuldbefreiungsverfahren sind dabei eng (ebenso BT-Drucks. 14/5680 S. 28), aber **nicht notwendig** miteinander **verbunden**. Ein Insolvenzverfahren über das Vermögen einer natürlichen Person kann, muss jedoch nicht mit einem Restschuldbefreiungsverfahren gekoppelt sein. Das Insolvenzverfahren kann auch dann durchgeführt werden, wenn das Schuldbefreiungsverfahren etwa gem. § 287a InsO unzulässig oder gem. § 290 Abs. 1 InsO die Restschuldbefreiung zu versagen ist. Umgekehrt ist zwar der Zugang zur Restschuldbefreiung nur in einem Insolvenzverfahren eröffnet. Wie aber § 289 Abs. 3 Satz 1 InsO belegt, muss das Insolvenzverfahren nur eröffnet, jedoch nicht durchgeführt worden sein, denn das Restschuldbefreiungsverfahren ist auch bei einer Masseunzulänglichkeit zulässig. Ein bis zur Schlussverteilung absolviertes Insolvenzverfahren bildet daher keine Voraussetzung des Restschuldbefreiungsverfahrens. Die Restschuldbefreiung kann in den sog. asymmetrischen Verfahren umgekehrt auch vor Abschluss des Insolvenzverfahrens erteilt werden, wenn etwa die Frist der Abtretungserklärung vor Beendigung des Insolvenzverfahrens abgelaufen ist, § 300a Abs. 1 Satz 1 InsO (außerdem *BGH* NZI 2010, 111 Tz. 14). Typischerweise soll das Restschuldbefreiungsverfahren mit einem auf Antrag des Schuldners durchgeführten Insolvenzverfahren verbunden sein, doch existieren davon Ausnahmen (s. § 287 Rdn. 19). 53

Trotz dieser Verselbständigung in zwei Verfahren bestehen zwischen dem Insolvenz- und dem Schuldbefreiungsverfahren zahlreiche **Verbindungen**. Verlangt wird ein Antrag des Schuldners auf Eröffnung des Insolvenzverfahrens, § 287 Abs. 1 InsO n.F. Ist sein **Insolvenzantrag** unzulässig, muss der Antrag auf Erteilung von Restschuldbefreiung grds. ebenfalls verworfen werden (*AG Dresden* ZVI 2005, 384; dazu s. Rdn. 109; s.a. § 287 Rdn. 15 ff., 97 ff.). Gilt der Antrag auf Eröffnung eines Verbraucherinsolvenzverfahrens nach § 305 Abs. 3 Satz 2 InsO als zurückgenommen, muss der Restschuldbefreiungsantrag verworfen werden. So strahlt der Eröffnungsgrund für das Insolvenzverfahren nach den §§ 16 ff. InsO auf das Restschuldbefreiungsverfahren aus (vgl. § 287 Rdn. 9). Mit der neuen Eingangsentscheidung des § 287a InsO werden in mancher Hinsicht Elemente des Insolvenzeröffnungsverfahrens gespiegelt. Funktionale Voraussetzung der Restschuldbefreiung ist das am Ende eines Insolvenzverfahrens stehende unbeschränkte Nachforderungsrecht aus § 201 Abs. 1 InsO. Ohne dieses Nachforderungsrecht wäre ein Schuldbefreiungsverfahren entbehrlich. Auch sind die Versagungsregeln etwa der §§ 295 ff. InsO nur dann sinnvoll, wenn der Schuldner im Anschluss an eine versagte Restschuldbefreiung erneut dem Nachforderungsrecht ausgesetzt ist. Nach der gesetzlichen Regelung scheidet eine Restschuldbefreiung außerdem aus, wenn es ohne Kostenvorschuss oder Verfahrenskostenstundung mangels Masse nicht zu einer Eröffnung des Insolvenzverfahrens kommt, § 26 Abs. 1 InsO n.F., oder das Verfahren nach § 207 InsO mangels Masse ohne Kostenvorschuss oder Verfahrenskostenstundung eingestellt wird (s. Rdn. 116; s.a. § 289 Rdn. 6; MüKo-InsO/*Stephan* vor §§ 286–303 Rn. 18). 54

Als ein im Achten Teil der Insolvenzordnung geregeltes Verfahren gelten für die Restschuldbefreiung grds. die allgemeinen **insolvenzrechtlichen Regelungen**, soweit nicht die besondere Gestaltung und die speziellen Regelungen der §§ 286 ff. InsO eine Abweichung verlangen. Dabei liegt die Schwierigkeit nicht so sehr in der zumeist verfahrensrechtlichen Konzeption der Restschuldbefreiung. Vielmehr zeichnen sich die Parallelen und die Kreuzungspunkte zwischen Insolvenz- und Restschuldbefreiungsverfahren nur ansatzweise ab. In den Umrissen sind drei Schwerpunktthemen zu erkennen: Erstens das durch die §§ 287 Abs. 2 Satz 1, 295 Abs. 1 Nr. 1 und 2, Abs. 2, 294 InsO ausgestaltete Haftungskonzept der Restschuldbefreiung. Zweitens die Rechtsstellung der Gläubiger (*Ahrens* NZI 2001, 113), deren individuelle Rechte auch während des parallel zum Insolvenzverfahren verlaufenden Zulassungsverfahrens zur Restschuldbefreiung unabhängig von der Gläubigerorganisation aus- 55

II. Zweistufiges Verfahren

1. Grundlagen

56 Das gesetzliche Schuldbefreiungsverfahren ist in **zwei Verfahrensteile** untergliedert (MüKo-InsO/ *Stephan* vor §§ 286–303 Rn. 31; A/G/R-*Fischer* § 286 InsO Rn. 4; *Hess* InsO, 2007, § 286 Rn. 41; *Haarmeyer/Wutzke/Förster* Handbuch, 3. Aufl., Rn. 8/183; *Andres/Leithaus* InsO, vor § 286 Rn. 2; LSZ/*Kiesbye* InsO, § 286 Rn. 16; *Häsemeyer* InsR, Rn. 26.10, spricht von drei Abschnitten, ebenso *Braun/Pehl* InsO, § 286 Rn. 11; *Preuß* Verbraucherinsolvenzverfahren und Restschuldbefreiung, 2. Aufl., Rn. 246; *Uhlenbruck/Sternal* InsO, Vor § 286 Rn. 47, gehen für die vor dem 01.07.2014 beantragten Verfahren von vier Schritten aus; *Fischinger* Haftungsbeschränkung, S. 103 f., legt ebenfalls vier Phasen zugrunde, die durch die Antragstellung, die Eingangsentscheidung gem. § 287a InsO, die Erteilung der Restschuldbefreiung gem. § 300 Abs. 1 Satz 1 InsO sowie den Widerruf nach § 303 InsO bestimmt seien). Während des Insolvenzverfahrens bildet die Restschuldbefreiung für den Schuldner eine Möglichkeit, die sich im alten Recht mit der Ankündigung der Restschuldbefreiung durch Beschluss des Insolvenzgerichts gem. § 291 InsO zu einer konkreten Aussicht verdichtet hat (*BGH* NJW 2005, 1271). Im Kern gilt dies auch unter dem zum 01.07.2014 eingeführten neuen Recht nach einer Beendigung des Insolvenzverfahrens, denn der Schuldner ist einen wichtigen Schritt auf dem Weg zur Restschuldbefreiung vorangekommen.

2. Erster Abschnitt

57 Im ersten, als **Zulassungs- oder Vorverfahren** (ebenso *Bernhardi* Die Abtretung des Anspruchs auf Arbeitsentgelt, S. 302) konzipierten Abschnitt wird darüber befunden, ob der Schuldner Zugang zu dem eigentlichen Schuldbefreiungsverfahren erhalten soll. Dieser erste Verfahrensteil beginnt mit der Antragstellung des Schuldners gem. den §§ 287 Abs. 1 Satz 1, 305 Abs. 1 InsO. Auch in den ab dem 01.07.2014 beantragten Insolvenzverfahren ist nicht erst die Eingangsentscheidung maßgebend (anders *Frege/Keller/Riedel* Insolvenzrecht, 8. Aufl., Rn. 2100), weil sonst das Verfahren über die Eingangsentscheidung unberücksichtigt bleiben müsste (vgl. Rdn. 60). Er endet im bis zum 30.6.2014 geltenden alten Recht mit der Entscheidung des Insolvenzgerichts nach § 289 Abs. 1 Satz 2 InsO, durch die eine Restschuldbefreiung auf Grundlage von § 290 InsO versagt oder eine Schuldbefreiung nach Maßgabe von § 291 InsO angekündigt wird (*Hess* InsO, 2007, § 286 Rn. 41). In dem seit dem 1.7.2014 geltenden neuen Recht bildet die Beendigung des Insolvenzverfahrens die Zäsur.

58 Das zum 01.07.2014 eingeführte **neue Recht** hat diese bislang bereits äußerlich abzulesende **Struktur** ohne überzeugenden Grund **abgeschwächt**. Die bisherige Grenzziehung durch den Schlusstermin und die Ankündigung der Restschuldbefreiung ist entfallen. § 291 InsO und die Ankündigung der Restschuldbefreiung werden aufgehoben. In den Formulierungen übernimmt § 287a Abs. 1 Satz 1 InsO Elemente der Ankündigung. Der sachliche Gehalt dieser Zulässigkeitsentscheidung weicht jedoch von der früheren Ankündigung ab, weswegen es keinen Sinn macht, weiterhin von einer Ankündigung zu sprechen (*Ahrens* Das neue Privatinsolvenzrecht, Rn. 549, 717; **a.A.** Vallender/Undritz/*Pape* Praxis des Insolvenzrechts, § 11 Rn. 108). Die Konzentrationsfunktion und Präklusionswirkung des Schlusstermins werden eingeschränkt, weil nach § 297a InsO nachträglich bekannt gewordene Versagungsgründe in der Treuhandperiode geltend gemacht werden können. Obwohl einige Strukturelemente abgeschliffen werden, eröffnet die Zweiteilung des Verfahrens weiterhin einen sinnvollen Erklärungsansatz. Während im ersten Verfahrensabschnitt unmittelbar die insolvenzrechtlichen Regeln mit den Pflichten und Rechtsbeschränkungen anzuwenden sind, gelten im zweiten Abschnitt der Treuhandperiode nur die ausdrücklich angeordneten Rechtsbeschränkungen, vgl. die §§ 294 bis 296 InsO.

Abgesehen von dem Fall des § 289 Abs. 1 InsO verläuft dieser erste Verfahrensabschnitt weitgehend 59
parallel zu einem **Insolvenzverfahren**, das als allgemeines Insolvenz- oder Verbraucherinsolvenzverfahren ausgestaltet ist. Dieser insolvenzrechtliche Rahmen gibt dem Restschuldbefreiungsverfahren Halt und Orientierung. Ohne größeren Regelungsaufwand können so die Ordnungsleistungen des Insolvenzverfahrens für die Restschuldbefreiung fruchtbar gemacht werden. Durch die beiden Anträge auf Eröffnung des Insolvenzverfahrens und Restschuldbefreiung liegt eine objektive Häufung von Verfahrensgegenständen vor (*Gottwald/Ahrens* HdbInsR, § 77 Rn. 1). Der Schuldner unterliegt den insolvenzrechtlichen Beschränkungen. Das Erfüllungswahlrecht des Insolvenzverwalters oder Treuhänders gem. § 103 InsO ermöglicht auch in der Insolvenz natürlicher Personen eine veränderte Ausrichtung der Vertragsverhältnisse. Die Kündigungssperre aus § 112 InsO kann den Bestand des Mietverhältnisses sichern (aber *BGH* NZI 2015, 809). Mit einer zentralen Regelung erstreckt § 301 Abs. 1 InsO zudem die Restschuldbefreiung auf alle Insolvenzgläubiger, selbst wenn sie sich am Verfahren nicht beteiligt haben. Erst diese insolvenzrechtliche Einkleidung ermöglicht eine effektive Schuldbefreiung (*Gottwald/Ahrens* HdbInsR, § 76 Rn. 1, 30).

Wie das Insolvenzeröffnungsverfahren in das Zulassungsverfahren und das Entscheidungsverfahren 60
bzw. Vorprüfungs- und Hauptprüfungsverfahren über die Eröffnung gegliedert ist (s. *Schmerbach* § 13 Rdn. 2), entwickelt sich jetzt auch die **erste Etappe des Restschuldbefreiungsverfahrens in zwei Stationen** bis zur und nach der Zulässigkeitsentscheidung aus § 287a InsO. Damit ist der erste Abschnitt des Restschuldbefreiungsverfahrens selbst noch einmal untergliedert. Die **Eingangsentscheidung** aus § 287a InsO bildet nicht nur eine im Verfahrensplan angelegte äußerliche Scheidelinie. Mit ihr trennen sich auch die Verfahrensformen. Bei der Zulässigkeitsprüfung bis zur Eingangsentscheidung ist das Insolvenzgericht auf eine Prüfung von Amts wegen beschränkt. Nach der Eingangsentscheidung gelten die Grundsätze des Amtsermittlungsverfahrens, soweit nicht durch die Versagungsregeln besondere streitige Verfahrensformen anzuwenden sind. Betont wird das Zulassungsverfahren und seine Parallelität zu dem Insolvenzverfahren durch § 287 Abs. 2 Satz 1 InsO, der die Frist der Abtretungserklärung bereits nach Eröffnung des Insolvenzverfahrens beginnen lässt (dazu § 287 Rdn. 271 ff.). Das Zulassungsverfahren erhält dadurch ein zusätzliches Gewicht, weil während seiner Dauer bereits die Frist für die Abtretungserklärung zu laufen beginnt.

Die **Abgrenzung der Etappen** erfolgt auch im neuen Privatinsolvenzrecht im Kern anhand des Insol- 61
venzverfahrens. In den vor dem 01.07.2014 beantragten Insolvenzverfahren war nach Rechtskraft des Beschlusses über die Versagung oder Ankündigung der Schuldbefreiung das Insolvenzverfahren aufzuheben, § 289 Abs. 2 Satz 2 InsO. Obwohl es dafür keine ausdrückliche Anordnung gibt, wird der zeitliche Rhythmus auch im neuen Recht durch das Insolvenzverfahren bestimmt sein, dessen Feststellungen vielfach das Schuldbefreiungsverfahren binden. Ein eigener Verfahrensabschnitt für die Phase bis zur Eingangsentscheidung ist aus systematisch-konzeptionellen Erwägungen nicht zu bilden. Für das zeitlich parallel geführte Eröffnungsverfahren über die Insolvenz wird zwar eine separate Verfahrensstruktur vorgenommen, doch beruht diese Konsequenz vor allem auf den mit Eröffnung des Insolvenzverfahrens eintretenden besonderen Wirkungen. Für das Restschuldbefreiungsverfahren ist eine solche Differenzierung sachlich nicht angezeigt.

Der **erste Abschnitt** des Schuldbefreiungsverfahrens beginnt in den vor, aber auch ab dem 62
01.07.2014 eingeleiteten Verfahren mit der Antragstellung durch den Schuldner. Er wird regelmäßig zeitgleich mit dem inhaltlichen Abschluss des Insolvenzverfahrens beendet sein (Rdn. 64). Noch vollkommen identisch, aber zeitlich weitgehend angenähert, kann das Restschuldbefreiungsverfahren mit einer Versagung nach dem Schlusstermin enden. Durchbrochen wird dieser Rhythmus bei den asymmetrischen Verfahren, vgl. § 300a InsO (außerdem *Ahrens* FS Görg, S. 1 ff.).

Anknüpfungspunkt für ein Restschuldbefreiungsverfahren kann sowohl ein allgemeines **Insolvenz-** 63
als auch ein **Verbraucherinsolvenzverfahren** sein. Ebenso kommt auch eine **Eigenverwaltung** nach den §§ 270 ff. InsO in Betracht, sofern der Schuldner eine natürliche Person ist und kein Verbraucherinsolvenzverfahren absolvieren muss (*Lindner* Eigenverwaltung und Restschuldbefreiung, S. 122 ff., 146; MüKo-InsO/*Tetzlaff* vor §§ 270–285 Rn. 79). Im Grundsatz ist davon auszugehen, dass im eigenverwalteten Insolvenzverfahren der Sachwalter die Funktionen des Insolvenzverwalters

bzw. in der ersten Phase des Restschuldbefreiungsverfahrens übernimmt. Anschließend wird ein Treuhänder tätig sein. Wird kein anderer Treuhänder ernannt, dürfte das Amt auf den Sachwalter übergehen. Dabei steht dem eigenverwaltenden Schuldner ein allgemeines Widerspruchsrecht neben dem vollstreckungshindernden (ggf. isolierten) persönlichen Widerspruch gegen die Forderungsanmeldung zu (*BGH* NZI 2013, 1025). Manche Regeln des Restschuldbefreiungsverfahrens bedürfen freilich einer sachgerechten Modifikation. Zu erwägen ist etwa ein an die besonderen Anforderungen angepasster Pflichtenmaßstab im Rahmen von § 290 Abs. 1 Nr. 5 InsO (*Lindner* Eigenverwaltung und Restschuldbefreiung, S. 141 ff.). Offen ist auch das Verhältnis zwischen dem Entnahmerecht aus § 278 InsO und etwa § 295 Abs. 2 InsO (*Lindner* Eigenverwaltung und Restschuldbefreiung, S. 188). Zu kurz greift dabei, auf den Abschluss des Insolvenzverfahrens zu verweisen.

64 Der **Übergang** zwischen beiden Verfahrensstadien war in den vor dem 01.07.2014 eingeleiteten Verfahren klar durch die Ankündigung nach § 291 InsO a.F. konturiert. In den ab dem 01.07.2014 beantragten Verfahren ist die Grenze nicht mehr so trennscharf auf einen einzigen Punkt fixiert (vgl. *Ahrens* Das neue Privatinsolvenzrecht, Rn. 918 ff.). Anzuknüpfen ist an die Aufhebung des Insolvenzverfahrens. Einen weiteren Referenzpunkt enthält § 290 Abs. 1 InsO, wonach ein Antrag auf Versagung der Restschuldbefreiung bis zum Schlusstermin, bzw. im schriftlichen Verfahren bis zum Ablauf der Anhörungsfrist, gestellt werden muss. Der jeweilige Wechselpunkt muss deswegen bezogen auf die einzelne Aufgabe bestimmt werden. Für die Versagungsanträge ist nach § 290 Abs. 1 InsO auf den Schlusstermin, für die Bestimmung des Treuhänders auf den Beschluss nach § 288 Satz InsO und für die Festlegung des Neuerwerbs nach § 295 Abs. 1 Nr. 2 InsO auf die Aufhebung des Insolvenzverfahrens (*BGH* ZInsO 2010, 1496 Tz. 5, 9) abzustellen. Umstritten ist, ob die Forderungsanmeldung bis zum Schlusstermin oder der Aufhebung des Insolvenzverfahrens erfolgen kann (s. § 302 Rdn. 41). Eine weitere exakte Abgrenzung nach den bislang während des Insolvenzverfahrens bestehenden Pflichtenkreisen und den Obliegenheiten während der Treuhandperiode hat durch die Erstreckung der Erwerbsobliegenheit auf das Insolvenzverfahren an Aussagekraft verloren.

3. Zweiter Abschnitt

65 Mit der Aufhebung des Insolvenzverfahrens wird das Restschuldbefreiungsverfahren in das **Schuldbefreiungs- oder Hauptverfahren** als **zweitem Verfahrensteil** übergeleitet (*BGH* ZVI 2009, 346 Tz. 3). Dieser zweite Abschnitt bildet das eigentliche Schuldbefreiungsverfahren und wird vielfach mit dem Restschuldbefreiungsverfahren gleichgesetzt (vgl. etwa bei *Frege/Keller/Riedel* Insolvenzrecht, 8. Aufl., Rn. 2100). Das *OLG Celle* bezeichnete diese Etappe als das förmliche Restschuldbefreiungsverfahren (*OLG Celle* ZInsO 2001, 852). In diesem Abschnitt gelten nicht mehr die allgemeinen insolvenzverfahrensrechtlichen, sondern nur die speziell normierten Anforderungen an den Schuldner aus den §§ 294 bis 296 InsO.

66 Dabei wird der **zweite Verfahrensabschnitt** nach Aufhebung des Insolvenzverfahrens von der auch als Wohlverhaltensphase (*Frind* Praxishandbuch Privatinsolvenz, Rn. 986) oder **Wohlverhaltensperiode** (z.B. *BGH* NZI 2005, 399 [400]) bezeichneten Treuhandphase geprägt. Beide Termini werden in den Gesetzesmaterialien verwendet (BT-Drucks. 14/5680, S. 22; 14/6468, S. 28; s.a. A/G/R-*Fischer* § 286 InsO Rn. 4). Der Begriff Wohlverhaltensperiode legt den Akzent auf eine Verhaltensorientierung, die dem Insolvenzrecht eigentlich fern liegt. Insolvenzrecht ist jedoch nicht behavioristisch, sondern verfahrensrechtlich und ökonomisch geprägt. Die Bezeichnung als Wohlverhaltensperiode entkoppelt den nach dem Insolvenzverfahren durchzuführenden Verfahrensabschnitt unzutreffend von den wirtschaftlichen Bezügen. Zudem wird der Begriff Wohlverhaltensphase teilweise mit der Abtretungszeit gleichgesetzt (*Hess/Groß/Reill-Ruppe/Roth* Kap. 4 Rn. 29, sechsjährige Wohlverhaltensperiode; *Pape/Pape* ZInsO 2017, 1513 [außerdem etwa 1520]). Ein Mehr an Präzision ist dadurch kaum zu gewinnen, denn die Abtretungszeit müsste von der in § 287 Abs. 2 InsO gesetzlich geregelten Abtretungsfrist abgegrenzt werden. Letztlich sollen mit der Gleichsetzung die wirtschaftlichen Verhältnisse besser erfasst werden.

Demgegenüber ist die Bezeichnung als **Treuhandperiode** (*BGH* NZI 2011, 596 Tz. 5, 12, m. Arm. **67** *Ahrens*; NZI 2016, 269 Tz. 17) bzw. Treuhandzeit oder -phase (die auch der *BGH* ZInsO 2011, 1319 Tz. 12; NZI 2013, 189 Tz. 20 verwendet) vorzugswürdig, weil sie die für dieses Verfahren kennzeichnende besondere rechtliche Organisation der Tilgungsleistungen besonders betont (s.a. *Bindemann* ZVI 2002, 248; *Preuß* Verbraucherinsolvenzverfahren und Restschuldbefreiung, 2. Aufl., Rn. 252; MüKo-InsO/*Stephan* § 300 Rn. 4; MüKo-InsO/*Ehricke* § 295 Rn. 2; LSZ/*Kiesbye* InsO, § 286 Rn. 16; *Bernhardi* Die Abtretung des Anspruchs auf Arbeitsentgelt, S. 323; s.a. *Mohrbutter/ Ringstmeier-Pape* § 17 Rn. 223). Die Bezeichnung hat mit der Novellierung des Privatinsolvenzrechts zum 01.07.2014 eine zusätzliche Dimension gewonnen. Seitdem wird der Treuhänder allein nach Aufhebung des Insolvenzverfahrens tätig, weswegen die Treuhandzeit weiter an den Tätigkeitszeitraum des Treuhänders angeglichen ist.

Nach § 287 Abs. 2 Satz 1 InsO ist die Dauer dieses Hauptverfahrens lediglich relativ bestimmt **68** (*Gottwald/Ahrens* HdbInsR, § 78 Rn. 3). Entsprechend der Abtretungsfrist beträgt diese Phase grds. **sechs Jahre abzüglich** der Dauer des eröffneten **Insolvenzverfahrens**, § 287 Abs. 2 Satz 1 InsO. Diese Zeitspanne kann sich etwa durch eine frühere Tilgung der Verbindlichkeiten, § 300 Abs. 1 Satz 2 InsO, oder eine Versagung der Restschuldbefreiung nach den §§ 296 bis 298 InsO verkürzen.

Die **Wirkungen** des Insolvenzverfahrens enden mit dessen Aufhebung. Entsprechendes gilt nach Ein- **69** stellung wegen Masseunzulänglichkeit, §§ 211, 215 Abs. 2 InsO. Insbesondere werden die Verwaltungs- und Verfügungsbeschränkungen des Schuldners nach den §§ 80 ff. InsO aufgehoben. Aus diesem Grund setzen die anderen Wirkungen der Laufzeit der Abtretungserklärung aus den §§ 294 bis 297 InsO erst mit diesem Hauptverfahren in der Treuhandzeit ein. In dieser Treuhandperiode trifft den Schuldner ein umfassendes Programm von Obliegenheiten und Anforderungen, das ihn dazu veranlassen soll, seine noch bestehenden Verbindlichkeiten nach Kräften zu erfüllen. Mit der Aufhebung oder Einstellung des Insolvenzverfahrens endet die kollektive Haftungsordnung mit seinem normativen Haftungskonzept. An seine Stelle tritt im zweiten Abschnitt des Restschuldbefreiungsverfahrens eine zwar ebenfalls kollektiv geordnete, aber spezifische Form der die Haftungsverwirklichung ergänzenden Schuldbefreiung. Die haftungsrechtliche Funktion des Restschuldbefreiungsverfahrens in einer durch die Vorschriften der §§ 286 ff. InsO geschaffenen besonderen Gestalt, von der Bezügeabtretung über die Beschränkungen beim erbrechtlichen und sonstigen Erwerb bis hin zu den Vollstreckungsmöglichkeiten der Neugläubiger, prägen dennoch weithin das Verfahren nach Ankündigung der Restschuldbefreiung. Obwohl die Entscheidung über die Restschuldbefreiung erst im Anschluss an die Treuhandzeit getroffen wird, ist sie doch integraler Bestandteil dieses zweiten Abschnitts, da für diese Entscheidung ein eigenes Verfahrensprogramm fehlt.

III. Dynamisches und dauerhaftes Verfahren

Wegen dieser Ergänzung um ein Schuldbefreiungsverfahren bildet das Insolvenzverfahren nicht **70** mehr den juristischen Endpunkt einer Insolvenz, der lediglich durch das Nachforderungsrecht hinausgeschoben wird, sondern vielfach nur noch eine **Zwischenstation** auf dem Weg zu einer Gesamtbereinigung der Schulden. Deshalb erscheint es auch sachgerecht, den **Neuerwerb** mit zur Insolvenzmasse zu ziehen, § 35 Abs. 1 InsO. Zusätzlich kann mit dessen Einbeziehung auch die Sozialleistung der Kostenstundung ausgeglichen werden. Aufgrund dieser legislativen Entscheidung entsteht insbesondere aus den laufenden Einkünften eines Arbeitnehmers immer neue Masse, die es zu verteilen gilt. Auf die aus der Vorstellungswelt eines statischen Insolvenzverfahrens resultierenden Befürchtungen, während der Dauer dieser Einkommenserzielung die Verwertung der Insolvenzmasse nicht beenden zu können (*Grub/Smid* DZWIR 1999, 1 [7]; *Smid* FS Rolland, S. 355 [369 f.]; *AG Düsseldorf* ZInsO 2001, 572, m. krit. Anm. *Haarmeyer* und Entgegnung *Erdmann* ZInsO 2001, 742; s.a. *AG Duisburg* NZI 2001, 106 [107], wenn ein Restschuldbefreiungsverfahren ausscheidet, sollte danach das Einkommen sieben Jahre zur Masse gezogen werden), hat der Gesetzgeber zunächst mit der Neufassung von § 196 Abs. 1 InsO reagiert. Sobald die Gegenstände außerhalb des laufenden Einkommens erfasst und die Verteilungsquoten bestimmt sind, weil feststeht, mit welchem Betrag die absonderungsberechtigten Gläubiger ggf. ausgefallen sind, hat der Treuhänder die Schlussverteilung durchzuführen. Außerdem regelt § 300a InsO die sog. asymmetrischen Verfahren.

71 Geschaffen ist ein **dynamisches Verfahren** zur **Restschuldbefreiung,** mit dem auch der fortwährende Zuwachs der Masse zu erklären ist (außerdem *Ahrens* Jahrbuch Junger Zivilrechtswissenschaftler 1999, S. 189 [206]).

72 Verfassungsrechtlich muss dem Schuldner zudem ein **effektiver Zugang** zum Restschuldbefreiungsverfahren eröffnet werden, der es ihm ermöglicht, sein subjektives Recht auf die gesetzliche Schuldbefreiung zu verwirklichen. Als Folge des Justizgewährungsanspruchs (vgl. *Stein/Jonas-Brehm* ZPO, 22. Aufl., vor § 1 Rn. 284 ff.; *Rosenberg/Schwab/Gottwald* Zivilprozessrecht, 17. Aufl., § 3 Rn. 1 ff.) ist dem Schuldner auch ein effektives Verfahren über die Restschuldbefreiung zu gewähren. Verweigert oder verzögert das Gericht entgegen dieser Verpflichtung den Rechtsschutz, so kann es im Wege einer Verfassungsbeschwerde vom *BVerfG* gezwungen werden, den gesetzlichen Verpflichtungen nachzukommen (*BVerfG* BVerfGE 78, 165 [178]; BVerfGE 86, 71 [76 f.]).

73 Aus der maximal sechsjährigen Treuhandzeit gewinnt das Schuldbefreiungsverfahren schließlich den Charakter eines **Dauerrechtsverhältnisses**, wie gerade auch die Möglichkeit einer vorzeitigen Beendigung (s. § 299 Rdn. 7, 10 ff.) bestätigt. An diese zeitliche Dimension des Verfahrens müssen die Anforderungen im Schuldbefreiungsverfahren angepasst werden. Deswegen sieht die Insolvenzordnung ein gestaffeltes Konzept von enumerierten Versagungs- und Widerrufsgründen vor. Im ersten Verfahrensabschnitt ist die Versagung gem. § 290 InsO noch am relativ einfachsten zu erreichen. Für eine Versagung im zweiten Teil des Schuldbefreiungsverfahrens bestehen bereits strengere Voraussetzungen, weil etwa jede Obliegenheitsverletzung nach § 295 InsO zusätzlich die Befriedigung der Insolvenzgläubiger beeinträchtigt haben muss. Die §§ 297 und 297a fügen sich insoweit in diese Vorstellung, als § 297 InsO ein strafbares Verhalten erfordert und § 297a InsO eine verkürzte Antragsfrist bestimmt. Ein Widerruf der erteilten Restschuldbefreiung nach dem Ende des zweiten Abschnitts ist meist sogar nur bei einer vorsätzlichen Obliegenheitsverletzung zulässig, die eine Befriedigung der Insolvenzgläubiger erheblich beeinträchtigt hat.

74 Mit **jeder Stufe** sind die **Hürden** gegenüber einer Versagung oder einem Widerruf der Restschuldbefreiung **höher** (ebenso jetzt BT-Drucks. 17/11268 S. 26; zweifelnd *Frind* Praxishandbuch Privatinsolvenz, Rn. 872). Eine Vorwirkung der für einen späteren Verfahrensteil geltenden Regeln auf eine frühere Phase ausgeschlossen, also § 295 InsO im Zulassungsverfahren unanwendbar. Durch den **prozesshaften Charakter** werden jedoch nicht allein die Erfordernisse zwischen den einzelnen Verfahrensabschnitten verändert, denn der zeitliche Verlauf wirkt sich ebenfalls auf die Anforderungen in dem zweiten Verfahrensabschnitt aus, der Treuhandperiode. Aus dem Verhältnismäßigkeitsgrundsatz kann möglicherweise zusätzlich zum Ende der Treuhandzeit eine Hinweis- und Warnpflicht auf die Folgen einer Obliegenheitsverletzung zu entwickeln sein. Modelle dafür bieten die §§ 255 Abs. 1 Satz 2, 298 Abs. 1 HS 2, 314 Abs. 3 Satz 2 InsO. Allerdings kann daraus keine der Abmahnung generell vergleichbare Anforderung abgeleitet werden, denn dafür fehlt eine dem § 314 Abs. 2 Satz 1 BGB für Dauerschuldverhältnisse entsprechende verfahrensbezogene Rechtsgrundlage (s. § 295 Rdn. 6).

IV. Restschuldbefreiung im System von Schuld und Haftung

75 Ein Fundamentalsatz des Privatrechts verlangt die **vermögensrechtliche Haftung** des Individuums für seine privatautonom begründeten Schulden (*Häsemeyer* FS Henckel, S. 353 [355]; *Gernhuber* Das Schuldverhältnis, § 4 I 2; MüKo-BGB/*Kramer* Einl. vor § 241 Rn. 46; zur rechtsethischen Legitimierung *Menzinger* Das freie Nachforderungsrecht der Konkursgläubiger, S. 91 ff.). Als Folge seines privatautonomen Handelns hat der Schuldner seine selbstbestimmten Entscheidungen mit dem Vermögen zu verantworten. Die Vermögenshaftung bildet damit das haftungsrechtliche Korrelat der Privatautonomie. Trotz der vielspurigen Wege, auf denen die Haftung begrenzt werden kann, gehört die Vermögenshaftung *als objektivrechtliches Prinzip* zu den beständigen Grundlagen der Privatrechtsgesellschaft. Falls den Gläubigern das Schuldnervermögen als Haftungsmasse zugewiesen

sein sollte, wird in der Einzelzwangsvollstreckung und in der Insolvenz das Prinzip der Vermögenshaftung realisiert, die Haftungsfunktion des Vermögens in Anspruch genommen (*Rosenberg/Gaul/Schilken* Zwangsvollstreckungsrecht, § 3 III 3; *Gerhardt* FS Gaul, S. 139; *Gernhuber* Das Schuldverhältnis, § 4 II; *Staudinger/Olzen* BGB, § 242 Rn. 237 f.). Zusätzlich sichert das freie Nachforderungsrecht der Gläubiger gem. § 201 Abs. 1 InsO, früher § 164 Abs. 1 KO, vielleicht auch eine Haftungsfunktion nach einer Liquidation des vorhandenen Vermögens (*Ackmann* Schuldbefreiung durch Konkurs?, S. 111 ff.; s.a. *Ahrens* Der mittellose Geldschuldner, S. 160 f.). Zwangsvollstreckung und Insolvenzverfahren begründen also nicht die Haftung des Schuldnervermögens für die Verbindlichkeiten, sondern setzen sie vielmehr voraus (*Gerhardt* FS Gaul, S. 139 [151]).

In dieser Funktion einer Haftungsverwirklichung ist das Insolvenzrecht **abhängig** vom **materiellen Recht** (Grenzen nennt *Dorndorf* FS Merz, S. 31 [35 ff.]; *Lippross* Grundlagen und System des Vollstreckungsschutzes, S. 87 ff., 94, geht von einem übergreifenden Prinzip des materiellen und des Vollstreckungsrechts aus; zur Kritik an einer umgekehrten Bestimmung des materiellen Rechts aus haftungsrechtlichen Grundsätzen, *Ahrens* Der mittellose Geldschuldner, S. 153 ff.). Aus dem persönlichen Leistungsanspruch gegen den Schuldner entspringt ein subjektives Haftungsrecht, das zur Grundlage der Rechtsstellung der Gläubiger im Insolvenzverfahren wird (KS-InsO/*Eckardt* 2000, S. 743 Rn. 1). In der haftungsrechtlichen Teilhabe und der Haftungsverwirklichung für die Gläubiger erschöpft sich jedoch nicht die Aufgabe des Insolvenzrechts. Mit § 1 Satz 2 InsO und dem Institut der Restschuldbefreiung wird der aus dem materiellen Recht abzuleitenden Haftungsstrenge die eigenständige Zielsetzung einer Schuldbefreiung entgegengesetzt (*Ahrens* VuR 2000, 8 ff.). Dabei schafft dieses Institut jedoch keine Haftungsbeschränkung, die den Grundsatz der Vermögenshaftung infrage stellt. 76

Wie die Bezeichnung als Schuldbefreiung zutreffend signalisiert, wird als Folge der Restschuldbefreiung die **Schuld modifiziert**, §§ 286, 301 InsO. Durch die Restschuldbefreiung wird der Schuldner von den rechtsverbindlichen Folgen seiner Entscheidungen befreit (*Häsemeyer* FS Henckel, S. 353 [361]; *Smid* BB 1992, 501 [511]; *Forsblad* Restschuldbefreiung, S. 316). Die gesetzliche Schuldbefreiung gestaltet daher das materielle Recht aus, ohne die Haftungsregeln zu verändern (anders *Forsblad* Restschuldbefreiung, S. 317; *Nerlich/Römermann* InsO, vor § 286 Rn. 25; nach *Madaus* JZ 2016, 548 [549], handelt es sich dagegen eher um eine Enthaftung als eine Entschuldung). Die Funktion des Restschuldbefreiungsverfahrens besteht deswegen darin, haftungsrechtliche, organisatorische, dokumentatorische und legitimatorische Anforderungen mit der materiellrechtlichen Wirkung der Schuldbefreiung auszusöhnen. Bei der Restschuldbefreiung handelt es sich deshalb um ein im Insolvenzrecht geregeltes Institut mit genuin materiellrechtlichen Wirkungen (ebenso LG Bochum ZInsO 2001, 564 [566]). 77

Die Schuldbefreiung führt also zu einer **materiellen Veränderung der Schuld** (a.A. *Smid* Restschuldbefreiung, in: Insolvenzrecht im Umbruch, S. 139 [151]). Dies unterscheidet die Restschuldbefreiung vom Zwangsvergleich, der die ursprüngliche Forderung ihrem Wesen nach nicht verändern und nur den Umfang des Anspruchs begrenzen soll (RG RGZ 92, 181 [187]; RGZ 119, 391 [396]). Trotz dieser inhaltlichen Veränderung der Schuld bleibt jedoch auch nach einer Restschuldbefreiung der Rechtsgrund der Verbindlichkeit etwa aus Kaufvertrag oder Delikt bestehen. Aus einer erzwingbaren Verbindlichkeit entsteht freilich eine Schuld, die zwar immer noch einen Grund für das Behaltendürfen der Leistung bildet, aber für Haupt- und Nebenleistungen nicht mehr durchsetzbar ist. Mit dieser Umwandlung der Schuld in eine unvollkommene Verbindlichkeit (dazu s. § 301 Rdn. 22 ff.) modifiziert die Restschuldbefreiung den Charakter der Leistungspflicht. Systematisch ist diese Umwandlung an der Veränderung der Leistungspflicht ausgerichtet, die bislang das Recht der nachträglichen Unmöglichkeit der §§ 275, 280 BGB gekennzeichnet hat. 78

Nicht zufällig lehnt sich deshalb die von § 286 InsO formulierte Befreiung von der Verbindlichkeit an die **Leistungsfreiheit** i.S.v. § 275 Abs. 1 BGB an. Im Unterschied zu § 275 Abs. 1 BGB entfällt jedoch nicht die gesamte Pflicht, denn der Verbindlichkeit wird allein die Haftungswirkung genommen. Funktional wird dadurch eine nicht auf die einzelne Verbindlichkeit bezogene, für alle Schulden bestehende und damit insolvenzrechtlich zu interpretierende Leistungsgrenze des Schuldners 79 festgestellt und über die Dauer des Schuldbefreiungsverfahrens hinweg fixiert. Die Treuhandzeit dient also nicht allein der Gläubigerbefriedigung und der Erprobung des Schuldners, sondern konserviert dauerhaft die äußerste Leistungsanstrengung des Schuldners. Auf insolvenzrechtlichem Weg wird damit eine Leistungsgrenze des Schuldners bestimmt, die am Ende der ordnungsgemäß erfüllten Treuhandzeit zu einer Umwandelung seiner Verpflichtungen in unvollkommene Verbindlichkeiten führt.

80 Durch diese **insolvenzrechtlich veranlasste Veränderung** wird den Schulden mit Ausnahme der in § 302 InsO bestimmten Verbindlichkeiten, der gestundeten Verfahrenskosten gem. § 4b InsO sowie den Fällen der Nachhaftung (s. § 301 Rdn. 58 ff.) die Haftungswirkung genommen. Äußerlich bleibt zwar diese Konzeption in das bestehende System von Schuld und Haftung eingebunden. Da aber der Gleichlauf von Schuld und Haftung auf breiter Front durch ein Gegenrecht des Schuldners durchbrochen wird, ist mit der Restschuldbefreiung ein Intermedium zwischen der vermögensrechtlichen Haftung für die privatautonom begründeten Schulden geschaffen.

81 Über die Befreiung des Schuldners von seinen im Insolvenzverfahren nicht erfüllten Verbindlichkeiten hinaus nach den §§ 286 ff. InsO sind neue **Interdependenzen** zwischen **insolvenzrechtlichen Haftungs- und materiellen Leistungsgrenzen** zu bedenken. Einfallstore hierfür bieten insbesondere die zivilrechtlichen Generalklauseln. Erste Ansätze dazu finden sich bereits in der Literatur, in der vor allem eine Korrektur der Rechtsprechung zur sittenwidrigen Angehörigenbürgschaft diskutiert wird (*Trendelenburg* Restschuldbefreiung, S. 83 ff.; *Kapitza* NZI 2004, 14; *Foerste* JZ 2002, 562 [564]; *Müller* KTS 2000, 57 ff.; *Aden* NJW 1999, 3763; *Roth* JZ 1999, 1119 [1120]; *Adam* DZWIR 2013, 447 [449]), doch hat sich die Rechtsprechung dem mit überzeugenden Gründen nicht angeschlossen (*BGH* NZI 2009, 609 Tz. 30 ff.; *OLG Frankfurt* NJW 2004, 2392 [2393 f.]; *LG Mönchengladbach* NJW 2006, 67 [69]; s.a. *OLG Celle* NJW-RR 2006, 132; ebenso PWW/*Ahrens* BGB, § 138 Rn. 81; *Ahrens* NZI 2009, 597; *Wagner* NJW 2005, 2956 [2957]; *Krüger* MDR 2002, 855 [857]; grds. auch *Thoß* KTS 2003, 187 [191 ff.]). Ziel müsste sein, aus dem Modell der Restschuldbefreiung genauere Maßstäbe zur Bestimmung von Verpflichtungen zu entwickeln. Dabei erweisen sich die von dem Institut der Restschuldbefreiung ausgehenden Entwicklungsimpulse als sehr komplex.

82 Deswegen darf nicht unter Berufung auf die durch die Restschuldbefreiung ermöglichte Haftungsfreiheit der **materiellrechtliche Schutz des Schuldners** reduziert werden. Bereits die Leistungsgrenzen einer gesamtvollstreckungsrechtlichen und damit verfahrensrechtlichen Konzeption der Schuldbefreiung, etwa wegen der Sperrfristen, lassen dies unabdingbar erscheinen. Das materielle Recht ist und bleibt der Ort, an dem die Verpflichtungsgrenzen zu bestimmen und der Schuldnerschutz zu verwirklichen ist und zwar nicht nur, wenn ein Vertragsteil strukturell unterlegen ist und sich die Vertragsfolgen für ihn als ungewöhnlich belastend erweisen (vgl. *BVerfG* NJW 1994, 36 [38]). Das materielle Recht muss seiner Systematik und Logik folgend, eigenständige Haftungsgrenzen aufstellen, denn nur so können differenzierende Wertungen und Kriterien angemessen berücksichtigt werden. Ein Beispiel für die Fortentwicklung des materiellen Rechts bieten die Regeln über die beschränkte Haftung des Arbeitnehmers. Als Richtgröße für diese Haftungsbegrenzung können die Regeln des Restschuldbefreiungsverfahrens allenfalls eine äußerste Leitlinie bilden (*BAG* NJW 2003, 377 [381]; AP Nr. 117 zu § 611 BGB Haftung des Arbeitnehmers, m. Anm. *Ahrens*). Eine sektorale Aufgabe von Haftungsbeschränkungen aufgrund der Restschuldbefreiungsperspektive, etwa nur in Bereichen der Arbeitnehmerhaftung, hinterließe nicht legitimierbare Friktionen (a.A. *Fischinger/Hofer* NZA 2017, 349 [351 f.]; allgemein *Fischinger* Haftungsbeschränkung, S. 627). Eine vollständige Aufgabe im Hinblick auf die für Unternehmensträger bestehende Möglichkeit der Insolvenz und für natürliche Personen eröffneten Restschuldbefreiung, wäre zwar stringent aber völlig unangemessen.

E. Voraussetzungen und Einzelfragen des Verfahrens

I. Persönlicher Anwendungsbereich

1. Natürliche Person

Für die Durchführung des Restschuldbefreiungsverfahrens ist die Insolvenzfähigkeit eine notwendige, aber keine hinreichende Voraussetzung. Nur eine **natürliche Person** kann auf Grundlage eines Insolvenzverfahrens über ihr eigenes Vermögen eine Restschuldbefreiung nach Maßgabe der §§ 286 ff. InsO erlangen (Begr. RegE BR-Drucks. 1/92 S. 189). Mit dieser Beschränkung der gesetzlichen Schuldbefreiung auf natürliche Personen wird die frühere Ungleichheit ihrer nachkonkurslichen Haftung vor allem gegenüber juristischen Personen partiell ausgeglichen. Teilweise wird das Restschuldbefreiungsverfahren immer noch für komplizierter, aufwändiger und langwieriger gehalten, als das Liquidationsverfahren für juristische Personen (*Mohrbutter/Ringstmeier-Pape* § 17 Rn. 3). Nur für die Personen, gegenüber denen das freie Nachforderungsrecht aus § 201 Abs. 1 InsO bestehen kann und die selbst die Voraussetzungen der §§ 287 ff. InsO erfüllen, kommt eine Restschuldbefreiung in Betracht (*Uhlenbruck/Sternal* InsO, § 286 Rn. 2). 83

Bei **juristischen Personen**, insbesondere Aktiengesellschaften und Gesellschaften mit beschränkter Haftung, führt dagegen die Eröffnung des Insolvenzverfahrens über das Vermögen der Gesellschaft zur Auflösung, §§ 42 Abs. 1 Satz 1 BGB, 262 Abs. 1 Nr. 3 AktG, 60 Abs. 1 Nr. 4 GmbHG, 101 GenG, und regelmäßig auch Löschung in dem Handelsregister, § 394 FamFG. Z.T. führt auch die Ablehnung der Eröffnung mangels Masse zur Auflösung, §§ 262 Abs. 1 Nr. 4 AktG, 60 Abs. 1 Nr. 5 GmbHG. Entsprechendes gilt für Gesellschaften ohne Rechtspersönlichkeit, § 131 Abs. 1 Nr. 3, Abs. 2 Nr. 1 HGB (LSZ/*Kiesbye* InsO, § 286 Rn. 26), aber auch sonstige insolvenzfähige Vermögensmassen (vgl. *Schmerbach* § 11 Rdn. 6 ff.). Bedeutung gewinnt das Nachforderungsrecht gem. § 201 Abs. 1 InsO daher überhaupt nur, wenn das Insolvenzverfahren eine natürliche Person betrifft oder wenn nach einem Insolvenzverfahren über eine Gesellschaft natürliche Personen weiter haften (Begr. RegE BR-Drucks. 1/92 S. 188; *Uhlenbruck/Sternal* InsO, § 286 Rn. 3; MüKo-InsO/ *Stephan* § 286 Rn. 12). 84

Jede natürliche Person kann unabhängig von ihrer sozialen Rolle die Restschuldbefreiung erreichen. Unterschiedlich ausgestaltet sind lediglich die **Zugangswege** zu diesem Schuldbefreiungsverfahren entweder über ein **Verbraucher-** oder ein **allgemeines Insolvenzverfahren (Regelinsolvenzverfahren)** (*Uhlenbruck/Sternal* InsO, § 286 Rn. 5; *Nerlich/Römermann* InsO, § 286 Rn. 6; HambK-InsO/ *Streck* § 286 Rn. 8; KS-InsO/*Schmidt-Räntsch* 1997, S. 1177 Rn. 8). Dieses zweigleisig angelegte Insolvenzverfahren leitet in ein eingleisiges Restschuldbefreiungsverfahren über, denn es besteht nur ein einheitliches und für alle Schuldner gleiches gesetzliches Schuldbefreiungsverfahren, weswegen die Einschränkung aus § 304 InsO für die Restschuldbefreiung nicht gilt. Mit dieser Einheitslösung ist die Restschuldbefreiung Bestandteil des allgemeinen Privatrechts, sie schafft also kein Sonderprivatrecht einer bestimmten Personengruppe (*Häsemeyer* FS Henckel, S. 353 [358]). 85

Deswegen können **nicht erwerbstätige Personen**, wie Schüler, Auszubildende, Studierende, Hausfrauen (oder -männer), Arbeitslose, Sozialleistungsempfänger oder Rentner, als Arbeitnehmer **nicht selbständig** tätige sowie arbeitnehmerähnliche Personen, aber auch **selbständig tätige Personen** wie Freiberufler, Künstler, Landwirte, Einzelkaufleute, persönlich haftende Gesellschafter oder Geschäftsführer einer Gesellschaft durch das Schuldbefreiungsverfahren von ihren im Insolvenzverfahren nicht erfüllten Verbindlichkeiten befreit werden (A/G/R-*Fischer* § 286 InsO Rn. 6; *Hess* InsO, 2007, § 286 Rn. 56; *Kübler/Prütting/Bork-Wenzel* InsO, § 286 Rn. 45; *Frege/Keller/Riedel* Insolvenzrecht, 8. Aufl., Rn. 2104). Unter der Voraussetzung eines Insolvenzverfahrens über sein eigenes Vermögen kann ein **persönlich haftender Gesellschafter** auch von der Mithaftung für die Gesellschaftsschulden befreit werden. Unzulässig ist daher ein Antrag auf Erteilung von Restschuldbefreiung durch einen Gesellschafter, z.B. einer GbR, im Insolvenzverfahren allein über das Vermögen der Gesellschaft (AG Aachen 16.08.2001 – 19 IN 677/00; *Frege/Keller/Riedel* Insolvenzrecht, 8. Aufl., Rn. 2106). Ein Restschuldbefreiungsverfahren kann auch für einen **Ausländer**, für den ein deutsches Insolvenzgericht zuständig ist, durchgeführt werden. Unabhängig von der Staatsangehörigkeit oder 86

§ 286 InsO   Grundsatz

Herkunft besteht die Insolvenzfähigkeit einer natürlichen Person (*Uhlenbruck/Hirte* InsO, § 11 Rn. 6; *Uhlenbruck/Sternal* InsO, § 286 Rn. 8; s. außerdem Rdn. 134).

87 Bei **Flüchtlingen**, gleich ob Arbeitsflüchtlingen oder Asylsuchenden, führt die örtliche Zuständigkeit deutscher Insolvenzgerichte zu nicht geringen Problemen. Soweit es sich weder um einen EU-Bürger noch den Angehörigen eines Staates handelt, mit dem staatsvertragliche Vereinbarungen bestehen, wird die internationale Zuständigkeit nach dem Grundsatz der Doppelfunktionalität der Gerichtsstandsregeln regelmäßig durch die örtliche Zuständigkeit indiziert (*BGH* NZI 1999, 114; *OLG Köln* NZI 2001, 380 [381]; *Heyer* ZVI 2015, 87). Die örtliche Zuständigkeit ist nach autonomem deutschem Recht von der Begründung eines Wohnsitzes abhängig (A/G/R-*Ahrens* § 3 Rn. 22 ff.), wofür ein auf dauernde Aufenthaltnahme gerichteter Niederlassungswille erforderlich ist, von dem bei Flüchtlingen auszugehen ist. Die Erforderlichkeit ausländerrechtlicher Genehmigungen steht dem nicht entgegen. Der Wunsch, an einem anderen Ort den Wohnsitz zu nehmen, hindert ebenso wenig eine Wohnsitzbegründung an dem ausländerrechtlich vorgeschriebenen Ort. Erst bei endgültiger Ablehnung oder Nichtverlängerung entfallen die Wohnsitzvoraussetzungen (*VG Köln* BeckRS 2015, 54063; A/G/R-*Ahrens* § 3 InsO Rn. 24; *Heyer* ZVI 2015, 87 [88]). Ebenso entfallen die kombinierten Anforderungen an die Wohnsitzbegründung, wenn der vorgeschriebene Wohnsitz tatsächlich aufgegeben wird.

88 **Geschäftsunfähige** und **beschränkt Geschäftsfähige**, also vor allem Minderjährige, sind insolvenzfähig (*Häsemeyer* InsR, Rn. 6.18; A/G/R-*Fischer* § 286 InsO Rn. 7; *Kübler/Prütting/Bork*-*Wenzel* InsO, § 286 Rn. 44a; K. *Schmidt/Henning* InsO, § 286 n.F. Rn. 4; LSZ/*Kiesbye* InsO, § 286 Rn. 22; zur rechtspolitischen Diskussion *Piekenbrock* KTS 2008, 307 [334 ff.]). Da sie nicht verfahrensfähig sind, §§ 51 f. ZPO, müssen sie im Verfahren vertreten werden. Ggf. ist ein Prozesspfleger, § 57 ZPO, zu bestellen (vgl. *AG München* ZVI 2008, 211 [212]). Ob eine **Vorsorgevollmacht** (vgl. *Palandt/Diederichsen* BGB, Einf. v. § 1896 Rn. 7) zu einem Restschuldbefreiungsantrag berechtigt, hängt von der Reichweite der rechtsgeschäftlich erteilten Vertretungsmacht ab. Allerdings darf die Vorsorgevollmacht nicht gegen das RDG verstoßen.

89 Bei **rechtlich Betreuten** ist hinsichtlich ihrer Verfahrensfähigkeit zu unterscheiden (*Blankenburg* ZVI 2016, 257; s.a. *Ley* ZVI 2003, 101). So kann zur Unterstützung überschuldeter Personen eine Betreuung im Bereich der Vermögenssorge angeordnet werden, ggf. unter Einwilligungsvorbehalt, §§ 1896, 1902, 1903 BGB (s. *Kohte/Busch* § 304 Rdn. 5; s.a. BeckOK/*Riedel* § 286 Rn. 4). Institutionelle Gründe stehen ihrer Schuldbefreiung nicht entgegen. Auch ein Rechtsschutzbedürfnis wird im Allgemeinen vorhanden sein. Ist kein Einwilligungsvorbehalt angeordnet, kann der Betreute als verfahrensfähige Person wirksam die erforderlichen Anträge stellen. Tritt der Betreuer im Verfahren auf (*Stein/Jonas*-*Jacoby* ZPO, § 53 Rn. 10), gilt § 53 ZPO (PG/*Gehrlein* ZPO, § 53 Rn. 2), der die Prozessunfähigkeit des vertretenen Betreuten anordnet. Für die Abtretungserklärung als Prozesshandlung gilt nicht der Genehmigungsvorbehalt aus § 1812 BGB (*Blankenburg* ZVI 2016, 257 [259]). Besteht ein Einwilligungsvorbehalt, müssen die Anträge und Erklärungen vom **Betreuer** genehmigt werden. Eine ausdrückliche Genehmigungspflicht durch das Gericht für einen Insolvenz- und Restschuldbefreiungsantrag besteht für den Betreuer nicht. Sie wird aber anzunehmen sein, schon wegen der weitreichenden wirtschaftlichen Wirkungen und persönlichen Anforderungen. Letztlich folgt dies auch aus § 1908i BGB i.V.m. den §§ 1812, 1813, 1821 Nr. 1 BGB, denn ein Insolvenzverfahren kann zu entsprechenden Verfügungen bzw. Verpflichtungen führen. Unter diesen Voraussetzungen können Betreuer ein Insolvenzverfahren sowie die Erteilung von Restschuldbefreiung beantragen (MüKo-InsO/*Stephan* § 286 Rn. 5; *Uhlenbruck/Sternal* InsO, § 286 Rn. 6).

90 Auch die regelmäßig unselbständige Lage von **Minderjährigen** hindert die ohne Mindestquote (BGHZ 134, 79 [92]; *Hess* InsO, 2007, § 286 Rn. 42) zu erteilende Restschuldbefreiung nicht, sofern nur die allgemeinen Anforderungen und Obliegenheiten erfüllt werden. Durch die Regelungen zur Haftungsbeschränkung Minderjähriger in § 1629a BGB (dazu *Schwartze* FS Pieper, S. 527; *Laum/Dylla-Krebs* FS Vieregge, S. 513; *Dauner-Lieb* ZIP 1996, 1818; *Nicolai* DB 1997, 514; *Muscheler* WM 1998, 2271) – wird allerdings die wirtschaftliche und soziale Notwendigkeit eines Restschuldbefreiungsverfahrens Minderjähriger teilweise entfallen. Nach § 1629a Abs. 1 BGB

wird die Haftung eines Minderjährigen wegen der rechtsgeschäftlich als Folge der gesetzlichen Vertretung begründeten Verbindlichkeiten beschränkt. Trotzdem bleibt wegen der Bereichsausnahmen in § 1629a Abs. 2 BGB sowie wegen der Haftung für deliktisch begründete Verbindlichkeiten der Haftungsschutz Minderjähriger lückenhaft (*Palandt/Diederichsen* § 1629a Rn. 3 ff.) und das Bedürfnis für ein Restschuldbefreiungsverfahren Minderjähriger bestehen (vgl. *Stürner* GS Lüderitz, S. 789 [790 f.]; *Goecke* NJW 1999, 2305 [2308], sieht dafür auch das Restschuldbefreiungsverfahren als unzureichend an). Auf diese Weise kann den Zweifeln an der verfassungsrechtlichen Zulässigkeit der vollen Haftung Jugendlicher bei leicht fahrlässig begangenen unerlaubten Handlungen Rechnung getragen werden (*BVerfG* NJW 1998, 3557 [3558]; *VerfGH Berlin* 14.12.2009 – VerfGH 31/09 – BeckRS 2010, 45108; außerdem die Vorlagebeschlüsse *OLG Celle* 1989, 709; *LG Dessau* NJW-RR 1997, 214; *Rolfs* JZ 1999, 233 [236]; rechtspolitisch zu einer Minderjährigeninsolvenz *Schwartze* FS Pieper, S. 527 [546 ff.]; andererseits MüKo-BGB/*Mertens* § 828 Rn. 14; *Medicus* AcP 192 (1992), 35 [66]; s.a. *Erman/Schiemann* 12. Aufl., § 828 BGB Rn. 7; ergänzend s. § 302 Rdn. 24).

Straf- oder Untersuchungshäftlingen kann eine Restschuldbefreiung ebenfalls erteilt werden (*BGH* BGHZ 160, 112 [120]; ZInsO 2010, 1558 Tz. 10 ff.; A/G/R-*Fischer* § 286 InsO Rn. 8; HK-InsO/ *Waltenberger* § 286 Rn. 4; K. *Schmidt/Henning* InsO, § 286 n.F. Rn. 2; *Hess* InsO, 2007, § 286 Rn. 57; *Hess/Groß/Reill-Ruppe/Roth* Kap. 4 Rn. 12; *Frege/Keller/Riedel* Insolvenzrecht, 8. Aufl., Rn. 2104; ausf. *Brei* Entschuldung Straffälliger, S. 511 ff.; *Frind* ZInsO 2015, 1667; *Heyer* ZVI 2015, 357). Bedenken bestehen nur dagegen, ob sie Erwerbsobliegenheiten während der Straf- oder Untersuchungshaft erfüllen können. Da durch eine solche Haft nicht per se gegen die Erwerbsobliegenheit aus den §§ 4c Nr. 4, 287b, 295 Abs. 1 Nr. 1 InsO verstoßen wird (s.a. § 295 Rdn. 32; MüKo-InsO/*Ehricke* § 295 Rn. 16; *Brei* Entschuldung Straffälliger, S. 590 ff.; **a.A.** *LG Hannover* ZInsO 2002, 449 m. Anm. *Wilhelm* = ZVI 2002, 130 m. Anm. *Riedel* = EWiR 2002, 491 [*Kohte*]), sind prinzipielle Zweifel nicht berechtigt. Von den Verbindlichkeiten aus vorsätzlich begangenen unerlaubten Handlungen sowie Geldstrafen und den gleichgestellten Verbindlichkeiten werden sie aber nach § 302 InsO nicht befreit. Bei der Inlandsinsolvenz eines ausländischen Schuldners steht das Schuldbefreiungsverfahren ebenfalls offen. Für einen **Erben**, der seine Möglichkeiten zur Haftungsbeschränkung verloren hat, steht das Restschuldbefreiungsverfahren ebenfalls offen (*Krug* ZERB 1999, 7 [10]).

Angehörige aus dem Haushalt des Schuldners und insbesondere **Ehepartner** nehmen an seinem Schuldbefreiungsverfahren nicht teil (Begr. RegE BR-Drucks. 1/92 S. 189; *Rohleder* Unterhaltsansprüche in der Insolvenz, Rn. 730 ff.; krit. *Forsblad* Restschuldbefreiung, S. 266 f.; *Scholz* BB 1992, 2233 [2236 f.]; *ders.* FLF 1995, 145 [148]; s.a. *Jauernig* Zwangsvollstreckungs- und Insolvenzrecht, § 66 Rn. 9). Sie müssen deswegen auch dann ein eigenes Insolvenz- und Restschuldbefreiungsverfahren absolvieren, wenn sie eine Mithaftung für die Verbindlichkeiten des insolventen Partners übernommen haben und davon befreit werden wollen. Unter den gegebenen gesetzlichen Rahmenbedingungen, mit ihren gesamten persönlichen Anforderungen und Risiken, vgl. nur § 295 InsO, erscheint ein Verbund zweier Befreiungsverfahren kaum zweckmäßig (*Uhlenbruck/Sternal* InsO, § 286 Rn. 12). Zur Zulässigkeit einer Streitgenossenschaft s. Rdn. 111 f.

2. Tod des Schuldners

Verstirbt der Schuldner während des Restschuldbefreiungsverfahrens ist **zusammenfassend** von folgenden Konsequenzen für die Restschuldbefreiung auszugehen: Im ersten Verfahrensabschnitt wird das parallel durchgeführte Insolvenzverfahren in ein Nachlassinsolvenzverfahren übergeleitet. Dies gilt sowohl im allgemeinen Insolvenzverfahren bzw. Regelinsolvenzverfahren (BGHZ 157, 350 [354]) als auch im Verbraucherinsolvenzverfahren, denn ein besonderes Nachlassverfahren in der Verbraucherinsolvenz existiert nicht (*BGH* BGHZ 175, 307 = NZI 2008, 382 Tz. 6 ff.; K. Schmidt/ *Henning* § 286 n.F. Rn. 10; **a.A.** *Schmerbach* NZI 2008, 353 [354]). Außerdem ist grds. der Antrag auf Erteilung der Restschuldbefreiung für erledigt zu erklären. Stirbt der Schuldner im zweiten Abschnitt des Schuldbefreiungsverfahrens, so ist – mit aller Vorsicht – eine Fortsetzung des Schuldbe-

§ 286 InsO Grundsatz

freiungsverfahrens einschließlich der Möglichkeit einer Erteilung der Restschuldbefreiung anzunehmen.

94 I.E.: Beim Tod des Schuldners müssen **prozessuale und materiellrechtliche** Folgen für die Restschuldbefreiung unterschieden werden. Verfahrensrechtlich sind die Wirkungen aus den Vorschriften über das zivilprozessuale Erkenntnisverfahren und nicht aus der vollstreckungsrechtlichen Regelung des § 779 ZPO abzuleiten, weil die Konzeption des Schuldbefreiungsverfahrens an ein Streitverfahren angelehnt ist. Mit dem Tod des Schuldners findet deshalb ein gesetzlicher Parteiwechsel statt (*Stein/Jonas-Roth* ZPO, § 239 Rn. 2), denn eine Rechtsnachfolge in die prozessuale Stellung scheidet nur dort ausnahmsweise aus, wo das Verfahren wegen seiner Zielrichtung sinnvoll allein mit dem Erblasser geführt werden kann, wie etwa in Straf- oder Disziplinarsachen (*Soergel/Stein* BGB, § 1922 Rn. 105). Bei einem Restschuldbefreiungsverfahren ist ein Parteiwechsel dagegen nicht ausgeschlossen, beendet doch selbst das Erlöschen eines Anspruchs noch nicht den Prozess (*Stein/Jonas-Roth* ZPO, § 239 Rn. 4; *Soergel/Stein* BGB, § 1922 Rn. 105 f.).

95 Ein Restschuldbefreiungsverfahren darf freilich nur zusammen mit einem **Insolvenzverfahren** beantragt werden (s. Rdn. 52), weswegen die Auswirkungen eines Todesfalls auf beide Verfahren beachtet werden müssen. Stirbt der Schuldner, so kann das Insolvenzverfahren in ein Nachlassinsolvenzverfahren gem. den §§ 315 ff. InsO überzuleiten sein. Damit wird dem Charakter des Nachlasses als Sondervermögen Rechnung getragen. Bereits nach der früheren Rechtslage ging der Regelkonkurs in einen Nachlasskonkurs über, wenn der Gemeinschuldner im Verlauf eines Konkursverfahrens über sein Vermögen verstorben ist (*Jaeger/Weber* KO, § 214 Rn. 21; *Hess* KO, § 214 Rn. 19; *Kuhn/Uhlenbruck* KO, § 214 Rn. 13; *Kilger/Karsten Schmidt* KO, § 214 Anm. 7), und das Regelvergleichsverfahren wurde in ein Nachlassvergleichsverfahren überführt (*Bley/Mohrbutter* VglO, § 113 Rn. 69).

96 Auch das **allgemeine Insolvenzverfahren (Regelinsolvenzverfahren)** wird mit dem Tod des Schuldners ohne Unterbrechung in ein Nachlassinsolvenzverfahren übergeleitet (BGHZ 157, 350 [354]; AG Göttingen ZVI 2012, 192 f.; *Kübler/Prütting/Bork-Kemper* InsO, § 315 Rn. 31; *Nerlich/Römermann-Riering* InsO, § 315 Rn. 54; *LSZ/Kiesbye* InsO, § 286 Rn. 28; *Haarmeyer/Wutzke/Förster* Handbuch, 2. Aufl., Rn. 3/101). Ein **Verbraucherinsolvenzverfahren** ist im Allgemeinen ebenfalls in ein Nachlassinsolvenzverfahren zu überführen (BGH NZI 2008, 382 Tz. 12; *Nerlich/Römermann-Becker* InsO, § 1 Rn. 11; a.A. *Siegmann* ZEV 2000, 345 [347]; *Schmerbach* NZI 2008, 352 [354]). Nach Abschluss des Verbraucherinsolvenzverfahrens können die Erben jedoch einen bereits vereinbarten Schuldenbereinigungsplan erfüllen.

97 Auf diese Folgen für das Insolvenzverfahren sind nun die Auswirkung des Todesfalls im Restschuldbefreiungsverfahren abzustimmen, wobei zwischen dessen zwei Abschnitten zu trennen ist. In dem ersten, als **Zugangsverfahren** ausgestalteten Teil verläuft das Restschuldbefreiungsverfahren neben einem Regel- oder einem Verbraucherinsolvenzverfahren (dazu s. Rdn. 56). Da diese Verfahren eng miteinander verbunden, aber doch eigenständig sind, müssen die Folgen durch den Todesfall für beide Verfahren selbständig bestimmt werden. Das Insolvenzverfahren wird dann also in ein Nachlassinsolvenzverfahren überführt. Im Restschuldbefreiungsverfahren ist dagegen eine solche Überleitung weder zulässig noch erforderlich, denn es ist nicht auf eine Verwertung der Insolvenzmasse angelegt und den Haftungsinteressen der Gläubiger wird bereits in dem Nachlassinsolvenzverfahren hinreichend Rechnung getragen. Da eine Überführung des Schuldbefreiungsverfahrens ausscheidet, muss es auf andere Weise abgeschlossen werden. Bis zur Beendigung des ersten Verfahrensabschnitts existiert im Schuldbefreiungsverfahren dafür jedoch keine auf die Erben übertragbare Position. Da die Restschuldbefreiung nicht mehr von dem Schuldner als natürliche Person beantragt wird, ist das Schuldbefreiungsverfahren für erledigt zu erklären oder der Antrag als unzulässig abzuweisen (*Hess* InsO, § 286 Rn. 65; *MüKo-InsO/Siegmann* vor §§ 315–331 Rn. 6; *Nöll* Tod des Schuldners in der Insolvenz, Rn. 213, 478; *Frege/Keller/Riedel* Insolvenzrecht, 8. Aufl., Rn. 2107; *Köke/Schmerbach* ZVI 2007, 497 [505]; *Heyrath/Jahnke/Kühn* ZInsO 2007, 1202 [1206]; s.a. das obiter dictum BGH NZI 2005, 399 [400], m. Anm. *Ahrens*). Eine Versagung nach § 290 InsO kommt aus systematischen Gründen nicht in Betracht.

Mit dem Eintritt in den von der Treuhandzeit geprägten **zweiten Abschnitt** des Restschuldbefreiungsverfahrens (hierzu s. Rdn. 65) ist der zuvor bestehende Zusammenhang von Schuldbefreiungs- und Insolvenzverfahren beendet. In diesem zweiten Abschnitt ist das Insolvenzverfahren aufgehoben, weshalb es nicht mehr in ein Nachlassinsolvenzverfahren übergehen kann. Ebenso wenig kann aber im zweiten Verfahrensabschnitt das Restschuldbefreiungsverfahren in ein Nachlassinsolvenzverfahren übergeleitet werden, weil das insolvenzrechtliche Liquidationsverfahren abgeschlossen ist und die Verfahrensvoraussetzungen einer Nachlassinsolvenz nicht ohne weiteres bestehen, denn die Vorschriften der Nachlassinsolvenz sind nur anzuwenden, soweit es die Lage des Falls gestattet (vgl. *Jaeger/Weber* KO, § 214 Rn. 21). Eine erneute Zulässigkeitsprüfung ist dann nicht mehr vorgesehen. Beim Tod des Schuldners in dem zweiten Verfahrensabschnitt ist daher entweder die Restschuldbefreiung zu versagen (*AG Bielefeld* ZVI 2005, 505) und das Verfahren vorzeitig zu beenden oder das Verfahren durch den Erben fortzuführen und eine Restschuldbefreiung zu erteilen (*Hess* InsO, 2007, § 286 Rn. 59; *Winter* ZVI 2003, 211 [212]). Ein Interesse an der Fortführung des Restschuldbefreiungsverfahrens kann für die Erben vor allem dann bestehen, wenn der Schuldner in der Treuhandperiode Vermögen erworben hat, das in diesem Verfahren etwa gem. § 295 Abs. 1 Nr. 2 InsO nicht an die Gläubiger abzuführen ist. 98

Gegen eine Versagung der Restschuldbefreiung sowie gegen eine vorzeitige Beendigung des Verfahrens spricht allerdings der **Wortlaut von § 299 InsO**, denn diese Vorschrift lässt den angesichts der langen Dauer der Treuhandperiode nicht unwahrscheinlichen Todesfall unerwähnt. Allerdings betrifft die Regelung in § 299 InsO doch wohl nur die auf einem Verstoß gegen die Anforderungen des Restschuldbefreiungsverfahrens beruhenden Versagungsgründe. Auch ein abgeschlossener außergerichtlicher oder gerichtlicher Vergleich ist aber nach dem Tod des Schuldners zu erfüllen (*Bley/Mohrbutter* VglO, § 8 Rn. 7) und nicht vorzeitig zu beenden. Es erscheint hier jedoch fraglich, ob die Beendigung des Insolvenzverfahrens mit der im Vergleich für eine weitere Erfüllung geschaffenen Rechtsgrundlage gleichzusetzen ist. Auch die Obliegenheiten aus § 295 InsO passen nicht unmittelbar auf den Todesfall. Eine Versagung kommt deswegen nicht ohne weiteres in Betracht. Da aus diesen Regelungen keine eindeutigen Aussagen zu gewinnen sind, kommt es also darauf an, ob umgekehrt eine Fortführung des Schuldbefreiungsverfahrens ausgeschlossen ist. 99

Das Verfahren über die Restschuldbefreiung darf nach dem Tod des Schuldners nur dann mit dem Erben fortgesetzt werden, wenn die in den §§ 286 bis 303 InsO geschaffene **materielle Rechtsposition** auf den Erben **übergegangen** ist. Dies gilt freilich nur, soweit die Erben natürliche Personen sind. Vermögensrechtliche Positionen sind zwar im Grundsatz vererblich, doch kann sich vor allem aus den für sie maßgebenden Sondervorschriften des positiven Rechts auch etwas anderes ergeben (MüKo-BGB/*Leipold* § 1922 Rn. 17; *Staudinger/Marotzke* BGB, § 1922 Rn. 113, 115). Gegen eine Vererblichkeit selbst einer vermögenswerten Rechtsposition spricht, wenn das betreffende Recht höchstpersönlichen Zwecken dient (was *Döbereiner* Restschuldbefreiung, S. 219, für die Schuldbefreiung annimmt) oder untrennbar mit der Person des Schuldners verknüpft ist (*Staudinger/Marotzke* BGB, § 1922 Rn. 115). 100

Ein **Anhaltspunkt für ein unvererbliches Recht** ist deshalb aus dem Ziel der Restschuldbefreiung zu entwickeln, dem verschuldeten Individuum einen wirtschaftlichen Neubeginn zu ermöglichen. Ob sich dieser Zweck auf den Erben erweitern lässt, selbst wenn er im Haushaltsverbund mit dem Schuldner steht und ebenfalls verschuldet ist, erscheint angesichts der im Schuldbefreiungsverfahren getrennten Vermögenssphären eher fraglich. Schließlich gehört es auch nicht ohne weiteres zu den rechtlich legitimen Interessen, das vom Schuldner in der Treuhandzeit angesammelte Vermögen weiterhin dem Vollstreckungsverbot des § 294 Abs. 1 InsO zu unterwerfen und eine Schuldbefreiung zuzulassen. 101

Zudem indizieren die während der Treuhandzeit an den Schuldner gestellten **Obliegenheiten** insbesondere aus § 295 InsO mit ihrem individuellen Charakter möglicherweise das Regelungskonzept. Ob die Erwerbsobliegenheiten und die Unterrichtungen durch den Erben erfüllt werden können, erscheint problematisch (*Hess* InsO, § 286 Rn. 65; *Messner* ZVI 2004, 433 [440]; *Heyrath/Jahnke/Kühn* ZInsO 2007, 1202 [1206]; abl. *Siegmann* ZEV 2000, 345 [348]). Sobald allerdings die 102

§ 286 InsO   Grundsatz

Obliegenheiten als verfahrensrechtliches Mittel in den Hintergrund treten und ihr wirtschaftlicher Zweck in den Vordergrund rückt, ändert sich die Perspektive. Angestrebt wird mit diesen Anforderungen eine bestmögliche Befriedigung der Insolvenzgläubiger, die auch der Erbe leisten kann.

103 Offen bleibt allein der **Maßstab**, an dem seine Leistungen zu orientieren sind. Falls jedoch diese Richtgröße feststeht, etwa weil die Treuhandzeit bis auf wenige Monate absolviert ist, in denen keine Zweifel an dem hypothetischen Leistungsumfang des Schuldners auftreten, erscheint eine aus ihrer Individualität abzuleitende Unübertragbarkeit der Anforderungen nicht mehr selbstverständlich. Nun kann zwar die allgemeine Regelung nicht danach differenziert werden, ob im Einzelfall mögliche Zweifel an dem Leistungsinhalt auszuräumen sind, denn sie muss sich gleichermaßen zu Beginn wie zum Ende der Treuhandzeit als tragfähig erweisen. Die Überlegungen zeigen aber, dass die persönlichen Obliegenheiten keine stets verbindliche Bewertung gestatten. Aufgrund dieser insgesamt nicht eindeutigen Situation ist infolge der für den Rechtsverkehr wünschenswerten Kontinuität im Zweifel eher von einem Übergang als einem Untergang bestehender Rechtsverhältnisse und damit von einer Vererblichkeit der vermögensrechtlichen Beziehungen auszugehen (vgl. *Staudinger/Marotzke* BGB, § 1922 Rn. 115).

104 Beachtliche Gründe sprechen damit **für wie auch gegen eine Fortführung des Schuldbefreiungsverfahrens**. Bei allen Einwänden, auch gegen eine Fortsetzung des Verfahrens, bleiben jedoch erhebliche Bedenken gegen eine vorzeitige Beendigung bestehen, über die nicht hinwegzusehen ist. Deshalb ist letztlich wohl von einem Fortgang des Schuldbefreiungsverfahrens und von der Möglichkeit der Erteilung einer Restschuldbefreiung auszugehen (*Hess* InsO, § 286 Rn. 65; *Hess/Groß/Reill-Ruppe/Roth* Kap. 4 Rn. 39; *Smid/Krug/Haarmeyer* InsO, § 286 Rn. 23; **a.A.** *OLG Jena* NZI 2012, 197; MüKo-InsO/*Ehricke* § 299 Rn. 16; *Uhlenbruck/Sternal* InsO, § 299 Rn. 11; A/G/R-*Weinland* § 299 a.F. InsO Rn. 6; *Kübler/Prütting/Bork-Wenzel* InsO, § 299 Rn. 3; *Andres/Leithaus* InsO, § 286 Rn. 2; LSZ/*Kiesbye* InsO, § 286 Rn. 28; HambK-InsO/*Streck* § 299 Rn. 2; *Braun/Pehl* InsO, § 299 Rn. 3; *Nerlich/Römermann* § 299 Rn. 12; BeckOK/*Riedel* § 286 Rn. 3.1; *Nöll* Tod des Schuldners in der Insolvenz, Rn. 488 ff., 504 f.; *Preuß* Verbraucherinsolvenzverfahren und Restschuldbefreiung, 2. Aufl., Rn. 295; *Mohrbutter/Ringstmeier-Pape* § 17 Rn. 172; *Frege/Keller/Riedel* Insolvenzrecht, 8. Aufl., Rn. 2107; *Siegmann* ZEV 2000, 345 [348]; *Köke/Schmerbach* ZVI 2007, 497 [505]; nicht entschieden durch das obiter dictum des *BGH* NZI 2005, 399 [400], m. Anm. *Ahrens*).

105 Allerdings muss der Erbe dann die Anforderungen während der Treuhandzeit bestmöglich erfüllen, die sich entsprechend dem Grundgedanken aus § 309 Abs. 1 Nr. 2 HS 2 InsO nach den bislang bestehenden Verhältnissen des Schuldners richten. Wer dies ablehnt, wird von einer vorzeitigen Beendigung des Restschuldbefreiungsverfahrens durch ein erledigendes Ereignis ausgehen (*Schmerbach* InsbürO 2009, 251 [254]). Verfehlt ist dagegen, die Restschuldbefreiung nach den §§ 295, 296 InsO zu versagen. Dafür fehlt ein Grund (a.A. *AG Bielefeld* ZVI 2005, 505). Nachträglich festgestelltes Vermögen, abzuführende Einnahmen entsprechend § 295 Abs. 1 Nr. 2 InsO und Einkünfte, die von der Abtretungserklärung erfasst sind, müssen an die Gläubiger, anderes Vermögen an die Erben ausgekehrt werden.

106 Im Verfahren über die Erteilung der Restschuldbefreiung nach § 300 InsO, also **nach dem Ende der Treuhandzeit**, aber vor Erteilung der Restschuldbefreiung, bestehen nicht länger die Obliegenheiten aus den §§ 295 f. InsO. Bei einem Tod des Schuldners in diesem Verfahrensstadium kann der persönliche Charakter der Obliegenheiten nicht mehr eingewendet werden, weshalb die Rechtsposition auf den Erben übergeht. Es ist dann bei fehlenden bzw. nicht begründeten Versagungsanträgen die gesetzliche Schuldbefreiung auszusprechen (*AG Duisburg* ZVI 2009, 390; *AG Leipzig* NZI 2014, 316, m. Anm. *Ahrens*; A/G/R-*Henning* § 304 InsO Rn. 24; K. Schmidt/*Henning* InsO, § 286 n.F. Rn. 11; *Messner* ZVI 2004, 433 [440]; *Heyrath/Jahnke/Kühn* ZInsO 2007, 1202 [1207]; *Köke/Schmerbach* ZVI 2007, 497 [505]; **a.A.** *AG Leipzig* ZInsO 2013, 615; *Büttner* ZInsO 2013, 588 [592]). Das subjektive Recht auf Restschuldbefreiung kann insoweit als vererbliche vermögensrechtliche Position angesehen werden. Erfüllt der Schuldner alle Voraussetzungen eines verkürzten Restschuldbefreiungsverfahrens nach § 300 InsO und verstirbt dann, ist nach diesen Leitsätzen den

Erben ebenfalls Restschuldbefreiung zu erteilen. Auch beim Tod in einem asymmetrischen Insolvenzverfahren nach Ende der Abtretungsfrist, aber vor Aufhebung des Insolvenzverfahrens, dürfte es zur Restschuldbefreiung kommen (*Ahrens* NZI 2014, 318).

Beim **Tod nach Erteilung der Restschuldbefreiung**, kann ein Widerrufsverfahren gegenüber dem Erben durchgeführt werden (*Uhlenbruck/Vallender* InsO, 13. Aufl., § 303 Rn. 3; *Siegmann* ZEV 2000, 345 [348]; *Messner* ZVI 2004, 433 [440]). 107

II. Sachlicher Anwendungsbereich

Zugang zur Restschuldbefreiung ist aufgrund eines allgemeinen Insolvenz- (Regelinsolvenz-) sowie eines Verbraucherinsolvenzverfahrens gem. den §§ 304 ff. InsO, aber auch bei einer Eigenverwaltung nach den §§ 270 ff. InsO zulässig. Ausgeschlossen ist die Restschuldbefreiung in den Insolvenzverfahren über eine Vermögensmasse, wie bei der Nachlassinsolvenz, §§ 315 ff. InsO, oder das Gesamtgut einer fortgesetzten Gütergemeinschaft bzw. das gemeinschaftlich verwaltete Gesamtgut einer Gütergemeinschaft (*Mohrbutter/Ringstmeier-Pape* § 17 Rn. 39). 108

III. Antragsgrundsatz

Ein Restschuldbefreiungsverfahren wird allein auf **Antrag** des Schuldners durchgeführt, § 287 Abs. 1 Satz 1 InsO. Zu den Form- und Fristerfordernissen für einen Restschuldbefreiungsantrag vgl. § 287 Rdn. 20 ff. Der Antrag auf Erteilung von Restschuldbefreiung soll nach § 287 Abs. 1 InsO n.F. mit dem Antrag auf Eröffnung des Insolvenzverfahrens verbunden werden. Obwohl das Restschuldbefreiungsverfahren nach den §§ 286 ff. InsO als eigenständiges, antragsabhängiges Verfahren ausgestaltet ist, setzt es ein Insolvenzverfahren voraus (*Uhlenbruck/Sternal* InsO, § 286 Rn. 9). Gemäß § 287 Abs. 1 Satz 1 InsO ist ein eigener Insolvenzeröffnungsantrag des Schuldners Sachentscheidungsvoraussetzung des Restschuldbefreiungsverfahrens und nur ausnahmsweise entbehrlich (s. § 287 Rdn. 15, 54). Wird der Insolvenzantrag als unzulässig verworfen, ist auch der Restschuldbefreiungsantrag unzulässig (*AG Dresden* ZVI 2005, 50; ZVI 2005, 384). 109

Die **Verbindung** von **Insolvenz- und Restschuldbefreiungsverfahren** ist nicht in jeder Hinsicht widerspruchsfrei. Insbesondere erscheint in masselosen Privatinsolvenzen nicht uneingeschränkt eine Verfahrenseröffnung erforderlich. Die Verbindung sichert aber eine Anwendung grundlegender insolvenzrechtlicher Prinzipien und wichtiger Regelungsmuster, wie der kollektiven Haftungsordnung und mit ihrem normativen Haftungskonzept. Diese verkörpern wesentliche Gerechtigkeitselemente und nicht nur Zweckmäßigkeitserwägungen. Zum wiederholten Antrag auf Erteilung von Restschuldbefreiung s. § 287 Rdn. 97 ff. Unschädlich ist dabei gem. § 289 InsO, wenn das Insolvenzverfahren nach den §§ 209, 211 InsO wegen Masseunzulänglichkeit eingestellt wurde. Zum Verzicht auf den Antrag bzw. die Einleitung des Restschuldbefreiungsverfahrens (s. § 287 Rdn. 116), zum Verzicht auf die Wirkungen des Restschuldbefreiungsverfahrens (s. § 301 Rdn. 29). 110

IV. Streitgenossenschaft

Obwohl die **Partner** einer **Lebensgemeinschaft** häufig gemeinsam überschuldet sind, verlangt die Insolvenzordnung von ihnen jeweils eigene Insolvenz- und Schuldbefreiungsverfahren (Begr. RegE BR-Drucks. 1/92 S. 189; *Schmidt-Räntsch* FS Hanisch, S. 217 [226]; *Hergenröder* DZWIR 2001, 397 [407]). Nach den Regeln über die **Streitgenossenschaft** der §§ 59 f. ZPO ist allerdings eine Zusammenfassung mehrerer Insolvenz- und Schuldbefreiungsverfahren zulässig. Vielfach werden auch zwischen den Partnern Rechtsgemeinschaften i.S.v. § 59 1. Alt. ZPO bestehen, die eine Streitgenossenschaft eröffnen. Dies gilt etwa bei einer Gesamtschuldnerschaft z.B. gegenüber Vermietern oder Versicherern, für das Verhältnis zwischen Hauptschuldner und Schuldmitübernehmer bspw. bei einem Darlehen (vgl. MüKo-ZPO/*Schilken* § 59 Rn. 8), aber auch zwischen Hauptschuldner und Bürgen (*Baumbach/Lauterbach/Albers/Hartmann* ZPO, § 59 Rn. 6; *Fenge* NJW 1971, 1920 [1921]). Von dieser Rechtsstellung sind allerdings die Rechte des Mitschuldners oder Bürgen im In- 111

§ 286 InsO Grundsatz

solvenz- und Restschuldbefreiungsverfahren des Schuldners zu unterscheiden, dazu § 301 Rdn. 51 ff.

112 In einem Schuldbefreiungsverfahren ist jedoch ebenso wie in einem Insolvenzverfahren eine **Vielzahl von Ansprüchen** betroffen, von denen nur einzelne in einer Rechtsgemeinschaft oder in einem anderen die Streitgenossenschaft begründenden Verhältnis stehen werden. Da der Verfahrensstoff durch diese Vielzahl von einzelnen Verbindlichkeiten unnötig belastet wird, kann kaum von einer verfahrensökonomischen Zusammenfassung zur Vermeidung von Wiederholungen gesprochen werden, die zur Begründung der Streitgenossenschaft angeführt wird (*BGH* NJW 1992, 981 [982]; MüKo-ZPO/*Schultes* § 59 Rn. 1; *Rosenberg/Schwab/Gottwald* 17. Aufl., Zivilprozessrecht, § 48 Rn. 8). Im Insolvenzverfahren sollte deshalb aufgrund seiner Eilbedürftigkeit keine Streitgenossenschaft begründet werden. Im Schuldbefreiungsverfahren erscheint darüber hinaus eine Zusammenfassung wegen der zahlreichen persönlichen Anforderungen und Risiken kaum zweckmäßig, vgl. nur § 295 InsO.

V. Verfahrenskostenstundung im Restschuldbefreiungsverfahren

113 Für die Funktionsfähigkeit des Privatinsolvenzrechts und der Restschuldbefreiung stellt die Kostentragung eine Grundsatzentscheidung ersten Ranges dar, weil ein mittelloser Schuldner die Verfahrenskosten kaum aufbringen kann, früher aber die Verfahrenseröffnung bei fehlender Kostendeckung abgelehnt wurde, § 26 Abs. 1 InsO a.F. Die Gewährung einer die Kostenlast abdeckenden Sozialleistung für den Schuldner allgemein im Insolvenzverfahren und speziell im Restschuldbefreiungsverfahren gehört damit zu den wichtigsten, nach Inkrafttreten der InsO aber auch umstrittensten Fragen des neuen Insolvenzrechts. Während die Gerichte überwiegend und mit ihnen auch der *BGH* in einem obiter dictum (BGHZ 144, 78 [85 f.]) die Gewährung von **Prozesskostenhilfe** abgelehnt haben, ist in der Literatur die Gewährung von Prozesskostenhilfe bejaht worden. Bereits frühzeitig hat die Bundesregierung diese Position übernommen (vgl. BMJ *Däubler-Gmelin* VuR 2000, 1 f.). Durch das Gesetz zur Änderung der Insolvenzordnung und anderer Gesetze vom 26.10.2001 (BGBl. I S. 2710) ist dafür ein spezielles **Kostenstundungsmodell**, §§ 4a ff. InsO, geschaffen worden.

114 Nach § 4a Abs. 1 Satz 2 InsO können dem Schuldner auch die **Kosten** für das **Verfahren zur Restschuldbefreiung** gestundet werden. Mit dieser Regelung werden die Konsequenzen aus dem Grundsatz gezogen, dass für jeden kostenrechtlich selbständigen Verfahrensabschnitt eigenständig über die Prozesskostenhilfe bzw. hier über die Verfahrenskostenstundung zu entscheiden ist (Einzelheiten dazu bei *Kohte* § 4a Rdn. 37 f.; A/G/R-*Ahrens* § 4a InsO Rn. 18). Die Kostenstundung gilt ebenfalls für die Versagungsverfahren nach den §§ 290, 296 ff. InsO.

115 Zu **Altfällen** i.S.d. Art. 103a EGInsO, also Insolvenzverfahren, die vor dem Inkrafttreten des InsO-ÄndG vom 26.10.2001 am 01.12.2001 eröffnet worden sind, s. die 8. Auflage.

VI. Massearme Verfahren

116 Durch die Verbindung von Restschuldbefreiungs- und Insolvenzverfahren scheitert eine Restschuldbefreiung, falls der Antrag auf **Eröffnung** des Insolvenzverfahrens **mangels Masse abgewiesen** wird, § 26 Abs. 1 Satz 2 InsO. Aus der daraus resultierenden Entwertung des Restschuldbefreiungsverfahrens hat der Gesetzgeber mit der Kostenstundung die Konsequenz gezogen, denn die Abweisung unterbleibt nach § 26 Abs. 1 Satz 2 InsO, wenn die Kosten gestundet sind. Darüber hinaus ermöglicht § 289 InsO auch in massearmen Verfahren den Weg in die Restschuldbefreiung. Sind die Verfahrenskosten gedeckt, § 208 Abs. 1 InsO, reicht die Masse jedoch nicht aus, um die fälligen sonstigen Masseverbindlichkeiten zu erfüllen, kann nach Anzeige der Masseunzulänglichkeit und Verteilung der Masse das Verfahren eingestellt und die Restschuldbefreiung angekündigt werden, §§ 289 209, 211 InsO.

VII. Unterhalt im Restschuldbefreiungsverfahren

Ansprüche des Schuldners auf Unterhalt in der Zulassungsphase bis zur Beendigung des Insolvenz- 117
verfahrens betreffen den Unterhaltsanspruch während des Insolvenzverfahrens. Diese Unterhaltsansprüche sind grds. Teil der Insolvenzmasse, aus der dem Schuldner Unterhalt zu gewähren ist (ausf. KS-InsO/*Kohte* 2009, S. 1161 Rn. 67 ff.). Unterhaltsansprüche des Schuldners während der Treuhandperiode werden weder von der Bezügeabtretung erfasst noch sind sie als sonstiger Vermögenserwerb herauszugeben.

Unterhaltsansprüche gegen den Schuldner aus der Zeit nach Eröffnung des Insolvenzverfahrens 118
sind nach § 40 InsO keine Insolvenzforderungen und werden nicht von der Restschuldbefreiung erfasst. Unterhaltsansprüche aus dem Zeitraum vor Eröffnung des Insolvenzverfahrens unterliegen als Insolvenzforderung den allgemeinen Regeln (*Keller* NZI 2007, 143). Während des Insolvenzverfahrens besteht für sie auch im Hinblick auf das Vollstreckungsprivileg aus § 850d ZPO das Vollstreckungsverbot aus § 89 Abs. 1 ZPO (*AG Dortmund* ZInsO 2005, 836). In der Treuhandphase gilt das Vollstreckungsverbot aus § 294 Abs. 1 InsO. Grundsätzlich werden die Unterhaltsansprüche von der Restschuldbefreiung erfasst (*Rohleder* Unterhaltsansprüche in der Insolvenz, Rn. 680 ff.; s.a. KS-InsO/*Kohte* 2009, S. 1161 Rn. 90 ff.; *Trendelenburg* Restschuldbefreiung, S. 223 ff., 275 ff.). Hat der Schuldner jedoch seine Unterhaltspflicht gem. § 170 StGB vorsätzlich verletzt, bzw. Unterhalt vorsätzlich pflichtwidrig nicht gewährt, sind die Unterhaltsansprüche gem. § 302 Nr. 1 Alt. 1 und 2 InsO von der Restschuldbefreiung ausgenommen (s. § 302 Rdn. 18).

Im **Mangelfall** kann bei einer gesteigerten Unterhaltspflicht des Schuldners gegenüber minderjäh- 119
rigen Kindern nach einer nicht bedenkenfreien Rechtsprechung (*BGH* NJW 2005, 1279 [1280]; 2008, 227 Tz. 23; anders bei Trennungsunterhalt *BGH* NJW 2008 851 Tz. 10 ff.) eine Obliegenheit bestehen, einen Antrag auf Eröffnung eines Verbraucherinsolvenzverfahrens und – wie zu ergänzen ist – auf Durchführung eines Restschuldbefreiungsverfahrens zu stellen (s. § 287 Rdn. 67).

Nach der **Eröffnung des Insolvenzverfahrens entstandene Unterhaltsforderungen** gegen den 120
Schuldner sind Neuforderungen (*BGH* DZWIR 2008, 150, zum unterhaltsrechtlich relevanten Einkommen eines Selbständigen nach Eröffnung des Verbraucherinsolvenzverfahrens; dazu außerdem *Janlewing* Familienrechtliche Ansprüche, S. 38 ff.). Bei der Bemessung des Unterhalts sind die erheblichen Verbindlichkeiten nicht mehr unterhaltsmindernd zu berücksichtigen (*BGH* NZI 2008, 114 Tz. 23). Bei einem nicht selbständig tätigen Schuldner gilt gem. § 36 Abs. 1 Satz 2 InsO § 850c ZPO (*BGH* NZI 2008, 114 Tz. 25; *Rohleder* Unterhaltsansprüche in der Insolvenz, Rn. 741 ff.). Das Einkommen eines selbständig tätigen Schuldners fällt hingegen in die Insolvenzmasse. Er kann aber nach § 850i ZPO beantragen, ihm so viel als Einkommen zu belassen, wie er für den eigenen notwendigen Unterhalt und den seiner Unterhaltsberechtigten benötigt. Ggf. kann er nach § 850f Abs. 1 ZPO eine Erhöhung beantragen (*BGH* NZI 2008, 114 Tz. 28).

VIII. Kosten

Mit den allgemeinen **Gebühren** für die Durchführung des Insolvenzverfahrens soll grds. auch das 121
Verfahren über die Restschuldbefreiung abgegolten sein, um die gesetzliche Schuldbefreiung mit der Schuldbefreiung aufgrund eines Plans gleichzustellen. Wegen der zusätzlichen Belastung des Gerichts durch Gläubigeranträge auf Versagung oder Widerruf der Restschuldbefreiung nach den §§ 296, 297, 300, 303 InsO wird dafür aber eine Gebühr in Rechnung gestellt (Begr. zum RegE EGInsO, BT-Drucks. 12/3803 S. 72), die gem. KV Nr. 2350 EUR 35,– beträgt (zu den neuen Kostenregelungen *Schmerbach* ZInsO 2003, 882 ff.). Kostenschuldner ist der antragstellende Insolvenzgläubiger, § 23 Abs. 2 GKG, s.a. § 29 Nr. 1 GKG. Wie der Umkehrschluss aus KV Nr. 2350 belegt, entsteht bei einem Versagungsantrag nach § 290 InsO keine zusätzliche Gebühr. Ebenso wenig wird ein Gebührentatbestand verwirklicht, wenn der Treuhänder nach § 298 InsO die Versagung der Restschuldbefreiung beantragt. Im Beschwerdeverfahren entsteht eine Gebühr in Höhe von EUR 60,– gem. KV Nr. 2361, falls die Beschwerde verworfen oder zurückgewiesen wird. Falls eine

§ 286 InsO Grundsatz

Rechtsbeschwerde verworfen oder zurückgewiesen wird, entsteht eine Gebühr von EUR 120,– gem. KV Nr. 2364.

122 Zusätzlich sind die **Kosten der Veröffentlichung** nach den §§ 289 Abs. 2 Satz 3, 296 Abs. 3 Satz 2, 297 Abs. 2 und 298 Abs. 3 i.V.m. 296 Abs. 3 Satz 2, 300 Abs. 3 Satz 1 sowie 303 Abs. 3 Satz 3 InsO gem. KV Nr. 9004 zu entrichten. Zusätzlich entstehen im Restschuldbefreiungsverfahren Kosten durch die Tätigkeit des Treuhänders. Die Mindestvergütung des Treuhänders in der Treuhandperiode beträgt nach den §§ 293 Abs. 2 InsO, 14 Abs. 3 InsVV EUR 100,– jährlich. Für die Überwachung des Schuldners nach § 292 Abs. 2 InsO erhält der Treuhänder eine zusätzliche Vergütung von regelmäßig EUR 15,– je Stunde, § 15 Abs. 1 InsVV.

123 Ein **Rechtsanwalt** erhält im Verfahren über einen Antrag auf Restschuldbefreiung nach § 74 Abs. 1 Satz 1 BRAGO keine besondere Gebühr (*Schmidt* ZInsO 2004, 302 [308]). Wird ein Antrag auf Versagung oder Widerruf der Restschuldbefreiung gestellt, §§ 290, 296, 297, 300, 303 InsO, so erhält der Rechtsanwalt in dem Verfahren die Hälfte der vollen Gebühr, Nr. 3321 VV RVG. Mehrere gleichzeitig anhängige Anträge gelten als eine Angelegenheit. Die Gebühr entsteht auch, wenn der Antrag auf Versagung bereits vor Aufhebung des Insolvenzverfahrens gestellt wird, d.h. auch im Versagungsverfahren gem. § 290 InsO. Im Beschwerdeverfahren entsteht eine halbe Gebühr, Nr. 3500 und 3513 VV RVG. Der Gegenstandswert der Gebühr ist gem. den §§ 28 Abs. 3, 23 Abs. 3 Satz 2 RVG nach billigem Ermessen aufgrund des wirtschaftlichen Interesses des Gläubigers zu bestimmen. Mangels greifbarer Schätzungsgrundlagen soll der Wert des Beschwerdeverfahrens EUR 5.000,– betragen (*BGH* NZI 2011, 861; NZI 2012, 145, insoweit jeweils nicht abgedruckt).

IX. Zuständigkeit

124 Für die Durchführung des gesetzlichen Schuldbefreiungsverfahrens ist das Insolvenzgericht **sachlich** zuständig. **Örtlich** zuständig ist das Insolvenzgericht, in dessen Bezirk der Schuldner seinen allgemeinen Gerichtsstand hat, § 3 InsO (*Nerlich/Römermann* InsO, vor § 286 Rn. 43 f.; *Uhlenbruck/Sternal* InsO, Vor § 286 Rn. 60 ff.).

125 **Funktionell** ist für das Restschuldbefreiungsverfahren grds. der **Rechtspfleger** zuständig, § 3 Nr. 2e RPflG (*LG Göttingen* ZInsO 2001, 90 [91]). Zur Zuständigkeit des Rechtspflegers im Schuldbefreiungsverfahren gehört deswegen zunächst die Verwerfung des Antrags auf Restschuldbefreiung als unzulässig (*OLG Köln* ZInsO 2000, 608 f.; *OLG Zweibrücken* ZInsO 2002, 287 [288]; *LG Memmingen* ZVI 2004, 496 [497]; *LG Göttingen* ZInsO 2001, 90 [91]; *Kübler/Prütting/Bork-Pape* InsO, § 30 Rn. 6c; *Haarmeyer/Wutzke/Förster* Handbuch, Rn. 8/195; *Lücke/Schmittmann* ZInsO 2000, 87 [88]; a.A. *LG Münster* NZI 2000, 551 [552]). In seinen Aufgabenbereich fällt auch der Beschluss über die Ankündigung der Restschuldbefreiung gem. § 291 InsO nach dem bis zum 30.6.2014 geltenden Recht, falls nicht ihre Versagung beantragt wurde (dazu *Helwich* MDR 1997, 13 [14]), ebenso die Erteilung von Restschuldbefreiung, falls keine Versagung beantragt wurde, die Entscheidung über die Versagung der Restschuldbefreiung nach § 298 InsO sowie alle Entscheidungen über die Belange des Treuhänders einschließlich seiner Vergütung (*Uhlenbruck/Sternal* InsO, Vor § 286 Rn. 64; *Haarmeyer/Wutzke/Förster* Handbuch, Rn. 8/186 f.). Nach § 25 RPflG kann der Rechtspfleger außerdem mit vorbereitenden Tätigkeiten beauftragt werden.

126 Der **Richter** entscheidet gem. § 18 Abs. 1 Nr. 3 RPflG (ab dem 21.04.2018 § 18 Abs. 1 Nr. 4 RPflG, BGBl. I 2017, S. 866) über die Zulässigkeit des Restschuldbefreiungsverfahrens nach § 287a InsO. Außerdem entscheidet er in den Fällen, in denen ein Gläubiger die Versagung beantragt hat, über die Erteilung oder Versagung der Restschuldbefreiung nach den §§ 290, 296, 297, 297a und 300 InsO. Dem Richter ist ebenfalls die Entscheidung über einen Widerruf der Restschuldbefreiung gem. § 303 InsO vorbehalten.

127 Darüber hinaus kann sich der Richter nach § 18 Abs. 2 RPflG das Insolvenzverfahren und entsprechend auch das Restschuldbefreiungsverfahren ganz oder teilweise **vorbehalten oder an sich ziehen** (*AG Köln* DZWIR 2000, 170 [171]; *AG Duisburg* ZInsO 2002, 736 [737]), aber auch dem Rechts-

pfleger übertragen, falls er den Vorbehalt nicht mehr für erforderlich hält. Die Entscheidung kann der Richter auch nach Eröffnung des Insolvenzverfahrens treffen (*AG Göttingen* ZInsO 2002, 887).

F. Folgen

Durch die Restschuldbefreiung wird der Schuldner von den im Insolvenz- und, wie über den Wortlaut des § 286 InsO hinaus zu ergänzen ist, von den im Schuldbefreiungsverfahren nicht erfüllten Verbindlichkeiten (*Jauernig* Zwangsvollstreckungs- und Insolvenzrecht, § 66 Rn. 37) gegenüber den Insolvenzgläubigern befreit (*Uhlenbruck/Sternal* InsO, § 286 Rn. 17). Der Begriff des **Insolvenzgläubigers** gem. § 38 InsO ist in doppelter Weise konturiert, denn er bestimmt, welche Gläubiger sich im Verfahren als forderungsberechtigt erweisen und deswegen an der gemeinschaftlichen Befriedigung teilhaben. Zugleich weist er aus, welche nicht am Verfahren teilnehmenden Gläubiger den Verfahrensbeschränkungen unterliegen. Da sich Insolvenzgläubiger nicht den ihnen nachteiligen Verfahrenswirkungen entziehen dürfen, unterliegen Gläubiger, welche die Merkmale von § 38 InsO erfüllen, auch dann den insolvenzrechtlichen Beschränkungen, wenn sie nicht am Verfahren teilnehmen (MüKo-InsO/*Ehricke* § 38 Rn. 7 f.; *Jaeger/Henkel* InsO, § 38 Rn. 18). Wie § 301 Abs. 1 Satz 2 InsO klarstellt, kommt es daher für die Wirkung der Restschuldbefreiung nicht auf eine Forderungsanmeldung zur Tabelle an. Ist dagegen eine Verbindlichkeit etwa in der Treuhandzeit erfüllt worden, entfällt das Forderungsrecht und insoweit auch eine Restschuldbefreiung (vgl. *Jaeger/Weber* KO, § 193 Rn. 1). Die Restschuldbefreiung erfasst gem. Art. 104 EGInsO auch die vor dem 1.1.1999 begründeten Forderungen (*AG Köln* NZI 2013, 751). 128

Die Vorschrift ordnet also **nicht** schon **selbst** die **Befreiung** des Schuldners von seinen Verbindlichkeiten an, denn die Auswirkungen auf die von der gesetzlichen Schuldbefreiung betroffenen Gläubiger und die Restschuld sind in § 301 InsO normiert. § 286 InsO bestimmt aber, für welche **Verbindlichkeiten** die Restschuldbefreiung erfolgt. Die Regelung bezeichnet damit den gegenständlichen Umfang der von ihr als subjektives Recht des Schuldners konstituierten Restschuldbefreiung (*Uhlenbruck/Sternal* InsO, § 286 Rn. 1), die als ein jeder natürlichen Person zustehendes Recht Bestandteil des allgemeinen Privatrechts ist. Wegen der engen und unmittelbaren Verbindung dieser gegenständlichen Abgrenzung aus § 286 InsO mit den Rechtsfolgen der Restschuldbefreiung gem. § 301 InsO werden die Wirkungen insgesamt bei § 301 InsO erläutert. 129

Keine Befreiung erfolgt gegenüber den Massegläubigern, den Neugläubigern, den bevorrechtigten Gläubigern nach § 302 InsO sowie der Staatskasse gem. § 4b InsO. Das Recht zur abgesonderten Befriedigung wird durch die Restschuldbefreiung nicht berührt (HK-InsO/*Waltenberger* § 286 Rn. 5). 130

G. Restschuldbefreiung im Konkurs- und Gesamtvollstreckungsverfahren

Ein bis zum 31.12.1998 rechtskräftig abgeschlossenes Konkurs-, Vergleichs- oder Gesamtvollstreckungsverfahren **hindert** den Schuldner **nicht**, nach dem 31.12.1998 ein Insolvenzverfahren sowie die Erteilung der Restschuldbefreiung zu beantragen. Hat der Schuldner neue Verbindlichkeiten, ist bereits der Streitgegenstand nicht identisch. Selbst wenn ausnahmsweise keine neuen Schulden bestehen, ist der Schuldner doch weiteren Vollstreckungsversuchen ausgesetzt, die sein Rechtsschutzbedürfnis begründen. Da über einen Antrag auf Restschuldbefreiung noch nicht entschieden wurde, kann ihm die Rechtskraft eines Konkurs- oder anderen Verfahrens nicht entgegengehalten werden (*Vallender/Rey* NZI 1999, 1 [3]). 131

Für die nach altem Recht beantragten, aber bis zum 31.12.1998 nicht abgeschlossenen Konkurs-, Vergleichs- oder Gesamtvollstreckungsverfahren ist die Diskussion durch Zeitablauf praktisch erledigt (vgl. zum früheren Streitstand die 3. Auflage an dieser Stelle). In einem anhängigen Konkursverfahren ist ein Antrag auf Erteilung der Restschuldbefreiung unzulässig. Mit den Übergangsregelungen der Art. 103 und 108 Abs. 1 EGInsO ist eine Entscheidung gegen eine frühere Anwendung der Restschuldbefreiung getroffen worden (*LG Duisburg* NZI 2000, 29; *Schulze* NJW 1998, 2100 [2101]; *Vallender/Rey* NZI 1999, 1 [3]; a.A. *Bruckmann* Verbraucherinsolvenz, § 4 Rn. 14). 132

H. Auslandsbezug

133 Für ein **inländisches Insolvenzverfahren** über das Vermögen eines im Ausland lebenden Deutschen fehlt den deutschen Gerichten die internationale Zuständigkeit (*OLG Köln* NZI 2001, 380; *Uhlenbruck/Sternal* InsO, § 286 Rn. 8; *K. Schmidt/Henning* § 286 n.F. Rn. 5). Im Rahmen des autonomen deutschen Rechts folgt dies aus § 335 InsO. Im Unionsrecht wird nach Art. 3 Abs. 1 EuInsVO die Zuständigkeit durch den gewöhnlichen Aufenthalt begründet, doch darf der nicht in den letzten sechs Monaten vor Eröffnung des Insolvenzverfahrens in einen anderen Mitgliedstaat verlegt worden sein.

134 Wird im **Geltungsbereich** der **EuInsVO** ein Hauptinsolvenzverfahren durchgeführt, gilt für das Verfahren grds. das Recht des Eröffnungsstaats, Art. 4 Abs. 1 EuInsVO a.F. = Art. 7 Abs. I EuInsVO n.F. (zur Restschuldbefreiung für Ausländer Rdn. 86). Damit sind auch die Regeln über das Restschuldbefreiungsverfahren (zur Begriffsbildung im kollisionsrechtlichen Kontext MüKo-InsO/*Ehricke*, 2. Aufl., vor §§ 286–303 Rn. 95 ff.) anwendbar, soweit sie das in diesem Staat belegene Vermögen betreffen, Art. 4 Abs. 2 lit. k EuInsVO a.F. = Art. 7 Abs. 2 lit. k EuInsVO n.F. Es gilt also die lex fori concursus (*Gottwald* HdbInsR, § 132 Rn. 106; *Uhlenbruck/Sternal* InsO, Vor § 286 Rn. 41 ff.; *Wimmer* NJW 2002, 2427 [2428]; *ders.* ZInsO 2001, 97 [100]; zu den englischen, amerikanischen und französischen Regeln zur Schuldbefreiung *Gottwald/Ahrens* HdbInsR, § 80 Rn. 4 ff.; außerdem *Kohte/Busch* Vor §§ 286 Rdn. 29 ff.). Im Übrigen war früher internationalrechtlich umstritten, ob auf eine Schuldbefreiung die lex fori concursus oder die lex causae anzuwenden ist. Wie im europäischen Insolvenzrecht wird auch hier inzwischen ganz überwiegend von einer Anwendung der lex fori concursus ausgegangen, also auf ein vor deutschen Gerichten durchgeführtes Hauptinsolvenz- und Restschuldbefreiungsverfahren deutsches Recht angewendet. In einem inländischen Partikularinsolvenzverfahren ist dagegen eine Restschuldbefreiung wohl nicht möglich. Schuldbefreiungen, die im Geltungsbereich der EuInsVO in einem anderen europäischen Staat erteilt werden, sind in Deutschland weitestgehend anzuerkennen.

135 Im **internationalen Zwangsvollstreckungsrecht** richtet sich die Pfändbarkeit eines Gegenstands nach dem Territorialitätsprinzip, d.h. nach dem Recht des Orts, an dem sich der Gegenstand befindet und an welchem die Zwangsvollstreckung betrieben werden soll. Eine Forderung ist beim Drittschuldner belegen. Dies gilt nach Unionsrecht, Art. 41 Abs. 1 Satz 1 Brüssel Ia-VO, und nach autonomem deutschen Recht (*BGH* NJW-RR 2013, 880 Tz. 18; ZInsO 2017, 1781 Tz. 9). Im **internationalen Insolvenzrecht** gilt nach Unionsrecht, Art. 4 Abs. 2 lit. b) EuInsVO a.F. = Art. 7 Abs. 2 lit. b) EuInsVO n.F., sowie nach autonomem deutschem Recht, § 335 InsO, das Recht des Eröffnungsstaats. Umstritten war, ob für ein inländisches Insolvenzverfahren über einen Schuldner mit ausländischen Einkünften die nach § 36 Abs. 1 Satz 2 InsO zu bemessenden deutschen Pfändungsgrenzen (*LG Passau* NZI 2014, 1019) oder die Pfändungsschranken des anderen (Mitglied)Staats gelten (*AG Passau* NZI 2009, 820; *AG München* NZI 2010, 665). Um dem Schuldner die Anwendung der deutschen Pfändungsschutzvorschriften zu ermöglichen, bestimmt der *BGH* die Pfändbarkeit nach der lex fori concursus, also nach dem Insolvenzstatut und damit dem deutschen Recht (*BGH* ZInsO 2017, 1781 Tz. 15 ff.). Bei einem inländischen Insolvenzverfahren und Einkünften des Schuldners in der Schweiz soll keine schematische Anwendung der §§ 850c ff. ZPO geboten sein (*LG Hamburg* ZVI 2017, 163). Überzeugender wäre, § 850f Abs. 1 ZPO heranzuziehen.

136 Die **Anerkennung der Entscheidung** (dazu § 301 Rdn. 76 ff.) kann gem. Art. 26 EuInsVO a.F. = Art. 33 EuInsVO n.F. bei einem Verstoß gegen den **ordre public** verweigert werden. Bei einer simulierten oder rechtsmissbräuchlichen, weil nur angeblichen Verlegung des Centre of Main Interests etwa nach England (ausf. dazu *Fuchs* Restschuldbefreiungs-Tourismus, S. 320 ff., 429 ff.), können sich die Gerichte des Anerkennungsstaats nicht auf den *ordre public* stützen, wenn das Eröffnungsgericht die internationale Zuständigkeit nach Art. 3 Abs. 1 EuInsVO a.F. = Art. 3 Abs. 1 EuInsVO n.F. fehlerhaft in Anspruch genommen hat und ein Rechtsbehelf im Eröffnungsstaat gegeben ist. Dies ist insb. bei einer Annullierungsmöglichkeit einer englischen discharge der Fall (*BGH* NZI 2016, 93 Tz. 26; *Renger* Wege zur Restschuldbefreiung nach dem Insolvency Act 1986, S. 212 f.;

Fuchs Restschuldbefreiungs-Tourismus, S. 267 ff.; s.a. § 301 Rdn. 76 ff.; **a.A.** *LG Köln* NZI 2011, 957 m. Anm. *Mankowski*; *AG Nürnberg* NZI 2007, 185 [186]).

§ 287 Antrag des Schuldners

(1) ¹Die Restschuldbefreiung setzt einen Antrag des Schuldners voraus, der mit seinem Antrag auf Eröffnung des Insolvenzverfahrens verbunden werden soll. ²Wird er nicht mit diesem verbunden, so ist er innerhalb von zwei Wochen nach dem Hinweis gemäß § 20 Abs. 2 zu stellen. ³Der Schuldner hat dem Antrag eine Erklärung beizufügen, ob ein Fall des § 287a Absatz 2 Satz 1 Nummer 1 oder 2 vorliegt. ⁴Die Richtigkeit und Vollständigkeit der Erklärung nach Satz 3 hat der Schuldner zu versichern.

(2) Dem Antrag ist die Erklärung beizufügen, dass der Schuldner seine pfändbaren Forderungen auf Bezüge aus einem Dienstverhältnis oder an deren Stelle tretende laufende Bezüge für die Zeit von sechs Jahren nach der Eröffnung des Insolvenzverfahrens (Abtretungsfrist) an einen vom Gericht zu bestimmenden Treuhänder abtritt.

(3) Vereinbarungen des Schuldners sind insoweit unwirksam, als sie die Abtretungserklärung nach Absatz 2 vereiteln oder beeinträchtigen würden.

(4) Die Insolvenzgläubiger, die Forderungen angemeldet haben, sind bis zum Schlusstermin zu dem Antrag des Schuldners zu hören.

Übersicht

	Rdn.
A. **Normzweck**	1
B. **Gesetzliche Systematik**	9
C. **Antragsvoraussetzungen**	11
I. Grundlagen	11
II. Eigener Insolvenzantrag	15
III. Restschuldbefreiungsantrag	20
1. Grundsatz	20
2. Form	21
3. Antragsfrist und Belehrung	27
a) Grundlagen	27
b) Insolvenzantrag	37
c) Restschuldbefreiungsantrag	43
d) Sonstige Anträge	49
e) Rechtsfolgen	51
IV. Erklärung und Versicherung zu den Sperrfristgründen	58
1. Erklärungs- und Versicherungslast, § 287 Abs. 1 Satz 3 und 4 InsO	58
2. Folgen fehlender oder unzutreffender Erklärungen bzw. Versicherungen	62
V. Obliegenheit zur Einleitung eines Insolvenz- und Restschuldbefreiungsverfahrens	67
VI. Rechtsschutzbedürfnis und Sperre bei Wiederholungsverfahren	75
1. Rechtsschutzbedürfnis	75
2. Sperrfristrechtsprechung in Altverfahren	79
a) Ausgangssituation	79
b) Methodische Fragen	81
c) Einzelfälle	89
3. Zweiter Insolvenzantrag	97
VII. Rücknahme des Antrags	104
VIII. Absehen von einem Restschuldbefreiungsantrag	113
IX. Verzicht auf den Antrag	116
D. **Forderungsabtretung**	118
I. Abtretungserklärung	118
1. Abtretungserklärung als besondere Sachentscheidungsvoraussetzung	118
2. Geltungsgrund der Abtretung	125
a) Materiellrechtliche Theorie der Abtretung	126
b) Abtretungserklärung als Prozesshandlung	132
3. Form, Frist und Inhalt der Erklärung, zweite Abtretungserklärung	141
II. Abzutretende Forderungen	148
1. Grundzüge	148
2. Forderungen auf Bezüge aus einem Dienstverhältnis	153
a) Abzutretende Forderungen	153
b) Grundlagen des Abtretungsschutzes	179
c) Pfändungsschutzvorschriften	186
d) Verfahren	242
3. Gleichgestellte Forderungen	244
a) Abzutretende Forderungen	244
b) Abtretungsschutz	258
III. Dauer der Abtretung	264
1. Altfälle, Art. 107 EGInsO	264
2. Abtretungsfrist	265
IV. Wirksamwerden der Abtretung	270
E. **Vorherige Abtretungen oder Verpfändungen**	271

§ 287 InsO Antrag des Schuldners

		Rdn.			Rdn.
F.	Unwirksamkeit vereinbarter Abtretungsverbote, Abs. 3	273	G.	Anhörung, Abs. 4	275
			H.	Auslandsbezug	278

Literatur:
Adam Die Klage des Treuhänders im RSB-Verfahren, ZInsO 2007. 198; *Ahrens* Antragsobliegenheit und Unterhalt in der Insolvenz, NZI 2008, 159; *ders.* Fristen und Belehrungen beim Antrag auf Restschuldbefreiung, VIA 2010, 9; *ders.* Die Dauer des Restschuldbefreiungsverfahrens, NJW-Spezial 2015, 341; *ders.* Schranken einer Rücknahme des Restschuldbefreiungsantrags, ZInsO 2017, 193; *Bernhardi* Die Abtretung des Anspruchs auf Arbeitsentgelt und das Verbraucherinsolvenzverfahren, 2014; *Blankenburg* Verfehlte Erweiterung der Sperrfrist auf § 305 Abs. 3 Satz 2 InsO, Anm. zu BGH, Beschl. v. 18.9.2014 – IX ZB 72/13, ZInsO 2014, 2177, ZInsO 2015, 130; *Büttner* Zulässigkeit eines erneuten Insolvenzantrags zur Erlangung der Restschuldbefreiung, ZVI 2007, 229; *Foerste* Risiken für Restschuldbefreiungsanträge im Fall des § 306 InsO, ZInsO 2009, 319; *Hackenberg* Rechtsschutzbedürfnis für weiteren Insolvenzantrag mit Restschuldbefreiung, ZVI 2005, 468; *Hackländer* Die Schranken für den zweiten Antrag auf Restschuldbefreiung, ZInsO 2008, 1308; *Heicke* Die Zukunft der Sperrfristrechtsprechung, NZI 2012, 873; *Jacobi* Die Rückkehr der Sperrfristrechtsprechung: Zur Unzulässigkeit der Rücknahme eines Restschuldbefreiungsantrags, NZI 2017, 254; *Jauernig* Versuch, einige Dunkelheiten der Insolvenzordnung aufzuhellen, in FS für Uhlenbruck, S. 3; *Laroche* Behandlung von Sozialleistungen in der Insolvenz, VIA 2013, 57; *Pape* Sperrwirkung gescheiterter Restschuldbefreiungsversuche im Insolvenzverfahren über das Vermögen natürlicher Personen, FS Ganter 2010, S. 315; *ders.* Rücknahme des Antrags auf Restschuldbefreiung durch den Schuldner bei drohender Versagung – alte und neue Probleme, ZInsO 2017, 565; *Sessig/Fischer* Zulässigkeitsgrenzen von erneuten Insolvenz- und Restschuldbefreiungsanträgen im Insolvenzverfahren über das Vermögen natürlicher Personen, ZInsO 2013, 760; s.a. § 286.

A. Normzweck

1 Die Regelung erfüllt **zwei wesentliche Aufgaben**. Zunächst konstituiert § 287 Abs. 1 InsO die Restschuldbefreiung als antragsabhängiges Verfahren. Daneben schafft § 287 Abs. 2 InsO die Voraussetzungen für eine weitere Befriedigung der Insolvenzgläubiger nach Beendigung oder Aufhebung des Insolvenzverfahrens. Die Norm bildet damit einen zentralen Baustein des eigenständigen Modells der Schuldentilgung und Gläubigerbefriedigung für das Restschuldbefreiungsverfahren. Verschiedene konzeptionelle Schwächen und überhöhte Anforderungen an den Schuldner haben zu manchem Korrekturbedarf geführt.

2 Im **Gesetzgebungsverfahren** zur Insolvenzordnung ist die Bestimmung mehrfach verändert worden. An dem Grundkonzept eines antragsabhängigen Verfahrens, in dem der Schuldner seine pfändbaren Bezüge aus Arbeitseinkommen abzutreten hat, sind zwar keine Veränderungen erfolgt. Aber vor allem die Form der Antragstellung nach Abs. 1 Satz 2, die Hinweispflicht in Abs. 2 Satz 2 und die Unwirksamkeitserklärung in Abs. 3 sind sukzessive modifiziert oder eingefügt worden. Die Bestimmung ist dabei weniger aus einem rechtspolitischen Ziel gewachsen, als einzelnen Notwendigkeiten folgend ergänzt worden.

3 Durch das **InsOÄndG** vom 26.10.2001 (BGBl. I S. 2710) wurden Abs. 1 und Abs. 2 Satz 1 nochmals tiefgreifend umgestaltet. Aufgrund dieser Novellierung muss der Antrag des Schuldners auf Erteilung von Restschuldbefreiung mit einem eigenen Insolvenzeröffnungsantrag verbunden werden. Eine in der Verbraucherinsolvenz früher umstrittene Streitfrage ist damit entschieden worden (vgl. Rdn. 15). Ergänzend ist in Abs. 1 Satz 2 eine gestraffte Antragsfrist vorgesehen. Als praktisch wichtigste, aber auch systematisch am schwierigsten einzuordnende Neuregelung beginnt die Frist der Abtretungserklärung bereits nach der Eröffnung des Insolvenzverfahrens und ist auf insgesamt sechs Jahre begrenzt (vgl. Rdn. 271 ff.). Die bislang bestehenden Ungewissheiten über die Verfahrensdauer und den Zeitpunkt einer möglichen Restschuldbefreiung, die aus unvorhersehbaren Verzögerungen im Insolvenzverfahren resultierte, sind beseitigt. Dafür wurden aber neue Unklarheiten über den Anwendungsbereich der §§ 294 bis 297 InsO geschaffen.

4 Mit dem **Gesetz zur Verkürzung des Restschuldbefreiungsverfahrens und zur Stärkung der Gläubigerrechte** vom 15.07.2013 (BGBl. I S. 2379) sind einige Mängel korrigiert und zusätzliche Änderungen erfolgt. Wegen der neu geschaffenen Eingangsentscheidung des § 287a InsO wurden in Abs. 1

Satz 3 und 4 eine Erklärungs- und eine Versicherungslast über die Sperrfristgründe aus § 287a Abs. 2 InsO geschaffen. Außerdem wurde der Begriff der Abtretungsfrist in Abs. 2 Satz 1 InsO gesetzlich eingeführt, der zusammen mit den Folgeänderungen in den §§ 294 bis 300 InsO einige terminologische Unsicherheiten beseitigt. Um die Forderungsabtretung während der Treuhandperiode zu sichern, wurde § 287 Abs. 3 InsO neu gefasst. Da die Anhörungsregelung aus § 289 Abs. 1 Satz 1 InsO a.F. gestrichen wurde, ist in Abs. 4 ein Anhörungsrecht für die Gläubiger geschaffen worden.

Als erste Regelungsaufgabe gestaltet § 287 Abs. 1 InsO die Restschuldbefreiung als **antragsabhängiges Verfahren** aus (*Uhlenbruck/Sternal* InsO, § 287 Rn. 1). Die gesetzliche Schuldbefreiung ist also dem Schuldner nicht von Amts wegen zu erteilen, sondern nur aufgrund eines der Dispositionsmaxime unterliegenden Verfahrens. Zugleich sichert Abs. 1 Satz 2 eine zügige Einleitung durch den Schuldner sowie eine ausreichende Prüfungsfrist für die Gläubiger (vgl. K. Schmidt/*Henning* § 287 n.F. Rn. 1). Der Antrag auf Erteilung von Restschuldbefreiung ist nunmehr mit dem Antrag auf Eröffnung eines Insolvenzverfahrens zu verbinden oder binnen zwei Wochen nach dem gerichtlichen Hinweis gem. § 20 Abs. 2 InsO zu stellen. 5

Als weitere Verfahrensvoraussetzung verlangt § 287 Abs. 2 Satz 1 InsO vom Schuldner die **Abtretung der pfändbaren Bezüge**. Nach der Gesetzesbegründung besitzt diese Abtretungserklärung bereits bei Antragstellung eine Warnfunktion, weil sie zu einer Selbstbeschränkung wie durch Titel oder andere Abtretungen führt. Sie soll einen Schuldner, der sich nicht freiwillig für die geraume Periode der Treuhandzeit mit dem pfändungsfreien Arbeitseinkommen begnügen will, von einem Antrag auf Restschuldbefreiung abhalten und so das Gericht vor leichtfertigen Anträgen schützen (Begründung RegE BR-Drucks. 1/92 S. 189; außerdem *Hess* InsO, 2007, § 287 Rn. 20; *Hess/Weis/Wienberg* InsO, 2. Aufl., § 287 Rn. 3; *Haarmeyer/Wutzke/Förster* Handbuch, Rn. 8/198; *Arnold* DGVZ 1996, 65 [67]; *Vallender* VuR 1997, 155; *App* Die Insolvenzordnung, Rn. 540). An einem selbständig tätigen Schuldner, der über keine abtretbaren Bezüge verfügt, geht diese Warnfunktion freilich vorbei. 6

Nach Aufhebung des Insolvenzverfahrens existiert keine Masse, weswegen der **Neuerwerb** nicht mehr zur Masse gezogen werden kann. Deswegen ist die andere Funktion der Abtretungsregelung besonders wichtig, auch nach dem Ende des Insolvenzbeschlags, vgl. die §§ 80 Abs. 1, 200 Abs. 1 InsO, während des Restschuldbefreiungsverfahrens einen wesentlichen Teil des Neuerwerbs für die Tilgungsleistungen zu sichern (K. Schmidt/*Henning* § 287 n.F. Rn. 24). Mit dieser zentralen Bestimmung wird das pfändbare künftige Einkommen dem Verfügungsrecht des Schuldners entzogen und soweit möglich eine **Gläubigerbefriedigung** gewährleistet. Vor allem durch die Untersagung entgegenstehender Abtretungsverbote in Abs. 3 wird diese Haftungsverwirklichung umfassend geschützt. Schließlich muss der Schuldner auch nach Abs. 2 Satz 2 auf vorherige Abtretungen hinweisen, um den Gläubigern eine bessere Kalkulationsgrundlage über die zu erwartenden Leistungen zu eröffnen. 7

Durch diese haftungsrechtliche Zuweisung des Einkommens wird massiv in die **Befriedigungsaussichten der Neugläubiger** eingegriffen. In einer scharfen, noch über das Einzelvollstreckungsrecht hinausgehenden Ausprägung des Prioritätsprinzips ist neues Einkommen nahezu vollständig den Insolvenzgläubigern zugewiesen und damit dem konkurrierenden Zugriff der Neugläubiger entzogen. Zur Kompensation wird den Neugläubigern eine klare zeitliche Perspektive auf das nach Abschluss des Restschuldbefreiungsverfahrens gebildete Vermögen eröffnet (*Ahrens* ZVI 2004, 69 [75]) und eine zehnjährige Schutzfrist gewährt, § 290 Abs. 1 Nr. 3 Alt. 2 InsO. Um die Forderungsabtretung zu schützen, erstreckt § 89 Abs. 2 Satz 1 InsO das für Insolvenzgläubiger geltende Verbot der Vollstreckung in künftige Forderungen aus Dienstverhältnissen auf alle nach Verfahrenseröffnung hinzukommenden Neugläubiger des Schuldners und auf Gläubiger der Unterhaltsansprüche, die gem. § 40 InsO im Verfahren nicht geltend gemacht werden können. Dadurch soll der Schuldner befähigt werden, nach Verfahrensende seine pfändbaren Forderungen auf Bezüge aus einem Dienstverhältnis an einen Treuhänder abzutreten (*BGH* NZI 2008, 50 Tz. 9). 8

B. Gesetzliche Systematik

9 Es werden mit dem Insolvenz- und dem Restschuldbefreiungsverfahren **zwei** selbständige, zumindest anfangs nebeneinander bestehende **Verfahren** durchgeführt (s. § 286 Rdn. 52, 109). Dadurch kann die Zahlungsunfähigkeit bzw. drohende Zahlungsunfähigkeit des Schuldners festgestellt, haftendes Vermögen in Beschlag genommen und ein unberechtigter Antrag auf Erteilung der Restschuldbefreiung verhindert werden (*Häsemeyer* Insolvenzrecht, Rn. 26.13). Da der Eröffnungsgrund einer drohenden Zahlungsunfähigkeit, §§ 17, 18 InsO, für das Insolvenzverfahren vorliegen muss, ist er nicht noch zusätzlich für das Restschuldbefreiungsverfahren zu prüfen.

10 Das **gesetzliche Restschuldbefreiungsverfahren** ist in die beiden Abschnitte des Zulassungs- oder Vorverfahrens sowie des Schuldbefreiungs- oder Hauptverfahrens untergliedert (s. § 286 Rdn. 56 f.). Im Zulassungsverfahren müssen neben den allgemeinen Sachentscheidungsvoraussetzungen eines gerichtlichen Verfahrens auch die besonderen Voraussetzungen des Restschuldbefreiungsverfahrens erfüllt sein. Zwei besondere Verfahrensvoraussetzungen sind hervorzuheben. Die Restschuldbefreiung ist i.V.m. einem Insolvenzverfahren zu beantragen (s. Rdn. 15). Außerdem muss dem Antrag auf Erteilung von Restschuldbefreiung die Abtretungserklärung nach Abs. 2 Satz 1 beigefügt werden. Ohne diese Abtretungserklärung ist der Restschuldbefreiungsantrag als unzulässig zu verwerfen.

C. Antragsvoraussetzungen

I. Grundlagen

11 Die Durchführung des Restschuldbefreiungsverfahrens erfordert zwei Anträge des Schuldners, einen eigenen **Insolvenzantrag** (zu den Voraussetzungen und Ausnahmen sogleich Rdn. 15 ff., 54) sowie einen **Restschuldbefreiungsantrag** (dazu Rdn. 20 ff.) und zusätzlich die **Abtretungserklärung** des Schuldners (s. Rdn. 118 ff.). Insgesamt sind also drei Prozesshandlungen des Schuldners notwendig. Ohne eigenen Insolvenzantrag des Schuldners ist ein Restschuldbefreiungsverfahren unzulässig. Bei einem Insolvenzantrag eines Gläubigers erhält der Schuldner deswegen Gelegenheit, einen eigenen Insolvenzantrag zu stellen und daneben die Erteilung der Restschuldbefreiung zu beantragen. Mit dem Antrag auf Erteilung der Restschuldbefreiung wird das gesetzliche Restschuldbefreiungsverfahren eingeleitet, § 287 Abs. 1 Satz 1 InsO. Zumeist wird außerdem noch die Kostenstundung beantragt. Außerdem wird nicht selten ein Vollstreckungsschutzantrag gestellt, der gerade bei Selbständigen regelmäßig geboten ist. So sind dann vielfach vier Anträge zu stellen.

12 Für das Restschuldbefreiungsverfahren ist allein der **Schuldner antragsberechtigt**, denn im Gegensatz zum Insolvenzverfahren erscheint wegen der umfassenden persönlichen Anforderungen – vor allem aus § 295 Abs. 1 Nr. 1, 3 und 4 sowie Abs. 2 InsO – ein nicht aktiv vom Schuldner getragenes Verfahren von vornherein zum Scheitern verurteilt (A/G/R-*Fischer* § 287 InsO a.F. Rn. 2; *Forsblad* Restschuldbefreiung, S. 213; *Balz* BewHi 1989, 103 [114]). Der Antrag auf Erteilung der Restschuldbefreiung ist nicht höchstpersönlich, darf also von einem Vertreter gestellt werden (K. Schmidt/*Henning* InsO, § 287 n.F. Rn. 3).

13 Für die **Vertretung** durch eine als **geeignet anerkannte Person oder Stelle** ist zu unterscheiden. In den ab dem 01.07.2014 beantragten **Neuverfahren** ist eine Vertretung auch im Restschuldbefreiungsverfahren zulässig. Nach der Novelle des § 305 Abs. 4 Satz 1 InsO sind die geeigneten Personen oder Stellen zur Vertretung des Schuldners vor dem Insolvenzgericht befugt. Dies schließt das insolvenzrechtliche Verfahren der Restschuldbefreiung ein (*Ahrens* Das neue Privatinsolvenzrecht, Rn. 206 ff.; K. Schmidt/*Henning* InsO, § 287 n.F. Rn. 3).

14 In den bis zum 30.06.2014 beantragten **Altverfahren** ist die Vertretungsbefugnis der geeigneten Person oder Stelle auf das Schuldenbereinigungsplanverfahren beschränkt. Im gerichtlichen Schuldenbereinigungsplanverfahren ist eine Vertretung durch diese Stellen nach Art. 1 § 3 Nr. 9 RBerG bzw. dem RDG zulässig (*BGH* ZVI 2004, 337). Da der Insolvenzeröffnungsantrag gem. § 305 Abs. 1 Einleitungssatz InsO Bestandteil dieses Verfahrens ist, kann sich der Schuldner hierbei durch eine anerkannte Stelle vertreten lassen. Andererseits ist eine solche Vertretung im vereinfachten Insolvenzverfahren unzulässig (*BGH* ZVI 2004, 337). Offen ist, ob eine Vertretung durch diese Stellen beim Restschuldbefreiungsantrag zulässig ist. Da der Antrag auf Erteilung von Restschuldbefreiung nach § 305 Abs. 1 Nr. 1 InsO zum Schuldenbereinigungsplanverfahren gehört, ist eine Vertretung jedenfalls dann unproblematisch zulässig, wenn der Restschuldbefreiungsantrag mit dem Insolvenzantrag verbunden wird. Auch bei einem nachgeholten Restschuldbefreiungsantrag kann der Schuldner durch die Stellen vertreten werden, solange das Schuldenbereinigungsplanverfahren nicht abgeschlossen ist. Wird kein Schuldenbereinigungsplanverfahren durchgeführt, etwa weil das Insolvenzverfahren auf Gläubigerantrag hin eröffnet wurde, ist eine solche Vertretung unzulässig. Zur erneuten Durchführung eines Restschuldbefreiungsverfahrens s. Rdn. 97 ff.

II. Eigener Insolvenzantrag

Durch die Regelung in Abs. 1 muss der Restschuldbefreiungsantrag i.V.m. einem **Schuldnerantrag auf Eröffnung eines Insolvenzverfahrens** gestellt werden (*Kübler/Prütting/Bork-Wenzel* InsO, § 287 Rn. 4; *Vallender* NZI 2001, 561 [566]; krit. *Häsemeyer* KTS 2011, 151). Ist der Insolvenzantrag unzulässig, ist auch der Restschuldbefreiungsantrag unzulässig (*AG Dresden* ZVI 2005, 50; ZVI 2005, 384). Anstelle der früher lediglich als eine Möglichkeit ausgestalteten Regelung, den Restschuldbefreiungsantrag mit einem Insolvenzeröffnungsantrag verbinden zu können, § 287 Abs. 1 Satz 3 InsO a.F., soll der Restschuldbefreiungsantrag mit einem eigenen Insolvenzeröffnungsantrag verbunden werden (zu den verschiedenen Konstellationen, wenn ein Gläubigerantrag gestellt wurde, s. Rdn. 30 ff.). Dieser eigene Insolvenzantrag ist grds. Sachentscheidungs- bzw. Prozessvoraussetzung des Restschuldbefreiungsverfahrens. Aufgrund der bis zum 30.11.2001 geltenden Rechtslage war im Verbraucherinsolvenzverfahren das Erfordernis eines Eigenantrags sehr umstritten (Nachweise dazu hier bis zur 7. Aufl.). 15

Nach der Begründung des InsOÄndG sollte mit der neuen Regelung die in der Verbraucherinsolvenz bestehende Streitfrage entschieden werden (RegE BT-Drucks. 14/5680 S. 28). Für das **Verbraucherinsolvenzverfahren** ergibt sich das Erfordernis eines eigenen Insolvenzantrags bereits aus dem Gesetz, §§ 305 Abs. 1, 306 InsO (*BGH* ZInsO 2005, 310). Weniger selbstverständlich ist den Materialien zu entnehmen, ob die Prozessvoraussetzung eines Eigenantrags auch für die **allgemeine Insolvenz (Regelinsolvenz)** zu gelten hat. Mit der Gesetzesänderung sollten die Verfahrensformen in der allgemeinen Insolvenz (Regelinsolvenz) und im Verbraucherinsolvenzverfahren aneinander angeglichen werden, weshalb auch die bislang bestehende zeitliche Differenzierung für den Restschuldbefreiungsantrag aufgehoben wurde. »Der Gesetzentwurf schlägt deshalb vor, eine Restschuldbefreiung nur aufgrund eines eigenen Insolvenzantrags des Schuldners zu ermöglichen« (RegE BT-Drucks. 14/5680 S. 28, s.a. S. 24). Neben dem umfassenden Wortlaut von § 287 Abs. 1 Satz 1 InsO und der Motivation der Gesetzesänderung spricht die gesetzliche Systematik für einen Eigenantrag auch in der allgemeinen Insolvenz (Regelinsolvenz), denn als Teil des allgemeinen Insolvenzverfahrensrechts ist dem Restschuldbefreiungsverfahren eine Differenzierung zwischen regel- und verbraucherinsolvenztypischen Vorschriften fremd. 16

Ein eigener Insolvenzantrag des Schuldners ist i.d.R. ebenso im Verbraucher- wie im allgemeinen Insolvenzverfahren (Regelinsolvenzverfahren), **Sachentscheidungsvoraussetzung** des Restschuldbefreiungsverfahrens (*BGH* NZI 2004, 511; 2004, 593 = DZWIR 2005, 71, m. Anm. *Kohte/Busch*; NZI 2005, 271 [272]; *LG Köln* NZI 2004, 159 [160]; MüKo-InsO/*Stephan* § 287 Rn. 13; *Uhlenbruck/Sternal* InsO, § 287 Rn. 10; *Kübler/Prütting/Bork-Wenzel* InsO, § 287 Rn. 11; *Braun/Pehl* InsO, § 287 Rn. 5; LSZ/*Kiesbye* InsO, § 287 Rn. 6; *Gottwald/Ahrens* HdbInsR, § 77 Rn. 10; *Schmahl* ZInsO 2002, 212 [213]; *Ahrens* VIA 2010, 9; *Pape* ZVI 2010, 1 [6]; a.A. *AG Hamburg* ZVI 2002, 475; *Pape/Uhlenbruck* Insolvenzrecht, Rn. 943 f.; *Heyer* ZInsO 2002, 59 [61]; *Pape* NZI 2002, 186 [187]; ders. ZVI 2002, 225 [231]; *Fuchs* NZI 2002, 298 [300]). Diese Verbindung ist zweckmäßig, um die Resultate des Insolvenzverfahrens fruchtbar machen zu können und im Interesse einer aktiven Einbindung des Schuldners in das Verfahren (*Uhlenbruck/Sternal* InsO, § 287 Rn. 11). 17

18 Problematisch sind die Fälle, in denen bei mehreren Insolvenzanträgen die örtliche **Zuständigkeit des Insolvenzgerichts umstritten** ist. Zwei zentrale Konstellationen sind dabei zu unterscheiden. In der ersten Fallgruppe hat der Gläubiger einen Insolvenzantrag gestellt und der Schuldner stellt seinen Eigenantrag bei einem anderen, von ihm für zuständig gehaltenen Gericht. Wird das Verfahren auf den Gläubigerantrag eröffnet, ist nach der höchstrichterlichen Rechtsprechung ein danach gestellter Schuldnerantrag schon aus diesem Grund unzulässig (*BGH* NJW 2008, 3494 Tz. 11). Vor der Eröffnung wird zu verlangen sein, dass der Schuldner ggf. einen Verweisungsantrag stellt, aber auch fristwahrend seinen Eigenantrag bei dem von ihm für unzuständig gehaltenen Insolvenzgericht einreicht. Der Schuldner kann aber auch bei diesem Gericht einen eigenen Insolvenzantrag, verbunden mit den Anträgen auf Restschuldbefreiung und Stundung der Verfahrenskosten, unter der zulässigen innerprozessualen Bedingung stellen, dass das Gericht seine (internationale) Zuständigkeit bejaht (*BGH* ZInsO 2012, 545 Tz. 12 f.). Die andere Fallgruppe betrifft bei unterschiedlichen Gerichten gestellte Gläubigeranträge. In dieser Situation wird teilweise vom Schuldner verlangt, bei jedem Gericht einen Eigenantrag zu stellen (*Häsemeyer* KTS 2011, 151 [153]). Zutreffend wird der Schuldner auch hier bei jedem Insolvenzgericht einen unter der Bedingung der internationalen und örtlichen Zuständigkeit des Gerichts stehenden Eigenantrag stellen können (zur Zulässigkeit *BGH* ZInsO 2012, 545 Tz. 13).

19 Ist das **Insolvenzverfahren auf einen Gläubigerantrag** eröffnet, kann der Schuldner keinen zulässigen Eigenantrag mehr stellen (*BGH* BGHZ 162, 181[184]). Hat das Gericht den Schuldner nicht ausreichend über die Möglichkeit belehrt, Restschuldbefreiung zu beantragen, kann die **Restschuldbefreiung** nach der Eröffnung ausnahmsweise **ohne** eigenen **Insolvenzantrag** beantragt werden. Der Schuldner darf nicht aus Rechtsunkenntnis die Aussicht auf eine Restschuldbefreiung verlieren (*BGH* BGHZ 162, 181 [186]; ZInsO 2008, 924 Tz. 20; NZI 2015, 79 Tz. 11; HWF-*Schmerbach* § 287 Rn. 18; möglicherweise auch *LG Hannover* ZVI 2016, 436). Dafür ist zu unterscheiden. Wurde der Schuldner nicht ordnungsgemäß belehrt und hat er im Eröffnungsverfahren nur Restschuldbefreiung beantragt, wird dieser Antrag mit Eröffnung des Insolvenzverfahrens zulässig. Der Restschuldbefreiungsantrag muss nicht wiederholt werden. Unterblieb die ordnungsgemäße Belehrung und hat der Schuldner keine Schuldbefreiung beantragt, kann der Restschuldbefreiungsantrag auch noch im auf Gläubigerantrag eröffneten Insolvenzverfahren gestellt werden. Dies gilt sowohl im Regel- als auch im Verbraucherinsolvenzverfahren (*BGH* BGHZ 162, 181 [184]). Der Schuldner ist in diesem Fall über die Möglichkeit eines Restschuldbefreiungsantrags zu belehren. Dieser Antrag ist in einer ordnungsgemäß gesetzten richterlichen Frist zu stellen. Die gesetzliche Frist aus § 287 Abs. 1 Satz 2 InsO gilt dafür nicht, sondern nur in der hier nicht einschlägigen Fallgestaltung, dass ein eigener Insolvenzantrag des Schuldners ohne Restschuldbefreiungsantrag gestellt wurde. Mit Ablauf der gesetzlichen Frist ist der Restschuldbefreiungsantrag des Schuldners bis zur Eröffnung des Insolvenzverfahrens nicht ausgeschlossen. Zu den unterschiedlichen Antragsgestaltungen, den Belehrungen und Fristen vgl. Rdn. 27 ff.

III. Restschuldbefreiungsantrag

1. Grundsatz

20 Die Durchführung des Restschuldbefreiungsverfahrens ist von einem **eigenen Restschuldbefreiungsantrag** des Schuldners abhängig. Damit wird dem verfahrensrechtlichen Dispositionsgrundsatz Rechnung getragen. Bei diesem Restschuldbefreiungsantrag handelt es sich um eine Bewirkungs- und eine Erwirkungshandlung. Erst der Restschuldbefreiungsantrag bewirkt das Schuldbefreiungsverfahren, das nur solange durchgeführt wird, wie der Antrag aufrechterhalten bleibt. Nach ordnungsgemäßer Durchführung erwirkt der Schuldner die Restschuldbefreiung. In Einzelfällen kann es für den Schuldner sinnvoll sein, von einem Restschuldbefreiungsantrag abzusehen, weil sich ihm andere Handlungsoptionen bieten (s. § 286 Rdn. 50).

2. Form

Nach den **allgemeinen Regeln** hat der Schuldner seinen Antrag auf Erteilung von Restschuldbefreiung **schriftlich** beim Insolvenzgericht einzureichen **oder zu Protokoll** der Geschäftsstelle zu erklären (zur davon zu unterscheidenden Abtretungserklärung s. Rdn. 141). Früher war dies ausdrücklich in § 287 Abs. 1 Satz 2 InsO a.F. bestimmt. In der geänderten Fassung fehlt ein Hinweis auf diese Berechtigung, doch ist damit für das allgemeine Insolvenzverfahren (Regelinsolvenzverfahren) keine sachliche Änderung verbunden, vgl. §§ 4 InsO, 496 ZPO (MüKo-InsO/*Stephan* § 287 Rn. 22; *Nerlich/Römermann* InsO, § 287 Rn. 8; LSZ/*Kiesbye* InsO, § 287 Rn. 7; *Frege/Keller/Riedel* Insolvenzrecht, 8. Aufl., Rn. 2115; **a.A.** *Schmidt* Privatinsolvenz, § 5 Rn. 6). Nunmehr soll der Restschuldbefreiungsantrag mit dem Antrag auf Eröffnung des Insolvenzverfahrens verbunden werden. Unerheblich ist, dass der Insolvenzantrag nach § 13 Abs. 1 Satz 1 InsO schriftlich gestellt werden muss, denn dieses Erfordernis gilt nur für das Insolvenzverfahren mit seinen komplexen Antragsanforderungen. Erst wenn die Formulare nach § 13 Abs. 3 InsO eingeführt sein sollten, gelten die darin vorgesehenen Anforderungen. 21

Im **Verbraucherinsolvenzverfahren** muss der Insolvenzeröffnungsantrag des Schuldners gem. § 305 Abs. 1 Einleitungssatz, Abs. 5 InsO schriftlich unter Verwendung des eingeführten Formulars gestellt werden. Diesem Antrag ist nach § 305 Abs. 1 Nr. 2 InsO die Erklärung über die Restschuldbefreiung beizufügen. Durch die Angleichung der Formvoraussetzungen an die des Insolvenzeröffnungsantrags wird hier künftig die Schriftform zu verlangen sein. An den Inhalt der Erklärung sind jedoch keine besonderen Anforderungen zu stellen (s. *Grote/Lackmann* § 305 Rdn. 28). Da der Antrag als Prozesshandlung auszulegen ist, muss der Schuldner die Restschuldbefreiung nicht ausdrücklich beantragen. Es genügt, wenn eine Auslegung nach den recht verstandenen Interessen des Schuldners dieses Begehren ergibt (st. Rspr. BGH BGHZ 146, 298 [310]; NJW 1992, 243; 1993, 1925; 1994, 1537 [1538]; 2003, 665 [666]); NJW-RR 1995, 1183 [1184]; *Uhlenbruck/Vallender* InsO, 13. Aufl., § 287 Rn. 8; MüKo-InsO/*Stephan* § 287 Rn. 26). 22

Der Sachantrag auf Erteilung der Restschuldbefreiung muss von einer **natürlichen Person** gestellt werden, § 286 InsO. Er verlangt die **Parteifähigkeit** und die **Prozessfähigkeit** des Schuldners als Sachentscheidungs- und Prozesshandlungsvoraussetzung. Die Insolvenzfähigkeit ist nur bei dem Antrag auf Eröffnung des Insolvenzverfahrens zu prüfen, mit dem der Restschuldbefreiungsantrag zu verbinden ist. Außerdem ist ein unter einer außerprozessualen **Bedingung** stehender Antrag unzulässig (*Kübler/Prütting/Bork-Wenzel* InsO, § 287 Rn. 11; K. *Schmidt/Henning* InsO, § 287 n.F. Rn. 5; *Hess/Weis/Wienberg* InsO, 2. Aufl., § 287 Rn. 11; vgl. *Stein/Jonas-Leipold* ZPO, 22. Aufl., vor § 128 Rn. 264, 268 ff.; MüKo-ZPO/*Becker-Eberhard* 3. Aufl., § 253 Rn. 17; *Zöller/Greger* ZPO, Vor § 128 Rn. 20; *Rosenberg/Schwab/Gottwald* Zivilprozessrecht, 17. Aufl., § 65 Rn. 24). Infolge der Verselbständigung des Restschuldbefreiungsverfahrens gegenüber dem Insolvenzverfahren (s. § 286 Rdn. 52) ist auch eine aus dem Insolvenzverfahren abgeleitete Bedingung nicht zulässig, etwa eines zulässigen Insolvenzverfahrens. Der Schuldner darf deswegen nicht hauptsächlich verlangen, den Gläubigerantrag als unzulässig zu verwerfen oder als unbegründet abzuweisen, und nur hilfsweise einen eigenen Insolvenz- und Restschuldbefreiungsantrag stellen (*BGH* NZI 2010, 441 Tz. 7; **a.A.** *Häsemeyer* KTS 2011, 151 [155]). Der Restschuldbefreiungsantrag kann möglicherweise unter der Bedingung einer Kostenstundung gestellt werden (so *AG Göttingen* NZI 2015, 771 = VIA 2015, 62 m. Anm. *Laroche*). 23

Wird der Antrag schriftlich gestellt, so unterliegt er den **Regeln über bestimmende Schriftsätze** (*Uhlenbruck/Sternal* InsO, § 287 Rn. 14; allg. MüKo-ZPO/*Wagner* § 129 Rn. 12 ff.). Der Antrag muss deswegen vom Antragsteller oder seinem Vertreter unterschrieben sein (*Smid/Krug/Haarmeyer* InsO, § 287 Rn. 4). Der bislang über die elektronischen Übermittlungsformen bestehende Streit ist durch das Gesetz zur Anpassung der Formvorschriften des Privatrechts und anderer Vorschriften an den modernen Rechtsgeschäftsverkehr vom 13.07.2001 (BGBl. I S. 1542) entschärft worden. Wie andere bestimmende Schriftsätze darf der Antrag durch Telefax übermittelt werden, vorausgesetzt die Kopievorlage wurde entsprechend der Neuregelung gem. § 130 Nr. 6 ZPO ordnungsgemäß unterschrieben und die Unterschrift in Kopie wiedergegeben. Der Antrag darf auch durch ein Compu- 24 terfax mit eingescannter Unterschrift erfolgen (*GemS OGB* NJW 2000, 2340). § 130a ZPO regelt nunmehr die Übermittlung als elektronisches Dokument.

25 Durch die Regelung des § 305 Abs. 5 InsO (vom 19.12. 1998 BGBl. I S. 3836) ist eine Verordnungsermächtigung geschaffen, die es gestattet, im Verbraucherinsolvenzverfahren vom Schuldner zwingend zu verwendende **Formulare** einzuführen. Aufgrund dieser Ermächtigung können ebenfalls für den in einem solchen Verbraucherinsolvenzverfahren nach § 305 Abs. 1 Nr. 2 InsO gestellten Antrag auf Erteilung der Restschuldbefreiung Vordrucke vorgeschrieben werden. Um dem Gleichbehandlungsgrundsatz zu genügen, wird über den Wortlaut der Ermächtigungsgrundlage hinaus auch für einen Restschuldbefreiungsantrag in dem allgemeinen Insolvenzverfahren (Regelinsolvenzverfahren) ein Formularzwang eingeführt werden dürfen, denn nach dem weiten Verständnis des BVerfG zum Bestimmtheitsgebot aus Art. 80 Abs. 1 Satz 2 GG müssen sich die Vorgaben nicht unmittelbar aus dem Text der Ermächtigungsnorm ergeben (*BVerfG* BVerfGE 62, 203 [208 f.]; BVerfGE 80, 1 [20 f.]; BVerfGE 85, 97 [105], *Jarass/Pieroth* GG, 9. Aufl., Art. 80 Rn. 11 ff.; *v. Münch/Kunig/Bryde* 5. Aufl., Art. 80 Rn. 20 ff.).

26 Allerdings wird die **Erklärung über die Abtretung der laufenden Bezüge** nicht von der Aufzählung des § 305 Abs. 5 Satz 1 InsO über die vorzulegenden Bescheinigungen, Anträge, Verzeichnisse und Pläne erfasst. Auch gehört sie nicht zum Regelungsbereich von § 305 Abs. 1 Nr. 2 InsO, sondern zu dem des § 287 Abs. 2 Satz 1 InsO. Aufgrund der weiten Interpretation des Bestimmtheitsgebots kann die Abtretungserklärung trotzdem in ein bindendes Formular aufgenommen werden.

3. Antragsfrist und Belehrung

a) Grundlagen

27 Durch die §§ 20 Abs. 2, 287 Abs. 1 Satz 1 und 2 InsO in der Fassung des InsOÄndG vom 26.10.2001 (BGBl. I S. 2710) wird bezweckt, die **Antragsfrist** für ein Restschuldbefreiungsverfahren zu vereinheitlichen und die Einleitung dieses Verfahrens zu beschleunigen. Nach § 287 Abs. 1 InsO soll der Restschuldbefreiungsantrag mit einem eigenen Insolvenzeröffnungsantrag verbunden werden und, falls er nicht mit ihm verbunden ist, innerhalb von zwei Wochen nach dem gerichtlichen Hinweis gem. § 20 Abs. 2 InsO gestellt werden. Die **gesetzliche Frist** gilt also nur dann, wenn der Schuldner einen eigenen Insolvenzantrag gestellt, diesen aber nicht mit einem Restschuldbefreiungsantrag verbunden hat (A/G/R-*Fischer* § 287 InsO a.F. Rn. 4; *Hess* InsO, 2007, § 287 Rn. 2; s.a. Rdn. 19; *Ahrens* VIA 2010, 9). Die Frist gilt nicht bei einem Gläubigerantrag (K. *Schmidt/Henning* InsO, § 287 n.F. Rn. 7; *Pape* ZVI 2010, 1 [6]).

28 Die **Hinweispflicht** aus § 20 Abs. 2 InsO verlangt, dass im Zulassungs- oder Insolvenzeröffnungsverfahren eine natürliche Person als Schuldner über die Möglichkeit zur Restschuldbefreiung informiert werden soll. Beide Vorschriften, die §§ 20 Abs. 2, 287 Abs. 1 Satz 1 und 2 InsO, greifen jedoch nur teilweise ineinander und führen deshalb zu einer differenzierten Rechtslage. Den Ausgangspunkt für die mehrstufige Prüfung bilden die unterschiedlichen Ansatzpunkte der Regelungen. Während § 287 Abs. 1 InsO an einen eigenen Insolvenzantrag des Schuldners ohne Restschuldbefreiungsantrag anknüpft, und dann die zweiwöchige Frist nach der gerichtlichen Belehrung läuft, gilt § 20 Abs. 2 InsO auch dann, wenn der Schuldner keinen eigenen Insolvenzantrag gestellt hat. Inhalt und Folgen der Belehrung können deswegen nicht einheitlich bestimmt werden. Ein nach Ablauf der Antragsfrist gestellter Restschuldbefreiungsantrag ist unzulässig (*Uhlenbruck/Sternal* InsO, § 287 Rn. 23). In Betracht kommt nur eine Wiederholung in den dafür bestehenden Grenzen (s. Rdn. 97 ff.). Zusätzlich ist der Schuldner auf die Möglichkeit der Kostenstundung hinzuweisen.

29 **Entbehrlich** ist der Hinweis, wenn der Schuldner einen zulässigen Restschuldbefreiungsantrag zurücknimmt und später erneut stellt (*BGH* Beck RS 2010, 17276) bzw. der Schuldner aus Anlass eines noch anhängigen Insolvenzverfahrens bereits ordnungsgemäß belehrt worden ist (*BGH* NZI 2016, 879 Tz. 9; *LG Aachen* ZVI 2012, 105; MüKo-InsO/*Ott/Vuia* § 20 Rn. 92; A/G/R-*Sander* § 20 Rn. 20). Dem Schuldner muss aber eine ausreichende Zeit verbleiben, um die zur Erlangung der Restschuldbefreiung erforderlichen Anträge zu stellen (*BGH* NZI 2016, 879 Tz. 12, 14 = InsbürO

2017, 27 m. krit. Anm. *Schmerbach*). Im Verbraucherinsolvenzverfahren darf die Zeitspanne nach dem entsprechend anwendbaren Gedanken aus § 305 Abs. 3 Satz 3 InsO nicht kürzer als drei Monate sein. Dies gilt auch, wenn der Schuldner den Eröffnungsgrund bestreiten will.

Der einfachste Fall liegt vor, wenn der **Schuldner** einen eigenen **Insolvenzeröffnungs- sowie** einen 30 vollständigen **Restschuldbefreiungsantrag** stellt. Hier ist ein Hinweis nach § 20 Abs. 2 InsO entbehrlich (MüKo-InsO/*Schmahl/Vuia* § 20 Rn. 95). Fehlt lediglich die Abtretungserklärung, hat der Richter nach den §§ 5, 4 InsO, 139 Abs. 1 Satz 1 ZPO und nicht gem. § 20 Abs. 2 InsO auf die Notwendigkeit der Abtretungserklärung hinzuweisen. Zur Fristsetzung vgl. Rdn. 38.

Dem gesetzlichen Plan bei der Hinweispflicht liegt die Gestaltung zugrunde, dass der **Schuldner** 31 einen eigenen **Insolvenzeröffnungsantrag ohne Restschuldbefreiungsantrag** stellt. Wird der Restschuldbefreiungsantrag nicht gemeinsam mit dem Insolvenzeröffnungsantrag gestellt, führt dies als Verstoß gegen eine Sollvorschrift über die Antragstellung nicht zur Unzulässigkeit des Restschuldbefreiungsantrags. Der Schuldner ist dann nach § 20 Abs. 2 InsO auf dieses Recht hinzuweisen und gem. § 287 Abs. 1 Satz 2 InsO berechtigt, innerhalb von zwei Wochen nach dem Hinweis den Restschuldbefreiungsantrag zu stellen (A/G/R-*Fischer* § 287 InsO a.F. Rn. 5). Dennoch muss ein Rechtsanwalt, der im Insolvenzantragsverfahren einen Schuldner vertritt, diesen darüber aufklären, dass der für eine Restschuldbefreiung erforderliche eigene Insolvenzantrag nur bis zur Eröffnung des Insolvenzverfahrens gestellt werden kann (*OLG Düsseldorf* 02.08.2012 – I-24 U 110/11, BeckRS 2012, 21873).

Mit dieser Regelung wird eine **früher bestehende Ungleichbehandlung** bei der Antragstellung beseitigt. 32 Nach der früheren Rechtslage musste ein überschuldeter Verbraucher die Restschuldbefreiung mit dem Insolvenzeröffnungsantrag beantragen, § 305 Abs. 1 Nr. 2 InsO, während im allgemeinen Insolvenzverfahren (Regelinsolvenzverfahren) der Restschuldbefreiungsantrag bis zum Berichtstermin gestellt werden konnte, § 287 Abs. 1 Satz 2 InsO a.F. Nunmehr gilt einheitlich, dass der Restschuldbefreiungsantrag mit dem Insolvenzantrag verbunden werden soll. Zu den Folgen einer Verletzung dieser Hinweispflicht s. Rdn. 37 ff. Ist ein eigener Insolvenzeröffnungsantrag des Schuldners gestellt, aber der Restschuldbefreiungsantrag unterblieben, muss der gerichtliche **Hinweis** erfolgen, nach dem die zweiwöchige Antragsfrist aus § 287 Abs. 1 Satz 2 InsO läuft. Trotzdem ist damit nur eine partielle Vereinheitlichung erreicht.

Im **Verbraucherinsolvenzverfahren** gilt weiter die speziellere Regelung des § 305 Abs. 3 InsO. Gibt 33 der Schuldner keine Erklärung gem. § 305 Abs. 1 Nr. 2 InsO darüber ab, ob die Restschuldbefreiung beantragt oder ob sie nicht beantragt werden soll, hat ihn das Gericht nach § 305 Abs. 3 Satz 1 InsO zur Ergänzung seiner Unterlagen und Erklärungen aufzufordern. Dabei ist die Ergänzungsaufforderung gem. § 305 Abs. 3 Satz 1 InsO mit dem Hinweis nach § 20 Abs. 2 InsO zu verbinden. Kommt der Schuldner dieser Aufforderung nicht binnen der Monatsfrist aus § 305 Abs. 3 Satz 2 oder der dreimonatigen Frist gem. Satz 3 der Vorschrift nach, gilt sein Antrag auf Erteilung von Restschuldbefreiung als zurückgenommen. Als speziellere Vorschrift für das Verbraucherinsolvenzverfahren verdrängt diese Regelung die abweichenden Wirkungen des § 287 Abs. 1 Satz 2 InsO (MüKo-InsO/*Schmahl/Vuia* § 20 Rn. 93; MüKo-InsO/*Stephan* § 287 Rn. 19; s.a. Rdn. 35; *Frege/Keller/Riedel* Insolvenzrecht, 8. Aufl., Rn. 2119).

Im **allgemeinen Insolvenzverfahren** (Regelinsolvenzverfahren) läuft allerdings die zweiwöchige 34 Antragsfrist, weshalb eine verspätete Antragstellung zur Unzulässigkeit des Restschuldbefreiungsantrags führt. Zur Ergänzung der Abtretungserklärung s. Rdn. 118, 122. Zum wiederholten Restschuldbefreiungsantrag s. Rdn. 97 ff. Ist ein Anwalt damit beauftragt, einen Insolvenzeröffnungsantrag zu stellen und weist er den Schuldner nicht auf die Wirkungen eines Restschuldbefreiungsantrags hin, macht er sich schadensersatzpflichtig (*LG Erfurt* 29.11.2012 – 3 O 1542/09, BeckRS 2013, 00500).

Stellt ein **Gläubiger** einen **Insolvenzeröffnungsantrag**, ergibt sich folgendes Bild: In aller Regel ist 35 zusätzlich ein eigener Insolvenzeröffnungsantrag des Schuldners erforderlich (s. Rdn. 16 f.). Der Schuldner muss aber auf seine Obliegenheit hingewiesen werden, einen eigenen Insolvenzantrag zu stellen. Regelmäßig erforderlich sind also zwei Anträge des Schuldners, der Insolvenz- und der Restschuldbefreiungsantrag, grds. also auch mehrere Hinweise, über den Insolvenzantrag nach allgemeinen Vorschriften für das Regel- bzw. Verbraucherinsolvenzverfahren und über den Restschuldbefreiungsantrag gem. § 20 Abs. 2 InsO (A/G/R-*Fischer* § 287 InsO a.F. Rn. 5; *Uhlenbruck/Sternal* InsO, § 287 Rn. 20; *Graf-Schlicker/Kexel* InsO, § 287 Rn. 3). Ggf. ist sogar eine dritte Belehrung über die Abtretungserklärung erforderlich (vgl. Rdn. 122).

36 In Betracht kommen außerdem **mehrere Fristen**, als richterliche oder gesetzliche für den Insolvenzantrag und als gesetzliche Fristen für den Restschuldbefreiungsantrag. Hat bereits der Gläubigerantrag zur Eröffnung des Insolvenzverfahrens geführt, ist grds. bis zum Abschluss des Insolvenzverfahrens ein Eigenantrag des Schuldners nicht mehr zulässig. In dieser Konstellation kann aber ein Restschuldbefreiungsantrag ohne eigenen Insolvenzantrag des Schuldners zulässig sein (s. Rdn. 19). Faktisch kommt regelmäßig mit dem Stundungsantrag noch ein dritter Antrag hinzu, über den ebenfalls zu belehren ist. Im Einzelnen ist weiter zu unterscheiden.

b) Insolvenzantrag

37 Stellt der Gläubiger einen Insolvenzeröffnungsantrag und unterliegt der Schuldner dem Anwendungsbereich des **Verbraucherinsolvenzverfahrens**, hat das Gericht dem Schuldner nach § 306 Abs. 3 InsO Gelegenheit zu einem eigenen Insolvenzeröffnungsantrag zu geben. Dies beinhaltet einen gerichtlichen **Hinweis**. Für die Ausführung ist eine **Frist** von drei Monaten zu setzen, § 305 Abs. 3 Satz 3 i.V.m. § 306 Abs. 3 Satz 3 InsO. Die einmonatige Frist nach § 305 Abs. 1 Nr. 2, Abs. 3 Satz 2 InsO gilt nur, wenn der Schuldner seinen Eigenantrag ergänzen soll. (*Andres/Leithaus* InsO, § 287 Rn. 2; *Foerste* ZInsO 2009, 319 [320]; *Ahrens* VIA 2010, 9; vgl. auch Rdn. 31).

38 Im **allgemeinen Insolvenzverfahren** (Regelinsolvenzverfahren) ist der Schuldner gem. den §§ 20 Abs. 2, 287 Abs. 2 Satz 1 InsO darauf hinzuweisen, dass er innerhalb einer Frist von zwei Wochen nach dem Hinweis Restschuldbefreiung beantragen kann. Dagegen besteht keine ausdrücklich gesetzlich vorgeschriebene Hinweispflicht auf die Notwendigkeit, einen eigenen Insolvenzeröffnungsantrag zu stellen (*Gottwald/Ahrens* HdbInsR, § 77 Rn. 11). Dennoch muss der Schuldner auch in diesem Verfahren über die Notwendigkeit belehrt werden, die Eröffnung eines Insolvenzverfahrens über sein Vermögen beantragen zu können. Aus systematischen Gründen und um dem Schuldner rechtliches Gehör zu gewähren, ist ein gerichtlicher **Hinweis** auf den eigenen **Insolvenzeröffnungs**- sowie Restschuldbefreiungsantrag erforderlich (*BGH* BGHZ 162, 181 [186]; NZI 2006, 181 [182]; ZInsO 2008, 924 Tz. 20; die Entscheidung *BGH* NZI 2004, 511, ist insoweit überholt; A/G/R-*Fischer* § 287 InsO a.F. Rn. 5; *Uhlenbruck/Sternal* InsO, § 287 Rn. 20; zu den Ausnahmen Rdn. 29). Im allgemeinen Insolvenzverfahren resultiert diese Hinweispflicht aus der gerichtlichen Fürsorge für den Schuldner und der materiellen Verfahrensleitung gem. den §§ 4 InsO, 139 ZPO (*Ahrens* VIA 2010, 9). Selbst wenn der Schuldner nach § 20 Abs. 2 InsO auf die Möglichkeit zur Restschuldbefreiung hingewiesen wurde, läuft die Antragsfrist nach § 287 Abs. 2 Satz 1 InsO solange nicht, wie der Schuldner keinen eigenen Insolvenzantrag gestellt hat (*BGH* NZI 2004, 593 [594]; ZInsO 2009, 1171 Tz. 5 f.; MüKo-InsO/*Schmahl/Vuia* § 20 Rn. 102; **a.A.** *Uhlenbruck/Vallender* InsO, bis zur 12. Aufl., § 287 Rn. 14; *Jaeger/Gerhardt* InsO, § 20 Rn. 13, ab Belehrung mit der äußersten Grenze des Berichtstermins). Unschädlich ist, wenn der Hinweis auf den Insolvenzantrag im Konjunktiv (»sollte«) gehalten wird (*BGH* BeckRS 2012, 16499). Nach Fristablauf ist der Eigenantrag präkludiert (krit. *Schmerbach* InsbürO 2017, 28).

39 Für diesen **Eigenantrag** ist dem Schuldner eine **richterliche Frist** zu setzen (*BGH* BGHZ 162, 181 [186]; ZInsO 2008, 1138 Tz. 6). Die gesetzliche Frist aus § 287 Abs. 1 Satz 2 InsO gilt dafür nicht, sondern nur, wenn der Antrag auf Restschuldbefreiung nicht mit dem Eigenantrag verbunden ist (*BGH* ZInsO 2008, 924 Tz. 15; *Mohrbutter/Ringstmeier-Pape* § 17 Rn. 68). Eine entsprechende Anwendung der Frist aus § 287 Abs. 2 Satz 1 InsO auf den vom Schuldner ggf. nachzuholenden Eigenantrag scheidet allerdings wegen der unterschiedlichen Schwierigkeiten bei einem Insolvenz- und Restschuldbefreiungsantrag aus (*BGH* NZI 2004, 593 = DZWIR 2005, 71, m. Anm. *Kohte/Busch*; *BGH* ZInsO 2005, 310). Ist ein Hinweis auf den notwendigen eigenen Insolvenzantrag verbunden

mit einem Restschuldbefreiungsantrag nicht oder nur unvollständig ergangen, weil etwa ohne die erforderliche Fristsetzung, soll der Schuldner nicht aus Rechtsunkenntnis die Chance auf eine Restschuldbefreiung verlieren. Ein fehlerhafter, unvollständiger oder verspäteter Hinweis des Insolvenzgerichts darf dem Schuldner nicht zum Nachteil gereichen (*BGH* NZI 2015, 899 Tz. 20; NZI 2016, 38 Tz. 8 m. Anm. *Ahrens*; *BGH* NZI 2016, 879 Tz. 9).

Bei der **Länge der Frist** unterscheidet die Rechtsprechung. Im **Eröffnungsverfahren** soll die richterliche Frist nach Ansicht des *BGH* regelmäßig nicht mehr als vier Wochen ab Zugang der Verfügung betragen und kann bei Bedarf gem. den §§ 4 InsO, 224 Abs. 2 ZPO verlängert werden (*BGH* BGHZ 162, 181 [186]; ZInsO 2009, 1171 Tz. 6; NZI 2015, 79 Tz. 8; LSZ/*Kiesbye* InsO, § 287 Rn. 13; *Gottwald/Ahrens* HdbInsR, § 77 Rn. 12). Im **eröffneten Verfahren** soll eine im Einzelfall auf Antrag verlängerbare Frist von nicht weniger als zwei Wochen genügen (*BGH* NZI 2016, 38 Tz. 16, m. Anm. *Ahrens*). Es gibt aber gute Gründe für eine längere Frist, wenn sich der Schuldner etwa Rechtsrat wegen eines möglichen Versagungsantrags einholen muss. Bei der richterlichen Frist handelt es sich um keine Ausschlussfrist. Auch § 230 ZPO ist auf sie nicht anzuwenden (*BGH* NJW 2008, 3494 Tz. 17; A/G/R-*Fischer* § 287 InsO a.F. Rn. 5). Die Versäumung der Frist allein führt deswegen auch nicht zur Unzulässigkeit des Eigenantrags und des Antrags auf Erteilung von Restschuldbefreiung (*BGH* NZI 2015, 79 Tz. 8). Vielmehr soll der Schuldner lediglich zu einer zügigen Entscheidung über einen Eigenantrag angehalten werden, ohne dass sein Rechtsschutz unangemessen verkürzt wird (*BGH* NJW 2008, 3494 Tz. 18; NJW 2008, 1138 Tz. 7). Durch den Fristablauf wird der Eigenantrag auch nicht entsprechend § 296 ZPO präkludiert, da es sich nach der rechtlichen Struktur des Eigenantrags um kein Angriffsmittel etc. i.S.d. Vorschrift handelt.

Erst nach **Ablauf der richterlichen Frist** darf das Insolvenzverfahren auf den Gläubigerantrag eröffnet werden. Geht der Eigenantrag nach Ablauf der richterlichen Frist, aber vor Eröffnung des Insolvenzverfahrens ein, kann ihm das Rechtsschutzbedürfnis grds. nicht abgesprochen werden (*BGH* ZInsO 2009, 1171 [1172] Tz. 6). Ein erst **nach Eröffnung** des Insolvenzverfahrens **gestellter Eigenantrag** ist dagegen grds. **unzulässig** (*BGH* ZInsO 2008, 924 Tz. 12; 1138 Tz. 8; s.a. *AG Leipzig* ZVI 2007, 282 [283]). Eine analoge Anwendung von § 287a Abs. 2 Satz 2 InsO (vgl. dazu BeckOK InsO/*Riedel* § 287 InsO Rn. 4.1) ist auch in den ab dem 01.07.2014 beantragten Insolvenzverfahren ausgeschlossen. Ein aufgrund einer Verfristung unzulässiger Insolvenzantrag kann nicht mit den Sperrfristfällen bei der Restschuldbefreiung gleichgestellt werden. Während die Verfahrenssperren bei einem verfrühten Restschuldbefreiungsantrag einschlägig sind, geht es hier um einen verspäteten Insolvenzantrag. Eröffnet ist das Verfahren, wenn der Beschluss wirksam wird, ggf. durch Veröffentlichung im Internet. Unerheblich ist, ob der Beschluss noch nicht rechtskräftig ist (*BGH* NZI 2015, 79 Tz. 10).

Als Maßnahme des Insolvenzeröffnungsverfahrens muss der Hinweis auf die Insolvenzantragspflicht **vom Richter** erteilt werden, § 18 Abs. 1 Nr. 1 RPflG (*Ahrens* VIA 2010, 9 [10]). Der Hinweis ist **nicht formgebunden** (MüKo-InsO/*Schmahl/Vuia* § 20 Rn. 95; LSZ/*Kiesbye* InsO, § 287 Rn. 18), sollte aber aus praktischen Gründen schriftlich erfolgen. Da er eine Frist in Gang setzt, ist er zu verkünden oder zuzustellen. Eine unzureichende Belehrung setzt die Frist nicht in Gang. Der Hinweis ist auch wirksam zugestellt, wenn er niedergelegt wird, § 181 ZPO (*BGH* ZInsO 2009, 535, zu § 182 ZPO a.F.).

c) Restschuldbefreiungsantrag

Außerdem ist der Schuldner nach § 20 Abs. 2 InsO über sein Recht zu belehren, einen **Restschuldbefreiungsantrag** zu stellen. Die gerichtliche **Hinweispflicht** aus § 20 Abs. 2 InsO gilt unabhängig davon, ob der Schuldner ein allgemeines Insolvenz- (Regel-) oder ein Verbraucherinsolvenzverfahren beantragt. Dennoch besitzt die Vorschrift für beide Verfahrensarten einen unterschiedlichen Normgehalt (*Gottwald/Ahrens* HdbInsR, § 77 Rn. 18). Im **allgemeinen Insolvenzverfahren** (Regelinsolvenzverfahren) konstituiert die Vorschrift die Verpflichtung und bestimmt zugleich über den Umfang des Hinweises. Sowohl das »Ob« als auch das »Wie« der Belehrung folgt dort aus der einen gesetzlichen Anordnung, die in der Regelinsolvenz die umfassendste Bedeutung besitzt.

§ 287 InsO   Antrag des Schuldners

44 Im **Verbraucherinsolvenzverfahren** muss der Schuldner den nach § 305 Abs. 5 Satz 2 InsO vorgeschriebenen Vordruck verwenden, in dem eine Erklärung über die Restschuldbefreiung vorgesehen ist. Gibt der Schuldner keine Erklärung zur gesetzlichen Schuldbefreiung ab, fordert ihn das Insolvenzgericht gem. § 305 Abs. 3 Satz 1 InsO auf, die fehlenden Angaben zu ergänzen. Diese gesetzlich vorgeschriebene Aufforderung beinhaltet eine selbständige Hinweispflicht auf das Recht des Schuldners, Restschuldbefreiung beantragen zu können (*Gottwald/Ahrens* HdbInsR, § 77 Rn. 18). Dabei darf sich das Gericht nicht darauf beschränken, den Schuldner lediglich zur Ergänzung seiner Angaben aufzufordern, denn der Umfang der Hinweispflicht wird durch die allgemeinen Anforderungen aus § 20 Abs. 2 InsO bestimmt. § 305 Abs. 3 Satz 1 InsO enthält zwar eine speziellere und deswegen insoweit vorrangige Regelung über das Bestehen der Hinweispflicht. Es widerspräche jedoch der Teleologie von § 305 Abs. 3 Satz 1 InsO, der Regelung einen sachlich eingeschränkten Inhalt der Belehrung zu entnehmen. Deren Reichweite, also das »Wie« der Belehrung, wird deswegen durch § 20 Abs. 2 InsO bestimmt (*Ahrens* VIA 2010, 9 [10]).

45 **Zeitlich** sollte die **Belehrung** unmittelbar nach der Zulässigkeitsprüfung des Gläubigerantrags erfolgen. Da für diesen Hinweis keine bestimmte Form vorgeschrieben ist, kann er auch mündlich im Termin erfolgen (vgl. *OLG Köln* ZInsO 2000, 608 [610]; MüKo-InsO/*Schmahl/Vuia* § 20 Rn. 95). Stets muss aber die Belehrung den Hinweis darauf erhalten, dass der Schuldner nach Maßgabe der §§ 286 bis 303 InsO Restschuldbefreiung erlangen kann. In der Rechtsprechung wird ein ausdrücklicher Hinweis auf die Frist des § 287 Abs. 1 Satz 2 InsO (*AG Hamburg* ZVI 2002, 475 [476]) bzw. des § 305 Abs. 3 Satz 2 InsO oder weitergehend über die Notwendigkeit eines schriftlichen Antrags beim Insolvenzgericht, den Beginn und die Länge der Frist für Antrag und Abtretungserklärung sowie die Folgen einer Fristversäumung verlangt (*LG Memmingen* ZVI 2004, 496 [497]; s.a. MüKo-InsO/*Stephan* § 287 Rn. 16). Zum Hinweis auf den Insolvenzantrag s.a. Rdn. 38. Darüber hinaus soll auch über die Versagungsmöglichkeiten nach § 290 InsO, die Obliegenheiten aus § 295 InsO sowie die Wirkungen der Restschuldbefreiung gem. den §§ 300, 301 InsO informiert werden (enger *AG Duisburg* NZI 2000, 184). Da durch die Belehrung eine gesetzliche Frist in Gang gesetzt werden kann, empfiehlt es sich, eine schriftliche Belehrung dem Schuldner zuzustellen (*Vallender* NZI 2001, 561 [566]).

46 Für die **Fristenlänge und -wirkung** ist zu unterscheiden (*Gottwald/Ahrens* HdbInsR, § 77 Rn. 20). Im **allgemeinen Insolvenzverfahren** (Regelinsolvenzverfahren) gilt die zweiwöchige gesetzliche Frist aus § 287 Abs. 1 Satz 2 InsO. Der Restschuldbefreiungsantrag ist nach Fristablauf unzulässig. Eine analoge Anwendung von § 287a Abs. 2 Satz 2 InsO (vgl. dazu BeckOK InsO/*Riedel* § 287 Rn. 4.1) ist auch in den ab dem 01.07.2014 beantragten Insolvenzverfahren ausgeschlossen. Ist bereits der Insolvenzantrag verfristet und damit unzulässig, folgt dies aus der fehlenden Sachentscheidungsvoraussetzung eines eigenen Insolvenzverfahrens. Ist der Insolvenzantrag fristgerecht gestellt und nur der Restschuldbefreiungsantrag verspätet, kommt dennoch eine Analogie nicht in Betracht. Während die Verfahrenssperren nach § 287a Abs. Satz 1 InsO bei einem verfrühten Restschuldbefreiungsantrag einschlägig sind, geht es hier um einen verspäteten Antrag.

47 Im **Verbraucherinsolvenzverfahren** wird die Frist aus § 287 Abs. 1 Satz 2 InsO durch die speziellere Monatsfrist des § 305 Abs. 3 Satz 2 InsO verdrängt. Hat der Schuldner die nach § 305 Abs. 1 InsO erforderlichen Erklärungen, zu denen auch die Entscheidung über den Restschuldbefreiungsantrag gehört, nicht vollständig abgegeben, ist er vom Insolvenzgericht aufzufordern, binnen eines Monats das Fehlende zu ergänzen (vgl. *Foerste* ZInsO 2009, 319 [320]). Ist die gesetzliche Frist ohne die erforderliche Ergänzung verstrichen, gilt der Insolvenzantrag als zurückgenommen. Die gesetzliche Frist ist gem. den §§ 4 InsO, 222 ZPO, 187 Abs. 1, 188 Abs. 2 BGB zu berechnen. Sie kann nicht verlängert werden (HambK-InsO/*Streck* § 287 Rn. 12).

48 Die **Abtretungserklärung** ist zwar dem Antrag auf Erteilung der Restschuldbefreiung beizufügen. Selbstverständlich kann die Abtretungserklärung auch nachgereicht werden (*Gottwald/Ahrens* HdbInsR, § 77 Rn. 34). Enthält der Restschuldbefreiungsantrag des Schuldners keine Abtretungserklärung, muss das Gericht den Schuldner nach den §§ 4 InsO, 139 ZPO auf diese Anforderung hinweisen, um ihm Gelegenheit zu geben, die Abtretungserklärung noch vorzulegen (*Ahrens* VIA

2010, 9 [11]). Im allgemeinen Insolvenzverfahren (Regelinsolvenzverfahren) ist dem Schuldner eine richterliche Frist von grds. vier Wochen einzuräumen, die auf Antrag verlängert werden kann (*Gottwald/Ahrens* HdbInsR, § 77 Rn. 34; *Renger* NZI 2009, 99 [100]). Eine in diesem Verfahren nach Fristablauf vorgelegte Abtretungserklärung ist nicht präkludiert, sondern kann im Rechtsbehelfsverfahren berücksichtigt werden (*LG Dresden* ZInsO 2013, 407 = VIA 2013, 27 m. Anm. *Kortleben*). Im Verbraucherinsolvenzverfahren ist dem Schuldner ggf. auch nach Eröffnung des Insolvenzverfahrens die gesetzliche Frist aus § 305 Abs. 3 Satz 2 InsO von einem Monat zu setzen (*BGH* NZI 2009, 120 Tz. 8; *Uhlenbruck/Sternal* InsO, § 287 Rn. 48).

d) Sonstige Anträge

Weitere Anträge sind häufig notwendig, um das Insolvenzverfahren erfolgreich absolvieren zu können und eine Restschuldbefreiung zu erreichen, stellen aber **keine Sachentscheidungsvoraussetzungen** dar. Nach dem Insolvenzantrag eines Gläubigers muss das Insolvenzgericht den Schuldner darauf hinweisen, dass er neben einem Restschuldbefreiungsantrag auch einen Eigenantrag auf Insolvenzeröffnung sowie ggf. einen **Kostenstundungsantrag** stellen muss. Ohne rückwirkende Kostenstundung auch für das Eröffnungsverfahren müsste das masselose Insolvenzverfahren nach § 207 Abs. 1 InsO eingestellt und eine Restschuldbefreiung könnte nach § 289 InsO nicht erreicht werden (*BGH* NZI 2015, 899 Rn. 17 ff.). Für diesen Antrag kann das Insolvenzgericht dem Schuldner eine den obigen Grundsätzen (Rdn. 39) entsprechende Frist setzen. 49

Vielfach setzt ein sachgerecht durchgeführtes Insolvenzverfahren besondere **Vollstreckungsschutzanträge** voraus. Für einen selbständig erwerbstätigen Schuldner ist ein Antrag nach § 850i ZPO zu stellen, da sonst seine gesamten Einnahmen in die Masse fallen. Will der Schuldner ein neues Pfändungsschutzkonto führen, ist ggf. ein Antrag auf Erhöhung des Freibetrags möglich. 50

e) Rechtsfolgen

Im **eröffneten Insolvenzverfahren** ist es dem Schuldner grds. verwehrt, einen Restschuldbefreiungsantrag zu stellen. Dies gilt jedenfalls, wenn er vor Eröffnung des Insolvenzverfahrens auf Gläubigerantrag ordnungsgemäß auf die Möglichkeit hingewiesen wurde, einen eigenen Insolvenzantrag sowie einen Restschuldbefreiungsantrag zu stellen und ihm dafür eine richterliche Frist gesetzt wurde (*BGHZ* 162, 181 [184]; *BGH* NZI 2008, 609; NZI 2015, 79; NZI 2016, 38 Tz. 8 m. Anm. *Ahrens*). Solange das Gericht die erforderlichen **Hinweise** auf den Eigenantrag oder den Restschuldbefreiungsantrag **unterlässt oder nicht ordnungsgemäß** erteilt, beginnen die Fristen für die Anträge nicht zu laufen (*BGHZ* 162, 181 [186]; *Uhlenbruck/Sternal* InsO, § 287 Rn. 24; *Kübler/Prütting/Bork-Wenzel* InsO, § 287 Rn. 4; *LSZ/Kiesbye* InsO, § 287 Rn. 19; *HWF-Schmerbach* § 287 Rn. 10; *Mohrbutter/Ringstmeier-Pape* § 17 Rn. 65). 51

Solange eine ausreichende Belehrung fehlt, ist der Schuldner berechtigt, einen **isolierten Restschuldbefreiungsantrag** zu stellen (*BGHZ* 162, 181 [186]; *BGH* NZI 2016, 38 Tz. 9 m. Anm. *Ahrens*; *Frind* Praxishandbuch Privatinsolvenz, Rn. 419). Allein die Verwendung des Rechtsbegriffs der Rücknahmefiktion lässt den Hinweis für sich betrachtet nicht als für den juristischen Laien unverständlich erscheinen. Erscheint einem der Verfahrensbeteiligten ein Rechtsbegriff nicht verständlich, ist es ihm unbenommen und regelmäßig auch zumutbar, sich binnen der dreimonatigen Frist des § 305 Abs. 3 Satz 3 InsO kundigen Rechtsrat zu suchen oder das Insolvenzgericht um Erläuterung zu bitten (*BGH* NZI 2015, 563 Tz. 9 = VIA 2015, 52 m. Anm. *Dietzel*). Dies gilt auch, wenn das Gericht keine Frist für den Eigenantrag setzt (*LG Dessau-Roßlau* BeckRS 2012, 00042). Eine Präklusion ist mit der gesetzlichen Regelung und dem Anspruch auf rechtliches Gehör gem. Art. 103 Abs. 1 GG nicht vereinbar, wenn ein richterliches Fehlverhalten die verspätete Handlung mit verursacht hat (*BVerfG* NJW 1987, 2003; *BGH* NJW 1989, 717 [718]; *Kübler/Prütting/Bork-Pape* InsO, § 30 Rn. 6a). 52

Eine **Wiedereinsetzung in den vorigen Stand** ist allerdings unzulässig, weil keine Notfrist oder andere Frist i.S.d. § 233 ZPO bestimmt ist. Auch eine entsprechende Anwendung der Wiedereinset- 53 zungsregeln scheidet aus (vgl. *OLG Köln* ZInsO 2000, 608 [610]; *Uhlenbruck/Sternal* InsO, § 287 Rn. 27; HK-InsO/*Waltenberger* § 287 Rn. 6; K. Schmidt/*Henning* § 287 n.F. Rn. 8; *Nerlich/Römermann* InsO, § 287 Rn. 22; *Renger* VIA 2009, 14; **a.A.** *LG Göttingen* NZI 2001, 220 [221]; *LG Dresden* ZInsO 2008, 48; *Smid/Krug/Haarmeyer* InsO, § 287 Rn. 2; *Pape* EWiR 2001, 127 [128]; offengelassen *LG Duisburg* NZI 2000, 184; s.a. *OLG Zweibrücken* ZInsO 2001, 811). Ein **schweres Mitverschulden** des Schuldners wird regelmäßig nicht in Betracht kommen. Trotz der Kenntnis eines möglichen Restschuldbefreiungsantrags ist es wegen des verletzten Anspruchs auf rechtliches Gehör ohne Hinweis auf die einzuhaltende Frist nicht anzunehmen (*BGH* NZI 2016, 38 Tz. 11 m. Anm. *Ahrens*). Dies gilt auch, wenn der Schuldner einen vorgelegten Insolvenzplan nach Hinweis auf einen fehlenden Restschuldbefreiungsantrag zurücknimmt (*BGH* NZI 2016, 38 Tz. 12 m. Anm. *Ahrens*).

54 Wurde dann bereits auf den **Gläubigerantrag** hin das Insolvenzverfahren **eröffnet**, ist bis zum Abschluss des Insolvenzverfahrens ein weiteres Insolvenzverfahren grds. unzulässig (*BGH* ZInsO 2008, 924 Tz. 12; 1138 Tz. 8; s.a. *AG Leipzig* ZVI 2007, 282 [283]; *Hess* InsO, 2007, § 287 Rn. 5; s.a. Rdn. 97 ff.). Auch ein Eigenantrag des Schuldners ist dann nicht mehr zulässig. Da der Schuldner jedoch nicht aus Rechtsunkenntnis die Chance auf die Restschuldbefreiung verlieren darf (*BGH* NZI 2016, 38 Tz. 8 m. Anm. *Ahrens*; *Uhlenbruck/Sternal* InsO, § 287 Rn. 24), muss es in diesem Fall genügen, wenn der Schuldner einen **isolierten Restschuldbefreiungsantrag** stellt (*BGH* ZInsO 2005, 310 [311]; NZI 2015, 563 Tz. 9; A/G/R-*Fischer* § 287 InsO a.F. Rn. 6). Ist das Insolvenzverfahren eröffnet worden, obwohl ordnungsgemäße Belehrungen fehlen und deswegen die Fristen aus den §§ 306 Abs. 3 oder 287 Abs. 2 Satz 1 InsO nicht abgelaufen sind, kann der Schuldner ausnahmsweise einen Restschuldbefreiungsantrag ohne eigenen Insolvenzantrag stellen (s. Rdn. 19). Dies gilt auch in den vor dem 01.12.2001 eröffneten Altverfahren (*AG Göttingen* ZVI 2012, 389). Zusätzlich kann der Schuldner dann auch einen **rückwirkenden Kostenstundungsantrag** für das Eröffnungsverfahren stellen (*BGH* NZI 2015, 899 Rn. 20 f.; A/G/R-*Ahrens* § 4a Rn. 17).

55 Der isolierte Restschuldbefreiungsantrag muss **spätestens bis zur Aufhebung oder** – wie zu ergänzen ist – **Einstellung** des Insolvenzverfahrens gestellt werden (*BGH* NZI 2016, 38 Tz. 18 m. Anm. *Ahrens*; *AG Düsseldorf* ZInsO 2010, 1803; MüKo-InsO/*Schmahl/Vuia* § 20 Rn. 102; Berichtstermin: *Jaeger/Gerhardt* InsO, § 20 Rn. 13; Schlusstermin *Uhlenbruck/Sternal* InsO, § 287 Rn. 25; hier bis zur 8. Aufl.). Unschädlich ist, wenn der Restschuldbefreiungsantrag länger als sechs Jahre nach der Eröffnung gestellt wird. Auch in diesem Fall endete die Abtretungsfrist sechs Jahre nach der Eröffnung (*BGH* NZI 2016, 38 Tz. 18 m. Anm. *Ahrens*). Ein früherer Ausschluss des Antragsrechts ist im Interesse eines effektiven Verfahrens und zum Schutz des Schuldners nicht zulässig (zur Abtretungsfrist in diesen Fällen Rdn. 268). Sollte bereits der Schlusstermin bzw. die Schlussanhörung durchgeführt worden sein, muss ein erneuter Termin oder eine erneute Anhörungsfrist bestimmt werden, um den Gläubigern einen Versagungsantrag zu ermöglichen. Unterbleibt die Belehrung und eine Antragstellung ist ein erneutes Insolvenz- und Restschuldbefreiungsverfahren zulässig (s. § 290 Rdn. 103).

56 Wird auf den **Gläubigerantrag** das Insolvenzverfahren **nicht eröffnet**, etwa weil der Insolvenzeröffnungsantrag mangels Masse rechtskräftig abgewiesen wurde, ist ein späterer eigener Insolvenzeröffnungs- sowie ein Restschuldbefreiungsantrag des Schuldners grds. nicht ausgeschlossen. Hat der Schuldner in dem Verfahren auf Antrag des Gläubigers keinen eigenen Insolvenzantrag gestellt, wird die Frist aus § 20 Abs. 2 InsO nicht in Lauf gesetzt. Der Restschuldbefreiungsantrag ist dann weder präkludiert noch fehlt ihm das Rechtsschutzbedürfnis (*BGH* ZInsO 2006, 99; *LG München I* NZI 2006, 49; vgl. Rdn. 98).

57 Zu den Kostenfolgen und der Gewährung der Kostenstundung im Restschuldbefreiungsverfahren vgl. § 286 Rdn. 113 ff.; *Kohte* § 4a Rdn. 37 ff.

IV. Erklärung und Versicherung zu den Sperrfristgründen

1. Erklärungs- und Versicherungslast, § 287 Abs. 1 Satz 3 und 4 InsO

Um die **Eingangsentscheidung** über die Sperrfristgründe **abzusichern** und um die Entscheidungsgrundlagen für das Insolvenzgericht zu verbessern, wird dem Schuldner eine zusätzliche Erklärungslast auferlegt (MüKo-InsO/*Stephan* § 287 (neu) Rn. 8; K. Schmidt/*Henning* § 287 n.F. Rn. 23; *Henning* ZVI 2014, 7 [10]). Seinem Restschuldbefreiungsantrag muss der Schuldner eine Erklärung nach § 287 Abs. 1 Satz 2 InsO beifügen, ob ein Fall des § 287a Abs. 2 Nr. 1 oder 2 InsO vorliegt. Außerdem muss er gem. § 287 Abs. 1 Satz 4 InsO die Richtigkeit und Vollständigkeit der Erklärung versichern. Da das Insolvenzgericht im Rahmen der Zulässigkeitsprüfung nur über begrenzte Erkenntnismittel verfügt, sollen so die Beurteilungsmöglichkeiten verbessert werden. Bei den Anforderungen aus § 287 Abs. 1 Satz 3 und 4 InsO handelt es sich nicht um insolvenzrechtliche Pflichten, die bereits nach den §§ 20 Abs. 1 Satz 2, 97, 98 InsO bestehen, sondern um verfahrensrechtliche Lasten. Aufgrund dieser Versicherungslast handelt es sich um höchstpersönliche Erklärungen des Schuldners (*Ahrens* Das neue Privatinsolvenzrecht, Rn. 5563).

§ 287 Abs. 1 Satz 3 InsO normiert eine auf § 287a Abs. 2 InsO abgestimmte **Erklärungslast**. Jeder Schuldner, der die Restschuldbefreiung beantragt (*Kübler/Prütting/Bork-Wenzel* InsO, § 287 Rn. 9), hat zu erklären, ob ihm in den letzten zehn Jahren vor dem aktuellen Antrag auf Eröffnung des Insolvenzverfahrens oder nach diesem Antrag Restschuldbefreiung erteilt worden ist. Außerdem muss er angeben, ob ihm die Restschuldbefreiung in den letzten fünf Jahren vor dem Antrag auf Eröffnung des Insolvenzverfahrens oder nach diesem Antrag gem. § 297 InsO versagt worden ist. Zusätzlich hat er wegen § 287a Abs. 2 Nr. 2 InsO auszuführen, ob ihm in den letzten drei Jahren vor dem Antrag auf Eröffnung des Insolvenzverfahrens oder nach diesem Antrag Restschuldbefreiung nach § 290 Abs. 1 Nr. 5 bis 7 InsO, nach § 296 InsO oder gem. § 297a InsO aus den Gründen des § 290 Abs. 1 Nr. 5 bis 7 InsO versagt wurde.

Fehleranfällig ist die Regelung, wenn das Insolvenzgericht im Versagungsbeschluss nicht eindeutig die Rechtsgrundlage benannt hat. Wenn das Insolvenzgericht den einschlägigen Versagungstatbestand nicht eindeutig benennt, kann dies nicht zulasten des Schuldners gehen. Anzugeben sind Versagungen, wenn alle angeführten Versagungsgründe, wie etwa § 290 Abs. 1 Nr. 5 und 6 InsO, zu einer Sperre führen. Unschädlich ist, wenn der Schuldner eine nicht in § 287a Abs. 2 InsO aufgeführte Versagung, etwa nach § 298 InsO, fehlerhaft angibt. Auf Unklarheiten und mögliche Fehler ist der Schuldner hinzuweisen.

Ergänzend besteht eine **Versicherungslast**, denn der Schuldner muss gem. § 287 Abs. 1 Satz 4 InsO die Richtigkeit und Vollständigkeit der Erklärung nach Abs. 1 Satz 3 versichern. Eine eidesstattliche Versicherung ist nach dieser Regelung folgerichtig nicht vorgesehen (MüKo-InsO/*Stephan* § 287 (neu) Rn. 18; A/G/R-*Fischer* § 287 n.F. Rn. 1; *Grote/Pape* ZInsO 2013, 1433 [1440]), weil sie nicht zur Vorstellung einer verfahrensrechtlichen Last passt. Sie darf auch nicht nach den §§ 20 Abs. 1 Satz 2, 97, 98 Abs. 1 Satz 1 InsO verlangt werden, denn diese Regeln stellen auf insolvenzrechtliche Auskunfts- und Mitwirkungspflichten ab, die in dem amtswegigen Prüfungsverfahren des § 287a Abs. 2 InsO durch die Erklärungs- und Versicherungslasten aus § 287 Abs. 1 Satz 3 und 4 InsO ersetzt sind.

2. Folgen fehlender oder unzutreffender Erklärungen bzw. Versicherungen

Bei den Rechtsfolgen einer nicht bzw. unzureichend erfüllten Erklärungs- oder Versicherungslast ist nach der **Verfahrensart** zu **unterscheiden**. Die Erklärungen nach § 287 Abs. 1 Satz 3 und 4 InsO stellen Sachentscheidungsvoraussetzungen des Restschuldbefreiungsverfahrens dar. Fallen dem Insolvenzgericht Mängel bei der Erklärung oder Versicherung auf, muss es den Schuldner darauf hinweisen und ihm Möglichkeiten zur Korrektur eröffnen. Im Einzelnen ist zwischen dem allgemeinen Insolvenzverfahren und dem Verbraucherinsolvenzverfahren zu unterscheiden.

63 Im **allgemeinen Insolvenzverfahren** bzw. Regelinsolvenzverfahren muss das Insolvenzgericht den Schuldner, der die erforderliche Erklärung nicht oder nicht vollständig abgibt bzw. es unterlässt, deren Richtigkeit und Vollständigkeit zu versichern, auf die bestehenden Lasten hinweisen. Dabei hat es dem Schuldner eine regelmäßig nicht länger als vierwöchige richterliche Frist zu setzen, um die Anforderungen zu erfüllen. Ergänzt der Schuldner seinen Restschuldbefreiungsantrag nicht, ist dieser in den Regelinsolvenzverfahren als unzulässig zu verwerfen (vgl. MüKo-InsO/*Stephan* § 287 (neu) Rn. 17, ohne aber zwischen dem sog. Regel- und dem Verbraucherinsolvenzverfahren zu differenzieren).

64 Eine **schriftliche Erklärung** wird nicht ausdrücklich gefordert (weitergehend *Kübler/Prütting/Bork-Wenzel* InsO, § 287 Rn. 9). In einer mit § 287 Abs. 2 InsO übereinstimmenden Formulierung verlangt § 287 Abs. 1 Satz 3 InsO, die Erklärung dem Restschuldbefreiungsantrag beizufügen. Im Allgemeinen wird die Erklärung deshalb schriftlich erfolgen, doch kann sie ebenso wie der Antrag auf Erteilung der Restschuldbefreiung zu Protokoll der Geschäftsstelle erklärt werden (MüKo-InsO/*Stephan* § 287 (neu) Rn. 17). Es genügt die Wiedergabe des Gesetzestextes (*Ahrens* Das neue Privatinsolvenzrecht, Rn. 569; **a.A.** MüKo-InsO/*Stephan* § 287 (neu) Rn. 16; *Kübler/Prütting/Bork-Wenzel* InsO, § 287 Rn. 9). An den Schuldner können jedoch keine strengeren Anforderungen gestellt werden, als das Gesetz vorschreibt.

65 Im **Verbraucherinsolvenzverfahren** ist die Erklärung im Verbraucherinsolvenzformular vorgesehen und muss nach den §§ 305 Abs. 1 Nr. 2, 287 Abs. 1 Satz 3, 4 InsO schriftlich abgegeben werden. Ist der Antrag nicht vollständig ausgefüllt worden, fordert das Insolvenzgericht den Schuldner auf, das Fehlende unverzüglich zu ergänzen, § 305 Abs. 5 Satz 1 InsO. Ergänzt der Schuldner seinen Insolvenzantrag nicht, gilt dieser gem. § 305 Abs. 5 Satz 2 InsO nach Ablauf der Monatsfrist als zurückgenommen. Dann entfällt die nach § 287 Abs. 1 Satz 1 InsO für das Restschuldbefreiungsverfahren erforderliche Sachentscheidungsvoraussetzung eines selbst beantragten Insolvenzverfahrens (*BGH* NZI 2004, 511). In der Konsequenz ist der Restschuldbefreiungsantrag auch in der Verbraucherinsolvenz als unzulässig zu verwerfen.

66 Außerdem können die Gläubiger nach § 290 Abs. 1 Nr. 6 InsO **Versagung der Restschuldbefreiung** beantragen, wenn der Schuldner vorsätzlich oder grob fahrlässig unrichtige oder unvollständige Angaben gemacht hat.

V. Obliegenheit zur Einleitung eines Insolvenz- und Restschuldbefreiungsverfahrens

67 Für einen Schuldner wird bei einem **Mangelfall** im Rahmen der gesteigerten **Unterhaltspflicht gegenüber** seinen **minderjährigen Kindern** sowie den ihnen gleichgestellten Kindern gem. § 1603 Abs. 2 BGB vielfach die **Obliegenheit** angenommen, einen Antrag auf Eröffnung eines Verbraucherinsolvenzverfahrens und – wie zu ergänzen ist – auf **Durchführung eines Restschuldbefreiungsverfahrens** zu stellen. Diese kritisch zu würdigende Ansicht (vgl. *Kübler/Prütting/Bork-Wenzel* InsO, § 287 Rn. 2) ist insbesondere auch von der höchstrichterlichen und obergerichtlichen Rechtsprechung übernommen worden (*BGH* NJW 2005, 1279; NZI 2008, 114 Tz. 23; ZInsO 2015, 1671 Tz. 35; *OLG Brandenburg* ZInsO 2009, 2019 [2022]; *OLG Hamm* FamRZ 2001, 441, m. krit. Anm. *Born*; *OLG Stuttgart* ZInsO 2003, 622 [624]; *OLG Koblenz* NJW 2004, 1256; *OLG Dresden* ZVI 2003, 113 [114]; *Keller* NZI 2007, 143 [147]; außerdem *Melchers/Hauß* Unterhalt und Verbraucherinsolvenz, Rn. 260 ff.; **a.A.** *OLG Naumburg* NZI 2003, 615).

68 Das Insolvenzverfahren muss zulässig und geeignet sein, den **laufenden Unterhalt der minderjährigen unverheirateten** bzw. ihnen gleichgestellten **Kinder** des Schuldners dadurch sicherzustellen, dass ihnen Vorrang vor sonstigen Verbindlichkeiten eingeräumt wird (*Sternal* NZI 2006, 129 f.). Voraussetzung dieser Obliegenheit ist außerdem eine umfassende Würdigung aller vom Unterhaltsschuldner darzulegenden Umstände, zu denen auch die Interessen des Schuldners sowie der Unterhaltsgläubiger zählen. Der mit dem Insolvenzeröffnungsantrag verbundene erhebliche Eingriff in die verfassungsrechtlich geschützte Handlungsfreiheit des Unterhaltsschuldners ist nur aus besonders

wichtigen Gründen zu rechtfertigen, wie dem verfassungsrechtlichen Gebot zur Pflege und Erziehung der Kinder aus Art. 6 Abs. 2, 5 GG.

Im Rahmen des **Trennungsunterhalts** nach § 1361 Abs. 1, 2 BGB trifft deswegen den Unterhaltsschuldner grds. keine Obliegenheit zur Einleitung eines Verbraucherinsolvenzverfahrens (*BGH* NZI 2008, 193 Tz. 19 f.; *Ahrens* NZI 2008, 159). Auch bei einem Anspruch aus § 1615l Abs. 3 Satz 1 BGB besteht keine Antragsobliegenheit (*OLG Koblenz* NZI 2005, 637 [638]). Obwohl der *BGH* in seiner Leitentscheidung nur auf den Antrag auf Eröffnung des Insolvenzverfahrens abstellt, besteht die Antragsobliegenheit auch im Hinblick auf ein allgemeines Insolvenzverfahren (Regelinsolvenzverfahren). Dabei ist der Insolvenzeröffnungsantrag nur das Mittel zum Zweck der **Restschuldbefreiung**, weshalb die Obliegenheit auf einen Insolvenzeröffnungs- sowie einen Restschuldbefreiungsantrag gerichtet ist. 69

Liegen die unterhaltsrechtlichen Voraussetzungen eines Mangelfalls bei gesteigerter Unterhaltspflicht vor, hat die insolvenzrechtliche **Prüfung zweistufig** zu erfolgen (*BGH* NJW 2005, 1279 [1281]; *Bayer/Schützeberg* ZVI 2005, 393). Auf der **ersten Stufe** ist zu prüfen, ob ein Insolvenzverfahren zulässig, insbesondere ein Insolvenzgrund gegeben ist, und das Verfahren zu eröffnen ist. Außerdem dürfen keine Gründe gegenüber dem Restschuldbefreiungsantrag durchgreifen. Hierbei ist zeitlich zu differenzieren. Der Schuldner wird sich nur auf Umstände berufen können, die vor dem Entstehen der erhöhten Unterhaltspflicht begründet waren. Deswegen werden in aller Regel nur die Versagungsgründe aus § 290 InsO sowie ggf. § 297 InsO in Betracht zu ziehen sein. An die Darlegungslast sind verringerte Anforderungen zu stellen, die der summarischen Prüfung im Kostenstundungsverfahren entsprechen (*BGH* NJW 2005, 1279 [1281]). Erscheint danach eine Versagung der Restschuldbefreiung überwiegend wahrscheinlich, muss eine Antragsobliegenheit verneint werden. 70

Besteht eine Antragsobliegenheit, kann der Schuldner auf der **zweiten Stufe** Einwände vortragen, welche den Antrag auf Eröffnung eines Insolvenzverfahrens im Einzelfall als **unzumutbar** erscheinen lassen. Diese Prüfungsstufe weist die Bedenklichkeit der Antragsobliegenheit besonders deutlich aus. Ausdifferenzierte insolvenzrechtliche Zulässigkeitsanforderungen und Verfahrensregeln werden in den unbestimmten Rechtsbegriff der Unzumutbarkeit aufgelöst (*Ahrens* NZI 2008, 159; s.a. *Niepmann* FPR 2006, 91 [93]). Nach der Rechtsprechung ist zunächst die voraussichtliche Dauer der Unterhaltspflicht mit dem wahrscheinlichen Zeitpunkt der Erteilung von Restschuldbefreiung zu vergleichen (*BGH* NJW 2005, 1279 [1281]; *Bayer/Schützeberg* ZVI 2005, 393), denn die Obliegenheit kann nur bestehen, wenn sie sich für den Unterhaltsgläubiger finanziell auswirkt. Zu berücksichtigen ist allerdings auch, dass der Schuldner im Fall einer Kostenstundung nach Erteilung der Restschuldbefreiung gem. § 4b InsO zur Rückzahlung verpflichtet ist. Nicht übersehen werden darf, ob ein Insolvenzeröffnungsantrag die Grundlage einer Erwerbstätigkeit entzieht. Soweit das Berufsrecht etwa der rechts- und steuerberatenden Berufe zum Widerruf einer Berufszulassung bei einem Vermögensverfall führen kann, vgl. exemplarisch § 14 Abs. 2 Nr. 7 BRAO, wird ein Insolvenzantrag unzumutbar sein. 71

Zahlreiche **Einzelfragen** der Antragsobliegenheit sind freilich noch nicht geklärt. Als Zeitpunkt, von dem an eine Obliegenheit besteht, ist von der Geltendmachung der Unterhaltsforderung durch den Unterhaltsgläubiger in einer auch für die Klageerhebung geeigneten Form auszugehen. Bei der Geltendmachung der Antragsobliegenheit wird der Unterhaltsgläubiger zu berücksichtigen haben, dass während des Insolvenz- und Restschuldbefreiungsverfahrens eine Vollstreckungssperre besteht, die auch den Vorrechtsbereich erfasst (§§ 89 Abs. 1, 294 Abs. 1 InsO), und die vor der Eröffnung des Insolvenzverfahrens entstandenen Forderungen lediglich Insolvenzforderungen bilden. Nach Erteilung der Restschuldbefreiung konkurrieren die neuen Unterhaltsforderungen mit den Forderungen der Neugläubiger. Forderungen aus vorsätzlich begangener unerlaubter Handlung sind nach § 302 Nr. 1 InsO von der Restschuldbefreiung ausgenommen und konkurrieren aufgrund ihres Vollstreckungsprivilegs nach § 850f Abs. 2 ZPO auch im Vorrechtsbereich mit den Unterhaltsforderungen. Soweit im erheblichen Umfang solche von der Restschuldbefreiung ausgenommenen Forderungen bestehen, ist zu fragen, ob eine Antragsobliegenheit zweckmäßig ist. Einerseits muss sich der Schuld- 72 ner den besonderen Grad des Vorwurfs entgegenhalten lassen, andererseits wird dann ein Restschuldbefreiungsverfahren im Ergebnis vielfach erfolglos bleiben.

73 Leitet der Unterhaltsschuldner seiner Obliegenheit zuwider kein Insolvenz- und Restschuldbefreiungsverfahren ein, sind seine Unterhaltsleistungen im Ausgangspunkt nach den Grundsätzen über eine **fiktive Unterhaltsberechnung** zu bestimmen. Vom hypothetischen Zeitpunkt der Restschuldbefreiung an ist der Unterhalt nach der neu zu bemessenden Leistungsfähigkeit zu berechnen. Umgekehrt könnten während eines Insolvenzverfahrens die Zahlungen des Schuldners an den Unterhaltsgläubiger sinken (vgl. *Bayer/Schützeberg* ZVI 2005, 393). Eine Reduzierung des Unterhalts um diesen fiktiven Betrag bis zur anzunehmenden Restschuldbefreiung ist zwar nicht berechtigt. Nach diesem Zeitpunkt kann er aber im Weg der Vorteilsausgleichung auf den Erhöhungsbetrag anzurechnen zu sein.

74 Die Entscheidung des Familiengerichts über die insolvenzrechtlichen Voraussetzungen einer Antragsobliegenheit wird zumeist im Rahmen eines Unterhaltsrechtsstreits ergehen und deswegen in aller Regel **keine Rechtskraftwirkung** für den anderen Streitgegenstand im Insolvenzverfahren entfalten. Das Insolvenzgericht kann daher eine abweichende Entscheidung treffen. In diesem Fall kommt eine Abänderungsklage in Betracht.

VI. Rechtsschutzbedürfnis und Sperre bei Wiederholungsverfahren

1. Rechtsschutzbedürfnis

75 Ein **Rechtsschutzbedürfnis** für den **Antrag auf Restschuldbefreiung** ist, wie regelmäßig im zivilgerichtlichen Verfahren, erforderlich, aber grds. für eine Schuldbefreiung vorhanden. Es besteht auch dann, wenn der Schuldner augenblicklich über **kein pfändbares Einkommen** verfügt (*AG Dortmund* ZInsO 1999, 118 [119]; *Kübler/Prütting/Bork-Wenzel* InsO, § 287 Rn. 7b; *Hess/Obermüller* Insolvenzplan, Restschuldbefreiung und Verbraucherinsolvenz, 2. Aufl., Rn. 1086; **a.A.** *Henckel* FS Gaul, S. 199 [204]; s.a. KS-InsO/*Thomas* 2000, S. 1763 Rn. 35). Aufgrund der Schutzvorschriften des Einzelzwangsvollstreckungsrechts ist zwar ein solcher Schuldner momentan bei Individualvollstreckungsmaßnahmen geschützt, doch fordert die Achtung vor der Persönlichkeit eines jeden Schuldners (s. § 286 Rdn. 4), auch ihm die Chance einer Befreiung von seinen Verbindlichkeiten einzuräumen (zu deren Bedeutung auch *Henning* InVo 1996, 288). Sein Persönlichkeitsrecht überwiegt die derzeit wirtschaftlich nicht realisierbaren Forderungen. An dieser Schnittstelle werden die Unterschiede zwischen dem momentbezogenen Vollstreckungsschutz und der dauerhaften Zukunftsperspektive einer Schuldbefreiung deutlich. Gerade weil die Restschuldbefreiung den weitergreifenden Zielsetzungen eines wirtschaftlichen Neubeginns sowie einer Achtung der Schuldnerpersönlichkeit aufgrund einer endgültigen Schuldenbereinigung verpflichtet ist, kann sie mit den Kategorien des Einzelzwangsvollstreckungsrechts nicht vollständig erfasst werden. Wegen dieser zukunftswirkenden Zwecke ist ein Rechtsschutzbedürfnis auch für den Antrag des einkommens- und vermögenslosen Schuldners zu bejahen, ohne dass eine Mindestquote für die Gläubigerbefriedigung erforderlich ist.

76 Eine **Mindestquote** als allgemeine Voraussetzung der Restschuldbefreiung, anders für die vorzeitige Schuldbefreiung nach drei Jahren gem. § 300 Abs. 1 Satz 2 Nr. 2 InsO, wird im deutschen Recht gerade nicht verlangt (ausdrücklich *BGH* BGHZ 134, 79 [92]; ZInsO 2001, 1009 [1010] m. Anm. *Vallender*; *BGH* NZI 2014, 34; *Hess/Groß/Reill-Ruppe/Roth* Kap. 4 Rn. 78). Auch die Formulierung als Restschuldbefreiung erfordert nicht eine zumindest partiell befriedigte Verbindlichkeit, um von einem Forderungsrest sprechen zu können, von dem der Schuldner befreit wird. Gemeint ist vielmehr jede Verbindlichkeit, die nicht erfüllt ist. Diese Ansicht wird durch die grammatikalische und teleologische Auslegung von § 286 InsO gestützt, wonach der Schuldner von den im Insolvenz- und Restschuldbefreiungsverfahren nicht erfüllten Verbindlichkeiten gegenüber den Insolvenzgläubigern befreit wird, unabhängig davon, ob und welche Tilgungsleistungen erbracht werden. Auch bei einem Restschuldbefreiungsverfahren mit nur einem einzigen Gläubiger ist grds. das Rechtsschutzbedürfnis zu bejahen (vgl. *LG Koblenz* ZInsO 2004, 101 [102]; *AG Köln* ZInsO 2003, 912 [913];

Uhlenbruck/Sternal InsO, Vor § 286 Rn. 18; *Kübler/Prütting/Bork-Wenzel* InsO, § 287 Rn. 8; *Pape* ZVI 2004, 624 f.). Bestätigt wird diese Position auch durch die Novelle des § 300 InsO, denn der Gesetzgeber sieht eine Mindestquote nicht als Voraussetzung der Restschuldbefreiung, sondern nur als Anknüpfungspunkt einer verkürzten Verfahrensdauer an.

Ein Rechtsschutzbedürfnis für ein Insolvenz- und Restschuldbefreiungsverfahren besteht auch, 77 wenn die **Verbindlichkeiten niedriger als die Verfahrenskosten** sind (*LG Dresden* ZVI 2005, 553 [554]; HWS/*Schmerbach* § 287 Rn. 17; a.A. *Kübler/Prütting/Bork-Wenzel* InsO, § 287 Rn. 7b). Auch junge Schuldner mit einem geringen Schuldenstand können deswegen eine Restschuldbefreiung erreichen. Umgekehrt fehlt auch dem Restschuldbefreiungsantrag von einem **Senioren** nicht das Rechtsschutzinteresse, selbst wenn bei diesem nicht zu erwarten ist, dass er nach Abschluss des Restschuldbefreiungsverfahrens aktiv in das Erwerbsleben integriert werden kann. Die Chance der Restschuldbefreiung knüpft nicht allein an die Befriedigungsaussichten der Gläubiger an, sondern muss auch die fortlaufenden Nebenkosten für den Schuldner durch Zinsen und Vollstreckungskosten sowie seine sozio-psychologische Belastung berücksichtigen.

Bestehende **privilegierte Verbindlichkeiten** aus § 302 InsO und insbesondere Verbindlichkeiten aus 78 vorsätzlich begangenen unerlaubten Handlungen nach § 302 Nr. 1 Alt. 1 InsO lassen das Rechtsschutzbedürfnis für den Restschuldbefreiungsantrag nicht entfallen (*Kübler/Prütting/Bork-Wenzel* InsO, § 287 Rn. 7b). Sonst wäre § 302 InsO überflüssig. Selbst eine ganz überwiegende Quote privilegierter Forderungen ist unschädlich, solange nur ein geringfügiger Anteil von Insolvenzforderungen der Restschuldbefreiung unterliegen kann. Bei der Zulässigkeitsprüfung des Restschuldbefreiungsantrags darf nicht der ggf. erst in einem besonderen Feststellungsverfahren vor dem Prozessgericht zu treffenden Entscheidung über die Forderungsqualifikation vorgegriffen werden. Solange der Schuldner die Privilegierung bestreitet, ist dies beachtlich. Dies gilt auch, wenn alle Verbindlichkeiten privilegiert sind. Im Kostenstundungsverfahren mag dies wegen der anderen Prüfung und der Entscheidung über eine Sozialleistung anders zu beurteilen sein (vgl. A/G/R-*Ahrens* § 4a InsO Rn. 52).

2. Sperrfristrechtsprechung in Altverfahren

a) Ausgangssituation

Bei **Wiederholungsanträgen** auf Erteilung der Restschuldbefreiung hat der BGH im Rahmen seiner 79 **Sperrfristrechtsprechung** eine Zulässigkeitsschranke entwickelt (A/G/R-*Fischer* § 287 InsO, 2. Aufl., Rn. 8). Wird in einem Erstverfahren die Restschuldbefreiung nach § 290 InsO versagt oder der Stundungsantrag abgewiesen bzw. aufgehoben und ist deswegen der Insolvenzantrag abgewiesen resp. zurückgenommen worden, ist danach für einen Zeitraum von drei Jahren ein erneuter Insolvenz-, Restschuldbefreiungs- und Kostenstundungsantrag unzulässig (Leitentscheidung *BGH* BGHZ 183, 13 Tz. 8, 11 ff.; A/G/R-*Fischer* § 287 InsO, 2. Aufl., Rn. 11 ff.). Gleiches gilt, wenn der Restschuldbefreiungsantrag als unzulässig verworfen oder trotz eines gerichtlichen Hinweises nicht gestellt wurde. Als weitere Fallgestaltungen werden die Versagungen nach den §§ 298, 314 Abs. 3 Satz 2 InsO sowie die Rücknahmefiktion nach § 305 Abs. 3 Satz 2 InsO diskutiert.

Die Sperrfristrechtsprechung betrifft **die bis zum 30.06.2014 beantragten Altverfahren**. Für die ab 80 den 01.07.2014 beantragten neuen Insolvenz- und Restschuldbefreiungsverfahren hat der Gesetzgeber in § 287a Abs. 2 InsO einen Katalog besonderer Sachentscheidungsvoraussetzungen entworfen, die ein erneutes Restschuldbefreiungsverfahren sperren. Damit ist ein Teil der Sperrfristrechtsprechung kodifiziert. Für andere Gründe wird in den Materialien eine Sperre abgelehnt (BT-Drucks. 17/11269 S. 25). Es erscheint deswegen zweifelhaft, ob in den neu beantragten Restschuldbefreiungsverfahren über die gesetzlichen Tatbestände hinaus Sperren angeordnet werden dürfen (s. § 287a Rdn. 54 ff.).

§ 287 InsO   Antrag des Schuldners

b) Methodische Fragen

81 Eine **analoge Anwendung von § 290 Abs. 1 Nr. 3 InsO** auf die Versagungsgründe vor Ankündigung der Restschuldbefreiung hat der *BGH* noch in seiner Entscheidung vom 21.02.2008 ausgeschlossen (*BGH* NZI 2008, 318 Tz. 7; ebenso *AG Göttingen* NZI 2010, 447 [448]; *Uhlenbruck/Vallender* InsO, 13. Aufl., § 290 Rn. 43; MüKo-InsO/*Stephan* § 290 Rn. 54; *Sternal* NZI 2010, 457 [462]). Mit seiner sog. Sperrfristrechtsprechung hat der *BGH* diese Judikatur aufgegeben und unter Rekurs auf eine analoge Anwendung von § 290 Abs. 1 Nr. 3 InsO eine weit ausgreifende Sperre gegenüber Verfahrenswiederholungen geschaffen.

82 Den Ausgangspunkt dafür bildete die **Leitentscheidung** des IX. Zivilsenats vom 16.07.2009 in der er einen erneuten Restschuldbefreiungsantrag nach einer Versagung der Restschuldbefreiung gem. § 290 Abs. 1 Nr. 5 InsO während einer dreijährigen Sperrfrist für unzulässig erklärt (*BGH* BGHZ 183, 13 Tz. 8, 11 ff.; *AG Duisburg* ZInsO 2010, 964 [965]; A/G/R-*Fischer* § 287 InsO, 2. Aufl., Rn. 12 ff.; HambK-InsO/*Streck* 5. Aufl., § 287 InsO Rn. 6a f.; *Hess* InsO, § 286 Rn. 105; *Pape/Pape* InsbürO 2010, 162; *Pape* FS Ganter S. 315 ff.; **abl.** *AG Göttingen* NZI 2010, 447 [448]; HWF-*Schmerbach* § 290 Rn. 50; *Uhlenbruck/Vallender* InsO, 13. Aufl., § 290 Rn. 66a; K. *Schmidt/Henning* InsO, § 287nF Rn. 21; *Gottwald/Ahrens* HdbInsR, § 77 Rn. 30; *Frege/Keller/Riedel* Insolvenzrecht, 8. Aufl., Rn. 2132, 2133; *Schmerbach* NZI 2009, 677; *ders.* ZInsO 2010, 647 [652]; *Stephan* VIA 2009, 3 [4]; *Sternal* NZI 2010, 457 [462]; *Laroche* VIA 2011, 73; *Hackländer* EWiR 2009, 681 [682]; s.a. *Hohmann* ZVI 2012, 207 [208]). Mit dieser grundlegenden Entscheidung und der darauf aufbauenden Entscheidungsserie (*BGH* ZInsO 2010, 347 Tz. 6; ZInsO 2010, 490 Tz. 6; ZInsO 2010, 491 Tz. 5; ZInsO 2010, 587 Tz. 7; NZI 2010, 153 Tz. 6; NZI 2010, 195 Tz. 8; NZI 2010, 445 Tz. 6; NZI 2013, 846 Tz. 14; 2014, 416 Tz. 9; ZInsO 2011, 1127 Tz. 7; ZInsO 2011, 2198 Tz. 2; vgl. *Schmidt* InsVZ 2010, 232) soll die Durchführung von Zweitverfahren nach einem gescheiterten ersten Restschuldbefreiungsverfahren gesteuert werden (*Schmerbach* ZInsO 2010, 647 [649]). Dafür sind jedoch die Versagungsregeln und speziell § 290 Abs. 1 Nr. 3 InsO nicht geeignet.

83 Im Grundsatz geht es um die Frage, ob mit den Instrumentarien des Versagungsverfahrens eine **Zulässigkeitsentscheidung** getroffen werden kann. Dagegen spricht, dass die Restschuldbefreiung allein bei einem zulässigen Insolvenzverfahren und dann auch nur auf Gläubigerantrag versagt werden kann. Zwar setzt der *BGH* die Judikatur auch bei den amtswegigen Entscheidungen im Kostenstundungsverfahren nach § 4a Abs. 1 Satz 3 InsO um (*BGH* NJW 2009, 3650; ZInsO 2010, 490 Tz. 6; ZInsO 2010, 491 Tz. 5; ZInsO 2010, 587 Tz. 7), doch werden manche Fälle verbleiben, in denen sich die Grundsatzfrage nach dem Gläubigerantrag stellt, auf den der *BGH* verzichtet (*BGH* NZI 2010, 445 Tz. 6). Im Ergebnis ersetzt daher die dreijährige Sperrfrist andere Zulässigkeitsvoraussetzungen für einen Zweitantrag. Nach Ablauf der Frist kann der Schuldner einen erneuten Insolvenz-, Stundungs- und Restschuldbefreiungsantrag stellen, unabhängig davon, ob und in welcher Höhe neue Forderungen gegen den Schuldner begründet werden (*BGH* NZI 2010, 153 Tz. 6; **a.A.** *LG Landau* ZInsO 2010, 441). Funktional können die Versagungsregeln jedoch keine Antwort für das im Mittelpunkt der *BGH*-Judikatur stehende Rechtsschutzinteresse bei Wiederholungsanträgen geben. Zudem wird ein Wertungswiderspruch zum Unternehmensinsolvenzrecht geschaffen. Mit der Restschuldbefreiung sollte die Ungleichbehandlung natürlicher Personen gegenüber juristischen Personen bei der Nachhaftung beseitigt werden. Bei einer sanierten juristischen Person besteht indessen keine vergleichbare Sachentscheidungsvoraussetzung.

84 Auch methodisch vermag die Rechtsprechung nicht zu überzeugen. Der *BGH* stützt seine Judikatur auf eine Analogie. Zweifelhaft ist schon, ob eine **gesetzliche Lücke** besteht (vgl. LSZ/*Kiesbye* InsO, § 290 Rn. 24, zu § 303 InsO; **a.A.** A/G/R-*Fischer* § 287 InsO, 2. Aufl., Rn. 15), denn die Fassung der Versagungsregelung des § 290 Abs. 1 Nr. 3 InsO geht auf den Rechtsausschuss zurück. Der ursprüngliche Gesetzentwurf sah nur eine Versagung vor, wenn binnen einer Frist von zehn Jahren die Restschuldbefreiung erteilt war. Um Missbräuche einzudämmen, wurde dies auf Versagungen nach den §§ 296 und 297 InsO erstreckt (*Balz/Landfermann* Die neuen Insolvenzgesetze, S. 549, 550; *Schmerbach* NZI 2009, 677 [678]). Die vorsichtige Formulierung, Missbräuche einzudämmen, be-

sitzt allerdings einen anderen Aussagegehalt, als der Gedanke, bei einer Verletzung von § 290 Nr. 5 InsO eine Restschuldbefreiung befristet auszuschließen.

Um die angenommene Lücke zu schließen, hat sich der *BGH* auch auf **künftiges Recht** bezogen und auf den zusätzlich geplanten § 290 Abs. 1 Nr. 3a InsO aus dem Regierungsentwurf eines Gesetzes zur Entschuldung mittelloser Personen, zur Stärkung der Gläubigerrechte sowie zur Regelung der Insolvenzfestigkeit von Lizenzen verwiesen (*BGH* BGHZ 183, 13 Tz. 16). Künftiges Recht kann prinzipiell, wie vom *BGH* angenommen, im Wege einer Voranwendung als eigenständige Rechtsgrundlage zur Ergänzung des geltenden Rechts herangezogen oder in einer abgeschwächten Form über eine Vorberücksichtigung in die Auslegung von Altrecht einbezogen werden, bei der das Altrecht die verbindliche Rechtsgrundlage bleibt (*Kloepfer* Vorwirkung von Gesetzen, S. 161, 166). Als eine Form der Analogie erfordert auch die rechtsfortbildende Voranwendung eine Regelungslücke, doch ist aus einer veränderten Bewertung noch keine Regelungslücke in Gestalt einer planwidrigen Unvollkommenheit, sondern lediglich eine verbesserungsbedürftige Rechtslage abzuleiten (*Ahrens* JR 1998, 440). Eine Lücke wird eben noch nicht durch den – hier zumal früheren – rechtspolitischen Willen zu einer Gesetzesänderung dokumentiert (*Stephan* VIA 2009, 3 [4]; **a.A.** *BGH* NJW 2009, 3650 Tz. 16), denn eine geplante Gesetzesänderung dokumentiert im Allgemeinen weder die Lückenhaftigkeit noch eine vergleichbare Interessenlage. Gerade der Umstand, dass die Gesetzesänderung in der 16. Legislaturperiode nicht verabschiedet wurde, spricht gegen einen hinreichend verfestigten gesetzgeberischen Willen, mit dem eine Lücke geschlossen werden kann.

Zweifel bestehen auch gegenüber der **vergleichbaren Interessenlage**. Während die Erteilung der gesetzlichen Schuldbefreiung und die Versagungsgründe nach den §§ 296, 297 InsO einen spezifischen Bezug zum Restschuldbefreiungsverfahren aufweisen, sind die Versagungsgründe vor Ankündigung der Restschuldbefreiung auf das Insolvenzverfahren bezogen. Einerseits betreffen § 290 Abs. 1 Nr. 1 bis 4 InsO Pflichtverletzungen, die erneut geltend gemacht werden können. Andererseits beziehen sich § 290 Abs. 1 Nr. 5 und 6 InsO auf Pflichtverletzungen aus einem früheren Insolvenzverfahren, die dort geltend gemacht wurden, für das neuerliche Verfahren indessen keine Bedeutung besitzen. Der Wertungsvergleich fällt damit unterschiedlich aus. Zudem ist der Sperrgrund an § 290 Abs. 1 Nr. 3 InsO und die Frist an § 290 Abs. 1 Nr. 2 InsO angelehnt. Sachlich weist die dreijährige Sperrfrist zudem auf ein anderes Regelungsmodell (vgl. *Schmerbach* NZI 2009, 677 [679]; *Hackländer* EWiR 2009, 681 [682]).

Schon frühzeitig ist auf die methodischen **Konsequenzen aus** dem neuen **§ 287a Abs. 2 InsO** aufmerksam gemacht worden (*Heicke* NZI 2012, 873). Konkret geht es um die Frage, ob in den Altverfahren durch die gesetzliche Novelle die Grundlage einer Vorberücksichtigung des nicht verabschiedeten älteren gesetzlichen Entwurfs entfallen ist. Dies ist bedeutsam, weil § 287a Abs. 2 InsO wesentlich enger als die Sperrfristjudikatur gefasst ist. Wenn schon ein nicht verabschiedeter, der Diskontinuität anheimgefallener Gesetzentwurf vorzuberücksichtigen sein kann, dann muss dies möglicherweise erst recht für ein verabschiedetes Gesetz gelten. Äußerlich existieren für die Behandlung der Altverfahren zwei unterschiedliche normative Anknüpfungspunkte. Vorberücksichtigt werden könnte bereits das verabschiedete, aber noch nicht in Kraft getretene Gesetz in der Zeitspanne zwischen dem 15.07.2013 und dem 30.06.2014. Ab dem 01.07.2014 kann möglicherweise die in Kraft getretene gesetzliche Regelung analog auf die Altverfahren angewendet werden.

Der *BGH* hat für die **Altverfahren bis zum 30.06.2014** abgelehnt, die kommende gesetzliche Regelung des § 287a Abs. 2 InsO vorzuberücksichtigen (*BGH* NZI 2013, 846 Tz. 15, m. Anm. *Schädlich*; NZI 2014, 416, m. Anm. *Heicke*). Das tragende Argument der ersten Entscheidung, auf die Versagung nach § 298 InsO gehe der Gesetzentwurf nicht ein (*BGH* NZI 2013, 846 Tz. 15), widerspricht allerdings der eindeutigen Stellungnahme in den Materialien (BT-Drucks. 17/11268 S. 25). Offen ist derzeit noch, ob **ab dem 01.07.2014** § 287a Abs. 2 InsO auf Altverfahren analog angewendet werden kann. Da bislang eine gesetzliche Lücke verneint wurde, kann sich auch unter dem neuen Recht daran nichts geändert haben. Schon deswegen muss eine analoge Anwendung von § 287a Abs. 2 InsO ausscheiden, genauer gesagt eine auf den Anwendungsbereich dieser Vorschrift beschränkte Analogie. Zudem spricht die differenzierte Regelung über das Inkrafttreten des neuen Gesetzes in

Art. 103h EGInsO sowie Art. 9 des Gesetzes zur Verkürzung des Restschuldbefreiungsverfahrens und zur Stärkung der Gläubigerrechte gegen eine analoge Anwendung auf die Altverfahren.

c) Einzelfälle

89 Zwischenzeitlich hat der *BGH* einen umfassenden **Anwendungsbereich** eröffnet. Dessen Konturen lösen sich immer weiter auf. Von dem ursprünglichen Erklärungsansatz, missbräuchlich wiederholte Restschuldbefreiungsverfahren zu verhindern (vgl. *BGH* BGHZ 183, 13 Tz. 16), hat sich das Gericht immer weiter entfernt. Inzwischen dient die Judikatur dazu, Wiederholungsverfahren allgemein zu steuern und verfahrensfördernde Zwecke zu erreichen (*BGH* NZI 2013, 846 Tz. 10). Im Ausgangspunkt steht die dreijährige Sperrfrist bei Versagungen nach **§ 290 Abs. 1 Nr. 4 InsO** (*BGH* ZInsO 2010, 347 Tz. 6), gem. **§ 290 Abs. 1 Nr. 5 InsO** (Ausgangsentscheidung BGHZ 183, 13 Tz. 8, 11 ff.) und nach **§ 290 Abs. 1 Nr. 6 InsO** (*BGH* ZInsO 2010, 490 Tz. 6). Außerdem hat der *BGH* die Sperre auf die Versagung nach **§ 298 InsO** erstreckt (*BGH* NZI 2013, 846 Tz. 14; *LG Lübeck* NZI 2011, 412; *AG Lübeck* ZInsO 2011, 495; *Pape/Pape* InsbürO 2011, 319 [320]; *Sessig/Fischer* ZInsO 2013, 760 [765]; **a.A.** *LG Kiel* ZInsO 2011, 494, m. Anm. *Schmerbach* VIA 2011, 15; *AG Göttingen* NZI 2011, 545; 2014, 574, auch in den vor dem 01.07.2014 eröffneten Verfahren; *AG Kempten* 18.02.2013 – IN 74/13, BeckRS 2013, 03129, wenn die Restschuldbefreiung im erneuten Verfahren ohnehin erst mehr als drei Jahre später erteilt werden könnte).

90 Eine Sperre soll außerdem nach **Verwerfung eines Antrags** auf Restschuldbefreiung **als unzulässig** (*BGH* NZI 2010, 153 Tz. 6; A/G/R-*Fischer* § 287 InsO, 2. Aufl., Rn. 19; **a.A.** nach Verwerfung eines ersten Insolvenzantrags wegen unzulässiger Verfahrensart *LG Bonn* NZI 2012, 972) und auf den trotz eines gerichtlichen Hinweises **unterlassenen Antrag** auf Restschuldbefreiung in einem früheren Verfahren eintreten (*BGH* NZI 2010, 195 Tz. 8; krit. *Schmerbach* NZI 2010, 293).

91 Außerdem hat der *BGH* einen Folgeantrag auf **Verfahrenskostenstundung**, Insolvenzeröffnung und Restschuldbefreiung für unzulässig erklärt, nachdem für einen Erstantrag die Kostenstundung wegen eines zweifelsfrei vorliegenden Versagungsgrunds die **Kostenstundung abgelehnt** und deswegen das Verfahren mangels Masse abgewiesen wurde (*BGH* NZI 2010, 263 Tz. 7; NZI 2010, 445 Tz. 6; ZInsO 2010, 491 Tz. 7; ZInsO 2010, 587 Tz. 6) bzw. der **Antrag zurückgenommen** wurde, etwa um eine Entscheidung über einen Versagungsantrag zu verhindern (*BGH* ZInsO 2011, 1127 Tz. 7; ZInsO 2011, 2198 Tz. 2; *AG Köln* 05.10.2012 – 72 IN 321/12, BeckRS 2012, 23967; s.a. *LG Hamburg* ZInsO 2011, 886 [887]; *Frind* Praxishandbuch Privatinsolvenz, Rn. 797, gleiches Verfahren). Das Motiv des Schuldners ist allerdings unerheblich. Es kommt also nicht darauf an, ob der Schuldner den Antrag zurückgenommen hat, um gerade eine Entscheidung über die Kostenstundung zu verhindern (*BGH* NZI 2014, 416 Tz. 9). Ist die Bewilligung der **Kostenstundung aufgehoben** worden, kann der Schuldner im gleichen Verfahren nicht erneut die Stundung beantragen (*BGH* NZI 2009, 615 Tz. 6). Da die Entscheidung vor der Sperrfristrechtsprechung ergangen ist, hat der *BGH* darin nicht zur Frage der Sperre Stellung genommen, doch wird eine Sperre bei Antragswiederholung nach Aufhebung der Kostenstundung bejaht (*AG Hamburg* InsVZ 2010, 64; *Pape/Pape* InsbürO 2010, 162 [164]).

92 Ein Gläubigerantrag auf Versagung der Restschuldbefreiung ist in dieser Konstellation nicht verlangt. Der *BGH* bejaht inzwischen auch eine Sperre im Fall der Rücknahmefiktion aus **§ 305 Abs. 3 Satz 2** (*BGH* NZI 2014, 1017 Rn. 7 ff. = KTS 2015, 81 m. krit. Anm. *Langer*; außerdem *AG Kleve* BeckRS 2015, 20460; *AG Essen* ZInsO 2012, 850, bei Rücknahmefiktion wegen behebbarer Mängel; *AG Hamburg* NZI 2011, 981 zu § 4a InsO; ZInsO 2012, 195; *AG Kempten* 23.07.2013 – IK 391/13, BeckRS 2013, 12451; *Pape/Pape* InsbürO 2010, 162 [164]; überzeugend dagegen *LG Frankenthal* ZInsO 2012, 2399; *LG Düsseldorf* ZInsO 2013, 893; *AG Hamburg* ZInsO 2011, 2048 = VIA 2012, 15 m. Anm. *Schmerbach*; *AG Köln* NZI 2013, 498; *AG Essen* ZInsO 2012, 1730, bei Rücknahmefiktion, wenn nicht innerhalb der letzten sechs Monate vor der Stellung des Eröffnungsantrags erfolglos eine außergerichtliche Einigung mit den Gläubigern über die Schuldenbereinigung versucht wurde; *Grote/Lackmann* § 305 Rdn. 74; *Hess/Groß/Reill-Ruppe/Roth* Kap. 3 Rn. 200, Kap. 4 Rn. 123;

Blankenburg ZInsO 2015, 130 [132]), § 314 Abs. 3 Satz 2 InsO, sowie auf **ausländische Versagungen** der Restschuldbefreiung erstreckt wird.

Unanwendbar ist die Rechtsprechung auf Fallkonstellationen, in denen ein Restschuldbefreiungsantrag aufgrund einer **unzureichenden Belehrung** im ersten Insolvenzverfahren unterblieben ist. Dem Schuldner darf auch bei der Frage eines zulässigen Zweitantrags seine unzureichende Rechtskenntnis nicht zum Nachteil gereichen (*BGH* BGHZ 162, 181 [186]). Unschädlich ist auch die **Abweisung eines Gläubigerantrags mangels Masse**, selbst wenn das Insolvenzgericht den Schuldner auf die Notwendigkeit eines eigenen Insolvenzantrags zur Erreichung der Restschuldbefreiung hingewiesen hat, denn auch ein Eigenantrag des Schuldners hätte mangels Masse abgewiesen werden müssen. Dies hätte der Schuldner möglicherweise durch einen Stundungsantrag verhindern können, doch muss er diesen Antrag nicht stellen (*BGH* NZI 2006, 181 Rn 14; ZInsO 2014, 1758 Rn. 4; *AG Köln* NZI 2013, 851; **a.A.** *LG Düsseldorf* NZI 2013, 446). Außerdem ist nach der Judikatur des *BGH* die Sperrfristrechtsprechung auf Versagungstatbestände unanwendbar, die **Sperrfristen von drei und mehr Jahren** normieren. Dies gilt für § 290 Abs. 1 Nr. 2 InsO (*BGH* NZI 2013, 99 Tz. 7 ff. = VIA 2013, 11 m. Anm. *Schmerbach*) und für die gesetzlich geregelten Fälle des § 290 Abs. 1 Nr. 3 InsO der erteilten oder nach den §§ 296, 297 InsO versagten Restschuldbefreiung. 93

Da die Rechtsprechung auf ganz unterschiedliche Fallgestaltungen erstreckt wird, fehlt ein einheitlicher Bezugspunkt für den **Fristbeginn** (*Laroche* VIA 2011, 73 [74 f.]; *Hohmann* ZVI 2012, 207 [208]). Wurde in dem Erstverfahren die Restschuldbefreiung versagt, beginnt nach der Judikatur des *BGH* die Sperrfrist mit der **Rechtskraft der Versagungsentscheidung** (*BGH* NJW 2009, 3650 Tz. 17; ZInsO 2010, 347 Tz. 6; ZInsO 2010, 490 Tz. 5; ZInsO 2011, 1127 Tz. 6; A/G/R-*Fischer* § 287 InsO. 2. Aufl., Rn. 16). Wenn die Sperrfrist auf die Versagung nach § 298 InsO erstreckt werden sollte, wird auch hier an die Rechtskraft der Versagungsentscheidung anzuknüpfen sein. Ist im Ursprungsverfahren die Kostenstundung wegen eines Versagungsgrunds abgelehnt und das Insolvenzverfahren mangels Masse eingestellt worden, läuft die Frist ab Rechtskraft der Entscheidung über die Ablehnung der Verfahrenskostenstundung und Abweisung mangels Masse (*BGH* NZI 2010, 445 Tz. 6; ZInsO 2010, 491 Tz. 6; ZInsO 2010, 587 Tz. 6). 94

Blieb im Erstverfahren ein gerichtlicher Hinweis auf die Möglichkeit eines Restschuldbefreiungsantrags unbeachtet, so beginnt die Frist mit der **Eröffnung des ersten Insolvenzverfahrens** (*BGH* NZI 2010, 195 Tz. 8). Wurde zunächst der Restschuldbefreiungsantrag als unzulässig verworfen, fängt die Frist mit der rechtskräftigen Verwerfungsentscheidung an, selbst wenn das Insolvenzverfahren zu einem späteren Zeitpunkt abgeschlossen wurde (*BGH* NZI 2010, 153 Tz. 7). Liegt eine selbständige Entscheidung über die Restschuldbefreiung vor und fällt sie mit der Entscheidung über das Insolvenzverfahren auseinander, ist also auf die Entscheidung über die Restschuldbefreiung abzustellen. Bei einer Antragsrücknahme beginnt die Frist mit der Rücknahme des Antrags auf Restschuldbefreiung (*BGH* ZInsO 2011, 1127 Tz. 7; NZI 2014, 416 Tz. 8). Bei diesen unterschiedlichen Datierungen, für die in § 290 Abs. 1 Nr. 3 InsO keine Referenzpunkte bestehen, erweist sich erneut die Brüchigkeit der Analogiebasis. 95

Die **Zulässigkeit des Restschuldbefreiungsverfahrens** kann bis zur rechtskräftigen Beendigung des Insolvenzverfahrens geprüft werden. Der Restschuldbefreiungsantrag kann bereits zuvor verworfen werden. Bei Eröffnung des Insolvenzverfahrens wird keine Entscheidung über die Zulässigkeit des Restschuldbefreiungsverfahrens getroffen (*BGH* ZInsO 2011, 1127 Tz. 5; NZI 2014, 416 Tz. 7; A/G/R-*Fischer* § 287 InsO, 2. Aufl., Rn. 8). 96

3. Zweiter Insolvenzantrag

Von einem wiederholten Restschuldbefreiungsantrag (dazu Rdn. 75 ff.; § 287a Rdn. 28 ff.) zu unterscheiden ist, ob ein **zweites Insolvenzverfahren während** oder nach einem Erstverfahren zulässig ist (allgemein zum Zweitinsolvenzverfahren: *Frind* Praxishandbuch Privatinsolvenz, Rn. 120 ff.; *Schmerbach* ZInsO 2009, 2078; *Busching/Klersy* ZInsO 2015, 1601; *Büttner* ZInsO 2017, 1057; s.a. *Schmerbach* § 13 Rdn. 113). Dafür ist u.a. nach dem Antragsteller zu differenzieren. Bei Anhän- 97

§ 287 InsO Antrag des Schuldners

gigkeit eines vom Schuldner gestellten **Eigenantrags** ist ein weiterer Insolvenzantrag unzulässig (*BGH* ZInsO 2008, 924 Tz. 8; *AG Potsdam* ZInsO 2002, 340 [341]; *AG Göttingen* ZVI 2005, 278 [279]). Nach einem **Gläubigerantrag** ist bis zur Eröffnung des Insolvenzverfahrens ein Eigenantrag des Schuldners zulässig, da das Gesetz die Restschuldbefreiung u.a. an einen eigenen Insolvenzantrag des Schuldners knüpft (*BGH* ZInsO 2008, 1138). Nach Eröffnung des Insolvenzverfahrens ist ein Eigenantrag grds. unzulässig BGHZ 162, 181 [183]; ZInsO 2008, 924 Tz. 8; *LG Berlin* NZI 2008, 43). Der Insolvenzantrag eines anderen Insolvenzgläubigers oder Neugläubigers ist zwischen der Anhängigkeit des Erstantrags und Beendigung des Insolvenzverfahrens mangels Rechtsschutzbedürfnis grds. unzulässig, denn das gesamte vom Schuldner nach Eröffnung des Insolvenzverfahrens erworbene Vermögen gehört zur Insolvenzmasse (*BGH* ZInsO 2004, 739, dazu *Hölzle* EWiR 2004, 987; *BGH* ZInsO 2008, 924 Tz. 8; *OLG Köln* NZI 2003, 99 [100]; *Frind* Praxishandbuch Privatinsolvenz, Rn. 121). Anders muss dies bei nicht massezugehörigem Vermögen beurteilt werden (Rdn. 99). Ist über die Eröffnung des Erstantrags noch nicht entschieden, sind weitere Gläubigeranträge zulässig. Nach der Eröffnung des Insolvenzverfahrens auf einen Antrag, sollen die Verfahren über die zulässigen Anträge verbunden werden können (s. *Schmerbach* § 13 Rdn. 99). Überzeugender erscheint eine Erledigung der anderen Anträge.

98 Bereits **konkursrechtlich** wurde aber, sobald Neuvermögen vorhanden war, ein Antrag auf Eröffnung eines zweiten Konkursverfahrens auch durch die Konkursgläubiger für zulässig gehalten (*Jaeger* Lehrbuch des Konkursrechts, 8. Aufl. 1932, S. 91 Fn. 20; a.A. *Kuhn/Uhlenbruck* KO, 11. Aufl. 1994, § 1 Rn. 108). Unter der Geltung der Konkursordnung wurde zwar der Neuerwerb nicht zur Masse gezogen, doch trägt die Parallele, soweit insolvenzfreies Vermögen und neue Forderungen vorhanden sind.

99 Während eines laufenden Insolvenzverfahrens ist ein erneuter Insolvenzantrag zulässig, wenn eine **neue Forderung**, ein **neuer Insolvenzgrund** und **nicht massezugehöriges Vermögen** existieren, insbesondere weil das zu einer selbständigen Tätigkeit gehörende Vermögen durch Negativerklärung des Insolvenzverwalters gem. § 35 Abs. 2 InsO aus der Insolvenzmasse ausgeschieden oder eine Freigabe erfolgt ist (*BGH* NZI 2011, 633 Tz. 7; *AG Hamburg* ZVI 2008, 295; *AG Göttingen* NZI 2011, 861; *Zipperer* ZVI 2007, 541; s.a. *AG Braunschweig* NZI 2014, 659; *Pape/Wenzel* ZInsO 2008, 287 [288]; *Sessig/Fischer* ZInsO 2013, 760 [761]; *Büttner* ZInsO 2017, 1057 [1065 ff.]; a.A. *AG Oldenburg* ZVI 2005, 44; *AG Trier* ZInsO 2009, 1967 [1968], wenn im ersten Verfahren kein Restschuldbefreiungsantrag gestellt ist). Unerheblich ist dafür, ob der Gläubiger seine Forderung angemeldet hatte oder nicht (*Pape* ZVI 2011, 353 [354 f.]). Auf Antrag eines Neugläubigers ist ein nur der Befriedigung der Neugläubiger dienendes zweites Insolvenzverfahren zulässig (*BGH* NZI 2011, 633 Tz. 7).

100 Ein Zweitinsolvenzverfahren kann nur eröffnet werden, wenn die **Verfahrenskosten** gedeckt sind (*BGH* NZI 2011, 633 Rn. 12). Eine Kostenstundung ist danach für das Zweitverfahren ausgeschlossen (*AG Göttingen* NZI 2012, 198). Teilweise wird keine Belehrung nach § 20 Abs. 2 InsO über die Möglichkeit eines Restschuldbefreiungsantrags verlangt (*AG Göttingen* NZI 2011, 861; NZI 2012, 198). Dies hängt allerdings davon ab, ob ein Restschuldbefreiungsverfahren zulässig ist. Der *BGH* verneint dies (*BGH* NZI 2015, 289 Tz. 9 ff.). Zur Erfüllung der Darlegungslast reicht es, wenn der Antragsteller die Negativerklärung bzw. Freigabe darlegt. Er muss das massefreie Vermögen nicht spezifizieren (*AG Göttingen* NZI 2008, 314; a.A. *AG Köln* NZI 2008, 315).

101 **Nach Beendigung des Insolvenzverfahrens** ist nach der älteren Rechtsprechung des *BGH* zu differenzieren. Ein Insolvenzeröffnungsantrag und in der Folge auch der damit verbundene Restschuldbefreiungsantrag des Schuldners sind daher nicht bereits deswegen unzulässig, weil ein früher gestellter Fremdantrag mangels Masse abgewiesen wurde (*BGH* NZI 2006, 181 Tz. 14; *Hess* InsO, 2007, § 287 Rn. 46; s.a. Rdn. 56). Für ein erneutes Insolvenzverfahren soll nach Ansicht des *BGH* aber nur dann ein Rechtsschutzbedürfnis bestehen, wenn ein neuer Gläubiger existiert (*BGH* NZI 2008, 45 Tz. 10; anders jetzt *BGH* NZI 2010, 153 Tz. 6). Demgegenüber ist davon auszugehen, dass ein erneutes Verfahren bereits dann zulässig ist, wenn eine neue Forderung und ein Insolvenzgrund bestehen (*LG Koblenz* ZVI 2005, 91; *LG Duisburg* ZInsO 2009, 110 f.; *AG Göttingen* NZI 2008, 56 [57]; *AG Leipzig* ZVI 2007, 280; s.a. *AG Duisburg* ZVI 2008, 306 [308]; auch ohne neue Forderung: AG

Göttingen NZI 2005, 398; HWF/*Schmerbach* § 287 Rn. 24; MüKo-InsO/*Schmahl/Vuia* § 13 Rn. 88; *Büttner* ZVI 2007, 229 [232]). Soweit die Treuhandperiode des ersten Verfahrens läuft, wird z.T. verlangt, dass für das zweite Verfahren überhaupt verteilbares Vermögen vorhanden sein kann (*AG Oldenburg* ZVI 2009, 198 [199]; ZVI 2009, 195 [196]).

Ein **erneuter Eigenantrag nach Beendigung des Insolvenz- und Restschuldbefreiungsverfahrens** ist nicht schon deswegen unzulässig, weil dem Schuldner die Restschuldbefreiung erteilt oder versagt worden ist. Eine Verfahrenssperre für den Restschuldbefreiungsantrag führt nicht zur Unzulässigkeit des Insolvenzantrags (a.A. *Frind* Praxishandbuch Privatinsolvenz, Rn. 124a). Dies folgt aus der Selbständigkeit des Restschuldbefreiungs- gegenüber dem Insolvenzverfahren. Bestätigt wird dies auch durch die Rücknahmemöglichkeit des § 287a Abs. 2 Satz 2 InsO. Ein Eigenantrag auf Eröffnung eines erneuten Insolvenzverfahrens ist allerdings nach Abschluss des ersten Insolvenzverfahrens unzulässig, wenn dieser Antrag ausschließlich dazu dienen soll, einer im Erstverfahren von der Restschuldbefreiung ausgenommenen Forderung zu widersprechen (*BGH* NZI 2016, 316 Tz. 10). Eine weitergehende Aussage über einen allgemein unzulässigen zweiten Insolvenzantrag trifft die Entscheidung nicht. 102

Aus der Praxis wird inzwischen von **Drittanträgen** und sogar noch **weiteren Wiederholungsanträgen** berichtet. Derartige Konstellationen können insb. nach Negativerklärungen über das Vermögen aus einer selbständigen Tätigkeit auftreten. Der Schuldner flüchtet sich durch wiederholte Eigenanträge unter den perpetuierten Schutz der Vollstreckungssperre des § 89 InsO. Das Rechtsschutzbedürfnis bei neuem Vermögen und neuen Verbindlichkeiten kann dem Antrag nicht abgesprochen werden. Es kommen aber insbesondere berufs- und gewerberechtliche Möglichkeiten gegen ein ewiges Weiterwirtschaften in Betracht (*Frind* Praxishandbuch Privatinsolvenz, Rn. 127). 103

VII. Rücknahme des Antrags

Mit der Annahme des Schuldenbereinigungsplans gilt gem. § 308 Abs. 2 InsO der Antrag auf Erteilung von Restschuldbefreiung als zurückgenommen. Dagegen ist die parteiautonome Rücknahme des Antrags auf Erteilung der Restschuldbefreiung zwar nicht ausdrücklich geregelt, doch ist grds. von der **Rücknehmbarkeit** einer solchen **Prozesshandlung** auszugehen (*BGH* NZI 2005, 399 [400], m. Anm. *Ahrens*; *LG Freiburg* NZI 2004, 98 [99]; A/G/R-*Fischer* § 287 InsO Rn. 12; Uhlenbruck/*Sternal* InsO, § 287 Rn. 28; LSZ/*Kiesbye* InsO, § 287 Rn. 23; *Frege/Keller/Riedel* Insolvenzrecht, 8. Aufl., Rn. 2117; *Mohrbutter/Ringstmeier-Pape* § 17 Rn. 62; KS-InsO/*Delhaes* 2000, S. 151 Rn. 44; außerdem *Häsemeyer* Insolvenzrecht, Rn. 26.16). Auch eine konkludente Rücknahme ist bei einer hinreichenden Eindeutigkeit möglich (BGHZ 186, 223 Tz. 15; A/G/R-*Fischer* § 287 InsO Rn. 13). 104

Im **ersten Verfahrensabschnitt** bis zur Beendigung des Insolvenzverfahrens kann der Schuldner seinen Antrag grds. zurücknehmen (vgl. *Häsemeyer* Insolvenzrecht, Rn. 26.16). Ein dem Gedanken aus § 269 Abs. 1 ZPO entsprechendes Recht der Gläubiger, nach Beginn des Schlusstermins eine Sachentscheidung erzwingen und eine endgültige Befriedung des Streitverhältnisses erreichen zu können (dazu MüKo-ZPO/*Becker-Eberhard* § 269 Rn. 1), liegt dem Schuldbefreiungsverfahren fern und passt nicht im schriftlichen Verfahren (i.E. HK-InsO/*Waltenberger* § 287 Rn. 30; a.A. *LG Freiburg* NZI 2004, 98 [99]; HambK-InsO/*Streck* § 287 Rn. 6; *Hackländer* ZInsO 2008, 1308 [1314]). Der Antrag darf nicht mehr zurückgenommen werden, wenn ein Gläubiger nach § 290 InsO beantragt hat, die Restschuldbefreiung zu versagen (*Frege/Keller/Riedel* Insolvenzrecht, 8. Aufl., Rn. 2117). 105

Auch in der **Treuhandperiode** wird der Schuldner seinen Antrag zurücknehmen dürfen, weil § 269 Abs. 1 ZPO unanwendbar ist (*AG Göttingen* NZI 2008, 447 [448]; ZVI 2008, 430 [431]). Nach der früheren Rechtslage schuf nicht schon die Ankündigung der Restschuldbefreiung gem. § 291 Abs. 1 InsO eine für den Schuldner unabänderliche neue verfahrensrechtliche Situation. Allerdings bestand die Gefahr, dass der Schuldner die mit der zehnjährigen Sperre nach § 290 Abs. 1 Nr. 3 InsO bewehrten Versagungsregelungen der §§ 296 und 297 InsO umging. Entsprechendes gilt im neuen Recht für die fünf- bzw. dreijährigen Sperren nach § 287a Abs. 2 Satz 1 Nr. 1 Alt. 2, Nr. 2 InsO. 106

§ 287 InsO   Antrag des Schuldners

Ist ein Versagungsverfahren nach den §§ 296 f. InsO eingeleitet, besteht deswegen ein schützenswertes Interesse des Gläubigers, das eine Rücknahme des Antrags ausschließt (MüKo-InsO/*Stephan* § 287 Rn. 33a; *Frege/Keller/Riedel* Insolvenzrecht, 8. Aufl., Rn. 2117). Auch für den Versagungsgrund aus § 297 InsO ist schon aus Gründen der Rechtssicherheit auf die Antragstellung und nicht eine mögliche rechtskräftige Verurteilung abzustellen.

107 Solange in den **bis zum 30.06.2014** beantragten Insolvenzverfahren (Altverfahren) **kein Versagungsverfahren** durchgeführt wird, darf der Schuldner entsprechend § 269 ZPO seinen Restschuldbefreiungsantrag zurücknehmen, ohne eine Anwendung von § 290 Abs. 1 Nr. 3 InsO befürchten zu müssen (*Uhlenbruck/Sternal* InsO, § 287 Rn. 28; *Braun/Pehl* InsO, § 287 Rn. 6; LSZ/*Kiesbye* InsO, § 287 Rn. 23; *Henning,* in: Handbuch Fachanwalt Insolvenzrecht, Kap. 15 Rn. 13; s.a. HK-InsO/*Waltenberger* § 287 Rn. 30; **a.A.** A/G/R-*Fischer* § 287 InsO Rn. 12; ausf. auch zu den unterschiedlichen Ansichten *Ahrens* ZInsO 2017, 193 [197 f.]; *Pape* ZInsO 2017, 565 [568 ff.]). Weder ein bestehender Versagungsgrund ohne entsprechenden Versagungsantrag noch ein im Vorfeld des Schlusstermins angekündigter Versagungsantrag führt zu einer unzulässigen Rücknahme (*Ahrens* ZInsO 2017, 193 [200]). Als Konsequenz einer solchen Antragsrücknahme sind dann die Folgen von § 299 InsO gerichtlich auszusprechen (vgl. § 299 Rdn. 9). *Häsemeyer* (Insolvenzrecht, Rn. 26.16) will dagegen bei einer Rücknahme des Antrags im zweiten Verfahrensabschnitt die Restschuldbefreiung entsprechend § 296 InsO versagen, doch kann die Antragsrücknahme weder mit einer die Gläubigerbefriedigung beeinträchtigenden Obliegenheitsverletzung i.S.v. § 296 Abs. 1 Satz 1 InsO noch der Verletzung einer Verfahrensobliegenheit i.S.v. § 296 Abs. 2 Satz 2 und 3 InsO gleichgestellt werden.

108 In den Altverfahren ist der Schuldner nach § 4 InsO i.V.m. dem entsprechend anzuwendenden § 269 ZPO auch nach **Einleitung eines Versagungsverfahrens** durch den Versagungsantrag eines Insolvenzgläubigers prinzipiell berechtigt, seinen Restschuldbefreiungsantrag zurückzunehmen (*BGH* NZI 2017, 75 Rn. 6, 12; **a.A.** *Pape/Pape* ZInsO 2017, 1513 [1529]). Soweit, wie hier, die Sperrfristjudikatur abgelehnt wird (*Uhlenbruck/Sternal* InsO, § 287 Rn. 29, bis zur Rechtskraft), ist die Rücknahme bis zur Versagungsentscheidung, sonst bis zum Versagungsantrag zulässig (*Kübler/Prütting/Bork-Wenzel* InsO, § 287 Rn. 3a; vgl. *Ahrens* ZInsO 2017, 193 [200]).

109 In den **ab dem 01.07.2014** beantragten Insolvenzverfahren (Neuverfahren) ist nach einer **nicht rechtskräftigen Versagungsentscheidung** eine Rücknahme des Restschuldbefreiungsantrags abweichend von § 269 Abs. 3 Satz 1 ZPO unzulässig (*BGH* NZI 2017, 75). Begründet wird dies vom *BGH* zunächst mit einer **Interessenabwägung**, doch können die dafür angeführten Argumente kaum überzeugen (*Ahrens* ZInsO 2017, 193 [195 f.]). Die von § 4 InsO eröffnete entsprechende Anwendung ermöglicht es, die zivilprozessualen Vorschriften außerhalb ihres Anwendungsbereichs heranzuziehen, also die Regelungen über die Klagerücknahme grds. auf die Rücknahme eines Restschuldbefreiungsantrags zu übertragen. Insoweit ist eine gesetzgeberische Bewertung erfolgt. Plastisch, wenn auch methodisch nicht genau, weil eine gesetzgeberische Anordnung erfolgt ist, könnte von einer gesetzlichen Analogie gesprochen werden. Abgesehen werden darf deswegen nur von einzelnen auf den neuen Geltungsbereich nicht übertragbaren Tatbestandsvoraussetzungen. Es muss aber die Grundstruktur der zivilverfahrensrechtlichen Regelung gewahrt bleiben. Dies schließt es aus, von beliebigen Tatbestandsmerkmalen abzusehen und sie durch gänzlich neue Elemente zu ersetzen, erst recht wenn sie die beliebige Struktur einer Interessenabwägung einnehmen (entgegen *Pape* ZInsO 2017, 565 [571]). Außerdem stützt sich der *BGH* auf eine Parallele zu § 13 Abs. 2 InsO (*BGH* NZI 2017, 75 Rn. 13). Einen solchen Vergleich hatte der Senat in seiner Entscheidung vom 15.07.2010 noch ausdrücklich abgelehnt (*BGH* NZI 2010, 780). Gegen eine entsprechende Anwendung von § 13 Abs. 2 InsO sprechen die darin angelegte Entscheidung über die Zulässigkeit und Begründetheit des Insolvenzantrags und die weitreichenden Folgen einer Insolvenzeröffnung. Beides fehlt im Restschuldbefreiungsverfahren (*Ahrens* ZInsO 2017, 193 [196]). Im Ergebnis ist dem *BGH* jedoch zuzustimmen. Während § 269 Abs. 3 Satz 1 ZPO von einem einseitigen Dispositionsakt des Klägers ausgeht, überlagern sich bei der Rücknahme des Restschuldbefreiungsantrags nach einem Versagungsantrag zwei mit gegensätzlichen Beteiligtenrollen geführte Verfahren. Nachdem in

dem Versagungsverfahren eine Entscheidung von Seiten eines Gläubigers erlangt wurde, kann der Schuldner diesen Beschluss nicht durch Rücknahme seines Restschuldbefreiungsantrags entkräften (*Ahrens* ZInsO 2017, 193 [194, 199]).

Vor der Versagungsentscheidung ist in den Neuverfahren eine Rücknahme des Versagungsantrags 110 zulässig (K. Schmidt/*Henning* § 287 n.F. Rn. 18, jederzeit; **a.A.** *Kübler/Prütting/Bork-Wenzel* InsO, § 287 Rn. 3a; *Pape/Pape* ZInsO 2017, 1513 [1529]). Jenseits der Fälle einer Versagungsentscheidung steht **nicht** schon die Eingangsentscheidung nach § 287a Abs. 1 Satz 1 InsO einer Rücknahme des Restschuldbefreiungsantrags entgegen. Nach neuem Recht kann im eröffneten Insolvenzverfahren jederzeit bis zum Schlusstermin eine Versagung der Restschuldbefreiung beantragt werden, § 290 Abs. 2 Satz 1 InsO n.F. Ein solcher zugestellter Versagungsantrag führt noch nicht zu einer unzulässigen Rücknahme (*Jacobi* NZI 2017, 254 [255]; **a.A.** *Pape* ZInsO 2017, 565 [571]; HK-InsO/*Waltenberger* § 286 Rn. 30; offengelassen von *AG Göttingen* NZI 2017, 400). Um eine Zulässigkeitsschranke zu begründen, muss neben der erfolgten Antragstellung aber auch zusätzlich der Versagungsantrag erörtert worden sein (eingehend *Ahrens* ZInsO 2017, 193 [298 f.]), wie dies bei der Rücknahmevorschrift anerkannt ist (*BGHZ* 100, 383, 389 f.; *BGHZ* 109, 41, 44). Dafür können nur der Schlusstermin bzw. die Schlussanhörung in Betracht kommen, bis zu denen der Restschuldbefreiungsantrag zurückgenommen werden kann (*Ahrens* ZInsO 2017, 193 [200]; *Hess/Groß/Reill-Ruppe/Roth* Kap. 4 Rn. 76).

Ist die Wirksamkeit der Rücknahme umstritten, entscheidet das Gericht durch **Beschluss** (*BGH* NZI 111 2017, 75 Rn. 13). Wegen der zahlreichen noch ungeklärten Fragen wird regelmäßig eine gerichtliche Entscheidung erforderlich sein. Funktional zuständig ist der Rechtspfleger, doch kann der Richter die Entscheidung an sich ziehen (*AG Göttingen* NZI 2017, 400). Gegen den Beschluss ist entsprechend § 269 Abs. 5 Satz 1 ZPO die sofortige Beschwerde eröffnet. Die Entscheidung ist entsprechend § 9 InsO zu veröffentlichen (*AG Göttingen* NZI 2013, 400).

Von den verfahrensrechtlichen Konsequenzen einer Rücknahme für den Antrag auf Erteilung der 112 Restschuldbefreiung sind die Auswirkungen auf die Abtretung der **pfändbaren Bezüge** gem. § 287 Abs. 2 Satz 1 InsO zu unterscheiden. Als Prozesshandlung ist die Abtretungserklärung nicht nur bis zur Überleitung der Bezüge auf den Treuhänder gem. § 288 Satz 2 InsO, sondern auch noch danach in der Treuhandzeit widerruflich (*Ahrens* DZWIR 1999, 45 [51]; s.a. Rdn. 139). Nimmt der Schuldner seinen Antrag auf Erteilung der Restschuldbefreiung zurück, so widerruft er deshalb zugleich auch seine Abtretungserklärung (*Uhlenbruck/Sternal* InsO, § 287 Rn. 28).

VIII. Absehen von einem Restschuldbefreiungsantrag

In Einzelfällen kann für den Schuldner ein **strategisches Unterlassen** eines Restschuldbefreiungs- 113 antrags sinnvoll sein. Dies betrifft insbesondere die Verfahren, in denen der Schuldner keine realistische Aussicht auf eine Restschuldbefreiung besitzt. Zu denken ist etwa an eine noch nicht abgelaufene Sperrfrist, ein noch nicht abgeschlossenes erstes Insolvenz- und Restschuldbefreiungsverfahren, einen offensichtlich verwirklichten Versagungsgrund oder an die faktischen Leistungsgrenzen der Restschuldbefreiung durch privilegierte Forderungen in erheblichem Umfang. Typischerweise wird dabei das Insolvenzverfahren auf einem Gläubigerantrag beruhen, also der Disposition des Schuldners entzogen sein.

Als **Rechtsfolgen** sind dann sämtliche Wirkungen des Restschuldbefreiungsverfahrens ausgeschlos- 114 sen. Auch kann der Gläubiger seine Forderungen nicht mit einem qualifizierten Schuldgrund i.S.d. § 302 InsO zur Tabelle anmelden (§ 302 Rdn. 40). Ebenso sind damit eine Belehrung über das Widerspruchsrecht durch das Insolvenzgericht und ein Schuldnerwiderspruch allein gegen den Schuldgrund ausgeschlossen.

Sinnvoll ist ein solches bewusstes Absehen von einem Restschuldbefreiungsantrag dann, wenn der 115 Schuldner eine **Handlungsalternative** insbesondere in Gestalt einer Möglichkeit zum Abschluss eines Insolvenzplans besitzt. Gangbar ist dieser Weg regelmäßig nur, wenn der Schuldner die Kosten tragen und eine Sonderzahlung erbringen kann. Ob die Planoption realistisch erscheint, hängt auch davon ab, inwieweit die der Restschuldbefreiung entgegenstehenden Gründe in das Insolvenzplanverfahren gespiegelt werden. Eine Verletzung insolvenzrechtlicher Mitwirkungspflichten, die einen Versagungsgrund eröffnet, wird einen Insolvenzplan noch nicht ausschließen. Den Gläubigern wird das Insolvenzgericht eine nachträgliche Ergänzung ihrer Forderungsanmeldung um den qualifizierten Schuldgrund (vgl. Rdn. 53) eröffnen müssen. Nur dann erhalten diese Gläubiger die Chance auf eine eigene Gläubigergruppe. Außerdem könnte eine mögliche Schlechterstellung im Rahmen von § 251 Abs. 1 Nr. 2 InsO ggf. unter Berücksichtigung eines Vollstreckungsprivilegs bestimmt werden.

IX. Verzicht auf den Antrag

116 Ein **Verzicht** auf die **Einleitung** des Restschuldbefreiungsverfahrens ist unzulässig (*Hess* InsO, 2007, § 287 Rn. 37; A/G/R-*Fischer* § 286 Rn. 13; HK-InsO/*Waltenberger* § 286 Rn. 7; K. Schmidt/*Henning* InsO, § 286 Rn. 9; *Hess/Groß/Reill-Ruppe/Roth* Kap. 4 Rn. 58). An einem solchen Verzicht werden unabhängig von einem konkreten Insolvenzverfahren Darlehensgeber interessiert sein, die sich eine langfristige Rückzahlungsoption sichern wollen. Ein entsprechendes Interesse können die Gläubiger bei den Verhandlungen über einen Schuldenbereinigungsplan artikulieren. Die Verfügungsbefugnis des Schuldners, durch eine einzelvertragliche Vereinbarung wirksam auf die Durchführung eines Restschuldbefreiungsverfahrens verzichten zu können, ist jedoch durch materielle und durch verfahrensrechtliche Regelungen eingeschränkt. Als letztes verfahrensrechtliches Instrument zum Schutz insolventer Schuldner ist das Recht auf Einleitung eines Restschuldbefreiungsverfahrens Bestandteil des ius strictum (ebenso *Gottwald/Schmidt-Räntsch* HdbInsR, 3. Aufl. § 77 Rn. 6).

117 Ein **Verzicht auf die Wirkungen** der Restschuldbefreiung (ausf. § 301 Rdn. 29 f.) ist wegen der auch vollstreckungserweiternden Vereinbarungen entgegenstehenden Bedenken unwirksam (A/G/R-*Fischer* § 286 Rn. 13; HK-InsO/*Waltenberger* § 286 Rn. 7; K. Schmidt/*Henning* § 286 Rn. 9; Mü-Ko-InsO/*Stephan* § 301 Rn. 25 arg. § 134 BGB). Zudem enthält auch die Erklärung nach § 305 Abs. 1 Nr. 2 InsO, keine Restschuldbefreiung beantragen zu wollen, keinen Prozessverzicht i.S.v. § 306 ZPO (dazu *Grote/Lackmann* § 305 Rdn. 29). Als Prozesshandlung besitzt diese Erklärung auch keine über das konkrete Verfahren hinausreichende Wirkung.

D. Forderungsabtretung

I. Abtretungserklärung

1. Abtretungserklärung als besondere Sachentscheidungsvoraussetzung

118 Voraussetzung der Restschulbefreiung ist u.a. eine **Bezügeabtretung** (*Frege/Keller/Riedel* Insolvenzrecht, 8. Aufl., Rn. 2124). Neben dem Antrag auf Erteilung der Restschuldbefreiung hat der Schuldner nach § 287 Abs. 2 Satz 1 InsO eine Erklärung abzugeben, dass er seine pfändbaren Forderungen auf Bezüge aus einem Dienstverhältnis oder an deren Stelle tretende laufende Bezüge für die Zeit von sechs Jahren nach Eröffnung des Insolvenzverfahrens an einen vom Gericht zu bestimmenden Treuhänder abtritt.

119 Bei dieser Abtretungserklärung handelt es sich um eine besondere **Sachentscheidungsvoraussetzung** des Verfahrens auf Erteilung der Restschuldbefreiung. Wird die Abtretungserklärung nicht rechtzeitig vorgelegt, ist der Antrag auf Erteilung von Restschuldbefreiung im allgemeinen Insolvenzverfahren (Regelinsolvenzverfahren) als unzulässig zu verwerfen (*OLG Köln* ZInsO 2000, 608 [609] = EWiR 2001, 127 (*Pape*); *OLG Celle* ZVI 2002, 29 [30]; *AG Bielefeld* ZIP 1999, 1180 [1182]). Im Verbraucherinsolvenzverfahren gilt der Insolvenzeröffnungsantrag nach § 305 Abs. 3 Satz 2 InsO als zurückgenommen. Gleiches gilt dort für den Restschuldbefreiungsantrag. Nach dem Wortlaut von § 287 Abs. 2 Satz 1 InsO ist die Abtretungserklärung dem Restschuldbefreiungsantrag beizufügen. Zur Belehrung und Fristsetzung sogleich Rdn. 122.

120 *Jeder Schuldner,* der eine Restschuldbefreiung beantragt, muss die Erklärung unabhängig davon abgeben, ob er über derartige Bezüge verfügt oder im Abtretungszeitraum zu erwarten hat

(K. Schmidt/*Henning* § 287 n.F. Rn. 24), wodurch das Prognoserisiko über die zukünftigen Bezüge ausgeschaltet wird. Der Antrag auf Erteilung der Restschuldbefreiung ist also nicht schon deswegen unzulässig, weil ein einkommensloser Schuldner über keine abtretbaren künftigen Bezüge verfügt (*AG Hamburg* ZInsO 1999, 236 [237]; *Hess/Obermüller* Insolvenzplan, Restschuldbefreiung und Verbraucherinsolvenz, 3. Aufl., Rn. 1087a; *Nerlich/Römermann* InsO, § 287 Rn. 28; *Pech* Die Einbeziehung des Neuerwerbs in die Insolvenzmasse, S. 194 ff.; a.A. KS-InsO/*Thomas* 2000, S. 1205 Rn. 7), ist doch nach der Rspr. des *BGH* (ZInsO 2001, 1009 [1010], m. Anm. *Vallender*) keine Mindestquote als Ergebnis der insolvenzrechtlichen Befriedigung erforderlich. Gesetzlich verlangt wird die Abtretungserklärung, nicht ihr wirtschaftlicher Erfolg.

Ebenso muss ein **selbständiger Schuldner** ohne Bezüge aus einem Dienstverhältnis oder gleichgestellte Einkünfte die Abtretung erklären, denn auch ein selbständiger Schuldner kann grds. über abtretbare Forderungen verfügen (dazu s. Rdn. 172 f.). Außerdem ist nicht auszuschließen, dass er in der sechsjährigen Abtretungsperiode eine nicht selbständige Beschäftigung aufnimmt und entsprechende Bezüge erlangt (*BGH* ZInsO 2011, 2101 Tz. 9; MüKo-InsO/*Stephan* § 287 Rn. 33; MüKo-InsO/*Ehricke* § 295 Rn. 103; *Nerlich/Römermann* InsO, § 295 Rn. 44; *Uhlenbruck/Sternal* InsO, § 287 Rn. 32, § 295 Rn. 65; *Braun/Pehl* InsO, § 287 Rn. 13; *Kübler/Prütting/Bork-Wenzel* InsO, § 287 Rn. 16; *Andres/Leithaus* InsO, § 287 Rn. 9). Unerheblich ist dafür die im Verfahren nicht verifizierbare Willensrichtung des Schuldners (a.A. *Bruckmann* Verbraucherinsolvenz, § 4 Rn. 8). Soweit von ihm in der Literatur zusätzlich ein Hinweis darauf verlangt wird, welche Beträge er an die Gläubiger auszahlen kann (*Smid/Krug/Haarmeyer* InsO, § 287 Rn. 7; *Haarmeyer/Wutzke/Förster* Handbuch, 2. Aufl., Rn. 10/62; einschränkend 3. Aufl., Rn. 8/197: der Schuldner sollte mitteilen), besteht für eine solche Verpflichtung keine rechtliche Grundlage (MüKo-InsO/*Stephan* § 287 Rn. 33). Zudem widerspricht eine solche ergänzende Informationspflicht der gesetzlichen Systematik des § 295 Abs. 2 InsO, die dem selbständigen Schuldner bis zum Ende der Treuhandzeit weitgehende Freiheit lässt (s. § 295 Rdn. 188). 121

Über die Erforderlichkeit und den Inhalt der **Abtretungserklärung** ist der Schuldner grds. entsprechend § 287 Abs. 1 InsO i.V.m. § 20 Abs. 2 InsO zu **belehren** (*Mohrbutter/Ringstmeier-Pape* § 17 Rn. 74; *Graf-Schlicker/Kexel* InsO, § 287 Rn. 18; vgl. Rdn. 27 ff.). In der gesetzlichen Regelung ist zwar ausdrücklich nur ein Hinweis darauf vorgeschrieben, dass der Schuldner nach Maßgabe der §§ 286 bis 303 InsO Restschuldbefreiung erlangen kann. Wegen der herausragenden Bedeutung der Abtretungserklärung für das Restschuldbefreiungsverfahren sollte sich der Hinweis ebenfalls auf die Abtretungserklärung beziehen. Gegen eine Fristverlängerung hat das *OLG Köln* (ZInsO 2000, 608 [609 f.]) nach der früheren Fassung von § 287 Abs. 1 und 2 InsO gewichtige Bedenken erhoben, weil dort eine Verlängerung der Frist nicht ausdrücklich vorgesehen war. Aufgrund der Neufassung von § 287 Abs. 1 InsO mit dem nunmehr ausdrücklich vorgeschriebenen Hinweis auf § 20 Abs. 2 InsO hat sich dieser Einwand erledigt. Mit der neuen Konzentration des Restschuldbefreiungsantrags auf das Insolvenzeröffnungsverfahren, § 287 Abs. 1 InsO n.F., ist eine Beschleunigungswirkung geschaffen, die eine Anknüpfung an § 296 ZPO ermöglicht. 122

Fehlt der gebotene **Hinweis**, darf der Schuldner die Abtretungserklärung nachholen, denn auch hier ist eine Präklusion mit dem Anspruch auf rechtliches Gehör gem. Art. 103 Abs. 1 GG nur vereinbar, wenn kein richterliches Fehlverhalten die verspätete Handlung mit verursacht hat (*BVerfG* NJW 1987, 2003; *BGH* NJW 1989, 717 [718]; *Kübler/Prütting-Pape* InsO, 8. EL, § 30 Rn. 6a; *Haarmeyer/Wutzke/Förster* Handbuch, Rn. 8/197). 123

Im Verbraucherinsolvenzverfahren gilt die gesetzliche **Frist** aus § 305 Abs. 3 Satz 2 InsO (*BGH* NZI 2009, 120 Tz. 9). Hat der Schuldner die Abtretungserklärung auch nach einem gerichtlichen Hinweis nicht abgegeben, so gilt im Verbraucherinsolvenzverfahren der Antrag auf Eröffnung des Insolvenzverfahrens analog § 305 Abs. 3 Satz 2 InsO als zurückgenommen (*OLG Celle* ZVI 2002, 29 [30]). Im allgemeinen Insolvenzverfahren (Regelinsolvenzverfahren) ist eine richterliche Frist von einem Monat zu setzen (*Renger* NZI 2009, 99 [100]). Eine in diesem Verfahren nach Fristablauf vorgelegte Abtretungserklärung ist nicht präkludiert, sondern kann im Rechtsbehelfsverfahren berücksichtigt werden (*LG Dresden* ZInsO 2013, 407 = VIA 2013, 27 m. Anm. *Kortleben*). Erklärt der 124

Schuldner im allgemeinen Insolvenzverfahren (Regelinsolvenzverfahren) trotz eines gerichtlichen Hinweises nicht die Abtretung und wird deswegen sein Antrag auf Erteilung der Restschuldbefreiung als unzulässig zurückgewiesen, kann es für den Schuldner zweckmäßig sein, den Antrag auf Eröffnung des Insolvenzverfahrens zurückzunehmen und einen neuen Insolvenzeröffnungsantrag mitsamt einem vollständigen Antrag auf Eröffnung des Restschuldbefreiungsverfahrens zu stellen. Aus Kostengesichtspunkten bedarf dies aber einer genauen Prüfung. Mit der Abtretung hat der Schuldner die erforderliche Leistungshandlung vorgenommen. Nach dem Gedanken aus § 270 Abs. 1 BGB hat der Schuldner das Verlust- und Verspätungsrisiko bis zum Eingang beim Treuhänder zu tragen (*Preuß* Verbraucherinsolvenzverfahren und Restschuldbefreiung, Rn. 266).

2. Geltungsgrund der Abtretung

125 Vom Schuldner wird die Abtretung seiner pfändbaren Forderungen auf Bezüge aus einem Dienstverhältnis oder an deren Stelle tretender laufender Bezüge verlangt. Als bürgerlichrechtlicher Abtretungsvertrag i.S.v. § 398 Satz 1 BGB kann diese Abtretung nicht ohne Weiteres gedeutet werden. Näher liegt deswegen eine Interpretation der Abtretung als prozessuale Erklärung des Schuldners. Wegen der weitreichenden Unterschiede zwischen einem konsensualen materiellrechtlichen Abtretungsvertrag und einer einseitigen Prozesshandlung des Schuldners kommt dieser Differenzierung entscheidende Bedeutung zu.

a) Materiellrechtliche Theorie der Abtretung

126 Durch die Abtretungserklärung soll eine **zivilrechtliche**, den rechtsgeschäftlichen Regeln unterliegende **Forderungsübertragung** begründet werden (*Kübler/Prütting/Bork-Wenzel* InsO, § 287 Rn. 17; *Balz* BewHi 1989, 103 [113]; *Wenzel* VuR 1990, 121 [124 f.]; *Döbereiner* Restschuldbefreiung, S. 175 f.). In der Erklärung des Schuldners wird deshalb ein Angebot auf Abschluss eines Abtretungsvertrags gem. § 398 Satz 1 BGB gesehen. Das Vertragsmodell lässt nicht schon eine einseitige Erklärung des Schuldners genügen, sondern erfordert eine korrespondierende Willenserklärung des Treuhänders. Die Angebotserklärung müsste dem Treuhänder, vermittelt durch das mit Vertretungs- oder Botenmacht handelnde Gericht, zugegangen sein und von ihm zumindest gem. § 151 Satz 1 BGB angenommen sein. Der Abtretungsvertrag wird danach wirksam, wenn das Gericht einen Treuhänder benennt und dieser durch die Übernahme des Amts konkludent sein Einverständnis erklärt hat (Begründung RegE BR-Drucks. 1/92 S. 189; *Kübler/Prütting/Bork-Wenzel* InsO, § 287 Rn. 18; HK-InsO/*Waltenberger* § 287 Rn. 36; *Braun/Uhlenbruck* Unternehmensinsolvenz, S. 698 f.; *Forsblad* Restschuldbefreiung, S. 213; *Preuß* Verbraucherinsolvenzverfahren und Restschuldbefreiung, 2. Aufl., Rn. 275; *Nerlich/Römermann* InsO, § 287 Rn. 29, anders Rn. 22; *Uhlenbruck/Sternal* InsO, § 287 Rn. 50; *Hess* InsO, § 287 Rn. 75; *Hess/Obermüller* Insolvenzplan, Restschuldbefreiung und Verbraucherinsolvenz, 3. Aufl., Rn. 1087b; *Scholz* DB 1996, 765 [767]; *Vallender* VuR 1997, 155 [156]; *Maier/Krafft* BB 1997, 2173 [2176]; *Wittig* WM 1998, 157, 209 [213]; s.a. *Häsemeyer* Insolvenzrecht, Rn. 26.15; *Becker* Insolvenzrecht, 2. Aufl., Rn. 1548; *Frege/Keller/Riedel* Insolvenzrecht, 8. Aufl., Rn. 2125 f. aber Fn. 61).

127 Gegen einen Forderungsübergang durch einen Abtretungsvertrag und damit gegen die materiellrechtliche Theorie bestehen jedoch grundlegende Einwände, worauf bereits *Jauernig* (Zwangsvollstreckungs- und Insolvenzrecht, § 66 III 3a) aufmerksam gemacht hat (*Ahrens* DZWIR 1999, 45 [47]; *Jauernig* FS Uhlenbruck, S. 3, 15 ff.). Unklar bleibt zunächst, worin der notwendige **Zugang** der **Abtretungserklärung** (zur Terminologie vgl. §§ 1154 f. BGB) als Vertragsangebot an den Treuhänder liegen soll, da die Abtretung an das Gericht gerichtet ist. Außerdem ist der Zessionar in der Abtretungserklärung nicht benannt. Eine solche Abtretung könnte zwar als **Blankozession** gedeutet werden, doch ist die Benennung des Treuhänders mit rechtsgeschäftlichen Kriterien nicht hinreichend zu erklären (*Ahrens* DZWIR 1999, 45 [47 f.]; *Jauernig* FS Uhlenbruck, S. 3 [16]).

128 Das **Gericht** ist **kein Erklärungsbote** (so aber *Döbereiner* Restschuldbefreiung, S. 177, Fn. 204) und damit keine dem Bereich des Erklärenden zuzurechnende Institution (vgl. *BGH* NZI 2006, 599 Tz. 15). Außerdem müsste dann der hoheitliche Beschluss des Insolvenzgerichts, mit dem der Treu-

händer ernannt wird, zugleich auch einen rechtsgeschäftlichen Vorgang beinhalten. Schließlich führt nach der materiell-rechtlichen Konzeption nicht bereits die gerichtliche Entscheidung nach § 288 Satz 2 InsO, sondern erst die Annahme des zugegangenen Abtretungsangebots durch den Treuhänder zur Forderungsübertragung. Deswegen heißt es, die Abtretung wird erst in diesem Zeitpunkt wirksam (*Pape/Uhlenbruck* Insolvenzrecht, Rn. 947).

Auch die **Annahmeerklärung** des Treuhänders wird in Ermangelung eines Erklärungsbewusstseins häufig nicht konkludent zu begründen, sondern allein zu fingieren sein (*BGH* NZI 2006, 599 Tz. 15; MüKo-InsO/*Stephan* § 287 Rn. 34). Außerdem sind nach § 287 Abs. 3 InsO Vereinbarungen insoweit unwirksam, wie sie die Abtretungserklärung vereiteln oder beeinträchtigen. Falls sich jedoch die Vereinbarungen gegen eine schuldrechtliche Verfügung richten, müssten sie nicht die Angebotserklärung, sondern die Wirkung des Abtretungsvertrags betreffen. Darüber hinaus knüpft die Dauer des Forderungsübergangs an die Laufzeit der Abtretungserklärung an, §§ 299, 300 InsO (vgl. zur Frist der Abtretungserklärung Rdn. 271 ff.), obwohl rechtsgeschäftliche Angebote keine Laufzeit haben, weshalb auf den Inhalt des Abtretungsvertrags abzustellen wäre (*Jauernig* Zwangsvollstreckungs- und Insolvenzrecht, § 66 III 3a). Ferner ist der Schuldner bei einer rechtsgeschäftlichen Abtretung berechtigt, seine Abtretungserklärung wegen eines **Willensmangels anzufechten** und damit der Zession die Grundlage zu entziehen. Zivilrechtlichen Vorstellungen widerspricht auch, dass der Treuhänder Beträge durch die Abtretung erlangt, wie aber § 292 Abs. 1 Satz 2 InsO formuliert (*Rother* ZRP 1998, 205 [208]). 129

Außerdem ist ein **Wechsel** in der Person **des Treuhänders** mit einem bürgerlichrechtlich gedeuteten Abtretungsvertrag kaum angemessen zu erfassen. Grds. bleibt der materiellrechtliche Verfügungsvertrag auch dann wirksam, wenn der Treuhänder gem. den §§ 292 Abs. 3 Satz 2, 59 InsO aus seinem Amt entlassen wird oder während der Treuhandzeit stirbt, so dass beim Tod des Treuhänders das Treuhandvermögen mit den bestehenden Beschränkungen auf den Erben übergeht (*Staudinger/Marotzke* BGB, § 1922 Rn. 160). In derartigen Fallgestaltungen müsste deswegen der Abtretungsvertrag, ohne die Treuhandzeit zu beeinträchtigen, außerordentlich zu beenden sein und dies, obwohl doch nach § 299 InsO Abtretungswirkung und Treuhandzeit grds. nur gemeinschaftlich vorzeitig beendet werden. Zusätzlich hat dann eine Forderungsübertragung auf einen anderen Treuhänder zu erfolgen, die eine weitere Abtretungserklärung erfordert, zu der aber ein Schuldner nach den Regelungen des Restschuldbefreiungsverfahrens nicht mehr verpflichtet ist. 130

Die Abtretungserklärung müsste deswegen als **Angebot zum Abschluss einer unbestimmten Anzahl von Verträgen** ausgelegt werden (*BGH* NZI 2006, 599 Tz. 15). Eine materiellrechtliche Abtretungserklärung vermag auch nicht befriedigend zu erklären, warum der Schuldner – früher auch nach dem Beschluss gem. § 291 InsO, jetzt aufgrund der Entscheidung gem. § 288 Satz 2 InsO – während der Laufzeit der Abtretungserklärung jederzeit einseitig von der Abtretung Abstand nehmen kann, wenn er nicht länger die Restschuldbefreiung anstrebt (*BGH* NZI 2006, 599 Tz. 16). Aufgrund dieser zahlreichen prinzipiellen Einwände ist die Abtretungserklärung des Schuldners gem. § 287 Abs. 2 Satz 1 InsO nicht als bürgerlichrechtliches Angebot zum Abschluss eines Abtretungsvertrags nach § 398 Satz 1 BGB zu erklären (*Smid/Krug/Haarmeyer* InsO, § 287 Rn. 10, sprechen deswegen von einer Erklärung sui generis). 131

b) Abtretungserklärung als Prozesshandlung

Primär bezweckt die Abtretungserklärung des Schuldners prozessuale Wirkungen. Die Abtretungserklärung des Schuldners im Restschuldbefreiungsverfahren stellt eine **Prozesshandlung** dar (*Ahrens* DZWIR 1999, 45 [50]; zust. *BGH* NZI 2006, 599 Tz. 15 ff., *AG Hamburg* ZInsO 2001, 768 [769]; *Grote* Einkommensverwertung und Existenzminimum, Rn. 139 f.; A/G/R-*Fischer* § 287 InsO a.F. Rn. 30; MüKo-InsO/*Stephan* § 287 Rn. 34; K. *Schmidt*/*Henning* InsO, § 287 n.F. Rn. 26; LSZ/ *Kiesbye* InsO, § 287 Rn. 36; HWF/*Schmerbach* § 287 Rn. 22; HambK-InsO/*Streck* § 287 Rn. 18; *Bernhardi* Die Abtretung des Anspruchs auf Arbeitsentgelt, S. 307; *Stephan* ZInsO 2000, 376 [380]; *Kohte* Anm. zu *OLG Frankfurt*, DZWIR 2001, 34 [36]; s.a. *Frege/Keller/Riedel* Insolvenzrecht, 8. Aufl., Rn. 2125 Fn. 61). Als charakteristische prozessrechtliche Folge bildet die Abtretungserklä- 132

§ 287 InsO Antrag des Schuldners

rung eine besondere Prozessvoraussetzung des Restschuldbefreiungsverfahrens und ist mit dem Antrag auf Erteilung der Restschuldbefreiung zu verbinden. Schon dadurch wird der Abtretungserklärung der Wesenszug einer privatautonom gestalteten Mobilisierung von Forderungen genommen, der einer bürgerlichrechtlichen Abtretung eigentümlich ist (vgl. *Nörr/Scheyhing* Sukzessionen, S. 6).

133 Eine mehrfache Bestätigung findet die **prozessuale Theorie** in dem InsOÄndG vom 26.10.2001 (BGBl. I S. 2710). Eindeutig belegt sie § 292 Abs. 1 Satz 3 InsO i.V.m. den §§ 36 Abs. 1 Satz 2, Abs. 4 InsO, 850, 850a, 850c, 850e, 850f Abs. 1, 850g bis 850i ZPO. Mit dieser Regelung wird auf die Abtretungserklärung Insolvenzverfahrensrecht angewendet. Diese gesetzlich angeordnete Geltung der vollstreckungsschutzrechtlichen Regelungen für die Abtretung ist folgerichtig aus der prozessualen Theorie zu entwickeln und setzt ihren Erklärungsansatz konsequent um. Mit der materiellrechtlichen Theorie ist diese Vorschrift dagegen nur unter Schwierigkeiten zu vereinbaren. Ebenso baut die neue Fassung von § 287 Abs. 2 Satz 1 InsO auf der prozessualen Theorie auf. Nach dieser Bestimmung hat der Schuldner seine Forderungen auf Bezüge und die gleichgestellten Forderungen für die Dauer von sechs Jahren nach Eröffnung des Insolvenzverfahrens abzutreten.

134 Eine sachgerechte **Abgrenzung gegenüber dem Insolvenzbeschlag** setzt eine Trennung zwischen der Frist der Abtretungserklärung und ihrer Wirkung voraus, die gerade aus der prozessualen Theorie zu erklären ist (Rdn. 136). Aufgrund dieser verfahrensrechtlichen Qualität der Forderungsübertragung werden die Tilgungsleistungen für die Gläubiger gesichert und es wird dem Treuhänder ermöglicht, die Beträge in einem gesamtvollstreckungsrechtlichen Verfahren an die Gläubiger zu verteilen. Außerdem bestimmt die Laufzeit der Abtretung von sechs Jahren darüber, wann das Verfahren über die gesetzliche Schuldbefreiung endet. Funktional ist also die Abtretungserklärung Bestandteil des Haftungsrechts, mit dem in den Verfahrensformen der Restschuldbefreiung die gemeinschaftliche Gläubigerbefriedigung verwirklicht wird.

135 Mit der Abtretungserklärung aus § 287 Abs. 2 Satz 1 InsO nimmt der Schuldner eine Prozesshandlung vor. Eine **Prozesshandlung** der Beteiligten wird **gegenüber dem Gericht** erklärt, unterliegt nicht der Anfechtung wegen eines Willensmangels (*BGH* JR 1994, 21 m. Anm. *Zeiss*) und zielt nach ihrem erkennbaren Sinn darauf ab, eine charakteristische prozessrechtliche Folge herbeizuführen (*Stein/Jonas-Leipold* ZPO, 22. Aufl., vor § 128 Rn. 211). Auch eine Prozesshandlung kann sachlich-rechtliche Folgen entfalten (BGHZ 88, 174 [176]; *Zöller/Greger* ZPO, Vor § 128 Rn. 14; *Baumbach/Lauterbach/Albers/Hartmann* ZPO, Grdz. § 128 Rn. 61). Die **materiellrechtlichen Konsequenzen** treten jedoch, wie bei der Abtretungserklärung nach § 287 Abs. 2 Satz 1 InsO, gegenüber den verfahrensrechtlichen Wirkungen in den Hintergrund (*BGH* NZI 2006, 599 Tz. 17; s.a. Rdn. 75; A/G/R-*Fischer* § 287 InsO a.F. Rn. 30). Frühere Abtretungen genießen aber im Umfang des § 114 Abs. 1 InsO Vorrang (*BGH* NZI 2006, 599 Tz. 17).

136 Als Prozesshandlung bildet die Abtretungserklärung eine **Sachentscheidungsvoraussetzung** des Antrags auf Erteilung der Restschuldbefreiung, ist also Voraussetzung einer Erwirkungshandlung (zum Begriff *Rosenberg/Schwab/Gottwald* Zivilprozessrecht, 17. Aufl., § 64 Rn. 1), und stellt damit selbst ebenfalls eine Erwirkungshandlung dar. Entsprechend dieser Zielsetzung ist das Insolvenzgericht Adressat der Handlung (MüKo-ZPO/*Rauscher* 3. Aufl., Einl. Rn. 376), so dass die Abtretungserklärung mit dem Zugang beim Gericht wirksam wird. Zugleich ist der erforderliche Umfang der Abtretung durch § 287 Abs. 2 Satz 1 InsO gesetzlich bestimmt. Als prozessuale Erklärung ist sie so **auszulegen** (zur Auslegung s. Rdn. 145), dass der Schuldner seine pfändbaren Bezüge nicht nur an einen, sondern an jeden durch das Gericht bestimmten Treuhänder zu übertragen bereit ist. Die Abtretungserklärung beinhaltet keine Verfügung und verstößt auch nicht gegen das Verfügungsverbot aus § 81 Abs. 1 InsO, wie § 81 Abs. 2 Satz 2 InsO zusätzlich klarstellt.

137 Im Wege einer **gestaltenden Gerichtsentscheidung** überträgt sodann das Gericht durch den Beschluss gem. § 288 Satz 2 InsO mit der Bestimmung des Treuhänders die Forderung (*Ahrens* Anm. zu *LG Offenburg* und *AG Aachen*, VuR 2001, 30 [31]; MüKo-InsO/*Stephan* § 287 Rn. 54; ähnlich *Smid/Krug/Haarmeyer* InsO, § 287 Rn. 10). Die Wirkungen treten mit der gerichtlichen Entscheidung und nicht erst, wie nach der materiellrechtlichen Theorie, mit der Annahme der Ab-

tretung durch den Treuhänder ein (vgl. Rdn. 127). Bedeutsam kann dies etwa im Fall einer Zwischenverfügung werden. Es handelt sich um eine Forderungsübertragung auf der Grundlage eines staatlichen Einzelakts, die eine gewisse Ähnlichkeit mit einer Legalzession aufweist.

Eine **Parallele** zu dieser Übertragung enthält die Überweisung nach § 835 Abs. 1 ZPO. Wie die Überweisung nach § 835 Abs. 1 ZPO das vollstreckungsrechtliche Gegenstück zur materiellrechtlichen Abtretung darstellt (MüKo-ZPO/*Smid* § 829 Rn. 2, § 835 Rn. 2), bildet die Übertragung der Forderung auf den Treuhänder nach § 288 Satz 2 InsO die gesamtvollstreckungsrechtliche Entsprechung zur individualvollstreckungsrechtlichen Überweisung. Eine Überweisung zur Einziehung gem. § 835 Abs. 1 ZPO berechtigt allerdings den Gläubiger dazu, die Forderung im eigenen Namen geltend zu machen, doch entfernt sie die Forderung nicht aus dem Vermögen des Schuldners (MüKo-ZPO/*Smid* § 835 Rn. 12, 17; *Boewer/Bommermann* Lohnpfändung und Lohnabtretung, Rn. 150). Ernennt das Gericht einen anderen Treuhänder, leitet es die pfändbaren Bezüge auf ihn über. Versagt das Insolvenzgericht nach § 290 InsO die Restschuldbefreiung oder weist es aus anderen Gründen den Antrag auf Erteilung der Restschuldbefreiung ab, wird die Forderung nicht auf den Treuhänder übertragen. Unterbleibt diese Entscheidung, so ist die Wirkung der Abtretungserklärung als Verfahrenshandlung beendet (vgl. BGHZ 84, 202 [208]). Wird die Restschuldbefreiung nach den §§ 296 bis 298 InsO versagt, endet mit der gerichtlichen Entscheidung die Abtretung (vgl. § 299 Rdn. 16). 138

Solange die zu erwirkende gerichtliche Handlung noch nicht erfolgt und damit noch keine neue Verfahrenssituation eingetreten ist, können Erwirkungshandlungen **widerrufen** werden (BGHZ 22, 267 [270]; MüKo-ZPO/*Rauscher* 3. Aufl., Einl. Rn. 388; *Zöller/Greger* ZPO, Vor § 128 Rn. 18, 23; *Baumbach/Lauterbach/Albers/Hartmann* ZPO, Grdz. § 128 Rn. 58). In dem ersten Verfahrensabschnitt bis zur Beendigung des Insolvenzverfahrens ist die Abtretungserklärung deshalb frei widerruflich. Widerruft der Schuldner allein die Abtretungserklärung, wird das Gericht regelmäßig davon ausgehen können, dass damit auch der Antrag auf Restschuldbefreiung zurückgenommen wird. Ist der Antrag auf Erteilung der Restschuldbefreiung ausnahmsweise nicht zurückgenommen, wird er dann unzulässig. Zusammen mit dem Antrag auf Restschuldbefreiung kann die Abtretungserklärung auch im zweiten Verfahrensabschnitt zurückgenommen bzw. widerrufen werden (vgl. *BGH* NZI 2006, 599 [600]). Wie § 299 InsO zeigt, der bei einer versagten Restschuldbefreiung die Laufzeit der Abtretungserklärung beendet, ist die Abtretungswirkung auch im zweiten Verfahrensabschnitt unabhängig von bürgerlichrechtlichen Grundsätzen aufzuheben. Falls der Schuldner seinen Antrag auf Erteilung der Restschuldbefreiung zurücknimmt, widerruft er damit zugleich auch seine Abtretungserklärung nach § 287 Abs. 2 Satz 1 InsO. 139

Auf die Abtretung sind, wie auch § 412 BGB zum Ausdruck bringt, die Regeln der §§ 399 ff. BGB insoweit anzuwenden, wie aus der Konzeption als Prozesshandlung keine Besonderheiten folgen. An die Stelle von § 402 BGB treten etwa die §§ 290 Abs. 1 Nr. 5 und 6, 295 Abs. 1 Nr. 3, 296 Abs. 2 Satz 2 InsO. 140

3. Form, Frist und Inhalt der Erklärung, zweite Abtretungserklärung

Die Abtretungserklärung ist dem Antrag auf Erteilung der Restschuldbefreiung beizufügen. Im Allgemeinen wird die Abtretung deshalb **schriftlich** erklärt werden, doch kann die Erklärung ebenso wie der Antrag auch zu Protokoll der Geschäftsstelle erklärt werden. Da es sich bei der Abtretung um keine höchstpersönliche Erklärung handelt, kann sie von einem Vertreter abgegeben werden (*OLG Zweibrücken* ZInsO 2002, 287 [288]; K. Schmidt/*Henning* § 287 n.F. Rn. 28). Die Abtretungserklärung kann innerhalb der Frist aus § 287 Abs. 1 Satz 2 InsO nachgereicht werden (*OLG Zweibrücken* ZInsO 2002, 287 [288]; HK-InsO/*Waltenberger* § 287 Rn. 35). 141

Eine bestimmte **Formulierung** ist für die Abtretungserklärung nicht vorgeschrieben. Unabhängig vom Theorienstreit um den Geltungsgrund der Abtretungserklärung verlangt § 287 Abs. 2 Satz 1 InsO nur einen bestimmten Umfang, nicht aber einen genauen Wortlaut der Abtretungserklärung. Als Formulierungsvorschlag ist auf den Vordruck für das Verbraucherinsolvenzverfahren zu verwei- 142 sen: »Für den Fall der gerichtlichen Bestimmung eines Treuhänders (§ 288 Satz 2 InsO) trete ich hiermit meine pfändbaren Forderungen auf Bezüge aus einem Dienstverhältnis oder an deren Stelle tretende laufende Bezüge für die Zeit von sechs Jahren nach Eröffnung des Insolvenzverfahrens (Abtretungsfrist) an einen vom Gericht zu bestimmenden Treuhänder ab.« Bei Unklarheiten besteht eine gerichtliche Hinweispflicht, §§ 4 InsO, 139 ZPO (*Uhlenbruck/Sternal* InsO, § 287 Rn. 33).

143 Im **Verbraucherinsolvenzverfahren** gilt allerdings das Schriftform- und Formularerfordernis aus § 305 Abs. 1, 5 InsO (zum Antrag auf Erteilung von Restschuldbefreiung s. Rdn. 20).

144 Für die Abtretungserklärung existiert **keine gesetzliche Frist**. Die Abtretungserklärung ist zwar dem Restschuldbefreiungsantrag beizufügen (*Uhlenbruck/Sternal* InsO, § 287 Rn. 45). Dennoch kann die Abtretungserklärung bis zum Ende der Antragsfrist aus § 287 Abs. 1 Satz 2 InsO abgegeben werden (MüKo-InsO/*Schmahl/Vuia* § 20 Rn. 99). Letztlich kann darin eine konkludente (Rdn. 22) Wiederholung auch des Restschuldbefreiungsantrags gesehen werden. Ist der Schuldner im Regelinsolvenzverfahren nach § 20 Abs. 2 InsO auf die Notwendigkeit eines Restschuldbefreiungsantrags nebst Abtretungserklärung hingewiesen worden, gilt die zweiwöchige Frist (s. Rdn. 38). Im Verbraucherinsolvenzverfahren ist die Monatsfrist aus § 305 Abs. 3 Satz 1 InsO zu beachten.

145 Der **Inhalt** der Abtretungserklärung ist gesetzlich vorgeschrieben. Bei einer nicht den gesetzlichen Anforderungen entsprechenden, unvollständigen oder unklaren Erklärung hat eine **Auslegung** der Prozesshandlung zu erfolgen. Deshalb wird es auch genügen, wenn der Schuldner explizit etwa die pfändbaren Forderungen auf Arbeitseinkommen (dazu Rdn. 153 ff.) oder an deren Stelle tretende laufende Bezüge für sechs Jahre abtritt (MüKo-InsO/*Stephan* § 287 Rn. 28a; vgl. auch u. Rdn. 271 ff.). Noch weitergehend wird die Abtretungserklärung regelmäßig dahingehend zu verstehen sein, dass der Schuldner seine Bezüge in dem geforderten Umfang abtritt (*BGH* NZI 2006, 599 Tz. 19; *Graf-Schlicker/Kexel* InsO, § 287 Rn. 20, wohlverstandenes Interesse; *Büttner* ZInsO 2017, 1057 [1067]; enger HambK-InsO/*Streck* § 287 Rn. 19, der die Eindeutigkeit stärker betont), denn die Auslegung seiner Prozesshandlung ist daran auszurichten, was nach den Maßstäben der Rechtsordnung vernünftig ist und der recht verstandenen Interessenlage entspricht (*BGH* NJW 1994, 1537 [1538]; 2003, 665 [666]; NJW-RR 2000, 1446).

146 An dieser Auslegungsregel wird man sich bei einem **Unter- wie Überschreiten der verlangten Abtretung** zu orientieren haben: Zum einen gilt dies, wenn der Schuldner mit dem jeweils pfändbaren Teil seines Einkommens oder bei einer längeren Abtretungsdauer (*BGH* NZI 2006, 599 Tz. 19) mehr abtritt, als erforderlich (wovon *Nerlich/Römermann* InsO, § 287 Rn. 18 ausgehen). Zum anderen genügt es aber auch, wenn der Schuldner die für eine Restschuldbefreiung erforderliche Erklärung abgeben will, ohne die Art der Forderungen, die Laufzeit der Abtretung oder ihren Empfänger anzugeben (*AG Duisburg* NZI 2002, 216).

147 Die Zulässigkeit einer parallelen **zweiten Abtretung** aufgrund eines zweiten Insolvenz- und Restschuldbefreiungsverfahrens (*Büttner* ZInsO 2017, 1057 [1067 f.]) ist grds. geklärt. Während eines laufenden ersten Restschuldbefreiungsverfahrens ist ein zweiter Restschuldbefreiungsantrag unzulässig (*BGH* NZI 2015, 289 Tz. 9 ff., 13). Die Bezüge können insoweit nicht doppelt abgetreten werden. Nach einer Entscheidung über die Restschuldbefreiung ist die Wirkung der ersten Abtretungserklärung beendet. Dann kann eine erneute Bezügeabtretung erfolgen. Nach den allgemeinen Regeln ist zu entscheiden, ob ein zweiter Restschuldbefreiungsantrag zulässig ist (§ 287a Rdn. 17 ff.).

II. Abzutretende Forderungen

1. Grundzüge

148 Vom Schuldner wird in § 287 Abs. 2 Satz 1 InsO verlangt, seine pfändbaren Forderungen auf Bezüge aus einem Dienstverhältnis oder an deren Stelle tretende laufende Bezüge abzutreten, eine Formulierung, die entsprechend auch in anderen Vorschriften des Gesetzes verwendet wird, vgl. §§ 81 Abs. 2 Satz 1, 89 Abs. 2 Satz 1, 114 Abs. 1, 287 Abs. 3 InsO. Mit dieser Abtretung soll der **Neu-**

erwerb aus **Arbeitseinkommen** oder **Erwerbsersatzeinkommen**, zu diesem Begriff § 18 Abs. 3 SGB IV, zu dem zu verteilenden Treuhandvermögen gezogen werden. Abzutreten sind dabei zwei Gruppen von Forderungen, zunächst die pfändbaren Forderungen auf Bezüge aus einem Dienstverhältnis (zu Einkünften aus selbständiger Tätigkeit s. Rdn. 172) und als Weiteres die pfändbaren Ansprüche auf laufende Bezüge, die an die Stelle von Dienstbezügen treten. Den bislang bestehenden Streit über die Geltung der Pfändungsschutzbestimmungen für die abgetretenen Forderungen hat der Gesetzgeber zu Gunsten einer detaillierten Anwendungsregel entschieden, §§ 292 Abs. 1 Satz 3, 36 Abs. 1 Satz 2 InsO i.V.m. den §§ 850, 850a, 850c, 850e, 850f Abs. 1, 850g bis i ZPO (s.a. *Bornemann* § 36 Rdn. 12 ff.).

Die erste Gruppe der abzutretenden Forderungen erfasst **Dienstbezüge** privat- und öffentlichrechtlicher Natur, die allerdings nur insoweit abgetreten werden können, wie sie der Pfändung unterworfen sind, §§ 292 Abs. 1 Satz 3, 36 Abs. 1 Satz 2 InsO. Nach Maßgabe des im Restschuldbefreiungsverfahren ebenfalls geltenden Vollstreckungszwecks (s. § 286 Rdn. 4 f.) ist auch für die Abtretbarkeit von der Beschlagsfähigkeit der Forderungen gem. den §§ 850 ff. ZPO auszugehen (MüKo-InsO/*Stephan* § 287 Rn. 36; s.a. BGHZ 92, 339 [341 ff.]; *Jaeger/Henckel* KO, § 1 Rn. 62), die im Rahmen einer gesamtvollstreckungsrechtlichen Beurteilung auf einer individualvollstreckungsrechtlichen Grundlage zu bestimmen ist. 149

Mit der zweiten Forderungsgruppe der **an die Stelle der Dienstbezüge tretenden laufenden Bezüge** hat der Schuldner die übertragbaren Sozialleistungen wie etwa Renten der Sozialversicherungsträger abzutreten. Für diese Ansprüche ist aufgrund ihrer sozialrechtlichen Herkunft und der für sie geltenden speziellen Abtretungsregelung eine eigenständige Beurteilung erforderlich, denn die Abtretbarkeit von Sozialleistungen ist nach § 53 SGB I und nicht nach § 400 BGB zu bemessen (*BSG* NZS 1996, 142 [144]; *LSG Niedersachsen* info also 1991, 77 [78] m. Anm. *Hullerum*). Auch bei ihnen muss aber die Abtretungsregelung in eine insolvenzrechtliche Zwecksetzung eingebunden werden können. 150

Ansprüche, die weder Bezüge aus einem Dienstverhältnis noch an deren Stelle tretende laufende Bezüge betreffen, also zu keiner der beiden Forderungsgruppen gehören, können zwar im **Einzelzwangsvollstreckungsverfahren** nach den §§ 829 ff. ZPO pfändbar sein. Von der Abtretungserklärung und der Forderungsübertragung werden sie dagegen nicht erfasst und deshalb auch nicht zu den Tilgungsleistungen des Schuldners gezogen. Nicht von der Abtretung erfasst wird das dem Schuldner aus sonstigen Gründen, wie Schenkungen, Lotteriegewinne oder von Todes wegen zufließende Vermögen (*Kübler/Prütting/Bork-Wenzel* InsO, § 287 Rn. 26), das allein nach Maßgabe von § 295 Abs. 1 Nr. 2 InsO herauszugeben ist (s. § 295 Rdn. 86 ff.). Ansprüche des Schuldners auf Unterhalt gehören ebenfalls nicht zu den abzutretenden Forderungen. Durch diese Haftungsbegrenzungen erhält das Restschuldbefreiungsverfahren ein klar vom Insolvenzverfahren zu unterscheidendes Haftungskonzept. 151

Der Schuldner hat eine **Vorausabtretung** seiner künftigen Bezüge zu erklären. Eine solche Vorausabtretung ist nach zivilrechtlichen Maßstäben nur wirksam, wenn die abzutretende Forderung bestimmt oder zumindest bestimmbar, also hinreichend individualisierbar ist (*BGH* BGHZ 53, 60 [63 f.]; BGHZ 108, 98 [105]; WM 1976, 151; NJW 1995, 1668 [1669]; *BAG* DB 1968, 1862; MüKo-BGB/*Roth* 5. Aufl., § 398 Rn. 79; *Kohte* ZIP 1988, 1225 [1227, 1234]). Auch eine noch nicht bestehende Forderung kann bestimmbar sein. Eine Abtretung künftiger Forderungen ist also nicht ausgeschlossen, weil der Schuldner gegenwärtig über keine abtretbaren Bezüge verfügt. Außerdem darf der Zedent durch eine formularmäßige Vorausabtretung nicht unangemessen benachteiligt werden (*BGH* BGHZ 109, 240 [245 ff.]; BGHZ 125, 83 [87]; NJW 1991, 2768 [2769]). An diesen bürgerlichrechtlichen Maßstäben ist zwar eine rechtsgeschäftliche Abtretung, nicht ohne weiteres aber die gesetzlich vorgeschriebene Abtretungserklärung zu messen, denn als dem materiellen Zivilrecht gleichrangige positivrechtliche Vorschrift definiert § 287 Abs. 2 Satz 1 InsO eigene Wirksamkeitserfordernisse der Abtretungserklärung. Auch diese Konsequenz bestätigt den prozessrechtlichen Charakter der Abtretungserklärung gegenüber rechtsgeschäftlichen Deutungsversuchen. 152

2. Forderungen auf Bezüge aus einem Dienstverhältnis

a) Abzutretende Forderungen

153 Entsprechend der vollstreckungsrechtlichen Grundlegung und der gesetzlichen Verweisung in den §§ 292 Abs. 1 Satz 3, 36 Abs. 1 Satz 2 InsO auf die §§ 850, 850a, 850c, 850e, 850f Abs. 1, 850g bis 850l, 851c und 851d ZPO sind zu den Bezügen aus einem Dienstverhältnis grds. sämtliche Arten von **Arbeitseinkommen i.S.d. § 850 ZPO** zu rechnen (*Uhlenbruck/Sternal* InsO, § 287 Rn. 39; *K. Schmidt/Henning* § 287 n.F. Rn. 33; *LSZ/Kiesbye* InsO, § 287 Rn. 27; *Wittig* WM 1998, 157, 209 [213]). Was als Arbeitseinkommen gepfändet werden kann, ist wegen des generellen Gleichlaufs von Abtretbarkeit und Pfändbarkeit (BGHZ 92, 339 [343 f.]; *OLG Celle* NJW 1977, 1641; *Graf-Schlicker/Kexel* InsO, § 287 Rn. 22; *Kohte* NJW 1992, 393 [396]) prinzipiell auch abzutreten, soweit nicht die ausdrückliche insolvenzrechtliche Regelung eine besondere Beurteilung fordert. Vollständig deckungsgleich sind die Maßstäbe nicht, wie sich zwar bei dem pfändbaren, aber nach der Rechtsprechung des *BGH* nicht abzutretenden Ansprüchen eines Kassenarztes gegen die Kassenärztliche Vereinigung zeigt. Auch soweit der Begriff der Bezüge aus einem Dienstverhältnis in Vorschriften der InsO verwandt wird, können systematischer Zusammenhang sowie Sinn und Zweck der jeweiligen Vorschrift zu unterschiedlichen Auslegungsergebnissen führen (*BGH* NZI 2010, 564 Tz. 12).

154 Arbeitseinkommen im vollstreckungsrechtlichen Sinn sind, unabhängig von Benennung oder Berechnungsart, alle **in Geld zahlbaren Vergütungen**, die dem Schuldner aus seiner Arbeits- oder Dienstleistung zustehen, § 850 Abs. 4 ZPO, gleichgültig, ob es sich um ein Dienstverhältnis des öffentlichen oder des privaten Rechts handelt (*Gottwald/Ahrens* HdbInsR, § 78 Rn. 6; *PG/Ahrens* ZPO, § 850 Rn. 11 ff.). Der Begriff ist weit zu verstehen (*Kübler/Prütting/Bork-Wenzel* InsO, § 287 Rn. 24; *BAG* NJW 1977, 75 [76]) und umfasst im Allgemeinen die von § 19 Abs. 1 EStG aufgeführten Einkünfte (*PG/Ahrens* ZPO, § 850 Rn. 12; *Zöller/Stöber* ZPO, § 850 Rn. 2; Aufzählung bei *Boewer/Bommermann* Lohnpfändung und Lohnabtretung, Rn. 373), s. ergänzend § 14 Abs. 1 SGB IV.

155 Ob die Zahlungen **einmalig oder wiederkehrend** geleistet werden, ist im Zwangsvollstreckungsrecht für den Begriff des Arbeitseinkommens unerheblich (*BAG* DB 1980, 358 [359]; *BGH* NJW-RR 2004, 644; *Brox/Walker* Zwangsvollstreckungsrecht, 8. Aufl., Rn. 541, verlangen allerdings eine stetig fließende Einnahmequelle, die aus der Arbeitsleistung herrührt) und nur dafür maßgebend, welche Pfändungsschutzvorschrift zu beachten ist (*Stein/Jonas-Brehm* ZPO, 22. Aufl., § 850 Rn. 19; *MünchArbR/Hanau* 2. Aufl., § 74 Rn. 116). Auch einmalige Einkünfte, etwa aus einer Aushilfstätigkeit, sind Arbeitseinkommen (zum Abtretungsschutz Rdn. 220). Als Arbeitseinkommen sind einmalige oder wiederkehrende Zahlungen anzusehen, die aus einer Arbeitstätigkeit des Schuldners resultieren (weiter *AG Gifhorn* ZInsO 2001, 630; *Kübler/Prütting/Bork-Wenzel* InsO, § 287 Rn. 24). **Nachzahlungen** werden dem Zeitraum zugerechnet, für den, nicht in dem sie gezahlt werden (St/J/*Brehm* § 850c Rz 9; *PG/Ahrens* § 850c Rn. 9; *K. Schmidt/Henning* § 287 n.F. Rn. 41; *Ahrens* NZI 2011, 265 [269]).

156 Aus der systematischen **Verweisung** in den §§ 292 Abs. 1 Satz 3, 36 Abs. 1 Satz 2 InsO **auf § 850 ZPO** sowie der Verwendung des Begriffs der Bezüge aus einem Dienstverhältnis etwa in den §§ 81 Abs. 2 Satz 1, 89 Abs. 2 Satz 1 InsO, der Gleichstellung mit den an ihre Stelle tretenden laufenden Bezügen und der gebotenen Rechtssicherheit ist deshalb abzuleiten, dass jedenfalls andere Einkünfte als das nach vollstreckungsrechtlichen Kriterien bestimmte Arbeitseinkommen **keine Bezüge** aus einem Dienstverhältnis gem. § 287 Abs. 2 Satz 1 InsO bilden. Durch diese Fixierung auf den vollstreckungsrechtlichen Begriff des Arbeitseinkommens werden die von der Abtretung erfassten Bezüge aus einem Dienstverhältnis auch eingegrenzt. Einkünfte des Schuldners, die kein solches Arbeitseinkommen darstellen und deshalb nicht dem Pfändungsschutz der §§ 850 ff. ZPO unterliegen (vgl. *Schubert* in Kasseler Handbuch, 2. Aufl., 2.11 Rn. 23), sind nicht an den Treuhänder abzutreten. Der nach den §§ 846, 847 ZPO zu pfändende Anspruch auf eine als Naturalleistung nicht in Geld zahlbare Vergütung unterfällt deshalb auch nicht § 850 ZPO. Die Naturalbezüge sind aber bei der Berechnung der Pfändungsgrenzen mit einzusetzen, §§ 292 Abs. 1 Satz 3, 36 Abs. 1 Satz 2 InsO, 850 Nr. 3 ZPO (*Stein/Jonas-Brehm* ZPO, 22. Aufl., § 850 Rn. 58, § 850e Rn. 61).

Arbeits- und Dienstlöhne sind die **Einkünfte aus unselbständiger Tätigkeit**, die bei bestehender persönlicher oder wirtschaftlicher Abhängigkeit aufgrund eines privatrechtlichen Rechtsverhältnisses erbracht wird (*Stein/Jonas-Brehm* ZPO, 22. Aufl., § 850 Rn. 23). Derartige Einkünfte beziehen Arbeitnehmer, Heimarbeiter, vgl. § 850i Abs. 3 ZPO i.V.m. § 27 HAG, und andere arbeitnehmerähnliche Personen. Ohne Rücksicht auf die Berechnung als Zeit- bzw. Leistungslohn, Tariflohn respektive über- bzw. außertarifliche Vergütung oder die Bezeichnung als Gehalt, Provision bzw. Zulage wird die Vergütung wie auch ein an ihre Stelle getretener Ersatzanspruch erfasst (*Hess* InsO, 2007, § 287 Rn. 63; ausf. *Stöber* Forderungspfändung, 16. Aufl., Rn. 881; PG/*Ahrens* ZPO, § 850 Rn. 18 f.). **Gleichgestellt** sind nach Ansicht des *BGH* (*BGH* ZInsO 2015, 1568 Tz. 15, obiter) auch anteilig an Lotsen ausgeschüttete **Lotsgelder**, obwohl Lotsen einen freien Beruf ausüben. 157

Zum Arbeitslohn gehört die **Entgeltfortzahlung** an Feiertagen wie im Krankheitsfall, das Urlaubsentgelt, nicht aber ein zusätzliches Urlaubsgeld gem. § 850a Nr. 2 ZPO (*BAG* NJW 1966, 222 f.; *Leinemann/Linck* Urlaubsrecht, § 11 BUrlG Rn. 102 f.). Auch das nach dem Altersteilzeitgesetz (vom 23.07.1996, BGBl. I S. 1078) gezahlte Arbeitsentgelt ist Arbeitseinkommen (*Zöller/Stöber* ZPO, § 850 Rn. 6). Zum Arbeitseinkommen gehört auch die von einer Gewerkschaft gezahlte **Arbeitskampfunterstützung**, also die Zuwendung eines Dritten (PG/*Ahrens* ZPO, § 850 Rn. 20; *K. Schmidt/Henning* InsO, § 287 n.F. Rn. 36), obwohl die Parallele zur steuerrechtlichen Beurteilung nach der neueren Rspr. des *BFH* gegen die Beurteilung als Arbeitslohn spricht (*BFH* NJW 1991, 1007; anders noch BFHE 135, 488). 158

Als Arbeitseinkommen nennt § 850 Abs. 2 ZPO außerdem die Dienst- und Versorgungsbezüge der **Beamten** (s. FK-InsO/*Kohte/Busch* 8. Aufl., § 312 Rn. 40 f.). Zu ihnen zählen die Bezüge, die Beamte (zum Begriff PG/*Ahrens* ZPO, § 850 Rn. 15) nach den Besoldungs- und Versorgungsgesetzen erhalten, wie Grundgehalt und Zulagen, die Dienstbezüge der Berufssoldaten und Soldaten auf Zeit nach § 30 SoldatenG, die Bezüge der Zivildienstleistenden und die Bezüge Wehrpflichtiger nach den §§ 12a, 13, 13a USG (*Uhlenbruck/Sternal* InsO, § 287 Rn. 39; s.a. *OLG Braunschweig* NJW 1955, 1599; MüKo-ZPO/*Smid* 3. Aufl., § 850 Rn. 26; PG/*Ahrens* ZPO, § 850 Rn. 16; *Stöber* Forderungspfändung, 16. Aufl., Rn. 904 ff.). Zweckgebundene Ansprüche der Beamten aus den §§ 18, 33, 34, 35 und 43 BeamtVG, etwa über die Erstattung der Kosten eines Heilverfahrens, unterliegen nach den §§ 51 BeamtVG, 51 BRRG nicht der Pfändung und sind nicht abtretbar (*Stöber* Forderungspfändung, 16. Aufl., Rn. 880). Grds. gleichgestellt sind die Bezüge von Ministern und Abgeordneten (PG/*Ahrens* § 850 Rn. 15; *Bergner* ZInsO 2016, 1189). Pfändbar und damit abzutreten sind auch die Bezüge von **Vorstandsmitgliedern** einer AG oder **Geschäftsführern** einer GmbH (*BGH* NJW 1978, 756; *Stöber* Forderungspfändung, 16. Aufl., Rn. 886). 159

Keine Forderungen auf Bezüge aus einem Dienstverhältnis stellen **Lohn- oder Einkommensteuererstattungsansprüche** dar. Der Anspruch auf Erstattung hat zwar seinen Ursprung im Arbeitsverhältnis. Die Rechtsnatur des als Lohnsteuer einbehaltenen Teils wandelt sich jedoch aufgrund des entstehenden Lohnsteueranspruchs des Staats. Bei einer Rückerstattung nach § 37 Abs. 2 Satz 1 AO wird aus dem Steueranspruch des Staats ein Erstattungsanspruch des Steuerpflichtigen, ohne seinen öffentlich-rechtlichen Charakter zu verlieren. Steuererstattungsansprüche unterfallen deswegen grds. nicht der Abtretungserklärung (*BGH* BGHZ 163, 391 [393]; ZInsO 2006, 139 [140]; *BFH* ZVI 2007, 137 [138]; ZVI 2010, 393 [394]; *LG Koblenz* ZInsO 2000, 507 [508]; *LG Duisburg* ZVI 2004, 399 [400]; *LG Hildesheim* ZVI 2005, 96; *FG Kassel* ZVI 2005, 222 [223]; *AG Göttingen* NZI 2004, 332 f.; MüKo-InsO/*Stephan* § 287 Rn. 40a; A/G/R-*Fischer* § 287 InsO a.F. Rn. 35; *Hess/Weis/Wienberg* InsO, 2. Aufl., § 287 Rn. 22; HWF/*Schmerbach* § 287 Rn. 13; *Graf-Schlicker/Kexel* InsO, § 287 Rn. 23; LSZ/*Kiesbye* InsO, § 287 Rn. 30; *Gottwald/Ahrens* HdbInsR, § 78 Rn. 8; *Mohrbutter/Ringstmeier-Pape* § 17 Rn. 80; *Frege/Keller/Riedel* Insolvenzrecht, 8. Aufl., Rn. 2122; FA-InsR/*Henning* Kap. 15 Rn. 60; *Hess/Groß/Reill-Ruppe/Roth* Kap. 4 Rn. 160; *Stahlschmidt* ZInsO 2006, 629 [630]; *Kupka/Schmittmann* NZI 2010, 669; jetzt auch *Uhlenbruck/Sternal* InsO, § 287 Rn. 41; *Kübler/Prütting/Bork-Wenzel* InsO, § 287 Rn. 24; *Braun/Pehl* InsO, § 287 160

§ 287 InsO Antrag des Schuldners

Rn. 10; außerdem PG/*Ahrens* ZPO, § 850 Rn. 21; a.A. *LAG Hamm* NZA 1989, 529 [530]; *LAG Frankfurt* BB 1989, 295 [296]; *AG Gifhorn* NZI 2001, 491; *Farr* BB 2003, 2324 [2327]). Außerdem ist ihre Verkehrsfähigkeit nach § 46 AO beschränkt, denn gegenüber dem Finanzamt sind solche Abtretungen nur wirksam, wenn die Abtretungsanzeige nach Entstehung am Ende des Ausgleichsjahres vorgelegt wird (*Klein/Brockmeyer* AO, 6. Aufl., Anm. 3; *Kühn/v. Wedelstädt* AO, 19. Aufl., Anm. 2). Demgegenüber hält das *AG Gifhorn* (NZI 2001, 491) § 46 AO auf die Abtretungserklärung nach § 287 Abs. 2 InsO nicht für anwendbar.

161 Soweit der den Steuererstattungsanspruch begründende **Sachverhalt vor Eröffnung des Insolvenzverfahrens** oder während dessen Dauer verwirklicht ist, fällt der Steuererstattungsanspruch in die **Insolvenzmasse** (*BGH* ZInsO 2006, 139 [140]; krit. *v. Gleichenstein* NZI 2006, 624 [626 f.]). Nach Aufhebung des Insolvenzverfahrens ist die Anordnung einer Nachtragsverteilung möglich (*BGH* ZInsO 2006, 139 [140]; zur Abtretung an den Insolvenzverwalter *Zimmer* ZInsO 2009, 2372; s.a. § 294 Rdn. 20), doch gilt dies nicht für einen erst nach der Restschuldbefreiung erfolgten Vermögenserwerb (*BGH* NZI 2013, 191 Tz. 19). Ist der Steuersachverhalt erst während der Treuhandperiode verwirklicht, wird der Steuererstattungsanspruch weder von der Abtretungserklärung erfasst noch ist insoweit eine Nachtragsverteilung zulässig. Zur Abtretung der Steuererstattungsansprüche an Gläubiger (*Hackenberg* ZVI 2006, 49). Überzahlte Vorauszahlungen auf die Einkommensteuer zusammen veranlagter Ehegatten werden ohne abweichende Bestimmung beiden Ehegatten zu gleichen Teilen erstattet (*BFH* ZVI 2009, 76 [77]). Das Recht zur **Wahl der Steuerklasse** geht im Insolvenzverfahren nicht auf den Insolvenzverwalter über (*BFH* ZInsO 2011, 2186 Tz. 14). Im Übrigen gelten dafür die bei § 295 Rdn. 37 dargestellten Grundsätze; zur Aufrechnung mit Steuererstattungsansprüchen s. § 294 Rdn. 69.

162 **Nicht** zum Arbeitseinkommen gehört nach § 13 Abs. 3 5. VermBG auch die **Arbeitnehmer-Sparzulage** (*Hess* InsO, 2007, § 287 Rn. 70; LSZ/*Kiesbye* InsO, § 287 Rn. 30; PG/*Ahrens* ZPO, § 850 Rn. 22; anders noch die Rechtslage nach § 12 Abs. 3 des 3. VermBG, *BAG* NJW 1977, 75 [76]), die nicht übertragbar ist. Vermögenswirksame Leistungen sind zwar Bestandteil des Arbeitseinkommens, doch ist der Anspruch auf die vermögenswirksame Leistung nach § 2 Abs. 7 Satz 2 5. VermBG nicht übertragbar (*Stöber* Forderungspfändung, 16. Aufl., Rn. 921 ff.; *Baumbach/Lauterbach/Albers/Hartmann* ZPO, Grdz. § 704 Rn. 111; MüKo-ZPO/*Smid* 3. Aufl., § 850 Rn. 31). Das vom Arbeitgeber ausgezahlte staatliche **Kindergeld** ist kein Teil des Arbeitseinkommens (*LG Würzburg* Rpfleger 1979, 225; *Stein/Jonas-Brehm* ZPO, 22. Aufl., § 850 Rn. 22; PG/*Ahrens* ZPO, § 850 Rn. 22), seine Pfändbarkeit ist nach § 76 EStG zu bestimmen. Danach kann der Anspruch nur wegen gesetzlicher Unterhaltsansprüche eines Kindes gepfändet werden, das bei der Festsetzung des Kindergelds berücksichtigt wird. Eine Erweiterung auf Fälle, die mit der Unterhaltsleistung in einem inneren Zusammenhang stehen, wie bei einem Schuhkauf für das Kind, ist daher ausgeschlossen (*BGH* ZInsO 2016, 967). Von Gästen freiwillig gezahlte **Trinkgelder** gehören im Allgemeinen nicht zu den Arbeits- oder Dienstlöhnen bzw. gleichgestellten Einkünften (*Hess* InsO, 2007, § 287 Rn. 70; *BAG* NJW 1996, 1012; PG/*Ahrens* ZPO, § 850 Rn. 22; K. Schmidt/*Henning* InsO, § 287 n.F. Rn. 35; a.A. *Helwich* Pfändung des Arbeitseinkommens, 2. Aufl., S. 28). Leistungen der privaten oder sozialen **Pflegeversicherung** können eine Unterhalts- und Entgeltfunktion besitzen und deswegen als Arbeitseinkommen i.S.d. § 287 Abs. 2 InsO anzusehen sein (**a.A.** K. Schmidt/*Henning* InsO, § 287 n.F. Rn. 35, zur familiären Pflege).

163 Vereinbaren die Arbeitsvertragsparteien vor der Bezügeabtretung eine **Gehaltsumwandlung**, nach der ein Teil des monatlichen Barlohns vom Arbeitgeber auf eine Lebensversicherung zu Gunsten des Arbeitnehmers (Direktversicherung) gezahlt werden soll, entstehen insoweit keine pfändbaren Ansprüche auf Arbeitseinkommen mehr (*BAG* BB 1998, 1009 = EWiR 1998, 575 m. Anm. *Hintzen*; *BAG* NJW 2009, 167 Tz. 16). Dagegen spricht auch nicht § 165 Abs. 2 Satz 3 SGB III, denn diese Regelung schafft aufgrund des besonderen Schutzzwecks des Insolvenzgeldes eine gesetzliche Fiktion. Nach der Abtretung an den Treuhänder ist insoweit eine Gehaltsumwandlung ausgeschlossen, weil der *Schuldner nicht mehr Gläubiger der Forderung ist* (*BAG* NJW 2009, 167 Tz. 17).

Der **Taschengeldanspruch** gegen den Ehepartner gehört nicht zu den Bezügen aus einem Dienstverhältnis oder den gleichgestellten Bezügen (*Gottwald/Ahrens* HdbInsR, § 78 Rn. 8; FA-InsR/*Henning* Kap. 15 Rn. 62; PG/*Ahrens* ZPO, § 850 Rn. 23, § 850b Rn. 10). Bei **Vergütungen für Erfindungen** ist zu unterscheiden. Vergütungen für eine Diensterfindung gem. § 4 Abs. 2 ArbNErfG (*BGH* NJW-RR 2004, 644) und Ideenprämien (*BAG* NJW 2009, 167 Tz. 32) gehören zum Arbeitseinkommen. Dagegen bildet das vom Arbeitgeber aufgrund eines Lizenzvertrags für die Benutzung einer freien Erfindung i.S.v. § 4 Abs. 3 ArbNErfG geschuldete Entgelt kein Arbeitseinkommen (*BGH* BGHZ 93, 82 [86]). 164

Ausdrücklich zählt die Begründung zum Regierungsentwurf das Arbeitsentgelt eines **Strafgefangenen** nach § 43 StVollzG zu den Bezügen i.S.d. § 287 Abs. 2 Satz 1 InsO (Begr. zu § 92 RegE BR-Drucks. 1/92 S. 136; außerdem etwa K. Schmidt/*Henning* InsO, § 287 n.F. Rn. 34). Soweit dieses Arbeitsentgelt gepfändet werden kann, wird es auch von der Abtretungserklärung umfasst (*Hess* InsO, 2007, § 287 Rn. 63), doch war bislang vollstreckungsrechtlich außerordentlich umstritten, inwieweit das Entgelt eines Straf- oder Untersuchungsgefangenen pfändbar ist (ausf. s. FK-InsO/ *Kohte/Busch* 8. Aufl., § 312 Rn. 63 ff.). Durch die Entscheidung des *BGH* (NJW 2004, 3714 [3715]) ist inzwischen eine höchstrichterliche Klärung erreicht. Der Entgeltanspruch des Strafgefangenen ist auf Gutschrift und nicht auf Auszahlung gerichtet. Deswegen ist er unpfändbar (*BGH* NZI 2013, 940 Tz. 7; *Ahrens* NJW-Spezial 2011, 725). 165

Drei Siebtel der Einkünfte werden von der Vollzugsanstalt dem unpfändbaren **Hausgeld** zugeschrieben, über das der Gefangene frei verfügen kann, § 47 Abs. 1 StVollzG. Das Hausgeld ist unpfändbar und steht dem Strafgefangenen grds. zur freien Verfügung. Soweit der Gefangene über keine anderen finanziellen Mittel verfügt, ist das Hausgeld nicht für den Unterhalt einzusetzen und zwar auch nicht bei einer gesteigerten Unterhaltspflicht (*BGH* ZInsO 2015, 1671 Tz. 14 f.). Aus dem restlichen Einkommen ist zunächst ein **Überbrückungsgeld** zu bilden, das den notwendigen Unterhalt des Strafgefangenen und seiner Unterhaltsberechtigten für die ersten vier Wochen nach der Entlassung sichern soll, § 51 Abs. 1 StVollzG. Das Überbrückungsgeld ist grds. unpfändbar bzw. nur nach § 51 Abs. 1, 4 und 5 StVollzG für Unterhaltsgläubiger pfändbar und unterliegt deswegen nicht der Verwertung durch den Treuhänder (*OLG Karlsruhe* Rpfleger 1994, 370). Unterhaltsrechtlich ist es als Einkommen des Berechtigten in dem Monat anzusehen, in den seine Entlassung fällt. 166

Darüber hinausgehende nicht verbrauchte Beträge sind dem **Eigengeld** des Strafgefangenen nach § 52 StVollzG gutzuschreiben. Der Anspruch auf Eigengeld ist gem. § 829 ZPO pfändbar, mit Ausnahme des nach § 51 Abs. 4 Satz 2 StVollzG unpfändbaren Teils in Höhe des Unterschiedsbetrags zwischen dem gem. § 51 Abs. 1 StVollzG zu bildenden und dem tatsächlich vorhandenen Überbrückungsgeld (*BGH* NJW 2004, 3714 [3715]; PG/*Ahrens* ZPO, § 850 Rn. 24; s.a. *BFH* NJW 2004, 1344 [LS]). Dies gilt jedenfalls nach dem Strafvollzugsrecht des Bundes, kann aber auch nach Landesrecht zutreffen (*BGH* NZI 2013, 940 Tz. 10, Baden-Württemberg). Landesrechtlich kann auch Sondergeld durch freiwillige Leistungen Dritter an den Häftling zulässig und wie Hausgeld zu behandeln sein (*BGH* ZInsO 2015, 1671 Tz. 19 f., Baden-Württemberg). Eine Freigabe nach § 765a ZPO für die Kosten zur Beantragung einer Fahrerlaubnis scheidet aus, soweit die Erforderlichkeit der Fahrerlaubnis nicht dargelegt ist (*LG Münster* BeckRS 2016, 115188). 167

Auf das durch Gutschriften von Arbeitsentgelt gebildete **Eigengeld** finden **weder die Pfändungsgrenzen** des § 850c ZPO noch der Pfändungsschutz aus § 850k ZPO unmittelbare oder analoge Anwendung (*BGH* NJW 2004, 3714 [3715 f.] = ZVI 2004, 735, m. Anm. *Zimmermann*; ZInsO 2010, 1558 Tz. 8; *BGH* NZI 2013, 940 Tz. 13 ff.; ZInsO 2015, 1671 Tz. 17, 36 ff.; *AG Brandenburg* ZVI 2005, 31 f.; ausf. *Stöber* Forderungspfändung, 16. Aufl., Rn. 134 f.; *Gottwald/Ahrens* HdbInsR, § 78 Rn. 8; *Heyer* NZI 2010, 81 [83 f.]; *Ahrens* NJW-Spezial 2011, 725; s.a. *Jung* ZVI 2004, 77). Da auch § 850f Abs. 2 ZPO nicht entsprechend anwendbar ist, kommt allein eine Anwendung der Schutzvorschrift des § 765 ZPO in Betracht. Dafür genügen nicht Bedürfnisse nach Kleidung, Gruppenaktivitäten und Nahrungsmitteln (*BGH* NZI 2013, 940 Tz. 15, 18 ff.). Auch in der Insolvenz soll der Anspruch auf Eigengeld nicht dem Gläubigerzugriff entzogen sein (*BGH* ZInsO 2015, 1671 Tz. 19), doch ist der individuelle Vollstreckungszugriff der Insolvenzgläu- 168 biger durch § 89 InsO beschränkt. Grds. besteht kein allgemeiner Vorrang für den Unterhaltsanspruch des minderjährigen Kindes. Doch kann nach § 51 Abs. 5 StVollzG der Unterhaltsgläubiger solange privilegiert auf das Eigengeld zugreifen, wie das Überbrückungsgeld noch nicht gebildet ist (*BGH* ZInsO 2015, 1671 Tz. 44). Der bei einer Vollstreckung durch Unterhaltsgläubiger dem Schuldner unterhaltsrechtlich zu belassende Selbstbehalt wird durch das Hausgeld gewahrt. Übersteigt das Hausgeld den monatlichen Taschengeldbetrag gem. § 46 StVollzG, ist es auch insoweit dem Gefangenen zu belassen. Erreicht das Taschengeld nicht das monatliche Hausgeld, ohne dass dies dem Strafgefangenen unterhaltsrechtlich vorzuwerfen ist, muss ihm das ggf. vorhandene Eigengeld bis zur Höhe des Taschengeldbetrags belassen werden (*BGH* ZInsO 2015, 1671 Tz. 29 f.). Zu dem pfändbaren Eigengeld gehört entsprechend auch ein Guthaben aus Zahlung einer Sozialrente. Die Ausbildungsbeihilfe eines Strafgefangenen nach § 44 StVollzG ist nach den vorstehenden Maßgaben pfändbar (*LG Kleve* ZInsO 2013, 836). In einem angemessenen Umfang muss dem Gefangenen Hausgeld nach § 47 StVollzG zustehen (*Zimmermann* ZVI 2004, 738 f.).

169 Auch Ansprüche, die erst **nach dem Ende des Dienstverhältnisses** entstehen, werden im Zwangsvollstreckungsrecht dem Arbeitseinkommen zugerechnet. Zu nennen sind die **Ruhegelder** und **Hinterbliebenenbezüge** nach § 850 Abs. 2 ZPO, die insbesondere als betriebliche Altersversorgung für einen Arbeitnehmer von seinem früheren Arbeitgeber oder aus einer Pensions- bzw. Unterstützungskasse aufgrund Tarifvertrag, Betriebsvereinbarung, einzelvertraglicher Vereinbarung oder betrieblicher Übung gezahlt werden (*BGH* NJW-RR 1989, 286 [287]; *Stöber* Forderungspfändung, 16. Aufl., Rn. 884; *Stein/Jonas-Brehm* ZPO, 22. Aufl., § 850 Rn. 32 ff.; PG/*Ahrens* ZPO, § 850 Rn. 25 f.). Dieser individualvollstreckungsrechtlichen Lesart ist durch die gesetzliche Klarstellung in den §§ 292 Abs. 1 Satz 3, 36 Abs. 1 Satz 2 InsO mit der umfassenden Verweisung auf § 850 ZPO auch im Insolvenzrecht zu folgen, weshalb derartige nach dem Ende des Dienstverhältnisses begründete Ansprüche insolvenzrechtlich Forderungen auf Bezüge aus einem Dienstverhältnis darstellen. Da Ansprüche aus Pensionsvereinbarungen mit einem Alleingeschäftsführer und Mehrheitsgesellschafter nach § 850 Abs. 2 ZPO pfändbar sind (*BGH* ZInsO 2017, 161), werden sie mit abgetreten. Zu den Forderungen auf die an ihre Stelle tretenden Bezüge, also zu der anderen Forderungsgruppe des § 287 Abs. 2 Satz 1 InsO, gehören dagegen die laufenden Geldleistungen der Sozialversicherungsträger (dazu s. Rdn. 244 ff.).

170 **Karenzzahlungen**, die einem Arbeitnehmer zum Ausgleich von Wettbewerbsbeschränkungen für die Zeit nach Beendigung des Arbeitsverhältnisses gezahlt werden, sind nach § 850 Abs. 3 lit. a) ZPO dem Arbeitseinkommen gleichgestellt (PG/*Ahrens* ZPO, § 850 Rn. 29; *Boewer/Bommermann* Lohnpfändung und Lohnabtretung, Rn. 388 ff.). Dies gilt für Zahlungen, die nach den §§ 74 ff. HGB kaufmännischen Angestellten, gem. den §§ 133 f. GewO, 74 ff. HGB technischen Angestellten (*BAG* NJW 1970, 443 [444]) und in entsprechender Anwendung der §§ 74 ff. HGB ebenfalls sonstigen Arbeitnehmern (*BAG* DB 1970, 63), aber auch einem GmbH-Geschäftsführer geleistet werden (*OLG Rostock* NJW-RR 1995, 173 [174]). Insolvenzrechtlich können auch die nach den §§ 87, 89b, 90a HGB einem Ein-Firmen-Vertreter (*Stein/Jonas-Brehm* ZPO, 22. Aufl., § 850 Rn. 45; MünchArbR/*Hanau* 2. Aufl., § 74 Rn. 135) erbrachten Leistungen den Karenzzahlungen an Arbeitnehmer gleichgestellt werden (s. Rdn. 174).

171 Entsprechendes gilt nach § 850 Abs. 3 lit. b) ZPO auch für **Versorgungsrenten** der Lebens- oder Unfallversicherung, wenn sie auf einem Vertrag beruhen, der zur Versorgung des Versicherungsnehmers oder seiner unterhaltsberechtigten Angehörigen eingegangen ist (s. FK-InsO/*Kohte/Busch* 8. Aufl., § 312 Rn. 68 ff.). Hierzu gehören Tagegelder aus privaten Krankenversicherungen (*Stein/Jonas-Brehm* ZPO, § 850 Rn. 47), Leistungen aus einer Direktversicherung im Rahmen der betrieblichen Altersversorgung (*Stöber* Forderungspfändung, 16. Aufl., Rn. 892a), Leistungen der Versorgungswerke für Freiberufler, die Rente der Versorgungsanstalt des Bundes und der Länder (BGHZ 111, 248 [253]; *Stöber* Forderungspfändung, 16. Aufl., Rn. 894, dort auch zum Abtretungsverbot) sowie Berufsunfähigkeitsrenten (*OLG München* VersR 1996, 318 [319]; MüKo-ZPO/*Smid* 3. Aufl., § 850 Rn. 42; *Baumbach/Lauterbach/Albers/Hartmann* ZPO, § 850 Rn. 14). Aus der Unabtretbarkeit landesrechtlich begründeter Ansprüche des öffentlichen Rechts, hier: anwaltliche Versorgungs-

ansprüche, soll jedoch nicht unbedingt ihre Unpfändbarkeit folgen (*BGH* NJW 2004, 3770). Dieser Gedanke wird auch im Rahmen von § 287 Abs. 2 Satz 1 InsO zu berücksichtigen sein.

Einkünfte aus selbständiger Tätigkeit werden nach Ansicht des *BGH* grds. nicht von der Abtretung erfasst (*BGH* NZI 2010, 72 Tz. 11 ff.; ZInsO 2011, 2101 Tz. 9; ZInsO 2012, 1488 Tz. 7; ebenso *Uhlenbruck/Sternal* InsO, § 295 Rn. 63; A/G/R-*Fischer* § 287 InsO a.F. Rn. 36; *Kübler/Prütting/ Bork-Wenzel* InsO, § 287 Rn. 25; K. Schmidt/*Henning* § 287 n.F. Rn. 38; HambK-InsO/*Streck* § 287 Rn. 20; LSZ/*Kiesbye* InsO, § 287 Rn. 32; *Trendelenburg* ZInsO 2000, 437 [438]; *Pape* InsbürO 2013, 299 [300]; **a.A.** *AG Göttingen* NZI 2009, 334 [335]; MüKo-InsO/*Stephan* § 287 Rn. 38a; *Arnold* DGVZ 1996, 65 [69]; hier bis zur 5. Aufl. mit ausf. Begründung). Entscheidend für die Ansicht des *BGH* ist die Regelung des § 295 Abs. 2 InsO, mit der das Gesetz davon ausgehe, dass die Einkünfte Selbständiger nicht von der Abtretungserklärung erfasst seien. Nach Ansicht des *BGH* ist nicht zwischen einmaligen und wiederkehrenden Bezügen zu unterscheiden. Die Neuregelung des § 850i ZPO verbessert jetzt den Vollstreckungsschutz für Einkünfte der selbständig Erwerbstätigen. Es ist jedoch nicht zu erwarten, dass der *BGH* dies zum Anlass nimmt, um seine Rechtsprechung zu ändern. 172

Noch nicht beantwortet ist damit, ob auch Ansprüche aus **privaten Altersversorgungen Selbständiger** abzutreten sind. Da die Altersversorgungen an die Stelle der Einkünfte aus selbständiger Tätigkeit treten, spricht eine begriffliche Auslegung gegen eine Abtretung derartiger Ansprüche. Eine solche Interpretation wird jedoch weder der Behandlung der selbständigen Erwerbstätigkeit noch den Interessen der Beteiligten gerecht. Einkünfte aus selbständiger Tätigkeit sollen vor allem deswegen nicht von der Abtretung erfasst werden, weil sie in Gestalt der Erwerbsobliegenheit aus § 295 Abs. 2 InsO in einer modifizierten Form mit weitreichenden Beweiserleichterungen zur Gläubigerbefriedigung eingesetzt werden. Auf private Altersrenten muss dieses Berechnungsmodell nicht übertragen werden, weil eine einfache Abrechnungsgrundlage existiert. Zudem entspricht es den Gläubiger- und Schuldnerinteressen, die tatsächlichen Alterseinkünfte für die Leistungen zugrunde zu legen. Leistungen zur Altersversorgung selbständig Tätiger sollen deswegen von der Abtretung erfasst werden können (*BGH* NZI 2010, 72 Tz. 15). 173

Über die Einkünfte der sog. Scheinselbständigen hat der *BGH* nicht entschieden (*BGH* NZI 2010, 72 Tz. 18). Die Einkünfte **arbeitnehmerähnlicher Personen** wie der Ein-Firmen-Handelsvertreter gem. § 92a HGB sowie mancher freier Mitarbeiter der Medienunternehmen werden individualvollstreckungsrechtlich als Arbeits- und Dienstlöhne behandelt (*Kniebes/Holdt/Voß* Die Pfändung von Arbeitseinkommen, S. 62; *Boewer/Bommermann* Lohnpfändung und Lohnabtretung, Rn. 374; PG/ *Ahrens* ZPO, § 850 Rn. 28; *Stein/Jonas-Brehm* ZPO, 22. Aufl., § 850 Rn. 23, 37). Insolvenzrechtlich sind sie wie die Einkünfte Selbständiger zu behandeln (K. Schmidt/*Henning* InsO, § 287 n.F. Rn. 38; s.a. Rdn. 172). 174

Welche Bedeutung sog. **überobligationsmäßiger Arbeit** zukommt und inwieweit die daraus erzielten Bezüge von der Abtretungserklärung umfasst sind, ist bislang für das Restschuldbefreiungsverfahren noch nicht endgültig geklärt (vgl. *Grote* ZInsO 2004, 1105 [1110]; *ders.* InsbürO 2012, 230 f.). Im Insolvenzverfahren hat der *BGH* § 850a Nr. 1 ZPO für prinzipiell anwendbar erklärt und den Rechtsgedanken aus dieser Vorschrift auch auf einen erwerbstätigen Selbständigen im Ruhestandsalter angewendet (*BGH* NZI 2014, 773 Tz. 12; NZI 2017, 461 Tz. 16 ff.). Bei einem abhängig Beschäftigten werden von der Abtretungserklärung auch die überobligationsmäßigen Bezüge aus derartigen Einkünften erfasst, etwa bei einer Erwerbsunfähigkeitsrente und Einkünften aus geringfügiger Beschäftigung (*AG Heidelberg* VuR 15, 69 m. Anm. *Kohte*). Für überobligatorische Leistungen in abhängigen Diensten bietet § 850a Nr. 1 ZPO das Grundmodell, wonach die Hälfte der für die Mehrarbeit erzielten Vergütung unpfändbar ist. Unerheblich ist dabei, ob die Mehrarbeit im Rahmen eines Hauptarbeitsverhältnisses oder einer Nebentätigkeit geleistet wird (s.a. § 295 Rdn. 41; PG/ *Ahrens* ZPO, § 850a Rn. 3; Schuschke/Walker/*Kessal-Wulf* § 850a ZPO Rn. 2). 175

Zu berechnen sind die Einkünfte nach § 36 Abs. 1 S. 2 InsO i.V.m. § 850e ZPO. Von dem Gesamtbruttoeinkommen ist zunächst das bereinigte Bruttoeinkommen zu bilden, indem die nach § 850a 176

ZPO unpfändbaren Beträge abgezogen werden. Solange keine Billigkeitsentscheidung nach § 850b Abs. 2 ZPO getroffen ist, müssen auch die bedingt pfändbaren Bezüge aus dem Bruttoeinkommen herausgerechnet werden. Nach der vom *BAG* vertretenen Nettomethode sind im Anschluss an den Abzug der nach § 850a ZPO unpfändbaren Beträge mit dem Bruttobetrag lediglich die Steuern und Sozialversicherungsbeiträge in Abzug zu bringen, die auf das restliche, also das ohne die unpfändbaren Bezüge verbleibende Bruttoeinkommen zu zahlen sind (*BAG* NJW 2013, 2924 Tz. 19; s.a. PG/*Ahrens* ZPO, § 850e Rn. 5 ff.).

177 **Mehrere Arbeitseinkommen** bzw. Arbeitseinkommen und laufende Geldleistungen nach dem Sozialgesetzbuch sind auf Antrag des Insolvenzverwalters zusammenzurechnen, § 36 Abs. 4 S. 2 InsO. Über den Antrag hat das Insolvenzgericht zu entscheiden, § 36 Abs. 4 S. 1 InsO. Der Beschluss des Insolvenzgerichts hat die Höhe des Gesamteinkommens anzugeben und unter Berücksichtigung des § 850e Nr. 2 Satz 2, Nr. 2a Satz 2 ZPO anzuordnen, aus welchem Einkommen der unpfändbare Grundbetrag zu entnehmen ist (*BGH* NZI 2008, 607 Tz. 14).

178 Auf **Naturalleistungen** gerichtete Vergütungsbestandteile, wie die Überlassung einer Wohnung (*Grote* InsbürO 2009, 236), eines auch privat nutzbaren Dienstwagens (*BAG* ZInsO 2009, 1412 Tz. 15, 23; *LAG Frankfurt* ZVI 2009, 408 [410]) oder eines Mobiltelefons, freier Verpflegung bzw. verbilligter Sachleistungen, sind für sich genommen regelmäßig nach § 851 ZPO unpfändbar. Für diese Leistungen erspart der Schuldner Aufwendungen aus seinen unpfändbaren Einkünften. Der vom Drittschuldner zu ermittelnde objektive Wert der Naturalleistungen ist mit den Geldeinkünften zusammenzurechnen (*BGH* ZInsO 2011, 929 Tz. 9; MüKo-InsO/*Stephan* § 287 Rn. 37). Dieser Wert ist auf das dem Schuldner als unpfändbar verbleibende Einkommen zu verrechnen. Insofern erfasst die Abtretung auch den Wert der Naturalleistung, wie einer Dienstwagennutzung (*BGH* ZVI 2013, 74 Tz. 3). Übersteigt der Wert der Naturalbezüge den unpfändbaren Betrag, sind dem Schuldner dennoch die nach § 851 unpfändbaren Sachbezüge zu belassen (PG/*Ahrens* ZPO, § 850e Rn. 37).

b) Grundlagen des Abtretungsschutzes

179 Abtretbar sind grds. nur **pfändbare Forderungen**, weswegen auch von einem Gleichlauf zwischen Abtretbarkeit und Pfändbarkeit nach den §§ 400 BGB, 851 ZPO gesprochen wird (BGHZ 92, 339 [343 f.]; *OLG Celle* NJW 1977, 1641; *Kohte* NJW 1992, 393 [396]; *Meller-Hanich* KTS 2000, 37 [38 ff.]). Der Pfändungsschutz für das Arbeitseinkommen besteht dabei insbesondere neben den allgemeinen Pfändungsgrenzen des § 850c ZPO aus zahlreichen Sonderregeln, mit denen diese Pfändungsgrenzen teils erweitert, teils eingeschränkt werden. Da der Schuldner nach § 287 Abs. 2 Satz 1 InsO seine pfändbaren Forderungen auf Bezüge aus einem Dienstverhältnis abzutreten hat, begründet der Pfändungsschutz grds. auch einen Abtretungsschutz.

180 Früher war umstritten, ob die **Pfändungsschutzvorschriften für das Arbeitseinkommen** und insbesondere § 850f Abs. 1 ZPO auch im Insolvenzverfahren gelten (vgl. nur *OLG Frankfurt* NZI 2000, 531; *OLG Celle* ZInsO 2001, 713; *OLG Köln* ZInsO 2000, 499; *Grote* ZInsO 2000, 490; *Steder* ZIP 1999, 1874; *Ott/Zimmermann* ZInsO 2000, 421; *Kohte* FK-InsO, 2. Aufl., § 312 Rn. 31 ff.). Dieser Streit ist zu Gunsten einer Anwendungsbestimmung geklärt. Dabei hat der Gesetzgeber von einer pauschalen Verweisung auf die Pfändungsschutzvorschriften für das Arbeitseinkommen abgesehen und sich für eine differenzierte Anwendung entschieden, § 36 Abs. 1 Satz 2 InsO i.V.m. den §§ 850, 850a, 850c, 850e, 850f Abs. 1, 850g bis 850k, 851c, 851d ZPO.

181 Eine **entsprechende Anwendung** dieser Vorschriften beruht auf der Überlegung, dass die Zwecke der genannten zwangsvollstreckungsrechtlichen Regelungen mit dem Ziel der Gesamtvollstreckung in Einklang stehen (Rechtsausschuss, BT-Drucks. 14/6468 S. 17; ähnlich *Ahrens* FK-InsO, 2. Aufl., § 287 Rn. 55). Anwendbar sind die Bestimmungen, welche die Pfändbarkeit für alle Gläubiger modifizieren, wie etwa die §§ 850c, 850e Nr. 2, 2a, 850f Abs. 1 ZPO (FK-InsO/*Kohte*/*Busch* 8. Aufl., § 312 Rn. 36). Unschädlich ist, dass § 850c Abs. 4 ZPO eine Einzelfallabwägung erfordert (s. Rdn. 198), weil die Abwägung durch die Verhältnisse des Unterhaltsberechtigten als Dritten und

nicht durch die des antragstellenden Gläubigers bestimmt wird. Auch § 850b ZPO ist nach der Rechtsprechung des *BGH* anwendbar (*BGH* NZI 2010, 141 Tz. 10 ff. m. Anm. *Asmuß*; s.a. Rdn. 194).

Unanwendbar ist § 850d ZPO zur erweiterten Pfändung wegen Unterhaltsforderungen sowie 182 § 850f Abs. 2 und 3 ZPO zur erweiterten Pfändung bei Forderungen aus vorsätzlich unerlaubten Handlungen bzw. Pfändung höherer Bezüge, da sie in der Auflistung des § 36 Abs. 1 Satz 2 InsO nicht angeführt werden. Die §§ 850d, 850f Abs. 2 ZPO modifizieren die Pfändbarkeit zu Gunsten bestimmter Gläubiger und Gläubigergruppen und lassen sich deshalb nicht in das gesamtvollstreckungsrechtliche Konzept einbinden (vgl. Rechtsausschuss, BT-Drucks. 14/6468 S. 17).

Die in § 36 Abs. 1 Satz 2 InsO aufgeführten Vorschriften der §§ 850, 850a, 850c, 850e, 850f 183 **Abs. 1, 850g bis 850l ZPO** sind ebenfalls auf die Forderungsabtretung des Schuldners nach § 287 Abs. 2 Satz 1 InsO anzuwenden. Durch die Verweisung in § 292 Abs. 1 Satz 3 InsO auf § 36 Abs. 1 Satz 2 InsO und die Pfändungsschutzvorschriften für das Arbeitseinkommen wird dies ausdrücklich klargestellt. Das Verbot einer freiwilligen Übertragung unpfändbarer Forderungen rechtfertigt keine Einschränkungen für Abtretungen besonderer Art, selbst wenn sie in guter Absicht für den Gläubiger konzipiert sind (*Nörr/Scheyhing/Pöggeler* Sukzessionen, 2. Aufl., S. 26). Deshalb kommt es nicht darauf an, ob die Abtretungserklärung gem. § 287 Abs. 2 Satz 1 InsO nach ihrem materiellen Gehalt freiwillig abgegeben wird (so noch zur alten Rechtslage KS-InsO/*Schmidt-Räntsch* 1997, S. 1177 Rn. 29; *Smid/Krug/Haarmeyer* InsO, § 287 Rn. 17; *Braun/Riggert/Kind* Neuregelungen der Insolvenzordnung in der Praxis, 2. Aufl., S. 194 f.), denn die Freiwilligkeit ist bei einer zwingenden Verfahrensvoraussetzung nicht zu begründen. Eine Einschränkung des Abtretungsverbots aus § 400 BGB, weil der Zessionar dem Zedenten die Leistung erbringt, deren Erhalt gerade das Pfändungsverbot schützen soll (MüKo-BGB/*Roth* § 400 Rn. 4), kommt aufgrund des gesetzlich bestimmten Umfangs der Abtretung nicht in Betracht.

Hat das Insolvenzgericht im Insolvenzverfahren **Beschlüsse nach den §§ 36 Abs. 1 Satz 2, Abs. 4** 184 **i.V.m. den §§ 850 ff. ZPO** erlassen, etwa nach den §§ 850b, 850e oder 850f Abs. 1 ZPO, gelten diese Beschlüsse in der Treuhandphase des Restschuldbefreiungsverfahrens fort (a.A. *Riedel* InsbürO 2012, 168 [169]). Das Restschuldbefreiungsverfahren ist zwar weithin gegenüber dem Insolvenzverfahren selbständig. Dennoch bestehen zahlreiche Verbindungen (s. § 286 Rdn. 54), die sich auch auf die zwangsvollstreckungsrechtlichen Determinanten erstrecken, wie die §§ 292 Abs. 1 Satz 3, 294 Abs. 1 InsO und die Abtretung der pfändbaren Forderungen nach § 287 Abs. 2 Satz 1 InsO belegen. Dies gilt auch für die zwangsvollstreckungsrechtlichen Entscheidungen des Insolvenzgerichts.

Seine **beschränkt und bedingt pfändbaren Forderungen** auf Bezüge aus einem Dienstverhältnis 185 kann der Schuldner deshalb nach § 287 Abs. 2 InsO nicht abtreten, wenn sie unpfändbar sind. Dieser gegenüber einer vertraglichen Abtretung geltende Grundsatz wird durch die §§ 292 Abs. 1 Satz 3, 36 Abs. 1 Satz 2 InsO für die durch einen staatlichen Hoheitsakt nach § 288 Satz 2 InsO herbeigeführte Forderungsübertragung bestätigt.

c) **Pfändungsschutzvorschriften**

Unpfändbare Bezüge gem. **§ 850a ZPO** sind nach §§ 287 Abs. 2 Satz 1, 292 Abs. 1 Satz 3, 36 186 Abs. 1 Satz 2 InsO nicht abtretbar. Unpfändbar ist etwa die Hälfte der für die Leistung von Mehrarbeitsstunden gezahlten Teile des Arbeitsentgelts, § 850a Nr. 1 ZPO (zum Begriff der Mehrarbeit PG/*Ahrens* ZPO, § 850a Rn. 2 ff.). Gemeint ist damit die Hälfte der insgesamt auf die Mehrarbeit entfallenden Vergütung, nicht nur der Zuschläge (A/G/R-*Ahrens* § 36 InsO Rn. 63; *Baumbach/ Lauterbach/Albers/Hartmann* ZPO, § 850a Rn. 3), für die über die Normalarbeitsleistung hinausgehend geleistete Arbeitszeit. Urlaubsgelder, Jubiläumszuwendungen und Treuegelder sind nach § 850a Nr. 2 ZPO unpfändbar, soweit sie den Rahmen des Üblichen nicht übersteigen. Das übliche Urlaubsgeld ist anhand der Verhältnisse in gleichartigen Unternehmen zu beurteilen (*BGH* BeckRS 2012, 10719 Tz. 11). Der Schutz besteht auch für überobligationsgemäße Arbeit durch Bezug einer Erwerbsunfähigkeitsrente und eine geringfügige Beschäftigung (*AG Heidelberg* VuR 2015, 69 m. Anm. *Kohte*). Das *LG Hamburg* (ZVI 2017, 163 [164]) hat den erhöhten Freibetrag für einen in der Schweiz lebenden und arbeitenden Schuldner nach § 850a ZPO bemessen. Allerdings ist das Luganer Übereinkommen 2007 nach Art. 1 Abs. 2 lit. b LugÜ 2007 auf das Insolvenz- und Restschuldbefreiungsverfahren nicht anwendbar und deswegen der Pfändungsbetrag nach autonomem deutschem Recht zu bestimmen. Heranzuziehen ist aber nicht § 850a ZPO, sondern § 850f Abs. 1 ZPO.

187 Bei einem **Selbständigen** liegen die tatbestandlichen Voraussetzungen des vollstreckungsrechtlichen Schutzes der Vergütung von Mehrarbeit aus **§ 850a Nr. 1 ZPO** regelmäßig nicht vor. Seine Arbeitszeit ist weder durch Tarifvertrag, Arbeitsvertrag, Dienstordnung noch in sonstiger Weise geregelt, weswegen sich ein Umfang der Mehrarbeit nicht bestimmen lässt. Dennoch ist der Regelungsgedanke grds. anwendbar, wenn das Einkommen eines nicht mehr erwerbspflichtigen Schuldners, etwa durch Renten, gesichert ist und er zusätzlich selbständig erwerbstätig ist (*BGH* NZI 2014, 773 Rn. 9 f.; NZI 2017, 461 Tz. 16 ff.). Soweit eine selbständige Tätigkeit überobligationsgemäß ausgeübt wird, bleibt die wertende Abwägung nach § 850i ZPO erforderlich (*BGH* NZI 2017, 461 Tz. 18).

188 **Treugelder gem. § 850a Nr. 2 ZPO** sind die einem Arbeitnehmer anlässlich langjähriger Betriebszugehörigkeit gewährten Zuwendungen. Eine Stichtagsregelung begründet ebenso wenig ein Treugeld wie eine Mitarbeiter-Erfolgsbeteiligung (*BAG* NJW 2009, 167 Tz. 23, 26).

189 Unpfändbar nach § 850a Nr. 3 ZPO sind **Aufwandsentschädigungen**, Auslösungsgelder sowie Schmutz- und Erschwerniszulagen. Aufwandsentschädigungen betreffen Aufwendungen, die im Zusammenhang mit einer Tätigkeit notwendig werden, ohne bereits mit dem Tätigkeitsentgelt abgegolten zu sein. Die Entschädigungen stellen damit einen Ersatz für tatsächlich entstandene Auslagen dar, die der Empfänger aus seinem Vermögen erbracht hat oder noch erbringen muss. Der Schuldner soll davor geschützt werden, dass ihm der Gegenwert für seine tatsächlichen Aufwendungen entzogen und ihm die Fortsetzung der Tätigkeit unmöglich gemacht wird (*BGH* NZI 2017, 461 Tz. 10). Unerheblich ist, wie die Leistung bezeichnet wird. Mehraufwandsentschädigungen ehrenamtlich Tätiger unterfallen Nr. 3, wenn sie Aufwendungen abdecken, die der Ehrenamtler für eigene Zwecke, aber im Interesse der ehrenamtlichen Funktion tätigt (*BGH* NZI 2017, 461 Tz. 12). Dazu gehören etwa die Deckung des erhöhten persönlichen Bedarfs an Kleidung und Verzehr, einschließlich des Repräsentationsaufwands, an Literatur, Schreibmitteln und Versicherungen, außerdem der Ersatz für Fahrt-, Verpflegungs-und Übernachtungskosten, der Auslagen für die Reisevorbereitung sowie der Telefon- und Bürokosten, aber auch der Teilnahme an Fortbildungsveranstaltungen (insgesamt *BGH* NZI 2017, 461 Tz. 12 f.). Um **keine Aufwandsentschädigung** handelt es sich, wenn die Tätigkeit selbst vergütet werden soll oder daraus der wesentliche Lebensunterhalt bestritten, bzw. ein Verdienstausfall abgegolten werden soll. Ist die Aufwandsentschädigung so hoch, dass der Entgeltcharakter im Vordergrund steht, ist die Zahlung nicht nach Nr. 3 pfändungsgeschützt (*BGH* NZI 2017, 461 Tz. 11).

190 Geschützt sind auch übliche **Nachtzulagen** (*BGH* NJW 2016, 2812 mit Anm. *Ahrens*; Prütting/Gehrlein/*Ahrens* § 850a Rn. 12 f.; *LAG Hessen* BeckRS 2016, 119034; a.A. nur bei Ausgleich besonderer Erschwernisse *LAG Frankfurt* 25.11.1988, 13 Sa 359/88, DB 89, 1732; Schuschke/Walker/*Kessal-Wulf*/*Lorenz* § 850a Rn 9; St/J/*Brehm* § 850a Rn 24; MüKo/*Smid* § 850a Rn. 15; Wieczorek/Schütze/*Lüke* § 850a Rn. 27; Zöller/*Stöber* § 850a Rn. 10). Das Gleiche gilt für **Wochenend- und Feiertagszulagen** und überhaupt Zulagen für **Dienst zu ungünstigen Zeiten** i.S.v. § 3 EZulV (*OVG Niedersachsen* ZBR 2010, 60 f.; *LG Hannover* VIA 2012, 46 m. Anm. *Stephan*; *VG Düsseldorf* VIA 2012, 46, m. Anm. *Buchholz*; *LG Kaiserslautern* BeckRS 2016, 05118; *LG Trier* NZI 2016, 844 mit Anm. *Ahrens*; *AG Dortmund* VuR 16, 116; *LAG Berlin* VuR 2016, 117; PG/*Ahrens* ZPO, § 850a Rn. 12; Hk-ZV/*Meller-Hannich* § 850a Rn. 21; Musielak/Voit/*Becker* § 850a Rn. 5a; K. Schmidt/*Henning* § 287 nF Rn. 39; BeckOKZPO/*Riedel* § 850a, 20. Ed., Rn. 14). Erfasst werden auch **Wechselschichtzulagen** (*LAG Berlin-Brandenburg* VuR 2016, 117). Einen Anhaltspunkt für eine im üblichen Rahmen gewährte Zulage bildet § 3b EStG (*BGH* NJW 2016,

2812 m. Anm. *Ahrens*). Auf das Entgelt eines (Zahn)Arztes gegen die Kassen(zahn)ärztliche Vereinigung ist § 850a Nr. 3 ZPO unanwendbar (BGHZ 96, 324 [328 ff.]).

Die Zahlungen nach Nr. 3 dürfen den **Rahmen des Üblichen** nicht übersteigen. Abzustellen ist auf die übliche Höhe, nicht die Üblichkeit der Gewährung (*BGH* NJW 2016, 2812 m. Anm. *Ahrens*). Einen Anhaltspunkt für die Üblichkeit einer Nachtzulage bietet insbesondere die steuerliche Absetzbarkeit nach § 3b EStG (*BGH* NJW 2016, 2812; *BAG* DB 1971, 1923; Zöller/*Stöber* ZPO, § 850a Rn. 10; *Gottwald* HdbInsR, Rn. 10), von der regelmäßig auszugehen ist. Auf den gleichen Bezugspunkt kann bei Sonn- und Feiertagszulagen abgestellt werden. Sonst ist ein üblicher Rahmen am Grad der Belastung und der Entgelthöhe zu orientieren. Sind Zulagen grds. steuerpflichtig, wie etwa Wechselschichtzulagen (*BFH* DStR 2005, 1936), ist die Üblichkeit soweit möglich durch eine zwangsvollstreckungsrechtliche Orientierung an § 3b EStG und sonst durch einen allgemeinen Vergleich zu bestimmen. 191

Nach § 850a Nr. 4 ZPO ist als **Weihnachtsvergütung** der halbe Betrag des monatlichen Bruttoeinkommens, maximal aber EUR 500,– privilegiert. Bei einer Sonderzahlung mit einem reinen Gratifikationscharakter in zeitlicher Nähe zu Weihnachten kann regelmäßig von dieser Zwecksetzung ausgegangen werden. Bei einer Zahlung mit Vergütungscharakter, die etwa aus fixen und variablen Bestandteilen besteht, verlangt das *BAG* zusätzliche Anhaltspunkte, weswegen die Fälligkeit einer garantierten Sparkassensonderzahlung im November nicht genügen soll (*BAG* NZA 2012, 1246 Tz. 14). Maßgebend sind dann die Umstände des Einzelfalls, etwa wenn der Arbeitnehmer Anfang Dezember in einem Arbeitsverhältnis stehen muss (*ArbG Dortmund* VuR 2014, 474). Die Jahressonderzahlung nach § 20 TVöD stellt wegen der partiell vorverlagerten Fälligkeit und der möglichen Verminderung um $^{1}/_{12}$ je Kalendermonat kein Weihnachtsgeld dar (*BAG* NZA 2016, 840 Tz. 19). Nach der vom *BAG* vertretenen Nettomethode sind im Anschluss an den Abzug der nach § 850a unpfändbaren Beträge mit dem Bruttobetrag lediglich die Steuern und Sozialversicherungsbeiträge in Abzug zu bringen, die auf das restliche, also ohne die unpfändbaren Bezüge verbleibende Bruttoeinkommen zu zahlen sind (*BAG* NJW 2013, 2924 Rn. 19). 192

Die Ausbildungsbeihilfe eines Strafgefangenen nach § 44 StVollzG unterfällt nicht § 850a Nr. 6 ZPO und ist deswegen grds. pfändbar (*LG Kleve* ZInsO 2013, 836). 193

Die gem. § 850b ZPO bedingt pfändbaren Ansprüche und insbesondere die von § 850b Nr. 1 ZPO erfassten Ansprüche auf **Berufsunfähigkeitsrenten** (*Ahrens* NJW-Spezial 2010, 597; *ders.* VuR 2010, 445) unterliegen nach der neuen Rspr. des *BGH* dem Insolvenzbeschlag (*BGH* NZI 2010, 141 Tz. 10 ff. m. Anm. *Asmuß*; *BGH* ZInsO 2010, 1485 Tz. 41; A/G/R-*Ahrens* § 36 InsO Rn. 65; Kübler/*Prütting/Bork*-Wenzel InsO, § 287 Rn. 33; s.a. *Wollmann* ZInsO 2009, 754; **a.A.** die zuvor ganz überwiegende Ansicht vgl. nur *Jaeger/Henckel* InsO, § 36 Rn. 19; FK-InsO/*Schumacher* 5. Aufl., § 36 Rn. 20; MüKo-InsO/*Peters* 2. Aufl., § 36 Rn. 43 ff.; *Riedel* ZVI 2009, 271 f.), da es sonst zu einer nicht gerechtfertigten Ungleichbehandlung zwischen dem Zwangsvollstreckungs- und Insolvenzverfahren käme. Demzufolge werden auch diese Ansprüche grds. von der Abtretung erfasst. 194

Im Rahmen der erforderlichen **Billigkeitsentscheidung** sind die Schuldnerinteressen mit Anlass und Art der Leistung, etwa bei einer Rente wegen Körperverletzung, und die Höhe der Bezüge zu berücksichtigen. Abzuwägen seien dagegen die Gesamtinteressen der Gläubiger, nicht aber die Art eines beizutreibenden Anspruchs. Soweit keine besonderen Umstände ersichtlich sind, könne die Pfändbarkeit nach den Freigrenzen des § 850c Abs. 1 ZPO bestimmt werden (*BGH* NZI 2010, 141 Tz. 14). Da regelmäßig keine besonderen Gesamtinteressen der Gläubiger ersichtlich sind, wird die Einbeziehung der bedingt pfändbaren Bezüge bei entsprechenden Schuldnerinteressen zu einer Erhöhung der Freibeträge nach § 850c ZPO einschließlich der Tabellenbeträge für den Mehrverdienst gem. § 850c Abs. 2, 3 ZPO führen. **Nachzahlungen** rückständiger Beträge werden von § 850b ZPO erfasst (*OLG Düsseldorf* 25.03.2011 – I-7 U 148/09, BeckRS 2011, 16503). Zinszahlungen auf rückständige Bezüge werden begrifflich nicht von § 287 Abs. 2 Satz 1 InsO erfasst. Sie kompensieren die entgangene Verwendungsmöglichkeit und stehen in der Treuhandperiode dem zu, dem die Hauptforderung zufließt. 195

196 Ansprüche gegen eine **Sterbegeldversicherung** gem. § 850b Abs. 1 Nr. 4 ZPO fallen bis zur Freigrenze von EUR 3.579,– nicht in die Insolvenzmasse (*BGH* ZInsO 2009, 915 Tz. 5; *Grote* InsbürO 2014, 103 [104]). Ansprüche aus einer Sterbegeldversicherung sind pfändbar, soweit die Versicherung EUR 3.579,– übersteigt. Nach Wortlaut und Systematik handelt es sich um einen Freibetrag und nicht um eine Freigrenze. Hinsichtlich des überschießenden Betrags ist eine Teilkündigung durch den Insolvenzverwalter zulässig. Ungeklärt ist, wie der Rückkaufwert zu verteilen ist. Gegen eine Pfändbarkeit des Rückkaufwerts, bis der den Freibetrag überschießende Betrag abgedeckt ist, spricht die Funktion der Regelung. Für die vielfach gebräuchliche Übung, den Rückkaufwert anteilig entsprechend der Teilkündigung zu verteilen, fehlt eine verlässliche normative Grundlage. Maßgebend ist die Versicherungsleistung. Erst wenn diese den Freibetrag übersteigt, ist der überschießende Betrag pfändbar. Ansprüche auf Kostenerstattung gegen die **private Krankenversicherung** sind unpfändbar und damit nicht abtretbar (*BGH* NZI 2014, 369 Rn. 16; *LG Köln* NZI 2014, 29). Ob Ansprüche aus Krankenhaustagegeldversicherungen pfändbar sind, ist umstritten (bejahend *LG Frankenthal* BeckRS 2016, 07905; verneinend *LG Oldenburg* JurBüro 1983, 779). Leistungen der **privaten Pflegeversicherung** sind nach § 850b Nr. 4 ZPO nur bedingt pfändbar (PG/*Ahrens* ZPO, § 850b Rn. 19).

197 Zu entscheiden hat das **Insolvenzgericht**, wenn der Insolvenzverwalter beantragt, bedingt pfändbare Bezüge des Schuldners für pfändbar zu erklären. Dagegen muss das Prozessgericht die Billigkeitsentscheidung treffen, wenn der Insolvenzverwalter und der Schuldner über die Massezugehörigkeit von bedingt pfändbaren Einkünften streiten oder über die Pfändbarkeit im Rahmen eines Anfechtungsprozesses zu entscheiden ist (*BGH* NZI 2010, 141 Tz. 10). Zu den Ansprüchen gehören insbesondere Verletzungsrenten (BGHZ 70, 206 [212]; *OLG Oldenburg* MDR 1994, 257, m. Anm. *Hülsmann* MDR 1994, 537) und gesetzliche Unterhaltsrenten sowie der Taschengeldanspruch (zur Berechnung *BGH* BGHZ 196, 21 Tz. 31 ff.) gegen den Ehegatten (*BGH* ZVI 2004, 338 f.).

198 Für die Pfändungsgrenzen gem. § 850c Abs. 1 bis 3 ZPO ist bei der Festsetzung des pfändbaren Teils des Einkommens ein Freibetrag anzusetzen, falls den Schuldner eine gesetzliche Unterhaltspflicht trifft und er tatsächlich eigene Unterhaltsleistungen erbringt (*BAG* NJW 1966, 903). Unberücksichtigt bleiben freiwillige Unterhaltsleistungen, etwa für Stief- (*OLG Köln* MDR 2009, 953; *LG Mosbach* ZInsO 2012, 799 [800]) oder Pflegekinder (*LG Berlin* 23.07.2009 – 85 T 31/09 – BeckRS 2010, 01444; *May* VIA 2010, 46 [47]). Lebt der Schuldner mit seinem **Ehegatten** in häuslicher Gemeinschaft, ist davon auszugehen, dass die Ehegatten einander nach §§ 1360, 1360a BGB Naturalunterhalt leisten. Der Ehegatte ist deswegen, unabhängig von einer Geldleistung des Schuldners, als unterhaltsberechtigte Person nach § 850c Abs. 1 Satz 2 ZPO zu berücksichtigen. Nach Auflösung der häuslichen Gemeinschaft ist der getrennt lebende Ehegatte nur dann als unterhaltsberechtigte Person zu berücksichtigen, wenn der Schuldner dem anderen Partner tatsächlich Unterhalt geleistet hat (*BAG* NJW 2013, 3532 Tz. 21). Handelt es sich bei dem ersten Unterhaltsberechtigten um ein **Kind**, ist umstritten, ob – wie zutreffend – eine Erhöhung nach der ersten oder eine Berechnung nach der zweiten Stufe der Tabelle zu erfolgen hat (einerseits *LG Heilbronn* ZVI 2004, 341 f.; andererseits *LG Augsburg* ZVI 2004, 342, m. Anm. *Zimmermann*). Unterhaltsansprüche der Kinder richten sich gegen beide Eltern. Verdienen beide Eltern und gewähren sie jeweils auch tatsächlich den Unterhalt, so stehen beiden die Freibeträge des § 850c ZPO zu (*BAG* BB 1975, 703; *Stein/Jonas-Brehm* 22. Aufl., § 850c Rn. 18). Unterhaltspflichten können durch die Lohnsteuerkarte, aber auch auf andere Weise nachgewiesen werden (*K. Schmidt/Henning* InsO, § 287 n.F. Rn. 40).

199 Eigene **Einkünfte des Unterhaltsberechtigten** können auch im Insolvenzverfahren gem. § 850c Abs. 4 ZPO berücksichtigt werden (*BGH* NJW-RR 2009, 1279 Tz. 11; NZI 2010, 26 Tz. 8; 2010, 141 Tz. 14; 578 Tz. 6). Dennoch vermindern eigene Einkünfte eines Unterhaltsberechtigten nicht automatisch den zu gewährenden Freibetrag. Solange noch kein Antrag nach § 850c Abs. 4 ZPO gestellt und beschieden wurde, ist im Einzelzwangsvollstreckungsverfahren trotz eigener Einkünfte des Unterhaltsberechtigten der volle Freibetrag zu gewähren (*BAG* AP Nr. 4 zu § 850c ZPO; A/G/R-*Ahrens* § 36 InsO Rn. 66; *Stein/Jonas-Brehm* ZPO, 22. Aufl., § 850c Rn. 17). Dies gilt auch bei zusammenlebenden Ehegatten mit jeweils eigenem Einkommen und wechselseitigen Unter-

haltsverpflichtungen, selbst wenn über das Vermögen beider ein Insolvenzverfahren eröffnet ist (*BGH* NJW 2012, 393 Tz. 9 = VIA 2012, 12 m. Anm. *Wedekind*). Zu berücksichtigen sind sowohl Bar- als auch Naturalunterhaltsleistungen Dritter, wie des anderen Ehegatten (*BGH* NZI 2015, 561 Tz. 5 f.). Zu beachten bleibt die Erheblichkeitsschwelle bei niedrigen Einkünften (vgl. *BGH* NJW-RR 2005, 795 [797]; PG/*Ahrens* ZPO, § 850c Rn. 42). Naturalunterhalt kann nur ein Ehegatte mit eigenem Einkommen leisten. Stiefkinder sind nicht als unterhaltsberechtigte Personen des Schuldners zu berücksichtigen. Wenn der Ehegatte über ein Einkommen von EUR 650,– verfügt, von dem der Unterhalt des Kindes gedeckt wird, kann das Ehegatteneinkommen nur teilweise bei dem anderen Ehegatten berücksichtigt werden (*LG Braunschweig* InsbürO 2017, 162). Anstelle eines Gläubigers ist gem. §§ 292 Abs. 1 Satz 3, 36 Abs. 4 InsO der Treuhänder antragsberechtigt. Ohne hinreichende Informationen und einen entsprechenden Auftrag der Gläubiger ist der Treuhänder jedoch nicht verpflichtet, einen solchen Antrag zu stellen, denn es geht nicht darum, abgetretene Beträge zu vereinnahmen, sondern deren Umfang zu erweitern (vgl. *AG Köln* ZInsO 2013, 1275; **a.A.** *Pape/Pape* ZInsO 2017, 1513 [1517 f.]).

Das **Gericht** bestimmt bei einem Antrag nach § 850c Abs. 4 ZPO nach **billigem Ermessen**, dass der Unterhaltsberechtigte mit eigenen Einkünften ganz oder teilweise unberücksichtigt bleibt. Eine schematische Betrachtung ist dabei ausgeschlossen. Dabei ist zu differenzieren. Der Unterhaltsbedarf ist unter Einbeziehung aller wesentlichen Umstände des Einzelfalls und nicht lediglich nach festen Bezugsgrößen zu bestimmen (*BGH* NJW-RR 2005, 795 [797] = ZVI 2005, 194 [196]; NJW-RR 2005, 1239 [1240] = ZVI 2005, 254 [255], m. Anm. *Zimmermann*; NJW-RR 2006, 569 [570]; NJW 2012, 393 Tz. 11; *Stöber* Forderungspfändung, 16. Aufl., Rn. 1062 ff.). Als Orientierungsgröße kann für einen mit dem Schuldner in einem Haushalt wohnenden Unterhaltsberechtigten vom sozialhilferechtlichen Existenzminimum nebst einem Zuschlag von 30 bis 50% ausgegangen werden. Führt der Unterhaltberechtigte einen eigenen Hausstand, bietet der Grundfreibetrag nach § 850c Abs. 1 ZPO einen Anhaltspunkt (*BGH* NJW-RR 2005, 1239 [1240] = ZVI 2005, 254 [255 f.], m. Anm. *Zimmermann*; *LG Ellwangen* Rpfleger 2006, 88; *AG Göttingen* ZInsO 2006, 952). Bei der Gesamtabwägung nicht berücksichtigt werden darf aber die wirtschaftliche Lage des Gläubigers (*BGH* NJW-RR 2009, 1279 Tz. 11; *Ahrens* NZI 2009, 423 [424]). Die Entscheidung wirkt nicht auf einen vor der Antragstellung liegenden Zeitpunkt zurück (*Wedekind* VIA 2012, 12 [13]). Gegen die vom Rechtspfleger zu treffende Entscheidung steht dem nicht gehörten Schuldner die Erinnerung gem. § 766 ZPO, dem gehörten Schuldner sowie dem Gläubiger die sofortige Erinnerung gem. § 11 Abs. 2 RPflG zu (vgl. *Stein/Jonas-Brehm* ZPO, 22. Aufl., § 850c Rn. 41).

200

Wegen des Antragsrechts aus § 850c Abs. 4 ZPO ist in einem Pfändungsverfahren eine Entscheidung des Prozessgerichts zur **Nichtberücksichtigung des Ehegatten** als Unterhaltsberechtigten unzulässig (*BGH* NJW 2012, 393 Tz. 13). Allerdings kommt eine solche Entscheidung des Erkenntnisgerichts bei einer analogen Anwendung von § 850c ZPO etwa auf eine rechtsgeschäftlichen Abtretung in Betracht (*BGH* NJW-RR 2010, 211 Tz. 16; NJW 2012, 393 Tz. 14), doch gilt dies wegen der Verweisung in § 292 Abs. 1 Satz 3 InsO auf § 36 Abs. 4 InsO nicht für die nach § 287 Abs. 2 Satz 1 InsO abgetretenen Bezüge. Hier bleibt es beim Entscheidungsvorrang des Insolvenzgerichts.

201

Auf eine entsprechende Anwendung von **§ 850d ZPO** verweisen die §§ 292 Abs. 1 Satz 3, 36 Abs. 1 Satz 2 InsO nicht. Dieses allein für eine bestimmte Gläubigergruppe bestehende Zugriffsvorrecht ist für die Insolvenzgläubiger im Gesamtvollstreckungsverfahren unanwendbar. Es kann auch nicht auf die nach § 287 Abs. 2 Satz 1 InsO abzutretenden Forderungen angewendet werden. Der nach § 850d ZPO erweitert pfändbare Teil des Einkommens wird nicht von der Abtretung erfasst (*BAG* NJW 2010, 253 Tz. 23). Dagegen können die am Insolvenzverfahren nicht teilnehmenden privilegierten Unterhaltsberechtigten wegen ihrer **nach Eröffnung des Insolvenzverfahrens fällig werdenden Unterhaltsforderungen** in den Vorrechtsbereich vollstrecken (*BGH* NZI 2008, 50; *Ahrens* NZI 2008, 24). Die Bevorrechtigung muss sich, wie im Rahmen von § 850f Abs. 2 ZPO, zumindest durch Auslegung aus einem Titel ergeben, der auf einer Schlüssigkeitsprüfung des Erkenntnisgerichts beruht (*BGH* NJW 2013, 239 m. Anm. *Ahrens* Tz. 11). Ein Vollstreckungs-

202

bescheid genügt dafür nicht, weil er auf den nicht überprüften Angaben des Gläubigers beruht, denn es erfolgt keine Schlüssigkeitsprüfung (*BGH* NJW 2016, 1663). Die Vorrangstellung des Gläubigers gegenüber anderen Unterhaltsberechtigten nach § 850d Abs. 2 ZPO i.V.m. § 1609 BGB muss sich dagegen nicht aus dem Titel ergeben (*BGH* NJW 2013, 239 m. Anm. *Ahrens* Tz. 12). Die Unterhaltsvorschusskasse kann das Privileg geltend machen, wenn nicht feststeht, ob der Unterhaltsberechtigte vom Schuldner Unterhalt verlangt (*BGHZ* 202, 293).

203 Bei der Berechnung des Nettoeinkommens nach § **850e Nr. 1 ZPO** wurde bislang ganz überwiegend die Bruttomethode vertreten. Danach sind vom gesamten Bruttoeinkommen des Schuldners zunächst die unpfändbaren Bezüge und sodann die auf dem Gesamtbrutto liegenden Abgaben und Sozialversicherungsbeiträge abzuziehen (*LAG Berlin* NZA-RR 2000, 657 f.; *Zöller/Stöber* ZPO, § 850e Rn. 1b; MüKo-ZPO/*Smid* § 850e Rn. 2; HK-ZV/*Meller-Hannich* § 850e Rn. 2). Nach der jetzt auch vom *BAG* übernommenen Gegenansicht gilt die **Nettomethode**, wonach zunächst die nach § 850a ZPO unpfändbaren Beträge mit dem Bruttobetrag und sodann die auf das restliche Einkommen zu zahlenden Steuern und Sozialversicherungsbeträge abzuziehen sind (*BAG* ZInsO 2013, 1485 Tz. 19 ff.; *ArbG Aachen* FamRZ 2007, 63; *Bauckhage-Hoffer/Umnuß* NZI 2011, 745 [746]). **Abziehbare Beträge** vom Einkommen sind u.a. Zuschüsse zur privaten Krankenversicherung (*LG Hamburg* ZInsO 2017, 1689 [1690]) sowie Pflichtbeiträge zu einem berufsständischen Versorgungswerk (vgl. *BGH* NJW-RR 2009, 410), nicht aber derartige Beiträge, wenn die Mitgliedschaft in der Kammer endet und der Schuldner neben Beiträgen zur gesetzlichen Rentenversicherung freiwillige Beiträge zu dem Versorgungswerk leistet (*VG Sigmaringen* ZInsO 2014, 1454).

204 Abzusetzen sind nach § **850e Nr 1 Satz 2 lit b**) ZPO außerdem die vom Schuldner im üblichen Rahmen an eine Ersatzkasse oder ein Unternehmen der **privaten Krankenversicherung** geleisteten Beträge. Durch die Begrenzung auf den Rahmen des Üblichen wird eine generalisierte doppelte Bindung für Leistung und Gegenleistung hergestellt. Zunächst muss der Leistungsumfang grds. dem der gesetzlichen Krankenversicherung nach den §§ 11 ff. SGB V entsprechen (Wieczorek/Schütze/*Lüke* Rn. 11). Der so festgelegte Leistungsumfang bildet die Grundlage zur Bemessung der Gegenleistung. Ein Beihilfeergänzungstarif, eine Krankenhaustagegeld- bzw. eine Zahnbehandlungskostenzusatzversicherung sind deswegen nicht mehr üblich (**a.A.** *LG Hannover* JurBüro 1983, 1423; MüKo-ZPO/*Smid* § 850e Rn. 4). Eine feste Orientierung an den Sätzen der gesetzlichen Krankenversicherung ist ausgeschlossen (*Saenger/Kemper* ZPO, § 850e Rn. 7; **a.A.** *LG Berlin* Rpfleger 1994, 426).

205 Grds. maßgebend sind vielmehr die Zahlungsbeträge für den einheitlichen **Basistarif nach § 152 VAG**, dessen Versicherungsleistungen nach § 152 Abs. 1 Satz 1 VAG denen der §§ 11 ff. SGB V entsprechen müssen (*LG Stuttgart* JurBüro 2012, 437; *AG Montabaur* Rpfleger 2013, 464; *LAG Rheinland-Pfalz* NZA-RR 2017, 345). Dies gilt jedenfalls, soweit ein Tarifwechsel nach § 152 Abs. 2 VAG möglich und zumutbar ist. Dessen maximale Beitragshöhe darf den Höchstbetrag in der gesetzlichen Krankenversicherung zuzüglich des durchschnittlichen Zusatzbeitrags, §§ 241 ff. SGB V, nicht übersteigen. Seit dem 01.01.2017 beträgt der Satz des Basistarifs EUR 682,95. Bei einer Hilfebedürftigkeit nach SGB II bzw. SGB XII oder wenn durch die Zahlung des Versicherungsbeitrags Hilfebedürftigkeit entstünde, vermindert sich für die Zeit der Hilfebedürftigkeit etc. der Beitrag um die Hälfte, § 152 Abs. 4 VAG. Seit dem 01.01.2017 beträgt der hälftige Satz EUR 341,48. Für höhere Kosten kommt ggf. eine Freistellung nach § 850f Abs. 1 lit b) ZPO in Betracht. Abzuziehen sind nur die Kosten für die eigene Versicherung (HK-ZV/*Meller-Hannich* § 850e Rn. 6). Der Versicherungsaufwand für Angehörige kann aber über § 850f Abs. 1 ZPO berücksichtigt werden. Der **Tarifwechsel ist unzumutbar** bei einem siebzigjährigen, chronisch kranken Schuldner mit Krankenversicherungsbeträgen von EUR 705,68 (*LG Hamburg* ZInsO 2017, 1689 [1690]).

206 Bezieht ein Schuldner **mehrere Arbeitseinkommen**, sind sie im Zwangsvollstreckungsverfahren auf Antrag durch das Gericht (vgl. Rdn. 242) zusammenzurechnen, § **850e Nr. 2 ZPO** i.V.m. den §§ 292 Abs. 1 Satz 3, 36 Abs. 1 Satz 2 InsO (MüKo-InsO/*Stephan* § 287 Rn. 45; *Gottwald/Ahrens* HdbInsR, § 78 Rn. 14; *Warrikoff* ZInsO 2004, 1331 [1332]). Andere Einkünfte als Arbeitseinkom-

men werden von dieser Zusammenrechnungsbefugnis nicht erfasst (PG/*Ahrens* ZPO, § 850e Rn. 19 f., *Grunsky* ZIP 1983, 908 [909]). Der Wert des mietfreien Wohnens im eigenen Haus ist deswegen nicht mit dem Arbeitseinkommen zusammenzurechnen (*BGH* ZVI 2013, 201 Tz. 12). Auf den Streit darüber, ob § 850e Nr. 2 ZPO auf mehrere abgetretene Forderungen anwendbar ist (*BAG* DB 1997, 784 = AR-Blattei ES 1130 Nr. 76, m. Anm. *Kohte*; *LG Flensburg* MDR 1968, 58; *Stein/Jonas-Brehm* ZPO, 22. Aufl., § 850e Rn. 75; MüKo-ZPO/*Smid* § 850e Rn. 18; *Stöber* Forderungspfändung, 16. Aufl., Rn. 1149; **a.A.** *AG Leck* MDR 1968, 57; *Grunsky* ZIP 1983, 908 [910]), kommt es insoweit nicht mehr an.

Anwendbar ist auch **§ 850e Nr. 2a ZPO**. Unpfändbar sind entsprechend § 54 Abs. 3 Nr. 2a SGB I 207 Leistungen für Unterkunfts- und Heizungskosten, die funktional an die Stelle des Wohngelds treten (*LG Hannover* ZInsO 2011, 1611 [1612]). Für die Berechnung des pfändbaren Arbeitseinkommens ist Arbeitslosengeld II mit Arbeitseinkommen nicht zusammenzurechnen, wenn der Schuldner nur deshalb Arbeitslosengeld II erhält, weil sein Arbeitseinkommen bei anderen Personen berücksichtigt wird, die mit ihm in einer Bedarfsgemeinschaft leben (*BGH* ZVI 2012, 453; *LG Hannover* ZInsO 2011, 1611 [1612]). Zusammengerechnet werden können auch Renteneinkünfte und Einkünfte aus selbständiger Tätigkeit (*BGH* NZI 2017, 461 Tz. 19). Anstelle eines Gläubigers ist gem. §§ 292 Abs. 1 Satz 3, 36 Abs. 4 InsO der Treuhänder **antragsberechtigt** (*LG Hannover* ZInsO 2011, 1611 [1612]; nach **a.A.** die Insolvenzgläubiger *Warrikoff* ZInsO 2004, 1331 [1332]).

Ausdrücklich verweisen die §§ 292 Abs. 1 Satz 3, 36 Abs. 1 Satz 2 InsO auch auf **§ 850f Abs. 1** 208 **ZPO** (*Kübler/Prütting/Bork-Wenzel* InsO, § 287 Rn. 34). Dies entspricht dem früher umstrittenen, inzwischen gerade von der verfassungs- oder sonstigen höchstrichterlichen Judikatur betonten Grundsatz, dass der Schutz des **Existenzminimums** auch im Insolvenzverfahren zu beachten ist (*BVerfG* NJW 2010, 505 Tz. 133; NJW 2014, 3425 Tz. 74; *BGH* WM 2011, 76 Tz. 15). In jedem Fall ist das Existenzminimum zu gewährleisten, das nach der Grundsatzentscheidung des *BVerfG* unverfügbar ist (*BVerfG* NJW 2010, 505 Tz. 133). Der Gesetzgeber hat den Schutz des Existenzminimums auch für die Bezügeabtretung angeordnet (*Hergenröder* ZVI 2006, 173 [182, 183]). Antragsberechtigt ist der Schuldner. Die §§ 292 Abs. 1 Satz 3, 36 Abs. 4 InsO, nach denen anstelle eines Gläubigers der Treuhänder antragsberechtigt ist, lassen das Antragsrecht des Schuldners unberührt (*Vallender* NZI 2001, 561 [562]).

Auf einen **Antrag des Schuldners** kann das Gericht nach § 850f Abs. 1 lit. a) ZPO den pfändungs- 209 freien Teil seines Einkommens erweitern, wenn der notwendige Lebensunterhalt i.S.d. SGB XII (vgl. auch *Stöber* Forderungspfändung, 16. Aufl., Rn. 1176 ff.) für ihn und die Personen, denen er Unterhalt gewährt, nicht mehr gedeckt ist. Ein erhöhter Freibetrag wegen einer gegen den Schuldner vor Eröffnung des Insolvenzverfahrens entstandenen Forderung aus einem schuldrechtlichen Versorgungsausgleich scheidet allerdings aus, da es sich dabei um eine Insolvenzforderung handelt (*BGH* ZInsO 2011, 2184 Tz. 6 = VIA 12, 3 m. Anm. *Dietzel*).

Das Bedürfnis muss aktuell und konkret sein und darf bei den meisten Personen in **vergleichbarer** 210 **Lage** nicht auftreten. Zu berücksichtigen ist der **sozialrechtliche Maßstab**. Der Schuldner soll so gestellt werden, wie ein Empfänger von Sozialhilfe nach § 52 SGB XII (*BGH* NJW 2009, 2313 Rn 10, 14; Musielak/Voit/*Becker* ZPO, § 850f Rn. 5; krit. *Stahlschmidt* ZInsO 2009, 1987). Auf Grundlage einer Vergleichsrechnung ist zu bestimmen, ob für den Schuldner überdurchschnittliche Kosten anfallen (*Kohte* VuR 2016, 358 [359]). Als Mindestmaß muss stets der gesamte existenznotwendige Bedarf eines jeden Schuldners realitätsgerecht berücksichtigt werden (*BVerfG* NJW 2010, 505 Tz. 137, 139). Gewährleistet sein muss sowohl die physische Existenz des Menschen, also Nahrung, Kleidung, Hausrat, Unterkunft, Heizung, Hygiene und Gesundheit, als auch die gesicherte Möglichkeit zur Pflege zwischenmenschlicher Beziehungen und zu einem Mindestmaß an Teilhabe am gesellschaftlichen, kulturellen und politischen Leben (*BVerfG* NJW 2010, 505 Tz. 135). Dabei ist zwischen der Gewährleistung des Existenzminimums für nicht erwerbsfähige Personen nach dem **SGB XII** und der für erwerbsfähige Personen und deren Haushaltsangehörige nach dem **SGB II** zu unterscheiden (*Gottwald/Ahrens* HdbInsR, § 78 Rn. 14; *Zimmermann/Fremann* ZVI 2008, 374 [375]).

§ 287 InsO Antrag des Schuldners

Allerdings wendet die höchstrichterliche Rechtsprechung zum Vollstreckungsrecht allein das SGB XII an (*BGH* NJW-RR 2009, 1459 Tz. 23; krit. dazu PG/*Ahrens* ZPO, § 850f Rn. 11).

211 Der **Regelbedarf** für erwerbsfähige Schuldner nach § 28 SGB XII beträgt für eine erwachsene Person, die in einer Wohnung lebt, EUR 409,–. Zu berücksichtigen sind auch die Mitglieder einer **Bedarfsgemeinschaft**, denn ohne deren Berücksichtigung besteht die Gefahr, das Existenzminimum zu unterschreiten (*OLG Frankfurt* ZVI 2008, 384; *LG Essen* ZInsO 2014, 2278; *LG Braunschweig* ZInsO 2017, 1034 [1035]; a.A. *AG Münster* BeckRS 2016, 121418; MüKo-ZPO/*Smid* § 850f Rn 7; Zöller/*Stöber* ZPO, § 850f Rn 2a; *Wiedemann* ZVI 2010, 291 [293]). Volljährige erwerbsfähige Partner einer Bedarfsgemeinschaft haben einen monatlichen Regelbedarf von EUR 368,–, Jugendliche vom Beginn des 15. bis zur Vollendung des 18. Lebensjahrs von monatlich EUR 311,–, Kinder vom siebten bis zur Vollendung des 14. Lebensjahrs von monatlich EUR 291,– und Kinder bis zur Vollendung des sechsten Lebensjahrs monatlich EUR 237,–.

212 **Mehrbedarfe** sind zu berücksichtigen gem. § 21 SGB II bei Schwangerschaft, bei Alleinerziehenden, bei Behinderung und bei kostenaufwändiger Ernährung sowie nach § 23 Abs. 3 SGB II bei der Erstausstattung der Wohnung, der Erstausstattung für Bekleidung und schulrechtlich veranlassten mehrtägigen Klassenfahrten. Leistungen für Unterkunft und Heizung werden nach § 22 Abs. 1 Satz 1 SGB II in Höhe der angemessenen tatsächlichen Aufwendungen erbracht (ausf. PG/*Ahrens* ZPO, § 850f Rn. 14 f.). Vom Einkommen des Schuldners sind gem. § 11 Abs. 2 SGB II abzusetzen die darauf entrichteten Steuern und Sozialversicherungsbeiträge, angemessene Privatversicherungen sowie die sonstigen mit der Erzielung des Einkommens verbundenen notwendigen Ausgaben sowie der Betrag nach § 30 SGB II.

213 Zu unterscheiden sind verschiedene **Fallgruppen** (insgesamt PG/*Ahrens* ZPO, § 850f Rn. 22 f.). Eine erste Gruppe besonderer Bedürfnisse resultiert aus dem **Gesundheitszustand** des Schuldners. Erfasst wird der Selbstbehalt für die aus medizinischen Gründen erforderlichen Therapien (*BGH* NJW 2009, 2313 Tz. 10, 16). Dazu gehören insbesondere die von den Krankenkassen nicht getragenen Kosten für medizinisch indizierte diätische Lebens- (*LG Frankenthal* Rpfleger 1990, 470; *LG Essen* Rpfleger 1990, 470) oder orthopädische Hilfsmittel. Eingeschlossen sind auch die konkreten Ausgaben aufgrund eines mit der Krankenkasse vereinbarten Selbstbehalts (*LG Düsseldorf* JurBüro 2006, 156) sowie Rezeptgebühren. Anzusetzen sind auch die von der Pflegeversicherung nicht gedeckten Kosten der Unterbringung in einem Pflegeheim (Zöller/*Stöber* ZPO, § 850f Rn 2a).

214 Als weitere Gruppe nennt § 850f Abs. 1 lit. b) ZPO **beruflich veranlasste besondere Bedürfnisse**. Sie können etwa aus besonders hohen **Fahrtkosten** resultieren (*LG Bochum* Rpfleger 1998, 531; *LG Halle* Rpfleger 2000, 285, nur die über den üblichen Rahmen hinausgehenden Fahrtkosten), die durch die Pauschbeträge nach § 11 Abs. 2 Nr. 5 SGB II nicht hinreichend abgedeckt sind. Eine abstrakte Bemessung allein nach den gefahrenen Kilometern genügt nicht, da ein konkretes Bedürfnis feststellbar sein bzw. die individuelle Situation beurteilt werden muss (*BGH* NJW 2008, 2313 Tz. 10, 16). Eine Entfernung von 25 km zur Arbeitsstelle kann einen Anhaltspunkt bieten (*LG Mühlhausen* ZInsO 2016, 1705; 30 km *LG Braunschweig* ZInsO 2011, 1268, 1269; 20 km *AG Fritzlar* ZInsO 2009, 201; *Kohte* VuR 2016, 358 [359]). Werden die besonders hohen Fahrtkosten durch unterdurchschnittliche Mietkosten im ländlichen Raum oder den neuen Bundesländern etc. kompensiert, ist eine Erhöhung ausgeschlossen. Da der Schuldner nicht besser als ein Sozialhilfeempfänger gestellt werden soll (*BGH* NJW 2008, 2313 Tz. 16), ist von einer Kilometerpauschale von EUR 0,20 auszugehen (*LG Mühlhausen* ZInsO 2016, 1705; EUR 0,30 *AG Fritzlar* ZInsO 2009, 201; *Kohte* VuR 2016, 358, 359).

215 Zusätzlich zu einem **Grundfreibetrag** von EUR 100,– ist **für Einkünfte** zwischen EUR 101,– und EUR 800,– grds. ein Betrag von 20 % abziehbar (*Zimmermann/Fremann* ZVI 2008, 374 [378]; zu eheähnlichen Gemeinschaften und Stiefkindern *OLG Frankfurt/M.* ZVI 2008, 384). Ungewöhnliche Fahrtkosten können einen höheren Pfändungsfreibetrag rechtfertigen (*AG Fritzlar* ZInsO 2009, 201). Soweit § 850f Abs. 1 ZPO eine Abwägung mit den Belangen des Gläubigers fordert, ist davon in einem Gesamtvollstreckungsverfahren abzusehen. Dieser Gedanke folgt dem in § 36

Abs. 1 Satz 2 InsO mit der Verweisung auf bestimmte Normen des Pfändungsschutzrechts normierten Modell. Dabei lässt die Verweisungskette solche Vorschriften unberücksichtigt, die individuelle Gläubigerbelange einbeziehen (so *BGH* NJW-RR 2009, 1279 Tz. 11, zu § 850c Abs. 4 ZPO).

Die Härteklausel zu Gunsten der Gläubiger von Forderungen aus vorsätzlicher unerlaubter Handlung, **§ 850f Abs. 2 ZPO**, ist unanwendbar. Der Gesetzgeber hat ausdrücklich von einer Verweisung auf diese Vorschrift abgesehen, weil sie die Pfändbarkeit lediglich für bestimmte Gläubiger erweitert (Rechtsausschuss, BT-Drucks. 14/6468 S. 17). Im Übrigen wird den Interessen der Gläubiger durch die Privilegierung nach § 302 Nr. 2 InsO angemessen Rechnung getragen (ebenso *AG Göttingen* ZInsO 2005, 668). Die §§ 36 Abs. 1 Satz 2, 292 Abs. 1 Satz 3 InsO verweisen zwar nicht auf **§ 850f Abs. 3 ZPO**. Da insoweit kein die gesetzgeberische Entscheidung prägende Bevorrechtigung zugunsten bestimmter Gläubiger vorgesehen ist und das Schutzbedürfnis des Schuldners weitgehend zurücktritt, kann die Regelung im Insolvenzverfahren entsprechend angewendet werden. 216

Ändern sich die Voraussetzungen für die Bemessung des unpfändbaren Teils des Arbeitseinkommens, so ist auf Antrag der Beschluss zu ändern, **§ 850g Satz 1 ZPO**. Diese Vorschrift ist im Insolvenzverfahren entsprechend anzuwenden (*OLG Köln* ZInsO 2000, 603) und nach der gesetzlichen Entscheidung auch für die Forderungsabtretung heranzuziehen, §§ 292 Abs. 1 Satz 3, 36 Abs. 1 Satz 2 InsO. Antragsberechtigt sind der Treuhänder, §§ 292 Abs. 1 Satz 3, 36 Abs. 4 Satz 2 InsO und der Schuldner. 217

§ 850h ZPO ist hinsichtlich der materiellrechtlichen Regeln entsprechend anwendbar, §§ 292 Abs. 1 Satz 3, 36 Abs. 1 Satz 2 InsO (vgl. *Ahrens* NJW-Spezial 2009, 53). Dies hat das *BAG* (NZA 2008, 779 [780]; ZInsO 2013, 1357 Tz. 40; außerdem *OLG Köln* WM 2000, 2114; *Ott/Zimmermann* ZInsO 2000, 421 [425]) zur Geltung von § 850h Abs. 2 ZPO im Insolvenzverfahren ausgesprochen. Der Anspruch kann dort vom Treuhänder bzw. Insolvenzverwalter geltend gemacht werden (*LAG Baden-Württemberg* BeckRS 2011, 74934; *LAG Hessen* ZInsO 2016, 814; *LAG Rheinland-Pfalz* ZInsO 2016, 2401). Damit formuliert § 850h ZPO einen Verantwortungsgedanken, der im Restschuldbefreiungsverfahren speziell durch § 295 Abs. 1 Nr. 1 InsO ausgedrückt wird. Deswegen kann der Treuhänder mit einer Prozessführung beauftragt werden (**a.A.** *Riedel* ZVI 2009, 91 [92]). Zulässig ist aber auch ein Versagungsantrag nach § 295 Abs. 1 Nr. 1 InsO (s. § 295 Rdn. 28). Die Fiktion des § 850h Abs. 2 ZPO bezieht sich nicht auf die Erbringung der Arbeit als solcher, sondern nur auf die **Zahlung der** hierfür geschuldeten **Vergütung** (*OLG Dresden* JurBüro 2017, 323). Abzustellen ist auf die vom Schuldner ohne die Pfändung sinnvollerweise gewählte **Steuerklasse** (*BAG* NJW 2008, 2606 LS 3; *K. Schmidt/Henning* § 287 nF Rn. 44). Ein Arbeitsverhältnis unter **Ehepartnern** oder Verwandten ist insolvenzrechtlich grds. unbedenklich (vgl. § 295 Rdn. 35 f.). 218

Noch nicht beantwortet ist damit, ob auch der **verfahrensrechtliche Gehalt** von § 850h ZPO entsprechend angewendet werden kann (abl. *Jaeger/Henckel* InsO, § 36 Rn. 16; *Uhlenbruck* 12. Aufl., § 35 Rn. 58). Das *BAG* (NZA 2008, 779 [780]) vertritt dazu eine differenzierende Position, indem es die vollstreckungsrechtlichen Regeln an das Insolvenzverfahren anpasst (ähnlich HK-InsO/*Eickmann* 5. Aufl., § 36 Rn. 21). Der Treuhänder soll nach dem Eröffnungsbeschluss, der wie ein Pfändungs- und Überweisungsbeschluss im Vollstreckungsverfahren wirke, vom Drittschuldner die Zahlung der angemessenen Vergütung verlangen (ebenso *Runkel* FS Uhlenbruck, S. 315, 333; **a.A.** *Holzer* EWiR 2008, 479 [480]). Infolgedessen muss dieses Verfahren als Einziehungs- und nicht wie ein Anfechtungsprozess durchgeführt werden (*Ahrens* NJW-Spezial 2009, 53). Die fiktive angemessene Vergütung nach § 850h Abs. 2 ZPO ist nicht um den Wert einer Privatnutzung eines Pkws und den entgeltlichen Vorteil einer überlassenen Dienstwohnung zu erhöhen (*LAG Hessen* ZInsO 2016, 814). **Einzelfälle:** Entgeltreduzierung für einen Tischlermeister von EUR 7.000,– auf EUR 2.500,– (*LAG Rheinland-Pfalz* ZInsO 2016, 2401). 219

§ 850i ZPO umfasst einen doppelten sachlichen Anwendungsbereich. Geschützt werden nicht wiederkehrend zahlbare Vergütungen für persönlich geleistete Arbeiten oder Dienste. Darüber hinaus werden sonstige Einkünfte erfasst, die kein Arbeitseinkommen sind. Ziel ist ein besserer Schutz die- 220 ser Einkünfte und damit auch der Selbständigen und eine stärkere Harmonisierung des Pfändungsschutzes (PG/*Ahrens* ZPO, § 850i Rn. 2; *ders.* ZInsO 2010, 2357). Die Vorschrift ist auf die Forderungsabtretung entsprechend anzuwenden (*Hergenröder* ZVI 2006, 173 [182, 183], zur alten Fassung). Auf **Antrag** des Schuldners, des Treuhänders oder der gegenüber dem Schuldner unterhaltsberechtigten Angehörigen ist der Pfändungsschutz aus § 850i ZPO zu gewähren (*Riedel* ZVI 2009, 439; zur Antragstellung Rdn. 230). Zu unterscheiden ist die Anwendung auf nicht selbständig Erwerbstätige und auf Selbständige.

221 In erster Linie sind die Tilgungsleistungen des **nicht selbständig tätigen Schuldners** aus seinem laufenden Einkommen zu erbringen, doch werden auch die **nicht wiederkehrend zahlbaren Vergütungen** für persönlich geleistete Arbeiten oder Dienste erfasst. Als solche Vergütungen werden u.a. **Abfindungsansprüche** angesehen, die an die Stelle laufender Bezüge treten (*BAG* NZA 1997, 565; *LG Bochum* ZInsO 2010, 1801 [1802]; *Gottwald/Ahrens* HdbInsR, § 78 Rn. 7; *Stein/Jonas-Brehm* ZPO, 22. Aufl., § 850i Rn. 7; *Stöber* Forderungspfändung, 16. Aufl., Rn. 1233b; *Anger* VIA 2010, 61 [62]), wie etwa Abfindungen nach den §§ 9, 10 KSchG (*BGH* NZI 2010, 564 Tz. 11; *BAG* DB 1959, 1007; DB 1980, 358 [360]; *LAG Hamm* ZVI 2002, 124 [125 f.]), der aufgrund einer Betriebsvereinbarung zu zahlende Einkommensausgleich bei einem vorzeitigen Ausscheiden aus dem Arbeitsverhältnis (*LAG Düsseldorf* DB 1988, 1456) sowie eine Sozialplanabfindung nach § 112 BetrVG (*BAG* NZA 1992, 384 = AR-Blattei ES 1130 Nr. 70 m. Anm. *Kohte*; *OLG Düsseldorf* NJW 1979, 2520). Soweit die Abtretung der Bezüge aus einem Arbeitsverhältnis umfassend an dem Begriff des Arbeitseinkommens zu orientieren ist (s. Rdn. 153 ff.), sind auch derartige Abfindungen abgetreten (*Hergenröder* ZVI 2006, 173 [183 f.]), doch kann hier die Abtretungsregel auch eigenen Prinzipien folgen. Auf diese Auslegung hat der sprachliche Gegensatz zwischen den Bezügen aus einem Dienstverhältnis und den an ihre Stelle tretenden laufenden Bezügen keinen Einfluss, da dieser Begriff der laufenden Bezüge dem Sozialrecht entstammt.

222 Zunächst ist zu bestimmen, ob die Abfindung zeitlich in die **Insolvenzmasse oder** in die nach § 287 **Abs. 2 Satz 1 InsO** abzutretenden Leistungen fällt bzw. frei ist. Grds. ist vom **Fälligkeitszeitpunkt** auszugehen. Dagegen ist der Entstehungszeitpunkt maßgebend, wenn aufgrund einer einzel- (*LG Hagen* ZInsO 2017, 1234) oder kollektivvertraglichen Vereinbarung (*LG Nürnberg-Fürth* ZInsO 2013, 1097) Entstehungs- und Fälligkeitszeitpunkt voneinander abweichen. Wird ein Antrag nach § 850i ZPO gestellt, ist sodann zu entscheiden, für welchen Zeitraum die Leistung erbracht wird (s. Rdn. 225). Als begrenztes Äquivalent des Pfändungsschutzes aus § 850c ZPO gilt der antragsabhängige Schutz des § 850i Abs. 1 ZPO auch für Abtretungen. Zu erwägen ist außerdem, inwieweit eine Hinweispflicht des Arbeitgebers auf dieses Antragsrecht besteht (*Kohte* Anm. zu *BAG* AR Blattei ES 1130 Nr. 70).

223 Der Schutz **sonstiger Einkünfte** besitzt für den nicht selbständigen Schuldner in der Treuhandperiode keine praktische Relevanz. Zu denken ist hier an die den Unterhalt sichernden Einkünfte aus Vermögen (PG/*Ahrens* ZPO, § 850i Rn. 8), die keine nennenswerte Bedeutung besitzen, soweit das Vermögen im Insolvenzverfahren verwertet sein wird. Geschützt sind Einkünfte etwa aus Kapitalvermögen, aus Vermietung und Verpachtung bzw. die Verwertung eines Nießbrauchrechts (*BGH* 26.6.2014 – IX ZB 88/13, DB 2014, 1737 Rn. 8; die abweichende Entscheidung des *LG Bonn* ZVI 2013, 73, ist überholt) sowie Werklohnansprüche und Verkaufserlöse (*BGH* 26.6.2014 – IX ZB 88/13, DB 2014, 1737 Rn. 8). Ob Arbeiten oder Dienste persönlich erbracht werden oder nicht, spielt keine Rolle (*BGH* 26.6.2014 – IX ZB 88/13, DB 2014, 1737 Rn. 8).

224 Einzelzwangsvollstreckungsrechtlich besitzt § 850i ZPO eine zentrale Bedeutung bei den **Einkünften Selbständiger**. Es gilt das Bruttobeschlagsprinzip, wonach alle Einkünfte grds. in die Masse fallen, aber aufgrund eines Vollstreckungsschutzantrags nach den §§ 292 Abs. 1 Satz 3, 36 Abs. 1 Satz 2 InsO i.V.m. § 850i ZPO unpfändbar sein können (*BGH* NZI 2017, 461 Tz. 7). Geschützt werden insbesondere die aus der unternehmerischen Tätigkeit resultierenden Einnahmen, die dem Unterhalt des Schuldners und seiner Angehörigen dienen. Aufgegeben ist die bisherige Anbindung an die Arbeitsleistung. Es genügt, wenn allein Vergütungsansprüche für die Tätigkeit von Mitarbeitern des Schuldners bestehen. Für den Begriff der sonstigen Einkünfte ist es unerheblich, ob es

sich um einmalige oder wiederkehrende Vergütungen handelt. Dienen die Einkünfte anderen Zwecken als der Unterhaltssicherung, werden sie von § 850i ZPO nicht umfasst. Nach der Rechtsprechung des *BGH* werden diese Einkünfte nicht abgetreten (*BGH* NZI 2010, 72 Tz. 11 ff.; s.a. Rdn. 172). Zu beachten ist der verbesserte Pfändungsschutz für Selbständige deswegen vor allem bei einer nicht von § 294 Abs. 1 InsO verbotenen Zwangsvollstreckung, etwa der Neugläubiger.

Der **Pfändungsschutz** aus § 850i ZPO ist in **vier Schritten** zu bestimmen (PG/*Ahrens* ZPO, § 850i ZPO Rn. 10). Als Erstes ist die **Höhe der Einnahmen** zu bestimmen. Dazu ist das nicht notwendig kontinuierlich fließende, möglicherweise aus mehreren Quellen stammende und evtl. ungleichartige Einkommen in eine angemessene Vergleichsgröße umzurechnen. Für langfristige Vergütungen, etwa Projektprämien, können mehrmonatige, aber auch überjährige Perioden angesetzt werden. Bei einer Sozialplanabfindung für einen 60-jährigen Schuldner in schlechtem gesundheitlichen Zustand kann eine Frist von 18 Monaten (*LG Bamberg* Rpfleger 2009, 327 [328]) und sogar sechzig Monaten (*LG Essen* Rpfleger 1998, 297) angemessen sein. Für einen über 50-jährigen Schuldner ohne erlernten Beruf mit gesundheitlichen Einschränkungen kommt eine mehr als zweijährige Frist in Betracht, damit der Schuldner nicht auf einen Leistungsbezug des ALG II angewiesen ist (*AG Münster* NZI 2017, 357 = VIA 2017, 46 m. zust. Anm. *Schmerbach*; zu den Möglichkeiten einer differenzierten Anordnung Rdn. 229). Für den Pfändungsschutz ist unerheblich, ob es sich um nicht wiederkehrend zahlbare Vergütungen i.S.v. § 850i Abs. 1 Satz 1 Alt. 1 ZPO oder um sonstige Einkünfte gem. § 850i Abs. 1 Satz 1 Alt. 2 ZPO handelt. 225

Sodann ist die **Höhe des unpfändbaren Betrags** anhand der für die Pfändung von Arbeitseinkommen geltenden Regeln zu bestimmen. Abzustellen ist nicht allein auf die Pfändungstabelle zu § 850c ZPO (*LG Bochum* ZInsO 2010, 1801 [1802]), sondern auch auf die Regeln der §§ 850a (*BGH* NZI 2014, 773 Tz. 7; NZI 2017, 461 Tz. 7), 850b, 850c Abs. 4, 850d (*LG Bochum* ZInsO 2010, 1801 [1802]) und 850f Abs. 1 ZPO. Es genügt nicht, dass der Schuldner ALG erhalten hat, da dies nicht dem Maßstab des Arbeitseinkommens entspricht (**a.A.** *AG Remscheid* JurBüro 2017, 45) vielmehr ist ihm dann von einer Abfindung so viel zu belassen, wie bei einem laufenden Einkommen unpfändbar wäre (*AG Dortmund* JurBüro 2017, 158). Dabei setzt das Insolvenzgericht als Vollstreckungsgericht den pfandfrei zu belassenden Betrag individuell fest. Anwaltskosten zur Geltendmachung eines Abfindungsanspruchs sind nicht abzuziehen (*LG Kiel* ZVI 2017, 232). 226

Zusätzlich differenziert der *BGH* im Anwendungsbereich von § 850i Abs. 1 Satz 1 ZPO zwischen Erwerbseinkünften und sonstigen selbständig erwirtschafteten Einkünften. Nur das **Erwerbseinkommen** soll entsprechend den für das Arbeitseinkommen geltenden Bestimmungen pfändungsfrei gestellt werden. Die neu formulierte Fallgruppe der **sonstigen selbständig erwirtschafteten Einkünfte** soll nur in Höhe des Grundfreibetrags nach § 850c Abs. 1, 2a pfändungsgeschützt sein (*BGH* NZI 2016, 457 Rn. 14 ff. = EWiR 2016, 471 m. Anm. *Ahrens*). 227

Als dritter Schritt sind die **wirtschaftlichen Verhältnisse des Schuldners** zu berücksichtigen. Berücksichtigt werden darf insoweit allerdings nur das nach Abschluss des Insolvenzverfahrens vorhandene Vermögen, denn der übrige Neuerwerb soll, abgesehen vom Fall des § 295 Abs. 1 Nr. 2 InsO, dem Schuldner verbleiben. Die in dieser Gestaltung zum Ausdruck kommenden speziellen insolvenzrechtlichen Wertungen müssen sich auch gegenüber dem zwangsvollstreckungsrechtlichen Maßstab aus § 850i Abs. 1 Satz 2 ZPO durchsetzen. Verdienstmöglichkeiten des Schuldners stellen dagegen keine wirtschaftlichen Verhältnisse dar. Jenseits der Erwerbsobliegenheiten aus § 295 Abs. 1 Nr. 2, Abs. 2 InsO sind sie unerheblich. 228

Schließlich sollen als Viertes entgegenstehende **überwiegende Belange des Gläubigers** einzubeziehen sein. Hier wird eine Parallele zu § 850b ZPO zu ziehen sein (*BGH* NZI 2010, 141 Tz. 14). Abzuwägen sind danach die Gesamtinteressen der Gläubiger, nicht aber die Art eines beizutreibenden Anspruchs. Soweit keine besonderen Umstände ersichtlich sind, kann die Pfändbarkeit nach den Freigrenzen des § 850c Abs. 1 ZPO bestimmt werden. Letztlich muss das Existenzminimum des Schuldners gewahrt bleiben (PG/*Ahrens* ZPO, § 850i ZPO Rn. 22). Deswegen darf der Pfändungsschutz wegen vergangener Entnahmen nicht prinzipiell für die Zukunft abgelehnt werden (**a.A.** *LG* 229

Bonn ZInsO 2013, 833 [835]). Auch wenn eine Interessenabwägung zugunsten einzelner Gläubiger ausgeschlossen ist, muss eine wertende Entscheidung erfolgen, ob und inwieweit die Pfändungsschutzvorschriften der §§ 850a ff. ZPO unter Abwägung von Schuldner- und Gläubigerinteressen anzuwenden sind (*BGH* NZI 2014, 773 Rn. 14). Das Gericht kann bei einer höheren Einmalzahlung eine **differenzierte Anordnung** treffen. Es kann zunächst einen Teil der Zahlung, der den Lebensunterhalt etwa für ein Jahr sichert, pfändungsfrei stellen und den Restbetrag vom Insolvenzverwalter bzw. Treuhänder sichern lassen, diesem aber einstweilen untersagen, den Betrag auszukehren. Nach Ablauf der Frist kann der Schuldner erforderlichenfalls einen ergänzenden Antrag gem. § 850i ZPO stellen. Dadurch wird gleichermaßen den Interessen von Gläubigern wie Schuldner Rechnung getragen.

230 Der Pfändungsschutz wird nur auf **Antrag** gewährt. Der Antrag ist zulässig, solange die Zahlung noch nicht an die Gläubiger ausgekehrt ist (vgl. *LG Hildesheim* 18.08.2011 – 7 T 79/10, BeckRS 2012, 08113). Zuständig ist das Insolvenzgericht als besonderes Vollstreckungsgericht (*BGH* NZI 2016, 457 Tz. 11). Der Antrag eines Selbständigen nach § 850i ZPO kann bereits gestellt werden, bevor die Forderungen durch die selbständige Tätigkeit entstehen. Er ist zusammen mit dem Insolvenzantrag zulässig (*BGH* NZI 2014, 773 Tz. 15; NZI 2017, 461 Tz. 20). Die Antragsstellung ist konkludent möglich. Dabei legt der *BGH* einen großzügigen Maßstab an. Den Hinweis bzw. die Rechtsansicht, bestimmte selbständige Einnahmen seien nicht pfändbare Bezüge, hat der *BGH* als konkludente Antragstellung genügen lassen (*BGH* NZI 2017, 461 Tz. 20).

231 Der **Kontenpfändungsschutz nach § 850k ZPO** stellt die einzige Form des gesetzlichen Pfändungsschutzes für Zahlungsverkehrskonten (Girokonten) dar (Einzelheiten bei *Ahrens* NJW 2010, 2001; PG/*Ahrens* ZPO, § 850k; außerdem s. *Bornemann* § 36 Rdn. 34; FK-InsO/*Busch* 8. Aufl., § 313 Rn. 50 ff.). Jede natürliche Person kann ein Pfändungsschutzkonto einrichten. Der Anwendungsbereich deckt sich mit dem des Restschuldbefreiungsverfahrens, weswegen er ebenso für Verbraucher wie Selbständige eröffnet ist, etwa auch nach einer Negativerklärung (PG/*Ahrens* ZPO, § 850k Rn. 12; *Binner/Richter* InsbürO 2016, 360 f.). Der Schuldner kann danach die **Einrichtung** eines Pfändungsschutzkontos mit einem Kreditinstitut vertraglich vereinbaren oder die **Umwandlung** eines bestehenden Girokontos in ein Pfändungsschutzkonto erklären (PG/*Ahrens* ZPO, § 850k Rn. 16, 19 ff.). Beide Rechtsgeschäfte kann der Schuldner während des Insolvenzverfahrens (s. *Bornemann* § 36 Rdn. 44; PG/*Ahrens* ZPO, § 850k Rn. 121 f.) auch vier Wochen rückwirkend (PG/*Ahrens* ZPO, § 850k Rn. 127) und selbstverständlich nach Wiedererlangung seines Verwaltungs- und Verfügungsrechts in der Treuhandphase tätigen. Die Umwandlungserklärung ist nicht anfechtbar (*Weiland* VIA 2015, 89 [90]). Eine Rückumwandlung des Pfändungsschutzkontos in ein Zahlungsverkehrskonto ist durch den Schuldner möglich. Der Anspruch auf Rückumwandlung kann auf das Monatsende terminiert werden (*BGH* ZIP 2015, 624).

232 Ein bestehendes Pfändungsschutzkonto ist **insolvenzfest**, wie schon aus der Verweisung des § 36 Abs. 1 Satz 2 InsO auf § 850k ZPO folgt (*LG Verden* ZIP 2013, 1954; *AG Nienburg* NZI 2013, 652; *AG Verden* ZVI 2013, 196; *AG München* VuR 2015, 68; PG/*Ahrens* ZPO, § 850k Rn. 122; HK-ZV/*Meller-Hannich* § 850k Rn. 67 f.; Wieczorek/Schütze/*Lüke* § 850k ZPO Rn. 43; MüKo-InsO/*Peters* § 36 Rn. 45b; Uhlenbruck/*Hirte* InsO, § 36 Rn. 39; Graf-Schlicker/*Kexel* InsO, § 36 Rn. 21; *Weiß* Das Pfändungsschutzkonto de lege lata et ferenda, 2014, S. 216; *Frind* Praxishandbuch Privatinsolvenz, Rn. 420; *Büchel* ZInsO 2010, 20 [26]; *Jaquemoth/Zimmermann* ZVI 2010, 113 [116]; *Busch* VIA 2010, 57 [58]; *Casse* ZInsO 2012, 1402 [1404]; *Weiland* VIA 2015, 89; *Cranshaw/Welsch* DZWIR 2016, 53 [60]; *Bitter* FS Köndgen, S. 83, 111; *Bieker* ZInsO 2016, 2379 [2380]; a.A. *du Carrois* ZInsO 2009, 1801 [1805]). Der Insolvenzverwalter kann ein Pfändungsschutzkonto ausdrücklich oder konkludent freigeben (*OLG Hamm* NZI 2017, 616 [619]; s.a. *Bieker* ZInsO 2016, 2379 [2381]), doch trägt er dann das Haftungsrisiko, wenn unerwartete Gutschriften auf dem Konto eingehen (*Frind* Praxishandbuch Privatinsolvenz, Rn. 427). Eine gespaltene Freigabe ist unzulässig (*Binner/Richter* InsbürO 2016, 360 [362]). Das Kreditinstitut darf keine Freigabe verlangen. Eine eindeutig lediglich deklaratorisch erklärte Freigabe (dazu *Binner/Richter* InsbürO 2016, 360 [363]) entfaltet keine Wirkungen. Ein **einfaches Zahlungsverkehrskonto** ohne Pfändungsschutz

ist weder insolvenzfest noch vor den Pfändungen von Neugläubigern geschützt. Eine uneingeschränkte Freigabe eines solchen Zahlungsverkehrskontos ist wegen der Haftungsrisiken für den Insolvenzverwalter nicht sinnvoll, eine auf den Pfändungsfreibetrag begrenzte Freigabe nicht zulässig (*Ahrens* NJW-Spezial 2017, 341).

Insolvenzverwalter und Treuhänder sind geeignete Personen, die eine **Bescheinigung über erhöhte Pfändungsfreibeträge** nach § 850k Abs. 5 Satz 2 ausstellen können, obwohl sie im Gesetz nicht ausdrücklich aufgeführt werden, sei es als Rechtsanwälte, sei es aufgrund ihrer amtlichen Stellung (*Ahrens* NJW-Spezial 17, S. 341 [342]; HK-InsO/*Keller* 8. Aufl., § 36 Rn. 94; **a.A.** *Stritz* InsbürO 2012, 207 [212]). Aus der Amtsstellung als solcher folgt zwar noch keine Verpflichtung, eine Bescheinigung auszustellen. Der Insolvenzverwalter ist im Allgemeinen aber auch gegenüber dem Schuldner verpflichtet, etwa zur steuerlichen Buchführungspflicht (MüKo-InsO/*Graeber* § 58 Rn. 31). Auf Grundlage der dem Verwalter ohnehin vorliegenden Informationen muss er eine Bescheinigung ausstellen, um dem Schuldner die Geltendmachung der im Insolvenzverfahren zu gewährleistenden gesetzlichen Rechte zu ermöglichen. 233

Für das **Guthaben** auf dem Konto erhält der Inhaber, unabhängig davon ob er selbständig oder nicht selbständig tätig ist, gem. 850k Abs. 1 Satz 1 ZPO einen antragsunabhängigen **Basispfändungsschutz** in Höhe von EUR 985,15 (*Ahrens* NJW 2010, 2001 [2003]). Hat der Schuldner nicht vollständig über den unpfändbaren Teil des Guthabens verfügt, wird dieser Anteil auf den Folgemonat übertragen und ist dann zusätzlich zum monatlich unpfändbaren Betrag pfändungsfrei, § 850k Abs. 1 Satz 2 ZPO (PG/*Ahrens* ZPO, § 850k Rn. 16, 92 ff.). Ein Guthaben, das erst nach Ablauf des auf den Zahlungseingang folgenden Monats geleistet werden darf, § 835 Abs. 4 ZPO, kann auch in den übernächsten Monat übertragen werden (*BGH* NZI 2015, 230). Ob ein Guthaben bereits übertragen worden ist, wird vielfach nach dem Grundsatz first in – first out bestimmt. Der Schutz besteht unabhängig von der Art der Einkünfte. Bei Unterhaltspflichten oder Leistungen mit einer besonderen Zweckbindung hat das Kreditinstitut in einer vereinfachten Weise nach § 850k Abs. 5 Satz 2 ZPO ohne Beteiligung des Vollstreckungsgerichts einen erhöhten Freibetrag zu gewähren. Scheitert dieser Weg, steht dem Schuldner der Gang zum Vollstreckungsgericht offen, § 850k Abs. 5 Satz 4 ZPO (*Ahrens* NJW 2010, 2001 [2004]; *Kohte* VIA 2010, 49 [50]). 234

Für ein Pfändungsschutzkonto dürfen keine höheren **Gebühren** als für das bisherige Konto oder ein entsprechendes Konto verlangt werden (*BGHZ* 195, 298). Ein pauschales Entgelt von EUR 30,– je Pfändung ist unzulässig (*LG Leipzig* ZIP 2016, 207). 235

Die Entscheidung über einen **Lastschriftenwiderruf** (*BGH* NZI 2010, 723 = ZInsO 2010, 1533; NZI 2010, 731 = ZInsO 2010,1534 m. gemeinsamer Anm. *Grote*) steht in der Treuhandperiode dem Schuldner zu. Für die Entscheidung, ob der Schuldner nach Eröffnung des Insolvenzverfahrens sein Konto umwandeln kann, ist das Prozessgericht zuständig (*BGH* NZI 2014, 414 m. Anm. *Richter* = VIA 2014, 35 m. Anm. *Strüder*). Zahlt das Kreditinstitut auch das unpfändbare Guthaben an den Treuhänder aus, ist grds. der Rechtsschutz nach § 765a ZPO eröffnet (*BGH* NZI 2014, 414 m. Anm. *Richter*). 236

Der für eine Übergangszeit in **§ 850l ZPO** normierte bisherige Kontopfändungsschutz aus § 850k ZPO a.F. ist zum 01.12.2012 aufgehoben. Das Pfändungsschutzkonto bildet seither die einzige Form des Vollstreckungsschutzes auf einem Konto. § 850l ZPO normiert inzwischen die Unpfändbarkeit von Kontoguthaben auf dem Pfändungsschutzkonto. Danach kann das Vollstreckungsgericht für die Dauer von bis zu zwölf Monaten ein Pfändungsschutzkonto von der Pfändung freistellen. Dazu muss der Schuldner nachweisen, dass in den letzten sechs Monaten vor der Antragstellung ganz überwiegend nur unpfändbare Beträge gutgeschrieben sind und glaubhaft machen, dass in den nächsten zwölf Monaten ganz überwiegend unpfändbare Beträge zu erwarten sind, § 850l Satz 1 ZPO. § 292 Abs. 1 Satz 3 i.V.m. § 36 Abs. 1 Satz 2 InsO verweist nicht auf diese Vorschrift, doch ist dies eine Folge der mehrfachen Gesetzesänderung. Deswegen kann auch im Insolvenzverfahren eine Unpfändbarkeit des Kontoguthabens nach § 850l ZPO bestimmt werden (*Ahrens* NJW-Spezial 2017, 85; *Binner/Richter* InsbürO 2016, 414 [415]; anders hier bis zur 8. Aufl.). 237

238 § 851c ZPO stellt die Ansprüche auf private Versicherungsrenten den anderen Rentenansprüchen gleich. Laufende Rentenzahlungen werden wie Arbeitseinkommen vor einer Pfändung und damit auch im Rahmen einer Abtretung geschützt sowie ein gewisser Kapitalsockel ist dem Vollstreckungszugriff entzogen. Die Regelung gilt für **alle natürlichen Personen** unabhängig von ihrer erwerbswirtschaftlichen Stellung, die einen Altersversicherungsvertrag nach § 851c Abs. 1 oder 2 ZPO geschlossen haben. Sie erfasst Selbständige, wie Freiberufler, Landwirte und andere Unternehmer, Nichtselbständige und nicht erwerbswirtschaftlich Tätige. Aufgrund der Verweisung in den §§ 292 Abs. 1 Satz 3, 36 Abs. 1 Satz 2 InsO gilt sie in der Treuhandperiode selbstverständlich für die privaten Altersversorgungsrenten nicht selbständig Beschäftigter. Diese Renten werden ebenfalls von der Abtretung erfasst. Abzutreten sind aber auch die pfändbaren Ansprüche auf Leistungen aus privaten Altersversorgungen Selbständiger (s. Rdn. 172).

239 Geschützt sind Leistungen aus **privaten Versicherungsverträgen** mit **lebenslangen, regelmäßigen Zahlungen ab dem 60. Lebensjahr** bzw. bei Berufsunfähigkeit. Damit wird keine lebenslange Leistung einer Berufsunfähigkeitsversicherung verlangt. Entscheidend ist vielmehr, ob eine Leistung, für deren Beginn zwei gesetzliche Alternativen genannt werden, in regelmäßigen Zeitabschnitten lebenslang erbracht wird. Zutreffend lehnt der *BGH* daher einen Pfändungsschutz nach § 851c Abs. 1 Nr. 1 ZPO ab, wenn zwischen dem Ende der Berufsunfähigkeitsversicherung und dem Beginn der Altersvorsorge fünf Jahre lang keine Leistungen erbracht werden sollen (*BGH* NZI 2010, 777 Tz. 32). Im Ergebnis handelt es sich bei einer unter § 851c Abs. 1 Nr. 1 ZPO fallenden Versicherung um eine lediglich im Bezugsbeginn vorgezogene Altersrente (*Dietzel* VIA 2009, 6). Die daraus vom *BGH* abgeleiteten Konsequenzen sind allerdings zu eng (*Ahrens* NJW-Spezial 2010, 597 [598]). Nach seiner Ansicht muss es sich um eine im Wesentlichen gleichbleibende und nur an die veränderten Umstände vertragsgemäß anzupassende Leistung handeln. Über die Ansprüche aus dem Vertrag darf außerdem nicht verfügt werden können.

240 Um dem Versorgungscharakter von § 851c Abs. 1 ZPO zu genügen und die Forderungsdurchsetzung der Gläubiger nicht unnötig zu erschweren, dürfen ausgenommen von **Hinterbliebenen** keine Dritten begünstigt werden (PG/*Ahrens* ZPO § 851c Rn. 25). Schließlich darf, ausgenommen einer Zahlung für den Todesfall, keine Zahlung einer Kapitalleistung vereinbart sein. Sind diese Voraussetzungen erfüllt, dürfen Ansprüche auf private Altersrenten nur wie Arbeitseinkommen gepfändet werden, womit insbesondere, aber nicht ausschließlich, auf § 850c ZPO verwiesen wird (PG/*Ahrens* ZPO, § 851c Rn. 29 ff.). Nach § 851c Abs. 2 ZPO ist außerdem das Vorsorgekapital in einem gewissen Umfang geschützt, doch wird dieser Kapitalstock ohnehin nicht von der Abtretung erfasst. Dieser Schutz erstreckt sich nur auf das Deckungskapital und nicht auf die zur Einzahlung erforderlichen Mittel des Schuldners (*BGH* ZInsO 2011, 1153 Tz. 7 ff.).

241 Da die steuerlich geförderte Altersvorsorge an andere Voraussetzungen als der Pfändungsschutz nach § 851c ZPO anknüpft, verbleibt eine Schutzlücke, die **§ 851d ZPO** schließen soll. Diese Regelung gilt auch für die abzutretenden Bezüge. Geschützt werden die Alterseinkünfte aus steuerlich gefördertem Altersvorsorgevermögen. Erfasst werden auch Ansprüche auf Leistungen aus Sparverträgen oder Fondssparplänen. Die Formulierung ist an § 97 EStG angelehnt, der ausdrücklich nur auf die §§ 10a, 79 ff EStG (»Riester-Rente«) verweist. Dennoch ist § 851d ZPO ergänzend auch auf die private Basisrente nach § 10 Abs. 1 Nr. 2b EStG (»Rürup-Rente«) anzuwenden (PG/*Ahrens* ZPO, § 851c Rn. 2). Die Vorschrift verlangt monatliche Leistungen in Form einer lebenslangen Rente oder monatlicher Ratenzahlungen im Rahmen eines Auszahlungsplans nach § 1 Abs. 1 Satz 1 Nr. 4 AltZertG. Die monatlichen Leistungen sind im gleichen Umfang wie Arbeitseinkommen pfändbar.

d) Verfahren

242 Die **Antragsrechte** der Gläubiger werden nach den §§ 36 Abs. 4 Satz 2, 292 Abs. 1 Satz 3 InsO vom Treuhänder, die des Schuldners von ihm selbst wahrgenommen (*Graf-Schlicker/Kexel* InsO, § 287 Rn. 28). Die für das vor dem 01.12.2001 geltende Recht umstrittene Frage der Zuständigkeit für die gerichtliche Entscheidung nach den §§ 850 ff. ZPO (dazu die 3. Aufl. an dieser Stelle) hat der Gesetzgeber entschieden. Aufgrund des Sachzusammenhangs ist die zweckmäßige **Zuständig-**

keit des Insolvenzgerichts begründet, §§ 292 Abs. 1 Satz 3, 36 Abs. 4 Satz 1 InsO (*BGH* ZInsO 2004, 391 [392]; 2006, 139 Tz. 5; ZVI 2007, 78 Tz. 3; A/G/R-*Ahrens* § 36 InsO Rn. 91 ff.; MüKo-InsO/*Stephan* § 287 Rn. 48; *Andres/Leithaus* InsO, § 287 Rn. 24). Über den Antrag des Schuldners auf Anhebung des Pfändungsfreibetrags entscheidet das Insolvenzgericht (*LG Bonn* NZI 2009, 615). Die Entscheidung trifft der Rechtspfleger (*OLG Stuttgart* NZI 2002, 52 [53]).

Weist der Rechtspfleger nach neuem Recht den Antrag gem. den §§ 292 Abs. 1 Satz 3, 36 Abs. 1 Satz 2 InsO zurück, ist dagegen die befristete Erinnerung gem. § 11 Abs. 2 RPflG statthaft (MüKo-InsO/*Stephan* § 287 Rn. 49a; s.a. *Vallender* NZI 2001, 561 [562]). Dies entspricht der überwiegend zum früheren Recht vertretenen Ansicht, die als **Rechtsbehelf** gegen die Entscheidung des Rechtspfleger die Erinnerung gem. § 11 Abs. 2 RPflG zugelassen hat (*OLG Köln* ZInsO 2000, 499 [501]; *OLG Köln* ZInsO 603 [604]; *OLG Frankfurt* NZI 2000, 531 [533] = DZWIR 2001, 32 m. Anm. *Kohte*; *OLG Hamburg* ZInsO 2001, 807 = EWiR 2001, 647 (*Pape*); *LG München I* ZInsO 2000, 410 [LS];). Zum Teil wurde aber auch eine sofortige Beschwerde analog § 793 ZPO (*Grote* ZInsO 2000, 490 [491]; *Stephan* ZInsO 2000, 376 [381]), bzw. eine sofortige Beschwerde analog §§ 296 Abs. 3, 300 Abs. 3 InsO angenommen (*LG Offenburg* NZI 2000, 277 = VuR 2001, 27 m. Anm. *Ahrens*) oder die Entscheidung offengelassen (*OLG Celle* ZInsO 2001, 713). 243

3. Gleichgestellte Forderungen

a) Abzutretende Forderungen

Nach § 287 Abs. 2 Satz 1 InsO hat der Schuldner außerdem die **pfändbaren Forderungen auf laufende Bezüge** zu übertragen, die **an die Stelle der Bezüge aus einem Dienstverhältnis** treten. Diese Forderungen werden durch ihren Zusammenhang mit einer Arbeitsleistung konturiert. Die Begründung zum Regierungsentwurf zählt hierzu Renten und die sonstigen laufenden Geldleistungen der Sozialversicherungsträger sowie der Bundesanstalt für Arbeit im Fall des Ruhestands, der Erwerbsunfähigkeit oder der Arbeitslosigkeit (BR-Drucks. 1/92 S. 136). Zur Auslegung kann dabei auch auf die Definition des Erwerbsersatzeinkommens gem. § 18a Abs. 1 Nr. 2, Abs. 3 SGB IV abgestellt werden (Übersicht bei MüKo-InsO/*Stephan* § 287 Rn. 50 Fn. 176; *Brachmann* in Jahn SGB, § 18a SGB IV Rn. 11 ff.). 244

Für die Abgrenzung der **Abtretbarkeit** wird auch auf die Parallelnormen zur Pfändbarkeit in § 54 SGB I verwiesen (zur Unterscheidung etwa *BSG* BSGE 53, 201 ff.). Abtretbar wären danach die Sozialleistungen gem. § 53 SGB I soweit sie nach den §§ 54 SGB I, 850 ff. ZPO pfändbar sind (LSZ/*Kiesbye* InsO, § 287 Rn. 28), wobei freilich nicht die Entscheidung der §§ 850 ff. ZPO übernommen wird, welche Einkünfte als Arbeitseinkommen gelten (*Burdenski/v. Maydell/Schellhorn* GK-SGB I, 2. Aufl., § 53 Rn. 25; BochKomm-*Heinze* SGB-AT, § 53 Rn. 31). Generell unpfändbare Ansprüche können nach § 53 Abs. 3 SGB I nicht übertragen werden. Dies betrifft etwa das Elterngeld bis zur Höhe der nach § 10 BEEG anrechnungsfreien Beträge. Grds. unpfändbare Ansprüche, z.B. auf Kindergeld, können nur in dem Rahmen übertragen werden, in dem eine Pfändung zulässig ist (*Hauck/Haines* SGB I § 53 Rn. 9). 245

Stets sind damit aber nur **Geldleistungen** abzutreten. Kostenerstattungsansprüche wegen einer selbst beschafften Sach- oder Dienstleistung sind als Surrogate ebenso wie die Ansprüche auf diese Sozialleistungen nach § 53 Abs. 1 SGB I unabtretbar (KassKomm-*Seewald* SGB I, § 53 Rn. 4; diff. *Mrozynski* SGB I, 3. Aufl., § 53 Rn. 3), auch betreffen sie keine laufenden Leistungen. Zugleich wird die sozialrechtliche Unterscheidung zwischen der Übertragung und Pfändung von Ansprüchen auf einmalige Geldleistungen und von Ansprüchen auf laufende Geldleistungen in die insolvenzrechtliche Regelung übertragen, denn nur Forderungen auf **laufende Bezüge**, die an die Stelle der Dienstbezüge treten, werden von der Abtretungserklärung erfasst. Hierin liegt ein nennenswerter Unterschied zu den abzutretenden Bezügen aus einem Dienstverhältnis, die einmalige Leistungen einschließen (s. Rdn. 154). Laufende Geldleistungen betreffen alle Ansprüche, die auf wiederkehrende Zahlungen gerichtet sind und regelmäßig durch einen begünstigenden Verwaltungsakt mit Dauerwirkung gewährt werden (*Giese/Krahmer* SGB I und X, § 54 SGB I Rn. 8). Ihren Charakter als wiederkehrende 246

Leistungen verlieren auch nicht verspätete oder zusammengefasste Zahlungen, weshalb etwa Rentennachzahlungen als wiederkehrende Leistung erbracht werden (MünchArbR/*Hanau* § 72 Rn. 164).

247 Auch die **Vorausabtretung** künftiger Sozialleistungsansprüche ist grds. zulässig (*Uhlenbruck/Sternal* InsO, § 287 Rn. 42; *Gottwald/Ahrens* HdbInsR, § 78 Rn. 15; s.a. *BGH* NJW 1989, 2383 [2384]; KassKomm-*Seewald* SGB I, § 53 Rn. 8; *Hauck/Haines* SGB I, § 53 Rn. 3; *Stein/Jonas-Brehm* ZPO, 22. Aufl., § 850i Rn. 71 m.w.N.). Eine Pfändung von Sozialleistungsansprüchen soll möglich sein, falls nach den tatsächlichen Verhältnissen der künftige Eintritt der Anspruchsvoraussetzungen i.S.d. §§ 2 Abs. 1 Satz 2, 40 Abs. 1 SGB I möglich und bereits bestimmbar ist. Nicht gepfändet werden können dagegen Leistungen, deren gesetzliche Anspruchsvoraussetzungen noch durch ein künftiges ungewisses Ereignis bedingt sind (*Zöller/Stöber* ZPO, § 850i Rn. 27). Die bloße Erwartung, dass eine solche Forderung entstehen könnte, genügt nicht (*LG Koblenz* JurBüro 1998, 161). Deshalb scheidet etwa die Pfändung von Krankengeld jedenfalls vor Arbeitsaufnahme aus (*Stein/Jonas-Brehm* ZPO, 22. Aufl., § 850i Rn. 71; *Stöber* Forderungspfändung, 16. Aufl., Rn. 1369a) und eine Rente wegen Erwerbs- oder Berufsunfähigkeit ist nicht pfändbar, solange nicht zu erwarten ist, dass die Voraussetzungen der Erwerbs- oder Berufsunfähigkeit eintreten (*LG Koblenz* JurBüro 1998, 161). Vor dem Tod des versicherten Angehörigen ist deswegen auch die Pfändung einer Rente wegen Todes gem. den §§ 46 ff. SGB VI ausgeschlossen (*Zöller/Stöber* ZPO, § 850i Rn. 27), weshalb auch eine Abtretung grds. nicht in Betracht kommt. Ob derartige künftige Forderungen trotzdem gem. § 287 Abs. 2 Satz 1 InsO übertragen werden können, um auch diese Ansprüche für die Tilgungsleistung zu erfassen, erscheint sehr zweifelhaft (**a.A.** MüKo-InsO/*Stephan* § 287 Rn. 50).

248 Im Bereich der **Ausbildungsförderung** werden Sozialleistungen gem. §§ 3 Abs. 1, 18 SGB I als Zuschüsse und Darlehen für den Lebensunterhalt und die Ausbildung nach BAföG und als Stipendien nach den Graduiertenförderungsgesetzen der Länder gezahlt (*Stein/Jonas-Brehm* ZPO, 22. Aufl., § 850i Rn. 46). Diese Leistungen sind jedoch nach § 850a Nr. 3 und 6 ZPO unpfändbar, soweit sie sich etwa auf Fahrtkosten, Lern- und Arbeitsmittel und die Kosten einer auswärtigen Unterkunft beziehen (*Stein/Jonas-Brehm* ZPO, 22. Aufl., § 850i Rn. 74).

249 Zur **Arbeitsförderung** werden diese Sozialleistungen nach den §§ 3 Abs. 2, 19 ff. SGB I insbesondere durch **Kurzarbeitergeld** nach § 3 Abs. 1 Nr. 9 i.V.m. §§ 169 ff. SGB III und **Insolvenzgeld** gem. § 3 Abs. 1 Nr. 10 i.V.m. §§ 183 ff. SGB III erbracht, wobei die Übertragbarkeit des Insolvenzgeldes in § 188 SGB III angelehnt an die allgemeine Rechtslage geregelt ist (vgl. GK-SGB III/*Hess* § 188 Rn. 3 ff.). Es werden aber auch Leistungen zur beruflichen Ausbildung, Fortbildung und Umschulung erbracht, doch sind die durch eine Fortbildungsmaßnahme unmittelbar entstehenden Kosten gem. § 850a Nr. 3 ZPO unpfändbar.

250 Zusätzliche Leistungen für **behinderte Menschen** sehen die §§ 4, 26 Abs. 2, 33 Abs. 3 bis 8, 44 ff., 55 Abs. 2 SGB IX (*Schubert* in Kasseler Handbuch, 2. Aufl., 2.11 Rn. 80), doch sind nach § 54 Abs. 3 Nr. 3 SGB I diese Geldleistungen unpfändbar, soweit sie den durch einen Körper- oder Gesundheitsschaden bedingten Mehraufwand ausgleichen sollen (*Hess* InsO, 2007, § 287 Rn. 88; BT-Drucks. 12/5187 S. 29). Sozialleistungen an Schwerbehinderte, die dem Ausgleich von Einkommensverlusten dienen, sind dagegen pfändbar (*Stöber* Forderungspfändung, 16. Aufl., Rn. 1359). Zum Arbeitseinkommen und nicht zu den hier zu behandelnden gleichgestellten Bezügen zählt das nach dem **Altersteilzeitgesetz** (vom 23.07.1996, BGBl. I S. 1078) gezahlte Arbeitsentgelt.

251 Soziale Entschädigungen wegen **Gesundheitsschäden** stellen nach den §§ 5, 24 SGB I ebenfalls Sozialleistungen dar (Übersicht bei *Schubert* in Kasseler Handbuch, 2. Aufl., 2.11 Rn. 85 f.). Neben den Leistungen nach dem SGB IX sind auch diese Zahlungen wegen Gesundheitsschäden, wie die Beihilfe für fremde Führung oder einen Blindenhund, die Kleiderverschleißzulage, die Grundrente und die Schwerstbeschädigtenzulage sowie die Pflegezulage, gem. den §§ 14, 15, 31, 35 BVG nach § 54 Abs. 3 Nr. 3 SGB I unpfändbar (BT-Drucks. 12/5187 S. 29; *Zöller/Stöber* ZPO, § 850i Rn. 24; *Hornung* Rpfleger 1994, 442 [443]; *Laroche* VIA 2013, 57 [58]).

252 Leistungen der Sozialversicherung werden nach den §§ 4, 21 bis 23 SGB I durch die **gesetzliche Kranken-, Pflege-, Unfall- und Rentenversicherung** sowie als Altershilfe für Landwirte erbracht.

Zu den Leistungen der Krankenversicherung gehören insbesondere Krankengeld nach §§ 44 ff. SGB V, Sterbegeld gem. den §§ 58 f. SGB V, das jedoch keine laufende Leistung darstellt, und das nach Maßgabe von § 54 Abs. 3 Nr. 2 SGB I bis zur Höhe des Erziehungsgelds bzw. des anrechnungsfreien Betrags des Elterngelds gem. § 10 BEEG (*Hess* InsO, 2007, § 287 Rn. 88; BT-Drucks. 12/5187 S. 29; *Grüner/Dalichau* SGB, § 54 SGB I Anm. V 2; *Hornung* Rpfleger 1994, 442 [443]), vor allem gem. § 200 RVO. Von der Pflegeversicherung werden insbesondere Pflegegeld, §§ 28 Abs. 1 Nr. 2, 37 SGB XI, Pflegehilfsmittel und technische Hilfen, §§ 28 Abs. 1 Nr. 5, 40 SGB XI, sowie weitere Leistungen nach §§ 28, 39, 41 ff. SGB XI erbracht. Ihre Leistungen dienen dazu, den durch einen Körper- oder Gesundheitsschaden bedingten Mehraufwand auszugleichen und sind deshalb nach § 54 Abs. 3 Nr. 3 SGB I unpfändbar (*Hess* InsO, 2007, § 287 Rn. 88; *Stöber* Forderungspfändung, 16. Aufl., Rn. 1359). Die Unfallversicherung zahlt etwa Leistungen zur Rehabilitation, § 35 SGB VII, Verletztenrenten, § 56 ff. SGB VII (dazu *BGH* NZI 2017, 33 Tz. 8 ff.), und Renten an Hinterbliebene nach § 63 ff. SGB VII. Die Übergangsleistung nach § 3 Abs. 2 Berufskrankheiten-Verordnung (BKV) hat Arbeitsentgeltcharakter und ist entsprechend § 850c ZPO pfändungsgeschützt (*LSG Sachsen* ZInsO 2015, 2036).

Unter die Leistungen der **gesetzlichen Rentenversicherung** fallen insbesondere Leistungen zur Rehabilitation, §§ 9 ff. SGB VI, Altersrenten nach den §§ 35 SGB VI (vgl. BGHZ 92, 339 [345]), Renten wegen Erwerbsminderung sowie Renten wegen Todes an Hinterbliebene und Witwen, §§ 46 ff. SGB VI (*Stein/Jonas-Brehm* ZPO, 22. Aufl., § 850i Rn. 39 ff.). Der Insolvenzverwalter darf nicht die vorgezogene Altersrente beantragen (*OVG Münster* ZInsO 2012, 1473). Soweit Geldleistungen für Kinder, wie etwa der Kinderzuschuss gem. § 270 SGB VI, einen Rentenbestandteil bilden, können sie nach § 54 Abs. 5 SGB I nur wegen der gesetzlichen Unterhaltsansprüche eines berücksichtigten Kindes gepfändet werden und sind deshalb im Restschuldbefreiungsverfahren unabtretbar, wie dies auch für das Kindergeld gilt. Außerordentlich umstritten ist aber, ob auch eine Pfändung erst künftig entstehender oder fällig werdender Rentenansprüche zulässig ist (unpfändbar: *LG Wiesbaden* Rpfleger 1984, 242; *LG Berlin* NJW 1989, 1738; *LG Düsseldorf* JurBüro 1990, 266; *LG Köln* JurBüro 1990, 401; *LG München* I Rpfleger 1990, 375; *LG Ulm* Rpfleger 1990, 375; *LG Frankenthal* Rpfleger 1991, 164 [165]; *LG Aurich* Rpfleger 1991, 165 [166]; MDR 1991, 2615; *LG Heidelberg* NJW 1992, 2774; *Kohte* NJW 1992, 393 [398]; pfändbar: *BFH* NJW 1992, 855; *OLG Schleswig* JurBüro 1988, 540 [541]; *LG Hamburg* NJW 1988, 2675; *LG Lübeck* JurBüro 1989, 550 [551]; *LG Göttingen* JurBüro 1989, 1468; *LG Aachen* Rpfleger 1990, 376; *LG Heilbronn* Rpfleger 1995, 510 [511]; *Hornung* Rpfleger 1994, 442 [446]; *OLG Frankfurt* Rpfleger 1989, 115, wenn das 60. Lebensjahr erreicht ist; *LG Münster* JurBüro 1990, 119, nach 60 Beitragsmonaten). Den Leistungen der gesetzlichen Rentenversicherung sind wohl auch die Leistungen der berufsständischen Versorgungswerke der kammerfähigen freien Berufe gleichzustellen. Der Witwenrentenabfindungsanspruch aus § 107 SGB VI wird nicht von der Abtretung erfasst (*LG Lübeck* BeckRS 2013, 12481).

Die früher umstrittene Frage, ob **Wohngeld** pfändbar ist (vgl. dazu *Ahrens* FK-InsO, 3. Aufl., § 287 Rn. 77), hat der Gesetzgeber inzwischen i.S.d. hier vertretenen Ansicht entschieden. Nach der Neufassung von § 54 Abs. 3 Nr. 2a SGB I ist das Wohngeld aufgrund seiner Zwecksetzung prinzipiell nicht mehr pfändbar. Gepfändet werden kann es nur noch wegen der in den §§ 5, 6 WoGG bezeichneten Ansprüche, insbesondere der Miete (*Laroche* VIA 2013, 57 [58]). Da Wohngeld jedoch nicht im Hinblick etwa auf die Kosten zentraler Heizungs- und Warmwasserversorgungsanlagen, für Untermietzuschläge und die Überlassung bestimmter Einrichtungsgegenstände gezahlt wird, dazu i.E. § 5 Abs. 2 WoGG, ist insoweit eine Pfändung ausgeschlossen (*Stöber* Forderungspfändung, 16. Aufl., Rn. 1358). Als zweckgebundene Leistungen sind die Forderungen zivilrechtlich entsprechend § 399 BGB nur mit den aus ihrer Zweckgebundenheit resultierenden Beschränkungen abtretbar (*BGH* WM 1970, 253 [254]; DB 1970, 1327; MüKo-BGB/*Roth* § 399 Rn. 12), doch gilt im Sozialrecht wegen des dort ebenfalls in Bezug genommenen § 851 ZPO Entsprechendes. Von der Abtretung nach § 287 Abs. 2 Satz InsO im gesamtvollstreckungsrechtlichen Verfahren der Restschuldbefreiung wird das Wohngeld daher nicht erfasst. Eine Neben- und Heizkostenrückerstattung unterfällt § 54 Abs. 4 SGB I (*LG Berlin* ZInsO 2009, 397).

255 Auch das **Erziehungsgeld** bildet eine Sozialleistung, die aber ebenso wie vergleichbare Leistungen der Länder (vgl. *Grüner/Dalichau* SGB, § 54 SGB I Anm. V 1) nach § 54 Abs. 3 Nr. 1 SGB I unpfändbar ist. Dies gilt bis zur Höhe des nach § 10 BEEG anrechnungsfreien Betrags von derzeit EUR 300,– (*Laroche* VIA 2013, 57 [58]). **Mutterschaftsgeld** gem. § 13 Abs. 1 MuSchG ist unpfändbar bis zur Höhe des Elterngelds nach § 2 BEEG, soweit es die anrechnungsfreien Beträge nach § 10 BEEG nicht übersteigt. Wird es wegen einer Teilzeitbeschäftigung während der Elternzeit gewährt, besteht kein zusätzlicher Pfändungsschutz (*Laroche* VIA 2013, 57 [58]).

256 Für die Ansprüche auf **Geldleistungen für Kinder** als einer Leistung zur Minderung des Familienaufwands nach § 6 SGB I stellt § 54 Abs. 5 SGB I ein grundsätzliches Pfändungsverbot auf. Zu diesen sozialrechtlichen Geldleistungen für Kinder gehören das Kindergeld nach dem BKGG, die Kinderzulage nach § 217 SGB VII und die Kinderzuschüsse nach § 270 SGB VI sowie nach § 33b BVG (Hk.ZV/*Kohte* Schwerpunktbeitrag 3, Rn. 28). Nach § 54 Abs. 5 Satz 1 SGB I kann Kindergeld allein wegen gesetzlicher Unterhaltsansprüche eines Kindes gepfändet werden (*OLG Hamm* Rpfleger 1980, 73; *Baumbach/Lauterbach/Albers/Hartmann* ZPO, Grdz. § 704 Rn. 83; *Kohte* NJW 1992, 393 [394 f.]; *Hornung* Rpfleger 1988, 213 [347], s.a. Rpfleger 1989, 1). Dieses Pfändungsprivileg kommt nicht einmal solchen Gläubigern zugute, auf die der Unterhaltsanspruch nach den §§ 94 SGB XII, 94 Abs. 3 SGB VIII, 7 UVG oder 37 BAföG übergeleitet ist, weil sie anstelle des Schuldners den Unterhalt an das Kind geleistet haben (MüKo-ZPO/*Smid* 3. Aufl., § 850i Rn. 43). Ein Gemeinschaftsverfahren, in dem die Leistungen des Schuldners gleichmäßig und unterschiedslos an sämtliche Gläubiger zu verteilen sind, kann aber den durch in § 54 Abs. 5 SGB I zu Gunsten unterhaltsberechtigter Kinder geforderten Schutz nicht ermöglichen. Ansprüche auf Kindergeld sind deshalb im Rahmen der §§ 53 Abs. 3 SGB I, 287 Abs. 2 Satz 1 InsO nicht von der Abtretung erfasst.

257 Ansprüche auf **Sozialhilfe** sind nach den §§ 17 Abs. 1 Satz 2 SGB XII, 37 SGB I weder abtretbar noch pfändbar, weshalb § 54 SGB I für Leistungen nach dem SGB XII unanwendbar ist (*Grube/Wahrendorf* SGB XII, § 17 Rn. 17 ff.). Der Anspruch auf **Grundsicherung für Arbeitsuchende** ist nach §§ 42 Abs. 4 SGB II, 37 SGB I außer nach § 53 Abs. 2 SGB I weder übertragbar noch verpfändbar oder pfändbar.

b) Abtretungsschutz

258 Durch die Verweisung in den §§ 292 Abs. 1 Satz 3, 36 Abs. 1 Satz 2 InsO auf eine entsprechende Anwendung auch der §§ 850, 850a, 850c, 850e, 850f Abs. 1, 850g bis 850k, 851c, 851d ZPO gelten die gesetzlichen Bestimmungen über die Pfändung von Ansprüchen bestimmter Art ebenfalls für die nach § 287 Abs. 2 Satz 1 InsO abgetretenen Bezüge (s. FK-InsO/*Kohte/Busch* 8. Aufl., § 312 Rn. 46). Der Abtretungs- und Pfändungsschutz ist grds. nach den §§ 53 f. SGB I zu bestimmen. Nach § 37 SGB I gelten diese Regelungen jedoch nur, soweit sich aus den übrigen Büchern des SGB nichts anderes ergibt. Solche Ausnahmen stellen § 17 Abs. 1 Satz 2 SGB XII und § 42 Abs. 4 Satz 1 SGB II dar (s. Rdn. 257). Ansprüche auf **Sozialleistungen** können mit den von **§ 53 SGB I** aufgestellten Beschränkungen **übertragen** werden. U.a. wird dabei zwischen der Übertragung einmaliger wie laufender Geldleistungen aus besonderen Gründen nach § 53 Abs. 2 SGB I und der allgemeinen Übertragung laufender Geldleistungen gem. § 53 Abs. 3 SGB I unterschieden. Als vorrangige Spezialregelung bestimmt allerdings § 17 Abs. 1 Satz 2 SGB XII, dass der Anspruch auf Sozialhilfe weder pfändbar noch übertragbar ist. Außerdem ist jedenfalls das Existenzminimum zu gewährleisten, das nach der Grundsatzentscheidung des *BVerfG* unverfügbar ist (*BVerfG* NJW 2010, 505 Tz. 133).

259 Unter Verzicht auf eine Untergrenze (*Mrozynski* SGB I, 3. Aufl., § 53 Rn. 23) sind **Ansprüche auf Geldleistungen nach § 53 Abs. 2 Nr. 1 SGB I** auf einen Dritten übertragbar, der eine fällige Sozialleistung vorgeleistet hat. Diese Regelung ist mit dem Schutzgedanken des Übertragungsverbots vereinbar, weil bereits durch die Leistung des Dritten der Schutz erreicht wird (*Hauck/Haines* SGB I, § 53 Rn. 6; *Burdenski/v. Maydell/Schellhorn* GK-SGB I, 2. Aufl., § 53 Rn. 13; BochKomm-*Heinze* SGB-AT, § 53 Rn. 13). Der Dritte muss dabei erkennbar den Willen gehabt haben, für eine fällige Sozialleistung vorzuleisten (KassKomm-*Seewald* § 53 Rn. 15; *Hauck/Haines* SGB I, § 53 Rn. 7;

Mrozynski SGB I, 3. Aufl., § 53 Rn. 24). Erforderlich ist ebenso eine individuelle Feststellung mit einer Einzelfallprüfung der zu Gunsten des Dritten abtretbaren Leistungen (vgl. KassKomm-*Seewald* § 53 SGB I Rn. 17). In dem Gemeinschaftsverfahren zur Restschuldbefreiung, in dem die abgetretenen Tilgungsleistungen des Schuldners gleichmäßig und unterschiedslos an sämtliche Gläubiger verteilt werden, können deshalb keine Tilgungsleistungen nach § 53 Abs. 2 Nr. 1 SGB I abgetreten werden. Eine im wohlverstandenen Interesse des Berechtigenden liegende Abtretung kann zwar auch nach § 53 Abs. 2 Nr. 2 SGB I ohne Rücksicht auf eine Untergrenze erfolgen (*Mrozynski* SGB I, 2. Aufl., § 53 Rn. 28), doch fordert auch diese Übertragungsvorschrift eine umfassende Einzelfallabwägung, die einem Gemeinschaftsverfahren nicht zugänglich ist.

Laufende Geldleistungen, die der **Sicherung des Lebensunterhalts** dienen (dazu BochKomm-*Heinze* SGB-AT, § 53 Rn. 13), sind nach § 53 Abs. 3 SGB I abtretbar, soweit sie den für Arbeitseinkommen geltenden unpfändbaren Betrag übersteigen. Ziel ist auch insoweit, Abtretungs- und Pfändungsschutzregeln zu vereinheitlichen. Als vorrangige Spezialregelung schließt allerdings § 17 Abs. 1 Satz 2 SGB XII eine Abtretung des Anspruchs auf Sozialhilfe aus. Abfindungen und Beitragsrückerstattungen scheiden aus, weil sie nicht der Unterhaltssicherung dienen. Nach der Rspr. des *BSG* verweist § 53 Abs. 3 SGB I direkt auf die Pfändungsschutzbestimmungen der §§ 850c ff. ZPO (*BSG* NZS 1996, 142 [144]; *LSG Niedersachsen* info also 1991, 77 [78], m. Anm. *Hullerum*; s.a. BGHZ 92, 339 [343 f.]). Der Kreis der anzuwendenden Pfändungsschutzbestimmungen ist aus der Zielsetzung des § 53 Abs. 3 SGB I zu bestimmen. Die Verletztenrente nach § 56 SGB VII unterfällt nicht § 54 Abs. 3 Nr. 3 SGB I und ist wie Arbeitseinkommen pfändbar (*BGH* NZI 2017, 33 Rn. 8). Einmalige Rentennachzahlungen für mehrere Monate sind als wiederkehrende, wenn auch in einem Betrag ausgezahlte Leistungen behandelt worden, die in Höhe der Summe aller monatlichen Freibeträge unpfändbar sind (*LG Bielefeld* ZVI 2005, 138). 260

Die **Pfändbarkeit** von Ansprüchen auf laufende Geldleistungen zur Sicherung des Lebensunterhalts nach dem SGB II erfolgt gem. § 54 Abs. 4 SGB I wie Arbeitseinkommen (*BGH* NZI 2013, 194). Soweit Sozialleistungsansprüche nach § 54 Abs. 4 SGB I wie Arbeitseinkommen pfändbar sind, ist der pfändbare Betrag grds. nach **§ 850c Abs. 1 bis 3 ZPO** zu ermitteln. Ein Abschlag von den Tabellensätzen ist auch dann nicht berechtigt, wenn der Schuldner keine Erwerbstätigkeit ausübt (*BGH* ZVI 2004, 44). Ob im Rahmen einer Abtretung von Sozialleistungen **§ 850c Abs. 4 ZPO** berücksichtigt werden darf, ist immer noch umstritten (*BSG* SozR 3-1200 § 53 Nr. 2; **a.A.** *Mrozynski* SGB I, 2. Aufl., § 53 Rn. 38). Die Geltendmachung eines höheren pfändbaren Betrags aus einer Altersrente erfolgt durch Leistungsklage. Im Rahmen der Begründetheitsprüfung ist festzustellen, ob unterhaltsberechtigte Personen mit eigenem Einkommen bei der Berechnung des unpfändbaren Teils der Rente ganz oder teilweise unberücksichtigt bleiben (*LSG Berlin-Brandenburg* BeckRS 2016, 70589). Erhält der Schuldner Leistungen für Unterkunft und Heizung, sind Rückzahlungen aus der Heiz- und Betriebskostenabrechnung Einkommen. Soweit dieses Einkommen bei der Deckung des Bedarfs nach dem SGB II zu berücksichtigen ist, unterliegt es nicht der Pfändung und Zwangsvollstreckung und wird auch nicht Teil der Insolvenzmasse (*BSG* 16.10.2012 – B 14 AS 188/11, BeckRS 2013, 65094; *LSG Berlin-Brandenburg* ZInsO 2012, 489 [490]). Zu Gunsten von Unterhaltsberechtigten sind auch Sozialleistungen erweitert pfändbar gem. § 850d ZPO (*Hauck/Haines* SGB I, § 53 Rn. 9a; *Burdenski/v. Maydell/Schellhorn* GK-SGB I, 2. Aufl., § 53 Rn. 29 f.), doch kann diese Regelung zum Vorteil der Gläubiger eines Gesamtverfahrens nicht angewendet werden (s. Rdn. 202). 261

Ebenfalls noch bestritten ist, ob mit dem Einverständnis der Sozialleistungsberechtigten eine Zusammenrechnung laufender Geldleistungen gem. **§ 850e Nr. 2a ZPO** auch bei der Festsetzung der abzutretenden Leistungen zulässig ist (bejahend: *BSG* SozR 1200 § 53 Nr. 7; *AG Leck* MDR 1968, 57; *Grüner/Dalichau* SGB, § 54 SGB I Anm. VII; ablehnend, weil die vollstreckungsrechtliche Kompetenznorm des § 850e Nr. 2a ZPO nicht auf die Abtretung anwendbar sei, *Mrozynski* SGB I, 3. Aufl., § 53 Rn. 37; außerdem *Burdenski/v. Maydell/Schellhorn* GK-SGB I, § 53 Rn. 32; BochKomm-*Heinze* SGB-AT, § 53 Rn. 31; offengelassen von *BGH* WM 1997, 1243 [1244]). Soweit von einer Zusammenrechenbarkeit der Forderungen ausgegangen wird, besteht keine Einigkeit da- 262 rüber, wer die Forderungen zusammenzurechnen hat. In der sozialrechtlich orientierten Judikatur und Literatur wird hierin eine Aufgabe des Sozialleistungsträgers gesehen, der den Betrag zu berechnen und durch Verwaltungsakt festzusetzen habe (*BSG* SozR 1200 § 53 Nr. 7; s.a. *BSG* NZS 1996, 142 f.; KassKomm-*Seewald*, § 53 Rn. 19; *Mrozynski* SGB I, 3. Aufl., § 53 Rn. 8 ff.), während der *BGH* (WM 1997, 1243 [1245]) jedenfalls dann, wenn noch keine Entscheidung des Leistungsträgers ergangen ist, von einer Pfändung und Zusammenrechnung durch das Vollstreckungsgericht ausgeht. Seit der Neufassung von § 850e Nr. 2a ZPO, die keine durch die besondere Sachkunde des Sozialleistungsträgers geprägte Billigkeitsentscheidung mehr fordert, ist die Berechnung ggf. durch das Vollstreckungsgericht zu treffen (vgl. *Stöber* Forderungspfändung, 16. Aufl., Rn. 1160), an dessen Stelle im Restschuldbefreiungsverfahren das Insolvenzgericht tritt.

263 Als Grenze für die Übertragbarkeit laufender Sozialleistungen ist aber **§ 850f Abs. 1 lit. a) ZPO** zu berücksichtigen. Eine Abtretung ist deshalb gem. § 53 Abs. 3 SGB I ausgeschlossen, wenn dadurch der notwendige Lebensunterhalt des Schuldners nicht mehr gesichert ist.

III. Dauer der Abtretung

1. Altfälle, Art. 107 EGInsO

264 Im Regelfall hat der Schuldner die Bezüge für die Zeit von sechs Jahren an einen vom Gericht zu bestimmenden Treuhänder abzutreten. War der Schuldner bereits vor dem 01.01.1997 zahlungsunfähig und hat der Schuldner die **Restschuldbefreiung vor dem 01.12.2001** beantragt, wird nach Art. 107 EGInsO die Dauer der Abtretungsfrist von sieben auf fünf Jahre verkürzt (*Uhlenbruck/Sternal* InsO, § 287 Rn. 62; HWF/*Schmerbach* § 287 Rn. 21). Dieser Anwendungsbereich ist entfallen, weil in den überlangen Insolvenzverfahren eine Restschuldbefreiung auf Antrag erteilt werden muss (*BGH* NZI 2013, 849 Tz. 14). Seit der Entscheidung vom 21.05.2004 geht der *BGH* davon aus, dass in den ab dem 01.12.2001 eröffneten Insolvenzverfahren eine verkürzte Verfahrensdauer ausscheidet (*BGH* NZI 2004, 452, m. Anm. *Ahrens*; ZVI 2005, 47). Durch das Gesetz zur Vereinfachung des Insolvenzverfahrens vom 13.04.2007 (BGBl. I S. 509) wurde Art. 107 EGInsO für die ab dem 01.07.2007 beantragten Insolvenzverfahren aufgehoben und damit eine gesetzliche Klarstellung geschaffen.

2. Abtretungsfrist

265 Bislang stellte das Gesetz in den §§ 294 ff. InsO auf die **Laufzeit der Abtretungserklärung** ab. Diese bereits in der ursprünglichen Fassung der Insolvenzordnung verwendete Formulierung war ungenau, weil eine Erklärung keine Laufzeit hat. Diese Ungenauigkeit trat mit dem Gesetz zur Änderung der Insolvenzordnung und anderer Gesetze vom 26.10.2001 in den Blickpunkt, weil die Treuhandperiode und die Frist der Abtretung sich seit dieser Novelle nicht mehr entsprachen. Deswegen musste zwischen der Dauer und den Wirkungen der Abtretung unterschieden werden (A/G/R-*Fischer* § 287 InsO n.F. Rn. 2; FK-InsO/*Ahrens* 7. Aufl., § 287 Rn. 127). Die praktischen Probleme damit sind inzwischen überwunden.

266 Für den Zeitraum von sechs Jahren, in dem der Schuldner seine pfändbaren Forderungen auf Bezüge und die gleichgestellten Forderungen abtritt, erfolgt jetzt eine **Legaldefinition** als Abtretungsfrist. Eine sachliche Änderung ist damit nicht verbunden. Als Abtretungsfrist wird jetzt die gesamte Frist des § 287 Abs. 2 Satz 1 InsO bezeichnet. Folgeänderungen werden bei den §§ 294, 295, 296, 297, 298, 299 und 300 InsO vorgenommen. Der **Fristbeginn** wird durch die Eröffnung des Insolvenzverfahrens bestimmt, d.h. dem nach § 27 Abs. 2 Nr. 3 InsO im Eröffnungsbeschluss genannten Zeitpunkt (K. Schmidt/*Henning* InsO, § 287 n.F. Rn. 31). Die Frist beginnt gem. § 4 InsO i.V.m. § 222 Abs. 1 ZPO und § 187 Abs. 1 BGB am folgenden Tag. Auch bei einem isolierten Restschuldbefreiungsantrag ist auf die Eröffnung und nicht den Zeitpunkt abzustellen, in dem der Restschuldbefreiungsantrag eingeht (*BGH* NZI 2016, 38 Tz. 18 m. Anm. *Ahrens*; K. Schmidt/*Henning* InsO, § 287 n.F. Rn. 31). Der Zeitraum zwischen der Beendigung des Insolvenzverfahrens und dem Ende

der Abtretungsfrist kennzeichnet die für die Wirksamkeit der Abtretungsfrist maßgebende Zeitspanne (BT-Drucks. 17/11268 S. 24; MüKo-InsO/*Stephan* § 287 (neu) Rn. 9, 20).

Das **Fristende** liegt nach der Gesetzesfassung unabhängig von der **Dauer des Eröffnungsverfahrens** regelmäßig erst sechs Jahre nach der Eröffnung des Insolvenzverfahrens, § 4 InsO i.V.m. § 222 Abs. 1 ZPO und § 188 Abs. 2 BGB (*BGH* NZI 2015, 328 = VIA 2015, 36 m. Anm. *Weiland*). Auch eine übermäßig lange Dauer des Eröffnungsverfahrens kann nicht auf die Abtretungsfrist angerechnet werden. Dafür fehlt ein klarer Bezugspunkt, ab wann die Frist zu laufen begänne (*BGH* NZI 2015, 328 Rn. 17). Vor allem bietet aber das Eröffnungsverfahren kein funktionales Äquivalent zum Massebeschlag auch des Neuerwerbs im Insolvenzverfahren und zur Bezügeabtretung während der Treuhandperiode (*Ahrens* NJW-Spezial 2015, 341). Im Eröffnungsverfahren existiert dagegen lediglich der schwächere Gläubigerschutz durch die kostenrechtliche Erwerbsobliegenheit und durch mögliche Sicherungsmaßnahmen, die keine wirtschaftlich vergleichbare Situation schaffen. In den extremsten Fällen, in denen das Eröffnungsverfahren länger als sechs Jahre dauert, wäre zudem ein § 290 InsO entsprechender Steuerungsmechanismus kaum zu begründen, da ein Mechanismus zur Bestimmung der Gläubigerstellung fehlt. Wird die Eröffnung des Insolvenzverfahrens durch das Insolvenzgericht schuldhaft verzögert kommt ggf. eine Amtshaftung in Betracht. 267

In den vor dem 01.12.2001 eröffneten Insolvenzverfahren hat der *BGH* eine **zwölfjährige Höchstfrist** ab Eröffnung des Insolvenzverfahrens bis zur Erteilung der Restschuldbefreiung begründet (*BGH* NZI 2013, 849; ZInsO 2017, 1692; *LG Regensburg* BeckRS 2014, 18785). Mit Ablauf der zwölfjährigen Frist endet die Abtretungsfrist (*BGH* NZI ZInsO 2017, 1692). Dabei gelten die Grundsätze des asymmetrischen Verfahrens, wenn das Insolvenzverfahren noch läuft. Sollte es bereits beendet sein, gelten entsprechend die allgemeinen Regeln aus § 300 InsO. Es ist ein abschließender Termin oder eine abschließende Anhörung durchzuführen, um den Insolvenzgläubigern einen Versagungsantrag zu ermöglichen (§ 300 Rdn. 81 f.). Ist kein erfolgreicher Versagungsantrag gestellt, muss die Restschuldbefreiung erteilt werden. Verzögert dennoch das Insolvenzgericht die Erteilung der Restschuldbefreiung, ist ein Amtshaftungsanspruch zu erwägen. 268

Auch bei einem zulässigen **isolierten Restschuldbefreiungsantrag** im eröffneten Insolvenzverfahren (Rdn. 54) endet die Abtretungsfrist sechs Jahre nach Eröffnung des Insolvenzverfahrens (*BGH* NZI 2016, 38 Tz. 18 m. Anm. *Ahrens*; a.A. *Schmidt* Privatinsolvenz, § 5 Rn. 33, sechs Jahre nach Eingang der Abtretungserklärung). Neben dem Wortlaut von § 287 Abs. 2 Satz 1 InsO spricht dafür vor allem die Funktion der Regelung. Die Dauer der Abtretungsfrist ermöglicht, Einnahmen für die Masse bzw. die Gläubigerbefriedigung zu generieren. Diese Chancen werden durch einen Restschuldbefreiungsantrag und die Abtretungserklärung erst im Verlauf des Insolvenzverfahrens nicht verringert, die pfändbaren Forderungen auf Bezüge fallen ohnehin in die Masse. Umgekehrt wäre der Schuldner zusätzlich belastet, obwohl ihn keine Verantwortung an der Verspätung trifft. 269

IV. Wirksamwerden der Abtretung

Um einen **übergangslosen Zugriff** zugunsten der Gläubiger zu gewährleisten, muss die Abtretungserklärung unmittelbar mit der Beendigung des Insolvenzverfahrens wirksam werden. Da die Abtretung bereits zur Eröffnung des Insolvenzverfahrens zu erklären ist, wirkt sie unmittelbar mit dem Ende des Insolvenzbeschlags. Maßgebend dafür ist das Wirksamwerden des Beschlusses über die Aufhebung (K. *Schmidt/Henning* § 287 n.F. Rn. 29) bzw. Einstellung des Insolvenzverfahrens. Der **exakte Zeitpunkt** dafür ist insoweit von Bedeutung, als aus den in die Masse fallenden pfändbaren Bezügeforderungen zunächst die Massegläubiger zu befriedigen sind. Außerdem erhält davon der Insolvenzverwalter die gegenüber § 13 InsVV höhere Vergütung nach § 2 InsVV. 270

E. Vorherige Abtretungen oder Verpfändungen

In den vor dem 01.07.2014 eröffneten Insolvenzverfahren besteht für den Schuldner nach § 287 Abs. 2 Satz 2 InsO eine **Hinweispflicht** auf vorher erfolgte Abtretungen oder Verpfändungen. Da diese Abtretungen und Verpfändungen nach § 114 InsO für rund zwei Jahre nach Eröffnung des 271

Insolvenzverfahrens wirksam blieben, wurden die Gläubiger damit über die der Bezügeabtretung nach § 287 Abs. 2 S. 1 InsO vorgehenden Verfügungen informiert. Die Insolvenzgläubiger konnten sich damit auf die zu erwartenden Leistungen besser einstellen.

272 Mit der **Aufhebung von § 114 InsO** und den dort bislang geregelten Privilegierungen entfällt der Zweck der Hinweispflicht. Frühere Abtretungen und Verpfändungen gehen im Insolvenzverfahren aufgrund der Wirkungen des § 91 InsO nicht mehr der Bezügeabtretung vor. Für die Zeit der Treuhandperiode sichert dies zumindest § 287 Abs. 3 InsO. Folgerichtig ist die bislang geltende Hinweispflicht aus § 287 Abs. 2 Satz 2 InsO ersatzlos gestrichen worden (ebenso *Mohrbutter/Ringstmeier-Pape* § 17 Rn. 73). Allerdings kann der Schuldner im Rahmen eines gerichtlichen Auskunftsverlangens zur Mitteilung verpflichtet sein.

F. Unwirksamkeit vereinbarter Abtretungsverbote, Abs. 3

273 In § 287 Abs. 3 InsO wird die Regelung über vereinbarte Abtretungsverbote gegenüber der früheren Rechtslage umformuliert und gestrafft. Diese Regelung geht auf den Rechtsausschuss zurück. Damit sollte eine **Klarstellung** erreicht werden, dass vorinsolvenzlich erklärte Lohnabtretungen während der Restschuldbefreiungsphase insoweit unwirksam sind, als sie die Wirkungen der Abtretungserklärung nach § 287 Abs. 2 InsO beeinträchtigen (BT-Drucks. 17/13535 S. 27). Wenn jedoch § 287 Abs. 3 InsO lediglich eine klarstellende Funktion besitzt, dann muss der Erfolg der Abtretung im Restschuldbefreiungsverfahren bereits aus anderen Gründen gesichert sein. Diese anderweitige Begründung eröffnet § 294 Abs. 2 InsO, wonach Sicherungsabtretungen und Verpfändungen als Sonderabkommen nichtig sind.

274 **Unwirksam** sind danach etwa tarifvertragliche oder individualarbeitsvertragliche Abtretungsverbote (HK-InsO/*Waltenberger* § 287 Rn. 44).

G. Anhörung, Abs. 4

275 Nach § 287 Abs. 4 InsO sind die durch eine Forderungsanmeldung **verfahrensbeteiligten Insolvenzgläubiger** zum Restschuldbefreiungsantrag zu hören. Damit soll im Wesentlichen die bisher in § 289 Abs. 1 Satz 1 InsO a.F. vorgesehene Anhörung der Insolvenzgläubiger übernommen werden (BT-Drucks. 17/11268 S. 24). Kleine Unterschiede gegenüber der früheren Regelung existieren aber doch. Die Anhörung muss nicht zwingend im Schlusstermin bzw. während der Schlussanhörung erfolgen, weil sie bis zu diesem Termin erfolgen kann. Sie kann deswegen bereits vor dem Schlusstermin bzw. der Schlussanhörung erfolgen. In der Praxis wird das Insolvenzgericht jedoch zumeist eine Schlussanhörung durchführen bzw. die Gläubiger im Schlusstermin hören, um Doppelbelastungen zu vermeiden. Sind die Insolvenzgläubiger ausnahmsweise zur Eingangsentscheidung angehört worden, ist jedenfalls dann zur Wahrung des rechtlichen Gehörs eine weitere Anhörung erforderlich, wenn sich im Insolvenzverfahren für die Erteilung bzw. eine Versagung der Restschuldbefreiung wesentliche Umstände ergeben haben.

276 Unerheblich ist, ob die **Forderungen bestritten** wurden, weil die Gläubiger anzuhören sind, die ihre Forderungen angemeldet haben. Meldet ein Insolvenzgläubiger seine Forderung nachträglich bis spätestens zum Schlusstermin an, muss er auch nachträglich gehört werden, falls die Anhörungsfrist bereits abgelaufen ist. Sind die **nachrangigen Gläubiger** vom Insolvenzgericht nicht nach § 174 Abs. 3 Satz 1 InsO zur Forderungsanmeldung aufgefordert, sind diese nicht zu hören. Ebenso wenig sind **Massegläubiger** anzuhören.

277 Im Unterschied zur früheren Rechtslage nach § 289 Abs. 1 Satz 1 InsO a.F. wird der **Insolvenzverwalter** nicht mehr angehört. Dies ist folgerichtig, weil der Insolvenzverwalter durch den Restschuldbefreiungsantrag nicht in seiner Amtsstellung berührt sein kann. Seine Aufgaben betreffen das Insolvenz- und nicht das zu diesem Zeitpunkt noch nicht laufende Restschuldbefreiungsverfahren. Dennoch kann das Insolvenzgericht den Verwalter befragen.

H. Auslandsbezug

Für ein **internationales Insolvenz- und Restschuldbefreiungsverfahren** gilt nach **Unionsrecht** das Recht des Eröffnungsstaats für die Bestimmung der Insolvenzmasse, Art. 4 Abs. 2 lit b) EuInsVO a.F., Art. 7 Abs. 2 lit. b) EuInsVO n.F. Für ein inländisches Insolvenzverfahren und einem Schuldner mit ausländischen Einkünften wird daraus teilweise der Schluss gezogen, dass nach § 36 Abs. 1 Satz 2 InsO die deutschen Vollstreckungsregeln über die Pfändungsfreigrenzen bestimmen (*LG Passau* NZI 2014, 1019; *LG Traunstein* NZI 2009, 818 [819]; s.a. *Wenner/Schuster* § 335 Rdn. 12; grds. auch *Mankowski* NZI 2009, 785 [786]; s.a. *BGH* NZI 2012, 672). Nach anderer Auffassung werden die Pfändungsgrenzen durch das Vollstreckungsrecht bestimmt, weswegen nach Art. 41 Abs. 1 Satz 1 EuGVVO die ausländischen Vollstreckungsregeln gelten (*AG Passau* NZI 2009, 820; *AG München* NZI 2010, 664). Im Übrigen gilt nach autonomem **deutschem internationalem Insolvenzrecht** die lex fori concursus, § 335 InsO. Bei einem inländischen Insolvenzverfahren und Einkünften des Schuldners in der Schweiz soll keine schematische Anwendung der §§ 850c ff. ZPO geboten sein (*LG Hamburg* ZVI 17, 163). Überzeugender wäre, § 850f Abs. 1 ZPO heranzuziehen.

278

§ 287a Entscheidung des Insolvenzgerichts

(1) ¹Ist der Antrag auf Restschuldbefreiung zulässig, so stellt das Insolvenzgericht durch Beschluss fest, dass der Schuldner Restschuldbefreiung erlangt, wenn er den Obliegenheiten nach § 295 nachkommt und die Voraussetzungen für eine Versagung nach den §§ 290, 297 bis 298 nicht vorliegen. ²Der Beschluss ist öffentlich bekannt zu machen. ³Gegen den Beschluss steht dem Schuldner die sofortige Beschwerde zu.

(2) ¹Der Antrag auf Restschuldbefreiung ist unzulässig, wenn
1. dem Schuldner in den letzten zehn Jahren vor dem Antrag auf Eröffnung des Insolvenzverfahrens oder nach diesem Antrag Restschuldbefreiung erteilt oder wenn ihm die Restschuldbefreiung in den letzten fünf Jahren vor dem Antrag auf Eröffnung des Insolvenzverfahrens oder nach diesem Antrag nach § 297 versagt worden ist oder
2. dem Schuldner in den letzten drei Jahren vor dem Antrag auf Eröffnung des Insolvenzverfahrens oder nach diesem Antrag Restschuldbefreiung nach § 290 Absatz 1 Nummer 5, 6 oder 7 oder nach § 296 versagt worden ist; dies gilt auch im Falle des § 297a, wenn die nachträgliche Versagung auf Gründe nach § 290 Absatz 1 Nummer 5, 6 oder 7 gestützt worden ist.

²In diesen Fällen hat das Gericht dem Schuldner Gelegenheit zu geben, den Eröffnungsantrag vor der Entscheidung über die Eröffnung zurückzunehmen.

Übersicht	Rdn.			Rdn.
A. **Normzweck**	1	II.	Drei Sperrfristen	31
B. **Gesetzliche Systematik**	5	1.	Wiederholte Restschuldbefreiung, § 287a Abs. 2 Satz 1 Nr. 1 Alt. 1 InsO	31
I. Aufbau der Regelung	5			
II. Systematischer Zusammenhang	8			
C. **Sachentscheidungsvoraussetzungen**	12	2.	Versagung nach § 297 InsO wegen einer Insolvenzstraftat, § 287a Abs. 2 Satz 1 Nr. 1 Alt. 2 InsO	36
I. Prüfungsumfang	12			
II. Die einzelnen Sachentscheidungsvoraussetzungen	17	3.	Sonstige Versagungen, § 287a Abs. 2 Satz 1 Nr. 2 InsO	39
1. Allgemeine Sachentscheidungsvoraussetzungen	17	4.	Fristberechnung	43
2. Besondere Sachentscheidungsvoraussetzungen des Insolvenzverfahrens	22	III.	Verhältnis zur Sperrfristrechtsprechung	45
		IV.	Erweiterung von § 287a Abs. 2 Satz 1 InsO	53
3. Besondere Sachentscheidungsvoraussetzungen des Restschuldbefreiungsverfahrens	24	E.	**Verfahren**	65
		I.	Prüfungsintensität	65
III. Prüfungszeitpunkt	27	II.	Anhörung	68
D. **Sperrfristen, Abs. 2 Satz 1**	28	III.	Antragsrücknahme, § 287 Abs. 2 Satz 2 InsO	70
I. Konzeption	28			

		Rdn.			Rdn.
IV.	Sonstiges	75	IV.	Entscheidungswirkungen	83
F.	**Die Eingangsentscheidung**	77	V.	Bekanntmachung, Abs. 1 Satz 2	87
I.	Grundlagen	77	VI.	Sofortige Beschwerde, Abs. 1 Satz 3	89
II.	Entscheidungsalternativen	79	VII.	Kosten	93
III.	Hinweis auf die weiteren Anforderungen, § 287a Abs. 1 Satz 1 InsO	81			

Literatur:
Ahrens Die Reform des Privatinsolvenzrechts 2014, NJW 2014, 1841; *ders.* Der vertrackte Umgang mit § 287a InsO. NJW-Spezial 2014, 725; *ders.* Vorprüfung von Versagungsgründen gem. § 287a I 1 InsO, VIA 2015, 49; *ders.* Verfahrenseröffnung ohne Eingangsentscheidung, NJW-Spezial 2016, 341; *Blankenburg* Änderungen im Ablauf des Eröffnungsverfahrens durch das Gesetz zur Verkürzung des Restschuldbefreiungsverfahrens und zur Stärkung der Gläubigerrechte, ZInsO 2014, 801; *ders.* Vorwirkung von Versagungsgründen gem. § 287a InsO, ZInsO 2015, 2258; *Frind* Praxisprobleme des reformierten Privatinsolvenzverfahrens. Zur praktischen Umsetzung von »Eingangsentscheidung« und Verkürzung der Restschuldbefreiungserteilungszeit, ZInsO 2013, 1448; *ders.* Gläubigerschutz bei der Verfahrenskostenstundung – Stundungsgewährung, Eingangsentscheidung und Stundungsaufhebung nach dem neuen Privatinsolvenzrecht seit 1.7.2014, ZInsO 2015, 542; *Graf-Schlicker* Insolvenzrechtsreform 2014 – aus dem Blickwinkel des Gesetzgebungsverfahrens, ZVI 2014, 202; *Heilmaier* Die Prüfung von Versagungsgründen des § 290 InsO in Stundungs- und Eingangsentscheidung, ZInsO 2015, 1838; *Henning* Die Änderungen in den Verfahren der natürlichen Personen durch die Reform 2014, ZVI 2014, 7; *Möhring* Die Rechtsprechung des Bundesgerichtshofs zu den Sperrfristen und § 287a InsO. Zugleich Besprechung von BGH v. 4.5.2017 – IX ZB 92/16, ZVI 2017, 299, ZVI 2017, 289; *Reck/Köster* Neuregelung der Sperrfristen durch das »Gesetz zur Verkürzung des Restschuldbefreiungsverfahrens und zur Stärkung der Gläubigerrechte«, ZVI 2014, 325; *Schmerbach/Semmelbeck* Zwölf offene Fragen zur Reform der Privatinsolvenz, NZI 2014, 547; *Schmidt* Was wird aus der Sperrfrist-Rechtsprechung des BGH? Die Eingangsentscheidung gem. § 287a InsO n.F., ZVI 2014, 211; *ders.* Vorwirkung – Nachwirkung: Ein Plädoyer für eine Neuausrichtung, ZVI 2016, 45; *Siebert* Aktuelles zu Eingangs- und Stundungsentscheidung – zugleich Besprechung von AG Göttingen, Beschl. v. 14.10.2015 – 74 IN 181/15, NZI 2015, 946, VIA 2016, 9; *Streck* Die Eingangsentscheidung gem. § 287a InsO – mehr Arbeit für Gerichte und Verwalter?, ZVI 2014, 205; *Strüder* Die Eingangsentscheidung nach § 287a InsO, VIA 2014, 73; *Waltenberger* Die neue Zulässigkeitsentscheidung des Restschuldbefreiungsantrags und die von der Restschuldbefreiung ausgenommenen Forderungen, ZInsO 2013, 1458.

A. Normzweck

1 Primäres Ziel des § 287a InsO ist, **Rechtsklarheit und** damit **Rechtssicherheit** über die Sperrfristen bei einem wiederholten Restschuldbefreiungsverfahren zu erreichen (BT-Drucks. 17/11268 S. 24; ebenso MüKo-InsO/*Stephan* § 287a (neu) Rn. 1; HK-InsO/*Waltenberger* § 287a Rn. 1). Zugleich wird dadurch die bereits früher bestehende Zielsetzung, möglichst frühzeitig Klarheit über die angestrebte Restschuldbefreiung zu erreichen (*BGH* NZI 2016, 38 Rn. 14, m. Anm. *Ahrens*; HK-InsO/*Waltenberger* § 287a Rn. 1), noch verstärkt. Diese Funktion der Rechtsklarheit wird in den Materialien vor allen anderen Aufgabenstellungen genannt, wie einer Verhinderung missbräuchlicher Verfahrenswiederholungen. Damit zielt die neue Eingangsentscheidung in erster Linie auf eine sachgerechte Ausformung der Sperrfristen für ein erneutes Restschuldbefreiungsverfahren. Aus diesem Grundmuster sind mehrere Aussagen zu gewinnen.

2 Zunächst schafft § 287a InsO eine **positive Rechtsgrundlage** für die Verfahrenssperren bei wiederholten Restschuldbefreiungsanträgen. Zugleich wird mit der Regelung das von der Rechtsprechung entwickelte Verfahrenselement einer Sachentscheidungsvoraussetzung aufgenommen. Zudem wird die darauf gestützte Zulässigkeitsentscheidung zu einer allgemeinen Eingangsentscheidung verbreitet. Während also das **Verfahrensmodell** der Sperrfristrechtsprechung aufgegriffen und **verallgemeinert** wird, sollen die Zugangsschranken zur Restschuldbefreiung gerade nicht verbreitet werden.

3 Aus der Funktionsbestimmung von § 287a InsO, für eine klare Rechtsgrundlage zu sorgen, ist ein konkret am ausdrücklichen Regelungsbereich orientiertes und damit ein **enges Verständnis** der Verfahrensschranken abzuleiten. Deswegen bildet sie eine Ausnahmevorschrift, die in § 287a Abs. 2 InsO normiert, wann atypisch der Zugang zum Restschuldbefreiungsverfahren gesperrt ist. Einer-

seits ist die Regelung nicht darauf beschränkt, lediglich eine kurzfristig wiederholte Reduzierung der Schuldenlast zu verhindern, denn dies ist nur der Zweck von § 287a Abs. 2 Satz 1 Nr. 1 Alt. 1 InsO (vgl. *Heicke* NZI 2012, 873 [874]). Andererseits soll aber auch nicht jedes erneute Restschuldbefreiungsverfahren verhindert werden, wenn dem Schuldner ein Scheitern des Erstverfahrens vorzuwerfen ist (ausdrücklich BT-Drucks. 17/11268 S. 25; a.A. *Kübler/Prütting/Bork-Wenzel* InsO, § 287a Rn. 1). Obwohl die von der Rechtsprechung entwickelte Konzeption der Verfahrenssperre als Sachentscheidungsvoraussetzung übernommen wurde, soll gerade nicht der immer weiter auf jede Form der verfahrensverzögernden Handlungen ausgedehnte Anwendungsbereich der Sperrfristjudikatur adaptiert werden. Infolgedessen soll die Vorschrift eine konkrete Sperre verlässlich ausgestalten und klar abgrenzen.

§ 287a InsO errichtet damit **keine umfassenden Zugangshürden** gegenüber der Restschuldbefreiung. Die gesetzliche Teleologie zieht der Regelung klare Grenzen und steht allgemeinen Erweiterungsbestrebungen entgegen. Ziel der Vorschrift ist deswegen nicht, offensichtlich aussichtslose Insolvenzverfahren nicht mehr bis zum Schlusstermin führen zu müssen (anders *Henning* ZVI 2014, 7 [10]). Der allgemeine Normgehalt spricht deswegen gegen eine aus § 287a InsO abzuleitende Berechtigung, die Verfahrenssperren auf andere Fallkonstellationen auszudehnen. Zudem regelt die Norm gerade die Entscheidung über Sachentscheidungsvoraussetzungen. Die eng geführte gesetzliche Teleologie lässt es kaum zu, die Prüfung auf andere Verfahrensschranken zu erweitern. 4

B. Gesetzliche Systematik

I. Aufbau der Regelung

§ 287a Abs. 1 Satz 1 InsO bildet die **Rechtsgrundlage der** neu eingeführten **Eingangsentscheidung**. Sie ergeht über die allgemeinen und besonderen Sachentscheidungsvoraussetzungen der Restschuldbefreiung. Diese Sachentscheidungsvoraussetzungen beruhen zunächst auf den allgemeinen verfahrensrechtlichen Anforderungen, wie die Verfahrensfähigkeit. Außerdem umfassen sie die besonderen Voraussetzungen des Insolvenzverfahrens, etwa mit der Zulässigkeit des Insolvenzantrags. Schließlich bestehen noch die speziellen Erfordernisse des Restschuldbefreiungsverfahrens mit einem eigenen Insolvenzantrag oder der Abtretungserklärung. 5

Als **besondere Sachentscheidungsvoraussetzungen** normiert § 287a Abs. 2 Satz 1 InsO die Tatbestände der **Sperrfristregelungen**. Ihre Positivierung in § 287a Abs. 2 Satz 1 InsO weicht insoweit vom üblichen Regelungsmuster ab, als die sonstigen Sachentscheidungsvoraussetzungen außerhalb von § 287a InsO normiert sind. Systematisch gehören die Sperrfristen zu den Sachentscheidungsvoraussetzungen, die insbes. in § 287 InsO normiert sind. Sie hätten vorzugswürdig bei dieser Vorschrift ausgeformt werden müssen. Durch die unvorteilhafte Positivierung in Abs. 2 Satz 1 zertrennen sie den Verständniszusammenhang und führen zu manchen unnötigen Problemen. 6

Jenseits der Sperrfristen gestaltet die Norm vor allem einige **Verfahrensregeln der Eingangsentscheidung** aus. Ein vollständiges Verfahrensmodell wird nicht entworfen (vgl. *Strüder* VIA 2014, 73 [75]). Nur in Umrissen ist das Verhältnis zur nahezu zeitgleich ergehenden Kostenstundungsentscheidung und zum Eröffnungsbeschluss vorgezeichnet, was zu erheblichen Abstimmungsproblemen führt. Wenig hilfreich musste in § 287a Abs. 1 Satz 1 InsO die Zulässigkeitsentscheidung eine Zwangsheirat mit der nach vorn verlagerten früheren Ankündigung der Restschuldbefreiung eingehen. Die Verfahrensvorschriften sind in Abs. 1 sowie Abs. 2 Satz 2 normiert und werden durch die Sperrfristregelung zertrennt. Durch die eingeschobene Sperrfristnormierung wird auch der Verständniszusammenhang für das Recht zur sofortigen Beschwerde zerrissen. Dieses Rechtsmittel des Schuldners wird in Abs. 1 Satz 3 und damit scheinbar für die Fälle eines zulässigen Restschuldbefreiungsantrags eröffnet. Selbstverständlich kann dies nicht gemeint sein. Das Recht zur sofortigen Beschwerde ist daher wie ein selbständiger Abs. 3 zu lesen. Die verfahrensrechtliche Bettung und Formgebung der Eingangsentscheidung schließt es aus, darin eine Art Anwartschaftsrecht angelegt zu sehen (vgl. *Fischinger* Haftungsbeschränkung, S. 128 f.). 7

II. Systematischer Zusammenhang

8 Äußerlich wird der Verlaufsplan des Restschuldbefreiungsverfahrens stärker als bislang dem des Insolvenzverfahrens angenähert und weist eine größere **Übereinstimmung mit dem Insolvenzeröffnungsverfahren** auf. Das Insolvenzeröffnungsverfahren ist in das Zulassungsverfahren und das Entscheidungsverfahren bzw. Vorprüfungs- und Hauptprüfungsverfahren über die Eröffnung gegliedert (s. *Schmerbach* § 13 Rdn. 2). In einer gewissen Parallele entwickelt sich jetzt auch die erste Etappe des Restschuldbefreiungsverfahrens in zwei Stationen bis zur und nach der Zulässigkeitsentscheidung.

9 Als **auffälligster Kontrast** existiert im Insolvenzeröffnungsverfahren keine allgemeine positive Zulassungsentscheidung. Obwohl Zulässigkeitsfragen im Insolvenzverfahren vielleicht eine noch größere Bedeutung als in einem Restschuldbefreiungsverfahren besitzen, ist das Insolvenzverfahren weniger strikt geordnet. So wird ohne besonderen Grund während des ersten Stadiums des Restschuldbefreiungsverfahrens eine verstärkte Standfestigkeit geschaffen. Dadurch wirkt das Verfahren auf dieser einleitenden Etappe durchaus überreglementiert. Obwohl zu erwarten ist, dass die Eingangsentscheidung zusammen mit dem Eröffnungsbeschluss getroffen wird, sind beide Beschlüsse zeitlich nicht fest miteinander koordiniert, denn die Eingangsentscheidung kann auch vor dem Eröffnungsbeschluss erfolgen.

10 Außerdem weichen die **Inhalte beider Entscheidungen** deutlich voneinander ab. Im Insolvenzeröffnungsverfahren erfolgt keine besondere Zulässigkeitsentscheidung. Der Eröffnungsbeschluss stellt gleichermaßen die Zulässigkeit und die Begründetheit des Insolvenzantrags fest. In der Eingangsentscheidung wird dagegen allein über die Zulässigkeit und nicht auch über die Begründetheit des Restschuldbefreiungsantrags entschieden. Begründet ist der Restschuldbefreiungsantrag erst unter den Voraussetzungen des § 300 InsO. Dazu müssen die Verfahrenskosten gedeckt, es darf kein Versagungsgrund erfolgreich geltend gemacht worden und es muss die Abtretungsfrist abgelaufen oder eine Verkürzung des Restschuldbefreiungsverfahrens eingetreten sein.

11 Nicht übersehen werden darf die zumindest praktisch sehr bedeutsame **Parallelführung mit dem Kostenstundungsverfahren**. Der Prüfungszeitpunkt für die Voraussetzungen der Kostenstundung und eines zulässigen Restschuldbefreiungsverfahrens fallen vielfach zusammen. Allerdings sind weder die Bewilligungsvoraussetzungen noch die Prüfungsregeln bei der Kostenstundung mit denen der Zulässigkeitsprüfung des Restschuldbefreiungsantrags deckungsgleich.

C. Sachentscheidungsvoraussetzungen

I. Prüfungsumfang

12 Das Insolvenzgericht stellt mit der Eingangsentscheidung die **Zulässigkeit des Restschuldbefreiungsantrags** fest, § 287a Abs. 1 Satz 1 InsO (BT-Drucks. 17/11268 S. 25). Es entscheidet deswegen über sämtliche Sachentscheidungsvoraussetzungen des Restschuldbefreiungsantrags (*Ahrens* Das neue Privatinsolvenzrecht, Rn. 611; *Kübler/Prütting/Bork-Wenzel* InsO, § 287a Rn. 1; **a.A.** HambK-InsO/*Streck* § 287a Rn. 2, allein die aus § 287a Abs. 2 InsO). Über die Zulässigkeit des Insolvenzantrags trifft es damit keine Entscheidung (*Kübler/Prütting/Bork-Wenzel* InsO, § 287a Rn. 5). Soweit übereinstimmende Voraussetzungen bestehen, kann aber eine Präjudizialität eintreten (*Ahrens* Das neue Privatinsolvenzrecht, Rn. 613; vgl. Rdn. 22). Mit diesem umfassend ausgebildeten Feststellungsgehalt über die Zulässigkeit besitzt die Eingangsentscheidung die Qualität einer gesetzlich gestalteten Zwischenfeststellungsentscheidung.

13 Den Entscheidungsgegenstand bilden die **allgemeinen** (HK-InsO/*Waltenberger* § 287a Rn. 3; *Uhlenbruck/Sternal* InsO, § 287a Rn. 6) und die **besonderen Sachentscheidungsvoraussetzungen** (*Waltenberger* ZInsO 2013, 1458 [1459]) des Restschuldbefreiungsantrags. Allgemeine Sachentscheidungsvoraussetzungen sind die für jedes zivilgerichtliche Verfahren bestehenden Anforderungen, etwa der Zuständigkeit sowie der Partei- und Prozessfähigkeit. Zu den besonderen Sachentscheidungsvoraussetzungen des Restschuldbefreiungsverfahrens gehören die Sachentschei-

dungsvoraussetzungen eines Insolvenzverfahrens, also die Voraussetzung eines zulässigen Insolvenzantrags (vgl. dazu *Schmerbach* § 14 Rdn. 6 ff.). Außerdem müssen die sonstigen besonderen Sachentscheidungsvoraussetzungen erfüllt sein und etwa die Bezügeabtretung erklärt werden.

Dagegen erfolgt **keine Vorprüfung möglicher Versagungsgründe**. Eine solche Anfangsprüfung kann auch nicht auf § 287 Abs. 1 Satz 1 InsO gestützt werden. Weder der Wortlaut der Regelung noch die Gesetzgebungshistorie oder die Systematik bzw. die Zielrichtung der Vorschrift geben irgendeinen Anhaltspunkt für eine vorgezogene Prüfung der Versagungsgründe (*LG Nürnberg-Fürth* ZInsO 2017, 666; *AG Göttingen* NZI 2015, 946; *AG Hamburg* NZI 2016, 226; *Ahrens* Das neue Privatinsolvenzrecht, Rn. 679 ff.; *ders.* VIA 2015, 49 ff.; *Kübler/Prütting/Bork-Wenzel* InsO, § 287a Rn. 3, Verstoß gegen die Gläubigerautonomie; Uhlenbruck/*Sternal* § 287a Rn. 6; HK-InsO/*Waltenberger* § 287a Rn. 4; K. Schmidt/*Henning* InsO, § 287a n.F. Rn. 9; *Mohrbutter/Ringstmeier-Pape* § 17 Rn. 54; Vallender/Undritz/*Pape* Praxis des Insolvenzrechts, § 11 Rn. 27 Fn. 55, Rn. 29 Fn. 57; *Grote/Pape* ZInsO 2013, 1433 [1439]; *Blankenburg* ZInsO 2014, 801 [802]; *ders.* ZInsO 2015, 2258; *Strüder* VIA 2014, 73 [74]; *Siebert* VIA 2016, 9 [10]; ebenso der Anwaltssenat des *BGH* NJW 2017, 1181 m. Anm. *Ahrens*: **a.A.** *AG Hamburg* NZI 2015, 422 [423]; *Sinz/Hiebert/Wegener* Verbraucherinsolvenz, Rn. 1014; *Frind* Praxishandbuch Privatinsolvenz, Rn. 300 ff.; *ders.* ZInsO 2013, 1448 [1451]; *ders.* ZInsO 2015, 542 [546]; *Heilmaier* ZInsO 2015, 1838 [1839]; s.a. HambK-InsO/*Streck* § 287a Rn. 3, bei verletzten Mitwirkungspflichten und Versagungsgründen, die sich aufdrängen; *Streck* ZVI 2014, 205 [210]; wohl auch *Fischinger* Haftungsbeschränkung, S. 103, der die Entscheidung nach § 287a InsO daran bindet, ob kein Grund vorliege, die Restschuldbefreiung nach § 290 InsO zu versagen). Der gesamte Regelungszusammenhang des § 287a InsO als Vorschrift über einzelne Sachentscheidungsvoraussetzungen, das Verfahren und die Entscheidung über die Zulässigkeit mit einem eng geführten sachlichen Anwendungsbereich spricht gegen eine derartige Extension. Zudem kollidiert eine Vorprüfung mit dem antragsabhängigen Versagungsmodel und dem Bestreben des Gesetzgebers, Verfahrenshürden abzubauen und eine klare Rechtsgrundlage zu schaffen.

Bereits der **Wortlaut** lässt keine Prüfung möglicher Versagungsgründe zu, denn die konditionale Verweisung auf die Voraussetzungen der §§ 290, 297 bis 298 InsO ist ohne einen Versagungsantrag sowie die Glaubhaftmachung nicht erfüllt (*AG Hamburg* NZI 2016, 226; *Ahrens* Das neue Privatinsolvenzrecht, Rn. 682; *Blankenburg* ZInsO 2015, 2258 [2260]). Zudem müsste sich die Prüfungspflicht auch auf die §§ 295, 297 bis 298 InsO beziehen, sofern nicht die Regelung völlig frei in einen prüfbaren und einen unprüfbaren Teil aufgespalten werden soll (*Ahrens* VIA 2015, 49 [51]). Die Rechtskraftwirkung der Entscheidung, nachdem ein Versagungsantrag geprüft, aber nicht bejaht wurde, müsste dann mit einem späteren Versagungsantrag kollidieren, ein augenscheinlich nicht passendes Resultat (*Ahrens* VIA 2015, 49 [51]; **a.A.** *Frind* Praxishandbuch Privatinsolvenz, Rn. 300a, ohne zu erklären, warum ein späterer Versagungsantrag zulässig ist).

Im Gegensatz zu den sonstigen Prüfungselementen des Restschuldbefreiungs- und Versagungsverfahrens wird zudem eine **Teilprüfung der Begründetheit** angenommen (*AG Hamburg* NZI 2015, 422 [423] = VIA 2015, 47, m. Anm. *Voß*; *AG Fürth* ZInsO 2016, 766 [768], aufgehoben durch *LG Nürnberg-Fürth* ZInsO 2017, 666; *Frind* Praxishandbuch Privatinsolvenz, Rn. 299; *Sinz/Hiebert/Wegener* Verbraucherinsolvenz, Rn. 1014; *Heilmaier* ZInsO 2015, 1838 [1840]; **a.A.** *AG Hamburg* ZVI 2016, 79). Soweit vereinzelt eine auf § 287a InsO gestützte Begründetheitsprüfung der Versagungsgründe sogar noch nach Eröffnung des Insolvenzverfahrens vorgenommen wird (*LG Dessau-Roßlau* NZI 2015, 944 m. abl. Anm. *Butenob* = InsbürO 2016, 32 m. Anm. *Schmerbach*), ist dies gesetzlich nicht mehr zu begründen. Offensichtlich erfolgt damit ausschließlich eine amtswegige Prüfung der Versagungsgründe. Es handelt sich dabei nicht mehr nur um eine Vor-, sondern geradezu um eine Nachprüfung von Versagungsgründen (*Ahrens* NJW-Spezial 2015, 725 [726]). Wegen einer Verletzung der Erwerbsobliegenheit aus § 287b InsO kann der Antrag schon deswegen nicht abgewiesen werden, weil die Eingangsentscheidung spätestens mit dem Eröffnungsbeschluss ergehen muss, diese Erwerbsobliegenheit jedoch erst ab diesem Zeitpunkt besteht (**a.A.** *Heilmaier* ZInsO 2015, 1838 [1841]). Zur sofortigen Beschwerde bei vorgeprüften Versagungsgründen s. Rdn. 90.

II. Die einzelnen Sachentscheidungsvoraussetzungen

1. Allgemeine Sachentscheidungsvoraussetzungen

17 Im Verfahren über die Erteilung der Restschuldbefreiung gelten regelmäßig die auf **das Gericht, die Beteiligten und den Verfahrensgegenstand** bezogenen allgemeinen Sachentscheidungsvoraussetzungen. Diese bereits nach dem früheren Recht zu prüfenden Voraussetzungen werden durch die neu geregelte Eingangsentscheidung verstärkt wahrgenommen. Sie sind für das Restschuldbefreiungsverfahren autonom festzustellen, stimmen aber regelmäßig mit den Voraussetzungen für das Insolvenzverfahren überein. Unterschiede ergeben sich allenfalls, wenn der Insolvenz- und der Restschuldbefreiungsantrag nicht zeitgleich gestellt werden und zwischenzeitlich Veränderungen eintreten.

18 Auf das Gericht bezogene Sachentscheidungsvoraussetzungen bilden vor allem die **sachliche und örtliche Zuständigkeit** des Insolvenzgerichts gem. den §§ 2, 3 InsO.

19 Auf die Parteien bezogen sind die Voraussetzungen der – im Restschuldbefreiungsverfahren einer natürlichen Person ganz unproblematischen – **Parteifähigkeit**, § 4 InsO i.V.m. § 50 ZPO, sowie der Prozess- bzw. **Verfahrensfähigkeit**, § 4 InsO i.V.m. den §§ 51 f. ZPO. Verstirbt der Schuldner, ist nach dem Verfahrensstadium zu unterscheiden (s. § 286 Rdn. 93 ff.; s.a. *Schmerbach* § 14 Rdn. 22 ff.).

20 Als Sachentscheidungsvoraussetzung über den Verfahrensgegenstand darf keine anderweitige **Rechtshängigkeit** eines Restschuldbefreiungsverfahrens bestehen, § 4 InsO i.V.m. § 261 Abs. 3 Nr. 1 ZPO. Als Prozesshandlung darf der Antrag auf Erteilung der Restschuldbefreiung grds. nicht unter eine außerprozessuale Bedingung gestellt werden.

21 Außerdem muss ein **Rechtsschutzbedürfnis** vorliegen (s. § 287 Rn. 31). Es entfällt nicht schon dann, wenn der überwiegende Teil der Forderungen nach § 302 InsO privilegiert ist (*Ahrens* Das neue Privatinsolvenzrecht, Rn. 641). Die Sperrfristtatbestände können als konkrete Ausgestaltungen des Rechtsschutzbedürfnisses verstanden werden und sind speziell geregelt. Nach zutreffender Ansicht entfällt es auch nicht bei einer vollständigen Befriedigung sämtlicher Gläubiger. Dafür spricht bereits § 301 Abs. 1 Satz 2 InsO, wonach die Restschuldbefreiung auch nicht am Verfahren beteiligte Gläubiger erfasst. Außerdem trifft den Schuldner nach Erteilung der Restschuldbefreiung eine zehnjährige Sperre, § 287a Abs. 1 Nr. 1 Alt. 1 InsO (*AG Göttingen* ZInsO 2014, 1723). Vor allem aber setzt § 300 Abs. 1 Satz 2 Nr. 1 Alt. 2 InsO ein fortbestehendes Rechtsschutzbedürfnis trotz vollständiger Befriedigung der Forderungen voraus.

2. Besondere Sachentscheidungsvoraussetzungen des Insolvenzverfahrens

22 Eine besondere Sachentscheidungsvoraussetzung des Restschuldbefreiungsverfahrens bildet nach § 287 Abs. 1 Satz 1 InsO ein **Eigenantrag** des Schuldners auf Eröffnung des Insolvenzverfahrens, § 287 Abs. 1 Satz 1 InsO (*BGH* NZI 2004, 511). Dafür genügt, wenn nach dem Vortrag des Schuldners der Insolvenzantrag zulässig und begründet ist. Wurde das Insolvenzverfahren auf einen Gläubigerantrag ohne gerichtlichen Hinweis auf den erforderlichen eigenen Insolvenz- und einen Restschuldbefreiungsantrag des Schuldners eröffnet, ist ein isolierter Restschuldbefreiungsantrag zulässig (*BGH* BGHZ 162, 181 [186]; NZI 2008, 609; A/G/R-*Fischer* § 287 InsO a.F. Rn. 6; s.a. § 287 Rdn. 54).

23 Im Verbraucherinsolvenzverfahren muss der Schuldner für seinen Insolvenzantrag den **Formularzwang** aus § 305 Abs. 5 Satz 1 InsO erfüllen. In der allgemeinen Insolvenz (Regelinsolvenz) sind noch keine Formulare eingeführt, doch muss der Schuldner den Insolvenzantrag nach § 13 Abs. 1 Satz 1 InsO schriftlich stellen.

3. Besondere Sachentscheidungsvoraussetzungen des Restschuldbefreiungsverfahrens

24 Im Verbraucherinsolvenzverfahren ist der **Restschuldbefreiungsantrag** nach § 305 Abs. 1 Nr. 2 InsO dem Insolvenzantrag beizufügen. Er unterliegt dabei nach § 305 Abs. 5 Satz 1 InsO dem For-

mularzwang. Im Übrigen muss der Schuldner seinen Antrag auf Restschuldbefreiung schriftlich einreichen oder zu Protokoll der Geschäftsstelle erklären, § 4 InsO i.V.m. § 496 ZPO (MüKo-InsO/*Stephan* § 287 Rn. 22). Soweit eine schriftliche Antragstellung erfolgt, muss der Antrag vom Schuldner oder seinem Vertreter unterschrieben sein.

Drei weitere Sachentscheidungsvoraussetzungen bestimmt § 287 InsO. Der Schuldner muss die **Bezügeabtretung** nach § 287 Abs. 2 Satz 1 InsO erklären. Außerdem hat er nach § 287 Abs. 1 Satz 3 InsO die **Erklärung** abzugeben, ob ein Fall des § 287a Abs. 2 Satz 1 Nr. 1 oder 2 InsO, also ein Sperrfristgrund, vorliegt und eine Versicherung über die Richtigkeit und Vollständigkeit dieser Erklärung vorzulegen, § 287 Abs. 1 Satz 4 InsO (*Blankenburg* ZInsO 2014, 801 [802]). 25

Keine Sachentscheidungsvoraussetzung bildet dagegen die Kostendeckung für das Restschuldbefreiungsverfahren, wie aus der Parallele zu § 26 Abs. 1 InsO und einer möglichen Kostenstundung folgt. Der Restschuldbefreiungsantrag darf nicht mangels Kostendeckung als unzulässig verworfen, sondern muss als unbegründet abgewiesen werden. 26

III. Prüfungszeitpunkt

Die Sachentscheidungsvoraussetzungen müssen bei **Erlass der Eingangsentscheidung** vorliegen (s. Rdn. 78). Spätere Änderungen können nur ausnahmsweise bis zur abschließenden Anhörung zur Erteilung der Restschuldbefreiung beachtet werden, wenn sie nachträglich berücksichtigungsfähig sind. Dies kann etwa in Betracht kommen, wenn die Verfahrensfähigkeit nachträglich entfällt. Von einer nachträglichen Änderung ist die fehlerhafte Rechtsanwendung zu unterscheiden, die grds. Rechtskraftbindung entfaltet (s. Rdn. 83 f.). 27

D. Sperrfristen, Abs. 2 Satz 1

I. Konzeption

Für die Wiederholungsverfahren stellt die Sperrfristregelung aus § 287a Abs. 2 Satz 1 InsO eine besondere Sachentscheidungsvoraussetzung auf, die das **Rechtsschutzbedürfnis** des Schuldners konkretisiert. Angesetzt wird bei einer kombinierten Legitimation der Sperren aus einer Bewertung des neuen Verfahrens und der Art des Abschlusses des früheren Verfahrens. In drei Fallgruppen werden abgestufte Sperrfristen von zehn Jahren bei einer erteilten Restschuldbefreiung, § 287a Abs. 2 Satz 1 Nr. 1 Alt. 1 InsO, von fünf Jahren bei einer Versagung wegen einer Insolvenzstraftat, § 287a Abs. 2 Satz 1 Nr. 1 Alt. 2 InsO, und drei Jahren bei einigen anderen Versagungsgründen nach § 287a Abs. 2 Satz 1 Nr. 2 InsO bestimmt. 28

Mit den neuen Sachentscheidungsvoraussetzungen des § 287 Abs. 2 Satz 1 Nr. 2 InsO soll eine Sperre gegenüber **missbräuchlich wiederholten Restschuldbefreiungsverfahren** geschaffen werden (BT-Drucks. 17/11268 S. 25). Wie die Akzentuierung des Missbrauchsgedankens klarstellt, darf nicht jedes Wiederholungsverfahren in den gesetzlichen Fristen verschlossen sein. Einfaches Fehlverhalten wird in den Materialien als unzureichend für eine Verfahrenssperre angesehen (BT-Drucks. 17/11268 S. 25). Abgestellt wird damit offenbar auf ein qualifiziertes unrechtmäßiges Verhalten des Schuldners. 29

Unerheblich ist indessen der **angebliche Unwertgehalt** der den Sperrfristen zugrunde liegenden Verhaltensweisen (so aber BT-Drucks. 17/11268 S. 25; Graf-Schlicker/*Kexel* InsO, § 287a Rn. 2; ähnlich auch *Graf-Schlicker* ZVI 2014, 202 [203]). Diese Deutung ist jedoch verfehlt, weil sonst die zu einer zehnjährigen Sperre nach § 287a Abs. 2 Satz 1 Nr. 1 Alt. 1 InsO führende frühere Restschuldbefreiung den doppelten Verfahrensunwert gegenüber einer Versagung wegen einer Insolvenzstraftat haben, die nach § 287 Abs. 2 Satz 1 Nr. 1 Alt. 2 InsO eine fünfjährige Sperre begründet. Ein subjektives Recht des Schuldners besitzt nicht den doppelten Unwertgehalt gegenüber einer strafrechtlichen Verurteilung. 30

II. Drei Sperrfristen

1. Wiederholte Restschuldbefreiung, § 287a Abs. 2 Satz 1 Nr. 1 Alt. 1 InsO

31 Ein erneutes Restschuldbefreiungsverfahren ist nach § 287a Abs. 2 Satz 1 Nr. 1 Alt. 1 InsO unzulässig, wenn dem Schuldner in den letzten **zehn Jahren** vor dem Antrag auf Eröffnung des Insolvenzverfahrens oder nach diesem Antrag Restschuldbefreiung erteilt wurde (*AG Göttingen* NZI 2016, 586). Diese Regelung übernimmt die tatbestandlichen Voraussetzungen und weithin auch die Teleologie des § 290 Abs. 1 Nr. 3 Alt. 1 InsO a.F. Die Auslegung des Tatbestands kann deswegen grds. an den früheren Regelungsgehalt anknüpfen.

32 Der Schuldner kann **mehrfach** in seinem Leben **Restschuldbefreiung** erlangen, doch soll zum Schutz der Gläubigerinteressen an einer Befriedigung ihrer Forderungen eine zu kurzfristige Wiederholung ausgeschlossen werden. Unerheblich sind dabei die **Gründe der erneuten Insolvenz** (*BGH* NZI 2010, 655 Tz. 17; *Uhlenbruck/Sternal* InsO, § 287a Rn. 20). Einen anderen Akzent setzt der *BGH*, wenn die Restschuldbefreiung als Hilfe für unverschuldet in Not geratene Personen diene und keine Zufluchtsstätte für diejenigen darstelle, die bewusst finanzielle Risiken abwälzen wollen (*BGH* NZI 2016, 316 Tz. 10). Wenn fehlendes Verschulden im Wiederholungsfall unerheblich ist, muss umgekehrt auch ein Vorwurf gegenüber dem Schuldner unberücksichtigt bleiben. Unerheblich ist, ob ein Schuldner im Erstverfahren schuldlos versäumt hat, der Anmeldung einer Forderung als privilegierte Verbindlichkeit nach § 302 Nr. 1 InsO zu widersprechen. Die Ergebnisse des Erstverfahrens dürfen nicht kurzfristig infrage gestellt werden (*BGH* NZI 2016, 316 Tz. 11 f., zu § 290 Abs. 1 Nr. 3 InsO a.F.).

33 Eine **Erteilung** der Restschuldbefreiung liegt vor, wenn die Schuldbefreiung einseitig auf Antrag des Schuldners unabhängig von einem Konsens mit den Gläubigern durch das Insolvenzgericht angeordnet wird. Bedeutungslos dafür ist die Frist, nach der die Restschuldbefreiung erteilt wird. Sie kann daher gem. § 300 Abs. 1 Satz 2 Nr. 1 InsO sofort (vgl. *BGH* NZI 2010, 655 Rn. 16 f.), gem. § 300 Abs. 1 Satz 2 Nr. 2 InsO nach drei Jahren der Abtretungsfrist bzw. gem. § 300 Abs. 1 Satz 2 Nr. 3 InsO nach fünfjähriger Abtretungsfrist oder nach dem Ende der sechsjährigen Abtretungsfrist erteilt worden sein, § 300 Abs. 1 Satz 1 InsO. Sind die Wirkungen der Restschuldbefreiung durch einen **Widerruf** nach § 303 InsO beseitigt, ist eine Sperre gem. § 287 Abs. 1 Satz 2 Nr. 1 Alt. 1 InsO nicht berechtigt. Weder ist dann der Schuldner von seinen Verbindlichkeiten befreit noch verlieren die Gläubiger ihre Forderungen.

34 **Ausländische Schuldbefreiungen** können bei vergleichbaren Wirkungen der deutschen Restschuldbefreiung prinzipiell gleichgestellt werden und begründen dann eine Sperre. Insbesondere ist die automatic discharge nach s. 279 (1), 281 Insolvency Act der Restschuldbefreiung vergleichbar (*BGH* NZI 2016, 131 Rn. 22; s. § 301 Rn. 64 ff.). Dies gilt jedenfalls für die im Geltungsbereich der EuInsVO erteilten Restschuldbefreiungen, die gem. Art. 16 EuInsVO a.F. = Art. 19 EuInsVO n.F. anzuerkennen sind (*Uhlenbruck/Sternal* InsO, § 287a Rn. 23, Analogie; *Haarmeyer/Wutzke/Förster-Schmerbach* § 290 Rn. 51). Andere ausländische Restschuldbefreiungen sperren nach diesem Gedanken ein Wiederholungsverfahren, wenn sie in Deutschland anzuerkennen sind (vgl. MüKo-InsO/*Stephan* § 290 Rn. 57b).

35 **Konsensuale Schuldbefreiungen** können einer einseitig erlangten Restschuldbefreiung nicht gleichgestellt werden, denn die Schuldbefreiung wird durch einen freiwilligen Forderungsverzicht der Gläubiger erreicht. Die Gläubiger müssen deswegen nicht wie bei einer unabhängig von ihrem Willen erreichten Restschuldbefreiung geschützt werden. Weder außergerichtliche Einigungen (*Kübler/Prütting/Bork-Wenzel* InsO, § 287a Rn. 10) noch gerichtliche Schuldenbereinigungspläne (MüKo-InsO/*Stephan* § 290 Rn. 50 ff.) oder Insolvenzpläne (*Kübler/Prütting/Bork-Wenzel* InsO, § 287a Rn. 10; *Lüdtke* ZVI 2016, 297 [298]) sowie Einstellungen des Insolvenzverfahrens mit Zustimmung der Gläubiger nach oder analog § 213 InsO führen zu einer Sperre.

2. Versagung nach § 297 InsO wegen einer Insolvenzstraftat, § 287a Abs. 2 Satz 1 Nr. 1 Alt. 2 InsO

Ein wiederholtes Restschuldbefreiungsverfahren ist nach § 287a Abs. 2 Satz 1 Nr. 1 Alt. 2 InsO unzulässig, wenn dem Schuldner in den letzten fünf Jahren vor dem Antrag auf Eröffnung des Insolvenzverfahrens oder nach diesem Antrag die Restschuldbefreiung aufgrund einer rechtskräftigen Verurteilung wegen einer **Insolvenzstraftat** gem. § 297 InsO versagt wurde. Abgestellt wird auf eine Versagung nach § 297 InsO. Daher rechtfertigt allein eine Versagung der Restschuldbefreiung die Sperre, wenn der Schuldner nach dem Schlusstermin wegen einer Insolvenzstraftat verurteilt wurde.   36

Unklar ist, auf welche **gesetzliche Fassung** von § 297 InsO abzustellen ist. Kommt nur eine Versagung nach dem geltenden § 297 InsO (*Ahrens* Das neue Privatinsolvenzrecht, Rn. 641 ff.) oder auch eine nach der früheren Fassung (*Kübler/Prütting/Bork-Wenzel* InsO, § 287a Rn. 16; *Uhlenbruck/Sternal* InsO, § 287a Rn. 27) in Betracht. Für einen Bezug auf die aktuelle Gesetzesfassung spricht, dass § 287a Abs. 2 Satz 1 Nr. 1 Alt. 2 InsO durch das Gesetz zur Verkürzung des Restschuldbefreiungsverfahrens und zur Stärkung der Gläubigerrechte vom 15.07.2013 eingeführt worden ist. Zeitgleich wurde § 297 InsO geändert, weswegen der zeitlich-systematische Zusammenhang für einen Bezug auf die aktuelle Fassung spricht. Um einerseits die früheren Versagungen nicht zu entwerten, andererseits aber den neuen Wertungen Rechnung zu tragen, ist die Verweisung auf § 297 InsO teleologisch auszulegen. Beachtlich sind alle Versagungen nach § 297 InsO, soweit sie den Mindestanforderungen des neuen § 297 InsO genügen. Um Bagatelldelikte auszuschließen, muss der Schuldner zu einer Mindeststrafe von mehr als 90 Tagessätzen oder mehr als drei Monaten Freiheitsstrafe verurteilt worden sein.   37

Unanwendbar ist die Sperrfrist bei einer Versagung nach § 290 Abs. 1 Nr. 1 InsO, um keine Verdoppelung und damit keine übermäßige Länge der Sperre auf insgesamt zehn Jahre zu begründen (BT-Drucks. 17/11268 S. 25). Nicht in § 287 Abs. 2 Satz 1 Nr. 1 Alt. 2 InsO erwähnt ist der Widerruf nach § 303 Abs. 1 Nr. 2 InsO. Obwohl dieser Widerrufsgrund an die gleiche tatbestandliche Konstellation anknüpft, wie eine Versagung nach § 297 InsO, kann darauf nach dem Wortlaut von § 287a Abs. 2 Satz 1 Nr. 1 Alt. 2 InsO keine Sperre gestützt werden. Zu prüfen bleibt aber eine Analogie.   38

3. Sonstige Versagungen, § 287a Abs. 2 Satz 1 Nr. 2 InsO

Auch bei einer **Versagung der Restschuldbefreiung** nach den §§ 290 Abs. 1 Nr. 5–7, 296 InsO sowie nach § 297a InsO i.V.m. § 290 Abs. 1 Nr. 5–7 InsO ist ein erneutes Restschuldbefreiungsverfahren vorübergehend unzulässig, § 287 Abs. 2 Satz 1 Nr. 2 InsO. Dazu muss die Restschuldbefreiung in den letzten drei Jahren vor dem Antrag auf Eröffnung des Insolvenzverfahrens oder nach diesem Antrag im vorangegangenen Verfahren versagt worden sein. Ist ein einschlägiger Versagungstatbestand im Erstverfahren verwirklicht, aber die Restschuldbefreiung, etwa mangels eines entsprechenden Antrags, nicht versagt worden, scheidet eine Sperre aus. Sonst müsste regelmäßig das gesamte Erstverfahren aufgerollt werden. Zudem könnte kaum verlässlich beantwortet werden, von welchem zeitlichen Anknüpfungspunkt auszugehen ist.   39

Damit werden auch bei den allgemeinen Versagungsgründen keine flächigen, sondern nur **punktuelle Sperren** geschaffen. Sie setzen bei den Tatbeständen des § 290 Abs. 1 Nr. 5–7 InsO ein. Bei nachträglich bekannt gewordenen Versagungsgründen sperren ebenfalls nur die drei Tatbestände des § 290 Abs. 1 Nr. 5–7 InsO ein Folgeverfahren. Die Versagung nach § 296 InsO kann wegen einer Obliegenheitsverletzung gem. § 295 InsO oder einer verletzten Verfahrensobliegenheit nach § 296 Abs. 2 Satz 2, 3 InsO erfolgt sein.   40

Keine Sperre begründet die aufgehobene Regelung des § 290 Abs. 1 Nr. 3 InsO, zumal sie in die Sperrfristregelung des § 287 Abs. 2 Satz 1 InsO überführt wurde. Um die Verfahrensschranken nicht unnötig zu verlängern, bleiben die Versagungen nach § 290 Abs. 1 Nr. 1, 2, 4 InsO unberücksichtigt. Ausländische Ausschlussregelungen für eine Restschuldbefreiung rechtfertigen keine Sperre,   41 denn der Wortlaut von § 287 Abs. 2 Satz 1 Nr. 2 InsO verweist explizit auf die einzelnen Versagungsnormen (MüKo-InsO/*Stephan* § 290 Rn. 57c). Zudem sind die jeweiligen Tatbestände zu verschieden; *Haarmeyer/Wutzke/Förster-Schmerbach* InsO, § 290 Rn. 51; a.A. *Uhlenbruck/Sternal* InsO, § 287a Rn. 29, bei Funktionsgleichheit). Ein gescheiterter Insolvenzplan löst keine Sperrfrist aus (*Lüdtke* ZVI 2016, 297 [298]).

42 **Unerwähnt** geblieben sind die **Widerrufe** nach § 303 Abs. 1 Nr. 1, 3 InsO, obwohl sie prinzipiell an die gleichen Tatbestände anknüpfen, die eine Versagung rechtfertigen. Dabei stellt § 303 Abs. 1 Nr. 1 InsO mit der vorsätzlichen Obliegenheitsverletzung und der erheblich beeinträchtigten Gläubigerbefriedigung sogar noch höhere Anforderungen auf, als eine Versagung nach § 296 InsO. Dennoch ist wegen der fehlenden Verweisung auf die Widerrufsgründe eine Sperre nicht unmittelbar aus § 287 Abs. 2 Satz 1 Nr. 2 InsO zu begründen. Nicht von vornherein ausgeschlossen erscheint aber eine Analogie.

4. Fristberechnung

43 **Fristbeginn** ist der Eintritt der Rechtskraft der Entscheidung über die Erteilung bzw. Versagung der Restschuldbefreiung (*Kübler/Prütting/Bork-Wenzel* InsO, § 287a Rn. 18; *Uhlenbruck/Sternal* InsO, § 287a Rn. 24). Das Fristende bildet nach der eindeutigen Gesetzesfassung der Insolvenzantrag, nicht ein evtl. später gestellter Restschuldbefreiungsantrag (*Kübler/Prütting/Bork-Wenzel* InsO, § 287a Rn. 18). Die Anknüpfung an den Restschuldbefreiungsantrag wäre zwar sachnäher, aber die an den Insolvenzantrag ist gebräuchlicher.

44 **Fristende** der zehn-, fünf- und dreijährigen Fristen ist zunächst der Antrag auf Eröffnung des Insolvenzverfahrens. Der Sperrfristgrund kann jeweils nach dem Eröffnungsantrag im Wiederholungsverfahren verwirklicht worden sein. Die Erteilung oder Versagung der Restschuldbefreiung im vorangegangenen Verfahren begründet also auch dann eine Sperre, wenn sich beide Verfahren überschneiden und die Restschuldbefreiung nach dem Eröffnungsantrag, aber vor der Eingangsentscheidung erteilt oder versagt wurde. Sind mehrere Eröffnungsanträge gestellt, wie etwa bei einem Gläubigerantrag und einem anschließend nach § 306 Abs. 3 Satz 1 InsO gestellten Schuldnerantrag, ist der Antrag maßgeblich, auf den hin das Insolvenzverfahren eröffnet werden soll, da er für den Restschuldbefreiungsantrag entscheidend ist.

III. Verhältnis zur Sperrfristrechtsprechung

45 Mit den Sperrgründen und der Eingangsentscheidung des § 287a Abs. 2 Satz 1 InsO ist eine **eigenständige Konzeption** geschaffen. Die Sachentscheidungsprüfung im Rahmen der Eingangsentscheidung ist zwar an die Sperrfristjudikatur des *BGH* angelehnt (Ausgangsentscheidung BGHZ 183, 13 Rn. 11 ff.; zusammenfassend § 287 Rdn. 89 ff.; A/G/R-*Fischer* 2. Aufl., § 287 InsO Rn. 12 ff.; K. Schmidt/*Henning* InsO, § 287 n.F. Rn. 21), es werden aber gerade nicht alle Fallgruppen der Rechtsprechung übernommen. Einige Regeln gehen über die Rechtsprechung hinaus, andere entsprechen ihr und viele bleiben dahinter zurück.

46 **Weitergehend** als bislang von der Rechtsprechung angenommen sind die Sperren nach § 290 Abs. 1 Nr. 7 InsO sowie § 297a i.V.m. § 290 Abs. 1 Nr. 5–7 InsO. Begründet ist dies freilich nicht durch eine besonders strenge Konzeption des Gesetzgebers. Vielmehr hat der Gesetzgeber diese Versagungsgründe erst mit dem Gesetz zur Verkürzung des Restschuldbefreiungsverfahrens und zur Stärkung der Gläubigerrechte vom 15.07.2013 eingeführt. Sie sind in das System der Sperren eingepasst und erweitern lediglich einige Fallgruppen, nicht aber die konzeptionelle Gestaltung.

47 **Deckungsgleich** bleiben die Sperren bei einer Versagung nach den §§ 290 Abs. 1 Nr. 5, 6, 296 InsO, die eine dreijährige Schranke begründen. Übereinstimmend mit der Rechtsprechung des *BGH* wird wegen der Fristenlänge aus § 290 Abs. 1 Nr. 2 InsO eine Sperre abgelehnt (*BGH* NZI 2013, 99 Rn. 7 ff. = VIA 2013, 11 m. Anm. *Schmerbach*). Für den Versagungsgrund des § 290 Abs. 1 Nr. 4 InsO wird die Frist auf drei Jahre verlängert und deswegen eine Sperre abgelehnt. Unter der Voraussetzung der kürzeren Frist hatte der *BGH* zwar eine Sperre bejaht (*BGH* NZI 2010, 407 Tz. 6). Den-

noch liegt die abgelehnte Sperre auf der Linie der Judikatur, die Sperren bei Versagungsgründen mit Fristen von drei und mehr Jahren ausgeschlossen hat (*BGH* NZI 2013, 99 Tz. 9 ff.).

Reduziert wird die Frist im Fall des § 297 InsO. Für den Versagungsgrund nach § 290 Abs. 1 Nr. 3 InsO a.F. galt wegen des Bezugs auf die Tilgungsfristen des BZRG zumeist eine zehnjährige Frist. Da § 290 Abs. 1 Nr. 3 InsO a.F. aufgehoben ist, gilt allein die auf fünf Jahre verkürzte Schranke des § 287a Abs. 2 Satz 1 Nr. 1 Alt. 2 InsO. **48**

Keine Sperren sind in den sonstigen Konstellationen normiert (*AG Hannover* ZInsO 2015, 368; *AG Göttingen* NZI 2014, 1056; NZI 2015, 946; NZI 2016, 847; NZI 2016, 849; *Ahrens* Das neue Privatinsolvenzrecht, Rn. 678; *K. Schmidt/Henning* § 287a n.F. Rn. 2, 8; *Pape* ZInsO 2017, 565 [566]; *A/G/R-Fischer* § 287a n.F. Rn. 6; *Reck/Köster/Wathling* ZVI 2016, 1 f. [8]; *Schmidt* ZVI 2016, 45; *Laroche* InsbürO 2016, 264 [265]; *Schlamann* InsbürO 2016, 268 [270]). Dies beruht auf einer bewussten legislatorischen Dezision, denn für anderweitige Fälle vorhergehenden Fehlverhaltens des Schuldners sollen keine Sperren vorgesehen sein (BT-Drucks. 17/11268 S. 25). **49**

Ausdrücklich abgelehnt wird eine Sperrfrist bei einer **Versagung nach § 298 Abs. 1 InsO** (*LG Baden-Baden* NZI 2016, 91; *AG Göttingen* ZInsO 2016, 2268; *AG Ludwigshafen* ZInsO 2016, 1335, aber Ablehnung der Kostenstundung im Zweitverfahren; *Kübler/Prütting/Bork-Wenzel* InsO, § 287a Rn. 19; *Hess/Groß/Reill-Ruppe/Roth* Kap. 4 Rn. 106; *Pape/Pape* ZInsO 2015, 1869 [1880]; **a.A.** *Uhlenbruck/Sternal* InsO, § 287a Rn. 37 f.), weil weder ein Gläubiger einen Versagungsantrag gestellt habe noch eine beeinträchtigte Gläubigerbefriedigung festgestellt sei (BT-Drucks. 17/11268 S. 25). Soweit demgegenüber eingewendet wird, der Schuldner könne taktisch eine Versagung herbeiführen, um den insolvenzrechtlichen Schutz zu perpetuieren, indem er gegen Mitwirkungsobliegenheiten verstoße und damit eine Aufhebung der Kostenstundung herbeiführe bzw. die Treuhändervergütung nicht zahle (*Pape/Pape* ZInsO 2017, 793 [809 f.]), überzeugt dies nicht. Eine Verletzung von Mitwirkungsobliegenheiten ist zu risikoreich, weil immer auch ein Versagungsantrag der Gläubiger mit einem Sperrfristrisiko droht. Zudem ist die taktische Nichtzahlung zu selten und regelmäßig nicht zu beweisen. Auf eine bloße Vermutung kann eine Abweichung vom Gesetzestext und dem zweifelsfrei bekundeten gesetzlichen Willen nicht gestützt werden. Wie in den Gesetzesmaterialien zutreffend ausgeführt wird, besitzt eine Versagung wegen einer unterbliebenen Zahlung der Treuhändervergütung nicht die Qualität, die sonst für eine Sperrfrist verlangt wird. **50**

Zudem werden Sperrfristen in den Fällen des § 298 Abs. 1 InsO, des § 290 Abs. 1 Nr. 1, 2 und 4 InsO, eines vorhergehend als unzulässig verworfenen Restschuldbefreiungsantrags oder eines im vorhergehenden Verfahren unterlassenen Restschuldbefreiungsantrags abgelehnt. Ebenso wenig sei eine Sperre zu rechtfertigen, wenn im früheren Verfahren eine Kostenstundung versagt wird, weil ein Versagungsgrund nach § 290 Abs. 1 Nr. 5 InsO zweifelsfrei gegeben ist (BT-Drucks. 17/11268 S. 25). **51**

Eine **Anpassung der Sperrfristrechtsprechung in Altverfahren** an die neue Rechtslage und die veränderten Sperren des § 287a Abs. 2 Satz 1 InsO hat der *BGH* für die Zeit vor dem Inkrafttreten der gesetzlichen Neuregelung abgelehnt (*BGH* NZI 2013, 846 Rn. 15, m. Anm. *Schädlich*; NZI 2014, 416 Rn. 11, m. insoweit zust. Anm. *Heicke*). Wegen der methodischen Verankerung der Sperrfristrechtsprechung in einem nicht verabschiedetem Gesetzentwurf (*BGH* BGHZ 183, 13 Rn. 16), wäre die Vorberücksichtigung eines verabschiedeten Gesetzentwurfs allzu folgerichtig. Da jedoch die argumentative Herleitung durch den *BGH* nicht überzeugt (s. § 287 Rdn. 84), sollte jetzt nicht die Argumentation aufgegriffen werden, um die Sperrfristjudikatur einzuschränken. Dementsprechend ist auch nach dem 01.07.2014 und dem Inkrafttreten des Gesetzes der Judikatur nicht durch eine neue Erwägung die Grundlage entzogen (*Ahrens* Das neue Privatinsolvenzrecht, Rn. 669; *Kübler/Prütting/Bork-Wenzel* InsO, § 287a Rn. 1; **a.A.** *AG Göttingen* NZI 2014, 910; *Blankenburg* ZInsO 2015, 130 [132]). **52**

IV. Erweiterung von § 287a Abs. 2 Satz 1 InsO

Nicht kodifizierte Verfahrenssperren sind nach der grundlegenden Entscheidung des *BGH* vom 04.05.2017 in aller Regel **unzulässig** (*BGH* NZI 2017, 627 Tz. 11 ff. m. Anm. *Ahrens*; eingehend **53**

Möhring ZVI 2017, 289; abl. *Pape/Pape* ZInsO 2017, 1513 [1523 f.]). Der *BGH* hat dies zwar ausdrücklich nur für die Fallgruppe entschieden, bei der im Erstverfahren die Kostenstundung wegen verletzter Mitwirkungspflichten aufgehoben und anschließend das Insolvenzverfahren mangels Masse eingestellt wurde (a.A. *Frind* Praxishandbuch Privatinsolvenz, Rn. 146). In diesem Fall ist unmittelbar im Anschluss an das Erstverfahren eine erneute Antragstellung zulässig. Es handelt sich aber um einen Grundsatzbeschluss, in dem die Leitlinien dafür abgesteckt werden, wie die anderen Fälle der Sperrfristjudikatur zu behandeln sind. Spielraum für Verfahrenssperren besteht danach praktisch nicht.

54 Einer Erweiterung der Sperrfristen über die gesetzlich geregelten Fälle hinaus in den ab dem 01.07.2014 beantragten **Neuverfahren** steht bereits auf den ersten Blick die autonome Regelung der Verfahrenssperren in § 287a Abs. 2 Satz 1 InsO entgegen. Sonst müsste der klare Gesetzeswortlaut überwunden werden, der keinen Hinweis auf eine mögliche Erweiterung zulässt. Wer von dem Gesetzestext abweichen will, muss die Notwendigkeit in Gestalt einer Gesetzeslücke und die Möglichkeit einer entsprechenden Anwendung aufgrund einer vergleichbaren Interessenlage begründen. Beides dürfte nicht gelingen. Aufgrund der gesetzlichen Regelung kommt allenfalls eine Analogie in Betracht, doch darf gerade nicht jedes Schweigen des Gesetzgebers als planwidrige Lücke durch eine Analogie aufgefüllt werden (*BGH* NZI 2017, 627 Tz. 14 m. Anm. *Ahrens*).

55 **Ausdrücklich abgelehnt** werden Sperren in den Materialien für zahlreiche Konstellationen (BT-Drucks. 17/11268 S. 25). In Kenntnis der Sperrfristrechtsprechung wird bereits damit eine umfassende Analogiefähigkeit ausgeschlossen (*BGH* NZI 2017, 627 Tz. 15; a.A. *Frind* Praxishandbuch Privatinsolvenz, Rn. 157a). Ausgeschlossen werden Sperrfristen in den Fällen des **§ 298 Abs. 1 InsO** (*LG Baden-Baden* NZI 2016, 91; *AG Göttingen* ZInsO 2016, 2268; *AG Ludwigshafen* ZInsO 2016, 1335, aber Ablehnung der Kostenstundung im Zweitverfahren; *Kübler/Prütting/Bork-Wenzel* InsO, § 287a Rn. 19; *Frind* Praxishandbuch Privatinsolvenz, Rn. 157a; *Hess/Groß/Reill-Ruppe/Roth* Kap. 4 Rn. 106; *Pape/Pape* ZInsO 2015, 1869 [1880]; a.A. *Uhlenbruck/Sternal* InsO, § 287a Rn. 37 f.), des **§ 290 Abs. 1 Nr. 1, 2 und 4 InsO**, eines vorhergehend als **unzulässig verworfenen Restschuldbefreiungsantrags** (a.A. *Frind* Praxishandbuch Privatinsolvenz, Rn. 145, aber Rn. 157a), eines im vorhergehenden Verfahren **unterlassenen Restschuldbefreiungsantrags** sowie, wenn im früheren Verfahren eine **Kostenstundung versagt** wird, weil ein Versagungsgrund nach § 290 Abs. 1 Nr. 5 InsO zweifelsfrei gegeben sei (BT-Drucks. 17/11268 S. 25; *AG Aachen* NZI 2017, 114; *Uhlenbruck/Sternal* InsO, § 287a Rn. 32, 34 ff.). Auch eine **Rücknahme des Restschuldbefreiungsantrags** nach § 287a Abs. 2 Satz 2 InsO begründet danach keine Verfahrensschranke (BT-Drucks. 17/11268 S. 25). Bei diesen in den Materialien gewürdigten, aber gesetzlich nicht gesperrten Fallgruppen ist eine Sperre unzulässig (*Möhring* ZVI 2017, 289 [294]; *Ahrens* NZI 2017, 629 [630]).

56 Manche **andere Konstellationen**, in denen der *BGH* eine Sperre bejaht hat, sind in den Materialien nicht erwähnt. Es handelt sich um Fallgestaltungen, in denen eine Kostenstundung nicht erreichbar war und insbesondere die Rücknahmefiktion aus § 305 Abs. 3 Satz 2 InsO (*Möhring* ZVI 2017, 289 [291 f.]). Insbesondere in diesen Konstellationen erscheint es nicht von vornherein ausgeschlossen, dass eine Erweiterung der Sperrfristregelung möglich ist (*Ahrens* Das neue Privatinsolvenzrecht, Rn. 674 ff.).

57 Jenseits dieser in den Materialien genannten Fallgruppen spricht **gegen eine Erweiterungsmöglichkeit** bereits die enge legislatorische Beschränkung der Sperre auf missbräuchlich wiederholte Restschuldbefreiungsverfahren (BT-Drucks. 17/11268 S. 25). Nach der ausdrücklichen Positionierung des *BGH* wollte der Gesetzgeber Sperrfristen nur insoweit anordnen, wie der Schuldner zuvor Auskunfts- und Mitwirkungspflichten verletzt, unzutreffende Angaben gemacht oder Obliegenheiten nicht beachtet hat und ihm deshalb auf Gläubigerantrag die Restschuldbefreiung versagt wurde (*BGH* NZI 2017, 627 Tz. 12 m. Anm. *Ahrens*). In anderen Fällen vorhergehenden Fehlverhaltens des Schuldners seien keine Sperrfristen vorzusehen (BT-Drucks. 17/11268 S. 25; ebenso *Schmidt* ZVI 2014, 211 [213]).

Diese legislatorische Dezision hindert Sperren jedenfalls bei **niedrigschwelligen Verstößen** und **Verfahrensverzögerungen** sowie Verstößen, die den gesetzlich geregelten oder in den Materialien erwähnten Fallgruppen entsprechen (*BGH* NZI 2017, 627 Tz. 15). Einem nachlässigen, aber sonst nicht gegen die Gläubigerinteressen verstoßenden Schuldner solle eine alsbaldige Restschuldbefreiung nicht versagt werden können. Das eng geführte gesetzliche Sperrfristmodell darf nicht erweitert werden (*AG Hannover* ZInsO 2015, 368; *AG Göttingen* NZI 2016, 847; NZI 2016, 849; *Ahrens* Das neue Privatinsolvenzrecht, Rn. 674 ff.; *Graf-Schlicker/Kexel* InsO, § 287a Rn. 16 f.; *Gottwald/Ahrens* HdbInsR, § 77 Rn. 125; *Schmerbach/Semmelbeck* NZI 2014, 547 [549]; *Waltenberger* ZInsO 2013, 1458 [1460]; *Strüder* VIA 2014, 73 [74]; s.a. *Reck/Köster/Wathling* ZVI 2016, 1 f., 8; i.E. auch *Pape* ZInsO 2017, 565 [570]; aber *Kübler/Prütting/Bork-Wenzel* InsO, § 287a Rn. 15), zumal es auch in einem konzeptionellen Zusammenhang mit anderen eng gefassten Schranken gegenüber einer Restschuldbefreiung steht. 58

Bei **verfahrensrechtlichen Versäumnissen** tritt keine Sperre ein (vgl. *BGH* NZI 2017, 627 Tz. 13 m. Anm. *Ahrens*). Dies betrifft etwa die unterlassene Umstellung von einem Regel- auf ein Verbraucherinsolvenzverfahren (*Streck* ZVI 2014, 205 [207]), die fehlende Anschließung an einen Gläubigerantrag oder die Versäumung einer vom Insolvenzgericht nach § 287 Abs. 1 Satz 2 InsO gesetzten Frist. In einem obiter dictum zu einer zum alten Recht ergangenen Entscheidung hat der *BGH* ausgeführt, nach neuem Recht spreche viel dafür, im Fall des **§ 305 Abs. 3 Satz 2 InsO** keine Sperre anzunehmen (*BGH* NZI 2014, 1017 Tz. 19; i.E. ebenso *Blankenburg* ZInsO 2015, 130 [132 ff.]; BeckOK InsO/*Riedel* § 287 InsO Rn. 6; *Frind* Praxishandbuch Privatinsolvenz, Rn. 151; *Möhring* ZVI 2017, 289 [294 f.]). Auch im Fall der Rücknahmefiktion des § 305 Abs. 3 Satz 2 InsO liegt lediglich ein Versäumnis und kein Missbrauch vor. Auch eine frühere Einstellung nach § 207 InsO begründet keine Sperre (*AG Göttingen* NZI 2015, 946). 59

Die **Rücknahme des Restschuldbefreiungsantrags** vor einem möglichen Versagungsantrag beinhaltet grds. kein verfahrenswidriges Verhalten und ist auch nicht rechtsmissbräuchlich (*Mohrbutter/Ringstmeier-Pape* § 17 Rn. 62; **a.A.** *Frind* Praxishandbuch Privatinsolvenz, Rn. 147; *Möhring* ZVI 2017, 289 [295]). Dies gilt selbst dann, wenn der Schuldner in der Treuhandperiode seine Mitwirkungsobliegenheit verletzt hat (*AG Göttingen* NZI 2016, 847; **a.A.** HambK-InsO/*Streck* § 287a Rn. 10; *AG Fürth* ZInsO 2016, 290 m. Anm. *Laroche*; *AG Dortmund* NZI 2016, 745; NZI 2016, 957), denn die Insolvenzgläubiger können darauf gestützt einen Versagungsantrag stellen und die Sperrwirkung herbeiführen. Auch eine Rücknahme des Erstantrags und ein erneuter Insolvenz- und Restschuldbefreiungsantrag wegen neuer Verbindlichkeiten aus einem Geschäftsbetrieb ist grds. nicht gesperrt (*Möhring* ZVI 2017, 289 [295]; *May* VIA 2017, 55). Die Lösung ist unter entsprechender Anwendung von § 269 ZPO zu finden (§ 287 Rdn. 104 ff.). 60

Ist ein **zulässiger Versagungsantrag** von einem Gläubiger gestellt und erörtert, scheidet eine Antragsrücknahme durch den Schuldner nach Maßgabe von § 4 InsO i.V.m. der entsprechend anzuwendenden Vorschrift des § 269 ZPO ohne Einwilligung des Gläubigers aus. § 269 Abs. 1 ZPO stellt dafür auf den Beginn der mündlichen Verhandlung zur Hauptsache ab, der durch die Antragstellung markiert ist, § 137 Abs. 1 ZPO (*Ahrens* ZInsO 2017, 193 [200]; s. § 287 Rdn. 109). Dem entspricht der Antrag auf Versagung der Restschuldbefreiung. Einer Sperre in einem Zweitverfahren wegen missbräuchlicher Rücknahme des Restschuldbefreiungsantrags im Erstverfahren bedarf es daher nicht (*AG Göttingen* NZI 2017, 401; *Ahrens* Das neue Privatinsolvenzrecht, Rn. 675; *Pape* ZInsO 2017, 565 [571]; **a.A.** *Pape/Pape* ZInsO 2015, 1869 [1877]; *Siebert* VIA 2016, 9 [10]). 61

Nicht mit dieser Gestaltung zu vergleichen ist dagegen die Situation in den seltenen Fällen eines **Widerrufs nach § 303 Abs. 1 InsO**. In allen Widerrufsfällen werden zumindest die gleichen, teilweise, wie bei § 303 Abs. 1 Nr. 1 InsO, sogar noch höhere Anforderungen als in den Sperrfristfällen gestellt. Trotz dieser vergleichbaren Wertung wird eine Sperre wegen der bereits absolvierten Verfahrensdauer auszuschließen sein (*Ahrens* Das neue Privatinsolvenzrecht, Rn. 677; **a.A.** *Kübler/Prütting/Bork-Wenzel* InsO, § 287a Rn. 22; *Uhlenbruck/Sternal* InsO, § 287a Rn. 39; *Möhring* ZVI 2017, 289 [296]). 62

63 Insgesamt gesehen **führt § 287a Abs. 2 Satz 1 InsO die Sperrfristgründe abschließend auf** (im Ergebnis *BGH* NZI 2017, 627 Tz. 11 ff. m. Anm. *Ahrens*; außerdem *AG Göttingen* NZI 2014, 1056; NZI 2015, 946; *AG Hannover* ZInsO 2015, 368; MüKo-InsO/*Stephan* § 287a (neu) Rn. 18; HK-InsO/*Waltenberger* § 287a Rn. 9; *Graf-Schlicker/Kexel* InsO, § 287a Rn. 16 f.; *Schmerbach/Semmelbeck* NZI 2014, 547 [549]; *Waltenberger* ZInsO 2013, 1458 [1460]; *Strüder* VIA 2014, 73 [74]; *Reck/Köster* ZVI 2014, 325 [331]; *Ahrens* NJW-Spezial 2015, 725; *Voß* VIA 2014, 91 [92]; *Wipperfürth* VIA 2014, 94 [95]; *Reck/Köster/Wathling* ZVI 2016, 1 f., 8; *Schmidt* ZVI 2016, 45; **a.A.** HambK-InsO/*Streck* § 287a Rn. 10; s.a. *Hess/Groß/Reill-Ruppe/Roth* Kap. 4 Rn. 104; Rdn. 54).

64 Eine konsequente und systematische Rechtsanwendung muss dieses Ergebnis auch im Rahmen der **Kostenstundung** berücksichtigen (*BGH* NZI 2017, 627 Tz. 11 ff. m. Anm. *Ahrens*; *Möhring* ZVI 2017, 289 [293]). Obwohl das Restschuldbefreiungsverfahren nicht nach § 287a Abs. 2 Satz 1 InsO gesperrt ist, könnte sonst über eine versagte Kostenstundung der Verfahrenszugang blockiert werden (A/G/R-*Ahrens* § 4a Rn. 50; *ders.* Das neue Privatinsolvenzrecht, Rn. 259 f.), was weder dem gesetzlichen Ziel entspricht noch erforderlich ist (*Schmidt* ZVI 2016, 45 [46]).

E. Verfahren

I. Prüfungsintensität

65 Sachentscheidungsvoraussetzungen sind nach allgemeinen zivilverfahrensrechtlichen Grundsätzen **von Amts wegen** zu prüfen (*Stein/Jonas-Brehm* ZPO, vor § 1 Rn. 254; PG-*Prütting* Einl. Rn. 13). Zweifel sind von Amts wegen aufzuklären (*BGH* BGHZ 143, 122 [124]), doch findet keine Untersuchung von Amts wegen statt (*Rosenberg/Schwab/Gottwald* Zivilprozessrecht, § 93 Rn. 35). Diese Grundsätze gelten prinzipiell auch für die Prüfung der Sachentscheidungsvoraussetzungen im Rahmen der Eingangsentscheidung (vgl. bereits *BGH* NZI 2014, 416 Rn. 7; *Kübler/Prütting/Bork-Wenzel* InsO, § 287a Rn. 7). Zu beachten sind aber die gleichen Differenzierungen, wie im Zulassungsverfahren über den Insolvenzantrag (A/G/R-*Ahrens* § 5 InsO Rn. 13 ff.). Für die Sperrfristgründe gelten aber die Anforderungen und Schranken einer Prüfung von Amts wegen (*Ahrens* Das neue Privatinsolvenzrecht, Rn. 689).

66 Im **Verbraucherinsolvenzverfahren** ist das Gericht auf eine Vollständigkeitsprüfung der Formulare beschränkt, § 305 Abs. 3 Satz 2 InsO. Dies schließt es nicht aus, zu einem anderen Zeitpunkt die Sachentscheidungsvoraussetzungen von Amts wegen zu prüfen.

67 Ein sichtbarer Kontrast besteht zu den Anforderungen im **Kostenstundungsverfahren**. Einerseits werden im Stundungsverfahren voraussichtlich weiterhin die offensichtlich vorliegenden Versagungsgründe berücksichtigt, während die Restschuldbefreiung nur bei den in § 287 Abs. 2 Satz 1 InsO genannten Gründen gesperrt ist (vgl. *Schmerbach* NZI 2012, 689 [691]). Andererseits ist die Zulässigkeit des Restschuldbefreiungsantrags von Amts wegen zu prüfen, während die Prüfung der Kostenstundung an den summarischen Charakter des Verfahrens anzupassen und auf leicht feststellbare und für den Schuldner offensichtliche Tatsachen zu beschränken ist (*BGH* NZI 2006, 712 Tz. 7; s. *Kohte* § 4a Rdn. 20; A/G/R-*Ahrens* § 4a Rn. 57). Während die Stundungsvoraussetzungen breiter, aber summarisch geprüft werden, erfolgt dies bei den Sperrfristvoraussetzungen auf engerer Basis aber nach den Maßstäben einer amtswegigen Prüfung.

II. Anhörung

68 Eine Anhörung der **Insolvenzgläubiger** im Rahmen der Eingangsentscheidung ist weder ausdrücklich vorgesehen noch regelmäßig erforderlich. Da bis zum Entscheidungszeitpunkt noch keine Forderungsanmeldung erfolgt ist, steht noch nicht fest, wer als Gläubiger verfahrensbeteiligt sein kann, weswegen die Gläubiger noch keine Beteiligten sind (*Ahrens* Das neue Privatinsolvenzrecht, Rn. 697; MüKo-InsO/*Stephan* § 287a (neu) Rn. 11; HK-InsO/*Waltenberger* § 287a Rn. 5; *Kübler/Prütting/Bork-Wenzel* InsO, § 287a Rn. 2, 7; *Uhlenbruck/Sternal* InsO, § 287a Rn. 11; *Graf-Schlicker/Kexel* InsO, § 287a Rn. 4). Wenig überzeugend ist die in den Materialien formulierte Vorstellung, durch die Eingangsentscheidung seien spätere Einwendungen der Gläubiger nicht präkludiert (BT-

Drucks. 17/11268 S. 24). Die späteren Einwendungsmöglichkeiten können nicht mehr die rechtskräftig festgestellten fehlenden Sperrfristgründe betreffen. Dennoch ist ihre Anhörung allenfalls im Einzelfall geboten, um das rechtliche Gehör zu wahren. Da die Entscheidung über die Zulässigkeit eines Restschuldbefreiungsantrags regelmäßig noch keine Rechte der Insolvenzgläubiger berührt, wird dies die Ausnahme bleiben.

Auch eine Anhörung des **vorläufigen Insolvenzverwalters** ist nicht vorgesehen, weil er kaum aus eigener Erkenntnis über Sachentscheidungsvoraussetzungen berichten kann. Zur Anhörung des Schuldners s. Rdn. 70 ff. 69

III. Antragsrücknahme, § 287 Abs. 2 Satz 2 InsO

Bei einer **fehlenden Sachentscheidungsvoraussetzung**, hat das Insolvenzgericht den Schuldner anzuhören und ihm Gelegenheit zu geben, den Insolvenzeröffnungsantrag vor der Eingangsentscheidung zurückzunehmen. Dadurch sollen der Aufwand und die Kosten eines für den Schuldner überflüssigen Insolvenzverfahrens vermieden werden können. Telos ist neben der Kostenersparnis eine Verfahrensvereinfachung (K. Schmidt/*Henning* InsO, § 287a n.F. Rn. 11). 70

Der **sachliche Anwendungsbereich** des Rücknahmerechts ist bei jeder Verwerfung des Restschuldbefreiungsantrags als unzulässig eröffnet. Nach dem Gesetzestext von § 287 Abs. 2 Satz 2 InsO besteht für den Schuldner »in diesen Fällen« und damit offenbar in den Sperrfristfällen von § 287 Abs. 2 Satz 1 InsO die Rücknahmemöglichkeit. Für diese Auslegung sprechen gerade die systematische Stellung und die Aufzählung bestimmter Fallgruppen in § 287 Abs. 2 Satz 1 InsO. Außerdem stellen die Gesetzesmaterialien auf eine Versagung bzw. Erteilung der Restschuldbefreiung in einem früheren Verfahren ab (BT-Drucks. 17/11268 S. 25). Dennoch ist in den übrigen Konstellationen eines unzulässigen Restschuldbefreiungsantrags der Hinweis aus § 287 Abs. 2 Satz 1 InsO geboten. Die gleichen Gründe, wie in den Sperrfristfällen, sprechen hier für einen gesetzlichen Hinweis, die Anhörung und ein Rücknahmerecht (*Uhlenbruck/Sternal* InsO, § 287a Rn. 16). 71

Erforderlich sind **zwei gerichtliche Hinweise** und **zwei Fristsetzungen**. Zunächst muss das Gericht auf Zweifel an der Zulässigkeit des Restschuldbefreiungsantrags hinweisen und den Schuldner unter Fristsetzung auffordern, die Mängel zu beseitigen. Dabei handelt es sich um eine Konsequenz der amtswegigen Prüfung und der gerichtlichen Fürsorgepflicht. Nach Ablauf dieser Frist hat der gerichtliche Hinweis auf das Rücknahmerecht zu erfolgen. Der Hinweis ist erst vorgesehen, wenn nach der amtswegigen Prüfung nicht ausgeräumte, beachtliche Zweifel an der Zulässigkeit des Restschuldbefreiungsantrags bestehen. Das Gericht darf beide Hinweise in einem Schreiben geben und dort auch zwei Fristen setzen, doch ist die Trennung zwischen dem aus § 4 InsO i.V.m. § 139 ZPO erforderlichen Hinweis und dem nach § 287a Abs. 2 Satz 2 InsO zu beachten. 72

Da der Insolvenzantrag nur bis zur Eröffnung des Insolvenzverfahrens oder der Abweisung des Eröffnungsantrags zurückgenommen werden kann, § 13 Abs. 2 InsO, muss der Hinweis nach § 287a Abs. 2 Satz 2 InsO rechtzeitig **vor dem Eröffnungsbeschluss** erfolgen. Dafür ist dem Schuldner eine richterliche Frist von regelmäßig zwei bis vier Wochen zu setzen. Unterbleibt der Hinweis, ist eine ergangene Verwerfungsentscheidung fehlerhaft, aber nicht nichtig. War die Frist zur Einlegung der sofortigen Beschwerde bereits abgelaufen, muss dem Schuldner Wiedereinsetzung in den vorigen Stand gewährt werden, § 4 InsO i.V.m. den §§ 233, 569 Abs. 1 Satz 1 ZPO. 73

Als **Rechtsfolge** eröffnet die Regelung eine Möglichkeit zur Rücknahme des Eröffnungsantrags. Dann wäre der Restschuldbefreiungsantrag als unzulässig zu verwerfen. § 287a Abs. 2 Satz 2 InsO schränkt daher nicht das Recht ein, den Restschuldbefreiungsantrag zurückzunehmen. Deswegen ist dem Schuldner zusätzlich Gelegenheit zu geben, seinen Restschuldbefreiungsantrag zurückzunehmen (*Ahrens* Das neue Privatinsolvenzrecht, Rn. 705), worauf die Materialien ausdrücklich hinweisen (BT-Drucks. 17/11268 S. 25; *Frind* Praxishandbuch Privatinsolvenz, Rn. 303). 74

IV. Sonstiges

75 Für die Eingangsentscheidung ist der **Richter funktionell zuständig**. Da die Eingangsentscheidung spätestens mit dem Eröffnungsbeschluss zu ergehen hat, ist sie dem Richter vorbehalten, § 18 Abs. 1 Nr. 3 RPflG (ab dem 21.04.2018 § 18 Abs. 1 Nr. 4 RPflG, BGBl. I 2017 S. 866) (MüKo-InsO/*Stephan* § 287a (neu) Rn. 9; HK-InsO/*Waltenberger* § 287a Rn. 2).

76 Im Verfahren über die Eingangsentscheidung gelten grds. die allgemeinen insolvenzrechtlichen Regeln. Soweit danach das Insolvenzverfahren schriftlich durchzuführen ist, gilt dies auch für das Verfahren über die Eingangsentscheidung (MüKo-InsO/*Stephan* § 287a (neu) Rn. 17).

F. Die Eingangsentscheidung

I. Grundlagen

77 In **jedem Restschuldbefreiungsverfahren** muss eine Eingangsentscheidung erfolgen, also auch wenn der Restschuldbefreiungsantrag zulässig ist. Diese Konsequenz folgt aus der gesetzlichen Regelung des § 287a Abs. 1 Satz 1 InsO, wonach gerade auch bei einem zulässigen Restschuldbefreiungsantrag ein Beschluss zu ergehen hat und entspricht den in den Materialien artikulierten Vorstellungen (BT-Drucks. 17/11268 S. 24). Bei dieser Entscheidung steht dem Gericht kein Ermessen zu. Ist der Restschuldbefreiungsantrag unter die wirksame Bedingung einer Kostenstundung gestellt worden, die nicht bewilligt wird, soll keine Restschuldbefreiung wirksam beantragt und keine Eingangsentscheidung erforderlich sein (*AG Göttingen* NZI 2015, 771 = VIA 2015, 62 m. Anm. *Laroche*). Dies erscheint eher fraglich.

78 Der **Entscheidungszeitpunkt** ist gesetzlich nicht ausdrücklich festgelegt. Regelmäßig wird die Entscheidung zusammen mit dem Eröffnungsbeschluss ergehen (*Uhlenbruck/Sternal* InsO, § 287a Rn. 9). Zulässig ist eine frühere Entscheidung (*Kübler/Prütting/Bork-Wenzel* InsO, § 287a Rn. 1), soweit zuvor der Hinweis unter Fristsetzung erfolgt ist. Liegen die Voraussetzungen der Eingangsentscheidung nicht vor, weil noch einzelne Punkte zu klären sind, dann darf kein Hinweis nach § 287 Abs. 2 Satz 2 InsO erfolgen. In diesem Fall kann auch kein Eröffnungsbeschluss ergehen. Erforderlich sein kann aber auch eine nachträgliche Entscheidung (s. Rdn. 86; offengelassen vom Anwaltssenat des *BGH* NJW 2017, 1181 m. Anm. *Ahrens*). Maßgebend ist der Erlass, nicht die Rechtskraft des Beschlusses. Das Insolvenzverfahren kann auch dann eröffnet werden, wenn die Eingangsentscheidung angefochten wird.

II. Entscheidungsalternativen

79 Liegt ein **zulässiger Antrag** auf Erteilung der Restschuldbefreiung vor, muss das Insolvenzgericht durch Beschluss positiv feststellen (*Blankenburg* ZInsO 2014, 801 [803]), dass der Schuldner Restschuldbefreiung erlangt, wenn er den Obliegenheiten aus § 295 InsO nachkommt und die Voraussetzungen für eine Versagung nach den §§ 290, 297–298 InsO nicht vorliegen. Regelmäßig muss das Gericht ausdrücklich die Zulässigkeit des Restschuldbefreiungsantrags feststellen. Der Treuhänder für das Restschuldbefreiungsverfahren ist noch nicht zu ernennen, wie aus § 288 Satz 2 InsO folgt.

80 Ist der **Restschuldbefreiungsantrag unzulässig**, weil eine Sachentscheidungsvoraussetzung fehlt, hat das Insolvenzgericht den Schuldner darauf aufmerksam zu machen und eine Frist zur Beseitigung des Mangels zu setzen. Außerdem ist der Schuldner unter Fristsetzung auf das Rücknahmerecht hinzuweisen (Rdn. 70). Das Gericht muss den Antrag verwerfen, wenn danach der Mangel nicht behoben bzw. der Antrag nicht zurückgenommen wird. In diesem Fall ist eine Rechtsbehelfsbelehrung nach § 4 InsO i.V.m. § 232 ZPO erforderlich. Hat das Insolvenzgericht einen Restschuldbefreiungsantrag **irrtümlich** für **zulässig** erklärt, obwohl ein Sperrfristgrund vorliegt, soll das Insolvenzgericht seine Entscheidung bis zum Ablauf der Beschwerdefrist aufheben können (*AG Köln* ZInsO 2016, 1334; grds. zur Aufhebung *BGH* NZI 2006, 599). Gegen die Entscheidung ist jedoch allein der Schuldner beschwerdeberechtigt, § 287a Abs. 1 Satz 3 InsO. Eine Aufhebung dieser allein durch

den Schuldner anfechtbaren Entscheidung zu dessen Nachteil verstößt gegen das Verbot der reformatio in peius (*BGH* NZI 2006, 599) bzw. den erforderlichen Vertrauensschutz. Sonst würde sich das zugunsten des Schuldners eröffnete Beschwerderecht zu seinen Lasten auswirken. Ist der Eröffnungsbeschluss rechtskräftig, könnte der Schuldner den Eröffnungsantrag nicht zurücknehmen.

III. Hinweis auf die weiteren Anforderungen, § 287a Abs. 1 Satz 1 InsO

Ist der **Restschuldbefreiungsantrag zulässig**, muss das Insolvenzgericht den Schuldner darauf hinweisen, dass er die Restschuldbefreiung erlangt, wenn er den Obliegenheiten aus § 295 InsO nachkommt und die Voraussetzungen für eine Versagung nach den §§ 290, 297–298 InsO nicht vorliegen (ausf. *Ahrens* Das neue Privatinsolvenzrecht, Rn. 725 ff.). In das relativ schlichte, weitgehend aus § 291 Abs. 1 InsO übernommene und damit vielleicht etwas kurz gedachte gesetzliche Modell, fügt sich dieser Hinweis auf einige an den Schuldner gerichteten Anforderungen ein. Damit erfolgt eine nicht ganz wortlautgetreue, sondern geringfügig ergänzte und vielleicht auch etwas modifizierte Übernahme des bisher in § 291 Abs. 1 InsO geregelten Hinweises. Dabei fehlt auch ein Hinweis auf die Verfahrensobliegenheiten aus § 296 Abs. 2 InsO (*Gottwald/Ahrens* HdbInsR, § 77 Rn. 115). 81

Aufgeführt werden damit einige für die **Begründetheit** des Restschuldbefreiungsantrags wesentliche Voraussetzungen. Für die Zulässigkeit des Restschuldbefreiungsantrags besitzt der Hinweis keine konstitutive Bedeutung. Die Eingangsentscheidung ist deswegen auch ohne diesen Hinweis wirksam (*Ahrens* Das neue Privatinsolvenzrecht, Rn. 726). Die verfahrensbezogenen Obliegenheiten aus § 296 Abs. 2 InsO werden in § 287a Abs. 1 Satz 1 InsO nicht erwähnt. Dies entspricht der früheren Regelung, wonach diese Obliegenheiten den angeführten Versagungsgründen gleichzustellen sind (vgl. MüKo-InsO/*Stephan* § 291 Rn. 13; *Gottwald/Ahrens* HdbInsR, § 77 Rn. 99). Es darf keine Vorprüfung möglicher Versagungsgründe erfolgen (Rdn. 14). 82

IV. Entscheidungswirkungen

Die Eingangsentscheidung ergeht durch Beschluss und führt zu einer **Bindung des Insolvenzgerichts** gem. § 4 InsO i.V.m. den entsprechend anzuwendenden Bestimmungen der §§ 329, 318 ZPO (zum Prüfungszeitpunkt s. Rdn. 27). Als Beschluss ist sie der **Rechtskraft** fähig, weil sie formell rechtskräftig und damit unabänderlich sowie für das weitere Verfahren maßgeblich sein kann (MüKo-ZPO/*Musielak/Voit* § 329 Rn. 12). Verwirft das Gericht den **Restschuldbefreiungsantrag** als **unzulässig**, besteht über den entschiedenen Punkt eine Rechtskraftbindung. Diese Bindungswirkung entfällt, wenn sich insoweit die Voraussetzungen ändern. Wurde der Restschuldbefreiungsantrag nach § 287a Abs. 2 Satz 1 Nr. 2 InsO verworfen, weil von der dreijährigen Sperrfrist erst zwei Jahre verstrichen sind, ist nach Ablauf eines weiteren Jahres ein erneuter Restschuldbefreiungsantrag weder aufgrund der Sperrfrist noch der Rechtskraftwirkung unzulässig (*Ahrens* Das neue Privatinsolvenzrecht, Rn. 735). Bei einem **zulässigen Restschuldbefreiungsantrag** können infolge der Rechtskraftwirkung der Eingangsentscheidung allein berücksichtigungsfähige nachträgliche Änderungen bei den Sachentscheidungsvoraussetzungen zu einer nachträglichen Verwerfung des Restschuldbefreiungsantrags führen. Dies wird nur ausnahmsweise in Betracht kommen, wenn nachträglich Sachentscheidungsvoraussetzungen entfallen (a.A. *Busching/Klersy* ZInsO 2015, 1601, die eine Zulässigkeit nur bei der Antragstellung verlangen). Ergeht die Eingangsentscheidung vor dem Eröffnungsbeschluss und wird danach der Insolvenzeröffnungsantrag des Schuldners wirksam zurückgenommen, kann der Restschuldbefreiungsantrag als unzulässig verworfen werden (*Ahrens* Das neue Privatinsolvenzrecht, Rn. 735). 83

Eine **fehlerhafte Eingangsentscheidung** unterliegt dagegen grds. der Rechtskraftbindung. Eine Ausnahme besteht bei einem nichtigen Beschluss. Nimmt das Insolvenzgericht einen zulässigen Restschuldbefreiungsantrag an, obwohl eine Sperrfrist besteht, bindet dieser fehlerhafte, aber nicht unwirksame Beschluss. Hat der Schuldner eine unzutreffende Erklärung nach § 287 Abs. 2 Satz 3 InsO abgegeben, kann ihm ggf. nach § 290 Abs. 1 Nr. 6 InsO auf Antrag die Restschuldbefreiung versagt werden. Soweit die Vorwirkungsrechtsprechung angewendet wird, kann auch die Kostenstundung aufgehoben werden. 84

85 Wenig deutlich ist das Verhältnis zwischen dem **Eröffnungsbeschluss** und der **Eingangsentscheidung**. Für das bisherige Recht hat der *BGH* die Selbständigkeit von Insolvenz- und Restschuldbefreiungsverfahren betont. Mit der Eröffnung des Insolvenzverfahrens trifft danach das Insolvenzgericht keine der Rechtskraft fähige Entscheidung über die Zulässigkeit des Antrags auf Restschuldbefreiung (*BGH* NZI 2011, 544 Tz. 5; NZI 2014, 416 Rn. 7; A/G/R-*Fischer* § 287 InsO, 2. Aufl., Rn. 8). Eine gleichzeitige Entscheidung ist wenig problematisch. Soweit die Eingangsentscheidung vor dem Eröffnungsbeschluss ergeht, erfasst ihre Rechtskraftwirkung den Eröffnungsbeschluss, sofern dort über identische Punkte zu befinden ist.

86 **Unterbleibt die Eingangsentscheidung** und eröffnet das Insolvenzgericht dennoch das Insolvenzverfahren, muss die Eingangsentscheidung über einen zulässigen Restschuldbefreiungsantrag im eröffneten Verfahren nachgeholt werden (ebenso *Uhlenbruck/Sternal* InsO, § 287a Rn. 9). Gebunden ist das Insolvenzgericht durch die im Eröffnungsbeschluss bejahten, unverändert bestehenden Sachentscheidungsvoraussetzungen für das Insolvenzverfahren (*Ahrens* NJW-Spezial 2016, 341 [342]). Gegenstand der Eingangsentscheidung sind die Sachentscheidungsvoraussetzungen des Restschuldbefreiungsverfahrens, die, wie allgemein (*BGHZ* 125, 196 [200]), in jeder Lage des Verfahrens zu prüfen sind. Nicht zu diesen Sachentscheidungsvoraussetzungen gehört eine Vorprüfung möglicher Versagungsgründe (s. Rdn. 14 f.). Die Entscheidung ergeht durch den Richter (*Ahrens* Das neue Privatinsolvenzrecht, Rn. 707). Eine Rücknahme des Insolvenzantrags ist ausgeschlossen, sei es weil es sich um einen Gläubigerantrag handelt, sei es wegen § 13 Abs. 2 InsO (*Ahrens* NJW-Spezial 2016, 341 [342]).

V. Bekanntmachung, Abs. 1 Satz 2

87 Der Beschluss ist nach § 287 Abs. 1 Satz 2 InsO gem. § 9 InsO **öffentlich bekannt zu machen**. Diese Bekanntmachungspflicht besteht in jedem Fall, also unabhängig davon, ob der Restschuldbefreiungsantrag für zulässig erklärt oder als unzulässig verworfen wird (*Blankenburg* ZInsO 2014, 801 [804 f.]; **a.A.** *Kübler/Prütting/Bork-Wenzel* InsO, § 287a Rn. 4, nur bei Zulässigkeit).

88 Wird der Antrag auf Restschuldbefreiung verworfen, muss eine **Zustellung** der Eingangsentscheidung an den Schuldner erfolgen, § 4 InsO i.V.m. § 329 Abs. 3 ZPO (MüKo-InsO/*Stephan* § 287a (neu) Rn. 26). Die öffentliche Bekanntmachung ersetzt allerdings die Zustellung, § 9 Abs. 3 InsO.

VI. Sofortige Beschwerde, Abs. 1 Satz 3

89 Gegen den Beschluss, mit dem der Restschuldbefreiungsantrag als unzulässig verworfen wird, steht dem **Schuldner** die sofortige Beschwerde zu, § 287a Abs. 1 Satz 3 InsO (zur amtswegigen Aufhebung Rdn. 80). Gegen eine Abweisung des Antrags als unbegründet ist nicht diese sofortige Beschwerde, sondern das dafür vorgesehenen Rechtsmittel einzulegen, etwa nach § 300 Abs. 4 Satz 2 InsO. Eine Beschwerdeberechtigung der **Gläubiger** ist nicht vorgesehen, da sie nicht Beteiligte sind, und zudem nach § 6 InsO mangels gesetzlicher Zulassung ausgeschlossen (HK-InsO/*Waltenberger* § 287a Rn. 7; **a.A.** *Kübler/Prütting/Bork-Wenzel* InsO, § 287a Rn. 4).

90 **Systematisch** ist die Beschwerdeberechtigung wenig plausibel in § 287a Abs. 1 Satz 3 InsO normiert. Nach seiner Stellung erfasst das Beschwerderecht nicht die Sperrfristfälle aus § 287a Abs. 2 Satz 1 InsO. Funktional ist es jedoch gerade auch darauf zu beziehen. § 287a Abs. 1 Satz 3 InsO ist als § 287a Abs. 3 InsO zu lesen (ebenso K. Schmidt/*Henning* InsO, § 287a n.F. Rn. 10). Wird aufgrund vorab geprüfter Versagungsgründe (dazu Rdn. 14 f.) entgegen der überwiegenden Ansicht der Restschuldbefreiungsantrag als unzulässig verworfen, ist die sofortige Beschwerde nach § 287a Abs. 1 Satz 3 InsO eröffnet. Wird deswegen die Restschuldbefreiung versagt, ist die sofortige Beschwerde analog § 287a Abs. 1 Satz 3 InsO gegeben (*LG Nürnberg-Fürth* ZInsO 2017, 666).

91 Das Recht zur sofortigen Beschwerde besteht auch im Fall der **Rücknahmefiktion des § 305 Abs. 3 Satz 2 InsO**. Ganz unproblematisch ist das Beschwerderecht eröffnet, wenn der Restschuldbefreiungsantrag mangels eines Insolvenzantrags verworfen wird. Hat das Insolvenzgericht den Schuldner nach § 305 Abs. 3 Satz 1 InsO zur Ergänzung seines Insolvenzantrags aufgefordert und ist der

Schuldner dem nicht nachgekommen, gilt gem. § 305 Abs. 3 Satz 2 InsO der Insolvenzantrag als zurückgenommen. Da dann die besondere Sachentscheidungsvoraussetzung eines Insolvenzantrags fehlt, ist der Restschuldbefreiungsantrag als unzulässig zu verwerfen (ebenso *Uhlenbruck/Sternal* InsO, § 287a Rn. 7). Folgerichtig ist die sofortige Beschwerde auch im Fall der Rücknahmefiktion eröffnet (*Ahrens* NJW 2014, 1841 [1845]; *Uhlenbruck/Sternal* InsO, § 287a Rn. 41; **a.A.** *LG Hamburg* ZInsO 2016, 1276: *LG Potsdam* ZVI 2016, 389).

Entscheidend für den Ausschluss des Rechtsmittels gegen die Wirkungsweise des § 305 Abs. 2 InsO ist nach Ansicht des *BGH* die **Verfahrensbeschleunigung und -vereinfachung** (*BGH* NZI 2004, 40 [41]; NZI 2005, 403). Dieser Beschleunigungszweck trägt nicht länger, um eine sofortige Beschwerde auch weiterhin auszuschließen, weil die sofortige Beschwerde ohnedies nach § 287 Abs. 1 Satz 3 InsO eröffnet ist. Da die Rücknahmefiktion keine rechtskraftfähige Entscheidung darstellt, ist auch deswegen eine anschließende Rechtskontrolle nicht blockiert. Prinzipiell können die Voraussetzungen einer Fiktion im Rechtsmittelverfahren überprüft werden. Deswegen sind die Voraussetzungen der Überzeugungsbildung für die nach § 305 Abs. 3 Satz 2 InsO eintretende Rücknahmefiktion im Verfahren über die sofortige Beschwerde kontrollierbar. 92

VII. Kosten

Mit den allgemeinen **Gerichtsgebühren** für die Durchführung des Insolvenzverfahrens soll grds. auch das Verfahren über die Restschuldbefreiung abgegolten sein. Für ein Beschwerde- bzw. Rechtsbeschwerdeverfahren gilt das zu § 286 InsO Ausgeführte (s. § 286 Rdn. 121 ff.). 93

Ein **Rechtsanwalt** erhält grds. für das Restschuldbefreiungsverfahren keine zusätzlichen Gebühren. 94

§ 287b Erwerbsobliegenheit des Schuldners

Ab Beginn der Abtretungsfrist bis zur Beendigung des Insolvenzverfahrens obliegt es dem Schuldner, eine angemessene Erwerbstätigkeit auszuüben und, wenn er ohne Beschäftigung ist, sich um eine solche zu bemühen und keine zumutbare Tätigkeit abzulehnen.

Übersicht	Rdn.			Rdn.
A. Normzweck	1	I.	Obliegenheit	12
B. Anwendungsbereich	4	II.	Anforderungen an eine nicht selbständige	
I. Sachlicher Anwendungsbereich	4		Erwerbstätigkeit	13
II. Zeitlicher Anwendungsbereich	7	III.	Anforderungen an eine selbständige	
III. Persönlicher Anwendungsbereich	10		Erwerbstätigkeit	15
C. Erwerbsobliegenheit	12	D.	Rechtsfolgen	22

Literatur:
Frind Keine Stundungsgewährung und Restschuldbefreiungsaussicht für Strafgefangene nach der Reform des Privatinsolvenzrechts vom 1.7.2014? zugleich Anmerkung zu AG Fürth, Beschl. v. 22.05.2015, ZInsO 2015, 1518, nebst Anm. *Haarmeyer*, ZInsO 2015, 1519, ZInsO 2015, 1667; *Kolodzik* Die Erwerbsobliegenheit des selbstständigen Schuldners im eröffneten insolvenzverfahren, ZVI 2016, 337; *Stephan* Die Erwerbsobliegenheit des Schuldners ab Eröffnung des Insolvenzverfahrens, ZVI 2014, 214.

A. Normzweck

Primäre Aufgabe der neuen Regelung des § 287b InsO ist, die **Masse anzureichern**, indem die bestehende Erwerbsobliegenheit erweitert wird. Dies ist Teil der vom Schuldner für die Restschuldbefreiung zu erbringenden Aufgaben. Die neue Vorschrift begründet für den Schuldner eine Erwerbsobliegenheit während des eröffneten Insolvenzverfahrens, genauer für die Zeitspanne von Beginn der Abtretungsfrist, § 287 Abs. 2 InsO, bis zur Beendigung des Insolvenzverfahrens. In allen Restschuldbefreiungsverfahren soll damit die **Erwerbsobliegenheit mit Eröffnung des Insolvenzverfahrens** beginnen. Bedenken gegen eine solche Obliegenheit werden nicht erhoben und dürften im Grundsatz auch kaum berechtigt sein. 1

§ 287b InsO Erwerbsobliegenheit des Schuldners

2 Keine Funktion der Erwerbsobliegenheit, sondern allenfalls ein **Reflex** der Regelung ist, die Länge des Insolvenzverfahrens sich nicht zugunsten des untätigen Schuldners auswirken zu lassen. Anders als dies in den Materialien anklingt, ist es unerheblich, ob der Schuldner untätig ist (darauf stellt aber BT-Drucks. 17/11268 S. 29 ab), denn der Schuldner ist nur zu einer angemessenen Erwerbstätigkeit angehalten.

3 Als **Konsequenz** einer verletzten Erwerbsobliegenheit, können die Insolvenzgläubiger die **Versagung der Restschuldbefreiung** nach § 290 Abs. 1 Nr. 7 InsO beantragen. Die Beendigung des Restschuldbefreiungsverfahrens ist damit keine notwendige, sondern nur eine mögliche Folge der verletzten Erwerbsobliegenheit.

B. Anwendungsbereich

I. Sachlicher Anwendungsbereich

4 Die Erwerbsobliegenheit aus § 287b InsO ist gegenständlich auf Insolvenzverfahren beschränkt, in denen der Schuldner die **Restschuldbefreiung** beantragt hat. Dies folgt aus der systematischen Stellung im Achten Teil der Insolvenzordnung und der Funktion als Kompensation für die Restschuldbefreiung. Letztlich resultiert die Konsequenz ebenfalls aus der auf das eröffnete Insolvenzverfahren vorverlagerten Regelung des § 295 Abs. 1 Nr. 1 InsO, die in einem selbständigen § 295 Abs. 1 RegE 2012 vorgesehen war und erst durch den Rechtsausschuss in § 287b InsO überführt worden ist (BT-Drucks. 17/13535 S. 27 f.). Die Erwerbsobliegenheit besteht bei einem Restschuldbefreiungsantrag in den eröffneten Insolvenzverfahren natürlicher Personen, unabhängig davon, ob es sich um ein Verbraucher- oder um ein sog. Regelinsolvenzverfahren handelt. Hat der Schuldner keine Restschuldbefreiung beantragt, besteht keine Erwerbsobliegenheit.

5 Die neu eingeführte Erwerbsobliegenheit besitzt nur eine **begrenzte Bedeutung**. Eine originäre Qualität erlangt die Erwerbsobliegenheit nur in den wenigen Fällen, in denen dem Schuldner die Kosten nicht gestundet sind. So wird nur eine kleine Lücke geschlossen. Weitergehend kann die Erwerbsobliegenheit aus § 287b InsO als Bezugspunkt für eine Versagung der Restschuldbefreiung nach § 290 Abs. 1 Nr. 7 InsO relevant werden.

6 In der ganz überwiegenden Zahl der Restschuldbefreiungsverfahren wird dem Schuldner auf Antrag die **Kostenstundung** bewilligt. Dann besteht für ihn bereits nach § 4c Nr. 4 InsO eine kostenrechtliche Erwerbsobliegenheit, die mit der insolvenzrechtlichen Erwerbsobliegenheit konkurriert. Beide Erwerbsobliegenheiten richten die gleichen qualitativen Anforderungen an den Schuldner. Erfüllt der Schuldner diese kostenrechtliche Erwerbsobliegenheit nicht, ist die Kostenstundung aufzuheben. Regelmäßig scheitert damit auch die Restschuldbefreiung, weil dann etwa der Eröffnungsantrag nach § 26 Abs. 1 Satz 1 InsO mangels Kostendeckung abgewiesen wird oder der Treuhänder nach § 298 InsO Versagung der Restschuldbefreiung beantragen kann.

II. Zeitlicher Anwendungsbereich

7 Der **Beginn der Erwerbsobliegenheit** setzt nach § 287b InsO mit dem Anfang der Abtretungsfrist ein. Die Abtretungsfrist beginnt mit der Eröffnung des Insolvenzverfahrens, § 287 Abs. 2 InsO. Kann der Schuldner ausnahmsweise nachträglich einen zulässigen Restschuldbefreiungsantrag stellen, weil das Insolvenzverfahren auf einen Gläubigerantrag ohne den erforderlichen Hinweis auf die Antragsberechtigung für den Schuldner eröffnet wurde (*BGH* BGHZ 162, 181 [186]), setzt die Erwerbsobliegenheit erst mit dem Restschuldbefreiungsantrag ein. Sind dem Schuldner, wie wohl zumeist, bereits zuvor die Kosten gestundet worden, tritt für ihn wegen der kostenrechtlichen Erwerbsobliegenheit des § 4c Nr. 4 InsO keine neue Rechtslage ein (MüKo-InsO/*Stephan* § 287b Rn. 4).

8 Das **Ende der Erwerbsobliegenheit** wird regelmäßig durch die Beendigung des Insolvenzverfahrens markiert. Beendet wird das Insolvenzverfahren durch die Aufhebung oder Einstellung. Maßgebend ist der Erlass der Entscheidung. Mit der Beendigung des Insolvenzverfahrens setzt die Erwerbsobliegenheit aus § 295 Abs. 1 Nr. 1 bzw. Abs. 2 InsO ein.

In den **asymmetrischen Verfahren** muss die Erwerbsobliegenheit bereits vor Beendigung des Insolvenzverfahrens mit dem Ablauf der Abtretungsfrist aussetzen (*Ahrens* Das neue Privatinsolvenzrecht, Rn. 767; *Uhlenbruck/Sternal* InsO, § 287b Rn. 5; ähnlich *Kübler/Prütting/Bork-Wenzel* InsO, § 287b Rn. 4, rechtskräftige Entscheidung über die Restschuldbefreiung). Nach § 300a Abs. 1 Satz 1 InsO gehört das nach dem regelmäßigen oder früheren Ende der Abtretungsfrist erworbene Vermögen nicht mehr zur Insolvenzmasse. Wenn das Vermögen aus der Abtretungserklärung nicht mehr zur Masse gezogen werden kann und die Gläubiger dadurch nicht weiter befriedigt werden, dann entfällt auch die darauf bezogene Erwerbsobliegenheit.

III. Persönlicher Anwendungsbereich

§ 287b InsO übernimmt beim Anforderungsprofil wortgleich die Formulierung des § 295 Abs. 1 Nr. 1 InsO. Damit wird auf die Erwerbsobliegenheit für den **nicht selbständigen Schuldner** abgestellt. Vielleicht hat sich der Gesetzgeber zusätzlich vom Muster des § 4c Nr. 4 InsO leiten lassen wollen, der ebenfalls nur die Maßstäbe für eine nicht selbständige Erwerbstätigkeit erfasst.

Eine ausdrückliche Regelung der Anforderungen an den **selbständigen Schuldner** nach Maßgabe von § 295 Abs. 2 InsO fehlt. Aus Gründen der Gleichbehandlung besteht auch für den selbständigen Schuldner eine Erwerbsobliegenheit (HK-InsO/*Waltenberger* § 287b Rn. 4; *Uhlenbruck/Sternal* InsO, § 287b Rn. 2). Davon ist auch der Rechtsausschuss des Deutschen Bundestags ausgegangen, auf den die Regelung des § 287b InsO zurückgeht (BT-Drucks. 17/13535 S. 28). Diese Konsequenz entspricht auch der Auslegung der im Übrigen textgleichen Regelung des § 4c Nr. 4 InsO, der eine kostenrechtliche Obliegenheit des selbständigen Schuldners begründet (A/G/R-*Ahrens* § 4c InsO Rn. 42; **a.A.** *Kolodzik* ZVI 2016, 337 [340 f.]). Soweit demgegenüber eine Erwerbsobliegenheit des selbständigen Schuldners abgelehnt wird (*Kolodzik* ZVI 2016, 337 [340 ff.]), kollidiert diese Überlegung mit den Wertungen aus der Positiverklärung. Ihr Erfolg soll nach der Novellierung des Privatinsolvenzrechts durch einen Versagungsgrund befestigt werden. Wenn damit auch eine Erwerbsobliegenheit des selbständigen Schuldners konstatiert werden kann, ist damit noch nicht beantwortet, wie er sie zu erfüllen hat.

C. Erwerbsobliegenheit

I. Obliegenheit

Die **Arbeitskraft des Schuldners** ist Ausdruck der eigenen Persönlichkeit, also kein Vermögensobjekt, und fällt damit nicht in die Insolvenzmasse. Dies folgt aus § 36 Abs. 1 Satz 1 InsO i.V.m. § 888 Abs. 3 ZPO. Der Insolvenzverwalter hat daher keine Möglichkeit, die Tätigkeit des Schuldners zu beeinflussen (*BAG* NZI 2013, 942 Tz. 21). Als Ausdruck der Berufsfreiheit aus Art. 12 Abs. 1 GG kann der Schuldner nicht zur Aufnahme einer Erwerbstätigkeit gezwungen werden (*BGH* BGHZ 167, 363 Tz. 16; NZI 2013, 797 Tz. 15, m. Anm. *Ahrens*). Diese Massefreiheit besteht auch für das Arbeitsverhältnis als solches (*BAG* NZI 2013, 942 Tz. 23).

II. Anforderungen an eine nicht selbständige Erwerbstätigkeit

Für den nicht selbständig erwerbstätigen Schuldner bestehen nach § 287b InsO **drei mit § 295 Abs. 1 Nr. 1 InsO übereinstimmende Anforderungen**. Ihm obliegt es zunächst, eine angemessene Erwerbstätigkeit auszuüben. Außerdem muss er sich um eine solche Erwerbstätigkeit bemühen und darf, nach der dritten Anforderung, keine zumutbare Tätigkeit ablehnen.

Mit diesen drei tatbestandlichen Alternativen ist für den Schuldner ein abgestuftes System von Belastungen geschaffen. Hierbei handelt es sich um eine eigenständige insolvenzrechtliche Anforderung, die von familien-, sozialhilfe- und kostenrechtlichen Erwerbsobliegenheiten zu unterscheiden ist. Die daraus resultierenden Lasten für den Schuldner stimmen vollständig mit denen aus § 295 Abs. 1 Nr. 1 InsO (dazu s. § 295 Rdn. 20 ff.; MüKo-InsO/*Ehricke* § 295 Rn. 15 ff.; A/G/R-*Weinland* § 295 InsO a.F. Rn. 19 ff.; *Uhlenbruck/Sternal* InsO, § 295 Rn. 9 ff.) sowie aus § 4c Nr. 4 InsO (vgl. A/G/R-*Ahrens* § 4c Nr. 4 Rn. 34 ff.; s.a. *Kohte* § 4c Rdn. 25 ff.; K. Schmidt/*Stephan*

InsO, § 4c Rn. 26) überein. Für die Ausfüllung der Anforderungen kann auf diese Regelungen verwiesen werden.

III. Anforderungen an eine selbständige Erwerbstätigkeit

15 **Eine selbständige Erwerbstätigkeit ist zulässig.** Obwohl § 287b InsO dies nicht ausdrücklich ausspricht, kann der selbständig erwerbstätige Schuldner seine Erwerbsobliegenheit erfüllen, indem er seine Selbständigkeit fortsetzt (K. Schmidt/*Henning* InsO, § 287b n.F. Rn. 2; *Ahrens* Liber amicorum Henckel, S. 1 [7]). Dies folgt aus der verfassungsrechtlich geschützten Berufsfreiheit des Art. 12 Abs. 1 GG, die dem Schuldner die Wahl zwischen einer selbständigen und nicht selbständigen Tätigkeit lässt. Der Schuldner darf deswegen aus einer abhängigen Tätigkeit in die Selbständigkeit wechseln.

16 **Wie** der Schuldner durch eine selbständige Erwerbstätigkeit seine Erwerbsobliegenheit aus § 287b InsO zu erfüllen hat, lässt das Regelungsvakuum der Norm bei einer Selbständigkeit offen. Dafür kommt eine **Wertungsparallele zu § 295 Abs. 2 InsO** in Betracht, denn aufgrund ihrer maßstäblichen Funktion trifft die Norm eine vielleicht generalisierbare Aussage, wie ein selbständiger Schuldner seine Erwerbsobliegenheit zu erfüllen hat.

17 Im Fall einer **Positiverklärung** nach § 35 Abs. 2 Satz 1 InsO (zur Terminologie A/G/R-*Ahrens* § 35 Rn. 148) fällt während des Insolvenzverfahrens der gesamte Neuerwerb aus einer selbständigen Tätigkeit in die Masse, § 35 Abs. 1 InsO. Dies gilt insbesondere, wenn der Insolvenzverwalter eine Positiverklärung nach § 35 Abs. 2 Satz 1 InsO abgegeben hat. Der Schuldner kann aber beantragen, dass ihm vom massezugehörigen Einkommen so viel belassen wird, wie ihm verbliebe, wenn sein Einkommen aus laufendem Arbeits- oder Dienstlohn bestünde (*BGH* NZI 2003, 389 [392]; NZI 2014, 773 Tz. 7).

18 Zusätzlich ist ein **Maßstab** erforderlich, ob der Schuldner mit den in die Masse fließenden Mitteln seine Erwerbsobliegenheit erfüllt. Hierzu kann sachgerecht auf § 295 Abs. 2 InsO abgestellt werden. Insoweit gelten die gleichen Maßstäbe, wie im Restschuldbefreiungsverfahren (vgl. § 295 Rdn. 168 ff.).

19 Bei einer **Negativerklärung** ist das Verhältnis zwischen der Erwerbsobliegenheit aus § 287b InsO und der Abführungspflicht aus § 35 Abs. 2 Satz 2 InsO offen. Erfüllt der Schuldner die Verpflichtungen aus § 35 Abs. 2 Satz 2 InsO, kommt er auch seiner Erwerbsobliegenheit aus § 287b InsO nach. Insoweit wird ein Vertrauenstatbestand angenommen (*Gehrlein* ZInsO 2017, 1352 [1358]).

20 **Im Einzelnen** muss sich der Schuldner um ein Anstellungsverhältnis bemühen, wenn der Ertrag aus seiner selbständigen Tätigkeit hinter demjenigen zurückbleibt, was dem Treuhänder bei einer angemessenen abhängigen Beschäftigung aus der Abtretungserklärung zuflösse. Bleibt die selbständige Tätigkeit erfolglos und bemüht sich der Schuldner nicht um eine nach seiner Qualifikation und den Verhältnissen des Arbeitsmarkts mögliche Beschäftigung, kann er sich nicht darauf berufen, aufgrund fehlender Einnahmen hätten ihm keine Zahlungen an den Treuhänder oblegen. Kann der Schuldner durch ein abhängiges Beschäftigungsverhältnis keine pfändbaren Bezüge erwirtschaften, so obliegen ihm nach § 295 Abs. 2 InsO keine Zahlungen an den Treuhänder, wenn die ausgeübte selbständige Beschäftigung ebenfalls keine solchen Erträge hervorbringt (*BGH* NZI 2013, 461 Rn. 12).

21 Ein **Zahlungstermin** ist gesetzlich nicht bestimmt, doch verlangt der *BGH* während der Treuhandperiode eine zumindest jährliche Zahlung (*BGH* NZI 2012, 718 Tz. 14). Wird die selbständige Tätigkeit aufgrund einer Positiverklärung im Insolvenzverfahren ausgeübt, hat der Insolvenzverwalter das Bestimmungsrecht. Er kann deswegen selbst eine monatliche Zahlung verlangen. Mit einer Negativerklärung entfällt das Bestimmungsrecht. Fixe Fälligkeitstermine existieren nicht, doch erscheinen quartalsweise Zahlungen als angemessen.

D. Rechtsfolgen

Der **Insolvenzverwalter ist nicht berechtigt**, den Schuldner zur Arbeitssuche, zur Aufnahme einer Arbeit oder zur Übernahme einer anderen Arbeit zu verpflichten. Es existiert auch kein Einziehungsrecht des Verwalters für die vom Schuldner abzuführenden, aber nicht geleisteten Zahlungen. Für den Schuldner besteht nach § 287b InsO lediglich eine Erwerbsobliegenheit und keine Erwerbspflicht. Er ist deswegen nicht zur Mitarbeit nach § 97 Abs. 2 InsO mit dem Ziel verpflichtet, der Masse neuen Erwerb zuzuführen (s. § 290 Rdn. 151). Der Schuldner ist daher auch nicht verpflichtet, Zahlungen zu leisten. Ihm droht allein eine mögliche Versagung der Restschuldbefreiung nach § 290 Abs. 1 Nr. 7 InsO. Zudem ist der Treuhänder in der Treuhandperiode nicht verwaltungs- und verfügungsbefugt. Deswegen kann für ihn auch keine Einziehungspflicht bestehen. 22

Verletzt der Schuldner seine Erwerbsobliegenheit aus § 287b InsO, können die Gläubiger eine **Versagung der Restschuldbefreiung** nach § 290 Abs. 1 Nr. 7 InsO beantragen. Ob dabei die Gläubigerbefriedigung beeinträchtigt ist und ob der Schuldner die Erwerbsobliegenheit schuldhaft verletzt hat, ist erst im Rahmen eines Versagungsverfahrens aufgrund der Regelung des § 290 Abs. 1 Nr. 7 InsO zu bestimmen. Entsprechendes gilt bei einem Versagungsantrag gem. § 297a InsO. 23

§ 288 Bestimmung des Treuhänders

¹Der Schuldner und die Gläubiger können dem Insolvenzgericht als Treuhänder eine für den jeweiligen Einzelfall geeignete natürliche Person vorschlagen. ²Wenn noch keine Entscheidung über die Restschuldbefreiung ergangen ist, bestimmt das Gericht zusammen mit der Entscheidung, mit der es die Aufhebung oder die Einstellung des Insolvenzverfahrens wegen Masseunzulänglichkeit beschließt, den Treuhänder, auf den die pfändbaren Bezüge des Schuldners nach Maßgabe der Abtretungserklärung (§ 287 Absatz 2) übergehen.

Übersicht

	Rdn.		Rdn.
A. Normzweck	1	C. Vorschlagsrecht	7
B. Gesetzliche Systematik	2		

Literatur:
Siehe vor § 286.

A. Normzweck

Das Vorschlagsrecht soll in erster Linie dazu beitragen, die Kosten des Verfahrens möglichst gering zu halten. Dies kann nach der Gesetzesbegründung insbes. dann erreicht werden, wenn ein Treuhänder vorgeschlagen wird, der bereit ist sein Amt unentgeltlich auszuüben (BT-Drucks. 12/7302 S. 187). Ob dieses Ziel angesichts der erforderlichen Qualifikationen die an den Treuhänder zu stellen sind (vgl. § 292 Rdn. 5 ff.), erreicht werden kann, erscheint zweifelhaft. In der Praxis wurde bislang vom Vorschlagsrecht kaum Gebrauch gemacht, als Treuhänder werden nahezu ausschließlich Rechtsanwälte eingesetzt, die auch als Insolvenzverwalter tätig sind; das vom Gesetzgeber protegierte Modell des **unentgeltlichen Treuhänders** ist jedenfalls faktisch nicht vorhanden, so dass die Norm insoweit als verfehlt angesehen werden muss. 1

B. Gesetzliche Systematik

Das Vorschlagsrecht nach § 288 InsO betrifft nur den Treuhänder im Restschuldbefreiungsverfahren mit dem Aufgabenbereich, der sich aus § 292 InsO ergibt. Für den Verwalter der im vereinfachten Insolvenzverfahren tätig wird, und regelmäßig die anschließende Treuhänderrolle übernimmt, besteht kein Vorschlagsrecht, § 56 ff. InsO. Allerdings besteht die – theoretische – Möglichkeit, dass die Gläubigerversammlung einen anderen Verwalter wählt (§ 57 InsO). 2

3 Der Treuhänder nach § 292 InsO und der Verwalter im vereinfachten Insolvenzverfahren werden weder zeitgleich noch parallel eingesetzt (s. hierzu § 292 Rdn. 4 und *Ahrens* § 287 Rdn. 271 ff.). Das Vorschlagsrecht des Schuldners bezieht sich lediglich auf den **Treuhänder im Restschuldbefreiungsverfahren**.

4 Im früheren Vergleichsrecht war die Funktion des gerichtlich eingesetzten Treuhänders unbekannt. Zum Teil beauftragte der Schuldner selbst einen Treuhänder zur Herbeiführung einer außergerichtlichen Schuldenbereinigung, dessen Amt allerdings mit Konkurseröffnung beendet war (*Kuhn/Uhlenbruck* KO, § 23 Rn. 16). Beim Liquidationsvergleich nach § 7 Abs. 4 VglO wurde regelmäßig ein Treuhänder eingesetzt, aber auch hier nicht durch das Gericht, sondern durch Vertrag mit dem Schuldner (*Mohrbutter/Mohrbutter* Rn. III 214). Auch der Sachwalter nach §§ 91 ff. VglO, dessen Aufgabenbereich am ehesten dem des Treuhänders entspricht, leitete seinen Auftrag vom Schuldner her (*Kilger/Karsten Schmidt* § 92 VglO Rn. 1, § 292 Rn. 3).

5 Das Vorschlagsrecht (insbes. des Schuldners) und die Einsetzung des Treuhänders durch das Gericht wird der besonderen Situation des Restschuldbefreiungsverfahrens gerecht. Die Hoffnung des Gesetzgebers auf den Einsatz unentgeltlich arbeitender Treuhänder (BT-Drucks. 12/7302 S. 187), hat sich wohl nicht bewahrheitet. Auf der anderen Seite hat sich auch in der Gerichtspraxis gezeigt, dass es sich positiv auf das Verfahren auswirkt wenn, **dem Schuldner ein Ansprechpartner zur Seite** steht, der ihn in der vielfältigen lebenspraktischen Situationen während der Treuhandphase berät und unterstützt, damit das vom Gesetzgeber gewünschte Ziel der Restschuldbefreiung im konkreten Fall erreicht werden kann (vgl. insoweit auch den Vergleichsverwalter »**Kölner Prägung**« bei dem bereits eine Unterstützung des Vergleichsschuldners im Vordergrund stand, *Gottwald/Uhlenbruck* HdbInsR, 1990, § 72 Rn. 80). Die Bestimmung des Treuhänders wurde daher – nicht wie beim Insolvenzverwalter gem. § 57 InsO – der Autonomie der Gläubigerversammlung übertragen, sondern den Gerichten auferlegt, die bei der Bestimmung die Ziele der **Kostenminimierung**, die Unterstützung des Schuldners, die Forderungsverwirklichung der Gläubiger und die Neutralität der Person des Treuhänders in Einklang zu bringen haben.

6 Die Regelung des § 288 InsO scheint in einem gewissen Widerspruch zu § 313 Abs. 3 a.F. zu stehen, der mit der Reform zum 01.07.2014 ersatzlos gestrichen wurde. Hierin wurde bestimmt, dass der Treuhänder nicht nur die Betreuung des Schuldners während der Laufzeit der Abtretungserklärung, sondern darüber hinaus auch die Aufgabe der Insolvenzverwaltung im Verbraucherinsolvenzverfahren übernehmen soll. Ursprünglich war auch für Kleininsolvenzen ein verwalterloses Verfahren vorgesehen, erst auf die Kritik des Bundesrates (BT-Drucks. 12/2443 S. 259 f.) hin wurde hiervon abgesehen (KS-InsO/*Schmidt-Räntsch* 1997, S. 1200). Der Gesetzgeber hatte bei seiner Entscheidung die Konstellation vor Augen, dass bei Kleininsolvenzen nur eine Person als Treuhänder für das Verbraucherinsolvenz- und Restschuldbefreiungsverfahren bestimmt wird (dazu auch *BGH* ZInsO 2003, 750 und ZVI 2004, 544; BT-Drucks. 12/7302 S. 193; *Vallender* DGVZ 1997, 53 [56]; *Wittig* WM 1998, 157 [168]). Die Bestellung des früheren Treuhänders im Verbraucherinsolvenzverfahren sollte nach der Rechtsprechung für die Treuhandperiode mit den veränderten Aufgaben des § 292 InsO fortwirken, wenn keine Entlassung des Treuhänders erfolgt (*BGH* 26.01.2012 ZInsO 2012, 455 f.; ZVI 2004, 544; ZInsO 2007, 1348). Daher darf schon bei einer Einsetzung eines Insolvenzverwalters die Wertung des § 288 InsO nicht unberücksichtigt bleiben. Auch nach der Gesetzesänderung vom 01.07.2014 und der Bestimmung des Treuhänders erst mit der Aufhebung des Insolvenzverfahrens hat sich in der Praxis nichts geändert und in den allermeisten Fällen sind Verwalter und Treuhänder personenidentisch (krit. zur weiteren Kontinuität *Uhlenbruck/Sternal* InsO, § 288 Rn. 15 f.). In der Praxis wird es sich auch nicht auswirken, dass der Gläubigerausschuss im Regelinsolvenzverfahren seit dem Inkrafttreten des ESUG gem. § 56a InsO ein wesentliches Mitspracherecht bei der Verwalterbestellung hat. Der Treuhänder kann in der anschließenden Treuhandperiode dennoch vom Richter frei bestimmt werden. Der Richter hat bei der Einsetzung eine **Einzelfallentscheidung** vorzunehmen, im Rahmen derer er darauf zu achten hat, dass die einzusetzende Person sowohl für die Verwalter- als auch für die Treuhändertätigkeiten geeignet ist und bei der auch die Vorschläge des Schuldners und der Gläubiger berücksichtigt werden müssen, insbesondere, wenn hierdurch die

Verfahrenskosten verringert werden können. In Verfahren, die nach dem 01.07.2014 beantragt wurden wird der Treuhänder nicht mehr mit der Eröffnung des vereinfachten Insolvenzverfahrens, sondern erst mit der Entscheidung über die Aufhebung des Insolvenzverfahrens bestimmt (Streichung des § 291 InsO, s.a. *Uhlenbruck/Sternal* InsO, § 288 Rn. 23). Wird während der Laufzeit der Treuhandperiode ein neuer Treuhänder bestellt, so beinhaltet der Beschluss über die Neubestellung – soweit er dem bisherigen Treuhänder zugestellt wird – konkludent die Entlassung des alten Treuhänders (*BGH* ZInsO 2007, 1348).

C. Vorschlagsrecht

Vorgeschlagen werden kann aufgrund des klaren Wortlauts des § 288 InsO nur eine **natürliche Person** (*Nerlich/Römermann* InsO, § 288 Rn. 13; *Pape/Uhländer-Pape* InsO, § 288 Rn. 7). Auch als Insolvenzverwalter können gem. § 56 InsO (zur Diskussion im Gesetzgebungsverfahren um die Zulassung **juristischer Personen** als Insolvenzverwalter vgl. *Balz/Landfermann* S. 134 f.) nur natürliche Personen bestellt werden (*BVerfG* 12.01.2016 ZInsO 2016, 383 ff.). Das Vorschlagsrecht steht nach dem Wortlaut dem Schuldner und Gläubiger zu, aber auch eine Schuldnerberatungsstelle, die den Schuldner im außergerichtlichen Einigungsversuch betreut hat, kann als Vertreter des Schuldners einen Vorschlag machen der für das Gericht aufgrund der Vertrautheit der Berater mit den Verhältnissen des Schuldners durchaus von Interesse sein dürfte (zur Frage der Eignung dieser Berater als Treuhänder s. Rdn. 10). 7

Die Person muss geeignet sein, die jeweilige Verwaltung im konkreten Fall durchzuführen (zu Art und Umfang der Tätigkeiten s. § 292 Rdn. 5 ff.). Das Gesetz knüpft die Eignung weder an eine bestimmte berufliche Qualifikation, noch an bestimmte Fähigkeiten (vgl. *Vallender* VuR 1997, 155 [157]). Der Bundesrat hatte vorgeschlagen, gesetzliche Regelungen über die Auswahl, Qualifikation und Tätigkeit des Treuhänders gesetzlich festzulegen (BT-Drucks. 12/2443 S. 255). Die Bundesregierung hatte eine weitere Spezifizierung (insbesondere durch die Voraussetzung einer bestimmten Berufsausbildung) im Gesetz jedoch abgelehnt, um dem Gericht die Freiheit zu lassen, eine für das jeweilige Amt geeignete Person auszuwählen (BT-Drucks. 12/2443 S. 266). Dies entspricht den Regeln bei der Auswahl des Insolvenzverwalters (vgl. auch *Jahntz* § 56 Rdn. 3 ff.). 8

Die im Einzelfall einzusetzende Person muss geeignet sein, die konkrete Aufgabe zu erfüllen (vgl. hierzu auch *Haarmeyer* InVo 1997, 57). Die Geeignetheit für die Treuhänderschaft ergibt sich aus verschiedenen Faktoren, die je nach Einzelfall unterschiedlich zu gewichten sind. Für die Überprüfung der Forderungen und die Überwachung des Schuldners ist eine gewisse **juristische Kompetenz** erforderlich. Daneben muss der Treuhänder eine gewisse Neutralität haben, wobei auch hieran im Einzelfall unterschiedliche Anforderungen zu stellen sind. Insbesondere dann, wenn die Gläubigerversammlung den Treuhänder mit der Überwachung des Schuldners beauftragt, muss die Unabhängigkeit der Person von Schuldner und Gläubigern in besonderem Maße gewährleistet sein (so auch *Kübler/Prütting/Bork-Wenzel* InsO, § 288 Rn. 2). Auch die Kosten des Treuhänders können eine Rolle für den Einsatz spielen, dies kann jedoch nicht das allein entscheidende Kriterium sein. Das Gericht muss bei seiner Ermessensentscheidung beachten, dass das Verfahren nicht mehr allein der bloßen Haftungsverwirklichung der Gläubiger dient, sondern dass nunmehr auch die **Reintegration des Schuldners** wesentliches Ziel des Verfahrens ist. Der Treuhänder muss daher auch in der Lage sein, als Ansprechpartner für den Schuldner zur Verfügung zu stehen, d.h. eine gewisse Ortsnähe und Ansprechbarkeit des Treuhänders durch Sprechstunden und telefonischer Erreichbarkeit muss gewährleistet sein (so auch *Nerlich/Römermann* InsO, § 288 Rn. 18; *Döbereiner* S. 337). 9

Wegen der fachlichen Kompetenz und der Erfahrung in der Betreuung von Schuldnern dürften die Mitarbeiter der **Beratungsstellen der Wohlfahrts- und Verbraucherverbände** durchaus als Treuhänder für das Restschuldbefreiungsverfahren geeignet sein (so auch *Uhlenbruck/Vallender* InsO, § 288 Rn. 10; krit. hierzu *Wittig* WM 1998, 209 [213]). Bedenken gegen die Neutralität der Person könnten aber zumindest dann bestehen, wenn dieselbe Person, die als Treuhänder eingesetzt wird, den Schuldner bereits im außergerichtlichen Verfahren vertreten hat. Ähnliche **Interessenkollisionen** sind zu befürchten, wenn der Rechtsanwalt zum Treuhänder bestimmt wird, der den Schuldner ge- 10 richtlich oder außergerichtlich vertreten hat. In diesem Fall könnte die Übernahme des Amtes für den Rechtsanwalt auch berufsrechtliche Folgen haben, da insoweit ein Tätigkeitsverbot bestehen kann (hierzu *Pape* ZInsO 2001, 1025 [1026]). Aber auch die Schuldnerberater befürchten wohl Interessenkollisionen wenn sie gleichzeitig den Schuldner betreuen und mit seiner Überwachung beauftragt sind (*Hupe* Erkennbare Probleme mit dem neuen Insolvenzrecht, BAG-SB Info 1995, 22 [26]). Es wird befürchtet, dass die Vertrauensbasis, die als unabdingbare Voraussetzung für eine erfolgreiche Schuldensanierung des Klienten angesehen wird (*Berner* Schuldnerhilfe, 1995, S. 69; *Just* Sozialberatung für SchuldnerInnen, 1990, S. 42 ff.), mit einer Überwachung des Klienten nicht in Einklang zu bringen ist.

11 Gläubiger, deren Mitarbeiter, Gläubigervertreter und **Mitarbeiter von Inkassobüros** kommen als Treuhänder aufgrund ihrer Eigeninteressen wegen der fehlenden Neutralität für diese Tätigkeit nicht in Betracht. Wegen der doch erheblichen Eingriffsmöglichkeiten in die Intimsphäre des Schuldners (vgl. § 293 Abs. 3 InsO) ist eine solche Interessenkollision nicht zuzulassen (ganz h.M. *AG Göttingen* ZInsO 2004, 1323; so auch MüKo-InsO/*Ehricke* § 288 Rn. 32 m.w.N.; **a.A.** *Uhlenbruck/Sternal* InsO, § 288 Rn. 12).

12 In der Literatur wurde vorgeschlagen, die **Gerichtsvollzieher** mit der Aufgabe der Treuhänderschaft zu betrauen (*Uhlenbruck* DGVZ 1992, 33 [38]; *Vallender* DGVZ 1997, 53 [56]; *Wittig* WM 1998, 209 [213]). Für die Tätigkeit des Gerichtsvollziehers als Treuhänder spricht seine juristische Vorbildung und seine **öffentlich-rechtliche Stellung**. Als Beamter ist er der Dienstaufsicht des Amtsgerichts unterstellt. Er ist zudem nicht Vertreter des Gläubigers, sondern handelt im Rahmen seiner Amtspflicht, auch wenn seine Amtshandlungen unmittelbar Rechtswirkungen für den Gläubiger auslösen (*Jauernig* § 8 II 1. C; *Baur/Stürner* Rn. 8.5; zur sozialen Kompetenz des Gerichtsvollziehers als Vermittler zwischen den wirtschaftlichen Belangen der Gläubiger und den wirtschaftlichen und sozialen Belangen des Schuldners ausführlich *Pawlowski* DGVZ 1991, 177 [180]).

13 Eine Aufgabenübertragung kommt aber wohl nur durch eine Änderung der GVGA in Betracht, da die Tätigkeit des Gerichtsvollziehers als Treuhänder in der bisherigen Aufgabenschreibung nach der Geschäftsanordnung für Gerichtsvollzieher nicht enthalten ist (*Vallender* DGVZ 1997, 54 [56]; *Uhlenbruck* DGVZ 1992, 33 [38]).

14 In der Praxis agieren als Treuhänder überwiegend **Insolvenzverwalter bzw. Rechtsanwälte**. Für diese Berufsgruppen spricht, dass sie sowohl über die notwendige juristische Fachkompetenz verfügen, als auch als Organe der Rechtspflege ein gewisses Maß an Neutralität gewährleisten. Nach der Anhebung der Mindestvergütungen in Verbraucherinsolvenzverfahren (2004) dürfte die Vergütung zumindest dann kostendeckend sein, wenn der Treuhänder zuvor auch im Insolvenzverfahren eingesetzt wurde. Die reine Übernahme der Tätigkeit im Restschuldbefreiungsverfahren dürften angesichts der hier vorgesehenen geringen Vergütungssätze nicht kostendeckend zu gewährleisten sein (dazu s. § 293 Rdn. 12).

15 Das Gericht ist nicht an den Vorschlag von Schuldner oder Gläubiger gebunden (*Häsemeyer* Insolvenzrecht, 1998, Rn. 26.30). Es hat ihn aber bei seiner **Ermessensentscheidung** zu berücksichtigen. Folgt das Gericht dem Vorschlag nicht, so muss es diese Entscheidung aber nicht besonders begründen (*Uhlenbruck/Sternal* InsO, § 288 Rn. 3; **a.A.** MüKo-InsO/*Ehricke* § 288 Rn. 13). Machen Schuldner und Gläubiger einen gemeinsamen Vorschlag, wird allerdings ein triftiger Grund für die Ablehnung und eine Begründung erforderlich sein (*Hess/Obermüller* Insolvenzplan, 1998, Rn. 961; **a.A.** *Kübler/Prütting/Bork-Wenzel* InsO, § 288 Rn. 3; *Nerlich/Römermann* InsO, § 288 Rn. 10).

16 Ein **Rechtsmittel** gegen die Entscheidung ist nicht vorgesehen. Dies gilt auch dann, wenn das Gericht den Vorschlägen von Schuldner oder Gläubiger nicht gefolgt ist (str. zum Streitstand *Uhlenbruck/Sternal* InsO, § 288 Rn. 30).

§ 289 Einstellung des Insolvenzverfahrens

Im Fall der Einstellung des Insolvenzverfahrens kann Restschuldbefreiung nur erteilt werden, wenn nach Anzeige der Masseunzulänglichkeit die Insolvenzmasse nach § 209 verteilt worden ist und die Einstellung nach § 211 erfolgt.

Übersicht

	Rdn.			Rdn.
A. Normzweck	1	C.	Masseunzulängliches Insolvenzverfahren	6
B. Gesetzliche Systematik	3	D.	Einstellung des Insolvenzverfahrens	13

A. Normzweck

§ 289 InsO eröffnet den **Zugang zur Restschuldbefreiung in masseunzulänglichen Verfahren**. Sachentscheidungsvoraussetzung der Restschuldbefreiung ist ein Insolvenzverfahren, § 287 Abs. 1 Satz 1 InsO. Um die Ordnungsleistungen und die Gläubigerbefriedigung des Insolvenzverfahrens für die Restschuldbefreiung nutzen zu können, muss das Insolvenzverfahren regelmäßig bis zur Schlussverteilung durchgeführt worden sein. Von diesem umfassenden Bezug lässt § 289 InsO eine Ausnahme zu. **1**

Zugleich enthält § 289 InsO eine **Konkretisierung des Ausnahmetatbestands**. Zumindest muss nach Anzeige der Masseunzulänglichkeit die Insolvenzmasse gem. § 209 InsO verteilt und anschließend das Insolvenzverfahren wegen Massearmut nach § 211 InsO eingestellt worden sein. Ausgeschlossen ist dagegen eine Restschuldbefreiung in den masselosen Verfahren nach § 207 InsO, weil hier die erforderlichen Ordnungsleistungen des Insolvenzverfahrens nicht erbracht werden können. Bei einer **Kostenstundung** ist eine Masselosigkeit ausgeschlossen. **2**

B. Gesetzliche Systematik

Beim **Umbau des Restschuldbefreiungsverfahrens** hat der Gesetzgeber weitreichende Änderungen gegenüber § 289 InsO a.F. vorgenommen. Allein die Zugangsregelung zur Restschuldbefreiung aus § 289 Abs. 1 InsO a.F. bei Einstellung des Insolvenzverfahrens nach § 211 InsO gilt unverändert als einziger Norminhalt von § 289 InsO weiter (*Ahrens* Das neue Privatinsolvenzrecht, Rn. 912; zu den alten Regelungen hier 8. Aufl., § 289 Rn. 15 ff.). Da die Restschuldbefreiung nach § 291 InsO künftig nicht mehr angekündigt wird, entfällt der Grund für manche der in § 289 InsO a.F. getroffen Regelungen, während andere Bestimmungen an eine neue Stelle überführt werden. **3**

Als Ausnahmetatbestand zum Erfordernis eines bis zur Schlussverteilung durchgeführten Insolvenzverfahrens normiert § 289 InsO eine **besondere Sachentscheidungsvoraussetzung** des Restschuldbefreiungsverfahrens. Dieses Verfahrenserfordernis steht systemwidrig zwischen der Bestimmung des Treuhänders nach § 288 InsO und der Versagung der Restschuldbefreiung nach § 290 InsO, die beide auf einen späteren Zeitpunkt im Ablauf des Verfahrens bezogen sind. Systemgerecht hätte die Ausnahmebestimmung in § 287 Abs. 1 InsO überführt oder jedenfalls vor den §§ 288, 290 InsO vorgesehen werden müssen. **4**

Aufgehoben bzw. in andere Vorschriften **übertragen** werden fünf andere Regelungselemente des § 289 InsO a.F. Zunächst betrifft dies die Anhörungspflicht des § 289 Abs. 1 Satz 1 InsO a.F., die mit verändertem Regelungsgehalt in § 287 Abs. 4 InsO überführt wurde. Die Abschlussentscheidung aus § 289 Abs. 1 Satz 2 InsO a.F. entfällt, weil eine besondere Entscheidung zur Restschuldbefreiung nur noch bei einer Versagung vorgesehen und deswegen in § 290 InsO normiert ist. Gestrichen wurde auch die Entscheidung über die Aufhebung des Insolvenzverfahrens gem. § 289 Abs. 2 Satz 2 InsO a.F. Das Beschwerderecht aus § 289 Abs. 2 Satz 1 InsO a.F. und die öffentliche Bekanntmachung nach § 289 Abs. 2 Satz 3 InsO a.F. sind nur noch bei einem Antrag auf Versagung der Restschuldbefreiung vorgesehen und dort geregelt (*Ahrens* Das neue Privatinsolvenzrecht, Rn. 913). **5**

§ 289 InsO Einstellung des Insolvenzverfahrens

C. Masseunzulängliches Insolvenzverfahren

6 § 289 InsO normiert die **Mindestanforderungen** an das durchzuführende Insolvenzverfahren. Während ein masseunzulängliches Insolvenzverfahren genügt, um den Zugang zur Restschuldbefreiung zu eröffnen, ist ein masseloses Verfahren unzureichend. Auch bei einem massearmen Insolvenzverfahren kann die Restschuldbefreiung erfolgen. Zu unterscheiden ist, ob das Verfahren nach § 207 InsO mangels Masse oder gem. den §§ 208, 209, 211 InsO nach Anzeige der Masseunzulänglichkeit eingestellt wird. Sind die Kosten des Verfahrens nicht gedeckt und nicht gestundet, wird das Insolvenzverfahren mangels Masse gem. § 207 InsO eingestellt. Bei einem vorzeitigen Abbruch des Verfahrens nach § 207 InsO ist nicht gewährleistet, dass eine Übersicht über die Verbindlichkeiten des Schuldners besteht und das Vermögen des Schuldners zur Gläubigerbefriedigung herangezogen wird.

7 Deswegen ist bei einer **Einstellung mangels Masse** die Restschuldbefreiung ausgeschlossen. Früher war dies eine häufige Konstellation, denn die Eröffnung des Insolvenzverfahrens und dann auch die daran angeknüpfte Durchführung eines Restschuldbefreiungsverfahrens scheiterte oft, weil der Schuldner den verlangten Massekostenvorschuss nicht aufbringen konnte (*OLG Köln* NZI 2000, 217; *BayObLG* NZI 2000, 434; *OLG Celle* ZInsO 2001, 799). Seit der Einführung der Verfahrenskostenstundung sind diese Fälle seltener geworden, da bei einer Kostenstundung eine Einstellung mangels Masse ausgeschlossen ist, §§ 26 Abs. 1 Satz 2, 207 Abs. 1 Satz 2 InsO (*Uhlenbruck/Sternal* InsO, § 289 Rn. 4; dazu und zu dem Folgeproblem der Behandlung der Masseverbindlichkeiten *Pape* ZInsO 2001, 587 [589 f.]). Diese positive Entwicklung wird allerdings durch die Tendenzen zur Beschränkung der Kostenstundung gefährdet.

8 Sind die Verfahrenskosten gedeckt, aber reicht die Masse nicht aus, um die fälligen sonstigen Masseverbindlichkeiten zu erfüllen, hat der Insolvenzverwalter die **Masseunzulänglichkeit** anzuzeigen, § 208 InsO. Nach Verteilung der Masse ist dann das Verfahren einzustellen, §§ 209, 211 InsO. In diesen Fällen kann nach § 289 InsO der weitere Zugang zur **Restschuldbefreiung erfolgen**, obwohl die Forderungen der nachrangigen Massegläubiger nicht erfüllt sind (*OLG Stuttgart* ZInsO 2002, 836 [837]; *Uhlenbruck/Sternal* InsO, § 289 Rn. 3).

9 Mit einem Insolvenzverfahren wird eine **Übersicht** über das Vermögen und die Verbindlichkeiten des Schuldners geschaffen. Zudem werden die Vermögenswerte des Schuldners liquidiert sowie verteilt und damit die Grundlage für eine Schuldbefreiung gelegt. Diese Leistungen rechtfertigen es, die Restschuldbefreiung grds. an ein Insolvenzverfahren zu binden (*Braun/Pehl* InsO, § 289 Rn. 2; krit. *Kübler/Prütting/Bork-Pape* InsO, § 210 Rn. 16). Auch wenn nach gegenwärtiger Rechtslage die Eröffnung des Insolvenzverfahrens zu verlangen ist, handelt es sich hierbei um keine systematisch zwingende Anforderung, soweit ihre Leistungen ersetzt werden können. Existiert keine Teilungsmasse und liegen verlässliche Übersichten über das Vermögen, die Gläubiger sowie die Verbindlichkeiten vor, erscheint die Eröffnung eines Insolvenzverfahrens rechtspolitisch entbehrlich (vgl. nur *Kohte* ZVI 2005, 9 [11 ff.]; *Jäger* ZVI 2005, 15 [17 ff.]; *Heyer* Restschuldbefreiung, S. 29 ff.).

10 Im Allgemeinen wird die gewünschte Übersicht im **eröffneten Insolvenzverfahren** bestehen (Begr. zu § 329 RegE BR-Drucks. 1/92 S. 222; HK-InsO/*Waltenberger* § 289 Rn. 3). Dann kann nach § 289 InsO ein Restschuldbefreiungsverfahren auch durchgeführt werden, wenn nach Anzeige der Masseunzulänglichkeit die Insolvenzmasse nach § 209 InsO verteilt und anschließend das Insolvenzverfahren gem. § 211 InsO wegen Masseunzulänglichkeit eingestellt wurde. Haben bereits Berichts- und Prüfungstermin oder im Verbraucherinsolvenzverfahren allein der Prüfungstermin stattgefunden, liegt eine Insolvenztabelle mit Prüfungsergebnissen vor, nach der die Verteilung erfolgen kann.

11 Erfolgt die Anzeige vor diesen Terminen, liegt noch keine Tabelle vor (*Uhlenbruck* NZI 2001, 408 [410]). Im Verbraucherinsolvenzverfahren hat das Gericht deshalb einen Verteilungsschlüssel festzulegen (s. *Grote/Lackmann* § 292 Rdn. 15; *Kübler/Prütting/Bork-Pape* InsO, § 210 Rn. 16). Im allgemeinen Insolvenzverfahren (Regelinsolvenzverfahren) soll der Schuldner ein Gläubigerverzeichnis selbst erstellen (*Uhlenbruck* NZI 2001, 408 [410]; s.a. *Uhlenbruck/Sternal* InsO, § 289 Rn. 8).

Mit der Einstellung des Insolvenzverfahrens wird das Restschuldbefreiungsverfahren deshalb in den 12
zweiten Verfahrensabschnitt übergeleitet (BGH ZVI 2009, 346 Tz. 3; s.a. A/G/R-*Fischer* § 289
InsO a.F. Rn. 1). Bei seinem erfolgreichen Abschluss muss die Restschuldbefreiung erteilt werden.
Folgerichtig ordnet § 289 InsO daher an, dass eine Einstellung des Insolvenzverfahrens nicht an
einer Erteilung der Restschuldbefreiung hindert.

D. Einstellung des Insolvenzverfahrens

Muss das Insolvenzverfahren wegen Masseunzulänglichkeit eingestellt werden, kann kein Schlusster- 13
min durchgeführt werden, weshalb § 289 Abs. 3 Satz 2 InsO nicht auf Abs. 1 Satz 1 verweist. Es hat
dann eine gesonderte Anhörung der Insolvenzgläubiger zu erfolgen, zu der eine **Gläubigerversammlung** einzuberufen (BGH ZVI 2009, 346 Tz. 3; MüKo-InsO/*Stephan* § 289 Rn. 56; *Uhlenbruck/
Sternal* InsO, § 289 Rn. 5; HK-InsO/*Waltenberger* 7. Aufl., § 289 a.F. Rn. 10; HambK-InsO/
Streck § 289 Rn. 3; *Häsemeyer* InsR, Rn. 26.26; KS-InsO/*Fuchs* 2000, S. 1679 Rn. 172; **a.A.**
OLG Celle ZInsO 2002, 230 [231]) bzw. eine Schlussanhörung durchzuführen ist. Da in diesen Fällen vielfach die Vermögensverhältnisse überschaubar und die Zahl der Gläubiger oder die Höhe der
Verbindlichkeiten gering ist, wird regelmäßig nach § 5 Abs. 2 Satz 1 InsO ein schriftliches Verfah-
ren durchgeführt. Dann ist eine Schlussanhörung vorzusehen.

Im Rahmen der abschließenden Gläubigerversammlung oder der Schlussanhörung ist jedenfalls in 14
den Verfahren mit einem Restschuldbefreiungsantrag ein **Forderungsprüfungsverfahren** durchzuführen (§ 211 Rdn. 10 ff.; A/G/R/*Henning* § 211 Rn. 10; *Uhlenbruck/Ries* InsO, § 211 Rn. 4).
Dies ist erforderlich, um ggf. spätere Verteilungen vornehmen zu können. Zumindest ist ein Verteilungsschlüssel zu erstellen (*Uhlenbruck/Sternal* InsO, § 289 Rn. 9). Außerdem muss der Schuldner
Gelegenheit erhalten, einer Forderung und insbes. ihrer Qualifikation aus vorsätzlich begangener unerlaubter Handlung etc. zu widersprechen.

In dieser Schlussanhörung oder Gläubigerversammlung erfolgt die abschließende **Anhörung der In-** 15
solvenzgläubiger zu dem Restschuldbefreiungsantrag des Schuldners nach § 287 Abs. 4 InsO (s.a.
§ 290 Rdn. 247). Dies ist jedenfalls dann erforderlich, wenn die Gläubiger, wie regelmäßig, noch
nicht dazu gehört werden. Im Rahmen dieser Anhörung können die Gläubiger zu dem Restschuldbefreiungsantrag Stellung nehmen und Versagungsanträge stellen. Außerdem müssen die Insolvenzgläubiger nach § 214 Abs. 2 Satz 1 InsO zur Einstellung des Insolvenzverfahrens gehört werden.

Eine **Anhörung des Insolvenzverwalters** zu dem Restschuldbefreiungsantrag und etwaigen Ver- 16
sagungsanträgen ist nach den §§ 287 Abs. 4, 290 InsO nicht vorgesehen (§ 287 Rdn. 277). Es führt
deswegen insoweit zu keinen Konsequenzen, wenn sie unterlassen wird. Diese Anhörung ist aber regelmäßig sinnvoll, schon um den Verwalter zu etwaigen Versagungsgründen zu hören. Allerdings ist
der Insolvenzverwalter nach § 214 Abs. 2 Satz 1 InsO zur Einstellung des Insolvenzverfahrens zu
hören, weswegen aus diesem Grund und insoweit seine Anhörung unverzichtbar ist.

Führt das Gericht eine Schlussanhörung durch, ist dafür eine **Fristsetzung** erforderlich, um den In- 17
solvenzgläubigern Gelegenheit zu geben, Versagungsanträge zu stellen (so bereits *LG Kassel* ZInsO
2004, 160 [161]). Ein ausdrücklicher Hinweis auf das Recht, Versagungsanträge zu stellen, kann,
muss aber nicht in den ab dem 01.07.2014 beantragten Insolvenzverfahren erfolgen. Da Versagungsanträge nach § 290 Abs. 1, 2 Satz 1 InsO ab der Forderungsanmeldung zulässig sind, werden die
Insolvenzgläubiger nicht mehr auf die begrenzte Zeitspanne der Anhörung beschränkt und sind deswegen weniger schutzbedürftig als früher.

Als **Fristende für Versagungsanträge** stellt § 290 Abs. 2 Satz 1 HS 1 InsO ausdrücklich auf die Ent- 18
scheidung über die Einstellung nach § 211 Abs. 1 InsO ab. Bei einer regelmäßigen Beendigung des
Insolvenzverfahrens wird dagegen auf den Schlusstermin oder die Schlussanhörung abgestellt. Diese
unterschiedliche Befristung ist weder sachlich noch systematisch überzeugend. Maßgebend ist daher
auch bei einer Einstellung nach § 211 Abs. 1 InsO die Schlussanhörung oder die abschließende
Gläubigerversammlung (§ 290 Rdn. 234 f.; **a.A.** *Uhlenbruck/Sternal* InsO, § 289 Rn. 5). Die Insol-

19 Aus der vorhandenen Masse muss die **Befriedigung der Massegläubiger** nach Maßgabe von § 209 InsO erfolgen. Erst danach darf das Insolvenzverfahren eingestellt werden. Auch nach Einstellung des Insolvenzverfahrens müssen im weiteren Verlauf des Restschuldbefreiungsverfahrens, also der Treuhandperiode, vom Treuhänder zunächst die noch offenen Masseverbindlichkeiten befriedigt werden, bevor er Ausschüttungen an die Insolvenzgläubiger vornimmt (*BGH* NZI 2005, 399 m. Anm. *Ahrens* = ZInsO 2005, 597 m. Anm. *Pape*; *Uhlenbruck/Sternal* InsO, § 289 Rn. 10).

20 Danach wird das Insolvenzverfahren durch den **Einstellungsbeschluss** gem. § 211 Abs. 1 InsO abgeschlossen. Sind in dem **Restschuldbefreiungsverfahren** keine Versagungsanträge gestellt, muss das Insolvenzgericht keine Entscheidung über die weitere Durchführung dieses Verfahrens fällen. Die frühere Ankündigung der Restschuldbefreiung zum Ende des Insolvenzverfahrens ist gestrichen. Ist ein Versagungsantrag gestellt, muss das Gericht über diesen Antrag entscheiden. Es kann den Versagungsantrag als unzulässig verwerfen, als unbegründet abweisen oder ihm stattgeben.

21 Die Entscheidung des Insolvenzgerichts über die Einstellung des Insolvenzgerichts gehört zur **funktionellen Zuständigkeit** des Rechtspflegers, § 3 Nr. 2 lit. e) RPflG. Die Entscheidung über den Versagungsantrag eines Gläubigers ist gem. § 18 Abs. 1 Nr. 3 RPflG (ab dem 21.04.2018 § 18 Abs. 1 Nr. 4 RPflG, BGBl. I, 2017, 866) vom Richter zu treffen.

22 Eine **Bekanntmachung** der Entscheidung über die Einstellung des Insolvenzverfahrens ist nach § 215 Abs. 1 Satz 1 InsO vorgeschrieben (*Uhlenbruck/Sternal* InsO, § 289 Rn. 12). Außerdem sind der Schuldner und der Insolvenzverwalter über den Zeitpunkt des Wirksamwerdens der Einstellung zu unterrichten, wobei auch die Mitglieder eines Gläubigerausschusses genannt sind. Der Beschluss über die Versagung der Restschuldbefreiung ist nach § 290 Abs. 3 Satz 2 InsO bekanntzumachen.

23 Die **Wirkungen der Einstellung** entsprechen für den Schuldner weitgehend denen bei Aufhebung des Insolvenzverfahrens, § 215 Abs. 2 InsO. Insb. erhält der Schuldner das Recht zurück, sein Vermögen zu verwalten und darüber zu verfügen. Für die Entscheidungswirkungen tritt an die Stelle des Schlusstermins der Zeitpunkt des Einstellungsbeschlusses (*Nerlich/Römermann* InsO, § 289 Rn. 36). Diese Konsequenzen gelten insb., wenn die Restschuldbefreiung versagt wurde (§ 290 Rdn. 292 ff.).

24 Davon zu unterscheiden sind die **Wirkungen der Treuhandperiode** eines Restschuldbefreiungsverfahrens. Ist im Anschluss an die Einstellung das Restschuldbefreiungsverfahren fortzusetzen, kann der Schuldner nicht über die abgetretenen Teile seiner Bezüge und der gleichgestellten Einkünfte verfügen. Außerdem Unterliegt er den Bindungen aus § 295 InsO. Die Insolvenzgläubiger sind gem. § 294 InsO weiterhin in ihren Rechten beschränkt. Bei einer Versagung der Restschuldbefreiung enden diese Bindungen.

25 Bei den **Rechtsmitteln** ist zu unterscheiden. Gegen die Einstellung des Insolvenzverfahrens ist kein Rechtsmittel eröffnet (*BGH* NZI 2007, 243). Hat ein Rechtspfleger entschieden, ist dagegen die befristete Rechtspflegererinnerung nach § 11 Abs. 2 RPflG statthaft. Wird die Restschuldbefreiung versagt, steht dem **Schuldner** gegen diese Entscheidung die **sofortige Beschwerde** zu, §§ 6, 290 Abs. 3 Satz 1 InsO, 567 ff. ZPO. Dies gilt bei einer Verwerfung oder Abweisung eines Versagungsantrags auch für den Gläubiger.

§ 290 Versagung der Restschuldbefreiung

(1) Die Restschuldbefreiung ist durch Beschluss zu versagen, wenn dies von einem Insolvenzgläubiger, der seine Forderung angemeldet hat, beantragt worden ist und wenn
1. der *Schuldner* in den letzten fünf Jahren vor dem Antrag auf Eröffnung des Insolvenzverfahrens oder nach diesem Antrag wegen einer Straftat nach den §§ 283 bis 283c des Strafgesetzbuchs

rechtskräftig zu einer Geldstrafe von mehr als 90 Tagessätzen oder einer Freiheitsstrafe von mehr als drei Monaten verurteilt worden ist,
2. der Schuldner in den letzten drei Jahren vor dem Antrag auf Eröffnung des Insolvenzverfahrens oder nach diesem Antrag vorsätzlich oder grob fahrlässig schriftlich unrichtige oder unvollständige Angaben über seine wirtschaftlichen Verhältnisse gemacht hat, um einen Kredit zu erhalten, Leistungen aus öffentlichen Mitteln zu beziehen oder Leistungen an öffentliche Kassen zu vermeiden,
3. (aufgehoben)
4. der Schuldner in den letzten drei Jahren vor dem Antrag auf Eröffnung des Insolvenzverfahrens oder nach diesem Antrag vorsätzlich oder grob fahrlässig die Befriedigung der Insolvenzgläubiger dadurch beeinträchtigt hat, dass er unangemessene Verbindlichkeiten begründet oder Vermögen verschwendet oder ohne Aussicht auf eine Besserung seiner wirtschaftlichen Lage die Eröffnung des Insolvenzverfahrens verzögert hat,
5. der Schuldner Auskunfts- oder Mitwirkungspflichten nach diesem Gesetz vorsätzlich oder grob fahrlässig verletzt hat,
6. der Schuldner in der nach § 287 Absatz 1 Satz 3 vorzulegenden Erklärung und in den nach § 305 Absatz 1 Nummer 3 vorzulegenden Verzeichnissen seines Vermögens und seines Einkommens, seiner Gläubiger und der gegen ihn gerichteten Forderungen vorsätzlich oder grob fahrlässig unrichtige oder unvollständige Angaben gemacht hat,
7. der Schuldner seine Erwerbsobliegenheit nach § 287b verletzt und dadurch die Befriedigung der Insolvenzgläubiger beeinträchtigt; dies gilt nicht, wenn den Schuldner kein Verschulden trifft; § 296 Absatz 2 Satz 2 und 3 gilt entsprechend.

(2) ¹Der Antrag des Gläubigers kann bis zum Schlusstermin oder bis zur Entscheidung nach § 211 Absatz 1 schriftlich gestellt werden; er ist nur zulässig, wenn ein Versagungsgrund glaubhaft gemacht wird. ²Die Entscheidung über den Versagungsantrag erfolgt nach dem gemäß Satz 1 maßgeblichen Zeitpunkt.

(3) ¹Gegen den Beschluss steht dem Schuldner und jedem Insolvenzgläubiger, der die Versagung der Restschuldbefreiung beantragt hat, die sofortige Beschwerde zu. ²Der Beschluss ist öffentlich bekannt zu machen.

Übersicht

	Rdn.
A. Normzweck	1
B. Gesetzliche Systematik	8
I. Konzeption der Versagungsregeln	8
1. Redlichkeitsvermutung	8
2. Enumerierte Tatbestände des § 290 Abs. 1 InsO	10
3. Tatbestandsstrukturen	14
II. Ausgestaltung des Versagungsverfahrens	20
III. Vorwirkung, Nachwirkung	23
1. Vorbemerkung	23
2. Schuldenbereinigungsplan, Insolvenzplan und Insolvenzantrag	24
3. Kostenstundung, Vorwirkungsrechtsprechung	28
4. Vorprüfung von Versagungsgründen	33
5. Sperrfristen	34
C. Versagungsgründe nach Abs. 1	35
I. Insolvenzstraftaten (§ 290 Abs. 1 Nr. 1 InsO)	35
1. Gesetzgebung	35
2. Katalogstraftat	38
3. Rechtskräftige Verurteilung	43
4. Ausschlussfrist	50

	Rdn.
II. Unzutreffende Angaben bei Kreditantrag oder Leistungsbezug (§ 290 Abs. 1 Nr. 2 InsO)	56
1. Unzutreffende Angaben	56
2. Schriftlichkeit	63
3. Wirtschaftliche Verhältnisse	69
4. Zweck	73
5. Frist	80
6. Subjektiver Tatbestand	83
a) Finalität	83
b) Vorsatz, grobe Fahrlässigkeit	85
7. Einzelfälle	90
III. Frühere Restschuldbefreiungsverfahren (§ 290 Abs. 1 Nr. 3 InsO)	92
IV. Verringerung der Insolvenzmasse (§ 290 Abs. 1 Nr. 4 InsO)	93
1. Unangemessene Verbindlichkeiten	93
2. Vermögensverschwendung	100
3. Verzögerung des Insolvenzverfahrens	107
4. Beeinträchtigte Gläubigerbefriedigung	110
5. Verschulden, Frist	113
6. Einzelfälle	115

	Rdn.			Rdn.
V.	Verletzung von Auskunfts- und Mitwirkungspflichten (§ 290 Abs. 1 Nr. 5 InsO)	117	VII. Verletzung der Erwerbsobliegenheit (§ 290 Abs. 1 Nr. 7 InsO) . . . . 1. Versagungsgrund	197 197
	1. Anwendungsbereich	117	2. Verweisung auf § 296 Abs. 2 Satz 2, 3 InsO	204
	a) Grundlagen	117	D. Versagungsverfahren	207
	b) Insolvenzverfahren	118	I. Grundlagen	207
	c) Arten der Pflichtverletzung . . .	121	II. Versagungsantrag	212
	d) Heilung	126	III. Antragsteller	217
	2. Auskunfts- und Offenbarungspflichten	128	1. Verfahrensbeteiligte Insolvenzgläubiger	217
	a) Grundlagen der Auskunftspflichten	128	2. Inkassobüros . . . . 3. Besondere Gläubigerstellungen . . .	222 224
	b) Einzelne Anforderungen	131	IV. Antragsfrist	230
	c) Offenbarungspflichten	141	1. Beginn und Ende	230
	3. Mitwirkungspflichten	143	2. Konsequenzen	236
	4. Sonstige Voraussetzungen	154	V. Anhörung	247
	5. Einzelfälle	159	VI. Glaubhaftmachung	250
VI.	Unzutreffende Erklärungen und Verzeichnisse (§ 290 Abs. 1 Nr. 6 InsO) . .	163	1. Erfordernis . . . . 2. Durchführung	250 255
	1. Unzutreffende Erklärungen (§ 290 Abs. 1 Nr. 6 Alt. 1 InsO)	163	3. Einzelfälle . . . . VII. Begründetheit	259 266
	2. Unzutreffende Verzeichnisse (§ 290 Abs. 1 Nr. 6 Alt. 2 InsO)	170	E. Entscheidung . . . . I. Beschluss	270 270
	a) Verzeichnisse gem. § 305 Abs. 1 Nr. 3 InsO	170	II. Aufhebung des Insolvenzverfahrens . . III. Rechtsmittel	277 281
	b) Unzutreffende Angaben	175	IV. Bekanntmachung	289
	c) Beeinträchtigte Gläubigerbefriedigung, Antragsberechtigung . .	186	V. Kosten . . . . F. Wirkungen	290 292
	d) Subjektiver Tatbestand	190		
	e) Einzelfälle	195		

Literatur:

Ahrens Versagung contra Restschuldbefreiung, ZInsO 2007, 673; *ders.* Restschuldbefreiung und Versagungsgründe, ZVI 2011, 273; *ders.* Ausgleichsmechanismen im Versagungsverfahren, VIA 2011, 65; *ders.* Leistungspflicht nach einer Negativerklärung, NJW-Spezial 2013, 85; *ders.* Systematisches und Unsystematisches bei den RSB-Versagungsverfahren, ZVI 2014, 227; *ders.* Kostenstundung bei Versagungsanträgen, NJW-Spezial 2015, 85; *Fischer/Hempler* Kampf dem unredlichen Schuldner oder Versagung der Kostenstundung analog § 290 Abs. 1 InsO, ZInsO 2005, 351; *Heicke* Die Modifikationen des § 290 InsO durch die Insolvenzrechtsreform, VIA 2014, 49; *Hackenberg/Hohler* Der Begriff der Vermögensverschwendung im Sinne des § 290 Abs. 1 Nr. 4 InsO als Einfallstor für die Versagung der Verfahrenskostenstundung, ZVI 2008, 229; *Heicke* Die Zukunft der Sperrfristrechtsprechung, NZI 2012, 873; *ders.* Die Modifikationen des § 290 I InsO durch die Insolvenzrechtsreform, VIA 2014, 49; *Homann* Rückforderung sozialrechtlicher Leistungen und Versagung der Restschuldbefreiung, ZVI 2006, 425; *ders.* Sperrfrist beim Zweitantrag auf Restschuldbefreiung, ZVI 2012, 206; *Kranenberg* Steuerhinterziehung – (K)Ein Grund zur Versagung der Restschuldbefreiung, NZI 2011, 664; *Laroche* Die »Sperrfristrechtsprechung« des BGH – Gefährliche Stolperfalle auf dem Weg zur Restschuldbefreiung?, VIA 2011, 73; *Laroche/Siebert* Neuerungen bei Versagung und Erteilung der Restschuldbefreiung, NZI 2014, 541; *Pape* Fortfall der Zweistufigkeit bei den RSB-Versagungsgründen, § 297a InsO n.F., ZVI 2014, 234; *Pape/Schaltke* Bestreiten des Versagungsgrunds durch den Schuldner im Schlusstermin, NZI 2011, 238; *Paulus* Die Versagung der Restschuldbefreiung nach aktueller höchstrichterlicher Rechtsprechung, ZInsO 2010, 1366; *Piper* Schuldentilgung in der finanziellen Krise – eine Vermögensverschwendung im Sinne von § 290 Abs. 1 Nr. 4 InsO?, ZVI 2009, 393; *dies.* Verbraucherinsolvenz und Restschuldbefreiung – Notwendigkeit des Schuldners zur Angabe bestrittener Forderungen im Gläubiger- und Forderungsverzeichnis, ZInsO 2010, 174; *Röhm* Die Versagung der Restschuldbefreiung wegen einer Insolvenzstraftat nach § 290 Abs. 1 Nr. 1 InsO, DZWIR 2004, 143; *Schmerbach* Die Versagung der Restschuldbefreiung nach §§ 290 und 295 InsO, NZI 2005, 521; *ders.* Versagungsgründe außer Rand und Band, NZI 2009, 677; *ders.* Rechtliches Gehör der Beteiligten im Verfahren auf Versagung der Restschuldbefreiung, FS Vallender, S. 571; *Schmidt* Die Rechtsprechung zur dreijährigen Sperrfrist analog § 290 Abs. 1 Nr. 3 InsO, InsVZ 2010, 232; *ders.* Reform der Verbraucherinsolvenz- und Restschuldbefreiungsverfahren, Teil 7, Das neue Recht der Versagung, InsbürO 2013, 471; *Vallender* Zurückweisung erstmaligen Bestreitens von Versagungsgründen nach dem Schlusstermin, VIA 2009, 1; *Wollweber/Bertrand* Restschuldbefreiung bei strafbefangenen Steuerverbindlichkeiten, DStR 2015, 1115; s.a. § 286.

A. Normzweck

§ 290 InsO schafft eine **Schnittstelle von Schuldner- und Gläubigerinteressen** (zu der in den vor dem 01.07.2014 beantragten Insolvenzverfahren geltenden Rechtslage vgl. die 8. Aufl.). Neben dem Interesse des Schuldners dient die gesetzliche Schuldbefreiung auch dem Vorteil der Insolvenzgläubiger, denn der Schuldner erwirbt das subjektive Recht auf Restschuldbefreiung erst nach der Liquidation seines Vermögens und nach erfolgreicher Beendigung der sechsjährigen Frist der Abtretungserklärung. Die **dominierende Zielsetzung** der **Schuldbefreiung** (*BGH* BGHZ 144, 78 [83 f.]) wird so auf die haftungsrechtlichen, aber auch andere Interessen der Gläubiger abgestimmt. Als Aufgabe des Restschuldbefreiungsverfahrens steht zunächst für die Insolvenzgläubiger ein auf der Chance zur gemeinschaftlichen Befriedigung ihrer Forderungen beruhender wirtschaftlicher Interessenausgleich ganz im Vordergrund. 1

Die gesetzliche Regelung erkennt aber u.a. in Gestalt der Versagungsgründe aus § 290 Abs. 1 InsO zusätzliche, ebenfalls zu schützende, **typisierte Gläubigerinteressen** an. Ihre Interessen können die Gläubiger über den besonderen Rechtsbehelf des Versagungsantrags geltend machen, der ihrer Dispositionsfreiheit und damit der Autonomie des einzelnen Gläubigers unterliegt. **Beschränkungen des Gläubigerschutzes** sollen nach einer Entscheidung des BGH der Verfahrensökonomie dienen, nicht aber dem Schutz des Schuldners (*BGH* NZI 2015, 516 Rn. 11). Diese verallgemeinernde Position überzeugt nicht. Unverkennbar dienen manche verfahrensbezogenen Elemente der Verfahrensökonomie. Andererseits wird etwa mit dem Erfordernis der Glaubhaftmachung oder den tatbestandlichen Beschränkungen auch der Schuldner geschützt. Über § 4a Abs. 1 Satz 3 und 4 InsO wirken die Anforderungen partiell auf das Verfahren zur Kostenstundung ein. Mit dieser Abwägung der zu berücksichtigenden Gläubigerinteressen bildet § 290 Abs. 1 InsO eine der zentralen Vorschriften des gesetzlichen Restschuldbefreiungsverfahrens. An den Schuldner werden mit dieser Vorschrift vorinsolvenzliche Verantwortlichkeiten, aber auch verfahrensrechtliche Verhaltensanforderungen gerichtet. Zusammenfassend formuliert dazu § 1 Satz 2 InsO, dass dem redlichen Schuldner Gelegenheit zur Schuldbefreiung gegeben wird. 2

Nach dieser grundlegenden Zweckbestimmung eröffnet das Insolvenzverfahren einem **redlichen Schuldner**, also einer ehrlichen, zuverlässigen, pflichtbewussten Person (*Wahrig* Deutsches Wörterbuch, 2. Aufl.; s.a. *Rother* ZRP 1998, 205 [208]) die Möglichkeit, sich von der Haftung für seine Verbindlichkeiten zu befreien. Gleichrangig mit den anderen Zielsetzungen, wie der einer gemeinschaftlichen Haftungsverwirklichung, wird die insolvenzrechtliche Schuldbefreiung zur Aufgabe des Insolvenzverfahrens und damit zum Regelfall des gesetzlichen Modells erhoben (A/G/R-*Ahrens* § 1 InsO Rn. 14; *Ahrens* VuR 2000, 8 ff.; **a.A.** *Smid* DZWiR 1997, 309 [312]). 3

Im Unterschied zu diesem Normalfall der Restschuldbefreiung bezeichnet § 290 Abs. 1 InsO die Tatbestände, bei deren Vorliegen einem Schuldner **ausnahmsweise die Schuldbefreiung versagt** werden kann, weil er es an den erforderlichen Anforderungen hat fehlen lassen. Der Schuldner wird auch nicht allgemein auf gesetzeskonformes Verhalten überprüft (*AG Oldenburg* ZVI 2007, 328 [329]). Die Redlichkeit ist deswegen kein Erfordernis zur Erteilung der Restschuldbefreiung, sondern § 290 Abs. 1 InsO definiert im Einzelfall Konstellationen, in denen die Restschuldbefreiung unter den gesetzlichen Voraussetzungen zu versagen ist. Das unbestimmte Kriterium ist deswegen untauglich, um positive Konsequenzen für die Versagung der Restschuldbefreiung aufzustellen. Eine Erweiterung der abschließend aufgezählten Versagungsgründe ist nur durch den Gesetzgeber zulässig, der mit dem Gesetz zur Verkürzung des Restschuldbefreiungsverfahrens und zur Stärkung der Gläubigerrechte vom 15.07.2013 (BGBl. I S. 2379) einige Änderungen und Ergänzungen vorgenommen hat. 4

5 Trotz der terminologischen Nähe zum Merkmal der Unredlichkeit in den §§ 18 Nr. 1 VglO, 187 Satz 1 KO **löst sich § 290 Abs. 1 InsO von** der insbesondere für Unternehmensinsolvenzen kritisierten vergleichsrechtlichen **Würdigkeitsprüfung** (*Uhlenbruck* KTS 1975, 166 [170 ff.]; *Karsten Schmidt* Gutachten 54. DJT, D 43, D 76; s.a. *Wenzel* ZRP 1993, 161 [162]). Ihre nicht mehr zeitgemäße Aufgabenstellung einer Gläubigerfürsorge hat bereits in der Vergangenheit praeter legem zu einer vielfach restriktiven Interpretation der vergleichsrechtlichen Ablehnungs- bzw. Verwerfungsgründe geführt. Abweichend vom Wortlaut der §§ 17, 18 VglO wird den Ablehnungsgründen kein zwingender Charakter beigemessen (*Bley/Mohrbutter* VglO, § 17 Rn. 1; *Baur/Stürner* Zwangsvollstreckungs-, Konkurs- und Vergleichsrecht, Bd. II, Rn. 26.9; vorsichtig *Kilger/Karsten Schmidt* VglO, §§ 17 Anm. 1, 18 Anm. 1). Ebenso wird auch § 175 KO teleologisch reduziert, wenn Nr. 3 auf Bankrottstraftaten zu beschränken ist, die im Zusammenhang mit dem Konkurs stehen, und das Verhalten von Gesellschaftern bzw. organschaftlichen Vertretern nur begrenzt zugerechnet werden soll (*Hess* KO, § 175 Rn. 14; *Kuhn/Uhlenbruck* KO, § 175 Rn. 5 f.). Noch weiter ist diese Erosion der Würdigkeitskriterien in der GesO vorangeschritten. Jedenfalls die in § 18 Abs. 2 Satz 3 HS 2 GesO ausgesprochene Ausnahme von der Vollstreckungsbeschränkung bei Handlungen zum Nachteil der Gläubiger kann nicht mehr mit einer Würdigkeitsprüfung gleichgesetzt werden (vgl. *Wenzel* Restschuldbefreiung, S. 115 ff.; a.A. *Holzer* WiB 1997, 1278 [1279 ff.]; s.a. *Zeuner* BB 1991, Beil. 14, 10 [11]). Beim Insolvenzplan sind die Würdigkeitsvoraussetzungen der §§ 17 f. VglO, 175 KO entfallen (KS-InsO/*Grub* 2000, S. 671 Rn. 74, der sie aber im Rahmen von § 290 InsO fortbestehen lassen will).

6 Unter das Kapitel der vergleichsrechtlichen Würdigkeitsprüfung mit einem den Schuldner bestrafenden Charakter wird nunmehr von § 290 Abs. 1 InsO endgültig ein **Schlussstrich** gezogen (vgl. *Uhlenbruck/Sternal* InsO, § 290 Rn. 3). *Haarmeyer/Wutzke/Förster* (Handbuch, 3. Aufl., Rn. 8/182) titulieren die Redlichkeit deshalb zu Recht als eine irreführende Bezeichnung. An die Stelle einer durch die unbestimmten Kriterien von Unredlichkeit und Leichtsinn sanktionierten Sozialmoral treten in § 290 Abs. 1 InsO einzelne funktional gestaltete Ausnahmeregeln. Da die Versagungsregeln **keinen strafenden Charakter** besitzen, sind Konsequenzen für die unberechtigte Androhung eines Versagungsantrags zu ziehen. Übereinstimmend mit den Grundsätzen über eine versuchte Nötigung durch eine unberechtigte Drohung mit einer Strafanzeige in einem anwaltlichen Mahnschreiben (*BGH* NJW 2014, 401), kommt auch insoweit eine Strafbarkeit in Betracht.

7 Geschaffen ist ein **gläubigerautonomes Versagungsverfahren**, das auf Antrag eines Insolvenzgläubigers durchgeführt wird. Im klaren Widerspruch dazu steht ein amtswegiges Versagungsverfahren (*Vallender/Fuchs* NZI 2003, 292 [296]; *G. Pape* ZVI 2003, 377 [379]; *I. Pape* NZI 2004, 601 [604 f.]; *Schmerbach* ZInsO 2004, 697 [700]; *Grote/G. Pape* ZInsO 2004, 993 [1000 ff.]; *Ahrens* ZRP 2007, 84 [88]; *ders.* ZInsO 2007, 673 [678 f.]; a.A. *Frind* ZInsO 2003, 341 [344]), welches der Gesetzgeber zutreffend nicht realisiert hat. Die Neufassung von § 290 Abs. 2 InsO soll mit dem von der Forderungsanmeldung bis zum Schlusstermin bzw. den gleichgestellten Verfahrenssituationen eröffneten Antragsrecht die Antragstellung durch die Gläubiger erleichtern. Im Wesentlichen ist diese Erweiterung unnötig, weil bereits die ermöglichte schriftliche Antragstellung genügt, um die Insolvenzgläubiger von der Notwendigkeit zu entbinden, im Schlusstermin zu erscheinen.

B. Gesetzliche Systematik

I. Konzeption der Versagungsregeln

1. Redlichkeitsvermutung

8 Im Restschuldbefreiungsverfahren besteht ein **Regel-Ausnahme-Verhältnis** zugunsten der Redlichkeit. Dafür ist von einer Redlichkeitsvermutung auszugehen, denn jeder Schuldner gilt selbstverständlich als redlich, solange nicht das Gegenteil behauptet und erforderlichenfalls bewiesen ist (*BGH* BGHZ 156, 139 [147]; ZInsO 2005, 926 [927]; 2006, 265 [266]; *LG Hamburg* ZVI 2002, 33; *Uhlenbruck/Sternal* InsO, § 286 Rn. 16; *Haarmeyer/Wutzke/Förster-Schmerbach* InsO, § 290 Rn. 6; *Frege/Keller/Riedel* 8. Aufl., Insolvenzrecht, Rn. 2139; *Kohte* VuR 2005, 270 [272]; *Schmer-*

bach NZI 2009, 677; *Häsemeyer* InsR, Rn. 26.17; *Meller-Hannich* KTS 2011, 258 [262]; zur Ausstrahlung auf die Kostenstundung Rdn. 28; s.a. *Schmidt* Privatinsolvenz, § 6 Rn. 1). Bestätigt wird diese Konzeption durch den Wertungsakkord mit den Obliegenheitsverletzungen im Versicherungsvertragsrecht. Dort kann nach § 6 VVG im Fall einer Obliegenheitsverletzung die Leistungsfreiheit des Versicherers und damit eine der versagten Restschuldbefreiung vergleichbare Folge eintreten. In st. Rspr. nimmt der BGH für derartige Fälle des Versicherungsvertragsrechts eine Redlichkeitsvermutung an, weil nicht der unredliche, sondern der redliche Versicherungsnehmer den Regelfall bildet (*BGH* VersR 1984, 29 [30]; NJW 1996, 1348 [1349]; NJW 1997, 1988; NJW-RR 1997, 598 [599]). Aus der Parallelwirkung des Versicherungsrechts ist deswegen eine die Interpretation der §§ 1 Satz 2, 290 Abs. 1 InsO unterstützende Wertung für das Insolvenzverfahren abzuleiten.

Ausgehend von dem **Regelfall eines redlichen Schuldners** legt § 290 Abs. 1 InsO fest, wann ausnahmsweise einem nicht redlichen Schuldner die Schuldbefreiung zu versagen ist (*LG Hamburg* ZVI 2002, 33). Gegenüber dem von der Redlichkeitsvermutung gestützten Regelfall einer anzukündigenden Restschuldbefreiung normiert § 290 Abs. 1 InsO Umstände, die im Insolvenzverfahren ausnahmsweise zu einer Versagung der Restschuldbefreiung führen können. Zur Regel der gesetzlichen Schuldbefreiung bildet ihre Versagung die Ausnahme (*Hess* InsO, 2007, § 290 Rn. 1; *K. Schmidt/Henning* § 290 n.F. Rn. 9; *Braun/Pehl* InsO, § 290 Rn. 5; *Gottwald/Ahrens* HdbInsR, § 77 Rn. 51). Dieser Grundsatz zeigt auch die Grenzen für eine strenge Interpretation der Redlichkeit als einem ungeschriebenem Tatbestandsmerkmal auf (*Uhlenbruck/Sternal* InsO, § 286 Rn. 16). Nach Ende des Schlusstermins sind die Versagungsgründe präkludiert (s. Rdn. 212 ff.). Die Versagungsgründe aus den §§ 290, 295 InsO beziehen sich damit auf unterschiedliche Zeiträume. § 290 InsO gilt bis zum Schlusstermin, § 295 InsO nach Beendigung des Insolvenzverfahrens (*AG Oldenburg* NZI 2002, 327; s.a. § 286 Rdn. 73, § 287 Rdn. 266 ff. und § 295 Rdn. 4). 9

2. Enumerierte Tatbestände des § 290 Abs. 1 InsO

Im Interesse der Rechtssicherheit enthält § 290 Abs. 1 InsO eine **abschließende Aufzählung der Gründe**, die im Zulassungsverfahren zur Restschuldbefreiung und damit noch während des Insolvenzverfahrens eine Versagung der Restschuldbefreiung rechtfertigen. Ausdrücklich wurde für diese Versagungsregelung eine Generalklausel verworfen (RegE BR-Drucks. 1/92 S. 190; *Gottwald/Ahrens* HdbInsR, § 77 Rn. 52; gegen die sich bereits *Knüllig-Dingeldey* Nachforderungsrecht, S. 179, ausgesprochen hat), die sämtliche unredlichen Verhaltensweisen des Schuldners erfasst. Ebenso wenig wurden Regelbeispiele bestimmt, die gesetzestechnisch durch ein »insbesondere« gekennzeichnet werden und Raum für eine Erweiterung des Anwendungsbereichs lassen. 10

Nach Wortlaut und Zielsetzung der Vorschrift ist mit den im Einzelnen **enumerierten Tatbeständen** eine abschließende Regelung erfolgt (*BGH* NZI 2003, 449 [450]; *BFH* DB 2008, 2345 [2346]; Mü-Ko-InsO/*Stephan* § 290 Rn. 3; *Kübler/Prütting/Bork-Wenzel* InsO, § 290 Rn. 2; LSZ/*Kiesbye* InsO, § 290 Rn. 1; *Uhlenbruck/Sternal* InsO, § 290 Rn. 27; HK-InsO/*Waltenberger* § 290 Rn. 1; *K. Schmidt/Henning* § 290 n.F. Rn. 1; *Haarmeyer/Wutzke/Förster-Schmerbach* InsO, § 290 Rn. 5; a.A. *AG München* ZVI 2003, 481; krit. *Rothammer* Die insolvenzrechtliche Restschuldbefreiung, S. 115 ff.). Diese abschließende Normierung wird auch von denjenigen anerkannt, die sich rechtspolitisch für eine Generalklausel aussprechen (*Döbereiner* Restschuldbefreiung, S. 118 f.; *Trendetenburg* Restschuldbefreiung, S. 230 f.; *Nerlich/Römermann* InsO, § 290 Rn. 12 f., 27). Von dem Enumerationsprinzip des § 290 Abs. 1 InsO werden insgesamt zahlreiche Anforderungen an den Schuldner benannt, doch bleiben ebenso selbstverständlich manche Verhaltensweisen folgenlos. 11

Auf andere, von den angeführten Tatbeständen **nicht erfasste Umstände**, kann eine Versagung nicht gestützt werden (*BGH* ZInsO 2006, 265 [266]; *OLG Köln* NZI 2001, 205 [206]; *Pape* Gläubigerbeteiligung, Rn. 434). Deswegen kann ein Versagungsantrag nach § 290 Abs. 1 InsO nicht auf die Obliegenheiten aus § 295 InsO gestützt werden (*BGH* ZVI 2006, 596). Eine – allerdings abzulehnende – Ausnahme hat der BGH früher bei der analogen Anwendung von § 290 Abs. 1 Nr. 3 InsO anerkannt (*BGH* NJW 2009, 3650 Tz. 8, 11 ff.; *K. Schmidt/Henning* § 290 n.F. Rn. 1). Ein unzulässiges Sonderabkommen mit einem Gläubiger rechtfertigt ebenso wenig einen Versagungsgrund nach 12

§ 290 Abs. 1 InsO (*AG Potsdam* ZInsO 2003, 96) wie eine Forderung aus einer vorsätzlich begangenen unerlaubten Handlung (*LG Oldenburg* ZInsO 2002, 1095 [1096]; *AG Göttingen* ZInsO 2014, 1723). Auch mit einer verletzten Erwerbsobliegenheit kann eine Versagung nicht begründet werden (*LG Göttingen* ZInsO 2002, 682 [684]). Der Streit über die Wirksamkeit einer Abtretung begründet keinen Versagungsgrund (*AG Göttingen* NZI 2002, 61 f.). Eine unzureichende Quote im Schuldenbereinigungsplanverfahren erfüllt keinen Versagungsgrund (*AG Hamburg* NZI 2000, 336). Eine Versagung der Restschuldbefreiung wegen einer Forderung aus vorsätzlich begangener unerlaubter Handlung und nur insoweit ist nicht zulässig (*AG Göttingen* ZInsO 2010, 1337; s.a. *LG Schwerin* VersR 2007, 400 [401]). Nach Verfahrenseröffnung entstandene Unterhaltsforderungen begründen keinen Versagungsantrag gem. § 290 InsO (*AG Göttingen* BeckRS 2013, 22462).

13 Diese Regelungstechnik wurde wegen der damit verbundenen größeren **Rechtssicherheit** und einer gerechten, gerade nicht ins weite Ermessen des Insolvenzgerichts gestellten Entscheidung über die Schuldbefreiung gewählt. Schuldner und Insolvenzgläubiger sollen von vornherein wissen, unter welchen Bedingungen die Restschuldbefreiung erteilt oder versagt werden kann, damit sie die Folgen bestimmter Verhaltensweisen erkennen können (RegE BR-Drucks. 1/92 S. 190; *BGH* NZI 2009, 253 Tz. 14; NZI 2016, 89 Tz. 13; *Häsemeyer* InsR, Rn. 26.18; *Arnold* DGVZ 1996, 65 [68]; *Wittig* WM 1998, 157, 209 [211]). Im Ergebnis gestalten aber zahlreiche unbestimmte Rechtsbegriffe die enumerierten Versagungsgründe aus, weshalb der Gesetzgeber sein hohes Ziel nur teilweise verwirklicht hat. Insgesamt besitzen die Insolvenzgläubiger dadurch ein effektives Instrument, um den Zugang zur Restschuldbefreiung zu steuern. Einzelne vom Gesetz nicht gedeckte Versuche, § 290 Abs. 1 InsO über die konturierten Tatbestände hinaus in eine unbestimmte und in ihrem Anwendungsbereich nicht vorhersehbare Redlichkeitsnorm umzuinterpretieren (z.B. *AG München* ZVI 2003, 481), belegen die regelungstechnische und praktische Notwendigkeit einer Absage an eine Generalklausel.

3. Tatbestandsstrukturen

14 Mit den normierten Versagungsgründen übersetzt § 290 Abs. 1 InsO **verschiedenartige Verhaltensanforderungen** in ein prozessuales Gegenrecht der Insolvenzgläubiger. Dadurch ist die inhaltliche Struktur der enumerierten Tatbestände nicht ohne Weiteres zu erfassen. Teilweise handelt es sich um die Gefährdung der Schulderfüllung, so die Straftatbestände in Nr. 1 und die Regelungen in Nr. 4, oder um Risikoerhöhungen, wie in der 1. Alt. von Nr. 2. Aber auch ein Missbrauchstatbestand in Nr. 3 sowie die Einhaltung insolvenzrechtlicher Anforderungen durch Nr. 5, 6 sind geregelt. Während die beiden letztgenannten Vorschriften verfahrensrechtliche Verstöße sanktionieren, wird jedenfalls bei dem Versagungsgrund aus Nr. 2 zumindest auch auf materiellrechtliche Pflichtverletzungen abgestellt. Ein rein prozessuales oder ein rein materielles Verständnis der Versagungsgründe wird dadurch verhindert (zur Unterscheidung im französischen Recht *Lutz* Verbraucherüberschuldung, S. 103 ff.).

15 Als einigende Größe wurde bislang bei allen Tatbeständen des § 290 Abs. 1 InsO von **Pflichtverletzungen** des Schuldners ausgegangen. Mit den neuen Regelungen des § 290 Abs. 1 Nr. 6 Alt. 1 InsO und des § 290 Abs. 1 Nr. 7 HS 1 InsO wird der bisher bestehende klare Pflichtenbezug der Versagungsgründe aufgegeben. Ohne Rechenschaft in den Materialien über die dadurch eintretenden Modifikationen abzulegen, knüpfen diese beiden Versagungstatbestände insoweit an **Obliegenheiten bzw. Lasten** an. Dennoch dürfen die Versagungstatbestände nicht allgemein auf verletzte Obliegenheiten bezogen werden. Bereits die Strukturfremdheit von Obliegenheitsverletzungen schließt eine Generalisierung aus. Im Übrigen eröffnet die schmale Basis der verletzten Obliegenheiten aus § 290 Abs. 1 Nr. 6 Alt. 1 InsO bzw. § 290 Abs. 1 Nr. 7 HS 1 InsO keine hinreichend breite Grundlage, um eine Versagung auf andere Obliegenheiten zu stützen. Aus dem gesetzlichen Regelungskonzept ist allerdings nicht ohne Weiteres abzuleiten, ob § 290 Abs. 1 Nr. 7 HS 3 InsO entsprechend der in Bezug genommenen Regelung Obliegenheiten oder orientiert an dem bisherigen Standard des § 290 Abs. 1 InsO Pflichten normiert.

Infolgedessen muss jede **Auslegung** streng an der jeweiligen gesetzlichen Systematik sowie dem 16
Normzweck ausgerichtet sein. Die veröffentlichte Spruchpraxis der Insolvenzgerichte zu den Versagungsgründen bezieht sich überwiegend auf die insolvenzverfahrensrechtlichen Vorschriften des
§ 290 Abs. 1 Nr. 5 und 6 InsO (vgl. *Schmerbach* NZI 2005, 521 [522]). Hierin ist ein eindeutiges
Signal zu sehen, dass die Effektivität der Versagungsregeln nicht von weitgefassten Redlichkeitsanforderungen an den Schuldner, sondern klaren verfahrensrechtlichen Anforderungen abhängt.

Die Versagungstatbestände aus § 290 Abs. 1 InsO verlangen regelmäßig **keine beeinträchtigte** 17
Gläubigerbefriedigung, wodurch sie sich von § 296 Abs. 1 Satz 1 InsO unterscheiden. Ausdrücklich verlangen nur § 290 Abs. 1 Nr. 4 und 7 InsO eine solche Beeinträchtigung. In der Zulassungsphase vor Beendigung des Insolvenzverfahrens besitzen beeinträchtigte Befriedigungsaussichten
noch nicht das gleiche Gewicht, denn die Haftung wird hier durch das parallel verlaufende Zulassungsverfahren gesichert. Allerdings belegt § 290 Abs. 1 Nr. 4 InsO, dass es auch im Zulassungsverfahren auf die haftungsrechtliche Wirkung ankommen kann. Mit dieser prinzipiell einfacheren
Gestaltung im Zulassungsverfahren können vielleicht auch die größeren Erfolgsaussichten der Versagungsanträge nach § 290 InsO erklärt werden, während nicht wenige Versagungsanträge nach
§ 296 Abs. 1 Satz 1 InsO an der fehlenden Beeinträchtigung der Befriedigungsaussichten scheitern.
Nach der Rechtsprechung des BGH wird im Rahmen von § 290 Abs. 1 Nr. 5 (*BGH* ZInsO 2009,
395 Tz. 10 ff.) sowie § 290 Abs. 1 Nr. 6 InsO (*BGH* NZI 2004, 633 [634]; 2005, 461) keine beeinträchtigte Gläubigerbefriedigung verlangt. Jedoch rechtfertigt die unterlassene Angabe wirtschaftlich wertloser Ansprüche im Vermögensverzeichnis keine Versagung (*BGH* ZVI 2004, 696). Der Verhältnismäßigkeitsgrundsatz gebietet, dass nicht jede noch so geringfügige Verletzung von Pflichten
eine Versagung der Restschuldbefreiung zur Folge haben kann (*BGH* NJW 2003, 2167 [2168]; *AG
Duisburg* ZInsO 2017, 1399; *Braun/Pehl* InsO, § 290 Rn. 6; *Meller-Hannich* KTS 2011, 258 [262];
kritisch K. Schmidt/*Henning* § 290 n.F. Rn. 16).

Ein Versagungsgrund gem. § 290 Abs. 1 InsO liegt allerdings nicht schon dann vor, wenn der objektive Tatbestand eines dem Schuldner zurechenbaren Verhaltens erfüllt ist, denn regelmäßig 18
muss das Verhalten des Schuldners einen **subjektiven Tatbestand** erfüllen und damit missbilligt werden (*LG Hamburg* ZVI 2002, 32). Bei den Fallgruppen der Nr. 2 sowie 4 bis 6 wird deswegen explizit ein vorsätzliches oder grob fahrlässiges Verhalten verlangt. Für den bei einer groben Fahrlässigkeit geforderten schweren Vorwurf sind die individuellen Kenntnisse sowie die Unerfahrenheit und
die Unbeholfenheit des Schuldners zu berücksichtigen (*Palandt/Heinrich* BGB, 67. Aufl., § 277
Rn. 5). Unzureichende Fähigkeiten des Schuldners können gerade bei Verbraucherinsolvenzverfahren eine erhebliche Rolle spielen. Selbstverständlich ist aber für die strafrechtlichen Verfehlungen
gem. Nr. 1 ebenfalls ein Verschulden erforderlich. Eine abgeschwächte Form des Verschuldens verlangt § 290 Abs. 1 Nr. 7 HS 2 InsO wegen der dort angeordneten Beweislastumkehr. Neben der
objektiven Verletzung der Anforderungen muss für die Versagungsgründe aus § 290 Abs. 1 InsO
stets auch die subjektive Missbilligung festzustellen sein.

Unbeantwortet lässt § 290 Abs. 1 InsO, **welcher Insolvenzgläubiger** einen Versagungsgrund erheben kann. Dies ist im Rahmen der Antragsbefugnis bei der Zulässigkeit des Versagungsantrags zu 19
prüfen (s. Rdn. 212). Die Versagungsgründe aus § 290 Abs. 1 Nr. 5 und 6 InsO sind auf das von
der Pflichtverletzung betroffene Verfahren beschränkt. In einem späteren Verfahren können sie nicht
angeführt werden. Dagegen ist es – innerhalb der jeweiligen Fristen – nicht ausgeschlossen, die anderen Versagungsgründe aus § 290 Abs. 1 Nr. 1 bis 4 InsO in einem weiteren Restschuldbefreiungsverfahren erneut geltend zu machen.

II. Ausgestaltung des Versagungsverfahrens

In dem seit dem 01.07.2014 geltenden neuen Recht werden wesentliche **Ordnungsleistungen zer-** 20
schlagen, die das bisherige Regelungsmodell des Restschuldbefreiungsverfahrens kennzeichneten.
Zu den zentralen Funktionselementen gehörte sein zweistufiger Aufbau, der durch die Wirkungen
des Schlusstermins und die Beendigung des Insolvenzverfahrens vermittelt wurde. Bereits die aufgeblähte Eingangsentscheidung hat demgegenüber zu einer Gewichtsverlagerung geführt. Im Zu-

§ 290 InsO Versagung der Restschuldbefreiung

sammenwirken mit der Streichung von § 291 InsO und den Eingriffen in das Versagungsverfahren wurde ein unkonturiertes, ganzheitlich wenig überzeugendes, neues Konzept geschaffen.

21 Die **Konzentrationswirkung** des Schlusstermins (K. Schmidt/*Henning* § 290 n.F. Rn. 2) wird durch die neue Befugnis der Insolvenzgläubiger aufgegeben, ihre Versagungsanträge von der Forderungsanmeldung bis zum Schlusstermin oder den gleichgestellten Verfahrenssituationen stellen zu können. In einem schriftlichen Verfahren oder jedenfalls bei einer ermöglichten schriftlichen Antragstellung ist indessen eine solche Gestaltung unnötig. Zudem führt die neue Rechtslage zu erheblichen Schwierigkeiten, wie sich bei der Überlegung zeigt, ob unzulässige oder unbegründete Versagungsanträge sofort verworfen bzw. abgewiesen werden dürfen (abl. MüKo-InsO/*Stephan* § 290 (neu) Rn. 76; A/G/R-*Fischer* § 290 n.F. InsO Rn. 10; HK-InsO/*Waltenberger* § 290 Rn. 63; *Graf-Schlicker/Kexel* § 290 Rn. 31; *Grote/Pape* ZInsO 2013, 1433 [1441]; *Schmerbach* NZI 2013, 566 [569]; *Ahrens* ZVI 2014, 227 [231 f.]; *Heicke* VIA 2014, 49 [51]; bejahend *Frind* Praxishandbuch Privatinsolvenz, Rn. 898; *ders.* NZI 2013, 729 [731 f.]; *Schmerbach/Semmelbeck* NZI 2014, 547 [550]; s.a. *Kübler/Prütting/Bork-Wenzel* InsO, § 290 Rn. 24).

22 Außerdem wird die **Präklusionswirkung** des Schlusstermins aufgehoben. Bislang war, abgesehen vom Fall eines fehlerhaft unter Verletzung verfassungsrechtlicher Rechtsschutzgarantien durchgeführten Verfahrens (*BGH* NZI 2014, 77 Tz. 17), selbst bei einer unverschuldeten nachträglichen Kenntniserlangung eine nachträgliche Geltendmachung ausgeschlossen (*BGH* NZI 2009, 64 Rn. 10; *Ahrens* NZI 2013, 721 [722]). Durch die Befugnis, nachträglich bekannt gewordene Versagungsgründe gem. § 297a InsO geltend machen zu können, wird diese Ausschlusswirkung weitgehend aufgegeben. Die verfahrensrechtlichen Leistungen der Abschlusswirkung und einer formellen Richtigkeit werden dabei nicht mehr wahrgenommen.

III. Vorwirkung, Nachwirkung

1. Vorbemerkung

23 In mehreren Fallgruppen werden die Versagungsregeln **außerhalb ihres Gegenstandsbereichs** angewendet. Typischerweise werden damit zwei Zwecke verfolgt. Zunächst wird die zeitliche Grenzlinie des Versagungsverfahrens überschritten. Typischerweise werden dabei die Versagungstatbestände bereits vor einem erfolgreichen Versagungsantrag aktualisiert. Vereinzelt wirken sie aber auch in ein nachfolgendes weiteres Restschuldbefreiungsverfahren hinein. Außerdem soll mit einer solchen Vorprüfung eine Amtsprüfung des Insolvenzgerichts ermöglicht und ein fehlender Versagungsantrag der Insolvenzgläubiger überwunden werden. Solche in Anspruch genommenen Prüfungsbefugnisse des Insolvenzgerichts erweisen sich prinzipiell als bedenklich, soweit sie nicht durch eine gesetzliche Grundlage, wie nach den §§ 287a Abs. 2 Satz 1, 309 Abs. 1 Nr. 2 InsO eindeutig legitimiert sind. Die klare gesetzliche Begrenzung der Versagungsregeln gilt nicht allein für das Versagungsverfahren selbst, sondern auch für funktionelle Äquivalente, die einen Zugang zur Restschuldbefreiung blockieren.

2. Schuldenbereinigungsplan, Insolvenzplan und Insolvenzantrag

24 Über das Zulassungsverfahren zur Restschuldbefreiung hinaus ist § 290 InsO bei der **Ersetzung der Zustimmung** zu einem **Schuldenbereinigungsplan** nach § 309 Abs. 1 Nr. 2 InsO zu berücksichtigen. Eine Zustimmungsersetzung scheidet aus, wenn eine Versagung der Restschuldbefreiung nach § 290 InsO erfolgen müsste (s. *Grote/Lackmann* § 309 Rdn. 42; *BGH* ZVI 2004, 756; *LG Saarbrücken* NZI 2000, 380 [381]; *AG Göttingen* NZI 2000, 92 [93]; ZInsO 2001, 768; *Pape* Gläubigerbeteiligung, Rn. 434). Von dem widersprechenden Gläubiger muss dazu konkret dargelegt und glaubhaft gemacht werden, welcher Versagungsgrund vorliegt (*OLG Köln* ZInsO 2001, 807 [809]). Zu den Anforderungen an die einzelnen Versagungstatbestände im Rahmen der Prüfung des § 309 Abs. 1 Satz 2 InsO: Eine abstrakte Benennung von Straftatbeständen, die der Schuldner begangen haben soll, genügt für § 290 Abs. 1 Nr. 1 InsO nicht (*OLG Celle* NZI 2001, 369 [370]). Zu den Anforderungen an § 290 Abs. 1 Nr. 2 InsO (*AG Mönchengladbach* ZInsO 2001, 186; ZInsO 2001,

674 [675]). Zu § 290 Abs. 1 Nr. 4 InsO (*AG Mönchengladbach* ZInsO 2001, 674 [675]). Zu § 290 Abs. 1 Nr. 6 InsO (*BGH* ZVI 2004, 756 [757]; *AG Mönchengladbach* ZInsO 2001, 674 [676]).

Weitergehend soll eine **wirtschaftliche Schlechterstellung** vorliegen, die eine Zustimmungsersetzung nach § 309 Abs. 1 Satz 2 Nr. 1 InsO ausschließt, wenn der Schuldenbereinigungsplan keine Verfall- oder Wiederauflebensklausel für Fälle enthält, in denen die Restschuldbefreiung nach den §§ 289, 290 InsO zu versagen wäre (*LG Memmingen* NZI 2000, 233; *LG Lübeck* ZVI 2002, 10; *LG Köln* NZI 2003, 559 [560]). Nach der Gegenansicht ist eine Zustimmungsersetzung auch ohne eine solche Verfallklausel zulässig, da sonst eine kaum zu bewältigende Prognoseentscheidung erforderlich ist (*LG Dortmund* ZVI 2002, 32). Zu weit geht eine Anwendung von § 290 Abs. 1 Nr. 6 InsO auf den **Insolvenzeröffnungsantrag** (a.A. *AG Siegen* NZI 2000, 285 [286]). In der **Eingangsentscheidung** gem. § 287a Abs. 1 Satz 1 InsO darf keine Vorprüfung möglicher Versagungsgründe erfolgen (s. § 287a Rdn. 14; *Ahrens* Das neue Privatinsolvenzrecht, Rn. 679; a.A. *AG Hamburg* ZInsO 2015, 821 [822]).

Im darstellenden Teil eines **Insolvenzplans** muss der Schuldner grds. nicht auf mögliche Versagungsgründe nach § 290 InsO hinweisen (*BGH* ZInsO 2009, 1252 Tz. 27). Auf strafrechtliche Verurteilungen nach den §§ 283 bis 283c StGB muss der Schuldner nur hinweisen, wenn eine Unternehmensfortführung durch den bisherigen Unternehmensleiter geplant ist (*BGH* NZI 2012, 139 Tz. 14). Offen ist, ob ein vorliegender Versagungsgrund zu einer wirtschaftlichen Schlechterstellung i.S.d. § 251 Abs. 1 InsO führt (verneinend *Ahrens* Das neue Privatinsolvenzrecht, Rn. 482). In seiner Entscheidung vom 19.05.2009 hat der BGH einen Insolvenzplan bestätigt, obwohl sich der Antragsteller u.a. auf einen vorliegenden Versagungsgrund berufen hat (*BGH* NZI 2009, 515). Allerdings ist dem Sachverhalt nicht zu entnehmen, ob der Antragsteller die nach § 251 Abs. 2 InsO erforderliche Glaubhaftmachung geleistet hat.

Ausnahmsweise soll ein zweiter **Insolvenzantrag unzulässig** sein können, weil für ihn das Rechtsschutzinteresse fehlt. Von einem solchen Fall ist der BGH ausgegangen, wenn mit einem zweiten Insolvenzeröffnungsantrag allein das Ziel verfolgt wird, von der im ersten Verfahren festgestellten privilegierten Verbindlichkeit befreit zu werden (*BGH* NZI 2016, 316 Tz. 10). Dem ist wegen der Rechtskraftwirkung der Tabelle jedenfalls im Ergebnis zuzustimmen. Eine weitergehende Konsequenz, wonach bei einer in der zehnjährigen Frist nach Erteilung der Restschuldbefreiung § 290 Abs. 1 Nr. 3 InsO a.F. bzw. § 287 Abs. 2 Satz 1 Nr. 1 Alt. 1 InsO gestellter wiederholter Insolvenzantrag stets unzulässig sei (nicht eindeutig *BGH* NZI 2016, 316, einerseits Tz. 10, andererseits Tz. 15), kann daraus nichts abgeleitet werden. In Neuverfahren steht dem bereits § 287 Abs. 2 Satz 1 Nr. 1 Alt. 1 InsO entgegen, wonach die Sperre zur Unzulässigkeit des Restschuldbefreiungsantrags führt.

3. Kostenstundung, Vorwirkungsrechtsprechung

Aus dem Grundanliegen und den Aussagen von § 290 Abs. 1 InsO sind wesentliche Maßstäbe für das **Kostenstundungsverfahren** nach den §§ 4a ff. InsO zu gewinnen. Auch im Stundungsverfahren hat das Insolvenzgericht mangels gegenteiliger Anhaltspunkte davon auszugehen, dass der Schuldner redlich ist und seine Aussagen wahrheitsgemäß und vollständig erfolgt sind (*BGH* ZInsO 2005, 264; 2005, 265 [266]). Liegt der Versagungsgrund aus § 290 Abs. 1 Nr. 1 InsO vor, ist nach § 4a Abs. 1 Satz 3 und 4 InsO eine Bewilligung der Kostenstundung ausgeschlossen (s. *Kohte* § 4a Rdn. 17 ff.). Zutreffend stellt die Regelung ausschließlich auf einen Versagungsgrund ab, der in der bei der Kostenstundung durchzuführenden kursorischen Prüfung leicht feststellbar ist (Begr. RegE, BT-Drucks. 14/5680, S. 20 f.; s. *LG Berlin* ZInsO 2002, 680 [681]; s. *Kohte* § 4a Rdn. 19 f.; *A/G/R-Ahrens* § 4a Rn. 49 ff.; *Kübler/Prütting/Bork-Wenzel* InsO, § 4a Rn. 34, 38; *Braun/Buck* InsO, bis zur 3. Aufl., § 4a Rn. 22; *Gottwald/Ahrens* HdbInsR, § 77 Rn. 53; *Ahrens* ZVI 2003, 268 [269]). Auch in den Fällen, in denen der BGH § 290 Abs. 1 Nr. 3 InsO analog angewendet hat, schließt er nach der vor der Novellierung des Privatinsolvenzrechts zum 01.07.2014 ergangenen Judikatur eine Bewilligung der Kostenstundung aus (*BGH* ZInsO 2010, 490 Tz. 7; 2010, 491 Tz. 6; krit. *May* VIA 2010, 29).

§ 290 InsO   Versagung der Restschuldbefreiung

29   Nach der **Rechtsprechung des BGH kann eine Kostenstundung** auch aus den anderen Gründen des § 290 Abs. 1 InsO **ausgeschlossen** sein, denn das Insolvenzgericht soll die Kostenstundung nicht erst gewähren und dann wieder aufheben müssen (*BGH* ZInsO 2005, 207 [208]; s.a. *BGH* ZInsO 2005, 264; ZInsO 2005, 265 m. Anm. *Grote* = VuR 2005, 269 m. Anm. *Kohte*; *BGH* NZI 2006, 712 Tz. 7; 2008, 318 Tz. 9; ebenso *LG München* ZVI 2003, 301 [302]; A/G/R-*Ahrens* § 4a InsO Rn. 49 ff.; MüKo-InsO/*Ganter*/*Lohmann* 4a Rn. 16; *Nerlich*/*Römermann*-*Becker* InsO, § 4a Rn. 32 ff.; *Haarmeyer*/*Wutzke*/*Förster-Schmerbach* InsO, § 290 Rn. 10; *Fischer*/*Hempler* ZInsO 2005, 351 [352]; enger *Jaeger*/*Eckardt* InsO, § 4a Rn. 37; **a.A.** noch *Ahrens* ZVI 2003, 269). Dies wird als die sog. Vorwirkungsrechtsprechung bezeichnet. Da eine Kostenstundung nur bei eindeutig und einfach feststellbaren Versagungsgründen ausgeschlossen sein soll, kommt eine Erweiterung der Ausschlusstatbestände über die gesetzlichen Fälle des § 290 Abs. 1 Nr. 1 und 3 InsO hinaus nur in Betracht, wenn – wie der BGH ausdrücklich hervorhebt – von Anfang an **zweifelsfrei feststeht**, dass die Restschuldbefreiung versagt werden müsste (*BGH* ZInsO 2005, 207 [208]; 2006, 99; 2008, 860 Tz. 5; NZI 2006, 712 Tz. 5). Weder dürfen besondere Ermittlungen erforderlich sein, die dem summarischen Charakter des Kostenstundungsverfahrens widersprechen, noch restliche Bedenken gegenüber einer Versagung bestehen (vgl. *Kohte* § 4a Rdn. 24). Auch wenn die Maßstäbe nicht deckungsgleich sind, werden die Anforderungen i.d.R. an § 20 Abs. 1 Satz 1 InsO auszurichten sein (*BGH* ZInsO 2005, 265 m. Anm. *Grote* = VuR 2005, 269 m. Anm. *Kohte*). Undifferenzierte Auskunftsverlangen nach dem vorinsolvenzlichen Geschehen werden davon jedoch nicht gedeckt (vgl. *Pape* ZInsO 2005, 617 [618 f.]).

30   Ausdrücklich hat der BGH eine **Anwendung** von **§ 290 Abs. 1 Nr. 2 InsO** (*BGH* NJW-RR 2005, 697), **§ 290 Abs. 1 Nr. 4 InsO** (*BGH* NZI 2006, 712 Tz. 8) und **§ 290 Abs. 1 Nr. 5 InsO** (*BGH* ZInsO 2005, 264; ZInsO 2005, 265 m. Anm. *Grote* = VuR 2005, 269 m. Anm. *Kohte*; *LG Göttingen* ZInsO 2005, 1340 [1341]) bejaht. Aber auch im Rahmen von § 290 Abs. 1 Nr. 5 InsO ist etwa zwischen der beachtlichen Verletzung der Bereitschaftspflicht und unbeachtlichen Erklärungen über die wirtschaftlichen Verhältnisse zu unterscheiden (*BGH* ZInsO 2005, 207 [208]). Auf § 290 Abs. 1 Nr. 5 InsO kann der Ausschluss auch dann nicht gestützt werden, wenn die angeblich mangelhafte Mitwirkung den Stundungsantrag selbst betraf (*BGH* ZInsO 2005, 207 [208]). Das Handeln seines Betreuers kann dem Schuldner zuzurechnen sein (*AG Duisburg* NZI 2006, 182 [183]).

31   Prinzipiell abzulehnen ist die Auffassung, wonach bereits eine unterlassene **Rücklagenbildung** entsprechend § 290 Abs. 1 Nr. 4 InsO einen Ausschlussgrund für die Kostenstundung begründe (*BGH* NZI 2006, 712 Tz. 11; *LG Duisburg* ZVI 2004, 534 [535]; A/G/R-*Ahrens* § 4a InsO Rn. 35; *Fischer*/*Hempler* ZInsO 2005, 351 [353]; dagegen auch *Schmerbach* NZI 2005, 521 [523 f.]). Diese Anforderung entstammt dem Bereich der Prozesskostenhilfe und kann auch wegen der regelmäßig erforderlichen aufwändigen Aufklärungsversuche des Insolvenzgerichts nicht auf die Kostenstundung übertragen werden. Ein der Zwangsvollstreckung unterworfener Schuldner wird i.d.R. keine Rücklagen bilden können und selbst die Befriedigung einzelner Gläubiger ist nicht als Vermögensverschwendung anzusehen, sondern ggf. anfechtbar. Wenn der Schuldner im Monat, in dem er den Insolvenzeröffnungsantrag gestellt hat, eine Abfindung von EUR 5000,– erhält und diesen Betrag verschenkt (*AG Duisburg* ZVI 2005, 309; 2006, 34 [35]), liegt kein Verstoß gegen die unterlassene Rücklagenbildung, sondern ggf. eine Vermögensverschwendung i.S.v. § 290 Abs. 1 Nr. 4 InsO vor, die eine Ablehnung der Kostenstundung rechtfertigen kann. Ohne das positiv festgestellte Vorliegen eines konkreten Versagungsgrunds, also allein wegen einer generalklauselartig interpretierten, **fehlenden Redlichkeit** des Schuldners, darf die Kostenstundung nicht entsprechend § 290 Abs. 1 InsO ausgeschlossen werden (unzutreffend *AG München* ZVI 2003, 292 [293]). Ausgeschlossen sein kann die Kostenstundung auch, wenn die Restschuldbefreiung nicht erreicht werden kann, wie bei einem unzulässigen Restschuldbefreiungsantrag (*BGH* NZI 2006, 712 Tz. 10), oder, wenn die wesentlichen am Verfahren teilnehmenden Forderungen gem. § 302 InsO von der Restschuldbefreiung ausgenommen sind (*BGH* ZInsO 2005, 207 [208]; vgl. § 302 Rdn. 14).

32   Eine **Aufhebung** der **Kostenstundung** gem. § 4c Nr. 5 InsO **vor Versagung** der Restschuldbefreiung ist nach Ansicht der Rechtsprechung statthaft (*BGH* ZInsO 2008, 111 Tz. 7, m. Anm. *Pape* ZInsO

2008, 143 [144 f.]; *LG Göttingen* ZInsO 2005, 1340 [1341]; ZInsO 2007, 276; s.a. § 295 Rdn. 14; a.A. *LG Mönchengladbach* NZI 2006, 539; *LG München* ZVI 2006, 505, zur Verletzung insolvenzrechtlicher Auskunfts- und Mitwirkungspflichten).

4. Vorprüfung von Versagungsgründen

Im Rahmen der Eingangsentscheidung wird teilweise eine **Vorprüfung von Versagungsgründen** erwogen (*AG Hamburg* NZI 2015, 422 [423]; *Sinz/Hiebert/Wegener* Verbraucherinsolvenz, Rn. 1014; *Frind* Praxishandbuch Privatinsolvenz, Rn. 299 ff.; *ders.* ZInsO 2013, 1448 [1451]; *Heilmaier* ZInsO 2015, 1838 [1839]; s.a. HambK-InsO/*Streck* § 287a Rn. 3). Überwiegend wird dagegen eine derartige vorgezogene Prüfung von Versagungsgründen abgelehnt (*LG Nürnberg-Fürth* ZInsO 2017, 666; *AG Göttingen* NZI 2015, 946; *AG Hamburg* NZI 2016, 226; *Ahrens* Das neue Privatinsolvenzrecht, Rn. 679 ff.; *Kübler/Prütting/Bork-Wenzel* InsO, § 287a Rn. 3; Uhlenbruck/*Sternal* InsO, § 287a Rn. 6; Mohrbutter/Ringstmeier-*Pape* § 17 Rn. 54; *Blankenburg* ZInsO 2014, 801 [802]; *ders.* ZInsO 2015, 2258; *Strüder* VIA 2014, 73 [74]; *Siebert* VIA 2016, 9 [10]). Weder lassen der Wortlaut von § 287a InsO noch die Entstehungsgeschichte und die Systematik der Norm eine solche Prüfung im Kontext der Eingangsentscheidung zu (vgl. § 287a Rdn. 14 ff.).

33

5. Sperrfristen

In einem ferneren Sinn mögen auch die **Sperrfristen** des § 287a Abs. 2 InsO zu den Fernwirkungen der Versagungsregeln gezählt werden. Sachlich geht es hier jedoch nicht um eine Vor- sondern eine inzwischen gesetzlich kodifizierte **Nachwirkung** der Versagungstatbestände (§ 287a Rdn. 28 ff.).

34

C. Versagungsgründe nach Abs. 1

I. Insolvenzstraftaten (§ 290 Abs. 1 Nr. 1 InsO)

1. Gesetzgebung

Im **Gesetzgebungsverfahren** hat der auf die Insolvenzstraftaten gem. §§ 283 bis 283c StGB gestützte Versagungsgrund aus § 290 Abs. 1 Nr. 1 InsO mehrfache Änderungen erfahren. Von der weiten Fassung des Versagungsgrunds in § 239 Abs. 1 Nr. 1 RegE, wonach bereits eine gerichtliche Untersuchung wegen einer dieser Straftaten genügen sollte, ist aufgrund der Stellungnahme des Bundesrats abgesehen worden, weil allein der Verdacht entsprechender Taten unzureichend sei. Mit dem Erfordernis einer rechtskräftigen Verurteilung wurde eine auch weit über die Fassung von § 229 Abs. 1 Nr. 1 DiskE hinausgehende Präzisierung erreicht. Unter Verzicht auf eine den §§ 175 Nr. 2 KO, 17 Nr. 3, 79 Nr. 2 VglO entsprechende Anhängigkeit eines gerichtlichen Verfahrens lehnt sich die gesetzliche Vorschrift des § 290 Abs. 1 Nr. 1 InsO eng an § 175 Nr. 3 KO an.

35

Zum **01.07.2014** ist der Versagungstatbestand des § 290 Abs. 1 Nr. 1 InsO nochmals erheblich verändert worden (zu der in den vor dem 01.07.2014 beantragten Insolvenzverfahren geltenden Rechtslage vgl. die 8. Aufl.). Mit dem Gesetz zur Änderung der Insolvenzordnung und anderer Gesetze vom 26.10.2001 (BGBl. I S. 2710) wird der Versagungsgrund aus **Verhältnismäßigkeitserwägungen** doppelt eingeschränkt. Zunächst wird eine Erheblichkeitsgrenze geschaffen, nach der nur die Verurteilung zu einer Geldstrafe von mehr als 90 Tagessätzen oder zu einer Freiheitsstrafe von mehr als drei Monaten einen Versagungsgrund darstellt. Außerdem wird eine fünfjährige Höchstfrist eingeführt, nach deren Ablauf die Versagung der Restschuldbefreiung nicht mehr gerechtfertigt ist (BT-Drucks. 17/11268 S. 26). Bagatelldelikte können damit nicht länger die Restschuldbefreiung verhindern. Zudem werden manche Schwierigkeiten bei der Fristberechnung ausgeräumt.

36

Im **Gesamtkonzept der Versagungstatbestände** wegen einer rechtskräftigen strafrechtlichen Verurteilung aufgrund einer Katalogstraftat schafft § 287a Abs. 2 Satz 1 Nr. 1 Alt. 1 InsO eine fünfjährige Sperre bei Versagungen in einem früheren Restschuldbefreiungsverfahren. § 290 Abs. 1 Nr. 1 InsO eröffnet den materiellen Versagungstatbestand bei einer rechtskräftigen Verurteilung bis zum Schlusstermin und § 297 InsO unmittelbar daran anschließend für derartige Verurteilungen

37

bis zum Ende der Abtretungsfrist. Als verfahrensrechtlichen Versagungstatbestand ermöglicht § 297a InsO i.V.m. § 290 Abs. 1 Nr. 1 InsO eine Versagung bei objektiv im Schlusstermin bereits vorliegenden rechtskräftigen Verurteilungen, die sich erst nachträglich herausgestellt haben. § 303 InsO eröffnet einen Doppeltatbestand mit einem materiellen Widerrufsgrund bei einer bis zum Ende der Abtretungsfrist begangenen Straftat, § 303 Abs. 1 Nr. 2 Alt. 2 InsO, und einem verfahrensrechtlichen Widerrufstatbestand bei einer rechtskräftigen Verurteilung gem. § 297 Abs. 1 InsO, die sich erst nachträglich herausgestellt hat, § 303 Abs. 1 Nr. 2 Alt. 1 InsO. Mit großer Regelungsintensität ist ein mehrschichtiges Vollmodell der Versagungs- und Widerrufsregeln bei einer rechtskräftigen Verurteilung wegen einer Insolvenzstraftat geschaffen worden.

2. Katalogstraftat

38 Ein Versagungsgrund gem. Nr. 1 liegt nur vor, wenn der Schuldner wegen einer **Insolvenzstraftat nach den §§ 283 bis 283c StGB** rechtskräftig verurteilt wurde (Überblick über die Tatbestände bei *Rinjes* ZVI 2017, 253 [256 ff.]). Die in § 290 Abs. 1 Nr. 1 InsO genannten strafrechtlichen Normen sind abschließend aufgezählt (*BGH* ZInsO 2011, 301 Tz. 5). Durch diese Straftatbestände soll das Vermögen des Schuldners und damit die spätere Insolvenzmasse vor einer Verringerung, Verheimlichung oder ungerechtfertigten Verteilung zum Nachteil der Gesamtgläubigerschaft geschützt werden. Geschütztes Rechtsgut der Insolvenzstraftatbestände ist in erster Linie das Interesse der Gläubiger an einer bestmöglichen Befriedigung ihrer Insolvenzforderungen aus der Masse (*BGH* NJW 2001, 1874 [1875]). Aufgabe von § 290 Abs. 1 Nr. 1 InsO ist nicht, eine zusätzliche, nunmehr insolvenzrechtliche Sanktion gegen den Schuldner auszusprechen, sondern einen angemessenen Interessenausgleich mit den Gläubigern zu gewährleisten. Abgestellt wird deswegen auf den besonderen Risikogehalt einer Insolvenzstraftat. Der *BGH* (NZI 2010, 349 Tz. 8) spricht von dem auf das Insolvenzverfahren bezogenen Unwertgehalt.

39 Erforderlich ist also eine strafgerichtliche Verurteilung wegen **Bankrotts** oder versuchten Bankrotts gem. § 283 StGB (dazu *BGH* NZI 2001, 496 [497]; ZInsO 2011, 2226; ZInsO 2011, 2332; ZInsO 2012, 1484; NJW 2013, 949), wobei über das Vorbild der §§ 175 Nr. 3 KO, 17 Nr. 3, 79 Nr. 2 VglO hinaus auch die fahrlässigen Begehungsformen (*Schönke/Schröder/Stree/Heine* StGB, 27. Aufl., § 283 Rn. 58; *Hess* KO, Anh. III § 283 StGB Rn. 47 f.) als Versagungsgrund genügen. Ein Beiseiteschaffen i.S.d. § 283 Abs. 1 Nr. 1 StGB liegt vor, wenn der Schuldner einen zu seinem Vermögen gehörenden Gegenstand dem alsbaldigen Gläubigerzugriff entzieht oder den Zugriff wesentlich erschwert (*BGH* NJW 2010, 2894 Tz. 26; ZInsO 2016, 916 Tz. 16; NZI 2016, 749 Tz. 11). Möglich ist ein Bankrott durch Unterlassen (*LG Hildesheim* ZInsO 2015, 352). Vorsätzlicher Bankrott nach § 283 Abs. 1 Nr. 1 StGB durch das fortlaufende Verheimlichen von Vermögensbestandteilen wird erst durch die Erteilung der Restschuldbefreiung beendet (*BGH* NZI 2016, 419; *Richter* ZInsO 2016, 1346). Ein Verheimlichen kann durch eine verletzte insolvenzrechtliche Auskunfts- oder Anzeigepflicht erfolgen (*BGH* ZInsO 2017, 1429). Nicht erforderlich ist, dass die Tathandlung im Interesse der Gesellschaft liegt (*BGH* NJW 2012, 2366 Tz. 12 ff.). Das Herbeiführen einer Krise nach § 283 Abs. 2 StGB durch Auszahlungen aus dem Gesellschaftsvermögen setzt voraus, die konkreten Wirkungen dieser Abflüsse auf die Zahlungsfähigkeit darzulegen (*BGH* ZInsO 2016, 2032).

40 Ebenso kommt eine Verurteilung wegen eines **besonders schweren Falls des Bankrotts** nach § 283a StGB (dazu *BGH* ZInsO 2017, 1425), wegen **Verletzung der Buchführungspflicht** gem. § 283b StGB sowie wegen **Gläubigerbegünstigung** nach § 283c StGB (dazu *AG Nürnberg* ZInsO 2012, 339) in Betracht. § 283b StGB stellt ein abstraktes Gefährdungsdelikt dar, weswegen das Verhalten unabhängig von der späteren Krise rechtswidrig ist (*BGH* ZInsO 2014, 1058). Die Rückzahlung eines eigenkapitalersetzenden Darlehens ist unter § 283c StGB zu subsumieren (*OLG Celle* ZInsO 2014, 1668 [1670]). Infolge der Gesamtverweisung auf die §§ 283 bis 283c StGB ist die Verurteilung wegen eines Versuchs nach den §§ 283 Abs. 3, 283a, 283c Abs. 2 StGB ausreichend (*Nerlich/Römermann* InsO, 290 Rn. 29; *Kübler/Prütting/Bork-Wenzel* InsO, § 290 Rn. 28; *MüKo-InsO/Stephan* § 290 Rn. 24; *Graf-Schlicker/Kexel* InsO, § 290 Rn. 3).

Grundsätzlich kann dafür **jeder Schuldner** Täter sein, soweit sich nicht aus einzelnen Tatbestands- 41
varianten etwas anderes ergibt (*BGH* NJW 2001, 1874 [1875]). Deshalb werden auch die Insolvenzen natürlicher Personen einschließlich der Verbraucherinsolvenzverfahren erfasst. Allerdings sind die §§ 283 Abs. 1 Nr. 5 und 7, 283b Abs. 1 Nr. 1 und 3 StGB ausschließlich auf **kaufmännisch tätige Schuldner** anzuwenden (*BGH* NJW 2001, 1874 [1875]; *Hess* KO, Anh. III § 283 StGB Rn. 27 ff., 34, § 283b Rn. 3, 5), für welche die Buchführungspflichten der §§ 238 ff. HGB bestehen. Außerdem gelten die §§ 283 Abs. 1 Nr. 6, 283b Abs. 1 Nr. 2 StGB für Kaufleute, die ein Kleinunternehmen i.S.v. § 1 Abs. 2 HGB betreiben, und die Tatbestände des § 283a StGB werden regelmäßig nur auf gewerblich tätige Schuldner zutreffen, wodurch der Anwendungsbereich der Straftatbestände im Bereich der Verbraucherinsolvenz eingeengt wird (ausf. *Trendelenburg* Restschuldbefreiung, S. 201 ff.).

Erheblich sind nur diese Insolvenzdelikte i.e.S., **nicht andere insolvenzbezogene Straftaten** (*BGH* 42
NZI 2011, 149 Rn. 5; *BGH* BeckRS 2014, 15559 Tz. 10; s.a. NZI 2010, 349 Tz. 8; A/G/R-*Fischer* § 290 InsO a.F. Rn. 31; K. Schmidt/*Henning* InsO, § 290 n.F. Rn. 32; *Hess* InsO, 2007, § 290 Rn. 31). Eine **analoge Anwendung** von § 290 Abs. 1 Nr. 1 InsO auf eine Verurteilung wegen anderer Straftaten ist **ausgeschlossen** (*Uhlenbruck/Sternal* InsO, § 290 Rn. 29), mögen diese auch, wie das Vorenthalten oder Veruntreuen von Sozialversicherungsbeiträgen gem. § 266a Abs. 1 Nr. 1 und 2 StGB (dazu *BGH* NJW 2003, 3787; *Jakobi/Reufels* BB 2000, 771; *Rönnau* NJW 2004, 876; *Laitenberger* NJW 2004, 2703), im Zusammenhang mit Insolvenzstraftaten häufig vorgekommen sein (*Kübler/Prütting/Bork-Wenzel* InsO, § 290 Rn. 31; *Haarmeyer/Wutzke/Förster* Handbuch, 3. Aufl., Rn. 8/223). Auch auf eine Insolvenzverschleppung nach § 15a Abs. 4 InsO kann der Versagungstatbestand nicht analog angewendet werden (*BGH* BeckRS 2014, 15559 Tz. 10). Ebenso wenig ist er auf eine Verurteilung wegen Steuerhinterziehung zu erstrecken (*BGH* NZI 2011, 149 Tz. 5; *BFH* NJW 2008, 3807 [3808]). Während die ähnlichen Regelungen in den §§ 76 Abs. 3 Satz 3 AktG, 6 Abs. 3 Satz 3 GmbHG eine ausländische Verurteilung wegen einer vergleichbaren Tat ausdrücklich gleichstellen, fehlt eine entsprechende insolvenzrechtliche Anordnung. Ausländische Strafurteile genügen deswegen nicht (a.A. *Haarmeyer/Wutzke/Förster-Schmerbach* InsO, § 290 Rn. 49; *Oberer* ZVI 2009, 49 [58]).

3. Rechtskräftige Verurteilung

Seit dem 01.07.2014 ist die Verurteilung zu einer **Mindeststrafe** erforderlich. Der Schuldner muss 43
rechtskräftig zu einer Geldstrafe von mehr als 90 Tagessätzen oder einer Freiheitsstrafe von mehr als drei Monaten verurteilt worden sein. Bagatelldelikte begründen deswegen keinen Versagungsgrund. Nach dem Wortlaut des § 290 Abs. 1 Nr. 1 InsO bewirkt jede strafrechtliche Verurteilung nach den §§ 283 bis 283c StGB einen Versagungsgrund. Die Aussetzung einer Freiheitsstrafe zur **Bewährung** genügt (*AG Duisburg* ZInsO 2001, 1020). Auch ein Strafbefehl ist ausreichend (*AG Duisburg* ZInsO 2001, 1020; K. Schmidt/*Henning* InsO, § 290 n.F. Rn. 32). Verurteilungen nach Jugendstrafrecht sollen dagegen weder zu Geld- noch Freiheitsstrafen erfolgen (*Laroche/Pruskowski/Schöttler/Siebert/Vallender* ZIP 2012, 558 [563]).

Nach der Rechtsprechung des BGH genügt eine **Verwarnung unter Strafvorbehalt** nach § 59 StGB 44
(*BGH* NZI 2012, 278 Tz. 7 ff.; MüKo-InsO/*Stephan* § 290 Rn. 24; *Hess/Groß/Reill-Ruppe/Roth* Kap. 4 Rn. 268; *Frind* Praxishandbuch Privatinsolvenz, Rn. 931; a.A. HK-InsO/*Waltenberger* § 290 Rn. 8; K. Schmidt/*Henning* InsO, § 290 n.F. Rn. 32; HambK-InsO/*Streck* § 290 Rn. 15, wegen der Bagatellgrenze). Trotz des Hinweises in der Entscheidung auf die seinerzeit geplante, aber noch nicht eingeführte Bagatellgrenze kann eine Verwarnung unter Strafvorbehalt den Versagungsgrund erfüllen, denn sie ist vor allem von der Person des Täters abhängig. Selbstverständlich muss der Schuldner aber zu einer Geldstrafe von mehr als 90 Tagessätzen verurteilt worden sein.

Es muss eine **rechtskräftige strafgerichtliche Verurteilung** erfolgt sein. Die Rechtskraft musste bis- 45
lang bei der Geltendmachung des Versagungsgrunds im Schlusstermin eingetreten sein (*BGH* NZI 2013, 601 Tz. 8 = VIA 2013, 51 m. Anm. *Ahrens*; A/G/R-*Fischer* § 290 InsO a.F. Rn. 34; *Uhlenbruck/Vallender* InsO, 13. Aufl., § 290 Rn. 21; HK-InsO/*Waltenberger* § 290 Rn. 7;

§ 290 InsO Versagung der Restschuldbefreiung

K. Schmidt/*Henning* InsO, § 290 n.F. Rn. 33; **a.A.** *Haarmeyer/Wutzke/Förster-Schmerbach* InsO, § 290 Rn. 34, Erlass des Urteils mit an Sicherheit grenzender Wahrscheinlichkeit), weil zuvor kein Versagungsantrag gestellt werden konnte. Bei einer Schlussanhörung muss die Verurteilung vor Ablauf der Anhörungsfrist rechtskräftig geworden sein.

46 Noch nicht beantwortet ist damit, ob auch nach neuem Recht die Verurteilung nach § 290 Abs. 1 Nr. 1 InsO bei der Antragstellung oder erst bis zum **Schlusstermin** rechtskräftig geworden sein muss (in diesem Sinn *Uhlenbruck/Sternal* InsO, § 290 Rn. 34; *Pape/Pape* ZInsO 2017, 1513 [1530]). Für Letzteres spricht das Zusammenspiel mit § 297 InsO, der fugenlos an § 290 Abs. 1 Nr. 1 InsO anschließen soll und auf Verurteilungen nach dem Schlusstermin abstellt. Durch das Rechtskrafterfordernis wird das Insolvenzgericht von der Aufgabe entlastet, selbst die objektiven und subjektiven Voraussetzungen einer solchen Straftat nachzuprüfen (*Kübler/Prütting/Bork-Wenzel* InsO, § 290 Rn. 28). Mit der rechtskräftigen Verurteilung wird die formelle Rechtskraft einer Entscheidung bezeichnet, die eintritt, wenn die Entscheidung nicht anfechtbar oder gegen sie ein befristetes Rechtsmittel nicht mehr zulässig ist. Verfahrenseinstellungen schaffen keinen Versagungsgrund. Auch ein Ermittlungsverfahren genügt nicht (von *LG Rottweil* ZVI 2008, 541 [543]). Maßgebend ist, wann die **formelle Rechtskraft** für den Schuldner eingetreten ist, weil dessen Rechtsbehelfsmöglichkeiten entscheidend sind.

47 Die **Aussetzung des Insolvenzverfahrens** bis zum rechtskräftigen Abschluss des Strafverfahrens gem. § 4 InsO i.V.m. § 148 ZPO muss schon wegen der Eilbedürftigkeit des Insolvenzverfahrens ausscheiden (vgl. *BGH* NZI 2006, 642; 2007, 408, 409; außerdem *Nerlich/Römermann* InsO, § 290 Rn. 32; *Uhlenbruck/Sternal* InsO, § 290 Rn. 35; MüKo-InsO/*Stephan* § 290 Rn. 31; K. Schmidt/*Henning* InsO, § 290 n.F. Rn. 33; *Graf-Schlicker/Livonius* Restschuldbefreiung und Verbraucherinsolvenz, Rn. 266; **a.A.** *Döbereiner* Restschuldbefreiung, S. 125). Auch verfahrensökonomische Erwägungen können keine andere Entscheidung begründen. Wie vom BGH zur Kostenstundung ausgeführt, können allenfalls zweifelsfrei vorliegende Versagungsgründe ergänzend herangezogen werden (*BGH* ZInsO 2005, 207 [208]), was bei einer noch ausstehenden Verurteilung gerade fehlt (**a.A.** *AG Lüneburg* ZInsO 2003, 1108, bei mit Sicherheit zu erwartender Verurteilung). Im Übrigen besteht für eine Aussetzung des Insolvenzverfahrens weder der Raum noch ein Bedürfnis. Sie ist aus systematischen und teleologischen Gründen ausgeschlossen, weil auf Vorschlag des Bundesrats (BT-Drucks. 12/2443 S. 257, 267 zu § 245a; Rechtsausschuss des Bundestags BT-Drucks. 12/7302 S. 188, zu § 346l) der spezielle Versagungsgrund des § 297 Abs. 1 InsO geschaffen wurde. Falls im Zeitpunkt des Schlusstermins noch keine Verurteilung ergangen ist, kommt allein eine spätere Versagung gem. § 297 Abs. 1 InsO in Betracht. Gegen eine Aussetzung ist die sofortige Beschwerde nach den §§ 4 InsO, 252 ZPO eröffnet. Das Gericht darf den Schlusstermin auch nicht verschieben, um den Eintritt der Rechtskraft abzuwarten (*Ahrens* VIA 2013, 51).

48 Ein **konkreter Zusammenhang** der Verurteilung **mit dem Insolvenzverfahren** ist nicht erforderlich. Für die frühere Regelung in § 175 Nr. 3 KO wurde allerdings verlangt, dass sich die Verurteilungen auf das konkrete Konkursverfahren beziehen müssen oder mit diesem Verfahren zusammenhängen (*Hess* KO, § 175 Rn. 14; *Kuhn/Uhlenbruck* KO, § 175 Rn. 5; *Jaeger/Weber* KO, § 175 Rn. 10). Für die Anwendung von § 290 Abs. 1 Nr. 1 InsO ist durch den BGH inzwischen klargestellt, dass jede Verurteilung nach den genannten Vorschriften, unabhängig von einem Zusammenhang mit dem Insolvenzverfahren, den Versagungsgrund erfüllt (*BGH* NJW 2003, 974 [975]; NZI 2010, 349 Tz. 6; *OLG Celle* NZI 2001, 314 [315] = DZWIR 2001, 338 m. zust. Anm. *Hergenröder* = EWiR 2001, 735 (*Fuchs*); *OLG Celle* NZI 2001, 155; *BayObLG* NZI 2002, 110; *AG Duisburg* ZInsO 2001, 1020 [1021]; A/G/R-*Fischer* § 290 InsO a.F. Rn. 33; *Kübler/Prütting/Bork-Wenzel* InsO, § 290 Rn. 29; MüKo-InsO/*Stephan* § 290 Rn. 26; *Uhlenbruck/Sternal* InsO, § 290 Rn. 33; *Hess/Groß/Reill-Ruppe/Roth* Kap. 4 Rn. 265; *Röhm* DZWIR 2004, 143 [145 f.]; HK-InsO/*Waltenberger* § 290 Rn. 9, § 290 n.F. Rn. 6; LSZ/*Kiesbye* InsO, § 290 Rn. 10; **a.A.** *AG Göttingen* NZI 2002, 446 [447]). Vor allem die Schutzrichtung der Insolvenzstraftaten und die praktische Handhabung für den Insolvenzrichter sprechen für das vom BGH gefundene Ergebnis. Einen gewissen Ausgleich dafür schaffen die auch nach der Ansicht des *BGH* zu berücksichtigenden zeitlichen Begrenzungen (s. Rdn. 50).

Soweit die Straftatbestände als abstrakte Gefährdungsdelikte die Gesamtheit der Gläubiger schützen 49
(*Schönke/Schröder/Stree/Heine* StGB, 27. Aufl., § 283 Rn. 1, § 283b Rn. 1), kann jeder Insolvenzgläubiger einen **Versagungsantrag** auf eine strafrechtliche Verurteilung stützen.

4. Ausschlussfrist

Eine **zeitliche Grenze** war in den vor dem 01.07.2014 beantragten Insolvenzverfahren von § 290 50
Abs. 1 Nr. 1 InsO im Unterschied zu den anderen Tatbeständen des § 290 Abs. 1 InsO weder ausdrücklich noch systematisch vorgeschrieben (*Gottwald/Ahrens* HdbInsR, § 77 Rn. 55). Dennoch war eine Ausschlussfrist weithin anerkannt, denn schon aus Verhältnismäßigkeitserwägungen darf eine strafrechtliche Verurteilung keinen dauernden Versagungsgrund herbeiführen. Die Regelung des § 290 Abs. 1 Nr. 1 InsO a.F. war für den Schuldner nur mit einer zeitlichen Begrenzung tragbar (*BGH* NJW 2003, 974 [975]; NZI 2010, 349 Tz. 8; A/G/R-*Fischer* § 290 InsO a.F. Rn. 35; *Uhlenbruck/Sternal* InsO, § 290 Rn. 36; HK-InsO/*Waltenberger* § 290 Rn. 10; **a.A.** *Kübler/Prütting/Bork-Wenzel* InsO, § 290 Rn. 36; *Prziklang* Verbraucherinsolvenz und Restschuldbefreiung, S. 53).

Im neuen, seit dem 01.07.2014 geltenden Recht ist eine **fünfjährige Ausschlussfrist** bestimmt. Der 51
Versagungsgrund setzt voraus, dass der Schuldner in den letzten fünf Jahren vor dem Antrag auf Eröffnung des Insolvenzverfahrens oder nach diesem Antrag rechtskräftig verurteilt wurde (*Uhlenbruck/Sternal* InsO, § 290 Rn. 37; *Kübler/Prütting/Bork-Wenzel* InsO, § 290 Rn. 34; K. Schmidt/*Henning* InsO, § 290 n.F. Rn. 34). Mit der fünfjährigen Frist vollzieht der Gesetzgeber nicht nur die allgemein geteilte Ansicht einer notwendigen zeitlichen Höchstgrenze nach, sondern setzt einen eigenen Akzent. Ermöglicht wird eine bisher fehlende Klarheit und dadurch Rechtssicherheit (A/G/R-*Fischer* § 290 n.F. InsO Rn. 3; *Heicke* VIA 2014, 49). Der bislang erforderliche Rückgriff auf die Tilgungsfristen aus § 46 BZRG mit der daraus resultierenden, vom Strafmaß abhängigen unterschiedlichen Fristenlänge wird überflüssig (*Graf-Schlicker* ZVI 2014, 202 [204]). Demgegenüber soll die neue Befristung an der fünfjährigen Zeitspanne des § 34 Abs. 1 Nr. 3 BZRG für die Aufnahme einer Verurteilung in ein Führungszeugnis orientiert sein (BT-Drucks. 17/11268 S. 26). Dabei stimmt die fünfjährige Frist mit der neuen Sperrfrist aus § 287a Abs. 2 Satz 1 Nr. 1 Alt. 2 InsO überein, wodurch eine Wertungsharmonie erreicht werden soll (BT-Drucks. 17/11268 S. 25).

Konkretisiert werden außerdem die Fristberechnung und der **zeitliche Anwendungsbereich** des Ver- 52
sagungsgrunds. Konsequent sollen nicht nur rechtskräftige strafrechtliche Verurteilungen in der fünfjährigen Frist vor dem Eröffnungsantrag, sondern auch nach dem Eröffnungsantrag abgedeckt sein. Die Formulierung entspricht der in § 287a Abs. 2 Satz 1 Nr. 1 Alt. 2 InsO (s. § 287a Rdn. 46), weswegen sie übereinstimmend auszulegen ist. Sind mehrere Insolvenzanträge gestellt, ist derjenige maßgebend, auf den hin das Insolvenzverfahren eröffnet wurde.

Nicht von der Gesetzesnovelle geregelt ist die **Gesamtstrafenbildung** (*Grote/Pape* ZInsO 2012, 1913 53
[1914]; *Hirte* ZInsO 2013, 171 [174]). Bei einer Gesamtstrafenbildung für Insolvenz- und andere Delikte könnte ggf. eine Verurteilung berücksichtigt werden, obwohl das Strafmaß für die Insolvenzstraftat unterhalb der Erheblichkeitsschwelle liegt. Wie dies früher für die Länge der Tilgungsfrist galt (*BGH* NZI 2010, 349 Tz. 8; *OLG Celle* NZI 2001, 314 [316] = DZWIR 2001, 338 m. Anm. *Hergenröder*; MüKo-InsO/*Stephan* § 290 Rn. 27; *Braun/Pehl* InsO, § 290 Rn. 11; LSZ/*Kiesbye* InsO, § 290 Rn. 12; *Köke* NZI 2010, 601 [602]; *Ahrens* LMK 2010, 304494; *Paulus* ZInsO 2010, 1366 [1373]; **a.A.** *AG Duisburg* NZI 2001, 669 [670]; *AG München* ZVI 2004, 129 [130]; *AG Dresden* ZVI 2009, 330 f.) ist weiterhin auf die fiktiv für die Insolvenzstraftat bzw. die Insolvenzstraftaten zu bestimmende Strafe abzustellen (HK-InsO/*Waltenberger* § 290 Rn. 8; *Laroche/Pruskowski/Schöttler/Siebert/Vallender* ZIP 2012, 558 [563]).

Für die Gesamtstrafe ist auf die **maßgebende Einzelstrafe** abzustellen (*BGH* NZI 2010, 349 Tz. 8; 54
OLG Celle NZI 2001, 314 [316]; MüKo-InsO/*Stephan* § 290 Rn. 27; *Uhlenbruck/Sternal* InsO, § 290 Rn. 38; A/G/R-*Fischer* § 290 InsO a.F. Rn. 35; *Gottwald/Ahrens* HdbInsR, § 77 Rn. 55; *Frind* Praxishandbuch Privatinsolvenz, Rn. 932; *Pape* in: Mohrbutter/Ringstmeier, Handbuch der Insolvenzverwaltung, § 17 Rn. 106; *Hergenröder* DZWIR 2001, 342 [344]; *Röhm* DZWIR

2003, 143 [146 f.]). Damit wird auf die Einzelstrafe zurückgegriffen, obwohl allein die Gesamtstrafe im Tenor des Strafurteils ausgesprochen wird und die Grundlage der Vollstreckung bildet. Zu erklären ist dies mit einer gewissen rechtlichen Selbständigkeit der Einzelstrafe (*Sternberg-Lieben* in: Schönke/Schröder, 27. Aufl., § 54 Rn. 18, 21) und vor allem mit der zumeist einfacheren praktischen Handhabung. Ist der Schuldner wegen mehrerer Insolvenzstraftaten verurteilt, muss auch nach dieser Ansicht eine fiktive Gesamtstrafe gebildet werden. Dies gilt auch, wenn im Strafurteil die Einzelstrafe nicht aufgeführt ist oder eine Tateinheit besteht (a.A. *Wiedemann* ZVI 2011, 203 [206 f.]). Bei einer Freiheitsstrafe von nicht mehr als drei Monaten kann gem. § 46 Abs. 1 Nr. 1 lit. b, Nr. 2 lit. a BZRG eine fünf- bis zehnjährige Tilgungsfrist gelten, abhängig davon, ob im Register weitere Verurteilungen eingetragen sind. Solche anderen Verurteilungen dürfen indessen nur beachtet werden und damit allein dann zu einer längeren Frist führen, wenn sie auf Insolvenzstraftaten beruhen (*Ahrens* LMK 2010, 304494). Hat der Schuldner **mehrere Insolvenzstraftaten** begangen, die je für sich genommen unterhalb der Bagatellgrenze liegen, ist für die Insolvenzdelikte eine fiktive Gesamtstrafe zu bilden (HK-InsO/*Waltenberger* § 290 Rn. 8).

55 Der Antragsteller muss **glaubhaft machen**, wann welches Gericht den Schuldner wegen einer Insolvenzstraftat verurteilt hat. Darüber hinaus muss er erklären, ob eine Gesamtstrafe gebildet wurde und in diesem Fall die Dauer der Einzelstrafe glaubhaft machen, zu welcher der Schuldner verurteilt worden ist. Die Angabe des Aktenzeichens aus einem Strafverfahren genügt dafür nicht und berechtigt den Insolvenzrichter keinesfalls, im Wege der Amtsermittlung die Strafakten beizuziehen (*AG Hamburg* ZInsO 2007, 559 [560]).

II. Unzutreffende Angaben bei Kreditantrag oder Leistungsbezug (§ 290 Abs. 1 Nr. 2 InsO)

1. Unzutreffende Angaben

56 Die Vorschrift des § 290 Abs. 1 Nr. 2 InsO konstituiert einen Versagungsgrund, falls der Schuldner **im Vorfeld eines Insolvenzverfahrens** schuldhaft Auskunfts- oder Offenbarungspflichten verletzt, um dadurch Leistungen zu erlangen oder zu vermeiden. Erst § 239 Abs. 1 Nr. 2 RegE hat diesen Versagungsgrund geschaffen. In dem Tatbestand sind einige typisierte, die Gläubiger besonders gefährdende Verhaltensweisen ausgeformt. Eine strafrechtliche Verurteilung ist nicht erforderlich, kann aber den Versagungsgrund belegen. Die Voraussetzungen sind unabhängig von § 290 Abs. 1 Nr. 1 InsO zu prüfen, der insoweit keine Sperrwirkung entfaltet (*BGH* ZInsO 2011, 301 Tz. 6; A/G/R-*Fischer* § 290 InsO a.F. Rn. 42).

57 Von dem Schuldner müssen **unrichtige oder unvollständige**, d.h. **unzutreffende**, schriftliche Angaben über seine wirtschaftlichen Verhältnisse gemacht worden sein. Angaben sind Erklärungen über das Vorliegen oder Nichtvorliegen eines Sachverhalts (*Uhlenbruck/Sternal* InsO, § 290 Rn. 42). Der Versagungsgrund fordert einen materiellen Verstoß des Schuldners gegen eine Erklärungspflicht, den er bei einer schriftlichen Angabe begeht, die sich auf die Pfändbarkeit des Einkommens oder des Vermögens bezieht. Eine vollständig **unterlassene Angabe** genügt nicht (s. Rdn. 63). Im Einzelfall kann die Abgrenzung zwischen der unvollständigen und der unterbliebenen Angabe schwierig sein, wenn sich die Erklärung auf zwei unterschiedliche Gegenstände bezieht.

58 **Unrichtig** ist eine Angabe, wenn sie von der Wirklichkeit abweicht (*BGH* BGHSt 34, 111 [115]), und **unvollständig**, wenn die im Rahmen einer den Anschein der Vollständigkeit erweckenden Erklärung enthaltenen Angaben als solches zwar richtig sind, durch Weglassen wesentlicher Umstände aber ein falsches Gesamtbild vermitteln (*OLG Köln* NZI 2001, 205 [206] = DZWIR 2001, 333 m. Anm. *Becker*; *LG Potsdam* ZInsO 2005, 664 [665]; *AG Alsfeld* NJW 1981, 2588; *Kübler/Prütting/Bork-Wenzel* InsO, § 290 Rn. 39; MüKo-InsO/*Stephan* § 290 Rn. 34; *Uhlenbruck/Sternal* InsO, § 290 Rn. 45 ff.; K. Schmidt/*Henning* InsO, § 290 n.F. Rn. 36; LSZ/*Kiesbye* InsO, § 290 Rn. 15). Beide Alternativen werden durch die Anforderungen bestimmt, die an den Schuldner aufgrund seiner materiellrechtlichen Erklärungspflichten zu richten sind. Ohne Pflichtverletzung ist weder eine unvollständige Information feststellbar noch eine unrichtige Angabe beachtlich, weshalb eine unzutref-

fende Erklärung insbesondere zu verneinen ist, wenn der Schuldner eine unwahre Antwort auf eine unzulässige Frage gibt (*Kübler/Prütting/Bork-Wenzel* InsO, § 290 Rn. 40).

Ungefragt muss sich der Schuldner nur über solche Umstände äußern, über die für ihn eine Offenbarungspflicht besteht. Bringt ein Kreditinstitut vor der Vertragsanbahnung zum Ausdruck, dass eine Schufa-Auskunft nicht eingeholt werde und Kredite auch bei bereits bestehenden Verbindlichkeiten bewilligt werden, ist vom Schuldner nicht zu verlangen, dass er von sich aus eine Vorverschuldung offenlegt (*AG Berlin-Lichtenberg* NZI 2004, 390 [391] = VuR 2005, 227 m. Anm. *Busch*; a.A. HambK-InsO/*Streck* § 290 Rn. 20). Befindet sich die Kreditantragstellerin in einer der Bank bekannten finanziellen Zwangslage, ist dieser also die Vorverschuldung bekannt, und füllt der Sachbearbeiter der Bank den von der Schuldnerin unterschriebenen Kreditantrag unrichtig aus, liegt kein Verstoß gegen § 290 Abs. 1 Nr. 2 InsO vor (*LG Hamburg* ZVI 2002, 382 [383]). Entsprechendes gilt, wenn ein Kreditvermittler so handelt (*BGH* ZInsO 2005, 926; *AG Wuppertal* ZVI 2005, 505). 59

Welche Mitteilungen der Schuldner zu machen hat, folgt aus den konkreten Rechtsverhältnissen (*Uhlenbruck/Sternal* InsO, § 290 Rn. 43). Die **bürgerlichrechtlichen Auskunfts- oder Offenbarungspflichten** bestimmen deshalb über die Anforderungen bei Erlangung eines Kredits, etwa wenn der Schuldner eine Selbstauskunft erteilt. Wird im Rahmen der Selbstauskunft nach »Zinsen und Tilgung für bestehende Verpflichtungen« gefragt und trägt der Schuldner wahrheitsgemäß nichts ein, weil er keine Zinsen leistet, ist der Versagungsgrund nicht erfüllt. Es ist unerheblich, ob entsprechende schuldrechtliche Verpflichtungen bestehen, weil danach nicht gefragt wurde (*AG München* ZVI 2012, 246 f.). Auf die ausdrückliche Frage nach einer eidesstattlichen Versicherung gem. § 807 ZPO besteht im Rahmen einer Kreditwürdigkeitsprüfung eine Auskunftspflicht. Auf die Frage nach den Schulden begründet bei einer Darlehensaufnahme die unterlassene Angabe von zwei Sicherungsabtretungen über EUR 23.000,– und EUR 13.000,– unzutreffende Angaben (*AG Landau* ZVI 2004, 629 [630]). Bei Fragen nach dem monatlichen Nettoeinkommen und den Belastungen sind auch die Einkünfte aus Nebentätigkeiten sowie die Belastungen durch Miete und andere Kreditverpflichtungen anzugeben. Zum Umfang einer zulässigen Weitergabe von Daten an die Schufa vgl. BGHZ 95, 362 (367 f.). Für den Bezug von Leistungen aus öffentlichen Mitteln oder die Vermeidung von Leistungen an öffentliche Kassen gelten die entsprechenden öffentlichrechtlichen Verpflichtungen etwa aus den §§ 60 Abs. 1 SGB I, 38 Abs. 1 SGB III, 280 Abs. 2, 105 Abs. 1 SGB IV, 206 Abs. 1 SGB V, 196 SGB VI, 50 Abs. 3 SGB XI, 117 SGB XII, 90 AO, 3 SubvG (*Gottwald/Ahrens* HdbInsR, § 77 Rn. 57). 60

Der **Versagungsgrund** ist **nicht erfüllt**, wenn nach anderen Krediten und deren monatliche Rate gefragt Kreditkartenverbindlichkeiten nicht angegeben werden (*AG Hannover* ZVI 2007, 535). Wird nach dem Einkommen gefragt, ist eine Offenbarungspflicht über eine eidesstattliche Versicherung nicht ohne Weiteres anzunehmen. Die auf einer Steuerschätzung des Schuldners beruhende Einkommensteuererklärung ist nur dann unrichtig i.S.d. Norm, wenn die Unrichtigkeit von in ihr enthaltenen Angaben feststeht. Durch Vorlage eines Steuerbescheids wird nicht der Beweis über die Grundlagen der Besteuerung geführt, da sich die Tatbestandswirkung eines Steuerbescheids nicht darauf erstreckt (*BGH* ZInsO 2006, 265 [266]). 61

Eine **Berichtigung** der unrichtigen Angaben im Insolvenzverfahren schließt § 290 Abs. 1 Nr. 2 InsO nicht aus (*BGH* ZInsO 2008, 753). Eine Heilung hat der *BGH* allerdings bei den verfahrensbezogenen Versagungsgründen der § 290 Abs. 1 Nr. 5 und Nr. 6 InsO zugelassen (NZI 2009, 777 Tz. 11; NZI 2011, 114 Tz. 6, m. Anm. *Lindner* VIA 2011, 18 [19]; *Ahrens* ZVI 2011, 273 [280 f.]; *ders.* VIA 2011, 65 [66]; *Haarmeyer/Wutzke/Förster-Schmerbach* InsO, § 290 Rn. 41). Bei materiellrechtlichen Pflichtverletzungen muss jedoch eine Berichtigung nur nach den Regeln des materiellen Rechts und nicht nach den prozessualen Maßstäben erfolgen. 62

2. Schriftlichkeit

63 Allein unzutreffende **schriftliche Angaben** rechtfertigen einen Versagungsantrag (K. Schmidt/*Henning* InsO, § 290 n.F. Rn. 37). Die Entstehungsgeschichte sowie Sinn und Zweck der Norm verbieten eine zu weitgehende Interpretation dieses Begriffs (*BGH* ZInsO 2006, 265 [266]). Um das Verfahren von unter Umständen langwierigen und aufwendigen Beweiserhebungen zu entlasten und eine höhere Rechtssicherheit zu gewährleisten, hat der Gesetzgeber von mündlichen Angaben abgesehen (*BGH* NZI 2003, 449 [450]; ZInsO 2006, 601 [602]; A/G/R-*Fischer* § 290 InsO a.F. Rn. 43; *Gottwald/Ahrens* HdbInsR, § 77 Rn. 58). Nach der Zielsetzung der Bestimmung, eine einfache und schnelle Entscheidung durch das Insolvenzgericht zu ermöglichen, wird in Nr. 2 mit der Schriftlichkeit eine beweisrechtliche Anforderung aufgestellt, welche die Regelungen zur Glaubhaftmachung des Versagungsantrags präzisiert. Zur Begründung seines Antrags muss sich der Insolvenzgläubiger, über §§ 290 Abs. 2 InsO, 294 Abs. 1 ZPO hinaus, auf schriftliche Erklärungen des Schuldners stützen. Allein ein auf unrichtige oder unvollständige Angaben gestützter Rückforderungsbescheid eines öffentlichen Leistungsträgers, etwa zum Bezug von Arbeitslosen- oder Sozialhilfe, genügt deswegen noch nicht. Legt der Schuldner fremde Erklärungen vor, so handelt es sich nicht um seine Angaben, sondern um Unterlagen. Ein Versagungsgrund kann aber auf die im Zusammenhang damit vom Schuldner abgegebenen Erklärungen gestützt werden. Das Attribut schriftlich bezieht sich sowohl auf die unrichtigen als auch die unvollständigen Angaben (*OLG Köln* NZI 2001, 205 [206]).

64 Erfolgt keine Erklärung, wie bei **unterlassenen Angaben**, insbes. bei einer unterlassenen **Steuererklärung**, liegt mangels Schriftlichkeit kein Verstoß gegen § 290 Abs. 1 Nr. 2 InsO vor (*BGH* NZI 2003, 449 [450]; *OLG Köln* NZI 2001, 205 [206] = DZWIR 2001, 333 m. Anm. *Becker; Wollweber/Bertrand* DStR 2015, 1115 [1116]; a.A. *LG Traunstein* ZVI 2002, 473 [474]). Grds. verstößt der Schuldner dadurch auch nicht gegen § 290 Abs. 1 Nr. 5 InsO, doch ist er zur Mitwirkung ggü. dem Insolvenzverwalter verpflichtet (s. Rdn. 149). Dies gilt insb., wenn die Steuererklärung auf Schätzungen beruht (*Wollweber/Bertrand* DStR 2015, 1115 [1117]). Die unterlassene Mitteilung eines Wohnungswechsels gegenüber dem Jobcenter erfüllt deswegen nicht den Versagungsgrund (*LG Koblenz* BeckRS 2013, 11509). Zur Unrichtigkeit der auf einer Schätzung beruhenden Erklärung s. Rdn. 58. Die unterlassene Berichtigung einer Angabe erfüllt nicht das Merkmal der schriftlichen Angaben (*BGH* NZI 2003, 449 [450]). Zur unzutreffenden Steuererklärung vgl. Rdn. 75.

65 § 290 Abs. 1 Nr. 2 InsO setzt **kein** vom Schuldner unterzeichnetes **eigenhändiges Schriftstück** voraus (*BGH* ZInsO 2006, 601 [602]; MüKo-InsO/*Stephan* § 290 Rn. 37a; HambK-InsO/*Streck* § 290 Rn. 18; *Mohrbutter/Ringstmeier-Pape* § 17 Rn. 111). Schriftform i.S.d. § 126 Abs. 1 BGB mit dem Erfordernis einer eigenhändigen Namensunterschrift wird nicht verlangt (*Uhlenbruck/Sternal* InsO, § 290 Rn. 48; *Kübler/Prütting/Bork-Wenzel* InsO, § 290 Rn. 42; LSZ/*Kiesbye* InsO, § 290 Rn. 17; a.A. *LG Halle* NZI 2014, 618). Der Schuldner hat daher auch dann schriftlich unrichtige Angaben gemacht, wenn er die entsprechenden Angaben nicht selbst formuliert, sondern durch einen **Dritten** hat abfassen lassen. In Betracht kommen **eigene** schriftliche **Erklärungen** des Schuldners, die nicht notwendig in einer von ihm unterschriebenen Urkunde enthalten sein müssen, sofern erkennbar ist, dass die Angaben von dem Schuldner stammen. Ausreichend ist ein vom Schuldner abgezeichneter Aktenvermerk (*LG Stuttgart* ZInsO 2001, 134 f.). Für unzutreffende Angaben in einem Kreditantrag übernimmt der Schuldner mit seiner Unterschrift auch dann die Verantwortung, wenn die Anregung dazu von dritter Seite stammt (*LG Mönchengladbach* ZInsO 2004, 515), anders aber bei einer vom Schuldner im Rahmen von Kreditverhandlungen überreichten BWA, die ein Steuerberater gefertigt hat (*AG Göttingen* ZInsO 2002, 784 [785]; *Braun/Pehl* InsO, § 290 Rn. 12).

66 Unrichtige schriftliche Angaben, die der Schuldner zwar **nicht persönlich niedergelegt** hat, die jedoch mit seinem Wissen und seiner Billigung an den Empfänger weitergeleitet worden sind, werden von der Norm erfasst (*BGH* BGHZ 156, 139 [144] = NJW 2003, 3558 [3559]; ZInsO 2006, 601 [602]; A/G/R-*Fischer* § 290 InsO a.F. Rn. 44; K. Schmidt/*Henning* InsO, § 290 n.F. Rn. 37). Dies gilt etwa, wenn eine Urkundsperson Erklärungen des Schuldners im Rahmen ihrer Zuständigkeit in öffentlichen Urkunden niederlegt (*AG Göttingen* NZI 2010, 233 [234]). Bei dieser Erweiterung des

Verantwortungskreises über die eigenhändig niedergelegten Erklärungen ist stets mit besonderer Sorgfalt festzustellen, ob die subjektiven Anforderungen seitens des Schuldners vorliegen (vgl. *BGH* ZInsO 2006, 601 [603]). Ob der Schuldner seine Angaben nochmals durchgelesen hat, bevor sie an den Gläubiger weitergeleitet werden, kommt es nicht an (ZInsO 2006, 601 [602]). Gibt der Schuldner gegenüber dem Vollstreckungsbeamten eine Erklärung ab, die von diesem mit Kenntnis und Billigung des Schuldners in einer öffentlichen Urkunde niedergelegt wird, handelt es sich um eine eigene schriftliche Erklärung des Schuldners (*BGH* ZInsO 2006, 601 [602]). Lässt der Schuldner die Angaben zur Vorverschuldung aus und wird vom Kreditvermittler ein fiktiver Betrag eingesetzt, fehlt ein Verstoß (*AG Berlin-Lichtenberg* NZI 2004, 390 [391] = VuR 2005, 227 m. Anm. *Busch*), ebenso wenn der Kreditvermittler den Schuldner auffordert, den Kreditvertrag blanko zu unterschreiben, weil der Vermittler die Daten aus den ihm bekannten Verträgen einsetzen will (*BGH* ZInsO 2005, 926, gegen *LG Mönchengladbach* ZVI 2004, 358). Zudem kann es dann am qualifizierten Verschulden fehlen (*BGH* ZInsO 2005, 926).

Werden **außerhalb der dreijährigen Frist** unrichtige oder unvollständige schriftliche Angaben gemacht und diese in der Frist nicht berichtigt, so erfüllt dieses Verhalten selbst dann nicht das Schriftlichkeitserfordernis, wenn das Unterlassen den Betrugstatbestand verwirklicht (*BGH* NZI 2003, 449 [450]; dazu *Urban* ZVI 2003, 386). 67

In **anderer als der Schriftform** getätigte Angaben werden nicht von dem Tatbestand erfasst. Angaben in Textform, etwa durch eine einfache Mail, sollen nicht genügen (*LG Halle* NZI 2014,618; *Uhlenbruck/Sternal* InsO, § 290 Rn. 49). Damit wird jedoch die beweisrechtliche Funktion der Schriftlichkeit unter- und das Unterschriftserfordernis überschätzt. Eine telefonische Erklärung ist unzureichend (K. *Schmidt/Henning* InsO, § 290 n.F. Rn. 37). 68

3. Wirtschaftliche Verhältnisse

Als eigenständige, aus dem Schuldbefreiungsverfahren resultierende, Verpflichtung müssen die unzutreffenden Angaben die **wirtschaftlichen Verhältnisse** des Schuldners betreffen. Da der Schuldner bereits mit unrichtigen oder unvollständigen Angaben gegen seine materiellrechtlichen Verpflichtungen verstößt, führt dieses zusätzliche Merkmal einer unzutreffenden Erklärung der wirtschaftlichen Verhältnisse über die materiellrechtlichen Anforderungen hinaus. Mit diesem Erfordernis gewinnen die bürgerlich- oder öffentlich-rechtlichen Auskunfts- bzw. Offenbarungspflichten einen insolvenzrechtlichen Charakter und werden in verfahrensrechtliche Anforderungen transponiert. 69

Der Begriff umfasst das **Einkommen und Vermögen** des Schuldners (*BGH* NZI 2010, 576 Tz. 12). Diese wirtschaftlichen Verhältnisse des Schuldners werden durch sein Einkommen und sein Vermögen geprägt, vgl. § 115 Abs. 1, 2 ZPO (MüKo-ZPO/*Motzer* 3. Aufl., § 114 Rn. 57; *Stein/Jonas-Bork* ZPO, 22. Aufl., § 114 Rn. 18). Wegen der unterschiedlichen Einkommens- und Vermögensbegriffe in den einzelnen Rechtsgebieten verweist § 115 Abs. 1, 2 ZPO insbesondere auf die sozialhilferechtlichen Vorschriften über das Einkommen und das Vermögen in den §§ 82 Abs. 2 und 3, 85 f. SGB XII. In dem insolvenzrechtlichen Zusammenhang des § 290 Abs. 1 Nr. 2 InsO wird eine sozialhilferechtliche Interpretation des Einkommens- und Vermögensbegriffs durch die vollstreckungsrechtlichen Bestimmungen vor allem der §§ 811 ff., 850 ff. ZPO überlagert. Erklärt der Schuldner in einem Kreditvertrag, die vereinbarten monatlichen Raten planmäßig zurückzahlen zu wollen, macht er keine konkreten Angaben zu seinen wirtschaftlichen Verhältnissen (*LG Göttingen* ZInsO 2001, 379 [380]). Ein terminologisch und in seinem verfahrensrechtlichen Gehalt übereinstimmender Begriff der wirtschaftlichen Verhältnisse wird insbesondere in den §§ 114 Abs. 1 Satz 1, 124 Nr. 2 ZPO, 1 Abs. 1 Nr. 1, 4 Abs. 2 Satz 3 BerHG verwendet. Zu § 4c Nr. 2 InsO (s. *Kohte* § 4c Rdn. 17 ff.). Dagegen kann § 265b Abs. 1 Nr. 1 lit. b) StGB nicht zur Auslegung herangezogen werden (*Uhlenbruck/Sternal* InsO, § 290 Rn. 44; a.A. *Nerlich/Römermann* InsO, § 290 Rn. 38). Während § 290 Abs. 1 Nr. 1 InsO eine Subjektbeziehung kennzeichnet, denn der Schuldner muss Angaben über seine wirtschaftlichen Verhältnisse gemacht haben, fehlt bei § 265b StGB eine vergleichbare persönliche Zuordnung (*Schönke/Schröder/Lenckner/Perron* StGB, 27. Aufl., § 265b Rn. 30 f.; *Tröndle* StGB, 55. Aufl., § 265b Rn. 23). 70

71 Erfasst werden nur Angaben zu den **eigenen wirtschaftlichen Verhältnissen** des Schuldners (*BGH* NZI 2010, 576 Tz. 12) und nicht Umstände, die sich allein auf Dritte beziehen, wie die Bonität eines Bürgen (*BGH* BGHZ 156, 139 [145]; MüKo-InsO/*Stephan* § 290 Rn. 37; *Uhlenbruck/Sternal* InsO, § 290 Rn. 44; *Kübler/Prütting/Bork-Wenzel* InsO, § 290 Rn. 41). Umstände, die sich auf das Vermögen einer Personengesellschaft auswirken, betreffen zugleich die wirtschaftlichen Verhältnisse des einzelnen Gesellschafters, der dafür haftet (*BGH* BGHZ 156, 139 [145]). Maßgeblich ist, ob die Umstände, die sich auf das Vermögen der Gesellschaft auswirken, zugleich unmittelbar die wirtschaftlichen Verhältnisse des einzelnen Gesellschafters betreffen, wie dies bei einer Kapitalgesellschaft im Zuschnitt einer personalistisch strukturierten Familiengesellschaft der Fall ist (*BGH* NZI 2010, 576 Tz. 13).

72 Nach der Abgrenzung, die in den verfahrensrechtlichen Vorschriften getroffen wird, sind von den wirtschaftlichen Verhältnissen, über die der Schuldner erklärungspflichtig ist, die **persönlichen Verhältnisse** und deswegen für den insolvenzrechtlichen Zweck des § 290 Abs. 1 Nr. 2 InsO nicht anzugebenden Umstände zu unterscheiden (die Abgrenzungsschwierigkeiten betonend *Stein/Jonas-Bork* ZPO, 22. Aufl., § 114 Rn. 18; *Baumbach/Lauterbach/Albers/Hartmann* ZPO, § 114 Rn. 64). Zu den persönlichen Verhältnissen, über die selbst in ihren wirtschaftlichen Auswirkungen keine Erklärung geschuldet wird und deren unzutreffende Darstellung dem Schuldner nicht vorgeworfen werden kann, gehört neben den Familienverhältnissen, vgl. § 117 Abs. 2 Satz 1 ZPO, auch der tatsächliche Lebensaufwand des Schuldners (MüKo-ZPO/*Motzer* 3. Aufl., § 114 Rn. 59). Der unterlassene Einsatz der eigenen Arbeitskraft zählt deswegen nicht zu dem Einkommen oder Vermögen, sondern ist den persönlichen Verhältnissen zuzurechnen (*OLG Karlsruhe* NJW 1985, 1787; *Zöller/Philippi* ZPO, 26. Aufl., § 115 Rn. 6; *Biebrach* NJW 1988, 1769).

4. Zweck

73 Der Schuldner muss seine unzutreffenden Angaben gemacht haben, um einen **Kredit zu erhalten**, um Leistungen aus öffentlichen Mitteln zu beziehen oder um Leistungen an öffentliche Kassen zu vermeiden. Für den Kreditbegriff in § 290 Abs. 1 Nr. 2 InsO kann nicht auf ein einheitliches Verständnis zurückgegriffen werden. Zu unterschiedlich wird dieser Begriff etwa in den §§ 778, 824 BGB, 349 HGB, 43a GmbHG, 89, 115 AktG, 1 Abs. 1 Nr. 2, 19 Abs. 1 KWG verwendet. Kredit ist ein Darlehen i.S.v. § 488 BGB, aber auch ein anderes Rechtsgeschäft, durch das dem Kreditnehmer Geld oder geldwerte Mittel zeitweise zur Verfügung gestellt werden (*Hess* InsO, 2007, § 290 Rn. 39; *Schönke/Schröder/Lenckner/Perron* StGB, 27. Aufl., § 265b Rn. 11 ff.). Ein Kredit liegt insbesondere vor, wenn der dem Schuldner zugewendete Vermögensvorteil aus einem fremden Vermögen stammt, nur vorübergehend zugewendet sein und später zurückerstattet werden soll (*LG Düsseldorf* NZI 2009, 193; *Gottwald/Ahrens* HdbInsR, § 77 Rn. 59). Entsprechend den Regelungen der §§ 506 ff. BGB werden neben Darlehen auch sonstige Finanzierungshilfen erfasst (*Kübler/Prütting/Bork-Wenzel* InsO, § 290 Rn. 46a; HK-InsO/*Waltenberger* § 290 Rn. 11; MüKo-InsO/*Stephan* § 290 Rn. 38), nicht aber Zahlungsaufschübe und Stundungen (*LG Göttingen* NZI 2010, 351 [352]; *Dahl* VIA 2010, 32; a.A. *AG Göttingen* NZI 2010, 233 [234]; *Hess/Groß/Reill-Ruppe/Roth* Kap. 4 Rn. 273).

74 **Unzutreffende Angaben bei einer Kreditgewährung** können etwa in einer Selbstauskunft erfolgen oder ggf. die vorgelegten Bilanzen betreffen. Ebenso wenig wie die Gebrauchsüberlassung durch Miete oder Pacht begründet die dem gesetzlichen Modell entsprechende Vorleistungspflicht eines Dienstverpflichteten oder eines Werkunternehmers, §§ 614, 641 Abs. 1 Satz 1 BGB, einen Kredit. Beim Ausstellen eines Schecks macht der Schuldner keine unrichtigen Angaben über seine persönlichen Verhältnisse (*AG Göttingen* NZI 2012, 423 f.). Sind die Tarife von Versicherungsverträgen nach den Zahlungsmodalitäten gestaffelt, mit geringerer Prämie bei jährlicher Zahlung, so wird – jedenfalls nach der insolvenzrechtlichen Funktion – kein Kredit, sondern im Gegenteil ein Rabatt gewährt (vgl. *Bülow* VerbrKrG, 2. Aufl., § 1 Rn. 39; a.A. MüKo-BGB/*Ulmer* § 1 VerbrKrG Rn. 70). Der entgegengenommene Rückkaufswert eines Lebensversicherungsvertrags steht einem empfangenen Kredit nicht gleich (*LG Düsseldorf* NZI 2009, 193). Allein die unterlassene Zahlung

trotz eines gerichtlichen Ratenzahlungsvergleichs begründet noch nicht den Versagungstatbestand, denn die Verpflichtung enthält keine konkreten Aussagen über die wirtschaftlichen Verhältnisse (*LG Göttingen* NZI 2010, 351 [352]). Für Leasingverträge wird beim Operating-Leasing wohl keine Kreditierung anzunehmen sein (MüKo-BGB/*Ulmer* § 1 VerbrKrG Rn. 85, 87; *Bruchner/Ott/Wagner-Wieduwilt* VerbrKrG, 2. Aufl., § 1 Rn. 98 ff.). Franchiseverträge sind nicht schon deshalb Kreditverträge, weil auf sie gem. § 2 Nr. 3 VerbrKrG Regelungen des VerbrKrG anzuwenden sein können (vgl. *BGH* BGHZ 97, 351; zur Kritik etwa *Martinek* Moderne Vertragstypen, Bd. II, S. 97 ff.). Vorverhandlungen ohne Kreditvergabe oder Maßnahmen zur Ablösung eines Kredits sind unerheblich (*Nerlich/Römermann* § 290 Rn. 55). Es genügt, wenn die falschen Angaben getätigt werden, um einen Kredit zu behalten (a.A. *AG Göttingen* NZI 2012, 423 [424]).

Leistungen aus öffentlichen Mitteln bezieht der Schuldner unabhängig davon, wer die Zahlstellenfunktion ausübt, wenn die Mittel öffentlichen Haushalten entstammen. Dies gilt ebenso für Sozialleistungen, §§ 18 bis 29 SGB I, z.B. Arbeitslosengeld, bis 31.12.2004 Arbeitslosenhilfe (*LG Stuttgart* ZInsO 2001, 134 [135]), ab 01.01.2005 Arbeitslosengeld II, wie für Subventionen (s.a. K. *Schmidt/Henning* InsO, § 290 n.F. Rn. 40; *Homann* ZVI 2006, 425 [426 ff.]). 75

Eine **Leistung an eine öffentliche Kasse** kann der Schuldner bei der Erstattung von Sozialleistungen, bei der Zahlung einer Fehlbelegungsabgabe oder von Kindergarten- bzw. anderen Gebühren, aber auch bei einer Steuerzahlung und zwar bei ihrer Vollstreckung (*BGH* NZI 2008, 195 Tz. 6), aber auch bereits bei einer Stundung, einem Erlass oder einer Einstellung der Vollstreckung, §§ 222, 227, 258, s.a. 284 AO, vermeiden (MüKo-InsO/*Stephan* § 290 Rn. 39; *Kraemer* DStZ 1995, 399 [400 f.]; *Schmittmann* VIA 2010, 33 [34]). Ebenso trifft dies auf eine Umsatzsteuerverkürzung zu (*BGH* 12.11.2009 – IX ZB 98/09, BeckRS 2009, 89263 Tz. 2). Öffentliche Kassen sind staatliche Einrichtungen, wie das Finanz-, Sozial- oder Arbeitsamt, aber auch die gesetzlichen Krankenkassen sowie die Ersatzkassen. 76

Eine **Steuerstraftat** kann eine Leistungsvermeidung i.S.d. Norm darstellen. Dies gilt insbesondere bei einer Verurteilung wegen Steuerhinterziehung, d.h. eine Steuerhinterziehung kann den Tatbestand von § 290 Abs. 1 Nr. 2 InsO erfüllen (vgl. *BGH* ZInsO 2009, 298 Tz. 4 f.; ZInsO 2011, 301 Tz. 6; A/G/R-*Fischer* § 290 InsO a.F. Rn. 47; K. *Schmidt/Henning* InsO, § 290 n.F. Rn. 35; *Kranenberg* NZI 2011, 664 [665]), wobei keine rechtskräftige Verurteilung erforderlich ist (*BGH* NZI 2010, 576 Tz. 10). § 290 Abs. 1 Nr. 1 InsO entfaltet insoweit keine Sperrwirkung (*BGH* ZInsO 2011, 301 Tz. 6; A/G/R-*Fischer* § 290 InsO a.F. Rn. 42). Eine strafbefreiende Selbstanzeige schließt den Tatbestand des § 290 Abs. 1 Nr. 2 InsO aus (*Frind* Praxishandbuch Privatinsolvenz, Rn. 937; *Wollweber/Bertrand* DStR 2015, 1115 [1120]; a.A. *AG Duisburg* BeckRS 2008, 19202; *Uhlenbruck/Sternal* InsO, § 290 Rn. 53). 77

Eine wichtige Fallgruppe bilden die unzutreffenden **Steuererklärungen**. Unzutreffende Angaben über Warenumsätze, um eine Zahlung von Steuern zu vermeiden, erfüllen den objektiven Tatbestand des § 290 Abs. 1 Nr. 2 InsO (*LG Lüneburg* ZVI 2005, 614 [615]). Zur unterlassenen Abgabe steuerlicher Erklärungen vgl. Rdn. 63. Gibt der Schuldner eine unzutreffende Umsatzsteuer-Voranmeldung ab, ist der objektive Versagungstatbestand auch bei einer Selbstanzeige erfüllt (*AG Celle* ZVI 2003, 367). Beruht ein Bescheid auf Schätzungen des Finanzamts, steht damit noch nicht die Unrichtigkeit der Erklärung des steuerpflichtigen Schuldners fest (*BGH* ZVI 2006, 162). Den Tatbestand erfüllen auch unzutreffende Stundungs- oder Erlassanträge. Eine schuldhafte Nichtzahlung des **Gesamtsozialversicherungsbeitrags** (§ 28d SGB IV) allein begründet den Versagungstatbestand noch nicht. Auch hier muss ein Verstoß gegen das Schrifterfordernis hinzukommen, der etwa bei einer Verletzung der Meldepflicht aus § 28a SGB IV durch unrichtige oder unvollständige Angaben vorliegen kann. 78

Wird eine unzutreffende Erklärung aus **anderen** als den drei genannten **Gründen** einer Kredit- oder Leistungsbewilligung bzw. zur Vermeidung von Leistungen abgegeben, etwa im Rahmen einer Zwangsvollstreckung, bleibt sie unbeachtlich (*Kübler/Prütting/Bork-Wenzel* InsO, § 290 Rn. 40; *Uhlenbruck/Sternal* InsO, § 290 Rn. 43). 79

5. Frist

80 Eine **dreijährige Frist** beschränkt den Versagungsgrund auf unzutreffende Angaben im Vorfeld einer Insolvenz. Die unzutreffenden Erklärungen (s. Rdn. 90) müssen in den letzten drei Jahren vor dem Antrag auf Eröffnung des Insolvenzverfahrens oder nach diesem Antrag abgegeben worden und dem Empfänger zugegangen sein. Die Frist ist bindend und darf nicht überschritten werden, weil nach der Entscheidung des Gesetzgebers länger zurückliegende Angaben für die Beurteilung des Schuldners nicht berücksichtigt werden dürfen (*BGH* NZI 2003, 449 [450]; *Kübler/Prütting/Bork-Wenzel* InsO, § 290 Rn. 38).

81 Da nach § 287 Abs. 1 InsO der Restschuldbefreiungsantrag einen **Eigenantrag des Schuldners** auf Eröffnung des Insolvenzverfahrens voraussetzt, wird auch für die Fristberechnung bei dem Versagungsgrund aus § 290 Abs. 1 Nr. 2 InsO dieser Antrag des Schuldners und nicht ein früherer Gläubigerantrag maßgeblich sein (*AG Dortmund* ZInsO 2009, 1077 [1078]; *K. Schmidt/Henning* InsO, § 290 n.F. Rn. 38; HambK-InsO/*Streck* § 290 Rn. 23; **a.A.** MüKo-InsO/*Stephan* § 290 Rn. 43). Unerheblich ist, ob der Antrag unvollständig war oder ob das Verfahren nach § 306 InsO geruht hat. Die Fristberechnung erfolgt gem. §§ 4 InsO, 222 Abs. 1 ZPO sowie – als Rückwärtsfrist – analog §§ 187 f. BGB (dazu *Krause* NJW 1999, 1448; s.a. *K. Schmidt/Henning* InsO, § 290 n.F. Rn. 38), also nicht nach § 139 Abs. 1 InsO.

82 Abzustellen ist auf den **Zugang der Erklärung** beim Empfänger (*Uhlenbruck/Sternal* InsO, § 290 Rn. 56; *Graf-Schlicker/Kexel* InsO, § 290 Rn. 10), also nicht darauf, wann die Leistungen etc. erbracht wurden. Bei der Steuererklärung ist auf den Zeitpunkt der tatsächlichen Abgabe und nicht auf den Veranlagungszeitraum abzustellen (*AG Düsseldorf* ZVI 2007, 283 [284]). Über die Angaben vor dem Eröffnungsantrag hinaus erstreckt § 290 Abs. 1 Nr. 2 InsO den Versagungsgrund auf unzutreffende Erklärungen, die während der Dauer des Insolvenzverfahrens **bis zum Schlusstermin** abgegeben wurden (*BGH* NZI 2012, 145 Tz. 11 ff.; *Kübler/Prütting/Bork-Wenzel* InsO, § 290 Rn. 48; MüKo-InsO/*Stephan* § 290 Rn. 42; *Uhlenbruck/Sternal* InsO, § 290 Rn. 54; HK-InsO/*Waltenberger* § 290 Rn. 21). Eine Kollision mit § 290 Abs. 1 Nr. 5 und 6 InsO besteht wegen der unterschiedlichen Antragsvoraussetzungen nicht. Nach dessen Ende, also insbesondere im Verlauf der Treuhandperiode, kann ein Versagungsantrag nicht mehr auf § 290 InsO gestützt werden.

6. Subjektiver Tatbestand

a) Finalität

83 Der subjektive Tatbestand ist **zweigliedrig** aufgebaut. Die Absicht des Schuldners allein genügt nicht, denn dann könnte die Restschuldbefreiung versagt werden, ohne dass ein Kredit, eine Leistung etc. beantragt wurde. Über die voluntativen Anforderungen hinaus ist ein **finaler Zusammenhang** mit einer Kreditaufnahme, mit Leistungen aus öffentlichen Mitteln oder an öffentliche Kassen erforderlich. Mit den unzutreffenden Angaben muss der Schuldner die Zielsetzung verbunden haben, einen Kredit oder Leistungen aus öffentlichen Mitteln zu erhalten bzw. Leistungen an öffentliche Kassen zu vermeiden. Neben vorsätzlich oder grob fahrlässig gemachten Angaben verlangt die Vorschrift, wie der Wortlaut »um ... zu« verdeutlicht, ein finales Handeln zur Verwirklichung der Zielsetzung (*BGH* NZI 2008, 195 Tz. 10; *AG Duisburg* ZVI 2008, 452 [455]; *Uhlenbruck/Sternal* InsO, § 290 Rn. 60; A/G/R-*Fischer* § 290 InsO a.F. Rn. 50; HK-InsO/*Waltenberger* § 290 Rn. 18; *K. Schmidt/Henning* InsO, § 290 n.F. Rn. 43; *Graf-Schlicker/Livonius* Restschuldbefreiung und Verbraucherinsolvenz, Rn. 270; *Andres/Leithaus* InsO, § 290 Rn. 14; *Kübler/Prütting/Bork-Wenzel* InsO, § 290 Rn. 46). Mit den schriftlichen Angaben muss der Schuldner versucht haben, finanzielle Leistungen zu erhalten oder zu vermeiden. Hat der Schuldner die Angaben zu einem anderen Zweck gemacht, ist der erforderliche Zusammenhang nicht herzustellen.

84 Ein **Ursachenzusammenhang** zwischen den Angaben und Leistungen ist nicht erforderlich (*BGH* NZI 2008, 195 Tz. 10; *Kübler/Prütting/Bork-Wenzel* InsO, § 290 Rn. 46; *Uhlenbruck/Sternal* InsO, § 290 Rn. 61; MüKo-InsO/*Stephan* § 290 Rn. 41; **a.A.** *LG Stuttgart* ZInsO 2001, 134 f.). Obwohl eine verfahrensrechtlich fremde pönale Wirkung der Regelung nicht auszuschließen ist,

überwiegen die Gründe für eine am Wortlaut ausgerichtete Interpretation. Es ist also unerheblich, ob der Schuldner durch die Falschangaben sein Ziel erreicht hat (*BGH* NZI 2008, 195 Tz. 10; *AG Göttingen* NZI 2010, 233 [234]; *Graf-Schlicker/Kexel* InsO, § 290 Rn. 8), d.h. der Schuldner muss nicht den Kredit etc. erlangt haben. Es besteht deswegen ein Versagungsgrund, wenn eine unzutreffende Angabe vom Erklärungsempfänger erkannt und deswegen die Leistung abgelehnt wird. Bei Abgabe einer Steuererklärung ist dies wahrscheinlich (enger *AG Duisburg* ZVI 2008, 452 [455]). Ebenso unerheblich ist es, wenn der Schuldner sein Ziel mit redlichen Mitteln hätte erreichen können (*BGH* 12.11.2009 – IX ZB 98/09, BeckRS 2009, 89263 Tz. 2). Korrigiert der Schuldner seine unzutreffenden Angaben vor einer Leistungsentscheidung, ist zu bestimmen, ob nach dem Schutzbereich der Norm eine Versagung der Restschuldbefreiung zu rechtfertigen ist. Jedenfalls kann eine korrigierte Angabe auf ein fehlendes qualifiziertes Verschulden schließen lassen. Dies gilt etwa bei einer Selbstanzeige gem. § 371 AO (vgl. *Wollweber/Bertrand* DStR 2015, 1115 [1116]; **a.A.** *AG Duisburg* ZVI 2008, 452 [453 f.]).

b) Vorsatz, grobe Fahrlässigkeit

Zusätzlich fordert § 290 Abs. 1 Nr. 2 InsO **vorsätzlich oder grob fahrlässig** getätigte unzutreffende 85
Angaben. Der Schuldner kann sich mit einer **Schuldunfähigkeit** entsprechend § 827 BGB entlasten, wofür er die Beweislast trägt (*AG Duisburg* ZVI 2008, 452 [454]). **Vorsatz** bedeutet auch hier Wissen und Wollen der objektiven Tatbestandselemente (zur vorsätzlichen Begehung *LG Stuttgart* ZInsO 2001, 134 [135]; *K. Schmidt/Henning* InsO, § 290 n.F. Rn. 42). Da der Schuldner die Angaben gemacht haben muss, um einen Kredit etc. zu erhalten, muss sich das kognitive Vorsatzelement nicht allein auf die unzutreffende Angabe, sondern auch auf die Folge einer dadurch herbeigeführten Kredit- oder Leistungsgewährung bzw. Leistungsvermeidung beziehen.

Grob fahrlässig handelt der Schuldner entsprechend der Legaldefinition in § 45 Abs. 2 Nr. 3 SGB 86
X, wenn ihm ein besonders schwerer Verstoß gegen die objektiv erforderliche Sorgfalt zur Last fällt. Als Faustformel kann gesagt werden, dass ganz naheliegende Überlegungen nicht angestellt sein dürfen oder beiseite geschoben worden sein müssen und dasjenige unbeachtet geblieben sein muss, was im gegebenen Fall sich jedem aufgedrängt hätte. Bei der groben Fahrlässigkeit handelt es sich um eine auch subjektiv schlechthin unentschuldbare Pflichtverletzung (*BGH* ZInsO 2006, 370 [371]; ZInsO 2007, 1150 Tz. 9, m. Anm. *Rauschenbusch*). Es muss dasjenige unterblieben sein, was im gegebenen Fall jedem einzuleuchten hat (*BGH* BGHZ 89, 153 [161]; *BGH* NJW 1994, 2022 [2023]; *BGH* NJW 1997, 1012 [1013]; *LG Potsdam* ZInsO 2005, 664 [666]; *AG Göttingen* ZVI 2006, 219 [220]; Übersicht bei *König* Die grobe Fahrlässigkeit, S. 40 ff.).

Trotz dieser Einbindung in einen generellen Verständniszusammenhang ist es nicht ausgeschlossen, 87
bei der Deutung der groben Fahrlässigkeit auch die **speziellen insolvenzrechtlichen Maßstäbe** zu berücksichtigen (vgl. *PWW/Schmidt-Kessel* § 276 BGB Rn. 19). Einen Maßstab kann das Verhalten der betroffenen Verkehrskreise überschuldeter Haushalte liefern (vgl. *Smid/Krug/Haarmeyer* InsO, § 290 Rn. 8). Zusätzlich ist ein auch in subjektiver Hinsicht gesteigerter Vorwurf erforderlich, weshalb die im Verkehr erforderliche Sorgfalt durch ein auch subjektiv unentschuldbares Verhalten in hohem Maß außer Acht gelassen worden sein muss (*BGH* VersR 1972, 144 [145]; VersR 1977, 465; NJW 1985, 2648; NJW 1986, 2838 [2839]; diff. *König* Die grobe Fahrlässigkeit, S. 163 ff.). Aus diesem Grund sind Umstände zu berücksichtigen, welche die **subjektive, personale Dimension** der Verantwortlichkeit betreffen (*BGH* BGHZ 119, 147 [149]), denn die Notwendigkeit eines schweren Vorwurfs verlangt, individuelle Kenntnisse zu beurteilen, wobei Unerfahrenheit und Unbeholfenheit die grobe Fahrlässigkeit ausschließen können (*Haarmeyer/Wutzke/Förster* Handbuch, 3. Aufl., Rn. 8/220; *K. Schmidt/Henning* § 290 n.F. Rn. 42; *Uhlenbruck/Sternal* InsO, § 290 Rn. 57). Auch die intellektuellen Fähigkeiten des Schuldners und die Umstände, unter denen es zu den Falschangaben gekommen ist, können zu berücksichtigen sein (*Graf-Schlicker/Livonius* Restschuldbefreiung und Verbraucherinsolvenz, Rn. 271). Die unterlassene Angabe eines Hypothekenkredits in einem Verbraucherkreditantrag durch einen Schuldner, der beruflich als Verwaltungsbeamter tätig ist, wird grob fahrlässig sein (*LG Potsdam* ZInsO 2005, 664 [665]).

88 Als **subjektives Entlastungsmoment** hat die Rechtsprechung dann auch angesehen, wenn der Handelnde geistig einfach veranlagt (*BGH* VersR 1968, 385 [386]; s.a. *BGH* VersR 1977, 465 [466 a.E.]), ungeübt (*OLG Hamm* NJW-RR 1993, 536) oder in seiner Einsichtsfähigkeit vermindert war (*BGH* NJW 1985, 2648). Komplexe Anforderungen aus einem Kredit- oder Leistungsantrag können das Gewicht eines Sorgfaltsverstoßes reduzieren. Dementsprechend wird für die grobe Fahrlässigkeit nach § 45 Abs. 2 Satz 3 Nr. 2 SGB X verlangt, dass der Begünstigte weiß, welche Angaben für den Erlass eines Verwaltungsakts von wesentlicher Bedeutung sind, was erst dann der Fall ist, wenn auf Antragsformularen die einzelnen Voraussetzungen hinreichend und verständlich erläutert sind (*Pickel* SGB X, § 45 Rn. 32). Auf der subjektiven Seite der Verantwortlichkeit ist zu berücksichtigen, ob eine hochverschuldete Person den Überblick über ihre Verhältnisse verloren hat und ob sie in eine passive Lebenshaltung geraten ist (MüKo-InsO/*Stephan* § 290 Rn. 45; *Nerlich/Römermann* InsO, 290 Rn. 51; *Kübler/Prütting/Bork-Wenzel* InsO, § 290 Rn. 45; LSZ/*Kiesbye* InsO, § 290 Rn. 19; *Wenzel* Restschuldbefreiung, S. 123; *Döbereiner* Restschuldbefreiung, S. 127; *Graf-Schlicker/Livonius* Restschuldbefreiung und Verbraucherinsolvenz, Rn. 271).

89 Eine **grobe Fahrlässigkeit scheidet aus**, wenn der Schuldner nicht in der Lage ist, die Richtigkeit der von einem Dritten stammenden Angaben zu überprüfen (*BGH* NZI 2012, 145 Tz. 20, von getrennt lebender Ehefrau gefälschte Kontoauszüge eines Kontos, auf das der Schuldner keinen Zugriff hat). Eine grobe Fahrlässigkeit kann fehlen, wenn eine wirtschaftlich unsinnige Umschuldung unter dem Einfluss eines Kreditinstituts oder eines Kreditvermittlers erfolgt ist (vgl. *Uhlenbruck/Sternal* InsO, § 290 Rn. 58; *Kübler/Prütting/Bork-Wenzel* InsO, § 290 Rn. 45). Trägt ein Kreditvermittler unzutreffende Angaben in ein vom Schuldner unterzeichnetes Kreditantragsformular ein, ist dem Schuldner noch keine grobe Fahrlässigkeit vorzuwerfen (*BGH* ZInsO 2005, 926 [927]), denn bei einem von dritter Seite ausgefüllten Formular ist das qualifizierte Verschulden mit besonderer Sorgfalt zu prüfen (HK-InsO/*Landfermann* 6. Aufl., § 290 Rn. 6). Bei einer unklaren Fragestellung kann trotz objektiver Falschbeantwortung eine grobe Fahrlässigkeit fehlen (*AG Göttingen* ZVI 2006, 219 [220], monatliche Ratenhöhe gegenüber Gesamtbetrag der Schulden).

7. Einzelfälle

90 **Versagungsgrund bejaht:** Unzutreffende Angaben macht der Schuldner, wenn er in einem Darlehensantrag seine Altschulden mit DM 4.500,– statt richtig mit nahezu DM 43.000,– beziffert (*AG Landau* ZVI 2004, 699 [700]). Bei einer Darlehnsaufnahme erfüllt auf die Frage nach den Schulden die unterlassene Angabe von zwei Sicherungsabtretungen über EUR 23.000,– und EUR 13.000,– den Versagungsgrund (*AG Landau* ZVI 2004, 629 [630]). Unzutreffende Angaben macht auch ein Schuldner, der sich unter Vorlage eines Widerrufsvergleichs von der Sozialagentur Gelder zur Begleichung von Mietrückständen auszahlen lässt, den Vergleich widerruft und die Gelder für sich verbraucht (*AG Göttingen* ZInsO 2007, 720). Eine strafrechtliche Verurteilung wegen Steuerhinterziehung begründet den objektiven Tatbestand des § 290 Abs. 1 Nr. 2 InsO (vgl. *BGH* ZInsO 2009, 298 Tz. 4 f.). Unzutreffende Angaben in einer Steuererklärung werden nicht durch eine steuerstrafrechtlich wirksame Selbstanzeige kompensiert (*AG Celle* ZVI 2003, 367).

91 **Versagungsgrund verneint:** Werden außerhalb der dreijährigen Frist unrichtige oder unvollständige schriftliche Angaben gemacht und diese in der Frist nicht berichtigt, so erfüllt dieses Verhalten selbst dann nicht das Schriftlichkeitserfordernis, wenn das Unterlassen den Betrugstatbestand verwirklicht (*BGH* NZI 2003, 449 [450]). Die Versagung nach § 290 Abs. 1 Nr. 2 InsO in einem ersten Insolvenzverfahren bindet nicht für ein zweites Verfahren (*AG Hamburg* ZVI 2009, 224 [225]). Wird keine Erklärung abgegeben, wie bei einer unterlassenen Steuererklärung, liegt mangels Schriftlichkeit kein Verstoß gegen § 290 Abs. 1 Nr. 2 InsO vor (*OLG Köln* NZI 2001, 205 [206] = DZWIR 2001, 333 m. Anm. *Becker*). Die auf einer Steuerschätzung des Schuldners beruhende Einkommensteuererklärung ist nur dann unrichtig, wenn die Unrichtigkeit von in ihr enthaltenen Angaben feststeht, die nicht schon mit Vorlage des Steuerbescheids bewiesen ist (*BGH* ZInsO 2006, 265 [266]). Bringt ein Kreditinstitut vor der Vertragsanbahnung zum Ausdruck, dass eine Schufa-Auskunft nicht eingeholt werde und Kredite auch bei bereits bestehenden Verbindlichkeiten bewilligt werden,

ist vom Schuldner nicht zu verlangen, dass er von sich aus eine Vorverschuldung offenlegt (*AG Berlin-Lichtenberg* NZI 2004, 390 [391] = VuR 2005, 227 m. Anm. *Busch*). Mündliche Angaben des Schuldners, die ein Mitarbeiter der Gläubigerin in ein Formular einträgt, erfüllen die Formanforderungen nicht (*AG Göttingen* ZVI 2002, 86). Trotz unrichtiger Angaben liegt ein Versagungsgrund noch nicht vor, wenn der Schuldner einen Kreditantrag blanko unterschreibt (*LG Düsseldorf* ZVI 2006, 470 [471]). Ein gegen den Schuldner ergangener Strafbefehl wegen Steuerhinterziehung bei einer Gesellschaft bürgerlichen Rechts genügt nicht, wenn sich aus diesem nicht ergibt, wer gegenüber dem Finanzamt die der Berechnung zugrunde liegenden Angaben gemacht hat (*LG Göttingen* NZI 2003, 453 [454]). Trägt ein Kreditvermittler unzutreffende Angaben in einen Kreditantrag ein, muss dem Schuldner eine grobe Fahrlässigkeit vorzuwerfen sein (*BGH* ZInsO 2005, 926 [927]). Die bei einer fruchtlosen Pfändung unterlassene Angabe eines im Zwangsversteigerungsverfahren befindlichen Hausgrundstücks muss nicht den zweigliedrigen subjektiven Tatbestand erfüllen (*BGH* NZI 2008, 195 Tz. 12). Der entgegengenommene Rückkaufswert eines Lebensversicherungsvertrags begründet nicht den Versagungstatbestand (*LG Düsseldorf* NZI 2009, 193).

III. Frühere Restschuldbefreiungsverfahren (§ 290 Abs. 1 Nr. 3 InsO)

Die Vorschrift ist durch das Gesetz zur Verkürzung des Restschuldbefreiungsverfahrens und zur Stärkung der Gläubigerrechte vom 15.07.2013 (BGBl. I S. 2379) aufgehoben (zu der in den vor dem 01.07.2014 beantragten Insolvenzverfahren geltenden Rechtslage vgl. die 8. Aufl.). 92

IV. Verringerung der Insolvenzmasse (§ 290 Abs. 1 Nr. 4 InsO)

1. Unangemessene Verbindlichkeiten

Einen **Missbrauchsgrund** in den drei tatbestandlichen Alternativen der Begründung unangemessener Verbindlichkeiten, der Vermögensverschwendung und eines verzögerten Insolvenzverfahrens normiert § 290 Abs. 1 Nr. 4 InsO. Systematisch sind damit ganz unterschiedliche Verhaltensweisen zusammengeführt, denn es werden Verschlechterungen auf der Passiv- und Aktivseite der Vermögensbilanz, aber auch davon unabhängig ein hinausgezögerter Insolvenzantrag erfasst. Als gemeinsame Größe soll mit dieser Regelung das Schuldbefreiungsverfahren funktionsfähig gehalten, die Insolvenzmasse geschützt und dadurch verhindert werden, dass der Schuldner die Befriedigung seiner Gläubiger im Hinblick auf ein Insolvenzverfahren beeinträchtigt (*Gottwald/Ahrens* HdbInsR, § 77 Rn. 68). Zur Auslegung der insolvenzrechtlichen Bestimmung kann nur eingeschränkt und nach genauer Abgrenzung auf die bisherigen Vorschriften der §§ 187 Satz 1 KO, 18 Nr. 1 VglO zurückgegriffen werden, denn in diesen Regelungen ist ein unredliches Verhalten positives Tatbestandsmerkmal. Gegenüber einer solchen generalklauselartigen Beschreibung schränkt § 290 Abs. 1 Nr. 4 InsO den Versagungsgrund auf einzeln bezeichnete Gestaltungen ein. 93

Die erste Alternative formuliert einen Versagungsgrund, wenn der Schuldner **unangemessene Verbindlichkeiten** begründet hat. Wie das Attribut unangemessen herausstellt, genügt allein die Eingehung von Verbindlichkeiten nicht. Unangemessen sind die eingegangenen Verbindlichkeiten erst dann, wenn sie in der konkreten Lebenssituation des Schuldners außerhalb einer nachvollziehbaren Nutzenentscheidung stehen (A/G/R-*Fischer* § 290 InsO a.F. Rn. 62; K. Schmidt/*Henning* InsO, § 290 n.F. Rn. 46; *Pape/Uhlenbruck* Insolvenzrecht, Rn. 961; *Gottwald/Ahrens* HdbInsR, § 77 Rn. 69; s.a. *Frind* Praxishandbuch Privatinsolvenz, Rn. 941) und entgegen der wirtschaftlichen Vernunft eingegangen wurden. Auf das Leistungs-Gegenleistungs-Verhältnis ist nicht abzustellen, denn eine sofortige Erfüllung, ein Bargeschäft, wird sich häufig als günstiger erweisen, doch bleibt einem in der Krise befindlichen Schuldner häufig nur die Begründung von Verbindlichkeiten (*Smid* BB 1992, 501 [512]; *ders.* DZWiR 1994, 278 [285]; *Forsblad* Restschuldbefreiung, S. 216). 94

Für die Bestimmung dessen, was als unangemessene Verbindlichkeit zu gelten hat, kann auch **keine objektive Beurteilung** vorgenommen werden (MüKo-InsO/*Stephan* § 290 Rn. 59), denn ein insolventer Schuldner hat Verpflichtungen, die seinen Vermögens- und Erwerbsverhältnissen nicht entsprechen, eben objektiv nicht angemessene Verbindlichkeiten. Deswegen ist dem Verhältnis zwi- 95 schen Ausgaben und Einnahmen i.d.R. kein Anhaltspunkt zu entnehmen. Zudem sind die mit der Eingehung einer Verbindlichkeit getroffenen Nutzenentscheidungen einer objektiven Bewertung nicht zugänglich. Nach *Pape* (Gläubigerbeteiligung, Rn. 439) muss die Vorschrift aus ihrem Gesamtzusammenhang dahingehend verstanden werden, dass dem Schuldner der Vorwurf eines schwerwiegenden unerlaubten Verhaltens i.S.d. §§ 823 ff. BGB zu machen ist. Für unternehmerisches Handeln ist auf die Sicht eines wirtschaftlich vernünftig agierenden Unternehmers abzustellen, wobei die veränderten Rahmenbedingungen in der Krise zu berücksichtigen sind.

96 Ausgehend von einer auf die Bedürfnisse des Schuldners ausgerichteten Beurteilung sind einzelne Fallgruppen unangemessener Verbindlichkeiten zu entwickeln. Dabei ist nicht die **Lebensführung** des Schuldners objektiv zu bewerten, also insbesondere kein Maßstab für eine wirtschaftliche Haushaltsführung zu entwickeln (vgl. *Knüllig-Dingeldey* Nachforderungsrecht, S. 179 f.), sondern eine **subjektiv** aus seiner Sicht zu treffende Beurteilung zu fällen, um eine missbräuchliche Ausnutzung der Restschuldbefreiung zu verhindern. Maßgebend muss die wirtschaftliche Situation des Schuldners aus seiner Sicht im Zeitpunkt der Neu- oder Weiterverschuldung sein. Beruflich bedingte Ausgaben sind regelmäßig angemessen (vgl. HK-InsO/*Waltenberger* § 290 Rn. 24). Darzulegen und glaubhaft zu machen ist, wodurch der Schuldner die Befriedigung der Gläubiger verzögert haben soll (*AG Oldenburg* ZVI 2003, 483 [484]). Ergänzend können die früheren Verhaltensweisen und der bisherige Lebenszuschnitt des Schuldners einbezogen werden (HK-InsO/*Waltenberger* § 290 Rn. 24; *Forsblad* Restschuldbefreiung, S. 216).

97 Der Begriff der **Luxusausgaben** ist **kaum geeignet** (auf den die Begründung RegE, BR-Drucks. 1/92 S. 190, abstellt) denn er gibt keinen präzisen Aufschluss darüber, was unangemessener Luxus sein soll (*Frind* Praxishandbuch Privatinsolvenz, Rn. 941; **a.A.** *Hess* InsO, 2007, § 290 Rn. 70; *Hess/Groß/Reill-Ruppe/Roth* Kap. 4 Rn. 321; *Andres/Leithaus* InsO, § 290 Rn. 17). Auch ein unangemessen luxuriöser Lebensstil, auf den der *BGH* (NZI 2005, 233 [234]; ZInsO 2009, 732 Tz. 10) verweist, bedarf der näheren Konkretisierung. Die Anmietung einer 114 qm großen Wohnung für einen Vier-Personen-Haushalt, deren Miete von DM 1850,– der Schuldner zur Hälfte trägt, und eine Flugreise für DM 590,– stellen keine unangemessenen Verbindlichkeiten dar (*AG Bonn* ZInsO 2001, 1070 [1071]; zum unterlassenen Umzug auch *BGH* ZInsO 2005, 146). Eine Kreditaufnahme von EUR 7.500,– stellt ein Indiz dar, doch können Umschuldungsmaßnahmen im Einzelfall sogar das Bemühen belegen, die finanziellen Schwierigkeiten zu bewältigen (*AG Hamburg* ZVI 2002, 34 [35]). Prinzipiell unerheblich ist, ob die Verbindlichkeit privat oder beruflich begründet ist. Es sind aber die aus der beruflichen Tätigkeit resultierenden Bedürfnisse, z.B. der Kauf eines angemessenen Pkw für den Arbeitsweg, und Anforderungen zu berücksichtigen (*Braun/Pehl* InsO, § 290 Rn. 23; *Heyer* Verbraucherinsolvenzverfahren, S. 45).

98 Bei einem **selbständigen Schuldner** soll darauf abgestellt werden, ob die zu beurteilende Verbindlichkeit zum Zeitpunkt ihrer Eingehung im Hinblick auf die Leistungsfähigkeit des Schuldners unter Berücksichtigung der bestehenden Verbindlichkeiten überhaupt noch erfüllbar erscheint (*AG Oldenburg* ZVI 2003, 367 [368]). Die Einstellung einer Arbeitnehmerin begründet i.d.R. keine unangemessenen Verbindlichkeiten (*LG Berlin* ZVI 2002, 288). Die eklatante Unterkapitalisierung eines Unternehmens, für dessen Verbindlichkeiten eine natürliche Person in Anspruch genommen wird, kann den Tatbestand ebenfalls verwirklichen (*Knüllig-Dingeldey* Nachforderungsrecht, S. 184 ff., 195; *Kuhn/Uhlenbruck* KO, § 187 Rn. 2a; *Wenzel* Restschuldbefreiung, S. 121) ebenso ein Verstoß gegen wettbewerbsrechtliche Unterlassungspflichten (*AG Hildesheim* ZInsO 2014, 1403, dort auch zu den subjektiven Anforderungen). Die Liquidität des Unternehmens darf in diesen Fällen selbst bei einem günstigen Geschäftsverlauf nicht genügt haben. Eine **Kapitalerhaltungspflicht** besteht für natürliche Personen nicht (*BGH* ZInsO 2009, 732 Tz. 11; **a.A.** *AG Hamburg* ZVI 2008, 35). Die Gesetzesbegründung führt außerdem Verbindlichkeiten aus vorsätzlicher unerlaubter Handlung an (Begründung RegE, BR-Drucks. 1/92 S. 190).

99 Eine **unerlaubte Handlung** als solche genügt nicht (*LG Düsseldorf* NZI 2009, 193; s.a. *Uhlenbruck/Sternal* InsO, § 290 Rn. 71; einschränkend *Frind* Praxishandbuch Privatinsolvenz, Rn. 941). Sie muss zumindest einen Vermögensbezug besitzen und mit qualifiziertem Verschulden begangen sein.

Da § 302 Nr. 1 InsO impliziert, dass, auch abgesehen von Frist und Antrag nach § 290 Abs. 1 Nr. 4 InsO, nicht jede Verbindlichkeit aus einer vorsätzlichen unerlaubten Handlung zu einer Versagung der Restschuldbefreiung führt, muss der Vorsatz ebenfalls die Unangemessenheit einschließen. (Verkehrs)Ordnungswidrigkeiten führen deswegen nicht zu unangemessenen Verbindlichkeiten. Jedenfalls kann ein nach § 811 Abs. 1 Nr. 1 ZPO angemessener Lebens- und Haushaltsbedarf den Maßstab von § 290 Abs. 1 Nr. 4 Alt. 1 InsO nicht erfüllen. Die Begründung neuer Verbindlichkeiten, etwa von Steuerforderungen, erfüllt nicht den Tatbestand des § 290 Abs. 1 Nr. 4 InsO (*LG Göttingen* NZI 2011, 775).

2. Vermögensverschwendung

Auf der Aktivseite der Vermögensbilanz wird von der **zweiten Tatbestandsalternative** eine Vermögensverschwendung sanktioniert. Der unbestimmte Rechtsbegriff der Vermögensverschwendung hat inzwischen manche Konkretisierungen erfahren, bleibt aber im Detail wenig exakt. Eine Vermögensverschwendung verlangt einen **negativen Vermögenssaldo**, d.h. einen Vermögensverbrauch. Der Begriff der Luxusaufwendung erscheint als analytische Kategorie ungeeignet, weil er unbeantwortet lässt, ob es zu einem Vermögensverzehr gekommen ist (**a.A.** *Uhlenbruck/Sternal* InsO, § 290 Rn. 70). Befindet sich im Vermögen ein entsprechender, weiterhin am Markt realisierbarer Gegenwert, etwa beim Kauf einer teuren Markenuhr oder eines werthaltigen Pkw, ist kein Vermögensverzehr eingetreten. Zusätzlich muss die wertende Komponente einer Verschwendung, i.S.e. weit übermäßigen Wertverzehrs, verwirklicht sein. Wegen der erheblichen Begriffshöhe erfüllen niedrigschwellige Vorfälle nicht die Voraussetzungen. Damit ist auch ein Relevanz- bzw. Verhältnismäßigkeitskriterium formuliert. Eine Verschwendung liegt also nicht schon bei einem Vermögensverbrauch, sondern erst dann vor, wenn der Wertverzehr außerhalb einer nachvollziehbaren Verhaltensweise liegt (*BGH* NZI 2006, 712 Tz. 9; NZI 2009, 325 Tz. 10; ZInsO 2009, 1506 Tz. 3; *Gottwald/Ahrens* HdbInsR, § 77 Rn. 70).

Eine **Vermögenserhaltungspflicht** bzw. Kapitalerhaltungspflicht für natürliche Personen besteht nicht (vgl. *Frind* Praxishandbuch Privatinsolvenz, Rn. 945). Systematisch folgt dies bereits aus der fehlenden Insolvenzantragspflicht natürlicher Personen. Die Antragsobliegenheit bei unterhaltsberechtigten Minderjährigen (§ 286 Rdn. 65) begründet schon wegen ihrer unsystematischen Struktur kein Gegenargument. Zudem dient das Vermögen natürlicher Personen primär nicht dem Interesse der Gläubigerbefriedigung, sondern der Existenzsicherung und Verwirklichung des eigenen Lebens.

Keine Vermögensverschwendung liegt bei einem schlichten Verheimlichen oder Verbergen eines Vermögensgegenstandes vor und zwar auch dann nicht, wenn dadurch der Zugriff von Gläubigern auf diesen Gegenstand erschwert oder sogar vereitelt wird. Ein Gegenstand, über den der Schuldner noch verfügen kann, kann schon begrifflich nicht verschwendet worden sein (*BGH* NZI 2011, 641 Tz. 11; A/G/R-*Fischer* § 290 InsO a.F. Rn. 65). Die Weigerung des Schuldners, eine Nutzungsentschädigung für seine selbst genutzte Eigentumswohnung zu zahlen, stellt keine Vermögensverschwendung dar (*BGH* NZI 2016, 89 Rn. 14). Die Eigentumsaufgabe an einem Grundstück begründet keine Vermögensverschwendung, wenn das Grundstück wertausschöpfend belastet ist und der Schuldner die laufenden Ausgaben nicht mehr decken kann. Dies gilt insbes. sofern die Immobilie aus einem etwaigen Insolvenzbeschlag hätte freigegeben werden müssen, weil die laufenden Kosten durch die Mieteinnahmen nicht hinreichend gedeckt gewesen wären (*AG Göttingen* NZI 2015, 375). Keine Vermögensverschwendung liegt bei der unentgeltlichen Überlassung von Gaststätteninventar an einen Erwerber in der Erwartung vor, dem Erwerber werde die Gaststätte nur verpachtet, wenn er in Höhe des Verkehrswerts des Mobiliars offenstehende Pachtansprüche begleicht, anders aber, wenn auch der Gaststättenbetrieb unentgeltlich übergeben wurde, dafür jedoch ein Interessent einen erheblich Preis hätte zahlen wollen (*BGH* ZInsO 2013, 1484 Tz. 8 ff.). Eine unterlassene Erwerbstätigkeit erfüllt nicht den Tatbestand von § 290 Abs. 1 Nr. 4 InsO (*Uhlenbruck/Sternal* InsO, § 290 Rn. 67). Dies ist folgerichtig, weil sie nur unter den engeren Voraussetzungen des § 290 Abs. 1 Nr. 7 InsO eine Versagung rechtfertigen kann.

103 Die getätigten Ausgaben müssen im Verhältnis zum Gesamtvermögen und dem Einkommen des Schuldners **grob unangemessen** und wirtschaftlich nicht mehr nachvollziehbar erscheinen (*BGH* NZI 2006, 712 Tz. 9; NZI 2009, 325 Tz. 10; A/G/R-*Fischer* § 290 InsO a.F. Rn. 64; LSZ/*Kiesbye* InsO, § 290 Rn. 28; enger *AG Duisburg* NZI 2007, 473 [474]; nach *Hackenberg/Hohler* ZVI 2008, 229 [236], muss dem Schuldner der Vorwurf eines sinnlosen, der wirtschaftlichen Vernunft zuwiderlaufenden Handelns gemacht werden können). Bezugsgröße ist damit zunächst der bisherige Lebenszuschnitt, doch muss auch die wirtschaftliche Krise berücksichtigt werden. Erforderlich ist eine **Einzelfallabwägung**. Eine Anschaffung oder eine Reise kann in einer Krisensituation unangemessen sein. Anzunehmen ist eine Verschwendung, wenn der Schuldner sein Haus Dritten unentgeltlich zur Nutzung überlässt (*BGH* 10.12.2009 – IX ZB 20/08, BeckRS 2010, 00345 Tz. 2). Die Belastung eines Grundstücks mit einer Grundschuld zugunsten eines Dritten, dem keine zu sichernde Forderung gegen den Schuldner zusteht, stellt eine Vermögensverschwendung dar (*BGH* NZI 2011, 641 Tz. 9). Prozessführungen und die Einlegung von Rechtsbehelfen, die dem Zeitgewinn dienen sollen, begründen noch keine Vermögensverschwendung. Eine Grenzziehung kommt erst bei nicht mehr nachvollziehbaren, querulatorischen Rechtsbehelfen in Betracht (vgl. *Uhlenbruck/Sternal* InsO, § 290 Rn. 71; offengelassen von *AG Göttingen* NZI 2013, 653). Schenkungen, die sittlichen Anforderungen entsprechen, sind unbedenklich (*AG Göttingen* NZI 2012, 423 [424]; vgl. *Graf-Schlicker/Kexel* InsO, § 290 Rn. 15), anders Luxusgeschenke. Eine nach § 134 Abs. 2 InsO unanfechtbare Leistung führt zu keiner Vermögensverschwendung, doch endet damit die Parallele.

104 Die **Erfüllung einer Verbindlichkeit** in der Krise oder materiellen Insolvenz erfüllt noch nicht den Versagungstatbestand, soweit keine besonderen Umstände hinzutreten. Hierbei handelt es sich lediglich um einen Vermögensverbrauch. Ausdrücklich hat der BGH deswegen klargestellt, dass die Befriedigung von zwei noch nicht fälligen Verbindlichkeiten nach Eröffnung des Insolvenzverfahrens keine Vermögensverschwendung darstellt (*BGH* NZI 2009, 325 Tz. 11; *Piper* ZVI 2009, 393 [398]; *Pape* ZVI 2010, 1 [13]; **a.A.** *AG Duisburg* NZI 2007, 473). Erhöht der Schuldner trotz Arbeitslosigkeit seine monatlichen Ausgaben ohne nachvollziehbare Erklärung und übersteigen diese sogar seinen letzten Monatsverdienst, kann darin eine Vermögensverschwendung gesehen werden (*LG Duisburg* 08.04.2009 – 7 T 39/09, BeckRS 2009, 88995; bestätigt durch *BGH* 19.11.2009 – IX ZA 18/09; *Schmerbach* VIA 2010, 22 [23]).

105 Da die **Insolvenzanfechtung** den Haftungszugriff erweitert, die Versagungsgründe aber die Schuldbefreiung steuern, begründet allein eine Schenkungsanfechtung keinen Versagungstatbestand (*BGH* NZI 2009, 325 Tz. 10). Umgekehrt schließt eine Anfechtbarkeit eine Vermögensverschwendung nicht aus (*BGH* NZI 2011, 641 Tz. 11). Soweit eine Vorsatzanfechtung in Betracht kommt, kann der Versagungsgrund erfüllt sein. Eine Verschwendungsabsicht ist nicht erforderlich (*BGH* NZI 2011, 641 Tz. 12).

106 Die Konkretisierung des unbestimmten Rechtsbegriffs der Vermögensverschwendung kann im Übrigen in **Fallgruppen** erfolgen. Erhält der Schuldner eine Entgelt- oder Sozialleistungsnachzahlung, kann bei einer hinreichenden Höhe und einem grob unangemessenen Verbrauch eine Vermögensverschwendung vorliegen. Regelmäßig hat der Schuldner zuvor jedoch Ausgaben zurückstellen müssen, die er jetzt nachholen kann und oft auch muss. Deswegen besteht eine Vermutung für die Angemessenheit der betreffenden Aufwendungen. Vom Schuldner aufgewendete Mietkosten müssen unter Berücksichtigung der finanziellen und sonstigen Belastungen durch einen Umzug grob unangemessen sein. Nicht mehr nachvollziehbar ist auch, wenn Vermögen i.S.v. § 283 Abs. 1 Nr. 1 StGB zerstört, beschädigt oder unbrauchbar gemacht wird. Eine weitere Fallgruppe betrifft die kurzfristige, zum Nachteil der Gläubigerbefriedigung vorgenommene Liquiditätsbeschaffung. Namentlich sind hierfür die Fälle des § 283 Nr. 3 StGB und der Preisschleuderei gem. § 18 Nr. 1 VglO anzuführen, wenn der Schuldner Waren- oder Leistungen erheblich unter Einkaufs-, Gestehungs- oder einem darunterliegenden Marktpreis veräußert (*BGH* NZI 2009, 325 Tz. 10), ohne hierzu durch seine wirtschaftliche Situation zur Vermeidung größerer Verluste veranlasst zu sein (*Heidland* KTS 1968, 81 [90]; *Bley/Mohrbutter* VglO, § 18 Rn. 3). Obwohl aus einem anderen Kontext stammend, können die objektiven Kriterien eines wucherähnlichen Geschäfts (PWW/*Ahrens* § 138

Rn. 28 ff.) einen Anhaltspunkt liefern. Eine Vermögensverschwendung kann auch bei den von § 283 Abs. 1 Nr. 2 StGB angeführten wirtschaftlich unvertretbaren Verlust-, Spekulations- oder Differenzgeschäften (*Tröndle* StGB, 55. Aufl., § 283 Rn. 7 ff.) sowie Spiel (*LG Hagen* ZVI 2007, 480; *AG Duisburg* JurBüro 2007, 329; *AG Göttingen* ZVI 2010, 319 f.; *Hess* InsO, 2007, § 290 Rn. 84) oder Wette vorliegen (*BGH* NZI 2009, 325 Tz. 10; *Kuhn/Uhlenbruck* KO, § 187 Rn. 2a). Zugleich ist das Bewusstsein der unerfüllbaren Verbindlichkeit zu berücksichtigen (*Pape* Gläubigerbeteiligung, Rn. 439). Bei einer Spielsucht kann allerdings die Steuerungsfähigkeit und damit die Vorwerfbarkeit eingeschränkt sein.

3. Verzögerung des Insolvenzverfahrens

In der dritten Alternative besteht ein Versagungsgrund, falls der Schuldner ohne Aussicht auf eine Verbesserung seiner wirtschaftlichen Lage die **Eröffnung** des **Insolvenzverfahrens verzögert** hat. Dieser auf die Unternehmensinsolvenz zugeschnittene Tatbestand wird für die Verbraucherinsolvenz kaum eine Rolle spielen (*Pape* Gläubigerbeteiligung, Rn. 440). In der **Verbraucherinsolvenz** besteht **keine Verpflichtung**, einen Insolvenzantrag zu stellen und wird durch die Vorschrift auch nicht statuiert (*BGH* NZI 2012, 330 Tz. 9, natürliche Person; *AG Göttingen* NZI 2015, 40; *Kübler/Prütting/Bork-Wenzel* InsO, § 290 Rn. 60; *K. Schmidt/Henning* InsO, § 290 n.F. Rn. 48; *Gottwald/Ahrens* HdbInsR, § 77 Rn. 71; *Mohrbutter/Ringstmeier-Pape* § 17 Rn. 127), wie sie für die Vertretungsorgane juristischer Personen gilt, § 15a InsO, deren Verletzung auch zu einer Schadensersatzpflicht etwa nach § 823 Abs. 2 BGB i.V.m. § 64 GmbHG führen kann (*BGH* BGHZ 108, 134 [136 m.w.N.]). 107

Es handelt sich damit um eine bewusst **eng gefasste Vorschrift** (*Häsemeyer* KTS 2011, 151 [156]). Der Schuldner darf nicht in einer wirtschaftlich aussichtslosen Situation die Eröffnung des Insolvenzverfahrens zu Lasten seiner Gläubiger verschleppen (*Uhlenbruck/Sternal* InsO, § 290 Rn. 75). Deswegen muss der Schuldner durch ein aktives Tun, eine Täuschung o.Ä. die Gläubiger davon abgehalten haben, die Eröffnung eines Insolvenzverfahrens zu beantragen (Begr. RegE, BR-Drucks. 1/92 S. 190; MüKo-InsO/*Stephan* § 290 Rn. 61; A/G/R-*Fischer* § 290 InsO a.F. Rn. 66; HK-InsO/*Waltenberger* § 290 Rn. 26; HambK-InsO/*Streck* § 290 Rn. 28; LSZ/*Kiesbye* InsO, § 290 Rn. 29; **a.A.** *Kraemer* DStZ 1995, 399 [402]). Es genügt nicht, wenn der Schuldner die Eröffnung des Insolvenzverfahrens so lange hinausschiebt, bis nahezu alle verwertbaren Vermögensstücke verbraucht oder übertragen sind (offengelassen von *BGH* NZI 2012, 330 Tz. 9; **a.A.** MüKo-InsO/*Stephan* § 290 Rn. 63). Ein Insolvenzantrag eines Einzelunternehmers sechs Monate nach Geschäftseinstellung rechtfertigt allein noch keine Versagung (*AG Göttingen* ZVI 2005, 504). Stellt der Geschäftsführer einer GmbH verspätet den Antrag auf Eröffnung des Insolvenzverfahrens über das Vermögen der Gesellschaft, rechtfertigt dies im Insolvenz- und Restschuldbefreiungsverfahren über sein eigenes Vermögen keinen Versagungsgrund, da auf die Verhältnisse des Schuldners abgestellt wird (*AG Hamburg* ZInsO 2007, 559 [560]; *Uhlenbruck/Sternal* InsO, § 290 Rn. 75). Erfüllt der Schuldner nur seine eigene Anforderung nach § 305 Abs. 1 Nr. 1 InsO, eine außergerichtliche Einigung mit den Gläubigern zu versuchen, so kann schon deshalb von einer Täuschung und damit von einer verzögerten Eröffnung des Insolvenzverfahrens nicht die Rede sein. 108

Über diese Kriterien hinaus muss das Verhalten des Schuldners in allen Tatbestandsalternativen auch eine **Wesentlichkeitsgrenze** überschreiten, wie dies vom Rechtsausschuss für den Versagungsgrund aus § 296 InsO vorausgesetzt wurde (Begr. des Rechtsausschusses BT-Drucks. 12/7302 S. 188, zu § 346k; MüKo-InsO/*Stephan* § 290 Rn. 59, 60). Eine dem Außenstehenden sinnlos erscheinende, aber geringfügige Ausgabe schafft weder eine unangemessene Verbindlichkeit noch führt sie zu einer Vermögensverschwendung. Der Verlauf der Wesentlichkeitsgrenze hängt zwar auch von den Umständen des Einzelfalls ab (*BGH* ZVI 2005, 643 [644]; *Graf-Schlicker/Kexel* InsO, § 290 Rn. 13). Als Ausformung des Verhältnismäßigkeitsgrundsatzes muss diese Grenzziehung aber auch verallgemeinerbaren Maßstäben folgen, für die u.a. auf die Wertrelation, Auswirkungen auf die Gläubigerbefriedigung und den Grad der Vorwerfbarkeit abzustellen ist. 109

4. Beeinträchtigte Gläubigerbefriedigung

110 Durch seine Handlung muss der Schuldner die **Befriedigung der Insolvenzgläubiger beeinträchtigt** haben. Diese Anforderung entspricht der aus § 296 Abs. 1 Satz 1 InsO, setzt also keine erhebliche Beeinträchtigung voraus, wie sie § 303 Abs. 1 InsO verlangt. Eine beeinträchtigte Befriedigung der Massegläubiger genügt wegen ihrer abweichenden verfahrensrechtlichen Stellung und des eindeutigen Wortlauts nicht. Erforderlich ist eine konkret messbare Beeinträchtigung der Befriedigung der Insolvenzgläubiger im Zeitpunkt des Schlusstermins nach Maßgabe einer wirtschaftlichen Betrachtungsweise (vgl. *BGH* NJW-RR 2006, 1138 [1139], zu § 296 Abs. 1 InsO). Verlangt wird eine beeinträchtigte Befriedigung, also eine verringerte Quote (vgl. *Kübler/Prütting/Bork-Wenzel* InsO, § 290 Rn. 53a), und nicht nur verschlechterte Befriedigungsaussichten. Eine solche Beeinträchtigung geht über eine gefährdete Vermögensposition hinaus und kann nicht schon dann angenommen werden, wenn sich allein die Befriedigungsaussichten der Gläubiger ohne konkreten Vermögensverlust verschlechtert haben. Verzögert der Schuldner die Eröffnung eines masseunzulänglichen Verfahrens, wird sich kaum eine beeinträchtigte Gläubigerbefriedigung feststellen lassen.

111 Zwischen dem Verhalten des Schuldners und einer beeinträchtigten Befriedigung muss ein **kausaler Zusammenhang** bestehen (MüKo-InsO/*Stephan* § 290 Rn. 65; *Uhlenbruck/Sternal* InsO, § 290 Rn. 78; *K. Schmidt/Henning* InsO, § 290 n.F. Rn. 49; *Kübler/Prütting/Bork-Wenzel* InsO, § 290 Rn. 53a; *Frind* Praxishandbuch Privatinsolvenz, Rn. 951; wie es auch für § 187 KO gefordert wurde *Kuhn/Uhlenbruck* KO, § 187 Rn. 2b; *Kilger/Karsten Schmidt* KO, § 187 Anm. 1a) cc)). Mitursächlichkeit genügt (*Uhlenbruck/Sternal* InsO, § 290 Rn. 78).

112 **Keine beeinträchtigte Gläubigerbefriedigung** liegt vor, wenn der Schuldner aus seinem unpfändbaren Vermögen zu erfüllende Verbindlichkeiten begründet hat (*AG Göttingen* ZInsO 2004, 1092 [1093]; MüKo-InsO/*Stephan* § 290 Rn. 65; *LSZ/Kiesbye* InsO, § 290 Rn. 28; *Graf-Schlicker/Kexel* InsO, § 290 Rn. 16). Allein die Möglichkeit der Insolvenzanfechtung schließt eine Beeinträchtigung nicht aus (*Kübler/Prütting/Bork-Wenzel* InsO, § 290 Rn. 53a). In Betracht kommt aber, bei einer nach den §§ 130 ff. InsO anfechtbaren Rechtshandlung des Schuldners eine Beeinträchtigung zu verneinen, falls der Vermögensgegenstand nach § 143 InsO zur Masse zurückgewährt wurde (MüKo-InsO/*Stephan* § 290 (neu) Rn. 54; *Nerlich/Römermann* InsO, § 290 Rn. 70; s.a. *Knüllig-Dingeldey* Nachforderungsrecht oder Schuldbefreiung, S. 202 ff.; abl. *Döbereiner* Restschuldbefreiung, S. 134 f.) oder die Gläubiger eine erfolgreiche Anfechtung behindert haben. Verzögert der Schuldner das Insolvenzverfahren, müssen die jeweiligen Verbindlichkeiten mit dem Vermögen verglichen werden (vgl. *AG Göttingen* NZI 2015, 40).

5. Verschulden, Frist

113 Der Schuldner muss vorsätzlich oder grob fahrlässig gehandelt haben (dazu s. Rdn. 85). Dabei müssen sich die **Verschuldenselemente** auch auf die Konsequenz einer Gläubigerbeeinträchtigung beziehen. Verstößt ein geschäftlich unerfahrener Schuldner gegen wettbewerbsrechtliche Unterlassungspflichten, kann die grobe Fahrlässigkeit fehlen (*AG Hildesheim* ZInsO 2014, 1403).

114 Den Antrag auf Versagung der Restschuldbefreiung nach Nr. 4 darf jeder Insolvenzgläubiger stellen, da die Regelung sämtliche Insolvenzgläubiger schützt. Maßgeblich sind die Verhaltensweisen in der nach neuem Recht **dreijährigen Schutzfrist** vor dem Antrag auf Eröffnung des Insolvenzverfahrens oder nach diesem Antrag. Ein abschließender Termin, bis zu dem der Versagungsgrund vom Schuldner verwirklicht worden sein muss, ist gesetzlich nicht bestimmt. In aller Regel wird der Tatbestand jedoch durch die Eröffnung des Insolvenzverfahrens begrenzt sein. Mit der Eröffnung des Insolvenzverfahrens geht die Verwaltungs- und Verfügungsbefugnis des Schuldners nach § 80 InsO auf den Insolvenzverwalter bzw. Treuhänder über. Außerdem werden nach der Eröffnung des Insolvenzverfahrens keine Insolvenzforderungen, sondern Neuforderungen begründet, die erst nach dem Ende des Insolvenz- und ggf. des Restschuldbefreiungsverfahrens zu erfüllen sind, also die Befriedigung der Insolvenzgläubiger nicht beeinträchtigen. Selbst die Eingehung unerfüllbarer Verbindlichkeiten nach der Eröffnung des Insolvenzverfahrens steht also der Erteilung der Restschuldbefreiung nicht

entgegen (*AG Göttingen* ZInsO 2004, 1092 [1093]). Die Frist ist nach den § 4 InsO, § 222 Abs. 1 ZPO, sowie – als Rückwärtsfrist – analog §§ 187 f. BGB (dazu *Krause* NJW 1999, 1448), und nicht nach § 139 Abs. 1 InsO zu berechnen. Von der Frist des Versagungsgrunds ist der Zeitpunkt des Versagungsantrags zu unterscheiden, der im Schlusstermin gestellt werden muss.

6. Einzelfälle

Versagungsgrund bejaht: Der Ausbau und die Vernichtung einer zur Masse gehörenden Einbauküche, die der Insolvenzverwalter zum Preis von EUR 1.500,– veräußert hat, stellt eine Vermögensverschwendung dar (*BGH* ZInsO 2009, 1506 Tz. 3). Veräußert der Schuldner seinen Geschäftsbetrieb und verwendet er die Einnahmen statt zur Schuldentilgung für eine Urlaubsreise im Wert von EUR 2.000,– ist der Versagungsgrund zu bejahen (*LG Düsseldorf* NZI 2004, 390). Verbraucht der Schuldner Einnahmen aus einem Grundstücksverkauf in Höhe von ca. EUR 25.000,– binnen neun Monaten für seine Lebensführung, stellt dies eine Vermögensverschwendung dar (*AG Göttingen* NZI 2012, 423 [424]). Zahlt der Schuldner mit einer Versicherungsleistung den Teil der Schulden, die mit dem Versicherungsfall in Zusammenhang stehen, soll eine Vermögensverschwendung vorliegen (*AG Duisburg* NZI 2007, 473 [474]). Die Entscheidung ist jedoch abzulehnen, weil eine Gläubigerbefriedigung nicht als grob unangemessen und wirtschaftlich nicht mehr nachvollziehbar anzusehen ist. 115

Versagungsgrund verneint: Eine Vermögensverschwendung liegt nicht vor bei Zahlungen aus dem unpfändbaren Einkommen an einen Gläubiger (*AG Coburg* ZVI 2004, 313 f.), bei einer quartalsweise zu zahlenden Hundesteuerrate von EUR 9,75 nebst einer Mahngebühr von EUR 2,50 (*AG Göttingen* ZInsO 2004, 1092), bei einer verweigerten freihändigen Verwertung und befürworteten Zwangsversteigerung einer Immobilie (*AG Köln* NZI 2007, 250), bei der Ausschlagung einer Erbschaft (*LG Mainz* ZVI 2003, 362 [363]; *Hess/Groß/Reill-Ruppe/Roth* Kap. 4 Rn. 330), bei der Genehmigung einer vom Konto des Schuldners eingezogenen Forderung, die dieser für sein tägliches Leben notwendig erfüllen muss (*LG Hamburg* ZVI 2008, 522 [523]), bei einer Verrechnungsabrede zwischen Mieteinnahmen aus einem freigegebenen Grundstück und Verbindlichkeiten des Schuldners (*LG Göttingen* NZI 2009, 122 [123]). Eine Flugreise für DM 590,– begründet keine unangemessenen Verbindlichkeiten (*AG Bonn* ZInsO 2001, 1070 [1071]). Im produzierenden Gewerbe sind Kreditaufnahmen zur Erfüllung von Aufträgen zu akzeptieren (*AG Oldenburg* ZVI 2003, 367 [368]). Der Versagungsgrund ist nicht erfüllt bei der Nichtzahlung fälliger Verbindlichkeiten (*AG Oldenburg* ZVI 2003, 483 [484]; *AG Göttingen* NZI 2006, 116, Miete), bei wiederholten Geldbußen wegen Ordnungswidrigkeiten (*AG Oldenburg* ZVI 2007, 328 [329]), beim Verstoß gegen wettbewerbsrechtliche Unterlassungspflichten durch einen geschäftlich unerfahrenen Schuldner (*AG Hildesheim* ZInsO 2014, 1403) oder bei einem zwei Jahre vor Eröffnung des Insolvenzverfahrens geschlossenen, nicht vollständig erfüllten Vergleich (*LG Düsseldorf* ZVI 2007, 387). Der Insolvenzeröffnungsantrag eines Einzelunternehmers sechs Monate nach Geschäftseinstellung erfüllt keinen Versagungsgrund (*AG Göttingen* ZVI 2005, 504). Die Verzögerung muss das eigene Insolvenzverfahren des Schuldners betreffen, wozu sein Verhalten als Geschäftsführer einer GmbH nicht gehört (*AG Hamburg* ZInsO 2007, 559 [560]). 116

V. Verletzung von Auskunfts- und Mitwirkungspflichten (§ 290 Abs. 1 Nr. 5 InsO)

1. Anwendungsbereich

a) Grundlagen

§ 290 Abs. 1 Nr. 5 InsO reagiert auf die **fehlende Kooperationsbereitschaft** des Schuldners. Hierbei handelt es sich um den praktisch bedeutsamsten Versagungsgrund des § 290 InsO. Dem Schuldner kann danach die gesetzliche Schuldbefreiung versagt werden, wenn er im Verlauf des Insolvenzverfahrens die **insolvenzrechtlichen Auskunfts- und Mitwirkungspflichten** etwa aus den §§ 20, 97, 98 und 101 InsO vorsätzlich oder grob fahrlässig verletzt (K. Schmidt/*Henning* § 290 n.F. Rn. 51). Die darin angelegte Verpflichtung des Schuldners zur Offenheit und vorbehaltlosen, unaufgeforderten Mitwirkung bildet ein wesentliches Element zur Erreichung der Ziele des Insolvenzverfahrens 117

§ 290 InsO   Versagung der Restschuldbefreiung

(*BGH* ZInsO 2009, 395 Tz. 10; *Gottwald/Ahrens* HdbInsR, § 77 Rn. 73). Zu unterscheiden sind Auskunftspflichten aufgrund von Fragen des Insolvenzverwalters oder Gerichts, Offenbarungspflichten (*Frind* Praxishandbuch Privatinsolvenz, Rn. 957, spricht von aktiven Auskunftspflichten), die der Schuldner ohne Anfrage erfüllen muss, sowie Mitwirkungspflichten. Die Pflichten müssen in einem insolvenzrechtlichen Verfahren verletzt sein.

b) Insolvenzverfahren

118 Da das Gesetz von einer Pflichtverletzung während des Insolvenzverfahrens spricht, ist der Versagungstatbestand sachlich auf die Verletzung von Auskunfts- und Mitwirkungspflichten im anhängigen **eigenen Insolvenzverfahren** (*BGH* ZInsO 2009, 684 Tz. 8) sowie im vorangegangenen Insolvenzeröffnungsverfahren (*BGH* NZI 2005, 232 [233]; s. Rdn. 120) beschränkt. Ist zunächst ein Gläubigerantrag und danach insbes. gem. § 306 Abs. 3 InsO ein Eigenantrag gestellt, auf den das Verfahren eröffnet wird, sind Pflichtverletzungen im Verfahren über den Gläubigerantrag unerheblich. Der sachliche Anwendungsbereich erstreckt sich auf die Auskunfts- und Mitwirkungspflichten gegenüber dem Insolvenzgericht, dem vorläufigen Insolvenzverwalter, dem Insolvenzverwalter, dem Gläubigerausschuss und auf Anordnung des Gerichts gegenüber der Gläubigerversammlung. Auskunftspflichten gegenüber den Insolvenzgläubigern werden davon nicht erfasst, da sie auf materiellem und nicht dem Insolvenzrecht beruhen (*AG Göttingen* ZInsO 2015, 1026).

119 In einem auf **Gläubigerantrag eröffneten Insolvenzverfahren**, in dem mangels einer ausreichenden Belehrung des Schuldners ausnahmsweise ein isolierter Restschuldbefreiungsantrag zulässig ist (*BGH* ZInsO 2005, 310 [311]; s. § 287 Rdn. 54), begründen Pflichtverletzungen des Schuldners vor seinem Restschuldbefreiungsantrag keinen Versagungsgrund, da er den Einfluss seiner Handlungen auf das Restschuldbefreiungsverfahren nicht erkennen konnte. Als spezielle Norm verdrängt § 290 Abs. 1 Nr. 5 InsO die Haftanordnung nach § 98 Abs. 2 und 3 InsO für die Zwecke des Restschuldbefreiungsverfahrens (zur eidesstattlichen Versicherung s. Rdn. 143). Im Insolvenzverfahren bleibt dieses Zwangsmittel in den durch den Verhältnismäßigkeitsgrundsatz gezogenen Grenzen zulässig. Ein **verspäteter Restschuldbefreiungsantrag** ist als unzulässig zu verwerfen. Er begründet aber keinen Versagungsgrund (**a.A.** *LG Düsseldorf* ZVI 2015, 191 [192]). Der Antrag auf Erteilung der Restschuldbefreiung stellt keine Pflicht des Schuldners, sondern ein Recht dar. Vor der Antragstellung kann es zudem keine darauf bezogenen Pflichten geben.

120 Zeitlich erfasst die Sanktion sämtliche Auskunfts- und Mitwirkungspflichten des gesamten Insolvenzverfahrens bis zum Schlusstermin, also auch die im **Eröffnungsverfahren** nach §§ 20, 21 Abs. 2 Nr. 2, 22 Abs. 3 Satz 2, 3 InsO bestehenden Pflichten. Bislang stellte der Gesetzestext von § 290 Abs. 1 Nr. 5 InsO auf die Verletzung von Auskunfts- oder Mitwirkungspflichten während des Insolvenzverfahrens ab. Die Verweisung auf das Insolvenzverfahren ist zum 01.07.2014 gestrichen und durch die Formulierung »nach diesem Gesetz« ersetzt worden. Dies entspricht der auch bislang schon vertretenen, ganz überwiegenden Ansicht (*BGH* ZInsO 2005, 207 [208]; NZI 2009, 65 Tz. 6; NZI 2010, 264 Tz. 5; NZI 2010, 530 Tz. 9; BeckRS 2008, 00804 Tz. 8; *AG Hamburg* NZI 2001, 46 [47]; A/G/R-*Fischer* § 290 InsO a.F. Rn. 75; *Kübler/Prütting/Bork-Wenzel* InsO, § 290 Rn. 63a; HK-InsO/*Waltenberger* § 290 n.F. Rn. 33; *Graf-Schlicker/Kexel* InsO, § 290 Rn. 19; *Andres/Leithaus* InsO, § 290 Rn. 21; *Vallender* ZVI 2003, 253 [255]; *Schmerbach* NZI 2005, 521 [524]). Die Auskunftspflicht nach § 20 Abs. 1 Satz 1 InsO setzt einen zulässigen Eröffnungsantrag voraus, in dem der Insolvenzgrund substantiiert dargelegt ist (*BGH* ZVI 2005, 119; NZI 2009, 65 Tz. 6), ohne eine ausdrückliche Feststellung der Zulässigkeit des Antrags durch das Insolvenzgericht zu erfordern (*Gottwald/Ahrens* HdbInsR, § 77 Rn. 73). Auch im **Nachtragsverteilungsverfahren** bestehen die insolvenzrechtlichen Auskunfts- und Mitwirkungspflichten (*BGH* NZI 2016, 365 Tz. 11 ff.). Grds. muss deswegen auch ein Versagungsverfahren nach § 290 InsO in Betracht kommen (s. Rdn. 241).

c) Arten der Pflichtverletzung

Der erweiterte Anwendungsbereich der Vorschrift erfasst **alle insolvenzrechtlichen Pflichten in sämtlichen Verfahren**. Der neue Regelungsbereich ist damit nicht allein auf das Eröffnungsverfahren sowie das gerichtliche Schuldenbereinigungsplanverfahren (MüKo-InsO/*Stephan* § 290 (neu) Rn. 63) beschränkt. Dies gilt insbesondere für die Pflichten im **Kostenstundungsverfahren**. Dagegen wurde bislang die unzureichende Erklärung über die wirtschaftlichen Verhältnisse im Stundungsantrag, auch wenn sie im Eröffnungsverfahren erfolgt, nicht von § 290 Abs. 1 Nr. 5 InsO erfasst (*BGH* NZI 2005, 232 [233]). Deswegen ist auch ein Einsichtsrecht in die Verfahrensakten über die Kostenstundung eröffnet (A/G/R-*Ahrens* § 4a Rn. 63a). Dazu ist der Schuldner etwa verpflichtet, wenn ihm nach Einreichung der Verzeichnisse weitere Gläubiger erkennbar werden (*AG Karlsruhe* ZVI 2004, 551 [552]). Auf Mitwirkungspflichten bezogene Auskunftspflichten sind **unverzüglich** und nicht erst nach Ablauf des Kalenderjahres zu erfüllen (*BGH* BeckRS 2012, 05749 Tz. 3; BeckRS 2012, 10268 Tz. 3). Teilweise wird hierfür eine vierzehntägige Frist angenommen (K. Schmidt/*Henning* InsO, § 290 n.F. Rn. 52). 121

Von dem Schuldner muss eine **Auskunfts- und Mitwirkungspflicht aus der Insolvenzordnung** verletzt worden sein. Eine Versagung kann daher nur mit einer Verletzung derartiger gesetzlicher Pflichten begründet werden. Entsprach eine Anordnung des Verwalters zur Mitwirkung oder eine gerichtliche Anordnung zur Auskunftserteilung nicht den Anforderungen der InsO, ist ein Versagungsgrund ausgeschlossen. Ein Verstoß des Schuldners gegen eine **nicht rechtmäßige** gerichtliche **Anordnung** ist unbeachtlich (*BGH* NJW 2003, 2167 [2169]; NZI 2009, 327 Tz. 7; A/G/R-*Fischer* § 290 InsO a.F. Rn. 78; *Kübler/Prütting/Bork-Wenzel* InsO, § 290 Rn. 63b; *Uhlenbruck/Sternal* InsO, § 290 Rn. 92; MüKo-InsO/*Stephan* § 290 Rn. 73; LSZ/*Kiesbye* InsO, § 290 Rn. 35; *Krüllig-Dingeldey* Nachforderungsrecht oder Schuldbefreiung, S. 125; *Döbereiner* Restschuldbefreiung, S. 138). So kann der Schuldner nicht zur Abgabe einer Steuererklärung oder Übernahme bzw. Aufgabe einer bestimmten Erwerbstätigkeit verpflichtet werden (HK-InsO/*Waltenberger* § 290 Rn. 32). Durch den weitgefassten Gegenstandsbereich der insolvenzrechtlichen Pflichten werden Gericht und Verwalter nur wenige Grenzen gezogen. 122

Es genügt auch nicht, wenn der Schuldner **bürgerlichrechtliche oder allgemeine Pflichten** verletzt (vgl. Rdn. 124). Der Schuldner muss berechtigt sein, das Bestehen und den Umfang dieser Pflichten in einem gesonderten Verfahren klären zu lassen, ohne eine Versagung der Restschuldbefreiung befürchten zu müssen (*BGH* NZI 2016, 89 Rn. 12 m. Anm. *Henning* = LMK 2016, 380733 m. Anm. *Ahrens*). Dies folgt aus der gerichtlichen Kompetenzverteilung und damit letztlich aus dem Gebot des gesetzlichen Richters. Der Insolvenzrichter hat die insolvenzrechtlichen Anforderungen zu prüfen, nicht aber sämtliche vorgreifliche Rechtsverhältnisse. 123

Keine Pflichtverletzungen i.S.d. Norm bilden Verstöße gegen die nach dem Abschluss des Insolvenzverfahrens während der Treuhandperiode bestehenden Obliegenheiten, denn sie begründen keine Pflichtverletzungen des Schuldners. Ein Verstoß gegen eine Auskunfts- oder Mitwirkungspflicht aus einer Vereinbarung mit dem Insolvenzverwalter oder Treuhänder stellt keine Verletzung gegen der in § 290 Abs. 1 Nr. 5 InsO vorausgesetzten gesetzlichen Pflichten dar (*BGH* NJW 2003, 2167 [2170]). Es genügt weder ein Verstoß gegen materiellrechtliche Pflichten, etwa aus einem Kreditvertrag, noch die Verletzung von derartigen zwangsvollstreckungsrechtlichen Pflichten. Ebenso wenig begründen aus einem Sicherungsvertrag resultierende Auskunftspflichten gegenüber dem Sicherungsgläubiger (vgl. *BGH* BGHZ 70, 86 [89 f.]) eine insolvenzrechtliche Verpflichtung. Falsche Angaben über die Zahl der unterhaltsberechtigten Personen gegenüber dem Arbeitgeber verletzen keine Pflichten aus dem Insolvenzverfahren (*AG Karlsruhe* ZVI 2004, 551 [552]). 124

Unschädlich sind **Verfügungen** des Schuldners **über unpfändbare Mittel**. In den Verzeichnissen sind die vorhandenen Vermögensgegenstände auch dann aufzuführen, wenn sie unpfändbar sind. Eine Verfügung über unpfändbare Vermögensgegenstände, insbesondere die für den Lebensbedarf erforderlichen Beträge, kann daher ohne Zustimmung (a.A. *Bultmann* ZInsO 2016, 786 [789]) oder Information des (vorläufigen) Insolvenzverwalters erfolgen. Erhebt der Schuldner seinen **Widerspruch** 125

§ 290 InsO Versagung der Restschuldbefreiung

gegen die Qualifikation einer Forderung aus vorsätzlich begangener unerlaubter Handlung, begeht er keine Pflichtverletzung (*AG Göttingen* NZI 2013, 653). Vielmehr gebraucht er sein Recht, die Verpflichtung in einem ordentlichen Gerichtsverfahren prüfen zu lassen (vgl. Rdn. 120). Die Zahlung der **Verfahrenskosten** stellt keine insolvenzrechtliche Pflicht des Schuldners dar. Eine solche Pflicht würde mit § 26 Abs. 1 Satz 1 InsO und den Regressansprüchen in § 26 Abs. 3, 4 InsO kollidieren. Der Schuldner ist zwar zur Zahlung einer **Nutzungsentschädigung** nach § 812 Abs. 1 Satz 1 Alt. 2 BGB für die weitergenutzte eigene Immobilie verpflichtet (*BGH* NJW 1985, 1082). Unterlässt er es, diese Nutzungsentschädigung zu zahlen, verstößt er nicht gegen Pflichten i.S.d. § 290 Abs. 1 Nr. 5 InsO. Der Schuldner muss berechtigt sein, die Voraussetzungen eines Anspruchs auf Nutzungsentschädigung ohne das Risiko einer Versagung zu bestreiten (*BGH* NZI 2016, 89 Tz. 12 m. Anm. *Henning* = LMK 2016, 380733 m. Anm. *Ahrens*; LG *Dessau-Roßlau* VuR 2013, 191; *AG Göttingen* NZI 2015, 330; Rdn. 124; a.A. *AG Oldenburg* ZVI 2015, 230 [232]). Die **Nichterfüllung einer Neuforderung** eines Insolvenzgläubigers, der also eine vor Insolvenzeröffnung begründete Forderung hat, verletzt keine insolvenzrechtliche Mitwirkungspflicht (*AG Göttingen* ZInsO 2015, 1026). Das gilt auch und insbes. für die nach Insolvenzeröffnung entstandenen Unterhaltsforderungen.

d) Heilung

126 Übereinstimmend mit der Rechtsprechung zu § 290 Abs. 1 Nr. 6 InsO (*BGH* NZI 2005, 461; s. Rdn. 184) lässt eine **rechtzeitige Berichtigung** den Versagungsgrund entfallen – Heilung (*BGH* NZI 2009, 65 Tz. 11; 2011, 114 Tz. 6; ZInsO 2009, 1954 Tz. 9; *LG Kleve* ZVI 2007, 33; A/G/R-*Fischer* § 290 InsO a.F. Rn. 111; *Anger* VIA 2009, 12; *Haarmeyer/Wutzke/Förster-Schmerbach* InsO, § 290 Rn. 41; aber *AG Göttingen* ZInsO 2009, 1879 [1880]; s.a. Rdn. 128, 154). Geheilt werden können aber nur die verfahrensbezogenen Pflichtverletzungen aus § 290 Abs. 1 Nr. 5 und 6 InsO (*Ahrens* ZVI 2011, 273 [280 f.]; s.a. *Meller-Hannich* KTS 2011, 258 [262 ff.], welche die Heilungsmöglichkeit im Zusammenhang mit der beeinträchtigten Gläubigerbefriedigung sieht). Durch eine Heilung entfällt die Insolvenzpflichtwidrigkeit des Verhaltens, sie ist damit nicht nur Ausdruck des Verhältnismäßigkeitsgrundsatzes (so etwa *Kübler/Prütting/Bork-Wenzel* InsO, § 290 Rn. 78a), denn dann müsste sie bei allen Versagungsgründen möglich sein.

127 Bei dem **Zeitpunkt** der maßgebenden Handlung ist zu differenzieren. Im Verbraucherinsolvenzverfahren müssen die Auskünfte nach der Rechtsprechung des *BGH* noch im Eröffnungsverfahren nachgeholt werden, weil dort schon für das der Verfahrenseröffnung vorangehende Schuldenbereinigungsverfahren richtige und vollständige Angaben des Schuldners erforderlich sind (*BGH* NZI 2005, 461 zu § 290 Abs. 1 Nr. 6; NZI 2011, 114 Tz. 6; NZI 2015, 807 Tz. 18; *Ahrens* ZVI 2011, 273 [280 f.]; *ders.* VIA 2011, 65 [66]; a.A. *AG Göttingen* ZVI 2012, 81 f., Heilung auch nach Eröffnung zulässig). Im allgemeinen Insolvenzverfahren können dagegen die Auskünfte grds. bis zum Schlusstermin berichtigt werden. Holt der Schuldner im Regelinsolvenzverfahren von sich aus eine gebotene, aber zunächst unterlassene Auskunft nach, bevor sein Verhalten aufgedeckt und ein Versagungsantrag gestellt ist, beeinträchtigt seine Obliegenheitsverletzung letztlich die Gläubigerinteressen nicht. Die Versagung der Restschuldbefreiung ist dann i.d.R. unverhältnismäßig (*BGH* NZI 2011, 114 Tz. 6). Unzureichend ist, Einnahmen nachträglich zu offenbaren, ohne sie vor dem Versagungsantrag an den Treuhänder abzuführen (*BGH* BeckRS 2011, 03768 Tz. 2). Eine selbständig nachgeholte Auskunft liegt nicht vor, wenn der Schuldner eine Lohnsteuerbescheinigung auf Verlangen des Treuhänders vorlegt (*BGH* BeckRS 2012, 10268 Tz. 6).

2. Auskunfts- und Offenbarungspflichten

a) Grundlagen der Auskunftspflichten

128 Auskunftspflichten des Schuldners bestehen nach **den §§ 20, 97, 98, 101 InsO**. Gem. § 97 Abs. 1 Satz 1 InsO ist *der Schuldner verpflichtet*, dem Insolvenzgericht, dem Insolvenzverwalter, dem Gläubigerausschuss und, auf Anordnung des Gerichts, der Gläubigerversammlung über alle das Verfahren betreffenden Verhältnisse Auskunft zu erteilen. Regelmäßig muss zumindest die erste Auskunft

nur schriftlich erfolgen. Erst bei Nachfragen kann eine mündliche Auskunftserteilung verlangt werden, wie aus dem sachlichen Unterschied zu § 97 Abs. 3 InsO folgt. Nach **§ 97 Abs. 3 InsO** muss sich der Schuldner nur auf Anordnung des Gerichts jederzeit zur Verfügung stellen, um seine Auskunfts- und Mitwirkungspflichten zu erfüllen. Außerdem hat er alle Handlungen zu unterlassen, die der Erfüllung seiner Pflichten zuwiderlaufen. Der Schuldner hat auch Tatsachen zu offenbaren, die geeignet sind, eine Verfolgung wegen einer Straftat oder einer Ordnungswidrigkeit herbeizuführen, § 97 Abs. 1 Satz 2 InsO, doch besteht dann nach Satz 3 der Vorschrift ein straf- und ordnungswidrigkeitenrechtliches Verwertungsverbot (vgl. *BVerfG* NJW 1981, 1431 [1433]).

Der **Umfang seiner Pflichten** erstreckt sich auf alle rechtlichen und wirtschaftlichen Verhältnisse, die für das Insolvenzverfahren in irgendeiner Weise von Bedeutung sein können (*BGH* NZI 2010, 264 Tz. 5; NZI 2010, 530 Tz. 9; NZI 2011, 330 Tz. 7; BeckRS 2011, 03482 Tz. 4; ZInsO 2012, 751 Tz. 13; A/G/R-*Fischer* § 290 InsO a.F. Rn. 74). Der allgemeine Maßstab erfasst die Gründe für die Insolvenz, die Geschäftsbeziehungen, Handlungsvollmachten, die Organisationsstruktur des Unternehmens, etwaige immaterielle Rechte wie ausgenutzte – auch nicht angemeldete – Erfindungen oder Geheimverfahren, auf das gesamte Vermögen des Schuldners, die Aktiven und Passiven, die Umstände des Entstehens von Forderungen und Verbindlichkeiten, etwaige Aussonderungs-, Absonderungs- und Masseansprüche, auch auf Auslandsvermögen (Immobilie in Türkei, *AG Karlsruhe* ZVI 2016, 41), Anfechtungstatsachen, auf die Gründe für eine Inanspruchnahme der Gesellschafter, auf Nachschüsse gem. §§ 30 f. GmbHG oder auf Ansprüche wegen Gewährung von kapitalersetzenden Darlehen oder Nutzungsüberlassungen (*LG Potsdam* BeckRS 2013, 22236) sowie auf Sachverhalte, welche die Insolvenzmasse betreffen. Auf nicht zur Masse gehörende Gegenstände, wie Mieteinnahmen aus einem nicht im Eigentum des Schuldners stehenden Grundstück, erstrecken sich die Pflichten nicht (*LG Bonn* BeckRS 2011, 26232). Da die das Verfahren betreffenden Verhältnisse gem. § 97 Abs. 1 Satz 1 InsO nach der Rechtsprechung des BGH weit zu verstehen sind (ebenso K. Schmidt/*Henning* § 290 n.F. Rn. 52), werden alle rechtlichen, wirtschaftlichen und tatsächlichen Verhältnisse umfasst, die für das Verfahren in irgendeiner Weise von Bedeutung sein können. 129

Auskunftspflichtig ist der Schuldner. Entsprechend den konkurs- und vergleichsrechtlichen Grundsätzen zu §§ 100 KO, 69 VglO (*Kuhn/Uhlenbruck* KO, § 100 Rn. 1; *Kilger/Karsten Schmidt* VglO, § 69 Anm. 1 ff.) wird für das Insolvenzrecht eine persönliche und mündliche Auskunft selbst eines anwaltlich vertretenen Schuldners verlangt (*Uhlenbruck* KTS 1997, 371 [385 f.]), wie es der Regelung aus § 97 Abs. 3 Satz 1 InsO entspricht. 130

b) **Einzelne Anforderungen**

Anzugeben sind insbesondere die **Einkommens- und Vermögensverhältnisse** (*AG Wetzlar* NZI 2007, 57). Eine **Erwerbstätigkeit** ist anzugeben, selbst wenn daraus nur unpfändbare Einkünfte zu erzielen sind (*LG Hamburg* ZVI 2012, 431; außerdem *LG Potsdam* BeckRS 2013, 22236). Auskunft ist auch über die private Nutzbarkeit eines dienstlich zur Verfügung gestellten Fahrzeugs zu erteilen (*AG Oldenburg* ZVI 2016, 254). Der Schuldner muss umfassend Auskunft über seine Vermögensverhältnisse erteilen, d.h. insbesondere ein **Verzeichnis seiner Gläubiger und Schuldner** vorlegen sowie eine geordnete Übersicht seiner Vermögensgegenstände einreichen (*BGH* BGHZ 156, 92 [94]; NZI 2009, 65 Tz. 7). Die Nennung der Gläubiger ist schon deswegen erforderlich, um das Insolvenzgericht in den Stand zu setzen, entsprechend seiner gesetzlichen Verpflichtung aus § 30 Abs. 2 InsO den Eröffnungsbeschluss den Gläubigern durch Zustellung bekannt zu machen. Der Auskunftspflicht wird nicht genügt, wenn der Schuldner einen Gläubiger nicht angibt, der Inhaber einer erheblichen Forderung ist (*BGH* NZI 2009, 65 Tz. 7). 131

Aufzuführen sind auch die **Forderungen**. Offenbart der Schuldner nicht seine Verhältnisse und wirkt er nicht an der Befriedigung der Gläubiger mit, kann er nicht erwarten, von seinen Verbindlichkeiten befreit zu werden (*AG Oldenburg* ZInsO 2001, 1170 [1171]). Eine Forderung über EUR 116,– aus Weinkauf, die sechs Wochen nach Stellung des Eigenantrags begründet wurde, ist anzugeben (*AG Göttingen* ZVI 2006, 69). Der Schuldner ist verpflichtet, im Vermögensverzeichnis Angaben zu einer Forderung über DM 220.000,– zu machen, die er für weniger als DM 18.000,– verkauft hat (*AG* 132

Göttingen ZInsO 2007, 1059). Unterhaltsschulden in Höhe von EUR 129.000,– sind anzugeben (*AG Magdeburg* BeckRS 2014, 01488). Auch eine (unwirksame) Abtretung der vermögenswerten Persönlichkeitsrechte zur kommerziellen Nutzung ist mitzuteilen (*BGH* BeckRS 2011, 11765 Tz. 3).

133 **Schwierig beizutreibende Forderungen** sind anzugeben, denn es ist nicht Aufgabe des Schuldners, seine Aktiva zu bewerten (*BGH* ZInsO 2007, 96 Tz. 8; NZI 2010, 530 Rn. 10; BeckRS 2011, 03482 Tz. 4; s.a. NZI 2011, 254 Tz. 11, zu § 290 Abs. 1 Nr. 6 InsO). Der Schuldner muss auch gegen ihn gerichtete **Forderungen** angeben, deren Bestehen er **bestreitet** (*BGH* NZI 2009, 856 Tz. 4, m. Anm. *Schmerbach*; *Frind* Praxishandbuch Privatinsolvenz, Rn. 959). Kann der Schuldner die Höhe der Forderung nicht bestimmen, kommt eine Bezifferung mit EUR 0,– in Betracht (*BGH* ZInsO 2008, 860 Tz. 6; *LG Kleve* ZVI 2007, 33: EUR 1,-). Anzugeben ist auch ein Fahrzeug, das nach Auffassung des Schuldners nicht zur Masse gehört, weil es einem Dritten zusteht (*LG Würzburg* ZInsO 2015, 2149). Bei rechtshängigen Forderungen ist es nicht ausreichend, wenn der Schuldner angibt, gegen ihn seien Zivilklagen anhängig (*BGH* NZI 2009, 856 Tz. 4). Zu nennen sind das Gericht, der Gegner und das Aktenzeichen. Provisionen sind selbst bei einem Stornorisiko von 90 % anzugeben (*AG Offenburg* ZVI 2007, 34). Eine Wortmarke ist anzugeben (*AG Potsdam* ZInsO 2009, 1415 [1416]). Verborgenes Vermögen erfüllt deswegen den Tatbestand. Ein **Girokonto** ist anzugeben (*BGH* ZInsO 2011, 1223 Tz. 5, 7, zu § 4a InsO). Ein Treuhandkonto ist auch gegenüber dem Sachverständigen anzugeben (*LG Aachen* ZVI 2005, 552 [553]; bestätigt durch *BGH* ZVI 2005 551 [552]).

134 Grds. anzugeben sein können auch möglicherweise **pfändungsgeschützte Gegenstände**. Dabei wird aber zu differenzieren sein. Offensichtlich unpfändbare Gegenstände von geringem Wert, wie bspw. übliche Haushaltsgegenstände und Kleidung, sind typischerweise unerheblich und auch wegen der Wesentlichkeitsschranke unbeachtlich. Aufgrund einer komplexen rechtlichen Bewertung, etwa nach § 811 Abs. 1 Nr. 5 ZPO, sind unpfändbare Gegenstände aufzuführen. Dies kann etwa einen auch für die Arbeit erforderlichen Pkw (vgl. *LG Würzburg* ZInsO 2015, 2149), EDV- oder Telekommunikationsgeräte betreffen.

135 Einen besonderen Problemkreis bilden **unbekannte Forderungen** (*Heicke* NZI 2015, 862, spricht von nicht aufgedeckten Forderungen). Die Pflicht, eine Forderung im Verzeichnis anzugeben, entsteht grds., wenn die Verbindlichkeit als Insolvenzforderung anzusehen ist. Dazu muss die Forderung prinzipiell i.S.d. § 38 InsO vor Eröffnung des Insolvenzverfahrens begründet sein. Teilweise kann der Schuldner die Forderung in diesem Zeitpunkt noch gar nicht kennen. So sind Kosten der Strafverfolgung bei der ersten Ermittlungsmaßnahme begründet (*AG Saarbrücken* BeckRS 2013, 18156 = VIA 2014, 14 [15], m. Anm. *Heicke*; a.A. Jaeger/Henckel § 38 Rn. 156, Beginn der gerichtlichen Untersuchung). Nachzahlungspflichten für Mietnebenkosten sind mit Ende des Abrechnungszeitraums begründet (*BGH* NZI 2011, 404 Rn. 12). In einer Parallele zu den anzugebenden Anfechtungslagen (Rdn. 138) müssen zumindest konkrete Anhaltspunkte für den Schuldner bestehen und die Verbindlichkeiten naheliegen. Bei Schadensersatzansprüchen wegen einer Straftat kann die Situation anders liegen. Solche Verbindlichkeiten hat der Schuldner regelmäßig anzugeben, wie schon aus § 97 Abs. 1 Satz 2 InsO folgt (*LG Lübeck* NZI 2015, 861 m. Anm. *Heicke*). Die Forderungen müssen aber absehbar sein, etwa aufgrund einer Strafanzeige, Anklage oder Verurteilung (*Frind* Praxishandbuch Privatinsolvenz, Rn. 976). Die Pflicht kann daher bei anonymen (Taschendiebstahl) oder seriellen Straftaten (Serienbetrug) entfallen. Zu beachten sind außerdem die subjektiven Anforderungen (Rdn. 158).

136 Für einen **selbständig erwerbstätigen Schuldner** bestehen besonders umfangreiche Anforderungen. Ein selbständig tätiger Schuldner hat auch die Betriebsunterlagen vorzulegen. Der als selbständiger Arzt niedergelassene Schuldner muss dem Treuhänder die zur Geltendmachung privatärztlicher Honorarforderungen erforderlichen Patientendaten sowie die Forderungshöhe mitteilen (*BGH* ZInsO 2009, 734 Tz. 4, Psychiater). Der Schuldner muss angeben, wenn eine Unterhaltsverpflichtung entfällt (*BGH* ZInsO 2009, 786 Tz. 5). Der Schuldner hat die Gründung einer Gesellschaft (*BGH* NZI 2013, 648 Tz. 19) bzw. den Erwerb von Geschäftsanteilen einer GmbH und die Übernahme des Geschäftsführeramts unverzüglich anzuzeigen. Unerheblich soll dabei sein, ob der Schuldner trotz seiner Bemühungen im Ergebnis keinen Gewinn erwirtschaften konnte (*BGH* NZI 2010, 530 Tz. 10;

Harder VIA 2010, 43 [44]). Hat ein selbständiger Schuldner die Voraussetzungen nicht hinreichend dargelegt, nach denen ein Gegenstand als unpfändbar gem. § 36 InsO nicht zur Insolvenzmasse gehört, darf aber allein deswegen noch keine beachtliche Verletzung einer Auskunftspflicht angenommen werden (dazu *BGH* NJW 2003, 2167 [2169, 2170]). Nach § 20 InsO muss der Schuldner alle Auskünfte erteilen, die zur Entscheidung über seinen Insolvenzeröffnungsantrag erforderlich sind. Im allgemeinen Insolvenzverfahren (Regelinsolvenzverfahren) hat der Schuldner die notwendigen Unterlagen einzureichen, aus denen sich das Vorliegen eines Insolvenzgrunds ergibt (*Uhlenbruck* InsO, 12. Aufl., § 20 Rn. 11; s.a. *Schmerbach* § 20 Rdn. 6). Deswegen muss der Schuldner über die Vermögensverhältnisse und wohl auch zum Schuldner- und Gläubigerverzeichnis Auskunft erteilen (*Uhlenbruck* KTS 1997, 371 [386]; *Haarmeyer/Wutzke/Förster* Handbuch, 3. Aufl., Rn. 3/164).

Einen **Sonderfall** bildet allerdings die selbständige Tätigkeit nach § **35 Abs. 2 InsO**. Gibt der Insolvenzverwalter oder Treuhänder eine Negativerklärung ab, wodurch das aus der selbständigen Tätigkeit erlangte Vermögen aus der Masse ausgeschieden wird, ist § 295 Abs. 2 InsO entsprechend anwendbar, § 35 Abs. 2 Satz 2 InsO. Der Schuldner muss dann einen Betrag zur Masse abführen, der den pfändbaren Leistungen aus einem angemessenen Dienstverhältnis entspricht. Hierbei handelt es sich um eine eigenständige Abführungspflicht, auf deren Einhaltung der Insolvenzverwalter einen unmittelbaren Anspruch hat (*BGH* NZI 2013, 797 Rn. 20, m. Anm. *Ahrens*; *Ahrens* NJW-Spezial 2013, 85 [86]). In diesem Rahmen, aber nicht insgesamt über das aus der selbständigen Tätigkeit erlangte Vermögen, ist der Schuldner gegenüber dem Insolvenzverwalter und dem Insolvenzgericht auskunftspflichtig und muss insb. die für die Ermittlung des fiktiven Maßstabs notwendigen Angaben gegenüber dem Insolvenzgericht und dem Insolvenzverwalter tätigen, aus denen sich die ihm mögliche abhängige Tätigkeit und das anzunehmende fiktive Nettoeinkommen ableiten lassen (*BGH* NZI 2013, 797 Rn. 20, m. Anm. *Ahrens*). Liegt der Gewinn aus der selbständigen Tätigkeit unterhalb des pfändbaren Betrags bei abhängiger Tätigkeit, besteht keine Abführungspflicht. Der Schuldner muss aber umfassend über seine Einnahmen informieren und gegenüber dem Insolvenzverwalter und dem Insolvenzgericht überprüfbare Angaben zur Gewinnermittlung aus seiner selbständigen Tätigkeit machen (*BGH* NZI 2013, 797 Rn. 21).

137

Anzugeben sollen auch Umstände sein, die für eine **Insolvenzanfechtung** von Bedeutung sein können, da eine erfolgreiche Anfechtung die Masse mehrt. Die Pflicht des Schuldners besteht bereits dann, wenn konkrete Anhaltspunkte die Anfechtung möglich erscheinen lassen, ohne dass die Voraussetzungen der Insolvenzanfechtung tatsächlich erfüllt sein müssen (*BGH* NZI 2010, 264 Tz. 6; *BGH* NZI 2010, 999 Tz. 5; ZInsO 2012, 751 Tz. 14; ZInsO 2017, 1270 Tz. 8; A/G/R-*Fischer* § 290 InsO a.F. Rn. 80; *Frind* Praxishandbuch Privatinsolvenz, Rn. 958; *Hess/Groß/Reill-Ruppe/Roth* Kap. 4 Rn. 365; krit. *Wedekind* VIA 2010, 35 [36]). Ist vom Schuldner eine Leistung aus dem unpfändbaren Vermögen erbracht, scheidet eine Gläubigerbenachteiligung und damit ein Anfechtungsanspruch aus (*Ahrens* Das neue Privatinsolvenzrecht, Rn. 388 ff.), weswegen insoweit keine Auskunftspflicht besteht. Um bedenklichen Überforderungen zu begegnen, wird bereits der objektive Tatbestand auf die naheliegenden Anfechtungslagen zu begrenzen sein. Dies kann bei der Veräußerung einer Motoryacht an einen Dritten und Schenkung eines Pkw an den Ehegatten wenige Monate bzw. ein Jahr vor dem Eröffnungsantrag zu bejahen sein (*BGH* ZInsO 2017, 1270 Tz. 8). Zudem sind von den objektiven Anforderungen die subjektiven Elemente des Versagungstatbestands zu unterscheiden, denn der Schuldner wird häufig nicht die Voraussetzungen der Anfechtbarkeit kennen. Der subjektive Tatbestand wird bei einer Vorsatzanfechtung eher als bei einer inkongruenten Deckung und bei dieser eher als bei einer kongruenten Deckung erfüllt sein. Anzugeben ist die unentgeltliche Übertragung eines Geschäfts, wobei die Pflicht auch nach der Forderungsanmeldung bestehen kann (*BGH* ZInsO 2012, 751 Tz. 16). Die unterlassene Angabe von Veräußerungsgeschäften sowie die nicht vollständige und richtige Auskunft, welche Gegenstände zu welchem Preis verkauft wurden, verwirklichen den objektiven Versagungstatbestand (*BGH* NZI 2010, 264 Tz. 6).

138

Erforderlich ist eine sachgerechte **Unterscheidung zwischen Regel- und Verbraucherinsolvenzverfahren**. Ein Schuldner, der das vereinfachte Insolvenzverfahren absolviert, wird vielfach keine

139

§ 290 InsO   Versagung der Restschuldbefreiung

vergleichbare bzw. überhaupt keine geordnete Buchführung besitzen, woraus das Gesetz mit der Unterscheidung zwischen den Versagungsgründen nach § 290 Abs. 1 Nr. 5 und Nr. 6 InsO die Konsequenz zieht. Insofern begrenzt diese Regelung zugleich auch die allgemeine Pflicht des Schuldners zur Vorlage von Unterlagen. Diese – nicht aber andere Auskunfts- und Mitwirkungspflichten des Schuldners – sind im Hinblick auf § 290 Abs. 1 Nr. 6 InsO teleologisch zu reduzieren. Von der Vorlage der Verzeichnisse ist allerdings die Erklärung über ein Auskunfts- oder Ergänzungsverlangen gem. § 305 Abs. 3 Satz 1 InsO zu unterscheiden. Die §§ 20, 97 InsO gelten dafür nicht direkt. Trotzdem begründet eine solche unzureichende Auskunft oder Mitwirkung keinen Versagungsgrund nach § 290 Abs. 1 Nr. 5 InsO (so aber *AG Hamburg* NZI 2001, 46 [47]), sondern nach § 290 Abs. 1 Nr. 6 InsO (s. Rdn. 184). Nicht unmittelbar zu den Pflichten aus einem Insolvenzverfahren gehört in den vor dem 01.07.2014 beantragten Insolvenzverfahren der nach § 287 Abs. 2 Satz 2 InsO im Restschuldbefreiungsverfahren erforderliche Hinweis auf abgetretene oder verpfändete Bezüge. Er ist aber der Verletzung von Auskunftpflichten gleichzustellen (s. § 287 Rdn. 271; HK-InsO/*Waltenberger* § 290 Rn. 44; *Uhlenbruck/Sternal* InsO, § 290 Rn. 88). In den ab dem 01.07.2014 beantragten Insolvenzverfahren sind § 114 InsO und die begleitende Erklärungspflicht aus § 287 Abs. 2 Satz 2 InsO gestrichen. Eine Versagung ist insoweit ausgeschlossen.

140 Ein **Arbeitsplatzwechsel** ist mitzuteilen (*BGH* BeckRS 2010, 02210; BeckRS 2012, 10720). Auch die Mitteilung über einen **Wohnsitzwechsel** ist vom Schuldner zu verlangen. Eine Verletzung der Mitwirkungspflichten des Schuldners liegt aber nicht schon dann vor, wenn er zu einem ganz bestimmten Zeitpunkt für den Treuhänder nicht erreichbar ist und zur Auskunftserteilung zur Verfügung steht, sondern nur dann, wenn sich seine fehlende Mitwirkung über einen längeren Zeitraum erstreckt und nennenswerte Auswirkungen auf das Verfahren hat (*BGH* 12.12.2013 – IX ZB 107/12, Tz. 4, BeckRS 2014, 00398). Verletzt ist die Mitwirkungspflicht, wenn sich der Schuldner an einen unbekannten Ort im Ausland absetzt, d.h. mit den Worten des BGH untertaucht (*BGH* ZInsO 2008, 975 Tz. 8 f.; A/G/R-*Fischer* § 290 InsO a.F. Rn. 93). Abzustellen ist dafür auf die Umstände des Einzelfalls, doch sind dafür regelmäßig wesentlich längere Zeitabstände als nach § 295 Abs. 1 Nr. 3 InsO erforderlich, da nicht auf eine unverzügliche Erfüllung abgestellt wird (krit. *AG Göttingen* NZI 2010, 115 [116]; dazu s. § 295 Rdn. 125; **a.A.** HambK-InsO/*Streck* § 290 Rn. 36; *Hess/Groß/Reill-Ruppe/Roth* Kap. 4 Rn. 421). Gibt der Schuldner eine Adressenänderung nicht an, ist dies grds. unschädlich, falls er über seinen Verfahrensbevollmächtigten erreichbar ist (*AG Göttingen* ZVI 2005, 504 [505]). Bei einer **erkauften Freigabe** muss der Schuldner den vereinbarten Zahlungsbetrag leisten. Zahlt er nicht, verletzt er eine Pflicht i.S.d. § 290 Abs. 1 Nr. 5 InsO. Diese Konsequenz ersetzt zumindest partiell die Rechtsfolge des aufgehobenen § 314 Abs. 3 Satz 2 InsO.

c) Offenbarungspflichten

141 **Konkrete Fragen** sind stets zutreffend zu beantworten (*BGH* NZI 2011, 330 Tz. 7). Die Verpflichtung zur **Auskunft** besteht auch **unabhängig von konkreten Fragen**, die an den Schuldner gerichtet werden (*Gottwald/Ahrens* HdbInsR, § 77 Rn. 76). Insoweit liegt eine Offenbarungspflicht vor. Um die Unterscheidung zwischen einer Auskunfts- und einer Offenbarungspflicht zu wahren, besteht die Offenbarungspflicht nicht über jeglichen das Verfahren betreffenden Umstand. Der Schuldner muss von sich aus, also ohne konkrete Nachfrage, solche Umstände offenlegen, die offensichtlich für das Insolvenzverfahren von Bedeutung sein können und nicht klar zu Tage treten (*BGH* NZI 2010, 264 Tz. 5; 530 Tz. 9; ZInsO 2011, 396 Tz. 3; NZI 2011, 330 Tz. 7; ZInsO 2012, 751 Tz. 13; A/G/R-*Fischer* § 290 InsO a.F. Rn. 74).

142 Eine solche **Offenbarungspflicht** besteht, wenn Umstände offensichtlich nicht Gegenstand von Nachfragen sein können, weil sie den übrigen Verfahrensbeteiligten unbekannt sind, etwa über eine ausgeübte Beschäftigung (*AG Bonn* ZInsO 2006, 49), über die Höhe der Einkünfte aus einer Beschäftigung (*AG Oldenburg* ZInsO 2009, 686; *LG Hamburg* BeckRS 2012, 24516; *AG Hamburg* ZInsO 2012, 1585 [1586], auch über unpfändbares Einkommen), über veränderte Einkünfte auch aus Nebentätigkeiten (*LG Mönchengladbach* ZInsO 2003, 955 [956]; *AG Oldenburg* ZInsO 2001, 1170 [1171]; *Uhlenbruck/Sternal* InsO, § 290 Rn. 87; MüKo-InsO/*Stephan* § 290 Rn. 72;

HambK-InsO/*Streck* § 290 Rn. 36), Auszahlung aus einem Leasingvertrag (*AG Erfurt* ZInsO 2006, 1173 [1174]), die Übernahme von Gesellschaftsanteilen (*BGH* ZInsO 2011, 396 Tz. 3), über die Aufnahme des Darlehens zur Finanzierung des Stammkapitals der zu gründenden Gesellschaft mit beschränkter Haftung, die beabsichtigte Sicherungsübereignung des Gesellschaftsanteils, die Gründung der Gesellschaft (*BGH* ZInsO 2013, 138 Tz. 4) oder über einen erheblichen Vermögenszuwachs durch eine Erbschaft (*AG Göttingen* ZVI 2004, 425 f.). Über allen Beteiligten bekannte Umstände besteht keine Offenbarungspflicht (*BGH* ZInsO 2012, 751 Tz. 15).

3. Mitwirkungspflichten

Mitwirkungspflichten können auf ein **aktives Tun** gerichtet sein. Von ihrem Begriff wird aber auch die **Unterlassungspflicht** aus § 97 Abs. 3 Satz 2 InsO sowie die Bereitschaftspflicht aus § 97 Abs. 3 Satz 1 InsO erfasst. Wegen der grundrechtlich geschützten Berufsfreiheit kann die Fortsetzung der Geschäftstätigkeit trotz eines Verbots des Treuhänders die Versagung nicht rechtfertigen (so aber *LG Cottbus* ZVI 2002, 218). Ein umfassendes Mitwirkungsgebot ist mit der Pflicht zur Unterstützung des Insolvenzverwalters aus § 97 Abs. 2 InsO bestimmt. Einzelne **Pflichtenkreise** einer Mitwirkung betreffen die Erklärungspflicht aus § 176 InsO, die Pflichten zur Zusammenwirkung mit dem Sachwalter nach den §§ 275, 277 InsO sowie die Pflicht zur Erstellung von Verzeichnissen, zur Berichterstattung und zur Rechnungslegung nach § 281 InsO. In seinem unmittelbaren Besitz befindliche massezugehörige Gegenstände muss der Schuldner herausgeben (*BGH* BeckRS 2012, 05749). 143

Der Schuldner muss bei einer nicht selbständigen Tätigkeit seine aktuellen **Einkünfte** angeben (*BGH* ZInsO 2008, 975 Tz. 8; BeckRS 2012, 10720 Tz. 2; NZI 2013, 904 Tz. 6, m. Anm. *Harder*; A/G/R-*Fischer* § 290 InsO a.F. Rn. 91; s.a. Rdn. 153). Informiert der Schuldner den Treuhänder nicht über die Aufnahme einer selbständigen wirtschaftlichen Tätigkeit und begründet er ohne Kenntnis des Treuhänders Masseverbindlichkeiten, verletzt er Mitwirkungspflichten (*BGH* ZInsO 2009, 2162 Tz. 3). Ein Facharzt für Psychiatrie, Psychotherapie und Psychoanalyse ist verpflichtet, die zur Durchsetzung privatärztlicher Honorarforderungen erforderlichen Daten über die Personen des Drittschuldners mitzuteilen (*BGH* NZI 2009, 396 Tz. 5). Entnimmt der selbständige Schuldner ohne Entscheidung nach § 850i ZPO oder eine Abstimmung mit dem Insolvenzverwalter der Kasse Beträge, die er für Unterhaltsleistungen oder zum Betrieb seiner Zahnarztpraxis benötigt, verstößt er auch dann gegen § 290 Abs. 1 Nr. 5 InsO, wenn er die Beträge im Kassenbuch als Privatentnahmen verbucht (*BGH* ZInsO 2011, 1412 Tz. 4). Der nicht selbständig erwerbstätige Schuldner hat den an ihn ausgekehrten pfändbaren Betrag seines Arbeitseinkommens abzuführen (*BGH* NZI 2013, 904 Tz. 7; *AG Bonn* ZInsO 2006, 49). 144

Der nicht erwerbstätige Schuldner muss **Bescheide über Sozialleistungen** vorlegen. Seit der Novellierung von § 41 Abs. 3 Satz 1 SGB II zum 01.08.2016 werden Arbeitslosengeld II und Sozialhilfe regelmäßig für ein Jahr bewilligt. Deswegen sind die entsprechenden Unterlagen grds. nur im Jahresrhythmus einzureichen. Gesetzliche Ausnahmen mit einer lediglich sechsmonatigen Bewilligung gelten nach § 41 Abs. 3 Satz 2 SGB II für einen vorläufigen Leistungsanspruch, § 41a SGB II und bei unangemessenen Aufwendungen für Unterkunft und Heizung. Nur insoweit kann es bei der bisherigen Praxis bleiben, halbjährlich die Bescheide vorlegen zu müssen. 145

Die **Bereitschaftspflicht** aus § 97 Abs. 3 Satz 1 InsO ist verletzt, wenn der Schuldner seine bisherige ladungsfähige Anschrift aufgibt, ohne eine neue Anschrift zu hinterlassen (*AG Königstein* ZVI 2003, 365; *AG Duisburg* NZI 2007, 596 [597]). Dem Behinderungsverbot aus § 97 Abs. 3 Satz 2 InsO handelt der Schuldner zuwider, wenn er Unterlagen beiseiteschafft, vernichtet oder für eine spätere Anfechtung relevante Auskünfte verweigert (*BGH* ZInsO 2005, 207 [208]). 146

Ebenso hat er **Vermögenswerte anzugeben** sowie **Verschiebungen** oder verfahrenswidrige Verfügungen über massezugehörige Vermögenswerte zu unterlassen. Anzugeben ist eine Versicherung und deren Rückkaufswert, selbst wenn der Schuldner sie für unpfändbar hält (*AG Frankfurt/O.* ZInsO 2012, 1687). Wandelt der Schuldner während des Insolvenzverfahrens eine Kapitallebensversicherung in eine nach § 851c ZPO unpfändbare Rentenversicherung um, verstößt er nach Ansicht 147 des BGH gegen § 290 Abs. 1 Nr. 5 InsO (*BGH* 09.06.2011 – IX ZA 21/11, BeckRS 2011, 17763). Die Aufhebung der Gütergemeinschaft ist ein höchstpersönliches Recht. Seine Ausübung verletzt keine insolvenzrechtliche Pflicht.

148 Der Schuldner ist auch zur **Mitwirkung an der Verwertung** seines Vermögens verpflichtet. Insoweit muss er den Insolvenzverwalter bei der Erfüllung von dessen Aufgaben unterstützen. Dazu gehört, Kaufinteressenten (*BGH* NZI 2011, 641 Tz. 5) oder einem Makler (*BGH* BeckRS 2012, 05742) den Zugang zu einem bebauten Grundstück zu ermöglichen.

149 Die **Wahl der Steuerklasse** ist die Entscheidung des Schuldners, die der **Veranlagungsart** die des Insolvenzverwalters. Bei der Wahl einer für den Schuldner nachteiligen Steuerklasse nach dem Insolvenzantrag zum Vorteil seines Ehepartners verletzt der Schuldner seine Mitwirkungspflicht (*BGH* DZWIR 2008, 470). Die Abgabe der **Steuererklärung** ist während des Insolvenzverfahrens Aufgabe des Verwalters bzw. Treuhänders, nicht des Schuldners, der im Insolvenzverfahren seine steuerliche Handlungsfähigkeit verliert (*BGH* ZInsO 2009, 300 Tz. 8). Der Schuldner muss aber die zur Abgabe der Steuererklärung erforderlichen Unterlagen vorlegen (*BGH* ZInsO 2009, 300 Tz. 10; *LG Duisburg* ZInsO 2011, 1252 [1253 f.]; 2017, 882). Dies gilt sowohl für den selbständigen als auch nicht selbständigen Schuldner (a.A. *AG Bochum* BeckRS 2013, 16651). Sagt der Schuldner indessen zu, die Steuererklärung einzureichen, ohne dem nachzukommen, und legt er die zur Abgabe der Steuererklärung für den Verwalter erforderlichen Unterlagen nicht vor, kann ausnahmsweise der objektive Tatbestand von § 290 Abs. 1 Nr. 5 InsO verwirklicht sein, wenn er die Durchsetzung seines Steuererstattungsanspruchs zu verhindern sucht (*BGH* ZInsO 2009, 300 Tz. 11, 13; *Uhlenbruck/Sternal* InsO, § 290 Rn. 90). Erklärt der Schuldner wahrheitswidrig, eine Steuererklärung abgegeben zu haben und hält er den Treuhänder deswegen davon ab, mögliche Steuererstattungsansprüche zu realisieren, ist § 290 Abs. 1 Nr. 5 InsO erfüllt (*BGH* ZInsO 2009, 300 Tz. 10; *LG Mönchengladbach* NZI 2005, 173 f.).

150 Obwohl die **Abgabe einer eidesstattlichen Versicherung** als Zwangsmittel nach § 98 InsO der Durchsetzung der Pflichten dient, gehört sie ebenfalls zu den Mitwirkungspflichten. Die Vorlage eines angemessenen Schuldenbereinigungsplans gem. § 305 InsO bildet keine Mitwirkungspflicht des Schuldners (*AG Hamburg* NZI 2000, 336). Systematisch unterfällt dieser Plan der Schuldnerautonomie, weshalb keine inhaltliche Prüfungskompetenz des Insolvenzgerichts besteht (s. *Grote/Lackmann* § 305 Rdn. 47; vgl. nur *BayObLG* NZI 2000, 129 [130]). Mit ihrer Ablehnungsbefugnis besitzen die Gläubiger ein adäquates Steuerungsinstrument.

151 Eine **Mitarbeitspflicht** aus § 290 Abs. 1 Nr. 5 InsO i.V.m. § 97 Abs. 2 InsO mit dem Ziel, der Masse neuen Erwerb zuzuführen, besteht nicht (*Uhlenbruck/Sternal* InsO, § 290 Rn. 89; *Runkel* FS Uhlenbruck, S. 315, 330 f.). Konkursrechtlich war der Gemeinschuldner nach allgemeiner Ansicht nicht verpflichtet, seine Arbeitskraft in den Dienst der Masse zu stellen (*RG* RGZ 70, 226 [230]; *Kuhn/Uhlenbruck* KO, 11. Aufl., § 1 Rn. 78, § 100 Rn. 6). An dieser grundsätzlichen Aussage hat auch die erweiterte Mitwirkungspflicht des Schuldners aus § 97 Abs. 2 InsO nichts geändert, die gerade keine Mitarbeitspflicht konstituiert (ausdrücklich *BGH* NJW 2002, 3326 [3328]; NZI 2009, 192 Tz. 11; FK-InsO/*App* 7. Aufl., § 97 Rn. 19; *Kübler/Prütting/Bork-Lüke* InsO, § 97 Rn. 11; *Gottwald/Klopp/Kluth* HdbInsR, § 18 Rn. 10; Gleiches gilt im Insolvenzeröffnungsverfahren MüKo-InsO/*Haarmeyer* § 22 Rn. 174; a.A. KS-InsO/*Grub* 2000, S. 671, Rn. 42, 99). Erforderlich ist eine Mitwirkung zur Sammlung und Sicherung der Masse, nicht aber eine Mitarbeit, mit der die Arbeitskraft zur Masse gezogen wird. Der Schuldner kann zu einer Erwerbstätigkeit nicht gezwungen werden (*BGH* BGHZ 167, 363 Tz. 16; NZI 2009. 192 Tz. 11; NZI 2013, 797 Tz. 15; NZI 2014, 461 Tz. 22; *BAG* NZI 2013, 942 Tz. 15, 21).

152 Als Ausfluss der Berufsfreiheit aus Art. 12 Abs. 1 GG stellt die Übernahme einer Erwerbstätigkeit eine **höchstpersönliche Entscheidung** des Schuldners dar. Die Arbeitskraft des Schuldners ist Ausdruck der eigenen Persönlichkeit, also kein Vermögensobjekt, und fällt deswegen nicht in die Masse. Wie aus grundrechtlicher Gewährleistung folgt, kann die Aufnahme einer selbständigen Tätigkeit nicht untersagt werden. Ein Verstoß gegen ein entsprechendes Verbot begründet keinen Versagungs-

grund (HK-InsO/*Waltenberger* § 290 Rn. 31; HambK-InsO/*Streck* § 290 Rn. 37). Wird allerdings eine nicht selbständige oder selbständige Beschäftigung ausgeübt, ist darüber Auskunft zu erteilen (s. Rdn. 128). Auch § 35 Abs. 1 InsO über den Insolvenzbeschlag des Neuerwerbs begründet keine Arbeitspflicht (MüKo-InsO/*Peters* § 35 Rn. 436), denn die Bestimmung verpflichtet nicht zum Neuerwerb, sondern regelt die Wirkungen, falls er erfolgt. Eine allgemeine Arbeitspflicht des Schuldners widerspricht daher den Grundsätzen des Insolvenzrechts. Wo davon abweichend eine **Erwerbsobliegenheit** bestimmt ist, sind differenzierte Normen aufgestellt, um den Eingriff in die Rechtsstellung des Schuldners zu gestalten. Sie existieren inzwischen weiträumig nach den §§ 4c Nr. 4, 287b, 295 Abs. 1 Nr. 1, Abs. 1 InsO.

Aufgrund der Mitwirkungspflicht muss der Schuldner in seinem Besitz befindliche **Gegenstände der** **153** **Insolvenzmasse** an den Verwalter herausgeben. Nach einem Herausgabeverlangen muss der Schuldner eine selbst genutzte Eigentumswohnung herausgeben, falls er dafür keine hinreichende Nutzungsentschädigung entrichtet (*BGH* NZI 2016, 89 Rn. 12). Nutzt ein Dritter die Wohnung, muss der Schuldner nach Möglichkeit an der Einziehung einer Nutzungsentschädigung mitwirken (*BGH* NZI 2016, 89 Rn. 11). **Neuerwerb** ist an den Insolvenzverwalter abzuführen, sei es als pfändbares Arbeitseinkommen aus abhängiger Beschäftigung (*BGH* NZI 2013, 904 Rn. 7), seien es Einkünfte aus einer selbständigen Tätigkeit (*BGH* NJW 2003, 2167; NZI 2016, 89 Rn. 10).

4. Sonstige Voraussetzungen

Nach der Rechtsprechung des BGH muss der Schuldner, anders als bei einer Versagung nach § 290 **154** Abs. 1 Nr. 4 InsO, mit seinem Verhalten **nicht** die **Befriedigung der Gläubiger konkret beeinträchtigt** haben. Es genügt danach, dass die Verletzung der Auskunfts- und Mitwirkungspflichten ihrer Art nach geeignet ist, die Befriedigung der Insolvenzgläubiger zu beeinträchtigen (*BGH* NZI 2009, 253 Tz. 12; NZI 2013, 904 Tz. 9; BeckRS 2011, 03318 Tz. 2; A/G/R-*Fischer* § 290 InsO a.F. Rn. 98 ff.; *Hess/Groß/Reill-Ruppe/Roth* Kap. 4 Rn. 376). Daran fehlt es bei nicht angegebenen unpfändbaren Einkünften, selbst wenn sich diese auf mehr als EUR 13.000,– belaufen (a.A. *AG Hamburg* ZInsO 2012, 1585 [1586]). Unerheblich ist dafür, wie viele Gläubiger sich am Verfahren aktiv beteiligen (*BGH* BeckRS 2011, 08180). Ganz **unwesentliche Verstöße** rechtfertigen jedoch auch im Rahmen von § 290 Abs. 1 Nr. 5 InsO keine Versagung (*Gottwald/Ahrens* HdbInsR, § 77 Rn. 78).

Wie der Rechtsausschuss für den Versagungsgrund aus § 296 InsO vorausgesetzt hat (Begr. des **155** Rechtsausschusses BT-Drucks. 12/7302 S. 188, zu § 346k), ist bei § 290 Abs. 1 Nr. 5 InsO ebenfalls zu verlangen, dass der Schuldner mit seinem Verhalten eine **Wesentlichkeitsgrenze** überschritten hat. Der **Verhältnismäßigkeitsgrundsatz** gebietet, dass nicht jede noch so geringfügige Verletzung von Auskunfts- und Mitwirkungspflichten eine Versagung der Restschuldbefreiung zur Folge haben kann (*BGH* NJW 2003, 2167 [2168]; *LG Saarbrücken* NZI 2000, 380 [381]; *AG Hamburg* NZI 2000, 46 [47]; *AG Göttingen* ZVI 2006, 69; 2007, 35; MüKo-InsO/*Stephan* § 290 Rn. 74; *Uhlenbruck/Sternal* InsO, § 290 Rn. 98; A/G/R-*Fischer* § 290 InsO a.F. Rn. 110; LSZ/*Kiesbye* InsO, § 290 Rn. 36; *Nerlich/Römermann* InsO, § 295 Rn. 95).

Maßgebend ist eine **Einzelfallbetrachtung**. Nur so kann beurteilt werden, ob trotz eines objektiv er- **156** folgten Verstoßes gegen § 290 Abs. 1 InsO, anhand des aus dem Verhalten des Schuldners ergebenden Gesamtbilds die weitreichenden Folgen einer versagten Restschuldbefreiung zu begründen sind (*BGH* NZI 2011, 66 Tz. 7; NZI 2013, 904). Holt der Schuldner im Regelinsolvenzverfahren von sich aus eine gebotene, aber zunächst von ihm unterlassene Auskunftserteilung nach, bevor sein Verhalten aufgedeckt und ein Versagungsantrag gestellt ist, beeinträchtigt seine Obliegenheitsverletzung letztlich die Gläubigerinteressen nicht. Die Versagung der Restschuldbefreiung ist dann i.d.R. unverhältnismäßig (*BGH* NZI 2011, 114 Tz. 6 = VIA 2011, 18 m. Anm. *Lindner*). Eine Verletzung der Mitwirkungspflicht liegt nicht schon dann vor, wenn der Schuldner zu einem bestimmten Zeitpunkt nicht für den Treuhänder erreichbar ist und zur Auskunftserteilung zur Verfügung steht, sondern nur dann, wenn sich seine fehlende Mitwirkung über einen längeren Zeitraum erstreckt und nennenswerte Auswirkungen auf das Verfahren hat (*BGH* ZInsO 2008, 975 Tz. 9). Eine alsbaldige **Berichtigung** kann den Verstoß gegen eine insolvenzrechtliche Verpflichtung heilen (s. Rdn. 120). Der Versuch, Einkünfte in Höhe von EUR 2.400,– auf einen Dritten umzuleiten, soll bei einem Forderungsvolumen von EUR 1,4 Mio. nicht wesentlich sein (*LG Rottweil* ZVI 2008, 541 [543]).

157 Den Antrag auf Versagung der Restschuldbefreiung darf jeder Insolvenzgläubiger stellen, da die Regelung sämtliche Insolvenzgläubiger schützt.

158 Der Schuldner muss **vorsätzlich oder grob fahrlässig** gehandelt haben (*AG Duisburg* ZInsO 2017, 1399; dazu s. Rdn. 85). Unter einer groben Fahrlässigkeit ist ein Handeln zu verstehen, bei dem die im Verkehr erforderliche Sorgfalt in ungewöhnlich hohem Maß verletzt wird, wenn ganz naheliegende Überlegungen nicht angestellt oder beiseite geschoben wurden und dasjenige unbeachtet geblieben ist, was im gegebenen Fall sich jedem aufgedrängt hätte. Bei der groben Fahrlässigkeit handelt es sich um eine auch subjektiv schlechthin unentschuldbare Pflichtverletzung (*BGH* ZInsO 2006, 370 [371]; 2009, 786 Tz. 7; NZI 2010, 530 Tz. 12; *Gottwald/Ahrens* HdbInsR, § 77 Rn. 79). Erforderlich ist eine grobe Gleichgültigkeit gegenüber den Gläubigerinteressen und den eigenen Pflichten, wobei nach der Rechtsprechung ein großzügiger Maßstab anzulegen sein kann (*AG Hamburg* NZI 2001, 46 [47]; *Mohrbutter/Ringstmeier-Pape* § 17 Rn. 136). Erforderlich ist ein gesteigerter Vorwurf. Bei erheblichen Depressionen kann es an einer groben Fahrlässigkeit fehlen (*AG Coburg* NZI 2017, 155). Die Feststellung, dass ein Pflichtverstoß im Zweifel grob fahrlässig ist (*LG Mönchengladbach* ZVI 2003, 675 [676]; s.a. *Kübler/Prütting/Bork-Wenzel* InsO, § 290 Rn. 69), widerspricht der eindeutigen Gesetzeslage (*BGH* ZInsO 2009, 786 Tz. 9). Unbekannte Verbindlichkeiten müssen für den Schuldner ganz einfach erkennbar gewesen sein (vgl. *Heicke* NZI 2015, 862 f.).

5. Einzelfälle

159 Zur **Feststellung des Verschuldens** ist auf alle **Umstände des Einzelfalls**, wie die Höhe der Forderung, deren Anteil an der Gesamtverschuldung, die Anzahl der Gläubiger, den letzten Vollstreckungsversuch bzw. die Korrespondenz abzustellen (*AG Göttingen* ZVI 2005, 557; s.a. *Hess/Groß/Reill-Ruppe/Roth* Kap. 4 Rn. 12). Vielfach wird die Anforderung erst dann erfüllt sein, wenn der Schuldner seine Pflichten trotz Aufforderung nicht erfüllt. Eine grob fahrlässige Pflichtverletzung kann vorliegen, wenn der Schuldner es unterlässt, bei einer allgemeinen Fragestellung wesentliche Vermögensänderungen mitzuteilen, oder wenn das Auskunftsverlangen durch **gezielte Fragestellungen** in einer Weise konkretisiert ist, die beim Schuldner keine Unklarheit über die zu erteilenden Angaben aufkommen lassen kann und die Auskünfte dennoch nicht erteilt werden (*BGH* ZInsO 2009, 786 Tz. 10; NZI 2011, 330 Tz. 11). Erklärt der Schuldner, eine andere Person mit der Erteilung von Informationen beauftragt zu haben, soll er die Ausführung des Auftrags überwachen müssen (*BGH* 12.12.2013 – IX ZB 107/12, Tz. 3, BeckRS 2014, 00398). Unterlässt er dies, wird regelmäßig nur einfache Fahrlässigkeit vorliegen. Gibt der Schuldner, dessen Einkommen unterhalb der Pfändungsgrenze liegt, auf eine allgemeine Frage des Insolvenzverwalters nach Vermögensveränderungen eine entfallene Unterhaltspflicht nicht an, so handelt er nicht grob fahrlässig (*BGH* ZInsO 2009, 786 Tz. 11). Ein unzutreffender Hinweis in einem Merkblatt des Insolvenzgerichts kann den Vorwurf der groben Fahrlässigkeit entfallen lassen (*BGH* ZInsO 2006, 370 [371]).

160 Eine **nicht angegebene Forderung** über EUR 200,– in einem Verfahren mit mehr als 100 Gläubigern, einer Gesamtverschuldung von EUR 32.000,– und einem sieben Jahre zurückliegenden Vollstreckungsversuch ist nicht geeignet, den qualifizierten Verschuldensvorwurf zu begründen (*AG Göttingen* ZVI 2005, 557). Gleiches gilt bei einer fünf Jahre alten Forderung von EUR 512,45 mit einem Anteil von 0,19 % der Hauptforderungen (*AG Leipzig* ZVI 2007, 143 [146]). Die unterlassene Angabe einer Bürgschaft eines Geschäftsführers für eine GmbH über mehr als EUR 100.000,– ist nicht grob fahrlässig, wenn das Insolvenzgericht sich mit der Angabe der Gesamtverbindlichkeiten begnügt hat und die Bürgschaft erst drei Monate nach Verfahrenseröffnung fällig gestellt wird (*AG Göttingen* ZVI 2006, 163 [164]). Wird eine Forderung benannt, aber einer falschen Person zugeordnet, wiegt der Verstoß nur gering (*BGH* ZInsO 2009, 1954 Tz. 11). Die unzutreffende Auskunft eines Steuerberaters ist dem Schuldner zuzurechnen (*AG Göttingen* ZInsO 2009, 1879 [1880]).

Versagungsgrund bejaht: Führt der Schuldner in seinem Eröffnungsantrag eine titulierte Forderung 161
über mehr als EUR 130.000,- nicht an, liegt der Versagungsgrund vor (*BGH* NZI 2009, 65 Tz. 5).
Anzugeben ist ein Barvermögen in Höhe von EUR 2.000,- (*BGH* ZInsO 2015, 1790 Tz. 9). Benötigt der Schuldner ein Fahrzeug, um einen Minijob mit einem Verdienst von EUR 100,- ausüben zu
können, ist ein nicht angegebener, weil für eine Reparatur zurückbehaltener Betrag von EUR 1.000,-
unangemessen (*BGH* ZInsO 2015, 1790 Tz. 10). Gibt der Schuldner für einen Zeitraum von mehr
als sieben Monaten keine Auskunft zu seinen Einkünften aus nichtselbständiger Tätigkeit, ist der Versagungsgrund erfüllt (*BGH* ZInsO 2009, 395 Tz. 7 ff.). Verschleiert der Schuldner seine Einkünfte,
indem er sich hinter einer Scheinfirma versteckt (hier: nicht existierender englischer Limited), sind
die Versagungsgründe aus § 290 Abs. 1 Nr. 5 und 6 InsO erfüllt (*BGH* ZVI 2005, 276). Die unterlassene Angabe von Veräußerungsgeschäften sowie die nicht vollständige und richtige Auskunft, welche Gegenstände zu welchem Preis verkauft wurden, verwirklicht den objektiven Versagungstatbestand (*BGH* NZI 2010, 264 Tz. 6) ebenso wie die Vereinnahmung eines im Insolvenzverfahren
ausgezahlten Bausparguthabens (*AG Oldenburg* ZVI 2010, 401 [402]) und die unterlassene Angabe
einer zwischen einem ersten Insolvenzantrag und einem weiteren, mit einem Restschuldbefreiungsgesuch verbundenen Insolvenzantrag vorgenommene Grundstücksschenkung (*BGH* NZI 2011,
330). Der Tatbestand ist auch erfüllt, wenn in den vorbereitenden Gesprächen zur Erstellung des
Sachverständigengutachtens ein Treuhandkonto verschwiegen wird (*BGH* ZVI 2005, 551), wenn
zusätzliche Einkünfte aus selbständiger Tätigkeit (*AG Oldenburg* ZInsO 2001, 1170 [1171]),
auch aus Nebentätigkeit, in Höhe von EUR 300,- jährlich (*LG Mönchengladbach* ZInsO 2003,
955 [956]), pfändungsfreie Einkünfte über einen Zeitraum von zwei Jahren (*AG Göttingen* ZVI
2007, 34 [35]) bzw. die Patientendaten zur Geltendmachung der Honorarforderungen durch einen
Facharzt für Psychiatrie, Psychotherapie und Psychoanalyse (*BGH* NZI 2009, 396 Tz. 5) nicht angegeben werden. Der als selbständiger Arzt niedergelassene Schuldner muss dem Treuhänder die zur
Geltendmachung privatärztlicher Honorarforderungen erforderlichen Patientendaten sowie die Forderungshöhe mitteilen (*BGH* ZInsO 2009, 734 Tz. 4, Psychiater). Die unterlassene Abgabe eines
Fahrzeugs zur privaten Nutzung erfüllt den objektiven Tatbestand (*BGH* ZInsO 2009, 481 Tz. 10).
Hin- und Herzahlungen sind anzugeben, sonst ist der Versagungsgrund verwirklicht (*AG Hamburg*
ZInsO 2007, 951 [952]), ebenso die Wahl einer für den Schuldner nachteiligen Steuerklasse (*BGH*
DZWIR 2008, 470). Die Abgabe der Steuererklärung ist Aufgabe des Treuhänders, nicht des Schuldners. Erklärt aber der Schuldner wahrheitswidrig, eine Steuererklärung abgegeben zu haben und hält
er den Treuhänder deswegen davon ab, mögliche Steuererstattungsansprüche zu realisieren, ist § 290
Abs. 1 Nr. 5 InsO erfüllt (*BGH* ZInsO 2009, 300 Tz. 10; *LG Mönchengladbach* NZI 2005, 173 f.).
Über eine Steuererstattung ist Auskunft zu erteilen (*BGH* BeckRS 2011, 03768). Auskunft ist über
die – auch wertlose – Beteiligung an einer Gesellschaft (*BGH* ZInsO 2011, 396 Tz. 4) und die Tätigkeit als Geschäftsführer zu erteilen (*AG Duisburg* NZI 2008, 697 [698 f.]). Die Fortsetzung der Geschäftstätigkeit trotz eines Verbots des Treuhänders soll die Versagung rechtfertigen (*LG Cottbus* ZVI
2002, 218, fraglich wegen Art. 12 Abs. 1 GG). Auch die Nichtabgabe eines eingetragenen Gebrauchsmusters (*AG Leipzig* ZVI 2005, 427) bzw. einer Marke (*AG Duisburg* NZI 2007, 596) erfüllt
den Tatbestand, ebenso eine verzögerte Auskunftserteilung (*AG Göttingen* ZVI 2006, 473 [474])
bzw. unzutreffende Angaben über die Deliktseigenschaft einer Forderung (*AG Göttingen* ZVI 2008,
339 [340]).

Versagungsgrund verneint: Bei einem selbständigen Schuldner ist keine Auskunft darüber erforderlich, welche Angaben berufsbedingt und welche privat veranlasst sind (*BGH* NJW 2003, 2167 162
[2170]). Die unterlassene Zahlung einer mit dem Treuhänder vereinbarten monatlichen Pauschale
stellt keinen Verstoß gegen gesetzliche Mitwirkungspflichten dar (*AG Regensburg* ZInsO 2004,
1214 [1215]). Während des Insolvenzverfahrens stellt die Aufgabe der Arbeit keinen Verstoß gegen
§ 290 Abs. 1 Nr. 5 InsO dar, da insoweit keine Verpflichtung zur Erwerbstätigkeit besteht (*AG Regensburg* ZInsO 2004, 1214 [1215]), doch ist ggf. die Erwerbsobliegenheit aus § 4c Nr. 4 InsO zu
beachten. Der Abschluss eines Mietvertrags mit einer mehrjährigen Mietvorauszahlungsvereinbarung über ein freigegebenes Grundstück führt selbst bei einer dadurch erschwerten Zwangsversteigerung nicht zu einem Verstoß gegen § 290 Abs. 1 Nr. 5 InsO (*LG Göttingen* NZI 2009, 122 [123]).

§ 290 InsO   Versagung der Restschuldbefreiung

Unrichtige Angaben in einer eidesstattlichen Versicherung begründen nicht die Versagungstatbestände aus § 290 Abs. 1 Nr. 5 und 6 InsO (*AG Oldenburg* ZVI 2003, 367 [368]). Ist der Schuldner über die Höhe einer Forderung unsicher und gibt er diese deswegen mit EUR 0,– an, ist eine Versagung allein deswegen noch nicht berechtigt (*BGH* ZInsO 2008, 860 Tz. 6, 8). Ist der Schuldner allein zu einem begrenzten Zeitpunkt nicht erreichbar, begründet dies noch nicht den Versagungsgrund (*BGH* ZInsO 2008, 975 Tz. 9). Informiert ein Merkblatt des Insolvenzgerichts unzutreffend über den Insolvenzbeschlag und entnimmt der Schuldner einen weniger als 20 % betragenden Teil aus einer Erbmasse, ist der Vorwurf grober Fahrlässigkeit nicht berechtigt (*BGH* ZInsO 2006, 370 [371]). Mit der unterlassenen Angabe eines Wohnsitzwechsels verletzt der Schuldner noch nicht seine Mitwirkungspflichten. Etwas anderes gilt erst, wenn der Schuldner seiner Mitteilungspflicht längere Zeit nicht nachkommt und dies nennenswerte Auswirkungen auf das Verfahren hat (*BGH* ZInsO 2008, 975 Tz. 8 f.; NZI 2013, 703 Tz. 13; *AG Oldenburg* ZVI 2007, 328 [329 f.]; **a.A.** *LG Verden* ZVI 2006, 470; s. Rdn. 128). Falsche Angaben über die Zahl der unterhaltsberechtigten Personen gegenüber dem Arbeitgeber verletzen keine Pflichten aus dem Insolvenzverfahren (*AG Karlsruhe* ZVI 2004, 551 [552]).

VI. Unzutreffende Erklärungen und Verzeichnisse (§ 290 Abs. 1 Nr. 6 InsO)

1. Unzutreffende Erklärungen (§ 290 Abs. 1 Nr. 6 Alt. 1 InsO)

163   Mit einem zusätzlichen Regelungselement ist in dem seit dem 01.07.2014 geltenden neuen Recht der sachliche Anwendungsbereich von § 290 Abs. 1 Nr. 6 InsO auf die **nach § 287 Abs. 1 Satz 3 InsO vorzulegende Erklärung** erweitert. Damit eröffnet § 290 Abs. 1 Nr. 6 Alt. 1 InsO eine Reaktionsmöglichkeit auf eine falsche Erklärung nach § 287 Abs. 1 Satz 3 InsO darüber, ob ein Sperrfristgrund aus § 287 Abs. 2 Satz 1 Nr. 1 oder 2 InsO vorliegt. Auf diese Weise soll der Richtigkeitsgehalt der Entscheidung über die Sperrfristgründe zusätzlich abgesichert werden.

164   Zunächst wird durch diesen neuen Anwendungsfall des § 290 Abs. 1 Nr. 6 Alt. 1 InsO der sachliche **Anwendungsbereich** der Norm verändert. Während bislang § 290 Abs. 1 Nr. 6 Alt. 2 InsO auf das Verbraucherinsolvenzverfahren beschränkt war, erfasst die neue Alternative sämtliche Insolvenz- und damit auch Restschuldbefreiungsverfahren (*K. Schmidt/Henning* InsO, § 290 n.F. Rn. 56; *Frind* Praxishandbuch Privatinsolvenz, Rn. 975). Da die Erklärungslast aus § 290 Abs. 1 Nr. 6 Alt. 1 InsO in allen Restschuldbefreiungsverfahren gilt und eine unterschiedliche Behandlung von allgemeinen Insolvenzverfahren und Verbraucherinsolvenzverfahren nicht zu rechtfertigen ist, wird der sachliche Regelungsgehalt der Norm jedenfalls für diese Tatbestandsalternative erweitert.

165   § 290 Abs. 1 Nr. 6 Alt. 1 InsO bestimmt keinen Versagungsgrund bei einer verletzten insolvenzrechtlichen Pflicht, sondern bei einer **verletzten verfahrensrechtlichen Last**. Wenn das Erklärungserfordernis aus § 287 Abs. 1 Satz 3 InsO eine insolvenzrechtliche Pflicht begründen sollte, wäre eine Sonderregelung entbehrlich, weil eine verletzte Erklärungspflicht bereits von § 290 Abs. 1 Nr. 5 InsO erfasst wäre. Die Spezialregelung in § 290 Abs. 1 Nr. 6 Alt. 1 InsO weist so den besonderen Gehalt von § 287 Abs. 1 Satz 3 InsO als Erklärungslast aus.

166   Der **Umfang der Erklärungslast** ist in § 287 Abs. 1 Satz 3 InsO bestimmt. Jeder Schuldner, der die Restschuldbefreiung beantragt, hat zu erklären, ob ihm in den letzten zehn Jahren vor dem aktuellen Antrag auf Eröffnung des Insolvenzverfahrens oder nach diesem Antrag Restschuldbefreiung erteilt worden ist. Außerdem muss er angeben, ob ihm die Restschuldbefreiung in den letzten fünf Jahren vor dem Antrag auf Eröffnung des Insolvenzverfahrens oder nach diesem Antrag gem. § 297 InsO versagt worden ist. Zusätzlich hat er wegen § 287a Abs. 2 Nr. 2 InsO auszuführen, ob ihm in den letzten drei Jahren vor dem Antrag auf Eröffnung des Insolvenzverfahrens oder nach diesem Antrag Restschuldbefreiung nach § 290 Abs. 1 Nr. 5 bis 7 InsO, nach § 296 InsO oder gem. § 297a InsO aus den Gründen des § 290 Abs. 1 Nr. 5 bis 7 InsO versagt wurde (s. § 287 Rdn. 59). In einem Verbraucherinsolvenzverfahren muss der Schuldner die entsprechenden Angaben im Formular ankreuzen. Für die Fristberechnung ist auf den Eintritt der Rechtskraft abzustellen, wie dies bislang

schon der Sperrfristrechtsprechung des BGH entsprach (*BGH* NZI 2009, 691 Tz. 17; NZI 2010, 263 Tz. 5; NZI 2010, 407 Tz. 6; NZI 2011, 544 Tz. 6).

Die Angaben in der Erklärung müssen **unrichtig oder unvollständig** sein. Unrichtig sind die Angaben, wenn der Schuldner ein beantragtes oder versagtes Restschuldbefreiungsverfahren nicht angibt oder ein falsches Datum nennt. Im Formular werden auch Angaben zum Insolvenzgericht und zum Aktenzeichen verlangt, weswegen insoweit objektiv falsche Angaben erfolgt sein können. Unvollständig sind die Angaben, wenn der Schuldner etwa nur eines von mehreren früheren Verfahren oder nicht alle erforderlichen Daten angibt. 167

Keinen Versagungsgrund bildet es, wenn der Schuldner keine Erklärung abgibt. Eine unterlassene Erklärung ist weder eine unrichtige noch eine unvollständige Aussage. Die Rechtsfolge ist auf § 287a InsO abgestimmt, denn in diesem Fall ist das Restschuldbefreiungsverfahren unzulässig, weil eine Sachentscheidungsvoraussetzung fehlt. Ebenso wenig begründet eine fehlende, unrichtige oder unvollständige Versicherung nach § 287 Abs. 1 Satz 4 InsO einen Versagungsgrund. Der Versagungstatbestand ist allein auf die Erklärung und nicht auf die Versicherung bezogen. 168

§ 290 Abs. 1 Nr. 6 Alt. 1 InsO betrifft allein **vorsätzliche oder grob fahrlässig** unrichtige oder unvollständige Angaben in der Erklärung. Bleibt in dem Versagungsbeschluss offen, ob der Beschluss etwa auf § 290 Abs. 1 Nr. 4 oder Nr. 5 InsO beruht, kann dem Schuldner eine unzutreffende Erklärung nicht als grob fahrlässig vorgeworfen werden. Unterlaufen dem Schuldner Fehler bei der Fristberechnung, weil er vom Entscheidungsdatum ausgeht, bei der Angabe des Insolvenzgerichts oder bei der Nennung des Aktenzeichens kann eine grobe Fahrlässigkeit fehlen. 169

2. Unzutreffende Verzeichnisse (§ 290 Abs. 1 Nr. 6 Alt. 2 InsO)

a) Verzeichnisse gem. § 305 Abs. 1 Nr. 3 InsO

§ 290 Abs. 1 Nr. 6 Alt. 2 InsO bestimmt einen Versagungsgrund, wenn der Schuldner in den **nach § 305 Abs. 1 Nr. 3 InsO vorzulegenden Verzeichnissen** seines Vermögens und seines Einkommens, seiner Gläubiger und der gegen ihn gerichteten Forderungen vorsätzlich oder grob fahrlässig unrichtige oder unvollständige Angaben gemacht hat. Von den Auskunfts- und Mitwirkungspflichten in einem Insolvenzverfahren i.S.d. Nr. 5 unterscheidet § 290 Abs. 1 Nr. 6 InsO den besonderen Fall der vom Schuldner in einem Verbraucherinsolvenzverfahren nach § 305 Abs. 1 Nr. 3 InsO vorzulegenden Verzeichnisse (*Pape* Gläubigerbeteiligung, Rn. 442). Nach der vom Rechtsausschuss (BT-Drucks. 12/7302 S. 187 f.) eingefügten Vorschrift besteht ein Versagungsgrund, falls der Schuldner in den gem. § 305 Abs. 1 Nr. 3 InsO vorzulegenden Verzeichnissen seines Vermögens und seines Einkommens, seiner Gläubiger und der gegen ihn gerichteten Forderungen schuldhaft unzutreffende Angaben gemacht hat. Der Versagungsgrund sollte eine Lücke schließen, weil § 290 Abs. 1 Nr. 5 InsO nach seinem Wortlaut das Insolvenzverfahren, nicht aber das vorgelagerte gerichtliche Schuldenbereinigungsplanverfahren erfasst hat (*LG Saarbrücken* NZI 2000, 380 [381]; *Uhlenbruck/Sternal* InsO, § 290 Rn. 100; *Graf-Schlicker/Livonius* Restschuldbefreiung und Verbraucherinsolvenz nach der InsO, Rn. 290). 170

Durch die **erweiternde Rechtsprechung** des BGH, die § 290 Abs. 1 Nr. 5 InsO auch auf das Eröffnungs- und Schuldenbereinigungsplanverfahren bezieht (*BGH* NZI 2005, 232 [233]), ist diese Legitimationsbasis brüchig geworden. Diese Judikatur wird jetzt auch gesetzlich nachvollzogen. Durch den umfassenden Anwendungsbereich von § 290 Abs. 1 Nr. 5 InsO, der jetzt auch das Schuldenbereinigungsplanverfahren und damit die Verzeichnisse nach § 305 Abs. 1 Nr. 3 InsO einschließt, wird der Gegenstandsbereich von § 290 Abs. 1 Nr. 6 Alt. 2 InsO weithin von § 290 Abs. 1 Nr. 5 InsO abgedeckt. Angenommen wird, § 290 Abs. 1 Nr. 6 InsO ergänze § 290 Abs. 1 Nr. 5 InsO (*Kübler/Prütting/Bork-Wenzel* InsO, § 290 Rn. 73; *Graf-Schlicker/Kexel* InsO, § 290 Rn. 21). 171

Gesetzliches Ziel ist zunächst eine Entlastung des Insolvenzgerichts und eine Unterrichtung der Gläubiger über die Grundlagen der geplanten Schuldenbereinigung (*BGH* NZI 2005, 461; 2009, 562 Tz. 9). Der Schuldner soll dazu angehalten werden, wahrheitsgemäße und vollständige Angaben 172 zu machen, die dem Gericht und den Gläubigern einen Überblick über die wirtschaftlichen Verhältnisse des Schuldners ermöglichen. Es darf nicht der Beurteilung des Schuldners unterliegen, Angaben zu unterlassen, weil sie vermeintlich uninteressant sind (*BGH* NZI 2004, 633 [634]). Auch wenn das Gericht von einem Planverfahren absieht, entfallen dadurch nicht die Anforderungen aus § 290 Abs. 1 Nr. 6 InsO, denn beim Entstehen der Informationspflichten kann nicht darauf abgestellt werden, ob sich im Einzelfall das Informationsbedürfnis auswirkt (**a.A.** *AG Dortmund* ZInsO 2006, 384). Neben § 308 Abs. 3 Satz 1 InsO bildet die Vorschrift eine wirksame Reaktion, um einen planvoll agierenden Schuldner zur vollständigen und richtigen Angabe seines Vermögens sowie seiner Verbindlichkeiten anzuhalten. Als neue Funktion stellt § 290 Abs. 1 Nr. 6 Alt. 2 InsO eine spezialgesetzliche Regelung gegenüber § 290 Abs. 1 Nr. 5 InsO dar, die auf eine besondere Konstellation im Verbraucherinsolvenzverfahren reagiert. Da das Insolvenzgericht den Schuldner nach § 305 Abs. 3 Satz 1 InsO zur Ergänzung unvollständiger Angaben im Formular auffordert, können derartige Mängel in den Formularen, denen der Schuldner abgeholfen hat, keinen Versagungsgrund bilden (*BGH* NZI 2005, 461).

173 Sachlich fordert § 290 Abs. 1 Nr. 6 InsO einen Verstoß gegen Anforderungen aus § 305 Abs. 1 Nr. 3 InsO in einem **Verbraucherinsolvenzverfahren** (*LG Bielefeld* ZInsO 2010, 1661; *Kübler/Prütting/Bork-Wenzel* InsO, § 290 Rn. 73; *Gottwald/Ahrens* HdbInsR, § 77 Rn. 82). Auf eine vermeintlich zu geringe Quote in einem Schuldenbereinigungsplan kann eine Versagung schon deshalb nicht gestützt werden, weil in § 290 Abs. 1 Nr. 6 InsO nicht auf § 305 Abs. 1 Nr. 4 InsO verwiesen wird (i.E. ebenso *AG Hamburg* NZI 2000, 336). Da ein Verbraucherinsolvenzverfahren notwendig durchgeführt worden sein muss, ist der persönliche Anwendungsbereich von § 290 Abs. 1 Nr. 6 InsO auf Schuldner i.S.d. § 304 Abs. 1 InsO (vgl. *Kohte/Busch* § 304 Rdn. 3 ff.) beschränkt. Die Reichweite des Versagungsgrunds ergibt sich aus der Aufzählung in § 290 Abs. 1 Nr. 6 InsO. Der Schuldner muss in dem nach § 305 Abs. 1 Nr. 3 InsO vorzulegenden Verzeichnis seines Vermögens und seines Einkommens (Vermögensverzeichnis), dem Verzeichnis seiner Gläubiger oder in dem Verzeichnis der gegen ihn gerichteten Forderungen unrichtige oder unvollständige Angaben gemacht haben. Während § 305 Abs. 1 Nr. 3 InsO von einem Verzeichnis des vorhandenen Vermögens und des Einkommens spricht, fehlt dieses Attribut in § 290 Abs. 1 Nr. 6 InsO. Auf einen sachlichen Unterschied ist daraus nicht zu schließen, da die Versagungsvorschrift auf die nach § 305 Abs. 1 Nr. 3 InsO vorzulegenden Verzeichnisse abstellt.

174 **Unanwendbar** ist § 290 Abs. 1 Nr. 6 Alt. 2 InsO auf unzutreffende Angaben in der **Vermögensübersicht**. Dies folgt aus dem Unterschied zwischen § 290 Abs. 1 Nr. 6 Alt. 2 InsO und § 305 Abs. 1 Nr. 3 InsO (**a.A.** *AG Hamburg* NZI 2015, 422 [423]), die aus der Novellierung der letzteren Vorschrift durch das InsOÄndG vom 26.10.2001 (BGBl. I S. 2710), resultiert. Unverändert verweist der Versagungsgrund auf die Verzeichnispflichten nach § 305 Abs. 1 Nr. 3 InsO a.F. Durch die Insolvenzrechtsnovelle vom 26.10.2001 ist in § 305 Abs. 1 Nr. 3 InsO die zusätzliche Verpflichtung aufgenommen, eine Zusammenfassung der wesentlichen Inhalte des Vermögensverzeichnisses in Form einer Vermögensübersicht vorzulegen. Auf diese Verpflichtung bezieht sich § 290 Abs. 1 Nr. 6 InsO seinem Wortlaut nach nicht, weshalb fraglich ist, ob ein Verstoß gegen die neue Verpflichtung einen Versagungsgrund schafft. Auf diese Beurteilung kommt es dann an, wenn die Verzeichnisse zutreffend sind, die Übersicht aber als falsch angesehen wird. Mit dieser Vermögensübersicht soll eine Kostenersparnis bewirkt werden, da nur die Übersicht den Gläubigern zugestellt wird, § 307 Abs. 1 Satz 1 InsO (Begr. RegE BT-Drucks. 14/5680 S. 20). Unter Hinweis auf die beim Insolvenzgericht niedergelegten Verzeichnisse werden danach die Gläubiger aufgefordert, zu den Verzeichnissen – und dem Schuldenbereinigungsplan – Stellung zu nehmen. Aus dieser Regelung folgt, dass weiterhin die Verzeichnisse die maßgebende Informations- und Beurteilungsgrundlage für die Gläubiger bilden. Die Vermögensübersicht hat insoweit eine unselbständige Funktion zur Erleichterung des Verfahrens für den Schuldner und das Gericht. Schon nach dieser Teleologie ist § 290 Abs. 1 Nr. 6 InsO nicht auf eine unzutreffende Übersicht zu beziehen. Im Übrigen bietet eine Übersicht gerade kein vollständiges Bild der Vermögenslage (s. *Grote/Lackmann* § 305 Rdn. 36), dessen sachgerechte Vermittlung durch den Versagungsgrund gesichert werden soll (vgl. *BGH* NZI 2005, 461), weshalb der Versagungstatbestand auch systematisch nicht auf die Ver-

mögensübersicht passt (*LG Memmingen* ZVI 2004, 627 [628]; Graf-Schlicker/*Kexel* § 290 Rn. 21; *Heicke* VIA 2014, 49 [50]; a.A. *Kübler/Prütting/Bork-Wenzel* InsO, § 290 Rn. 73). Unzutreffende Angaben im **außergerichtlichen Verfahren** erfüllen weder einen Versagungsgrund nach § 290 Abs. 1 Nr. 6 InsO noch den aus § 290 Abs. 1 Nr. 5 InsO.

b) **Unzutreffende Angaben**

Einen Versagungsgrund schaffen nur **unrichtige oder unvollständige Angaben**, dazu s. Rdn. 58, in den Verzeichnissen. Die unzutreffende Angabe muss ausdrücklich in einem Verzeichnis enthalten, folglich auch **schriftlich** gemacht worden sein (MüKo-InsO/*Stephan* § 290 Rn. 78; LSZ/*Kiesbye* InsO, § 290 Rn. 39). Mündliche Angaben sind unerheblich. Zu den inhaltlichen Anforderungen an die vorzulegenden Verzeichnisse vgl. *Grote/Lackmann* § 305 Rdn. 31 ff.

In das **Gläubigerverzeichnis** sind alle persönlichen Gläubiger des Schuldners aufzunehmen, die im Zeitpunkt der angestrebten Eröffnung des Insolvenzverfahrens einen begründeten Vermögensanspruch gegen den Schuldner haben (*BGH* ZInsO 2005, 537 [538]). Bereits die unterlassene Angabe eines Gläubigers, der kurz zuvor einen Insolvenzantrag gestellt hat, stellt einen versagungsrelevanten Grund dar (*AG Oldenburg* ZVI 2016, 42, zur Kostenstundung). Bei gestundeten oder aus anderen Gründen noch nicht fälligen Forderungen ist anzugeben, wann sie fällig werden (*BGH* ZInsO 2005, 537 [538]). Die unterlassene Angabe eines Insolvenzgläubigers erfüllt den objektiven Tatbestand (*BGH* ZInsO 2013, 99 Tz. 10; *AG Göttingen* ZInsO 2002, 1150 [1151]; *AG Frankfurt/M.* ZVI 2007, 211), Dies gilt auch für die unterlassene Angabe von Unterhaltsberechtigten (*AG Göttingen* NZI 2012, 928, doch fehlte im konkreten Fall das qualifizierte Verschulden). Objektiv ändern Kenntnisse von Gläubigern nichts an den Pflichten des Schuldners aus § 305 Abs. 1 Nr. 3 InsO, denn die Verzeichnisse dienen neben der Information der Gläubiger über die geplante Schuldenbereinigung auch der Entlastung des Insolvenzgerichts (*BGH* NZI 2011, 254 Tz. 11).

Das **Forderungsverzeichnis** muss vollständig sein. Die Nichtangabe einer Insolvenzforderung (*LG Hamburg* ZInsO 2011, 1367) bzw. der Forderung eines gesicherten Gläubigers, um diesen an der Verwertung zu hindern, erfüllt den Tatbestand des § 290 Abs. 1 Nr. 6 InsO (*OLG Celle* ZInsO 2001, 1106 [1108]). Die Nichtangabe einer eigenen Forderung von EUR 6.000,– erfüllt § 290 Abs. 1 Nr. 6 InsO (*AG Göttingen* ZInsO 2004, 52). Ein Treuhandkonto ist auch gegenüber dem Sachverständigen anzugeben (*LG Aachen* ZVI 2005, 552 [553]; bestätigt durch *BGH* ZVI 2005, 551 [552]). Ausländisches Grundvermögen ist auch anzugeben, wenn es wertausschöpfend belastet ist (*BGH* NZI 2005, 461). Wird eine nachrangige Verbindlichkeit nicht angegeben, wie eine in Raten von DM 20,– zu tilgende Geldstrafe, ist der Versagungsgrund nicht erfüllt (*AG Münster* NZI 2000, 555 [556]). Gibt der Schuldner die Mitberechtigung an zwei Erbbaurechten nicht an, verwirklicht dies den Versagungsgrund (*AG Göttingen* ZInsO 1999, 724 [LS]). Eine Versagung kommt beim Erfinden von Forderungen (*BGH* NZI 2004, 633 [634]) oder von Gläubigern in Betracht. Im Gläubiger- und Forderungsverzeichnis ist ein sofort fälliger Vorschuss auf den Gebührenanspruch des Verfahrensbevollmächtigten aufzunehmen. Wird der Anspruch gestundet, ist anzugeben, wann die Forderung fällig wird. Ist eine Abtretung erfolgt, muss erklärt werden, welche Forderungen der Abtretung zugrunde liegen (*BGH* ZInsO 2005, 484 [485]).

Der Schuldner muss auch gegen ihn gerichtete, aber von ihm **bestrittene Forderungen** bzw. schwierig beizutreibende Forderungen angeben (*BGH* NZI 2009, 562 Tz. 7 ff.; NZI 2011, 66 Tz. 5; NZI 2011, 254 Tz. 11; *BGH* NZI 2015, 807 Tz. 16; *LG Krefeld* ZVI 2002, 132; *Frind* Praxishandbuch Privatinsolvenz, Rn. 977; s. *Pieper* ZInsO 2010, 174 [182]). Es ist nicht seine Sache, seine Aktiva zu bewerten und vermeintlich für die Gläubiger uninteressante Positionen zu verschweigen (*BGH* NZI 2011, 66 Tz. 3).

Bei **unbekannten Forderungen** gelten die Ausführungen zu § 290 Abs. 1 Nr. 5 InsO entsprechend (Rdn. 135). Anzugeben sind die Opfer einer Straftat selbst dann, wenn sie ihre Forderungen noch nicht geltend gemacht haben (*LG Memmingen* ZInsO 2013, 614; *LG Lübeck* NZI 2015, 861, m. Anm. *Heicke*). Die Forderungen müssen aber absehbar sein, etwa aufgrund einer Strafanzeige, Anklage oder Verurteilung (*Frind* Praxishandbuch Privatinsolvenz, Rn. 976). Wegen der mangelnden Erkennbarkeit gilt dies nicht für die Opfer einer anonymen Straftat, die der Schuldner nicht persönlich kennt, etwa beim Taschendiebstahl (s.a. *Pape* NJW 2014, 3555 [3559]; *LG Memmingen* ZInsO 2013, 614).

180 Der Schuldner muss nach § 305 Abs. 1 Nr. 3 InsO außerdem ein **Vermögensverzeichnis** vorlegen, doch werden keine Wertangaben verlangt. Anzugeben sind alle werthaltigen Gegenstände. Zu unpfändbaren Gegenständen gilt das zu § 290 Abs. 1 Nr. 5 Ausgeführte (Rdn. 134; außerdem *Frind* Praxishandbuch Privatinsolvenz, Rn. 977a). Fordern die vorgedruckten Antragsformulare entsprechende Angaben, können aus der Nichtbeantwortung keine für den Schuldner nachteiligen Konsequenzen gezogen werden (*Pape* ZVI 2010, 1 [14]). Setzt der Schuldner eine Forderung lediglich mit einem symbolischen Betrag an, muss er dies zum Ausdruck bringen (*AG Göttingen* ZInsO 2002, 544 [545]). Ob mietfreies Wohnen anzugeben ist, hat der BGH offen gelassen (*BGH* NZI 2008, 506 [507]). Ist der Wert von Geschäftsanteilen an einer Wohnungsbaugenossenschaft um EUR 500,– zu hoch angegeben, kann eine unzutreffende Angabe erfolgt sein (*AG Hamburg* NZI 2015, 422 [423]), doch fehlt es regelmäßig an einer der Art nach möglichen Beeinträchtigung der Gläubigerbefriedigung (*Pape/Pape* ZInsO 2015, 1881; s. Rdn. 186).

181 Auch die **sonstigen Angaben** müssen zutreffend sein. Eine unzutreffende Berufsangabe genügt nicht, wenn nicht dargelegt wird, dass aus der nicht angegebenen Berufstätigkeit Einkünfte erzielt werden (*AG Rosenheim* ZInsO 2003, 291 [292]); anders, wenn der Schuldner als Beruf unselbständiger Bodenleger mit einem Gehalt von netto DM 1.650,– angibt, obwohl er alleiniger Geschäftsführer ist und seine im Unternehmen angestellte Ehefrau DM 6.500,– verdient (*LG Hamburg* ZInsO 2003, 433 f.). Der Versagungsgrund ist erfüllt, wenn ein geleastes Kraftfahrzeug und die damit erzielten Einnahmen nicht angegeben werden (*AG Göttingen* ZInsO 2002, 992). Eine erfolgreiche Arglistanfechtung des Schuldenbereinigungsplans soll den Versagungsgrund erfüllen (*AG Mönchengladbach* ZInsO 2009, 1123 [1124]). Unpfändbare Gegenstände dürfen unberücksichtigt bleiben (offengelassen von *BGH* NZI 2008, 506 [507] = VuR 2008, 434 m. Anm. *Ahrens*).

182 Mündliche oder schriftliche **Angaben außerhalb der Verzeichnisse**, etwa bei einer mündlichen Erläuterung, genügen nicht (*BGH* NZI 2004, 633 [634]). Die Verletzung einer Auskunftspflicht über die Verzeichnisse oder unzutreffende Angaben im Zusammenhang mit einem außergerichtlichen Schuldenbereinigungsplan schaffen keinen Versagungsgrund (*Uhlenbruck/Sternal* InsO, § 290 Rn. 102). Für den objektiven Tatbestand sind auch unzutreffende Angaben zu einem späteren Zeitpunkt unzureichend (*OLG Celle* NZI 2001, 599 [600 f.]).

183 Aus dieser Konsequenz ist die **Differenzierung zwischen § 290 Abs. 1 Nr. 5 und 6 Alt. 2 InsO** zusätzlich zu erklären. Während Nr. 5 eine umfassende Mitwirkungs- und ggf. auch mündliche Auskunftspflicht insbesondere des eine nicht nur geringfügige wirtschaftliche Tätigkeit ausübenden Schuldners bei der Erstellung der Verzeichnisse konstituiert, beschränkt Nr. 6 die umfassenden Anforderungen an den Schuldner in einem Verbraucherinsolvenzverfahren auf zutreffende schriftliche Angaben in den Verzeichnissen. Für diese gegenüber § 290 Abs. 1 Nr. 5 InsO restriktive Aufgabenstellung ist zu bedenken, dass die Erstellung von Verzeichnissen gem. § 305 Abs. 1 Nr. 3 InsO der Vorstellungswelt einer durch § 104 KO geprägten unternehmerischen Insolvenz entstammt. Bei den nicht wenigen Schuldnern, die den Überblick über ihre Verschuldungssituation verloren haben und ohne qualifizierte rechtliche Hilfestellung das Verfahren betreiben, ergibt sich hieraus eine erhebliche Hürde (dazu *Kohte/Kemper* Blätter für Wohlfahrtspflege 1993, 81 [83]). Zusätzlich ist zu berücksichtigen, dass derartige Verzeichnisse in der unternehmerischen Insolvenz nach §§ 151 ff. InsO regelmäßig vom Insolvenzverwalter und nur gem. § 281 InsO vom Schuldner erstellt werden. Die Anforderungen an die zu erstellenden Verzeichnisse müssen deswegen die gegenüber dem allgemeinen Insolvenzverfahren unterschiedliche Qualifikation ihrer Autoren berücksichtigen.

184 Möglich ist eine **Heilung unzutreffender Angaben**. Korrigiert oder berichtigt der Schuldner nach Maßgabe der §§ 305 Abs. 3 Satz 1, 307 Abs. 3 Satz 1 InsO seine ursprünglichen nicht vorsätzlich falschen Angaben in den eingereichten Unterlagen noch im Eröffnungsverfahren, ist der Versagungs-

grund nicht erfüllt (*BGH* NZI 2005, 461; *BayObLG* NZI 2002, 392 [394]; HK-InsO/*Waltenberger* § 290 Rn. 42; HambK-InsO/*Streck* § 290 Rn. 41; *Kübler/Prütting/Bork-Wenzel* InsO, § 290 Rn. 78a). Diese Heilungsmöglichkeit bei einer Verletzung von § 290 Abs. 1 Nr. 6 InsO ist nach Eröffnung des Insolvenzverfahrens ausgeschlossen. Unterlässt der Schuldner die Berichtigung, kann der Versagungstatbestand der Nr. 6 verwirklicht sein (*Kübler/Prütting/Bork-Wenzel* InsO, § 290 Rn. 78a; **a.A.** *AG Hamburg* NZI 2001, 46 [47]: Versagungsgrund nach Nr. 5).

Aus der eigenen Aufgabenstellung von § 305 Abs. 1 Nr. 3 InsO und der **beschränkten Funktion von § 290 Abs. 1 Nr. 6 InsO** folgt, dass die Verzeichnisse nicht den Voraussetzungen der §§ 151 ff. InsO und den Regeln insbesondere der §§ 104 KO, 5 VglO oder des § 807 ZPO und künftig § 802c ZPO entsprechen müssen (**a.A.** MüKo-InsO/*Ott/Vuia* § 305 Rn. 47; *Nerlich/Römermann* InsO, § 305 Rn. 40). Bereits der qualifizierte Wortlaut der §§ 151 ff. InsO weist deren höhere Anforderungen aus. Die Verzeichnisse aus § 305 Abs. 1 Nr. 3 bereiten nicht die Liquidation des Schuldnervermögens vor, sondern informieren primär über die Grundlagen des Schuldenbereinigungsplans gem. § 305 Abs. 1 Nr. 4 InsO. Außerdem soll das Gericht anhand des Verzeichnisses ohne weitere Ermittlungen über den Eröffnungsgrund und die Stundungsvoraussetzungen entscheiden können (*Mohrbutter/Ringstmeier-Pape/Sietz* § 16 Rn. 40). Beide Zielsetzungen sind auf die durch die pfändbaren Gegenstände konturierte Insolvenzmasse i.S.d. §§ 35 Abs. 1, 36 Abs. 1 Satz 1 InsO gerichtet. Eine Berichtigung vor Eröffnung des Insolvenzverfahrens, nicht aber danach, kann die falsche Angabe heilen (*BGH* NZI 2015, 807 Tz. 18; *LG Mönchengladbach* ZVI 2007, 483 [484]). 185

c) **Beeinträchtigte Gläubigerbefriedigung, Antragsberechtigung**

Nach der Rechtsprechung des BGH muss der Schuldner mit seinem Verhalten **nicht die Befriedigung der Gläubiger beeinträchtigt** haben (*BGH* NZI 2004, 633 [634] m.w.N.; ZInsO 2011, 835 Tz. 3; ZInsO 2013, 99 Tz. 10; *Kübler/Prütting/Bork-Wenzel* InsO, § 290 Rn. 76; **a.A.** *OLG Celle* ZVI 2002, 29 [31]; *LG Saarbrücken* NZI 2000, 380 [381]; *AG Münster* NZI 2000, 555 [556] = VuR 2000, 356 m. Anm. *Nebe* VuR 2000, 341). Es genügt danach, dass die falschen oder unvollständigen Angaben ihrer Art nach geeignet sind, die Befriedigung der Insolvenzgläubiger zu beeinträchtigen. Das ist immer dann der Fall, wenn der Gläubiger einer Insolvenzforderung nicht im Verzeichnis aufgeführt ist, weil dadurch seine Teilnahme am Verfahren infrage gestellt wird (*BGH* ZInsO 2013, 99 Tz. 10; NZI 2015, 807 Tz. 15). Der Versagungstatbestand ist auch erfüllt, wenn es im konkreten Fall nicht zu einer Gläubigerbenachteiligung gekommen ist, weil der Gläubiger anderweitig vom Insolvenzverfahren erfahren und seine Forderung noch rechtzeitig angemeldet hat (*BGH* ZInsO 2011, 835 Tz. 3). 186

Ein vom Schuldner (geringfügig) **überbewerteter Vermögensgegenstand** ist der Art nach nicht geeignet, die Gläubigerbefriedigung zu beeinträchtigen. Dies gilt selbst dann, wenn das Insolvenzgericht deswegen ein Sachverständigengutachten in Auftrag gegeben hat (**a.A.** *AG Hamburg* NZI 2015, 422 [423]). Entstehende Verfahrenskosten können Gläubigerbefriedigung nicht beeinträchtigen, denn sonst müsste etwa jeder Gutachtenauftrag und sogar die Einsetzung eines vorläufigen Insolvenzverwalters als massemindernd diese Versagungsvoraussetzung erfüllen. 187

Ganz **unwesentliche Verstöße** rechtfertigen jedoch auch im Rahmen von § 290 Abs. 1 Nr. 6 InsO keine Versagung (A/G/R-*Fischer* § 290 InsO a.F. Rn. 113), so die unterlassene Angabe eines Guthabens von EUR 409,– (*BGH* ZInsO 2005, 146; die Entscheidung des *LG Frankfurt* NZI 2002, 673, wonach die unterlassene Angabe eines Gesellschaftsanteils von DM 500,– nicht als unwesentlich gilt, ist damit überholt). Unter Berücksichtigung der besonderen Umstände des Einzelfalls wird eine Grenze regelmäßig bei einem Wert von EUR 500,– zu ziehen sein (nach *AG Göttingen* NZI 2016, 173, sind EUR 277,– unwesentlich; anders *AG Hamburg* ZInsO 2015, 821 [822]). Ob objektiv falsche oder unvollständige Schuldnerangaben unwesentlich sind, die von vornherein für die Befriedigung der Insolvenzgläubiger bedeutungslos erscheinen, hat der BGH offengelassen (*BGH* NZI 2004, 633 [634]). Dies wird jedenfalls bei geringfügigen Abweichungen anzunehmen sein. 188

189 **Antragsbefugt**, d.h. berechtigt, den Versagungsgrund aus § 290 Abs. 1 Nr. 6 InsO geltend zu machen, ist nach Ansicht des *BGH* aufgrund der dem Tatbestand zugrunde liegenden typisierenden Betrachtungsweise jeder Gläubiger (NZI 2007, 357 Tz. 3; ZInsO 2010, 631 Tz. 15; **a.A.** *Ahrens* NZI 2001, 113 [116 ff.]). Der höchstrichterlichen Rechtsprechung ist entgegenzuhalten, dass § 290 Abs. 1 Nr. 6 InsO nicht auf generalisierte, sondern auf individualisierte Pflichtverletzungen reagiert und dies die Antragsbefugnis prägen muss. Die unterlassene Angabe eines Insolvenzgläubigers erfüllt den Tatbestand, doch kann der Versagungsgrund nicht von anderen Gläubigern geltend gemacht werden (*AG Bonn* ZInsO 2002, 245 [246]). Vom Antragsteller würde sonst eine Rechtsposition beansprucht, die seine eigene Schlechterstellung beinhaltet. Es reicht aus, wenn die nicht angegebene Forderung dem Antragsteller vor dem Schlusstermin abgetreten worden ist (*LG Stuttgart* ZInsO 2002, 1097 [1098]).

d) Subjektiver Tatbestand

190 Außerdem muss der Schuldner die unzutreffenden Angaben **vorsätzlich** oder **grob fahrlässig** herbeigeführt haben (zur Definition *BGH* NZI 2009, 562 Tz. 13; vgl. dazu Rdn. 85). Erforderlich ist eine **Gesamtwürdigung** des Verhaltens des Schuldners, welches das Insolvenzgericht gegebenenfalls aufzuklären hat (*OLG Celle* ZVI 2002, 29 [31]). Hält der Schuldner nach anwaltlicher Rechtsberatung eine Forderung unbestritten für verjährt, fehlt ein qualifiziertes Verschulden (*AG Mönchengladbach* NZI 2003, 220 [221]). Die fehlende Erfahrung oder geschäftliche Gewandtheit eines Verbraucherschuldners darf nicht unberücksichtigt bleiben (*Uhlenbruck/Sternal* InsO, § 290 Rn. 106). Von einem Verbraucher ist keine kaufmännische Buchführung zu erwarten (*AG Dortmund* ZInsO 2006, 384). Deswegen kann im Einzelfall ein großzügiger Maßstab anzulegen sein (*AG Hamburg* NZI 2001, 46 [47]; **a.A.** *LG Göttingen* ZInsO 2002, 733 [734]; *Andres/Leithaus* InsO, § 290 Rn. 22).

191 Im Einzelnen sollen folgende Umstände **für** eine **grobe Fahrlässigkeit** sprechen: Ein Indiz bei Beurteilung der subjektiven Voraussetzungen kann die spätere Angabe der Forderung durch den Schuldner sein, doch müssen die Gründe für die Nichtangabe berücksichtigt werden (*OLG Celle* NZI 2001, 599 [601]). Die vorgerichtliche Korrespondenz kann auf eine grobe Fahrlässigkeit hinweisen, wenn der Schuldner dort eindeutig zu einer von ihm später in den Verzeichnissen nicht aufgenommenen Forderung Stellung nimmt und ein enger zeitlicher Zusammenhang zu dem Verbraucherinsolvenzverfahren besteht, insbesondere wenn der Schuldner das Verfahren bereits vorbereitet (*Vallender* ZIP 2000, 1288 [1289]). Zu berücksichtigen sein können die frühere Stellung des Schuldners sowie eine die Gläubiger benachteiligende Benutzung eines hochwertigen und teureren Pkw (*OLG Celle* ZVI 2002, 29 [31]). Erfundene Verbindlichkeiten begründen regelmäßig das qualifizierte Verschulden (*Uhlenbruck/Sternal* InsO, § 290 Rn. 108). Gibt der Schuldner einen Gläubiger nicht an, der in den beiden Monaten vor dem Antrag auf Eröffnung des Insolvenzverfahrens seine Forderung angemahnt hat, handelt er grds. grob fahrlässig (*LG Hildesheim* ZVI 2004, 545). Es spricht zwar einiges dafür, dass die fehlerhafte Beantwortung einer Rechtsfrage, die in Fachkreisen unterschiedlich behandelt wird, durch einen Laien kaum grob fahrlässig sein kann. Ist aber die gesetzliche Auskunftspflicht in dem zu verwendenden amtlichen Formular in einer Weise erläutert und konkretisiert, die auch bei einem mit insolvenzrechtlichen Begriffen nicht näher vertrauten Schuldner keine Unklarheit über die von ihm zu machenden Angaben aufkommen lassen kann, kann dieser nicht geltend machen, er habe das Gesetz anders verstanden. Eine grobe Fahrlässigkeit ist dann zu bejahen (*BGH* NZI 2009, 562 Tz. 14). Ein vorsätzliches oder grob fahrlässiges Verhalten kann nicht deshalb verneint werden, weil die vorhandenen Gläubiger über die Vermögensverhältnisse der Schuldnerin bestens informiert gewesen seien, denn Kenntnisse von Gläubigern ändern objektiv nichts an den Pflichten des Schuldners (*BGH* NZI 2011, 254 Tz. 11). Die im Vermögensverzeichnis unterlassene Angabe einer Forderung über EUR 500.000,– mit einem aktuellen Wert von EUR 5.000,– wird als grob fahrlässig angesehen (*LG Hamburg* NZI 2011, 413). Bei der unterlassenen Angabe einer Forderung kann der Gläubiger regelmäßig nur vortragen, dass ihm eine Forderung zusteht, welche der Schuldner kannte. Bei einer Forderung aus Vertrag wird dies regelmäßig zutreffen. Es ist dann Sache des Schuldners darzulegen, warum das Verschweigen ausnahmsweise weder vorsätzlich noch grob fahrlässig war (*BGH* ZInsO 2013, 99 Tz. 9).

Ein **Fehlverhalten eines Vertreters**, etwa durch eine eigenmächtige Veränderung der Erklärungen, 192
kann dem Schuldner nicht unmittelbar zugerechnet werden. § 85 Abs. 2 ZPO ist insoweit nicht entsprechend anwendbar. Verstößt ein vom Schuldner hinzugezogener, seiner Qualifikation nach grds. geeigneter Berater vorsätzlich oder grob fahrlässig gegen seine Beratungspflichten, lässt dies keinen Rückschluss auf das Verhalten des Schuldners zu. Kommt es darauf an, ob der Schuldner in den nach § 305 Abs. 1 Nr. 3 InsO vorzulegenden Verzeichnissen vorsätzlich oder grob fahrlässig unrichtige oder unvollständige Angaben gemacht hat, kann dies nur nach dem Verhalten des Schuldners selbst beurteilt werden. Lässt der Schuldner etwa die Antragsformulare, insbesondere das Vermögensverzeichnis von einem Dritten vervollständigen, hat er vor der Unterzeichnung die Richtigkeit aller Angaben zu überprüfen. Unrichtige Angaben sind ihm dann auf Grund eigenen Fehlverhaltens zuzurechnen; das ungeprüfte Unterschreiben eines von dritter Seite ausgefüllten oder noch auszufüllenden Formulars wird regelmäßig als grob fahrlässig, unter Umständen sogar als bedingt vorsätzlich hinsichtlich jeglicher im Text enthaltenen Unrichtigkeit angesehen werden können (*BGH* NZI 2011, 254 Tz. 8 f.).

Gegen eine **grobe Fahrlässigkeit** sprechen folgende Umstände: Eine unklare Fragestellung kann eine 193
grobe Fahrlässigkeit ausschließen (*BGH* NZI 2008, 506 Tz. 11 = VuR 2008, 434, m. Anm. *Ahrens*, zur Frage nach dem Bestreiten des notwendigen Lebensunterhalts, die offenlässt, ob damit auch freiwillige Zuwendungen Dritter erfasst sind). Die unterlassene Angabe von Unterhaltsgläubigern im Gläubigerverzeichnis wird nicht grob fahrlässig sein, wenn die Unterhaltsberechtigten an anderer Stelle genannt sind (*AG Göttingen* NZI 2012, 928). Bei der unterlassenen Angabe einer Sicherungsabtretung von Gehaltsansprüchen als einer Nebenbestimmung zu Schuldvereinbarungen wird es häufig an einer groben Fahrlässigkeit fehlen, zumal wenn sich die Bestimmungen bislang nicht ausgewirkt haben (*AG Hamburg* NZI 2000, 46 [47]). Ob die unterlassene Angabe einer Mietsicherheit grob fahrlässig war, hängt von den Umständen ab (verneinend *BGH* ZInsO 2007, 1150 Tz. 8, 11, m. Anm. *Rauschenbusch*). Sofern die unzutreffenden Angaben den Insolvenzgläubigern mitgeteilt, von ihnen aber nicht beanstandet wurden, spricht trotz der durch § 305 Abs. 1 Nr. 3 HS 2 InsO vom Schuldner geforderten Erklärung über die Richtigkeit und Vollständigkeit der Angaben ein gewichtiges Indiz gegen eine grobe Fahrlässigkeit. Legt der Schuldner entgegen einer gerichtlichen Aufforderung nach § 305 Abs. 3 Satz 1 InsO kein ergänztes Verzeichnis vor, weil er der Ansicht ist, eine Forderung bestehe nicht, etwa da sie einem sittenwidrigen Geschäft entstamme oder gegen § 9 AGBG verstoße und deswegen nichtig sei, darf deswegen nicht schon auf den Versagungsgrund geschlossen werden. Selbst wenn sich die Ansicht des Schuldners als unzutreffend erweist und der objektive Tatbestand von § 290 Abs. 1 Nr. 6 InsO erfüllt ist, so kann das erforderliche qualifizierte Verschulden noch nicht angenommen werden. Da das Insolvenzgericht selbst eine bestrittene Forderung nicht feststellt, wie die §§ 179 f., 184 InsO für das allgemeine Insolvenzverfahren ausdrücklich bestimmen, kommt einer gerichtlichen Aufforderung keine für § 290 Abs. 1 Nr. 6 InsO bindende Wirkung zu (a.A. *AG Hamburg* NZI 2001, 46 [47]). Soweit sich der Schuldner für seine Auffassung auf nachvollziehbare Gründe stützt, wird die notwendige grobe Fahrlässigkeit fehlen.

Hat der Schuldner aufgrund der Überschuldung den **Überblick über seine Verhältnisse** verloren, 194
kann eine grobe Fahrlässigkeit fehlen (*AG Hamburg* NZI 2001, 46 [47]). Dies gilt auch, wenn der Schuldner aufgrund einer schweren Erkrankung den Überblick verloren hat (*LG Göttingen* NZI 2007, 121 [122 f.]). Eine pauschale Behauptung genügt jedoch nicht (HK-InsO/*Waltenberger* § 290 aF Rn. 39). Die unterlassene Angabe einer acht Jahre alten, seit sieben Jahren nicht mehr geltend gemachten Forderung im Umfang von 2,3 % der Gesamtforderungen ist nicht grob fahrlässig (*LG Berlin* ZVI 2005, 96 [97]; ähnlich *AG Göttingen* ZInsO 2007, 616). Gegen eine grobe Fahrlässigkeit spricht, wenn die Forderungen ganz überwiegend bis auf zwei Kleinforderungen angegeben sind und eine Vollstreckung eineinhalb Jahre zurückliegt (*AG Göttingen* NZI 2016, 173). Ein Verbraucher soll nicht grob fahrlässig gehandelt haben, falls er eine deliktische Forderung nicht in sein Vermögensverzeichnis aufnimmt, von der er zuletzt zwei Jahre zuvor gehört hat (*AG Dortmund* ZVI 2006, 128 [129]). In gleicher Weise kann es bei einem Schuldner, der den Anwendungsbereich von § 304 InsO verkennt und deswegen meint, kein Verbraucherinsolvenzverfahren absolvieren und

keine Verzeichnisse nach § 305 Abs. 1 Nr. 3 InsO vorlegen zu müssen, an dem qualifizierten Verschulden fehlen.

e) Einzelfälle

195 **Versagungsgrund bejaht:** Gibt der Schuldner eine unterhaltsberechtigte Person nicht an, soll dies einen Versagungsgrund darstellen (*AG Frankfurt/M.* ZVI 2007, 211). Die unterlassene Angabe einer Sicherungsabtretung von Gehaltsansprüchen kann den objektiven Tatbestand von § 290 Abs. 1 Nr. 6 InsO verwirklichen (*LG Göttingen* ZInsO 2002, 733 f.), damit ist aber noch nicht automatisch der subjektive Tatbestand realisiert (*AG Hamburg* NZI 2000, 46 [47]). Wird ein Insolvenzgläubiger nicht angegeben, ist der objektive Tatbestand erfüllt (*AG Göttingen* ZInsO 2002, 1150 [1151]). Da Einkünfte vollständig anzugeben sind, kann die fehlende Aufführung unpfändbarer Einkünfte einen Versagungsgrund bilden (*OLG Celle* ZVI 2002, 29 [30]). Verschleiert der Schuldner seine Einkünfte, indem er sich hinter einer Scheinfirma versteckt (hier: nicht existierende englische Limited), sind die Versagungsgründe aus § 290 Abs. 1 Nr. 5 und 6 InsO erfüllt (*BGH* ZVI 2005, 276). Wird eine Forderung mit einem überhöhten Betrag angegeben, stellt dies eine Pflichtverletzung i.S.v. § 290 Abs. 1 Nr. 6 InsO dar (*BGH* ZVI 2004, 756 [757]). Zur Nichtangabe einer Geldstrafe als nachrangiger Forderung (*AG Münster* NZI 2000, 555 [556] = VuR 2000, 356 m. Anm. *Nebe* VuR 2000, 341). Verschweigt der Schuldner eine beträchtliche Erbschaft, hier DM 280.000,–, ist der Versagungstatbestand objektiv erfüllt, aber nach Ankündigung der Restschuldbefreiung (Beendigung des Insolvenzverfahrens) präkludiert (*AG Mönchengladbach* ZVI 2002, 86). Gibt der Schuldner Grundvermögen auch auf Nachfragen zunächst nicht an, liegt der Versagungstatbestand vor (*BGH* NZI 2005, 461), ebenso bei der unterlassenen Angabe von zwei Lebensversicherungen mit einem Rückkaufwert von EUR 1.475,– bzw. EUR 426,– (*AG Baden-Baden* ZVI 2005, 440) bzw. die unterlassene Angabe einer vereinnahmten Mietkaution durch den insolventen Vermieter (*BGH* WuM 2007, 469). Die unterlassene Aufnahme einer kurz zuvor in einem gerichtlichen Mahnverfahren bestrittenen Forderung erfüllt den Tatbestand des § 290 Abs. 1 Nr. 6 InsO (*AG Heidelberg* ZVI 2004, 630) ebenso die unterlassene Angabe eines gebrauchten Motorrollers (*AG Göttingen* ZVI 2006, 164). Die Nichtangabe einer Forderung über DM 240.000,– (*AG Göttingen* ZVI 2003, 88 [89]), bzw. über DM 49.000,– (*OLG Celle* ZVI 2002, 74 [76]) im Forderungsverzeichnis verstößt gegen § 290 Abs. 1 Nr. 6 InsO.

196 **Versagungsgrund verneint:** Bei der unterlassenen Angabe eines Gewerbes aus dem krankheitshalber keine Einkünfte erzielt werden können (*LG Hamburg* ZVI 2002, 33). Eine unzutreffende Berufsangabe genügt nicht, wenn nicht dargelegt wird, dass aus der nicht angegebenen Berufstätigkeit Einkünfte erzielt werden (*AG Rosenheim* ZInsO 2003, 291 [292]). Die unterlassene Angabe eines Gegenstands im Wert von DM 290,– genügt nicht (*AG Göttingen* VuR 2000, 358 [LS]). Spätere Angaben des Schuldners, die erst nach den gem. § 305 Abs. 1 Nr. 3 InsO vorzulegenden Verzeichnissen erfolgen, sind für den Versagungsgrund des § 290 Abs. 1 Nr. 6 InsO unerheblich (*BGH* NZI 2005, 404 [405]). Zu erwägen ist aber ein Verstoß gegen § 290 Abs. 1 Nr. 5 InsO. Die Erzielung unzureichender Einkünfte, etwa durch Sicherungsabtretung zu Gunsten der Ehefrau, rechtfertigt keine Versagung gem. § 290 Abs. 1 Nr. 6 InsO (*BGH* NZI 2004, 635 [636]). Es liegt keine Pflichtverletzung vor, wenn der Schuldner im Vermögensverzeichnis einen wirtschaftlich wertlosen Ausgleichsanspruch gegen einen Gesamtschuldner nicht angibt, den er im Insolvenzverfahren ohnehin nicht zum Nachteil der Gläubiger gelten machen darf (*BGH* ZVI 2004, 696). Bloße Formalverstöße genügen nicht (*LG Saarbrücken* NZI 2000, 380 [381]). Die unterlassene Angabe einer acht Jahre alten, seit sieben Jahren nicht mehr geltend gemachten Forderung im Umfang von 2,3% der Gesamtforderungen rechtfertigt keinen Versagungsantrag (*LG Berlin* ZVI 2005, 96 [97]). Die Nichtangabe einer in Raten von DM 20,– erfüllten Geldstrafe führt als nachrangige Verbindlichkeit nicht zu einer Versagung, § 290 Abs. 1 Nr. 6 InsO (*AG Münster* NZI 2000, 555 [556]).

VII. Verletzung der Erwerbsobliegenheit (§ 290 Abs. 1 Nr. 7 InsO)

1. Versagungsgrund

Nach § 290 Abs. 1 Nr. 7 HS 1 InsO ist die Restschuldbefreiung zu versagen, wenn der Schuldner 197
seine **Erwerbsobliegenheit aus** § 287b InsO verletzt und dadurch die Befriedigung der Insolvenzgläubiger beeinträchtigt. Dies gilt nach § 290 Abs. 1 Nr. 7 HS 2 InsO nicht, falls den Schuldner kein Verschulden trifft. Außerdem ist in § 290 Abs. 1 Nr. 7 HS 3 InsO eine entsprechende Anwendung von § 296 Abs. 2 Satz 2, 3 InsO angeordnet. Gestaltet und ausgeformt ist der Versagungstatbestand nach dem Modell der in der Treuhandperiode verletzten Erwerbsobliegenheit und dem dafür zu beachtenden Versagungsverfahren.

Unter den **sachlichen Anwendungsbereich** von § 290 Abs. 1 Nr. 7 HS 1 InsO fällt allein die im eröffneten Insolvenzverfahren verletzte Erwerbsobliegenheit aus § 287b InsO. Im Rahmen der Vorschrift sind weder Verhaltensweisen vor noch nach dem eröffneten Insolvenzverfahren beachtlich. Im Eröffnungsverfahren besteht noch kein Erwerbserfordernis. Die Obliegenheit in der Treuhandperiode aus § 295 Abs. 1 Nr. 1, Abs. 2 InsO führt allein nach § 296 InsO zu einer Versagung der Restschuldbefreiung. Allerdings kann die im Insolvenzverfahren verletzte Erwerbsanforderung unter den Voraussetzungen von § 297a InsO nachträglich geltend gemacht werden. Verletzt der Schuldner die kostenrechtliche Erwerbsobliegenheit, kann die Kostenstundung aufgehoben werden, § 4c Nr. 4 InsO. Ist Kostenstundung bewilligt worden, konkurriert diese Rechtsfolge mit dem Versagungstatbestand. 198

§ 290 Abs. 1 Nr. 7 HS 1 InsO definiert nicht selbst die Erwerbsobliegenheit, sondern enthält eine 199
Rechtsgrundverweisung auf § 287b InsO (K. Schmidt/*Henning* InsO, § 290 n.F. Rn. 59). Damit werden der gesamte Inhalt dieser Vorschrift und ihr vollständiger Anwendungsbereich in Bezug genommen. Ausdrücklich normiert § 290 Abs. 1 Nr. 7 HS 1 InsO die Folgen einer Obliegenheits- und nicht einer Pflichtverletzung. Selbstverständlich besteht der Versagungsgrund für die Anforderungen bei einer **nicht selbständigen Tätigkeit**. Diese stimmen vollkommen mit den Erfordernissen aus § 295 Abs. 1 Nr. 1 InsO überein (s. § 295 Rdn. 20 ff.). Bei erheblichen Depressionen kann es an einer verletzten Erwerbsobliegenheit fehlen (*AG Coburg* NZI 2017, 155).

Nicht ganz selbstverständlich ist, ob § 290 Abs. 1 Nr. 7 HS 1 InsO auf eine verletzte Erwerbsobliegenheit bei einer **selbständigen Tätigkeit** gestützt werden kann (bejahend *Kübler/Prütting/Bork-Wenzel* InsO, § 290 Rn. 83). Da § 287b InsO allein auf die Obliegenheiten im Rahmen einer nicht selbständigen Tätigkeit abstellt, könnte in einem Versagungstatbestand bei einer selbständigen Tätigkeit eine unzulässige Analogie zu sehen sein. Allerdings wird nicht § 290 Abs. 1 Nr. 7 HS 1 InsO, sondern der davon zu unterscheidende Tatbestand des § 287b InsO erweitert. Vor allem aber eröffnet die Extension von § 287b InsO auf eine zur Erfüllung der Erwerbsobliegenheit zulässige Selbständigkeit dem Schuldner ein zusätzliches Recht, denn sonst dürfte er nicht selbständig erwerbstätig sein. Dann ist es aber folgerichtig, dem die damit verbunden Lasten korrespondieren zu lassen. Die Anforderungen stimmen mit denen aus § 295 Abs. 2 InsO überein (s. § 295 Rdn. 168 ff.). Bei einer **Negativerklärung** erfüllt der Schuldner die Verpflichtungen aus § 35 Abs. 2 Satz 2 InsO, wenn er seiner Erwerbsobliegenheit aus § 287b InsO nachkommt. Insoweit wird ein Vertrauenstatbestand angenommen (*Gehrlein* ZInsO 2017, 1352 [1358]). 200

Durch die verletzte Erwerbsobliegenheit muss die **Befriedigung der Insolvenzgläubiger beeinträchtigt** worden sein, womit eine weitere Tatbestandsvoraussetzung aus § 296 Abs. 1 Satz 1 HS 1 InsO übernommen wird. Es gelten daher die gleichen Anforderungen, wie bei § 296 Abs. 1 Satz 1 HS 1 InsO. Der Schuldner muss die Befriedigung der Gläubiger konkret messbar beeinträchtigt haben, was vom Gläubiger darzulegen und glaubhaft zu machen ist (*BGH* ZInsO 2010, 1456 Tz. 4). Es genügen auch beeinträchtigte Befriedigungsaussichten der Masseglaubiger einschließlich der Staatskasse. Es reicht aus, wenn die vom Schuldner nicht abgeführten Beträge eine teilweise Deckung der Verfahrenskosten ermöglicht hätten (*BGH* NZI 2011, 639 Tz. 4 f.). Kann der Schuldner aus einer zumutbaren Tätigkeit lediglich ein unpfändbares Einkommen erwerben, wird die Gläubigerbefriedigung nicht beeinträchtigt (*BGH* NZI 2010, 114 Tz. 10). Wie bei den verfahrensbezogenen Ver- 201 sagungsgründen kommt auch hier eine **Heilung** durch entsprechende Befriedigungsleistungen an die Gläubiger in Betracht (vgl. *Uhlenbruck/Sternal* InsO, § 290 Rn. 119). Im Verbraucherinsolvenzverfahren kann eine Heilung auch noch im eröffneten Verfahren erfolgen (*Ahrens* Das neue Privatinsolvenzrecht, Rn. 846).

202 Außerdem entfällt nach § 290 Abs. 1 Nr. 7 HS 2 InsO der Versagungsgrund, wenn den Schuldner kein **Verschulden** trifft. Damit wird ein weiteres Regelungselement aus § 296 Abs. 1 Satz 1 HS 2 InsO übernommen. Der Schuldner muss sich danach für sein mangelndes Verschulden entlasten (*BGH* ZInsO 2009, 2069 Tz. 6; ZInsO 2010, 345 Tz. 12). Da die Obliegenheitsverletzung einen Verstoß gegen eine im eigenen Interesse des Schuldners bestehende Verhaltensanforderung markiert, ist der Verschuldensbegriff nicht in dem bei Pflichtverletzungen üblichen Sinn einer Vorwerfbarkeit gem. § 276 BGB zu interpretieren. Insoweit gelten (ebenfalls) die zu § 296 Abs. 1 Satz 1 HS 2 InsO entwickelten Kategorien (s. § 296 Rdn. 12).

203 Da § 290 Abs. 1 Nr. 7 InsO nicht auf die entsprechend anzuwendende Bestimmung des § 296 Abs. 1 Satz 2 InsO verweist, besteht für diesen Versagungsgrund **keine Ausschlussfrist** von einem Jahr (*Kübler/Prütting/Bork-Wenzel* InsO, § 290 Rn. 84; *Uhlenbruck/Sternal* InsO, § 290 Rn. 113). Insofern weicht § 290 Abs. 1 Nr. 7 InsO von der Versagungsregelung in der Treuhandperiode ab. Dies ist folgerichtig, weil der Versagungsantrag von der Anmeldung bis zum Schlusstermin bzw. den übereinstimmenden Verfahrenskonstellationen gestellt werden kann.

2. Verweisung auf § 296 Abs. 2 Satz 2, 3 InsO

204 § 290 Abs. 1 Nr. 7 HS 3 InsO erklärt mit § 296 Abs. 2 Satz 2, 3 InsO die **Verfahrensobliegenheiten aus der Treuhandperiode** für entsprechend anwendbar. Der Schuldner hat nach § 296 Abs. 2 Satz 2, 3 InsO über die Erfüllung seiner Erwerbsobliegenheiten Auskunft zu erteilen und, wenn es der Gläubiger beantragt, die Richtigkeit dieser Auskunft an Eides Statt zu versichern. Ihm ist die Restschuldbefreiung zu versagen, wenn er die Auskunft oder die eidesstattliche Versicherung ohne hinreichende Entschuldigung nicht innerhalb der ihm gesetzten Frist abgibt oder er trotz ordnungsgemäßer Ladung ohne hinreichende Entschuldigung nicht zu einem entsprechenden Termin erscheint.

205 Die **Funktion** dieser Verweisung bleibt weithin unverständlich. In der Treuhandperiode sind die Verfahrensobliegenheiten sinnvoll, weil dort dem Insolvenzgericht und den Insolvenzgläubigern Erkenntnismöglichkeiten fehlen, ob der Schuldner seine Obliegenheit aus § 295 InsO erfüllt. Die Verfahrensobliegenheiten aus § 296 Abs. 2 Satz 2, 3 InsO sichern daher die Information durch den Schuldner. Während des Insolvenzverfahrens ist eine solche Regelung unnötig. Dort bestehen die Auskunfts- und Mitwirkungspflichten des Schuldners aus den §§ 97 f. InsO, die durch § 290 Abs. 1 Nr. 5 InsO abgesichert sind (*Ahrens* Das neue Privatinsolvenzrecht, Rn. 851; *ders.* NJW 2014, 1841 [1845]; *Heicke* VIA 2014, 49 [50]; *K. Schmidt/Henning* InsO, § 290 n.F. Rn. 59).

206 Deswegen ist nicht ohne Weiteres ersichtlich, ob mit der Verweisung ein **Versagungsgrund** oder ein zusätzliches Element des Versagungsverfahrens geregelt werden soll. Eine Verfahrensregelung hätte allerdings sachgerecht nach § 290 Abs. 2 Satz 1 InsO erfolgen müssen. Zudem bestünde bei einer Verfahrensregelung über eine Auskunftserteilung, das Erscheinen und eine eidesstattliche Versicherung eine ungelöste Konkurrenz mit den insolvenzrechtlichen Pflichten aus den §§ 97 f. InsO (*Ahrens* ZVI 2014, 227 [232]). Dies spricht dafür, in § 290 Abs. 1 Nr. 7 HS 3 InsO einen zusätzlich normierten Versagungsgrund zu sehen (*Ahrens* Das neue Privatinsolvenzrecht, Rn. 853; *Kübler/Prütting/Bork-Wenzel* InsO, § 290 Rn. 82). Aus einem solchen Verständnis resultieren mehrere Konsequenzen. Zunächst kann der Tatbestand des § 290 Abs. 1 Nr. 7 HS 3 InsO in ein Pflichtenkonzept eingefügt werden (*Ahrens* ZVI 2014, 227 [232]). Außerdem kann das Insolvenzgericht danach die Restschuldbefreiung versagen, wenn ein antragsberechtigter Insolvenzgläubiger einen statthaften Versagungsantrag gestellt hat (vgl. *BGH* NZI 2011, 640 Tz. 13; ZInsO 2012, 1580 Tz. 4) und die konkretisierten Verfahrensanforderungen nicht erfüllt werden.

D. Versagungsverfahren

I. Grundlagen

Die **Durchbrechung der Konzentrations- und Präklusionswirkung des Schlusstermins** stellt eine 207
der wesentlichen Änderungen in dem seit dem 01.07.2014 geltenden neuen Versagungsverfahren
dar. In einer ersten, eher begrenzten Modifikation wird der Einleitungssatz von § 290 Abs. 1
InsO um den Hinweis ergänzt, wonach der antragstellende Insolvenzgläubiger seine Forderung angemeldet haben muss. Im neuen Recht kann der Versagungsantrag bis zum Schlusstermin oder bis
zur Entscheidung nach § 211 Abs. 1 InsO schriftlich gestellt werden, § 290 Abs. 2 Satz 1 HS 1
InsO. Damit wird allerdings ein tiefer Einschnitt in das bisherige Verfahrenskonzept vorgenommen
und eine Antragstellung nahezu während des gesamten Insolvenzverfahrens zugelassen. Unverändert
bildet die Glaubhaftmachung eine Zulässigkeitsvoraussetzung des Versagungsantrags, § 290 Abs. 2
Satz 1 HS 2 InsO. Die Entscheidung über den Versagungsantrag soll sodann aufgrund § 290 Abs. 2
Satz 2 InsO nach dem gem. Satz 1 maßgeblichen Zeitpunkt erfolgen.

Das Verfahren zur Versagung der Restschuldbefreiung unterliegt im Rahmen der **Gläubigerautono-** 208
mie der Disposition der Insolvenzgläubiger (*BGH* NZI 2011, 640 Tz. 11). Deswegen kann nur der
Antragsteller den Antrag erweitern, für erledigt erklären oder bis zur rechtskräftigen Entscheidung
zurücknehmen (*LG Dresden* ZInsO 2007, 557 [558]). Allein auf den zulässigen und begründeten
Antrag eines Gläubigers, also **nicht von Amts wegen**, darf die Restschuldbefreiung versagt werden
(*BGH* NJW 2003, 2167 [2169] = ZInsO 2003, 413 m. Anm. *Grote*; A/G/R-*Fischer* § 290 InsO
a.F. Rn. 3, 8; *Uhlenbruck/Sternal* InsO, § 290 Rn. 5; *Gottwald/Ahrens* HdbInsR, § 77 Rn. 86;
Vallender InVo 1998, 169 [177]). Dies gilt selbst dann, wenn der Versagungsgrund erst nach dem
Schlusstermin bekannt geworden ist (*BGH* NZI 2008, 48 m. Anm. *Gundlach/Frenzel*; *Haarmeyer/
Wutzke/Förster-Schmerbach* InsO, § 290 Rn. 44). Aufgrund des streitigen Charakters des Versagungsverfahrens ist ein gerichtlicher Hinweis gem. §§ 4 InsO, 139 ZPO auf einen Versagungsgrund
unzulässig (**a.A.** *Haarmeyer/Wutzke/Förster-Schmerbach* InsO, § 290 Rn. 15). Der Versagungsantrag unterliegt der Gläubigerautonomie, allein der Antragsteller kann ihn erweitern, für erledigt
erklären oder bis zur rechtskräftigen Entscheidung zurücknehmen (*LG Dresden* ZInsO 2007, 557
[558]).

Der **Verfahrensgegenstand** wird entsprechend der zweigliedrigen zivilprozessualen Streitgegen- 209
standstheorie durch den Antrag und den Lebenssachverhalt konkretisiert, aus dem der Versagungsgrund hergeleitet wird. Im so abgesteckten Bereich ist das Versagungsverfahren in zwei Abschnitten
zunächst kontradiktorisch (BT-Drucks. 12/3803 S. 65; *BGH* NZI 2011, 640 Rn. 11; FK-InsO/*Ahrens* 7. Aufl., § 296 Rn. 21, jeweils zu § 296 InsO) durchzuführen (*Ahrens* VuR 2013, 332). Ein zulässiger Versagungsantrag erfordert einen schlüssig dargelegten Versagungsgrund (*BGH* BGHZ 156,
139 [143]; NZI 2009, 256 LS; *Schmerbach* NZI 2009, 226 [227]).

Im damit eingeleiteten **ersten Abschnitt** der Zulässigkeitsprüfung muss der Schuldner aufgrund der 210
kontradiktorischen Struktur des Verfahrens grds. den Versagungsgrund im Schlusstermin bzw. der
Schlussanhörung bestreiten, um nicht mit seinem Vortrag präkludiert zu sein (Rdn. 244 f.). Hat der
Schuldner den Versagungsgrund fristgerecht substantiiert bestritten, muss der Gläubiger den Versagungsgrund glaubhaft machen (*BGH* BGHZ 156, 139 [142]; ZInsO 2009, 298 Tz. 4). Bei dieser
Zulässigkeitsprüfung greift die Amtsermittlungspflicht des Insolvenzgerichts nicht ein, weswegen es
ausschließlich Sache des Gläubigers ist, die zur Glaubhaftmachung erforderlichen Beweismittel beizubringen (*BGH* BGHZ 156, 139 [142 f.]; A/G/R-*Fischer* § 289 InsO a.F. Rn. 22).

Ist der Versagungsgrund nach § 4 InsO i.V.m. § 294 ZPO glaubhaft gemacht beginnt der **zweite** 211
Verfahrensabschnitt. Das Verfahrensmodell wird geändert und die Amtsermittlungspflicht des Insolvenzgerichts setzt ein. Seine Ermittlungsmaßnahmen werden durch den Verfahrensgegenstand
des Versagungsverfahrens begrenzt und dürfen deswegen nicht auf andere als die vorgetragenen Umstände erstreckt werden (*BGH* NZI 2007, 297 Tz. 8; ZInsO 2012, 751 Tz. 15). Den Gläubiger trifft
aber die Feststellungslast, weshalb bei Zweifeln am Bestehen eines Versagungsgrunds der Versagungsantrag zurückzuweisen ist (*BGH* BGHZ 156, 139 [147]; ZInsO 2005, 926 [927]; ZInsO 2006, 370

[371]). Wesentliche Deutungsmuster des Versagungsverfahrens stimmen mit dem Insolvenzeröffnungsverfahren aufgrund eines Gläubigerantrags überein. Die dort entwickelten differenzierten Positionen können deswegen manche Hinweise auf die Amtsermittlung im Versagungsverfahren geben (*Ahrens* VuR 2013, 332).

II. Versagungsantrag

212 Für den Versagungsantrag gelten die allgemeinen **Sachentscheidungsvoraussetzungen**, wie Prozessfähigkeit des Antragstellers oder Zuständigkeit des Gerichts, sowie mehrere besondere Verfahrensvoraussetzungen. Als spezielle Sachentscheidungsvoraussetzungen muss der Versagungsantrag 1.) von einem Insolvenzgläubiger, der seine Forderung angemeldet hat, 2.) nach der Anmeldung bis zum Schlusstermin oder den entsprechenden Verfahrenskonstellationen gestellt und 3.) glaubhaft gemacht worden sein. Zu einem ins Blaue hinein gestellten Antrag s. Rdn. 250. Als bestimmender Schriftsatz muss der Versagungsantrag in aller Regel unterschrieben sein (*OLG Köln* NZI 2008, 627).

213 Als wesentliche Neuerung zum 01.07.2014 wird eine **schriftliche Antragstellung** ermöglicht. Nach § 290 Abs. 2 Satz 1 HS 1 InsO kann der Versagungsantrag des Gläubigers bis zum Schlusstermin oder bis zur Entscheidung nach § 211 Abs. 1 InsO schriftlich gestellt werden. Sprachlich nicht eindeutig geregelt ist, ob sich die Kann-Regelung allein auf den Zeitpunkt oder auch auf die Form des Antrags bezieht. Für die Terminierung ist jedoch eine Kann-Vorschrift nicht erforderlich, denn hier hätte die Formulierung genügt, der Antrag ist bis zum Schlusstermin etc. zu stellen. Sachgerecht interpretiert, bezieht sich die Kann-Bestimmung gerade auch auf die Schriftform. In einem mündlich durchzuführenden Verfahren ist daher eine schriftliche Antragstellung zulässig, doch kann der Antrag dort weiterhin mündlich zu Protokoll erklärt werden, §§ 129a Abs. 1, 496 ZPO (*Uhlenbruck/Sternal* InsO, § 290 Rn. 9; *Frind* NZI 2013, 729 [731]). Selbstverständlich kann der Antrag schriftlich gestellt und mündlich zu Protokoll begründet werden. In einem schriftlichen Verfahren muss der Antrag schriftlich gestellt und begründet werden, obwohl in § 290 Abs. 2 Satz 1 HS 1 InsO eine Kann-Regelung getroffen ist. Für den schriftlichen Antrag gelten die Regeln über bestimmende Schriftsätze der §§ 4 InsO i.V.m. 130 ZPO einschließlich des grundsätzlich bestehenden Unterschrifterfordernisses.

214 **Mehrere Versagungsanträge** unterschiedlicher Gläubiger sind zulässig. Das Rechtsschutzbedürfnis für den Versagungsantrag eines Gläubigers entfällt nicht schon deswegen, weil ein anderer Gläubiger einen auf den gleichen Grund gestützten Antrag gestellt hat. Im Kern können hierauf die Grundsätze der subjektiven Klagenhäufung in Gestalt einer einfachen Streitgenossenschaft gem. den §§ 4 InsO, 59 f. ZPO angewendet werden. Auch mehrere Versagungsanträge eines Gläubigers sind zulässig, die auf unterschiedliche Geschehen bzw. Versagungsgründe gestützt werden. Ein auf den gleichen Tatkomplex gestützter erneuter Antrag des gleichen Gläubigers wird zusammen mit dem Erstantrag als ein einheitlicher Antrag auszulegen sein. Zur Entscheidung s. Rdn. 270.

215 Eine **Antragsfrist** etwa **von einem Jahr** analog § 296 Abs. 1 Satz 2 InsO **besteht nicht**. Eine Analogie zu § 296 Abs. 1 Satz 2 InsO ist ausgeschlossen, weil keine Gesetzeslücke besteht und die Interessenlage nicht vergleichbar ist. Sie musste nach früherem Recht zudem schon scheitern, weil der Versagungsantrag nur im Schlusstermin gestellt werden kann (*BGH* NZI 2011, 193 Tz. 4 = VIA 2011, 29 m. Anm. *Kortleben*. Der Versagungsantrag muss bis zum rechtskräftigen Abschluss des Versagungsverfahrens aufrechterhalten bleiben (*BGH* ZInsO 2010, 1495 Tz. 4).

216 Eine **Rücknahme** des Versagungsantrags ist bis zum rechtskräftigen Abschluss des Verfahrens zulässig, denn der Antrag muss bis zum Eintritt der Rechtskraft der Versagungsentscheidung aufrechterhalten werden (*BGH* NZI 2017, 75 Tz. 5, einhellige Ansicht; NZI 2010, 780 Tz. 4; ZInsO 2011, 1126 Tz. 11; A/G/R-*Fischer* § 290 InsO a.F. Rn. 25; *Kübler/Prütting/Bork-Wenzel* InsO, § 290 Rn. 17; K. Schmidt/*Henning* InsO, § 290 n.F. Rn. 31; HambK-InsO/*Streck* § 290 Rn. 9; *Frind* Praxishandbuch Privatinsolvenz, Rn. 894; zur Rücknahme des Restschuldbefreiungsantrags nach einem Versagungsantrag § 287 Rn. 95a ff.). Die Rücknahme ist gegenüber dem Gericht zu erklären, bei dem das Verfahren anhängig ist. Im eingeleiteten Rechtsbeschwerdeverfahren ist sie daher gegen-

über dem BGH zu erklären. Einer anwaltlichen Vertretung bedarf es hierbei nicht (*BGH* ZInsO 2011, 1126 Tz. 11). Mit Rücknahme des Antrags werden etwaige Entscheidungen der Vorinstanzen wirkungslos (*BGH* NZI 2010, 780 Tz. 6). Auch eine Aufhebung der Kostenstundung soll gegenstandslos werden (*AG Göttingen* NZI 2016, 174). Zumindest ist hier ein klarstellender Beschluss zu verlangen. Wurde die Aufhebung der Stundung bereits rechtskräftig, weil nicht angefochten, ist dem Schuldner auf Antrag erneut Kostenstundung zu bewilligen. Nach Rechtskraft der Versagungsentscheidung ist eine Rücknahme ausgeschlossen (vgl. *BGH* BeckRS 2016, 11158 Tz. 7).

III. Antragsteller

1. Verfahrensbeteiligte Insolvenzgläubiger

Nach der seit dem 01.07.2014 geltenden Gesetzesfassung von § 290 Abs. 1 Einleitungssatz InsO ist nur ein **Insolvenzgläubiger** antragsbefugt, der seine Forderung angemeldet hat. Unverändert bleibt die Voraussetzung eines Gläubigerantrags, denn ohne den Antrag eines Insolvenzgläubigers darf die Restschuldbefreiung nicht versagt werden (*BGH* NZI 2003, 389 [391]; *Uhlenbruck/Sternal* InsO, § 290 Rn. 5). Der Begriff des Insolvenzgläubigers gem. § 38 InsO bestimmt, welche Gläubiger sich im Verfahren als forderungsberechtigt erweisen und deswegen an der gemeinschaftlichen Befriedigung teilhaben. Zugleich weist er aus, welche nicht am Verfahren teilnehmenden Gläubiger den Verfahrensbeschränkungen unterliegen (insoweit s. § 294 Rdn. 12). 217

Als zusätzlich zum 01.07.2014 in den Gesetzestext aufgenommene Anforderung muss eine **Forderungsanmeldung** durch den Insolvenzgläubiger erfolgt sein (*BGH* NZI 2015, 132 Tz. 12). Als unerlässliche Voraussetzung eines Versagungsantrags hat der BGH bereits früher eine Forderungsanmeldung verlangt, denn nur unter dieser Voraussetzung ist der Gläubiger berechtigt, Gläubigerbefugnisse im Verfahren auszuüben (*BGH* NZI 2007, 357; NZI 2015, 132 Tz. 9; *Jaeger/Henkel* InsO, § 38 Rn. 8, 18; MüKo-InsO/*Ehricke* § 38 Rn. 8; A/G/R-*Fischer* § 290 InsO a.F. Rn. 3; LSZ/*Kiesbye* InsO, § 290 Rn. 4; **a.A.** *Voigt* ZInsO 2002, 569 [572], der jedenfalls für die Interpretation der §§ 286, 301 InsO von einer materiellrechtlichen Auslegung ausgeht). Wer sich nicht durch eine Forderungsanmeldung in das Insolvenzverfahren integriert, besitzt keine verfahrensrechtlichen Befugnisse und kann deswegen auch keinen Versagungsantrag stellen (*BGH* NZI 2005, 399 m. Anm. *Ahrens*, zu §§ 295, 296 InsO; *LG Göttingen* NZI 2007, 734; *LG Köln* ZInsO 2011, 2047; MüKo-InsO/*Stephan* § 290 Rn. 14a; *Pape* NZI 2004, 1 [3 ff.]; *Kübler/Prütting/Bork-Wenzel* InsO, § 290 Rn. 4; **a.A.** *AG Köln* NZI 2002, 218 f.). Unerheblich ist, ob der Gläubiger unverschuldet an der Anmeldung gehindert war (*BGH* NZI 2015, 132 Tz. 10). Auch die vom Schuldner nicht in den Verzeichnissen aufgeführten, sog. vergessenen Gläubiger können keinen Versagungsantrag stellen (*AG Hamburg* ZInsO 2015, 1281; *Uhlenbruck/Sternal* InsO, § 297a Rn. 6; *Frind* Praxishandbuch Privatinsolvenz, Rn. 908; *Jenal/Schüssler* KSI 2014, 16 [17 f.]). 218

Das Antragsrecht entsteht mit einer **ordnungsgemäßen Anmeldung**. Fehlt eine Anmeldung oder erweist sie sich als fehlerhaft, ist der Versagungsantrag unzulässig. Da die Anmeldung eine Form der Rechtsverfolgung bildet und der Gläubiger aus der Eintragung als Titel die Zwangsvollstreckung betreiben kann, muss die Forderung zur Bestimmung der Reichweite der Rechtskraft eindeutig konkretisiert werden (*BGH* NZI 2009, 242 Tz. 10; NZI 2013, 388 Tz. 15). Als Grundlage, um am Insolvenzverfahren teilzunehmen, hat der Gläubiger nach der Rechtsprechung des BGH in der Anmeldung einen Lebenssachverhalt darzulegen, der i.V.m. einem, nicht notwendig ebenfalls vorzutragenden, Rechtssatz die geltend gemachte Forderung als begründet erscheinen lässt (*BGH* NZI 2013, 940 Tz. 2). 219

Die mit der Novelle erfolgte Neuerung grenzt in erster Linie nicht den persönlichen, sondern den **zeitlichen Anwendungsbereich** der Anfechtungsbefugnis ab, der ab der Anmeldung eröffnet ist (*Ahrens* NJW 2014, 1841 [1845 f.]). Mit der neuen gesetzlichen Fassung sollte eigentlich keine veränderte Rechtslage geschaffen, sondern lediglich die Rechtsprechung nachgezeichnet werden (BT-Drucks. 17/11268 S. 15). Unter dieser Voraussetzung wäre eine überflüssige Wiederholung normiert. Als positivrechtliche Regelung gewinnt die neue Gesetzesfassung aber auch einen zusätz- 220 lichen, auf den zeitlichen Anwendungsbereich bezogenen Aussagegehalt. Abzustellen ist allein darauf, ob die vermeintliche Forderung zur Tabelle angemeldet wurde. Unerheblich ist, ob die angemeldeten Insolvenzforderungen an der Schlussverteilung teilnehmen (*BGH* NZI 2009, 856 Tz. 3, m. Anm. *Schmerbach*; *Gottwald/Ahrens* HdbInsR, § 77 Rn. 87).

221 Der **persönliche Anwendungsbereich** schließt **alle Insolvenzgläubiger** ein. Erfasst werden auch ausländische Insolvenzgläubiger. Antragsberechtigt ist nach der Rechtsprechung des BGH und der überwiegenden Literatur **jeder Gläubiger** und nicht nur der, zu dessen Nachteil sich der Versagungsgrund ausgewirkt hat (*BGH* NZI 2007, 357 m.w.N.). Bedeutungslos ist nach der Rechtsprechung des BGH, ob der Insolvenzgläubiger nicht mehr materiellrechtlicher Inhaber der Forderung ist (*BGH* NZI 2010, 865 Tz. 4). In dem Verfahren war die Forderung allerdings, wenn überhaupt erst nach dem Schlusstermin erfüllt worden. Ob eine festgestellte, aber vor dem Versagungsantrag befriedigte Forderung für die Antragsberechtigung genügt, ist damit nicht beantwortet. Ist der Gläubiger vor dem Schlusstermin vollständig befriedigt, entfallen seine auf die Forderungsbefriedigung bzw. deren Sicherung bezogenen Mitwirkungsrechte. Er darf deswegen keinen Versagungsantrag stellen (A/G/R-*Ahrens* § 38 InsO Rn. 34a). Ist das Insolvenzverfahren über das Vermögen des Gläubigers beendet, aber eine Nachtragsverteilung angeordnet worden, soll der Insolvenzverwalter des Gläubigers auch ohne Zustimmung der Gläubigerversammlung des Gläubigers einen Versagungsantrag im Restschuldbefreiungsverfahren des Schuldners stellen können (*BGH* NZI 2015, 807 Tz. 8). Für Gläubiger aus dem Europäischen Justizraum (außer Dänemark) folgt dies aus Art. 4 Abs. 2 lit. k EuInsVO a.F. = Art. 7 Abs. 2 lit. k EuInsVO n.F., sonst aus § 335 InsO (MüKo-InsO/ *Stephan* § 290 (neu) Rn. 14).

2. Inkassobüros

222 **Nicht antragsberechtigt** sind Inkassounternehmen als Gläubigervertreter, die allein im Schuldenbereinigungsplanverfahren nach § 305 Abs. 4 Satz 2 InsO und im Forderungsfeststellungsverfahren gem. § 174 Abs. 1 Satz 3 InsO vertretungsbefugt sind (*LG Frankenthal* NZI 2017, 399; ebenso zu § 296 InsO *AG Köln* NZI 2013, 149 und *AG Göttingen*, ZInsO 2016, 1593; *Kübler/Prütting/Bork-Wenzel* InsO, § 290 Rn. 6; K. *Schmidt/Henning* InsO, § 290 n.F. Rn. 19; *Ahrens* Das neue Privatinsolvenzrecht, Rn. 217 ff., 220; *Frind* Praxishandbuch Privatinsolvenz, Rn. 913 f.; *Graf-Schlicker/ Kexel* InsO, § 305 Rn. 8, nicht im Restschuldbefreiungsverfahren; *Uhlenbruck/Sternal* InsO, § 290 Rn. 9, Ausschluss im Regelinsolvenzverfahren, nicht im Verbraucherinsolvenzverfahren; **a.A.** *AG Coburg* NZI 2017, 155; *AG Hannover* ZInsO 2017, 1643 f.; *Sternal* NZI 2017, 281 [286]). Da das Versagungsverfahren als streitig durchgeführt wird, besteht kein Vertretungsrecht nach § 4 InsO i.V.m. § 79 Abs. 2 Satz 2 Nr. 4 ZPO (*Frind* Praxishandbuch Privatinsolvenz, Rn. 913).

223 Während Schuldnerberatungsstellen nach § 305 Abs. 4 Satz 1 InsO den Schuldner vor dem Insolvenzgericht vertreten dürfen, sind Inkassounternehmen nach § 305 Abs. 4 Satz 2 InsO allein in **entsprechender Anwendung von § 174 Abs. 1 Satz 3 InsO** vertretungsbefugt. Die Verweisung auf § 174 Abs. 1 Satz 3 InsO erfasst aber nur die Vertretung »in diesem Abschnitt« und nicht in sämtlichen insolvenzrechtlichen Verfahren und insb. nicht die in einem anderen Teil geregelten Restschuldbefreiungsverfahren. Die normierte entsprechende Anwendung kann diesen limitierten Gegenstandsbereich nicht überwinden. Der divergierende Wortlaut sowie die unterschiedliche Systematik und Teleologie führen zu diesen verschiedenen Konsequenzen. Wie früher Inkassounternehmen eine weitergehende Vertretungsbefugnis hatten, ist dieses Verhältnis nunmehr umgekehrt und die geeigneten Personen und Stellen haben künftig ein umfassenderes Vertretungsrecht. Auch ein ausländisches Inkassounternehmen kann keinen wirksamen Versagungsantrag stellen (*LG Kiel* ZInsO 2007, 222 [223]). Als Forderungsinhaber ist ein Inkassounternehmen selbstverständlich antragsbefugt. Wechselt der Schuldner seinen Wohnsitz, tritt nach § 26 Satz 3 AO bis zur Aufhebung des Insolvenzverfahrens keine Zuständigkeitsänderung beim Finanzamt ein, weshalb ein Versagungsantrag nach § 290 Abs. 1 InsO durch das ursprünglich zuständige Finanzamt zu stellen ist.

3. Besondere Gläubigerstellungen

Absonderungsberechtigte Gläubiger können als Insolvenzgläubiger einen Versagungsantrag stellen, soweit ihnen gem. § 52 InsO der Schuldner auch persönlich haftet (*BGH* NZI 2012, 892 Tz. 17; *Gottwald/Ahrens* HdbInsR, § 77 Rn. 87). Hat ein absonderungsberechtigter Gläubiger seine persönliche Forderung zumindest in Höhe des Ausfalls nicht angemeldet, nimmt er am Insolvenzverfahren nicht teil und ist nicht berechtigt, einen Versagungsantrag zu stellen (*BGH* NZI 2005, 399 m. Anm. *Ahrens*). Wird für eine angemeldete Forderung der Ausfall nicht nachgewiesen, ist der Versagungsantrag unzulässig (HK-InsO/*Waltenberger* § 290 Rn. 53; **a.A.** *AG Hamburg* ZInsO 2008, 983 [984]; *Nerlich/Römermann-Römermann* InsO, § 290 Rn. 7), doch kann der Verfahrensmangel geheilt werden. In asymmetrischen Verfahren, in denen die Verwertung zum Ende der Abtretungsfrist noch nicht abgeschlossen ist, genügt die Glaubhaftmachung des Ausfalls (*BGH* NZI 2012, 892 Tz. 14; *Frind* Praxishandbuch Privatinsolvenz, Rn. 912). 224

Nachrangige Insolvenzgläubiger sind antragsberechtigt, soweit sie am Verfahren teilnehmen können, also aufgefordert wurden, ihre Forderungen anzumelden. Da **Neugläubiger** nicht an der Masse und den im Restschuldbefreiungsverfahren zu verteilenden Leistungen berechtigt sind, nehmen sie nicht am Restschuldbefreiungsverfahren teil und können keine Versagung der Restschuldbefreiung beantragen. Ebenso wenig sind **Massegläubiger** berechtigt, einen Versagungsantrag zu stellen. Auch der **Insolvenzverwalter** ist nach der eindeutigen Regelung des § 290 Abs. 1 InsO nicht befugt, einen Insolvenzantrag zu stellen. 225

Nach der Rechtsprechung des BGH besteht auch ein Antragsrecht von **Gläubigern bestrittener Forderungen** (*BGH* NZI 2015, 516 Tz 10; *K. Schmidt/Henning* InsO, § 290 n.F. Rn. 18; *Frind* Praxishandbuch Privatinsolvenz, Rn. 910). Dies soll gleichermaßen gelten, wenn der Insolvenzverwalter oder der Schuldner die Forderung bestritten hat. Das Insolvenzgericht hat danach die formale Gläubigerstellung und nicht die materielle Berechtigung zu prüfen. Eine derartige Kontrolle obliegt dem Insolvenzverwalter und den übrigen Gläubigern sowie dem für die Feststellung der Forderung zuständigen Prozessgericht (*BGH* NZI 2015, 516 Tz. 9; ZInsO 2015, 2233 Tz. 7; HambK-InsO/*Streck* § 290 Rn. 2; **a.A.** *LG Flensburg* NZI 2014, 165; *LG Bonn* ZInsO 2015, 2535; zur Kritik hier bis zur 8. Aufl.). 226

Gläubiger einer **auflösend bedingten Forderung** nehmen vor Bedingungseintritt am Verfahren teil, § 42 InsO, und können deswegen Versagungsanträge stellen. Mit Bedingungseintritt wird der Antrag unzulässig. Ist die Restschuldbefreiung bereits rechtskräftig versagt worden, kommt eine Restitutionsklage nach § 580 ZPO in Betracht. Für die Inhaber **aufschiebend bedingter Forderungen** gelten einige verfahrensrechtliche Beschränkungen (*Uhlenbruck* InsO, 12. Aufl., § 42 Rn. 6), doch können sie dort antragsberechtigt sein. Der Versagungsantrag des Inhabers einer aufschiebend bedingten Forderung vor Bedingungseintritt ist allerdings unzulässig. Wie die §§ 77 Abs. 3 Nr. 1, 191 Abs. 1 InsO belegen, kann er keine vergleichbaren Verfahrensrechte geltend machen. 227

Ist die **Forderung** eines Insolvenzgläubigers nach § 302 InsO **von der Restschuldbefreiung ausgenommen**, ist fraglich, ob ihm das Rechtsschutzbedürfnis für einen Versagungsantrag fehlt. Es besteht, jedenfalls soweit der Schuldner dem Forderungsgrund aus vorsätzlich begangener unerlaubter Handlung isoliert widersprochen hat (*BGH* NZI 2013, 940 Tz. 2; A/G/R-*Fischer* § 290 InsO a.F. Rn. 6). Obwohl der Versagungsantrag eines privilegierten Gläubigers regelmäßig nicht sinnvoll ist, weil nach der Versagung die Zugriffskonkurrenz mit anderen Gläubigern fortbesteht, wird doch ein Rechtsschutzbedürfnis prinzipiell zu bejahen sein (*AG Köln* NZI 2012, 90 f.; MüKo-InsO/*Stephan* § 290 Rn. 14b; HK-InsO/*Waltenberger* § 290 Rn. 54; *Frind* Praxishandbuch Privatinsolvenz, Rn. 884a, 910b). So kann der Gläubiger ein Interesse haben, die Zwangsvollstreckung früher zu betreiben. 228

Eine ausdrücklich normierte **Pflicht des Insolvenzgerichts**, die Gläubiger auf einen Versagungsgrund **hinzuweisen**, besteht nicht (*Uhlenbruck/Sternal* InsO, § 290 Rn. 5). Fraglich ist, ob das Insolvenzgericht oder der Insolvenzverwalter bzw. Treuhänder einen **Versagungsantrag anregen** dürfen. Da das Versagungsverfahren einem Streitverfahren angenähert ist, wird vom Insolvenzgericht 229 eine überparteiliche Rolle verlangt, mit der es nicht im Einklang steht, unmittelbar bei einem Insolvenzgläubiger oder mittelbar über den Insolvenzverwalter bzw. den Treuhänder einen Versagungsantrag anzuregen. Der Insolvenzverwalter bzw. Treuhänder hat zwar den Schuldner zu kontrollieren und über die wirtschaftliche Lage des Schuldners sowie ihre Ursachen zu berichten, § 156 Abs. 1 Satz 1 InsO. Auf Anfrage eines Gläubigers darf er einerseits Auskunft erteilen. Nach Ansicht des BGH darf der Treuhänder aber den Gläubigern die für einen Versagungsantrag erforderliche Kenntnis von einem Versagungsgrund vermitteln (*BGH* ZInsO 2010, 1498 Tz. 3; *K. Schmidt/Henning* InsO, § 290 n.F. Rn. 17; a.A. *AG Hamburg* ZInsO 2004, 1324; zust. *Pape* ZInsO 2005, 682 [687]).

IV. Antragsfrist
1. Beginn und Ende

230 Als wesentliche Neuerung zum 01.07.2014 kann der Versagungsantrag vom Insolvenzgläubiger gem. § 290 Abs. 2 Satz 1 HS 1 InsO schriftlich **bis zum Schlusstermin oder bis zur Entscheidung nach § 211 Abs. 1 InsO** gestellt werden (dazu Rdn. 234). Begründet wird diese Novelle in den Materialien nur oberflächlich mit einem von den Gläubigern als beschwerlich angesehenen Verfahrens und dem von ihnen gescheuten Aufwand (BT-Drucks. 17/11268 S. 15). Sachlich vermag dieser Erklärungsansatz nicht zu überzeugen, denn unter den Voraussetzungen des in § 5 Abs. 2 InsO eingeführten obligatorischen schriftlichen Verfahren entfällt der für die Gläubiger scheinbar beschwerliche Aufwand, in der Gläubigerversammlung erscheinen und dort einen Versagungsantrag stellen zu müssen (*Ahrens* ZVI 2014, 227 [228]; *Pape* ZVI 2014, 234 [235]). Da die Konzentrationswirkung des Schlusstermins aufgehoben wird, entstehen zahlreiche systematische und praktische Fragen, wie mit sukzessiv gestellten Versagungsanträgen umzugehen ist.

231 **Fristbeginn** für den Antrag auf Versagung der Restschuldbefreiung ist die Anmeldung der Forderung durch den Gläubiger. Ein vor der Anmeldung gestellter Versagungsantrag ist unzulässig. Da ein Insolvenzgläubiger, der seine Forderung nicht angemeldet hat, keine Verfahrenshandlungen vornehmen kann, ist der Versagungsantrag nichtig. In ihm kann noch nicht einmal, wie nach früherem Recht (*BGH* NJW 2003, 2167 [2168]), die unzulässige Ankündigung eines Versagungsantrags gesehen werden. Der Versagungsantrag kann deswegen nicht durch eine nachträgliche Anmeldung geheilt werden. Erforderlich ist eine ordnungsgemäße Anmeldung. Im schriftlichen Verfahren soll eine Wiederholung des Antrags nach der Anmeldung nicht erforderlich sein, wenn ein Gläubiger seinen Versagungsantrag vor der Forderungsanmeldung gestellt hat (*LG Hildesheim* ZVI 2004, 545 [546]), doch ist diese Entscheidung als systematisch unzutreffend abzulehnen. Der Antrag kann zeitgleich mit der Anmeldung vorgenommen werden. Zu beachten ist, dass die Insolvenzforderungen gem. § 174 Abs. 1 Satz 1 InsO beim Insolvenzverwalter anzumelden, die Versagung aber beim Insolvenzgericht zu beantragen ist.

232 Im **gesetzlichen Rahmen** von der Forderungsanmeldung bis zum Fristende im Schlusstermin oder den entsprechenden Zeitpunkten ist eine Antragstellung zulässig. Innerhalb dieses Zeitfensters gilt **keine** ausdrückliche **Ausschlussfrist**, weswegen sich der Gläubiger mit seinem Versagungsantrag bis zum Schlusstermin oder den gleichgestellten Verfahrenskonstellationen Zeit lassen kann. Bereits zum bisherigen Recht hat der BGH eine analoge Anwendung der Jahresfrist aus § 296 Abs. 1 Satz 2 InsO abgelehnt, weil bis zum Schlusstermin ein schutzwürdiges Vertrauen des Schuldners fehle (*BGH* NZI 2011, 193 Tz. 4 = VIA 2011, 29 m. Anm. *Kortleben*). Diese Ausgestaltung fügt sich in die allgemeine Vorstellung einer innerhalb der gesetzlichen Einfassung unbefristeten Antragsberechtigung.

233 Eine **Nachbesserung** ist nach dem neuen Recht bis zum Schlusstermin zulässig, weil erst danach über den Antrag entschieden wird. Besondere Präklusionsregeln bestehen insoweit nicht. Die Begründung kann während der Antragsfrist ergänzt, abgewandelt oder verändert werden (*Kübler/Prütting/Bork-Wenzel* InsO, § 290 Rn. 19; HK-InsO/*Waltenberger* § 290 Rn. 50; *Pape* ZVI 2014, 234 [235]). Unerheblich ist, ob der Antrag zuvor unzulässig oder unbegründet oder allein aus Sicht des Antragstellers ergänzungsbedürftig war. Auch ist ein vollkommen neuer Vortrag zulässig.

Wird allerdings ein neuer Lebenssachverhalt vorgetragen und damit der Streitgegenstand verändert, sind für diesen neuen Antrag die Sachentscheidungsvoraussetzungen eigenständig zu prüfen.

Fristende ist der **Schlusstermin bzw. die Schlussanhörung** in den schriftlichen Verfahren (K. Schmidt/*Henning* InsO, § 290 n.F. Rn. 21) oder die **abschließende Anhörung** bei der Einstellung des Insolvenzverfahrens nach Anzeige der Masseunzulänglichkeit gem. § 211 Abs. 1 InsO. Nach diesen Terminen ist ein Versagungsantrag gem. § 290 Abs. 2 Satz 1 InsO grds. unzulässig. Der Wortlaut von § 290 Abs. 2 Satz 1 HS 1 InsO stellt allerdings auf den Schlusstermin sowie auf die Entscheidung nach § 211 Abs. 1 InsO über die Einstellung des Verfahrens ab. Zum einen handelt es sich mit dem Schlusstermin um den letzten Verhandlungstermin. Zum anderen verweist die Norm mit der Entscheidung nach § 211 Abs. 1 InsO auf einen Entscheidungstermin. Damit werden zwei sachlich unterschiedliche Bezugspunkte verbunden. Gleichrangig hätte der Schlusstermin mit der bei einem Restschuldbefreiungsantrag erforderlichen abschließenden Gläubigerversammlung über die Einstellung (s. § 289 Rdn. 13; MüKo-InsO/*Stephan* § 289 Rn. 56; MüKo-InsO/*Hefermehl* § 211 Rn. 16; K. Schmidt/*Jungmann* InsO, § 211 Rn. 7) oder alternativ die Aufhebung des Insolvenzverfahrens mit seiner Einstellung kontrastiert werden müssen. Möglicherweise hat der Gesetzgeber die vor einer Einstellung gem. § 211 Abs. 1 InsO erforderliche besondere Gläubigerversammlung bzw. abschließende Anhörung übersehen. 234

Vor allem systematische Gründe sprechen dafür, eine **einheitliche Anknüpfung** zu wählen und auf den Schlusstermin, die abschließende Gläubigerversammlung bzw. die abschließenden Anhörungen abzustellen (*Ahrens* Das neue Privatinsolvenzrecht, Rn. 870b; HK-InsO/*Waltenberger* § 290 Rn. 49; **a.A.** *Uhlenbruck/Sternal* InsO, § 290 Rn. 13). Dies sind die letztmöglichen Termine, in denen die Insolvenzgläubiger einen Versagungsantrag stellen und begründen können. In der Zeitspanne zwischen der abschließenden Anhörung und der Einstellungsentscheidung nach § 211 Abs. 1 InsO existieren solche Möglichkeiten nicht mehr, weswegen es sinnlos erscheint, an die Einstellung anzuknüpfen. Zudem müsste bei einem später zulässigen Versagungsantrag der Schuldner angehört werden, wodurch sich die Einstellung des Verfahrens verzögert. Abweichend vom Gesetzestext wird dadurch der maßgebende Zeitpunkt geringfügig vorverlagert, doch ist dies für den Insolvenzgläubiger nicht nachteilig, sondern vorteilhaft, wenn sich daran zeitlich unmittelbar die Berechtigung anschließt, einen Versagungsantrag nach § 297a InsO zu stellen (s. § 297a Rdn. 9). Der Versagungsantrag kann deswegen nicht im Rechtsmittelverfahren nachgeholt werden (MüKo-InsO/*Stephan* § 290 (neu) Rn. 17). 235

2. Konsequenzen

Hat sich ein **Versagungsgrund** aus § 290 Abs. 1 InsO erst **nach diesen Terminen herausgestellt**, kann er allerdings unter den Voraussetzungen von § 297a InsO nachträglich geltend gemacht werden. Ausnahmsweise endet die Antragsfrist in den sog. **asymmetrischen Verfahren** vor dem Schlusstermin bzw. den entsprechenden Terminen (*Ahrens* Das neue Privatinsolvenzrecht, Rn. 872). Ist die Abtretungsfrist vor Beendigung des Insolvenzverfahrens abgelaufen, muss das Insolvenzgericht einen entsprechenden Anhörungstermin anberaumen bzw. im schriftlichen Verfahren eine Anhörungsfrist setzen (*BGH* NZI 2012, 330 Rn. 12). 236

Ein **schriftliches Verfahren** wird nach § 5 Abs. 2 Satz 1 InsO bei überschaubaren Vermögensverhältnissen und einer geringen Zahl der Gläubiger oder einer geringen Höhe der Verbindlichkeiten durchgeführt. Diese für alle Insolvenzverfahren geltende Regelung ersetzt die anfänglich auf Verbraucherinsolvenzverfahren beschränkte Vorschrift des § 312 Abs. 2 InsO und die Ermessensregel des § 5 Abs. 2 InsO a.F. (dazu *BGH* NJW 2003, 2167 [2169]; NZI 2006, 481). Praktisch besitzt die Regelung vor allem in den masselosen Insolvenzen große Bedeutung. Dadurch ist Schlussanhörung durchzuführen (MüKo-InsO/*Stephan* § 289 Rn. 26a) und der Versagungsantrag schriftlich zu stellen. Die Anordnung des schriftlichen Verfahrens musste früher grds. in einem den Beteiligten bekanntzugebenden Beschluss erfolgen (*BGH* NZI 2006, 481). Dies ist durch die gesetzliche Anordnung des Schriftverfahrens unter den Voraussetzungen des § 5 Abs. 2 Satz 1 InsO nicht mehr erforderlich. Gewährt das Gericht nachträglich rechtliches Gehör, indem es den Schuldner schriftlich 237

§ 290 InsO Versagung der Restschuldbefreiung

anhört, geht es damit noch nicht zu einem schriftlichen Verfahren über (*BGH* NZI 2012, 330 Tz. 14). Außerdem ist der Versagungsantrag nach § 4 InsO i.V.m. § 270 Satz 1 ZPO dem Schuldner zuzustellen.

238 Für die Anhörung sowie die abschließende Möglichkeit, Versagungsanträge zu stellen und glaubhaft zu machen, ist eine **Fristsetzung** erforderlich (*LG Kassel* ZInsO 2004, 160 [161]; *Uhlenbruck/Sternal* InsO, § 290 Rn. 12). Wird der Beschluss über die Anhörung aufgehoben und eine neue Frist gesetzt, ist der Antrag innerhalb der letzten Frist zu stellen (*LG Göttingen* NZI 2007, 121 [122]). Die unterlassene Anhörung eines Gläubigers rechtfertigt nicht, den von ihm vor Beginn der Frist gestellten Versagungsantrag zu berücksichtigen, sondern nur, eine neue Frist zu setzen (a.A. *LG Magdeburg* ZInsO 2007, 998, m. Anm. *Heinze*). Zum alten Recht wurde verlangt, dass den Gläubigern eine Frist zur Stellung von Versagungsanträgen gesetzt sein musste. Eine Fristsetzung, um Einwendungen erheben zu können, sollte nicht genügen (*LG Göttingen* NZI 2014, 867). Da in den seit dem 01.07.2014 beantragten Insolvenzverfahren jederzeit nach der Forderungsanmeldung Versagungsanträge gestellt werden können und damit die strikte Bindung an den Schlusstermin bzw. die Schlussanhörung entfallen ist, müssen die Gläubiger nicht mehr ausdrücklich auf die letztmalige Möglichkeit zur Stellung von Versagungsanträgen hingewiesen werden. Geht ein zulässiger Versagungsantrag ein, muss dem Schuldner eine Erklärungsfrist zum Antrag des Gläubigers gesetzt werden. Zudem ist er hinreichend deutlich auf die Folgen einer Fristversäumung hinzuweisen (*BGH* 12.12.2013 – IX ZB 107/12, Tz. 2, BeckRS 2014, 00398).

239 Im **masseunzulänglichen Verfahren** ist vor der Entscheidung nach § 211 Abs. 1 InsO eine besondere Gläubigerversammlung anzuberaumen (s. § 289 Rdn. 13), in der unter entsprechender Anwendung der für den Schlusstermin geltenden Grundsätze ein Versagungsantrag gestellt werden kann. Nach Ende des Termins ist ein Versagungsantrag unzulässig (*Uhlenbruck/Sternal* InsO, § 290 Rn. 14; a.A. *Häsemeyer* Insolvenzrecht, Rn. 26.17, bis zur Einstellungsentscheidung; *Kübler/Prütting/Bork-Wenzel* InsO, § 290 Rn. 21, in Altverfahren analog § 296 Abs. 1 Satz 2 InsO binnen eines Jahres nach Kenntnis).

240 **Nach dem Schlusstermin** ist ein auf § 290 Abs. 1 InsO gestützter Versagungsantrag unzulässig. Die Versagungsgründe sind danach allerdings nicht mehr, wie früher (*BGH* NZI 2006, 538 Tz. 6; 2009, 66 Tz. 10; NZI 2012, 330 Tz. 11; ZInsO 2011, 244 Tz. 25; *LG München I* ZInsO 2001, 767; *LG München I* ZInsO 2000, 519 (LS); *AG Mönchengladbach* NZI 2001, 492; *AG Göttingen* ZVI 2009, 512 [513]; A/G/R-*Fischer* § 290 InsO a.F. Rn. 12; *Uhlenbruck/Vallender* InsO, 13. Aufl., § 290 Rn. 5; MüKo-InsO/*Stephan* 289 Rn. 1; HK-InsO/*Waltenberger* 7. Aufl., § 290 aF Rn. 53, § 290 n.F. Rn. 33; *Ahrens* NZI 2013, 721 [722]), stets präkludiert und damit unzulässig (*Ahrens* Das neue Privatinsolvenzrecht, Rn. 871; *Uhlenbruck/Sternal* InsO, § 290 Rn. 14). Nach dem neuen, ab dem 01.07.2014 geltenden Recht existiert nur noch eine beschränkte Präklusionswirkung. Sie tritt nicht mehr absolut für alle, sondern nur relativ für die im Schlusstermin bzw. den entsprechenden Zeitpunkten bekannten Versagungsgründe ein. Hat sich ein Versagungsgrund aus § 290 Abs. 1 InsO erst nach den betreffenden Terminen herausgestellt, kann der Grund unter den Voraussetzungen von § 297a InsO nachträglich geltend gemacht werden.

241 Bei einer **Nachtragsverteilung** gem. § 203 Abs. 1 InsO bestehen einzelne insolvenzrechtliche Wirkungen fort oder werden mit der Anordnung der Nachtragverteilung erneut begründet. Folgerichtig bestehen in dem Verfahren die insolvenzrechtlichen Auskunfts- und Mitwirkungspflichten (*BGH* NZI 2016, 365 Tz. 11 ff.). Damit ist zu bestimmen, ob im Nachtragsverteilungsverfahren ein Versagungsgrund nach § 290, § 295 oder § 297a InsO verwirklicht sein kann. Den Ausgangspunkt muss die präzise Verortung des Versagungsgrundes bilden. Anzuknüpfen ist an die im Nachtragsverteilungsverfahren verwirklichten Versagungstatbestände. Unerheblich müssen dagegen die bis zum Schlusstermin oder der Schlussanhörung entstanden Versagungsgründe sein. § 297a InsO ist deswegen auf die im Nachtragsverteilungsverfahren verwirklichten Versagungstatbestände unanwendbar, weil die Vorschrift nicht auf einen nachträglich entstandenen, sondern auf einen nachträglich bekannt gewordenen Versagungsgrund abstellt. § 295 InsO ist unanwendbar, wenn nicht die in der Treuhandperiode bestehenden Obliegenheiten verletzt sind, sondern die im Insolvenzverfahren be-

stehenden Anforderungen, namentlich die Pflichten aus § 97 InsO. Sachgerecht erscheint deswegen eine entsprechende Anwendung von § 290 InsO, soweit die Versagungsgründe im Nachtragsverteilungsverfahren verwirklicht sein können. Letztlich wird sich dies auf eine Versagung entsprechend § 290 Abs. 1 Nr. 5 InsO beschränken, wenn Auskunfts- und Mitwirkungspflichten während des Versagungsverfahrens verletzt sind. Die Versagungsgründe aus § 290 Abs. 1 Nr. 1–4, 6 InsO sind dagegen präkludiert. Für eine entsprechende Anwendung von § 290 Abs. 1 Nr. 7 InsO fehlt die Gesetzeslücke, denn es ist dann die Erwerbsobliegenheit aus § 295 Abs. 1 Nr. 1, Abs. 2 InsO verletzt.

Das **Nachschieben einer Begründung** war bislang unzulässig. Dies galt auch dann, wenn der Antragsteller erst nach dem Schlusstermin Kenntnis von dem Versagungsgrund erlangt hat (*BGH* NZI 2008, 48 Tz. 3, m. Anm. *Gundlach/Frenzel*; NZI 2009, 64 Tz. 11; *Ganter* NZI 2010, 361 [381]; K. Schmidt/*Henning* InsO, § 290 n.F. Rn. 14; *Gottwald/Ahrens* HdbInsR, § 77 Rn. 88). Ist allerdings ein zulässiger Versagungsantrag gestellt, konnten schon nach früherem Recht einzelne Verfahrenshandlungen zu einem späteren Zeitpunkt nachgeholt werden. Es durften dann neue Erkenntnisse über das Vorliegen des Versagungstatbestandes des § 290 Abs. 1 Nr. 1 InsO bis zum Abschluss der Beschwerdeinstanz berücksichtigt werden. Dabei konnte aber keine nach dem Schlusstermin eingetretene Rechtskraft eines Strafurteils berücksichtigt werden (*BGH* NZI 2013, 601 Tz. 11 = VIA 2013, 51 m. Anm. *Ahrens*). Im neuen Privatinsolvenzrecht können zwischen der Antragstellung und der abschließenden Anhörung die Begründung und die Glaubhaftmachung ergänzt werden. Nach dem neuen, seit dem 01.07.2014 geltenden Recht ist zu unterscheiden. Bereits bekannte Umstände sind weiterhin präkludiert. Gemäß § 297a InsO können aber Versagungsgründe nach dem Schlusstermin geltend gemacht werden, die sich erst nachträglich herausgestellt haben. Insoweit ist im Zeitraum zwischen dem Schlusstermin bzw. den entsprechenden Terminen und der Versagungsentscheidung nach § 290 InsO unter den Voraussetzungen von § 297a InsO eine nachgeschobene Begründung zulässig. 242

Fehlt die erforderliche **Glaubhaftmachung**, kann sie nach dem Schlusstermin nicht nachgeholt werden (*LG Oldenburg* ZVI 2007, 384 [385]). Musste der Antrag nicht glaubhaft gemacht werden, etwa weil der Schuldner nicht im Schlusstermin erschienen ist und deswegen den Sachvortrag nicht bestritten hat, können das Bestreiten und das Glaubhaftmachen im Rechtsmittelverfahren erfolgen (s. Rdn. 252 ff.). Ein neuer Sachverhalt oder ein neuer Versagungsgrund dürfen dort auch nach neuem Recht nicht vorgetragen werden (zum bisherigen Recht *BGH* NZI 2009, 64 Tz. 11, m. Anm. *Schmerbach* NZI 2009, 42; *LG Göttingen* ZInsO 2007, 386; *Haarmeyer/Wutzke/Förster-Schmerbach* InsO, § 290 Rn. 53; **a.A.** *LG Hagen* ZInsO 2007, 387 [388]). 243

Eine **Erwiderung des Schuldners** nach dem Schlusstermin oder nach Ende der Anhörungsfrist ist grds. unbeachtlich. Da der Schuldner den Vortrag des Gläubigers im Schlusstermin zu bestreiten hat, muss einem inhaftierten Schuldner die Teilnahme ermöglicht werden (*Hess* § 287 Rn. 7). Die effektive Gewährung rechtlichen Gehörs verlangt aber eine **Belehrung** des Schuldners über diese Konsequenzen. Bislang war er bei Anberaumung des Schlusstermins ausdrücklich darauf hinzuweisen, dass der Gläubiger einen Versagungsantrag nur im Schlusstermin stellen und der Schuldner die geltend gemachten Versagungsgründe nur in diesem Termin bestreiten kann (*BGH* ZInsO 2011, 837 Tz. 12; NZI 2011, 861 Tz. 7; BeckRS 2011, 11766; BeckRS 2011, 20362 Tz. 5; A/G/R-*Fischer* § 289 InsO a.F. Rn. 4; *Gottwald/Ahrens* HdbInsR, § 77 Rn. 91; *Pape/Schaltke* NZI 2011, 238 [239]; *Ahrens* ZVI 2011, 273 [282]; *ders.* VIA 2011, 65 [66]). Unterblieb die Belehrung, konnte der Schuldner den Versagungsgrund auch noch nach Ablauf des Schlusstermins bestreiten (*BGH* NZI 2013, 648 Tz. 9). Dies galt auch, wenn das Fernbleiben des Schuldners im Schlusstermin als entschuldigt angesehen wurde (*BGH* BeckRS 2011, 20362 Tz. 5). Auch nach neuem Recht ist der Schuldner entsprechend zu belehren. Dies gilt sowohl, wenn er bereits vor dem Schlusstermin oder der Schlussanhörung gestellte Anträge zugeleitet bekommt, als auch sonst, weil weiterhin im Schlusstermin Versagungsanträge gestellt werden können. Die Hinweise nach § 287a Abs. 1 Satz 1 InsO ersetzen diese Belehrung nicht, weil sie sich nicht auf die verfahrensrechtlichen Erfordernisse erstrecken. 244

245 Im Allgemeinen muss dem Schuldner auf einen Versagungsantrag **keine Frist zur Stellungnahme** eingeräumt werden, weil er den angeführten Versagungsgrund aus eigener Wahrnehmung kennt (*BGH* NZI 2009, 256 Tz. 9). Stellt aber der Gläubiger im Schlusstermin einen auf einen umfangreichen Schriftsatz gestützten Versagungsantrag, zu dem sich der Schuldner im Termin nicht abschließend zu erklären vermag, so kann es der Grundsatz eines fairen Verfahrens und der Waffengleichheit gebieten, dem Schuldner ausnahmsweise auf seinen Antrag zu gestatten, zum Versagungsantrag nachträglich fristgebunden schriftlich Stellung zu nehmen. Entsprechendes kommt in Betracht, falls der Schuldner ohne Verschulden, was gegebenenfalls von ihm glaubhaft zu machen ist, daran gehindert war, den Schlusstermin wahrzunehmen (*BGH* ZInsO 2011, 837 Tz. 13; *Pape/Schaltke* NZI 2011, 238 [242]). Dies gilt etwa, wenn die Aufforderung zur Stellungnahme erst nach Fristablauf zugestellt wird (*BGH* ZInsO 2013, 99 Tz. 8).

246 Gegen eine versäumte Antragsstellung ist eine **Wiedereinsetzung in den vorigen Stand** nach § 4 InsO i.V.m. § 233 ZPO nicht zulässig, da es sich bei der gesetzlichen Terminbestimmung um keine Notfrist handelt (*Gottwald/Ahrens* HdbInsR, § 77 Rn. 89; MüKo-InsO/*Stephan* § 290 Rn. 17; K. Schmidt/*Henning* InsO, § 290 Rn. 21; *Büttner* ZVI 2007, 116 [118]). Dies gilt ebenso für die Terminierung im masseunzulänglichen Verfahren und für die richterlichen Fristen im schriftlichen Verfahren, die nicht mit den sonstigen Fristen aus § 233 ZPO vergleichbar sind (*Uhlenbruck/Vallender* InsO, § 290 Rn. 8; *Büttner* ZVI 2007, 116 [117]). Demgegenüber hat der BGH jetzt eine Wiedereinsetzung analog § 233 ZPO in einem Sonderfall zugelassen. Bei einem unter **Verletzung verfassungsrechtlicher Rechtsschutzgarantien** fehlerhaft durchgeführten gerichtlichen Verfahren könne der Insolvenzgläubiger schuldlos an der Einhaltung der Antragsfrist gehindert gewesen sein. Das sei der Fall, wenn im Internet unzutreffende Daten über das Insolvenzverfahren veröffentlicht worden seien und dadurch eine Kenntnisnahme von der Frist ausgeschlossen oder übermäßig erschwert sei (*BGH* NZI 2014, 77 Tz. 15; *Uhlenbruck/Sternal* InsO, § 290 Rn. 18; *Hafemeister* NZI 2014, 61 [62]). Obwohl der BGH die Wiedereinsetzung auf Fälle eines gerichtlich fehlerhaft durchgeführten Verfahrens beschränkt, muss eine Wiedereinsetzung ausgeschlossen bleiben. Im neuen Recht entfällt diese Wiedereinsetzungsmöglichkeit aus einem zusätzlichen Grund. Die bislang vom BGH angenommene Regelungslücke wurde geschlossen, denn der Gläubiger kann bei nachträglich bekannt gewordenen Versagungsgründen einen Antrag nach § 297a InsO stellen (*Ahrens* Das neue Privatinsolvenzrecht, Rn. 875). Dies gilt auch jenseits des unmittelbaren Anwendungsbereichs von § 297a InsO. Kennt der Gläubiger die Umstände, die einen Versagungsgrund rechtfertigen und versäumt er schuldlos die Antragsfrist, ist zwar § 297a InsO unanwendbar, eine Wiedereinsetzung in den vorigen Stand dennoch unzulässig (**a.A.** *Uhlenbruck/Sternal* InsO, § 290 Rn. 18). Mit der weiträumigen Antragsfrist aus § 290 Abs. 2 Satz 1 InsO und der Sonderregelung des § 297a InsO hat der Gesetzgeber die vom BGH angenommene Lücke teils geschlossen, teils eine planwidrige Unvollständigkeit ausgeschlossen.

V. Anhörung

247 § 290 InsO trifft **keine besondere Regelung** über eine Anhörung zu einem Versagungsantrag (*Pape* ZVI 2014, 234 [235]). Dennoch wird eine Schlussanhörung erforderlich sein (*Gottwald/Ahrens* HdbInsR, § 77 Rn. 138). Für die **verfahrensbeteiligten Insolvenzgläubiger** folgt die Anhörungspflicht indessen aus § 287 Abs. 4 InsO sowie dem Grundsatz des rechtlichen Gehörs. Anzuhören sind allein die durch eine Forderungsanmeldung verfahrensbeteiligten, also nicht sämtliche Insolvenzgläubiger. Regelmäßig wird aus verfahrenspraktischen Erwägungen eine Schlussanhörung erfolgen. Wurden die Insolvenzgläubiger nach § 287 Abs. 4 InsO bereits zu einem früheren Zeitpunkt angehört, ist ihre erneute Anhörung geboten, wenn zwischenzeitlich ein Versagungsantrag gestellt wurde. Zudem kann erst am Ende des Insolvenzverfahrens sachgerecht beurteilt werden, ob der Schuldner die an ihn gerichteten Anforderungen erfüllt hat.

248 Dem **Schuldner** ist zu jedem Versagungsantrag rechtliches Gehör zu gewähren. Wird ein vor dem *Schlusstermin* etc. gestellter Versagungsantrag auf eine verfahrensbezogene Handlung gestützt, wie eine verletzte Mitwirkungspflicht oder eine verletzte Erwerbsobliegenheit, ist der Schuldner je-

denfalls umgehend anzuhören, wenn der Verletzungstatbestand nicht eindeutig vorliegt. Im Übrigen sprechen gegen eine sofortige Anhörung weniger systematische als vielmehr praktische Gründe. Wird der Schuldner frühzeitig angehört und anschließend ein weiterer Versagungsantrag gestellt, muss er erneut gehört werden. Auch bei einem unzulässigen oder unbegründeten Versagungsantrag ist eine Anhörung des Schuldners nicht entbehrlich (a.A. *AG Göttingen* ZInsO 2015, 1026; *K. Schmidt/Henning* InsO, § 290 n.F. Rn. 29; *Schmerbach* FS Vallender, S. 571 [573]), weil dem Antragsteller das Beschwerderecht eröffnet ist und bei einer stattgebenden Entscheidung über die sofortige Beschwerde dem Schuldner eine Tatsacheninstanz genommen wäre. Fraglich ist außerdem, wie er dann noch das Beklagtenvorbringen bestreiten kann, denn dies muss generell bis zum Ende des Schlusstermins erfolgen (Rdn. 253).

Eine **Anhörung des Insolvenzverwalters** zur Gewährung des rechtlichen Gehörs wird durch das seit 249 dem 01.07.2014 geltende Recht nicht mehr vorgeschrieben, anders § 289 Abs. 1 Satz 1 InsO a.F. Die Novelle steht im Gegensatz zur weiterhin geltenden Anhörungspflicht für den Treuhänder aus § 296 Abs. 2 Satz 1 InsO. Ein sachlicher Grund für die unterschiedliche Behandlung ist nur schwer zu erkennen. Er ist vielleicht daraus abzuleiten, dass der Insolvenzverwalter ohnehin im Schlusstermin zu hören ist. Jedenfalls wird der Verwalter weiterhin zu hören sein.

VI. Glaubhaftmachung

1. Erfordernis

Mit dem **beweisrechtlichen Instrument** der Glaubhaftmachung wird die Amtsermittlungspflicht 250 des Gerichts beschränkt. Erforderlich ist ein schlüssiger und glaubhaft gemachter Versagungsantrag. Glaubhaft zu machen sind daher auch die subjektiven Voraussetzungen des Versagungsgrunds (*LG Berlin* ZInsO 2004, 987 [988]; *AG Düsseldorf* ZVI 2007, 283 [284]; MüKo-InsO/*Stephan* § 290 Rn. 83; offengelassen von *BGH* ZInsO 2005, 146). Durch das Erfordernis der Glaubhaftmachung sollen sowohl unsubstantiierte als auch auf Vermutungen gestützte Versagungsanträge verhindert werden, die das Gericht mit aufwendigen Ermittlungen belasten (A/G/R-*Fischer* § 290 InsO a.F. Rn. 16). Bei einem **ins Blaue hinein** gestellten Antrag trifft das Gericht keine Aufklärungspflicht, ob ein Versagungsgrund vorliegt (*AG Memmingen* ZVI 2004, 630 [631]; *LG Aachen* ZVI 2004, 696 [697]; *Kübler/Prütting/Bork-Wenzel* InsO, § 290 Rn. 8; *Gottwald/Ahrens* HdbInsR, § 77 Rn. 90). Eine plausible Sachverhaltsdarstellung allein genügt nicht. Vielmehr muss nach der Überzeugung des Gerichts eine überwiegende Wahrscheinlichkeit dafür bestehen, dass die glaubhaft zu machenden Tatsachen zutreffen. Aus dieser Funktionsbestimmung sind die Maßstäbe für die Darlegungslast und Glaubhaftmachung zu gewinnen.

Erst nach der **substantiierten Darlegung** und Glaubhaftmachung des Versagungsgrunds besteht eine 251 Amtsermittlungspflicht. Die substantiierte Darlegung kann auch durch konkrete Bezugnahme auf andere Schriftstücke erfolgen, etwa auf einen Verwalterbericht (*BGH* ZInsO 2009, 395 Tz. 6; *Ganter* NZI 2010, 361 [381]) oder auf eine Anklageschrift in einem Strafverfahren (*BGH* NZI 2010, 576 Tz. 8; *Renger* VIA 2010, 51 [52]). Die Antragsbegründung muss eine substantiierte Darlegung der Antragsvoraussetzungen enthalten. Dies schließt auch die subjektiven Tatbestandsvoraussetzungen ein (*AG Duisburg* ZInsO 2017, 1399). Sobald der Vortrag des Gläubigers hinreichend substantiiert ist, können etwaige Unklarheiten durch Fragen und Hinweise des Gerichts nach § 4 InsO i.V.m. § 139 ZPO beseitigt werden (BGHZ 156, 139 [143]; A/G/R-*Fischer* § 290 InsO a.F. Rn. 20).

Als besondere **Sachentscheidungsvoraussetzung** für den schlüssig zu begründenden Antrag (*BGH* 252 BGHZ 156, 139 [143]; *LG Rottweil* ZVI 2008, 541 [542]) verlangt § 290 Abs. 2 Satz 1 HS 2 InsO vom Insolvenzgläubiger, einen Versagungsgrund glaubhaft zu machen. Diese Regelung entspricht der früheren Bestimmung des § 290 Abs. 2 InsO a.F. Allein eine plausible Sachverhaltsdarstellung genügt grds. nicht (*AG Hamburg* ZInsO 2008, 983 [984] *Hess* InsO, 2007, § 290 Rn. 26). Dadurch soll das Insolvenzgericht davor geschützt werden, auf bloße Vermutungen gestützte aufwändige Ermittlungen durchführen zu müssen (*BGH* BGHZ 156, 139 [142]). Erfolgt keine oder nur eine unzureichende Glaubhaftmachung, ist der Versagungsantrag grds. als unzulässig zu verwerfen.

Der Gläubiger ist in diesem Fall auf die Anforderungen hinzuweisen, bei einem vor dem Schlusstermin bzw. den entsprechenden Terminen gestellten Versagungsantrag rechtzeitig davor.

253 Eine **Glaubhaftmachung ist** ausnahmsweise dann **entbehrlich**, wenn der schlüssige Sachvortrag des Gläubigers nicht vom Schuldner bestritten wird (*BGH* BGHZ 156, 139 [141]; ZInsO 2009, 298 Tz. 4; NZI 2009, 253 Tz. 6; NZI 2013, 904 Rn. 4; A/G/R-*Fischer* § 290 InsO a.F. Rn. 19; *Uhlenbruck/Sternal* InsO, § 290 Rn. 20; K. Schmidt/*Henning* InsO, § 290 n.F. Rn. 26; *Kübler/Prütting/Bork-Wenzel* InsO, § 290 Rn. 10 f.; HambK-InsO/*Streck* § 290 Rn. 11). Um das rechtliche Gehör des Schuldners zu wahren, muss ihm eine schriftsätzlich vorgetragene Begründung des Versagungsantrags bekannt gegebenen werden (*BGH* BeckRS 2011, 07831 Tz. 3 f.). Nach der Rechtsprechung des *BGH* zum früheren Recht (NZI 2009, 256 Tz. 8, m. Anm. *Schmerbach* NZI 2009, 226) muss der Schuldner den Versagungsgrund im Schlusstermin bestreiten. Wird nach neuem Recht der Versagungsantrag vor dem Schlusstermin etc. gestellt und der Schuldner dazu angehört, ist ein erneutes Bestreiten im Schlusstermin entbehrlich. Ein erstmaliges Bestreiten nach dem Schlusstermin ist danach grds. unzulässig (krit. *Vallender* VIA 2009, 1 [2]). Für den Schuldner wird so eine prozessuale Last aufgestellt, im Schlusstermin zu erscheinen oder sich vertreten zu lassen. Gemildert werden die daraus resultierenden Risiken durch die gerichtliche Belehrungspflicht (s. Rdn. 247). Die Tatsachen können noch im Beschwerdeverfahren unstreitig werden (*BGH* ZVI 2006, 614). Sie muss sämtliche Elemente des Versagungsgrunds umfassen (*LG Göttingen* ZInsO 2005, 154 [155]), betreffen aber nicht die sonstigen Antragsvoraussetzungen. Ist die strafrechtliche Verurteilung wegen Steuerhinterziehung im Rahmen des Versagungsgrunds aus § 290 Abs. 1 Nr. 2 InsO nicht bestritten, muss das Strafurteil nicht vorgelegt werden (*BGH* ZInsO 2009, 298 Tz. 5). Im schriftlichen Verfahren ist dem Schuldner auf einen substantiierten Versagungsantrag rechtliches Gehör zu gewähren. Bestreitet der Schuldner den Versagungsgrund, ist dem Gläubiger eine Frist zur Glaubhaftmachung zu setzen (*Schmerbach* NZI 2009, 226 [227]).

254 Der **Begriff der Glaubhaftmachung** ist wie im zivilprozessualen Sinn nach § 294 ZPO zu verstehen (*BGH* BGHZ 156, 139 [142]; s. *Schmerbach* § 4 Rdn. 17; K. Schmidt/*Henning* InsO, § 290 n.F. Rn. 22; *Hess* InsO, 2007, § 290 Rn. 7; **a.A.** *Bruckmann* Verbraucherinsolvenz, § 4 Rn. 41, plausible Darstellung), der Insolvenzgläubiger darf sich also grds. der präsenten Beweismittel einschließlich einer eidesstattlichen Versicherung bedienen. Für eine von der allgemeinen zivilprozessualen und insolvenzrechtlichen Regelung abweichende Bedeutung gibt es keine Anhaltspunkte (*BGH* BGHZ 156, 139 [142]; *OLG Celle* NZI 2000, 214 [215]; MüKo-InsO/*Stephan* § 290 Rn. 19; A/G/R-*Fischer* § 290 InsO a.F. Rn. 17; *Nerlich/Römermann* InsO, § 290 Rn. 22; **a.A.** *Bruckmann* Verbraucherinsolvenz, § 4 Rn. 41). Eine Beweisaufnahme, die nicht sofort erfolgen kann, ist unzulässig.

2. Durchführung

255 Als **Mittel der Glaubhaftmachung** sind über die Formen des Strengbeweises hinaus eidesstattliche Versicherungen, vom Schuldner abgezeichnete Aktenvermerke (*LG Stuttgart* ZInsO 2001, 134 f.) oder Privatgutachten statthaft. Herangezogen werden können auch die **Berichte des Insolvenzverwalters** bzw. Treuhänders (*BGH* NZI 2009, 253 Tz. 6; ZInsO 2011, 1412 Tz. 2; NZI 2013, 904; ZInsO 2017, 1270 Tz. 7; *Gottwald/Ahrens* HdbInsR, § 77 Rn. 92), die große praktische Bedeutung besitzen. Sie können allerdings nur zur Glaubhaftmachung der in ihnen substantiiert festgestellten Tatsachen dienen. Während einfache Abschriften von Urkunden oder unbeglaubigte Fotokopien früher nicht als Beweismittel, sondern allein dazu dienten, einen Tatsachenvortrag unstreitig zu stellen, hat der BGH jetzt auch diese Unterlagen als Beweismittel zugelassen (*BGH* BGHZ 156, 139 [143]; *LG Stuttgart* ZInsO 2001, 134). Eine fremdsprachige Urkunde ohne beglaubigte Übersetzung ist zwar grds. ein Beweismittel, aber nicht präsent i.S.v. § 294 ZPO (*AG Duisburg* NZI 2007, 596 [597]). Anderes kann nur bei hinreichenden Sprachkenntnissen des Gerichts und der Beteiligten gelten. Der Insolvenzverwalter bzw. Treuhänder ist ein präsenter Zeuge (*Nerlich/Römermann* InsO, § 290 Rn. 23; K. Schmidt/*Henning* § 290 n.F. Rn. 24). Bestätigt der Insolvenzverwalter im Termin die Ausführungen des Insolvenzgläubigers zum Versagungsgrund, macht sich der Gläubiger im Zweifel dieses Vorbringen hilfsweise zu eigen (*BGH* BeckRS 2012, 03788 Tz. 4). Ausreichend

sind eine Anklageschrift in einem Strafverfahren (*BGH* NZI 2010, 576 Tz. 8; *Renger* VIA 2010, 51 [52]; A/G/R-*Fischer* § 290 InsO a.F. Rn. 21) oder ein Strafbefehl (*BGH* BGHZ 156, 139 [144]; K. Schmidt/*Henning* § 290 n.F. Rn. 24), da es sich um die Resultate fremder Ermittlungen handelt. Ein Fahndungsbericht des Finanzamts stellt dagegen als Eigenbericht kein zur Glaubhaftmachung geeignetes Beweismittel dar (**a.A.** *Kranenberg* NZI 2012, 613). Die Vorlage eines Vollstreckungsbescheids belegt lediglich die Forderung, nicht aber einen Versagungsgrund nach § 290 Abs. 1 InsO (*LG München I* ZInsO 2001, 767).

Zur Glaubhaftmachung bedarf es keines vollen Beweises. Als **Beweismaß** für die glaubhaft zu machende Zulässigkeitsvoraussetzung genügt die überwiegende Wahrscheinlichkeit, wofür zu verlangen ist, dass bei einer umfassenden Würdigung aller Umstände des Einzelfalls mehr für die Erfüllung eines Versagungstatbestands als dagegen spricht (*BGH* BGHZ 156, 139 [143]; *LG Berlin* ZInsO 2004, 987 [988]; Kübler/Prütting/Bork-Wenzel InsO, § 290 Rn. 10). Eine aufgrund richterlicher Prüfung ergangene rechtskräftige Entscheidung, wie ein Strafbefehl, soll i.d.R. zur Glaubhaftmachung des aus ihr ersichtlichen rechtserheblichen Sachverhalts genügen (*BGH* BGHZ 156, 139 [144]; NZI 2011, 149 Tz. 7 f.; A/G/R-*Fischer* § 290 InsO a.F. Rn. 21). Ein Bestreiten der glaubhaft gemachten Tatsachen erhöht nicht den gesetzlich vorgeschriebenen Grad der richterlichen Überzeugungsbildung. Allerdings kann eine **Gegenglaubhaftmachung** zur Unzulässigkeit des Antrags führen. Ist aufgrund der Gegenglaubhaftmachung die Tatsache nicht mehr überwiegend wahrscheinlich, fehlt eine Zulässigkeitsvoraussetzung des Antrags (*Vallender* InVo 1998, 169 [178]; s.a. *OLG Köln* ZIP 1988, 664 [665]; Uhlenbruck/*Sternal* InsO, § 290 Rn. 24; K. Schmidt/*Henning* § 290 n.F. Rn. 23; **a.A.** Kübler/Prütting/Bork-Wenzel InsO, § 290 Rn. 14). Der Hinweis auf einen anhängigen Rechtsstreit genügt nicht zur Gegenglaubhaftmachung (*LG Göttingen* ZInsO 2004, 1265 [1266]).

Um eine zügige Verfahrensführung zu ermöglichen, wird als **Zeitpunkt für die Glaubhaftmachung** verlangt, dass sie bis zum Ende des Schlusstermins, der abschließenden Gläubigerversammlung bei einer Einstellung mangels Masse oder dem Fristablauf im schriftlichen Verfahren erfolgen muss. Eine spätere Nachholung der Glaubhaftmachung ist grds. nicht zulässig (*BGH* NZI 2009, 523 Tz. 5 f.; BeckRS 2010, 30938 Tz. 2; ZInsO 2011, 244 Tz. 24; *LG München I* ZInsO 2001, 767; *Haarmeyer/Wutzke/Förster* Handbuch, 3. Aufl., Rn. 8/215; Uhlenbruck/*Sternal* InsO, § 290 Rn. 23; *Gottwald/Ahrens* HdbInsR, § 77 Rn. 91). Vereinzelt wird verlangt, die Glaubhaftmachung müsse vorher, d.h. bis zum Schlusstermin erfolgen (HambK-InsO/*Streck* § 290 Rn. 10). Dieser Zeitpunkt ist jedoch in § 290 Abs. 2 Satz 2 Satz 1 HS 1 InsO auf den Versagungsantrag und nicht auf die Glaubhaftmachung nach Abs. 2 Satz 2 Satz 1 HS 2 InsO bezogen.

Bislang fielen damit die Antragstellung und eine erforderliche Glaubhaftmachung zeitlich prinzipiell zusammen. Unter dem neuen Recht ist diese notwendige Einheit verloren gegangen. Stellt der Gläubiger einen Insolvenzantrag, ohne den Versagungsgrund zugleich glaubhaft zu machen, ist eine **Nachholung** der Glaubhaftmachung bis zum Ende der Antragsfrist zulässig (*Heicke* VIA 2014, 49 [51]; *Pape* ZVI 2014, 234 [236]; *Frind* Praxishandbuch Privatinsolvenz, Rn. 896). Eine richterliche Frist zur Glaubhaftmachung kann diese gesetzliche Frist nicht abkürzen, § 4 InsO i.V.m. § 224 Abs. 2 ZPO. Wird der Versagungsgrund glaubhaft gemacht, ist eine Zulässigkeitsvoraussetzung erfüllt, aber der Antrag noch nicht begründet (*Trendelenburg* Restschuldbefreiung, S. 218). Musste der Versagungsgrund ausnahmsweise nicht glaubhaft gemacht werden, etwa weil der Schuldner nicht im Schlusstermin erschienen ist und deswegen den Sachvortrag nicht bestritten hat (*AG Göttingen* NZI 2002, 61), können bei einer unzureichenden Belehrung des Schuldners das Bestreiten und das Glaubhaftmachen im Rechtsmittelverfahren als Tatsacheninstanz nachgeholt werden (MüKo-InsO/*Stephan* § 290 Rn. 20; Kübler/Prütting/Bork-Wenzel InsO, § 290 Rn. 11; offen gelassen in *BGH* NZI 2003, 449 [450]).

3. Einzelfälle

Im Einzelnen gelten für die unterschiedlichen Versagungsgründe folgende Anforderungen. **§ 290 Abs. 1 Nr. 1 InsO:** Die Angabe des Aktenzeichens aus einem Strafverfahren genügt für die Glaubhaftmachung der Verurteilung nicht und berechtigt den Insolvenzrichter keinesfalls, im Wege der Amtsermittlung die Strafakten beizuziehen (*AG Hamburg* ZInsO 2007, 559 [560]; offengelassen von *LG Rottweil* ZVI 2008, 541 [542]). Es muss glaubhaft gemacht werden, dass die Verurteilung wegen einer Insolvenzstraftat erfolgt ist (*Haarmeyer/Wutzke/Förster-Schmerbach* InsO, § 290 Rn. 12e). Auch die Rechtskraft der Verurteilung ist glaubhaft zu machen.

260 § 290 Abs. 1 Nr. 2 InsO verlangt **schriftliche Angaben** (zu den Erfordernissen s. Rdn. 63) über die wirtschaftlichen Verhältnisse des Schuldners. Die beweisrechtliche Funktion dieses Formerfordernisses bestimmt auch über die Mittel zur Glaubhaftmachung der entsprechenden Angaben, weshalb zwar Abschriften von Urkunden oder unbeglaubigte Fotokopien, nicht aber eidesstattliche Versicherungen des Gläubigers über schriftliche Erklärungen des Schuldners genügen. Ein gegen den Schuldner ergangener Strafbefehl wegen Steuerhinterziehung bei einer Gesellschaft bürgerlichen Rechts genügt nicht, wenn sich aus diesem nicht ergibt, wer gegenüber dem Finanzamt die der Berechnung zugrunde liegenden Angaben gemacht hat (*LG Göttingen* NZI 2003, 453 [454]). Die sonstigen Anforderungen des Versagungsgrunds, wie der Zusammenhang zwischen der Erklärung und einer Kredit- bzw. Leistungsbewilligung und das qualifizierte Verschulden, können nach den allgemeinen Grundsätzen glaubhaft gemacht werden. Meist führt die Vorlage eines Schreibens dazu, den Inhalt unstreitig zu stellen, doch ist der Schuldner befugt, mit allen ihm zur Verfügung stehenden Mitteln, also auch durch Zeugenaussagen über ergänzende mündliche Informationen, die Glaubhaftmachung und Beweisführung des Insolvenzgläubigers über die unzutreffenden schriftlichen Angaben zu erschüttern.

261 Ist der **Inhalt der Urkunde** eindeutig, so spricht für sie die vom Schuldner zu widerlegende Vermutung der Richtigkeit und Vollständigkeit (*RG* RGZ 52, 23 [26]; *BGH* NJW 1980, 1680 [1681]; NJW 1989, 898). Diese Vermutung beruht auf dem Erfahrungssatz, dass das, was die Parteien in eine Vertragsurkunde aufgenommen haben, ihre Vereinbarungen richtig und vollständig widerspiegelt (*Baumgärtel/Laumen* Handbuch der Beweislast, 2. Aufl., § 125 BGB Rn. 2). Eine solche Vermutungswirkung ist für die Abreden der Parteien berechtigt, doch kann sie für Informationen nicht begründet werden, welche die eine Partei der anderen gibt. Dementsprechend hat der BGH ausgesprochen, dass die Vermutungswirkung für Informationen im Rahmen einer notariellen Beurkundung nicht gilt (*BGH* DNotZ 1986, 78 f. m. Anm. *Reithmann*). Im Übrigen wird im Rahmen der Beweiswürdigung auf den Inhalt der Information, ihre praktische Bedeutung für den angestrebten Vertragszweck sowie auf den Bildungsgrad, die Geschäfts- und Lebenserfahrung der Beteiligten abzustellen sein (*Baumgärtel/Laumen* Handbuch der Beweislast, 2. Aufl., § 125 BGB Rn. 3).

262 Eine **Anklageschrift** in einem Strafverfahren genügt, wenn sie zur Hauptverhandlung zugelassen ist und weitere Umstände zur Begehungsweise aus Verurteilungen von Mittätern abzuleiten sind (*BGH* NZI 2010, 576 Tz. 8). Allein der Hinweis auf eine beigefügte Strafanzeige wegen falscher Angaben zur Bonität genügt nicht (*LG Oldenburg* ZVI 2007, 384 [385]).

263 § 290 Abs. 1 Nr. 4 InsO: Mit der Angabe eines Aktenzeichens aus einem Anfechtungsprozess ist der Versagungsgrund noch nicht glaubhaft gemacht (*LG Stade* ZVI 2006, 352).

264 § 290 Abs. 1 Nr. 5 InsO: Hält der Schuldner einen Schriftverkehr für möglich, ist insoweit eine Glaubhaftmachung nicht erforderlich (*AG Leipzig* ZVI 2007, 143 [144]).

265 Im Verfahrensstadium der Glaubhaftmachung greift die Amtsermittlungspflicht des Insolvenzgerichts nicht ein (*LG Berlin* ZInsO 2004, 987 [988]). Ist aber ein Versagungsgrund überwiegend wahrscheinlich, muss das Insolvenzgericht in eine sachliche Prüfung eintreten und Ermittlungen durchführen (*BGH* BGHZ 156, 139 [142 f.]; NZI 2005, 404). Die Feststellungslast trägt aber weiterhin der Antragsteller.

VII. Begründetheit

266 Mit dem Erfordernis der Glaubhaftmachung hat der Gesetzgeber eine Sonderregelung für die Zulässigkeit des Versagungsantrags getroffen. Erst wenn die Zulässigkeit des Antrags feststeht und damit

auch die Glaubhaftmachung gelungen ist, wird seine **sachliche Berechtigung** geprüft (K. Schmidt/ *Henning* InsO, § 290 n.F. Rn. 28; *Bindemann* Handbuch Verbraucherkonkurs, 3. Aufl., Rn. 207; zur konkursrechtlichen Lage *Kuhn/Uhlenbruck* KO, § 188 Rn. 5). Ist die Glaubhaftmachung gelungen, unterliegt das weitere Verfahren dem allgemeinen Grundsatz der **Amtsermittlungspflicht** des Insolvenzgerichts nach § 5 Abs. 1 Satz 1 InsO (*BGH* BGHZ 156, 139 [146 f.]; NZI 2013, 648 Tz. 9; *LG Berlin* ZInsO 2004, 987 [988]; A/G/R-*Fischer* § 290 InsO a.F. Rn. 22; *Uhlenbruck/Sternal* InsO, § 290 Rn. 26; MüKo-InsO/*Stephan* InsO, § 290 Rn. 81; K. Schmidt/*Henning* InsO, § 290 n.F. Rn. 8, 22; LSZ/*Kiesbye* InsO, § 290 Rn. 8; *Ahrens* VuR 2013, 332). Hat der Gläubiger einen Versagungsgrund glaubhaft gemacht, muss das Insolvenzgericht ermitteln, ob der Grund auch tatsächlich zu seiner vollen Überzeugung gem. § 286 ZPO besteht (*BGH* NZI 2010, 576 Tz. 10). In einer Schriftsatzfrist vorgetragene erhebliche Umstände muss das Gericht berücksichtigen (*BGH* ZInsO 2017, 1270 Tz. 10). Dargelegte und offenkundige Tatsachen sind mit allen Erkenntnis- und Beweismitteln festzustellen, doch ist das Gericht nicht verpflichtet, von sich aus zur Erforschung der Wahrheit tätig zu werden.

Der **Umfang der Amtsermittlungspflicht** und das Recht, ermittelte Tatsachen zu verwerten, erstreckt sich allein auf den vom Gläubiger vorgetragenen Tatsachenkomplex (NZI 2008, 48; HambK-InsO/*Streck* § 290 Rn. 12). Wie im Eröffnungsverfahren, ist das Gericht weder an Beweisanregungen noch an unstreitiges Vorbringen (*BGH* NZI 2008, 121 Tz. 11) und nicht einmal an ein ausdrückliches Geständnis des Schuldners gebunden (MüKo-InsO/*Schmahl/Vuia* § 16 Rn. 7). Vor dem Verfahren getätigte Äußerungen des Schuldners sind generell nicht geeignet, seinem Vortrag die Beachtlichkeit zu nehmen (*BGH* NZI 2013, 648; *Ahrens* VuR 2013, 332). Allgemein gilt, dass die Amtsermittlungspflicht im pflichtgemäßen gerichtlichen Ermessen liegt. Je wichtiger allerdings die Tatsache für das Verfahren ist, desto intensiver muss das Gericht ermitteln (A/G/R-*Ahrens* § 5 InsO Rn. 6). Da die Versagung der Restschuldbefreiung für den Schuldner von einschneidender Bedeutung ist (*BGH* NZI 2013, 648 Tz. 10), sind hohe bis höchste Anforderung an die Ermittlungen zu stellen. 267

Begründet ist der Versagungsantrag nur, wenn der Insolvenzgläubiger über die vom Schuldner bestrittenen Tatsachen den vollen Beweis führt. Der vom Gläubiger behauptete Versagungsgrund muss zur vollen Überzeugung des Gerichts feststehen, § 286 Abs. 1 ZPO (*LG Kaiserslautern* ZInsO 2006, 1172 f.). Die Amtsermittlungspflicht ändert also nichts daran, dass der Gläubiger im Versagungsverfahren die **Feststellungslast** trägt. Ein non liquet geht zu seinen Lasten. Verbleiben Zweifel an dem Bestehen eines Versagungsgrunds, obwohl die nach § 5 Abs. 1 InsO gebotenen Maßnahmen ausgeschöpft sind, ist der Versagungsantrag zurückzuweisen (*BGH* BGHZ 156, 139 [147]; ZInsO 2005, 926 [927]; ZInsO 2006, 370 [371]; A/G/R-*Fischer* § 290 InsO a.F. Rn. 22; K. Schmidt/*Henning* InsO, § 290 n.F. Rn. 8; *Braun/Pehl* InsO, § 290 Rn. 43). Durch Vorlage eines Steuerbescheids wird nicht der Beweis über die Grundlagen der Besteuerung geführt, da sich die Tatbestandswirkung eines Steuerbescheids nicht darauf erstreckt (*BGH* ZInsO 2006, 265 [266]). Die Bindung an den durch Antrag und Sachverhalt vom Gläubiger bestimmten Verfahrensgegenstand hindert das Gericht, die Versagung aus dem vom Gläubiger vorgetragenen Grund abzuweisen, aber die Restschuldbefreiung **aus einem** anderen, vom Gläubiger **nicht vorgetragenen Grund zu versagen**, denn die Versagungsgründe sind nicht von Amts wegen festzustellen (*BGH* BGHZ 156, 139 [141]; NZI 2014, 817 Tz. 7; NZI 2007, 297 Tz. 8 zu § 296 InsO; *OLG Celle* NZI 2001, 596 [597] = ZInsO 2001, 852 [853] = DZWIR 2001, 514 m. Anm. *Ahrens*; *Hess* InsO, 2007, § 290 Rn. 2; MüKo-InsO/*Stephan* § 290 Rn. 14a, 82; *Haarmeyer/Wutzke/Förster* Handbuch, 3. Aufl., Rn. 8/213, aber 217; **a.A.** *Kübler/Prütting/Bork-Wenzel* InsO, § 290 Rn. 7a). 268

Das Gericht darf die Versagung nur auf den **vorgetragenen**, nicht einen ähnlichen **Grund** stützen (*BGH* ZInsO 2012, 751 Tz. 15). Das Gericht darf den vorgetragenen Lebenssachverhalt nicht verändern. Dadurch ist das Gericht auf die Entscheidung über den im Versagungsantrag behaupteten und glaubhaft gemachten Versagungsgrund als den vom Antragsteller bestimmten Streitgegenstand beschränkt. Da keine § 296 Abs. 1 Satz 1 InsO entsprechende Beweislastumkehr für das Verschulden angeordnet ist, müssen auch die subjektiven Tatbestandsvoraussetzungen vom Insolvenzgläubi- 269 ger dargelegt und bewiesen werden (*AG Göttingen* ZInsO 2007, 616). Ohne eine solche ausdrückliche Regelung darf die Versagungswirkung wegen ihres Gewichts bei einem vermuteten, aber nicht feststehenden Verschulden nicht angeordnet werden, wie es auch der Rspr. bei verschuldeten Obliegenheitsverletzungen im Versicherungsvertragsrecht entspricht (*BGH* BGHZ 52, 86 [90 f.]). Bei der rechtlichen Würdigung ist das Gericht frei und nicht an einen vom Gläubiger angeführten Versagungstatbestand gebunden.

E. Entscheidung

I. Beschluss

270 Über den Versagungsantrag entscheidet das Insolvenzgericht durch **Beschluss**, § 290 Abs. 1 HS 1 InsO. Als **Entscheidungszeitpunkt** bestimmt § 290 Abs. 2 Satz 2 InsO, dass über den Versagungsantrag nach dem gem. § 290 Abs. 2 Satz 1 HS 1 InsO maßgeblichen Zeitpunkt zu entscheiden ist. § 290 Abs. 2 Satz 1 InsO eröffnet dem Antragsrecht bis zum Schlusstermin oder bis zur Entscheidung nach § 211 Abs. 1 InsO. In den Gesetzesmaterialien heißt es dazu, weil die Insolvenzgläubiger bis zum Schlusstermin einen Versagungsantrag stellen könnten, werde im Interesse der Justizentlastung vorgesehen, dass das Gericht über alle Anträge erst nach diesem Termin zu entscheiden hat (BT-Drucks. 17/11268 S. 27). Dies soll keine unangemessen lange Verfahrensdauer nach § 198 Abs. 1 GVG begründen (BT-Drucks. 17/11268 S. 27).

271 Die Entscheidung ist **nach dem Schlusstermin** bzw. den gleichgestellten Terminen zu treffen. Der nach § 290 Abs. 2 Satz 1 InsO maßgebende Zeitpunkt ist der Endtermin für die Antragstellung, weswegen gem. § 290 Abs. 2 Satz 2 InsO erst danach die Versagungsentscheidung ergehen darf (*Ahrens* Das neue Privatinsolvenzrecht, Rn. 892 ff.; *ders.*, NJW-Spezial, 2014, 725, 726; *Kübler/Prütting/Bork-Wenzel* InsO, § 290 Rn. 24; *Graf-Schlicker/Kexel* InsO, § 290 Rn. 31; *Andres/Leithaus-Andres* InsO, § 290 Rn. 5; BeckOK-InsO/*Riedel* § 290 Rn. 73, anders bei Kostenstundung; *Frege/Keller/Riedel* Insolvenzrecht, 8. Aufl., Rn. 2138a; *Scholz-Schulze/Graeber* ZInsO 2014, 587 [590]; *Heicke* VIA 2014, 49 [51]; *Waltenberger* ZInsO 2015, 72 f.; *Semmelbeck* VIA 2015, 13 [14]; *Rein* NJW-Spezial 2016, 661 [662]). Das Gericht hat die Versagungsanträge zu sammeln (*Frind* Praxishandbuch Privatinsolvenz, Rn. 896; Vallender/Undritz/*Pape* Praxis des Insolvenzrechts, § 11 Rn. 174).

272 Demgegenüber wird angenommen, unzulässige und unbegründete Versagungsanträge könnten **umgehend verworfen bzw. abgewiesen** werden (*AG Göttingen* NZI 2014, 1054; NZI 2016, 173; NZI 2016, 225 = VIA 2016, 30 m. zust. Anm. *Schmittmann*; HK-InsO/*Waltenberger* § 290 Rn. 62, bei Unzulässigkeit; *Frind* Praxishandbuch Privatinsolvenz, Rn. 898 f.; *ders.* NZI 2013, 729 [731 f.]; *Schmerbach/Semmelbeck* NZI 2014, 547 [550]). Dies sei auch deswegen vorteilhaft, weil dann die etwaigen Sperrfristen für einen Wiederholungsantrag früher zu laufen begännen (*Schmerbach* InsbürO 2013, 471 [474]; *Henning* ZVI 2014, 7 [12]). Dennoch ist diese Lösung wenig geeignet, weil sofort neue Versagungsanträge gestellt werden können, denn vielfach wird die Rechtskraft der ersten Entscheidung dem nicht entgegenstehen (*Ahrens* Das neue Privatinsolvenzrecht, Rn. 894). Zudem müsste eine besondere Anhörung des Schuldners und der anderen Insolvenzgläubiger erfolgen (*Pape/Pape* ZInsO 2017, 1513 [1529]). Soweit angenommen wird, eine sofortige Entscheidung sei zur Justizentlastung zulässig (*AG Göttingen* NZI 2014, 1054 [1055 f.]), müsste in § 290 Abs. 2 Satz 2 InsO eine Ermessensregelung hineingelesen werden, was nicht vom gesetzlichen Wortlaut gestützt wird. Letztlich sollen die Anforderungen aus § 290 Abs. 1 InsO auch die sachgerechte Durchführung des Insolvenzverfahrens sichern, wofür bei einer sofortigen Versagung für den Schuldner kein Anreiz mehr bestünde. Vor allem ist § 290 Abs. 2 Satz 2 InsO als Ausnahme zu § 300 Abs. 1 ZPO zu verstehen, wonach über entscheidungsreife Sachen umgehend zu entscheiden ist. Von dieser klaren gesetzlichen Intention darf nicht abgewichen werden.

273 Die Versagungsentscheidung muss **vor Beendigung des Insolvenzverfahrens** ergehen und rechtskräftig werden. Bislang war dies in § 289 Abs. 2 Satz 2 InsO bestimmt, doch ist diese Regelung zum 01.07.2014 aufgehoben worden. Dennoch bestehen die Sachgründe für die dort vorgeschriebene

Reihenfolge fort. Sollte erst nach Beendigung des Insolvenzverfahrens die Restschuldbefreiung versagt werden können, müssten rückwirkend die Bindungen aus § 294 InsO entfallen, was zu kaum zu bewältigenden Schwierigkeiten führt. Zudem müsste die Bestellung des Treuhänders aufgehoben und die von ihm vereinnahmten und verteilten Beträge müssten zurückabgewickelt werden. Eine nachträgliche bzw. rückwirkende Versagung ist ausgeschlossen. Der Beschluss über die Beendigung ist dann fehlerhaft, aber rechtskräftig, und nicht nichtig (*Ahrens* Das neue Privatinsolvenzrecht, Rn. 896 ff.). Dies muss auch bei einer **vergessenen Versagungsentscheidung** gelten. Den Interessen des Gläubigers, der den Versagungsantrag gestellt hat, kann ggf. über eine entsprechende Anwendung von § 297a InsO Rechnung getragen werden.

Haben **mehrere** Gläubiger **Versagungsanträge** gestellt, ist über jeden Antrag zu entscheiden (K. Schmidt/*Henning* InsO, § 290 n.F. Rn. 60), denn jedes Verfahren kann anders ausgehen als die übrigen. Der Beschluss kann von jedem Gläubiger gegenüber dem Schuldner und umgekehrt, aber nicht für einen anderen Gläubiger angefochten werden. Soweit die Entscheidung auf einem übereinstimmenden Tatkomplex beruht, kann sie in einem einheitlichen Beschluss ergehen. Über sämtliche Versagungsanträge muss das Gericht entscheiden, §§ 4 InsO, 308 ZPO (*Gottwald/Ahrens* HdbInsR, § 77 Rn. 94), auch wenn dazu zusätzliche Ermittlungen erforderlich sind. Es ist nicht zulässig, zunächst nur einem Versagungsantrag stattzugeben und die Entscheidung über die Anträge der anderen Gläubiger dahingestellt sein zu lassen. Dies widerspricht sowohl dem eilbedürftigen Charakter des Insolvenzverfahrens als auch dem Justizgewährungsanspruch. Spätestens wenn die Versagungsentscheidung rechtskräftig wird, müsste über die anderen Verfahren befunden werden, was auch bei einer Erledigung durch Parteihandlung oder gerichtliche Entscheidung festzustellen ist (a.A. *Haarmeyer/Wutzke/Förster-Schmerbach* InsO, § 290 Rn. 41a). Nur wenn über mehrere Versagungsanträge eines Gläubigers zu entscheiden ist, kann das Gericht sich darauf beschränken, einen Antrag zu bejahen. Dem Schuldner steht hiergegen die sofortige Beschwerde nach § 289 Abs. 2 Satz 1 InsO zu. Die rechtskräftige Entscheidung ist gem. § 289 Abs. 2 Satz 3 InsO zu veröffentlichen. Eine Wiederaufnahme des Verfahrens gem. den §§ 578 ff. ZPO ist grds. statthaft (vgl. *LG Göttingen* ZVI 2007, 85, zu § 298 InsO). 274

Die Durchführung des Schlusstermins gehört zur **funktionellen Zuständigkeit** des Rechtspflegers (*Graf-Schlicker/Kexel* InsO, § 289 a.F. Rn. 7). Über Versagungsanträge entscheidet gem. § 18 Abs. 1 Nr. 3 RPflG (ab dem 21.04.2018 § 18 Abs. 1 Nr. 4 RPflG, BGBl. I 2017 S. 866) der Richter. Entscheidet der Richter über den Versagungsantrag, kündigt er auch die Restschuldbefreiung an (*AG Kaiserslautern* ZInsO 2015, 1116). Wird die Restschuldbefreiung in den vor den 01.07.2014 beantragten Insolvenzverfahren vor dem Schlusstermin als unzulässig verworfen, ist die Entscheidung durch den Rechtspfleger zu treffen (*OLG Köln* ZInsO 2000, 608 f.; *LG Göttingen* NZI 2001, 220; *Kübler/Prütting/Bork-Pape* InsO, § 30 Rn. 6c; MüKo-InsO/*Stephan* § 289 Rn. 10 f.; HK-InsO/*Waltenberger* 7. Aufl., § 289 a.F. Rn. 5; *Nerlich/Römermann* InsO, § 289 Rn. 15; *Haarmeyer/Wutzke/Förster* Handbuch, 3. Aufl., Rn. 8/195; *Lücke/Schmittmann* ZInsO 2000, 87 [88]; a.A. *LG Münster* NZI 2000, 551 [552]), doch kann sich der Richter die Entscheidung nach § 18 Abs. 2 Satz 1 RPflG vorbehalten. Will der Rechtspfleger mit seiner Entscheidung von einer richterlichen Verfügung abweichen, etwa weil der Richter einen Hinweis auf den Restschuldbefreiungsantrag nach § 20 Abs. 2 InsO gegeben hat, obwohl der Rechtspfleger den Antrag bereits für zuvor präkludiert hält, muss der Rechtspfleger nach § 5 Abs. 1 Nr. 2 RPflG vorlegen (*Renger* VIA 2009, 14 [15]). 275

Wird der Antrag auf Erteilung von Restschuldbefreiung versagt, ist die Entscheidung dem Schuldner zuzustellen. Die **Zustellung** kann nach § 178 Abs. 1 Nr. 1 ZPO an einen erwachsenen ständigen Mitbewohner erfolgen, wobei der Begriff des Erwachsenseins nicht mit der Volljährigkeit gleichzusetzen ist (*LG Arnsberg* ZInsO 2010, 1160). Ist ein Antrag auf Versagung der Restschuldbefreiung als unzulässig verworfen oder als unbegründet abgewiesen worden, ist der Beschluss auch dem antragstellenden Gläubiger zuzustellen, §§ 289 Abs. 2 Satz 1, 4 InsO, 329 Abs. 3 ZPO (MüKo-InsO/*Stephan* § 289 Rn. 32). 276

II. Aufhebung des Insolvenzverfahrens

277 Erst nachdem die Entscheidung über eine Versagung der Restschuldbefreiung in **Rechtskraft** erwachsen ist, wird das Insolvenzverfahren aufgehoben. Dies normierte in den vor dem 01.07.2014 beantragten Insolvenzverfahren § 289 Abs. 2 Satz 2 InsO a.F. Diese Vorschrift modifizierte § 200 Abs. 1 InsO, wonach die Aufhebung des Insolvenzverfahrens zu beschließen ist, sobald die Schlussverteilung vollzogen ist. An den dafür maßgebenden Sachgründen hat sich durch die Aufhebung nichts geändert. Auch künftig wird erst nach Rechtskraft der Versagungsentscheidung eine Aufhebung erfolgen können. Allein die besondere Ankündigung der Restschuldbefreiung ist entfallen. Die Verfahrensaufhebung wird nicht im Zeitpunkt der Bekanntmachung, sondern der Beschlussfassung wirksam. Kommt es für einen Massezufluss auf den genauen Termin der Beschlussfassung an, muss dieser analog § 27 Abs. 3 InsO auf die Mittagsstunde festgesetzt werden (*BGH* ZInsO 2010, 1496 Tz. 5, 9).

278 Mit der **Aufhebung des Insolvenzverfahrens** und nicht schon mit Ankündigung der Restschuldbefreiung treten die Wirkungen ein. Bis zur Aufhebung des Insolvenzverfahrens kann der Schuldner dessen Einstellung nach § 212 InsO beantragen, wenn etwa durch einen erbrechtlichen Erwerb der Insolvenzgrund entfallen ist. Darauf ist der Schuldner hinzuweisen. Beantragt der Schuldner nach rechtskräftiger Ankündigung der Restschuldbefreiung die Einstellung des Insolvenzverfahrens, nimmt er zugleich den Antrag auf Erteilung von Restschuldbefreiung zurück (*BGH* ZInsO 2010, 1496 Tz. 12 ff.). Der Schuldner erhält die Verwaltungs- und Verfügungsbefugnis über sein Vermögen zurück, vgl. § 80 InsO (*Kupka* ZInsO 2010, 113). Die Beschränkung seiner Rechte nach den §§ 81 bis 86 InsO endet.

279 Mit dem **Übergang in die Treuhandperiode** ist für das Einkommen des Schuldners zu unterscheiden. Da das unpfändbare Arbeitseinkommen nicht in die Insolvenzmasse fällt und der Insolvenzverwalter bzw. Treuhänder nicht einziehungsberechtigt ist (*LAG Düsseldorf* ZInsO 2005, 391 [392]), tritt insoweit keine Rechtsänderung ein. Für den pfändbaren Teil erhält der Schuldner zwar grds. die Verfügungsbefugnis zurück, aber mit der Abtretungserklärung nach § 287 Abs. 2 Satz 1 InsO und der Treuhänderbestellung ist dieser Teil der Einkünfte auf den Treuhänder übergegangen.

280 Zusätzlich wird sichergestellt, dass die **Beschränkung der Gläubigerrechte** während des Insolvenzverfahrens gem. den §§ 89 ff. InsO ohne Unterbrechung in die während der Treuhandzeit nach § 294 InsO bestehenden Beschränkungen übergeht. Das freie Nachforderungsrecht der Gläubiger gem. § 201 Abs. 1 InsO wird dadurch suspendiert. Zwischen der Aufhebung des Insolvenzverfahrens und dem Beginn der Treuhandperiode dürfen deswegen keine Zwangsvollstreckungsmaßnahmen eingeleitet werden. Wird der Antrag auf Erteilung der Restschuldbefreiung verworfen oder versagt, erhält der Schuldner die Verwaltungs- und Verfügungsbefugnis über sein Vermögen zurück. Zusätzlich endet die Beschränkung der Gläubigerrechte (dazu s. Rdn. 48).

III. Rechtsmittel

281 Wird die Restschuldbefreiung versagt oder das Verfahren in die Treuhandperiode übergeleitet, obwohl sämtliche im Verfahren zu befriedigenden Forderungen erfüllt sind, steht dem **Schuldner** gegen diese Entscheidung die **sofortige Beschwerde** zu, §§ 6, 290 Abs. 3 Satz 1 InsO, 567 ff. ZPO. Unter den Voraussetzungen der §§ 574 ff. ZPO ist die Rechtsbeschwerde zugelassen (A/G/R-*Ahrens* § 6 InsO Rn. 93 ff.). Die zweiwöchige Beschwerdefrist aus den §§ 4 InsO, 569 Abs. 1 Satz 1 ZPO ist bei einer Verkündung im Schlusstermin ab diesem Zeitpunkt zu berechnen, § 6 Abs. 2 InsO (*LG Frankfurt* ZVI 2003, 427).

282 Jedem **Insolvenzgläubiger**, der im Schlusstermin erfolglos die Versagung der Restschuldbefreiung beantragt hat, ist gegen die Entscheidung des Richters die sofortige Beschwerde eröffnet (HK-InsO/ *Waltenberger* 7. Aufl., § 289 aF Rn. 6). Beantragt ein Insolvenzgläubiger erst nach dem Schlusstermin, die Restschuldbefreiung zu versagen, ist die sofortige Beschwerde nicht statthaft (*LG München I* ZInsO 2000, 519). Unter den Voraussetzungen der §§ 574 ff. ZPO n.F. ist die Rechtsbeschwerde eröffnet (A/G/R-*Ahrens* § 6 InsO Rn. 93 ff.).

Ein **Insolvenzgläubiger**, der im Schlusstermin **nicht die Versagung** der Restschuldbefreiung **bean-** 283 **tragt** hat, kann nach dem eindeutigen Wortlaut von § 289 Abs. 2 Satz 1 InsO keine sofortige Beschwerde einlegen (*Nerlich/Römermann* InsO, § 289 Rn. 23). Seine sofortige Beschwerde ist als unzulässig zu verwerfen (*LG München I* ZInsO 2000, 519 [LS], insoweit nicht veröffentlicht; *LG Nürnberg-Fürth* v. 11.06.2001 – 11 T 4455/01). Auch ein am Verfahren nicht teilnehmender und deswegen nicht angehörter Gläubiger ist nicht beschwerdebefugt (*Uhlenbruck/Vallender* InsO, § 289 Rn. 26). Einem am Verfahren beteiligten, aber entgegen § 289 Abs. 1 Satz 1 InsO nicht angehörten Gläubiger ist die Gehörsrüge entsprechend den §§ 4 InsO, 321a ZPO eröffnet. Musste in einem Versagungsverfahren der Versagungsgrund nicht glaubhaft gemacht werden, etwa weil der Schuldner nicht im Schlusstermin erschienen ist und deswegen den Sachvortrag nicht bestritten hat, können das Bestreiten und das Glaubhaftmachen im Rechtsmittelverfahren nachgeholt werden. Hat das Gericht die Altfallregelung und die Geltung der verkürzten Zeitspanne der Abtretungserklärung gem. Art. 107 EGInsO angeordnet, steht den **Gläubigern** die sofortige Beschwerde zu, die dem im Termin widersprochen haben (*AG Duisburg* NZI 2000, 607 [608]).

Eine **Rechtsmittelbelehrung** bei Versagung der Restschuldbefreiung hat der BGH früher nicht ver- 284 langt (*BGH* BeckRS 2011, 05061 Rn. 3). Sie ist jetzt nach § 4 InsO i.V.m. § 232 ZPO erforderlich. Bei einer fehlenden Rechtsbehelfsbelehrung wird nach § 233 Satz 2 ZPO ein fehlendes Verschulden an der nicht eingehaltenen Frist vermutet.

Die erforderliche **Beschwer** kann aus unterschiedlichen Gründen resultieren. Mit der sofortigen Be- 285 schwerde kann der Schuldner jede Versagung der Restschuldbefreiung anfechten, welche auf die Gründe des § 290 Abs. 1 gestützt wird. Außerdem kann er die sofortige Beschwerde einlegen, wenn er eine gem. Art. 107 EGInsO auf fünf Jahre verkürzte Dauer der Abtretungserklärung beansprucht, aber vom Gericht gem. § 287 Abs. 2 Satz 1 InsO eine sechsjährige Frist der Abtretungserklärung bestimmt wurde (MüKo-InsO/*Stephan* § 289 Rn. 35 ff.; *Braun/Lang* InsO, 5. Aufl., § 289 Rn. 7). Die sofortige Beschwerde ist unter diesen Voraussetzungen auch dann zulässig, wenn sachlich keine Verkürzungsmöglichkeit besteht. Erteilt das Insolvenzgericht im Schlusstermin nicht die Restschuldbefreiung, obwohl sämtliche angemeldeten Insolvenzforderungen und die Masseverbindlichkeiten befriedigt sind, beschwert die Entscheidung den Schuldner (*Graf-Schlicker/Kexel* InsO, § 289 a.F. Rn. 8). Abweichend vom Antrag auf Erteilung der Restschuldbefreiung wird die Restschuldbefreiung lediglich angekündigt, weshalb die sofortige Beschwerde statthaft ist (i.E. übereinstimmend *BGH* NZI 2005, 399 m. Anm. *Ahrens*).

Eine sofortige Beschwerde des Schuldners gegen die Wertfestsetzung im Versagungsverfahren ist **un-** 286 **zulässig**, wenn er damit die Heraufsetzung des Werts anstrebt (*LG Verden* ZInsO 2007, 224). Legt der Schuldner sofortige Beschwerde ein, müssen dem Antragsteller die Beschwerdebegründung und die Nichtabhilfeentscheidung des Insolvenzgerichts zur Kenntnisnahme übermittelt werden, um rechtliches Gehör zu gewähren (*BGH* BeckRS 2011, 12162 Tz. 5).

Verwirft der **funktionell unzuständige Rechtspfleger** einen Antrag auf Versagung der Restschuldbe- 287 freiung als unzulässig und kündigt er die Restschuldbefreiung an, ist dagegen die **sofortige Erinnerung** gem. § 11 Abs. 2 RPflG statthaft (*LG München I* ZInsO 2000, 519 [LS]; *AG Göttingen* ZVI 2003, 88 [89]; MüKo-InsO/*Stephan* § 289 Rn. 35; nach **a.A.** die sofortige Beschwerde *LG Berlin* ZInsO 2004, 987 [988]; *LG Frankfurt* ZVI 2003, 427; *AG Düsseldorf* NZI 2000, 553 [554]). Die Erinnerung ist auch statthaft, wenn der Rechtspfleger einen Versagungsantrag übersieht und deswegen die Restschuldbefreiung ankündigt (*AG Göttingen* ZInsO 2009, 201).

Dem **Treuhänder** steht gegen seine Ernennung kein Rechtsmittel zu, doch kann er entsprechend 288 den konkursrechtlichen Grundsätzen (*Kuhn/Uhlenbruck* KO, § 78 Rn. 5) die Übernahme des Amts ablehnen. Die Ernennung des Treuhänders ist auch von den Gläubigern nicht selbständig anfechtbar (MüKo-InsO/*Stephan* § 289 Rn. 38; *Uhlenbruck/Vallender* InsO, § 289 Rn. 28; vgl. *AG Göttingen* NZI 2005, 117 [118]) und kann nur im Zusammenhang mit einer sofortigen Beschwerde gegen die Entscheidung nach § 289 Abs. 2 Satz 1 InsO gerügt werden. Damit ist jedoch noch nicht geklärt, ob sich die Verfahrensbeteiligten auf andere Weise gegen die Treuhänderbestellung wenden können.

IV. Bekanntmachung

289 Der rechtskräftige Beschluss über die Ankündigung bzw. Versagung der Restschuldbefreiung ist zusammen mit dem Beschluss über die Aufhebung des Insolvenzverfahrens öffentlich bekannt zu machen, § 290 Abs. 3 Satz 2 InsO. Die Bekanntmachung erfolgt durch eine zentrale und länderübergreifende Veröffentlichung im Internet, § 9 Abs. 1 Satz 1 InsO.

V. Kosten

290 Mit den allgemeinen Gebühren für die Durchführung des Insolvenzverfahrens soll grds. auch die Durchführung der Restschuldbefreiung abgegolten sein (vgl. § 286 Rdn. 121 f.). Bei einem **Antrag auf Versagung** der Restschuldbefreiung nach § 290 InsO entsteht keine besondere **Gerichtsgebühr**, weil diese Entscheidung nicht in KV Nr. 2350 aufgeführt ist. Nur für die Gläubigeranträge auf Versagung der Restschuldbefreiung im zweiten Abschnitt des Verfahrens nach den §§ 296 ff. InsO wird wegen der zusätzlichen Belastung des Gerichts durch Gläubigeranträge eine Gebühr in Rechnung gestellt. Der Schuldner muss allerdings die gerichtlichen Auslagen tragen, KV Nr. 9004. Im Verfahren über die Beschwerde gegen die Entscheidung über die Versagung der Restschuldbefreiung entsteht eine Gebühr in Höhe von EUR 60,–, KV Nr. 2361, falls die Beschwerde verworfen oder zurückgewiesen wird. Der Gegenstandswert für das Rechtsbeschwerdeverfahren war früher mangels anderweitiger Anhaltspunkte mit EUR 1.200,– zu bemessen (*BGH* ZVI 2003, 91). Nunmehr ist gem. KV 2364 eine Gebühr von EUR 120,– zu erheben, wenn die Rechtsbeschwerde verworfen oder zurückgewiesen wird.

291 Wird ein Antrag auf Versagung der Restschuldbefreiung gestellt, so erhält der **Rechtsanwalt** im Verfahren die Hälfte der vollen Gebühr, Nr. 3321 VV RVG. Mehrere gleichzeitig anhängige Anträge gelten als eine Angelegenheit. Die Gebühr entsteht auch, wenn der Antrag auf Versagung bereits vor Aufhebung des Insolvenzverfahrens gestellt wird, d.h. auch im Versagungsverfahren gem. § 290 InsO. Im Beschwerdeverfahren entsteht eine halbe Gebühr, Nr. 3500 und Nr. 3513 VV RVG. Der Gegenstandswert der Gebühr ist gem. den §§ 28 Abs. 3, 23 Abs. 3 Satz 2 RVG nach billigem Ermessen aufgrund des wirtschaftlichen Interesses des Gläubigers zu bestimmen. Mangels greifbarer Schätzungsgrundlagen soll der Wert des Beschwerdeverfahrens EUR 5.000,– betragen (*BGH* NZI 2011, 861; NZI 2012, 145, insoweit jeweils nicht abgedruckt). Zu berücksichtigen sind auch die Erfolgsaussichten einer möglichen Beitreibung (*OLG Düsseldorf* NZI 2008, 252 [253]).

F. Wirkungen

292 Als unmittelbare Konsequenz **endet das Verfahren** zur Restschuldbefreiung. Wird die Restschuldbefreiung versagt, kann dem Schuldner im anhängigen Verfahren keine Restschuldbefreiung erteilt werden. Für ein Folgeverfahren besteht die Sperre aus § 287a Abs. 2 Satz 1 Nr. 2 InsO. Die zweite Etappe des Restschuldbefreiungsverfahrens, mit seinen Folgen einer Treuhänderbestellung und Übertragung der pfändbaren Forderungen auf Bezüge aus einem Dienstverhältnis oder den gleichgestellten Forderungen, scheidet aus.

293 Eine **entsprechende Anwendung von § 299 InsO** ist überflüssig, da ein Treuhänder noch nicht bestellt ist und die Beschränkung der Gläubigerrechte mit dem Insolvenzverfahren endet (K. Schmidt/*Henning* InsO, § 299 n.F. Rn. 2). Fraglich kann nur sein, ob ein Ende der Abtretungsfrist angeordnet werden muss. Da jedoch kein Treuhänder eingesetzt worden ist, auf den die pfändbaren Teile der Bezüge übergehen, und wegen des prozessualen Gehalts der Abtretung, ist eine ausdrückliche Beendigung der Abtretungsfrist nicht erforderlich. Ist die **Restschuldbefreiung nicht versagt**, wird das Verfahren in die Treuhandperiode übergeleitet. Dafür ist ein Treuhänder zu bestellen. Es treten die Wirkungen der §§ 294 ff. InsO ein.

Nach **Rechtskraft der Entscheidung** ist das Insolvenzverfahren aufzuheben. Dies folgte früher aus 294 § 289 Abs. 2 Satz 2 InsO a.F. gilt aber auch nach neuem Recht. Damit endet der Insolvenzbeschlag und der Schuldner erhält sein Verwaltungs- und Verfügungsrecht zurück. Zugleich endet die Beschränkung der Gläubigerrechte und das freie Nachforderungsrecht der Insolvenzgläubiger gem. § 201 Abs. 1 InsO entsteht. Die Gläubiger können die Zwangsvollstreckung aus der Tabelle betreiben, soweit nicht die Beschränkungen aus § 294 InsO eintreten.

§ 291 (weggefallen)

(§ 291 a.F. für die bis zum 30.06.2014 beantragten Insolvenzverfahren s. 8. Aufl.)

§ 292 Rechtsstellung des Treuhänders

(1) ¹Der Treuhänder hat den zur Zahlung der Bezüge Verpflichteten über die Abtretung zu unterrichten. ²Er hat die Beträge, die er durch die Abtretung erlangt, und sonstige Leistungen des Schuldners oder Dritter von seinem Vermögen getrennt zu halten und einmal jährlich auf Grund des Schlussverzeichnisses an die Insolvenzgläubiger zu verteilen, sofern die nach § 4a gestundeten Verfahrenskosten abzüglich der Kosten für die Beiordnung eines Rechtsanwalts berichtigt sind. ³§ 36 Absatz 1 Satz 2, Absatz 4 gilt entsprechend. ⁴Der Treuhänder kann die Verteilung längstens bis zum Ende der Laufzeit der Abtretungserklärung aussetzen, wenn dies angesichts der Geringfügigkeit der zu verteilenden Beträge angemessen erscheint; er hat dies dem Gericht einmal jährlich unter Angabe der Höhe der erlangten Beträge mitzuteilen.

(2) ¹Die Gläubigerversammlung kann dem Treuhänder zusätzlich die Aufgabe übertragen, die Erfüllung der Obliegenheiten des Schuldners zu überwachen. ²In diesem Fall hat der Treuhänder die Gläubiger unverzüglich zu benachrichtigen, wenn er einen Verstoß gegen diese Obliegenheiten feststellt. ³Der Treuhänder ist nur zur Überwachung verpflichtet, soweit die ihm dafür zustehende zusätzliche Vergütung gedeckt ist oder vorgeschossen wird.

(3) ¹Der Treuhänder hat bei der Beendigung seines Amtes dem Insolvenzgericht Rechnung zu legen. ²Die §§ 58 und 59 geltend entsprechend, § 59 jedoch mit der Maßgabe, dass die Entlassung von jedem Insolvenzgläubiger beantragt werden kann und dass die sofortige Beschwerde jedem Insolvenzgläubiger zusteht.

(Fassung des Absatz 1 für die bis zum 30.06.2014 beantragten Verfahren s. 8. Aufl.)

Übersicht	Rdn.			Rdn.
A. Normzweck	1	V.	Motivationsrabatt (gilt nur für Verfahren, die bis zum 30.06.2014 beantragt wurden)	22
B. Gesetzliche Systematik	2			
C. Abs. 1 Verwaltung in der Treuhandphase	5	D.	Abs. 2 Überwachung des Schuldners	28
I. Einziehung der Abtretungsbeträge beim Entgeltschuldner	5	E.	Abs. 3 Rechnungslegung und Aufsicht	40
		F.	Haftung des Treuhänders	45
II. Überprüfung bevorrechtigter Abtretungen	11	I.	Die Haftung des Treuhänders für die Verwaltung nach Abs. 1	48
III. Verteilung der Beträge	13	II.	Die Haftung des Treuhänders als Überwacher gem. Abs. 2	53
IV. Verzicht auf Verteilung	21	G.	Verfahrensrechtliches	55

Literatur:
Siehe vor § 286 und § 286.

§ 292 InsO Rechtsstellung des Treuhänders

A. Normzweck

1 Der Treuhänder soll die Verwaltung der durch die Abtretung erlangten und vom Schuldner zu zahlenden Beträge während der Treuhandphase, sowie die Verteilung an die Gläubiger übernehmen.

Durch den Einsatz eines Treuhänders während der sechsjährigen Treuhandphase (zur Verkürzung auf drei oder fünf Jahre s. *Ahrens* § 300 Abs. 1) soll vor allem die Einbeziehung des **pfändbaren Neuerwerbs des Schuldners** in die Haftungsmasse möglichst kostengünstig gewährleistet werden. Um den Verwaltungsaufwand gering zu halten, erfolgt eine Auskehrung der Beträge an die Gläubiger nur einmal pro Jahr. Die Anwendbarkeit der §§ 850 ff. ZPO zur individuellen Bemessung der Höhe der Abtretungsbeträge ist durch den Verweis auf § 36 Abs. 1 und 4 InsO klargestellt.

Da es für die Gläubiger schwierig sein kann, die Einhaltung der Obliegenheiten durch den Schuldner zu überwachen (s. hierzu *Scholz* DB 1996, 765 [769]; *Maier/Krafft* BB 1997, 2173 [2176]), gibt Abs. 2 der Gläubigerversammlung die Möglichkeit, den Treuhänder mit der **Überwachung** zu beauftragen, um hiermit bei Bedarf die Einhaltung der Obliegenheiten durch eine neutrale »Überwachungsinstanz« mit Auskunftsermächtigung (§ 295 Abs. 1 Nr. 3 InsO) zu gewährleisten. Die Bezahlung der Aufgabe geht in jedem Fall zu Lasten der Gläubiger, deren Auszahlungsquote sich entweder entsprechend verringert oder die die Vergütung gesondert vorschießen müssen. Durch die kostenpflichtige Übertragung der Überwachung auf den Treuhänder soll gleichzeitig erreicht werden, dass der Schuldner nicht durch schikanöse Überwachungsmaßnahmen der Gläubiger an dem Erreichen der Restschuldbefreiung gehindert wird. In der Praxis sind Überwachungsaufträge aber bisher die absolute Ausnahme.

Abs. 3 verweist auf die Vorschriften zur **Aufsicht des Insolvenzverwalters** im Regelinsolvenzverfahren (§§ 58, 59 InsO) und gibt dem Insolvenzgericht somit die Möglichkeit, den Treuhänder auch nach der Aufhebung des Insolvenzverfahren zu kontrollieren und ggf. auch zu entlassen. Da die Einberufung einer Gläubigerversammlung außerhalb des Insolvenzverfahrens nicht vorgesehen ist, wird das Recht zur Stellung der entsprechenden Anträge auf die Insolvenzgläubiger übertragen.

B. Gesetzliche Systematik

2 Die Rechtsstellung des Treuhänders ist in § 292 InsO nur rudimentär bestimmt (*Häsemeyer* Insolvenzrecht, 1998, Rn. 26.31). Die Funktion des gerichtlich eingesetzten Treuhänders ist im bisherigen Gesamtvollstreckungs- und Vergleichsrecht ohne Vorbild (vgl. hierzu auch § 288 Rdn. 4). Die verfahrensrechtliche Stellung des Treuhänders ist an die des Insolvenzverwalters angelehnt und entspricht der eines Amtswalters (*Häsemeyer* Insolvenzrecht, 1998, Rn. 26.32), während der Aufgabenbereich des Treuhänders eher dem des Verwaltungstreuhänders entspricht, der zum Teil bei der Durchführung von Vergleichsverfahren eingesetzt wurde und bei dem die Gläubiger aus den Erträgnissen des Schuldnervermögens befriedigt werden sollten (*Bley/Mohrbutter* § 3 Rn. 10c). Der Treuhänder erhält zwar nicht die Verfügungsbefugnis über das gesamte pfändbare Vermögen des Schuldners, materiell fließt ihm jedoch durch die Abtretung i.d.R. der wesentliche Teil des Vermögens des Schuldners zu (*Hess/Obermüller* Insolvenzplan, 1998, Rn. 1010). Er ist, was seine Aufgaben aus Abs. 1 betrifft, weder Vertreter des Schuldners noch des Gläubigers (vgl. *Bley/Mohrbutter* § 92 Rn. 36) sondern nach allgemeiner Meinung **doppelseitiger Treuhänder** (*OLG Celle* OLGR 2007, 92 ff.; *Hess/Obermüller* Insolvenzplan, Rn. 1014; so auch *Nerlich/Römermann* InsO, § 292 Rn. 5 m.w.N.; HambK-InsO/*Streck* § 292 Rn. 6). Der *BGH* (Entscheidung vom 01.07.2010 ZInsO 2010, 1498 f.) hält die Rolle des Treuhänders für beidseitig, aber nicht für absolut neutral. Es soll ihm erlaubt sein, die Gläubiger auf mögliche Versagungsanträge hinzuweisen.

3 Die Übertragung der Überwachungsaufgaben auf den Treuhänder nach Abs. 2 entspricht am ehesten der Überwachungspflicht des Sachwalters nach §§ 91, 92 VglO (vgl. *Bley/Mohrbutter* § 92 Rn. 2). Auch wenn die Überwachungsaufgaben gegenüber denen des § 292 Abs. 2 InsO unterschiedlich sind, so gibt es hier doch einige Parallelen. Der Sachwalter muss gem. § 92 i.V.m. § 39 VglO die Geschäftsführung des Schuldners überwachen. Nach §§ 92, 40 VglO hat er Tatsachen anzuzeigen, die ein Einschreiten des Gerichts erforderlich machen.

Durch das InsOÄndG 2001 wurde der **Beginn der Laufzeit der Abtretung** zeitlich vorverlegt. Sie 4 beginnt mit der Eröffnung des Verfahrens, so dass zunächst eine zeitliche Parallelität von Insolvenzverfahren und Laufzeit der Abtretung gegeben ist. Der frühe Beginn der Laufzeit der Abtretung ist allerdings nicht so zu verstehen, dass das Restschuldbefreiungsverfahren und damit die Tätigkeit des Treuhänders bereits mit der Eröffnung des Insolvenzverfahrens beginnt. Auch nach der Reform bleibt das Restschuldbefreiungsverfahren ein selbstständiger Verfahrensabschnitt, der mit der Aufhebung des Insolvenzverfahrens beginnt (*BGH* 29.06.2004 NZI 2004, 635 sowie vom 18.05.2006 ZInsO 2006, 647; s. hierzu auch *Ahrens* § 287 Rdn. 271 ff.; MüKo-InsO/*Ehricke* § 292 Rn. 11).

C. Abs. 1 Verwaltung in der Treuhandphase

I. Einziehung der Abtretungsbeträge beim Entgeltschuldner

Zu den in Abs. 1 geregelten Pflichten des Treuhänders gehören die Unterrichtung des Entgeltschuld- 5 ners von der Abtretung, der Bildung eines Sondervermögens bzgl. der an ihn treuhänderisch geleisteten Beträge und die jährliche Verteilung dieser Beträge nach Maßgabe des Schlussverzeichnisses und Abs. 1 Satz 3 InsO.

Der **Treuhänder unterrichtet den Arbeitgeber oder Sozialleistungsträger** über die Abtretung nach 6 § 287 Abs. 2 Satz 1 InsO. Auch wenn die Abtretung gem. § 287 InsO im eröffneten Verfahren noch keine Wirkung entfaltet, kann dies auch schon unmittelbar nach Verfahrenseröffnung mit der Übersendung des Eröffnungsbeschlusses erfolgen (zur Wortwirkung von gestaltenden Beschlüssen, die im eröffneten Verfahren ergangen sind auch für die Wohlverhaltensperiode vgl. *Riedel* InsbürO 2012, 168 ff.). Eine bestimmte Form ist für die Unterrichtung nicht vorgeschrieben. Nur in begründeten Ausnahmen darf der Treuhänder davon absehen, den Arbeitgeber über die bestehende Abtretung zu informieren, wenn dies für den Schuldner eine unbillige Härte darstellt, etwa weil er in einem »sensiblen Bereich« arbeitet und bei Kenntnis des Drittschuldners von der Abtretung ein Verlust des Arbeitsplatzes wahrscheinlich ist. Dann obliegt es dem Schuldner, die pfändbaren Beträge an den Treuhänder abzuführen und er haftet für ggf. entstehende Fehlbeträge, wenn die Abführungen und Abrechnungen des Schuldners nicht ausreichend kontrolliert wurden (*BGH* 07.04.2011 ZInsO 2011, 929 ff.; HambK-InsO/*Streck* § 292 Rn. 2; zur Versagung der Restschuldbefreiung wegen fehlender Mitwirkung des Schuldners bei einem Verzicht auf die Abtretung s. *BGH* 20.02.14 ZIP 2016, 85). Es gehört – nach der ersten Erfassung der Einkommenssituation – nicht zu den Aufgaben des Treuhänders, den Schuldner in regelmäßigen Abständen nach Veränderungen seiner Einkommenslage oder seines Wohnsitzes zu befragen (entgegen der üblichen Praxis, die die Gerichte vielfach den Treuhändern auferlegen, so auch HambK-InsO/*Streck* § 292 Rn. 4). Der Gesetzgeber hat die Mitteilungspflicht des Schuldners über relevante Verhältnisse in § 295 Abs. 1 InsO bewusst als Obliegenheit des Schuldners konstruiert, deren Versäumnis zur Versagung der Restschuldbefreiung führt (dazu *Ahrens* § 295 Rdn. 120 ff.). Solche Nachforschungen gehören nur dann zur Tätigkeit des Treuhänders, wenn er von der Gläubigerversammlung mit der Überwachung der Einhaltung der Obliegenheiten beauftragt wurde (*Uhlenbruck*/*Sternal* InsO, § 292 Rn. 61; enger MüKo-InsO/*Ehricke* § 292 Rn. 52). Nach Ansicht des *BGH* (01.07.2010 ZInsO 2010, 1498 f.) liegt es aber in seiner Rechtsmacht, die Gläubiger von Obliegenheitsverstößen zu unterrichten, wenn ihm diese bekannt werden. Verpflichtet ist er dazu nicht. Der Pflichtenkreis des lediglich verwaltenden Treuhänders ist vom Gesetzgeber bewusst klein gehalten worden, nur so rechtfertigt sich auch die auffallend niedrige Mindestvergütung des Treuhänders für seine Tätigkeit.

Das Gesetz trifft keine ausdrückliche Bestimmung darüber, inwieweit der Treuhänder auch ver- 7 pflichtet ist, die **eingehenden Beträge zu überprüfen** oder die von der Abtretung erfassten Bezüge klageweise im Wege der Drittschuldnerklage geltend zu machen. Der Treuhänder hat die Stellung eines Amtswalters über zweckgebundenes, nämlich ausschließlich der Restschuldbefreiung dienendes **Sondervermögen** des Schuldners und damit insoweit die Gläubigerstellung (*Häsemeyer* Insolvenzrecht, 1998, Rn. 26.48 f.). Ihm allein steht eine entsprechende **Prozessführungsbefugnis** für das treuhänderisch gehaltene Sondervermögen zu, und nicht etwa den Insolvenzgläubigern, da zu

§ 292 InsO Rechtsstellung des Treuhänders

ihren Gunsten kein Beschlagsrecht hieran begründet wird (*Häsemeyer* Insolvenzrecht, 1998, Rn. 26.33; zur Zuordnung des Treuguts zum Vermögen des Treuhänders ausf. MüKo-InsO/*Ehricke* § 292 Rn. 24). Der Treuhänder muss den Entgeltschuldner im Verzugsfall mahnen und die Beträge notfalls gerichtlich gegen ihn geltend machen (*BGH* 03.11.2011 ZInsO 2012, 30; *OLG Düsseldorf* 02.03.2012 ZInsO 2012, 1183 f.; *Hess/Obermüller* Insolvenzplan, 1998, Rn. 1011; wie hier HK-InsO/*Landfermann* § 292 Rn. 3; so entgegen der Vorauflage jetzt auch *Uhlenbruck/Sternal* InsO, § 292 Rn. 30).

8   Nach Ansicht des OLG Düsseldorf ist der Treuhänder dagegen nicht berechtigt, Schadensersatzansprüche oder bereicherungsrechtliche Ansprüche **gegenüber dem Schuldner** gerichtlich geltend zu machen. Dies gehöre nicht zu den gesetzlichen Aufgaben des Treuhänders nach § 292 InsO (*OLG Düsseldorf* 02.03.2012 – I 17 U 8/11, ZInsO 2012, 1183 f.). Eine diesbezügliche Klagebefugnis wird man daher wohl nur dann annehmen können, wenn eine entsprechende Beauftragung durch alle im Verfahren beteiligten Gläubiger vorliegt.

Der Treuhänder muss daher darauf achten, dass der Arbeitgeber tatsächlich die pfändbaren Beträge abführt und die Vorschriften der §§ 850 ff. ZPO beachtet (vgl. zu der Anwendbarkeit der §§ 850 ff. ZPO Rdn. 9). An die **Überprüfung der Richtigkeit der Lohnabrechnungen** sind keine überspannten Anforderungen zu stellen (*Uhlenbruck/Sternal* InsO, § 292 Rn. 28). Generell wird der Treuhänder davon ausgehen können, dass die Pfändungsbeträge vom Drittschuldner richtig berechnet wurden (HK-InsO/*Waltenberger* § 292 Rn. 5; A/G/R-*Weinland* § 292 InsO Rn. 2). Plausibilitätsprüfungen und Stichproben dürften ausreichend, aber auch notwendig sein (so auch K. Schmidt/*Henning* InsO, § 292 Rn. 5; HambK-InsO/*Streck* § 292 Rn. 2 m.w.N.), wobei das *OLG Celle* (02.10.2007 NZI 2008, 52 [53]) selbst **Stichproben** angesichts der damit verbundenen Kosten für unzumutbar hält. Unter Umständen muss der Treuhänder auch darauf zu achten, ob der Schuldner keine missbräuchliche Wahl der Steuerklasse getroffen hat (*Uhlenbruck/Sternal* InsO, § 292 Rn. 22 m.w.N.; zur missbräuchlichen Wahl der Steuerklasse im Rahmen der Kostenstundung *BGH* 03.07.2008 ZInsO 2008, 976 und 05.03.2009 ZInsO 2009, 734 f.). Er ist allerdings nicht verpflichtet, immer die für die Gläubiger günstigste **Steuerklasse** zu wählen (**a.A.** *Uhlenbruck/Sternal* InsO, § 292 Rn. 29). Die Wahl der Steuerklasse IV steht dem Schuldner zu und ist nicht rechtsmissbräuchlich. Sie sieht eine Vorauszahlung vor, die allein den Einkünften des Schuldners entspricht und damit auf jeden Fall legitim ist. Es wird keine Sonderopfer vom Ehegatten des Schuldners erwartet. Die Wahl der Steuerklasse V kann nur dann rechtsmissbräuchlich sein, wenn der Schuldner höhere Einkünfte hat als sein Ehepartner. Der Schuldner hat dem Treuhänder gem. § 295 Abs. 1 Nr. 3 InsO auf Verlangen die erforderlichen Auskünfte über die Höhe seiner Bezüge und die Anzahl der unterhaltsberechtigten Personen zu erteilen. Dies wird er z.B. dann tun, wenn aufgrund des Alters der Kinder mit einem Abschluss der Ausbildung gerechnet werden kann. Er ist aber ansonsten nicht verpflichtet, regelmäßig beim Schuldner nachzufragen ob sich dessen Situation verändert hat, wenn keine Anhaltspunkte dafür vorliegen.

9   Der durch das InsOÄndG 2001 neu gefasste Satz 3 stellt durch den Verweis auf § 36 Abs. 1 Satz 2 und Abs. 4 InsO klar, dass die Vorschriften der ZPO, die den Umfang der Pfändbarkeit des Arbeitseinkommens bestimmen, zum Teil auch in der Treuhandperiode Anwendung finden. Gleichzeitig wird bestimmt, dass die Insolvenzgerichte für die erforderlichen richterlichen Entscheidungen zuständig sind. Entsprechend hat der Gesetzgeber in § 36 Abs. 4 InsO die **Antragsbefugnis** für die z.T. nach den §§ 850 ff. ZPO erforderlichen Anträge von den Gläubigern auf den Verwalter übertragen. Dies gilt nach § 292 Abs. 1 Satz 3 InsO auch für den Treuhänder im Restschuldbefreiungsverfahren. Er hat daher grds. die entsprechenden Anträge nach den §§ 850 ff. ZPO beim Insolvenzgericht zu stellen (*BGH* 03.11.2011 ZInsO 2012, 30). Unterlässt er eine rechtzeitige Antragstellung, etwa um ein Einkommen eines Unterhaltsberechtigten zu berücksichtigen (§ 850c Satz 4 ZPO), so kann er im Nachhinein nicht die Beträge, die der Schuldner bis zur Entscheidung des Gerichts zu viel erhalten hat, von diesem zurückfordern (*BGH* 03.11.2011 ZInsO 2012, 30). Die für einen Rechtsstreit notwendigen *Auslagen* kann der Treuhänder dem Sondervermögen entnehmen. Anderenfalls muss er nur tätig werden, wenn die Gläubiger ihm die zur Rechtsverfolgung erforderlichen Kosten

vorschießen. § 292 Abs. 2 Satz 3 InsO ist insoweit analog anzuwenden, da ebenso wenig, wie dem Treuhänder zuzumuten ist, die zusätzliche Tätigkeit der Überwachung ohne eine Vergütung durchzuführen, von ihm erwartet werden kann, bzgl. der von ihm für erforderlich erachteten Rechtsverfolgungskosten in Vorlage zu treten (zur Frage der Prozesskostenhilfe s. Rdn. 12; a.A. MüKo-InsO/*Ehricke* § 292 Rn. 21, der die Tätigkeit des Treuhänders in diesem Fall auch als im Interesse des Schuldners liegend sieht, wobei unklar bleibt, welches Interesse der Schuldner hieran haben könnte).

§ 36 InsO nimmt aber ausdrücklich nur auf einen Teil der §§ 850 ff. ZPO Bezug. Nicht erwähnt sind die **§§ 850b, 850d und 850f Abs. 2 und 3 ZPO**. Der Bundesgerichtshof sieht hierin aber keine abschließende Aufzählung und hält auch § 850b ZPO für anwendbar (*BGH* 03.12.2009 ZVI 2010, 103 f.). Wegen der Einzelheiten des Pfändungsumfangs s. *Busch* 8. Aufl. § 313 Rn. 85 ff.). 10

II. Überprüfung bevorrechtigter Abtretungen

Entfällt durch den Wegfall von § 114 Abs. 1 InsO. Zu Rechtsfragen zur Vorausabtretung s. die Vorauflage. 11

Dem Treuhänder kann zur Verfolgung rechtlicher Interessen zum Schutz der Haftungsmasse auch ein **Anspruch auf Gewährung von Prozesskostenhilfe** zustehen. § 116 Satz 1 Nr. 1 ZPO sieht die Gewährung von Prozesskostenhilfe für eine Partei kraft Amtes vor, wenn die Kosten aus der verwalteten Vermögensmasse nicht aufgebracht werden können und den wirtschaftlich Beteiligten die Kostenaufbringung nicht zumutbar ist. Für den Konkursverwalter ist allgemein anerkannt, dass diesem grds. ein Anspruch auf Prozesskostenhilfe zusteht (zuletzt *BGH* NJW 1998, 1229 in Rechtsstreitigkeiten für die Konkursmasse; *OLG Schleswig* ZIP 1997, 1427 f.; *OLG Frankfurt/M.* ZIP 1997, 1600; *OLG Rostock* ZIP 1997, 1710; *Baumbach/Lauterbach/Hartmann* § 116 ZPO Rn. 6; *Zöller/Philippi* § 116 ZPO Rn. 2; *Pape* Wprax 8/94 S. 5; *Kilger* FS für Merz, 1992, S. 253, 275 ff.; *Haarmeyer/Wutzke/Förster* GesO, § 8 Rn. 29 m. zahlr. Nachw.). 12

Auch der Treuhänder im Restschuldbefreiungsverfahren wird aufgrund eines für die Anwendung des § 116 ZPO erforderlichen amtlichen Treuhandverhältnisses tätig (*Baumbach/Lauterbach/Hartmann* § 116 ZPO Rn. 6). Er ähnelt aufgrund seiner gerichtlichen Bestellung und als **uneigennütziger doppelseitiger Treuhänder** in seiner Rechtsstellung dem Insolvenzverwalter (zur Rechtsstellung des Konkursverwalters vgl. *Thomas/Putzo* § 51 ZPO Rn. 25 ff.; *Baumbach/Lauterbach/Hartmann* § 50 ZPO Rn. 610 f.). Auch der Treuhänder in der Wohlverhaltensperiode ist daher als Partei kraft Amtes i.S.d. § 116 Satz 1 Nr. 1 ZPO anzusehen, und ihm ist unter der Maßgabe der Erfüllung der weiteren Voraussetzungen der §§ 114 ff. ZPO Prozesskostenhilfe zu gewähren, wenn eine Prozessführung zur Verwirklichung der Haftungsmasse aussichtsreich erscheint (zust. MüKo-InsO/*Ehricke* § 292 Rn. 20; so auch *Uhlenbruck/Sternal* InsO, § 292 Rn. 33 mit dem zutreffenden Hinweis auf die Kostenvorschusspflicht wirtschaftlich Beteiligter gem. § 116 Nr. 1 ZPO m.w.N.).

III. Verteilung der Beträge

Die Beträge, die der Treuhänder erlangt, hat er nur **einmal jährlich an die Insolvenzgläubiger auszuschütten** (zum genauen Zeitpunkt der Auszahlung *Nerlich/Römermann* InsO, § 292 Rn. 43 f.). Eine Verteilung an Neugläubiger und damit auch an Gläubiger nach Eröffnung entstandener Unterhaltsansprüche ist ausgeschlossen (ausf. MüKo-InsO/*Ehricke* § 292 Rn. 29 f.). Zur Verteilungsmasse gehören die Beträge, die er aufgrund der Abtretung erlangt, aber auch die Hälfte der Erbschaft nach § 295 Abs. 1 Satz 2 InsO, die Zahlungen des selbstständigen Schuldners nach § 295 Abs. 2 InsO sowie etwaige freiwillige Leistungen des Schuldners. Das erste Jahr beginnt mit dem Tag nach der Aufhebung des Insolvenzverfahrens (str., s. *Ahrens* § 287 Rdn. 266; dazu auch § 298 Rdn. 9), zur Fristberechnung gelten die allgemeinen Regeln. 13

Durch die Einführung des Stundungsmodells durch das InsOÄndG **2001** erfolgt eine Ausschüttung an die Gläubiger erst dann, wenn die gestundeten Verfahrenskosten durch die eingegangenen Beträge gedeckt sind (s.a. *Kohte* § 4a Rdn. 6 ff.). Dies betrifft nicht nur die während der Treuhandperiode entstandenen Verfahrenskosten, insbesondere für die Treuhändervergütung, sondern alle gestunde- 14 ten Beträge, also auch die, die im Insolvenzverfahren nicht aus der Masse zurückgeführt werden konnten. Umgekehrt ist aus einer etwa vorhandenen Insolvenzmasse eine Rückstellung für die Kosten der Treuhandperiode zu bilden (*BGH* 20.11.2014 ZInsO 2015, 28 ff.). Erst wenn alle Kosten getilgt sind, erfolgen Ausschüttungen an die Gläubiger. Eine Ausnahme von diesem Grundsatz bilden aber **gestundete Rechtsanwaltskosten,** sofern dem Schuldner gem. § 4a Abs. 2 InsO ein Rechtsanwalt beigeordnet wurde. Diese Kosten sollen nicht einseitig den Gläubigern auferlegt werden, da sie nicht zwingend durch die Abwicklung eines Insolvenzverfahrens veranlasst, sondern Ausdruck einer besonderen Fürsorge des Staates gegenüber dem rechtsunkundigen Bürger sind (BT-Drucks. 14/5680 S. 29 zu Nr. 16). Diese Rechtsanwaltskosten können daher während der Treuhandperiode nicht ausgeglichen werden. Sie werden also grds. bis zur Erteilung der Restschuldbefreiung gestundet und der Schuldner wird sie gem. § 4b InsO nach der Beendigung der Treuhandperiode in Raten berichtigen müssen, wenn sein Einkommen die dort bestimmten Einkommensgrenzen überschreitet.

15 Das **Schlussverzeichnis** bildet die Grundlage für die Verteilung. Allerdings ist nach § 289 Abs. 3 InsO eine Restschuldbefreiung auch dann möglich, wenn das Verfahren nach § 211 i.V.m. § 208 InsO wegen **Masseunzulänglichkeit** eingestellt worden ist. In vielen Fällen wird dann das Verfahren noch nicht bis zum Schlussverzeichnis gediehen sein (vgl. *Häsemeyer* Insolvenzrecht, 1998, Rn. 26.32 und 26.56). In diesen Fällen muss das Gericht analog den Vorschriften über die Schlussverteilung einen Verteilungsschlüssel festlegen, der für den Treuhänder verbindlich ist und eine Verteilung während der Treuhandphase ermöglicht (MüKo-InsO/*Ehricke* § 292 Rn. 28). Dies würde aber zumindest ein vereinfachtes Anmeldeverfahren und die Erstellung eines gerichtlichen Verteilungsschlüssels voraussetzen (*Uhlenbruck/Sternal* InsO, § 292 Rn. 39), währenddessen weitere Masseverbindlichkeiten auflaufen können, die dann letztlich durch die Stundungsregelung gedeckt werden müssten. Denn nach dem Konzept der InsO und des neu eingeführten Stundungsmodells darf das Erreichen des Restschuldbefreiungsverfahrens nicht an der Vermögenslosigkeit des Schuldners scheitern. Alle hierzu unabdingbar notwendigen Kosten werden durch das Stundungsmodell abgedeckt. In der Verbraucherinsolvenz sind Einstellungen nach §§ 208, 211 InsO bisher die Ausnahme gewesen, da in diesen Fällen regelmäßig keine Masseverbindlichkeiten vorhanden sind (zum Problem der Masseverbindlichkeiten durch die Mietwohnung des Schuldner vgl. *Kohte* FS für Uhlenbruck, S. 217 ff. m.w.N.; sowie zur Reform s. *Wegener* § 109 Rdn. 5 ff.).

16 Problematisch wird die Verteilung in der Treuhandphase aber auch dann, wenn sich nach der Aufhebung des Insolvenzverfahrens eine **Veränderung der Forderungsanteile** der Gläubiger untereinander ergibt.

Dies kann nach dem Wegfall des § 114 Abs. 1 InsO in der Verbraucherinsolvenz nicht mehr aufgrund einer vorrangig zu bedienenden Abtretung der Fall sein, aber durchaus in den Fällen, in denen ein Absonderungsrecht wegen einer Immobilie später verwertet oder eine Forderung durch eine Aufrechnung (z.B. durch das Finanzamt) reduziert wird.

17 Auch bei der Verteilung der vereinnahmten Beträge in der Treuhandphase darf es **keine Doppelberücksichtigung** in dem Sinne geben, dass der Gläubiger mit seiner vollen Forderung bei der Verteilung berücksichtigt wird und parallel dazu in vollem Umfang aus einem Absonderungsrecht vorgehen kann. Auch in der Treuhandphase darf der Absonderungsgläubiger bei der Verteilung nur mit seinem **Ausfall** berücksichtigt werden (*Hess/Obermüller* Insolvenzplan, 1998, Rn. 1033). Bis zum Schlusstermin ist eine konkrete Bewertung des künftigen Ausfalles oft nicht möglich. Im Interesse der Rechtsklarheit für alle Beteiligten und der Verfahrensökonomie ist dem Absonderungsberechtigten zuzumuten, **den Restwert seiner Sicherheit abzuschätzen** und hinsichtlich des Ausfalls auf eine Beteiligung an der Verteilung zu verzichten (so im Erg. auch *BGH* 02.07.2009 – IX ZR 126/08, ZInsO 2009, 1507 f.; vgl. hierzu ausf. *Grote* ZInsO 1999, 31 [33 f.]; im Ergebnis auch *Moch* NZI 1998, 68).

18 Meldet der absonderungsberechtigte Gläubiger in Kenntnis seines Absonderungsrechts seine Forderung im Insolvenzverfahren vorbehaltlos an und unterrichtet er den Verwalter auch nicht im Vertei-

lungsverfahren über sein Absonderungsrecht, so **verwirkt er sein Recht auf abgesonderte Befriedigung** (so schon für das Konkursverfahren *Kuhn/Uhlenbruck* § 64 Rn. 15; *OLG München* NJW 1959, 1542).

Abgesehen von der Berücksichtigung von Absonderungsrechten kann sich aber auch aus anderen Gründen in der Treuhandperiode herausstellen, dass der Verteilungsschlüssel angepasst werden muss. So etwa, wenn ein Insolvenzgläubiger in der Treuhandperiode aufrechnet (z.B. das Finanzamt: *BGH* 29.03.2012 ZInsO 2012, 975) und sich seine Insolvenzforderung dadurch reduziert oder ein Gläubiger im Nachhinein auf die Forderung verzichtet oder nicht mehr auffindbar ist. Der BGH hat anerkannt, dass der Treuhänder im Fall der Aufrechnung vom Insolvenzgläubiger verlangen kann, dass dieser auf den erhaltenen Teil verzichtet und seine für die Verteilung relevante Forderung entsprechend reduziert wird (*BGH* 29.03.2012 ZInsO 2012, 975; s. dazu die Anm. *Schmerbach* InsbürO 2012, 213). Im Weigerungsfall ist der Treuhänder befugt, den Anspruch auf Verzicht oder Teilverzicht (entspr. § 4 InsO, § 767 ZPO) klageweise geltend zu machen. Unklar bleibt indessen, wie nach einer entsprechenden Klärung der Anspruchsberechtigungen die Änderung des Verteilungsverzeichnisses vorzunehmen ist, die ja als solche nach der Aufhebung des Insolvenzverfahrens nicht mehr vorgesehen ist. Da es sich dann nur um eine rein rechnerische Korrektur handelt, die in der Praxis EDV-gestützt vorzunehmen ist, wird dies der Treuhänder analog § 193 InsO ohne weitere gerichtliche Klärung vornehmen können. 19

Der Treuhänder hat die eingehenden Gelder mündelsicher und nach Möglichkeit verzinslich anzulegen und **von seinem Vermögen getrennt zu halten** (HK-InsO/*Landfermann* § 292 Rn. 4 ff.; *Hess/Obermüller* Insolvenzplan, 1998, Rn. 1020; zur Art der Kontoführung und Ansprüchen bei einem Insolvenzverfahren über das Vermögen des Treuhänders vgl. *Hess/Obermüller* Insolvenzplan, 1998, Rn. 1021 ff.). Es entspricht der immanenten Pflicht eines jeden Treuhandverhältnisses, keine riskanten Geschäfte mit dem Treuhandvermögen einzugehen. Die Verteilung erfolgt einmal jährlich nach Abzug der Kosten des Treuhänders und des »Motivationsrabatts« (s. Rdn. 22). Bei besonderen Bedürfnissen des Schuldners oder der Gläubiger, insbes. beim Eingang größerer Beträge, kann der Treuhänder auch Abschlagsausschüttungen vornehmen (so auch *Hess/Obermüller* Insolvenzplan, 1998 Rn. 1028 f.; zu den Folgen einer möglichen Insolvenz des Treuhänders auf das Treuhandvermögen vgl. *Hess/Obermüller* Insolvenzplan, 1998, Rn. 1022 m.w.N.). 20

IV. Verzicht auf Verteilung

Der Treuhänder hat in Verfahren, **die nach dem 30.06.2014 beantragt** wurden, die Möglichkeit, auf eine Verteilung zu verzichten, wenn nur geringfügige Beträge eingehen und die jährlich vorgesehene Verteilung unverhältnismäßig großen Aufwand verursachen würde. Dies liegt auch im Interesse der Gläubiger, denen damit ein entsprechender Buchungsaufwand erspart wird. Die Verteilung kann für ein oder mehrere Jahre ausgesetzt werden und hat dann spätestens zum Ende der Treuhandperiode zu erfolgen (Begr. RefE zu Nr. 21 zu Buchstabe b). Die Entscheidung, von einer Verteilung abzusehen, trifft der Treuhänder nach billigem Ermessen. Er hat dem Gericht den Verzicht auf die Verteilung mitzuteilen, das Gericht überprüft die Entscheidung aber nicht auf Rechtmäßigkeit, sondern greift im Rahmen seiner Aufsicht lediglich bei Rechtsmissbräuchlichkeit ein (Begr. RefE zu Nr. 21 zu Buchstabe b). 21

V. Motivationsrabatt (gilt nur für Verfahren, die bis zum 30.06.2014 beantragt wurden)

Der Motivationsrabatt ist zu Recht ein Auslaufmodell und gilt nur noch in Verfahren, die vor dem 01.07.2014 beantragt wurden. Die Regelung ist ursprünglich als zusätzlicher Anreiz für den Schuldner, eingeführt worden, die siebenjährige Treuhandphase durchzustehen, (BT-Drucks. 12/7302 S. 153). Die Treuhandperiode ist durch das InsOÄndG 2001 auf sechs Jahre verkürzt worden, entsprechend ist der »**Motivationsrabatt**« (*Scholz* DB 1996, 765 [769]) für das siebte Jahr gestrichen worden. Dieser »Motivationsrabatt« gewährt dem Schuldner in den letzten zwei Jahren einen Anspruch auf Rückzahlung eines Teils der eingesammelten Beträge. Von den Beträgen, die während des fünften Jahres der Treuhandphase beim Treuhänder eingehen, hat er **10 %** an den Schuldner aus- 22 zukehren und für das sechste Jahr 15 %. Nach dem Wortlaut ist bei der Zählung der Jahre an die Aufhebung des Verfahrens anzuknüpfen. Dies ist offenbar ein Redaktionsversehen des Reformgesetzgebers, der bei der Änderung des § 292 zum 01.12.2001 offenbar übersehen hat, dass die Laufzeit der Abtretung nunmehr nicht mehr mit der Aufhebung, sondern bereits mit der Eröffnung des Insolvenzverfahrens beginnt. Richtigerweise muss daher an die Eröffnung angeknüpft werden, der Gesetzgeber wollte ganz offenbar dem Schuldner in den letzten beiden Jahren eine Motivation zukommen lassen. Bemessen wird der Betrag nach den beim Treuhänder eingegangenen Beträgen, nicht nach den nach Abzug der Kosten auszuschüttenden Beträgen. Die von *Wenzel* (*Kübler/Prütting/Bork-Wenzel* InsO, § 292 Rn. 23) vertretene Auffassung, wonach bei der Ermittlung des Rabatts zunächst die Treuhänderkosten in Abzug zu bringen seien, findet im Gesetz keinen Anhalt und ergibt sich auch nicht aus dem Zusammenhang mit § 298 InsO (nicht überzeugend die Gegenansicht von *Ehricke* MüKo-InsO, § 292 Rn. 37). Zahlt der Schuldner freiwillig Raten an den Treuhänder zur Deckung der Kosten, so ist von diesem Betrag kein Rabatt zu ermitteln. Erfasst vom Motivationsrabatt sind nach dem eindeutigen Wortlaut und dem Normzweck von Satz 3 nicht nur die von der Abtretung erfassten Bezüge, sondern **auch sonstige Leistungen**, wie etwa die Hälfte der Erbschaft oder Zahlungen, die der Treuhänder nach § 295 Abs. 2 InsO erhält. Die von *Leipold* vertretene Ansicht, den an den Treuhänder gelangten erbrechtlichen Erwerb von der Rabattregelung auszunehmen (*Leipold* Erbrechtlicher Erwerb und Zugewinnausgleich im Insolvenzverfahren und bei der Restschuldbefreiung, in FS für Gaul, 1997, S. 367, 377), ist abzulehnen (so auch MüKo-InsO/*Ehricke* § 292 Rn. 36). Auch wenn der Gesetzgeber, wie *Leipold* vermutet, bei der Schaffung der Regelung in erster Linie den Neuerwerb des Schuldners im Auge gehabt haben mag, ist die Regelung auch für den erbrechtlichen Erwerb interessengerecht (so auch *Kübler/Prütting/Bork-Wenzel* InsO, § 292 Rn. 9c). Denn mit zunehmender Dauer der Treuhandphase wird auch die Versuchung des Schuldners wachsen, eine möglicherweise anfallende Erbschaft durch Ausschlagung zu umgehen. Dies wollte der Gesetzgeber schon durch die »weiche« Regelung des § 295 Abs. 1 Nr. 2 InsO verhindern (BT-Drucks. 12/2443 S. 267 zu Nr. 33, s.a. *Ahrens* § 295 Rdn. 86). Hierzu passt die Ausdehnung des Motivationsrabatts auch auf diese Beträge.

23 **Durch den mit dem InsOÄndG 2001** eingefügten **Satz 5** wird die Ausschüttung des »Motivationsrabatts« für den Fall eingeschränkt, dass die dem Schuldner gestundeten Verfahrenskosten noch nicht durch die eingegangenen Beträge ausgeglichen sind.

Aber auch für diesen Fall wird der »Motivationsrabatt« nicht ganz gestrichen, da er vom Gesetzgeber immer noch als hilfreiches Instrumentarium zur Erreichung der Restschuldbefreiung angesehen wird. Um den Schuldner aber in der Treuhandperiode **nicht besser zu stellen als** er in den Jahren **nach der Erlangung der Restschuldbefreiung** steht, wenn er die restlichen gestundeten Kosten in Raten zurückzahlen muss (BT-Drucks. 14/5680 S. 29 zu Nr. 16), soll der »Motivationsrabatt« nur dann ausgezahlt werden, wenn der Schuldner die Einkommensgrenze nach § 115 Abs. 1 ZPO nicht überschreitet.

24 Der neue Abs. 1 Satz 5 verweist allgemein auf die Kosten nach § 4a InsO, von seinem Wortlaut her also auch auf gestundete Kosten des beigeordneten Rechtsanwalts. Es stellt sich aber die Frage, ob Satz 5 nicht dahingehend einschränkend auszulegen ist, dass die Auszahlung des Motivationsrabatts uneingeschränkt zu erfolgen hat, wenn nur noch die Rechtsanwaltskosten gestundet sind und die übrigen Verfahrenskosten bereits ausgeglichen sind. Die Wertung des Gesetzgebers, der Schuldner solle während der Dauer Treuhandperiode nicht besser stehen als nach der Treuhandperiode, kann nicht allein auf die ihm verbleibenden Auszahlungsbeträge bezogen werden. Hintergrund für die eingeschränkte Ausschüttung ist nicht nur, den Schuldner nach Erlangung der Restschuldbefreiung vor unerwarteten Einkommenseinbußen zu schützen, vielmehr ist hierin die immanente Wertung enthalten, dass vor einer Ausschüttung des Motivationsrabatts zu Gunsten des Schuldners zunächst die Verfahrenskosten zu berichtigen sind. Von diesem Prinzip soll nur dann eine Ausnahme gemacht werden, wenn der Schuldner die festgelegten Mindesteinkommensgrenzen unterschreitet. Diese Folge tritt aber dann nicht ein, wenn **nur noch Rechtsanwaltskosten** gestundet sind. Denn der einbehaltene Motivationsrabatt kommt dann nicht dem Ausgleich der gestundeten Kosten zu

Gute, sondern wird ausschließlich an die Gläubiger verteilt. Der Schuldner wäre im Fall der Stundung von Rechtsanwaltskosten doppelt gestraft: Zum einen werden die Kosten während der Treuhandperiode nicht getilgt und er muss sie nach der Erteilung der Restschuldbefreiung berichtigen, zum anderen würde ihm der Motivationsrabatt verwehrt. Der Gesetzgeber hat den Motivationsrabatt anlässlich der Einführung des Stundungsmodells bewusst nicht gestrichen, sondern trotz der Verfahrenskostenstundung durch die Installation einer komplizierten Regelung erhalten (hierzu s. Rdn. 25). Damit hat er zum Ausdruck gebracht, wie wichtig aus seiner Sicht dieser zusätzliche Anreiz für den Schuldner ist. In der Begründung (BT-Drucks. 14/5680 S. 29 zu Nr. 16) weist der Gesetzgeber ausdrücklich darauf hin, dass die Auszahlung des Motivationsrabatts auch den Gläubigern zu Gute kommt, da der Schuldner hierdurch angehalten wird, seinen Obliegenheiten nachzukommen. Zu dieser Zielsetzung würde es nicht passen, dem Schuldner den Motivationsrabatt vorzuenthalten, ohne dass hiermit ein Ausgleich der Verfahrenskosten verbunden ist. Da die gestundeten Rechtsanwaltskosten die Auszahlungen an die Gläubiger nicht schmälern, ist auch kein Grund dafür ersichtlich, dass sie den Motivationsrabatt des Schuldners verringern. Die Vorschrift ist daher insoweit ergänzend auszulegen, dass der Schuldner einen Anspruch auf Auszahlung eines ungekürzten Motivationsrabatts unabhängig von einer Einkommensprüfung nach § 115 Abs. 1 ZPO auch dann hat, wenn die Verfahrenskosten **mit Ausnahme der Rechtsanwaltskosten** auf dem Stundungskonto ausgeglichen sind (str., zust. MüKo-InsO/*Ehricke* § 292 Rn. 32; **a.A.** *Kübler/Prütting/Bork-Wenzel* InsO, § 292 Rn. 23).

In anderen Fällen kommt eine Ausschüttung nur nach einer **vorherigen Einkommensprüfung** des 25 Schuldners in Betracht. Mit dieser Regelung hat der Gesetzgeber allerdings einen komplizierten Weg gewählt, denn die Errechnung des Betrages ist nur durch die Ermittlung individueller Daten (z.B. Miethöhe) beim Schuldner möglich. Der Treuhänder hat den Schuldner daher aufzufordern, die erforderlichen Daten zu liefern und durch geeignete Unterlagen zu belegen. Bei der Berechnung ist vom Treuhänder festzustellen, wie viel dem Schuldner von seinem – nicht durch die Abtretung geschmälerten – Einkommen verbleiben würde, wenn er die Raten zu zahlen hätte (zur Berechnung i.E. *Musielak/Voit* ZPO § 115 Rn. 2 ff.). Von dem nach § 115 Abs. 1 ZPO einzusetzenden Einkommensbeträgen sind also die fiktiv zu zahlenden Raten abzuziehen. Dieser Wert ist mit dem aktuellen pfändungsfreien Einkommen des Schuldners zu vergleichen. Unterschreitet dies den ermittelten Vergleichsbetrag oder ist er gleich hoch, so ist ihm der volle »Motivationsrabatt« auszuzahlen. Bei einer Überschreitung seines Einkommens erhält der Schuldner dagegen keinen – auch keinen anteiligen – »Motivationsrabatt«. Die eingesparten Beträge werden vielmehr zum Ausgleich der gestundeten Kosten verwandt.

Für die Auskehrung des Rabatts spielt es keine Rolle, in welcher Höhe der Treuhänder in den voran- 26 gegangenen Jahren Zahlungen erhalten hat, ein **Mittelwert** wird grds. nicht gebildet (vgl. *Scholz* DB 1996, 765 [769]). Der Motivationsrabatt steht **auch dem selbstständigen Schuldner** zu. Der Anspruch des Schuldners auf den Motivationsrabatt ist für Neugläubiger, nicht aber für Insolvenzgläubiger grds. pfändbar (s. auch *Ahrens* § 294 Rdn. 69; MüKo-InsO/*Ehricke* § 292 Rn. 39).

Der Motivationsrabatt **wurde mit der Reform zum 01.07.2014 aus dem Gesetz gestrichen**. Damit 27 wird der Gesetzgeber dem Umstand gerecht, dass der Motivationsrabatt durch die Verkürzung des Verfahrens auf sechs Jahre (2001) bereits an Bedeutung verloren hatte (Begr. RefE zu Nr. 21 zu Buchstabe a). Durch die weitere Verkürzung des Verfahrens gem. § 300 Abs. 1 Nr. 3 InsO bei Kostendeckung auf fünf Jahre hätte sich der Anwendungsbereich weiter verringert.

D. Abs. 2 Überwachung des Schuldners

Der Gesetzgeber legt die Aufgabe, die Einhaltung der Obliegenheiten des Schuldners zu überwachen, 28 in die Autonomie der Gläubiger. Sie haben die Möglichkeit, den Schuldner durch den Treuhänder überwachen zu lassen und müssen auf der anderen Hand die Kosten dafür tragen.

Grds. obliegt dem Treuhänder nicht die Aufgabe, die Erfüllung der Obliegenheiten des Schuldners zu überwachen (*Häsemeyer* Insolvenzrecht, 1998, Rn. 26.34; HambK-InsO/*Streck* § 292 Rn. 10;

s.a. oben Rdn. 6). Auch die Insolvenzgerichte sind hierzu nicht befugt, was in der Praxis oft übersehen wird und die Treuhänder von den Gerichten aufgefordert werden, jährliche Berichte über die Einhaltung der Obliegenheiten der Schuldner zu erstellen. Hierfür gibt es keine Rechtsgrundlage, eine solche Tätigkeit kann mit der geringen Vergütung auch gar nicht geleistet werden. Eine Kontrolle des Schuldners durch das Gericht erfolgt allenfalls im Rahmen der Kostenstundung (dazu *Kohte* § 4c Rdn. 28 ff.). Abs. 2 gibt der **Gläubigerversammlung** die Möglichkeit, dem Treuhänder die Aufgabe der Überwachung des Schuldners zu übertragen. Da die Gläubigerversammlung kein Instrument der Treuhandphase ist und die Voraussetzungen für ihre Einberufung nach der Aufhebung des Insolvenzverfahrens nicht mehr vorliegen, muss die Übertragung der Überwachung damit **spätestens im Schlusstermin** erfolgen (HK-InsO/*Waltenberger* § 292 Rn. 10; a. A. *Heyer* Restschuldbefreiung im InsVerf, S. 95 f.). Die Übertragung nach Abs. 2 kann nicht durch einzelne Gläubiger oder eine Mehrheit der Gläubiger nachträglich während der Treuhandphase erfolgen (so auch MüKo-InsO/*Ehricke* § 292 Rn. 42). Dies ergibt sich aus der Systematik des Gesetzes. Der Gesetzgeber hat in Abs. 3 im Bewusstsein der Tatsache, dass eine Gläubigerversammlung in der Treuhandphase nicht mehr einberufen wird, das Antragsrecht zur Entlassung des Treuhänders abweichend von § 59 InsO von der Gläubigerversammlung auf die einzelnen Insolvenzgläubiger übertragen. Für die Übertragung der Überwachungsaufgabe hat der Gesetzgeber eine solche Anpassung nicht vorgenommen. Durch die frühzeitige Klärung, ob eine Überwachung des Schuldners erfolgen soll, wird auch die Auswahl der Person des Treuhänders erleichtert, da schon vor der Bestimmung des Treuhänders nach § 291 Abs. 2 InsO klar ist, ob die einzusetzende Person auch Überwachungsaufgaben wahrzunehmen hat und insoweit höhere Anforderungen an die Unabhängigkeit an diese zu stellen sind.

29 Der Treuhänder muss die Überwachung mit übernehmen, wenn er die Verwaltungsaufgaben nach Abs. 1 innehat. Er hat **kein freies Ablehnungsrecht** bzgl. der Übernahme der Überwachungsaufgabe (K. Schmidt/*Henning* InsO, § 292 Rn. 15).

30 Er muss aber nur zur Überwachung tätig werden, wenn die hierfür gesondert zu zahlende Vergütung entweder aus den Abtretungsbeträgen gedeckt ist oder von den Gläubigern vorgeschossen wird (*Häsemeyer* Insolvenzrecht, 1998, Rn. 26.34). Zur Höhe der Vergütung s. § 293 Rdn. 18 ff. Das Überwachungsniveau wird sich hierbei auch nach der Vergütungsfestsetzung nach § 15 Abs. 2 InsVV richten. Auch die notwendigen Auslagen für die Überwachung müssen gedeckt sein, da vom Sinn der Vorschrift her der Treuhänder nur tätig werden soll, wenn die gesamten hiermit verbundenen Kosten gedeckt sind.

31 Nur wenn die Vergütung des Treuhänders für die Tätigkeit nach Abs. 1 und der dem Schuldner in den letzten Jahren der Treuhandphase zustehende Motivationsrabatt von den beim Treuhänder eingegangenen Beträgen gedeckt sind, können zusätzliche Beträge für die Überwachung des Schuldner verwendet werden. Ist dies nicht der Fall, so ist der Treuhänder nur so weit zur Überwachung verpflichtet, als von Gläubigerseite **Beträge für die Überwachung vorgeschossen** werden. Das Gesetz sieht keine Bestimmung dahingehend vor, wer von Seiten der Gläubiger die Vergütung vorzuschießen hat, und inwieweit den Gläubigern untereinander Ausgleichsansprüche zustehen. Dies zu regeln bleibt den Gläubigern überlassen, Ausgleichsansprüche können nach den allgemeinen Regeln des Zivilrechts bestehen (hierzu MüKo-InsO/*Ehricke* § 292 Rn. 47).

32 Aus dem Vorrang der Kostendeckung und dem Begriff des Vorschusses ergibt sich aber ein Anspruch des vorleistenden Gläubigers auf bevorzugte Befriedigung aus den Abtretungsbeträgen, wenn – unabhängig vom konkreten Erfolg der Überwachungsmaßnahmen – zu einem späteren Zeitpunkt wieder Beträge zur Verteilung an die Gläubiger anstehen. Denn seine Vorschussleistung ist durch den Beschluss der Gläubigerversammlung durch die Gemeinschaft der Gläubiger legitimiert.

33 Ist die Vergütung weder gedeckt noch vorgeschossen, **ruht der Überwachungsauftrag** des Treuhänders, bis die zur Überwachung notwendige zusätzliche Vergütung zu einem späteren Zeitpunkt wieder zur Verfügung steht.

34 Überträgt die Gläubigerversammlung dem Treuhänder die Überwachung des Schuldners, so hat das Gericht diese Tatsache im Beschluss nach § 291 Abs. 2 InsO festzustellen. Die **Rechtsgrundlage** für

die Überwachungstätigkeit unterscheidet sich von der für die Verwaltungstreuhand nach Abs. 1. Diese wird als Treuhandschaft öffentlichen Rechts unmittelbar durch das Gesetz und den Beschluss des Gerichts begründet, während sich der Überwachungsauftrag als eine gesetzlich geregelte rechtsgeschäftliche Treuhand gestaltet, da sie von einem freiwilligen Beschluss der Gläubigerversammlung abhängt. Rechtsgrundlage für die Überwachungstätigkeit sind zunächst die zwingenden Regelungen der §§ 292 Abs. 2 und 3 i.V.m. § 295 InsO, die den Beteiligten anstelle freier Vereinbarungen anheimgestellt werden (vgl. hierzu *Liebich/Mathews* Treuhand und Treuhänder in Recht und Wirtschaft, 1983, S. 327 und zur ähnlichen Konstruktion des Gläubigerausschusses S. 337). Subsidiär kommen die allgemeinen rechtsgeschäftlichen Regelungen, insbes. die §§ 670, 675 BGB zur Anwendung (s. Rdn. 53).

Zur Überwachung gehört nicht nur die regelmäßige Überprüfung des Wohnortes des Schuldners, sondern auch die Überprüfung der Einkommensverhältnisse (hinsichtlich des abgetretenen Einkommens bzw. evtl. Erwerbs von Todes wegen). Dies kann je nach den Umständen durch schriftliche Nachfragen, aber auch durch persönliche Gespräche erfolgen (ähnlich MüKo-InsO/*Ehricke* § 292 Rn. 52). Darüber hinaus muss der Treuhänder auch die Bewerbungsbemühung des Schuldners überprüfen, wenn dieser erwerbslos ist. Der Umfang der Überprüfung ist aber immer eine Frage des Einzelfalls, wobei die Anforderungen an den Treuhänder nicht überspannt werden dürfen (HambK-InsO/*Streck* § 292 Rn. 31). Der Treuhänder muss **die Gläubiger unverzüglich benachrichtigen**, wenn er einen Verstoß gegen die Obliegenheiten feststellt. Diese Konstruktion des Gesetzes erfordert u.U. einen nicht unerheblichen Verwaltungsaufwand, da der Treuhänder, um eigenen Haftungsansprüchen zu entgehen, die Unterrichtung der Gläubiger durch Zustellung der Nachrichten betreiben muss. Wie der Treuhänder die Überwachung vornimmt, liegt in seinem pflichtgemäßen Ermessen. Der Umfang der Tätigkeit ist einerseits abhängig von den Mitteln, die dem Treuhänder für die Überwachung zur Verfügung stehen (s.o. Rdn. 29), aber auch von den konkreten Erfordernissen des Einzelfalls. Nachforschungen in Form von detektivischen Ermittlungen sind dabei nicht erforderlich (MüKo-InsO/*Ehricke* § 292 Rn. 52; *Nerlich/Römermann* InsO, § 292 Rn. 41). Hat der Schuldner einen Arbeitsplatz, so wird sich die Überwachungstätigkeit darauf beschränken können, einmal jährlich Auskünfte über die Situation des Schuldners einzuholen. Auch bei einem selbstständigen Schuldner ist die Überwachungspflicht begrenzt, da von ihm keine **Bewerbungsbemühungen** erwartet werden. Bei einem erwerbslosen Schuldner wird sich der Treuhänder dagegen je nach den konkreten Aussichten auf dem Arbeitsmarkt regelmäßiger Auskünfte über seine Bewerbungsbemühungen geben lassen. Ob er dies schriftlich macht, oder Besuchstermine mit dem Schuldner vereinbart, bleibt ihm überlassen. Der Schuldner ist gem. § 295 Abs. 1 Nr. 3 InsO zur Auskunftserteilung verpflichtet.

Auch bei einem selbstständigen Schuldner kann die Überwachung angeordnet werden (*Kübler/Prütting/Bork-Wenzel* InsO, § 292 Rn. 11; so wohl auch *Uhlenbruck/Sternal* InsO, § 292 Rn. 62, der auf die Notwendigkeit einer betriebswirtschaftlichen Analyse hinweist). Diese bezieht sich aber gerade nicht auf die Informationen bzgl. des Gewinns in der vom Schuldner tatsächlich ausgeübten selbstständigen Tätigkeit, sondern ausschließlich auf Informationen bzgl. **der Abführung des fiktiven Einkommensbetrages nach § 295 Abs. 2 InsO**. Denn allein das fiktive Einkommen eines nichtselbstständig Tätigen ist maßgeblich für die Abführungspflicht des Selbstständigen (BVerfG 07.12.2016 ZIP 2017, 433; BGH 19.05.2011 NZI 2011, 596, ausf. hierzu *Grote* ZInsO 2004, 1105). Den Umfang und die Ergebnisse der Überwachungsmaßnahmen wird der Treuhänder im eigenen Interesse **dokumentieren** (so auch *Uhlenbruck/Sternal* InsO, § 292 Rn. 63). Dies wird insbes. durch schriftliche Notizen von den Gesprächen mit dem Schuldner und Kopien der von ihm beigebrachten Unterlagen und Erklärungen erfolgen.

Werden dem Treuhänder im Fall eines Überwachungsauftrages Tatsachen bekannt, die einen **Verstoß gegen die Obliegenheiten** des Schuldners nach § 295 InsO darstellen, ist er zur unverzüglichen Unterrichtung der Gläubiger verpflichtet. Sein Tätigwerden setzt also eine gewisse rechtliche Wertung voraus. Dies bringt den Treuhänder in ein Dilemma. Einerseits kann er die Gläubiger wegen des damit verbundenen Verwaltungsaufwandes nicht wegen aller möglicherweise denkbaren Verstöße des Schuldners gegen seine Obliegenheitspflichten unterrichten, andererseits riskiert er einen Regress, wenn er schuldhaft seine Pflichten verletzt (s. Rdn. 48 ff.).

38 Eine Nachfrage beim Insolvenzgericht ist zwar erlaubt, die Möglichkeit für einen Klarstellungsbeschluss sieht das Gesetz aber nicht vor. Der **Treuhänder muss selbstständig entscheiden**, ob er aufgrund der ihm vorliegenden Tatsachen einen Obliegenheitsverstoß für gegeben hält. Dabei hat er auch die Voraussetzungen des § 296 InsO zu berücksichtigen, insbesondere die Frage, ob der Verstoß zu einer **Beeinträchtigung der Befriedigung der Gläubiger** geführt hat und schuldhaft war (vgl. i.E. *Ahrens* § 296 Rdn. 12 ff.).

39 Die Gläubigerversammlung kann den Überwachungsauftrag spezifizieren, allerdings nur im Rahmen der gesetzlichen Bestimmungen. Der durch die gesetzlichen Vorgaben eingegrenzte Überwachungsauftrag kann nicht erweitert, wohl aber eingeschränkt werden. So wird der Umfang der Überwachungstätigkeit eingeschränkt werden können, etwa auf eine bestimmte Stundenzahl pro Jahr, oder die Pflicht zur Überwachungstätigkeit kann davon abhängig gemacht werden, ob Abtretungsbeträge aus dem Einkommen des Schuldners an den Treuhänder fließen oder nicht. Auch bzgl. der Art der Benachrichtigung können Vereinbarungen getroffen werden, so kann die Gläubigerversammlung auf eine förmliche Zustellung der Benachrichtigung verzichten und eine Benachrichtigung per Brief als ausreichend vereinbaren. Dann ist den Gläubigern in einem etwaigen **Regress gegen den Treuhänder** allerdings der Einwand abgeschnitten, der Treuhänder habe sie nicht unterrichtet, wenn der Brief den Gläubiger nicht erreicht hat.

E. Abs. 3 Rechnungslegung und Aufsicht

40 Nach Abschluss seiner Tätigkeit hat der Treuhänder dem Insolvenzgericht Rechnung zu legen. Die Vorschrift knüpft an die Rechnungslegungspflicht des Insolvenzverwalters nach § 66 InsO an, die dem bisherigen Recht in § 86 Abs. 1 Satz 1 KO entspricht. Ein Unterschied zur **Rechnungslegungspflicht** des Insolvenzverwalters besteht nur insoweit, als der Treuhänder wegen des Fehlens einer Gläubigerversammlung in der Treuhandphase nicht dieser, sondern dem Insolvenzgericht Rechnung zu legen hat. Zu den Einzelheiten der Rechnungslegung vgl. MüKo-InsO/*Ehricke* § 292 Rn. 60; zur Schlussrechnung des Treuhänders s. *Kohte* § 4b Rdn. 7.

41 Die Regelungen zur Aufsicht und Kontrolle des Treuhänders entsprechen nur teilweise denen, die für den Insolvenzverwalter gelten. Hierdurch soll dem **reduzierten Aufgabenkreis** und den begrenzten Befugnissen des Treuhänders genüge getan werden (*Uhlenbruck/Sternal* InsO, § 292 Rn. 73 ff.). Das Gesetz nimmt ausdrücklich nur Bezug auf die Möglichkeit der Beaufsichtigung des Treuhänders durch das Insolvenzgericht nach § 58 InsO und die Möglichkeit der Entlassung des Treuhänders nach § 59 InsO. Das Antragsrecht für die **Entlassung** wird aufgrund des Fehlens der Gläubigerversammlung in der Treuhandphase den einzelnen Insolvenzgläubigern übertragen.

42 Der Verweis auf § 58 InsO gibt dem Gericht die Möglichkeit, die Tätigkeit des Treuhänders zu **überwachen** und auf sie Einfluss zu nehmen. Das Gericht hat jederzeit die Möglichkeit, Auskünfte und Sachstandsberichte vom Treuhänder zu verlangen und ihn durch Festsetzung von Zwangsgeldern zur Einhaltung seiner Pflichten zu bewegen. Zu den Einzelheiten der Aufsicht vgl. *Jahntz* § 58 Rdn. 5 ff.

43 Das Insolvenzgericht kann den Treuhänder nach § 59 InsO aus seinem **Amt entlassen**. Eine Abwahl ist mangels Verweisung auf § 57 InsO nicht möglich (*Hess/Obermüller* Insolvenzplan, 1998, Rn. 1006). Eine Entlassung wird nur bei einem wichtigen Grund zuzulassen sein (vgl. dazu *BGH* 26.01.2012 ZInsO 2012, 455 f.), etwa bei wiederholten oder besonders schweren Pflichtverletzungen, z.B. der Schädigung der Masse durch ungerechtfertigte Abrechnungen (*BGH* 26.04.2012 – IX ZB 30/11). Eine Entlassung ist auch dann gerechtfertigt, wenn ein Treuhänder Aufträge zu Lasten der Insolvenzmasse an ein Unternehmen erteilt, an dem er – oder seine Ehefrau – rechtlich oder wirtschaftlich beteiligt ist (*BGH* 26.04.2012 ZInsO 2012, 1125 ff.; 19.01.2012 ZInsO 2012, 269 ff.). Eine erhebliche Pflichtverletzung ist auch dann gegeben, wenn der Treuhänder trotz mehrfacher

Festsetzung eines Zwangsgeldes seiner Pflicht zur Rechnungslegung oder Berichterstattung nicht nachkommt (*BGH* 12.01.2012 ZIP 2012, 1092).

Ein Entlassungsgrund ist aber auch gegeben, wenn der Treuhänder sich als ungeeignet herausstellt oder eine eventuell bestehende Interessenkollision dem Gericht nicht anzeigt (vgl. zu weiteren Entlassungsgründen *Hess/Obermüller* Insolvenzplan, 1998, Rn. 1008). Auch die Amtsunfähigkeit infolge von Krankheit führt zur Entlassung (BT-Drucks. 12/2443 S. 170). Vor der Entscheidung ist der Treuhänder zu hören. Zu den einzelnen Voraussetzungen der Entlassung (vgl. *Jahntz* § 59 Rdn. 16 f.). Eine Entlassung kommt grds. nur in Betracht, wenn ein **pflichtwidriges Verhalten** tatsächlich festgestellt werden kann. Dies kann z.B. dann gegeben sein, wenn die Neutralität des Treuhänders in Frage steht nachdem er beleidigende Kommentare über den Schuldner geäußert hat (*BGH* 09.07.2009 ZVI 2009, 40 ff.). Steht ein pflichtwidriges Verhalten nicht zweifelsfrei fest, so kann allenfalls bei Verfehlungen schwerster Art (etwa bei anlässlich der Verwaltung begangener Straftaten) in Ausnahmefällen der böse Schein ausreichen, um eine Entlassung auch ohne den Nachweis der Verfehlung zu rechtfertigen (*LG Halle* ZIP 1993, 1739; so auch *Hess* InsO, § 292 Rn. 14; MüKo-InsO/*Ehricke* § 292 Rn. 67).

Der Schuldner hat keine direkte Möglichkeit, **Aufsichtsmaßnahmen** gegen den Treuhänder zu beantragen. Allerdings hat er die Möglichkeit, das Gericht auf mögliche Verfehlungen des Treuhänders hinzuweisen, die vom Gericht im Hinblick auf die wichtige Funktion des Treuhänders für den Schuldner ordnungsgemäß zu bescheiden hat. Denn die Aufsicht des Gerichts über den Treuhänder ist auch eine Maßnahme des Schuldnerschutzes (insoweit auch MüKo-InsO/*Ehricke* § 292 Rn. 69), so dass auch eine analoge Anwendung der §§ 1837 Abs. 2, 1886 BGB zu erwägen ist (KS-InsO/ *Kohte* 1997, S. 640 Rn. 92; insoweit abl. MüKo-InsO/*Ehricke* § 292 Rn. 69). 44

F. Haftung des Treuhänders

Die Haftung des Treuhänders im Restschuldbefreiungsverfahren ist nicht ausdrücklich geregelt. § 292 Abs. 3 InsO verweist nur auf die §§ 58, 59 InsO und nicht auf die sonstigen Vorschriften, die den Insolvenzverwalter betreffen. Eine **direkte Anwendung des § 60 InsO**, der die Haftung des Insolvenzverwalters regelt, **scheidet daher aus**. 45

In der Literatur wird zum Teil eine entsprechende Anwendung des § 60 InsO auf die Tätigkeit des Treuhänders in der Treuhandphase befürwortet (*Häsemeyer* Insolvenzrecht, 1998, Rn. 26.32; HK-InsO/*Waltenberger* § 292 Rn. 24 m. umfangreichen Nachw. zum Meinungsstand in FN 48). Für eine analoge Anwendung spricht eine vergleichbare Interessenlage, da sowohl Insolvenzverwalter als auch Treuhänder ähnliche Aufgaben wahrnehmen und beide als Amtswalter gerichtlich bestellt sind. Bedenken bestehen allerdings bzgl. des Vorliegens einer unbewussten Regelungslücke. Der Gesetzgeber hat, anders als in § 313 Abs. 1 Satz 3 InsO nicht allgemein auf die §§ 56 bis 66 verwiesen, sondern ganz selektiv in § 292 Abs. 3 Satz 2 auf die §§ 58, 59 und in § 293 Abs. 2 auf die §§ 64, 65 InsO. Dies spricht dafür, dass der Gesetzgeber bewusst, wohl aufgrund des eingeschränkten Aufgaben- und Verantwortungsbereichs des Treuhänders die Haftungsregelung des § 60 InsO nicht für den Treuhänder in der Wohlverhaltensperiode übernehmen wollte. Insoweit verbietet sich nach allgemeiner Meinung eine entsprechende Anwendung des § 60 InsO (offen gelassen in *BGH* 10.07.2008 ZInsO 2008, 971 Rn. 20; *OLG Celle* OLGR 2007, 925; so auch *Hess/Obermüller* Insolvenzplan, 1998, Rn. 1013; *Hess* InsO, § 292 Rn. 18; Uhlenbruck/*Sternal* InsO, § 292 Rn. 12; *Nerlich/Römermann* InsO, § 292 Rn. 52; HambK-InsO/*Streck* § 292 Rn. 14; Graf-Schlicker/*Kexel* InsO, § Rn. 15 f.; *Kübler/Prütting/Bork-Wenzel* InsO, § 292 Rn. 16; a.A. HK-InsO/*Waltenberger* § 292 Rn. 24). 46

Aber auch bei einer Unanwendbarkeit des § 60 InO **haftet der Treuhänder nach allgemeinen Grundsätzen**, insbes. § 280 Abs. 1 BGB (*AG Köln* 21.03.2013 – 137 C 566/12, ZInsO 2013, 314 f.). Aufgrund des bestehenden gesetzlichen Schuldverhältnisses (*Kuhn/Uhlenbruck* KO § 78 Rn. 7; *Jaeger* InsO, § 60 Rn. 13) sind die Haftungsregelungen des bürgerlichen Rechts heranzuziehen, die subsidiär gelten (*Jaeger/Weber* KO, § 82 Rn. 1; *Hess/Obermüller* Insolvenzplan, 1998, 47

Rn. 1013). Das gesetzliche Schuldverhältnis ist jedoch nicht gleichförmig, sondern durch verschiedenartige Pflichten gekennzeichnet (so für den Konkursverwalter *Kuhn/Uhlenbruck* § 82 Rn. 1g). Wegen der unterschiedlichen Aufgabenbereiche des Treuhänders ist daher bei der Haftung zwischen der Verwaltungstätigkeit und der Überwachungstätigkeit zu unterscheiden:

I. Die Haftung des Treuhänders für die Verwaltung nach Abs. 1

48 Es ist ein Grundsatz des deutschen Rechts, dass ein durch Hoheitsakt bestellter Verwalter fremden Vermögens zu einer ordentlichen Verwaltung verpflichtet ist und dem Inhaber des Vermögens haftet (*BGH* BGHZ 24, 393 [395]; *Liebich/Mathews* Treuhand und Treuhänder in Recht und Wirtschaft, 1983, S. 408). Der BGH hat in seiner Entscheidung, die einen ähnlich gelagerten Fall eines hoheitlich von der Militärregierung eingesetzten Treuhänders (Custodian) betraf, und in dem gesetzliche Regelungen zur Haftung des Verwalters fehlten, dennoch eine Haftung des Verwalters angenommen. Dies ergibt sich nach Ansicht des BGH aus allgemeinen Rechtsgrundsätzen, die die speziellen Regelungen der Insolvenzordnung ergänzen. Er hat die rechtsgeschäftlichen Grundsätze eines Geschäftsbesorgungsverhältnisses auch auf das gesetzliche Schuldverhältnis angewandt (*BGH* BGHZ 24, 369, krit. zur Anwendbarkeit der Regeln über die Geschäftsbesorgung *Jaeger/Weber* § 78 Rn. 5b m.w.N.; *Hess/Obermüller* Insolvenzplan, 1998, Rn. 1014; skeptisch auch MüKo-InsO/*Ehricke* § 282 Rn. 73).

Unabhängig von der Frage der Anwendbarkeit dieser Regeln ist jedoch weitgehend unstreitig, dass aus dem gesetzlichen Schuldverhältnis Pflichten erwachsen, deren Verletzung Schadensersatzansprüche auslöst.

49 So ist auch der Treuhänder unstreitig zur pfleglichen Behandlung des ihm anvertrauten Vermögens verpflichtet (zu den Verpflichtungen des Treuhänders bei einer **doppelseitigen Treuhand** vgl. *BGH* WM 1971, 969 und 1966, 445). Bei schuldhaften Pflichtverletzungen des Treuhänders steht den Gläubigern als potentiellen Empfängern des verwalteten Vermögens ein Anspruch auf **Schadensersatz**, insbes. aus § 280 Abs. 1 BGB, zu (*AG Köln* 21.03.2013 – 137 C 566/12, ZInsO 2013, 314 f.; *LG Hannover* 27.06.2011 InsbürO 2012, 43 f.; *OLG Celle* 02.10.2007 NZI 2008, 52; *Grote* InsbürO 2011, 421 f.; MüKo-InsO/*Ehricke* § 292 Rn. 73, *Uhlenbruck/Sternal* InsO, § 292 Rn. 15 ff.). So haftet der Treuhänder den Gläubigern zum Beispiel dann, wenn er es unterlässt, rechtzeitig Anträge bei Gericht zu stellen um den Pfändungsbetrag zu erhöhen (insbes. nach § 850c Satz 4 ZPO oder § 850e ZPO). Das LG Hannover hatte eine Haftung des Treuhänders angenommen, weil dieser es unterlassen hatte, Anträge auf Nichtberücksichtigung von unterhaltsberechtigten Kindern zu stellen. Dem ist grds. zuzustimmen, allerdings war die Entscheidung in dem Fall inhaltlich insoweit zweifelhaft, als dem Treuhänder zum Vorwurf gemacht wurde, nichts dagegen unternommen zu haben, dass die Kinder bei beiden erwerbstätigen Eltern als unterhaltsberechtigte Personen berücksichtigt wurden. Diese Doppelberücksichtigung entsprach aber der damaligen höchstrichterlicher Rspr. (*BAG* 21.01.1975 DB 1975, 1370), so dass fraglich ist, ob der Treuhänder hier pflichtwidrig gehandelt hatte.

50 Auch **gegenüber dem Schuldner haftet der Treuhänder** bei schuldhaften Pflichtverletzungen nach § 280 Abs. 1 BGB (*OLG Celle* OLGR 2007, 925; *Hess* InsO 2007, § 292 Rn. 31 ff.; offen gelassen in *BGH* 10.07.2008 – IX ZR 118/07, Rn. 20). Pflichtverletzungen können sich etwa bei unzulässigen Zugriffen auf das freie Vermögen des Schuldners oder bei fehlerhaften Auskünften zu den Obliegenheiten eines Selbstständigen in der Treuhandphase ergeben, etwa wenn der Treuhänder unzulässig hohe Zahlungen von einem Selbstständigen einfordert. Die Pflichten des Treuhänders gehen aber nicht so weit, als dass der Treuhänder zu Gunsten des Schuldners die Richtigkeit der Pfändungsberechnung des Drittschuldners überprüfen müsste (*OLG Celle* OLGR 2007, 925). Dies liegt auch in der Treuhandperiode im Obligo des Schuldners, zumal der Drittschuldner bei einer Fehlberechnung zu Lasten des Schuldners diesem gegenüber nicht frei geworden ist (*OLG Celle* OLGR 2007, 925). Ebenso wenig ist der Treuhänder verpflichtet, zu Gunsten des Schuldners die Rechtmäßigkeit einer vom Sozialleistungsträger vorgenommenen Verrechnung nach § 52 SGB I zu überprüfen (so *BGH* 10.07.2008 ZInsO 2008, 971 ff.). Zieht er allerdings unpfändbare Beträge ein und verteilt

die an die Gläubiger, so macht er sich dem Schuldner gegenüber schadensersatzpflichtig (*BGH* 10.07.2008 ZInsO 2008, 971 ff.). Das Gleiche dürfte gelten, wenn er weiß, dass ihm unpfändbare Beträge, die ihm zu Unrecht überwiesen wurden, nicht zustehen. In diesem Fall ist er verpflichtet, die Beträge ohne Aufforderung an den Schuldner auszukehren.

Bzgl. des **Verschuldensmaßstabs des entgeltlich tätigen Treuhänders**, gilt generell § 276 BGB. Zum eingeschränkten Haftungsmaßstab des unentgeltlich tätig werdenden Treuhänders vgl. die 7. Aufl. § 292 Rn. 7). 51

Darüber hinaus haftet der Treuhänder für schuldhafte Pflichtverstöße aus den §§ 823 ff. BGB. So kommt eine Haftung nach § 823 Abs. 2 BGB i.V.m. § 246 StGB sowie eine Haftung aus § 826 BGB in Betracht, wenn der Treuhänder einzelne Gläubiger zum Nachteil der anderen Gläubiger bevorzugt (*Hess/Obermüller* Insolvenzplan, 1998, Rn. 1015; zu str. Frage, ob bei einer unentgeltlichen Tätigkeit auch für die **deliktische Haftung** ein eingeschränkter Haftungsmaßstab gelten soll vgl. *Palandt/Putzo* § 599 BGB Rn. 2 m.w.N.). 52

II. Die Haftung des Treuhänders als Überwacher gem. Abs. 2

Die Rechtsnatur der Überwachungstätigkeit des Treuhänders unterscheidet sich dagegen von dem Verwaltungsauftrag nach Abs. 1. Hier liegt ein gesetzlich geregeltes rechtsgeschäftliches Treuhandverhältnis vor (vgl. *Liebich/Mathews* Treuhand und Treuhänder in Recht und Wirtschaft, 1983, S. 227 Rn. 237), denn die Übertragung der Überwachungsaufgabe erfolgt durch eine entgeltliche Geschäftsbesorgung im Auftrag der Gläubiger, vertreten durch die Gläubigerversammlung. Für dieses Rechtsverhältnis gelten zunächst die zwingenden Bestimmungen der §§ 292 ff. InsO, subsidiär kommen die allgemeinen Grundsätze für Rechtsgeschäfte zur Anwendung. So lange die Vergütung für die Überwachung nicht gedeckt oder vorgeschossen ist ruht der Überwachungsauftrag, so dass insoweit auch keine Pflichtverletzung möglich ist (ähnlich *Graf-Schlicker/Kexel* InsO, § 292 Rn. 10 ff.; vgl. oben Rdn. 17). 53

Da die InsO für eine fehlerhafte Überwachung des Treuhänders keine Haftungsregelungen getroffen hat, haftete der Treuhänder ebenfalls nach **allgemeinen zivilrechtlichen Grundsätzen**, insbes. aus § 280 Abs. 1 BGB (zur Nichtanwendbarkeit s. Rdn. 45) wenn er z.B. den Gläubigern einen Verstoß des Schuldners gegen dessen Obliegenheitspflichten nicht rechtzeitig mitteilt. *Ehricke* (MüKo-InsO § 292 Rn. 75) weist zu Recht darauf hin, dass der Überwachungsvertrag bereits mit dem Auftrag durch die Gläubigerversammlung zu Stande kommt. Da die Pflicht zur Tätigkeit aber an die Deckung der besonderen Vergütung geknüpft ist, kann er sich ohne diese Deckung auch nicht wegen einer Pflichtverletzung nach § 280 Abs. 1 BGB schadensersatzpflichtig machen. 54

G. Verfahrensrechtliches

Gegen die Übertragung der Überwachungsaufgabe an den Treuhänder durch die Gläubigerversammlung steht dem Schuldner kein Rechtsmittel zu. Der Schuldner hat nach § 59 InsO auch kein eigenes Antragsrecht, um auf die Entlassung des Treuhänders hinzuwirken (so auch MüKo-InsO/*Ehricke* § 292 Rn. 82). Dies ist aufgrund der engen Verbindung zwischen Treuhänder und Schuldner und den erheblichen Einflussmöglichkeiten, die der Treuhänder auf das Erreichen der Restschuldbefreiung hat, bedauerlich. *Ehricke* (MüKo-InsO § 292 Rn. 82) hält diese Situation dagegen für interessengerecht. Seine Begründung, der Schuldner könnte ansonsten Druck auf den Treuhänder ausüben, erscheint allerdings nicht sehr lebensnah. Bei Pflichtverstößen des Treuhänders bleibt dem Schuldner nur die Möglichkeit, beim Insolvenzgericht eine Entlassung des Treuhänders anzuregen, das von Amts wegen entscheiden kann. 55

Beantragt ein Insolvenzgläubiger die **Entlassung des Treuhänders**, steht diesem gegen die ablehnende Entscheidung des Insolvenzgerichts die sofortige Beschwerde zu. 56

§ 293 Vergütung des Treuhänders

(1) ¹Der Treuhänder hat Anspruch auf Vergütung für seine Tätigkeit und auf Erstattung angemessener Auslagen. ²Dabei ist dem Zeitaufwand des Treuhänders und dem Umfang seiner Tätigkeit Rechnung zu tragen.

(2) § 63 Abs. 2 sowie die §§ 64 und 65 gelten entsprechend.

Übersicht	Rdn.		Rdn.
A. Normzweck	1	E. Auslagenerstattung	23
B. Gesetzliche Systematik	4	F. Sekundäranspruch gegen die Staatskasse	28
C. Vergütung für die Verwaltung	11		
D. Vergütung für die Überwachung	18	G. Verfahrensrechtliches	30

Literatur:
Siehe vor § 286.

Graeber Vergütungsrecht in der Insolvenzpraxis: Änderungen des Vergütungsrechts für Treuhänder bzw. Verbraucherinsolvenzverwalter ab dem 1.7.2014, InsbürO 2014, 3; *Kohte* Der Sekundäranspruch des Insolvenzverwalters/Treuhänders, Rpfleger 2014, 169.

A. Normzweck

1 § 293 stellt klar, dass dem Treuhänder für seine Tätigkeit eine Vergütung zusteht. Der Gesetzgeber hat in der Begründung ausdrücklich auf die Möglichkeit hingewiesen, dass der Treuhänder auf seine Vergütung verzichten kann. Dies ergibt sich aus den allgemeinen Rechtsgrundsätzen, so dass es hierzu keiner ausdrücklichen Regelung bedarf (BT-Drucks. 12/7302 S. 188).

Durch Abs. 2 wird mit dem Verweis auf § 64 InsO erreicht, dass die Festsetzung der Vergütung durch das Insolvenzgericht erfolgt. Gleichzeitig wird auch für die Treuhändervergütung nach § 293 InsO durch den Verweis auf § 65 InsO eine **Verordnungsermächtigung** geschaffen. Das Bundesministerium der Justiz hat von der Verordnungsermächtigung Gebrauch gemacht (Rdn. 6).

2 Der durch das InsOÄndG 2001 eingefügte Verweis auf den ebenfalls geänderten § 63 Abs. 2 soll in »masselosen« Verfahren gewährleisten, dass die Mindestvergütung des Treuhänders ebenfalls durch die Stundung der Staatskasse gedeckt ist.

3 Die InsVV ist zuletzt durch das Gesetz zur Verkürzung des Restschuldbefreiungsverfahrens und zur Stärkung der Gläubigerrechte vom 15.07.2013 (BGBl. I S. 2379) geändert worden. Zu den Neuregelungen s. *Graeber* InsbürO 2014, 3.

B. Gesetzliche Systematik

4 Abs. 1 Satz 1 entspricht im Wesentlichen § 63 Abs. 1 Satz 1 InsO, der die Vergütung des Insolvenzverwalters regelt. Damit unterscheiden sich die Regelungen zur Vergütung des Treuhänders von denen im Vormundschafts- und **Betreuungsrecht,** wo das gesetzliche System zunächst von einer unentgeltlichen Betreuung ausgeht (§ 1836 Abs. 1 BGB), von diesem Grundsatz aber zahlreiche Ausnahmen zulässt (vgl. §§ 1836 Abs. 1 Satz 2, 1836 Abs. 2, 1908e, 1908g BGB).

5 Satz 2 lässt (vorbehaltlich des Abs. 2) grds. eine Ermessensentscheidung des Gerichts zu, wobei für die Bemessung der Höhe der Vergütung nicht wie bei § 63 Satz 2 InsO an den Wert der Masse angeknüpft wird, sondern an den Zeitaufwand des Treuhänders und den Umfang seiner Tätigkeiten.

6 Die Verweisung in Abs. 2 auf § 65 InsO stellt klar, dass auch bzgl. der Vergütungsverordnung für die Tätigkeit des Treuhänders eine Verordnungsermächtigung des Bundesministeriums der Justiz besteht. Dieser hat von der Ermächtigung Gebrauch gemacht und die Vergütung durch Verordnung vom 19.08.1998 erstmals festgelegt.

§ 293 InsO betrifft ausschließlich die Vergütung des Treuhänders für seine Tätigkeit in der Treu- 7
handphase. Die Vergütung des Treuhänders als Verwalter im vereinfachten Insolvenzverfahren
nach § 313 InsO wird durch den Verweis auf § 63 InsO geregelt (vgl. hierzu § 13 InsVV sowie
hier die Komm. der InsVV von *Lorenz*). Durch das InsOÄndG 2001 wird allerdings der **Beginn
der Laufzeit** der Abtretung auf den Zeitpunkt der Eröffnung des Insolvenzverfahrens vorverlegt,
so dass zeitweise eine Parallelität von Abtretungsphase und Insolvenzverfahren besteht, die allerdings
für die Aufgabenbereiche und die Vergütung des Treuhänders ohne Bedeutung ist (vgl. hierzu § 292
Rn. 4 und *Ahrens* § 287 Rn. 231 ff.).

Die Bemessung der Gebühren liegt im **Spannungsfeld** zwischen einer größtmöglichen Gläubigerbe- 8
friedigung, der Gewährleistung einer qualitativ ausreichenden Betreuung und der Bezahlbarkeit des
Verfahrens auch für einkommensschwache oder mittellose Schuldner. In Anbetracht der Tatsache,
dass in einer großen Anzahl von Verbraucherinsolvenzverfahren keine besonders hohen Abtretungsbeträge zu erwarten sind, erscheinen schon die **Staffelsätze** kaum als ausreichend, um die mit einer
ordnungsgemäßen Betreuung verbundenen Kosten des Treuhänders zu decken (*Grote* ZInsO 1998,
107 [111]; *Bindemann* Handbuch Verbraucherkonkurs, 2. Aufl., Rn. 241; skeptisch bzgl. der niedrigen Bemessung der Vergütung auch MüKo-InsO/*Ehricke* § 293 Rn. 15). In der Zwischenzeit sind
seit dem Inkrafttreten der InsVV zudem mehr als 12 Jahre vergangen, ohne dass eine Erhöhung der
Vergütung vorgenommen wurde.

Viele Schuldner werden den langen Zeitraum von **sechs** Jahren nur durchstehen können, wenn der 9
Treuhänder als Ansprechpartner zur Verfügung steht und ihnen bei den vielfältigen Ereignissen und
Unwägbarkeiten des täglichen Lebens (Arbeitsplatzverlust, Wegfall eines Nebenverdienstes, Geburt
eines Kindes) Hinweise zu den Auswirkungen auf die Restschuldbefreiung und der Vermeidung der
Versagung geben kann (s. hierzu auch *Döbereiner* Restschuldbefreiung nach der InsO, 1997, S. 335).
Auch der Schuldner hat also ein Interesse daran, dass der Treuhänder für seine Tätigkeit angemessen
vergütet wird.

Durch den Verweis auf § 63 Abs. 2 InsO wird die Vergütung des Treuhänders in das **Stundungs-** 10
modell nach § 293 InsO einbezogen. Reichen die Abtretungsbeträge nicht aus, um den Anspruch
des Treuhänders auf Zahlung der Mindestvergütung und Ersatz der Auslagen zu decken, muss
der Schuldner diese zukünftig nicht mehr notwendiger Weise aus seinen unpfändbaren Einkommensanteilen decken, sondern bekommt auch die Kosten gestundet, wenn ihm für diesen Verfahrensabschnitt die Stundung nach §§ 4aff. InsO bewilligt wurde. Durch die Bewilligung entsteht ein
selbstständiger Sekundäranspruch des Treuhänders gegen die Staatskasse (s. *Schmitt* § 63 Rdn. 49).

C. Vergütung für die Verwaltung

Die Vergütung des Treuhänders für die Verwaltungstätigkeit nach § 292 Abs. 1 InsO richtet sich 11
gem. **§ 14 Abs. 1 InsVV staffelmäßig** nach der Höhe der bei ihm eingegangenen Beträge. Hierbei
lehnt sich der Verordnungsgeber an die Staffelsätze an, die für den Zwangsverwalter im Zwangsverwaltungsverfahren gelten (Begr. zu § 14 InsVV s. hier die Komm. der InsVV von *Lorenz*). Darüber
hinaus sieht § 14 Abs. 3 InsVV eine Mindestvergütung für den Fall vor, dass keine oder nur geringe
Beträge beim Treuhänder eingehen.

Damit entfernt sich der Inhalt der Verordnung von der im Gesetz vorgesehenen Anknüpfung der
Höhe der Vergütung an den Umfang und Zeitaufwand der Tätigkeit. Denn die Höhe der verein-
nahmten Beträge steht nicht notwendigerweise in Relation zu dem mit der Betreuung verbundenen
Aufwand. Dennoch hat sich der Verordnungsgeber zugunsten einer einfacheren Handhabung für die
Summe der beim Treuhänder eingegangenen Beträge als Bemessungsgrundlage für die Vergütung
entschieden.

Für die Verwaltung nach § 293 Abs. 1 InsO sieht § 14 InsVV folgende Vergütungen vor: 12

§ 14 InsVV

von den ersten 25.000 €	5 v.H.
von dem Mehrbetrag bis 50.000 €	3 v.H.
von dem darüber hinausgehenden Betrag	1 v.H.
Mindestvergütung pro Jahr	100 €

Die Höhe der Prozentsätze ist gegenüber denen im 1. Entwurf deutlich reduziert worden. Dieser sah für die ersten 50.000 DM (in diesem Staffelbereich dürfte der Großteil der Gebühren anfallen), noch den doppelten Satz von 10 % vor. Die Begründung des Verordnungsgebers für diesen niedrigen Satz, der sich an der Vergütung des Zwangsverwalters vom 06.02.1970 orientieren soll (BGBl. I S. 185, abgedruckt bei *Mohrbutter/Drischler/Radtke/Tiedemann* Die Zwangsversteigerungs- und Zwangsverwaltungspraxis, 1990, S. 810 f.) vermag indes nicht zu überzeugen. Die Staffelsätze des § 14 InsVV bleiben zum einen deutlich hinter dem Vorbild zurück und der Verordnungsgeber geht offenbar bei der Bemessung der Gebühr von einem sehr viel eingeschränkteren als dem unter § 292 InsO (s. § 292 Rdn. 5 ff.) beschriebenen Tätigkeits- und Verantwortungsumfang des Treuhänder aus. Die Höhe der Mindestvergütung nach § 14 Abs. 2 InsVV in Höhe von € 100 ist auch nach der Änderung der InsVV zum 21.12.2006 unverändert geblieben. Konnte dieser Satz insbesondere auch mit der Hoffnung des Gesetzgebers auf auch ehrenamtliche Treuhänderschaften als ein tragfähiger Kompromiss zwischen den verschiedenen Interessen (s. Rdn. 8) angesehen werden, so erscheint die Mindestvergütung mittlerweile als bedenklich niedrig und der Hinweis auf eine Mischkalkulation nur noch bedingt tragfähig. Der IX. Senat hat in der Entscheidung zur Verfassungswidrigkeit der Mindestvergütung im eröffneten Verfahren klargestellt, dass die Möglichkeit einer Querfinanzierung zum Erreichen einer auskömmlichen Vergütung angesichts des veränderten Verhältnisses zwischen massereichen und massearmen Verfahren nur noch eingeschränkt Berücksichtigung finden darf (*BGH* ZInsO 2004, 257 [259, 260]). Ein wirtschaftlicher Ausgleich müsse im Wesentlichen bereits innerhalb der massearmen Verfahren erfolgen (*BGH* ZInsO 2004, 260). Dieser Grundsatz gilt auch für die Tätigkeit in der Wohlverhaltensperiode. In der Praxis existieren viele Treuhandbüros, die sich auf die Restschuldbefreiungsverfahren spezialisiert haben. Auch wenn dadurch eine kostengünstige professionelle Abwicklung möglich ist, muss innerhalb der zum Teil länger als fünf Jahre laufenden Restschuldbefreiungsverfahren eine Kostendeckung erfolgen, um den vom IX. Senat aufgestellten Anforderungen zur Querfinanzierung zu genügen. Zwar ist der Aufwand des Treuhänders, wenn keinerlei Beträge zu verteilen sind, durchaus begrenzt; die seit nunmehr 10 Jahren konstante Mindestvergütung dürfte aber schon aufgrund der mittlerweile deutlich gestiegenen Kosten einer verfassungsrechtlichen Überprüfung kaum standhalten können.

13 Maßgebend für die Ermittlung der Bemessungsgrundlage der Vergütungssätze sind nicht nur die Beträge, die der Treuhänder aufgrund der Abtretung des Schuldners erhält, sondern auch die weiteren, etwa aufgrund einer Erbschaft des Schuldners oder nach § 295 Abs. 2 InsO bei ihm eingegangenen Beträge (*LG Hannover* 15.03.2011 – 6 T 20/11, ZVI 2011, 469 f.; *Keller* Vergütung und Kosten S. 129 m.w.N.; MüKo-InsO/*Nowak* § 14 InsVV Rn. 27; *Blersch* InsVV, § 14 Rn. 12). Die Vergütung entsteht bereits mit der Tätigkeit des Treuhänders (für den Konkursverwalter *BGH* ZIP 1992, 120 [123]; *Pape* ZIP 1986, 756 [761]; *Nerlich/Römermann/Delhaes* InsO, § 63 Rn. 5; MüKo-InsO/*Nowak* § 14 InsVV Rn. 3). Die Berechnung der Vergütung erfolgt nach den **Gesamtbeträgen**, die der Treuhänder während der gesamten Dauer des Restschuldbefreiungsverfahrens erlangt und wird nicht nach Abschluss eines jeden Jahres berechnet (*LG Mönchengladbach* ZInsO 2007, 1044 = NZI 2007, 671 = ZVI 2007, 483; *Keller* Vergütung und Kosten, Rn. 229; *Blersch* InsVV, § 14 Rn. 24). Jährlich berechnet wird hingegen die Mindestvergütung nach § 14 Abs. 3 InsVV, deren Deckung im Hinblick auf die Sanktionsmöglichkeit des § 298 InsO auch regelmäßig überprüft werden wird (s. zur Berechnung Rdn. 16).

Der Treuhänder kann auf seine Vergütung **verzichten**. Diese Möglichkeit hat der Gesetzgeber im Gesetzgebungsverfahren besonders betont, um das Verfahren möglichst kostengünstig gestalten zu können (BT-Drucks. 12/2443 S. 191). Auf eine ausdrückliche Regelung hat er jedoch verzichtet, da sich die Möglichkeit des Verzichts aus den allgemeinen Regelungen ergibt (BT-Drucks. 12/2443 S. 191). Der Treuhänder kann den Verzicht auf seine Vergütung jederzeit ganz oder teilweise erklären. Erklärt er den Verzicht bereits vor Beginn seines Amtes, so kann das Gericht die Unentgeltlichkeit der Verwaltung bereits im Ankündigungsbeschluss der Restschuldbefreiung nach § 291 InsO festsetzen. Hierdurch wird sowohl für die Gläubiger, als auch für den Schuldner Rechtsklarheit geschaffen und verhindert, dass sich der Schuldner bei einem Sinneswandel des Treuhänders einem Versagungsantrag aus § 298 InsO ausgesetzt sieht. Der Rechtsgedanke des § 16 Abs. 1 Satz 1 InsVV, der bezüglich der Höhe des Stundensatzes schon vor Beginn der Treuhandphase Rechtsklarheit schaffen soll (Begr. zu § 16 InsVV s. hier die Komm. der InsVV von *Lorenz*) ist wegen der vergleichbaren Interessenlage insoweit entsprechend anzuwenden. 14

Die **Mindestvergütung** in Höhe von € 100 ist für jedes Jahr der Treuhandphase zu zahlen und zwar unabhängig davon, in welchem Umfang der Treuhänder während dieser Zeit tatsächlich Verwaltungsaufgaben wahrgenommen hat oder nicht (wie hier MüKo-InsO/*Nowak* § 14 InsVV Rn. 9; ausf. *Blersch* InsVV, § 14 Rn. 25; *Eickmann* Vergütungsrecht, § 14 Rn. 8). Sie entsteht also gerade dann, wenn keine Beträge eingehen, etwa weil der Schuldner kein pfändbares Einkommen hat oder eine vorrangige Abtretung besteht (*Haarmeyer/Mock* InsVV, § 14 Rn. 24). Die Mindestvergütung ist für **jedes angefangene Jahr** der Treuhandperiode zu zahlen. Vor der Entscheidung über den Beginn der Wohlverhaltensperiode steht dem Treuhänder die Treuhändervergütung nicht zu (*BGH* 18.12.2003 ZInsO 2004, 142). Da die Dauer des Gesamtverfahrens sechs Jahre abzüglich der Dauer des Verbraucherinsolvenzverfahrens beträgt, entspricht die Dauer des Restschuldbefreiungsverfahren nur noch ausnahmsweise vollen Jahren. Aber auch dann, wenn das letzte angefangene Jahr des Restschuldbefreiungsverfahrens nur wenige Wochen dauert, wird hierfür die volle Mindestgebühr fällig (HambK-InsO/*Schmidt* § 293 Rn. 2; *Graeber* InsBüro 2005, 258 [259]; MüKo-InsO/*Stephan* InsVV Rn. 12; *Haarmeyer/Mock* InsVV, § 14 Rn. 25). Kommt es zu einer Verteilung, so sieht § 14 Abs. 3 InsVV eine Erhöhung der Mindestvergütung von 50 € pro 5 Gläubiger vor (dazu *Graf-Schlicker/Kalkmann* InsO, § 14 InsVV Rn. 14 ff.). Die Erhöhung erfolgt je »angefangene« 5 Gläubiger über die ersten 5 Gläubiger hinaus (*BGH* 15.03.2011 ZInsO 2011, 200 f.; *Pape/Uhlenbruck/Voigt-Salus* InsR, Kap. 41 Rn. 43). Bei der Verteilung von geringen Beträgen (z.B. unter 250 €) kann es dazu kommen, dass die vorhandene Masse nicht für eine Verteilung **und** die Deckung der durch die Verteilung entstehenden höheren Mindestvergütung ausreicht. *Graeber* schlägt in diesen Fällen eine Rechnungsstellung der erhöhten Mindestvergütung gem. § 14 Abs. 3 Satz 2 InsVV im Folgejahr vor, was dann unter Umständen wiederum die Verteilung ersparen könnte (ZInsO 2006, 585 [588]). In diesen Fällen dürfte es aber auch zulässig und interessengerecht sein, von einer Verteilung abzusehen und die Beträge zunächst zurück zu legen. Siehe zu der Möglichkeit des Absehens von der Verteilung für Verfahren, die nach dem 01.07.2014 beantragt wurden § 292 Rdn. 21. 15

Für die Kontrolle des Treuhänders, ob die Mindestvergütung gedeckt ist, hat er die jeweils bis zum Ende eines Treuhandjahres entstandene **Gesamtvergütung** der vergangenen Jahre aufgrund der eingezogenen Beträge zu berechnen. Ist diese Summe niedriger, als die Summe der bis dahin fällig gewordenen Mindestvergütungen, so besteht ein Anspruch gegen den Schuldner, den Fehlbetrag zu zahlen, den er mit der Sanktionsdrohung des § 298 InsO gegen den Schuldner beitreiben kann (*LG Mönchengladbach* ZInsO 2007, 1044). Spätere Eingänge gleichen das Defizit aus, so dass kein Anspruch des Treuhänders auf die Zahlung der Mindestvergütung besteht, wenn nur zeitweise eine Unterdeckung bestand. Hat der Schuldner die Verfahrenskostenstundung beantragt, besteht bezüglich der Mindestvergütung ein Sekundäranspruch des Treuhänders gegen die Staatskasse, (zur Frage der rückwirkenden Sekundärhaftung in der Wohlverhaltensperiode bei späterer Stundungsentscheidung s. Rdn. 28 und § 298 Rn. 12). Bei einer Aufhebung der Stundungsentscheidung besteht der Sekundäranspruch auch nach der Entscheidung über die Aufhebung bis zu dem Zeitpunkt, zu dem der Treuhänder sein Amt beenden kann (*AG Lichtenberg* 17.02.2015 – 39 IK 270/08 HS). 16

17 Da während des Restschuldbefreiungsverfahrens ständig ungewiss ist, ob der Schuldner zukünftig abtretbares Einkommen erwirtschaften wird, wird der Treuhänder von den eingegangenen Beträgen zunächst **Rückstellungen** für die Deckung zumindest seiner Mindestvergütung für die gesamte Verfahrensdauer bilden (MüKo-InsO/*Ehricke* § 293 Rn. 32). Auch vor Abschluss des Insolvenzverfahrens ist von einer vorhandenen Insolvenzmasse eine Rückstellung für die Kosten der Treuhandperiode zu bilden (*BGH* 20.11.2014 ZInsO 2015, 28 ff.). Erst wenn die Mindestvergütung gedeckt ist, wird der Treuhänder Ausschüttungen an die Gläubiger vornehmen (ähnlich *Keller* Vergütung und Kosten, Rn. 234, der darauf hinweist, dass dies dazu führen kann, dass bei geringen Beträgen in den ersten Jahren keine Ausschüttungen zu erwarten sind).

D. Vergütung für die Überwachung

18 Die Vergütung für die Überwachungstätigkeit des Treuhänders, die nur bei besonderem Auftrag der Gläubigerversammlung stattfindet, soll nach **Zeitaufwand** erfolgen. Die Festsetzung der Vergütung hierfür soll jedoch nicht der Parteiautonomie des rechtsgeschäftlich strukturierten Überwachungsauftrags (s. § 292 Rdn. 28) überlassen bleiben, sondern auch durch das Gericht festgesetzt werden (vgl. zur Unzulässigkeit privatrechtlicher Vergütungsvereinbarungen zwischen Treuhänder und Gläubigern *Döbereiner* Restschuldbefreiung nach der InsO, 1997, S. 354). Hierbei will der Verordnungsgeber die Gebührenhöhe für den Regelfall auf zweifache Art begrenzen, zum einen durch die Festlegung eines Stundensatzes (§ 15 Abs. 1 InsVV), zum anderen durch die Deckelung des Gesamtbetrages der Überwachungsgebühren (§ 15 Abs. 2 InsVV).

19 Für die Überwachung des Schuldners nach § 292 Abs. 2 InsO sieht § 15 InsVV eine **Regelvergütung** vor, die für Verfahren die nach dem 01.01.2004 eröffnet wurden (§ 19 InsVV) von 15 € auf 35 € pro Stunde erhöht wurde. Der Stundensatz von 35 € für die Überwachungstätigkeit stellt bloß einen Richtwert dar, der den Umständen des Einzelfalls angepasst werden kann (Begr. zu § 15 InsVV s. hier die Komm. der InsVV von *Lorenz*). Es besteht daher die Möglichkeit, dass das Gericht, das die Vergütung nach § 64 InsO festsetzt (s. hierzu *Schmitt* § 64 Rdn. 5 ff.), einen **abweichenden Stundensatz** bestimmt. Maßgebend für die Ermessensentscheidung des Gerichts dürfte aber nicht der im Einzelfall erforderliche Umfang der Überwachungstätigkeit sein, weil dies nur Auswirkungen auf die Anzahl der erforderlichen Überwachungsstunden und damit auf die Höhe der Gesamtvergütung haben kann (MüKo-InsO/*Ehricke* § 293 Rn. 18). Entsprechend der zu § 1836 BGB entwickelten Rspr. zur Höhe des Stundensatzes eines Berufsvormundes/Betreuers wird man vielmehr auf die Anforderungen abstellen, die an die Qualifikation des Treuhänders für die im konkreten Fall erforderliche Überwachungstätigkeit zu stellen sind (vgl. *Palandt/Diederichsen* § 1836 BGB Rn. 10 m. umfangreichen Nachw. aus der Rspr.). Ein Entscheidungskriterium des Richters wird neben der in der Verordnung vorgesehenen Regelvergütung aber auch vor allem das Votum der **Gläubigerversammlung** sein, da die Zahlung der Vergütung in jedem Fall zu Lasten der Gläubiger geht.

20 Insgesamt ist der Kostenumfang für die Überwachung durch § 15 Abs. 2 InsVV auf den Betrag begrenzt, der nach § 14 InsVV für die Verwaltung anfällt (zu den Auslagen für die Überwachungstätigkeit s. Rdn. 23). Aus der Komplettverweisung ergibt sich, dass auch die Regelung für die Mindestvergütung die Obergrenze für die Überwachungsvergütung darstellt. Wenn beim Treuhänder nur geringe oder keine Beträge eingehen dürfen die Überwachungskosten im Regelfall den Betrag von € 100 nicht überschreiten.

21 Durch die **Deckelung** soll verhindert werden, dass die Vergütung für die Überwachung in eine Höhe steigt, die für den Gläubiger nicht vorhergesehen werden kann (Begr. zu § 15 InsVV s. hier die Komm. der InsVV von *Lorenz*). Die Anknüpfung an § 14 InsVV erscheint indes kaum nachvollziehbar, da die Höchstgrenze ausgerechnet dann am niedrigsten ist, wenn eine Überwachung am ehesten erforderlich scheint, weil der Schuldner erwerbslos ist und sich um eine Erwerbstätigkeit bemühen muss. § 293 Abs. 2 Satz 2 InsO wird aber an dieser Stelle den privatautonomen Elementen des Überwachungsauftrags gerecht, in dem der Gläubigerversammlung gestattet wird, abweichend einen **anderen Höchstbetrag** festzulegen.

Die Entscheidung der Gläubigerversammlung, die Deckelungshöhe abweichend festzulegen oder 22
auch ganz wegfallen zu lassen, unterliegt nicht der gerichtlichen Kontrolle. Das Gericht hat die Abweichung von der Regelvergütung in seinem **Ankündigungsbeschluss** nach § 291 InsO deklaratorisch festzustellen, damit auch der Treuhänder während seiner Tätigkeit in der Lage ist, festzustellen, ob die Höchstgrenze erreicht ist, um seine Überwachungstätigkeit rechtzeitig einschränken zu können (vgl. die Begr. zu § 16 InsVV hier die Komm. der InsVV von *Lorenz*).

E. Auslagenerstattung

Der Treuhänder hat Anspruch auf Erstattung der ihm entstandenen Auslagen. Als Auslagen sind vor 23
allem Kosten für **Porto, Telefon, Kopien, Zustell- und notwendige Reisekosten** anzusehen (vgl. § 4 Abs. 2 InsVV, dessen Wertung hier zur Abgrenzung heranzuziehen ist). Hiervon sind die nicht erstattungsfähigen allgemeinen Geschäftsunkosten zu unterscheiden. Dazu gehören der Büroaufwand des Treuhänders einschließlich der Gehälter seiner Angestellten (vgl. § 4 Abs. 1 Satz 1 InsVV, sowie die Kosten einer Haftpflichtversicherung § 4 Abs. 3 InsV; so auch *Uhlenbruck/Sternal* InsO, § 293 Rn. 13). Soweit der Treuhänder umsatzsteuerpflichtig ist, wird die anfallende Umsatzsteuer zusätzlich erstattet (§ 16 Abs. 1 Satz 4 i.V.m. § 7 InsVV).

Auch Aufwendungen, die der Treuhänder für eine notwendige Rechtsverfolgung aufzubringen hat, 24
um den Anspruch aus der Abtretung gegen den Entgeltschuldner oder scheinbar bevorrechtigte Dritte durchzusetzen (vgl. § 292 Rdn. 7 ff.), sind als Auslagen erstattungsfähig (zust. HK-InsO/ *Waltenberger* § 293 Rn. 7). Zum Anspruch des Treuhänders auf Prozesskostenhilfe für die Rechtsverfolgung s. § 292 Rn. 13).

Auslagen hat der Treuhänder gem. § 16 Abs. 1 Satz 3 InsVV i.E. nachzuweisen und zu belegen. Die 25
Erleichterung nach § 8 Abs. 3 InsVV, die es dem Insolvenzverwalter gestattet, Pauschsätze für seine Auslagen abzurechnen, ist für den Treuhänder nicht übernommen worden und damit im Restschuldbefreiungsverfahren unzulässig (so auch K. Schmidt/*Henning* InsO, § 293 Rn. 4).

Der Treuhänder darf die Vergütungsbeträge für den **bereits verdienten Teil** gem. § 16 Abs. 2 InsVV 26
der von ihm verwalteten Vermögensmasse als **Vorschuss** entnehmen. Dies ist schon deshalb gerechtfertigt, weil der Vergütungsanspruch bereits mit der Arbeitsleistung entsteht (*BGH* ZIP 1992, 120 [123], für den Vergütungsanspruch des Konkursverwalters s.a. Rdn. 15). Da die Vergütung nach der gesamten Dauer der Tätigkeit des Treuhänders berechnet wird, ist für die Berechnung des Vorschusses fiktiv die Vergütung zu ermitteln, die dem Treuhänder nach der Vergütungsverordnung zustünde, wenn das Verfahren zu diesem Zeitpunkt beendet wäre (ähnlich *Keller* Vergütung und Kosten, Rn. 242 der allerdings zunächst die künftig zu erwartenden Beträge prognostizieren will). Vor einem Missbrauch dieser Regelung schützt die Aufsicht des Treuhänders nach §§ 292 Abs. 3 Satz 2 i.V.m. §§ 58, 59 InsO).

§ 16 Abs. 2 InsVV sieht – abw. von § 9 InsVV – allerdings nicht vor, dass der Treuhänder auch bzgl. 27
seiner **Auslagen Vorschüsse** aus den eingehenden Beträgen entnehmen darf. Dies ist misslich, da eine Festsetzung der Auslagen erst am Ende der Treuhändertätigkeit erfolgen soll und somit ein Zeitraum von bis zu sechs Jahren bis zur Auslagenerstattung vergehen kann. Da auch keine Rücklagenbildung vorgesehen ist, läuft der Treuhänder zudem Gefahr, dass die im letzten Jahr eingegangenen Beträge nicht ausreichend sind, um den aufgelaufenen Auslagenanspruch zu decken. In Anbetracht der Tatsache, dass durchaus in nicht unerheblichem Maße Auslagen anfallen können (z.B. für eine Rechtsverfolgung des Abtretungsanspruchs, vgl. § 292 Rdn. 7 ff.), ist diese Regelung lückenhaft. Auch für die entstandenen Auslagen sollte ein Vorschuss entnommen werden können (*Uhlenbruck/Sternal* InsO, § 293 Rn. 14; *Haarmeyer/Mock* InsVV, §§ 16 Rn. 3).

F. Sekundäranspruch gegen die Staatskasse

Durch die Einführung des Verweises auf den ebenfalls durch das **InsOÄndG 2001** geänderten § 63 28
Abs. 2 InsO erhält der Treuhänder einen **Sekundäranspruch** auf Zahlung seiner Vergütung und Auslagen während der Treuhandperiode gegen die Staatskasse. Voraussetzung für das Entstehen dieses

Anspruchs ist zum einen, dass diese Kosten nicht durch die Beträge gedeckt sind, die der Treuhänder durch die Abtretung oder auf sonstige Weise vom Schuldner erlangt hat. Weitere Voraussetzung ist, dass dem Schuldner für den Verfahrensabschnitt der Restschuldbefreiung die Stundung der Kosten bewilligt wurde (vgl. § 4a Abs. 3 Satz 2 InsO). Diese Bewilligung setzt einen Antrag des Schuldners voraus, so dass der Sekundäranspruch des Treuhänders nicht ohne die Mitwirkung Schuldners entstehen kann. Dieser Antrag wird allerdings regelmäßig bereits mit der Antragstellung gestellt. Streitig ist, ob dann bis zur Entscheidung des Gerichts über den Stundungsantrag ein Vertrauensschutz des Treuhänders auf Zahlung der Vergütung besteht, der ihm auch für den Fall einer Ablehnung des Stundungsantrages einen Anspruch auf den Sekundäranspruch garantiert. In seiner Entscheidung vom 07.02.2013 (IX ZB 75/12, NZI 2013, 350) hatte der BGH über einen Fall zu entscheiden, in dem die Kosten für das erste Jahr der Wohlverhaltensperiode gedeckt waren und die Kostenstundung für das zweite Jahr der Wohlverhaltensperiode abgewiesen wurde. Der **BGH hat in diesem Fall die Gewährung des Sekundäranspruchs für das zweite Jahr der Wohlverhaltensperiode** abgelehnt und den Treuhänder auf seinen Anspruch gegen den Schuldner verwiesen. Begründet wurde dies mit einem fehlenden Vertrauensschutz des Treuhänders, der auf eine schnelle Entscheidung über den Stundungsantrag des Schuldners (der schon mit der Eröffnung gestellt wurde) hätte hinwirken können. Diese Entscheidung ist bedenklich und widerspricht verfassungsrechtlichen Prinzipien (vgl. BVerfG 30.03.1993 ZIP 1993, 838 [841]). Denn der Treuhänder wird vom Gericht eingesetzt und würde nach der vom BGH vertretenen Auffassung strukturell eine Tätigkeit verrichten müssen, für die er keinen Vergütungsanspruch erhält. Er kann weder den Stundungsantrag stellen, noch evtl. fehlende Unterlagen beibringen. Der Anspruch des Treuhänders auf Zahlung der Mindestvergütung gegen den Schuldner, dem gerade die Restschuldbefreiung versagt wurde, dürfte nicht durchsetzbar und wertlos sein (ausf. zur Problematik und zu weiteren Entscheidungen des BGH zum Sekundäranspruch *Kohte* Rpfleger 2014, 169 ff.). Offen gelassen hat der BGH in der Entscheidung, ob ein Vergütungsanspruch für das erste Jahr der Wohlverhaltensperiode besteht (BGH 07.02.2013 NZI 2013, 350 Rn. 20).

29 Dies bedeutet **entgegen der Auffassung des BGH**, dass dem Treuhänder im Regelfall bis zu einer ablehnenden Entscheidung des Stundungsantrags zumindest für das vorangegangene Jahr der Treuhandperiode ein Sekundäranspruch gegen die Staatskasse zusteht (*LG Göttingen* 03.12.2009 ZInsO 2011, 397 f.; s. dazu auch § 298 Rdn. 13). Generell ist der Treuhänder gehalten, seine Vergütung zunächst vom Schuldner zu bekommen (dazu BGH 03.12.2009 JurionRS 2009, 28266) wobei ihm nach wie vor die Sanktionsdrohung des § 298 InsO zur Seite steht. Der Vergütungsanspruch entsteht mit der Tätigkeit des Treuhänders, einen Anspruch auf Auszahlung der Vergütung hat der Treuhänder aber erst mit der Festsetzung durch das Gericht am Ende der Treuhandperiode (s.a. Rdn. 26). Allerdings wird man dem Treuhänder auch wegen des Sekundäranspruchs einen **Vorschussanspruch** auf die Mindestvergütung zubilligen müssen, da es ihm nicht zumutbar ist, seine Tätigkeit über einen solch langen Zeitraum unentgeltlich auszuüben (§ 16 Abs. 2 Satz 3 InsVV; MüKo-InsO/*Ehricke* § 293 Rn. 32; so auch *LG Essen* ZInsO 2002, 989; *LG Chemnitz* ZVI 2004, 558; *LG Köln* NZI 2004, 697 = ZVI 2005, 103). Der Sekundäranspruch des Treuhänders besteht auch dann, wenn die ursprünglich bewilligte **Kostenstundung später widerrufen wird** (BGH 03.12.2009 JurionRS 2009, 28266; für die Situation im eröffneten Verfahren BGH 15.11.2007 ZInsO 2008, 111 m. Anm. *Pape* ZInsO 2008, 143).

G. Verfahrensrechtliches

30 Das Gericht setzt die Vergütung für den Treuhänder durch Beschluss am Ende des Abtretungszeitraums fest (Abs. 2 i.V.m. § 64 Abs. 1 InsO). Die Festsetzung der Höhe des Stundensatzes soll abweichend hiervon nach § 16 InsVV bereits bei der Bestellung des Treuhänders stattfinden, wenn dieser den **Überwachungsauftrag** von der Gläubigerversammlung erhalten hat. Hierdurch soll erreicht werden, dass für alle Beteiligten Klarheit besteht, welche Aufwendungen durch die Überwachung verursacht werden (Begr. zu § 16 InsVV s. hier die Komm. der InsVV von *Lorenz*; zur Festsetzung eines von § 15 Abs. 2 Satz 2 InsVV abweichenden Gebührensatzes vgl. MüKo-InsO/*Ehricke* § 293 Rn. 37). Zuständig für den Beschluss ist der Rechtspfleger (*Pape* Rpfleger 1995, 133 [138]). Der Be-

schluss ist öffentlich bekannt zu machen und dem Treuhänder, dem Schuldner und den Insolvenzgläubigern gesondert zuzustellen (Abs. 2 i.V.m. §§ 64, 65 InsO; *Döbereiner* Restschuldbefreiung nach der InsO, 1997, S. 351). Gegen die Beschlüsse ist aufgrund des Verweises auf § 64 Abs. 3 InsO die **sofortige Beschwerde** nach § 6 InsO zulässig (*Blersch* InsVV, § 16 Rn. 31, ausf. hierzu *Uhlenbruck/Sternal* InsO, § 293 Rn. 24). Beschwerdeberechtigt sind der Treuhänder, der Schuldner, dem die Entscheidung nach § 64 Abs. 2 InsO bekannt zu geben ist, sowie die sich aus dem Schlussverzeichnis ergebenden Insolvenzgläubiger. Inwieweit die Beteiligten vor einer Entscheidung zu hören sind, ist streitig (vgl. zum Streitstand MüKo-InsO/*Nowak* § 16 InsVV Rn. 5 FN 5).

§ 294 Gleichbehandlung der Gläubiger

(1) Zwangsvollstreckungen für einzelne Insolvenzgläubiger in das Vermögen des Schuldners sind in dem Zeitraum zwischen Beendigung des Insolvenzverfahrens und dem Ende der Abtretungsfrist nicht zulässig.

(2) Jedes Abkommen des Schuldners oder anderer Personen mit einzelnen Insolvenzgläubigern, durch das diesen ein Sondervorteil verschafft wird, ist nichtig.

(3) Eine Aufrechnung gegen die Forderung auf die Bezüge, die von der Abtretungserklärung erfasst werden, ist nicht zulässig.

Übersicht	Rdn.			Rdn.
A. Normzweck	1	D.	Sonderabkommen	52
B. Gesetzliche Systematik	7	I.	Abschluss	52
C. Zwangsvollstreckungsverbot	10	II.	Sondervorteil	60
I. Forderungen der Insolvenzgläubiger	10	III.	Rechtsfolge	65
II. Forderungen anderer Gläubiger	24	E.	Aufrechnungsbefugnis	67
III. Vermögen des Schuldners	32	I.	Grundsätze	67
IV. Zeitlicher Anwendungsbereich	33	II.	Aufrechnungslage	75
V. Zwangsvollstreckungsmaßnahmen	39	III.	Sonstige Aufrechnungsschranken	79
VI. Verfahren und Rechtsbehelfe	47			

Literatur:
Adam Sondervorteile und Restschuldbefreiung, ZInsO 2006, 1132; *Ahrens* Keine privilegierte Vollstreckung für Insolvenzgläubiger, NZI 2008, 24; *ders.* Lohnabtretungen in der Insolvenz nach der Aufhebung von § 114 InsO, NZI 2014, 529; *Häsemeyer* Die Aufrechnung nach der Insolvenzordnung, Kölner Schrift zur Insolvenzordnung, 2. Aufl. 2000, S. 645; *Jacobi* Das Grundpfandrecht der Bank bei fortlaufender Zahlung in der Insolvenz des Sicherungsgebers, ZVI 2008, 325; *Janca/Heßlau* Geldstrafen und Geldbußen in der Insolvenz, ZInsO 2012, 2128; *Kohte* Die Behandlung von Unterhaltsansprüchen nach der Insolvenzordnung, Kölner Schrift zur Insolvenzordnung, 2. Aufl. 2000, S. 781; *Kuleisa* Zwangsvollstreckung in der Insolvenz, ZVI 2014, 121; *Kupka* Die Stellung des Schuldners zwischen Ankündigung und Erteilung der Restschuldbefreiung, ZInsO 2010, 113; *Landfermann* Allgemeine Wirkungen der Insolvenzeröffnung, Kölner Schrift zur Insolvenzordnung, 2. Aufl. 2000, S. 159; *Laroche* Vollstreckung von Geldbußen wegen Ordnungswidrigkeiten in der Insolvenz, VIA 2014, 17; *Onusseit* Aufrechnung des Finanzamts in der Insolvenz, ZInsO 2005, 638; *Pape* Erteilung vollstreckbarer Ausfertigung während der Wohlverhaltensphase und nach erteilter Restschuldbefreiung, ZVI 2014, 1; *Schwarz/Facius* Der Unterhaltsanspruch im Insolvenzverfahren und in der Wohlverhaltensperiode des Unterhaltsschuldners, ZVI 2010, 49; *Stephan* Beratungshilfe bei statischem Nullplan, VIA 2009, 24; s.a. § 286.

A. Normzweck

§ 294 InsO begründet die wesentlichen **Rechtsbeschränkungen in der Treuhandperiode** des Restschuldbefreiungsverfahrens. Mit der Einstellung oder Aufhebung des Insolvenzverfahrens enden die Rechtsbeschränkungen durch dieses Verfahren. Insbesondere wird der Schuldner wieder verwaltungs- und verfügungsberechtigt und das Zwangsvollstreckungsverbot aus § 89 InsO greift nicht mehr ein. Während des Restschuldbefreiungsverfahrens soll die Gläubigerbefriedigung fortgesetzt werden. Mit den Instrumenten des § 294 InsO soll die Gläubigergleichbehandlung und insb. die 1

§ 294 InsO Gleichbehandlung der Gläubiger

gleichmäßige Befriedigung der Gläubiger gesichert werden (K. Schmidt/*Henning* InsO, § 294 n.F. Rn. 1). Dazu bedarf es einiger, aber nicht sämtlicher insolvenzrechtlicher Rechtsbeschränkungen. Das freie Nachforderungsrecht der Insolvenzgläubiger aus § 201 Abs. 1 InsO wird deswegen für die Dauer der Treuhandperiode suspendiert.

2 Durch das Verbot von **Einzelzwangsvollstreckungen** sichert § 294 Abs. 1 InsO den Bestand des haftenden Vermögens und verhindert, dass sich einzelne Insolvenzgläubiger einen Sonderzugriff auf das Vermögen des Schuldners verschaffen und dadurch die Befriedigungsaussichten der Gläubiger untereinander verschoben werden (MüKo-InsO/*Ehricke* § 294 Rn. 1; A/G/R-*Fischer* § 294 InsO a.F. Rn. 1; *Preuß* Verbraucherinsolvenzverfahren und Restschuldbefreiung, 2. Aufl., Rn. 295; *Smid/Krug/Haarmeyer* InsO, 2. Aufl., § 294 Rn. 1). Als Ausdruck dieser allgemein bereits in § 89 InsO geregelten insolvenzrechtlichen Grundsätze und Fortsetzung der für das eröffnete Insolvenzverfahren bestimmten Wirkungen sollen während der auch als Wohlverhaltensperiode bezeichneten Treuhandperiode die Befriedigungsaussichten der Gläubiger untereinander nicht durch Individualvollstreckungen verschoben werden. § 294 Abs. 1 InsO führt damit den Schutz vor Individualvollstreckungen über das Insolvenzverfahren hinaus im Restschuldbefreiungsverfahren fort.

3 Zugleich eröffnet die Vorschrift dem Schuldner die Chance auf einen gewissen **wirtschaftlichen Neubeginn**, indem der im Restschuldbefreiungsverfahren begrenzte Zugriff der Insolvenzgläubiger durch das Vollstreckungsverbot gesichert wird. Während der Treuhandperiode werden die neu erworbenen Vermögenswerte anders aufgeteilt als im Insolvenzverfahren. Den Insolvenzgläubigern stehen allein die pfändbaren Anteile der Bezüge aus einer nicht selbständigen Tätigkeit nach § 287 Abs. 2 InsO, die nach § 295 Abs. 2 InsO bei einer selbständigen Tätigkeit abzuführenden Beträge und der hälftige erbrechtliche Erwerb zu, § 295 Abs. 1 Nr. 2 InsO. Der sonstige Vermögenserwerb verbleibt dem Schuldner, was durch § 294 Abs. 1 InsO gesichert wird. Einen anderen Zweck bringt § 294 Abs. 1 InsO allerdings nur unzureichend zum Ausdruck. Durch das Vollstreckungsverbot – allein – für Insolvenzgläubiger werden zugleich auch die gesamtvollstreckungsrechtlichen Zugriffsrechte der Insolvenzgläubiger mit den **einzelvollstreckungsrechtlichen Befugnissen** der übrigen Gläubiger harmonisiert. An dieser Schnittstelle des Interessenausgleichs zwischen den Gläubigergruppen erweist sich § 294 Abs. 1 InsO vielfach als konkretisierungsbedürftig.

4 Für die **ab dem 01.07.2014** beantragten Insolvenzverfahren ist die Gesetzesfassung an die neue Terminologie des § 287 InsO angepasst, welche auf die Laufzeit der Abtretungserklärung abstellt. Mit der Rechtsbeschränkung im Zeitraum zwischen Beendigung des Insolvenzverfahrens und dem Ende der Abtretungsfrist wird eine begriffliche Präzisierung, aber keine sachliche Veränderung bewirkt.

5 Verstärkt wird der Grundgedanke einer Gleichbehandlung der Gläubiger noch durch das von Abs. 2 ausgesprochene, den allgemeinen Wirkungen des Insolvenzverfahrens in § 89 InsO fremde Verbot, freiwillige Vereinbarungen über **Sonderleistungen** mit einzelnen Insolvenzgläubigern zu treffen, doch schöpft diese Erklärung den Gehalt von Abs. 2 ebenfalls nur zum Teil aus. Angelehnt an den Gedanken aus § 181 Satz 3 KO und § 8 Abs. 3 VglO untersagt § 294 Abs. 2 InsO – wie auch § 226 Abs. 3 InsO – Sonderabkommen mit den Insolvenzgläubigern. Eine vollkommene Übereinstimmung mit den konkurs- und vergleichsrechtlichen Vorschriften besteht zwar nicht, denn diese Bestimmungen zielen darauf ab, ein durch verdeckte Sonderzusagen befördertes wohlwollendes Abstimmungsverhalten einzelner Insolvenzgläubiger zu unterbinden, wofür im Restschuldbefreiungsverfahren keine Parallele existiert. In durchaus vergleichbarer Weise soll aber § 294 Abs. 2 InsO verhindern, dass ein Insolvenzgläubiger durch die Vereinbarung von Sonderleistungen davon abgehalten wird, seine Antragsrechte der §§ 290 Abs. 1, 296 Abs. 1, 297 Abs. 1, 303 Abs. 1 InsO zu gebrauchen oder Rechtsmittel gegen die Erteilung der Restschuldbefreiung einzulegen (*Braun/Pehl* InsO, § 294 Rn. 6; K. Schmidt/*Henning* InsO, § 294 n.F. Rn. 1; *Adam* ZInsO 2006, 1132). Das Verbot von Sonderabkommen beschränkt deshalb Zahlungsvereinbarungen auf ein rechtlich geordnetes Verfahren und sichert die Einhaltung der an den Schuldner für eine Schuldbefreiung gestellten Anforderungen.

§ 294 Abs. 3 InsO begründet einen Schutz vor **Aufrechnungen** gegenüber den pfändbaren Teilen 6
der Forderungen des Schuldners auf Bezüge. Dadurch sollen die nach § 287 Abs. 2 InsO abgetretenen Bezüge zugunsten der Gläubigergesamtheit gesichert werden und nicht dem Befriedigungsinteresse eines Einzelgläubigers dienen. In ab dem 01.07.2014 beantragten Insolvenzverfahren ist der Schutz des Aufrechnungsprivilegs aus § 114 Abs. 2 InsO aufgehoben. Dies berechtigte den Zahlungsverpflichteten der Bezüge noch zwei Jahre nach Eröffnung des Insolvenzverfahrens zur Aufrechnung. Da § 114 InsO aufgehoben wurde, musste auch die Fortschreibung dieses Schutzes durch § 294 Abs. 3 InsO entfallen.

B. Gesetzliche Systematik

Mit der Beendigung des Insolvenzverfahrens enden die dort bestehenden **Beschränkungen der Gläu-** 7
bigerrechte, §§ 89 ff., 200 Abs. 1 InsO (*Kupka* ZInsO 2010, 113). Die §§ 81 und 129 Abs. 1 InsO sind unanwendbar (*BGH* BeckRS 2013, 17474). Für die Treuhandzeit, den zweiten Abschnitt des Restschuldbefreiungsverfahrens, ist daher zur Sicherung eines erfolgreichen Restschuldbefreiungsverfahrens eine erneute Einschränkung der Gläubigerrechte erforderlich, die von § 294 Abs. 1 InsO angeordnet wird. § 294 Abs. 1 InsO führt damit den Gedanken aus § 89 InsO, nicht aber den aus § 210 InsO fort. Außerdem ordnet § 294 Abs. 2 InsO die Nichtigkeit von Sonderabkommen an und ergänzt damit die Obliegenheit aus § 295 Abs. 1 Nr. 4 InsO. Dinglich gesicherte Gläubiger können ihre Rechte aus nicht verwerteten Sicherheiten während der Treuhandzeit weiter realisieren (*Kupka* ZInsO 2010, 113 [116]).

Mit der Aufhebung des Insolvenzverfahrens endet grds. die **Beschränkung der Schuldnerrechte**. So- 8
weit der Schuldner dennoch gebunden sein soll, bedarf es einer besonderen Begründung, etwa durch die Abtretung der Bezüge nach § 287 Abs. 2 Satz 1 InsO oder die Obliegenheiten aus den §§ 295 bis 298 InsO. Der Schuldner ist deswegen verwaltungs- und verfügungsbefugt und kann schuldrechtliche oder dingliche Rechtsgeschäfte tätigen. Hat der Schuldner während des Insolvenzverfahrens eine unzulässige Klage über eine zur Insolvenzmasse gehörende Forderung erhoben, bleibt die Klage auch nach Aufhebung des Insolvenzverfahrens während der Treuhandperiode unzulässig (*LG Mainz* 4.7.2011 – 5 O 379/08, BeckRS 2011, 18227).

Explizit ist das Vollstreckungsverbot aus § 294 Abs. 1 InsO in den ab dem 01.07.2014 beantragten 9
Insolvenzverfahren auf den **Zeitraum** zwischen Beendigung des Insolvenzverfahrens und dem Ende der Abtretungsfrist bezogen (zur vorherigen Rechtslage vgl. 8. Aufl.). Damit wird die bisherige ungenaue Gesetzesfassung korrigiert, die bislang auf die Laufzeit der Abtretungserklärung bezogen war. Eine sachliche Änderung ist damit nicht verbunden. Das Zwangsvollstreckungsverbot knüpft an das Ende des Insolvenzverfahrens an und sichert bruchlos den Schutz vor Zwangsvollstreckungen bis zum Ablauf der Abtretungsfrist.

C. Zwangsvollstreckungsverbot

I. Forderungen der Insolvenzgläubiger

Während des Insolvenzverfahrens gewährleistet das **Vollstreckungsverbot** aus § 89 Abs. 1, 2 Satz 1 10
InsO, s.a. §§ 21 Abs. 2 Nr. 3, 88 InsO, den Bestand der Haftungsmasse und die gleichmäßigen Befriedigungsaussichten der Insolvenzgläubiger. Da dieses Verbot durch die Aufhebung des Insolvenzverfahrens endet, §§ 289 Abs. 2 Satz 2, 201 Abs. 1 InsO, sichert § 294 Abs. 1 InsO i.V.m. § 201 Abs. 3 InsO für die Treuhandzeit mit dem gleichen Ziel einen fortbestehenden Schutz vor Individualvollstreckungen (*BGH* ZInsO 2006, 872 Tz. 9). Um Wertungswidersprüche zu vermeiden, ist die Interpretation von § 294 Abs. 1 InsO grds. an § 89 Abs. 1 InsO zu orientieren, soweit nicht die besondere Gestaltung des Restschuldbefreiungsverfahrens eine abweichende Auslegung erfordert. Unanwendbar ist § 89 Abs. 2 InsO, da in der Treuhandphase kein Vollstreckungsverbot für Neugläubiger besteht. Auch die Zuständigkeitsregelung aus § 89 Abs. 3 Satz 1 InsO wird für nicht übertragbar gehalten (s. Rdn. 50). § 240 ZPO ist bereits im eröffneten Insolvenzverfahren unan-

§ 294 InsO   Gleichbehandlung der Gläubiger

wendbar (*BGH* BGHZ 172, 16 Tz. 8 ff.) und steht deswegen einer Vollstreckung nach Beendigung des Insolvenzverfahrens nicht entgegen.

11 Nach dem beendeten Liquidationsverfahren verweist § 294 Abs. 1 InsO die Insolvenzgläubiger zur Befriedigung ihrer Interessen **ausschließlich** auf die **Verteilungsregeln des Schuldbefreiungsverfahrens**. Dennoch ist die Vorschrift nicht auf den bipolaren Interessenausgleich zwischen dem Schuldner und den Insolvenzgläubigern beschränkt. Da die Regelung eine Einzelzwangsvollstreckung der anderen Gläubiger nicht verwehrt, grenzt sie gleichermaßen die gemeinschaftlichen Befugnisse der Insolvenzgläubiger von den individualvollstreckungsrechtlichen Zugriffsmöglichkeiten der anderen Gläubiger und diese wieder von dem Schuldnerschutz ab. So tariert § 294 Abs. 1 InsO Universal- und Einzelexekution, Gläubigerinteressen und Schuldnerschutz aus, doch bleibt durch den begrenzten Regelungshaushalt manches unausgewogen.

12 Unzulässig ist die Zwangsvollstreckung eines **Insolvenzgläubigers**. Der Begriff des Insolvenzgläubigers gem. § 38 InsO ist in doppelter Weise konturiert, denn er bestimmt, welche Gläubiger sich im Verfahren als forderungsberechtigt erweisen und deswegen an der gemeinschaftlichen Befriedigung teilhaben. Zugleich weist er aus, welche nicht am Verfahren teilnehmenden Gläubiger den Verfahrensbeschränkungen unterliegen (*Gottwald/Ahrens* HdbInsR, § 78 Rn. 62). Für die Teilhabe am Liquidationserlös und die Ausübung von Gläubigerbefugnissen im Verfahren, wie einem Versagungsantrag, wird einerseits als unerlässliche Voraussetzung eine Forderungsanmeldung verlangt (vgl. § 290 Rdn. 217). Andererseits darf sich ein Insolvenzgläubiger nicht den ihm nachteiligen Verfahrenswirkungen entziehen.

13 Folgerichtig unterliegen Gläubiger, welche die Merkmale von § 38 InsO erfüllen, auch dann den insolvenzrechtlichen Beschränkungen, wenn sie **nicht am Verfahren teilnehmen** (MüKo-InsO/ *Ehricke* § 38 Rn. 7 f.; *Jaeger/Henkel* InsO, § 38 Rn. 18; A/G/R-*Fischer* § 294 InsO a.F. Rn. 2; *Andres/Leithaus* InsO, § 294 Rn. 1). Das Vollstreckungsverbot aus § 294 I InsO besteht also, wenn Insolvenzgläubiger ihre Forderungen nicht zur Tabelle angemeldet haben, obwohl diese Gläubiger bei der Verteilung der eingegangenen Beträge durch den Treuhänder nicht berücksichtigt werden (*BGH* ZInsO 2006, 872 Tz. 7; *LG Erfurt* ZVI 2004, 549 [550]; HK-InsO/*Waltenberger* § 294 Rn. 3; MüKo-InsO/*Ehricke*, § 294 Rn. 5; *Uhlenbruck/Sternal* InsO, § 294 Rn. 5; *Kübler/Prütting/Bork-Wenzel* InsO, § 294 Rn. 2c; LSZ/*Kiesbye* InsO, § 294 Rn. 3; *Vallender* ZIP 2000, 1288 [1290];). Eine analoge Anwendung von § 308 Abs. 3 Satz 1 InsO (so *Bruckmann* Verbraucherinsolvenz, § 4 Rn. 90; *Schmidt* DGVZ 2004, 49 [50 f.]) ist ausgeschlossen (*BGH* ZInsO 2006, 872 Tz. 10). Weder besteht eine Regelungslücke noch eine vergleichbare Situation, da die unterlassene Anmeldung zur Tabelle vom Gläubiger zu verantworten ist, während in dem Forderungsverzeichnis nicht aufgenommene Forderungen dem Schuldner zugerechnet werden. Das Vollstreckungsverbot gilt auch für ausländische Insolvenzgläubiger. Für Gläubiger aus dem Europäischen Justizraum (außer Dänemark) folgt dies aus Art. 4 Abs. 2 lit. k) EuInsVO a.F. = Art. 7 Abs. 2 lit. k) EuInsVO n.F., sonst aus § 335 InsO.

14 Das Vollstreckungsverbot betrifft **Insolvenzforderungen**, d.h. die zur Zeit der Eröffnung des Insolvenzverfahrens begründeten persönlichen Vermögensansprüche gegen den Schuldner. Auch die nach § 302 InsO von der Restschuldbefreiung ausgenommenen Forderungen unterliegen dem Vollstreckungsverbot (HK-InsO/*Waltenberger* § 294 Rn. 3; *Kübler/Prütting/Bork-Wenzel* InsO, § 294 Rn. 2c). Auch der **Fiskus** als Insolvenzgläubiger unterliegt gem. § 251 Abs. 2 Satz 1 AO dem Vollstreckungsverbot. Dies gilt für das Vollstreckungsverfahren des Bundes nach § 5 Abs. 1 VwVG der Sozialversicherungsträger, § 66 Abs. 1 Satz 1 SGB X, aber ebenso für die Länder (A/G/R-*Piekenbrock* § 89 InsO Rn. 4). Eine Vollstreckung von Steuerforderungen und Forderungen der Sozialversicherungsträger, soweit sie Insolvenzforderungen sind, ist auch im Restschuldbefreiungsverfahren verboten. Von dem Vollstreckungsverbot werden ebenfalls die Forderungen der nachrangigen Insolvenzgläubiger erfasst, da ihre Forderungen nach § 39 InsO in das Insolvenzverfahren einbezogen werden (vgl. KS-InsO/*Landfermann* 2000, S. 159, Rn. 32; *Vallender* ZIP 1997, 1993 [1998]). Nach früherem Recht waren dagegen solche Forderungen, wie etwa die seit Konkursbeginn auf Konkursforderungen entfallenden Zinsen, gem. §§ 63 KO, 29 VglO, anders aber § 226 Abs. 2 KO, von

der Teilnahme am Konkursverfahren ausgeschlossen. Während des Konkursverfahrens konnten sie jedoch eingeklagt (vgl. *Kuhn/Uhlenbruck* KO, § 12 Rn. 1b) und es durfte ihretwegen auch die Zwangsvollstreckung in das konkursfreie Vermögen betrieben werden (*Hess* KO, § 63 Rn. 5; *Kilger/ Karsten Schmidt* KO, § 63 Anm. 1).

Zivilprozessuale Kostenerstattungsansprüche auf Insolvenzforderung werden grds. von der Restschuldbefreiung und damit auch dem Vollstreckungsverbot aus § 294 Abs. 1 InsO erfasst (*AG Saarlouis* DGVZ 2013, 21; *Fischer* ZInsO 2005, 69 [71]). Dazu muss der prozessuale Kostenerstattungsanspruch ebenfalls eine Insolvenzforderung sein. Nach der Rechtsprechung des *BGH* beruht ein solcher Anspruch auf einer neben der materiellrechtlichen Schadensersatzpflicht stehenden selbständigen Anspruchsgrundlage. Ob er eine Insolvenzforderung bildet, hängt deswegen nicht von der Entstehung des materiellen Anspruchs, sondern vom Prozessbeginn ab (*BGH* NZI 2014, 310 Rn. 14; A/G/R-*Ahrens* § 38 Rn. 29). Dies gilt auch für die Kostenerstattungsansprüche aus einem Prozess zur Feststellung einer Forderung aus vorsätzlich begangener unerlaubter Handlung (**a.A.** *AG Bremen* NZI 2008, 55 [56]; s.a. § 302 Rdn. 31). Da die Eröffnung des Insolvenzverfahrens sich nicht auf ein Prozesskostenhilfeverfahren auswirkt, muss Gleiches in der Treuhandperiode gelten. Wegen der niedrigeren Freibeträge im Rahmen des Prozesskostenhilfeverfahrens als nach den Pfändungsgrenzen soll eine Ratenzahlungsanordnung zulässig sein (*LAG Köln* ZInsO 2015, 2536). 15

Die **Kosten eines Strafverfahrens** und der Strafvollstreckung stellen eine dem Vollstreckungsverbot unterliegende Insolvenzforderung dar, wenn die Tätigkeit der Strafverfolgungsbehörden schon vor Eröffnung des Insolvenzverfahrens begonnen hat (*AG Saarbrücken* VuR 2013, 387 [388]). Dies stimmt mit den Grundsätzen der zivilverfahrensrechtlichen Kostentragungspflicht überein, wonach die Kosten aufschiebend bedingt mit der Einleitung des Zivilrechtsstreits entstehen. Da nach § 464a Abs. 1 Satz 2 StPO auch die zur Vorbereitung der öffentlichen Klage entstandenen Kosten zu erstatten sind, ist der maßgebende Zeitpunkt für die Beurteilung als Insolvenzforderung danach zu bestimmen, wann erstmals eine kostenverursachende Handlung der Strafverfolgungsbehörden erfolgt ist. 16

Da auch die **nachrangigen Gläubiger** aus § 39 InsO Insolvenzgläubiger sind, besteht für sie ebenfalls das Zwangsvollstreckungsverbot. Als nachrangige Forderungen gem. § 39 Abs. 1 Nr. 3 InsO unterliegen auch **Geldbußen und Geldstrafen** dem Vollstreckungsverbot (*Nerlich/Römermann* InsO, § 294 Rn. 7; *Heinze* ZVI 2006, 14 [15]). Daran schließt sich sogleich die Frage an, ob **Ersatzfreiheitsstrafen** vollstreckt werden dürfen (abl. *Fortmann* ZInsO 2005, 140), wofür ihr anderer Gegenstand spricht (*Vallender/Elschenbroich* NZI 2002, 130 [133 f.]). Auf der Grundlage der Rechtsprechung des *BVerfG* ist die Vollstreckung einer Geldstrafe durch Anordnung und Vollziehung einer Ersatzfreiheitstrafe auch während der Treuhandperiode zulässig (*BVerfG* NZI 2006, 711, zum Insolvenzverfahren; zur Vollstreckung der Geldstrafe im Insolvenzverfahren *LG Frankfurt/M.* NZI 2006, 714; A/G/R-*Piekenbrock* § 89 InsO Rn. 5; *Hess/Groß/Reill-Ruppe/Roth* Kap. 4 Rn. 646; *Pape* ZVI 2007, 7; *Petershagen* ZInsO 2007, 703 [704 f.], anders zur Erzwingungshaft; *Janca/Heßlau* ZInsO 2012, 2128 f.; s.a. *Rönnau/Tachau* NZI 2007, 208; *Wieser* DZWIR 2007, 72; **a.A.** *Heinze* ZVI 2006, 14 [16]). 17

Anders wird dagegen die **Anordnung von Erzwingungshaft** gem. den §§ 96 ff. **OWiG** zu beurteilen sein. Diese ist nicht auf eine Bestrafung des Schuldners, sondern auf die Durchsetzung einer Forderung gerichtet. Nach der inzwischen überwiegenden Ansicht ist sie deswegen unzulässig, soweit die Verbindlichkeit vor Insolvenzeröffnung entstanden ist (*LG Hechingen* NZI 2009, 187; *LG Hannover* BeckRS 2011, 05690; *LG Bochum* InsbürO 2013, 240; *LG Bochum* BeckRS 2013, 17768; *LG Potsdam* NZI 2016, 652; *LG Duisburg* BeckRS 2017, 117546; A/G/R-*Piekenbrock* § 89 InsO Rn. 6; K. *Schmidt/Henning* n.F. § 294 Rn. 2; *Janca/Heßlau* ZInsO 2012, 2128 [2130]; *Laroche* VIA 2014, 17 [18]; **a.A.** *LG Berlin* NJW 2007, 1541 f.; *LG Deggendorf* BeckRS 2012, 11691; HK-InsO/*Waltenberger* § 294 Rn. 6). Die gleichen Beschränkungen, die für die Insolvenzgläubiger bestehen, gelten gem. § 404 BGB für ihre **Rechtsnachfolger** durch rechtsgeschäftlichen und gesetzlichen, § 412 BGB, Forderungsübergang (*Andres/Leithaus* InsO, § 294 Rn. 1). 18

19 Erhebt ein Insolvenzgläubiger einen erst nach der Eröffnung des Insolvenzverfahrens entstandenen anderen Vermögensanspruch, etwa, wenn ein Unterhaltsgläubiger mit rückständigen Forderungen aus der Zeit vor der Eröffnung des Insolvenzverfahrens einen nach diesem Termin entstandenen zusätzlichen Anspruch geltend macht, so handelt er als **Neugläubiger**, vgl. § 40 InsO (KS-InsO/*Kohte* 2000, S. 781 Rn. 33 f; zu Neuforderungen Rn. 23).

20 Während des Insolvenzverfahrens gehört das gesamte **pfändbare Vermögen** des Schuldners einschließlich des Neuerwerbs zur Insolvenzmasse, §§ 35, 36 InsO, in die Zwangsvollstreckungen einzelner Insolvenzgläubiger gem. § 89 Abs. 1 InsO unzulässig sind. Im Verlauf der Treuhandperiode, also für die Zeit nach der Aufhebung des Insolvenzverfahrens, verbietet § 294 Abs. 1 InsO Zwangsvollstreckungen zugunsten einzelner Insolvenzgläubiger in das pfändbare Vermögen des Schuldners. Dieses Vollstreckungsverbot erstreckt sich auf Alt- und Neuvermögen, also die Gegenstände aus der Insolvenzmasse, von deren Verwertung der Treuhänder gegen Zahlung eines entsprechenden Betrags nach § 314 Abs. 1 Satz 1, 2 InsO abgesehen hat, auf den gesamten Neuerwerb, auf das nach § 292 Abs. 1 InsO vom Treuhänder verwaltete Sondervermögen sowie auf nachträglich ermittelte Gegenstände aus der Masse, die von dem Treuhänder zu verteilen sind. Eine Sonderfrage ist, inwieweit dem Treuhänder auch eine Verwertung obliegt.

21 Eine **Nachtragsverteilung** ist möglich und auf Antrag oder von Amts wegen entsprechend § 203 Abs. 1 Nr. 3, Abs. 2, 3 InsO durchzuführen (vgl. *BGH* NZI 2006, 180 [181], zum Verbraucherinsolvenzverfahren; *BGH* BeckRS 2013, 11371 Tz. 5; außerdem *LG Koblenz* NZI 2004, 157 [158]; MüKo-InsO/*Ehricke* § 294 Rn. 9; *Uhlenbruck/Sternal* InsO, § 294 Rn. 4; *Nerlich/Römermann* InsO, § 294 Rn. 9 f.; HK-InsO/*Waltenberger* 7. Aufl., § 289 Rn. 12; *Pape/Uhlenbruck* Insolvenzrecht, Rn. 987; *Pape* Gläubigerbeteiligung, Rn. 458; *Mohrbutter/Ringstmeier-Pape* § 17 Rn. 294; *Wittig* WM 1998, 157, 209 [223]; jetzt auch MüKo-InsO/*Hintzen* § 203 Rn. 2; s.a. *Hess/Groß/Reill-Ruppe/Roth* Kap. 4 Rn. 711) doch gilt dies nicht für einen erst nach der Restschuldbefreiung erfolgten Vermögenserwerb (*BGH* NZI 2013, 191 Tz. 19). Die Durchführung folgt weitgehend den §§ 203 ff. InsO, d.h. dem Treuhänder obliegt bspw. die Verwertung und er erhält eine besondere Vergütung gem. § 6 InsVV. Die Verteilung ist dagegen an § 292 Abs. 1 Satz 2 InsO zu orientieren. Zunächst sind die gestundeten Verfahrenskosten sowie Masseverbindlichkeiten zu befriedigen. Ob die Verteilung mit der jährlichen Zahlung an die Gläubiger zu erfolgen hat, ist entsprechend dem Gedanken aus § 187 Abs. 2 InsO zu bestimmen. Es gilt gleichermaßen für die laufenden Bezüge des Schuldners einschließlich der nach § 292 Abs. 1 Satz 3 InsO an ihn abzuführenden Beträge wie die Einkünfte aus selbständiger Tätigkeit. Ebenso umfasst es auch das von Todes wegen oder mit Rücksicht auf ein künftiges Erbrecht bzw. in sonstiger Weise erworbenes Vermögen. Vollstreckungsmaßnahmen der Insolvenzgläubiger in das erbrechtlich erworbene Vermögen sind selbst zum Schutz des Herausgabeanspruchs nach § 294 Abs. 1 InsO unzulässig (a.A. *Uhlenbruck/Vallender* InsO, 13. Aufl., § 295 Rn. 41; *Preuß* NJW 1999, 3450 [3452]). Durch derartige Vollstreckungsmaßnahmen wird zwar bei einem entsprechenden Antrag nicht die gleichmäßige Befriedigung der Insolvenzgläubiger, wohl aber die Beschränkung ihres haftungsrechtlichen Zugriffs zugunsten der Neugläubiger und des Schuldners durchbrochen.

22 Nach dem Wortlaut der Norm ist jede Vollstreckung und damit auch eine **privilegierte Pfändung** der **Unterhalts- und Deliktsgläubiger** für ihre vor Eröffnung des Insolvenzverfahrens entstandenen Insolvenzforderungen, vgl. § 40 InsO, in den ihnen nach §§ 850d, 850 f. Abs. 2 ZPO vorbehaltenen Bereich ausgeschlossen. Für die Treuhandperiode verweist § 292 Abs. 1 Satz 3 InsO auf § 36 Abs. 1 Satz 2 InsO. Dort ist eine entsprechende Anwendung der §§ 850d, 850f Abs. 2 ZPO nicht angeordnet. In der Treuhandperiode muss deswegen eine privilegierte Vollstreckung zugunsten der Unterhaltsgläubiger (*BAG* NJW 2010, 253 Tz. 17 ff.; *Schmerbach* VIA 2010, 14 f.) und Gläubiger von Forderungen aus vorsätzlich begangenen unerlaubten Handlungen ausscheiden (K. Schmidt/*Henning* InsO, § 294 n.F. Rn. 2; a.A. *BAG* NZA-RR 2013, 590 Tz. 57, zur Wirkung von § 89 InsO bei einer Abtretung). Da der Pfändungsbeschluss bestehen bleibt, können Unterhaltsgläubiger daraus aber wegen ihrer nach Insolvenzeröffnung entstandenen neuen Forderungen in den Vorrechtsbereich vollstrecken (*BAG* NZI 2010, 35 Tz. 14; vgl. K. Schmidt/*Henning* § 294 n.F. Rn. 3). Forderungen

aus vorsätzlich begangener unerlaubter Handlung werden zwar nach § 302 Nr. 1 InsO nicht von der Restschuldbefreiung erfasst. Dieses Privileg bezieht sich aber nur auf die nachinsolvenzliche Haftung, ohne dem Gläubiger während der Treuhandperiode eine Sonderstellung zu eröffnen (*BGH* ZInsO 2012, 1437 Tz. 5 ff.; *AG Göttingen* ZInsO 2005, 668; i.E. auch *LG Saarbrücken* ZVI 2013, 75; MüKo-InsO/*Ehricke* § 294 Rn. 6; *Uhlenbruck/Sternal* InsO, § 294 Rn. 6; A/G/R-*Fischer* § 294 InsO a.F. Rn. 2; HK-InsO/*Waltenberger* § 294 Rn. 3; HambK-InsO/*Streck* § 294 Rn. 2; *Ahrens* NZI 2008, 24 [25], zu *BGH* NZI 2008, 50, betreffend § 89 Abs. 2 Satz 2 InsO; außerdem § 287 Rdn. 202, 216; *Kuleisa* ZVI 2014, 121 [128]).

Konkursrechtlich umstritten sind die Folgen einer Zwangsvollstreckung in das **Auslandsvermögen** 23 des Schuldners (vgl. *Kuhn/Uhlenbruck* KO, § 14 Rn. 1a ff.), eine durch die zunehmende Verbreitung von Teilzeitwohnrechten selbst für Verbraucherinsolvenzen nicht auszuschließende Konstellation. Nach der Rspr. besteht hier eine Herausgabepflicht des durch die Zwangsvollstreckung Erlangten (*BGH* BGHZ 88, 147 [150 ff.]). Andere als die in das Insolvenzverfahren einbezogenen Vermögensansprüche (zum Begriff der Insolvenzforderung *Haarmeyer/Wutzke/Förster* Handbuch, 2. Aufl., Rn. 7/9 ff.), wie etwa höchstpersönliche Ansprüche, werden nicht von dem Vollstreckungsverbot erfasst. Eine Vollstreckung von Unterlassungsansprüchen und dem dabei verhängten Ordnungsgeld bleibt zulässig (vgl. *KG* NZI 2000, 228 [229]). Von dem Zwangsvollstreckungsverbot gegen den Schuldner ist die Vollstreckung gegenüber dem Treuhänder zu unterscheiden (*Preuß* NJW 1999, 3450 [3452]).

II. Forderungen anderer Gläubiger

Neugläubiger können ihre Forderungen während des Insolvenzverfahrens einklagen, doch wird re- 24 gelmäßig für die Dauer des Insolvenzverfahrens kein zur Vollstreckung geeignetes freies Vermögen vorhanden sein (KS-InsO/*Landfermann* 2000, S. 159 Rn. 41). Ausdrücklich sind ihnen während dieser Verfahrensdauer allerdings Zwangsvollstreckungen in künftige Bezüge aus einem Dienstverhältnis des Schuldners verwehrt, es sei denn es handelt sich um einen neuen Unterhaltsanspruch (*Uhlenbruck* FamRZ 1998, 1473) oder eine neue Forderung aus einer vorsätzlichen unerlaubten Handlung, § 89 Abs. 2 Satz 1, 2 InsO. Mit dem Insolvenzverfahren endet aber auch dieses Vollstreckungshindernis. § 294 Abs. 1 InsO stellt für Neugläubiger kein Vollstreckungsverbot auf, weshalb für sie während der Treuhandperiode keine **Vollstreckungsbeschränkungen** bestehen (vgl. *OLG Zweibrücken* ZInsO 2001, 625 f.; *AG Dortmund* ZVI 2017, 86; LSZ/*Kiesbye* InsO, § 294 Rn. 4). Sie dürfen deswegen in das freie, nicht auf den Treuhänder übertragene Vermögen des Schuldners vollstrecken (*Uhlenbruck/Sternal* InsO, § 294 Rn. 20). Der Gerichtsvollzieher muss deswegen sorgfältig prüfen, ob ein Vollstreckungsauftrag von einem Alt- oder Neugläubiger erteilt wird (*Harnacke* DGVZ 2003, 161 [166]).

Neugläubiger können deshalb in die **Gegenstände aus der Insolvenzmasse** vollstrecken, von deren 25 Verwertung der Treuhänder gegen Zahlung eines entsprechenden Betrags nach § 314 Abs. 1 Satz 1, 2 InsO abgesehen hat (*Gottwald/Ahrens* HdbInsR, § 78 Rn. 64). In diesen Fällen hat der Schuldner möglicherweise unabhängig von seinen eigenen Vorstellungen (vgl. aber FK-InsO/*Kohte/Busch* 8. Aufl. § 314 Rn. 15) aus seinem unpfändbaren Einkommen oder mit der Hilfe Dritter einen dem Wert der Masse entsprechenden Betrag leisten müssen. Dann ist eine mit dem Zweck der insolvenzrechtlichen Vorschriften kollidierende und zugleich den Schutz des unpfändbaren Einkommens aushöhlende Vollstreckung der Neugläubiger während der Treuhandperiode in diese Gegenstände nicht auszuschließen. Wegen dieses Vollstreckungsrisikos sollte eine Entscheidung nach § 314 Abs. 1 Satz 1 InsO nicht gegen den Willen des Schuldners getroffen werden.

Außerdem sind die Neugläubiger auch während der Treuhandperiode befugt, die Zwangsvollstre- 26 ckung in **künftige Lohnansprüche** des Schuldners zu betreiben. Während § 89 Abs. 2 Satz 1 InsO ein Zwangsvollstreckungsverbot auch für Nichtinsolvenzgläubiger bestimmt (*Gottwald/Gerhardt* HdbInsR, § 33 Rn. 15), sieht § 294 Abs. 1 InsO für sie kein Verbot vor. Abgesehen von einer Rangsicherung wird aber eine solche Maßnahme aufgrund der vorrangigen Abtretung an den Treuhänder zunächst keine Wirkung entfalten (*Vallender* ZIP 1997, 1993 [2000]). Ggf. kann der Treuhänder der Lohnpfändung eines Neugläubigers mittels der Drittwiderspruchsklage aus § 771 ZPO entgegentreten (*Wittig* WM 1998, 157, 209 [214]).

27 Wegen **neuer Unterhaltsansprüche** oder einer **neuen** Forderung aus einer **vorsätzlich begangenen unerlaubten Handlung** ist aber gem. den §§ 850d, 850f Abs. 2 ZPO ein Zugriff auf den für andere Gläubiger unpfändbaren Teil der Einkünfte möglich (Begr. zu § 100 RegE, BR-Drucks. 1/92 S. 137 f.; MüKo-InsO/*Ehricke* § 294 Rn. 22; *Uhlenbruck/Sternal* InsO, § 294 Rn. 21; HK-InsO/*Waltenberger* § 294 Rn. 10; *Haarmeyer/Wutzke/Förster-Schmerbach* InsO, § 294 Rn. 8; KS-InsO/*Landfermann* 2000, S. 159 Rn. 41; *Forsblad* Restschuldbefreiung, S. 261; *Schwarz/Facius* ZVI 2010, 49 [53]; *Riedel* KKZ 1999, 217 [224], auch zu den §§ 850c IV, 850e Nr. 2 ZPO). Die §§ 850d, 850f Abs. 2 ZPO sind zwar für die abgetretenen Bezüge unanwendbar, da die §§ 292 Abs. 1 Satz 3, 36 Abs. 1 Satz 2 InsO nicht auf sie verweisen. Davon unberührt bleibt aber die Individualvollstreckung der Neugläubiger. Geht der Anspruch, der eine solche Bevorrechtigung begründet, etwa nach den §§ 1607 Abs. 2 Satz 2, 1608 Satz 3, 1615b BGB, 94 SGB XII, 94 Abs. 3 SGB VIII, 7 UVG oder 37 BAföG auf einen Dritten über, so ist umstritten, ob das Pfändungsvorrecht nach § 850d ZPO gem. §§ 412, 401 Abs. 2 BGB mit übergeht, was nach Fallgruppen und Normzweck zu bestimmen sein wird (*BAG* NJW 1971, 2094; MüKo-ZPO/*Smid* 3. Aufl., § 850d Rn. 6 f.; *Stein/Jonas-Brehm* ZPO, 22. Aufl., § 850d Rn. 11 ff.). Kein Vollstreckungsschutz besteht für die Einkünfte selbständig tätiger Schuldner und den Erwerb von Todes wegen (*Haarmeyer/Wutzke/Förster-Schmerbach* InsO, § 294 Rn. 8). Im Interesse einer Erfüllung seiner Obliegenheiten aus § 295 Abs. 1 Nr. 2, Abs. 2 InsO ist der Schuldner bei einem möglichen Vollstreckungsdruck gehalten, frühzeitig zu leisten.

28 Vor allem bei dem Zugriff auf den sonstigen Neuerwerb ist es nur unvollständig gelungen, die **kollidierenden Befriedigungsinteressen** der Insolvenzgläubiger einerseits mit den Haftungsinteressen der Neugläubiger andererseits auszugleichen. Allein die dem Treuhänder nach § 287 Abs. 2 Satz 1 InsO abgetretenen Forderungen sind definitiv den Insolvenzgläubigern zugewiesen und einer Einzelvollstreckung der anderen Gläubiger entzogen. In das sonstige der Befriedigung der Insolvenzgläubiger dienende Vermögen können dagegen die Neu- und andere Gläubiger vollstrecken. Das nach § 295 Abs. 1 Nr. 2 InsO zur Hälfte des Werts an den Treuhänder herauszugebende von Todes wegen oder mit Rücksicht auf ein zukünftiges Erbrecht erworbene Vermögen ist ebenso wenig vor dem einzelvollstreckungsrechtlichen Zugriff der anderen Gläubiger geschützt wie die Einkünfte aus einer selbständigen Tätigkeit, aus denen der Schuldner nach § 295 Abs. 2 InsO seine Zahlungen an den Treuhänder zu erbringen hat (dazu *Wenzel* NZI 1999, 15 [18]). Eine vollstreckungsrechtlich bindende Zuweisung dieses Vermögens an eine Gläubigergruppe erfolgt gerade nicht. Auch die Parallele zwischen § 771 Abs. 1 ZPO und § 47 InsO (*RG* RGZ 79, 121 [122], zu § 43 KO) bestätigt, dass noch keine Rechtsposition außerhalb des Schuldnervermögens geschaffen ist. In systematisch wenig befriedigender Weise entscheidet dann letztlich der Schuldner darüber, welcher Gläubigergruppe die Vermögensposition zufällt (a.A. MüKo-InsO/*Ehricke* § 294 Rn. 20). Unter dem Druck einer drohenden Obliegenheitsverletzung vermag der Schuldner aufgrund seiner Kenntnisse durch eine frühzeitige Übertragung auf den Treuhänder einer drohenden Zwangsvollstreckung häufig zu begegnen, doch ist dies keineswegs sichergestellt.

29 Dem **Neugläubiger** muss zwar haftendes Vermögen zur Verfügung stehen. Er kann jedoch die Insolvenzgläubiger aus dem ihnen insolvenzrechtlich durch § 295 Abs. 1 Nr. 2 InsO zugewiesenen Bereich verdrängen, ohne dass die Insolvenzgläubiger eigene Handlungsmöglichkeiten besitzen. Pfändet ein Neugläubiger beim Drittschuldner die an den Treuhänder abgetretenen pfändbaren Forderungen auf Bezüge, kann der Treuhänder die Drittwiderspruchsklage erheben. Vollstreckt ein Neugläubiger in das vom Treuhänder gehaltene Vermögen, steht dem Treuhänder die Erinnerung zu, § 766 ZPO (MüKo-InsO/*Ehricke* § 294 Rn. 21, 23; vgl. *BGH* NZI 2004, 447). Bei einem Streit darüber, ob der Vollstreckungsgegenstand zu dem treuhänderischen oder ob er zum freien Vermögen gehört, ist dem Treuhänder die Drittwiderspruchsklage gem. § 771 ZPO eröffnet (*Häsemeyer* InsR, Rn. 26.47, 26.54).

Massegläubiger gem. § 53 InsO werden im Insolvenzverfahren allein in engen Grenzen an einer Zwangsvollstreckung in die Insolvenzmasse gehindert, § 90 InsO. Im Restschuldbefreiungsverfahren kann wegen sog. gewillkürter Masseverbindlichkeiten uneingeschränkt vollstreckt werden (A/G/R-*Fischer* § 294 InsO a.F. Rn. 4; *Gottwald/Ahrens* HdbInsR, § 78 Rn. 64; LSZ/*Kiesbye* InsO, § 294 Rn. 4). Auch wegen sog. oktroyierter Masseverbindlichkeiten ist eine Vollstreckung möglich, wenn der auf sechs Monate befristete Vollstreckungsschutz abgelaufen ist (*BGH* NZI 2007, 670 Tz. 15; MüKo-InsO/*Ehricke* § 294 Rn. 24; K. Schmidt/*Henning* InsO, § 294 n.F. Rn. 3; *Helwich* DGVZ 1998, 50). Vor allem aber ist dieses Vollstreckungsverbot mit der Aufhebung des Insolvenzverfahrens, § 289 Abs. 2 Satz 2 InsO, beendet. Für die Zahlungsklage des Inhabers einer oktroyierten Masseforderung während der Treuhandperiode besteht ein Rechtsschutzbedürfnis (*BGH* NZI 2007, 670 Tz. 14). Eine analoge Anwendung des Vollstreckungsverbots auf Massegläubiger, nachdem das Insolvenzverfahren wegen Masseunzulänglichkeit eingestellt wurde, ist nicht möglich. Ein zusätzlicher Schutzbedarf des Schuldners existiert nicht (HK-InsO/*Landfermann* 7. Aufl., § 289 Rn. 10). Die unzutreffende Feststellung der Masseverbindlichkeiten zur Tabelle ist unschädlich (BGHZ 168, 112 Tz. 15). 30

Aussonderungsberechtigte Gläubiger sind hinsichtlich ihres Aussonderungsanspruchs keine Insolvenzgläubiger und deswegen nicht von dem Zwangsvollstreckungsverbot betroffen (*Hess* InsO, 2007, § 294 Rn. 16). Ihre Herausgabeansprüche können sie auch zwangsweise durchsetzen. Deswegen ist der Herausgabeanspruch des Vermieters gegen den Mieter aus den §§ 985, 546 Abs. 1 BGB weiterhin im Wege der Zwangsvollstreckung zu realisieren (*BGH* NJW 1994, 3232 [3233]; s.a. *LG Hannover* DGVZ 1990, 170; *Jaeger/Henckel* KO, § 19 Rn. 62). Die Zwangsvollstreckung absonderungsberechtigter Gläubiger ist allerdings nur eingeschränkt nach den §§ 50 ff., 166 ff. InsO bei Mobiliarsicherheiten bzw. den §§ 49, 165 InsO, 30d ff., 153b f. ZVG bei Immobiliarsicherheiten zulässig (*AG Rosenheim* ZInsO 2000, 291; *Vallender* ZIP 1997, 1993 [2001]; *Uhlenbruck* InVo 1996, 85 [90]; zu Zwangshypothek, Zwangsversteigerung und Zwangsverwaltung *Helwich* DGVZ 1998, 50 [52 ff.]; a.A. *Andres/Leithaus* InsO, § 294 Rn. 1). Da sich das Absonderungsrecht nach § 1120 BGB auf Erzeugnisse und Zubehör erstreckt, können Hypothekengläubiger in diese Gegenstände vollstrecken. 31

III. Vermögen des Schuldners

Das Zwangsvollstreckungsverbot umfasst das **gesamte Vermögen** des Schuldners. Der Einzelvollstreckung entzogen ist sowohl das bei Verfahrenseröffnung vorhandene Vermögen als auch das Neuvermögen (LSZ/*Kiesbye* InsO, § 294 Rn. 6). In **freigegebene Gegenstände** ist eine Vollstreckung ausgeschlossen. Da es keine Insolvenzmasse mehr gibt, kommt es auch nicht darauf an, ob das Vermögen freigegeben ist. (*BGH* NZI 2009, 382 Tz. 8 ff.; *LG Frankfurt/Oder* NZI 2017, 571 [572]; K. Schmidt/*Henning* InsO, § 294 n.F. Rn. 2) oder durch eine Negativerklärung des Insolvenzverwalters nach § 35 Abs. 2 InsO aus der Masse ausgeschieden wurde. Die nicht dem Vollstreckungsverbot unterliegenden Forderungsinhaber, wie etwa Neugläubiger, können daher in das freie Vermögen, etwa den durch Negativerklärung aus der Masse ausgeschiedenen Erwerb aus selbständiger Tätigkeit, den Motivationsrabatt oder den hälftigen erbrechtlichen Erwerb vollstecken. 32

IV. Zeitlicher Anwendungsbereich

Das Zwangsvollstreckungsverbot des § 294 Abs. 1 InsO besteht von der **Beendigung des Insolvenzverfahrens bis zum Ende der Abtretungsfrist.** In den ab dem 01.07.2014 beantragten Insolvenzverfahren ist die Gesetzesfassung an die neue Terminologie des § 287 InsO angepasst. Der bislang in § 294 Abs. 1 InsO a.F. angeordnete Bezug auf die Laufzeit der Abtretungserklärung wird damit aufgegeben. Dies schafft ein Stück redaktioneller Klarheit. Sachlich ist damit keine Änderung verbunden. Funktionell soll § 294 Abs. 1 InsO eine bruchlose Verlängerung des Zwangsvollstreckungsverbots während des Insolvenzverfahrens aus § 89 InsO in die Treuhandperiode gewährleisten. 33

Der **Beginn** des Anwendungsbereichs von § 294 Abs. 1 InsO ist auf die Beendigung des Insolvenzverfahrens festgelegt. Beendet ist das Insolvenzverfahren mit seiner Aufhebung nach § 200 Abs. 1 34

InsO bzw. der Einstellung gem. § 211 Abs. 1 InsO. Abzustellen ist auf die rechtskräftige Aufhebung oder Einstellung des Insolvenzverfahrens (*Kübler/Prütting/Bork-Wenzel* InsO, § 294 Rn. 2; *Gottwald/Ahrens* HdbInsR, § 78 Rn. 65), weshalb zwischenzeitlich keine Verstrickung und kein Pfändungspfandrecht entstehen können (MüKo-InsO/*Ehricke* § 294 Rn. 10; K. Schmidt/*Henning* InsO, § 294 n.F. Rn. 4; HambK-InsO/*Streck* § 294 Rn. 6; s.a. AG Göttingen ZInsO 2006, 1063 [1064]). Ein vor der Eröffnung des Insolvenzverfahrens und dem Eintritt der Rückschlagsperre gem. § 88 InsO durch Zwangsvollstreckung erworbenes Pfändungspfandrecht an einer beweglichen Sache oder eine Zwangshypothek an einem Grundstück wird durch das Vollstreckungsverbot nach § 294 Abs. 1 InsO nicht berührt.

35 Das **Ende des Vollstreckungsverbots** ist auch weiterhin nur scheinbar eindeutig geregelt. Zwangsvollstreckungen bis zum Ende der Abtretungsfrist erklärt § 294 Abs. 1 InsO für unzulässig. Der Schluss, dass mit dem Ende der Abtretungsfrist auch das Vollstreckungsverbot endet, liegt zwar nahe, ist aber weder logisch zwingend noch ausdrücklich bestimmt und führt auch zu kaum sachgerechten Resultaten. Normiert ist, wann das Zwangsvollstreckungsverbot besteht. Wann Zwangsvollstreckungen zulässig sind, wird damit nicht gesagt. Der Umkehrschluss, mit Ende des Zwangsvollstreckungsverbots seien Zwangsvollstreckungen zulässig, scheint wenig problematisch zu sein. Dennoch ist er nicht berechtigt.

36 Wenn das Vollstreckungsverbot mit der Laufzeit der Abtretungserklärung endet, aber die Durchsetzbarkeit der Forderung erst durch die anschließend erteilte Restschuldbefreiung aufgehoben wird, §§ 300 Abs. 1, 286 InsO, dann sind **Zwangsvollstreckungen in der Zwischenzeit** nicht untersagt. Für den Gläubiger einer nach § 302 InsO privilegierten Forderung mag dies berechtigt erscheinen, doch widerspricht es bei allen anderen Insolvenzgläubigern der klaren gesetzlichen Wertung. Nach der Liquidation des Schuldnervermögens soll ihnen nur noch der vom Treuhänder zu verteilende Betrag zufließen. Am Ende des von dem insolvenzrechtlichen Prinzip der gleichmäßigen Gläubigerbefriedigung geprägten Restschuldbefreiungsverfahrens stünde sonst wieder der einzelvollstreckungsrechtliche Zugriff. Zudem könnten die Gläubiger ihre Befriedigungschancen erhöhen, wenn sie über Versagungsanträge die Erteilung der Restschuldbefreiung verzögern. Abgesehen davon, dass mit den zivilprozessualen Vorschriften zur Einstellung der Zwangsvollstreckung die kollektiven Anforderungen nicht zu bewältigen sind, bieten etwa die §§ 707, 719, 732, 769 ZPO auch keine geeignete Grundlage zur Einstellung. Als Steuerungsinstrument der gesamtvollstreckungsrechtlichen Zugriffsbefugnisse bedarf es deshalb einer insolvenzrechtlichen Lösung. Nach der Wertung des § 89 Abs. 1 InsO, der ein Vollstreckungsverbot bis zur Aufhebung des Insolvenzverfahrens begründet, und der Zielsetzung des § 294 Abs. 1 InsO, der unter Wahrung der Gleichbehandlung der Insolvenzgläubiger die Universal- und Einzelexekution aufeinander abstimmen soll, endet regelmäßig das Vollstreckungsverbot erst mit **der rechtskräftigen Erteilung** der Restschuldbefreiung oder ihrer Versagung gem. § 300 Abs. 2 InsO (AG Göttingen ZVI 2008, 499 [501]; HK-InsO/*Waltenberger* § 294 Rn. 8; *Kübler/Prütting/Bork-Wenzel* InsO, § 294 Rn. 2; *Uhlenbruck/Sternal* InsO, § 294 Rn. 14, § 300 Rn. 23, 26; MüKo-InsO/*Stephan* § 300 Rn. 7; MüKo-InsO/*Ehricke* § 294 Rn. 12; K. Schmidt/*Henning* InsO, § 294 n.F. Rn. 4; *Braun/Pehl* InsO, § 300 Rn. 15; *Graf-Schlicker/Kexel* InsO, § 294 Rn. 2; *Gottwald/Ahrens* HdbInsR, § 78 Rn. 65; KS-InsO/*Fuchs* 2000, S. 1679 Rn. 227; *Kuleisa* ZVI 2014, 121 [128]).

37 Nach § 299 InsO endet bei einer **Versagung** der Restschuldbefreiung während der Treuhandperiode die Laufzeit der Abtretungserklärung. Außerdem wird die Beschränkung der Gläubigerrechte und damit auch das Vollstreckungsverbot aus § 294 Abs. 1 InsO vorzeitig aufgehoben, wenn durch Entscheidungen gem. den §§ 296 Abs. 1, 297 Abs. 1, 298 Abs. 1 InsO die Restschuldbefreiung versagt wird (s. § 299 Rdn. 19). Das Vollstreckungsverbot endet mit der bestandskräftigen Versagungsentscheidung. Ein Antrag auf Erteilung einer vollstreckbaren Ausfertigung wird bis zu diesem Zeitpunkt unzulässig sein.

38 Zur Zwangsvollstreckung nach Erteilung der Restschuldbefreiung s. § 301 Rdn. 33 und nach Widerruf der Restschuldbefreiung vgl. § 303 Rdn. 44.

V. Zwangsvollstreckungsmaßnahmen

Maßnahmen der Zwangsvollstreckung sind für die Dauer des Vollstreckungsverbots unzulässig (zum Folgenden auch FK-InsO/*App* 7. Aufl., § 89 Rn. 11 ff.). Vor Eröffnung des Insolvenzverfahrens erfolgte Vorpfändungen sind wegen der Monatsfrist aus § 845 Abs. 2 Satz 1 ZPO bedeutungslos (vgl. dazu *Viertelhausen* Einzelzwangsvollstreckung während des Insolvenzverfahrens, S. 134). Die Zwangsvollstreckung in künftige Bezüge und gleichgestellte Forderungen ist zwar während der Dauer des Insolvenz- und Restschuldbefreiungsverfahrens unzulässig. Ein vor Eröffnung des Insolvenzverfahrens begründetes Pfändungspfandrecht bleibt bestehen. Das Pfändungspfandrecht ist nicht aufzuheben, sondern die Vollstreckung während der Dauer des (Insolvenz- und) Restschuldbefreiungsverfahrens einzustellen. Wird die Restschuldbefreiung erteilt, obliegt dem Schuldner, nach § 767 ZPO gegen die andauernde Zwangsvollstreckung vorzugehen. Wird die Restschuldbefreiung versagt, ist der Rang des Pfändungspfandrechts gewahrt (*BGH* NZI 2011, 365 Tz. 9 ff.). 39

Eine **Klageerhebung** durch Insolvenzgläubiger ist nach Beendigung des Insolvenzverfahrens, also während der Treuhandphase zulässig (*BGH* ZInsO 2011, 102 Tz. 9; *OLG Brandenburg* NZI 2012, 762 [764]; *OLG Zweibrücken* BeckRS 2015, 00716; *LG Saarbrücken* BeckRS 2013, 20912; *LAG Hamm* BeckRS 2014, 68552; A/G/R-*Fischer* § 294 InsO a.F. Rn. 3; *Frind* Praxishandbuch Privatinsolvenz, Rn. 1208). Die Titulierung eines Anspruchs ist daher auch während der Treuhandperiode zulässig. § 87 InsO hindert sie nur an einer Klage während des Insolvenzverfahrens. Auch ist § 87 InsO nicht analog anwendbar (*BGH* NJW 2008, 1440 [1441]). Ein Rechtsschutzbedürfnis für die Klage besteht, auch wenn die streitgegenständliche Forderung nicht zur Tabelle angemeldet wurde und nicht bei der Verteilung der eingegangenen Beträge durch den Treuhänder berücksichtigt wird (*BGH* NJW 2008, 1440 Tz. 7), bei nachrangigen und daher ohne insolvenzgerichtliche Aufforderung nicht anzumeldenden Forderungen (*BGH* ZInsO 2011, 102 Tz. 9), um die Verjährung zu unterbrechen und dem Gläubiger die gleichen Vollstreckungsperspektiven wie einem Gläubiger mit einem Titel zu eröffnen (*LG Arnsberg* NZI 2004, 515 [516]; *Fischer* ZInsO 2005, 69 [70 f.]). Mit einer solchen Klage geht der Gläubiger allerdings ein gewisses Kostenrisiko ein. Bei einer Restschuldbefreiung werden die Kosten und Gebühren eines vor Eröffnung des Insolvenzverfahrens rechtshängigen Rechtsstreits von der Schuldbefreiung erfasst (s. § 301 Rdn. 8). Die Kosten eines nach der Eröffnung eingeleiteten Rechtsstreits sind zwar Neuforderungen (*BGH* NZI 2014, 310 Tz. 14; *Strüder* VIA 2016, 62 [63]; a.A. *Fischer* ZInsO 2005, 69 [71], Kostenerstattungsanspruch für die Titulierung von Insolvenzforderungen ist von der Restschuldbefreiung umfasst), doch bleibt fraglich, ob der Schuldner sie erfüllen kann. Ebenso gehören Umschreibungen von Vollstreckungstiteln und Zustellungen zu den zulässigen vorbereitenden Handlungen (*Fischer* ZInsO 2005, 69 [70]), sofern sie nicht wie die Zustellung eines Pfändungs- und Überweisungsbeschlusses an den Drittschuldner Vollstreckungswirkung entfalten (vgl. *Kuhn/Uhlenbruck* KO, § 14 Rn. 3; *Hess* KO, § 14 Rn. 8). 40

Nach Erteilung der Restschuldbefreiung entfällt für eine Klage wegen einer zur Tabelle angemeldeten einfachen Insolvenzforderung das Rechtsschutzbedürfnis (*OLG Zweibrücken* BeckRS 2015, 00716, Klage wird unbegründet). Diese Grundsätze gelten auch in den Verfahren anderer Gerichtsbarkeiten. Nach Anzeige der Masseunzulänglichkeit können Gesamtsozialversicherungsbeiträge festgesetzt werden (*BSG* NZI 2016, 27 Tz. 20). Deswegen sollen nachgeforderte Sozialversicherungsbeiträge als Insolvenzforderungen auch in der Treuhandperiode festgestellt werden können, selbst wenn diese nicht zur Tabelle angemeldet wurden. Für den Sozialversicherungsträger besteht dabei kein nennenswertes Kostenrisiko (*LSG Baden-Württemberg* VIA 2016, 62 m. Anm. *Strüder*). 41

Nach den einzelvollstreckungsrechtlichen Regeln setzt die Zwangsvollstreckung mit der **ersten Vollstreckungshandlung** eines Vollstreckungsorgans, z.B. der Verfügung des Gerichts, und nicht schon mit der Antragstellung durch den Gläubiger ein (*Gottwald/Ahrens* HdbInsR, § 78 Rn. 66; s.a. *RG* RGZ 53, 80 [82]; *Stein/Jonas-Münzberg* ZPO, 22. Aufl., vor § 704 Rn. 110 ff.; *Baumbach/Lauterbach/Albers/Hartmann* ZPO, 66. Aufl., Grundz. § 704 Rn. 51; *Kilger/Karsten Schmidt* KO, § 164 Anm. 3; a.A. *Rosenberg/Gaul/Schilken* Zwangsvollstreckungsrecht, 11. Aufl., § 44 I, mit Antragstellung). Das Zwangsvollstreckungsverbot gilt auch für das Verfahren der Vermögensauskunft bzw. ei- 42 desstattlichen Offenbarungsversicherung nach den §§ 807, 899 ff. ZPO (*BGH* NZI 2012, 560 Tz. 10; NZI 2013, 539 Tz. 7; NZI 2014, 310 Tz. 7, jeweils zu § 89 InsO). Eine Vorpfändung nach § 845 ZPO ist unzulässig. An dieser Schnittstelle zwischen Einzel- und Gesamtvollstreckungsrecht ist aber sicherzustellen, dass nicht individualvollstreckungsrechtliche Wirkungen in das Insolvenzverfahren hineingetragen werden. Insbesondere darf durch eine verfrühte Antragstellung nicht die Reihenfolge der Bearbeitung präjudiziert und damit die Priorität der folgenden Vollstreckungsmaßnahme vorher bestimmt werden. Diesen Bedenken trägt die Regelung des § 201 Abs. 2 Satz 3 InsO (vom 19.12.1998, BGBl. I S. 3836; dazu *Wimmer* DZWIR 1999, 62 [65]), teilweise Rechnung.

43 Ein Antrag auf Erteilung einer **vollstreckbaren Ausfertigung der Tabelle** kann danach erst nach Aufhebung des Insolvenzverfahrens gestellt werden. Gleichgestellt ist die Einstellung nachdem die Masseunzulänglichkeit angezeigt wurde, §§ 208, 209, 211 Abs. 1 InsO. Nach § 201 Abs. 2 Satz 3 InsO kann der Antrag auf Erteilung einer vollstreckbaren Ausfertigung aus der Tabelle erst nach Aufhebung des Insolvenzverfahrens gestellt werden, doch bleiben nach der wenig klaren Bestimmung des § 201 Abs. 3 InsO die Vorschriften über die Restschuldbefreiung davon unberührt. Zulässig sind solche Anträge nach der Aufhebung des Insolvenzverfahrens während der Treuhandzeit des Restschuldbefreiungsverfahrens, um sofort auf eine eventuelle Versagung der Restschuldbefreiung reagieren zu können. Insofern besteht ein Rechtsschutzbedürfnis für den Antrag. Die vollstreckbare Ausfertigung ist sodann grds. zu erteilen, auch wenn während der Treuhandperiode nicht daraus vollstreckt werden darf (*OLG Brandenburg* NZI 2012, 762 [764]; *LG Göttingen* NZI 2005, 689; *LG Leipzig* NZI 2006, 603; *LG Tübingen* NZI 2006, 647; MüKo-InsO/*Ehricke* § 294 Rn. 15; *Frind* Praxishandbuch Privatinsolvenz, Rn. 1209; *Pape* ZVI 2014, 1 [3]; **a.A.** *AG Göttingen* ZInsO 2005, 668, aufgegeben durch *AG Göttingen* NZI 2008, 756 [757]; *Graf-Schlicker/Castrup* InsO, § 201 Rn. 7). Die vollstreckbare Ausfertigung darf jedoch nicht erteilt werden, wenn der Schuldner der Forderung oder dem Schuldgrund widersprochen hat und dieser Widerspruch nicht beseitigt worden ist (*Pape* ZVI 2014, 1 [4]). Das zur Zuständigkeit des Insolvenzgerichts, § 202 Abs. 1 Nr. 1 InsO, gehörende Klauselerteilungsverfahren dient zur Vorbereitung, ist also noch kein Bestandteil des Vollstreckungsverfahrens (*LG Arnsberg* ZVI 2004, 699; *Uhlenbruck/Sternal* InsO, § 294 Rn. 11; *Rosenberg/Gaul/Schilken* Zwangsvollstreckungsrecht, 11. Aufl., § 8 I 4. Zur Heilung von Vollstreckungsmängeln im Insolvenzverfahren *Viertelhausen* Einzelzwangsvollstreckung während des Insolvenzverfahrens, S. 79 ff.). Auch im Restschuldbefreiungsverfahren wird eine rückwirkende Heilung von Verfahrensfehlern ausgeschlossen sein.

44 Das Vollstreckungsverbot erfasst unabhängig von der Form der Titulierung die **Vollstreckung** wegen einer **Geldforderung** in das bewegliche Vermögen des Schuldners, also die Pfändung einer beweglichen Sache, §§ 803 ff. ZPO, und einer Forderung, §§ 828 ff. ZPO, sowie den Zugriff auf das unbewegliche Vermögen, §§ 864 ff. ZPO, wie die Eintragung einer Zwangssicherungshypothek. Auch ein gutgläubiger Erwerb dieser Hypothek führt wegen ihrer Akzessorietät nicht zu einem Vollstreckungsrecht (*LG Frankfurt/O.* NZI 2017, 571 [572]). Das Verbot der Pfändung in künftige Forderungen besteht nach Aufhebung des Insolvenzverfahrens im Rahmen des § 294 Abs. 1 InsO fort (*AG Göttingen* NZI 2006, 714 [715]). Es gilt aber auch für die Vollstreckung wegen **anderer Ansprüche** als Geldforderungen, §§ 883 ff. ZPO, soweit es sich um eine Insolvenzforderung handelt (vgl. *Gottwald/Gerhardt* HdbInsR, § 33 Rn. 4). Unzulässige Zwangsvollstreckungsmaßnahmen bilden ebenfalls Arrest und einstweilige Verfügung (s. FK-InsO/*App* 7. Aufl., § 89 Rn. 11; KS-InsO/*Landfermann* 2000, S. 127 Rn. 34; *Uhlenbruck* InVo 1996, 85 [89]). Eine § 124 VglO entsprechende Legaldefinition in § 12 RegE wurde vom Rechtsausschuss als selbstverständlich gestrichen (Beschlussempfehlung des Rechtsausschusses BT-Drucks. 12/7302 S. 156 zu § 12 RegE; zur Kritik *Uhlenbruck* InsO, 12. Aufl., § 89 Rn. 1). Umstritten ist, ob dies auch für einen, etwa zur Rückgewinnungshilfe angeordneten strafprozessualen dinglichen Arrest gem. §§ 111d, 111h StPO gilt (bejahend *OLG Nürnberg* NZI 2014, 89; verneinend *KG* ZInsO 2013, 2444; *OLG Hamm* ZVI 2015, 468). Wegen der Verweisung in § 111d Abs. 2 StPO auf die zivilprozessualen Arrestvorschriften ist von einer auch in der Treuhandperiode unzulässigen Zwangsvollstreckungsmaßnahme auszugehen.

Verboten ist damit ebenso der Erlass eines **Arrestbefehls** wie die Eintragung einer Vormerkung auf- 45
grund einer **einstweiligen Verfügung**. Maßnahmen der Verwaltungsvollstreckung unterliegen ebenfalls dem Vollstreckungsverbot (vgl. *Kuhn/Uhlenbruck* KO, § 14 Rn. 5a). Unzulässig sind außerdem Vollstreckungsakte nach dem **Zwangsversteigerungsgesetz**. Verboten ist auch die **Anfechtung** eines Insolvenzgläubigers nach dem AnfG (*Uhlenbruck/Sternal* InsO, § 294 Rn. 10). **Vollstreckungsmaßnahmen der Finanzbehörden** wegen Insolvenzforderungen sind unzulässig, da § 251 Abs. 2 Satz 1 AO die Regelungen der InsO unberührt lässt. Umstritten ist, ob aus dem Zwangsvollstreckungsverbot nach § 294 Abs. 1 InsO ein Aufrechnungsverbot abzuleiten ist (dazu Rdn. 69). Die Zulassung eines Fahrzeugs zum Verkehr wegen Insolvenzforderungen darf nicht nach § 294 Abs. 1 InsO versagt werden (**a.A.** *VG Düsseldorf* ZInsO 2014, 2047, Ausnahme berufliche Erfordernisse), da es sich um eine unzulässige individuelle Rechtsdurchsetzung handelt. Die **Beendigung des Restschuldbefreiungsverfahrens** führt nicht zu einer Heilung der Vollstreckungsmaßnahme (*LG Frankfurt/O.* NZI 2017, 571 [573]).

Die Abtretung einer **nicht zur Insolvenzmasse**, § 35 InsO, gehörenden, erst während der Treuhand- 46
periode entstandenen Forderung des Schuldners an einen der Insolvenzgläubiger ist zwar nicht nach § 400 BGB i.V.m. § 294 Abs. 1 InsO unwirksam (*BGH* NJW 1994, 1057 [1058 f.] m.w.N.; *Hess* KO, § 14 Rn. 1, 8; **a.A.** *LAG Tübingen* NJW 1970, 349 [350]; *Jaeger/Henckel* § 14 KO, Rn. 33). Als unzulässiges Sonderabkommen wird eine Abtretung aber gegen § 294 Abs. 2 InsO verstoßen (s. Rdn. 54).

VI. Verfahren und Rechtsbehelfe

Eine unter **Missachtung von § 294 Abs. 1 InsO** beantragte Vollstreckungsmaßnahme muss vom 47
Vollstreckungsorgan ohne weitere Prüfung von Amts wegen abgelehnt werden (vgl. *BGH* BGHZ 25, 395 [400]). Gegen einen Pfändungs- und Überweisungsbeschluss aufgrund des Antrags eines Insolvenzgläubigers oder Maßnahmen des Gerichtsvollziehers ist die **Erinnerung** gem. § 766 ZPO gegeben (*K. Schmidt/Henning* InsO, § 294 n.F. Rn. 5; *Kupka* ZInsO 2010, 113 [116]). Lehnt der Rechtspfleger im Rahmen der ihm nach § 20 Nr. 16, 17 RPflG übertragenen Entscheidungen die Zwangsvollstreckung ab oder gewährt er dem Schuldner bzw. Drittschuldner rechtliches Gehör, so trifft er eine Entscheidung, gegen die eine Erinnerung gem. § 11 Abs. 2 RPflG zulässig ist. Erteilt der Rechtspfleger antragsgemäß eine vollstreckbare Ausfertigung des Titels oder erlässt er einen Pfändungs- und Überweisungsbeschluss, so können nicht angehörte Schuldner und Drittschuldner Einwendungen gem. § 766 ZPO erheben. Nach anderer Ansicht ist gegen die Vollstreckung eine Vollstreckungsgegenklage zu erheben (*AG Göttingen* NZI 2008, 756 [757]).

Wird ein **Gegenstand** des Schuldnervermögens im Verlauf des Restschuldbefreiungsverfahrens ge- 48
pfändet, tritt entsprechend den zu § 89 InsO entwickelten Auffassungen nach der gemischt privat- und öffentlich-rechtlichen Theorie (dazu *BGH* BGHZ 119, 75 [90 ff.], mit umfassenden Nachw.) nur die Verstrickung ein, ohne dass ein Pfändungspfandrecht entsteht (*Vallender* ZIP 1997, 1993 [2000]; MüKo-InsO/*Ehricke* § 294 Rn. 16; zur entsprechenden Konsequenz aus § 14 KO vgl. *Hess* KO, § 14 Rn. 16; *Kuhn/Uhlenbruck* KO, § 14 Rn. 17). Die Verstrickung bleibt zwar bestehen, bis sie im Rechtsbehelfsverfahren aufgehoben ist, materiellrechtlich entfaltet die Maßnahme jedoch keine Wirkung (MüKo-InsO/*Breuer* § 89 Rn. 33).

Werden Vollstreckungsverbote nicht beachtet, so ist dagegen die **Erinnerung** gem. § 766 Abs. 1 49
Satz 1 ZPO gegeben (vgl. *BGH* NZI 2008, 50 Tz. 4; FK-InsO/*App* 7. Aufl., § 89 Rn. 3; *App* NZI 1999, 138 [139]; *Kuleisa* ZVI 2014, 121 [128]). Soweit in die vom Schuldner nach § 287 Abs. 2 Satz 1 InsO abgetretene Forderung vollstreckt wird, ist der Treuhänder aktivlegitimiert, die Erinnerung einzulegen (*Braun/Pehl* InsO, § 294 Rn. 4, auch der Schuldner; nach *Uhlenbruck/Sternal* InsO, § 294 Rn. 16, auch die Insolvenzgläubiger, obwohl sie keine Forderungsinhaber sind). Wird in andere Gegenstände vollstreckt, ist es der Schuldner (vgl. *BGH* BGHZ 25, 395 [400]). Die Unzulässigkeit von Pfändungs- und Überweisungsbeschlüssen kann auch der Drittschuldner mit der Erinnerung geltend machen. Die Insolvenzgläubiger sind nicht berechtigt, eine Erinnerung einzulegen.

50 Die **Zuständigkeit** für **Rechtsbehelfe** ist im Restschuldbefreiungsverfahren eigenständig zu bestimmen. Über die Erinnerung entscheidet im eröffneten Insolvenzverfahren nach § 89 Abs. 3 Satz 1 InsO nicht das Vollstreckungsgericht, sondern das Insolvenzgericht (*BGH* NZI 2008, 50 Tz. 4; *Uhlenbruck* InVo 1996, 85 [90]). Im Restschuldbefreiungsverfahren fehlt dagegen eine dem § 89 Abs. 3 Satz 1 InsO entsprechende Zuständigkeitsregelung. Die Auslegung von § 294 Abs. 1 InsO wird zwar an § 89 Abs. 1 InsO orientiert, doch soll dies nicht für § 89 Abs. 3 Satz 1 InsO gelten.

51 Trotz der Verweisung der §§ 292 Abs. 1 Satz 3, 36 Abs. 4 InsO auf die Zuständigkeit des Insolvenzgerichts, hat sich inzwischen allgemein die Ansicht durchgesetzt, dass in der Treuhandperiode das **Vollstreckungsgericht** für die Entscheidung zuständig ist (*LG Köln* NZI 2003, 669; *LG Saarbrücken* ZVI 2013, 75; s. *Schmerbach* § 2 Rdn. 10; *Uhlenbruck/Sternal* InsO, § 294 Rn. 17; HK-InsO/*Waltenberger* § 294 Rn. 9; MüKo-InsO/*Ehricke* § 294 Rn. 18; *Häsemeyer* InsR, Rn. 26.44 Fn. 104; *Smid/Krug/Haarmeyer* 2. Aufl., § 294 Rn. 2; HambK-InsO/*Streck* § 294 Rn. 8; *Haarmeyer/Wutzke/Förster* Handbuch, 3. Aufl., Rn. 8/260; *Schäferhoff* ZVI 2008, 331 [334]; krit. *Kuleisa* ZVI 2014, 121 [128]). Dies gilt sowohl, wenn Verstöße gegen eine tatsächlich durchgeführte Zwangsvollstreckungsmaßnahme gerügt werden, als auch wenn eine beantragte Zwangsvollstreckungsmaßnahme nicht erlassen wird. Das Rechtsbeschwerdegericht hat nach dem Regelungsgehalt der §§ 576 Abs. 2, 571 Abs. 2 Satz 2 ZPO die funktionelle Zuständigkeit des erstinstanzlichen Gerichts nicht zu prüfen (*BGH* NJW-RR 2007, 1498). Einwendungen gegenüber Zwangsvollstreckungsmaßnahmen in Grundstücke sollen weiterhin mit den grundbuchrechtlichen Rechtsbehelfen geltend gemacht werden (KS-InsO/*Landfermann* 2000, S. 159 Rn. 36; s.a. *Gottwald/Gerhardt* HdbInsR, § 33 Rn. 23).

D. Sonderabkommen

I. Abschluss

52 § 294 Abs. 2 InsO untersagt **Abkommen**, durch die einzelnen Insolvenzgläubigern **Sondervorteile** verschafft werden. Eine grds. vergleichbare, aber in ihrem Tatbestand enger gefasste Regelung enthält § 226 Abs. 3 InsO über die Gleichbehandlung beim Abschluss eines Insolvenzplans. Nach dem Wortlaut des § 294 Abs. 2 InsO muss ein Abkommen geschlossen worden sein, also eine **zweiseitige rechtsgeschäftliche Vereinbarung** zwischen Schuldner und Insolvenzgläubigern bzw. zwischen diesen und Dritten getroffen worden sein (*Nerlich/Römermann* InsO, § 294 Rn. 11; *Haarmeyer/Wutzke/Förster-Schmerbach* InsO, § 294 Rn. 19; **a.A.** LSZ/*Kiesbye* InsO, § 294 Rn. 10; *Kübler/Prütting/Bork-Wenzel* InsO, § 294 Rn. 5; *Uhlenbruck/Sternal* InsO, § 294 Rn. 24; MüKo-InsO/*Ehricke* § 294 Rn. 27; *K. Schmidt/Henning* InsO, § 294 n.F. Rn. 7; A/G/R-*Fischer* § 294 InsO a.F. Rn. 7; *Andres/Leithaus* InsO, § 294 Rn. 4; *Graf-Schlicker/Kexel* InsO, § 294 Rn. 3; HambK-InsO/*Streck*, § 294 Rn. 9; *Mohrbutter/Ringstmeier-Pape* § 17 Rn. 287).

53 Zum entsprechenden Begriff aus § 181 Satz 3 KO und § 8 Abs. 3 VglO wird vertreten, dass über die Verträge im rechtstechnischen Sinn hinaus auch **einseitige Rechtsakte**, wie z.B. Ermächtigungen, von dem Tatbestand erfasst werden (*Kuhn/Uhlenbruck* KO, § 181 Rn. 5; *Bley/Mohrbutter* VglO, § 8 Rn. 35; *Obermüller* DB 1976, 901 [902]). Diese Interpretation kann jedoch nicht auf § 294 Abs. 2 InsO übertragen werden, wie der eindeutige, von § 295 Abs. 1 Nr. 4 Alt. 2 InsO abweichende Wortlaut sowie der Zweck der Regelung und ihr systematischer Zusammenhang belegen (**a.A.** MüKo-InsO/*Ehricke* § 294 Rn. 27; A/G/R-*Fischer* § 294 InsO a.F. Rn. 7; *Graf-Schlicker/Kexel* InsO, § 294 Rn. 3). Die InsO unterscheidet die insolvenzrechtlichen Wirkungen einer einseitigen Leistung von Übereinkommen, mit denen Sondervorteile gewährt werden. Zahlungen und damit einseitige Rechtsakte des Schuldners, die einem Insolvenzgläubiger Sondervorteile verschaffen, werden dem Schuldner allein in Gestalt einer Obliegenheitsverletzung nach § 295 Abs. 1 Nr. 4 InsO angerechnet. Für die einverständliche Regelung mit dem Gläubiger durch Abkommen gilt hingegen die rechtsgeschäftliche Normierung und Nichtigkeitsfolge aus § 294 Abs. 2 InsO. Primäre Aufgabe von § 294 Abs. 2 InsO ist der Schutz der gerade durch Vereinbarungen besonders bedrohten Gleichbehandlung der Gläubiger. § 294 Abs. 2 InsO soll verhindern, dass ein Insolvenzgläubiger durch die besonders gefährliche Vereinbarung von Sonderleistungen davon abgehalten wird, seine Antragsrechte der §§ 290 Abs. 1, 296 Abs. 1, 297 Abs. 1, 303 Abs. 1 InsO zu gebrauchen oder

Rechtsmittel gegen die Erteilung der Restschuldbefreiung einzulegen (s. Rdn. 5). Aus diesem Grund kommt auch dem als Folge der Nichtigkeit bestehenden Konditionsanspruch kein ausschlaggebendes Gewicht zu. Eine Schutzlücke besteht nach der hier vertretenen Ansicht nicht. Auf andere Konstellationen als rechtsgeschäftliche Übereinkommen ist diese Bestimmung folglich nicht zu erweitern. Es existieren zwar Fallgestaltungen, in denen weder ein Abkommen i.S.v. § 294 Abs. 2 InsO geschlossen noch eine Obliegenheitsverletzung durch eine einseitige Zahlung seitens des Schuldners anzunehmen ist, wenn etwa eine andere Person leistet, ohne eine Übereinkunft getroffen zu haben, doch rechtfertigen es diese Fallgestaltungen nicht mehr, die gesetzliche Differenzierung aufzugeben. Ein Sonderabkommen kann nach § 283c StGB als Gläubigerbegünstigung strafbar sein.

Abtretungen an die Insolvenzgläubiger sind auch nach der neuen Rechtslage nicht nach § 400 BGB 54
i.V.m. § 294 Abs. 1 InsO unzulässig, doch werden sie regelmäßig als unzulässige Abkommen gem. § 294 Abs. 2 InsO zu beurteilen sein, die den betreffenden Insolvenzgläubigern Sondervorteile verschaffen. Wichtig ist dies insbesondere bei den zur Sicherung abgetretenen Bezügeforderungen. Die Streichung von § 114 Abs. 1 InsO beendet das zweijährige Abtretungsprivileg. Davon unberührt bleibt das Absonderungsrecht des Sicherungsnehmers. Er könnte deswegen, nachdem das Insolvenzverfahren beendet ist und die Rechtsbeschränkung entfällt, prinzipiell aus seinem Sicherungsrecht vorgehen. § 287 Abs. 3 InsO erklärt deswegen Vereinbarungen des Schuldners insoweit unwirksam, wie sie die Abtretungserklärung des § 287 Abs. 2 InsO beeinträchtigen. Über diese Wirkungen geht § 294 Abs. 2 InsO hinaus und erklärt Sonderabkommen, einschließlich der Sicherungsabtretungen, endgültig für nichtig (*Ahrens* NZI 2014, 529 [531]; *ders.*, Das neue Privatinsolvenzrecht, Rn. 326; *Uhlenbruck/Sternal* InsO, § 301 Rn. 33; *K. Schmidt/Henning* InsO, § 294 n.F. Rn. 8; *Wipperfürth* InsbürO 2014, 508 [510]; **a.A.** BeckOK-InsO/*Riedel* § 301 Rn. 8.1 ff.). Dagegen wird eingewendet, dies stelle die Wirksamkeit von Sicherungsabtretungen insgesamt und ex tunc infrage, doch ist dies gerade die Nichtigkeitsfolge (*Bigge/Peters-Lange* ZIP 2014, 2114 [2115]; *Kuleisa* ZVI 2015, 85 [90]; *Riedel* ZVI 2015, 91 [92]).

Der **Zeitpunkt** für den Abschluss eines gem. § 294 Abs. 2 InsO nichtigen Sonderabkommens kann 55
bereits vor der Eröffnung des Insolvenzverfahrens liegen (*Kübler/Prütting/Bork-Wenzel* InsO, § 294 Rn. 6). Allerdings müssen die Wirkungen nach Beendigung des Insolvenzverfahrens eintreten. Dies ist konsequent, weil im Insolvenzverfahren die Masse dem Insolvenzbeschlag unterliegt. Erst in der Treuhandzeit nach Beendigung des Insolvenzverfahrens kann der Schuldner, abgesehen von den aus § 287 Abs. 2 Satz 1 InsO folgenden Restriktionen, frei über sein Vermögen verfügen. Systematisch ist zwar § 294 InsO bei den Vorschriften über die erst nach Aufhebung des Insolvenzverfahrens, § 289 Abs. 2 Satz 2 InsO, beginnende Treuhandperiode eingegliedert und die Regelungen in Abs. 1, 3 beziehen sich auch nur auf diese Treuhandphase. Für das Zwangsvollstreckungsverbot und die Aufrechnungsschranken ist jedoch keine Vorwirkung erforderlich, weil sie an die allgemeinen Regelungen der §§ 89, 114 Abs. 2 InsO aus dem Insolvenzverfahren anschließen. Sonderabkommen sind dagegen nicht allgemein im Insolvenzverfahren, sondern allein für das gerade nicht in ein Restschuldbefreiungsverfahren einmündende Planverfahren nach § 226 Abs. 3 InsO untersagt. Allerdings können die für das Konkurs- und Vergleichsverfahren aufgestellten Grundsätze (*RG* RGZ 78, 183 [186]; *Kuhn/Uhlenbruck* KO, § 181 Rn. 5; *Bley/Mohrbutter* VglO, § 8 Rn. 39; s.a. *Tintelnot* Vereinbarungen für den Konkursfall, S. 61 ff.), nach denen noch vor dem Eintritt in ein Kollektivverfahren ein Bedürfnis bestehen kann, Sonderabkommen zu verhindern, nicht ohne Weiteres auf das Restschuldbefreiungsverfahren übertragen werden.

Jedenfalls im **Verbraucherinsolvenzverfahren** mit seinen offenen Verhandlungslösungen über eine 56
außergerichtliche Einigung oder einen Schuldenbereinigungsplan und den Sicherungen aus § 309 Abs. 1 Satz 2 InsO, dürfen die Einigungschancen nicht durch das Risiko eines unzulässigen Sonderabkommens beeinträchtigt werden. Eine Vorwirkung muss deshalb hier ausscheiden (*Uhlenbruck/ Sternal* InsO, § 294 Rn. 27). Soweit sie dann überhaupt noch vorstellbar ist, muss das Abkommen in Beziehung zu einem geplanten Restschuldbefreiungsverfahren stehen (vgl. zum Zwangsvergleich *BGH* BGHZ 6, 232 [237 f.]). Eine subjektive Komponente wird dagegen nicht verlangt. Die Parteien müssen deswegen nicht bei Abschluss des Abkommens die Beendigung des Insolvenzverfahrens

als möglich angesehen und das Abkommen auch auf diesen Fall bezogen haben (a.A. *Uhlenbruck/ Sternal* InsO, § 294 Rn. 27).

57 Als **spätester Termin** des Abkommens kommt auch ein Zeitpunkt nach Erteilung der Restschuldbefreiung bis zum Ablauf der Frist bzw. des Rechtsmittelverfahrens aus § 303 Abs. 2, 3 InsO in Betracht (MüKo-InsO/*Ehricke* § 294 Rn. 28). Nach der Zielsetzung des § 294 Abs. 2 InsO sollen die Gläubiger nicht durch Sondervorteile von der Ausübung ihrer Antragsrechte, letztlich auch derjenigen aus § 303 InsO, abgehalten werden. Stets muss aber das Abkommen einen Sondervorteil des Gläubigers (sogleich Rdn. 60) bewirken.

58 Als **Parteien** des Abkommens stehen sich auf der einen Seite der Schuldner oder andere Personen und auf der anderen Seite einzelne Insolvenzgläubiger gegenüber. Dies unterscheidet § 294 Abs. 2 InsO von § 295 Abs. 1 Nr. 4 InsO, der sich ausschließlich an den Schuldner richtet (s. § 295 Rdn. 158). Dem Schuldner selbst werden die von ihm zur Erfüllung seiner Schuld oder in Vertretung eingeschalteten Personen zugerechnet. Als eine dem Schuldner gleichgestellte andere Person gilt, wer ohne von dem Schuldner in den Erfüllungsvorgang einbezogen zu sein ebenfalls auf eine Insolvenzforderung leistet. Neben dem Abkommen, die Zahlungen des Dritten auf eine Insolvenzforderung betreffen (vgl. *Kilger/Karsten Schmidt* KO, § 181 Anm. 3), werden hiervon auch andere Abreden erfasst, welche Einfluss auf den Gläubiger haben können, wie der Ankauf von Forderungen (*RG* RGZ 28, 96; RGZ 30, 22 [23]) oder die Übernahme einer Bürgschaft (*RG* RGZ 41, 41 [42]).

59 Dieser Gedanke wird allgemein für die Bestellung von **Kreditsicherheiten durch Dritte** zu gelten haben (*Graf-Schlicker/Kexel* InsO, § 294 Rn. 4; a.A. *Kübler/Prütting/Bork-Wenzel* InsO, § 294 Rn. 6; einschränkend MüKo-InsO/*Ehricke* § 294 Rn. 31). Durch das Abkommen muss dem Insolvenzgläubiger ein unberechtigter Sondervorteil gewährt werden. Bei Abkommen zwischen Mitschuldnern oder Bürgen sowie Insolvenzgläubigern wird es nicht nur an einem nicht zu rechtfertigenden Sondervorteil fehlen. Mitschuldner oder Bürgen sind bereits aus dem Kreis der gleichgestellten anderen Personen auszuschließen, wenn sie, wie regelmäßig, zur Tilgung ihrer eigenen, ihnen dem Gläubiger gegenüber obliegenden Schuld leisten (vgl. *BGH* BGHZ 42, 53 [56]). Vereinbart ein Dritter mit dem Treuhänder, dessen Vergütung zu decken, liegt kein unzulässiges Abkommen mit einem einzelnen Insolvenzgläubiger vor (*Kübler/Prütting/Bork-Wenzel* InsO, § 294 Rn. 6).

II. Sondervorteil

60 Ein **Sondervorteil** liegt vor, wenn ein einzelner Gläubiger etwas erhält, was der Gesamtheit der Gläubiger zusteht. Generell wird ein Sondervorteil gewährt, wenn ein Insolvenzgläubiger gegenüber den allgemeinen Verteilungsregeln bevorzugt wird. Abweichend von der konkursrechtlichen Vorschrift des § 181 Satz 3 KO genügt die objektive Bevorteilung, es ist also kein subjektives Moment erforderlich. Auf ein entsprechendes Bewusstsein und einen Willen zur Bevorzugung kommt es nicht an (MüKo-InsO/*Ehricke* § 294 Rn. 26, 32; LSZ/*Kiesbye* InsO, § 294 Rn. 13). Der Vorteil kann bereits durch das Verpflichtungsgeschäft begründet, aber auch mit dem Erfüllungsgeschäft verschafft werden. Er kann in einer Geldzahlung, der Übereignung von Gegenständen oder Diensten selbständiger wie nicht selbständiger Art begründet sein (*Adam* ZInsO 2006, 1132 [1133 f.]). Ausgehend von einer wirtschaftlichen Betrachtungsweise (so zur Rechtslage beim Zwangsvergleich *Kuhn/Uhlenbruck* KO, § 181 Rn. 5) können schon mittelbare Wirkungen der Vereinbarung einen Sondervorteil begründen.

61 Um aber nicht jede ökonomische Betätigung des Schuldners oder etwa seiner Familienangehörigen mit einzelnen Insolvenzgläubigern zu verhindern, bedarf der offene Begriff des Sondervorteils einer Begrenzung als eine **nicht gerechtfertigte Bevorzugung**. Er liegt auch bei einer erst nach Erteilung der Restschuldbefreiung einsetzenden Rechtsfolge vor. Dies gilt sowohl für den Verzicht auf die Wirkungen der Restschuldbefreiung (*BGH* NZI 2015, 858 Tz. 11; A/G/R-*Weinland* § 301 InsO Rn. 4; *Forsblad* Restschuldbefreiung, S. 270 ff.; MüKo-InsO/*Stephan* § 301 Rn. 24; s.a. § 294 Rdn. 60, außerdem § 301 Rdn. 29) als auch für ein Anerkenntnis über die Qualifikation einer Forderung

als eine nach § 302 Nr. 1 InsO von der Restschuldbefreiung ausgenommene Verbindlichkeit (s. § 302 Rdn. 78).

Ein unberechtigter Sondervorteil kann nur darin bestehen, dass die Leistungsmöglichkeit unter Missachtung der **Gläubigergleichbehandlung** verkürzt wird, also der Schuldner aus ihr leistet, oder aber ein Einfluss auf den Willensbildungs- und Entscheidungsprozess auf Seiten des Gläubigers zu befürchten ist. Erforderlich ist dann eine Beziehung zu einer solchen Entscheidungsbildung (so *BGH* BGHZ 6, 232 [237 f.], beim Zwangsvergleich; ebenso MüKo-InsO/*Ehricke* § 294 Rn. 32), ohne die einer missbilligten Vorteilsgewährung der Bewertungsmaßstab fehlt. Sofern ein Antrag nach den §§ 290 Abs. 1, 296 Abs. 1, 297 Abs. 1, 303 Abs. 1 InsO durch einen Insolvenzgläubiger gestellt ist oder aber die objektiven Voraussetzungen für einen solchen Antrag erfüllt sind, unterliegt jede Vorteilsgewährung dem Missbrauchsverdacht. 62

Fehlt es an diesen Erfordernissen, weil ein Versagungsgrund nach § 290 Abs. 1 InsO nicht besteht bzw. weil der Schuldner bereits die Treuhandphase erreicht und keine sonstige beachtliche Obliegenheitsverletzung begangen hat, ist der Schuldner berechtigt, aus seinem **freien Vermögen** zusätzliche Leistungen an einen Insolvenzgläubiger zu erbringen (*AG Göttingen* ZInsO 2005, 1001 [1002]; MüKo-InsO/*Ehricke* § 294 Rn. 32; *Kübler/Prütting/Bork-Wenzel* InsO, § 294 Rn. 5; *K. Schmidt/ Henning* InsO, § 294 n.F. Rn. 7; *Kupka* ZInsO 2010, 113 [115]; **a.A.** *Adam* ZInsO 2006, 1132). Dies bestätigt auch die Entscheidung des *BGH* vom 14.01.2010, die allerdings noch das Insolvenzverfahren betrifft (*BGH* NZI 2010, 223 Tz. 9; s.a. *Harder* VIA 2010, 29 [30]). Dem Schuldner ist es damit etwa weiter möglich, die Tilgungsleistungen auf einen kreditfinanzierten und mit einem dinglichen Sicherungsrecht belasteten Pkw zu erbringen, um mit diesem Fahrzeug zu seiner Arbeitsstätte zu fahren. Ebenso kann der Schuldner mit einem grundpfandrechtlich gesicherten Immobiliarkreditgläubiger eine Vereinbarung treffen, die Sicherung nicht zu verwerten, solange das Darlehen aus dem unpfändbaren Teil des Einkommens getilgt wird (*Jacobi* ZVI 2008, 325 [326 ff.]). Unter den gleichen Voraussetzungen können auch andere Personen, etwa Familienangehörige, die Zahlungen übernehmen. Eine Obliegenheitsverletzung i.S.v. § 295 Abs. 1 Nr. 4 InsO ist auch dann nicht begründet, wenn der Schuldner auf Druck eines Gläubigers leistet (dazu § 295 Rdn. 160). Aus seinem freien Vermögen ist der Schuldner berechtigt, Zahlungen zu leisten (*AG Göttingen* ZInsO 2005, 1001 [1002]; HambK-InsO/*Streck* § 294 Rn. 12). Dies gilt insbesondere auch bei einer Verurteilung zu einer Geldstrafe bzw. für die Erfüllung einer Bewährungsauflage (vgl. *AG Mannheim* ZVI 2005, 384 [385]; *Uhlenbruck/Sternal* InsO, § 294 Rn. 26). Der Schuldner ist nicht verpflichtet, aus seinem pfändungsfreien Einkommen Ratenzahlungen im Rahmen einer bewilligten Prozesskostenhilfe zu erbringen (*OLG Koblenz* BeckRS 2013, 14018). 63

Verlängern der Schuldner und sein Arbeitgeber einen befristeten Arbeitsvertrag, um die Aufrechnungsbefugnis nach Abs. 3 zu erhalten, begründet diese Vereinbarung schon wegen der Erwerbsobliegenheit des Schuldners regelmäßig keinen unberechtigten Sondervorteil des Arbeitgebers. 64

III. Rechtsfolge

Als Rechtsfolge ordnet § 294 Abs. 2 InsO die **Nichtigkeit** des Abkommens an, die nach der Zielsetzung der Vorschrift gleichermaßen das Verpflichtungs- wie das Erfüllungsgeschäft erfasst (*Uhlenbruck/Sternal* InsO, § 294 Rn. 28). Jedenfalls Sachleistungen können deshalb nach Ansicht der Rechtsprechung durch den Schuldner gem. § 985 BGB vindiziert werden (vgl. *BGH* NJW 1951, 643; *Gottwald/Eickmann* HdbInsR, § 66 Rn. 17; sehr str., **a.A.** etwa *Larenz/Canaris* Schuldrecht, 13. Aufl., Bd. II/2, § 68 III 3e). Unbefriedigend ist, wenn aber gegenüber dem bei Zahlungen wichtigen Bereicherungsanspruch auf den Kondiktionsausschluss aus § 817 S. 2 BGB verwiesen wird (vgl. *Kilger/Karsten Schmidt* KO, § 181 Anm. 4). Im Ergebnis ist deshalb der Ansicht zuzustimmen, die für eine Rückforderung von Leistungen auf insolvenzrechtlich verbotene Sonderabkommen eine Anwendung des § 817 Satz 2 BGB ablehnt (MüKo-InsO/*Ehricke* § 294 Rn. 33; *K. Schmidt/Henning* InsO, § 294 n.F. Rn. 8; *Braun/Pehl* InsO, § 294 Rn. 7; zum Konkursrecht *Jaeger/Weber* KO, § 181 Rn. 14; *Bley/Mohrbutter* VglO § 8 Rn. 46; *Schwark* NJW 1974, 1892 [1894]; **a.A.**, also den 65

§ 294 InsO   Gleichbehandlung der Gläubiger

Kondiktionsausschluss befürwortend, *RG* RGZ 72, 46 [48 f.]; *Kuhn/Uhlenbruck* KO, § 181 Rn. 11; *Hess* KO, § 181 Rn. 29).

66 Zwischen § 294 Abs. 2 und § 295 Abs. 1 Nr. 4 InsO besteht ein **abgestimmtes Verhältnis**, wonach die unzulässige Zahlung mit der verfahrensrechtlichen Sanktion als Obliegenheitsverletzung und den Konsequenzen einer Versagung der Restschuldbefreiung bedacht ist, die rechtsgeschäftlichen Folgen aber in § 294 Abs. 2 InsO geregelt sind. Ein daneben tretender Kondiktionsausschluss sanktioniert einerseits die gegen das gesetzliche Verbot verstoßende Leistung doppelt und stellt andererseits ein erfülltes Sonderabkommen folgenlos. Infolge der durch das Restschuldbefreiungsverfahren geschaffenen neuen verfahrensrechtlichen Situation ist die Kondiktion der unzulässig auf ein Sonderabkommen erbrachten Leistung möglich, der Kondiktionsausschluss des § 817 Satz 2 BGB unanwendbar (MüKo-InsO/*Ehricke* § 294 Rn. 33; *Uhlenbruck/Sternal* InsO, § 294 Rn. 31). Die Vindikation einer Sachleistung erweist sich aus diesem Grund als berechtigt und nicht weil § 817 Satz 2 BGB von den §§ 985 ff. BGB verdrängt wird.

E. Aufrechnungsbefugnis

I. Grundsätze

67 Nach den allgemeinen Regeln der §§ 94 ff. InsO bleibt eine bei der Eröffnung des Insolvenzverfahrens begründete **Aufrechnungsbefugnis** grds. bestehen (dazu allgemein *Adam* WM 1998, 801). Die insolvenzrechtlichen Einschränkungen der Aufrechnungsbefugnis entfallen mit der Aufhebung des Insolvenzverfahrens (*BFH* ZInsO 2006, 875). Da aber das Einkommen des insolventen Schuldners die wesentliche Leistungsgrundlage bildet, gefährdet eine unbegrenzte Aufrechnungsbefugnis für den Schuldner von Bezügen aus einem Dienstverhältnis oder gleichgestellter Einkünfte den kollektiven Zugriff der Insolvenzgläubiger. Auf die Kritik *Wochners* (BB 1989, 1065 [1066]) wurde diese in § 233 DiskE noch fehlende Einschränkung in § 233 RefE und damit in § 294 Abs. 3 InsO aufgenommen. Der sachliche Regelungsgehalt von § 294 Abs. 3 InsO und den §§ 94 ff. InsO ist deswegen nicht identisch.

68 In den **bis zum 30.06.2014** beantragten Insolvenzverfahren berechtigte § 294 Abs. 3 InsO den Zahlungsverpflichteten der Bezüge noch zwei Jahre nach Eröffnung des Insolvenzverfahrens zur Aufrechnung. Da in den **ab dem 01.07.2014** beantragten Insolvenzverfahren § 114 InsO aufgehoben ist, musste auch das Aufrechnungsprivileg für den zur Zahlung der Vergütung Verpflichteten entfallen. Folgerichtig besteht nunmehr auch für den Arbeitgeber als Insolvenzgläubiger ein durch § 294 InsO nicht modifiziertes Aufrechnungsverbot (*Uhlenbruck/Sternal* InsO, § 294 Rn. 32). Eine Aufrechnung gegen die Forderung auf die Bezüge, die von der Abtretungserklärung erfasst werden, ist danach unzulässig. Zum Begriff der Bezüge vgl. außerdem § 832 ZPO. Für die Aufrechnung anderer Gläubiger oder des Schuldners gelten die allgemeinen Regeln. Von der Aufrechnungsbefugnis erfasst werden die abgetretenen pfändbaren Bezüge aus einem Dienstverhältnis oder die diesen gleichgestellten Bezüge nach § 287 Abs. 2 Satz 1 InsO (ausf. dazu § 287 Rdn. 148 ff.).

69 Eine **Aufrechnung gegen andere Forderungen** des Schuldners als die von der Abtretung erfassten Bezüge wird durch § 294 Abs. 3 InsO grds. nicht verhindert. Ein allgemeines Aufrechnungsverbot besteht nicht (*BGH* BGHZ 163, 391 [394]; *LG Saarbrücken* BeckRS 2012, 02833; A/G/R-*Fischer* § 294 InsO a.F. Rn. 11; *Haarmeyer/Wutzke/Förster-Schmerbach* InsO, § 294 Rn. 14; HambK-InsO/*Streck* § 294 Rn. 15; *Adam* DZWIR 2006, 495 [496]). Der zur Zahlung der Bezüge Verpflichtete kann daher gegen Forderungen aufrechnen, die zum freien Vermögen des Schuldners gehören, etwa den Motivationsrabatt nach § 292 Abs. 1 Satz 4 InsO (*Häsemeyer* InsR, Rn. 26.46).

70 Eine Aufrechnung des Finanzamts gegen einen **Steuererstattungsanspruch** des Schuldners, der auf zu viel einbehaltener Lohn- oder Einkommensteuer aus dem Zeitraum vor Eröffnung des Insolvenzverfahrens beruht, wird durch § 294 Abs. 3 InsO nicht ausgeschlossen (*BGH* BGHZ 163, 391 [398] = BGHReport 2005, 1475 m. Anm. *Grote*; BGHZ 193, 44 Tz. 13 = NZI 2012, 513; *BFH* ZVI 2007, 137 [138]; ZVI 2007, 369; *FG Düsseldorf* ZInsO 2004, 1368 [1369]; *FG Kassel* ZVI 2005, 222 [223]; *LG Koblenz* ZInsO 2000, 507 f.; MüKo-InsO/*Ehricke* § 294 Rn. 39; K. Schmidt/*Henning*

InsO, § 294 n.F. Rn. 9; *Hilbertz/Busch* ZInsO 2000, 491; *Stahlschmidt* ZInsO 2006, 629 [632]; *Ernst* ZVI 2007, 49 [412 f.]; **a.A.** *AG Göttingen* NZI 2001, 270 [271]). Der Treuhänder kann dann aber gegen die zur Tabelle festgestellten und in das Schlussverzeichnis aufgenommenen Forderungen eine Verteilungsabwehrklage entsprechend § 767 ZPO erheben (BGHZ 193, 44 Tz. 6). Vom Schuldner nach der Einstellung des Insolvenzverfahrens während der Treuhandperiode erworbene Umsatzsteuervergütungsansprüche dürfen mit vorinsolvenzlichen Steuerschulden verrechnet werden (*BFH* ZInsO 2012, 2104 Tz. 9; *FG Niedersachsen* ZInsO 2010, 153 [154]). Erstattungszinsen aus Zeiträumen nach Eröffnung des Insolvenzverfahrens können nicht mit vorinsolvenzlichen Steuerforderungen verrechnet werden (*BFH* ZVI 2007, 420 [421]; zur Bestimmung des Zeitraums beim Anspruch auf Eigenheimzulage *BFH* ZVI 2007, 422).

Ebenso wenig ist aus dem Zwangsvollstreckungsverbot des § 294 Abs. 1 InsO i.V.m. § 394 Satz 1 BGB ein **Aufrechnungsausschluss** abzuleiten (dazu vor allem *Grote* ZInsO 2001, 452 [453]). § 294 Abs. 1 InsO enthält ein generelles Zwangsvollstreckungsverbot der Insolvenzgläubiger für die Treuhandphase, während § 294 Abs. 3 InsO ihre Aufrechnungsmöglichkeit nur für bestimmte Fallgestaltungen beschränkt. Nach der Gesetzgebungsgeschichte und Systematik lässt sich § 294 Abs. 3 InsO auch nicht als eine die Aufrechnung gegenüber einem sonst nach den §§ 294 Abs. 1 InsO, 394 Satz 1 BGB bestehenden Aufrechnungsverbot gestattende Ausnahmeregelung interpretieren (*BGH* ZInsO 2005, 873 = BGHReport 2005, 1475 m. Anm. *Grote*; NJW 1971, 1563; *FG Kassel* ZVI 2005, 222 [223]; *LG Hildesheim* ZInsO 2004, 1320 [1321]; MüKo-InsO/*Ehricke* § 294 Rn. 39; *Uhlenbruck/Sternal* InsO, § 294 Rn. 35; **a.A.** *AG Wittlich* ZInsO 2003, 577 [579]; mit zust. Anm. *Schmidt* ZInsO 2003, 547 f.; HK-InsO/*Landfermann*, 6. Aufl., § 294 Rn. 21; zu § 21 Abs. 2 Nr. 3 InsO *KG* NZI 2000, 221; zu § 2 Abs. 4 GesO *BGH* BGHZ 130, 76 [80 ff.]; zu § 14 KO *Jaeger/Henckel* KO, 9. Aufl., § 14 Rn. 12; s.a. *AG Neuwied* NZI 2000, 334 [335]). Ob ein steuerrechtlicher Anspruch zur Insolvenzmasse gehört, ist danach zu entscheiden, ob in diesem Zeitpunkt nach insolvenzrechtlichen Grundsätzen der Rechtsgrund für den Anspruch bereits gelegt war. Bei Steuervorauszahlungen erlangt der Steuerpflichtige bereits mit deren Entrichtung einen Erstattungsanspruch unter der aufschiebenden Bedingung, dass am Ende des Besteuerungszeitpunkts die geschuldete Steuer geringer ist als die Vorauszahlung (*BFH* ZInsO 2006, 875). Setzt das Finanzamt überhöhte Vorauszahlungen fest, um eine Aufrechnungslage zu schaffen, handelt es rechtsmissbräuchlich.

Die **Aufrechnungsbefugnis von Sozialleistungsträgern** besteht grds. im Rahmen der Pfändbarkeit von Sozialleistungsansprüchen auf Geldleistungen, §§ 51 Abs. 1, 54 Abs. 2 bis 4 SGB I. Wenn die Hauptforderung einen Anspruch auf eine laufende Geldleistung und die Gegenforderung einen Beitrags- oder Erstattungsanspruch bilden, muss der Leistungsträger nach § 51 Abs. 2 SGB I nicht die Pfändungsgrenzen beachten. Gegen Ansprüche auf laufende Sozialleistungen kann der Leistungsträger bis zu deren Hälfte aufrechnen, wenn der Berechtigte nicht nachweist, dass er dadurch hilfebedürftig wird (Krauskopf/*Baier* Soziale Krankenversicherung, Pflegeversicherung, § 51 Rn. 13). Gleiches gilt nach § 52 SGB I für die Verrechnung, bei der vom Gegenseitigkeitserfordernis abgesehen wird.

Diese im Interesse der Versichertengemeinschaft getroffene gesetzgeberische Entscheidung zugunsten einer Privilegierung von Sozialleistungsträgern soll **gegenüber** den **insolvenzrechtlichen Aufrechnungsverboten** vorrangig sein (*BSG* BeckRS 2012, 69596; *LSG Darmstadt* InsbürO 2017, 70; s.a. *Stephan* VIA 2009, 24). § 294 Abs. 3 InsO schließt deswegen weder eine Auf- noch Verrechnung in den sozialrechtlich zulässigen Grenzen aus. Die Aufrechnung unberechtigt ausgezahlter gewährter Rentenversicherungsleistungen mit den laufenden Rentenbezügen ist grds. auch in der Treuhandperiode noch möglich (*SG Frankfurt/O.* BeckRS 2011, 78346).

Wird eine Forderung durch eine zulässige Aufrechnung teilweise befriedigt, so darf als **Rechtsfolge** der Insolvenzgläubiger an den weiteren Verteilungen nur nach dem Berücksichtigungswert seiner Restforderung teilnehmen. Dies folgt aus dem entsprechend anzuwendenden Gedanken des § 52 Satz 2 InsO. Der bei Bürgschaften und Fällen der persönlichen Mithaftung anzuwendende Grundsatz der Doppelberücksichtigung ist nicht übertragbar (*BGH* NJW 2012, 1958 Rn. 13).

II. Aufrechnungslage

75 Die **Hauptforderung** des insolventen Schuldners, gegen die der Arbeitgeber bzw. Schuldner der Bezüge mit seiner Gegenforderung aufrechnet, muss bei Eröffnung des Insolvenzverfahrens noch nicht entstanden sein. Nach den §§ 294 Abs. 3, 114 Abs. 2, 1 InsO genügt es, wenn nur das der Hauptforderung zugrunde liegende Arbeits- bzw. Dauerschuldverhältnis begründet war. Abweichend von der früheren Rechtslage nach den §§ 54 KO, 54 VglO kann aber eine Aufrechnung gem. §§ 294 Abs. 3, 114 Abs. 2 Satz 2, 95 Abs. 1 Satz 1 InsO erst dann erfolgen, wenn die Voraussetzungen der Aufrechnung eingetreten sind (MüKo-InsO/*Ehricke* § 294 Rn. 41; *Adam* WM 1998, 801 [802]). Übereinstimmend mit § 387 BGB wird hierfür die Erfüllbarkeit der Hauptforderung genügen (KS-InsO/*Häsemeyer* 2000, S. 645 Rn. 7, 15), ihre Fälligkeit also nicht zu verlangen sein.

76 **Aufrechenbar** sind gem. § 394 BGB die pfändbaren Bezüge. Eine Aufrechnung gegen unpfändbare Bezüge scheitert daher i.d.R. an dieser Vorschrift. Der Schuldner der Bezüge ist deshalb insbesondere an die Pfändungsschutzbestimmungen der §§ 850 ff. ZPO gebunden. Nicht wiederkehrend gezahlte Vergütungen gem. § 850i ZPO (Einzelfälle bei MüKo-ZPO/*Smid* 3. Aufl., § 850i Rn. 8; *Zöller/Stöber* ZPO, 30. Aufl., § 850i Rn. 1) stellen keine laufenden Bezüge i.S.v. § 294 Abs. 3 und § 114 Abs. 2 Satz 2 InsO dar, weshalb ihre Unpfändbarkeit nicht eigens angeordnet werden muss. Bei einer nach § 850b ZPO nur bedingt pfändbaren Forderung hängt die Pfänd- und damit auch Aufrechenbarkeit von der Entscheidung des Insolvenzgerichts ab. Dies bestätigt die Neuregelung in § 292 Abs. 1 Satz 3 InsO i.V.m. § 36 Abs. 4 InsO. Als individualrechtliche Maßnahme steht ihr auch § 36 Abs. 1 Satz 2 InsO nicht entgegen, obwohl diese Vorschrift nicht auf § 850b ZPO verweist. Eine insoweit zuvor erklärte Aufrechnung bleibt unwirksam. Die Aufrechnung als solche kann vom Gericht nicht zugelassen werden. Es kann lediglich eine Entscheidung nach § 850b ZPO beantragt werden, was dann zur Aufrechenbarkeit führt (MüKo-BGB/*Schlüter* 5. Aufl., § 394 Rn. 4; *Stein/Jonas-Brehm* ZPO, 22. Aufl., § 850b Rn. 34).

77 Das Aufrechnungsverbot greift nicht mehr ein, soweit **Unterhaltsansprüche** auf den Sozialhilfeträger **übergegangen** sind (MüKo-BGB/*Schlüter* 5. Aufl., § 394 Rn. 4). Abgeleitet aus dem Arglisteinwand wird das Aufrechnungsverbot des § 394 BGB gegenüber unpfändbaren Bezügen eingeschränkt, wenn die Gegenforderung aus einer vorsätzlichen unerlaubten, strafbaren oder sittenwidrigen Handlung (MüKo-InsO/*Ehricke* § 294 Rn. 53; *RG* RGZ 85, 108 [117 ff.]; *BGH* BGHZ 30, 36 [38]) oder im Einzelfall auch aus einer vorsätzlichen Vertragsverletzung resultiert (*BAG* JZ 1960, 674 [675 f.]; NJW 1965, 70 [72]; *Wüst* JZ 1960, 656; *Staudinger/Gursky* BGB, § 394 Rn. 51 ff.; *Wenzel* VuR 1990, 121 [130]), wobei der Maßstab des § 850f Abs. 2 ZPO zu berücksichtigen ist. Jedenfalls muss dem Arbeitnehmer so viel belassen werden, dass er nicht auf die Sozialhilfe angewiesen ist (*BAG* NZA 1997, 1108 = JR 1999, 263 f. m. Anm. *Grote*).

78 Eine vor der Abtretung erklärte Aufrechnung kann als **Einwendung** nach § 404 BGB dem Treuhänder entgegengehalten werden. Erklärt der Zahlungsverpflichtete die Aufrechnung aber erst nachdem er von der Abtretung Kenntnis erlangt hat, ist seine Aufrechnung nur unter den Voraussetzungen des § 406 BGB wirksam. Der Schuldner der Bezüge darf dann weiterhin aufrechnen, wenn er seine Gegenforderung vor der Abtretung an den Treuhänder erlangt hat (*BGH* NJW 1996, 1056 [1057]). Zur Aufrechnung mit einer noch nicht fälligen Gegenforderung s. Rdn. 75.

III. Sonstige Aufrechnungsschranken

79 **Andere Grenzen der Aufrechnung** wurden bislang durch die Verweisung des § 294 Abs. 3 InsO a.F. auf § 114 Abs. 2 Satz 2 InsO a.F. i.V.m. § 96 Nr. 2 bis 4 InsO bestimmt. Nachdem § 114 Abs. 2 InsO aufgehoben worden ist, entfällt ein Bedürfnis für diese Verweisung.

§ 295 Obliegenheiten des Schuldners

(1) Dem Schuldner obliegt es, in dem Zeitraum zwischen Beendigung des Insolvenzverfahrens und dem Ende der Abtretungsfrist

1. eine angemessene Erwerbstätigkeit auszuüben und, wenn er ohne Beschäftigung ist, sich um eine solche zu bemühen und keine zumutbare Tätigkeit abzulehnen;
2. Vermögen, das er von Todes wegen oder mit Rücksicht auf ein künftiges Erbrecht erwirbt, zur Hälfte des Wertes an den Treuhänder herauszugeben;
3. jeden Wechsel des Wohnsitzes oder der Beschäftigungsstelle unverzüglich dem Insolvenzgericht und dem Treuhänder anzuzeigen, keine von der Abtretungserklärung erfassten Bezüge und kein von Nummer 2 erfasstes Vermögen zu verheimlichen und dem Gericht und dem Treuhänder auf Verlangen Auskunft über seine Erwerbstätigkeit oder seine Bemühungen um eine solche sowie über seine Bezüge und sein Vermögen zu erteilen;
4. Zahlungen zur Befriedigung der Insolvenzgläubiger nur an den Treuhänder zu leisten und keinem Insolvenzgläubiger einen Sondervorteil zu verschaffen.

(2) Soweit der Schuldner eine selbständige Tätigkeit ausübt, obliegt es ihm, die Insolvenzgläubiger durch Zahlungen an den Treuhänder so zu stellen, wie wenn er ein angemessenes Dienstverhältnis eingegangen wäre.

Übersicht	Rdn.			Rdn.
A. Normzweck	1		b) Verwertungs- und Wertherausgabeobliegenheiten	106
B. Gesetzliche Systematik	4		c) Darlegungs- und Nachweisobliegenheiten	114
I. Konzeption der Versagungsregeln	4		d) Sonstiges	116
II. Vorwirkung vor Beendigung des Insolvenzverfahrens	10	IV.	Unterrichtungen (§ 295 Abs. 1 Nr. 3 InsO)	120
1. Zeitlicher Anwendungsbereich	10		1. Grundlagen	120
2. Schuldenbereinigungsplanverfahren	12		2. Wohnsitzwechsel	125
3. Kostenstundungsverfahren	14		3. Gewechselte Beschäftigungsstelle	130
C. Obliegenheiten nach Abs. 1	16		4. Verheimlichung von Bezügen	132
I. Anwendungsbereich	16		5. Verheimlichter erbrechtlicher Erwerb	141
II. Erwerbstätigkeit (§ 295 Abs. 1 Nr. 1 InsO)	20		6. Auskunft über die Erwerbstätigkeit, die Bemühungen darum, die Bezüge und das Vermögen	145
1. Grundlagen der Erwerbsobliegenheit	20	V.	Verbotene Sondervorteile (§ 295 Abs. 1 Nr. 4 InsO)	154
2. Ausübung einer angemessenen Erwerbstätigkeit	25		1. Zahlungsgebot, Alt. 1	154
a) Angemessenheit	25		2. Zahlungsweg, Alt. 2	160
b) Beendigung oder Einschränkung der Erwerbstätigkeit	43		3. Einzelfälle	166
c) Übernahme einer anderen Erwerbstätigkeit	57	D.	Selbständige Tätigkeit (§ 295 Abs. 2 InsO)	168
3. Bemühungen um Erwerbstätigkeit	62	I.	Art der Tätigkeit	168
4. Nichtablehnung zumutbarer Tätigkeit	70	II.	Berufsrechtliche Schranken	176
III. Herauszugebender Vermögenserwerb im Erbfall (§ 295 Abs. 1 Nr. 2 InsO)	86	III.	Zahlungen	187
1. Erbrechtlicher Erwerb	86		1. Höhe	187
a) Grundlagen	86		a) Unmittelbare Anwendung	187
b) Zeitlicher Anwendungsbereich	88		b) Entsprechende Anwendung gem. § 35 Abs. 2 Satz 2 InsO	195
c) Arten des erbrechtlichen Erwerbs	91		2. Auskünfte	198
d) Erbrechtliche Gestaltungsmöglichkeiten	98		3. Zahlungszeitpunkt	200
e) Sonstiger Erwerb	101		4. Kontrolle	205
2. Bemessung und Durchführung	104		5. Zweitinsolvenzen	208
a) Wertbestimmung	104			

§ 295 InsO Obliegenheiten des Schuldners

Literatur:
Adam Sondervorteile und Restschuldbefreiung, ZInsO 2006, 1132; *Ahrens* Restschuldbefreiung und Versagungsgründe, ZVI 2011, 273; *ders.* Ausgleichsmechanismen im Versagungsverfahren, VIA 2011, 65; *Demme* »Untertauchen« des Schuldners als Obliegenheitsverletzung gem. § 295 InsO, NZI 2010, 710; *Diehl* Die Frage der Erwerbsobliegenheit bei Kinderbetreuung im Rahmen der Versagung der Restschuldbefreiung, ZVI 2010, 98; *Dietzel* Offenbarung von Einkünften des Ehepartners des Insolvenzschuldners, VIA 2010, 5; *Frind* Keine Stundungsgewährung und Restschuldbefreiungsaussicht für Strafgefangene nach der Reform des Privatinsolvenzrechts vom 1.7.2014? zugleich Anmerkung zu AG Fürth, Beschl. v. 22.5.2015, ZInsO 2015, 1518 nebst Anm. Haarmeyer, ZInsO 2015, 1519, ZInsO 2015, 1667; *Ganter* Die Rechtsprechung des BGH zum Insolvenzrecht im Jahr 2009, NZI 2010, 361; *Grahlmann* Keine pauschale Anordnung eines Verwertungs- und Einziehungsverbots, VIA 2009, 21; *Grunsky/Kupka* Anforderungen an die Herausgabe einer hälftigen Erbschaft im Restschuldbefreiungsverfahren, NZI 2013, 465; *Hartmann* Verfügungen von Todes wegen zugunsten verschuldeter und insolventer Personen, ZNotP 2005, 82; *Harder* Restschuldbefreiung bei Strafhaft des Schuldners, VIA 2010, 70; *ders.* Aktuelle Rechtsprechung und Einzelfragen zu § 295 II InsO, NJW-Spezial 2013, 277; *ders.* Die Obliegenheit des selbstständigen Schuldners gem. § 295 II InsO, NZI 2013, 521; *Henning* Steuerklassenwahl in der Wohlverhaltensperiode, VIA 2010, 53; *Herrler* Vermögenssicherung bei erbrechtlichem Erwerb während des Insolvenzverfahrens und in der Wohlverhaltensperiode, NJW 2011, 2258; *Heyer* Strafgefangene im Insolvenz- und Restschuldbefreiungsverfahren, NZI 2010, 81; *Koerfer* Gewerberechtliche Zuverlässigkeit während der Treuhandperiode, VIA 2014, 41; *Kolodzik* Die Erwerbsobliegenheit des selbstständigen Schuldners im eröffneten Insolvenzverfahren, ZVI 2016, 337; *Küpper/Heinze* Zu den Risiken und Nebenwirkungen der Abführungspflicht aus selbständiger Tätigkeit des Insolvenzschuldners, ZInsO 2009, 1785; *Leipold* Erbrechtlicher Erwerb und Zugewinnausgleich im Insolvenzverfahren und bei der Restschuldbefreiung, FS Gaul, S. 367; *Limmer* Testamentsgestaltung bei überschuldeten Erben im Hinblick auf die Auswirkungen der Verbraucherinsolvenz- und Restschuldbefreiungsverfahrens, ZEV 2004, 133; *Messner* Dissonanzen zwischen Insolvenz- und Erbrecht, ZVI 2004, 433; *Pape* Die neue Rechtsprechung des BGH zu § 295 Abs. 2 InsO und ihre Auswirkungen auf die Praxis, Teil I: InsbürO 2013, 299, Teil 2: InsbürO 2013, 346; *Paulus* Die Versagung der Restschuldbefreiung nach aktueller höchstrichterlicher Rechtsprechung, ZInsO 2010, 1366; *Priebe* Die Freigabe der selbständigen Tätigkeit des Schuldners und deren Folgen, ZInsO 2015, 936; *Regenfus* Die Obliegenheit zur Herausgabe des »Erwerbs von Todes wegen«, die Zurückstellungslösung des BGH und die Neuregelungen im Recht der Restschuldbefreiung, ZInsO 2015, 726; *Renger* Versagung der Restschuldbefreiung bei Verstoß gegen § 295 I Nr. 3 InsO, VIA 2010, 69; *Schmerbach* Die Versagung der Restschuldbefreiung nach §§ 290 und 295 InsO, NZI 2005, 521; *ders.* Das Ende der Abführungspflicht bei Selbständigen?, NZI 2009, 469; *ders.* Jährliche »Abführungspflicht« selbständig tätiger Schuldner gem. § 295 Abs. 2 InsO, InsbürO 2012, 371; *Stephan* Aufhebung wegen unzureichender Erwerbsbemühungen, VIA 2010, 3; *Wall* Fällt der Anspruchserwerb nach § 159 II VVG während der Wohlverhaltensperiode unter § 295 Abs. 1 Nr. 2 InsO?, ZInsO 2012, 716; *Wegener* Der selbstständige Schuldner in der Insolvenz – Die andauernde Untätigkeit des Gesetzgebers, VIA 2017, 25; s.a. § 286.

A. Normzweck

1 Nach Beendigung des Insolvenzverfahrens muss der Schuldner die **Treuhandzeit** absolvieren. Für diesen Verfahrensabschnitt enthält § 295 InsO die zentrale Regelung. In der Vorschrift ist festgelegt, welche Anforderungen der Schuldner erfüllen muss, um die Restschuldbefreiung zu erreichen. Wie die gemeinsame Voraussetzung einer beeinträchtigten Gläubigerbefriedigung in § 296 Abs. 1 InsO ausweist, dienen die Obliegenheiten des § 295 InsO vorrangig der Leistungsrealisierung im Restschuldbefreiungsverfahren (MüKo-InsO/*Ehricke* § 295 Rn. 1). Der Schuldner soll sich weiter nach Kräften um eine Befriedigung der Gläubigerforderungen bemühen (Begr. RegE, BR-Drucks. 1/92 S. 192). Um dieses Ziel zu erreichen, sieht die Insolvenzordnung ein prozedurales Modell vor, das auf bindende Vorgaben in Gestalt von Mindestquoten verzichtet (*BGH* BGHZ 134, 79 [92]). Dabei sind die Aufgaben von Insolvenz- und Restschuldbefreiungsverfahren deutlich zu unterscheiden und selbst das Ziel der bestmöglichen Gläubigerbefriedigung wird mit unterschiedlichen Mitteln und verschiedener Stringenz verwirklicht. Allein einige Instrumente des Insolvenzverfahrens sind auf die Treuhandperiode übertragbar, vgl. § 294 InsO. Auch das Haftungskonzept hat eine selbständige normative Ausgestaltung erfahren. Einerseits ist das haftende Vermögen enger begrenzt, andererseits wird eine aktive Mitwirkung des Schuldners eingefordert. Ohne die Kooperation des Schuldners ist ein solches Modell zum Scheitern verurteilt.

Durch die Obliegenheiten nach § 295 InsO soll daher auch die **Mitwirkung des Schuldners** und 2
damit letztlich die Haftungsverwirklichung gesichert werden. Zu diesem Zweck stellt § 295 InsO
erhebliche, aber beherrschbare und durch die Aussicht auf Erteilung der Restschuldbefreiung
gestützte und insoweit durch § 1 Satz 2 InsO begrenzte Anforderungen auf. Aus der haftungsrechtlichen Aufgabenstellung werden zugleich auch die funktionalen Schranken der Obliegenheiten deutlich, die weder edukatorischen Zielen (**a.A.** *Döbereiner* Restschuldbefreiung, S. 221; s.a. MüKo-InsO/*Ehricke* § 295 Rn. 2) noch Strafzwecken dienen (*AG Regensburg* ZVI 2004, 499 [500]).
Solche Zwecke stehen nicht mit der in § 296 Abs. 1 Satz 1 InsO aufgestellten zusätzlichen Anforderung einer beeinträchtigten Gläubigerbefriedigung (s. § 296 Rdn. 20 ff.) in Einklang.

Als eine der zentralen Regelungen der Restschuldbefreiung besitzt § 295 InsO deswegen eine **vier-** 3
fache Aufgabenstellung (*Gottwald/Ahrens* HdbInsR, § 78 Rn. 16; s.a. A/G/R-*Weinland* § 295
InsO a.F. Rn. 5; K. Schmidt/*Henning* InsO, § 295 n.F. Rn. 1). Als erste Aufgabe sollen die Obliegenheiten zu einer bestmöglichen Gläubigerbefriedigung beitragen (Befriedigungsfunktion). Sodann präzisiert und typisiert die Vorschrift die Anforderungen, die der Schuldner erfüllen muss,
um eine Restschuldbefreiung zu erlangen. Dadurch schützt die Regelung den Schuldner vor überraschenden und unbeherrschbaren Erfordernissen (Typisierungsfunktion). Mit dem Eintritt in die
Treuhandphase kommt es nur noch auf das gegenwärtige Verhalten des Schuldners, also nicht
mehr auf frühere Umstände an, so dass er es prinzipiell selbst in der Hand hat, ob er die Restschuldbefreiung erreicht. Zugleich schafft die Bestimmung i.V.m. der Versagungsregelung aus § 296
Abs. 1 InsO die erforderlichen Anreize, um das künftige Einkommen des Schuldners für eine möglichst umfassende Befriedigung der Gläubiger zu erschließen (Anreizfunktion). Diese dritte Funktion kann die Norm freilich nur verwirklichen, wenn dem Schuldner ein erfolgreiches Bestehen
der Treuhandperiode erstrebenswert erscheint. Das Anforderungsprofil des § 295 InsO muss deswegen von einer Balance zwischen den Gläubigerinteressen und den Bedürfnissen des Schuldners bestimmt sein (Ausgleichsfunktion; vgl. *Wimmer* BB 1998, 386 [387]). Eine Genugtuungsfunktion besitzen die Obliegenheiten dagegen nicht (**a.A.** A/G/R-*Weinland* § 295 InsO a.F. Rn. 5), denn dem
Restschuldbefreiungsverfahren und speziell den Versagungsgründen sind pönalisierende Elemente
fremd.

B. Gesetzliche Systematik

I. Konzeption der Versagungsregeln

Gemeinsam mit den Bestimmungen der §§ 290, 297 f. und 303 InsO steht § 295 InsO in einem 4
abgestuften System von Versagungs- und Widerrufsgründen, die den Weg zur Restschuldbefreiung
begleiten (A/G/R-*Weinland* § 295 InsO a.F. Rn. 12; BT-Drucks. 17/11268 S. 26). Durch diese differenzierten Regeln wird einem angemessenen Schutz der Gläubigerbefriedigung, aber auch dem berechtigten Vertrauen des Schuldners in den erfolgreichen Abschluss des Schuldbefreiungsverfahrens
Rechnung getragen. Mit jeder Etappe (vgl. § 286 Rdn. 56 f.), von dem Zulassungsverfahren über die
Treuhandperiode bis zur erteilten Schuldbefreiung, steigen deswegen die Anforderungen, die an eine
Versagung bzw. den Widerruf der Restschuldbefreiung zu stellen sind. Für jeden Verfahrensabschnitt
gelten daher eigene Ausschlussgründe mit speziellen Voraussetzungen. In der Treuhandphase bestehen dafür die Versagungsregeln aus § 295 InsO, weshalb die Versagungsgründe aus § 290 Abs. 1
InsO bislang präkludiert waren (*Braun/Pehl* InsO, § 295 Rn. 1; **a.A.** *Bruckmann* Verbraucherinsolvenz, § 4 Rn. 24). Nach dem zum 01.07.2014 in Kraft getretenen neuen Recht können sie unter den
Voraussetzungen von § 297a InsO nachträglich geltend gemacht werden.

Eine **analoge Anwendung von § 290 InsO** ist ausgeschlossen, weil keine planwidrige Unvollständig- 5
keit des Gesetzes vorliegt (MüKo-InsO/*Ehricke* § 295 Rn. 6). Hat also der Schuldner in seinem
nach § 305 Abs. 1 Nr. 3 InsO vorzulegenden Vermögensverzeichnis nicht sämtliche Vermögensgegenstände angegeben, kommt nur eine Versagung nach § 297a InsO in Betracht. Nachträglich
festgestellte Massegegenstände rechtfertigen grds. noch keine Versagung der Restschuldbefreiung,
sondern führen zu einem Nachtragsverteilungsverfahren entsprechend § 203 Abs. 1 Nr. 3, Abs. 2,
3 InsO (*LG Koblenz* NZI 2004, 157 [158]; s. § 294 Rdn. 20; MüKo-InsO/*Ehricke* § 294 Rn. 9;

§ 295 InsO Obliegenheiten des Schuldners

Uhlenbruck/Sternal InsO, § 294 Rn. 4; *Nerlich/Römermann* InsO, § 294 Rn. 9 f.; *Kübler/Prütting/ Bork-Wenzel* InsO, § 286 Rn. 83 f.). Geleitet wird diese Konzeption von der Vorstellung, dass mit dem Fortgang des Verfahrens steigende Anforderungen an einen Ausschluss der Restschuldbefreiung zu stellen sind. Als Ausdruck eines allgemeinen Vertrauensschutzprinzips gestaltet dieser Gedanke die gestaffelten Erfordernisse zwischen den einzelnen Verfahrensabschnitten (*Braun/Pehl* InsO, § 295 Rn. 1).

6 Zusätzlich wird das **Vertrauensschutzprinzip** aber auch im Verlauf der mehrjährigen Treuhandzeit zu berücksichtigen sein. Zum Ende der bis zu sechsjährigen Treuhandperiode kann deswegen eine Versagung der Restschuldbefreiung wegen geringfügiger Obliegenheitsverletzungen ausgeschlossen sein. Daneben ist zu erwägen, ob analog den §§ 298 Abs. 1, 2 Satz 2, 305 Abs. 3, 314 Abs. 3 Satz 2 InsO eine Hinweispflicht zu entwickeln ist (abl. MüKo-InsO/*Ehricke* § 295 Rn. 8). Angesichts der einem Dauerschuldverhältnis vergleichbaren langen Zeitspanne der Treuhandphase kann eine der Abmahnung pflichtwidrigen Verhaltens vergleichbare Aufgabe, wenn auch nicht die gleiche Bedeutung einer solchen Hinweispflicht angenommen werden. Da während der Treuhandzeit die Leistungsbereitschaft des Schuldners im Interesse der Gläubiger aktiviert werden soll, wird sich ein Hinweis auf die Folgen eines Obliegenheitsverstoßes häufig als sinnvoll erweisen.

7 Mit seiner systematischen Stellung entspricht § 295 InsO der Vorschrift des § 290 Abs. 1 InsO (vgl. § 290 Rdn. 8 ff.). Wie § 290 InsO steht auch § 295 InsO in einem **Regel-Ausnahme-Verhältnis** zu dem Grundsatz der Restschuldbefreiung und bestimmt, wann ausnahmsweise von der Regel der gesetzlichen Schuldbefreiung abgewichen und wegen welcher Obliegenheitsverletzungen im Verlauf der Treuhandperiode die Restschuldbefreiung versagt werden kann (MüKo-InsO/*Ehricke* § 295 Rn. 5). Nach der Beendigung des Insolvenzverfahrens hat der Schuldner es dadurch weitgehend selbst in der Hand, ob ihm die gesetzliche Schuldbefreiung zuteilwird. Außerdem wird auch in § 295 InsO das Enumerationsprinzip verwendet, also auf eine Generalklausel oder eine Technik der Regelbeispiele verzichtet, die jeweils Raum für eine Erweiterung des gesetzlichen Tatbestands lassen. Diese Regelungstechnik dient auch hier einer größeren Rechtssicherheit und einer gerade nicht ins weite Ermessen des Insolvenzgerichts gestellten Entscheidung über die Schuldbefreiung (vgl. die Begr. zu § 239 RegE, BR-Drucks. 1/92 S. 190). § 295 InsO enthält eine **abschließende Regelung** (K. Schmidt/*Henning* InsO, § 295 n.F. Rn. 2). In den einzeln **enumerierten Tatbeständen** sind – zusammen mit den §§ 296 Abs. 2 Satz 3, 297 Abs. 1, 298 Abs. 1 InsO – die während der Treuhandperiode bestehenden Versagungsgründe abschließend aufgeführt. Andere als die in den §§ 295 bis 298 InsO geregelten Tatbestände können deshalb für die Dauer der Treuhandzeit keine Versagung der Restschuldbefreiung rechtfertigen (A/G/R-*Weinland* § 295 InsO a.F. Rn. 2). Soweit die Obliegenheiten durch unbestimmte Rechtsbegriffe bezeichnet werden, sind die Begriffe insbesondere aus dieser systematischen Einordnung und dem oben bestimmten Normzweck heraus zu interpretieren.

8 Von § 295 InsO werden die während der Treuhandzeit bestehenden **Verhaltensanforderungen** geregelt. Der Aufbau der Vorschrift gibt allerdings zu Missverständnissen Anlass, legt er doch ein alternatives Verhältnis zwischen den Obliegenheiten in Abs. 1 und den bei einer selbständigen Tätigkeit nach Abs. 2 bestehenden Anforderungen nahe. Sogar die Gesetzesbegründung spricht davon, dass Abs. 1 den Regelfall eines Dienstverhältnisses betrifft, bei dem die Bezüge des Schuldners von der Abtretungserklärung erfasst werden (Begr. RegE, BR-Drucks. 1/92 S. 192). Demgegenüber ist jedoch festzustellen, dass aus dem Wortlaut von § 295 InsO ein solcher Gegensatz nicht zu begründen ist (im Ergebnis wie hier *Kübler/Prütting/Bork-Wenzel* InsO, § 295 Rn. 1a), denn der Einleitungssatz von Abs. 1 stellt mit dem Bezug auf die Laufzeit der Abtretungserklärung eine Frist auf, die auch für den selbständigen Schuldner gilt (dazu s. § 287 Rdn. 121). Ein Ausschließlichkeitsverhältnis besteht lediglich zwischen § 295 Abs. 1 Nr. 1 und den Abs. 2 InsO und dann auch nur soweit gerade die eine oder andere Erwerbsform ausgeübt wird. Die Obliegenheiten aus § 295 Nr. 2 und 4 InsO gelten dagegen sowohl für den abhängig beschäftigten als auch den selbständig tätigen Schuldner (*Andres/Leithaus* InsO, § 295 Rn. 9). Für die Obliegenheiten aus Nr. 3 wird zwischen den Anforderungen, die allein für unselbständig beschäftigte oder eine nicht selbständige Tätigkeit suchende

Schuldner, wie der Anzeige eines Wechsels der Beschäftigungsstelle, sowie den für alle Schuldner bestehenden Obliegenheiten, etwa zur Auskunft über das Vermögen nach Nr. 2, zu differenzieren sein.

Eine Obliegenheitsverletzung nach § 295 InsO rechtfertigt es nur dann, die Restschuldbefreiung zu versagen, wenn die weiteren Voraussetzungen nach § 296 InsO erfüllt sind. Mittels seiner zusätzlichen Anforderungen an das Versagungsverfahren schafft § 296 InsO auch ein Gegengewicht zu § 295 InsO. Dazu muss insbesondere die **Befriedigung** der Insolvenzgläubiger **beeinträchtigt** worden sein, wobei zwischen der Obliegenheitsverletzung und der beeinträchtigten Gläubigerbefriedigung ein **Kausalzusammenhang** zu bestehen hat (*Maier/Krafft* BB 1997, 2173 [2179]). Unerhebliche Beeinträchtigungen haben dabei unberücksichtigt zu bleiben, denn es ist eine **Wesentlichkeitsgrenze** zu überschreiten (Begr. des Rechtsausschusses BT-Drucks. 12/7302 S. 188, zu § 346k; MüKo-InsO/*Ehricke* § 295 Rn. 7; *Haarmeyer/Wutzke/Förster* Handbuch, 3. Aufl., Rn. 8/277; **a.A.** A/G/R-*Weinland* § 295 InsO a.F. Rn. 9). Zu den weiteren Voraussetzungen vgl. § 296 Rn. 5 ff. Insbesondere genügt eine objektive Obliegenheitsverletzung noch nicht, um den Rechtsnachteil einer Versagung zu rechtfertigen. Wie § 296 Abs. 1 Satz 1 HS 2 InsO belegt, muss zusätzlich ein subjektives Element erfüllt sein. 9

II. Vorwirkung vor Beendigung des Insolvenzverfahrens

1. Zeitlicher Anwendungsbereich

Durch § 287 Abs. 2 Satz 1 InsO, wonach der Schuldner seine Bezüge für die Dauer von sechs Jahren nach Eröffnung des Insolvenzverfahren abzutreten hat, ist der **zeitliche Anwendungsbereich** von § 295 InsO infrage gestellt. In der ab 01.07.2014 geltenden Fassung von § 295 Abs. 1 InsO ist deswegen eine Klarstellung erfolgt. Die Obliegenheiten bestehen danach in dem Zeitraum zwischen Beendigung des Insolvenzverfahrens und dem Ende der Abtretungsfrist (*Kübler/Prütting/Bork-Wenzel* InsO, § 295 Rn. 3; K. Schmidt/*Henning* InsO, § 295 n.F. Rn. 4). Während des Insolvenzverfahrens kann § 295 InsO daher nicht angewendet werden (i.E. Rdn. 18). Eine Schutzlücke entsteht nicht, denn in der Zwischenzeit ist § 297a InsO anwendbar. 10

Die **vor dem 01.07.2014 geltende Regelung** schuf für die Zeit nach der Aufhebung des Insolvenzverfahrens Versagungsgründe (*BGH* NZI 2004, 635 [636]; ZInsO 2006, 647 [648]; NZI 2009, 191 Tz. 8; ZInsO 2010, 391 Tz. 15; BeckRS 2011, 02221 Tz. 4; *LG Göttingen* NZI 2004, 678 [679]; *AG Köln* NZI 2004, 331 [332]; *AG Leipzig* ZVI 2004, 758 [759]; *AG Oldenburg* ZInsO 2002, 389 [390]; *LG Dessau-Roßlau* BeckRS 2014, 14603; *Uhlenbruck/Vallender* InsO, 13. Aufl., § 295 Rn. 2; A/G/R-*Weinland* § 295 InsO a.F. Rn. 7; MüKo-InsO/*Ehricke* § 295 Rn. 12; HK-InsO/*Waltenberger* § 295 Rn. 3; LSZ/*Kiesbye* InsO, § 295 Rn. 2; ausf. s. § 287 Rdn. 265 f.; *Graf-Schlicker/Kexel* InsO, § 295 Rn. 2; **a.A.** *LG Hannover* ZInsO 2002, 449 [450]; *AG Göttingen* 2003, 217 m. Anm. *Ahrens*; *Kübler/Prütting/Bork-Wenzel* InsO, § 295 Rn. 5, ausgenommen § 295 Abs. 1 Nr. 2 InsO; *Haarmeyer/Wutzke/Förster-Schmerbach* § 295 Rn. 9, rechtskräftige Aufhebung). Offengelassen hat der *BGH* dabei, ob die Obliegenheiten erst mit der Rechtskraft der Entscheidungen beginnen. Ein rechtskräftiger Ankündigungsbeschluss ist gem. § 289 Abs. 2 Satz 2 InsO a.F. zu verlangen. Nicht erforderlich ist nach bisherigem Recht ein rechtskräftiger Aufhebungsbeschluss, da der Maßstab nicht das beendete Insolvenzverfahren ist und sonst die Frist zwischen dem Ende der Pflichten aus § 290 Abs. 1 InsO und dem Beginn der Obliegenheiten aus den §§ 295 bis 298 InsO zu lang wäre. 11

2. Schuldenbereinigungsplanverfahren

Bei der **Ersetzung der Zustimmung** zu einem Schuldenbereinigungsplan nach § 309 Abs. 1 Nr. 2 InsO kann grds. die Einhaltung der Obliegenheiten aus § 295 InsO zu berücksichtigen sein und eine § 295 Abs. 1 Nr. 1 oder 2 InsO entsprechende Obliegenheit aufgenommen werden (*OLG Karlsruhe* ZInsO 2001, 913 [914], zukünftige Erbschaft; *LG Heilbronn* ZVI 2002, 409 [412], Erwerbsobliegenheit; *AG Göttingen* DZWIR 2001, 42; aber *AG Mönchengladbach* ZInsO 2001, 773; s.a. A/G/R-*Weinland* § 295 InsO a.F. Rn. 13). Gefordert wird auch eine Verfall- bzw. Wiederauflebens- 12 klausel für den Eintritt eines Versagungsgrunds nach den §§ 295, 296 InsO (*LG Memmingen* NZI 2000, 233 [235]; *LG Lübeck* ZVI 2002, 10).

13 Zu verlangen sind aber zumindest **konkrete Anhaltspunkte** für ein nach § 295 InsO zu würdigendes Geschehen (*LG Heilbronn* NZI 2001, 434 [435]; *Schäferhoff* ZInsO 2001, 687 [691]). Eine § 295 Abs. 1 Nr. 2 InsO entsprechende Regelung ist nur aufzunehmen, falls solche klaren Indizien auf eine wesentliche Verbesserung der Vermögenslage des Schuldners durch die Wahrscheinlichkeit eines Erbfalls schließen lassen (*OLG Karlsruhe* ZInsO 2001, 913 [914]). Die Nichtaufnahme von Obliegenheiten in den Plan entsprechend § 295 InsO begründet deshalb für sich gesehen noch keine wirtschaftliche Schlechterstellung i.S.v. § 309 Abs. 1 Nr. 2 InsO, solange nur die theoretische Möglichkeit besteht, dass es zu künftigen Handlungen des Schuldners kommt, die im Restschuldbefreiungsverfahren zu einer Obliegenheitsverletzung führen würden (vgl. *AG Mönchengladbach* ZInsO 2001, 773). Nach § 309 Abs. 1 Nr. 2 2. HS InsO dürfen spätere Veränderungen i.d.R. nicht berücksichtigt werden, wie der *BGH* zu Besserungsklauseln entschieden hat (*BGH* NZI 2014, 34 Tz. 10). Eine frühere Verletzung der Erwerbsobliegenheit lässt allerdings nicht auf das künftige Verhalten schließen, da die Aussicht auf Restschuldbefreiung eine neue Motivation für die Erwerbstätigkeit darstellt. Ein Schluss aus der Vergangenheit in die Zukunft ist insoweit nicht möglich (s. *Grote/Lackmann* § 309 Rdn. 44; MüKo-InsO/*Ehricke* § 295 Rn. 6).

3. Kostenstundungsverfahren

14 Das Verhältnis der Versagungsgründe aus § 295 InsO zu den Vorschriften über die Kostenstundung ist weniger spannungsgeladen als die Vorwirkung der Versagungsregeln aus § 290 InsO auf die Kostenstundung (dazu § 290 Rdn. 28), denn § 295 InsO ist vor Beendigung des Insolvenzverfahrens unanwendbar. Eine **Aufhebung** der Kostenstundung ist **nach § 4c Nr. 4 InsO** möglich. Diese Vorschrift stellt eine mit der insolvenzrechtlichen Erwerbsobliegenheit aus § 295 Abs. 1 Nr. 1 InsO grds. übereinstimmende kostenrechtliche Erwerbsobliegenheit auf (s. *Kohte* § 4c Rdn. 25 ff.; *Heyer* Restschuldbefreiung im Insolvenzverfahren, S. 99; *AG Hannover* NZI 2004, 391 [392]). Obwohl die Formulierungen aneinander angeglichen sind, sind abweichende Resultate schon wegen der unterschiedlichen summarischen Verfahren nicht auszuschließen. Eine zusätzliche Annäherung erreicht der *BGH*, weil er für die Aufhebung der Kostenstundung nach § 4c Nr. 4 InsO, wie für die Versagung der Restschuldbefreiung wegen Verletzung der Erwerbsobliegenheit aus § 295 Abs. 1 Nr. 1 InsO, eine gem. § 296 Abs. 1 Satz 1 InsO beeinträchtigte Gläubigerbefriedigung verlangt (*BGH* ZInsO 2009, 2210 Tz. 12 ff.; 2010, 1153 Tz. 8; *Stephan* VIA 2010, 3 [4]).

15 Eine **Aufhebung** der Kostenstundung **gem. § 4c Nr. 5 InsO** auf der tatbestandlichen Grundlage von § 295 Abs. 1 Nr. 3 InsO während der Laufzeit der Abtretungserklärung ist dagegen vor Versagung der Restschuldbefreiung nicht statthaft (a.A. *LG Göttingen* NZI 2008, 54 [55]; NZI 2008, 626 [627]; s.a. § 290 Rdn. 28). Die ausnahmsweise im Fall der Versagungsgründe des § 290 Abs. 1 InsO zulässige Aufhebung der Kostenstundung vor Entscheidung über einen Versagungsantrag lässt sich nicht auf die Situation in der Treuhandperiode übertragen, denn die Rechtsposition des Schuldners hat sich hier durch den Beschluss des Insolvenzgerichts über die Beendigung des Insolvenzverfahrens verdichtet. Zudem ist das Versagungsverfahren gem. § 296 InsO nicht auf den einen Zeitpunkt des Schlusstermins bzw. des schriftlichen Verfahrens beschränkt. Eine andere Funktion erfüllt **§ 35 Abs. 2 Satz 2 InsO.** Diese Norm erklärt § 295 Abs. 2 InsO für entsprechend anwendbar. Abgestellt wird damit allein auf den Maßstab aus § 295 Abs. 2 InsO, doch wird damit kein eigener Versagungsgrund geschaffen. Verletzt der Schuldner die daraus resultierenden Anforderungen, kommt aber im Schlusstermin eine Versagung nach § 290 Abs. 1 Nr. 5 InsO in Betracht.

C. Obliegenheiten nach Abs. 1

I. Anwendungsbereich

16 Mit den Verhaltensanforderungen des § 295 InsO werden materielle Obliegenheiten des Schuldners aufgestellt. Mit dem **Begriff der Obliegenheiten** werden im Zivilrecht, wie auch im Insolvenzrecht

vorgesehene, aber nicht geschuldete Mitwirkungshandlungen bezeichnet. Diese Handlungen können nicht erzwungen werden, doch kann der Adressat bei einer nicht beachteten Obliegenheit eigene Rechte verlieren (MüKo-BGB/*Ernst* Einl. vor § 241 Rn. 14). Als Obliegenheiten werden deswegen **Rechtsgebote im eigenen Interesse** bzw. Verhaltensanforderungen in eigener Sache verstanden (A/G/R-*Weinland* § 295 InsO a.F. Rn. 4; s.a. *Wolf/Neuner* Allgemeiner Teil BGB, 10. Aufl., § 19 Rn. 38; *Gernhuber* Das Schuldverhältnis, § 2 III 1; *R. Schmidt* Die Obliegenheiten, S. 104). Trotz dieser Bindung an das eigene Interesse sind die Obliegenheiten dem Schuldner auch im Interesse seines Gegenüber auferlegt, doch sieht eine solche Regelung von einem Erfüllungszwang ab und bewirkt stattdessen eine Minderung oder Vernichtung der Rechtsposition des Belasteten (vgl. *R. Schmidt* Die Obliegenheiten, S. 104; *Enneccerus/Nipperdey* Allgemeiner Teil BGB, 15. Aufl., § 74 IV).

Diesem **Unterschied zu** den nach § 98 InsO erzwingbaren **Pflichten** trägt das Gesetz Rechnung. In § 295 InsO wird auf Obliegenheiten abgestellt, weil mit der Beendigung des Insolvenzverfahrens der Durchsetzungsmechanismus des § 98 InsO fehlt. Deswegen begründet § 296 Abs. 2 Satz 2, 3 InsO lediglich (Verfahrens-)Obliegenheiten (vgl. § 296 Rdn. 70). Da der Schuldner nicht zu einer Erwerbstätigkeit gezwungen werden darf, bestehen zudem nur Erwerbsobliegenheiten. Dieser kategoriale Unterschied wird verwischt, wenn von Obliegenheitspflichten (*Mohrbutter/Ringstmeier-Pape* § 17 Rn. 239) oder einer Verpflichtung zu angemessener Erwerbstätigkeit (*Frege/Keller/Riedel* InsR, Rn. 2171b) gesprochen wird. Aus dieser durch den Normzweck bestimmten zweifachen Anknüpfung an das eigene Interesse des Schuldners, aber auch das Interesse der Insolvenzgläubiger sind die für die Dauer der Treuhandzeit bestehenden Obliegenheiten zu entwickeln, deren Verletzung zu einer Versagung der Restschuldbefreiung führen kann. Auf den Tod des Schuldners können die Obliegenheiten nicht unmittelbar angewendet werden. Eine Obliegenheitsverletzung ist hier rechtsethisch abzulehnen (vgl. § 286 Rdn. 98 ff.). 17

Im Einleitungssatz von § 295 Abs. 1 InsO ist bestimmt, in welchem **Zeitraum** der Schuldner die Obliegenheiten zu beachten hat. § 295 InsO stellt, wie auch die neuen Fassungen der §§ 294, 296, 297, 298 InsO, auf die Zeit nach **Beendigung des Insolvenzverfahrens** ab. Mit der Beendigung des Insolvenzverfahrens ist die Aufhebung des Insolvenzverfahrens nach § 200 Abs. 1 InsO bzw. die Einstellung nach § 211 Abs. 1 InsO gemeint. Offen ist, ob damit der Zeitpunkt der Beschlussfassung, der Bekanntmachung oder des Eintritts der Rechtskraft gemeint ist. Zum früheren Recht hat der *BGH* auf den **Zeitpunkt der Beschlussfassung** abgestellt (*BGH* ZInsO 2010, 1496 Tz. 5). Obwohl § 289 Abs. 2 Satz 2, Abs. 3 Satz 2 InsO aufgehoben wurde, ist weiterhin der Zeitpunkt der Beschlussfassung maßgebend. Unschädlich ist, wenn die Entscheidung über die Beendigung angefochten wird, weil dann die insolvenzrechtlichen Bindungen an die Stelle der § 294 ff. InsO treten. Ist auf den genauen Termin der Beschlussfassung abzustellen und gibt der Beschluss keinen Wirkungszeitpunkt an, muss dieser analog § 27 Abs. 3 InsO auf die Mittagsstunde festgesetzt werden (*BGH* ZInsO 2010, 1496 Tz. 5, 9). Diese Frist gilt gleichermaßen für den selbständig wie den nicht selbständig tätigen Schuldner. 18

Als Folge des **abgestuften Verantwortungskonzepts** (s. Rdn. 4) kann weder das Verhalten des Schuldners vor der Beendigung des Insolvenzverfahrens noch nach der Erteilung der Restschuldbefreiung, sondern allein während der Treuhandzeit eine Versagung der gesetzlichen Schuldbefreiung gem. § 295 InsO rechtfertigen. Vor Beendigung des Insolvenzverfahrens werden die Gläubiger durch § 290 Abs. 1 InsO geschützt, ergänzt durch § 297a InsO. Nach dem Ende der Laufzeit der Abtretungserklärung kommt nur noch ein Widerruf der Restschuldbefreiung nach § 303 InsO in Betracht. Im Übrigen besteht selbst dann keine schützenswerte Position der Insolvenzgläubiger, wenn die Restschuldbefreiung nicht im unmittelbaren Anschluss daran erteilt wird. Schließlich haben die Insolvenzgläubiger im Verlauf der sechsjährigen Laufzeit der Abtretungserklärung alles erhalten, was ihnen insolvenzrechtlich gegen den Schuldner zusteht. Hält sich der Schuldner im Ausland auf oder will er dort hinziehen, wird er nicht von den Obliegenheiten entbunden. Die Anforderungen aus § 295 Abs. 1 Nr. 1 InsO gelten für den nicht selbständigen Schuldner, die aus 19

§ 295 Abs. 1 Nr. 2 bis 4 InsO für den selbständigen wie den nicht selbständigen Schuldner und die aus § 295 Abs. 2 InsO allein für den Selbständigen.

II. Erwerbstätigkeit (§ 295 Abs. 1 Nr. 1 InsO)

1. Grundlagen der Erwerbsobliegenheit

20 Die **Arbeitskraft** des Schuldners gehört nicht zur Insolvenzmasse. Als Ausdruck der Berufsfreiheit aus Art. 12 Abs. 1 GG kann der Schuldner nicht zu einer – gar wertausschöpfenden – Erwerbstätigkeit gezwungen werden (*BGH* BGHZ 167, 363 Tz. 16; NZI 2009, 192 Tz. 11; NZI 2013, 797 Tz. 15, m. Anm. *Ahrens*; *BAG* NZI 2013, 942 Tz. 20 ff.). Nachdem das Vermögen im Verlauf des Insolvenzverfahrens liquidiert worden ist, besitzt allerdings das Arbeitseinkommen des unselbständigen Schuldners für die weitere Befriedigung der Insolvenzgläubiger herausragende Bedeutung. Mit dem Instrument der Erwerbsobliegenheit soll der Schuldner im Restschuldbefreiungsverfahren angehalten werden, aktiv zur Gläubigerbefriedigung beizutragen. Die Erwerbsobliegenheit nach § 295 Abs. 1 Nr. 1 InsO entsteht erst nach Beendigung des Insolvenzverfahrens. Zuvor gelten die entsprechenden Anforderungen aus § 287b InsO.

21 In **drei alternativen Tatbeständen** regelt deshalb § 295 Abs. 1 Nr. 1 InsO die Erwerbsobliegenheit des nicht selbständig tätigen Schuldners. Ihm obliegt es zunächst, eine **angemessene Erwerbstätigkeit** auszuüben. Außerdem muss er sich um eine solche Erwerbstätigkeit **bemühen** und darf, als dritte Anforderung, keine **zumutbare Tätigkeit** ablehnen (K. Schmidt/*Henning* InsO, § 295 n.F. Rn. 6). Mit diesen drei tatbestandlichen Alternativen ist für den Schuldner ein abgestuftes System von Belastungen geschaffen. Hierbei handelt es sich um eine eigenständige insolvenzrechtliche Anforderung, die von familienrechtlichen, sozialhilferechtlichen und kostenrechtlichen Erwerbsobliegenheiten zu unterscheiden ist (vgl. *Ahrens* ZInsO 1999, 632 [633 ff.]; die Unterschiede betont *Heyer* Restschuldbefreiung im Insolvenzverfahren, S. 100 ff.). Der Schuldner ist zunächst gehalten, einer angemessenen Erwerbstätigkeit nachzugehen (s. Rdn. 25). Übt er eine Beschäftigung aus, die nicht angemessen ist, muss er sich um eine solche Arbeit bemühen (s. Rdn. 57). Übt er keine Beschäftigung aus, muss er sich um eine angemessene Beschäftigung bemühen (s. Rdn. 62). Ist er beschäftigungslos und kann er eine zumutbare Tätigkeit übernehmen, darf er sie nicht ablehnen (s. Rdn. 70; *Gottwald/Ahrens* HdbInsR, § 78 Rn. 25).

22 Die **Anforderungen aus § 287b InsO** bilden wörtlich und damit deckungsgleich den Tatbestand des § 295 Abs. 1 Nr. 1 InsO. Deswegen gelten die Erläuterungen zu der während der Treuhandperiode bestehenden Erwerbsobliegenheit im Rahmen einer nicht selbständigen Tätigkeit identisch auch für das eröffnete Insolvenzverfahren und § 287b InsO. Obwohl § 287b InsO nicht die selbständige Erwerbstätigkeit erfasst, sind auch die Regeln des § 295 Abs. 2 InsO vollständig zu übertragen (s. § 287b Rdn. 15).

23 Hat der Schuldner seinen **Obliegenheiten entsprochen**, so ist es unschädlich, wenn er wegen Krankheit, Arbeitslosigkeit, Kinderbetreuung oder aus anderen Gründen keine pfändbaren und an die Insolvenzgläubiger zu verteilenden Einkünfte erzielt (vgl. Begr. RegE, BR-Drucks. 1/92 S. 192). Wie üblich trifft das Risiko der Arbeitslosigkeit den Gläubiger (MüKo-InsO/*Ehricke* § 295 Rn. 14; *Nerlich/Römermann* InsO, § 295 Rn. 10), doch wird es durch die Obliegenheiten zur Übernahme zumutbarer Tätigkeiten und die Bemühungen um Beschäftigung gemildert. Zutreffend heißt es, dass den Schuldner nach § 295 Abs. 1 Nr. 1 InsO keine Erfolgsgarantie trifft (*Kirchhof* ZInsO 2001, 1 [12]). Eine Mindestzahlung gehört nach dem prozeduralen Konzept der Vorschrift gerade nicht zu den an den Schuldner gerichteten Anforderungen (vgl. *BGH* ZInsO 2001, 1009 [1010] m. Anm. *Vallender*). Eine Erweiterung von § 295 Abs. 1 Nr. 1 InsO auf eine Obliegenheit des Schuldners, die Beträge an den Treuhänder abzuführen, wenn sich der Schweizer Arbeitgeber des Schuldners weigert, den pfändbaren Teil des Arbeitseinkommens an Treuhänder auszuzahlen (so *LG Stendal* VIA 2013, 94), widerspricht dem klaren Anwendungsrahmen von § 295 Abs. 1 Nr. 1 InsO.

24 Es existiert **kein Einziehungsrecht des Treuhänders** für die vom Schuldner abzuführenden, aber nicht geleisteten Zahlungen. Für den Schuldner besteht nach § 295 Abs. 1 Nr. 1 InsO lediglich

eine Erwerbsobliegenheit und keine Erwerbspflicht. Er ist deswegen nicht verpflichtet, die Zahlungen zu leisten. Ihm droht allein eine mögliche Versagung der Restschuldbefreiung. Zudem ist der Treuhänder in der Treuhandperiode nicht verwaltungs- und verfügungsbefugt. Deswegen kann für ihn auch keine Einziehungspflicht bestehen.

2. Ausübung einer angemessenen Erwerbstätigkeit

a) Angemessenheit

Als erste und wichtigste Obliegenheit aus § 295 Abs. 1 Nr. 1 InsO muss der Schuldner eine **angemessene Erwerbstätigkeit** ausüben. Nach der Vorschrift muss also der Schuldner einer Beschäftigung nachgehen, wobei der erwerbstätige Schuldner nicht irgendeine, sondern eine angemessene Beschäftigung auszuüben hat (HK-InsO/*Waltenberger* § 295 Rn. 9). Dieser Terminus der angemessenen Erwerbstätigkeit ist von dem der zumutbaren Tätigkeit zu unterscheiden, wie er in der dritten Alternative der Obliegenheit und ähnlich in § 140 SGB III verwendet wird (dazu Rdn. 72 ff.). Die unterschiedliche, auch in anderen gesetzlichen Zusammenhängen differenzierend verwendete Terminologie belegt, dass eine sachliche Unterscheidung erforderlich ist (**a.A.** *Heyer* Restschuldbefreiung im Insolvenzverfahren, S. 123, der nur einen semantischen Unterschied sieht). Als Konsequenz der grundrechtlich garantierten Berufsfreiheit kann der Schuldner auch selbständige und nicht selbständige Tätigkeiten kombinieren oder zwischen ihnen wechseln (s. Rdn. 174). 25

Der unbestimmte Rechtsbegriff einer angemessenen Erwerbstätigkeit schafft eine **doppelte Bindung** an die bestehenden Lebensverhältnisse sowie die bestmögliche Gläubigerbefriedigung (MüKoInsO/*Ehricke* § 295 Rn. 15 ff.; A/G/R-*Weinland* § 295 InsO a.F. Rn. 20; *Kübler/Prütting/Bork-Wenzel* InsO, § 295 Rn. 6; *Gottwald/Ahrens* HdbInsR, § 78 Rn. 19; s.a. *Wenzel* VuR 1990, 121 [127]; **a.A.** *AG Hannover* NZI 2004, 391 [392], allein Gläubigerbefriedigung; zu eng auch *LG Essen* JurBüro 2014, 42, höchstmögliches Einkommen). Einerseits verknüpft er die Erwerbstätigkeit mit der gegenwärtigen Lage des Schuldners, so dass grds. eine dem **bisherigen Lebenszuschnitt** entsprechende Erwerbstätigkeit als angemessen zu gelten hat. Dabei werden die Lebensverhältnisse des Schuldners zunächst durch seine berufliche Ausbildung und die bisherige Berufstätigkeit, aber auch seine beruflichen Entwicklungschancen geprägt. Ebenso werden sie durch seine persönlichen Verhältnisse bestimmt. Dies betrifft etwa den Gesundheitszustand, der eine Erwerbstätigkeit teilweise oder, wie bei einer Erwerbsunfähigkeit bzw. Therapie, vollständig ausschließen kann, und das Lebensalter des Schuldners, weshalb mit Erreichen der Altersgrenzen aus den §§ 35 ff. SGB VI keine weitere Erwerbstätigkeit zu verlangen ist (für eine flexible Beurteilung *BGH* NJW 1999, 1547 [1549]; s.a. Rdn. 44). Außerdem beeinflusst die familiäre Situation die Lebensverhältnisse, bspw. bei der Möglichkeit zur Erwerbstätigkeit neben einer Kinderbetreuung oder der Übernahme von Wochenend- und Schichtarbeit, sowie seine sonstige soziale Lage. Diese konkrete Situation setzt gleichermaßen den Änderungsmöglichkeiten bei der Übernahme einer schlechter vergüteten Tätigkeit wie den Änderungserfordernissen durch Aufnahme einer besser bezahlten Beschäftigung Grenzen (vgl. *Graf-Schlicker/Kexel* InsO, § 287b Rn. 3). Bei einer beruflichen Veränderung ist auch zu berücksichtigen, inwieweit die Entscheidung vor dem Insolvenzantrag gefällt wurde, denn es können etwa längere Bewerbungs- oder Kündigungsfristen zu beachten sein. Genügt der Schuldner den aktuellen Anforderungen, kann ihm nicht vorgehalten werden, er hätte sich in der Vergangenheit anders verhalten müssen, etwa sich weiterbilden, um gegenwärtig bessere Erwerbschancen zu haben. 26

Andererseits bestimmt als zweiter Maßstab die vom Schuldner nach Kräften zu bewirkende **Gläubigerbefriedigung** über die Zulässigkeit oder die Notwendigkeit einer solchen Veränderung. Ein unbestimmter Auslegungsrahmen i.S. einer weitreichenden Obliegenheit (so aber HambK-InsO/*Streck* § 295 Rn. 4) widerspricht der mit dem Kriterium der Angemessenheit erreichten Konkretisierung. Eine adäquate Erwerbstätigkeit fordert deswegen insgesamt neben der gebührenden Arbeitsleistung auch eine **angemessene Bezahlung** (*BGH* NZI 2012, 87 Tz. 3; *LG Oldenburg* ZVI 2017, 85; *AG Dortmund* NZI 1999, 420 [421]; HambK-InsO/*Streck* § 295 Rn. 5). Eine angemessene Vergütung erfolgt, wenn der Schuldner ein übliches Einkommen erzielt, das insbesondere der tariflichen Entlohnung entspricht (K. *Schmidt/Henning* § 295 n.F. Rn. 10). Regelmäßig muss deswegen eine bes- 27 ser bezahlte zumutbare Tätigkeit übernommen werden. Ausnahmen bestehen etwa bei einer höheren Arbeitsplatzsicherheit (MüKo-InsO/*Ehricke* § 295 Rn. 17). Ein Anhaltspunkt für die Auslegung des Begriffs der angemessenen Tätigkeit ist deswegen auch aus dem Terminus des angemessenen Einkommens in § 18 Abs. 2 Satz 3 GesO abzuleiten (dazu *Hess/Binz/Wienberg* GesO, 4. Aufl., § 18 Rn. 101 ff.).

28 Für das damit konturierte Begriffsfeld einer angemessenen Erwerbstätigkeit sind weitere **Auslegungshinweise** aus der Interpretation zu § **1574 Abs. 2 HS 1 BGB** zu gewinnen (ganz überwiegende Meinung, *BGH* ZInsO 2010, 1153 Tz. 8; MüKo-InsO/*Ehricke* § 295 Rn. 18; *Kübler/Prütting/Bork-Wenzel* InsO, § 295 Rn. 3; *Braun/Pehl* InsO, § 295 Rn. 5; *Hess* InsO, 2007, § 295 Rn. 27; LSZ/*Kiesbye* InsO, § 295 Rn. 4; *Frind* Praxishandbuch Privatinsolvenz, Rn. 1001; *Ahrens* ZInsO 1999, 632 [634]; krit. *Löhnig* KTS 2010, 488 [491]. Der *BGH* (NZI 2012, 852 Rn. 7) hat eine solche Anwendung nicht abgelehnt (vgl. nur *BGH* ZInsO 2010, 1153 Tz. 8; **a.A.** *Mohrbutter/Ringstmeier-Pape* § 17 Rn. 234, aber dann doch Rn. 238), sondern nur einzelne Anforderungen nicht übertragen, was einem Verständnis als Auslegungshilfe nicht entgegensteht. Bei dieser Normierung über eine angemessene Erwerbstätigkeit des Unterhaltsgläubigers im Ehegattenunterhaltsrecht handelt es sich zwar um keine Legaldefinition, wohl aber um eine Konkretisierungshilfe (*Palandt/Brudermüller* BGB, 67. Aufl., § 1574 Rn. 1). Auch die neue Regelung des § 1574 Abs. 1 BGB schränkt die Anforderungen zur Aufnahme einer Erwerbstätigkeit ein, weil unter den in § 1574 Abs. 2 Satz 1 bestimmten Voraussetzungen nicht jede Tätigkeit aufzunehmen ist (PWW/*Kleffmann* BGB, § 1574 Rn. 3). Unter Berücksichtigung der aus den familiären Bindungen resultierenden unterhaltsrechtlichen Besonderheiten kann § 1574 Abs. 2 HS 1 BGB als Auslegungsrichtlinie in das Konzept der Obliegenheiten nach § 295 Abs. 1 Nr. 1 InsO eingebettet werden (zu den Unterschieden *Heyer* Restschuldbefreiung im Insolvenzverfahren, S. 101 ff.).

29 **Angemessen** ist nach der eherechtlichen Bestimmung eine Erwerbstätigkeit, die der Ausbildung, den Fähigkeiten, dem Lebensalter und dem Gesundheitszustand entspricht (ebenso K. Schmidt/*Henning* InsO, § 295 n.F. Rn. 7). Zu berücksichtigen sind ebenso die Freiheit der Berufswahl wie die realen Chancen am Arbeitsmarkt. Soweit die Angemessenheit in § 1574 Abs. 2 HS 1 BGB an die ehelichen Lebensverhältnisse gekoppelt wird, ist die darin enthaltene Berücksichtigung des bisherigen sozialen Status gerade nicht adaptierbar. Auch der fernere Gedanke einer Abwägung zwischen nachehelicher Selbstverantwortung und nachwirkender Solidarität ist nicht übertragbar.

30 Übt der Schuldner eine nicht selbständige Erwerbstätigkeit aus, besteht eine **Vermutung** dafür, dass die von ihm verrichtete Tätigkeit angemessen ist (*BGH* NZI 2011, 596 Tz. 22 m. Anm. *Ahrens*; 2012, 87 Tz. 3; MüKo-InsO/*Ehricke* § 295 Rn. 18; K. Schmidt/*Henning* InsO, § 295 n.F. Rn. 7; *Braun/Pehl* InsO, § 295 Rn. 5; *Andres/Leithaus* InsO, § 295 Rn. 3; *Preuß* Verbraucherinsolvenzverfahren und Restschuldbefreiung, 2. Aufl., Rn. 288; *Heicke* VIA 2013, 49; s.a. *BGH* NJW 1981, 2804 [2805]; zur selbständigen Erwerbstätigkeit s. Rdn. 188). Eine **Beschäftigung im Ausland** ist grds. zulässig (K. Schmidt/*Henning* § 295 n.F. Rn. 11; zu den anzuwendenden Pfändungsgrenzen s. § 287 Rdn. 278), doch müssen Tätigkeit und Verdienst den Erfordernissen des deutschen Rechts entsprechen (*BGH* BeckRS 2010, 13975). Die Vermutung kann widerlegt sein, wenn der Schuldner unmittelbar vor Beginn des Insolvenzverfahrens aus nicht erklärten Gründen in eine schlechter vergütete Beschäftigung wechselt (vgl. *LG Freiburg* ZVI 2013, 202). Bestreitet ein Insolvenzgläubiger eine angemessene Beschäftigung und behauptet damit eine Obliegenheitsverletzung, so muss der Gläubiger darlegen und beweisen, dass die vom Schuldner ausgeführte Tätigkeit nicht den an ihn zu stellenden Anforderungen entspricht. Die Vermutungswirkung ergänzt die Darlegungs- und Glaubhaftmachungslast und gewährleistet damit zusätzlich, dass nicht schon geringfügige Diskrepanzen zu einer Versagung der Restschuldbefreiung führen.

31 Bleibt eine mehrjährig ausgeübte Tätigkeit hinter dem Ausbildungsstand des Schuldners zurück, kann die angemessene Beschäftigung durch die **tatsächliche Erwerbstätigkeit** geprägt werden (*BGH* NJW 2005, 61 [62]). Regelmäßig ist im Interesse einer bestmöglichen Gläubigerbefriedigung eine **Vollzeitbeschäftigung** erforderlich (*BGH* NZI 2010, 228 Tz. 5; K. Schmidt/*Henning* InsO, § 295 n.F. Rn. 8; s.a. *Hess/Groß/Reill-Ruppe/Roth* Kap. 4 Rn. 668). Eine **Teilzeitbeschäftigung**

muss durch besondere Gründe gerechtfertigt sein, z.B. Kinderbetreuung, die der andere Ehegatte nicht übernehmen kann (*BGH* NJW 2008, 3125; ZInsO 2010, 1153 Tz. 7; *Gottwald/Ahrens* HdbInsR, § 78 Rn. 20; enger HambK-InsO/*Streck* § 295 Rn. 5; *Frind* Praxishandbuch Privatinsolvenz, Rn. 1011), Fortbildung etc. (nicht aber Hundebetreuung *AG München* ZVI 2003, 366). Bei einem 30-jährigen, ledigen, kinderlosen Arbeitnehmer ist Teilzeitarbeit nicht hinreichend (*AG Hamburg* NZI 2001, 103 [104]). Stellt der Arbeitgeber eine andere Tätigkeit in Aussicht, darf der Arbeitnehmer zunächst abwarten. Die Inanspruchnahme von **Erziehungsurlaub** ist nicht von Rollenbildern abhängig, wohl aber von einer sachgerechten Entscheidung für das Familieneinkommen.

Eine **Straf- oder sonstige Haft** setzt einer Erwerbstätigkeit Grenzen, weil der Schuldner nicht auf dem freien Arbeitsmarkt tätig werden kann. Dennoch steht sie einer Schuldbefreiung nicht prinzipiell entgegen, weswegen der Schuldner allein dadurch noch nicht seine Erwerbsobliegenheit verletzt. Er kann daher auch die Treuhandperiode während des Vollzugs absolvieren (*BGH* ZInsO 2010, 1558 Tz. 12; *LG Koblenz* VuR 2008, 348, bei lebenslanger Freiheitsstrafe; *AG Hamburg* NZI 2015, 948 = VIA 2015, 87 m. Anm. *Strüder*; *AG Göttingen* NZI 2015, 946; s. § 286 Rdn. 91; MüKo-InsO/*Stephan* § 286 Rn. 6; MüKo-InsO/*Ehricke* § 295 Rn. 16; A/G/R-*Weinland* § 295 InsO a.F. Rn. 25; *Kübler/Prütting/Bork-Wenzel* InsO, § 295 Rn. 10; *Braun/Pehl* InsO, § 295 Rn. 6; HK-InsO/*Waltenberger* § 295 Rn. 13; *Haarmeyer/Wutzke/Förster-Schmerbach* § 295 Rn. 28; HambK-InsO/*Streck* § 295 Rn. 6; *LSZ/Kiesbye* InsO, § 295 Rn. 7; *Gottwald/Ahrens* HdbInsR, § 78 Rn. 20; *Heyer* Restschuldbefreiung im Insolvenzverfahren, S. 117; *Henning* in: Handbuch Fachanwalt Insolvenzrecht, 3. Aufl., Kap. 15 Rn. 93; *Heyer* NZI 2010, 81 [84]; *Harder* VIA 2010, 70 [71]; *Frind* ZInsO 2015, 1667; *Siebert* VIA 2016, 9 [10]; *Pape/Pape* ZInsO 2016, 293 [296]; a.A. *LG Hannover* ZInsO 2002, 449 m. Anm. *Wilhelm* = ZVI 2002, 130 m. Anm. *Riedel* = EWiR 2002, 491 [*Kohte*]; *AG Hannover* NZI 2004, 391 [392]; *AG Fürth* ZInsO 2015, 1518 m. Anm. *Haarmeyer*, zur Kostenstundung = InsbürO 2015, 442, m. abl. Anm. *Henning*; *Foerste* Insolvenzrecht, 4. Aufl., Rn. 552). Aus diesem Grund steht auch die Begehung von schweren Straftaten mit strafrechtlichem Freiheitsentzug nicht der Erfüllung der Erwerbsobliegenheit entgegen (a.A. *LG Dresden* ZVI 2008, 310 [311 f.]). Sonst wäre auch eine Abtretungserklärung für einen Strafgefangenen entbehrlich (*BGH* ZInsO 2010, 1558 Tz. 12).

Zu unterscheiden ist dabei der **Verlust der Erwerbstätigkeit** durch die Straftat und die Ausübung einer Erwerbstätigkeit während der Haft. Die Inhaftierung des Schuldners wegen einer Straftat rechtfertigt es nur dann, die Restschuldbefreiung zu versagen, wenn der Schuldner durch die Inhaftierung eine Arbeit verliert, aus der er pfändbare Einkünfte erzielt hat und dadurch seine Erwerbsobliegenheit verletzt (*BGH* ZInsO 2010, 1558 Tz. 10; HK-InsO/*Waltenberger* § 295 Rn. 13; K. Schmidt/ *Henning* InsO, § 295 n.F. Rn. 14; *Heyer* ZVI 2015, 357 [361]; s.a. *Kübler/Prütting/Bork-Wenzel* InsO, § 295 Rn. 10; enger *Frind* Praxishandbuch Privatinsolvenz, Rn. 1002). Hat der Arbeitnehmer eine Strafhaft von mehr als zwei Jahren zu verbüßen und ist nicht absehbar, wann er aus der Haft entlassen wird, liegt unbeschadet einer abschließenden Interessenabwägung ein personenbedingter Grund zur Kündigung vor (*BAG* NJW 2011, 1896 Tz. 25; NJW 2011, 2825 Tz. 23). Auch bei einer U-Haft und der hohen Gewissheit einer mehrjährigen Haftstrafe ist eine Kündigung sachlich gerechtfertigt (*BAG* NJW 2013, 3325 Tz. 29). Nach der neuen Erwerbsobliegenheit aus § 287b InsO ist ein vorinsolvenzlicher Arbeitsplatzverlust unerheblich (*Frind* ZInsO 2015, 1667 [1669]; *Heyer* ZVI 2015, 357 [361]). Kann der Schuldner aufgrund seiner Inhaftierung eine Erwerbstätigkeit nicht mehr ausüben, die lediglich unpfändbare Einkünfte erbrachte, ist eine Versagung mangels einer beeinträchtigten Gläubigerbefriedigung ausgeschlossen.

Da der Schuldner auch **während** seiner **Inhaftierung** pfändbare Einkünfte erwerben kann, besteht für ihn auch während der Haftdauer eine Erwerbsobliegenheit, die er etwa durch eine verweigerte Tätigkeit verletzen kann (*Heyer* ZVI 2015, 357 [361]). Im Vollzug hat der Schuldner eine angemessene Pflichtarbeit, § 41 Abs. 1 Satz 1 StVollzG, ein freies Beschäftigungsverhältnis bzw. eine Selbstbeschäftigung, § 39 StVollzG, zu übernehmen (Einzelheiten bei *Brei* Entschuldung Straffälliger, S. 593 ff.). Für deren Beschränkung bzw. Beendigung und die insolvenzrechtlichen Folgen gelten die allgemeinen Grundsätze, z.B. bei den Widerrufsgründen des für ein freies Beschäftigungsverhält-

§ 295 InsO   Obliegenheiten des Schuldners

nis erforderlichen Freigangs, §§ 11 Abs. 1, 14 Abs. 2 StVollzG. Demgemäß kann die Vollstreckung einer Ersatzfreiheitsstrafe nicht mit dem Argument verneint werden, der Schuldner verstoße dadurch gegen seine Erwerbsobliegenheit aus § 295 Abs. 1 Nr. 1 InsO (*LG Osnabrück* ZInsO 2007, 111 [112]). Maßgebend muss vielmehr einheitlich sein, ob der Schuldner arbeitet und das ihm zustehende Eigengeld pfändbar ist (*Haarmeyer/Wutzke/Förster-Schmerbach* § 295 Rn. 28).

35 Ein Arbeitsverhältnis unter **Ehepartnern** oder Verwandten ist insolvenzrechtlich grds. unbedenklich (MüKo-InsO/*Ehricke* § 295 Rn. 33; *Gottwald/Ahrens* HdbInsR, § 78 Rn. 20; a.A. *Kübler/Prütting/Bork-Wenzel* InsO, § 295 Rn. 8). Es kann sogar eine familienrechtlich aus § 1360 BGB abgeleitete Mitarbeitspflicht bestehen (*BGH* BGHZ 127, 48 [55]). Eine verwandtschaftliche Nähebeziehung darf jedoch nicht zu einem Unterlaufen der insolvenzrechtlichen Anforderungen führen. Einzelvollstreckungsrechtlich wird unter Berücksichtigung der verwandtschaftlichen Beziehungen und anderer Umstände des Einzelfalls sogar ein Abschlag von bis zu 30 % vorgenommen (MüKo-InsO/*Ehricke* § 295 Rn. 33; *LAG Düsseldorf* BB 1955, 1140; *LAG Hamm* ZIP 1993, 610 [611 f.]; abl. MüKo-ZPO/*Smid* 3. Aufl., § 850h Rn. 14), doch muss im Einzelfall bestimmt werden, inwieweit dieser Gedanke auf die Erwerbsobliegenheit übertragbar ist. Bei einer bereits länger bestehenden Tätigkeit ist § 1574 Abs. 2 BGB anwendbar, doch kann dies nicht gelten, wenn im Zusammenhang mit dem Insolvenzverfahren die Arbeitszeit und/oder Vergütung reduziert wurde (*Frind* Praxishandbuch Privatinsolvenz, Rn. 1010). Gegebenenfalls muss der Schuldner eine Tätigkeit außerhalb der Familie ausüben. Verdient ein Zahntechnikermeister in dem Betrieb seiner Mutter lediglich EUR 650,– netto, legt dies allerdings einen Obliegenheitsverstoß nahe (*AG Dortmund* NZI 1999, 429 [421]). Bei einer entgeltlosen Tätigkeit erfolgt grds. eine Obliegenheitsverletzung (*LG Oldenburg* ZVI 2017, 85).

36 Vom Schuldner **verschleiertes Arbeitseinkommen**, der nur einen Teil der geleisteten und vergüteten Arbeitszeit angibt, kann mittelbar eine Obliegenheitsverletzung nach § 295 Abs. 1 Nr. 1 2. Alt InsO (*AG Darmstadt* ZInsO 2009, 111; *Uhlenbruck/Sternal* InsO, § 287b Rn. 8), eher aber gem. Nr. 3 der Vorschrift erfüllen. In Betracht kommen unzutreffende Bezügeabrechnungen, die unmittelbare oder mittelbare Auszahlung an einen Insolvenzgläubiger oder Dritten, die Verlagerung von Gehalt in Zeiten nach Erteilung der Restschuldbefreiung oder die Ersetzung von Gehalt durch anderweitige Vorteile (*Kübler/Prütting/Bork-Wenzel* InsO, § 295 Rn. 8), wie Sachbezüge (*AG Darmstadt* ZInsO 2009, 111). Einen übereinstimmenden Rechtsgedanken normiert § 850h Abs. 2 ZPO, weshalb als Richtgröße für ein **unangemessen niedriges Entgelt** auf die Auslegung zu dieser Vorschrift zurückgegriffen werden kann (vgl. zu den entsprechenden Anforderungen aus § 850h ZPO *BAG* RdA 1969, 64). Auszugehen ist von dem Wert der Arbeitsleistung, der im Allgemeinen an den tariflichen Mindestlöhnen oder nach der üblichen Vergütung i.S.v. § 612 Abs. 2 BGB zu orientieren ist (*Stein/Jonas/Brehm* ZPO, 22. Aufl., § 850h Rn. 24; in MüKo-ZPO/*Smid* 3. Aufl., § 850h Rn. 14). Ein unangemessen niedriges Entgelt liegt vor, wenn der Schuldner gegenüber einem anderen Beschäftigten bei ansonsten gleichlautenden Arbeitsverträgen und Beschäftigungsbedingungen deutlich weniger verdient (vgl. *BGH* ZInsO 2009, 2069 Tz. 5).

37 Die Entscheidung über eine **Zusammenveranlagung** von Ehegatten gem. § 26 I EStG stellt ein vermögensbezogenes Verwaltungsrecht dar, das im Insolvenzverfahren vom Insolvenzverwalter bzw. Treuhänder auszuüben ist (*BGH* NJW 2007, 2556; *BFH* ZInsO 2011, 1263; *FG Münster* ZInsO 2016, 1441). Ein Anspruch gegen den nicht verfahrensbeteiligten Ehegatten auf Zustimmung zur gemeinsamen Veranlagung wegen Nutzung des Verlustvortrags soll grds. nicht bestehen, es sei denn, es wird etwa die Erklärung abgegeben, den anderen Ehegatten von den sich durch die gemeinsame Veranlagung ergebenden steuerlichen Nachteilen freizustellen (*OLG Schleswig* NZI 2014, 1021). Mit Beendigung des Insolvenzverfahrens endet auch das Verwaltungsrecht des Insolvenzverwalters, weshalb die Entscheidung während der Treuhandperiode gem. § 1353 BGB den Eheleuten zusteht, wobei dann die aus der Zusammenveranlagung resultierenden Nachteile grds. dem anderen Ehegatten zu ersetzen sind (*Kahlert* ZVI 2006, 230).

38 Bei der **Wahl** der **Steuerklasse** gilt nach den übertragbaren zwangsvollstreckungsrechtlichen Grundsätzen, dass eine Wahl vor dem Erlass des Pfändungs- und Überweisungsbeschlusses für den laufen-

den Veranlagungszeitraum grds. beachtlich ist, es sei denn, der Schuldner hat die Wahl der ungünstigen Steuerklasse nachweislich in Gläubigerbenachteiligungsabsicht vorgenommen. Die Gläubigerbenachteiligungsabsicht ist nach allen Umständen des Einzelfalls festzustellen, wie der Höhe der Einkommen beider Ehegatten, Kenntnis des Schuldners von der Höhe seiner Verschuldung und einer drohenden Zwangsvollstreckung, die Abgabe einer eidesstattlichen Versicherung, wann die ungünstige Steuerklasse gewählt wurde und ob dies im Zusammenhang mit der Verschuldung und Vollstreckung geschehen ist (*BGH* NZI 2006, 114). Der Schuldner darf seine steuerlichen Gestaltungsmöglichkeiten im Interesse des Familieneinkommens ausschöpfen. Sachlich berechtigt ist die Übernahme der dem gesetzlichen Regelfall des § 38b Abs. 1 Nr. 4 EStG entsprechenden Steuerklasse IV für verheiratete, nicht dauernd getrennt lebende, unbeschränkt einkommensteuerpflichtige Ehegatten (*AG Duisburg* NZI 2002, 328; *Farr* BB 2003, 2324 [2326]) bzw. die Wahl der für das Familieneinkommen günstigeren Steuerklasse (*LG Osnabrück* DGVZ 1998, 190; K. Schmidt/*Henning* InsO, § 295 n.F. Rn. 13; s.a. *Kübler/Prütting/Bork-Wenzel* InsO, § 295 Rn. 8, sachlicher Grund; vgl. *Uhlenbruck/Sternal* InsO, § 287 Rn. 14, stets die für die Gläubiger günstigste). Nach einer Heirat ist ein Wechsel des Schuldners aus der Steuerklasse I in die Steuerklasse V sachlich gerechtfertigt, wenn dadurch die Steuerlast der Ehegatten EUR 2.401,24 statt EUR 2.642,58 beträgt (*LG Dortmund* NZI 2010, 581 [582]; *Henning* VIA 2010, 53 [54]).

Nicht mehr **gerechtfertigt** ist, wenn der Schuldner im auf die Trennung folgenden Veranlagungszeitraum die Steuerklasse V beibehält, obwohl nach § 38b EStG Steuerklasse I gilt (*AG Wuppertal* JurBüro 2013, 106). Wählt der Schuldner nachträglich eine ungünstige Steuerklasse oder behält er diese für das folgende Kalenderjahr bei, ist der Nachweis einer Gläubigerbenachteiligung nicht erforderlich. Es genügt, wenn für die Wahl oder Beibehaltung der Steuerklasse objektiv kein sachlich rechtfertigender Grund gegeben ist (*BGH* NZI 2006, 114 [115]; ZInsO 2009, 734). Der andere Ehegatte ist zwar nicht verpflichtet, zu Gunsten der Gläubiger des anderen Ehegatten einer vom gesetzlichen Regelfall abweichenden Wahl der Steuerklassen zuzustimmen, die für ihn selbst nachteilig ist. Liegt aber kein sachlicher Grund bei der Entscheidung für eine ungünstige Steuerklasse vor, ist die durch die Bestimmung der Steuerklasse entstandene Verschiebung entsprechend § 850h ZPO zu korrigieren (*OLG Köln* WM 2000, 2114 [2115]; *LG Stuttgart* JurBüro 2001, 111; *Stöber* Forderungspfändung, 16. Aufl., Rn. 1134b) und ggf. als Obliegenheitsverletzung zu bewerten. Die Zustimmung zur Zusammenveranlagung kann davon abhängig gemacht werden, dass der Schuldner keiner zusätzlichen Belastung ausgesetzt ist, wie einer höheren Steuerbelastung oder einer geringeren Steuererstattung bzw. künftigen Nachteilen durch den Verbrauch des Verlustvortrags. Dagegen besteht kein Anspruch auf Auszahlung desjenigen Betrags, um den sich die Steuerlast des anderen Ehegatten bei Inanspruchnahme des Verlustvortrags verringert (*BGH* NZI 2011, 647 Tz. 23 ff.). Der Schuldner muss aber nach Zustellung des Bescheids über die Steuerschuld einen Antrag auf Aufteilung der Gesamtschuld i.S.d. §§ 268, 269 AO stellen, damit die rückständige Steuer gem. § 270 AO im Verhältnis der Beträge aufgeteilt wird, die sich bei getrennter Veranlagung ergäbe. Zur Ausübung einer selbständigen **Nebentätigkeit** s. Rdn. 41, 174.

Wegen der zahlreichen strittigen Einzelfragen ist es für den Schuldner oft nicht vorhersehbar, welche Anforderungen er für eine angemessene Tätigkeit zu erfüllen hat. Deswegen besteht für ihn ein **Feststellungsinteresse**, durch eine Zwischenentscheidung des Insolvenzgerichts Klarheit zu erreichen, ob die ausgeübte Beschäftigung angemessen ist (vgl. zu einer ähnlichen Problematik *LG Offenburg* ZInsO 2000, 277; s.a. Rdn. 206 für den selbständig tätigen Schuldner). Zur Verfahrensbeschleunigung kann der Antrag bereits im Zulassungsverfahren gestellt und über ihn zusammen mit der Beendigung des Insolvenzverfahrens entschieden werden. Hat ein Insolvenzgläubiger bereits die Versagung der Restschuldbefreiung aufgrund einer Verletzung der Erwerbsobliegenheit beantragt, fehlt das Feststellungsinteresse.

Ob insolvenzrechtlich Einkünfte aus **überobligationsmäßiger Tätigkeit** den Gläubigern oder auch dem Schuldner zugutekommen, ist bislang ungeklärt. Die Antwort darauf darf nicht pauschal ausfallen, sondern hängt von der jeweiligen Fallgruppe ab. Für überobligatorische Leistungen in abhängigen Diensten bietet § 850a Nr. 1 ZPO das Grundmodell, wonach die Hälfte der für die Mehrarbeit erzielten Vergütung unpfändbar ist. Unerheblich ist dabei, ob die Mehrarbeit im Rahmen eines Hauptarbeitsverhältnisses oder einer Nebentätigkeit geleistet wird (PG/*Ahrens* ZPO, § 850a Rn. 3; Schuschke/Walker/*Kessal-Wulf* § 850a Rn. 2).

42 Übt der Schuldner neben einer umfassenden nicht selbständigen Tätigkeit eine **selbständige Tätigkeit** aus, bietet § 295 Abs. 2 InsO einen hinreichend flexiblen Maßstab. Der Rückgriff auf die einem angemessenen Dienstverhältnis entsprechenden Leistungen kann dann ebenfalls an § 850a Nr. 1 ZPO bemessen werden (*Grote* ZInsO 2004, 1105 [1110]; HK-InsO/*Waltenberger* § 295 Rn. 36). Dies hat der *BGH* jetzt bei einer selbständigen Tätigkeit neben einem Rentenbezug bestätigt (*BGH* ZInsO 2014, 1488 Tz. 10 ff.). Auf andere Mischverhältnisse kann dieser Gedanke jedoch nicht unbedingt übertragen werden (dazu s. Rdn. 174). Arbeitet der Schuldner allerdings jenseits der Regelaltersgrenze weiter, fehlt ein vergleichbarer vollstreckungsrechtlich verankerter Maßstab. Orientierungspunkte können hier aus der Rechtsprechung zum Ehegattenunterhalt gewonnen werden. In welchen Grenzen das Einkommen aus überobligatorischer Tätigkeit für den Unterhalt heranzuziehen ist, muss dort nach Treu und Glauben und den Umständen des Einzelfalls beurteilt werden (*BGH* NJW 2011, 670 Tz. 23). Übertragen auf das Restschuldbefreiungsverfahren sind sowohl Gläubiger- als auch Schuldnerinteressen zu berücksichtigen. Einen wesentlichen Punkt bildet dabei auch, in welchem Umfang eine angemessene Altersversorgung des Schuldners besteht.

b) Beendigung oder Einschränkung der Erwerbstätigkeit

43 Eine mit dem Ziel der Einkommenssicherung ausgeübte Tätigkeit darf zwar nicht ohne Weiteres aufgegeben werden, doch schafft nicht jeder Verlust der Beschäftigung ohne anschließende neue Beschäftigung einen Versagungsgrund. Um eine Obliegenheitsverletzung festzustellen, ist nach den **Gründen zu differenzieren**, die zu der Beendigung des Arbeitsverhältnisses geführt haben. Gegen die Obliegenheit wird deswegen nicht verstoßen, wenn ein wirksam befristetes Arbeitsverhältnis endet.

44 Mit Erreichen der **Altersgrenzen** für den Rentenbezug gem. den §§ 35 ff. SGB VI entfällt regelmäßig die Erwerbsobliegenheit (*Warrikoff* ZInsO 2004, 1331 [1333], grds. ab Vollendung des 65. Lebensjahrs; *Heicke* VIA 2013, 49 [50]; *OLG Koblenz* NJW 2015, 1030, unterhaltsrechtlich überobligatorisch; *AG Hamburg* 26.8.2009 – 67g IN 431/02, juris; offengelassen von *BGH* BeckRS 2012, 06009 Tz. 10). Der BGH hat diese Frage für die Erwerbsobliegenheit aus § 295 Abs. 1 Nr. 1 InsO noch nicht ausdrücklich entschieden. Bei der Bestimmung der unpfändbaren Beträge geht er aber von einer überobligatorischen Leistung aus, wenn der Schuldner die regelmäßige Altersrente bezieht und weiterhin erwerbstätig ist (*BGH* NZI 2014, 773 Tz. 12; NZI 2017, 461 Tz. 16 ff.). Dieser Gedanke ist auf die Erwerbsobliegenheit zu übertragen. Soweit dies (von *Heyer* Restschuldbefreiung im Insolvenzverfahren, S. 119) abgelehnt wird, weil die rentenversicherungsrechtliche Altersgrenze nicht automatisch zum Entfallen der insolvenzrechtlichen Erwerbsobliegenheit führen dürfe, wird der hohe gesellschaftliche Wert der Altersgrenzen im Arbeitsverhältnis ohne Not infrage gestellt. Die praktischen Chancen einer solchen Erwerbstätigkeit mit einem unter Berücksichtigung von § 850e ZPO pfändbaren Einkommen dürften minimal sein. Zudem fehlt eine Erklärung, warum und bis zu welcher Altersgrenze die Haftung des Schuldners eine solche Obliegenheit schafft. Ebenso wenig wird gegen die Obliegenheit verstoßen, wenn aufgrund eines Vermögensverfalls die Zulassung zum Beruf z.B. nach § 14 Abs. 2 Nr. 7 BRAO entzogen wird und der Schuldner deswegen seinen Beruf aufgeben muss. Mit dem Erreichen der Treuhandperiode können geordnete Vermögensverhältnisse wiederhergestellt sein, weshalb sich der Schuldner dann um eine erneute Zulassung zu seinem Beruf zu bemühen hat (vgl. Rdn. 172 f.).

45 Soweit ausnahmsweise eine **vorgezogene Altersrente** höher als ein Erwerbseinkommen ist, wird eine Obliegenheit zur Rentenantragstellung angenommen, auch wenn der Schuldner noch in einem Arbeitsverhältnis steht (*Engelmann* ZInsO 2016, 367 [369 ff.]; s.a. *ders*. InsbürO 2017, 155 [157]). Der Insolvenzverwalter kann nicht kündigen, weil das Arbeitsverhältnis nicht in die Masse fällt. Eine unmittelbare Anwendung von § 295 Abs. 1 Nr. 1 InsO muss ausscheiden, weil dort eine angemessene Erwerbstätigkeit verlangt wird, während hier die Erwerbstätigkeit aufgegeben werden soll. Ist die aus-

geübte Erwerbstätigkeit angemessen, allein die vorgezogene Altersrente höher, besteht keine Obliegenheit des Schuldners, zu kündigen. Neben der grundrechtlich durch Art. 12 Abs. 1 GG geschützten Berufsfreiheit und den vielfältigen sozio-psychologischen Argumenten für eine Berufstätigkeit spricht auch die bei einem späteren Bezug höhere Altersrente dafür, denn sie ermöglicht generell eine bessere Gläubigerbefriedigung.

Hat der **Arbeitgeber** das Arbeitsverhältnis **beendet**, erfolgt regelmäßig kein Verstoß gegen die Erwerbsobliegenheit des Schuldners, doch ist im Einzelnen zu unterscheiden. Eine **Anfechtung** des Arbeitsverhältnisses, die auf einen vor Beginn der Treuhandperiode entstandenen Anfechtungsgrund gestützt wird, ist schon deshalb unbeachtlich. Später entstandene Anfechtungsgründe aus § 119 BGB begründen mangels eines vorwerfbaren Verhaltens des Schuldners ebenso wenig eine Obliegenheitsverletzung (MüKo-InsO/*Ehricke* § 295 Rn. 22). Eine auf § 123 Abs. 1 BGB gestützte Anfechtung kann allerdings dem Schuldner anzurechnen sein, wenn der Anfechtungsgrund als Obliegenheitsverletzung zu bewerten ist. 46

Im Übrigen ist nach den **Kündigungstatbeständen** zu unterscheiden. Unterliegt der Schuldner nicht dem allgemeinen Kündigungsschutz aus dem KSchG, etwa weil er in einem Kleinbetrieb beschäftigt ist, § 23 Abs. 1 Satz 2 KSchG, muss eine ordentliche Kündigung durch den Arbeitgeber nicht sozial gerechtfertigt sein. Nutzt der Arbeitgeber diese vereinfachte Kündigungsmöglichkeit, scheidet bereits eine Obliegenheitsverletzung des Schuldners aus. Dabei ist zu berücksichtigen, dass eine Kündigung grds. auch ohne Angabe von Kündigungsgründen wirksam ist (*Schaub* Arbeitsrechts-Handbuch, 12. Aufl., § 123 Rn. 66). Über die Kündigungsgründe wird der Schuldner daher vielfach keine Mitteilung machen können, weshalb trotz seiner Auskunftspflicht nach § 296 Abs. 2 Satz 2 InsO eine Obliegenheitsverletzung oft schon deshalb nicht feststellbar sein wird. 47

Besteht der allgemeine Kündigungsschutz und muss folglich die **ordentliche Kündigung** des Arbeitgebers nach § 1 Abs. 2 KSchG sozial gerechtfertigt sein, fehlt es bei einer Kündigung aus dringenden betrieblichen Erfordernissen stets und bei einer personenbedingten Kündigung regelmäßig an einem zurechenbaren Verhalten des Schuldners und damit an einer Obliegenheitsverletzung (LSZ/*Kiesbye* InsO, § 295 Rn. 6). Eine Alkoholkrankheit oder Tablettensucht kann zwar eine personenbedingte Kündigung rechtfertigen (*Dörner* in: Ascheid/Preis/Schmidt, Kündigungsrecht, 3. Aufl., § 1 KSchG Rn. 228), begründet dann aber keinen Verstoß gegen die Erwerbsobliegenheit, anders bei einer Kündigung wegen betrieblichen Alkoholkonsums (*Uhlenbruck/Sternal* InsO, § 287b Rn. 17; vgl. *Dörner* in: Ascheid/Preis/Schmidt, Kündigungsrecht, 3. Aufl., § 1 KSchG Rn. 305 ff.). Zur Strafhaft s. Rdn. 32. 48

Selbst eine **verhaltensbedingte Kündigung** führt nur ausnahmsweise zu einem Verstoß gegen die Obliegenheit aus § 295 Abs. 1 Nr. 1 InsO (weiter *Kübler/Prütting/Bork-Wenzel* InsO, § 295 Rn. 9), wie die auf vergleichbaren Wertungsgrundlagen beruhenden sozialversicherungs- und unterhaltsrechtlichen Erwerbsobliegenheiten belegen. Allein die Kausalität des Kündigungsgrundes für die Beendigung der Erwerbstätigkeit genügt nicht, um eine Obliegenheitsverletzung zu begründen. Nach § 159 Abs. 1 Nr. 1 SGB III ruht der Anspruch auf Arbeitslosengeld vorübergehend, wenn der Arbeitslose Anlass zur Lösung des Arbeitsverhältnisses gegeben und dadurch vorsätzlich oder grob fahrlässig ohne wichtigen Grund die Arbeitslosigkeit herbeigeführt hat. Jedes Glied der Kausalkette muss dabei durch **grob fahrlässiges Verhalten** herbeigeführt oder grob fahrlässig übersehen worden sein, wobei dieser Vorwurf schon dann entfällt, wenn für den Arbeitnehmer Anhaltspunkte dafür bestanden, anschließend schnell wieder einen Arbeitsplatz finden zu können (*Gagel/Winkler* SGB III, § 159 Rn. 136, 139). Bereits für diese, gegenüber dem endgültigen insolvenzrechtlichen Versagungsgrund schwächere, weil nur zu einer befristeten Sperrzeit führende Wirkung wird also ein qualifiziertes Verschulden vorausgesetzt. Ebenso ist von der Rechtsprechung zum Unterhaltsrecht anerkannt, dass ein selbst verschuldeter, aber doch ungewollter Arbeitsplatzverlust nicht der freiwilligen Aufgabe einer Beschäftigung gleichzustellen ist. 49

Bei einer auf Gründe im Verhalten des Arbeitnehmers gestützten **außerordentlichen Kündigung** durch den Arbeitgeber haben die gleichen Anforderungen zu gelten. Generell, also bei einer ordent- 50 lichen wie außerordentlichen Kündigung, ist vom Schuldner zu verlangen, dass er sich gegen eine Kündigung verteidigt, doch wird er nur eine erfolgversprechende **Kündigungsschutzklage** zu erheben haben. Unterlässt der Schuldner eine Klageerhebung, etwa aufgrund einer Verzichtserklärung, hat das Insolvenzgericht auf das mutmaßliche Resultat einer Kündigungsschutzklage abzustellen (MüKo-InsO/*Ehricke* § 295 Rn. 28). Die Obliegenheit erstreckt sich nicht darauf, einen Rechtsanwalt einzuschalten (*LG Kiel* ZVI 2017, 665).

51 Schließt der Schuldner einen **Aufhebungsvertrag**, so liegt jedenfalls dann keine Obliegenheitsverletzung vor, wenn er einen wichtigen Grund für seine Entscheidung anführen kann. In Betracht kommen Vertragsverletzungen des Arbeitgebers, das Verhalten von Mitarbeitern oder ein Druck auf den Arbeitnehmer, das Arbeitsverhältnis zu lösen (vgl. zu den sozialversicherungsrechtlichen Anforderungen *Gagel/Winkler* SGB III, § 159 Rn. 105, 144 ff., 164). Als beachtlicher Grund ist insbesondere auch eine sonst nicht zu erwartende Abfindungszahlung anzusehen. Abfindungsansprüche werden als nicht wiederkehrend zahlbare Vergütung angesehen, die gem. den §§ 292 Abs. 1 Satz 3, 36 Abs. 1 Satz 2 InsO, 850i ZPO an die Stelle laufender Bezüge treten (s. § 287 Rdn. 220). Solange die Gläubiger aus der Abfindungszahlung so wie bei der Ausübung einer angemessenen Erwerbstätigkeit gestellt sind, fehlt die nach § 296 Abs. 1 Satz 1 InsO für eine Versagung erforderliche Beeinträchtigung der Gläubigerbefriedigung.

52 Eine **Eigenkündigung** des Schuldners führt zu keiner Obliegenheitsverletzung, wenn dafür anerkennenswerte Motive vorliegen (*Nerlich/Römermann* InsO, § 295 Rn. 11; *Uhlenbruck/Sternal* InsO, § 295 Rn. 15; *Kübler/Prütting/Bork-Wenzel* InsO, § 295 Rn. 9), wie etwa gesundheitliche Gründe (*OLG Celle* FamRZ 1983, 717 ff.). Anerkennenswerte Gründe werden häufig auch bestehen, falls eine beispielsweise wegen der Kinderbetreuung unzumutbare Beschäftigung aufgegeben wird, selbst wenn das Kind erst während der Treuhandzeit geboren wird. Ebenso kann der Wechsel in eine geringer entlohnte Tätigkeit berechtigt sein, falls dadurch der Arbeitsplatz sicherer ist (*OLG Karlsruhe* FamRZ 1993, 836 f.). Um nicht entlassen zu werden, kann der Schuldner deshalb auch eine Lohnkürzung hinzunehmen haben (vgl. *OLG Celle* FamRZ 1983, 704). Eine seit längerem geplante Veränderung wird aber u.U. auch dann durchgeführt werden dürfen, wenn ihr, wie bei einem zwischen den Berechtigten wechselnden Erziehungsurlaub, eine gemeinschaftliche Familienplanung zugrunde liegt und die Gläubigerinteressen Berücksichtigung finden können. Sozialrechtlich ist für den Wechsel aus einem unbefristeten in ein befristetes Beschäftigungsverhältnis ein wichtiger Grund anerkannt, wenn die konkrete Aussicht besteht, dass sich das befristete Arbeitsverhältnis unbefristet verlängert (*BSG* NJW 2005, 381 [382]). Dies soll auch gelten, wenn der bisherige Arbeitgeber unregelmäßig gezahlt habe sowie die neue Beschäftigungsstelle ca. 50 km näher zum Wohnort gelegen ist (*LSG Speyer* NZA-RR 2016, 275).

53 Ein **Wechsel** von einer Vollzeitbeschäftigung **zum Teilzeiterwerb**, um eine Weiterbildung zu absolvieren, verstößt grds. gegen die Erwerbsobliegenheit (*AG Neu-Ulm* ZVI 2004, 131 [132]). Solange aus einer obliegenheitsgemäßen Erwerbstätigkeit nur ein unpfändbares Arbeitseinkommen zu erzielen ist, weil etwa aufgrund einer Kinderbetreuung allein eine Teilzeitbeschäftigung ausgeübt werden kann, darf die Beschäftigung folgenlos aufgegeben werden, da die Befriedigung der Insolvenzgläubiger gem. § 296 Abs. 1 Satz 1 InsO nicht beeinträchtigt wird (s. § 296 Rdn. 26). Unter Berücksichtigung der gesellschaftlichen Tendenz zum Abschluss befristeter oder kurzfristiger Arbeitsverhältnisse kann auch ein Wechsel aus einer unbefristeten in eine **befristete**, aber besser bezahlte und deswegen eine höhere Leistung des Schuldners ermöglichende **Beschäftigung** berechtigt sein. Erforderlich ist aber eine konkrete Aussicht, dass das befristete Arbeitsverhältnis nach Fristablauf in ein Dauerverhältnis umgewandelt wird (*BSG* NJW 2005, 381 [382]).

54 Eine **Einschränkung** der **Arbeitsleistung** setzt ebenso eine besondere Rechtfertigung voraus. Auch **Mehrarbeit** (Überstunden) kann deshalb weiterhin zu leisten sein (vgl. *BGH* NJW 1982, 2664 [2665]). Da jedoch nur die Hälfte des für die Leistung der Mehrarbeitsstunden gezahlten Entgelts nach § 850a Nr. 1 ZPO pfändbar und damit abgetreten ist (vgl. § 287 Rdn. 186), wird eine Einschränkung der Mehrarbeit eher als angemessen erscheinen. Als angemessen hat eine Erwerbstätigkeit mit der regelmäßigen Wochenarbeitszeit zu gelten, weshalb der Schuldner über eine darüber hi-

nausgehende überobligationsmäßige Tätigkeit unter erleichterten Voraussetzungen disponieren darf (weiter MüKo-InsO/*Ehricke* § 295 Rn. 29). Etwas anderes hat etwa zu gelten, wenn kein Grund für die Einschränkung der Mehrarbeit ersichtlich ist, etwa weil sie bislang dauerhaft ausgeübt wurde und das Einkommen geprägt hat. Für kontinuierlich ausgeübte Nebentätigkeiten, deren Einnahmen gem. § 850a Nr. 1 ZPO ebenfalls nur zur Hälfte pfändbar sind, hat Entsprechendes zu gelten (*OLG Hamm* BB 1956, 209; *Stein/Jonas-Brehm* ZPO, 22. Aufl., § 850a Rn. 9). Unregelmäßige Nebentätigkeiten können ohne Verstoß gegen die Erwerbsobliegenheit aufgegeben werden, weil die daraus erzielten Einkünfte nicht pfändbar sind (*OLG Hamm* BB 1956, 209). Der Wechsel auf einen **schlechter bezahlten Arbeitsplatz** ist jedenfalls dann nicht gerechtfertigt (*LG Hamburg* ZVI 2015, 187 [188] = VIA 2015, 60 m. Anm. *Siebert*), wenn keine konkret belegten Aussichten auf Einkommenssteigerungen bestehen.

Der **gesetzliche Mutterschutz** führt selbstverständlich zu keiner Obliegenheitsverletzung. Für die **Elternzeit** ist eine Einzelfallabwägung erforderlich, in welche etwa die Betreuungsmöglichkeiten des Kindes, die Übernahmemöglichkeit durch den Partner unter Berücksichtigung der Auswirkung auf das Familieneinkommen sowie die Dauer der Elternzeit einzubeziehen sind. Ein Übergang in **Altersteilzeit** kann allerdings nicht allein mit der klaren gesetzlichen Wertung des Altersteilzeitgesetzes legitimiert werden, da diese die Interessen der Gläubiger nicht einbeziehen (*OLG Saarbrücken* NJW 2007, 520 [521]). Zu berücksichtigen sind aber die Erfordernisse des Arbeitsverhältnisses. Wird die Vereinbarung von Altersteilzeitarbeit durch triftige Gründe gerechtfertigt, wie der Sicherung des Arbeitsplatzes, stellt sie keine Obliegenheitsverletzung dar (vgl. *OLG Hamm* NJW 2005, 161 [162]). 55

Bei **Fort- und Weiterbildungsmaßnahmen** ist zu unterscheiden. Sie können erforderlich sein, um ein angemessenes Einkommen zu erzielen. Dann darf sich der Schuldner ihnen nicht entziehen (Rdn. 67). Dies gilt insb. für den erwerbslosen oder gering qualifizierten Schuldner. Auch berufliche Mehrbelastungen können dafür in Kauf zu nehmen sein (K. Schmidt/*Henning* InsO, § 295 n.F. Rn. 12). Umgekehrt darf eine angemessene Erwerbstätigkeit nicht ohne Weiteres aufgrund einer Fort- oder Weiterbildung aufgegeben oder eingeschränkt (Rdn. 53) werden. Solche Maßnahmen, die zu einem reduzierten Einkommen führen, sind berechtigt, wenn sie etwa vom Arbeitgeber verlangt werden, einer Sicherung des Arbeitsplatzes dienen oder eine Chance auf ein erhöhtes Einkommen während der Treuhandzeit eröffnen (*Kübler/Prütting/Bork-Wenzel* InsO, § 295 Rn. 7). Entsprechend der Wertung aus § 296 Abs. 1 Satz 1 InsO, wonach die Restschuldbefreiung nur bei einer beeinträchtigten Gläubigerbefriedigung zu versagen ist, liegt keine Obliegenheitsverletzung vor, wenn die eingetretene Verdienstminderung voraussichtlich kompensiert wird. 56

c) Übernahme einer anderen Erwerbstätigkeit

Mit der Obliegenheit aus § 295 Abs. 1 Nr. 1 InsO wird von dem **erwerbstätigen Schuldner** die Ausübung einer angemessenen Erwerbstätigkeit verlangt. Der Schuldner darf deswegen nicht irgendeiner beliebigen Beschäftigung nachgehen, sondern nur einer Tätigkeit, die ihm und dem Ziel der Gläubigerbefriedigung adäquat ist. Übt der Schuldner eine Erwerbstätigkeit aus, besteht zudem eine Vermutung dafür, dass die von ihm verrichtete Tätigkeit angemessen ist (s. Rdn. 28). Dementsprechend größere Anforderungen sind an den Nachweis einer Obliegenheitsverletzung zu richten. Nach dem eindeutigen Wortlaut des § 295 Abs. 1 Nr. 1 InsO gebietet jedoch diese erste Obliegenheit dem Schuldner nicht, sich zusätzlich noch um eine gebührende Beschäftigung zu bemühen. Eine solche Forderung wird von der zweiten Obliegenheit ausschließlich für einen beschäftigungslosen Schuldner erhoben. 57

Infolgedessen muss zwar der erwerbstätige Schuldner einer **angemessenen**, gegebenenfalls also einer anderen als der gegenwärtigen **Erwerbstätigkeit** nachgehen. Nach der Rechtsprechung des *BGH* muss sich auch der erwerbstätige Schuldner um eine angemessene Erwerbstätigkeit bemühen (*BGH* NZI 2009, 482 Tz. 5; NZI 2010, 228 Tz. 5). Dafür gelten die unten angeführten (Rdn. 62 ff.) Kriterien. Demgegenüber wird hier eine aus dem Wortlaut und der Systematik abgeleitete engere Interpretation vertreten. Übt der Schuldner eine Tätigkeit aus, so werden von ihm 58 die Bemühungen um eine andere Tätigkeit nicht als selbständige Obliegenheit gefordert. Unterlässt er also solche Bemühungen, schafft dies nach dem eindeutigen, aber den Gläubigerinteressen nicht hinreichend genügenden Wortlaut des Gesetzes noch keinen Versagungsgrund (MüKo-InsO/*Ehricke* § 295 Rn. 30; krit. *Trendelenburg* Restschuldbefreiung, S. 250 f.). Die Grenze wird aber in der rechtsmissbräuchlich unterlassenen Suche und Übernahme einer zumutbaren Tätigkeit zu sehen sein. Der berufstätige Schuldner begeht außerdem eine Obliegenheitsverletzung, wenn er eine andere Tätigkeit auszuüben hat und nachweislich übernehmen kann. Damit wird auch die Konsequenz aus § 45 SGB III gezogen, wonach grds. allein bei Arbeitslosen und bei von Arbeitslosigkeit bedrohten Arbeitsuchenden Bewerbungs- sowie Reisekosten durch die Bundesagentur für Arbeit übernommen werden können (zur Abgrenzung des Personenkreises *Niesel* SGB III, 4. Aufl., § 45 Rn. 6 ff.). Für den erwerbstätigen aber insolventen Schuldner würden diese u.U. erheblichen Kosten eine zusätzliche Belastung bedingen. Obwohl unterlassene Bemühungen gegenüber dem berufstätigen Schuldner grds. keinen Versagungsgrund schaffen, kann es wegen des Versagungsgrundes aus einer nicht angemessenen Tätigkeit für ihn zweckmäßig sein, sich nachweisbar um andere Tätigkeiten zu bemühen, um gegebenenfalls ein mangelndes Verschulden an einem Verstoß gegen die Erwerbsobliegenheit gem. § 296 Abs. 1 Satz 1 HS 2 InsO nachweisen zu können.

59 Die Übernahme einer **angemessenen Erwerbstätigkeit** setzt der vom Schuldner geforderten inhaltlichen Flexibilität und räumlichen Mobilität engere Grenzen, als die Aufnahme einer **zumutbaren Beschäftigung**. Der Schuldner hat danach eine seinem bisherigen Lebenszuschnitt entsprechende Erwerbstätigkeit auszuüben, die zu einer nach seinen Kräften möglichen Gläubigerbefriedigung führt (s. Rdn. 25 ff.). Trotzdem wird von ihm nicht die Übernahme einer unzumutbaren oder lediglich zumutbaren Beschäftigung verlangt (s. Rdn. 70 ff.). Regelmäßig wird der Schuldner deswegen nicht auf eine minderqualifizierte Tätigkeit verwiesen werden können, wenn er eine seiner bisherigen Ausbildung oder langjährigen Berufstätigkeit entsprechende Erwerbstätigkeit ausübt, diese aber schlechter bezahlt wird als eine berufsfremde (MüKo-InsO/*Ehricke* § 295 Rn. 32; *Wenzel* VuR 1990, 121 [128]). Bei der Übernahme einer anderen angemessenen Erwerbstätigkeit muss ein höheres Einkommen sicher sein.

60 Die Obliegenheit zur Übernahme einer anderen angemessenen Tätigkeit kann für den Schuldner zunächst bedeuten, dass er seine bisherige Tätigkeit aufgegeben hat, um eine **andere angemessene Tätigkeit** auszuüben. Eine solche Anforderung besteht u.U., wenn für den Schuldner die konkrete Möglichkeit existiert, eine angemessene andere Beschäftigung zu übernehmen. Dazu wird der Schuldner vor allem bei einem großen Gefälle zwischen seiner Qualifikation und der ausgeübten Tätigkeit angehalten sein. Hiervon sind die Fälle zu unterscheiden, in denen der Schuldner eine seinen Fähigkeiten adäquate Beschäftigung ausübt, dafür jedoch keine angemessene Bezahlung erhält.

61 Außerdem wird ein Schuldner, der bislang nur eine **Teilzeitbeschäftigung** ausübt, dazu gehalten sein, eine andere Erwerbstätigkeit zusätzlich bzw. eine Vollzeitstelle zu übernehmen, denn der Schuldner hat seine ganze Arbeitskraft zur Gläubigerbefriedigung einzusetzen (*AG Hamburg* NZI 2001, 103 [104]; *Uhlenbruck/Sternal* InsO, § 287b Rn. 9 f.; A/G/R-*Weinland* § 295 InsO a.F. Rn. 24; MüKo-InsO/*Ehricke* § 295 Rn. 34; *Kübler/Prütting/Bork-Wenzel* InsO, § 295 Rn. 8). Er muss sich deswegen um eine andere Beschäftigung bemühen (Rdn. 63). Begrenzt werden diese Belastungen durch die nicht abänderbaren Pflichten aus dem eingegangenen Arbeitsverhältnis, falls beispielsweise ein Konkurrenzverbot besteht, durch organisatorische Einschränkungen, z.B. bei der Aufnahme einer weiteren auswärtigen Tätigkeit, und durch familiäre Pflichten.

3. Bemühungen um Erwerbstätigkeit

62 § 295 Abs. 1 Nr. 1 InsO verlangt von dem Schuldner in der ersten Alternative eine angemessene Erwerbstätigkeit auszuüben und als Zweites, wenn er ohne Beschäftigung ist, sich um eine solche zu bemühen. Diese zweite tatbestandliche Alternative der Erwerbsobliegenheit bindet nach der Rechtsprechung des *BGH* auch den **erwerbstätigen Schuldner** (*BGH* NZI 2009, 482 Tz. 5; 2010, 228 Tz. 5). Betroffen davon sind sowohl selbständige Schuldner als auch Schuldner, die anstelle einer angemessenen Vollzeitbeschäftigung lediglich eine Teilzeitbeschäftigung ausüben (*BGH* NZI 2010,

228 Tz. 5). Für die Art und Weise der Tätigkeit wird dabei durch das Demonstrativpronomen »solche« klargestellt, dass sich der Schuldner allein eine **angemessene Beschäftigung** (dazu s. Rdn. 25 ff.) suchen muss. Um eine lediglich zumutbare Tätigkeit (dazu s. Rdn. 70 ff.) hat sich also auch der beschäftigungslose Schuldner nicht zu bemühen (diese Differenzierung beachtet *Wittig* WM 1998, 157, 209 [215], nicht genügend). Falls ihm jedoch eine zumutbare Arbeit angeboten wird, muss er sie übernehmen, wie aus der dritten Tatbestandsalternative von § 295 Abs. 1 Nr. 1 InsO folgt (MüKo-InsO/*Ehricke* § 295 Rn. 35).

An den **Umfang** seiner **Bemühungen** werden erhebliche Anforderungen gestellt. Der Schuldner 63 muss sich ernsthaft und stetig (*Scholz* DB 1996, 765 [768]) um eine Beschäftigung bemühen. Welchen Umfang die Bemühungen aufzuweisen haben, um eine hinreichende Arbeitsplatzsuche belegen zu können, lässt sich nicht allgemeingültig klären, sondern ist unter Berücksichtigung branchenbezogener, regionaler und individueller Umstände einzelfallbezogen zu beurteilen (*BGH* NZI 2010, 693 Tz. 2; A/G/R-*Weinland* § 295 InsO a.F. Rn. 22). Er muss insbesondere bei der Bundesagentur für Arbeit gemeldet sein (auch bei einer unzureichenden Teilzeitbeschäftigung *LG Essen* JurBüro 2014, 42), sich aber auch selbst um eine Arbeitsstelle bemühen (Begr. RegE, BR-Drucks. 1/92 S. 192; zum Sozialhilferecht *BVerwG* NJW 1995, 3200 [3201]), etwa durch regelmäßige Lektüre der einschlägigen örtlichen Tageszeitungen, durch Bewerbungen auf Anzeigen oder durch Vorstellungsbesuche (*BGH* ZInsO 2011, 1301 Tz. 17; MüKo-InsO/*Ehricke* § 295 Rn. 36; *Nerlich/Römermann* InsO, § 295 Rn. 12; *Ahrens* ZInsO 1999, 632 [634]; zur nicht deckungsgleichen prozesskostenhilferechtlichen Erwerbsobliegenheit *LG Hamburg* ZInsO 1999, 649; *AG Hamburg* NZI 1999, 467). Eigene Stellenanzeigen können aufgrund der Kostenlast regelmäßig nicht verlangt werden (*Uhlenbruck/Sternal* InsO, § 287b Rn. 22; **a.A.** *Trendelenburg* Restschuldbefreiung, S. 256). Erkundigungen im Verwandten- und Bekanntenkreis nach Arbeitsstellen sowie Recherchen im Internet können die Ernsthaftigkeit seiner Bemühungen belegen. Der Schuldner darf sich nicht auf einen begrenzten Teil des Arbeitsmarkts beschränken (K. *Schmidt/Henning* InsO, § 295 n.F. Rn. 17).

Als Richtgröße ist von zwei bis drei ernsthaften **Bewerbungen** je Woche auszugehen, sofern entspre- 64 chende Stellen angeboten werden (*BGH* ZInsO 2011, 1301 Tz. 17; NZI 2012, 721 Tz. 14; BeckRS 2012, 20254 Tz. 8; *AG Göttingen* NZI 2011, 914; *Gottwald/Ahrens* HdbInsR, § 78 Rn. 23; *Frind* Praxishandbuch Privatinsolvenz, Rn. 1001; zu Eingliederungsvereinbarungen s. § 296 Rdn. 17). Berücksichtigt werden müssen stets die Umstände des Einzelfalls, weswegen der *BGH* sechs Bewerbungen in sechs Wochen genügen ließ (*BGH* ZInsO 2011, 1301 Tz. 18, 22). Zwei Bewerbungen in einem Zeitraum von sieben Monaten sind unzureichend (*LG Kiel* ZVI 2002, 474 f.). Bei dem Umfang der Bewerbungen ist zu berücksichtigen, dass sie durch die Kosten für Passfotos, Kopien und Bewerbungsmappen, die Porti sowie Reisekosten zu erheblichen finanziellen Belastungen führen. Soweit der Schuldner nach den §§ 45 f. SGB III unterstützende Leistungen erhalten kann, erstattet die Bundesagentur für Arbeit grds. je Bewerbung pauschal EUR 5,–. Dabei sind die Bewerbungskosten auf maximal EUR 260,– jährlich begrenzt. Dies wird regelmäßig genügen, denn manche Materialien können ggf. mehrfach verwendet werden.

Im Übrigen werden Art und Ausmaß der Bemühungen im **Einzelfall** durch zahlreiche objektive Be- 65 dingungen und subjektive Voraussetzungen beeinflusst. Zu berücksichtigen sind etwa der Beschäftigungsstand in der Region, die persönlichen Verhältnisse, wie Alter, Gesundheitszustand und beruflliche Qualifikation sowie die Arbeitsbiographie des Schuldners (*BGH* NJW 1996, 517 [518]; *BVerwG* NJW 1995, 3200 [3201]; *BVerfG* NJW 2012, 2420 Tz. 19, zu § 1603 BGB; *LG Dessau-Roßlau* ZInsO 2014, 1676). Selbst wenn sich der Schuldner umfassend und nachweisbar um eine Arbeitsstelle bemüht, besteht für den Gläubiger eine weitere Schwierigkeit. Durch strategisches Verhalten im Bewerbungsgespräch, wie Verspätung, ungepflegtes Auftreten bzw. nachlässige Kleidung, durch eine Alkoholfahne, Hinweise auf Krankheiten o. Ä., kann sich der Schuldner der Erwerbsobliegenheit entziehen. Auch mit der Auskunftsobliegenheit aus § 295 Abs. 1 Nr. 3 InsO (s. Rdn. 145 f.) ist dem nicht zu begegnen.

Ein beschäftigungsloser Schuldner ist gehalten, sich **nachweisbar** um eine angemessene Erwerbs- 66 tätigkeit zu bemühen, um den Verschuldensvorwurf zu entkräften (*BGH* NZI 2009, 482 Tz. 5;

2010, 228 Tz. 5; 2010, 693 Tz. 2). Deswegen ist es Aufgabe des Schuldners, die von ihm geltend gemachten Maßnahmen zur Erlangung einer angemessenen Erwerbsmöglichkeit gegenüber dem Insolvenzgericht nachvollziehbar darzulegen und mit geeigneten Beweismitteln, wozu insbesondere schriftliche Bewerbungsgesuche und die hierauf bezogenen Antwortschreiben der Arbeitgeber gehören können, nachzuweisen. Bei telefonischen Bewerbungen wird teilweise eine glaubhaft zu machende Liste mit Angabe des Arbeitgebers und Ansprechpartners, der Telefonnummer und des Datums verlangt (*LG Hamburg* ZInsO 2016, 1123, zur Kostenstundung). Damit werden Erwerbsobliegenheit und Auskunftspflichten unzulässig vermischt. Auch die Reichweite der Auskunftspflicht im Rahmen des Stundungsverfahrens wird verkannt, die auf das Einkommen und das Vermögen beschränkt ist.

67 Von dem Schuldner wird aber **nicht nur** die eigentliche **Arbeitssuche** verlangt. Ebenso kann er sich um eine Wiederherstellung seiner Gesundheit, etwa durch Absolvierung einer Suchttherapie, und vor allem um eine Ausbildung, Fortbildung oder Umschulung zu bemühen haben. Durch solche Fort- und Weiterbildungsmaßnahmen kann auch die gegenwärtige Leistungsfähigkeit eingeschränkt werden, wenn dadurch die Chancen steigen, eine qualifizierte Tätigkeit zu erlangen und Aussicht auf bessere Einkünfte während der weiteren Laufzeit der Abtretungserklärung besteht (Begr. RegE, BR-Drucks. 1/92 S. 192; MüKo-InsO/*Ehricke* § 295 Rn. 37).

68 Voraussetzung für die Bemühungen des Schuldners um eine Beschäftigung ist freilich, dass er überhaupt eine **Erwerbstätigkeit auszuüben hat.** Trotz hoher Anforderungen bilden seine Bemühungen um eine Erwerbstätigkeit **keinen** Selbstzweck, sondern ein Mittel, um das Arbeitseinkommen des Schuldners für eine Befriedigung der Gläubiger zu erschließen. Da von dem Schuldner keine sinnlosen Anstrengungen verlangt werden, muss er sich nicht für eine Beschäftigung einsetzen, wenn er keiner Erwerbstätigkeit nachzugehen hat. Dies gilt insbesondere, falls dem Schuldner eine **Arbeit alters- oder krankheitsbedingt** bzw. wegen einer Kinderbetreuung **unzumutbar** ist (*Gottwald/Ahrens* HdbInsR, § 78 Rn. 24). Entsprechendes gilt, wenn der Schuldner nur im begrenzten Umfang leichte Tätigkeiten ausführen kann und es in diesem Rahmen keine Beschäftigungsmöglichkeit gibt (*OLG Koblenz* NZA-RR 2015, 370, zum Schadensrecht). Familienrechtlich trägt der Unterhaltspflichtige die Darlegungs-und Beweislast für eine mangelnde oder eingeschränkte Leistungsfähigkeit. Wer sich gegenüber seiner Erwerbsobliegenheit auf eine krankheitsbedingte Einschränkung seiner Erwerbsfähigkeit berufen will, muss insoweit grds. Art und Umfang der behaupteten gesundheitlichen Beeinträchtigungen oder Leiden angeben, und er hat ferner darzulegen, inwieweit die behaupteten gesundheitlichen Störungen sich auf die Erwerbsfähigkeit auswirken. Bezieht der Schuldner eine Rente wegen voller Erwerbsminderung gem. § 43 Abs. 2 Satz 1 Nr. 1 SGB VI, ist er auf absehbare Zeit außerstande, täglich mehr als drei Stunden zu arbeiten. Unterhaltsrechtlich muss dann der Unterhaltsverpflichtete darlegen und beweisen, dass ihm keine geringfügige Beschäftigung möglich ist (*BGH* NJW-RR 2017, 449 Tz. 21 ff.; s.a. *LG Göttingen* ZInsO 2005, 154 [155]). Schließlich wird der Schuldner seine Bemühungen auch einstellen dürfen, wenn er keine angemessene Erwerbstätigkeit zu finden vermag, weil selbst bei intensiven Bemühungen keine reale Beschäftigungschance besteht (*BGH* NJW 1987, 2739 [2740]; MüKo-InsO/*Ehricke* § 295 Rn. 38).

69 Da es keine absolute Sicherheit gibt, dass bei weiterer Arbeitssuche keine angemessene Stelle zu finden ist, wird darüber stets ein **Unsicherheitsmoment** bestehen bleiben. Entsprechend der Judikatur zum Unterhaltsrecht wird der Schuldner einer nicht ganz von der Hand zu weisenden Beschäftigungschance nachzugehen, sich aber nicht um ganz unrealistische oder bloß theoretische Möglichkeiten zu bemühen haben (*BGH* ZInsO 2009, 2210 Tz. 15; ZInsO 2010, 1153 Tz. 8; NJW 1986, 3080 [3081 f.]). Hat der Schuldner keine Aussichten auf eine Vollzeitstelle muss er sich grds. um eine Teilzeitbeschäftigung bemühen. Dies gilt indessen nur, solange aus einer oder mehreren Teilzeitbeschäftigungen pfändbare Bezügeforderungen entstehen können. Im Unterschied zur unterhaltsrechtlichen Erwerbsobliegenheit (dazu *BGH* NJW 2012, 1144 Tz. 33 ff.) müssen sich die Bemühungen nicht auf eine geringfügige Beschäftigung nach § 8 SGB IV erstrecken, weil daraus keine pfändbaren Forderungen auf Bezüge resultieren.

4. Nichtablehnung zumutbarer Tätigkeit

Findet ein beschäftigungsloser Schuldner keine angemessene Arbeit, schreibt ihm § 295 Abs. 1 Nr. 1 InsO in der dritten Tatbestandsalternative vor, dass er **keine zumutbare Erwerbstätigkeit ablehnen** darf. Die Erwerbsobliegenheit des Schuldners entfällt, wenn ihm aufgrund der Umstände des Einzelfalls die Aufnahme einer beruflichen Tätigkeit nicht zugemutet werden kann (*BGH* NZI 2010, 114 Tz. 9 = KTS 2010, 485 m. Anm. *Löhnig*). Ein erwerbsloser Schuldner hat zwar die ihm zumutbaren Tätigkeiten zu übernehmen, doch schaffen unterlassene Bemühungen um eine solche Tätigkeit noch keinen Versagungsgrund. Verlangt werden Bemühungen um eine angemessene Erwerbstätigkeit. Auch hier kann es aber für den Schuldner zweckmäßig sein, sich nachweisbar um derartige zumutbare Tätigkeiten bemüht zu haben, um gegebenenfalls gem. § 296 Abs. 1 Satz 1 HS 2 InsO ein mangelndes Verschulden an einem Verstoß gegen die Erwerbsobliegenheit nachweisen zu können. 70

Verfassungsrechtliche Bedenken gegen diese Regelung aus Art. 12 Abs. 2, 3 GG sind nicht begründet, denn für den Schuldner wird weder ein Zwang noch eine Verpflichtung zur Übernahme einer zumutbaren Tätigkeit begründet (vgl. dazu *Jarass/Pieroth* GG, 9. Aufl., Art. 12 Rn. 89). Nur wenn er sich die Chance auf eine Restschuldbefreiung erhalten will, muss er eine zumutbare Tätigkeit ausüben (MüKo-InsO/*Ehricke* § 295 Rn. 40). Denn auch in die Freiheit der Berufswahl aus Art. 12 Abs. 1 GG wird nicht unverhältnismäßig eingegriffen. Wie die Minderung der Arbeitslosigkeit stellt auch die Verringerung der durch Insolvenzen eingetretenen volkswirtschaftlichen Schäden ein überragend wichtiges Gemeinschaftsgut dar. Zur Abwehr höchst wahrscheinlich drohender Gefahren ist eine Obliegenheit zur Ausübung nicht jeder, aber doch der zumutbaren Beschäftigungen zwingend geboten (vgl. *Uhlenbruck/Sternal* InsO, § 287b Rn. 30 ff.; s.a. *Heyer* Restschuldbefreiung im Insolvenzverfahren, S. 110 ff.). 71

An eine zumutbare Tätigkeit will die Gesetzesbegründung strenge Anforderungen gerichtet wissen, so dass auch eine **berufsfremde** oder **auswärtige Tätigkeit** (Rdn. 83), notfalls auch eine Aushilfs- oder Gelegenheitstätigkeit zu übernehmen sei (Begr. RegE, BR-Drucks. 1/92 S. 192; A/G/R-*Weinland* § 295 InsO a.F. Rn. 26). Grds. ist auch Wechselschichtarbeit zumutbar, soweit die gesundheitliche Konstitution dies nicht ausschließt (A/G/R-*Weinland* § 295 InsO a.F. Rn. 27). Mit diesen Fallbeispielen sind allerdings noch keine Beurteilungsmaßstäbe gebildet, die eine Konkretisierung des unbestimmten Rechtsbegriffs der Zumutbarkeit ermöglichen. An einer dogmatisch geleiteten Ausformung von Regeln fehlt es, wenn lediglich die Wertung formuliert wird, die Zumutbarkeit müsse den Regelfall, die Unzumutbarkeit den absoluten Ausnahmefall darstellen (so *Ahnert* Verbraucherinsolvenz und Restschuldbefreiung, 2. Aufl., S. 193; *Przikiang* Verbraucherinsolvenz und Restschuldbefreiung, S. 69 f.; wohl auch *Hoffmann* Verbraucherinsolvenz und Restschuldbefreiung, 2. Aufl., S. 131), da keine Differenzierungskriterien genannt werden. Die grundrechtliche Gewährleistung aus Art. 12 Abs. 1 GG schafft die ersten Wertmaßstäbe. Danach sind die Zumutbarkeitsgrenzen so zu bestimmen, dass eine freie Wahl des Berufs möglichst umfassend gesichert ist. 72

Für junge Erwachsene in einer **ersten Berufsausbildung**, deren Haftung nicht durch § 1629a BGB beschränkt wird, ist dabei zu entscheiden, ob sie eine zukunftsorientierte Ausbildung zugunsten einer im kurzfristigen Gläubigerinteresse liegenden Berufstätigkeit nicht aufnehmen dürfen oder aufzugeben haben. Auch hier gilt die prinzipielle Feststellung des *BVerfG*, wonach dem Volljährigen Raum bleiben muss, sein Leben selbst und ohne unzumutbare Belastungen zu gestalten (*BVerfG* BVerfGE 72, 155 [173]). Selbst wenn den jungen Volljährigen die rechtliche Verantwortung für die Überschuldung trifft, so fordert die Gewährleistung einer möglichst freien Wahl des Berufs (zu den Forderungen insbesondere aus dem Verhältnismäßigkeitsprinzip *Schmidt-Bleibtreu/Klein* GG, 11. Aufl., Art. 12 Rn. 15 ff.) im Einklang mit der durch § 1 Satz 2 InsO anerkannten sozialpolitischen und volkswirtschaftlichen Funktion der gesetzlichen Schuldbefreiung, dem Schuldner auch die erwählte Berufsausbildung zu ermöglichen (MüKo-InsO/*Ehricke* § 295 Rn. 42; s.a. *Hoffmann* Verbraucherinsolvenz und Restschuldbefreiung, S. 37, 133). Dies gilt jedenfalls dann, wenn die Ausbildung dem Lebensplan des Schuldners entspricht, perspektivisch eine bessere Verdienstmöglichkeit verheißt und in der gebotenen Zeit abgeschlossen wird (zu Fort- und Weiterbildung s. Rdn. 56). 73

§ 295 InsO Obliegenheiten des Schuldners

74 Nach dem Schulabschluss darf ein dem Ausbildungsweg entsprechendes **Studium** auch während der Treuhandperiode aufgenommen und ein zuvor begonnenes Studium fortgesetzt werden, sofern dafür ein zeitlich angemessener Rahmen eingehalten wird (*AG Göttingen* ZVI 2002, 81 [82]; K. Schmidt/ *Henning* InsO, § 295 n.F. Rn. 12; HambK-InsO/*Streck* § 295 Rn. 5; BeckOK-InsO/*Riedel* § 287b InsO Rn. 15; *Hess/Groß/Reill-Ruppe/Roth* Kap. 4 Rn. 679; *Frind* Praxishandbuch Privatinsolvenz, Rn. 1014; enger *Uhlenbruck/Sternal* InsO, § 287b Rn. 13 f.; HK-InsO/*Waltenberger* § 295 Rn. 11, Aufnahme nein, Fortsetzung ja; *Heicke* VIA 2013, 49 [50]; *Mohrbutter/Ringstmeier-Pape* § 17 Rn. 237; *Braun/Pehl* InsO, § 295 Rn. 9, einschränkend; regelmäßig ablehnend *Graf-Schlicker/ Kexel* InsO, § 287b Rn. 4; LSZ/*Kiesbye* InsO, § 295 Rn. 4). Ein Studienwechsel wird grds. ausgeschlossen sein. Ergänzend zu einem Bachelorstudium darf ein Magisterstudium absolviert werden. Ein berufsbegleitend absolviertes Studium beeinträchtigt nicht die Erwerbsobliegenheit. Ein bestehendes Arbeitsverhältnis oder die Bemühungen um ein Beschäftigungsverhältnis bei Erwerbslosigkeit dürfen jedoch nicht wegen eines Studiums aufgegeben werden. Der Studienwunsch ist in diesen Fällen bis nach dem Ende der Treuhandzeit zurückzustellen.

75 Soweit nicht ausnahmsweise die **Promotion** den Studienabschluss bildet, gehört die Promotion nicht mehr zur insolvenzrechtlich zu beachtenden Ausbildung und darf deswegen nicht begonnen werden (*Uhlenbruck/Sternal* InsO, § 287b Rn. 15). Ein Verstoß gegen die Erwerbsobliegenheit liegt aber nur dann vor, wenn dadurch die Erwerbstätigkeit beschränkt wird, etwa durch Übernahme einer Teilzeitstelle. Unschädlich ist eine neben der Erwerbstätigkeit durchgeführte Promotion. Bei der Fortsetzung eines ergänzenden Promotionsstudiums bzw. einer Promotion bestehen gegenüber einem Studium höhere Anforderungen. Sie ist nur zulässig, wenn sie zügig durchgeführt wird (HK-InsO/*Waltenberger* § 287 Rn. 11; *Frind* Praxishandbuch Privatinsolvenz, Rn. 1013a), anschließend zu einem höheren Einkommen führen und dadurch die Befriedigung der Gläubiger insgesamt verbessert wird (*LG Darmstadt* ZInsO 2013, 1162; *Heicke* VIA 2013, 49 [50]).

76 Eine **Zweitausbildung** wird regelmäßig nicht begonnen werden dürfen. Unterhaltsrechtlich wird dies in den Abitur-Lehre-Studiums-Fällen bei einem einheitlichen Ausbildungsgang modifiziert (*BGH* NJW 2017, 1478 Tz. 13). Soweit der Schuldner im Berufsfeld der ersten Ausbildung arbeiten, seinen Lebensunterhalt decken und zur Gläubigerbefriedigung beitragen kann, darf er dies nicht ablehnen. Nicht ausgeschlossen ist ein Berufswechsel mit erneuter Ausbildung bei Arbeitslosigkeit und fehlenden Beschäftigungsaussichten.

77 Über diese Fallgestaltungen hinaus muss die **Zumutbarkeitsregelung** noch einen angemessenen Freiraum für die Wahl des konkreten Arbeitsplatzes eröffnen und sichern, der dem grundlegenden Prinzip einer selbstverantwortlichen Gestaltung der eigenen Lebensverhältnisse durch eine freie Entfaltung der Persönlichkeit im Bereich der individuellen Leistung und Existenzerhaltung (*BVerfG* BVerfGE 75, 284 [292]) ebenfalls Rechnung trägt. Zu dieser verfassungsrechtlichen Gewährleistung besteht jedenfalls dann kein Widerspruch, wenn der Schuldner vor einer gesetzlichen Schuldbefreiung infolge der ihm als selbst zu verantwortenden zugewiesenen Verbindlichkeiten auf eine zumutbare Arbeitsleistung verwiesen wird.

78 Zur **Konkretisierung** der zumutbaren Tätigkeit ist bislang vor allem auf die in anderen einfachgesetzlichen Regelungen insbesondere **im Sozialrecht ausgebildeten Fallgruppen** abgestellt werden (Mü-Ko-InsO/*Ehricke* § 295 Rn. 44; vgl. *Balz* BewHi 1989, 103 [118]; *Pape* Gläubigerbeteiligung, Rn. 450; Vallender/Undritz/*Pape* Praxis des Insolvenzrechts, § 11 Rn. 242; *Braun/Pehl* InsO, § 295 Rn. 10; HambK-InsO/*Streck* § 295 Rn. 9; *Preuß* Verbraucherinsolvenzverfahren und Restschuldbefreiung, 2. Aufl., Rn. 288; *Forsblad* Restschuldbefreiung, S. 219; FA-InsR/*Henning* 3. Aufl., Kap. 15 Rn. 98; *Messner/Hofmeister* Endlich schuldenfrei. Der Weg in die Restschuldbefreiung, 3. Aufl., S. 192 ff.; abl. *Heyer* Restschuldbefreiung im Insolvenzverfahren, S. 110, der einen eigenen insolvenzrechtlichen Maßstab fordert; aber *BGH* NZI 2012, 852 Tz. 7). Der *BGH* lehnt eine derartige Heranziehung ab, weil nicht die Interessen eines Erwerbslosen mit der Gesamtheit der Beitrags- oder der Steuerzahler, sondern die Schuldnerinteressen mit einer vergleichsweise geringen Zahl von Gläubigern abgewogen werden müssten, die in besonderem Maß auf die aus der Erwerbstätigkeit fließenden Einkünfte angewiesen seien (*BGH* NZI 2012, 852 Tz. 7; s.a. *Nerlich/Römer-*

mann InsO, § 295 Rn. 13; LSZ/*Kiesbye* InsO, § 295 Rn. 10; *Ahnert* Verbraucherinsolvenz und Restschuldbefreiung, 2. Aufl., S. 193; mit Distanz zu den sozialrechtlichen Regeln auch HK-InsO/ *Landfermann* 6. Aufl., § 295 Rn. 5; HambK-InsO/*Streck* § 295 Rn. 9). Dennoch können aus den sozialrechtlichen Maßstäben Argumentationshilfen gewonnen werden. In Betracht kommen insbesondere Orientierungen an den §§ 140 SGB III, 10 SGB II (*Gottwald/Ahrens* HdbInsR, § 78 Rn. 26; *Uhlenbruck/Sternal* InsO, § 295 Rn. 19; K. Schmidt/*Henning* InsO, § 295 n.F. Rn. 19; *Kübler/Prütting/Bork-Wenzel* InsO, § 295 Rn. 14). Entsprechend dem in § 121 Abs. 3 SGB III sowie in der sachlich anschließenden strengeren Regelung des § 10 SGB II angelegten Gedanken, sind mit der Dauer der Beschäftigungslosigkeit die Anforderungen an den Schuldner zu steigern.

Unzumutbar ist nach § **140 Abs. 2 SGB III** u.a. eine Beschäftigung, die gegen gesetzliche, tarifliche oder in Betriebsvereinbarungen festgelegte Bestimmungen über Arbeitsbedingungen oder gegen Bestimmungen des Arbeitsschutzes verstößt. Zusätzlich gibt § 121 Abs. 3 SGB III Orientierungen über zumutbare Einkommensminderungen sowie § 121 Abs. 4 SGB III über zumutbare Wegezeiten. Außerdem stellt § **140 Abs. 5 SGB III** klar, dass eine Beschäftigung nicht schon deshalb als unzumutbar gilt, weil sie befristet ist, vorübergehend eine getrennte Haushaltsführung erfordert oder nicht zum Kreis der Beschäftigungen gehört, für die der Arbeitnehmer ausgebildet ist oder die er bisher ausgeübt hat. Nach diesen Maßstäben wird auch die Beschäftigung im Rahmen eines Leiharbeitsverhältnisses für den Schuldner zumutbar sein. Zu bedenken ist aber, dass die einfachgesetzlichen Regeln des Sozialversicherungsrechts keine bindenden Vorgaben enthalten, weshalb auch die Bundesagentur für Arbeit als Gläubigerin nicht von einer unmittelbaren Geltung dieser Vorschriften im Restschuldbefreiungsverfahren ausgehen darf. Es ist aber ebenso unzutreffend, in den Bestimmungen in jedem Fall einzuhaltende Mindestanforderung zu sehen (so wohl *Wenzel* NZI 1999, 15 [17]; *Kübler/Prütting/Bork-Wenzel* InsO, § 295 Rn. 11; wie hier MüKo-InsO/*Ehricke* § 295 Rn. 44). 79

Sind aus einer Beschäftigung lediglich **unpfändbare Bezüge** zu erzielen, kann die Übernahme einer anderen Beschäftigung sozialrechtlich erforderlich sein. Auch eine insolvenzrechtliche Obliegenheit kann bestehen (vgl. *Kübler/Prütting/Bork-Wenzel* InsO, § 295 Rn. 10), doch scheidet eine Versagung der Restschuldbefreiung aus, weil die Gläubigerbefriedigung nicht beeinträchtigt ist (s. § 296 Rdn. 26). Übt der Schuldner nur eine Teilzeitbeschäftigung mit unpfändbaren Bezügen aus, ist maßgebend, ob die Übernahme einer Vollzeitbeschäftigung erforderlich ist. 80

Ergänzend konkretisiert § **10 Abs. 1 SGB II** vor allem die persönlichen Grenzen, die für den Bezug von Arbeitslosengeld II gegenüber einer zumutbaren Tätigkeit bestehen, welche im Rahmen einer Prognose zu beurteilen sind (*Eicher/Spellbrink/Rixen* SGB II, 2. Aufl., § 10 Rn. 46; s.a. *Trendelenburg* Restschuldbefreiung, S. 252). Eine Arbeit darf danach in fünf Fällen nicht zugemutet werden: Bei einer mangelnden körperlichen oder geistigen Eignung, wenn die künftige Ausübung der bisherigen überwiegenden Tätigkeit wesentlich erschwert würde, falls die Erziehung sowie Betreuung eines Kindes gefährdet würde, wenn der Arbeit die Pflege eines Angehörigen oder falls ein sonstiger wichtiger Grund entgegensteht (dazu aus sozialrechtlicher Perspektive *Eicher/Spellbrink/Rixen* SGB II, 2. Aufl., § 10 Rn. 47 ff.; *Kohte* SozSich 2005, 146 [150 f.]). Umgekehrt nennt § 10 Abs. 2 SGB II vier Gründe, die allein nicht zur Unzumutbarkeit führen. Eine Arbeit ist nicht schon deshalb unzumutbar, weil sie einer früheren Tätigkeit nicht entspricht, weil sie im Hinblick auf die Ausbildung geringerwertig ist, weil sie vom Wohnort weiter als ein früherer Beschäftigungsort entfernt ist, also eine erhöhte Mobilität erfordert, oder schließlich weil die Arbeitsbedingungen ungünstiger als früher sind (vgl. dazu *Eicher/Spellbrink/Rixen* SGB II, 2. Aufl., § 10 Rn. 32 ff.). Der Schuldner darf auch dann eine Arbeit ablehnen, wenn er eine Fort- oder Weiterbildungsmaßnahme durchführt, die bei einer erfolgreichen Beendigung höhere Einkünfte ermöglicht (*Heicke* VIA 2013, 49 [51]). 81

Über die Zumutbarkeit einer Beschäftigung bestimmen auch das **Lebensalter** und der **Gesundheitszustand** des Schuldners, weshalb für einen älteren Schuldner eine körperlich belastende Arbeit unzumutbar sein kann (*Uhlenbruck/Sternal* InsO, § 295 Rn. 19; HK-InsO/*Waltenberger* § 295 Rn. 10). Für einen 60-jährigen Koch bzw. Kellner ist eine Beschäftigung kaum mehr zu erwarten (vgl. *AG Göttingen* ZInsO 2001, 527). Bei einem berufsunfähigen Frührentner ist nicht ohne Weiteres von 82

§ 295 InsO Obliegenheiten des Schuldners

einer Obliegenheitsverletzung auszugehen (*LG Göttingen* ZInsO 2005, 154 [155]). Mit Erreichen der Regelaltersgrenze kann eine Erwerbstätigkeit unabhängig vom gesundheitlichen Zustand des Schuldners nicht mehr verlangt werden (*LG Hamburg* ZInsO 2017, 1689 f.; zur familienrechtlichen Parallele *BGH* NJW 2011, 670 Tz. 20 ff.).

83 Vom Schuldner kann auch eine **auswärtige Tätigkeit** zu verlangen sein. Erforderlich sein kann dafür ein **Ortswechsel** (*Uhlenbruck/Sternal* InsO, § 295 Rn. 19; A/G/R-*Weinland* § 295 InsO a.F. Rn. 27). Dabei sind sowohl die familiäre Situation als auch der mögliche Ertrag zu berücksichtigen. Zu beachten sind die eheliche Lebensgemeinschaft nach § 1353 BGB sowie die elterliche Sorge gem. 1626 BGB (*Kübler/Prütting/Bork-Wenzel* InsO, § 295 Rn. 16). Bei einem verheirateten Schuldner kann der Partner, insbesondere wenn er auch erwerbstätig ist, nicht zu einem Ortswechsel veranlasst werden. Kindern kann ein Schulwechsel zuzumuten sein. Einem Mehrverdienst müssen etwaige Kosten einer doppelten Haushaltsführung, vgl. dazu § 140 V SGB III, oder eines Umzugs gegenübergestellt werden, soweit sie etwa nach § 850f Abs. 1 lit. b) ZPO berücksichtigungsfähig sind. Sonst sind ggf. auch erhebliche **Pendelzeiten** zumutbar. Nach § 140 Abs. 4 SGB III ist bei einer mehr als sechsstündigen Arbeitszeit eine Pendelzeit von bis zu zweieinhalb Stunden und bei einer Arbeitszeit bis zu sechs Stunden eine Pendelzeit von zwei Stunden zumutbar.

84 Unzumutbar kann eine berufliche Tätigkeit auch wegen der **Betreuung minderjähriger Kinder** sein (*BGH* NZI 2010, 114 Tz. 9; A/G/R-*Weinland* § 295 InsO a.F. Rn. 27). Dem verfassungsrechtlich geschützten Kindeswohl muss gegenüber den wirtschaftlichen Interessen von Gläubigern ein besonderes Gewicht zukommen (*Löhnig* KTS 2010, 488 [490]). In welchem Umfang ein Schuldner oder eine Schuldnerin neben einer durch ihn oder sie übernommenen **Kinderbetreuung** erwerbstätig sein muss, wird primär nach den spezielleren familienrechtlichen Verpflichtungen zu bestimmen sein (vgl. jetzt *BGH* NJW 2008, 3125; NZI 2010, 114 Tz. 7; *Mohrbutter/Ringstmeier-Pape* § 17 Rn. 238). Im Allgemeinen wird die familiäre Entscheidung für die Übernahme der Betreuung durch einen Partner beibehalten werden können, soweit nicht der andere Partner erwerbslos ist (MüKo-InsO/*Ehricke* § 295 Rn. 46; einschränkend *Trendelenburg* Restschuldbefreiung, S. 254). Als Grundlage der Beurteilung sind die zu § 1570 BGB entwickelten familienrechtlichen Maßstäbe heranzuziehen. Bei nicht miteinander verheirateten Eltern enthält § 1615l Abs. 2 Satz 3 BGB keine Einschränkung, denn die Regelung ist weitgehend an den nachehelichen Betreuungsunterhalt aus § 1570 BGB angeglichen (*BGH* NJW 2010, 1138 Tz. 24).

85 Im **Unterhaltsrecht** besteht gem. § 1570 BGB keine Erwerbsobliegenheit für mindestens drei Jahre nach der Geburt, doch kann sich die Dauer insbesondere aus Billigkeitsgründen verlängern. Zu unterscheiden sind also der Basisunterhalt gem. § 1570 Abs. 1 Satz 1 BGB und der Billigkeitsunterhalt gem. § 1570 Abs. 1 Satz 2 und 3, Abs. 2 BGB. Das tradierte Altersphasenmodell für die Kinderbetreuung ist danach nicht mehr anwendbar (*BGH* BGHZ 180, 170 Tz. 28; NJW 2011, 1583 Tz. 22; NJW 2011, 2430 Tz. 19). Familienrechtlich maßgebend sind immer die individuellen Umstände (*BGH* NJW 2011, 2430 Tz. 18; PWW/*Kleffmann* § 1570 BGB Rn. 9; *Diehl* ZVI 2010, 98; eingehend *Born* NJW 2015, 534). Für den Schuldner resultieren hieraus ganz erhebliche Unsicherheiten, wie das Insolvenzgericht seine Erwerbsobliegenheit beurteilen wird. Zu berücksichtigen sind kindbezogene und elternbezogene Gründe, wobei die kindbezogenen Gründe das stärkste Gewicht besitzen und vorrangig zu prüfen sind (*BGH* NJW 2011, 1583 Tz. 23). Neben dem Alter des Kindes wird es daher insbesondere auf die Betreuungsmöglichkeit ankommen, wobei der Vorrang der persönlichen Betreuung gegenüber anderen Betreuungsmöglichkeiten aufgegeben wurde (*BGH* NJW 2011, 1583 Tz. 24). Der betreuende Elternteil kann sich bei einem dreijährigen Kind nicht mehr auf die Notwendigkeit einer persönlichen Betreuung berufen, wenn und soweit das Kind eine kindgerechte Betreuungseinrichtung besucht bzw. nach den individuellen Verhältnissen besuchen könnte (*BGH* NJW 2012, 1868 Tz. 18). Berücksichtigt werden können aber auch Krankheiten und vereinbarte Rollenverteilungen in einer Partnerschaft. Wird eine zumutbare Tätigkeit nicht übernommen, verletzt der Schuldner seine Obliegenheiten. Trotzdem wird dieser Verstoß nicht zu einer Versagung der Schuldbefreiung führen, wenn aus der zumutbaren Tätigkeit kein pfändbares Einkommen erzielt

werden konnte und deswegen die Befriedigung der Gläubiger gem. § 296 Abs. 1 Satz 1 InsO nicht beeinträchtigt wurde (*BGH* NZI 2010, 114 Tz. 10).

III. Herauszugebender Vermögenserwerb im Erbfall (§ 295 Abs. 1 Nr. 2 InsO)

1. Erbrechtlicher Erwerb

a) Grundlagen

Eine weitere Obliegenheit des Schuldners besteht nach § 295 Abs. 1 Nr. 2 InsO darin, **von Todes wegen** oder mit **Rücksicht auf ein künftiges Erbrecht** erworbenes Vermögen zur Hälfte des Werts an den Treuhänder herauszugeben. Mit diesem im RegE eingefügten Halbteilungsgrundsatz ist das Haftungsmodell der Treuhandphase in einem zentralen Aspekt gegenüber dem Insolvenzbeschlag modifiziert. Abgesehen von den Einkünften ist nicht der gesamte, sondern nur ein bestimmter Vermögenserwerb und dann auch nur zur Hälfte des Werts herauszugeben. Das übrige Neuvermögen steht damit dem Schuldner und den sonstigen Gläubigern zu. **Regelungsziel** ist zunächst eine einfache Verfahrensgestaltung ohne große Überwachungs- und Verwertungsaufgaben, die mit der erbbezogenen Obliegenheit erreicht ist. Andere Erwerbsmöglichkeiten, wie Schenkungen, der Zugewinnausgleich auch im Todesfall, § 1371 BGB, oder ein wohl eher theoretischer Lottogewinn, verlangen einen im Verhältnis zu ihrem Erwartungswert überhöhten Aufwand und sind daher berechtigterweise nicht in die Tilgungsleistungen einbezogen (*Gottwald/Ahrens* HdbInsR, § 78 Rn. 28). 86

Zudem sucht die Beschränkung auf den **halben Wert des Nettoerwerbs – Halbteilungsgrundsatz –** einen Ausgleich zwischen den berechtigten Gläubiger- und Schuldnerinteressen herbeizuführen. Eine vollständige Herausgabe des Erwerbs ohne eine solche Aufteilung hätte wohl vielfach dazu geführt (wie der RegE, BR-Drucks. 1/92 S. 192, zu Recht annimmt), dass der Schuldner die Erbschaft ausschlägt, vgl. § 83 Abs. 1 Satz 1 InsO, oder in anderer Weise dafür sorgt, dass ihm das Vermögen nicht zufällt, ohne dadurch eine Obliegenheitsverletzung zu begehen (s. Rdn. 105). Die geltende Regelung soll den Schuldner dazu veranlassen, die Erbschaft nicht auszuschlagen (K. Schmidt/*Henning* InsO, § 295 n.F. Rn. 20). Ein gut beratener Schuldner (und insb. Erblasser) besitzt dennoch manche Möglichkeit, ohne Obliegenheitsverletzung eine für den Schuldner noch günstigere, zu Lasten der Gläubigergemeinschaft gehende Gestaltung zu finden (s. Rdn. 98 f.). Da ein erbrechtlicher Erwerb während des Insolvenzverfahrens vollständig in die Insolvenzmasse fällt, wird der Schuldner zudem bestrebt sein, den Erwerb in die Treuhandzeit zu verlagern (zu den Handlungsmöglichkeiten, *Leipold* FS Gaul, S. 367 [371]). Fällt der Erwerb erst nach dem Ende der Treuhandzeit an, so besteht keine Obliegenheit zur Ablieferung mehr (*Leipold* FS Gaul, S. 367 [371 f.]; s.a. *Dieckmann* in: Leipold (Hrsg.), Insolvenzrecht im Umbruch, S. 127, 132 ff.). 87

b) Zeitlicher Anwendungsbereich

Der maßgebende **Zeitpunkt für das Entstehen der Obliegenheit** ist zweistufig zu bestimmen, weil eine doppelte Zielsetzung verfolgt wird. Zunächst muss abgegrenzt werden, ob der erbrechtliche Erwerb während des Insolvenzverfahrens erfolgt und damit insgesamt dem Insolvenzbeschlag unterliegt oder während der Treuhandzeit erfolgt ist und damit dem Halbteilungsgrundsatz unterliegt. Als Weiteres muss dabei eine Beeinflussung durch den Schuldner verhindert werden. Für den Zeitpunkt des Vermögenserwerbs ist insoweit gem. § 1922 Abs. 1 BGB vom Todesfall ausgehen (*BGH* NZI 2009, 191 Tz. 14; NJW 2011, 1448 Tz. 8; *Regenfus* ZInsO 2015, 726 [730]; *Casse* ZInsO 2015, 2113 [2116]; a.A. MüKo-InsO/*Ehricke* § 295 Rn. 51). Allerdings ist der Schuldner berechtigt, in der sechswöchigen Frist gem. § 1944 Abs. 1 BGB bzw. der sechsmonatigen Frist nach § 1944 Abs. 3 BGB die Erbschaft auszuschlagen, ohne dass ihm eine Obliegenheitsverletzung anzulasten oder das Vermögen zwischenzeitlich den Gläubigern zugewiesen ist. Entsprechendes gilt für das Vermächtnis, § 2180 BGB (vgl. Rdn. 90), und den Pflichtteilsanspruch (*BGH* NZI 2011, 369 Tz. 8). Erst danach kann der Anspruch verwertet werden. Im zweiten Schritt ist zu bestimmen, ob im Todesfall das Insolvenzverfahren beendet war. 88

89 Ist im Zeitpunkt des Erbfalls das **Insolvenzverfahren noch nicht aufgehoben**, fällt der erbrechtliche Erwerb auch dann in die Insolvenzmasse, wenn in den vor dem 01.07.2014 beantragten Verfahren die Restschuldbefreiung bereits angekündigt war (*BGH* ZInsO 2010, 1496 Tz. 4; NZI 2011, 369 Tz. 8). Dies gilt auch in den asymmetrischen Verfahren. Auch in den ab dem 01.07.2014 beantragten Verfahren ist die Aufhebung des Insolvenzverfahrens maßgebend. Die Verfahrensaufhebung wird nicht im Zeitpunkt der Bekanntmachung, sondern der Beschlussfassung wirksam. Ist auf den genauen Termin der Beschlussfassung abzustellen, weil der Erblasser am gleichen Tag verstorben ist, und gibt der Beschluss keinen Wirkungszeitpunkt an, muss dieser analog § 27 Abs. 3 InsO auf die Mittagsstunde festgesetzt werden (*BGH* ZInsO 2010, 1496 Tz. 5, 9). Wird ein **während des Insolvenzverfahrens** entstandener **Pflichtteilsanspruch** erst nach Aufhebung des Insolvenzverfahrens anerkannt oder rechtshängig gemacht, unterliegt er grds. der Nachtragsverteilung (*BGH* NJW 2011, 1448 Tz. 9; *A/G/R-Weinland* § 295 a.F. Rn. 29; s.a. Rdn. 112; *Frind* Praxishandbuch Privatinsolvenz, Rn. 1020).

90 Zu bestimmen ist außerdem das **Ende der Obliegenheit**. Maßgebend ist, ob der Vermögenserwerb noch vor Ende der Abtretungsfrist erfolgt ist. Bei einer Erbschaft erfolgt der Erwerb erst nach Ablauf der Ausschlagungsfrist und bei einem Vermächtnis nach dessen Annahme. Während für die Erbschaft eine regelmäßig sechswöchige Ausschlagungsfrist gilt, § 1944 Abs. 1 BGB, muss das Vermächtnis in der dreijährigen Verjährungsfrist der §§ 195, 199 BGB angenommen werden. Der Schuldner kann deswegen das Vermächtnis so lange annehmen, wie der Anspruch nicht verjährt ist. Unschädlich ist die für den Schuldner bestehende Möglichkeit, den Halbteilungsgrundsatz zu umgehen, indem er das Vermächtnis erst nach Ablauf der Wohlverhaltensperiode annimmt (*BGH* NZI 2011, 329 Tz. 7). Eine zivilrechtlich zulässig zwischen Schuldner und Erben vereinbarte Verlängerung der Verjährungsfrist wird allerdings, falls darin nicht ohnehin ein Anerkenntnis oder eine Annahme i.S.v. § 852 Abs. 1 ZPO zu sehen ist, gegen die Anforderungen aus § 295 Abs. 1 Nr. 2 InsO verstoßen (**a.A.** *Herrler* NJW 2258, 2259). Unerheblich ist, wenn die Verwertung erst nach Ablauf der Abtretungsfrist erfolgt (s. Rdn. 113).

c) Arten des erbrechtlichen Erwerbs

91 An den Schuldner ist die Obliegenheit gerichtet, das von Todes wegen oder das mit Rücksicht auf ein künftiges Erbrecht erworbene Vermögen zum hälftigen Wert herauszugeben. Beide Tatbestände sind aus § **1374 Abs. 2 BGB** übernommen worden, dessen Auslegung damit als Richtlinie dienen kann (*Nerlich/Römermann* InsO, § 295 Rn. 20; *K. Schmidt/Henning* InsO, § 295 n.F. Rn. 21; *Grunsky/Kupka* NZI 2013, 465 [467]).

92 Zum **Erwerb von Todes wegen** gehört der Erwerb des Erben aufgrund gesetzlicher, testamentarischer oder erbvertraglicher Erbfolge, also auch als Miterbe, Vorerbe oder Nacherbe, sowie der Erwerb aus Vermächtnis oder Pflichtteil (*Staudinger/Thiele* BGB, § 1374 Rn. 23; MüKo-BGB/*Koch* 4. Aufl., § 1374, Rn. 17; *Andres/Leithaus* InsO, § 295 Rn. 5; *Gottwald/Ahrens* HdbInsR, § 78 Rn. 30). Nach einer auch konkludent erklärten **Annahme einer Erbschaft** kann diese gem. § 1943 Abs. 1 BGB nicht mehr ausgeschlagen werden. Die Annahme kann nur durch eine Anfechtung vernichtet werden (*OLG Köln* ZInsO 2014, 2602 [2603 f.]). Erfasst werden auch Pflichtteilsansprüche, Vermächtnisse, Abfindungen bei Erbverzicht bzw. Zahlungen bei Erbauseinandersetzungen (*K. Schmidt/Henning* InsO, § 295 n.F. Rn. 21).

93 Gegen die Einbeziehung des **Pflichtteilanspruchs** gem. § 2303 BGB sind Bedenken erhoben worden, weil dieser nicht auf dem Willen des Erblassers beruhe und seine Geltendmachung zu familiären Konflikten führen könne (*Nerlich/Römermann* InsO, § 295 Rn. 24; *Messner* ZVI 2004, 433 [439]). Da diese Überlegung von der familienrechtlichen Praxis abweicht und insolvenzrechtlich nicht zu legitimieren ist, unterliegt auch der Pflichtteilsanspruch § 295 Abs. 1 Nr. 2 InsO (MüKo-InsO/*Ehricke* § 295 Rn. 57; *Uhlenbruck/Sternal* InsO, § 295 Rn. 22; s. aber Rdn. 105). Dies schließt nicht aus, auf den Pflichtteilsanspruch zu **verzichten** bzw. ihn **auszuschlagen** (*BGH* NZI 2009, 563 Tz. 13 f.; ZInsO 2009, 1831 Tz. 10; *A/G/R-Weinland* § 295 InsO a.F. Rn. 28; *Gottwald/Ahrens* HdbInsR, § 78 Rn. 31; *Ganter* NZI 2010, 361 [382]; ausführlich s. Rdn. 110). Nicht zuletzt die

Qualität des Pflichtteilsanspruchs als Forderung weist seine insolvenzrechtliche Relevanz aus. Der Pflichtteilsanspruch entsteht mit dem Erbfall, § 2317 Abs. 1 BGB, und gehört von diesem Moment an zum Vermögen des Pflichtteilsberechtigten (*BGH* NZI 2009, 191 Tz. 14). Der Anspruch kann grds. in der allgemeinen dreijährigen Verjährungsfrist aus den §§ 195, 199 BGB geltend gemacht werden. Entsteht der Anspruch vor Aufhebung des Insolvenzverfahrens, fällt er insgesamt in die Insolvenzmasse, auch wenn er erst während der Treuhandperiode geltend gemacht wird (*LG Münster* ZInsO 2010, 1155 [1156]; offengelassen von *BGH* NZI 2009, 191 Tz. 15). Macht der Schuldner den **Anspruch nicht geltend**, was ihm aufgrund des höchstpersönlichen Charakters möglich ist (*BGH* NZI 2009, 563 Tz. 13; *Frind* Praxishandbuch Privatinsolvenz, Rn. 1024a), geht der Anspruch für die Masse verloren.

Entsteht der Anspruch **nach Aufhebung des Insolvenzverfahrens** (*BGH* NZI 2009, 191 Tz. 8 ff.), ist 94 der Zugriff gem. § 295 Abs. 1 Nr. 2 InsO auf den hälftigen Erwerb beschränkt. Eine Versagung ist deswegen ausgeschlossen, wenn der Pflichtteilsanspruch schon während des eröffneten Verfahrens hätte geltend gemacht werden können (*BGH* ZInsO 2009, 1831 Tz. 9). § 295 Abs. 1 Nr. 2 InsO begründet keine Beschlagswirkung, sondern eine Obliegenheit zur Herausgabe des erlangten häftigen Vermögenserwerbs. Deswegen kommt es nicht darauf an, ob der Pflichtteilsanspruch als aufschiebend bedingter Anspruch pfändbar ist, was der *BGH* bejaht (*BGH* BGHZ 123, 183 [185]; NZI 2009, 191 Tz. 14). Macht der Schuldner den Pflichtteilsanspruch erst nach Ende der Treuhandperiode geltend, muss er den hälftigen Erwerb nicht herausgeben und eine Versagung ist ausgeschlossen (*BGH* NZI 2011, 329 Tz. 7; *K. Schmidt/Henning* InsO, § 295 n.F. Rn. 22). Der ebenfalls hierzu zählende Erbersatzanspruch gem. § 1934a ff. BGB ist durch das Erbrechtsgleichstellungsgesetz vom 16.12.1997 (BGBl I S. 2968) zum 01.04.1998 gestrichen, mit einer Übergangsregelung in Art. 225 EGBGB.

Ein **Vermächtnis** gehört ebenfalls zum erbrechtlichen Erwerb i.S.d. Vorschrift (*BGH* NZI 2011, 329 95 Tz. 7). Ferner zählen Abfindungen und Entgelte für einen Verzicht auf ein Erbrecht oder einen Pflichtteilsanspruch bzw. für die Ausschlagung einer Erbschaft oder eines Vermächtnisses und das aus einer Erbauseinandersetzung bzw. aufgrund eines Vergleichs in einem Erbschaftsstreit Erlangte sowie der Abfindungsanspruch des weichenden Erben gem. §§ 12 ff. HöfeO dazu (*Palandt/Brudermüller* § 1374 Rn. 10). Für die Annahme des Vermächtnisses, § 2180 BGB, gilt die allgemeine dreijährige Verjährungsfrist aus den §§ 195, 199 BGB (vgl. *Limmer* ZEV 2004, 133 [136]). Auch im Übrigen gelten die Ausführungen zum Pflichtteilsanspruch entsprechend.

Ein Erwerb mit **Rücksicht** auf ein **künftiges Erbrecht** liegt bei einer vorweggenommenen Erbfolge 96 (*AG Oldenburg* ZInsO 2009, 787 [788]) oder Erbteilung vor (krit. dazu, wenn der Erbfall erst nach Ablauf der siebenjährigen Treuhandperiode eintritt, *Leipold* FS Gaul, S. 367 [372]). Ob ein Vermögen mit Rücksicht auf ein künftiges Erbrecht übertragen wurde, richtet sich danach, ob die Vertragschließenden einen künftigen Erbgang vorwegnehmen wollten (*Staudinger/Thiele* BGB, § 1374 Rn. 25; *Hess/Groß/Reill-Ruppe/Roth* Kap. 4 Rn. 721). Dies ist durch Auslegung des Vertrags unter Berücksichtigung aller Umstände einschließlich der Vorgeschichte und der Interessenlage der Parteien zu klären (*BGH* NJW 1995, 1349 [1350]; *LG Göttingen* NZI 2008, 53). Zu dieser Fallgruppe gehört alles, was in vorweggenommener Erbfolge anfällt, wie ein Entgelt für einen Erbverzicht oder Verzicht auf den Pflichtteil (*Uhlenbruck/Sternal* InsO, § 295 Rn. 23; MüKo-BGB/*Koch* 4. Aufl., § 1374 Rn. 20). Eine Schenkung kann allein bei einer erbrechtlichen Ausrichtung maßgeblich sein (vgl. *AG Oldenburg* ZInsO 2009, 787 [788]). Ein Erwerb mit Rücksicht auf ein künftiges Erbrecht kann auch als Kauf erfolgen (*BGH* BGHZ 70, 291 [293 f.]), doch darf der Erwerber insbesondere keine vollwertige Gegenleistung erbringen (*Palandt/Brudermüller* BGB, § 1374 Rn. 11).

Nicht zum Erwerb von Todes wegen gehört der Erwerb unter Lebenden auf den Todesfall, wie die 97 vollzogene Schenkung von Todes wegen gem. § 2301 BGB (MüKo-BGB/*Koch* 4. Aufl., § 1374 Rn. 18; *Uhlenbruck/Sternal* InsO, § 295 Rn. 23; ausf. *Leipold* FS Gaul, S. 367 [375]). Als auch güterrechtliche Regelung nicht erfasst wird der Zugewinnausgleich im Todesfall eines Ehegatten gem. § 1371 Abs. 1 BGB (s. Rdn. 101; MüKo-InsO/*Ehricke* § 295 Rn. 54; HambK-InsO/*Streck* § 295

Rn. 10; LSZ/*Kiesbye* InsO, § 295 Rn. 13). Nicht erfasst wird eine Leistung nach dem Todesfall gem. § 331 Abs. 1 BGB (*Uhlenbruck/Sternal* InsO, § 295 Rn. 23).

d) Erbrechtliche Gestaltungsmöglichkeiten

98 Um den durch § 295 Abs. 1 Nr. 2 InsO vermittelten **Zugriff auf den erbrechtlichen Erwerb zu verhindern**, dem Schuldner aber dessen Wert weitestmöglich zu erhalten, werden von der rechtsgestaltenden Praxis verschiedene Instrumente vorgeschlagen (ausf. *Reul* in: Reul/Heckschen/Wienberg, Kap. P Rn. 54 ff.). Im Rahmen der erbrechtlichen Gestaltungsmöglichkeiten dem Erblasser eröffnete Spielräume begründen keinen Verstoß des Schuldners gegen seine Obliegenheit. Ob der Erblasser die Ausschlagungsfrist nach § 1944 Abs. 1 BGB verlängern kann, um so eine Entscheidung außerhalb des Insolvenz- bzw. Restschuldbefreiungsverfahrens zu ermöglichen, ist umstritten (bejahend *OLG Stuttgart* OLGZ 74, 67 [68]; PWW/*Tschichoflos* BGB, § 1944 Rn. 17; verneinend MüKo-BGB/*Leipold* § 1944 Rn. 22). Zulässig ist aber die aufschiebende Bedingung einer Erbantrittserklärung gem. § 2074 BGB, wodurch erst die Erklärung zum Anfall der Erbschaft führt (*Herrler* NJW 2011, 2258 [2259]).

99 Eine besondere Möglichkeit bietet die Einsetzung des Schuldners als **Vorerben** und anderer Angehöriger als **Nacherben**, kombiniert mit einer lebenslangen **Verwaltungsvollstreckung**, §§ 2115, 2214 BGB (detailliert *Reul* in: Reul/Heckschen/Wienberg, Kap. P Rn. 67 ff.; *Limmer* ZEV 2004, 133 [137]). Als Vorerbe hätte der Schuldner vom Erbfall bis zum Ablauf der Treuhandperiode bzw. dem Nacherbfall, § 2139 BGB, die Hälfte der ihm zufließenden Nutzungen herauszugeben, abzüglich der gewöhnlichen Erhaltungskosten, § 2124 BGB. Durch die Verwaltungsvollstreckung ist jedoch der Nachlassgegenstand der Verfügung des Erben entzogen, § 2211 BGB (*Damrau* MDR 2000, 255; *Hartmann* ZNotP 2005, 82 [85]). Setzt der Erblasser den Schuldner als Vorerben zugleich durch den Fall der Restschuldbefreiung aufschiebend bedingt als Vollerben ein und ordnet der Erblasser dabei die Nichtübertragbarkeit des dem Schuldner als Vorerben zustehenden Nacherbenanwartschaftsrechts an, ist der Schuldner außerstande die Hälfte des Nachlasses an den Treuhänder herauszugeben, erhält aber im Nacherbfall die volle Erbschaft (*Messner* ZVI 2004, 433 [437]). Als problematisch wird dabei eine Miterbenstellung sowie das möglicherweise entstehende Anwartschaftsrecht angesehen (*Limmer* ZEV 2004, 133 [138]; *Hartmann* ZNotP 2005, 82 [87 f.]). Zulässig ist auch ein aufschiebend bedingtes oder befristetes Vermächtnis gem. § 2177 BGB, wodurch das Vermächtnis erst mit Eintritt der Befristung oder Ablauf der Befristung entsteht (PWW/*Schiemann* BGB, § 2177 Rn. 1) und die dreijährige Verjährungsfrist erst dann zu laufen beginnt.

100 Als weitere Möglichkeiten werden etwa die **Pflichtteilsbeschränkung** in guter Absicht nach § 2338 BGB genannt (*Reul* in: Reul/Heckschen/Wienberg, Kap. P Rn. 56 ff.; *Limmer* ZEV 2004, 133 [137]). Auch die **Zuwendung unpfändbarer Rechte** ist denkbar, wie eines Wohnrechts, § 1093 BGB, oder einer beschränkten persönlichen Dienstbarkeit, oder einer Geldrente nach § 850b Nr. 3 ZPO aus Gründen der Fürsorge oder Freigiebigkeit (*Limmer* ZEV 2004, 133 [134]). Die Freigiebigkeit wird nicht durch ein gesetzliches Erbrecht, Pflichtteilsrecht o.Ä. ausgeschlossen (PG/*Ahrens* § 850b Rn. 16). Allerdings ist die Billigkeitsprüfung nach § 850b Abs. 2 ZPO zu berücksichtigen. Ggf. kommt auch eine Ersatzerbenberufung und teilweise Erbausschlagung in Betracht (*Reul* in: Reul/Heckschen/Wienberg, Kap. P Rn. 90 ff.). Weitere Möglichkeiten bieten **die Auflage zugunsten des überschuldeten Erben** nach den §§ 2192 ff. BGB, die Zuwendung von **Vermächtnissen** (s. Rdn. 95) sowie ein **Vorvermächtnis**, § 2191 BGB (insgesamt *Reul* in: Reul/Heckschen/Wienberg, Kap. P Rn. 95 ff.). Erörtert wird auch die **Vollerbeneinsetzung auf den Zeitpunkt des Todesfalls** (*Limmer* ZEV 2004, 133 [149]).

e) Sonstiger Erwerb

101 Jeder **andere Vermögenserwerb**, der nicht von den beiden Fallgruppen erfasst wird oder zum Arbeitseinkommen zählt, bleibt dagegen zugriffsfrei. § 295 Abs. 1 Nr. 2 InsO enthält insoweit ein abschließendes normatives Haftungskonzept, das der Haftungsverwirklichung der Gläubiger aus dem Vermögen des Schuldners klare Grenzen setzt. Nach Aufhebung des Insolvenzverfahrens soll nicht

mehr unbegrenzt auf den Neuerwerb des Schuldners zugegriffen werden können. In seiner Stellungnahme zu dieser Regelung hatte der Bundesrat um Überprüfung gebeten, ob auch sonstiges Vermögen zur Hälfte herausgegeben werden soll, doch ist dies im weiteren Gesetzgebungsverfahren abgelehnt worden (BT-Drucks. 12/2443 zu § 244 RegE S. 257, 267). Wegen dieses ausdrücklichen gesetzgeberischen Willens scheidet eine analoge Anwendung auf andere Erwerbsvorgänge aus (MüKo-InsO/*Ehricke* 295 Rn. 60; *Uhlenbruck/Sternal* InsO, § 295 Rn. 37; *Braun/Pehl* InsO, § 295 Rn. 11; a.A. *Kübler/Prütting/Bork-Wenzel* InsO, § 287 Rn. 27, § 295 Rn. 34), wie dies auch für § 1374 Abs. 2 BGB gilt (dazu MüKo-BGB/*Koch* 4. Aufl., § 1374 Rn. 13).

Der Umfang der vom Schuldner in der Treuhandzeit **einzusetzenden Einkünfte und des Vermögens** wird durch die §§ 287 Abs. 2 Satz 1, 295 Abs. 1 Nr. 1, 2, Abs. 2 InsO bestimmt und ist enger begrenzt als bei anderen Gesamt- oder Individualvollstreckungsmaßnahmen. Der Schuldner kann deswegen ebenso über **Schenkungen** wie einen wohl eher theoretischen **Lottogewinn** frei verfügen (KS-InsO/*Schmidt-Räntsch* 1997, S. 1177 Rn. 36). Ansprüche des Schuldners auf Unterhalt werden weder von der Bezügeabtretung erfasst noch sind sie als sonstiger Erwerb herauszugeben. 102

Vor allem wird auch der **Zugewinnausgleichsanspruch** im Todesfall eines Ehegatten gem. § 1371 Abs. 1 BGB während der Treuhandzeit von der Regelung nicht erfasst, ist er doch wegen der güterrechtlichen Komponente nicht mit einem erbrechtlichen Erwerb gleichzusetzen (*Leipold* FS Gaul, S. 367 [373]; MüKo-InsO/*Ehricke* § 295 Rn. 54; HK-InsO/*Waltenberger* § 295 Rn. 18; *Uhlenbruck/Sternal* InsO, § 295 Rn. 37; *Graf-Schlicker/Kexel* InsO, § 295 Rn. 5; *Messner* ZVI 2004, 433 [434]; zur Gütergemeinschaft *Dieckmann* in: Leipold (Hrsg.), Insolvenzrecht im Umbruch, S. 127 [136 f.]). Zeitlich nach dem Todesfall ist abzugrenzen, ob der Zugewinnanspruch während des Insolvenzverfahrens anfällt und dann zur Masse gehört oder ob er erst später entsteht und dann dem Schuldner zusteht, der den hälftigen Wert herauszugeben hat. Ein Anspruchserwerb nach § **159 Abs. 2 VVG** während der Treuhandperiode wird nicht erfasst, weil es sich um einen originären Erwerb des Begünstigten nach den §§ 328 Abs. 1, 331 Abs. 1 BGB ohne Zwischenerwerb des Versprechensempfängers handelt (*Wall* ZInsO 2012, 716 [717]). 103

2. Bemessung und Durchführung

a) Wertbestimmung

Für die **Wertberechnung** ist von den §§ 2311 ff. BGB auszugehen. Abweichend von der güterrechtlichen Regelung des § 1374 Abs. 2 BGB (dazu insbesondere *BGH* BGHZ 87, 367 [374]) ist die Nacherbschaft deswegen erst bei Eintritt des Nacherbfalls zu berücksichtigen (K. Schmidt/*Henning* InsO, § 295 n.F. Rn. 21). Als Wert ist der nach Abzug der Verbindlichkeiten festgestellte **Nettowert** des Vermögens anzusetzen, nach Abzug von Verbindlichkeiten und Kosten des Nachlasses sowie Verwertungskosten einschließlich etwaiger notarieller oder gerichtlicher Kosten und Steuern (MüKo-InsO/*Ehricke* § 295 Rn. 65; K. Schmidt/*Henning* InsO, § 295 n.F. Rn. 23; *Döbereiner* Restschuldbefreiung, S. 160 f.; *Preuß* Verbraucherinsolvenzverfahren und Restschuldbefreiung, 2. Aufl., Rn. 280; *Mohrbutter/Ringstmeier-Pape* § 17 Rn. 240; *Messner* ZVI 2004, 433 [435]). Der Treuhänder ist nicht verpflichtet, den abzuführenden Betrag zu berechnen (*AG Göttingen* ZInsO 2015, 367). 104

Mit der Beendigung des Insolvenzverfahrens ist der Schuldner berechtigt, über sein Vermögen einschließlich des erst in der Treuhandphase angefallenen erbrechtlichen Erwerbs zu verfügen. Deswegen ordnet § 295 Abs. 1 Nr. 2 InsO eine Obliegenheit zur Herausgabe des hälftigen Nettowerts – **Halbteilungsgrundsatz** – des erbrechtlichen Erwerbs an. Verfügungen des Schuldners sind grds. wirksam. Eine Gläubigeranfechtung der Erbschaftsausschlagung nach dem AnfG oder eine Insolvenzanfechtung nach den §§ 129 ff. InsO sind als Zwangsvollstreckungsmaßnahmen gem. § 294 InsO unzulässig (*Uhlenbruck/Sternal* InsO, § 295 Rn. 25; *Huber* AnfG, 10. Aufl., § 1 Rn. 26; *Bartels* KTS 2003, 41 [62 f.]; *Regenfus* ZInsO 2015, 726 [728]). Wegen der Unsicherheit über den Eintritt und die Gegenstände eines solchen Vermögenserwerbs wird von dem Schuldner keine Vorausübertragung gefordert. Dem Treuhänder stehen daher keine unmittelbaren Ansprüche gegen die Erbengemeinschaft zu (*Hess/Groß/Reill-Ruppe/Roth* Kap. 4 Rn. 724), doch hat der Schuldner 105 ggf. auch auf Begehren des Treuhänders die Auseinandersetzung gem. § 2042 BGB zu verlangen. Ein Ausschluss oder eine Beschränkung der Auseinandersetzung durch letztwillige Verfügung des Erblassers gem. § 2044 BGB ist nach dem Rechtsgedanken aus § 84 Abs. 2 Satz 2 InsO wirkungslos (*Nerlich/Römermann* InsO, § 295 Rn. 33; MüKo-InsO/*Ehricke* § 295 Rn. 68). Um den Interessen der Insolvenzgläubiger Rechnung zu tragen, hat der Schuldner den hälftigen Wert des erworbenen Vermögens herauszugeben.

b) Verwertungs- und Wertherausgabeobliegenheiten

106 Der Schuldner kann seine Obliegenheit nur durch **Zahlung eines Geldbetrags** erfüllen, weswegen keine Herausgabeanforderung einzelner Vermögensgegenstände besteht (*BGH* NZI 2013, 191 Tz. 7; *AG Neubrandenburg* NZI 2006, 647; *Casse* ZInsO 2015, 2113 [2116]; s.a. *Frind* Praxishandbuch Privatinsolvenz, Rn. 1025 f.). Sie passt auch nicht in das System, da für den Treuhänder keine Verwertungsaufgabe besteht (*BGH* NZI 2013, 191 Tz. 9; abweichend *Grunsky/Kupka* NZI 2013, 465 [467 f.]). Der Schuldner ist weder verpflichtet noch berechtigt, zur Erbschaft gehörende Gegenstände auf den Treuhänder zu übertragen. Es besteht deswegen weder eine Pflicht zur Besitz- noch Eigentumsverschaffung (a.A. *Hess/Groß/Reill-Ruppe/Roth* Kap. 4 Rn. 724). Begründet wird damit eine **Wertherausgabeobliegenheit**. Da der Wert herauszugeben ist, kann es nicht darauf ankommen, ob der Schuldner unpfändbares Vermögen erwirbt (a.A. *Hartmann* ZNotP 2005, 82 [83]).

107 Erhält der Schuldner Sachwerte, ist von ihm die **Verwertung** zu verlangen (*BGH* NZI 2013, 191 Tz. 10; *Uhlenbruck/Sternal* InsO, § 295 Rn. 32; *K. Schmidt/Henning* InsO, § 295 n.F. Rn. 23; *Hoffmann* Verbraucherinsolvenz und Restschuldbefreiung, S. 134; *Preuß* NJW 1999, 3450 [3452]; a.A. *Döbereiner* Restschuldbefreiung, S. 160). Diese Grundsätze gelten auch, wenn der Schuldner **Miterbe** geworden ist (*BGH* NZI 2013, 191 Tz. 11 ff.; *Casse* ZInsO 2015, 2113 [2116]). Ein Miterbe kann zwar nicht über seinen Anteil an den einzelnen Nachlassgegenständen, § 2033 Abs. 2 BGB, wohl aber über seinen Anteil am Nachlass verfügen, § 2033 Abs. 1 BGB. Er kann auch jederzeit die Teilung verlangen, § 2042 Abs. 1 BGB. Die Kosten einer notwendigen Teilungsversteigerung (dazu *Grunsky/Kupka* NZI 2013, 465 [468]) können nach § 851b ZPO den Miet- bzw. Pachtzinsen entnommen werden, sonst ist daran zu denken, den unpfändbaren Betrag nach § 850f Abs. 1 ZPO zu erhöhen. Die Verwertung ist regelmäßig zumutbar (*BGH* NZI 2013, 191 Tz. 14).

108 Eine **selbständige Verwertungsobliegenheit** ist zwar nicht ausdrücklich im Gesetz angelegt. Sie ist aber als notwendige Konsequenz der Obliegenheit zur Wertherausgabe anzusehen (*BGH* NZI 2013, 191 Tz. 16; *AG Hamburg* ZVI 2017, 126 [127]; *Regenfus* ZInsO 2015, 726 [732 f.]). Erst nach einer Verwertung kann der erzielte hälftige Wert herausgegeben werden. Demzufolge wird auch die Erfüllungsfrist für die Verwertungsobliegenheit durch die Herausgabeanforderung bedingt.

109 Von der gesetzlichen Regelung wird allerdings nur verlangt, dass der Schuldner die ihm wirklich **zugefallenen Vermögenswerte** überträgt. Eine Mitwirkungsobliegenheit bei dem Erwerb des Vermögens ist dagegen nicht vorgesehen. Im Einzelfall kann die Herausgabe des hälftigen Werts des erworbenen Vermögens wegen der erforderlichen Verwertung des Nachlasses bis zum Ende der Laufzeit der Abtretungserklärung nicht abgeschlossen sein. Das Insolvenzgericht hat dann die Entscheidung über den Antrag auf Restschuldbefreiung und über etwa gestellte Versagungsanträge aufzuschieben, wenn und solange der Schuldner nachvollziehbar darlegt und in geeigneter Weise nachweist, dass er die Verwertung des Nachlasses betreibt, aber noch nicht zu Ende gebracht hat (*BGH* NZI 2013, 191 Tz. 19).

110 Diese gesetzliche Beschränkung auf eine Herausgabe des Erworbenen führt zu mannigfaltigen Konsequenzen. Zunächst bleibt der Schuldner deshalb zur **Ausschlagung der Erbschaft** berechtigt (*BGH* NZI 2013, 191 Tz. 14; *Graf-Schlicker/Kexel* InsO, § 295 Rn. 6), wie auch aus dem Rechtsgedanken des § 83 Abs. 1 Satz 1 InsO abzuleiten ist, bzw. befugt, den **Verzicht** auf die Erbschaft (§§ 2346, 2352 BGB), ein Vermächtnis, § 2352 BGB (*BGH* NZI 2011, 329 Tz. 7; NZI 2013, 191 Tz. 14; *Gottwald/Ahrens* HdbInsR, § 78 Rn. 31), oder einen Pflichtteilsanspruch (*BGH* NZI 2009, 563 Tz. 13 f. m. Anm. *Schmerbach* NZI 2009, 552; NZI 2011, 329 Tz. 6; NZI 2013, 191 Tz. 14; *LG*

Tübingen ZVI 2008, 450 [451]; s.a. Rdn. 92) zu erklären (§ 2346 BGB), denn § 295 Abs. 1 Nr. 2 InsO stellt auf das tatsächlich erworbene Vermögen und nicht auf die Chance des Vermögenserwerbs ab (*LG Mainz* ZVI 2003, 362 [363]; *Nerlich/Römermann* InsO, § 295 Rn. 27 f.; MüKo-InsO/*Ehricke* § 295 Rn. 49; *Uhlenbruck/Sternal* InsO, § 295 Rn. 25; *Kübler/Prütting/Bork-Wenzel* InsO, § 295 Rn. 32; HK-InsO/*Waltenberger* § 295 Rn. 16; K. Schmidt/*Henning* InsO, § 295 n.F. Rn. 20; *Schmerbach* NZI 2005, 521 [526]; ausf. *Preuß* Verbraucherinsolvenzverfahren und Restschuldbefreiung, 2. Aufl., Rn. 292; **a.A.** *Thora* ZInsO 2002, 176 [177 ff.]; *Bartels* KTS 2003, 41 [64 ff.]). Es besteht auch keine insolvenzrechtliche Obliegenheit, abweichend von den erbrechtlichen Fristen zeitnah über eine Annahme oder Ausschlagung der Erbschaft zu entscheiden (*Regenfus* ZInsO 2015, 726 [730]).

Außerdem hat der Schuldner das Erlangte erst nach Klärung etwaiger **Erbschaftsauseinandersetzungen** herauszugeben (MüKo-InsO/*Ehricke* § 295 Rn. 63). Folgerichtig ordnet § 295 Abs. 1 Nr. 2 InsO ebenso wenig eine unverzügliche Herausgabe an (*Uhlenbruck/Sternal* InsO, § 295 Rn. 30; *Kübler/Prütting/Bork-Wenzel* InsO, § 295 Rn. 33; **a.A.** *Döbereiner* Restschuldbefreiung, S. 160; *Preuß* Verbraucherinsolvenzverfahren und Restschuldbefreiung, Rn. 240; MüKo-InsO/*Ehricke* § 295 Rn. 62 f.), wie eine Obliegenheit zu einer notariell beurkundeten Übertragung des hälftigen Anteils am Nachlass gem. § 2033 Abs. 1 BGB besteht (**a.A.** MüKo-InsO/*Ehricke* § 295 Rn. 67; *Nerlich/Römermann* InsO, § 295 Rn. 32; auch *Messner* ZVI 2004, 433 [436], hält dies für sinnvoll). 111

Die **Frist zur Erfüllung der Herausgabeobliegenheit** hängt von der Art des erlangten Vermögensgegenstands ab. Wegen des unterschiedlichen Wortlauts der Regelungen und der unterschiedlich komplexen Sachlagen ist die im Rahmen von § 295 Abs. 1 Nr. 3 InsO für die Anzeige eines Wohnsitzwechsels angewendete zweiwöchige Herausgabefrist (*BGH* NZI 2010, 489 Tz. 2; s. Rdn. 125) nicht übertragbar (**a.A.** K. Schmidt/*Henning* § 295 n.F. Rn. 23). Erlangt der Schuldner einen Bargeldbetrag dürfte eine Herausgabefrist von maximal einem Monat gelten. Er hat also den Betrag nicht unverzüglich entsprechend § 295 Abs. 1 Nr. 3 Alt. 1 und 2 InsO, herauszugeben. Entsprechendes gilt für sofort verfügbare Kontenguthaben. Konsequent ist deswegen von einer zeitlich gestuften Wertherausgabe und damit einer zwischenzeitlich erforderlichen Teilleistung auszugehen. Ist die Höhe der Erbschaft, etwa wegen eines darüber geführten Rechtsstreits unklar, lässt sich aber ein Mindestbetrag errechnen, ist dessen Hälfte herauszugeben (*LG Göttingen* 23.01.2015 – 10 T 8/15, n.v.), soweit dem Schuldner der erforderliche Geldbetrag zur Verfügung steht. Die Teilungsversteigerung einer Immobilie kann allerdings länger dauern. Nach Verwertung bzw. Feststellung des abzuführenden Werts darf nicht mehrere Monate mit der Leistung an den Treuhänder gewartet werden (*LG Göttingen* 23.01.2015 – 10 T 8/15, n.v.). Ist die Verwertung des Nachlasses undurchführbar, verletzt der Schuldner nicht schuldhaft seine Obliegenheiten (*BGH* NZI 2013, 191 Tz. 19). 112

Dabei ist die Verwertungs- und Herausgabeobliegenheit nicht auf die **Abtretungsfrist** beschränkt. Erwirbt der Schuldner während der Laufzeit der Abtretungserklärung Vermögen von Todes wegen und ist die Herausgabe des hälftigen Wertes des erworbenen Vermögens von der Verwertung des Nachlasses abhängig, die bis zum Ende der Laufzeit nicht abgeschlossen werden kann, fehlt eine gesetzliche Regelung der Herausgabefrist. In diesem Fall hat das Insolvenzgericht die Entscheidung über den Antrag auf Restschuldbefreiung und über etwa gestellte Versagungsanträge aufzuschieben, wenn und solange der Schuldner nachvollziehbar darlegt und in geeigneter Weise nachweist, dass er die Verwertung des Nachlasses betreibt, aber noch nicht zu Ende gebracht hat. Eine Nachtragsverteilung gem. § 203 InsO ist insoweit ausgeschlossen (*BGH* NZI 2013, 191 Tz. 19; *Kübler/Prütting/Bork-Wenzel* InsO, § 295 Rn. 33; s.a. *Frind* Praxishandbuch Privatinsolvenz, Rn. 1026). Dies gilt auch für eine verkürzte Abtretungsfrist nach § 300 Abs. 1 Satz 2 und 3 InsO (**a.A.** *Regenfus* InsbürO 2016, 406). Eine Grenze wird erst dort zu ziehen sein, wo der Schuldner die Auflösung der Erbengemeinschaft oder die Durchführung eines Zwangsversteigerungsverfahrens ohne billigenswerte Gründe verzögert (anders *AG Neubrandenburg* NZI 2006, 647). 113

c) Darlegungs- und Nachweisobliegenheiten

114 Solange der Schuldner seine Herausgabeobliegenheit nicht erfüllt hat, trifft ihn eine **Darlegungs- und Nachweisobliegenheit** über seine Bemühungen zur Verwertung des Nachlasses (*BGH* NZI 2013, 191 Tz. 19). Während der Treuhandperiode folgt sie aus den §§ 295 Abs. 1 Nr. 3 Alt. 4 und 8, 296 Abs. 2 Satz 2 InsO. Nach dem Ende der Abtretungsfrist ergibt sie sich aus einer analogen Anwendung dieser Vorschriften (*AG Hamburg* ZVI 2017, 126). Als gerichtliche Frist ist sie dem Schuldner individuell zu setzen (*AG Hamburg* ZVI 2017, 126), wobei die Dauer von der Art der Nachlassverwertung abhängt. Das *AG Hamburg* (ZVI 2017, 126) geht von einem quartalsweise erforderlichen Nachweis aus.

115 Eine aus § 295 Abs. 1 Nr. 2 InsO abzuleitende Obliegenheit zur **unverzüglichen Anzeige** des Erbfalls besteht nicht (*AG Neubrandenburg* NZI 2006, 647 [648]). Fraglich ist, ob der Schuldner den Treuhänder über einen **zu erwartenden Erwerb zu informieren** hat. § 295 Abs. 1 Nr. 2 InsO ordnet eine solche Mitteilung nicht ausdrücklich an. Der Schuldner darf jedoch nach § 295 Abs. 1 Nr. 3 InsO angefallenes Vermögen nicht verheimlichen, weswegen sich die Anforderungen an seine Information ausschließlich nach dieser Vorschrift bestimmen (vgl. dazu Rdn. 141).

d) Sonstiges

116 Ein besonderes Problem schafft dabei der **Zugriff anderer** als der Insolvenzgläubiger auf den Vermögenserwerb, die nicht durch § 294 Abs. 1 InsO an einer **Pfändung** gehindert sind. Ein Interessenausgleich zwischen den beiden Gläubigergruppen in der Weise, dass jede Gruppe auf den hälftigen Erwerb zugreifen kann, ist zwar gesetzlich angedeutet, aber nicht durch positive Regelungen abgesichert. Da es sich um einen Interessenausgleich zwischen den Gläubigergruppen handelt, ist es kaum möglich, aus ihnen konkrete Handlungsanweisungen an den Schuldner abzuleiten (vgl. *Messner* ZVI 2004, 433 [435]). Um einen Vollstreckungszugriff und damit eine Obliegenheitsverletzung auszuschließen, liegt es im eigenen Interesse des Schuldners, den hälftigen Erwerb schnell an den Treuhänder herauszugeben. Nur dann wird es am Verschulden nach § 296 Abs. 1 Satz 1 fehlen. Bei einer nach § 294 Abs. 3 zulässigen Aufrechnung (*LG Saarbrücken* BeckRS 2012, 02833) fehlt es regelmäßig am Verschulden des Schuldners, wenn er deswegen nicht leisten kann.

117 Schwierigkeiten bereitet auch die **Kollision des Sozialrechts mit dem Insolvenzrecht**. Dabei hat das *BSG* einen wichtigen Weg gewiesen. Sozialrechtlich entlastet die Herausgabeobliegenheit bei einer angenommenen Erbschaft den Schuldner, weil insoweit die Erbschaft nicht mehr als bereites Mittel angesehen werden kann (*BSG* NZS 2014, 114 Tz. 24, m. Anm. *Rein*; a.A. *LSG Nordrhein-Westfalen* ZInsO 2012, 2105). Ein Ersatzanspruch nach § 34 SGB II ist wegen der insolvenzrechtlichen Obliegenheit ausgeschlossen. Nach der nicht überzeugenden Ansicht des *LSG Baden-Württemberg* (ZInsO 2016, 1212) entsteht die Obliegenheit zur Herausgabe der Hälfte des Pflichtteils aus einem Erbfall erst mit dem Eingang auf dem Konto des Schuldners. Zu diesem Zeitpunkt soll aber der Betrag dem Schuldner nicht mehr in vollem Umfange zustehen, weil bereits der Anspruch auf den Pflichtteil durch die Forderung des Sozialhilfeträgers (Aufwendungsersatz nach § 19 Abs. 5 SGB XII – erweiterte Hilfe, sog. unechte Sozialhilfe gegen Aufwendungsersatz) »belastet« sei. Dies verkennt den Zeitpunkt, zudem die Herausgabeobliegenheit entsteht.

118 Dem Schuldner kann dann **keine schuldhafte Obliegenheitsverletzung** vorgeworfen werden. Eine Drittwiderspruchsklage nach § 771 ZPO des Schuldners vor Übertragung ist unbegründet, eine Klage der Gläubiger erst nach Übertragung statthaft. Vollstreckungsmaßnahmen der Insolvenzgläubiger in das erbrechtlich erworbene Vermögen sind selbst zum Schutz des Herausgabeanspruchs nach § 294 Abs. 1 InsO unzulässig (s. § 294 Rdn. 20; a.A. *Uhlenbruck/Sternal* InsO, § 295 Rn. 35; *Preuß* NJW 1999, 3450 [3452]).

119 Zur Frage, ob der Motivationsrabatt gem. § 292 Abs. 1 Satz 3 InsO auch auf den erbrechtlichen Erwerb zu erstrecken ist, vgl. *Grote/Lackmann* § 292 Rdn. 22. Von der Wortauslegung des § 292 InsO scheint dieses systematisch nur wenig befriedigende Resultat gefordert zu sein (MüKo-InsO/*Ehricke* § 292 Rn. 36; a.A. *Messner* ZVI 2004, 433 [435 f.]).

IV. Unterrichtungen (§ 295 Abs. 1 Nr. 3 InsO)

1. Grundlagen

Auf der Grundlage des **umfassenden Katalogs** der in Nr. 3 aufgeführten Anforderungen soll vor allem das Verhalten des Schuldners während der Treuhandzeit überprüft werden können. Die umfassende Auskunfts- und Mitwirkungspflicht des Schuldners aus § 97 InsO erlischt mit der Beendigung des Insolvenzverfahrens (*Kemperdick* ZInsO 2016, 1148 f.; **a.A.** die insoweit unzutreffende Entscheidung des 1. Strafsenats *BGH* NZI 2016, 419 Rn. 15), weswegen eine Versagung nicht mehr auf eine Verletzung dieser Pflichten gestützt werden kann. Deswegen schreibt § 295 Abs. 1 Nr. 3 InsO bestimmte Anforderungen in Gestalt der Obliegenheiten für das Restschuldbefreiungsverfahren fort. An die Stelle der umfassenden insolvenzrechtlichen Pflichten treten die detailreichen, aber einzeln aufgeführten und deswegen notwendig begrenzten Obliegenheiten. Da der Haftungsumfang im Restschuldbefreiungsverfahren beschränkt ist, müssen die seiner Verwirklichung dienenden Anforderungen aus § 295 Abs. 1 Nr. 3 InsO ebenfalls limitiert sein. Deshalb schreibt die Bestimmung in **acht Alternativen** die Aufgaben des Schuldners vor. 120

Im Einzelnen sind dies: 121
1. Unverzügliche Anzeige jeden Wohnsitzwechsels gegenüber dem Insolvenzgericht und dem Treuhänder,
2. unverzügliche Anzeige jeden Wechsels der Beschäftigungsstelle gegenüber dem Insolvenzgericht und dem Treuhänder,
3. kein Verheimlichen der von der Abtretungserklärung erfassten Bezüge,
4. kein Verheimlichen des von § 295 Abs. 1 Nr. 2 InsO erfassten, also von Todes wegen oder mit Rücksicht auf ein zukünftiges Erbrecht erworbenen Vermögens, sowie auf Verlangen dem Gericht und dem Treuhänder,
5. Auskunft über seine Erwerbstätigkeit,
6. Auskunft über seine Bemühungen um eine Erwerbstätigkeit,
7. Auskunft über seine Bezüge und
8. Auskunft über sein Vermögen zu erteilen.

Abgesehen von dem 2., 3. und 7. Erfordernis, die allein für einen nicht selbständigen Schuldner gelten, muss **grds. jeder Schuldner** die Anforderungen erfüllen, unabhängig davon, ob er selbständig oder nicht selbständig tätig ist. Zusätzliche Auskunftsobliegenheiten passen nicht in das gesetzliche Modell (*BGH* NZI 2010, 26 Tz. 16). 122

Seine Mitteilungen hat der Schuldner an das **Insolvenzgericht** und den **Treuhänder** im Rahmen der ersten beiden Anforderungen zu richten, weshalb eine Mitteilung nur an das Insolvenzgericht bzw. allein den Treuhänder nicht zur Erfüllung der Obliegenheit genügt (*AG Göttingen* ZInsO 2008, 865 [866]; MüKo-InsO/*Ehricke* § 295 Rn. 73; K. Schmidt/*Henning* InsO, § 295 n.F. Rn. 26), doch wird bei einer Einzelmitteilung kaum eine Beeinträchtigung der Gläubigerbefriedigung festzustellen sein. Diese beiden sind auch berechtigt, von dem Schuldner Auskünfte zu verlangen. Im Gegensatz dazu muss der Schuldner die Insolvenzgläubiger nicht informieren, denn sie werden von der gesetzlichen Regelung nicht genannt (*AG Leipzig* ZVI 2004, 758 [759]), wodurch der Schuldner davor geschützt ist, von Mitteilungserfordernissen und Auskunftsbegehren überfordert zu werden. Mittelbar können allerdings die Insolvenzgläubiger die Informationen erlangen, indem sie den Treuhänder gem. § 292 Abs. 2 InsO mit der Überwachung beauftragen oder falls der Schuldner nach § 296 Abs. 2 Satz 2 InsO Auskunft zu erteilen hat. Ohne einen Überwachungsauftrag darf der Treuhänder die Gläubiger informieren, muss dies aber nicht. Der Treuhänder darf keine eidesstattliche Versicherung verlangen. Dies ist dem Verfahren nach § 296 Abs. 2 Satz 2 InsO vorbehalten. 123

Allein die ersten beiden Obliegenheiten, d.h. die Anzeige des Wohnsitzwechsels und des Wechsels der Beschäftigungsstelle, muss der Schuldner **unverzüglich** erfüllen (*BGH* NZI 2010, 26 Tz. 8; auch in anderen Fällen Vallender/Undritz/*Pape* Praxis des Insolvenzrechts, § 11 Rn. 257). Dafür wird regelmäßig auf eine zweiwöchige Frist abgestellt (Rdn. 125). Für die Erfüllung der sonstigen 124

Obliegenheiten gilt diese strenge zeitliche Anforderung nicht. Dies folgt bereits aus dem sprachlichen Bezug, ist aber auch sachlich zu erklären, weil nur bei den vom Schuldner eigenständig zu offenbarenden Umständen eine unverzügliche Erfüllung sinnvoll erscheint. Ein unverzügliches Verheimlichen i.S.d. dritten und Alternative etwa wäre sinnlos. Die sonstigen Auskünfte sind zu verlangen und für ihre Erfüllung ist eine angemessene Frist zu setzen.

2. Wohnsitzwechsel

125 Zunächst muss der Schuldner jeden **Wechsel des Wohnsitzes** (*AG Osnabrück* ZVI 2007, 89 [90]; *LG Leipzig* JurBüro 2009, 664) oder der Beschäftigungsstelle anzeigen, also von sich aus ohne eine Nachfrage über einen Wechsel informieren (*BGH* NZI 2010, 26 Tz. 8). Seine Anzeige hat **unverzüglich**, nach der Legaldefinition des § 121 Abs. 1 Satz 1 BGB ohne schuldhaftes Zögern, zu erfolgen. Als Obergrenze wird hiernach eine Frist von zwei Wochen zu gelten haben (*BGH* NZI 2010, 489 Tz. 2; NZI 2013, 703 Tz. 14; *OLG Hamm* NJW-RR 1990, 523; *AG Göttingen* NZI 2010, 115 [116]; HambK-InsO/*Streck* § 295 Rn. 15; *Mohrbutter/Ringstmeier-Pape* § 17 Rn. 245; *Frind* Praxishandbuch Privatinsolvenz, Rn. 1028; zum Verschulden s. § 296 Rdn. 18). Der Schuldner kommt seiner Obliegenheit, jeden Wohnsitzwechsel unverzüglich mitzuteilen, nur nach, wenn die Erklärung dem Treuhänder oder dem Insolvenzgericht auch zugeht (*BGH* NZI 2013, 703 Tz. 19).

126 Der Begriff des **Wohnsitzes** ist weder in der InsO noch der ZPO definiert und kann deswegen nicht aus den allgemeinen Regeln der §§ 7 bis 11 BGB entnommen werden (zu diesen *RG* RGZ 67, 191 [193]; *BGH* NJW-RR 1988, 387). Als Wohnsitz wird nach den allgemeinen Regeln die politische Gemeinde, nicht die Wohnung verstanden (PWW/*Prütting* § 7 BGB Rn. 2). Nach der Teleologie der insolvenzrechtlichen Regelung ist demgegenüber auf die **Erreichbarkeit** und damit die konkrete Anschrift des Schuldners abzustellen (*BGH* NZI 2010, 654 Tz. 13; MüKo-InsO/*Ehricke* § 295 Rn. 77; *Uhlenbruck/Sternal* InsO, § 295 Rn. 41; *Kübler/Prütting/Bork-Wenzel* InsO, § 295 Rn. 36; A/G/R-*Weinland* § 295 InsO a.F. Rn. 32; HambK-InsO/*Streck*, § 295 Rn. 16; LSZ/*Kiesbye* InsO, § 295 Rn. 19; *Gottwald/Ahrens* HdbInsR, § 78 Rn. 33; *Renger* VIA 2010, 69). Insofern ist der Begriff des Wohnsitzes in § 295 Abs. 1 Nr. 3 InsO enger als nach den bürgerlichrechtlichen Bestimmungen gefasst und teilweise durch die Regelungen über die Zustellung in den §§ 177, 178 Abs. 1 ZPO konkretisierbar. Soweit dort auf die Wohnung abgestellt wird, sind die Räume gemeint, in denen der Zustellungsadressat lebt (*Zöller/Stöber* ZPO, 30. Aufl., § 178 Rn. 4). Entscheidend ist, wo sich der Schuldner tatsächlich aufhält und postalisch oder persönlich erreichbar ist (*BGH* NZI 2010, 654 Tz. 13).

127 Da jedoch in § 295 Abs. 1 Nr. 3 InsO die Angabe des Wohnsitzes und nicht der Wohnung verlangt wird, ist zusätzlich eine **Verstetigung** zu verlangen. Ein Wohnsitz wird durch die tatsächliche Niederlassung und einen entsprechenden Willensentschluss begründet (*Nerlich/Römermann* InsO, § 295 Rn. 35). Dieser Domizilwille kann sich auch aus den Umständen ergeben (*BGH* BGHZ 7, 104 [109 f.]), wofür die polizeiliche Meldung ein Indiz bildet (*BGH* NJW-RR 1995, 507). Bei einem vorübergehenden Aufenthalt kann es hieran fehlen, etwa bei dem Aufenthalt am Studienort (*BVerfG* NJW 1990, 2193 [2194]; *BVerwG* NJW 1968, 1059 [1060], doch werden m.E. die Lebensverhältnisse vielfach dorthin verlegt sein), ebenso bei dem Einzug in ein Frauenhaus (*BGH* NJW-RR 1993, 4; NJW 1995, 1224; abw. *OLG Karlsruhe* NJW-RR 1995, 1220) oder bei einer vorübergehenden Beschäftigung (vgl. *Larenz/Wolf* Allgemeiner Teil BGB, 9. Aufl., § 7 Rn. 15). Bei der Unterbringung in einer Justizvollzugsanstalt fehlt schon der erforderliche Willensentschluss (**a.A.** MüKo-InsO/*Ehricke* § 295 Rn. 77; HambK-InsO/*Streck* § 295 Rn. 16), bei einem Urlaub, Krankenhaus- oder Sanatoriumsaufenthalt die Verstetigung (MüKo-InsO/*Ehricke* § 295 Rn. 78). Die Erfüllung der öffentlich-rechtlichen Meldepflichten stellt wegen ihres anderen Charakters und der abweichenden Aufgaben keine insolvenzrechtliche Obliegenheit dar (**a.A.** *AG Osnabrück* ZVI 2007, 89 [90]; *Demme* NZI 2010, 710 [711], ohne Begründung). Ist der Schuldner **nicht erreichbar** oder ist er gar untergetaucht, bietet § 296 Abs. 2 Satz 3 InsO eine einfachere Versagungsmöglichkeit, weil keine beeinträchtigte Gläubigerbefriedigung erforderlich ist.

Anzuzeigen hat der Schuldner den Wechsel seines Wohnsitzes, also die Aufhebung eines bisherigen 128
unter Begründung eines neuen Wohnsitzes. Vom Wortlaut der gesetzlichen Regelung wird eine Anzeige weder bei der Aufgabe eines bisherigen ohne Begründung eines neuen Wohnsitzes noch bei Begründung eines neuen Wohnsitzes ohne Aufhebung eines bestehenden verlangt. Nach dem Normzweck ist eine Anzeige bei einem Adressenwechsel erforderlich, wenn die Erreichbarkeit unter der bisherigen Anschrift nicht mehr gewährleistet ist. Auch ein Umzug in der gleichen Gemeinde ist danach mitzuteilen (*Frind* Praxishandbuch Privatinsolvenz, Rn. 1029).

Ein Verstoß gegen die Obliegenheit wird häufig folgenlos bleiben, weil er zu **keiner Beeinträchtigung** 129
der **Gläubigerbefriedigung** gem. § 296 Abs. 1 Satz 1 InsO führt (vgl. *BGH* NZI 2010, 654 Tz. 19; außerdem *Maier/Krafft* BB 1997, 2173 [2179]; KS-InsO/*Fuchs* 2000, S. 1679 Rn. 198; *Renger* VIA 2010, 69; **a.A.** *AG Duisburg* NZI 2009, 399, nach dessen Ansicht bereits der Umzug ins Ausland ohne Angabe einer neuen Anschrift die Gläubigerbefriedigung messbar beeinträchtigen soll). Verstößt der Schuldner damit allerdings gegen seine Verfahrensobliegenheit, ist keine Beeinträchtigung der Befriedigungsaussichten erforderlich (*AG Göttingen* NZI 2010, 115 [116]). Ausreichend ist eine mündliche Information. Organisationsmängel beim Treuhänder gehen nicht zu Lasten des Schuldners (*AG Hannover* ZInsO 2007, 48 [49]).

3. Gewechselte Beschäftigungsstelle

Als zweite Anforderung hat der nicht selbständige Schuldner dem Insolvenzgericht und dem Treuhänder jeden **Wechsel der Beschäftigungsstelle** unverzüglich anzuzeigen (vgl. Rdn. 125). Auch 130
hier ist der Geltungsbereich der Anzeigeobliegenheit beschränkt, denn der Schuldner wechselt seine Beschäftigungsstelle nur, wenn er seine bisherige Tätigkeit aufgibt und eine neue Arbeitsstelle übernimmt. Gibt er ohne neue Beschäftigung seine Arbeit auf, muss er dies nicht anzeigen, allerdings kann er damit die Erwerbsobliegenheit aus Nr. 1 verletzen (*Uhlenbruck/Sternal* InsO, § 295 Rn. 42). Übernimmt der Schuldner lediglich eine zusätzliche **(Neben)Beschäftigung**, ohne seine bestehende Erwerbstätigkeit aufzugeben, gilt zwar nach dieser Regelung keine Anzeigeobliegenheit (**a.A.** MüKo-InsO/*Ehricke* § 295 Rn. 80; *Uhlenbruck/Sternal* InsO, § 295 Rn. 42), doch verstößt er dann regelmäßig gegen seine Obliegenheit, keine Bezüge zu verheimlichen (so kann auch *BGH* NZI 2010, 350 Tz. 6 verstanden werden; ausdrücklich *LG Potsdam* ZInsO 2010, 252 [253]). Als Konsequenz müssen die Angaben **nicht unverzüglich** erfolgen (s. Rdn. 124; **a.A.** *LG Potsdam* ZInsO 2010, 252 [253]; *Frind* Praxishandbuch Privatinsolvenz, Rn. 1037). War der Schuldner bislang arbeitslos und nimmt er nunmehr eine Arbeit auf, muss er dies nach der Rechtsprechung des *BGH* anzeigen (*BGH* NZI 2010, 350 Tz. 6; BeckRS 2010, 30740 Tz. 2; s.a. *AG Göttingen* ZInsO 2013, 1659; A/G/R-*Weinland* § 295 InsO a.F. Rn. 33). Der erforderliche Gläubigerschutz ist zudem durch die Obliegenheiten aus § 295 Abs. 1 Nr. 1 InsO sowie das Verbot gewahrt, keine von der Abtretungserklärung erfassten Bezüge zu verheimlichen.

Gesetzessystematische Überlegungen sprechen gegen eine **analoge Anwendung der Hinweisobliegenheiten** des § 295 Abs. 1 Nr. 3 HS 1 InsO auf andere, nicht ausdrücklich geregelte Fälle. Wollen 131
die Gläubiger sicherstellen, dass der Schuldner alles ihm Mögliche zu ihrer Befriedigung beiträgt und kein Pflichtverstoß unbemerkt bleibt, können sie dem Treuhänder zusätzlich die Aufgabe übertragen, die Erfüllung der Obliegenheiten des Schuldners zu überwachen, § 292 Abs. 2 Satz 1 InsO. Zu der Konzeption des Gesetzgebers passen keine zusätzlichen, im Gesetz nicht vorgesehenen Auskunftspflichten des Schuldners auf eigene Veranlassung und in eigener Verantwortung (*BGH* NZI 2010, 26 Tz. 15 f.).

4. Verheimlichung von Bezügen

Mit dieser dritten Obliegenheit wird von dem Schuldner verlangt, keine von der Abtretungserklärung erfassten **Bezüge** (dazu § 287 Rdn. 148 ff.; A/G/R-*Weinland* § 295 InsO a.F. Rn. 34) zu **verheimlichen**. Eine Anzeigepflicht besteht im Allgemeinen nicht (*BGH* NZI 2010, 26 Tz. 8). Je umfangreicher die Anzeige- und Mitwirkungspflichten des Schuldners verstanden werden, desto eher ist 132
zwar gewährleistet, dass alles pfändbare Einkommen sowie das in § 295 Abs. 1 Nr. 2 InsO genannte

Vermögen zur Masse gelangt und an die Gläubiger verteilt werden kann. Diese Überlegungen ändern aber nichts daran, dass der Gesetzgeber nur zwei Fälle geregelt hat, in denen der Schuldner von sich aus aktiv werden muss, bei der Angabe der Bezüge und des von Todes wegen oder mit Rücksicht auf ein künftiges Erbrecht erworbenen Vermögens (*BGH* NZI 2010, 26 Tz. 12 f.).

133 **Verheimlicht** der Schuldner **nicht** seine erfassten Bezüge, werden die Gläubigerinteressen hinsichtlich der pfändbaren Beträge regelmäßig bereits dann gewahrt, wenn der Schuldner jeden Wechsel des Arbeitsplatzes unverzüglich anzeigt. Die Anzeige ermöglicht es dem Treuhänder, den neuen Arbeitgeber des Schuldners von der Abtretungserklärung zu unterrichten und dadurch sicherzustellen, dass der pfändbare Teil des Arbeitseinkommens zur Masse gelangt. Da der Treuhänder die Abtretung aufdecken und die pfändbaren Teile der Bezüge zur Masse ziehen kann, verstößt der Schuldner nicht gegen die Obliegenheit, wenn er das von der Abtretung erfasste Einkommen nicht an den Treuhänder abführt. (*LG Göttingen* NZI 2010, 579 [580]; *Stephan* VIA 2010, 63). Vereinbaren der Treuhänder und der Schuldner außerhalb der gesetzlichen Grundlage, dass der Treuhänder die Abtretung nicht aufdeckt, dafür aber der Schuldner von sich aus die Einkommensnachweise dem Treuhänder übermittelt und pfändbare Bezüge zeitnah an ihn abführt und kommt der Schuldner dem trotz mehrfacher Aufforderungen nicht nach, verheimlicht er Bezüge (*LG Regensburg* BeckRS 20134, 05870).

134 **Deckt der Treuhänder die Abtretung nicht auf**, muss er die pfändbaren Bezüge konkret berechnen. Dies gilt auch bei Einkünften, die aus Geld- und Naturalleistungen bestehen. Ein zwischen Treuhänder und Schuldner vereinbarter **pauschaler Zahlungsbetrag ist** bei einer nicht selbständigen Tätigkeit **unzulässig**. Weder darf der Treuhänder die zwingenden Pfändungsschutzgrenzen zum Nachteil des Schuldners unterschreiten noch auf pfändbare Einkommensanteile zu Lasten der Masse verzichten. Zahlungen zu einem beliebigen Zeitpunkt sind ebenfalls nicht zulässig (*BGH* NZI 2011, 451 Tz. 8). Der Schuldner muss den Treuhänder jeweils zeitnah zutreffend und vollständig über die Höhe seiner Bezüge unterrichten und den pfändbaren Teil der Bezüge an diesen abführen, sonst verheimlicht er Bezüge (*BGH* NZI 2014, 314 Tz. 3).

135 Wird das abgetretene pfändbare Einkommen vom Arbeitgeber **falsch berechnet** und an den Schuldner ausgezahlt, begründet eine verspätete Leistung des Schuldners keinen Versagungsgrund. § 295 Abs. 1 Nr. 3 InsO ist hierauf nicht analog anwendbar (*LG Göttingen* NZI 2011, 643 [644]). Wird der Treuhänder zutreffend und vollständig vom Schuldner informiert, führt eine fehlerhafte Berechnung der abzuführenden Beträge durch den Treuhänder zu keinem Versagungsgrund. Es können allenfalls Nachforderungsansprüche gegen den Schuldner oder Schadensersatzansprüche gegen den Treuhänder bei pflichtwidriger Berechnung der vom Schuldner abzuführenden Beträge entstehen (*BGH* NZI 2011, 451 Tz. 10).

136 Die Obliegenheit erstreckt sich allein auf das Einkommen aus **nicht selbständiger Beschäftigung**. Ein Gewinn aus einer selbständigen Tätigkeit wird von dieser Obliegenheit nicht erfasst (*BGH* ZInsO 2006, 547 [548]; NZI 2013, 189 Tz. 10; *Pape* InsbürO 2013, 299 [301]; *Grahlmann* VIA 2009, 21). Wie die Abtretungserklärung bezieht sich auch diese Obliegenheit allein auf die pfändbaren Bezüge. Davon werden auch die nach § 850c Abs. 4 ZPO pfändbaren Beträge erfasst (*BGH* NZI 2010, 26 Tz. 8). Sind **Bezüge unpfändbar**, führt ihr Verheimlichen grds. zu keiner Obliegenheitsverletzung im Sinn dieser Regelung (MüKo-InsO/*Ehricke* § 295 Rn. 82), unbeschadet der Tatsache, dass die Gläubigerbefriedigung gem. § 296 Abs. 1 Satz 1 InsO nicht beeinträchtigt ist. Entsprechend den §§ 292 Abs. 1 Satz 3, 36 Abs. 1 Satz 2 InsO ist allerdings die Zusammenrechnungsregel in § 850e Nr. 2 ZPO zu beachten.

137 Nicht verheimlicht werden darf auch eine aufgrund der Zusammenrechnungsregel gem. § 850e Nr. 3 ZPO zu berücksichtigende Naturalleistung, wie die unentgeltliche Nutzung eines Dienstwagens (*BGH* ZInsO 2012, 2342 Tz. 3). Obwohl es sich bei dieser Obliegenheit um keine strafrechtlich geprägte Bestimmung handelt, kann für die Auslegung des Begriffs eines Verheimlichens auf die im engen Zusammenhang stehenden Insolvenzstraftatbestände der §§ 283 Abs. 1 Nr. 1, 283b Abs. 1 Nr. 2 und 283d Abs. 1 StGB abgestellt werden (*Braun/Pehl* InsO, § 295 Rn. 15; *Preuß* Verbraucherinsolvenzverfahren und Restschuldbefreiung, 2. Aufl., Rn. 289). Nach diesen Vorschriften

verheimlicht der Schuldner einen Vermögensgegenstand wie die Bezüge, wenn er sie der Kenntnis des Treuhänders entzieht.

Ein **Verheimlichen** ist in unrichtigen Angaben oder einer falschen Auskunft auf Fragen zu sehen. Es bezeichnet ein Verhalten, durch das von der Abtretung erfasste Bezüge oder von Todes wegen erlangtes Vermögen der Kenntnis des Treuhänders entzogen wird. Ein bloßes Verschweigen bzw. Unterlassen reicht ausnahmsweise dann aus, wenn eine Auskunftspflicht bzw. eine Rechtspflicht zum Handeln besteht (*BGH* NZI 2010, 26 Tz. 11; NZI 2011, 329 Tz. 7; *LG Heilbronn* ZInsO 2009, 1217 [1218]; A/G/R-*Weinland* § 295 InsO a.F. Rn. 34; *Graf-Schlicker/Kexel* InsO, § 295 Rn. 9; K. Schmidt/*Henning* InsO, § 295 n.F. Rn. 27; *Kübler/Prütting/Bork-Wenzel* InsO, § 295 Rn. 39; *Hess/Groß/Reill-Ruppe/Roth* Kap. 4 Rn. 735; *Gottwald/Ahrens* HdbInsR, § 78 Rn. 34; *Hess* KO, Anh. III § 283 StGB Rn. 13; offengelassen von *Uhlenbruck/Sternal* InsO, § 295 Rn. 44 f.; a.A. *Mohrbutter/Ringstmeier/Pape* § 17 Rn. 244). Zahlt der Arbeitgeber dem Schuldner unter Verstoß gegen die Abtretung den pfändbaren Teil der Bezüge aus, muss der Schuldner dies anzeigen. Eine Verpflichtung zur **unverzüglichen Anzeige** besteht nicht (*BGH* NZI 2010, 26 Tz. 8; a.A. HambK-InsO/*Streck* § 295 Rn. 20), denn dieses Attribut bezieht sich lediglich auf den Wechsel des Wohnsitzes und der Arbeitsstelle und ist bei einem Verheimlichen verfehlt. In der jüngsten Rspr. des BGH scheint sich allerdings eine Änderung anzudeuten. In einem obiter dictum geht das Gericht davon aus, der Schuldner verheimliche von der Abtretungserklärung erfasste Bezüge, wenn er die Erhöhung des Nettoeinkommens nicht in einem engen zeitlichen Zusammenhang zu dem jeweiligen Bezugszeitpunkt von sich aus mitteilt (*BGH* ZInsO 2011, 929 Tz. 13; a.A. A/G/R-*Weinland* § 295 InsO a.F. Rn. 35). 138

Während der Treuhandzeit existiert für den Schuldner jedoch **keine Anforderung, alle Details** unaufgefordert zu berichten (HK-InsO/*Landfermann*, 5. Aufl., § 295 Rn. 18; a.A. *Uhlenbruck/Sternal* InsO, § 295 Rn. 43 ff.). Der Schuldner muss den Treuhänder deswegen nicht über einen höheren ausgezahlten Lohn oder über die Einkünfte eines Unterhaltsberechtigten unterrichten (*BGH* NZI 2010, 26 Tz. 9, 11; *Dietzel* VIA 2010, 5). Er ist deswegen auch nicht gehalten, während der Treuhandzeit unaufgefordert über den Fortfall einer Unterhaltsverpflichtung zu informieren (a.A. *AG Holzminden* ZVI 2006, 260). Diese Konsequenz ergibt sich gerade auch aus dem Zusammenspiel mit der fünften und siebten Obliegenheit des § 295 Abs. 1 Nr. 3 InsO, wonach den Schuldner auf eine entsprechende Aufforderung eine Auskunftsobliegenheit über seine Erwerbstätigkeit sowie seine Bezüge trifft. Wegen der sehr stark abgeschwächten Pflichtigkeit einer Obliegenheit (*R. Schmidt* Die Obliegenheiten, S. 104) kann sie einer Auskunftspflicht zwar nicht gleichgestellt werden, doch besteht dafür auch kein Bedürfnis, weil ihre Verletzung den eigenständigen siebten Versagungsgrund aus § 295 Abs. 1 Nr. 3 InsO schafft. Maßgebend ist die Kenntnis des Treuhänders und ggf. die des Gerichts, nicht jedoch die der Insolvenzgläubiger, denn der Treuhänder ist Inhaber der abgetretenen Forderung. Werden pfändbare Bezüge trotz Abtretung an den Schuldner ausgezahlt, so hat der Schuldner diese an den Treuhänder weiterzuleiten (*Nerlich/Römermann* InsO, § 295 Rn. 37). 139

Verheimlicht der Schuldner von der Abtretung erfasste **Bezüge** und **zieht er** sie **selbst ein**, befreit dies nach § 407 Abs. 1 Alt. 1 BGB den gutgläubigen Schuldner. Wird kein Versagungsantrag gestellt, muss dem Schuldner nach Fristablauf Restschuldbefreiung erteilt werden, doch kommt eine Nachtragsverteilung analog § 203 Abs. 1 Nr. 3 InsO in Betracht (s. § 287 Rdn. 264). 140

5. Verheimlichter erbrechtlicher Erwerb

Viertens darf der Schuldner **kein von Nr. 2 erfasstes**, also von Todes wegen oder mit Rücksicht auf ein künftiges Erbrecht erworbenes **Vermögen** (dazu Rdn. 86 ff.) **verheimlichen** (zu diesem Begriff Rdn. 132, 138). Ein Verheimlichen geht über ein schlichtes Verschweigen hinaus. Bezeichnet wird damit ein Verhalten, durch das von der Abtretung erfasste Bezüge oder von Todes wegen erworbenes Vermögen der Kenntnis des Treuhänders entzogen werden. Ein schlichtes Unterlassen stellt dann ein Verheimlichen dar, wenn eine Rechtspflicht zum Handeln – zur Offenbarung des Vermögensgegenstands also – besteht. 141

142 Die unterlassene **unverzügliche Anzeige einer Erbschaft** oder eines Vermächtnisses vor Ablauf der Ausschlagungs- bzw. Annahmefristen erfüllt deswegen noch nicht den Tatbestand des Verheimlichens i.S.d. § 295 Abs. 1 Nr. 3 InsO (*BGH* NZI 2011, 329 Tz. 8; *AG Neubrandenburg* NZI 2006, 647; A/G/R-*Weinland* § 295 InsO a.F. Rn. 36; **a.A.** *AG Göttingen* ZInsO 2008, 49 [50]). Ein Anzeigeerfordernis kann daher erst einsetzen, wenn die Erbschaft angenommen ist bzw. nicht mehr ausgeschlagen werden kann. Solange der Schuldner den Vermögenserwerb durch Ausübung der ihm persönlich zustehenden Rechte rückgängig machen kann, wird die Gläubigerbefriedigung nicht beeinträchtigt (*BGH* NZI 2011, 329 Tz. 8; *AG Göttingen* ZInsO 2015, 367).

143 Beim erbrechtlichen Erwerb bestehen neben dieser Anzeigeobliegenheit aus § 295 Abs. 1 Nr. 3 Alt. 5 InsO und der Wertherausgabeobliegenheit aus § 295 Abs. 1 Nr. 2 InsO **weitere Obliegenheiten**. Zu nennen sind insb. die Verwertungs- sowie Darlegungs- und Nachweisobliegenheiten. Sie sind den aus § 295 Abs. 1 Nr. 2 InsO resultierenden Obliegenheiten zuzuordnen (dazu Rdn. 106 ff., 114).

144 Verheimlicht der Schuldner **anderes Vermögen**, so ist der Versagungsgrund nicht erfüllt. Verschweigt der Schuldner auch auf Nachfrage Grundbesitz, ist eine Versagung nach § 295 Abs. 1 Nr. 3 Alt. 4 InsO ausgeschlossen. In der Treuhandperiode ist auch eine Versagung nach § 290 Abs. 1 Nr. 5 InsO präkludiert. In Betracht kommt aber eine Nachtragsverteilung (*AG Göttingen* ZVI 2009, 512 [513]).

6. Auskunft über die Erwerbstätigkeit, die Bemühungen darum, die Bezüge und das Vermögen

145 Außerdem muss der Schuldner über seine **Erwerbstätigkeit** und seine **Bemühungen** um sie, seine **Bezüge** sowie sein **Vermögen Auskunft** erteilen. Auf der Grundlage dieser gesetzlichen Anforderung hat der Schuldner auf Verlangen dem Insolvenzgericht und dem Treuhänder, nicht aber den Insolvenzgläubigern (*AG Leipzig* ZVI 2004, 758 [759]), Auskunft zu erteilen. Diese Auskunftsberechtigung des Treuhänders basiert auf einer originären Rechtsstellung, die nicht voraussetzt, dass er nach § 292 Abs. 2 Satz 1 InsO von den Insolvenzgläubigern mit der Überwachung des Schuldners beauftragt wurde, denn der Überwachungsauftrag gestaltet das Innenverhältnis zwischen Treuhänder und Insolvenzgläubigern (s.a. *Grote/Lackmann* § 292 Rdn. 28 ff.; *Pape/Uhlenbruck* Insolvenzrecht, Rn. 979). Besondere Erfordernisse für dieses Auskunftsbegehren bestehen nicht, es muss also nicht begründet werden (HambK-InsO/*Streck* § 295 Rn. 21), doch wird ein mangelndes Informationsbedürfnis der zu kurzfristigen Wiederholung Grenzen setzen (*BGH* NJW 1983, 687 [688]; NJW-RR 1988, 1072 [1073]). Nach dem Maßstab von § 97 InsO besteht die Auskunftsobliegenheit auch für Angehörige verschwiegenheitspflichtiger Berufe.

146 Für die Auskunftserteilung ist **keine Frist** vorgesehen, weshalb insbesondere keine unverzügliche Auskunft gefordert wird (**a.A.** HambK-InsO/*Streck* § 295 Rn. 21). Um einen angemessenen Zeitraum zu bestimmen, sind ebenso der Umfang der Auskünfte wie die geschäftliche Erfahrung des Schuldners zu berücksichtigen (*Uhlenbruck/Sternal* InsO, § 295 Rn. 49; **a.A.** *Nerlich/Römermann* InsO, § 295 Rn. 38; MüKo-InsO/*Ehricke* § 295 Rn. 88). Nach dem Maßstab des § 305 Abs. 3 Satz 2 InsO sollte eine richterliche Frist nicht unter einem Monat betragen (A/G/R-*Weinland* § 295 InsO a.F. Rn. 37). Inhaltlich wird sich die Antwort des Schuldners an dem Verlangen zu orientieren haben. Auch wenn sich ein Schuldner in Strafhaft befindet, ist er verpflichtet, genaue Angaben über seinen vor der Inhaftierung erzielten Verdienst zu machen (*AG Göttingen* ZInsO 2014, 107), wobei die Länge der Frist an die besonderen Umstände anzupassen ist.

147 Je **genauer die Anfrage** ist, desto detaillierter muss die Auskunft des Schuldners ausfallen. Allerdings wird auch dies nicht schrankenlos gelten können, denn ihr Umfang wird durch den Zweck der Auskunft (*BGH* BGHZ 126, 109 [116 f.]) sowie den Grundsatz der Zumutbarkeit begrenzt (vgl. *BGH* BGHZ 81, 21 [25]; NJW 1982, 573 [574]; *Soergel/Wolf* BGB, § 260 Rn. 61, 68; MüKo-BGB/*Krüger* 5. Aufl., § 259 Rn. 28). Grds. hat der Schuldner seine Auskünfte schriftlich zu erteilen (A/G/R-*Weinland* § 295 InsO a.F. Rn. 37; *Soergel/Wolf* BGB, § 260 Rn. 51; MüKo-BGB/*Krüger* 5. Aufl., § 260 Rn. 42; *Palandt/Heinrichs* § 261 Rn. 20).

Verlangt das Gericht oder der Treuhänder eine Auskunft, die **nicht durch § 295 InsO gedeckt** ist, begründet ein Verstoß des Schuldners keine Obliegenheitsverletzung. Ein gesetzlich nicht gedecktes Auskunftsverlangen begründet keine Obliegenheitsverletzung nach § 295 Abs. 1 Nr. 3 InsO oder § 296 Abs. 2 Satz 3 Alt. 1 InsO (*BVerfG* NZI 2017, 111 Tz. 23; *BGH* NZI 2013, 404 Tz. 8 m. Anm. *Ahrens*), wie auch aus der Entscheidung des *BGH* zu § 290 Abs. 1 Nr. 5 InsO abzuleiten ist (*BGH* NJW 2003, 2167 [2169]). Eine Obliegenheit zur Vorlage der entsprechenden Unterlagen besteht daneben nach § 295 Abs. 1 Nr. 3 InsO in aller Regel nicht (vgl. dazu *BGH* LM § 810 Nr. 5; s.a. *BGH* BGHZ 14, 53 [56]), weshalb als Obliegenheit keine Einsicht in einzelne Bewerbungsschreiben oder die Bezügeabrechnung verlangt werden kann (*Uhlenbruck/Sternal* InsO, § 295 Rn. 48; **a.A.** *Nerlich/Römermann* InsO, § 295 Rn. 40; MüKo-InsO/*Ehricke* § 295 Rn. 89; LSZ/*Kiesbye* InsO, § 295 Rn. 21; *Graf-Schlicker/Kexel* InsO, § 295 Rn. 10). Strikt von den Obliegenheiten, die zur Versagung der Restschuldbefreiung führen können, ist die Anforderung der Urkundenvorlegung gem. §§ 4 InsO, 141 ZPO zu unterscheiden. Das Insolvenzgericht hat insoweit die Möglichkeit, die Vorlage der Unterlagen anzuordnen. Zudem wird der Schuldner vielfach nur unter Vorlage der Unterlagen seinen eigenen Sachvortrag substantiieren und unstreitig stellen können. 148

Über seine **Erwerbstätigkeit** hat der **nicht selbständige Schuldner** Ort, Art, Umfang und Dauer der Beschäftigung entsprechend § 2 Abs. 1 Nr. 1 bis 5, 7 NachweisG anzugeben. Gibt der Schuldner trotz Aufforderung über einen Zeitraum von zehn Monaten keine Auskunft über seine Erwerbstätigkeit, ist der Versagungstatbestand erfüllt (*AG Mannheim* ZVI 2005, 383 f.; ähnlich *AG Göttingen* NZI 2009, 397 [398]). Gibt der selbständige Schuldner in der Jahresmitte eine um sieben Wochen verspätete Auskunft ab, wird der Versagungsgrund nicht erfüllt (*BGH* NZI 2010, 489 Tz. 2). Zur Auskunft über die Erwerbstätigkeit gehört auch die negative Antwort, dass einer solchen Tätigkeit nicht – mehr – nachgegangen wird. 149

Der offene Begriff der Bezüge umfasst auch das **Erwerbsersatzeinkommen** (vgl. *LG Hamburg* ZVI 2004, 259 [260]). Der nicht erwerbstätige Schuldner muss deswegen **Bescheide über Sozialleistungen** vorlegen. Aufgrund der Novellierung von § 41 Abs. 3 Satz 1 SGB II werden Arbeitslosengeld II und Sozialhilfe grds. für eine Jahresfrist bewilligt, woran sich die insolvenzrechtliche Obliegenheit auszurichten hat. Der Schuldner muss die Unterlagen deswegen regelmäßig nur jährlich vorlegen. Ausnahmen gelten nach § 41 Abs. 3 Satz 2 SGB II für einen vorläufigen Leistungsanspruch, § 41a SGB II, und bei unangemessenen Aufwendungen für Unterkunft und Heizung. Hier bleibt es bei einer lediglich sechsmonatigen Bewilligung. Nur insoweit kann die bisherige Praxis einer halbjährlichen Vorlage fortgesetzt werden. 150

Da die Obliegenheit nicht nach der Art der Erwerbstätigkeit unterscheidet, muss auch der **selbständige Schuldner** hierüber Auskunft erteilen (*BGH* NZI 2013, 404 Tz. 8 m. Anm. *Ahrens*; *AG Göttingen* NZI 2015, 986 = VIA 2016, 7 m. Anm. *Siebert*). Über die Reichweite der Auskunftsobliegenheit zur selbständigen Erwerbstätigkeit bestimmt der Umfang der Zahlungsobliegenheit aus § 295 Abs. 2 InsO. Weiter als diese Leistungsobliegenheit können auch die Auskunftserfordernisse über die Erwerbstätigkeit nicht gehen (*Ahrens* NZI 2013, 405). Der Schuldner hat zu erklären, ob er einer selbständigen Tätigkeit nachgeht. Die Angaben des Schuldners haben dabei so spezifiziert zu sein, dass die Art des angemessenen Dienstverhältnisses und das anzunehmende fiktive Nettoeinkommen gem. Abs. 2 beurteilt werden kann. Zu nennen sind die Ausbildung, der berufliche Werdegang sowie die ausgeübte Tätigkeit, nach Branche, Größe des Unternehmens, Zahl der Beschäftigten sowie dem Umsatz (*BGH* NZI 2013, 404 Tz. 8 m. Anm. *Ahrens*). Die Höhe der Einkünfte aus selbständiger Tätigkeit muss der Schuldner nicht angeben (*BGH* NZI 2013, 404 Tz. 8; *AG Göttingen* ZInsO 2011, 1855 [1856]), da sie für die Leistungsobliegenheit unberücksichtigt bleibt. Das *BVerfG* hat es sogar als sachfremd und willkürlich angesehen, wenn dem selbständigen Schuldner die Restschuldbefreiung versagt wird, weil er keine Auskünfte über sein tatsächlich erzieltes Einkommen erteilt hat, denn über den Gewinn aus der Tätigkeit sind keine Auskünfte zu erteilen (*BVerfG* NZI 2017, 111 Tz. 21, 24; dazu *Wegener* VIA 2017, 25). 151

Seine **Bemühungen** um eine – selbständige wie unselbständige – Erwerbstätigkeit muss der Schuldner quantitativ und qualitativ erläutern, doch wird er konkrete Bewerbungen nicht ohne Weiteres 152 anzuführen haben. Außerdem muss der Schuldner seine **Bezüge** beziffern, wobei er nach Maßgabe von § 836 Abs. 3 Satz 1 Alt. 1 ZPO die Bezüge zu benennen hat, um über den Umfang der Pfändbarkeit zu informieren. Da der Schuldner häufig nicht wissen wird, welche Einkünfte er aufzuführen hat, ist zu empfehlen, dass ein Auskunftsverlangen die anzugebenden Einkünfte einzeln benennt.

153 Schließlich muss der Schuldner **Auskunft über sein Vermögen** erteilen. Diese Auskunftspflicht darf nicht zur allgemeinen Erforschung der wirtschaftlichen Verhältnisse des Schuldners dienen. Sie kann sich nur auf die Sicherung der den Gläubigern zustehenden Leistungen beziehen. Zudem besitzt der Treuhänder keine umfassende Ermittlungskompetenz. Da bereits die Vermögensverzeichnisse nach den §§ 151, 305 Abs. 1 Nr. 3 InsO erstellt sind, erstreckt sich diese Obliegenheit auf den Neuerwerb. Von diesem auskunftsbedürftigen Neuerwerb sind systematisch die laufenden Bezüge sowie der Erwerb nach Nr. 2 auszunehmen (**a.A.** *AG Göttingen* ZInsO 2009, 2070), denn für diese bestehen eigenständige Informationsobliegenheiten. Sachlich ist insoweit die Anwendung wegen der identischen Konsequenzen unproblematisch. Soweit dieses Neuvermögen jedoch dem Zugriff der Insolvenzgläubiger entzogen ist, wird eine Obliegenheitsverletzung mangels einer Beeinträchtigung der Insolvenzgläubiger nach § 296 Abs. 1 Satz 1 InsO folgenlos bleiben (K. Schmidt/*Henning* InsO, § 295 n.F. Rn. 29). Ein Wechsel zwischen unselbständiger und selbständiger Erwerbstätigkeit führt nicht zur Erledigung der Auskunftsobliegenheit. Gefragt werden kann und sollte nach einem erbrechtlichen Erwerb. Die Auskunftspflicht eines selbständigen Schuldners ist an seinen Obliegenheiten zur Leistung zu bemessen (dazu K. Schmidt/*Henning* § 295 n.F. Rn. 30).

V. Verbotene Sondervorteile (§ 295 Abs. 1 Nr. 4 InsO)

1. Zahlungsgebot, Alt. 1

154 § 295 Abs. 1 Nr. 4 InsO regelt **zwei** alternative **Tatbestände**. Aufgrund des Zahlungsgebots als erster Obliegenheit dürfen Zahlungen zur Befriedigung der Insolvenzgläubiger nur an den Treuhänder geleistet werden. Eine davon zu unterscheidende zweite Obliegenheit besteht darin, keinem Insolvenzgläubiger einen Sondervorteil zu verschaffen. Beide Obliegenheiten stehen im engen Zusammenhang mit dem Grundsatz der Gläubigergleichbehandlung (*AG Göttingen* NZI 2009, 616; K. Schmidt/*Henning* InsO, § 295 n.F. Rn. 31). Sie gelten für selbständige wie nicht selbständige Schuldner. Sie bestehen erst nach Beendigung des Insolvenzverfahrens (*AG Göttingen* ZInsO 2005, 1001 [1002]).

155 Die erste Tatbestandsalternative stellt ein **Zahlungsgebot** auf (*AG Passau* ZInsO 2009, 493). Geregelt wird damit der **Zahlungsweg**, nicht aber die Höhe der Zahlungen. Diese Anweisung, Zahlungen zur Befriedigung der Insolvenzgläubiger nur an den Treuhänder zu leisten, besitzt lediglich einen begrenzten Anwendungsbereich. Aus der Vorschrift ist nicht im Umkehrschluss abzuleiten, dass jegliche Zahlungen direkt an die Gläubiger unzulässig sind. Eine solche Interpretation kollidiert mit der zweiten Tatbestandsalternative, die als speziellere Vorschrift Sondervorteile für und damit Zahlungen an einzelne Insolvenzgläubiger untersagt.

156 Eine Obliegenheitsverletzung wegen eines **Verstoßes gegen das Zahlungsgebot** an den Treuhänder liegt in den Fallgestaltungen vor, in denen der Schuldner an sämtliche Gläubiger den ihnen jeweils zustehenden Verteilungsbetrag leistet. Wegen der selbst mit derartigen gleichmäßigen Leistungen verbundenen erheblichen Unsicherheit und ihrer mangelnden Durchschaubarkeit für die anderen Gläubiger soll das Zahlungsgebot verhindern, dass der Treuhänder vom Schuldner umgangen wird (MüKo-InsO/*Ehricke* § 295 Rn. 94). Unabhängig von kollusiven oder anderen der Gleichbehandlung der Gläubiger zuwiderlaufenden Intentionen, soll mit dieser Regelung objektiv ein funktionsfähiges sowie unangefochtenes Verteilungsverfahren gesichert werden. Ausnahmsweise nur wird aber ein Schuldner in der Lage sein, die exakten Verteilungsquoten zu erfüllen, weshalb seine Leistung zu einem Sondervorteil für einzelne Gläubiger führen und deswegen bereits als Verstoß gegen die zweite Obliegenheit anzusehen sein kann. Legt der Treuhänder gegenüber dem Arbeitgeber des Schuldners die Bezügeabtretung nicht offen und vereinbart er, dass der Schuldner den pfändbaren Betrag an ihn abführt, weicht er vom gesetzlichen Leitbild des § 292 Abs. 1 InsO ab. Führt

der Schuldner die Beträge nicht ab, ist § 295 Abs. 1 Nr. 4 Alt. 1 InsO unanwendbar (*AG Göttingen* NZI 2009, 616; *LG Duisburg* BeckRS 2013, 14272; **a.A.** *AG Passau* ZInsO 2009, 493). Da dem Treuhänder ein erhebliches Haftungsrisiko droht, sollte er nur in besonderen Ausnahmefällen gegenüber einem verlässlichen Schuldner auf die Offenlegung der Abtretung verzichten.

Aus dieser engen Verbindung mit der zweiten Obliegenheit des § 295 Abs. 1 Nr. 4 InsO ist auch der sonstige **Anwendungsbereich** des Zahlungsgebots an den Treuhänder zu erklären. Denn diese erste Obliegenheit wirkt sich gerade dann aus, wenn eine Verschaffung von Sondervorteilen an einzelne Insolvenzgläubiger nicht zu beweisen ist. Da ein Insolvenzgläubiger, der eine Versagung der Restschuldbefreiung gem. § 296 Abs. 1 Satz 1 InsO beantragt, die dafür bestehenden Voraussetzungen nach § 296 Abs. 1 Satz 3 InsO glaubhaft zu machen und zusätzlich zu beweisen hat (s. § 296 Rdn. 56 ff.), kann er an dem Nachweis eines Sondervorteils scheitern, wenn sich der Schuldner darauf beruft, sämtliche Gläubiger entsprechend ihrer Quote berücksichtigt zu haben. Eine Obliegenheitsverletzung ist in diesem Fall jedoch bereits mit einem Verstoß gegen das Gebot nachzuweisen, allein an den Treuhänder zu leisten. Trotzdem wird die Vorschrift keinen weitgefassten Auffangcharakter einnehmen. An der in § 296 Abs. 1 Satz 1 1. HS InsO bestimmten weiteren Voraussetzung, wonach durch die Obliegenheitsverletzung die Befriedigung der Insolvenzgläubiger beeinträchtigt worden sein muss, wird eine Versagung vielfach scheitern (*Uhlenbruck/Sternal* InsO, § 295 Rn. 54). Dies gilt etwa für Zahlungen aus dem unpfändbaren Einkommen (*Kupka* ZInsO 2010, 113 [115]). 157

Das Zahlungsgebot des ersten Tatbestands aus § 295 Abs. 1 Nr. 4 InsO richtet sich ausschließlich an den **Schuldner** (*AG Passau* ZInsO 2009, 493; *Kübler/Prütting/Bork-Wenzel* InsO, § 295 Rn. 41; aber MüKo-InsO/*Ehricke* § 295 Rn. 95), wodurch sich die Regelung von § 294 Abs. 2 InsO unterscheidet (s. § 294 Rn. 30). Sein Verhalten wird reglementiert, wenn es dort heißt, dem Schuldner obliegt es, Zahlungen zur Befriedigung der Insolvenzgläubiger nur an den Treuhänder zu leisten. Obliegenheitsverletzungen stellen deswegen allein die von dem Schuldner oder in seinem Auftrag erbrachten Leistungen dar. Da sich die Obliegenheiten lediglich an den Schuldner richten und sein Verhalten steuern sollen, bleiben nach § 267 Abs. 1 BGB erbrachte Leistungen Dritter auf eine Insolvenzforderung zulässig. Zahlungen Dritter sind selbst dann ohne Verstoß gegen § 295 Abs. 1 Nr. 4 InsO gestattet, wenn sich der Dritte mit dem Schuldner abgesprochen hat, solange er nicht als Vertreter bzw. Erfüllungsgehilfe des Schuldners handelt. 158

Von der Obliegenheit, Zahlungen zur Befriedigung der Insolvenzgläubiger nur an den Treuhänder zu leisten, werden allein Leistungen auf Insolvenzforderungen erfasst. **Andere Forderungen** sind in das insolvenzrechtliche Gleichbehandlungs- und Verteilungssystem nicht einbezogen, weshalb kein Grund besteht, eine Leistung hierauf zu untersagen. Dem Schuldner steht es deshalb frei, neue Gläubiger aus seinem nicht in den Leistungsumfang einbezogenen, unpfändbaren Vermögen zu befriedigen (*Graf-Schlicker/Kexel* InsO, § 295 Rn. 22; vgl. § 294 Rdn. 52 ff.). Ebenso ist er berechtigt, Insolvenzgläubigern Leistungen zu erbringen, die nicht auf die Erfüllung einer Insolvenzforderung gerichtet sind, etwa Unterhaltsgläubigern, die Insolvenzgläubiger sind, ein Geschenk zu bereiten. 159

2. Zahlungsweg, Alt. 2

Die zweite Obliegenheit des Schuldners besteht darin, keinem Insolvenzgläubiger einen **Sondervorteil** zu verschaffen. Als Sondervorteil i.S.d. Vorschrift sind alle Formen der Leistungserbringung und nicht allein Zahlungen zu verstehen (A/G/R-*Weinland* § 295 InsO a.F. Rn. 41). Im Unterschied zu § 294 Abs. 2 InsO betrifft § 295 Abs. 1 Nr. 4 InsO keine rechtsgeschäftlichen Vereinbarungen, sondern die Leistungserbringung. Zur Begründung einer Obliegenheitsverletzung muss daher auch der **Leistungserfolg** eingetreten sein (*Uhlenbruck/Sternal* InsO, § 295 Rn. 57), die Vornahme der Leistungshandlung genügt also nicht, weshalb es noch keinen Obliegenheitsverstoß bedeutet, wenn etwa ein Überweisungsauftrag ausgefüllt, dieser aber wegen mangelnder Deckung nicht ausgeführt wird. Allein ein Versuch, mag er auch sehr weit gediehen sein, der aber den Leistungserfolg noch nicht herbeigeführt hat, ist unzureichend. Mit dieser objektiv gefassten Obliegenheit wird, wie auch bei § 294 Abs. 2 InsO, auf ein dem § 181 Satz 3 KO entsprechendes subjektives Merkmal ver- 160

§ 295 InsO Obliegenheiten des Schuldners

zichtet. Unerheblich ist daher, ob der Schuldner einem Insolvenzgläubiger einen Sondervorteil verschaffen will, so dass bereits der Eintritt eines solchen Vorteils genügt.

161 Zu Schwierigkeiten führt dies vor allem, wenn ein Schuldner auf **Druck eines Insolvenzgläubigers**, etwa eines Inkassobüros, Zahlungen erbringt. Z.T. wird hierin eine Obliegenheitsverletzung gesehen (*Uhlenbruck/Sternal* InsO, § 295 Rn. 58), doch kommt es auf die Umstände des Einzelfalls an. Ggf. kann es dann an einem nach § 296 Abs. 1 Satz 2 HS 2 für die Versagung erforderlichen Verschulden fehlen, doch sind hinsichtlich des subjektiven Tatbestands keine Pauschalierungen möglich. Bei den Obliegenheiten handelt es sich aber auch dann, wenn ihre Tatbestandsverwirklichung von einem Erfolgseintritt abhängt, um Verhaltensanforderungen an den Schuldner. Jedenfalls in Fallgestaltungen, in denen der Schuldner einem Gläubiger erst auf dessen Einwirken hin einen Sondervorteil verschafft, verstößt er nicht gegen seine Obliegenheit aus § 295 Abs. 1 Nr. 4 InsO. Dies gilt gegenüber dem Gläubiger, der sich den Sondervorteil verschaffen will, weil niemand einem anderen zu einem Verfahrensverstoß veranlassen darf, um daraus selbst einen Vorteil zu erlangen, hier den aus einer Versagung der Restschuldbefreiung.

162 Zahlungen aus dem **insolvenzfreien Vermögen** sind zulässig (*AG Göttingen* ZInsO 2005, 1001 [1002]; *VG Düsseldorf* ZInsO 2014, 2047; MüKo-InsO/*Ehricke* § 295 Rn. 97; K. Schmidt/*Henning* InsO, § 295 n.F. Rn. 32; *Adam* ZInsO 2006, 1132; *Frind* Praxishandbuch Privatinsolvenz, Rn. 1041; vgl. § 294 Rdn. 62; offengelassen von *BGH* NZI 2010, 223 Tz. 10). Zudem fehlt hier eine beeinträchtigte Gläubigerbefriedigung (*Harder* VIA 2010, 29 [30]).

163 Auch bei dieser Obliegenheit wird von dem Schuldner nur verlangt, **Insolvenzgläubigern** keine Sondervorteile zu verschaffen. Leistungen des Schuldners an andere Gläubiger oder auf andere als Insolvenzforderungen sind deshalb nicht von der Sanktion betroffen. Zahlt der Schuldner an einen absonderungsberechtigten Gläubiger aus seinem pfändungsfreien Vermögen, weil er etwa einen sicherungsübereigneten Pkw weiter für die Fahrten zur Arbeitsstelle benötigt, so leistet er insoweit nicht an einen Insolvenzgläubiger. Ebenso wenig liegt bei Zahlungen Dritter ein Verstoß gegen die Obliegenheit vor, vgl. Rdn. 158. Bei der Leistung eines Mitschuldners oder eines Bürgen fehlt es bereits an einer Zahlung durch den Schuldner, wenn der Mitschuldner oder der Bürge, wie meist, zur Tilgung seiner eigenen, ihm dem Gläubiger gegenüber obliegenden Schuld leistet (*BGH* BGHZ 42, 53 [56]). Eine Obliegenheitsverletzung scheidet damit aus. Leistet der Schuldner auf Forderungen, die nach Eröffnung des Insolvenzverfahrens begründet und deswegen keine Insolvenzforderungen sind, z.B. bei Mietzins-, Energieversorgungs-, Telekommunikations- oder Unterhaltsforderungen, verstößt er nicht gegen die Obliegenheit.

164 Bei der Erfüllung von **Geldstrafen** und den ihnen in § 39 Abs. 1 Nr. 3 InsO gleichgestellten Verbindlichkeiten scheidet eine Obliegenheitsverletzung aus, wenn die Strafe erst nach Eröffnung des Insolvenzverfahrens begründet und sie aus dem freien Vermögen erfüllt wurde. Zuvor begründete Strafen sind als nachrangige Insolvenzforderungen zu behandeln (zur Vollstreckung einer Geldstrafe durch Anordnung und Vollziehung einer Ersatzfreiheitstrafe *BVerfG* NZI 2006, 711). Unabhängig von der Frage, ob der Schuldner verpflichtet ist, auf diese nachrangigen Insolvenzforderungen zu leisten, ist er jedenfalls berechtigt, aus seinem freien Vermögen Geldstrafen zu zahlen (*AG Mannheim* ZVI 2005, 384 [385]; *Rönnau/Tachau* NZI 2007, 208 [210]) oder Leistungen etwa zur Erfüllung einer Bewährungsauflage zu erbringen (zur Anwendbarkeit von § 39 Abs. 1 Nr. 3 InsO auf Bewährungsauflagen *Ahrens* NZI 2001, 456 [459]). Diese Sonderstellung von Geldstrafen und gleichgestellten Verbindlichkeiten belegt § 302 Nr. 2 InsO. Da diese Verbindlichkeiten von der Restschuldbefreiung nicht berührt werden und wegen der besonderen Strafzwecke begründet eine solche Leistung keine Obliegenheitsverletzung nach § 295 Abs. 1 Nr. 4 InsO (vgl. *Brei* Entschuldung Straffälliger, S. 647 ff.; a.A. *Vallender/Elschenbroich* NZI 2002, 130 [132]). Die Zahlung einer Geldstrafe aus den abgetretenen Bezügen begründet einen Versagungsgrund (*AG Mannheim* ZVI 2005, 383 f.).

165 **Verschafft der Schuldner** einem Gläubiger einen Sondervorteil, so verstößt er mit den Folgen aus §§ 296 Abs. 1, 303 Abs. 1 InsO gegen seine Obliegenheiten (vgl. *AG Göttingen* NZI 2003, 217 [218] mit Anm. *Ahrens*). Beruht seine Leistung auf einem Abkommen mit dem Gläubiger, sind

die Wirkungen des § 294 Abs. 2 InsO zu beachten. Die auch von dem Erfüllungsgeschäft zu unterscheidende Leistungsbewirkung selbst bleibt von der Nichtigkeitsanordnung des § 134 BGB unberührt, da mit ihr kein Rechtsgeschäft vorgenommen wird (vgl. *Palandt/Grüneberg* § 362 Rn. 1 f., auch zum Streit um die Erfüllungstheorien).

3. Einzelfälle

Versagungsgrund bejaht: Die Zahlung einer Geldstrafe aus den abgetretenen Bezügen begründet den Versagungsgrund (*AG Mannheim* ZVI 2005, 383 f.), ebenso die unterlassene Leistung der abgetretenen pfändbaren Einkommensanteile für vier Monate in Höhe von EUR 439,01 mtl. (*AG Passau* ZInsO 2009, 493). 166

Versagungsgrund verneint: Zahlungen aus dem insolvenzfreien Vermögen sollen zulässig sein (*AG Göttingen* ZInsO 2005, 1001 [1002]). 167

D. Selbständige Tätigkeit (§ 295 Abs. 2 InsO)

I. Art der Tätigkeit

Die Restschuldbefreiung steht gleichermaßen nicht selbständig wie selbständig tätigen Schuldnern offen (*Dahl/Thomas* VIA 2013, 33; s.a. Rdn. 172), mögen sich auch die Zugangswege unterscheiden. Entweder ist dies ein Regel- oder ein Verbraucherinsolvenzverfahren. Mit § 295 Abs. 2 InsO wird eine doppelte Zielsetzung verfolgt, die Freiheitsgewährleistung (ebenso *Hess* InsO, 2007, § 295 Rn. 35) und Bindung des Schuldners miteinander kombiniert. Zunächst verwirklicht sie ein grundlegendes Element der **Schuldnerautonomie**, weil der Schuldner berechtigt wird, einer selbständigen Tätigkeit nachzugehen, wie dies schon Art. 12 Abs. 1 Satz 1 GG gebietet. Außerdem sichert die Regelung ein Mindestmaß der **Gläubigerbefriedigung**, denn der Schuldner hat die Gläubiger durch seine Zahlungen so zu stellen, wie sie bei der Eingehung eines angemessenen abhängigen Dienstverhältnisses stehen würden. Die Ausführungen gelten auch für die **Erwerbsobliegenheit nach § 287b InsO** im Rahmen des eröffneten Insolvenzverfahrens (§ 287b Rdn. 15 ff.) 168

Zugleich belegt die Regelung den **fundamentalen Unterschied** zwischen dem Insolvenzverfahren und der Treuhandperiode des Restschuldbefreiungsverfahrens. Im eröffneten Insolvenzverfahren unterliegen die gesamten Einkünfte eines selbständig tätigen Schuldners dem Insolvenzbeschlag, von denen ihm nach § 850i ZPO so viel belassen werden kann, wie ihm bei Einkünften aus unselbständiger Tätigkeit zustünde (*BGH* NJW 2003, 2167 [2170] = ZInsO 2003, 413 m. Anm. *Grote* = NZI 2003, 390 m. Anm. *Kohte*; *Tetzlaff* ZInsO 2005, 393; krit. *Andres/Pape* ZInsO 2005, 141; *Ries* ZInsO 2005, 298). In der Treuhandperiode steht dem Schuldner das Verwaltungs- und Verfügungsrecht auch über die Einkünfte aus selbständiger Tätigkeit zu, doch hat er die Gläubiger durch Zahlungen so wie bei einer Beschäftigung in einem angemessenen Dienstverhältnis zu stellen. Andere Anforderungen mögen sinnvoll sein, sind aber regelmäßig nicht aus dem Haftungskonzept und der Obliegenheit zu begründen. 169

Die **Geschäftsführung** obliegt allein dem Schuldner. Weder darf ihm der Treuhänder dabei Anweisungen erteilen, noch muss er den Schuldner beraten bzw. unterstützen. Ein detaillierter Geschäftsplan mindert Risiken, doch können ihn mangels entsprechender Organisationen oder Instrumente weder die Gläubiger noch der Treuhänder überprüfen. Ebenso wenig muss der Schuldner seinen Zahlungsverkehr über eine bestimmte Bank abwickeln (a.A. *Kübler/Prütting/Bork-Wenzel* InsO, § 295 Rn. 23), denn der Schuldner ist (nur) für das Ergebnis seiner Tätigkeit verantwortlich. Bei einem selbständigen Schuldner ohne laufende Einkünfte übernimmt § 295 Abs. 2 InsO die Funktion, welche die Abtretungserklärung nach § 287 Abs. 2 Satz 1 InsO für den nicht selbständigen Schuldner besitzt. Damit ist allerdings nur ein Ausschnitt der dem selbständigen Schuldner während der Treuhandzeit obliegenden Anforderungen und zwar in Bezug auf die zu erbringenden Zahlungen abgebildet. Ihn treffen außerdem die anderen Obliegenheiten aus § 295 Abs. 1 InsO, soweit diese nicht allein auf den unselbständig tätigen Schuldner bezogen sind (dazu Rdn. 8, 123). Diese Informationen sind auch nicht unerheblich, weil aus ihnen Anhaltspunkte für eine angemessene Tätigkeit zu 170 gewinnen sind (vgl. *Grote* ZInsO 2004, 1105 [1110]). Zur selbständigen Tätigkeit während des Insolvenzverfahrens vgl. § 35 Abs. 2 InsO (A/G/R-*Ahrens* § 35 InsO Rn. 129 ff.).

171 Ob eine Person eine **selbständige Tätigkeit** ausübt, ist angelehnt an die Definition aus § 84 Abs. 1 Satz 2 HGB in der Weise zu bestimmen, ob sie ihre Chancen auf dem Markt selbständig und im Wesentlichen weisungsfrei suchen kann (*BAG* NJW 1997, 2973 [2974]; *Gottwald/Ahrens* HdbInsR, § 78 Rn. 40; MüKo-HGB/*v. Hoyningen-Huene* 2. Aufl., § 84 Rn. 26 ff.; *Baumbach/Hopt* HGB, 33. Aufl., § 84 Rn. 35 ff.). Nach anderer Ansicht ist auf die einkommensteuerrechtliche Bestimmung der Einkünfte aus selbständiger Tätigkeit (*Uhlenbruck/Sternal* InsO, § 295 Rn. 61) bzw. auf die vollstreckungsrechtliche Ableitung aus § 850 ZPO abzustellen (*Schmerbach* ZVI 2003, 256 [261]). Auch ein Selbständiger kann jedoch über pfändbare und damit abtretbare Einkünfte verfügen (vgl. § 287 Rdn. 121, 172 f.; *AG Göttingen* NZI 2009, 334 [335]; unzutreffend insoweit die Begr. RegE, BR-Drucks. 1/92 S. 192, die davon ausgeht, dass eine Vorausabtretung seiner Einkünfte ausgeschlossen ist). Soweit der selbständig tätige Schuldner seine Einkünfte wirksam übertragen hat, bedarf es nicht mehr der Regelung des § 295 Abs. 2 InsO. Die Regelung ist deswegen teleologisch auf die Fälle zu beschränken, in denen keine Forderungen übergegangen sind.

172 Als Ausdruck seiner **Berufsfreiheit** aus Art. 12 Abs. 1 GG und der daraus resultierenden fortbestehenden Autonomie darf der Schuldner eine selbständige Erwerbstätigkeit ausüben (*Wegener* VIA 2017, 25 [26]). Mehr noch ist er berechtigt, sich in der Treuhandperiode zwischen einer selbständigen und einer unselbständigen Erwerbstätigkeit zu entscheiden. Unabhängig von seiner vorigen Beschäftigung wird ihm auch nach seiner Insolvenz die **Wahl zwischen den Erwerbsformen** überlassen (*Gottwald/Ahrens* HdbInsR, § 78 Rn. 38; *K. Schmidt/Henning* InsO, § 295 n.F. Rn. 34), denn § 295 Abs. 2 InsO differenziert bei dem Recht zur selbständigen Erwerbstätigkeit nicht danach, welche Tätigkeit der Schuldner zuvor ausgeübt hat.

173 Weiter noch ist ihm auch während der Treuhandzeit der **Wechsel** zwischen einer abhängigen und einer nicht abhängigen Erwerbstätigkeit sowie umgekehrt zu gestatten (MüKo-InsO/*Ehricke* § 295 Rn. 105; *Kübler/Prütting/Bork-Wenzel* InsO, § 295 Rn. 18; HambK-InsO/*Streck* § 295 Rn. 24; LSZ/*Kiesbye* InsO, § 295 Rn. 24; *Mohrbutter/Ringstmeier-Pape* § 17 Rn. 251; vgl. *Häsemeyer* InsR, Rn. 26.52; *Heyer* Restschuldbefreiung im Insolvenzverfahren, S. 125; *Trendelenburg* ZInsO 2000, 437 [440], für Wechsel von selbständiger zu nicht selbständiger Tätigkeit; *Grote* ZInsO 2004, 1105 [1107]; außerdem s. Rdn. 43 ff.). Ggf. ist dies sogar geboten, um die geforderten Leistungen erbringen zu können. Diese Option wird etwa für den Fall erwogen, dass der Schuldner seine Forderungen aus der selbständigen Tätigkeit im Voraus abgetreten hat, um durch den Wechsel in eine abhängige Beschäftigung seine Erwerbsobliegenheit erfüllen zu können (*Uhlenbruck/Vallender* InsO, 13. Aufl., § 295 Rn. 62). Solange der Schuldner selbständig ist, gilt der Maßstab aus § 295 Abs. 2 InsO. Für die übrigen Zeiten sind die Anforderungen aus § 295 Abs. 1 Nr. 1 InsO zu erfüllen (*BGH* NZI 2011, 596 Tz. 16 ff. m. Anm. *Ahrens*). Für die jeweiligen Perioden gelten unterschiedliche Anforderungen hinsichtlich des Leistungsumfangs, des Verschuldensmaßstabs und des möglichen Zeitpunkts der Kenntnisnahme. Versucht der Schuldner, sich durch wechselnde Erwerbsformen der Gläubigerbefriedigung zu entziehen, kann dem schon während der Treuhandzeit durch die Auskunftsobliegenheiten nach § 295 Abs. 1 Nr. 3 Alt. 5, 6 und 8 InsO begegnet werden. Rechtlich muss der Schuldner nicht die ökonomisch effizientere Wahl treffen, doch trägt er das Versagungsrisiko, falls er nicht die einem angemessenen Dienstverhältnis entsprechenden Beträge abführen kann (*Grote* ZInsO 2004, 1105 [1107]; i.E. wohl auch *Uhlenbruck/Sternal* InsO, § 295 Rn. 73). Eine ökonomisch sinnlose »Flucht in die Selbständigkeit« steht unter dem Versagungsrisiko am Ende der Treuhandperiode.

174 Zulässig ist auch eine **Kombination unterschiedlicher Erwerbsformen**. Übt der Schuldner sowohl eine selbständige als auch eine nicht selbständige Beschäftigung aus, ist als Bemessungsgrundlage von beiden Einkünften auszugehen (*Grote* ZInsO 2004, 1105 [1110]; **a.A.** *Warrikoff* ZInsO 2004, 1331 [1333]). Für das Ergebnis muss es unerheblich sein, ob der Schuldner überwiegend in selbständiger oder unselbständiger Weise arbeitet und wie hoch die jeweiligen Anteile sind. Die tatsächlichen Einkünfte aus nicht selbständiger Tätigkeit sind um die fiktiven Einkünfte aus einem angemessenen

Dienstverhältnis zu erhöhen. Der Schuldner muss die dem Treuhänder aufgrund der Abtretung zufließenden Einkünfte um den Betrag aufstocken, der den Gläubigern zugeflossen wäre, wenn der Schuldner anstelle der selbständigen Tätigkeit auch insoweit abhängig beschäftigt gewesen wäre. Das anzunehmende fiktive Nettoeinkommen ist aus einem angemessenen Dienstverhältnis zu berechnen (*BGH* ZInsO 2006, 547 [548]; HK-InsO/*Waltenberger* § 295 Rn. 37; s.a. *Graf-Schlicker/ Kexel* InsO, § 295 Rn. 19). Offengelassen hat der *BGH*, wie zu entscheiden ist, wenn aus der selbständigen Tätigkeit kein Gewinn zu erzielen ist (*BGH* ZInsO 2006, 547 [548]). Zu prüfen ist, ob dem Schuldner dann ein unterlassener Wechsel in eine nicht selbständige Beschäftigung vorgeworfen werden kann. Jedenfalls dann, wenn der Schuldner keinen Gewinn erzielt und auch nicht die Möglichkeit hätte, ein anderes Arbeitsverhältnis einzugehen, soll dies für die Erteilung der Restschuldbefreiung unschädlich sein (*Pape* InsbürO 2013, 299 [302 f.]).

Nach dem **Muster des § 850e Nr. 2 ZPO** sind dazu die Einkommen – das reale und das hypothetische – zusammenzurechnen. Arbeitet der Schuldner über die regelmäßige Arbeitszeit hinaus, ist es fraglich, inwieweit der Mehrverdienst aus der **überobligationsmäßigen Tätigkeit** anzurechnen ist. Vorgeschlagen wird, entsprechend dem Grundgedanken aus § 850a Nr. 1 ZPO, dem Schuldner die Hälfte des Mehrverdienstes zu belassen (*Grote* ZInsO 2004, 1105 [1110]; HK-InsO/*Waltenberger* § 295 Rn. 36). Dieser Gedanke hat zwar im Fall einer nicht selbständigen Vollzeitbeschäftigung den Charme einer leichten Bestimmbarkeit für sich (s. Rdn. 41), lässt sich aber auf andere Konstellationen nicht ohne Weiteres übertragen. Welche Erwerbsform soll etwa die Grundlage bilden, wenn der Schuldner für beide durchschnittlich 25 Stunden wöchentlich aufwendet, aber aus der einen Tätigkeit 60 % aus der anderen 40 % seiner Einkünfte bezieht? Ausschlaggebend muss deshalb die einheitliche Bezugsgröße der angemessenen Erwerbstätigkeit sein. Abhängig von den Umständen des Einzelfalls ist dann ein Teil der Einkünfte dem Schuldner zu belassen, der aus seiner über die regelmäßige Arbeitszeit hinausgehenden Tätigkeit stammt, wofür § 850a Nr. 1 ZPO einen Anhaltspunkt liefert. Arbeitet ein selbständig erwerbstätiger Schuldner nach Erreichen der Regelaltersgrenze für abhängig Beschäftigte weiter, ist im Rahmen einer angemessenen Interessenabwägung (vgl. Rdn. 41) als Maßstab auf die hypothetischen Altersbezüge abzustellen (**a.A.** *Heyn* InsbürO 2014, 115, 120). 175

II. Berufsrechtliche Schranken

Vielfach verhindern **gewerbe- und berufsrechtliche Schranken** eine selbständige Erwerbstätigkeit. Der Schuldner muss sich dann um eine nicht selbständige Erwerbstätigkeit bemühen. Einer selbständigen Tätigkeit kann allerdings die mangelnde wirtschaftliche Leistungsfähigkeit des Schuldners entgegenstehen, wenn sie im Einzelfall zu einer **Unzuverlässigkeit** als **Gewerbetreibender** nach § 35 Abs. 1 Satz 1, 2 GewO führt (*Koerfer* VIA 2014, 41). Auch nicht ganz unerhebliche Steuerrückstände oder nicht abgeführte Sozialversicherungsbeiträge können eine Unzuverlässigkeit begründen (*Heß* in *Fuhr/Friauf* GewO, § 35 Rn. 63, 68). Für das von dem Schuldner zur Zeit des Antrags auf Eröffnung des Insolvenzverfahrens ausgeübte Gewerbe ist die gewerberechtliche Untersagungsmöglichkeit jedoch während eines Insolvenzverfahrens nach § 12 GewO ausgeschlossen. Der Ausschluss betrifft das Insolvenzeröffnungsverfahren mit der Möglichkeit zu Sicherungsmaßnahmen, das eröffnete Insolvenzverfahren, die verschiedenen Stadien des Verbraucherinsolvenzverfahrens und schließlich das Restschuldbefreiungsverfahren. Eine dennoch für das ausgeübte Gewerbe gem. § 35 Abs. 1 Satz 1 GewO ausgesprochene Gewerbeuntersagung ist rechtswidrig (*VGH Bayern* ZInsO 2009, 1588 [1589]). 176

Im Gegensatz zur Gewerbeordnung enthalten die berufsrechtlichen Regelungen der **freien Berufe** keine § 12 GewO vergleichbare Vorschrift (abl. zur Frage der analogen Anwendbarkeit des § 12 GewO in der Insolvenz eines Freiberuflers, hier: saarländischer Architekt, *BVerwG* 17.03.2008 – 6 B 8/08). Auch eine Negativerklärung gem. § 35 Abs. 2 Satz 1 InsO schließt die Anwendbarkeit des § 12 GewO nicht aus (*VGH Bayern* ZInsO 2009, 1588 [1589]). Eine Gewerbeuntersagung soll auch bei einer Erklärung des Insolvenzverwalters nach § 35 InsO zulässig sein können (*VGH Bayern* ZInsO 2009, 1588). Mit Beendigung des Insolvenzverfahrens und dem Übergang in die Treu- 177 handperiode bestehen keine ungeordneten Vermögensverhältnisse nach § 34d Abs. 2 Nr. 1 GewO mehr (*OVG Münster* BeckRS 2012, 45116).

178 Während eines laufenden Insolvenzverfahrens ist ein Antrag auf **Zulassung zur Rechtsanwaltschaft** zurückzuweisen, weil ein Vermögensverfall nach § 7 Nr. 9 BRAO zu vermuten ist. Auch der Antrag auf Erteilung von Restschuldbefreiung ändert dies nicht (*BGH* NJW 2005, 1944). Die Zulassung zur Anwaltschaft ist bei einem Vermögensverfall des Rechtsanwalts nach § 14 Abs. 2 Nr. 7 BRAO grds. zu **widerrufen** (krit. zur unzureichenden Abstimmung berufsregelnder Gesetze mit der InsO *Jaeger/Henckel* § 35 Rn. 17). Die Stellung des Insolvenzantrags bildet zwar ein wesentliches Indiz für den Vermögensverfall, nach der Rechtsprechung des *BGH* aber allein noch keinen Grund für einen automatischen Widerruf der Anwaltszulassung. Solange das Insolvenzverfahren läuft, besteht die Gefährdung der Rechtsuchenden fort, woran auch ein Restschuldbefreiungsantrag allein nichts ändert. Eine Konsolidierung liegt noch nicht vor, wenn der Insolvenzverwalter die Kanzlei aus der Masse entlassen hat, denn dies erfolgt vielfach, um keine weiteren Kosten zu verursachen (*BGH* ZVI 2007, 619 Tz. 9, 12). Allein eine Negativerklärung des Insolvenzverwalters nach § 35 Abs. 2 InsO genügt deswegen nicht (*BGH* NJW-Spezial 2010, 222; NZI 2011, 464 Tz. 7; BeckRS 2012, 12060 Tz. 6; *Frind* Praxishandbuch Privatinsolvenz, Rn. 658).

179 Ganz ausnahmsweise erfolgt **kein Widerruf der Zulassung**, wenn eine Gefährdung der Interessen der Rechtsuchenden nicht gegeben ist, weil keine Beanstandungen erfolgt sind, der Anwalt nicht nach außen in Erscheinung tritt und die Mandate im Auftrag und für Rechnung der Sozietät abgeschlossen werden. Insbesondere müssen die arbeitsvertraglichen Beschränkungen und Sicherungsvorkehrungen die Annahme rechtfertigen, dass eine Gefährdung der Interessen der Rechtsuchenden durch den Vermögensverfall des Rechtsanwalts schon vor Abschluss des in die Wege geleiteten Insolvenzverfahrens nicht mehr zu befürchten ist (*BGH* NJW 2005, 511; NJW 2007, 2924 Tz. 12; ZInsO 2012, 140 Tz. 5; ZVI 2014, 144 Rn. 6; *Janca* ZInsO 2005, 242; allgemein *Schmittmann* ZInsO 2004, 725). Die Tätigkeit als Einzelanwalt in einer Bürogemeinschaft erfüllt nicht diese strengen Anforderungen (*BGH* ZInsO 2012, 140 Tz. 6).

180 Die **Gefährdung entfällt** grds. erst dann, wenn das Insolvenzverfahren zu einem Abschluss führt, bei dem mit einer Konsolidierung der Vermögensverhältnisse des Antragstellers gerechnet werden kann. Das setzte in dem früheren Privatinsolvenzrecht die Ankündigung der Restschuldbefreiung durch Beschluss des Insolvenzgerichts und die **Aufhebung des Insolvenzverfahrens** voraus (*BGH* NJW 2005, 1271; NJW 2005, 1944; ZInsO 2010, 86 Tz. 8; NJW-Spezial 2010, 222; BeckRS 2011, 08316 Tz. 7; BeckRS 2012, 12060 Tz. 6) oder einen bestätigten Insolvenzplan, § 248 InsO (*BFH* ZInsO 2009, 1405 [1406]), einen angenommenen Schuldenbereinigungsplan gem. § 308 InsO (*BGH* NJW 2005, 1271), bei deren Erfüllung der Schuldner von seinen Verbindlichkeiten befreit wird (*BGH* ZInsO 2010, 1380 Tz. 12; BeckRS 2012, 10263). Während der Treuhandperiode bestehen wieder geordnete Vermögensverhältnisse des Schuldners (*BGH* NJW 2005, 1271, 1272). Eine Eigenverwaltung genügt nicht (*BGH* ZInsO 2011, 2234 Tz. 8).

181 Im neuen Privatinsolvenzrecht erfolgt jedoch **keine Ankündigung der Restschuldbefreiung** im früheren Sinne mehr, denn § 291 InsO ist aufgehoben. Nach einer kurzen Irritation (*BGH* NJOZ 2015, 1341 Rn. 4; BeckRS 2015, 16810 Rn. 5; BeckRS 2016, 06843 Rn. 8; krit. *Ahrens* NJW-Spezial 2016, 725; *Koerfer* Gewerbe- und Berufsrecht im Spannungsfeld zum Insolvenzverfahren, 2016, S. 151 ff.) hat der BGH eine Anknüpfung an die Eingangsentscheidung ausgeschlossen. Offengelassen hat der Senat, von welchem Zeitpunkt an hinreichend geordnete Vermögensverhältnisse vorliegen. Maßgebend für die geordneten Vermögensverhältnisse muss der **Beginn der Treuhandperiode** bzw. das Ende des Insolvenzverfahrens sein. Wie der Senat in seiner grundlegenden Entscheidung vom 07.12.2004 hervorgehoben hat, sind dann die pfändbaren Forderungen auf Bezüge an den Treuhänder abgetreten, § 287 Abs. 2 InsO, bzw. entsprechende Beträge abzuführen, § 295 Abs. 2 InsO, und Zwangsvollstreckungsmaßnahmen einzelner Gläubiger untersagt, § 294 Abs. 1 InsO. Außerdem soll der Schuldner damit die Chance auf einen wirtschaftlichen Neubeginn erhalten. Auf eine Ankündigung der Restschuldbefreiung kommt es nicht an, denn sie besaß stets nur eine deklaratorische Bedeutung. Die Aufhebung des Insolvenzverfahrens bildet einen nicht stets verlässlichen

Indikator. Prinzipiell schließt sich daran die Treuhandperiode an. Anders verhält es sich jedoch in den sog. asymmetrischen Insolvenzverfahren i.S.d. § 300a InsO. In diesen Verfahren ist ohne eine erfolgreiche Versagung die Restschuldbefreiung zu erteilen und der Insolvenzbeschlag beschränkt. Dies rechtfertigt es, trotz eines noch nicht beendeten Insolvenzverfahrens geordnete Vermögensverhältnisse anzunehmen.

Nach Ankündigung der Restschuldbefreiung, aber vor Aufhebung des Insolvenzverfahrens, genügte es nach der alten Rechtslage, wenn durch eine Negativerklärung des Insolvenzverwalters der Schuldner gem. § 35 Abs. 2 InsO berechtigt ist, über das Betriebsvermögen zu verfügen (*BGH* ZInsO 2010, 86 Tz. 8). Maßgebender Beurteilungszeitpunkt ist der Abschluss des behördlichen Widerrufsverfahrens bzw. der Widerrufsverfügung (*BGH* NJW 2011, 3234 Tz. 10 ff.; BeckRS 2012, 23750 Tz. 6; BeckRS 2014, 05622). 182

Parallel dazu bestimmt § 50 Abs. 1 Nr. 6 BNotO, dass im Vermögensverfall, der bei Eröffnung des Insolvenzverfahrens vermutet wird, der **Notar** seines Amtes zu entheben ist (*BGH* NJW 2004, 2018; NJW 2007, 1287 [1288]; zur Widerlegung der Vermutung *BGH* NJW 2007, 1289; *Schmittmann* ZInsO 2006, 419 [421]; s.a. *BGH* ZInsO 2009, 235, zur Amtsenthebung bei zerrütteten wirtschaftlichen Verhältnissen gem. § 50 Abs. 1 Nr. 8 Alt. 2 BNotO). Der Beschluss der Gläubigerversammlung, den Insolvenzverwalter mit der Ausarbeitung eines Insolvenzplans zu beauftragen, genügt noch nicht (*BGH* NZI 2004, 342; s.a. NJW 2007, 1287 [1288]). Ein bestätigter Insolvenzplan widerlegt die Vermutung des Vermögensverfalls (vgl. *Frind* Praxishandbuch Privatinsolvenz, Rn. 659). Zu berücksichtigen ist aber, dass eine Amtsenthebung die bestmögliche Gläubigerbefriedigung beeinträchtigen kann (*BVerfG* NJW 2005, 3057 [3058]). 183

Der Widerruf der Bestellung des **Steuerberaters** im Vermögensverfall ist in § 46 Abs. 2 Nr. 4 StBerG normiert (dazu *BFH* DStR 2004, 974; ZInsO 2009, 1405 [1406]; *FG Kiel* ZVI 2004, 535). Die gesetzliche Vermutung wird weder durch die im Rahmen des Insolvenzverfahrens in Aussicht stehende Restschuldbefreiung noch durch die Negativerklärung des Insolvenzverwalters zur selbständigen Tätigkeit gem. § 35 Abs. 2 InsO widerlegt (*BFH* ZInsO 2010, 1138 [1139]). Ebenso wenig ist eine Beendigung des Insolvenzverfahrens ohne ein durchgeführtes Restschuldbefreiungsverfahren ausreichend. Eine Ankündigung der Restschuldbefreiung – dem muss in den nach dem 01.07.2014 beantragten Insolvenzverfahren eine Aufhebung des Insolvenzverfahrens gleichstehen – soll aber genügen (*FG Köln* ZVI 2017, 98; offengelassen von *BFH* ZInsO 2010, 1138 [1139]). Entsprechendes ist für den **Wirtschaftsprüfer** in § 20 Abs. 2 Nr. 5 WPO geregelt (*Schmittmann* ZInsO 2006, 419 [420]). 184

Für einen **Architekten** hat das *OVG NRW* (ZInsO 2010, 481 [482]) konstatiert, dass er aus der Architektenliste zu löschen ist, wenn er überschuldet ist und über kein tragfähiges Sanierungskonzept verfügt, das den Schluss auf einen baldigen Schuldenabbau rechtfertigt. Mit Einleitung des Insolvenzverfahrens stehe die Überschuldung fest. Offengelassen hat es, ob bereits mit der früheren Ankündigung oder erst mit Erteilung der Restschuldbefreiung die abstrakte Gefährdung der Gläubiger entfalle. Die berufsrechtlichen Regelungen der freien Berufe enthalten keine § 12 GewO vergleichbare Vorschrift und eine analoge Anwendung ist jedenfalls für saarländische Architekten abgelehnt worden (*BVerwG* 17.03.2008 – 6 B 8/08, n.v.). Dies wird zu verallgemeinern sein. 185

Kann der Schuldner im Verfahren über die **Wiedergestattung** der persönlichen Ausübung eines Gewerbes die wirtschaftliche Leistungsfähigkeit nachweisen, ist ihm während der Treuhandperiode die gewerbliche Tätigkeit wieder zu gestatten (vgl. *OVG Bremen* GewArch 2004, 163; *Leibner* ZInsO 2002, 61 [62]). Ein Steuerberater kann wieder bestellt werden (*Niedersächsisches FG* EFG 2004, 927). 186

III. Zahlungen

1. Höhe

a) Unmittelbare Anwendung

187 **Während der Treuhandperiode** ist der Schuldner infolge seiner grundgesetzlich garantierten Berufsfreiheit aus Art. 12 Abs. 1 Satz 1 GG berechtigt, eine selbständige Erwerbstätigkeit auszuüben (Rdn. 171 ff.). § 295 Abs. 2 InsO normiert dazu, in welcher Höhe der Schuldner Zahlungen an den Treuhänder erbringen soll. Da die Bezügeabtretung die Einkünfte eines selbständig erwerbstätigen Schuldners nicht erfasst (*BGH* NZI 2010, 72 Tz. 11 ff.; ZInsO 2011, 2101 Tz. 9; ZInsO 2012, 1488 Tz. 7; s. § 287 Rdn. 172; *Uhlenbruck/Sternal* InsO, § 295 Rn. 63; HK-InsO/*Waltenberger* § 295 Rn. 35), sichert § 295 Abs. 2 InsO eine ausreichende Partizipation der Gläubiger am Ertrag der Tätigkeit. Aufgrund der unbestimmten Berechnungsgröße eines angemessenen Dienstverhältnisses und der in vieler Hinsicht rudimentären Regeln, führt die Vorschrift zu zahlreichen Rechtsanwendungsproblemen. Die Regelung lässt etwa offen, wer die Zahlungen zu berechnen hat, wie die Zahlungshöhe rechtssicher festgelegt werden können, wann die Zahlungen zu erbringen sind und welche Auskünfte der Schuldner zu erbringen hat. Über die wenig gelungene Struktur von § 295 Abs. 2 InsO besteht weithin Einigkeit (vgl. nur *Frind* Praxishandbuch Privatinsolvenz, Rn. 1071; *Ahrens* NZI 2013, 800; *Wegener* VIA 2017, 25).

188 Als **Grundsatz** muss der selbständig erwerbstätige Schuldner die Insolvenzgläubiger durch Zahlungen an den Treuhänder so stellen, als wenn er ein **angemessenes Dienstverhältnis** eingegangen wäre, ohne diese Beträge bereits bei dem Antrag auf Erteilung der Restschuldbefreiung mitteilen zu müssen (MüKo-InsO/*Ehricke* § 295 Rn. 106; a.A. *Haarmeyer/Wutzke/Förster* Handbuch, 3. Aufl., Rn. 8/197, die sich empfehlen). Der Begriff des angemessenen Dienstverhältnisses ist im Kern entsprechend den zu § 295 Abs. 1 Nr. 1 InsO entwickelten Kriterien zu bestimmen (*Schmerbach* ZVI 2003, 256 [262]; *Graf-Schlicker/Kexel* InsO, § 295 Rn. 19; s. Rdn. 25 ff.).

189 Die Zahlungshöhe des Schuldners ist **unabhängig vom wirtschaftlichen Erfolg** seiner Tätigkeit, also nicht nach dem tatsächlichen Gewinn zu bemessen (*BGH* NZI 2006, 413 Tz. 13; 2009, 482 Tz. 4; 2016, 269 Tz. 27; *Gottwald/Ahrens* HdbInsR, § 78 Rn. 41; ein Antrag des Bundesrats, diesen Erfolg zu berücksichtigen, ist abgelehnt worden, BT-Drucks. 12/2443 zu § 244 RegE S. 257, 267; dies übergeht *Wenzel* NZI 1999, 15 [18]). Maßgebend ist das **hypothetische Einkommen** aus einem angemessenen, nicht notwendig der selbständigen Tätigkeit entsprechenden abhängigen Dienstverhältnis (zu den Prüfungsschritten *Priebe* ZInsO 2015, 936 [940]). Auf die tatsächlichen Einkünfte des Schuldners kommt es nicht an. **Unerheblich** ist, ob der Schuldner einen **Gewinn** erzielt hat oder einen höheren Gewinn hätte erzielen können. Damit entkoppelt die Regelung den Umfang der zu erbringenden Leistungen vom wirtschaftlichen Erfolg der selbständigen Tätigkeit (*BGH* NZI 2006, 413 Tz. 13; 2011, 596, Tz. 6 m. Anm. *Ahrens*; 2013, 189 Tz. 10; NZI 2013, 404 Tz. 7 m. Anm. *Ahrens*; NZI 2016, 269 Tz. 27; *AG Hamburg* InsVZ 2009, 28 [29]; HambK-InsO/*Streck* § 295 Rn. 25; *Graf-Schlicker/Kexel* InsO, § 295 Rn. 19; LSZ/*Kiesbye* InsO, § 295 Rn. 25; *Trendelenburg* ZInsO 2000, 437 [439]; *Grote* ZInsO 2004, 1105 [1106]; *Harder* NZI 2013, 521 [522]; a.A. *Kübler/Prütting/Bork-Wenzel* InsO, § 295 Rn. 21; *Montag* ZVI 2014, 333 [335]). Ausgangspunkt ist eine eigenständige normative Haftungsvorstellung, für die es im Insolvenzverfahren keine Vergleichsgröße gibt, denn der abzuführende Betrag kann nicht mit dem Insolvenzbeschlag gleichgesetzt werden. Da in der Treuhandperiode weder die Gläubiger noch der Treuhänder Instrumente besitzen, um in diesen Erwerbsprozess steuernd einzugreifen, ist ein den rechtlichen Möglichkeiten entsprechendes vereinfachtes Konzept geschaffen. Das Unternehmerrisiko, also das Risiko im Rahmen einer selbständigen Tätigkeit nicht die gleichen Einkünfte wie bei einer unselbständigen Beschäftigung zu erzielen, trägt der Schuldner. Deswegen trägt der Schuldner das Risiko, ob seine Einnahmen ausreichen, um neben dem abzuführenden Betrag auch seine Kosten aus der selbständigen Tätigkeit zu decken (*LG Siegen* JurBüro 2009, 209). Er kann sich insoweit nicht auf fehlendes Verschulden berufen.

Zwei Konsequenzen resultieren aus der Bemessung der zu erbringenden Zahlungen am hypothetischen Einkommen aus einem angemessenen Dienstverhältnis. Korrespondierend mit seinem wirtschaftlichen Risiko darf der Schuldner **höhere Einnahmen** behalten, als er im Rahmen einer nicht selbständigen Beschäftigung erzielt hätte (*Uhlenbruck/Sternal* InsO, § 295 Rn. 76; HK-InsO/*Waltenberger* § 295 Rn. 35; *Braun/Pehl* InsO, § 295 Rn. 20; LSZ/*Kiesbye* InsO, § 295 Rn. 27; *Schmerbach* ZVI 2003, 256 [263]; *Grote* ZInsO 2004, 1105 [1109 f.]; krit. *Trendelenburg* ZInsO 2000, 437 [439]; a.A. *AG München* ZVI 2005, 384 [385]). Die Referenz des angemessenen Dienstverhältnisses verhindert aufwendige Auseinandersetzungen über mögliche Entnahmen aus dem Unternehmen und stellt eine vergleichsweise einfachere Berechnungsgröße für die Höhe der Einkünfte auf. 190

Erzielt der Selbständige **niedrigere Einkünfte** als aus einem angemessenen Dienstverhältnis, hat er dennoch grds. die einem angemessenen Dienstverhältnis entsprechenden Zahlungen zu erbringen. Diese Notwendigkeit, die Zahlungen aufzustocken, besteht insbesondere, wenn der Schuldner zusätzlich eine nicht selbständige Tätigkeit ausübt (*BGH* NZI 2006, 413 Tz. 13). Erkennt der Schuldner in der Treuhandperiode, dass er mit seiner selbständigen Tätigkeit nicht genügend erwirtschaftet, um seine Gläubiger so zu stellen, als wenn er eine entsprechende abhängige Tätigkeit ausübt, muss er seine Selbständigkeit nicht sofort aufgeben. Er muss sich aber wie ein beschäftigungsloser Schuldner nach § 295 Abs. 1 Nr. 1 InsO nachweisbar um eine angemessene Erwerbstätigkeit bemühen, um den Verschuldensvorwurf zu entkräften (*BGH* NZI 2009, 482 Tz. 5; NZI 2012, 718 Tz. 16). Eine Reinvestition der Einnahmen entbindet den Schuldner nicht von seiner Obliegenheit (*Fischinger* KTS 2013, 459 [463]). 191

Die **angemessene Art des Dienstverhältnisses** ist nach den konkreten individuellen Verhältnissen des Schuldners zu bestimmen. Angemessen ist nur eine dem Schuldner **mögliche abhängige Tätigkeit** (*BGH* NZI 2011, 596 Tz. 13 ff. m. Anm. *Ahrens*; *BGH* NZI 2014, 32 Tz. 12; NZI 2016, 269 Tz. 27). Die Obliegenheit besteht auch bei einem selbständigen Schuldner nur, soweit sie ihm zumutbar ist, also nicht aus Alters- oder Krankheitsgründen unzumutbar ist (A/G/R-*Weinland* § 295 InsO a.F. Rn. 43). Abzustellen ist insbesondere auf die schulische Ausbildung, die Erwerbsbiographie (*BGH* NZI 2013, 189 Tz. 14; *Dahl/Thomas* VIA 2013, 33 [34]), die familiäre Situation, den gesundheitlichen Zustand, das Alter (*BGH* NZI 2012, 718 Tz. 16), die sonstigen persönlichen Verhältnisse und die Arbeitsmarktlage. Eine Körperbehinderung kann einer abhängigen Beschäftigung entgegenstehen (*BGH* NZI 2014, 32 Tz. 13). Für einen 67-jährigen Schuldner ist der maßgebende hypothetische Verdienst mit EUR 0,– anzusetzen. Deswegen verletzt er auch keine Obliegenheit, wenn er einen Verdienst als selbständiger Handelsvertreter nicht anzeigt (*AG Hamburg* InsVZ 2009, 28 [29]). Wechselt der Schuldner zwischen einer selbständigen und einer abhängigen Erwerbstätigkeit, können die im Rahmen des Dienstverhältnisses erworbenen Einkünfte als Maßstab herangezogen werden. 192

Auf den selbständigen Schuldner kann allerdings die **Vermutung einer angemessenen Erwerbstätigkeit** (Rdn. 30) nicht ohne Weiteres übertragen werden, weil es bei ihm nicht auf die ausgeübte, sondern auf eine angemessene hypothetische nicht selbständige Tätigkeit ankommt. Allerdings existiert ein gewisser Anknüpfungspunkt bei der Berufsgruppe bzw. der Art der Tätigkeit. Soweit eine vergleichbare unselbständige Beschäftigung möglich ist, kann deswegen auf die Angemessenheitsvermutung abgestellt werden. Zu berücksichtigen sein kann auch, wenn der Selbständige längere Zeit abweichend von seiner Qualifikation tätig gewesen ist (vgl. *Frind* Praxishandbuch Privatinsolvenz, Rn. 1082). Den Schuldner trifft die sekundäre Darlegungs- und Beweislast zu seiner beruflichen Qualifikation (*AG Oldenburg* ZVI 2015, 355 [356]). Zum **Verschulden** s. § 296 Rdn. 17. 193

Für die **angemessene Höhe des Verdienstes** ist auf die tarifübliche Entlohnung abzustellen (vgl. *BGH* NZI 2014, 32 Tz. 8; *AG Göttingen* NZI 2009, 334 [335], BAT), zuzüglich der üblichen Überstunden-, Nachtarbeits- und sonstigen Zuschläge. Möglich ist eine Recherche unter www.gehaltsvergleich.com (*AG Göttingen* ZInsO 2013, 682; *Frind* Praxishandbuch Privatinsolvenz, Rn. 1076). Aus dem fiktiven Einkommen ist der nach den §§ 292 Abs. 1 Satz 3, 36 Abs. 1 Satz 2 InsO, 850 ff. ZPO **pfändbare Betrag** zu ermitteln (vgl. *BGH* NZI 2016, 269 Tz. 10, 26; *Schmerbach* ZVI 2003, 256 [262]; *Grote* ZInsO 2004, 1105 [1107]). Der Schuldner muss den zutreffenden Zahlungsbetrag 194 leisten und demzufolge ermitteln (*AG Berlin-Charlottenburg* ZInsO 2009, 1219; *Frind* Praxishandbuch Privatinsolvenz, Rn. 1078). Können aus einem angemessenen abhängigen Beschäftigungsverhältnis keine pfändbaren Beträge erwirtschaftet werden, obliegen dem Schuldner keine Zahlungen (*BGH* NZI 2012, 718 Tz. 16). Einkünfte aus einer selbständigen Tätigkeit können u.U. ein Indiz dafür bilden, dass der Schuldner ein Einkommen aus einem Dienstverhältnis erzielen kann, wenn er seine Tätigkeit in Form eines angemessenen Dienstverhältnisses ausübt (*BGH* NZI 2016, 269 Tz. 27). Auch wenn der selbständige Schuldner nach Aufnahme der Tätigkeit Überbrückungsgeld erhält, das nach der Tabelle zu § 850c ZPO pfändbar wäre, bestimmt sich seine Zahlungsobliegenheit allein nach § 295 Abs. 2 InsO (*AG Mönchengladbach* ZVI 2004, 550 [551]).

b) Entsprechende Anwendung gem. § 35 Abs. 2 Satz 2 InsO

195 Während des Insolvenzverfahrens kann das Vermögen aus einer selbständigen Erwerbstätigkeit des Schuldners durch eine **Negativerklärung** aus der Masse ausgeschieden werden, § 35 Abs. 2 Satz 1 InsO. Dann muss der Schuldner nach § 35 Abs. 2 Satz 1 InsO Leistungen entsprechend § 295 Abs. 2 InsO erbringen. Allerdings begründet § 35 Abs. 2 Satz 2 InsO keine Obliegenheit, sondern eine **insolvenzrechtliche Leistungspflicht** (*BGH* NZI 2013, 797 Rn. 20 m. Anm. *Ahrens*; *BGH* NZI 2014, 461 Rn. 17; *Ahrens* NJW-Spezial 2013, 85; MüKo-InsO/*Peters* § 35 Rn. 47l). Wegen der Unterschiede zwischen dem Insolvenzverfahren und der Treuhandperiode hat der BGH die zu § 295 Abs. 1 InsO entwickelten Grundsätze nicht uneingeschränkt auf die auf § 35 Abs. 2 Satz 2 i.V.m. § 295 Abs. 2 InsO gestützte Leistungspflicht übertragen. Dabei ist zu unterscheiden.

196 In den **vor dem 01.07.2014 beantragten Insolvenzverfahren** besteht während des eröffneten Insolvenzverfahrens keine Erwerbsobliegenheit des Schuldners (*BGH* NZI 2013, 797 Tz. 15). Grundlage für die Zahlungspflicht des Schuldners ist hier der von ihm erzielte Gewinn, wobei den Maßstab das fiktive Nettoeinkommen bildet. Liegt das Einkommen aus der selbständigen Tätigkeit über dem pfändbaren Betrag aus einer unselbständigen Tätigkeit, muss der Schuldner den pfändbaren Betrag abführen. Unterschreitet der Gewinn aus der selbständigen Tätigkeit den pfändbaren Betrag, besteht keine Zahlungspflicht (*BGH* NZI 2013, 797 Tz. 21 f. m. Anm. *Ahrens*; *BGH* NZI 2014, 461 Tz. 21, 25; *Gehrlein* ZInsO 2017, 1352 [1356]). Mangels einer Erwerbsobliegenheit muss der Schuldner sich nicht um eine abhängige Beschäftigung bemühen. Zu den erforderlichen Auskünften Rdn. 195.

197 In den **ab dem 01.07.2014 beantragten Insolvenzverfahren** besteht auch während des eröffneten Insolvenzverfahrens die Erwerbsobliegenheit aus § 287b InsO. Damit ist die Grundlage der besonderen Interpretation durch den BGH entfallen (*Frind* Praxishandbuch Privatinsolvenz, Rn. 1071d; a.A. *Kolodzik* ZVI 2016, 337). Folgerichtig bestehen bei der Anknüpfung und dem Umfang der Zahlungen nach § 35 Abs. 2 Satz 2 i.V.m. § 295 Abs. 2 InsO keine Unterschiede mehr zu den während der Treuhandperiode unmittelbar gem. § 295 Abs. 2 InsO zu erbringenden Zahlungen (vgl. *Ahrens* NZI 2013, 800).

2. Auskünfte

198 Der selbständig erwerbstätige Schuldner muss während der Treuhandperiode über die Art der Erwerbstätigkeit Auskunft erteilen (*BGH* NZI 2013, 404 Tz. 8 m. Anm. *Ahrens*; *Gehrlein* ZInsO 2017, 1352 [1356]). Erforderlich sind alle Angaben die benötigt werden, um die Art des angemessenen Dienstverhältnisses und das anzunehmende fiktive Nettoeinkommen beurteilen zu können (Rdn. 151). Andere Auskünfte, etwa zur Höhe der Einnahmen, sind nicht zu erteilen. Derartige weitergehende Auskunftsverlangen können sachfremd und willkürlich sein (*BVerfG* NZI 2017, 111 Tz. 21, 24).

199 Davon weicht die **Auskunftspflicht nach einer Negativerklärung** in den vor dem 01.07.2014 beantragten Insolvenzverfahren ab. Liegt der Gewinn des Schuldners unterhalb des pfändbaren Betrags aus einem angemessenen Dienstverhältnis, besteht zwar keine Zahlungs-, aber eine Auskunftspflicht. Insbesondere muss der Schuldner überprüfbare Angaben zur Gewinnermittlung machen. Liegt das Schuldnereinkommen aus der Selbständigkeit über dem pfändbaren Betrag aus einer angemessenen

abhängigen Beschäftigung, muss er zwar den pfändbaren Betrag leisten, aber keine Auskünfte erteilen (*BGH* NZI 2013, 797 Tz. 21 f. m. Anm. *Ahrens*; *Gehrlein* ZInsO 2017, 1352 [1356]). Für die ab dem 01.07.2014 beantragten Insolvenzverfahren entfällt auch im Hinblick auf das Auskunftsverlangen dieser Sonderweg (Rdn. 196 f.). Es gelten die allgemeinen Anforderungen (Rdn. 198).

3. Zahlungszeitpunkt

Einzelne **Zahlungstermine** sind für den Schuldner nicht ausdrücklich vorgeschrieben. Der Schuldner erfüllt seine Obliegenheit regelmäßig nicht, wenn er erst zum Schluss der Treuhandperiode eine einmalige Zahlung leistet (*BGH* ZInsO 2012, 1488 Tz. 10 ff.; abl. *Harder* NZI 2013, 521 [524]; s.a. *Dahl/Thomas* VIA 2013, 33 [34]). Da die Gläubiger bei einem nicht selbständig beschäftigten Schuldner jährliche Ausschüttungen erhielten, § 291 Abs. 1 Satz 2 InsO, ist von einem selbständigen Schuldner regelmäßig **jährlich zumindest eine Zahlung** zu verlangen (*BGH* ZInsO 2012, 1488 Tz. 14; *AG Göttingen* BeckRS 2013, 04752; A/G/R-*Weinland* § 295 InsO a.F. Rn. 17; *Uhlenbruck/Sternal* InsO, § 295 Rn. 67; HK-InsO/*Waltenberger* § 295 Rn. 40; *Frind* Praxishandbuch Privatinsolvenz, Rn. 1071b, 1080; *Mohrbutter/Ringstmeier-Pape* § 17 Rn. 256; *Schmerbach* InsbürO 2012, 371 [373]; *Gehrlein* ZInsO 2017, 1352 [1356]; *Fischinger* KTS 2013, 459 [460]; noch offengelassen von *BGH* ZInsO 2011, 929 Tz. 6; **a.A.** insb. die ältere Rechtsprechung und Literatur *LG Bayreuth* NZI 2009, 735; *LG Potsdam* ZInsO 2010, 252 [253]; *AG Göttingen* NZI 2009, 334 [335]; ZInsO 2011, 1855 = VIA 2011, 85 [86] m. zust. Anm. *Laroche*; MüKo-InsO/*Ehricke* § 295 Rn. 108; *Nerlich/Römermann* InsO, § 295 Rn. 47; *Braun/Pehl* InsO, § 295 Rn. 19; *Haarmeyer/Wutzke/Förster-Schmerbach* § 295 Rn. 36; *Andres/Leithaus* InsO, § 295 Rn. 8; HambK-InsO/*Streck* § 295 Rn. 31; *Preuß* Verbraucherinsolvenzverfahren und Restschuldbefreiung, 2. Aufl., Rn. 290; *Trendelenburg* ZInsO 2000, 437 [438]; *Schmerbach* ZVI 2003, 256 [262]; *Grote* ZInsO 2004, 1105 [1106]; *Grahlmann* VIA 2009, 21 [22]; *Sternal* NZI 2012, 577 [587]). Hat der Schuldner monatliche Leistungen zugesagt, die er nicht erbringt, kommt eine Versagung grds. erst nach Ablauf der Jahresfrist in Betracht (*AG Göttingen* BeckRS 2013, 22463). Eine Verzinsungspflicht durch den Schuldner besteht nicht (a.A. MüKo-InsO/*Ehricke* § 295 Rn. 106). Nach der Rechtsprechung des BGH ist der Schuldner nur im jährlichen Turnus gehalten, Zahlungen zu erbringen. Zudem handelt es sich um keine Verpflichtung, sondern lediglich um eine Obliegenheit, weswegen für eine Verzinsungspflicht die Rechtsgrundlage fehlt.

Bleibt der Ertrag aus der Selbständigkeit hinter dem aus einer nicht selbständigen Tätigkeit **zurück**, muss sich der Schuldner um ein abhängiges Beschäftigungsverhältnis bemühen. Vermag der Schuldner nicht durch zumutbare Bemühungen ein angemessenes Beschäftigungsverhältnis zu finden, so obliegen ihm keine Zahlungen nach § 295 Abs. 2 InsO, wenn die ausgeübte Selbständigkeit keine derartigen Erträge erbringt (*BGH* ZInsO 2012, 1488 Tz. 14). Zur Antragsfrist s. § 296 Rn. 26.

Es existiert **kein Einziehungsrecht des Treuhänders** für die vom Schuldner abzuführenden, aber nicht geleisteten Zahlungen aufgrund einer selbständigen Tätigkeit. Es handelt sich im Fall des § 295 Abs. 1 InsO lediglich um eine Erwerbsobliegenheit des Schuldners und keine Erwerbspflicht. Der Schuldner ist deswegen nicht verpflichtet, die Zahlungen zu leisten. Ihm droht dann allerdings eine mögliche Versagung der Restschuldbefreiung. Zudem ist der Treuhänder in der Treuhandperiode nicht verwaltungs- und verfügungsbefugt. Deswegen kann für ihn auch keine Einziehungspflicht bestehen.

Leistet der Schuldner erst **nach dem Ende der Treuhandzeit**, verletzt er seine Obliegenheiten. Wird kein Versagungsantrag gestellt, ist dennoch Restschuldbefreiung zu erteilen. Dies gilt selbst dann, wenn der Schuldner keine oder keine hinreichenden Zahlungen leistet und ein Versagungsantrag unterbleibt. Möglich ist dann eine Nachtragsverteilung analog § 203 Abs. 1 Nr. 3 InsO.

Während des Insolvenzverfahrens kann der **Insolvenzverwalter** oder Treuhänder mit dem Schuldner **Vereinbarungen** über die zu leistenden Zahlungen treffen (*BGH* NJW 2003, 2167 [2170]). Regelmäßig beschränken sich die Vereinbarungen darauf, nur die insolvenzrechtlich bestehenden Anforderungen zu konkretisieren. Typischerweise will sich der Schuldner nur in Höhe seiner Obliegenheiten verpflichten und der Insolvenzverwalter allein eine derartige Zahlungspflicht begründen. Deswegen enden derartige Abreden grds. mit Ablauf der Abtretungsfrist (*AG Hamburg* ZVI 2016, 373, zum alten Recht; bestätigt durch *LG Hamburg* ZInsO 2016, 2048). Die Funktion derartiger Vereinbarungen besteht darin, die Beweislast für die angemessene Höhe der Zahlungen auf den Schuldner zu verlagern.

4. Kontrolle

205 Mit Aufhebung oder Einstellung des Insolvenzverfahrens entfällt jedoch diese Kompetenz. Aufgrund seiner beschränkten Befugnisse kann der **Treuhänder** in der Treuhandperiode **keine Vereinbarungen** mit dem Schuldner über die Höhe der zu leistenden Zahlungen treffen (*Grote* ZInsO 2004, 1105 [1108]; *Wiesmeier* ZVI 2010, 376 [378]; *Harder* NZI 2013, 521 [523]; vgl. MüKo-InsO/*Ehricke* § 295 Rn. 110; **a.A.** *Tetzlaff* ZInsO 2005, 393 [394]). Der Treuhänder ist gesetzlich auch nicht verpflichtet, die Höhe der Zahlungen zu überprüfen (*Harder* NZI 2013, 521 [523]). Ob die Gläubiger den Treuhänder dazu ermächtigen können, einen bestimmten Betrag zu vereinbaren, erscheint fraglich. Jedenfalls stehen dem meist erhebliche praktische Schwierigkeiten entgegen (vgl. *Kübler/Prütting/Bork-Wenzel* InsO, § 295 Rn. 23 f.). Setzt der Treuhänder einen zu niedrigen Betrag fest, wird sich der Schuldner im Rahmen eines Versagungsverfahrens vielfach vom Verschuldensvorwurf nach § 296 Abs. 1 Satz 1 InsO entlasten können (vgl. BGH NZI 2011, 596 Tz. 23; *Wiesmeier* ZVI 2010, 376 [378]). Ein überhöhter Ansatz kann Haftungsansprüche gegen den Treuhänder auslösen (*Grote* ZInsO 2004, 1105 [1108]). Allerdings sollte das Gericht frühzeitig auf den Umfang der bei einem angemessenen Dienstverhältnis zu leistenden Zahlungen hinweisen (*Schmerbach* ZVI 2003, 256 [262], weist zutreffend auf die fehlende Bindungswirkung hin) und der Schuldner in kürzeren Zeitabständen Leistungen erbringen (ausf. *Preuß* Verbraucherinsolvenzverfahren und Restschuldbefreiung, 2. Aufl., Rn. 279; s.a. *Hoffmann* Verbraucherinsolvenz und Restschuldbefreiung, S. 136; *Kübler/Prütting/Bork-Wenzel* InsO, § 295 Rn. 25).

206 Die **Entscheidung über die Zahlungshöhe** wird grds. vom Insolvenzgericht im Versagungsverfahren getroffen (*Grote* ZInsO 2004, 1105 [1106]). Ein eigenständiges **Verfahren zur Feststellung der** zu **leistenden Zahlung** ist in der Insolvenzordnung nicht geregelt, weswegen eine gerichtliche Vorabentscheidung abgelehnt wird (BGH NZI 2013, 189 Tz. 23; *AG München* ZVI 2005, 384 [385]; *Uhlenbruck/Sternal* InsO, § 295 Rn. 70; *Kübler/Prütting/Bork-Wenzel* InsO, § 295 Rn. 24; HambK-InsO/*Streck* § 295 Rn. 31; *Grote* ZInsO 2004, 1105 [1108]; *Schmerbach* ZVI 2003, 256 [262 f.]; *Wiesmeier* ZVI 2010, 376 [378]; *Dahl/Thomas* VIA 2013, 33 [34]). Dies ist allerdings die Konsequenz aus einem Insolvenzverfahren, das keine unmittelbar auf eine Gläubigerbefriedigung gerichtete Mitwirkung des Schuldners kennt. Unter den veränderten Vorzeichen der Erwerbsobliegenheit im Restschuldbefreiungsverfahren müssen Instrumente entwickelt werden, welche die Erwerbsobliegenheit zu einer im Interesse aller Beteiligten beherrschbaren Anforderung machen (s.a. *Fischinger* KTS 2013, 459 [466]). Eine Vereinbarung mit den Gläubigern müsste spätestens im Schlusstermin getroffen sein, doch können die Gläubiger nicht bindend über die Zahlungshöhe bestimmen (*Küpper/Heinze* ZInsO 2009, 1785 [1788]). Eine originäre Rechtsmacht des Treuhänders zur Festsetzung dieser Beträge besteht nicht (*AG Charlottenburg* ZInsO 2009, 1220). Der Schuldner kann dann faktisch einen bestimmten Betrag erbringen, nicht aber mit bindender Wirkung festsetzen. Deswegen wird vielfach nur eine nachträgliche Kontrolle im Rahmen eines Versagungsverfahrens möglich sein (*Haarmeyer/Wutzke/Förster-Schmerbach* § 295 Rn. 24; *Mohrbutter/Ringstmeier-Pape* § 17 Rn. 255). Hat der Treuhänder allerdings einen Betrag bestimmt, den der Schuldner leistet, wird regelmäßig das für einen begründeten Versagungsantrag nach § 296 Abs. 1 Satz 1 InsO erforderliche Verschulden fehlen (**a.A.** *Küpper/Heinze* ZInsO 2009, 1785 [1788]).

207 Eine im Interesse aller Beteiligten bestehende Möglichkeit bietet eine frühzeitige **gerichtliche Feststellung** der Leistungsanforderungen (MüKo-InsO/*Ehricke* § 295 Rn. 110; *Frege/Keller/Riedel* InsR, Rn. 2158; *Küpper/Heinze* ZInsO 2009, 1785 [1788]; vgl. Rdn. 40 für den nicht selbständigen Schuldner). Abzustellen ist auf die allgemeinen verfahrensrechtlichen Grundsätze. Für den Schuldner kann ein Feststellungsinteresse bestehen, durch eine Zwischenentscheidung des Insolvenz-

gerichts nach den §§ 4 InsO, 256 Abs. 2 ZPO über den Leistungsumfang Klarheit zu erreichen. Dies gilt jedenfalls, sobald ein Streit etwa mit dem Treuhänder über die Höhe der Bezüge aus einem angemessenen Dienstverhältnis besteht. Unzulässig ist eine **Zwischenfeststellung** allerdings, wenn nur die Vorfrage eines Rechtsverhältnisses geklärt werden soll (*BGH* BGHZ 68, 331 [332]). Ein Rechtsverhältnis liegt aber vor, falls es für den in der Hauptentscheidung enthaltenen Subsumtionsschluss ein notwendiges Element bildet (MüKo-ZPO/*Becker-Eberhard* 3. Aufl., § 256 Rn. 80). Dabei genügt die bloße Möglichkeit, dass das streitige Rechtsverhältnis zwischen den Beteiligten über den gegenwärtigen Verfahrensstand hinaus Bedeutung gewinnen kann (*BGH* BGHZ 83, 251 [255]). In der Kontroverse zwischen dem Grundsatz und der – fehlenden – Norm erscheint hier die prinzipielle Orientierung an § 256 Abs. 2 ZPO rechtlich vorzugswürdig und ein Zwischenfeststellungsantrag demzufolge zulässig. Zur Verfahrensbeschleunigung kann der Antrag bereits im Zulassungsverfahren gestellt und über ihn zusammen mit der Beendigung des Insolvenzverfahrens entschieden werden. Hat ein Insolvenzgläubiger bereits die Versagung der Restschuldbefreiung aufgrund einer Verletzung der Erwerbsobliegenheit beantragt, fehlt das Feststellungsinteresse.

5. Zweitinsolvenzen

Einem **Zweitinsolvenzverfahren** über das durch eine Negativerklärung aus dem Erstverfahren ausgeschiedene Vermögen aus einer selbständigen Erwerbstätigkeit steht die Leistungspflicht nach § 35 Abs. 2 Satz 2 InsO i.V.m. § 295 Abs. 2 InsO nicht entgegen (*BGH* NZI 2011, 633 Tz. 9). Noch nicht beantwortet ist, ob dann der an den Insolvenzverwalter des eröffneten Verfahrens abzuführende Teil des Einkommens im Zweitverfahren nicht mehr zur Verfügung steht oder ob der Insolvenzverwalter den Anspruch auf Zahlung des entsprechenden Betrags im Zweitverfahren zur Tabelle anzumelden hat. Der *BGH* hat dies offengelassen (*BGH* NZI 2011, 633 Tz. 9). Letztlich geht es darum, ob die Verbindlichkeit als Masseverbindlichkeit oder Insolvenzforderung zu behandeln ist. Letztlich dürfte der Anspruch wie eine Masseverbindlichkeit zu behandeln sein, weil ohne die Negativerklärung mit der daraus resultierenden Leistungspflicht das Zweitinsolvenzverfahren ausgeschlossen wäre.

208

§ 296 Verstoß gegen Obliegenheiten

(1) ¹Das Insolvenzgericht versagt die Restschuldbefreiung auf Antrag eines Insolvenzgläubigers, wenn der Schuldner in dem Zeitraum zwischen Beendigung des Insolvenzverfahrens und dem Ende der Abtretungsfrist eine seiner Obliegenheiten verletzt und dadurch die Befriedigung der Insolvenzgläubiger beeinträchtigt; dies gilt nicht, wenn den Schuldner kein Verschulden trifft. ²Der Antrag kann nur binnen eines Jahres nach dem Zeitpunkt gestellt werden, in dem die Obliegenheitsverletzung dem Gläubiger bekanntgeworden ist. ³Er ist nur zulässig, wenn die Voraussetzungen der Sätze 1 und 2 glaubhaft gemacht werden.

(2) ¹Vor der Entscheidung über den Antrag sind der Treuhänder, der Schuldner und die Insolvenzgläubiger zu hören. ²Der Schuldner hat über die Erfüllung seiner Obliegenheiten Auskunft zu erteilen und, wenn es der Gläubiger beantragt, die Richtigkeit dieser Auskunft an Eides Statt zu versichern. ³Gibt er die Auskunft oder die eidesstattliche Versicherung ohne hinreichende Entschuldigung nicht innerhalb der ihm gesetzten Frist ab oder erscheint er trotz ordnungsgemäßer Ladung ohne hinreichende Entschuldigung nicht zu einem Termin, den das Gericht für die Erteilung der Auskunft oder die eidesstattliche Versicherung anberaumt hat, so ist die Restschuldbefreiung zu versagen.

(3) ¹Gegen die Entscheidung steht dem Antragsteller und dem Schuldner die sofortige Beschwerde zu. ²Die Versagung der Restschuldbefreiung ist öffentlich bekanntzumachen.

(§ 296 Abs. 1 Satz 1 a.F. i.d.F. für die bis zum 30.06.2014 beantragten Verfahren s. 8. Auflage)

§ 296 InsO Verstoß gegen Obliegenheiten

Übersicht

	Rdn.		Rdn.
A. Normzweck	1	III. Glaubhaftmachung	56
B. Gesetzliche Systematik	3	1. Gegenstand	56
C. Versagungsgrund	8	2. Anwendungsbereich	61
I. Obliegenheitsverletzung	8	3. Einzelfälle	66
II. Verschulden	12	IV. Anhörung	69
1. Konzeption	12	E. Verfahrensobliegenheiten: Erscheinen, Auskunftserteilung, eidesstattliche Versicherung	70
2. Einzelfälle	16		
III. Beeinträchtigte Befriedigung	20		
1. Konkret messbare Beeinträchtigung	20	I. Anwendungsbereich	70
2. Einzelfälle	34	II. Die einzelnen Verfahrensobliegenheiten	74
D. Versagungsverfahren	36	III. Versagungsverfahren	81
I. Antragstellung	36	F. Weiteres Verfahren und gerichtliche Entscheidung	84
II. Antragsfrist	47		

Literatur:
Jacobi Versagung der Restschuldbefreiung ohne Gläubigerantrag, ZVI 2010, 289; *Laroche* Die »amtswegige« Versagung nach § 296 Abs. 2 Satz 3 InsO, ZInsO 2011, 946; *Schmerbach* Gläubigerbeeinträchtigung als Voraussetzung für Versagung der Restschuldbefreiung gem. § 295 InsO, VIA 2010, 68; s.a. § 286.

A. Normzweck

1 Verstößt ein Schuldner gegen eine Obliegenheit aus § 295 InsO, kann ihm nach Maßgabe des § 296 InsO die gesetzliche Schuldbefreiung versagt und damit die auch als Wohlverhaltensperiode bezeichnete Treuhandzeit gem. § 299 InsO vorzeitig beendet werden. Mit dem Instrumentarium aus § 296 InsO wird den Insolvenzgläubigern ein **besonderer Rechtsbehelf** eröffnet. Zunächst normiert § 296 Abs. 1 Satz 1, 2 InsO die materiellen Voraussetzungen, unter denen die Restschuldbefreiung wegen einer Obliegenheitsverletzung während der Treuhandzeit versagt werden kann. Dabei korrespondiert die Versagungsregelung unmittelbar mit den Anordnungen in § 295 InsO und begründet die erforderlichen Rechtsfolgen, um den Schuldner zur Einhaltung seiner Obliegenheiten zu veranlassen. Außerdem regelt die Vorschrift das gerichtliche Verfahren über einen Antrag auf Versagung der Schuldbefreiung. In einem ersten Schritt sichert § 296 InsO so zunächst die Mitwirkung des Schuldners an der Gläubigerbefriedigung während der Treuhandzeit.

2 Darüber hinaus konstituiert § 296 Abs. 2 Satz 2 und 3 **drei Verfahrensobliegenheiten**, d.h. zusätzliche, auf das Versagungsverfahren bezogene Obliegenheiten, deren Verletzung ebenfalls zu einer Versagung der Restschuldbefreiung führen kann. Mit diesen eigenständigen verfahrensbezogenen Obliegenheiten soll im zweiten Schritt die Beteiligung des Schuldners an dem Versagungsverfahren gewährleistet werden. Da die Versagungsregeln keinen strafenden Charakter besitzen, sind Konsequenzen für die unberechtigte Androhung eines Versagungsantrags zu ziehen. Übereinstimmend mit den Grundsätzen über eine versuchte Nötigung durch eine unberechtigte Drohung mit einer Strafanzeige in einem anwaltlichen Mahnschreiben (*BGH* NJW 2014, 401), kommt auch insoweit eine Strafbarkeit in Betracht.

B. Gesetzliche Systematik

3 Als Reaktion auf eine Verletzung von Obliegenheiten während der Treuhandperiode eröffnet § 296 InsO ein Verfahren zur Versagung der Schuldbefreiung. Mit seinen differenzierten Erfordernissen schafft das Versagungsverfahren zugleich ein **Gegengewicht** zu dem strengen Konzept der Schuldnerobliegenheiten aus § 295 InsO. Nicht jede Obliegenheitsverletzung führt deswegen zu einer Versagung der Restschuldbefreiung. An den Schuldner werden zwar nach § 295 InsO weitreichende Anforderungen gestellt, doch wirken sich seine Verstöße lediglich dann aus, wenn der antragstellende Insolvenzgläubiger selbst ähnlich umfassende Erfordernisse erfüllt (MüKo-InsO/*Stephan* § 296 Rn. 2). Obliegenheiten und Versagungsregeln stehen damit in einem austarierten Verhältnis und müssen aus diesem wechselseitigen Bezug verstanden werden. Deshalb dient § 296 InsO nur als begrenztes Verfahrensmuster, auf das die §§ 297 Abs. 2, 298 Abs. 3 InsO lediglich partiell verweisen.

Materiell setzt eine Versagung der Restschuldbefreiung nach § 296 InsO zunächst eine vom Schuld- 4
ner **verschuldete Obliegenheitsverletzung** i.S.d. § 295 InsO voraus. Diese Verletzung einer Obliegenheit muss für eine nicht unwesentliche Beeinträchtigung der Gläubigerbefriedigung ursächlich
gewesen sein. Dabei darf der Versagungsantrag nur binnen eines Jahres nach Kenntnis von der Obliegenheitsverletzung gestellt werden. Außerdem muss die **Gläubigerbefriedigung beeinträchtigt**
sein.

Verfahrensrechtlich bestehen immer noch erhebliche Unterschiede zu einer Versagung nach § 290 5
InsO, denn es kann in der Ausschlussfrist von einem Jahr, § 296 Abs. 1 Satz 2 InsO, **jederzeit ein
Versagungsantrag** gestellt und darüber entschieden werden. Allerdings ist der Abstand zwischen beiden Regelungskomplexen in den seit 01.07.2014 beantragten Insolvenzverfahren deutlich geringer
geworden. Zwar kann jetzt auch der Versagungsantrag nach § 290 Abs. 2 Satz 1 InsO jederzeit bis
zum Schlusstermin gestellt werden, doch darf das Insolvenzgericht darüber erst nach dem Schlusstermin entscheiden. Mit den Anforderungen aus § 290 InsO soll auch die Durchführung des Insolvenzverfahrens gesichert werden, während die Obliegenheiten aus § 295 InsO allein das Restschuldbefreiungsverfahren betreffen.

Die an den Versagungsgrund und insbesondere an eine Obliegenheitsverletzung zu stellenden Anfor- 6
derungen sind dabei auch aus dem **Dauercharakter der Treuhandzeit** zu entwickeln. Deswegen kann
ein Hinweis auf die möglichen Folgen eines obliegenheitswidrigen Verhaltens erforderlich oder eine
Versagung der Restschuldbefreiung wegen geringfügiger Obliegenheitsverletzungen zum Ende der
Treuhandzeit ausgeschlossen sein (vgl. § 286 Rdn. 73, § 295 Rdn. 6; **a.A.** A/G/R-*Weinland* § 295
InsO a.F. Rn. 9 f.). Mit diesen Einschränkungen werden allerdings nur die Konsequenzen aus dem
Dauerrechtsverhältnis der Schuldbefreiungsprozedur gezogen. Ein weitergehendes bewegliches System der gesetzlichen Voraussetzungen bzw. ein an das zu § 138 Abs. 2 BGB vertretene Sandhaufentheorem (insbesondere *OLG Stuttgart* NJW 1979, 2409 [2412]; dagegen *BGH* NJW 1981, 1206
[1207]) angelehntes Konzept (in dessen Richtung weisen die Ausführungen von *Döbereiner* Restschuldbefreiung, S. 202 ff.) ist dagegen abzulehnen. Nach den gesetzlichen Regelungsvorstellungen
können nicht mehrere unerhebliche Obliegenheitsverletzungen aufaddiert, respektive unwesentliche
Beeinträchtigungen der Gläubigerbefriedigung durch schwere subjektive Vorwürfe gesteigert oder
umgekehrt Obliegenheitsverletzungen in einem Bereich durch überobligationsmäßige Anstrengungen auf einem anderen Gebiet kompensiert werden. Ein entsprechendes auch die Rechtsfolgen einbeziehendes flexibles Reaktionsmuster wurde im Gesetzgebungsverfahren ausdrücklich abgelehnt
(Begr. des Rechtsausschusses BT-Drucks. 12/7302 S. 188, zu § 346k).

Für die **Aufhebung der Kostenstundung** nach § 4c Nr. 4 InsO stützt sich der *BGH* auf das Gerüst 7
des § 296 InsO. Um einen Wertungswiderspruch mit den Versagungsregeln zu vermeiden, muss die
unterlassene angemessene Erwerbstätigkeit die Gläubigerbefriedigung entsprechend § 296 Abs. 1
Satz 1 InsO beeinträchtigt haben (*BGH* ZInsO 2009, 2210 Tz. 12 ff.; *Stephan* VIA 2010, 3 [4]).
Da § 4c Nr. 4 HS 2 InsO die Regelung des § 296 Abs. 2 Satz 2 und 3 InsO für entsprechend anwendbar erklärt, ist aufgrund dieses selbständigen Grundes eine Kostenstundung aufzuheben,
wenn der Schuldner seine Auskunftspflicht nicht erfüllt (*BGH* NZI 2008, 507 Tz. 3).

C. Versagungsgrund

I. Obliegenheitsverletzung

Unter dem Druck der Versagungsfolge soll der Schuldner zur Einhaltung seiner Obliegenheiten und 8
damit zur aktiven Mitwirkung an der Gläubigerbefriedigung angehalten werden. Im Mittelpunkt der
Versagungsregelung des § 296 Abs. 1 Satz 1 InsO stehen deswegen die in § 295 InsO normierten
Obliegenheiten. Dem Schuldner kann die Restschuldbefreiung versagt werden, wenn er während
der Laufzeit der Abtretungserklärung eine seiner Obliegenheiten verletzt. Mit dieser Anbindung
an die Laufzeit der Abtretungserklärung werden der temporale und der sachliche Anwendungsbereich der Versagungsmöglichkeit beschränkt.

9 Zeitlich kommen nur Obliegenheitsverletzungen im Verlauf der **Treuhandzeit** in Betracht (*BGH* NZI 2012, 330 Tz. 7). Die in den **bis zum 30.06.2014** beantragten Insolvenzverfahren geltende Gesetzesfassung stellte zwar auf die Laufzeit der Abtretungserklärung ab, doch bestand bereits bislang ein Konsens, wonach allein die während der Treuhandperiode erfolgten Obliegenheitsverletzungen von § 296 InsO erfasst werden. Dieser Zeitraum beginnt nach der Aufhebung des Insolvenzverfahrens, § 287 Abs. 2 Satz 1 InsO, und endet mit der Laufzeit der Abtretungserklärung.

10 In der **ab 01.07.2014** geltenden Fassung von § 296 Abs. 1 Satz 1 InsO ist eine weitere Klarstellung erfolgt. Die Obliegenheiten bestehen danach in dem Zeitraum zwischen **Beendigung des Insolvenzverfahrens** und dem Ende der Abtretungsfrist. Mit der Beendigung des Insolvenzverfahrens ist die Aufhebung des Insolvenzverfahrens nach § 200 Abs. 1 InsO bzw. die Einstellung nach § 211 Abs. 1 InsO gemeint. Offen ist, ob damit der Zeitpunkt der Beschlussfassung oder der Eintritt der Rechtskraft gemeint ist. Zum früheren Recht hat der *BGH* auf den Zeitpunkt der Beschlussfassung abgestellt (*BGH* ZInsO 2010, 1496 Tz. 5). Obwohl § 289 Abs. 2 Satz 2, Abs. 3 Satz 2 InsO aufgehoben wurde, ist weiterhin auf den Zeitpunkt der Beschlussfassung abzustellen (s. § 295 Rdn. 18). Ist das Insolvenzverfahren vor dem Ende der Abtretungsfrist noch nicht aufgehoben oder eingestellt, kommt nur ein Versagungsverfahren nach § 290 InsO in Betracht (*BGH* NZI 2013, 601 Tz. 5). Mit dem Ende der Abtretungsfrist enden auch die Anforderungen aus § 296 InsO.

11 Die Verknüpfung der Versagungsregelung mit der Laufzeit der Abtretungserklärung in § 296 Abs. 1 Satz 1 InsO bestimmt zugleich über den **Gegenstandsbereich** dieser Vorschrift. Auch § 295 InsO regelt, wie sein Einleitungssatz ausdrücklich bestimmt, die vom Schuldner während der Laufzeit der Abtretungserklärung nach Beendigung des Insolvenzverfahrens einzuhaltenden Obliegenheiten. Deswegen schaffen exklusiv Verstöße gegen die Obliegenheiten aus § 295 InsO einen Versagungsgrund nach § 296 Abs. 1 Satz 1 InsO.

II. Verschulden

1. Konzeption

12 § 296 Abs. 1 Satz 1 HS 2 InsO verlangt eine **verschuldete Obliegenheitsverletzung**. Den Schuldner muss also nach dieser Vorschrift an der Verletzung des geltenden Gebots ein Vorwurf treffen. Da die Obliegenheitsverletzung einen Verstoß gegen eine im eigenen Interesse des Schuldners bestehende Verhaltensanforderung markiert, ist der Verschuldensbegriff hier nicht in dem bei Pflichtverletzungen üblichen Sinn einer Vorwerfbarkeit gem. § 276 BGB zu interpretieren. Wie bei anderen schuldhaften Obliegenheitsverletzungen auch, etwa den §§ 16 Abs. 3, 17 Abs. 2 VVG, kann dieses Verschulden angelehnt an den Maßstab des § 254 Abs. 1 BGB als Verschulden gegen sich selbst beurteilt werden (MüKo-InsO/*Stephan* § 296 Rn. 16; *Braun/Pehl* InsO, § 296 Rn. 4; vgl. *BGH* BGHZ 57, 137 [145]; *Deutsch* Allgemeines Haftungsrecht, 2. Aufl., Rn. 567; eingehend zur Terminologie und den Unterschieden zum Mitverschulden *Lange/Schiemann* Schadensersatz, 3. Aufl., § 10 VI 1; *R. Schmidt* Die Obliegenheiten, S. 144 f.; **a.A.** zu § 296 Abs. 1 Satz 1 InsO *Kübler/Prütting/Bork-Wenzel* InsO, § 296 Rn. 8; *Uhlenbruck/Sternal* InsO, § 296 Rn. 34; *Heyer* Restschuldbefreiung, S. 144 f.; *Maier/Krafft* BB 1997, 2173 [2179]). Deshalb ist zu prüfen, ob die Begriffe von Vorsatz und Fahrlässigkeit eine inhaltliche Veränderung erfahren (*R. Schmidt* Die Obliegenheiten, S. 116 f.).

13 Grds. wird auch für die Verantwortlichkeit gegen sich selbst von einer gruppenspezifischen, nach **objektiv-typischen Merkmalen** geordneten Fahrlässigkeit auszugehen sein (*Lange/Schiemann* Schadensersatz, 3. Aufl., § 10 VI 2). Wie aber etwa die Abwägung der Sorgfaltswidrigkeiten nach § 254 BGB subjektiv-individuell erfolgt (*Larenz* Schuldrecht, Bd. I, 14. Aufl., § 20 III bei Fn. 31; *Deutsch* Allgemeines Haftungsrecht, 2. Aufl., Rn. 572), können in den Fahrlässigkeitsmaßstab nach § 296 Abs. 1 Satz 1 HS 2 InsO beispielsweise über eine Differenzierung nach Gruppen subjektive Wertungselemente einfließen (A/G/R-*Weinland* § 296 InsO a.F. Rn. 19). Jenseits dieser Unterscheidung von objektiven und subjektiven Fahrlässigkeitselementen bleibt es für den Grad der Verantwortlichkeit bei der durch § 276 Abs. 1 Satz 2 BGB vorgezeichneten generellen Einstandspflicht auch für einfaches Verschulden (krit. dazu *Döbereiner* Restschuldbefreiung, S. 203 f.). Damit zeichnet sich allerdings ein Bruch gegenüber § 290 Abs. 1 InsO, der regelmäßig ein qualifiziertes Verschulden verlangt, sowie § 303 Abs. 1 InsO ab, der sogar eine vorsätzliche Obliegenheitsverletzung erfordert.

Dieser fühlbare Kontrast wird noch weiter verstärkt, weil § 296 Abs. 1 Satz 1 HS 2 InsO im Unterschied zu den anderen Versagungs- und Widerrufsgründen eine **Beweislastumkehr** anordnet. Der Schuldner muss sich für sein mangelndes Verschulden entlasten (*BGH* ZInsO 2009, 2069 Tz. 6; ZInsO 2010, 345 Tz. 12; *AG Göttingen* NZI 2009, 334 [335]; *Forsblad* Restschuldbefreiung, S. 232). Kann nicht festgestellt werden, ob den Schuldner ein Verschulden trifft, geht dies zu seinen Lasten (Begr. RegE, BR-Drucks. 1/92 S. 193). Zur Rechtfertigung dieser Beweislastumkehr muss nicht primär auf die beweisrechtliche Nähe des Schuldners zu den maßgebenden Umständen abgestellt werden, wie dies etwa zum materiellen Recht vertreten wird (*Baumgärtel/Strieder* Handbuch der Beweislast, 2. Aufl., § 282 BGB Rn. 3, § 285 BGB Rn. 1), denn bei den anderen insolvenzrechtlichen Versagungs- und Widerrufsgründen besteht die gleiche Nähe des Schuldners zu den zu beweisenden Umständen, ohne dass dort eine Beweislastumkehr angeordnet ist. Die Erklärung liegt in der von den §§ 295 f. InsO vorgesehenen Verteilung der Verantwortlichkeiten zwischen Schuldner und Gläubigern, zu deren Bestandteilen auch der Entlastungsbeweis für das Verschulden zählt. Aufgrund dieses Konzepts hat der Schuldner erhebliche Anstrengungen zu unternehmen, um seinen Obliegenheiten zu entsprechen. Seine umfassenden Aufgaben einschließlich der verfahrensrechtlichen Obliegenheiten erleichtern die Einleitung eines Versagungsverfahrens. 14

Obwohl der Wortlaut von § 296 Abs. 1 Satz 3 InsO eine **Glaubhaftmachung** (Rdn. 56 ff.) erfordert, die auch das Verschuldenserfordernis einschließt, verlangt der *BGH* keine Glaubhaftmachung des Verschuldens durch den Gläubiger (*BGH* ZInsO 2009, 2069 Tz. 6; NZI 2010, 114 Tz. 7; s. Rdn. 61). In einer Fortsetzung dieses Gedankens dürfen an die Entlastung des Schuldners keine allzu hohen Anforderungen gestellt werden (LSZ/*Kiesbye* InsO, § 296 Rn. 6). Außerdem können materiellrechtlich zugunsten des belasteten Schuldners die Grundsätze über den Beweis des ersten Anscheins Anwendung finden. Insbesondere werden aber Ausnahmen von der Beweislastregelung angenommen, wenn etwa der Schuldner durch langes Warten des Gläubigers in Beweisnot geraten ist (*Baumgärtel/Strieder* Handbuch der Beweislast, 2. Aufl., § 282 BGB Rn. 9–11). Nach den zu den §§ 16 f. VVG entwickelten Maßstäben (*Prölss/Martin* VVG, 27. Aufl., §§ 16, 17 Anm. 34) kann es an einem Verschulden fehlen, wenn der Schuldner bei unklaren oder schwer zu beantwortenden Fragen einer Belehrung vertraut hat (vgl. *OLG Hamm* VersR 1978, 31). Unter der abwägenden Zielsetzung von § 296 Abs. 1 Satz 1 InsO müssen solche Umstände ebenfalls berücksichtigt werden. Verlässt sich der Schuldner auf den Ratschlag des Treuhänders, wird ihm regelmäßig kein Vorwurf zu machen sein. 15

2. Einzelfälle

Nach § 295 Abs. 1 Nr. 1 InsO ist ein beschäftigungsloser Schuldner gehalten, sich nachweisbar um eine angemessene Erwerbstätigkeit zu bemühen, um den Verschuldensvorwurf zu entkräften (*BGH* NZI 2009, 482 Tz. 5; NZI 2010, 228 Tz. 5; NZI 2010, 693 Tz. 2). Fordert eine Eingliederungsvereinbarung monatlich vier Bewerbungen, kann ein Verschulden gegenüber den nicht erfüllten weitergehenden insolvenzrechtlichen Anforderungen fehlen (*BGH* NZI 2012, 852 Tz. 9). 16

Für eine Obliegenheitsverletzung nach § 295 Abs. 1 Nr. 2 InsO ist maßgebend, ob der Schuldner alles ihm Mögliche und Zumutbare unternommen hat und noch unternimmt, um den (Anteil am) Nachlass zu verwerten und mit dem Verwertungserlös der Obliegenheit aus § 295 Abs. 1 Nr. 2 InsO nachzukommen. Der Schuldner muss nachvollziehbar darlegen und in geeigneter Weise nachweisen, dass er die Verwertung des Nachlasses betreibt, aber noch nicht zu Ende gebracht hat (*BGH* NZI 2013, 191 Tz. 18 f.). 17

Eine nach § 295 Abs. 1 Nr. 3 InsO unzureichende Auskunft über seine Bezüge wird dem Schuldner dann nicht vorzuwerfen sein, wenn er von seinem Arbeitgeber keine ordnungsgemäße Entgeltabrech- 18 nung erhält. Erzielt der Schuldner im Rahmen einer selbständigen Tätigkeit nicht die gleichen Einkünfte wie bei einer unselbständigen Beschäftigung, kann sich der Schuldner nicht auf sein fehlendes Verschulden berufen, da er das wirtschaftliche Risiko trägt (*Uhlenbruck/Sternal* InsO, § 295 Rn. 72). Der Schuldner soll aber vorwerfbar handeln, wenn er auf eine Information des Treuhänders sechs Monate lang nicht nachfragt (*AG Göttingen* ZInsO 2008, 865 [866]). Der Schuldner muss nicht grob fahrlässig handeln, wenn er irrtümlich davon ausgeht, im Fall einer Ummeldung beim Einwohnermeldeamt erlange das Insolvenzgericht davon automatisch Kenntnis (*LG Dessau-Roßlau* VuR 2012, 411).

19 Es entschuldigt den **nach § 295 Abs. 2 InsO selbständigen Schuldner** nicht, wenn er mit seinem Geschäft nicht so viel erwirtschaftet, dass er monatlich den ermittelten Betrag an den Treuhänder abführen kann. Erkennt er in der Treuhandperiode, dass er nicht die Beträge einer angemessenen nicht selbständigen Erwerbstätigkeit erwirtschaftet, muss er seine selbständige Tätigkeit zunächst nicht aufgeben. Um den Verschuldensvorwurf zu entkräften, muss er sich aber entsprechend einem erwerbslosen Schuldner nachweisbar um eine angemessene Erwerbstätigkeit bemühen (*BGH* NZI 2009, 482 Tz. 5; BeckRS 2010, 28747; ZInsO 2012, 1488 Tz. 16; NZI 2013, 189 Tz. 22; *Gottwald/Ahrens* HdbInsR, § 78 Rn. 42). Dazu muss er sich regelmäßig bei der Bundesagentur für Arbeit als arbeitsuchend melden und Kontakt zu dem zuständigen Mitarbeiter halten. Verlangt wird auch eine eigene aktive Arbeitssuche durch Lektüre einschlägiger Stellenanzeigen und grds. zwei bis drei wöchentlichen Bewerbungen (*BGH* NZI 2012, 721 Tz. 14). Bleiben die Bewerbungen erfolglos, kann der Schuldner im Versagungsverfahren die Behauptungen der Gläubiger substantiiert bestreiten, dass aus einem angemessenen Dienstverhältnis höhere Einkünfte zu erzielen wären. Dies ist etwa der Fall, wenn er aufgrund seines Alters oder der ungünstigen Verhältnisse am Arbeitsmarkt nicht die Möglichkeit gehabt hätte, in ein angemessenes abhängiges Beschäftigungsverhältnis zu wechseln, bei dem er ein höheres pfändbares Einkommen hätte erzielen können als mit der von ihm ausgeübten selbständigen Tätigkeit (*BGH* NZI 2011, 596 Tz. 7 f. m. Anm. *Ahrens*). Setzt er dann seine selbständige Erwerbstätigkeit fort, trifft ihn kein Verschulden. Der Schuldner wird nicht durch einen unterbliebenen Hinweis des Insolvenzgerichts oder des Treuhänders auf eine zur Erreichung der Restschuldbefreiung höhere Zahlung entlastet (*BGH* NZI 2013, 189 Tz. 23).

III. Beeinträchtigte Befriedigung

1. Konkret messbare Beeinträchtigung

20 Durch seine verschuldete Obliegenheitsverletzung muss der Schuldner außerdem die **Befriedigung der Gläubiger konkret messbar beeinträchtigt** haben, was vom Gläubiger darzulegen und glaubhaft zu machen ist (*BGH* ZInsO 2010, 1456 Tz. 4; dazu s. Rdn. 56). Bloß gefährdete Befriedigungsaussichten der Insolvenzgläubiger genügen nicht (*BGH* ZInsO 2006, 547 Tz. 5; 2009, 2210 Tz. 11; 2010, 391 Tz. 9; ZInsO 2010, 1558 Tz. 7; NZI 2007, 297 Tz. 7; 2010, 654 Tz. 16; *LG Hamburg* ZVI 2004, 259 [260]; dazu s. Rdn. 56 ff.; A/G/R-*Weinland* § 296 InsO a.F. Rn. 21; HambK-InsO/ *Streck* § 296 Rn. 11; *Gottwald/Ahrens* HdbInsR, § 78 Rn. 46; *Schmerbach* VIA 2010, 68 [69]). Als Insolvenzgläubiger kommen auch hier die am Restschuldbefreiungsverfahren beteiligten Gläubiger in Betracht (dazu s. Rdn. 36).

21 Nach der Rechtsprechung des *BGH* genügen auch **beeinträchtigte Befriedigungsaussichten der Massegläubiger** einschließlich der Staatskasse. Es ist danach ausreichend, wenn die vom Schuldner nicht abgeführten Beträge eine teilweise Deckung der Verfahrenskosten ermöglicht hätten (*BGH* NZI 2011, 639 Tz. 4 f.; NZI 2016, 269; ebenso HK-InsO/*Waltenberger* § 296 Rn. 5; *Pape* InsbürO 2013, 346 [347]). Zudem stellt § 296 Abs. 1 Satz 1 InsO ausdrücklich auf die Insolvenzgläubiger ab (K. Schmidt/*Henning* InsO, § 296 n.F. Rn. 20). Wegen der abweichenden verfahrensrechtlichen Stellung der Massegläubiger ist dies durchaus problematisch. Sie können zwar keinen Versagungsantrag stellen, werden aber bei den Konsequenzen einer Obliegenheitsverletzung berücksichtigt. Die Formulierung entspricht der aus der Versagungsregelung in § 290 Abs. 1 Nr. 4 InsO (dazu § 290 Rdn. 110), die ebenfalls eine beeinträchtigte Gläubigerbefriedigung verlangt, während die strengere Widerrufsregelung aus § 303 Abs. 1 InsO eine erhebliche Beeinträchtigung voraussetzt

(dazu § 303 Rdn. 17). Allein eine beeinträchtigte Gläubigerbefriedigung genügt für § 296 Abs. 1 Satz 1 InsO jedoch nicht.

Zusätzlich muss zwischen der Obliegenheitsverletzung und der Gläubigerbeeinträchtigung auch ein 22 **Kausalzusammenhang** bestehen. Dieser liegt vor, wenn die Insolvenzgläubiger ohne die Obliegenheitsverletzung eine bessere Befriedigung hätten erlangen können (*BGH* ZInsO 2006, 547 Tz. 4; NZI 2008, 623 Tz. 12; MüKo-InsO/*Stephan* § 296 Rn. 14; A/G/R-*Weinland* § 296 InsO a.F. Rn. 21; K. Schmidt/*Henning* InsO, § 296 n.F. Rn. 19; *Graf-Schlicker/Kexel* InsO, § 296 Rn. 2; *Haarmeyer/Wutzke/Förster* Handbuch, 3. Aufl., Rn. 8/279; *Wittig* WM 1998, 157 [209, 215]), wie er auch für § 187 KO gefordert wird (*Kuhn/Uhlenbruck* KO, § 187 Rn. 2b; *Kilger/Karsten Schmidt* KO, § 187 Anm. 1a) cc)). Geschützt wird die Gesamtheit der Gläubiger. Deswegen ist unerheblich, ob der Antragsteller eine bessere Befriedigung erlangt hätte (*BGH* NZI 2016, 269 Tz. 11).

Funktional dokumentiert und sichert diese Voraussetzung die auf eine Haftungsverwirklichung ge- 23 richtete Aufgabe des Restschuldbefreiungsverfahrens. Mit der Aufhebung oder Einstellung des Insolvenzverfahrens enden die insolvenzverfahrensrechtlichen Wirkungen, §§ 200 Abs. 1, 201 Abs. 1, 215 Abs. 2 InsO. Nach der Beendigung des Insolvenzverfahrens soll durch die Obliegenheiten aus § 295 InsO die Mitwirkung des Schuldners an einer weiteren Erfüllung seiner Verbindlichkeiten gesichert werden. Ohne eine Verletzung der Befriedigungsaussichten der Gläubiger verstößt daher der Schuldner nicht gegen die Zielsetzungen des Treuhandverfahrens. Dessen Zweck besteht weder in einer Erziehungsfunktion (so aber *Döbereiner* Restschuldbefreiung, S. 221) noch Strafzwecken (zutreffend *AG Regensburg* ZVI 2004, 499 [500]) oder einer sittlichen Bewertung des Schuldners.

Sachlich wird mit der beeinträchtigten Befriedigungsaussicht die für eine Anfechtungsbefugnis erfor- 24 derliche Beschwer konkretisiert und zugleich auf die Wirkungen des Schuldbefreiungsverfahrens beschränkt. Die Beschwer ist also nicht zu bestimmen, indem die für den Insolvenzgläubiger eintretenden Folgen bei einer Erteilung der Restschuldbefreiung mit der unbeschränkten Vermögenshaftung des Schuldners gem. § 201 Abs. 1 InsO bei einer antragsgemäßen Versagung der Restschuldbefreiung verglichen werden. Die Beeinträchtigung ist nur durch den Vergleich zwischen dem ordnungsgemäß durchgeführten und dem unter einer Obliegenheitsverletzung absolvierten Schuldbefreiungsverfahren zu bemessen (*BGH* ZInsO 2009, 2210 Tz. 11; s.a. *Kübler/Prütting/Bork-Wenzel* InsO, § 296 Rn. 10). Die Beeinträchtigung liegt bereits mit der Obliegenheitsverletzung und nicht erst der jährlichen Auszahlung durch den Treuhänder vor, weil die Mittel bereits ab diesem Zeitpunkt dem Gläubiger zugewiesen sind (*Braun/Pehl* InsO, § 296 Rn. 3).

Bereits sprachlich stellt die beeinträchtigte Gläubigerbefriedigung erhebliche Anforderungen, wes- 25 wegen eine **lediglich gefährdete Vermögensposition nicht genügt**. Eine Beeinträchtigung kann deshalb nicht schon dann angenommen werden, wenn sich nur die Befriedigungsaussichten der Gläubiger ohne einen konkreten Vermögensverlust verschlechtern. Dazu reicht nicht aus, dass der Schuldner den Gläubigern nicht die Prüfung ermöglicht hat, ob er pfändbares Einkommen erzielt (**a.A.** *AG Kempten* ZVI 2006, 220). Auch eine bloße Verzögerung oder Erschwerung der Befriedigung genügt noch nicht. Vielmehr müssen die Insolvenzgläubiger aufgrund der Obliegenheitsverletzung Einbußen bei ihrer Forderungserfüllung erlitten haben. (*BGH* ZInsO 2006, 547 Tz. 5; MüKo-InsO/*Stephan* § 296 Rn. 14; *Uhlenbruck/Sternal* InsO, § 296 Rn. 27; *Kübler/Prütting/ Bork-Wenzel* InsO, § 296 Rn. 10). Neben der grammatikalischen bestätigt dies auch die teleologische Interpretation der §§ 295, 296 InsO. Als Instrumente der Haftungsverwirklichung sollen diese Vorschriften einer bestmöglichen Forderungserfüllung, nicht aber Strafzwecken dienen. An die Stelle ihrer ökonomischen Zielsetzung träte eine moralisierende Ausrichtung, wenn auf eine Obliegenheitsverletzung ohne messbare Vermögenseinbuße eine Versagung ausgesprochen werden könnte. Obwohl der Treuhänder die erlangten Beträge nur einmal jährlich an die Gläubiger zu verteilen hat, kann eine Gläubigerbeeinträchtigung schon vor diesem Verteilungszeitpunkt eintreten, weil in den Grenzen der §§ 287 Abs. 2, 292 Abs. 1 InsO die Beträge wirtschaftlich bereits den Gläubigern zugewiesen sind. Vor allem wird diese Auslegung aber durch die Ausschlussfrist in Satz 2 gefordert, weil sonst diese Frist ab Kenntnis der Obliegenheitsverletzung laufen kann, ohne dass der Gläubiger mangels einer Beeinträchtigung bereits berechtigt wäre, den Versagungsantrag zu stellen.

§ 296 InsO Verstoß gegen Obliegenheiten

26 Führt die Obliegenheitsverletzung des Schuldners zu **keinen konkret messbaren wirtschaftlichen Konsequenzen**, wird die Befriedigung der Insolvenzgläubiger nicht beeinträchtigt, so dass die Restschuldbefreiung nicht nach § 296 Abs. 1 Satz 1 InsO versagt werden darf (*BGH* NZI 2006, 413 Tz. 4; ZInsO 2009, 2210 Tz. 11). Ohne eine Beschwer ist der Versagungsantrag unzulässig. Abweichend von den in vermögensrechtlichen Streitigkeiten vielfach üblichen Wertsummen ist dabei kein bestimmter Betrag vorgeschrieben. Trotzdem muss ein konkreter Verlust messbar sein, denn eine bloße Gefährdung der Befriedigungsaussichten der Gläubiger genügt nicht (*BGH* ZInsO 2006, 547 Tz. 12; NZI 2007, 297 Tz. 5; 2008, 623 Tz. 12; *AG Hamburg* ZVI 2009, 43; *Graf-Schlicker/Kexel* InsO, § 296 Rn. 2).

27 Für die Vergleichsberechnung ist auf die **Vermögensdifferenz** zwischen der Tilgung der Verbindlichkeit mit und ohne Obliegenheitsverletzung abzustellen (*BGH* ZInsO 2009, 2210 Tz. 11; *Kübler/Prütting/Bork-Wenzel* InsO, § 296 Rn. 10). Kann der Schuldner aus einer **zumutbaren Tätigkeit** lediglich ein **unpfändbares Einkommen** erwerben, scheidet eine beeinträchtigte Gläubigerbefriedigung aus (*BGH* NZI 2010, 114 Tz. 10). Es muss nach Abzug aller vorrangig zu befriedigenden Verbindlichkeiten eine pfändbare Summe verbleiben und dieser an die Insolvenzgläubiger verteilbare Betrag verkürzt werden (*BGH* ZInsO 2009, 2210 Tz. 11; ZInsO 2010, 1558 Tz. 7; ZInsO 2011, 2101 Tz. 7; *AG Göttingen* ZInsO 2006, 384 [385]). Die Pfändungsfreibeträge für das Arbeitseinkommen sind entsprechend der Unterhaltspflichten zu bestimmen. Dabei ist zu unterstellen, dass der Schuldner seiner Unterhaltspflicht nachgekommen wäre (*BGH* BeckRS 2013, 17214 Tz. 3). Gibt der Schuldner eine Erwerbstätigkeit auf, die etwa aufgrund seiner Unterhaltspflichten keine pfändbaren Beträge erbracht hat oder lehnt der Schuldner bzw. die Schuldnerin eine (etwa neben der Kinderbetreuung zumutbare Teilzeit-) Beschäftigung ab, die keine pfändbaren Bezüge ergeben hätte, oder zeigt der Schuldner die Aufnahme einer Erwerbstätigkeit nicht an, wenn er insgesamt nur unpfändbare Einkünfte erlangt, kann darin eine Obliegenheitsverletzung zu sehen sein, doch führt sie zu keiner Gläubigerbeeinträchtigung (*BGH* ZInsO 2009, 2210 Tz. 11; NZI 2010, 114 Tz. 10; s. § 295 Rdn. 52; A/G/R-*Weinland* § 296 InsO a.F. Rn. 22; *Haarmeyer/Wutzke/Förster-Schmerbach* InsO, § 296 Rn. 13; FA-InsR/*Henning* 3. Aufl., Kap. 15 Rn. 116; *Bindemann* Handbuch Verbraucherkonkurs, 3. Aufl., Rn. 248; *Schmerbach* ZVI 2003, 256 [264]). Leistungen des Schuldners aus den unpfändbaren Einkünften führen ebenfalls nicht zu einer beeinträchtigten Gläubigerbefriedigung (s. § 295 Rdn. 157, 160; *Jacobi* ZVI 2008, 325 [328]; *Harder* VIA 2010, 29 [30]). Bei einem selbständig erwerbstätigen Schuldner muss die Möglichkeit bestehen, anstelle einer selbständigen Tätigkeit ein angemessenes Dienstverhältnis einzugehen, aus dem unter Berücksichtigung der Unterhaltsverpflichtungen ein pfändbarer Betrag nach § 850c ZPO resultiert, der höher als die geleistete Zahlung ist (*BGH* NZI 2016, 269 Tz. 10).

28 Als **sonstige Konstellation** ist eine beeinträchtigte Gläubigerbefriedigung nicht schon deswegen ausgeschlossen, weil die Leistungen zunächst auf die Verfahrenskosten verrechnet werden müssen (*LG Göttingen* NZI 2008, 625), da hier nicht erst eine zukünftig mögliche, sondern eine bereits gegenwärtig eingetretene Veränderung der Befriedigungsaussichten vorliegt. Ist nur die Tilgung der Verfahrenskosten (*AG Regensburg* ZVI 2004, 499 [500]) oder der Masseverbindlichkeiten betroffen, fehlt eine Beeinträchtigung der Insolvenzgläubiger, die § 296 Abs. 1 Satz 1 InsO ausdrücklich verlangt. Dennoch lässt die Rechtsprechung dies genügen (s. Rdn. 20). Aus einer Strafhaft folgt keine Vermutung, dass dadurch die Befriedigungsaussichten der Gläubiger verkürzt werden (*BGH* ZInsO 2010, 1558 Tz. 8). Der Schuldner muss aber bei Erfüllung der Erwerbsobliegenheit pfändbare Einkünfte während der Haft an die Gläubiger abführen können. Aus diesem Grund wird die unterlassene Anzeige eines Wohnsitzwechsels (HK-InsO/*Waltenberger* § 296 Rn. 2; *Nerlich/Römermann* InsO, § 296 Rn. 11; *Braun/Riggert/Kind* Die Neuregelungen der Insolvenzordnung in der Praxis, 2. Aufl., S. 206) oder eine verspätete Auskunft über die Bemühungen um eine Erwerbstätigkeit (*LG Kiel* ZVI 2002, 474) vielfach folgenlos bleiben.

29 Auf **zukünftig mögliche Veränderungen** darf nicht abgestellt werden, weil eine beeinträchtigte und nicht eine gefährdete Gläubigerbefriedigung verlangt wird. Es genügt also nicht, wenn später mögliche Veränderungen wie Gehaltserhöhungen, eine Befriedigungschance begründen können (**a.A.**

Trendelenburg Restschuldbefreiung, S. 266). Für eine solche Prognose fehlt jeder Maßstab. Zudem widerspricht sie auch dem Gedanken aus § 309 Abs. 1 Nr. 2 2. HS InsO. Erhält der Schuldner aufgrund der Beendigung seines Arbeitsverhältnisses eine Abfindungszahlung, fehlt solange eine Beeinträchtigung der Befriedigungsaussichten, wie die Abfindung den Gläubigern zugutekommt (s. § 295 Rdn. 51). Bei einer **selbständigen Tätigkeit** muss der Gläubiger darlegen und glaubhaft machen, dass der Schuldner während seiner selbständigen Tätigkeit als abhängig Beschäftigter Einkünfte erzielt hätte, die zu einer zumindest teilweisen Befriedigung der Insolvenzgläubiger hätten dienen können (*LG Bochum* BeckRS 2011, 01035). Erteilt ein selbständig tätiger Schuldner keine Auskunft über seine Einnahmen, ist fraglich, wie die beeinträchtigte Gläubigerbefriedigung zu bestimmen ist. Nach einer in der Rechtsprechung vertretenen Ansicht genüge es, wenn die Einkünfte aus einer unterstellten abhängigen Tätigkeit einen pfändbaren Betrag ergeben. Der Schuldner müsse dann etwaig abzusetzende (Betriebs-)Ausgaben anführen (*AG Göttingen* NZI 2015, 986 = VIA 2016, 7 m. Arm. *Siebert*). Dadurch werden allerdings die Maßstäbe allein an einer abhängigen Beschäftigung ausgerichtet, ohne die abweichenden Anforderungen einer Selbständigkeit zu beachten. Auch bei der verletzten Auskunftsobliegenheit eines Selbständigen ist nur die ihm mögliche anhängige Beschäftigung beachtlich. **Beeinträchtigt sind die Befriedigungsaussichten**, wenn der Schuldner zusätzlich zur ausgeübten Beschäftigung eine weitere, nicht angezeigte Erwerbstätigkeit übernimmt und sich erst aus den nach dem Rechtsgedanken aus § 850e Nr. 2 ZPO zusammengerechneten Einkünften ein pfändbarer Betrag ergibt (**a.A.** *LG Potsdam* ZInsO 2010, 252 [253]).

Zu prüfen ist eine **Heilung der beeinträchtigten Gläubigerbefriedigung**. Zumeist wirkt sich aber die Obliegenheitsverletzung nachteilig auf die Gläubiger aus. Dann ist zu bestimmen, ob der Schuldner nachträglich die Folgen seines Obliegenheitsverstoßes kompensieren darf, um zu verhindern, dass die Gläubigerbefriedigung beeinträchtigt wird. Aus der von den §§ 295, 296 InsO verfolgten Zielsetzung einer umfassenden Haftungsverwirklichung kann eine Heilung durch Auskunftserteilung oder Nachzahlung nicht abgeführter Beträge erfolgen, wenn zugleich gläubigergefährdende Manipulationen verhindert werden (A/G/R-*Weinland* § 295 InsO a.F. Rn. 48; *K. Schmidt/Henning* InsO, § 296 n.F. Rn. 6). Durch eine Nachentrichtung dokumentiert der Schuldner seinen Willen, die Obliegenheiten zu erfüllen. Außerdem trägt eine solche Befugnis dem wirtschaftlichen Begehren der Gläubiger möglicherweise besser als eine Versagung der Restschuldbefreiung Rechnung, durch die dem Schuldner seine Bereitschaft zur aktiven Forderungserfüllung genommen werden kann. Angelehnt an die Vorbilder der §§ 554 Abs. 2 Nr. 2 BGB, 371 AO kann deshalb ein solches befristetes Nachholungsrecht begründet werden, doch wird sein Geltungsbereich durch den Sinn und den Wortlaut von § 296 Abs. 1 Satz 1 InsO begrenzt. Ziel dessen ist, dass der Schuldner keine Gelder verschleiert, um sie nur im Fall eines Aufdeckens an die Gläubiger bzw. zunächst den Treuhänder auszuzahlen. 30

Eine Heilungsmöglichkeit muss auch dann angenommen werden, wenn der Schuldner die Obliegenheitsverletzung **freiwillig aufdeckt** und aufgrund einer Vereinbarung mit dem Treuhänder **Teilzahlungen auf die Rückstände** erbringt, die innerhalb eines nicht nur angemessenen, sondern auch überschaubaren Zeitraums zu einem vollständigen Ausgleich des dem Treuhänder vorenthaltenen Betrags führen (*BGH* NZI 2010, 350 Tz. 7; BeckRS 2011, 12915; *Frind* Praxishandbuch Privatinsolvenz, Rn. 1057; *Paulus* ZInsO 2010, 1366 [1370]). Solange sich der Schuldner an diese Vereinbarung hält, darf ihm nicht bevor der vereinbarte Ratenzahlungszeitraum abgelaufen ist, die Restschuldbefreiung versagt werden. Erfüllt der Schuldner die Vereinbarung allerdings nur teilweise, kann ihm die Restschuldbefreiung versagt werden (*BGH* BeckRS 2011, 12915). Er verdient aufgrund der Vereinbarung mit dem Treuhänder Vertrauensschutz. Sonst hätten Schuldner, die nicht zum sofortigen Ausgleich, wohl aber zu Ratenzahlungen in der Lage sind, keinen Anreiz, die Obliegenheitsverletzung von sich aus aufzudecken und deren Folgen zu beseitigen (*BGH* NZI 2010, 350 Tz. 7). 31

Eine **Heilung ist ausgeschlossen**, wenn die Obliegenheitsverletzung aufgedeckt (*BGH* ZInsO 2011, 447 Tz. 2; BeckRS 2011, 07103; *K. Schmidt/Henning* InsO, § 296 n.F. Rn. 21; **a.A.** *Asmuß* VIA 2010, 36 [37]) oder bereits ein Versagungsantrag gestellt ist (*BGH* NZI 2008, 623 Tz. 13; NZI 32

§ 296 InsO   Verstoß gegen Obliegenheiten

2010, 350 Tz. 6; BeckRS 2010, 30740; 2011, 00249). Nach der Rechtsprechung des BGH genügt einer von beiden Umständen, um eine Heilung auszuschließen. Im Übrigen kann die Gläubigerbefriedigung schon vor der Verteilung der Abtretungsbeträge beeinträchtigt sein. Diese Vorverlagerung des für eine Gläubigerbeeinträchtigung maßgebenden Zeitpunkts ist durch eine Nachentrichtungsbefugnis bis zu dem Auszahlungstermin auszugleichen (HK-InsO/*Waltenberger* § 296 Rn. 4; *Heyer* Restschuldbefreiung, S. 144, beide bei engem zeitlichen Zusammenhang; **a.A.** *AG Göttingen* NZI 2009, 66 [67]; *Kübler/Prütting/Bork-Wenzel* InsO, § 296 Rn. 13; HambK-InsO/*Streck* § 296 Rn. 13). Damit der Schuldner nicht abwartet, ob ein Versagungsverfahren durchgeführt wird, ist seine Zahlungsberechtigung zusätzlich nach Maßgabe von § 371 AO bis zur Einleitung eines gerichtlichen Versagungsverfahrens zu befristen. Das Nachholungsrecht ist deshalb doppelt durch den Verteilungszeitpunkt gem. § 292 Abs. 1 Satz 2 InsO sowie die Einleitung eines Versagungsverfahrens beschränkt.

33 Eine solche Berechtigung ist ebenso Ausdruck des Übermaßverbots als Konkretisierung des **Verhältnismäßigkeitsgrundsatzes**, wie die vom Rechtsausschuss des Bundestags geforderte **Wesentlichkeitsgrenze**. Hiernach soll bei ganz unwesentlichen Verstößen eine Versagung der Restschuldbefreiung ausscheiden (Begr. des Rechtsausschusses BT-Drucks. 12/7302 S. 188, zu § 346k; *Uhlenbruck/Sternal* InsO, § 296 Rn. 32; *Preuß* Verbraucherinsolvenzverfahren und Restschuldbefreiung, 2. Aufl., Rn. 297). Außerdem ist eine Versagung bei einer nur geringfügig beeinträchtigten Gläubigerbefriedigung unverhältnismäßig (K. Schmidt/*Henning* InsO, § 296 n.F. Rn. 6). Zwar gelten auch im Zivilverfahren die Grundsätze von Treu und Glauben (*Stein/Jonas-Brehm* 22. Aufl., vor § 1 Rn. 221 f.), mit denen auch die Wesentlichkeitsgrenze erklärt wird (MüKo-InsO/*Stephan* § 296 Rn. 15; *Uhlenbruck/Vallender* InsO, 13. Aufl., § 296 Rn. 21; *Döbereiner* Restschuldbefreiung, S. 202). Überzeugender erscheint es aber, hierin einen eigenständigen verfahrensrechtlichen Ausgleichsmechanismus zwischen den Schuldnerobliegenheiten und Gläubigerrechten zu sehen, mit dem auch dem Dauercharakter des Restschuldbefreiungsverfahrens Rechnung getragen werden kann. Je länger die Treuhandperiode bereits währt, desto höhere Anforderungen sind an eine Obliegenheitsverletzung zu stellen. Deswegen dient die Wesentlichkeitsgrenze als zusätzliches Korrektiv, um die Anforderungen auszubalancieren. Auf eine absolute finanzielle Obergrenze ist dabei nicht abzustellen.

2. Einzelfälle

34 Im Einzelnen hat die Judikatur folgende **Maßstäbe** für eine beeinträchtigte Gläubigerbefriedigung aufgestellt:
- **§ 295 Abs. 1 Nr. 1:** Ist aus einer zumutbaren Tätigkeit kein pfändbares Einkommen erzielbar, fehlt es an der erforderlichen konkreten Beeinträchtigung der Gläubiger (*BGH* NZI 2009, 899 Tz. 11; NZI 2010, 114 Tz. 10). Solange eine vorrangige Abtretung des Einkommens besteht, ist eine Gläubigerbeeinträchtigung ausgeschlossen (*BGH* NZI 2011, 596 Tz. 5).
- **§ 295 Abs. 1 Nr. 2 InsO:** Die unterlassene Angabe einer geerbten Wohnungseinrichtung sowie einer zur Begleichung der Erbfallschulden von EUR 2 700,– verwendeten Sterbeversicherung beeinträchtigt die Gläubigerbefriedigung nicht (*AG Oldenburg* ZInsO 2009, 787 [789]).
- **§ 295 Abs. 1 Nr. 3 InsO:** Mit der unterlassenen Mitteilung eines Wohnungswechsels ist die beeinträchtigte Gläubigerbefriedigung noch nicht glaubhaft gemacht (*BGH* NZI 2010, 654 Tz. 21). Teilt der Schuldner nur den Bruttoverdienst mit, kann das Nettoeinkommen geschätzt werden, um die Beeinträchtigung der Gläubigerbefriedigung zu ermitteln (*AG Göttingen* ZInsO 2014, 107). Erteilt ein selbständig tätiger Schuldner keine Auskunft über seine Einnahmen, soll es genügen, wenn die Einkünfte aus einer unterstellten abhängigen Tätigkeit einen pfändbaren Betrag ergeben. Der Schuldner müsse dann etwaig abzusetzende (Betriebs-)Ausgaben anführen (*AG Göttingen* NZI 2015, 986 = VIA 2016, 7 m. Anm. *Siebert*; dazu s. Rdn. 29).
- **§ 295 Abs. 2 InsO:** Eine beeinträchtigte Gläubigerbefriedigung liegt vor, wenn sich aus einem angemessenen Dienstverhältnis ein pfändbarer Betrag ergeben hätte, der Schuldner aber keine Zahlungen leistet (*BGH* NZI 2016, 269 Tz. 10).

Bei der Zahlung eines Betrags von EUR 300,– ist noch nicht glaubhaft gemacht, dass die Leistung 35
aus dem pfändbaren Vermögen des Schuldners stammt (*BGH* BeckRS 2011, 02770). Eine Leistung
aus dem unpfändbaren Vermögen beeinträchtigt deswegen nicht die Gläubigerbefriedigung. Weigert sich der Schuldner, Lohnabrechnungen oder Einkommensnachweise vorzulegen oder vereitelt
er schon den Zugang einer entsprechenden Aufforderung des Treuhänders, lässt es allein dieser Umstand als wahrscheinlich erscheinen, dass er den Insolvenzgläubigern pfändbare Einkünfte vorenthält. Eine besondere Glaubhaftmachung ist entbehrlich, wenn dieser Umstand unstreitig ist
(*BGH* NJW-RR 2009, 1280 Tz. 12; NZI 2010, 654 Tz. 25).

D. Versagungsverfahren

I. Antragstellung

Das Insolvenzgericht kann die Restschuldbefreiung nur auf Antrag eines Insolvenzgläubigers versagen. Dazu muss der Insolvenzgläubiger einen statthaften **Versagungsantrag** gestellt und die weiteren **Sachentscheidungsvoraussetzungen** erfüllt haben. Der Antrag muss von einer antragsberechtigten Person innerhalb der Jahresfrist gestellt und schlüssig dargelegt sein. Der Schuldner ist zu dem Antrag zu hören. Bestreitet er den Versagungsgrund nicht, gilt er als zugestanden. Sonst muss er glaubhaft gemacht werden (K. Schmidt/*Henning* InsO, § 296 n.F. Rn. 24 ff.). Dazu gehört auch, die Anforderungen von § 296 Abs. 1 Satz 1 und 2 InsO glaubhaft zu machen (*BGH* ZInsO 2006, 546 Tz. 5; NZI 2007, 297 Tz. 7). Der Antrag kann schriftlich gestellt werden. Unklare Erklärungen sind unter den für erwirkende Prozesshandlungen geltenden Grundsätzen auslegungsfähig. Das Versagungsverfahren unterliegt der Autonomie der Insolvenzgläubiger, also einer einseitigen Parteidisposition. Diese Freiheit der Insolvenzgläubiger erstreckt sich auf die Einleitung und die vorzeitige Beendigung des Versagungsverfahrens sowie den Umfang der richterlichen Prüfung. Das Insolvenzgericht darf auf dieses Antragsrecht nicht hinweisen (vgl. § 290 Rdn. 217). Außerdem muss der Versagungsantrag **begründet** sein. 36

Ohne den Antrag eines **Insolvenzgläubigers** darf ein Versagungsverfahren nicht durchgeführt werden, wie § 296 Abs. 1 Satz 1 InsO ausdrücklich bestimmt (A/G/R-*Weinland* § 296 InsO a.F. Rn. 2; *Gottwald/Ahrens* HdbInsR, § 78 Rn. 48). Der Begriff des Insolvenzgläubigers aus § 296 Abs. 1 Satz 1 InsO stimmt mit dem Begriff aus § 290 Abs. 1 InsO überein (dazu sowie zum Folgenden § 290 Rdn. 217 f.). **Gläubiger bestrittener Forderungen** werden als antragsbefugt angesehen (vgl. *BGH* NZI 2015, 516 Tz. 10; *Frind* Praxishandbuch Privatinsolvenz, Rn. 910). Auch wenn die Forderungen nach § 302 InsO von der Restschuldbefreiung ausgenommen sind, besteht eine Antragsberechtigung und das Rechtsschutzbedürfnis. Ein **absonderungsberechtigter Gläubiger** ist antragsberechtigt, wenn er seine persönliche Forderung in Höhe des Ausfalls angemeldet hat. Für **nachrangige Insolvenzgläubiger** gilt dies, soweit sie aufgefordert wurden, ihre Forderungen anzumelden. **Nicht antragsberechtigt** sind Neugläubiger, Massegläubiger sowie der Treuhänder (*Uhlenbruck/Sternal* InsO, § 296 Rn. 7). 37

Nur durch eine Forderungsanmeldung **am Verfahren teilnehmende Gläubiger** sind befugt, Verfahrensrechte auszuüben und im Restschuldbefreiungsverfahren einen Versagungsantrag zu stellen (*BGH* ZInsO 2009, 52 Tz. 2; *AG Bremen* ZVI 2003, 609 f.; MüKo-InsO/*Stephan* § 296 Rn. 4; A/G/R-*Weinland* § 296 InsO a.F. Rn. 4; HK-InsO/*Waltenberger* § 296 Rn. 8; *Braun/Pehl* InsO, § 296 Rn. 5; HambK-InsO/*Streck* § 296 Rn. 3; *Uhlenbruck/Sternal* InsO, § 296 Rn. 7; *Haarmeyer/Wutzke/Förster-Schmerbach* InsO, § 296 Rn. 9; a.A. *Büttner* ZVI 2007, 116 [117]). Unerheblich ist, ob der Gläubiger unverschuldet an der Anmeldung gehindert war (vgl. *BGH* NZI 2015, 132 Tz. 10). Auch die vom Schuldner nicht in den Verzeichnissen aufgeführten, sog. vergessenen Gläubiger können keinen Versagungsantrag stellen (vgl. *Frind* Praxishandbuch Privatinsolvenz, Rn. 908). 38

Es ist **kein Umkehrschluss zu § 290 Abs. 1 Einleitungssatz InsO** berechtigt. Die Forderungsanmeldung ist daher nicht entbehrlich, weil diese Norm inzwischen ausdrücklich eine Anmeldung verlangt, während § 296 Abs. 1 Satz 1 InsO dieses Erfordernis nicht aufstellt. Soweit in den ab dem 01.07.2014 beantragten Insolvenz- und Restschuldbefreiungsverfahren § 290 Abs. 1 InsO Einlei- 39

§ 296 InsO Verstoß gegen Obliegenheiten

tungssatz zusätzlich auf das Kriterium der **Forderungsanmeldung** abstellt, ist damit keine sachliche Änderung verbunden. Vielmehr wird damit nur die höchstrichterliche Rechtsprechung kodifiziert (§ 290 Rdn. 218). Aufgestellt ist das Erfordernis der Forderungsanmeldung allein im Verfahren nach § 290 InsO, doch gilt es wegen seiner aus § 38 InsO abzuleitenden allgemeinen Determinierung ebenso bei Anträgen nach § 296 InsO (A/G/R-*Fischer* § 290 n.F. InsO Rn. 2) wie den anderen Versagungsanträgen der §§ 297, 297a InsO. Zugleich bestätigt diese Vorschrift das Verständnis des neuen Tatbestandsmerkmals eines Anmeldungserfordernisses in § 290 Abs. 1 InsO als zeitliches Koordinierungsinstrument. Da einerseits das Anmeldeerfordernis im Verfahren nach § 296 InsO ohnedies gilt, andererseits aber die zeitliche Bestimmung des frühestmöglichen Anmeldungstermins bedeutungslos ist, musste das Antragsrecht hier nicht ergänzt werden. Hat der Gläubiger eine Forderung angemeldet, ist unerheblich, ob er an der Schlussverteilung teilnimmt (*BGH* NZI 2009, 856 Tz. 3, zu § 290 InsO).

40 Die Beschränkung gilt für alle Insolvenzgläubiger und damit auch für **ausländische Gläubiger**. Für Gläubiger aus dem Europäischen Justizraum (außer Dänemark) folgt dies aus Art. 4 Abs. 2 lit. k) EuInsVO a.F. = Art. 7 Abs. 2 lit. k) EuInsVO n.F., sonst aus § 335 InsO. Ein Rechtsschutzbedürfnis für den Versagungsantrag besteht auch, wenn die Forderung nach § 302 InsO von der Schuldbefreiung ausgenommen ist (MüKo-InsO/*Stephan* § 296 Rn. 5; **a.A.** *Döbereiner* Restschuldbefreiung, S. 321 f.). Zugleich entscheidet der antragstellende Gläubiger auch über den Verfahrensgegenstand. Andere Insolvenzgläubiger können auf den Verfahrensgegenstand allenfalls mittelbar einwirken, indem sie ebenfalls einen Antrag stellen. Nicht antragsberechtigt sind Inkassounternehmen, die allein im Schuldenbereinigungsplanverfahren nach § 305 Abs. 4 Satz 2 InsO und im Forderungsfeststellungsverfahren gem. § 174 Abs. 1 Satz 3 InsO vertretungsbefugt sind. Dies gilt sowohl in den vor dem 01.07.2014 (*AG Köln* NZI 2013, 149) als auch ab dem 01.07.2014 (*AG Göttingen*, ZInsO 2016, 1593; s.a. *LG Frankenthal* NZI 2017, 399) beantragten Insolvenzverfahren.

41 **Nachrangige Insolvenzgläubiger** sind antragsberechtigt, soweit sie am Verfahren teilnehmen können, also aufgefordert wurden, ihre Forderungen anzumelden. Der einen Versagungsantrag stellende Gläubiger muss antragsbefugt sein, weswegen der Antragsteller die Verletzung kollektiver oder eigener bzw. ihm zur Ausübung übertragener fremder individueller Rechte geltend machen muss (*Ahrens* NZI 2001, 113 [116 ff.]). Wechselt der Schuldner seinen Wohnsitz, tritt nach § 26 Satz 3 AO bis zur Aufhebung des Insolvenzverfahrens keine Zuständigkeitsänderung beim Finanzamt ein. Der Versagungsantrag nach § 296 InsO ist deswegen durch das nunmehr zuständige Finanzamt zu stellen.

42 **Massegläubiger** sind nicht antragsberechtigt (*Ahrens* NZI 2005, 401 [403]; *K. Schmidt*/*Henning* InsO, § 296 n.F. Rn. 11; s.a. *Haarmeyer*/*Wutzke*/*Förster-Schmerbach* InsO, § 296 Rn. 9). Gegen ihr Antragsrecht sprechen Wortlaut und Teleologie der Regelung, denn in der Treuhandphase müssen deren Rechte nicht zusätzlich verstärkt werden. Der Versagungsantrag eines **Neugläubigers** ist unzulässig (*AG Hannover* ZInsO 2007, 50). Als bestimmender Schriftsatz muss der Versagungsantrag in aller Regel unterschrieben sein (*OLG Köln* NZI 2008, 627). Der Treuhänder ist unzweifelhaft nicht antragsbefugt (*BGH* NZI 2007, 297 Tz. 8; *Kübler*/*Prütting*/*Bork-Wenzel* InsO, § 296 Rn. 3).

43 Eine **Prüfung der Versagungsgründe von Amts** wegen findet **nicht** statt (*Kübler*/*Prütting*/*Bork-Wenzel* InsO, § 296 Rn. 3). Ausdrücklich wird in der Begr. zum RegE EGInsO (BT-Drucks. 12/3803 S. 65) von einem **kontradiktorischen Verfahren** über den Versagungsantrag gesprochen (s.a. *BGH* ZInsO 2011, 1319 Tz. 11; *K. Schmidt*/*Henning* InsO, § 296 n.F. Rn. 4). Von dem Gericht darf von Amts wegen ein Versagungsverfahren weder eingeleitet noch auf andere Versagungsgründe erstreckt werden (*BGH* NZI 2007, 297 Tz. 8; MüKo-InsO/*Stephan* § 296 Rn. 4; *Uhlenbruck*/*Sternal* InsO, § 296 Rn. 5, 60; HK-InsO/*Waltenberger* § 296 Rn. 11; *K. Schmidt*/*Henning* InsO, § 296 n.F. Rn. 7; **a.A.** *LG Kiel* ZVI 2002, 474). Eine Versagung ist also nur aus dem vom Gläubiger geltend gemachten Grund zulässig. Ist ein Versagungsantrag noch nicht gestellt, darf das Gericht aufgrund der kontradiktorischen Gestaltung des Verfahrens keine Antragstellung anregen. Auch wird es in einem Versagungsverfahren sehr genau abzuwägen haben, ob eine mit einem richterlichen Hinweis

nach § 139 Abs. 1 ZPO verbundene Hilfestellung an die Gläubiger erforderlich sein kann, um eine Waffengleichheit mit dem Schuldner herzustellen (vgl. MüKo-ZPO/*Wagner* 3. Aufl., § 139 Rn. 1).

Für den Antrag gelten **keine besonderen Formerfordernisse** außer den Anforderungen an bestimmte Schriftsätze, § 4 InsO i.V.m. § 130 ZPO. Der Antrag ist schriftlich, in elektronischer Form oder zu Protokoll der Geschäftsstelle eines jeden Amtsgerichts zu stellen, §§ 4 InsO, 129a Abs. 1, 130a, 496 ZPO. Er muss die allgemeinen Anforderungen einer erwirkenden Prozesshandlung erfüllen. In ihm sind die Obliegenheitsverletzung, die beeinträchtigten Befriedigungsaussichten und die Einhaltung der Jahresfrist darzulegen und glaubhaft zu machen. Außerdem ist der Versagungsantrag nach § 4 InsO i.V.m. § 270 Satz 1 ZPO dem Schuldner zuzustellen. 44

Mehrere Versagungsanträge unterschiedlicher Gläubiger sind zulässig. Das Rechtsschutzbedürfnis für den Versagungsantrag eines Gläubigers entfällt nicht schon deswegen, weil ein anderer Gläubiger einen auf den gleichen Grund gestützten Antrag gestellt hat. Im Kern können hierauf die Grundsätze der subjektiven Klagenhäufung in Gestalt einer einfachen Streitgenossenschaft gem. den §§ 4 InsO, 59 f. ZPO angewendet werden. Auch mehrere Versagungsanträge eines Gläubigers sind zulässig, die auf unterschiedliche Geschehen bzw. Versagungsgründe gestützt werden. Ein auf den gleichen Tatkomplex gestützter erneuter Antrag des gleichen Gläubigers innerhalb der Frist zur Stellung von Versagungsanträgen im schriftlichen Verfahren wird zusammen mit dem Erstantrag als ein einheitlicher Antrag auszulegen sein. Zur Entscheidung vgl. § 290 Rdn. 270. 45

Eine **Rücknahme** des Versagungsantrags ist bis zum rechtskräftigen Abschluss des Verfahrens zulässig, denn der Antrag muss bis zum Eintritt der Rechtskraft der Versagungsentscheidung aufrechterhalten werden (vgl. *BGH* ZInsO 2010, 1495 Tz. 4 zu § 290 InsO; A/G/R-*Weinland* § 296 InsO a.F. Rn. 15; *Kübler/Prütting/Bork-Wenzel* InsO, § 296 Rn. 7a; K. Schmidt/*Henning* InsO, § 296 n.F. Rn. 12). Die Rücknahme ist gegenüber dem Gericht zu erklären, bei dem das Verfahren anhängig ist. Mit Rücknahme des Antrags werden etwaige Entscheidungen der Vorinstanzen wirkungslos (vgl. *BGH* ZInsO 2010, 1495 Tz. 6 zu § 290 InsO). 46

II. Antragsfrist

Den Antrag auf Versagung der Restschuldbefreiung kann ein Gläubiger nur **binnen eines Jahres** stellen, nachdem ihm die Obliegenheitsverletzung bekannt geworden ist, § 296 Abs. 1 Satz 2 InsO (*AG Göttingen* ZInsO 2006, 384 [385]). Diese Ausschlussfrist dient ebenso der Rechtssicherheit wie dem Schutz des Schuldners (*BGH* NZI 2011, 193 Tz. 4). Im Unterschied zu § 290 InsO ist die Antragstellung nicht auf einen bestimmten Termin – oder im schriftlichen Verfahren Zeitraum – konzentriert, sondern von einer relativ zur Kenntnis festgelegten Frist abhängig. Im Zulassungsverfahren zur Restschuldbefreiung wird die Versagungsentscheidung nach dem Schlusstermin getroffen, um die Beachtung der insolvenzrechtlichen Pflichten während des gesamten Insolvenzverfahrens beurteilen zu können. Vor allem wird aber auf den Schlusstermin abgestellt, weil die insolvenzrechtlichen Beschränkungen aus den §§ 80 ff. InsO ohnehin bis zur Aufhebung des Insolvenzverfahrens gelten, durch eine vorzeitige Versagung also keine Vorteile für die Insolvenzgläubiger bestünden. Eine Versagung in der Treuhand- bzw. Wohlverhaltensperiode nach § 296 InsO bzw. nach den §§ 297, 298 InsO lässt jedoch gem. § 299 InsO u.a. die Beschränkung der Gläubigerrechte entfallen. Ein vorzeitiger Abschluss des Restschuldbefreiungsverfahrens ist daher in diesen Fällen angezeigt. 47

Frühestens ist der Antrag zulässig, nachdem das Insolvenzverfahren aufgehoben bzw. eingestellt und damit die Treuhandzeit eingeleitet worden ist (Rdn. 11; *Gottwald/Ahrens* HdbInsR, § 78 Rn. 49). **Spätestens** darf der Antrag in dem Termin zur Entscheidung über die Restschuldbefreiung gem. § 300 Abs. 2 InsO gestellt werden (MüKo-InsO/*Stephan* § 296 Rn. 11). Dies folgt allerdings nicht aus § 296 Abs. 1 Satz 1 InsO, denn ein Antrag auf Versagung der Restschuldbefreiung kann nach dieser Vorschrift mit Obliegenheitsverletzungen begründet werden, die während der Laufzeit der Abtretungserklärung erfolgt sind. Geregelt ist damit jedoch nur, welche Obliegenheitsverletzungen einen Versagungsantrag stützen können, nicht jedoch bis zu welchem Zeitpunkt der Antrag gestellt werden muss. Auch die Grundsätze über die materielle Rechtskraft allein schließen nach Erteilung 48 der Restschuldbefreiung einen Versagungsantrag noch nicht aus. Als konkurrierende Regelung schließt aber das Widerrufsrecht aus § 303 Abs. 1 InsO nach Erteilung der Restschuldbefreiung einen Versagungsantrag aus. Wird die Antragsfrist nicht eingehalten, ist der Versagungsantrag unzulässig (*Nerlich/Römermann* InsO, § 296 Rn. 28; *Kübler/Prütting/Bork-Wenzel* InsO, § 296 Rn. 4; *Döbereiner* Restschuldbefreiung, S. 324 f.).

49 Die Antragstellung muss in einer **Ausschlussfrist** erfolgen (*Uhlenbruck/Sternal* InsO, § 296 Rn. 17), wie sie ähnlich in § 586 Abs. 2 Satz 1 ZPO formuliert ist. Für den Fristbeginn ist dabei auf das subjektive Element einer Kenntniserlangung von der Obliegenheitsverletzung abzustellen, also nicht auf objektive Merkmale, wie sie etwa die §§ 290 Abs. 1, 303 Abs. 2 InsO vorsehen. Merkliche Schwierigkeiten ergeben sich freilich, weil für den Fristenlauf eine innere Tatsache zugrunde gelegt wird. Diese Schwierigkeiten können möglicherweise in Anlehnung an die zu § 586 Abs. 2 Satz 1 ZPO entwickelten Maßstäbe über eine Kenntnisnahme bewältigt werden. Nach dem verfahrensrechtlichen Muster des § 586 Abs. 2 Satz 1 ZPO beginnt die Frist für die Wiederaufnahmeklage mit der sicheren Kenntnis sämtlicher Tatsachen, die vorhanden sein müssen, um erfolgreich Klage erheben zu können, wozu über alle Tatsachen ein auf sicherer Grundlage beruhendes Wissen erforderlich ist. Kennenmüssen genügt, wenn sich der Gläubiger bewusst der Kenntnisnahme verschließt (*BGH* NJW 1993, 1596 f.; NJW 1995, 332 [333]). Gegen eine Adaption dieser Grundsätze für § 296 Abs. 1 Satz 2 InsO spricht allerdings die bei der Wiederaufnahmeklage einfacher strukturierte und deshalb leichter zu erkennende tatsächliche Sachlage. Aus diesem Grund erweist sich vor allem die Konzeption von § 197 Abs. 3 Nr. 1 Alt. 1 BGB als angemessener, doch kann die Auslegung zu § 1944 Abs. 2 Satz 1 BGB ebenfalls ergänzend herangezogen werden.

50 Nach den allgemeinen verjährungsrechtlichen Grundsätzen ist die **Kenntnis** der rechtsbegründenden Tatsachen genügend, während ihre zutreffende rechtliche Würdigung nicht gefordert wird (vgl. *BGH* NJW 1993, 648 [653]; *BGH* NJW 1996, 117 [118]; *Graf-Schlicker/Kexel* InsO, § 296 Rn. 6). Eine Kenntnis aller Einzelheiten wird dafür nicht verlangt (*BGH* NJW 1994, 3092 [3093]). Es genügt, wenn ein Versagungsantrag mit einigermaßen sicherer Aussicht auf Erfolg gestellt werden kann (*Nerlich/Römermann* InsO, § 296 Rn. 24; *Kübler/Prütting/Bork-Wenzel* InsO, § 296 Rn. 5; vgl. *BGH* NJW 1993, 648 [653]). Ein Kennenkönnen oder -müssen wird dafür einer Kenntnis nicht gleichgestellt (HambK-InsO/*Streck* § 296 Rn. 5). Der den Fristenlauf auslösende Kenntnisstand wird aber auch dann angenommen, wenn der Gläubiger die Kenntnis zwar nicht positiv besaß, wohl aber die Möglichkeit hatte, sich die erforderlichen Kenntnisse in zumutbarer Weise ohne nennenswerte Mühe zu beschaffen (MüKo-InsO/*Stephan* § 296 Rn. 11). Übertragen auf die insolvenzrechtlichen Anforderungen ist zusätzlich zu fordern, dass sich die Umstände dem Gläubiger geradezu aufgedrängt haben. Auf diese Weise soll dem Gläubiger im Einklang mit dem Rechtsgedanken aus § 162 Abs. 1 BGB die sonst bestehende Möglichkeit genommen werden, die Frist missbräuchlich dadurch zu verlängern, dass er die Augen vor einer sich aufdrängenden Kenntnis verschließt (*BGH* NJW 1989, 2323 [2324]; NJW 1993, 648 [653]; NJW 1994, 3092 [3093]). Dabei genügt es, wenn der Antragsteller über die Obliegenheitsverletzung informiert ist, denn auf andere Umstände muss sich seine Kenntnis nach der eindeutigen Formulierung des § 296 Abs. 1 Satz 2 InsO nicht erstrecken. Die Anforderung des Strafurteils beim Amtsgericht durch die Gläubigerin setzt die für den Fristbeginn erforderliche Kenntnis von einer Verurteilung wegen Insolvenzstraftaten i.S.d. § 297 InsO nicht voraus. Berichte in den Medien müssen diese Kenntnis nicht vermitteln (*BGH* BeckRS 2011, 15312 Tz. 3).

51 Da die Erfüllung der Zahlungsobliegenheit des Schuldners bei einer **selbständigen Erwerbstätigkeit** nach § 295 Abs. 2 InsO erst zum Ende der Treuhandperiode verlässlich beurteilt zu werden vermag, kann eine Kenntnis der maßgebenden Umstände grds. nicht zuvor begründet sein (*AG Göttingen* NZI 2009, 334 [335]). Dem hat sich der *BGH* zunächst für einen Fall angeschlossen, in dem der Schuldner mehrfach zwischen selbständiger und nicht selbständiger Tätigkeit gewechselt hat (*BGH* NZI 2011, 596 Tz. 12 m. Anm. *Ahrens*), dies inzwischen aber auch allgemein angenommen (*BGH* NZI 2013, 189 Tz. 20). Obwohl der selbständige Schuldner nach der Rechtsprechung des BGH zumindest jährliche Zahlungen zu erbringen hat, kann oft erst am Ende der Treuhandperiode

sicher festgestellt werden, ob ein Obliegenheitsverstoß vorliegt. Die Gläubiger sind deswegen regelmäßig berechtigt, den Versagungsantrag unabhängig von einer früheren Kenntnis einzelner nicht abgeführter Beträge am Ende der Treuhandperiode zu stellen (*BGH* NZI 2014, 32 Tz. 7; NZI 2016, 269 Tz. 17). Allein besondere Umstände rechtfertigen einen vorherigen Beginn der Ausschlussfrist. Auf einen früheren Zeitpunkt kann etwa abzustellen sein, wenn der Schuldner endgültig erklärt, nicht mehr selbständig erwerbstätig zu sein.

Eine Kenntnis des **Wissensvertreters** steht der Kenntnis des Gläubigers gleich (*Uhlenbruck/Sternal* 52 InsO, § 296 Rn. 12; A/G/R-*Weinland* § 296 InsO a.F. Rn. 8; *Andres/Leithaus* InsO, § 296 Rn. 7; LSZ/*Kiesbye* InsO, § 296 Rn. 8; vgl. *BGH* NJW 1968, 988; NJW 1989, 2323). Wissensvertreter ist jeder, der nach der Arbeitsorganisation des Geschäftsherrn dazu berufen ist, im Rechtsverkehr als dessen Repräsentant bestimmte Aufgaben in eigener Verantwortung zu erledigen und die dabei angefallenen Informationen zur Kenntnis zu nehmen sowie ggf. weiterzuleiten. Gerade bei Großbanken kann eine solche Wissenszurechnung innerhalb einer Filiale (*BGH* NJW 1984, 1953 [1954]), aber auch zwischen unterschiedlichen Filialen erfolgen, damit der Informationsaustausch nicht auf bestimmte Fragen beschränkt wird, andere wichtige Punkte davon jedoch ausgenommen bleiben (*BGH* NJW 1989, 2879 [2880 f.]; NJW 1989, 2881 [2882]; NJW 1993, 1066 [1067]; ausf. auch für andere Unternehmen *Canaris* Bankvertragsrecht, 4. Aufl., Rn. 106, 499, 800 f., 810).

Von der gesetzlichen Formulierung wird auf die positive **Kenntnis des Gläubigers** abgestellt. Ein 53 Kennenmüssen genügt nicht (K. Schmidt/*Henning* § 296 n.F. Rn. 9). Die Formulierung lässt jedoch offen, ob damit allein der Antragsteller oder ob auch der in seinen Rechten verletzte Gläubiger gemeint ist. Ungeregelt bleibt also, welchen Einfluss das Wissen des Treuhänders und der anderen Gläubiger besitzt. Nach den für den Konkursverwalter aufgestellten Regeln, ist eine Kenntnis des Treuhänders den Gläubigern nicht zuzurechnen (*BGH* BGHZ 55, 307 [312]).

Ebenso wenig kann dem Antragsteller der Kenntnisstand der **anderen Gläubiger** nach den Prinzipien 54 über die Wissensvertretung zugerechnet werden. Bei diesen Grundsätzen handelt es sich zwar um den Ausdruck eines allgemeinen Rechtsgedankens, der auf vergleichbare Interessenlagen entsprechend anzuwenden ist. Für die Gemeinschaft der Insolvenzgläubiger ist eine solche Zurechnung jedoch nicht zu legitimieren. Ihr fehlt vor allem eine einheitliche Organisationsstruktur, aus der die Verpflichtung abgeleitet werden könnte, eine Verfügbarkeit des Wissens sicherzustellen. In dieser Situation gerät die Jahresfrist allerdings in die Gefahr, zur Bedeutungslosigkeit abzusinken. Bereits im Vorfeld eines Versagungsverfahrens ließe es sich durch eine Weitergabe der Informationen steuern, dass der Antrag von einem noch berechtigten Gläubiger gestellt wird. Selbst neben einem wegen des Fristablaufs vom Scheitern bedrohten Versagungsverfahren könnte noch ein anderer, bislang uninformierter Gläubiger einen neuen Versagungsantrag stellen. Eine gläubigerinterne Weitergabe der Informationen ist deshalb jedenfalls dann als rechtsmissbräuchliche Ausnutzung einer formalen Rechtsstellung zu missbilligen, wenn mit ihr die Fristbestimmung umgangen werden soll (vgl. *Ahrens* NZI 2001, 113 [118]; *Braun/Pehl* InsO, § 296 Rn. 5; **a.A.** *Uhlenbruck/Sternal* InsO, § 296 Rn. 13; A/G/R-*Weinland* § 296 InsO a.F. Rn. 9; *Kübler/Prütting/Bork-Wenzel* InsO, § 296 Rn. 6; *Preuß* Verbraucherinsolvenzverfahren und Restschuldbefreiung, 2. Aufl., Rn. 298).

Die Ausschlussfrist läuft für **jeden Versagungsgrund** gesondert (*Uhlenbruck/Sternal* InsO, § 296 55 Rn. 17; K. Schmidt/*Henning* InsO, § 296 n.F. Rn. 10). Da die Frist dem Rechtsfrieden und dem Vertrauensschutz dient, ist in einem Versagungsverfahren das Nachschieben anderer bereits präkludierter Gründe ausgeschlossen. Eine Wiedereinsetzung in den vorigen Stand ist im Fall einer versäumten Antragsfrist ausgeschlossen. Die Fristberechnung erfolgt gem. den §§ 4 InsO, 222 Abs. 1 ZPO, 187 f. BGB, also nicht nach § 139 Abs. 1 InsO. Nach Ablauf der Antragsfrist kann der Gläubiger keine neuen Versagungsgründe vorbringen (*BGH* NZI 2016, 269 Tz. 25).

III. Glaubhaftmachung

1. Gegenstand

56 Zum gestaffelten Konzept von Obliegenheiten und Versagungsregeln der Schuldbefreiung (dazu s. Rdn. 3 ff.) gehören ebenfalls die an den Insolvenzgläubiger im Versagungsverfahren gerichteten beweisrechtlichen Anforderungen. Ein Versagungsantrag ist deshalb nach § 296 Abs. 1 Satz 3 InsO nur zulässig, wenn die **Voraussetzungen der Sätze 1 und 2 dargelegt und glaubhaft** gemacht worden sind, wofür der Gläubiger die Feststellungslast trägt (*BGH* ZInsO 2006, 547 Tz. 5; *Hess* InsO, 2007, § 296 Rn. 23). Davon erfasst werden die Obliegenheitsverletzung, die beeinträchtigte Befriedigung der Insolvenzgläubiger, wofür bei wirtschaftlicher Betrachtung eine konkret messbare Schlechterstellung der Gläubiger wahrscheinlich sein muss (*BGH* ZInsO 2010, 391 Tz. 9; NZI 2016, 269 Tz. 9) sowie die Einhaltung der Antragsfrist mit dem Zeitpunkt der Kenntnis (A/G/R-*Weinland* § 296 InsO a.F. Rn. 13). Diese Anforderung dient dem Schutz des Insolvenzgerichts sowie des Schuldners und soll auf Mutmaßungen gestützte Versagungsanträge verhindern.

57 Ohne die **substantiierte Darlegung** und Glaubhaftmachung eines Versagungsgrunds ist der Antrag unzulässig, weil er dann ins Blaue hinein gestellt und auf bloße Vermutungen gestützt ist (*BGH* ZInsO 2010, 391 Tz. 21; *LG Göttingen* ZInsO 2005, 154 [155]; K. Schmidt/*Henning* InsO, § 296 n.F. Rn. 8; *Gottwald/Ahrens* HdbInsR, § 78 Rn. 50). Entbehrlich ist die Glaubhaftmachung nur dann, wenn der schlüssige Sachvortrag des Gläubigers **vom Schuldner nicht bestritten** wird (*BGH* NZI 2008, 623 Tz. 7; *BGH* NZI 2010, 114 Tz. 7 formuliert, es müssen die Tatsachen unstreitig sein, die bei objektiver Betrachtung den Versagungsgrund ergeben; K. Schmidt/*Henning* InsO, § 296 n.F. Rn. 4). Dies ist der Fall, wenn der Schuldner erklärt, er habe wegen einer Kinderbetreuung keine Arbeit aufnehmen können (*BGH* NZI 2010, 114 Tz. 7). Die maßgebenden Tatsachen sind deswegen nicht notwendig bereits bei der Antragstellung glaubhaft zu machen (*AG Leipzig* ZVI 2004, 758 [759]). Da die Glaubhaftmachung grds. Zulässigkeitsvoraussetzung des Versagungsantrags ist, ein zulässiger Antrag aber nur binnen der Jahresfrist aus § 296 Abs. 1 Satz 2 InsO gestellt werden kann, muss sie vor Ablauf dieser Frist erfolgen.

58 Die Glaubhaftmachung hat **sämtliche Elemente** von § 296 Abs. 1 Satz 1 HS 1, Satz 2 InsO i.V.m. § 295 InsO zu umfassen (*BGH* ZInsO 2006, 547 Tz. 5). Damit erstreckt sich die Glaubhaftmachung nicht auf das gem. § 296 Abs. 1 Satz 1 HS 2 InsO erforderliche Verschulden (s. Rdn. 15). Dabei müssen nach dem Vortrag des Gläubigers die Voraussetzungen des Antragsgrunds wahrscheinlich gegeben sein. Die Beweisführungslast des Gläubigers in diesem Verfahrensstadium richtet sich nach §§ 4 InsO, 294 ZPO (s. *Schmerbach* § 4 Rdn. 17), der Insolvenzgläubiger darf sich also grds. der präsenten Beweismittel bedienen. Für eine von der allgemeinen zivilprozessualen und insolvenzrechtlichen Regelung abweichende Bedeutung gibt es keine Anhaltspunkte (*BGH* BGHZ 156, 139 [142]; *OLG Celle* NZI 2000, 214 [215]).

59 Die Glaubhaftmachung erfolgt nach den **zivilprozessualen Regeln**, § 4 InsO i.V.m. § 294 ZPO. Eine **Beweisaufnahme**, die nicht sofort erfolgen kann, ist **unzulässig**. Als **Mittel der Glaubhaftmachung** sind eidesstattliche Versicherungen des Gläubigers (K. Schmidt/*Henning* InsO, § 296 n.F. Rn. 9), vom Schuldner abgezeichnete Aktenvermerke (*LG Stuttgart* ZInsO 2001, 134) oder Privatgutachten statthaft (A/G/R-*Weinland* § 296 InsO a.F. Rn. 14). Beispielhaft führt die Begr. zum RegE (BR-Drucks. 1/92 S. 193) eine vom Gläubiger vorgelegte schriftliche Erklärung des Treuhänders an, aus der ersichtlich ist, dass der Schuldner nach Beendigung seines Arbeitsverhältnisses trotz Aufforderung durch den Treuhänder keine Auskunft über seine Bemühungen gegeben hat, einen neuen Arbeitsplatz zu finden. Es kann auf einen **Bericht des Treuhänders** verwiesen werden, der die entsprechenden Feststellungen enthält und den Substantiierungsanforderungen genügt (*BGH* ZInsO 2010, 391 Tz. 10; NZI 2010, 654 Tz. 21; NZI 2013, 189 Tz. 19; A/G/R-*Weinland* § 296 InsO a.F. Rn. 11; *Schmerbach* VIA 2009, 19 [20]). So muss sich ggf. aus dem Bericht nicht allein die Nichtabführung von Beträgen ergeben, sondern auch, dass die Gläubigerbefriedigung dadurch beeinträchtigt wurde (*BGH* ZInsO 2010, 1456 Tz. 5; *Schmerbach* VIA 2010, 68 [69]). Einzelne Tatsachen substantiiert bezeichnende Erklärungen des Treuhänders können deshalb zur Glaubhaft-

machung herangezogen werden, doch ist seine rechtliche Würdigung bedeutungslos. Zur Glaubhaftmachung des fiktiven monatlichen Nettoeinkommens genügt es jedenfalls, wenn sich der Gläubiger insoweit auf die eigenen Angaben des Schuldners stützt (*BGH* NZI 2013, 189 Tz. 19). Während einfache Abschriften von Urkunden oder unbeglaubigte Fotokopien früher nicht als Beweismittel, sondern allein dazu dienten, einen Tatsachenvortrag unstreitig zu stellen, hat der *BGH* jetzt auch diese Unterlagen als Beweismittel zugelassen (BGHZ 156, 139 [143]). Eine aufgrund richterlicher Prüfung ergangene rechtskräftige Entscheidung, wie ein Strafbefehl, soll i.d.R. zur Glaubhaftmachung des aus ihr ersichtlichen rechtserheblichen Sachverhalts genügen (*BGH* BGHZ 156, 139 [144]). Ausreichend ist die Bezugnahme auf die Tatsachenfeststellung in einem Beschluss, mit dem die Kostenstundung aufgehoben wird (*AG Göttingen* ZInsO 2008, 865 [866]), nicht aber eine unzureichend bestimmte schriftliche Erklärung des Treuhänders (a.A. *LG Fulda* ZVI 2006, 597). Zur Glaubhaftmachung bedarf es keines vollen Beweises.

Als **Beweismaß** für die glaubhaft zu machenden Zulässigkeitsvoraussetzungen genügt die überwiegende Wahrscheinlichkeit, wofür nach der Rechtsprechung des *BGH* zu verlangen ist, dass bei einer umfassenden Würdigung aller Umstände des Einzelfalls mehr für die Erfüllung der Voraussetzungen als dagegen spricht (BGHZ 156, 139 [143]). Dabei sind die für den Gläubiger bestehenden Schwierigkeiten, den Sachverhalt aufzuklären, angemessen zu berücksichtigen (*BGH* ZInsO 2006, 547 Tz. 5). Ein Bestreiten der glaubhaft gemachten Tatsachen erhöht nicht den gesetzlich vorgeschriebenen Grad der richterlichen Überzeugungsbildung. Allerdings kann eine Gegenglaubhaftmachung zur Unzulässigkeit des Antrags führen (MüKo-InsO/*Stephan* § 296 Rn. 9; *Uhlenbruck/Sternal* InsO, § 296 Rn. 23; *K. Schmidt/Henning* InsO, § 296 n.F. Rn. 14; *Vallender* InVo 1998, 169 [178]; s.a. *OLG Köln* ZIP 1988, 664 [665]). 60

2. Anwendungsbereich

Der Gläubiger hat die Voraussetzungen des § 296 Abs. 1 Satz 1, 2 InsO darzulegen und glaubhaft zu machen. Vom Gläubiger wird dazu eine substantiierte Darstellung verlangt (*AG Duisburg* NZI 2002, 328 [329]). Abweichend von § 290 Abs. 2 InsO muss der Gläubiger nicht nur den **Versagungsgrund**, sondern auch die **sonstigen Antragsvoraussetzungen** glaubhaft machen. Im Einzelnen wird von ihm damit die Glaubhaftmachung der Obliegenheitsverletzung, der **beeinträchtigten Befriedigung** der Insolvenzgläubiger (*BGH* ZInsO 2006, 547 Tz. 5; *LG Hamburg* ZVI 2004, 259 [260]), für die der Antragsteller zumindest nachvollziehbare Gründe vortragen muss (vgl. *Schmerbach* NZI 2005, 521 [526]), und der Einhaltung der Antragsfrist verlangt. Eine beeinträchtigte Gläubigerbefriedigung verlangt, dass bei wirtschaftlicher Betrachtungsweise eine konkret messbare Schlechterstellung der Gläubiger wahrscheinlich sein muss. Im Wege einer Vergleichsrechnung muss die Vermögensdifferenz zwischen der Tilgung der Verbindlichkeiten mit und ohne Obliegenheitsverletzung ermittelt werden. Nach Abzug aller vorrangig zu befriedigenden Verbindlichkeiten muss eine pfändbare Summe verbleiben. Dieser an die Gläubiger zu verteilende Betrag muss durch die Obliegenheitsverletzung verkürzt worden sein (*BGH* ZInsO 2011, 2101 Tz 7; *K. Schmidt/Henning* InsO, § 296 n.F. Rn. 19). Der Gläubiger muss Tatsachen glaubhaft machen, nach denen bei Erfüllung der Obliegenheit für die Gläubigerbefriedigung mehr Mittel zur Verfügung gestanden hätten, als dies tatsächlich der Fall war. Für § 295 Abs. 2 InsO genügt, wenn der Gläubiger darlegt, dass der Schuldner nicht den Betrag abgeführt hat, den er bei Ausübung einer vergleichbaren abhängigen Tätigkeit hätte abführen müssen (*BGH* NZI 2016, 269 Tz. 9 f.). 61

Unzureichend ist die Geltendmachung, der Schuldner habe erzielte Einkünfte verheimlicht und keine pfändbaren Beträge abgeführt (*BGH* ZInsO 2011, 2101 Tz 8). Diese Glaubhaftmachung ist auch nicht aufgrund des Einwands entbehrlich, durch die fehlende Mitwirkung des Schuldners sei es den Gläubigern unmöglich, selbst Erkundigungen zu dessen Erwerbstätigkeit und den daraus resultierenden Einkünften anzustellen und eine Beeinträchtigung der Insolvenzgläubiger aufzudecken (*BGH* BeckRS 2011, 26361 Tz. 2). Im Hinblick auf die beeinträchtigte Gläubigerbefriedigung kommt eine Rückverlagerung der Darlegungs- und Beweislast auf den Schuldner nach den Grundsätzen der sekundären Behauptungslast schon deswegen nicht in Betracht (a.A. HambK-InsO/*Streck* 62

§ 296 InsO   Verstoß gegen Obliegenheiten

§ 296 Rn. 7; s.a. Rdn. 65), weil der Schuldner regelmäßig darüber keine besondere Kenntnis besitzt und ihn auch kein qualifiziertes Verschulden treffen muss.

63 Umstritten war, ob diese Anforderung das **Verschulden** ebenfalls einschließt, was der *BGH* verneint (*BGH* ZInsO 2009, 2069 Tz. 6; NZI 2010, 114 Tz. 7; BeckRS 2011, 04182 Tz. 3; ebenso *AG Göttingen* NZI 2008, 696; *Uhlenbruck/Sternal* InsO, § 296 Rn. 20; *Nerlich/Römermann* InsO, § 296 Rn. 21; HK-InsO/*Waltenberger* § 296 Rn. 9; K. *Schmidt/Henning* InsO, § 296 n.F. Rn. 15; HambK-InsO/*Streck* § 296 Rn. 8; *Haarmeyer/Wutzke/Förster-Schmerbach* InsO, § 296 Rn. 27; *Graf-Schlicker/Kexel* InsO, § 296 Rn. 7; *Andres/Leithaus* InsO, § 296 Rn. 6; *Haarmeyer/Wutzke/Förster* Handbuch, 3. Aufl., Rn. 8/278; *Prziklang* Verbraucherinsolvenz und Restschuldbefreiung, S. 72 f; a.A. *Braun/Pehl* InsO, § 296 Rn. 7; MüKo-InsO/*Stephan* § 296 Rn. 10; *Hess* InsO, 2007, § 296 Rn. 23; *Preuß* Verbraucherinsolvenzverfahren und Restschuldbefreiung, 2. Aufl., Rn. 298; *Smid* Grundzüge des Insolvenzrechts, 4. Aufl., § 31 Rn. 32). Unerheblich ist dafür nach der Rechtsprechung, ob eine Obliegenheit aus § 295 Abs. 1 oder Abs. 2 InsO verletzt wurde (*BGH* BeckRS 2011, 04182). Die Verschuldensregelung mit der Beweislastumkehr wurde erst in § 235 Abs. 1 RefE eingefügt. Gleichzeitig wurde die Stellung sowie die inhaltliche Ausgestaltung der Bestimmung über die Glaubhaftmachung an diesen veränderten Entwurf angepasst und damit zielgerichtet auch auf die Verschuldensvorschrift erstreckt. Auf der verfahrensrechtlichen Ebene wird dabei zwischen der Glaubhaftmachung des Verschuldens und der Beweislastumkehr ein abgestuftes Verhältnis hergestellt. Durch die glaubhaft zu machenden Umstände wird der kaum absehbare Kreis möglicher Vorwürfe eingegrenzt und dem Schuldner ein konkreter Anforderungsrahmen genannt, innerhalb dessen der Schuldner sich zu entlasten hat und die Amtsermittlungspflicht eingreift. Erst bei der Begründetheit geht ein non liquet zu Lasten des Schuldners. So trägt das System von Glaubhaftmachung und Beweislastumkehr für das Verschulden den sorgsam abgewogenen Lasten der Beteiligten Rechnung. Ein Versagungsantrag ist deshalb nur zulässig, sofern auch das Verschulden an der Obliegenheitsverletzung des Schuldners glaubhaft gemacht worden ist.

64 Erst wenn die Zulässigkeit des Versagungsantrags feststeht, weil insbesondere die Erfordernisse aus § 296 Abs. 1 Satz 3 InsO erfüllt sind, ist seine **Begründetheit** zu prüfen (*Bindemann* Handbuch Verbraucherkonkurs, 3. Aufl., Rn. 264). Erforderlich ist zunächst aber insbesondere eine substantiierte Darlegung der Antragsvoraussetzungen (vgl. *AG Duisburg* NZI 2002, 328 [329]). Auch bei § 296 InsO unterliegt dann das weitere Verfahren dem allgemeinen Grundsatz der **Amtsermittlungspflicht** des Insolvenzgerichts nach § 5 Abs. 1 Satz 1 InsO (*BGH* BGHZ 156, 139 [146 f.], zu § 290 InsO; *Uhlenbruck/Sternal* InsO, § 296 Rn. 16, 25). Dargelegte und offenkundige Tatsachen sind mit allen Erkenntnis- und Beweismitteln festzustellen, doch ist das Gericht nicht verpflichtet, von sich aus zur Erforschung der Wahrheit tätig zu werden. **Begründet** ist der Versagungsantrag, falls der Insolvenzgläubiger über die vom Schuldner bestrittenen Tatsachen, ausgenommen das Verschulden, den vollen Beweis führt (K. *Schmidt/Henning* InsO, § 296 n.F. Rn. 17). Die Amtsermittlungspflicht ändert also nichts daran, dass der Gläubiger im Versagungsverfahren die Feststellungslast trägt. Verbleiben Zweifel an dem Bestehen eines Versagungsgrunds, obwohl die nach § 5 Abs. 1 InsO gebotenen Maßnahmen ausgeschöpft sind, ist der Versagungsantrag zurückzuweisen (*BGH* BGHZ 156, 139 [147], zu § 290 InsO).

65 Das umfassende Modell der zwischen Schuldner und Insolvenzgläubigern **abgestuften Verantwortlichkeiten** wird damit im Detail auch bei der Verteilung der Feststellungslast fortgeführt. Der Schuldner hat weitreichende Obliegenheiten zu erfüllen. Will jedoch ein Gläubiger wegen einer Obliegenheitsverletzung einen Versagungsantrag stellen, so ist dieser nur zulässig, falls die einzelnen Erfordernisse glaubhaft gemacht werden. Sofern der Schuldner die Tatsachen bestreitet, hat der Gläubiger hierüber vollen Beweis zu führen. Ausgenommen davon ist das Verschulden, für das sich der Schuldner nach § 296 Abs. 1 Satz 1 HS 2 InsO entlasten muss. Die Beweisführung wird dem Gläubiger jedoch erleichtert, weil der Schuldner gem. § 296 Abs. 2 Satz 2 InsO über die Erfüllung seiner Obliegenheiten Auskunft erteilen und ihre Richtigkeit auf Antrag eidesstattlich versichern muss.

3. Einzelfälle

Für die einzelnen Versagungsgründe gilt: Bei **§ 295 Abs. 1 Nr. 1 InsO** muss der Gläubiger darlegen und glaubhaft machen, dass sich der Schuldner bei pflichtgemäßen Bemühungen eine Erwerbstätigkeit hätte suchen, sie ausüben und dabei pfändbare Erträge hätte erzielen können (*BGH* ZVI 2010, 203 Tz. 14). Es genügt nicht ein allgemeiner Hinweis auf eine Pressemitteilung der Bundesagentur für Arbeit zur Lage des regionalen Arbeitsmarkts für eine Glaubhaftmachung unzureichender Bemühungen um einen Arbeitsplatz (*LG Landshut* ZInsO 2007, 615). Erforderlich sind Angaben zur familiären Situation, Ausbildung und Lage am Arbeitsmarkt (*AG Göttingen* NZI 2008, 696). Ein Internetauszug über Beschäftigungsangebote wird regelmäßig nicht genügen (a.A. *LG Dessau-Roßlau* BeckRS 2012, 05264). Diese Anforderungen nach §§ 295 Abs. 1 Nr. 1, 196 Abs. 1 Satz 3 InsO entfallen nicht schon deswegen, weil der Schuldner keine Angaben gemacht hat, denn seine unterlassene Mitwirkung ist systematisch in den Verfahrensobliegenheiten aus § 296 Abs. 2 Satz 2 geregelt (a.A. *AG Göttingen* NZI 2008, 696). 66

Für § 295 Abs. 1 Nr. 2 InsO soll es zur Glaubhaftmachung der beeinträchtigten Gläubigerbefriedigung genügen, wenn der Schuldner dem Treuhänder mitteilt, er habe eine Erbschaft über EUR 1 Mio. gemacht (*AG Leipzig* ZInsO 2102, 897). Ein Verstoß gegen **§ 295 Abs. 1 Nr. 3 InsO** kann nicht mit Hinweis auf das anwaltliche Schreiben eines Dritten glaubhaft gemacht werden (*LG Aachen* ZVI 2007, 386). Zulässig ist die Bezugnahme auf einen Treuhänderbericht (*BGH* BeckRS 2011, 14708 Tz. 2). 67

Macht der Gläubiger eine Obliegenheitsverletzung nach **§ 295 Abs. 2 InsO** geltend, muss er glaubhaft machen, dass der Schuldner nicht den Betrag an den Treuhänder abgeführt hat, den er bei Ausübung einer angemessenen Tätigkeit hätte abführen müssen. Der Gläubiger muss angeben, welche Tätigkeit der Schuldner anderweitig hätte ausüben können. Ist die Möglichkeit glaubhaft gemacht, anstelle einer selbständigen Tätigkeit ein angemessenes Dienstverhältnis einzugehen, aus dem unter Berücksichtigung der Unterhaltsverpflichtungen ein pfändbarer Betrag nach § 850c ZPO resultiert, der höher als die geleistete Zahlung ist, wird damit die beeinträchtigte Gläubigerbefriedigung glaubhaft gemacht. Leistet der Schuldner keine Zahlungen, ist die Beeinträchtigung bereits dann glaubhaft, wenn sich aus einem angemessenen Dienstverhältnis ein pfändbarer Betrag ergeben hätte (*BGH* NZI 2016, 269 Tz. 10). Der Schuldner muss sich dann vom Vorwurf entlasten, seine Obliegenheiten schuldhaft verletzt zu haben (*BGH* NZI 2009, 482 Tz. 5; NZI 2011, 596 Tz. 7 m. Anm. *Ahrens*; BeckRS 2012, 11543 Tz. 2). Weder die Glaubhaftmachung des Versagungsgrundes durch den Gläubiger noch deren Feststellung durch das Gericht entfällt, wenn der Schuldner notwendige Auskünfte nicht erteilt haben sollte. Im Rahmen von § 295 Abs. 2 InsO besteht für eine solche Erleichterung der Darlegungslast kein Bedarf. Da es nicht auf die tatsächlich erwirtschafteten Gewinne ankommt, sondern auf eine vergleichbare Tätigkeit, ist der Gläubiger auf die Auskünfte des Schuldners nicht in dem Maße angewiesen (*BGH* BeckRS 2012, 06009 Tz. 9). Ist unsicher, welche abhängige Beschäftigung der selbständigen Tätigkeit entspricht, soll allerdings doch ein Auskunftsverfahren nach § 296 Abs. 2 InsO gegen den Schuldner über dessen Vorbildung und der Art der Tätigkeit in Betracht kommen (*Pape* InsbürO 2013, 346 [347]). Der Gläubiger kann das im Rahmen einer nicht selbständigen Tätigkeit erzielbare Einkommen und damit die Höhe des abzuführenden Betrags und eine mögliche Gläubigerbeeinträchtigung durch Bezug auf einen einschlägigen Tarifvertrag glaubhaft machen (*BGH* ZInsO 2012, 1488 Tz. 18; *Haarmeyer/Wutzke/Förster-Schmerbach* InsO, § 296 Rn. 21). Es genügt nicht, wenn der Gläubiger lediglich auf eine Gehaltstabelle verweist (vgl. aber *AG Göttingen* BeckRS 2013, 04752). Er muss auch dazu Stellung nehmen, warum dem Schuldner nach seinen individuellen Verhältnissen die entsprechende Tätigkeit möglich ist. 68

IV. Anhörung

Über den Versagungsantrag hat das Gericht nach § 296 Abs. 2 Satz 1 InsO den **Schuldner**, den **Treuhänder** und alle anderen **Insolvenzgläubiger** zu hören (*LG Göttingen* NZI 2008, 625; A/G/R-*Weinland* § 296 InsO a.F. Rn. 27; K. Schmidt/*Henning* InsO, § 296 n.F. Rn. 27). Mit dieser Anhörung wird rechtliches Gehör i.S.v. Art. 103 Abs. 1 GG gewährt und die Auskunftserteilung 69 durch den Schuldner eingeleitet. Beide Elemente, Anhörung und Auskunftserteilung, werden meist ineinander übergehen, sind aber systematisch auch für den Schuldner zu unterscheiden (vgl. *BGH* NZI 2016, 269 Tz. 20). Eine Aufforderung zur Stellungnahme eröffnet eine Äußerungsmöglichkeit und beinhaltet damit eine Anhörung i.S.d. § 296 Abs. 2 Satz 1 InsO (*BGH* NZI 2016, 269 Tz. 21). Nicht erforderlich ist ein mündlicher Termin. Um das Gericht zu entlasten, kann die Anhörung der Verfahrensbeteiligten auch **schriftlich** erfolgen (Begr. des Rechtsausschusses BT-Drucks. 12/7302 S. 188, zu § 346k; *Uhlenbruck/Sternal* InsO, § 296 Rn. 41; KS-InsO/*Schmidt-Räntsch* 2000, S. 1177 Rn. 38). Einen unzulässigen Versagungsantrag kann das Gericht nach einer Ansicht ohne Anhörung des Schuldners verwerfen (*AG Duisburg* NZI 2002, 328 [329]; *Schmerbach* FS Vallender, 571 [576]). Diese Auffassung ist nicht bedenkenfrei. Die Anhörung eines unbekannt verzogenen Schuldners kann ausnahmsweise unterbleiben (*AG Dresden* ZVI 2007, 331; K. Schmidt/*Henning* InsO, § 296 n.F. Rn. 27). Eine Anhörung im Ausland hat dagegen zu erfolgen. Anders als im Versagungsverfahren nach § 290 InsO wird ausdrücklich eine Anhörung des Treuhänders verlangt.

E. Verfahrensobliegenheiten: Erscheinen, Auskunftserteilung, eidesstattliche Versicherung

I. Anwendungsbereich

70 Unter der Voraussetzung eines statthaften Versagungsantrags nach Abs. 1 Satz 1 werden an den Schuldner **drei** zusätzliche **verfahrensbezogenen Obliegenheiten** gerichtet (*AG Niebüll* JurBüro 2009, 104; K. Schmidt/*Henning* InsO, § 296 n.F. Rn. 27). Mangels einer Erzwingbarkeit, etwa durch eine Haftanordnung, handelt es sich nicht um Pflichten, sondern um Obliegenheiten. Allein dieses Verständnis fügt sich in die Konzeption der Treuhandperiode ein, in der keine insolvenzrechtlichen Pflichten bestehen. Auf eine gerichtliche Ladung muss er persönlich erscheinen. Er hat Auskunft über die Erfüllung seiner Obliegenheiten zu erteilen sowie ggf. ihre Richtigkeit an Eides Statt zu versichern, § 296 Abs. 2 Satz 2 und 3 InsO. Kommt der Schuldner diesen Geboten ohne hinreichende Entschuldigung nicht nach, ist ihm die Restschuldbefreiung zu versagen. Da die Gläubiger kaum eigene Kenntnisse darüber besitzen, ob der Schuldner seine Obliegenheiten erfüllt und der Treuhänder lediglich auf besonderen, meist nicht erteilten Auftrag verpflichtet ist, den Schuldner zu überwachen (§ 292 Abs. 2 Satz 1 InsO), ermöglichen es die Verfahrensobliegenheiten, einen Verstoß gegen § 295 InsO zu überprüfen.

71 Die Verfahrensobliegenheiten sichern die Obliegenheiten aus § 295 InsO und bestehen deswegen nur in einem auf **Antrag eines Insolvenzgläubigers** eingeleiteten Versagungsverfahren nach § 296 Abs. 1 Satz 1 InsO (*BGH* ZInsO 2011, 1319 Tz. 11; A/G/R-*Weinland* § 296 InsO a.F. Rn. 29; zumeist wird ein zulässiger Gläubigerantrag verlangt *AG Köln* NZI 2011, 256; *AG Wuppertal* BeckRS 2011 06362; MüKo-InsO/*Stephan* § 296 Rn. 24; *Uhlenbruck/Sternal* InsO, § 296 Rn. 43; HK-InsO/*Waltenberger* § 296 Rn. 14; HambK/*Streck* 3. Aufl., § 296 Rn. 16; *Gottwald/Ahrens* HdbInsR, § 78 Rn. 54; *Schmerbach* InsbürO 2011, 169 [171]; *Martini* jurisPR-InsR 14/2010 Anm. 4; *Rauscher* ZInsO 2010, 757 [758]; *Laroche* ZInsO 2011, 946 [947]; dies ist auch in den Entscheidungen *BGH* NZI 2009, 481 Tz. 14; 2010, 654 Tz. 21; ZInsO 2010, 391 Tz. 22, vorausgesetzt; a.A. *LG Oldenburg* ZVI 2011, 191; *AG Hamburg* ZInsO 2010, 444; *AG Mannheim* NZI 2010, 490 f. m. abl. Anm. *Grahlmann* VIA 2010, 47 [48]; *Jacobi* ZVI 2010, 289 [290]). Das Versagungsverfahren dient keinen allgemeinen, sondern den speziellen Interessen der Gläubiger, weswegen es antragsabhängig ist. Die Verfahrensobliegenheiten sollen dabei nur die in einem eingeleiteten Versagungsverfahren auftretenden sonst existierenden Aufklärungsschwierigkeiten beseitigen helfen. Die Aufgabe von § 296 Abs. 2 Satz 2, 3 InsO besteht deswegen darin, das Informationsdefizit des Gläubigers insoweit zu kompensieren (*BGH* ZInsO 2011, 1319 Tz. 12; K. Schmidt/*Henning* InsO, § 296 n.F. Rn. 28). Davon zeugt auch die systematische Stellung in § 296 InsO, der das Versagungsverfahren im Fall der Obliegenheitsverletzung nach § 295 InsO regelt, und dort in Abs. 2 Satz 2 und 3 im Anschluss an die Vorschrift über die Anhörung der Beteiligten. Verfahrensobliegenheit meint also die Obliegenheit in einem Versagungsverfahren.

72 Nach Ansicht des *BGH* muss der **Gläubigerantrag** nicht, wie von der oben angeführten ganz überwiegenden Ansicht angenommen, zulässig, sondern lediglich **statthaft** sein (*BGH* ZInsO 2011, 1319

Tz. 13; ZInsO 2012, 1580 Tz. 4). Im allgemeinen Verfahrensrecht bezeichnet die Statthaftigkeit, welcher Rechtsbehelf gegen welche Art von Entscheidung von wem ergriffen werden kann (MüKo-ZPO/*Rimmelspacher* 3. Aufl., vor §§ 511 ff. Rn. 12; *Rosenberg/Schwab/Gottwald* Zivilprozessrecht, 17. Aufl., § 135 Rn. 5), was nicht uneingeschränkt auf das Versagungsverfahren übertragen werden kann. Der Gegenstand des Versagungsverfahrens wird erst durch den Gläubigerantrag bestimmt. Da kein Versagungsantrag ins Blaue hinein zugelassen werden soll (*BGH* ZInsO 2010, 391 Tz. 21), muss der Insolvenzgläubiger weiterhin einen Antrag stellen, in dem er einen Versagungsgrund und eine konkret messbare Beeinträchtigung der Gläubigerbefriedigung substantiiert darlegt und glaubhaft macht (a.A. *AG Hamburg* NZI 2010, 446 [447], das einen hinreichenden Verdacht genügen lässt). Soweit es für das Versagungsverfahren wegen einer verletzten Verfahrensobliegenheit auf die Zulässigkeit des Gläubigerantrags ankommt, wird der Beurteilungszeitpunkt auf den Anhörungstermin vorverlagert werden (*Ahrens* LMK 2011, 321488). Unerheblich ist dann aber für das anschließende Versagungsverfahren wegen verletzter Verfahrensobliegenheiten, ob nachträglich die Zulässigkeitsvoraussetzungen des Gläubigerantrags entfallen. Ist der Versagungsantrag zu diesem Zeitpunkt unzulässig, bestehen die Verfahrensobliegenheiten nicht (vgl. *AG Göttingen* NZI 2007, 251). Um den Schuldner zur aktiven Mitwirkung auch im Versagungsverfahren zu veranlassen, sind seine verfahrensrechtlichen Obliegenheiten durch die strenge Versagungsfolge aus § 296 Abs. 2 Satz 3 InsO als autonome auf das Versagungsverfahren bezogene zusätzliche Versagungsgründe ausgestaltet. Mit diesen Anforderungen wird allerdings der aus dem Interessenantagonismus der Beteiligten abgeleitete Beibringungsgrundsatz weitgehend aufgegeben. An dessen Stelle tritt hier ein reglementierter Dialog der Beteiligten, über den das Gericht die Regie führt.

Zusätzlich verweist § **290 Abs. 1 Nr. 7 HS 3 InsO** für die ab dem 01.07.2014 beantragten Insolvenzverfahren auf eine entsprechende Anwendung von § 296 Abs. 2 Satz 2, 3 InsO. Systematisch resultieren hieraus zahlreiche Anwendungsschwierigkeiten (i.E. § 290 Rdn. 204 ff.). 73

II. Die einzelnen Verfahrensobliegenheiten

Mündliche Verhandlungen sind auch für das Versagungsverfahren nicht vorgeschrieben, § 5 Abs. 2 Satz 1 InsO. Vielfach wird aber eine Anhörung des Schuldners in der mündlichen Verhandlung zweckmäßig sein. Deswegen kann das Gericht ein **persönliches Erscheinen** des Schuldners anordnen, § 296 Abs. 2 Satz 3 InsO. Hierbei handelt es sich um keine allgemeine Mitwirkungspflicht, die im Vorfeld eines Versagungsverfahrens eine Aufklärung über eine Obliegenheitsverletzung ermöglicht. Mit der Anordnung des persönlichen Erscheinens wird eine zusätzliche Obliegenheit, keine verfahrensrechtliche Pflicht, begründet. Im Unterschied zu § 141 Abs. 3 Satz 1 ZPO darf bei einem Ausbleiben des Schuldners kein Ordnungsgeld verhängt werden (vgl. *BVerfG* NJW 1998, 892; MüKo-ZPO/*Wagner* 3. Aufl., § 141 Rn. 19). Nach Maßgabe von § 141 Abs. 2 ZPO ist der Schuldner von Amts wegen zu laden. Ihm ist die Ladung auch dann selbst mitzuteilen, wenn er einen Verfahrensbevollmächtigten hat, wobei für den Nachweis einer ordnungsgemäßen Ladung regelmäßig eine Zustellung erforderlich sein wird. 74

Bleibt der Schuldner **ohne hinreichende Entschuldigung** im Termin aus, ist die Restschuldbefreiung zu versagen. Auszurichten sind die Entschuldigungsgründe nicht an dem für versäumte Notfristen geltenden § 233 ZPO, sondern an der – sprachlich nur geringfügig von § 296 Abs. 2 Satz 3 InsO abweichenden – genügenden Entschuldigung gem. § 381 Abs. 1 ZPO. Entschuldbar ist danach (vgl. MüKo-ZPO/*Damrau* 3. Aufl., § 381 Rn. 2 ff.) ein Ausbleiben wegen Krankheit oder Unfall und gegebenenfalls wegen eines Urlaubs. Auch eine Unkenntnis der Ladung durch eine längere Abwesenheit vom Wohnort kann einen Entschuldigungsgrund bilden, solange damit noch nicht die Grenze zu einem Wohnsitzwechsel i.S.d. § 295 Abs. 1 Nr. 3 InsO überschritten wird. 75

Ordnet das Gericht ein persönliches Erscheinen des Schuldners an, so hat er in diesem Termin persönlich **Auskunft** über die Erfüllung seiner Obliegenheiten zu erteilen, § 296 Abs. 2 Satz 2 InsO. Im schriftlichen Verfahren ist eine schriftliche Auskunftserteilung erforderlich. Eine Aufforderung zur Stellungnahme eröffnet die Gelegenheit zur Äußerung und beinhaltet lediglich eine Anhörung i.S.d. § 296 Abs. 2 Satz 1 InsO (*BGH* NZI 2016, 269 Tz. 21). Erforderlich ist ein gerichtliches Auskunfts- 76 verlangen (*BGH* NZI 2016, 269 Tz. 20). Eine entsprechende Bezeichnung bildet ein wichtiges Indiz, genügt aber allein noch nicht. Erforderlich sind entweder konkrete Einzelfragen oder die Aufforderung, über die Erfüllung einer konkreten Obliegenheit Auskunft zu erteilen (vgl. *BGH* NZI 2016, 269 Tz. 20). Das Auskunftsverlangen darf nicht auf andere Umstände gerichtet sein, als zur Beurteilung der Obliegenheitsverletzung erforderlich ist. Ein gesetzlich nicht gedecktes Auskunftsverlangen begründet keine Obliegenheitsverletzung nach § 295 Abs. 1 Nr. 3 InsO oder § 296 Abs. 2 Satz 3 Alt. 1 InsO (*BVerfG* NZI 2017, 111 Tz. 23; *BGH* NZI 2013, 404 Tz. 8 m. Anm. *Ahrens*). Das *BVerfG* hat es sogar als sachfremd und willkürlich angesehen, wenn dem selbständigen Schuldner die Restschuldbefreiung versagt wird, weil er keine Auskünfte über sein tatsächlich erzieltes Einkommen erteilt hat, denn über den Gewinn aus der Tätigkeit sind keine Auskünfte zu erteilen (*BVerfG* NZI 2017, 111 Tz. 21, 24). Zu anderen als den vom antragstellenden Gläubiger in der Antragsfrist vorgetragenen Obliegenheiten besteht kein Auskunftserfordernis, da dies sonst das Verfahren in die Nähe der nicht vorgesehen amtswegigen Versagung rücken könnte (*BGH* NZI 2016, 269 Tz. 25; MüKo-InsO/*Stephan* § 296 Rn. 24; **a.A.** *Uhlenbruck/Sternal* InsO, § 296 Rn. 42; HambK-InsO/*Streck* § 296 Rn. 18).

77 Die **Erteilung der Auskunft** kann auf unterschiedliche Weise erfolgen. Im Unterschied zu einer Auskunftserteilung im Vorprüfungsstadium über eine Obliegenheitsverletzung nach § 295 Abs. 1 Nr. 3 InsO (s. § 295 Rdn. 145) kann das Gericht ergänzend gem. § 142 ZPO eine Vorlage von Urkunden anordnen. Sieht jedoch das Gericht von einem mündlichen Termin ab, so hat der Schuldner die unter Fristsetzung eingeforderten Auskünfte schriftlich zu erteilen. Vom Gericht ist darüber zu belehren, zu welchen Folgen eine Verletzung der Auskunftsobliegenheit führt (MüKo-InsO/*Stephan* § 296 Rn. 25; s.a. Rdn. 81). Während der Schuldner in der Treuhandzeit, aber außerhalb eines Versagungsverfahrens, dem Insolvenzgericht und dem Treuhänder nur im Rahmen von § 295 Abs. 1 Nr. 3 InsO Auskunft über einen Wohnsitzwechsel, einen Wechsel der Beschäftigungsstelle, seine Erwerbstätigkeit oder seine Bemühungen darum, seine Bezüge und sein Vermögen zu erteilen hat, muss er in dem Versagungsverfahren über die Erfüllung jeder Obliegenheit Auskunft erteilen, auf die der Versagungsantrag gestützt wird. Für die Verfahrensobliegenheiten gelten deswegen grds. die Maßstäbe aus § 295 Abs. 1 Nr. 3 InsO. Ein selbständiger Schuldner kann deswegen nach den Umständen befragt werden, aus denen sich die ihm mögliche abhängige Tätigkeit und das anzunehmende fiktive Nettoeinkommen ableiten lassen, nicht jedoch über seinen Gewinn aus der selbständigen Tätigkeit (*BGH* NZI 2013, 404 Tz. 9 m. Anm. *Ahrens* = VIA 2013, 35 m. Anm. *Buchholz*). Er kann deswegen insb. zur Auskunft über seine berufliche Qualifikation aufgefordert werden (*AG Oldenburg* ZVI 2015, 355 [356]).

78 **Inhaltlich** wird sich die Auskunft des Schuldners auch an der Aufforderung des Gerichts zu orientieren haben. Je genauer die Anfrage ist, desto detaillierter muss die Antwort des Schuldners ausfallen. Bei der Frage nach konkreten Bewerbungen genügt nicht die Angabe von Durchschnittszahlen der monatlichen Bewerbungen (*LG Dessau-Roßlau* BeckRS 2014, 05278). Insbesondere kann vom Schuldner verlangt werden, seine Einwände gegen die Darstellung des Gläubigers zu substantiieren und zu begründen. Allerdings wird auch dies nicht schrankenlos gelten können, denn der Umfang wird durch den Zweck der Auskunft (*BGH* BGHZ 126, 109 [116 f.]) sowie den Grundsatz der Zumutbarkeit begrenzt (vgl. *BGH* NJW 1982, 573 [574]). Geht eine Frage des Gerichts über den durch die §§ 295, 296 InsO bestimmten Rahmen hinaus, verletzt die nicht beantwortete Frage keine Verfahrensobliegenheit (*BGH* NZI 2013, 404 Tz. 9 m. Anm. *Ahrens* = VIA 2013, 35 m. Anm. *Buchholz*). Die Auskunft ist dem Gericht zu erteilen. Es genügt aber, wenn die Auskünfte innerhalb der gesetzten Frist dem Treuhänder gegeben werden, weil dadurch das gerichtliche Informationsinteresse hinreichend erfüllt wird (*AG Duisburg* NZI 2011, 816 [818]).

79 Auf formlosen und nicht zu begründenden **Antrag** des Insolvenzgläubigers, der das Versagungsverfahren eingeleitet hat, muss der Schuldner schließlich, so die dritte Obliegenheit, die Richtigkeit seiner Auskunft **an Eides Statt versichern**. Andere Gläubiger als der Antragsteller dürfen die eidesstattliche Versicherung nicht verlangen (*Braun/Riggert/Kind* Die Neuregelungen der Insolvenzordnung in der Praxis, 2. Aufl., S. 206). Da sich die Obliegenheit, der *BGH* spricht auch von einer Verpflich-

tung (*BGH* NZI 2016, 269 Tz. 20), zur Abgabe einer eidesstattlichen Versicherung auf eine vom Schuldner nach § 296 Abs. 2 Satz 2 InsO zu erteilende Auskunft bezieht, muss zuvor ein wirksames **gerichtliches Auskunftsverlangen** erfolgt sein. Das Gericht muss dafür die vom Schuldner an Eides statt zu versichernden Auskünfte klar bezeichnen. Eine pauschale Aufforderung zur Abgabe der eidesstattlichen Versicherung genügt nicht (*BGH* NZI 2016, 269 Tz. 20, 22),

Das **Verfahren** zur Abgabe der eidesstattlichen Versicherung richtet sich nur teilweise nach § 98 InsO. Insbesondere kommt auch eine schriftliche Abgabe in Betracht (*Uhlenbruck/Sternal* InsO, § 296 Rn. 47). Die Maßstäbe einer eidesstattlichen Versicherung nach § 807 ZPO (allgemein *Viertelhausen* DGVZ 2001, 36 ff.) können allerdings nicht angelegt werden. Ziel der Auskunftserteilung ist nicht, dem Antragsteller die für eine effektive Haftungsverwirklichung erforderliche Kenntnis über den Vermögensbestand und die Einhaltung der Obliegenheiten durch den Schuldner zu vermitteln. Vielmehr soll in einem prozessförmigen Verfahren unter Berücksichtigung der gegenseitigen Interessen der Beteiligten die Erfüllung der Obliegenheiten überprüft werden. Die eidesstattliche Versicherung ist deswegen nicht in das Schuldnerverzeichnis aufzunehmen (*Gottwald* Zwangsvollstreckung, 5. Aufl., § 915 Rn. 3). Bei einer Verweigerung tritt an die Stelle der in § 98 InsO bei einer Weigerung vorgesehenen Zwangsmittel die spezielle Versagungsfolge gem. § 296 Abs. 2 Satz 3 InsO. 80

III. Versagungsverfahren

Die Auskunft und ggf. die eidesstattliche Versicherung hat der Schuldner innerhalb einer ihm **gesetzten Frist** zu erteilen bzw. abzugeben, doch kann er mit einer hinreichenden Entschuldigung (dazu s. Rdn. 14) die Folgen dieser Obliegenheitsverletzung ebenfalls abwenden. Nach dem Rechtsgedanken aus § 141 Abs. 3 Satz 3 ZPO wird der Schuldner nicht nur auf die Konsequenzen eines Ausbleibens im Termin (ähnlich *Döbereiner* Restschuldbefreiung, S. 206 f.), sondern auch auf die Folgen eines Verstoßes gegen die anderen Obliegenheiten i.d.R. ausdrücklich **hinzuweisen** sein (*BGH* NZI 2009, 481 Tz. 11; ZInsO 2010, 391 Tz. 22; *Uhlenbruck/Sternal* InsO, § 296 Rn. 45). Allerdings muss nach Ansicht des *BGH* nicht über Selbstverständliches belehrt werden. Wenn sich der Schuldner einem Auskunftsersuchen des Treuhänders im Rahmen der Obliegenheiten nach § 295 Abs. 1 InsO entzieht und dann seinen gerichtlichen Auskunftsobliegenheiten nicht nachkommt, soll er nicht damit rechnen dürfen, dass dies folgenlos bleibt (*BGH* NZI 2009, 481 Tz. 9). 81

Eine **Beeinträchtigung der Befriedigungsaussichten** für die Gläubiger ist nicht erforderlich (*BGH* NZI 2009, 481 Tz. 14; ZVI 2009, 389; ZInsO 2009, 2162 Tz. 6; 2010, 391 Tz. 22; *Schmerbach* VIA 2010, 39). Darin liegt eine wesentliche Verfahrenserleichterung bei Verletzung der Obliegenheiten aus § 296 Abs. 2 Satz 2 und 3 InsO. Unterlassene Mitteilungen von Schuldnern mit Einkommen im unpfändbaren Bereich müssen deswegen nicht folgenlos bleiben. Die Verletzung der Obliegenheiten ist nach dem Zeitpunkt der Versagungsentscheidung zu beurteilen, Eine Information im Beschwerdeverfahren ist unzureichend (*BGH* NZI 2009, 481, Tz. 15). 82

Erfüllt der Schuldner eine der drei verfahrensbezogenen Obliegenheiten nicht, erscheint er also trotz Anordnung nicht oder erteilt er nicht die Auskünfte bzw. versichert er nicht ihre Richtigkeit an Eides Statt, so hat ihm das Gericht die Restschuldbefreiung **von Amts wegen**, also ohne einen zusätzlichen Antrag eines Gläubigers, zu versagen (*BGH* NZI 2007, 534 Tz. 6; MüKo-InsO/*Stephan* § 296 Rn. 30; *Uhlenbruck/Sternal* InsO, § 296 Rn. 49; s.a. Rdn. 70). Für die verfahrensbezogenen Obliegenheiten bestehen ebenfalls subjektive Anforderungen für die der Amtsermittlungsgrundsatz gilt. Anders als nach § 296 Abs. 1 InsO gehen Unklarheiten darüber, ob den Schuldner bei Verletzung der verfahrensbezogenen Mitwirkungsobliegenheiten ein Verschulden trifft, nicht zu seinen Lasten (*BGH* NZI 2007, 534 Tz. 6; HambK-InsO/*Streck* § 296 Rn. 20; anders hier in der 4. Aufl.; *AG Niebüll* JurBüro 2009, 104). Die gerichtliche Entscheidung unterliegt den allgemeinen Regeln über die Versagung, s.a. Rdn. 88, also auch der sofortigen Beschwerde. 83

F. Weiteres Verfahren und gerichtliche Entscheidung

84 **Zuständig** für das Versagungsverfahren ist das Insolvenzgericht (§ 296 Abs. 1 InsO), selbst wenn das Verfahren über einen anderen Versagungsantrag oder die Erteilung der Restschuldbefreiung beim Rechtsmittelgericht anhängig ist. Aus verfassungsrechtlichen Gründen ist die Entscheidung dem Richter vorbehalten, wenn ein Schuldner die Erteilung der Restschuldbefreiung und ein Gläubiger ihre Versagung nach § 296 InsO beantragt hat, § 18 Abs. 1 Nr. 3 RPflG (ab dem 21.04.2018: § 18 Abs. 1 Nr. 4 RPflG, BGBl. I 2017, S. 866; A/G/R-*Weinland* § 296 InsO a.F. Rn. 31; *Helwich* MDR 1997, 13; *Haarmeyer/Wutzke/Förster* Handbuch, 3. Aufl., Rn. 8/186). Dies gilt auch, wenn das Gericht auf den Versagungsantrag eines Gläubigers die Restschuldbefreiung wegen Verletzung einer Verfahrensobliegenheit versagt. Die Entscheidung kommt (so die Begr. zum RegE EGInsO BT-Drucks. 12/3803 S. 65) der rechtsprechenden Tätigkeit i.S.v. Art. 92 GG zumindest sehr nahe, da sie in einem kontradiktorischen Verfahren nach Anhörung der Beteiligten ergeht, regelmäßig schwierige Abwägungen und Bewertungen erfordert und tief in die rechtliche Stellung des Schuldners oder des Gläubigers eindringt.

85 Einen **unzulässigen Versagungsantrag** verwirft das Gericht (*Uhlenbruck/Sternal* InsO, § 296 Rn. 57), einen zulässigen, aber unbegründeten Antrag weist das Gericht zurück. Auf den zulässigen und begründeten Antrag eines Insolvenzgläubigers (zur Begriffsbestimmung für das Versagungsverfahren s. § 290 Rdn. 212) versagt das Gericht die Restschuldbefreiung wegen der gerügten Obliegenheitsverletzung oder von Amts wegen aufgrund einer verletzten Verfahrensobliegenheit. Die Entscheidung ergeht durch Beschluss. Dem Beschluss muss eine Rechtsbehelfsbelehrung beigefügt werden, § 4 InsO i.V.m. § 232 ZPO. Bei einer fehlenden Rechtsbehelfsbelehrung wird nach § 233 Satz 2 ZPO ein fehlendes Verschulden an der Einhaltung der Rechtsbehelfsfrist vermutet.

86 Da der Beschluss eine **Rechtsmittelfrist** in Gang setzt, ist er gem. den §§ 4 InsO, 329 Abs. 2 Satz 2 ZPO zuzustellen, und zwar dem Schuldner, wenn die Restschuldbefreiung versagt wird, sonst dem antragstellenden Gläubiger (vgl. Rdn. 88). Im Übrigen ist der Beschluss den Beteiligten formlos bekannt zu machen (MüKo-InsO/*Stephan* § 296 Rn. 35). Der Versagungsbeschluss führte früher zur Kassation der nach § 291 InsO ausgesprochenen Ankündigung der Restschuldbefreiung (*Maier/Krafft* BB 1997, 2173 [2179]). Er bewirkt eine vorzeitige Beendigung der Treuhandzeit mit den in § 299 InsO ausgesprochenen Konsequenzen.

87 Mit der Rechtskraft der Entscheidung **endet** die Laufzeit der Abtretungserklärung, das Amt des Treuhänders und die Beschränkung der Gläubigerrechte (vgl. § 299 Rdn. 15 ff.). Soweit die Forderungen nicht erfüllt sind, leben das unbeschränkte Nachforderungsrecht und die Vollstreckungsmöglichkeiten wieder auf. Pfändungen und Sicherungsabtretungen, die durch die Eröffnung des Insolvenzverfahrens unwirksam wurden, treten dagegen nicht wieder in Kraft (*Hess/Groß/Reill-Ruppe/Roth* Kap. 4 Rn. 838; s.a. MüKo-InsO/*Stephan* § 296 Rn. 47).

88 Wegen der weitreichenden Bedeutung der Entscheidung ist nach den §§ 6 Abs. 1, 296 Abs. 3 Satz 1 InsO die **sofortige Beschwerde** zugelassen (Begr. zu § 245 RegE, BR-Drucks. 1/92 S. 193; A/G/R-*Weinland* § 296 InsO a.F. Rn. 35). Wird dem Versagungsantrag stattgegeben, so steht dem Schuldner das Rechtsmittel zu. Verwirft das Gericht den Antrag als unzulässig oder weist es ihn als unbegründet zurück, ist nach der gesetzlichen Regelung der Antragsteller zur sofortigen Beschwerde berechtigt. Für die Rechtsmittel der sofortigen Beschwerde und der Rechtsbeschwerde gelten § 6 InsO sowie die §§ 4 InsO, 567 ff., 574 ff. ZPO n.F.

89 Der **Gegenstandswert** für das einen Antrag auf Versagung der Restschuldbefreiung betreffende Verfahren ist nach dem objektiven wirtschaftlichen Interesse desjenigen zu bemessen, der den jeweiligen Antrag stellt oder das entsprechende Rechtsmittel verfolgt. Maßgeblich dabei ist nicht der Nennbetrag der Forderung, sondern deren wirtschaftlicher Wert, bei dem auch die Erfolgsaussichten einer künftigen Beitreibung zu berücksichtigen sind (*BGH* ZInsO 2003, 217). Bestehen keine hinreichenden Anhaltspunkte dafür, wie sich die Vermögensverhältnisse des Schuldners entwickeln werden und gegebenenfalls in welchem Umfang er in Zukunft wieder in der Lage sein wird, Zahlungen zu leisten, setzt der *BGH* den Wert der Rechtsbeschwerde auf EUR 5.000,– fest (*BGH* BeckRS 2011, 11245).

Die rechtskräftige Entscheidung ist durch eine zentrale und länderübergreifende Veröffentlichung 90
im Internet **öffentlich bekannt zu machen**, §§ 296 Abs. 3 Satz 2, § 9 Abs. 1 Satz 1 InsO n.F.
Die Veröffentlichung im Internet erfolgt unter www.insolvenzbekanntmachungen.de
(A/G/R-*Ahrens* § 9 InsO Rn. 5). Eine Veröffentlichung im Bundesanzeiger ist nicht vorgeschrieben. Eine Wiederaufnahme des Verfahrens gem. den §§ 578 ff. ZPO ist grds. statthaft (vgl. *LG Göttingen* ZVI 2007, 85, zu § 298 InsO).

Mit den allgemeinen Gebühren für die Durchführung des Insolvenzverfahrens sollen grds. auch die 91
Kosten für das Verfahren über die Restschuldbefreiung abgegolten sein, um die gesetzliche Schuldbefreiung mit der Schuldbefreiung aufgrund eines Plans gleichzustellen. Für Gläubigeranträge auf Versagung der Restschuldbefreiung wird aber wegen der zusätzlichen Belastung eine **Gerichtsgebühr** verlangt. Kostenschuldner der Gebühr für den Versagungsantrag ist der antragstellende Insolvenzgläubiger, § 23 Abs. 2 GKG, s.a. § 29 Nr. 1 GKG. Die Gebühr für den Versagungsantrag gem.
§ 296 InsO beträgt EUR 35,–, KV Nr. 2350 (A/G/R-*Weinland* § 296 InsO a.F. Rn. 38). Sie entsteht unabhängig davon, ob der Versagungsantrag begründet war oder zurückgewiesen wurde (*LG Göttingen* ZVI 2008, 121). Im Beschwerdeverfahren entsteht eine Gebühr in Höhe von EUR 60,– gem. KV Nr. 2361, falls die Beschwerde verworfen oder zurückgewiesen wird. Zusätzlich sind die Kosten der Veröffentlichung nach § 296 Abs. 3 Satz 2 gem. KV Nr. 9004 zu entrichten. Falls eine Rechtsbeschwerde verworfen oder zurückgewiesen wird, entsteht eine Gebühr von EUR 120,– gem. KV Nr. 2364. Wird in dem Versagungsverfahren gem. § 296 InsO ein **Rechtsanwalt** tätig, erhält er die Hälfte der vollen Gebühr, Nr. 3321 VV RVG (A/G/R-*Weinland* § 296 InsO a.F. Rn. 39). Im Beschwerdeverfahren entsteht eine halbe Gebühr, Nr. 3500 und 3513 VV RVG. Der Gegenstandswert der Gebühr ist gem. den §§ 28 Abs. 3, 23 Abs. 3 Satz 2 RVG nach billigem Ermessen aufgrund des wirtschaftlichen Interesse des Gläubigers zu bestimmen. Bei Anträgen gem. den §§ 295 f. InsO bestimmt das *LG Bochum* (ZInsO 2001, 564 [566]) nach der Hälfte des Werts der zur Tabelle angemeldeten Forderungen. Vom *AG Duisburg* (NZI 2002, 619 [620]) wird der Betrag der restlichen Forderung zugrunde gelegt, die dem Antragsteller beim Erfolg seines Antrags erhalten bliebe. Der Gegenstandswert der Gebühr ist gem. den §§ 28 Abs. 3, 23 Abs. 3 Satz 2 RVG nach billigem Ermessen aufgrund des wirtschaftlichen Interesses des Gläubigers zu bestimmen. Mangels greifbarer Schätzungsgrundlagen soll der Wert des Beschwerdeverfahrens EUR 5.000,– betragen (*BGH* NZI 2011, 861; NZI 2012, 145, insoweit jeweils nicht abgedruckt; *Uhlenbruck*/*Sternal* InsO, § 296 Rn. 69).

Da die Treuhandperiode und das Versagungsverfahren kostenrechtlich eigenständige Verfahren bil- 92
den, ist die **Kostenstundung** hierfür gesondert zu bewilligen. Aufgrund der Bedeutung des Versagungsverfahrens ist bei einer schwierigeren tatsächlichen Situation etwa im Hinblick auf die Entschuldigungsgründe die Erforderlichkeit der Beiordnung eines Anwalts zu bejahen (enger *Bayer* Stundungsmodell der Insolvenzordnung, S. 70 f.). Aufgrund einer versagten Restschuldbefreiung ist das Gericht im Rahmen einer Ermessensentscheidung berechtigt, die Kostenstundung nach § 4c Nr. 5 InsO aufzuheben (s. *Kohte* § 4a Rdn. 37 ff., 44).

§ 297 Insolvenzstraftaten

(1) Das Insolvenzgericht versagt die Restschuldbefreiung auf Antrag eines Insolvenzgläubigers, wenn der Schuldner in dem Zeitraum zwischen Schlusstermin und Aufhebung des Insolvenzverfahrens oder in dem Zeitraum zwischen Beendigung des Insolvenzverfahrens und dem Ende der Abtretungsfrist wegen einer Straftat nach den §§ 283 bis 283c des Strafgesetzbuchs rechtskräftig zu einer Geldstrafe von mehr als 90 Tagessätzen oder einer Freiheitsstrafe von mehr als drei Monaten verurteilt wird.

(2) § 296 Absatz 1 Satz 2 und 3, Absatz 3 gilt entsprechend.

§ 297 InsO Insolvenzstraftaten

Übersicht

	Rdn.		Rdn.
A. Normzweck	1	2. § 297 Abs. 1 Alt. 2 InsO	8
B. Gesetzliche Systematik	2	C. Versagungsgrund	11
I. Einordnung in die Versagungsregeln	2	D. Versagungsverfahren	17
II. Zeitlicher Anwendungsbereich	4	E. Versagungsentscheidung	22
1. § 297 Abs. 1 Alt. 1 InsO	4		

Literatur:
Siehe § 286.

A. Normzweck

1   Mit dieser erst im parlamentarischen Verfahren geschaffenen Vorschrift soll eine denkbare **Lücke geschlossen** werden, welche die Versagungsregelung des § 290 Abs. 1 Nr. 1 InsO lässt. Da es vorstellbar ist, dass eine rechtskräftige Verurteilung wegen der Insolvenzstraftaten erst nach dem Schlusstermin und der Aufhebung des Insolvenzverfahrens erfolgt, kann aus diesem Grund auch noch während der Treuhandperiode die Restschuldbefreiung versagt werden. Damit soll dem Schuldner die Möglichkeit genommen werden, durch strategisches Verhalten, wie der Einlegung von Rechtsmitteln, eine strafrechtliche Verurteilung hinauszuzögern, um der Folge des § 290 Abs. 1 Nr. 1 InsO zu entgehen (*Uhlenbruck/Sternal* InsO, § 297 Rn. 2).

B. Gesetzliche Systematik

I. Einordnung in die Versagungsregeln

2   Nicht so sehr wegen ihrer wohl eher geringen praktischen Bedeutung als wegen ihrer **systematischen Aussage** erscheint die Vorschrift interessant. Zunächst betont sie die Trennungslinie zwischen den Anforderungen aus dem Insolvenzverfahren, die nach § 290 InsO zur Versagung der Schuldbefreiung führen können, und den Obliegenheiten während der Treuhandphase. Aus diesem Grund unterscheidet die Regelung auch die Verurteilung zwischen dem Schlusstermin und der Aufhebung des Insolvenzverfahrens von denen während der Laufzeit der Abtretungserklärung (dazu Rdn. 4). Ihre Regelung erscheint überhaupt nur deshalb erforderlich, weil nach dem Schlusstermin die Berufung der Insolvenzgläubiger auf die Verurteilung des Schuldners wegen einer Insolvenzstraftat ausgeschlossen ist.

3   Sodann weist die Bestimmung aus, dass die Versagungsgründe aus § 290 Abs. 1 InsO und die Gründe aus § 295 InsO nicht auf dem gleichen Geltungsgrund beruhen. Sonst hätte der an § 290 Abs. 1 Nr. 1 InsO angelehnte Versagungsgrund des § 297 Abs. 1 InsO mit in § 295 InsO geregelt werden können. Zwischen den Obliegenheiten im Verlauf der Treuhandzeit, aber auch den Anforderungen nach § 296 Abs. 2 Satz 2 und 3 InsO während des Versagungsverfahrens, einerseits und den Geboten im Vorfeld der Treuhandperiode andererseits besteht damit ein deutlicher dogmatischer Unterschied, wobei die zeitliche Trennungslinie nur einen äußerlichen Anknüpfungspunkt liefert. Entscheidend ist die unterschiedliche Funktion der Versagungsgründe, denn die Obliegenheiten des § 295 InsO dienen der fortgesetzten Leistungsrealisierung und damit einer Aufgabe, die § 297 InsO nicht erfüllt. Eine strafrechtliche Verurteilung kann daher nicht als Obliegenheitsverletzung angesehen werden. Vielmehr soll sie zu einem strafrechtskonformen Verhalten des Schuldners beitragen (*K. Schmidt/Henning* InsO, § 297 n.F. Rn. 1). Auf diese Einordnung der Vorschrift ist besonders hinzuweisen, weil sie nach der Neufassung von § 287 Abs. 2 Satz 1 InsO nicht mehr unmittelbar aus § 297 InsO abzulesen ist.

II. Zeitlicher Anwendungsbereich

1. § 297 Abs. 1 Alt. 1 InsO

4   Die erste Regelungsalternative des § 297 Abs. 1 InsO stellt auf die Verurteilung wegen einer Insolvenzstraftat in der Zeitspanne **zwischen Schlusstermin** (zur Rechtslage in den vor dem 01.07.2014

beantragten Insolvenzverfahren *BGH* NZI 2013, 601 Tz. 6 = VIA 2013, 51 m. Anm. *Ahrens*; *BGH* NZI 2014, 817 Tz. 9) **und Aufhebung des Insolvenzverfahrens** ab (K. Schmidt/*Henning* InsO, § 297 n.F. Rn. 1). Entscheidend ist, ob die objektiven Voraussetzungen von § 297 InsO, namentlich der Eintritt der Rechtskraft, erst nach dem Schlusstermin verwirklicht werden. Liegen diese Voraussetzungen bis zum Schlusstermin objektiv vor, stellen sie sich aber erst nachträglich heraus, ist nicht § 297 InsO, sondern auf § 290 Abs. 1 Nr. 1 InsO bzw. bei einer Antragstellung nach der Schlussanhörung bzw. dem Schlusstermin auf § 297a InsO abzustellen. Eine vor dem Schlusstermin erfolgte, aber erst später bekannt gewordene rechtskräftige Verurteilung rechtfertigt deswegen keine Versagung der Restschuldbefreiung nach § 297 Abs. 1 InsO (*Döbereiner* JA 1996, 724 [728]). Es kommt aber eine Versagung nach § 297a InsO in Betracht (*Uhlenbruck/Sternal* InsO, § 297 Rn. 5).

Stellt der Gläubiger einen Versagungsantrag, der auf den **falschen Versagungsgrund wegen einer** 5 **strafrechtlichen Verurteilung** gestützt ist, also auf § 297 InsO statt auf § 297a InsO oder umgekehrt, muss erwogen werden, ob davon der zutreffende Versagungstatbestand erfasst sein soll. Prinzipiell darf eine Versagungsentscheidung nicht auf andere, als die vom Antragsteller geltend gemachten Versagungsgründe gestützt werden (*BGH* NZI 2007, 297 Tz. 7; ZInsO 2014, 1675 Tz. 7). Dabei sind die Versagungsgründe einerseits aus § 297 InsO, andererseits aus § 297a InsO i.V.m. § 290 Abs. 1 Nr. 1 InsO weitgehend, aber doch nicht vollständig deckungsgleich. Es besteht eine Wertungsnähe wegen der übereinstimmend erforderlichen rechtskräftigen strafrechtlichen Verurteilung. Deutliche Unterschiede existieren indessen beim unterschiedlichen Zeitpunkt des Eintritts der Rechtskraft und der nachträglichen Kenntniserlangung. Zudem verlangt ein zulässiger Versagungsantrag nach § 297a Abs. 1 Satz 2 InsO eine Glaubhaftmachung der fehlenden Kenntnis zum Zeitpunkt des Schlusstermins oder der gleichgestellten Verfahrenskonstellationen. Entscheidend kommt es daher auf die Auslegung des Antrags an. Wird ausdrücklich allein ein Antrag auf eine der Grundlagen gestützt, scheidet zumeist eine Übertragung aus. Dies gilt jedenfalls, wenn die erforderlichen Tatbestandsvoraussetzungen nicht vorgetragen oder glaubhaft gemacht sind. **Unschädlich** ist dagegen, wenn ein Versagungsantrag auf § 297 Abs. 1 Alt. 1 InsO statt auf § 297 Abs. 1 Alt. 2 InsO – und umgekehrt – gestützt wird. Die Tatbestände weisen insoweit die gleichen Voraussetzungen auf.

Fristbeginn des Versagungsgrunds aus § 297a Abs. 1 Alt. 1 InsO ist das Ende des Schlusstermins 6 bzw. der Schlussanhörung in den schriftlichen Verfahren oder der Anhörung im Fall einer Einstellung des Insolvenzverfahrens nach Anzeige der Masseunzulänglichkeit gem. § 211 Abs. 1 InsO. Auch bei einem **asymmetrischen Verfahren** ist auf das Ende der Abtretungsfrist abzustellen. In den asymmetrischen Verfahren hat mit dem Ende der Abtretungsfrist als maßgebenden Endpunkt noch kein Schlusstermin stattgefunden. Dann scheidet zwar bei einer Verurteilung wegen einer Insolvenzstraftat eine Versagung nach § 297 InsO aus (*BGH* NZI 2013, 601 Tz. 8 = VIA 2013, 51 m. Anm. *Ahrens*), aber es kommt eine Versagung nach § 290 Abs. 1 Nr. 1 InsO in Betracht (*BGH* NZI 2013, 601 Tz. 6f.). Dem Schlusstermin steht dabei ein Termin zur Verhandlung über eine sofortige Beschwerde gem. § 289 Abs. 2 Satz 1 InsO gleich.

Fristende ist Aufhebung des Insolvenzverfahrens nach § 200 Abs. 1 InsO. Obwohl nicht ausdrück- 7 lich erwähnt, ist dem die Einstellung des Insolvenzverfahrens nach § 211 Abs. 1 InsO gleichzustellen. Auffällig ist die unterschiedliche Terminologie in beiden Tatbestandsalternativen. Während in § 297 Abs. 1 Alt. 1 InsO die engere Bezeichnung der Aufhebung des Insolvenzverfahrens verwendet wird, der auf § 200 Abs. 1 InsO bezogen ist, wird in § 297 Abs. 1 Alt. 2 InsO umfassender auf die Beendigung des Insolvenzverfahrens abgestellt, was auch die Einstellung des Verfahrens nach § 211 Abs. 1 InsO einschließt. Dieser begriffliche Unterschied resultiert aus einer ungenauen Gesetzesredaktion. Während der ältere Teil des Normtextes lediglich auf die Aufhebung des Insolvenzverfahrens verweist, wird in den neu eingefügten Tatbestandselementen von einer Beendigung des Insolvenzverfahrens gesprochen. An eine sachliche Änderung war indessen nicht gedacht (BT-Drucks. 17/11268 S. 29). Um einen bruchlosen Übergang zu gewährleisten, sind jedoch beide Alternativen übereinstimmend auszulegen.

2. § 297 Abs. 1 Alt. 2 InsO

8 Mit der zweiten Regelungsalternative wurde bislang eine Verurteilung während der Laufzeit der Abtretungserklärung erfasst. In den ab dem 01.07.2014 beantragten Insolvenzverfahren wird auf den Zeitraum zwischen **Beendigung des Insolvenzverfahrens und Ende der Abtretungsfrist** abgestellt. Regelungstechnisch wird damit der maßgebende Zeitraum exakter bezeichnet. Sachlich stellt dies indessen keine Veränderung dar (BT-Drucks. 17/11268 S. 29). Dieser Versagungstatbestand schließt sachlich unmittelbar an die erste Regelungsalternative an. Eine zeitliche Lücke zwischen beiden Regelungsalternativen kann nicht existieren.

9 **Fristbeginn** für den Versagungsgrund ist die Beendigung des Insolvenzverfahrens (vgl. *BGH* NZI 2013, 601 Tz. 6 = VIA 2013, 51 m. Anm. *Ahrens*). Beendet ist das Insolvenzverfahren nach seiner Aufhebung gem. § 200 Abs. 1 InsO bzw. der Einstellung nach Anzeige der Masseunzulänglichkeit gem. § 211 Abs. 1 InsO. Offen ist, ob damit jeweils der Zeitpunkt der Beschlussfassung oder der Eintritt der Rechtskraft gemeint ist. Wegen der Konkordanz mit § 295 InsO (s. § 295 Rdn. 18) ist im Rahmen von § 297 InsO ebenfalls auf den Zeitpunkt der Beschlussfassung abzustellen.

10 Das **Fristende** wird durch das **Ende der Laufzeit der Abtretungsfrist** markiert (*BGH* NZI 2013, 601 Tz. 6 m. Anm. *Ahrens*). In der daran anschließenden letzten Anhörung können die Insolvenzgläubiger letztmalig die Versagung wegen einer rechtskräftigen strafrechtlichen Verurteilung beantragen, die ihnen bereits bekannt ist. Zu diesem Zeitpunkt muss eine rechtskräftige Verurteilung des Schuldners erfolgt sein. Bei einer späteren rechtskräftigen Verurteilung ist lediglich ein Widerruf unter den Voraussetzungen von § 303 Abs. 1 Nr. 2 InsO statthaft (K. Schmidt/*Henning* InsO, § 297 n.F. Rn. 10).

C. Versagungsgrund

11 Versagungsgrund bildet eine nach dem Schlusstermin, aber vor dem Ende der Treuhandphase, erfolgte **rechtskräftige strafgerichtliche Verurteilung**. Die Rechtskraft der strafrechtlichen Verurteilung muss vor dem Ende der Abtretungsfrist eingetreten sein (*BGH* NZI 2013, 601 Tz. 8; ZInsO 2014, 1675 Tz. 9; K. Schmidt/*Henning* InsO, § 297 n.F. Rn. 3; HK-InsO/*Waltenberger* § 297 Rn. 5; **a.A.** *Haarmeyer/Wutzke/Förster-Schmerbach* InsO, § 297 Rn. 13, Erlass des Urteils mit an Sicherheit grenzender Wahrscheinlichkeit). Da auf die feststehende Laufzeit der Abtretungserklärung abzustellen ist, kann das Insolvenzgericht auch nicht durch eine Verschiebung oder eine – ohnedies unzulässige – Aussetzung der Entscheidung über die Erteilung der Restschuldbefreiung die Voraussetzungen des Versagungsgrunds steuern. Umgekehrt besitzt der Schuldner etwa über Rechtsmittel durchaus gewisse Einflussmöglichkeiten gegenüber dem Eintritt der Rechtskraft. Wegen des Widerrufsrechts nach § 303 Abs. 1 Nr. 2 InsO bleiben sie aber bedeutungslos.

12 Eine **Aussetzung** des Versagungsverfahrens bis zum rechtskräftigen Abschluss des Strafverfahrens gem. § 148 ZPO ist unzulässig (*Graf-Schlicker/Kexel* InsO, § 297 Rn. 2; HK-InsO/*Waltenberger* § 297 Rn. 5; LSZ/*Kiesbye* InsO, § 297 Rn. 7; **a.A.** *Uhlenbruck/Sternal* InsO, § 297 Rn. 6; *Nerlich/Römermann* InsO, § 300 Rn. 4). Dies folgt bereits aus der Unanwendbarkeit von § 148 ZPO im Insolvenzverfahren (*BGH* NZI 2006, 642; NZI 2007, 408 [409]) und der entsprechenden Auslegung im Restschuldbefreiungsverfahren. Außerdem verlangt der Wortlaut von § 297 InsO eine rechtskräftige strafrechtliche Verurteilung bis zum Ende der Laufzeit der Abtretungserklärung. Soweit die Rechtskraft erst nach dem Ende der Laufzeit der Abtretungserklärung eintritt, scheidet eine Aussetzung ohnehin aus. Zuvor ist eine Aussetzung unnötig, weil der Gläubiger den Antrag wiederholen kann und eine Verfahrensvereinfachung durch eine Aussetzung nicht zu erwarten ist. Außerdem fügt sie sich nicht in das abschließende Gesamtmodell der Schrankenbestimmungen bei einer Verurteilung wegen einer Katalogstraftat. Gegen eine Aussetzung ist die sofortige Beschwerde nach den §§ 4 InsO, 252 ZPO eröffnet.

13 Die rechtskräftige Verurteilung muss wegen einer **Katalogstraftat** nach den §§ 283 bis 283c StGB erfolgt sein. Andere insolvenzbezogene Straftaten bilden keinen Versagungsgrund (*BGH* ZInsO 2014, 1675 Tz. 10; A/G/R-*Weinland* § 297 InsO a.F. Rn. 7). Für die Anwendung von § 290 Abs. 1

Nr. 1 InsO ist inzwischen klargestellt, dass jede Verurteilung nach den genannten Vorschriften, unabhängig von einem Zusammenhang mit dem Insolvenzverfahren, den Versagungsgrund erfüllt (*BGH* NJW 2003, 974 [975]; ebenso zu § 297 InsO MüKo-InsO/*Stephan* § 297 Rn. 10; HK-InsO/*Waltenberger* § 297 Rn. 4). Vor allem die Schutzrichtung der Insolvenzstraftaten und die praktische Handhabung für den Insolvenzrichter sprechen für das vom BGH gefundene Ergebnis, das auf § 297 InsO zu übertragen ist. Ein konkreter Zusammenhang der Straftat mit dem Insolvenzverfahren ist daher nicht zu verlangen. Schließlich muss die Verurteilung vor dem Ende der Laufzeit der Abtretungserklärung rechtskräftig geworden sein. Zu den Anforderungen der Versagung wegen einer Insolvenzstraftat vgl. auch § 290 Rdn. 38 ff.

In den ab dem 01.07.2014 beantragten Insolvenzverfahren ist die Verurteilung zu einer **Mindeststrafe** erforderlich. Der Schuldner muss rechtskräftig zu einer Geldstrafe von mehr als 90 Tagessätzen oder einer Freiheitsstrafe von mehr als drei Monaten verurteilt worden sein. Bagatelldelikte begründen deswegen keinen Versagungsgrund. Die Kriterien der Mindeststrafe stimmen mit § 290 Abs. 1 Nr. 1 InsO überein (dazu s. § 290 Rdn. 43). 14

Nicht von der Gesetzesnovelle geregelt sind die Fallgestaltungen einer **Gesamtstrafenbildung** (vgl. dazu § 290 Rdn. 53). Bei einer Gesamtstrafenbildung für Insolvenz- und andere Delikte könnte ggf. eine Verurteilung berücksichtigt werden, obwohl das Strafmaß für die Insolvenzstraftat unterhalb der Erheblichkeitsschwelle liegt. Deswegen ist fiktiv auf die Insolvenzstraftat bzw. die Insolvenzstraftaten entfallende Strafe abzustellen. 15

Die in § 290 Abs. 1 Nr. 1 InsO normierte **fünfjährige Höchstfrist** ist gesetzlich nicht auf § 297 InsO übertragen. Regelmäßig wird es damit keine Schwierigkeiten geben, doch kann es in Einzelfällen auf die Befristung ankommen. Da die für diese Ausschlussfrist sprechenden Gründe im Rahmen von § 297 InsO ebenfalls beachtlich sind, ist der Anwendungsbereich der Norm auf einen fünfjährigen Zeitraum zwischen der rechtskräftigen Verurteilung und der Antragstellung teleologisch zu reduzieren. 16

D. Versagungsverfahren

Die Versagung der Restschuldbefreiung wegen einer Insolvenzstraftat setzt den **Antrag eines Insolvenzgläubigers** voraus. Der Begriff des Insolvenzgläubigers aus § 297 Abs. 1 InsO stimmt mit dem Begriff aus § 290 Abs. 1 InsO überein. Insoweit gelten die gleichen Anforderungen (dazu s. § 290 Rdn. 217 f.; *Uhlenbruck/Sternal* InsO, § 297 Rn. 11). Insbes. muss der Insolvenzgläubiger durch eine Forderungsanmeldung am Verfahren teilnehmen (s. § 296 Rdn. 38 f.). Der Treuhänder ist nicht antragsberechtigt (MüKo-InsO/*Stephan* § 297 Rn. 3). Auch die Versagung der gesetzlichen Schuldbefreiung nach § 297 Abs. 1 InsO unterliegt also der einseitigen Parteidisposition durch die Gläubiger. Ohne einen Gläubigerantrag darf das Versagungsverfahren nicht durchgeführt, also insbesondere auch nicht von Amts wegen eingeleitet werden (zur Antragsbefugnis *Ahrens* NZI 2001, 113 [117]). Das Insolvenzgericht darf auf dieses Antragsrecht nicht hinweisen (*Uhlenbruck/Sternal* InsO, § 297 Rn. 10; vgl. § 290 Rdn. 228). Die Dispositionsbefugnis beschränkt sich allerdings auf die Einleitung und vorzeitige Beendigung des Versagungsverfahrens, denn der Umfang der richterlichen Prüfung wird durch den Versagungsgrund bestimmt. Als bestimmender Schriftsatz muss der Versagungsantrag in aller Regel unterschrieben sein (*OLG Köln* NZI 2008, 627). 17

Der **Beginn der Antragsfrist**, also ab wann der Versagungsantrag gestellt werden kann, ist vom zeitlichen Anwendungsbereich insbesondere des Versagungsgrundes aus § 297 Abs. 1 Satz 1 Alt. 1 InsO zu unterscheiden. Um einen nahtlosen Anschluss an § 290 Abs. 1 Nr. 1 InsO zu gewährleisten, setzt der zeitliche Anwendungsbereich von § 297 Abs. 1 Satz 1 Alt. 1 InsO nach dem Schlusstermin ein, gefolgt vom Geltungsbereich des § 297 Abs. 1 Satz 1 Alt. 2 InsO. Damit ist noch nicht beantwortet, ab wann der Versagungsantrag gestellt werden kann. Abzuwägen ist, ob der zeitliche Anwendungsbereich der Norm von der Terminierung des Antragsrechts abweicht. Nach der äußeren und inneren Systematik ist das Antragsrecht erst in der Treuhandperiode nach Beendigung des Insolvenzverfahrens eröffnet. Belegt wird dies durch die Stellung von § 297 InsO zwischen den auf 18 die Treuhandperiode bezogenen Vorschriften. Zudem verweist § 297 Abs. 2 InsO auf das Verfahren des § 296 InsO. Unschädlich ist der fehlende Bezug auf die durch § 296 Abs. 1 Satz 1 InsO vorgenommene Datierung, weil dort der zeitliche Anwendungsbereich der Versagungstatbestände abgesteckt wird. So weist dann die Extension des Antragsgrunds auf die Zeit zwischen Schlusstermin und Beendigung des Insolvenzverfahrens dessen Besonderheit aus. Im Übrigen ist die vom Versagungsgrund abweichende Befristung des Antragsrechts am Ende der Treuhandperiode geläufig, wenn dort der Versagungsantrag nach Ende der Abtretungsfrist in der abschließenden Anhörung gestellt werden kann (*Ahrens* Das neue Privatinsolvenzrecht, Rn. 937).

19 Das **Ende der Antragsfrist** wird durch die **Ausschlussfrist** von einem Jahr bestimmt. Für die Durchführung des Versagungsverfahrens ordnet § 297 Abs. 2 InsO eine entsprechende, also keine unmittelbare Geltung von § 296 Abs. 1 Satz 2 und 3, Abs. 3 InsO an. Deshalb muss der Gläubiger den Versagungsantrag **binnen eines Jahres** stellen, nachdem ihm eine Verurteilung bekannt geworden ist (§ 296 Abs. 1 Satz 2 InsO). Letztmalig darf der Antrag im Termin zur Entscheidung über die Restschuldbefreiung gem. § 300 Abs. 1, 3 InsO gestellt werden. Dies folgt allerdings nicht aus § 297 Abs. 1 InsO, denn ein Antrag auf Versagung der Restschuldbefreiung kann nach dieser Vorschrift mit einer Verurteilung begründet werden, die in der Zeit nach dem Schlusstermin bis zum Ende der Laufzeit der Abtretungserklärung erfolgt. Geregelt ist damit jedoch nur, welche Umstände einen Versagungsantrag stützen können, nicht jedoch wann der Antrag gestellt werden muss. Auch die Grundsätze über die materielle Rechtskraft allein schließen einen Versagungsantrag nach Erteilung der Restschuldbefreiung noch nicht aus. Jedoch schließt das ab diesem Zeitpunkt geltende Widerrufsrecht aus § 303 Abs. 1 InsO aus systematischen Gründen zunächst die Versagungsmöglichkeit bei Obliegenheitsverletzungen und in der Parallele dazu alle anderen Versagungsrechte aus. Da eine Kenntnis aller Einzelheiten und eine zutreffende rechtliche Würdigung bei vergleichbaren Tatbeständen nicht verlangt wird (vgl. *BGH* NJW 1993, 648 [653]; NJW 1994, 3092 [3093]; NJW 1996, 117 [118]), muss dem Gläubiger die Rechtskraft als solche nicht bekannt gewesen sein (*Uhlenbruck/Sternal* InsO, § 297 Rn. 14; *Braun/Pehl* InsO, § 297 Rn. 4; HambK-InsO/*Streck* § 297 Rn. 2). Der Antrag ist schriftlich oder zu Protokoll der Geschäftsstelle eines jeden Amtsgerichts zu stellen (§§ 129a Abs. 1, 496 ZPO).

20 Der Versagungsantrag ist nur **zulässig**, wenn der Gläubiger die Antragsvoraussetzungen **glaubhaft** gemacht hat, § 296 Abs. 1 Satz 3 InsO (dazu s. § 296 Rdn. 56 ff.; A/G/R-*Weinland* § 297 InsO a.F. Rn. 5). Glaubhaft zu machen ist, welches Gericht den Schuldner wann verurteilt hat. Dazu müssen die Angaben so genau sein, dass ins Blaue hinein aufgestellte Behauptungen und ins Leere gehende Ermittlungen des Insolvenzgerichts auszuschließen sind (MüKo-InsO/*Stephan* § 297 Rn. 5). Ohne Angabe eines Aktenzeichens besteht keine Ermittlungspflicht des Insolvenzgerichts (*Uhlenbruck/Sternal* InsO, § 297 Rn. 17; *Braun/Pehl* InsO, § 297 Rn. 4; **a.A.** A/G/R-*Weinland* § 297 InsO a.F. Rn. 5). Eine übergebührliche Belastung des Antragstellers durch ein fehlendes Auskunftsrecht ist nicht zu befürchten, denn die Insolvenzgläubiger werden vielfach als Zeugen etc. vom Verlauf des Strafverfahrens Kenntnis erhalten. Ebenso ist der Zeitpunkt der Kenntnis von der Verurteilung glaubhaft zu machen.

21 Von einer Verweisung auf § 296 Abs. 2 InsO und damit auf die **Anhörungsregeln** sowie die Verfahrensobliegenheiten wurde dagegen abgesehen. Infolge der wenig komplexen Tatsachen- und Rechtslage ist eine Übernahme der verfahrensbezogenen Obliegenheit entbehrlich. Auf eine zumindest schriftliche Anhörung des Schuldners kann jedoch wegen des im Insolvenzverfahren zu gewährenden rechtlichen Gehörs nicht verzichtet werden (MüKo-InsO/*Stephan* § 297 Rn. 17; K. Schmidt/*Henning* InsO, § 297 n.F. Rn. 6; *Uhlenbruck/Sternal* InsO, § 297 Rn. 20, sinnvoll; einschränkend dagegen die Begr. des Rechtsausschusses zu § 346l, BT-Drucks. 12/7302 S. 188; *Smid/Krug/Haarmeyer* InsO, § 297 Rn. 3; **a.A.** *Kübler/Prütting/Bork-Wenzel* InsO, § 297 Rn. 4).

E. Versagungsentscheidung

22 Für die Entscheidung über den Versagungsantrag ist der Richter **funktionell zuständig**, § 18 Abs. 1 Nr. 3 RPflG (ab dem 21.04.2018: § 18 Abs. 1 Nr. 4 RPflG, BGBl. I 2017, S. 866), weil der Schuld-

ner die Restschuldbefreiung und ein Gläubiger ihre Versagung beantragt hat. Die Entscheidung ergeht durch **Beschluss**, der den Versagungsantrag als unzulässig oder als unbegründet zurückweist bzw. die Restschuldbefreiung versagt. Dem Beschluss muss eine Rechtsbehelfsbelehrung beigefügt werden, § 4 InsO i.V.m. § 232 ZPO. Bei einer fehlenden Rechtsbehelfsbelehrung wird nach § 233 Satz 2 ZPO ein fehlendes Verschulden an der Einhaltung der Rechtsbehelfsfrist vermutet. Für die Anfechtung des Versagungsbeschlusses im Wege der sofortigen Beschwerde und die Bekanntmachung der Entscheidung gilt § 296 Abs. 3 InsO (dazu s. § 296 Rdn. 88) entsprechend.

Die **Wirkungen** der Versagung werden durch § 299 InsO bestimmt. Der Versagungsbeschluss bewirkt eine vorzeitige Beendigung der Treuhandzeit und führt zu den weiteren in § 299 InsO ausgesprochenen Konsequenzen. Mit der Rechtskraft der Entscheidung endet die Abtretungsfrist, das Amt des Treuhänders und die Beschränkung der Gläubigerrechte (vgl. § 299 Rdn. 15 ff.). Soweit die Forderungen nicht erfüllt sind, leben das unbeschränkte Nachforderungsrecht und die Vollstreckungsmöglichkeiten wieder auf. Pfändungen und Sicherungsabtretungen, die durch die Eröffnung des Insolvenzverfahrens unwirksam bzw. auf zwei Jahre beschränkt wurden, treten dagegen nicht wieder in Kraft. Die Folgen der Entscheidung bestimmen sich nach § 299 InsO. Eine Wiederaufnahme des Verfahrens gem. den §§ 578 ff. ZPO ist grds. statthaft (vgl. *LG Göttingen* ZVI 2007, 85, zu § 298 InsO). 23

Wegen der weitreichenden Bedeutung der Entscheidung ist nach den §§ 297 Abs. 2, 296 Abs. 3 Satz 1, 6 Abs. 1 InsO die **sofortige Beschwerde** zugelassen. Wird dem Versagungsantrag stattgegeben, so steht dem Schuldner das Rechtsmittel zu. Verwirft das Gericht den Antrag als unzulässig oder weist es ihn als unbegründet zurück, ist nach der gesetzlichen Regelung der Antragsteller zur sofortigen Beschwerde berechtigt. Für die Rechtsmittel der sofortigen Beschwerde und der Rechtsbeschwerde gelten § 6 InsO sowie die §§ 4 InsO, 567 ff., 574 ff. ZPO n.F. 24

Für die rechtskräftige Entscheidung ist eine **öffentliche Bekanntmachung** durch eine zentrale und länderübergreifende Veröffentlichung im Internet vorgeschrieben, §§ 297 Abs. 2, 296 Abs. 3 Satz 2, § 9 Abs. 1 Satz 1 InsO n.F. Die Veröffentlichung im Internet erfolgt unter www.insolvenzbekanntmachungen.de (A/G/R-*Ahrens* § 9 InsO Rn. 5). Eine Veröffentlichung im Bundesanzeiger ist nicht vorgeschrieben. 25

Der **Gegenstandswert** für das einen Antrag auf Versagung der Restschuldbefreiung betreffende Verfahren ist nach dem objektiven wirtschaftlichen Interesse desjenigen zu bemessen, der den jeweiligen Antrag stellt oder das entsprechende Rechtsmittel verfolgt. Maßgeblich dabei ist nicht der Nennbetrag der Forderung, sondern deren wirtschaftlicher Wert, bei dem auch die Erfolgsaussichten einer künftigen Beitreibung zu berücksichtigen sind (vgl. *BGH* ZInsO 2003, 217). Bestehen keine hinreichenden Anhaltspunkte dafür, wie sich die Vermögensverhältnisse des Schuldners entwickeln werden und ggf. in welchem Umfang er in Zukunft wieder in der Lage sein wird, Zahlungen zu leisten, setzt der *BGH* den Wert der Rechtsbeschwerde auf EUR 5.000,– fest (*BGH* BeckRS 2011, 11245). 26

Mit den allgemeinen **Gebühren** für die Durchführung des Insolvenzverfahrens soll grds. auch das Verfahren über die Restschuldbefreiung abgegolten sein (dazu s. § 296 Rdn. 91), doch wird für den Versagungsantrag nach § 297 InsO wegen der zusätzlichen Belastung des Gerichts eine Gebühr in Höhe von EUR 35,– nach KV Nr. 2350 erhoben. Sie entsteht unabhängig davon, ob der Versagungsantrag begründet war oder zurückgewiesen wurde (*LG Göttingen* ZVI 2008, 121). Im Beschwerdeverfahren entsteht eine Gebühr in Höhe von EUR 60,– gem. KV Nr. 2361, falls die Beschwerde verworfen oder zurückgewiesen wird. Der Gegenstandswert für das Rechtsbeschwerdeverfahren war früher mangels anderweitiger Anhaltspunkte mit EUR 1.200,– zu bemessen (*BGH* ZVI 2003, 91). Falls eine Rechtsbeschwerde verworfen oder zurückgewiesen wird entsteht, eine Gebühr von EUR 120,– gem. KV Nr. 2364. Zusätzlich sind die Kosten der Veröffentlichung nach § 296 Abs. 3 Satz 2 InsO gem. KV Nr. 9004 zu entrichten. 27

Wird in dem Versagungsverfahren gem. § 297 InsO ein **Rechtsanwalt** tätig, erhält er die Hälfte der vollen Gebühr, Nr. 3321 VV RVG. Im Beschwerdeverfahren entsteht eine halbe Gebühr, Nr. 3500 und 3513 VV RVG. Der Gegenstandswert der Gebühr ist gem. den §§ 28 Abs. 3, 23 Abs. 3 Satz 2 28

§ 297a InsO Nachträglich bekannt gewordene Versagungsgründe

RVG nach billigem Ermessen aufgrund des wirtschaftlichen Interesses des Gläubigers zu bestimmen. Mangels greifbarer Schätzungsgrundlagen soll der Wert des Beschwerdeverfahrens EUR 5.000,– betragen (*BGH* NZI 2011, 861; NZI 2012, 145, insoweit jeweils nicht abgedruckt).

29 Da die Treuhandperiode und das Versagungsverfahren kostenrechtlich eigenständige Verfahren bilden, ist die **Kostenstundung** hierfür gesondert zu bewilligen. Aufgrund der Bedeutung des Versagungsverfahrens ist bei einer schwierigeren tatsächlichen Situation etwa im Hinblick auf die Entschuldigungsgründe die Erforderlichkeit der Beiordnung eines Anwalts zu bejahen (enger *Bayer* Stundungsmodell der Insolvenzordnung, S. 70 f.). Aufgrund einer versagten Restschuldbefreiung ist das Gericht im Rahmen einer Ermessensentscheidung berechtigt, die Kostenstundung nach § 4c Nr. 5 InsO aufzuheben (s. *Kohte* § 4a Rdn. 37 ff., 44).

§ 297a Nachträglich bekannt gewordene Versagungsgründe

(1) ¹Das Insolvenzgericht versagt die Restschuldbefreiung auf Antrag eines Insolvenzgläubigers, wenn sich nach dem Schlusstermin oder im Falle des § 211 nach der Einstellung herausstellt, dass ein Versagungsgrund nach § 290 Absatz 1 vorgelegen hat. ²Der Antrag kann nur binnen sechs Monaten nach dem Zeitpunkt gestellt werden, zu dem der Versagungsgrund dem Gläubiger bekannt geworden ist. ³Er ist nur zulässig, wenn glaubhaft gemacht wird, dass die Voraussetzungen der Sätze 1 und 2 vorliegen und dass der Gläubiger bis zu dem gemäß Satz 1 maßgeblichen Zeitpunkt keine Kenntnis von ihnen hatte.

(2) § 296 Absatz 3 gilt entsprechend.

Übersicht

		Rdn.			Rdn.
A.	Normzweck	1	V.	Nicht entschiedener Versagungsantrag	14
B.	Systematik	3	D.	Versagungsverfahren	16
C.	Versagungstatbestand	5	I.	Versagungsantrag	16
I.	Versagungsgründe	5	II.	Glaubhaftmachung	18
II.	Zeitlicher Anwendungsbereich	8	III.	Anhörung	20
III.	Nachträgliches Herausstellen	11	IV.	Durchführung des Verfahrens	21
IV.	Ausschlussfrist	13			

Literatur:
Ahrens Systematisches und Unsystematisches bei den RSB-Versagungsverfahren, ZVI 2014, 227; *Laroche/Siebert* Neuerungen bei Versagung und Erteilung der Restschuldbefreiung, NZI 2014, 541; *Möhring* Das nachträgliche Herausstellen von Versagungs- und Widerrufsgründen in §§ 297a, 303 Abs. 1 InsO – ein vernachlässigtes Tatbestandsmerkmal?, ZVI 2016, 383; *Pape* Fortfall der Zweistufigkeit bei den RSB-Versagungsgründen, § 297a InsO n.F., ZVI 2014, 234.

A. Normzweck

1 § 297a InsO eröffnet den Insolvenzgläubigern das Recht, **Versagungsgründe nachträglich geltend zu machen**. Die Versagungstatbestände aus § 290 Abs. 1 InsO, die sich erst nach dem Schlusstermin herausgestellt haben und dem Antragsteller nicht länger als sechs Monate bekannt sind, können damit noch in der Treuhandperiode geltend gemacht werden. Mit der Norm soll eine angenommene Lücke bei verspätet bekannt gewordenen Versagungsgründen geschlossen werden. Zur Begründung verweisen die Gesetzesmaterialien (BT-Drucks. 17/11268 S. 29) auf mehrere, allerdings nicht konkret benannte Entscheidungen (vgl. etwa *AG Oldenburg* ZVI 2002, 220). Diese wenigen Beschlüsse lassen indessen kaum auf ein nennenswertes Problem schließen.

2 Letztlich wird gerade die **Nachlässigkeit von Gläubigern prämiert**. Mehr noch, denn es werden sogar Anreize geschaffen, sich nach einer Forderungsanmeldung nicht mehr am Insolvenzverfahren zu beteiligen. Die Insolvenzgläubiger können so vor einer Versagungsentscheidung länger die Quote beziehen und die Sperrfrist wird nach hinten verschoben. Bei der Anwendung von § 297a InsO müssen diese wenig sachgerechten Wirkungen ausbalanciert werden.

B. Systematik

Mit dem Versagungstatbestand wird die **Präklusionswirkung des Schlusstermins durchbrochen**. 3
Nachträglich bekannt gewordene Versagungsgründe können gem. § 297a InsO noch in der Treuhandperiode geltend gemacht werden. Ganz aufgegeben ist die verfahrensbeschleunigende Wirkung der Präklusion noch nicht, denn es sind immerhin die vor dem Ende des Schlusstermins bekannten Versagungsgründe präkludiert. Die verfahrensgliedernde und beschleunigende Wirkung der Präklusion ist dabei nicht analysiert worden. Wegen dieses **Verlusts an systematischer Stringenz** und Tiefe gehört die Vorschrift des § 297a InsO zu den von Anfang an bis zum Schluss am schärfsten kritisierten Regelungen (*Ahrens* ZRP 2007, 84 [87]; *Grote/Pape* ZInsO 2012, 409 [416]; *Harder* NZI 2012, 113 [115]; *Grote/Pape* ZInsO 2013, 1433 [1444]; *Ahrens* NJW-Spezial 2013, 341 [342]; *Hergenröder* KTS 2013, 385 [416]; *Hohmann* DGVZ 2014, 137 [141]; *Pape* ZVI 2014, 234 [237]).

Wegen der **Zwischenstellung** der Versagungsregelung besitzt das Versagungsverfahren eine eigen- 4
tümliche Zwittergestalt. Im Versagungsverfahren mischen sich Elemente aus § 290 InsO mit denen des § 296 InsO. Infolgedessen fehlt eine klare Verfahrensordnung.

C. Versagungstatbestand

I. Versagungsgründe

Die Insolvenzgläubiger können sich auf **sämtliche Tatbestände des § 290 Abs. 1 InsO** berufen. Er- 5
füllt sein müssen jeweils die gesamten objektiven und subjektiven Tatbestandsvoraussetzungen der Versagungsgründe (K. Schmidt/*Henning* InsO, § 297a n.F. Rn. 2).

Wie sonst bei den verfahrensbezogenen Versagungsgründen aus § 290 Abs. 1 Nr. 5 und 6 InsO ist 6
eine **Heilung** zuzulassen. Holt der Schuldner im sog. Regelinsolvenzverfahren von sich aus eine gebotene, aber zunächst unterlassene Auskunftserteilung nach, bevor sein Verhalten aufgedeckt und ein Versagungsantrag gestellt ist, beeinträchtigt seine Obliegenheitsverletzung die Gläubigerinteressen nicht. Im Verbraucherinsolvenzverfahren müssen die Auskünfte noch im Eröffnungsverfahren nachgeholt werden (s. § 290 Rdn. 126). Im Regelinsolvenzverfahren kann die Verletzung der verfahrensbezogenen Pflichten zumindest bis zum Ende des Insolvenzverfahrens erfolgen. Da § 297a InsO allerdings die Präklusionswirkung für die Gläubiger durchbricht, muss Entsprechendes auch für den Schuldner gelten. Auch die verletzte Erwerbsobliegenheit aus § 290 Abs. 1 Nr. 7 HS 1 InsO kann geheilt werden.

Offen ist, ob auf die **Verweisung des § 290 Abs. 1 Nr. 7 HS 3 InsO** auf § 296 Abs. 2 Satz 2, 3 InsO 7
Bezug genommen wird. Dagegen spricht, dass in § 297a InsO gerade nicht auf das Verfahren des § 296 Abs. 1 und 2 InsO abgestellt wird. Auch liegen mit dem Schlussbericht des Treuhänders qualifizierte Informationen vor. In der Konsequenz sind die §§ 295 bis 297, 298 InsO insgesamt unanwendbar (*Gottwald/Ahrens* HdbInsR, § 78 Rn. 96).

II. Zeitlicher Anwendungsbereich

Nach § 297a Abs. 1 Satz 1 InsO ist eine Versagung möglich, wenn sich **nach dem Schlusstermin** 8
oder im Fall des § 211 InsO **nach der Einstellung** ein Versagungsgrund des § 290 Abs. 1 InsO nachträglich herausstellt. Diese Bestimmung ähnelt § 290 Abs. 2 Satz 1 HS 1 InsO, obwohl deren Wortlaut geringfügig abweicht (*Ahrens* Das neue Privatinsolvenzrecht, Rn. 870a). Während § 290 Abs. 2 Satz 1 Halbs. 1 InsO auf einen Versagungsantrag bis zum Schlusstermin oder bis zur Entscheidung nach § 211 Abs. 1 InsO abstellt, muss sich gem. § 297a Abs. 1 Satz 1 InsO der Versagungsgrund nach dem Schlusstermin oder im Falle des § 211 InsO nach der Einstellung herausgestellt haben. Da Anhaltspunkte für eine sachliche Unterscheidung fehlen, sind beide Vorschriften übereinstimmend auszulegen, zumal dann der Anwendungsbereich von § 297a InsO fugenlos an § 290 InsO anschließen kann. Zum einen stellt § 297a Abs. 1 Satz 1 InsO mit dem Schlusstermin auf den letzten Verhandlungstermin ab. Zum anderen verweist die Norm auf die Einstellung nach § 211 InsO und damit den Entscheidungstermin. Bei der Bestimmung des zeitlichen Anwendungsbereichs der

Norm geht es allein darum, wann die Tatbestandsvoraussetzungen erfüllt sein müssen. Davon zu unterscheiden ist, wann der Versagungsantrag gestellt werden darf.

9 Um einen lückenlosen Schutz der Insolvenzgläubiger zu ermöglichen, muss der **Anfangstermin** des zeitlichen Anwendungsbereichs zweckorientiert bestimmt werden (*Ahrens* Das neue Privatinsolvenzrecht, Rn. 870a f.; HK-InsO/*Waltenberger* § 297a Rn. 2). Zum einen stellt § 297a Abs. 1 Satz 1 InsO auf den Schlusstermin ab, also den letzten Verhandlungstermin. Zum anderen verweist die Norm auf die Einstellung nach § 211 InsO, also gerade den Entscheidungstermin. Damit werden zwei sachlich unterschiedliche Bezugspunkte zusammengefügt. Entweder hätte der Schlusstermin mit der abschließenden Gläubigerversammlung über die Einstellung oder die Aufhebung des Insolvenzverfahrens mit seiner Einstellung verbunden werden müssen. Ein innerer Grund, weswegen diese verschiedenartigen Referenzen gewählt worden sind, ist nicht unmittelbar ersichtlich. Maßgebend müssen der Schlusstermin im mündlichen Verfahren oder die Schlussanhörung im schriftlichen Verfahren bzw. die abschließende Gläubigerversammlung oder die Anhörung vor einer Einstellung sein. Wäre demgegenüber der Termin der Einstellungsentscheidung maßgebend, könnte der Insolvenzgläubiger in der Zeit zwischen der abschließenden Anhörung und der Einstellung keinen zulässigen Versagungsantrag nach § 290 Abs. 2 Satz 1 HS 1 InsO stellen, der Antrag nach § 297a Abs. 1 Satz 1 InsO dürfte nicht auf die Zeit vor der Entscheidung bezogen werden. Insoweit bestünde eine Schutzlücke (ausführlich *Ahrens* Das neue Privatinsolvenzrecht Rn. 961 ff.).

10 Als **Endtermin**, bis zu dem der Versagungsgrund bestehen kann, kommen das Ende der Abtretungsfrist (*Frind* Praxishandbuch Privatinsolvenz, Rn. 878; HK-InsO/*Waltenberger* § 297a Rn. 2), die abschließende Anhörung der Insolvenzgläubiger (*Ahrens* Das neue Privatinsolvenzrecht, Rn. 981), die Entscheidung über die Erteilung der Restschuldbefreiung oder deren Rechtskraft (K. Schmidt/ *Henning* InsO, § 297a n.F. Rn. 2) in Betracht. Jedenfalls nach diesem Zeitpunkt ist nur noch ein Widerruf der Restschuldbefreiung zulässig. Da die auf einen früheren Verfahrensabschnitt bezogene ergänzende Regelung des § 297a InsO nicht länger als die Tatbestände der §§ 295–297 InsO geltend gemacht werden können, ist auf die abschließende Anhörung abzustellen.

III. Nachträgliches Herausstellen

11 Mit **zwei getrennten Voraussetzungen** wird einerseits in § 297a Abs. 1 Satz 1 InsO auf Versagungsgründe, die sich nachträglich herausgestellt haben, und andererseits in § 297a Abs. 1 Satz 2 InsO auf die dem Gläubiger nicht länger als sechs Monate bekannten Versagungsgründe abgestellt. Diskutiert wird, ob diese Kriterien allein auf den Antragsteller bezogen sind (*Kübler/Prütting/Bork-Wenzel* InsO, § 297a Rn. 2; A/G/R-*Weinland* § 297a InsO Rn. 2; *Uhlenbruck/Sternal* InsO, § 297a Rn. 3; K. Schmidt/*Henning* InsO, § 297a n.F. Rn. 2; *Graf-Schlicker/Kexel* InsO, § 297a Rn. 3; *Nerlich/Römermann* InsO, § 297a Rn. 3; BeckOK-InsO/*Riedel* 3. Ed., § 297a Rn. 3; *Frind* Praxishandbuch Privatinsolvenz, Rn. 876) oder ob sie sich **für alle Insolvenzgläubiger nachträglich herausgestellt** haben müssen (*Ahrens* Das neue Privatinsolvenzrecht, Rn. 968; *Andres/Leithaus* InsO, § 297a Rn. 4; *Grote/Pape* ZInsO 2013, 1433 [1444]; *Möhring* ZVI 2016, 383 [385]). Wenn allein auf die Kenntnis des Antragstellers abgestellt und der Informationsstand der anderen Gläubiger unberücksichtigt gelassen wird, besäße das Merkmal des nachträglichen Herausstellens keine eigenständige Bedeutung (*Möhring* ZVI 2016, 383 [385]). Dies ist weder sprachlich noch systematisch und funktional überzeugend. Die in zwei Sätzen der Norm separierten Voraussetzungen des nachträglichen Herausstellens und der Kenntniserlangung weisen auf einen unterschiedlichen Aussagegehalt beider Regelungselemente hin. Ein einheitlicher Bezug allein auf die Unkenntnis des antragstellenden Gläubigers hätte geradezu in einem Satz geregelt werden müssen. Zudem weist die doppelte Anordnung der Glaubhaftmachung den eigenständigen verfahrensrechtlichen Gehalt des nachträglichen Herausstellens aus (*Ahrens* Das neue Privatinsolvenzrecht, Rn. 967; *Möhring* ZVI 2016, 383 [385]). Eine auf den Kenntnisstand aller Gläubiger einschließlich des Antragstellers bezogene Interpretation entspricht auch der überzeugenden Auslegung von § 303 Abs. InsO a.F. Für das bereits dort verwendete Merkmal des nachträglichen Herausstellens wird nach einer allerdings umstrittenen Interpretation gleichfalls auf die allgemeine Kenntnis verwiesen (s. § 303 Rdn. 21; **a.A.**

MüKo-InsO/*Stephan* § 303 Rn. 14). Letztlich entspricht diese Konsequenz auch der Reziprozität des Antragsrechts. Soweit nach der Rechtsprechung des *BGH* jeder Gläubiger einen Versagungsgrund geltend machen kann, unabhängig davon, ob er sich in seiner Person verwirklicht hat (*BGH* NZI 2007, 357 Tz. 3), muss sich entsprechend der Kenntnisstand eines Gläubigers bei den anderen Gläubigern auswirken.

Die Versagungsgründe des § 290 Abs. 1 InsO müssen sich für die durch eine Forderungsanmeldung **verfahrensbeteiligten Insolvenzgläubiger** nachträglich herausgestellt haben. Nur diese Gläubiger sind antragsberechtigt. Allein auf ihren Kenntnisstand kann es daher für eine nachträgliche Geltendmachung ankommen. Ob sich ein Versagungsgrund nachträglich herausgestellt hat, wird typischerweise anhand der **Insolvenzakten** zu bestimmen sein (*Möhring* ZVI 2016, 383 [385]). Das nachträgliche Herausstellen kann aber auch auf andere Weise widerlegt werden.

IV. Ausschlussfrist

Der Antrag darf nach § 297a Abs. 1 Satz 2 InsO nur **binnen sechs Monaten** nach dem Zeitpunkt gestellt werden, zu dem der Versagungsgrund dem Gläubiger bekannt geworden ist. Abgesehen von der Länge der Ausschlussfrist, entspricht diese Regelung § 296 Abs. 1 Satz 2 InsO (BT-Drucks. 17/11268 S. 29). Die Auslegung von § 297a Abs. 1 Satz 2 InsO kann deswegen vollständig an § 296 Abs. 1 Satz 2 InsO orientiert werden (dazu s. § 296 Rdn. 47 ff.).

V. Nicht entschiedener Versagungsantrag

Bei einer **vergessenen Versagungsentscheidung** ist über einen fristgerecht gestellten Versagungsantrag gem. § 290 InsO nicht vor der Beendigung des Verfahrens entschieden worden. In diesen Fällen ist eine nachträgliche Versagung nach § 290 Abs. 1 InsO ausgeschlossen (*Ahrens* Das neue Privatinsolvenzrecht, Rn. 898; s.a. § 290 Rdn. 273). Eine unmittelbare Anwendung von § 297a InsO auf diese Konstellationen ist schon deswegen ausgeschlossen, weil sich der Versagungsantrag nicht nachträglich herausgestellt hat. Den schützenswerten Interessen des Antragstellers kann aber durch eine entsprechende Anwendung von § 297a InsO Rechnung getragen werden. Diese Analogie ist zulässig, um die Folgen des gerichtlichen Fehlers zu beseitigen.

Das **Versagungsverfahren** muss dann dem Ordnungsmuster des § 297a InsO folgen. Eine Entscheidung von Amts wegen über den früheren Versagungsantrag ist damit ausgeschlossen. Damit ist ein erneuter Antrag gem. 297a InsO erforderlich, auf den das Gericht hinzuweisen hat. Spätestens ab diesem Hinweis läuft die sechsmonatige Ausschlussfrist, falls nicht der Gläubiger bereits zuvor die fehlende Versagungsentscheidung erkannt hat. Die Glaubhaftmachung wird grds. unter Berufung auf den gerichtlichen Hinweis gelingen. Der Schuldner ist zwingend anzuhören. Zusätzlich gelten die weiten Anforderungen an das nach § 297a InsO durchzuführende Verfahren (s. Rdn. 20 f.).

D. Versagungsverfahren

I. Versagungsantrag

Die Versagung erfordert den **Antrag** eines Insolvenzgläubigers. Es gelten insoweit die zu § 290 InsO formulierten Anforderungen (s. § 290 Rdn. 217 ff.). **Antragsberechtigt** sind allein die durch eine Forderungsanmeldung verfahrensbeteiligten Insolvenzgläubiger (*Ahrens* Das neue Privatinsolvenzrecht, Rn. 975; MüKo-InsO/*Stephan* § 297a (neu) Rn. 4; *Uhlenbruck/Sternal* InsO, § 297a Rn. 5; HK-InsO/*Waltenberger* § 297a Rn. 5; *Frind* Praxishandbuch Privatinsolvenz, Rn. 876; *Ahrens* NJW 2014, 1841 [1846]). Hat der Insolvenzgläubiger seine Forderung selbst unverschuldet nicht angemeldet, ist er nicht antragsberechtigt.

Die **Antragsfrist** bestimmt, in welchem Zeitraum der Versagungsantrag gestellt werden kann. Das Antragsrecht entsteht nach Beendigung des Insolvenzverfahrens, wenn es aufgehoben oder eingestellt ist. Sonst könnte es im Zeitraum nach dem Schlusstermin, aber vor Beendigung des Insolvenzverfahrens zu einem Zwischenverfahren nach § 297a InsO kommen. Damit erhält der Bezug auf die Einstellung nach § 211 InsO in § 297a Abs. 1 Satz 1 InsO doch einen Sinn, weil damit ein Ausschnitt der maßgebenden Elemente genannt wird.

II. Glaubhaftmachung

18 Als **Sachentscheidungsvoraussetzung** ist nach § 297a Abs. 1 Satz 3 InsO ein Versagungsantrag nur zulässig, wenn die Voraussetzungen aus § 297a Abs. 1 Satz 1, 2 InsO glaubhaft gemacht werden. Die Anforderungen entsprechen den allgemeinen Maßstäben nach § 296 Abs. 1 Satz 3 InsO (vgl. § 296 Rdn. 56 ff.). Erfüllt die Glaubhaftmachung nicht diese Anforderungen, ist der Versagungsantrag als unzulässig zu verwerfen. Bestreitet der Schuldner nicht die vom Gläubiger behaupteten Antragsvoraussetzungen, ist eine Glaubhaftmachung entbehrlich.

19 Glaubhaft zu machen ist zunächst der **Versagungstatbestand des § 290 Abs. 1 InsO**, auf den sich der Antragsteller beruft. Die Anforderungen dafür entsprechen denen aus § 290 Abs. 2 Satz 1 HS 2 InsO. Außerdem muss der Antragsteller glaubhaft machen, bis zu dem nach § 297 Abs. 1 Satz 1 InsO maßgeblichen Zeitpunkt des Schlusstermins keine Kenntnis von den Voraussetzungen gehabt zu haben. Dabei muss der Antragsteller allein seine eigene (Un-)Kenntnis und nicht auch die der anderen Insolvenzgläubiger glaubhaft machen (*Pape* ZVI 2014, 234 [238]).

III. Anhörung

20 Weder die Anhörung der Insolvenzgläubiger noch des Schuldners sind gesetzlich geregelt (*Pape* ZVI 2014, 234 [237]). Eine **Anhörung des Schuldners** ist zur Wahrung des rechtlichen Gehörs zwingend geboten. Um das rechtliche Gehör effektiv wahren zu können, ist er darauf hinzuweisen, dass er nur bis zum Ende der Anhörung den Versagungsantrag des Gläubigers bestreiten kann und sonst eine Glaubhaftmachung entbehrlich ist (*BGH* ZInsO 2011, 837 Tz. 12; NZI 2011, 861 Tz. 7). Eine **Anhörung der Gläubiger** ist nur bei nicht offensichtlich unzulässigen oder unbegründeten Versagungsanträgen erforderlich.

IV. Durchführung des Verfahrens

21 Die **Verfahrensweise** mischt Elemente von § 290 InsO mit denen des § 296 InsO. Die Stellung der Norm spricht für eine Nähe zu § 296 InsO. Zudem ist die Glaubhaftmachung nach § 297a Abs. 1 Satz 3 InsO angelehnt an § 296 Abs. 1 Satz 3 InsO formuliert. Umgekehrt folgt die Belehrung des Schuldners den Vorgaben aus § 290 Abs. 1 InsO.

22 Die **Entscheidung** ergeht durch Beschluss. Funktionell zuständig für die Versagung ist der Richter, § 18 Abs. 1 Nr. 3 RPflG (ab dem 21.04.2018: § 18 Abs. 1 Nr. 4 RPflG, BGBl. I 2017, S. 866; *Graf-Schlicker/Kexel* InsO, § 297a Rn. 8). Gegen die Entscheidung stehen dem Antragsteller und dem Schuldner die sofortige Beschwerde zu, § 297a Abs. 2 InsO i.V.m. § 296 Abs. 3 InsO. Dem Beschluss muss eine Rechtsbehelfsbelehrung beigefügt werden, § 4 InsO i.V.m. § 232 ZPO. Bei einer fehlenden Rechtsbehelfsbelehrung wird nach § 233 Satz 2 ZPO ein fehlendes Verschulden an der Einhaltung der Rechtsbehelfsfrist vermutet. Der rechtskräftige Beschluss ist nach § 297a Abs. 2 InsO i.V.m. § 296 Abs. 3 InsO gem. § 9 InsO öffentlich bekannt zu machen. Die Bekanntmachung ersetzt die Zustellung, § 9 Abs. 3 InsO.

23 Die **Wirkungen** der Versagung nach § 297a InsO werden durch § 299 InsO bestimmt.

24 Wegen der weitreichenden Bedeutung der Entscheidung ist nach den §§ 297 Abs. 2, 296 Abs. 3 Satz 1, 6 Abs. 1 InsO die **sofortige Beschwerde** zugelassen (Begr. zu § 245 RegE, BR-Drucks. 1/92 S. 193; A/G/R-*Weinland* § 296 InsO a.F. Rn. 35). Wird dem Versagungsantrag stattgegeben, so steht dem Schuldner das Rechtsmittel zu. Verwirft das Gericht den Antrag als unzulässig oder weist es ihn als unbegründet zurück, ist nach der gesetzlichen Regelung der Antragsteller zur sofortigen Beschwerde berechtigt. Für die Rechtsmittel der sofortigen Beschwerde und der Rechtsbeschwerde gelten § 6 InsO sowie die §§ 4 InsO, 567 ff., 574 ff. ZPO n.F.

Die rechtskräftige Entscheidung ist durch eine zentrale und länderübergreifende Veröffentlichung 25
im Internet **öffentlich bekannt zu machen**, §§ 296 Abs. 3 Satz 2, 9 Abs. 1 Satz 1 InsO n.F. Die Veröffentlichung im Internet erfolgt unter www.insolvenzbekanntmachungen.de (A/G/R-*Ahrens* § 9
InsO Rn. 5). Eine Veröffentlichung im Bundesanzeiger ist nicht vorgeschrieben.

Der **Gegenstandswert** für das einen Antrag auf Versagung der Restschuldbefreiung betreffende Verfahren ist nach dem objektiven wirtschaftlichen Interesse desjenigen zu bemessen, der den jeweiligen 26
Antrag stellt oder das entsprechende Rechtsmittel verfolgt. Maßgeblich dabei ist nicht der Nennbetrag der Forderung, sondern deren wirtschaftlicher Wert, bei dem auch die Erfolgsaussichten einer
künftigen Beitreibung zu berücksichtigen sind (*BGH* ZInsO 2003, 217). Bestehen keine hinreichenden Anhaltspunkte dafür, wie sich die Vermögensverhältnisse des Schuldners entwickeln werden und
ggf. in welchem Umfang er in Zukunft wieder in der Lage sein wird, Zahlungen zu leisten, setzt der
BGH den Wert der Rechtsbeschwerde auf EUR 5.000,– fest (*BGH* BeckRS 2011, 11245).

Mit den allgemeinen Gebühren für die Durchführung des Insolvenzverfahrens sollen grds. auch die 27
Kosten für das Verfahren über die Restschuldbefreiung abgegolten sein, um die gesetzliche Schuldbefreiung mit der Schuldbefreiung aufgrund eines Plans gleichzustellen. Für Gläubigeranträge auf
Versagung der Restschuldbefreiung wird aber wegen der zusätzlichen Belastung des Gerichts eine
Gebühr verlangt. Kostenschuldner der Gebühr für den Versagungsantrag ist der antragstellende Insolvenzgläubiger, § 23 Abs. 2 GKG, s.a. § 29 Nr. 1 GKG. Die Gebühr für den Versagungsantrag
gem. § 296 InsO beträgt EUR 35,–, KV Nr. 2350 (A/G/R-*Weinland* § 296 InsO a.F. Rn. 38).
Sie entsteht unabhängig davon, ob der Versagungsantrag begründet war oder zurückgewiesen wurde
(*LG Göttingen* ZVI 2008, 121). Im Beschwerdeverfahren entsteht eine Gebühr in Höhe von EUR
60,– gem. KV Nr. 2361, falls die Beschwerde verworfen oder zurückgewiesen wird. Wird eine
Rechtsbeschwerde verworfen oder zurückgewiesen entsteht eine Gebühr von EUR 120,– gem.
KV Nr. 2364. Zusätzlich sind die Kosten der Veröffentlichung nach § 296 Abs. 3 Satz 2 gem.
KV Nr. 9004 zu entrichten. Wird in dem Versagungsverfahren gem. § 296 InsO ein Rechtsanwalt
tätig, erhält er die Hälfte der vollen Gebühr, Nr. 3321 VV RVG (A/G/R-*Weinland* § 296 InsO a.F.
Rn. 39). Im Beschwerdeverfahren entsteht eine halbe Gebühr, Nr. 3500 und 3513 VV RVG. Der
Gegenstandswert der Gebühr ist gem. den §§ 28 Abs. 3, 23 Abs. 3 Satz 2 RVG nach billigem Ermessen aufgrund des wirtschaftlichen Interesses des Gläubigers zu bestimmen. Bei Anträgen gem.
den §§ 295 f. InsO bestimmt das *LG Bochum* (ZInsO 2001, 564 [566]) nach der Hälfte des Werts
der zur Tabelle angemeldeten Forderungen. Vom *AG Duisburg* (NZI 2002, 619 [620]) wird der Betrag der restlichen Forderung zugrunde gelegt, die dem Antragsteller beim Erfolg seines Antrags erhalten bliebe. Der Gegenstandswert der Gebühr ist gem. den §§ 28 Abs. 3, 23 Abs. 3 Satz 2 RVG
nach billigem Ermessen aufgrund des wirtschaftlichen Interesses des Gläubigers zu bestimmen.
Mangels greifbarer Schätzungsgrundlagen soll der Wert des Beschwerdeverfahrens EUR 5.000,– betragen (*BGH* NZI 2011, 861; NZI 2012, 145, insoweit jeweils nicht abgedruckt; *Uhlenbruck/Sternal* InsO, § 296 Rn. 69).

Da die Treuhandperiode und das Versagungsverfahren kostenrechtlich eigenständige Verfahren bilden, ist die **Kostenstundung** hierfür gesondert zu bewilligen. Aufgrund der Bedeutung des Versagungsverfahrens ist bei einer schwierigeren tatsächlichen Situation etwa im Hinblick auf die Entschuldigungsgründe die Erforderlichkeit der Beiordnung eines Anwalts zu bejahen (enger *Bayer* 28
Stundungsmodell der Insolvenzordnung, S. 70 f.). Aufgrund einer versagten Restschuldbefreiung
ist das Gericht im Rahmen einer Ermessensentscheidung berechtigt, die Kostenstundung nach
§ 4c Nr. 5 InsO aufzuheben (s. *Kohte* § 4a Rdn. 37 ff., 44).

§ 298 Deckung der Mindestvergütung des Treuhänders

(1) ¹Das Insolvenzgericht versagt die Restschuldbefreiung auf Antrag des Treuhänders, wenn die an diesen abgeführten Beträge für das vorangegangene Jahr seiner Tätigkeit die Mindestvergütung nicht decken und der Schuldner den fehlenden Betrag nicht einzahlt, obwohl ihn der Treuhänder schriftlich zur Zahlung binnen einer Frist von mindestens zwei Wochen aufgefordert und ihn dabei auf die Möglichkeit der Versagung der Restschuldbefreiung hingewiesen hat. ²Dies gilt nicht, wenn die Kosten des Insolvenzverfahrens nach § 4a gestundet wurden.

(2) ¹Vor der Entscheidung ist der Schuldner zu hören. ²Die Versagung unterbleibt, wenn der Schuldner binnen zwei Wochen nach Aufforderung durch das Gericht den fehlenden Betrag einzahlt oder ihm dieser entsprechend § 4a gestundet wird.

(3) § 296 Abs. 3 gilt entsprechend.

Übersicht

	Rdn.		Rdn.
A. Normzweck	1	D. Anhörung des Schuldners (Abs. 2)	15
B. Gesetzliche Systematik	3	E. Verfahrensrechtliches	17
C. Antrag des Treuhänders (Abs. 1)	7		

Literatur:
Siehe § 286.

Kohte Der Sekundäranspruch des Insolvenzverwalters/Treuhänders, Rpfleger 2014, 169.

A. Normzweck

1 Durch § 298 InsO soll erreicht werden, dass die Mindestvergütung des Treuhänders in jedem Fall gedeckt ist, da ihm nicht zugemutet werden kann, über einen längeren Zeitraum ohne Vergütung tätig zu werden (BT-Drucks. 12/2443 S. 193). Diese Mindestvergütung (zur Höhe s. § 293 Rdn. 11 ff.) soll dem Schuldner notfalls aus seinem unpfändbaren Einkommen zugemutet werden können. Durch die **scharfe Sanktionsdrohung** der Versagung der Restschuldbefreiung soll die Zahlung sichergestellt werden.

2 Der Gesetzgeber ging offenbar davon aus, dass die Vorschrift in der Praxis von geringer Bedeutung ist, da die Vergütung im allgemeinen aus den Beträgen gedeckt werden kann, die beim Treuhänder eingehen (BT-Drucks. 12/2443 S. 193), bzw. der Treuhänder bereit ist, das Amt unentgeltlich auszuüben (BT-Drucks. 12/7302 S. 188). Die Einführung der **Kostenstundung** auch für die Treuhändervergütung durch das InsOÄndG 2001 entschärft die Sanktionsdrohung der Versagung der Restschuldbefreiung für mittellose Schuldner, allerdings ist die Versagung nach § 298 InsO in der Praxis der wohl häufigste Fall der Versagung.

B. Gesetzliche Systematik

3 Anders als bei den §§ 295, 297 InsO wird mit der Versagungssanktion nicht ein »unredliches« Verhalten des Schuldners sanktioniert, das ihn unwürdig erscheinen lässt in den Genuss der Restschuldbefreiung zu kommen. Ebenso wenig soll vom Schuldner ein Sonderopfer verlangt werden um das Erreichen der Restschuldbefreiung in sog. Nullfällen zu erschweren. Die harte Sanktionsdrohung soll lediglich den Mindestvergütungsanspruch des Treuhänders sicherstellen.

4 Die Vorschrift ist während des Gesetzgebungsverfahrens unverändert geblieben, war aber sowohl vor als auch nach der Verabschiedung **Gegenstand heftiger Kritik**. Der Bundesrat hatte in seiner Stellungnahme eine Änderung in eine »Kann-Vorschrift« vorgeschlagen und wollte die Sanktion des § 298 InsO nur dann zulassen, wenn der Schuldner die Mindestvergütung »nicht einzahlt oder glaubhaft macht, dass er hierzu nicht in der Lage ist« (BT-Drucks. 12/2443 S. 257 zu § 246). Denn die stringente Regelung sei nicht geeignet, im Einzelfall zu billigen Ergebnissen zu kommen und dem Grundgedanken des § 850f Abs. 1 ZPO gerecht zu werden (BT-Drucks. 12/2443 S. 258). Die Bun-

desregierung hat eine Änderung abgelehnt, ohne auf diese Argumentation einzugehen (BT-Drucks. 12/2443 S. 267 zu Nr. 35).

Auch in der Literatur ist die Regelung heftig kritisiert worden. *Häsemeyer* (Insolvenzrecht, 1998, Rn. 26.42) hielt es für äußerst problematisch, dass die Regelung dazu führen kann, dass ein Schuldner wegen unverschuldeter Arbeitslosigkeit mit einer Versagung der Restschuldbefreiung bestraft wird. *Döbereiner* (Restschuldbefreiung nach der InsO, 1997, S. 213 ff. u. 378) plädierte de lege ferenda für eine Streichung der Vorschrift. *Haarmeyer* (Hdb. zur InsO, Kap. 10 Rn. 80, S. 727) sah durch die Regelung ausgerechnet die **ärmsten Schuldner** gegenüber denjenigen benachteiligt, die sich einen gewissen Vermögensrest bewahren konnten (krit. auch *Hess* InsO, 2. Aufl., § 298 Rn. 5 m. zahlr. weiteren Nachw.). In der Tat erscheint es kaum nachvollziehbar, dass der Staat – der ja durchaus ein Interesse an der Reintegration der Schuldner hat – zunächst nicht unerhebliche Mittel in die Entschuldung des Überschuldeten investiert, um ihn dann, wenn die Restschuldbefreiung greifbar nahe ist, an vergleichsweise geringen Hürden scheitern zu lassen. Insofern erscheint die Praxis einiger Gerichte interessengerecht, bereits zu Beginn des Verfahrens die Kostenstundung für alle Verfahrensabschnitte zu bewilligen. Dies gilt insbesondere deshalb, weil nach neuem Recht ab dem 01.07.2014 keine Sperrfrist für die an § 298 InsO gescheiterten Schuldner vorgesehen ist und diese somit sofort einen neuen Antrag auf Restschuldbefreiung und die Bewilligung der Kostenstundung stellen können (dazu s. Rdn. 13).

In der Vergangenheit war darüber diskutiert worden, inwieweit die überharte Sanktion des § 298 InsO durch die Gewährung von Prozesskostenhilfe oder einen Eintritt der Sozialhilfeträger gemildert werden konnte (s. hierzu die 3. Aufl. Rn. 5–7 m. zahlr. Nachw.).

Durch die **Einführung des Stundungsmodells** und der Möglichkeit des nicht vermögenden Schuldners, auch die Treuhändervergütung bis zur Erteilung der Restschuldbefreiung zu stunden hat sich das Problem entschärft. Es ist allerdings an der Tagesordnung, dass der Schuldner weder in der Lage ist die Stundungsantragstellung mit den entsprechenden Nachweisen zu bewerkstelligen, noch die geforderte Mindestvergütung zu zahlen.

C. Antrag des Treuhänders (Abs. 1)

Das Gericht versagt die Restschuldbefreiung auf Antrag des Treuhänders, wenn die Mindestvergütung für das vorangegangene Jahr nicht gedeckt ist. Die Mindestvergütung beträgt nach § 14 InsVV **100 €** pro Jahr. Ist sie durch die beim Treuhänder eingegangenen Beträge nur teilweise gedeckt, so muss der Schuldner den Fehlbetrag nachschießen. Ein Versagungsantrag ist nur berechtigt, wenn beim Treuhänder **im vergangenen Jahr** weniger als 100 € aufgrund der Abtretung oder aufgrund sonstiger Zahlungen eingegangen sind und die Vergütung für das vergangene Jahr auch nicht durch Zahlungseingänge aus vorherigen Jahren gedeckt ist (vgl. zur Berechnung der Vergütung und zur Verpflichtung des Treuhänders zur Bildung von **Rückstellungen** § 293 Rdn. 17). Versäumt es der Treuhänder über mehrere Jahre, die Mindestvergütung einzufordern, so kann er diese zwar insgesamt vom Schuldner einfordern, der Schuldner kann die Versagung aber durch Zahlung der Mindestvergütung für das **letzte Jahr** abwenden, auch wenn die früheren Rückstände bestehen bleiben. Eine Versagung ist nicht möglich, wenn der Schuldner lediglich einen vom Treuhänder geforderten Vorschuss auf die Vergütung nicht gezahlt hat.

Ob darüber hinaus auch die Auslagen des Treuhänders, die Überwachungsvergütung nach § 292 Abs. 2 InsO und der Motivationsrabatt des Schuldners nach § 292 Abs. 1 Satz 3 InsO gedeckt sind, ist für die Entscheidung nach § 298 InsO ohne Bedeutung.

Das vorangegangene Jahr ist das Geschäftsjahr, dass jeweils mit dem Datum der Aufhebung des Insolvenzverfahrens bzw. **mit der Übernahme des Amtes durch den Treuhänder beginnt** (*Häsemeyer* Insolvenzrecht, 1998, Rn. 26.42; MüKo-InsO/*Ehricke* § 298 Rn. 7; a.A. *Uhlenbruck/Sternal* InsO, § 298 Rn. 3). Der Treuhänder kann seinen Versagungsantrag nicht auf Fehlbeträge stützen, die länger als ein Jahr zurückliegen (zur Berechnung des Fehlbetrages s. § 293 Rdn. 15 ff.). Dies ergibt sich aus dem Wortlaut des Gesetzes und dem Willen des Gesetzgebers, durch die differenziert abgestuf-

§ 298 InsO   Deckung der Mindestvergütung des Treuhänders

ten Regelungen der Versagungs- und Widerrufstatbestände einerseits dem Bedürfnis nach einer angemessenen Gläubigerbefriedigung, andererseits aber auch dem Vertrauen des Schuldners in den erfolgreichen Abschluss des Schuldbefreiungsverfahrens Rechnung zu tragen (s. *Ahrens* § 295 Rdn. 4). Der Treuhänder hat bis zum **Ende des darauf folgenden Geschäftsjahres** die Möglichkeit, den Versagungsantrag zu stellen. Unterlässt er dies, so kann er seinen Versagungsantrag nicht mehr durchsetzen, wenn im Jahr nach dem Ausfall die Mindestvergütung wieder gedeckt war (so auch *Uhlenbruck/Sternal* InsO, § 298 Rn. 12). Insofern besteht weder ein praktisches Bedürfnis, noch eine Regelungslücke für eine Analogie zu § 296.

10   Die Versagung ist ausgeschlossen, wenn dem Schuldner die Kosten des Insolvenzverfahrens gem. § 4a InsO **gestundet** wurden. Der Gesetzgeber bezieht sich hierbei allgemein auf die Kosten des Insolvenzverfahrens und differenziert nicht nach den einzelnen Verfahrensabschnitten. Er ging offensichtlich davon aus, dass die Stundung der Kosten für das Restschuldbefreiungsverfahren bei der Entscheidung über die Kostenstundung für das Insolvenzverfahren **regelmäßig mit getroffen** wird (s. hierzu *Kohte* § 4a Rdn. 6 ff.). Dies ist konsequent, denn die Bewilligung knüpft an die Vermögenslosigkeit des Schuldners an, die ja zu Beginn des Restschuldbefreiungsverfahrens aufgrund der vollständigen Vermögensverwertung im vorausgegangenen Insolvenzverfahren immanent ist. Der Gesetzgeber ging zwar offensichtlich von einer einheitlichen Kostenstundungsentscheidung für das gesamte Verfahren aus (vgl. die Begr. BT-Drucks. 14/5680 S. 29 zu Nr. 18), in der Praxis werden die Kostenstundungen aber häufig nur für die einzelnen Verfahrensabschnitte bewilligt, so dass nach der Aufhebung des Insolvenzverfahrens eine neue Entscheidung über den Stundungsantrag erforderlich ist.

11   Der Treuhänder (und nicht das Insolvenzgericht) muss den Schuldner **schriftlich zur Zahlung aufgefordert** und ihn auf die Möglichkeit der Versagung der Restschuldbefreiung hingewiesen haben. Dies ist ein zwingendes Formerfordernis (*BGH* 22.10.2009 ZInsO 2009, 2310 f.). Hierbei muss er ihm eine Frist von **mindestens zwei Wochen** gesetzt haben, die tatsächliche Bemessung der Länge der Frist liegt in seinem Ermessen (so auch MüKo-InsO/*Ehricke* § 298 Rn. 17). Die verfrühte Aufforderung ist wirkungslos und setzt keine Frist in Gang (*Uhlenbruck/Sternal* InsO, § 298 Rn. 7). Eine Nachholung des Hinweises führt nicht zur Heilung des fehlerhaften Aufforderungsschreibens (*BGH* 22.10.2009 ZInsO 2009, 2310 f.).

12   § 298 InsO verlangt nicht ausdrücklich einen **Hinweis des Treuhänders auf die Möglichkeit des Schuldners zur Stellung eines Stundungsantrages**. Aufgrund der Zielsetzung des InsOÄndG 2001, den vermögenslosen Schuldner vor der harten Sanktion der Versagung nach § 298 InsO zu schützen und seiner Rechtsstellung als doppelseitiger Treuhänder (s. § 292 Rdn. 2) hat er den Schuldner nicht nur auf die Sanktion der Nichtzahlung, sondern auch auf die Stundungsmöglichkeit hinzuweisen (MüKo-InsO/*Ehricke* § 298 Rn. 16; ähnlich *Uhlenbruck/Sternal* InsO, § 298 Rn. 3; zust. A/G/R-*Weinland* § 298 InsO Rn. 19; a.A. HambK-InsO/*Streck* § 298 Rn. 4). Bei schuldhafter Versäumnis dieser Hinweispflicht kann dies einen Schadensersatzanspruch des Schuldners gegen den Treuhänder aus § 280 Abs. 1 BGB auslösen (dazu s. § 292 Rdn. 45 ff.). Werden die Kosten gestundet, so steht dem Treuhänder ein Sekundäranspruch bzgl. der Treuhändervergütung gegen die Staatskasse zu, jedenfalls für den Zeitraum, für den die Kosten gestundet waren (*BGH* 03.12.2009 – IX ZA 36/09, JurionRS 2009, 28266). Der Treuhänder muss aber zunächst versuchen, die Vergütung vom Schuldner bekommen.

13   Fraglich ist, ob der Treuhänder in der Wohlverhaltensperiode auch dann einen Sekundäranspruch gegen die Staatskasse hat, wenn der Antrag auf Kostenstundung in der Wohlverhaltensperiode abgelehnt wird, nachdem der Schuldner die 100 € Mindestvergütung nicht gezahlt hat. Der BGH hatte für die Situation im eröffneten Insolvenzverfahren einen Erstattungsanspruch der Staatskasse angenommen, wenn der Treuhänder dort tätig war und die Kostenstundung nachträglich widerrufen wurde (*BGH* 15.11.2007 ZInsO 2008, 111). Ähnlich hatte das LG Göttingen entschieden, wenn die Kostenstundung in der Wohlverhaltensperiode noch nicht von vornherein bewilligt war und nach dem ersten Jahr der Wohlverhaltensperiode abgelehnt wurde. Es spricht dem Treuhänder einen Sekundäranspruch zumindest für das erste Jahr der Wohlverhaltensperiode zu (*LG Göttingen*

03.12.2009 ZInsO 2011, 397 f.). In seiner Entscheidung vom 07.02.2013 (NZI 2013, 350) hatte der *BGH* über einen Fall zu entscheiden, in dem die Kosten für das erste Jahr der Wohlverhaltensperiode gedeckt waren und die Kostenstundung für das zweite Jahr der Wohlverhaltensperiode abgewiesen wurde. Der **BGH hat in diesem Fall die Gewährung des Sekundäranspruchs für das zweite Jahr der Wohlverhaltensperiode** abgelehnt und den Treuhänder auf seinen Anspruch gegen den Schuldner verwiesen. Begründet wurde dies mit einem fehlenden Vertrauensschutz des Treuhänders der auf eine schnelle Entscheidung über den Stundungsantrag des Schuldners (der schon mit der Eröffnung gestellt wurde) hätte hinwirken können. Diese Entscheidung ist bedenklich und widerspricht verfassungsrechtlichen Prinzipien (vgl. *BVerfG* 30.03.1993 ZIP 1993, 838 [841]). Denn der Treuhänder wird vom Gericht eingesetzt und würde nach der vom BGH vertretenen Auffassung strukturell eine Tätigkeit verrichten müssen, für die er keinen Vergütungsanspruch erhält. Er kann weder den Stundungsantrag stellen, noch evtl. fehlende Unterlagen beibringen. Der Anspruch des Treuhänders gegen den Schuldner, dem gerade die Restschuldbefreiung versagt wurde, dürfte nicht durchsetzbar und wertlos sein (ausf. zur Problematik und zu weiteren Entscheidungen des BGH zum Sekundäranspruch *Kohte* Rpfleger 2014, 169 ff.). Offen gelassen hat der BGH in der Entscheidung, ob ein Vergütungsanspruch für das erste Jahr der Wohlverhaltensperiode besteht (*BGH* 07.02.2013 NZI 2013, 350 Rn. 20).

Es ist dem Treuhänder nicht zuzumuten, das Risiko der Vergütung, die ohnehin äußerst gering bemessen ist, zu tragen. Der Treuhänder hat auch keine Möglichkeit, für seine Tätigkeit einen Kostenvorschuss von dem Schuldner zu verlangen (ähnlich *Pape/Pape* ZInsO 2012, 1 [4]).

Bei der Entscheidung über den Antrag nach § 298 InsO auf Versagung hat das Gericht die allgemein geltenden Grundsätze der **Verhältnismäßigkeit** zu berücksichtigen. Hierbei kann es zwar nicht die harte, aber insoweit eindeutige Sanktionsregelung des Gesetzgebers in Frage stellen, muss aber der Möglichkeit der Stundung großzügig Vorrang einräumen (s. Rdn. 16) 14

D. Anhörung des Schuldners (Abs. 2)

Der Schuldner ist vor der Entscheidung des Gerichts anzuhören. Hierdurch wird vor einer für den Schuldner möglicherweise folgenschweren Entscheidung rechtliches Gehör nach Art. 103 Abs. 1 GG gewährt. Die **Anhörung kann schriftlich oder mündlich** erfolgen (vgl. insoweit die Begr. zur übertragbaren Situation bei § 296 BT-Drucks. 12/7302 S. 188 zu § 346k). Aus Abs. 2 Satz 2 ergibt sich, dass das Gericht ihn nochmals zur Zahlung aufzufordern hat. Erfolgt die Anhörung mündlich im Termin beim Insolvenzgericht, so kann auch die Zahlungsaufforderung mündlich erfolgen und die Frist beginnt mit dem Tag der Anhörung zu laufen. § 298 InsO enthält damit gleich zwei rechtlich unterschiedlich gestaltete Zwei-Wochen-Fristen, die leicht verwechselt werden. Bei einer schriftlichen Anhörung beginnt die Frist mit der Zustellung der Zahlungsaufforderung. Für die Fristberechnung gelten die allgemeinen Regeln (§§ 187 ff. BGB). Die gesetzliche Frist nach Abs. 2 Satz 2 ist keine Notfrist. Eine Wiedereinsetzung in den vorherigen Stand nach § 4 InsO, § 223 ZPO ist daher nicht möglich. Auch eine Verlängerung der Frist durch das Gericht ist nicht möglich (MüKoZPO/*Feiber* § 224 Rn. 4). Nach Ablauf der Frist des § 298 Abs. 2 Satz 2 kann der Schuldner die Versagung nicht mehr durch Zahlung abwenden (*LG Göttingen* 14.03.2011 NZI 2011, 292 f.; s. aber Rdn. 17). 15

Der Schuldner hat auch noch nach der Anhörung durch das Gericht die Möglichkeit, einen Stundungsantrag zu stellen um hierdurch die Versagung abzuwenden. Das Gericht hat ihn aufgrund seiner Fürsorgepflicht im Rahmen der Anhörung auf diese Möglichkeit hinzuweisen (*Uhlenbruck/Sternal* InsO, § 298 Rn. 3). Bei der Fristsetzung von zwei Wochen knüpft das Gericht an die Bewilligung der Stundung und nicht an die Antragstellung an. Geht aber innerhalb der Zwei-Wochen-Frist ein **vollständiger und begründeter Stundungsantrag** ein, so treten gem. § 4a Abs. 3 Satz 1 InsO die Wirkungen der Stundung vorläufig ein, so dass das Insolvenzgericht die Entscheidung über die Versagung erst nach der Rechtskraft der Entscheidung über den Stundungsantrag treffen kann (*Uhlenbruck/Sternal* InsO, § 298 Rn. 27). 16

E. Verfahrensrechtliches

17 Der Treuhänder hat seinem Versagungsantrag die entsprechenden Unterlagen über die Zahlungen und das Aufforderungsschreiben beizufügen (*Uhlenbruck/Sternal* InsO, § 298 Rn. 13). Nach Ansicht des BGH ist es aber nicht erforderlich, dass der Treuhänder seinen Versagungsantrag durch den Nachweis der Zustellung des Aufforderungsschreibens glaubhaft macht (*BGH* 12.01.2010 ZInsO 2010, 492 f.). Der Treuhänder muss den Zugang des Aufforderungsschreibens erst dann nachweisen, wenn dieser im Versagungsverfahren vom Schuldner bestritten wird (*BGH* 12.01.2010 ZInsO 2010, 492 f.).

Er kann den Antrag bis zur gerichtlichen Entscheidung für erledigt erklären (*Uhlenbruck/Sternal* InsO, § 298 Rn. 21). Dies ist insbes. zu erwarten, wenn der Schuldner nach Ablauf der vom Gericht gesetzten Frist die Rückstände gezahlt hat. Die Entscheidung über die Versagung trifft nicht der Richter, sondern der Rechtspfleger. § 18 Abs. 1 Nr. 2 RPflG i.V.m. Art. 14 EGInsO dehnt den Richtervorbehalt nicht auf die Entscheidung nach § 298 InsO aus. Diese Regelung ist angesichts der weit reichenden Entscheidung der Versagung der Restschuldbefreiung bedenklich. Der Richter hat allerdings die Möglichkeit, das Versagungsverfahren nach § 18 Abs. 2 RPflG an sich zu ziehen. Der Beschluss, der die Restschuldbefreiung versagt, ist nach Abs. 3 i.V.m. § 296 Abs. 3 Satz 2 öffentlich bekannt zu machen. Sowohl der Schuldner als auch der Treuhänder können gegen den Beschluss im Wege der sofortigen Beschwerde vorgehen (vgl. hierzu *Ahrens* § 296 Rdn. 88). Wird dem Versagungsantrag stattgegeben, so treten die Wirkungen des § 299 InsO ein (s. *Ahrens* § 299 Rdn. 15). Eine Sperrwirkung nach § 290 Abs. 1 Nr. 3 entsteht durch die Versagung nicht, da dort nur auf die §§ 296, 297 InsO Bezug genommen wird. Der Schuldner ist daher vom Gesetzeswortlaut her nicht gehindert, einen neuen Insolvenzantrag zu stellen (*Uhlenbruck/Sternal* InsO, § 298 Rn. 27).

18 Der BGH hat allerdings durch eine **umstrittene Analogie zu § 290 Abs. 1 Nr. 3 InsO** in anderen Fällen der Verfahrensbeendigung, die im Pflichtenkreis des Schuldners liegt, eine Drei-Jahres-Sperre für einen erneuten Insolvenzantrag angenommen. Nach Auffassung des BGH ist der Schuldner auch nach einer rechtskräftigen Versagung nach § 289 InsO analog § 290 Abs. 1 Nr. 3 InsO drei Jahre lang von einer neuen Antragstellung auf Restschuldbefreiung und die Bewilligung von Kostenstundung ausgeschlossen (*BGH* 07.05.2013 ZInsO 2013, 949 ff.; so zuvor auch *LG Lübeck* 14.03.2011 – 7 T 595/10, m. Anm. *Schmerbach* ZInsO 2011, 1029; a.A. *AG Göttingen* 19.04.2011 ZInsO 2011, 1612 f.; *LG Kiel* 26.08.2012 ZInsO 2011, 494).

19 Für Verfahren, die ab dem 01.07.2014 beantragt werden, hat der Gesetzgeber die Fälle, in denen eine Sperrfrist nach einem gescheiterten Verfahren in Frage kommt gesetzlich geregelt. § 287a InsO sieht danach keine Sperrfrist nach einer Versagung nach § 298 InsO vor, so dass der Schuldner auch dann, wenn die Versagung vor dem 01.07.2014 erfolgte, nach diesem Datum einen Antrag auf Restschuldbefreiung und wohl auch Kostenstundung stellen kann. Mit dieser Entscheidung des Gesetzgebers, die vor dem breit diskutierten Hintergrund der Zulässigkeit von Sperrfristen erfolgte, fehlt es an einer unbewussten Regelungslücke die durch die Rechtsprechung durch eine Analogie geschlossen werden könnte (a.A. *Uhlenbruck/Sternal* InsO, 278b Rn. 37). Es ist daher davon auszugehen, dass die Versagung nach § 298 InsO den Schuldner zukünftig nicht an einer sofortigen neuen Antragstellung hindert. Die Instanzgerichte haben die Situation bislang unterschiedlich eingeschätzt und den erneuten Insolvenzantrag nebst dem Antrag Verfahrenskostenstundung nach einer Versagungsentscheidung nach § 298 InsO für zulässig erachtet (*LG Baden-Baden* 10.12.2015 – 2 T 77/15, InsbürO 2016, 248; *AG Göttingen* 30.04.2014 ZInsO 2014, 1175.) oder aber den Insolvenzantrag für zulässig erachtet, aber den Antrag auf Gewährung von Verfahrenskostenstundung zurückgewiesen (*AG Ludwigshafen* 27.05.2016 ZInsO 2016, 1335 f.).

20 Sowohl der Treuhänder als auch der Schuldner können gegen den Beschluss im Wege der sofortigen Beschwerde (§ 6 InsO, § 567 ff. ZPO) vorgehen (*Uhlenbruck/Sternal* InsO, § 298 Rn. 23). Die Möglichkeit der Rechtsbeschwerde besteht seit dem Wegfall des § 7 InsO nur noch nach Zulassung. Das *AG Düsseldorf* ist der Auffassung, ein Beschluss nach § 298 InsO entfalte keine materielle

Rechtskraft, so dass eine Versagungsentscheidung nach § 298 InsO bei einer späteren Zahlung der Treuhändervergütung jederzeit im Wege der Abhilfe (§ 572 ZPO) aufzuheben sei (krit. dazu *Sternal* NZI 2017, 281 [287]).

§ 299 Vorzeitige Beendigung

Wird die Restschuldbefreiung nach §§ 296, 297, 297a oder 298 versagt, so enden die Abtretungsfrist, das Amt des Treuhänders und die Beschränkung der Rechte der Gläubiger mit der Rechtskraft der Entscheidung.

Übersicht	Rdn.		Rdn.
A. Normzweck	1	I. Versagungstatbestände	7
B. Anwendungsbereich	4	II. Analoge Anwendung	10
C. Vorzeitige Beendigung	7	D. Rechtsfolgen	15

Literatur:
Erdmann Vorzeitige Restschuldbefreiung trotz noch offener Massekosten in den Stundungsfällen, ZInsO 2007, 873; *Winter* Die Verkürzung der Laufzeit eines Insolvenzverfahrens durch vorzeitige Erteilung der Restschuldbefreiung, ZVI 2010, 137; s.a. § 286.

A. Normzweck

§ 299 InsO regelt das **Ende der Rechtsbeschränkungen** bei einem vorzeitig beendeten Restschuldbefreiungsverfahren. Mit dem Übergang in die Treuhandperiode des Restschuldbefreiungsverfahrens treten die Wirkungen der §§ 288 Satz 2, 294 ff. InsO ein. Danach bestimmt das Gericht u.a. einen Treuhänder, auf den die pfändbaren Bezüge des Schuldners für die Dauer der Abtretung übergehen, § 288 Satz 2 InsO. Außerdem entstehen die Obliegenheiten des Schuldners und die Rechtsbeschränkungen für die Gläubiger. Wird die Restschuldbefreiung während des Verfahrens versagt, so müssen diese Anordnungen wieder aufgehoben werden. Die dafür erforderliche Regelung trifft § 299 InsO.

§ 299 InsO normiert die Wirkungen einer nach den §§ 296, 297, 297a oder 298 InsO **versagten Restschuldbefreiung**. Für die Fälle einer **vorzeitig erteilten Restschuldbefreiung** gilt § 300 Abs. 1, 4 Satz 3 InsO. Die in den vor dem 01.07.2014 beantragten Insolvenzverfahren erforderliche analoge Anwendung auf die vorzeitig erteilte Restschuldbefreiung ist damit künftig weder geboten noch zulässig. 2

Dabei ist § 299 InsO auf **drei Wirkungen** beschränkt. Es endet die Laufzeit der Abtretungserklärung, das Amt des Treuhänders und die Beschränkung der Gläubigerrechte. Andere Wirkungen einer versagten Restschuldbefreiung regelt die Vorschrift nicht unmittelbar, ohne sie jedoch auszuschließen. Über ihren positiven Regelungsgehalt als Rechtsfolgenbestimmung für eine versagte Restschuldbefreiung hinaus kann die Norm außerdem auf andere Beendigungsgründe angewendet werden, sofern ein im Einzelfall übertragbarer Rechtsgedanke zu konstatieren ist. Bei den Anwendungsvoraussetzungen wie auch den Rechtsfolgenbestimmungen weist § 299 InsO damit eher exemplarische als definitive Züge aus. 3

B. Anwendungsbereich

Der **zeitliche Anwendungsbereich** von § 299 InsO ist nicht aus einer positiven Bestimmung abzuleiten, sondern allein indirekt durch Gesetzesüberschrift, die Tatbestandsvoraussetzungen und die Rechtsfolgenanordnung zu bestimmen. Die gesetzliche Überschrift spricht von einer vorzeitigen Beendigung, womit das Restschuldbefreiungsverfahren gemeint ist. Etwas unklar bleibt, ob dies auf die regelmäßige sechsjährige oder auch auf die verkürzte Abtretungsfrist bezogen ist. Die tatbestandlichen Voraussetzungen stellen auf die Versagungsgründe der §§ 296, 297, 297a oder 298 InsO ab. Diese werden vielfach während der Treuhandperiode realisiert sein, doch kann die Entscheidung 4 gem. § 300 Abs. 3 InsO auch nach dem Ende der Treuhandperiode ergehen. Als Folge ordnet § 299 InsO ein Ende der Abtretungsfrist, des Amts des Treuhänders und der Rechtsbeschränkungen für die Gläubiger an. Obwohl die Kriterien je einzeln gewisse Unschärfen aufweisen, ergeben sie zusammengesehen ein eindeutiges Bild. Die Versagung muss vor dem Ende der Abtretungsfrist erfolgt sein. Eine entsprechende Anwendung auf eine **Versagung nach § 290 InsO** ist nicht erforderlich (§ 290 Rdn. 293).

5 **Fristbeginn** bildet die Beendigung des Insolvenzverfahrens. Die bislang aus dem Bezug auf die Laufzeit der Abtretungserklärung resultierende terminologische Unschärfe ist durch den begrifflichen Wechsel zur Abtretungsfrist nicht vollständig beseitigt, weil die Abtretungsfrist nach § 287 Abs. 2 Satz 1 InsO mit der Eröffnung des Insolvenzverfahrens beginnt. Systematisch ist der Fristbeginn aber durch die Referenz auf die §§ 296 bis 298 InsO geklärt, die eine Versagung ab der Beendigung des Insolvenzverfahrens ermöglichen.

6 Das **Fristende** muss vor dem Ablauf der Abtretungsfrist liegen, da sonst die Folgenanordnung der Norm überflüssig wäre. Das Ende muss sowohl vor dem regulären Ablauf als auch bei einem Verkürzungsantrag gem. § 300 Abs. 2 Satz 1 InsO vor dem Ablauf der verkürzten Abtretungsfrist eintreten. Offen ist allerdings, ob der Anwendungsbereich durch das Antragsdatum, das Entscheidungsdatum oder den Eintritt der Rechtskraft der Entscheidung bestimmt wird. Allerdings treten die Rechtsfolgen des § 299 InsO erst mit der rechtskräftigen Entscheidung ein. Dies kann jedoch nicht die für den Anwendungsbereich maßgebende Bezugsgröße sein, da mit dem Ausspruch der Entscheidung die Rechtsfolgenbestimmung eindeutig getroffen sein muss, das Insolvenzgericht jedoch beim Ausspruch nicht absehen kann, wann die Entscheidung rechtskräftig wird. Entscheidend ist daher das Entscheidungsdatum.

C. Vorzeitige Beendigung

I. Versagungstatbestände

7 § 299 InsO trifft eine Rechtsfolgenanordnung, falls eine **Restschuldbefreiung versagt** und damit ein Schuldbefreiungsverfahren vorzeitig beendet worden ist. Aus welchen Gründen jedoch ein Restschuldbefreiungsverfahren vorzeitig beendet wird, entscheidet § 299 InsO nicht. Die Vorschrift setzt folglich andere Normen voraus, nach denen das Verfahren vorzeitig zu beenden ist.

8 Ausdrücklich regelt § 299 InsO die verfahrensrechtlichen Konsequenzen einer Versagung der Restschuldbefreiung nach den **§§ 296, 297, 297a und 298 InsO**. Hat das Insolvenzgericht die Restschuldbefreiung nach diesen Vorschriften versagt, bestimmt § 299 InsO die weiteren Folgen. Durch seine Fixierung auf die §§ 296 ff. InsO bestätigt § 299 InsO zugleich diesen numerus clausus der Versagungsgründe.

9 Der **Tod des Schuldners** während der Treuhandzeit führt nicht zu einer vorzeitigen Beendigung des Schuldbefreiungsverfahrens (dazu s. § 286 Rdn. 98 ff.; **a.A.** *Uhlenbruck/Sternal* InsO, § 299 Rn. 11; A/G/R-*Weinland* § 299 InsO a.F. Rn. 6; MüKo-InsO/*Ehricke* § 299 Rn. 16; HK-InsO/*Waltenberger* § 299 Rn. 4; HambK-InsO/*Streck* § 299 Rn. 2; s.a. *BGH* NZI 2005, 399 [400] m. Anm. *Ahrens*). Eine Versagung der Restschuldbefreiung nach den §§ 295, 296 InsO ist systematisch unpassend [**a.A.** *AG Bielefeld* ZVI 2005, 505).

II. Analoge Anwendung

10 Ob in der Treuhandzeit neben den gesetzlich geregelten noch **andere Gründe** existieren, die eine Anwendung von § 299 InsO rechtfertigen, ist aus allgemeinen Prinzipien abzuleiten. Im Gesetzgebungsverfahren wurde allerdings für eine Generalklausel die Dauer der Treuhandzeit und damit jede erweiternde Regelung abgelehnt, die eine Entscheidung über die Versagung in das Ermessen des Insolvenzgerichts stellt (Begr. RegE BR-Drucks. 1/92 S. 190). Gegen oder ohne den Willen des *Schuldners* darf deswegen nach der Beendigung des Insolvenzverfahrens nur in den gesetzlich enumerierten Tatbeständen versagt werden, die insoweit einen abschließenden Charakter besitzen.

Regelungsbedürftig sind insbesondere allgemeine verfahrensrechtliche sowie spezielle haftungsrechtliche Ursachen eines vorzeitig beendeten Verfahrens. Soweit ein entsprechender Wille des Schuldners feststellbar ist, kann die gesetzliche Lücke durch eine entsprechende Anwendung von § 299 InsO geschlossen werden (*BGH* NZI 2005, 399).

Für einen Teil der früher im Rahmen der analogen Anwendung behandelten Fälle existiert inzwischen eine **gesetzliche Regelung**. Dies betrifft insbesondere die vorzeitige Beendigung des Restschuldbefreiungsverfahrens aufgrund fehlender Forderungsanmeldung und wegen Befriedigung der Gläubiger bzw. Teilbefriedigung und Forderungserlass, § 300 Abs. 1 Satz 2 Nr. 1 InsO. Daraus darf nicht der Schluss gezogen werden, für eine analoge Anwendung von § 299 InsO sei künftig kein Raum. Geregelt werden nur einzelne Fälle einer vorzeitigen Restschuldbefreiung. Eine vorzeitige Beendigung des Verfahrens ohne Restschuldbefreiung ist weiterhin möglich. 11

Als insolvenzrechtliches Verfahren (s. *Ahrens* § 286 Rdn. 73) unterliegt die Treuhandzeit prozessualen Regeln. Der Schuldner ist deswegen nach allgemeinen verfahrensrechtlichen Grundsätzen berechtigt, das Schuldbefreiungsverfahren während der Treuhandphase **freiwillig** vorzeitig zu **beenden** (*Gottwald/Ahrens* HdbInsR, § 79 Rn. 1; A/G/R-*Weinland* § 299 InsO a.F. Rn. 5). Dies gilt zunächst für die **Rücknahme** des Antrags auf Erteilung der Restschuldbefreiung, die der Schuldner grds. auch noch im zweiten Abschnitt des Schuldbefreiungsverfahrens erklären darf (*BGH* NZI 2010, 741 Tz. 15; K. Schmidt/*Henning* InsO, § 299 n.F. Rn. 4; LSZ/*Kiesbye* InsO, § 299 Rn. 4; ein Antrag auf Versagung der Restschuldbefreiung und eine – noch nicht rechtskräftige – Versagungsentscheidung führt zur Unzulässigkeit der Rücknahme *BGH* NZI 2017, 75; insgesamt zur Rücknahme des Antrags auf Erteilung der Restschuldbefreiung und dem Widerruf der Abtretungserklärung vgl. § 287 Rdn. 104 ff.). Außerdem kann der Schuldner eine **Erledigungserklärung** abgeben. 12

In beiden Fällen hat das Gericht die **Rechtswirkungen** entsprechend § 299 InsO zu bestimmen (*BGH* NZI 2005, 399 m. Anm. *Ahrens* = ZInsO 2005, 597 m. Anm. *Pape*; *Kübler/Prütting/Bork-Wenzel* InsO, § 299 Rn. 4; *Uhlenbruck/Sternal* InsO, § 299 Rn. 15; MüKo-InsO/*Ehricke* § 299 Rn. 4; *Preuß* Verbraucherinsolvenzverfahren und Restschuldbefreiung, 2. Aufl., Rn. 295). Eine Rückabtretung der Forderungen auf die laufenden Bezüge oder Freigabeerklärung ist nicht erforderlich (*Uhlenbruck/Sternal* InsO, § 299 Rn. 3; **a.A.** *Nerlich/Römermann* InsO, § 299 Rn. 9; MüKo-InsO/*Ehricke* § 299 Rn. 13). Als Konsequenz aus dem prozessualen Verständnis der Abtretungserklärung (s. § 287 Rdn. 132 ff.) endet die Abtretungswirkung mit der gerichtlichen Entscheidung, ohne dass es des materiellrechtlichen Umwegs über eine auflösende Bedingung bedarf (s.a. Rdn. 15 ff.). Auch mit dem Tod des Schuldners soll das Restschuldbefreiungsverfahren enden (*OLG Jena* NZI 2012, 197; ausf. s. § 286 Rn. 55). 13

Das Gericht hat sodann analog § 299 InsO (*BGH* NZI 2005, 399 m. Anm. *Ahrens*; *LG Berlin* Rpfleger 2009, 342) die Wirkungen der vorzeitigen Beendigung durch **Beschluss** auszusprechen, der gegenüber den befriedigten Gläubigern deklaratorisch, sonst konstitutiv wirkt (rein konstitutiv: HK-InsO/*Landfermann* 6. Aufl., § 299 Rn. 4; MüKo-InsO/*Ehricke* § 299 Rn. 6; nur deklaratorisch *Uhlenbruck/Sternal* InsO, § 299 Rn. 15; **a.A.** *Nerlich/Römermann* § 299 Rn. 10). Auf diese Entscheidung ist § 300 InsO einschließlich des Anfechtungsrechts (*LG Berlin* ZInsO 2009, 443 [444]) entsprechend anzuwenden. Die sonstigen Rechtsfolgen ergeben sich analog § 299 InsO sowie aus § 301 InsO. Mit der rechtskräftigen Entscheidung enden die Laufzeit der Abtretungserklärung, das Amt des Treuhänders sowie die Beschränkung der Gläubigerrechte. Zugleich entfaltet die Restschuldbefreiung die Wirkungen aus § 301 InsO. Auch bei einer vorzeitig erteilten Restschuldbefreiung ist § 290 Abs. 1 Nr. 3 InsO entsprechend anwendbar. 14

D. Rechtsfolgen

In **drei Gruppen** regelt § 299 InsO die Rechtsfolgen, zu denen eine im zweiten Verfahrensabschnitt versagte Restschuldbefreiung führt. Die regelmäßigen Wirkungen des § 299 InsO treten mit der **rechtskräftigen Versagung** der Restschuldbefreiung nach den §§ 296, 297, 297a oder 298 InsO 15

§ 299 InsO Vorzeitige Beendigung

ein (*Nerlich/Römermann* InsO, § 299 Rn. 3; *Uhlenbruck/Sternal* InsO, § 299 Rn. 2; MüKo-InsO/ *Ehricke* § 299 Rn. 3; *Graf-Schlicker/Kexel* InsO, § 299 Rn. 2). Wird die Restschuldbefreiung nach Maßgabe der §§ 296 bis 298 InsO versagt, so ergeben sich diese Konsequenzen kraft Gesetzes, also ohne gerichtliche Bestimmung. Einer ausdrücklichen Folgenanordnung bedarf es daher nicht. Dabei sind die normierten Rechtsfolgen auf die besonderen verfahrensrechtlichen Auswirkungen eines vorzeitig beendeten Schuldbefreiungsverfahrens beschränkt. Andere Folgen, und damit auch die generellen Rechtswirkungen einer Verfahrensbeendigung, regelt die Vorschrift nicht. Diese Konsequenzen ergeben sich aus den allgemeinen Vorschriften.

16 Mit der Versagung endet die Laufzeit der Abtretungserklärung. Nach der hier vertretenen prozessualen Theorie der Abtretungserklärung (s. § 287 Rdn. 132 ff.) handelt es sich bei dieser Beendigung um eine konstitutive, die verfahrensrechtliche Überleitung der Forderungen **ex nunc abschließende Anordnung**. Eine materiellrechtliche Konzeption muss die Regelung dagegen als auflösende Bestimmung i.S.d. § 158 Abs. 2 BGB verstehen. Mit dem Ende der Überleitung wird der Schuldner Inhaber der Forderungen und kann erneut auch über die pfändbaren Beträge verfügen (K. Schmidt/*Henning* InsO, § 299 n.F. Rn. 7).

17 Des Weiteren wird das **Amt des Treuhänders** beendet. Seine Verpflichtungen aus § 292 InsO hören damit auf. Insbesondere muss der Treuhänder nicht länger den Schuldner gem. § 292 Abs. 2 InsO überwachen. Tilgungsleistung, die der Treuhänder vor dem Ende der Abtretung erlangt hat, muss er jedoch noch an die Gläubiger sowie nach § 292 Abs. 1 Satz 3 InsO an den Schuldner verteilen (vgl. *Haarmeyer/Wutzke/Förster-Schmerbach* InsO, § 299 Rn. 14; A/G/R-*Weinland* § 299 InsO a.F. Rn. 14). Mit der Beendigung seines Amts muss der Treuhänder gem. § 292 Abs. 3 Satz 1 InsO dem Insolvenzgericht Bericht erstatten und Rechnung legen (MüKo-InsO/*Ehricke* § 299 Rn. 8; K. Schmidt/*Henning* InsO, § 299 n.F. Rn. 8).

18 Außerdem ist er nach dem Gedanken aus § 292 Abs. 1 Satz 1 InsO verpflichtet, den **(Dritt)Schuldner** über das Ende des Forderungsübergangs zu **informieren** (MüKo-InsO/*Ehricke* § 299 Rn. 8; A/G/R-*Weinland* § 299 InsO a.F. Rn. 15; *Graf-Schlicker/Kexel* InsO, § 299 Rn. 4; **a.A.** HambK-InsO/*Streck* § 299 Rn. 6). Ein Wahlrecht aufgrund einer Zustimmungsbefugnis, wie in § 409 Abs. 2 BGB angelegt, besteht für den Treuhänder nicht. Solange dem Drittschuldner die vorzeitige Beendigung der Laufzeit der Abtretung nicht durch den Treuhänder angezeigt ist, kann der Dritte nach dem Rechtsgedanken aus § 409 Abs. 1 Satz 1 BGB mit befreiender Wirkung an den Treuhänder leisten. Eine Mitteilung des Schuldners ersetzt diese Anzeige nicht. Werden noch Leistungen an den Treuhänder erbracht, obwohl die Abtretung erloschen ist, hat er sie an den Schuldner als Forderungsinhaber auszuzahlen. Der Treuhänder ist aber berechtigt, mit der Forderung auf seine Vergütung gegen den Auszahlungsanspruch aufzurechnen (MüKo-InsO/*Ehricke* § 299 Rn. 8). Gelangen etwa im Rahmen eines Versagungsantrags nach § 295 Abs. 1 Nr. 2, 3 Abs. 2 InsO noch Beträge in das Treuhandvermögen, hat sie der Treuhänder nach dem Rechtsgedanken aus § 203 Abs. 2 InsO auch nachträglich zu verteilen. Führt der Treuhänder einen Rechtsstreit über Vermögen, das von der Abtretungserklärung umfasst ist, endet seine Sachlegitimation. Der Rechtsstreit ist für erledigt zu erklären (*LG Nürnberg-Fürth* ZInsO 2013, 1097).

19 Schließlich endet auch die **Beschränkung der Gläubigerrechte** aus § 294 Abs. 1 InsO (s. § 294 Rdn. 37). Das Recht zur Zwangsvollstreckung lebt wieder auf. Die Insolvenzgläubiger dürfen gem. § 201 Abs. 1 InsO ihre nicht befriedigten Forderungen geltend machen, ihr unbeschränktes Nachforderungsrecht lebt wieder auf (Begr. RegE BR-Drucks. 1/92 S. 193; MüKo-InsO/*Ehricke* § 299 Rn. 9; *Uhlenbruck/Sternal* InsO, § 299 Rn. 5; A/G/R-*Weinland* § 299 InsO a.F. Rn. 16). Neben der verfahrensrechtlichen Anordnung trifft § 299 InsO damit auch eine konstitutive haftungsrechtliche Entscheidung, durch die der Schuldner erneut zur vollständigen Erfüllung seiner Verbindlichkeiten herangezogen wird.

20 **Vollstreckungstitel** für die Forderungen der Gläubiger ist die Tabelle, § 201 Abs. 2 Satz 1 InsO. Im Tabellenauszug sind die Quoten abzusetzen, die aufgrund der Verteilungen während des Insolvenz- und Restschuldbefreiungsverfahrens an den Gläubiger ausgeschüttet wurden (HK-InsO/*Depré*

§ 201 Rn. 9). Auf einen früher erwirkten, sich mit der Eintragung in der Tabelle deckenden Titel darf daneben grds. nicht mehr zurückgegriffen werden. Durch den Auszug aus der Tabelle, aus dem gem. § 201 Abs. 2 InsO die Zwangsvollstreckung betrieben werden kann, wird der frühere Titel aufgezehrt (*BGH* NJW 1998, 2364 [2365]; ZInsO 2006, 704 = EWiR 2006, 539 [*Ahrens*]; s.a. *RG* RGZ 112, 297 [300]; MüKo-InsO/*Stephan* § 289 Rn. 51; A/G/R-*Weinland* § 299 InsO a.F. Rn. 16; K. Schmidt/*Henning* InsO, § 299 n.F. Rn. 9; *Fischer* ZInsO 2005, 69; **a.A.** *Gaul* FS Weber, 155 [177 f.]; *Pape* KTS 1992, 185 [188 ff.]; auch *Stein/Jonas/Münzberg* ZPO, 22. Aufl., vor § 704 Rn. 20, die sich für eine Titelwahl aussprechen). Dies gilt auch, wenn der frühere Titel Forderungen aus vorsätzlich begangenen unerlaubten Handlungen bzw. die sonstigen besonderen Schuldgründe nach § 302 Nr. 1 InsO feststellt (*LG Kleve* DGVZ 2013, 38; *Pape* ZVI 2014, 1 [2]). Der ältere Titel über die spezielle Qualifikation der Forderung wird sogar dann aufgezehrt, wenn in der Tabelle die Forderung ohne den besonderen Schuldgrund festgestellt wurde, weil nach § 302 Nr. 1 InsO nur solche Forderungen von der Restschuldbefreiung ausgenommen sind, die unter Angabe des qualifizierten Forderungsgrundes angemeldet wurden, doch bleibt die Forderung identisch (*Schmerbach* VIA 2016, 4 [6]; **a.A.** *OLG München* BeckRS 2015, 18558).

Soweit der Schuldner der Feststellung zur Tabelle widersprochen hat und der **Widerspruch** noch 21 nicht beseitigt ist, kann nicht aus dem Tabellenauszug die Zwangsvollstreckung betrieben werden, §§ 201 Abs. 2 Satz 1 und 2 InsO. Deswegen darf der Gläubiger weiter auf den vorab erwirkten Titel vollstrecken (*BGH* NJW 1998, 2364 [2365]; ZInsO 2006, 704 = EWiR 2006, 539 [*Ahrens*]). Zur privilegierten Vollstreckung aus einem Vollstreckungsbescheid s. § 302 Rdn. 49. Für die Vollstreckungsmaßnahmen gilt wieder der Prioritätsgrundsatz, so dass es zu einem Wettlauf um den besten Rang kommen wird (s. § 294 Rdn. 39). Zu den Rechtsbehelfen gegenüber einer unzulässigerweise verfrüht eingeleiteten Vollstreckungsmaßnahme vgl. § 294 Rdn. 47 ff.

Pfändungen, Sicherungsabtretungen und Verpfändungen, die bereits vor der Eröffnung des Insol- 22 venzverfahrens vorgenommen wurden, sind nach § 294 Abs. 2 InsO nichtig. Auch im Fall einer nach den §§ 296 bis 298 InsO versagten Restschuldbefreiung lebt zwar das Absonderungsrecht wegen der Nichtigkeitswirkung nicht wieder auf. Das persönliche Forderungsrecht bleibt aber bestehen.

Als allgemeine, nicht durch § 299 InsO geregelte Folge, endet zunächst die **Rechtshängigkeit** 23 (K. Schmidt/*Henning* InsO, § 299 n.F. Rn. 6). Von der Versagung an, sind die Fristen des § 287a Abs. 2 Satz 1 InsO zu berechnen.

Außerdem muss das Insolvenzgericht eine **Kostenentscheidung** treffen. Wegen der zusätzlichen Be- 24 lastung des Gerichts durch Gläubigeranträge auf Versagung der Restschuldbefreiung wird für die Anträge nach den §§ 296 und 297 InsO eine Gebühr in Rechnung gestellt (Begr. zum RegE EGInsO, BT-Drucks. 12/3803 S. 72). Für den Antrag des Treuhänders nach § 298 InsO entsteht diese Gebühr mangels einer gesetzlichen Regelung nicht. Die Gebühr für die Versagungsanträge gem. §§ 296, 297 InsO beträgt EUR 30,–, KV Nr. 2350, im Beschwerdeverfahren EUR 50,– gem. KV 2360. Kostenschuldner ist der antragstellende Insolvenzgläubiger, § 23 Abs. 2 GKG, s.a. § 29 Nr. 1 GKG. Wird in den Versagungsverfahren der §§ 296, 297 InsO nach Beendigung des Insolvenzverfahrens ein Rechtsanwalt tätig, erhält er die Hälfte der vollen Gebühr, Nr. 3321 VV RVG. Mehrere gleichzeitig anhängige Anträge gelten als eine Angelegenheit. Die Gebühr entsteht auch, wenn der Antrag auf Versagung bereits vor Aufhebung des Insolvenzverfahrens gestellt wird, d.h. auch im Versagungsverfahren gem. § 290 InsO. Im Beschwerdeverfahren entsteht eine halbe Gebühr, Nr. 3500 und 3513 VV RVG. Der Gegenstandswert der Gebühr ist gem. den §§ 28 Abs. 3, 23 Abs. 3 Satz 2 RVG nach billigem Ermessen aufgrund des wirtschaftlichen Interesses des Gläubigers zu bestimmen. Bei Anträgen gem. den §§ 295 f. InsO bestimmt das *LG Bochum* (ZInsO 2001, 564 [566]) nach der Hälfte des Werts der zur Tabelle angemeldeten Forderungen.

§ 300 Entscheidung über die Restschuldbefreiung

(1) ¹Das Insolvenzgericht entscheidet nach Anhörung der Insolvenzgläubiger, des Insolvenzverwalters oder Treuhänders und des Schuldners durch Beschluss über die Erteilung der Restschuldbefreiung, wenn die Abtretungsfrist ohne vorzeitige Beendigung verstrichen ist. ²Hat der Schuldner die Kosten des Verfahrens berichtigt, entscheidet das Gericht auf seinen Antrag, wenn
1. im Verfahren kein Insolvenzgläubiger eine Forderung angemeldet hat oder wenn die Forderungen der Insolvenzgläubiger befriedigt sind und der Schuldner die sonstigen Masseverbindlichkeiten berichtigt hat,
2. drei Jahre der Abtretungsfrist verstrichen sind und dem Insolvenzverwalter oder Treuhänder innerhalb dieses Zeitraums ein Betrag zugeflossen ist, der eine Befriedigung der Forderungen der Insolvenzgläubiger in Höhe von mindestens 35 Prozent ermöglicht, oder
3. fünf Jahre der Abtretungsfrist verstrichen sind.

³Satz 1 gilt entsprechend. ⁴Eine Forderung wird bei der Ermittlung des Prozentsatzes nach Satz 2 Nummer 2 berücksichtigt, wenn sie in das Schlussverzeichnis aufgenommen wurde. ⁵Fehlt ein Schlussverzeichnis, so wird eine Forderung berücksichtigt, die als festgestellt gilt oder deren Gläubiger entsprechend § 189 Absatz 1 Feststellungsklage erhoben oder das Verfahren in dem früher anhängigen Rechtsstreit aufgenommen hat.

(2) ¹In den Fällen von Absatz 1 Satz 2 Nummer 2 ist der Antrag nur zulässig, wenn Angaben gemacht werden über die Herkunft der Mittel, die an den Treuhänder geflossen sind und die über die Beträge hinausgehen, die von der Abtretungserklärung erfasst sind. ²Der Schuldner hat zu erklären, dass die Angaben nach Satz 1 richtig und vollständig sind. ³Das Vorliegen der Voraussetzungen von Absatz 1 Satz 2 Nummer 1 bis 3 ist vom Schuldner glaubhaft zu machen.

(3) Das Insolvenzgericht versagt die Restschuldbefreiung auf Antrag eines Insolvenzgläubigers, wenn die Voraussetzungen des § 290 Absatz 1, des § 296 Absatz 1 oder Absatz 2 Satz 3, des § 297 oder des § 297a vorliegen, oder auf Antrag des Treuhänders, wenn die Voraussetzungen des § 298 vorliegen.

(4) ¹Der Beschluss ist öffentlich bekanntzumachen. ²Gegen den Beschluss steht dem Schuldner und jedem Insolvenzgläubiger, der bei der Anhörung nach Absatz 1 die Versagung der Restschuldbefreiung beantragt oder der das Nichtvorliegen der Voraussetzungen einer vorzeitigen Restschuldbefreiung nach Absatz 1 Satz 2 geltend gemacht hat, die sofortige Beschwerde zu. ³Wird Restschuldbefreiung nach Absatz 1 Satz 2 erteilt, gelten die §§ 299 und 300a entsprechend.

Übersicht

		Rdn.
A.	Normzweck	1
B.	Gesetzliche Systematik	4
C.	**Vorzeitige Erteilung der Restschuldbefreiung**	7
I.	Grundlagen	7
II.	Sofortige Erteilung, § 300 Abs. 1 Satz 2 Nr. 1 InsO	8
1.	Keine Forderungsanmeldung, § 300 Abs. 1 Satz 2 Nr. 1 Alt. 1 InsO	8
	a) Mit Kostenberichtigung (echte sofortige Restschuldbefreiung in Verfahren ohne Forderungsanmeldung)	8
	b) Ohne Berichtigung der gestundeten Kosten (unechte sofortige Restschuldbefreiung in Verfahren ohne Forderungsanmeldung)	11
2.	Vollständige Forderungsberichtigung, § 300 Abs. 1 Satz 2 Nr. 1 Alt. 2 InsO	19
III.	Verkürzung auf drei Jahre, § 300 Abs. 1 Satz 2 Nr. 2 InsO	23
1.	35 % Mindestquote	23
2.	Verfahrenskosten und sonstige Masseverbindlichkeiten	27
3.	Bestimmung der Befriedigungsleistungen	31
4.	Sogenannter Herkunftsnachweis, § 300 Abs. 2 Satz 1, 2 InsO	36
IV.	Verkürzung auf fünf Jahre, § 300 Abs. 1 Satz 2 Nr. 3 InsO	39
D.	**Verfahren zur Erteilung der Restschuldbefreiung**	40
I.	Nach Ende der sechsjährigen Abtretungsfrist	40
1.	Fristablauf	40
2.	Weiteres Verfahren	42

	Rdn.			Rdn.
II.	Vorzeitig erteilte Restschuldbefreiung . . 45	I.	Versagung der Restschuldbefreiung . . .	59
	1. Antrag 45	II.	Erteilung der Restschuldbefreiung . . .	69
	a) Antragstellung 45	III.	Rechtsmittel	73
	b) Sonstige Sachentscheidungsvor-	IV.	Bekanntmachung	77
	aussetzungen 49	V.	Kosten	78
	2. Glaubhaftmachung 54	F.	Überlange Insolvenzverfahren	80
	3. Anhörung 58	G.	Beendigung des Insolvenzverfahrens	
E.	Entscheidung über die Restschuld-		ohne Restschuldbefreiung	83
	befreiung 59			

Literatur:
Ahrens Asymmetrische Verfahren, in Festschrift für Görg, 2010, S. 1; *ders.* Die Dauer des Restschuldbefreiungsverfahrens, NJW-Spezial 2015, 341; *ders.* Keine sofortige Restschuldbefreiung ohne Kostenberichtigung, NJW 2017, 21; *Blankenburg* Amtswegige vorzeitige Restschuldbefreiung bei Verfahrenskostenstundung, ZVI 2015, 412; *Blankenburg/Godzierz* Die vorzeitige Restschuldbefreiung gem. § 300 Abs. 1 Satz 2 InsO im laufenden Verfahren, ZInsO 2014, 1360; *Frind* Die vorzeitige Restschuldbefreiung mit Mindest-Quotenzahlung. Insolvenzgerichtliche Praxishinweise zu der ab dem 1.7.2017 möglichen Quotenlösung, ZInsO 2017, 814; *Harder* Der schnelle Weg zur Restschuldbefreiung, VIA 2014, 277; *Henning* Die Verkürzung des Restschuldbefreiungsverfahrens gem. § 300 InsO n.F. – aus Schuldnersicht, ZVI 2014, 219; *ders.* Die praktische Umsetzung der vorzeitigen Erteilung der Restschuldbefreiung, InsbürO 2015, 280; *Jäger* Die Verkürzung des Restschuldbefreiungsverfahrens gem. § 300 InsO n.F. – aus Gläubigersicht, ZVI 2014, 223; *Kluth* Die Verkürzung der Wohlverhaltensphase auf drei Jahre nach § 300 I 2 Nr. 2 InsO n.F., NZI 2014, 801; *Laroche* Vorzeitige Erteilung der Restschuldbefreiung trotz Stundung oder Verzicht auf Treuhänderbestellung – gangbare Wege zur Kostenreduktion in masse- und gläubigerlosen Insolvenzverfahren?! Zugleich Anmerkung zu AG Aurich, Beschl. v. 20.11.2015 – 9 IK 395/14, ZInsO 2016, 124, ZInsO 2016, 144; *Lissner* Der Ablauf der Laufzeit der Abtretungserklärung und die Restschuldbefreiung – ein praktischer Fall, Rpfleger 2013, 375; *Meyer* Vorzeitige Restschuldbefreiungserteilung nach 3 Jahren: Wer achtet auf die Erfüllung der Voraussetzungen?, InsbürO 2016, 278; *Möhlen* Trügerischer Anreiz 35 % – die Kostenhürde auf dem Weg zur vorzeitigen Restschuldbefreiung nach 3 Jahren gem. § 300 Abs. 1 Satz 2 Nr. 1 InsO, ZInsO 2015, 1603; *Praß* Reform 2014: Der Herkunftsnachweis nach § 300 Abs. 2 Satz 1 InsO, ZVI 2014, 170; *Reck* Treuhänderlose Wohlverhaltensperiode, ZVI 2017, 296; *Waltenberger* Die vorzeitige Restschuldbefreiung und Problemfälle zum »neuen« § 300 InsO, ZInsO 2014, 808; *Weiland* Sofortige Restschuldbefreiung trotz Kostenstundung: Fiktion oder Realität?, VIA 2016, 41; s.a. § 286.

A. Normzweck

Nach dem **Ablauf der** regelmäßigen **Abtretungsfrist** gem. § 287 Abs. 2 InsO oder der **verkürzten** **Abtretungsfrist** muss das Insolvenzgericht über die Erteilung der Restschuldbefreiung entscheiden. Die Entscheidung über die Restschuldbefreiung ist auch in den **asymmetrischen Verfahren** gem. § 300a InsO erforderlich (HK-InsO/*Waltenberger* § 300 Rn. 3). Im Interesse der Rechtssicherheit erlangt der Schuldner die Restschuldbefreiung nicht allein mit der Beendigung der Laufzeit der Abtretungserklärung (HK-InsO/*Waltenberger* 7. Aufl., § 300 a.F. Rn. 1; Uhlenbruck/*Sternal* InsO, § 300 Rn. 1). Bevor das Gericht die Restschuldbefreiung erteilt, hat es die Beteiligten nochmals anzuhören und ihnen Gelegenheit zur Stellungnahme zu geben. Zum letzten Mal können jetzt die Gläubiger und der Treuhänder eine Versagung der Restschuldbefreiung nach den §§ 296, 297 oder 298 InsO beantragen. Wird kein zulässiger sowie begründeter Versagungsantrag gestellt, so ist dem Schuldner die Restschuldbefreiung zu erteilen. Bei dieser Entscheidung besitzt das Gericht keinen Ermessensspielraum (ebenso *Heyer* ZVI 2017, 45 [47]). Sobald die gesetzlichen Voraussetzungen erfüllt sind, muss es die Restschuldbefreiung durch einen rechtsgestaltenden Beschluss aussprechen. 1

In den ab dem 01.07.2014 beantragten Insolvenzverfahren erhält der Schuldner die Möglichkeit, eine **vorzeitige Restschuldbefreiung** zu erlangen. Wie schnell die Restschuldbefreiung erteilt werden kann, hängt davon ab, in welchem Umfang der Schuldner die Verbindlichkeiten berichtigt hat. Hat er allein die Verfahrenskosten befriedigt, kann er die Restschuldbefreiung gem. § 300 Abs. 1 Satz 2 Nr. 3 InsO nach fünf Jahren erreichen. Sind neben den Verfahrenskosten die sonstigen Masseverbindlichkeiten und grds. 35 % der angemeldeten Forderungen berichtigt, ist eine Restschuldbefreiung nach drei Jahren möglich, § 300 Abs. 1 Satz 2 Nr. 2 InsO. Sind die Verfahrenskosten und die 2 sonstigen Masseverbindlichkeiten sowie sämtliche Insolvenzforderungen berichtigt oder wurden keine Insolvenzforderungen angemeldet, kann nach § 300 Abs. 1 Satz 2 Nr. 3 InsO die Restschuldbefreiung sofort erteilt werden.

3   Gerade die **Verkürzung der Abtretungsfrist auf drei Jahre** besitzt für das Gesetzgebungsverfahren eine hohe symbolische Bedeutung, wie auch im Namen als Gesetz zur Verkürzung des Restschuldbefreiungsverfahrens und zur Stärkung der Gläubigerrechte zum Ausdruck kommt. Dem Schuldner soll ein Anreiz geboten werden, sich auch unter Einsatz überobligatorischer Anstrengungen um eine Befriedigung seiner Gläubiger zu bemühen (BT-Drucks. 17/11268 S. 14). Letztlich fallen die konkreten Maßnahmen zu zaghaft aus, um eine effektive Verkürzung bewirken zu können. Insbesondere die vom Rechtsausschuss des Deutschen Bundestags von 25 % auf 35 % erhöhte **Mindestquote** (BT-Drucks. 17/13535 S. 1, 11 f.) bildet eine kaum zu überwindende Hürde. Nach einer früheren Aussage des Bundesministeriums der Justiz ist eine Mindestbefriedigungsquote von 35 % angesichts der gegenwärtigen Schuldnerleistungen in Restschuldbefreiungsverfahren völlig unrealistisch (Zwischenbericht zu einer Reform der Verbraucherentschuldung, 14.03.2005, S. 9). Dies gilt umso mehr, wenn noch die Verfahrenskosten und die sonstigen Masseverbindlichkeiten hinzugerechnet werden (*Ahrens* NZI 2011, 425 [429]; *Stephan* ZVI 2012, 85 [86]; *Laroche/Pruskowski/Schöttler/Siebert/Vallender* ZIP 2012, 558 [561]; *Beck* ZVI 2012, 223 [224 f.]; *Deutscher Richterbund* Stellungnahme, ZInsO 13/2012, III [IV]; *Pape/Grote* AnwBl. 2012, 507; *Kranzusch* ZInsO 2012, 2169 [2175 ff.]; *Frind* BB 2013, 1674 [1676]; *Kohte* VuR 2013, 321; *Hergenröder/Hohmann* ZVI 2013, 91 [94 f.]; *Ernst* JurBüro 2013, 401; *Ritter* ZVI 2013, 135 f.; *Baczako* ZVI 2013, 209 [213]; *Henning* ZVI 2014, 219 [221]; außerdem K. Schmidt/*Henning* InsO, § 300 n.F. Rn. 2).

B. Gesetzliche Systematik

4   Um die Restschuldbefreiung zu erreichen, muss der Schuldner ein **zweistufiges Schuldbefreiungsverfahren** absolvieren (s. § 286 Rdn. 56 f.). Am Ende des ersten Abschnitts mit dem Zulassungs- bzw. Vorverfahren muss das Insolvenzgericht in den bis zum 30.06.2014 beantragten Insolvenzverfahren darüber entscheiden, ob die gesetzliche Schuldbefreiung zu versagen oder ob sie anzukündigen ist. In den ab dem 01.07.2014 beantragten Verfahren wird die Restschuldbefreiung nicht mehr angekündigt. Ist die Restschuldbefreiung nicht nach § 290 InsO versagt, geht das Verfahren in den zweiten Abschnitt über. Dann muss das Gericht gem. § 300 InsO nach dem **Ende des zweiten Verfahrensabschnitts** nochmals darüber entscheiden, ob die Schuldbefreiung zu versagen ist oder ob die Restschuldbefreiung erteilt wird. Nachdem die Laufzeit der Abtretungserklärung und damit die Treuhandperiode verstrichen ist, schafft also § 300 InsO eine § 289 InsO entsprechende Entscheidungsregel, die den zweiten Teil des Schuldbefreiungsverfahrens abschließt.

5   **Acht Wege zur Schuldbefreiung** stehen dem Schuldner offen (*Ahrens* Das neue Privatinsolvenzrecht, Rn. 998 ff.; *ders.* NJW 2014, 1841 [1843 f.]; s.a. *Henning* ZVI 2014, 7 [13]). Mit vier konsensbezogenen und vier einseitigen Möglichkeiten, von den nicht befriedigten Verbindlichkeiten befreit zu werden, existiert ein dichtes Regelungsnetz. Die konsensorientierten Optionen umfassen die außergerichtliche Einigung, den gerichtlichen Schuldenbereinigungsplan nach den §§ 306–309 InsO, den Insolvenzplan nach den §§ 217 ff. InsO sowie die Einstellung des Insolvenzverfahrens gem. oder analog § 213 Abs. 1 Satz 1 InsO (*BGH* NZI 2011, 947 Tz. 6; *Waltenberger* ZInsO 2014, 808 [809]). Die vier einseitigen Gestaltungen bilden sofortige Restschuldbefreiung sowie die Restschuldbefreiung nach drei, fünf bzw. sechs Jahren, § 287 Abs. 1 InsO. In allen vier Fällen ist unerheblich, ob das Insolvenzverfahren bereits beendet ist. Der Schuldner sollte deswegen sorgfältig abwägen, welchen Weg er einschlagen will, um die je günstigste Gestaltung zu finden. Ein allgemeines Unterscheidungsmerkmal zwischen beiden Rechtsblöcken begründet die Sperrfristregelung des § 287a Abs. 1 Satz 1 Nr. 1 Alt. 1 InsO. Während die vier Alternativen einer einseitigen Restschuldbefreiung aus § 300 Abs. 1 Satz 1, 2 InsO zu einer Sperrfrist führen, trifft dies auf die konsensdeterminierten Schuldbefreiungen nicht zu.

6   Erteilt das Gericht die Restschuldbefreiung, so wird der Schuldner in dem Umfang von seinen nicht erfüllten Verbindlichkeiten befreit, den die §§ 286, 301, 302 InsO bestimmen. Zugleich sind damit

die Versagungsgründe aus den §§ 296 bis 298 InsO präkludiert. Ist also das Restschuldbefreiungsverfahren von dem Schuldner erfolgreich beendet worden, können die Gläubiger nur noch binnen Jahresfrist unter den engen Voraussetzungen von § 303 InsO einen Widerruf der Restschuldbefreiung beantragen.

C. Vorzeitige Erteilung der Restschuldbefreiung

I. Grundlagen

Wie §§ 286, 287 Abs. 2 InsO für die Restschuldbefreiung nach Ablauf der sechsjährigen Abtretungsfrist (s. § 286 Rdn. 7; MüKo-InsO/*Stephan* § 286 Rn. 1; A/G/R-*Fischer* § 286 InsO Rn. 1, Rechtsanspruch), eröffnet auch § 300 Abs. 1 Satz 2 InsO in den kürzeren Fristen ein **subjektives Recht des Schuldners auf eine vorzeitig erteilte Restschuldbefreiung**. Dieser Rechtsposition muss auch die verfahrensrechtliche Ausgestaltung Rechnung tragen. Es muss ein wirkungsvoller Rechtsschutz eröffnet sein, bei dem das Verfahrensrecht den Zugang zum Gericht nicht in unzumutbarer, aus Sachgründen nicht mehr zu rechtfertigender Weise erschweren darf (*BGH* BGHZ 140, 208 [217]). Bei der Auslegung der Verfahrensvorschriften ist darauf zu achten, dass die Chancen des Schuldners auf die vorzeitige Restschuldbefreiung durch die verfahrensrechtlichen Anforderungen nicht unzumutbar erschwert werden. 7

II. Sofortige Erteilung, § 300 Abs. 1 Satz 2 Nr. 1 InsO

1. Keine Forderungsanmeldung, § 300 Abs. 1 Satz 2 Nr. 1 Alt. 1 InsO

a) Mit Kostenberichtigung (echte sofortige Restschuldbefreiung in Verfahren ohne Forderungsanmeldung)

In **zwei Regelungsalternativen** ermöglicht § 300 Abs. 1 Satz 2 Nr. 1 InsO die an keine Frist gebundene antragsabhängige sofortige Erteilung der Restschuldbefreiung (anders *Reinfelder* NZA 2014, 633 [634], der eine dreijährige Frist verlangt). Die seit Langem so gehandhabte Rechtsanwendung (*BGH* NZI 2005, 399 m. Anm. *Ahrens*; BeckRS 2007, 18754) ist damit jetzt kodifiziert. Beide Tatbestandsvarianten sind jeweils nochmal zu untergliedern. Bei der ersten Alternative ist wegen der zu berichtigenden Kosten und der sonstigen Masseverbindlichkeiten zu differenzieren. In den Fallgestaltungen einer **echten sofortigen Restschuldbefreiung** in Insolvenzverfahren ohne Forderungsanmeldung sind die Kosten und Masseverbindlichkeiten durch die Masse gedeckt. Bei der **unechten sofortigen Restschuldbefreiung** in Verfahren ohne Forderungsanmeldung fehlt es gerade an einer Kostendeckung. In der zweiten Regelungsalternative ist die vollständige Gläubigerbefriedigung gesetzlich geregelt, der die Teilbefriedigung mit Erlass der restlichen Verbindlichkeiten gleichgestellt wird. 8

Haben die Insolvenzgläubiger in der Anmeldefrist **keine Forderungen angemeldet** (*Blankenburg/Godzierz* ZInsO 2014, 1360 [1364]) und sind die Kosten sowie sonstigen Masseverbindlichkeiten berichtigt, kann das Insolvenzverfahren beendet und die Restschuldbefreiung erteilt werden, § 300 Abs. 1 Satz 2 Nr. 1 Alt. 1 InsO. Die Masseverbindlichkeiten müssen durch den Insolvenzverwalter berichtigt sein, § 80 InsO, nicht, wie gesetzlich formuliert, durch den Schuldner (MüKo-InsO/*Stephan* § 300 (neu) Rn. 23; A/G/R-*Weinland* § 300 n.F. Rn. 4; *I. Pape* NZI 8/2015, VI). Bei einer Stundung sind die Kosten nicht berichtigt (*Blankenburg* ZVI 2015, 412; *Weiland* VIA 2016, 41 [42]; **a.A.** *AG Göttingen* NZI 2015, 772). 9

Frühester **Zeitpunkt** für die Erteilung der Restschuldbefreiung ist ein Datum nach Ablauf der Anmeldefrist gem. § 28 Abs. 1 Satz 1 InsO, weil erst danach feststeht, ob Forderungen angemeldet sind (*Ahrens* Das neue Privatinsolvenzrecht, Rn. 1015; ebenso *Kübler/Prütting/Bork-Wenzel* InsO, § 300 Rn. 18; *Uhlenbruck/Sternal* InsO, § 300 Rn. 11; **a.A.** MüKo-InsO/*Stephan* § 300 (neu) Rn. 24). Ggf. ist der Schuldner auf sein Antragsrecht hinzuweisen, § 4 InsO i.V.m. § 139 Abs. 1 Satz 2 ZPO. Abschließend muss das Insolvenzgericht einen Schlusstermin oder eine Schlussanhörung anordnen (*BGH* NZI 2005, 399 [401] m. Anm. *Ahrens*; BeckRS 2007, 18754 Rn. 5; HK- 10

InsO/*Waltenberger* § 300 Rn. 14; **a.A.** BeckOK-InsO/*Riedel* § 300 InsO Rn. 1.1). Dies folgt nicht nur aus dem Gesetzeswortlaut und dem Grundsatz des rechtlichen Gehörs, sondern auch aus der weiterhin möglichen Nachmeldung von Forderungen.

b) Ohne Berichtigung der gestundeten Kosten (unechte sofortige Restschuldbefreiung in Verfahren ohne Forderungsanmeldung)

11 Zu einer der umstrittensten Fragen des neuen Privatinsolvenzrechts gehörte zwischenzeitlich, ob in den Verfahren **ohne Forderungsanmeldung**, aber mit Kostenstundung, eine **sofortige Restschuldbefreiung ohne Kostenberichtigung** zulässig ist. Mit Blick auf den Normtext und die Gesetzgebungsgeschichte wurde dies vielfach verneint (*LG Essen* ZInsO 2016, 655 [656]; *AG Norderstedt* ZInsO 2015, 2345; MüKo-InsO/*Stephan* § 300 (neu) Rn. 23; A/G/R-*Weinland* § 300 n.F. Rn. 4; HK-InsO/*Waltenberger* § 300 Rn. 17; *Laroche* ZInsO 2016, 144; *Blankenburg/Godzierz* ZInsO 2014, 1360 [1361 f.]; *Möhlen* ZInsO 2015, 1603; *Sternal* NZI 2016, 281 [286]; *Schlamann* InsbürO 2016, 268 [270]). Eine wohl noch breiter vertretene Ansicht hat eine sofortige Restschuldbefreiung auch ohne Berichtigung der gestundeten Kosten zugelassen, weil keine Interessen von Insolvenzgläubigern beeinträchtigt werden (*AG Essen* VuR 2015, 435; *AG Göttingen* NZI 2015, 772 = VuR 2015, 436 m. Anm. *Kohte*; *AG Göttingen* NZI 2016, 141; *AG Aurich* ZInsO 2016, 124 = VIA 2016, 15 m. Anm. *Schmerbach*; s.a. *Kohte* § 4b Rdn. 9; K. Schmidt/*Henning* InsO, § 300 n.F. Rn. 11; *Kohte* VuR 2015, 437 f.; *Weiland* VIA 2016, 41 [43]; *Buchholz* VIA 2015, 71; *Pape* NZI 8/2015, VI; *Pape/Pape* ZInsO 2016, 293 [297]; *Ahrens* NJW-Spezial 2015, 341 [343]; *Reck/Köster/Wathling* ZVI 2016, 1 [7]). Den Interessen der Justizkassen als Kostengläubigern kann danach durch eine sofortige Restschuldbefreiung besser gedient werden, weil keine weiteren Treuhänderkosten von EUR 119,– jährlich, für die gesamte Dauer der Treuhandperiode bis zu EUR 714,–, an zusätzlichen Belastungen entstehen.

12 Mit Beschluss vom 22.09.2016 hat der *BGH* diese Frage höchstrichterlich entschieden (*BGH* NJW 2017, 75 = NZI 2016, 1006 m. Anm. *Schmerbach* = ZInsO 2016, 2357 m. Anm. *Laroche*; Kübler/Prütting/Bork-*Wenzel* InsO, § 300 Rn. 21a; *Frind* Praxishandbuch Privatinsolvenz, Rn. 835a; s.a. *Ahrens* NJW 2017, 21). Nach dieser Entscheidung darf **keine vorzeitige Restschuldbefreiung ohne Kostenberichtigung** erfolgen. Allerdings hat der Senat beinahe ausschließlich auf den Wortlaut der Norm und die Gesetzgebungsgeschichte abgestellt, ohne sich eingehender mit der Teleologie zu beschäftigen, einen Hinweis auf die Anreizfunktion ausgenommen (krit. *Ahrens* NJW 2017, 21 [22]; BeckOK-InsO/*Riedel* § 300 Rn. 4a). Wegen der nicht allgemein überzeugenden Begründung und den ungelösten praktischen Problemen schließen sich nicht alle Insolvenzgerichte dieser Rechtsprechung an. Da die BGH-Entscheidung nur im Einzelfall bindet, erteilen manche Insolvenzgerichte weiterhin in den betreffenden Verfahren die sofortige Restschuldbefreiung ohne Kostenberichtigung (*AG Aurich* NZI 2017, 38; *AG Göttingen* NZI 2017, 531). Hiergegen steht weder den Insolvenzgläubigern noch der Justizkasse ein Rechtsmittel zu.

13 Wird mit dem BGH eine sofortige Restschuldbefreiung abgelehnt, ist das Insolvenzverfahren weiterzuführen. Offen ist dabei, inwieweit eine **Verwertung der Masse** zu erfolgen hat. Eine direkte oder entsprechende Anwendung von § 300a InsO erscheint ausgeschlossen (s. § 300a Rdn. 5). Eine Realisierung von Neuerwerb wird deswegen nicht durch diese Vorschrift begrenzt. Nach der Ansicht des BGH kann die Kostenforderung nicht nur während der vierjährigen Nachhaftungsperiode im Anschluss an die Erteilung der Restschuldbefreiung geltend gemacht werden. Diese Konsequenz beruht auf der Überlegung, dass die Massegläubiger durch die fehlenden Insolvenzgläubiger bei der Realisierung ihrer Verbindlichkeiten nicht schlechter gestellt werden sollen.

14 In der Konsequenz ist die Masse grds. bis zur **Deckung der Masseverbindlichkeiten** und Kosten zu verwerten. § 159 InsO setzt dafür keine Schranken. Anfechtungsprozesse können auch zur Befriedigung der Massegläubiger aufgenommen und fortgesetzt werden (vgl. *BGH* NZI 2001, 585 [587]). Ebenso dürfen auch andere Prozesse geführt werden. Soweit allein die Verwertung des laufenden Einkommens nicht abgeschlossen ist, hat entsprechend § 196 Abs. 1 InsO die Schlussverteilung zu erfolgen. Die Verwertung ist zu beenden und die Schlussverteilung durchzuführen, sobald die Kosten

gedeckt sind. Wird dagegen eine sofortige Restschuldbefreiung weiterhin zugelassen, ist die Vermögensverwertung sofort abzuschließen.

Im **anschließenden Verfahren** muss das Insolvenzgericht nach § 300 Abs. 1 Satz 3 InsO i.V.m. dem entsprechend anzuwendenden Satz 1 eine Schlussanhörung durchführen, § 5 Abs. 2 InsO. Während dieser Schlussanhörung können Insolvenzgläubiger Insolvenzforderungen nachmelden (K. Schmidt/*Henning* InsO, § 300 n.F. Rn. 11). Falls dies nicht geschieht, sind Anträge auf Versagung und damit auch Versagungsentscheidungen ausgeschlossen. Nachrangige Insolvenzgläubiger sind nicht gem. § 174 Abs. 3 Satz 1 InsO zur Forderungsanmeldung aufzufordern. Eine derartige Aufforderung kommt nur dann in Betracht, wenn neben einer vollständigen Befriedigung der nicht nachrangigen Gläubiger eine Quote auf die nachrangigen Forderungen zu erwarten ist (MüKo-InsO/*Riedel* § 174 Rn. 38; Jaeger/*Gerhardt* § 174 Rn. 101). Wegen der vorrangig zu befriedigenden Kostenforderungen ist dies ausgeschlossen (*Ahrens* NJW 2017, 21 [23]). 15

Ist das Verfahren wegen fehlender Kostendeckung fortzusetzen, wird nach der Beendigung des Insolvenzverfahrens das Restschuldbefreiungsverfahren mit der **Treuhandperiode** durchgeführt. Ein Treuhänder ist zu bestellen. Der alternativ zur vorzeitigen Restschuldbefreiung in Verfahren ohne Forderungsanmeldung vorgeschlagene **Verzicht auf eine Treuhänderbestellung** (*Laroche* VIA 2016, 16; ders. ZInsO 2016, 144 [145]; ders. InsbürO 2016, 264 [265]; ders. ZInsO 2016, 2359; *Schlamann* InsbürO 2016, 268 [270]; *Reck* ZVI 2017, 296 [298]) ist ausgeschlossen. Dem steht vor allem die notwendige Abtretung der pfändbaren Forderungen auf Bezüge entgegen, die an den Treuhänder erfolgen muss. Bereits deswegen ist zwingend ein Treuhänder zu ernennen (*Ahrens* NJW 2017, 21 [23]). 16

Erfolgt während der Treuhandperiode eine **Berichtigung der Kostenforderung**, ist dem Schuldner unter den sonstigen Voraussetzungen von § 300 Abs. 1 Satz 2 InsO die vorzeitige Restschuldbefreiung unmittelbar zu erteilen, d.h. auch vor Ablauf der fünfjährigen Frist aus § 300 Abs. 1 Satz 2 Nr. 3 InsO. Diese Vorschrift steht in den Verfahren ohne Forderungsanmeldung einer Restschuldbefreiung unmittelbar im Anschluss an eine Kostenberichtigung nicht entgegen. Wie sich bereits aus dem Umkehrschluss zu § 300 Abs. 1 Satz 2 Nr. 1 Alt. 1 InsO ergibt, zielt Nr. 3 gerade nicht auf die Fälle einer fehlenden Forderungsanmeldung. Außerdem ist ein nach der Kostenberichtigung fortgesetztes Restschuldbefreiungsverfahren ohne Forderungsanmeldung sinnlos und sachwidrig (*BGH* NZI 2005, 399 [400 f.], m. Anm. *Ahrens*). 17

Einem Verfahren ohne Forderungsanmeldung steht es prinzipiell gleich, wenn **sämtliche angemeldeten Forderungen bestritten** wurden und deswegen nach § 189 Abs. 1 InsO bei einer Verteilung nicht berücksichtigt werden können (*AG Aurich* ZInsO 2016, 124 = VIA 2016, 15, m. Anm. *Schmerbach*; K. Schmidt/*Henning* InsO, § 300 n.F. Rn. 11; *Ahrens* Das neue Privatinsolvenzrecht, Rn. 1013; *Frege/Keller/Riedel* Insolvenzrecht, Rn. 2194; *Weiland* VIA 2016, 41 [43]; **a.A.** *Kübler/Prütting/Bork-Wenzel* InsO, § 300 Rn. 17). Auf der Grundlage der BGH-Entscheidung wird auch in derartigen Verfahren eine sofortige Restschuldbefreiung auszuschließen sein. 18

2. Vollständige Forderungsberichtigung, § 300 Abs. 1 Satz 2 Nr. 1 Alt. 2 InsO

Vor Aufhebung des Insolvenzverfahrens kann dem Schuldner auf seinen Antrag hin bei einer Befriedigung sämtlicher Verbindlichkeiten, also der Verfahrenskosten, der sonstigen Masseverbindlichkeiten und der Forderungen der durch eine Anmeldung verfahrensbeteiligten Insolvenzgläubiger (*Uhlenbruck/Sternal* InsO, § 300 Rn. 11) sofort die Restschuldbefreiung erteilt werden, § 300 Abs. 1 Satz 2 Nr. 1 Alt. 2 InsO. Soweit Gläubiger ihre Forderungen nicht angemeldet haben oder nachrangig sind, müssen sie nicht befriedigt werden (Kübler/Prütting/Bork-*Wenzel* InsO, § 300 Rn. 20). Der Wortlaut der Regelung steht dem nicht entgegen (**a.A.** *Frind* Praxishandbuch Privatinsolvenz, Rn. 842; *Blankenburg/Godzierz* ZInsO 2014, 1360 [1364]), denn vielfach spricht das Gesetz von den Insolvenzgläubigern und meint doch nur die verfahrensbeteiligten Gläubiger, vgl. nur die §§ 296 bis 297a InsO. Es wäre zudem widersprüchlich, einen sich nicht am Verfahren beteiligenden Gläubiger an den Verfahrensergebnissen partizipieren zu lassen. 19

20 Wie die Gesetzesmaterialien betonen (BT-Drucks. 17/11268 S. 30), steht eine **Teilbefriedigung** der Gläubiger mit Erlass der Restforderungen der vollständigen Berichtigung der Insolvenzforderungen gleich (*Ahrens* Das neue Privatinsolvenzrecht, Rn. 1019; HK-InsO/*Waltenberger* § 300 Rn. 16; K. Schmidt/*Henning* InsO, § 300 n.F. Rn. 12). Auf bestrittene Forderungen ist § 300 Abs. 1 Satz 4, 5 InsO entsprechend anzuwenden.

21 Auszugehen ist von einer **Fortsetzung des Insolvenzverfahrens**. Wegen der gesetzlich vorgegebenen Befriedigungsreihenfolge können die Forderungen der Insolvenzgläubiger erst befriedigt werden, nachdem die Verfahrenskosten und die Forderungen der Massegläubiger ausgeglichen sind. Deswegen stellen sich nicht die bei einer sofortigen Restschuldbefreiung ohne Forderungsanmeldung auftretenden Probleme mit der Fortsetzung des Insolvenzverfahrens. § 300a InsO ist unmittelbar einschlägig. Ein sog. Herkunftsnachweis entsprechend § 300 Abs. 2 Satz 1 InsO ist nicht erforderlich (MüKo-InsO/*Stephan* § 300 (neu) Rn. 25). Ein Schlusstermin oder in der Treuhandperiode eine abschließende Anhörung sind nach der Befriedigung durchzuführen.

22 **Während der Treuhandperiode** ist nach § 300a Abs. 1 Satz 2 Nr. 1 Alt. 2 InsO ebenfalls bei vollständiger Befriedigung oder Teilbefriedigung der Gläubiger mit Erlass der Restforderungen eine Restschuldbefreiung ohne weiteres Warten zulässig. Auf eine entsprechende Anwendung von § 213 InsO muss diese Folge nicht mehr gestützt werden (vgl. *Ahrens* Das neue Privatinsolvenzrecht, Rn. 1019). Obwohl die Teleologie von § 300a Abs. 1 Satz 2 Nr. 1 Alt. 2 InsO auf eine Befriedigung während des Insolvenzverfahrens gerichtet ist, lässt der Wortlaut eine umgehende Restschuldbefreiung bei Befriedigung während der Treuhandperiode zu. Dies ist sachgerecht, um nicht das Verfahren ohne weitere zu befriedigende Gläubiger fortsetzen zu müssen.

III. Verkürzung auf drei Jahre, § 300 Abs. 1 Satz 2 Nr. 2 InsO

1. 35 % Mindestquote

23 Eine nach drei Jahren vorzeitig erteilte Restschuldbefreiung kann der Schuldner gem. § 300 Abs. 1 Satz 2 Nr. 2 InsO erlangen, wenn er die Verfahrenskosten, die sonstigen Masseverbindlichkeiten insgesamt und die zum Schlussverzeichnis festgestellten **Insolvenzforderungen zu mindestens 35 %** berichtigt hat. Die Quote ist auf die von den verfahrensbeteiligten Insolvenzgläubigern **angemeldeten Insolvenzforderungen** zu berechnen.

24 Eine Forderung ist nach § 300 Abs. 1 Satz 4 InsO bei der Ermittlung des Prozentsatzes gem. § 300 Abs. 1 Satz 2 Nr. 2 InsO zu berücksichtigen, wenn sie in das **Schlussverzeichnis** aufgenommen wurde. Fehlt ein Schlussverzeichnis, werden gem. § 300 Abs. 1 Satz 4 InsO nur die als festgestellt geltenden sowie die bestrittenen Forderungen berücksichtigt, deren Gläubiger entsprechend § 189 Abs. 1 InsO Feststellungsklage erhoben oder das Verfahren in dem früher anhängigen Rechtsstreit aufgenommen haben. Eine bestrittene Forderung ist in das Verteilungsverzeichnis aufzunehmen, wenn über sie ein vollstreckbarer Titel oder ein Endurteil vorliegt. Forderungen absonderungsberechtigter Gläubiger sind zu berücksichtigen, soweit sie für den Ausfall geltend gemacht werden (*Uhlenbruck/Sternal* InsO, § 300 Rn. 19). Bis zum Ablauf der dreijährigen Frist nachgemeldete Forderungen müssen berücksichtigt werden (*Frind* Praxishandbuch Privatinsolvenz, Rn. 848a), bei einer späteren Erfüllung der Mindestquote auch die bis zu diesem Zeitpunkt nachgemeldeten Verbindlichkeiten.

25 Der **zeitliche Anwendungsbereich** scheint in § 300 Abs. 1 Satz 2 Nr. 2 InsO eng bestimmt zu sein (zur davon zu unterscheidenden Zulässigkeit des Verkürzungsantrags Rdn. 48). Nach der Vorschrift müssen drei Jahre der Abtretungsfrist verstrichen sein und dem Insolvenzverwalter oder Treuhänder muss innerhalb dieses Zeitraums ein Betrag zugeflossen sein, der eine Befriedigung der Insolvenzgläubiger in Höhe von mindestens 35 % ihrer Forderungen ermöglicht. Wegen der Formulierung, der erforderliche Betrag müsse innerhalb des dreijährigen Zeitraums zugeflossen sein, verlangen die Materialien eine Zahlung in der Frist (BT-Drucks. 17/11268 S. 30). Ganz überwiegend wird deswegen angenommen, eine spätere Zahlung, etwa nach vier Jahren, könne nicht zu einer Verkürzung führen (A/G/R-*Weinland* § 300 n.F. Rn. 7; *Kübler/Prütting/Bork-Wenzel* InsO, § 300 Rn. 22;

Uhlenbruck/Sternal InsO, § 300 Rn. 14; *Andres/Leithaus-Andres* InsO, § 300 Rn. 8; K. Schmidt/ *Henning* InsO, § 300 n.F. Rn. 13; *Frind* Praxishandbuch Privatinsolvenz, Rn. 845a; *ders.* ZInsO 2017, 814 [815]; *Henning* ZVI 2014, 7 [13]; **a.A.** *Sinz/Hiebert/Wegener* Verbraucherinsolvenz, Rn. 1267; *Harder* NZI 2012, 113 [116]; *Kluth* NZI 2014, 801).

Ein derart enges Verständnis widerspricht jedoch der **Teleologie** von § 300 Abs. 1 Satz 2 Nr. 2 InsO, zusätzliche Befriedigungsleistungen zugunsten der Gläubiger zu aktivieren. Den Gläubigern wird es lieber sein, die 35 %ige Quote erst nach vier Jahren als nicht zu erhalten. Die Frist ist deswegen nicht als Höchst- sondern als **Mindestfrist** zu verstehen (*Ahrens* Das neue Privatinsolvenzrecht, Rn. 1034; *Sinz/Hiebert/Wegener* Verbraucherinsolvenz, Rn. 1267; *Frege/Keller/Riedel* 8. Aufl., Insolvenzrecht, Rn. 2202; *Harder* NZI 2012, 113 [116]; *ders.* VIA 2014, 277; BeckOK-InsO/*Riedel* § 300 InsO Rn. 11.1, weist auf die Möglichkeit eines Vergleichsschlusses hin). Erfolgt eine Verwertung von Sicherheiten erst nach drei Jahren oder später, kann der Verwaltungs- und Kostenbeitrag bei der Befriedigungsleistung berücksichtigt werden. 26

2. Verfahrenskosten und sonstige Masseverbindlichkeiten

Wie die Befriedigungsreihenfolge des § 53 InsO verlangt und § 300 Abs. 1 Satz 2 Nr. 2 InsO voraussetzt, müssen **zunächst die Verfahrenskosten und die sonstigen Masseverbindlichkeiten berichtigt** sein, bevor die Insolvenzgläubiger befriedigt werden können. Werden Sicherheiten erst nach Erfüllung der Voraussetzungen des § 300 Abs. 1 Satz 2 Nr. 2 InsO verwertet, muss aus dem Erlösanteil nach § 171 InsO eine erhöhte Vergütung des Verwalters gezahlt werden. Erhält der Verwalter wegen der Sicherheitenverwertung einen Vergütungszuschlag nach § 3 Abs. 1 lit. a) InsVV, hat der Schuldner diesen Zuschlag zu entrichten, falls er nicht aus der Masse genommen werden kann, ohne die 35 %-Quote zu unterschreiten. 27

Für die **Kostenberechnung** sind mehrere Faktoren maßgebend. Einen ersten Umstand bildet, ob die Leistungen für eine vorzeitige Restschuldbefreiung noch im Insolvenzverfahren oder erst in der Treuhandperiode erbracht werden. Im Insolvenzverfahren stehen dem Verwalter nach § 2 Abs. 1 InsVV von den ersten EUR 25.000,– der Masse regelmäßig 40 %, in der Treuhandperiode nach § 14 Abs. 2 InsVV lediglich 5 % zu. Zu berücksichtigen ist allerdings die neue Rechtsprechung des *BGH* zur Höhe der Verwaltervergütung im Verbraucherinsolvenzverfahren. Es darf danach nicht pauschal der allgemeine Satz der Verwaltervergütung zugrunde gelegt werden. Vielmehr soll sich die Vergütung am bisherigen Vergütungssatz für Treuhänder orientieren. Zu berücksichtigen sind alle Umstände des Einzelfalls, wie Aus- und Absonderungsrechte, Verwertungen, Anfechtungen und die Vorbereitung der Unterlagen. Einen Abschlag von 40 % hat der *BGH* im konkreten Verfahren gebilligt (*BGH* NZI 2017, 459). Dadurch erhöhen sich etwas die Chancen des Schuldners auf eine vorzeitige Restschuldbefreiung. Drittleistungen sollen nach den Gesetzgebungsmaterialien kostenerhöhend wirken (BT-Drucks. 17/11268 S. 30). Da Drittleistungen beim Insolvenzplan nach § 1 Abs. 2 Nr. 5 InsVV unberücksichtigt bleiben, ist zu erwägen, ob die Regelung entsprechend angewendet werden kann (*Waltenberger* ZInsO 2014, 808 [813]; abl. *Frind* Praxishandbuch Privatinsolvenz, Rn. 845b). 28

Da die **Kosten** des Verfahrens **aus der Masse** gedeckt sein müssen, hat der Schuldner eine entsprechend über die 35 % Quote hinausgehende Masse zu erbringen. Wenn sich die Masse auf den zur Kostentilgung erforderlichen höheren Betrag beläuft, steigen auch die vom Umfang dieser erweiterten Masse zu berechnenden Kosten. Insgesamt führt das zu einer sich wiederkehrend aufaddierenden Kostenerhöhung (*Henning* ZVI 2014, 219 [220 f.]). 29

Sonstige Masseverbindlichkeiten sind etwa die Verbindlichkeiten aus einer selbständigen Erwerbstätigkeit des Schuldners, die nicht durch Negativerklärung aus der Masse ausgeschieden sind. Sie können oft endgültig erst nach dem Ende des Verfahrens bestimmt werden. 30

3. Bestimmung der Befriedigungsleistungen

31 **Bestimmung und Berichtigung der Verbindlichkeiten** fallen nicht zusammen. Während die Kosten und sonstigen Masseverbindlichkeiten erst nach Ende des Verfahrens verlässlich bestimmt werden können, müssen sie bereits vor Abschluss des Verfahrens berichtigt sein, zusammen mit der Quotenzahlung auf die Insolvenzforderungen. Daraus entsteht ein schwer auflösbares Paradoxon. Der Schuldner benötigt deswegen eine Kalkulationsgrundlage, um rechtssicher beurteilen zu können, ob er die Restschuldbefreiung erreichen kann.

32 Ohne einen **Auskunftsanspruch** über die Höhe der Verfahrenskosten und sonstigen Masseverbindlichkeiten wird der Schuldner nicht in der Lage sein, die zu erbringenden Leistungen einzuschätzen und darauf gründend zu entscheiden, ob er die vorzeitige Restschuldbefreiung erlangen kann und will. Der *BGH* hat das Auskunftsbedürfnis in der vergleichbaren Konstellation einer Einstellung des Verfahrens nach § 213 InsO als berechtigt angesehen. Reiche in diesem Fall die Masse nicht aus, um die Masseverbindlichkeiten zu erfüllen, könne und wolle aber der Schuldner sich die erforderlichen Mittel von dritter Seite beschaffen, sollte er nach Auffassung des Gerichts in Erfahrung bringen können, wie hoch der fehlende Betrag ist, damit die Sicherheit geleistet und das Verfahren aufgehoben werden könne (*BGH* ZInsO 2011, 777 Tz. 7; dazu *Grote/Pape* ZInsO 2013, 1433 [1435]; *Henning* ZVI 2014, 219 [220]; *Semmelbeck* VIA 2014, 57 [58]).

33 Die Auskunftspflicht besteht aufgrund seiner Fürsorgepflicht für das **Insolvenzgericht** (*Ahrens* NJW 2014, 1841 [1844]). Zu stützen ist die Verpflichtung auch auf § 4 InsO i.V.m. § 139 ZPO (*Ahrens* Das neue Privatinsolvenzrecht, Rn. 1049; *Schmerbach/Semmelbeck* NZI 2014, 547 [550]; **a.A.** *Frind* ZInsO 2017, 814 [816]). Ein unmittelbarer Auskunftsanspruch des Schuldners gegenüber dem **Insolvenzverwalter** bzw. Treuhänder ist dagegen kaum zu begründen (*Uhlenbruck/Sternal* InsO, § 300 Rn. 20; **a.A.** *Frind* ZInsO 2013, 1448 [1454]; *ders.* ZInsO 2017, 814 [816 f.]; *ders.* Praxishandbuch Privatinsolvenz, Rn. 842; HK-InsO/*Waltenberger* § 300 Rn. 12), denn seine Auskunftspflichten bestehen gegenüber anderen Personen, vgl. § 58 Abs. 1 InsO. Auch aus seinem Sonderrechtsverhältnis und § 242 BGB sind kaum nachvollziehbare Anknüpfungen und Grenzziehungen zu gewinnen (so aber *Waltenberger* ZInsO 2014, 808 [811]; *Semmelbeck* VIA 2014, 57 [58]). Allerdings wird der Insolvenzverwalter regelmäßig auf Fragen des Schuldners antworten, weil der Schuldner sich sonst an das Insolvenzgericht wenden wird, das vom Insolvenzverwalter die Auskünfte einfordern kann.

34 Voraussetzung ist sodann ein **Zufluss der Leistungen** beim Insolvenzverwalter oder Treuhänder. Erfüllt wird dieses Kriterium jedenfalls durch einen uneingeschränkten Rechtserwerb des Verwalters oder Treuhänders zugunsten der Masse. Dies wird durch die Masse und die aus der Bezügeabtretung erlangten Beträge gewährleistet. Werden sonstige Leistungen an den Insolvenzverwalter oder Treuhänder zugunsten der Masse erbracht und erreichen sie nicht die erforderliche Höhe, könnte der Schuldner die Beträge nicht zurückverlangen (*Ahrens* Das neue Privatinsolvenzrecht, Rn. 1054; A/G/R-*Weinland* § 300 n.F. Rn. 6; *Uhlenbruck/Sternal* InsO, § 300 Rn. 14). Nicht ausreichend für einen Vermögenszufluss ist umgekehrt die Leistungszusage eines Dritten, weil damit das Erfüllungsrisiko auf den Insolvenzgläubiger verlagert wird. Vermögenszufluss meint damit mehr, als eine bloße Leistungsaussicht, aber auch weniger, als eine Befriedigung der Insolvenzgläubiger. Nicht erforderlich ist wohl auch, dass die Leistungen bereits in ein Verteilungsverzeichnis eingestellt sind.

35 Ein rechtssicherer Vermögenszufluss, der zugleich dem anzuerkennenden Sicherheitsbedürfnis Schutz des Schuldners vor Überzahlungen Rechnung trägt, ist über eine **doppelseitige Treuhandvereinbarung** zu erreichen. Im Insolvenzeröffnungsverfahren ist eine doppelseitige Treuhand durch das sog. Treuhandkontenmodell höchstrichterlich gebilligt (*BGH* BGHZ 109, 47 [52 f.]).

4. Sogenannter Herkunftsnachweis, § 300 Abs. 2 Satz 1, 2 InsO

36 Der Antrag auf vorzeitige Restschuldbefreiung nach § 300 Abs. 1 Satz 2 Nr. 2 InsO ist gem. § 300 Abs. 2 Satz 1 InsO nur zulässig, wenn der Schuldner Angaben über die **Herkunft der Mittel** macht, die an den Treuhänder geflossen sind, soweit sie über die Beträge hinausgehen, die von der Abtre-

tungserklärung erfasst sind. Außerdem muss der Schuldner gem. § 300 Abs. 2 Satz 2 InsO erklären, dass die Angaben nach Satz 1 richtig und vollständig sind. Unterlässt der Schuldner die Erklärung, gibt er eine falsche Erklärung ab oder fehlt die Versicherung, ist der Verkürzungsantrag unzulässig.

Der **sachliche Anwendungsbereich** der Vorschrift ist ausdrücklich auf die vorzeitig erteilte Restschuldbefreiung nach drei Jahren gem. § 300 Abs. 1 Satz 2 Nr. 2 InsO beschränkt. Zu erklären sind allein die durch den Treuhänder erlangten, nicht aus der Bezügeabtretung resultierenden Beträge. Wegen des ausdrücklichen Bezugs auf den allein nach Beendigung des Insolvenzverfahrens tätigen Treuhänder besteht während des Insolvenzverfahrens kein Nachweiserfordernis (HK-InsO/*Waltenberger* § 300 Rn. 23; *Frind* Praxishandbuch Privatinsolvenz, Rn. 851; *Ahrens* NJW 2014, 1841 [1844]; *Praß* ZVI 2014, 170 [171]; *Schmerbach/Semmelbeck* NZI 2014, 547 [551]; *Frind* ZInsO 2017, 814 [816]). Außerdem müssen auch in der Treuhandperiode nur die Beträge jenseits der Bezügeabtretung nachgewiesen werden, also etwa aus Drittleistungen oder einer selbständigen Tätigkeit. Dritte müssen die Erklärung nicht abgeben. Urkunden müssen im Rahmen der Angaben nach § 300 Abs. 2 InsO nicht vorgelegt werden (vgl. *Uhlenbruck/Sternal* InsO, § 300 Rn. 22). Fehlende Unterlagen begründen keine Unzulässigkeit des Antrags. Dennoch darf das Insolvenzgericht grds. im Rahmen der Begründetheitsprüfung aufgrund seiner Amtsermittlungspflicht der Richtigkeit der Erklärung und, davon abgeleitet, der Herkunft der Mittel nachgehen. 37

Zusätzlich muss der Schuldner nach § 300 Abs. 2 Satz 2 InsO erklären, dass die Angaben **richtig und vollständig** sind. Urkunden müssen nicht vorgelegt werden (*Ahrens* Das neue Privatinsolvenzrecht, Rn. 1066; *Frind* Praxishandbuch Privatinsolvenz, Rn. 853). Eine Versicherung i.S.v. § 287 Abs. 1 Satz 4 InsO und erst recht eine eidesstattliche Versicherung sind danach nicht erforderlich (HK-InsO/*Waltenberger* § 300 Rn. 24; *Frind* ZInsO 2017, 814 [816]). Da es sich bei den Angaben um verfahrensrechtliche Lasten handelt, verletzt der Schuldner mit falschen Angaben keine insolvenzrechtlichen Pflichten. Eine **Versagung** nach den §§ 290 Abs. 1 Nr. 5 oder 6, 297a Abs. 1 InsO scheidet ebenso aus (K. *Schmidt*/*Henning* InsO, § 300 n.F. Rn. 16; **a.A.** MüKo-InsO/*Stephan* § 300 (neu) Rn. 29), wie eine Obliegenheitsverletzung i.S.d. § 295 InsO (K. *Schmidt*/*Henning* InsO, § 300 n.F. Rn. 16; *Praß* ZVI 2014, 170 [174]; **a.A.** A/G/R-*Weinland* § 300 n.F. Rn. 8; *Uhlenbruck/Sternal* InsO, § 300 Rn. 23; *Frind* Praxishandbuch Privatinsolvenz, Rn. 853). Eine fehlende Versicherung begründet ebenfalls keinen Versagungstatbestand (*Uhlenbruck/Sternal* InsO, § 300 Rn. 23). 38

IV. Verkürzung auf fünf Jahre, § 300 Abs. 1 Satz 2 Nr. 3 InsO

Sind fünf Jahre der Abtretungsfrist verstrichen und hat der Schuldner die Verfahrenskosten getilgt, kann er nach § 300 Abs. 2 Satz 2 Nr. 3 InsO vorzeitig Restschuldbefreiung erlangen. Andere Verbindlichkeiten, wie die sonstigen Masseverbindlichkeiten oder die Insolvenzforderungen, müssen nicht berichtigt sein. Bei der Bestimmung der Verfahrenskosten treten vergleichbare Probleme auf, wie bei einer Verkürzung der Abtretungsfrist auf drei Jahre. Insoweit kann auf die dortigen Überlegungen verwiesen werden (Rdn. 27 ff., 31 ff.). Die Rechtsprechung des *BGH*, wonach der Insolvenzverwalter aus der Masse Rückstellungen für die während der Treuhandperiode entstehenden Kosten zu bilden hat (*BGH* NZI 2015, 128 Tz. 6 ff.), erleichtert den Zugang zu einer auf fünf Jahre verkürzten Dauer der Abtretungsfrist. Durch das Ziel, die gestundeten Kosten schneller zu befriedigen, kann auch die Verkürzung rascher erreicht werden (*Ahrens* Das neue Privatinsolvenzrecht, Rn. 1068; krit. *Reck* ZVI 2015, 161, 163). Offen ist, ob die Rückstellung auf eine sechs- oder fünfjährige Abtretungsfrist zu berechnen ist. Hier wird es genügen, die verkürzte Frist zugrunde zu legen. Nicht erforderlich ist ein sog. Herkunftsnachweis, denn § 300 Abs. 2 Satz 1 InsO verlangt ihn lediglich bei einer auf drei Jahre verkürzten Abtretungsfrist. 39

D. Verfahren zur Erteilung der Restschuldbefreiung
I. Nach Ende der sechsjährigen Abtretungsfrist
1. Fristablauf

40 Bei einer Eröffnung des Insolvenzverfahrens vor dem 01.12.2001 beträgt die Abtretungsfrist (dort noch Laufzeit der Abtretungserklärung genannt) sieben Jahre nach der Aufhebung des Insolvenzverfahrens, § 287 Abs. 2 Satz 1 InsO a.F. i.V.m. Art. 103a EGInsO. Zu überlangen Insolvenzverfahren s. Rdn. 80 ff.

41 Für alle ab dem 01.12.2001 eröffneten Insolvenzverfahren beträgt die **Abtretungsfrist sechs Jahre nach Eröffnung** des Insolvenzverfahrens. Die Abtretungsfrist beginnt mit der Eröffnung des Insolvenzverfahrens, § 287 Abs. 2 InsO i.V.m. § 27 Abs. 2 Nr. 3, Abs. 3 InsO, und endet sechs Jahre danach. Dies gilt auch bei einer mehrjährigen Dauer des Eröffnungsverfahrens (*BGH* NZI 2015, 328). Abweichend von der früheren Rechtslage bestimmt die Abtretungsfrist nicht mehr allein über die Dauer der Treuhandzeit. Sie regelt nunmehr die gesamte Dauer der aus den beiden Abschnitten des Zulassungsverfahrens und der Treuhandperiode bestehenden Restschuldbefreiung. Dadurch erhält die **Treuhandzeit** eine **relative Dauer**, die aus der sechsjährigen Frist abzüglich der Zeit für das parallel zum Zulassungsverfahren durchgeführte Insolvenzverfahren zu errechnen ist. Für die Verfahrensbeteiligten ist deswegen bereits bei Eröffnung des Insolvenzverfahrens exakt feststellbar, wann das Restschuldbefreiungsverfahren bei regelmäßigem Verlauf endet. Die Abtretungsfrist endet taggenau sechs Jahre nach dem Tag, an dem das Insolvenzverfahren eröffnet wurde.

2. Weiteres Verfahren

42 Ist diese auch als Wohlverhaltensperiode bezeichnete Treuhandphase ohne vorzeitige Beendigung verstrichen, **enden** die **Bindungen des Schuldners**. Mit dem Ende der Treuhandzeit sechs Jahre nach Eröffnung des Insolvenzverfahrens erlischt die Forderungsübertragung auf den Treuhänder. Die Wirkungen der Abtretungserklärung enden aufgrund der befristeten Forderungsübertragung durch das Gericht mit diesem Termin (*BGH* NZI 2010, 111 Tz. 35; *LG Hannover* ZInsO 2009, 201 [202]; s. § 287 Rdn. 275; A/G/R-*Weinland* § 300 InsO a.F. Rn. 8). Von diesem Termin kann der Fälligkeitszeitpunkt der Vergütung abweichen, etwa wenn die Restschuldbefreiung am 15. erteilt und die Vergütung am Monatsende fällig wird. Maßgebend bleibt die Fälligkeit, so dass eine zeitanteilige Berechnung ausgeschlossen ist (K. Schmidt/*Henning* InsO, § 300 n.F. Rn. 17; a.A. Uhlenbruck/*Sternal* InsO, § 287 Rn. 64). Sonst gäbe es bei Leistungen für längere Zeiträume, etwa Gratifikationen oder Projekt- bzw. Zielerreichungsprämien, erhebliche Schwierigkeiten mit dem gebotenen zügigen Abschluss des Verfahrens. Außerdem muss der Schuldner nicht länger die Obliegenheiten aus § 295 InsO erfüllen. Für diese Wirkungen ist eine gerichtliche Entscheidung nicht erforderlich (*Graf-Schlicker/Kexel* InsO, § 300 Rn. 29; K. Schmidt/*Henning* InsO, § 300 n.F. Rn. 17). Anders verhält es sich mit der Restschuldbefreiung. Von seinen nicht erfüllten Verbindlichkeiten wird der Schuldner mit dem Ablauf der Treuhandzeit noch nicht frei, denn die Restschuldbefreiung muss durch einen Beschluss des Insolvenzgerichts erteilt werden.

43 Vor seiner Entscheidung über die Erteilung der Restschuldbefreiung hat das Insolvenzgericht eine **Schlussanhörung** durchzuführen. Dabei hat es die Insolvenzgläubiger, den Treuhänder sowie den Schuldner anzuhören, § 300 Abs. 1 InsO, um den Beteiligten **rechtliches Gehör** i.S.v. Art. 103 Abs. 1 GG zu gewähren. Für diese Anhörung schrieb § 248 RegE einen besonderen Termin vor. Vom Rechtsausschuss des Deutschen Bundestages wurde diese Vorschrift mit § 249 RegE zur heutigen Regelung in § 300 InsO zusammengefasst. Zur Entlastung der Gerichte wurde dabei auf einen obligatorischen mündlichen Termin verzichtet, weshalb die Anhörung auch im schriftlichen Verfahren erfolgen kann (Begr. des Rechtsausschusses BT-Drucks. 12/7302 S. 189, zu § 346o; *Wittig* WM 1998, 157, 209 [216]; MüKo-InsO/*Stephan* § 300 Rn. 16; A/G/R-*Weinland* § 300 InsO a.F. Rn. 10; *Nerlich/Römermann* InsO, § 300 Rn. 6). Eine Gehörsverletzung kann zur Aufhebung der angefochtenen Entscheidung führen, wenn derjenige Beteiligte, dessen rechtliches Gehör verletzt worden ist, alle ihm zur Verfügung stehenden Mittel, sich rechtliches Gehör zu verschaffen, aus-

geschöpft hat und die angegriffene Entscheidung auf der Verletzung beruht oder beruhen kann (*LG Dessau-Roßlau* ZInsO 2014, 1676; MüKo-InsO/*Stephan* § 300 Rn. 18).

Im **schriftlichen Verfahren** sind die Beteiligten zum Ende der Treuhandperiode schriftlich auf die 44 bevorstehende Erteilung der Restschuldbefreiung hinzuweisen. Ihnen ist Gelegenheit zu geben, innerhalb einer kalendermäßig zu bestimmenden angemessenen Frist etwaige Bedenken vorzubringen, insbes. beabsichtigte Versagungsanträge zu stellen (*LG Dessau-Roßlau* ZInsO 2014, 1676; *Uhlenbruck/Sternal* InsO, § 300 Rn. 27). Dies kann erfolgen, indem in einem im Internet zu veröffentlichenden Beschluss eine Frist bestimmt wird, innerhalb derer die Gläubiger Anträge auf Versagung der Restschuldbefreiung stellen können (*BGH* VuR 2013, 145; *AG Göttingen* NZI 2007, 251). Eine Anhörung vor dem Ende der Laufzeit der Abtretungserklärung kann die danach gesetzlich vorgeschriebene Anhörung nicht ersetzen (*Uhlenbruck/Sternal* InsO, § 300 Rn. 28). Nach Ablauf ergeht der Beschluss, mit dem das Insolvenzgericht die Restschuldbefreiung versagt bzw. erteilt. Bei einem Antrag auf Versagung der Restschuldbefreiung nach § 298 InsO ist allerdings die Frist aus § 298 Abs. 2 Satz 2 InsO zu beachten (s. Rdn. 63).

II. Vorzeitig erteilte Restschuldbefreiung

1. Antrag

a) Antragstellung

Jede vorzeitige Erteilung der Restschuldbefreiung erfordert nach § 300 Abs. 1 Satz 2 InsO einen 45 **Verkürzungsantrag des Schuldners**. Eine amtswegige Verkürzung ist ausgeschlossen. Wegen der besonderen Antragsvoraussetzung ist der Verkürzungsantrag zusätzlich vom Antrag auf Erteilung der Restschuldbefreiung nach Ablauf der sechsjährigen Abtretungsfrist zu unterscheiden (vgl. HK-InsO/*Waltenberger* § 300 Rn. 7). Die Antragstellung darf aber von Amts wegen angeregt werden (*Meyer* InsbürO 2016, 278 [280]).

Eine **konkludente Antragstellung** ist zulässig. Der Antrag auf Restschuldbefreiung kann möglicher- 46 weise den Verkürzungsantrag einschließen, wenn entsprechende Anhaltspunkte vorliegen (vgl. *AG Göttingen* NZI 2015, 772; *Ahrens* Das neue Privatinsolvenzrecht, Rn. 1074; weitergehend *Reck/Köster/Wathling* ZVI 2016, 1 [8]; s.a. *AG Göttingen* NZI 2017, 531). Dies wird regelmäßig bei einer sofortigen Restschuldbefreiung wegen fehlender Forderungsanmeldung der Fall sein. Einerseits sind hier die Anforderungen an die Erkennbarkeit der Prozesshandlung gelockert, weil keine Gläubiger beteiligt sind und das Gericht die Voraussetzungen einer Restschuldbefreiung unmittelbar erkennen kann. Andererseits besteht ein Interesse des Schuldners, ohne unnötige Schwierigkeiten die Restschuldbefreiung zu erlangen. Zudem ist die Auslegung der Prozesshandlung daran auszurichten, was nach den Maßstäben der Rechtsordnung vernünftig ist und dem wohlverstandenen Interesse des handelnden Verfahrensbeteiligten entspricht. Wenn schon nicht stets ein ausdrücklicher Restschuldbefreiungsantrag erforderlich ist (s. § 287 Rdn. 22), kann erst recht bei einem expliziten Restschuldbefreiungsantrag auf eine konkludent beantragte sofortige Restschuldbefreiung in den Verfahren ohne Forderungsanmeldung geschlossen werden. Jedenfalls ist eine ausdrückliche Antragstellung nicht zu verlangen (vgl. *BGH* NZI 2017, 461 Tz. 20, zu § 850i ZPO).

Hat der Schuldner keinen Verkürzungsantrag gestellt, obwohl eine Verkürzungsmöglichkeit aus- 47 sichtsreich erscheint, besteht eine **gerichtliche Hinweispflicht** (a.A. *Frind* Praxishandbuch Privatinsolvenz, Rn. 837; *ders.* ZInsO 2017, 814 [816]). Die Verpflichtung folgt aus § 20 Abs. 2 InsO. Danach ist der Schuldner auf die nach den §§ 286 bis 303a InsO zu erreichende Restschuldbefreiung hinzuweisen. Dies schließt einen Hinweis auf die Verkürzungsmöglichkeit und das besondere Antragserfordernis ein. Die insolvenzgerichtliche Fürsorgepflicht und § 4 InsO i.V.m. § 139 ZPO verlangen dabei eine effektive Information des Schuldners. Allein ein Hinweis auf die vorzeitige Restschuldbefreiung bei Einleitung des Insolvenzverfahrens genügt regelmäßig nicht. Aus Rechtsunkenntnis darf der Schuldner nicht die Chance auf eine vorzeitige Restschuldbefreiung verlieren (allgemein *BGH* BGHZ 162, 181 [186]). Es ist deswegen ein zeitnaher Hinweis auf einen fehlenden Verkürzungsantrag erforderlich. Ob eine vorzeitige Restschuldbefreiung in Betracht kommt, kann das Insolvenzgericht etwa anhand der Berichte des Insolvenzverwalters oder Treuhänders beurteilen. Auch der Insolvenzverwalter oder Treuhänder kann einen Hinweis geben (*Henning* InsbürO 2015, 280; *Frind* Praxishandbuch Privatinsolvenz, Rn. 837). Verpflichtet ist er nicht (*Frind* ZInsO 2017, 814 [816]).

48 Der Antrag unterliegt **keinem Formularzwang**. Das Formular für den Antrag auf Eröffnung des Verbraucherinsolvenzverfahrens stellt nur auf einen Antrag auf Restschuldbefreiung mit den nach § 287 InsO erforderlichen Erklärungen ab. Der Verkürzungsantrag wird davon nicht erfasst. Ebenso wenig besteht ein allgemeines **Schriftformerfordernis** (a.A. *Frind* ZInsO 2017, 814 [815]; offener HK-InsO/*Waltenberger* § 300 Rn. 7). Grds. kann der Antrag nach § 4 InsO i.V.m. 496 ZPO mündlich zu Protokoll der Geschäftsstelle gestellt werden.

b) Sonstige Sachentscheidungsvoraussetzungen

49 Der Antrag muss die **allgemeinen Sachentscheidungsvoraussetzungen** erfüllen. Diese allgemeinen Verfahrensvoraussetzungen entsprechen denen des Insolvenz- und Restschuldbefreiungsantrags. Zusätzlich müssen die **besonderen Sachentscheidungsvoraussetzungen** vorliegen. Erforderlich ist ein zulässiges Restschuldbefreiungsverfahren. Ergänzend muss der Schuldner nach § 300 Abs. 2 Satz 3 InsO die Voraussetzungen von § 300 Abs. 1 Satz 2 Nr. 1–3 InsO glaubhaft machen. Außerdem verlangt § 300 Abs. 2 Satz 1 InsO für eine vorzeitige Erteilung der Restschuldbefreiung nach drei Jahren, also den Fall des § 300 Abs. 1 Satz 2 Nr. 2 InsO, den sog. Herkunftsnachweis sowie gem. § 300 Abs. 2 Satz 2 InsO eine Erklärung, wonach diese Angaben richtig und vollständig sind (*Ahrens* Das neue Privatinsolvenzrecht, Rn. 1075).

50 Unklar ist, ob eine **Antragsfrist** bzw. ein bestimmter Termin für den Verkürzungsantrag als Sachentscheidungsvoraussetzung besteht. Der gesetzlichen Regelung ist nicht zu entnehmen, ob der Antrag vor Eintritt der Verkürzungsvoraussetzungen oder in deren Zeitpunkt bzw. nachträglich gestellt werden muss oder kann. Diese Datierung ist strikt von dem Termin zu unterscheiden, wann die Verkürzungsvoraussetzungen vorlegen müssen und speziell von der Überlegung, ob § 300 Abs. 1 Satz 2 Nr. 2 InsO eine Mindest- oder eine Höchstfrist normiert (Rdn. 25 f.). Unklar ist insbesondere, ob der Ablauf der drei- und fünfjährigen Frist aus § 300 Abs. 1 Satz 2 Nr. 2 und 3 InsO jeweils eine Sachentscheidungsvoraussetzung darstellt. Dafür spricht die entfernte Parallele zu § 287 Abs. 1 Satz 2 InsO, denn die zweiwöchige Frist bildet dort eine Sachentscheidungsvoraussetzung. Allerdings lässt sich für § 300 Abs. 1 Satz 2 Nr. 1 InsO kaum eine vergleichbare Anforderung formulieren. Vor allem aber sind die Fristen auf die gerichtliche Entscheidung und damit die Begründetheitsprüfung und nicht auf die Antragstellung und dessen Zulässigkeit bezogen. Ein besonderer Zeitpunkt für den Verkürzungsantrag insoweit nicht. Insbesondere kann nicht verlangt werden, dass der Verkürzungsantrag exakt in dem Zeitpunkt gestellt wird, in dem die materiellen Verkürzungsvoraussetzungen vorliegen

51 Grundsätzlich kann deswegen der Verkürzungsantrag **mit dem Restschuldbefreiungsantrag** gestellt werden (*Ahrens* Das neue Privatinsolvenzrecht, Rn. 1076; *Henning* InsbürO 2015, 280; *Fregel/Keller/Riedel* Insolvenzrecht, Rn. 2196, Schlusstermin). Dafür lässt sich auch eine Wertungsparallele zur Rechtsprechung zu § 850i ZPO ziehen. Nach dieser Norm ist der Pfändungsschutzantrag eines Selbständigen bereits zulässig, bevor Forderungen durch eine selbständige Tätigkeit entstehen (*BGH* NZI 2014, 773 Tz. 15; NZI 2017, 461 Tz. 20). Ein sofortiger oder jedenfalls alsbaldiger Verkürzungsantrag wird auch nicht durch einen möglichen Versagungsantrag unzulässig. Dies bestätigt der Vergleich mit dem Antrag auf Erteilung der Restschuldbefreiung, der durch eine Versagung nicht als unzulässig verworfen, sondern abgewiesen wird. Jedenfalls ist ein zeitnah, etwa zwei Wochen davor, zum Verkürzungszeitpunkt gestellter Antrag nicht zu verlangen. Da ein Endtermin nicht kodifiziert wurde, ist auch ein **nachträglicher Verkürzungsantrag** bis zum Ablauf der regelmäßigen Abtretungsfrist zulässig (*Ahrens* Das neue Privatinsolvenzrecht, Rn. 1078). Dies bestätigt vor allem § 300 Abs. 1 Satz 2 Nr. 1 Alt. 1 InsO. Da der Schuldner nicht vorhersehen kann, ob keine Anmeldungen erfolgen, muss er nach Ablauf der Anmeldungsfrist berechtigt sein, die sofortige Restschuldbefreiung zu beantragen. Insbesondere wenn eine konkludente Antragstellung abgelehnt wird, wäre sonst jeder

Schuldner gezwungen, vorab und ins Blaue hinein eine Verkürzung zu beantragen, ein kaum sachgerechtes Ergebnis.

Als besondere Sachentscheidungserfordernisse muss der Schuldner nach § 300 Abs. 2 Satz 3 InsO 52 die Voraussetzungen von Abs. 1 Satz 2 Nr. 1 bis 3 **glaubhaft machen** (dazu Rdn. 54). Diese Glaubhaftmachung kann jedenfalls noch nicht zusammen mit dem Restschuldbefreiungsantrag erfolgen. Regelmäßig setzt die Glaubhaftmachung einem frühzeitigen Versagungsantrag Grenzen. Wenn allerdings der Verkürzungsantrag etwa vor Ablauf der dreijährigen Frist zu stellen sein sollte, die Forderungen aber in der Frist berichtigt werden können, muss eine Glaubhaftmachung auch nachgeholt werden können. In den Fällen von § 300 Abs. 1 Satz 2 Nr. 2 und 3 InsO wird ein Antrag risikolos ca. **ein halbes Jahr vor dem angestrebten Stichtag** gestellt werden können (*Frind* Praxishandbuch Privatinsolvenz, Rn. 855, einige Monate zu § 300 Abs. 1 Satz 2 Nr. 3 InsO; *ders.* ZInsO 2017, 814 [815], zwei Monate), selbst wenn dann der Herkunftsnachweis noch nicht geführt und die Anforderungen noch nicht glaubhaft gemacht werden können.

Maßgebender **Zeitpunkt** für das Vorliegen auch der besonderen Sachentscheidungsvoraussetzungen 53 ist der Schluss der Verhandlung bzw. Anhörung und der letzten Tatsacheninstanz. Bis dahin können fehlende Voraussetzungen erfüllt und Mängel beseitigt werden (*BGH* NJW 1987, 2018).

2. Glaubhaftmachung

Als besondere Verfahrensvoraussetzung ist nach § 300 Abs. 2 Satz 3 InsO die **Glaubhaftmachung** 54 der **Voraussetzungen des § 300 Abs. 1 Satz 2 Nr. 1–3 InsO** durch den Schuldner erforderlich. Obwohl das Gesetz nicht ausdrücklich von einer Zulässigkeitsvoraussetzung spricht, handelt es sich doch um eine solche Sachentscheidungsvoraussetzung.

Im Einzelnen sind für eine sofortige Restschuldbefreiung gem. § 300 Abs. 1 Satz 2 Nr. 1 InsO die 55 Berichtigung der Verfahrenskosten und der sonstigen Masseverbindlichkeiten glaubhaft zu machen. Bei einer vorzeitig erteilten Restschuldbefreiung nach drei Jahren gem. § 300 Abs. 1 Satz 2 Nr. 2 InsO ist ein an den Insolvenzverwalter oder an den Treuhänder geflossener Betrag glaubhaft zu machen, der eine Befriedigungsquote von 35 % ermöglicht. Für eine auf fünf Jahre verkürzte Abtretungsfrist nach § 300 Abs. 1 Satz 2 Nr. 3 InsO muss der Schuldner die Berichtigung der Verfahrenskosten nachweisen. Ungeachtet des abweichenden gesetzlichen Wortlauts muss der Schuldner die drei Fristen der sofort, nach drei Jahren oder fünf Jahren nach Eröffnung des Insolvenzverfahrens zu erteilenden Restschuldbefreiung nicht glaubhaft machen, da sie gerichtsbekannt sind.

Für den **Zeitpunkt der Glaubhaftmachung** ist nach den einzelnen Verkürzungstatbeständen zu unterscheiden. Bei einer sofortigen Restschuldbefreiung mangels Forderungsanmeldung gem. § 300 56 Abs. 1 Satz 2 Nr. 1 Alt. 1 InsO kann der Antrag jedenfalls sofort nach Ablauf der Anmeldefrist (HambK-InsO/*Streck* § 300 Rn. 6, erst nach dem Schlusstermin) und bei einer Befriedigung der Gläubiger gem. § 300 Abs. 1 Satz 2 Nr. 1 Alt. 2 InsO unmittelbar im Anschluss daran gestellt werden. Hat der Insolvenzverwalter Rückstellungen in voller Höhe über die zu erwartenden Verfahrenskosten auch während der Treuhandperiode gebildet, ist ein unmittelbar darauf gestellter Verkürzungsantrag zulässig (*Ahrens* Das neue Privatinsolvenzrecht, Rn. 1077).

Als **Mittel der Glaubhaftmachung** kommen die in § 294 ZPO benannten präsenten Beweismittel 57 einschließlich der eidesstattlichen Versicherung in Betracht (*Frind* ZInsO 2017, 814 [815 f.]). Es gelten die gleichen Anforderungen wie für die Glaubhaftmachung nach den §§ 290 Abs. 1, Abs. 2 Satz 1 2. HS, 296 Abs. 1 Satz 3, §§ 297 Abs. 2 i.V.m. 296 Abs. 1 Satz 3, 297a Abs. 1 Satz 3 InsO. Wesentliche Grundlagen bilden ein Tabellenauszug sowie die Berichte und Auskünfte des Treuhänders (K. Schmidt/*Henning* InsO, § 290 n.F. Rn. 24), etwa zur Höhe der Kosten und Masseverbindlichkeiten, aber auch Quittungen und Bankbelege (A/G/R-*Weinland* § 300 InsO n.F. Rn. 6; *Laroche/Pruskowski/Schöttler/Siebert/Vallender* ZIP 2012, 558 [560]). Sind die erforderlichen Tilgungsleistungen noch nicht an den Insolvenzverwalter oder Treuhänder geflossen, kann die Erklärung eines Dritten über seine Zahlungsbereitschaft beigebracht werden. In Betracht kommt auch eine eidesstattliche Versicherung des Schuldners nach § 4 InsO i.V.m. § 294 Abs. 1 ZPO, etwa über seine künftigen Zahlungen im Rahmen von § 295 Abs. 2 InsO.

3. Anhörung

58 Die **Insolvenzgläubiger** müssen nach § 300 Abs. 1 Satz 3 InsO i.V.m. § 300 Abs. 1 Satz 1 InsO angehört werden. Dies ist sowohl bei einer regulären sechsjährigen als auch einer verkürzten Abtretungsfrist erforderlich. Wegen der uneingeschränkten gesetzlichen Regelung gilt dies auch, wenn das Insolvenzgericht den Restschuldbefreiungsantrag als unzulässig verwerfen will (*Ahrens* Das neue Privatinsolvenzrecht, Rn. 1085a; a.A. *Vallender* KSzW 2012, 260 [264]). Der Insolvenzverwalter bzw. der Treuhänder wird ebenfalls anzuhören sein. Die Anhörung hat nach dem Ende der je geltenden Abtretungsfrist zu erfolgen, um die Beteiligten zur gesamten Verfahrensdauer hören zu können (A/G/R-*Weinland* § 300 InsO a.F. Rn. 10; K. Schmidt/*Henning* InsO, § 300 n.F. Rn. 5).

E. Entscheidung über die Restschuldbefreiung

I. Versagung der Restschuldbefreiung

59 Im Rahmen der von § 300 Abs. 1 InsO vorgeschriebenen Anhörung kann jeder Insolvenzgläubiger und der Treuhänder nach § 300 Abs. 3 InsO letztmalig die **Versagung der Restschuldbefreiung** beantragen. Mit dem Ende des Anhörungstermins bzw. der Anhörungsfrist ist der Versagungsantrag präkludiert (*BGH* VuR 2013, 145; MüKo-InsO/*Stephan* § 300 Rn. 15, 23; *Uhlenbruck/Sternal* InsO, § 300 Rn. 30; a.A. *AG Göttingen* ZVI 2008, 499 [500]). Wird kein zulässiger und begründeter Versagungsantrag gestellt, ist dem Schuldner die Restschuldbefreiung durch Beschluss zu erteilen. Von Amts wegen darf die Restschuldbefreiung nicht versagt werden (*BGH* ZInsO 2012, 1581 Tz. 8). Ein Versagungsantrag kann auf die gleichen Umstände gestützt werden, mit denen während der Treuhandzeit eine Versagung der Restschuldbefreiung zu begründen ist (*Häsemeyer* InsR, Rn. 26.58), denn § 300 Abs. 2 InsO verweist vollständig auf diese Versagungsgründe. Gegen eine versäumte Antragstellung ist eine **Wiedereinsetzung in den vorigen Stand** nach § 4 InsO i.V.m. § 233 ZPO nicht zulässig, da es sich bei der gesetzlichen Terminbestimmung um keine Notfrist handelt. Ausnahmsweise lässt der *BGH* eine Wiedereinsetzung gegen eine versäumte Frist für einen Versagungsantrag zu, wenn der Gläubiger wegen einer unzureichenden Veröffentlichung keine Gelegenheit hatte, von der Frist Kenntnis zu erlangen. Dazu müssen allerdings verfassungsrechtliche Rechtsschutzgarantien verletzt sein (*BGH* NZI 2014, 77 Tz. 15, bei einer aufgrund unzutreffender Veröffentlichung versäumten Frist; *Uhlenbruck/Sternal* InsO, § 290 Rn. 18; *Hafemeister* NZI 2014, 61 [62]; vgl. § 290 Rn. 206).

60 **Welcher Versagungsgrund** geltend gemacht werden kann, hängt vom Verfahrensstadium ab. In den Fällen der drei- bzw. fünf- und sechsjährigen Abtretungsfrist nach § 300 Abs. 1 Satz 1 und Satz 2 Nr. 2 und 3 InsO wird zumeist die Treuhandperiode begonnen sein. Ein Insolvenzgläubiger kann dann seinen Antrag auf eine **schuldhafte Obliegenheitsverletzung** des Schuldners gem. den §§ 296 Abs. 1 Satz 1, 295 InsO stützen. Der Antrag muss allerdings binnen eines Jahres nach dem Zeitpunkt gestellt werden, in dem die Obliegenheitsverletzung dem Gläubiger bekannt geworden ist, weil § 300 Abs. 2 InsO auch die Regelung aus § 296 Abs. 1 Satz 2 InsO übernimmt (vgl. dazu § 296 Rdn. 47 ff.). Da § 296 Abs. 2 Satz 3 InsO ebenfalls anzuwenden ist, kann die Restschuldbefreiung auch wegen der Verletzung einer der dort aufgeführten Verfahrensobliegenheiten zur Auskunftserteilung, Abgabe der eidesstattlichen Versicherung und zum persönlichen Erscheinen versagt werden (vgl. § 296 Rdn. 70 ff.).

61 Außerdem kann die Restschuldbefreiung aufgrund einer rechtskräftigen Verurteilung wegen einer **Insolvenzstraftat** versagt werden, wenn der Versagungsantrag binnen eines Jahres nach Kenntniserlangung von der Verurteilung gestellt worden ist, §§ 300 Abs. 2, 297 Abs. 1 und 2, 296 Abs. 1 Satz 2 InsO.

62 Weiter kann die Restschuldbefreiung im Fall eines **nachträglich bekannt gewordenen Versagungsgrunds** gem. § 297a InsO versagt werden, wenn fristgerecht ein Versagungsantrag gestellt wurde.

Schließlich kann auch der **Treuhänder** nach dem Ablauf der Treuhandzeit die Versagung der Rest- 63
schuldbefreiung beantragen, falls die an ihn abgeführten Beträge für das vergangene Jahr seine **Mindestvergütung** nicht decken, obwohl er den Schuldner zur Zahlung binnen einer Frist von mindestens zwei Wochen aufgefordert hat, §§ 300 Abs. 2, 298 Abs. 1 InsO. Einen Versagungsgrund schafft deshalb nur die im vergangenen Jahr nicht gezahlte Mindestvergütung. Ist ein Antrag auf Versagung der Restschuldbefreiung nach § 298 InsO gestellt, kann der Schuldner binnen zwei Wochen nach Aufforderung durch das Gericht den fehlenden Betrag einzahlen oder die Stundung der Treuhänderkosten beantragen, § 298 Abs. 2 Satz 2 InsO. Die Entscheidung nach § 300 InsO darf in diesem Fall erst nach Ablauf der Frist und ggf. der Stundungsentscheidung getroffen werden (s. *Grote/Lackmann* § 298 Rdn. 16; MüKo-InsO/*Stephan* § 300 Rn. 15).

Sind i.S.d. § 300 Abs. 1 Satz 2 Nr. 1 Alt. 1 InsO **keine Forderungen angemeldet**, existiert kein 64
antragsberechtigter Insolvenzgläubiger und ein Versagungsverfahren scheidet aus. Bei einer **Berichtigung der Insolvenzforderungen** gem. § 300 Abs. 1 Satz 2 Nr. 1 Alt. 2 InsO hängen die Versagungsgründe davon ab, in welchem Stadium das Verfahren sich befindet. In den **asymmetrischen Verfahren**, die bei einer vorzeitig erteilten Restschuldbefreiung häufiger auftreten werden, kommt allein eine Versagung nach § 300 Abs. 3 InsO i.V.m. § 290 InsO in Betracht (*BGH* BGHZ 183, 258 Tz. 24). Es bleibt insoweit bei der Rechtsprechung des BGH, weil § 300a InsO allein Fragen des Neuerwerbs in den asymmetrischen Verfahren regelt.

Auch das zu beachtende **Verfahren** ist an den Regeln über die Versagung der Restschuldbefreiung im 65
Verlauf der Treuhandperiode ausgerichtet. Der Antragsteller muss antragsbefugt sein (*Ahrens* NZI 2001, 113 ff.). Ein Versagungsantrag ist außerdem nur zulässig, wenn die Versagungsgründe der §§ 296, 297 InsO **glaubhaft** gemacht worden sind, denn § 300 Abs. 2 InsO verweist ebenfalls auf die §§ 296 Abs. 1 Satz 3, 297 Abs. 2 InsO, welche die Glaubhaftmachung vorschreiben (*BGH* ZInsO 2012, 1581 Tz. 8; *Uhlenbruck/Sternal* InsO, § 300 Rn. 32; *Hess* InsO, 2007, § 300 Rn. 12; *Behr* JurBüro 1998, 513 [524]; vgl. *Scholz* DB 1996, 765 [770]). Der Gläubiger muss neben der schuldhaften Obliegenheitsverletzung (str.) auch die dadurch beeinträchtigte Gläubigerbefriedigung glaubhaft machen (*BGH* ZInsO 2012, 1581 Tz. 8; vgl. § 296 Rdn. 20 ff.). Insbesondere muss gem. § 296 Abs. 1 Satz 2 InsO der Antrag binnen eines Jahres gestellt worden sein, nachdem die Obliegenheitsverletzung dem Gläubiger bekanntgeworden ist (*AG Göttingen* ZInsO 2006, 384 [385]). Die Entscheidung über den Versagungsantrag ergeht durch Beschluss, § 300 Abs. 1 InsO. Sie ist dann dem Richter vorbehalten, wenn ein Insolvenzgläubiger die Versagung der Restschuldbefreiung beantragt hat, § 18 Abs. 1 Nr. 3 RPflG (ab dem 21.04.2018: § 18 Abs. 1 Nr. 4 RPflG, BGBl. I 2017, S. 866). Über den Versagungsantrag des Treuhänders entscheidet deswegen grds. der Rechtspfleger.

Die **Folgen** einer gem. § 300 Abs. 2 InsO nach dem Ende der Treuhandzeit versagten Restschuld- 66
befreiung sind aus allgemeinen Grundsätzen zu entwickeln. § 299 InsO, der die Wirkungen eines vorzeitig beendeten Restschuldbefreiungsverfahrens normiert, gilt auch nicht entsprechend. Die Laufzeit der Abtretungserklärung und das Amt des Treuhänders sind beendet. Die Beschränkung der Gläubigerrechte endet nach dem Wortlaut von § 294 Abs. 1 InsO ebenfalls mit der Abtretungsfrist. Sofern dem Schuldner die Restschuldbefreiung erteilt wird, ist eine einschränkende Auslegung dieser Bestimmung geboten, damit nicht einzelne Gläubiger entgegen der gesetzlichen Zielsetzung nach dem Ende der Treuhandzeit, aber vor Erteilung der Restschuldbefreiung Zwangsvollstreckungsmaßnahmen durchführen (s. § 294 Rdn. 35). Die Beschränkung der Gläubigerrechte muss deswegen bestehen bleiben, solange die Restschuldbefreiung noch erteilt werden kann, also bis zur rechtskräftigen Versagung der Restschuldbefreiung. Erst damit lebt das freie Nachforderungsrecht der Gläubiger wieder auf (*Kübler/Prütting/Bork-Wenzel* InsO, § 300 Rn. 10; *Uhlenbruck/Sternal* InsO, § 300 Rn. 45; MüKo-InsO/*Stephan* § 300 Rn. 7; *Braun/Pehl* InsO, § 300 Rn. 14 f.).

Vollstreckungstitel für ihre Forderungen ist die Tabelle, § 201 Abs. 2 Satz 1 InsO. Auf einen früher 67
erwirkten, sich mit der Eintragung in der Tabelle deckenden Titel darf daneben grds. nicht mehr zurückgegriffen werden. Durch den Auszug aus der Tabelle, aus dem gem. § 201 Abs. 2 InsO die Zwangsvollstreckung betrieben werden kann, wird der frühere Titel aufgezehrt (*BGH* NJW 1998,

2364 [2365]; ZInsO 2006, 704 = EWiR 2006, 539 [*Ahrens*]; s.a. *RG* RGZ 112, 297 [300]; MüKo-InsO/*Stephan* InsO, § 289 Rn. 51; *Fischer* ZInsO 2005, 69; **a.A.** *Gaul* FS Weber, 155 [177 f.]; *Pape* KTS 1992, 185 [188 ff.]; auch *Stein/Jonas/Münzberg* ZPO, 22. Aufl., vor § 704 Rn. 20, die sich für eine Titelwahl aussprechen). Dies gilt auch, wenn der frühere Titel Forderungen aus vorsätzlich begangenen unerlaubten Handlungen bzw. die sonstigen besonderen Schuldgründe nach § 302 Nr. 1 InsO feststellt (*LG Kleve* DGVZ 2013, 38; *Pape* ZVI 2014, 1 [2]). Der ältere Titel über die spezielle Qualifikation der Forderung wird sogar dann aufgezehrt, wenn in der Tabelle die Forderung ohne den besonderen Schuldgrund festgestellt wurde, weil nach § 302 Nr. 1 InsO nur solche Forderungen von der Restschuldbefreiung ausgenommen sind, die unter Angabe des qualifizierten Forderungsgrunds angemeldet wurden. Soweit der Schuldner der Feststellung zur Tabelle widersprochen hat und der Widerspruch noch nicht beseitigt ist, kann nicht aus dem Tabellenauszug die Zwangsvollstreckung betrieben werden, §§ 201 Abs. 2 Satz 1 und 2 InsO. Deswegen darf der Gläubiger weiter aus dem vorab erwirkten Titel vollstrecken (*BGH* NJW 1998, 2364 [2365]; ZInsO 2006, 704 = EWiR 2006, 539 [*Ahrens*]). Zur privilegierten Vollstreckung aus einem Vollstreckungsbescheid s. § 302 Rdn. 49.

68 Ein **Fortbestand der Obliegenheiten** des Schuldners über die Abtretungsfrist hinaus widerspricht dem durch die Neufassung von § 287 Abs. 2 Satz 1 InsO zum Ausdruck gebrachten gesetzgeberischen Willen, den Anforderungen an den Schuldner eindeutige zeitliche Grenzen zu setzen (*AG Göttingen* ZVI 2008, 499 [501]). Sonst könnten die Gläubiger durch Versagungsanträge und Rechtsmittel den Umfang der Obliegenheiten beeinflussen (**a.A.** *Heyer* Restschuldbefreiung im Insolvenzverfahren, S. 151).

II. Erteilung der Restschuldbefreiung

69 Ist die Abtretungsfrist **ohne vorzeitige Beendigung** verstrichen und bis zum Ende der Anhörungsfrist **kein zulässiger und begründeter Antrag auf Versagung** der Restschuldbefreiung gestellt worden, muss das Insolvenzgericht die Restschuldbefreiung erteilen, ohne dabei einen Ermessensspielraum zu besitzen (*Gottwald/Ahrens* HdbInsR, § 79 Rn. 8; *A/G/R-Weinland* § 300 InsO a.F. Rn. 16; *K. Schmidt/Henning* InsO, § 300 n.F. Rn. 4; *LSZ/Kiesbye* InsO, § 300 Rn. 10). Der Ablauf der regelmäßigen sechsjährigen oder der verkürzten Abtretungsfrist, bzw. in Altverfahren (s. Rdn. 81) der sieben- bzw. fünfjährigen Frist nach Aufhebung des Insolvenzverfahrens, ist Sachentscheidungsvoraussetzung der Restschuldbefreiung (*BGH* ZInsO 2017, 1692 Tz. 11). Solange kein Antrag auf Versagung der Restschuldbefreiung gestellt wurde, ist es bedeutungslos, ob der Schuldner seine Obliegenheiten erfüllt hat (MüKo-InsO/*Stephan* § 300 Rn. 29; *Preuß* Verbraucherinsolvenzverfahren und Restschuldbefreiung, 2. Aufl., Rn. 302; *Heyer* Restschuldbefreiung im Insolvenzverfahren, S. 152). Nach dem Ende der Abtretungsfrist ist das Gericht verpflichtet, **unverzüglich** zu **entscheiden** (*BGH* NZI 2010, 577 Tz. 9; *K. Schmidt/Henning* InsO, § 300 n.F. Rn. 9). Die Untätigkeit des Gerichts soll allerdings keine Entscheidung darstellen (*BGH* NZI 2010, 577 Tz. 5).

70 In keinem Fall kommt es darauf an, ob der Schuldner während der Treuhandzeit irgendwelche **Tilgungsleistungen** zur Befriedigung der Gläubiger erbracht hat, denn er muss keine Mindestquote leisten (*BGH* BGHZ 134, 79 [92]; *Döbereiner* Restschuldbefreiung, S. 225 ff.; *Forsblad* Restschuldbefreiung, S. 252 ff.; *Braun/Uhlenbruck* Unternehmensinsolvenz, S. 697; *Hess/Obermüller* Insolvenzplan, Restschuldbefreiung und Verbraucherinsolvenz, 3. Aufl., Rn. 1197; *Krug* Verbraucherkonkurs, S. 133 f.; *Uhlenbruck/Sternal* InsO, § 300 Rn. 8; *Pech* Die Einbeziehung des Neuerwerbs in die Insolvenzmasse, S. 192 ff.; KS-InsO/*Fuchs* 2000, S. 1679 Rn. 208; *Heyer* JR 1996, 314 [317]; *Gerlinger* ZInsO 2000, 25 [29]; *Wenzel* EWiR 2000, 35; **a.A.** *LG Essen* ZIP 1999, 1180; KS-InsO/*Thomas* 2000, S. 1763). Zwangsvollstreckungsmaßnahmen einzelner Insolvenzgläubiger sind über den unmittelbaren Wortlaut des § 294 Abs. 1 InsO hinaus auch nach dem Ende der Laufzeit der Abtretungserklärung bis zur Erteilung der Restschuldbefreiung unzulässig (s. § 294 Rdn. 35).

71 Die Restschuldbefreiung wird durch einen **rechtsgestaltenden Beschluss** des Insolvenzgerichts erteilt (*BGH* ZInsO 2017, 1692 Tz. 11). Die Verbindlichkeiten des Schuldners werden deswegen nicht schon durch einen Ablauf der Abtretungsfrist, sondern erst durch die gerichtliche Entscheidung ma-

teriell umgewandelt (A/G/R-*Weinland* § 300 InsO a.F. Rn. 16). Erst recht ist bei einer nach § 300 Abs. 1 Satz 2 InsO vorzeitig erteilten Restschuldbefreiung ein konstitutiver Beschluss erforderlich. Dies gilt insbesondere in den Verfahren mit einer sofortigen Restschuldbefreiung, da hier das Ende des Restschuldbefreiungsverfahrens durch eine gerichtliche Entscheidung fixiert werden muss. Aus einer erzwingbaren Verbindlichkeit entsteht so eine Schuld, die zwar immer noch einen Grund für das Behaltendürfen der Leistung bildet, aber für Haupt- und Nebenleistungen nicht mehr durchsetzbar ist. Die umgewandelten Schulden werden als unvollkommene Verbindlichkeiten bezeichnet. Sicherheiten werden nach Maßgabe von § 301 Abs. 2 Satz 1 InsO nicht durch die Restschuldbefreiung berührt. Diese konstitutiven **Wirkungen des Beschlusses** treten mit dessen Rechtskraft für die **Zukunft** ein. Eine Rückwirkung ist ausgeschlossen (*BGH* ZInsO 2017, 1692 Tz. 11).

Hat kein Insolvenzgläubiger einen Versagungsantrag gestellt, ist der Rechtspfleger **funktionell zuständig**. Sonst ist die Entscheidung dem Richter vorbehalten, § 18 Abs. 1 Nr. 3 (ab dem 21.04.2018: § 18 Abs. 1 Nr. 4 RPflG, BGBl. I 2017, S. 866), s.a. Abs. 2 RPflG (Uhlenbruck/*Sternal* InsO, § 300 Rn. 25; *Gottwald/Ahrens* HdbInsR, § 79 Rn. 9; *Helwich* MDR 1997, 13 [14]). Der Richter ist also für die Versagung der Restschuldbefreiung nach den §§ 296 bis 297a InsO zuständig. Dies gilt auch bei einem erst nach dem Schlusstermin oder der Schlussanhörung gestellten und deswegen unzulässigen Versagungsantrag gem. § 290 InsO (*AG Kaiserslautern* ZInsO 2015, 1116). Die Erteilung oder Versagung der Restschuldbefreiung gehört also auch dann zum Aufgabenkreis des Rechtspflegers, wenn der Treuhänder gem. § 298 InsO ihre Versagung beantragt hat (*Uhlenbruck/Sternal* InsO, § 300 Rn. 25; *K. Schmidt/Henning* InsO, § 300 n.F. Rn. 6). Über den Wortlaut von § 294 Abs. 1 InsO hinaus bleibt die Zwangsvollstreckung in der Zeit nach dem Ende der Laufzeit der Abtretungserklärung bis zu der gerichtlichen Entscheidung unzulässig (vgl. § 294 Rdn. 35). Die Wirkungen der Restschuldbefreiung auf die nicht erfüllten Verbindlichkeiten normieren die §§ 286, 301, 302 InsO.

III. Rechtsmittel

Wird die Restschuldbefreiung versagt, so steht dem **Schuldner** gegen diese Entscheidung die sofortige Beschwerde zu, §§ 6, 300 Abs. 4 Satz 2 InsO, 567 ZPO.

Ebenso ist jedem **Insolvenzgläubiger**, der bei der Anhörung die Versagung der Restschuldbefreiung erfolglos beantragt hat, die sofortige Beschwerde eröffnet. Außerdem ist ein Insolvenzgläubiger nach § 300 Abs. 4 Satz 2 Alt. 3 InsO beschwerdeberechtigt, wenn er das Nichtvorliegen der Voraussetzungen einer vorzeitigen Restschuldbefreiung nach § 300 Abs. 1 Satz 2 InsO geltend gemacht hat (*Uhlenbruck/Sternal* InsO, § 300 Rn. 40). Um das Beschwerderecht zu erhalten, muss zumindest ein substantiierter Gegenvortrag des Gläubigers erfolgt sein.

Dem Beschluss muss eine **Rechtsbehelfsbelehrung** beigefügt werden, § 4 InsO i.V.m. § 232 ZPO. Bei einer fehlenden Rechtsbehelfsbelehrung wird nach § 233 Satz 2 ZPO ein fehlendes Verschulden an der Einhaltung der Rechtsbehelfsfrist vermutet. Die sofortige Beschwerde ist in der Frist von zwei Wochen ab Verkündung, bei nicht verkündeten Beschlüssen ab Zustellung einzulegen, § 6 Abs. 2 InsO. Eine drei Wochen nach Verkündung eingelegte sofortige Beschwerde ist unzulässig (*LG Frankfurt* ZVI 2003, 427). Eine Wiederaufnahme des Verfahrens gem. den §§ 578 ff. ZPO ist grds. statthaft (vgl. *LG Göttingen* ZVI 2007, 85, zu § 298 InsO).

Für den Treuhänder ist zwar in § 300 Abs. 3 Satz 2 InsO kein Rechtsbehelf vorgesehen, doch kann er nach § 11 Abs. 2 RPflG die sofortige Erinnerung einlegen, wenn sein Antrag auf Versagung der Restschuldbefreiung abgewiesen wurde (*AG Göttingen* NZI 2009, 257 [258]; A/G/R-*Weinland* § 300 InsO a.F. Rn. 24; *Uhlenbruck/Sternal* InsO, § 300 Rn. 41). Wird kein Versagungsantrag gestellt, ist eine sofortige Beschwerde nicht statthaft. Die Entscheidung über die Restschuldbefreiung ist sogleich rechtskräftig und kann bekannt gemacht werden (*Schmerbach* ZInsO 2012, 916 [913]).

IV. Bekanntmachung

77 Der rechtskräftige Beschluss über die Erteilung bzw. Versagung der Restschuldbefreiung ist öffentlich bekanntzumachen, § 300 Abs. 4 Satz 1 InsO. Dies hat durch eine zentrale und länderübergreifende Veröffentlichung im Internet zu erfolgen, § 9 InsO. Systematisch ist die Bekanntmachung in § 300 Abs. 4 Satz 1 InsO vor den Rechtsbehelfen in § 300 Abs. 4 Satz 2 InsO geregelt. Aufgrund der Parallele zur Versagung und dem Widerruf der Restschuldbefreiung darf die Bekanntmachung erst nach Rechtskraft des Beschlusses erfolgen (*AG Göttingen* NZI 2007, 251 [252]).

V. Kosten

78 Mit den **allgemeinen Gebühren** für die Durchführung des Insolvenzverfahrens soll grds. auch die Durchführung der gesetzlichen Schuldbefreiung abgegolten sein. Wegen der zusätzlichen Belastung des Gerichts durch Gläubigeranträge auf Versagung der Restschuldbefreiung wird dafür aber eine Gebühr in Rechnung gestellt (Begr. zum RegE EGInsO, BT-Drucks. 12/3803 S. 72). Kostenschuldner ist der antragstellende Insolvenzgläubiger, § 23 Abs. 2 GKG, s.a. § 29 Nr. 1 GKG. Die Gebühr für den Versagungsantrag gem. § 300 InsO beträgt EUR 30,–, KV Nr. 2350. Sie entsteht unabhängig davon, ob der Versagungsantrag begründet war oder zurückgewiesen wurde (*LG Göttingen* ZVI 2008, 121). Im Beschwerdeverfahren entsteht eine Gebühr von EUR 50,– gem. KV Nr. 2360. Hinzu kommen Veröffentlichungskosten der Entscheidungen nach § 300 Abs. 3 Satz 1 InsO gem. KV Nr. 9004.

79 Wird in einem Versagungsverfahren des § 300 InsO ein **Rechtsanwalt** tätig, erhält er die Hälfte der vollen Gebühr, Nr. 3321 VV RVG. Die Gebühr entsteht auch, wenn der Antrag auf Versagung bereits vor Aufhebung des Insolvenzverfahrens gestellt wird, d.h. auch im Versagungsverfahren gem. § 290 InsO. Im Beschwerdeverfahren entsteht eine halbe Gebühr, Nr. 3500 und 3513 VV RVG. Der Gegenstandswert der Gebühr ist gem. den §§ 28 Abs. 3, 23 Abs. 3 Satz 2 RVG nach billigem Ermessen aufgrund des wirtschaftlichen Interesses des Gläubigers zu bestimmen. Bei Anträgen gem. den §§ 295 f. InsO bestimmt das *LG Bochum* (ZInsO 2001, 564 [566]) nach der Hälfte des Werts der zur Tabelle angemeldeten Forderungen. Das *OLG Celle* geht von einem Regelstreitwert von EUR 5.000,– aus (*BGH* NZI 2011, 861; NZI 2012, 145, insoweit jeweils nicht abgedruckt). Zur Verfahrenskostenstundung s. *Kohte* § 4a Rdn. 37 ff.

F. Überlange Insolvenzverfahren

80 In einem vor dem 01.12.2001 eröffneten **Altverfahren** beträgt gem. Art. 103a EGInsO i.V.m. § 287 Abs. 2 Satz 1 InsO a.F. die Laufzeit der Abtretungserklärungserklärung **sieben Jahre nach Aufhebung des Insolvenzverfahrens**. Bei einer vor dem 01.01.1997 bestehenden Zahlungsunfähigkeit dauert die Laufzeit der Abtretungserklärung immerhin noch fünf Jahre nach Aufhebung des Insolvenzverfahrens. Bei der Novellierung von § 287 Abs. 2 Satz 1 InsO durch das Gesetz zur Änderung der Insolvenzordnung vom 26.10.2001 ist die Dauer derartiger Verfahren unberührt geblieben. Soweit alte Insolvenzverfahren derzeit noch nicht aufgehoben sind und deswegen die Laufzeit der Abtretungserklärung nach der früheren Rechtslage noch nicht begonnen hat, ist über das weitere Vorgehen zu entscheiden.

81 In den vor dem 01.12.2001 eröffneten Insolvenzverfahren ist Art. 103a EGInsO im Hinblick auf Art. 3 Abs. 1 GG verfassungskonform dahin auszulegen, dass diesen Schuldnern **zwölf Jahre nach Eröffnung** des Insolvenzverfahrens gem. § 300 InsO die Restschuldbefreiung zu erteilen ist, unabhängig davon, ob das Insolvenzverfahren noch läuft oder der Schuldner sich zwischenzeitlich in der Treuhandperiode befindet (*BGH* NZI 2013, 849 Tz. 14 = VIA 2013, 76 m. Anm. *Dietzel*; *BGH* ZInsO 2017, 1692 Tz. 9; *AG Göttingen* ZInsO 2012, 1330 [1332]; anders noch *BGH* NZI 2011, 25 Tz. 3).

82 Das Gericht muss wie in den Fällen der **asymmetrischen Verfahren** vorgehen (*BGH* ZInsO 2017, 1692 Tz. 15). Es ist entweder ein Termin zur Entscheidung über die Restschuldbefreiung zu bestimmen bzw. ein schriftliches Verfahren gem. § 5 Abs. 2 Satz 1 InsO anzuordnen. Den Gläubigern ist

dabei Gelegenheit zu geben, einen Versagungsantrag zu stellen. Die Versagungsgründe aus § 290 InsO sind uneingeschränkt zu prüfen (*BGH* NZI 2010, 999 Tz. 2). Befindet sich der Schuldner bereits in der Treuhandperiode, ist nach § 300 InsO vorzugehen und über die ggf. geltend gemachten Versagungsgründe aus § 295 InsO zu entscheiden (*BGH* NZI 2013, 849 Tz. 17). In den Altverfahren ist dabei auf die dazu ergangene Rechtsprechung (hier 8. Aufl., Rn. 62 ff.) und nicht auf § 300a InsO abzustellen. Neuerwerb ist von dem Insolvenzverwalter bzw. Treuhänder weiterhin einzuziehen. Nach Erteilung der Restschuldbefreiung ist der Neuerwerb an den Schuldner auszukehren.

G. Beendigung des Insolvenzverfahrens ohne Restschuldbefreiung

In verschiedenen Konstellationen wird das **Insolvenzverfahren atypisch beendet** und damit der Zugang des Schuldners zur Restschuldbefreiung abgeschnitten. Solche Gestaltungen können etwa bei der Befreiung des Schuldners von seinen Verbindlichkeiten durch einen Insolvenzplan gem. § 227 Abs. 1 InsO, die Einstellung des Insolvenzverfahrens nach den §§ 212, 213 InsO oder ggf. durch den Tod des Schuldners im Insolvenzverfahren eintreten. Dann muss das anhängige Restschuldbefreiungsverfahren entweder durch einen dispositiven Akt des Antragstellers, insbesondere eine Rücknahme des Antrags, oder durch eine gerichtliche Entscheidung beendet werden (worauf *Blankenburg* ZVI 2017, 89 [90 f.], zutreffend hinweist). Da ein bis zur Aufhebung nach § 200 InsO oder der Einstellung nach § 211 InsO geführtes Insolvenzverfahren eine besondere Sachentscheidungsvoraussetzung des Restschuldbefreiungsverfahrens darstellt, ist der Restschuldbefreiungsantrag als unzulässig zu verwerfen (i.E. ebenso *Blankenburg* ZVI 2017, 89 [90 f.], fehlendes Rechtsschutzbedürfnis).

83

§ 300a Neuerwerb im laufenden Insolvenzverfahren

(1) ¹Wird dem Schuldner Restschuldbefreiung erteilt, gehört das Vermögen, das der Schuldner nach Ende der Abtretungsfrist oder nach Eintritt der Voraussetzungen des § 300 Absatz 1 Satz 2 erwirbt, nicht mehr zur Insolvenzmasse. ²Satz 1 gilt nicht für Vermögensbestandteile, die auf Grund einer Anfechtung des Insolvenzverwalters zur Insolvenzmasse zurückgewährt werden oder die auf Grund eines vom Insolvenzverwalter geführten Rechtsstreits oder auf Grund Verwertungshandlungen des Insolvenzverwalters zur Insolvenzmasse gehören.

(2) ¹Bis zur rechtskräftigen Erteilung der Restschuldbefreiung hat der Verwalter den Neuerwerb, der dem Schuldner zusteht, treuhänderisch zu vereinnahmen und zu verwalten. ²Nach rechtskräftiger Erteilung der Restschuldbefreiung findet die Vorschrift des § 89 keine Anwendung. ³Der Insolvenzverwalter hat bei Rechtskraft der Erteilung der Restschuldbefreiung dem Schuldner den Neuerwerb herauszugeben und über die Verwaltung des Neuerwerbs Rechnung zu legen.

(3) ¹Der Insolvenzverwalter hat für seine Tätigkeit nach Absatz 2, sofern Restschuldbefreiung rechtskräftig erteilt wird, gegenüber dem Schuldner Anspruch auf Vergütung und auf Erstattung angemessener Auslagen. ²§ 293 gilt entsprechend.

Übersicht

	Rdn.		Rdn.
A. Normzweck	1	III. Verwaltung, Zwangsvollstreckung, Abs. 2	12
B. Sachlicher Anwendungsbereich	3	D. Vergütung des Insolvenzverwalters, Abs. 3	15
C. Neuerwerb	7	E. Sonstiges Verfahren	16
I. Ausnahme vom Insolvenzbeschlag, Abs. 1 Satz 1	7	I. Insolvenzverfahren	16
II. Rückausnahme bei Verwalterhandlungen, Abs. 1 Satz 2	10	II. Restschuldbefreiungsverfahren	22

Literatur:
Ahrens Asymmetrische Verfahren, in Festschrift für Görg, 2010, S. 1; *Büttner* Probleme bei der vorzeitigen Erteilung der Restschuldbefreiung nach Ablauf der Abtretungserklärung vor Abschluss oder Aufhebung des Insolvenzverfahrens, ZInsO 2010, 1025; *Freydag* Neuerwerb bei vorzeitiger Restschuldbefreiung, ZVI 2015, 49; *von*

§ 300a InsO   Neuerwerb im laufenden Insolvenzverfahren

Gleichenstein 6 Jahre und kein Ende? Restschuldbefreiung und Wegfall des Insolvenzbeschlags am Neuerwerb nach Ablauf des Abtretungszeitraums im laufenden Insolvenzverfahren, ZVI 2009, 93; *Heicke* Wie geht es mit dem Kautionsrückzahlungsanspruch weiter?, VIA 2017, 49; *Heicke/Strüder* Wem steht die Mietkaution zu?, VIA 2017, 17; *Heinze* Restschuldbefreiung im laufenden Insolvenzverfahren?, ZVI 2008, 416; *Kobialka/Schmittmann* Ende der Laufzeit der Abtretungserklärung vor Aufhebung des Insolvenzverfahrens, ZInsO 2009, 653; *Lissner* Der Ablauf der Laufzeit der Abtretungserklärung und die Restschuldbefreiung – ein praktischer Fall, Rpfleger 2013, 375; *Schmerbach* Anspruch auf Restschuldbefreiung nach sechs Jahren, NZI 2010, 54; *Vill* Entscheidungen über die Restschuldbefreiung im laufenden Insolvenzverfahren, FS Ganter 2010, S. 407; *Voß* Neuerwerb in asymmetrischen Verfahren, VIA 2015, 33.

A. Normzweck

1   Mit § 300a InsO ist eine **Teilregelung der asymmetrischen Verfahren** (zur Begriffsbildung *Ahrens* FS Görg, S. 1) für die ab dem 01.07.2014 beantragten Verfahren geschaffen. Wie die §§ 294 ff. InsO eindeutig belegen, geht die Insolvenzordnung von der Konzeption eines vor dem Ende der Abtretungsfrist beendeten Insolvenzverfahrens aus. Für die umgekehrte asymmetrische Konstellation eines über die Abtretungsfrist hinaus dauernden Insolvenzverfahrens existierte bislang keine eigenständige Regelung. Kodifiziert worden ist jetzt in § 300a InsO gerade nur der Umgang mit dem **Vermögen des Schuldners** und insbesondere dem Neuerwerb nach dem Ende der Abtretungsfrist (BT-Drucks. 17/11268 S. 31; *Ahrens* Das neue Privatinsolvenzrecht, Rn. 912). Im Kern übernimmt der Gesetzgeber damit die höchstrichterliche Rechtsprechung zum Insolvenzbeschlag für den Neuerwerb nachdem die Abtretungsfrist abgelaufen ist (*BGH* BGHZ 183, 258; NZI 2014, 312 Tz. 5; NZI 2014, 229 Tz. 7). Soweit Vermögen weiterhin zur Insolvenzmasse gehört, bleibt die Beschränkung der Gläubigerrechte bestehen. Das **sonstige Verfahren bleibt ungeregelt** (dazu Rdn. 16 ff.), weshalb die asymmetrischen Verfahren weiterhin nur unvollständig normiert sind.

2   Neben den zentralen vermögensbezogenen Bestimmungen trifft § 300a Abs. 3 InsO noch eine **Kostenverlagerung**. Damit werden gerade die Justizkassen, aber auch die Insolvenzgläubiger vor den nach Ablauf der Abtretungsfrist anfallenden zusätzlichen Kosten geschützt. Eine ergänzende Teilregelung trifft § 303 Abs. 1 Nr. 3 InsO. Im Übrigen sind die allgemeinen Vorschriften mit Blick auf die Besonderheiten der asymmetrischen Verfahren anzuwenden.

B. Sachlicher Anwendungsbereich

3   Die Regelung erfasst noch **nicht beendete Insolvenzverfahren** natürlicher Personen, in denen ein Restschuldbefreiungsantrag gestellt und die sechsjährige Abtretungsfrist ohne vorzeitige Beendigung abgelaufen ist. Es genügt ein isolierter Restschuldbefreiungsantrag des Schuldners, der noch nach Ablauf der Abtretungsfrist bis zur Aufhebung oder Einstellung des Insolvenzverfahrens gestellt werden kann (*BGH* NZI 2016, 38 Tz. 18 m. Anm. *Ahrens*). Die tatbestandlichen Voraussetzungen weisen diese Beschränkung nicht ganz zweifelsfrei aus, denn der Gesetzestext könnte auf alle Restschuldbefreiungsverfahren bezogen sein. Eine derartige extensive Auslegung widerspräche aber der Motivierung des Gesetzes (BT-Drucks. 17/11268 S. 31), der Paragraphenüberschrift und der auf die Insolvenzmasse bezogenen Rechtsfolgenanordnung.

4   Zusätzlich werden nunmehr in § 300 Abs. 1 Satz 1 Alt. 2 InsO auch die Fälle einer **vorzeitig erteilten Restschuldbefreiung** normiert. Danach gehört der Vermögenserwerb, den der Schuldner nach Eintritt der Voraussetzungen des § 300 Abs. 1 Satz 2 InsO erlangt, nicht mehr zur Insolvenzmasse. Gegenüber dieser unmittelbaren Geltung ist die entsprechende Anwendung der Vorschrift nach § 300 Abs. 4 Satz 3 InsO sachgerechter und vorrangig. Die Regelung des Neuerwerbs in § 300a Abs. 1 Satz 2 InsO gilt für die vorzeitigen Restschuldbefreiungen gem. § 300 Abs. 1 Satz 2 Nr. 2 und 3 InsO nach einer drei- oder fünfjährigen Abtretungsfrist. In den sonstigen Fällen einer vorzeitigen Restschuldbefreiung erfolgt die Massegenerierung teils unter engeren, teils unter weiteren Schranken als nach § 300a Abs. 1 Satz 2 InsO. Außerdem sind die überlangen Altverfahren zu berücksichtigen, in denen nach der Rechtsprechung des BGH die Restschuldbefreiung zwölf Jahre

nach Eröffnung des Insolvenzverfahrens zu erteilen ist (*BGH* NZI 2013, 849 Tz. 14), soweit in diesen Fällen das Insolvenzverfahren noch nicht beendet wurde.

In den **Insolvenzverfahren ohne Forderungsanmeldung mit Kostenstundung**, d.h. bei einer unechten sofortigen Restschuldbefreiung ohne Forderungsanmeldung (§ 300 Rdn. 8), ist § 300a InsO **unanwendbar**. Die Realisierung des Neuerwerbs wird in diesen Verfahren nicht durch § 300a InsO begrenzt. Nach der Rechtsprechung des BGH darf in derartigen Fällen nicht die sofortige Restschuldbefreiung nach § 300 Abs. 1 Satz 2 Nr. 1 Alt. 1 InsO erteilt werden (*BGH* NZI 2016, 1006; s. § 300 Rdn. 12). Da § 300a Abs. 1 Satz 1 InsO auf die asymmetrischen Verfahren bezogen ist, in denen die Voraussetzungen einer Restschuldbefreiung erfüllt sind, scheidet eine unmittelbare Anwendung der Regelung auf die unechte sofortige Restschuldbefreiung ohne Forderungsanmeldung aus. Ebenso wenig dürfte eine entsprechende Anwendung der Norm möglich sein. Während § 300a InsO das vorgezogene Ende des Insolvenzverfahrens nach Eintritt der Voraussetzungen für die Restschuldbefreiung regelt, betreffen die Fälle der fehlenden Forderungsanmeldung mit Kostenstundung gerade den Abschluss des Insolvenzverfahrens bevor eine Restschuldbefreiung erteilt werden kann. Bis auf die fehlenden Forderungsanmeldungen handelt es sich also um die regelmäßigen symmetrischen Konstellationen. Offen ist allein die wertungsmäßig andere Frage, ob in diesen Situationen das Insolvenzverfahren zugunsten von Massegläubigern fortzusetzen ist, was § 300a InsO nicht beantworten kann (dazu § 300 Rdn. 13 f.). 5

In den Fällen einer **vollständigen Gläubigerbefriedigung** bzw. einer teilweisen Gläubigerbefriedigung mit Erlass der restlichen Forderungen des § 300 Abs. 1 Satz 2 Nr. 1 Alt. 2 InsO ginge selbst eine weitere beschränkte Einbeziehung des Neuerwerbs in die Masse zu weit. Da die Gläubiger befriedigt sind, ist jede Verwertungshandlung unverzüglich einzustellen. 6

C. Neuerwerb

I. Ausnahme vom Insolvenzbeschlag, Abs. 1 Satz 1

§ 300a Abs. 1 Satz 1 InsO bildet eine **Ausnahme von der Massezugehörigkeit des Neuerwerbs** nach § 35 Abs. 1 Alt. 2 InsO, wonach der Neuerwerb im laufenden Insolvenzverfahren dem Insolvenzbeschlag unterliegt. Die Wirkung beginnt taggenau mit Ablauf der sechsjährigen bzw. der auf fünf bzw. drei Jahre verkürzten Abtretungsfrist. Da der Schuldner auch nach Ablauf der Termine eine vorzeitige Restschuldbefreiung erreichen kann (s. § 300 Rdn. 25 f.), treten in diesem Fall die Folgen ein, wenn sämtliche Voraussetzungen einer Verkürzung erfüllt sind, wie § 300a Abs. 1 Satz 1 InsO besagt (*Ahrens* Das neue Privatinsolvenzrecht, Rn. 1107; MüKo-InsO/*Stephan* § 300a (n.F.) Rn. 4; BeckOK-InsO/*Riedel* § 300a InsO Rn. 2a; a.A. Antragstellung *Graf-Schlicker/Kexel* InsO, § 300a Rn. 6; *Pape* InsbürO 2014, 299 [303]). Unerheblich ist, wann die Restschuldbefreiung erteilt wird (*Uhlenbruck/Sternal* InsO, § 300a Rn. 3). 7

Der **Umfang** des insolvenzfreien Vermögens ist nach Alt- und Neuvermögen zu differenzieren. Das bis zum Ablauf der sechsjährigen oder der verkürzten Abtretungsfrist erworbene pfändbare **Altvermögen** unterliegt weiter dem Beschlag. Dies betrifft etwa Einnahmen aus der Verwaltung einer massezugehörigen Immobilie (*Grote/Pape* ZInsO 2013, 1433 [1445]). 8

Anderer und damit **nachträglicher Vermögenserwerb** aus Handlungen des Schuldners ist zunächst grds. insolvenzfrei. Dies gilt etwa bei Steuererstattungsansprüchen für Veranlagungszeiträume, in denen die Restschuldbefreiung erteilt ist (*BGH* NZI 2014, 312 Tz. 5; *FG Mecklenburg-Vorpommern* BeckRS 2014, 94993), pfändbare Forderungen auf Bezüge oder pfändbare Rentenansprüche, sowie den Neuerwerb aus Erbschaften oder Schenkungen (A/G/R-*Weinland* § 300a InsO Rn. 2; FK-InsO/*Waltenberger* § 300a Rn. 3; *Graf-Schlicker/Kexel* InsO, § 300a Rn. 4; *Voß* VIA 2015, 33 [34]; *Freydag* ZVI 2015, 49, 51), selbst wenn es sich um erhebliche Vermögenswerte handelt, wie bei einem Grundstückserwerb (*AG Göttingen* NZI 2015, 330, zum alten Recht). Mit der Abtretungsfrist endet auch die Zahlungsobliegenheit des selbständig erwerbstätigen Schuldners aus § 295 Abs. 2 InsO (*LG Leipzig* 23.07.2012 – 8 T 911/11, juris). Zahlungen des Schuldners gem. § 35 Abs. 2 Satz 3 InsO fallen nach dem Ende der Abtretungsfrist grds. selbst dann nicht in die Insolvenzmasse, 9 wenn sie auf einer Vereinbarung des Schuldners mit dem Insolvenzverwalter beruhen (*AG Hamburg* ZVI 2016, 373, zum alten Recht; bestätigt durch *LG Hamburg* ZInsO 2016, 2048). Lizenz- und Zinseinnahmen stehen dem Schuldner zu, soweit sie nicht auf Verwertungshandlungen des Insolvenzverwalters beruhen (anders *Freydag* ZVI 2015, 49 [53], zum alten Recht). Nach einer Enthaftungserklärung des Insolvenzverwalters gem. § 109 Abs. 2 Satz 2 InsO gehört der Anspruch auf Rückzahlung einer Mietkaution zum insolvenzfreien Vermögen des Schuldners (*BGH* NZI 2017, 444 Rn. 6 ff.; *Gehrlein* ZInsO 2016, 1456 [1458]; *Heicke/Strüder* VIA 2017, 17 ff.; *Heicke* VIA 2017, 49).

II. Rückausnahme bei Verwalterhandlungen, Abs. 1 Satz 2

10 In einer Rückausnahme werden in § 300a Abs. 1 Satz 2 InsO drei Fallgestaltungen dem Insolvenzbeschlag unterworfen. Mit diesem **Regel-Ausnahme-Rückausnahme-Verhältnis** zwischen den §§ 35 Abs. 1, 300a Abs. 1 Satz 1 und 300a Abs. 1 Satz 2 InsO ist eine plausible Folgenanordnung getroffen. Dadurch verlieren die Insolvenzgläubiger nicht die Befriedigungschancen durch einen bereits zuvor durch Rechtshandlungen des Verwalters angelegten Erwerb der Masse. Dabei handelt es sich um keine exemplarische Aufzählung, etwa von Regelbeispielen, sondern um abschließend normierte Ausnahmetatbestände, die einen fortdauernden Insolvenzbeschlag legitimieren.

11 Massezugehörig bleiben danach Vermögensbestandteile, die aufgrund einer **Insolvenzanfechtung** zur Masse zurückgewährt werden. Dazu muss ein Anfechtungsprozess eingeleitet sein (vgl. BT-Drucks. 17/11268 S. 31; *Graf-Schlicker/Kexel* InsO, § 300a Rn. 4). Außerdem gehören dazu Vermögensbestandteile, die infolge eines vom Insolvenzverwalter geführten **Rechtsstreits** zur Insolvenzmasse fließen. Die dritte Fallgruppe bildet ein Vermögenserwerb aufgrund von **Verwertungshandlungen** des Insolvenzverwalters. Erforderlich ist eine hinreichend verfestigte Position. Mieteinkünfte des Schuldners aus einer freigegebenen Wohnung fallen zwar generell als Neuerwerb in die Masse (*BGH* NZI 2009, 382 Tz. 13; *Voß* VIA 2015, 33 [34]), weswegen sie als Neuvermögen nach § 300a Abs. 1 Satz 1 InsO insolvenzfrei sein könnten (**a.A.** *Freydag* ZVI 2015, 49 [52 f.]). Resultieren die Einnahmen indessen aus einer Verwertungshandlung des Verwalters, unterliegen sie grds. dem Beschlag. Dies gilt für Nebenkostennachzahlungen aus Zeiträumen, die der Insolvenzverwalter abgerechnet hat. Mieteinnahmen aus Vermietungen durch den Insolvenzverwalter resultieren ebenfalls aus dessen Verwaltung. Nach einer Enthaftungserklärung gem. § 109 Abs. 2 Satz 2 InsO fällt der Anspruch auf Rückzahlung der Mietkaution auch nach § 300a Abs. 1 Satz 2 InsO nicht in die Masse. Die Enthaftungserklärung dient nicht dazu, Gegenstände zur Masse zu ziehen. Sie soll vielmehr umgekehrt die Verbindung zur Masse lösen.

III. Verwaltung, Zwangsvollstreckung, Abs. 2

12 Bis zu einer rechtskräftig erteilten Restschuldbefreiung muss der Insolvenzverwalter den Neuerwerb, der dem Schuldner zusteht, gem. § 300a Abs. 2 Satz 1 InsO **treuhänderisch vereinnahmen und verwalten**. Mit einer rechtskräftig erteilten Restschuldbefreiung ist er nicht mehr vereinnahmungs- und verwaltungsbefugt. Die Verwalterkompetenzen enden auch, wenn nach Ablauf der Abtretungsfrist, aber bevor die Entscheidung über die Erteilung der Restschuldbefreiung rechtskräftig wird, das Insolvenzverfahren aufgehoben wird. Ein nach der rechtskräftig erteilten Restschuldbefreiung fortgeführtes Insolvenzverfahren berechtigt den Verwalter gerade nicht mehr zu weiteren Verwalterhandlungen hinsichtlich des Neuerwerbs (*Ahrens* Das neue Privatinsolvenzrecht, Rn. 1113). Die Verwaltungshandlungen müssen aber mit Blick auf die mögliche Restschuldbefreiung erfolgen. Regelmäßig wird er den Neuerwerb deswegen nur sichern und nicht verwerten dürfen. Wird dem Schuldner im betreffenden Zeitraum eine Immobilie zur Eigennutzung übertragen, kann der Insolvenzverwalter die Eintragung eines Insolvenzvermerks gem. § 32 Abs. 2 Satz 2 InsO beantragen, aber nicht ein marktübliches Nutzungsentgelt vom Schuldner verlangen (*Ahrens* Das neue Privatinsolvenzrecht, Rn. 1113).

13 Nach rechtskräftiger Erteilung der Restschuldbefreiung besteht für den Insolvenzverwalter eine **Herausgabepflicht** an den Schuldner. Außerdem muss er über die Verwaltung Rechnung legen, § 300a

Abs. 2 Satz 3 InsO. Dazu ist zumindest eine einfache Einnahmen-Ausgaben-Übersicht erforderlich (HK-InsO/*Waltenberger* § 300a Rn. 8; K. Schmidt/*Henning* InsO, § 300a n.F. Rn. 3). Dieser Herausgabeanspruch ist pfändbar und mit den Ansprüchen des Insolvenzverwalters auf Vergütung und Auslagenerstattung aufrechenbar (*Kübler/Prütting/Bork-Wenzel* § 300a Rn. 7).

Mit der rechtskräftigen Erteilung der Restschuldbefreiung ist gem. § 300a Abs. 2 Satz 2 InsO das **Zwangsvollstreckungsverbot aus § 89** InsO beendet. Dies betrifft ebenso die Neugläubiger wie die privilegierten Gläubiger, die nunmehr Zwangsvollstreckungsmaßnahmen gegen den Schuldner durchführen können. In den vor dem 01.07.2014 beantragten Altverfahren besteht das Zwangsvollstreckungsverbot bis zur Beendigung des Insolvenzverfahrens weiter. 14

D. Vergütung des Insolvenzverwalters, Abs. 3

In einer **systemwidrigen Ausnahme** von § 54 Nr. 2 InsO begründet § 300a Abs. 3 InsO einen Vergütungsanspruch des Insolvenzverwalters gegen den Schuldner. Der Insolvenzverwalter hat danach gegen den Schuldner im Fall einer rechtskräftig erteilten Restschuldbefreiung für seine Tätigkeit einen Anspruch auf Vergütung und Erstattung angemessener Auslagen. Der Vergütungsumfang ist nach § 293 InsO zu bemessen. Dieser Anspruch gegen den Schuldner besteht selbst dann, wenn dem Schuldner Kostenstundung gewährt worden ist. Die Höhe des Vergütungsanspruchs ist entsprechend § 293 InsO und damit auch entsprechend den §§ 14 ff. InsVV zu berechnen. Eine unmittelbare Anwendung etwa von § 14 InsVV scheidet aus, weil der Neuerwerb abweichend von § 14 Abs. 1 InsVV nicht mehr vorrangig zur Befriedigung der Gläubiger, sondern zur Sicherung zu vereinnahmen ist. Bei einem hohen Neuerwerb, etwa infolge einer Erbschaft, sind dem reduzierten Aufgabenumfang entsprechende Abschläge nach den Gedanken des § 3 Abs. 2 InsVV vorzunehmen (*Ahrens* Das neue Privatinsolvenzrecht, Rn. 1117a). 15

E. Sonstiges Verfahren

I. Insolvenzverfahren

Wird die Restschuldbefreiung erteilt, ist in den asymmetrischen Konstellationen das **Insolvenzverfahren noch nicht beendet**, doch ergeben sich verschiedene Rückwirkungen auf das Insolvenzverfahren. Hat der Schuldner eine Restschuldbefreiung bereits erreicht, kann das Insolvenzverfahren nur noch in begrenztem Umfang der Gläubigerbefriedigung dienen. Der Neuerwerb fällt nicht mehr in die Masse und die Verwertung ist nur noch abzuschließen. Deswegen ist das Insolvenzverfahren nach Erteilung der Restschuldbefreiung schnellstmöglich zu beenden. Es darf nicht wegen eines Fortfalls des Eröffnungsgrundes nach § 212 InsO eingestellt werden, denn die Insolvenzforderungen verlieren nur für die künftige Geltendmachung, aber nicht für das laufende Verfahren die Berücksichtigungsfähigkeit (*BGH* NZI 2014, 229 Tz. 7 ff.). 16

Eine nachträgliche **Forderungsanmeldung** ist zwar grds. bis zum Schlusstermin zulässig. Nach Ablauf der sechsjährigen Abtretungsfrist bzw. der Fristen bei einem verkürzten Restschuldbefreiungsverfahren sind jedoch eine nachträgliche Anmeldung sowie die nachträgliche Qualifikation als Verbindlichkeit aus vorsätzlich begangener unerlaubter Handlung unzulässig (*BGH* NZI 2013, 906 Tz. 12). **Verteilungen** unterliegen weiter den allgemeinen Regeln (*BGH* BGHZ 183, 258 Tz. 22). Es ist aber schnellstmöglich die Schlussverteilung durchzuführen. 17

Mit Ablauf der Abtretungsfrist ist der **Insolvenzbeschlag** beschränkt, doch endet er damit nicht automatisch. Dies erfordert eine Entscheidung des Insolvenzgerichts, die ausdrücklich in der Aufhebung des Insolvenzverfahrens oder konkludent in der Erteilung der Restschuldbefreiung bestehen kann (*LG Dresden* NZI 2008, 508; *LG Hamburg* ZInsO 2009, 2163 [2164]; *Kobialka/Schmittmann* ZInsO 2009, 653; *Haarmeyer/Wutzke/Förster-Schmerbach* InsO, § 287 Rn. 20a; a.A. *Heinze* ZVI 2008, 416 [417]; *v. Gleichenstein* ZVI 2009, 93 [98]). Ziel muss sein, den Insolvenzbeschlag aufzuheben und dem Schuldner sein Verwaltungs- und Verfügungsrecht zurückzugeben. Unterlässt es das Gericht, alsbald nach Ablauf der Abtretungserklärung einen Schlusstermin anzuberaumen, kann 18 es sich gegenüber dem Schuldner haftpflichtig machen. Allerdings sind ausstehende Verwertungen abzuschließen.

19 Die **Erwerbsobliegenheit** aus § 287b InsO endet mit dem Ablauf der Abtretungsfrist (*Ahrens* Das neue Privatinsolvenzrecht, Rn. 767, 1119; *Uhlenbruck/Sternal* InsO, § 287b Rn. 5; ähnlich *Kübler/Prütting/Bork-Wenzel* InsO, § 287b Rn. 4, rechtskräftige Entscheidung über die Restschuldbefreiung). Eine länger bestehende Erwerbsobliegenheit ginge ins Leere. Zudem entfällt auch der Versagungsgrund aus § 290 Abs. 1 Nr. 7 InsO.

20 Die **Aufklärungs- und Mitwirkungspflichten** sind zudem sachlich beschränkt. Sie erstrecken sich nur noch auf die dem Insolvenzbeschlag unterliegenden Gegenstände und dienen insoweit der Durchführung des Verfahrens. Soweit der Neuerwerb nicht in die Masse fällt, bestehen auch keine Pflichten des Schuldners. Die Rechtsbeschränkungen der Gläubiger gelten fort. Sie können ihre Rechte gem. § 87 InsO nur nach den für das Insolvenzverfahren geltenden Vorschriften verfolgen. Eine Zwangsvollstreckung ist auch für die privilegierten Gläubiger (insoweit **a.A.** *Büttner* ZInsO 2010, 1025 [1052]) nach § 89 Abs. 1 InsO bis zur Aufhebung des Insolvenzverfahrens ausgeschlossen. Da der Fortbestand des Insolvenzverfahrens dazu dient, ihre Interessen zu realisieren, müssen sie auch die daraus resultierenden Rechtsbeschränkungen tragen. Entsprechendes gilt für ihre Aufrechnungsbefugnis. Eine Anfechtung ist weiterhin vom Insolvenzverwalter geltend zu machen.

21 Sobald die noch ausstehenden **Verwertungen abgeschlossen** sind, ist das Insolvenzverfahren nach Maßgabe der §§ 196 ff. InsO zu beenden. Erst danach endet das **Amt des Insolvenzverwalters**.

II. Restschuldbefreiungsverfahren

22 Nach dem Ende der Abtretungsfrist ist der **sachliche Abschluss des Restschuldbefreiungsverfahrens** herbeizuführen. Aus den gesetzgeberischen Gründen für die Neufassung von § 287 Abs. 2 Satz 1 InsO und dem Wortlaut von § 300 Abs. 1 InsO folgt, dass bei einer abgelaufenen Abtretungsfrist über die Erteilung der Restschuldbefreiung entschieden werden muss (*BGH* BGHZ 183, 258 Tz 30; NZI 2013, 601 Tz, 5 = VIA 2013, 51 m. Anm. *Ahrens*). Eine Treuhandperiode mit den daraus resultierenden Obliegenheiten und die Anwendung der §§ 295 bis 298 InsO sind ausgeschlossen (*BGH* BGHZ 183, 258 Tz. 19, 23 = ZVI 2010, 68 m. Anm. *Heyer*; *Ahrens* FS Görg, S. 1, 7, 9; *Schmerbach* NZI 2010, 54). Die Entscheidung über die Restschuldbefreiung darf nicht hinausgezögert werden, auch wenn das Insolvenzverfahren noch nicht abschlussreif ist (*BGH* BGHZ 183, 258 Tz. 20, 40; NZI 2010, 577 Tz. 9; *LG Hannover* ZInsO 2009, 207 [208]).

23 In einem ersten Schritt ist eine **Gläubigerversammlung** zur Entscheidung über die Restschuldbefreiung anzuberaumen (*BGH* NZI 2012, 892 Tz 8) bzw. ein schriftliches Verfahren gem. § 5 Abs. 2 Satz 1 InsO anzuordnen (*BGH* NZI 2013, 601 Tz. 5 = VIA 2013, 51 m. Anm. *Ahrens*). Möglich ist auch die Durchführung im schriftlichen Verfahren. Die unterlassene Anordnung eines Termins zur Beschlussfassung soll nach der Ansicht des BGH keine rechtsmittelfähige Entscheidung darstellen und daher nicht anfechtbar sein (*BGH* NZI 2010, 577 Tz. 6; *AG Göttingen* ZVI 2009, 463). Für die Praxis resultieren aus dieser Ansicht erhebliche Schwierigkeiten. Der Schuldner kann allerdings beim Treuhänder die Einberufung einer Versammlung gem. § 75 Abs. 1 Nr. 1 InsO anregen. Eine Untätigkeitsbeschwerde wird bei greifbarer Gesetzeswidrigkeit bejaht (*OLG Zweibrücken* NZI 2001, 471 f.; **a.A.** *Uhlenbruck/Pape* InsO, § 6 Rn. 4), doch wird sie nur in seltenen Ausnahmefällen anwendbar sein. Ausnahmsweise kann auch ein Schutz vor überlangen Verfahren in Betracht kommen.

24 Um die verfahrensmäßige Ausgestaltung zu gewährleisten, hat in diesem Termin bzw. der Frist die **Anhörung** der Gläubiger, des Verwalters und des Schuldners nach § 300 Abs. 1 InsO zu erfolgen, wobei an die Stelle des Treuhänders aus dem Restschuldbefreiungsverfahren der Insolvenzverwalter aus dem Insolvenzverfahren tritt. Um den Gläubigern eine Stellungnahme zur gesamten Treuhandzeit zu ermöglichen und wegen der systematischen Anknüpfung an § 300 Abs. 1 InsO darf die Anhörung erst nach Ablauf der Abtretungsfrist erfolgen (*Lissner* Rpfleger 2013, 375 [376]). Sie muss aber zeitnah geschehen. Damit erhalten die Insolvenzgläubiger letztmalig die Gelegenheit, einen Ver-

sagungsantrag zu stellen (*BGH* NZI 2015, 516 Rn. 7). Zugleich muss der Schuldner ggf. den vorgetragenen Versagungsgrund bestreiten.

Dabei ist § 300 Abs. 2 InsO dahingehend systematisch zu modifizieren, dass an die Stelle der 25 §§ 296 bis 298 InsO die **Versagungsmöglichkeit aus § 290 InsO** tritt. Während die Versagungsgründe der §§ 296 bis 298 InsO systematisch unpassend sind, bietet § 290 InsO die geeignete und erforderliche Entscheidungsgrundlage (*BGH* NZI 2011, 111 Tz. 24; NZI 2012, 145 Tz. 7; NZI 2012, 330 Tz. 7; NZI 2012, 892 Tz. 8; NZI 2013, 601 Tz, 5 = VIA 2013, 51 m. Anm. *Ahrens*; *LG Hannover* ZInsO 2009, 201 [202]; *Uhlenbruck/Vallender* InsO, § 287 Rn. 49, § 300 Rn. 1; *Preuß* Verbraucherinsolvenzverfahren und Restschuldbefreiung, 2. Aufl., Rn. 296; *Ahrens* FS Görg, S. 1 [8]; *Vill* FS Ganter, S. 407 [411]; *Büttner* ZInsO 2010, 1025 [1028]). Für den Antrag auf Versagung der Restschuldbefreiung nach § 290 Abs. 1 Nr. 1 InsO hat der Senat als maßgebenden Stichtag auf das Ende der Abtretungsfrist abgestellt. In diesem Zeitpunkt muss die Verurteilung wegen einer Insolvenzstraftat rechtskräftig sein (*BGH* NZI 2013, 601 Tz. 13 = VIA 2013, 51 m. Anm. *Ahrens*). Obwohl bei den anderen Versagungsgründen kein § 297 InsO entsprechender spezieller Versagungsgrund existiert, der als Wertungsparallele herangezogen werden kann, schränkt auch hier das Ende der Abtretungsfrist die Versagungsrechte aus § 290 InsO ein. Der Abschluss des Insolvenzverfahrens und das Ende der Abtretungsfrist besitzen insoweit die gleichen Aufgaben. § 303 InsO kann nicht analog angewendet werden, obwohl der BGH dies andeutet (*BGH* NZI 2010, 111 Tz. 24; zust. *Büttner* ZInsO 2010, 1025 [1029]).

Ist kein erfolgreicher Versagungsgrund gestellt, muss eine **Erteilung der Restschuldbefreiung** durch 26 Beschluss nach § 300 Abs. 1 Satz 1 InsO erfolgen. Soweit Entscheidungen nach § 300a InsO getroffen werden müssen, sind sie grds. vom funktionell zuständigen Rechtspfleger zu fällen. Der Richter ist allerdings nach § 18 Abs. 1 Nr. 3 RPflG (ab dem 21.04.2018: § 18 Abs. 1 Nr. 4 RPflG, BGBl. I 2017, S. 866) zur Versagung der Restschuldbefreiung berufen. Für die **Rechtsmittel** gelten die zu § 290 InsO aufgestellten Regeln (s. § 290 Rdn. 281 f.). Erforderlich ist außerdem eine **öffentliche Bekanntmachung** des rechtskräftigen Beschlusses über die Erteilung bzw. Versagung der Restschuldbefreiung, § 290 Abs. 3 Satz 2 InsO.

Bei der **Kostenstundung** ist eine differenzierte Anwendung erforderlich. Die bewilligte Kostenstun- 27 dung läuft für das Insolvenzverfahren weiter (*Ahrens* Das neue Privatinsolvenzrecht, Rn. 1099a). Die Frist für die vierjährige Nachhaftung bei Kostenstundung beginnt nach § 4b Abs. 1 InsO bereits mit der Erteilung der Restschuldbefreiung. Es ist nicht berechtigt, den Fristbeginn bis zum Abschluss des Insolvenzverfahrens hinauszuschieben. Die Kostenstundung dient dazu, die Restschuldbefreiung zu ermöglichen. Diese durch die Restschuldbefreiung bestimmte Funktion bedingt auch, wann die Nachhaftungsfrist beginnt.

Die **Kosten** sind nach den allgemeinen Grundsätzen zu bestimmen. Mit den allgemeinen Gebühren 28 für die Durchführung des Insolvenzverfahrens ist grds. auch die Durchführung der Restschuldbefreiung abgegolten. Bei einem **Antrag auf Versagung** der Restschuldbefreiung nach § 290 InsO entsteht keine besondere **Gerichtsgebühr**, weil diese Entscheidung nicht in KV Nr. 2350 aufgeführt ist. Im Verfahren über die Beschwerde gegen die Entscheidung über die Versagung der Restschuldbefreiung entsteht eine Gebühr in Höhe von EUR 60,–, KV Nr. 2361. Bei einem Antrag auf Versagung der Restschuldbefreiung erhält der **Rechtsanwalt** die Hälfte der vollen Gebühr, Nr. 3321 VV RVG. Die Gebühr entsteht auch, wenn der Antrag auf Versagung bereits vor Aufhebung des Insolvenzverfahrens gestellt wird, d.h. auch im Versagungsverfahren gem. § 290 InsO. Im Beschwerdeverfahren entsteht eine halbe Gebühr, Nr. 3500 und 3513 VV RVG. Mangels greifbarer Schätzungsgrundlagen soll der Wert des Beschwerdeverfahrens EUR 5.000,– betragen (*BGH* NZI 2011, 861; 2012, 145, insoweit jeweils nicht abgedruckt).

Nach Erteilung der Restschuldbefreiung sind die möglichen Auswirkungen des Insolvenzverfahrens 29 auf die erteilte Schuldbefreiung zu bedenken. In diesem Zwischenstadium nach der rechtskräftigen Erteilung der Restschuldbefreiung und vor Beendigung des Insolvenzverfahrens ist für eine Anwendung von § **290 Abs. 1 InsO kein Raum** (*Ahrens* FS Görg, S. 1, 8). Diese Vorschrift soll die verantwortungsvolle Restschuldbefreiung vorbereiten und nicht allein dem ordnungsgemäßen Verlauf des Insolvenzverfahrens dienen. Ohne das Ziel der Restschuldbefreiung, mithin ohne laufendes Restschuldbefreiungsverfahren ist sie nicht – weder unmittelbar noch analog – anwendbar. Ohnehin wäre der Anwendungsbereich des wichtigsten Versagungsgrundes aus § 290 Abs. 1 Nr. 5 InsO lediglich noch auf das gegenständlich stark reduzierte Pflichtprogramm des Schuldners bezogen.

30 Der BGH hält in diesem Fall eine **analoge Anwendung von § 303 InsO** für denkbar (*BGH* NZI 2010, 111 Tz. 24; zust. *Büttner* ZInsO 2010, 1025 [1029]). Es besteht jedoch weder eine Analogiefähigkeit der Widerrufsgründe (*Schmerbach* NZI 2010, 54 [55]) noch ein Schutzdefizit. § 303 InsO stellt auf eine nachträglich entdeckte Obliegenheitsverletzung ab, also auf einen Verstoß gegen die Obliegenheiten aus § 295 InsO, die vor Ankündigung der Restschuldbefreiung nicht passen, denn die Obliegenheiten aus § 295 InsO gelten noch nicht während des Insolvenzverfahrens. Es existiert auch keine Notwendigkeit, diese Obliegenheiten auf den Zeitraum vor Ankündigung der Restschuldbefreiung zu erstrecken. Abgesehen von dem damit verbundenen systematischen Bruch, besteht ein hinreichender Schutz durch die insolvenzrechtlichen Regelungen. Die Erwerbsobliegenheit aus § 295 Abs. 1 Nr. 1 InsO wird durch das spezifische Befriedigungsziel der Treuhandphase legitimiert und kann nicht auf das Insolvenzverfahren erstreckt werden. Der von § 295 Abs. 1 Nr. 2 InsO erfasste erbrechtliche Erwerb fällt nicht mehr in die Masse, weswegen keine Obliegenheitsverletzung erfolgen kann. Die Anforderungen aus § 295 Abs. 1 Nr. 3 InsO sollen im Wesentlichen den weiteren Neuerwerb sichern, für dessen verfahrensrechtliche Begleitung nach Erteilung der Restschuldbefreiung kein Grund besteht, und § 295 Abs. 1 Nr. 4 InsO ist wegen des fehlenden Verwaltungs- und Verfügungsrechts des Schuldners entbehrlich. Insofern existiert auch keine vergleichbare Interessenlage (*Ahrens* FS Görg, S. 1, 10). Auf die Versagungsgründe der §§ 297, 298 InsO ist § 303 InsO ohnedies nicht anwendbar (s. § 303 Rdn. 13).

§ 301 Wirkung der Restschuldbefreiung

(1) ¹Wird die Restschuldbefreiung erteilt, so wirkt sie gegen alle Insolvenzgläubiger. ²Dies gilt auch für Gläubiger, die ihre Forderungen nicht angemeldet haben.

(2) ¹Die Rechte der Insolvenzgläubiger gegen Mitschuldner und Bürgen des Schuldners sowie die Rechte dieser Gläubiger aus einer zu ihrer Sicherung eingetragenen Vormerkung oder aus einem Recht, das im Insolvenzverfahren zur abgesonderten Befriedigung berechtigt, werden durch die Restschuldbefreiung nicht berührt. ²Der Schuldner wird jedoch gegenüber dem Mitschuldner, dem Bürgen oder anderen Rückgriffsberechtigten in gleicher Weise befreit wie gegenüber den Insolvenzgläubigern.

(3) Wird ein Gläubiger befriedigt, obwohl er auf Grund der Restschuldbefreiung keine Befriedigung zu beanspruchen hat, so begründet dies keine Pflicht zur Rückgewähr des Erlangten.

Übersicht

		Rdn.			Rdn.
A.	Normzweck	1	II.	Ausschluss von Rückgriffsansprüchen	50
B.	Gesetzliche Systematik	2	E.	Leistung trotz Restschuldbefreiung	56
C.	Schuldbefreiung	3	F.	Nachhaftung	58
I.	Betroffene Verbindlichkeiten	3	G.	Weitere Gläubigerrechte	64
II.	Die Restschuld als unvollkommene Verbindlichkeit	22	I.	Insolvenzrechtliche Stellung	64
III.	Sonstige Konsequenzen	39	II.	Haftung aus § 826 BGB wegen vorsätzlicher sittenwidriger Schädigung	68
D.	Personal- und Sachsicherungen	42	H.	Ausländische Schuldbefreiung	76
I.	Bestand der Sicherungsrechte	42			

Literatur:
Ahrens Nicht benannte Gläubiger im Restschuldbefreiungsverfahren, NZI 2013, 721; *ders.* Lohnabtretungen in der Insolvenz nach der Aufhebung von § 114 InsO, NZI 2014, 529; *ders.* Schadensersatz aus § 826 BGB nach einer Restschuldbefreiung, NZI 2015, 687; *Fischer* Die Wirkungen der Restschuldbefreiung nach der Insolvenz-

ordnung, Rpfleger 2007, 173; *Fischinger* Für eine Reform des § 301 Abs. 1 S. 2 InsO, KTS 2011, 51; *Kramme* Der Verzicht auf die Restschuldbefreiung – Grenzen der Privatautonomie, ZInsO 2015, 2206; *Paulus* Restschuldbefreiung in der Zwangsvollstreckung, DGVZ 2010, 98; *Pape* Erteilung vollstreckbarer Ausfertigung während der Wohlverhaltensphase und nach erteilter Restschuldbefreiung, ZVI 2014, 1; *Schmittmann* Besteuerung von Gewinnen aus Restschuldbefreiung, VIA 2010, 17; *Vallender/Fuchs* Ausländische Restschuldbefreiung und deliktische Forderungen, FS Kübler, S. 731; *Wissmann* Persönliche Mithaft in der Insolvenz, 2. Aufl. 1998; s.a. § 286.

A. Normzweck

Die Vorschrift regelt die materiellen **Wirkungen** der durch das Gericht erteilten Restschuldbefreiung. Als Vorbild für diese Regelungen dienen § 193 KO und vor allem § 82 VglO. Nach ihrem Muster bezeichnet Abs. 1 den Kreis der von der gesetzlichen Schuldbefreiung betroffenen Insolvenzgläubiger. Entsprechend lässt Abs. 2 die Rechte der Insolvenzgläubiger gegenüber mithaftenden Personen unter Ausschluss der Rückgriffsansprüche gegen den Schuldner sowie die Zugriffsrechte auf dingliche Sicherungen bestehen (Begr. RegE BR-Drucks. 1/92 S. 194). Durch die Regelung in Abs. 3 wird schließlich klargestellt, dass der Gläubiger eine Leistung behalten darf, die der Schuldner nach der Erteilung der Restschuldbefreiung erbringt. 1

B. Gesetzliche Systematik

Neben § 301 InsO regelt auch § 286 InsO die Folgen der Restschuldbefreiung. Während § 301 InsO vor allem die **Auswirkungen** auf die **Insolvenzgläubiger**, auf mithaftende Personen und, bei einer Leistungserbringung, auf den Schuldner normiert, bestimmt § 286 InsO, welche Verbindlichkeiten von der Restschuldbefreiung erfasst werden. Für diese Aufgliederung bestehen allerdings weniger sachliche als vielmehr genetische Erklärungsgründe. § 301 InsO lehnt sich stark an die §§ 193 KO, 82 VglO an und übernimmt weithin deren Regelungsprogramm, indem er die von der Restschuldbefreiung betroffenen Gläubiger und die Auswirkungen auf Sicherungsrechte und auf die Restschuld bezeichnet (dazu MüKo-InsO/*Stephan* § 301 Rn. 4 f.). Eine entsprechende Anordnung ist außerdem in § 254 InsO für den Insolvenzplan getroffen. Ergänzend dazu regelt die einleitende Bestimmung des § 286 InsO, welche Verbindlichkeiten von der gesetzlichen Schuldbefreiung erfasst werden. Vollständig ist diese Abgrenzung jedoch nicht gelungen, denn der Kreis der betroffenen Insolvenzgläubiger etwa lässt sich gem. § 38 InsO nur über die ihnen zustehenden Vermögensansprüche bezeichnen. 2

C. Schuldbefreiung
I. Betroffene Verbindlichkeiten

Von den Wirkungen der Restschuldbefreiung werden die Vermögensansprüche sämtlicher Insolvenzgläubiger gem. § 38 InsO, also die **Insolvenzforderungen** erfasst. § 286 InsO stellt heraus, dass die im Insolvenzverfahren nicht erfüllten Verbindlichkeiten betroffen sind. Die Restschuldbefreiung erfasst auch Verbindlichkeiten, die verspätet oder nicht angemeldet wurden und sogar die unverschuldet **nicht angemeldeten** Verbindlichkeiten, § 301 Abs. 1 Satz 1 und 2 InsO (*BGH* ZInsO 2011, 244 Tz. 19; MüKo-InsO/*Stephan* § 301 Rn. 10; *Kübler/Prütting/Bork-Wenzel* InsO, § 301 Rn. 2; *Nerlich/Römermann* InsO, § 301 Rn. 14; *Haarmeyer/Wutzke/Förster-Schmerbach* InsO, § 301 Rn. 11; HambK-InsO/*Streck* § 301 Rn. 2; *Graf-Schlicker/Kexel* InsO, § 301 Rn. 2; LSZ/*Kiesbye* InsO, § 301 Rn. 3; *Vallender* ZIP 2000, 1288 [1290]; a.A. *Döbereiner* Restschuldbefreiung, S. 242). Mit dieser Regelung wird die Effektivität und Sicherheit der Restschuldbefreiung gesichert, denn ein Insolvenzgläubiger kann sich ihren Konsequenzen nicht dadurch entziehen, dass er eine Anmeldung seiner Forderung unterlässt. Selbst unbekannte Gläubiger werden diesen Folgen unterworfen (*K. Schmidt/Henning* InsO, § 301 n.F. Rn. 1, 4; *Hess* KO, § 193 Rn. 2; *Mohrbutter/Ringstmeier-Pape* Kap. 17 Rn. 330). Erfasst werden auch die Forderungen ausländischer Gläubiger, § 335 InsO bzw. Art. 19 EuInsVO (*Uhlenbruck/Sternal* InsO, § 301 Rn. 8). 3

§ 301 InsO Wirkung der Restschuldbefreiung

4   Bei der **Frist zur Anmeldung** der Forderungen nach § 28 Abs. 1 InsO handelt es sich ebenso wenig wie früher bei § 138 KO (*Kilger/Karsten Schmidt* KO, § 138 Anm. 2) um keine Notfrist. Hat der Gläubiger eine Forderungsanmeldung versäumt, scheidet deswegen eine Wiedereinsetzung in den vorigen Stand gem. § 233 ZPO aus (*BGH* ZInsO 2011, 244 Tz. 20). Da die Anmeldungsfrist keine Ausschlussfrist darstellt (vgl. *Kuhn/Uhlenbruck* KO, § 138 Rn. 5), kann die verspätet angemeldete Forderung auch nicht zurückgewiesen werden und ist deshalb nach Maßgabe von § 177 InsO zu berücksichtigen. Wird eine Forderung nach dem Ende der Anmeldungsfrist für die Schlussverteilung angemeldet, §§ 187, 197 InsO, so kann sie zwar noch festgestellt werden, doch nimmt sie an der Schlussverteilung und einer Nachtragsverteilung nicht mehr teil (vgl. *Hess* KO, § 138 Rn. 16). Trotzdem wird sie von den Wirkungen der Restschuldbefreiung erfasst (*Pape* ZIP 1992, 1289 [1290]). Verfassungsrechtliche Bedenken gegenüber einer Befreiung des Schuldners von unverschuldet nicht oder zu spät angemeldeten Forderungen wegen einer möglichen Verletzung des rechtlichen Gehörs gem. Art. 103 Abs. 1 Satz 2 GG aufgrund einer öffentlichen Bekanntmachung des Verfahrens (*Prütting/Stickelbrock* ZVI 2002, 305 [307 f.]) oder wegen einer Verletzung von Art. 14 GG sind im Allgemeinen nicht zu teilen (MüKo-InsO/*Stephan* § 301 Rn. 10; *Uhlenbruck/Sternal* InsO, § 301 Rn. 9; *Braun/Pehl* InsO, § 301 Rn. 5; zur Verfassungsmäßigkeit der Restschuldbefreiung s.a. § 286 Rdn. 14 ff.; **a.A.** *Fischinger* KTS 2011, 51 [57 ff.]).

5   Ist eine **Masseverbindlichkeit oder Neuforderung** unzutreffend zur Tabelle festgestellt, werden diese nicht von § 301 Abs. 1 Satz 1 InsO berührt. Die Tabelle ist auch noch nach Aufhebung des Insolvenzverfahrens zu berichtigen (vgl. MüKo-InsO/*Hintzen* § 201 Rn. 24). Ausdrücklich hat das BVerfG im Vergleichsverfahren die öffentliche Bekanntgabe einer Entscheidung mit der Wirkung einer Zustellung gebilligt. In Massenverfahren, so das Gericht, in denen der Kreis der Betroffenen groß ist und sich nicht von vornherein übersehen lässt, ist diese Art der Zustellung sachgerecht und verfassungsrechtlich legitimiert (*BVerfG* BVerfGE 77, 275 [285]). Eine entsprechende Anwendung von § 308 Abs. 3 Satz 1 InsO auf nicht angemeldete Forderungen ist angesichts der eindeutigen Regelung ausgeschlossen, die nicht lückenhaft ist (*Uhlenbruck/Sternal* InsO, § 301 Rn. 12 f.; **a.A.** *Bruckmann* Verbraucherinsolvenz, § 4 Rn. 90).

6   Die Restschuldbefreiung führt dazu, dass die Insolvenzforderungen gegenüber dem Schuldner prinzipiell nicht mehr durchgesetzt werden können. Sie umfasst grds. alle nicht erfüllten **Vermögensansprüche** der Insolvenzgläubiger gegen den Schuldner, also sämtliche Ansprüche, die am Insolvenzverfahren teilnehmen konnten. Erfasst wird auch die Unterwerfung unter die sofortige Zwangsvollstreckung in einer notariellen Urkunde. Dabei handelt es sich um ein abstraktes Schuldanerkenntnis i.S.d. § 780 BGB gegenüber einem Grundschuldgläubiger (*LG Frankfurt/O.* NZI 2017, 571 [572]). Bei den nach § 144 InsO bzw. § 12 AnfG wiederauflebenden **Ansprüchen des Anfechtungsgegners** handelt es sich um keine Neuforderungen, sondern um Verbindlichkeiten, die § 301 Abs. 1 InsO unterliegen (*BGH* NZI 2016, Tz. 20).

7   **Ausgenommen** sind die in § 302 InsO bestimmten Forderungen. Eine auf den Dienstherrn übergegangene Schadensersatzforderung wegen versuchten Mordes muss nicht niedergeschlagen werden (*VGH München* BeckRS 2017, 107871). Berechtigt ist diese befreiende Wirkung jedoch nur für solche Ansprüche, die als Vermögensansprüche gem. §§ 38 f. InsO überhaupt in dem Insolvenzverfahren zugelassen sind. Dementsprechend betrifft die gesetzliche Schuldbefreiung lediglich solche Ansprüche, die auf Geld gerichtet sind oder nach § 45 InsO in einen Geldanspruch umgewandelt werden können. Der Schuldner wird deswegen auch von einer Forderung aus einem schuldrechtlichen Versorgungsausgleich befreit (*BGH* ZInsO 2011, 2184 Tz. 6 = VIA 2012, 3 m. Anm. *Dietzel*).

8   Der **Anspruch** muss **begründet** sein. Dies ist anzunehmen, falls das Schuldverhältnis vor Verfahrenseröffnung bestand, selbst wenn sich hieraus eine Forderung erst nach Verfahrenseröffnung ergibt. Eine unerlaubte Handlung muss vor Verfahrenseröffnung begangen worden sein (*BGH* NZI 2016, 893). Erfasst werden die Verbindlichkeiten unabhängig davon, ob sie **betagt oder aufschiebend bedingt** sind, vgl. §§ 41 f. InsO (K. Schmidt/*Henning* InsO, § 301 n.F. Rn. 2). Ob die Rückforderung einer nach Eröffnung des Insolvenzverfahrens widerrufenen Subventionsbewilligung von der Restschuldbefreiung erfasst wird, hängt davon ab, wann die Rückforderungslage entstanden ist, nicht

wann der Widerrufsbescheid erlassen wurde (*VG Berlin* BeckRS 2012, 51444). Der Schuldner wird deswegen auch von den Ansprüchen aus einer von ihm übernommenen Bürgschaft befreit (*Hess* InsO, 2007, § 301 Rn. 10). Nach § 301 Abs. 1 Satz 2 InsO ist für eine Schuldbefreiung unerheblich, ob ein Anspruch in dem Insolvenzverfahren angemeldet oder ob er nicht angemeldet wurde. Zudem fehlt eine dem Erfüllungsrecht aus § 308 Abs. 3 Satz 1 InsO entsprechende Ausnahmeregelung, die den Schuldner zur Angabe der Verbindlichkeiten anhalten könnte. War ein haftungsbegründender Tatbestand bereits vor Eröffnung des Insolvenzverfahrens verwirklicht, werden auch die erst später entstehenden Schäden von der Restschuldbefreiung erfasst (vgl. *RG* RGZ 87, 82 [84 f.]; *Jaeger/Weber* KO, § 193 Rn. 4).

Ist vor Eröffnung des Insolvenzverfahrens ein Rechtsstreit über eine Insolvenzforderung rechtshängig, erfasst die Restschuldbefreiung auch die daraus resultierenden **Kostenerstattungsansprüche** (*OLG Brandenburg* BeckRS 2012, 10037; *OLG Nürnberg* NJW-RR 2012, 1259; *OLG Köln* ZInsO 2012, 896; *Fischer* ZInsO 2005, 69 [71]). Zivilprozessuale Kostenerstattungsansprüche besitzen eine Doppelnatur als materiell-rechtlich und prozessual begründete Ansprüche. Deswegen teilen sie das Schicksal der Hauptforderung. Der Kostenerstattungsanspruch entsteht aufschiebend bedingt mit der Rechtshängigkeit des geltend gemachten Anspruchs (*BGH* NZI 2005, 328 [329]). Kostenerstattungsansprüche aus einem erst nach Eröffnung des Insolvenzverfahrens rechtshängig gewordenen Rechtsstreits sind dagegen Neuforderungen (*BGH* NZI 2014, 310 Tz. 14). 9

Laufende Zahlungsansprüche gegen den Schuldner, wie Unterhaltsansprüche und Rentenansprüche, z.B. gem. § 844 Abs. 2 BGB, aus der Zeit **vor Eröffnung** des Insolvenzverfahrens unterfallen als Vermögensansprüche der Restschuldbefreiung (*OLG Stuttgart* ZVI 2002, 115). Dies gilt auch, wenn die Unterhaltsansprüche nach den §§ 1607 Abs. 2 Satz 2, 1608 Satz 3, 1615b BGB, 94 Abs. 3 SGB VIII, 94 SGB XII, 7 UVG oder 37 BAföG auf einen Dritten übergegangen sind. 10

Ansprüche auf **Betriebskostennachzahlungen** aus einem Mietverhältnis entstehen mit dem Abschluss des Abrechnungszeitraums und nicht der Abrechnung (*BGH* NZI 20011, 404 Tz. 12; *K. Schmidt/Henning* InsO, § 301 n.F. Rn. 2). Vor Eröffnung des Insolvenzverfahrens fällig gewordene **Wohngeldforderungen** der Wohnungseigentümergemeinschaft sind einfache Insolvenzforderungen nach § 38 InsO (*BGH* BGHZ 150, 305 [312]; NZI 2011, 731 Tz. 7). Die Forderung auf Zahlung der sog. Abrechnungsspitze, d.h. der Differenz zwischen den im beschlossenen Wirtschaftsplan veranschlagten, durch Vorschüsse zu deckenden Kosten und den für das Wohnungseigentum tatsächlich entstandenen Kosten, entsteht erst mit dem Beschluss der Wohnungseigentümer über die Jahresabrechnung. Ist die Umlegung der Abrechnungsspitze nach Eröffnung des Insolvenzverfahrens beschlossen worden, handelt es sich um eine Masseverbindlichkeit (*BGH* NZI 2011, 731 Tz. 10; *A/G/R-Ahrens* § 35 InsO Rn. 40 f.). 11

Unterhaltsansprüche aus der Zeit **nach** der **Eröffnung** stellen keine Insolvenzforderungen dar und unterliegen deswegen nicht § 301 InsO. In der Literatur wird allerdings diskutiert, ob Unterhaltsansprüche aus der Zeit nach Eröffnung des Insolvenzverfahrens, die auf öffentliche Stellen übergegangen sind, von der Restschuldbefreiung erfasst werden können (*Balz* BewHi 1989, 103 [117 Fn. 61]). Ein solches Resultat lässt sich jedoch kaum rechtfertigen, solange diese Stellen nicht vollständig in das Insolvenzverfahren integriert sind (*Scholz* ZIP 1988, 1157 [1162]; *Smid* in Leipold (Hrsg.), Insolvenzrecht im Umbruch, S. 139 [146 ff.]; KS-InsO/*Kohte* 2000, S. 781 Rn. 98 ff.). *Kohte* weist deswegen auf das Recht des Schuldners hin, einen Forderungserlass gem. § 76 Abs. 2 SGB IV zu beantragen, über den die Stelle ermessensfehlerfrei zu entscheiden hat (KS-InsO/*Kohte* 2000, S. 781 Rn. 104 f.). Aus der gesetzlichen Systematik und speziell Art. 108 Abs. 2 EGInsO folgt, dass einer **Vollstreckungsbeschränkung** nach § 18 Abs. 2 Satz 3 GesO unterliegende Ansprüche von der Restschuldbefreiung erfasst werden. 12

Von der Restschuldbefreiung werden auch **Steuerforderungen**, öffentliche **Abgaben** und sonstige öffentlich-rechtliche Forderungen von Trägern der öffentlichen Verwaltung erfasst (*OVG Saarland* ZInsO 2016, 2039 [2042], Gebührenzahlung darf nicht durch Vorenthalten der Kfz-Zulassung durchgesetzt werden; *Frind* Praxishandbuch Privatinsolvenz, Rn. 1216b), denn sie betrifft keine 13 dem Steuerverfahren nach der AO bzw. der FGO bzw. den entsprechenden Verfahren vorbehaltene Entscheidung (zum Buchgewinn durch eine Restschuldbefreiung s. Rdn. 39). Es kommt auch nicht darauf an, ob die Voraussetzungen eines Erlasses oder einer Stundung nach den §§ 227, 222 AO erfüllt sind (*OLG Köln* NZI 2000, 596 f., zu § 309 InsO; MüKo-InsO/*Stephan* § 301 Rn. 16; HambK-InsO/*Streck* § 301 Rn. 7). Zeitlich ist darauf abzustellen, inwieweit der steuerliche Tatbestand bzw. Abgabentatbestand vor der Insolvenzeröffnung verwirklicht war (vgl. dazu *BGH* ZInsO 2006, 139 [140]; *VG Greifswald* BeckRS 2017, 119344). Auf die Entstehung der Abgabe oder deren Fälligkeit kommt es nicht an. Bei einem Abwasserbescheid ist die Inanspruchnahme der öffentlichen Einrichtung »zentrale öffentliche Abwasserentsorgung« maßgebend (*VG Greifswald* BeckRS 2017, 119344). Die Restschuldbefreiung erfasst auch die **Mehrwertsteuer**, denn das gemeinsame Mehrwertsteuersystem steht der aufgrund einer Einzelfallprüfung erteilten Restschuldbefreiung für die Mehrwertsteuer nicht entgegen (*EuGH* NZI 2017, 406, zum italienischen Recht). Im deutschen Recht wird auch in einem unterlassenen Versagungsantrag, dessen Versagungsgrund in keinem Zusammenhang mit der Mehrwertsteuererhebung steht, keine verbotene Beihilfe zu sehen sein (anders wohl *de Weerth* ZInsO 2017, 760 [761]).

14 Eine **öffentlich-rechtliche Erstattungsforderung** wegen Rückabwicklung einer Subvention wegen Zweckverfehlung entsteht erst mit der Aufhebung des Zuwendungsbescheides. Begründet i.S.v. § 38 InsO ist diese Forderung jedoch nicht erst, wenn der Rückforderungsbescheid erlassen wurde, sondern i.d.R. schon dann, wenn die tatbestandlichen Voraussetzungen für die Rücknahme bzw. den Widerruf des Zuwendungsbescheides objektiv gegeben sind. Maßgebend ist, ob der Anspruch insoweit bereits bei Eröffnung des Insolvenzverfahrens eröffnet war (*BVerwG* NZI 2015, 629 Rn. 10, 16).

15 **Nachrangige Insolvenzforderungen** i.S.d. § 39 InsO werden von der Restschuldbefreiung erfasst. Dies gilt insbesondere für **Zinsansprüche**, die im Verlauf des Insolvenzverfahrens auf Forderungen der Insolvenzgläubiger entstanden sind. Sie werden – im Gegensatz zur früheren Rechtslage nach den §§ 63 Nr. 1 KO, 29 Nr. 1 VglO, anders aber § 226 Abs. 2 Nr. 1 KO – gem. § 39 Abs. 1 Nr. 1 InsO als nachrangige Forderungen in das Insolvenzverfahren einbezogen und sind folglich auch von der Restschuldbefreiung betroffen (A/G/R-*Weinland* § 301 InsO Rn. 3). Für Zinsansprüche, die erst nach dem Ende des Insolvenzverfahrens während der Treuhandzeit auf solche Forderungen entstanden sind, fehlt dagegen eine gesetzliche Regelung. Als neue Forderungen wären sie nach den allgemeinen Grundsätzen nicht von der Restschuldbefreiung erfasst. Aufgrund der Zielsetzung des Schuldbefreiungsverfahrens, eine umfassende Bereinigung der gegen den Schuldner gerichteten vermögensrechtlichen Verbindlichkeiten zu erreichen, ist die Restschuldbefreiung jedoch ebenfalls auf die im Verlauf der Treuhandphase entstandenen **Zinsen** zu erstrecken (*OLG Köln* ZInsO 2012, 896; *Döbereiner* Restschuldbefreiung, S. 246 ff.; MüKo-InsO/*Stephan* § 301 Rn. 13; Uhlenbruck/*Sternal* InsO, § 301 Rn. 15; LSZ/*Kiesbye* InsO, § 301 Rn. 5; *Hess* InsO, 2007, § 301 Rn. 7; HK-InsO/*Waltenberger* § 301 Rn. 4; Kübler/Prütting/Bork-*Wenzel* InsO, § 301 Rn. 4; Nerlich/*Römermann* InsO, § 301 Rn. 9; *Fischer* Rpfleger 2007, 173).

16 Mit der Restschuldbefreiung wird die Schuld umgewandelt, womit ihr die Fähigkeit genommen ist, den **Erwerbsgrund** für eine Leistung zu bilden. Ihr fehlt dadurch nicht nur die rechtliche Qualität als Erwerbsgrund für die Hauptleistung, sondern auch für Nebenleistungen und insbesondere für Zinsen. Eine gesetzliche Bestätigung findet diese Teleologie in der von § 83 Abs. 2 VglO für Zinsansprüche beim außergerichtlichen Vergleich geschaffenen Vermutung für einen Erlass (zuvor bereits *RG* RGZ 125, 408 [411]), die unter Hinweis auf den unselbständigen Charakter der Neben- oder Annexansprüche entsprechend auch auf den Zwangsvergleich herangezogen wird (*Hess* KO, § 193 Rn. 10 ff.; Kilger/*Karsten Schmidt* KO, § 193 Anm. 2a; außerdem Jaeger/*Weber* KO, § 193 Rn. 9). Nach einer erteilten Restschuldbefreiung und der Umwandlung der Hauptschuld in eine unvollkommene Verbindlichkeit entstehen keine neuen Zinsansprüche, da die Zinsschuld in ihrer Entstehung und im Weiterbestehen von der Hauptschuld abhängt (*BGH* BGHZ 15, 87 [89]; Staudinger/*Blaschczok* BGB, § 246 Rn. 13 f.; Soergel/*Teichmann* BGB, § 246 Rn. 7 f.). Zinsansprüche gegenüber Bürgen bleiben jedoch nach § 301 Abs. 2 Satz 1 InsO bestehen.

Ausgenommen von der befreienden Wirkung sind die nicht nach § 174 InsO anmeldefähigen 17
Rechte der Gläubiger (*Smid/Krug/Haarmeyer* § 301 Rn. 5). Dies sind insbesondere die Rechte, die keinen vermögensrechtlichen Charakter haben, also Gestaltungsrechte, wie etwa die bürgerlich-rechtliche Anfechtung gem. den §§ 119, 123 BGB, soweit nicht ihr Geltungsgrund entfallen ist (vgl. *Jaeger/Henckel* KO, § 3 Rn. 21; *Hess* InsO, 2007, § 301 Rn. 6) familienrechtliche Ansprüche auf Ehescheidung oder Anerkennung der Vaterschaft (vgl. *Kilger/Karsten Schmidt* KO, § 3 Anm. 2a); Unterlassungsansprüche (vgl. *RG* RGZ 134, 377 [379]; *Jaeger/Henckel* KO, § 3 Rn. 27); Ansprüche auf Vornahme einer unvertretbaren Handlung (vgl. *OLG Neustadt* NJW 1965, 257; *Kuhn/Uhlenbruck* KO, § 3 Rn. 21 ff.) sowie unvollkommene Verbindlichkeiten, z.B. gem. den §§ 656, 762–765 BGB (vgl. *Jaeger/Henckel* KO, § 3 Rn. 9). Aufgrund der ausdrücklichen gesetzlichen Anordnung sind auch die in § 302 InsO angeführten Verbindlichkeiten aus vorsätzlicher unerlaubter Handlung, aus Geldstrafen und den ihnen gleichgestellten Verbindlichkeiten sowie aus zinslosen Darlehen von der Restschuldbefreiung ausgenommen.

Aussonderungsrechte bleiben von einer Restschuldbefreiung unberührt, ohne dass für diese selbstverständliche Konsequenz eine positive Bestimmung geschaffen ist. Ausdrücklich werden aber auch die in § 301 Abs. 2 Satz 1 InsO aufgeführten Sicherungsrechte (s. Rdn. 42 ff.) von den Folgen der Restschuldbefreiung ausgenommen (*Marotzke* ZZP 109, 429 [439]; vgl. zusätzlich *Hess* KO, § 3 Rn. 13; *Kuhn/Uhlenbruck* KO, § 3 Rn. 17). Nicht betroffen sind auch die Forderungen der Neugläubiger, also der persönlichen Gläubiger, die erst nach der Eröffnung des Insolvenzverfahrens einen persönlichen Vermögensanspruch gegen den Schuldner erworben haben. 18

Masseverbindlichkeiten sind keine Insolvenzforderungen i.S.d. § 38 InsO und werden deshalb nicht 19
von der Restschuldbefreiung erfasst, selbst wenn das Verfahren nach Einstellung der Masseunzulänglichkeit eingestellt wurde (MüKo-InsO/*Stephan* § 301 Rn. 8; HambK-InsO/*Streck* § 301 Rn. 3; *Smid/Krug/Haarmeyer* § 301 Rn. 5; *K. Schmidt/Henning* InsO, § 301 n.F. Rn. 5; *Runkel/Schnurbusch* NZI 2000, 49 [57]; *Mäusezahl* ZVI 2003, 617 [623]; s.a. *Henning* ZInsO 2004, 585 [586]). Nach einer erteilten Restschuldbefreiung kann das Finanzamt gegen den Schuldner nicht mit Ansprüchen gegen die Insolvenzmasse aufrechnen (*FG Leipzig* ZVI 2016, 187).

Dies gilt auch für die **Kostenerstattungsansprüche** aus dem Insolvenzverfahren, vgl. § 54 InsO. Zudem zeigt das Modell der nach Erteilung der Restschuldbefreiung zu erfüllenden gestundeten Verfahrenskosten, dass der Gesetzgeber die Möglichkeit einer Nachhaftung nicht ausschließt. Nach § 4b Abs. 1 InsO i.V.m. § 115 Abs. 1 ZPO ist eine Nachhaftung für maximal 48 Monatsraten angeordnet (s. *Kohte* § 4b Rdn. 9 ff.; A/G/R-*Ahrens* § 4b InsO Rn. 4 ff.;). Tragendes Argument ist in beiden Fällen, dass derjenige, der ein gerichtliches Verfahren veranlasst, die daraus entstehenden Kosten zu erstatten hat. Dementsprechend erscheint es nicht modellkonform, sich in dem selbstveranlassten Verfahren auch von den dadurch entstandenen Kosten befreien zu können. Entscheidungsbedürftig ist allerdings, welche Schulden Masseverbindlichkeiten darstellen. Soweit Kostenerstattungsansprüche aus einem Feststellungsprozess Masseverbindlichkeiten darstellen (dazu *Uhlenbruck* InsO, § 183 Rn. 6), unterliegen sie nicht der Restschuldbefreiung. Teilweise wird aber auch eine Restschuldbefreiung angenommen, soweit die zu Masseverbindlichkeiten führenden Rechtshandlungen des Verwalters auf Pflichten beruhen, die ohne Insolvenzverfahren der Schuldner zu erfüllen hätte. Allein bei den ohne Rechtshandlung des Schuldners entstehenden Massekosten und Masseverbindlichkeiten soll eine Restschuldbefreiung ausgeschlossen sein (*Voigt* ZInsO 2002, 569 [572 f.]). Eine analoge Anwendung von § 301 Abs. 1 InsO auf oktroyierte Masseverbindlichkeiten, wie z.T. vorgeschlagen (*Wischemeyer* KTS 2008, 494 [505 ff.]), scheitert an der klaren sachlich-zeitlichen Trennungslinie zwischen diesen Verbindlichkeiten und den von der Restschuldbefreiung erfassten Insolvenzforderungen. 20

Forderungen der **Neugläubiger**, also nach Eröffnung des Insolvenzverfahrens entstandene Verbindlichkeiten, werden nicht von der Restschuldbefreiung erfasst (*BSG* BeckRS 2017, 110375; *OVG Saarlouis* ZInsO 2015, 579 [581]). Hier ist eine Lösung mit allgemeinen zivilrechtlichen Instrumenten zu suchen, etwa einer Abänderungsklage gegenüber Unterhaltsansprüchen. Lasten aus Grund- 21 eigentum können durch eine Dereliktion, § 928 BGB, eingeschränkt werden, aber nicht bei Wohnungseigentum (*BGH* NJW 2007, 2547; K. Schmidt/*Henning* InsO, § 301 n.F. Rn. 7).

II. Die Restschuld als unvollkommene Verbindlichkeit

22 Nach der erteilten Restschuldbefreiung kann die Schuld nicht mehr gegen den Schuldner durchgesetzt werden. Die **Wirkungen des Beschlusses** treten mit dessen Rechtskraft für die **Zukunft** ein. Er kann nicht, auch nicht durch eine gerichtliche Anordnung, zurückwirken (*BGH* ZInsO 2017, 1692 Tz. 11). Das Gesetz ordnet diese Rechtsfolge nicht in § 301 InsO positiv an, doch resultiert sie aus dem Zusammenhang mit § 286 InsO. Durch die erteilte Restschuldbefreiung wird die **Schuld materiell umgewandelt** und auf diese Weise der Charakter der Leistungspflicht verändert (*Gottwald/ Ahrens* HdbInsR, § 79 Rn. 13). Die Restschuldbefreiung stellt deswegen keinen Erlöschensgrund für die Forderung dar (*Kübler/Prütting/Bork-Wenzel* InsO, § 301 Rn. 1). Aus einer erzwingbaren Verbindlichkeit entsteht so eine Schuld, die zwar immer noch einen Grund für das Behaltendürfen der Leistung bildet, aber für Haupt- und Nebenleistungen nicht mehr durchsetzbar ist (vgl. § 286 Rdn. 78). Funktionales Vorbild dieser nicht vollständig ausgebildeten Normierung waren § 193 KO und insbesondere § 82 VglO, die ein rechtsähnliches Regelungsmuster enthielten. Bei einem Forderungserlass durch den Vergleich sollte eine unvollkommene (natürliche) Verbindlichkeit entstehen (*BGH* BGHZ 118, 70, [76]).

23 Diese nach der Schuldbefreiung noch erfüllbaren, aber nicht mehr erzwingbaren Verbindlichkeiten werden zumeist als **unvollkommene Verbindlichkeiten** bezeichnet (Begr. RegE BR-Drucks. 1/92 S. 194; *BGH* NZI 2008, 737 Tz. 11; NZI 2013, 906 Tz. 12; *OLG Oldenburg* ZInsO 2014, 671 [672]; HambK-InsO/*Streck* § 301 Rn. 9; *Forsblad* Restschuldbefreiung, S. 225; *Haarmeyer/Wutzke/Förster* Handbuch, 3. Aufl., Rn. 8/305; *Häsemeyer* InsR, Rn. 26.62; *Fischinger* Haftungsbeschränkung, S. 124 ff.; *Wenzel* DB 1990, 975 [977]; *Maier/Krafft* BB 1997, 2173 [2180]; *Wittig* WM 1998, 157 [209, 216]; andere sprechen von einer natürlichen Verbindlichkeit oder Naturalobligation, *Hess/Groß/Reill-Ruppe/Roth* Kap. 4 Rn. 938; *Schulze* Naturalobligation, S. 253; *Arnold* DGVZ 1996, 65 [70]; *Döbereiner* KTS 1998, 31; *Pape* ZInsO 2016, 2005; krit. zu diesem Konzept in Bezug auf den Insolvenzplan *Dellit/Hamann* ZIP 2015, 308).

24 Bei dieser Folge wird die Übereinstimmung mit den **Wirkungen eines gerichtlich bestätigten Vergleichs** betont (*Hess/Obermüller* Insolvenzplan, Restschuldbefreiung und Verbraucherinsolvenz, 3. Aufl., Rn. 1205). Für den Erlassvergleich wird davon ausgegangen, dass der erlassene Teil der Forderung als erfüllbare, aber nicht erzwingbare natürliche Verbindlichkeit fortbesteht (*RG* RGZ 160, 134 [138]; *BGH* WM 1968, 39 [40]; BGHZ 118, 70 [76]; *Baur/Stürner* Zwangsvollstreckungs-, Konkurs- und Vergleichsrecht, Bd. II, Rn. 29.1; *Jaeger/Weber* KO, § 193 Rn. 5; *Kuhn/Uhlenbruck* KO, § 193 Rn. 8; *Hess* KO, § 193 Rn. 24; *Bley/Mohrbutter* VglO, § 82 Rn. 16; *Kilger/Karsten Schmidt* VglO, § 82 Anm. 3, KO, § 193 Anm. 4a). Obwohl sich die Konsequenzen der Restschuldbefreiung an den §§ 193 KO, 82 VglO orientieren, stimmen sie doch nicht vollkommen mit diesen Vorschriften überein.

25 Im Gegensatz zu den Wirkungen eines Zwangsvergleichs (*BGH* BGHZ 31, 174 [180]; BGHZ 57, 78 [84]; *Jaeger/Weber* KO, § 193 Rn. 6), gestattet die Restschuldbefreiung **nicht** die **Neubegründung akzessorischer Sicherungsrechte** für die umgewandelte Schuld. Der Zweck der gesetzlichen Regelung in § 301 InsO besteht darin, einen Rückgriff gegen den Schuldner auszuschließen, der nicht durch eine Bestellung von Sicherheiten umgangen werden darf. Zudem kann in einem Vergleichsschluss auch eine Zinszahlung auf die Schuld seit der Verfahrenseröffnung vereinbart werden, vgl. § 83 Abs. 2 VglO, während mit der Restschuldbefreiung die Grundlage für diese Zinsen entfällt. Gegenüber den kraft Gesetzes festgelegten einheitlichen Rechtsfolgen der Restschuldbefreiung ermöglicht außerdem der auf einer privatautonomen Grundlage beruhende, gerichtlich bestätigte Vergleichsschluss eine flexible Vereinbarung der Wirkungen (*BGH* BGHZ 108, 123 [131]; NJW 1992, 2091 [2092]; 2093 [2095]; *Hess* KO, § 193 Rn. 25). Wegen dieser Unterschiede dürfen die Folgen eines bestätigten Vergleichs nicht ungeprüft auf die Restschuldbefreiung übertragen werden (anders

Balz BewHi 1989, 103 [112, 119], der uneingeschränkt von den Wirkungen eines solchen Vergleichs ausgeht).

Für die **Aufrechnung** eines Insolvenzgläubigers mit einer von der Restschuldbefreiung betroffenen Insolvenzforderung wird zu unterscheiden sein (was *Döbereiner* Restschuldbefreiung, S. 274, übersieht). Durch die Erteilung der Restschuldbefreiung wird die Gegenforderung des Insolvenzgläubigers in eine unvollkommene Verbindlichkeit umgewandelt, mit der er grds. nicht mehr aufrechnen kann, weil diese Gegenforderung nach den bürgerlichrechtlichen Regeln gem. § 387 BGB vollwirksam und durchsetzbar sein muss (*BGH* NJW 1981, 1897; *OLG Frankfurt* NJW 1967, 501 [502]; *FG Hamburg* ZInsO 2011, 2005 [2006]; *Staudinger/Gursky* BGB, § 387 Rn. 107; *Soergel/Zeiss* BGB, § 387 Rn. 8; *Gernhuber* Die Erfüllung und ihre Surrogate, 2. Aufl., § 12 IV 1a; HambK-InsO/*Streck* § 301 Rn. 10), ohne dass es noch auf § 390 Satz 1 BGB ankommt. 26

Hat die **Aufrechnungslage** jedoch **bei Eröffnung** des Insolvenzverfahrens bestanden, berührt das Verfahren gem. § 94 InsO die erworbene Aufrechnungsbefugnis nicht, die bestehende Aufrechnungslage wird insolvenzrechtlich geschützt (ebenso *Fischinger* Haftungsbeschränkung, S. 134). Die gesetzliche Formulierung des § 94 InsO lässt sich unschwer dahingehend auslegen, dass die Aufrechnungslage von den Verfahrenswirkungen unberührt bleibt, also weder durch das Insolvenz- noch durch das Restschuldbefreiungsverfahren einschließlich seiner Folgen aufgehoben wird. Die Aufrechnungsbefugnis vermittelt also eine gesicherte Rechtsstellung, die wie ein Absonderungsrecht die gesetzliche Schuldbefreiung überdauert (zur konkursrechtlichen Aufrechnungslage nach Abschluss eines Zwangsvergleichs *RG* RGZ 80, 407 [409 f.]). 27

Entsteht die **Aufrechnungslage während des Verfahrens**, besteht eine Aufrechnungsbefugnis über die Restschuldbefreiung hinaus, wenn die Aufrechnungslage nach Maßgabe von § 95 InsO geschützt ist. Allein eine während des Verfahrens vertraglich begründete Verrechnungslage genügt nicht (a.A. *OLG Oldenburg* ZInsO 2014, 671 [672]). Zum Verhältnis zwischen dem Vollstreckungsverbot während der Treuhandzeit und dem Aufrechnungsverbot s. § 294 Rdn. 69. Tritt indessen die Aufrechnungslage erst nach Erteilung der Restschuldbefreiung ein, weil etwa der Insolvenzgläubiger erst jetzt durch eine Hauptforderung verpflichtet wird, so ist eine Aufrechnung ausgeschlossen (vgl. *RG* RGZ 80, 407 [411]; *Jaeger/Weber* KO, § 193 Rn. 6), da keine gesicherte Aufrechnungslage bestand und seine Gegenforderung nicht mehr durchsetzbar ist. Ebenso wenig kann aufgrund einer unvollkommenen Verbindlichkeit ein **Zurückbehaltungsrecht** ausgeübt werden (*Staudinger/Selb* BGB, § 273 Rn. 11; *Fischinger* Haftungsbeschränkung, S. 135). 28

Bei einem **Verzicht auf die Wirkungen** der Restschuldbefreiung und insbesondere des § 301 Abs. 1 InsO sind die verschiedenen Konstellationen nach dem Zeitpunkt und der rechtlichen Qualität der Regelung zu unterscheiden (zum Verzicht auf die Einleitung des Verfahrens s. § 287 Rdn. 116). Im Voraus, d.h. **vor Erteilung der Restschuldbefreiung**, darf auch durch Individualvereinbarung weder unabhängig von einem Insolvenzverfahren noch in seinem Vorfeld oder in einem Schuldenbereinigungsplan auf die Rechtsfolge der gesetzlichen Schuldbefreiung verzichtet werden. Dies folgt auch gesamtvollstreckungsrechtlich grds. aus den gleichen Bedenken, die einem vorherigen Verzicht auf den Schutz vor Einzelzwangsvollstreckungen entgegenstehen (dazu *BGH* BGHZ 137, 193 [197]; *Stein/Jonas-Münzberg* ZPO, vor § 704 Rn. 100; MüKo-ZPO/*Gruber* § 811 Rn. 13 ff.; PG/*Ahrens* § 850 ZPO Rn. 2; *Zöller/Stöber* ZPO, vor § 704 Rn. 26, § 811 Rn. 10; *Musielak/Voit/Becker* ZPO, § 811 Rn. 8 f., § 850 Rn. 1; diff. *Gaul/Schilken/Becker-Eberhard* Zwangsvollstreckungsrecht, § 33 Rn. 24 ff.). Soweit dagegen eingewendet wird, die Restschuldbefreiung sei im Unterschied zum Pfändungsschutz für den Schuldner dispositiv und lasse den pfändungsschutzrechtlichen Existenzschutz unberührt (*Fischinger* Haftungsbeschränkung, S. 662), überzeugt dies nicht. Zunächst sind auch wesentliche Elemente des Lohnpfändungsschutzes antragsabhängig, vgl. nur die §§ 850f Abs. 2, 850i ZPO und i.w.S. auch § 850k ZPO. Sodann wird ein Schuldner kaum aus eigenen Stücken auf die Restschuldbefreiung verzichten wollen. Sollte er sie im Einzelfall nicht geltend machen wollen, ist er nicht gehindert, die Verbindlichkeit zu erfüllen. Es entspricht auch nicht öffentlichen Interessen, zunächst ein aufwendiges Restschuldbefreiungsverfahren zu gewährleisten und danr zusätzlich noch den Pfändungsschutz sichern zu müssen. 29

30 **Während der Treuhandzeit** ist zudem jegliche Vereinbarung zugunsten einzelner Gläubiger wegen des Verbots von Sonderabkommen nach § 294 Abs. 2 InsO unzulässig (*BGH* ZInsO 2015, 1739 Tz. 11 = EWiR 2015, 611 m. Anm. *Ahrens*; A/G/R-*Weinland* § 301 InsO Rn. 4; *Forsblad* Restschuldbefreiung, S. 270 ff.; MüKo-InsO/*Stephan* § 301 Rn. 24; s.a. § 294 Rdn. 60; **a.A.** *Fischinger* Haftungsbeschränkung, S. 663 ff.). Dies gilt auch für einen Verzicht durch Individualvereinbarung.

31 **Allgemeine Geschäftsbedingungen**, in denen die Wirkungen der Restschuldbefreiung zum Nachteil des Schuldners eingeschränkt werden, verstoßen gegen den Schutz des Schuldners sowie die angestrebten wirtschafts- und sozialpolitischen Ziele und damit gegen wesentliche Grundsätze der §§ 286, 301 InsO. Sie können deswegen gem. § 307 Abs. 2 Nr. 1 BGB nicht im Voraus vereinbart werden (*BGH* ZInsO 2015, 1739 Tz. 12 = EWiR 2015, 611 m. Anm. *Ahrens*; Uhlenbruck/*Sternal* InsO, § 301 Rn. 18; *Fischinger* Haftungsbeschränkung, S. 663). Da die Restschuldbefreiung auch öffentlichen Interessen dient, kann sie im Vorhinein nicht für die Beteiligten dispositiv sein. Eine abweichende Individualvereinbarung ist nach § 134 BGB nichtig (*Ahrens* EWiR 2015, 611 [612]; *Fischinger* Haftungsbeschränkung, S. 673).

32 **Nach Erteilung der Restschuldbefreiung** endet jedoch die Parallele zum Einzelvollstreckungsrecht. Ein nachträglicher formularmäßiger Verzicht ist gem. § 307 Abs. 2 Nr. 1 BGB unwirksam, weil er mit den vom *BGH* herausgearbeiteten gesetzlichen Leitgedanken der Restschuldbefreiung kollidiert (vgl. *BGH* ZInsO 2015, 1739 Tz. 8 f. = EWiR 2015, 611 m. Anm. *Ahrens*, weswegen der erste LS der Entscheidung keine zeitliche Einschränkung enthält; *Fischinger* Haftungsbeschränkung, S. 681). Dagegen kann durch eine individuelle Vereinbarung auf die Wirkungen der Restschuldbefreiung verzichtet werden. Soweit die Vorschriften über die Restschuldbefreiung als zwingendes Recht angesehen werden (A/G/R-*Fischer* § 286 Rn. 13; K. *Schmidt*/*Henning* InsO, § 286 n.F. Rn. 9; Hk-InsO/*Waltenberger* § 286 Rn. 7; *Kramme* ZInsO 2015, 2206 [2209 f.]; s.a. *Döbereiner* Restschuldbefreiung, S. 235 ff.), ist weitergehend jeglicher nachträglicher Verzicht ausgeschlossen. Dieses strikte Verständnis kollidiert allerdings mit § 301 Abs. 3 InsO, denn nach dieser Vorschrift bleibt die Forderung trotz Restschuldbefreiung erfüllbar. Wenn der Schuldner einseitig die Forderung erfüllen kann, muss ihm auch eine nachträgliche Individualvereinbarung darüber möglich sein, sei es durch Verzicht auf die Wirkung der Restschuldbefreiung, sei es durch Neubegründung des Forderungsrechts (Uhlenbruck/*Sternal* InsO, § 301 Rn. 18; wohl auch *Braun*/*Pehl* InsO, § 301 Rn. 11; *Ahrens* EWiR 2015, 611 [612]; zum Vergleichsrecht *RG* RGZ 160, 134 [138]). Das unterscheidet die nachträgliche Abrede über die Restschuldbefreiung von der über die Zwangsvollstreckung. Wird ein selbständiges Schuldanerkenntnis ohne Gegenleistung erklärt, ist es schenkweise gegeben und bedarf gem. § 518 Abs. 1 Satz 2 BGB der notariellen Beurkundung (*BGH* NJW 1980, 1159 [1159]). Erfolgt das Schuldanerkenntnis für eine Gegenleistung, so darf zwischen beiden kein sittenwidriges Missverhältnis i.S.v. § 138 Abs. 1 BGB bestehen.

33 Die **fehlende Durchsetzbarkeit** der Verbindlichkeit wirkt sich ebenso auf ein späteres Erkenntnis- wie ein Vollstreckungsverfahren aus. Einer zur Tabelle angemeldeten Forderung steht zwar nach Erteilung der Restschuldbefreiung nicht mehr das Vollstreckungsverbot aus § 294 Abs. 1 InsO entgegen, doch entfällt ihre Vollstreckbarkeit aus der Tabelle des § 201 Abs. 2 Satz 1 InsO. Entsprechendes gilt für nicht angemeldete titulierte Forderungen. Einer gesonderten gerichtlichen Feststellung bedarf es wegen der eindeutigen gesetzlichen Regelung nicht (*Arnold* DGVZ 1996, 65 [70 Fn. 13]; s.a. HK-InsO/*Waltenberger* § 301 Rn. 3; **a.A.** MüKo-InsO/*Stephan* § 301 Rn. 20; *Nerlich*/*Römermann* InsO, § 301 Rn. 16 f.; KS-InsO/*Fuchs* 2000, S. 1679 Rn. 228 f.; *Fischer* ZInsO 2005, 69 [71]; *ders.* Rpfleger 2007, 173 [175]). Verlangt ein Gläubiger in Unkenntnis von der Restschuldbefreiung Erfüllung, kann ein materiellrechtlicher Kostenerstattungsanspruch auf Ersatz vorgerichtlicher Anwaltskosten entfallen, falls der Schuldner es unterlassen hat, auf die Schuldbefreiung hinzuweisen (vgl. *OLG Düsseldorf* NZI 2015, 232). Da dem Gläubiger während der Treuhandperiode grds. eine vollstreckbare Ausfertigung der Tabelle erteilt werden kann (s. § 294 Rdn. 39), muss im Fall einer Restschuldbefreiung die Lösung im Zwangsvollstreckungsrecht gefunden werden.

34 Bei einer **Gläubigeranfechtung** ist der Anfechtungsgegner regelmäßig befugt, sich im Rahmen von § 767 ZPO auf die dem Schuldner zustehenden Einwendungen zu berufen. Die Restschuldbefrei-

ung entschuldet den Schuldner, schließt aber dennoch nicht sämtliche Rechte der Gläubiger aus. Eine Restschuldbefreiung steht deswegen ausnahmsweise einer Einzelgläubigeranfechtung nicht entgegen, wenn der Gläubiger die Anfechtungsklage bereits vor Eröffnung des Insolvenzverfahrens erhoben hat und sie vor diesem Zeitpunkt begangene Rechtshandlungen betrifft (*BGH* NZI 2016, 131 Rn. 11, 17 ff.). Umgekehrt kann als Rückausnahme der Anfechtungsgegner einer Gläubigeranfechtung die erteilte Restschuldbefreiung entgegenhalten, wenn die Anfechtungsklage erst nach Aufhebung des Insolvenzverfahrens erhoben wurde, aber vor Eröffnung des Insolvenzverfahrens begangene Rechtshandlungen betrifft (*OLG Düsseldorf* ZInsO 2017, 1675 [1679]).

Als **Rechtsbehelf** gegen eine Zwangsvollstreckung kann der Schuldner eine **Vollstreckungsgegen-** 35 **klage** gem. § 767 ZPO erheben (*BGH* NZI 2008, 737 Tz. 10; *OLG Brandenburg* BeckRS 2012, 10037; *KG* WM 2015, 933 [934]; *LG Frankfurt/O.* NZI 2017, 571; *Uhlenbruck/Sternal* InsO, § 301 Rn. 41; *K. Schmidt/Henning* InsO, § 301 n.F. Rn. 12; *Graf-Schlicker/Kexel* InsO, § 301 Rn. 10; *Nerlich/Römermann* InsO, § 301 Rn. 16 f.; *Hess/Groß/Reill-Ruppe/Roth* Kap. 4 Rn. 948; *Hess/Obermüller* Die Rechtsstellung der Verfahrensbeteiligten nach der Insolvenzordnung, Rn. 393; *Pape* ZInsO 2016, 2005; **a.A.** *AG Göttingen* ZInsO 2011, 934 [935 f.], Erinnerung nach § 573 Abs. 1 Satz 1 ZPO bei Feststellung der Deliktseigenschaft). Die Umgestaltung der Forderung durch die Restschuldbefreiung begründe also einen über § 767 ZPO geltend zu machenden materiellrechtlichen Einwand (*LG Heidelberg* DGVZ 2014, 91 f.). Da der Schuldner eine Vollstreckungsgegenklage erheben muss, wird für eine Titulierung einer Insolvenzforderung das Rechtsschutzbedürfnis nicht verneint (*OLG Brandenburg* BeckRS 2012, 10037). Gegen die Vollstreckung einer bestandskräftigen Abgabenfestsetzung ist die Feststellungsklage nach § 43 VwGO statthaft (*VG Greifswald* BeckRS 2017, 119344).

In Betracht kommt daneben, ggf. auch unabhängig davon, eine **Klage** des Schuldners **auf Heraus-** 36 **gabe des Titels** analog § 371 BGB (vgl. *BGH* BGHZ 127, 146 [148 f.]; NJW-RR 2008, 1512 [1513]; *Wenzel* in: MüKo-BGB, 5. Aufl., § 371 Rn. 8; *Pape* ZVI 2014, 1 [5]; s.a. PWW/*Pfeiffer* § 371 BGB Rn. 4). Im Allgemeinen ist die vollstreckbare Ausfertigung des Titels herauszugeben, wenn die Forderung nicht mehr durchsetzbar ist (vgl. *Stein/Jonas-Münzberg* ZPO, 22. Aufl., § 724 Rn. 6). Dies wird nach Erteilung der Restschuldbefreiung sowohl für Vollstreckungstitel, die außerhalb des Insolvenzverfahrens erlangt wurden, als auch grds. für die vollstreckbare Ausfertigung des Tabellenauszugs zu gelten haben (*Fischer* ZInsO 2005, 69 [71]).

Eine **vollstreckbare Ausfertigung des Tabellenauszugs** ist deswegen nach Erteilung der Restschuld- 37 befreiung i.d.R. nicht zu erteilen. Ausgeschlossen ist ein vollstreckbarer Tabellenauszug, wenn die Forderung ohne qualifizierten Schuldgrund angemeldet ist. Nach Ablauf der Abtretungsfrist kann auch der besondere Forderungsgrund nicht mehr nachgemeldet werden (*BGH* NZI 2013, 906). Ist ein Widerspruch des Schuldners gegen die qualifiziert angemeldete Forderung oder gegen den besonderen Schuldgrund nicht beseitigt, darf kein vollstreckbarer Tabellenauszug ausgefertigt werden (*Pape* 2014, 1 [6]). Ausnahmsweise kommt eine Erteilung in Betracht, wenn etwa die Forderung des Gläubigers als aus vorsätzlich begangener unerlaubter Handlung zur Tabelle festgestellt ist (*AG Göttingen* ZInsO 2008, 1036 [1937]; ZInsO 2011, 934 [935]), also entweder der Schuldner nicht widersprochen hat oder sein Widerspruch beseitigt wurde. Hat ein Insolvenzgläubiger seinen Anspruch nicht zur Tabelle angemeldet, so wird er gem. § 301 Abs. 1 Satz 2 InsO von der Schuldbefreiung betroffen und kann nach Erteilung der Restschuldbefreiung keinen Titel erwirken. In Einzelfällen mag zwar einer unvollkommenen Verbindlichkeit bereits die Klagbarkeit fehlen (*BGH* NJW 1980, 390 [391]), doch muss diese Konsequenz nicht notwendig eintreten (*Stein/Jonas-Schumann* ZPO, vor § 253 Rn. 87 ff., 93; *Rosenberg/Schwab/Gottwald* Zivilprozessrecht, 17. Aufl., § 89 Rn. 22 ff.). Einer nicht erfüllten Verbindlichkeit fehlt daher nach Erteilung der Restschuldbefreiung i.d.R. nicht schon die Klagbarkeit, weshalb eine entsprechende **Klage** nicht unzulässig, sondern unbegründet ist (ebenso *Fischinger* Haftungsbeschränkung, S. 136).

Werden nach dem Schlusstermin und damit auch nach Erteilung der Restschuldbefreiung Gegen- 38 stände der Masse ermittelt, ist eine **Nachtragsverteilung** gem. § 203 Abs. 1 Nr. 3 InsO durchzuführen (*BGH* NZI 2008, 560 Tz. 9; NZI 2016, 365 Tz. 21; *LG Dessau-Roßlau* NZI 2012, 281;

A/G/R-*Weinland* § 301 InsO Rn. 6; *Haarmeyer/Wutzke/Förster-Schmerbach* InsO, § 301 Rn. 23; *Hess/Obermüller* Die Rechtsstellung der Verfahrensbeteiligten nach der Insolvenzordnung, Rn. 394), denn von einer Nachtragsverteilung wird die mit der Restschuldbefreiung geschaffene Position des Schuldners nicht beeinträchtigt. Eine Nachtragsverteilung kann nach dem Schlusstermin bzw. während der Treuhandperiode angeordnet werden. Selbst wenn sodann die Restschuldbefreiung erteilt wird, berührt dies nicht die Möglichkeit der Nachtragsverteilung (*BGH* NZI 2016, 365 Tz. 21; s.a. *Schmidt* ZInsO 2016, 1194). Dies gilt nicht für einen erst nach der Restschuldbefreiung erfolgten Vermögenserwerb (*BGH* NZI 2013, 191 Tz. 19). Folgerichtig ist die Anordnung einer Nachtragsverteilung ausgeschlossen, nachdem die Restschuldbefreiung erteilt ist (offengelassen von *BGH* NZI 2016, 365 Tz. 21).

III. Sonstige Konsequenzen

39 Die **steuerliche Behandlung** des aus einer Restschuldbefreiung erlangten Gewinns ist durch die Entscheidung des Großen Senats des *BFH* (NZI 2017, 163) über die Rechtswidrigkeit des Sanierungserlasses (BStBl. I 2003 S. 240) ungewiss geworden (vgl. nur *Crezelius* NZI 2017, 256; *Lenger* NZI 20177, 290; *Sistermann/Beutel* DStR 2017, 1065; *de Weerth* ZInsO 2017, 873). Der Gesetzgeber hat hierauf sehr schnell im Gesetz gegen schädliche Steuerpraktiken im Zusammenhang mit Rechteüberlassungen vom 27.06.2017 reagiert (BGBl. I S. 2074). Nach § 3a Abs. 5 EStG sind Erträge aus einer gem. den §§ 286 ff. InsO erteilten Restschuldbefreiung oder aufgrund außergerichtlicher wie gerichtlicher Schuldenbereinigungspläne selbst dann steuerfrei, wenn die Voraussetzungen einer unternehmensbezogenen Sanierung nach § 3a Abs. 3 EStG nicht vorliegen. Der selbständige Schuldner mit Restschuldbefreiung ist daher vor einer Besteuerung seines Gewinns geschützt. Verbraucherschuldner, die auch nicht selbständig waren, sind ohnedies nicht betroffen. Nach der Rechtsprechung des BFH ist ein Buchgewinn aufgrund einer Restschuldbefreiung regelmäßig im Jahr der Rechtskraft des gerichtlichen Beschlusses zu erfassen. Wenn allerdings der Betrieb vor Eröffnung des Insolvenzverfahrens aufgegeben wurde, liegt ein in das Jahr der Aufstellung der Aufgabebilanz zurückwirkendes Ereignis vor (*BFH* NZI 2017, 583).

40 Ob eine Restschuldbefreiung eine **gewerberechtliche Unzuverlässigkeit** beseitigt, soll nach einer Entscheidung des *OVG Sachsen-Anhalt* (ZInsO 2014, 340 [341]) wegen der möglicherweise nach § 302 InsO davon ausgenommenen Forderungen eine Frage des Einzelfalls sein. Allerdings wird durch diese Entscheidung das Regel-Ausnahme-Verhältnis zwischen beiden Bestimmungen verkehrt. Akteneinsicht in die insolvenzgerichtlichen Akten gem. § 299 InsO ist grds. auch nach Erteilung der Restschuldbefreiung zulässig (*KG* NZI 2016, 555).

41 Im Rahmen des **Zugewinnausgleichs** sind auch solche Forderungen in das Anfangsvermögen des Schuldners einzustellen, von denen er durch die erteilte Restschuldbefreiung entlastet wurde. Vorsätzlicher Bankrott durch Verheimlichen von Vermögen gem. § 283 Abs. 1 Nr. 1 StGB ist bei einem fortdauernden Verheimlichen erst mit Erteilen der Restschuldbefreiung beendet.

D. Personal- und Sachsicherungen

I. Bestand der Sicherungsrechte

42 Durch die Restschuldbefreiung werden die Rechte der Insolvenzgläubiger gegen Mitschuldner und Bürgen des Schuldners sowie aus Vormerkungen und Absonderungsrechten nicht berührt. Weder die **persönliche Mithaftung** noch die **Sachhaftung** Dritter wird von der Restschuldbefreiung betroffen. § 301 Abs. 2 Satz 1 InsO nimmt, ebenso wie früher die §§ 193 Satz 2 KO, 82 Abs. 2 VglO, Kreditsicherungen von der gesetzlichen Schuldbefreiung aus (*Wittig* WM 1998, 157 [209, 219]), da diese Sicherungen eingeräumt werden, um den Sicherungsnehmer vor einer Zahlungsunfähigkeit des Schuldners zu schützen (vgl. *Bley/Mohrbutter* VglO, § 82 Rn. 20). Diese konstitutive gesetzliche Anordnung gewährleistet, dass die akzessorischen Sicherungsrechte, wie die Bürgschaft, trotz einer Umwandelung der gesicherten Forderungen in unvollkommene Verbindlichkeiten fortbestehen und schafft damit eine Ausnahme zu deren Akzessorietät und schließt § 767 Abs. 1 Satz 1 BGB aus (*LG*

Frankfurt/O. NZI 2017, 571 [572]). In der Literatur wird zwar teilweise angenommen, dass bereits der Fortbestand der Hauptschuld in Gestalt einer unvollkommenen Verbindlichkeit als Grundlage einer akzessorischen Kreditsicherheit genügt (*Hess/Groß/Reill-Ruppe/Roth* Kap. 4 Rn. 938; s.a. *Wittig* WM 1998, 157 [209, 219]). Für akzessorische Sicherungsrechte bildet jedoch der weitere Bestand der Insolvenzforderungen als unvollkommene Verbindlichkeiten keine hinreichende Basis, denn auch die akzessorische Sicherung wird dadurch in eine unvollkommene Verbindlichkeit umgewandelt (*RG* RGZ 140, 132 [136]; *KG* NJW 1956, 1481 [1482]; *Palandt/Sprau* § 765 Rn. 28; *OLG Düsseldorf* ZIP 1983, 1188 [1189 f.], für die Bürgschaft). § 301 Abs. 2 Satz 1 InsO bildet deswegen, wie auch die §§ 193 Satz 2 KO, 82 Abs. 2 VglO, eine Ausnahmeregelung, welche die Akzessorietät überwindet.

§ 301 Abs. 2 Satz 1 InsO nimmt also nicht bestimmte Verbindlichkeiten gegenüber dem Schuldner von der Restschuldbefreiung aus, sondern regelt, dass die Rechte der Gläubiger gegen Bürgen und Mitschuldner von der gesetzlichen Schuldbefreiung unberührt bleiben. Gegenüber dem **Bürgen** durchbricht die Vorschrift die Regelung der §§ 767, 768 BGB (*Uhlenbruck/Sternal* InsO, § 301 Rn. 23). Da ein Bürge mit der Eröffnung des Insolvenzverfahrens die Einrede der Vorausklage nach § 773 Abs. 1 Nr. 3 BGB verloren hat, kann sich der Gläubiger beim Bürgen Befriedigung verschaffen. Die besondere Lage bei der Angehörigenbürgschaft ist also nicht insolvenzrechtlich, sondern materiellrechtlich über § 138 BGB zu lösen (**a.A.** *Müller* KTS 2000, 57 [59 ff.]; *Kapitza* NZI 2004, 14 [16]). Der Gläubiger kann im vollen Umfang auf den Bürgen zugreifen. 43

Eine **Mitschuld** besteht, wenn mehrere Personen nebeneinander für dieselbe Leistung haften (vgl. dazu *RG* RGZ 139, 48 [50 f.]). Mitschuldner sind die durch Mithaftung oder ein gegenseitiges Rückgriffsrecht verbundenen Personen (*Uhlenbruck/Sternal* InsO, § 301 Rn. 29; MüKo-InsO/*Stephan* § 301 Rn. 27). Dies trifft auf die echte Gesamtschuld i.S.v. § 421 Satz 1 BGB zu, etwa eine Schuldmitübernahme, bei der ein Gläubiger nach seinem Belieben die Leistung von jedem Gesamtschuldner ganz oder teilweise fordern kann, aber die Leistung nur einmal zu beanspruchen hat (*Palandt/Grüneberg* § 421 Rn. 1; *Staudinger/Kaduk* BGB, 12. Aufl., § 421 Rn. 2 ff.). Eine Mitschuld kann aber auch ohne eine innere Verbundenheit der Verpflichtungen durch einen Garantievertrag (dazu *Staudinger/Horn* BGB, Vorbem. zu §§ 765 ff. Rn. 194 ff.) oder eine harte Patronatserklärung (dazu *Hess* KO, § 193 Rn. 3; *Staudinger/Horn* BGB, Vorbem. zu §§ 765 ff. Rn. 405 ff.; MüKo-BGB/*Habersack* Vor § 765 Rn. 45 ff.) begründet sein (*BGH* NJW 1992, 2093 [2095]; *Hess* KO, § 68 Rn. 15; weitere Einzelfälle bei *Kuhn/Uhlenbruck* KO, § 68 Rn. 2 ff.). 44

Die Bestimmung des § 301 Abs. 2 Satz 1 InsO entspricht damit der Zielsetzung gegenüber einer **Mehrzahl von Haftenden**, das Insolvenzrisiko zugunsten des Gläubigers zu verteilen (vgl. *Selb* Mehrheiten von Gläubigern und Schuldnern, § 5 I 1), die auch in den §§ 43, 44 InsO Ausdruck gefunden hat. Solange die Zahlungen des Schuldners nicht zu einer vollen Befriedigung des Gläubigers geführt haben, kann deshalb der Gläubiger die gesamte restliche Forderung von den Mithaftenden beanspruchen, vgl. §§ 422 Abs. 1 Satz 2, 767 Abs. 1 Satz 1 BGB. Wird über das Vermögen mehrerer Haftender ein Insolvenzverfahren eröffnet, darf der Gläubiger nach dem Grundsatz der Doppelberücksichtigung gem. § 43 InsO in jedem Insolvenz- und auch Restschuldbefreiungsverfahren den gesamten, bei Verfahrenseröffnung ausstehenden Betrag geltend machen (vgl. zur konkursrechtlichen Regelung *OLG Dresden* ZIP 1996, 1190 [1192]; *Kuhn/Uhlenbruck* KO, § 68 Rn. 1). Mit der Erteilung der Restschuldbefreiung wird nur der betroffene Schuldner von seinen nicht erfüllten Verbindlichkeiten befreit. Der Gläubiger fällt deshalb mit seiner Forderung erst dann endgültig aus, wenn sämtlichen Mithaftenden die Restschuldbefreiung erteilt wurde. 45

Nicht von der Restschuldbefreiung erfasst werden auch die **dinglichen Sicherungsrechte** (vgl. zum folgenden *Kuhn/Uhlenbruck* KO, § 193 Rn. 11 ff.). Dies gilt allerdings nur, soweit sie wirksam entstanden sind, nicht aber bei einer unzulässig während des Insolvenzverfahrens eingetragenen Zwangshypothek. Auch ein gutgläubiger Erwerb dieser Hypothek ist ausgeschlossen (*LG Frankfurt/O.* NZI 2017, 571 [572]). Die Gläubiger können deshalb ihre Rechte aus den noch nicht verwerteten Sicherungen im vollen Umfang wahrnehmen. Denkbar ist dabei, dass der Insolvenzverwalter die Sicherheiten freigegeben hat, weil aus ihnen kein Übererlös für die Masse zu erwarten ist (*Hess/* 46

§ 301 InsO Wirkung der Restschuldbefreiung

Obermüller Insolvenzplan, Restschuldbefreiung und Verbraucherinsolvenz, 3. Aufl., Rn. 987; *Wittig* WM 1998, 157, 209 [213]), oder dass der Treuhänder gem. § 313 Abs. 3 InsO nicht zu ihrer Verwertung berechtigt ist. Nach den Grundsätzen der §§ 170, 171 InsO sowie § 10 Abs. 1 Nr. 1a ZVG wird aber eine entsprechende Kostenbeteiligung zu fordern sein (**a.A.** *Hess/Obermüller* Insolvenzplan, Restschuldbefreiung und Verbraucherinsolvenz, 3. Aufl., Rn. 988).

47 Als Sicherungen nennt § 301 Abs. 2 Satz 1 InsO zunächst die Rechte der Insolvenzgläubiger aus einer zu ihrer Sicherung eingetragenen **Vormerkung** (vgl. *Jaeger/Weber* KO, § 193 Rn. 15). Da gem. § 91 InsO nach Eröffnung des Insolvenzverfahrens grds. keine Rechte an Gegenständen der Insolvenzmasse erworben werden können, muss das Recht regelmäßig schon bei der Verfahrenseröffnung bestanden haben. Nach Eröffnung des Insolvenzverfahrens kann ein Recht jedoch ausnahmsweise unter den Voraussetzungen des § 106 InsO entstehen. Diese Insolvenzfestigkeit erstreckt § 301 Abs. 2 Satz 1 InsO ebenfalls auf die Restschuldbefreiung. Eine Vormerkung gem. § 883 BGB kann nach § 106 Abs. 1 Satz 1 InsO zur Sicherung eines Anspruchs auf Einräumung oder Aufhebung eines Rechts an einem Grundstück des Schuldners oder an einem für den Schuldner eingetragenen Recht oder zur Sicherung eines Anspruchs auf Änderung des Inhalts oder des Rangs eines solchen Rechts eingetragen sein. Eine Vormerkung kann gem. § 106 Abs. 2 InsO auch im Schiffsregister, Schiffsbauregister oder Register für Pfandrechte an Luftfahrzeugen eingetragen werden (zur früheren Rechtslage gem. § 24 KO vgl. *RG* RGZ 78, 71 [75]; *Hess* KO, § 24 Rn. 1 ff.; *Kuhn/Uhlenbruck* KO, § 24 Rn. 2 ff.; *Kilger/Karsten Schmidt* KO, § 24 Anm. 2).

48 Von den Wirkungen der Restschuldbefreiung werden ebenfalls **Absonderungsrechte** ausgenommen. Ein Recht auf abgesonderte Befriedigung kann gem. § 49 InsO an unbeweglichen Gegenständen, für Gläubiger rechtsgeschäftlicher oder gesetzlicher Pfandrechte nach § 50 InsO und für andere Absonderungsberechtigte gem. § 51 InsO bestehen, etwa für Sicherungseigentümer oder für Inhaber sicherungshalber abgetretener Forderungen. Diese Rechte sichern daher ebenfalls vor einer Restschuldbefreiung. Eine Sicherungsübereignung wirkt deswegen bis zur Erfüllung der Sicherungsvereinbarung etwa durch Bezahlung einer Darlehensschuld fort. Persönliche Ansprüche der absonderungsberechtigten Gläubiger, die diese Gläubiger gem. § 52 InsO erheben können, weil sie auf eine abgesonderte Befriedigung verzichtet haben oder bei ihr ausgefallen sind, werden allerdings von der Restschuldbefreiung erfasst. Auch das Pfändungspfandrecht besteht fort (MüKo-InsO/ *Ehricke* § 301 Rn. 31).

49 Grundsätzlich gilt diese Konsequenz auch für **Sicherungsabtretungen**. Als Sonderabkommen sind die vor Eröffnung des Insolvenzverfahrens begründeten Sicherungsabtretungen jedoch nach § 294 Abs. 2 InsO nichtig (*Ahrens* NZI 2014, 529 [532 ff.]; *ders.* Das neue Privatinsolvenzrecht, Rn. 316 ff.; *Uhlenbruck/Sternal* InsO, § 301 Rn. 33; s.a. § 294 Rdn. 54; i.E. auch K. *Schmidt/ Henning* InsO, § 301 n.F. Rn. 10). Zudem umfasst die Sicherungsabrede typischerweise nur durchsetzbare Forderungen und gerade nicht unvollkommene Verbindlichkeiten. Zumindest deswegen scheidet eine Realisierung der Sicherungsabtretung nach einer Restschuldbefreiung auch in den asymmetrischen Verfahren aus (s.a. *Bernhardi* Die Abtretung des Anspruchs auf Arbeitsentgelt, S. 405).

II. Ausschluss von Rückgriffsansprüchen

50 Als weitere Folge der Restschuldbefreiung wird der Schuldner nach § 301 Abs. 2 Satz 2 InsO von **Rückgriffsansprüchen** seiner Mitschuldner, der Bürgen oder anderer Berechtigter befreit. Der Anwendungsbereich dieser Regelung ist allerdings begrenzt, denn wenn die Mithaftung noch vor Abschluss des Restschuldbefreiungsverfahrens erfüllt wird, ist ein Rückgriff des Haftenden bereits durch § 301 Abs. 1 Satz 1 InsO und nicht erst nach Abs. 2 Satz 2 ausgeschlossen.

51 **Befriedigt** ein Mitschuldner oder Bürge die Forderung bereits **vor** der Eröffnung des Insolvenzverfahrens vollständig, so wird er Insolvenzgläubiger und nimmt mit den Rückgriffsansprüchen der §§ 426 Abs. 2 Satz 1, 670, 774 Abs. 1 Satz 1 BGB am Insolvenzverfahren teil (*Jaeger/Henckel* KO, § 3 Rn. 59). Ob die Schuld vollständig erfüllt wurde, richtet sich dabei nach dem Umfang

der Mithaftung. Erstreckt sich die Mithaftung nur auf einen Teilbetrag der Schuld, wird durch die Erfüllung dieser Mithaftung die Anwendbarkeit von § 43 InsO ausgeschlossen, etwa bei einer Teilbürgschaft durch die Zahlung der Bürgschaftssumme (zur vergleichbaren Rechtslage nach § 68 KO, vgl. *BGH* BGHZ 92, 374 [379]; *BGH* NJW 1960, 1295 [1296]; *BGH* NJW 1969, 796). Hat der Mitschuldner oder Bürge vor Eröffnung des Insolvenzverfahrens teilweise an den Gläubiger geleistet, so kann er sich mit seinem Teilrückgriffsanspruch neben dem Gläubiger an dem Verfahren beteiligen (vgl. *Häsemeyer* InsR, Rn. 17.06; außerdem *BGH* BGHZ 92, 374 [380]; *Wissmann* Persönliche Mithaft in der Insolvenz, 2. Aufl., Rn. 208 ff.; *Kuhn/Uhlenbruck* KO, § 68 Rn. 4). Außerdem können die Mithaftenden nach § 44 InsO am Insolvenzverfahren teilnehmen, wenn der Gläubiger seine Forderung nicht geltend macht (vgl. *BGH* NJW 1985, 1159 [1160]; *A/G/R-Ahrens* § 44 Rn. 10 f.).

Erfüllt der Mithaftende die Forderung vollständig erst **nach** der Eröffnung des Insolvenzverfahrens, 52
so steht § 43 InsO seiner Teilnahme am Verfahren mit der auf ihn übergegangenen Forderung nicht entgegen (*Häsemeyer* InsR, Rn. 17.07; vgl. auch *BGH* BGHZ 39, 319 [327]; *Staudinger/Horn* BGB, Vorbem zu §§ 765 ff. Rn. 172; zur Rechtslage nach § 33 VglO *BGH* BGHZ 114, 117 [123]). Dies gilt auch, wenn der Gläubiger anfangs eine Mithaftung in größerer Höhe geltend machte, die Höhe jedoch streitig war und die Beteiligten sich nach Verfahrenseröffnung auf einen geringeren Schuldbetrag geeinigt haben (*BGH* ZIP 1997, 372 [373]). Der Mitschuldner oder Bürge muss allerdings grds. seine Forderung rechtzeitig angemeldet haben. Anmeldefähig sind zwar nach § 174 InsO allein die bereits entstandenen Forderungen, doch ist diese Bedingung erfüllt, wenn die Forderung, wie durch die Zahlung eines Bürgen, bei Eröffnung des Insolvenzverfahrens aufschiebend bedingt bestand (vgl. *Kuhn/Uhlenbruck* KO, § 68 Rn. 11; *Wissmann* Persönliche Mithaft in der Insolvenz, 2. Aufl., Rn. 191 ff.).

Dementsprechend rückt der Mitschuldner oder Bürge ebenfalls in die **Stellung des Gläubigers** ein, 53
wenn er die Verpflichtung erst im Verlauf der Treuhandzeit insgesamt erfüllt. In der Treuhandphase fehlt zwar ein konstruktiver gesetzlicher Ansatz, um Forderungen noch nachträglich anzumelden. Bei einer vollständigen Leistung des Mithaftenden ist aber auch der aus § 43 InsO abgeleitete Ausschluss einer Beteiligung nicht länger berechtigt, der vor einer vollständigen Befriedigung des Gläubigers angenommen wird (zur entsprechenden konkursrechtlichen Konsequenz *RG* RGZ 52, 169 [171]; *BGH* BGHZ 27, 51 [54]; NJW 1969, 796; *Hess* KO, § 68 Rn. 7 ff.; *Kuhn/Uhlenbruck* KO, § 68 Rn. 11). Anders als ein Neugläubiger könnte der Mithaftende seine Rückgriffsansprüche gem. § 301 Abs. 2 Satz 2 InsO auch nicht nach einer Erteilung der Restschuldbefreiung durchsetzen. Eine die Verteilungsregeln aufrechterhaltende insolvenzgerechte Gestaltung muss deswegen den Mithaftenden berechtigen, auch während der Treuhandperiode mit der etwa gem. den §§ 426 Abs. 2 Satz 1, 774 Abs. 1 Satz 1 BGB auf ihn übergegangenen Forderung in die Position des Gläubigers einzutreten. Da der Mithaftende in diesen Fällen die Position eines Insolvenzgläubigers einnimmt, wird er an der Verteilung gem. den §§ 187 ff., 292 Abs. 1 Satz 2 InsO beteiligt. Folgerichtig erfasst bereits die Restschuldbefreiung nach § 301 Abs. 1 Satz 1 InsO seine Ansprüche.

Der **Rückgriffsausschluss** in § 301 Abs. 2 Satz 2 InsO greift deswegen nur ein, wenn die Mithaften- 54
den bis zum Abschluss des Insolvenz- und Restschuldbefreiungsverfahrens nur einen Teilbetrag auf ihre Haftungssumme leisten oder sogar keine Zahlung erbringen, aber dann nach Erteilung der Restschuldbefreiung leisten. Befriedigen die Mitverpflichteten den Gläubiger bis zum Abschluss des Restschuldbefreiungsverfahrens nur teilweise, so bleiben sie von dem Verfahren ausgeschlossen, vorausgesetzt, sie haben auch vor Eröffnung des Insolvenzverfahrens nicht geleistet. Solange ihre Zahlungen nicht zu einer vollen Befriedigung des Gläubigers geführt haben, nimmt der Gläubiger nach §§ 43, 44 InsO mit der ganzen Forderung, wie sie bei Eröffnung des Insolvenzverfahrens bestanden hat, am Verfahren teil (so zur Rechtslage nach § 68 KO *RG* RGZ 52, 169 [171]; *BGH* BGHZ 27, 51 [54]; *BGH* NJW 1969, 796; *Wissmann* Persönliche Mithaft in der Insolvenz, 2. Aufl., Rn. 213; *Jaeger/Henckel* KO, § 3 Rn. 61; *Kuhn/Uhlenbruck* KO, § 68 Rn. 11; *Hess* KO, § 68 Rn. 3 ff., auch zum Anwendungsbereich).

Da in diesen Situationen die Mithaftenden von dem Insolvenz- und Restschuldbefreiungsverfahren 55
ausgeschlossen sind, werden ihre Ansprüche nicht von § 301 Abs. 1 Satz 1 InsO, sondern von **§ 301**

§ 301 InsO Wirkung der Restschuldbefreiung

Abs. 2 Satz 2 InsO geregelt. Einem Ausschluss seines Rückgriffsrechts kann ein Mithaftender also nur entgehen, wenn er den Schuldner im Insolvenz- oder Restschuldbefreiungsverfahren vollständig befriedigt, wobei der Wert seines Anspruchs gegen den Schuldner davon abhängt, wie frühzeitig er leistet. Soweit aber der Mithaftende erst nach Abschluss des Schuldbefreiungsverfahrens vollständig leistet, erkennt die gesetzliche Regelung die Entlastung des Schuldners gegenüber seinen Mithaftenden ausdrücklich an.

E. Leistung trotz Restschuldbefreiung

56 Erfüllt der Schuldner oder ein Dritter die Forderung eines Insolvenzgläubigers, obwohl der Gläubiger aufgrund der Restschuldbefreiung keine Befriedigung zu beanspruchen hat, kann der Leistende **keinen Rückgewähranspruch** erheben. Die unvollkommene Verbindlichkeit bildet den Rechtsgrund der Leistung (*Uhlenbruck/Sternal* InsO, § 301 Rn. 37). Die gesetzliche Regelung des § 301 Abs. 3 InsO weicht von § 814 1. Alt. BGB ab, denn sie schließt eine Rückforderung aus, ohne dass der Leistende positive Kenntnis von der Nichtschuld gehabt haben muss.

57 Es besteht jedoch **kein Ausschluss der Rückforderung**, wenn der Schuldner unter Druck, etwa einer nicht mehr zulässigen Zwangsvollstreckung (*Uhlenbruck/Sternal* InsO, § 302 Rn. 38), eine Verbindlichkeit erfüllt. Verweigert eine Kfz-Zulassungsstelle aufgrund rückständiger Gebühren die Zulassung und wird deswegen die von der Restschuldbefreiung erfasste Gebührenforderung ausgeglichen, kann der Schuldner Erstattung verlangen (*OVG Saarland* ZInsO 2016, 2039 [2042]).

F. Nachhaftung

58 Mit der Erteilung der Restschuldbefreiung wird der Schuldner von seinen im Insolvenzverfahren nicht erfüllten Vermögensansprüchen befreit. Gegenüber **Neugläubigern** und ihren nach Eröffnung des Insolvenzverfahrens begründeten Verbindlichkeiten haftet der Schuldner uneingeschränkt. Neue Forderungen können auch aus einer im Insolvenz- oder Restschuldbefreiungsverfahren begangenen vorsätzlichen sittenwidrigen Schädigung resultieren. Aber auch gegenüber Ansprüchen, die vor Eröffnung des Insolvenzverfahrens begründet sind, kommt eine Haftung nach Erteilung der Restschuldbefreiung in Betracht. Die gesetzgeberische Intention, dem Schuldner einen neuen Start zu eröffnen, ist damit nur teilweise verwirklicht.

59 Gesetzlich von der Restschuldbefreiung ausgenommen sind die in **§ 302 InsO** aufgeführten Verbindlichkeiten. An erster Stelle ist dabei an die Forderungen aus vorsätzlich begangenen unerlaubten Handlungen zu denken.

60 Größte praktische Bedeutung besitzt die Nachhaftung bei einer **Kostenstundung**. Nach Erteilung der Restschuldbefreiung haftet der Schuldner hier gem. den §§ 4a f. InsO auf Rückzahlung der gestundeten Beträge (s. *Kohte* § 4b Rdn. 2 ff.; *Hulsmann* ZVI 2006, 198 [199 ff.]).

61 Eine weitere Verantwortlichkeit des Schuldners besteht auch für die von der Restschuldbefreiung **unberührten** nicht vermögensrechtlichen **Ansprüche** (s. Rdn. 17).

62 **Masseverbindlichkeiten** werden von der Restschuldbefreiung nicht erfasst (s. Rdn. 17).

63 Systematisch keine Nachhaftung, eine in ihren Wirkungen ähnliche Folge bildet der bei einer Restschuldbefreiung eines Einzelunternehmers oder persönlich haftenden Gesellschafters entstehende, möglicherweise steuerpflichtige **Gewinn** (*Brand/Klein/Ligges* ZInsO 2005, 978 [980]).

G. Weitere Gläubigerrechte

I. Insolvenzrechtliche Stellung

64 Werden nachträglich, etwa im Zusammenhang mit einem Widerrufsverfahren, Gegenstände entdeckt, die zur Insolvenzmasse bzw. zu dem im Restschuldbefreiungsverfahren zu verteilenden Vermögen gehören, ist über ihre Verwertung zu entscheiden. Eine **Nachtragsverteilung** führt dabei nicht zu einer nachträglichen Haftung, sondern stellt allein eine konsequente Durchführung der be-

stehenden insolvenzrechtlichen Haftung dar. Sie ist deswegen trotz Restschuldbefreiung zulässig (*BGH* NZI 2008, 560 Tz. 9; *LG Dessau-Roßlau* NZI 2012, 281; *Uhlenbruck/Sternal* InsO, § 300 Rn. 52; *Haarmeyer/Wutzke/Förster-Schmerbach* InsO, § 301 Rn. 23; *Mohrbutter/Ringstmeier-Pape* § 17 Rn. 364), doch gilt dies nicht für einen erst nach der Restschuldbefreiung erfolgten Vermögenserwerb (*BGH* NZI 2013, 191 Tz. 19). Die Nachtragsverteilung ist nach dem Gedanken aus § 203 Abs. 1 InsO durchzuführen (*BGH* ZInsO 2006, 33, zum Verbraucherinsolvenzverfahren). Zieht der Schuldner die abgetretenen Bezüge wirksam nach § 407 Abs. 1 Alt. 1 BGB ein, ohne dass ein Versagungsantrag gestellt wird, muss ihm zwar Restschuldbefreiung gewährt werden, doch kommt insoweit ebenfalls eine Nachtragsverteilung in Betracht.

Hat der Schuldner die Erteilung der Restschuldbefreiung missbräuchlich erlangt, ist zwar nach materiellrechtlichen Grundsätzen der Einwand der **unzulässigen Rechtsausübung** aus § 242 BGB wegen einer missbräuchlich erlangten Rechtsposition vorstellbar. Die Rechtskraftregeln und § 303 InsO schließen jedoch den Einwand des Rechtsmissbrauchs aus (HK-InsO/*Waltenberger* 7. Aufl., § 303 a.F. Rn. 6). 65

Kostenerstattungsansprüche aus einem Prozess zur **Feststellung** einer Forderung aus vorsätzlich begangener unerlaubter Handlung sind dagegen von der Restschuldbefreiung ausgenommen. Diese Verfahrenskosten entstehen zwar erst zeitlich nach Eröffnung des Insolvenzverfahrens, dennoch folgen sie dem Schicksal der Hauptforderung insoweit, als sie selbst eine Insolvenzforderung bilden (*AG Bremen* NZI 2008, 55 [56]). Bei ihnen hat aber der Schuldner erst durch seinen Widerspruch Anlass zur Klageerhebung gegeben. Da sie während des Insolvenz- und Restschuldbefreiungsverfahrens den Vollstreckungsverboten aus den §§ 89 Abs. 1, 294 Abs. 1 InsO unterliegen, müssen sie jedenfalls nach dem Ende der Treuhandperiode vollstreckt werden können. 66

Nicht von der Restschuldbefreiung erfasst werden vermögensrechtliche Ansprüche der Neugläubiger (*Hess* InsO, 2007, § 301 Rn. 6). 67

II. Haftung aus § 826 BGB wegen vorsätzlicher sittenwidriger Schädigung

Hat der Schuldner einen Anspruch oder einen **Gläubiger bewusst verschwiegen**, um die Restschuldbefreiung zu erreichen, kann darin eine unerlaubte Handlung i.S.d. § 826 BGB liegen, die eine eigenständige neue Schadensersatzforderung des Gläubigers begründet (*BGH* ZInsO 2009, 52 Tz. 2; NZI 2009, 66 Tz. 11; ZInsO 2011, 244 Rn. 26; NZI 2015, 132 Tz. 9; NZI 2016, 893; *OLG Brandenburg* NZI 2012, 762, 764, jeweils obiter; *OLG Köln* BeckRS 2010, 29331 = VIA 2011, 21 m. Anm. *Schmerbach*; *OLG Saarbrücken* NZI 2015, 712 = VIA 2015, 69 m. Anm. *Stephan*; *LG Schwerin* VersR 2007, 400; *AG Delmenhorst* NZI 2014, 319, m. krit. Anm. *Harder* = VIA 2014, 40, m. Anm. *Schmerbach*; *Uhlenbruck/Sternal* InsO, 14. Aufl., § 301 Rn. 11; A/G/R-*Weinland* 2. Aufl., § 301 InsO Rn. 5; *Kübler/Prütting/Bork-Wenzel* InsO, § 292 Rn. 36; LSZ/*Kiesbye* 3. Aufl., § 301 Rn. 3; BeckOK-BGB/*Spindler* Ed. 35, § 826 Rn. 135; *Frind* Praxishandbuch Privatinsolvenz, Rn. 992; *Schmidt* Privatinsolvenz, 4. Aufl., § 5 Rn. 76; *Vallender* ZIP 2000, 1288, 1290 f.; *Prütting/Stickelbrock* ZVI 2002, 305 [307]; *Fahl/Winkler* NZI 2010, 288 [289]; *Ahrens* NZI 2013, 721 [725]; *ders.* NZI 2015, 687; *Heicke* VIA 2015, 59 f.; zu eng *Staudinger/Oechsler* 2014, § 826 BGB Rn. 542, da nur auf verschwiegene Forderungen aus vorsätzlich begangenen unerlaubten Handlungen i.S.v. § 302 Nr. 1 Alt. 1 BGB bezogen). 68

Ebenso kann grds. ein Schadensersatzanspruch aus § 826 BGB bestehen, wenn der Schuldner mit der **Obliegenheitsverletzung** gem. § 295 InsO eine vorsätzliche sittenwidrige Schädigung begangen hat. Darüber hinaus ist ein Anspruch nicht nur bei einer solchen Obliegenheitsverletzung, sondern auch bei anderen Verstößen im Verlauf des Insolvenz- oder Restschuldbefreiungsverfahrens zu erwägen. Erforderlich ist aber, dass die Pflicht- bzw. Obliegenheitsverletzungen nach Eröffnung des Insolvenzverfahrens begangen sind. Nur dann sind sie als Neuforderungen von der Restschuldbefreiung ausgenommen. Im Einzelnen wird, angelehnt an die bislang entschiedenen Fallgruppen, in denen die Wertungserfahrung der Rechtsprechung und Literatur konkret fassbar wird (*Erman/Schiemann* BGB, 12. Aufl., § 826 Rn. 27), zu differenzieren sein. 69

70 Die Fallgruppe der sittenwidrigen **Ausnutzung unrichtiger Titel** (vgl. nur *BGH* BGHZ 103, 44 [46 f.]; NJW 2005, 2991; *Erman/Schiemann* BGB, 12. Aufl., § 826 Rn. 46; *Bamberger/Roth/Spindler* BGB, 2. Aufl., § 826 Rn. 111 f.; *Kohte* NJW 1985, 2217 ff.) ist nicht übertragbar. Sie verlangt einen unrichtigen Titel, dessen Unrichtigkeit der Inhaber kennt und aus dem die Vollstreckung aufgrund besonderer Umstände als sittenwidrig erscheint. Eine Gleichbehandlung der erteilten Restschuldbefreiung mit diesen Wertungsfaktoren lässt sich indessen nicht begründen, denn die gerichtliche Entscheidung wird nicht zum Zweck der Zwangsvollstreckung ausgenutzt. Auch die allgemeinere Kategorie eines sittenwidrigen **Missbrauchs von Institutionen** (dazu *Erman/Schiemann* BGB, 12. Aufl., § 826 Rn. 50 ff.; *Bamberger/Roth/Spindler* BGB, 2. Aufl., § 826 Rn. 106 ff.) ist nicht auf den Missbrauch des Restschuldbefreiungsverfahrens übertragbar. Soweit diese Fallgruppe mit den Versagungs- und Widerrufsgründen des Restschuldbefreiungsverfahrens konkurriert, verdrängen die spezielleren insolvenzrechtlichen Regeln den allgemeinen zivilrechtlichen Anspruch. Diese Konkurrenz wirkt sich nicht allein bei den zum Widerruf zugelassenen Obliegenheitsverletzungen, sondern auch bei den nicht widerrufsfähigen sonstigen Umständen der §§ 296 InsO Abs. 2 Satz 2 und 3, 297, 298 InsO aus. Entsprechendes gilt aber auch für die Versagungsgründe aus § 290 Abs. 1 InsO.

71 Als vorrangige Fallgruppe kommen sittenwidrige **Täuschungen und Verfälschungen** bzw. eine sittenwidrige Titelerschleichung in Betracht. Täuschungen bilden ein besonders typisches Mittel sittenwidriger Zielverfolgung, wobei infolge der §§ 4 InsO, 138 ZPO der bewusst unwahre Vortrag im Insolvenzverfahren sittenwidrig sein kann (vgl. *Erman/Schiemann* BGB, 12. Aufl., § 826 Rn. 36). Exemplarisch ist hier an bewusst unwahre Angaben in Verzeichnissen zu denken, wie die unterlassene Benennung eines Gläubigers (*BGH* NZI 2009, 66 Tz. 10; MüKo-InsO/*Stephan* § 301 Rn. 10; *Vallender* ZIP 2000, 1288 [1290 f.]). Maßgebender Titel ist die Erteilung der Restschuldbefreiung (*Ahrens* NZI 2013, 721 [726 f.]).

72 Unter drei Voraussetzungen kann § 826 BGB angewendet werden. Zunächst muss der **Titel materiell unrichtig** sein, was zu bejahen ist (*Ahrens* NZI 2013, 721 [726 f.]), wenn die Forderungen nicht im Insolvenzverfahren berücksichtigt wurden und die Restschuldbefreiung dem Gläubiger gegenüber wirkt. Außerdem muss der Titelgläubiger, hier der Schuldner, die **Unrichtigkeit der Entscheidung kennen**, also um die fehlende Angabe des Gläubigers wissen. Regelmäßig wird diese Voraussetzung besondere Schwierigkeiten bereiten. Anhaltspunkte dafür bilden eine Kommunikation über die Forderung im zeitlich unmittelbaren Zusammenhang mit dem Insolvenzverfahren (*Ahrens* NZI 2015, 687 [688]) oder eine strafgerichtliche Verurteilung wegen einer besonders gravierenden Straftat (*Heicke* VIA 2015, 59 [60]).

73 Schließlich müssen **besondere Umstände** hinzutreten, die sich aus der Art und Weise der Titelerlangung ergeben und die das Vorgehen des Gläubigers als sittenwidrig prägen, weshalb es Letzterem zuzumuten ist, die ihm unverdient zugefallene Rechtsposition aufzugeben. Dies kann im Verstoß gegen die prozessuale Wahrheitspflicht mit dem Versuch gesehen werden, dem Gläubiger eine Beteiligungschance und damit auch die Befriedigungsmöglichkeit im Insolvenzverfahren zu nehmen. Besonderes Gewicht erhält dabei die Voraussetzung des § 826 BGB, dass der Schaden mit vom Vorsatz umfasst sein muss (*BGH* NJW 2001, 3187 [3189]). Damit ist dann auch ein klares Abgrenzungskriterium zu § 303 InsO genannt, bei dem sich der Vorsatz nicht auf die Beeinträchtigung erstrecken muss (s. Rdn. 24). Dabei handelt es sich um eine Neuforderung (*Ahrens* NZI 2013, 721 [727]). Gegen eine englische discharge ist eine Klage aus § 826 BGB unbegründet, weil der Gläubiger den einfacheren Weg einer Aufhebung der nicht in Rechtskraft erwachsenen discharge gehen kann (*LG Trier* BeckRS 2017, 114009).

74 **Rechtsfolge** ist nicht eine Beseitigung der Restschuldbefreiung, sondern ein auf Ersatz des individuell entstandenen, nachgewiesenen Schadens des jeweiligen Gläubigers gerichteter Anspruch, also auf die dem Gläubiger bei der Verteilung entgangenen Beträge (K. Schmidt/*Henning* InsO, § 301 n.F. Rn. 4). Hierbei handelt es sich um eine **Neuforderung**, die nicht von der Restschuldbefreiung erfasst ist (ebenso *Pape* ZInsO 2016, 2005 [2006]; Vallender/Undritz/*Pape* Praxis des Insolvenzrechts, § 11 Rn. 210). Selbst wenn die verschwiegene Forderung auf einer vorsätzlich begangenen unerlaubten

Handlung beruht, betrifft die Forderung aus einer vorsätzlichen sittenwidrigen Schädigung einen anderen Lebenssachverhalt und damit einen unterschiedlichen Streitgegenstand (*LG Schwerin* VersR 2007, 499 [401]). Die Forderung kann allein in einem streitigen Erkenntnisverfahren festgestellt und sodann durchgesetzt werden (*BGH* NZI 2009, 66 Tz. 10; ZInsO 2009, 52 Tz. 2). Ein Feststellungsinteresse ist wegen der drohenden Verjährung zu bejahen (**a.A.** *LG Schwerin* VersR 2007, 499 [401]). Die Leistungsklage ist erst nach rechtskräftiger Beendigung des Restschuldbefreiungsverfahrens zulässig (*Gottwald/Ahrens* HdbInsR, § 79 Rn. 21).

Für die **Schadenshöhe** ist von der Vermögenslage bei Erfüllung der Obliegenheit und nicht bei einer Versagung der Restschuldbefreiung auszugehen, die nicht auf den Quotenschaden beschränkt, sondern nach der Forderungshöhe zu bestimmen ist (*Ahrens* NZI 2015, 687 [688]; anders *Vallender* ZIP 2000, 1288 [1291]; tendenziell auch *OLG Saarbrücken* NZI 2015, 712 = VIA 2015, 69 m. Anm. *Stephan*). Wird die Schadensersatzforderung auf eine unterlassene Angabe der Forderung in den Verzeichnissen gestützt, ist ein Mitverschulden des Gläubigers zu berücksichtigen, der seine Forderung nicht angemeldet hat. Bei einem sittenwidrigen Verstoß gegen die Erwerbsobliegenheit aus § 295 Abs. 1 Nr. 1 InsO ist das erzielbare, pfändbare Einkommen mit der auf den Gläubiger entfallenden Quote bis zur Erteilung der Restschuldbefreiung anzusetzen. 75

H. Ausländische Schuldbefreiung

Für die **Anerkennung ausländischer Restschuldbefreiungen** (dazu insb. *Fuchs* Restschuldbefreiungs-Tourismus, S. 267 ff.; s. zum Auslandsbezug allgemein § 286 Rdn. 133 ff.) ist zu unterscheiden. Die Restschuldbefreiung aus einem anderen **Mitgliedstaat der Europäischen Union** (ausgenommen Dänemark) ist seit dem 31.05.2002 nach Art. 16 EuInsVO a.F. = Art. 19 EuInsVO n.F.i.V.m. Art. 25 EuInsVO a.F. = Art. 32 EuInsVO n.F. über die Anerkennung von Nebenentscheidungen zu beurteilen. Dazu muss allerdings das Insolvenzverfahren nach Art. 2 EuInsVO a.F. = Art. 2 EuInsVO n.F. im Anhang A aufgeführt sein. Bei vergleichbaren Wirkungen können derartige Restschuldbefreiungen der deutschen Restschuldbefreiung prinzipiell gleichgestellt werden, was insbesondere für die automatic discharge nach s. 279 (1), 281 Insolvency Act der Restschuldbefreiung gilt (*BGH* NZI 2016, 131 Rn. 22). Nach gegenwärtigem Stand gilt das allerdings nur für die bis zum Wirksamwerden des Brexit erteilte discharge. 76

Die Grenze bildet ein **Ordre-Public-Verstoß** gem. Art. 26 EuInsVO a.F. = Art. 33 EuInsVO n.F. (umfassend *Fuchs* Restschuldbefreiungs-Tourismus, S. 527 ff.). Diese Anerkennungsschranke ist zurückhaltend anzuwenden, selbst wenn es um eine erleichterte Restschuldbefreiung im Ausland geht (*BGH* NZI 2014, 283 Tz. 25). Bei dem Verstoß muss es sich um eine offensichtliche Verletzung einer in der Rechtsordnung des Anerkennungsstaats als wesentlich geltenden Rechtsnorm oder eines dort als grundlegend anerkannten Rechts handeln (*EuGH* NZI 2006, 360 Tz. 63 f. – Eurofood). Die deutsche öffentliche Ordnung ist nur verletzt, wenn das Ergebnis der Anwendung ausländischen Rechts zu den Grundgedanken der deutschen Regelungen und den in ihnen enthaltenen Gerechtigkeitsvorstellungen in so starkem Widerspruch steht, dass dies nach inländischen Vorstellungen untragbar erscheint (*BGH* NZI 2001, 646 [648]). Es muss sich um eine offensichtliche Verletzung einer in der Rechtsordnung des Anerkennungs- oder Vollstreckungsstaats als wesentlich geltenden Rechtsnorm oder eines dort als grundlegend anerkannten Rechts handeln (*BGH* NZI 2016, 93 Tz. 10). 77

Dafür sind einzelne **Fallgruppen** zu unterscheiden (*Fuchs* Restschuldbefreiungs-Tourismus, S. 573). Wird der Grundsatz des rechtlichen Gehörs verletzt, liegt ein beachtlicher Verstoß vor (*EuGH* NZI 2006, 360 Tz. 67 – Eurofood; *Renger* Wege zur Restschuldbefreiung, S. 210). Gegen den Ordre-Public wird regelmäßig noch nicht verstoßen, wenn Einzelfragen anders geregelt sind. Fehler bei der Annahme der **internationalen Zuständigkeit** begründen bis zur Willkürgrenze keinen Verstoß gegen die deutsche öffentliche Ordnung (*BGH* NZI 2016, 93 Rn. 13 m. Anm. *Mankowski*; *Beck* ZVI 2016, 47; s.a. MüKo-InsO/ *Thole* Art. 25 Rn. 8 EuInsVO 2000; *Frind* Praxishandbuch Privatinsolvenz, Rn. 51; **a.A.** *LG Berlin* NZI 2014, 581). Dies gilt auch bei einer simulierten oder rechtsmissbräuchlichen, weil nur angeblichen Verlegung des Centre of Main Interests etwa nach England (ausf. dazu *Fuchs* Restschuldbefreiungs-Tourismus, S. 320 ff., 429 ff.). Rechtsschutz gegen die Verfahrenseröff- 78 nung muss durch Einlegung eines Rechtsbehelfs im Eröffnungsstaat geltend gemacht werden (*BGH* NZI 2016, 93 Rn. 21). Eine Mindestquote setzt das deutsche Recht nicht voraus (*BGH* NZI 2001, 646 [648]). Selbst wenn die ausländische Restschuldbefreiung privilegierte Forderungen i.S.d. § 302 InsO erfasst, verstößt sie nicht gegen den deutschen Ordre-Public, wie aus den besonderen Anmeldungsvoraussetzungen des deutschen Rechts folgt (*Renger* Wege zur Restschuldbefreiung, S. 218; **a.A.** *Uhlenbruck/Sternal* InsO, Vor § 286 Rn. 42; *Vallender/Fuchs* FS Kübler, S. 731 [739], zu Forderungen aus vorsätzlich begangenen unerlaubten Handlungen).

79 Vorbehaltlich völkerrechtlicher Verträge richtet sich die Anerkennung der Entscheidungen über Insolvenzverfahren und deren Folgen bei **Drittstaaten** nach dem in den §§ 335 ff. InsO geregelten autonomen deutschen internationalen Insolvenzrecht. Ist das ausländische Gericht nach deutschem Recht zuständig und liegt kein Verstoß gegen den deutschen Ordre-Public vor, wird das ausländische Insolvenzverfahren automatisch anerkannt, § 343 Abs. 1 InsO (*Gottwald/Ahrens* HdbInsR, § 80 Rn. 36).

80 Die **Wirkungen** der ausländischen Restschuldbefreiung aus einem Mitgliedstaat der EU oder einem Drittstaat sind nach dem Recht des Eröffnungsstaats zu bestimmen (*BGH* NZI 2014, 283 Tz. 12; *KG* WM 2015, 933 [935]; *Uhlenbruck/Sternal* InsO, § 301 Rn. 20). Sie können im Anerkennungsstaat, d.h. in Deutschland, nicht weiter gehen als im Eröffnungsstaat (*Vallender/Fuchs* FS Kübler, S. 731 [734 f.]). Sie stehen im Rahmen von § 287a Abs. 2 Nr. 1 Alt. 1 InsO einer inländischen Restschuldbefreiung gleich (s. § 287a Rdn. 34). Eine englische discharge nach s. 280 Ef. Insolvency Act 1986, steht einer Einzelgläubigeranfechtung nicht entgegen, wenn vom Gläubiger die Anfechtungsklage bereits vor Eröffnung des Insolvenzverfahrens erhoben wurde und vor diesem Zeitpunkt begangene Rechtshandlungen betrifft. Die Restschuldbefreiung entschuldet den Schuldner, schließt aber nicht sämtliche Rechte der Gläubiger aus (*BGH* NJW 2016, 131 Rn. 11, 17 ff.). Gegen die Vollstreckung einer von der ausländischen Restschuldbefreiung erfassten Forderung durch einen Gläubiger muss sich der Gläubiger mit einer Vollstreckungsabwehrklage nach § 767 ZPO wehren und dabei die ausländische Restschuldbefreiung als Einwand geltend machen.

§ 302 Ausgenommene Forderungen

Von der Erteilung der Restschuldbefreiung werden nicht berührt:
1. Verbindlichkeiten des Schuldners aus einer vorsätzlich begangenen unerlaubten Handlung, aus rückständigem gesetzlichen Unterhalt, den der Schuldner vorsätzlich pflichtwidrig nicht gewährt hat, oder aus einem Steuerschuldverhältnis, sofern der Schuldner im Zusammenhang damit wegen einer Steuerstraftat nach den §§ 370, 373 oder § 374 der Abgabenordnung rechtskräftig verurteilt worden ist; der Gläubiger hat die entsprechende Forderung unter Angabe dieses Rechtsgrundes nach § 174 Absatz 2 anzumelden;
2. Geldstrafen und die diesen in § 39 Abs. 1 Nr. 3 gleichgestellten Verbindlichkeiten des Schuldners;
3. Verbindlichkeiten aus zinslosen Darlehen, die dem Schuldner zur Begleichung der Kosten des Insolvenzverfahrens gewährt wurden.

(§ 302 Nr. 1 a.F. i.d.F. für die bis zum 31.06.2014 beantragten Verfahren s. 8. Aufl.)

Übersicht	Rdn.		Rdn.
A. Normzweck	1	2. Anmeldung	37
B. Gesetzliche Systematik	11	a) Anmeldungserfordernis	37
C. Bereichsausnahmen	16	b) Umfang der Angaben	49
I. Vorsätzlich begangene unerlaubte Handlung, § 302 Nr. 1 Alt. 1 InsO	16	c) Titulierte Forderungen	57
1. Tatbestand	16	d) Hinweispflicht	59
a) Unerlaubte Handlung	16	e) Widerspruch	66
b) Subjektive Anforderungen	29	f) Feststellungsklage	70
c) Umfang der Privilegierung	31	g) Fehler im Verfahren	92

	Rdn.		Rdn.
II. Vorsätzlich pflichtwidrig rückständiger Unterhalt, § 302 Nr. 1 Alt. 2 InsO	96	2. Anmeldung und Rechtskraft	115
1. Drei Tatbestandsvoraussetzungen	96	2. Hinweispflicht	120
2. Anmeldung	105	IV. Geldstrafen und gleichgestellte Verbindlichkeiten, § 302 Nr. 2 InsO	121
III. Verbindlichkeiten aus Steuerschuldverhältnissen, § 302 Nr. 1 Alt. 3 InsO	109	V. Zinslose Darlehen, § 302 Nr. 3 InsO	125
1. Voraussetzungen	109	D. **Wirkungen**	130

Literatur:
Ahrens Aktuelle Rechtsprechung zu Forderungen aus vorsätzlich begangenen unerlaubten Handlungen – Rechtsgrund, Anmeldung, Feststellung, VIA 2013, 65; *ders.* Feststellungsinteresse für einen qualifizierten Forderungsgrund, NJW-Spezial 2013, 725; *ders.* Abpfiff – Eine Stellungnahme zu den geplanten Änderungen in § 302 Nr. 1 InsO-RefE 2012, ZVI 2012, 122; *ders.* Keine Anmeldung als privilegierte Forderung ohne Restschuldbefreiungsantrag, NZI 2016, 121; *Beck* Der Referentenentwurf zur Reform des Insolvenzrechts vom 18.1.2012 aus Schuldnerperspektive, ZVI 2012, 223; *Brückl* Die Forderung aus vorsätzlich begangener unerlaubter Handlung in der Insolvenz des Schuldners, ZInsO 2005, 16; *Deppe* Von der Restschuldbefreiung ausgenommene Unterhaltsforderungen in der Insolvenztabelle, InsbürO 2015, 287; *Dornblüth/Pape* Ausweitung der ausgenommenen Forderungen des § 302 Nr. 1 InsO ab 1.7.2014, ZInsO 2014, 1625; *Fahl/Winkler* Nicht insolvenzfeste Forderungen aus vorsätzlicher unerlaubter Handlung (§ 302 Nr. 1 InsO) – Risiken für privilegierte Insolvenzgläubiger im geltenden Recht, NZI 2010, 288; *Gaebel/Mille* Vom Schuldner verschwiegene Forderungen aus unerlaubter Handlung bei der Insolvenzanmeldung, ZInsO 2010, 1269; *Gaul* Die Privilegierung des vorsätzlich geschädigten Deliktsgläubigers in der Insolvenz durch »Restschuldbefreiungsdispens«, GS Heinze, S. 193; *Graf-Schlicker* Insolvenzrechtsreform 2014 – aus dem Blickwinkel des Gesetzgebungsverfahrens, ZVI 2014, 202; *Grote* Verjährung von Forderungen aus vorsätzlich begangenen unerlaubten Handlungen nach rechtskräftigem Vollstreckungsbescheid, ZInsO 2008, 776; *ders.* Aushebelung der dreijährigen Verjährungsfrist bei Forderungen aus unerlaubter Handlung durch den BGH, NJW 2011, 1121; *Grunicke* Der neue § 302 Nr. 1 InsO – Fiskusprivileg durch die Hintertür, ZVI 2014, 361; *Hain* Die unerlaubte Handlung im Insolvenzverfahren – Geklärte und ungeklärte Rechtsfragen, ZInsO 2011, 1193; *Hattwig/Richter* Die Behandlung von Widersprüchen des Schuldners gegen eine durch Vollstreckungsbescheid titulierte Forderung aus vorsätzlich begangener unerlaubter Handlung, ZVI 2006, 373; *Hofmeister* Insolvenzrechtsreform 2014: Kein Hinkelstein, aber jede Menge Schotter im Detail, ZVI 2014, 247; *Jäger* Kein großer Wurf – der Referentenentwurf vom 18. Januar 2012, ZVI 2012, 177; *Kahlert* Verjährungseinrede gegenüber Klagen auf Feststellung des Haftungsgrundes der vorsätzlichen unerlaubten Handlung, ZInsO 2005, 192; *ders.* Beseitigung des Widerspruchs des Schuldners gegen den Haftungsgrund der vorsätzlichen unerlaubten Handlung im Insolvenzverfahren, ZInsO 2006, 409; *ders.* Nochmals: Zum Widerspruch des Schuldners gegen den Haftungsgrund i.S.d. § 302 Nr. 1 InsO, ZInsO 2007, 927; *Kolbe* Deliktische Forderungen und Restschuldbefreiung, 2009; *Laroche/Pruskowski/Schöttler/Siebert/Vallender* Insolvenzrechtsreform 2. Stufe – die geplanten Änderungen in der Insolvenz natürlicher Personen, ZIP 2012, 558; *Maier/Mager* § 144 InsO: Wiedererstehung einer vorsätzlichen deliktischen Forderung nach erfolgreicher Anfechtung und Forderungsanmeldung und ihre praktischen Folgen, ZInsO 2015, 238; *Pape* Die ausgenommenen Forderungen gem. § 302 Abs. 1 InsO – eine aktuelle Bestandsaufnahme, ZInsO 2016, 2005; *Schlie* Die Steuerhinterziehung als Fallstrick der Restschuldbefreiung, ZInsO 2006, 1126; *Schmerbach* Anwendungsbereich des § 184 II InsO, VIA 2010, 18; *Sick* Die unerlaubte Handlung in der (Verbraucher)Insolvenz: Durchbrechung der Herausnahme aus der Restschuldbefreiung, ZVI 2009, 280; *Stephan* Aktuelle Rechtsprechung zu den von der RSB ausgenommenen Forderungen des § 302 I InsO, VIA 2016, 73; *Waltenberger* Die neue Zulässigkeitsentscheidung des Restschuldbefreiungsantrags und die von der Restschuldbefreiung ausgenommenen Forderungen, ZInsO 2013, 1458; *Wedekind* Die Systematik der Deliktsforderungen de lege lata, nach BGH-Rechtsprechung und de lege ferenda, VIA 2011, 33; *Werner* Verjährung von Forderungen aus vorsätzlich begangenen unerlaubten Handlungen, ZInsO 2010, 992; *Wollweber/Bertrand* Restschuldbefreiung bei strafbefangenen Steuerverbindlichkeiten, DStR 2015, 1115; s.a. § 286.

A. Normzweck

Als materielle Grenze der Restschuldbefreiung begründet § 302 InsO **privilegierte Verbindlichkeiten**, die von der schuldbefreienden Wirkung der Restschuldbefreiung ausgenommen sind. Ausnahmsweise bleibt für diese Forderungen die insolvenzrechtliche Nachhaftung bestehen (*BGH* ZInsO 2015, 1739 Tz. 14 = EWiR 2015, 611 m. Anm. *Ahrens*; weitere Ausnahmen bei § 301 Rdn. 58 ff.). Trotz der erteilten Restschuldbefreiung können die Gläubiger der in § 302 InsO auf-

1

§ 302 InsO Ausgenommene Forderungen

geführten Verbindlichkeiten ihr unbegrenztes Nachforderungsrecht aus § 201 Abs. 1 InsO geltend machen. Während bei den älteren Tatbeständen des § 302 Nr. 1 Alt. 1, Nr. 2 und 3 InsO eine besondere Qualifikation der Verbindlichkeit nachvollziehbar war, geht es bei den beiden mit dem Gesetz zur Verkürzung des Restschuldbefreiungsverfahrens und zur Stärkung der Gläubigerrechte zum 01.07.2014 in Kraft getretenen Bestimmungen aus § 302 Nr. 1 Alt. 2 und 3 InsO vorrangig um fiskalische Zwecke. Damit hat sich die öffentliche Hand Privilegierungen in Gestalt neuer Fiskalvorrechte geschaffen (*Ahrens* ZVI 2012, 122 [125]; *Jäger* ZVI 2012, 177 [187]; *Beck* ZVI 2012, 223 [231 f.]; *Laroche/Pruskowski/Schöttler/Siebert/Vallender* ZIP 2012, 558 [561]; *Hofmeister* ZVI 2014, 247, 251; a.A. *Graf-Schlicker* ZVI 2014, 202 [204]; *Waltenberger* ZInsO 2013, 1458 [1463]), die dem Ziel der Restschuldbefreiung zuwiderlaufen.

2 Gesetzliches Ziel ist, die **Nachhaftung** des Schuldners **auf Ausnahmen** zu **beschränken** (*BGH* NZI 2007, 532 Tz. 14). Jede weitere Durchbrechung der vollständigen Schuldbefreiung gefährdet den wirtschaftlichen Neubeginn des Schuldners und beeinträchtigt nachhaltig die Befriedigungsaussichten der Neugläubiger. Deswegen gehört diese gesetzliche Beschränkung der privilegierten Forderungen zu den wesentlichen Grundsätzen der Restschuldbefreiung (so ausdrücklich *BGH* ZInsO 2015, 1739 Tz. 15 = EWiR 2015, 611 m. Anm. *Ahrens*). Nicht schon wegen ihrer Struktur als Ausnahmen, aber wegen der Kollision mit dem gesetzlichen Ziel der Restschuldbefreiung aus § 1 Satz 2 InsO sind die Privilegierungen aus § 302 InsO eng auszulegen. Durch AGB können keine zusätzlichen Privilegierungen geschaffen werden, da Ausnahmen von der Restschuldbefreiung gem. § 307 Abs. 2 Nr. 1 BGB nicht im Voraus vereinbart werden dürfen (*BGH* ZInsO 2015, 1739 Tz. 12). Gleiches gilt für Individualvereinbarungen (*Ahrens* EWiR 2015, 611).

3 Die **Gesetzgebungsgeschichte** weist einen wenig geordnet wirkenden Entwicklungsverlauf bei den von der Restschuldbefreiung ausgenommenen Verbindlichkeiten aus. Untrennbar mit den materiellen Wirkungen sind inzwischen verfahrensrechtliche Anforderungen in § 302 Nr. 1 InsO sowie bei den Anmeldebestimmungen verbunden. In zwei Schritten ist der sachliche Ausnahmebereich erweitert worden. Wenig bemerkenswert, weil ersichtlich nahezu bedeutungslos, ist die Privilegierung des § 302 Nr. 3 InsO der Verbindlichkeiten aus zinslosen Darlehen, die zur Begleichung der Kosten des Insolvenzverfahrens gewährt wurden, durch das InsOÄndG vom 26.10.2001 (s. Rdn. 125). Zu nachhaltigen Konsequenzen führt dagegen die jüngste Erweiterung von § 302 Nr. 1 InsO auf Verbindlichkeiten des Schuldners aus rückständigem, vorsätzlich pflichtwidrig nicht gewährtem gesetzlichen Unterhalt sowie aus Steuerschuldverhältnissen, sofern der Schuldner im Zusammenhang damit wegen einer Steuerstraftat nach den §§ 370, 373, 374 AO rechtskräftig verurteilt worden ist (s. Rdn. 96), durch das Gesetz zur Verkürzung des Restschuldbefreiungsverfahrens und zur Stärkung der Gläubigerrechte vom 15.07.2013. Schrittweise wird die Restschuldbefreiung entwertet.

4 Von den speziell durch die Anmeldevorschriften konkretisierten **verfahrensrechtlichen Anforderungen** hat der Gesetzgeber zunächst wohl nur eine sehr ungenaue Vorstellung gehabt (*Kübler/Prütting/Bork-Pape/Schaltke* InsO, § 174 Rn. 83 ff.). Um insbesondere eine schnellere Klärung der Privilegierung zu erreichen, sind im InsOÄndG vom 26.10.2001 die Anmeldungs- und Belehrungsregeln namentlich der § 174 Abs. 2, 175 Abs. 2 InsO eingefügt worden. Dabei hat das wenig ausgereifte gesetzliche Modell zu manchen Schwierigkeiten geführt, die vom isolierten Schuldnerwiderspruch bis hin zum Rechtsschutzbedürfnis für eine Forderungsfeststellungsklage reichten. Durch eine intensive Rechtsprechung sind inzwischen viele Aspekte für die Praxis hinreichend geklärt. Die gesetzliche Abstinenz gegenüber verfahrensrechtlichen Regelungen erweist sich aber auch bei der Novelle vom 15.07.2013, die ohne größere sachliche Präzisierungen angelegt ist. Manches liegt hier noch im Dunkeln.

5 In erster Linie sollen die zivil- und strafrechtlichen Folgen namentlich **vorsätzlich begangener unerlaubter Handlungen** nicht von der Restschuldbefreiung erfasst werden. Deshalb nimmt § 302 InsO in § 302 Nr. 1 Alt. 1 und Nr. 2 InsO die beiden Gruppen der Verbindlichkeiten aus vorsätzlich begangenen unerlaubten Handlungen sowie der Geldstrafen und gleichgestellter Verbindlichkeiten von der gesetzlichen Schuldbefreiung aus. Schutzzweck von § 302 Nr. 1 InsO ist das von dem besonderen Unrechtsgehalt der Forderungen aus vorsätzlich begangenen unerlaubten Handlungen

getragene Ausgleichsinteresse (*BGH* NZI 2007, 532 Tz. 9; MüKo-InsO/*Stephan* § 302 Rn. 2). Anders als zum Teil angenommen, handelt es sich jedoch um keine Billigkeitsentscheidung (*BGH* NZI 2007, 532 Tz. 9; ZInsO 2015, 1739 Tz. 14 = EWiR 2015, 611 m. Anm. *Ahrens*), sondern eine schadensrechtlichen Vorstellungen folgende Regelung.

In den ab dem 01.07.2014 beantragten Insolvenzverfahren sind zwei **zusätzliche Tatbestände des** 6
§ 302 Nr. 1 InsO zu beachten, die strikt von den nunmehr in § 302 Nr. 1 Alt. 1 InsO normierten qualifizierten deliktischen Ansprüchen zu unterscheiden sind (*Ahrens* Das neue Privatinsolvenzrecht, Rn. 1123). Verfehlt ist es, insoweit auch von Deliktsforderungen zu sprechen (so aber *Schmittmann* InsbürO 2014, 159; *Schlamann* InsbürO 2016, 268 [271]), weil es sich gerade nicht um deliktisch begründete, sondern geringer bzw. durch einen anderen Rechtsgrund qualifizierte Forderungen handelt. Durch diesen unpassenden Sprachgebrauch wird die in ihrem Anwendungsbereich klare Kategorie der Delikte und der deliktischen Forderungen ohne Anlass zerstört. Sonst wäre zudem die ganze Novellierung überflüssig. Ebenso unpassend ist eine Bezeichnung als Quasidelikte, denn damit werden in der rechtshistorischen Tradition die Tatbestände der Gehilfen und Gefährdungshaftung bezeichnet (vgl. Institutionen 3.13.2). Privilegiert werden Verbindlichkeiten des Schuldners aus **rückständigem gesetzlichen Unterhalt**, den der Schuldner **vorsätzlich pflichtwidrig nicht gewährt** hat, § 302 Nr. 1 Alt. 2 InsO. Bei dieser Regelung geht es nicht um einen wirkungsvolleren Schutz der Unterhaltsberechtigten, denn der hätte zeitnah deren Befriedigungsaussichten erhöhen müssen. Vor allem wird durch die Bestimmung eine verbesserte Regressmöglichkeit für die öffentlichen Leistungsträger angestrebt, auf welche die Unterhaltsansprüche übergegangen sind.

Außerdem werden nach § 302 Nr. 1 Alt. 3 InsO in den ab dem 01.07.2014 beantragten Insolvenz- 7
verfahren **Verbindlichkeiten aus dem Steuerschuldverhältnis** bevorrechtigt, sofern der Schuldner **im Zusammenhang damit wegen einer Steuerstraftat nach den §§ 370, 373, 374 AO rechtskräftig verurteilt** worden ist. Bei diesem einzig auf die Interessen der öffentlichen Hand zugeschnittenen Vorrecht kann es an der einseitigen Begünstigung des Fiskus keinen Zweifel geben.

Bei § 302 Nr. 2 InsO rechtfertigt es der **pönale Zweck der Geldstrafen etc.**, diese von der Rest- 8
schuldbefreiung auszunehmen. Obwohl Geldstrafen und die gleichgestellten Verbindlichkeiten im Insolvenzverfahren nur nachrangige Forderungen gem. § 39 Abs. 1 Nr. 3 InsO bilden, werden sie aufgrund ihres Strafzwecks gegenüber einer Restschuldbefreiung privilegiert. Eine übereinstimmende Regelung enthält § 225 Abs. 3 InsO. Bis zu ihrer endgültigen Befriedigung oder einer Verjährung nach den §§ 197 Abs. 1 Nr. 5, 212 Abs. 1 Nr. 2 BGB können die Forderungen geltend gemacht werden.

Durch das InsOÄndG vom 26.10.2001, BGBl. I S. 2710, sind die beiden ursprünglichen Ausnah- 9
men von der Restschuldbefreiung in § 302 Nr. 1 Alt. 1, Nr. 2 InsO durch einen dritten Tatbestand ergänzt worden. Für Verbindlichkeiten aus **zinslosen Darlehen zur Begleichung der Verfahrenskosten** ist darin ebenfalls eine Nachhaftung begründet worden. Mit der Bereichsausnahme in § 302 Nr. 3 InsO wird eine unentgeltliche Kreditierung der Verfahrenskosten privilegiert. Karitativen und sozialen Einrichtungen, die durch ihre Unterstützungsleistungen dem Schuldner den Zugang zum Verfahren ebnen und dadurch die Staatskasse von möglichen Kostenstundungen entlasten, soll nach einer wirtschaftlichen Erholung des Schuldners eine durchsetzbare Forderung zustehen. Letztlich wird damit auch im Interesse anderer überschuldeter Personen ein Refinanzierungsweg dieser Einrichtungen geschaffen (vgl. BT-Drucks. 14/5680 S. 29). Andere besonders schutzwürdige Forderungen werden dagegen nicht privilegiert, wie etwa Unterhaltsansprüche, für deren Ausnahme von der Schuldbefreiung häufig plädiert worden ist (*BGH* ZInsO 2015, 1739 Tz. 15 = EWiR 2015, 611 m. Anm. *Ahrens*; *Ackmann* Schuldbefreiung durch Konkurs?, S. 106; *Uhlenbruck* FamRZ 1993, 1026 [1029]; *Häsemeyer* FS Henckel, S. 353, 362 Fn. 36, 365; s.a. MüKo-InsO/*Stephan* § 302 Rn. 4a). Die Bereichsausnahmen tragen damit einer besonderen Verantwortlichkeit des Schuldners, nicht aber selbst überragend wichtigen Bedürfnissen der Gläubiger Rechnung.

Wegen der im Allgemeininteresse liegenden Befreiung des Schuldners von seinen nicht erfüllten Ver- 10
bindlichkeiten und der spezifischen, aber begrenzten Zwecke der Bereichsausnahmen, ist eine **ver-**

§ 302 InsO Ausgenommene Forderungen

einbarte Ausnahme von der Restschuldbefreiung zu Lasten des Schuldners nicht wirksam (in AGB: *BGH* ZInsO 2015, 1739 Tz. 12 = EWiR 2015, 611 m. Anm. *Ahrens*; s.a. § 301 Rdn. 29). Eine solche Vereinbarung ist auch nicht eintragungsfähig (*LG Bochum* 11.04.2007 – 10 T 16/07).

B. Gesetzliche Systematik

11 Die Privilegierungen bestehen nur für **Insolvenzforderungen**. Auf die ausgenommenen Tatbestände des § 302 InsO werden die Wirkungen der Restschuldbefreiung nicht erstreckt. § 302 InsO schafft damit einen rechtshindernden Einwand des Gläubigers. Für die Verbindlichkeiten aus § 302 Nr. 2 und 3 InsO wegen Geldstrafen etc. und zinsloser Darlehen bedarf es dazu keiner gerichtlichen Feststellung. Für die besonders wichtigen Verbindlichkeiten aus vorsätzlich begangenen unerlaubten Handlungen hat das InsOÄndG eine Sonderregelung geschaffen. Um den Streit über den Rechtsgrund nicht in die Zeit nach Erteilung der Restschuldbefreiung zu verlagern, muss nach § 174 Abs. 2 InsO der Insolvenzgläubiger bereits bei der Anmeldung den Forderungsgrund benennen und die Tatsachen für ihre Qualifikation als Verbindlichkeit aus einer vorsätzlich begangenen unerlaubten Handlung anführen. Korrespondierend lässt § 302 Nr. 1 InsO die Nachhaftung nur zu, falls die Forderung unter Angabe ihres Rechtsgrunds angemeldet wurde. Diese Konzeption ist auf die beiden neuen Tatbestände des § 302 Nr. 1 Alt. 2 und 3 InsO übertragen worden, die ebenfalls unter Angabe der Qualifikation angemeldet werden müssen.

12 In ihren Konsequenzen reicht diese gegenständliche Beschränkung weit über das gesetzliche Schuldbefreiungsverfahren hinaus. Insbesondere ist § 302 InsO bei der Ersetzung der **Zustimmung** zu einem **Schuldenbereinigungsplan** nach § 309 Abs. 1 Nr. 2 InsO zu berücksichtigen. Eine Zustimmungsersetzung kann ausscheiden, soweit eine Forderung aus einer vorsätzlichen unerlaubten Handlung resultiert (s. *Grote/Lackmann* § 309 Rdn. 36; *LG München II* ZInsO 2001, 720 f.; *AG Göttingen* ZInsO 2001, 768; *A/G/R-Weinland* § 302 InsO a.F. Rn. 2; *Schäferhoff* ZInsO 2001, 687 [690]). Dazu muss schlüssig dargelegt werden, dass ein derartiger Anspruch besteht und eine Benachteiligung eintritt (*OLG Dresden* ZInsO 2001, 805 [806]). Zudem muss der Gläubiger auch den subjektiven Tatbestand glaubhaft machen (*LG Göttingen* ZInsO 2001, 859 [860]). Außerdem wird in manchen Fallgestaltungen der Tatbestand der deliktischen Handlung zugleich einen Versagungsgrund i.S.v. § 290 Abs. 1 Nr. 2 InsO bilden. Macht der Gläubiger diesen Versagungsgrund nicht geltend, so dass eine Schuldbefreiung erfolgen kann, ist zwar der Versagungsgrund präkludiert, nicht aber die ihm gegenüber autonome Folgenanordnung des § 302 InsO ausgeschlossen.

13 Von der Schuldenbereinigung durch einen erfüllten **Insolvenzplan** sind Forderungen aus vorsätzlich begangener unerlaubter Handlung dagegen nur ausgenommen, wenn dies entsprechend bestimmt ist (*BGH* NJW-Spezial 2010, 343). Der Gläubiger einer natürlichen Person kann und muss die besondere Qualifikation seiner Forderung im Insolvenzplanverfahren geltend machen, vgl. § 247 Abs. 2 Nr. 1 InsO.

14 Mit der Regelung des § 302 Nr. 3 InsO werden **zinslose Darlehen** privilegiert, die zur Begleichung der Verfahrenskosten gewährt wurden. Auf einem ähnlichen Gedanken beruht auch § 4b Abs. 1 Satz 2 InsO i.V.m. § 115 Abs. 1 ZPO, der eine Nachhaftung des Schuldners im Fall einer Verfahrenskostenstundung begründet. Im Unterschied zu der unbegrenzten Haftung nach § 302 InsO ist allerdings die Nachhaftung für die Kostenstundung einkommensabhängig auf maximal 48 Monatsraten beschränkt. Von den beiden Regelungen der §§ 4b Abs. 1, 302 Nr. 3 InsO wird das Modell der Restschuldbefreiung ein weiteres Stück durchbrochen. Mit jeder zusätzlichen Einschränkung einer vollständigen gesetzlichen Schuldbefreiung wird der wirtschaftliche Neubeginn des Schuldners stärker gefährdet. Dies gilt nicht zuletzt, weil dadurch die Befriedigungsaussichten der Neugläubiger nachhaltig beeinträchtigt werden.

15 Allerdings kann eine **Kostenstundung ausgeschlossen** sein, wenn die wesentlichen am Verfahren teilnehmenden Forderungen gem. § 302 InsO von der Restschuldbefreiung ausgenommen sind (*BGH* ZInsO 2005, 207 [208]; *AG Düsseldorf* NZI 2006, 415; 100 % der Verbindlichkeiten: *AG Marburg* ZVI 2002, 275; 95 %: *AG Siegen* ZInsO 2003, 478; 76 %: *LG Düsseldorf* NZI 2008, 253; 561 Gläu-

bigern mit einem Forderungsvolumen von mehr als EUR 20 Mio.: *AG München* ZVI 2003, 369; außerdem MüKo-InsO/*Ganter/Lohmann* § 4a Rn. 18; a.A. *Jaeger/Eckardt* InsO, § 4a Rn. 36). Abzuwägen ist, ob der Schuldner für die übrigen Verbindlichkeiten Restschuldbefreiung erlangen, dafür aber nicht die Verfahrenskosten aufbringen könnte. Dies hängt vom absoluten wie relativen Betrag der Forderungen ab. Eine Grenze dürfte bei einem Anteil von 90 % liegen. Von der Restschuldbefreiung ausgenommene Forderungen rechtfertigen es auch dann nicht, die Kostenstundung zu verweigern, wenn diese Forderungen aus anderen Gründen nicht durchsetzbar sind, etwa wegen einer möglichen Verjährung (*BGH* NZI 2014, 231 Rn. 9 f. = VuR 2014, 190 m. Anm. *Kohte*).

C. Bereichsausnahmen

I. Vorsätzlich begangene unerlaubte Handlung, § 302 Nr. 1 Alt. 1 InsO

1. Tatbestand

a) Unerlaubte Handlung

Durch die Regelung in Nr. 1 werden Verbindlichkeiten aus einer **vorsätzlich begangenen unerlaubten Handlung** gegenüber der allgemeinen schuldbefreienden Wirkung des § 286 InsO privilegiert. Nach dem InsOÄndG vom 26.10.2001, BGBl. I S. 2710, wird zusätzlich verlangt, dass der Gläubiger die entsprechende Forderung unter Angabe dieses Rechtsgrundes nach § 174 Abs. 2 InsO angemeldet hat (s. Rdn. 37 ff.). Der Schuldner muss sodann vom Gericht auf die Rechtsfolgen des § 302 InsO und die Möglichkeit eines Widerspruchs hingewiesen werden. 16

Der **Rechtsbegriff** der Forderungen aus vorsätzlich begangenen unerlaubten Handlungen, der den Kreis der begünstigten Ansprüche absteckt, wird auch in den §§ 89 Abs. 2 Satz 2 Alt. 2 InsO, 273 Abs. 2, 1000 Satz 2, 393 BGB, 850f Abs. 2 ZPO verwendet. Die §§ 37b Abs. 5, 37c Abs. 5 WpHG behandeln zudem Ansprüche aus vorsätzlichen unerlaubten Handlungen. Diese Normen bevorzugen den Gläubiger derartiger Forderungen. Allerdings wird § 393 BGB von einer ganz anderen Zielsetzung geprägt, denn die Vorschrift soll verhindern, dass der Gläubiger einer nicht beitreibbaren Forderung dem Schuldner bis zur Höhe der Schuld Schaden zufügt. Zugleich soll sie dem Ersatzberechtigten die Möglichkeit bewahren, seine Ansprüche durchzusetzen, ohne sich einen Erfüllungsersatz aufdrängen zu lassen (*Staudinger/Gursky* BGB, § 393 Rn. 1). Nicht übertragen werden kann deswegen die zu § 393 BGB vertretene Ansicht, die den Anwendungsbereich dieser Vorschrift auf Ansprüche erstreckt, die mit einer unerlaubten Handlung eng zusammenhängen (MüKo-BGB/*Schlüter* 7. Aufl., § 393 Rn. 3, der sich aber weitgehend auf eine schadensrechtliche Wertung beschränkt). Demgegenüber schafft § 850f Abs. 2 ZPO eine vollstreckungsrechtliche Privilegierung und damit eine in vieler Hinsicht dem § 302 Nr. 1 InsO entsprechende Regelung, an der sich deshalb die Auslegung vor allem zu orientieren hat (A/G/R-*Weinland* § 302 InsO a.F. Rn. 6). 17

Angesichts der engen, auf die besondere Verantwortung für vorsätzliche Delikte abstellenden Zielsetzung des § 302 Nr. 1 InsO muss vom Schuldner der **Tatbestand einer unerlaubten Handlung** i.S.d. **§§ 823 ff. BGB** verwirklicht worden sein (*BGH* NZI 2011, 738 Tz. 6; a.A. *Brei* Entschuldung Straffälliger, S. 87). Privilegiert sein können deshalb etwa Ansprüche aus der vorsätzlichen Verletzung eines absolut geschützten Rechts oder Rechtsguts bzw. Schutzgesetzes, § 823 Abs. 1 und 2 BGB. Es genügt freilich nicht, wenn eine vorsätzliche Handlung adäquat kausal einen Schaden herbeigeführt hat. Zusätzlich muss auch die **Schadensfolge vom Vorsatz umfasst** sein. Dies gilt speziell beim Verstoß gegen ein Schutzgesetz, da der Kreis der Schutzgesetze sehr weit ist. Ein vorsätzlicher Verstoß gegen ein Schutzgesetz begründet deswegen noch nicht die Nachhaftung aus § 302 Nr. 1 InsO, falls der Vorsatz allein auf die Übertretung des Verbots oder die Nichtbefolgung des Gebots gerichtet ist, die Schädigung jedoch allein fahrlässig verursacht wurde (*BGH* NZI 2007, 532 Tz. 10, 15; *OLG Saarbrücken* ZVI 2010, 474 m. Anm. *Stamm* KTS 2011, 113; A/G/R-*Weinland* § 302 InsO a.F. Rn. 7). Keine Nachhaftung begründet die Vorsatz-Fahrlässigkeitskombination des § 315c Abs. 1 Nr. 1a), Abs. 3 Nr. 1 StGB (*BGH* NZI 2007, 532 Tz. 10 = VuR 2008, 113, m. Anm. *Brei*). Der BGH unterscheidet damit zwischen Schutzgesetzverstößen, die eine besondere Schadensneigung beinhalten, und Verstößen, bei denen diese Tendenz fehlt (*Asmuß* VIA 2010, 83 f.). Da § 263 18

§ 302 InsO Ausgenommene Forderungen

StGB eine Schadenstendenz tatbestandlich voraussetze, müsse bei einem Verstoß gegen dieses Schutzgesetz nicht jede Schadensersatzposition vom Vorsatz umfasst sein (*OLG Düsseldorf* ZInsO 2011, 1706 [1708]).

19 Ein aus der insolvenzrechtlichen Perspektive **wichtiges Schutzgesetz** i.S.d. § 823 Abs. 2 BGB, die bei der gebotenen typisierenden Betrachtung einen höheren Unrechtsgehalt im Hinblick auf die Schadensfolge aufweisen (*BGH* NZI 2007, 532 Tz. 16), bildet etwa die Verletzung der Unterhaltspflicht gem. **§ 170 StGB** (*BGH* NJW 2010, 2353 Tz. 4; *OLG Hamm* ZInsO 2012, 201 [2002]; *OLG Celle* ZVI 2013, 192; A/G/R-*Weinland* § 302 InsO a.F. Rn. 10), auch zugunsten des Versorgungsträgers, der durch sein Eingreifen die Gefährdung des Lebensbedarfs des Berechtigten verhindert hat (*BGH* NJW 2010, 2353 Tz. 6; *Ahrens* VIA 2013, 65; zur Verjährung Rdn. 87). Als Tatererfolg wird also ein aufgrund der unterbliebenen Unterhaltsleistung ohne die Hilfe Dritter gefährdeter Lebensbedarf angesehen. Der Gläubiger muss die Tatbestandsvoraussetzungen beweisen, wofür die Titulierung des Unterhaltsanspruchs noch nicht genügt (*BGH* NZI 2016, 406 Tz. 17). Auch den zumindest bedingten Vorsatz muss der Unterhaltsgläubiger beweisen (*BGH* NZI 2016, 406 Tz. 10, 33), doch trifft den Unterhaltsschuldner eine sekundäre Darlegungslast (*OLG Koblenz* NJW 2015, 88).

20 Weitere derartige Schutzgesetze stellen der Raub mit Todesfolge nach § 251 StGB (*BGH* NZI 2007, 532 Tz. 19) und der Betrug nach **§ 263 StGB** dar (Schutzgesetz nach *BGH* BGHZ 57, 137 [138]), wobei Tathandlung i.S.d. Betrugstatbestands bei einem Vertragsschluss auch die Täuschung über die unzureichende Leistungsfähigkeit des Schuldners sein kann (LK/*Lackner* StGB, § 263 Rn. 214; s.a. *OLG Braunschweig* NJW 1959, 2175 [2176]). Ein Eingehungsbetrug ist anzunehmen, wenn der Schuldner für elf Gläubiger eine eidesstattliche Versicherung abgibt, nachdem für fünfzehn Gläubiger eine Haftanordnung getroffen wurde, und achtzehn Monate später Bestellungen tätigt, ohne darzulegen, dass er die Gläubiger befriedigt hat oder fälligen Zahlungsverpflichtungen nachkommen kann (*AG Göttingen* JurBüro 2010, 102 [103]). Für einen Eingehungsbetrug wird eine Zahlungsunfähigkeit im Zeitpunkt des Vertragsschlusses nicht durch eine ein Jahr später abgegebene eidesstattliche Versicherung belegt (*AG Neukölln* ZVI 2009, 85 [86]; *Schmidt/Hampel* ZVI 2009, 60). Selbst aus dem Umstand, dass der Schuldner bei der Warenbestellung zahlungsunfähig war und immer nur liquide Mittel zur Tilgung der ältesten und dringendsten Forderungen hat, kann noch nicht auf eine Zahlungsunfähigkeit hinsichtlich der konkreten Bestellung geschlossen werden (*Tröndle* StGB, 48. Aufl., § 263 Rn. 2; a.A. *KG* NZI 2009, 121 [122]). Ebenso wenig ist damit der erforderliche Vorsatz dargelegt. Als Gegengewicht zu einer möglichen Leistungsunfähigkeit kommt der Art und dem Umfang von Sicherheiten große Bedeutung zu (LK/*Tiedemann* StGB, 11. Aufl., § 263 Rn. 212).

21 Auch der Subventionsbetrug **§ 264 StGB** (*BGH* BGHZ 106, 204 [207]), der Kapitalanlagebetrug **§ 264a StGB** (*BGH* NJW 2000, 3346), § 266 StGB (*LG Potsdam* ZInsO 2006, 615) und das **Vorenthalten von Sozialversicherungsbeiträgen gem. § 266a StGB** (*BGH* ZInsO 2008, 1205; *OLG Celle* ZInsO 2003, 280 [281]; *Jakobi/Reufels* BB 2000, 771 [773]; außerdem *BGH* BGHZ 133, 370 [374] = LM 2/1997 § 823 [Be] BGB Nr. 45 m.Anm. *Schiemann*; ZIP 2000, 1339 [1340]; NJW 1998, 1306; NJW 2002, 2480; NJW 2009, 528; NJW 2013, 1304; NJW 2013, 1892; A/G/R-*Weinland* § 302 InsO a.F. Rn. 11) stellen Verstöße gegen Schutzgesetze dar. Bereits die unterlassene Lohnzahlung kann dabei zum Vorenthalten der Sozialversicherungsbeiträge führen (*BGH* ZInsO 2001, 124 [125]). Kann der Arbeitgeber seine Verbindlichkeit gegenüber dem Träger der Sozialversicherung wegen Zahlungsunfähigkeit nicht erfüllen, liegt der Tatbestand des § 266a StGB grds. nicht vor (*BGH* BGHZ 134, 304 [307]). Anders verhält es sich jedoch, wenn der Handlungspflichtige zum Fälligkeitstag zahlungsunfähig ist, sein pflichtwidriges Verhalten aber praktisch vorverlagert ist, etwa wenn der Arbeitgeber die Liquiditätsprobleme erkennt und keine Gegenmaßnahmen trifft, um eine Zahlung sicherzustellen (*BGH* NZI 2007, 416 Tz. 17). Täter kann nur der Arbeitgeber selbst oder der für ihn i.S.d. § 14 StGB Handelnde sein (*OLG Koblenz* ZInsO 2010, 772 [773]; s.a. *OLG Koblenz* ZInsO 2011, 335 [337]). Die Organisation der Zahlungen kann nur begrenzt delegiert werden (*BGH* ZInsO 2008, 740 Tz. 11; anders *OLG Celle* ZInsO 2006, 1269). Arbeitet eine Geschäftsführerin weder im Unternehmen mit noch wird sie informiert, soll kein be-

dingter Vorsatz anzunehmen sein (*OLG Brandenburg* ZInsO 2009, 1503 [1504]). Der Sozialversicherungsträger, der den Geschäftsführer einer GmbH wegen Vorenthaltens von Arbeitnehmeranteilen zur Sozialversicherung in Anspruch nimmt und sich hierbei auf eine deliktische Haftung wegen Verletzung eines Schutzgesetzes stützt, hat grds. alle Umstände darzulegen und zu beweisen, aus denen sich die Verwirklichung der einzelnen Tatbestandsmerkmale des Schutzgesetzes ergibt. Dies schließt auch das Vorsatzerfordernis ein (*BGH* ZInsO 2016, 1362 Rn. 16).

Bei Verstößen gegen die Pflicht zur rechtzeitigen Anmeldung eines Insolvenzverfahrens gem. **§ 92 Abs. 2 AktG** (*BGH* NJW 1979, 1823 [1825 f.]) oder **§ 64 GmbHG** (*BGH* NJW 1993, 2931) wird ebenfalls ein Schutzgesetz beeinträchtigt. Beim Anspruchsumfang ist nach dem Zeitpunkt zu differenzieren, in dem pflichtgemäß der Insolvenzantrag zu stellen gewesen wäre. War der Gläubiger zu dieser Zeit bereits Inhaber einer Forderung, tritt lediglich ein Quotenschaden ein. Entsteht seine Forderung erst später, ist dem Gläubiger der Ausfallschaden zu ersetzen. **Keine Schutzgesetze** stellen § 130a HGB (*OLG Hamm* ZIP 2012, 2106) sowie § 283 Abs. 1 Nr. 5–7 StGB (*OLG Hamm* ZInsO 2014, 840) dar. Verbindlichkeiten aus einer vorsätzlich begangenen unerlaubten Handlung können auch entstehen, wenn der Schuldner eine **sittenwidrige vorsätzliche Schädigung gem. § 826 BGB** begeht. 22

Bei einem gesetzlichen **Forderungsübergang** auf einen Dritten, etwa den Versicherer nach § 86 Abs. 1 VVG oder den Sozialversicherungsträger gem. § 116 SGB X, bleiben die Rechte und Lasten aus der Privilegierung bestehen (*Kübler/Prütting/Bork-Wenzel* InsO, § 302 Rn. 5; *Uhlenbruck/Sternal* InsO, § 302 Rn. 14; *K. Schmidt/Henning* InsO, § 302 n.F. Rn. 5; HambK-InsO/*Streck* § 302 Rn. 4; *Forsblad* Restschuldbefreiung und Verbraucherinsolvenz, S. 256 f.). Auch nach einem Forderungsübergang stellt § 170 StGB ein Schutzgesetz zugunsten des Sozialversicherungsträgers dar (*BGH* NJW 2010, 2353 Tz. 6). Hat der Dritte seine Forderung gem. § 174 Abs. 2 InsO angemeldet, wird sie von der Restschuldbefreiung ausgenommen. Ist die privilegierte Forderung erfüllt, die Erfüllung aber **angefochten** worden, kann grds. gem. § 144 Abs. 1 InsO die ursprüngliche Forderung einschließlich der Privilegierung angemeldet werden (*Maier/Mager* ZInsO 2015, 238 [241]). 23

Ein Vorbehalt ist gegenüber Verbindlichkeiten aus **unerlaubten Handlungen Minderjähriger** zu erwägen (**a.A.** *LG Köln* NZI 2005, 406). Bei fahrlässig von Minderjährigen begangenen unerlaubten Handlungen sind existenzgefährdende Schadensersatzforderungen verfassungsrechtlich nicht unbedenklich, wenn zugleich eine Entschädigung des Opfers von dritter Seite gewährleistet ist (*BVerfG* NJW 1998, 3557 [3558]; Vorlagebeschlüsse des *OLG Celle* VersR 1989, 709, m. Anm. *Lorenz*, und des *LG Dessau* NJW-RR 1997, 214; *Rolfs* JZ 1999, 233; MüKo-BGB/*Mertens* § 828 Rn. 14; *Kuhlen* JZ 1990, 273; *Canaris* JZ 1990, 679; *Medicus* AcP, 192 (1992), 35 [65 f.]; *Stürner* GS Lüderitz, 789 [791 ff.]; *Simon* AcP 204 (2004), 264 [281 ff.]; s.a. *Erman/Schiemann* BGB, 12. Aufl., § 828 Rn. 2). Bedenken gegenüber ruinösen Schadensfolgen bestehen jedoch nicht allein bei fahrlässig begangenen Delikten (auf die das *OLG Celle* VersR 1989, 709 [710], seine Erwägungen ausdrücklich beschränkt; s.a. *Rolfs* JZ 1999, 233 [240]; **a.A.** *Uhlenbruck/Sternal* InsO, § 302 Rn. 8), sondern auch bei vorsätzlichen Taten (*Canaris* JZ 1987, 993 [1001]; *ders.* JZ 1990, 679 [681]). Mit *Canaris* kann man außerdem fragen, ob Erwachsene in die Überlegungen einzubeziehen sind, doch wiegt gegenüber Minderjährigen die Vernichtung ihrer künftigen Lebensperspektive schwerer. 24

Nach der geltenden Rechtslage kann ausnahmsweise ein auf das Verhältnismäßigkeitsprinzip gestützter **Einwand des Rechtsmissbrauchs** gem. § 242 BGB erhoben werden, falls die Zumutbarkeit der Schadensersatzleistung für den Minderjährigen abzulehnen ist, doch wird dieser aus der Kontrolle hoheitlicher Maßnahmen entwickelte Maßstab allein in wenigen Einzelfällen bejaht werden können (*BVerfG* NJW 1998, 3557 [3558]; *LG Bremen* NJW-RR 1991, 1432 [1434 f.]; *Canaris* JZ 1987, 993 [1002]; **a.A.** *Palandt/Heinrichs* § 242 Rn. 54; Vorbem. vor § 249 Rn. 6). Außerdem kann der Schuldner einen Forderungserlass gem. § 76 Abs. 2 SGB IV beantragen, über den ein Sozialversicherungsträger ermessensfehlerfrei entscheiden muss (*BVerfG* NJW 1998, 3557 [3558]; zu den Grenzen *Rolfs* JZ 1999, 233 [235 f.]). In derartigen Fällen steht den Verbindlichkeiten aus vorsätzlich begangenen unerlaubten Handlungen bereits eine materiellrechtliche Einwendung entgegen, welche die Folgen des § 302 Nr. 1 InsO ausschließt. Weitere Restriktionen der Forderungsdurchsetzung 25

§ 302 InsO Ausgenommene Forderungen

können nicht schon mit dem Hinweis auf die Notwendigkeit eines Insolvenz- und Restschuldbefreiungsverfahrens abgelehnt werden (anders *Uhlenbruck/Sternal* InsO, § 302 Rn. 8), da die Rechtswirkungen nach Durchführung dieser Verfahren infrage stehen. Unter Abwägung zwischen Gläubigerinteressen und Lebensaussichten ist ggf. im Einzelfall ein an § 765a ZPO angelehnter spezieller vollstreckungsrechtlicher Schutz zu entwickeln (zust. *Kolbe* Deliktische Forderungen, S. 249). Zum Verhältnis zwischen insolvenzrechtlichen Haftungs- und materiellen Leistungsgrenzen s. § 286 Rdn. 81.

26 Von § 302 Nr. 1 Alt. 1 InsO **nicht privilegiert**, d.h. von der Restschuldbefreiung erfasst, werden Ansprüche aus **Vertragsverletzungen, Gefährdungshaftungstatbeständen** (*BGH* NZI 2007, 532 Tz. 11) und ungerechtfertigter Bereicherung (*Gottwald/Ahrens* HdbInsR, § 79 Rn. 16; *LSZ/Kiesbye* InsO, § 302 Rn. 5; zur rechtsähnlichen Vorschrift des § 850f Abs. 2 ZPO: *Stein/Jonas-Brehm* ZPO, § 850f Rn. 10; a.A. wohl *Gottwald* Zwangsvollstreckung, § 850f Rn. 11). Zu den vertraglichen Verbindlichkeiten gehört grds. auch der Anspruch auf ein erhöhtes Beförderungsentgelt bei einer Schwarzfahrt (*AG Regensburg* ZVI 2014, 454 [455]; *AG Köln* NZI 2017, 449 [450]; *Frind* Praxishandbuch Privatinsolvenz, Rn. 1117). Will der Gläubiger zugleich einen qualifizierten Deliktsanspruch geltend machen, genügt die Nennung von § 265a StGB nicht (*AG Köln* NZI 2017, 449 [450]).

27 **Steuerforderungen** waren und sind nicht nach § 302 Nr. 1 Alt. 1 InsO, jetzt aber unter den Voraussetzungen von § 302 Nr. 1 Alt. 2 InsO, privilegiert, weil sie aus dem Gesetz, § 38 AO, und nicht aus vorsätzlicher unerlaubter Handlung resultieren (*BFH* NJW 2008, 3807; *AG Göttingen* NZI 2008, 447 [449]; s. *Wimmer-Amend* § 89 Rdn. 47; MüKo-InsO/*Stephan* § 302 Rn. 7b; *Hess* InsO, 2007, § 302 Rn. 3; *Graf-Schlicker/Kexel* InsO, § 302 Rn. 6; *LSZ/Kiesbye* InsO, § 302 Rn. 5; *Mohrbutter/Ringstmeier-Pape* 8. Aufl., § 17 Rn. 195; *Heyer* Restschuldbefreiung, S. 158; *App* DStZ 1984, 280 [281]; *Kehe/Meyer/Schmerbach* ZInsO 2002, 615 [616]; *Schlie* ZInsO 2006, 1126 [1128 ff.]). Vollstreckungsrechtlich genügt es ebenfalls nicht, wenn im Fall einer strafbaren Steuerhinterziehung wegen der Steuerforderung die Zwangsvollstreckung betrieben wird (*BAG* NJW 1989, 2148 [2149]), weshalb eine wichtige Parallele besteht. Mit einer Steuerhinterziehung gem. § 370 AO wird auch kein Schutzgesetz i.S.v. § 823 Abs. 2 BGB verletzt (*BFH* NJW 1997, 1725 [1726]; NJW 2008, 3807). Auch unabhängig davon scheidet eine Privilegierung dieser Ansprüche aus (*Uhlenbruck/Vallender* InsO, 13. Aufl., § 302 Rn. 12; *Henning* ZInsO 2004, 585 [589]; **a.A.** *AG Siegen* NZI 2003, 43 [44]; *Andres/Leithaus* InsO, §§ 301, 302 Rn. 6; *Wieser* KKZ 2002, 253 [254]; *Klaproth* ZInsO 2006, 1078 [1079 f.]; s.a. *Schlie* ZInsO 2006, 1126).

28 Nicht zu den privilegierten Verbindlichkeiten gehören **steuerliche Nebenleistungen**, wie Steuersäumniszuschläge nach § 240 AO (*BFH* NJW 1974, 719 [720]; keine nachrangige Insolvenzforderung *BFH* ZVI 2005, 375 f.; *Hess* InsO, 2007, § 302 Rn. 12; die unabhängig davon bei Zahlungsunfähigkeit des Steuerschuldners zur Hälfte zu erlassen sind, *BFH* ZIP 2001, 427 [428]; *FG Düsseldorf* ZVI 2004, 538), Hinterziehungszinsen gem. § 235 AO (*BFH* ZInsO 2012, 1228 Tz. 11), Steueransprüche nach § 14 Abs. 3 1. Alt. UStG (*BFH* DB 1982, 886) sowie Säumniszuschläge gem. § 24 SGB IV (*BGH* ZInsO 2012, 646; *Hess* InsO, 2007, § 302 Rn. 12; vgl. auch *BSG* ZIP 1988, 984; nachrangige Insolvenzforderungen *BSG* ZInsO 2004, 350 [351]; kein Schutzgesetz *BGH* ZInsO 2008, 1139) bzw. Steueransprüche, die im Zusammenhang mit einer Steuerhinterziehung entstehen (*BFH* NJW 2008, 3807). Ansprüche eines Sozialversicherungsträgers auf Beitragszahlungen, die in einem Haftungsbescheid festgesetzt sind, bilden keine auf Schadensersatz wegen einer vorsätzlich begangenen unerlaubten Handlung gerichteten Forderungen (*OLG Frankfurt* ZInsO 2005, 714 [715]).

b) Subjektive Anforderungen

29 Subjektiv wird vom Schuldner **vorsätzliches Handeln** verlangt. Grobe Fahrlässigkeit reicht nicht aus (*K. Schmidt/Henning* InsO, § 302 n.F. Rn. 4). Wie zumeist genügt auch hier dolus eventualis (vgl. zur Regelung des § 850f Abs. 2 ZPO *Stein/Jonas-Brehm* ZPO, § 850f Rn. 8; s.a. MüKo-BGB/*Grundmann* 5. Aufl., § 276 Rn. 154; *Soergel/Wolf* BGB, § 276 Rn. 65), der sich nach der gesetz-

lichen Formulierung einer vorsätzlich begangenen unerlaubten Handlung auf den Haftungs- bzw. den Unrechtstatbestand beziehen muss (vgl. *Deutsch/Ahrens* Deliktsrecht, 4. Aufl., Rn. 117). Im Unterschied dazu muss sich der Vorsatz nach den §§ 826 BGB, 86 Abs. 3 VVG (zur Vorgängervorschrift des § 67 Abs. 2 VVG a.F. *BGH* NJW 1962, 41 [42]; *BGH* VersR 1986, 233 [235]), der früheren Regelung in den §§ 636 f., 640 RVO (*BGH* BGHZ 75, 328 [329 ff.]) und dementsprechend jetzt gem. §§ 104 f. SGB VII sowie § 116 Abs. 6 SGB X (*OLG Zweibrücken* NJW-RR 1987, 1174 f.; *Grüner/Dalichau* SGB X, § 116 Anm. VII 1; zur Rechtslage gem. § 1542 RVO *BGH* NJW-RR 1986, 106) auf die Schädigung erstrecken (nach *Fischinger* Haftungsbeschränkung, S. 623, soll dies allgemein im Rahmen von § 302 Nr. 1 Alt. 1 InsO gelten). Als relativer Begriff (*Deutsch/Ahrens* Deliktsrecht, 4. Aufl., Rn. 117) entzieht sich der Vorsatz folglich einer einheitlichen Festlegung. Mit der Begünstigung der Gläubiger gem. § 302 Nr. 1 InsO soll freilich der gesteigerten Verantwortlichkeit des Schuldners Rechnung getragen werden.

Die Frage, was als Vorsatz zu verstehen ist, kann nicht nach eigenen insolvenzrechtlichen, sondern muss nach **materiellrechtlichen Kriterien** bestimmt werden. Liegt der Forderung aus vorsätzlich begangener unerlaubter Handlung ein Fall des § 823 Abs. 1 BGB zugrunde, ist dies die Verletzung des absolut geschützten Rechts oder Rechtsguts, bei § 823 Abs. 2 BGB die Verletzung des Schutzgesetzes (*LG Köln* NZI 2005, 406), wobei sich für § 826 BGB der Vorsatz auf den Schaden beziehen muss (MüKo-BGB/*Grundmann* 5. Aufl., § 276 Rn. 153; *Soergel/Wolf* BGB, § 276 Rn. 18 f.), desgleichen bei einer Vorsatzhaftung des Arbeitnehmers aus betrieblich veranlasster Tätigkeit (*BAG* NJW 1968, 717 [718]; *Kohte* Arbeitnehmerhaftung und Arbeitgeberrisiko, S. 117 ff.; *Künzl* in Kasseler Handbuch, 2. Aufl., 2.1 Rn. 254). 30

c) Umfang der Privilegierung

Mit dem Rechtsgrund steht noch nicht der **Umfang** fest, in dem der Schuldner von den Verbindlichkeiten aus einer vorsätzlich begangenen unerlaubten Handlung nicht befreit wird. Der Kreis der privilegierten Forderungen ist danach zu bestimmen, welche Rechtsfolgen im materiellen Schadensrecht an die begangene unerlaubte Handlung geknüpft werden. Der Gläubiger muss seine Forderung gerade aus dem Recht der unerlaubten Handlungen herleiten können (*BGH* ZInsO 2011, 1608 Tz. 7, 13). Mit dieser Festlegung kann eine einheitliche Reichweite des Tatbestandsmerkmals bei sämtlichen Privilegierungsvorschriften erreicht werden. Bei einem Eingehungsbetrug über eine marktgängige Ware wird der marktübliche Preis als Schaden vermutet (*BGH* NJW 2012, 601 Tz. 11). Nach diesen Grundsätzen muss der Schuldner **Schmerzensgeldansprüche** erfüllen. 31

Zu den weiterhin zu befriedigenden Verbindlichkeiten gehören auch die Forderungen auf Erstattung von Folgeschäden, wie beispielsweise die Kosten einer **privatrechtlichen Rechtsverfolgung**. Die Kosten der außergerichtlichen Rechtsverfolgung können als Teil des materiellrechtlichen Ersatzanspruchs geltend gemacht werden. Ob es sich um eine privilegierte Insolvenzforderung oder eine nicht der Restschuldbefreiung unterliegende Neuforderung handelt, hängt davon ab, ob die schuldrechtliche Grundlage des Anspruchs schon vor Eröffnung des Insolvenzverfahrens entstanden ist (*BGH* NZI 2014, 310 Tz. 11 f.). Eine Privatperson erhält jedoch keinen Erstattungsanspruch für den Zeitaufwand, den sie benötigt, um die Forderung geltend zu machen (*BGH* BGHZ 66, 112 [114 ff.]). **Anwaltskosten** sind bei der außergerichtlichen Anspruchsverfolgung nur zu erstatten, soweit die Einschaltung eines Anwalts erforderlich war (*OLG Karlsruhe* NJW-RR 1990, 929; A/G/R-*Weinland* § 302 InsO a.F. Rn. 13). Daran fehlt es, falls die Verantwortlichkeit für den Schaden und damit die Haftung von vornherein klar ist und aus Sicht des Geschädigten kein vernünftiger Zweifel daran bestehen kann, dass der Schädiger seiner Ersatzpflicht nachkommen werde (*BGH* BGHZ 127, 348 [351]). 32

Zivilprozessuale Kostenerstattungsansprüche können zugleich aus materiellem Recht begründet sein. Ein prozessual wie materiell-rechtlich begründeter Kostenerstattungsanspruch besitzt deswegen eine Doppelnatur: Er teilt auch die Qualifikation als Anspruch aus vorsätzlich begangener unerlaubter Handlung und ist insoweit privilegiert (*BGH* ZInsO 2011, 1608 Tz. 16 f.; *LG Köln* NZI 2005, 406; *Hess* InsO, 2007, § 302 Rn. 4; LSZ/*Kiesbye* InsO, § 302 Rn. 7; **a.A.** *KG* NZI 2009, 33

§ 302 InsO Ausgenommene Forderungen

121 [122]; MüKo-InsO/*Stephan* § 302 Rn. 8b; *Rinjes* DZWIR 2002, 415; *Köke* VIA 2011, 3; *BGH* NJW-RR 2009, 1441 Tz. 7 ff., zur parallelen Problematik im Rahmen von § 850d Abs. 1 ZPO). Dazu muss der prozessuale Kostenerstattungsanspruch allerdings ebenfalls eine Insolvenzforderung sein. Soweit die Prozesskosten als Teil des materiellrechtlich aus unerlaubter Handlung und Verzug begründeten Schadensersatzes geltend gemacht werden, ist darauf abzustellen, ob die schuldrechtliche Grundlage des Anspruchs schon vor Eröffnung des Insolvenzverfahrens entstanden ist. Bei dem im Kostenfestsetzungsbeschluss titulierten Anspruch handelt es sich dagegen um den auf einer selbständigen Grundlage stehenden prozessualen Kostenerstattungsanspruch. Er entsteht aufschiebend bedingt erst mit Prozessbeginn. Da ein solcher Anspruch auf einer neben der materiellrechtlichen Schadensersatzpflicht stehenden selbständigen Anspruchsgrundlage beruht, hängt die Einordnung als Insolvenzforderung deswegen nicht von der Entstehung des materiellen Anspruchs, sondern vom Prozessbeginn ab (*BGH* NZI 2014, 310 Tz. 14; A/G/R-*Ahrens* § 38 Rn. 29). Infolgedessen können etwa vorinsolvenzlich entstandene außergerichtliche Rechtsverfolgungskosten nach § 302 Nr. 1 Alt. 1 InsO privilegiert sein und ein erst nachinsolvenzlich begründeter prozessualer Kostenerstattungsanspruch nicht der Restschuldbefreiung unterliegen. Dies gilt ebenfalls für Kostenerstattungsansprüche aus einem Prozess zur **Feststellung** einer Forderung aus vorsätzlich begangener unerlaubter Handlung (**a.A.** AG Bremen NZI 2008, 55 [56]). **Zwangsvollstreckungskosten** teilen das Schicksal der Hauptforderung (*Stöber* Forderungspfändung, 16. Aufl., Rn. 1191).

34 **Strafprozessuale Ansprüche** auf Entrichtung der dem Schuldner auferlegten Gerichtskosten zählen nicht zu den Verbindlichkeiten aus vorsätzlich begangener unerlaubter Handlung. Sie stellen keine Kompensation für begangenes Unrecht, sondern öffentliche Abgaben dar, die nach dem Veranlassungsprinzip auferlegt werden (*BGH* NZI 2011, 64 Tz. 9, m. Anm. *Ahrens* LMK 2011, 312824; *BGH* BGHZ 190, 353 Tz. 12; A/G/R-*Weinland* § 302 InsO a.F. Rn. 15; HambK-InsO/*Streck* § 302 Rn. 2; vgl. *Jaeger/Henckel* § 38 Rn. 155). Außerdem genügt es nicht, wenn eine vorsätzliche Handlung adäquat kausal einen Schaden herbeigeführt hat, denn zusätzlich muss auch die Schadensfolge vom Vorsatz umfasst sein (*BGH* NZI 2007, 532 Tz. 10, 15; *Asmuß* VIA 2010, 83 f.). Daran wird es aber typischerweise in den strafprozessualen Konstellationen fehlen (*Ahrens* LMK 2011, 17 [18]). Zu den nicht zu ersetzenden und deswegen von der Restschuldbefreiung erfassten Verbindlichkeiten gehören daher auch die Kosten der Gläubiger bzw. eines Nebenklägers wegen einer Strafverfolgung des Schuldners einschließlich der Anwaltskosten selbst bei einem Adhäsionsverfahren (*BGH* ZInsO 2011, 1608 Tz. 14, 22, 25; *Brei* Entschuldung Straffälliger, S. 117 ff.; vgl. außerdem LG Hannover Rpfleger 1982, 232; *Palandt/Heinrichs* 67. Aufl., Vorbem. vor § 249 Rn. 90; *Baumbach/Lauterbach/Albers/Hartmann* ZPO, 66. Aufl., § 850f Rn. 6; **a.A.** MüKo-ZPO/*Smid* 3. Aufl., § 850f Rn. 14; s.a. KG Rpfleger 1972, 66; *Pape* ZInsO 2016, 2005 [2010]).

35 Sind **vor Verfahrenseröffnung** entstandene **Zinsforderungen und Kosten** Nebenforderungen einer vorsätzlich begangenen unerlaubten Handlung i.S.v. § 4 Abs. 1 HS 2 ZPO, werden sie nach der Rechtsprechung des BGH ebenfalls von der Restschuldbefreiung ausgenommen (*BGH* ZInsO 2011, 102 Tz. 16, m. Anm. *Stamm* KTS 2011, 363; BeckRS 2011, 28296 Tz. 4; A/G/R-*Weinland* § 302 InsO a.F. Rn. 14). Unerheblich ist danach, ob die Zinsen aus Verzug oder aus § 849 BGB begründet sind. **Nach Verfahrenseröffnung** entstandene Zinsen müssen als nachrangige Forderungen solange nicht angemeldet sein, wie keine entsprechende insolvenzgerichtliche Aufforderung ergeht (*BGH* ZInsO 2011, 102 Tz. 12 f.). Das Anmeldeerfordernis gilt nur für die Hauptforderung und die vor Verfahrenseröffnung angefallenen Zinsen. Ist die Hauptforderung nicht angemeldet und wird sie deswegen von der Restschuldbefreiung erfasst, wirkt sich dies auch auf die nach der Eröffnung entstandenen Zinsen aus.

36 Ein **ersatzfähiger privilegierter Schaden entfällt**, wenn pflichtgemäß geleistete Zahlungen anfechtungsrechtlich keinen Bestand gehabt hätten, etwa bei Leistungen an den Träger der Sozialversicherung, die unter Verstoß gegen § 266a StGB unterblieben sind (*BGH* ZInsO 2011, 41 Tz. 19; ZInsO 2012, 646 Tz. 11). **Säumniszuschläge** nach § 24 Abs. 1 SGB IV sind nicht privilegiert (*BGH* ZInsO 2012, 646 Tz. 12).

2. Anmeldung

a) Anmeldungserfordernis

Aufgrund der **Aufgabenverteilung zwischen Erkenntnis- und Vollstreckungsgericht** darf das Vollstreckungsgericht nicht selbst prüfen, ob eine privilegierte Forderung vorliegt. Will der Gläubiger, trotz der gesetzlichen Schuldbefreiung, nach dem Ende des Restschuldbefreiungsverfahrens seine Forderungen gem. § 302 Nr. 1 Alt. 1 InsO weiterhin **durchsetzen**, muss freilich das Vollstreckungsgericht beurteilen können, ob die Verbindlichkeit aus einer vorsätzlich begangenen unerlaubten Handlung resultiert. Prinzipiell muss deshalb die Qualifikation der Verbindlichkeit aus dem Titel ersichtlich, also der Titel auf eine vorsätzliche unerlaubte Handlung des Schuldners ergangen sein, die wenigstens einen der dem Titel unterlegten rechtlichen Gründe bildet und im Titel zum Ausdruck gekommen ist (vgl. MüKo-ZPO/*Smid* 3. Aufl., § 850f Rn. 16). Dieser Grundsatz gilt in differenzierter Gestalt auch im Verhältnis zwischen dem Insolvenz- und dem späteren Vollstreckungsgericht, ergänzt um die Kompetenzen des Prozessgerichts. Die Berechtigung des Insolvenzgerichts ist beschränkt, weil etwa eine Forderungsfeststellungsklage über einen Widerspruch gegen die Forderungsanmeldung vor dem Prozessgericht geführt werden muss. Auch die Vollstreckungswirkung aus der Tabelle ist begrenzt (s. Rdn. 38). 37

Für die Vollstreckung wegen einer Forderung aus vorsätzlich begangener unerlaubter Handlung oder mit einer anderen Privilegierung aus der Tabelle, § 201 Abs. 2 InsO, ist deshalb vor allem zu berücksichtigen, ob dieser **Schuldgrund zur Tabelle angemeldet und eingetragen** wurde oder nicht. Durch diese beiden aus dem Zusammenhang heraus zu interpretierenden Regelungen soll der Schuldner möglichst frühzeitig über die geltend gemachte Privilegierung der angemeldeten Verbindlichkeiten informiert werden (*BGH* NZI 2013, 906 Tz. 13). Weist der Gläubiger bei der Anmeldung seiner Forderung nicht darauf hin, dass sie nach seiner Einschätzung auf einer unerlaubten Handlung beruht, so wird die Forderung von einer Restschuldbefreiung erfasst (BT-Drucks. 14/5680 S. 27). Die Forderung aus vorsätzlich begangener unerlaubter Handlung wird bereits dann von der Restschuldbefreiung betroffen, wenn der Gläubiger nicht den besonderen Schuldgrund bzw. die entsprechenden Tatsachen angibt. Dies gilt erst recht, wenn der Insolvenzgläubiger seine Forderung nicht zur Tabelle angemeldet hat. Dann wird sie von der Restschuldbefreiung unabhängig davon erfasst, ob sie aus vorsätzlich begangener unerlaubter Handlung stammt (*Uhlenbruck/Sternal* InsO, § 302 Rn. 26; A/G/R-*Weinland* § 302 InsO a.F. Rn. 18; *Kübler/Prütting/Bork-Wenzel* InsO, § 302 Rn. 18; *Nerlich/Römermann* InsO, § 302 Rn. 3; *Stamm* KTS 2011, 366 [371, 373]; s.a. Rdn. 66). Der Insolvenzgläubiger kann auch keine Privilegierung für nachrangige Zinsforderungen beanspruchen. 38

Für eine vom Gläubiger **nicht angemeldete Forderung** ist eine Privilegierung und damit Durchsetzung nach Erteilung der Restschuldbefreiung ausgeschlossen. Systematisch folgt dies bereits aus den §§ 174 Abs. 2, 175 Abs. 2 InsO. Auf diese Weise wird der Schuldner davor geschützt, erst nach dem Ende der Treuhandzeit über eine Ausnahme von der Restschuldbefreiung wegen einer Forderung aus einer vorsätzlich begangenen unerlaubten Handlung informiert zu werden (*Uhlenbruck/Sternal* InsO, § 302 Rn. 26). Konflikte über die rechtliche Einordnung der Verbindlichkeiten können zwar nicht verhindert, aber möglichst frühzeitig geklärt werden. Unerheblich ist, ob der Schuldner die Forderung verschwiegen hat oder ob die Forderung zugunsten des Gläubigers tituliert ist (*Gaebel/ Mille* ZInsO 2010, 1269 [1272]). Der Gläubiger kann diese bindende Kanalisierung über das Anmeldungsverfahren auch nicht durch Erhebung einer Feststellungsklage unterlaufen. Dies kollidiert mit der gesetzlichen Zielsetzung, den Anmeldungsregeln und der dadurch konkretisierten funktionalen Zuständigkeit. Da die Anmeldung Rechtssicherheit schaffen soll, wird auch eine unverschuldet unterbliebene oder unvollständige Anmeldung von der Restschuldbefreiung erfasst (*BGH* ZInsO 2011, 244 Tz. 20). Auf die unterlassene Anmeldung eines Schadensersatzanspruchs wegen Verletzung der sexuellen Selbstbestimmung ist § 208 BGB nicht entsprechend anwendbar (*BGH* NZI 2016, 893 = LMK 2016, 381604 m. Anm. *Ahrens*; Vorinstanz OLG *Hamm* NZI 2015, 714 = VIA 2015 m. Anm. *Heicke*, denkbar ist ein Anspruch aus § 826 BGB). Mit Beendigung des Insolvenzverfahrens enden die besonderen Anmeldungsmöglichkeiten. 39

40 Ohne einen zulässigen Restschuldbefreiungsantrag kann **keine wirksame Anmeldung** des Attributs einer vorsätzlich begangenen unerlaubten Handlung oder einer sonstigen Ausnahme von § 302 InsO erfolgen (*AG Aurich* NZI 2016, 143; *AG Köln* NZI 2017, 79; *Ahrens* NZI 2016, 121; *Frind* Praxishandbuch Privatinsolvenz, Rn. 1106; s.a. *AG Hamburg* NZI 2017, 567 [568]). Das Insolvenzgericht hat die Angabe aus der Tabelle zu streichen. Ausschlaggebend dafür ist die Funktion der qualifizierten Forderungsanmeldung unter Belehrung auf das Widerspruchsrecht nach den §§ 174 Abs. 2, 175 Abs. 2, 302 Nr. 1 InsO. Diese Vorschriften sollen den Weg für die Ausnahme von der Restschuldbefreiung bereiten. Damit dienen die Vorschriften vorrangig dem Informations- und Schutzinteresse des Gläubigers (*AG Köln* NZI 2017, 79). Ohne Restschuldbefreiungsantrag besteht dafür kein Grund, weswegen der Grund für eine entsprechende Anmeldung fehlt. Er folgt auch nicht aus dem Zugang zu einer privilegierten Vollstreckung nach § 850f Abs. 2 ZPO, denn dafür bildet die Insolvenztabelle keinen geeigneten Titel (*AG Köln* NZI 2017, 79; PG/*Ahrens* § 850f ZPO Rn. 46; s.a. Rdn. 82). Zudem könnte sich der Schuldner dagegen nicht hinreichend durch eine negative Feststellungsklage schützen (*Ahrens* NZI 2016, 121).

41 Die rechtliche **Qualifikation** als Forderung aus einer vorsätzlich begangenen unerlaubten Handlung muss grds. **bei der Anmeldung** erfolgen. Erforderlich ist die Angabe als Forderung aus vorsätzlich begangener unerlaubter Handlung. Eine Anmeldung als Forderung aus unerlaubter Handlung erfüllt wegen der fahrlässigen Begehungsformen nicht die Anforderungen des § 302 Nr. 1 InsO (*Hain* ZInsO 2011, 1193 [1198]). Es genügt, wenn sie in der Anmeldungsfrist nach § 28 Abs. 1 InsO nachgeholt wird. Über diese Frist hinaus ist eine Anmeldung der Forderung noch zulässig, denn § 302 Nr. 1 InsO stellt zwar auf die Anmeldung nach § 174 Abs. 2 InsO ab, doch ist damit nicht notwendig eine fristgerechte Anmeldung verlangt.

42 § 177 Abs. 1 Satz 1, 3 InsO ermöglicht eine **nachträgliche Anmeldung** oder Änderung, aber auch Ergänzung der Forderungsanmeldung (*AG Norderstedt* NZI 2017, 677; *Kübler/Prütting/Bork-Pape* InsO, § 177 Rn. 8; KS-InsO/*Eckardt* 2000, S. 743 Rn. 29 ff.; MüKo-InsO/*Stephan* § 302 Rn. 10; *Kübler/Prütting/Bork-Wenzel* InsO, § 302 Rn. 19; K. *Schmidt/Henning* InsO, § 302 n.F. Rn. 13; *Gaebel/Mille* ZInsO 2010, 1269 [1270]). Solange das Verfahren nicht aufgehoben ist, besteht grds. ein Interesse an der Feststellung der Insolvenzforderungen zur Tabelle, doch müssen dabei die Belange der Gläubiger und des Schuldner berücksichtigt werden. Mit der Nachprüfung soll den Interessen des Gläubigers bei nachträglich veränderten Tatumständen Rechnung getragen werden können (vgl. *Kuhn/Uhlenbruck* KO, 11. Aufl., § 139 Rn. 1c).

43 Nachgemeldet werden kann auch das **Attribut**, d.h. die rechtliche Qualifikation als Forderung aus vorsätzlich begangener unerlaubter Handlung (*BGH* NZI 2008, 250 Rn. 12 ff.). Das Anmelderecht endet mit der Aufhebung des Insolvenzverfahrens (*BGH* NZI 2013, 906 Tz. 20; MüKo-InsO/*Schmahl/Busch* 3. Aufl., § 29 Rn. 55; *Pape* ZInsO 2016, 2005 [2012]; **a.A.** Schlusstermin *Kießner* § 177 Rdn. 1; *Frind* Praxishandbuch Privatinsolvenz, Rn. 1111; s.a. *BGH* ZIP 1998, 515 [516]). Ein fehlendes Verschulden ist unerheblich. § 186 InsO erfasst nur die Versäumung des Prüfungstermins bzw. einer entsprechenden Frist (vgl. *Jaeger/Gerhardt* § 186 Rn. 3 f.). Es darf allerdings kein veränderter Sachverhalt i.S.e. anderen Streitgegenstands (dazu Rdn. 84) vorgetragen werden (*Pape* ZInsO 2016, 2005 [2015 f.]).

44 Eine **nachträgliche Anmeldung in asymmetrischen Verfahren** ist jedenfalls nach Ablauf der sechsjährigen bzw. der Fristen bei einem verkürzten Restschuldbefreiungsverfahren unzulässig (*BGH* NZI 2013, 906 Tz. 12). Eine Anmeldung in dem zur Geltendmachung der Versagungsgründe anzuberaumenden Termin bzw. der entsprechenden Frist im schriftlichen Verfahren ist verspätet. Vor diesem Zeitpunkt kommt eine Verwirkung in Betracht. Der *BGH* (ZInsO 2012, 646 Tz. 9) hat zwar bei einer vier Jahre nach Verfahrenseröffnung unter Angabe des qualifizierenden Grundes angemeldeten Forderung eine Verwirkung abgelehnt. Dabei handelt es sich aber um materiellrechtliche Verwirkung. Wird demgegenüber eine Forderung zunächst angemeldet und erfolgt die besondere Qualifikation erst nachträglich, geht es um die andere Frage einer verfahrensrechtlichen Verwirkung der Deliktsqualifikation, die zu bejahen sein kann (*Ahrens* LMK 2013, 351279; *ders.* VIA 2013, 65 [66]). Ebenso darf allein der Rechtsgrund einer vorsätzlich begangenen unerlaubten Handlung

für eine bereits zu Tabelle festgestellte Forderung nur bis zum Ablauf der Abtretungsfrist nachträglich beansprucht und mit einer Änderungsanmeldung gem. § 177 Abs. 1 Satz 3 InsO in das Insolvenzverfahren eingeführt werden (*BGH* NZI 2008, 250 Tz. 12; BeckRS 2013, 12812 Tz. 14; *Gottwald/Ahrens* HdbInsR, § 79 Rn. 17).

Auf eine **nachträgliche Forderungsanmeldung** wird bei einem **Widerspruch** des Insolvenzverwalters 45 oder eines Gläubigers entweder ein besonderer Prüfungstermin oder eine Prüfung im schriftlichen Verfahren angeordnet, § 177 Abs. 1 Satz 2 InsO. Widerspricht der Schuldner dagegen der nachträglichen Qualifizierung der Forderung aus vorsätzlich begangener unerlaubter Handlung, ist diese Folge nicht vorgesehen, doch kann diese Regelung entsprechend angewendet werden (*AG Hamburg* ZVI 2005, 41 [42]). Soweit dem Schuldner rechtzeitig der Hinweis aus § 175 Abs. 2 InsO auf sein Widerspruchsrecht gegeben werden kann und dieser noch anwaltlichen Rat einholen kann sowie eine Überlegungsfrist besitzt, kann die Prüfung der aus vorsätzlich begangener unerlaubter Handlung qualifizierten Forderung problemlos noch im Schlusstermin erfolgen (MüKo-InsO/*Stephan* § 302 Rn. 10; *Kübler/Prütting/Bork-Pape* InsO, § 177 Rn. 4; s.a. *AG Krefeld* ZInsO 2001, 772; **a.A.** *LG Oldenburg* ZVI 2002, 426 [427]).

Solange der anmeldende Gläubiger die zusätzlichen Kosten trägt und die anderen Verfahrensbeteiligten und insbes. der Schuldner auch das Widerspruchsrecht ausüben können, darf die Forderung 46 **bis zur Entscheidung über die Aufhebung** des Insolvenzverfahrens angemeldet werden (offengelassen von *BGH* ZInsO 2011, 244 Tz. 17). Erforderlichenfalls ist der Entscheidungstermin zu verschieben. Mit dieser gegenüber einem Versagungsantrag nach § 290 Abs. 1 InsO weiter gespannten Frist wird den gravierenderen Folgen einer unterbliebenen Anmeldung Rechnung getragen. Während ein ausgeschlossener Versagungsantrag die Erfüllung der Forderung nur mittelbar berührt, sind bei einer unterlassenen Anmeldung die Befriedigungsaussichten des Gläubigers im Verfahren und bei einer erteilten Restschuldbefreiung auch anschließend betroffen. Mit der Aufhebung des Insolvenzverfahrens sind die Rechte des Gläubigers präkludiert (*Grote* ZInsO 2008, 776 [777]). Zur unzutreffenden Anmeldung und Feststellung s. Rdn. 135.

Eine **Berichtigung der Insolvenztabelle**, etwa weil der Insolvenzverwalter eine angemeldete Privilegierung nicht in die Tabelle eingetragen hat, kann auf Antrag oder von Amts wegen nach § 4 InsO 47 i.V.m. der entsprechend anzuwendenden Regelung des § 164 ZPO erfolgen (*BGH* NZI 2017, 213 Tz. 8 = EWiR 2017, 213 m. Anm. *Ahrens*; Jaeger/*Gerhardt* § 178 Rn. 95). Dies kann auch noch nach rechtskräftiger Erteilung der Restschuldbefreiung geschehen. Rechtsbehelf ist nach Ansicht des BGH die Erinnerung nach § 11 Abs. 2 Satz 1 RPflG (*BGH* NZI 2017, 213 Tz. 10 = EWiR 2017, 213 m. Anm. *Ahrens*). Die Berichtigung durch Eintragung eines qualifizierten Rechtsgrunds führt zu manchen Folgefragen. Die Berichtigung erfolgt in dem fortzusetzenden Insolvenzverfahren. Der Schuldner ist wegen des zu gewährenden rechtlichen Gehörs zur Eintragung des qualifizierten Rechtsgrunds anzuhören. Zugleich ist der Schuldner nach § 175 Abs. 2 InsO zu belehren. Der Schuldner kann daher jedenfalls dem angemeldeten Rechtsgrund der Forderung widersprechen. Noch nicht beantwortet ist damit, ob der Schuldner in diesem Verfahrensstadium auch noch der Forderung insgesamt widersprechen kann. Gegen ein derart umfassendes Widerspruchsrecht spricht die auf die rechtliche Qualifikation beschränkte Berichtigung. Der Schuldner mag vielleicht Anlass haben, die Forderung nochmals intensiv zu prüfen, doch kann dies nicht genügen, um ihm eine umfassende Widerspruchsbefugnis zu eröffnen (*Ahrens* EWiR 2017, 213).

Als **Wirkung** einer gesetzeskonformen Anmeldung ist die Forderung von der Restschuldbefreiung 48 ausgenommen. Bei einer bestrittenen Forderung muss der Widerspruch beseitigt werden. Die Ausnahme von der Restschuldbefreiung gilt für sämtliche Privilegierungstatbestände des § 302 InsO. Sie berechtigt dazu, auch nach Erteilung der Restschuldbefreiung aus der Tabelle zu vollstrecken. Davon zu unterscheiden ist, ob bei einer Forderung aus vorsätzlich begangener Handlung gem. § 302 Nr. 1 Alt. 1 InsO zusätzlich nach § 850f Abs. 2 ZPO in den Vorrechtsbereich vollstreckt werden kann. Bei den anderen von der Restschuldbefreiung ausgenommenen Forderungen, etwa auch nach § 302 Nr. 1 Alt. 2 und 3 InsO besteht dieses Vollstreckungsprivileg nicht. Auch bei einer Forderung aus vorsätzlich begangener unerlaubter Handlung wird durch den Tabelleneintrag kein Pfän-

§ 302 InsO Ausgenommene Forderungen

dungsprivileg eröffnet, weil die Insolvenztabelle keinen dafür hinreichenden Titel bildet (PG/*Ahrens* § 850f ZPO Rn. 46; *Frind* Praxishandbuch Privatinsolvenz, Rn. 1106). Der Gläubiger kann aber eine ergänzende Feststellungsklage erheben.

b) Umfang der Angaben

49 Gem. § 302 Nr. 1 Alt. 1 InsO wird verlangt, dass der Gläubiger die Forderung unter **Angabe dieses Rechtsgrunds** nach § 174 Abs. 2 InsO angemeldet hat (zu den Anforderungen aus § 174 Abs. 2 InsO *BGH* NZI 2009, 242 Tz. 9 ff.). Die Gesetzesfassung lässt offen, in welcher Weise die Anmeldung zu erfolgen hat. Nach § 174 Abs. 1 InsO ist die Forderung schriftlich durch den Gläubiger beim Insolvenzverwalter anzumelden. Die neue gesetzliche Fassung verlangt lediglich die Angabe von **Tatsachen**, also keine Beweismittel, und die Überzeugung des Gläubigers von einer Forderung aus einer vorsätzlich begangenen unerlaubten Handlung. Der Begriff des Grundes bezeichnet den Lebenssachverhalt, aus dem die Forderung resultiert.

50 Beim **Umfang des Tatsachenvortrags** differenziert der BGH. Sofern und soweit die vorsätzlich begangene unerlaubte Handlung zum Grund des angemeldeten Anspruchs gehört, hat der Gläubiger einen Lebenssachverhalt darzulegen, der i.V.m. einem – nicht notwendig ebenfalls vorzutragenden – Rechtssatz die geltend gemachte Forderung als begründet erscheinen lässt (*BGH* NZI 2014, 127 Tz. 6 f.; s.a. *BGH* ZInsO 2015, 1739 Tz. 16 = EWiR 2015, 611 m. Anm. *Ahrens*). Falls die Forderungsqualifikation nur für die spätere Restschuldbefreiung und § 302 Nr. 1 InsO von Bedeutung ist, genügt für eine wirksame Anmeldung des qualifizierten Rechtsgrundes, wenn der geltend gemachte Anspruch in tatsächlicher Hinsicht zweifelsfrei bestimmt ist und der Schuldner erkennen kann, welches Verhalten der Gläubiger ihm vorwirft. Dazu müssen nicht sämtliche objektive und subjektive Tatbestandsmerkmale der behaupteten unerlaubten Handlung vorgetragen werden (*BGH* NZI 2014, 127 Tz. 8). Es genügt danach, wenn der Schuldner weiß, um welche Forderung es geht und welches Verhalten ihm als vorsätzlich begangene unerlaubte Handlung vorgeworfen wird (*BGH* NZI 2014, 127 Tz. 10). Stützt ein Gläubiger seine Forderungsanmeldung auf verschiedene, etwa auf vertragliche und auf deliktische Anspruchsgrundlagen, sind die Anmeldevoraussetzungen für beide Anspruchsgrundlagen zu erfüllen (*AG Köln* NZI 2017, 449 [450]).

51 Diese Aufgabenstellung fordert eine **doppelte Konkretisierung**. Einerseits ist für den Tatsachenvortrag nach dieser neueren Rechtsprechung des *BGH* zur Privilegierung (*BGH* NZI 2014, 127 Tz. 8 ff.; ebenso *Kübler/Prütting/Bork-Wenzel* InsO, § 302 Rn. 19) **keine schlüssige Darlegung erforderlich** (so aber noch *BGH* BeckRS 2013, 17289 Tz. 3, in einem PKH-Verfahren; *AG Köln* ZVI 2013, 150; A/G/R-*Wagner* § 174 InsO Rn. 14; *Uhlenbruck/Sinz* InsO, § 174 Rn. 38), wie der Rekurs auf die Überzeugung des Gläubigers belegt. Das vom BGH aufgestellte Darlegungsmaß bleibt aber auch hinter der bislang überwiegend verlangten plausiblen Darstellung zurück (MüKo-InsO/*Stephan* § 302 Rn. 11; Uhlenbruck/*Sinz* InsO, § 174 Rn. 38; *Kübler/Prütting/Bork-Pape/Schaltke* InsO, § 184 Rn. 58; *Henning* ZInsO 2004, 585 [587]; *Brückl* ZInsO 2005, 16 [17]; *Ahrens* VIA 2013, 65 [66]). Andererseits ist ein **Mindestumfang des Vortrags** erforderlich. Dafür ist ein hinreichend konkreter Sachvortrag zur streitgegenständlichen Forderung und dem qualifizierten deliktischen Charakter erforderlich, der auch den subjektiven Tatbestand einschließen muss (*Wegener/Koch* InsbürO 2004, 216 [217]), damit ein unbeteiligter Dritter allein aus der Forderungsanmeldung die behauptete unerlaubte Handlung nachvollziehen kann. Damit genügt ein formularmäßiger, rein schematischer Sachvortrag ohne Bezug zur konkreten Forderung nicht. Es kann aber auf die Sachverhaltsdarstellung in einem Titel verwiesen werden (vgl. Rdn. 57 f.). Langsam zeichnet sich hier eine Festigung der Rechtsprechung ab.

52 **Unzureichend** sind danach Anmeldungen, bei denen lediglich ein Kreuzchen gesetzt wird, ohne den Schuldgrund in irgendeiner Weise auszuführen (*OLG Hamm* ZVI 2014, 384; *AG Göttingen* ZInsO 2016, 648 [650]; *Deppe* InsbürO 2015, 287). Gleiches gilt für die abstrakte Benennung einer Norm oder die Formulierung »Anspruch aus vorsätzlich begangener unerlaubter Handlung« (*AG Norderstedt* NZI 2017, 677; *Kübler/Prütting/Bork-Wenzel* InsO, § 302 Rn. 19). Auch die Nennung eines abstrakten, allein rechtlich begründeten Deliktsgrunds, wie etwa einer Forderung aus Eingehungs-

betrug, genügt allein noch nicht (K. Schmidt/*Henning* InsO, § 302 n.F. Rn. 14). Zusätzlich sind individualisierende Geschehenselemente zu nennen. Auch eine Datierung wird zumeist erforderlich sein. Bei einer vorsätzlich begangenen unerlaubten Handlung nach § 302 Nr. 1 Alt. 1 InsO muss der Vorsatz erwähnt sein (*AG Norderstedt* NZI 2017, 677). Es genügen Formulierungen, wie vorsätzliche Körperverletzung am 01.04.2017 oder Bestellung vom 01.07.2017, obwohl der Schuldner seine Zahlungsunfähigkeit kannte. Eine nachträgliche Ergänzung der Angaben ist im Umfang einer nachträglichen Anmeldung zulässig (s. Rdn. 42). Für einen Anspruch aus Beförderungserschleichung nach § 823 Abs. 2 BGB i.V.m. § 265a StGB sollen Angaben zum entstanden Schaden erforderlich sein (so *AG Köln* NZI 2017, 449 [450]).

Es besteht ein Vorprüfungsrecht des Insolvenzverwalters (*AG Göttingen* ZInsO 2016, 648 [650]) und des Insolvenzgerichts über die angemeldete Forderung, ohne zu einer Beanstandungs- oder Hinweispflicht verdichtet zu sein (vgl. etwa *Uhlenbruck/Sinz* InsO, § 175 Rn. 9 ff.). Das Prüfungsrecht besteht freilich nur in formaler Hinsicht, weil das Anmeldungs- und Eintragungsverfahren nicht dazu dient, über insolvenzrechtliche Einwendungen gegen die Forderung zu entscheiden (*BGH* NZI 2017, 300 Tz. 27). Geprüft werden darf, ob die Sachverhaltsangaben ausreichen. Das **Insolvenzgericht** kann bei unzureichenden Angaben die Aufnahme in die Insolvenztabelle verweigern. Obwohl der Anspruch auf ein erhöhtes Beförderungsentgelt grds. aus Vertrag und nicht Delikt resultiert, darf das Insolvenzgericht insoweit nicht die Aufnahme in die Tabelle ablehnen, wenn die Darlegungsanforderungen an eine deliktische Forderung erfüllt sind (vgl. *AG Köln* NZI 2017, 449 [450] = VIA 2017, 53 m. Anm. *Schmerbach*; *AG Norderstedt* NZI 2017, 677; s.a. *AG Regensburg* ZVI 2014, 454, 455). Dem Gläubiger ist gegen die unterbliebene Tabelleneintragung des Attributs die sofortige Beschwerde nach den §§ 197 Abs. 3, 194 Abs. 3 InsO eröffnet (*Frind* Praxishandbuch Privatinsolvenz, Rn. 1113). 53

Die **Rechtsfolgen einer unzureichenden Anmeldung** erweisen sich für den Gläubiger als sehr gravierend. Der Schuldner kann die ungenügenden Angaben rügen und dem Gläubiger damit eine nachträgliche Ergänzung nahelegen. Eine nachträgliche, gem. GKG KV Nr. 2340 kostenpflichtige Ergänzung der Forderungsanmeldung ist auch im Erinnerungsverfahren zulässig (*AG Norderstedt* NZI 2017, 677). Als Prozesshandlung kann diese Darstellungsrüge des Schuldners auch als Widerspruch auszulegen sein. Der Schuldner kann aber auch, ohne die unvollständige Anmeldung zu bemängeln, allein dem qualifizierten Schuldgrund widersprechen. Dann wirken sich die unzureichenden Angaben in einem späteren Feststellungsverfahren zu Lasten des Gläubigers aus. 54

Die angemeldete und die im späteren **Feststellungsprozess** geltend gemachte Forderung müssen identisch sein (*Kübler/Prütting/Bork-Pape/Schaltke* InsO, § 181 Rn. 3). Deswegen dürfen im Feststellungsverfahren die Angaben nicht mehr ergänzt, sondern nur ausgefüllt werden. Für den Schuldner ist deswegen zumeist ein Widerspruch gegen den Schuldgrund effektiver als eine Darstellungsrüge. Umgekehrt sollte der Gläubiger bei einem solchen Widerspruch seine Anmeldung auf Mängel überprüfen. Die Identität der Forderungen ist anhand des Streitgegenstands zu bestimmen. Vielfach wird die erst im Feststellungsprozess erfolgte Angabe eines qualifizierten Schuldgrunds zu einem anderen Streitgegenstand führen. Decken sich nicht die Angaben zum Grund der Forderung in der Anmeldung mit dem im Feststellungsrechtsstreit vorgetragenen Sachverhalt, ist die Feststellungsklage des Gläubigers unzulässig (*OLG Düsseldorf* BeckRS 2011, 01150; *AG Göttingen* NZI 2012, 31). 55

Einzelfälle: Bei einem Anspruch wegen eines Eingehungsbetrugs sollen die nicht bezahlten Leistungen des Gläubigers, die Leistungsunfähigkeit des Schuldners bei Vertragsschluss und das vorsätzliche Handeln vorgetragen werden müssen (*Pape* ZInsO 2016, 2005 [2013]). Bei einem Anspruch wegen Insolvenzverschleppung ist die verletzte Antragspflicht vorzutragen. Es genügt auch nicht die unbegründete Behauptung, dass eine Forderung aus einer vorsätzlichen unerlaubten Handlung resultiert (*AG Strausberg* VuR 2005, 33; vgl. *Kehe/Meyer/Schmerbach* ZInsO 2002, 615 [616 f.]). Bei einer Forderung wegen **nicht abgeführter Beiträge zur Sozialversicherung** genügen auch nach der höchstrichterlichen Rechtsprechung keine abstrakten Ausführungen zu den §§ 266, 266a StGB bzw. dass der Gesamtbetrag an Arbeitnehmerbeiträgen nicht abgeführt worden ist. Darzulegen ist, für welche Mitarbeiter keine Beiträge gezahlt wurden und dass dem Schuldner normgerechtes Verhalten möglich 56 war (*BGH* NZI 2005, 447), wozu regelmäßig andere Zahlungen vorgetragen werden müssen. Die Anmeldung einer Forderung aus hinterzogenen Arbeitnehmeranteilen zur Sozialversicherung ist deswegen unzureichend (anders *LG Dortmund* BeckRS 2013, 17308; bestätigt durch *BGH* BeckRS 2013, 17289), denn es müssen zumindest die Verantwortlichkeit des Schuldners für die Abführung, die Zahl der Arbeitnehmer sowie der Zeitraum angegeben werden. Zu weitgehend ist allerdings, wenn die Namen der betroffenen Beschäftigten sowie Angaben zu deren Beschäftigungszeiten, zum Arbeitsentgelt und zur Höhe der Beitragssätze verlangt werden (*AG Eschweiler* NZI 2013, 403). Nicht hinreichend ist auch nach Ansicht des Gerichts eine allein an der subjektiven Einschätzung des Gläubigers ausgerichtete Individualisierung (so aber *Kolbe* Deliktische Forderungen und Restschuldbefreiung, S. 45; s.a. *Gaul* GS Heinze, S. 193 [199]). Die Anforderungen werden auch nicht erfüllt, wenn der Gläubiger lediglich auf beigefügte Unterlagen verweist, aus denen die Angaben zu entnehmen sein sollen (*Kübler/Prütting/Bork-Pape* InsO, § 174 Rn. 86). Die Angabe Schadensersatz mit Verweis auf ein beigefügtes Urteil ist ungenügend (*Schmerbach* VIA 2016, 4 [6]; *Stephan* VIA 2016, 73 [75]); **a.A.** *OLG München* BeckRS 2015, 18558).

c) Titulierte Forderungen

57 Bei der **Vorlage eines Vollstreckungsbescheids** ist zwischen der Darlegungslast und der Tauglichkeit als Titel zu unterscheiden (dazu Rdn. 76). Der Gläubiger kann sich auf die Angaben im Vollstreckungsbescheid beziehen, weil es für die Anmeldung lediglich auf die Behauptungen ankommt, doch muss dann der Vollstreckungsbescheid die erforderlichen Angaben enthalten, denn er verändert nicht die Anforderungen an die Darlegungslast. Die vom BGH vorgenommene Differenzierung bei der Darlegungslast einerseits zwischen einer vorsätzlich begangenen unerlaubten Handlung, die zum Grund des Anspruchs gehört und andererseits dem lediglich für § 302 Nr. 1 InsO bedeutsamen qualifizierten Rechtsgrund überzeugt allerdings nicht. Sie knüpft auch an den erst später erfolgenden Widerspruch des Schuldners allein gegen den Rechtsgrund an (*BGH* NZI 2014, 127 Tz. 11). Vor allem aber reduziert der *BGH* das Schutzniveau mit Blick auf die gerichtliche Hinweispflicht aus § 175 Abs. 1 InsO (*BGH* NZI 2014, 127 Tz. 10), obwohl sie doch zu einem gesteigerten Schutz führen soll. Ggf. hat der Insolvenzverwalter auf eine Ergänzung hinzuwirken (*Rinjes* DZWIR 2002, 415 [416]; *Mäusezahl* ZInsO 2002, 462 [463]). Die Eintragung kann er unter der Voraussetzung eines formellen Fehlers ablehnen (*Henning* ZInsO 2004, 585 [587]). Ist die Forderung möglicherweise verjährt, aber die Einrede der Verjährung nicht erhoben, kann die Forderung nicht als offensichtlich unbegründet behandelt werden.

58 **Urkunden** sollen zwar nach § 174 Abs. 1 Satz 2 InsO beigefügt werden, doch bleibt die Wirksamkeit der Anmeldung unberührt, falls keine Nachweise erfolgen. Ein Vollstreckungstitel muss selbst im Prüfungstermin nicht vorgelegt werden (*BGH* ZInsO 2006, 102 [103]). Da es für den Gläubiger vorteilhaft ist, wenn sich der Rechtsgrund der Forderung aus einer vorsätzlichen unerlaubten Handlung aus einer Urkunde ergibt, sollte er sie im eigenen Interesse einreichen (vgl. *Kübler/Prütting/Bork-Pape* InsO, § 174 Rn. 28). Legt der Gläubiger einen **Titel** vor, aus dessen Tatbestand oder Entscheidungsgründen sich eine entsprechende Tatsachenfeststellung ergibt, genügt diese Bezugnahme. Fehlen im Titel entsprechende tatsächliche Angaben, ist eine zusätzliche plausible Darstellung bei der Anmeldung erforderlich (*Uhlenbruck/Sternal* InsO, § 302 Rn. 27; MüKo-InsO/*Stephan* § 302 Rn. 11), denn anders als im Zwangsvollstreckungsverfahren ist im Insolvenzverfahren die Prüfbarkeit der Forderung nicht beschränkt. Weist ein **Vollstreckungsbescheid** den Sachverhalt einer Forderung aus vorsätzlich begangener unerlaubter Handlung aus, können mit diesem Titel die Anforderungen aus § 174 Abs. 1, 2 InsO erfüllt werden (vgl. *AG Norderstedt* NZI 2017, 677; enger *Kübler/Prütting/Borg-Pape/Schaltke* InsO, § 184 Rn. 67). Von diesen klar limitierten Anforderungen bei der Forderungsanmeldung sind die viel strengeren Voraussetzungen für ein mögliches Feststellungs- oder Vollstreckungsverfahren zu unterscheiden (s. Rdn. 70 ff.), bei denen es viel stärker auf die Qualifikation des Titels ankommt.

d) Hinweispflicht

59 Neben dem Insolvenzverwalter hat auch das Insolvenzgericht bei unzulässigen Forderungsanmeldungen ein **Vorprüfungs-, Beanstandungs- und Zurückweisungsrecht**, ob der erforderliche Tatsachenvortrag erfolgt ist. Meldet ein Gläubiger eine Forderung aus vorsätzlich begangenen unerlaubter Handlung an, unterlässt er aber entsprechenden Tatsachenvortrag, ist eine solche Anmeldung, wenn der Gläubiger seine Angaben trotz entsprechenden Hinweises nicht ergänzt, zwar als solche in die Tabelle aufzunehmen, aber ohne das Forderungsattribut der unerlaubten Handlung (*AG Köln* BeckRS 2012, 23966 = VIA 2013, 8 m. Anm. *Schmerbach*).

60 Wird eine Forderung aus einer vorsätzlich begangenen unerlaubten Handlung angemeldet, besteht eine **Belehrungspflicht** des **Insolvenzgerichts**, das den Schuldner nach § 175 Abs. 2 InsO auf die Rechtsfolgen des § 302 InsO und auf die Möglichkeit eines Widerspruchs hinzuweisen hat. Um dem Schuldner die weitreichenden Folgen bewusst zu machen, muss nach dem ausdrücklichen Willen des Gesetzgebers (BT-Drucks. 14/6468 S. 17 f.; s. *Kießner* § 175 Rdn. 20) eine individuell auf die einzelne Forderung abgestellte Belehrung durch das Gericht erfolgen (*Pape* ZInsO 2016, 2005 [2007]). An das Gericht werden erhebliche Anforderungen gestellt, weil die Hinweise **nicht pauschal** in einem Antragsformular erfolgen dürfen (BT-Drucks. 14/6468 S. 18; MüKo-InsO/*Stephan* § 302 Rn. 12; *Uhlenbruck/Sternal* InsO, § 302 Rn. 29 f.; *Kehe/Meyer/Schmerbach* ZInsO 2002, 660 [661]; *Heinze* DZWIR 2002, 369 [370]). Da die Anforderungen für das Insolvenzgericht beherrschbar bleiben müssen, kann ein differenzierter formularmäßiger Hinweis genügen, denn eine rechtliche Beratung des Schuldners ist nicht geschuldet (*BGH* NZI 2004, 39 [40]; *Kolbe* Deliktische Forderungen, S. 66).

61 Der **maßgebende Zeitpunkt** für die Belehrung wird durch die schuldnerschützende Funktion bestimmt. Eine sachgerechte Belehrung kann erst erfolgen, nachdem das Insolvenzgericht Kenntnis von der qualifizierten Forderungsanmeldung erhalten hat, regelmäßig also erst nach Niederlegung der Tabelle in der Geschäftsstelle des Insolvenzgerichts gem. § 175 Abs. 1 Satz 2 InsO. Um die Informationsfunktion zu erfüllen, darf die Belehrung nicht verfrüht erfolgen. Verfrüht ist einerseits ein allgemein gehaltener Hinweis bei Zustellung des Eröffnungsbeschlusses, es könne zur Anmeldung deliktischer Forderungen kommen, selbst wenn die möglichen Folgen benannt werden (*AG Düsseldorf* ZInsO 2014, 2281).

62 Andererseits muss die forderungsbezogene Belehrung **so rechtzeitig** erfolgen, dass der Schuldner Rechtsrat einholen und zum Prüfungstermin erscheinen kann (*Rinjes* DZWIR 2002, 415 [418]). Liegt zwischen dem Ablauf der Anmeldefrist und dem Prüfungstermin nur die vorgeschriebene Mindestfrist von einer Woche (§ 29 Abs. 1 Nr. 2 InsO), kann dem Zweck der Hinweispflicht kaum genügt werden (s.a. *Schmerbach* ZVI 2002, 53 [58]; *Kehe/Meyer/Schmerbach* ZInsO 2002, 615 [618]). Offen ist aber, ob eine zeitliche Limitierung der nachträglichen Anmeldung auf einen so frühen Termin erfolgen muss, dass dem Schuldner der erforderliche Hinweis gegeben, dieser widersprechen und die Forderung spätestens noch im Schlusstermin geprüft werden kann (*Mohrbutter/Ringstmeier-Pape* 8. Aufl., § 17 Rn. 201). Die wesentlich strengere Präklusionsregel des § 14 Abs. 1 Satz 1 GesO (dazu *Haarmeyer/Wutzke/Förster* GesO, 4. Aufl., § 14 Rn. 2) hat das *BVerfG* allerdings als verfassungskonform angesehen (*BVerfG* DB 1995, 1399). Weder die schutzwürdigen Belange der Gläubiger noch die des Schuldners verlangen eine derartige Terminierung.

63 Eine **unzureichende Belehrung** darf sich nicht zum Nachteil des Schuldners auswirken. Wird der Schuldner vor dem Prüfungstermin nur pauschal belehrt und zur Teilnahme aufgefordert oder erfolgt eine hinreichende Belehrung erst im Prüfungstermin respektive im schriftlichen Verfahren bzw. unterbleibt sie vollständig, etwa weil ein Ladungsmangel existiert oder die Belehrung nicht dem Verfahrensbevollmächtigten zugestellt wurde, ist der Schuldner erneut zu belehren. Hat der Schuldner einen Verfahrensbevollmächtigten bestellt, muss die Belehrung diesem zugestellt werden, § 4 InsO i.V.m. § 172 Abs. 1 Satz 2 ZPO (*AG Göttingen* ZInsO 2016, 648; A/G/R-*Ahrens* § 8 Rn. 15).

64 Außerdem ist ihm während des Insolvenzverfahrens entsprechend § 186 Abs. 1 InsO i.V.m. § 233 ZPO **Wiedereinsetzung in den vorigen Stand** zu gewähren (*AG Duisburg* NZI 2008, 628 [629]; *AG Düsseldorf* ZInsO 2010, 1707; *AG Göttingen* ZInsO 2016, 648; MüKo-InsO/*Stephan* § 302 Rn. 14; *Uhlenbruck/Sinz* InsO, § 175 Rn. 29; i.E. auch *Uhlenbruck/Sternal* InsO, § 302 Rn. 30). Nimmt der Schuldner am Prüfungstermin teil, soll eine Wiedereinsetzung ausscheiden (*AG Göttingen* ZInsO 2004, 516 [517]; *Uhlenbruck/Sternal* InsO, § 302 Rn. 30). Die Aufhebung des Insolvenzverfahrens ist grds. unschädlich. Gegen die Entscheidung des Insolvenzgerichts über einen Wiedereinsetzungsantrag des Schuldners nach § 186 Abs. 1 Satz 1 InsO ist nicht die sofortige Beschwerde, sondern die Erinnerung nach § 11 Abs. 2 Satz 1 RPflG statthaft (*BGH* NZI 2014, 724).

65 Eine äußerste Zeitschranke für den Wiedereinsetzungsantrag stellt die **Ausschlussfrist in § 234 Abs. 3 ZPO** auf. Spätestens mit Ablauf von einem Jahr nach dem Prüfungstermin ist ein Wiedereinsetzungsantrag ausgeschlossen (*BGH* NZI 2016, 238 Tz. 6; *Kübler/Prütting/Bork-Pape* InsO, § 186 Rn. 4; a.A. *AG Duisburg* NZI 2008, 628 [629]). Ausnahmsweise ist das Versäumen der Jahresfrist unbeachtlich, wenn die dafür maßgebenden Umstände der Sphäre des Gerichts zuzuordnen sind (*BGH* NZI 2016, 238 Tz. 8), etwa bei einer unzureichenden Belehrung des Schuldners. Nach Ende des Insolvenzverfahrens bzw. nach Ablauf der Jahresfrist muss der Schuldner bei einem Vollstreckungsversuch des Gläubigers eine Vollstreckungsgegenklage erheben. In deren Rahmen kann er sich als Einwendung auf den unterbliebenen Hinweis berufen. Nach einer vereinzelt vertretenen Ansicht soll ein Widerspruch noch nach Beendigung des Insolvenzverfahrens und sogar nach Erteilung der Restschuldbefreiung zulässig sein (*AG Düsseldorf* ZInsO 2014, 2281 [2282]), doch steht dem das beendete Verfahren entgegen. Unter den Voraussetzungen des § 839 Abs. 1 Satz 1 BGB kann der Schuldner einen Amtshaftungsanspruch geltend machen.

e) Widerspruch

66 Im Anmeldungsverfahren können Insolvenzverwalter, Insolvenzgläubiger und Schuldner **Widerspruch gegen die Forderung** erheben. Ein nicht beseitigter Widerspruch des Insolvenzverwalters oder eines Insolvenzgläubigers steht einer Feststellung der Forderung entgegen. Ein **Widerspruch des Schuldners** gegen die Forderung verhindert zwar nicht die Forderungsfeststellung, wohl aber die Vollstreckung aus dem Tabellenauszug, § 201 Abs. 2 Satz 1, 2 InsO, solange er nicht durch ein Feststellungsurteil beseitigt ist (*BGH* NZI 2004, 39 [40]; NJW 2006, 2922 [2923]; *Graf-Schlicker/Kexel* InsO, § 302 Rn. 14; KS-InsO/*Eckardt* 2000, S. 743 Rn. 28). Der Widerspruch verhindert die Rechtskraftwirkung des Tabelleneintrags (*BGH* NZI 2014, 507 Tz. 8; BeckRS 2014, 09834 Tz. 8). Der Schuldner kann die Forderung aus den allgemeinen Gründen bestreiten. Er kann sich gegen den Bestand oder die Durchsetzbarkeit der Verbindlichkeit richten, weil die Forderung verjährt ist (*OLG Frankfurt* ZInsO 2005, 714 [715]; *OLG Hamm* NZI 2012, 196 [197]; da ein Haftungsbescheid des Sozialversicherungsträgers die Verjährung der Forderung aus vorsätzlich begangener unerlaubter Handlung nicht unterbricht, *OLG Dresden* ZInsO 2004, 622; dazu *Kahlert* ZInsO 2005, 192; anders *LG Dresden* ZInsO 2004, 988 [990]). Ebenso kann sein Widerspruch die Höhe der Verbindlichkeit betreffen. Solange der Widerspruch nicht beseitigt ist, wird die Forderung wie eine nicht von der Restschuldbefreiung ausgenommene Verbindlichkeit behandelt (*BGH* NZI 2013, 940 Tz. 2).

67 Meldet ein Gläubiger eine Forderung aus einer vorsätzlich begangenen unerlaubten Handlung an, § 174 Abs. 2 InsO, ist auch ein **isolierter Widerspruch des Schuldners** gegen die Angabe des Haftungsgrundes zulässig (*BGH* NZI 2007, 416 Tz. 10; NZI 2014, 507 Tz. 10; BeckRS 2014, 09834 Tz. 10; NZI 2016, 401 Tz. 17; s.a. *BGH* NJW 2006, 2922 [2923]; *Kehe/Meyer/Schmerbach* ZInsO 2002, 660 [662]; *Eisner* NZI 2003, 480 [482 ff.]; nach *Mäusezahl* ZInsO 2002, 462 [468], führt dies zum Bestreiten der Forderung; a.A. *Schoppe* ZVI 2004, 377 [380 f.]). Bei einer Kostenstundung kann dem Schuldner zur Prüfung eines Widerspruchs ein Rechtsanwalt beigeordnet werden (*Braun/Pehl* InsO, § 302 Rn. 11). Einen solchen isolierten Widerspruch gegen die Qualifikation der Verbindlichkeit kann der Schuldner erheben. Eine Beschränkung auf einen isolierten Widerspruch kommt allerdings nicht in Betracht, wenn der Schuldgrund allein aus vorsätzlich begangener unerlaubter Hand-

lung stammen kann, etwa wegen Insolvenzverschleppungshaftung oder der Nichtabführung von Sozialversicherungsbeiträgen (*Pape* ZInsO 2016, 2005 [2017]).

Das isolierte Widerspruchsrecht steht **nicht** dem **Insolvenzverwalter** zu, dessen Widerspruch anderen Zwecken dient, weil er die Feststellung der Forderung verhindert (*BGH* ZInsO 2008, 325 Tz. 13; NZI 2008, 569 Tz. 13, wenn der Bestand der Forderung nicht von der Vorsatztat abhängt; *LG Trier* ZInsO 2006, 216 [217 f.]; MüKo-InsO/*Stephan* § 302 Rn. 15; *Uhlenbruck/Sternal* InsO, § 302 Rn. 44; *Gottwald/Ahrens* HdbInsR, § 79 Rn. 18; **a.A.** *Schmidt* ZInsO 2006, 523 [525]; *Schmerbach* NZI 2008, 534 [535]). Der Verwalter darf keine Mittel der Masse einsetzen, um eine Vollstreckung nach Beendigung des Insolvenzverfahrens zu verhindern. Nach Ansicht des BGH ist aber ein isolierter Widerspruch des zum **Eigenverwalter** ernannten Schuldners zulässig (*BGH* NZI 2013, 1025). Zulässig ist aber ein isolierter Widerspruch eines Gläubigers, der ebenfalls einen Anspruch aus vorsätzlich begangener unerlaubter Handlung angemeldet hat, da die Ansprüche im Rahmen der Nachhaftung konkurrieren (*Kehe/Meyer/Schmerbach* ZInsO 2002, 660 [663 f.]). 68

Ein isolierter Widerspruch des Schuldners hindert nicht die Erteilung eines **vollstreckbaren Tabellenauszugs** (*BGH* NZI 2014, 507 Tz. 11; BeckRS 2014, 09834 Tz. 11; *LG Köln* BeckRS 2012, 14872). Wendet sich der Schuldner hingegen nur gegen den Rechtsgrund einer vorsätzlichen unerlaubten Handlung, ist der Gläubiger gem. § 201 Abs. 2 Satz 1 InsO berechtigt, aus der Eintragung in der Tabelle die Vollstreckung gegen den Schuldner zu betreiben (*BGH* NZI 2014, 507 Tz. 13; BeckRS 2014, 09834 Tz. 13). Der Schuldner kann sich gegen die Zwangsvollstreckung mit einer Vollstreckungsgegenklage nach § 767 ZPO verteidigen. In deren Rahmen ist festzustellen, ob der Anspruch tatsächlich auf dem vom Gläubiger angemeldeten Rechtsgrund der vorsätzlich unerlaubten Handlung beruht (*Hess/Groß/Reill-Ruppe/Roth* Kap. 4 Rn. 994). Die Darlegungs- und Beweislast für das Vorliegen dieses Rechtsgrunds trägt der Gläubiger (*BGH* NZI 2014, 507 Tz. 19; BeckRS 2014, 09834 Tz. 19). Da allein ein vollstreckbarer Tabellenauszug einen **vor Eröffnung des Insolvenzverfahrens erwirkten Titel** aufzehrt (*BGH* NJW 1998, 2364 [2365]; **a.A.** *Stein/Jonas-Münzberg* ZPO, 22. Aufl., vor § 704 Rn. 20), kann der Gläubiger, solange der Widerspruch des Schuldners nicht beseitigt ist, auf den älteren Titel zurückgreifen (*BGH* ZInsO 2006, 704 = EWiR 2006, 539 [*Ahrens*]). Widerspricht der Schuldner dem angemeldeten Rechtsgrund nicht, kann er nachträglich nicht mehr, etwa durch eine Vollstreckungsgegenklage gem. § 767 ZPO, geltend machen, die Forderung unterliege der Restschuldbefreiung (*Mohrbutter/Ringstmeier-Pape* § 17 Rn. 352). Legt ein anwaltlicher Vertreter des Schuldners gegen einen angemeldeten qualifizierten Forderungsgrund erfolgreich Widerspruch ein, soll es dafür keine Kostenerstattung geben (*LG Verden* ZInsO 2016, 2490 [2491]). 69

f) Feststellungsklage

Mit einer **Insolvenzfeststellungsklage** nach den §§ 179 ff. InsO kann die Feststellung der angemeldeten Forderung zur Tabelle nach Grund, Betrag und Rang geklärt werden. Soll dagegen die rechtliche Qualifikation der Forderung als Insolvenzforderung bestimmt werden, muss eine **allgemeine Feststellungsklage** nach § 256 ZPO erhoben werden (*BGH* BGHZ 168, 112 Tz. 21). Die allgemeine Feststellungsklage ist auch eröffnet, wenn der Gläubiger es unterlassen hat, seine Forderung anzumelden. Das rechtliche Interesse besteht darin, zu klären, ob die Forderung trotz der unterlassenen Anmeldung auch noch nach Erteilung der Restschuldbefreiung verfolgt werden kann. Vor der qualifizierten Anmeldung der Forderung ist die Insolvenzfeststellungsklage unzulässig (*OLG Celle* ZInsO 2014, 1497). Ob sich die Klage als begründet erweist oder überhaupt erweisen kann, ist für das Bestehen des Feststellungsinteresses unerheblich (*BGH* ZInsO 2011, 244 Tz. 10 ff.). Begründet ist die Klage, wenn die festzustellende Forderung nicht anzumelden war. Die Anmeldepflicht entfällt, falls die festzustellende Verbindlichkeit keine Insolvenzforderung betrifft oder eine nachrangige Forderung i.S.v. § 39 InsO bildet. Ohne entsprechende Aufforderung des Insolvenzgerichts sind nachrangige Forderungen nicht anzumelden, § 174 Abs. 3 Satz 1 InsO, aber dennoch von der Restschuldbefreiung ausgenommen (*BGH* ZInsO 2011, 102 Tz. 12 f.). Für eine allgemeine Feststellungsklage kommen deswegen speziell die Zinsen der Verbindlichkeiten aus vorsätzlich be- 70 gangener unerlaubter Handlung in Betracht. Um mit Erteilung der Restschuldbefreiung Klarheit über die fortbestehenden Verpflichtungen erhalten zu können, kann die Klage bereits während der Treuhandperiode erhoben werden (offengelassen von *BGH* ZInsO 2011, 244 Tz. 14).

71 Hat der Schuldner der angemeldeten Forderung widersprochen, kann eine **titelergänzende Feststellungsklage** des Gläubigers zulässig sein (vgl. *BGH* ZInsO 2006, 704 = EWiR 2006, 539 [*Ahrens*]; *Smid* ZInsO 2011, 1327). Ein Feststellungsinteresse besteht, wenn die angemeldete Forderung aus vorsätzlich begangener unerlaubter Handlung tituliert ist, vom Schuldner bestritten wird und der Anspruchsgrund nicht selbständig tituliert ist (*BGH* ZInsO 2012, 1614 Tz. 7 ff.). In diesem Fall könnte der Schuldner bei einer Vollstreckung Vollstreckungsgegenklage erheben. Es genügt ein isolierter Widerspruch des Schuldners gegen den Rechtsgrund (*BGH* NZI 2007, 416 Tz. 10 ff.; *OLG Koblenz* ZInsO 2015, 966 [968]). Die vom Gläubiger zu erhebende negative Feststellungsklage ist nicht befristet. Bereits vor Einleitung eines Insolvenzverfahrens besteht ein Feststellungsinteresse für eine titelergänzende Feststellungsklage, wenn der Gläubiger eine privilegierte Vollstreckung anstrebt. Zu eng ist es, ein eröffnetes Verbraucherinsolvenzverfahren und eine Forderungsanmeldung zur Tabelle zu verlangen (so aber *OLG Brandenburg* FamRZ 2012, 1743). Sein Feststellungsinteresse besteht grds. auch nach Beendigung des Insolvenzverfahrens (*BGH* NZI 2009, 189 Tz. 9). Haben Insolvenzverwalter und Schuldner dem Bestand der Forderung widersprochen, soll kein Rechtsschutzinteresse für eine allein auf die Feststellung des Rechtsgrunds einer vorsätzlich begangenen unerlaubten Handlung gerichteten Klage bestehen (*OLG Hamm* ZInsO 2014, 300). Wegen der damit verbundenen längerfristigen Unsicherheit über die Rechtslage kann auch dem Schuldner trotz seines Widerspruchs das Interesse an einer **negativen Feststellungsklage** nicht abgesprochen werden (*BGH* NZI 2009, 189 Tz. 12; NZI 2013, 1025 Tz. 7, unter Aufhebung von *OLG Brandenburg* BeckRS 2013, 18373). Sein Feststellungsinteresse entsteht mit dem (isolierten) Widerspruch gegen die Forderungsanmeldung. Er muss den Gläubiger nicht zuvor abmahnen bzw. zur Abgabe von Erklärungen auffordern (*OLG Saarbrücken* ZInsO 2015, 469). Regelmäßig wird dem Gläubiger aber keine Prozesskostenhilfe bewilligt werden können (a.A. *Striewe* NZI 2011, 619 [622]), weil jedenfalls für die Dauer des Restschuldbefreiungsverfahrens keine Vollstreckungsaussichten bestehen und dem Gläubiger deswegen kein wirtschaftlicher Nachteil entsteht (vgl. *Stein/Jonas-Bork* ZPO, § 114 Rn. 31; s.a. *OLG Köln* MDR 1990, 1020). Vielfach wird der Schuldner zudem nach Erteilung der Restschuldbefreiung vermögenslos sein. Eine Bewilligung von Prozesskostenhilfe kommt deswegen nur in Betracht, wenn der Schuldner einen Vermögenszuwachs, etwa aus einer Erbschaft oder pfändbare Einkünfte, bei denen der Antragsteller nach § 850f Abs. 2 ZPO in den Vorrechtsbereich vollstrecken kann, zu erwarten hat.

72 § 184 Abs. 2 Satz 1 InsO entscheidet teilweise über die **Feststellungslast**. Liegt für die bestrittene Forderung ein Schuldtitel oder ein Endurteil vor, obliegt es dem Schuldner binnen einer Frist von einem Monat ab Prüfungstermin bzw. ab Bestreiten der Forderung im schriftlichen Verfahren, den Widerspruch zu verfolgen. Soweit der Schuldner einer vollstreckbaren Forderung als solcher widerspricht, trägt danach er die Beitreibungslast. Dies gilt nicht, wenn der Titel nicht erkennen lässt, ob er auf einer vorsätzlich begangenen unerlaubten Handlung beruht (*OLG Celle* NZI 2009, 329; *AG Alzey* NZI 2009, 525 [526]; *Pape* ZInsO 1609 [1629]). § 184 Abs. 2 Satz 1 InsO kann nicht auf einen Titel ohne Schlüssigkeitsprüfung angewendet werden. Dafür gelten die Ausführungen zu Rdn. 76 ff. entsprechend. Übereinstimmend mit dem positivierten Normengefüge der Insolvenzordnung erfasst der Anwendungsbereich des § 184 Abs. 2 InsO nicht von vornherein den isolierten Widerspruch gegen den Rechtsgrund der Forderung.

73 Auf den Regelfall des **isolierten Widerspruchs** allein gegen den Schuldgrund ist § 184 Abs. 2 Satz 1 InsO nicht unmittelbar anwendbar. Wie bei einem isolierten Vorrechtsstreit nach § 146 Abs. 4 KO (gegen diese Parallele *Gaul* GS Heinze, S. 193 [198 ff.]; *ders.* Liber Amicorum Henckel, S. 119 [146 ff.]), bei dem eine Forderung nicht nach dem Grund oder der Höhe, sondern wegen eines Vorrechts bestritten wurde (*BAG* NJW 1986, 1896; *LAG Hamm* ZIP 1987, 1267 [1269]; *Hess* KO, § 146 Rn. 4; *Kuhn/Uhlenbruck* KO, § 146 Rn. 25), kann dieser **Feststellungsstreit analog § 184 InsO** über den Rechtsgrund der Forderung aus einer vorsätzlich begangenen unerlaubten Handlung

geführt werden (*BGH* ZInsO 2006, 704 = EWiR 2006, 539 [*Ahrens*]; NJW-RR 2007, 991 Tz. 11; vgl. bereits *BGH* NZI 2004, 39 [40]; außerdem *OLG Brandenburg* NZI 2010, 266 [267]; *LG Dresden* ZInsO 2004, 988 [989]; *LG Mühlhausen* ZInsO 2004, 1046; s. *Kießner* § 184 Rdn. 15; MüKo-InsO/*Stephan* § 302 Rn. 20c; MüKo-InsO/*Schumacher* § 184 Rn. 8c; *Uhlenbruck/Sternal* InsO, § 302 Rn. 40 f.; HK-InsO/*Waltenberger* § 302 Rn. 11, § 302 n.F. Rn. 11; *Gaul* GS Heinze, S. 193 [202, 208 ff.]; *Brückl* ZInsO 2005, 16 [18]; *Rinjes* DZWIR 2002, 415 [418]; *Kahlert* ZInsO 2006, 409 [410]; *Schmerbach* VIA 2010, 18; a.A. *Graf-Schlicker/Remmert* NZI 2001, 569 [572]). Nach anderer Ansicht stehen dem Schuldner keine weitergehenden Rechte zu, als außerhalb des Insolvenzverfahrens. Er kann danach nur eine Wiederaufnahmeklage, eine Vollstreckungsgegenklage oder eine rechtskraftdurchbrechende Klage nach § 826 BGB anstrengen (*KG* BeckRS 2011, 07555).

Bei der **Beitreibungslast** ist zu differenzieren. Ist die vom Schuldner bestrittene Forderung nicht tituliert, muss der Gläubiger analog § 184 Abs. 1 InsO den Widerspruch ausräumen (*BGH* NZI 2008, 250 Tz. 15). Wie der BGH überzeugend ausgeführt hat, trägt der Gläubiger auch dann analog § 184 Abs. 1 InsO die Beitreibungslast, wenn zwar die bestrittene Forderung, nicht aber ihr Rechtsgrund tituliert ist (*BGH* BGHZ 183, 77 [16 f.]; insbesondere *BGH* ZInsO 2011, 39 Tz. 14 = KTS 2011, 378, m. Anm. *Müller*; außerdem *OLG Brandenburg* NZI 2010, 266 [267]; *Ahrens* NJW 2003, 1371 f.). Verlangt wird auch die Feststellung, dass der Anspruch aus einer vorsätzlich begangenen unerlaubten Handlung resultiert. Ein titulierter Leistungsbefehl allein genügt nicht. Einen kostenträchtigen Zweitprozess kann der Gläubiger vermeiden, wenn er von vornherein in Gestalt einer objektiven Klagenhäufung neben dem Zahlungs- auch den Feststellungsantrag stellt. Gegner ist der Schuldner persönlich (*Pape* ZVI 2010, 1 [10]). 74

Ein **Rechtsschutzbedürfnis** für die Klage des Gläubigers (zum Schuldner Rdn. 86) besteht bereits dann, wenn eine Vollstreckungsmöglichkeit nach Aufhebung des Verfahrens nicht sicher ausgeschlossen ist (*BGH* NZI 2013, 801 Tz. 15). Wegen der immer bestehenden Versagungsmöglichkeit, liegt das Rechtsschutzbedürfnis bis zur Erteilung der Restschuldbefreiung vor (*Müller* NZI 2013, 803). Es ist aber auch gegeben, wenn aufgrund konkreter Anhaltspunkte mit einer Vollstreckungsgegenklage zu rechnen ist (*BGH* BGHZ 98, 127 [128]; NJW 1994, 3225 [3227]; *OLG Koblenz* ZInsO 2015, 966 [968]), wofür der Widerspruch des Schuldners im Anmeldeverfahren ein ausreichendes Indiz bildet (*BGH* ZInsO 2006, 704 [705] = EWiR 2006, 539 [*Ahrens*]; ZInsO 2011, 244 Tz. 24; ZInsO 2012, 1614 Tz. 7 ff.; *OLG Hamm* ZVI 2006, 396 [397]; *OLG Koblenz* ZInsO 2011, 335 [337]). Für den Gläubiger kann es verfahrenstaktisch sinnvoll sein, einen kostengünstigen Vollstreckungsauftrag zu erteilen und abzuwarten, ob der Schuldner Vollstreckungsgegenklage erhebt. Die Beweislast stimmt dabei mit der Feststellungsklage überein. Ein rechtlich geschütztes Interesse des Gläubigers existiert auch, wenn er ein Leistungsurteil erstritten hat, in dessen Gründen ein Anspruch aus vorsätzlich begangener unerlaubter Handlung bejaht wird (*BGH* ZInsO 2011, 39 Tz. 14 ff.). Ist im Leistungsurteil dagegen auch die qualifizierte Deliktsforderung festgestellt, trägt analog § 184 Abs. 2 Satz 1 InsO der widersprechende Schuldner die Beitreibungslast. 75

Der Gedanke aus § 184 Abs. 2 InsO trägt allerdings nicht, wenn der Schuldtitel in einem **Vollstreckungsbescheid** besteht, in dem der qualifizierte Schuldgrund nicht tenoriert ist, da der Vollstreckungsbescheid nur eingeschränkte Wirkungen entfaltet. Ein Vollstreckungsbescheid bildet keinen vollstreckbaren Schuldtitel, der die Beitreibungslast dem Schuldner überantworten kann, da aus ihm kein erweiterter Pfändungszugriff eröffnet ist (vgl. *BGH* BGHZ 152, 166; NJW 2005, 1663; ZInsO 2012, 1614 Tz. 12; HK-InsO/*Waltenberger* § 302 Rn. 12, § 320 n.F. Rn. 12; *Ahrens* NJW-Spezial 2008, 501; *ders.* EWiR 2006, 539). Dies gilt selbst dann, wenn keine andere Anspruchsgrundlage als ein Vorsatzdelikt in Betracht kommt (*BGH* NZI 2006, 536 Tz. 13; A/G/R-*Weinland* § 302 InsO a.F. Rn. 20; HambK-InsO/*Streck* § 302 Rn. 15). Auf einen isolierten Widerspruch des Schuldners ist auch weiterhin eine ergänzende Feststellungsklage des Gläubigers zulässig (MüKo-InsO/*Schumacher* § 184 Rn. 8c; zur früheren Rechtslage *BGH* ZInsO 2006, 704 = EWiR 2006, 539 [*Ahrens*]; *Kahlert* ZInsO 2006, 409 [410]). Im Rahmen der Begründetheitsprüfung für diese Feststellungsklage ist das Prozessgericht nicht an die Bezeichnung des Schuldgrunds im Vollstreckungsbescheid gebunden (*BGH* ZInsO 2006, 704 [705]; ZInsO 2011, 41 Tz. 9; a.A. *OLG Hamm* ZVI 2006, 396 76

[397]). Wegen der bestehenden Ungewissheit bis zu einer Entscheidung über die Feststellungslast bei Titeln ohne Schlüssigkeitsprüfung ist angelehnt an die Entscheidung des *BGH* (NZI 2009, 189 Tz. 12) auch eine negative Feststellungsklage des Schuldners zulässig (vgl. *OLG Celle* ZInsO 2009, 724 [725]).

77 Bei anderen **Titeln ohne Schlüssigkeitsprüfung**, wie einer vollstreckbaren Urkunde respektive einem Anerkenntnis- (*OLG Brandenburg* ZInsO 2009, 1503 [1504]; HambK-InsO/*Streck* § 302 Rn. 15; LSZ/*Kiesbye* InsO, § 302 Rn. 13; **a.A.** *OLG Brandenburg* NZI 2008, 319; i.E. auch *Fahl/Winkler* NZI 2010, 288, ohne Begründung) bzw. Verzichtsurteil, oder wenn der auf einer materiellen Rechtsanwendung beruhende Titel **keinen qualifizierten Deliktsanspruch ausweist**, ist eine ergänzende Feststellungsklage des Gläubigers erforderlich. § 184 Abs. 2 InsO ist hierauf nicht anwendbar (HambK-InsO/*Streck* § 302 Rn. 15; **a.A.** MüKo-InsO/*Schumacher* § 184 Rn. 8c). Dies gilt auch, wenn dem Anspruch ein rechtskräftiges **Versäumnisurteil** zugrunde liegt, bei dem zwar die Schlüssigkeit geprüft wurde, aber dessen Tenor nicht ausdrücklich einen Anspruch aus vorsätzlich begangener unerlaubter Handlung feststellt (*BGH* BGHZ 183, 77 Tz. 7 ff.; ZInsO 2012, 1614 Tz. 11; A/G/R-*Weinland* § 302 InsO a.F. Rn. 21; **a.A.** *OLG Celle* ZInsO 2009, 724 [725]; *OLG Naumburg* NZI 2011, 772; i.E. auch *Fahl/Winkler* NZI 2010, 288, ohne Begründung). Auch bei einem gerichtlichen Vergleich trägt der Gläubiger die Feststellungslast.

78 Ein **Prozessvergleich** ist unzureichend, wenn er den qualifizierten Schuldgrund nicht hinreichend zum Ausdruck bringt (*AG Alzey* ZInsO 2009, 1357 [1358]). Ergibt allerdings die Auslegung des Vergleichs, dass die Parteien auch den Rechtsgrund aus vorsätzlich begangener unerlaubter Handlung außer Streit stellen wollten, dann bindet diese Entscheidung auch im Feststellungsprozess (*BGH* NZI 2009, 612 Tz. 7; *OLG Düsseldorf* ZInsO 2013, 1488 [1490]; A/G/R-*Weinland* § 302 InsO a.F. Rn. 23). Ist die Zahlungsverpflichtung in dem Vergleich ohne Anerkennung einer Rechtspflicht übernommen, besteht keine Bindung (vgl. *Pape* ZInsO 2009, 1609 [1629]).

79 Ein **Schuldanerkenntnis** als außergerichtliche Erklärung genügt grds. nicht (*AG Göttingen* NZI 2012, 31 f.; NZI 2012, 679 [680]; *Jäger* Gläubigerhandbuch InsO, 2. Aufl., S. 567 ff.; **a.A.** *OLG Düsseldorf* ZInsO 2013, 1488 [1490]). Dabei ist zeitlich und nach Art der Regelung zu differenzieren. Ein formularmäßiges gegenüber einem Unternehmer formuliertes bzw. ein nach § 310 Abs. 3 BGB in einem Verbrauchervertrag enthaltenes Schuldanerkenntnis stellt nach § 307 Abs. 2 Nr. 1 BGB keine taugliche Grundlage dar (*BGH* ZInsO 2015, 1739 Tz. 13 = EWiR 2015, 611 m. Anm. *Ahrens*). Weder im Voraus noch nachträglich darf die gesetzliche Beschränkung der privilegierten Forderungen als zentrales Prinzip der Restschuldbefreiung mit einem **klauselmäßigen Anerkenntnis** durchbrochen werden (*BGH* ZInsO 2015, 1739 Tz. 16 = EWiR 2015, 611 m. Anm. *Ahrens*). Zudem kann der Schuldgrund einer vorsätzlich begangenen unerlaubten Handlung nicht in Allgemeinen Geschäftsbedingungen anerkannt werden, weil den zur Tabelle festgestellten Forderungen jeweils konkrete Lebenssachverhalte zugrunde liegen. Die maßgebenden Konstellationen können nicht allgemein im Voraus durch Klauseln umschrieben werden, die nicht für den konkreten Einzelfall, sondern für eine Vielzahl von Fällen formuliert sind (*BGH* ZInsO 2015, 1739 Tz. 16 = EWiR 2015, 611 m. Anm. *Ahrens*). Dies gilt auch, wenn der Schuldner darin bestätigt, bei Begründung der Verbindlichkeit zahlungsunfähig gewesen zu sein (*AG Kassel* NZI 2015, 368 = VuR 2015, 195 m. Anm. *Kohte*; *Ahrens* VIA 2013, 65 [66]; anders *BAG* NZA-RR 2013, 590 Tz. 27, zu § 850d ZPO).

80 Vor Eröffnung des Insolvenzverfahrens verstoßen auch **Individualvereinbarungen** oder deklaratorische Anerkenntnisse über die Qualifikation einer Forderung als eine nach § 302 Nr. 1 InsO von der Restschuldbefreiung ausgenommene Verbindlichkeit gegen das öffentliche Interesse an einem wirtschaftlichen Neubeginn des Schuldners. Sie sind deswegen nach § 134 BGB nichtig (*Ahrens* EWiR 2015, 611). Da der Schuldner jedoch von einem Widerspruch gegen die Restschuldbefreiung absehen kann und er verpflichtungsfähig bleibt, kann er nach Verfahrenseröffnung eine Individualvereinbarung treffen oder ein deklaratorisches Anerkenntnis abgeben. Mit dem Eintritt in die Treuhandperiode endet diese Befugnis, denn während der Treuhandzeit sind Sondervereinbarungen zugunsten einzelner Gläubiger nach § 294 Abs. 2 InsO nichtig (s. § 294 Rdn. 60).

Das Finanzamt kann den Widerspruch des Schuldners gegen den deliktischen Rechtsgrund der Forderung nicht wirksam durch einen **Feststellungsbescheid gem. § 251 AO** beseitigen, da dies dem Erfordernis einer erkenntnisgerichtlichen Prüfung widerspricht (*Ahrens* Das neue Privatinsolvenzrecht, Rn. 1160; a.A. *AG Hamburg* NZI 2007, 123), ebenso wenig kann dies der Sozialversicherungsträger (*LG Itzehoe* ZInsO 2009, 978 [980]). Widerspricht der Schuldner einer Forderung, über die ein **auf** einer **Schlüssigkeitsprüfung beruhendes Urteil** vorliegt, das einen Anspruch aus einer vorsätzlich begangenen unerlaubten Handlung ausweist, so trägt er nach dem Gedanken aus § 184 Abs. 2 Satz 1 InsO die Beitreibungslast. 81

Einen Sonderfall bildet der **vollstreckbare Tabellenauszug**. Ist in einem ersten Insolvenzverfahren nach der erforderlichen Belehrung gem. § 175 Abs. 2 InsO der Schuldgrund zur Tabelle festgestellt, kann in einem zweiten Insolvenzverfahren dieser Titel vorgelegt werden. Der Tabellenauszug weist zwar auf die qualifizierte Anmeldung im ersten Insolvenzverfahren hin (*Sengl* NZI 2009, 31 [32]; s.a. *Kolbe* Deliktische Forderungen, S. 202). Da dieser Titel weder auf einer richterlichen Schlüssigkeitsprüfung noch einer Einigung der Parteien beruht, ist er nicht dafür geeignet, die Feststellungslast auf den Schuldner überzuwälzen (*Schmerbach* VIA 2010, 18 [19]). Bestätigt wird diese Folge durch die Funktion der Forderungsanmeldung, wenn sie ein Teilnahmerecht des Gläubigers am Insolvenzverfahren begründen soll (*BGH* BGHZ 168, 112 Rn. 21 f.; NZI 2015, 132 Rn. 7; MüKo-InsO/*Schumacher* § 178 Rn. 13 ff.; Jaeger/*Henckel* § 129 Rn. 28; s.a. *Uhlenbruck/Sinz* InsO, § 178 Rn. 28; a.A. *Häsemeyer* InsR, Rn. 22.03). Da kein Zusammenhang zwischen einer Verfahrensbeteiligung am Insolvenzverfahren und der Reichweite des nachinsolvenzlichen Vollstreckungszugriffs besteht, kann dann eine qualifizierte Forderungsanmeldung keine Tatbestandswirkung für eine privilegierte Forderung begründen. Aus der Tabelle kann auch nicht privilegiert vollstreckt werden (*AG Köln* NZI 2017, 79; PG/*Ahrens* § 850f ZPO Rn. 46; BeckOK-ZPO/*Riedel* 18. Ed., § 850f Rn. 37; *Ahrens* NZI 2016, 121; *Reck* ZVI 2017, 131; a.A. *LG Düsseldorf* ZInsO 2009, 1542). 82

Für die **Verjährung** des Anspruchs aus vorsätzlich begangener unerlaubter Handlung ist nach der Rechtsprechung des BGH davon auszugehen, dass der Anspruch auf Feststellung des Rechtsgrunds nicht verjährt (*BGH* NJW 2011, 1133 Tz. 12 ff. m. Anm. *Renger* VIA 2011, 12; BeckRS 2011, 02330 Tz. 2; *Keitz* ZInsO 2011, 1526 [1529 f.]; a.A. *Grote* NJW 2011, 1121; ders. ZInsO 2008, 776; *Hörmann* NZI 2010, 136). Dies gilt indessen nur, wenn der Schadensersatzanspruch aus vorsätzlich begangener unerlaubter Handlung, etwa wegen eines Titels, selbst nicht verjährt ist. Dazu müssen der angemeldete und der titulierte Anspruch den gleichen Streitgegenstand besitzen. Eine Forderungsanmeldung hat für eine nachträglich geltend gemachte Privilegierung der Verbindlichkeit aus § 302 Nr. 1 Alt. 1 InsO nur bei einem identischen Streitgegenstand die Verjährung gem. § 204 Abs. 1 Nr. 10 BGB gehemmt. 83

Entscheidend ist dafür vielfach die **Identität des Streitgegenstands**. Nach einer teilweise vertretenen Ansicht soll durch eine Forderungsanmeldung die Verjährung sämtlicher materiellrechtlichen Ansprüche gehemmt sein, die aus dem Sachverhalt erwachsen (BeckOGK-BGB/*Meller-Hannich* Stand 21.07.2016, § 204 Rn. 333). Bei einer Anspruchskonkurrenz zwischen Schadensersatzansprüchen aus Vertrag und Delikt liegt wohl der gleiche Streitgegenstand vor (*BGH* VersR 1978, 59 f.; *Rosenberg/Schwab/Gottwald* Zivilprozessrecht, § 153 Rn. 4 f.). Im Rahmen des Feststellungsprozesses muss das Gericht klären, ob dem Gläubiger ein durchsetzbarer, d.h. insbesondere unverjährter, materiellrechtlicher Anspruch aus einer vorsätzlich begangenen unerlaubten Handlung zusteht. Bei dem Unterhaltsanspruch und dem deliktischem Anspruch aus einer vorsätzlichen Verletzung der Unterhaltspflicht handelt es sich um zwei verschiedene Streitgegenstände. Streitgegenstand eines Unterhaltsprozesses ist das Begehren auf grds. wiederkehrende Leistungen aus einem Unterhaltsverhältnis. Demgegenüber ist Kern des Anspruchs aus § 823 Abs. 2 BGB i.V.m. § 170 StGB der aus einem bestimmten Verhalten entstandene Schaden. Während für die Ansprüche auf Unterhalt neben dem die Unterhaltspflicht begründenden Verwandtschaftsverhältnis Bedürftigkeit des Unterhaltsgläubigers und Leistungsfähigkeit des Unterhaltsschuldners entscheidend sind, setzt der Schadensersatzanspruch aus § 823 Abs. 2 BGB i.V.m. § 170 StGB voraus, dass der Unterhaltsschuldner einen bestehenden Unterhaltsanspruch nicht erfüllt und dies den Lebensbedarf des Unterhaltsberechtigten 84 gefährdet oder diesen ohne die Hilfe anderer gefährdete. Weiter muss der Schuldner hierbei bedingt vorsätzlich im Hinblick auf Unterhaltspflicht, Nichterfüllung und Gefährdung des Lebensbedarfs handeln und dem Gläubiger hieraus ein Schaden entstanden sein. Auch bei der Verfolgung eigener bzw. abgetretener materiellrechtlicher Ansprüche handelt es sich nicht um verschiedene rechtliche Begründungen desselben prozessualen Anspruchs, sondern um unterschiedliche Streitgegenstände. Ein titulierter Unterhaltsanspruch aus übergegangenem Recht unterbricht nicht die Verjährung für den Anspruch aus einer vorsätzlich begangenen unerlaubten Handlung (*BGH* NZI 2016, 401 Tz. 30 f.).

85 Der **Verjährungsbeginn** eines Schadensersatzanspruchs wegen vorsätzlich nicht erbrachter Unterhaltsleistungen aus § 823 Abs. 2 BGB i.V.m. § 170 StGB tritt nicht schon dann ein, wenn der Gläubiger weiß, dass der Schuldner den monatlichen Unterhalt nicht bezahlt. Vielmehr muss der Gläubiger Tatsachen kennen, aus denen eine entsprechende Leistungsfähigkeit des Schuldners folgt, weil dies Tatbestandsmerkmal des § 170 StGB ist. Insbesondere muss der Gläubiger Tatsachen kennen, aus denen sich ergibt, dass der Schuldner hinreichende Einkünfte erzielt oder – bei ausreichenden Bemühungen – erzielen könnte und dass der Schuldner bedingt vorsätzlich handelt. Die Kenntnis von einer strafrechtlichen Verurteilung genügt (*BGH* NZI 2016, 401 Tz. 35 ff.). Ist der Anspruch rechtskräftig festgestellt, verjährt er in der 30-jährigen Frist des § 197 Abs. 1 Nr. 3 BGB, wobei auch ein Vollstreckungsbescheid rechtskraftfähig sein kann (*BGH* BGHZ 101, 380; BeckOGK-BGB/*Piekenbrock*, § 197 Rn. 35). Ein Vollstreckungsbescheid kann daher Feststellungen über einen rechtskräftig festgestellten Anspruch enthalten. Bei einem verjährten Schadensersatzanspruch ist dagegen der Widerspruch begründet (*BGH* NZI 2007, 245 Tz. 6; NJW 2011, 1133 Tz. 15; NZI 2016, 401, als Rechtsbeschwerdeentscheidung zu *OLG Köln* NZI 2014, 272). Für vorsätzlich vorenthaltene Beiträge zur Sozialversicherung bestimmt § 25 Abs. 1 Satz 2 SGB IV eine 30-jährige Verjährung. Diese Verjährungsregelung betrifft jedoch nur den Beitragsanspruch und nicht eine Forderung aus vorsätzlich begangener unerlaubter Handlung (*LG Köln* NZI 2010, 580 [581]).

86 Die **Klagefrist** gilt in den Fällen des § 184 Abs. 2 Satz 1 i.V.m. Abs. 1 Satz 1 InsO und ist auch bei einer analogen Anwendung von § 184 Abs. 2 Satz 1 InsO für die Beitreibungslast (s. Rdn. 70 f.) heranzuziehen. Soweit die Feststellungslast nicht analog § 184 Abs. 2 Satz 1 InsO verteilt ist (s. Rdn. 76, 77), ist eine Analogie allein zur Klagefrist ausgeschlossen, weswegen für die Beseitigung des isolierten Widerspruchs keine Klagefrist existiert (*BGH* NZI 2009, 189 Tz. 7; *Braun/Pehl* InsO, § 302 Rn. 7). Methodisch bestehen für eine solche Teilanalogie keine Gründe. Es droht auch keine unangemessene Besserstellung des Gläubigers, da der Schuldner es ebenfalls in der Hand hat, eine Feststellungsklage zu erheben. Aufgrund des unbefristeten Klagerechts des Gläubigers besteht auch bei Erhebung des Widerspruchs ein **Feststellungsinteresse des Schuldners** an einer **negativen Feststellungsklage** (vgl. *BGH* NZI 2009, 189 Tz. 12, für Altfälle; *KG* FamRZ 2016, 157; s.a. *BGH* NZI 2013, 801 Tz. 13; *Müller* Anm. zu *BGH* KTS 2011, 378 [383]). Aus praktischen Erwägungen ist es für den Schuldner zweckmäßig, die Klage erst nach dem Schlusstermin zu erheben, weil der Gläubiger seine Anmeldung bis dahin berichtigen kann (vgl. *BGH* BGHZ 91, 198 [201]).

87 Für den **Rechtsweg** des Feststellungsverfahrens bestimmt § 180 Abs. 1 InsO in bürgerlich-rechtlichen Streitigkeiten eine ausschließliche örtliche und sachliche Zuständigkeit der Zivilgerichte. Für rechtswegfremde Forderungen belässt es § 185 InsO bei der originären Rechtswegzuständigkeit. Bei der Prüfungskompetenz des zuständigen Gerichts ist deswegen zu differenzieren. Ist ein umfassender Widerspruch eingelegt, mit dem zugleich die angemeldete Forderung und der Schuldgrund bestritten wird, bleibt es bei der Zuständigkeit des Fachgerichts, § 17 Abs. 2 Satz 1 GVG (*Gerhardt* NZI 2010, 849 [854]). Erhebt der Schuldner allein einen isolierten Widerspruch, ist mit der Deliktsqualität über eine bürgerlichrechtliche Frage zu befinden, über welche die Zivilgerichte zu entscheiden haben. Maßgebend ist die Natur des Rechtsverhältnisses, aus dem der Klageanspruch hergeleitet wird. Unerheblich ist deswegen der öffentlich-rechtliche Charakter eines Schutzgesetzes (*BGH* ZInsO 2011, 44 Tz. 5; *LG Freiburg* BeckRS 2011, 16009; bei Gewerbesteuern *BVerwG* NZI 2013, 550; *VGH Mannheim* BeckRS 2012, 57183; *LG Berlin* ZInsO 2010, 1903 m. Anm. *Hafemeister*; *Gerhardt* NZI 2010, 849 [854]; bei der Rückforderung betrügerisch bezogener Arbeitslosenhilfe

LSG Niedersachsen BeckRS 2014, 67668; s.a. *LSG Thüringen* ZInsO 2014, 1457; in den Entscheidungen *BGH* NZI 2007, 416; 2009, 189, war der *BGH* an die von den Instanzgerichten bejahte Zuständigkeit gebunden, § 17a Abs. 1 GVG; **a.A.** *LG Itzehoe* ZInsO 2009, 978 [979]). Auch die tatbestandlichen Voraussetzungen eines Anspruchs aus vorsätzlich begangener unerlaubter Handlung aufgrund zu Unrecht bezogener Arbeitslosenhilfe ist vor den Zivilgerichten feststellen zu lassen (*BSG* NZI 2014, 872). Dies gilt auch, wenn die Forderungshöhe umstritten ist (*OLG Schleswig* ZInsO 2011, 1708 [1709]; *LG Itzehoe* ZInsO 2012, 505).

Schadensersatzansprüche wegen Verletzung der gesetzlichen Unterhaltspflicht stellen **Familien-** 88 **streitsachen** i.S.d. §§ 112 Nr. 1, 231 FamFG dar. Entscheidend dafür ist, ob der geltend gemachte Schadensersatzanspruch auf einer verletzten gesetzlichen Unterhaltspflicht beruht. Zuständig sind dann die Familiengerichte, nicht die allgemeinen Zivilabteilungen oder Zivilkammern (*BGH* NZI 2016, 401 Tz. 14, als Rechtsbeschwerdeentscheidung zu *OLG Köln* NZI 2014, 272; *KG* ZInsO 2011, 1843 [1845] = VIA 2011, 84 m. Anm. *Schmerbach*; *OLG Köln* FamRZ 2012, 1836 [1837]; *OLG Celle* FamRZ 2012, 1838 [1839]; BeckRS 2013, 04703 Tz. 15; *OLG Hamm* ZVI 2013, 59; **a.A.** *OLG Rostock* FamRZ 2011, 910 [911], aufgegeben durch *OLG Rostock* ZInsO 2016, 857). Die Klage ist nur zulässig, wenn sich die **Angaben** zum Grund der Forderung in der Forderungsanmeldung mit dem im Feststellungsrechtsstreit zur Anspruchsbegründung vorgetragenen Sachverhalt **decken** (*OLG Düsseldorf* BeckRS 2011, 01150; vgl. Rdn. 54).

Die **Streitwertberechnung** für die Feststellungsklage war umstritten. Im Zeitpunkt der Feststellungs- 89 klage ist unsicher, ob es zu einer Restschuldbefreiung kommen wird, bei der sich die Bereichsausnahme nach § 302 Nr. 1 InsO auswirkt, oder ob die Restschuldbefreiung scheitert und der deliktische Gläubiger mit den anderen Insolvenzgläubigern in der Vollstreckung nach den allgemeinen Regeln konkurrieren muss. Deswegen ist ein Abschlag erforderlich (MüKo-InsO/*Stephan* § 302 Rn. 22c). Für den Abschlag maßgebend sind nach der Rechtsprechung des *BGH* die späteren Vollstreckungsaussichten des Insolvenzgläubigers nach Beendigung des Insolvenzverfahrens und Erteilung der Restschuldbefreiung. Wenn diese nur als gering anzusehen sind, kann ein Abschlag von 75 % des Nennwerts der Forderung angemessen sein (*BGH* NJW 2009, 920 Tz. 6). Liegen die Vollstreckungsaussichten im mittleren Wahrscheinlichkeitsbereich, kann der Streitwert der Feststellungsklage auf den halben Nennwert der vollstreckbaren Forderung angesetzt werden (*Ganter* NZI 2010, 361 [384]). Die Instanzrechtsprechung war bislang uneinheitlich (*OLG München* ZInsO 2004, 1319; 100 % der Forderung *OLG Hamm* NZI 2007, 249; *OLG Rostock* FamRZ 2011, 910 [911]; *OLG Koblenz* NZI 2012, 27, wenn kein Zweifel an der Realisierbarkeit besteht; *LG Mühlhausen* ZInsO 2004, 1046 [1047]; 80 % *OLG Rostock* NZI 2007, 358; 66 % *OLG Celle* NZI 2008, 321; 30 % *OLG Hamm* BeckRS 2012, 10499; 25 % *OLG Celle* NZI 2007, 473; *KG* ZInsO 2009, 1925; 20 % *OLG Koblenz* ZInsO 2015, 475; *LG Kempten* ZInsO 2006, 888; *LG Hanau* ZInsO 2011, 292; 10 % überhöht, aber nicht völlig verfehlt *OLG Hamm* ZInsO 2016, 2222; *Braun/Lang* InsO, § 302 Rn. 6, 25 %; 0,03 % für Feststellungklage allgemein bei äußerst geringen Vollstreckungsaussichten *FG Düsseldorf* BeckRS 2014, 95945). Bei einer Klagenhäufung von Feststellungsklage und Leistungsklage kommt der Feststellungsklage kein eigener Streitwert zu (*OLG München* NZI 2015, 192).

Zulässiger **Gegenstand des Feststellungsprozesses** sollen allein Einwendungen gegen die deliktische 90 Qualifikation der Forderung sein. Die Forderung entfällt bei der Erfüllung einer Unterhaltspflicht (*OLG Celle* ZVI 2013, 192). Umstritten ist, ob im Feststellungsprozess Einwendungen gegen die Höhe der Forderung geltend gemacht werden dürfen (bejahend *OLG Schleswig* ZInsO 2011, 1708; *AG Göttingen* BeckRS 2013, 04751; verneinend *OLG Celle* ZVI 2013, 192). Unzulässig sollen Einwendungen gegen die Entstehung und den Bestand sowie die Forderungszuständigkeit des Antragstellers sein (*OLG Celle* ZVI 2013, 192). Dies erscheint fraglich. Geltend gemacht werden kann jedenfalls die Verjährung des Deliktsanspruchs (*BGH* NZI 2007, 245 Tz. 6; NZI 2016, 401 Tz. 22; *OLG Köln* NZI 2014, 272).

Die **Darlegungs- und Beweislast** trägt der Gläubiger. Dies gilt auch für die objektiven und subjek- 91 tiven Voraussetzungen eines Anspruchs aus den §§ 823 Abs. 2 BGB, 170 Abs. 1 StGB, während der Unterhaltsverpflichtete zum Vorsatz im Rahmen seiner sekundären Darlegungslast die Tatsachen vorzutragen hat, die den Vorsatz ausschließen (*OLG Hamm* ZInsO 2011, 2001). Vorzutragen ist der Bedarf, die Bedürftigkeit sowie die Leistungsfähigkeit des Unterhaltsverpflichteten. Soweit die Unterhaltspflichtverletzung darauf beruhen soll, dass keine ausreichenden Bemühungen zur Sicherstellung des Unterhalts vorgenommen worden sind, ist dies ebenso vorzutragen wie auch das erzielbare Einkommen (*OLG Hamm* ZInsO 2014, 1337).

g) Fehler im Verfahren

92 Erhebt der Schuldner **keinen Widerspruch** gegen die Eintragung einer Forderung aus vorsätzlich begangener unerlaubter Handlung in die Tabelle, wird die Forderung im Allgemeinen zur Tabelle festgestellt. Bei einer offensichtlich unbegründeten Behauptung darf aber der Rechtsgrund einer Forderung aus einer vorsätzlichen unerlaubten Handlung nicht in die Tabelle eingetragen werden. Meldet der Gläubiger seine Forderung unter Angabe des Anspruchs aus vorsätzlich begangener unerlaubter Handlung an, trägt der Insolvenzverwalter den Schuldgrund aber nicht in die Tabelle ein, kann die Tabelle auch noch nach Aufhebung des Insolvenzverfahrens gem. § 319 ZPO berichtigt werden können (*LG Göttingen* NZI 2003, 383; MüKo-InsO/*Schumacher* § 178 Rn. 51 f.; KS-InsO/*Eckardt* 2000, S. 743 Rn. 44; **a.A.** *Kehe/Meyer/Schmerbach* ZInsO 2002, 660 [664]). An die Eintragung einer Forderung in der Tabelle sind nach § 178 Abs. 3 InsO der Insolvenzverwalter und die Insolvenzgläubiger wie durch ein rechtskräftiges Urteil gebunden (*Uhlenbruck/Sternal* InsO, § 302 Rn. 32; *Kübler/Prütting/Bork-Pape/Schaltke* InsO, § 178 Rn. 12; vgl. *Kießner* § 178 Rdn. 20 ff.). Allerdings bezieht sich die angeordnete Rechtskraftwirkung nach dem gesetzlichen Wortlaut nur auf Betrag und Rang der festgestellten Forderung, nicht aber auf den Anspruchsgrund. Sinn der angeordneten Rechtskraftwirkung ist, eine Vollstreckungsgrundlage zu schaffen. Zugleich soll aber auch eine bindende Entscheidung zwischen den Parteien ermöglicht werden, der es widerspricht, wenn das Vollstreckungsgericht seine abweichende Würdigung an die Stelle der insolvenzrechtlichen Feststellung setzt.

93 Gegenüber feststellenden Tabelleneintragungen sind deswegen auch im Hinblick auf die Qualifikation der Forderung allein die **Rechtsbehelfe** zulässig, die das Gesetz allgemein gegen rechtskräftige Urteile gewährt (*Gottwald/Eickmann* HdbInsR, § 64 Rn. 32). Dazu gehört auch der Anspruch aus § 826 BGB wegen eines Titelmissbrauchs. Hat das Gericht den Schuldner ordnungsgemäß nach § 175 Abs. 2 InsO auf die Rechtsfolgen des § 302 InsO und auf die Möglichkeit des Widerspruchs hingewiesen, schränkt dies die Möglichkeit einer Vollstreckungsgegenklage ein. Der Schuldner kann dann nicht mehr mit dem Einwand gehört werden, die Forderung beruhe nicht auf einer vorsätzlich begangenen unerlaubten Handlung (*Uhlenbruck/Sternal* InsO, § 302 Rn. 34; *Vallender* NZI 2001, 561 [568]). Unrichtige Tabelleneintragungen sollen zwar berichtigt werden können (*BGH* JZ 1984, 1025; *Hess* KO, § 145 Rn. 24 ff.; *Kuhn/Uhlenbruck* KO, § 145 Rn. 7 ff.), doch wird kaum eine mit dem wahren Prüfungsergebnis nicht übereinstimmende Tabelleneintragung anzunehmen sein. Bei Zweifeln über den Inhalt oder die Tragweite einer Tabelleneintragung wird aber auch eine titelergänzende Feststellungsklage zugelassen (*RG* RGZ 139, 83 [85]; *BGH* WM 1957, 1225 [1226]; ZIP 1984, 1509 f.; *Hess* KO, § 145 Rn. 22; *Kuhn/Uhlenbruck* KO, § 145 Rn. 3c; KS-InsO/*Eckardt* 2000, S. 743 Rn. 44 und MüKo-InsO/*Stephan* § 302 Rn. 17, allgemeine Feststellungsklage).

94 Ist eine Forderung in die Tabelle eingetragen, **fehlt** aber die **Anmeldung und Feststellung** als Verbindlichkeit aus einer vorsätzlich begangenen unerlaubten Handlung in der Tabelle, soll sich der Gläubiger später nicht auf eine Privilegierung seiner Forderung gegenüber der Restschuldbefreiung berufen dürfen (BT-Drucks. 14/5680 S. 28). Nach der rechtskräftigen Feststellung der Forderung kann der Schuldgrund nicht mehr berichtigt werden (*AG Marburg/Lahn* ZInsO 2005, 784; *Rinjes* DZWIR 2002, 415 [416]). Aus der in den neuen Vorschriften der §§ 174 Abs. 2, 302 Nr. 1 InsO zum Ausdruck gekommenen Entscheidung des Gesetzgebers wird abgeleitet, dass eine Verbindlichkeit von der Restschuldbefreiung erfasst wird, falls der Gläubiger den Hinweis auf den Schuldgrund unterlässt (s. *Kießner* § 174 Rdn. 29; *Leibner* NZI 2001, 574 [577]). Trotz des eindeutigen gesetzgeberischen Willens ist den positivierten Bestimmungen noch nicht mit letzter Sicherheit zu entnehmen, ob ohne Angabe des Schuldgrunds in der Tabelle die schuldbefreiende Wirkung für die Ver-

bindlichkeiten i.S.d § 302 Nr. 1 InsO unabänderlich feststeht (*Vallender* NZI 2001, 561 [568]). Die Antwort ist aus der Aufgabenverteilung zwischen Prozess- bzw. Insolvenz- und Vollstreckungsgericht abzuleiten. Ist im zu vollstreckenden Titel keine hinreichende Anspruchsgrundlage genannt, kann der Gläubiger im Vollstreckungsverfahren ohne Zustimmung des Schuldners nicht mehr nachweisen, dass der Titel auch auf einer vorsätzlich begangenen unerlaubten Handlung beruht (*BGH* BGHZ 152, 166 [169 ff.]; *Ahrens* NJW 2003, 1371). Wie der *BGH* in seiner Rechtsprechung zum Vollstreckungsbescheid ausgeführt hat, besteht keine Prüfungskompetenz des Vollstreckungsgerichts, die sich auf die materiellrechtliche Qualifikation der Forderung bezieht (*BGH* NJW 2005, 1663). Entsprechendes hat auch für die Tabelleneintragung zu gelten. Fehlt dort die Angabe des qualifizierten Schuldgrunds kann ohne Einwilligung des Schuldners keine nachträgliche Feststellung im Vollstreckungsverfahren erfolgen. Auch eine titelergänzende Feststellungsklage (dazu KS-InsO/*Eckardt* 2000, S. 743 Rn. 44) kann nicht nachträglich die Voraussetzung von § 302 Nr. 1 InsO schaffen, anders wenn ein qualifiziertes Urteil vorliegt (s. Rdn. 66).

Ergibt sich die Forderung aus einer vorsätzlich begangenen unerlaubte Handlung aus einem **früheren Titel, ohne** dass dieser Schuldgrund bei der Forderungsanmeldung **zur Tabelle eingetragen** wurde, kann zur Bestimmung der Tabellenforderung nicht auf den ursprünglichen Titel abgestellt werden (*Uhlenbruck/Sternal* InsO, § 302 Rn. 54; **a.A.** *Graf-Schlicker/Remmert* NZI 2001, 569 [572]; *Riedel* NZI 2002, 414 [415]). Nach dem eindeutigen Wortlaut von § 302 Nr. 1 InsO sind Forderungen aus vorsätzlich begangenen unerlaubten Handlungen nur dann von der Restschuldbefreiung ausgenommen, wenn sie nach § 174 Abs. 2 InsO unter Angabe des Schuldgrunds zur Tabelle angemeldet sind. Es kommt daher nicht darauf an, ob die aufzehrende Wirkung der Tabelle gegenüber älteren Titeln (vgl. Rdn. 66) ohne entsprechenden Tabelleneintrag eintreten kann. 95

II. Vorsätzlich pflichtwidrig rückständiger Unterhalt, § 302 Nr. 1 Alt. 2 InsO

1. Drei Tatbestandsvoraussetzungen

Privilegiert werden nach § 302 Nr. 1 Alt. 2 InsO in den ab dem 01.07.2014 beantragten Insolvenzverfahren Verbindlichkeiten des Schuldners aus rückständigem gesetzlichen Unterhalt, den der Schuldner vorsätzlich pflichtwidrig nicht gewährt hat. Drei Elemente kennzeichnen diese Verbindlichkeit. Es hat sich um Ansprüche aus **gesetzlichem Unterhalt** zu handeln. Der rückständige Unterhalt muss **pflichtwidrig nicht gewährt** worden sein. Außerdem muss die Unterhaltspflicht **vorsätzlich** verletzt worden sein. Im Unterschied zu einem Schadensersatzanspruch wegen einer Verletzung der Unterhaltspflicht aus § 170 StGB i.V.m. § 823 Abs. 2 BGB muss der Lebensbedarf des Unterhaltsberechtigten nicht gefährdet sein oder ohne die Hilfe anderer gefährdet sein. 96

Eine **gesetzliche Unterhaltspflicht** besteht gegenüber einem Ehegatten, §§ 1360, 1360a, 1361 BGB, einem früheren Ehegatten, §§ 1569 ff. BGB, einem Lebenspartner, §§ 5, 12 LPartG, einem früheren Lebenspartner, § 16 LPartG, einem Verwandten in gerader Linie, § 1601 BGB, sowie Kindern, Enkelkindern, Eltern und Großeltern oder einem Elternteil nach den §§ 1615l, 1615n BGB. Unbeachtlich sind dagegen vertraglich begründete oder freiwillige Leistungen. 97

Außerdem muss es sich um **rückständigen**, vom Schuldner pflichtwidrig nicht gewährten **Unterhalt** handeln. Eine Unterhaltspflicht des Schuldners erfordert einen Bedarf des Unterhaltsberechtigten, der durch Lebensstellung des Bedürftigen bestimmt wird (MüKo-BGB/*Born* § 1601 Rn. 14). Außerdem muss der Unterhaltsberechtigte bedürftig sein, d.h. außerstande sein, sich selbst zu unterhalten, § 1602 Abs. 1 BGB. Schließlich muss der Unterhaltsverpflichtete leistungsfähig sein, also den Unterhalt ohne Gefährdung des eigenen angemessenen Unterhalts zahlen können, § 1603 BGB. 98

Der Unterhalt muss rückständig und **pflichtwidrig nicht gewährt** sein. Über die nicht erfüllte Verbindlichkeit hinaus wird eine zusätzliche Pflichtwidrigkeit verlangt (BT-Drucks. 17/11268 S. 32; s.a. *Ahrens* ZVI 2012, 122 [124]; *Schlamann* InsbürO 2016, 268 [271]; *Stephan* VIA 2016, 73; **a.A.** *AG Hannover* NZI 2016, 271, zur Kostenstundung; HambK-InsO/*Streck* § 302 Rn. 5). Damit soll klargestellt werden, dass die Nichtleistung des Unterhalts dann als bevorrechtigte Verbindlichkeit anzusehen ist, wenn neben der gesetzlichen Unterhaltspflicht die **Bedürftigkeit des Unterhalts-** 99 berechtigten und die **Leistungsfähigkeit des Unterhaltsschuldners** gegeben sind (BT-Drucks. 17/11268 S. 32; HK-InsO/*Waltenberger* § 302 Rn. 17; *Frind* Praxishandbuch Privatinsolvenz, Rn. 1115b; i.E. auch *Grunicke* ZVI 2014, 361 [364]). Die Pflichtwidrigkeit kann nicht an der deliktischen Rechtswidrigkeit orientiert werden, denn dann bliebe diesem Merkmal neben der Nichterfüllung kein beachtlicher Anwendungsbereich (*Ahrens* Das neue Privatinsolvenzrecht, Rn. 1132).

100 Erforderlich ist deswegen eine **tatsächlich bestehende Unterhaltspflicht**. Im Rahmen der Leistungsfähigkeit des unterhaltsverpflichteten Schuldners ist zu berücksichtigen, dass auf das erzielbare Einkommen und damit letztlich ein fiktives Einkommen abgestellt wird (*BGH* NJW 1992, 2477). Dieser Grundsatz setzt sich auch im Rahmen von § 302 Nr. 1 Alt. 2 InsO durch. Die pflichtwidrige Nichtleistung hat der Unterhaltsgläubiger anhand der für den gesamten Leistungszeitraum bestehenden Leistungsfähigkeit des Schuldners und der Bedürftigkeit des Unterhaltsberechtigten darzulegen (*Pianowski* InsbürO 2015, 4 [5]).

101 Damit besitzen die weiterführenden Attribute des rückständigen, pflichtwidrig nicht erfüllten Unterhalts eine bestimmbare, weil für die **Beweislastverteilung** ausschlaggebende Bedeutung. Im Ausgangspunkt muss der Gläubiger beweisen, dass in dem maßgebenden Zeitraum eine Unterhaltspflicht bestand und der Schuldner vorsätzlich pflichtwidrig nicht geleistet hat. Der Gläubiger muss den Unterhaltsbedarf, die Bedürftigkeit des Unterhaltsberechtigten und die Leistungsfähigkeit des Unterhaltsschuldners beweisen (vgl. insoweit *BGH* NZI 2016, 406 Tz. 10, zu § 823 Abs. 2 BGB i.V.m. § 170 StGB). Es können aber die unterhaltsrechtlichen Erleichterungen bei der Darlegungs- und Beweislast prinzipiell nicht auf die Privilegierung des § 302 Nr. 1 Alt. 2 InsO übertragen werden. Gemeint ist damit nicht die gesetzlich geprägte Verteilung der Feststellungslast, etwa durch § 1610a BGB, sondern die Umkehr der Beweisführungslast, insbesondere wenn sie in besonderen verfahrensrechtlichen Situationen wechselt (vgl. *Liceni-Kierstein* FPR 2010, 140 [144]).

102 Ist der Unterhaltsanspruch allerdings tituliert, müssen die **Titelwirkungen** beachtet werden. Durch die Titulierung steht noch nicht fest, dass der Schuldner seine Unterhaltspflicht verletzt hat (*BGH* NZI 2016, 406 Tz. 11, 16). Leistet der Schuldner darauf nicht, handelt er pflichtwidrig. Die beschriebene Beweislastregelung ist damit durch den Unterhaltstitel aufgezehrt. Dennoch werden weitere Darlegungen nicht hinfällig, da tatsächliche Feststellungen und rechtliche Folgerungen, auf denen die Entscheidung aufbaut, nicht in Rechtskraft erwachsen (*BGH* NJW 1983, 2032; NJW 1986, 2508 [2509]; BGHZ 183, 77 Rn. 9). Es darf auch keine **Verjährung des Anspruchs** eingetreten sein, wobei der *BGH* eine Identität des Streitgegenstands zwischen dem titulierten Unterhaltsanspruch und dem Schadensersatzanspruch wegen vorsätzlich begangener Unterhaltsverletzung aus § 823 Abs. 2 BGB i.V.m. § 170 StGB ablehnt (*BGH* NZI 2016, 401 Tz. 30 f.; s.a. Rdn. 84). Ob dies auf den Anspruch i.S.d. § 302 Nr. 1 Alt. 2 InsO übertragen werden kann, erscheint nicht selbstverständlich, aber möglich. Es besteht eine **sekundäre Darlegungs- und Beweislast** des Schuldners soweit der Mindestunterhalt verlangt wird, weil für den Unterhaltsbedarf und die Unterhaltsbedürftigkeit eines minderjährigen Kindes § 1612a BGB maßgebend ist. Außerdem besteht eine sekundäre Darlegungs- und Beweislast des Schuldners zu seiner Leistungsfähigkeit (*BGH* NZI 2016, 406 Tz. 23 f., zu § 823 Abs. 2 BGB i.V.m. § 170 StGB).

103 Zumindest **bedingt vorsätzlich** muss der Schuldner den rückständigen Unterhalt pflichtwidrig nicht gewährt haben (*Ahrens* ZVI 2012, 122 [124]). Zusätzlich zur gesetzlichen Unterhaltspflicht muss der Schuldner den Bedarf und die Bedürftigkeit des Unterhaltsberechtigten sowie seine eigene Leistungsfähigkeit kennen und die Verletzung billigend in Kauf nehmen (*Dornblüth/Pape* ZInsO 2014, 1625 [1628]). Der Vorsatz muss ebenfalls die Höhe der Zahlungspflicht umfassen. Grobe Fahrlässigkeit genügt nicht. Falsche Einschätzungen lassen den Vorsatz entfallen (*Dornblüth/Pape* ZInsO 2014, 1625 [1629]). Hält der Unterhaltspflichtige das Bestehen einer nicht titulierten Unterhaltspflicht für nicht ausgeschlossen, bezweifelt er sie aber und möchte er eine gerichtliche Klärung abwarten, handelt er nicht vorsätzlich. Dies gilt insbesondere, wenn verschiedene, nicht einfach zu beantwortende Rechtsfragen bestehen (*OLG Hamburg* ZInsO 2017, 1102; MüKo-StGB/*Ritscher* § 170 Rn. 66). Aus dem vorliegenden objektiven Tatbestand darf noch nicht auf den subjektiven Tat-

bestand und damit eine für den Schuldner bestehende Notwendigkeit geschlossen werden, vorsatzausschließende Umstände darzulegen und zu beweisen. Vielmehr muss grds. der Gläubiger Indizien beweisen, aus denen sich ergibt, dass sich der Schuldner seiner Unterhaltspflicht bzw. seiner Handlungspflichten bewusst war. War allerdings der Unterhaltsanspruch tituliert und kannte der Schuldner seine damit bejahte Leistungsfähigkeit sowie Zahlungspflicht und leistet er gleichwohl nicht, ist ein Schluss auf den Vorsatz berechtigt, wenn der Schuldner gleichwohl nicht geleistet hat (*BGH* NZI 2016, 406 Tz. 33 zu § 823 Abs. 2 BGB i.V.m. § 170 StGB; *Ahrens* ZVI 2012, 122 [124]). Der Schuldner ist jedoch nicht gehindert, Umstände vorzutragen, weswegen er annehmen durfte, nicht zu einer Unterhaltsleistung verpflichtet zu sein.

Eine wesentliche Bedeutung besitzt, ob die aufgrund eines **gesetzlichen Forderungsübergangs** auf die öffentlichen Leistungsträger übergegangenen Unterhaltsansprüche privilegiert sind. Wer den Normzweck von § 302 Nr. 1 Alt. 1 InsO in einer Begünstigung der Unterhaltsvorschusskassen und Sozialleistungsträger sieht, muss dies bejahen. Dies entspricht auch dem Verständnis des § 823 Abs. 2 BGB i.V.m. § 170 StGB (*BGH* NZI 2010, 615 Tz. 6). Ein solcher Forderungsübergang erfolgt nach § 7 Abs. 1 Satz 1 UVG, § 37 Abs. 1 Satz 1 BAföG, § 33 Abs. 1 Satz 1, 2 SGB II, § 68 Abs. 2 Satz 1 SGB III, § 95 Abs. 1 SGB VIII und § 94 SGB XII (*Ahrens* ZVI 2012, 122 [124]). 104

2. Anmeldung

Nach § 302 Nr. 1 HS 2 InsO muss der Gläubiger die Forderung auf rückständigen, vom Schuldner vorsätzlich pflichtwidrig nicht gewährten Unterhalt unter **Angabe des Rechtsgrunds** nach § 174 Abs. 2 InsO anmelden. Gegenüber der weitergehenden Formulierung von § 302 Nr. 1 Alt. 2 InsO verlangt § 174 Abs. 2 Alt. 2 InsO lediglich die vorsätzlich pflichtwidrige Verletzung einer gesetzlichen Unterhaltspflicht. Durch die Anmeldung kann jedoch der gesetzliche Tatbestand des § 302 Nr. 1 Alt. 2 InsO nicht erweitert werden. Selbst wenn der Gläubiger zusätzliche Ansprüche anmeldet, wird die privilegierte Verbindlichkeit nicht über den Tatbestand des rückständigen, vom Schuldner vorsätzlich pflichtwidrig nicht gewährten Unterhalts hinaus erstreckt. 105

Für die Anforderungen an eine **Anmeldung**, die Bedeutung eines nicht auf einer richterlichen Schlüssigkeitsprüfung beruhenden **Titels** die Möglichkeit eines **Widerspruchs** durch den Schuldner und eine **Feststellungsklage** gelten die Ausführungen zu § 302 Nr. 1 Alt. 1 InsO im Ausgangspunkt entsprechend (s. § 302 Rdn. 37 ff.). Ein Vollstreckungsbescheid ist deswegen nicht geeignet, die Qualifikation als privilegierte Verbindlichkeit i.S.d. § 302 Nr. 1 Alt. 2 InsO nachzuweisen. Der Schuldner kann auch der besonderen Qualifikation des Schuldgrunds aus vorsätzlich pflichtwidrig nicht gewährtem Unterhalt widersprechen, ohne den Unterhaltsanspruch als solchen zu bestreiten. Als Rechtsweg ist in den Feststellungsverfahren über die Unterhaltsansprüche nach einem Widerspruch der Zugang zu den ordentlichen Gerichten und hier zu den Familiengerichten eröffnet, §§ 112 Nr. 1, 231 FamFG (*Ahrens* Das neue Privatinsolvenzrecht, Rn, 1160). 106

Eine Schlüsselfrage für eine mögliche Verjährung des privilegierten Anspruchs trotz eines titulierten Unterhaltsanspruchs ist, ob der Anspruch aus § 302 Nr. 1 Alt. 2 InsO einen eigenen **Streitgegenstand** beinhaltet. Dies hat der *BGH* für das Verhältnis zwischen dem Anspruch aus Unterhalt und aus § 823 Abs. 2 BGB i.V.m. § 170 StGB angenommen (*BGH* NZI 2016, 401 Tz. 26; s.a. Rdn. 83). Im Unterschied zu dem deliktischen Anspruch aus § 823 Abs. 2 BGB i.V.m. § 170 StGB wird nach § 302 Nr. 1 Alt. 2 InsO weder eine Gefährdung des Unterhaltsgläubigers verlangt noch ein Schadensersatzanspruch privilegiert, was für einen einheitlichen Streitgegenstand angeführt werden kann. Die für die Bestimmung des jeweiligen Anspruchsgrunds wesentlichen Voraussetzungen und Folgen der Ansprüche, weichen aber doch sehr deutlich voneinander ab. Die Voraussetzung eines rückständigen gesetzlichen Unterhalts weist noch keinen allzu deutlichen Unterschied gegenüber einem titulierten Unterhaltsanspruch auf. Weiter entfernt ist dann schon der pflichtwidrig nicht gezahlte Unterhalt, der zusätzliche Anforderungen aufstellt. Vor allem muss aber das qualifizierende Erfordernis eines vorsätzlich nicht gezahlten Unterhalts erfüllt sein. Dies rückt den zugrunde liegenden Tatbestand in die Nähe einer haftungsrechtlichen Regelung. Außerdem steht die auf eine Privilegierung des rückständigen Unterhalts gerichtete, also retrospektive Rechtsfolge einem scha- 107 densrechtlichen Ansatz näher als einer wiederkehrenden Unterhaltspflicht. Dann beinhaltet eine titulierte Unterhaltsforderung einen eigenständigen Streitgegenstand und unterbricht nicht die Verjährung des § 302 Nr. 1 Alt. 2 InsO zugrunde liegenden Anspruchs.

108 Zu beachten ist insbes. auch die Rechtsprechung des *BGH*, nach der eine **Privilegierung nicht in AGB** versprochen oder anerkannt werden kann (*BGH* ZInsO 2015, 1739 Tz. 16 = EWiR 2015, 611 m. Anm. *Ahrens*). Dies hat auch für abstrakte Versprechen oder Anerkenntnisse in Individualvereinbarungen zu gelten. Die Zuständigkeit für die Feststellungsklagen über das Forderungsattribut im Fall einer Unterhaltspflichtverletzung richtet sich nach den §§ 111 Nr. 8, 231 FamFG. Danach sind die Familiengerichte und nicht die allgemeinen Zivilabteilungen oder Zivilkammern zuständig (*KG* ZInsO 2011, 1843 [1845] = VIA 2011, 84 m. Anm. *Schmerbach*; *OLG Köln* FamRZ 2012, 1836 [1837]; *OLG Celle* FamRZ 2012, 1838 [1839]; BeckRS 2013, 04703 Tz. 15; *OLG Hamm* ZVI 2013, 59; *Uhlenbruck/Sternal* InsO, § 302 Rn. 18; **a.A.** *OLG Rostock* FamRZ 2011, 910 [911]).

III. Verbindlichkeiten aus Steuerschuldverhältnissen, § 302 Nr. 1 Alt. 3 InsO

1. Voraussetzungen

109 Da Steuerforderungen nicht nach § 302 Nr. 1 Alt. 1 InsO privilegiert sind, weil sie aus dem Gesetz und nicht aus vorsätzlicher unerlaubter Handlung resultieren (*BFH* NZI 2008, 746 f.), bevorrechtigt § 302 Nr. 1 Alt. 3 InsO in den ab dem 01.07.2014 beantragten Insolvenzverfahren **Verbindlichkeiten aus einem Steuerschuldverhältnis**, sofern der Schuldner im Zusammenhang damit wegen einer **Steuerstraftat nach den §§ 370, 373, 374 AO rechtskräftig verurteilt** worden ist. Es muss eine Verbindlichkeit aus dem Steuerschuldverhältnis bestehen und eine rechtskräftige Verurteilung wegen einer Steuerstraftat erfolgt sein.

110 Für die **Verbindlichkeiten aus einem Steuerschuldverhältnis** enthält § 37 Abs. 1 AO eine abschließende Aufzählung (*BFH* NJW 1999, 382). Sie umfassen Ansprüche aus dem Steuerschuldverhältnis, den Steueranspruch, den Steuervergütungsanspruch, den Haftungsanspruch, den Anspruch auf eine steuerliche Nebenleistung, den Erstattungsanspruch sowie die in Einzelsteuergesetzen geregelten Steuererstattungsansprüche, § 37 Abs. 1 AO (*Ahrens* Das neue Privatinsolvenzrecht, Rn. 1151). Steuerliche Nebenleistungen sind Verzögerungsgelder, Verspätungszuschläge, Zuschläge, Zinsen, Säumniszuschläge, Zwangsgelder und Kosten, § 3 Abs. 4 AO. Sie sind privilegiert, soweit sie vor Eröffnung des Insolvenzverfahrens entstanden sind und der Schuldner deswegen verurteilt wurde (*Ahrens* Das neue Privatinsolvenzrecht. Rn, 1151).

111 Der Schuldner muss **im Zusammenhang** mit den Verbindlichkeiten aus dem Steuerschuldverhältnis wegen einer **Steuerstraftat nach den §§ 370, 373, 374 AO verurteilt** worden sein. Allein die Katalogstraftaten rechtfertigen es, Forderungen aus dem Steuerschuldverhältnis zu privilegieren. Wichtigster Straftatbestand ist die Steuerhinterziehung nach § 370 AO. Privilegiert sind die Verbindlichkeiten auch bei einem gewerbsmäßigen, bandenmäßigen und gewaltsamen Schmuggel gem. § 373 AO sowie im Fall einer Steuerhehlerei nach § 374 AO. Es werden aber nicht allein die Forderungen privilegiert, auf denen die Verurteilung beruht (so aber K. *Schmidt/Henning* InsO, § 302 n.F. Rn. 8), sondern auch die lediglich im Zusammenhang stehenden Verbindlichkeiten (*Ahrens* Das neue Privatinsolvenzrecht, Rn. 1150 ff.). Nicht gemeint sein kann irgendeine Verbindlichkeit aus dem Steuerschuldverhältnis, soweit nur überhaupt eine Verurteilung erfolgt. So kann das Zusammenhangskriterium dahingehend ausgedeutet werden, nicht sämtliche, sondern allein die vom Strafausspruch erfassten Verhaltensweisen zu bezeichnen. Eingeschlossen sein können aber auch Nebenforderungen.

112 Eine **Mindeststrafe** für die Verurteilung analog den §§ 290 Abs. 1 Nr. 1, 297 Abs. 1 InsO ist nicht erforderlich, denn es geht nicht um eine Versagung, sondern eine Bevorrechtung im Anschluss an die Restschuldbefreiung (*Ahrens* Das neue Privatinsolvenzrecht, Rn. 1146; **a.A.** *Kübler/Prütting/Bork-Wenzel* InsO, § 302 Rn. 14). Unzureichend ist dagegen eine **Einstellung gegen Auflagen** bzw. ein Absehen von der Strafverfolgung, §§ 153 f., 154 f. StPO (*Ahrens* Das neue Privatinsolvenzrecht,

Rn. 1146; *Schmidt* Privatinsolvenz, § 7 Rn. 17; **a.A.** *Laroche* InsbürO 2016, 264 [267]). Sonst könnte auch der Streitgegenstand nicht rechtssicher abgegrenzt werden.

Obwohl ein **Strafbefehl** nach § 410 Abs. 3 StPO einem rechtskräftigen Urteil gleichsteht, begründet er keine rechtskräftige Verurteilung i.S.d. § 302 Nr. 1 Alt. 3 InsO (*Ahrens* Das neue Privatinsolvenzrecht, Rn. 1146; *Wollweber/Bertrand* DStR 2015, 1115 [1116]; anders die Änderung des Ausführungserlasses zur AO v. 03.11.2014, GZ IV A 3 – S 0062/14/10008, DOK 2014/0880526). Dies widerspricht nicht § 290 Abs. 1 Nr. 1 InsO, dessen Tatbestand durch einen Strafbefehl erfüllt werden kann (*AG Duisburg* ZInsO 2001, 1020; s. § 290 Rdn. 43). Für den Versagungstatbestand ist auf das strafbare Verhalten abzustellen, während § 302 Nr. 1 Alt. 3 InsO eine verifizierte Forderung verlangt. Mit einem Strafbefehl werden jedoch allein die Rechtsfolgen einer Tat festgesetzt, § 407 Abs. 1 Satz 1 StPO, weswegen der Strafbefehl keine allgemeine Bindungswirkung entfaltet (*BVerwG* NJW 2000, 3297). Hier liegt eine verfahrensrechtliche Parallele zum Vollstreckungsbescheid nahe. Beide Entscheidungen beruhen auf einer lediglich eingeschränkten Prüfung der Entscheidungsgrundlagen und rechtfertigen deswegen keine Ausnahmen von der Restschuldbefreiung. 113

Für das **Alter der Verurteilung** soll offenbar keine zeitliche Grenze aufgestellt sein (*Dornblüth/Pape* ZInsO 2014, 1625 [1634]). Wegen des Verwertungsverbots aus § 51 BZRG darf eine Verurteilung nach der Tilgung aus dem Register nicht mehr zum Nachteil des Betroffenen verwertet werden. Abhängig von der Höhe der Verurteilungen beträgt die Länge der Tilgungsfristen gem. § 46 Abs. 1 BZRG zwischen fünf und fünfzehn Jahre. Länger darf das Urteil nicht zurückliegen. 114

2. Anmeldung und Rechtskraft

Bei der **Anmeldung anzugeben** sind Tatsachen, aus denen sich nach Einschätzung des Gläubigers eine Steuerstraftat gem. den §§ 370, 373, 374 AO ergibt, § 174 Abs. 2 Alt. 3 InsO. Unerheblich soll sein, wann die Verurteilung zu einer Steuerstraftat erfolgt (BT-Drucks. 17/11268 S. 32), weswegen bei der Anmeldung noch nicht sämtliche Tatbestandsmerkmale der qualifizierten Verbindlichkeit erfüllt sein müssen. 115

Bei der Forderungsanmeldung muss noch **keine rechtskräftige Verurteilung** vorliegen, § 174 Abs. 2 Alt. 3 InsO (*Ahrens* Das neue Privatinsolvenzrecht, Rn. 349; *Wollweber/Bertrand* DStR 2015, 1115 [1116], Zeitpunkt unbeachtlich; **a.A.** *Pape* ZInsO 2016, 2005 [2008, 2014]). Dies provoziert zwar Anmeldungen von Verbindlichkeiten aus einer Steuerstraftat, ist aber die Konsequenz des eindeutigen Wortlauts der Anmeldevorschrift, der insoweit keine vollständige Angabe des Rechtsgrunds verlangt. Da die Anmeldung die wesentlichen Tatsachen umfassen muss, ist anzuführen, warum eine Verurteilung wahrscheinlich ist (*Grunicke* ZVI 2014, 361 [367]). 116

Zu bestimmen ist der **späteste Zeitpunkt des Rechtskrafteintritts**. Zulässig ist ein nachträglicher Nachweis bis zum letzten Zeitpunkt, zu dem eine Forderung zur Insolvenztabelle angemeldet werden darf (*Ahrens* ZVI 2012, 122 [126]). Dies kann noch der Schlusstermin sein (MüKo-InsO/*Riedel* § 177 Rn. 10; K. *Schmidt/Henning* InsO, § 302 n.F. Rn. 9; HambK-InsO/*Streck* § 302 Rn. 6). In den asymmetrischen Verfahren muss die Rechtskraft bis zum Ende der Abtretungsfrist eingetreten sein (HambK-InsO/*Streck* § 302 Rn. 6). 117

Ist die **strafrechtliche Verurteilung rechtskräftig erfolgt**, kann der Schuldner dagegen einen Widerspruch einlegen. Auch ein isolierter Widerspruch ist zulässig. Im Übrigen gelten die Ausführungen zu § 302 Nr. 1 Alt. 1 InsO. Nach Auffassung der Finanzverwaltung kann das Finanzamt den Widerspruch des Schuldners gegen den deliktischen Rechtsgrund der Forderung durch einen **Feststellungsbescheid gem. § 251 AO** beseitigen (Änderung des Ausführungserlasses zur AO v. 03.11.2014, GZ IV A 3 – S 0062/14/10008, DOK 2014/0880526; s.a. *BFH* DStRE 2005, 850 [852]), doch widerspricht dies dem Erfordernis einer erkenntnisgerichtlichen Prüfung (*Ahrens* Das neue Privatinsolvenzrecht, Rn. 1160; **a.A.** *AG Hamburg* NZI 2007, 123, zu einer Forderung aus vorsätzlich begangener unerlaubter Handlung), 118

119 Ist **keine rechtskräftige strafrechtliche Verurteilung** erfolgt, ist die Situation weniger eindeutig. Dennoch wird der Schuldner – auch isoliert – widerspruchsberechtigt sein, um seine Rechte zu wahren. Für eine **Feststellungsklage** besteht aber erst dann ein Rechtsschutzbedürfnis, wenn der Schuldner rechtskräftig verurteilt ist. Zuständig dafür sind die Finanzgerichte. Maßgebend für die Rechtswegbestimmung ist die Natur des Rechtsverhältnisses, aus dem der Klageanspruch hergeleitet wird. Im Unterschied zur Entscheidung über die Deliktsqualität einer Verbindlichkeit geht es bei der Feststellung einer rechtskräftigen Verurteilung infolge einer Steuerstraftat wegen Verbindlichkeiten aus einem Steuerschuldverhältnis nicht um eine bürgerlichrechtliche Frage. Es bleibt deswegen nach § 185 InsO bei der originären Zuständigkeit der Finanzgerichte (*Ahrens* Das neue Privatinsolvenzrecht, Rn. 1160; *Pianowski* InsbürO 2015, 4 [7]; **a.A.** *Dornblüth/Pape* ZInsO 2014, 1625 [1633]; *Pape* ZInsO 2016, 2005 [2021]).

2. Hinweispflicht

120 Wird eine Forderung aus einer Steuerstraftat nach den §§ 370, 373, 374 AO angemeldet, muss das Insolvenzgericht den Schuldner gem. § 175 Abs. 2 InsO auf die **Rechtsfolgen** des § 302 InsO und auf die **Möglichkeit des Widerspruchs** hinweisen. Im Ausgangspunkt gelten dafür die bei Forderungen aus vorsätzlich begangener unerlaubter Handlung bestehenden Anforderungen (s. Rdn. 59 ff.). Der Hinweis muss den Gläubiger, den Betrag und die angeführten Tatsachen sowie die angegebene rechtliche Qualifikation enthalten. Da eine erfolgte strafrechtliche Verurteilung nicht in Zweifel gezogen werden kann, ist ein Hinweis auf mögliche Zweifel an der Reichweite der strafrechtlichen Verurteilung oder der Identität zwischen der Steuerforderung und der angemeldeten Forderung zu beziehen (vgl. *Pape* ZInsO 2016, 2005 [2009]). Meldet der Gläubiger eine Forderung an, der eine Steuerstraftat nach den §§ 370, 373, 374 AO zugrunde liegt, für die der Schuldner noch nicht rechtskräftig verurteilt wurde, muss das Gericht den Schuldner zusätzlich auf diese Voraussetzung hinweisen (*Ahrens* Das neue Privatinsolvenzrecht, Rn. 358).

IV. Geldstrafen und gleichgestellte Verbindlichkeiten, § 302 Nr. 2 InsO

121 Von der Schuldbefreiung schließt § 302 Nr. 2 InsO auch **Geldstrafen**, §§ 40 ff. StGB, auch nach Steuerstrafrecht, und die diesen in § 39 Abs. 1 Nr. 3 InsO gleichgestellten Verbindlichkeiten des Schuldners aus. Diese Regelung entspricht § 225 Abs. 3 InsO. Bei dem Tatbestand der den Geldschulden in **§ 39 Abs. 1 Nr. 3 InsO** gleichgestellten Verbindlichkeiten bleibt allerdings offen, ob er additiv zu verwenden ist und sämtliche anderen Verbindlichkeiten erfasst, oder ob er qualifikativ einzusetzen ist, um allein bestimmte andere Verbindlichkeiten zu bezeichnen. Aus der Gesetzgebungsgeschichte ist ein gewisser Anhaltspunkt zu gewinnen. In der ursprünglichen Fassung von § 240 Nr. 2 DiskE wurden sämtliche von § 44 Abs. 1 Nr. 3 DiskE, entsprechend § 39 Abs. 1 Nr. 3 InsO, erfassten Forderungen aufgezählt. Demgegenüber ist in § 240 Nr. 1 RefE die schließlich als Gesetz verabschiedete Fassung eingeführt worden, ohne dass die Materialien hierfür eine Begründung geben. Zur terminologischen Vereinfachung hätte auch ohne weitere Differenzierung auf § 39 Abs. 1 Nr. 3 InsO verwiesen werden können. Da jedoch kein Grund für eine sachliche Abweichung von der Ursprungsfassung aufgezeigt wird, ist davon auszugehen, dass mit den gleichgestellten Verbindlichkeiten sämtliche in § 39 Abs. 1 Nr. 3 InsO bezeichneten Tatbestände gemeint sind (*Kübler/Prütting/Bork-Wenzel* InsO, § 302 Rn. 26; *Braun/Pehl* InsO, § 302 Rn. 12). In § 39 Abs. 1 Nr. 3 InsO ist die Formulierung der §§ 63 Nr. 3 KO, 29 Nr. 3 VglO übernommen worden, so dass auf die Auslegung dieser Vorschriften abgestellt werden kann.

122 Die **Vollstreckung** einer Geldstrafe durch Anordnung und Vollziehung einer **Ersatzfreiheitstrafe** ist während des Insolvenzverfahrens (*BVerfG* NZI 2006, 711) und der Treuhandperiode zulässig. Die Vollstreckung kann aber nach § 459c Abs. 2 StPO unterbleiben, wenn zu erwarten ist, dass sie in absehbarer Zeit zu keinem Erfolg führen wird. Eine solche Aussichtslosigkeit kann im Restschuldbefreiungsverfahren regelmäßig angenommen werden, weil eine Zwangsvollstreckung nach § 294 Abs. 1 InsO unzulässig ist (vgl. *Uhlenbruck/Hirte* InsO, § 39 Rn. 23; *Rönnau/Tachau* NZI 2007, 208 [213]; s.a. *Heinze* ZVI 2006, 14 [16 f.]).

Gleichgestellte Verbindlichkeiten sind Geldbußen nach den §§ 17 ff. OWiG, § 81 GWB, Ordnungsgelder gem. § 380 AO, §§ 28, 51 ArbGG, §§ 30, 80 FGO, §§ 56, 178 GVG, §§ 37, 335 HGB, § 112 HwO, §§ 51, 70, 77, 81c, 95 StPO, § 21 SGG, §§ 33, 95 VwGO, §§ 141, 380, 390, 409, 890 ZPO und Zwangsgelder, § 407 AktG, §§ 328 f. AO, §§ 78, 1788, 1837 BGB, § 57 BRAO, §§ 35, 388 ff. FamFG, § 160 GenG, §§ 14, 37a HGB, § 69 PStG, § 463c StPO, § 11 VwVG, §§ 888, 889 ZPO, § 153 ZVG (ähnlich KS-InsO/*Schmidt-Räntsch* 1997, S. 177 Rn. 43; s.a. *Hess/Groß/Reill-Ruppe/Roth* Kap. 4 Rn. 1009; zum Zwangsgeld nach § 328 AO vgl. *Bornemann* § 39 Rdn. 8). Einbezogen werden ebenfalls auf eine Geldzahlung gerichtete Bewährungsauflagen gem. § 56b Abs. 2 Nr. 2, 4 StGB (*Ahrens* NZI 2001, 456 [459]; **a.A.** *Brei*, Entschuldung Straffälliger, S. 139 ff.), mit einer Einstellung der Ermittlungen nach § 153a StPO verbundene Zahlungsauflagen (*Uhlenbruck/Sternal* InsO, § 302 Rn. 46), aber auch die Nebenfolgen einer Straftat. Dies sind alle Konsequenzen, die eine Straftat zusätzlich zur Verhängung einer Geld- oder Freiheitsstrafe hat. Abgestellt wird freilich nur auf Konsequenzen, die zu einer Geldzahlung verpflichten, weshalb der Kreis der in Betracht kommenden strafrechtlichen Nebenfolgen auf den Verfall des Wertersatzes gem. § 73a StGB und die Einziehung des Wertersatzes nach § 74c StGB beschränkt ist (*BGH* NZI 2010, 607 Tz. 7), außerdem §§ 22, 25, 29a OWiG, die Abführung des Mehrerlöses nach § 8 WiStG, aber auch § 375 AO (vgl. zur konkurs- und vergleichsrechtlichen Regelung *Kuhn/Uhlenbruck* KO, § 63 Rn. 5 f.; *Hess* KO, § 63 Rn. 16 f.; *Kilger/Karsten Schmidt* VglO, § 29 Anm. 4). Zu Steuersäumniszuschlägen s. Rdn. 110. Privatrechtliche Vertragsstrafen werden ebenfalls nicht von der Bereichsausnahme erfasst, unterliegen also der Restschuldbefreiung.

123

Strafverfolgungskosten stellen keine nachrangigen Forderungen dar und sind damit **nicht privilegiert** (*AG Göttingen* NZI 2017, 77 = VIA 2017, 19 m. Anm. *Buchholz*; MüKo-InsO/*Stephan* § 302 Rn. 23; A/G/R-*Weinland* § 302 InsO a.F. Rn. 25; *Kübler/Prütting/Bork-Wenzel* InsO, § 302 Rn. 4; HambK-InsO/*Streck* § 302 Rn. 9). Bei ihnen handelt es sich vielmehr um eigenständige Aufwendungen für die staatliche Rechtsverfolgung (vgl. *Jaeger/Henckel* InsO, § 38 Rn. 155).

124

V. Zinslose Darlehen, § 302 Nr. 3 InsO

Mit der durch das InsOÄndG vom 26.10.2001 in § 302 InsO eingefügten dritten Bereichsausnahme von der Restschuldbefreiung werden Verbindlichkeiten aus zinslosen Darlehen privilegiert, die zur Begleichung der Kosten des Insolvenzverfahrens gewährt wurden. Karitative und soziale Einrichtungen, die den Schuldner bei der Aufbringung der Verfahrenskosten unterstützen, entlasten auch die Staatskasse. Aus diesem öffentlichen Interesse wird ihnen für ihre Verbindlichkeiten ein Nachforderungsrecht gegen den Schuldner eingeräumt. Zugleich weist die Gesetzesbegründung darauf hin, dass die Regelung eng konzipiert und dementsprechend eng ausgelegt werden muss, um unseriösen Geschäftemachern kein neues Betätigungsfeld zu eröffnen (BT-Drucks. 14/5680 S. 29 f.). Für gewerbliche Schuldenregulierer ist der Ausnahmetatbestand nicht bestimmt (A/G/R-*Weinland* § 302 InsO a.F. Rn. 27).

125

Unter drei Voraussetzungen ist die Bereichsausnahme erfüllt. Dem Schuldner muss ein Darlehen gewährt werden, dies hat zinslos zu erfolgen und es muss zweckgebunden geschehen. Als erste Voraussetzung muss dem Schuldner ein **Darlehen** zur Verfügung gestellt worden sein. Unter einem Darlehen sind gem. § 488 BGB die zur wirtschaftlichen Nutzung und Verwertung überlassenen Geldbeträge zu verstehen. Im Gesetz ist hier nicht der offene Kreditbegriff verwendet, wie etwa in § 290 Abs. 1 Nr. 2 InsO (s. § 290 Rdn. 73). Dies und die Zweckbindung der Mittel weisen darauf hin, dass es sich um ein Gelddarlehen im engen Sinn handeln muss. Nicht erfasst werden die gestundeten Verfahrenskosten, die auf einer kostenrechtlichen Zahlungsverpflichtung und nicht auf Darlehen beruhen (unzutreffend daher *Lissner* ZVI 2012, 441 [442]). Sachlich ist dies auch nicht erforderlich, weil die Ansprüche nicht von der Restschuldbefreiung berührt werden (s. § 301 Rdn. 17). Da von der Restschuldbefreiung nur Insolvenzforderungen betroffen werden, muss die Darlehensforderung bei Eröffnung des Insolvenzverfahrens begründet sein (*Kübler/Prütting/Bork-Wenzel* InsO, § 302 Rn. 27). Wie sich im Umkehrschluss aus den §§ 302 Nr. 1, 174 Abs. 2 InsO ergibt, muss

126

der Anspruchsgrund bei der Anmeldung nicht über die allgemeinen Anforderungen hinaus ausgeführt werden.

127 Allein **zinslose** Darlehen sind privilegiert. Ein einheitlicher Zinsbegriff besteht nicht (MüKo-BGB/ *Grundmann* 4. Aufl., § 246 Rn. 3). Nach der bisherigen Definition des *BGH* ist der Zins eine laufzeitabhängige, gewinn- und umsatzunabhängige Vergütung für die Nutzung eines auf Zeit überlassenen Kapitals (*BGH* NJW 1979, 540 [541]; 805 [806]). Diese Begriffsbildung ist jedoch zu eng, weil sie darlehensrechtlich orientiert ist und nicht auf die Privilegierungsfunktion des § 302 Nr. 3 InsO abstellt. Mangels einer verbindlichen Begriffsbildung ist von der Funktion der Zinslosigkeit auszugehen. Nach der Zielsetzung der Regelung sollen die Ansprüche gewerblicher Akteure nicht von den Wirkungen der Restschuldbefreiung ausgenommen werden. Dementsprechend muss jede Form der Vergütung, insbesondere wenn sie in einen effektiven Jahreszins einzubeziehen ist, aber auch als laufzeitunabhängige Bearbeitungsgebühr etc., als Zins i.S.v. § 302 Nr. 3 InsO anzusehen sein (*Uhlenbruck/Sternal* InsO, § 302 Rn. 49; HK-InsO/*Waltenberger* § 302 Rn. 31; HambK-InsO/*Streck* § 302 Rn. 10). Laufzeitunabhängige Bearbeitungsgebühren sind sowohl bei Verbraucherkreditverträgen (*BGH* NJW 2014, 2420 Rn. 63 ff.) als auch bei Unternehmerdarlehen unwirksam (*BGH* 04.07.2017 – XI ZR 562/15, ZIP 2017, 1610; 04.07.2017 – XI ZR 233/16, ZIP 2017, 1654). Soweit sie dennoch vereinbart worden sind, besitzen sie eine entgeltliche Funktion, welche die Anwendung von § 302 Nr. 3 InsO ausschließt. Ist ein Zins ausbedungen, entfällt die Privilegierung insgesamt und nicht nur für den Zins. Bevorrechtigt sind zinslose Darlehen, nicht die Darlehen(svaluta) ohne ihren Zins.

128 Das Darlehen muss **zweckgebunden** zur Begleichung der Kosten des Insolvenzverfahrens gewährt worden sein (dies betont *Vallender* NZI 2001, 561 [568]). Bei der Auszahlung der Darlehensvaluta muss die Tragung der Verfahrenskosten als ausschließliche Zweckbindung bestanden haben. Am einfachsten wird dem durch eine unmittelbare Zahlung an das Gericht Rechnung getragen. Um die Zweckbindung zu erfüllen, ist zu verlangen, dass der Schuldner ein Insolvenz- und Restschuldbefreiungsverfahren vorbereitet. Ein im weiteren Vorfeld der Insolvenz gewährtes und allgemein mit dem Etikett der Zweckbindung versehenes Darlehen genügt nicht. Zweifel gehen dabei zu Lasten des Gläubigers. Ausgeschlossen ist, einer Darlehensforderung nachträglich diese Zweckbindung beizumessen oder eine Verbindlichkeit in eine solche Darlehensforderung umzuwandeln (HambK-InsO/*Streck* § 302 Rn. 10).

129 Mit den Kosten des Insolvenzverfahrens wird der Begriff aus § 4a Abs. 1 Satz 1, 2 InsO übernommen, der auch die Kosten des Verfahrens über den Schuldenbereinigungsplan und des Verfahrens zur Restschuldbefreiung einschließt (s. *Kohte* § 4a Rdn. 27 ff.). Erfasst werden Gerichtskosten und Auslagen sowie die anwaltlichen Gebühren.

D. Wirkungen

130 Im Insolvenzverfahren und der anschließenden Treuhandzeit gelten für die nach § 302 InsO privilegierten Forderungen keine Besonderheiten. Sie nehmen anteilig an der Verteilung teil und unterliegen dem Vollstreckungsverbot. Für die in § 302 Nr. 2 InsO aufgeführten Geldstrafen und die gleichgestellten Verbindlichkeiten, bei denen es sich um nachrangige Verbindlichkeiten handelt, gilt die Sonderregelung des § 39 InsO (MüKo-InsO/*Stephan* § 302 Rn. 29; A/G/R-*Weinland* § 302 InsO a.F. Rn. 29). Ist die Restschuldbefreiung erteilt, bleiben die privilegierten Verbindlichkeiten bestehen, soweit sie noch nicht befriedigt sind.

131 Auch die gem. § 302 InsO begünstigten Gläubiger dürfen erst **nach der rechtskräftigen Entscheidung über die Restschuldbefreiung** gem. § 300 Abs. 2 InsO ihre Forderungen unbeschränkt geltend machen und in das Vermögen des Schuldners vollstrecken (*Kübler/Prütting/Bork-Wenzel* InsO, § 302 Rn. 29; *Uhlenbruck/Sternal* InsO, § 302 Rn. 53). Ausdrücklich ist den Insolvenzgläubigern und damit auch den privilegierten Gläubigern allerdings nur die Zwangsvollstreckung während der Laufzeit der Abtretungserklärung untersagt, § 294 Abs. 1 InsO, womit die Treuhandperiode gemeint ist (s. § 294 Rdn. 9). Diese Regelung lässt freilich offen, ab wann die Zwangsvollstreckung

erneut zulässig ist. Da der insolvenzrechtliche Gleichbehandlungsgrundsatz bis zur endgültigen Entscheidung über die Restschuldbefreiung fortwirkt, darf aber eine Zulassung der Zwangsvollstreckung zu keinen unterschiedlichen Konsequenzen für die begünstigten und die nicht begünstigten Gläubiger führen. Nicht zuletzt entspricht dies auch den Forderungen der Rechtssicherheit. Zwischen beiden Gläubigergruppen besteht zwar ein Unterschied, weil allein bei den nicht privilegierten Gläubigern unsicher ist, ob sie wieder zur Zwangsvollstreckung zugelassen werden. Wenn ihnen aber nach einer Versagung der Restschuldbefreiung die Vollstreckung gestattet ist, dürfen sie gegenüber den Gläubigern von Verbindlichkeiten aus § 302 InsO nicht benachteiligt werden. Solange noch die Entscheidung darüber aussteht, ob die Restschuldbefreiung erteilt oder ob sie aufgrund der §§ 296 Abs. 1 und 2, 297 Abs. 1, 298 Abs. 1 InsO versagt wird, ist für die nicht begünstigten Gläubiger eine Zwangsvollstreckung ausgeschlossen (s. § 294 Rdn. 33). Um die Gläubiger der von § 302 InsO bezeichneten Verbindlichkeiten nicht zu bevorteilen, ist ihnen deshalb ebenfalls bis zur rechtskräftigen gerichtlichen Entscheidung die Zwangsvollstreckung zu untersagen. Sonst würden die Gläubiger der privilegierten Forderungen in sachlich nicht gerechtfertigter Weise bevorzugt, denn sie können bereits mit dem Ende der Abtretungszeit die Zwangsvollstreckung einleiten, während dies den anderen Gläubigern erst nach einer Versagung gestattet wäre. Für eine derartige Bevorzugung besteht umso weniger Anlass, als den gem. § 302 Nr. 1 InsO geschützten Gläubigern auch eine Vollstreckung nach § 850f Abs. 2 ZPO vorbehalten ist.

Die Vollstreckung erfolgt grds. aus der **Tabelleneintragung**, wofür die allgemeinen Regeln gelten (*Uhlenbruck/Sternal* InsO, § 302 Rn. 53; HK-InsO/*Waltenberger* § 302 Rn. 33). Verbindlichkeiten aus vorsätzlich begangenen unerlaubten Handlungen müssen unter Angabe der Qualifikation zur Tabelle angemeldet und ihnen darf nicht widersprochen sein bzw. der Widerspruch muss durch Feststellungsurteil beseitigt sein. Die Vollstreckungsklausel gem. den §§ 202 Abs. 1 Nr. 1, 4 InsO i.V.m. 724 Abs. 2 ZPO darf vom Urkundsbeamten der Geschäftsstelle des Insolvenzgerichts nach dem Zeitpunkt erteilt werden, mit dem das Insolvenzverfahren aufgehoben wird, steht doch der vollstreckbare Restbetrag erst im Anschluss daran fest (vgl. *Kuhn/Uhlenbruck* KO, § 164 Rn. 3; *Hess* KO, § 164 Rn. 6). Der Antrag kann jedoch bereits vor Aufhebung des Verfahrens gestellt werden (*AG Kaiserslautern* ZIP 1988, 989). 132

Ein **früherer Titel** wird aufgezehrt, soweit darin die titulierte Forderung am Insolvenzverfahren teilgenommen hat. Dies gilt auch, wenn der frühere Titel Forderungen aus vorsätzlich begangener unerlaubten Handlungen bzw. die sonstigen besonderen Schuldgründen nach § 302 Nr. 1 InsO feststellt (*LG Kleve* DGVZ 2013, 38; *Pape* ZVI 2014, 1 [2]). Der ältere Titel über die spezielle Qualifikation der Forderung wird sogar dann aufgezehrt, wenn in der Tabelle die Forderung ohne den besonderen Schuldgrund festgestellt wurde, weil nach § 302 Nr. 1 InsO nur solche Forderungen von der Restschuldbefreiung ausgenommen sind, die unter Angabe des qualifizierten Forderungsgrundes angemeldet wurden. Dies gilt jedoch nicht, wenn der Schuldner der Feststellung der Forderung zur Tabelle widersprochen hat und der Widerspruch nicht beseitigt wurde, denn dann kann nicht aus dem Tabellenauszug die Zwangsvollstreckung betrieben werden, §§ 201 Abs. 2 Satz 1 und 2 InsO. Insoweit kann der Gläubiger auf den vorab erwirkten Titel zurückgreifen (*BGH* NJW 1998, 2364 [2365]; ZInsO 2006, 704 = EWiR 2006, 539 [*Ahrens*]). Hat eine titulierte Forderung **nicht** am Insolvenzverfahren **teilgenommen**, wird zwar der Titel nicht aufgezehrt. Die Forderung wird aber von der Restschuldbefreiung erfasst, weil die Voraussetzungen von § 302 Nr. 1 InsO nicht erfüllt sind (s. Rdn. 95). Da für nachrangige Verbindlichkeiten i.d.R. kein Tabellenauszug erteilt wird, können die Geldstrafen etc. insoweit aus dem ursprünglichen Titel vollstreckt werden (MüKo-InsO/*Stephan* § 302 Rn. 30, 32). 133

Wird nach Erteilung der Restschuldbefreiung wegen einer gem. § 302 InsO begünstigten Verbindlichkeit ohne eine Anmeldung zur Tabelle die Zwangsvollstreckung betrieben, etwa aus einem früher erwirkten Titel, steht dem Schuldner hiergegen die **Vollstreckungserinnerung** gem. § 766 ZPO zu. Vollstreckt ein Gläubiger eine nicht privilegierte Verbindlichkeit aus der Tabelle, so ist die **Vollstreckungsgegenklage** eröffnet, § 767 ZPO (*Hess/Groß/Reill-Ruppe/Roth* Kap. 4 Rn. 949). Wegen sittenwidriger Härten kann Vollstreckungsschutz nach § **765a Abs. 1 ZPO** zu gewähren und die 134

§ 303 InsO Widerruf der Restschuldbefreiung

Vollstreckung einzustellen oder zu beschränken sein (*Stein/Jonas-Münzberg* ZPO, § 765a Rn. 6; MüKo-ZPO/*Heßler* 3. Aufl., § 765a Rn. 26). Unter Berücksichtigung der Schutzbedürfnisse des Gläubigers müssen dafür die besonderen Umstände des Einzelfalls abgewogen werden (*Zöller/Stöber* ZPO, 30. Aufl., § 765a Rn. 6). Sittenwidrig kann allerdings eine Zwangsvollstreckung betrieben werden, wenn der Gläubiger ohne Erfolgsaussichten mutwillig gegen den Schuldner vorgeht (*Zöller/Stöber* ZPO, 30. Aufl., § 765a Rn. 9). Mit dieser Begründung darf zwar nicht das Vollstreckungsergebnis vorweggenommen werden. Falls der Schuldner jedoch im Anschluss an ein sein verwertbares Vermögen liquidierendes Insolvenzverfahren während der sechsjährigen Treuhandzeit unter Erfüllung sämtlicher Obliegenheiten keine Leistungen erbringen konnte, seine Auskünfte nach § 296 Abs. 2 Satz 2 InsO ebenfalls kein neues Vermögen ausgewiesen haben und eine wirtschaftliche Änderung nicht abzusehen ist, wird eine Vollstreckung kaum zu billigen sein.

135 Gegen die **unzutreffende Anmeldung** einer Forderung aus vorsätzlich begangener unerlaubter Handlung zur Tabelle kann der Schuldner einen Widerspruch einlegen, worauf er vom Insolvenzgericht hinzuweisen ist, § 175 Abs. 2 InsO. Zulässig ist auch ein allein gegen den Schuldgrund gerichteter isolierter Widerspruch (s. Rdn. 66). Unterlässt der Schuldner einen Widerspruch und erfolgt eine **unzutreffende Feststellung** der Forderung aus qualifiziertem Rechtsgrund, sind die Rechtsschutzmöglichkeiten des Schuldners begrenzt. Auszugehen ist dafür von den Titelwirkungen der Tabelle. Einem früher erlangten Titel des Gläubigers kommt dabei grds. kein Gewicht mehr zu, da er durch die Tabelle aufgezehrt wird. Die Rechtskraftwirkung der Tabelle kann bei einer sittenwidrigen Ausnutzung des Titels durch einen Anspruch des Schuldners aus § 826 BGB durchbrochen werden. Voraussetzungen dafür sind ein unrichtiger Titel, Kenntnis des Gläubigers von der Unrichtigkeit und besondere Umstände, die eine Vollstreckung sittenwidrig erscheinen lassen (*Erman/Schiemann* § 826 BGB Rn. 46). Im Rahmen dieser besonderen Umstände sind sowohl eine frühere Titulierung des Anspruchs als auch die Widerspruchsmöglichkeit des Schuldners zu berücksichtigen, wobei auch ein Mitverschulden zu bedenken ist (*Sick* ZVI 2009, 280 [293 ff.]).

§ 303 Widerruf der Restschuldbefreiung

(1) Auf Antrag eines Insolvenzgläubigers widerruft das Insolvenzgericht die Erteilung der Restschuldbefreiung, wenn
1. sich nachträglich herausstellt, dass der Schuldner eine seiner Obliegenheiten vorsätzlich verletzt und dadurch die Befriedigung der Insolvenzgläubiger erheblich beeinträchtigt hat,
2. sich nachträglich herausstellt, dass der Schuldner während der Abtretungsfrist nach Maßgabe von § 297 Absatz 1 verurteilt worden ist, oder wenn der Schuldner erst nach Erteilung der Restschuldbefreiung wegen einer bis zum Ende der Abtretungsfrist begangenen Straftat nach Maßgabe von § 297 Absatz 1 verurteilt wird oder
3. der Schuldner nach Erteilung der Restschuldbefreiung Auskunfts- oder Mitwirkungspflichten vorsätzlich oder grob fahrlässig verletzt hat, die ihm nach diesem Gesetz während des Insolvenzverfahrens obliegen.

(2) ¹Der Antrag des Gläubigers ist nur zulässig, wenn er innerhalb eines Jahres nach der Rechtskraft der Entscheidung über die Restschuldbefreiung gestellt wird; ein Widerruf nach Absatz 1 Nummer 3 kann bis zu sechs Monate nach rechtskräftiger Aufhebung des Insolvenzverfahrens beantragt werden. ²Der Gläubiger hat die Voraussetzungen des Widerrufsgrundes glaubhaft zu machen. ³In den Fällen des Absatzes 1 Nummer 1 hat der Gläubiger zudem glaubhaft zu machen, dass er bis zur Rechtskraft der Entscheidung keine Kenntnis vom Widerrufsgrund hatte.

(3) ¹Vor der Entscheidung sind der Schuldner und in den Fällen des Absatzes 1 Nummer 1 und 3 auch der Treuhänder oder Insolvenzverwalter zu hören. ²Gegen die Entscheidung steht dem Antragsteller und dem Schuldner die sofortige Beschwerde zu. ³Die Entscheidung, durch welche die Restschuldbefreiung widerrufen wird, ist öffentlich bekanntzumachen.

(*§ 303 a.F. i.d.F. für die bis zum 30.6.2014 beantragten Verfahren s. 8. Aufl.*)

Übersicht

	Rdn.		Rdn.
A. Normzweck	1	2. Nachträglich eingetretene Rechtskraft, Alt. 2	26
B. Gesetzliche Systematik	6	III. Verletzung von Auskunfts- und Mitwirkungspflichten, § 303 Abs. 1 Nr. 3	28
C. Widerrufsgrund	12		
I. Obliegenheitsverletzung, § 303 Abs. 1 Nr. 1	13	**D. Widerrufsverfahren**	29
1. Vorsätzliche Obliegenheitsverletzung	13	I. Grundsätze	29
2. Erheblich beeinträchtigte Gläubigerbefriedigung	17	II. Zulässigkeit	32
		III. Widerrufsentscheidung	40
3. Nachträgliches Herausstellen	19	IV. Entscheidungswirkungen	42
II. Verurteilung wegen einer Insolvenzstraftat, § 303 Abs. 1 Nr. 2	22	V. Rechtsmittel sowie Kosten und Gebühren	45
1. Nachträglich bekannt gewordene Verurteilung, Alt. 1 InsO	22		

Literatur:
Möhring Das nachträgliche Herausstellen von Versagungs- und Widerrufsgründen in §§ 297a, 303 Abs. 1 InsO – ein vernachlässigtes Tatbestandsmerkmal?, ZVI 2016, 383; *Rugullis* Widerruf der Restschuldbefreiung – Wer kann ihn beantragen?, ZInsO 2016, 2072; s.a. § 286.

A. Normzweck

§ 303 InsO schützt die Gläubigerinteressen nach Erteilung der Restschuldbefreiung, wenn der 1
Schuldner **besonders gravierende Verstöße** gegen die Anforderung aus dem Restschuldbefreiungsverfahren begeht. Mit der Erteilung der Restschuldbefreiung wird tief in die Rechtsverhältnisse der Beteiligten eingegriffen. Zwischen der inhaltlichen Richtigkeit und der notwendigen Unanfechtbarkeit der Entscheidung über die gesetzliche Schuldbefreiung besteht deshalb ein Spannungsverhältnis, das ebenfalls durch die Widerrufsregelung des § 303 InsO ausgeglichen werden soll. Zu diesem Zweck erfolgt eine **Rechtskraftdurchbrechung** bei der Entscheidung, mit der die Restschuldbefreiung erteilt worden ist. Ziel des Widerrufsverfahrens ist deshalb die Beseitigung des rechtskräftigen Beschlusses über die Erteilung der Restschuldbefreiung sowie zugleich eine negative Entscheidung über die gesetzliche Schuldbefreiung.

Materiell wird mit der Vorschrift zunächst angestrebt, dass der Schuldner seine **Obliegenheiten aus** 2
§ 295 InsO bis zum Ende der Treuhandzeit konsequent erfüllt. Auf eine nachträglich erkannte Obliegenheitsverletzung kann deshalb auch noch nach Erteilung der gesetzlichen Schuldbefreiung reagiert werden. Während der auch als Wohlverhaltensperiode bezeichneten Treuhandphase wird der Schuldner unter dem Druck des Versagungsrisikos aus § 296 InsO dazu veranlasst, seine Obliegenheiten einzuhalten. Mit dem bevorstehenden Ende der Treuhandperiode schwächt sich jedoch diese Wirkung ab, je weniger der Schuldner noch die Aufdeckung einer Obliegenheitsverletzung befürchten muss. Obwohl der Schuldner seine Obliegenheiten nicht erfüllt hat, wird er dann möglicherweise von seinen restlichen Schulden gegenüber den Insolvenzgläubigern befreit. Um dem zu begegnen, berechtigt § 303 InsO die Insolvenzgläubiger auch noch nach der Erteilung der Restschuldbefreiung, eine im Verlauf der Treuhandzeit begangene Obliegenheitsverletzung des Schuldners geltend zu machen. Neue Obliegenheiten werden dadurch nicht geschaffen. Es werden auch nicht die Obliegenheiten des Schuldners, sondern allein die aus einer Obliegenheitsverletzung abgeleiteten Rechte der Gläubiger über das Ende der Treuhandzeit erstreckt. Schutzobjekt ist deswegen das subjektive Recht der Insolvenzgläubiger.

In den ab dem 01.07.2014 beantragten Insolvenzverfahren ist in § 303 Abs. 1 Nr. 2 InsO ein **dop-** 3
pelspuriger Widerrufstatbestand bei einer strafrechtlichen Verurteilung geschaffen. Die Widerrufsgründe knüpfen an die Versagungsregeln der §§ 290 Abs. 1 Nr. 1, 297 Abs. 1, 297a InsO an und sollen die umfassende Absicherung gegen strafrechtliche Verurteilungen des Schuldners wegen einer Insolvenzstraftat vervollständigen. Dabei greifen die Widerrufsregelungen die zweigleisigen Versagungstatbestände wegen des materiellrechtlichen Versagungsgrundes einer rechtskräftigen Ver-

urteilung und der verfahrensrechtlich gestalteten nachträglichen Geltendmachung dieses Versagungstatbestands auf.

4 Ebenfalls für die ab dem 01.07.2014 beantragten Insolvenzverfahren formuliert § 303 Abs. 1 Nr. 3 InsO einen speziellen Widerrufstatbestand für die **asymmetrischen Verfahren**, in denen der Schuldner nach Erteilung der Restschuldbefreiung insolvenzrechtliche **Auskunfts- oder Mitwirkungspflichten** vorsätzlich oder grob fahrlässig **verletzt** hat. Nach Erteilung der Restschuldbefreiung kann eine anschließende Pflichtverletzung des Schuldners im fortlaufenden Insolvenzverfahren nicht ausgeschlossen werden. Diese Gefahr sieht der *BGH* als eher theoretisch, weil sechs Jahre nach Beginn des Insolvenzverfahrens der Bedarf an Auskünften oder Mitwirkungshandlungen des Schuldners gering sein werde. Zudem könne von einem Schuldner, der bislang seine Pflichten erfüllt habe, erwartet werden, dass er dies auch künftig tue. Zudem besäße das Insolvenzgericht die Kompetenzen aus § 98 InsO (*BGH* BGHZ 183, 258 Rn. 24). Demgegenüber wollte der Gesetzgeber jedes Risiko ausschließen.

5 Da die rechtskräftig erteilte Restschuldbefreiung diese Befugnis der Gläubiger präkludiert, schafft § 303 InsO einen besonderen **Anfechtungsgrund**, mit dem die Rechtskraftwirkung des Beschlusses nach § 300 InsO zu durchbrechen ist (*Uhlenbruck/Sternal* InsO, § 303 Rn. 1; LSZ/*Kiesbye* InsO, § 303 Rn. 1; zur Rechtskraft von Beschlüssen *Rosenberg/Schwab/Gottwald* Zivilprozessrecht, 17. Aufl., § 152 Rn. 2). Vielleicht kann dieses Widerrufsrecht mit dem in § 20 Abs. 1 EGZPO verwendeten gemeinrechtlichen Begriff als außerordentliches Rechtsmittel gegen die Erteilung der Restschuldbefreiung bezeichnet werden. Systematisch wird mit dem Anfechtungsrecht nur die begrenzte Zielsetzung verfolgt, eine Rüge der Obliegenheitsverletzung nachträglich zuzulassen. Deshalb ist die rechtskräftig erteilte Restschuldbefreiung nur aufzuheben, wenn zugleich im actus contrarius die Restschuldbefreiung zu versagen ist. Wird die Restschuldbefreiung versagt, so lebt das unbeschränkte Nachforderungsrecht der Gläubiger gem. § 201 Abs. 1 InsO wieder auf.

B. Gesetzliche Systematik

6 Die Widerrufsregelung des § 303 InsO **schließt das System ab**, mit dem auf Obliegenheitsverletzungen des Schuldners reagiert werden kann. Ein Antrag auf Versagung der Restschuldbefreiung kann nach § 296 Abs. 1 Satz 1 InsO mit Obliegenheitsverletzungen begründet werden, die während der Laufzeit der Abtretungserklärung erfolgt sind. Geregelt ist damit jedoch nur, welche Obliegenheitsverletzungen einen Versagungsantrag stützen können, nicht jedoch bis zu welchem Zeitpunkt der Antrag gestellt werden muss. Entsprechendes gilt für einen Versagungsantrag nach § 297 InsO und in den asymmetrischen Verfahren nach § 290 Abs. 1 InsO. Auch die Grundsätze über die materielle Rechtskraft allein schließen einen Versagungsantrag nach Erteilung der Restschuldbefreiung noch nicht aus. Als konkurrierende Regelung steht aber das Widerrufsrecht aus § 303 Abs. 1 InsO einem Versagungsantrag entgegen. Nach der Erteilung einer Restschuldbefreiung kann diese Entscheidung (nur) auf einen zulässigen und begründeten **Gläubigerantrag** hin widerrufen werden. Entsprechend den auch für die Versagungsverfahren geltenden Prinzipien ist ein Widerrufsverfahren von Amts wegen unzulässig.

7 Die rechtskräftige Entscheidung und die ihr vorausgegangene sechsjährige Dauer des Insolvenz- und Restschuldbefreiungsverfahrens, § 287 Abs. 2 Satz 1 InsO, s.a. Art. 107 EGInsO, lassen allerdings einen Widerruf nur in **Ausnahmefällen** gerechtfertigt erscheinen. Grundsätzlich verlangen der nach den Rechtskraftgrundsätzen angestrebte Rechtsfrieden, die geschützten Interessen des Schuldners und das Vertrauen der neuen Gläubiger in eine erteilte Schuldbefreiung den Fortbestand der Restschuldbefreiung höher als die Korrekturinteressen der Gläubiger zu gewichten, zumal diese bis zur Entscheidung nach § 300 Abs. 1 InsO die Versagung der Restschuldbefreiung verlangen konnten (*Möhring* ZVI 2016, 383 [387]). Soweit § 303 Abs. 1 InsO ausnahmsweise einen Widerruf der Restschuldbefreiung zulässt, handelt es sich vor allem um eine Regelung zur Rechtskraftdurchbrechung, wie vor allem die Jahresfrist nach Rechtskraft der Entscheidung in § 303 Abs. 2 InsO belegt. Sekundär stellt die Regelung aufgrund der subjektiven Anknüpfungspunkte auf einen Eingriff in das nicht schutzwürdige Vertrauen des Schuldners ab (dazu *Braun/Pehl* InsO, § 303 Rn. 1).

Durch das Erfordernis einer **vorsätzlichen Obliegenheitsverletzung** in § 303 Abs. Nr. 1 InsO wird 8
diese Widerrufsregelung in die Nähe von § 826 BGB gerückt. Dabei erscheint die Widerrufsregelung als spezialgesetzlich ausgeprägte Form der Reaktion auf einen sittenwidrigen Missbrauch von Institutionen (vgl. MüKo-ZPO/*Braun* 3. Aufl., Vor § 578 Rn. 12; *Rosenberg/Schwab/Gottwald* Zivilprozessrecht, 17. Aufl., § 162 Rn. 9 ff.). Ihr Rechtsschutzziel weist aber die Widerrufsregelung als einen unterschiedlichen Rechtsbehelf aus. Mit der Widerrufsregelung wird keine Beseitigung der durch die Entscheidung verursachten Nachteile verlangt, wie es einer schadensersatzrechtlichen Konstruktion entspricht (vgl. MüKo-ZPO/*Braun* 3. Aufl., Vor § 578 Rn. 14). Vielmehr soll die angegriffene Entscheidung aufgehoben werden und damit eine der Wiederaufnahme des Verfahrens entsprechende Wirkung erzielt werden. Auf diese Weise wird der auch gegen Beschlüsse im Konkursverfahren zugelassenen Wiederaufnahme (*OLG Karlsruhe* NJW 1965, 1023 [1024]; *Kuhn/Uhlenbruck* KO, § 72 Rn. 3d, § 73 Rn. 14) eine spezielle insolvenzrechtliche Gestalt gegeben.

Bei einer **strafrechtlichen Verurteilung** i.S.v. § 303 Abs. 1 Nr. 2 InsO bildet das Strafurteil den be- 9
sonders qualifizierten Widerrufsgrund. Aus dem System der für einen Widerruf erforderlichen erhöhten Anforderungen fällt allerdings § 303 Abs. 1 Nr. 3 InsO heraus, weil damit im Anschluss an die Rechtsprechung des BGH ein **Sondertatbestand für asymmetrische Verfahren** geschaffen wird. Danach soll eine den Anforderungen des § 290 Abs. 1 Nr. 5 InsO entsprechende Pflichtverletzung den Widerrufstatbestand erfüllen. Dem gesteigerten rechtlichen Gehalt einer rechtskräftig erteilten Restschuldbefreiung wird dadurch nicht Rechnung getragen. Eine Analogie zu den neuen Tatbeständen ist in den vor dem 01.07.2016 beantragten Insolvenzverfahren ausgeschlossen (*BGH* NZI 2016, 922 Tz. 9 ff.).

Obwohl das Rechtsschutzziel auf eine Verwandtschaft der Widerrufsregelung mit den **Wiederauf-** 10
nahmevorschriften der §§ 578 ff. ZPO hinweist, sind doch grundlegende Unterschiede zwischen den beiden Arten von Rechtsbehelfen zu berücksichtigen. Mit den Anfechtungsgründen der schweren Prozessverstöße und der gravierenden Unrichtigkeit der Urteilsgrundlagen in den §§ 579 f. ZPO (*Rosenberg/Schwab/Gottwald* Zivilprozessrecht, 17. Aufl., § 159 Rn. 1 ff.) sind die Obliegenheitsverletzungen nicht ohne Weiteres zu vergleichen. Auch kann das mehrstufige Wiederaufnahmeverfahren (*RG* RGZ 75, 53 [56]; *BGH* NJW 1979, 427; *Stein/Jonas/Grunsky* ZPO, vor § 578 Rn. 31, § 590 Rn. 1 ff.; *Rosenberg/Schwab/Gottwald* Zivilprozessrecht, 17. Aufl., § 161 Rn. 24 ff.; einschränkend MüKo-ZPO/*Braun* 3. Aufl., § 590 Rn. 1), in dem die Stadien einer Zulässigkeit der Wiederaufnahmeklage, einer Begründetheit dieser Klage und einer erneuten Verhandlung über die Hauptsache unterschieden werden, nicht auf das Widerrufsverfahren übertragen werden.

Bei dem Verfahren nach § 303 InsO bildet die Verhandlung über den Widerrufsgrund und die ne- 11
gative Entscheidung über die Restschuldbefreiung einen **einheitlichen Verfahrensabschnitt**, dem nur die Zulässigkeitsprüfung vorgelagert ist. Andere Grundsätze können dagegen übertragen werden, etwa über das zeitlich begrenzte Nachschieben von Anfechtungsgründen (vgl. *RG* RGZ 64, 224 [227]). Eine umfassende analoge Anwendung der Regelungen über die Wiederaufnahme des Verfahrens muss deshalb ausscheiden, doch können einzelne Prinzipien sehr wohl herangezogen werden. Außerdem schärfen die Wiederaufnahmevorschriften den Blick für mögliche Verfahrenskonstellationen, indem sie ein Panorama an Problemlagen und Lösungsvorschlägen offerieren. Ist die Restschuldbefreiung rechtskräftig erteilt, werden die Wiederaufnahmeregeln im Anwendungsbereich des § 303 InsO verdrängt (A/G/R-*Ahrens* § 4 InsO Rn. 58).

C. Widerrufsgrund

Verfahrensrechtlich wie sozialpolitisch ist ein Institutionenschutz der erteilten Restschuldbefreiung 12
geboten. Nachdem die Richtigkeit der Entscheidung über die Schuldbefreiung bereits in einem regelmäßigen Rechtsmittelverfahren gem. § 300 Abs. 3 Satz 3 InsO überprüft werden konnte, darf ihre Rechtskraft nur noch ausnahmsweise durchbrochen werden. Unerlässliche Bedingung dafür ist eine Obliegenheitsverletzung durch den Schuldner. Für eine restriktive Handhabung der Widerrufsregelung sorgen aber vor allem die besonderen Voraussetzungen des § 303 Abs. 1 InsO, mit denen die Obliegenheitsverletzung zusätzlich qualifiziert wird. Nach dem Tod des Schuldners ist ein Wider-

rufsverfahren gegenüber dem Erben zulässig (s. § 286 Rdn. 102; *Uhlenbruck/Sternal* InsO, § 303 Rn. 34; A/G/R-*Weinland* § 303 InsO a.F. Rn. 2).

I. Obliegenheitsverletzung, § 303 Abs. 1 Nr. 1

1. Vorsätzliche Obliegenheitsverletzung

13 Als erste Voraussetzung muss der Schuldner gegen eine seiner **Obliegenheiten** verstoßen haben. Nach der Zielsetzung von § 303 InsO, der eine korrekte Erfüllung der während der Treuhandphase bestehenden Obliegenheiten gewährleisten soll, sind in den vor dem 01.07.2014, also nach altem Recht beantragten Verfahren, **allein** die in **§ 295 InsO** bestimmten Anforderungen gemeint (*BGH* NZI 2016, 922 Tz. 8; *Gottwald/Ahrens* HdbInsR, § 79 Rn. 23; *Uhlenbruck/Sternal* InsO, § 303 Rn. 4; A/G/R-*Weinland* § 303 InsO a.F. Rn. 13; *Hess/Groß/Reill-Ruppe/Roth* Kap. 4 Rn. 1054; *Döbereiner* Restschuldbefreiung, S. 259). Die Obliegenheitsverletzung muss nach dem Ende des Insolvenzverfahrens, aber vor Erteilung der Restschuldbefreiung erfolgt sein. Obwohl es dem Schuldner obliegt, die Mindestvergütung des Treuhänders zu zahlen, schafft ein Verstoß gegen § 298 Abs. 1 InsO keinen Widerrufsgrund (*Kübler/Prütting/Bork-Wenzel* InsO, § 303 Rn. 4).

14 Diese auf die Tatbestände des § 295 InsO bezogene Interpretation **gilt** auch für die ab dem 01.07.2014 **nach neuem Recht** beantragten Verfahren (K. Schmidt/*Henning* InsO, § 303 n.F. Rn. 5). Der umfassende Wortlaut, der auch die Erwerbsobliegenheit aus § 287b InsO zu erfassen scheint, steht dem nicht entgegen. In den Gesetzgebungsmaterialien wird gerade der Anschluss an das bisherige Normverständnis hergestellt (BT-Drucks. 17/11268 S. 32). Zudem erfasst der Widerrufsgrund ohnehin nicht sämtliche Obliegenheitsverletzungen (s. Rdn. 15). Eine weitergehende Interpretation kollidiert zudem mit der Präklusionswirkung von § 290 InsO, die nur nach Maßgabe von § 297a InsO durchbrochen wird. Funktional ist kein Grund für eine Sonderbehandlung der Erwerbsobliegenheit ersichtlich, zumal eine Verletzung nach Maßgabe von § 295 InsO erfasst ist.

15 **Keinen Widerrufsgrund** eröffnet § 298 Abs. 1 InsO. Auf diese Norm darf der Treuhänder allein einen Versagungsantrag stützen. Er ist jedoch nicht berechtigt, einen Widerrufsantrag zu stellen. Im Übrigen ist kaum vorstellbar, dass durch diese unterbliebene Zahlung die Befriedigung der Insolvenzgläubiger erheblich beeinträchtigt worden ist. Nicht so einfach von der Hand zu weisen ist aber, ob ein Verstoß gegen **Obliegenheiten aus § 296 Abs. 2 Satz 2 und 3 InsO** einen Widerruf gestattet. Systematisch gehören sie ebenfalls zu den im Verlauf der Treuhandzeit aktualisierten Obliegenheiten. Ihr Verfahrensbezug weist jedoch einen entscheidenden Unterschied aus, denn sie dienen nur noch entfernt dem mit der Treuhandzeit verfolgten Ziel einer Haftungsverwirklichung. Dies rechtfertigt es, in einem nachträglich bekannt gewordenen Verstoß gegen § 296 Abs. 2 Satz 2 und 3 InsO keinen Widerrufsgrund zu sehen (*Uhlenbruck/Sternal* InsO, § 303 Rn. 4; A/G/R-*Weinland* § 303 InsO a.F. Rn. 13). Auch die **kostenrechtlichen Obliegenheiten** nach § 4c InsO eröffnen nicht den Widerrufstatbestand. Auf die Versagungsgründe aus § 290 Abs. 1 InsO kann der Widerruf außerhalb der asymmetrischen Verfahren nicht gestützt werden. Diese können nach dem Schlusstermin nur unter den Voraussetzungen des § 297a InsO geltend gemacht werden.

16 Allein eine **vorsätzliche** Obliegenheitsverletzung erlaubt es, die erteilte Restschuldbefreiung zu widerrufen. Wie zu § 296 Rdn. 12 ausgeführt, wird dabei ein Verschulden des Schuldners gegen sich selbst verlangt. Dabei genügt ein bedingter Vorsatz, der die nachteiligen Folgen der Obliegenheitsverletzung nicht umfassen muss (A/G/R-*Weinland* § 303 InsO a.F. Rn. 14; K. Schmidt/*Henning* InsO, § 303 n.F. Rn. 6). Ein Widerruf ist zulässig, auch wenn der Schuldner nicht an die nachteiligen wirtschaftlichen Folgen der Obliegenheitsverletzung für die Gläubiger gedacht hat (*Uhlenbruck/Sternal* InsO, § 303 Rn. 5; MüKo-InsO/*Stephan* § 303 Rn. 16). Eine Beweislastumkehr, wie sie § 296 Abs. 1 Satz 1 HS 2 InsO normiert, ist nicht vorgesehen. Ein non liquet geht deswegen zu Lasten des Gläubigers. Verfahrensrechtlich werden damit ebenfalls hohe Hürden vor einem Widerruf der erteilten Restschuldbefreiung errichtet.

2. Erheblich beeinträchtigte Gläubigerbefriedigung

Durch die vorsätzliche Obliegenheitsverletzung muss die **Befriedigung** der Insolvenzgläubiger **erheblich beeinträchtigt** worden sein. Zwischen der Obliegenheitsverletzung und der beeinträchtigten Gläubigerbefriedigung hat auch hier ein **Kausalzusammenhang** zu bestehen (*Graf-Schlicker/Kexel* InsO, § 303 Rn. 4; vgl. § 296 Rdn. 20). Durch seine verschuldete Obliegenheitsverletzung muss der Schuldner außerdem die Befriedigung der Insolvenzgläubiger **konkret messbar** beeinträchtigt haben. Bloß gefährdete Befriedigungsaussichten der Insolvenzgläubiger genügen nicht. Insofern gilt das zu § 296 Abs. 1 Satz 1 InsO Ausgeführte (s. § 296 Rdn. 20 ff.). Über die Anforderungen der §§ 290 Abs. 1 Nr. 4, 296 Abs. 1 Satz 1 InsO hinaus muss freilich eine erhebliche Gläubigerbeeinträchtigung eingetreten sein. Mit dieser Regelung wird die für eine Anfechtungsbefugnis erforderliche Beschwer konkretisiert und auf die Wirkungen des Schuldbefreiungsverfahrens beschränkt. Die Beschwer ist also nicht zu bestimmen, indem die für den Insolvenzgläubiger eintretenden Folgen bei einer Erteilung der Restschuldbefreiung mit der unbeschränkten Vermögenshaftung des Schuldners gem. § 201 Abs. 1 InsO bei einem antragsgemäßen Widerruf der Restschuldbefreiung verglichen werden. Im Unterschied zu § 296 Abs. 1 Satz 1 InsO soll eine beeinträchtigte Befriedigungsaussicht allein der Massegläubiger nicht genügen, weil deren Verbindlichkeiten nicht von der Restschuldbefreiung betroffen seien (*LG Münster* ZInsO 2014, 2004 = VuR 2015, 156 m. Anm. *Kohte*). Dieses Argument überzeugt nicht, weil auf die während des Verfahrens beeinträchtigten Befriedigungsaussichten abzustellen ist.

17

Die **erhebliche Beeinträchtigung** der Gläubigerbefriedigung ist durch den Vergleich zwischen dem ordnungsgemäß durchgeführten und dem unter einer Obliegenheitsverletzung absolvierten Schuldbefreiungsverfahren zu bemessen. Abweichend von den in vermögensrechtlichen Streitigkeiten vielfach üblichen Wertsummen, ist dabei kein bestimmter Betrag vorgeschrieben. Dies schließt es aus, einen absoluten oder relativen Festbetrag anzusetzen (*Uhlenbruck/Sternal* InsO, § 303 Rn. 7; HambK-InsO/*Streck* § 303 Rn. 4; *Graf-Schlicker/Kexel* InsO, § 303 Rn. 5; A/G/R-*Weinland* § 303 InsO a.F. Rn. 18; **a.A.** *Nerlich/Römermann* InsO, § 303 Rn. 5, die von 10% ausgehen; ähnlich K. Schmidt/*Henning* InsO, § 303 n.F. Rn. 7; ebenso *Smid/Krug/Haarmeyer* InsO, § 303 Rn. 4, unter zusätzlicher Berücksichtigung des Einzelfalls; sowie *Kübler/Prütting/Bork-Wenzel* InsO, § 303 Rn. 6, die 5% ansetzen, ohne für diese Größen besondere, die Rechtskraftdurchbrechung rechtfertigende Gründe anführen zu können). Maßstab muss vielmehr eine Interpretation sein, die dem Ziel des § 303 InsO Rechnung trägt, bei besonders gravierenden Verstößen des Schuldners ausnahmsweise eine Durchbrechung der Rechtskraft zu ermöglichen, wofür insbesondere auf die Umstände des Einzelfalls abzustellen ist (MüKo-InsO/*Stephan* § 303 Rn. 15; *Uhlenbruck/Sternal* InsO, § 303 Rn. 7; *Braun/Pehl* InsO, § 303 Rn. 4; *Preuß* Verbraucherinsolvenzverfahren und Restschuldbefreiung, 2. Aufl., Rn. 308). Faktoren können etwa die Forderungshöhe, die Befriedigungsquote, die Zahl der Gläubiger oder die Bedeutung der Verbindlichkeit für den Gläubiger sein. Bei Verbindlichkeiten von mehr als EUR 157.000,– und einem Fehlbetrag von ca. EUR 3.000,–, sprechen gewichtige Erwägungen gegen eine erhebliche Beeinträchtigung (*LG Münster* ZInsO 2014, 2004 = VuR 2015, 156 m. Anm. *Kohte*). So kann bei einer niedrigen Forderung eines institutionellen Gläubigers und wenigen konkurrierenden Insolvenzgläubigern nur bei prozentual großen Einbußen eine erhebliche Beeinträchtigung anzunehmen sein.

18

3. Nachträgliches Herausstellen

Ein Widerrufsrecht besteht aber nur dann, wenn sich die vorsätzliche, zu einer erheblich beeinträchtigten Gläubigerbefriedigung führende Obliegenheitsverletzung erst **nachträglich herausstellt**. Mit diesem Merkmal wird dem durch die Rechtskraft bewirkten Ausschluss existenter, aber nicht in das Verfahren eingeführter Tatsachen (*Rosenberg/Schwab/Gottwald* Zivilprozessrecht, 17. Aufl., § 155 Rn. 5 ff.) in einer spezifischen Form Rechnung getragen. Hat ein Insolvenzgläubiger erfolglos einen Versagungsantrag gestellt, ist eine nochmalige Geltendmachung der gerügten Obliegenheitsverletzung bereits nach den Rechtskraftgrundsätzen ausgeschlossen. Eine Obliegenheitsverletzung stellt sich nachträglich heraus, wenn sie nach Beendigung des Insolvenzverfahrens, aber vor Erteilung

19

§ 303 InsO Widerruf der Restschuldbefreiung

der Restschuldbefreiung erfolgt ist, jedoch erst nach Eintritt der formellen Rechtskraft bekannt wird (MüKo-InsO/*Stephan* § 303 Rn. 3; A/G/R-*Weinland* § 303 InsO a.F. Rn. 16; *Uhlenbruck/Sternal* InsO, § 303 Rn. 8). Die formelle Rechtskraft tritt mit Unanfechtbarkeit der Entscheidung über die Erteilung der Restschuldbefreiung ein.

20 **Unanwendbar** ist § 303 InsO vor Rechtskraft der Entscheidung über die Erteilung der Restschuldbefreiung, also während der Treuhandperiode, nach Ende der Abtretungsfrist, aber vor der Entscheidung über die Restschuldbefreiung und nach Erteilung der Restschuldbefreiung vor Eintritt der formellen Rechtskraft. Eine sofortige Beschwerde gegen die Entscheidung nach § 300 Abs. 1 InsO hemmt den Eintritt der Rechtskraft für die gesamte Entscheidung (vgl. *Stein/Jonas-Münzberg* ZPO, § 705 Rn. 2, 8) und schiebt die nach § 303 Abs. 2 InsO maßgebende Widerrufsfrist hinaus. Bei Kenntniserlangung während eines Rechtsmittelverfahrens muss der Insolvenzgläubiger einen Versagungsantrag stellen, um nicht mit seinem Recht präkludiert zu werden. Ist eine sofortige Beschwerde gegen die Erteilung der Restschuldbefreiung nicht statthaft, tritt die Rechtskraft bereits mit Verkündung, Zustellung oder öffentlicher Bekanntmachung ein.

21 Nach dem Wortlaut von § 303 Abs. 2 InsO ist zwar auf den Kenntnisstand des antragstellenden Gläubigers abzustellen, weshalb bei seiner Unkenntnis der **Wissensstand anderer Gläubiger** unschädlich wäre (MüKo-InsO/*Stephan* § 303 Rn. 14; *Uhlenbruck/Sternal* InsO, § 303 Rn. 8; A/G/R-*Weinland* § 303 InsO a.F. Rn. 17; *Döbereiner* Restschuldbefreiung nach der Insolvenzordnung, S. 263 ff.). Eine solche an ein strenges Parteiverfahren erinnernde rigorose Separierung ist im vergemeinschafteten Verfahren über den Widerruf der Restschuldbefreiung schon deswegen unzureichend, weil die Wirkungen alle Gläubiger betreffen. Zudem könnte eine missbräuchliche Umgehung der Vorschrift kaum verhindert werden. Ausschlaggebend muss demgegenüber die Funktion der §§ 303, 295 InsO sein. Soweit die Obliegenheiten dem Schutz kollektiver Interessen dienen, wie etwa die Erwerbsobliegenheiten nach § 295 Abs. 1 Nr. 1, Abs. 2 InsO, steht die Kenntnis eines Gläubigers jedem Widerrufsantrag entgegen (*Möhring* ZVI 2016, 383 [385]). Dies entspricht der Auslegung zu § 297a InsO (s. § 297a Rdn. 11 f.). Letztlich folgt diese Konsequenz auch der Reziprozität des Antragsrechts. Soweit nach der Rechtsprechung des *BGH* jeder Gläubiger einen Versagungsgrund geltend machen kann, unabhängig davon, ob er sich in seiner Person verwirklicht hat (*BGH* NZI 2007, 357 Tz. 3), muss sich entsprechend der Kenntnisstand eines Gläubigers bei den anderen Gläubigern auswirken.

II. Verurteilung wegen einer Insolvenzstraftat, § 303 Abs. 1 Nr. 2

1. Nachträglich bekannt gewordene Verurteilung, Alt. 1 InsO

22 In den **vor dem 01.07.2014** beantragten Insolvenzverfahren legitimierte eine nach dem Ende der Treuhandzeit erfolgte Verurteilung wegen einer Insolvenzstraftat keinen Widerruf der Restschuldbefreiung (*AG Göttingen* ZVI 2010, 283). Aber auch eine während der Treuhandperiode erfolgte, jedoch erst nachträglich bekannt gewordene strafrechtliche Verurteilung i.S.d. § 297 Abs. 1 InsO rechtfertigte keinen Widerruf, weil es sich dabei um keine Obliegenheitsverletzung handelt (vgl. FK-InsO/*Ahrens* 7. Aufl., § 297 Rn. 3; MüKo-InsO/*Stephan* § 303 Rn. 12; A/G/R-*Weinland* § 303 InsO a.F. Rn. 13; HK-InsO/*Waltenberger* 7. Aufl., § 303 aF Rn. 2; *Braun/Pehl* InsO, § 303 Rn. 5; *Andres/Leithaus* InsO, § 303 Rn. 2; *Smid/Krug/Haarmeyer* InsO, § 303 Rn. 3).

23 In den ab dem 01.07.2014 beantragten Insolvenzverfahren vervollständigt § 303 Abs. 1 Nr. 2 Alt. 1 InsO die Möglichkeiten, eine **strafrechtliche Verurteilung nachträglich geltend zu machen**. Für den Widerrufsgrund muss sich nachträglich ergeben haben, dass der Schuldner während der Abtretungsfrist nach Maßgabe von § 297 Abs. 1 InsO verurteilt worden ist. Dieser Widerrufsgrund schließt an § 297a i.V.m. § 290 Abs. 1 Nr. 1 InsO an, wonach eine Versagung bei objektiv im Schlusstermin bereits vorliegenden rechtskräftigen Verurteilungen zulässig ist, die sich erst nachträglich herausgestellt haben.

24 Erforderlich ist eine **Verurteilung gem. § 297 Abs. 1 InsO**. Infolge dieser Verweisung gelten die für diesen Versagungstatbestand bestehenden Voraussetzungen (s. § 297 Rdn. 4 ff., 11 ff.). Beachtlich

sind allein die Katalogstraftaten der §§ 283–283c StGB. Der Schuldner muss zudem zwischen dem Schlusstermin und dem Ende der Abtretungsfrist verurteilt worden sein. Die Verurteilung muss rechtskräftig geworden sein, wie zwar nicht aus dem Gesetzestext des § 303 Abs. 1 Nr. 2 Alt. 1 InsO, aber aus § 297 Abs. 1 InsO abzuleiten ist. Außerdem muss die Verurteilung die Grenze der Mindeststrafe erfüllen. Der Schuldner muss rechtskräftig zu einer Geldstrafe von mehr als 90 Tagessätzen oder zu einer Freiheitsstrafe von mehr als drei Monaten verurteilt worden sein (BT-Drucks. 17/11268 S. 32; *Graf-Schlicker/Kexel* InsO, § 303a Rn. 9).

Die Verurteilung muss sich **nachträglich herausgestellt** haben. Dieses Kriterium ist an § 303 Abs. 1 Nr. 1 InsO, vormals § 303 Abs. 1 InsO a.F., sowie § 297a Abs. 1 Satz 1 InsO angelehnt. Deswegen ist auf die dort maßgebende objektive Interpretation, also darauf abzustellen, ob sich die Verurteilung für alle Insolvenzgläubiger nachträglich herausgestellt hat (**a.A.** *Graf-Schlicker/Kexel* InsO, § 303a Rn. 9). 25

2. Nachträglich eingetretene Rechtskraft, Alt. 2

§ 303 Abs. 1 Nr. 2 Alt. 2 InsO normiert einen Widerrufsgrund wegen einer erst **nach Erteilung der Restschuldbefreiung** erfolgten rechtskräftigen strafrechtlichen Verurteilung. Dadurch soll verhindert werden, dass der Schuldner durch prozesstaktisches Verhalten den Eintritt der Rechtskraft verhindern und so die Restschuldbefreiung erreichen kann. Zeitlich und sachlich schließt die Regelung an die Versagungsgründe aus den §§ 290 Abs. 1 Nr. 1, 297 Abs. 1 InsO an. 26

Erforderlich ist eine **Verurteilung nach § 297 Abs. 1 InsO**. Zeitlich muss die Straftat bis zum Ende der Abtretungsfrist begangen sein, denn ein späteres Verhalten kann nicht zum rückwirkenden Entzug der Restschuldbefreiung herangezogen werden. Die Rechtskraft darf erst nach Ablauf der Abtretungsfrist eingetreten sein. Es gelten die für § 297 Abs. 1 InsO aufgestellten Anforderungen der Katalogstraftat und einer Mindeststrafe, wie sie auch nach § 303 Abs. 1 Nr. 2 Alt. 1 InsO maßgebend sind (s. Rdn. 24). In der Fallgestaltung der Entscheidung des *BGH* vom 26.06.2014 (ZInsO 2014, 1675) käme auch nach neuem Recht kein Widerruf in Betracht, weil der Schuldner keine Insolvenzstraftat begangen hat. 27

III. Verletzung von Auskunfts- und Mitwirkungspflichten, § 303 Abs. 1 Nr. 3

§ 303 Abs. 1 Nr. 3 InsO begründet einen speziellen Widerrufstatbestand für die **asymmetrischen Verfahren**. Danach kann die Restschuldbefreiung widerrufen werden, wenn der Schuldner nach Erteilung der Restschuldbefreiung seine aus der Insolvenzordnung folgenden Auskunfts- oder Mitwirkungspflichten vorsätzlich oder grob fahrlässig verletzt hat. Erforderlich ist eine Pflichtverletzung aus den §§ 97, 98, 101, 20 InsO (MüKo-InsO/*Stephan* § 303 (neu) Rn. 22), wie sie § 290 Abs. 1 Nr. 5 InsO zugrunde liegt (*Graf-Schlicker/Kexel* InsO, § 303a Rn. 12). Diese Pflichtverletzung muss in einem asymmetrischen Insolvenzverfahren nach Erteilung der Restschuldbefreiung erfolgt sein. Da die Pflichtverletzung erst nach dem Ende des Insolvenzverfahrens begangen worden sein kann, kommt es im Unterschied zu § 303 Abs. 1 Nr. 1 und 2 InsO nicht auf ein nachträgliches Herausstellen an (*Graf-Schlicker/Kexel* InsO, § 303a Rn. 13). Dabei werden die Auskunfts- und Mitwirkungspflichten des Schuldners durch die erteilte Restschuldbefreiung gegenständlich beschränkt. Sie bestehen nicht mehr hinsichtlich des Neuerwerbs, sondern nur soweit der Insolvenzbeschlag fortbesteht (*BGH* NZI 2016, 922 Tz. 23). Zahlt der Schuldner nach Erteilung der Restschuldbefreiung nicht die Treuhändervergütung, verwirklicht er nicht den Widerrufsgrund aus § 303 Abs. 1 Nr. 3 InsO, denn die Vergütungszahlung stellt keine insolvenzrechtliche Pflicht dar (*Weigelt* InsbürO 2014, 480 [481]). Während des Insolvenzverfahrens stellt die Vergütungszahlung keine Pflicht des Schuldners dar, weil der Vergütungsanspruch gegen die Masse gerichtet ist. Zudem fehlt die Strukturgleichheit mit einer nur im eröffneten Insolvenzverfahren möglichen Pflichtverletzung. 28

D. Widerrufsverfahren

I. Grundsätze

29 Im Widerrufsverfahren werden konstruktive **Merkmale des** nach § 296 InsO im Verlauf der Treuhandzeit zulässigen **Versagungsverfahrens** mit Prinzipien des Wiederaufnahmerechts der §§ 578 ff. ZPO verbunden. Vor allem die gesetzlich positivierten Voraussetzungen der Widerrufsregeln, vom Antragserfordernis über die Glaubhaftmachung bis hin zur Anhörung, weisen ihre Nähe zu den Versagungsvorschriften aus. Mit diesen Regelungen sind zwar einige unabdingbare Eckpunkte des Anfechtungsverfahrens markiert, nicht aber seine inneren Strukturen bestimmt. Seine Zielsetzung weist eine weitgehende Konkordanz mit einer Wiederaufnahme des Verfahrens aus (vgl. Rdn. 10), deren Grundgedanken auch die Widerrufsvorschriften prägen. Am Modell der Wiederaufnahmevorschriften ist deshalb im Einzelnen, freilich nicht insgesamt, das Widerrufsverfahren zu orientieren.

30 Über den Widerrufsantrag ist in einem **zweistufigen Verfahren** zu entscheiden (ebenso *Andres/Leithaus* InsO, § 303 Rn. 9). In einem ersten Abschnitt ist über die Zulässigkeit des Antrags zu befinden. Ist der Antrag zulässig, so hat das Gericht zu prüfen, ob er begründet ist. Erweist sich der Antrag als begründet, so muss der Beschluss über die Erteilung der Restschuldbefreiung aufgehoben und die Restschuldbefreiung versagt werden. Beide Entscheidungen sind notwendig miteinander zu verbinden. Der frühere Beschluss darf also nicht aufgehoben werden, ohne dass zugleich auch die gesetzliche Schuldbefreiung versagt wird. Eine Dreiteilung des Verfahrens, wie sie für die Wiederaufnahme vertreten wird (*RG* RGZ 75, 53 [56]; *BGH* NJW 1979, 427; *Stein/Jonas-Grunsky* ZPO, vor § 578 Rn. 31, § 590 Rn. 1 ff.; *Rosenberg/Schwab/Gottwald* Zivilprozessrecht, 17. Aufl., § 160 Rn. 24 ff.; einschränkend MüKo-ZPO/*Braun* 3. Aufl., § 590 Rn. 1), in Zulässigkeit der Wiederaufnahmeklage, Begründetheit der Wiederaufnahmeklage sowie erneute Verhandlung der Hauptsache, ist dem Widerrufsverfahren fremd.

31 Auch das Widerrufsverfahren unterliegt der Gläubigerautonomie, also einer **einseitigen Parteidisposition**. Das Verfahren darf nur aufgrund eines Gläubigerantrags durchgeführt werden, wie § 303 Abs. 1 InsO ausdrücklich bestimmt. Dabei erstreckt sich die Verfügungsfreiheit der Insolvenzgläubiger auf die Einleitung des Verfahrens sowie den Umfang der richterlichen Prüfung. Der antragstellende Gläubiger entscheidet also auch über den Verfahrensgegenstand. Andere Insolvenzgläubiger können auf den Verfahrensgegenstand allenfalls mittelbar einwirken, indem sie ebenfalls einen Antrag stellen. Dazu ist grds. jeder verfahrensbeteiligte Insolvenzgläubiger berechtigt, denn mit den Widerrufsregeln soll die Gläubigergemeinschaft geschützt werden. Zu verlangen ist eine Antragsberechtigung, weswegen der Antragsteller die Verletzung kollektiver oder eigener bzw. ihm zur Ausübung übertragener fremder individueller Rechte geltend machen muss (*Ahrens* NZI 2001, 113 [118]). Vom Gericht darf ein Widerrufsverfahren weder angeregt noch eingeleitet oder auf andere Widerrufsgründe erstreckt werden, denn auch bei einer Prüfung von Amts wegen hat das Gericht nicht von sich aus zur Erforschung der Wahrheit tätig zu werden (*RG* RGZ 160, 338 [346]).

II. Zulässigkeit

32 Erforderlich ist der **Antrag eines Insolvenzgläubigers** (zum übereinstimmenden Begriff des Insolvenzgläubigers im Versagungsverfahren s. § 290 Rdn. 217 f.). Unerlässliche Voraussetzung für die Ausübung der Verfahrensrechte und damit auch des Antrags auf Widerruf der Restschuldbefreiung ist eine Verfahrensbeteiligung (LSZ/*Kiesbye* InsO, § 303 Rn. 3; *K. Schmidt/Henning* InsO, § 303 n.F. Rn. 3; *Graf-Schlicker/Kexel* InsO, § 303a Rn. 14) und demnach eine Forderungsanmeldung. Dies gilt auch für die nach Abschluss des Verfahrens geltend gemachten, aber auf das Verfahren bezogenen Rechte, wie den Widerrufsantrag (BT-Drucks. 17/11268 S. 26; *Rugullis* ZInsO 2016, 2072 [2074 f.]). Für den Antrag ist keine besondere Form vorgeschrieben, weshalb er schriftlich oder zu Protokoll der Geschäftsstelle gestellt werden kann (*K. Schmidt/Henning* InsO, § 303 n.F. Rn. 3).

33 Der Antrag ist nur zulässig, wenn er **innerhalb eines Jahres** nach der Rechtskraft der Entscheidung über die Restschuldbefreiung gestellt wird, § 303 Abs. 2 InsO. Andere bereits präkludierte Wider-

rufsgründe können nach Ablauf der Frist nicht mehr nachgeschoben werden, wie es der Rspr. zu § 586 Abs. 2 Satz 2 ZPO entspricht (vgl. *RG* RGZ 64, 224 [227]; offengelassen in *RG* RGZ 168, 225 [230 f.]; s.a. *Stein/Jonas-Grunsky* ZPO, § 578 Rn. 5; anders MüKo-ZPO/*Braun* 3. Aufl., § 586 Rn. 13). Bei der Jahresfrist handelt es sich um eine Ausschlussfrist (A/G/R-*Weinland* § 303 InsO a.F. Rn. 7). Eine Wiedereinsetzung in den vorigen Stand ist im Fall einer versäumten Antragsfrist ausgeschlossen (MüKo-InsO/*Stephan* § 303 Rn. 8; *Uhlenbruck/Sternal* InsO, § 303 Rn. 27; LSZ/*Kiesbye* InsO, § 303 Rn. 4). Die Fristberechnung erfolgt gem. den §§ 4 InsO, 222 Abs. 1 ZPO, 187 f. BGB, also nicht nach § 139 Abs. 1 InsO (A/G/R-*Weinland* § 303 InsO a.F. Rn. 8).

Ein Widerruf nach **§ 303 Abs. 1 Nr. 3 InsO** kann bis zu **sechs Monate** nach rechtskräftiger Aufhebung des Insolvenzverfahrens beantragt werden. Hierbei ist von einer alternativen, d.h. eigenen sechsmonatigen Frist nach rechtskräftiger Aufhebung des Insolvenzverfahrens auszugehen. Dieses Datum kann später als ein Jahr nach Erteilung der Restschuldbefreiung liegen. 34

Bis zur Rechtskraft der Entscheidung, mit der die Restschuldbefreiung erteilt wurde, darf der Gläubiger **keine Kenntnis vom Widerrufsgrund nach § 303 Abs. 1 Nr. 1 InsO** gehabt haben, § 303 Abs. 2 Satz 3 InsO. Um die bruchlose Abstimmung mit den Versagungsregeln zu gewährleisten, ist die Kenntniserlangung nach den für § 296 Abs. 1 Satz 2 InsO aufgestellten Maßstäben (dazu s. § 296 Rdn. 49 ff.) zu bestimmen. Für den unterschiedlichen Wortlaut einerseits des § 296 Abs. 1 Satz 2 InsO und andererseits des § 303 Abs. 2 InsO sind redaktionelle, nicht jedoch sachliche Gründe ausschlaggebend. Dementsprechend ist eine Kenntnis der rechtsbegründenden Tatsachen genügend, auf deren Grundlage ein Widerrufsantrag mit einigermaßen sicherer Aussicht auf Erfolg gestellt werden kann. Eine zutreffende rechtliche Würdigung ist aber nicht erforderlich. Besaß der Gläubiger vor einer rechtskräftig erteilten Restschuldbefreiung die für einen Versagungsantrag erforderliche Kenntnis und hätte er deswegen einen solchen Antrag stellen können, ist ein Widerrufsantrag ausgeschlossen. Verfügte er nicht über den notwendigen Kenntnisstand, ist ein Widerrufsantrag insoweit begründet. Den maßgebenden Zeitpunkt, auf den für die Kenntniserlangung abzustellen ist, bildet der Eintritt der formellen Rechtskraft der Entscheidung über die Erteilung der Restschuldbefreiung (s. Rdn. 19). 35

Als weiteres Zulässigkeitserfordernis verlangt § 303 Abs. 2 Satz 2 InsO vom Antragsteller, die Voraussetzungen des Abs. 1 **glaubhaft** zu machen (zur Glaubhaftmachung vgl. insbesondere § 296 Rdn. 56 ff.). Der Insolvenzgläubiger muss im Fall von § 302 Abs. 1 Nr. 1 InsO die durch eine vorsätzliche Obliegenheitsverletzung kausal herbeigeführte erhebliche Beeinträchtigung der Gläubigerbefriedigung aufgrund von Tatsachen glaubhaft machen, die sich erst nachträglich herausgestellt haben. Insbesondere hat er also auch den Vorsatz des Schuldners und den Ursachenzusammenhang zwischen der Obliegenheitsverletzung und der erheblich beeinträchtigten Gläubigerbefriedigung glaubhaft zu machen. Damit nicht genug, muss der Antragsteller ebenfalls glaubhaft machen, dass er bis zur Rechtskraft der Entscheidung über die Erteilung der Restschuldbefreiung von diesen Umständen keine Kenntnis hatte, diese also erst nachträglich erlangt hat (ebenso MüKo-InsO/*Stephan* § 303 Rn. 5 f.; A/G/R-*Weinland* § 303 InsO a.F. Rn. 10). In den Fällen des § 303 Abs. 1 Nr. 2 InsO muss die nachträglich herausgestellte rechtskräftige Verurteilung mit den Voraussetzungen des § 297 Abs. 1 InsO bzw. eine entsprechende nach dem Ende der Abtretungsfrist erfolgte nachträgliche Verurteilung glaubhaft gemacht werden. Bei einem Widerrufsgrund nach § 303 Abs. 1 Nr. 3 InsO stimmen die Anforderungen an die Glaubhaftmachung mit denen aus § 290 Abs. 1 Nr. 5 InsO überein (s. § 290 Rdn. 250 ff.). 36

Zur Glaubhaftmachung darf sich der Gläubiger sämtlicher **präsenter Beweismittel** bedienen und auch zur Versicherung an Eides statt zugelassen werden, § 294 Abs. 1 ZPO. Zu den Einzelheiten vgl. § 296 Rdn. 57. Macht der Gläubiger diese Voraussetzungen nicht innerhalb der Jahresfrist glaubhaft, ist sein Antrag als unzulässig abzuweisen. Ebenso kann eine Gegenglaubhaftmachung zur Unzulässigkeit des Antrags führen (*Uhlenbruck/Sternal* InsO, § 303 Rn. 31). 37

Aufgrund der **Zuständigkeitsbestimmung** in § 303 Abs. 1 InsO ist für die Entscheidung das **Insolvenzgericht** zuständig (A/G/R-*Weinland* § 303 InsO a.F. Rn. 20). Eine dem Rechtsgedanken aus 38

§ 584 Abs. 1 ZPO entsprechende Regelung ist für das Widerrufsverfahren nicht ausdrücklich getroffen. Nach § 584 Abs. 1 ZPO ist das Anfechtungsverfahren grds. bei dem Gericht durchzuführen, das die anzufechtende Entscheidung erlassen hat. Im Fall einer Beschwerdeentscheidung über die Erteilung der Restschuldbefreiung müsste dann entsprechend das Widerrufsverfahren vor dem Beschwerdegericht durchgeführt werden. Mit der zivilverfahrensrechtlichen Vorschrift wird aber auch die Zielsetzung verbunden, eine gleichzeitige Verhandlung der Wiederaufnahme in zwei Instanzen zu verhindern (vgl. dazu MüKo-ZPO/*Braun* 3. Aufl., § 584 Rn. 1). Da eine derartige Gefahr im Insolvenzverfahren nicht in gleicher Weise besteht, ist eine entsprechende Anwendung von § 584 Abs. 1 ZPO wohl ausgeschlossen. Die Entscheidung über den Widerruf trifft gem. § 18 Abs. 1 Nr. 3 RPflG (ab dem 21.04.2018: § 18 Abs. 1 Nr. 4 RPflG, BGBl. I 2017, S. 866) der Richter.

39 Vor der gerichtlichen Entscheidung über den Widerruf der erteilten Restschuldbefreiung sind der Schuldner und in den Fällen des § 303 Abs. 1 Nr. 1 und 3 InsO der Treuhänder oder Insolvenzverwalter zu hören, § 303 Abs. 3 Satz 1 InsO. Dazu ist der Widerrufsantrag nach §§ 4 i.V.m. § 270 Satz 1 ZPO dem Schuldner zuzustellen. Mit dieser **Anhörung** wird **rechtliches Gehör** i.S.v. Art. 103 Abs. 1 GG gewährt. Über diese Pflicht zur Anhörung hinaus ist das Insolvenzgericht zur weiteren Sachklärung berechtigt, auch die anderen Insolvenzgläubiger zu hören. Abweichend von § 296 Abs. 2 Satz 1 InsO müssen aber die anderen Insolvenzgläubiger nicht gehört werden (KS-InsO/*Vallender* 2000, S. 249 Rn. 92; *Uhlenbruck/Sternal* InsO, § 303 Rn. 33; A/G/R-*Weinland* § 303 InsO a.F. Rn. 21). Um das Gericht zu entlasten, kann die Anhörung der Verfahrensbeteiligten auch schriftlich erfolgen (Begr. des Rechtsausschusses BT-Drucks. 12/7302 S. 188, zu § 346k; KS-InsO/*Schmidt-Räntsch* 1997, S. 1177 Rn. 38).

III. Widerrufsentscheidung

40 Sind die gesetzlichen Voraussetzungen erfüllt, **widerruft** nach der Folgenanordnung des § 303 Abs. 1 InsO das **Insolvenzgericht** die **Erteilung** der Restschuldbefreiung. Damit sind zunächst die materiellrechtlichen Wirkungen einer erteilten Restschuldbefreiung aus § 301 InsO aufgehoben, also die Haftungswirkungen der Schuld wiederhergestellt. Die **Wirkungen** der Restschuldbefreiung entfallen dabei nicht nur gegenüber dem antragenden Gläubiger, wie dies § 89 Abs. 1 VglO vorsieht (vgl. *Kilger/Karsten Schmidt* VglO, § 89 Anm. 3), sondern gegenüber sämtlichen Insolvenzgläubigern (MüKo-InsO/*Stephan* § 303 Rn. 35; A/G/R-*Weinland* § 303 InsO a.F. Rn. 27; *Graf-Schlicker/Kexel* InsO, § 303 Rn. 23; *Balz* BewHi 1989, 103 [121]). Ebenso entfallen aber auch die verfahrensrechtlichen Konsequenzen dieser Entscheidung über die Restschuldbefreiung. Dem gesetzlichen Schuldbefreiungsverfahren fehlt dann aber ein Ende, weshalb es weiter vor dem Insolvenzgericht geführt werden müsste.

41 Um das Restschuldbefreiungsverfahren zu einem Abschluss zu führen, ist also die erteilte **Restschuldbefreiung zu widerrufen** und zusätzlich die **Schuldbefreiung zu versagen** (*Uhlenbruck/Sternal* InsO, § 303 Rn. 35; MüKo-InsO/*Stephan* § 303 (neu) Rn. 40; **a.A.** HK-InsO/*Waltenberger* § 303 Rn. 12; A/G/R-*Weinland* § 303 InsO a.F. Rn. 26). Allein diese zweigliedrige Entscheidung über den Widerruf und die Versagung der Restschuldbefreiung entspricht auch den Grundsätzen des § 300 Abs. 2 InsO. Aus § 300 Abs. 2 InsO wird ersichtlich, dass das Restschuldbefreiungsverfahren nach dem Ende der Treuhandzeit nur in zwei Formen endet, entweder durch eine Erteilung oder durch eine Versagung der Schuldbefreiung. Wird die Erteilung widerrufen, muss folglich die Schuldbefreiung versagt werden. Um ein Auseinanderfallen des Verfahrens zu verhindern, sind beide Entscheidungen notwendig gemeinschaftlich zu treffen. Ohne eine Versagung darf die Schuldbefreiung nicht widerrufen werden.

IV. Entscheidungswirkungen

42 Mit dem gebotenen zweiteiligen Beschluss ist allerdings noch nicht bestimmt, zu welchem **Zeitpunkt** die Beschlusswirkungen eintreten. Als Ziel des Widerrufsverfahrens wird eine negative Entscheidung über die Restschuldbefreiung angestrebt. Um diese Entscheidung treffen zu können, ist zunächst die erteilte Restschuldbefreiung ex tunc, also mit **Rückwirkung** aufzuheben (*Uhlenbruck/*

Sternal InsO, § 303 Rn. 38), wie es der Systematik im Wiederaufnahmeverfahren entspricht (*BGH* BGHZ 1, 153 [156]; *BGH* BGHZ 18, 350 [358]; *BGH* NJW 1976, 1590 [1591]; MüKo-ZPO/ *Braun* 3. Aufl., Vor § 578 Rn. 4 Fn. 6; *Stein/Jonas-Grunsky* ZPO, vor § 578 Rn. 28; *Rosenberg/ Schwab/Gottwald* Zivilprozessrecht, 17. Aufl., § 159 Rn. 4). Die Rechtskraft der Entscheidung über die Erteilung der Restschuldbefreiung wird durchbrochen und die Wirkungen aus § 301 Abs. 1 und 3 InsO werden beseitigt (*Fischinger* Haftungsbeschränkung, S. 137, spricht von einem rechtsgestaltenden gerichtlichen Hoheitsakt). Ob dieses Ergebnis auch auf einen Vergleich mit den privatrechtlichen Widerrufsrechten gestützt werden kann (wofür sich *Döbereiner* Restschuldbefreiung, S. 266, ausspricht), erscheint zweifelhaft. Allerdings werden auch nach den Widerrufsrechten der §§ 109 Abs. 1 Satz 1, 130 Abs. 1 Satz 1, 178 Satz 1, 790 Satz 1 BGB, 8 Abs. 4 Satz 1 VVG die Rechtsfolgen durch den Widerruf rückwirkend beseitigt (MüKo-BGB/*Geier* 5. Aufl., vor § 346 Rn. 19; außerdem *Staudinger/Kaiser* BGB, Vorbem zu §§ 346 ff. Rn. 119 ff.). Bei ihnen richtet sich der Widerruf jedoch gegen die Folgen einer Willenserklärung, während hier eine gerichtliche Entscheidung durch eine konträre andere gerichtliche Entscheidung aufgehoben wird. Offenbleibt aber, zu welchem Zeitpunkt der Widerruf wirkt. Für das Wiederaufnahmeverfahren hat der BGH die Konsequenz gezogen, die rückwirkende Kraft der Entscheidung bedeute, dass vom Zeitpunkt ihres Erlasses ab nunmehr rückwirkend die Verhältnisse so angesehen werden, als ob die aufgehobene Entscheidung niemals bestanden hätte (*BGH* BGHZ 18, 350 [358]). Übertragen auf das Widerrufsverfahren heißt dies, die Wirkung tritt vom Zeitpunkt ihres Erlasses mit Wirkung für die Vergangenheit ein.

Diese zeitliche Fixierung wirkt sich vor allem auf die Zulässigkeit von **Zwangsvollstreckungen** aus. 43 Nach der gesetzlichen Formulierung des § 294 Abs. 1 InsO endet zwar das Zwangsvollstreckungsverbot mit Ablauf der sieben- bzw. nach Art. 107 EGInsO fünfjährigen Laufzeit der Abtretungserklärung. Diese gesetzliche Ausdrucksweise steht jedoch nicht mit der Funktion des Schuldbefreiungsverfahrens im Einklang. Das Vollstreckungsverbot endet deshalb, wie zu § 294 Rdn. 35 ausgeführt, mit der Erteilung oder Versagung der Restschuldbefreiung. Bis zur Versagung sind Vollstreckungsmaßnahmen (dazu s. § 294 Rdn. 39 ff.) unzulässig, die deshalb auch nicht während des Widerrufsverfahrens durchgeführt werden dürfen.

Mit dem Widerruf und der Versagung der erteilten Restschuldbefreiung lebt das **Nachforderungs-** 44 **recht für alle Insolvenzgläubiger** wieder auf. Zwangsvollstreckungen gegen den Schuldner aus der Tabelle sind zulässig, § 201 Abs. 2 InsO. Dazu muss die Forderung festgestellt und der Feststellung nicht vom Schuldner widersprochen oder sein Widerspruch beseitigt worden sein, § 201 Abs. 2 Satz 1, 2 InsO. Auf einen früher erwirkten, sich mit der Eintragung in der Tabelle deckenden Titel darf daneben grds. nicht mehr zurückgegriffen werden. Durch den Auszug aus der Tabelle, aus dem die Zwangsvollstreckung betrieben werden kann, wird der frühere Titel aufgezehrt (*BGH* NJW 1998, 2364 [2365]; ZInsO 2006, 704 = EWiR 2006, 539 [*Ahrens*]; s.a. *RG* RGZ 112, 297 [300]). Als insolvenzrechtliche Neuerung können die seit der Eröffnung des Insolvenzverfahrens laufenden Zinsen als nachrangige Forderungen ebenfalls zur Tabelle festgestellt, § 39 Abs. 1 Nr. 1 InsO, also auch aus der Tabelle vollstreckt werden. Nach bisherigem Recht waren dagegen diese Zinsforderungen von der Geltendmachung in dem gesamtvollstreckungsrechtlichen Verfahren grds. ausgeschlossen, §§ 63 Nr. 1 KO, 29 Nr. 1 VglO, anders § 226 Abs. 2 Nr. 1 KO. Materiell können die Zinsansprüche auch für den Zeitraum zwischen Erteilung und Widerruf sowie Versagung der gesetzlichen Schuldbefreiung geltend gemacht werden, denn durch den Widerruf bleibt der Anspruchsgrund der Zinsforderungen bestehen. Verzugszinsen sind nur zu zahlen, wenn der Verzug vor Erteilung oder nach dem Widerruf der Restschuldbefreiung eingetreten ist (weiter *Uhlenbruck/ Sternal* InsO, § 303 Rn. 38).

V. Rechtsmittel sowie Kosten und Gebühren

Die Entscheidung ergeht durch Beschluss, gegen den dem Antragsteller und dem Schuldner gem. 45 § 303 Abs. 3 Satz 2 InsO die **sofortige Beschwerde** zusteht. Dem Beschluss muss eine Rechtsbehelfsbelehrung beigefügt werden, § 4 InsO i.V.m. § 232 ZPO. Bei einer fehlenden Rechtsbehelfsbelehrung wird nach § 233 Satz 2 ZPO ein fehlendes Verschulden an der Einhaltung der Rechtsbehelfsfrist vermutet. Wird dem Widerrufsantrag stattgegeben, so steht dem Schuldner das Rechtsmittel zu. Lehnt das Gericht den Antrag ab, ist nach der gesetzlichen Regelung der Antragsteller zur sofortigen Beschwerde berechtigt. Für die Rechtsmittel der sofortigen Beschwerde und der sofortigen weiteren Beschwerde gelten § 6 InsO sowie die §§ 4 InsO, 567 ff., 574 ff. ZPO n.F. Die rechtskräftige Entscheidung ist bei einem Widerruf durch eine zentrale und länderübergreifende Veröffentlichung im Internet bekannt zu machen, §§ 303 Abs. 3 Satz 3, 9 InsO (KS-InsO/*Fuchs* 2000, S. 1679 Rn. 224; **a.A.** MüKo-InsO/*Stephan* § 303 Rn. 34).

46 Mit den allgemeinen **Gebühren** für die Durchführung des Insolvenzverfahrens soll grds. auch die Durchführung der gesetzlichen Schuldbefreiung abgegolten sein, um diese mit der Schuldbefreiung aufgrund eines Plans gleichzustellen. Wegen der zusätzlichen Belastung des Gerichts durch Gläubigeranträge auf Widerruf der Restschuldbefreiung wird dafür aber eine Gebühr in Rechnung gestellt (Begr. zum RegE EGInsO BT-Drucks. 12/3803 S. 72). Kostenschuldner der Gebühr für den Widerrufsantrag ist der antragstellende Insolvenzgläubiger, § 23 Abs. 2 GKG, s.a. § 29 Nr. 1 GKG. Die Gebühr für den Widerrufsantrag gem. § 303 InsO beträgt EUR 35,–, KV Nr. 2350. Sie entsteht unabhängig davon, ob der Widerrufsantrag begründet war oder zurückgewiesen wurde (*LG Göttingen* ZVI 2008, 121). Im Beschwerdeverfahren entsteht eine Gebühr in Höhe von EUR 60,– gem. KV Nr. 2361, falls die Beschwerde verworfen oder zurückgewiesen wird. Falls eine Rechtsbeschwerde verworfen oder zurückgewiesen wird, entsteht eine Gebühr von EUR 120,– gem. KV Nr. 2364. Zusätzlich sind die Kosten der Veröffentlichung nach § 303 Abs. 3 Satz 3 InsO gem. KV Nr. 9004 zu entrichten. Wird in dem Widerrufsverfahren gem. § 303 InsO nach Beendigung des Insolvenzverfahrens ein **Rechtsanwalt** tätig, erhält er die Hälfte der vollen Gebühr, Nr. 3321 VV RVG. Im Beschwerdeverfahren entsteht eine halbe Gebühr, Nr. 3500 und 3513 VV RVG. Der Gegenstandswert der Gebühr ist gem. den §§ 28 Abs. 3, 23 Abs. 3 Satz 2 RVG nach billigem Ermessen aufgrund des wirtschaftlichen Interesses des Gläubigers zu bestimmen. Bei Anträgen gem. den §§ 295 f. InsO bestimmt das *LG Bochum* (ZInsO 2001, 564 [566]) nach der Hälfte des Werts der zur Tabelle angemeldeten Forderungen. Zur Verfahrenskostenstundung s. *Kohte* § 4a.

§ 303a Eintragung in das Schuldnerverzeichnis

[1]Das Insolvenzgericht ordnet die Eintragung in das Schuldnerverzeichnis nach § 882b der Zivilprozessordnung an. [2]Eingetragen werden Schuldner,
1. denen die Restschuldbefreiung nach den §§ 290, 296, 297 oder 297a oder auf Antrag eines Insolvenzgläubigers nach § 300 Absatz 3 versagt worden ist,
2. deren Restschuldbefreiung widerrufen worden ist.

[3]Es übermittelt die Anordnung unverzüglich elektronisch dem zentralen Vollstreckungsgericht nach § 882h Absatz 1 der Zivilprozessordnung. [4]§ 882c Absatz 2 und 3 der Zivilprozessordnung gilt entsprechend.

Übersicht	Rdn.		Rdn.
A. Normzweck	1	D. Rechtsbehelfe	9
B. Eintragung in das Schuldnerverzeichnis	3	E. Speicherung durch Auskunfteien	10
C. Auskunft, Löschung	7		

Literatur:
Gelbe-Haußen Redaktioneller Fehler im Gesetz zur Verkürzung des Restschuldbefreiungsverfahrens und zur Stärkung der Gläubigerrechte in § 303a InsO n.F., ZInsO 2014, 1375; *Heyer* Eintragungen in das Schuldnerverzeichnis nach § 303a InsO n.F., ZVI 2014, 244; *ders.* Insolvenzbekanntmachungen und Datenschutz, ZVI 2015, 45; s.a. § 286.

A. Normzweck

§ 303a InsO ermöglicht einen **zentralen Nachweis** über die Versagung oder den Widerruf der Restschuldbefreiung. Bislang wurden diese Daten allein von den privaten Wirtschaftsauskunfteien und nicht von einer öffentlichen Stelle gesammelt. Neben dem Geschäftsverkehr benötigen in den ab dem 01.07.2014 beantragten Insolvenzverfahren auch die Insolvenzgerichte im Rahmen der Eingangsentscheidung nach § 287a Abs. 2 Satz 1 InsO sowie die Kostenstundung die Daten. Über die Eintragung in das Schuldnerverzeichnis soll den Insolvenzgerichten auch eine verlässliche Informationsgrundlage zur Verfügung gestellt werden (BT-Drucks. 17/11268 S. 33).

Abgesehen von der Zeit, die benötigt wird, um eine aussagekräftige Datenbasis zu erstellen, ist **keine vollständige Konkordanz** zwischen den Informationsbedürfnissen und den gespeicherten Daten gelungen. Dies gilt etwa für den Versagungsgrund aus § 297 Abs. 1 InsO, der gem. § 287a Abs. 2 Satz 1 Alt. 2 InsO eine fünfjährige Sperre auslöst, aber bereits nach drei Jahren aus dem Verzeichnis gestrichen wird. Außerdem ist die Erteilung der Restschuldbefreiung als dem Schuldner positiver Umstand nicht in das Verzeichnis einzutragen (*Kübler/Prütting/Bork-Wenzel* InsO, § 303a Rn. 3). Solange Wirtschaftsauskunfteien dieses Datum speichern dürfen, ist der intendierte Schutz begrenzt. Sinnvoller wäre eine Speicherung im Schuldnerverzeichnis mit einem für die Zwecke des Insolvenzgerichts beschränkten Zugriffsrecht.

B. Eintragung in das Schuldnerverzeichnis

Nach § 303a InsO sind die **Versagungen der Restschuldbefreiung nach den §§ 290, 296, 297, 297a InsO** und auf Antrag eines Insolvenzgläubigers nach § **300 Abs. 3 InsO** sowie der **Widerruf nach § 303 InsO** in das Schuldnerverzeichnis einzutragen. Die Versagungs- oder Widerrufsentscheidungen müssen rechtskräftig sein, denn sonst steht die Versagung oder der Widerruf nicht endgültig fest (MüKo-InsO/*Stephan* § 303a (neu) Rn. 5; *Uhlenbruck/Sternal* InsO, § 303a Rn. 4; K. Schmidt/ *Henning* InsO, § 303a n.F. Rn. 3; **a.A.** *A/G/R-Weinland* § 303a InsO Rn. 2). Die frühere Verweisung auf § 300 Abs. 2 InsO stellte einen redaktionellen Fehler dar (HK-InsO/*Waltenberger* § 303a Rn. 2; *Uhlenbruck/Sternal* InsO, § 303a Rn. 2; *Heyer* ZVI 2014, 244 [245] Fn. 4; *Gelbe-Haußen* ZInsO 2014, 1375). Durch die vom Rechtsausschuss eingefügte Bestimmung über den sog. Herkunftsnachweis war die Versagung sachlich unverändert in § 303 Abs. 3 InsO normiert. Dem musste zunächst durch eine korrigierende Auslegung Rechnung getragen werden. Dieser Fehler ist mit dem Gesetz zur Durchführung der Verordnung (EU) 2015/848 über Insolvenzverfahren vom 05.06.2017 (BGBl. I S. 1376) korrigiert worden.

Nicht einzutragen ist eine Versagung nach § 298 InsO, die auf einer fehlenden Kostenberichtigung durch den Schuldner beruht und auch keine Sperrfrist begründet (K. Schmidt/*Henning* InsO, § 303a n.F. Rn. 2). Ebenso wenig gespeichert wird die Erteilung der Restschuldbefreiung als eine dem Schuldner positive Tatsache.

Nach § 303a Satz 1 InsO ist die **Eintragung von Amts wegen** durch das Insolvenzgericht zu veranlassen (*Kübler/Prütting/Bork-Wenzel* InsO, § 303a Rn. 1). Weder die Gläubiger noch der Treuhänder können mit dem Schuldner vereinbaren, von einer Eintragung abzusehen (vgl. *AG Böblingen* DGVZ 2014, 174; **a.A.** *LG Berlin* DGVZ 2013, 213, beide zum Zwangsvollstreckungsverfahren). Das Insolvenzgericht übermittelt gem. § 303 Satz 3 InsO die Anordnung unverzüglich elektronisch dem zentralen Vollstreckungsgericht nach § 882h Abs. 1 ZPO. Die Eintragungsanordnung ist nach § 303a Satz 4 InsO i.V.m. § 882c Abs. 2 ZPO kurz zu begründen.

Die Eintragung erfolgt gem. § 883b Abs. 1 Nr. 3 Alt. 1 InsO. Einzutragende **Angaben** sind nach § 882b Abs. 2 ZPO Name, Vorname und Geburtsname des Schuldners sowie die Firma und deren Nummer des Registerblatts im Handelsregister, Geburtsdatum und Geburtsort des Schuldners, Wohnsitze des Schuldners oder Sitz des Schuldners einschließlich abweichender Personendaten. Eingetragen werden nach § 882b Abs. 3 ZPO außerdem Aktenzeichen und Gericht des Insolvenzverfahrens sowie der zur Eintragung führende Grund und das Datum der Entscheidung des Insolvenzgerichts.

C. Auskunft, Löschung

7   In das Schuldnerverzeichnis **kann jeder Einsicht nehmen**, der darlegt, die Angaben für Zwecke der Zwangsvollstreckung, um gesetzliche Pflichten zur Prüfung der wirtschaftlichen Zuverlässigkeit zu erfüllen, um Voraussetzungen für die Gewährung von öffentlichen Leistungen zu prüfen, um wirtschaftliche Nachteile abzuwenden, die daraus entstehen können, dass Schuldner ihren Zahlungsverpflichtungen nicht nachkommen, für Zwecke der Strafverfolgung und der Strafvollstreckung sowie zur Auskunft über ihn selbst betreffende Eintragungen zu benötigen, § 882f Satz 1 ZPO. Die Informationen dürfen nur für den Zweck verwendet werden, für den sie übermittelt worden sind. Sie sind nach Zweckerreichung zu löschen.

8   Nach § 882e Abs. 1 ZPO wird die **Eintragung im Schuldnerverzeichnis gelöscht** nach Ablauf von drei Jahren seit dem Tag der Eintragungsanordnung.

D. Rechtsbehelfe

9   Originärer Rechtsbehelf des Schuldners ist nach § 4 InsO i.V.m. § 882d Abs. 1 Satz 1 ZPO der **Widerspruch** (MüKo-ZPO/*Eickmann* § 882d Rn. 1; PG/*Olzen* § 882d ZPO Rn. 3). Dies gilt auch im Fall einer Eintragungsanordnung durch das Insolvenzgericht (a.A. MüKo-InsO/*Stephan* § 303a Rn. 8, Erinnerung). Zulässig ist auch eine einstweilige Anordnung, § 4 InsO i.V.m. § 882d Abs. 2 Satz 1 ZPO.

E. Speicherung durch Auskunfteien

10   Neben der Eintragung in das Schuldnerverzeichnis steht die ökonomische Nutzbarmachung der Daten durch Wirtschaftsauskunfteien und andere Unternehmen. Auch die Speicherung und Übermittlung der erteilten Restschuldbefreiung unterliegt den **Voraussetzungen** insbesondere **der §§ 28, 29 BDSG**. Geschäftsmäßig dürfen Daten durch Auskunfteien aus allgemein zugänglichen Quellen erhoben, gespeichert und übermittelt werden, § 29 Abs. 1 Nr. 2 BDSG (*OLG Frankfurt* NZI 2016, 188; *Heyer* ZVI 2015, 45 [48]). Die nach § 29 Abs. 1 Nr. 1 BDSG zu berücksichtigenden schutzwürdigen Interessen (Spindler/Schuster/*Nink* Recht der elektronischen Medien, 3. Aufl., § 29 BDSG Rn. 7) sollen die Speicherung der erteilten Restschuldbefreiung nicht ausschließen (*Heyer* ZVI 2015, 45 [48]). Diese Regelung soll mit Art. 7 der Europäischen Datenschutz-Richtlinie vom 24.10.1995 (Richtlinie 95/46/EG, ABlEG L 281/31) im Einklang stehen (*OLG Frankfurt* NZI 2016, 188).

11   Erst nach Ablauf der **dreijährigen Frist** aus § 35 Abs. 2 Nr. 4 BDSG besteht ein Anspruch auf Löschung der Eintragung (*OLG Karlsruhe* NZI 2016, 375 [376]). Fristbeginn ist die erstmalige Speicherung und Fristende der Ablauf des dritten Kalenderjahrs danach (*OLG Frankfurt* NZI 2016, 188). Gleiches gilt bei einem Insolvenzplan (*LG Dessau-Roßlau* ZVI 2014, 103).

Zehnter Teil[1] Verbraucherinsolvenzverfahren

Vorbemerkungen vor §§ 304 ff. InsO

Übersicht

		Rdn.			Rdn.
A.	Allgemeines	1	C.	Öffentliche Gläubiger und Erlass	18
B.	Verfahrensrechtliche Maßnahmen	10	D.	Typische Regelungen	22

Literatur:
Becker Die Beteiligung des Finanzamts am außergerichtlichen Schuldenbereinigungsverfahren, DStZ 2001, 381; *ders.* Die Zustimmung des Finanzamts zu außergerichtlichen Schuldenbereinigungsplänen, ZVI 2002, 100; *Beicht* Beratungshilfe bei außergerichtlichem Einigungsversuch durch eine gemeinnützige geeignete Stelle, ZVI 2005, 71; *Bentele* Gesamtschuld und Erlass, 2006; *Bork* Der Vergleich 1988; *Blankenburg* Der betreute Schuldner in der Insolvenz, ZVI 2016, 257; *ders.* Umsetzungsbedarf aufgrund des Entwurfs zur Restrukturierungsrichtlinie, ZInsO 2017, 241; *Ehricke* Verbraucherinsolvenz und Restschuldbefreiung in den Mitgliedstaaten der EU, ZVI 2005, 285; *Farr* Der Steuererlass als Beitrag zur Entschuldung privater Haushalte, BB 2002, 1989; *Frotscher* Besteuerung bei Insolvenz, 8. Aufl. 2014; *Fuchs/Bayer* Beratungshilfe im außergerichtlichen Teil des Verbraucherinsolvenzverfahrens, Rpfleger 2000, 1 ff.; *Grote/Pape* Verkürzung des Restschuldbefreiungsverfahrens und Stärkung der Gläubigerrechte – Bemerkungen zu dem Regierungsentwurf, ZInsO 2012, 1913 ff.; *Henning* Die Änderungen in den Verfahren der natürlichen Personen durch die Reform 2014, ZVI 2014, 7; *Hergenröder* Gütliche Erledigung der Zwangsvollstreckung als Leitprinzip, DGVZ 2012, 105 ff., 129 ff.; *ders.* Vom Forderungseinzug zum Forderungsmanagement – Zwangsvollstreckung im 21. Jahrhundert und soziale Wirklichkeit, DGVZ 2010, 201; *Hergenröder/Alsmann* Das Privatinsolvenzrecht in Skandinavien, ZVI 2010, 413 ff.; *Heuer u.a.* Der außergerichtliche Einigungsversuch, Halle 2005; *Heuschneider* Die praktischen Probleme im Verbraucherinsolvenzverfahren und in der Restschuldbefreiung nach der Insolvenzrechtsänderung, 2004; *Heyer* Die EU reformiert unser Entschuldungsrecht, ZVI 2017, 45; *Illmann* Erste Erfahrungen mit außergerichtlichen Vergleichen im Rahmen des neuen Insolvenzrechts, ZInsO 1999, 146; *Kohler-Gehrig* Außergerichtlicher Vergleich zur Schuldenbereinigung und Sanierung, 1987; *Kohte* Außergerichtliche Verfahren zum Schutz überschuldeter Verbraucher, Festschrift für Remmers, 1995, S. 479; *Kohte/Kemper* Kein Ausweg aus dem Schuldenturm, Blätter der Wohlfahrtspflege 1993, 81; *Künne* Außergerichtliche Vergleichsordnung, 7. Aufl. 1968; *Landmann* Beratungshilfe zur Vorbereitung und Durchführung des außergerichtlichen Einigungsversuchs nach der InsO?, Rpfleger 2000, 196; *Lissner* Beratungshilfe im Insolvenzverfahren, ZInsO 2012, 104; *Madaus* Einstieg in die ESUG – Evaluation – für einen konstruktiven Umgang mit den europäischen Ideen für einen präventiven Restrukturierungsrahmen, NZI 2017, 329; *Reill-Ruppe* Anspruch und Wirklichkeit des Restschuldbefreiungsverfahrens, 2013; *Saager* Stephan-Kommission: Vorschläge zur Stärkung der außergerichtlichen Einigung im Privatinsolvenzverfahren, ZVI 2016, 213; *Schönen* Verbraucherinsolvenzrecht im internationalen Vergleich unter besonderer Berücksichtigung der Vorschriften zur Restschuldbefreiung, ZVI 2009, 229 und ZVI 2010, 81; *Groß* Beratungshilfe, 13. Aufl. 2015; *Stephan* Die Streichung der §§ 307–310 InsO im Regierungsentwurf, VIA 2012, 65 ff.; *ders.* Der Kommissionsvorschlag für eine Richtlinie über präventive Restrukturierungsmaßnahmen und das deutsche Verbraucherinsolvenzverfahren, VIA 2017, 9; *Strassfeld* Gewährung von Beratungshilfe, SGb 2010, 263; *Vallender* Erste gerichtliche Erfahrungen mit dem Verbraucherinsolvenzverfahren, ZIP 1999, 125; *ders.* Anwaltliche Gebühren im Verbraucherinsolvenz- und Restschuldbefreiungsverfahren, MDR 1999, 598; *ders.* Das Schutzschirmverfahren, GmbHR 2012, 450; *Veit/Reifner* Außergerichtliches Verbraucherinsolvenzverfahren, 1998; *Winter* Einstellung der Zwangsvollstreckung in der außergerichtlichen Schuldenbereinigung, Rpfleger 2002, 119.

A. Allgemeines

Die ursprüngliche Konzeption des Restschuldbefreiungsverfahrens im Regierungsentwurf zur Insolvenzordnung stieß in der Literatur und in der Anhörung des Rechtsausschusses im April 1993 auf nachhaltige Kritik (dazu *Haarmeyer* ZIP 1993, 883). Als wesentliche Mängel wurden vor allem hervorgehoben die strikte Verknüpfung der Restschuldbefreiung mit einem Insolvenzverfahren, das am 1

---

1 Bis zum 20.04.2018: Neunter Teil (BGBl. I 2017 S. 866).

Vorbild der Unternehmensinsolvenz ausgerichtet war; die fehlende Unterstützung der Schuldner in dem komplizierten Verfahren und umgekehrt die zu besorgende Überforderung der Justiz mit Zahl und Art der zu erwartenden Verfahren (dazu ausf. *Döbereiner* Die Restschuldbefreiung nach der Insolvenzordnung, S. 48 ff., 67 ff.; *Kohte* ZIP 1994, 184 [185]).

2 Im Rechtsausschuss wurden diese Probleme ebenfalls erkannt und diskutiert; sie waren ein Anlass, insoweit den Regierungsentwurf nachhaltig zu ändern. Auf Vorschlag des Rechtsausschusses wurde mit dem als neunter Teil eingefügten Verbraucherinsolvenzverfahren (§§ 304–314 InsO) ein neuartiger Verfahrenstyp installiert, der sich vom herkömmlichen Insolvenzrecht deutlich unterscheidet. Das Verfahren ist gekennzeichnet durch eine **dreistufige Konzeption**; auf einen obligatorischen außergerichtlichen Einigungsversuch folgt in der zweiten Stufe ein gerichtliches Schuldenbereinigungsverfahren, das wiederum auf eine vergleichsweise Regelung abzielt. Erst wenn auch dieses Verfahren gescheitert ist, wird das bisher ruhende Insolvenzverfahren wieder aufgenommen und in einer vereinfachten Form, die kostengünstiger als das klassische Insolvenzverfahren sein soll, fortgesetzt. Mit dieser Konzeption zielte der Rechtsausschuss des Bundestages zunächst auf eine Entlastung der Justiz; weiter sollte die gestufte Konzeption mit ihrer allmählichen Entwicklung den Beteiligten verdeutlichen, dass es für sie günstiger ist, sich auf der ersten oder zweiten Stufe zu einigen und auf diese Weise individuelle und flexible Lösungen finden zu können (*Pick* NJW 1995, 992 [996]; zur »**strukturbildenden Rückwirkung**« des Restschuldbefreiungsverfahrens auf das Schuldenbereinigungsverfahren *Hupe* BAG-SB Informationen 1995, 23; HK-InsO/*Waltenberger* § 305 Rn. 42).

3 Diese Struktur ist durch die **Mechanik der Verfahrenskostenstundung** nachhaltig intensiviert worden, denn die in vielen Fällen zu erwartende weitgehende Aufzehrung der Insolvenzmasse durch die nach § 53 InsO vorrangig zu befriedigenden Verfahrenskosten ist ein nachhaltiger Anreiz für ökonomisch kalkulierende Gläubiger, sich rechtzeitig im Rahmen eines außergerichtlichen oder gerichtlichen Schuldenbereinigungsplans zu einigen (s. *Kohte* § 4b Rdn. 10; HK-InsO/*Waltenberger* § 305 Rn. 6; vgl. *Kirchhof* ZInsO 2001, 1 [13]).

4 Diese Konzeption enthält neue Elemente, die zu einer sachgerechten Lösung von Verbraucherinsolvenzverfahren beitragen können. In systematischer Sicht sind im Verfahrensrecht Unternehmens- und Verbraucherinsolvenz deutlich getrennt worden, so dass die speziellen Bedingungen und Anforderungen von Verbraucherinsolvenzverfahren besser erkannt und aufgenommen werden können. Dazu rechnen wir den **Vorrang außergerichtlicher Einigung** und die im Schuldenbereinigungsverfahren enthaltenen Momente einer **Kooperation der Beteiligten**. Diese zeigen sich z.B. deutlich in den Förder- und Unterstützungspflichten der Gläubiger, die in §§ 305 Abs. 2, 310 InsO normiert sind. Zugleich wird dem Insolvenzgericht eine vergleichsfördernde Rolle zugewiesen, die vor allem in § 307 Abs. 3 InsO zum Ausdruck kommt. Das Gericht kann ernsthafte Verhandlungen über einen Prozessvergleich durch die Einstellung von Zwangsvollstreckungsmaßnahmen (§ 306 Abs. 2 InsO) wirkungsvoll unterstützen. Diese Elemente sind trotz Aufhebung der §§ 312 – 314 InsO in den §§ 304 ff. InsO weiter normiert, so dass auch nach dem 01.07.2014 die **Differenzierung zwischen Verbraucherinsolvenzverfahren und Regelinsolvenzverfahren** zu beachten ist (*Laroche* VIA 2013, 52 [53]; K. Schmidt/*Stephan* InsO, vor § 304 InsO Rn. 1).

5 Mit diesen Elementen lässt sich das Verbraucherinsolvenzverfahren dem in den letzten Jahren entwickelten **Verbraucherprozessrecht** (dazu *H. Koch* Verbraucherprozessrecht, 1990) zuordnen. In dieser Kategorie sind die verfahrensrechtlichen Besonderheiten umschrieben, die zur Realisierung materiellrechtlicher Positionen von Verbrauchern eingesetzt werden sollen. Gerade die Elemente der Förderpflichten sowie einer vorgeschalteten Schlichtung mit den Beteiligten gehören inzwischen zu den festen Kategorien des Verbraucherprozessrechts. Damit wird zugleich das bisherige Leitbild des klassischen Insolvenzgerichts nachhaltig geändert: nicht mehr gerichtsseitige Fürsorge und Ermittlungen, sondern privatautonome Einigung und gerichtliche Förderung solcher Vereinbarungen prägen das Bild.

6 Diese Korrekturen sind zu begrüßen; sie entsprechen in ihrer Zielrichtung den Regelungsstrukturen der Verbraucherinsolvenzverfahren in der Mehrzahl der anderen Nachbarstaaten (dazu ausf. *U.*

Vor §§ 304 ff.

Jahn/A. Sahm Insolvenzen in Europa, 4. Aufl. 2004; *Ehricke* ZVI 2005, 285 [290]; *Springeneer* VuR 2005, 441; *Hergenröder/Alsmann* ZVI 2007, 337; *Schönen* ZVI 2009, 229 ff. und ZVI 2010, 81 ff.; *Hergenröder* Schulden und ihre Bewältigung, 2014, S. 75 ff.). Allerdings sind im neunten Buch der InsO die erforderlichen Änderungen nicht umfassend und vollständig durchgeführt worden, so dass schwerwiegende Lücken in der Konzeption zu konstatieren sind. Die Realisierung des Beratungsbedarfs, die effektive Sicherung des Existenzminimums sowie einer fairen Kostentragung fehlen. Das Verfahren der Zustimmungsersetzung nach § 309 InsO ist noch zu kompliziert und zu wenig effektiv; das Anpassungsproblem ist ausschließlich der privatautonomen Vereinbarung zugewiesen (dazu ausf. *Kohte* ZIP 1994, 184 [186]; *Döbereiner* Die Restschuldbefreiung nach der Insolvenzordnung, S. 89 ff.). Insoweit sind vor allem die Gerichte herausgefordert, die neue Rolle trotz des lückenhaften Instrumentariums wahrnehmen zu können (anschaulich *AG Göttingen* ZIP 1999, 1365).

Besonders problematisch ist die Tatsache, dass der Vorrang außergerichtlicher Vergleiche zwar im Gesetz postuliert, jedoch nicht durch eigenständige Instrumente und Regelungen unterstützt worden ist (dazu ausf. *Kohte* FS für Remmers, 1995, S. 479, 488 ff.; auch *Grote* ZInsO 2001, 17 ff.). Die Beteiligten können nur partiell an die frühere Praxis der außergerichtlichen Vergleichsordnung (dazu *Künne* Außergerichtliche Vergleichsordnung, 7. Aufl. 1968; *Kohler-Gehrig* Außergerichtlicher Vergleich zur Schuldenbereinigung und Sanierung, 1987) anknüpfen, da diese Ordnung vor allem in der Unternehmensinsolvenz Anwendung findet und die Besonderheiten von Verbraucherinsolvenzverfahren bisher nicht aufgenommen hat. Ein besser geeigneter Orientierungspunkt ist die in den letzten knapp 20 Jahren entwickelte Praxis der Schuldnerberatungsstellen, die in vielfältiger Weise praktikable Regelungen entwickelt hat, die allerdings nicht ausschließlich auf einen Gesamtvergleich, sondern nicht selten auf eine **Kette von einzelnen Vergleichen** abzielt (dazu *Kohte* FS für Remmers, S. 479, 490). Weiteres Anschauungsmaterial liefert die Rechtsvergleichung, da in der Mehrzahl unserer Nachbarstaaten gerade außergerichtliche Vereinbarungen eine große Rolle spielen (zum Güteverfahren im französischen Recht *Köhler* ZVI 2003, 626 ff.; *G. Lutz* Verbraucherüberschuldung, 1992, S. 115 ff.; *Forsblad* Restschuldbefreiung, 1997, S. 176 ff.; zum individual voluntary agreement im englischen Recht: *J. Schulte* Die europäische Restschuldbefreiung, S. 38 ff.; zum skandinavischen Recht nur *Bogdan* ZEuP 1995, 617 ff., *Hergenröder/Alsmann* ZVI 2010, 413 ff.; MüKo-InsO/*Hegdal* 2016 Anhang Länderbericht Norwegen; zum niederländischen Recht ausf. *Laroche* Entschuldung natürlicher Personen und Restschuldbefreiung nach deutschem und niederländischem Recht, 2003; *Schönen* ZVI 2010, 81 ff.; zum Nachlassvertrag im schweizerischen Recht Handbuch Insolvenzrecht in Europa *Strub/Jeanneret* 2010 Länderberichte). Die bisherige Praxis der außergerichtlichen Einigung im neuen Verbraucherinsolvenzverfahren bleibt trotz gewisser Fortschritte (dazu *Stephan* VIA 2012, 65 [66]) hinter diesen Anforderungen deutlich zurück (dazu *Reill-Ruppe* S. 180 ff.; *Heuer u.a.* Der außergerichtliche Einigungsversuch, 2005).

Außergerichtliche Vereinbarungen können scheitern, wenn einzelne Gläubiger dem Vertragswerk nicht zustimmen und durch Maßnahmen der Zwangsvollstreckung die Erfüllung des Vergleichs gefährden oder gar unmöglich machen (**Akkordstörer**). Während im gerichtlichen Schuldenbereinigungsverfahren nach § 309 InsO ein Zustimmungsersetzungsverfahren möglich ist, ist dieses Problem im außergerichtlichen Schuldenbereinigungsverfahren nicht geregelt worden. Dies schwächt das Postulat des Vorrangs außergerichtlicher Verfahren. In der bisherigen Gerichtspraxis sind verschiedene Lösungsmöglichkeiten erwogen worden, um das Problem des Akkordstörers lösen zu können. Dabei sind Konstruktionen, die eine gesellschaftsähnliche Verbindung der Gläubiger als rechtlich zu beachtender Interessengemeinschaft postuliert haben (dazu *Mühl* NJW 1956, 401 [403]; *Habscheid* GS für Bruns, 1980, S. 253, 261 ff.), zurückgewiesen worden (*BGH* NJW 1992, 967 [968]). Dem ist für den Regelfall zuzustimmen (*Kohte* FS für Remmers, S. 479, 500 f.; dazu auch *Ebenroth/Grashoff* BB 1992, 865 ff.; zu weitergehenden Kooperationspflichten dagegen *Eidenmüller* ZHR 1996, 343 ff.). In der grundlegenden Entscheidung des BGH ist allerdings zutreffend darauf hingewiesen worden, dass das Verhalten eines Akkordstörers rechtsmissbräuchlich sein kann, wenn das Beharren eines einzelnen Gläubigers auf der uneingeschränkten Durchsetzung seiner Forderung eine faire außergerichtliche Sanierung verhindern würde, da Gläubiger durch die Geltendmachung ihrer Rechte dem Schuldner keinen **unverhältnismäßig hohen Schaden** zufügen dürfen (*BGH* NJW 1992, 967 [970]; *Kohte* FS für Remmers, S. 501 ff.; ausdrücklich auch *ArbG Bielefeld* RsDE 27, 1995, 93 [100 f.] m. Anm. *Kohte* S. 52 [62]). Auch bei dieser Fallgruppe kann – ebenso wie bei der treuwidrigen wirtschaftlichen Überforderung (dazu vor § 286 Rdn. 16; § 302 Rdn. 24) – § 242 BGB einer weiteren Schuldbetreibung als materiellrechtliche Einwendung entgegenstehen.

9 Eine ähnliche Funktion wie Akkordstörer nehmen Inkassounternehmen ein, wenn sie spezifische Formen unlauterer Forderungsbeitreibung praktizieren, so dass faire außergerichtliche Vergleiche mit allen Gläubigern behindert werden. Ein Beispiel für eine solche **unlautere Forderungsbeitreibung** ist die Drohung mit Schufa-Eintragungen, die i. d. R. mit einer vorrangigen Anerkennung der Forderungen dieses Inkassounternehmens verbunden wird. Der BGH hat eine solche Drohung als unlauteren Wettbewerb qualifiziert, wenn und soweit den Schuldnern nicht deutlich gemacht wird, dass sie einer solchen Drohung statt durch Zahlung auch durch Bestreiten der Forderung begegnen können (*BGH* VuR 2016, 67). Auch die Drohung mit Strafanzeigen im Rahmen der Forderungsbeitreibung kann dazugehören (*LG Düsseldorf* VuR 2017 Heft 11). Nachdem inzwischen der *EuGH* (20.07.2017 – C-357/16, Gelvora) entschieden hat, dass unlautere Forderungsbeitreibung der RL 2005/29/EG zuzuordnen ist, so dass § 4a UWG in solchen Fällen anwendbar sein kann, kann dieser Form der Vertragsstörung mit den Mitteln des Lauterkeitsrechts und einer Verbandsklage nach § 2 UKlaG begegnet werden.

B. Verfahrensrechtliche Maßnahmen

10 In der konkreten Situation wird der kurzfristig erforderliche Rechtsschutz gegen eine solche Zwangsvollstreckung vor allem durch § 765a ZPO mobilisiert werden können (dazu *LG Bochum* MDR 1955, 683; *LG Berlin* DGVZ 1971, 88). Die Norm des § 765a ZPO ist schließlich auch am ehesten geeignet, **kurzfristig erforderliche Moratorien** zu ermöglichen, damit Zeit für ungestörte Verhandlungen über einen Schuldenbereinigungsplan oder einzelne Vergleiche verbleibt. Ausdrückliche Regelungen enthielt das zum 01.01.1999 novellierte Zwangsvollstreckungsrecht in **§§ 813a, 813b ZPO a. F.**; ab 2013 werden solche Moratorien durch **§§ 754, 802b ZPO n. F.** geregelt (*Hergenröder* DGVZ 2012, 105 ff. [129 ff.]). Diese Regelungen erschweren allerdings die bisherigen Moratorien (skeptisch auch *Musielak/Voit* § 802b ZPO Rn. 1); zutreffend kritisiert *Hergenröder* diesen »Systembruch« zwischen vergleichserschwerender Einzelvollstreckung und auf Vergleichsregelungen angelegter Gesamtvollstreckung (*Hergenröder* DGVZ 2010, 201 [207]). Weitergehende Vorschläge (dazu *Kohte* FS für Remmers, S. 479 [496 ff.]; *Veit/Reifner* Außergerichtliches Verbraucherinsolvenzverfahren, S. 91 f.) sind auch in den bisherigen Gesetzgebungsverfahren nicht aufgegriffen worden. Wenn der Vorrang außergerichtlicher Vergleichsverträge jedoch nicht nur auf dem Papier stehen soll, dann werden sowohl richterliche Interventionen nach § 765a ZPO als auch zusätzliche gesetzliche Klarstellungen und Regelungen des Verfahrens geboten sein. Ähnliche Maßnahmen sieht das 2011 in § 270b InsO kodifizierte **Schutzschirmverfahren** vor, das im Rahmen der Eigenverwaltung einen vorläufigen Sanierungsplan mit Vollstreckungsschutzmaßnahmen vor Eröffnung des Insolvenzverfahrens ermöglicht (zum Ablauf *Vallender* GmbHR 2012, 450 ff., zu ersten praktischen Problemen *Flöther* ZIP 2012, 1833 [1841]; *Vallender* DB 2015, 231 ff.). Ein vergleichbarer »Schutzschirm« ist auch für Verbraucher und andere natürliche Personen wieder im Anschluss an frühere Diskussionen zu organisieren. Sachdienliche Vorschläge enthielt das Eckpunktepapier der von *Guido Stephan* geleiteten Kommission (*Stephan* VIA 2012, 65 [66]; A/G/R-*Henning* § 305a InsO Rn. 1), das trotz einer beachtlichen öffentlichen Resonanz im Gesetzgebungsverfahren 2012/2013 ignoriert worden ist (zur Kritik: *Henning* ZVI 2014, 7 [8]). Ein Überblick über das Eckpunkte-Papier zeigt das Potential dieser Initiative (*Saager* ZVI 2016, 213 ff.).

11 Dynamik kann diese Diskussion gewinnen durch die **unionsrechtlichen Beratungen über den präventiven Restrukturierungsrahmen**, mit dem durch eine außergerichtliche Einigung ein gerichtliches Insolvenzverfahrens vermieden werden soll. Der Entwurf soll auch nach den eigenen Erwägungsgründen Auswirkungen auf das Privatinsolvenzrecht haben (*Stephan* VIA 2017, 9 ff.). Es wird dabei nicht nur um die Dauer des künftigen Restschuldbefreiungsverfahrens gehen (*Heyer*

Vor §§ 304 ff.

ZVI 2017, 45 ff.), sondern auch um die verfahrensrechtliche Struktur eines solchen Entschuldungsverfahrens, so dass auch solche Instrumente wie Moratorium und zeitweiliges Verbot der Zwangsvollstreckung (dazu *Blankenburg* ZInsO 2017, 241 [244 ff.]) sowie Regelungen zum Umgang mit Akkordstörern (*Madaus* NZI 2017, 329 [331]) nicht auf das Recht der Unternehmensinsolvenz beschränkt werden können.

Als Art. 7 InsOÄndG war eine Ergänzung des § 765a Abs. 4 vorgesehen, die zur Absicherung eines außergerichtlichen Einigungsversuchs eine zeitweilige Einstellung der Zwangsvollstreckung ermöglichen sollte (BT-Drucks. 14/5680, S. 14 f., 31, 33). Nach der Kritik des Bundesrats, der Verfahrensverzögerungen und organisatorielle Belastungen befürchtete (BT-Drucks 14/5680, S. 37 f.), wurde dieser Vorschlag ersatzlos gestrichen (BT-Drucks. 14/5680, S. 41). Die Erfahrungen anderer Länder – z.B. die Bedeutung der interim order in England (dazu nur *Forsblad* Restschuldbefreiung, S. 101 f.) oder des Vollstreckungsschutzes bei der freiwilligen Schuldensanierung in Norwegen (*Hergenröder/Alsmann* ZVI 2010, 413 [418]) – wurden offenkundig nicht diskutiert. Damit verbleibt weiterhin die Argumentationslast bei den Gerichten, die in geeigneten Fällen eine **einstweilige Einstellung der Zwangsvollstreckung nach § 765a ZPO** verfügen können (dazu bereits *AG Elmshorn* NZI 2000, 329 = VuR 2000, 356 m. Anm. *Kohte*; bestätigt durch *LG Itzehoe* VuR 2000, 181; weitere Beispiele bei *Winter* Rpfleger 2002, 119 [120]; *Grote/Lackmann* § 305a Rdn. 5; vgl. *BGH* VuR 2008, 273 m. Anm. *Kohte*). Nachdem inzwischen zur Sicherung des Existenzminimums § 765a ZPO auch im Insolvenzverfahren Anwendung finden kann (*BGH* ZInsO 2014, 687 [688]; *AG Siegen* VuR 2014, 68; *Busch* VuR 2014, 76 [78]), ist ein solcher ergänzender Schutz des Existenzminimums auch im Vorfeld des Insolvenzverfahrens geboten (vgl. *LG Saarbrücken* VuR 2014, 69). Im Eckpunkte-Papier der Stephan-Kommission nimmt die auf Vereinbarung beruhende einstweilige Einstellung der Zwangsvollstreckung ebenfalls einen wichtigen Platz ein (*Saager* ZVI 2016, 213 [217]).

Schließlich gehört zu den notwendigen Flankierungen eine **realistische Bewertung der anwaltlichen Gebühren beim außergerichtlichen Einigungsversuch** (zum früheren Recht *Vallender* MDR 1999, 598 ff.; *Limpert* Prozesskostenhilfe im Verbraucherinsolvenzverfahren, Diss. Würzburg 2000, S. 88 ff.). Es war daher 2001 geboten, die damals völlig unzureichende Gebührenregelung in § 132 Abs. 4 BRAGO durch Art. 4 InsOÄndG nachzubessern, auch wenn die 2001 fixierten Beträge von Anfang an als zu gering qualifiziert worden sind (*Schmerbach/Stephan* ZInsO 2000, 541 [544]; BT-Drucks. 14/5680, S. 41).

Mit der Erhöhung der Gebührensätze durch § 132 Abs. 4 BRAGO i.d.F. des InsOÄndG (BGBl. I 2001 S. 2710) sollte die Anwaltschaft für die Beratung und Vertretung überschuldeter Verbraucher motiviert werden (BT-Drucks. 14/5680, S. 41; *Graf-Schlicker/Sabel* InsO, § 305 Rn. 7). Diese Zielsetzung ist durch die Übernahme dieser Regelungen in das Vergütungsverzeichnis zum RVG bestätigt worden (*Göttlich/Mümmler* RVG, 3. Aufl. 2010, Beratungshilfe Rn. 7.8). Sie galten als VV Nr. 2601 ff. (BGBl. I 2004 S. 718, 808) und sind nach Art. 5 des KostRModG (BGBl. I 2004 S. 718, 849) seit dem 01.07.2006 als VV Nr. 2502 ff. im Vergütungsverzeichnis geregelt. Damit ist verdeutlicht worden, dass der **Beratungshilfe eine wichtige Rolle im Vorfeld des Verbraucherinsolvenzverfahrens** zukommen soll. Dies ist in der Zwischenzeit auch vom Bundesverfassungsgericht bekräftigt (*BVerfG* NJW 2003, 2668 = NZI 2003, 448 [449]) und vom BGH bestätigt worden (*BGH* ZInsO 2007, 492 = VuR 2007, 473).

Nach mehr als 10 Jahre dauernder Stagnation wurden die Gebührensätze (Überblick über die bisherigen Sätze bei FA-InsR/*Henning* 8. Aufl., Kap. 16 Rn. 74 ff.) für die anwaltliche Tätigkeit im Rahmen der außergerichtlichen Schuldenbereinigung durch Art. 8 Nr. 21 ff. des **2. Kostenrechtsmodernisierungsgesetzes** (BGBl. 2013 I S. 2586 [2694]) erhöht. Die **Grundgebühr VV 2504** bei einer Existenz von nicht mehr als 5 Gläubigern beträgt 270 € und kann bis zu 675 € erhöht werden. Bei einer Einigung wird zusätzlich nach VV 2508 eine Einigungsgebühr von 150 € berechnet (*Groß* Beratungshilfe, 13. Aufl., § 44 Rn. 50). Die Gebühren sind nach § 55 Abs. 4 RVG vom Urkundsbeamten der Geschäftsstelle festzusetzen, dem eine inhaltliche Überprüfung der Erforderlichkeit der Aktivitäten nicht zusteht. In der insolvenzgerichtlichen Praxis ist diese Erhöhung zunächst nur res-

Vor §§ 304 ff. Vorbemerkungen

triktiv angewandt und für »Null-Pläne« verweigert worden. Das OLG Stuttgart hatte sich dieser Position angeschlossen (ZInsO 2015, 206), sie in der Zwischenzeit jedoch nur auf »Null-Pläne«, nicht jedoch auf »Fast-Null-Pläne« beschränkt (Rpfleger 2017, 219). Im Anschluss an die Grundsatzentscheidung des BGH zur Legitimation von Null-Plänen (VuR 2014, 152 m. Anm. *Grote*; vgl. *Grote/Lackmann* § 305 Rdn. 47) wird inzwischen auch im Kostenrecht die restriktive Auslegung von VV 2504-2506 zutreffend abgelehnt (*OLG Köln* VuR 2017, 32 m. Anm. *Kohte*; *OLG Nürnberg* Rpfleger 2017, 402) und eine gebührenrechtliche Differenzierung zwischen den verschiedenen Planmodalitäten verworfen.

16 Die Gerichtspraxis beschränkt die Beratungshilfe auf die anwaltliche Tätigkeit im Rahmen des außergerichtlichen Einigungsversuchs (*OLG Düsseldorf* VuR 2006, 407 f.; *AG Ratingen* ZVI 2005, 629 f.; *LG Landau* NZI 2005, 639 f.; *AG Hamm* ZVI 2005, 628 f.), teilweise wurde sogar der Charakter dieser Tätigkeit als Rechtswahrnehmung verneint (*Lissner* ZInsO 2012, 105 [108]; zutr. die Kritik von *Schmerbach* § 13 Rn. 140; *K. Schmidt/Stephan* InsO, § 305 Rn. 15; *Groß* BerHG, 13. Aufl., § 1 Rn. 117). Gescheitert sind die Versuche (z.B. *Beicht* ZVI 2005, 71), die Beratungshilfe auch zur Durchführung eines Einigungsversuchs mit Hilfe anerkannter Stellen im Verbraucherinsolvenzverfahren zu nutzen. Auch das BVerfG hat gegen diese Praxis keine verfassungsrechtlichen Bedenken geäußert (*BVerfG* Rpfleger 2007, 329 f.; 2007, 206 f.). In der amtsgerichtlichen Praxis ist das Bild uneinheitlich: die frühere Ablehnung der Hilfeanträge für anwaltliche Beratung durch pauschale Verweisung der Schuldner auf die Wartelisten der Schuldnerberatung (zur Kritik: *Vallender* ZIP 1999, 125 und grds. *Vallender* Beratungshilfe, 1990, S. 85 ff. sowie *AG Köln* VuR 2000, 22 m. Anm. *Kohte*; *AG Bochum* Rpfleger 2000, 461) findet eine weniger starke Zustimmung (*AG Bad Sobernheim* Rpfleger 2007, 207; *AG Schwerte* VuR 2005, 31 m. Anm. *Kohte/Busch*; *AG Bochum* VuR 2009, 78), doch gibt es auch weiterhin restriktive Tendenzen, die durch das BVerfG korrigiert werden mussten (s. Rdn. 17). Auch in der Literatur wird die hier eingenommene Position jetzt überwiegend geteilt (dazu *Schmerbach* § 13 Rdn. 257 f.; *Schmitz-Winnenthal/Reuter* ZVI 2010, 41 (47); *Graf-Schlicker/Sabel* InsO, § 305 Rn. 7; HK-InsO/*Waltenberger* § 305 Rn. 12; *Jaeger/Eckardt* InsO, § 4a Rn. 66; *Groß* BerHG, 13. Aufl., § 1 Rn. 117; a.A. MüKo-InsO/*Ott/Vuia* 3. Aufl., § 305 Rn. 17 ff.). Ist rechtliche Beratung erforderlich, darf demnach nicht pauschal auf die Beratung durch die Schuldnerberatungsstellen verwiesen werden (s. *Schmerbach* § 13 Rdn. 258). Gleichwohl bedarf es substantiellen Vortrags, warum im Einzelfall eine Verweisung auf die Schuldnerberatung nicht zumutbar ist (*AG Kaiserslautern* ZInsO 2007, 896; *Kohte* VuR 2009, 393).

17 Unterstützt wird diese Entwicklung durch die **aktuelle verfassungsgerichtliche Judikatur**, die den für den gerichtlichen Rechtsschutz entwickelten Grundsatz, dass die Effektivität des Rechtsschutzes nicht vom Einkommen der Prozessparteien bestimmt werden dürfe, jetzt auch auf den außergerichtlichen Rechtsschutz erstreckt (*BVerfG* NJW 2009, 209 [210]; NJW 2015, 2322). Dieser Grundsatz setzt der Zumutbarkeit der Verweisung auf kostenlose sonstige Hilfen enge Grenzen (*BVerfG* NJW 2009, 3417 = VuR 2009, 391 m. Anm. *Kohte*; *BVerfG* AnwBl. 2009, 792; *Strassfeld* SGb 2010, 263). Diese Maßstäbe, die in mehreren Verfahren näher konkretisiert worden sind (*BVerfG* VuR 2011, 68; VuR 2011, 70; NJW 2011, 2711; Rpfleger 2016, 165) sind in der amtsgerichtlichen Judikatur umfassend zur Geltung zu bringen, in der ein Teil des Widerstands gespeist wird durch die generelle Ablehnung des außergerichtlichen Einigungsversuchs (deutlich *Lissner* ZInsO 2012, 104 [109]). Nach der neuen Fassung von § 1 BerHG ist bei der Verweisung auch die wirtschaftliche Lage des Antragstellers zu berücksichtigen. Danach können Antragsteller auf die Schuldnerberatung allenfalls verwiesen werden, wenn ein erstes Beratungsgespräch innerhalb von zwei Wochen erfolgt (*Köpf* in *Poller/Teubel*, Kostenhilferecht, 2014, § 1 BerHG Rn. 100; vgl. auch *Groß* BerHG, 13. Aufl., § 1 Rn. 117), das in eine zügige Intensivberatung einmündet. Nur dann ist es möglich, so dringliche Fragen wie die Nutzung der §§ 88, 131 InsO und die Einholung der Forderungsaufstellungen der Gläubiger nach § 305 Abs. 2 InsO rechtzeitig zu prüfen und in die Wege zu leiten (vgl. *Kohte* VuR 2007, 274). Die Verweisung in *AG Darmstadt* ZVI 2013, 100 auf mehrjährige Wartezeiten ist verfassungsrechtlich nicht haltbar, denn die Beratungshilfe soll Rechtswahrnehmungsgleichheit gerade in Fällen ermöglichen, in denen die Betroffenen unter Zeitdruck stehen und existentiell

Vor §§ 304 ff.

auf den Rechtsrat und die Rechtswahrnehmung angewiesen sind (*BVerfG* VuR 2011, 68 m. Anm. *Kohte* und *ders.* Rpfleger 2016, 165).

C. Öffentliche Gläubiger und Erlass

In aller Regel haben Schuldner keinen Anspruch gegen Gläubiger auf Erlass einer Forderung oder auf Abschluss eines Vergleichsvertrages. Dies gilt jedoch nicht für öffentliche Gläubiger; sowohl nach §§ 163, 227 AO als auch nach § 76 Abs. 2 SGB IV steht Schuldnern gegenüber der Finanzverwaltung sowie gegenüber den Sozialversicherungsträgern ein Anspruch auf Erlass zu, wenn die Realisierung der Forderungen des öffentlichen Gläubigers für den Schuldner »persönlich unbillig« wären. In der früheren Judikatur war eine persönliche Unbilligkeit angenommen worden, wenn der Steuerpflichtige auf den Erlass zur Sicherung seines notwendigen Lebensunterhaltes, zu dem auch eine geeignete Altersversorgung gehören kann, angewiesen war (dazu nur *BFH* BStBl. II 1981, 726 [728]; 1987, 612 [614]). Im Rahmen der früheren Konkursverfahren war ein solcher Erlass regelmäßig abgelehnt worden, da man der Ansicht war, dass dieser Erlass nicht dem Schuldner, sondern nur den anderen Gläubigern zugute komme (*FG Baden-Württemberg* EFG 1978, 4). In der Kommentarliteratur wurde und wird dagegen darauf hingewiesen, dass diese Argumentation bei einem Vergleich bei Sanierungsregelungen nicht gelten könne, wenn und weil der Schuldner bei einem wirtschaftlichen Neuanfang behindert wird (dazu *Pahlke/König/Fritsch* AO, 2. Aufl. 2009 § 227 Rn. 34; *Tipke/Kruse/Loose* AO, 136. EL 2014, § 227 Rn. 86 ff.). **18**

Für Schuldner, die ein Schuldenbereinigungsverfahren durchführen wollen, kann es sich daher anbieten, im Vorfeld eines solchen Verfahrens gegenüber öffentlichen Gläubigern unter Darlegung der Rechtslage einen Erlass zu beantragen. Bereits nach der früheren Rechtsprechung aus der Zeit der KO besteht, wenn die Voraussetzungen gegeben sind, auf einen solchen Erlass ein Rechtsanspruch (dazu nur *FG Brandenburg* EFG 1995, 1092; *BSG* NJW 1990, 342; *SG Frankfurt* NZA 1987, 328; *BVerwG* NJW 1991, 1073; zur neueren Rspr. *FG Berlin* EFG 2003, 1062; *BFH* BFH/NV 2008, 1701). Damit könnten im Vorfeld bereits schwierige Probleme bereinigt werden. Denkbar ist auch eine Vereinbarung, dass die öffentlichen Gläubiger sich verpflichten, bei einem bestimmten Ergebnis der sonstigen Vergleichsverhandlungen mit den privaten Gläubigern eine vergleichbare Quote zu akzeptieren. **19**

Die Erlasse zur Beteiligung öffentlicher Gläubiger an den außergerichtlichen und gerichtlichen Schuldenbereinigungsverfahren waren zunächst außerordentlich restriktiv formuliert (für die Finanzverwaltung BStBl. 1998 I S. 1500 ff. = ZInsO 1999, 91 ff.; partiell nachgebessert in BStBl. I. 2000 S. 1117; dazu *Becker* DStZ 2001, 381; für die damalige Bundesanstalt für Arbeit ZIP 1999, 1233 [1237 ff.]). Die 2010 nach § 217f Abs. 3 SGB V vom **GKV-Spitzenverband** beschlossenen **Beitragserhebungsgrundsätze** enthalten keine materiellen Aussagen zum Schuldenbereinigungsverfahren, sondern stellen nur die Krankenkassen frei, zusätzlich die Zustimmung der BA und der DRV einholen zu müssen (www.gkv-spitzenverband.de). Erst mit dem InsOÄndG akzeptierte auch die Finanzverwaltung zumindest im Prinzip die Möglichkeiten der außergerichtlichen und gerichtlichen Schuldenbereinigung. Das **Schreiben des BMF vom 11.01.2002** (BStBl. I 2002 S. 132 = ZVI 2002, 138 = ZInsO 2002, 271; aktualisiert in BStBl. I 2010 S. 18) orientierte sich trotz verschiedener Kritikpunkte (dazu *Becker* ZVI 2002, 100 ff.) im Wesentlichen an der Struktur des Insolvenzrechts, so dass seit diesem Zeitpunkt auch eine gewisse Änderung im Zustimmungsverhalten der Finanzämter konstatiert werden konnte. In der steuerrechtlichen Judikatur begann ein Prozess der langsamen Synchronisierung der Kategorien des § 227 AO mit den neuen insolvenzrechtlichen Kategorien (*BFH* BB 2002, 342; dazu ausf. *Farr* BB 2002, 1989 sowie *Farr* Die Besteuerung in der Insolvenz, 2005 Rn. 274; zentral *BFH* BFH/NV 2012, 552 und aus der Sozialgerichtsbarkeit *LSG NRW* 28.05.2013 – L 18 KN 138/12). **20**

Im gerichtlichen Schuldenbereinigungsverfahren sind nach zutreffender Ansicht die Finanzbehörden nicht an die engen Voraussetzungen des § 227 AO gebunden (dazu nur *Seer* in *Tipke/Lang* Steuerrecht, 22. Aufl. 2015, § 21 Rn. 375; ausf. *Loose* in *Tipke/Kruse* AO, 141. EL 2015, § 227 Rn. 16, § 251 Rn. 110, 126, 130; *Klein/Rüsken* AO, 13. Aufl., § 227 Rn. 24; *Frotscher* Besteuerung bei In- **21** solvenz, 8. Aufl., S. 343 ff.). Folgerichtig geht auch die insolvenzgerichtliche Judikatur davon aus, dass im **Zustimmungsersetzungsverfahren nach § 309 InsO ausschließlich nach insolvenzrechtlichen Kriterien** ohne die Begrenzungen der §§ 227 AO, 76 SGB IV zu entscheiden ist (*LG Koblenz* ZInsO 2000, 507; *OLG Zweibrücken* ZInsO 2001, 970; vgl. den Sachverhalt in *FG Düsseldorf* EFG 2007, 738; grundlegend *OLG Köln* ZIP 2000, 2263 = VuR 2000, 441 m. Anm. *Kohte*). Angesichts der in § 304 InsO erfolgten Einschränkungen kann es sich anbieten, dass Schuldner zunächst Teilvergleiche mit den Gläubigern schließen, die rechtlich dazu verpflichtet sind.

D. Typische Regelungen

22 Außergerichtliche Vergleichsverträge setzen voraus, dass die Beteiligten entsprechende Willenserklärungen abgegeben haben; während § 307 Abs. 2 InsO im gerichtlichen Schuldenbereinigungsverfahren das Schweigen des Gläubigers als Einverständnis mit dem Schuldenbereinigungsplan fingiert, setzt das materielle Recht grds. ausdrückliche Willenserklärungen voraus. Nur im Rahmen der tatbestandlichen Voraussetzungen des § 151 BGB kann ein Erlass oder eine Stundung einer Forderung vereinbart werden (zum Erlass *OLG Brandenburg* NJW-RR 2007, 270; weiter die beiden unterschiedlichen Sachverhalte in *BGH* NJW 1990, 1655 und 1656; *Eckardt* BB 1996, 1945 ff.); je höher die Forderung und je geringer die angebotene Abstandssumme ist, desto deutlichere Anforderungen sind an eine eindeutige Verzichtserklärung des Gläubigers zu stellen (*BGH* NJW-RR 1996, 237; NJW 2001, 2324 und 2325; NJW 2013, 778 [781]; vgl. *OLG Köln* NJW-RR 2000, 1073 und *OLG Koblenz* NJW 2003, 758; PWW/*Brinkmann* § 151 BGB Rn. 8).

23 Bei einem **Gesamtvergleich** ist es möglich, dass das Zustandekommen des Vergleichs unter der aufschiebenden Bedingung der Zustimmung sämtlicher Gläubiger steht (so als Auslegungsregel *BGH* WM 1961, 403; *Staudinger/Marburger* 2009, § 779 BGB Rn. 61; *Bork* Der Vergleich, 1988, S. 309). In solchen Fällen wird allerdings i.d.R. die Zustimmung nur der wesentlichen Gläubiger, nicht jedoch aller Kleingläubiger verlangt (dazu *BGH* WM 1985, 1151 [1152]). Aus diesem Grund entspricht es allerdings der Interessenlage der Beteiligten besser, wenn der Vergleich eindeutig und ohne Bedingung geschlossen wird; die Gläubiger, die eine Gesamtregelung für unverzichtbar halten, müssten sich dann ein Rücktrittsrecht ausdrücklich vorbehalten (*OLG München* NJW 1956, 1801; ebenso zutreffend *Habscheid* Gedenkschrift für Bruns, 1980, S. 253, 263; vgl. MüKo-BGB/*Habersack* 7. Aufl., § 779 Rn. 55). In gleicher Weise sollte die Vereinbarung und Beständigkeit eines Vergleichs nicht von einer schematischen Gleichbehandlung abhängig gemacht werden, denn in diesem Verfahrensstadium gilt § 294 Abs. 2 InsO noch nicht (HambK-InsO/*Streck/Ritter* § 305 Rn. 4); zu den Chancen des flexiblen außergerichtlichen Verfahrens gehört es, dass spezielle Regelungen für Kleingläubiger und persönliche Gläubiger getroffen werden können (so bereits *Habscheid* Gedenkschrift für Bruns, 1980, S. 261; ausf. mit Formulierungsvorschlägen *Veit/Reifner* Außergerichtliches Verbraucherinsolvenzverfahren, 1998, S. 76).

24 Außergerichtliche Erlassvereinbarungen können auch **Wirkungen zugunsten anderer Gesamtschuldner** entfalten. In der Judikatur wird einem Erlass mit einem Gesamtschuldner eine Wirkung zugunsten anderer Gesamtschuldner zugesprochen, wenn der Erlasspartner im Innenverhältnis zwischen den Gesamtschuldnern erkennbar allein verpflichtet sein soll, so dass er durch nur eine solche **beschränkte Gesamtwirkung** endgültig gegen Forderung und Regress abgesichert ist (*OLG Köln* NJW-RR 1992, 1398; zust. *BGH* NJW 2000, 1942 [1943]; NJW-RR 2005, 34; restriktiv *BGH* NJW 2012, 1071; vgl. *Staudinger/Looschelders* 2017, § 423 BGB Rn. 27; MüKo-BGB/*Bydlinski* 7. Aufl., § 423 Rn. 5). In den Principles of European Contract Law ist dies als Leitbild für den Erlass bei einer Gesamtschuld formuliert (*Bentele* Gesamtschuld und Erlass, 2006, S. 124). In der Praxis können solche Vereinbarungen zu einer Freistellung von Ehefrauen und Lebenspartnerinnen führen, die Kreditverpflichtungen der jeweiligen Ehemänner und Partner durch Schuldbeitritt abgesichert hatten (z.B. *OLG Hamm* NJW-RR 1998, 486; *OLG Bremen* NJW-RR 1998, 1745; *LG Stuttgart* NJW-RR 1994, 504; zu Vertragsgestaltungen im Schuldenbereinigungsplanverfahren: Grote/*Lackmann* § 305 Rdn. 49; Kohte/*Busch* § 308 Rdn. 6; Uhlenbruck/*Sternal* InsO, § 308 Rn. 22).

In der Gerichtspraxis sind Verfallklauseln in den letzten Jahren in erster Linie am Maßstab des AGB- 25
Rechts gemessen worden, wobei ein Wechsel vom strikten Maßstab des § 11 Nr. 6 AGBG zum flexibleren Maßstab des § 307 BGB (vorher § 9 AGBG) zu beobachten war (dazu *BGH* NJW 1985. 46 und 1705; *Wolf/Lindacher/Pfeiffer* 6. Aufl. 2013 Klauseln Rn. V 30 m. Hinw. auf *LG Bielefeld* NJOZ 2005, 224; ausf. *Reifner* BB 1985, 87 [90] und die Beispiele für mögliche Kündigungsklauseln bei *Veit/Reifner* Außergerichtliches Verbraucherinsolvenzverfahren, S. 98 ff.). Auch in den schlichten Fällen des Zahlungsverzuges wird die vorformulierte Auflösung des gesamten Vertrages mit Hilfe des § 323 BGB jetzt an § 307 BGB gemessen (*Palandt/Grüneberg* 76. Aufl., § 307 Rn. 148). Erforderlich ist regelmäßig ein qualifizierter Verzug, der sich z.B. an § 543 Abs. 2 Nr. 3 BGB orientiert (*Thüsing/von Westphalen* Vertragsrecht und AGB-Klauselwerke, 2013, Verfallklauseln Rn. 3).

Bei außergerichtlichen Vergleichsverhandlungen ist inzwischen zu beobachten, dass nicht wenige 26
Gläubiger z.B. aus dem Bereich des Versandhandels den Verbrauchern **vorformulierte Stundungs- und Tilgungsvereinbarungen** mit Vorfälligkeitsklauseln stellen, die § 307 BGB unterliegen und durch ihre kurzen Fristen und geringen Verzugsschwellen einer Inhaltskontrolle nicht standhalten dürften (beispielhaft zur Inhaltskontrolle solcher Vereinbarungen das Verbandsklageverfahren *LG Köln* VuR 2000, 232 = WM 2000, 720).

Wesentlich striktere Grenzen werden für Verfallklauseln gesetzt, wenn § 498 BGB (zu dessen Anfor- 27
derungen an Fristsetzung und Kündigung *OLG Karlsruhe* MDR 2014, 139) zur Geltung kommt (zur analogen Anwendung beim Schuldenbereinigungsplan: *AG Heilbronn* ZVI 2010, 260; vgl. *Graf-Schlicker/Sabel* § 308 Rn. 16 a.E.). Dies kann sich einmal daraus ergeben, dass die zu behandelnden Ausgangsforderungen diesem Gesetz unterliegen und – dem Normalfall entsprechend – eine Novation im Rahmen des Schuldenbereinigungsplans nicht stattfindet (*BGH* WM 1987, 1256). Von wesentlich größerer praktischer Bedeutung ist die neuere Judikatur und Literatur, die den europarechtlich geprägten Rechtsbegriff des Verbraucherkredits in der **Variante des entgeltlichen Zahlungsaufschubs** nach § 506 BGB hier ins Spiel bringt. Danach gilt auch eine Stundungsvereinbarung als Verbraucherkredit, wenn Gläubiger sich zusätzliche Zahlungen versprechen lassen, auf die sie keinen Anspruch haben. Eine besonders große Rolle spielen hier **Vergleichsgebühren**, obgleich Stundungsvereinbarungen in vielen Fällen § 779 BGB nicht zugeordnet werden können (vgl. nur *LG Tübingen* DGVZ 2001, 119 [120]). Bei außergerichtlichen Vergleichsverträgen ist insoweit bei entsprechenden Kostenregelungen regelmäßig zu prüfen, ob ein entgeltlicher Zahlungsaufschub – und damit ein Verbraucherdarlehensvertrag – vereinbart worden ist (dazu *LG Rottweil* NJW 1994, 265; *LG Köln* VuR 2000, 232 [233]; *OLG Karlsruhe* WM 2007, 590; MüKo-BGB/*Schürnbrand* 7. Aufl., § 506 Rn. 10; *Bülow* Verbraucherkreditrecht, 9. Aufl., § 491 BGB Rn. 139; Palandt/*Weidenkaff* 76. Aufl., vor § 506 BGB Rn. 6 m. Verweis auf *Martis* MDR 1998, 1189 [1194]; *Soergel/Seifert* 2014 § 506 Rn. 14; **a.A.** *Staudinger/Kessal-Wulf* 2012, § 506 BGB Rn. 12, die hier Rechtsverfolgungskosten annimmt). Selbst wenn § 506 BGB im Einzelfall nicht anwendbar sein dürfte, müsste angesichts der schwerwiegenden Konsequenzen der Auflösung eines außergerichtlichen Vergleichs das Leitbild des § 498 BGB für diesen Teilbereich eine neue Grenzlinie für die Inhaltskontrolle von Verfallklauseln nach § 307 BGB markieren (vgl. *Erman/Roloff* 13. Aufl. 2011, § 307 BGB Rn. 76; PWW/*Berger* BGB, § 309 Rn. 32; anschaulich *KG* NJW-RR 2009, 1212 [1213]). Zu beachten ist, dass seit 2016 nach § 514 BGB die Schutzvorschrift des § 498 BGB auch für unentgeltliche Darlehensverträge gilt (*Bülow* § 514 Rn. 19). In jedem Fall ist es sachgerecht, für Störungsfälle geeignete Anpassungsklauseln zu vereinbaren (Beispiele bei *Veit/Reifner* Außergerichtliches Verbraucherinsolvenzverfahren, S. 95 ff.).

§ 304 Grundsatz

(1) ¹Ist der Schuldner eine natürliche Person, die keine selbstständige wirtschaftliche Tätigkeit ausübt oder ausgeübt hat, so gelten für das Verfahren die allgemeinen Vorschriften, soweit in diesem Teil nichts anderes bestimmt ist. ²Hat der Schuldner eine selbstständige wirtschaftliche Tätig-

keit ausgeübt, so findet Satz 1 Anwendung, wenn seine Vermögensverhältnisse überschaubar sind und gegen ihn keine Forderungen aus Arbeitsverhältnissen bestehen.

(2) Überschaubar sind die Vermögensverhältnisse im Sinne von Absatz 1 Satz 2 nur, wenn der Schuldner zu dem Zeitpunkt, zu dem der Antrag auf Eröffnung des Insolvenzverfahrens gestellt wird, weniger als 20 Gläubiger hat.

Übersicht

		Rdn.			Rdn.
A.	Normzweck	1	1.	Personengesellschaftsrecht	15
B.	Gesetzliche Systematik	3	2.	Kapitalgesellschaftsrecht	18
C.	Persönlicher Anwendungsbereich des Verbraucherinsolvenzverfahrens	5	D.	Eingeschränkter Zugang früher selbstständiger Personen	22
I.	Schuldner	5	I.	Systematik	22
II.	Fehlende selbstständige wirtschaftliche Tätigkeit	8	II.	Geringfügige Selbstständigkeit	23
			III.	Überschaubare Vermögensverhältnisse	29
III.	Beginn und Ende selbstständiger wirtschaftlicher Tätigkeit	10	IV.	Keine Forderungen aus Arbeitsverhältnissen	39
IV.	Zurechnung selbstständiger wirtschaftlicher Tätigkeit?	14	E.	Verfahrensrechtliches	50

Literatur:
Beth Der unter rechtlicher Betreuung stehende Schuldner, ZInsO 2012, 316; *ders.* Amtsermittlung des Insolvenzgerichts im Eröffnungsverfahren, NZI 2014, 487; *Blankenburg* Der betreute Schuldner in der Insolvenz, ZVI 2016, 257; *Büttner* Private Vermögensverwaltung – Abgrenzung zwischen Regel- und Verbraucherinsolvenz, ZInsO 2010, 2201; *Heiderhoff* Zum Verbraucherbegriff der EuGVVO und des LugÜ, IPrax 2005, 230; *Herzog* Die Zusammenhänge von Armut, psychischer Erkrankung und Überschuldung, BtPrax 2008, 7; *Pape* Linien der Rechtsprechung des IX. Zivilsenats zu den Verfahren der natürlichen Personen, ZVI 2010, 1; *Senff* Wer ist Verbraucher im internationalen Zivilprozess?, Frankfurt/M., 2001; *Sieg* Kritische Betrachtungen zum Recht der Zwangsvollstreckung in Lebensversicherungsforderungen, in Festschrift für Klingmüller, 1974, S. 447; *Springeneer* Nachbesserungsbedarf bei der Konzeption eines Entschuldungsverfahrens, ZVI 2008, 106; *Tonner* Das Gesetz zur Umsetzung der Verbraucherrechterichtlinie, VuR 2013, 443; s.a. vor § 286.

A. Normzweck

1 Die Vorschrift bestimmt den **persönlichen Anwendungsbereich des Neunten Teils der InsO**. Sie übernahm zwar einzelne Formulierungen aus dem Anwendungsbereich der im Regierungsentwurf vorgeschlagenen Eigenverwaltung ohne Sachwalter bei Kleinverfahren (§ 347 Abs. 2 Nr. 2 EInsO – BT-Drucks. 12/2443 S. 227), löste diese jedoch aus der damaligen reinen insolvenzrechtlichen Sicht und ordnete sie in ein neues, vorwiegend verbraucherrechtlich geprägtes Konzept (dazu vor §§ 304 ff. Rdn. 1 ff.). Mit dieser Vorschrift sollte in erster Linie der Kritik Rechnung getragen werden, dass das **allgemeine Insolvenzverfahren auf Unternehmensinsolvenzen, nicht auf** die Bedürfnisse von **Verbraucherinsolvenzen zugeschnitten ist** (so *Schmidt-Räntsch* MDR 1994, 321 [322 f.]). Das neu konzipierte Verbraucherinsolvenzverfahren wurde auch auf Selbstständige angewandt, deren Tätigkeit einen bestimmten Umfang nicht überstieg. Insoweit wurde auf die ersten Vorschläge zur Verbraucherinsolvenz zurückgegriffen, die den Verbrauchern bestimmte Kleinunternehmer gleichgestellt hatten (*Scholz* ZIP 1988, 1157 [1161]).

2 Damit ist neben dem allgemeinen Insolvenzverfahren – auch nach dem 01.07.2014 (*Laroche* VIA 2013, 52) – ein erheblich **abweichendes eigenständiges Verfahren** geschaffen worden, das sich in Struktur und Zielsetzung deutlich unterscheidet (dazu *Arnold* DGVZ 1996, 129). Dieses Verfahren soll einfacher, kostensparender und flexibler einsetzbar sein (zust. *BGH* NZI 2013, 540 = VuR 2013, 306 [307] m. Anm. *Kohte*); es ist stärker mit **außergerichtlichen Einigungsverfahren** verknüpft und zielt bereits vor Eröffnung des Insolvenzverfahrens auf eine endgültige Lösung durch die Annahme eines **Schuldenbereinigungsplans**, der eine angemessene Schuldenbereinigung unter Berücksichtigung sowohl der Gläubigerinteressen als auch der Einkommens- und Familienverhältnisse des Schuldners sicherstellen soll. Dagegen wird im allgemeinen Insolvenzverfahren eine weitgehende Ge-

staltung erst nach Eröffnung des Verfahrens durch einen vom Gericht zu bestätigenden Insolvenzplan ermöglicht, der für unterschiedliche Gläubigergruppen differenzierende Regelungen ermöglicht, die gerade zur Reorganisation von Unternehmen gedacht sind (dazu *Warrikoff* KTS 1997, 527). Zwischen diesen beiden unterschiedlichen Verfahren steht den Beteiligten **kein Wahlrecht** zu; vielmehr ist für Verbraucher das Verbraucherinsolvenzverfahren zwingend (*Uhlenbruck/Sternal* InsO, § 304 Rn. 33; *Kohte* ZInsO 2002, 53). § 304 InsO bestimmt abschließend den persönlichen Anwendungsbereich dieses Verfahrens.

B. Gesetzliche Systematik

Die gesetzliche Systematik des § 304 InsO ist durch das InsOÄndG nachhaltig geändert worden. In der bis zum 30.11.2001 geltenden Fassung waren Verbraucher und Unternehmer, die eine geringfügige selbstständige wirtschaftliche Tätigkeit ausübten bzw. ausgeübt hatten, gleichgestellt. Diese umfassende Gleichstellung ist beseitigt worden. Nunmehr geht § 304 Abs. 1 Satz 1 InsO vom allgemeinen Verbraucherbegriff aus, der eine **natürliche Person** beschreibt, die **keine selbstständige wirtschaftliche Tätigkeit** ausübt. Personen, die zum Zeitpunkt der Antragstellung eine selbstständige Tätigkeit ausüben, können danach – unabhängig vom Umfang ihrer unternehmerischen Tätigkeit – generell nicht mehr dem Verbraucherinsolvenzverfahren zugeordnet werden (*BGH* NJW 2003, 591). Diese Entscheidung ist systematisch plausibel, da das Verbraucherinsolvenzverfahren für Sanierungen – auch kleiner – Unternehmen nicht geeignet ist und den Akteuren auch den Weg zur Eigenverwaltung versperrt (dazu *Grote* Rpfleger 2000, 521 [522]; anschaulich der Sachverhalt *OLG Celle* ZInsO 2000, 563). 3

Für Personen, die aktuell keine selbstständige wirtschaftliche Tätigkeit ausüben, jedoch zu einem früheren Zeitpunkt eine solche Tätigkeit ausgeübt haben, wird durch § 304 Abs. 1 Satz 2 InsO der Weg in das Verbraucherinsolvenzverfahren beschränkt. Sie können an diesem Verfahren nur teilnehmen, wenn ihre Vermögensverhältnisse überschaubar sind und keine Forderungen aus Arbeitsverhältnissen bestehen. Die Überschaubarkeit der Vermögensverhältnisse wird durch § 304 Abs. 2 InsO näher definiert. Diese Regelung hat in der Praxis zahlreiche Fragen aufgeworfen, so dass im Rahmen der verschiedenen InsO-Novellierungspläne regelmäßig eine Korrektur diskutiert wurde (dazu nur *Stephan* NZI 2004, 521 [529]; *I. Pape* NZI 2004, 601 [606]; *Springeneer* ZVI 2008, 106 [111]; MüKo-InsO/*Ott/Vuia* 2014, § 304 Rn. 70 ff.). Im Rahmen der Novellierung 2013 wurde diese Diskussion nicht mehr fortgesetzt. 4

C. Persönlicher Anwendungsbereich des Verbraucherinsolvenzverfahrens

I. Schuldner

Das Verfahren nach § 304 InsO können **nur natürliche Personen** in Anspruch nehmen. Der Begriff der natürlichen Person ist ebenso wie bei § 286 InsO zu bestimmen (s. *Ahrens* § 286 Rdn. 85). Selbstverständlich können daher auch geschäftsunfähige und beschränkt geschäftsfähige Verbraucher das Verfahren nach § 304 InsO nutzen. Das frühere Recht der Entmündigung hatte bei »Verschwendung« in §§ 6, 104 BGB a.F. eine rigorose Lösung für Fälle der Verschuldung vorgesehen. Das heutige Betreuungs- und Verbraucherinsolvenzrecht setzt dagegen nicht auf Ausgrenzung, sondern auf (Re-) Integration (vgl. vor § 286 Rdn. 35). Gleichwohl kann zur Unterstützung überschuldeter Personen und zur Vermeidung weiterer Verschuldung **Betreuung nach § 1896 BGB** für den Aufgabenkreis Vermögenssorge angeordnet werden (*Staudinger/Bienwald* 2006, § 1896 BGB Rn 77b), doch muss die Erforderlichkeit der Betreuung konkret festgestellt werden (*BGH* FamRZ 2015, 649). Zu diesem Aufgabenkreis gehört die Vertretung im Insolvenzverfahren (*LG Hamburg* NZI 2008, 570 [571]; *Beth* ZInsO 2012, 316 [318]), sowie im Verfahren über den Schuldenbereinigungsplan (*Blankenburg* ZVI 2016, 257 [258] m. Hinw. auf § 1822 Nr. 12 BGB), aber auch die Realisierung der Bereicherungsansprüche der geschäftsunfähigen betreuten Personen (*OLG München* Rpfleger 2006, 14 [15]). In solchen Fällen kann bei erheblicher Gefahr für das Vermögen im Einzelfall ein **zusätzlicher Einwilligungsvorbehalt** nach § 1903 BGB erforderlich sein (*BGH* FamRZ 2016, 627; *BayObLG* FamRZ 1997, 902 [904]; BtPrax 2001, 37; *KG* FGPrax 2007, 220 5

§ 304 InsO Grundsatz

[221]; *Erman/Roth* 2014, § 1903 BGB Rn. 8; zur strikten Prüfung der Erforderlichkeit auch im Aufgabenkreis der Vermögenssorge *BGH* FamRZ 2011, 1391 und FamRZ 2012, 1365; *OLG Köln* MDR 2005, 1114). Dagegen ist die zuweilen übliche Formulierung einer Betreuung zur »Schuldenregulierung« nicht sachgerecht, denn zur sachkundigen Vertretung im außergerichtlichen und gerichtlichen Verbraucherinsolvenzverfahren ist der Beistand durch eine Schuldnerberatung bzw. anwaltlicher Beistand geboten. Betreuer sind keine Schuldnerberater; ebenso sollten regelmäßig Schuldnerberater nicht als Betreuer eingesetzt werden (dazu *Bienwald* BtPrax 2000, 187 [190]; *BayObLG* FamRZ 2001, 1245 m. Anm. *Bienwald*; *Ley* ZVI 2003, 101 [104]). Allerdings kann es zur **Pflichtenstellung eines Betreuers** gehören, nach der gebotenen Kommunikation mit dem Betreuten ein Verbraucherinsolvenzverfahren einzuleiten und Restschuldbefreiung zu beantragen (dazu *Ley* ZVI 2003, 101 [104]; *Grönke/Jäger* ZVI 2005, 290 [298]; eindringlich *Herzog* BtPrax 2008, 7 [10]); MüKo-BGB/*Schwab* 2017, § 1896 Rn. 119). Auch für **minderjährige Schuldner** kann die Einleitung eines solchen Verfahrens ungeachtet der Regelung in § 1629a BGB geboten sein (MüKo-InsO/ *Stephan* 2014, § 286 Rn. 5).

6 Weiter verlangt § 304 InsO, dass der Schuldner keine selbstständige wirtschaftliche Tätigkeit ausübt. Diese Definition lehnt sich an den **Verbraucherbegriff** des neueren Verbraucherrechts an, der vor allem auf den neueren **europarechtlichen Regelungen zum Verbrauchervertragsrecht** beruht. Danach wird als Verbraucher eine natürliche Person qualifiziert, die bei Verträgen, die unter die jeweilige Richtlinie fallen, zu einem Zweck handelt, der nicht ihrer gewerblichen oder beruflichen Tätigkeit zugerechnet werden kann (dazu ausf. *Reich/Micklitz* Europäisches Verbraucherrecht, 2003, Rn. 138; MüKo-BGB/*Micklitz* 2015, vor §§ 13, 14 Rn. 70 ff.; *Grundmann* Europäisches Schuldvertragsrecht, 1998, S. 260; *EuGH* Slg. 1991, I – 1189 [1211]). Diese Definition ist geeignet, auch für das nationale Recht den Kern eines allgemeinen Verbraucherbegriffs zu umschreiben und ist inzwischen in **§ 13 BGB kodifiziert** (*Palandt/Ellenberger* BGB, 76. Aufl., § 13 Rn. 3; MüKo-BGB/ *Micklitz* 2015, § 13 Rn. 6 ff.) und durch das Gesetz zur Umsetzung der Verbraucherrechterichtlinie (BGBl. 2013 I S. 3642) modifiziert worden (*Tonner* VuR 2013, 443 [446]; *Wendehorst* NJW 2014, 577). Im **Verbrauchervertragsrecht** ist dieser Verbraucherbegriff in aller Regel rollenbezogen, er bezieht den Verbraucher auf einen ihm gegenüber stehenden Unternehmer, dem gegenüber ein rollenspezifischer Unterlegenenschutz erforderlich ist (dazu nur *Teske* in *Magoulas/Simon* Recht und Ökonomie beim Konsumentenschutz und Konsumentenrecht, 1985, S. 15 ff. sowie in ZIP 1986, 624 [631]; *Hommelhoff/Wiedenmann* ZIP 1993, 562 [565]; MüKo-BGB/*Schürnbrand* 2017, § 491 Rn. 12 f.).

7 Eine solche Regelungstechnik ist für das Prozessrecht nur in den Fällen sinnvoll, in denen die prozessrechtliche Sonderregelung mit einer spezifischen vertragsrechtlichen Situation verbunden ist (so z.B. § 29c ZPO für Haustürgeschäfte und § 1031 Abs. 5 ZPO für Schiedsverträge mit Verbrauchern, dazu *Zöller/Geimer* 2016, § 1031 Rn. 34; *BGH* NJW 2005, 1273 [1275]; *OLG Frankfurt* 18.02.2013 – 26 SchH 4/12). Rollenbezogen sind auch die Vorschriften für Verbrauchergeschäfte in Art. 17 ff. EuGVVO n.F. (VO Nr. 1215/2012) zuvor Art. 15 ff. EuGVVO a.F., früher 13 ff. EuGVÜ (dazu *EuGH* NJW 1993, 1251 m. Anm. *Koch* IPrax 1995, 71; *EuGH* JZ 1998, 896 m. Anm. *Mankowski*; *EuGH* NJW 2005, 653 = EuZW 2005, 241 m. Anm. *Reich*; *BGH* NJW 2003, 426 [427]; *Senff* S. 236 ff.; *Heiderhoff* IPrax 2005, 230 [231]; *Rauscher/Staudinger* EuZPR (2014), Art. 15 Brüssel I-VO Rn. 2 ff.; *Kropholler* EuGVVO, 8. Aufl., Art. 15 Rn. 6 ff.). Der EuGH hat an dieser rollenbezogenen Auslegung von Art. 17 EuGVVO und vergleichbaren Vorschriften auch in der aktuellen Rechtsprechung festgehalten (*EuGH* NJW 2014, 841 – *Vapenik* – und NJW 2015, 1581 – *Kolassa*, dazu *Musielak/Voit/Stadler* 2017 Art. 17 EuGVVO Rn. 1; *Thomas/ Putzo/Hüßtege* 2017, Art. 17 EuGVVO Rn. 1a). Für die **Zwecke eines Gesamtvollstreckungsverfahrens** ist eine solche **rollenbezogene Regelung nicht geeignet**, da Gesamtvollstreckung und Restschuldbefreiung sich notwendigerweise nicht auf einzelne Forderungen oder Forderungstypen beschränken können. Es bedarf daher hier nicht des zusätzlichen privaten Zweckbezuges des jeweiligen Vertrages; dieses gerade im AGB-Recht betonte Moment (dazu *Ulmer/Brandner/Hensen* AGB-Recht, 12. Aufl., 2016, § 310 Rn. 58.) ist hier nicht sachgerecht (so auch *Forsblad* S. 198; vgl. *Nerlich/Römermann* InsO, § 304 Rn. 7). Daher orientiert sich § 304 InsO zunächst an der Person des

Schuldners (so auch BT-Drucks. 14/5680 S. 13). Das Verbraucherinsolvenzverfahren kann daher auch zur Entschuldung von Forderungen eingesetzt werden, die aus einer früheren unternehmerischen Tätigkeit des Schuldners stammen. In der Normstruktur lehnt sich § 304 InsO an § 38 Abs. 1 ZPO an; diese Norm regelt das Prorogationsverbot ebenfalls ausschließlich **personenbezogen** ohne Anknüpfung an die jeweilige private oder geschäftliche Sphäre (*Häuser* JZ 1980, 760, 761; *Zöller/Vollkommer* ZPO, 2016, § 38 Rn. 19; PG/*Bey* ZPO, 2017, § 38 Rn. 6). Damit ist hier der Verbraucherbegriff für die spezifisch insolvenzrechtliche Zwecksetzung vereinfacht und typisiert (vgl. *Büttner* ZInsO 2011, 2201 [2203]); § 304 InsO erweist sich zugleich als eine Regelung des **Verbraucherprozessrechts** (dazu s. vor §§ 304 ff. Rdn. 6).

II. Fehlende selbstständige wirtschaftliche Tätigkeit

Mit dem Merkmal der fehlenden »selbstständigen wirtschaftlichen Tätigkeit« ist ein funktionales Kriterium gewählt worden, das weitgehend an §§ 6 HWiG a.F., 13 BGB anknüpft. Es kommt danach nicht auf die im Handelsrecht weiter übliche Unterscheidung nach dem Gewerbebegriff an, so dass zwischen Kaufleuten und freiberuflich Tätigen insoweit nicht zu differenzieren ist (zur Unternehmereigenschaft eines Zahnarztes *BGH* NJW 2003, 591 [592]; ebenso *Uhlenbruck* ZVI 2002, 49 [50]). Ebenso sind Landwirte unabhängig von der Diskussion um die Gewerblichkeit ihrer Tätigkeit (BGHZ 33, 321) § 304 Abs. 1 Satz 1 InsO nicht unterworfen. Das Merkmal der wirtschaftlichen Tätigkeit orientiert sich an dem Auftreten am Markt, so dass die Verwaltung eigenen Vermögens, wie z.B. die Vermietung einzelner Immobilien (dazu *LG Göttingen* ZVI 2007, 367 zur Abgrenzung *AG Leipzig* ZInsO 2011, 2241 [2244]) oder die Anlage auch größerer Kapitalbeträge (so zu Art. 15 EuGVVO *OLG Hamburg* IPrax 2005, 251; *OLG Frankfurt* EuZW 2009, 309) noch keine unternehmerische Tätigkeit bedeuten. Erforderlich ist eine selbstständige Tätigkeit, so dass die wirtschaftliche Tätigkeit in eigenem Namen, für eigene Rechnung und in eigener Verantwortung ausgeübt werden muss (ebenso MüKo-InsO/*Ott/Vuia* § 304 Rn. 63; *K. Schmidt/Stephan* InsO, § 304 Rn. 2; *Kniesch* Praktische Probleme, S. 46). Somit sind **Arbeitnehmer** und sonstige Beschäftigte, wie z.B. **Beamte** oder Kirchenbedienstete, **dem Verbraucherinsolvenzverfahren zuzuordnen**, sofern sie nicht zusätzlich umfangreiche eigenwirtschaftliche Tätigkeiten ausüben. Auch der Geschäftsführer einer GmbH, der nicht über die Kapitalmehrheit verfügt, übt keine selbstständige Tätigkeit aus (*Uhlenbruck/Sternal* InsO, § 304 Rn. 12; *AG Duisburg* ZVI 2008, 114). Der Begriff der Selbstständigkeit hat in diesem Zusammenhang daher keine genuin arbeitsrechtliche Bedeutung (so auch *OLG Düsseldorf* BB 1999, 1784 und zum Verbraucherkredit: *Staudinger/Kessal-Wulf* 2012, § 491 BGB Rn. 37), so dass auch Personen, die nicht als Arbeitnehmer, sondern z.B. als arbeitnehmerähnliche Personen qualifiziert werden, damit insolvenzrechtlich nicht automatisch Selbstständige sind (so auch *Andres/Leithaus* InsO, 3. Aufl. 2014, § 304 Rn. 6; ebenso methodisch die heutige Auslegung des § 850 Abs. 2 ZPO, s. dazu *Kohte/Busch* 8. Aufl., § 312 Rn. 38 ff.; Hk-ZV/*Meller-Hannich* 3. Aufl., ZPO § 850 Rn. 42). Es kommt daher für die Auslegung des § 304 InsO auch nicht unmittelbar auf die Diskussion um Selbstständigkeit und Scheinselbstständigkeit im Arbeitsleben an (dazu nur *Reinecke* ZIP 1998, 581; *Waßer* AuR 2001, 168; zuletzt *BAG* NZA 2012, 1433, NZA 2013, 1348 und NJW 2015, 572).

Erforderlich ist für die **Selbstständigkeit** ein planmäßiges Auftreten am Markt; dies verlangt das **Betreiben eines eigenen Unternehmens**; insoweit entspricht die gesetzliche Terminologie den Definitionen, mit denen im österreichischen Konsumentenschutzgesetz Verbraucher und Unternehmer abgegrenzt werden (*Krejci* KoSchG, 1986, § 1 Rn. 14 ff.; zur Bedeutung des Unternehmensbegriffs vor allem *Preis* ZHR 1994, 567 [592] sowie *Karsten Schmidt* DB 1994, 515 [516]). Daher ist die gelegentliche Nebentätigkeit eines Arbeitnehmers, die noch nicht zu einer eigenen Organisation verdichtet worden ist, keine selbstständige Erwerbstätigkeit (ebenso *Uhlenbruck/Sternal* InsO, § 304 Rn. 13; zust. auch *BGH* NZI 2011, 410 [411] = VuR 2011, 307 [308]); dagegen wird bei gefestigter Organisation auch bei nebenberuflicher Selbstständigkeit das Regelinsolvenzverfahren eröffnet (*AG Hamburg* ZVI 2004, 621 = ZInsO 2004, 1375). Ebenso üben **arbeitnehmerähnliche Personen**, die im Rahmen »freier Mitarbeit« (z.B. im Bereich der Medien, dazu *BAG* NZA 2009, 537) tätig sind, in dieser Rolle **keine selbstständige wirtschaftliche Tätigkeit** aus (dazu nur *Bülow* Verbraucherkreditrecht, 9. Aufl., § 491 Rn. 55; *Erman/Saenger* 2014, § 14 Rn. 15; MüKo-BGB/*Micklitz* 2015, § 13 Rn. 59; *Uhlenbruck/Sternal* InsO, § 304 Rn. 12; *Kübler/Prütting/Bork-Wenzel* InsO, § 304 Rn. 10). Der relativ offene Begriff der arbeitnehmerähnlichen Person kann aber auch Unternehmensinhaber einschließen (z.B. Franchisenehmer, Frachtführer und Ein-Firmen-Handelsvertreter; für das Arbeitsgerichtsverfahren vgl. dazu *BAG* NJW 1997, 2973 = BB 1997, 2220; ZIP 1997, 2208; BB 2007, 2209). In diesen Fällen kann eine selbstständige wirtschaftliche Tätigkeit vorliegen (*Preis* ZHR 1994, 608; *Andres/Leithaus* InsO, § 304 Rn. 6). Ebenso wird in der gerichtlichen Praxis eine selbständige wirtschaftliche Tätigkeit angenommen, wenn eine Person als **Strohmann** für einen Unternehmer tätig ist (*AG Ludwigshafen* NZI 2016, 497).

III. Beginn und Ende selbstständiger wirtschaftlicher Tätigkeit

10   Im Unterschied zum früheren Recht kommt dem Beginn und Ende selbstständiger wirtschaftlicher Tätigkeit nunmehr eine zentrale Bedeutung zu, da seit 2001 Personen, die eine solche Tätigkeit »ausüben«, unabhängig vom Umfang ihrer selbstständigen Tätigkeit grds. dem Regelinsolvenzverfahren zuzuweisen sind. Es ist also bei allen einschlägigen Fällen jeweils festzustellen, ob selbstständige wirtschaftlichen Tätigkeit schon oder noch ausgeübt wird.

11   Im Handelsrecht wird der Beginn der Kaufmannseigenschaft weit nach vorn verlegt; bereits die ersten am Markt sichtbaren Vorbereitungshandlungen, wie z.B. die Anmietung von Geschäftsräumen und der Abschluss von Arbeitsverträgen, begründen danach die Kaufmannseigenschaft nach § 1 HGB (*BGH* BGHZ 10, 91 [96]; MüKo-HGB/*Schmidt* 2016, § 1 Rn. 7). Ähnlich wird in der neueren Judikatur zu § 14 BGB der Beginn unternehmerischer Tätigkeit definiert (*BGH* NJW 2005, 1273 und 2008, 435; skeptisch *Stadler* JA 2008, 465 [467]). Dagegen ist im Verbraucherkreditrecht angesichts der Regelung des § 507 BGB a.F. – jetzt § 513 BGB n.F. – als Ausschlusskriterium definiert worden, dass der Kreditnehmer bereits am Markt im Rahmen selbstständiger Erwerbstätigkeit auftritt (*OLG Hamm* NJW 1992, 3179 [3180]; *BGH* NJW 1995, 722 [723]; MüKo-BGB/*Schürnbrand* 2017, § 513 Rn. 3; ähnlich MüKo-BGB/*Micklitz* 2012, § 13 Rn. 66; *Staudinger/Kannowski* § 13 BGB Rn. 59; *Bülow/Artz* 2017, § 513 Rn. 8; **a.A.** *OLG Rostock* ZVI 2003, 332 [336]; *OLG Düsseldorf* NJW 2004, 3192). Eine eindeutige Klarstellung enthält § 1 Abs. 3 des österreichischen Konsumentenschutzgesetzes, wonach Geschäfte, die vor Aufnahme des Betriebs des Unternehmens nur die Voraussetzungen dafür schaffen sollen, noch keine betriebliche Tätigkeit begründen. Diese Kategorie erscheint auch für § 304 InsO sachgerecht: Eine Eigenverwaltung kommt nach der jetzigen Rechtslage offenkundig noch nicht in Betracht, wenn ein reorganisationsfähiges Unternehmen noch nicht besteht. Solange der Schuldner noch **Vorbereitungshandlungen** zur Eröffnung des Unternehmens durchführt, die sich noch nicht zu einer betrieblichen Tätigkeit verdichtet haben, liegt noch **keine selbstständige wirtschaftliche Tätigkeit** i.S.d. § 304 InsO vor (so auch A/G/R-*Henning* § 304 InsO Rn. 38; vgl. zu einer solchen am Gemeinschaftsrecht orientierten Differenzierung zwischen materiellem und prozessrechtlichem Verbraucherbegriff *Micklitz/Purnhagen* WuB IV A § 14 BGB 1.08).

12   Wesentlich größere Probleme wirft die Bestimmung des Endes der selbstständigen wirtschaftlichen Tätigkeit auf, da Insolvenzverfahren und wirtschaftlicher Zusammenbruch unternehmerischer Tätigkeit in aller Regel eng verbunden sein dürften. Im Handelsrecht wird auch insoweit die Dauer der Kaufmannseigenschaft weit gezogen; auch im Rahmen von **Abwicklungstätigkeiten** dauert die Kaufmannseigenschaft noch an und endet erst mit vollständiger Einstellung des Betriebs (MüKo-HGB/*Schmidt* 2016, § 1 Rn. 8). Wiederum darf für die Auslegung des § 304 InsO nicht unkritisch auf die handelsrechtlichen Judikate zurückgegriffen werden. Maßgeblich ist auch hier die Abgrenzung zwischen sanierender Eigenverwaltung und Verbraucherinsolvenzverfahren. Eine Reorganisation des Unternehmens kommt danach zunächst nicht mehr in Betracht, wenn der bisherige Unternehmensträger den Betrieb übertragen hat und nach § 613a BGB nicht mehr Unternehmensträger ist (*Bork* ZIP 1999, 301 [304]). Ebenso wird in aller Regel davon auszugehen sein, dass eine selbstständige wirtschaftliche Tätigkeit beendet ist, wenn im Insolvenzverfahren des Unternehmensträgers

eine Einstellung mangels Masse nach §§ 26, 207 oder eine Einstellung nach Anzeige der Masseunzulänglichkeit nach § 211 InsO erfolgt ist.

Schließlich dürften die Fälle nicht selten sein, in denen die wirtschaftliche Tätigkeit ohne Durchführung eines Insolvenzverfahrens beendet worden ist. Hier kann als Parallelnormen auf §§ 165 Abs. 1 Nr. 3 SGB III (früher § 141b Abs. 3 Nr. 2 AFG und § 183 Abs. 1 Nr. 3 SGB III a.F.), 7 Abs. 1 Satz 3 Nr. 4 BetrAVG zurückgegriffen werden. Die dort vorgenommenen Abgrenzungen zur vollständigen Beendigung der Betriebstätigkeit (Einzelheiten bei *Gagel/Peters-Lange* SGB III, 2014, § 165 Rn. 39 ff.; *Brand/Kühl* SGB III 2015, § 165 Rn. 25 ff.; *Lakies* NZA 2000, 545 [546]) passen auch für § 304 InsO (ebenso *Gottwald/Ahrens* HdbInsR § 81 Rn. 22); allerdings kann das weitere Merkmal der offensichtlichen Masselosigkeit für § 304 InsO keine Rolle spielen; es kommt vielmehr auf die offensichtliche Reorganisationsunfähigkeit des Unternehmens nach **vollständiger Beendigung der Betriebstätigkeit** an (so auch A/G/R-*Henning* § 304 Rn 39). Ist dieser Zustand nachweislich erreicht, dann gelten auch für den bisherigen Unternehmensinhaber die §§ 305 ff. InsO. Die nach dem bisherigen Recht vom Verbraucherinsolvenzverfahren erfassten Fälle, in denen ein Unternehmer zu einem von § 304 Abs. 2 InsO a.F. erfassten Kleinunternehmer wurde (so *OLG Rostock* NZI 2001, 213 [215]), sind nunmehr dem Regelinsolvenzverfahren zugewiesen (vgl. bereits zum bisherigen Recht *OLG Celle* ZIP 2000, 802 [805]).

IV. Zurechnung selbstständiger wirtschaftlicher Tätigkeit?

Das Verbraucherinsolvenzverfahren kann nur von natürlichen Personen betrieben werden; dagegen ist das allgemeine Insolvenzverfahren nach § 11 InsO auch für Gesellschaften ohne Rechtspersönlichkeit eröffnet. Deren Insolvenzverfahren ist von dem Verfahren einer natürlichen Person zu unterscheiden. Daher ist **für Gesellschaften das Verbraucherinsolvenzverfahren generell nicht eröffnet**; die früher zu §§ 1 VerbrKrG, 24a AGBG und jetzt zu § 13 BGB geführte Diskussion, ob diese Verbraucherschutzregelungen entsprechend auch für eine von natürlichen Personen zu nicht kommerziellen Zwecken gebildete GbR angewandt werden können (vgl. nur MüKo-BGB/*Schürnbrand* § 491 Rn. 16; *Staudinger/Kannowski* 2013, § 13 BGB Rn. 35; *BGH* NJW 2002, 368; *LG Düsseldorf* WM 2011, 1990), ist daher für § 304 InsO obsolet; angesichts der spezifischen Systematik der InsO ist nicht erkennbar, dass für eine solche Ausdehnung Raum ist (ebenso *Arnold* DGVZ 1996, 131 f.; *Nerlich/Römermann* InsO, 2012 § 304 Rn. 8; HK-InsO/*Waltenberger* § 304 Rn. 5; verfehlt der Bezug von MüKo-InsO/*Ott/Vuia* 2014, § 304 Rn. 77 auf die hier nicht passende Entscheidung *BGH* NJW 2002, 368; wie hier auch HambK-InsO/*Streck/Ritter* § 304 Rn. 3).

1. Personengesellschaftsrecht

Im Handelsrecht wird überwiegend die **Kaufmannseigenschaft** nicht nur der Personenhandelsgesellschaft, sondern auch ihren **persönlich haftenden Gesellschaftern** sowie den nach § 176 HGB haftenden Kommanditisten zuerkannt (*BGH* BGHZ 45, 282 [284]; *OLG Karlsruhe* NJW-RR 1991, 493; *Schäfer* in GroßKommHGB, 2009, § 105 Rn. 79 ff.). In der neueren Literatur wird in wachsendem Umfang diese Position kritisiert; danach soll die Kaufmannseigenschaft allein der Personenhandelsgesellschaft und nicht den Gesellschaftern zustehen (dazu nur in MüKo-HGB/*Schmidt* § 1 Rn. 67 m.w.N.). Maßgeblich für diese Kritik sind unterschiedliche gesellschaftsrechtliche Einschätzungen; für die je einzelnen kaufmannsrechtlichen Normen wird insoweit eine analoge Anwendung favorisiert (dazu wiederum in MüKo-HGB/*Schmidt* § 1 Rn. 102). Für die Verbraucherinsolvenz kann somit die Entscheidung nicht aus einem vorgegebenen Kaufmannsbegriff deduziert, sondern nur aus dem Zweck des § 304 InsO entwickelt werden.

In der bisherigen prozess- und verbraucherrechtlichen Judikatur und Literatur ist eine funktionale **Gleichstellung der persönlich haftenden Gesellschafter mit der Personenhandelsgesellschaft** in zahlreichen Fällen vorgenommen worden. Das Prorogationsverbot nach § 38 Abs. 1 ZPO wird nach fast allgemeiner Auffassung auf den persönlich haftenden Gesellschafter nicht erstreckt (dazu nur *Stein/Jonas-Bork* ZPO, § 38 Rn. 10; *Schlegelberger/Karsten Schmidt* HGB, § 105 Rn. 15; *Musielak/Voit/Heinrich* ZPO, 2017, § 38 Rn. 10), da diesem Gesellschafter eine dem Vollkaufmann vergleichbare Kompetenz für solche Vereinbarungen zugesprochen wird. Zum Zweck des effektiven Rechtsschutzes und der engen Verklammerung zwischen Gesellschaft und Gesellschafter werden die persönlich haftenden Gesellschafter in § 2 ArbGG als Arbeitgeber qualifiziert (*BAG* BAGE 32, 187; *Grunsky* FS für Henckel, S. 329 [332]); die bisherigen Konkursvorrechte der Arbeitnehmer wurden in koordinierter Weise für Gesellschafts- und Gesellschafterkonkurs zur Anwendung gebracht (*BGH* BGHZ 34, 293; *BAG* BAGE 36, 356 und NZA 1994, 275; dazu *Engel* JR 1995, 44; zu Art. 15 EuGVVO *OLG Nürnberg* IPrax 2005, 248).

17 In Fortentwicklung dieser Judikatur ist nunmehr durch § 93 InsO die Gesellschafterhaftung in den Dienst der Refinanzierung der Masse (dazu *Busch* Der Insolvenzverwalter und die Überwindung der Massearmut, 2005, S. 111 ff.) gestellt worden, so dass auch in der bisher skeptischen Literatur **Gesellschafts- und Gesellschafterinsolvenz als verknüpfte Einheit** behandelt werden. Die enge Verknüpfung zwischen Gesellschafts- und Gesellschafterhaftung wird vor allem durch die für den Insolvenzplan geltende Regelung des § 227 Abs. 2 InsO dokumentiert. Danach ist es nicht sachgerecht, solange die Personengesellschaft noch eine selbstständige wirtschaftliche Tätigkeit ausübt, die persönlich haftenden Gesellschafter auf den Weg des Verbraucherinsolvenzverfahrens zu verweisen (vgl. dazu *LG Dresden* ZIP 1996, 1671 [1672] a.E.; *Wenzel* Die »Restschuldbefreiung« in den neuen Bundesländern, 1994, S. 98 ff.). Vielmehr ist ihnen die Tätigkeit der Personengesellschaft zuzurechnen, so dass auch sie eine selbstständige wirtschaftliche Tätigkeit ausüben (*BGH* ZVI 2005, 598 [599]; *LG Göttingen* ZVI 2002, 205 = ZInsO 2002, 244; *AG Göttingen* ZVI 2002, 25 = VuR 2002, 140; *AG Leipzig* ZInsO 2011, 2241 [2243]; so auch *Kübler/Prütting/Bork-Wenzel* InsO, § 304 Rn. 18; HK-InsO/*Waltenberger* § 304 Rn. 8; *Uhlenbruck/Sternal* InsO, § 304 Rn. 15; *Braun/Buck* InsO, § 304 Rn. 17; *Kohte* ZInsO 2002, 53 [55]). Sie gilt dagegen nicht für sonstige Kommanditisten, selbst wenn deren Haftung nach § 172 HGB wieder aufleben sollte, für in vergleichbarer Weise beschränkt haftende Gesellschafter einer GbR sowie für stille Gesellschafter (dazu nur *OLG Karlsruhe* NJW 1991, 2154; vgl. auch MüKo-InsO/*Ott/Vuia* § 304 Rn. 55). Persönlich unbeschränkt haftende Gesellschafter – auch einer unternehmenstragenden GbR (dazu jetzt *BGH* NJW 1999, 3483; NJW 2001, 1056) – können daher den Weg des Verbraucherinsolvenzverfahrens erst beschreiten, wenn sie aus der Gesellschaft ausgeschieden sind oder die Gesellschaft endgültig liquidiert ist (vgl. *Fuchs* ZInsO 2002, 298 [299]; *Preuß* 2. Aufl., Rn. 9).

2. Kapitalgesellschaftsrecht

18 Eindeutig erscheint die Situation im Kapitalgesellschaftsrecht: sowohl **Gesellschafter** als auch **Organmitglieder einer Kapitalgesellschaft können nicht als Kaufleute** qualifiziert werden (*BGH* BGHZ 104, 95 [98]). Gerade im Verfahrens- und Vollstreckungsrecht wird sorgfältig zwischen Gesellschaft und Gesellschafter unterschieden (*BGH* NJW 1993, 2683 [2684]). Gleichwohl wird in der Literatur (dazu nur *Häsemeyer* InsR, 4. Aufl., Rn. 29.14) der Allein- oder Mehrheitsgesellschafter einer Kapitalgesellschaft den selbstständigen Unternehmern gleichgestellt. Eine solche Zurechnung der selbstständigen wirtschaftlichen Tätigkeit der Gesellschaft zum Gesellschafter erfolgte auch in einem Teil der Judikatur zu §§ 1 VerbrKrG, 6 HWiG, die allerdings nicht personenbezogen – vom Status des Gesellschafters –, sondern forderungsbezogen – sei es von der Hauptschuld, sei es von der Struktur des Bürgschaftsvertrages – argumentierten (dazu nur *EuGH* NJW 1998, 1295 [1296]; *BGH* NJW 1998, 1939 und 2356; zur Kritik *Lorenz* NJW 1998, 2937; anders für den Schuldbeitritt jedoch *BGH* NJW 1996, 2156 [2158] und 2865; NJW 1997, 1443 [1444]). In der Literatur zum Verbraucherkreditrecht werden teilweise noch weiter differenzierende Positionen vertreten (dazu nur MüKo-BGB/*Schürnbrand* § 491 Rn. 23 ff.; *Staudinger/Kessal-Wulf* 2012 § 491 BGB Rn. 37, 41). Für verfahrensrechtliche Zwecke kann eine so intensiv gestaffelte Differenzierung jedoch nicht überzeugen. Sie widerspricht der oben (Rdn. 4 f.) erläuterten Normstruktur des § 304 InsO, die personen- und nicht forderungsbezogen ist.

19 Eine Differenzierung zwischen unternehmerischen und nichtunternehmerischen Gesellschaftern kennt auch das Recht der eigenkapitalersetzenden Darlehen, das nicht mehr im GmbHG, sondern ausschließlich in §§ 225 Abs. 1, 246 Nr. 1 i.V.m. § 39 Abs. 1 Nr. 5 und § 39 Abs. 5 InsO zu fin-

den ist (dazu jetzt *BGH* NZI 2013, 308). Die in der Wertung umstrittene Abgrenzung zwischen unternehmerischen und nichtunternehmerischen Gesellschaftern im Recht des Eigenkapitalersatzes (dazu *Karsten Schmidt* ZIP 1996, 1586 [1588]) kann für ein Gesamtvollstreckungsverfahren nicht sinnvoll herangezogen werden. Die Integration des früheren § 32a Abs. 3 Satz 2 GmbHG, der der Entfaltung von Gesellschaftern mit kleinen Anteilen diente (dazu *Seibert* GmbHR 1998, 309), in §§ 39 Abs. 1 Nr. 5, 135 InsO bekräftigt diese für § 304 InsO irrelevanten wirtschaftsrechtlichen Ziele zur Mobilisierung von Eigenkapital (vgl. *Bornemann* § 39 Rdn. 21: »relative Unverantwortlichkeit«, vgl. *Hirte* ZInsO 1998, 147 [152] und *Haas* ZInsO 2007, 617 [619]) so dass diese Normen für die Zurechnung der Tätigkeit der Gesellschaft zum Gesellschafter im Rahmen des § 304 InsO nicht eingesetzt werden können. Die klar gefasste Abgrenzung in § 138 Abs. 2 Nr. 1 InsO ist spezifisch auf die Belange der Anfechtung bezogen (s. *Dauernheim* § 138 Rdn. 14; *BGH* NJW 1996, 461) und damit ebenfalls nicht geeignet, unternehmerische und nichtunternehmerische Gesellschafter i.S.d. § 304 InsO abzugrenzen.

Ein eher trennscharfes Beispiel für eine Zurechnung selbstständiger Erwerbstätigkeit findet sich in der Judikatur zu **§ 17 Abs. 1 Satz 2 BetrAVG** (so auch *Häsemeyer* InsR, Rn. 29.14; ebenso *Staudinger/Kessal-Wulf* BGB, 2012, § 491 Rn. 39). Diese Schutzregelung wird vom BGH teleologisch auf die Personen konzentriert, die nicht für ihr eigenes Unternehmen tätig sind. Die unternehmerische Tätigkeit einer GmbH wird danach auch wesentlich beteiligten Gesellschafter-Geschäftsführern zugerechnet (*BGH* BGHZ 77, 94 [100]; ZIP 1980, 778; NZA 2008, 648; FamRZ 2014, 731; *BAG* NZA 2014, 767 [771]). In der neueren Judikatur geht es um eine Beschränkung anhand äußerer zweifelsfrei feststellbarer Kriterien, die sich bei Kapitalgesellschaften am Anteilsbesitz orientieren und ausschließlich den Mehrheitsgesellschafter erfassen sollen (vgl. *BGH* WM 2005, 1754 [1757] und *BAG* NZA-RR 2008, 32 [34]; anders die fallbezogene Abgrenzung in *BAG* NZA 2010, 1066).

Damit nähert sich der BGH der sozialrechtlichen Judikatur an, die ein Beschäftigungsverhältnis bei unternehmerischer Position eines Gesellschafters verneint. Als relativ feste Grenze ist vor allem die **50%-Beteiligung** markiert (*BSG* BB 1995, 282; NZS 1997, 432; NZS 2000, 147 [149] – ebenso für das Arbeitsrecht *BAG* NJW 1998, 3796 –; zu weiteren Konstellationen *BSG* DB 1992, 1835, [1836] und die Übersichten von *Weber* BB 1987, 408 ff. sowie *Brand/Brand* SGB III 2015, § 25 Rn. 13 ff.). Zumindest diese Grenze dürfte auf jeden Fall eine klare Zurechnung der Tätigkeit der GmbH zur Person eines solchen Gesellschafters ermöglichen, der damit auf das allgemeine Insolvenzverfahren zu verweisen ist (*Kohte* ZInsO 2002, 53 [56]). Diese Position hat sich inzwischen in der Literatur (K. *Schmidt/Stephan* InsO, § 304 Rn. 5; *Uhlenbruck/Sternal* InsO, § 304 Rn. 17; MüKo-InsO/ *Ott/Vuia* 2014, § 304 Rn. 66; *Braun/Buck* InsO, § 304 Rn. 17; HambK-InsO/*Streck/Ritter* § 304 Rn. 5b; *Kübler/Prütting/Bork-Wenzel* InsO, § 304 Rn. 10; *Andres/Leithaus* InsO, § 304 Rn. 6; A/G/R-*Henning* § 304 InsO Rn. 40; differenzierend für Gesellschafter-Geschäftsführer *Graf-Schlicker/Sabel* InsO, § 304 Rn. 10; **a.A.** mit unzutreffender rigoroser Vereinfachung *Henkel* ZVI 2013, 329) und in der Rechtsprechung durchgesetzt (*BGH* NJW 2006, 917 und VuR 2009, 271; dazu *Pape* ZVI 2010, 1 [6]; *LG Köln* ZVI 2004, 525= ZVI 2004, 673; *AG Duisburg* ZVI 2008, 114; *LG Hamburg* ZVI 2013, 56; *AG Hamburg* ZVI 2015, 140; anders mit problematischem Einzelfallbezug auch bei einer Minderheitsbeteiligung des Geschäftsführers *LG Verden* ZInsO 2017, 395).

D. Eingeschränkter Zugang früher selbstständiger Personen

I. Systematik

Während im früheren Recht die Kleingewerbetreibenden mit den Verbrauchern gleichgestellt und dieser Begriff damit erweitert wurde, wird er jetzt durch § 304 Abs. 1 Satz 2 InsO eingeschränkt. Personen, die aktuell keine selbstständige wirtschaftliche Tätigkeit ausüben, also dem allgemeinen Verbraucherbegriff unterfallen, werden jetzt vom Verbraucherinsolvenzverfahren ausgenommen, wenn sie zu einem früheren Zeitpunkt selbstständig waren (dazu BT-Drucks. 14/5680 S. 30). Andererseits gilt weiter die Erkenntnis über die **Schutzbedürftigkeit von Personen**, die sowohl als frühere Kleinunternehmer als auch in ihrer jetzigen Rolle als Verbraucher, mit »klassischen« Verbrauchern weitgehend vergleichbar sind (*Graf-Schlicker/Remmert* ZInsO 2000, 321 [322]), so dass diese

Bereichsausnahme wieder einzuschränken ist und frühere Selbstständigkeit nicht per se zum Regelinsolvenzverfahren führt.

II. Geringfügige Selbstständigkeit

23 Zunächst waren den Verbrauchern diejenigen Personen gleichgestellt worden, die eine geringfügige selbstständige wirtschaftliche Tätigkeit ausüben. In der Gesetzesbegründung (BT-Drucks. 12/7302 S. 189) wurden diese Personen als »Kleingewerbetreibende« bezeichnet. Diese Terminologie war ungenau, da § 304 InsO nicht am Gewerbebegriff orientiert ist, sondern auch natürliche Personen einbezieht, die eine landwirtschaftliche oder freiberufliche (dazu *BGH* NZI 2003, 389 [391] m. Anm. *Kohte*; vgl. *Uhlenbruck* FS für Henckel, S. 877, 891) Tätigkeit ausüben. Letztlich sollten damit alle Unternehmer erfasst werden, deren Unternehmen einen geringen Umfang hatte (*Scholz* DB 1996, 765). Eine solche Gleichstellung ist auch in der Judikatur des BGH zur Wucherähnlichkeit von Kredit- und Leasingverträgen bei der Bestimmung der personenbezogenen Merkmale wucherähnlicher Rechtsgeschäfte vorgenommen worden (*BGH* NJW 1983, 1420 [1421]; NJW-RR 1989, 1068; NJW 1995, 1019 [1022]). Sie entspricht weiter den rechtstatsächlichen Erkenntnissen, wonach die strukturelle Unterlegenheit der Träger von Kleinunternehmen vor allem gegenüber Kreditgläubigern derjenigen von Verbrauchern wesentlich näher steht als derjenigen von vollkaufmännisch organisierten Unternehmen. Folgerichtig war im Regierungsentwurf zur Handelsrechtsreform für den Wegfall der Rechtsfigur des Minderkaufmanns auch auf die Regelung des § 304 InsO Bezug genommen worden (ZIP 1997, 942 [945] = BR-Drucks. 340/97 S. 29).

24 § 304 Abs. 2 InsO a.F. lehnte sich für die Definition der geringfügigen selbstständigen wirtschaftlichen Tätigkeit an die Formulierung der §§ 2, 4 HGB a.F. an (BT-Drucks. 12/7302 S. 190); dies entsprach damaligen Tendenzen in der Literatur zur Abgrenzung des Verbraucherrechts bzw. des Unternehmensrechts (dazu *Preis* ZHR 1994, 608 ff.; *K. Schmidt* DB 1994, 515 [517]). Der Ausschluss der Kleinunternehmer aus dem Geltungsbereich des Handelsrechts wird nach § 1 Abs. 2 HGB n.F. mit Hilfe dieser Begrifflichkeit durchgeführt (BGBl. 1998 I S. 1474; *Schäfer* DB 1998, 1269 [1270]; *K. Schmidt* Handelsrecht, 6. Aufl. 2014, S. 382 ff.).

25 Diese Aufhebung von § 4 HGB gab damit keinen Anlass, die Geringfügigkeit selbstständiger wirtschaftlicher Tätigkeit als Abgrenzungsmerkmal für das Verbraucherinsolvenzverfahren aufzugeben. Auch wenn manchmal Rechtsunsicherheiten bei der Auslegung des handelsrechtlichen Vorbilds beklagt wurden (so z.B. *Graf-Schlicker* WM 2000, 1984 [1985]), hatte sich die insolvenzgerichtliche Praxis weitgehend auf griffige Abgrenzungsmerkmale verständigt. Ausgangspunkt war die **Gerichtspraxis zu §§ 2, 4 HGB a.F.**, die zwar eine Gesamtwürdigung vielfältiger Umstände des Einzelfalls postuliert, letztlich jedoch vor allem die Zahl der Beschäftigten als wichtigstes Kriterium herausgeschält hatte (dazu nur *OLG Frankfurt* BB 1983, 335; *OLG Celle* BB 1983, 659; *Kohte* Betrieb und Unternehmen unter dem Leitbild des Organisationsvertrags, 1987, S. 134 ff.).

26 In Übereinstimmung mit der hier in den Vorauflagen erarbeiteten Position war die Zahl von **5 Beschäftigten** in Judikatur (*AG Köln* NZI 1999, 241 [242]; *LG Dessau* DZWIR 2000, 389 [390]) und Literatur (ebenso *Fuchs* ZInsO 1999, 185 [186]; *Vallender* DGVZ 2000, 97 [99]; *Leibner* NZI 2001, 574 [576]) zusammen mit typisierten Umsatz- und Gewinndaten zu einer stabilen und klar einschätzbaren **Abgrenzungslinie** entwickelt worden.

27 Gleichwohl ist es systematisch und prozessrechtlich konsequent (zur Bedeutung typisierter Annahmen für die Auslegung des § 304 InsO *BGH* VuR 2009, 271 [272]), dass das InsOÄndG sich nicht die Position von *Munz* zu eigen gemacht hat, der diejenigen Schuldner vom Verbraucherinsolvenzverfahren ausschließen wollte, die Verbindlichkeiten aus vollkaufmännischer Tätigkeit angehäuft hatten (*Munz* ZInsO 2000, 84 [87]). Dies hätte bedeutet, dass die Insolvenzgerichte bei der Bestimmung der zutreffenden Verfahrensart möglicherweise weit reichende Ermittlungen in die Vergangenheit vorzunehmen hätten, die unter der besonderen Schwierigkeit gestanden hätten, dass gerade beim *Scheitern* von *Selbstständigkeit* ein allmähliches Abgleiten von vollkaufmännische in minderkaufmännische Tätigkeit nicht selten ist (dazu nur *Fuchs* ZInsO 1999, 185 [187]).

Die Bund-Länder-Arbeitsgruppe **lehnte** daher eine solche **vergangenheitsbezogene Abgrenzung** als geeignetes Instrument **ab**. Sie konnte sich dabei auf die bisherige Judikatur stützen, die mit großer Mehrheit eine vergangenheitsbezogene Abgrenzung abgelehnt hatte, da solche komplexen Ermittlungen für die zügige Entscheidung über die richtige Verfahrensart ungeeignet seien (dazu nur *OLG Schleswig* NZI 2000, 164; *OLG Celle* ZIP 2000, 802; *OLG Naumburg* NZI 2000, 603; *OLG Rostock* NZI 2001, 213; *OLG Oldenburg* ZInsO 2001, 560). Damit war es erforderlich, **gegenwartsbezogene Abgrenzungskriterien** zu formulieren, die dann von der Arbeitsgruppe und dem Regierungsentwurf, der sich diese Sichtweise zu eigen gemacht hatte (BT-Drucks. 14/5680 S. 13), in den Merkmalen der überschaubaren Vermögensverhältnisse und des Nichtbestehens von Forderungen aus Arbeitsverhältnissen zum Antragszeitpunkt gefunden wurde. 28

III. Überschaubare Vermögensverhältnisse

Als erste Voraussetzung für die Gleichstellung von früher selbstständig tätigen Personen mit Verbrauchern wird verlangt, dass deren **Vermögensverhältnisse überschaubar** sind. Damit wird Bezug genommen auf Erfahrungen im bisherigen Verbraucherinsolvenzverfahren. Hier ist es in einzelnen Fällen vorgekommen, dass Verfahren mit mehr als einhundert Gläubigern durchzuführen waren, die – vor allem bei Verwendung komplizierter Formulare – zu hohem Arbeitsaufwand bei absehbarem Scheitern sämtlicher Einigungsbemühungen geführt hatte (beispielhaft der Sachverhalt *LG Frankfurt/O.* ZInsO 2000, 290; *Kirchhof* ZInsO 2001, 1 [11]; *Vallender* NZI 2001, 561 [563]). Solche Verfahren sollen in Zukunft dem Regelinsolvenzverfahren vorbehalten bleiben. 29

Bereits in der früheren Judikatur hatten einige Gerichte diese Zugangsprobleme in der Weise gelöst, dass sie einen – wenn auch beschränkten – Ermessensspielraum bei der Auslegung des § 304 InsO angenommen hatten, so dass im Einzelfall für das Verbraucherinsolvenzverfahren ungeeignete Verfahren dem Regelinsolvenzverfahren zugeordnet wurden (*OLG Celle* ZIP 2000, 802; *AG Göttingen* ZInsO 2000, 342). Die Bund-Länder-Arbeitsgruppe hatte diesen methodischen Ansatz nicht aufgegriffen, sondern stattdessen das Bedürfnis nach klaren und **einfach handhabbaren Abgrenzungsmerkmalen** in den Vordergrund gerückt (zust. *BGH* VuR 2009, 271 [272]). Trotz beachtlicher Alternativvorschläge (z.B. *Schmerbach/Stephan* ZInsO 2000, 541 [542]) und parlamentarischer Kritik (*von Stetten* BT-Prot. S. 16091 C) liegt dem InsOÄndG eine strikte Typisierung ohne gerichtliche Ermessensspielräume bei der Abgrenzung zugrunde. 30

Als entscheidendes Merkmal wurde die **Zahl der Gläubiger** normiert, da bei einer größeren Zahl von Gläubigern eine außergerichtliche Einigung beziehungsweise ein erfolgreicher Schuldenbereinigungsplan nur selten festzustellen seien (*Graf-Schlicker/Remmert* ZInsO 2000, 321 [322]). In der Literatur ist dieses Abgrenzungsmerkmal kritisiert worden; eine Auswertung der Praxiserfahrungen zeige vielmehr, dass die wichtigsten Vergleichshindernisse den Umfang der angebotenen Zahlungen (flexibler Nullplan) sowie die Rolle der öffentlichen Gläubiger betrafen (so *Goebel* ZInsO 2000, 383 [384]). 31

Dieser Kritik ist zwar zuzustimmen (*Kohte* VuR 2000, 447; VuR 2001, 199 f.), sie ist jedoch für die Formulierung des § 304 InsO nicht nutzbar zu machen, denn die diesen Hindernissen vordergründig entgegenkommende Statuierung einer Mindestquote bzw. einer Sonderstellung des flexiblen Nullplans wäre legislativ und rechtspolitisch verfehlt gewesen (s. *Grote/Lackmann* § 305 Rdn. 49). Ebenso wäre es verfehlt – und war auch von *Goebel* nicht vorgeschlagen –, allein aus der Existenz **öffentlicher Gläubiger** und ihrer bekannten Resistenz gegen Verhandlungen und Vergleichsmöglichkeiten den Schluss zu ziehen, dass in solchen Fällen das Regelinsolvenzverfahren gewählt werden müsste. Das InsOÄndG hat dieses Problem ausgespart, so dass auch diesmal wieder (vgl. *Kohte* ZIP 1994, 184) gesetzlicher Nachbesserungsbedarf zu konstatieren ist, der allerdings nicht durch Änderungen des § 304 InsO zu realisieren ist. 32

Das damit verbliebene Merkmal der Anzahl von **zwanzig Gläubigern** ist somit nicht allein oder in erster Linie auf empirisch verlässliche Untersuchungen gestützt. Es handelt sich vielmehr um eine **bewusst gegriffene Zahl** (dazu *Hartenbach* BT-Prot. S. 17685 D), mit der die Entscheidung über 33 die jeweilige Verfahrenszuordnung vereinfacht werden soll (zur empirischen Bestätigung dieser Zahl jetzt *Reill-Ruppe* Anspruch und Wirklichkeit des Restschuldbefreiungsverfahrens, 2013, S. 104 ff.). Der Struktur nach steht eine solche per Gesetz erfolgte Anordnung, bei einer bestimmten gegriffenen Zahl – hier 20 Gläubiger – Unüberschaubarkeit anzunehmen, einer gesetzlichen Vermutung nahe. Für solche Anordnungen ist davon auszugehen, dass sie im Zweifel widerleglich sind (*Stein/Jonas-Leipold* ZPO, § 292 Rn. 5; MüKo-ZPO/*Prütting* 2016 § 292 Rn. 5). Wortlaut und Systematik legen jedoch näher, dass man einen Auslegungsrechtssatz mit festerer Bindung aufstellen wollte. Angesichts der nicht bestrittenen geringen empirischen Validität der Zahl von 20 Gläubigern kann allerdings in bestimmten Konstellationen eine teleologische Reduktion geboten sein (s. Rdn. 36).

34 Ausdrücklich ist weiter normiert und in der Praxis anerkannt (dazu nur *BGH* NJW 2003, 591), dass es für die Feststellung dieser Zahl auf den **Zeitpunkt des Insolvenzantrags** ankommt. Damit ist durch das InsOÄndG eine im bisherigen Recht lebhaft diskutierte Frage (dazu nur *Hess/Weis/Wienberg* InsO, § 304 Rn. 20; *Nerlich/Römermann* InsO, § 304 Rn. 12 ff.) in einem für die Praxis besonders einfach handhabbaren Merkmal gebündelt worden, denn es bedarf zur Feststellung weder historischer Ermittlungen über die Entstehung bestimmter Verbindlichkeiten noch einer regelmäßigen Beobachtung des Sachverhaltes bis zum Zeitpunkt der Verfahrenseröffnung. Damit wird wiederum verdeutlicht, dass durch das Änderungsgesetz die Zugangsfragen im Sinne eines einfachen und zügigen Zugangs beantwortet werden sollen. Bei mehreren Anträgen ist der Zeitpunkt des Schuldnerantrags maßgeblich (*AG Leipzig* ZInsO 2011, 2241; MüKo-InsO/*Ott/Vuia* § 304 Rn. 73).

35 Das Insolvenzgericht kann hinsichtlich der **Zahl der Gläubiger** – nicht der Forderungen (dazu *BGH* NJW 2006, 917 [919]) – von den **Angaben im Forderungsverzeichnis** ausgehen, denn Schuldner werden angesichts der möglichen Nachteile im Rahmen der §§ 309, 290 InsO in aller Regel Gläubiger beziehungsweise Forderungen nur dann nicht in ein Verzeichnis aufnehmen, wenn durchgreifende rechtliche Einwendungen (zum Beispiel Verjährung, Unwirksamkeit eines Vertrages ohne bereicherungsrechtliche Rückabwicklung) vorliegen (dazu auch *Grote/Lackmann* § 305 Rdn. 37; vgl. der anschauliche Sachverhalt *BGH* ZInsO 2008, 860 ff.).

36 Nach dem Wortlaut der Norm kommt es nur auf die Zahl, nicht auf die Herkunft der jeweiligen Verbindlichkeiten an. Daher sind Fälle denkbar, in der ein Verbraucher mit 20 Gläubigern aus Verbrauchergeschäften keinen Zugang zum Verbraucherinsolvenzverfahren finden soll, weil er vor zehn oder zwanzig Jahren selbstständig war. Dies wäre eine nachhaltige Ungleichbehandlung gegenüber klassischen Verbrauchern, für die die Grenze der zwanzig Gläubiger nicht gilt. Der sachliche Grund für eine solche unterschiedliche Einstufung gegenüber den anderen Verbraucherschuldnern ist nach den Ausführungen der Regierungsbegründung die spezifische Verschuldungsstruktur früherer Selbstständiger (dazu BT-Drucks. 14/5680 S. 14; *Wimmer* Insolvenzrecht 2000, S. 187). Fehlt es jedoch an einer solchen spezifischen Verschuldungsstruktur, weil **Verbindlichkeiten aus Verbrauchergeschäften dominieren** oder zumindest die Verschuldung prägen, dann ist in solchen Fällen eine teleologische Reduktion des § 304 Abs. 2 InsO geboten. Die auch im Insolvenzrecht bekannte Rechtsfigur der teleologischen Reduktion (z.B. *BAG* ZIP 2001, 1964 [1966] zu § 55 InsO) ist auch hier anwendbar (ebenso *Nerlich/Römermann* InsO, § 304 Rn. 27; ähnlich wohl *Uhlenbruck/Sternal* InsO, § 304 Rn. 23; *Graf-Schlicker/Sabel* InsO, § 304 Rn. 15; **a.A.** *Braun/Buck* InsO, § 304 Rn. 15; *Kübler/Prütting/Bork-Wenzel* InsO, § 304 Rn. 17; offen A/G/R-*Henning* § 304 Rn. 44).

37 Die mangelnde Überschaubarkeit der Vermögensverhältnisse, die den Weg in das vereinfachte Verbraucherinsolvenzverfahren versperrt, kann sich nicht nur aus der Gläubigerzahl, sondern auch aus anderen Faktoren ergeben. Die Regierungsbegründung nennt dazu das Beispiel **komplizierter Anfechtungssachverhalte** (BT-Drucks. 14/5680 S. 30). In solchen Fällen erschien bisher unter Beachtung von § 313 InsO a.F. ein Regelinsolvenzverfahren mit einem Insolvenzverwalter, dem die Aufgabe der Anfechtung obliegt, die gebotene Verfahrensweise (*BGH* VuR 2009, 271 [272]; so auch *Uhlenbruck/Vallender* InsO, § 304 Rn. 18; HK-InsO/*Landfermann* § 304 Rn. 8). Da dem Schuldner kein Vorabentscheidungsverfahren über die jeweils zulässige Verfahrensart zusteht, wird – zumindest bis zur Formulierung verlässlicher Fallgruppen durch die Judikatur – zu erwarten sein, dass früher selbstständige Schuldner mit weniger als zwanzig Gläubigern auch bei vom Durchschnitt

abweichender Verschuldungsstruktur vorsorglich das außergerichtliche Einigungsverfahren betrieben werden.

In der Literatur ist das Problem diskutiert worden, dass Schuldner mit wenig mehr als zwanzig Gläubigern sich veranlasst sehen können, die Zahl dieser Gläubiger in verschiedener Weise zu reduzieren (*Haarmeyer/Wutzke/Förster* Handbuch 3. Aufl., Kap. 10 Rn. 36). Es handelt sich insoweit jedoch um einen gewollten und aus der Sicht der Verfahrenseffizienz zu begrüßenden Weg. Die Reduzierung der Gläubigerzahl durch außergerichtliche Teileinigungen ist bereits in der heutigen Praxis der Schuldnerberatung ein wichtiger Weg, um Komplexität zu reduzieren und die Überschaubarkeit der Verschuldung auch für die Schuldner zu verbessern. Das InsOÄndG gibt einen weiteren Impuls für solche Verhandlungen. 38

IV. Keine Forderungen aus Arbeitsverhältnissen

Als weiteres zwingendes Ausschlusskriterium nennt § 304 Abs. 1 Satz 2 InsO die Existenz von **Forderungen aus Arbeitsverhältnissen** zum Zeitpunkt der Antragstellung. Dieses Merkmal ist von der Bund-Länder-Arbeitsgruppe vorgeschlagen worden, weil die Erfahrungen in der Praxis gezeigt hätten, dass zwischen dem für Arbeitnehmer elementaren Insolvenzgeldverfahren nach §§ 165 ff. SGB III und den Modalitäten des außergerichtlichen und gerichtlichen Schuldenbereinigungsverfahrens deutliche Friktionen festzustellen seien. Diese bezogen sich vor allem auf den zeitlichen Ablauf, da Arbeitnehmer als Gläubiger wegen der starren 3-Monatsfrist in § 165 SGB III strukturell interessiert sind, außergerichtliche Vergleichsverhandlungen vorzeitig abzukürzen (dazu auch *Graf-Schlicker/Remmert* ZInsO 2000, 321 [322]). In Fällen, in denen eine Betriebseinstellung noch nicht erfolgt ist, sind Arbeitnehmer weiter gehalten, kurzfristig entweder eine Eröffnung des Verfahrens oder eine Eröffnungsablehnung zu erreichen, da nur diese Ereignisse, nicht jedoch ein bestätigter Schuldenbereinigungsplan nach § 308 InsO, als tatbestandliche Voraussetzungen des Insolvenzgelds anerkannt sind (dazu anschaulich *LG Göttingen* Nds. Rpfl. 2001, 231). 39

Die hier festgestellten Friktionen sind bei noch tätigen Unternehmen real feststellbar; sie tragen allerdings diese zwingende Bereichsausnahme nicht mehr, da nach § 304 InsO das Verbraucherinsolvenzverfahren immer entfällt, wenn der Schuldner noch eine selbstständige wirtschaftliche Tätigkeit ausübt. Ist diese Tätigkeit jedoch – und nur diesen Sachverhalt regelt § 304 Abs. 1 Satz 2 InsO n. F. – eingestellt, so sind die Arbeitsverhältnisse i.d.R. beendet und typischerweise ist das Tatbestandsmerkmal der Betriebseinstellung nach § 165 Abs. 1 Nr. 3 SGB III n. F. gegeben, so dass es für das weitere Verfahren keine nennenswerten insolvenzgeldrechtlichen Gründe gibt, die einem Schuldenbereinigungsplanverfahren entgegenstehen. 40

Die Regierungsbegründung wies 2001 hinsichtlich der Forderungen aus Arbeitsverhältnissen weiter darauf hin, dass insoweit die Verschuldungsstruktur der Schuldner derjenigen von Verbrauchern nicht vergleichbar sei und dass Insolvenzplanverfahren besser geeignet seien als die rigiden Anforderungen des Schuldenbereinigungsverfahrens an eine Mehrheitsbildung (BT-Drucks. 14/5680 S. 13 f. skeptisch zur Regelung und Argumentation *Hergenröder* DZWIR 2001, 397 [408]). Wenn man die verschiedenen Planverfahren und die mit ihnen zu erzielenden Vergleichsregelungen analysiert, dann ist bei Forderungen aus Arbeitsverhältnissen als wichtiger Unterschied gegenüber anderen Forderungen zu erkennen, dass die Forderungen aus Arbeitsverhältnissen nicht selten tariflich normierte Forderungen sind, auf welche die **einzelnen Arbeitnehmer nach § 4 Abs. 4 TVG ohne Zustimmung der Tarifvertragsparteien nicht verzichten können**. Eine solche Zustimmung ist gerade bei den Verfahren von Kleingewerbetreibenden nur schwer kurzfristig zu erreichen. Während aber im Insolvenzplanverfahren Arbeitnehmer insoweit nach §§ 222 Abs. 3, 245 InsO gruppenbezogen überstimmt und durch eine gerichtliche Bestätigung in den Vergleich integriert werden können, greift das Zustimmungsersetzungsverfahren nach § 309 InsO in solchen Fällen wesentlich seltener ein. Unter typisierenden Gesichtspunkten ist mit der Bedeutung des § 4 Abs. 4 TVG ein gewisser Sachgrund nachweisbar, der zur Rechtfertigung der Ungleichbehandlung der verschiedenen Schuldnergruppen herangezogen werden könnte. 41

42 Bereits in der Bund-Länder-Arbeitsgruppe ist weiter das Bedürfnis hervorgehoben worden, diesen Ausschluss auch auf **Forderungen der Sozialversicherungsträger und der Finanzverwaltung** zu erstrecken sei, ohne dass jedoch dafür eine eigenständige Begründung gegeben wurde (vgl. *Graf-Schlicker* WM 2000, 1984 [1986]). Im Diskussionsentwurf des Justizministeriums ist diese Formulierung ebenfalls ohne nähere Erläuterung aufgegriffen worden (ZIP 2000, 1688 [1690]). Der Regierungsentwurf übernahm diese Passage, ohne dass sie jedoch einen Niederschlag im Gesetzestext fand (BT-Drucks. 14/5680 S. 14). Die Forderung des Bundesrates nach einer ausdrücklichen Normierung dieser Erweiterung (BT-Drucks. 14/5680 S. 38) fand in den Beratungen des Rechtsausschusses keine umfassende Unterstützung (BT-Drucks. 14/6468 S. 18) und wurde daher nicht in den Gesetzestext integriert.

43 Es ist daher nach den allgemeinen Grundsätzen der Gesetzesauslegung zu entscheiden, ob der Rechtsbegriff »Forderungen aus Arbeitsverhältnissen« auch Forderungen der Sozialversicherungsträger und der Finanzverwaltung, vor allem Beitrags- und Steuerforderungen, erfassen kann. Forderungen aus dem Arbeitsverhältnis sind privatrechtliche Forderungen aus der Rechtsbeziehung zwischen Arbeitgeber und Arbeitnehmer (dazu nur *Germelmann/Matthes/Prütting/Müller-Glöge* ArbGG 2013, § 2 Rn. 57 ff.). Selbst wenn als öffentlichrechtliche Vorfrage die Berechtigung des Arbeitgebers zum Lohneinbehalt wegen sozialversicherungsrechtlicher Beitragsforderungen zu klären ist, trennt die arbeitsgerichtliche Judikatur zu § 2 Abs. 1 Nr. 3a ArbGG deutlich zwischen dem privatrechtlichen Streit um die Forderung aus dem Arbeitsverhältnis (*BAG* NZA 1994, 620 [621]) und dem öffentlichrechtlichen Streit, der sich z.B. auf die Höhe der Beiträge beziehen kann. Damit ist die Beitragsforderung, die ein Sozialversicherungsträger gegen den Arbeitgeber geltend macht, bereits nach Wortlaut und Systematik keine Forderung aus dem Arbeitsverhältnis. Auch der Normzweck der Bereichsausnahme (s. Rdn. 41) ermöglicht keine wortlautübersteigende Gleichstellung dieser Begriffe, denn während die tariflichen Forderungen nach § 4 Abs. 4 TVG Vergleichsverhandlungen im Rahmen eines Schuldenbereinigungsplans erschweren, sind umgekehrt die Sozialversicherungsträger nach der gerade vom Bundesverfassungsgericht betonten grundrechtlichen Untermauerung des öffentlichrechtlichen Anspruchs auf fehlerfreie Ermessensentscheidung über einen Erlass nach § 76 SGB IV (dazu *BVerfG* NJW 1998, 3557 [3558]; vgl. § 302 Rdn. 25) verpflichtet, an Vergleichsverhandlungen konstruktiv teilzunehmen (so auch *LG Köln* ZVI 2002, 320). Grammatische, systematische und teleologische Auslegung kommen aus unserer Sicht damit zum selben Ergebnis: **Forderungen öffentlicher Gläubiger aus Beitrags- und Steuerforderungen**, die durch ein Arbeitsverhältnis veranlasst worden sind, sind **keine Forderungen aus Arbeitsverhältnissen** (ausf. *Kohte* ZInsO 2002, 53 [57]; zust. HK-InsO/*Landfermann* 6. Aufl., § 304 Rn. 11, a.A. ohne Begründung jetzt HK-InsO/*Waltenberger* § 304 Rn. 17; *LG Berlin* ZInsO 2010, 2343 = VuR 2012, 159; *Nerlich/Römermann* InsO, § 304 Rn. 16).

44 In der Literatur ist anfangs unter Berufung auf die Gesetzesbegründung nachhaltig für eine weite Auslegung des Begriffs der Forderung aus Arbeitsverhältnissen plädiert worden (so z.B. *Fuchs* NZI 2002, 239 [242]; *Kübler/Prütting/Bork-Wenzel* InsO, § 304 Rn. 16). In der amtsgerichtlichen Praxis ist diese Ansicht teilweise aufgegriffen worden (*AG Köln* ZVI 2002, 69; *AG Hamburg* ZVI 2003, 168). Relativ bald ist zunächst für die Beitragsforderungen der Berufsgenossenschaften verneint worden, dass diese als Forderungen aus Arbeitsverhältnissen zu qualifizieren sind (*LG Köln* ZVI 2002, 320 = NZI 2002, 525; *LG Düsseldorf* ZVI 2002, 325 m. Anm. *Kohte*; ebenso HK-InsO/*Waltenberger* § 304 Rn. 18; *Nerlich/Römermann* InsO, § 304 Rn. 30; *Braun/Buck* InsO, § 304 Rn. 16; *Kübler/Prütting/Bork-Wenzel* InsO, § 304 Rn. 16). Dies war nahe liegend, denn diese Forderungen sind ausschließlich vom Unternehmer geschuldete Beiträge, so dass auch in der anfechtungsrechtlichen Judikatur deutlich zwischen den öffentlich-rechtlichen Beitragspflichten der Arbeitgeber und den Forderungen der Arbeitnehmer auf Arbeitsentgelt differenziert wird (*BGH* ZIP 2001, 2235). In vergleichbarer Weise wurde auch entschieden, dass die Winterbauumlage nicht als Forderung aus Arbeitsverhältnissen zu qualifizieren ist (*AG Charlottenburg* ZVI 2003, 362). Dem gegenüber hat inzwischen der BGH mehrfach unter Rückgriff auf die Entstehungsgeschichte entschieden, dass der Begriff der »Forderung aus Arbeitsverhältnissen« weit auszulegen sei und daher auch sozialrechtliche Beitragsschulden diesem Begriff zuzuordnen seien (*BGH* NJW 2006, 917 [919]; NZI 2011, 202

[203]) zust. HambK-InsO/*Streck/Ritter* § 304 Rn. 8.; *Graf-Schlicker/Sabel* § 304 Rn. 19; *Braun/ Buck* InsO, § 304 Rn. 17; *Uhlenbruck/Sternal* InsO, § 304 Rn. 25; anders für die Beitragsschuld zugunsten der Versicherung des Unternehmers selbst *BGH* ZInsO 2009, 2216).

In der Judikatur ist auch entschieden worden, dass die öffentlich-rechtliche Haftung des Arbeitgebers für Lohnsteuern nicht als Forderung aus Arbeitsverhältnissen qualifiziert werden kann (*LG Düsseldorf* NZI 2004, 160). Dies entspricht wiederum der finanzgerichtlichen Judikatur, die die steuerrechtliche Haftungsschuld des Arbeitgebers ebenfalls als öffentlich-rechtliche Forderung qualifiziert (*BFH* BFH/NV 1996, 281 [282]; 1999, 738 [739]; *Hess. FG* EFG 2005, 331 [332]). Zutreffend hat die insolvenzrechtliche Judikatur inzwischen entschieden, dass der Anspruch auf Lohnsteuererstattung als die Kehrseite des staatlichen Steueranspruchs nicht zu den »Bezügen aus einem Dienstverhältnis« nach § 287 Abs. 2 InsO rechnet (*BGH* ZInsO 2005, 873 [874] = NJW 2005, 2988 [2989]). Es ist sachlich geboten, dass diese rechtssystematisch klare Trennung zwischen öffentlich-rechtlichen Forderungen und privatrechtlichen Ansprüchen bei der Auslegung der Forderungen aus Arbeitsverhältnissen in § 304 Abs. 1 Satz 2 InsO ebenfalls beachtet wird. 45

In den Beratungen zum InsOÄndG ist vor allem diskutiert worden, ob die nach § 187 SGB III – jetzt § 169 SGB III – auf die damalige Bundesanstalt für Arbeit übergegangenen Entgeltforderungen weiterhin als Forderungen aus Arbeitsverhältnissen zu qualifizieren sind (dazu nur BT-Drucks. 14/5680 S. 30). Grundsätzlich ist es denkbar, dass bei einer Rechtsnachfolge nach § 412 BGB eine Forderung ihren bisherigen Charakter beibehält, so dass z.B. nach § 3 ArbGG die Arbeitsgerichte weiterhin zuständig sind, wenn die Bundesagentur für Arbeit die auf sie übergegangenen Ansprüche geltend macht (*Hauck/Helml* ArbGG 4. Aufl., § 3 Rn. 5; vgl. dazu auch *LG Halle* DZWIR 2003, 86). Auch der allgemeine Grundsatz der Rechtsnachfolge bedarf jedoch der teleologischen Überprüfung. Zutreffend ist daher zum Beispiel in der Judikatur des *EuGH* (NJW 1993, 1251) der Verbrauchergerichtsstand nach Art. 13 EuGVÜ – jetzt Art. 17 EuGVVO – für Verbraucher im Fall einer Rechtsnachfolge durch ein professionelles Unternehmen verneint worden, da bei einer solchen Rechtsnachfolge die bisherigen Argumente für einen Verbrauchergerichtsstand nicht mehr durchgreifen könnten. Diese Entscheidung ist in der Literatur zustimmend kommentiert worden (*Koch* IPrax 1995, 71; *Musielak/Voit/Stadler* 2017, Art. 17 EuGVVO Rn. 1; *Senff* Verbraucher, S. 236). Aus ihr wird daher verallgemeinernd geschlossen, dass der Grundsatz der Kontinuität der Rechtsnachfolge zurücktritt, wenn Schutznormen anzuwenden sind, die auf bestimmte Merkmale der Person abstellen (dazu nur MüKo-BGB/*Roth* § 398 Rn. 94). Damit kann allein der Charakter eines Forderungsüberganges noch nicht ausreichen, um auch die übergegangene Forderung weiterhin als Forderung aus einem Arbeitsverhältnis i.S.d. § 304 InsO zu qualifizieren. 46

Für Ansprüche, die nach § 169 SGB III auf die Bundesagentur für Arbeit übergegangen sind, ist allgemein anerkannt, dass diese sich weit von ihrem arbeitsrechtlichen Ursprung gelöst haben. So sind zum Beispiel tarifliche Ausschlussfristen auf Insolvenzforderungen nicht anwendbar, da insoweit das gerichtliche Insolvenzverfahren den alleinigen Verfahrensrahmen bestimmt (dazu nur *BAG* BB 1985, 1067; *LAG Hamm* NZA-RR 1999, 370; *Wiedemann/Wank* § 4 TVG Rn. 762; *Kempen/Zachert/ Brecht-Heitzmann* 2014 TVG, § 4 Rn. 658; *Lakies* NZA 2001, 521 [524]; anders jedoch vor Eröffnung des Insolvenzverfahrens *LSG Schleswig* ZIP 2009, 733). Ebenso ist inzwischen allgemein anerkannt, dass die Bundesagentur für Arbeit nicht nur berechtigt, sondern auch nach § 76 SGB IV verpflichtet ist, gegenüber dem Arbeitgeber die Möglichkeiten einer Sanierung und eines Erlasses der Schulden zu prüfen (*SG Frankfurt* NZA 1987, 328; *Gagel* Die Bundesanstalt für Arbeit in der Insolvenzpraxis, 1991, S. 1, 12 f.; *Gagel/Peters-Lange* 2014, § 169 SGB III Rn. 16). 47

Bereits die Erlasse der damaligen Bundesanstalt für Arbeit gingen in ihren Durchführungsanweisungen zum Insolvenzverfahren ebenfalls davon aus, dass im Schuldenbereinigungsverfahren ein **Forderungserlass nach § 76 SGB IV** geboten sein kann (ZIP 1999, 1233 [1238]), ohne dass für tariflich begründete Forderungen eine Ausnahme zu machen sei. Im Gegenteil gehört es gerade zu den Zwecken des gesetzlichen Anspruchsübergangs nach § 169 SGB III, dass von der Bundesagentur, von der man mehr Überblick und Professionalität als vom einzelnen Arbeitnehmer erwartet, im Insolvenzverfahren **eigenständige Vergleichslösungen** gefunden werden. Die mit dem InsOÄndG abgesicherte 48

§ 304 InsO Grundsatz

teleologische Reduktion des § 55 InsO, die Masseforderungen der Arbeitnehmer bei Anspruchsübergang nach § 169 SGB III zu Insolvenzforderungen herunterstuft (BT-Drucks. 14/5680 S. 25; *BAG* ZIP 2001, 1964), damit diese besser in das insolvenzrechtliche System hereinpassen, folgt einer vergleichbaren methodischen und sanierungsorientierten Logik (vgl. *Brand/Kühl* SGB III, 2015, § 169 Rn. 6).

49 Damit kann allein der Tatbestand der Rechtsnachfolge nach § 169 SGB III noch nicht dazu führen, dass Forderungen aus einem Arbeitsverhältnis diesen Charakter i.S.d. § 304 Abs. 1 Satz 2 InsO beibehalten. Vielmehr gebieten die systematische und teleologische Auslegung, dass auch die auf die Bundesagentur für Arbeit übergegangenen Insolvenzforderungen insolvenzverfahrensrechtlich nicht mehr als eine »Forderung aus dem Arbeitsverhältnis« zu qualifizieren sind (a.A. *BGH* NZI 2011, 202).

E. Verfahrensrechtliches

50 Das Gesetz regelt nicht ausdrücklich, wie zu verfahren ist, wenn ein Schuldner einen Antrag nach §§ 305 ff. InsO stellt, der nach Auffassung des Gerichts nicht dem Anwendungsbereich nach § 304 InsO zuzuordnen ist oder umgekehrt, wie ein Antrag eines ehemaligen Kleingewerbetreibenden zu behandeln ist, der nicht nach § 305 InsO, sondern allgemein nach § 13 InsO die Eröffnung des Insolvenzverfahrens beantragt hat. Die **beiden Verfahrensarten** des allgemeinen Insolvenzverfahrens und des Verbraucherinsolvenzverfahrens sind so unterschiedlich strukturiert, dass sie **sich gegenseitig ausschließen** (*OLG Köln* ZIP 2000, 1732 [1734]; *OLG Celle* ZIP 2000, 802 [803]; ebenso *BGH* NZI 2009. 384 [385] = VuR 2009, 271 [272]; NZI 2013, 540 [541] = VuR 2013, 306 [307]). Da das Verbraucherinsolvenzverfahren auch für den persönlichen Anwendungsbereich zwingend vorgegeben ist und den Schuldnern nicht die Wahl der jeweiligen Verfahrensart ermöglicht (A/G/R-*Henning* InsO, § 305 Rn. 48; *Uhlenbruck/Sternal* InsO, § 304 Rn. 32), müsste bei der Wahl der falschen Verfahrensart der jeweilige Schuldnerantrag jeweils als unzulässig zurückgewiesen werden. Da im Verbraucherinsolvenzverfahren in Übereinstimmung mit der deutlichen Betonung von Verhandlungslösungen eine gerichtliche Vorprüfung nach dem Vorbild des § 231 InsO nicht vorgesehen ist, ist es umso wichtiger, dass zwischen dem Gericht und den anderen Beteiligten zumindest bei Ungewissheit bzw. Streit zwischen den Beteiligten über die richtige Verfahrensart von Anfang an eine intensive Kommunikation über das einzuschlagende Verfahren erfolgt, da viel von der jeweiligen Art der Antragstellung abhängt.

51 Wenn der Schuldner ausschließlich einen Insolvenzantrag stellt, ohne diesen zu **spezifizieren** und auf die Alternativen des Regel- und Verbraucherinsolvenzverfahrens einzugehen, dann kann das Gericht davon ausgehen, dass der Schuldner die **Zuordnung zu dem nach Ansicht des Gerichts zutreffenden Verfahren wünscht** (*Kübler/Prütting/Bork-Wenzel* InsO, § 304 Rn. 6; HK-InsO/*Waltenberger* § 304 Rn. 19; MüKo-InsO/*Schmahl* § 13 Rn. 81; HambK-InsO/*Streck/Ritter* § 304 Rn. 10; *Kohte* ZInsO 2002, 53 [58]; *Beth* NZI 2014, 487 [490]) und kann dementsprechend verfahren. Da nach der Neufassung des § 304 InsO das Regelinsolvenzverfahren als der Grundfall qualifiziert worden ist (BT-Drucks. 14/5680 S. 14), wird das Gericht ein solches Verfahren eröffnen, sofern nicht hinreichende Anhaltspunkte für ein Verbraucherinsolvenzverfahren bestehen (*BGH* NZI 2003, 647; *LG Hamburg* NZI 2012, 29 [30]).

52 In aller Regel ergeben sich jedoch aus dem Antrag und den beigefügten Unterlagen des Schuldners sichere Hinweise, welche Verfahrensart er wählt. Diese Entscheidung des Schuldners ist **für das Gericht maßgeblich** und kann ohne weitere Kommunikation nicht uminterpretiert werden (*OLG Schleswig* NZI 2000, 164; *BGH* NZI 2013, 540 [541] = VuR 2013, 306 [307]). Stimmen Schuldner und Gericht überein, so ist wiederum die Eröffnung in der dafür zutreffend gehaltenen Verfahrensart vorzunehmen.

53 Wenn dagegen das Gericht der Ansicht ist, dass die vom Schuldner gewählte Verfahrensart nicht in Betracht kommt, so hat **das Gericht zunächst den Schuldner auf seine Bedenken hinzuweisen** und dem Schuldner Gelegenheit zu weiteren Ausführungen beziehungsweise zur Umstellung des Antra-

ges zu geben (*LG Göttingen* NZI 2001, 218 [219]; ZVI 2002, 205 [206] und ZVI 2007, 379 [380]; *LG Mannheim* NZI 2000, 490 [491]; *Braun/Buck* InsO, § 304 Rn. 22; *Graf-Schlicker/Sabel* InsO, § 304 Rn. 4; *Kübler/Prütting/Bork-Wenzel* InsO, § 304 Rn. 7). Hält der Schuldner daraufhin an seinem Antrag fest, ohne dem Gericht zusätzliche durchgreifende Argumente zur Stützung seines Antrages liefern zu können, so wird der **Antrag als unzulässig** abgewiesen (*BGH* NZI 2009, 384 [385]; *LG Hamburg* NZI 2012, 29 [30]; HambK-InsO/*Streck/Ritter* § 304 Rn. 10; A/G/R-*Henning* § 304 InsO Rn. 50). Dem Schuldner verbleibt die Beschwerdemöglichkeit nach § 34 InsO (HK-InsO/*Waltenberger* § 304 Rn. 20; *LG Göttingen* ZInsO 2007, 166). Dagegen steht dem Gläubiger bei fehlerhafter Behandlung des Schuldnerantrags kein Beschwerderecht zu (*BGH* NZI 2013, 540 [541] = VuR 2013, 306 [307]; *Sternal* NZI 2014, 289 [290]; *Braun/Buck* InsO, § 304 Rn. 15). Ist der Beschluss über die Eröffnung in einer bestimmten Verfahrensart rechtskräftig geworden, dann ist im Regelfall eine nachträgliche Änderung nicht möglich (*BGH* NZI 2011, 410 [411]; A/G/R-*Henning* § 304 InsO Rn. 51).

Will der Schuldner an seinem Antrag festhalten, jedoch eine solche Abweisung verhindern, dann ist ihm die Möglichkeit einzuräumen, sein Ziel im Wege des **Hilfsantrages** zu erreichen (*Gottwald/Ahrens* HdbInsR, § 81 Rn. 28; *Nerlich/Römermann* InsO, § 304 Rn. 26; *Büttner* ZInsO 2011, 2201 [2211]). Wenn er als Hauptantrag die Eröffnung im Verbraucherinsolvenzverfahren beantragt, dann ist der Hilfsantrag auf die Eröffnung des Regelinsolvenzverfahrens zu richten (*BGH* NZI 2009, 384 [385] sowie bereits ZInsO 2008, 1324 = VuR 2009, 274 [275]). Ist sein Hauptantrag auf die Eröffnung des Regelinsolvenzverfahrens gerichtet, dann geht es im Hilfsantrag um eine Abgabe in das Verbraucherinsolvenzverfahren, das nach § 306 InsO zunächst bis zur Entscheidung über den Schuldenbereinigungsplan ruht (vgl. *Hess/Weis/Wienberg* InsO, § 305 Rn. 32; *Nerlich/Römermann* InsO, § 304 Rn. 39). Eine solche hilfsweise beantragbare Abgabe lässt sich nach unserer Ansicht am besten auf eine analoge Anwendung von § 17a GVG stützen (vgl. *Nerlich/Römermann* InsO, § 304 Rn. 38); dem Antragsprinzip folgen in ähnlicher Weise auch *AG Köln* NZI 1999, 241 und *Vallender/Fuchs/Rey* NZI 1999, 218 [219], die allerdings §§ 4 InsO, 263 ZPO für anwendbar halten (ähnlich *Hess/Weis/Wienberg* InsO, § 305 Rn. 32; *Kübler/Prütting/Bork-Wenzel* InsO, § 304 Rn. 7). 54

Für die Zulässigkeit des Rechtswegs enthalten §§ 17a ff. GVG eine detaillierte Regelung zur zügigen Klärung solcher Unsicherheiten. Für die Abgabe zwischen verschiedenen Verfahrensarten innerhalb derselben Gerichtsbarkeit findet sich keine ausdrückliche Regelung; diese wird jedoch herkömmlich von der Gerichtspraxis durch Rechtsanalogie – vor 1990 zu §§ 281 ZPO, 17 GVG, 46 WEG – erschlossen (dazu *BGH* NJW 1980, 2466, [2467]; aus der Arbeitsgerichtsbarkeit *BAG* BAGE 22, 156). Inzwischen werden für solche Fälle §§ 17a ff. GVG entsprechend herangezogen (*BGH* BGHZ 115, 275 [285]; BGHZ 130, 159 [163] = NJW 1995, 2851). Diese Lösung ist sachgerecht (vgl. *Stein/Jonas-Leipold* ZPO, 22. Aufl., § 281 Rn. 91) und wird inzwischen auch bei anderen Verfahren der freiwilligen Gerichtsbarkeit angewandt (*BGH* MDR 1996, 1290 = WM 1996, 1198, [1199]; NJW 1998, 231; NJW-RR 1999, 1007; MüKo-ZPO/*Zimmermann* § 17a GVG Rn. 3). Damit ergibt sich für einen entsprechenden Hilfsantrag eine methodisch einwandfreie Basis. Eine Abgabe von Amts wegen ist dagegen nicht zulässig (*BGH* VuR 2009, 274 [275] m.w.N.). 55

Von Amts wegen war allerdings ein Verbraucherinsolvenzverfahren nach **Art. 103a EGInsO** in ein Regelinsolvenzverfahren überzuleiten, wenn es am 01.12.2001 anhängig, jedoch noch nicht eröffnet war und die Voraussetzungen des § 304 InsO aufgrund der Neuregelungen nicht mehr vorlagen (*BGH* ZVI 2002, 360 und 374; ZVI 2003, 224 [225]; *Braun/Buck* InsO, § 304 Rn. 25). Dieser Sonderfall kann jedoch nicht verallgemeinert werden. 56

Stirbt der Schuldner während des Eröffnungsverfahrens oder während des Insolvenzverfahrens, dann wird das Verbraucherinsolvenzverfahren nach dem **Tod des Schuldners** ohne Unterbrechung als Nachlassinsolvenzverfahren fortgesetzt (*BGH* NZI 2008, 382; NZI 2014, 119 [120]; s. *Schallenberg/Rafiqpoor* vor § 315 Rdn. 38; *Braun/Buck* InsO, § 304 Rn. 24). Beim Tod des Schuldners während des Restschuldbefreiungsverfahrens ist eine differenzierte Lösung geboten (s. *Ahrens* § 286 Rdn. 93, 98 ff.); zumindest nach Ablauf der Treuhandperiode ist den Erben die Restschuldbefreiung zu erteilen (*AG Duisburg* NZI 2009, 659; *AG Leipzig* NZI 2014, 316 m. Anm. *Ahrens*; A/G/R-*Hen-* 57 *ning* § 304 Rn 24). Stirbt der Schuldner nach Annahme des Schuldenbereinigungsplans, dann ist es denkbar, dass die Erben den Plan erfüllen und auf diese Weise ein Nachlassinsolvenzverfahren vermeiden können (s. *Ahrens* § 286 Rdn. 95 ff.).

§ 305 Eröffnungsantrag des Schuldners

(1) Mit dem schriftlich einzureichenden Antrag auf Eröffnung des Insolvenzverfahrens (§ 311) oder unverzüglich nach diesem Antrag hat der Schuldner vorzulegen:
1. eine Bescheinigung, die von einer geeigneten Person oder Stelle auf der Grundlage persönlicher Beratung und eingehender Prüfung der Einkommens- und Vermögensverhältnisse des Schuldners ausgestellt ist und aus der sich ergibt, dass eine außergerichtliche Einigung mit den Gläubigern über die Schuldenbereinigung auf der Grundlage eines Plans innerhalb der letzten sechs Monate vor dem Eröffnungsantrag erfolglos versucht worden ist; der Plan ist beizufügen und die wesentlichen Gründe für sein Scheitern sind darzulegen; die Länder können bestimmen, welche Personen oder Stellen als geeignet anzusehen sind;
2. den Antrag auf Erteilung von Restschuldbefreiung (§ 287) oder die Erklärung, dass Restschuldbefreiung nicht beantragt werden soll;
3. ein Verzeichnis des vorhandenen Vermögens und des Einkommens (Vermögensverzeichnis), eine Zusammenfassung des wesentlichen Inhalts dieses Verzeichnisses (Vermögensübersicht), ein Verzeichnis der Gläubiger und ein Verzeichnis der gegen ihn gerichteten Forderungen; den Verzeichnissen und der Vermögensübersicht ist die Erklärung beizufügen, dass die enthaltenen Angaben richtig und vollständig sind;
4. einen Schuldenbereinigungsplan; dieser kann alle Regelungen enthalten, die unter Berücksichtigung der Gläubigerinteressen sowie der Vermögens-, Einkommens- und Familienverhältnisse des Schuldners geeignet sind, zu einer angemessenen Schuldenbereinigung zu führen; in den Plan ist aufzunehmen, ob und inwieweit Bürgschaften, Pfandrechte und andere Sicherheiten der Gläubiger vom Plan berührt werden sollen.

(2) ¹In dem Verzeichnis der Forderungen nach Absatz 1 Nr. 3 kann auch auf beigefügte Forderungsaufstellungen der Gläubiger Bezug genommen werden. ²Auf Aufforderung des Schuldners sind die Gläubiger verpflichtet, auf ihre Kosten dem Schuldner zur Vorbereitung des Forderungsverzeichnisses eine schriftliche Aufstellung ihrer gegen diesen gerichteten Forderungen zu erteilen; insbesondere haben sie ihm die Höhe ihrer Forderungen und deren Aufgliederung in Hauptforderung, Zinsen und Kosten anzugeben. ³Die Aufforderung des Schuldners muss einen Hinweis auf einen bereits bei Gericht eingereichten oder in naher Zukunft beabsichtigten Antrag auf Eröffnung eines Insolvenzverfahrens enthalten.

(3) ¹Hat der Schuldner die amtlichen Formulare nach Abs. 5 nicht vollständig ausgefüllt abgegeben, fordert ihn das Insolvenzgericht auf, das Fehlende unverzüglich zu ergänzen. ²Kommt der Schuldner dieser Aufforderung nicht binnen eines Monats nach, so gilt sein Antrag auf Eröffnung des Insolvenzverfahrens als zurückgenommen. ³Im Falle des § 306 Abs. 3 Satz 3 beträgt die Frist drei Monate.

(4) ¹Der Schuldner kann sich im Verfahren vor dem Insolvenzgericht von einer geeigneten Person oder einem Angehörigen einer als geeignet anerkannten Stelle im Sinne des Absatzes 1 Nr. 1 vertreten lassen. ²Für die Vertretung des Gläubigers gilt § 174 Abs. 1 Satz 3 entsprechend.

(5) ¹Das Bundesministerium der Justiz und für Verbraucherschutz wird ermächtigt, durch Rechtsverordnung mit Zustimmung des Bundesrates zur Vereinfachung des Verbraucherinsolvenzverfahrens für die Beteiligten Formulare für die nach Absatz 1 Nr. 1 bis 4 vorzulegenden Bescheinigungen, Anträge und Verzeichnisse einzuführen. ²Soweit nach Satz 1 Formulare eingeführt sind, muss sich der Schuldner ihrer bedienen. ³Für Verfahren bei Gerichten, die die Verfahren maschinell bearbeiten, und für Verfahren bei Gerichten, die die Verfahren nicht maschinell bearbeiten, können unterschiedliche Formulare eingeführt werden.

Übersicht	Rdn.			Rdn.
A. Normzweck	1	D.	Erstellung der Forderungsverzeichnisse (Abs. 2)	51
B. Gesetzliche Systematik	2	E.	Unvollständige Antragsunterlagen (Abs. 3)	57
C. Pflicht zur Vorlage von Unterlagen (Abs. 1)	11	F.	Gerichtliche Vertretung durch geeignete Stelle (Abs. 4)	76
I. Bescheinigung über das Scheitern eines außergerichtlichen Einigungsversuchs	12	I.	Rechtslage für Anträge vor dem 01.07.2014	76
II. Antrag auf Erteilung der Restschuldbefreiung	27	II.	Rechtslage für Insolvenzanträge ab dem 01.07.2014	78
III. Anforderungen an Verzeichnisse	31	G.	Formularzwang (Abs. 5)	81
IV. Schuldenbereinigungsplan	40			

Literatur:
Siehe § 286.

A. Normzweck

Nach der Konzeption des Rechtsausschusses soll das Schuldenbereinigungsplanverfahren ein Verfahren sein, das den Bedürfnissen von Verbrauchern und Kleingewerbetreibenden angepasst ist und eine übermäßige **Belastung der Gerichte vermeiden** soll (*Pick* NJW 1995, 992 [997]). Dies soll durch zwei Elemente erreicht werden: Zum einen durch einen konsequenten Vorrang gütlicher Einigungen und zum anderen durch ein System von Mitwirkungspflichten, das Gläubiger und Schuldner zu solchen Einigungen motivieren soll (dazu ausf. KS-InsO/*Schmidt-Räntsch* Verbraucherinsolvenzverfahren und Restschuldbefreiung, 1998, S. 1177 Rn. 59 ff.). Nur wenn das außergerichtliche Einigungsverfahren gescheitert ist, sollen die §§ 305 ff. InsO einen Rahmen zur Verfügung stellen, der den Einigungsdruck auf beide Seiten intensiviert (*Pick* NJW 1995, 992 [998]). Kernstück der Normen sollte ursprünglich der **Schuldenbereinigungsplan sein**, der als Instrument die gütliche Einigung zwischen Schuldnern und Gläubigern forcieren sollte (BT-Drucks. 12/7302 S. 190). In der Praxis hat der Schuldenbereinigungsplan in der Masse der Fälle nicht die Bedeutung gewonnen, die ihm zugedacht war. Dies liegt zum einen an dem Zeitfaktor, da sich die Konsequenzen der Restschuldbefreiung und die Attraktivität alternativer Planlösungen erst langsam bei den Gläubigern durchsetzen, aber auch an der geringeren Sicherheit, die ein Schuldenbereinigungsplan dem Schuldner gegenüber der Restschuldbefreiung bietet, da er gegenüber Ausgleichsansprüchen von Mitschuldnern und vor allem vergessenen Gläubigern keine Wirkung entfaltet (vgl. hierzu § 301 InsO).

B. Gesetzliche Systematik

Mit dem Schuldenbereinigungsverfahren, das den Charakter eines **Zwischenverfahrens** zwischen Antragstellung und Eröffnung des Insolvenzverfahrens hat (KS-InsO/*Balz* 1997, S. 20 Rn. 59), werden bereits existierende Regelungen des Vergleichsrechts (§§ 1 ff. VglO, 173 ff. KO) zur Abwendung eines Insolvenzverfahrens aufgegriffen, erfahren aber durch die §§ 305 ff. InsO eine spezifische Umgestaltung.

Wie im **früheren Vergleichsrecht** (§ 2 Abs. 2 Satz 1 VglO) kann auch im Verbraucherinsolvenzverfahren nur der Schuldner einen Antrag stellen. Ebenso sah der Zwangsvergleich nach der Konkursordnung nur ein Vorschlagsrecht des Schuldners vor, der als verfahrensrechtlicher Antrag gewertet wurde (*Jaeger/Weber* KO, § 173 Rn. 21). Auch die in § 305 InsO normierte Pflicht zur Beibringung spezifischer Unterlagen bei der Antragstellung findet sich in ähnlicher Form bereits in den §§ 3 ff. VglO.

Das Vergleichsverfahren nach der VglO und auch der **Zwangsvergleich nach der KO** waren aber formell ausgestaltet, wesentliche Merkmale waren erhebliche richterliche Eingriffsmöglichkeiten. Es sah eine formelle Zulässigkeitsprüfung und eine richterliche Begründetheitsprüfung vor (§§ 175 f. KO, 16 ff. VglO). Ein Vergleich konnte zudem nicht ohne eine konstitutive richterliche Bestätigung

(§ 184 KO, § 78 VglO) Rechtswirkungen entfalten. Diese Elemente fehlen jedoch im neu konzipierten Schuldenbereinigungsverfahren, so dass sich bereits aus dem historisch-systematischen Vergleich die Eigenständigkeit des neuen Bereinigungsverfahrens (als »Vermittlungsverfahren« vgl. *Haarmeyer/Wutzke/Förster* Hdb. zur InsO, Kap. 10 Rn. 35) ergibt.

4   Für eine formelle **Zulässigkeitsprüfung**, die sich am Vorbild der VglO orientiert, ist im Schuldenbereinigungsverfahren nach §§ 305 ff. InsO kein Raum (zu den Kriterien der Zulässigkeitsprüfung *Ahrens* VuR 1999, 130). Dem Gericht ist nach § 305 Abs. 3 InsO ausschließlich eine Prüfung auf quantitative Vollständigkeit der Unterlagen zugewiesen (hierzu s. Rdn. 58 ff.), die nicht in einem die Eröffnung ablehnenden Beschluss, sondern ausschließlich in einer Fiktion der Antragsrücknahme endet. Zentrale Aufgabe des Gerichts ist stattdessen eine gegenüber den allgemeinen Zustellungsvorschriften in § 8 InsO stärker formalisierte umfassende Zustellung (§ 307 Abs. 1 Satz 3 InsO). Eine Prüfung der Zulässigkeit und Begründetheit des Eröffnungsantrags ist erst nach dem Scheitern des Zwischenverfahrens im Eröffnungsverfahren nach §§ 311 ff. InsO vorgesehen (ebenso *Wittig* WM 1998, 162; *Hess/Obermüller* Insolvenzplan, 1998, Rn. 812; *Henckel* FS für Gaul, S. 199, 203).

5   Anders als in der bisherigen Vergleichsordnung (§§ 17, 18) findet im Verfahren über den Schuldenbereinigungsplan auch **keine Überprüfung der Vergleichswürdigkeit** des Schuldners statt. Zwar sind einzelne Elemente dieser Regelungen in die InsO übernommen worden, allerdings sind sie bewusst nicht als Zulässigkeitsvoraussetzungen für den Schuldenbereinigungsplan, sondern erst im gerichtlichen Verfahren als Zugangshürden zur Treuhandperiode und gerichtlichen Restschuldbefreiung installiert worden (§ 290 InsO). Lösungen zur einvernehmlichen bzw. mehrheitlichen Schuldenbereinigung sollen **unabhängig von Redlichkeits- und Billigkeitserwägungen** zustande kommen (vgl. BT-Drucks. 12/7302 S. 190), so dass das Schuldenbereinigungsverfahren ausdrücklich auch denjenigen offen steht, bei denen nach § 290 InsO eine Restschuldbefreiung ausgeschlossen ist.

6   Der Gesetzgeber hat allerdings mit dem InsOÄndG 2001 die Entscheidung, ob ein Schuldenbereinigungsplanverfahren durchgeführt wird, weitgehend in das richterliche Ermessen gestellt (s. dazu § 306 Rdn. 11 ff.). Durch die Reform zum 01.07.2014 wurde auch Verbraucherschuldnern der Zugang zum Insolvenzplanverfahren eröffnet. Der Schuldner hat nunmehr die Möglichkeit, auch nach einem gescheiterten oder vom Richter zurückgewiesenen Schuldenbereinigungsplan im eröffneten Verfahren einen Insolvenzplan vorzulegen (dazu s. § 309 Rdn. 54 ff.).

7   Für das gerichtliche Schuldenbereinigungsverfahren gilt **das Leitbild des Prozessvergleichs** als Vorbild, an dem sich der Rechtsausschuss orientiert hat (BT-Drucks. 12/7302 S. 189; *Schmidt-Räntsch* Verbraucherinsolvenzverfahren und Restschuldbefreiung, 1998, Rn. 62). Durch die Verweisung auf das Vorbild des Prozessvergleichs wird für eine mögliche Unwirksamkeit eines solchen Vergleichs als Bewertungsmaßstab in erster Linie das Bürgerliche Gesetzbuch herangezogen (dazu BT-Drucks. 12/7302 S. 192; *Vallender* DGVZ 1997, 97 [101]; vgl. zu den Auswirkungen *Kohte/Busch* § 308 Rdn. 2 ff.). Ebenso wie bei einem Prozessvergleich **kommt dem Insolvenzgericht eine Angemessenheitskontrolle nicht zu**. Die Frage der »Angemessenheit« eines Plans kann frühestens in die Entscheidung über die richterliche Zustimmungsersetzung nach § 309 InsO einfließen. Insoweit ist es dem Schuldner unbenommen, seinen Gläubigern einen »Nullplan« zu unterbreiten (BGH 10.10.2013 – IX ZB 97/12, ZInsO 2013, 2333 ff.; *Graf-Schlicker/Sabel* InsO, § 305 Rn. 37). Soweit in der Diskussion über die Möglichkeit eines sog. »Nullplans« die »Zulässigkeit« eines Antrags geprüft wird, dem ein Nullplan als außergerichtlicher Einigungsversuch vorausging oder dem ein gerichtlicher Schuldenbereinigungsplan ohne ein konkretes Zahlungsangebot an die Gläubiger vorgelegt wird (*Heyer* JR 1996, 316; *Arnold* DGVZ 1996, 133; KS-InsO/*Thomas* 1998, S. 1211 Rn. 15; *Haarmeyer/Wutzke/Förster* Hdb. zur InsO, Kap. 10 Rn. 34, so wohl auch MüKo-InsO/*Ott/Vuia* § 305 Rn. 65 ff.), wird oft nicht deutlich genug zwischen einer formalen Zulässigkeitsprüfung und der Möglichkeit der Zustimmungsersetzung unterschieden (diff. aber *Pape* Rpfleger 1997, 241). Ausführlich zur Diskussion des Nullplans s. § 309 Rdn. 45 ff. Durch die Neuregelung durch das InsOÄndG, die Entscheidung darüber, ob ein Schuldenbereinigungsplanverfahren durchgeführt

wird, weitgehend in das Ermessen des Gerichts zu stellen, ist allerdings faktisch auch eine inhaltliche Bewertungsmöglichkeit geschaffen (s. § 306 Rdn. 11 ff.).

Stimmen alle Gläubiger dem Plan des Schuldners zu, so hat das Gericht den Plan nach § 308 InsO zu beschließen, ohne dass von ihm überprüft würde, ob der Inhalt angemessen ist, ein Eröffnungsgrund gegeben ist oder ein Versagungsgrund vorliegt (vgl. hierzu auch *Wittig* WM 1998 157 [160]). 8

Im Rahmen des § 305 InsO findet daher abgesehen von der Überprüfung der richtigen Verfahrensart gem. § 304 InsO (vgl. dazu *Kohte/Busch* § 304 Rdn. 26 ff.) nach ganz h.M. nur eine Überprüfung der eingereichten Unterlagen auf Vollständigkeit mit den Rechtsfolgen aus § 305 Abs. 3 InsO statt, **nicht aber eine qualitative Bewertung** (s. Rdn. 31 ff.; *Heyer* JR 1996, 314 [316]; *Uhlenbruck/Sternal* InsO, § 305 Rn. 123 m.w.N.). Der Gesetzgeber hat konsequenterweise die Überprüfung der Ernsthaftigkeit des außergerichtlichen Einigungsversuchs auf die »geeigneten Stellen und Personen« nach § 305 Abs. 1 Nr. 1 InsO ausgelagert. Insoweit ist auch die gerichtliche Überprüfung des Einigungsversuchs dahingehend, ob der Schuldner ein angemessenes Angebot vorgelegt hat, von vornherein ausgeschlossen. 9

Eine Ausnahme von dem Verzicht auf Inhaltserfordernisse bildet die mit dem InsOÄndG 2001 eingeführte Verpflichtung der bescheinigenden Stelle oder Person, zukünftig in der Bescheinigung die **wesentlichen Gründe** für das Scheitern anzugeben und den **außergerichtlichen Plan beizufügen**. Hierdurch soll dem Gericht die Einschätzung ermöglicht werden, ob die Durchführung des Schuldenbereinigungsplanverfahrens Aussicht auf Erfolg hat. Auch dies berechtigt die Gerichte aber nicht zu einer inhaltlichen Überprüfung der Qualität der Einigungsbemühungen (vgl. zu den Einzelheiten Rdn. 31 ff.). 10

C. Pflicht zur Vorlage von Unterlagen (Abs. 1)

Bzgl. der allgemeinen Voraussetzungen des Eröffnungsantrags s. FK-InsO/*Schmerbach* § 13. Der Antrag ist schriftlich einzureichen. Abs. 1 ist insoweit durch das EGInsOÄndG geändert worden. Der Gesetzgeber hat kurz vor dem Inkrafttreten des Gesetzes die **Schriftform** eingeführt, um die Amtsgerichte von der Entgegennahme von Anträgen zu Protokoll der Geschäftsstellen (§ 129a ZPO) zu entlasten. Diese ist auch in Verbraucherinsolvenzverfahren nicht zulässig, der Antrag muss zwingend schriftlich gestellt werden (zur Einreichung per Telefax oder Computerfax *Nerlich/Römermann* InsO, § 305 Rn. 6). Das BMJ hat von seiner Verordnungsermächtigung Gebrauch gemacht und ein **einheitliches Formular** zwingend für die Antragstellung vorgeschrieben (VbrInsVV v. 17.02.2002 BGBl. I S. 703). Das Formular wurde zum Inkrafttreten des Reformgesetzes am 01.07.2014 überarbeitet (das Formular ist abrufbar unter www.justiz.nrw.de). 11

I. Bescheinigung über das Scheitern eines außergerichtlichen Einigungsversuchs

Der Schuldner ist verpflichtet, bei der Antragstellung über die vorgeschriebenen Verzeichnisse hinaus **weitere Unterlagen** vorzulegen oder unverzüglich nachzureichen. Um zu gewährleisten, dass vor der Antragstellung ein ernsthafter außergerichtlicher Einigungsversuch zur Schuldenbereinigung mit den Gläubigern vorgenommen wurde, muss er eine **Bescheinigung einer geeigneten Person oder Stelle** über das Scheitern eines solchen Einigungsversuchs vorlegen. Denn der Gesetzgeber unterstellt, dass viele Überschuldungssituationen dadurch zustande kommen oder nicht gelöst werden, dass die Schuldner sich nicht ernsthaft um eine Schuldenbereinigung bemühen und erst gar nicht in Kontakt mit ihren Gläubigern treten. Durch die Möglichkeit der gesetzlichen Regelung der Restschuldbefreiung wird zudem die Bereitschaft der Gläubiger zu einer Einigung mit dem Schuldner erhöht (BT-Drucks. 12/7302 S. 189). 12

Die Bescheinigung muss nach dem Wortlaut des § 305 Abs. 1 Nr. 1 InsO auf der Grundlage einer persönlichen Beratung und nach eingehender Prüfung der Einkommens- und Vermögensverhältnisse des Schuldners ausgestellt werden. Hierfür ist eine umfassende Beratung notwendig. Mit der Gesetzesänderung beabsichtigte der Gesetzgeber, die Anforderungen an die Beratung im Vorfeld der Insolvenzantragstellung zu erhöhen, denn nur eine »umfassende und qualifizierte Beratung« 13

§ 305 InsO Eröffnungsantrag des Schuldners

ist in den Augen des Gesetzgebers geeignet, einen »unerwünschten Drehtüreffekt« zu vermeiden (BT-Drucks. 17/11268, S. 24). Diese Beratung der geeigneten Person oder Stelle kann regelmäßig nur »face-to-face«, d.h. im persönlichen Gespräch erfolgen. Denn nur so ist sichergestellt, dass der Schuldner über alle wesentlichen Informationen im Hinblick auf das folgende Insolvenzverfahren verfügt und der sog. »Drehtüreffekt« einer erneuten Überschuldung eingedämmt wird. Die telefonische Beratung kann die persönliche »face-to-face«-Beratung nicht ersetzen (vgl. *AG Göttingen* Beschl. v. 04.01.2017 – 74 IK 1/17; *AG Aachen* Beschl. v. 26.08.2016 – 91 IK 343/16, JurionRS 2016, 28284; *AG Oldenburg* Beschl. v. 19.04.2016 – 44 IK 7/16; *LG Düsseldorf* Beschl. v. 26.06.2015 – 25 T 410/15, JurionRS 2015, 27299; K. Schmidt/*Stephan* InsO, § 305 Rn. 24; **a.A.** *LG Landshut* Beschl. v. 24.19.2016 – 33 T 1670/16). Die Beratung muss dabei durch die Person erfolgt sein, die auch die Bescheinigung unterzeichnet. Ein Rechtsanwalt als geeignete Person, der die Bescheinigung unterzeichnet, darf sich also nicht eines Mitarbeiters bedienen, welcher die Beratung vornimmt. Ebenso wenig kann eine Schuldnerberatungsstelle, die keine geeignete Stelle i.S.d. § 305 Abs. 1 Nr. 1 InsO ist, einen Rechtsanwalt mit der Unterzeichnung der Bescheinigung betrauen, wenn dieser nicht die persönliche Beratung vorgenommen hat (vgl. *LG Köln* Beschl. v. 24.11.2015 – 13 T 96/15, JurionRS 2015, 37316; *AG Aachen* Beschl. v. 27.07.2016 – 92 IK 184/16, JurionRS 2016, 27202; *LG Aachen* Beschl. v. 14.09.2016 – 6 T 81/16, JurionRS 2016, 33007; *LG Köln* Beschl. v. 17.08.2016 – 13 T 62/16, JurionRS 2016, 25524). Dies schließt nicht aus, dass sich der Berater im Rahmen der Beratung weiterer qualifizierter Personen (z.B. Sozialarbeiter aus anderen Arbeitsgebieten, vgl. A/G/R-*Henning* § 305 InsO Rn. 25) bedient. Diese können den Beratungsprozess aber nur ergänzen. Die Beratung muss grundsätzlich zeitlich vor dem bescheinigten Scheitern des außergerichtlichen Schuldenbereinigungsplans erfolgt sein (vgl. auch AG Fürth, Beschl. V. 2.11.2016, IK 607/16). Der Einigungsversuch muss nämlich aufgrund einer gründlichen und umfassenden Prüfung der finanziellen Situation des Schuldners erfolgt sein, damit dieser auf einer tragfähigen Grundlage beruht.

Nach einer Ansicht soll die Beratung mittels Bildtelefonie (»Skype«) zulässig sein (so *LG Düsseldorf* Beschl. v. 20.06.2016 – 25 T 334/16, JurionRS 2016, 25153; *LG Münster* Beschl. v. 15.08.2016 – 5 T 430/16, JurionRS 2016, 26525). Diese Ansicht ist abzulehnen. Ein Gespräch mittels Bildtelefonie mag zwar im strengen Sinne das Erfordernis »face-to-face« erfüllen, allerdings kann es nicht das persönliche Gespräch ersetzen, bei welchem sich beide Gesprächspartner in einem Raum befinden und »gegenübersitzen«. Übertragungsstockungen und eine schlechte Bild- und/oder Tonqualität hemmen ein flüssig geführtes Gespräch, bei dem ein oder beide Gesprächspartner eher dazu neigen werden, bestimmte Fragen nicht zu stellen oder Gesprächsinhalte missverstehen können. Nur in engen Ausnahmefällen kann daher eine Beratung mittels Bildtelefonie den Anforderungen genügen, z.B. wenn sich diese an persönlich geführte Beratungsgespräche anschließt (so auch AG Oldenburg, Beschl. v. 12.04.2017, 61 IK 13/17). Richtigerweise genügt ein Telefonat mit dem Schwager des der deutschen Sprache nicht mächtigen Schuldners während einer LKW-Fahrt nicht den Anforderungen einer persönlichen Beratung nach § 305 Abs. 1 Nr. 1 InsO (LG Düsseldorf, Beschl. V. 10.02.2017, 25 T 3/17). Die Bescheinigung ist hinsichtlich der vorgeschriebenen persönlichen Beratung des Schuldners nach einer Auffassung gerichtlich überprüfbar (A/G/R-*Henning* § 305 InsO Rn. 24; *AG Hamburg* Beschl. v. 07.04.2016 – 68c IK 110/16; *AG Göttingen* Beschl. v. 20.04.2016 – 74 IK 74/16; *LG Potsdam* Beschl. v. 23.06.2015 – 2 T 24/15). Eine andere Ansicht lehnt die Prüfungskompetenz des Insolvenzgerichts hinsichtlich der Bescheinigung ab (*Heyer* ZVI 2013, 214, *Zipperer* ZVI 2015 363, *Schmidt* ZVI 2017 129 f., mit weiteren Nennungen zur Rspr.). Grundsätzlich ist der letztgenannten Auffassung zuzustimmen. Die Prüfungskompetenz des Gerichts beschränkt sich nach § 305 Abs. 3 auf die Vollständigkeitskontrolle der eingereichten Formulare nach Abs. 5 (vgl. *Zipperer* ZVI 2015, 363, 365). Allerdings kann dies nicht dazu führen, dass bei offensichtlich falschen, weil klar gegen die Intention des § 305 Abs. 1 Nr. 1 verstoßenden Bescheinigungen, keine Beanstandung der Bescheinigung durch das Gericht möglich ist. Dies würde den Sinn und Zweck der Vorschrift unterlaufen. Allerdings kommt eine Beanstandung des Gerichts nur in Betracht, wenn sich die Fehlerhaftigkeit der Bescheinigung geradezu aufdrängt (so auch *AG Kaiserslautern* Beschl. v. 13.01.2016 – 2 IK 359/15; *AG Oldenburg* Beschl. v. 19.04.2016 – 44 IK 7/16; Beschl. v. 12.04.2017,

61 IK 13/17). Die Überprüfung ist damit auf Ausnahmefälle beschränkt. Die Frage der Fehlerhaftigkeit der Bescheinigung betrifft die Zulässigkeit des Insolvenzantrags (*AG Köln* 20.8.2015 – 73 IK 373/15, JurionRS 2015, 23384). Die Entscheidung ist mit der sofortigen Beschwerde angreifbar (vgl. *AG Göttingen* 4.1.2017 – 74 IK 1/17).

Der Einigungsversuch muss **innerhalb der letzten sechs Monate** vor der Antragstellung erfolgt sein. Der zeitliche Zusammenhang ist insbesondere deshalb wichtig, weil der Gesetzgeber erhofft, dass eine Einigung insbesondere aufgrund der ansonsten drohenden gerichtlichen Restschuldbefreiung zustande kommen kann. Maßgeblicher Zeitpunkt für den Beginn der Frist ist die Feststellung des Scheiterns durch die geeignete Person oder Stelle. Zum Teil wird die Ansicht vertreten, dass die Sechsmonatsfrist bereits dann beginnt, wenn die letzte Ablehnung des Vorschlags des Schuldners durch einen Gläubiger erfolgt ist (A/G/R-*Henning* § 305 InsO Rn. 22; *AG Köln* NZI 2007, 57; *AG Göttingen* NZI 2005, 510 = ZVI 2005, 371). Dies erscheint nicht schlüssig. Die bescheinigende Person oder Stelle hat festzustellen, wann keine Aussicht mehr auf eine außergerichtliche Einigung mit allen Gläubigern besteht. Dies kann bereits aufgrund der endgültigen Ablehnung nur eines Gläubigers der Fall sein, möglicher Weise aber auch erst dann, wenn nach der Analyse der Antworten der Gläubiger und einer weiteren Besprechung mit dem Schuldner keine Aussicht auf eine Erfolg versprechende Nachbesserung des Plans mehr gesehen wird (vgl. zur Fiktion des Scheiterns auch den später eingefügten § 305a InsO). Nachverhandlungen mit den ablehnenden Gläubigern führen nicht selten zum Erfolg. Allerdings dürfte eine gewisse zeitliche Nähe zwischen der Reaktion der Gläubiger und der Feststellung des Scheiterns erforderlich sein. 14

In der Literatur ist streitig, ob der außergerichtliche Einigungsversuch **allen Gläubigern zuzustellen** ist (hierzu *Uhlenbruck/Sternal* InsO, § 305 Rn. 22; MüKo-InsO/*Ott/Vuia* § 305 Rn. 43). Hierfür spricht, dass im Hinblick auf die erforderliche Einschätzung des Gerichts, ob ein gerichtliches Schuldenbereinigungsplanverfahren durchzuführen ist, Informationen über die Einigungsbereitschaft der Gläubiger wünschenswert sind. Sollte eine Mehrheit – ggf. durch ein Schweigen einzelner Gläubiger – für den Plan zustande kommen können, kann für das Gericht die Durchführung des Schuldenbereinigungsplanverfahrens opportun sein. Entsprechend verlangt das amtliche Formular zur Erstellung der Bescheinigung in der Anlage 2 A entsprechende quotale Angaben zum Ausgang des außergerichtlichen Einigungsversuchs (hierzu auch *AG Köln* ZInsO 2002, 344). Dennoch sollte man keine überspannten Anforderungen an die Pflicht zur Beteiligung aller Gläubiger stellen. Eine Verpflichtung, alle Gläubiger anzuschreiben würde dann zum bloßen Formalismus, wenn aufgrund der Reaktionen eines Teils der Gläubiger und dem Inhalt des Angebots klar ist, dass eine Einigung mit allen Gläubigern und auch eine Zustimmungsersetzung nicht zu erwarten ist. In der Praxis wird ein Schuldenbereinigungsplanverfahren vernünftiger Weise nur dann durchgeführt, wenn der Schuldner dies vorschlägt und auch die Beantragung der Zustimmungsersetzung von ihm zu erwarten ist. Insofern sollte z.B. dann, wenn eine Vielzahl von Gläubigern vorliegt und eine Einigung aussichtslos ist (insbesondere bei den sog. »Nullplänen«), auch eine Übersendung des außergerichtlichen Einigungsversuchs an einen Teil der Gläubiger als ausreichend angesehen werden. Wenn die wesentlichen Gläubiger den Plan abgelehnt haben, brauchen die Verhandlungen nicht fortgesetzt zu werden (A/G/R-*Henning* § 305 InsO Rn. 19; *Graf-Schlicker/Sabel* InsO, § 305 Rn. 19; HambK-InsO/*Streck* § 305 Rn. 16 m.w.N.; der BGH hat allerdings die Zurückweisung eines Antrags durch das Insolvenzgericht, bei dem nur mit den wesentlichen Gläubigern verhandelt worden war, nicht als willkürlich angesehen *BGH* 10.02.2011 – IX ZB 43/08, Insbüro 2011, 160). Auch hier ist auf die sehr enge Prüfungskompetenz des Gerichts zu dem Hintergrund der Bescheinigung (s. Rdn. 10) zu verweisen. 15

An den **Inhalt der Bescheinigung** sind keine zu hohen Anforderungen zu stellen. Formal hat sie allerdings den Anforderungen der Vordruckverordnung zu genügen (s. Rdn. 81). Insbesondere müssen keine Einzelheiten der Verhandlungsentwicklung protokolliert werden (*Hess/Obermüller* Insolvenzplan, 1998, Rn. 795). Ebenso wenig müssen die Hauptursachen des Vermögensverfalls oder die Geschichte der Verschuldung dargestellt werden (*Kübler/Prütting/Bork-Wenzel* InsO, § 305 Rn. 11). Das Gericht hat keine Prüfungskompetenz bzgl. der Qualität des außergerichtlichen Einigungsver- 16 suchs (A/G/R-*Henning* § 305 InsO Rn. 12; *Uhlenbruck/Sternal* InsO, § 305 Rn. 79). Insbesondere kann es den Antrag des Schuldners nicht als unzulässig zurückweisen, wenn dem Gericht die durchgeführten Verhandlungen nicht adäquat erscheinen. Der Bescheinigung kommt, da die Länder von ihrer **Ausführungsbefugnis** Gebrauch gemacht haben und die Voraussetzungen für geeignete Personen oder Stellen benennen, die Beweiskraft des § 418 Abs. 1 ZPO zu, da diese Stellen dann mit öffentlichem Glauben versehen sind (vgl. *Krug* Der Verbraucherkonkurs, 1998, S. 108).

17 Das Gericht überprüft lediglich, ob eine Bescheinigung vorliegt und der Aussteller eine geeignete Person oder Stelle i.S.d. Gesetzes ist (s. zur Überprüfbarkeit der Bescheinigung in Hinblick auf das Vorliegen einer persönlichen Beratung durch die geeignete Person oder Stelle Rdn. 12 a.E.). Der Rechtsausschuss wollte mit dieser Regelung eine Entlastung der Gerichte bewirken (BT-Drucks. 12/7302 S. 190), so dass auch diese Bescheinigung – wie § 305 Abs. 3 InsO zeigt – nur darauf zu überprüfen ist, ob sie von ihrem Inhalt her das Scheitern ernsthafter außergerichtlicher Verhandlungen auf der Grundlage eines Plans (zum Plan ausf. *Uhlenbruck/Sternal* InsO, § 305 Rn. 103 ff.) bescheinigt (*Schleswig-Holsteinisches OLG* NJW-RR 2000, 340; *Vallender* ZIP 1999, 125 [127]; *Uhlenbruck/Sternal* InsO, § 305 Rn. 74). Durch die Bestimmung der geeigneten Stellen und Personen hat der Gesetzgeber die Gerichte von einer Prüfung der ernsthaften Durchführung des außergerichtlichen Einigungsversuchs entbunden. Die **Bescheinigung der Person oder Stelle** bietet die Gewähr dafür, dass die bescheinigten Umstände vorliegen (*Vallender* EWiR 1999, 955 [956]). Z.T. wird aber eine Bescheinigung, die den formalen Gesichtspunkten entspricht, aber keine schlüssige Erklärung enthält, als unzureichend i.S.d. § 305 Abs. 1 Nr. 1 InsO angesehen (*BayObLG* NJW 2000, 221 = NZI 1999, 955; *BayObLG* NJW RR 1999 = NZI 1999, 412; krit. hierzu *Nerlich/Römermann-Römermann* InsO, § 305 Rn. 30). Die Bescheinigung wird für entbehrlich gehalten, wenn zumindest ein Gläubiger eindeutig und unmissverständlich erklärt, zu einer außergerichtlichen Einigung nicht bereit zu sein (*Kübler/Prütting/Bork-Wenzel* InsO, § 305 Rn. 24 m.w.N.; krit. hierzu *Nerlich/Römermann* InsO, § 305 Rn. 34; abl. *Uhlenbruck/Sternal* InsO, § 305 Rn. 42; dazu auch *BGH* 10.02.2011 – IX ZB 43/08, Insbüro 2011, 160 f.). Diese Auffassung ist abzulehnen. Der außergerichtlichen Einigung kommt große Bedeutung zu und ist für die Einleitung des Insolvenzverfahrens unabdingbar. Dies ergibt sich schon alleine aus dem Wortlaut des § 305 Abs. 1 Nr. 1. Es kann nicht ins Belieben des Schuldners gestellt werden, dass dieser dafür sorgt, dass eine Bescheinigung entbehrlich wird, wenn ein Gläubiger die Teilnahme an den Verhandlungen schriftlich ablehnt oder bereits im Vorfeld – was regelmäßig geschieht – den mangelnden Willen kundtut.

18 Nach Auffassung des LG Hamburg darf das Insolvenzgericht von Amts wegen das von der geeigneten Stelle angegebene »Scheiternsdatum« des außergerichtlichen Einigungsversuchs bei offensichtlichen Verfahrensfehlern prüfen (*LG Hamburg* Beschl. v. 02.01.2017 – 326 T 149/16, ZVI 2017, 142 ff.). Diese Ansicht ist abzulehnen. Es besteht keine inhaltliche Prüfungskompetenz des Insolvenzgerichts (s.o. Rdn. 13 und *Butenob* ZVI 2017, 143, 145).

19 Die Darstellung der **wesentlichen Gründe des Scheiterns** sollen dem Gericht die Entscheidung darüber erleichtern, ob die Durchführung des Schuldenbereinigungsplanverfahrens Aussicht auf Erfolg verspricht (hierzu § 306 Rdn. 11 ff.). Zu der Darstellung gehören regelmäßig sowohl die Angaben der Anzahl der außergerichtlich zustimmenden bzw. ablehnenden Gläubiger als auch die auf diese entfallenden Forderungsanteile an der Gesamtverschuldung. Des Weiteren wird für die Einschätzung des Gerichts von Interesse sein, wie viele Gläubiger sich gar nicht gemeldet haben, da dem Schweigen dieser Gläubiger im Schuldenbereinigungsplanverfahren gem. § 307 InsO Zustimmungswirkung zukommen würde. Aber auch weitere Erläuterungen der Gründe, etwa die endgültig ablehnende Haltung einzelner Gläubiger sind anzugeben. Sind die Motive der Gläubiger für die Ablehnung bekannt, sind diese zu nennen (*Kübler/Prütting/Bork-Wenzel* InsO, § 305 Rn. 13). Hier sind allerdings keine überzogenen Anforderungen an die Mitteilung der Motive zu stellen. Eine kurze Darstellung genügt. Nach dem Gesetz sind nur die Gründe für das Scheitern der außergerichtlichen Einigung zu erörtern, nicht dagegen die Erfolgsaussichten des Schuldenbereinigungsplans. Da die bescheinigende Stelle oder Person aber i.d.R. aufgrund ihrer Kenntnisse und Erfahrung die Erfolgsaussicht eines weiteren Plans und die Zustimmungsbereitschaft der Gläubiger des Schuldners

besser einschätzen kann als das Gericht, wird es sachdienlich sein, dass sie ein kurzes Votum bzgl. ihrer Einschätzung der Erfolgsaussicht eines Schuldenbereinigungsplanverfahrens abgibt.

Auch der außergerichtlich den Gläubigern unterbreitete **Plan ist der Bescheinigung beizulegen**. Hieraus kann das Gericht mögliche Änderungen des Schuldenbereinigungsplans gegenüber dem ursprünglichen Vergleichsvorschlag ersehen und somit besser einschätzen, ob z.B. eine Verbesserung des Angebots des Schuldners eine höhere Zustimmungsquote erwarten lässt. Der Plan besteht i.d.R. aus einer Kopie des Angebotes, das den Gläubigern zugesandt wurde. Ausreichend ist die Kopie des an einen einzelnen Gläubiger gerichteten Angebotsschreibens, nicht die Kopien der Schreiben an alle im Plan einbezogenen Gläubiger. Hieraus ergibt sich i.d.R. auch der Vorschlag zur Gesamtlösung. Anderenfalls ist der Gesamtsanierungsplan kurz schriftlich zu erörtern und der Bescheinigung beizufügen. 20

Geeignete Stellen sind i.d.R. Schuldnerberatungsstellen der freien Wohlfahrtspflege, der Verbraucherzentralen, der Kommunen oder ähnlicher Einrichtungen sowie vereinzelt Vereine in privater Trägerschaft (vgl. auch *Kübler/Prütting/Bork-Wenzel* InsO, § 305 Rn. 5; *Graf-Schlicker/Sabel* InsO, § 305, Rn. 10). Das Gesetz selbst nimmt keine Bestimmung der **geeigneten Personen oder Stellen** vor, sondern ermächtigt die Länder, diese Bestimmung durch Ausführungsgesetze vorzunehmen (vgl. aber *VG Mainz* ZVI 2003, 593 und 597). Diese Regelung, die gem. Art. 110 EGInsO bereits 1994 in Kraft getreten ist, soll ermöglichen, den regionalen Besonderheiten wie dem Stand des Ausbaus des Netzes der Schuldnerberatungsstellen Rechnung zu tragen (BT-Drucks. 12/7302 S. 190). Die Landesgesetzgeber haben von ihren Ermächtigungen Gebrauch gemacht, mittlerweile haben alle Landesparlamente **Ausführungsgesetze erlassen** (abgedruckt in NZI 1998, 69 ff. [115 ff.] und NZI 1999, 18 f.; hierzu ausf. *Becker* KTS 2000, 157 ff. und *Uhlenbruck/Sternal* InsO, § 305 Rn. 46 ff.). Die Ausführungsgesetze gehen dabei weitgehend übereinstimmend davon aus, dass zum einen die Angehörigen der rechtsberatenden Berufe (Rechtsanwälte, Notare, Steuerberater) geeignete Personen sind (zur anwaltlichen Tätigkeit im außergerichtlichen Einigungsversuch *Uhlenbruck/Sternal* InsO, § 305 Rn. 63 f.; zur Anfechtbarkeit einer Honorarzahlung an den Anwalt in der Krise *LG Würzburg* 11.11.2013 – 92 O 2268/12, Insbüro 2014, 282 m. Anm. *Henning* S. 564; *Kirchhof* ZInsO 2005, 350 ff. und *OLG München* ZInsO 2005, 496), und dass sich die bislang bei Wohlfahrtsverbänden, Verbraucherzentralen und Kommunen angesiedelten Schuldnerberatungsstellen als geeignete Stellen anerkennen lassen können (s. dazu ausf. *Hergenröder* ZVI 2007, 448 ff.; *Richter* ZVI 2009, 325 ff.). Die Anerkennung wird hierbei an unterschiedliche Voraussetzungen geknüpft, i.d.R. an praktische Erfahrungen in der Schuldnerberatung und an gewisse Berufsausbildungen der Mitarbeiter, so wird z.B.i.d.R. ein Studium der sozialen Arbeit, der Rechtswissenschaften oder der Wirtschaftswissenschaften verlangt. Vereinzelt sind auch bestimmte Berufsausbildungen statthaft (z.B. Bankkaufmann). Aufgrund der hohen Anforderungen an die geeignete Stelle erscheint das Verlangen eines der o.g. Studienabschlüsse sinnvoll. Daneben sind fachspezifische Weiterbildungen sinnvoll und unabdingbar. 21

Ebenso wenig muss garantiert sein, dass die bescheinigende Stelle die Verhandlungen selbst geführt oder bei der Planerstellung mitgewirkt hat (*Graf-Schlicker/Sabel* InsO, § 305 Rn. 18; HambK-InsO/Streck § 305 Rn. 15; *Stephan* ZInsO 1999, 78; *Uhlenbruck/Sternal* InsO, § 305 Rn. 44; a.A. wohl *Wittig* WM 1998, 160). Vom Sinn des Gesetzes kann es nicht darauf ankommen, wer die Verhandlungen geführt hat, sondern dass sie ernsthaft geführt worden sind. Einen **Vertretungszwang** für den außergerichtlichen Einigungsversuch sieht § 305 InsO nicht vor. Es dürfte im Gegenteil in den meisten Fällen sinnvoll sein, den Schuldner aktiv in den Entschuldungsprozess mit einzubeziehen und nach seinen Möglichkeiten zumindest einen Teil der Verhandlungen selbst führen zu lassen. Der außergerichtliche Einigungsversuch muss aber mit Unterstützung und nach umfassender persönlicher und wirtschaftlicher Beratung der geeigneten Person oder Stelle durchgeführt worden sein. Es reicht jede Art von Mitwirkung aus, wichtig ist, dass hierdurch alle Möglichkeiten, einen Vergleich herbeizuführen, durch den Schuldner ausgeschöpft werden (str. ähnlich *Graf-Schlicker/Sabel* InsO, § 305 Rn. 18 m.w.N.). Ziel des außergerichtlichen Einigungsversuchs ist nicht nur eine einmalige Entschuldung zu erreichen, sondern den Schuldnerhaushalt langfristig zu sanieren. Die Finanzierung 22 der geeigneten Stellen, insbesondere der Wohlfahrtsverbände ist bisher nicht bundesrechtlich gesichert. Ein Anspruch auf Beratungshilfe wird für diese Stellen generell abgelehnt (*BVerfG* NZI 2007, 181 = NJW 2007, 830 [LS]; *OLG Düsseldorf* ZInsO 2006, 775; dazu *Winter* ZVI 2008, 200 [202]). Für Rechtsanwälte besteht hingegen grundsätzlich die Möglichkeit eines Anspruchs auf Beratungshilfe, allerdings ist eine Ablehnung der Bewilligung unter Hinweis auf ein für den Schuldner zumutbar erreichbares Angebot der öffentlich geförderten Schuldnerberatungsstellen nicht verfassungswidrig (*BVerfG* ZVI 2006, 438, dazu auch ausf. *Winter* ZVI 2008, 200 [202]). Aufgrund dieser Entscheidung lehnen die Gerichte unter dem Verweis auf die Möglichkeit der Inanspruchnahme einer anerkannten Schuldnerberatungsstelle die Gewährung der Beratungshilfe zunehmend ab (vgl. zur berechtigten Kritik A/G/R-*Henning* § 305 InsO Rn. 30).

23 Unzumutbar und damit verfassungswidrig dürfte ein Verweis auf das Beratungsangebot der öffentlichen Stellen aber dann sein, wenn diese für den Schuldner mit öffentlichen Verkehrsmitteln nur schwer erreichbar sind oder lange Wartezeiten haben (*AG Bad Sobernheim* Rpfleger 2007, 207). Dabei wird man eine längere Wartezeit von mehr als sechs Monaten als unzumutbar ansehen müssen.

24 Auch **gewerbliche Schuldenregulierer** werden in einigen Landesausführungsgesetzen als geeignete Stellen zugelassen. Dies ist bedauerlich, da damit einem Missbrauch des Rechtsdienstleistungsgesetzes Tür und Tor geöffnet ist (zur Rechtsberatungsbefugnis gewerblicher Schuldenregulierer nach dem Rechtsdienstleistungsgesetz ausf. *Springeneer* ZVI 2005, 111). In der Vergangenheit hatten sich gewerbliche Schuldenregulierer vor allem dadurch hervorgetan, überschuldeten Verbrauchern überzogene Gebühren für nutzlose Tätigkeiten abzuverlangen (vgl. hierzu *BGH* NJW 1987, 3003; *AG Cottbus* VuR 1997, 316; *Rudolph* VuR 1996, 327 ff.; *Grote/Wellmann* VuR 2007, 258 ff.). In Zukunft dürfte die Unterscheidung zwischen seriöser und unseriöser Schuldnerberatung noch schwerer werden (s. *Grote* ZInsO 1998, 107 ff.). Ein Unternehmen, das keine zugelassene Stelle ist und nicht über eine Erlaubnis zur Rechtsberatung verfügt, darf nicht mit dem Angebot »Finanz- und Wirtschaftsberatung zur Entschuldungsmöglichkeit« werben (*OLG Oldenburg* ZVI 2005, 546). Wer – ohne als geeignete Stelle anerkannt zu sein – für einen Schuldner Leistungen erbringt, die über das bloße Sammeln von Daten und das Drucken und Versenden von Schreiben hinausgeht, erbringt unzulässige Rechtsdienstleistungen gem. § 2 RDG (*AG Fulda* 02.11.2011 – 34 C 117/11, ZVI 2012, 82, vgl. insoweit auch die erfolgreiche Abmahnung der Verbraucherzentrale NRW gegen einen gewerblichen Schuldenregulierer, Pressemitteilung der VZ NRW vom 08.12.2016: www.verbraucherzentrale.nrw/unserioese-schuldnerberater-abgemahnt). Der BGH hat in seiner Entscheidung »Finanzsanierer« deutlich gemacht, dass er auch nach dem Inkrafttreten des RDG keine Veranlassung sieht, von der Erlaubnispflicht der Schuldenregulierung abzusehen, und zwar auch dann, wenn sich der Anbieter der zusätzlichen Hilfe eines Rechtsanwaltes bedient (*BGH* 27.09.2009 – I ZR 166/06, NJW 2009, 3242 ff.).

25 Soweit es bei der Anerkennung einer geeigneten Stelle um den Nachweis der erforderlichen Erfahrung in der Schuldnerberatung geht, steht diesem Nachweis eine Tätigkeit bei einer Stelle entgegen, die mehrfach gegen geltendes Recht verstoßen hat (*VG Aachen* ZVI 2005, 264). Der Ausschluss gewerblicher Schuldenregulierer (die nicht unmittelbar gemeinnützige oder mildtätige Zwecke verfolgen) von der Zulassung als geeignete Stellen im Niedersächsischen Ausführungsgesetz ist nicht verfassungswidrig (*VG Hannover* Nds. Rpfleger 2007, 281). Auch der Versuch der Umgehung der Ausführungsgesetze durch ein Tätigwerden einer nicht anerkannten Stelle in Deutschland aus dem benachbarten Ausland heraus (Schulden Hulp Stichting) ist unzulässig (*BGH* NJW 2007, 596 = ZIP 2007, 282).

26 Als weitere Stellen kommen nach der Ansicht des Rechtsausschusses z.B. die **Gütestellen** i.S.d. § 794 Abs. 1 Nr. 1 ZPO sowie die **Schiedsstellen** in Betracht (BT-Drucks. 12/7302, S. 189). Es ist jedoch zweifelhaft, ob diese Stellen personell und fachlich dazu in der Lage sind, die außergerichtliche Schuldenbereinigung durchzuführen und insoweit als »geeignet« anzusehen sind (zweifelnd auch KS-InsO/*Beule* 1998, Rn. 55). Bislang sind diese Stellen nicht mit einem entsprechenden Angebot in Erscheinung getreten. Auch der Betreuer eines Schuldners kann als geeignete Person fungieren, ohne dass zwingend von einem Interessenkonflikt auszugehen ist (*LG Verden* ZInsO 2007, 168). Al-

lerdings müssen hier die o.g. Voraussetzungen vorliegen. Nur aus der Eigenschaft als Betreuer ergibt sich nicht die Eignung als geeignete Person.

II. Antrag auf Erteilung der Restschuldbefreiung

Der **Antrag auf Restschuldbefreiung** ist zwingend bereits mit dem Eröffnungsantrag zu stellen. Hierdurch soll frühzeitig Klarheit darüber geschaffen werden, ob der Schuldner nach einem Scheitern des Schuldenbereinigungsplans die gesetzliche Restschuldbefreiung erreichen will. Auch der Antrag eines Schuldners mit nur einen Gläubiger ist zulässig. Auch dieser Antrag ist schriftlich zu stellen. Ihm ist gem. § 287 Abs. 2 InsO die Abtretungserklärung an den Treuhänder beizufügen. 27

An den **Inhalt des Antrags** sind – abgesehen von der Verpflichtung der Verwendung der amtlichen Vordrucke – keine besonderen Voraussetzungen zu knüpfen. Die Formulierung »ich beantrage Restschuldbefreiung« ist für einen Antrag jenseits des Vordruckzwanges schon als ausreichend anzusehen. Der Schuldner kann auch erklären, dass er die Restschuldbefreiung nicht beantragen will. Dieser Halbsatz macht deutlich, dass die Möglichkeit besteht, das Schuldenbereinigungsverfahren zu beschreiben, **ohne die gerichtliche Restschuldbefreiung** anzustreben. Dies soll nach der Beschlussfassung des Rechtsausschusses der Fall sein, wenn der Schuldner die gesetzlichen Voraussetzungen für die Restschuldbefreiung nicht erbringen kann, etwa weil er einen Versagungsgrund nach § 290 InsO erfüllt (BT-Drucks. 12/7302 S. 190). Allerdings wird in einem solchen Fall der Druck auf die Gläubiger, einem Schuldenbereinigungsplan des Schuldners zuzustimmen nicht so groß sein, da er offenbar nicht befürchten muss, seine Restforderung in dem anschließenden gerichtlichen Entschuldungsverfahren ganz oder teilweise zu verlieren. Die Durchführung nur des Schuldenbereinigungsplanverfahrens macht aber insbesondere dann Sinn, wenn sich bei dem außergerichtlichen Einigungsversuch herausgestellt hat, dass die Mehrheit der Gläubiger mit dem Vorschlag des Schuldners einverstanden ist und der Schuldner mit der kostengünstigen Möglichkeit der Zustimmungsersetzung durch das Gericht nach § 309 InsO ans Ziel kommen kann. Entsprechend hat der isolierte Eröffnungsantrag nach § 305 InsO praktisch keine Bedeutung. Wünschenswert wäre es allerdings, wenn die Möglichkeit der isolierten Beantragung des gerichtlichen Schuldenbereinigungsplans ins Gesetz aufgenommen würde, ohne dass ein Scheitern des Plans zur Eröffnung des Insolvenzverfahrens führt. Nicht selten lehnen Gläubiger auch Erfolg versprechende außergerichtliche Einigungsversuche, bei denen eine hohe Quote angeboten wird, pauschal ab. Es muss sodann der Insolvenzantrag gestellt werden, um – bei Vorliegen der Kopf- und Summenmehrheit – das gerichtliche Zustimmungsersetzungsverfahren durchführen zu können. Scheitert das Zustimmungsersetzungsverfahren dann dennoch, würde das Verfahren über den Eröffnungsantrag des Schuldners fortgesetzt. U.U. wird dann ein Insolvenzverfahren eröffnet, welches vom Schuldner nicht angestrebt war. 28

Erklärt der Schuldner, dass er die Restschuldbefreiung nicht beantragen will, so kann der Antrag jedenfalls nach der Änderung des § 287 Abs. 1 InsO **kaum noch nachgeholt** werden. Auch nach § 287 Abs. 1 InsO soll die Restschuldbefreiung bereits mit dem Eröffnungsantrag erfolgen, spätestens aber nach dem Hinweis nach § 20 Abs. 2 InsO (hierzu s. *Ahrens* § 287 Rdn. 11 ff.). 29

Der Antrag auf Restschuldbefreiung kann aber auch jederzeit **zurückgenommen** werden (s. *Ahrens* § 287 Rdn. 104 ff.). Auch der Eröffnungsantrag nach § 305 InsO, kann vom Schuldner gem. § 13 Abs. 2 InsO bis zur Eröffnung des Insolvenzverfahrens zurückgenommen werden (*Hess/Obermüller* Insolvenzplan, 1998, Rn. 856). 30

III. Anforderungen an Verzeichnisse

Der Schuldner hat ein Vermögensverzeichnis, eine Vermögensübersicht, ein Gläubigerverzeichnis und ein Verzeichnis der gegen ihn gerichteten Forderungen vorzulegen. Die letztgenannten können sinnvoller Weise auch miteinander verbunden werden. 31

Die **Verzeichnisse** sind schriftlich in der Form des amtlichen Formulars zu erstellen. Erforderlich sind gem. § 305 Abs. 1 Nr. 3 InsO ein Vermögensverzeichnis, eine zusammenfassende Vermögensüber- 32 sicht, ein Gläubigerverzeichnis und ein Verzeichnis der gegen den Schuldner erhobenen Forderungen.

33 Das **Vermögensverzeichnis** muss eine Aufstellung aller dem Schuldner gehörenden und erkennbar verwertbaren Vermögenswerte beinhalten. Sowohl die KO, als auch die VglO kannten nur die Verpflichtung zur Erstellung von Vermögensübersichten durch den Schuldner. Die exakte Ermittlung des Vermögens oblag dem Verwalter. Im Verbraucherinsolvenzverfahren muss der Schuldner ein ausführliches und vollständiges Verzeichnis über seine Vermögenssituation erstellen (zur durch das InsOÄndG 2001 eingeführten Verpflichtung zur Erstellung einer Vermögensübersicht s.Rdn. 36). Hierbei ist nicht der strenge Maßstab des § 802c ZPO anzulegen, denn diese Verzeichnisse bereiten primär nicht die Liquidation des Schuldnervermögens vor, sondern informieren die Gläubiger über die Grundlagen des Schuldenbereinigungsplans (s. *Ahrens* § 290 Rdn. 185; **a.A.** MüKo-InsO/*Ott/Vuia* § 305 Rn. 47). Sie sollen ihnen die Entscheidung darüber ermöglichen, ob sie aufgrund der wirtschaftlichen Situation des Schuldners und angesichts der Alternative der Durchführung des gerichtlichen Entschuldungsverfahrens dem vom Schuldner vorgelegten Plan zustimmen. Keinesfalls soll durch Detailangaben hinsichtlich der Vermögenswerte die Einzelzwangsvollstreckung ermöglicht werden, diese ist im Gesamtvollstreckungsverfahren vielmehr zu vermeiden. Eine Überprüfung des Vermögensverzeichnisses durch das Gericht findet in dieser Verfahrensphase nicht statt, da dies keine Zulässigkeitsvoraussetzung darstellt. Im Fall des Scheiterns des Schuldenbereinigungsplans und der anschließenden Eröffnung des Insolvenzverfahrens stehen dem Treuhänder und dem Insolvenzgericht nach § 97 InsO weitere Auskunftsmöglichkeiten zu.

34 Das Vermögensverzeichnis muss vollständig alle **pfändbaren Vermögenswerte** des Schuldners umfassen. Hierzu gehören Immobilien, Lohn- und Gehaltsansprüche und verwertbares Mobiliar ebenso wie Forderungen aufgrund von Bankguthaben oder Ansprüche aus bestehenden Kapitallebensversicherungen (zur Vermögensverwertung i.E. *Kohte/Busch* 8. Aufl., § 313 Rn. 23 ff.). Bei der Angabe von Immobilien im Vermögensverzeichnis ist nicht erforderlich, dass der Schuldner auch eine Bewertung des Grundstücks vornimmt (*BGH* 08.05.2008 – IX ZB 54/07; *Graf-Schlicker/Sabel* InsO, § 305 Rn. 26). Fraglich ist, ob der Schuldner auch verpflichtet ist unpfändbare oder nicht verwertbare Vermögensgegenstände im Verzeichnis anzugeben. Dies wird man wohl bei offensichtlich unpfändbaren Gegenständen (z.B. Wäsche, einfacher Hausrat) ablehnen. Ansonsten legen die Gerichte Wert auf umfassende Informationen. Die gilt insbesondere für die Angabe von PKW. Vermögensgegenstände müssen daher auch dann angegeben werden, wenn sie nicht unmittelbar verwertbar sind, weil z.B. Sicherungsrechte bestehen oder der Schuldner eine Forderung für uneinbringlich hält (*BGH* ZVI 2004, 490 = NZI 2004, 633, 634; weitere Einzelheiten bei *Ahrens* § 290 Rdn. 180 ff.). Aufzunehmen ist auch der Anspruch auf das Anwaltshonorar des Verfahrensbevollmächtigten des Schuldners (*BGH* 07.04.2005 ZVI 2005, 364 = NJW-RR 2005, 990). Die Angaben sind auf dem amtlich vorgeschriebenen Vordruck zu machen.

35 Nach Ansicht von *Römermann* soll das Verzeichnis nur den **aktuellen Vermögensstand** widerspiegeln und braucht daher keine Angaben über frühere Schenkungen oder Veräußerungen zu enthalten (*Nerlich/Römermann* InsO, § 305 Rn. 40). Allerdings verlangt das amtliche Formular hierzu Angaben unter der laufenden Rn. 27 der Anlage 4. Ändern sich die Vermögensverhältnisse nach der Antragstellung so hat der Schuldner dies von sich aus und unverzüglich anzuzeigen (A/G/R-*Henning* § 305 InsO Rn. 42 m.w.N.). Die Vollständigkeit der Angabe der verwertbaren Vermögenswerte steht unter der Sanktionsandrohung des § 290 Abs. 1 Nr. 6 InsO (s. *Ahrens* § 290 Rdn. 163 ff.), vorsätzliche oder grob fahrlässige Versäumnisse können zu einer Versagung der Restschuldbefreiung führen. Die Erbringung von **Nachweisen** bzgl. der vom Schuldner gemachten Angaben sieht das Gesetz nicht vor. Insofern sind dem Verzeichnis weder Gehaltsbescheinigungen, noch sonstige Urkunden beizufügen, die die Angaben des Schuldners belegen. Nicht selten verlangen die Gerichte die Erbringung dieser Nachweise, was nach § 305 Abs. 1 Nr. 3 nicht gefordert werden kann.

36 Neben dem Vermögensverzeichnis hat der Schuldner dem Antrag auch eine **Vermögensübersicht** beizufügen. In dieser soll das Ergebnis des Vermögensverzeichnisses des Schuldners **kurz und übersichtlich** dargestellt werden (BT-Drucks. 14/5680 S. 30 zu Nr. 22). Dazu reicht es aus, dass Anga-

ben über die vorhandenen pfändbaren Einkünfte, sowie über die verwertbaren weiteren Vermögensanteile des Schuldners gemacht werden. Eine Aufzählung einzelner möglicher, aber beim Schuldner nicht vorhandener Vermögenswerte ist dagegen nicht erforderlich. Nur diese Übersicht über die positiven Vermögenswerte wird den Gläubigern zugestellt. Sie soll ihnen auch im Blick die Einschätzung der aktuellen Vermögenssituation ermöglichen. Um die Zustellung zu erleichtern und Kosten zu senken, wird das ausführlichere Vermögensverzeichnis zukünftig nicht mehr an die Gläubiger versandt (vgl. hierzu § 307 Rdn. 4). Die Vermögensübersicht darf keine konkreten Angaben enthalten, die den Gläubigern die **Einzelzwangsvollstreckung** auf noch vorhandene Vermögenswerte erleichtern könnten. Dies gilt zum Beispiel für Anschriften von Drittschuldnern, Kontonummern, Versicherungsnummern und Ähnliches.

Das vom Schuldner anzufertigende **Forderungsverzeichnis** (zur Verpflichtung der Gläubiger zur Auskunftserteilung s. Rdn. 53 ff.) wird i.d.R. zusammen mit dem Gläubigerverzeichnis (s. Rdn. 38) erstellt. Hierin sind alle Gläubiger des Schuldners aufzunehmen, die zum Zeitpunkt der Eröffnung einen begründeten Vermögensanspruch gegen den Schuldner haben, auch wenn dieser noch nicht fällig oder gestundet ist (*BGH* ZInsO 2005, 537). Der Schuldner wird die Forderungen im Verzeichnis einheitlich zu einem Stichtag ermitteln, um die Vergleichbarkeit zu gewährleisten (vgl. hierzu § 309 Rdn. 12). In das Forderungsverzeichnis können auch die zukünftigen **Ausgleichsansprüche von Bürgen** mit aufgenommen werden, die durch eine mögliche spätere Inanspruchnahme des Bürgen entstehen. Im Insolvenzverfahren des Schuldners wird diese durch die spätere Inanspruchnahme des Bürgen aufschiebend bedingte Forderung bei einer Verteilung aber nur berücksichtigt werden, wenn die Forderung des Gläubigers vollständig erfüllt ist (ausf. *Obermüller* NZI 2001, 225 ff.; *Kübler/Prütting/Bork-Holzer* InsO, § 44 Rn. 8; *Nerlich/Römermann* InsO, § 44 Rn. 4; *Wissmann* Persönliche Mithaft in der Insolvenz, Rn. 107). Bei einem Streit zwischen Schuldner und Gläubiger über die Berechtigung und Höhe der Forderungen muss der Schuldner die Forderungen im Verzeichnis zumindest mit dem Wert »Null« angeben (*BGH* 02.07.2009 ZInsO 2009, 1459 f.) oder mit einem »Erinnerungswert« von 1 EUR und die Forderung gleichzeitig als bestritten kennzeichnen. Bei einer Nichtangabe des Gläubigers riskiert er die Restschuldbefreiung Bei einer ungerechtfertigten **Kürzung der Forderungen** riskiert er zudem, dass er sich der Möglichkeit der Zustimmungsersetzung im Schuldenbereinigungsplanverfahren begibt. In der Praxis wird er daher die gegen ihn geltend gemachten Forderungen nur bei erheblichen rechtlichen Bedenken kürzen. Dies ist z.B. bei überzogenen Inkassokosten der Fall, die jeder rechtlichen Grundlage entbehren (vgl. zur unzulässigen Doppelung von Inkasso- und Rechtsanwaltsgebühren *Zimmermann* ZVI 2016, 421 ff., *Jäckle* VuR 2016, 60 ff., *ders.* NJW 2016, 977). Auch hier sollte die entsprechende Kürzung kenntlich gemacht und kurz begründet werden. Die Fiktion des Erlöschens von Teilforderungen des Gläubigers bei einem Schweigen auf das vom Schuldner vorgelegte Verzeichnis entfaltet ihre Wirkung nur bei einem Zustandekommen des Plans (hierzu s. *Kohte/Busch* § 308 Rdn. 1). 37

Auch das **Gläubigerverzeichnis** wird nicht inhaltlich überprüft, sondern muss nur Mindestanforderungen genügen. Hierzu reicht eine Aufstellung von Gläubigernamen mit zustellfähigen Adressen. Soweit bekannt, sind auch die Aktenzeichen, sowie die zustellfähigen Anschriften und Aktenzeichen der Gläubigervertreter anzugeben, die den Gläubiger außergerichtlich vertreten haben. Es kann zweckmäßiger Weise mit dem Forderungsverzeichnis verbunden werden. 38

Dem Antrag ist die **Erklärung** beizufügen, dass die Angaben in den Verzeichnissen und der Vermögensübersicht **richtig und vollständig** sind. Eine Versicherung an Eides statt ist nicht vorgesehen, dem Schuldner droht bei grob fahrlässigen unrichtigen oder unvollständigen Angaben die Sanktion der Versagung der Restschuldbefreiung nach § 290 Abs. 1 Nr. 6 InsO. 39

Zu der Einführung eines Vordruckzwanges vgl. Rdn. 81.

IV. Schuldenbereinigungsplan

Der Schuldenbereinigungsplan – einst vom Rechtsausschuss als Kernstück der vorzulegenden Unterlagen bezeichnet – soll ein weiteres Instrument der gütlichen Einigung zwischen Schuldnern und 40

Gläubigern sein (krit. dazu *Pape* in: *Hess/Pape* S. 1243; *Kohte* ZIP 1994, 184 ff.). Auch er soll sowohl eine übermäßige **Belastung der Gerichte verhindern**, als auch Instrument der gütlichen Einigung zwischen Schuldnern und Gläubigern sein (BT-Drucks. 12/7302 S. 190). Die Vorlage des Plans ist nach wie vor notwendiges **Antragserfordernis**, und zwar auch dann, wenn die Durchführung des Schuldenbereinigungsplanverfahrens aus der Sicht des Schuldners aussichtslos erscheint und nicht angestrebt wird. Denn die Entscheidung über die Durchführung des Planverfahrens trifft ausschließlich der Richter nach freier Überzeugung (hierzu s. *Grote/Lackmann* § 306 Rdn. 12), so dass der Plan in jedem Fall vorzulegen ist. Seit dem 01.07.2014 ist es auch in Verbraucherinsolvenzverfahren möglich, einen Insolvenzplan nach §§ 217 ff. InsO vorzulegen. Dieser kann gleichzeitig mit dem Antrag auf Eröffnung des Insolvenzverfahrens vorgelegt werden. Die Vorlage ist allerdings auch bis zur Aufhebung des Verfahrens möglich. Bei gleichzeitiger Vorlage des Insolvenzplans mit dem Antrag auf Eröffnung des Insolvenzverfahrens dürfte eine Kostenstundung ausscheiden (*Stephan* Der Insolvenzplan, 2014, S. 89). Zum Insolvenzplan im Verbraucherverfahren vgl. *Grote* InsbürO 2014, 203 und 253 ff.; *Stephan* Der Insolvenzplan im Verbraucherinsolvenzverfahren (BAG-SB-Schriftenreihe); *Henning/Allemand/Dobiey* Musterinsolvenzplan, ZVI 2014, 296.

41 Der Inhalt des Plans unterliegt der **Privatautonomie** (*Uhlenbruck/Sternal* InsO, § 305 Rn. 108; HK-InsO/ *Waltermann* § 305 Rn. 41; *Nerlich/Römermann* InsO, § 305 Rn. 49; *Kübler/Prütting/Bork-Wenzel* InsO, § 305 Rn. 39; *OLG Celle* ZInsO 2001, 601 = NZI 2001, 254; s.a. Rdn. 5 ff.). Die Beteiligten sind bei der Gestaltung grds. frei (BT-Drucks. 12/7302 S. 190; *Hess/Obermüller* Insolvenzplan, 1998, Rn. 731). Eine gerichtliche Überprüfung des Planinhalts findet nicht statt, eine materielle Prüfungskompetenz steht dem Gericht nicht zu (so wohl auch *Kübler/Prütting/Bork-Wenzel* InsO, § 305 Rn. 39 ff.). Dem Merkmal der »Angemessenheit« der im Plan enthaltenen Regelungen (Nr. 4) kommt dabei keine eigenständige Bedeutung zu (*Nerlich/Römermann* InsO, § 305 Rn. 54; *OLG Köln* ZIP 1999, 1929). Der Plan wird sich i.d.R. an den Ergebnissen orientieren, die voraussichtlich bei der Durchführung des gerichtlichen Entschuldungsverfahrens entstünden, das ist jedoch keine Bedingung für die Wirksamkeit oder Angemessenheit (zu den Anforderungen öffentlicher Gläubiger an den Inhalt der Pläne vgl. die Anweisungen des *BFA* BStBl. 1998 S. 1497–1499; sowie die Durchführungsanweisungen der *BA* zum Insolvenzverfahren, abgedruckt in ZIP 1999, 1233 ff.) Allerdings hätte ein Plan, der einen Gläubiger gegenüber der **fiktiven Durchführung des gerichtlichen Verfahrens** schlechter stellen würde, möglicherweise keine Chance, im Wege der Zustimmungsersetzung zum Erfolg zu kommen (§ 309 Abs. 1 Satz 2 Nr. 2 InsO). Für den Schuldner und seine Berater ist bei der Aufstellung des Plans eine **realistische und durchhaltbare Konzeption**, auf die sich alle Beteiligten verlassen können, wichtiger als eine sklavische Orientierung an § 309 InsO.

42 In der Praxis haben sich **drei Arten von Plänen** durchgesetzt: Einmalzahlungen, feste Ratenzahlungen und Ratenzahlungen, deren Höhe sich an der jeweiligen Pfändbarkeit des Schuldners orientiert (sog. flexible Pläne). Mehrheitliche Zustimmungen werden dabei insbesondere dann erzielt, wenn den Gläubigern **Einmalzahlungen** angeboten werden können (zur Möglichkeit der Zustimmungsersetzung bei Plänen, die Einmalzahlungen vorsehen *OLG Köln* NZI 2001, 211 [212]). Die Höhe der Einmalzahlungen bemisst sich dabei oft an den Zahlungen, die bei der Durchführung des Verbraucherinsolvenzverfahrens mit anschließender Restschuldbefreiung zu erwarten wären (hilfreich bei der Ermittlung der Prognosebeträge sind Computerprogramme). Einmalzahlungen können aber i.d.R. nur dann angeboten werden, wenn der Schuldner von dritter Seite erheblich unterstützt wird, etwa durch die Verwandtschaft oder durch Arbeitgeberdarlehen. Z.T. wird in der Praxis bei angebotenen Einmalzahlungen der finanzmathematische Vorteil der sofortigen Zahlung den im Verfahren sukzessive zu erbringenden Raten mit Hilfe der **Barwertmethode** ermittelt und in Abzug gebracht (hierzu ausf. *Krüger/Reifner* ZInsO 2000, 12 ff.). Bei Zahlungsplänen, die die Zahlung von **Raten in fest vereinbarter Höhe** vorsehen besteht das Risiko, dass sie bei der regelmäßigen langen Laufzeit von drei bis sechs Jahren vom Schuldner nicht eingehalten werden können, wenn sich dessen Familien- oder Erwerbssituation verändert. Feste Raten sind daher wohl nur dann vertretbar, wenn die Laufzeiten relativ kurz und die Zahlungsverpflichtungen nicht zu hoch sind und der Schuldner sich in einer stabilen Erwerbs- und Familiensituation befindet. In den meisten Überschuldungsfällen

dürften für Verbraucherschuldner nur **flexible Zahlungspläne** in Frage kommen, die – i.d.R. analog zur Laufzeit des zu erwartenden gerichtlichen Verfahrens – eine Verteilung der jeweils gem. § 850c ZPO pfändbaren Einkommensbeträge an die Gläubiger vorsehen.

Die Pläne werden i.d.R. eine Laufzeit zwischen drei und sechs Jahren haben. So kommen z.B. Pläne mit einer Laufzeit von fünf Jahren in Betracht, wenn der Schuldner in der Lage ist, den Gläubigern einen Geldbetrag anzubieten, der den zu erwartenden Kosten des Insolvenzverfahrens entspricht. Denn nach § 300 Abs. 1 Nr. 3 InsO kommt eine Verkürzung des Restschuldbefreiungsverfahrens auf fünf Jahre in Betracht, wenn der Schuldner zumindest die Kosten des Verfahrens aufgebracht hat. Dementsprechend kann analog hierzu auch der außergerichtliche Einigungsversuch auf fünf Jahre angelegt werden (zu der Zustimmungsersetzungsmöglichkeit bei solchen Plänen s. die Erl. Zu § 309 InsO). Selbiges gilt für einen außergerichtlichen Einigungsversuch, der auf drei Jahre angelegt ist. Würde der Schuldner im Verfahren – durch pfändbares Einkommen/Vermögen oder die Bereitstellung von Drittmitteln – vermutlich eine Erfüllungsquote von 35 % oder mehr erreichen (§ 300 Abs. 1 Nr. 2 InsO), so kann der außergerichtliche Plan auch auf drei Jahre ausgelegt werden. Den Gläubigern kann deutlich gemacht werden, dass sie im Insolvenzverfahren vermutlich deutlich weniger erhalten würden, als im außergerichtlichen Einigungsversuch, da im eröffneten Insolvenzverfahren von den pfändbaren Einkommensanteilen bzw. Drittmitteln zunächst die Verfahrenskosten, also auch die Insolvenzverwaltervergütung, berechnet würde (vgl. § 2 Abs. 1 InsVV) und beglichen werden müsste. 43

Grundsätzlich lassen sich **verschiedenste Situationen in Plänen** darstellen. Der Kreativität der Beteiligten ist insoweit durch das Gesetz keine Grenzen gesetzt. So kann ein Streit zwischen Schuldner und Gläubiger über die Höhe der Berechtigung in den Plan miteinbezogen werden, indem die Höhe der endgültigen Verteilungsquote vom Ausgang des Streits abhängig gemacht wird. In diesen Fällen bietet sich eine zunächst **vorläufige Verteilung** von Teilbeträgen an die Gläubiger und eine spätere endgültige Verteilung an, wenn die Forderungssituation geklärt ist. Dies gilt auch dann, wenn der Wert eines Absonderungsrechts – etwa bei einer noch nicht verwerteten Immobilie – noch nicht feststeht. 44

In diesen, aber auch in anderen Fällen ist die Einschaltung eines **außergerichtlichen Treuhänders** sinnvoll. Dieser kann, wie der gerichtlich eingesetzte Treuhänder nach § 292 InsO, die Zahlbeträge des Schuldners sammeln, und einmal im Jahr nach dem ausgehandelten Plan eine Ausschüttung an die Gläubiger vornehmen. Dies ist insbesondere bei flexiblen Plänen, die die Verteilung der jeweils pfändbaren Einkünfte des Schuldners vorsehen, sinnvoll. Der Anspruch des außergerichtlichen Treuhänders kann zudem durch die Vereinbarung einer Abtretung der pfändbaren Bezüge des Schuldners gesichert und erleichtert werden. Die Vereinbarung eines Treuhandverhältnisses zur Erfüllung des Plans erleichtert nicht nur dem Schuldner (der ansonsten jeden Monat zahlreiche Überweisungen tätigen müsste) die Einhaltung des Plans, sondern verringert auch den Aufwand der Gläubiger bei der Überwachung des Plans und der Verbuchung der Beträge. Für die **Kostentragung des außergerichtlichen Treuhänders** bietet sich eine Analogie zu § 293 InsO und § 14 InsVV an, so dass der Treuhänder vorab 5% der eingesammelten Beträge erhält und der Schuldner die Zahlung einer Mindestvergütung garantiert. Ein Plan unter Einbeziehung eines außergerichtlichen Treuhänders dürfte in aller Regel die Erfolgschancen des Plans steigern. 45

In der Regel dürfte für alle Beteiligten ein Plan die bessere und effizientere Lösung gegenüber der Durchführung des gerichtlichen Verfahrens sein.

Ausnahmen hiervon sind vor allem die für den Schuldner bestehende Gefahr des Entstehens von **Ausgleichspflichten** – etwa durch die Inanspruchnahme von **Bürgen oder Mitschuldnern**, sowie das Vorhandensein unbekannter Gläubiger. Anders als der Insolvenzplan (vgl. § 254 Abs. 1 und Abs. 2 InsO) befreit der Schuldenbereinigungsplan weder vor später entstehenden Ausgleichspflichten, noch entfaltet er Wirkung gegenüber nicht am Plan beteiligten Gläubigern. Jedenfalls in diesen Fällen dürfte die Durchführung des gerichtlichen Verfahrens mit der insoweit umfassenderen Wirkung des § 301 InsO die geeignetere Lösung zu einer Sanierung des Schuldners sein. 46

47 Eine inhaltliche Überprüfung des Inhalts des Plans durch das Gericht findet wegen der oben unter Rdn. 10 und 29 ff. aufgezeigten Gesichtspunkte nicht statt. Insofern kann auch ein **Nullplan** nicht als unzulässiger Schuldenbereinigungsplan zurückgewiesen werden (ganz h.M. Meinung, *BGH* 10.10.2013 – IX ZB 97/12 = ZInsO 2013, 2333 ff.; *BayObLG* ZInsO 2000, 161 = NZI 2000, 129 = ZIP 2000, 320; *OLG Köln* ZIP 1999, 1929; *OLG Frankfurt* NZI 2000, 137 = InVo 2000, 271; *Graf-Schlicker-Sabel* InsO, § 305 Rn. 37; *Nerlich/Römermann* InsO, § 305 Rn. 56 ff.; *Pape/Uhlenbruck* Insolvenzrecht, Rn. 893; zur Frage der Zustimmungsersetzung beim Nullplan s. § 309 Rdn. 45; *Uhlenbruck/Sternal* InsO, § 305 Rn. 116; *Pape* Rpfleger 1997, 237 [241]; **a.A.** MüKo-InsO/*Ott/Vuia* § 305 Rn. 65 ff.). Auch die Finanzbehörden lassen jetzt grds. die Zustimmung zu einem Nullplan zu (s. hierzu die Ausführungen m.w.N. bei *Braun/Buck* InsO, § 305 Rn. 14). Denn die für den Insolvenzplan geltende Zurückweisungsnorm des § 231 InsO gilt hier nach § 312 Abs. 3 InsO bewusst nicht. Der Schuldenbereinigungsplan muss auch **keinen vollstreckbaren Inhalt** haben (*OLG Celle* ZInsO 2000, 601 = NZI 2001, 254; *OLG Köln* ZIP 1999, 1929 [1932] unter Verweis auf *OLG Zweibrücken* FamRZ 1998, 1126). Daraus, dass § 308 InsO den Schuldenbereinigungsplan als Prozessvergleich und damit als Vollstreckungstitel qualifiziert, ist nicht abzuleiten, dass der Plan auch einen vollstreckbaren Inhalt haben muss. Vielmehr bedeutet dies lediglich, dass der Plan nur insoweit als Vollstreckungstitel gilt, als er einen vollstreckbaren Inhalt hat (*OLG Celle* ZInsO 2000, 601 = NZI 2001, 254; *OLG Köln* ZIP 1999, 1929 [1932], m.w.N.) und es insoweit den Beteiligten überlassen bleibt, bei dem Bedürfnis nach einer Vollstreckbarkeit des Plans einen entsprechenden Inhalt festzulegen. Beim Schuldenbereinigungsplan werden die Gläubiger i.d.R. **kein Interesse an der Vollstreckung eines Plans** haben, der ihnen nur einen Bruchteil ihrer Forderungen gewährleistet, sondern werden als Sanktion der Nichterfüllung auf einer Verfallklausel bestehen (zur inhaltlichen Anforderung an eine Verfallklausel s. Rdn. 32 und § 309 Rdn. 29).

48 § 305 Abs. 1 Nr. 4 InsO sieht als Inhaltserfordernis aber vor, dass im Plan eine Regelung darüber aufzunehmen ist, **inwieweit Sicherheiten vom Plan beeinträchtigt werden**. Im Plan ist also z.B. zu bezeichnen, inwieweit Bürgschaften, Aus- oder Absonderungsrechte berührt werden bzw. bestehen bleiben. Der Gesetzgeber wollte damit Irrtümer der Beteiligten über die Wirkung des Plans vermeiden (BT-Drucks. 12/7302, S. 191). Enthält der Plan keine Angaben über die Wirkungen auf Sicherheiten, so kann der Antrag vom Gericht mit der Wirkung des Abs. 3 als unvollständig zurückgewiesen werden (HK-InsO/*Waltermann* § 305 Rn. 49). Wird das Fehlen nicht beanstandet und kommt der Plan ohne entsprechende Regelungen zu Stande, so hat das aber weder die Nichtigkeit, noch die Anfechtbarkeit des Plans zur Folge. Es gelten dann ergänzend zum Planinhalt die gesetzlichen Bestimmungen. Das Erlöschen der Hauptforderung bewirkt wegen der Akzessorietät auch das Erlöschen des Anspruchs gegen den Bürgen. Der Verzicht auf die weitere Inanspruchnahme eines durch Schuldbeitritt Mitverpflichteten entfaltet dagegen regelmäßig keine Gesamtwirkung (zu den Auslegungsregeln bei Mithaftenden die ausnahmsweise die Gesamtwirkung des Verzichts zur Folge haben s. *Kohte/Busch* § 308 Rdn. 6).

49 Andererseits besteht bei **Personalsicherheiten** die Möglichkeit, die Sicherungsgeber in den Plan einzubeziehen. Dies wird sich insbesondere bei Bürgschaften und Mitverpflichtungen von Ehepartnern anbieten (zur Mitverpflichtung von Familienangehörigen s.a. *Kohte/Busch* Vor §§ 286 ff. Rdn. 11 ff. und § 308 Rdn. 6). Insoweit kann vereinbart werden, dass nicht nur die Ansprüche gegen den Schuldner, sondern auch gegen den Ehepartner mit der Erfüllung des Plans erlöschen (BT-Drucks. 12/7302 S. 191; zur Aufnahme potentieller Ausgleichsforderungen im Plan s. Rdn. 46). Kommt der Plan dann im Schuldenbereinigungsplanverfahren nicht zu Stande, muss der Ehepartner aber dennoch einen eigenen Antrag nach § 305 InsO (mit einem eigenen Schuldenbereinigungsplan) stellen, um die Restschuldbefreiung zu erreichen.

50 Die Gläubiger werden regelmäßig bei der Plangestaltung auf sog. **Verfallklauseln** bestehen. Zwingend erforderlich sind diese nicht, allerdings könnten fehlende Verfallklauseln einer Zustimmungsersetzung im Weg stehen (dazu s. § 309 Rdn. 29). Die in § 305 Abs. 1 Nr. 4 InsO enthaltenen Hinweise auf mögliche Inhalte des Plans sind **nicht als richterlich überprüfbare** Kriterien zu verstehen, sondern als Leitfaden, der auch für die Gestaltung der außergerichtlichen Schuldenbereinigung als

»Gebrauchsanweisung« dienen kann (BT-Drucks. 12/7302 S. 189; *Uhlenbruck/Sternal* InsO, § 305 Rn. 17; zur Frage der richterlichen Überprüfung von Verfallklauseln s. *Kohte/Busch* § 308 Rdn. 11 ff.).

D. Erstellung der Forderungsverzeichnisse (Abs. 2)

Abs. 2 Satz 1 soll dem Schuldner die **Erstellung des Forderungsverzeichnisses** erleichtern, indem er auf die nach Satz 2 vom Gläubiger erstellten Forderungsaufstellungen Bezug nimmt. Dies ist als Klarstellung allgemeiner Regelungen der Bezugnahme zu verstehen (vgl. *Zöller/Greger* § 130 ZPO Rn. 1a). 51

Abs. 2 Satz 2 soll als **flankierende Regelung** die Vorbereitung des Schuldners für die außergerichtlichen Verhandlung und die Erstellung des Schuldenbereinigungsplans erleichtern. In der Praxis ist dem Schuldner die Art und Höhe seiner Schuld insbesondere wegen der laufenden Verzugszinsen, den auf Gläubigerseite entstandenen Kosten der Zwangsvollstreckung und der komplizierten Zahlungsverrechnung nach § 367 BGB oder § 497 BGB i.d.R. nicht bekannt. Er ist daher auf eine **aktuelle Rechnungslegung** durch die Gläubiger angewiesen. Abs. 2 Satz 2 macht deutlich, dass die Gläubiger eine detaillierte Forderungsaufstellung erstellen müssen, die nach Hauptforderung, Zinsen und Kosten differenziert. »Aufstellung« verdeutlicht, dass dem Schuldner nicht lediglich der derzeitige Stand der Forderungen mitgeteilt wird, sondern dass aus einer Aufstellung der Forderungsverlauf erkennbar ist, insbesondere die Verrechnung der geleisteten Zahlungen oder Pfändungsbeträge, die Kosten der einzelnen Zwangsvollstreckungsmaßnahmen in der Vergangenheit und die Entwicklung der Zinsen. Auch die **Methode der Verrechnung** der Forderungen nach § 367 Abs. 1 BGB oder § 497 BGB muss aus der Aufstellung erkennbar sein. Dem Schuldner soll Gelegenheit gegeben werden zu prüfen, ob von ihm geleistete Zahlungen berücksichtigt und richtig verrechnet wurden und die vom Gläubiger geltend gemachten Kosten berechtigt sind. Hierdurch wird erreicht, dass die bei einer späteren Anmeldung der Forderung von den Gläubigern ohnehin vorzunehmende Berechnung der Forderungen) vorverlagert wird (BT-Drucks. 12/7302 S. 191). Darüber hinaus wird die außergerichtliche Einigung gefördert und **Streitigkeiten** bzgl. des Bestandes der Forderungen können frühzeitig geklärt werden. 52

§ 305 Abs. 2 InsO konkretisiert gesetzlich den auch schon bislang anerkannten **Auskunftsanspruch** des Schuldners aus §§ 242, 810 BGB und bestätigt eine in der Schuldnerberatung bereits weitgehend geübte Praxis der Gläubiger, die auch in ihrem eigenen Interesse dem Schuldner detailliert über die bestehenden Forderungen und deren Zusammensetzung Auskunft erteilen. Nach § 242 BGB besteht ein Anspruch auf Auskunft, wenn eine besondere rechtliche Beziehung zwischen dem Auskunftsfordernden und dem Inanspruchgenommenen besteht und es das Wesen des Rechtsverhältnisses mit sich bringt, dass der Berechtigte in entschuldbarer Weise über Bestehen und Umfang seiner Rechte im Ungewissen, der Inanspruchgenommene aber in der Lage ist, die verlangte Auskunft unschwer zu erteilen (*BGH* NJW 1980, 263, st. Rspr.; *Soergel/Wolf* § 260 Rn. 23 ff.; im Erg. auch *Staudinger/Jürgen Schmidt* § 242 BGB Rn. 829 f., der den Auskunftsanspruch nicht aus § 242, sondern aus Gewohnheitsrecht ableitet). Dies gilt auch nach der Kündigung des Kredits, wenn sich das Kreditverhältnis in ein Rückgewährschuldverhältnis umgewandelt hat (*Wosnitza* Das Recht auf Auskunft im bankvertraglichen Dauerschuldverhältnis, 1991, S. 121). Da die Gläubiger die Zahlungsentwicklung regelmäßig schriftlich dokumentiert haben, hat der Schuldner darüber hinaus ein **Einsichtsrecht nach § 811 BGB** (*Wosnitza* Das Recht auf Auskunft im bankvertraglichen Dauerschuldverhältnis, 1991, S. 122). Hierzu gehört auch die Bereitstellung von Ablichtungen der Vertragsunterlagen und bestehender Vollstreckungstitel, wenn diese dem Schuldner nicht mehr zur Verfügung stehen, damit er die Möglichkeit bekommt, die Forderungen rechtlich zu überprüfen. Auch dies ergibt sich bereits aus § 810 und § 242 BGB (*BGH* NJW-RR 1992, 1072; *Staudinger/Marburger* § 810 BGB Rn. 21; *Derleder/Wosnitza* ZIP 1990, 901). 53

§ 305 Abs. 2 Satz 2 InsO normiert einen eigenständigen Auskunftsanspruch (*AG Sigmaringen* InVo 2007, 238) und enthält eine Abweichung von der im allgemeinen Auskunftsrecht geltenden **Kostenregelung** nach § 811 Abs. 2 BGB. Nach allgemeinen Regeln ist grds. der Auskunftsuchende zum 54

Kostenersatz verpflichtet. Dagegen sind die Kosten, die dem Gläubiger im Vorfeld des Schuldenbereinigungsplanverfahrens dadurch entstehen, dass er seiner in § 305 InsO normierten Auskunftspflicht nachkommt und dem Schuldner eine detaillierte Forderungsaufstellung erteilt, nicht ersatzfähig (vgl. zu den Kosten auch *Kohte/Busch* § 310 Rdn. 2 ff. und K. Schmidt/*Stephan* § 305 InsO Rn. 46). Die **Kostenfreiheit** entfällt auch nicht, wenn der Antrag später aus irgendwelchen Gründen nicht gestellt wird (*Nerlich/Römermann* InsO, § 305 Rn. 67; *Graf-Schlicker/Sabel* InsO, § 305 Rn. 33; **a.A.** *Kübler/Prütting/Bork-Wenzel* InsO, § 305 Rn. 38, K. Schmidt/*Stephan* § 305 InsO Rn. 46). Soweit im Schrifttum die Auffassung vertreten wird, die Gläubiger seien berechtigt, zunächst vom Schuldner Kosten für die Auskunftserteilung zu verlangen, die dem Schuldner bei einem später tatsächlich durchgeführten Schuldenbereinigungsplanverfahren zu erstatten wären, findet diese Auffassung de lege lata im Gesetz keinerlei Stütze. Das Auskunftsverlangen ist unabhängig von den weiteren Dispositionen des Schuldners nach dem insoweit eindeutigen Gesetzeswortlaut kostenlos (vgl. auch *Nerlich/Römermann* InsO, § 305 Rn. 67).

55 Nach dem Wortlaut von Abs. 2 Satz 3 muss der Schuldner die Gläubiger auf einen bereits gestellten oder **beabsichtigten Insolvenzeröffnungsantrag** hinweisen. Hierdurch sollen die Gläubiger vor wiederholten Aufforderungen des Schuldner geschützt werden, da die Erstellung für sie arbeitsaufwendig ist und sie einen Aufwendungsersatz für ihre Tätigkeit nicht verlangen dürfen (BT-Drucks. 12/7302 S. 191). Die Erreichung dieses Zwecks erscheint fragwürdig. Allein durch einen Hinweis des Schuldners auf ein beabsichtigtes Verfahren werden die Gläubiger nicht vor wiederholten Auskunftsersuchen geschützt. **Grenze** für wiederholte Auskunftsersuchen wird aber das Institut des **Rechtsmissbrauchs** nach § 242 BGB sein (so auch *Wittig* WM 1998, 157 [164]), wenn der Schuldner z.B. innerhalb kurzer Zeitspannen wiederholte Auskunftsersuchen mit dem Hinweis auf ein beabsichtigtes Verbraucherinsolvenzverfahren verbindet, ohne dass das Verfahren tatsächlich betrieben wird. Bei der Frage des rechtsmissbräuchlichen Auskunftsverlangens sind die gesamten Umstände des Einzelfalles zu würdigen (*Palandt/Heinrichs* § 242 Rn. 38). Eine einmalige Wiederholung des Auskunftsersuchens, etwa weil der Schuldner die Voraussetzungen des § 305 Abs. 3 InsO nicht erfüllt hat und einen erneuten Antrag stellen will, wird sicher noch nicht als rechtsmissbräuchlich anzusehen sein.

56 Bei dem Auskunftsanspruch handelt es sich um einen **materiellrechtlichen Anspruch**, der gerichtlich durchsetzbar ist. Der Schuldner kann den Gläubiger, der die Auskunft verweigert, vor dem Prozessgericht auf Auskunftserteilung **verklagen** (*LG Düsseldorf* v. 26.07.2000 – AZ 5 O 302/99, ZInsO 2000, 19 [LS]; zum Streitwert *OLG Frankfurt* OLG Report 2007, 595). Der Schuldner ist aber nicht verpflichtet, den nicht auskunftsbereiten Gläubiger auf Auskunft zu verklagen. Es genügt, wenn er im Forderungsverzeichnis die Forderungshöhe nach seinem Kenntnisstand angibt und auf die nicht erteilte Auskunft hinweist (so auch *Graf-Schlicker/Sabel* InsO, § 305 Rn. 33).

E. Unvollständige Antragsunterlagen (Abs. 3)

57 Die in Abs. 3 enthaltene Regelung dient der **Verfahrensbeschleunigung**. Mit der Fristbestimmung in Satz 2 soll auf ein zügiges Handeln des Schuldners hingewirkt werden (BT-Drucks. 12/7302 S. 191). Insbesondere im Hinblick auf § 306 Abs. 1 Satz 2 InsO, der einen Abschluss des Verfahrens **innerhalb von drei Monaten als Sollvorgabe** postuliert, sollen die zur Verfahrensdurchführung notwendigen Unterlagen möglichst schnell vorliegen. Das Gericht erhält die Möglichkeit, auf eine Vervollständigung der Unterlagen hinzuwirken.

58 Abs. 3 knüpft an Abs. 1 an, wonach der Schuldner zur Vorlage bzw. unverzüglicher Ergänzungen der Unterlagen verpflichtet ist. Die **Prüfungskompetenz** des Gerichts beschränkt sich hierbei lediglich auf eine Überprüfung der **Vollständigkeit der Unterlagen**, eine inhaltliche Überprüfung der vorgelegten Unterlagen findet nicht statt, da in Rahmen des § 305 InsO keine Zulässigkeitsprüfung erfolgt (vgl. auch m.w.N. K. Schmidt/*Stephan* § 305 InsO Rn. 50; *BGH* Beschl. v. 22.10.2009 – IX ZB 195/08, JurionRS 2009, 25416). Zur Konsequenz bei unberechtigten Nachforderungen von Unterlagen durch das Gericht s.a. unten Rdn. 69 a.E.

Es wird lediglich geprüft, ob die vorgelegten Unterlagen überhaupt als solche i.S.d. § 305 Abs. 1 **59** Nr. 1–4 InsO anzusehen sind. So ist die Bescheinigung nach Abs. 1 Nr. 1 InsO daraufhin zu überprüfen, ob sie von einer als geeignet anzusehenden Stelle oder Person stammt, ihrem Inhalt nach als Bescheinigung über das Scheitern eines außergerichtlichen Einigungsversuchs anzusehen ist und eine Unterschrift der autorisierten Person enthält. Dagegen (wird) kann vom Gericht nicht überprüft werden, ob die **Verhandlungen mit den Gläubigern ernsthaft oder zweckdienlich** waren und tatsächlich auf der Grundlage eines Plans erfolgt sind (vgl. Rdn. 10). Auch bzgl. des Antrags bzw. der negativen Absichtserklärung nach Abs. 1 Nr. 2 wird lediglich eine **formale Prüfung** vorgenommen. Das Vermögensverzeichnis nach Nr. 3 muss grds. eine – positive oder negative – Aufstellung von Vermögenswerten enthalten. Die Vollständigkeit der Angaben wird allerdings nicht überprüft. Unvollständige Angaben des Schuldners werden durch § 290 Abs. 1 Nr. 6 InsO sanktioniert.

Der **Schuldenbereinigungsplan** nach Abs. 1 Nr. 4 wird lediglich daraufhin überprüft, ob er überhaupt Vorschläge enthält, die ihrem Inhalt nach zu einer Schuldenbereinigung führen können (vgl. **60** auch den Katalog in § 224 Abs. 1 InsO). Eine weitergehende inhaltliche Überprüfung findet nicht statt (s. Rdn. 31 m.w.N.). Zur Nutzung der Vordrucke s. Rdn. 81 ff.

Kommt der Schuldner seiner in Abs. 1 bezeichneten Obliegenheit nicht nach, fordert das Gericht **61** ihn auf, die Unterlagen **unverzüglich zu ergänzen**. Dies geschieht in Form einer richterlichen Verfügung, da das Gesetz an dieser Stelle keinen förmlichen Beschluss vorsieht; hierin ist auf die Rechtsfolgen nach § 305 Abs. 3 Satz 2 InsO hinzuweisen. Das Gericht darf dabei grds. nur die fehlenden Unterlagen i.S.d. Formulare nach Abs. 5 monieren. Darüber hinausgehend darf ein Hinweis unter Androhung der Rücknahmefiktion nicht erfolgen, z.B. bei überzogenen Anforderungen, wie der Einreichung eines Lebenslaufs oder der Vorlage von Gehaltsabrechnungen.

Der Gesetzgeber hat für Anträge ab dem 01.07.2014 klargestellt, dass keine überzogenen Anforde- **62** rungen an den Inhalt des Antrags gestellt werden dürfen. Eine Zurückweisung ist nur möglich, wenn die **amtlichen Formulare** nicht vollständig ausgefüllt wurden. Ziel dieser Präzisierung ist es, die Insolvenzgerichte daran zu hindern so umfangreiche Auflagenverfügungen zur Antragstellung zu machen, dass es dem Schuldner kaum möglich ist, dem nachzukommen (Begr. RegE, BT-Drucks. 17/11268 zu Nr. 34b S. 34; vgl. dazu *Schilz* ZVI 2002, 447; s.a. *BGH* 10.02.2011 – IX ZB 43/08, ZInsO 2010, 1503). Hierdurch sollen willkürliche Verfahrensverzögerungen verhindert werden.

Das Gesetz sieht vor, dass der Antrag als zurückgenommen gilt bzw. unzulässig ist, wenn der Schuld- **63** ner der Aufforderung nicht innerhalb einer Frist von **einem Monat** nachkommt. Die Rücknahmefiktion soll die Untätigkeit des Schuldners sanktionieren, der auf die Ergänzungsaufforderung des Gerichts nicht reagiert (Butenob, ZVI 2017, 144, MüKo-Ott/Vuia, InsO, § 305 Rn. 108). Fehlt dem Antrag die Abtretungserklärung nach § 287 Abs. 2 InsO, so darf das Gericht dem Schuldner für die Nachreichung keine Frist setzen, die kürzer ist als ein Monat (*BGH* 23.10.2008 ZInsO 2009, 51). Im Fall des **Gläubigerantrags** beträgt die Frist **drei Monate**. Es handelt sich hierbei um **gesetzliche Ausschlussfristen**. Problematisch wird die Einhaltung der Frist, wenn der Schuldner die vorzulegenden Unterlagen nicht innerhalb der kurzen Zeiträume beschaffen kann. Eine Verlängerung der Frist nach Abs. 3 ist wegen § 224 Abs. 2 ZPO nicht möglich, da gesetzliche Fristen nur in den vom Gesetz ausdrücklich bestimmten Fällen verlängert werden können (MüKo-ZPO/*Stackmann* § 224 Rn. 4).

Die Rücknahmefiktion greift nicht, wenn der Schuldner eine Bescheinigung i.S.d. § 305 Abs. 1 **64** Nr. 1 InsO vorlegt, die nach Ansicht des Gerichts inhaltlich fehlerhaft oder falsch ist. Denn die Bescheinigung ist vorgelegt und es geht um die Prüfung der Vollständigkeit der Unterlagen (s.o. Rdn. 13). Die Frage der Fehlerhaftigkeit der Bescheinigung (insoweit sie überhaupt überprüfbar ist, s. Rdn. 12) betrifft die Zulässigkeit des Insolvenzantrags, da Rechtsfragen berührt werden und nicht die Vollständigkeit der Unterlagen (vgl. *AG Köln* 20.08.2015 – 73 IK 373/15, JurionRS 2015, 23384). Zur Frage der Fehlerhaftigkeit der Bescheinigung s. Rdn. 12 ff.

Über die Fiktion der Antragsrücknahme ergeht kein Beschluss, die gesetzliche Fiktion der Antrags- **65** rücknahme tritt also mit Verstreichen der Frist ohne Weiteres ein (vgl. auch K. Schmidt/*Stephan*

InsO, § 305 Rn 53). Das Gesetz sieht gegen die eingetretene Rücknahmewirkung sowie gegen die Mitteilung des Gerichts über die Wirkung kein Rechtsmittel vor (vgl. insoweit auch § 6 Abs. 1 InsO).

66 Die Ablösung der Rücknamefiktion durch einen beschwerdefähigen Beschluss über die Unzulässigkeit eines unvollständigen Antrags des Schuldners, der ursprünglich im Reformvorhaben vorgesehen war, wurde nach der letzten Sitzung des Rechtsausschusses wieder gestrichen, so dass es bei der alten Rechtslage der Rücknahmefiktion bleibt.

67 Dies hat die neuere Rechtsprechung bereits vereinzelt bestätigt. Wenn das Gericht dem Schuldner erfüllbare Auflagen macht, dann ist die vom Gericht mitgeteilte Rücknahmefiktion nicht mit der sofortigen Beschwerde angreifbar (*LG Hamburg* Beschl. v. 02.01.2017 – 326 T 149/16 unter Bezugnahme auf *BGH* 22.10.2009 ZVI 2010, 18). Die fehlende gesetzliche Beschwerdemöglichkeit des Schuldners im Rahmen des § 305 Abs. 3 InsO ist zu kritisieren. Wie der Fall des *LG Hamburg* (Beschl. v. 02.01.2017 – 326 T 149/16) zeigt, gibt es durchaus strittige Rechtsfragen im Rahmen des § 305 Abs. 3 InsO, die mangels Beschwerdemöglichkeit zunächst keiner rechtlichen Überprüfung zugänglich sind. Allerdings erfasst die Rücknahmefiktion des Abs. 3 nur den Antrag auf Eröffnung des Insolvenzverfahrens, nicht den Restschuldbefreiungsantrag (*Butenob* ZVI 2017, 143, 144; *Ahrens* Das neue Privatinsolvenzrecht, 2. Aufl., Rn. 744). Damit ist über den Restschuldbefreiungsantrag zu entscheiden. Dieser dürfte vom Gericht dann negativ beschieden werden. Nach § 287a Abs. 1 Satz 3 InsO steht dem Schuldner gegen den ablehnenden Beschluss des Gerichts die sofortige Beschwerde zu. Somit ist die Möglichkeit der sofortigen Beschwerde folglich auch im Falle der Rücknahmefiktion gegeben (so zutreffend *Butenob* ZVI 2017, 143, 144; *Ahrens* Das neue Privatinsolvenzrecht, 2. Aufl., Rn. 744). Der Schuldner sollte in diesem Fall explizit darauf hinweisen, dass der Antrag auf Erteilung der Restschuldbefreiung nicht gegenstandslos geworden ist und über diesen zu entscheiden ist.

68 Der BGH hat bislang noch nicht endgültig entschieden, ob bei unerfüllbaren Auflagen durch das Gericht § 34 Abs. 1 InsO analog anzuwenden ist. Eine nicht erfüllbare Aufforderung des Insolvenzgerichts käme einer Ablehnung der Insolvenzeröffnung gleich (A/G/R-*Henning* § 305 InsO Rn. 64). Einige Instanzgerichte kommen zutreffend zu dem Ergebnis, dass eine (analoge) Anwendung von § 34 Abs. 1 InsO in den Fällen überzogener Anforderungen und unerfüllbarer Auflagen geboten ist (*LG Bonn* 08.09.2010 – 6 T 218/10, JurionRS 2010, 27173; *LG Berlin* 10.10.2007 – 86 T 367/07, JurionRS 2007, 50481; a.A. wohl *LG Hamburg* 02.01.2017 – 326 T 149/16, wobei sich das Gericht nur auf »erfüllbare« Auflagen bezieht).

69 Ein **allgemeines Beschwerderecht gegen jegliche Ergänzungsaufforderung** wird von der Rspr. jedoch weitgehend abgelehnt (vertiefend *BGH* ZInsO 2003, 1040; *OLG Köln* ZIP 2000, 1397 = NZI 2000, 317; *OLG Köln* ZIP 2000, 144 = ZInsO 2000, 401; *OLG Frankfurt* NZI 2000, 132). In der Literatur wird dagegen ein über die Fallgruppe der Zurückweisung von Nullplänen hinausgehendes Beschwerderecht gefordert. *Römermann* leitet aus **Art. 19 Abs. 4 GG** einen grundsätzlichen Anspruch auf Rechtsmittel ab, die seiner Ansicht nach gegen jegliche Ergänzungsaufforderung gem. § 305 Abs. 3 InsO geboten sein muss (*Nerlich/Römermann* InsO, § 305 Rn. 74). Auch *Ahrens* weist darauf hin, dass eine **teleologische Extension** des Anwendungsbereichs des § 34 InsO nicht nur in den Fällen geboten sein muss, in denen das Gericht dem Schuldner durch die Ergänzungsaufforderung unerbringbare Leistungen auferlegt, sondern darüber hinaus zumindest die **Bildung weiterer Fallgruppen** geboten ist, in denen Auflagen des Gerichts eines Rechtsmittels des Schuldners zugänglich sein müssen (*Ahrens* NZI 2000, 201 [205 f.]). Ähnlich argumentiert *Pape* und verlangt grds. die Möglichkeit der Beschwerde analog § 34 InsO, wenn das Insolvenzgericht die Antragstellung von Auflagen abhängig macht, **die von den Erfordernissen des § 305 Abs. 1 Nr. 1 bis 4 InsO nicht gedeckt** sind und deren Nichterfüllung damit auch nicht die Rücknahmefiktion des § 305 Abs. 3 InsO auslösen kann (*Kübler/Prütting/Bork-Pape* InsO, § 34 Rn. 53 ff.; *Pape* NJW 2001, 23 [25] m.w.N.; *ders.* FS Uhlenbruck, S. 49 Rn. 72, 73). Dieser Ausweitung der Beschwerdemöglichkeit, ist zuzustimmen, da die Rücknahmefiktion sich nur auf die Prüfung der Vollständigkeit der Unterlagen bezieht und nur insoweit Rechtsschutzmöglichkeiten des Schuldners aus-

schließt. Der Zugang zu der für den Schuldner eminent wichtigen Möglichkeit der Restschuldbefreiung kann nicht ohne Rechtsschutzmöglichkeiten gegen willkürliche und nicht durch das Gesetz gedeckte Maßnahmen versperrt werden. Eine Beschwerdemöglichkeit muss daher auch dann gegeben sein, **wenn das Gericht unberechtigt inhaltliche Anforderungen an den Schuldenbereinigungsplan** stellt (*LG Stendal* 04.04.2014 – 25 T 36/14, VuR 7/2014 m. Anm. *Kohte*; *LG Potsdam* 15.11.2006 – 5 T 710/06; *LG Verden* ZInsO 2006, 168; *LG Oldenburg* NZI 2000, 486; offen gelassen in *BGH* ZInsO 2005, 484 [485] und *BGH* ZInsO 2005, 537 [538]; s.a. Rdn. 24). Die Aufforderung des Insolvenzgerichts an den Schuldner, die Gläubigerforderungen in der Anlage 6 im amtlichen Vordruck zu individualisieren, soll noch keine unzulässige Aufforderung darstellen (*LG Berlin* ZInsO 2007, 1356). Der *BGH* hat sich in seiner Entscheidung vom 22.10.2009 (ZInsO 2009, 2262 f.) grundsätzlich der Auffassung angeschlossen, dass das Gericht **keine inhaltliche Prüfungskompetenz** hinsichtlich er eingereichten Unterlagen hat, sieht aber gleichzeitig nicht jede Überschreitung der Kompetenzen als beschwerdefähig an (*BGH* 22.10.2009 (ZInsO 2009, 2262 Rn. 9). Die Grenze sei aber in jedem Fall das Willkürverbot. Im der Entscheidung zugrunde liegenden Fall war der Schuldner aufgefordert worden, die Auszüge seines Girokontos aus den letzten acht Monaten vor der Antragstellung vorzulegen. Der IX. Senat sah das in diesem Fall deswegen als gerechtfertigt an, weil der Schuldner das Formblatt zur Vorausabtretung seiner Bezüge nicht vollständig ausgefüllt hatte. Dem kann nicht gefolgt werden. Die Grenze zur Willkür ist dort überschritten, wo es keinen inneren Zusammenhang zwischen der Nachforderung und der Prozesssituation gibt. Die Kontoauszüge des Schuldners hatten (auch wenn sie möglicherweise im späteren Verfahren für den Treuhänder relevant wurden) mit der unvollständigen Abtretungserklärung nichts zu tun und ebenso wenig mit den grundsätzlichen Erfordernissen an die Antragstellung. Insofern muss dem Schuldner in solchen Fällen der Rechtsweg offen stehen. Anderenfalls hätten es die der Idee der Restschuldbefreiung nicht positiv gegenüberstehenden Gerichte in der Hand, den Schuldner nachhaltig vom Verfahren auszuschließen (vgl. dazu *Schilz* ZVI 2002, 447; s.a. *BGH* 10.02.2011 – IX ZB 43/08, ZInsO 2010, 1503).

Bei einem **Gläubigerantrag** nach § 306 Abs. 3 InsO ist der Schuldner gezwungen, einen eigenen Insolvenzantrag zu stellen, wenn er die Restschuldbefreiung erlangen will. Hierzu gibt das Gericht ihm Gelegenheit, indem es ihn zur Antragstellung auffordern und ihm eine **Frist zur Erklärung** setzen wird (s. hierzu § 306). Um Klarheit über die Absicht des Schuldners zu schaffen und den weiteren Gang des Verfahrens zu beschleunigen, wird diese Frist zur Antragstellung nur knapp zu bemessen sein. Die Frist für die Durchführung des außergerichtlichen Einigungsversuchs beträgt gem. § 305 Abs. 3 Satz 3 InsO drei Monate. Die Frist beginnt mit Eingang des Eigenantrags bei Gericht (vgl. A/G/R-*Henning* § 306 InsO Rn. 14). Die Frist kann nicht verlängert werden. Es wird dem Schuldner aber auch bei einer Antragsergänzungsfrist bei einem Gläubigerantrag von drei Monaten nicht immer möglich sein, innerhalb dieser Fristen eine geeignete Stelle oder Person zu finden, die **zustellfähigen Adressen** seiner Gläubiger zu recherchieren, von ihnen die Forderungsaufstellungen zu erhalten, einen ernsthaften Sanierungsplan auszuarbeiten, hierüber zu verhandeln und die Verzeichnisse zu erstellen, so dass die Gefahr besteht, dass der Schuldnerantrag trotz ernsthafter und redlicher Bemühungen **an den objektiven Fristproblemen scheitert** (vgl. *Uhlenbruck/Sternal* InsO, § 306 Rn. 69; im Ergebnis auch *Prütting/Kübler/Bork-Wenzel* InsO, § 306 Rn. 17a; zur alten Rechtslage vor dem 01.12.2001: *Grote* ZInsO 2000, 146 [147]; *Delhaes* ZInsO 2000, 358 [359]) Das hätte für den Schuldner vor allem dann fatale Konsequenzen, wenn das Verfahren über den Gläubigerantrag eröffnet würde und er dann zunächst bis zum Abschluss dieses Verfahrens nicht in der Lage wäre, seiner Restschuldbefreiung näher zu kommen.

In diesen Fällen kann die Zielsetzung des Gesetzgebers, außergerichtlichen Einigungen den Vorrang einzuräumen, nur dadurch erreicht werden, dass das Gericht den Zeitpunkt für die Fristsetzung für das Stellen eines Eigenantrags soweit hinauszögert, dass es dem Schuldner auch faktisch möglich ist, den außergerichtlichen Einigungsversuch erfolgreich durchzuführen. Hierzu ist das Gericht nach dem **Grundsatz der fairen Verfahrensführung** verpflichtet.

72 Inwieweit dem Schuldner bei einem erfolgreichen Beschwerdeverfahren wegen ungerechtfertigter Antragserfordernisse des Gerichts ein **Kostenerstattungsanspruch** gegen die Staatskasse zusteht ist streitig. Das LG Essen hatte dem Schuldner mit Hinweis auf das Rechtsstaats -und Sozialstaatsprinzip einen Kostenerstattungsanspruch zugesprochen (*LG Essen* JurBüro 2000, 158 f. m. zust. Anm. *Schmittmann*; *LG Essen* ZInsO 2000, 47). Das *OLG Köln* hat den Kostenerstattungsanspruch mit Hinweis auf eine fehlende insolvenzspezifische Lösung abgelehnt (JurBüro 2001, 496 f. m. abl. Anm. *Schmittmann*).

73 Die **Antragsrücknahme** beseitigt die Rechtshängigkeit des Antrags (s.a. *Schmerbach* § 13 Rdn. 59 ff.). Auf die Verjährung etwaiger Ansprüche der Gläubiger hat das keine Auswirkung, da die Antragstellung ohnehin keine Hemmung oder den Neubeginn der Verjährung der Ansprüche der Insolvenzgläubiger bewirkt. Erst mit der Anmeldung der Forderung im Insolvenzverfahren wird die Verjährung nach § 204 Nr. 10 BGB gehemmt. Hatte das Gericht bereits Sicherungsmaßnahmen getroffen, so sind diese von Amts wegen durch Beschluss aufzuheben (*Schmidt-Räntsch* Insolvenzordnung, 1995, § 25 Rn. 1; vgl. auch § 106 Abs. 2 KO der diese Pflicht noch deutlicher formulierte).

74 Eine Rücknahmefiktion löst nach aktuellem Recht **keine Sperrfrist** für einen erneuten Insolvenzantrag aus (so auch *Pape/Pape* ZInsO 2017, 793, 797). Der Gesetzgeber hat die Sperrfristen in § 287a Abs. 2 InsO umfassend geregelt. Eine Sperrfrist in den Fällen der Rücknahmefiktion fehlt. Der BGH hatte zur alten Rechtslage (vor dem 01.07.2014) angenommen, dass für die Fälle der Rücknahmefiktion eine dreijährige Sperrfrist für einen erneuten Insolvenzantrag anzuwenden sei (*BGH* 18.9.2014 – IX ZB 72/13, JurionRS 2014, 23006). Diese Rechtsprechung lässt sich auf die neue Rechtslage aufgrund des eindeutigen Wortlauts des § 287a Abs. 2 InsO nicht übertragen. Auch der BGH geht in seiner Entscheidung davon aus, dass es nach dem Willen des Gesetzgebers nach neuem Recht keine Sperrfrist hinsichtlich der Rücknahmefiktion mehr geben soll (*BGH* 18.9.2014 – IX ZB 72/13, JurionRS 2014, 23006 Rn 18). Zur Neuregelung der Sperrfristen für Anträge ab dem 01.07.2014 s. *Ahrens* § 290 Rdn. 51 ff., 163 ff.).

75 Die Entscheidung des Gesetzgebers, auf eine Sperrfrist in Fällen der Rücknahmefiktion zu verzichten, ist zutreffend. Zum Zeitpunkt der Rücknahmefiktion ist noch kein Verfahren eröffnet und es sind auch noch keine Kosten entstanden. Der Säumnis des Schuldners muss auch nicht zwangsläufig ein unredliches oder unengagiertes Verhalten zu Grunde liegen. Er wird typischer Weise nicht selten mit den schriftlichen Nachforderungsansprüchen überfordert sein. In der Praxis ist zweifelhaft ob der Schuldner in der Frist von einem Monat überhaupt einen Termin bei der Schuldnerberatungsstelle bekommt (A/G/R-*Henning* § 305 InsO Rn. 66). Die Entscheidung über die Rücknahmefiktion ist für ihn zudem in den meisten Fällen nicht gerichtlich nachprüfbar (siehe dazu Rdn. 69). Die Rücknahme eines Rechtsschutzantrags – und sei es als Fiktion – mit einer Zugangssperre zu verbinden ist der Deutschen Rechtsordnung fremd und würde gegen den Grundsatz des Rechts auf ein faires Verfahren (dazu *EuGH* 02.05.2006 ZInsO 2006, 284; *BVerfG* BVerfGE 46, 325 [334] = NJW 1978, 368; BVerfGE 49, 220 [225]; BVerfGE 51, 150 [156]) nachhaltig verstoßen.

F. Gerichtliche Vertretung durch geeignete Stelle (Abs. 4)

I. Rechtslage für Anträge vor dem 01.07.2014

76 Der durch das EGInsOÄndG 1998 neu eingefügte Abs. 4 stellt klar, dass sich der Schuldner im Schuldenbereinigungsplanverfahren **durch einen Vertreter einer als geeignet anerkannten Stelle oder von einer geeigneten Person vertreten lassen kann**. Der in § 157 ZPO formulierte Ausschluss von Nicht-Anwälten von der Verfahrensführung wird für diesen Personenkreis ausdrücklich aufgehoben. Die Änderung soll den Wirkungskreis der anerkannten Schuldnerberatungsstellen erweitern und nicht zuletzt die Justiz und möglicherweise auch die Justizkassen entlasten, da sich hierdurch möglicherweise die Beiordnung von Rechtsanwälten im Schuldenbereinigungsverfahren erübrigt, die ja jetzt bei einem Stundungsantrag gem. § 4a Abs. 2 InsO ausdrücklich vorgesehen ist. Die Regelung korrespondiert mit § 8 Abs. 1 Nr. 3 RDG wodurch den anerkannten Stellen eine ihrer Tätig-

keit entsprechende Rechtsbesorgungsbefugnis eingeräumt wird (zum Verbot der Rechtsbesorgung durch nicht geeignete Stellen s. Rdn. 24). Damit ist nur die Erlaubnis zur Vertretung im gerichtlichen Verfahren, keineswegs aber die Verpflichtung der geeigneten Stellen hierzu verbunden. Es bleibt den Stellen überlassen, inwieweit sie gerichtliche Vertretung des Schuldners durch die überwiegend pädagogisch ausgebildeten Schuldnerberater als ihre Aufgabe ansehen. Die Vertretungsbefugnis bezieht sich allerdings nur auf das Schuldenbereinigungsplanverfahren. Eine Vertretungsbefugnis einer geeigneten Stelle für das eröffnete Insolvenzverfahren kann hieraus nicht abgeleitet werden.

Auch die Vertretung der Gläubiger ist durch das Rechtsdienstleistungsgesetz seit dem 01.07.2008 neu geregelt. Der Verweis auf § 174 Abs. 1 Satz 3 InsO stellt klar, dass auch zugelassene Inkassobüros, die aufgrund einer Einziehungsermächtigung oder Vollmacht Forderungen im Verfahren verfolgen, die hierzu notwendigen Rechtshandlungen ohne anwaltliche Vertretung vornehmen können. Dies betrifft in erster Linie das Anmeldverfahren nach § 174 InsO aber auch das Schuldenbereinigungsverfahren, in dem die Inkassobüros selbstständig den Plan ablehnen oder annehmen und sich auch gegen die Zustimmungsersetzung wehren können. Eine Vertretungsbefugnis für das Stellen eines Versagungsantrages für den Gläubiger durch das Inkassounternehmen besteht jedoch nicht (LG Frankenthal, Beschl. v. 14.02.2017 – 1 T 28/17). 77

II. Rechtslage für Insolvenzanträge ab dem 01.07.2014

Nach der jüngsten Reform wird die Vertretungsbefugnis der geeigneten Stellen **erweitert**. Sie sind künftig nicht nur im Verfahren über den Schuldenbereinigungsplan, sondern im gesamten Insolvenzverfahren und der anschließenden Wohlverhaltensperiode zur Vertretung des Schuldners berechtigt. Die Möglichkeit der Vertretung ist sinnvoll, da die Kommunikation zwischen den am Verfahren beteiligten deutlich verbessert werden kann (so auch A/G/R-*Henning* § 305 InsO Rn. 66). Oftmals sind Schuldner trotz intensiver Beratung der geeigneten Stellen mit den Schreiben des Insolvenzgerichts und des Insolvenzverwalters überfordert. Hier kann die gerichtliche Vertretung Abhilfe schaffen, wodurch letztendlich auch vermeidbare Versagungen nach § 298 InsO in den Fällen, in denen die dem Schuldner gewährte Verfahrenskostenstundung aufgrund mangelnder Mitwirkung aufgehoben wird. 78

Die Vertretung kann nur durch einen Vertreter der geeigneten Stelle, also durch eine natürliche Person erfolgen. Die Änderung in Abs. 4 soll, einem praktischen Bedürfnis folgend, den Wirkungskreis der geeigneten Personen und der Angehörigen einer als geeignet anerkannten Stelle erweitern und ihnen die gerichtliche Vertretung im gesamten Insolvenzverfahren erlauben. Mit dieser Erlaubnis ist aber keine Verpflichtung der geeigneten Stellen oder Personen zur Vertretung des Schuldners im gerichtlichen Verfahren verbunden. Ob die geeigneten Stellen diese Vertretungsbefugnis wahrnehmen wird abzuwarten sein. Insbesondere im Zusammenhang mit der Möglichkeit, auch in Verbraucherverfahren Insolvenzpläne durchzuführen, kann die Vertretungsbefugnis auch im Insolvenzverfahren interessant sein. Allerdings dürfte die mit der gerichtlichen Vertretung verbundene Mehrbelastung von den öffentlich geförderten Schuldnerberatungsstellen finanziell kaum geleistet werden können. Eine umfassende gerichtliche Vertretung durch die geeigneten Stellen kann daher nur erfolgen, wenn die Finanzierung aus der öffentlichen Hand erfolgt. Ansonsten wird die Vertretungsbefugnis nur in Ausnahmefällen zum Tragen kommen und die Regelung droht ins Leere zu laufen. 79

Auch nach neuem Recht fehlt einem Inkassounternehmen die Befugnis, einen Versagungsantrag für den Insolvenzgläubiger im Rahmen der Vertretungsbefugnis zu stellen (*LG Frankenthal*, Beschl. v. 14.02.2017 – 1 T 28/17). 80

G. Formularzwang (Abs. 5)

§ 305 Abs. 5 InsO beinhaltet eine Verordnungsermächtigung zur Einführung eines Formularzwangs für die Antragstellung und die Vorlage der Verzeichnisse im Verbraucherinsolvenzverfahren. Der 81

Formularzwang besteht nach der Gesetzesänderung vom 05.06.2017 für die Formulare nach Abs. 1 Nr. 1–4. Allerdings gab es für Verfahren, die nach dem 01.07.2014 und bis zur Gesetzesänderung beantragt wurden, nur für die Formulare nach **Abs. 1 bis 3** eine Verordnungsermächtigung. Hierbei handelte es sich jedoch um ein Redaktionsversehen des Gesetzgebers (vgl. BT-Drucks, 18/10823, S. 28), der das Schuldenbereinigungsplanverfahren erst zum Ende des Gesetzgebungsverfahrens des »Gesetzes zur Verkürzung des Restschuldbefreiungsverfahrens und Stärkung der Gläubigerrechte« wieder in das Gesetz aufgenommen hat. Daher fehlte nach dem ab 01.07.2014 geltenden Recht eine Verordnungsermächtigung für ein zwingendes Formular zum Schuldenbereinigungsplan (MüKo-InsO/*Ott/Vuia* § 305 Rn. 50; *Kübler/Prütting/Bork-Wenzel* InsO, § 305 Rn. 57; so wohl auch *Blankenburg* ZInsO 2014, 801 [807]). Die Änderung und der damit einhergehende Formularzwang für den Schuldenbereinigungsplan ist bedauerlich und inhaltlich abzulehnen, da der Plan der Autonomie der Parteien unterliegt und im Grunde formularfeindlich ist (s. Rdn. 6 ff.).

82 Der Gesetzgeber hat von seiner Ermächtigung Gebrauch gemacht, die Rechtsverordnung ist am 22.02.2002 veröffentlicht worden (BGBl. I S. 703) und am 01.03.2002 in Kraft getreten. Die Formulare sind unter www.bmj.de im Internet abrufbar. Sie sind bei der Antragstellung nach § 305 InsO zwingend zu benutzen, ansonsten kann der Antrag nach § 305 Abs. 3 InsO zurückgewiesen werden. Mit der Reform zum 01.07.2014 wurden die Vordrucke überarbeitet. Die Formulare sind abrufbar unter www.justiz.nrw.de.

83 Der Formularzwang bezieht sich nur auf das gerichtliche Verfahren, nicht auf das Außergerichtliche. Die außergerichtlichen Verhandlungen sind formfrei. **Schuldenbereinigungspläne** sind grds. formularfeindlich, da ein Vordruck die privatautonomen Gestaltungsmöglichkeiten der Parteien unzulässig einengen würde. Für die gerichtlichen Schuldenbereinigungspläne werden in den Formularen **Vorschläge** gemacht, die aber nicht als bindend anzusehen sind. Allerdings gibt es gegen die Zurückweisung des Antrages des Gerichts nach § 305 Abs. 3 InsO nach Ansicht des BGH keinen Rechtsschutz, selbst wenn das Gericht auf der Verwendung der nicht zwingend vorgeschriebenen Anlage 7A besteht (*BGH* ZInsO 2003, 1040; krit. dazu *Pape* ZInsO 2002, 806 und ZInsO 2003, 61).

§ 305a Scheitern der außergerichtlichen Schuldenbereinigung

Der Versuch, eine außergerichtliche Einigung mit den Gläubigern über die Schuldenbereinigung herbeizuführen, gilt als gescheitert, wenn ein Gläubiger die Zwangsvollstreckung betreibt, nachdem die Verhandlungen über die außergerichtliche Schuldenbereinigung aufgenommen wurden.

Übersicht	Rdn.		Rdn.
A. Normzweck	1	C. Fiktion des Scheiterns	3
B. Gesetzliche Systematik	2		

Literatur:
Siehe § 286.

A. Normzweck

1 Die Fiktion des Scheiterns soll die außergerichtliche Verhandlungsphase verkürzen, wenn diese offenbar aussichtslos ist. Gleichzeitig sollen einzelne Gläubiger davon abgehalten werden, in der Phase, in der eine Regelung mit allen Gläubigern angestrebt wird sich noch durch einen Zwangsvollstreckungsversuch einen Vorteil zu verschaffen oder die Ausgangsposition des Schuldners für eine einvernehmliche Entschuldung unnötig zu erschweren (BT-Drucks. 14/5680 S. 15 Nr. 4 der allgemeinen Begründung. Die Gesetzesbegründung nimmt Bezug auf die Verlängerung der Rückschlagsperre im vereinfachten Verfahren auf drei Monate. Die Fiktion des Scheiterns wird als **flankierende Maßnahme** insbesondere für den Fall verstanden, dass sich die außergerichtlichen Verhandlungen über mehrere Monate hinziehen (BT-Drucks. 14/5680 S. 31 zu Nr. 23). Die Norm hat offenbar keinerlei praktische Bedeutung erlangt. Entsprechend war in der Reformdiskussion

2013 zunächst vorgesehen, die Norm zu streichen. Erst in der letzten Phase des Gesetzgebungsverfahrens wurde beschlossen die Regelung beizubehalten (BT-Drucks. 17/13535 Nr. 36).

B. Gesetzliche Systematik

Die Fiktion des Scheiterns korrespondierte im ursprünglichen Entwurf mit der seinerzeit geplanten Änderung des § 765a ZPO, der durch die Anfügung des Abs. 4 bereits im außergerichtlichen Verfahren einen gerichtlichen Vollstreckungsschutz für den Schuldner ermöglichen sollte (BT-Drucks. 14/5680 Art. 7). Der Gesetzgeber wollte dadurch der Forderung aus der Praxis der Schuldnerberatung und Teilen der Literatur (vgl. hierzu *Kohte* ZIP 1994, 184) nach einem **Vollstreckungsmoratorium** entgegenkommen. Diese Ausweitung des Vollstreckungsschutzes scheiterte an dem Votum des Bundesrates, der hierdurch eine erhebliche Gerichtsbelastung für die Länder befürchtete (BR-Drucks. 14/01). Losgelöst von dieser flankierenden Maßnahme dürfte die Vorschrift des § 305a InsO **kaum geeignet** sein, die Problematik der Einzelzwangsvollstreckung während des außergerichtlichen Einigungsversuchs zu lösen. 2

C. Fiktion des Scheiterns

Voraussetzung für das Eingreifen der Fiktion ist, dass bereits **Verhandlungen** mit den Gläubigern **stattgefunden haben**. Die Gesetzesbegründung weist darauf hin, dass der Begriff der Verhandlungen eng auszulegen ist. Die Fiktion soll nicht zu früh greifen und setzt voraus, dass den Gläubigern bereits ein **Plan** mit einem Einigungsvorschlag **übersandt** wurde (BT-Drucks. 14/5680 S. 31 zu Nr. 23). Damit sind nach Ansicht des Gesetzgebers insbesondere die Fälle abgedeckt, in denen der Gläubiger durch die Vorlage des Plans oder entsprechender Anlagen erst Kenntnis von Vermögenswerten erhält. In der Praxis dürfte aber der außergerichtliche Plan des Schuldners i.d.R. keine detaillierten Angaben enthalten, die einen konkreten Vollstreckungszugriff ermöglichen. Auch nach der bisherigen Rechtslage war die Zeitspanne zwischen der Übersendung des Plans und den ersten Reaktionen der Gläubiger, die eine Einschätzung darüber ermöglichten, ob ein Plan Aussicht auf eine einvernehmliche Einigung hatte oder aufgrund der Ablehnungen einzelner Gläubiger als gescheitert anzusehen war, nicht lang. Insofern dürfte die Fiktion des Scheiterns die Möglichkeit der Antragstellung für den Schuldner nur unwesentlich beschleunigen. 3

Keine Auswirkungen hat die Vorschrift in den häufig vorkommenden Fallkonstellationen, dass ein Vollstreckungsversuch eines Gläubigers bereits als Reaktion auf die **Anforderung der Forderungsaufstellung** nach § 305 Abs. 2 InsO erfolgt. In diesen Fällen müssen vom Schuldner dennoch zunächst die Forderungshöhen ermittelt, ein Plan erstellt und dieser den Gläubigern zugestellt werden. Weigert sich der vollstreckende Gläubiger dann weiterhin, die Vollstreckungsmaßnahme zurückzunehmen oder die Pfändung ruhend zu stellen, greift die Fiktion des Scheiterns und die Bescheinigung nach § 305 Abs. 1 Nr. 1 InsO kann ausgestellt werden. 4

Dass der Gesetzgeber sein Vorhaben, den Vollstreckungsschutz des § 765a ZPO in seinem Anwendungsbereich als Standardoption des Schuldners für den Fall der Vollstreckung während des außergerichtlichen Einigungsversuchs auszugestalten nicht umgesetzt hat, schließt seine Anwendung in seinem bestehenden Anwendungsbereich nicht aus. Auch nach dem bestehenden unveränderten Anwendungsbereich, kann der Tatbestand des **§ 765a ZPO** greifen, wenn sich die Einzelvollstreckung eines Gläubigers während des Versuchs der außergerichtlichen Gesamtregulierung der Schulden eine Härte für den Schuldner bedeutet, die mit den guten Sitten nicht vereinbar ist (**a.A.** *Graf-Schlicker/Sabel* InsO, § 305a Rn. 1; zur Anwendung des § 765a ZPO s. *BGH* 27.03.2008 – VII ZB 32/07, VuR 2008, 273 m. Anm. *Kohte*). Die Anwendung des § 765a ZPO dürfte allerdings auf untypische Einzelfälle beschränkt sein (A/G/R-*Henning* InsO, § 305a Rn. 6). Bei der Abwägung von Schuldner- und Gläubigerinteressen (hierzu *Zöller/Stöber* ZPO, 25. Aufl., § 765a Rn. 6) wird der Gläubiger regelmäßig nicht besonders schutzwürdig sein, wenn er versucht, sich kurz vor der Einleitung des Gesamtvollstreckungsverfahrens noch einen Vorteil gegenüber den anderen Gläubigern zu verschaffen und durch sein Verhalten den vom Gesetzgeber protegierten Versuch der außergerichtlichen Schuldenregulierung gefährdet (*LG Itzehoe* VuR 2001, 187 [188]). 5

6 Die Fiktion des Scheiterns bedingt nur die Möglichkeit des Abbruchs der Vertragsverhandlungen, ist aber **nicht zwingend** (so auch *Uhlenbruck/Sternal* InsO, § 305a Rn. 14; *Graf-Schlicker/Sabel* InsO, § 305a Rn. 7; HambK-InsO/*Streck* § 305a Rn. 5; a.A. *Kübler/Prütting/Bork-Wenzel* InsO, § 305a Rn. 4 ohne nachvollziehbare Begründung; ihm folgend *Nerlich/Römermann* InsO, § 305a Rn. 14). Der Schuldner hat die Möglichkeit, trotz des Vollstreckungsversuches weiter zu verhandeln und nach einer Einigung mit den Gläubigern zu suchen. In vielen Fällen dürften die Vollstreckungsversuche ohnehin fruchtlos verlaufen, so dass die Einigungschancen auch mit dem vollstreckenden Gläubiger nicht immer aussichtslos sein werden (vgl. hierzu *Grote* ZInsO 2001, 17 [19]).

7 Jeder Vollstreckungsversuch auch nur eines einzelnen Gläubigers berechtigt zum Abbruch der Verhandlungen und zur sofortigen Antragstellung. Diese Rechtsfolge tritt unabhängig von der Frage ein, ob der pfändende Gläubiger Kenntnis von dem Plan hatte (wie hier HambK-InsO/*Streck* § 305a Rn. 2; a.A. MüKo-InsO/*Ott/Vuia* § 305a Rn. 4). Die geeignete Stelle oder Person hat in der Bescheinigung nach § 305 Abs. 1 Nr. 1 InsO auf die Zwangsvollstreckungsmaßnahme **hinzuweisen** (BT-Drucks. 14/5680 S. 31 zu Nr. 23). Nachweise sind nicht erforderlich.

§ 306 Ruhen des Verfahrens

(1) ¹Das Verfahren über den Antrag auf Eröffnung des Insolvenzverfahrens ruht bis zur Entscheidung über den Schuldenbereinigungsplan. ²Dieser Zeitraum soll drei Monate nicht überschreiten. ³Das Gericht ordnet nach Anhörung des Schuldners die Fortsetzung des Verfahrens über den Eröffnungsantrag an, wenn nach seiner freien Überzeugung der Schuldenbereinigungsplan voraussichtlich nicht angenommen wird.

(2) ¹Absatz 1 steht der Anordnung von Sicherungsmaßnahmen nicht entgegen. ²Ruht das Verfahren, so hat der Schuldner in der für die Zustellung erforderlichen Zahl Abschriften des Schuldenbereinigungsplans und der Vermögensübersicht innerhalb von zwei Wochen nach Aufforderung durch das Gericht nachzureichen. ³§ 305 Abs. 3 Satz 2 gilt entsprechend.

(3) ¹Beantragt ein Gläubiger die Eröffnung des Verfahrens, so hat das Insolvenzgericht vor der Entscheidung über die Eröffnung dem Schuldner Gelegenheit zu geben, ebenfalls einen Antrag zu stellen. ²Stellt der Schuldner einen Antrag, so gilt Absatz 1 auch für den Antrag des Gläubigers. ³In diesem Fall hat der Schuldner zunächst eine außergerichtliche Einigung nach § 305 Abs. 1 Nr. 1 zu versuchen.

Übersicht	Rdn.		Rdn.
A. Normzweck	1	E. Anordnung von Sicherungsmaßnahmen (Abs. 2)	18
B. Gesetzliche Systematik	3	F. Abschriften für die Zustellung	31
C. Ruhen des Verfahrens (Abs. 1)	7	G. Verfahren bei Gläubigerantrag (Abs. 3)	34
D. Entscheidung über das Schuldenbereinigungsplanverfahren	11	H. Verfahrensrechtliches	38

Literatur:
Siehe § 286.

A. Normzweck

1 Durch § 306 InsO soll der Vorrang der einvernehmlichen Schuldenbereinigung vor dem gerichtlichen Insolvenzverfahren gesichert werden. Auch nach der Einführung des fakultativen Schuldenbereinigungsplanverfahrens durch das InsOÄndG 2001 ging der Gesetzgeber weiterhin davon aus, dass die **Durchführung des Schuldenbereinigungsplanverfahrens der Regelfall** sein wird (BT-Drucks. 14/5680 S. 31 zu Nr. 24). Diese Einschätzung kann als verfehlt angesehen werden, da der gerichtliche Schuldenbereinigungsplan in der Praxis kaum noch Bedeutung hat. Von der Eröffnung des Verfahrens wird abgesehen, wenn sich die Beteiligten im Schuldenbereinigungsplanverfahren über eine Schuldenregulierung einig werden bzw. die fehlende Zustimmung einzelner Gläubiger nach § 309 InsO ersetzt werden kann (BT-Drucks. 12/7302 S. 191). Die Vorschrift dient daher auch der Entlastung der Gerichte. Auch durch Abs. 1 Satz 2 soll der zügige Fortgang des Verfahrens gefördert werden. Abs. 2 stellt sicher, dass während der Dauer des Schuldenbereinigungsplanverfahrens trotzdem Maßnahmen zur Sicherung der Masse getroffen werden können. Abs. 3 soll gewährleisten, dass dem Schuldner auch bei einem **Gläubigerantrag** die Chance zur außergerichtlichen Schuldenbereinigung eröffnet wird, und sieht auch dann, wenn der Gläubiger dem Schuldner mit der Antragstellung zuvorkommt, die zwingende Durchführung des außergerichtlichen Einigungsversuchs nach § 305 Abs. 1 Nr. 1 InsO vor, wenn er die Restschuldbefreiung erreichen will.

Während der Diskussion zur Reform der Restschuldbefreiung 2013 war zunächst vorgesehen, das Schuldenbereinigungsverfahren zu streichen (BT-Drucks. 17/11268 S. 35 zu Nr. 38) und den Verbraucherschuldner auf den Insolvenzplan zu verweisen. Erst zum Schluss des Gesetzgebungsverfahrens wurde von diesem Vorhaben abgesehen, so dass dem Verbraucherschuldner jetzt beide Möglichkeiten des Zwangsvergleichs zur Verfügung stehen (zum Insolvenzplanverfahren für Verbraucher s. § 309 Rdn. 54 ff.). 2

B. Gesetzliche Systematik

§ 306 InsO knüpft an Regelungen in der **Vergleichsordnung** an, weist aber wesentliche Unterscheidungsmerkmale auf. Der Schuldenbereinigungsplan kann nur mit einem Antrag auf Eröffnung eines Insolvenzverfahrens vorgelegt werden. In der VglO wurde der Vergleichsantrag nicht von einem gleichzeitigen Konkurseröffnungsantrag abhängig gemacht, vielmehr wurde ein Konkursantrag des Schuldners je nach den Umständen als Anregung für die Durchführung eines Anschlusskonkurses oder als Rücknahme des Vergleichsantrags gewertet (*Bley/Mohrbutter* VglO, § 46 Rn. 2). Ein Schuldnerantrag war in der VglO auch entbehrlich, da die Entscheidung über die Eröffnung eines Anschlusskonkurses im Falle eines Scheiterns des Vergleichsverfahrens von Amts wegen erfolgte (§§ 19, 80, 96 Abs. 5, 101 VglO). Bei einem Zusammentreffen von Vergleichsantrag des Schuldners und Konkursantrag eines Gläubigers sah § 46 VglO, ähnlich wie § 306 Abs. 1 Satz 1 InsO, die Aussetzung der Entscheidung über den Antrag auf Konkurseröffnung bis zur rechtskräftigen Entscheidung über den Vergleichsantrag vor. Da sich Ruhen und Aussetzung in ihren prozessualen Wirkungen nicht unterscheiden (*Baumbach/Hartmann* ZPO, 1998, § 251 Rn. 9; *Rosenberg/Schwab/Gottwald* Zivilprozessrecht, 1993, § 128 III.) ist hier nur eine redaktionelle Abweichung von der VglO vorgenommen worden. 3

Abs. 2 lässt Maßnahmen des Gerichts zur **Sicherung der Masse** nach § 21 InsO zu und knüpft damit an die Regelungen der §§ 12, 13 VglO und § 106 KO an. Die Möglichkeit des Gerichts, Sicherungsmaßnahmen anzuordnen, ist aber in § 21 Abs. 3 InsO erweitert worden. § 13 VglO sah lediglich die einstweilige Einstellung von Zwangsvollstreckungsmaßnahmen vor, diese war auf maximal sechs Wochen befristet. In der KO wurde nach der h.M. aus § 106 nur ein Verwertungsverbot gem. §§ 771, 772 ZPO abgeleitet, so dass Pfändungsmaßnahmen zulässig blieben und Pfändungspfandrechte begründet werden konnten (vgl. *Kuhn/Uhlenbruck* KO, § 106 Rn. 4b; *Hess* § 196 Rn. 39; *Kilger/Karsten Schmidt* § 106 Anm. 3). Nunmehr steht mit § 21 Abs. 3 InsO explizit ein vielfältigeres Instrumentarium an Sicherungsmaßnahmen zur Verfügung. 4

Allerdings bleibt die Regelung des § 306 InsO insofern hinter den Vorschriften der VglO zurück, als in § 47 VglO ein gesetzliches **Vollstreckungsverbot** für die Dauer des Vergleichsverfahrens vorgesehen war. Darüber hinaus konnten nach § 48 VglO bereits anhängige Vollstreckungsmaßnahmen einstweilen eingestellt werden. Bereits im Vergleichsverfahren wurde zudem eine Ausdehnung der generellen Vollstreckungssperre auf das Vergleichsantragsverfahren befürwortet (*Bley/Mohrbutter* VglO, §§ 47, 48 Rn. 2; *Künne* DB 1978, 729 [723]). Ein ähnliches Vollstreckungsverbot findet sich in den §§ 88, 89 InsO für das Insolvenzverfahren wieder, nicht aber für das Schuldenbereinigungsplanverfahren. Zwangsvollstreckungsmaßnahmen können zwar auch im Schuldenbereinigungsplanverfahren über §§ 306 Abs. 2, 21 InsO untersagt oder eingestellt werden, dies ist jedoch weniger effektiv und bringt erhebliche Belastungen der Gerichte mit sich.

5 Eine systematische Umgestaltung erfährt Abs. 1 durch die Einführung der **richterlichen Entscheidung über die Durchführung des Schuldenbereinigungsplanverfahrens**. Diese Entscheidungskompetenz ist dem bisherigen Vergleichsrecht fremd. Zwar war dort, wie auch im Verfahren über den Insolvenzplan, die richterliche Eingriffsmöglichkeit deutlich höher als im bisherigen Schuldenbereinigungsplanverfahren (vgl. hierzu §§ 17, 18 VglO und § 305 Rdn. 5 ff.), eine freie Entscheidungskompetenz des Gerichts über die Durchführung eines Planverfahrens ist jedoch ein Novum im Gesamtvollstreckungsrecht.

6 Die Pflicht des Verbraucherschuldners zur Durchführung des außergerichtlichen Einigungsversuchs auch bei einem Gläubigerantrag ist ein systematischer Bruch zum Regelinsolvenzverfahren. Während der Schuldner dort, unabhängig von der Frage, auf wessen Betreiben hin die Eröffnung erfolgt ist, einen Restschuldbefreiungsantrag stellen kann, soll ihm das im vereinfachten Verfahren **nur bei einem Eigenantrag** möglich sein.

C. Ruhen des Verfahrens (Abs. 1)

7 Das Ruhen des Verfahrens über den Eröffnungsantrag bewirkt, dass über diesen Antrag **zunächst nicht zu entscheiden ist**. Insofern liegt hier nur eine redaktionelle Abweichung vom Vorbild des § 46 VglO vor. Anders als bei § 251 ZPO tritt die Wirkung des Ruhens nach § 306 InsO kraft Gesetzes ein und bedarf keiner richterlichen Entscheidung (*Ahrens* VuR 1999, 130). Abs. 1 gilt nicht nur für den Eröffnungsantrag des Schuldners, sondern auch für einen zeitlich danach eingehenden Antrag des Gläubigers. Scheitert das Schuldenbereinigungsplanverfahren, so hat das Gericht zunächst über den Antrag des Schuldners zu entscheiden. Wird das Verfahren eröffnet, so wird der Gläubigerantrag gegenstandslos, da auch der Zweck des Gläubigerantrags mit der Eröffnung erreicht ist (*Jauernig* § 83 V 4.). Lehnt das Gericht dagegen den Antrag des Schuldners auf Eröffnung des Insolvenzverfahren ab, so muss es anschließend noch über den Gläubigerantrag entscheiden, wobei diese Entscheidung durchaus abweichend ausfallen kann (vgl. *Bley/Mohrbutter* VglO, § 46 Rn. 12, 13).

8 Fristen, die mit der Eröffnung des Verfahrens in Zusammenhang stehen, werden unterbrochen und beginnen nach dem Ende des Ruhenszeitraums von neuem zu laufen (*Rosenberg/Schwab/Gottwald* Zivilprozessrecht, 1993, § 125 IV 1.). Auf die Verjährung von Forderungen hat das allerdings keine Auswirkungen, da eine Verjährungsunterbrechung erst mit der Anmeldung der Forderung eintritt. Anders als in § 7 Abs. 2 GUG sieht die InsO auch **keine Hemmung der Verjährung** während des Ruhens vor. Während des Ruhens sind alle nach außen wirkenden Gerichtshandlungen unzulässig, die mit der Entscheidung über den Eröffnungsantrag in Zusammenhang stehen (vgl. *Musielak/Stadler* ZPO, § 249 Rn. 5), insbesondere eine Entscheidung über die Zulässigkeit des Eröffnungsantrags des Schuldners (*Henckel* FS für Gaul, 1997, S. 199 [203]). Es findet keine Zulässigkeitsprüfung statt, so dass auch nicht darüber zu entscheiden ist, ob ein Eröffnungsgrund vorliegt (s. § 305 Rdn. 4; HK-InsO/*Landfermann* § 306 Rn. 3; MüKo-Ott/*Vuia* § 306 Rn. 9; **a.A.** Uhlenbruck/*Vallender* InsO, § 306 Rn. 7). Zu entscheiden ist aber, ob die Voraussetzungen des § 304 InsO gegeben sind. Auch über den Stundungsantrag ist in Hinblick auf das Schuldenbereinigungsplanverfahren zu entscheiden (A/G/R-*Henning* § 306 InsO Rn. 4). Eine entgegen § 306 Abs. 1 Satz 1 InsO während des Schuldenbereinigungsplanverfahrens ergehende Entscheidung über den Eröffnungsantrag ist nicht ohne Weiteres unwirksam, wohl aber nach § 34 InsO anfechtbar (vgl. *Bley/Mohrbutter* VglO, § 56 Rn. 7).

9 Durch Satz 2 soll der **zügige Fortgang des Verfahrens** gefördert werden (BT-Drucks. 12/7302 S. 191). Aus der Terminologie »soll« und den fehlenden Sanktionen für den Fall der Fristversäumnis ist zu erkennen, dass die Frist des § 306 Abs. 1 Satz 2 InsO **keine Ausschlussfrist** ist (*BGH* 25.09.2008 – IX ZB 1/08, ZInsO 2008, 1138). Der Gesetzgeber bringt damit zum Ausdruck, dass ihm an einer zügigen Durchführung des Verfahrens und einer größtmöglichen Entlastung der Gerichte gelegen ist. In der Praxis wird diese Frist in vielen Fällen kaum einzuhalten sein (vgl. hierzu *Kohte* ZIP 1994, 184 [186]), so dass sie als **bloße Ordnungsvorschrift** einzustufen ist (HambK-InsO/*Streck* § 206 Rn. 3; HK-InsO/*Landfermann* § 306 Rn. 5; *Arnold* DGVZ 1996,

129 [134]; *Wittig* WM 1998, 157 [163]). Gerade im Hinblick auf eine Vermeidung der Durchführung des gerichtlichen Entschuldungsverfahren und der damit verbundenen Entlastung der Insolvenzgerichte ist auf eine Einigung im Schuldenbereinigungsplanverfahren in besonderem Maße hinzuwirken, ohne dass der Einhaltung der Frist ausschlaggebende Bedeutung zugewiesen werden sollte. Eine Überschreitung der Frist hat auch keine Auswirkungen auf möglicherweise angeordnete Sicherungsmaßnahmen (*Vallender* ZIP 1997, 1993 [2000]).

Das Ruhen beginnt mit dem Eingang des Antrags, unabhängig von der Vollständigkeit der einzureichenden Unterlagen (so auch MüKo-InsO/*Ott*/*Vuia* § 306 Rn. 8). Allerdings muss der Schuldner die fehlenden Unterlagen beibringen, anderenfalls kann auch das Planverfahren nicht durchgeführt werden (A/G/R-*Henning* § 306 Rn. 4). Das Ruhen endet mit Eintritt der Rechtskraft der Entscheidung über den Schuldenbereinigungsplan.

D. Entscheidung über das Schuldenbereinigungsplanverfahren

Die Durchführung des Schuldenbereinigungsplanverfahrens ist für den Schuldner nicht obligatorisch, das Gericht entscheidet vielmehr **nach freiem Ermessen** darüber, ob das Schuldenbereinigungsplanverfahren durchgeführt wird oder nicht. Der Gesetzgeber wollte vermeiden, dass aufwendige Verfahren durchgeführt werden müssen, dessen Scheitern schon von vornherein feststeht und dessen Durchführung reiner Formalismus wäre (BT-Drucks. 14/5680 S. 31 zu Nr. 24). Der Zwang zum Schuldenbereinigungsplan hatte sich in der Praxis bald nach der Einführung als problematisch herausgestellt, da insbesondere bei einer Vielzahl von Gläubigern und bescheidenen Angeboten des Schuldners die zur Zustimmungsersetzung erforderlichen Mehrheiten nicht zu Stande kamen. Zudem erforderte das Gebot der förmlichen Zustellung des Plans mit z.T. überzogenen Anforderungen an den Umfang der zuzustellenden Unterlagen erhebliche Aufwendungen von Schuldner und Gericht (s. hierzu auch *Wimmer* ZInsO 1999, 557 [558]). In der Literatur war daher frühzeitig die Abschaffung des Planzwanges gefordert worden (*Grote* ZInsO 1999, 338 ff.; *Pape* ZIP 1999, 2037 [2034]; *Klass* ZInsO 1999, 620 [622]; *Wehr* ZIP 1999, 2000; *Vallender* DGVZ 2000, 97 [103]; hierzu auch *AG Hamburg* ZIP 2000, 30 und NZI 1999, 419). Als Konsequenz hieraus wurde **die Obligation abgeschafft**, die Entscheidung über die Durchführung des Planverfahrens aus nicht nachvollziehbaren Gründen aber nicht der Wahl des Schuldners, sondern der Entscheidung des Insolvenzgerichts überlassen (krit. hierzu *Stephan*/*Schmerbach* ZInsO 2000, 541 [544]; *Grote* Rpfleger 2000, 521 [522]; *Vallender* DGVZ 2000, 97 [103]; *Pape*/*Pape* ZIP 2000, 1553 [1558]).

Das Gericht entscheidet nach »freier Überzeugung«, darf sich aber nicht von sachfremden Erwägungen leiten lassen. Hierbei wird man in Anlehnung an den Begriff der »freien Überzeugung« in § 286 Abs. 1 Satz 1 ZPO verlangen müssen, dass das Gericht die wesentlichen Gesichtspunkte der richterlichen Überzeugungsbildung nachvollziehbar darlegt, um einer willkürlichen Entscheidung vorzubeugen (vgl. *Musielak*/*Foerste* ZPO, 14. Aufl., § 286 Rn. 67; zur Möglichkeit der Überprüfung vgl. Rdn. 17). Bei der Wahl, ob zunächst das Planverfahren durchgeführt wird oder sofort über den Eröffnungsantrag zu entscheiden ist, muss es ausschließlich auf die Erfolgsaussichten des Planverfahrens abstellen. Das Planverfahren ist durchzuführen, wenn mit einer Annahme des Plans ggf. mit Hilfe der Zustimmungsersetzung zu rechnen ist. Der Inhalt des Plans und der Umfang der Akten sind dagegen keine sachgerechten Kriterien für die Entscheidung. Der Begriff voraussichtlich ist nach der Gesetzesbegründung so zu verstehen, dass nach der Bewertung aller für die **Prognoseentscheidung** relevanter Faktoren die Durchführung des Schuldenbereinigungsplanverfahrens abzulehnen ist, wenn sein Scheitern wahrscheinlicher ist als sein Nichtscheitern (BT-Drucks. 14/5680 S. 31 zu Nr. 24).

Erstes Entscheidungskriterium für die Prognose ist natürlich das Ergebnis des außergerichtlichen Einigungsversuchs. Aufgrund der nunmehr spezifizierten Bescheinigung nach § 305 Abs. 1 Nr. 1 InsO (s. § 305 Rdn. 19) weiß das Gericht, welcher Teil der Gläubiger dem außergerichtlichen Einigungsvorschlag des Schuldners zugestimmt hat. Die Bescheinigung wird auch Auskunft darüber geben, ob der Berater des Schuldners die Durchführung für aussichtsreich erachtet. Die Auskunft stellt ein gewichtiges Indiz dar, da der Schuldnervertreter i.d.R. die Beweggründe der Gläubiger für eine Zustimmung oder Ablehnung kennt. Wichtig ist aber auch die Anzahl der Gläubiger, die im außergerichtlichen Einigungsversuch geschwiegen haben, denn ein Schweigen auch auf den Schuldenbereinigungsplan würde gem. § 307 Abs. 2 Satz 1 InsO als Zustimmung gewertet. Weiteres Kriterium ist dann die zwischenzeitliche **Änderung des Plans**. In den meisten Fällen werden außergerichtlicher Einigungsversuch und Schuldenbereinigungsplan nicht wesentlich voneinander abweichen, eine Verbesserung oder Verschlechterung des neuen Angebots kann aber erheblichen Einfluss auf die Zustimmungsquote haben. Das Gericht wird bei der zu treffenden Prognose auch berücksichtigen, dass erfahrungsgemäß einem Vorschlag, der durch das Gericht zugestellt wird eine größere Wirkung zukommt und insoweit eine höhere positive Resonanz zu erwarten hat als der Vorschlag, den der Schuldner übermittelt hat. Der Schuldner bringt durch die Antragstellung auch zum Ausdruck, dass er entschlossen ist, bei einem Scheitern des Plans die gerichtliche Entscheidung zu suchen, die durch das neue Stundungsmodell jetzt auch masselosen Schuldnern möglich ist. Auch dies wird sich möglicherweise auf die **Vergleichsbereitschaft** der Gläubiger auswirken. Insofern scheint es nicht von vornherein ausgeschlossen, dass es auch bei Nullplänen zu einer mehrheitlichen Zustimmung kommen kann (skeptisch insoweit *Pape/Pape* ZIP 2000, 1557 [1561]). Ein Planverfahren kann auch deswegen im Interesse der Gläubiger liegen, weil ihnen die Beträge des Schuldners dann ungekürzt zufließen und nicht erst nach Abzug der nicht unerheblichen Verfahrenskosten (dazu *Kirchhof* ZInsO 2001, 1 [13]).

14 Aber auch das Interesse des Schuldners an einer Regulierung durch einen Schuldenbereinigungsplan wird das Gericht bei seiner Entscheidung berücksichtigen. In Verfahren, in denen eine Vielzahl von Gläubigern vorhanden bzw. an liquidierte jur. Personen oder im Ausland zuzustellen ist (hierzu s. § 307 Rdn. 11), kann sich ein Planverfahren (mit nach wie vor ungeklärtem Ausgang) über Jahre hinziehen und hierdurch die **Aufwand/Nutzen Relation** für die Beteiligten entscheidend mindern. Das Gleiche gilt auch dann, wenn der Schuldner ankündigt, keinen Zustimmungsersetzungsantrag stellen zu wollen, weil er sich auch von einem Zustandekommen des Plans keine dauerhafte Entschuldung verspricht (so auch *Graf-Schlicker/Sabel* InsO, § 306 Rn. 15). Dies wird insbesondere der Fall sein, wenn zu vermuten ist, das noch weitere bislang unbekannte Gläubiger vorhanden sind (insbesondere bei lang zurückliegenden Gewerbetätigkeiten) die nicht in den Plan einbezogen werden können, da im Schuldenbereinigungsplanverfahren keine dem § 254 Abs. 1 InsO entsprechende Regelung existiert. Es wäre **reiner Formalismus**, einen Plan durchzuführen, bei dem kein Zustimmungsersetzungsantrag gestellt wird (die Gläubiger haben sich mit dieser Option bislang sehr zurückgehalten) oder mit dessen Zustandekommen keine endgültige Schuldenbereinigung für den Schuldner verbunden und in Kürze ein erneuter Antrag zu erwarten ist (im Erg. ähnlich *Kübler/Prütting/Bork-Wenzel* InsO, § 306 Rn. 6).

15 Bei der Ermittlung der für die Prognoseentscheidung relevanten Tatsachen hat das Gericht nur eine eingeschränkte Amtsermittlungspflicht (BT-Drucks. 14/5680 S. 31 zu Nr. 24 unter Hinweis auf BT-Drucks. 14/120 S. 14). Es wird sich zunächst an den vom Schuldner vorgelegten Unterlagen orientieren, also am außergerichtlichen Einigungsvorschlag, dem Schuldenbereinigungsplan und der spezifizierten Bescheinigung nach § 305 Abs. Nr. 1 InsO. Des Weiteren ist **zwingend die Anhörung des Schuldners** vorgesehen. Diese wird i.d.R. schriftlich erfolgen (dazu s. § 307 Rdn. 2). Bei der Anhörung sollte der Schuldner nicht nur nach Einzelheiten der außergerichtlichen Einigung sondern auch nach seiner Einschätzung zur Erfolgsaussicht des Schuldenbereinigungsplans befragt werden. Er wird i.d.R. mit seiner geeigneten Stelle oder Person aufgrund der bisherigen Verhandlungserfahrungen die Vergleichsbereitschaft der Gläubiger realistisch einschätzen können. Auch eine telefonische Kontaktaufnahme des Gerichts mit einzelnen Gläubigern kann eine sinnvolle Maßnahme zur Klärung der Erfolgsaussichten sein, etwa wenn der Mehrheitsgläubiger telefonisch erklärt, dem Planvorschlag auch zukünftig ablehnend gegenüber zu stehen (hierzu auch § 307 Rdn. 15).

16 Eine Einschränkung **der Privatautonomie und der Planhoheit des Schuldners** ist mit der neuen Entscheidungsbefugnis des Gerichts nicht verbunden (hierzu § 305 Rdn. 7). Den Inhalt des Plans bestimmt weiterhin allein der Schuldner, das Gericht prognostiziert lediglich, ob der vorgelegte Plan

eine Aussicht auf Annahme bzw. Zustimmungsersetzung hat. § 307 Abs. 3 InsO, der eine Änderungs- oder Ergänzungsaufforderung des Gerichts vorsieht, findet in dieser Phase noch keine Anwendung. Es ist nach wie vor nicht Aufgabe des Gerichts, Einfluss auf den Inhalt des Plans zu nehmen. Es wird aber sachdienlich sein, dass das Gericht dem Schuldner Gelegenheit zur Änderung des Plans gibt, wenn diese auch eine positive Änderung der Prognoseentscheidung des Gerichts zur Folge hätte.

Die Entscheidung des Gerichts ist regelmäßig **nicht beschwerdefähig**. Die ohnehin nur eingeschränkt 17 mögliche Überprüfbarkeit der Entscheidung daraufhin, ob sich das Gericht von sachfremden Erwägungen hat leiten lassen (hierzu auch Rdn. 12), scheitert an der fehlenden insolvenzspezifischen Beschwerdemöglichkeit (krit. hierzu *Pape/Pape* ZIP 2000, 1553 [1558]). Dem Schuldner verbleibt somit bei Verletzung eklatanter Verfahrensgrundsätze die Möglichkeit der **Gegenvorstellung** (hierzu *OLG Celle* ZInsO 201, 377; MüKo-InsO/*Ganter/Lohmann* § 6 Rn. 71a; *Musielak/Ball* ZPO, 14. Aufl., § 567 Rn. 26 ff.). Die Verletzung rechtlichen Gehörs kann neuerdings nach § 321a ZPO gerügt werden. Diese Vorschrift findet über § 4 InsO auch im Insolvenzverfahren Anwendung (dazu auch *Kohte* § 4d Rdn. 17 ff.). Das *AG Duisburg* (Beschl. v. 22.09.2011 – 64 IK 268/11, NZI 2011, 413) hält bei der Nichtdurchführung des Schuldenbereinigungsplanverfahrens die Anhörungsrüge des § 321a ZPO i.V.m. § 4 InsO für möglich. Das Landgericht Bonn hat entschieden, dass die außerordentliche Beschwerde zum Landgericht möglich ist, wenn das Ausgangsgericht die Möglichkeiten der eigenen Abhilfe nicht erkennt oder für unzulässig hält, und begründet dies mit dem Vorrang der fachgerichtlichen Korrektur vor der Verfassungsbeschwerde (*LG Bonn* 06.06.2016 – 6 T 114/16, m. krit. Anm. *Laroche* NZI 2016, 845 f.).

E. Anordnung von Sicherungsmaßnahmen (Abs. 2)

Der Gesetzgeber stellt klar, dass trotz des Ruhens des Verfahrens Sicherungsmaßnahmen nach § 21 18 InsO angeordnet werden können (BT-Drucks. 12/7302 S. 191). Hierzu gehören insbesondere ein allgemeines Verfügungsverbot, die Untersagung sowie die einstweilige Einstellung der Zwangsvollstreckung. Das Gericht hat alle Maßnahmen zu treffen, um bis zur Entscheidung über den Eröffnungsantrag eine nachteilige Veränderung der Vermögenslage des Schuldners zu verhüten (vgl. hierzu *Schmerbach* § 21 Rdn. 9 ff.).

In Betracht kommt die Sicherung von Vermögenswerten in Form beweglicher Sachen und Forderun- 19 gen. Eine **einstweilige Einstellung der Zwangsversteigerung bei Immobilien** erfolgt über §§ 30d, e ZVG ausschließlich durch das Vollstreckungsgericht (MüKo-InsO/*Ott/Vuia* § 306 Rn. 18). In der Praxis der Verbraucherinsolvenzverfahren wird es häufig jedoch nicht so sehr darum gehen, bestehendes Mobiliarvermögen oder bestehende Forderungen des Schuldners gegen Dritte dem Zugriff einzelner Gläubiger oder der Verfügungsbefugnis des Schuldners zu entziehen. Der überschuldete Verbraucher verfügt häufig nicht mehr über pfändbare Vermögenswerte, so dass die Gefahr der Verschiebung oder Verschleierung vergleichsweise gering ist. Wesentlicher Bestandteil der Masse wird im Verbraucherinsolvenzverfahren vielmehr der pfändbare Anteil des **künftigen Arbeitseinkommens** des Schuldners sein, der durch § 35 InsO – anders als noch in der KO – in die Verwertung einbezogen ist (zur Einbeziehung des Neuerwerbs in der GesO vgl. *Haarmeyer/Wutzke/Förster* GesO, § 1 Rn. 238 ff.).

Eine **Untersagung der Zwangsvollstreckung** nach § 21 Abs. 3 InsO kann sich nur auf künftige 20 Zwangsvollstreckungsmaßnahmen beziehen (KS-InsO/*Gerhardt* 2000, S. 204 Rn. 18). Aber auch die Untersagung künftiger Vollstreckungsmaßnahmen birgt die Gefahr, dass die Rechte einzelner Gläubiger beeinträchtigt sind, wenn sie einerseits nicht auf Vermögenswerte des Schuldners zugreifen können, andererseits diese Werte auch nicht für die Masse nutzbar gemacht werden können, nämlich dann, wenn z.B. eine Eröffnung des Verfahrens nicht erfolgt und damit auch keine Verteilung stattfindet (zur Notwendigkeit einer Interessenabwägung bei der Anordnung von Sicherungsmaßnahmen s. auch *Vallender* ZIP 1997, 1993 [1996]). Diese Rechtsfolge hat der Gesetzgeber wohl in Kauf genommen, in der Literatur ist sie – als effektives Instrument zur Sicherung der Masse – auf Zustimmung gestoßen (vgl. KS-InsO/*Uhlenbruck* 2000, S. 325, 326 Rn. 2 ff.; KS-InsO/*Gerhardt* 2000, S. 202 Rn. 20 ff.). Im Verbraucherinsolvenzverfahren wird das Bedürfnis nach der Sicherung von Massegegenständen nicht so groß sein wie im Regelinsolvenzverfahren. Eine generelle Untersagung von Zwangsvollstreckungsmaßnahmen müsste sinnvollerweise grds. mit einem allgemeinen Verfügungsverbot für den Schuldner gekoppelt werden, was eine Disposition über seine pfändbaren Einkommensanteile, die ja gerade im Schuldenbereinigungsplanverfahren erwünscht ist, zumindest erschwert (zur Auswirkung eines Verfügungsverbotes im Schuldenbereinigungsplanverfahren vgl. *Uhlenbruck/Sternal* § 306 Rn. 37 f.). Eine Untersagung von Zwangsvollstreckungsmaßnahmen wird daher vor allem in Betracht kommen, wenn Gläubiger versuchen, den Schuldner mit sinnlosen Zwangsvollstreckungsmaßnahmen unter Druck zu setzen oder **durch Pfändungsmaßnahmen die Existenz des Schuldners gefährdet ist** (ähnlich *Vallender* DGVZ 2000, 97 [104]). Dies kann z.B. bei Lohnpfändungen der Fall sein. Lohnpfändungen berechtigen zwar nur in Ausnahmefällen zur Kündigung des Arbeitsverhältnisses (vgl. hierzu *BAG* NJW 1982, 1062; *LAG Berlin* BB 1979, 272; *Stöber* Rn. 934 m.w.N.) in der Praxis tragen sie aber nicht selten zu einer Kündigung des Arbeitsverhältnisses bei. Da das zukünftige Arbeitseinkommen des Schuldners in der Verbraucherinsolvenz regelmäßig die einzig pfändbare Vermögensposition sein dürfte, sind auch Sicherungsmaßnahmen adäquat und notwendig, die unmittelbar der Existenzsicherung des Schuldners und dem Erhalt seiner Arbeitsmotivation dienen, damit aber mittelbar auch dem Erhalt der Masse bzw. der potentiellen Abtretungsbeträge in der Treuhandphase. Das Gleiche gilt für den Fall einer drohenden **Kontopfändung**, da diese nicht selten zur Kontokündigung führt und der Schuldner dadurch faktisch der Möglichkeit beraubt wird, sich adäquat am wirtschaftlichen Leben (z.B. durch Gehaltszahlungen auf ein Konto) zu beteiligen. Die drohende Kündigung dürfte sich allerdings durch die Einführung eines Rechts auf ein Basiskonto im ZKG (Zahlungskontengesetz) entschärft haben. In der zwangsvollstreckungsrechtlichen Literatur wird die Kontopfändung dennoch in erster Linie als Maßnahme gesehen, existenziellen Druck auf den Schuldner auszuüben (hierzu nur *Schmitt* InVO 2001, 311 [314]). Ebenso wird die einstweilige Einstellung und Untersagung der Zwangsvollstreckung aus einem Räumungsurteil für zulässig erachtet (*AG Köln* NZI 1999, 333; *Vallender* DGVZ 2000, 97 [101]). *Sternal* (*Uhlenbruck/Sternal* InsO, § 306 Rn. 48) hält in Ausnahmefällen ein Vollstreckungsverbot auch gegenüber einem absonderungsberechtigten Gläubiger für möglich, wenn z.B. der sicherungsübereignete PKW dringend benötigt wird, um den Arbeitsplatz damit zu erreichen. Zu Sicherungsmaßnahmen gegen die Vollstreckung von Unterhalts- und Deliktsgläubigern sowie von Geldstrafen durch die Staatsanwaltschaft (s. ausf. *Uhlenbruck/Sternal* InsO, § 306 Rn. 44).

21 Häufiger als die Untersagung wird die **einstweilige Einstellung** von Zwangsvollstreckungsmaßnahmen auch während des Schuldenbereinigungsplanverfahrens als probates Mittel zur Massesicherung anzusehen sein, da hierdurch die Pfändungspfandrechte nicht beeinträchtigt werden, wenn das Verfahren später nicht eröffnet wird. Allerdings kommt eine einstweilige Einstellung zur Massesicherung i.d.R. nur dann in Betracht, wenn zumindest die Möglichkeit besteht, die zu sichernden Werte später zur Masse zu ziehen (für die Lohnpfändung MüKo-InsO/*Ott/Vuia* § 306 Rn. 17). Dies ist nach der Neufassung des § 88 InsO durch § 88 Abs. 2 InsO bei allen Vollstreckungsmaßnahmen der Fall, die innerhalb der letzten drei Monate vor Antragstellung erfolgt sind. Denn die **Rückschlagsperre** des § 88 Abs. 2 InsO bewirkt, dass diese Maßnahmen mit der späteren Eröffnung des Insolvenzverfahrens rückwirkend unwirksam werden und das entstandene Pfändungspfandrecht in der Wirksamkeit eingeschränkt werden (dazu *BGH* 24.03.2011 – IX ZB 217/08, ZInsO 2011, 812; KS-InsO/*Landfermann* 2000, S. 171 Rn. 38). Lohnpfändungen die in dem Zeitraum von drei Monaten vor der Antragstellung oder danach ausgebracht wurden, sind daher regelmäßig einzustellen (ähnlich *Vallender* DGVZ 2000, 97 [104]). Nach zutreffender Ansicht des BGH entsteht bei der Pfändung von zukünftigen Forderungen das Pfändungspfandrecht erst im Zeitpunkt des Entstehens der jeweiligen Forderung, bei Lohnforderungen also jeden Monat neu (*BGH* NZI 2008, 563 [564]; ZInsO 2003, 372 m.w.N.). So ist es auch bei Gehalts- und Kontopfändungen, die früher als drei Monate vor dem Insolvenzantrag ausgebracht wurden möglich, die gepfändeten Beträge der letzten drei Monate zur Masse zu ziehen. Insofern bietet sich immer eine einstweilige Einstellung der Zwangsvollstreckung an, wenn aufgrund von Lohn- oder Kontopfändungen laufend Beträge abge-

führt werden, um die Beträge nicht später beim Gläubiger kondizieren zu müssen. Eine Anfechtung dieser Vollstreckungshandlungen nach § 131 InsO bedarf es dann nicht.

Ob die Erzwingung der **Vermögensauskunft** nach § 802c ZPO durch § 21 Abs. 2 Nr. 3 InsO verhindert wird, war streitig. Zum Teil wird die Abgabe der Vermögensauskunft auch bei einer Untersagung bzw. Einstellung der Zwangsvollstreckung befürwortet (*LG Würzburg* NZI 1999, 504; *AG Hamburg* NZI 2006, 646; *AG Rostock* DGVZ 2000, 76 m. abl. Anm. *Seip*; *Vallender* DGVZ 2000, 97 [104]). Dies wurde damit begründet, dass die Abgabe der Vermögensauskunft die Vermögenslage des Schuldners nicht verschlechtert (*Vallender* DGVZ 2000, 97 [104]). Hierbei wird aber übersehen, dass von der Abgabe der Vermögensauskunft zwar keine unmittelbare Vermögensverschlechterung für den Schuldner ausgeht, sie aber erhebliche mittelbare Gefährdungen des aktuellen und zukünftigen Schuldnervermögens mit sich bringt. Sinn der Abgabe der Vermögensauskunft Versicherung ist es, dem Gläubiger **Informationen für Einzelvollstreckungen** zu (*BVerfG* NJW 1983, 559; *Zöller/Stöber* ZPO, § 802c Rn. 1). Im Gesamtvollstreckungsverfahren macht die Abgabe der Vermögensauskunft daher keinen Sinn. Die der Erklärung nachfolgenden Einzelzwangsvollstreckungsmaßnahmen könnten dann zwar wiederum nach § 21 Abs. 2 InsO eingestellt werden, hierbei ist aber schon fraglich, ob die Einstellung schnell genug erfolgen kann und somit nicht schon die Gefährdung der Masse vermieden werden sollte. Auf der anderen Seite ist kein berechtigtes Interesse des Gläubigers an der Abgabe der Vermögensauskunft erkennbar. Ein Vollstreckungszugriff müsste im Interesse der Masse ohnehin unterbunden werden. Zudem liegen ihm die Informationen über die Vermögenswerte des Schuldners in Form der Vermögensübersicht vor, bei weiterem Informationsbedarf hat er die Möglichkeit, das Vermögensverzeichnis bei Gericht einzusehen. Insofern ist bzgl. der Abgabe der Vermögensauskunft als Maßnahme der Zwangsvollstreckung keine Ausnahme vom Anwendungsbereich des § 21 Abs. 2 Nr. 3 InsO zu machen (zust. *Graf-Schlicker/Sabel* InsO, § 306 Rn. 8; jetzt auch *Uhlenbruck/Sternal* InsO, § 306 Rn. 47; so im Ergebnis auch *AG Wilhelmshaven* Nds.Rpfleger 2001, 313; ausf. *Viertelhausen* DGVZ 2001, 36 [39]; *Seip* DGVZ 2000, 76; *Kohte* VuR 2000, 352 [353]; *Schmerbach* § 21 Rdn. 298; ausf. auch *Steder* NZI 2000, 456 [459]). Der BGH hat sich nunmehr auch der hier vertretenen h.M. in der Literatur angeschlossen und die Abgabe einer Offenbarungsversicherung im Insolvenzverfahren für unzulässig erklärt (Beschl. v. 24.05.2012 – IX ZB 275/10, ZInsO 2012, 1262 ff.).

Die vor der Rückschlagsperre entstanden Pfändungspfandrechte können aber auch durch eine erfolgreiche **Anfechtung** ihre Wirksamkeit verlieren (vgl. hierzu *Behr* JurBüro 1999, 66 [67]). Pfändungen, die innerhalb der letzten drei Monate vor der Antragstellung ausgebracht wurden, werden regelmäßig anfechtbar sein, so dass auch auf diesem Wege die Möglichkeit besteht, die Vermögenswerte zur Masse zu ziehen.

Eine Pfändung wird – wie früher schon im Konkursrecht nach herrschender Meinung als inkongruente Deckung angesehen (*BGH* 22.02.2004 – IX ZR 39/03, ZInsO 2004, 270 ff.; 17.09.2009 – IX ZR 106/08, ZInsO 2010, 43; *Dauernheim* § 131 Rdn. 36).

Die einstweilige Einstellung kann mit einem Verfügungsverbot an den Schuldner gekoppelt werden (krit. hierzu *Vallender* InVO, 1998, 169 [173], vgl. zum Verfügungsverbot auch *Schmerbach* § 21 Rdn. 17 ff.). Bei der Einstellung von Entgeltpfändungen kann zur Sicherung der Beträge statt eines Verfügungsverbots dem Drittschuldner auferlegt werden, die pfändbaren Entgeltanteile zu hinterlegen (so *Vallender* ZIP 1997, 1993 [1996]). Aber auch eine **vorläufige Verwaltung** kann angeordnet werden (zust. *Kübler/Prütting/Bork-Wenzel* InsO, § 306 Rn. 9; ausf. *Uhlenbruck/Sternal* InsO, § 306 Rn. 32 ff.). Der vorläufige Treuhänder hat dann allerdings auch im Vorverfahren nur eingeschränkte Befugnisse. Aufgabe des vorläufigen Verwalters kann es nicht nur sein, das Vermögen des Schuldners zu verwalten und ggf. seine Geschäftsführung zu übernehmen, sondern auch bei der Ergänzung fehlender Unterlagen oder der Erstellung oder Änderung des Schuldenbereinigungsplans zu helfen, wenn der Schuldner selbst nicht hierzu in der Lage ist.

Zulässig sind auch weitere Maßnahmen, die Aufzählung in § 21 Abs. 2 InsO ist nicht enumerativ (»insbesondere«). In Frage kommt in der Verbraucherinsolvenz vor allem der Erlass eines **Verrech-**

nungsverbotes an das Kreditinstitut bei dem der Schuldner sein Gehaltskonto führt. Hierdurch wird verhindert, dass das Kreditinstitut Zahlungsgutschriften auf dem Konto des Schuldners mit dem Debetsaldo verrechnet und dadurch die Vermögensmasse des Schuldners bzw. sein Existenzminimum und seine Arbeitsmotivation gefährdet ist (vgl. Rdn. 20; *Schmerbach* § 21 Rdn. 380; ausf. zur Problematik des Girokontos im Insolvenzverfahren *Nobbe* Das Girokonto in der Insolvenz, in *Prütting* Insolvenzrecht, 1997, S. 99; s.a. *Obermüller* ZVI 2012, 146 [149]). Auch ein **Aufrechnungsverbot** dürfte als vorläufige Sicherungsmaßnahme in dieser Verfahrensphase in Betracht kommen (zur Frage, ob in dieser Verfahrensphase bereits ein generelles Aufrechnungsverbot besteht s. *FG Sachsen-Anhalt* 28.12.2012 – 2 K 1134/11, EFG 2013, 748 ff.).

27 Gegen die Anordnung von Sicherungsmaßnahmen steht dem Schuldner die **Möglichkeit der Beschwerde** zu (§ 21 Abs. 1 Satz 2). Dies wurde vor allem für die Fälle für erforderlich gehalten, in denen dem Schuldner ein Verwaltungs- oder Verfügungsverbot über sein Vermögen auferlegt wird (BT-Drucks. 14/5680 S. 25 zu Nr. 4). In der Verbraucherinsolvenz dürfte die Änderung wenig Auswirkung haben. Ein Beschwerderecht des Schuldners gegen die Ablehnung einer Sicherungsmaßnahme besteht nach wie vor nicht (s. *Schmerbach* § 21 Rdn. 56 ff.).

28 Kommt es zu einer Einigung im Schuldenbereinigungsplanverfahren, sind die Sicherungsmaßnahmen von Amts wegen aufzuheben. Das Gericht sollte darauf hinwirken, dass die Parteien im Plan auch bestimmen, was mit den hinterlegten bzw. vom vorläufigen Verwalter gesammelten Beträgen geschehen soll.

29 Neben den Sicherungsmöglichkeiten nach § 306 Abs. 2 i.V.m. § 21 InsO stehen Schuldner und Gläubigern auch die allgemeinen **Rechtsbehelfe des Zwangsvollstreckungsrechts** zur Verfügung. So kann der Schuldner während des Ruhenszeitraums einen Antrag nach § 850f Abs. 1 ZPO stellen, wenn sein Existenzminimum gefährdet ist, oder nach § 850i ZPO, wenn die Pfändung einer Abfindung ansteht. Auch die Gläubiger haben während des Ruhens des Antrags weiterhin die Möglichkeit, Anträge etwa nach §§ 850c Abs. 4, § 850e oder § 850d ZPO zu stellen. Zuständig hierfür ist vor der Eröffnung des Insolvenzverfahrens das Vollstreckungsgericht.

30 Beim Vorliegen **vorrangiger Entgeltabtretungen** oder rechtsgeschäftlicher Verpfändungen kann das Insolvenzgericht den Zugriff der Gläubiger nicht durch Sicherungsmaßnahmen analog § 21 InsO verhindern.

F. Abschriften für die Zustellung

31 Der Schuldner ist verpflichtet, auf Anforderung des Gerichts die für die Zustellung an die Gläubiger erforderlichen **Abschriften** von Vermögensübersicht und Schuldenbereinigungsplan nachzureichen. Die Vorschrift soll dazu beitragen, die Kosten des Verfahrens, die durch das Stundungsmodell für die Staatskasse entstehen, zu dämpfen (BT-Drucks. 14/5680 S. 31 zu Nr. 24). Zukünftig wird nur noch ein Teil der Verzeichnisse zugestellt und jetzt eindeutig auf einen Kostenvorschuss im Schuldenbereinigungsplanverfahren verzichtet (vgl. hierzu die Änderung des § 68 Abs. 3 GKG durch das InsOÄndG 2001 BT-Drucks. 14/5680 S. 31 Art. 3 unter Verweis auf § 253 Abs. 5 ZPO).

32 Da zum Zeitpunkt der Antragstellung noch nicht feststeht, ob das Schuldenbereinigungsplanverfahren durchgeführt wird, sollen die Kopien erst auf Anforderung des Gerichts bereitgestellt werden (BT-Drucks. 14/5680 S. 31). Diese Regelung erspart dem Schuldner unnütze Aufwendungen und entspricht einer bereits weit verbreiteten Praxis. Auch bislang war es wegen der unterschiedlichen Anforderungen der Gerichte an die Unterlagen tunlich, nur einen Satz der Verzeichnisse vorzulegen und nach Billigung des Gerichts die entsprechenden Kopien nachzureichen.

33 Zur Verfahrensbeschleunigung wird diese Nachforderung für **Verfahren, die nach dem 01.07.2014 beantragt werden,** mit einer verhältnismäßig kurzen Frist und der **Sanktion Zurückweisung** des Antrags wegen Unzulässigkeit nach § 305 Abs. 3 Satz 2 InsO gekoppelt. Die Frist kann nicht verlängert werden (A/G/R-*Henning* § 306 Rn. 13). Das Gericht muss allerdings auf die Sanktion hinweisen, anderenfalls läuft die Frist nicht (so wohl auch *Uhlenbruck/Sternal* InsO, § 306 Rn. 55). Die

Einhaltung der Frist dürfte zwar i.d.R. unproblematisch sein und die Verfahrensbeschleunigung liegt auch im Interesse des Schuldners, die Regelung erscheint aber überzogen, zumal sie den Schuldner dazu zwingt, einen erneuten Antrag zu stellen, was für alle Beteiligten nicht zu einer Verringerung der Aufwände führen dürfte.

G. Verfahren bei Gläubigerantrag (Abs. 3)

Ein Gläubigerantrag ist auch im Verbraucherinsolvenzverfahren grds. zulässig. Seine Voraussetzungen richten sich nach den allgemeinen Vorschriften der InsO. Das Gericht prüft von Amts wegen (§ 4 InsO), ob der Gläubiger gem. § 14 InsO sein rechtliches Interesse an der Eröffnung des Insolvenzverfahrens, seine Forderung und den Eröffnungsgrund glaubhaft gemacht hat. Anderenfalls ist der Antrag als unzulässig abzulehnen. Des Weiteren überprüft das Gericht, ob der Schuldner die Merkmale des § 304 InsO erfüllt (*Jauernig* § 94 III 2.; ähnlich im Ergebnis *Kübler/Prütting/Bork-Wenzel* InsO, § 306 Rn. 1; *Vallender* ZIP 1999, 125 [130]). Liegen die Voraussetzungen des § 304 InsO nicht vor, so spricht das Gericht – nach vorheriger Anhörung des Schuldners – von Amts wegen die Unzulässigkeit des Verfahrens aus. Der abweisende Beschluss (*BGH* 12.02.2009 – IX ZB 215/08, ZInsO 2009, 682 ff.; *Kohte/Busch* § 304 Rdn. 53) kann mit der sofortigen Beschwerde gem. § 34 InsO angefochten werden (A/G/R-*Henning* § 304 InsO Rn. 56 m.w.N.). 34

Sind die Voraussetzungen des § 304 InsO gegeben, so ist dem Schuldner nach § 306 Abs. 3 InsO Gelegenheit zu geben, einen eigenen Insolvenzantrag zu stellen. Hierfür ist dem Schuldner nach Ansicht des BGH eine angemessene richterliche Frist zu setzen (*BGH* ZInsO 2005, 310 [311]). Die Fristsetzung hat spätestens vor der Entscheidung über die Eröffnung des Insolvenzverfahrens zu erfolgen (*Uhlenbruck/Sternal* InsO, § 306 Rn. 61). Diese Frist ist keine Ausschlussfrist, sie kann bei Bedarf nach Ermessen des Gerichts verlängert werden (*BGH* NJW 2008, 3494 [3495]). Auch eine Fristversäumnis macht den Antrag des Schuldners noch nicht unzulässig, wenn dieser vor der Entscheidung über den Gläubigerantrag gestellt wird (*BGH* NJW 2008, 3494 [3495]). 35

Stellt der Schuldner keinen Antrag, so finden der erste und dritte Abschnitt des neunten Teils Anwendung, das Schuldenbereinigungsplanverfahren ist nicht durchzuführen Stellt der Schuldner einen Antrag, ist durch den Abs. 3 Satz 3 klargestellt, dass der Schuldner auch bei einem Eigenantrag nach § 306 Abs. 3 InsO zunächst einen **außergerichtlichen Einigungsversuch** durchzuführen hat (zur Einhaltung der auf drei Monate verlängerten Frist für die Beibringung der Unterlagen s. § 305 Rdn. 76; zur Kritik an dieser nicht erkennbar sinnhaften Regelung *Pape/Pape* ZIP 2000, 1553 [1557]; *Uhlenbruck/Sternal* InsO, § 306 Rn. 69). Hierbei handelt es sich allerdings um eine Ausschlussfrist (*Uhlenbruck/Sternal* InsO, § 306 Rn. 69).

Ein hilfsweiser Antrag dahingehend, dass der Schuldner nur für den Fall der Eröffnung des Verfahrens auf Gläubigerantrag hin einen eigenen Eigenantrag stellt ist unzulässig (so *BGH* 11.03.2010 – IX ZB 110/09, ZInsO 2010, 828 f. für die Situation im Regelinsolvenzverfahren). Stellt der Schuldner keinen Antrag, so wird das vereinfachte Insolvenzverfahren durchgeführt und das Gericht hat über den Eröffnungsantrag des Gläubigers zu entscheiden. Liegt kein ausreichendes Schuldnervermögen vor, um die Kosten des Verfahrens zu decken, so unterbleibt die Abweisung des Antrags nach § 26 Abs. 1 Satz 1 InsO, wenn der Gläubiger oder der Schuldner einen ausreichenden Kostenvorschuss leisten (§ 26 Abs. 1 Satz 2 InsO). 36

Der Schuldner kann seinen Eigenantrag mit einem Antrag auf Erteilung der Restschuldbefreiung verbinden (vgl. § 306 Abs. 3 Satz 1 i.V.m § 305 Abs. 1 Nr. 2 InsO; so auch *Kübler/Prütting/Bork-Wenzel* InsO, § 306 Rn. 16). Nach der Änderung des Abs. 3 durch das InsOÄndG 2001 soll eine Restschuldbefreiung für den Verbraucherschuldner nur möglich sein, wenn vor der Eröffnung ein vollständiges Schuldenbereinigungsverfahren durchgeführt wurde, unabhängig davon ob zuvor ein Gläubiger die Verfahrenseröffnung beantragt hat (BT-Drucks. 14/5680 S. 31 zu Nr. 24; *BGH* ZInsO 2005, 310). Die Restschuldbefreiung ist nach der Neuregelung des § 20 Abs. 2 InsO auch im Regelinsolvenzverfahren für eine natürliche Person möglich. Diese auch im **Regelinsolvenzverfahren** grds. nur durch einen Eigenantrag des Schuldners erreichbar (vgl. *BGH* ZVI 37

2006, 406; ZInsO 2004, 974; dazu *Büttner* ZVI 2007, 229, vertiefend s. *Kübler/Prütting/Bork-Pape* InsO, § 20 Rn. 46 ff.). Darauf hat das Gericht den Schuldner gem. § 20 Abs. 2 InsO hinzuweisen (zu den Anforderungen an die Hinweispflicht *BGH* ZInsO 2004, 974). Hat das Gericht den erforderlichen Hinweis zur Erlangung der Restschuldbefreiung unvollständig, verspätet oder fehlerhaft abgegeben und ist das Verfahren auf den Gläubigerantrag hin eröffnet worden, so kann der Antrag auf Restschuldbefreiung dann ohne weitere Erfordernisse noch nach dem Ablauf der Frist in dem eröffneten Verfahren nachgeholt werden, da der Entlastungszweck des außergerichtlichen Verfahrens dann nicht mehr erreichbar ist (*BGH* ZInsO 2004, 974).

H. Verfahrensrechtliches

38 Dem Gläubiger steht bei der Ablehnung seines Antrags die **sofortige Beschwerde** zu (§ 34 InsO). Stellt der Schuldner einen Antrag und wird das Verbraucherinsolvenzverfahren eröffnet, steht dem Gläubiger die sofortige Beschwerde zu mit der Begründung, der Schuldner erfülle nicht die Merkmale des § 304 InsO (*Jauernig* § 83 V 4.). Unter den Voraussetzungen des § 7 ist die sofortige weitere Beschwerde zulässig.

Wird der Gläubigerantrag mangels Masse abgelehnt, steht auch dem Schuldner wegen der gravierenden Folgen der Abweisung (§ 26 Abs. 2 InsO) das Rechtsmittel der sofortigen Beschwerde zu (§ 34 Abs. 1 InsO).

39 Gegen die Anordnung von **Sicherungsmaßnahmen** nach § 306 Abs. 2 InsO kann der Schuldner Beschwerde einlegen (s. Rdn. 27). Eine Vollstreckung, die entgegen einem angeordneten Vollstreckungsverbot erfolgt, ist mit der Erinnerung gem. § 766 ZPO angreifbar. Wegen der größeren Sachnähe sollte auch in diesem Fall das Insolvenzgericht analog § 89 Abs. 3 InsO über die Erinnerung entscheiden (*Vallender* ZIP 1997, 1993 [1996]; *ders.* DGVZ 2000, 97 [104]; *Prütting* NZI 2000, 145 [147]; **a.A.** *AG Köln* NZI 1999, 381).

§ 307 Zustellung an die Gläubiger

(1) ¹Das Insolvenzgericht stellt den vom Schuldner genannten Gläubigern den Schuldenbereinigungsplan sowie die Vermögensübersicht zu und fordert die Gläubiger zugleich auf, binnen einer Notfrist von einem Monat zu den in § 305 Abs. 1 Nr. 3 genannten Verzeichnissen und zu dem Schuldenbereinigungsplan Stellung zu nehmen; die Gläubiger sind darauf hinzuweisen, dass die Verzeichnisse beim Insolvenzgericht zur Einsicht niedergelegt sind. ²Zugleich ist jedem Gläubiger mit ausdrücklichem Hinweis auf die Rechtsfolgen des § 308 Abs. 3 Satz 2 Gelegenheit zu geben, binnen der Frist nach Satz 1 die Angaben über seine Forderungen in dem beim Insolvenzgericht zur Einsicht niedergelegten Forderungsverzeichnis zu überprüfen und erforderlichenfalls zu ergänzen. ³Auf die Zustellung nach Satz 1 ist § 8 Abs. 1 Satz 2, 3, Abs. 2 und 3 nicht anzuwenden.

(2) ¹Geht binnen der Frist nach Absatz 1 Satz 1 bei Gericht die Stellungnahme eines Gläubigers nicht ein, so gilt dies als Einverständnis mit dem Schuldenbereinigungsplan. ²Darauf ist in der Aufforderung hinzuweisen.

(3) ¹Nach Ablauf der Frist nach Absatz 1 Satz 1 ist dem Schuldner Gelegenheit zu geben, den Schuldenbereinigungsplan binnen einer vom Gericht zu bestimmenden Frist zu ändern oder zu ergänzen, wenn dies auf Grund der Stellungnahme eines Gläubigers erforderlich oder zur Förderung einer einverständlichen Schuldenbereinigung sinnvoll erscheint. ²Die Änderungen oder Ergänzungen sind den Gläubigern zuzustellen, soweit dies erforderlich ist. ³Absatz 1 Satz 1, 3 und Absatz 2 gelten entsprechend.

Übersicht

		Rdn.			Rdn.
A.	Normzweck	1	D.	Schweigen als Zustimmung (Abs. 2)	12
B.	Gesetzliche Systematik	2	E.	Änderungen und Ergänzungen des Plans (Abs. 3)	15
C.	Zustellung des Schuldenbereinigungsplans (Abs. 1)	3			

Literatur:
S. vor § 286.

A. Normzweck

§ 307 InsO dient in erster Linie der **zügigen Abwicklung** des Schuldenbereinigungsplanverfahrens. 1
Durch die Möglichkeit der schriftlichen Durchführung des Verfahrens und die kurze Frist zur Stellungnahme von einem Monat, die als Notfrist ausgestaltet ist, soll die Klärung der Frage, ob eine einvernehmliche Schuldenregulierung zwischen Schuldner und Gläubigern möglich ist, zügig erfolgen. Zugleich soll durch die gesetzliche **Fiktion des Schweigens** als Zustimmung und dem Zusammenhang zu § 308 Abs. 3 Satz 2 InsO auf ein aktives Mitwirken der Gläubiger hingewirkt werden (BT-Drucks. 12/7302 S. 191). Abs. 3 gibt dem Gericht die Möglichkeit, auf sinnvolle Änderungen des Plans hinzuwirken und fördert hierdurch die Erfolgsaussichten für eine gütliche Einigung (BT-Drucks. 12/7302 S. 192).

B. Gesetzliche Systematik

§ 307 InsO ist im vorherigen Vergleichsrecht ohne Vorbild. Das Verfahren kann – anders als nach 2
§ 66 ff. VglO, wonach ein persönliches Erscheinen des Schuldners im Termin vorgesehen war – schriftlich durchgeführt werden (BT-Drucks. 12/7302 S. 191).

Abweichend von § 22 Abs. 2 VglO wird nach § 307 InsO nicht nur der Vergleichsvorschlag (Schuldenbereinigungsplan), sondern es werden auch die Abschriften der Verzeichnisse an die Gläubiger zugestellt. Diese konnten von den Gläubigern nach der VglO nur bei Gericht eingesehen werden (§ 22 Abs. 3 VglO). Auch die Wertung des Schweigens eines Gläubigers als Zustimmung nach Abs. 2 findet **kein Pendant in der VglO**. Allerdings war auch in der VglO eine Anmeldung der Forderung der Gläubiger wichtig, da der bestätigte Vergleich auch gegenüber den Gläubigern wirkte, die ihre Forderungen nicht angemeldet hatten (§ 88 Abs. 1 VglO, § 193 KO) und sie infolgedessen bei Unterlassen der Anmeldung leer ausgehen konnten (vgl. *Bley/Mohrbutter* VglO, § 82 Rn. 6; vgl. hierzu auch die weitergehende Regelung beim Insolvenzplan § 254 Abs. 1 Satz 3 InsO).

C. Zustellung des Schuldenbereinigungsplans (Abs. 1)

Das Verfahren **ist generell schriftlich durchzuführen** (§ 5 Abs. 2 InsO). Nur in Ausnahmefällen 3
dürfte die mündliche Durchführung anzuordnen sein. Ist der Aufenthaltsort eines Gläubigers nicht bekannt, muss die Zustellung der Unterlagen durch öffentliche Bekanntmachung erfolgen (diff. *Uhlenbruck/Sternal* InsO, § 307 Rn. 23 ff.). Eine Pflicht zur Amtsermittlung besteht bei unbekannten Gläubigeranschriften nicht (A/G/R-*Henning* § 307 Rn. 2).

Das Gericht stellt den Gläubigern die vom Schuldner erstellte Vermögensübersicht und den Schul- 4
denbereinigungsplan zu. Die Verzeichnisse werden dagegen nicht zugestellt, sondern bei Gericht hinterlegt (s. hierzu Rdn. 5). Die Zustellung erfolgt von Amts wegen. Das Gericht hat hierbei zunächst nur eine Weiterleitungsfunktion. Die nach § 305 InsO lediglich auf ihre Vollständigkeit überprüften Unterlagen werden ohne weitere inhaltliche Überprüfung an die vom Schuldner angegebenen Gläubiger zugestellt (zum richtigen Adressaten der Zustellung bei Steuerverbindlichkeiten vgl. *App* StB 2000, 462 f.). Sind die Gläubiger **juristische Personen mit Filialnetz**, so kann sowohl an die Filiale, als auch an die Zentrale wirksam zugestellt werden (*RG* RGZ 109, 265 [267]; *BGH* BGHZ 4, 62 [65]; *AG Leipzig* WM 1998, 812; *Baumbach/Hartmann* ZPO, 1998, § 183 Rn. 13; MüKo-HGB/*Bokelmann* § 13 Rn. 19; *Uhlenbruck/Sternal* InsO, § 307 Rn. 12; **a.A.** wohl *Wittig* WM 1998, 157 [166]).

Eine **Zustellung an die Vertreter**, die den Gläubiger außergerichtlich vertreten haben, ist nur dann zulässig, wenn diese sich im Verfahren als Bevollmächtigte bestellt haben (hierzu KS-*Fuchs* 2000, S. 1705 Rn. 81), oder die Bevollmächtigung für das gerichtliche Verfahren nachgewiesen wird (*Uhlenbruck/Sternal* InsO, § 307 Rn. 13).

5   Durch das Inkrafttreten des Rechtsdienstleistungsgesetzes am 01.07.2008 und der hiermit verbundenen Ausweitung der Verfahrensrechte im Insolvenzverfahren (s. § 305 Rdn. 77 und *Uhlenbruck/Sternal* InsO, § 307 Rn. 44 f.) können **Inkassobüros** (§ 10 Abs. 1 Nr. 1 RDLG) nunmehr auch im Schuldenbereinigungsverfahren wirksam die Zustimmung erteilen oder ablehnen.

6   Problematisch wird die Zustellung in der Praxis, wenn die Person des Gläubigers nicht mehr existiert, also die natürliche Person verstorben ist oder die jur. Person aufgelöst wurde. In beiden Fällen sind die Forderungen aber nicht untergegangen. Ist der Gläubiger mittlerweile verstorben, muss an die Erben zugestellt werden, die jetzt gem. § 1922 BGB Forderungsinhaber sind. Auch wenn eine jur. Person liquidiert ist, hat das keinen Einfluss auf die Existenz der Forderung. So ist z.B. die **liquidierte GmbH**, wenn ihre Forderung nicht abgetreten wurde, nach wie vor Forderungsinhaberin (hierzu ausf. *Uhlenbruck/Vallender* InsO, § 307 Rn. 15). Das OLG Frankfurt verlangt daher, dass zur Zustellung des Schuldenbereinigungsplans zuvor vom Schuldner ein **Nachtragsliquidator** zu bestellen ist, der die Zustellung für die GmbH annimmt und auf den Plan reagiert (*OLG Frankfurt* ZInsO 2000, 565 m. krit. Anm. *Gerlinger* ZInsO 2000, 686; zust. *Uhlenbruck/Sternal* InsO, § 307 Rn. 18). Dieses Verfahren ist äußerst aufwendig und scheiterte in der Praxis bereits daran, dass die Kosten für die Bestellung des Liquidators vom Schuldner nicht aufgebracht werden konnten. Diese Zustellkosten dürften zukünftig durch die Stundung gedeckt sein (s. *Kohte* § 4a Rdn. 27 ff.), wobei allerdings die Aussicht auf aufwendige Zustellverfahren im Rahmen der Prüfung nach § 305 Abs. 1 InsO gegen die Durchführung des Schuldenbereinigungsplanverfahren sprechen dürfte (hierzu § 306 Rdn. 10 ff.; zum Erfordernis der Zustellung ohne Aussicht auf das Zustandekommen eines Plans s. Rdn. 11). Eine nicht ordnungsgemäße Zustellung vermag keinerlei Rechtswirkungen i.S.d. § 307 ff. InsO für die Gläubiger zu entfalten.

7   **Das Gläubiger-, das Forderungs- und das ausführliche** Vermögensverzeichnis werden zukünftig nicht mehr zugestellt, sondern bei Gericht **zur Einsicht hinterlegt**. Der Gesetzgeber geht davon aus, dass die Gläubiger mit der Zustellung der Vermögensübersicht und des Schuldenbereinigungsplans i.d.R. über genügend Informationen für seine Entscheidung verfügen (BT-Drucks. 14/5680 S. 32 zu Nr. 25). Das setzt voraus, dass der **Schuldenbereinigungsplan eine Liste der Gläubiger mit ihren Gesamtforderungen** enthält (BT-Drucks. 14/5680 S. 32 zu Nr. 25). Bei weiterem Informationsbedarf soll es dem Gläubiger möglich sein, in der Geschäftsstelle Einsicht in die Verzeichnisse zu nehmen. Dem Gesetzgeber ist insoweit zuzustimmen, dass die nunmehr zugestellten Unterlagen für die Entscheidung der Gläubiger ausreichend sind. Fraglich bleibt, warum dann, wenn die übersandten Unterlagen zur Entscheidung genügen, weitere, umfangreiche Unterlagen erstellt und hinterlegt werden sollen. Der Verweis in der Begründung auf § 22 Abs. 3 VglO vermag nicht zu überzeugen, da nach dem Vergleichsrecht überhaupt keine Unterlagen zugestellt wurden, statt eines Vermögensverzeichnisses nur eine **Vermögensübersicht** erstellt und hinterlegt wurde (§ 4 Abs. 1 Nr. 1 i.V.m. § 5 VglO) und auch keinen großen Anforderungen an das hinterlegte Gläubigerverzeichnis gestellt wurden (hierzu *Kilger/Karsten Schmidt* VglO, § 7 Anm. 8). Ein schützenswertes Interesse an Details bzgl. der Vermögenswerte des Schuldners, die dem Gläubiger eine Einzelzwangsvollstreckung ermöglichen, haben sie im Gesamtvollstreckungsverfahren ohnehin nicht (s. § 306 Rdn. 22).

8   Die Gläubiger haben die Möglichkeit, in die beim Insolvenzgericht hinterlegten Verzeichnisse Einsicht zu nehmen. Für die **Einsichtnahme** gelten über § 4 InsO die Regelungen des § 299 ZPO. Sie haben insbesondere die Möglichkeit, sich **Abschriften** der Verzeichnisse erteilen zu lassen (§ 299 Abs. 1 ZPO). Ein Anspruch auf **Übersendung der Unterlagen** in die Kanzlei besteht nicht (*BGH* NJW 1961, 559; *OLG Brandenburg* OLG-NL 1999, 238; *Musielak/Huber* ZPO, 14. Aufl., § 299 Rn. 2). Ihre Legitimation zur Einsichtnahme können sie durch die Vorlage der Ihnen zugestellten Schriftstücke nachweisen.

Das Gericht fordert die Gläubiger auf, **innerhalb einer Frist von einem Monat** zu dem Plan und zu 9
den bei Gericht hinterlegten Verzeichnissen **Stellung zu nehmen**. Die Ausgestaltung dieser Frist als
Notfrist bewirkt, dass durch das hiermit verbundene Erfordernis der förmlichen Zustellung Klarheit über den Lauf der Monatsfrist entsteht. Nach Ablauf der Frist wird das Schweigen der Gläubiger unwiderruflich als Zustimmung gewertet. Einwände gegen den Schuldenbereinigungsplan des Schuldners sind präkludiert (*LG Münster* NZI 2002, 616). Durch die Ausgestaltung der Frist als Notfrist wird der Weg für die **Wiedereinsetzung in den vorherigen Stand** (§ 233 ZPO) eröffnet, womit für Konflikte der Fristversäumnis eine eingespielte Lösung zur Verfügung steht (*Schmidt-Räntsch* MDR 1994, 321 [324]; HK-InsO/*Landfermann* § 307 Rn. 7; ausf. *Uhlenbruck/Sternal* InsO, § 307 Rn. 32 ff.). Eine **Verlängerung** der gesetzlichen Frist durch das Gericht ist nicht möglich. Der Gläubiger hat es nicht in der Hand, sich den Wirkungen der §§ 307 ff. InsO durch eine Nichtteilnahme am Verfahren zu entziehen (*OLG Köln* ZInsO 2000, 85 [87]). Wird die Wiedereinsetzung in den vorigen Stand gewährt, wird ein zwischenzeitlich erfolgter Beschluss nach § 308 Abs. 1 InsO, der die Annahme des Schuldenbereinigungsplans feststellt, rückwirkend wirkungslos (*Uhlenbruck/Sternal* InsO, § 307 Rn. 35). Die Zustimmung zum Plan kann – nach einer vorherigen Ablehnung – auch noch nach dem Ablauf der Frist bis zur Entscheidung über den Schuldenbereinigungsplan erfolgen (*BGH* NZI 2006, 248).

Satz 2 ist als zusätzlicher **deklaratorischer Warnhinweis** an die Gläubiger auf die Anerkenntniswir- 10
kungen des § 308 Abs. 3 Satz 2 InsO zu verstehen. Es wird zudem eine frühzeitige Klärung des Forderungsbestandes bewirkt, die die spätere Durchführung des Insolvenzverfahrens vereinfacht. (BT-Drucks. 12/7302 S. 191). Streitig ist, ob die Wirkung des § 308 Abs. 3 Satz 2 InsO auch eintritt, wenn **der Hinweis** des Gerichts **unterbleibt** (s. hierzu *Uhlenbruck/Sternal* InsO, § 307 Rn. 36; zur Amtshaftung und der Möglichkeit der Wiedereinsetzung in den vorigen Stand s. A/G/R-*Henning* § 307 InsO Rn. 8). Jedenfalls entstehen durch das Schweigen oder die Anerkennung der Forderungen für den Fall des Scheiterns des Plans keinerlei Bindungswirkungen für das spätere Insolvenzverfahren (s. *Kohte/Busch* § 308). Dort findet ein unabhängiges Anmeldeverfahren statt. Den Gläubigern bleibt es unbenommen, im Insolvenzverfahren eine höhere oder niedrigere Forderung als im Planverfahren anzumelden.

Satz 3 stellt klar, dass die **Erleichterungen für Zustellungen**, die nach § 8 InsO für das Regelins- 11
olvenzverfahren gelten, im Verbraucherinsolvenzverfahren keine Anwendung finden. Unzulässig sind insbesondere die Zustellung durch den Insolvenzverwalter und die Zustellung durch Aufgabe zur Post (s. *Schmerbach* § 8 Rdn. 3, 40 ff.). Bei Personen, deren Aufenthalt unbekannt ist, wird die Zustellung durch **öffentliche Bekanntmachung** (§ 203 ZPO) bewirkt (*AG Saarbrücken* ZInsO 2002, 247; HambK-InsO/*Streck* § 307 Rn. 4). Auch auf eine Beglaubigung der zuzustellenden Schriftstücke kann grds. nicht verzichtet werden (vertiefend A/G/R-*Henning* § 307 Rn. 3). Statt einer Beglaubigung durch das Gericht oder den Anwalt des Schuldners kann der Schuldner die Abschriften auch unterschreiben (KS-*Fuchs* 2000, S. 1705 Rn. 78; HK-InsO/*Landfermann* § 307 Rn. 5; enger *Sabel* ZIP 1999, 305 [306]). Das Gesetz sieht vor, dass der Plan und die Vermögensübersicht **allen Gläubigern zuzustellen** sind. Hat der Schuldner keine Kenntnis von der Abtretung der Forderung und wird der Plan an den Altgläubiger zugestellt, so muss sich der Neugläubiger das Schweigen des Altgläubigers gem. § 407 BGB anrechnen lassen (*AG Köln* 14.12.2011 NZI 2012, 621).

D. Schweigen als Zustimmung (Abs. 2)

Die Zustimmung erfolgt i.d.R. durch eine ausdrückliche Erklärung. Eine Annahmeerklärung unter 12
Bedingungen (sog. modifizierte Annahme) gilt entsprechend § 150 Abs. 2 BGB als Ablehnung des Angebots (*AG Regensburg* ZInsO 2000, 516). Teilt ein Gläubiger dem Gericht mit, dass er weitere Forderungen gegen den Schuldner hat, so ist darin ein Widerspruch gegen den Plan zu sehen (*BGH* ZInsO 2006, 206 [207]). Steht eine Forderung mehreren Gläubigern zu, so liegt eine Zustimmung gem. § 428 BGB nur dann vor, wenn alle Gläubiger dem Plan zustimmen (*Uhlenbruck/Sternal* InsO, § 308 Rn. 57). Zu Erklärungen von Inkassobüros s. Rdn. 5. Auch nach dem Ablauf der Notfrist des

§ 307 InsO kann ein Gläubiger noch wirksam dem Plan zustimmen (*BGH* ZInsO 2006, 206 [207]). Die Vorschrift soll keine Zustimmungen ausschließen, sondern hat lediglich den Zweck, schnell festzustellen, ob der Plan zu Stande kommt (*BGH* ZInsO 2006, 206 [207]).

13 Abweichend von der allgemeinen Regel, dass **bloßes Schweigen** keine Rechtsfolge in Geltung zu setzen vermag (*Larenz/Wolf* Allgemeiner Teil des Bürgerlichen Rechts, 1997, § 28 Rn. 47) fingiert Abs. 2 auch das Schweigen auf den Vorschlag des Schuldners als Zustimmung. Eine ähnliche Regelung enthält z.B. § 416 Abs. 1 Satz 2 BGB. Es handelt sich hierbei um ein Schweigen mit Erklärungswirkung (*Palandt/Heinrichs* Einf. vor § 116 Rn. 8). Die **Rechtsfolge der Zustimmung** ist allein an die Tatsache geknüpft, dass der Gläubiger nicht auf die Zustellung des Plans reagiert hat. Die Fiktion bewirkt, dass die gesetzliche Entscheidung an die Stelle der fehlenden Parteientscheidung gesetzt wird (*Staudinger/Dilcher* vor §§ 116 ff. Rn. 43). Auch auf diese Rechtsfolge ist in der Aufforderung des Gerichts nach § 307 Abs. 1 InsO hinzuweisen.

14 Die Vorschriften über die Geschäftsfähigkeit und über Willensmängel sind beim Schweigen mit Erklärungswirkung nach h.M. dann anwendbar, wenn das Gesetz – wie hier – an das Schweigen eine positive Erklärungswirkung knüpft (*BGH* NJW 1969, 1171; *Larenz/Wolf* Allgemeiner Teil des Bürgerlichen Rechts, 1997, § 28 Rn. 56; ausf. *Hanau* AcP 165, 220 [224 ff.] und MüKo-BGB/*Armbrüster* § 119 Rn. 64 ff.).

E. Änderungen und Ergänzungen des Plans (Abs. 3)

15 Auch § 307 Abs. 3 InsO ist unter der Prämisse des Schuldenbereinigungsplanverfahrens zu sehen, dass eine Einigung möglichst **privatautonom** zu Stande kommen soll und die Eingriffs- und Gestaltungsmöglichkeiten des Gerichts begrenzt sind (vgl. § 305 Rdn. 2 ff.). Aufgabe des Gerichtes ist es lediglich, **einvernehmliche Lösungen zwischen den Parteien zu fördern** und auf Gestaltungsmöglichkeiten hinzuweisen (*BGH* 12.02.2006 – IX ZB 140/04, ZInsO 2006, 206 [207]; § 305 Rdn. 6). Allerdings ist es ihm unbenommen, im Rahmen des Verfahrens auf eine gütliche Verständigung zwischen den Parteien hinzuwirken (*Schmidt-Räntsch* MDR 1994, 321 [325]). Dies kann insbesondere durch Telefonate mit Schuldner und Gläubigern geschehen, um die realen Möglichkeiten und Grenzen der Kompromissbereitschaft zu erforschen.

16 Abs. 3 Satz 1 sieht infolgedessen auch nur vor, dass dem Schuldner **Gelegenheit zu** geben ist, den Schuldenbereinigungsplan zu **ergänzen**. Diese Entscheidung des Gerichts liegt in seinem pflichtgemäßen Ermessen (*Uhlenbruck/Sternal* InsO, § 307 Rn. 67; s.a. Rdn. 20). Ein Rechtsmittel des Schuldners gegen die Entscheidung des Gerichts, von einer erneuten Planvorlage abzusehen, besteht nicht (*OLG Köln* NZI 2001, 593 [594]; *Uhlenbruck/Sternal* InsO, § 307 Rn. 70; **a.A.** wohl *LG Gera* 3.12.2015 – 5 T 630/15). Ob der Schuldner die Gelegenheit zur erneuten Planvorlage wahrnimmt und sich weiter um eine Einigung bemüht, obliegt allein seiner Entscheidung. Er behält das Planinitiativrecht und es besteht keine Möglichkeit des Gerichts oder der Gläubiger, den **Schuldner dazu zu zwingen**, Änderungen oder Ergänzungen am Plan vorzunehmen (*Nerlich/Römermann* InsO, § 307 Rn. 18; *Hess/Obermüller* Insolvenzplan, Rn. 969; **a.A.** *Krug* Verbraucherkonkurs – KTS Schriften zum Insolvenzrecht 7, 1998, 123). Ein solcher Zwang würde dem Wesen einvernehmlicher Regelungen strikt zuwiderlaufen und wohl kaum zu dem gewünschten Ergebnis einer Schuldenregulierung führen. Der Schuldner erhält lediglich die Möglichkeit zur Änderung, nimmt er sie nicht war, erwachsen ihm hieraus keine Sanktionen bzgl. des weiteren Verlaufs des Verfahrens.

17 **Stimmen alle Gläubiger zu**, so ist für eine Ergänzung oder Änderung kein Raum, selbst wenn das Gericht die Vereinbarungen für nicht zweckmäßig erachtet. Das Gericht hat dann die Annahme des Plans nach § 308 Abs. 1 Satz 1 InsO zu beschließen.

18 Ergänzen bedeutet, dass der Schuldner die Möglichkeit erhält, in einem neuen Angebot inhaltlich über das bisherige hinauszugehen. Dies kann nicht nur durch eine Erhöhung des zu zahlenden Betrages beim Liquidationsvergleich oder durch eine Erhöhung der Anzahl oder Höhe der Raten bei einem Ratenvergleich sein. Eine **Ergänzung** kann auch in der Aufnahme zusätzlicher Bestimmungen liegen, wenn etwa der Gläubiger auf die Aufnahme einer Verfallklausel in den Ratenvergleich besteht

oder eine Vereinbarung bzgl. der Auswirkungen auf Sicherheiten in den Plan aufgenommen haben will.

Eine **Änderung** ist dagegen der weitere Begriff, der Ergänzungen einschließt, aber nicht nur ein Hinzufügen von Vereinbarungen und eine Erhöhung der Angebote umfasst, sondern jegliche Abweichungen, z.B. auch dem Streichen von Nebenabreden, etwa der Einbeziehung der mithaftenden Ehefrau in den Plan. Auch eine Verringerung der Angebote im Plan kann die Folge der verweigerten Zustimmung der Gläubiger sein. Denn i.d.R. werden die nicht zustimmenden Gläubiger eine Erhöhung der Angebote verlangen. Eine Erhöhung des Gesamtbetrages wird der Schuldner aber nicht immer leisten können, so dass die Erhöhung der Zahlungen an den einen dann zwangsläufig eine Verringerung der Angebote an den anderen zur Folge haben muss. Dies muss jedoch nicht zwangsläufig die Bereitschaft der Gläubiger zur erneuten Zustimmung ausschließen, insbesondere wenn ein rechtfertigender Grund für die Änderung vorliegt, etwa wenn der Schuldner nun eine Abtretung zu Gunsten des widersprechenden Gläubigers berücksichtigt, die ihm vorher nicht bekannt war.

Bei der **Änderung** nach Abs. 3 geht es **nur um den Schuldenbereinigungsplan**, nicht auch um das Forderungsverzeichnis. Der Gläubiger wird unter Umständen in seiner Stellungnahme nicht nur eine Änderung des vom Schuldner vorgeschlagenen Schuldenbereinigungsplans vorschlagen, sondern im Hinblick auf Abs. 1 Satz 2 und § 308 Abs. 3 Satz 2 InsO auch eine Ergänzung des Forderungsverzeichnisses des Schuldners verlangen, wenn er der Ansicht ist, dass der Schuldner die Forderungen zu niedrig oder unvollständig angegeben hat. Es besteht aber kein Bedürfnis, den Streit zwischen Schuldner und Gläubiger über die Höhe der Forderung an dieser Stelle auszutragen. Der Schuldner kennt – aus der Forderungsabrechnung des Gläubigers, die dieser ihm nach § 305 Abs. 2 InsO vorgelegt hat – die Höhe der Forderung, die dieser gegen ihn geltend macht. Trägt er eine niedrigere Forderung in das Verzeichnis ein, so besteht ein **offener Dissens** über die Höhe. Die Frage nach der richtigen Höhe ist aber hier nur von mittelbarer Bedeutung. Die **Erlöschensfiktion** tritt nur dann in Kraft, wenn der Plan zu Stande kommt (s. *Kohte/Busch* § 308 Rdn. 11 ff.). Ein Gläubiger, der seine Forderung im Verzeichnis zu niedrig berücksichtigt findet, wird dem Plan i.c.R. ohnehin nicht zustimmen. Die Frage ist daher eher im Rahmen der Prüfung von § 309 InsO relevant, wenn sie für die Feststellung des Stimmrechts oder die Frage der angemessenen Beteiligung des Gläubigers von Bedeutung sein kann (s. § 309 Rdn. 9). Praktische Wirkung entfaltet die Vorschrift vor allem in den Fällen, in denen ein Gläubiger **mehrere Forderungen** besitzt und eine davon bislang übersehen hat (zur Geltendmachung mehrerer Forderungen durch ein Inkassobüro s. § 309 Rdn. 8). Entscheidend für die Prüfung des § 307 InsO ist nur der Inhalt des Schuldenbereinigungsplans. Hält der Schuldner nach der Ergänzung des Verzeichnisses durch den Gläubiger die höhere Forderung für berechtigt, so wird er dies ggf. in einem geänderten Angebot im Schuldenbereinigungsplan berücksichtigen. Anderenfalls bleibt der Dissens bestehen und hindert unter Umständen aufgrund von § 309 Abs. 3 InsO eine Zustimmungsersetzung des Gläubigers.

Eine **Gelegenheit zur Änderung** ist zu geben, wenn dies aufgrund der Stellungnahme eines Gläubigers erforderlich oder zur Förderung einer einverständlichen Schuldenbereinigung sinnvoll erscheint. Diese Begriffe sind nicht als Tatbestandsalternativen zu sehen (wie hier *Kübler/Prütting/Bork-Wenzel* InsO, § 307 Rn. 10; a.A. *OLG Celle* ZInsO 2001, 1062 [1063]; *Smid/Haarmeyer* InsO, § 307 Rn. 8). Denn stimmen einer oder mehrere Gläubiger nicht zu, so sind möglicherweise sich ergebende Änderungs- oder Ergänzungsmöglichkeiten immer durch die Stellungnahmen (der widersprechenden Gläubiger) initiiert. Andererseits ist keine Änderung oder Ergänzung denkbar, die zwar erforderlich, aber nicht zur Schuldenbereinigung sinnvoll ist. Die Begriffe erforderlich und sinnvoll sind daher kumulativ zu sehen und sollen den Rahmen des richterlichen Ermessens beschreiben, dessen Ausübung zu der Gelegenheit zur Stellungnahme führen kann.

Erforderlich und sinnvoll erscheint eine Gelegenheit zur Änderung dann, wenn nach Ansicht des Gerichtes aufgrund der Beurteilung der vorliegenden Unterlagen und der bisherigen Verhandlungslage eine Änderung durch den Schuldner möglich erscheint, und diese zu einer Einigung (ggf. durch Zustimmungsersetzung) führen kann. Ob dies der Fall ist, hängt sowohl von dem Änderungswillen und der Änderungsmöglichkeit des Schuldners ab, als auch von der Frage, ob die Gläubiger, die bisher nicht zugestimmt haben, sich voraussichtlich mit den geänderten Vorschlägen mehrheitlich einverstanden erklären werden. I.d.R. werden die Gläubiger die Ablehnung mit einem eigenen Regulierungsvorschlag verbinden. Gelegenheit zur Vorlage eines geänderten Plans ist dem Schuldner z.B. dann zu geben, wenn die Zustimmungsersetzung an formalen Gründen scheitert, etwa weil ein im Plan berücksichtigter Gläubiger erklärt, befriedigt zu sein (*LG Heilbronn* ZVI 2003, 163). Das Gericht hat aufgrund der Stellungnahmen der Gläubiger und eigener Mutmaßungen nach pflichtgemäßem Ermessen zu prüfen, aus welchen Gründen die Angebote des Schuldners abgelehnt wurden (*BGH* ZInsO 2006, 206 [208]; *Hess/Obermüller* Insolvenzplan, 2. Aufl. Rn. 968). Entscheidendes Kriterium wird auch sein, ob die Gläubiger den Plan nur mit knapper Mehrheit abgelehnt haben und wieweit die Vorschläge des Schuldners einerseits und des Gläubigers andererseits auseinander liegen (vgl. hierzu auch die Ausführungen zur Prognoseentscheidung des Gerichts bei § 306 Rdn. 11 ff.).

21 Bei seiner **Entscheidung** muss das Gericht die Wahrscheinlichkeit einer Einigung mit der Pflicht zur zügigen Durchführung des Verfahrens abwägen. Durch eine Veränderung des Plans wird i.d.R. eine erneute Zustellung an die Gläubiger notwendig (s. Rdn. 24). Anderseits soll das Schuldenbereinigungsplanverfahren ja gerade das kostenintensivere und für alle Beteiligten aufwendigere Insolvenzverfahren vermeiden. Daher ist das Gericht immer dann verpflichtet, dem Schuldner **Gelegenheit** zur Stellungnahme zu geben, wenn das Erreichen einer Einigung mittels einer Änderung des Plans durch den Schuldner nicht ganz aussichtslos erscheint bzw. sogar konkrete Anhaltspunkte dafür bestehen, dass eine Einigung über eine Änderung des Plans erreicht werden könnte (*BGH* ZInsO 2006, 206 [208]). Hierbei wird es unter Umständen sinnvoll sein, wenn der Richter telefonisch mit dem Schuldner und den Gläubigern Kontakt aufnimmt, um die Aussichten auf eine Einigung besser beurteilen zu können.

22 Die **Fristsetzung** nach Abs. 1 liegt nach dem eindeutigen Wortlaut des § 307 Abs. 3 Satz 1 im Ermessen des Gerichts. In der Literatur wird vertreten, dass hier die Regelung des Abs. 1 Satz 1 analog anzuwenden und eine Notfrist von einem Monat zu setzen sei (*Uhlenbruck/Sternal* InsO, § 307 Rn. 72). Für eine solche Analogie fehlt allerdings sowohl das Bedürfnis, als auch eine planwidrige Regelungslücke. Der Gesetzgeber wollte die Fristsetzung des Gerichts an den Schuldner offenbar bewusst flexibel halten. Abs. 1 Satz 1 betrifft zudem nicht die Fristsetzung an den Schuldner sondern an die Gläubiger, so dass für eine Analogie kein Raum ist. Bei der Fristsetzung hat das Gericht das Gebot der Verfahrensbeschleunigung zu beachten, andererseits ist dem Schuldner ausreichend Zeit zu lassen, um einen veränderten Schuldenbereinigungsplan auszuarbeiten und vorlegen zu können. Anhaltspunkt hierfür wird die Frist des § 307 Abs. 1 Satz 1 InsO sein. Dies kann im Einzelfall auch eine angemessene Zeitspanne für den Schuldner sein, um einen **neuen Vorschlag** zu entwerfen. Dem Schuldner und seinen Beratern sollte ausreichend Zeit gelassen werden, um mit den Gläubigern ggf. telefonisch Rücksprache zu halten, um so die Chance auf ein konsensfähiges Angebot zu erhöhen.

23 Die Frist ist eine **richterliche Frist** und kann gem. § 4 InsO, § 244 Abs. 2 ZPO verlängert werden, wenn der Schuldner erhebliche Gründe für die Notwendigkeit der Verlängerung glaubhaft macht. Hierbei sollte grds. großzügig verfahren werden, wenn die Chance auf eine Einigung und damit erhebliche Entlastung des Gerichts besteht.

24 Die vom Schuldner vorgenommenen **Änderungen des Plans** sind grds. **allen Gläubigern zuzustellen** (vgl. *Arnold* DGVZ 1996, 128 [134]; *Kübler/Prütting/Bork-Wenzel* InsO, § 307 Rn. 14). Dies gilt auch dann, wenn nur ein Gläubiger die Zustimmung verweigert hatte und sich die Angebote an die anderen Gläubiger im neuen Plan nicht verändert haben. Denn durch diese Änderung ändert sich die verhältnismäßige Beteiligung der Gläubiger untereinander, die gem. der Wertung des Gesetzgebers nach § 309 Abs. 1 Satz 1 InsO besonderen Schutz genießt. Nach h. M. nimmt ein Gläubiger ein Vergleichsangebot im Zweifel unter der Bedingung an, dass auch die anderen Gläubiger zustimmen (vgl. *Bork* Der Vergleich, 1988, S. 309 m.w.N.). Da die einzelnen Gläubiger nicht nur dem konkreten Angebot zugestimmt haben, das sie betrifft, sondern nach den §§ 307, 308 InsO dem Schuldenbereinigungsplan als Ganzes, wird durch jede Änderung die erteilte Zustimmung hinfällig und der

neue Plan bedarf der **erneuten Zustimmung** (ähnlich auch *Wittig* WM 1998, 157 [162]). Für die erneute Stellungnahme gilt dann wieder die Notfrist von einem Monat nach Abs. 1 Satz 1 (*Nerlich/ Römermann* InsO, § 307 Rn. 21). Eine Neuzustellung des Plans erscheint allenfalls dann entbehrlich, wenn die Veränderung nur einzelne Nebenabreden betrifft – z.B. die Aufnahme einer Verfallklausel – oder die Gläubiger bereits im Vorfeld ihr Einverständnis mit dem geänderten Plan mitgeteilt haben (BT-Drucks. 12/7302 S. 192).

Eine **weitere Stellungnahmenrunde** sieht das Gesetz nicht ausdrücklich vor. Sie ist aber auch nicht ausgeschlossen, so dass in Einzelfällen eine weitere Nachbesserung des Plans sinnvoll erscheinen kann, wenn eine Einigung greifbar nahe ist (*LG Hannover* ZIP 200, 209, HambK-InsO/*Streck* § 307 Rn. 15 m.w.N.; *Uhlenbruck/Sternal* InsO, § 307 Rn. 71). Führt die Nachbesserung durch den Schuldner nicht zur Einigung oder Zustimmungsersetzung nach § 309 Abs. 1 InsO, so ist das Schuldenbereinigungsplanverfahren gescheitert und der Eröffnungsantrag des Schuldners ist von Amts wegen wieder aufzunehmen (§ 311 InsO). Das Gleiche gilt, wenn der Schuldner nicht innerhalb der ihm gesetzten Frist reagiert. 25

Abs. 3 Satz 3 stellt klar, dass die Regeln des Abs. 1 und 2, insbesondere bezüglich der Notfrist und der Wirkung des Schweigens auf den Vorschlag des Schuldners auch für den geänderten Schuldenbereinigungsplan gelten. 26

Rechtsbehelfe gegen die Entscheidung des Gerichts nach § 307 InsO sind nicht gegeben (§ 6 InsO; zur Frage der Wiedereinsetzung s. A/G/R-*Henning* § 307 InsO Rn. 17). 27

§ 308 Annahme des Schuldenbereinigungsplans

(1) ¹Hat kein Gläubiger Einwendungen gegen den Schuldenbereinigungsplan erhoben oder wird die Zustimmung nach § 309 ersetzt, so gilt der Schuldenbereinigungsplan als angenommen; das Insolvenzgericht stellt dies durch Beschluss fest. ²Der Schuldenbereinigungsplan hat die Wirkung eines Vergleichs im Sinne des § 794 Abs. 1 Nr. 1 der Zivilprozessordnung. ³Den Gläubigern und dem Schuldner ist eine Ausfertigung des Schuldenbereinigungsplans und des Beschlusses nach Satz 1 zuzustellen.

(2) Die Anträge auf Eröffnung des Insolvenzverfahrens und auf Erteilung von Restschuldbefreiung gelten als zurückgenommen.

(3) ¹Soweit Forderungen in dem Verzeichnis des Schuldners nicht enthalten sind und auch nicht nachträglich bei dem Zustandekommen des Schuldenbereinigungsplans berücksichtigt worden sind, können die Gläubiger von dem Schuldner Erfüllung verlangen. ²Dies gilt nicht, soweit ein Gläubiger die Angaben über seine Forderung in dem beim Insolvenzgericht zur Einsicht niedergelegten Forderungsverzeichnis nicht innerhalb der gesetzten Frist ergänzt hat, obwohl ihm der Schuldenbereinigungsplan übersandt wurde und die Forderung vor dem Ablauf der Frist entstanden war; insoweit erlischt die Forderung.

Übersicht	Rdn.		Rdn.
A. Normzweck	1	1. Gesetz- und sittenwidrige Forderungen	9
B. **Der Schuldenbereinigungsplan als Prozessvergleich**	2	2. Verfall- und Kündigungsklauseln	11
I. Die Titelfunktion des Schuldenbereinigungsplans	3	C. **Die Rolle der außenstehenden Gläubiger**	15
II. Schuldenbereinigungsplan und Drittbeteiligung	5	D. **Verfahrensrechtliches**	19
		I. Gerichtliche Feststellung	19
III. Die Unwirksamkeit des Schuldenbereinigungsplans	7	II. Die Geltendmachung der Unwirksamkeit eines Schuldenbereinigungsplans oder einzelner Forderungen	21
IV. Die Unwirksamkeit einzelner Bestimmungen	9	III. Die Anpassung des Schuldenbereinigungsplans	23

§ 308 InsO Annahme des Schuldenbereinigungsplans

Literatur:
Bentele Gesamtschuld und Erlass, 2006; *Bonin* Der Prozessvergleich, 1957; *Bork* Der Vergleich, 1988; *Farr* Besteuerung in der Insolvenz, 2005; *Rugullis* Schuldenbereinigungsplan und Insolvenzplan – ein Rechtsfolgenvergleich, NZI 2013, 869; *Theiß* Der Schuldenbereinigungsplan als Vergleich bürgerlichen Rechts, ZInsO 2005, 29; *Veit/Reifner* Außergerichtliches Verbraucherinsolvenzverfahren, 1998. Siehe auch vor § 286.

A. Normzweck

1 Mit der gerichtlichen Feststellung, dass kein Gläubiger Einwendungen gegen den Schuldenbereinigungsplan erhoben hat oder die fehlende Zustimmung von Gläubigern nach § 309 InsO (dazu *BGH* VuR 2008, 393 m. Anm. *Grote*) ersetzt worden ist (zum unpräzisen Sprachgebrauch des Gesetzes an dieser Stelle: *Henckel* FS für Gaul, S. 199 [204]), wird das gerichtliche Schuldenbereinigungsplanverfahren beendet. Die Anträge auf Eröffnung des Insolvenzverfahrens und Erteilung von Restschuldbefreiung gelten als zurückgenommen. Der Schuldenbereinigungsplan wird vom Gericht den Gläubigern und dem Schuldner zugestellt. § 308 Abs. 1 Satz 2 InsO ordnet ausdrücklich an, dass der auf diese Weise festgestellte Schuldenbereinigungsplan die **Funktion eines Prozessvergleichs** hat (*BGH* NZI 2009, 613 [614]). Man hat damit bewusst nicht auf die Konstruktion des Vergleichs in der VglO und der KO zurückgegriffen, mit dem konstitutiv kraft gerichtlicher Überprüfung und Bestätigung die Verschuldung geordnet wurde, sondern vielmehr den Beteiligten einen größeren Raum für eigene Lösungen eröffnet. Diese Regelung dient einerseits der Entlastung der Gerichte, soll aber andererseits auch das **Aushandeln realistischer und sachnaher einzelfallbezogener Lösungen stimulieren**. Sie bekräftigt damit den hohen Stellenwert privatautonomer Vereinbarungen zur Schuldenbereinigung und verdeutlicht, dass dieser Vergleich für die Beteiligten der einfachere und für ihre konkreten Belange besser anpassbare Weg ist (dazu *Pick* NJW 1995, 992 [997]). Diese Bedeutung der Kooperation ist im Rahmen der Novellierung noch einmal hervorgehoben worden, indem § 308 Abs. 3 Satz 2 InsO neu gefasst und dadurch die Mitwirkungslast der Gläubiger intensiviert worden ist (BT-Drucks. 14/5680 S. 32; vgl. auch Rdn. 18). Der Plan kann auch vorsehen, dass ein Pfändungspfandrecht erfasst und damit eine Pfändungsmaßnahme beendet wird (*LG Trier* NZI 2005, 405); falls der Gläubiger gleichwohl weiter vollstreckt, kann der Schuldner sich mit Hilfe der Vollstreckungsgegenklage nach § 767 ZPO zur Wehr setzen (*Hess* InsO, 2007, § 308 Rn. 10; *BGH* ZInsO 2011, 1711 [1712]). § 775 Nr. 1 ZPO gilt nach der Rechtsprechung des BGH weder direkt noch analog (*BGH* ZInsO 2011, 1711 [1712]; K. *Schmidt/Stephan* InsO, § 308 Rn. 10; MüKo/*Ott/Vuia* § 308 Rn. 10; **a.A.** *LG Trier* NZI 2002, 565). Dagegen können die Verhandlungen über den Plan durch eine einstweilige Einstellung der Zwangsvollstreckung nach §§ 21, 306 Abs. 2 Satz 1 InsO abgesichert werden (*BGH* NZI 2009, 613 [614]). Seit dem 01.07.2014 ist Verbrauchern jetzt auch der Zugang zum **Insolvenzplan** eröffnet, so dass es in geeigneten Fällen geboten ist, die Vor- und Nachteile des jeweiligen Plans (dazu *Rugullis* NZI 2013, 869) rechtzeitig abzuwägen (ausf. *Grote/Lackmann* § 309 Rdn. 54 ff. und VuR 2014, 153 [154]).

B. Der Schuldenbereinigungsplan als Prozessvergleich

2 **Materiellrechtlich** bewirkt ein solcher Vergleich in aller Regel keine Novation, sondern eine **Umgestaltung und Modifikation des bisherigen Schuldverhältnisses** (*BGH* WM 1987, 1256; jetzt auch *BGH* VuR 2008, 314 [315]; HK-InsO/*Waltenberger* 7. Aufl,. § 308 Rn. 9, 77; *Kübler/Prütting/Bork-Wenzel* InsO, § 308 Rn. 5); dabei kann es sich auch um ein gesetzliches Schuldverhältnis handeln, so dass auch der vollständige oder teilweise Erlass einer Steuerschuld unabhängig von den Voraussetzungen nach § 227 AO festgestellt werden kann (*OLG Köln* VuR 2000, 442 [444] = ZIP 2000, 2263 [2264]; *Farr* Besteuerung in der Insolvenz, Rn. 275). Eine Zwangsvollstreckung über die ursprüngliche Forderung, die im Plan reduziert worden ist, kann nach § 767 ZPO abgewehrt werden (*BGH* ZInsO 2011, 1711; weitergehend *LG Trier* NZI 2002, 565); daher wäre eine Aufrechnung zumindest rechtsmissbräuchlich (vgl. *FG Düsseldorf* EFG 2007, 738 [740]). Wenn der Schuldner mit den im Vergleich vereinbarten Pflichten in Verzug geraten sollte, dann führt dies nicht automatisch zu einem Wiederaufleben der alten Forderungen, da § 255 InsO weder direkt noch analog anwendbar ist (*Nerlich/Römermann* § 308 Rn. 12; *Uhlenbruck/Sternal* InsO, § 308 Rn. 27;

K. Schmidt/*Stephan* InsO, § 308 Rn. 15; **a.A.** *N. Preuß* Verbraucherinsolvenzverfahren und Restschuldbefreiung, 2. Aufl., Rn. 107). Anderes gilt nur, wenn eine Verfall- oder Kündigungsklausel vereinbart ist (dazu Rdn. 11 ff.). Ebenso kann § 254 Abs. 2 InsO weder direkt noch analog angewandt werden, so dass der Erlass gegenüber dem Hauptschuldner unmittelbar auch den Bürgen befreien kann (A/G/R-*Henning* § 308 InsO Rn. 8; *Nerlich/Römermann* § 308 Rn. 11; *Maier/Krafft* BB 1997, 2173; *LG Hamburg* NZI 2002, 114; *BGH* NJW 2003, 59 [60]). Die Auswirkungen des Plans auf Gesamtschuldner und das Schicksal von Sicherheiten sind nach § 305 Abs. 1 Nr. 4 InsO im Plan zu regeln. Bei auslegungsbedürftigen Formulierungen wird nach allgemeinen Grundsätzen (s. Vor § 304 Rdn. 24) eine **beschränkte Gesamtwirkung** zumindest gegenüber denjenigen Gesamtschuldnern, die Regressrechte gegenüber dem Ursprungsschuldner haben (dazu nur *OLG Köln* NJW-RR 1992, 1398; *OLG Bremen* NJW-RR 1998, 1745; *Bentele* Gesamtschuld und Erlass, 2006, S. 157 ff.; vgl. MüKo-BGB/*Bydlinski* 2016, § 423 Rn. 5), anzunehmen sein (so auch A/G/R-*Henning* § 308 Rn. 9; vgl. *Rugullis* NZI 2013, 869 [871]). Der Schuldenbereinigungsplan soll in aller Regel zu einer umfassenden Entschuldung führen, so dass regelmäßig ein Regress durch mithaftende Gesamtschuldner unterbleiben soll. Dies kann, solange diese keine eigenständigen rechtsgeschäftlichen Erklärungen abgeben, nur durch eine Gesamtwirkung des Forderungserlasses erreicht werden (vgl. auch *Staudinger/Looschelders* 2017, § 423 BGB Rn. 27; *Uhlenbruck/Sternal* InsO, § 308 Rn. 22; s.a. Vor § 304 Rdn. 24). Eine andere Bewertung ist möglich, wenn die aufschiebend bedingten, jedoch bereits entstandenen (dazu *BGH* BGHZ 114, 117 [123] = NJW 1991, 1733 [1734]) Ausgleichsforderungen anderer Gesamtschuldner in den Schuldenbereinigungsplan aufgenommen worden sind. Bei **streitigen Forderungen** ist eine Berücksichtigung im Plan möglich, indem Vollstreckung oder Erlass von einer gerichtlichen oder sonstigen Klärung abhängig gemacht werden. Hat der Schuldner eine von ihm bestrittene Forderung mit dem Wert »Null« im Plan berücksichtigt (vgl. *BGH* ZInsO 2008, 860 [861]), erlischt sie bei Annahme des Plans (*Nerlich/Römermann* InsO, § 305 Rn. 40). Wenn durch den Schuldenbereinigungsplan Unterhaltsansprüche minderjähriger Berechtigter erfasst werden, ist § 1822 Nr. 12 BGB zu beachten, so dass hier ein Vorschlag des Gerichts geboten ist (dazu ausf. KS-InsO/*Kohte* Kap. 36 Rn. 50; vgl. MüKo-BGB/*Wagenitz* § 1822 Rn. 69; *BayObLG* Rpfleger 2003, 27). Dieses Genehmigungserfordernis gilt ebenfalls, wenn ein Betreuer für einen betreuten Schuldner (s. § 304 Rdn. 5) einen Schuldenbereinigungsplan vereinbart (*Blankenburg* ZVI 2016, 257 [258]).

I. Die Titelfunktion des Schuldenbereinigungsplans

Der Prozessvergleich ist seiner Rechtsnatur nach **sowohl Rechtsgeschäft des Bürgerlichen Rechts als auch Prozesshandlung**. Beide Seiten stehen nicht getrennt nebeneinander; vielmehr bildet der Prozessvergleich eine Einheit mit gegenseitiger Abhängigkeit der materiellen Regelungen und prozessualen Wirkungen (*BGH* NJW 1981, 823; NJW 2000, 1942 [1943]; zum Stand der literarischen Diskussion: *G. Wagner* Prozessverträge 1998, S. 44 ff., 514 ff.). Nach der Rechtsprechung des BGH kann aus der Annahme des Plans auf die Wiederherstellung geordneter Vermögensverhältnisse des Rechtsanwalts geschlossen werden, so dass die anwaltliche Zulassung nicht mehr zu widerrufen ist (*BGH* NZI 2012, 106 [107]; AnwBl. 2012, 565; ZInsO 2010, 1380 [1382]; VIA 2016, 83; *BFH* ZInsO 2009, 1405 zum Widerruf der Bestellung als Steuerberater; vgl. *Schmittmann* VIA 2014, 23). 3

Die zentrale **prozessuale Wirkung** des Prozessvergleichs besteht in der **Beendigung des gerichtlichen Verfahrens** und der Eröffnung der Zwangsvollstreckung. Daher besteht nach Annahme des Schuldenbereinigungsplans regelmäßig kein Rechtsschutzbedürfnis für eine Leistungsklage (*BGH* NZI 2009, 613 [614]). Der Prozessvergleich ist **Vollstreckungstitel nach § 794 Abs. 1 Nr. 1 ZPO**; hier bilden der Feststellungsbeschluss und der Auszug aus dem Schuldenbereinigungsplan zusammen den Titel (*BGH* NZI 2008, 384 [386]; HK-InsO/*Waltenberger* § 308 Rn. 7); er kann nach § 795 ZPO vollstreckt werden, soweit er einen vollstreckungsfähigen Inhalt hat. Dies setzt voraus, dass hinreichend bestimmte Regelungen vereinbart worden sind (dazu *Stein/Jonas-Münzberg* ZPO, 2002, § 794 Rn. 42). Diese Anforderungen sind bei der Formulierung eines Schuldenbereinigungsplans von Bedeutung; die gerichtlichen Hinweise nach § 307 Abs. 3 InsO können hier fördernd ein- 4 greifen. Bei Unklarheiten ist der Prozessvergleich der **Auslegung** fähig; dabei wird davon ausgegangen, dass die Beteiligten typischerweise vollstreckungsfähige Abreden treffen wollen (*BGH* NJW 1993, 1995; NJW-RR 1995, 1201; *OLG Stuttgart* Rpfleger 1997, 446; *Zöller/Stöber* ZPO, 31. Aufl., § 794 Rn. 14a). Die Vollstreckbarkeit ist jedoch nur eine mögliche Rechtsfolge des Prozessvergleichs; die Parteien sind nicht verpflichtet, bestimmte und vollstreckbare Forderungen in den Schuldenbereinigungsplan aufzunehmen (so zutreffend *OLG Köln* NZI 1999, 494 [496]; *OLG Celle* ZInsO 2000, 601, [603]; *OLG Naumburg* in *Pape* ZInsO 2001, 25 [32]; verfehlt *LG Traunstein* ZInsO 2001, 525 [526]; vgl. *Grote/Lackmann* § 305 Rdn. 47). Der Plan und der Beschluss sind nach § 8 InsO zuzustellen, die verschärften Anforderungen des § 307 Abs. 1 Satz 3 InsO sind nicht anzuwenden (*Braun/Buck* InsO, § 308 Rn. 4; *Andres/Leithaus* InsO, § 308 Rn. 3). Die Vollstreckung setzt weiter voraus, dass der Urkundsbeamte der Geschäftsstelle die Vollstreckungsklausel erteilt hat (dazu *Vallender* VuR 1997, 43 [46]; HK-InsO/*Waltenberger* § 308 Rn. 7; *Braun/Buck* InsO, § 308 Rn. 6; *Graf-Schlicker/Sabel* InsO, § 308 Rn. 13). Für Einwendungen über die Art und Weise der Zwangsvollstreckung ist in entsprechender Anwendung von § 36 Abs. 4 InsO das Insolvenzgericht zuständig (*BGH* VuR 2008, 314 [315]).

II. Schuldenbereinigungsplan und Drittbeteiligung

5 Die Eignung des Prozessvergleichs als Rechtsform für Schuldenbereinigungspläne zeigt sich auch daran, dass in der bisherigen Praxis des Prozessvergleichs die Frage der Drittbeteiligung in der gerichtlichen Praxis weitgehend geklärt ist. **Dritte** können nach förmlichem Beitritt ausdrücklich materiell berechtigt werden und damit zugleich auch als **Titelgläubiger** aus dem Vergleich vollstrecken (dazu nur *Stein/Jonas-Münzberg* ZPO, § 794 Rn. 45 m.w.N.).

6 Im Schuldenbereinigungsplan wird es jedoch häufiger vorkommen, dass ein Dritter einem Prozessvergleich auf Seiten des Schuldners beitritt und durch einen solchen **Schuldbeitritt** dem Gläubiger eine weitere Sicherung ermöglicht. In solchen Fällen kann dann auch gegen die beitretende Person, typischerweise Familienangehörige, vollstreckt werden (dazu *BGH* NJW 1983, 1433). In der kostenrechtlichen Praxis wird davon ausgegangen, dass ein weiterer Schuldner, der dem Vergleich beitritt, nicht Kostenerstattungsschuldner wird, so dass die gerichtlichen Kosten ausschließlich bei dem Antragsteller und Hauptschuldner verbleiben (dazu *OLG Köln* Rpfleger 1985, 305).

III. Die Unwirksamkeit des Schuldenbereinigungsplans

7 Wegen der Rechtsnatur des Schuldenbereinigungsplans kann für die mögliche Unwirksamkeit auf die anerkannten Rechtsfiguren des Bürgerlichen Rechts zurückgegriffen werden. In der Begründung des Rechtsausschusses sah man gerade darin einen wichtigen Vorteil, da dieses bekannte Instrument nicht nur einigen wenigen Insidern des Insolvenzrechts zur Verfügung steht (dazu BT-Drucks. 12/7302 S. 192; *Schmidt-Räntsch* MDR 1994, 321 [324]). Die Materialien verweisen insoweit auf die Möglichkeit der Anfechtung nach § 123 BGB wegen arglistiger Täuschung oder rechtswidriger Drohung (BT-Drucks. 12/7302 S. 192). Wiederum ist es möglich, auf die bisherige differenzierte gerichtliche Praxis zurückgreifen zu können, die reiches Anschauungsmaterial liefert (dazu nur *BGH* BGHZ 28, 171; MüKo-BGB/*Habersack* 2017, § 779 Rn. 90; PWW/*Brödermann* BGB, 12. Aufl. § 779 Rn. 25; *Bork* Der Vergleich, S. 405 f.).

8 In der bisherigen Gerichtspraxis und Literatur ist weiter ausführlich herausgearbeitet worden, dass bei einer Nichtigkeit gesetz- und sittenwidriger Vereinbarungen danach unterschieden werden muss, ob diese sich auf den gesamten Vertrag oder auf einzelne Abreden beziehen. Für die Beurteilung der **Sittenwidrigkeit** des gesamten Prozessvergleichs kommt es nicht allein auf das objektive Missverhältnis zwischen der wahren Ausgangslage und den Leistungen an, die eine Partei mit Abschluss des Vergleichs übernommen hat. Dem Charakter eines Vergleichs, mit dem ein gegenseitiges Nachgeben organisiert wird, entspricht es, dass die Einschätzung der Sach- und Rechtslage bei Abschluss des Vergleichs, die die Parteien subjektiv zugrunde gelegt haben, eine wesentliche Rolle spielen muss. Nicht eine abstrakte materielle Rechtslage, sondern die Beweisbarkeit und Durchhaltbarkeit einer Rechtsposition sind für das Maß des jeweiligen Nachgebens und damit auch für das mögliche Miss-

verhältnis eines Prozessvergleichs von wesentlicher Bedeutung (dazu nur *BGH* NJW 1999, 3113; *BAG* NZA 2013, 1206 [1208]; *OLG Hamm* VersR 2009, 532 [533]; *Bork* Der Vergleich, S. 400 f.). Wichtiger als ein nur schwer zu bestimmendes Missverhältnis sind in diesen Fällen die Ausübung unangemessenen Druckes bzw. die Ausnutzung der Unkenntnis und Unerfahrenheit der unterlegenen Seite (vgl. *LG Kiel* SchlHA 2009, 364, das in einem solchen Fall einen Vergleich nach § 278 Abs. 6 ZPO ablehnt). Unangemessener Druck kann auch durch aggressive Geschäftspraktiken i.S.d. § 4a UWG ausgeübt werden (dazu s. Vor § 304 Rdn. 9; vgl. *BGH* VuR 2016, 67).

IV. Die Unwirksamkeit einzelner Bestimmungen

1. Gesetz- und sittenwidrige Forderungen

Von der **Unwirksamkeit des Gesamtvergleichs**, die sich auf eine sittenwidrige Beeinflussung bei dem Prozess des gegenseitigen bzw. eher einseitigen Nachgebens bezieht, müssen die Fälle unterschieden werden, in denen es um die **Sittenwidrigkeit des jeweils einzelnen verglichenen Rechtsverhältnisses** geht (dazu *Bork* Der Vergleich, S. 399). Wenn die Parteien sich in der Weise über ein gesetz- oder sittenwidriges Ausgangsgeschäft einigen, dass dieses im Kern wiederholt und bestätigt wird, dann ist eine solche Abrede wiederum sittenwidrig (*BGH* NJW 1982, 1981; dazu *Kohte* JuS 1984, 509 ff.). Soweit also in den Schuldenbereinigungsplan Forderungen aus Kreditverträgen aufgenommen werden, die wegen wucherähnlicher Zinsabreden unwirksam sind, ändert sich diese Rechtslage nicht durch die Aufnahme in den Schuldenbereinigungsplan (zust. *Hess* InsO, 2007, § 308 Rn. 11). Die zugrunde gelegten Forderungen sind weiterhin nichtig, so dass die Schuldner weiterhin die Unwirksamkeit dieser Forderungen einwenden können (dazu s. Rdn. 22). Anders ist es allenfalls, wenn ein ernsthafter Streit über die Sittenwidrigkeit eines solchen Kreditvertrages besteht; in einem solchen Fall gelten wieder die allgemeinen Regeln über die Sittenwidrigkeit von Vergleichsverträgen (dazu *BGH* NJW 1963, 1197 [1198]; *Steffen* in RGRK, § 779 BGB Rn. 48; PWW/*Brödermann* BGB, § 779 Rn. 27). 9

Diese Unwirksamkeit bezieht sich nicht nur auf sittenwidrige Forderungen, sondern auch auf andere Forderungen, bei denen die gesetzlichen Rahmenbedingungen nicht beachtet worden waren. Sowohl die **Verletzung von Verbotsgesetzen nach § 134 BGB** als auch von Formvorschriften nach § 125 BGB führt dazu, dass die im Vergleich übernommenen Verbindlichkeiten weiterhin durchgreifenden Einwendungen ausgesetzt sind, die durch die schlichte Titulierung im Prozessvergleich nicht abgeschnitten sind. Trotz der Titelfunktion des Schuldenbereinigungsplans können in Übereinstimmung mit der Judikatur (vgl. *AG Düsseldorf* NJW-RR 2001, 913 = VuR 2000, 222; *BGH* NJW-RR 2004, 778) daher auch z.B. die § 656 BGB unterliegenden Forderungen aus Partnerschaftsvermittlungsverträgen auch nach Aufnahme in einen Plan nicht vollstreckt oder eingeklagt werden. 10

2. Verfall- und Kündigungsklauseln

Von besonderer Bedeutung ist die rechtswirksame Gestaltung von Verfall- bzw. Kündigungsklauseln in Schuldenbereinigungsplänen (s. zur Bedeutung solcher Klauseln im Zustimmungsersetzungsverfahren *Grote/Lackmann* § 309 Rdn. 29 und VuR 2014, 153 f.). Bereits in den Beratungen im Rechtsausschuss spielte dieser Aspekt eine Rolle, weil die Vereinbarung nachteiliger Verfallklauseln zur sozialen Typik privatvertraglicher Schuldenregulierung gehört. In den Gesetzesberatungen wurde wiederum als Vorteil des Instruments des Prozessvergleichs gesehen, dass die Parteien **passende Verfallklauseln vereinbaren** können, dass aber »übermäßig harten« Verfallklauseln mit Hilfe der Generalklauseln des Zivilrechts begegnet werden könne (s. *Grote/Lackmann* § 305 Rdn. 50 sowie *Gottwald/Ahrens* HdbInsR § 83 Rn. 23; *Trendelenburg* Restschuldbefreiung, 2000, S. 158 f.). Ihre weitere Bedeutung liegt darin, dass Gläubiger ohne solche Vereinbarungen bei Verzug des Schuldners mit einzelnen Zahlungspflichten in aller Regel nicht vom bestätigten Plan zurücktreten können (*LG Hechingen* ZInsO 2005, 49; *Braun/Buck* InsO, 7. Aufl., § 308 Rn. 10; A/G/R-*Henning* § 308 InsO Rn. 7; HK-InsO/*Waltenberger* § 308 Rn. 9; a.A. *Theiß* ZInsO 2005, 29; LSZ/*Martin* InsO, § 308 Rn. 8; *Kübler/Prütting/Bork-Wenzel* InsO, § 308 Rn. 6b), zumal sie insoweit durch die Titulierung im Plan hinreichend geschützt sind. 11

12 Als Begrenzung solcher Verfallklauseln kommt zunächst die für den außergerichtlichen Vergleich in bestimmten Konstellationen anwendbare Norm des § 498 BGB (dazu s. Vor §§ 304 Rdn. 27) in Betracht. Aus § 491 Abs. 4 BGB ergibt sich, dass diese Normen auch auf Abreden in einem Prozessvergleich Anwendung finden können (*Bülow/Artz* Verbraucherkreditrecht 9. Aufl. 2016 § 491 Rn. 189). Verbraucherdarlehensrecht wird beim Schuldenbereinigungsplan jedoch in aller Regel keine unmittelbare Anwendung finden, da dieser **typischerweise keinen entgeltlichen Zahlungsaufschub** enthält. Allerdings kann seit 2016 nach § 514 BGB die Schranke des § 498 BGB auch bei unentgeltlichen Verträgen Anwendung finden.

13 Auch eine **Inhaltskontrolle nach § 307 BGB** wird i.d.R. nicht eingreifen. Im Unterschied zu außergerichtlichen Vergleichshandlungen (dazu Vor §§ 304 Rdn. 22 ff.) beruht der Schuldenbereinigungsplan regelmäßig auf Formulierungen, die dem Verbraucher zuzurechnen sind, so dass damit bereits die Voraussetzungen des § 305 BGB nicht vorliegen. Wenn allerdings bei den weiteren Nachbesserungen im Rahmen des § 307 InsO einzelne Gläubiger auf der Einbeziehung bestimmter Verfallklauseln bestehen, dann kann im Einzelfall die AGB-Kontrolle nach § 310 Abs. 3 BGB zur Verfügung stehen und den Weg zur Inhaltskontrolle öffnen (dazu *Palandt/Grüneberg* BGB, § 310 Rn. 12).

14 Verfall- bzw. Kündigungsklauseln, die nicht §§ 305 ff. BGB unterfallen, sind anhand der Generalklauseln der **§§ 138, 242 BGB** zu kontrollieren (vgl. *Nerlich/Römermann* InsO, 2008, § 305 Rn. 49). Angesichts der existenziellen Bedeutung eines Schuldenbereinigungsplans wird § 498 BGB als geeigneter Wertungsmaßstab für die Höhe des Rückstands herangezogen (*AG Heilbronn* ZVI 2010, 260; *Hess* InsO, § 304 Rn. 80); in der Praxis der Schuldnerberatung finden sich Formulierungsbeispiele, die sich an dieser Norm orientieren (z.B. *Verbraucherzentrale Nordrhein-Westfalen* Arbeitshilfe InsO, 2001, S. 392 ff.; vgl. *Veit/Reifner* S. 98 ff.). Dagegen sind z.B. Verfallklauseln, die einen gesamten Schuldenbereinigungsplan durch einen geringen Verzug zu Fall bringen könnten, angesichts ihrer einschneidenden Konsequenzen regelmäßig mit § 138 BGB nicht vereinbar. Wegen der großen Bedeutung einer vorrangigen Anpassung des Plans – z.B. durch Nachverhandlungen (Arbeitshilfe InsO, S. 318 ff.) – ist zusätzlich eine § 498 Abs. 1 Satz 1 Nr. 2 BGB entsprechende **Nachfristsetzung** zu vereinbaren, die **vor einer Kündigung** erfolglos verstrichen sein muss. Zutreffend hat daher das *AG Göttingen* (VuR 2000, 28) die wegen einer solchen Klausel verweigerte Zustimmung einer Gläubigerin zu einem Schuldenbereinigungsplan ersetzt (vgl. *AG Heilbronn* ZVI 2010, 260). Ergänzend wird in der Literatur verlangt, dass das Schutzniveau der Verbraucher nicht hinter den zwingenden Schuldnerschutzregelungen zum Insolvenzplan zurückbleiben darf, die in § 255 Abs. 1 Satz 2, Abs. 3 InsO eine unabdingbare, wenigstens zweiwöchige Nachfrist vorschreiben (vgl. *Forsblad* Restschuldbefreiung, S. 205 f.).

C. Die Rolle der außenstehenden Gläubiger

15 Gläubiger, die im Forderungsverzeichnis nach § 305 Abs. 1 Nr. 3 InsO nicht aufgeführt worden waren, werden nach § 308 Abs. 3 Satz 1 InsO vom Schuldenbereinigungsplan nicht erfasst. Sie können ihre Ursprungsforderungen, sofern sie nicht verjährt oder verwirkt sind, weiterhin gegen den oder die Schuldner geltend machen. Daraus ergibt sich ein hohes Risiko für die jeweiligen Schuldner, die bei dem Auftreten weiterer Gläubiger in die Situation kommen können, dass der Schuldenbereinigungsplan nicht mehr durchhaltbar ist. Es gehört zur Typik der Verbraucherverschuldung, dass bestimmte Altgläubiger sich nur in langen Zeitabständen melden; so dass regelmäßig die Möglichkeit der **Verwirkung nach § 242 BGB** (vgl. *LG Trier* NJW-RR 1993, 55; *AG Worms* NJW-RR 2001, 415; *Palandt/Grüneberg* § 242 BGB Rn. 98) zu prüfen ist; eine solche Verwirkung kann zumindest den Teil der jeweiligen Forderungen erfassen, der das Niveau des Schuldenbereinigungsplans übersteigt.

16 Nicht zu den vom Plan ausgenommenen Gläubigern gehören dagegen Unternehmen, die Forderungen von Altgläubigern erworben haben, sofern dieser **Forderungskauf** den Schuldnern unbekannt geblieben ist. Falls die Schuldner in einem solchen Fall den früheren Gläubiger in das Forderungsverzeichnis aufgenommen haben, muss der Neugläubiger sich das Schweigen bzw. das sonstige Verhalten des Altgläubigers nach § 407 BGB zurechnen lassen (zust. *Kübler/Prütting/Bork-Wenzel* InsO,

§ 308 Rn. 8; *Hess/Weis/Wienberg* InsO, § 308 Rn. 19; *Uhlenbruck/Sternal* InsO, § 308 Rn. 35; A/G/R-*Henning* § 308 InsO Rn. 14).

Die Situation des Schuldenbereinigungsplanverfahrens unterscheidet sich insoweit nachhaltig vom 17 Restschuldbefreiungsverfahren (so jetzt auch *BGH* VuR 2006, 406 [407]; *Andres/Leithaus* InsO, § 308 Rn. 7). In diesem Verfahren werden unbekannte Gläubiger nach § 301 Abs. 1 Satz 2 InsO von der Restschuldbefreiung erfasst (s. *Ahrens* § 301 Rdn. 3). Die unterschiedliche Behandlung beruht darauf, dass nur im Restschuldbefreiungsverfahren öffentliche Bekanntmachungen erfolgen, die sich die außen stehenden Gläubiger entgegenhalten lassen müssen.

Gläubiger, denen nach § 307 a.F. InsO ein **unvollständiges Forderungsverzeichnis** übersandt wor- 18 den war und die darauf geschwiegen hatten, wurden **nicht als außen stehende Gläubiger** qualifiziert. Nach § 308 Abs. 3 Satz 2 a.F. InsO erlosch in diesen Fällen die Forderung. Das damit verfolgte Ziel, die Mitwirkung aller Gläubiger am Verhandlungsprozess zu sichern (dazu *Schmidt-Räntsch* MDR 1994, 321 [326]; *OLG Köln* NZI 2001, 88 [90] = NJW-RR 2001, 266 [268]), ist 2001 mit der Novelle bekräftigt und verdeutlicht worden. Da nunmehr den Gläubigern das Forderungsverzeichnis nicht mehr zugestellt wird, sie aber die Höhe der Forderung aus dem Schuldenbereinigungsplan erkennen können, wird von ihnen verlangt, sich aktiv um Einsicht in das Forderungsverzeichnis zu bemühen, und bei Fehlern im Plan Einwendungen zu erheben. Wenn sie dies unterlassen, führt ein solches **Schweigen** auch weiterhin zum **materiellen Rechtsverlust** (BT-Drucks. 14/5680 S. 32). Dies gilt auch für die **Justiz- oder Finanzverwaltung** (dazu *App* StB 2000, 462; *Loose* in *Tipke/Kruse* AO, 2015 § 251 Rn. 129; anschaulich *LG Berlin* ZInsO 2005, 946 und *FG Düsseldorf* EFG 2007, 738), so dass ein nicht bezifferter Hinweis auf noch festzusetzende Kosten oder Steuern nicht geeignet ist, die Rechtsfolge des § 308 Abs. 3 Satz 2 InsO auszuschließen (*AG Mannheim* VuR 2002, 106 m. Anm. *Kohte*; *Braun/Buck* InsO § 308 Rn. 14; *Becker* DStZ 2001, 381 [386], zum Justizfiskus als Gläubiger früherer Verfahrenskosten *Zeitler* Rpfleger 2001, 337 [339]; *LAG Rheinland-Pfalz* VuR 2013, 350; *AG Saarbrücken* VuR 2013, 387; *Kohte* jurisPRArbR 31/2013 Anm. 5). Bereits 1994 hatte der Rechtsausschuss hervorgehoben, dass auch Teilforderungen erlöschen können, zu denen der Gläubiger geschwiegen hat (BT-Drucks. 12/7302 S. 192). In der gerichtlichen Praxis meinte man, darin einen Widerspruch zum Streit über die Höhe einer Forderung nach § 309 Abs. 3 InsO zu sehen (*AG Köln* ZIP 2000, 83 [86]; zust. *Uhlenbruck/Sternal* InsO, § 308 Rn. 40). Dieser Einschränkung ist jedoch nicht zu folgen, denn der Gläubiger hat es in der Hand, bereits im Verfahren nach § 307 InsO auf die fehlende bzw. falsch festgesetzte Teilforderung hinzuweisen (dazu HK-InsO/*Waltenberger* § 308 Rn. 13; *Kübler/Prütting/Bork-Wenzel* § 308 Rn. 9; *Graf-Schlicker/Sabel* InsO, § 308 Rn. 10; *Nerlich/Römermann* InsO, § 308 Rn. 20; vgl. *LG Göttingen* ZInsO 2002, 41 [42]). Ist eine titulierte Forderung nach § 308 Abs. 3 Satz 2 InsO erloschen, so steht dem Schuldner die Möglichkeit der Vollstreckungsgegenklage offen (*LG Berlin* ZInsO 2005, 946; zum Arglisteinwand des Gläubigers vgl. die ähnliche Konstellation in *BGH* VuR 2009, 68).

D. Verfahrensrechtliches

I. Gerichtliche Feststellung

Wenn Einwendungen nicht erhoben oder während des Zustimmungsersetzungsverfahrens zurück- 19 genommen (*AG Köln* NZI 2000, 493 = ZInsO 2001, 185) oder ersetzt worden sind, wird der Schuldenbereinigungsplan vom Insolvenzgericht durch Beschluss festgestellt. Es handelt sich insoweit um einen **klarstellenden Beschluss**; in Übereinstimmung mit der bisherigen Literatur und Judikatur zum Prozessvergleich ist festzuhalten, dass dem Gericht weder eine materiellrechtliche Prüfung noch eine ausdrückliche Bestätigung nach dem Vorbild des § 248 InsO zukommt. Daher ist dieser Beschluss im Regelfall **durch Rechtsmittel nicht angreifbar**. Es konnte daher bis 2008 geboten sein, bei auslegungsbedürftigen Erklärungen bzw. bei der Nichtberücksichtigung von Erklärungen von Inkassounternehmen (*OLG Köln* ZInsO 2001, 85 [87] = NJW-RR 2001, 266 [268]; *AG Köln* NZI 2000, 492; *AG Regensburg* ZInsO 2000, 516; *Vallender/Caliebe* ZInsO 2000, 301 [302]; ebenso *Grote/Lackmann* § 307 Rdn. 5; *Uhlenbruck/Sternal* InsO, § 307 Rn. 44 ff. mit Hinweis auf die Rechtslage seit 2008; **a.A.** *Bernet* NZI 2001, 73) die betroffenen Gläubiger zur Sicherung des rechtlichen

Gehörs formlos von der Rechtsauffassung des Gerichts zu unterrichten (vgl. *Vallender* ZInsO 2000, 441 [443]). Wenn ein Gläubiger der Ansicht ist, dass seine Erklärung vom Gericht falsch bewertet worden ist, steht ihm die Möglichkeit der **Gegenvorstellung** offen (HambK/*Streck/Ritter* § 308 Rn. 6; MüKo-InsO/*Ott/Vuia* § 308 Rn. 8; *Braun/Buck* InsO, § 308 Rn. 16; *LG München I* NZI 2002, 325). Wird nach der gerichtlichen Feststellung des Plans die Zustimmungsersetzung auf die sofortige Beschwerde nach § 309 Abs. 2 Satz 3 InsO aufgehoben, so wird ein vor Rechtskraft des Ersetzungsbeschlusses ergangener feststellender Beschluss in der Gerichtspraxis als gegenstandslos behandelt (*BayObLG* NZI 2001, 145 = DZWIR 2001, 118 m. Anm. *Grote*; ähnlich für eine andere Konstellation *AG Hamburg* NZI 2000, 446). Es ist daher geboten, diesen Beschluss erst nach rechtskräftigem Abschluss des Zustimmungsersetzungsverfahrens zu erlassen (*BayObLG* NZI 2001, 145 [146 f.]; vgl. für eine ähnliche Konstellation *LG Gera* VuR 2016, 436). Schließlich kann es geboten sein, die **Verfahrenskostenstundung nach § 4b InsO zu verlängern** (*AG Hamburg* ZVI 2009, 268; s. *Kohte* § 4b Rdn. 9 f.; A/G/R-*Ahrens* § 4b InsO Rn. 8 und A/G/R-*Henning* § 308 Rn. 4; HambK-InsO/*Dawe* § 4b Rn. 3 und *Streck/Ritter* § 308 Rn. 10a; **a.A.** *Graf-Schlicker/Sabel* InsO, § 308 Rn. 7).

20 Auch für den Beschluss nach § 308 Abs. 1 InsO gelten die allgemeinen Grundsätze, wonach staatliche Organe **erkennbar gesetz- und sittenwidrige Handlungen nicht fördern** dürfen, so dass sie aus diesem Grunde selbst ein ausdrückliches Anerkenntnisurteil nach § 307 ZPO nicht erlassen dürfen, wenn der zugrunde liegende Anspruch nach § 138 BGB nichtig ist (dazu nur *OLG Stuttgart* NJW 1985, 2272 [2273]; ebenso *Kohte* NJW 1985, 2217 [2227]; zust. *Zöller/Vollkommer* § 307 ZPO Rn. 4 sowie MüKo-ZPO/*Musielak* 2017, § 307 Rn. 17). Für den Prozessvergleich enthält § 4 BeurkG die am besten passende Wertung, wonach ein Notar Beurkundungen nicht durchführen darf, wenn erkennbar gegen die guten Sitten oder Verbotsgesetze verstoßen werden soll. Diese Grenze, die nach allgemeiner Ansicht auch für das Gericht bei der Mitwirkung an einem Prozessvergleich (MüKo-ZPO/*Wolfsteiner* § 794 Rn. 49) gilt, ist auch bei der Feststellung des Schuldenbereinigungsplans zu beachten (*Krug* Der Verbraucherkonkurs, 1998, S. 128; *Braun/Buck* InsO, 7. Aufl., § 308 Rn. 4; HambK-InsO/*Streck/Ritter* § 308 Rn. 4; *K. Schmidt/Stephan* InsO, § 308 Rn. 6). In solchen Fällen ist das Insolvenzgericht verpflichtet, auf die Bedenken gegen die Feststellung einer solchen Forderung hinzuweisen. Werden diese nicht ausgeräumt, kann eine gerichtliche Feststellung nicht erfolgen (ebenso *Braun/Buck* InsO, § 308 Rn. 4; *Hess* InsO 2007, § 308 Rn. 8; *Andres/Leithaus* InsO, 2014 § 308 Rn. 1; vgl. auch KS-InsO/*Fuchs* 2000, S. 1713 Rn. 106).

II. Die Geltendmachung der Unwirksamkeit eines Schuldenbereinigungsplans oder einzelner Forderungen

21 Nachhaltig umstritten ist die Frage, wie die Unwirksamkeit eines Prozessvergleichs oder einzelner Elemente prozessual geltend gemacht werden kann. In der Mehrzahl der Fälle wird dafür plädiert, diese Unwirksamkeit im alten Verfahren geltend zu machen, das möglicherweise nicht zu einem ordnungsgemäßen Abschluss gekommen ist (dazu nur *BGH* BGHZ 28, 171 [174]). Dies würde im vorliegenden Fall bedeuten, dass – möglicherweise einige Jahre später – das Insolvenzverfahren noch einmal aufzurufen wäre (*Uhlenbruck/Sternal* InsO, § 308 Rn. 28). Für eine **differenzierte Lösung** ist es jedoch geboten, zunächst das mögliche Rechtsschutzziel zu beachten, das eine Partei mit der Berufung auf die Unwirksamkeit verfolgt (dazu nur *Staudinger/Marburger* BGB, 2009, § 779 Rn. 116), denn nur bei Fortsetzung des ursprünglichen Prozessziels ist der Einwand anderweitiger Rechtshängigkeit begründet und daher das bisherige Verfahren fortzusetzen (so die »maßgebliche« Erwägung in *BGH* NJW 1999, 2903; bestätigt in *BGH* NJW 2014, 394 [395]). Soweit ein Gläubiger sich auf die Unwirksamkeit des gesamten Schuldenbereinigungsplans beruft, verfolgt er nicht das Ziel der Schuldenbereinigung, sondern will in aller Regel seine ursprüngliche Forderung wieder durchsetzen können. Dies kann mit Hilfe einer neuen Klage außerhalb eines Schuldenbereinigungsplanverfahrens sicherlich am ehesten prozesswirtschaftlich erfolgen (so auch MüKo-InsO/*Ott/Vuia* 2008, § 308 Rn. 8; *Kübler/Prütting/Bork-Wenzel* InsO, § 308 Rn. 6a).

Schuldner können sich einerseits auf die Unwirksamkeit einzelner Forderungen sowie der vorzeitigen Fälligkeit aufgrund unwirksamer Verfallklauseln berufen; in einem solchen Fall wäre die **Vollstreckungsgegenklage**, für die hier die Präklusionsnorm des § 767 Abs. 2 ZPO nicht gilt (zum Prozessvergleich *BGH* NJW-RR 1987, 1022; *BAG* DB 1980, 358; *Bonin* S. 112 ff.), die geeignete Klageart (vgl. *Vallender* DGVZ 1997, 97 [101]; jetzt auch *Kübler/Prütting/Bork-Wenzel* InsO, § 308 Rn. 6a; *Hess* InsO 2007, § 308 Rn. 18; *Graf-Schlicker/Sabel* InsO, § 308 Rn. 15), die nicht selten mit einem Einstellungsantrag nach § 769 ZPO verknüpft werden könnte. Diese Klageform ist ebenfalls geboten, wenn um die Auslegung des Schuldenbereinigungsplans gestritten wird (*BGH* NJW 1977, 583; vgl. *Vallender* VuR 1997, 43 [46]; *Preuß* Rn. 68). In denjenigen Fällen, in denen eine vollständige Unwirksamkeit des Schuldenbereinigungsplans durch den Schuldner reklamiert wird, wird dagegen das ursprüngliche Verfahrensziel fortgesetzt, so dass ihm die Möglichkeit zu geben ist, im alten Verfahren einen wirksamen Schuldenbereinigungsplan erzielen zu können (so auch *Vallender* ZInsO 2000, 441 [443]). Ähnlich könnte verfahren werden, wenn als Folge der Beseitigung der Zustimmung des Gläubigers zum Schuldenbereinigungsplan das Zustimmungsersetzungsverfahren nach § 309 InsO durchzuführen wäre (so wohl die Konstellation in *AG Mönchengladbach* ZVI 2009, 66; dazu auch *Cranshaw* Juris-PR-InsR 22/2009 Anm. 5; vgl. auch *LG Berlin* ZInsO 2009, 1172 [1173]). 22

III. Die Anpassung des Schuldenbereinigungsplans

Das Vorbild des Prozessvergleichs ist schließlich hilfreich für die Lösung der praktisch wichtigen Frage nach der Anpassung eines Schuldenbereinigungsplans an veränderte Umstände (dazu bereits *Kemper/Kohte* Blätter der Wohlfahrtspflege 1993, 81 [95 ff.]). In Judikatur und Literatur ist allgemein anerkannt, dass der Prozessvergleich an veränderte Bedingungen angepasst werden kann. Vorrangig sind daher – soweit vereinbart – **vertragliche Anpassungsregelungen** (*BGH* NJW 1995, 1891 [1892]; Beispiele bei *Veit/Reifner* S. 95 ff.). Fehlen solche Regelungen, dann erfolgt eine Abänderung nach materiellem Recht zumindest nach den Maßstäben des Wegfalls der Geschäftsgrundlage (dazu nur *BGH* BGHZ 85, 64 [73] = NJW 1983, 228 [230]; NJW 1994, 1530; NJW 2001, 2259 [2260]; NJW 2013, 1530 [1532]; MüKo-ZPO/*Gottwald* 4. Aufl., § 323a Rn. 8; MüKo-ZPO/*Wolfsteiner* 5. Aufl., § 794 Rn. 111; *Staudinger/Marburger* BGB, 2009, § 779 Rn. 119), so dass in schwerwiegenden Fällen eine gerichtliche Abänderung möglich ist (*Vallender* DGVZ 1997, 97 [101]; *Kübler/Prütting/Bork-Wenzel* InsO, § 308 Rn. 6b; HK-InsO/*Waltenberger* § 308 Rn. 9; HambK-InsO/*Streck/Ritter* § 308 Rn. 5). In Übereinstimmung mit diesen allgemeinen Lehren wird auch in der insolvenzrechtlichen Literatur im Anschluss an die Diskussionen im Gesetzgebungsverfahren betont, dass zunächst die Vertragsparteien aufgerufen sind, eigene Kriterien zur Anpassung des Vertrages zu vereinbaren (BT-Drucks. 12/7302 S. 190; *Schumacher* ZEuP 1995, 576 [582]; vgl. *BGH* NJW 2001, 2259 [2260]). So ist es z.B. möglich, aber nicht erforderlich, vorausschauend Stundungsregelungen für den Fall der Arbeitslosigkeit zu treffen, um auf diese Weise die Funktionsfähigkeit des Schuldenbereinigungsplans abzusichern (dazu *Grote/Lackmann* § 305 Rdn. 42; vgl. auch *Gottwald/Ahrens* HdbInsR, § 83 Rn. 23). Wenn solche Regelungen fehlen oder versagen und die Voraussetzungen des Wegfalls der Geschäftsgrundlage gegeben sind, kann eine **gerichtliche Anpassung** erfolgen. 23

In der neueren Judikatur und Literatur wird vereinzelt unter Hinweis auf die Entstehungsgeschichte die Ansicht vertreten, dass jegliche gerichtliche Plananpassung ausgeschlossen sei (*OLG Karlsruhe* NZI 2001, 422 [423]; *Nerlich/Römermann* InsO, § 308 Rn. 18; *Musielak/Voit/Borth* § 323a ZPO Rn. 1a; MüKo-ZPO/*Gottwald* § 323a Rn. 7). 1994 waren im parlamentarischen Verfahren weitreichende Anpassungsklauseln diskutiert und abgelehnt worden, weil nicht eine gerichtliche Vertragshilfe, sondern die privatautonome Vereinbarung von Anpassungsregeln vorrangig sein sollte (BT-Drucks. 12/7302 S. 193); daraus kann nicht geschlossen werden, dass bei Fehlen solcher Anpassungsregeln damit auch die elementaren Grundsätze zum Wegfall der Geschäftsgrundlage nicht gelten sollen (so auch HK-InsO/*Waltenberger* § 308 Rn. 8; i.E. ebenso PG/*Völzmann-Stickelbrock* § 323a ZPO Rn. 8; *Thomas/Putzo/Hüßtege* 2017, § 323a Rn. 4). Die Verwendung der bekannten Rechtsfigur des Prozessvergleichs soll gerade – soweit eine spezielle Sonderregelung nicht normiert 24 ist – den Rückgriff auf anerkannte allgemeine Rechtsgrundsätze erleichtern, zu denen auch die inzwischen in § 313 BGB ausdrücklich geregelte Anpassung nach Störung der Geschäftsgrundlage gehört. Andere stützen die Anpassung mit prozessrechtlicher Argumentation auf § 323 Abs. 4 ZPO a.F. (jetzt § 323a ZPO), ohne dass sich hieraus wesentliche Divergenzen für die Praxis ergeben (vgl. *Graf-Schlicker/Sabel* InsO, § 308 Rn. 16; *Uhlenbruck/Sternal* InsO, § 308 Rn. 26; *K. Schmidt/Stephan* InsO, § 308 Rn. 16; *Kübler/Prütting/Bork-Wenzel* InsO, § 308 Rn. 6b; offen für die verschiedenen Begründungen *BGH* NZI 2008, 384 [385]).

§ 309 Ersetzung der Zustimmung

(1) ¹Hat dem Schuldenbereinigungsplan mehr als die Hälfte der benannten Gläubiger zugestimmt und beträgt die Summe der Ansprüche der zustimmenden Gläubiger mehr als die Hälfte der Summe der Ansprüche der benannten Gläubiger, so ersetzt das Insolvenzgericht auf Antrag eines Gläubigers oder des Schuldners die Einwendungen eines Gläubigers gegen den Schuldenbereinigungsplan durch eine Zustimmung. ²Dies gilt nicht, wenn
1. der Gläubiger, der Einwendungen erhoben hat, im Verhältnis zu den übrigen Gläubigern nicht angemessen beteiligt wird oder
2. dieser Gläubiger durch den Schuldenbereinigungsplan voraussichtlich wirtschaftlich schlechter gestellt wird, als er bei Durchführung des Verfahrens über die Anträge auf Eröffnung des Insolvenzverfahrens und Erteilung von Restschuldbefreiung stünde; hierbei ist im Zweifel zu Grunde zu legen, dass die Einkommens-, Vermögens- und Familienverhältnisse des Schuldners zum Zeitpunkt des Antrags nach Satz 1 während der gesamten Dauer des Verfahrens maßgeblich bleiben.

(2) ¹Vor der Entscheidung ist der Gläubiger zu hören. ²Die Gründe, die gemäß Absatz 1 Satz 2 einer Ersetzung seiner Einwendungen durch eine Zustimmung entgegenstehen, hat er glaubhaft zu machen. ³Gegen den Beschluss steht dem Antragsteller und dem Gläubiger, dessen Zustimmung ersetzt wird, die sofortige Beschwerde zu. ⁴§ 4a Abs. 2 gilt entsprechend.

(3) Macht ein Gläubiger Tatsachen glaubhaft, aus denen sich ernsthafte Zweifel ergeben, ob eine vom Schuldner angegebene Forderung besteht oder sich auf einen höheren oder niedrigeren Betrag richtet als angegeben, und hängt vom Ausgang des Streits ab, ob der Gläubiger im Verhältnis zu den übrigen Gläubigern angemessen beteiligt wird (Absatz 1 Satz 2 Nr. 1), so kann die Zustimmung dieses Gläubigers nicht ersetzt werden.

Übersicht

	Rdn.
A. Normzweck	1
B. Gesetzliche Systematik	2
C. Ersetzung der Zustimmung (Abs. 1)	5
I. Struktur der Zustimmungsersetzung	5
II. Mehrheitliche Zustimmung	8
III. Unangemessene Beteiligung im Verhältnis zu den übrigen Gläubigern (Nr. 1)	11
IV. Wirtschaftliche Schlechterstellung gegenüber Verbraucherinsolvenz- und Restschuldbefreiungsverfahren (Nr. 2)	25
1. Hypothetische Berechnung der im Verfahren zu zahlenden Beträge	26
2. Berücksichtigung von Zugangshürden zum Verfahren und zur Erlangung der Restschuldbefreiung	39
3. Zustimmungsersetzung bei Nullplänen	45
D. Verfahren bei der Zustimmungsersetzung (Abs. 2)	49
E. Streit über die Höhe der Forderungen (Abs. 3)	50
F. Verfahrensrechtliches	53
G. Insolvenzplanverfahren für Verbraucher	54

Literatur:
Siehe § 286.

A. Normzweck

Durch die Möglichkeit der Zustimmungsersetzung nach § 309 InsO soll verhindert werden, dass der Schuldenbereinigungsplan an der **obstruktiven Verweigerung** der Zustimmung durch einzelne Gläubiger scheitert (BT-Drucks. 12/7302 S. 192). Allerdings gewährleistet ein Minderheitenschutz, dass die Gläubiger nicht gegen ihren Willen weniger erhalten, als andere, rechtlich gleichgestellte Gläubiger (Abs. 1 Satz 2 Nr. 1) oder schlechter gestellt werden, als sie bei der Durchführung des gerichtlichen Restschuldbefreiungsverfahrens stünden (Abs. 1 Satz 2 Nr. 2).

Durch das Erfordernis der Glaubhaftmachung der Gründe, die einer Zustimmungsersetzung entgegenstehen (Abs. 2) soll verhindert werden, dass das Gericht mit ungerechtfertigten Anträgen von Gläubigern, die eine Zustimmungsersetzung verhindern wollen, belastet wird.

Die Klärung von Streitigkeiten, die die Höhe der bestehenden Forderungen betreffen, wird nicht dem Insolvenzgericht auferlegt um ihm langwierige Prüfungen und Beweisaufnahmen zu ersparen (*Balz/Landfermann* Die neuen Insolvenzgesetze, 1995, S. 434). Durch Abs. 2 Satz 2 ist sichergestellt, dass auch der **vermögenslose Schuldner nur im Rahmen seiner finanziellen Möglichkeiten mit den Kosten des Schuldenbereinigungsplanverfahrens belastet wird.**

B. Gesetzliche Systematik

Die Zustimmung einzelner Gläubiger kann ersetzt werden, wenn mehr als die Hälfte der Gläubiger und mehr als die Hälfte der Summe Ansprechen der benannten Gläubiger dem Plan zugestimmt hat.

Die Regelungen des Vergleichsrechts sahen vor, dass ein Vergleich zustande kommen konnte, wenn 50 % der im Termin anwesenden stimmberechtigten Gläubiger und 75 % der Gesamtforderungen aller stimmberechtigten Gläubiger dem Vergleich zugestimmt hatten (§ 74 Abs. 1 VglO, § 182 Abs. 1 KO). Nach der VglO war bei einem Vergleich, der den Gläubigern nicht mindestens die Hälfte ihrer Forderungen gewährte, gar eine Zustimmungsquote von 80% der Gesamtforderungen der stimmberechtigten Gläubiger erforderlich (§ 74 Abs. 3 VglO).

Ein Benachteiligungsverbot sahen die §§ 79 Nr. 4 VglO und § 188 Abs. 1 Nr. 2 KO dahingehend vor, dass der Vergleich nicht dem gemeinsamen Interesse der Gläubiger widersprechen durfte. Nach allgemeiner Meinung durfte ein Vergleich – unabhängig von Mehrheiten – insbesondere dann nicht vom Gericht bestätigt werden, wenn der Gläubiger durch den Plan schlechter gestellt wurde, als er ohne Plan stehen würde (*Bley/Mohrbutter* VglO, § 79 Rn. 11; *Kilger/Karsten Schmidt* § 79 Rn. 5; *Kuhn/Uhlenbruck* KO, § 188 Rn. 4).

Auch der Grundsatz der Gleichbehandlung gehört historisch zu den essentiellen Maximen des Vergleichsrechts. Nach § 181 KO war **im Konkurs** eine strikte Gleichbehandlung vorgeschrieben, die nur durch die Einwilligung aller zurückgesetzter Gläubiger geheilt werden konnte. In der VglO war dieser Grundsatz etwas abgeschwächt, da eine Ungleichbehandlung auch gegen den Willen einer Minderheit zulässig war. Allerdings musste nach § 8 VglO mehr als die Hälfte der Kopfmehrheit und mindestens drei Viertel der Summenmehrheit der zurückgesetzten Gläubiger dem Vorschlag zugestimmt haben.

Die Regelungen zum **Insolvenzplan** erfordern nach § 244 InsO nur noch eine Mehrheit von mindestens 50% der **abstimmenden Gläubiger** (Kopf- und Summenmehrheit). Das Obstruktionsverbot geht durch § 245 InsO sogar über die Regelung hinaus und lässt das Zustandekommen des Plans unter gewissen Umständen auch dann zu, wenn die nach § 244 InsO erforderlichen Mehrheiten nicht erreicht werden. Auch der Minderheitenschutz wird gesetzlich präzisiert. Nach § 251 Abs. 1 Nr. 2 InsO darf ein Insolvenzplan nicht bestätigt werden, wenn ein Gläubiger hierdurch schlechter gestellt würde, als er ohne Plan stünde.

Im Schuldenbereinigungsplanverfahren kann eine Einigung dagegen nach § 308 InsO nur durch eine Zustimmung der Mehrheit der benannten Gläubiger zustande kommen. Das Obstruktionsverbot des § 309 InsO ist so ausgestaltet, dass die Zustimmung von Gläubigern durch das Gericht ersetzt werden kann, wenn mindestens die Hälfte der Kopf- und Summenmehrheit dem Plan zugestimmt hat. Ein weitergehendes, etwa dem § 245 InsO entsprechendes **Obstruktionsverbot** ist im Schuldenbereinigungsplanverfahren nicht vorgesehen (krit. hierzu *Kohte* ZIP 1994, 184 [186]).

Da eine konstitutive gerichtliche Bestätigung eines einvernehmlichen Plans nicht mehr erforderlich ist (vgl. *Kohte/Busch* § 308 Rdn. 19), sind der privatautonomen Gestaltung des Schuldenbereinigungsplans nur durch den Minderheitenschutz Grenzen gesetzt. Eine Zustimmungsersetzung kann unabhängig von der Höhe der Mehrheiten nicht erfolgen, wenn der Gläubiger im Verhältnis zu den anderen Gläubigern nicht angemessen beteiligt wird (§ 309 Abs. 1 Satz 2 Nr. 1 InsO). Darüber hinaus ist eine Zustimmungsersetzung auch dann unzulässig, wenn der Gläubiger durch den Plan schlechter gestellt würde, als bei der Durchführung des gerichtlichen Entschuldungsverfahrens (§ 309 Abs. 1 Satz 2 Nr. 2 InsO). Diese Lösung knüpft an die bisher schärfere Ausprägung des **Gleichheitsgrundsatzes** in § 181 KO an und bedeutet eine Verstärkung des Minderheitenschutzes gegenüber § 8 VglO. Auch die **fehlende Zustimmung von Finanzämtern** bei bestehenden Steuerschulden kann durch das Insolvenzgericht ersetzt werden, ohne dass die Voraussetzungen des § 227 AO vorliegen müssen (*OLG Köln* NZI 2000, 596).

C. Ersetzung der Zustimmung (Abs. 1)

I. Struktur der Zustimmungsersetzung

5   Die Zustimmungsersetzung setzt einen Antrag des Schuldners oder eines Gläubigers voraus. Der Schuldner kann den Antrag jederzeit zurücknehmen (*Uhlenbruck/Vallender* InsO, § 309 Rn. 25). Zum Zustandekommen des Plans ist die **Zustimmung aller Gläubiger** erforderlich, die entweder ausdrücklich erklärt, durch Schweigen fingiert oder durch das Gericht ersetzt werden kann (zum etwas unglücklichen Begriff der Zustimmungsersetzung vgl. *Henckel* FS für Gaul, 1997, S. 199, 205). Das Gericht hat auch im Rahmen des § 309 InsO keinen direktiven Einfluss auf den Inhalt des Plans (so auch *Kübler/Prütting/Bork-Wenzel* InsO, § 305 Rn. 41 ff.; *Nerlich/Römermann* InsO, § 309 Rn. 19). Es muss die Zustimmung ersetzen, wenn die Mehrheit zugestimmt hat und kein Gläubiger Gründe glaubhaft gemacht hat, die nach Abs. 1 Nr. 1 und Nr. 2 oder Abs. 3 gegen eine Zustimmungsersetzung sprechen. Das Gericht prüft nicht selbstständig, ob der **Minderheitenschutz** des Abs. 1 Nr. 1 und 2 gewährleistet ist. Werden von Gläubigern Gründe glaubhaft gemacht, so hat sich das Gericht bei seiner Entscheidung auf die Überprüfung dieser Gründe zu beschränken. Eine **Überprüfung der Ersetzungsvoraussetzungen** von Amts wegen erfolgt nicht (*OLG Köln* NZI 2001, 211; *OLG Celle* ZInsO 2001, 468; *LG Berlin* ZInsO 2001, 856 und ZInsO 2000, 404;).

6   Wie bereits oben (§ 305 Rdn. 41 ff.) dargestellt, unterliegt der Schuldenbereinigungsplan keinerlei inhaltlichen Mindestanforderungen. Dem Gesetzgeber war, insbesondere aufgrund der unterschiedlichen Lebenssituationen und Bedürfnislagen vor allem auf Seiten der Schuldner in erster Linie wichtig, die Pläne der freien Gestaltung der Parteien zu überlassen und nicht regulierend einzugreifen. **Die Mehrheit der Gläubiger entscheidet, ob der Plan inhaltlich angemessen ist.** Die Minderheit wird zum Plan gezwungen, soweit sie sich nicht auf eine Verletzung des Minderheitenschutzes berufen kann (vgl. auch *AG Göttingen* ZIP 1999, 1365). Eine allgemeine Angemessenheitsprüfung sieht § 309 InsO dagegen nicht vor. Für allgemeine Billigkeitserwägungen gibt es bei der Prüfung der Zustimmungsersetzung nur begrenzten Raum (§ 242 BGB).

7   Bei der Überprüfung der Frage, ob eine Benachteiligung gegenüber den anderen Gläubigern bzw. der Durchführung des gerichtlichen Verfahrens vorliegt (§ 309 Abs. 1 Nr. 1 und 2 InsO) ist **keine mathematische Genauigkeit** erforderlich (BT-Drucks. 12/7302 S. 192; s. auch Rdn. 16). In diesem Rahmen besteht ein **begrenzter Beurteilungsspielraum des Gerichts**. Bei der Frage, inwieweit durch eine Zustimmungsersetzung in die geschützten Rechtspositionen der Gläubiger eingegriffen wird, darf aber nicht allein der Forderungsverlust der Gläubiger der Schuldbefreiung des Schuldners gegenübergestellt werden. Es muss die Situation des Gläubigers bei einer Durchführung des Insolvenzverfahrens mit anschließender Restschuldbefreiung als Vergleichsmaßstab herangezogen werden. Auch der Gesetzgeber geht davon aus, dass die Restschuldbefreiung nicht im Gegensatz zum Verfahrens-

ziel der Haftungsverwirklichung steht, sondern im Gegenteil dem Schuldner einen entscheidenden Anreiz dafür bietet, ein Höchstmaß an Gläubigerbefriedigung zu bewirken (allg. Begr. zum RegE BT-Drucks. 12/2443 S. 101; *Balz/Landfermann* S. 47).

II. Mehrheitliche Zustimmung

Das **Obstruktionsverbot** im Schuldenbereinigungsplanverfahren wird in § 309 InsO konkretisiert. Nur wenn **sowohl eine Kopf-, als auch eine Summenmehrheit** von über 50% dem Plan des Schuldners zugestimmt haben, kann die fehlende Zustimmung der übrigen Gläubiger ersetzt werden. Eine Zustimmung liegt nicht vor, wenn ein oder mehrere Gläubiger eine Stellungnahme in der Sache abgegeben haben, die nicht eindeutig als Einverständnis mit dem Schuldenbereinigungsplan zu verstehen ist (ausf. *OLG Köln* ZInsO 2001, 855 [856] zur »**Zustimmung unter Vorbehalt**«; zur Unwirksamkeit einer Stellungnahme bei fehlender Rechtsberatungsbefugnis s. § 307 Rdn. 5). Haben Gläubiger während des außergerichtlichen Einigungsversuchs wirksam auf ihre **Forderung verzichtet**, werden sie im Schuldenbereinigungsplanverfahren nicht mehr berücksichtigt (*OLG Karlsruhe* NZI 2000, 375 [376]; *OLG Köln* NZI 2001, 88 [90]). Das Gleiche soll nach Ansicht des BayObLG auch dann gelten, wenn Gläubiger während des Schuldenbereinigungsplanverfahrens auf ihre Forderung verzichtet haben und vom Schuldner in einem neuen Plan nicht mehr benannt werden (*BayObLG* ZInsO 2001, 849 [850]). Etwas anderes gilt aber dann, wenn ein Gläubiger nicht auf die Forderung, sondern auf die Beteiligung am Verfahren verzichtet. In diesem Fall ist er bei der Ermittlung der Mehrheiten als zustimmender Beteiligter zu werten (*OLG Köln* NZI 2001, 88 [90]; *Uhlenbruck/Sternal* InsO, § 309 Rn. 14). Verzichtet ein Gläubiger während des Schuldenbereinigungsplanverfahrens auf seine Forderung, so soll nach Ansicht des *AG Köln* (Beschl. v. 26.09.2007 NZI 2007, 735) eine Zustimmungsersetzung nur bei Vorlage eines korrigierten Plans zu Stande kommen.

Es ist entgegen dem missverständlichen Wortlaut des § 309 InsO auch die Zustimmungsersetzung mehrerer Gläubiger und nicht nur eines Gläubigers möglich, wenn sie die Minderheit bilden (so auch *Uhlenbruck/Sternal* InsO, § 309 Rn. 24; i.E. *Kübler/Prütting/Bork-Wenzel* InsO, § 309 Rn. 1). Bei einer geraden Anzahl von Gläubigern reicht eine Pattsituation bei der Ermittlung der Kopfmehrheit nicht aus. Hat **ein Gläubiger mehrere Forderungen** gegen den Schuldner, so steht ihm trotzdem nur eine Stimme zu (*Uhlenbruck/Sternal* InsO, § 309 Rn. 9 ff.; *Schäferhoff* ZInsO 2001, 678 [688]). Auch ein **Inkassounternehmen**, das aufgrund von Inkassozessionen oder Forderungskäufen mit mehreren Forderungen am Verfahren beteiligt ist, hat gleichwohl nur eine Stimme (*OLG Köln* ZInsO 2001, 85 = NZI 2001, 88).

Auch für die Ermittlung der **Summenmehrheit** sind die vom Schuldner im Plan benannten Forderungen maßgebend. Die Forderungen der **gesicherten Gläubiger** sind mit einzubeziehen, allerdings nur in Höhe ihres voraussichtlichen Ausfalls (*BGH* ZInsO 2008, 327 ff. = VuR 2008, 393 m. Anm. *Grote*). Nachrangige Forderungen sind nicht zu berücksichtigen, und können mit »Null« angesetzt werden, weil sie auch im Insolvenzverfahren in aller Regel keine Berücksichtigung finden (*BGH* ZInsO 2008, 327 [329]) Im Verbraucherinsolvenzverfahren ist, anders als im bisherigen Vergleichsrecht (§ 71 VglO), keine Regelung für die Situation getroffen, dass zwischen den Beteiligten **Streit über die Höhe der Stimmberechtigung** der Forderungen besteht. Aus der Regelung, dass die Forderungen der »benannten« Gläubiger maßgebend sind, wird deutlich, dass hier die Angaben des Schuldners im Plan berücksichtigt werden sollen. Denn das Prinzip des Schuldenbereinigungsplanverfahrens sieht keine separate Überprüfung der Mehrheitsverhältnisse durch das Gericht vor und unterstellt für seine Entscheidung die Angaben des Schuldners zunächst als wahr (so auch *BGH* 17.01.2008 – IX ZB 142/07, ZInsO 2008, 327 ff. = VuR 2008, 393 m. Anm. *Grote*; ausf. *AG Köln* ZIP 2000, 83 [85]; *LG Berlin* ZInsO 2000, 404; *Uhlenbruck/Sternal* InsO, § 309 Rn. 15; *Kübler/Prütting/Bork-Wenzel* InsO, § 309 Rn. 3; a.A. *Nerlich/Römermann* InsO, § 309 Rn. 17). Erst durch die Schutzmöglichkeit des Abs. 3 hat ein Minderheitsgläubiger die Möglichkeit, die Angaben des Schuldners in Frage zu stellen oder zu bestreiten. Dies ist aber an die Voraussetzung der **Glaubhaftmachung** geknüpft (so auch *BGH* ZInsO 2004, 1311 [1312], zust. *Pape* EWiR 2005, 125). Hierdurch besteht zwar die Gefahr, dass der unredliche Schuldner durch eine **bewusst niedrige oder auch** überhöhte Angabe bestimmter Forderungen eine Summenmehrheit zu Ungunsten potentiell widersprechender Gläubiger beeinflussen und somit zunächst die Voraussetzung für die richterliche Zustimmungsersetzung schaffen kann. Dann riskiert er aber eine Versagung der Restschuldbefreiung nach § 290 Abs. 1 Nr. 6 InsO. Außerdem sind die Gläubiger durch den Minderheitenschutz nach § 309 Abs. 1 und Abs. 3 InsO vor einer ungerechtfertigten Zustimmungsersetzung geschützt. Denn bei einer falsch angegebenen Forderung sind sie sowohl im Verhältnis zu den übrigen Gläubigern, als auch im Vergleich zu einer Durchführung des gerichtlichen Entschuldungsverfahrens unangemessen beteiligt, so dass eine Zustimmung wegen § 309 Abs. 3 InsO ohnehin nicht möglich ist, wenn der Gläubiger seinen Einwand glaubhaft macht (s. Rdn. 46, 50; zur Zustimmungsersetzung bei der Angabe fragwürdiger Forderungen s. *OLG Celle* ZInsO 2000, 456). In Ausnahmefällen kann durch eine Fiktion von Forderungen, die zu einer zustimmungsfähigen Mehrheit führen, aber weder eine unangemessene Benachteiligung nach § 309 Abs. 1 Nr. 1 noch eine Schlechterstellung nach § 309 Abs. 1 Nr. 2 vorliegen. Das ist zum Beispiel dann der Fall, wenn an die mutmaßlich fingierten Forderungsinhaber keine Zahlungen vorgesehen sind (s. *BGH* ZVI 2004, 490 [748 ff.] = ZInsO 2004, 1311 ff.). Insofern erscheint eine teleologische Erweiterung der Tatbestände des Abs. 3 auch auf den Fall angemessen, in dem durch die zweifelhaften Forderungen überhaupt erst eine Mehrheit zur Zustimmungsersetzung erreicht wird (so im Erg. richtig *BGH* ZVI 2004, 748 [756] = ZInsO 2004, 1311 [1312]). Der Einwand eines Gläubigers, seine Forderung sei bei der Ermittlung der Mehrheitsverhältnisse nicht ausreichend berücksichtigt worden, ist aber generell nur dann beachtlich, wenn diese auch zu einer rechtlichen und/oder wirtschaftlichen Schlechterstellung führt (*BGH* ZInsO 2008, 327 [328]).

10 Die **Gläubiger sind grds. frei in ihrer Entscheidung**, ob sie dem Plan des Schuldners zustimmen oder nicht. Fraglich ist, ob die Nichtzustimmung eines Gläubigers zu einem vernünftigen Schuldenbereinigungsplan rechtsmissbräuchlich sein kann, mit der Konsequenz, dass die Forderung des obstruktiven Gläubigers bei der Mehrheitsbildung nicht zu berücksichtigen ist (vgl. zum Rechtsmissbrauch des Akkordstörers *Kohte* FS für Remmers, 1995, S. 479, 501; *ders.* Anm. zu ArbG Bielefeld RsDE 27 (1995), S. 52 [62]). Nach den Erfahrungen in der Schuldnerberatung gibt es bei Verbraucherinsolvenzen häufig einen Gläubiger, der mehr als 50% der Forderungssumme auf sich vereint und damit die formale Möglichkeit hat, eine einvernehmliche Schuldenregulierung im Schuldenbereinigungsplanverfahren zu verhindern. Allerdings ist im Schuldenbereinigungsplanverfahren, anders als beim außergerichtlichen Einigungsversuch nach § 305 InsO, zu berücksichtigen, dass der Gesetzgeber mit § 309 InsO eine gesetzliche Regelung für den »Normalfall« obstruktiven Gläubigerverhaltens geschaffen hat. Diese gesetzgeberische Wertung führt zu einer Einengung des richterlichen Anwendungsbereichs des § 242 BGB (vgl. *Palandt/Heinrichs* § 242 Rn. 38). Die Nichtzustimmung eines Gläubigers kann daher nur in Ausnahmefällen als rechtsmissbräuchlich i.S.d. § 242 BGB angesehen werden, etwa wenn hierdurch im konkreten Einzelfall die Grenzen des **Schikaneverbots** überschritten werden (vgl. hierzu die Fallgruppen bei *Soergel/Teichmann* § 242 Rn. 293 ff.). Eine Zustimmungsersetzung kommt nur dann in Betracht, wenn sie dazu führt, dass der Plan mit allen beteiligten Gläubigern zu Stande kommt. Kann die Zustimmung nur eines Gläubigers nicht ersetzt werden, ist das Eröffnungsverfahren fortzusetzen (*BayObLG* NZI 2001, 145).

III. Unangemessene Beteiligung im Verhältnis zu den übrigen Gläubigern (Nr. 1)

11 Eine Zustimmungsersetzung ist ausgeschlossen, wenn der widersprechende Gläubiger im Verhältnis zu den übrigen Gläubigern **nicht angemessen beteiligt** ist. Hierdurch wird der Grundsatz der Gleichbehandlung der Gläubiger als Minderheitenschutz postuliert. Die Regelung orientiert sich in ihren Auswirkungen an § 181 KO, der ebenfalls eine strikte Gleichbehandlung vorschrieb (vgl. *Kuhn/Uhlenbruck* § 181 Rn. 1).

12 Die Regelung des § 309 Abs. 1 Nr. 1 InsO verlangt aber nicht eine absolute Gleichbehandlung der Gläubiger. Sie lässt vielmehr einen **gewissen Spielraum für Gerechtigkeitsüberlegungen außerhalb mathematisch genauer Anteilsberechnung** zu (*OLG Frankfurt* ZInsO 2000, 288 = NZI 2000, 473; s. ausf. *Uhlenbruck/Sternal* InsO, § 309 Rn. 37; A/G/R-*Henning* § 309 InsO Rn. 9; BT-

Drucks. 12/7302 S. 192). Eine die Zustimmungsersetzung hindernde Ungleichbehandlung ist insbesondere dann nicht gegeben, wenn Differenzen nur durch eine unterschiedliche Entwicklung der Forderungen der Gläubiger während der Einigungsversuche aufgrund unterschiedlicher **Verzugszinssätze** entstanden sind (*LG Berlin* ZInsO 2001, 857 [868]). Es ist zulässig, dass der Schuldner für den Verteilungsschlüssel die jeweiligen Forderungshöhen berücksichtigt, die er zum Zeitpunkt des Einigungsversuchs (**sog. Stichtag**) aufgrund der von den Gläubigern vorgelegten Forderungsaufstellungen ermittelt hat (*Uhlenbruck/Sternal* InsO, § 309 Rn. 24; *AG Regensburg* ZInsO 2000, 516 [517]). Auch die nach diesem Stichtag vom Gläubiger verursachten **Kosten** für Beitreibungsmaßnahmen gegen den Schuldner sind im Regelfall nicht im Plan zu berücksichtigen. Einzelvollstreckungen während der Vorbereitung des Gesamtvollstreckungsverfahrens sind nicht schutzwürdig und rechtfertigen keine Sonderstellung im Planverfahren (vgl. hierzu auch den durch das InsOÄndG 2001 eingefügten § 305a InsO). Auch eine Verteilung nur nach der Höhe der bestehenden **Hauptforderungen** der Gläubiger wird z.T. für zulässig erachtet (*Hess* InsO, 2. Aufl., § 309 Rn. 17; *Hess/Obermüller* Insolvenzplan, Rn. 831; *AG Göttingen* ZIP 1999, 1365 [1366]). In den Fällen, in denen eine vom Gläubiger glaubhaft gemachte, höhere Forderung als die vom Schuldner Angegebene zu berücksichtigen ist, führen geringe Benachteiligungen noch nicht zu einer Versagung der Zustimmungsersetzung. Für die Bewertung der zu tolerierenden Ungleichbehandlung gibt es allerdings keine festen Grenzwerte, die **Toleranzgrenze** richtet sich nach den Umständen des Einzelfalls. In der Rspr. werden jedenfalls Ungleichbehandlungen, die im Endeffekt weniger als EUR 25 (*OLG Celle* ZInsO 2001, 374 [376]; *LG Berlin* ZInsO 2001, 857 [858]) bzw. EUR 50 (*AG Hamburg* NZI 2000, 283; *AG Göttingen* DZWIR 2000, 526) effektive Minderzahlung für den Gläubiger ausmachen, als unerheblich angesehen.

Schon im früheren Vergleichsrecht war anerkannt, dass nicht auf die inhaltliche Gleichartigkeit des Vergleichs abzustellen ist, sondern auf die **wirtschaftliche Gleichwertigkeit** (*Bley/Mohrbutter* VglO, § 8 Rn. 22). So wurde bislang z.B. die Vorwegbefriedigung von Kleingläubigern, soweit sachlich begründet, nicht beanstandet (*Kilger/Karsten Schmidt* VglO, § 8 Rn. 1, s. auch unten Rdn. 22). Als zulässig wurden im Vergleichsrecht bislang auch Regelungen angesehen, die allen Gläubigern bis zu einer bestimmten Forderungshöhe (z.B. 100 €) volle, für die darüber hinaus gehenden Beträge dagegen nur eine anteilige Befriedigung gewährte. Als Anhaltspunkt für die Ausfüllung des Begriffs »**Angemessenheit**« i.S.d. § 309 InsO kann auch die Wertung des § 245 Abs. 2 InsO herangezogen werden (so auch *Nerlich/Römermann* InsO, § 309 Rn. 15). Auch wenn sich Insolvenzplan und Schuldenbereinigungsplan strukturell unterscheiden, so fließt der allgemeine Grundsatz des »par conditio creditorum« doch in beide Planverfahren ein und erfährt in § 222 InsO eine spezifischere Ausformung als in § 309 InsO. Nach § 222 Abs. 1 Nr. 1 InsO können Absonderungsberechtigten, nach Abs. 3 auch Kleingläubigern besondere Behandlungen im Plan zu Teil werden. Auch innerhalb der Gruppen können Untergruppen gebildet werden, die, nach sachgerechten Kriterien eingeteilt, unterschiedliche Behandlung im Plan erfahren können. Insofern ist auch im Schuldenbereinigungsplan eine Ungleichbehandlung dann zulässig, wenn ein sachlicher Grund hierfür besteht, bzw. sich die Gläubiger nicht in der gleichen rechtlichen Position befinden (*Arnold* DGVZ 1996, 129 [135]; *Wittig* WM 1998, 157 [166]; *Krug* Verbraucherkonkurs, KTS 1998, 125). Auch das Angebot von **Einmalzahlungen** an einzelne und Ratenzahlungen an andere Insolvenzgläubiger führt nicht zu einer nach Abs. 1 Nr. 1 relevanten Ungleichbehandlung, wenn die Gläubiger in etwa die gleiche Quote erhalten (*OLG Celle* ZInsO 2001, 374 [376]; vgl. auch *Uhlenbruck/Sternal* InsO, § 309 Rn. 31 ff.).

Eine **unterschiedliche rechtliche Position** der Gläubiger kann eine Ungleichbehandlung z.B. dann rechtfertigen, wenn einzelne Gläubiger über **Sicherheiten** verfügen, die im gerichtlichen Entschuldungsverfahren von Bestand sind (*LG Saarbrücken* NZI 2000, 380; *Uhlenbruck/Sternal* InsO, § 309 Rn. 39 ff.; HK-InsO/*Waltenberger* § 309 Rn. 14; HambK-InsO/*Ritter* § 309 Rn. 13; *Nerlich/Römermann* InsO, § 309 Rn. 15). Dies sind im Verbraucherinsolvenzverfahren insbesondere Absonderungsrechte aufgrund von **Grundpfandrechten, abgetretenen Ansprüchen aus Versicherungsverträgen** (hierzu s. FK-InsO/*Busch* 8. Aufl., § 312 Rn. 68 ff.). Eine Nichtberücksichtigung von Sicherheiten würde die gesicherten Gläubiger gegenüber der Durchführung des gerichtlichen

13

Entschuldungsverfahrens benachteiligen, so dass in diesem Fall die Zustimmung der gesicherten Gläubiger nach Abs. 1 Nr. 2 nicht ersetzt werden könnte.

14 Zur Problematik des Vorrangs und der Berücksichtigung von Entgeltabtretungen i.S.d. § 114 InsO a.F. (Anträge vor dem 01.07.2014) s. die Ausführungen in der 8. Auflage.

15 Eine Ungleichbehandlung ist auch dann nicht gegeben, wenn einer der Gläubiger **durch einen Dritten**, der ihm als Bürge verpflichtet ist, **vollständig befriedigt** wird (*LG Saarbrücken* NZI 2000, 380) und auf diese Weise eine höhere Quote erhält als die übrigen Gläubiger.

16 Besteht zwischen den Beteiligten **Streit über die Wirksamkeit einer Sicherheit** (z.B. einer Bürgschaftserklärung), so ist fraglich, ob das Gericht diese zu prüfen hat, da ansonsten die »Angemessenheit« des Plans nicht abschließend bewertet werden kann. Es handelt sich hierbei nicht um einen Streit über die Höhe der von Schuldner angegebenen Forderung. Dieser Streit soll nach Abs. 3 ausdrücklich nicht vom Insolvenzgericht geklärt werden, um diesem langwierige Prüfungen und Beweisaufnahmen zu ersparen (BT-Drucks. 12/7302 S. 192). Vielmehr geht es hier um die rechtliche Bewertung von Sicherheiten, die zu einer gerechtfertigten Ungleichbehandlung von Gläubigern führen können (*Uhlenbruck/Sternal* InsO, § 309 Rn. 44).

Es ist aber zu berücksichtigen, dass der Schuldenbereinigungsplan nach § 305 Abs. 1 Nr. 4 InsO Regelungen enthalten muss, ob und inwieweit Sicherheiten der Gläubiger vom Plan beeinträchtigt sind (hierzu s. § 305 Rdn. 48 ff.). Eine Zustimmungsersetzung kann dann nicht erfolgen, wenn hiermit gleichzeitig eine Entscheidung über die Wirksamkeit von Sicherheiten getroffen würde. Der Rechtsgedanke des § 309 Abs. 3 InsO, der **Streitigkeiten über die Wirksamkeit von Forderungen** von den Insolvenzgerichten fernhalten wollte, ist auf die Situation analog anzuwenden, so dass dann, wenn ein Gläubiger glaubhaft macht, dass ihm ein im Plan berücksichtigtes Sicherungsrecht zusteht, seine Zustimmung nicht ersetzt werden kann (*LG München I* NZI 2000, 382 [383]).

17 Eine Zustimmungsersetzung kann aber erfolgen, wenn der Schuldenbereinigungsplan nach seinem Inhalt keine Auswirkungen auf den Bestand der Sicherheiten haben soll. Die Parteien können den Streit über die Wirksamkeit einer Sicherheit der gerichtlichen Klärung außerhalb des Insolvenzverfahrens überlassen, so dass auch keine Ungleichbehandlung erfolgt, wenn die gesicherten Gläubiger im Plan genauso behandelt werden, wie die ungesicherten. Denn das Recht, seine Sicherheit zu verwerten, wird dann durch den Plan nicht beschnitten. Der Einwand des Gläubigers, er werde durch den Plan nicht angemessen beteiligt, ist dann unbeachtlich.

18 Es bleibt den Beteiligten überlassen, ob sie den offenen Ausgang des Streits über die Wirksamkeit einer Sicherheit durch eine **Eventualklausel** in die Vereinbarung mit einbeziehen (diese Möglichkeit wird in der Gesetzesbegründung ausdrücklich erwähnt, BT-Drucks. 12/7302 S. 191 zu § 357b) oder diesbezüglich keine Vereinbarung im Plan treffen wollen. Die letzte Alternative birgt allerdings das Risiko, dass das Scheitern des Plans vorprogrammiert ist, wenn das Prozessgericht nicht so entscheidet, wie dies im Plan unterstellt wurde. Eine Eventualklausel ist auch sinnvoll, wenn der Ausgang eines **Zwangsversteigerungsverfahrens** ungewiss ist und der Ausfall des absonderungsberechtigten Gläubigers insoweit nicht feststeht (vgl. zur Plangestaltung § 305 Rdn. 42)

19 Eine Ungleichbehandlung kann auch dann gerechtfertigt sein, wenn die Forderung des im Plan bevorzugt berücksichtigten Gläubigers **nach § 302 InsO nicht von der Restschuldbefreiung erfasst** ist und der Schuldner ihm im Plan zur endgültigen Regulierung der Forderung aus seinem **unpfändbaren Einkommen höhere Beträge** als den übrigen Gläubigern anbietet (*BGH* 11.05.2010 – IX ZB 163/09; *LG München* ZInsO 2001, 720 [721]; HambK-InsO/*Ritter* § 309 Rn. 22; zur Möglichkeit des Schuldners über das unpfändbare Einkommen auch im Insolvenzverfahren frei zu verfügen s. *BGH* 14.01.2010 – IX ZR 93/09, ZInsO 2010, 376 ff.). Es entspricht Sinn und Zweck des Schuldenbereinigungsplans, dass der Schuldner um eine endgültige Bereinigung seiner Schuldensituation bemüht ist und daher die Rechtspositionen der Gläubiger berücksichtigt (vgl. zur Berücksichtigung deliktischer Forderungen im Schuldenbereinigungsplan auch Rdn. 36).

Auch die Klärung der möglicherweise bestehenden Streitfrage, ob eine Forderung nach § 302 InsO von der Restschuldbefreiung befreit ist, kann nicht im Rahmen der Zustimmungsersetzung durch das Insolvenzgericht getroffen werden (zur künftigen Klärung dieser Frage im Anmeldeverfahren s. *Ahrens* § 302 Rdn. 11 ff.). Das Insolvenzgericht darf davon ausgehen, dass die Forderung gem. § 302 InsO von der Restschuldbefreiung ausgenommen ist, wenn bereits durch ein rechtskräftiges Urteil eines Zivilgerichts das Vorliegen einer vorsätzlich begangenen unerlaubten Handlung festgestellt wurde (vgl. hierzu *Ahrens* § 302 Rdn. 37 ff.). 20

Ein sachlicher Grund für eine Ungleichbehandlung wird in gewissem Rahmen auch für Gläubiger gerechtfertigt sein, wenn deren Befriedigung **für den Schuldner und seine Familie von existentieller Bedeutung** ist. So ist der Schuldner bei einer Nichtzahlung von Rückständen aus Energielieferungsverträgen nach § 19 GVV von einer **Stromsperre** bedroht, die der Energielieferant unabhängig vom Zwangsvollstreckungsverbot im Insolvenzverfahren vornehmen kann. Es wird dem Schuldner zuzugestehen sein, diesen Gläubiger im Plan mit verhältnismäßig höheren Beträgen zu berücksichtigen, um die für ihn existentiell wichtigen Energielieferungen zu gewährleisten. Die Möglichkeit der **Stromsperre** kommt daher einer besonderen Sicherung eines Gläubigers gleich, so dass auch hier eine rechtliche Situation vorliegt, die eine Ungleichbehandlung rechtfertigt (zust. *Hess* InsO, 2. Aufl., § 309 Rn. 15). Das Gleiche gilt auch für die Bevorzugung anderer existentiell wichtiger Gläubiger, etwa des Vermieters beim Bestehen von Mietrückständen, die zur **Wohnraumkündigung** berechtigen würden (a.A. HK-InsO/*Landfermann* § 309 Rn. 9). Denn der Schutz des § 112 InsO, der den Schuldner im eröffneten Verfahren vor einer Mietkündigung wegen alter Mietrückstände bewahrt, besteht im Schuldenbereinigungsplanverfahren nicht. Der BGH hat zudem entschieden, dass der Schutz des § 112 InsO im eröffneten Insolvenzverfahren nicht gegeben ist, wenn der Insolvenzverwalter die Enthaftungserklärung gem. § 109 Abs. 1 Satz 2 InsO in Bezug auf das Mietverhältnis abgegeben hat (*BGH* 17.06.2015 – VIII ZR 19/14, m. abl. Anm. *Lackmann* ZVI 2015, 343). 21

Auch Kleingläubiger können im Plan u.U. gegenüber den anderen Gläubigern privilegiert werden, wenn dies zur Abwicklung des Verfahrens sachlich gerechtfertigt erscheint (*AG Saarbrücken* ZInsO 2002, 340; so auch *Hess* InsO, 2. Aufl., § 309 Rn. 12; **a.A.** *Uhlenbruck/Sternal* InsO, § 309 Rn. 34). Bereits in der Vergleichsordnung war in § 106 die **Bevorzugung von Kleingläubigern** zur erleichterten Verfahrensabwicklung anerkannt (*Kilger/Karsten Schmidt* VglO, § 8 Rn. 1; *Bley/Mohrbutter* VglO, § 106 Rn. 1). In der Gesetzesbegründung zu § 222 Abs. 3 InsO wird die volle Befriedigung von Kleingläubigern bis zu einer bestimmten Höhe ausdrücklich erwähnt (vgl. *Balz/Landfermann* S. 336). Auch im Schuldenbereinigungsplanverfahren kann dies zu u.U. zu einer **Verfahrensvereinfachung** beitragen, wenn eine Vielzahl von Kleingläubigern vorliegt. Der Rechtsgedanke des § 222 InsO ist dann entsprechend anzuwenden (vgl. auch Rdn. 12). 22

Für die Beurteilung der Verhältnismäßigkeit sind die **Angaben des Schuldners** maßgebend. Bei Streit über die Forderungshöhe kann die Zustimmung nicht ersetzt werden, wenn dies für die Frage der Angemessenheit wesentlich ist (Abs. 3, s. Rdn. 50 ff.). Die Gläubiger müssen – sofern kein sachlicher Grund für die Ungleichbehandlung vorliegt – im Verhältnis gleichmäßig beteiligt werden. Hierbei ist aber **keine mathematische Genauigkeit** erforderlich (vgl. auch Rdn. 10). Das Insolvenzgericht hat einen gewissen Ermessensspielraum bei der Bewertung der Angemessenheit (*Nerlich/Römermann* InsO, § 309 Rn. 14). Insbesondere wird es zuzulassen sein, dass vor allem wegen der faktischen Abwicklungsprobleme der Schuldner **die Gläubiger sukzessive befriedigt**. Dass dann einige ihr Geld später bekommen als andere, ohne hierfür einen finanziellen Ausgleich zu erhalten, wird von ihnen hinzunehmen sein, solange sie unter dem Strich die gleiche Gesamtquote bekommen (so auch *OLG Celle* ZInsO 2001, 374 [376] Zur Mischung von Raten- und Einmalzahlungen; *K. Schmidt/Stephan* InsO, § 309 Rn. 16). 23

Bei Streit über die Höhe einer Forderung, die Qualifizierung als Forderung aus einer vorsätzlich begangenen unerlaubten Handlung, die Wirksamkeit einer Sicherung oder über andere Tatsachen, die eine »Ungleichbehandlung« rechtfertigen würden, kann gerade **die Ungewissheit über den Ausgang dieses Streits** im Rahmen eines Kompromisses bei der Bemessung der Vergleichsbeträge in gewissem Rahmen erhöhend berücksichtigt werden, ohne dass der Rechtsstreit einer endgültigen Klärung zu- 24 geführt wird (*Kirchhof* ZInsO 1998, 58). Insoweit vergrößert sich der allgemeine Entscheidungsspielraum, den das Gericht bei der Beurteilung der Angemessenheit hat (Rdn. 6), da der **Streit an sich auch ein sachlicher Grund für eine gewisse Abweichung vom Grundsatz der Gleichbehandlung** der Gläubiger sein kann (vgl. hierzu auch *Hess/Obermüller* Insolvenzplan, Rn. 831). Bei ausgenommenen Forderungen ist bei der Entscheidung über die Zustimmungsersetzung zu berücksichtigen, dass bei einem Scheitern des Entschuldungsverfahrens auch diese Forderungen uneinbringlich sein können und der Gläubiger **auch bei der Fortsetzung der Einzelzwangsvollstreckung nicht die volle Forderung** erhalten würde (A/G/R-*Henning* § 309 InsO Rn. 14; so auch *Kübler/Prütting/Bork-Wenzel* InsO, § 309 Rn. 16 mit Hinweis auf den diesbezüglich großzügigen Entscheidungsspielraum des Gerichts; s.a. Rdn. 35).

Ein konkurrierender Gläubiger kann sich nur dann gegen die aufgrund des Streits vorgenommene Bevorzugung eines anderen Gläubigers wehren, wenn er gem. § 309 Abs. 3 InsO glaubhaft machen kann, dass die Forderung oder Sicherung tatsächlich nicht in der Höhe besteht, mit der sie im Plan berücksichtigt wurde.

IV. Wirtschaftliche Schlechterstellung gegenüber Verbraucherinsolvenz- und Restschuldbefreiungsverfahren (Nr. 2)

25   Nr. 2 enthält die gesetzliche Präzisierung der schon bisher im **Vergleichsrecht** geltenden Regelungen zum Minderheitenschutz (vgl. Rdn. 2), nach der ein Gläubiger nicht zu einem Vergleich gezwungen werden darf, der ihn schlechter stellen würde, als er ohne die Annahme des Plans – nämlich bei der Durchführung des gerichtlichen Entschuldungsverfahrens – voraussichtlich stehen würde. Die Vorschrift ähnelt insoweit dem Obstruktionsverbot im Insolvenzplan in § 254 InsO.

Das Angebot im Plan ist den prognostisch zu erwartenden Beträgen im Verbraucherinsolvenzverfahren mit anschließender Treuhandphase bis zur gesetzlichen Restschuldbefreiung gegenüberzustellen und auf Abweichungen hin zu überprüfen (*Hess* InsO, 2. Aufl., § 309 Rn. 22).

1. Hypothetische Berechnung der im Verfahren zu zahlenden Beträge

26   Voraussetzung für die **Parallelwertung** nach Nr. 2 ist, dass das Insolvenzgericht sowohl das Ergebnis der Vermögensverwertung während des Insolvenzverfahrens, als auch den Wert des Neuerwerbs während Insolvenzverfahren und Treuhandphase prognostiziert.

Eine Hilfestellung bei der **Ermittlung der potentiell im gerichtlichen Verfahren** an den jeweiligen Gläubiger **auszuschüttenden Beträge** bietet der 2. HS von Nr. 2. Im Zweifel ist davon auszugehen, dass sich die aktuellen tatsächlichen Verhältnisse des Schuldners auch zukünftig nicht verändern. Es sind also die Verhältnisse im Zeitpunkt der Prognoseentscheidung zugrunde zu legen. Dies bedeutet, dass Veränderungen zu berücksichtigen sind, wenn deren Eintritt nach Lage der Dinge konkret absehbar sind (*OLG Frankfurt* ZInsO 2000, 288 [289]; *OLG Karlsruhe* NZI 2001, 433 = ZInsO 2001, 913; *Uhlenbruck/Sternal* InsO, § 309 Rn. 60; *Kübler/Prütting/Bork-Wenzel* InsO, § 309 Rn. 20; HK-InsO/*Landfermann* 2. Aufl., § 309 Rn. 19; *Schmidt-Räntsch* MDR 1994, 321 [325]). Dies hat der Gesetzgeber durch den Einschub des Wortes »**voraussichtlich**« klargestellt (*Kübler/Prütting/Bork-Wenzel* InsO, § 309 Rn. 21). Tatsächlich sind viele **Veränderungen** denkbar, die Einfluss auf die Einkommenssituation des Schuldners haben können (z.B. Wegfall der Unterhaltspflicht gegenüber Ehefrau oder Kindern, eine Gehaltserhöhung, die absehbare Aufnahme oder Beendigung des Arbeitsverhältnisses, die Geburt eines Kindes, etc.). Als sicher werden diese absehbaren Veränderungen der Einkommenssituation des Schuldners aber nur selten anzusehen sein, da der tatsächliche Eintritt der Ereignisse zweifelhaft bleibt. Bestehen aber konkrete Anhaltspunkte für wesentliche positive Veränderungen kann es dem Schuldner obliegen, eine Anpassungsklausel in den Plan aufzunehmen, wenn er die Zustimmungsersetzung erreichen will (*OLG Frankfurt* ZInsO 2000, 288 [289]; s. Rdn. 28). Der Gläubiger muss daher nicht nur die potentielle abstrakte Schlechterstellung, sondern darüber hinaus auch die **Voraussichtlichkeit des Ereignisses vortragen und glaubhaft machen**, dass es zu einer konkreten wirtschaftlichen Schlechterstellung für ihn führt (*OLG Frankfurt* ZInsO 2000,

288 [289]; *LG Neubrandenburg* v. 21.03.2001 – 4 T 42/01). Behauptet ein Gläubiger, er werde schlechter gestellt, weil der Schuldner zusätzliche Vermögenswerte besitze, die nicht in den vom Schuldner vorgelegten Unterlagen aufgeführt sind, so trägt er dafür die Glaubhaftmachungslast (*BGH* 30.09.2010 – IX ZB 145/08, NZI 2010, 948). Je höher nach der allgemeinen Lebenserfahrung die Wahrscheinlichkeit des Eintritts einer Veränderung ist, desto geringere Anforderungen wird man an die Glaubhaftmachung der konkreten Anhaltspunkte stellen. Bei dem Vergleich zwischen der Prognose des Plans und der Prognose des Verfahrens müssen aber auch voraussichtlich eintretende Veränderungen bei der Durchführung des Verfahrens (z.B. eine Erhöhung der Pfändungsfreigrenzen, hierzu auch Rdn. 28) berücksichtigt werden.

Abs. 1 Nr. 2 stellt auf die Beträge ab, **die der Gläubiger** bei der Durchführung des Verfahrens **erhielte**, und nicht auf die, die der Schuldner bezahlen müsste. Entsprechend sind bei der Ermittlung des Prognosebetrages auch die voraussichtlich entstehenden **Gerichts-, Treuhänder- und Veröffentlichungskosten** zu berücksichtigen (*LG Münster* Beschl. v. 21.8.2013 – 5 T 348/12). Nur der nach deren Abzug verbleibende Betrag fließt an die Gläubiger und ist für den Vergleich mit dem Zahlungsvorschlag des Schuldners maßgebend. Durch die Einführung des Stundungsmodells wird die Berechnung etwas vereinfacht, da zukünftig, mit Ausnahme der Rechtsanwaltskosten, die Kosten des gesamten Verfahrens (also auch die der Treuhandperiode) gedeckt sein müssen, bevor überhaupt Ausschüttungen an die Gläubiger vorgenommen werden können (hierzu *Kohte* § 4a Rdn. 27 ff. und § 292 Rdn. 14). In der Praxis bieten Schuldner i.d.R. Zahlungen ohne die Kürzung um diese Kosten an, so dass sich Abweichungen bei der Ermittlung der Forderungshöhe in vielen Fällen nicht i.S.d. § 309 Abs. 1 Nr. 2 InsO auswirken dürften. 27

Die Aufnahme von **Anpassungsregelungen** ist grds. nicht Bedingung für die Zustimmungsersetzung (*OLG Frankfurt* ZInsO 2000, 288 [289]; *Uhlenbruck/Sternal* InsO, § 309 Rn. 62). Insbesondere Ratenzahlungspläne mit konstanten Leistungen können sowohl im Interesse des Schuldners, als auch im Interesse des Gläubigers liegen. Ein Übereinkommen des Schuldners mit der Mehrheit der Gläubiger, unabhängig von negativen wie positiven Veränderungen konstant hohe Raten zu zahlen, kann durchaus interessengerecht sein. Eine Anpassungsklausel ist aber in Plänen, die keine oder nur geringfügige Zahlungen an die Gläubiger vorsehen, dann die Voraussetzung für eine Zustimmungsersetzung, **wenn absehbare und konkrete Anhaltspunkte für eine wahrscheinlich eintretende signifikante Änderung der Einkommensverhältnisse** vorhanden sind (*BGH* 10.10.2013 – IX ZB 97/12, VuR 2014, 152 ff. m. Anm. *Grote*; *OLG Frankfurt* ZInsO 2000, 288 [289]; ähnlich *AG Göttingen* ZInsO 2000, 628 [LS]). Der Gläubiger, dessen Zustimmung ersetzt werden soll, muss bei einem Fehlen von Anpassungsklauseln glaubhaft machen, dass solche Änderungen der wirtschaftlichen Verhältnisse wahrscheinlich sind (*BGH* 10.10.2013 – IX ZB 97/12, VuR 2014, 152 ff.). Soweit eine Anpassungsklausel ausnahmsweise erforderlich erscheint, ist fraglich, welche Anforderungen an den Inhalt zu stellen sind. Das LG Göttingen, hat eine Anpassungsklausel, die nur eine Erhöhung der Zahlungen des Schuldners vorsah, wenn eine Einkommenssteigerung von mehr als 10 % eintreten sollte, als Schlechterstellung gegenüber dem gerichtlichen Verfahren angesehen (ZInsO 2001, 324). Gegen diese Auffassung bestehen Bedenken. Insbesondere gewerbliche Arbeitnehmer verfügen häufig über monatlich schwankende Einkünfte, eine monatliche Anpassung läge sicher nicht im Interesse der Beteiligten. Geringe Einkommenserhöhungen gleichen in Zeiten mäßiger Tarifabschluss häufig nur die Inflation und das ebenfalls gestiegene Existenzminimum aus (das Gesetz zur Erhöhung der Pfändungsfreigrenzen sieht zukünftig eine jährliche Anpassung der Freibeträge vor (BT-Drucks. 14/6812 zu § 850c Abs. 2a). Insofern erscheint eine Planerhöhung (oder auch Verringerung), **die erst ab einer Veränderung von 10%** einsetzt, dann aber die gesamte Erhöhung erfasst, Hinblick auf die Praktikabilität eines Plans und der nicht notwendigen mathematischen Genauigkeit des Angebots als angemessen. 28

Strittig ist, ob der Plan auch eine **Verfallklausel** oder sog. **Wiederauflebensklausel** enthalten muss, um bei der Zustimmungsersetzung eine Schlechterstellung gegenüber dem gerichtlichen Verfahren zu vermeiden (dafür *LG Köln* NZI 2003, 559; *LG Memmingen* NZI 2000, 235; *Uhlenbruck/Sternal* InsO, § 309 Rn. 62; *Kübler/Prütting/Bork-Wenzel* InsO, § 309 Rn. 19; *Nerlich/Römermann* InsO, 29

§ 309 Rn. 24; dagegen *LG Hannover* NZI 2004, 389 = ZVI 2005, 49; *AG Bremen* ZVI 2004, 468 = NZI 2004, 277; *AG Bremerhaven* ZVI 2007, 21; *AG Mannheim* v. 14.04.2000 – IK 60/99; *AG Ludwigshafen* 23.02.2000 – 3b IK 20/99). Grundsätzlich muss auch die mögliche Nichterfüllung des Plans bei dem anzustellenden Vergleich zwischen Plan und Verfahrensprognose berücksichtigt werden. Bei einer Nichterfüllung der Erwerbsobliegenheiten im gerichtlichen Entschuldungsverfahren leben die ursprünglichen Forderungen nach einer Versagung der Restschuldbefreiung gem. § 299 InsO wieder auf. Insofern ist es jedenfalls bei **flexiblen Plänen**, die an die laufende Pfändbarkeit des Schuldners während des Verfahrens anknüpfen, eine Schlechterstellung i.S.d. Abs. 1 Nr. 2, wenn dem Gläubiger bei einer Nichterfüllung des Plans, etwa weil der Schuldner sich weigert, die von ihm im Plan zugesagten Erwerbsobliegenheiten zu erfüllen (hierzu *Kübler/Prütting/Bork-Wenzel* InsO, § 309 Rn. 8), keine Möglichkeit der Kündigung oder der Vollstreckung bliebe. Auch bei **festen Plänen** kann es eine Schlechterstellung sein, wenn sich die Ratenzahlungen an den im Verfahren zu erwartenden Beträgen orientieren, aber für den Fall der Nichtzahlung lediglich die Möglichkeit der Vollstreckbarkeit der vereinbarten Teilforderung ermöglichen. An das Merkmal der »**Voraussichtlichkeit**« bzgl. der Nichterfüllung der übernommenen Zahlungs- oder Erwerbsobliegenheiten sind bei langen Planlaufzeiten keine allzu hohen Anforderungen zu stellen (s. auch Rdn. 26).

30 Fraglich ist, ob, ein Plan nach Abs. 1 Nr. 2 zustimmungsersetzungsfähig ist, der eine sog. »**Teilerlassklausel**« beinhaltet. Eine solche modifizierte Verfallklausel soll gewährleisten, dass bei einem Scheitern des Plans nicht die Gesamtforderungen der Gläubiger wiederaufleben, sondern dem Schuldner für jedes Jahr der Erfüllung des Plans ein Teil der Gesamtforderungen erlassen wird. Auch hierbei ist zu berücksichtigen, dass Planfreiheit herrscht, und Teilerlassklauseln grds. zulässig sind. Bei der Frage der Zustimmungsersetzungsfähigkeit ist zwischen **flexiblen Plänen** und Plänen mit **festen Raten** oder Einmalzahlungen zu differenzieren. Anders als bei festen Zahlungspflichten besteht bei **flexiblen Plänen** wegen der Anknüpfung der Zahlungspflicht des Schuldners an das jeweils pfändbare Einkommen eine sehr viel geringere Gefahr des Scheiterns. Insofern wird die Situation des Restschuldbefreiungsverfahrens widergespiegelt, in dem das Risiko der Arbeitslosigkeit des Schuldners den Gläubigern auferlegt wird. Insofern kann eine Schlechterstellung angenommen werden, wenn im Schuldenbereinigungsplan keine Erwerbsobliegenheit gem. § 295 Abs. 1 InsO vorgesehen ist (*LG Heilbronn* InVo 2002, 414). Im Restschuldbefreiungsverfahren droht dem Schuldner bei einer Nichterfüllung seiner Erwerbsobliegenheiten gem. § 299 InsO das Recht der freien Nachforderung der Gläubiger. Daher wäre es auch eine Schlechterstellung gegenüber der Situation im Verfahren, wenn im Plan als Konsequenz für die Nichteinhaltung übernommener Obliegenheiten das Nachforderungsrecht durch einen Teilerlass begrenzt würde. Anders ist das dagegen bei **festen Ratenzahlungsplänen**, in denen der Schuldner das Risiko der Verschlechterung seiner Einkommensverhältnisse übernimmt und damit eine große Gefahr des Scheiterns besteht. Bei diesen Plänen ist auch eine Teilerlassklausel angemessen, um dem Schuldner für den Fall der Verschlechterung seiner Einkommensverhältnisse statt der Restschuldbefreiung zumindest eine angemessene Ausgangsposition für Nachverhandlungen oder einen späteren erneuten Entschuldungsversuch zu erhalten. Insofern ist eine Teilerlassklausel bei einem Plan mit festen Raten eine Besserstellung des Gläubigers gegenüber dem Verfahren, in dem die Verschlechterung der Einkommenssituation nicht notwendigerweise die Restschuldbefreiung hindert (a.A. wohl *LG Göttingen* NZI 2000, 487; *Uhlenbruck/Sternal* InsO, § 309 Rn. 63).

31 Fraglich ist auch, inwieweit eine sog. **Erbschaftsklausel** in einen flexiblen Plan aufzunehmen ist, mit der der Schuldner den Gläubigern in Anlehnung an § 295 Abs. 1 Nr. 2 InsO verspricht, die Hälfte eines während der Planlaufzeit etwa anfallenden Erbes an die Gläubiger zu verteilen. Auch hier wird man von einer potentiellen Schlechterstellung der Gläubiger ausgehen können, wenn **konkrete Anhaltspunkte** dafür bestehen, dass während der potentiellen Laufzeit des Verfahrens ein Erbe zu erwarten ist (*OLG Karlsruhe* NZI 2001, 433 = ZInsO 2001, 913). Die allgemeine Aussicht auf einen nur abstrakt möglichen Erbfall reicht nach Ansicht des *OLG Karlsruhe* allerdings nicht aus, um eine Schlechterstellung i.S.d. § 309 Abs. 1 Nr. 2 InsO anzunehmen, wenn eine entsprechende Einbeziehungsklausel im Plan fehlt (NZI 2001, 433 = ZInsO 2001, 913; A/G/R-*Henning* InsO, § 309 Rn. 15).

In Verfahren, die vor dem 01.07.2014 beantragt wurden, liegt eine Schlechterstellung eines Gläubigers i.S.d. Abs. 1 Nr. 2 gegenüber der Durchführung des Verfahrens nach einer Entscheidung des BGH auch dann vor, wenn im Plan die **Verrechnungsmöglichkeit eines Sozialleistungsträgers gem. § 52 SGB I** nicht berücksichtigt wird (*BGH* NZI 2008, 479 m. Anm. *Wegener* S. 477; s. zur Begründung ausf. die Ausführungen in der 8. Aufl.). Für **Verfahren, die nach dem 01.07.2014 beantragt wurden,** entfällt das Vorrecht der Aufrechnung in § 114 Abs. 2 InsO im Verfahren, so dass dieses auch in Plänen nicht mehr zu berücksichtigen sind (s.a. *Uhlenbruck/Sternal* InsO, § 309 Rn. 58). 32

In Rechtsprechung und Literatur ist streitig, inwieweit im Plan eine **Aufrechnungsmöglichkeit des Finanzamtes mit Steuererstattungsansprüchen des Schuldners** in der Treuhandperiode zu berücksichtigen ist (**dafür** *LG Hildesheim* ZInsO 2004, 1320 = ZVI 2005, 96; *LG Koblenz* ZInsO 2000, 507; diff. *LG Koblenz* NZI 2004, 679; A/G/R-*Henning* InsO, § 309 Rn. 15; *Nerlich/Römermann* InsO, § 309 Rn. 19; **dagegen** *LG Kiel* ZVI 2004, 401 [403] mit dem Hinweis auf die Einflussmöglichkeiten des Finanzamtes hinsichtlich der Festsetzung der Vorauszahlungsbeträge; *LG Traunstein* ZVI 2003, 345; *AG Göttingen* ZInsO 2001, 329; *Uhlenbruck/Sternal* InsO, § 309 Rn. 59). Ausgangspunkt für diese Frage ist die zutreffende Auffassung, dass der Einkommensteuererstattungsanspruch des Schuldners, der ihm am Ende des Veranlagungsjahres z.B. wegen besonders hoher Werbungskosten entsteht, nicht von der Abtretung an den Treuhänder nach § 287 Abs. 2 Satz 2 InsO erfasst ist (so auch K. *Schmidt/Stephan* InsO, § 309 Rn. 21). Durch die Entscheidung des *BGH* v. 21.07.2005 – IX ZR 115/04, dürfte diese Frage nunmehr für die Praxis weitgehend geklärt sein. Denn bei dem Anspruch **handelt es sich nicht um Arbeitseinkommen** des Schuldners oder an deren Stelle tretende Bezüge (*BGH* 21.07.2005 – IX ZR 115/04; *Ahrens* § 287 Rdn. 153; *Grote* ZInsO 2001, 452 [453] *Gerigh* ZInsO 2001, 931 [935]; *LG Koblenz* ZInsO 2000, 507; *AG Göttingen* ZInsO 2001, 329; so wohl jetzt auch *Kübler/Prütting/Bork-Wenzel* InsO, § 287 Rn. 24; *AG Gifhorn* NZI 2001, 491). Daraus, dass der Erstattungsanspruch in der Treuhandperiode nicht von der Haftungsmasse erfasst ist wäre aber eine gerechtfertigte Sonderstellung des Finanzamtes in Form einer Aufrechnungsbefugnis nur dann abzuleiten, wenn man das Vollstreckungsverbot nicht auch als **Aufrechnungsverbot** versteht (abl. zum Vollstreckungsverbot des § 14 KO s. *BGH* NJW 1971, 1563; krit. dazu *Jaeger/Henckel* KO § 14 Rn. 12 m.w.N.; zum Vollstreckungsverbot des § 4 Abs. 2 GesO als Aufrechnungsverbot *BGH* BGHZ 130, 76 [82]). Der IX. Senat hat die Auslegung des § 294 InsO als allgemeines Aufrechnungsverbot abgelehnt (*BGH* ZVI 2005, 437 = BGHZ 163, 391; ihm folgend *BFH* ZVI 2007, 137 = DStRE 2007, 237). Nach dieser Ansicht steht damit dem Finanzamt in der Treuhandperiode die Möglichkeit offen, mit den Steuerverbindlichkeiten des Schuldners gegen evtl. Steuererstattungsansprüche aufzurechnen. Die Auffassung ist vom hier vertretenen Standpunkt aus abzulehnen. In Anbetracht der Zielsetzung der InsO, die den Schuldner in der langen Treuhandperiode vor jeglichem Zugriff der Insolvenzgläubiger schützen will und dem Grundsatz der Gleichbehandlung der Insolvenzgläubiger in der Treuhandperiode der durch § 294 Abs. 2 und § 295 Abs. 1 Nr. 4 InsO eine besondere Ausgestaltung erfahren hat, kann das Vollstreckungsverbot des § 294 Abs. 1 InsO systemgerecht nur auch **als Aufrechnungsverbot verstanden** werden (hierzu ausf. *Grote* ZInsO 2001, 452 [454]). Für die Praxis ist dennoch davon auszugehen, dass eine Zustimmungsersetzung bei Plänen, die die Aufrechnungsbefugnis des Finanzamts während der Planlaufzeit nicht berücksichtigen, zu erwarten ist. Denn eine Schlechterstellung kommt nur in Betracht, wenn Steuerrückerstattungsansprüche in der Zukunft tatsächlich entstehen werden, was vom Gläubiger glaubhaft gemacht werden muss (*LG Münster* ZInsO 2013, 2575). Eine bloß abstrakte Möglichkeit einer zukünftigen Aufrechnung mit Steuererstattungsansprüchen steht der Zustimmungsersetzung aber nicht entgegen (vgl. HambK-InsO/*Ritter* § 309 Rn. 21). 33

Bei der Berechnung der potentiell im gesetzlichen Entschuldungsverfahren zu erwartenden Beträge ist zwar **keine mathematische Genauigkeit** erforderlich (dazu auch *OLG Frankfurt* NZI 2002, 266 [267]; **a.A.** zur alten Rechtslage *Krug* Verbraucherkonkurs, S. 126 f., der sowohl eine Kapitalisierung der einzelnen Leistungen als auch eine Abzinsung vornehmen will), trotzdem sind vom Gericht nicht unerheblichen Berechnungen anzustellen. Die zu erwartenden Pfändungsbeträge während Verbraucherinsolvenzverfahren und Treuhandphase sind über die gesamte Laufzeit des Verfahrens hin zu ermitteln. Diese Berechnungen sind aber **mit Hilfe von EDV-Programmen** ohne besonderen Aufwand 34

Werden die Prognosebeträge vom Schuldner in Form einer Einmalzahlung geleistet, ist bei der Vergleichsrechnung nach Abs. 1 Nr. 2 der Zinsvorteil, den der Gläubiger durch die sofortige Zahlung gegenüber der Ratenzahlung hat, in Form einer Abzinsung der Beträge in Ansatz zu bringen (hierzu ausf. *Krüger/Reifner/Jung* ZInsO 2000, 12).

35 Eine Schlechterstellung gegenüber der Situation im gerichtlichen Verfahren kann auch dann vorliegen, wenn der Schuldner im Plan Umstände, die dem Gläubiger ein besonderes Befriedigungsrecht gewähren, nicht berücksichtigt. Dies gilt auch für eine rechtliche Schlechterstellung mit wirtschaftlichen Folgen, so wenn dem Gläubiger durch den Planinhalt der Zugriff auf einen Bürgen oder Drittschuldner genommen würde, den er im Verfahren nach § 301 InsO behalten würde (*Graf-Schlicker/Sabel* InsO, § 309 Rn. 29).

36 Auch dann, wenn der Gläubiger eine ausgenommene Forderung gem. § 302 InsO hat, kann dies eine Sonderstellung im Plan rechtfertigen, denn der deliktische Gläubiger könnte gem. § 302 InsO nach erteilter Restschuldbefreiung theoretisch seine restliche Forderung ungehindert weiter gegen den Schuldner vollstrecken. Fehlt eine solche Sonderstellung im Plan, kann der Gläubiger sich wegen der Schlechterstellung gegenüber der Verfahrensdurchführung gegen die Zustimmungsersetzung wehren (*BGH* DZWIR 2010, 388 f.).

In der Praxis wenden sich vor allem Sozialleistungsträger gegen eine Zustimmungsersetzung und berufen sich auf eine **vorsätzliche deliktische Haftung des Schuldners** aus § 823 Abs. 2 BGB i.V.m. § 266a StGB (zu den Voraussetzungen s. *Ahrens* § 302 Rdn. 16 ff.). Der Einwand eines Gläubigers, der sich auf die Ausnahme von der Restschuldbefreiung nach § 302 InsO beruft ist aber nur dann beachtlich, wenn der Gläubiger nicht nur den objektiven, sondern **auch den subjektiven Tatbestand** der Haftungsnorm schlüssig darlegt und glaubhaft macht (ausf. hierzu *OLG Dresden* ZInsO 2001, 805 [806]; *OLG Celle* ZInsO 2001, 468 [469]; *LG Göttingen* ZInsO 2001, 859; *OLG Zweibrücken* ZInsO 2001, 970 [971]). Der Hinweis auf einen rechtskräftigen Strafbefehl reicht hierzu nicht aus (*OLG Zweibrücken* ZInsO 2001, 970 [971]). Darüber hinaus muss er insbesondere dann, wenn der Schuldner nur über geringe pfändbare Beträge verfügt, die Vollstreckungsmöglichkeiten nach der Beendigung der Restschuldbefreiung **schlüssig darlegen**, die ihm nicht nur rechtlich, sondern auch **wirtschaftlich eine Besserstellung** verschaffen würde (*OLG Dresden* ZInsO 2001, 805 [806]; zur notwendigen wirtschaftlichen Betrachtungsweise *Kübler/Prütting/Bork-Wenzel* InsO, § 309 Rn. 19 ff.; für den Insolvenzplan *BGH* Beschl. v. 19.07.2012 – IX ZB 250/11, WM 2012, 1640).

Liegen die Voraussetzung einer Ausnahme nach § 302 InsO voraussichtlich vor, muss der Schuldner den privilegierten Deliktsgläubiger **nicht zwangsläufig den vollen Betrag** ihrer Forderung anbieten, da eine vollständige Realisierung nach erteilter Restschuldbefreiung i.d.R. unwahrscheinlich wäre. Das Gericht hat hier einen gewissen Ermessensspielraum, ob es den angebotenen Betrag bzw. die angebotene Regelung für ausreichend erachtet (*OLG Dresden* ZInsO 2001, 805 [806]; *Kübler/Prütting/Bork-Wenzel* InsO, § 309 Rn. 16; s. hierzu auch Rdn. 24).

37 Bei der Bewertung des pfändbaren Vermögens des Schuldners kann das Gericht von den Angaben ausgehen, die der Schuldner in seinem Vermögensverzeichnis gemacht hat. Das Gericht wird regelmäßig **weder tatsächliche Ermittlungen anstellen, noch einen Gutachter beauftragen**, um den Wert des pfändbaren Vermögens des Schuldners zu ermitteln. Nur wenn der Gläubiger glaubhaft macht, dass im Verfahren höhere Ausschüttungen an ihn zu erwarten sind als der Schuldner im Plan berücksichtigt hat, hat das Gericht **nach Lage der Akten** und unter Berücksichtigung der Kosten der Verwertung den Betrag zu ermitteln, der unter Zugrundelegung von Erfahrungswerten voraussichtlich bei der Vermögensverwertung zu erzielen sein wird. Macht der Gläubiger konkrete Tatsachen glaubhaft, die zu einem von den Angaben des Schuldners abweichenden Verwertungsertrag führen, kann seine Zustimmung nicht ersetzt werden.

38 Schwierigkeiten kann auch die Ermittlung des jeweils pfändbaren Einkommens bereiten. Grundsätzlich ist unter Berücksichtigung der Unterhaltsverpflichtungen und der §§ 850 ff. ZPO der nach § 850c ZPO pfändbare Betrag zu ermitteln. Fraglich ist, ob das Gericht bei der Prognose auch Bewertungen vornehmen kann, die nach der ZPO nur auf Antrag vom Vollstreckungsgericht vor-

genommen werden können. In Frage kommen hierbei insbesondere die Gestaltungsmöglichkeiten des Gerichts nach § 850f, § 850e und § 850c Abs. 4 ZPO, die alle einen Antrag des Schuldners oder eines Gläubigers voraussetzen. Durch das InsOÄndG 2001 wurde klargestellt, welche dieser Vorschriften im Insolvenzverfahren gelten und dass der Treuhänder statt des Gläubigers antragsberechtigt ist. Nur wenn ein Gläubiger konkrete Tatsachen glaubhaft macht, aufgrund derer ohne Zweifel davon auszugehen ist, dass während der Laufzeit des gerichtlichen Entschuldungsverfahrens eine **Veränderung des pfändbaren Betrages** nach entsprechender Antragstellung erfolgen würde, so muss dies auch bei der Prognoseentscheidung nach § 309 Abs. 1 Nr. 2 InsO berücksichtigt werden. Bestehen dagegen Zweifel darüber, ob ein solcher Antrag erfolgreich gestellt wird, so ist von den Bedingungen zum Zeitpunkt der Antragstellung auszugehen (§ 309 Abs. 1 Nr. 2 InsO).

2. Berücksichtigung von Zugangshürden zum Verfahren und zur Erlangung der Restschuldbefreiung

Umstritten ist, inwieweit bei der Prognoseentscheidung nicht nur auf die voraussichtlich bei der Durchführung des gerichtlichen Entschuldungsverfahrens an die Gläubiger fließenden Beträge, sondern darüber hinaus darauf abzustellen ist, **ob der Schuldner aufgrund seiner persönlichen Situation in einem gerichtlichen Verfahren auch tatsächlich Restschuldbefreiung erlangen würde**. So wird vertreten, eine Zustimmung dürfe dann nicht ersetzt werden, wenn der Schuldner die Kosten des Verfahrens nicht aufbringen könne (*Henckel* FS für Gaul, 1997, 199 [204]), ein Insolvenzgrund nicht gegeben sei (*Kübler/Prütting/Bork-Wenzel* InsO, § 309 Rn. 14 ff.; *Häsemeyer* Rn. 29.35), oder ein Versagungsgrund vorliege (*Häsemeyer* Rn. 29.35). 39

Bei der Beurteilung dieser Frage ist einerseits zu berücksichtigen, dass der Gesetzgeber ein einfaches Verfahren mit dem Ziel der Entlastung der Gerichte konstruiert hat, in dem die Prüfungsaufgaben des Gerichts strukturell sehr eingeschränkt sind. Das Modell des Schuldenbereinigungsplanverfahrens geht zudem davon aus, dass ein Plan, dem die Mehrheit der Gläubiger zugestimmt hat, auch der Minderheit zugemutet werden kann. Andererseits muss beachtet werden, dass durch die Zustimmungsersetzung ein endgültiger Eingriff in die Vermögensrechte der Gläubiger vorgenommen werden kann, auch wenn die Forderung nicht mehr im vollen Umfang werthaltig ist. Insoweit bedarf es hier einer differenzierenden Betrachtung.

In der Literatur wurde vertreten, bei einem **einkommens- und vermögenslosen Schuldner** könne die Zustimmung nicht ersetzt werden, weil er die Kosten nicht werde aufbringen können und ihm daher das Rechtsschutzbedürfnis für einen Insolvenzantrag fehle (so *Henckel* FS für Gaul, 1997, 199 [204]). Dieser Auffassung konnte schon nach altem Recht nicht zugestimmt werden, zumal das kostengünstige Schuldenbereinigungsplanverfahren zudem gerade für »arme« Schuldner die einzige Chance zur Schuldbefreiung gewesen sein dürfte, wenn sie die Kosten nach § 26 InsO für das gerichtliche Entschuldungsverfahren nicht aufbringen konnten. Durch die Einführung des **Stundungsmodells** in §§ 4a ff. InsO, das auch dem vermögenslosen Schuldner den Zugang zum Verfahren ermöglicht, dürfte dieser Punkt nicht mehr streitig sein. 40

Nach Ansicht von *Häsemeyer* (Rn. 29.35) setzt eine Zustimmungsersetzung auch die **Überprüfung des Vorliegens eines Insolvenzgrundes** (§§ 17, 18 InsO) voraus. Eine andere Ansicht lehnt die Überprüfung des Insolvenzgrundes in dieser Phase ab, da diese nach dem Gesetz nur für die Eröffnung relevant sind und daher im Eröffnungsverfahren erstmals zu prüfen (*Wittig* WM 1998, 157 [160]; *Hess/Obermüller* Insolvenzplan, Rn. 858; differenzierend *Pape* Insolvenzgründe im Verbraucherinsolvenzverfahren, WM 1998, 2125 [2127 ff.]). Bei der Abwägung zwischen möglicherweise beeinträchtigten Gläubigerinteressen und dem Bedürfnis nach einer möglichst weitgehenden Entlastung der Gerichte ist zu beachten, dass ein Eröffnungsgrund eines verschuldeten Antragstellers i.d.R. vorliegen dürfte, da schon die drohende Zahlungsunfähigkeit als (zukünftiger) Eröffnungsgrund ausreicht. Wenn der Schuldner das Vorliegen dieser behauptet, kann eine Zustimmung dann nicht ersetzt werden, wenn der Gläubiger das Fehlen des Insolvenzgrundes glaubhaft macht, da er dann nach § 309 Abs. 1 Nr. 2 schlechter gestellt würde, als bei der Durchführung des Verfahrens, das der Schuldner dann ja gar nicht zur Eröffnung bringen könnte. In der Praxis dürfte es für die Gläubiger 41 äußerst schwierig sein, diese Behauptung im Wege der erforderlichen Glaubhaftmachung nach Abs. 3 nachzuweisen. Einem unredlichen Schuldner, der ohne das Vorliegen einer drohenden Zahlungsfähigkeit das Verfahren rechtswidrig nutzen will, um sich von seinen Schuldverpflichtungen zu lösen, wird es zudem in der Praxis keine großen Probleme bereiten, seine Zahlungsunfähigkeit herbeizuführen, wenn diese Voraussetzung für die Planannahme sein sollte. Aufgrund des andererseits bestehenden Interesses des Gesetzgebers an einer größtmöglichen Entlastung der Gerichte ist daher im Zustimmungsersetzungsverfahren keine Überprüfung des Vorliegens eines Eröffnungsgrundes vorzunehmen (so auch *Hess* InsO, 2. Aufl., § 309 Rn. 23).

42 Grds. zu bejahen ist auch die Frage, ob die Zustimmung zum Schuldenbereinigungsplanverfahren gem. Abs. 1 Nr. 2 zu versagen ist, wenn ein Gläubiger glaubhaft macht, der Schuldner erfülle einen **Versagungsgrund** nach § 290 Abs. 1 InsO (so *OLG Köln* ZInsO 2001, 807 [809]; *OLG Celle* ZInsO 1999, 456 [457]; *Uhlenbruck/Sternal* InsO, § 309 Rn. 70 ff.; zur Versagung der Restschuldbefreiung wegen eines Insolvenzdelikts *OLG Celle* ZInsO 2001, 414; *LG Saarbrücken* NZI 2000, 380 [381]; HK-InsO/*Landfermann* 2. Aufl., § 309 Rn. 11; *AG Mönchengladbach* ZInsO 2001, 674 [675]; *Kübler/Prütting/Bork-Wenzel* InsO, § 309 Rn. 15; *Häsemeyer* Rn. 29.35; wohl auch *Hess/Obermüller* Insolvenzplan, Rn. 836; **a.A.** *Balz* ZIP 1988, 273 [293], der das Planverfahren explizit als Lösung für die Fälle ansieht, in denen Versagungsgründe den Zugang zum gerichtlichen Verfahren behindern). Ein Gläubiger, der im gerichtlichen Verfahren seine Forderung in voller Höhe behalten würde, weil dem Schuldner aufgrund des Vorliegens von Versagungsgründen der Zugang zur Restschuldbefreiung versperrt ist, wird durch einen Zwangsvergleich mit dem Schuldner, der im regelmäßig nur einen Bruchteil seiner Forderungen gewährt, grds. schlechter gestellt.

43 Andererseits ist zu bedenken, dass das Schuldenbereinigungsplanverfahren auf **summarische und kursorische Prüfungen** ausgelegt ist, es soll im Schuldenbereinigungsplanverfahren weder der Streit um die Höhe der Forderungen geklärt (s. hierzu Abs. 3) noch sollen in dieser Verfahrensstufe im Detail die weiteren Voraussetzungen des Zugangs zur Restschuldbefreiung geprüft werden. Gesetzliches Leitbild ist noch immer, dass das Verfahren nicht länger als drei Monate dauern soll. Bei der Schaffung des Schuldenbereinigungsplanverfahrens ist der Gesetzgeber, wie sich aus der Begründung ergibt, davon ausgegangen, dass dieses Verfahren insbesondere dann zur Entschuldung geeignet ist, wenn der Schuldner im gerichtlichen Verfahren aufgrund des Vorliegens eines Versagungsgrundes nach § 290 Abs. 1 InsO keine Chance zur Erreichung der Restschuldbefreiung hat (BT-Drucks. 12/7302 S. 190). In anderem Zusammenhang hat der Gesetzgeber die prognostische Überprüfung der Versagungsgründe im kursorischen Verfahren reduziert. Für die Frage der Bewilligung der **Kostenstundung** hat er in § 4a Abs. 1 InsO die Prüfung der Erfolgsaussicht auf die Versagungsgründe des **§ 290 Nr. 1 und Nr. 3 beschränkt**. Der Bundesgerichtshof hat die Gründe zur Versagung der Stundung auf andere Versagungsgründe ausgeweitet, sofern diese ganz offensichtlich gegeben sind (dazu *Kohte* § 4a Rdn. 24). Es bietet sich an, diese Wertung für das Zustimmungsersetzungsverfahren zu übernehmen, da die genannten Versagungsgründe leicht nachprüfbar sind und ein Verzicht auf eine Überprüfung der übrigen Versagungsgründe in dieser Verfahrensphase die Gläubigerinteressen nicht wesentlich beeinträchtigen würde. So stellt § 290 Abs. 1 Nr. 5 InsO auf die Verletzung von zukünftigen Pflichten im Insolvenzverfahren ab und ist somit für eine Prüfung in diesem Stadium ungeeignet. Gegen Falschangaben in den Verzeichnissen des Schuldners (Nr. 6) ist der Gläubiger bereits durch § 309 Abs. 3 InsO geschützt. Bei den Versagungsgründen Nr. 2 und Nr. 4 ist zu bedenken, dass zur Überprüfung ihres Vorliegens umfangreiche Recherchen notwendig sein können, die nicht zu dem kursorischen Charakter des Schuldenbereinigungsplanverfahrens passen (so auch die Gesetzesbegründung zur Überprüfung der Stundungswürdigkeit nach § 4a InsO [BT-Drucks. 14/5680 S. 21 zu Nr. 1], in der vermutet wird, dass Gläubiger sich regelmäßig auf den Standpunkt stellen werden, allein aus dem Eintritt der Insolvenz des Schuldners lasse sich ablesen, dass dieser unangemessene Verbindlichkeiten begründet habe). Bei der Verwirklichung des Versagungsgrundes des § 290 Abs. 1 Nr. 2 InsO ist der Gläubiger in vorsätzlich begangenen Fällen zudem durch § 302 geschützt, auf den sich der Gläubiger auch im Zustimmungsersetzungsverfahren berufen kann (hierzu Rdn. 36).

Wirbt ein Gläubiger ausdrücklich damit, SCHUFA-freie Kredite anzubieten, so stellt die Nichtangabe bestehender Vorverbindlichkeiten in Höhe von 4.000 DM nicht zwingend einen Versagungsgrund nach § 290 Abs. 1 Nr. 2 InsO dar und dies kann einer Zustimmungsersetzung dann nicht unbedingt entgegengehalten werden (*AG Lichtenberg* ZInsO 2004, 629; s. dazu auch *BGH* ZInsO 2005, 926).

Es bietet sich daher im Interesse eines schnellen, einfachen und kostengünstigen Planverfahrens an, sich bei der Überprüfung des Vorliegens von Versagungsgründen **an der Wertung des § 4a Abs. 1 InsO und der Rspr. des BGH zur Offensichtlichkeit von Versagungsgründen zu orientieren.**

Unbeachtlich ist im Zustimmungsersetzungsverfahren der Einwand, der Schuldner werde aufgrund seines bisherigen Verhaltens seine **Obliegenheiten** nach § 295 InsO nicht erfüllen (anders offenbar HambK-InsO/*Streck* § 309 Rn. 18). Eine Prognose über zukünftiges Verhalten des Schuldners ist in diesem Zusammenhang faktisch unmöglich. Auch wenn der Schuldner sich in der Vergangenheit nicht ausreichend um zumutbare Beschäftigung bemüht hat, rechtfertigt dies nicht die Vermutung dass dies auch in Zukunft so bleiben wird, da zukünftig die Aussicht auf Restschuldbefreiung eine neue Motivation für die Erwerbstätigkeit darstellt, was ja gerade das erklärte Ziel des Entschuldungsverfahren ist. Ob er Erwerbsobliegenheiten hat, hängt ohnehin von dem Inhalt des Plans ab. Werden solche vereinbart, dürfte die Nichteinhaltung zur Kündigungsmöglichkeit des Plans führen. 44

3. Zustimmungsersetzung bei Nullplänen

In Literatur und Rechtsprechung war die Frage ausgiebig diskutiert worden, inwieweit **Nullpläne**, die von einkommens- und vermögenslosen Schuldnern vorgelegt werden und keinerlei Zahlungen zur Tilgung an die Gläubiger vorsehen, als ausreichende Schuldenbereinigungspläne anzusehen sind und inwieweit bei solchen Plänen eine Zustimmungsersetzung ablehnender Gläubiger möglich ist (s. zur Diskussion die ausf. Nachweise in der 7. Aufl.). 45

Nach der höchstrichterlichen Rspr. (*BGH* 10.10.2013 – IX ZB 97/12, ZInsO 2013, 2333 ff.) die auch einen Nullplan als zustimmungsersetzungsfähig erachtet, ist diese Streitfrage nunmehr geklärt (zur Rspr. der Oberlandesgerichte zuvor s. *BayObLG* ZInsO 1999, 644 = ZIP 1999, 1926; *BayObLG* ZIP 2000, 320; *OLG Köln* ZIP 1999, 1929; *OLG Frankfurt* ZInsO 2000, 288 = NZI 2000, 473; *OLG Karlsruhe* NZI 2000, 163; *LG Würzburg* ZInsO 1999, 583 m. Anm. *Grote*; *OLG Stuttgart* NZI 2002, 563 = ZInsO 2002, 836; noch offen gelassen in *BGH* ZInsO 2004, 1311; *Pape* VuR 2000, 13; *Nerlich/Römermann* InsO, § 309 Rn. 25; *Hess* InsO, 2. Aufl., § 309 Rn. 27). **Für Nullpläne gelten daher keine anderen Regeln als für andere Planvorschläge des Schuldners** (anders *Kübler/Prütting/Bork-Wenzel* InsO, § 309 Rn. 27, der nur einen flexiblen Nullplan für ersetzungsfähig hält). 46

Ebenso wenig wie Nullpläne unzulässig sind, gilt für die Planangebote eine Mindestbefriedigungsquote von 35 % (§ 300 Abs. 1 Nr. 1 InsO). Maßstab für den Vergleich der Schlechterstellung gegenüber der Verfahrensdurchführung ist die Durchführung des regulären Restschuldbefreiungsverfahrens, das keinerlei Mindestbefriedigung vorsieht. 47

Unterschiede können sich für Verfahren, **die nach dem 01.07.2014 beantragt wurden**, allerdings hinsichtlich der Laufzeit des gerichtlichen Verfahrens als Vergleichsmaßstab ergeben. Beträgt der Vergleichsmaßstab bislang regelmäßig sechs Jahre, so wird er jedenfalls dann, wenn der Plan Zahlungsangebote vorsieht, die die voraussichtlichen Kosten des Verfahrens übersteigen, nur noch fünf Jahre betragen. Denn in dem Fall kann davon ausgegangen werden, dass der Schuldner die den Gläubigern angebotenen Beträge zur Deckung der Verfahrenskosten verwenden würde, um die Restschuldbefreiung ein Jahr eher zu erlangen (§ 300 Abs. 1 Nr. 3 InsO). Insofern können auch die 35 % von Bedeutung sein. Bietet der Schuldner seinen Gläubigern Beträge an, die zu einer Befriedigung von 35 % ihrer (nicht nachrangigen) Insolvenzforderungen führen würden und die auch die Kosten des Verfahrens decken können, so gilt als Vergleichsmaßstab hinsichtlich einer Schlechterstellung auch nur die Laufzeit von drei Jahren. Der Gläubiger kann dann nicht einwenden, der Schuldner würde bei einer Laufzeit des Verfahrens von fünf oder sechs Jahren aus seinem pfändbaren Einkommen höhere Beträge an den Treuhänder abführen. Insofern stellt sich die »Mindest- 48 befriedigungsquote« in Planverfahren eher als »Höchstbefriedigungsquote« dar. Auch Pläne mit einer Laufzeit von drei oder fünf Jahren sind damit zustimmungsersetzungsfähig (vgl. *Lackmann* InsbürO 2015, 84, 85).

D. Verfahren bei der Zustimmungsersetzung (Abs. 2)

49 Satz 1 stellt sicher, dass Gläubigern, deren Zustimmung ersetzt werden soll, vor einer Entscheidung des Gerichts rechtliches Gehör gewährt wird. Der Antrag auf Zustimmungsersetzung kann auch noch nach einer vom Gericht beschlossenen aber nicht rechtskräftigen Verfahrenseröffnung gestellt werden, wenn Beschwerde gegen den Eröffnungsbeschluss eingelegt wurde (*LG Göttingen* NZI 2009, 330; *Graf-Schlicker/Sabel* InsO, § 309 Rn. 10).

Der Gläubiger muss die Gründe, die einer Zustimmung entgegenstehen, glaubhaft machen (*BGH* NZI 2010, 948). **Nur wenn ein Gläubiger Gründe glaubhaft macht** (§§ 4 InsO, 294 ZPO), die der Ersetzung seiner Zustimmung entgegenstehen, **hat sich das Gericht mit diesen Gründen zu befassen** (BT-Drucks. 12/7302 S. 192; *OLG Köln* NZI 2001, 211; *OLG Dresden* ZInsO 2001, 805; *OLG Celle* ZInsO 2001, 468; *BayObLG* ZInsO 2001, 170; *OLG Zweibrücken* ZInsO 2001, 970). Der Gesetzgeber hat damit im Interesse eines zügigen Ablaufs des Verfahrens und einer Entlastung der Gerichte die Voraussetzung der Glaubhaftmachung gezielt als Steuerungsmittel eingesetzt. Der Minderheitenschutz wird damit nicht von Amts wegen berücksichtigt. Soweit in der Literatur vertreten wird, einer Glaubhaftmachung bedürfe es nicht, sofern der Sachverhalt offensichtlich sei oder sich bereits aus dem Vortrag des Schuldners ergebe *Kübler/Prütting/Bork-Wenzel* InsO, § 309 Rn. 31) wird insoweit der teleologische Sinn der Glaubhaftmachung verkannt.

Will ein Gläubiger, dessen Zustimmung ersetzt werden soll, dieses verhindern, so muss er **als Voraussetzung für die Zulässigkeit** seines Antrags schlüssig vortragen und durch präsente Beweismittel belegen, inwieweit er unangemessen beteiligt bzw. gegenüber dem gerichtlichen Verfahren schlechter gestellt ist (*OLG Köln* NZI 2001, 211; zu den Voraussetzungen der Glaubhaftmachung vgl. auch Rdn. 50 und *Ahrens* § 296 Rdn. 56 ff.). Ein Gläubiger, der darlegt, dass die Zustimmungsersetzung zu versagen sei, weil er gegen den Schuldner eine nach § 302 InsO ausgenommene Forderung habe, muss nicht nur den objektiven Tatbestand der unerlaubten Handlung, sondern auch den subjektiven Tatbestand der vorsätzlichen Begehungsweise schlüssig vortragen und glaubhaft machen (*OLG Dresden* ZInsO 2001, 805; *OLG Celle* ZInsO 2001, 468). Es wird auch nur die angemessene Beteiligung des Gläubigers geprüft, der Einwendungen erhoben hat (*Kübler/Prütting/Bork-Wenzel* InsO, § 309 Rn. 9).

Ist der Antrag glaubhaft gemacht, so ist er zulässig und die Amtsermittlungspflicht des Gerichts setzt ein. Dabei ist das Gericht aber auf diejenigen Gründe beschränkt die glaubhaft gemacht werden und es kann nicht von Amts wegen das Vorliegen weiterer Gründe einfordern (*OLG Köln* ZInsO 2001, 807 [809]; *LG Mönchengladbach* ZInsO 2001, 1115; *Uhlenbruck/Sternal* InsO, § 309 Rn. 89; **a.A.** *Kübler/Prütting/Bork-Wenzel* InsO, § 309 Rn. 31).

Wegen der Tragweite der Entscheidung als Eingriff in das Eigentumsrecht des Gläubigers sieht das Gesetz die Möglichkeit der **sofortigen Beschwerde** des Gläubigers gegen den die Zustimmung ersetzenden Beschluss vor. Auch dem Schuldner steht die sofortige Beschwerde gegen den die Zustimmungsersetzung ablehnenden Beschluss vor. Nach der Streichung des § 7 InsO besteht die Möglichkeit der Rechtsbeschwerde nur bei Zulassung des erkennenden Gerichts. Zur Beschwerdemöglichkeit des Schuldners bei Ablehnung der Durchführung des gerichtlichen Schuldenbereinigungsplanverfahrens durch das Gericht s. § 306 Rdn. 17 und *LG Bonn* 6.6.2016 – 6 T 114/16).

E. Streit über die Höhe der Forderungen (Abs. 3)

50 Abs. 3 trifft eine Regelung für die Situation, dass zwischen den Parteien **Streit über die Höhe der bestehenden Forderungen** besteht. Hierdurch soll in erster Linie verhindert werden, dass der Schuldner die Forderung eines Gläubigers zu niedrig ansetzt oder durch fingierte Forderungen von Verwandten oder Freunden den Anteil der übrigen Gläubiger schmälert (*Hess/Obermüller* Insolvenz-

plan, Rn. 832). Bei Forderungen nahestehender Personen soll der Schuldner verpflichtet sein, nähere Angaben zum Entstehen der Forderungen zu machen (*LG Berlin* ZInsO 2004, 214; *AG Ludwigshafen* Beschl. v. 29.10.2015 – 3 e IK 164/15; vertiefend *Uhlenbruck/Sternal* InsO, § 309, Rn. 77 ff.). Die Norm bietet aber Gläubigern auch die Möglichkeit, **sich gegen möglicherweise ungerechtfertigte Forderungen** unredlicher Gläubiger **zu wehren**, wenn der Schuldner hierzu nicht gewillt oder in der Lage ist. Grundsätzlich soll das Insolvenzgericht bei der Entscheidung über die Ersetzung der Zustimmung **keine langwierigen Prüfungen und Beweisaufnahmen** zur Höhe streitiger Forderungen durchführen müssen (BT-Drucks. 12/7302 S. 192). Insbesondere ist nicht festzustellen, in welcher Höhe die Forderungen tatsächlich bestehen (*Uhlenbruck/Vallender* InsO, § 309 Rn. 98 m.w.N.). Macht der Gläubiger Tatsachen glaubhaft, die beim Gericht zu ernsthaften Zweifeln führen, ob eine der vom Schuldner angegebenen Forderungen dem Grunde oder der Höhe nach bestehen, **so kann die Zustimmung nicht ersetzt werden** (*BGH* 24.05.2012 – IX ZB 226/10; *Arnold* DGVZ 1996, 129 [135]). Richtet sich der Streit allerdings nur auf einen geringfügigen Betrag, so ist das Gericht nicht an einer Zustimmung gehindert, da es im Rahmen der »Angemessenheit« einen gewissen Spielraum bei der Bewertung des Plans hat (BT-Drucks. 12/7302 S. 192). Ein Schuldenbereinigungsplan ist nur dann nicht zustimmungsersetzungsfähig, wenn sich die Forderungshöhe zwischenzeitlich – d.h. zwischen Mitteilung der Forderungshöhe und Antrag auf Zustimmungsersetzung – aufgrund neu entstandener Zinsansprüche nicht unbeträchtlich erhöht (vgl. AG Hamburg, Beschl. v. 2.3.2017, 68g IK 471/16: hier neue Zinsansprüche in Höhe von 568 EUR bzw. 691 EUR). Allzu strenge Anforderung sollten hier allerdings nicht gestellt werden. Denn sonst hätte es der Gläubiger mit dem Argument der neu entstandenen Zinsansprüche stets in der Hand, das Schuldenbereinigungsplanverfahren zum Scheitern zu bringen. Unwesentliche Erhöhungen der Forderung aufgrund neu entstandener Zinsansprüche müssen daher im Rahmen des Zustimmungsersetzungsverfahrens unberücksichtigt bleiben. Anderenfalls wäre das Schuldenbereinigungsplanverfahren grundsätzlich nicht mehr durchführbar.

Zu den **Voraussetzungen der Glaubhaftmachung** s. *Ahrens* § 296 Rdn. 56 ff. Ein bloßes Bestreiten der Forderung reicht ebenso wenig wie die bloße Behauptung, dem Gläubiger stehe eine höhere Forderung zu. Es müssen konkrete Tatsachen behauptet und mit entsprechenden Beweismitteln belegt werden. Dazu gehört auch eine plausible und für das Gericht ohne weiteres nachvollziehbare Darlegung der Schlechterstellung (ausf. *Graf-Schlicker/Sabel* InsO, § 309 Rn. 33 ff.). 51

Bei den **Anforderungen an die Glaubhaftmachung** wird unter anderem zu berücksichtigen sein, ob bereits ein rechtskräftiger Titel über die Forderung besteht (analog § 179 Abs. 2 InsO). Gelingt dem Gläubiger die Glaubhaftmachung, so ist sein Antrag zulässig (*Hess/Obermüller* Insolvenzplan, Rn. 833). Der Schuldner hat jedoch zuvor die Möglichkeit der **Gegenglaubhaftmachung**, indem er präsente Beweismittel anbietet. Das Gericht hat dann zunächst zu prüfen, welche der beiden Versionen überwiegend wahrscheinlich ist (*Uhlenbruck/Sternal* InsO, § 309 Rn. 93; *Hess/Obermüller* Insolvenzplan, Rn. 834; *BGH* VersR 1976, 928). 52

F. Verfahrensrechtliches

Zuständig für die **Entscheidung über die Zustimmung** ist der **Richter** (Art. 14 EGInsO, § 18 Abs. 1 Satz 1 RPflG). Zu weiteren Verfahrensfragen s. § 309 Abs. 2 und 3 InsO. Dem Schuldner ist bereits für das Zustimmungsersetzungsverfahren (und nicht erst im Beschwerdeverfahren) im Rahmen der Kostenstundung ein Rechtsanwalt beizuordnen, wenn das Verfahren rechtlich kompliziert wird und einen kontradiktorischen Charakter annimmt (so auch *Graf-Schlicker/Sabel* InsO, § 309 Rn. 42; dazu ausf. *Kohte* § 4a Rdn. 46 m.w.N.). Zum Gegenstandswert und den anfallenden Gebühren ausf. A/G/R-*Henning* § 309 InsO Rn. 27 f. 53

G. Insolvenzplanverfahren für Verbraucher

Auch Verbraucher haben ab dem 1. Juli 2014 die Möglichkeit, das Insolvenzplanverfahren zu nutzen und zwar auch dann, wenn das Insolvenzverfahren zu diesem Zeitpunkt bereits eröffnet ist (Einzelheiten zum allgemeinen Insolvenzplan s. § 217 ff. InsO). Damit stehen allen natürlichen Personen 54

§ 309 InsO Ersetzung der Zustimmung

nach der Antragstellung gleich zwei Möglichkeiten für einen Zwangsvergleich zur Verfügung. Das Schuldenbereinigungsplanverfahren (§§ 307 ff. InsO) kann vor – und im Erfolgsfall auch statt – einer Eröffnung eines Insolvenzverfahren durchgeführt werden, das Insolvenzplanverfahren nur während der Dauer eines eröffneten Insolvenzverfahrens. Der Plan kann aber theoretisch auch schon mit der Eröffnung vorgelegt werden. Die Vorschriften für den Plan sind komplizierter, geben aber auch mehr Gestaltungsmöglichkeiten. Es spricht nichts dagegen, einen Insolvenzplan auch dann vorzulegen, wenn zuvor ein Schuldenbereinigungsplanverfahren gescheitert ist.

55 Auch wenn nicht davon auszugehen ist, dass der Insolvenzplan eine Lösung für eine Vielzahl von Verbraucherverfahren sein wird, so kann dieser durchaus eine interessante Alternative zur Erreichung der Schuldbefreiung für natürliche Personen darstellen. **Das Insolvenzplanverfahren** bietet gegenüber dem Schuldenbereinigungsplanverfahren nicht unerhebliche **Vorteile**. So wird für das Zustandekommen der Planlösung nicht die Mehrheit aller Gläubiger benötigt, sondern die **Mehrheit der abstimmenden Gläubiger**. Das kann insbesondere dann ein Vorteil sein, wenn ein mündlicher Abstimmungstermin stattfindet, was vermutlich der Regelfall sein wird. Der Plan **wirkt zudem auch gegenüber denjenigen Gläubigern, die sich nicht am Verfahren beteiligt haben** (§ 254b InsO), also auch gegenüber Gläubigern, die der Schuldner schon lange vergessen hat und oder die ihre Forderungen nicht im Verfahren angemeldet haben. Allerdings ist zu beachten, dass diese Gläubiger dann die gleiche Quote, die ihnen nach dem Plan zustehen würde, vom Schuldner einfordern können. Sie können ihre Forderung auch noch nach der Bestätigung des Plans geltend machen (*BGH* 10.05.2012 – IX ZR 206/11, ZInsO 2012, 1321 ff.). In der Praxis wird oft versucht, die Wirkung des Plans durch Ausschlussklauseln auf die Gläubiger zu beschränken, die ihre Forderung bis zum Abstimmungstermin angemeldet haben. Nach der Ansicht des BAG sind solche **Ausschlussklauseln** aber **unwirksam** (*BAG* 12.09.2013 – 6 AZR 907/11, ZInsO 2013, 2439 ff.). Allerdings ist eine Nachforderung von Gläubigern, die sich bisher nicht am Verfahren beteiligt haben zeitlich begrenzt. Die Regelung des § 259b InsO bestimmt, dass Insolvenzforderungen, die nicht bis zum Abstimmungstermin angemeldet wurden, **innerhalb von einem Jahr** nach der Rechtskraft des Bestätigungsbeschlusses verjähren.

Der Insolvenzplan befreit – anders als der Schuldenbereinigungsplan – durch gesetzliche Regelung von möglichen späteren **Regressansprüchen** von Bürgen und Mitschuldnern (§ 254 Abs. 2 Satz 2 InsO).

56 Auch das Abstimmungsverhalten der Gläubiger könnte im Insolvenzplan positiver für den Schuldner sein. Ablehnende Gläubiger können **besser überstimmt** werden, indem Gruppen gebildet werden. Zum einen sind die Gläubiger eher geneigt, einem Vergleich zuzustimmen, wenn **das Vermögen des Schuldners vom Verwalter kontrolliert und verwertet** wurde und absehbar ist, welche Zahlungen sie noch im Verfahren zu erwarten haben. Dies dürfte insbesondere dann gelten, **wenn der Verwalter den Plan vorlegt**, weil er als neutrale bzw. eher gläubigernahe Person gilt. Zudem dürfte der Abstimmungstermin wie bisher häufig mündlich durchgeführt werden. Dann muss ein Gläubiger, wenn er sich gegen den Plan wehren will, **im Abstimmungstermin anwesend** sein oder sich vertreten lassen. Ein Aufwand den Gläubiger in Verbraucherverfahren wohl regelmäßig scheuen werden. Die Abstimmungsbasis wird also häufig sehr niedrig sein, was möglicherweise für das Zustandekommen förderlich ist, wenn sich nur die engagierten Gläubiger am Verfahren beteiligten. Gibt es zum Beispiel einen einfachen Plan mit nur einer Gläubigergruppe, so kann durch die Zustimmung eines einzelnen Gläubigers der Plan verabschiedet werden, wenn alle anderen nicht abstimmen. Der Schuldner wird schon allein im Hinblick auf den Minderheitenschutz (§ 251 InsO) seinen Gläubigern regelmäßig eine deutlich höhere Zahlung anbieten, als sie Im Verfahren zu erwarten haben.

57 Der Plan kann vom Schuldner oder dem Insolvenzverwalter vorgelegt werden (§ 218 InsO).Ob der Verwalter hierzu bereit ist, wird entscheidend davon abhängen, **ob das Gericht Insolvenzplänen von Verbrauchern positiv gegenüber steht.**

58 Der Verwalter hat die Chance, sich beim Gericht durch die Plandurchführung zu profilieren. Ist das Gericht wenig begeistert von der hierdurch bedingten Mehrarbeit, wird der Verwalter das Gericht

aber wohl eher nicht mit einer Vielzahl von Plänen belästigen wollen. Legt der Schuldner den Plan vor, kann er entweder von dem Schuldnerberater (anerkannte Stelle) vertreten werden – der ja nach neuem Recht hierzu berechtigt ist (s. § 305 Rdn. 78) – oder von einem Anwalt. Er muss ich auch nicht zwingend vertreten lassen, dürfte aufgrund der doch etwas komplexeren Materie aber den Plan kaum selbst entwerfen und das Verfahren ohne kompetente Hilfe durchlaufen können. Zu beachten ist, dass neben dem Vergleichsbetrag auch die Kosten des Verfahrens vom Schuldner aufzubringen sind. Dies sind zum einen die Gerichtskosten und die **Verwaltervergütung**, zum anderen ggf. die Kosten für den Schuldnervertreter. Auch bestehende Masseverbindlichkeiten müssen getilgt werden. Wenn der Verwalter den Plan vorlegt, **erhöht sich seine Vergütung** für das Verfahren. Wie hoch diese ist kann angesichts der uneinheitlichen Rechtsprechung zu dieser Frage nicht eindeutig beantwortet werden (Erhöhung zwischen 25 und 150 %). Die Aussicht auf diese Vergütungserhöhung allein wird ihn aber vermutlich nicht allein motivieren, das Insolvenzplanverfahren durchzuführen und einen Plan für den Schuldner zu erstellen.

Wie beim Schuldenbereinigungsplanverfahren soll erreicht werden, dass Gläubiger nicht schlechter gestellt werden, als bei einer Durchführung des Verfahrens mit anschließender Restschuldbefreiung. Allerdings wird – wie bei Schuldenbereinigungsplanverfahren – dieser Schutz nicht von Amts wegen gewährt. Ist ein (überstimmter) Gläubiger mit dem Inhalt des Plans nicht einverstanden, so muss er aktiv werden. Ein Gläubiger kann die Versagung der Bestätigung (§ 251 Abs. 1 InsO) beantragen, wenn er 59

1. spätestens **zum Abstimmungstermin dem Plan widersprochen hat** und
2. Durch den Plan **wirtschaftlich schlechter stehen würde**, als er ohne Plan stünde.

Die wirtschaftliche Schlechterstellung ist spätestens im Abstimmungstermin glaubhaft zu machen (§ 251 Abs. 2 InsO). Damit hat der Gesetzgeber im Insolvenzplanverfahren sehr hohe Hürden für obstruierende Gläubiger aufgestellt. Ohne Anwesenheit oder Vertretung im Termin kann ein Gläubiger keine Einwendungen gegen den Plan geltend machen. Aber auch dann, wenn er anwesend ist und dem Plan widerspricht, wird es ihm nicht immer leicht fallen, seine wirtschaftliche Schlechterstellung konkret glaubhaft zu machen. 60

Mit dem Argument der Schlechterstellung ggü. dem Verfahren kann er zum Beispiel geltend machen, 61
– dass eine **Insolvenzstraftat** vorliegt und das Verfahren nicht zur Restschuldbefreiung führen würde,
– oder dass seine Forderung gegen den Schuldner **nach § 302 InsO von der Restschuldbefreiung ausgenommen** sei,
– oder dass der Schuldner weitere Vermögenswerte besitzt, die im Verfahren zur Verteilung gekommen wären.

Der BGH hat klargestellt, dass ein deliktischer Gläubiger die Bestätigung eines Planes nur dann gem. § 251 Abs. 1 InsO mit Erfolg verhindern kann, wenn **er konkret darlegen** kann, inwieweit er durch den Plan wirtschaftlich schlechter gestellt wird, als er bei regulärer Durchführung des Insolvenzverfahrens stehen würde (*BGH* Beschl. v. 19.07.2012 – IX ZB 250/11, WM 2012, 1640). Ob dies der Fall ist, ist ausschließlich auf der Grundlage seines glaubhaft gemachten Vorbringens zu beurteilen (*BGH* Beschl. v. 19.07.2012 – IX ZB 250/11, WM 2012, 1640 Rn. 6). Für die Bewertung der Einwendungen, Klauseln und Hindernisse, die eine Schlechterstellung darstellen können kann weitgehend auf die oben dargestellte Rspr. zum Schuldenbereinigungsplanverfahren zurückgegriffen werden.

Zu den allgemeinen Voraussetzungen und Regelungen des Insolvenzplanverfahrens s. §§ 217 ff. InsO. Zum Insolvenzplan s.a. *Mai* Insolvenzplanverfahren, 2008, *Rendels/Zabel* Insolvenzplan, 2013, *Rugullis* NZI 2013, 869. Zur Gestaltung von Insolvenzplänen für Verbraucher s. *Stephan* Der Insolvenzplan in Verbraucherverfahren, BAGSB 2014, *Grote* InsbürO 2014 Heft 5 und Heft 6, *Beyer* ZVI 2013, 334. 62

§ 310 Kosten

Die Gläubiger haben gegen den Schuldner keinen Anspruch auf Erstattung der Kosten, die ihnen im Zusammenhang mit dem Schuldenbereinigungsplan entstehen.

Übersicht	Rdn.		Rdn.
A. Normzweck	1	C. Kostenschutz und Verfahrenskosten . . .	7
B. Erstattungsansprüche von Gläubigern	2	D. Verfahrensrechtliches	13

Literatur:
Siehe § 311.

A. Normzweck

1 Der Rechtsausschuss ging 1994 bei den Beratungen zu dieser Norm von der Erfahrung aus, dass bei der Verbraucherverschuldung die Belastung mit Kosten eine beträchtliche Rolle spielt und dass dabei nicht selten auch überhöhte Beträge verlangt werden. Weder im Rahmen der Beratungen zum damaligen VerbrKrG noch zur Schuldrechtsmodernisierung war es gelungen, eine umfassende und effektive Regelung zu finden; die Gerichtspraxis zur Tragung von Verzugskosten, vor allem von Inkassokosten, ist uneinheitlich, so dass die hier für den Schuldenbereinigungsplan gefundene generelle Lösung sowohl dem Schuldnerschutz als auch der Verfahrensvereinfachung dient. Als weiterer Zweck wurde in den Beratungen zutreffend hervorgehoben, dass der Ausschluss jeglicher Kostenerstattung für Gläubiger ein Anreiz ist, aktiv an einer zügigen außergerichtlichen Einigung mitzuwirken (*Schmidt-Räntsch* MDR 1994, 321 [324]), so dass diese Regelung das **vergleichsfördernde Konzept** des Rechtsausschusses flankiert und verdeutlicht (so auch HK-InsO/*Waltenberger* § 310 Rn. 1; *Andres/Leithaus* InsO, § 310 Rn. 1).

B. Erstattungsansprüche von Gläubigern

2 Ein **prozessrechtlicher Kostenerstattungsanspruch** wird im Vermittlungsverfahren zum Schuldenbereinigungsplan i.d.R. bereits aus verfahrensrechtlichen Gründen **ausgeschlossen** sein, denn im deklaratorischen Beschluss nach § 308 InsO erfolgt keine eigenständige Kostenentscheidung. Dagegen ist im kontradiktorischen Zustimmungsersetzungsverfahren eine Kostenentscheidung nach dem insoweit entsprechend anwendbaren § 91 ZPO nicht prinzipiell ausgeschlossen; insoweit kommt der Norm des § 310 InsO eine eigenständige Bedeutung zu. Auch wenn ein Antrag eines Schuldners auf Zustimmungsersetzung scheitert, steht dem beteiligten Gläubiger kein Erstattungsanspruch zu (*LG Karlsruhe* NZI 2004, 330 [331]; ebenso HK-InsO/*Waltenberger* § 310 Rn. 2; HambK-InsO/*Streck/Ritter* § 310 Rn. 2; *Uhlenbruck/Sternal* InsO, § 310 Rn. 5). Umgekehrt werden mögliche **Erstattungsansprüche von Schuldnern** von § 310 InsO **nicht erfasst** (K. Schmidt/*Stephan* InsO, § 310 Rn. 6; A/G/R-*Henning* § 310 InsO Rn. 5).

3 Aus dem umfassenden Normzweck des § 310 InsO folgt, dass der **Ausschluss** der Kostenerstattung sich notwendigerweise sowohl auf eine prozessrechtliche als auch auf eine **materiellrechtliche Kostenerstattung** beziehen muss. Als methodisches Vorbild kann auf die Rechtsprechung des BAG zu § 12a ArbGG hingewiesen werden (dazu nur *BAG* NZA 1992, 1101 m.w.N.). Das Verbot materiellrechtlicher Kostenerstattung gilt nicht nur für Ansprüche auf Schadensersatz, sondern auch für Aufwendungsersatz, z.B. nach § 670 BGB, sowie für entsprechende Entgeltvereinbarungen (*LG Karlsruhe* NZI 2004, 330 [331]), die wegen der Unabdingbarkeit von § 310 InsO nach § 134 BGB unwirksam sind (HK-InsO/*Waltenberger* § 310 Rn. 3; A/G/R-*Henning* § 310 InsO Rn. 4).

4 Soweit als Anspruchsgrundlage hier § 286 BGB in Betracht kommt, ist zu beachten, dass das Reichsgericht bereits 1921 entschieden hatte, dass Aufwendungen des Gläubigers, die im Zusammenhang mit der Sanierung seines Schuldners entstanden sind, nicht als Verzugsschaden geltend gemacht werden können (*RG* Recht 1921, 400 – Nr. 2566a). In der Literatur wird darauf verwiesen, dass es insoweit an einem adäquaten Kausalzusammenhang fehlt; vorzugswürdig erscheint uns die Erklärung,

dass diese Schäden nicht mehr vom Schutzzweck der Norm des § 286 BGB erfasst werden (dazu *Staudinger/Löwisch/Feldmann* BGB, 2014, § 286 Rn. 196; vgl. *Soergel/Wiedemann* BGB, 12. Aufl. 1990, § 286 Rn. 11). Dieser Ausschluss einer materiellrechtlichen Kostenerstattung entspricht im Übrigen auch den Regeln des außergerichtlichen Vergleichs (dazu nur *Künne* Außergerichtliche Vergleichsordnung, 7. Aufl. 1968, S. 460 sowie *Kohte/Busch* Vor § 304 Rdn. 7), so dass § 310 InsO auch auf die Kosten der außergerichtlichen Einigungsversuche zu erstrecken ist (MüKo-InsO/*Ott/Vuia* § 310 Rn. 5; A/G/R-*Henning* § 310 InsO Rn. 2).

Der mit dieser Norm bezweckte **Kostenschutz** verbietet ebenso auch **Entgeltregelungen**, die als **Aufwendungsersatz** klassifiziert sind (ebenso *Uhlenbruck/Sternal* InsO, § 310 Rn. 6; *Braun/Buck* InsO, § 310 Rn. 4). Verdeutlicht wird dies durch die Norm des § 305 Abs. 2 Satz 2 InsO, die die Gläubiger verpflichtet, auf ihre Kosten dem Schuldner zur Vorbereitung eines Schuldenbereinigungsplans die Höhe ihrer Forderungen und deren Aufgliederung in Hauptforderung, Zinsen und Kosten anzugeben (dazu s. *Grote/Lackmann* § 305 Rdn. 54). Wiederum hat diese Norm teilweise klarstellende Bedeutung, denn nach der Rspr. des BGH hat der Kunde in direkter oder entsprechender Anwendung von § 666 BGB einen Anspruch auf eine genaue Berechnung von Kapital, Zinsen und Kosten, wenn ihm eine solche Aufschlüsselung – wovon bei Verbrauchern i.d.R. auszugehen ist – allein nicht möglich ist (dazu *BGH* NJW 1985, 2699 [2700]; *BGH* NJW 2001, 1486 = VuR 2001, 180). Insoweit entfällt jegliche Kostenerstattung oder Entgeltforderung (ausf. *Wosnitza* Das Recht auf Auskunft im bankvertraglichen Dauerschuldverhältnis, 1991, S. 134 ff.; *Kohte* JR 1987, 504). Nur soweit diese Voraussetzungen nicht gegeben sind, könnte ergänzend für Vertragsunterlagen eine Entgeltforderung aus einer vertraglichen Vereinbarung oder aus § 811 BGB begründet sein (dazu nur *Staudinger/Marburger* BGB, 13. Aufl., § 811 Rn. 3). 5

Im Interesse einer klaren und einfachen Regelung sind im Zusammenhang mit dem Schuldenbereinigungsplan diese Differenzierungen aufgehoben und durch einen **eindeutigen und einheitlichen Erstattungsausschluss** ersetzt worden. Insoweit liegt eine gesetzlich gebotene Verhaltenspflicht der Gläubiger vor, deren Kosten auch durch vertragliche Vereinbarungen nicht auf die Kunden abgewälzt werden können (dazu als Parallele *BGH* NJW 1997, 2752 [2753]; NJW 1999, 2276 [2278]; NJW 2009, 2051 [2052]; *OLG Köln* VuR 2001, 292; *OLG Stuttgart* VuR 2004, 146; *OLG Dresden* ZVI 2015, 250). Entgeltregelungen, die auch Fälle gesetzlich angeordneter Mitwirkungshandlungen umfassen, sind angesichts des Verbots der geltungserhaltenden Reduktion nach der ständigen AGB-Rspr. insgesamt unwirksam (dazu nur *BGH* NJW 2005, 1275; vgl. die bisherige BGH-Rspr. zu Entgeltregelungen beim P-Konto: *BGH* NJW 2013, 995 = VuR 2013, 105; NJW 2013, 3163). 6

C. Kostenschutz und Verfahrenskosten

Die anteilige Kostentragung durch die Gläubiger war bereits in den ersten Vorschlägen der Literatur zur Schaffung eines Verbraucherinsolvenzverfahrens als notwendiges Element einer Gesamtlösung enthalten, das allerdings nicht isoliert wirken, sondern durch Einschränkungen bei der Verwaltervergütung und eine staatliche Unterstützung durch Insolvenzkostenhilfe komplettiert werden sollte (dazu *Scholz* ZIP 1988, 1157 [1164]). Die neuere Gesetzgebung und Judikatur hat gezeigt, dass inzwischen weitere Regelungen zu den Verfahrenskosten den Zweck des § 310 InsO sinnvoll ergänzen können. 7

Bereits in Art. 29 EGInsO (zur Begr. BT-Drucks. 12/3803 S. 72 ff.; 12/7803 S. 110) ist das GKG im Hinblick auf das neue Verfahren geändert worden. Eine weitere Angleichung erfolgte durch das dritte Gesetz zur Änderung des Rechtspflegergesetzes (RPflG) und anderer Gesetze vom 06.08.1998 (BGBl. I S. 2030, 2031), das in Art. 2a das Kostenverzeichnis zum GKG ausführlich an das neue Insolvenzverfahren angepasst hat (dazu BT-Drucks. 13/10871 S. 16). Im Rahmen der InsO-Änderungen 2001 erfolgten weitere Ergänzungen der Kostenvorschriften durch Art. 2 Nr. 7c des 6. SGGÄndG (BGBl. 2001 I S. 2144, 2154) sowie Art. 3 InsOÄndG 2001 (BGBl. 2001 I S. 2710, 2714). Weitere Änderungen ergaben sich 2004 aus dem ersten **Gesetz zur Modernisierung des Kostenrechts** (KostRMoG vom 05.05.2004 BGBl. I S. 718; dazu *Schmerbach* ZInsO 2003, 882; *Riedel* ZVI 2004, 274). Die 2010 neu eingefügte Norm des § 23 Abs. 1 Satz 4 GKG (dazu *Marotzke* 8

§ 310 InsO Kosten

ZInsO 2011, 841) dürfte in der Verbraucherinsolvenz nur eine geringe Rolle spielen. Das Gerichtskostengesetz wurde mit der Bekanntmachung vom 27.02.2014 (BGBl. I S. 154) neu gefasst, wobei die nachfolgend dargestellten Regelungen fortgeführt werden.

9 **Im Eröffnungsverfahren** nach § 58 Abs. 1 GKG wird die Gebühr KV 2310 für das Verfahren über den Antrag des Schuldners auf Eröffnung des Insolvenzverfahrens erhoben (ausf. dazu s. *Schmerbach* § 13 Rdn. 180 ff.; *Kübler/Prütting/Bork-Pape* InsO, § 54 Rn. 8 ff.). Die Gebühr entsteht, auch wenn das Verfahren nach § 306 InsO ruht, in Höhe einer halben Gebühr. Demgegenüber wird nach der Eröffnung für die Durchführung des Insolvenzverfahrens die Gebühr KV 2320 mit wesentlich höheren Sätzen erhoben – nämlich das 2,5-fache der einfachen Gebühr. Diese Gebühren werden nach § 58 Abs. 1 GKG in Abweichung von den früheren Regelungen »nach dem **Wert der Insolvenzmasse zur Zeit der Beendigung des Verfahrens**« berechnet, so dass eine endgültige Abrechnung erst nach dem Ende des Insolvenzverfahrens möglich ist. Gleichwohl wird die Gebühr nach § 6 Abs. 1 Nr. 3 GKG mit Einreichung des Insolvenzantrags fällig; aus § 10 GKG ergibt sich allerdings, dass das Gericht seine Tätigkeit nicht von einem Vorschuss oder gar einer vollständigen Zahlung abhängig machen darf (s. *Schmerbach* § 13 Rdn. 180 ff.; MüKo-InsO/*Hefermehl* 3. Aufl. 2013, § 54 Rn. 10).

10 Für **Gläubigeranträge** (§ 58 Abs. 2 GKG) sind die Kosten in den gesonderten Positionen KV 2311 und KV 2330 geregelt. Die Gebühr wird nach dem Betrag der Gläubigerforderung, wenn jedoch der Wert der Insolvenzmasse geringer ist, nach diesem Wert erhoben. Danach wird im **Eröffnungsverfahren** ebenfalls eine 0,5-Gebühr – jedoch mit einem Mindestbetrag von 180 Euro – und für die Durchführung eine erhöhte Gebühr mit einem 3-fachen Wert der einfachen Gebühr in Rechnung gestellt. Diese bewusst asymmetrische Ausgestaltung des Kostenrechts soll leichtfertige und zur Druckausübung eingesetzte Gläubigeranträge unterbinden. Sie zeigt deutlich, dass die kostenrechtlichen Entscheidungen der sozialpolitischen Zielsetzung des Verfahrens unterzuordnen sind.

11 Weiter werden nach der Bestimmung in KV 9002 als **Auslagen** nach § 9 GKG die Kosten für Zustellungen in voller Höhe mit Durchführung der **Zustellungen** fällig. Nach KV 9002 werden diese Auslagen nur erhoben, soweit in einem Rechtszug Auslagen für mehr als 10 Zustellungen anfallen. Da durch § 307 Abs. 1 Satz 3 InsO aus rechtsstaatlichen Gründen ein relativ teures Zustellungsmodell gewählt worden ist (s. *Grote/Lackmann* § 307 Rdn. 11), können vor allem bei Durchführung der wiederholten Zustellung nach § 307 Abs. 3 InsO beachtliche Kosten anfallen, die jedoch durch Einsatz des Internet nach § 9 InsO wesentlich verringert werden können. Nach § 68 Abs. 3 GKG a.F. konnte das Gericht auch insoweit einen **Auslagenvorschuss** ansetzen, von dessen Zahlung allerdings wiederum die Zustellungen nicht abhängig gemacht werden durften (s. *Schmerbach* § 5 Rdn. 32; *Delhaes* KTS 1987, 597 [607]; MüKo-InsO/*Ganter/Lohmann* 3. Aufl., § 5 Rn. 59). In der insolvenzgerichtlichen Praxis war die Durchführung der Zustellungen nach § 307 InsO teilweise von einem Auslagenvorschuss abhängig gemacht worden (*AG Köln* NZI 1999, 83 [85]; *AG Stuttgart* NZI 2000, 386; *Limpert* Prozesskostenhilfe im Verbraucherinsolvenzverfahren, S. 74). Ein solches Verhalten ist in diesem Kommentar von Anfang an als systemwidrig und zusätzlich auch mit dem in § 306 Abs. 1 Satz 2 InsO dokumentierten Beschleunigungsziel nicht vereinbar qualifiziert worden (ebenso i.E. *AG Kassel* ZInsO 1999, 119; *Pape/Haarmeyer* ZInsO 1999, 135 [138]; ausf. *Köhler* ZInsO 2001, 743 [746]). Durch Art. 3 Nr. 1b InsOÄndG ist 2001 in § 17 Abs. 4 S. 3 GKG die **Möglichkeit des Auslagenvorschusses** im Schuldenbereinigungsplanverfahren ausdrücklich **gestrichen** worden (so bereits *Schmerbach/Stephan* ZInsO 2000, 541 [543]), so dass auf diese Weise das Verfahren vereinfacht und die Verfahrenskostenstundung im Schuldenbereinigungsplanverfahren flankiert wird (BT-Drucks. 14/5680 S. 33 f.).

12 Diese gesetzliche Klarstellung ist auch verfahrenswirtschaftlich, denn bereits im bisherigen Schuldenbereinigungsverfahren waren die Beitreibungsmöglichkeiten der Gerichtskasse gering. Hat der Schuldenbereinigungsplan, in dem nach § 305 Abs. 1 Nr. 3 InsO der Justizfiskus als Kostengläubiger notwendigerweise fehlen wird, Erfolg, so werden die Planglaubiger für mehrere Jahre den Vorrang haben (s. *Kohte* § 4b Rdn. 9). Bei einem Scheitern des Schuldenbereinigungsplans hatte der Kostenbeamte daher bereits vor 2001 schon zu prüfen, ob er wegen dauernden Unvermögens des Kostenschuldners zur Zahlung vom Ansatz der Kosten nach § 10 Abs. 1 KostVfg abzusehen hatte.

Die Regelung in § 17 Abs. 4 Satz 3 GKG sorgt insoweit für Plansicherheit, die gerade in einem solchen Verfahren wichtig ist.

D. Verfahrensrechtliches

Der Antrag auf Bewilligung von Prozesskostenhilfe für das Schuldenbereinigungsplanverfahren 13
konnte vor 2001 zusammen mit dem Antrag auf Eröffnungsverfahren nach § 305 InsO gestellt werden. Er war auch dann zu bescheiden, wenn das Verfahren nach § 306 InsO ruhte, da nach allgemeinen Grundsätzen auch bei ruhenden und ausgesetzten Verfahren die Entscheidungen über Prozesskostenhilfe wegen ihrer Bedeutung für den effektiven Rechtsschutz von der Aussetzung nicht erfasst werden (dazu nur *BGH* NJW 1966, 1126; *Stein/Jonas-Roth* ZPO, 22. Aufl. 2004, § 249 Rn. 14).

Hinreichende Erfolgsaussicht ist nach der verfassungsgerichtlichen Judikatur gegeben, wenn eine 14
vernünftig abwägende Partei ein solches Verfahren betreiben würde (*BVerfG* NJW 1991, 413; NJW 2003, 576; ähnlich *BGH* NJW 1998, 82). In Verfahren, denen eine Partei nicht ausweichen kann, muss bereits Erfolgsaussicht bejaht werden, wenn die vernünftig abwägende Partei an einem solchen Verfahren teilnimmt (dazu nur am Beispiel des Antragsgegners im Scheidungsverfahren *OLG Bamberg* NJW-RR 1995, 5 [6]; *OLG Jena* FamRZ 1998, 1179).

Somit war im Schuldenbereinigungsplanverfahren **Erfolgsaussicht** bereits zu bejahen, wenn ein **ord-** 15
nungsgemäßer Antrag nach § 305 InsO mit dem Ziel der Restschuldbefreiung vorlag, da dies der einzige rechtliche Weg zur Restschuldbefreiung war (ebenso *Bork* ZIP 1998, 1209 [1211]; *Funke* ZIP 1998, 1708 [1709]; *AG München* ZIP 1998, 2172 [2174]; *AG Offenbach* ZInsO 1999, 296 [298]). Die gegenteilige Ansicht der *LG Lüneburg* (ZIP 1999, 372, [373]), *LG Baden-Baden* (NZI 1999, 234 [237]) wonach die Erfolgsaussicht für das Schuldenbereinigungsverfahren fehle, wenn nicht mit einer Zustimmung der Gläubiger zum Schuldenbereinigungsplan zu rechnen sei, griff zu kurz. Eine vernünftig abwägende Partei wird auch dann das Schuldenbereinigungsverfahren durchführen, wenn eine Mehrheit der Gläubiger für den Plan nicht gefunden werden kann, weil dann das Schuldenbereinigungsverfahren als notwendige Vorstufe für das Verbraucherinsolvenzverfahren fungiert, das allein ihr den Weg zum Verfahren nach §§ 287 ff. InsO öffnen kann. Damit besteht bereits dann hinreichende Erfolgsaussicht, wenn es möglich ist (zu dieser Kategorie generell *BGH* NJW 1994, 1160, [1161]; *Zöller/Geimer* ZPO, § 114 Rn. 19), dass ein solches Verfahren den Schuldner einer fairen Schuldenbereinigung näher bringt (ebenso *Bruns* NJW 1999, 3445 [3449]; *LG Trier* VuR 2000, 133 [134] m. Anm. *Kohte*).

Die im Rahmen der Verfahrenskostenstundung gefundenen Regelungen haben diese Rechtsentwick- 16
lung aufgegriffen und konkretisiert. § 4a Abs. 1 Satz 4 InsO normiert die hier vertretene Position, dass **bereits das Ziel der Restschuldbefreiung eine hinreichende Erfolgsaussicht vermitteln kann** (dazu auch *Kocher* DZWIR 2002, 45 [47]; vgl. *BGH* NJW 2004, 3260 [3261] zur Restschuldbefreiung als legitimem Verfahrensziel). Ebenso ist die hier früh entwickelte Aufteilung der Verfahrensabschnitte mit der Regelung in § 4a Abs. 3 Satz 2 InsO übernommen worden (dazu auch *BGH* NJW 2002, 3780 [3781]). Damit orientieren sich diese Vorschriften an dem verfassungsrechtlichen Gebot, den Rechtsschutz Bemittelter und Unbemittelter weitgehend anzugleichen (so ausdrücklich zur Ausgestaltung der Verfahrenskostenstundung *BVerfG* NJW 2003, 2668).

§ 311 Aufnahme des Verfahrens über den Eröffnungsantrag

Werden Einwendungen gegen den Schuldenbereinigungsplan erhoben, die nicht gemäß § 309 durch gerichtliche Zustimmung ersetzt werden, so wird das Verfahren über den Eröffnungsantrag von Amts wegen wieder aufgenommen.

Übersicht	Rdn.		Rdn.
A. Normzweck	1	D. Beschlussfassung zum Kostenvorschuss	10
B. Gesetzliche Systematik	2	E. Verfahrensrechtliches	16
C. Vorbereitende Maßnahmen	4		

§ 311 InsO Aufnahme des Verfahrens über den Eröffnungsantrag

Literatur:
Rüntz/Geßler/Wiedemann/Schwörer Die Kosten des Stundungsmodells, ZVI 2006, 185 ff.; *Reill-Ruppe* Anspruch und Wirklichkeit des Restschuldbefreiungsverfahrens, 2013; *Stephan* Der vorläufige Treuhänder im Regierungsentwurf zur Entschuldung mittelloser Personen, ZVI 2007, 441.

A. Normzweck

1 Durch § 306 InsO ist für den Regelfall – Ausnahme ist der sofortige Übergang in das Eröffnungsverfahren nach § 306 Abs. 1 Satz 3 (dazu *Grote/Lackmann* § 306 Rdn. 11 ff.) – angeordnet worden, dass das Verfahren über den Antrag auf Eröffnung des Insolvenzverfahrens bis zu einer Entscheidung über den Schuldenbereinigungsplan ruht. Dieser Hinweis ist rechtssystematisch ungenau, da eine solche Entscheidung i.d.R. nicht getroffen wird. Es soll jedoch deutlich machen, dass das Gericht zügig die Aussetzung beenden soll, wenn die Voraussetzungen nicht mehr vorliegen, so dass Normzweck des § 311 InsO die **Verfahrensbeschleunigung** ist (so auch *Graf-Schlicker/Kexel* InsO, § 311 Rn. 1). Die gesetzlich ergangene Ruhensanordnung ist nicht kalendermäßig befristet, denn die Fristsetzung in § 306 Abs. 1 Satz 2 InsO kann nur einen allgemeinen Rahmen setzen, von dem abgewichen werden kann (s. *Grote/Lackmann* § 306 Rdn. 9). Nach den allgemeinen Vorschriften würde hier nach §§ 4 InsO, 251, 250 ZPO eine Aufnahme des Verfahrens von einem Antrag des Antragstellers abhängig sein. Im Interesse einer Beschleunigung des Verfahrens (so BT-Drucks. 12/7302 S. 193) ist stattdessen angeordnet worden, dass das Gericht das Verfahren von Amts wegen aufzunehmen hat. Während nach allgemeinen Grundsätzen (*Zöller/Greger* ZPO, § 251 Rn. 4) die Aufnahme des Verfahrens durch einen Beschluss des Gerichts, der ausdrücklich die Verfahrensfortsetzung anordnet, erfolgt, ist im Beschleunigungsinteresse zwischen verschiedenen Konstellationen zu unterscheiden (s. Rdn. 2, 3).

B. Gesetzliche Systematik

2 Eine Notwendigkeit für einen Fortsetzungsbeschluss ergibt sich nach § 306 Abs. 1 Satz 3 InsO, wenn das Insolvenzgericht vom gesetzlich vorgegebenen Regelfall eines gerichtlichen Schuldenbereinigungsplanverfahrens abweichen und auf dieses Verfahren verzichten will, weil nach seiner freien Überzeugung der Schuldenbereinigungsplan voraussichtlich nicht angenommen wird (s. *Grote/Lackmann* § 306 Rdn. 11). In einem solchen Fall ist der Schuldner anzuhören; wenn das Gericht bei seiner Ansicht bleibt, ist durch **Fortsetzungsbeschluss** anzuordnen, dass das Verfahren über den Eröffnungsantrag fortzusetzen ist (*Uhlenbruck/Sternal* InsO, § 311 Rn. 3; **a.A.** LSZ/*Martin* InsO, § 311 Rn. 3).

3 Wenn dagegen den Gläubigern nach § 307 Abs. 1 InsO der Schuldenbereinigungsplan mit Fristsetzung zur Stellungnahme zugestellt worden ist, kann zunächst die Feststellung nach § 308 InsO erfolgen, dass der Schuldenbereinigungsplan mit der erforderlichen Mehrheit angenommen worden ist. Ist dies nicht der Fall, dann kann das Insolvenzgericht nach § 307 Abs. 3 InsO dem Schuldner Gelegenheit geben, den Plan zu ändern oder zu ergänzen. Der Schuldner ist jedoch nicht gehalten, eine solche Möglichkeit zu nutzen (dazu *AG Halle* ZInsO 2001, 185). In einem solchen Fall ist durch Verfügung die Fortsetzung des Verfahrens anzuordnen (**a.A.** *Krug* Der Verbraucherkonkurs, S. 124). Wenn dagegen das Insolvenzgericht dem Schuldner eine solche Möglichkeit nach § 307 Abs. 3 InsO nicht einräumen will, dann ist – ebenso wie bei § 306 Abs. 1 Satz 3 InsO – durch Beschluss zu entscheiden und die Fortsetzung anzuordnen (dazu *LG Gera* VuR 2016, 436). Schließlich ist es noch möglich, dass der Zustimmungsersetzungsantrag des Schuldners nach § 309 InsO abgewiesen worden ist; in einem solchen Fall besteht kein Ermessen des Gerichts; der Fortgang des Verfahrens ist **in dieser Konstellation durch einfache Verfügung** anzuordnen (*Uhlenbruck/Sternal* InsO, § 311 Rn. 3; HK-InsO/*Waltenberger* § 311 Rn. 1). Kein Fall des § 311 InsO liegt dagegen vor, wenn nach einem Gläubigerantrag der Schuldner keinen Antrag nach § 306 Abs. 3 Satz 2 InsO gestellt hat, weil in dieser Konstellation kein Ruhen des Verfahrens eintritt (*Uhlenbruck/Vallender* InsO, 13. Aufl., § 311 Rn. 1; HambK-InsO/*Ritter* § 311 Rn. 4).

C. Vorbereitende Maßnahmen

Die »Fortsetzung« des Verfahrens wird sich in der Praxis als »**Einstieg**« **in das Eröffnungsverfahren** darstellen (so auch A/G/R-*Henning* § 311 InsO Rn. 3), denn nach § 306 Abs. 1 InsO ist direkt nach Eingang des Antrags das Ruhen des Verfahrens angeordnet worden. Insoweit unterscheidet sich die verfahrensrechtliche Situation vom früheren Vergleichsverfahren, in dem das Ruhen nach § 46 VglO erst später eintrat, so dass dann nach § 19 VglO in einer Doppelentscheidung das Scheitern des Vergleichsverfahrens und die Eröffnung des Konkursverfahrens zugleich zu beschließen waren (*Bley/Mohrbutter* § 19 Rn. 3). Nunmehr beginnt mit dem Fortsetzungsbeschluss die grundlegende Aufgabe des Gerichts, im Eröffnungsverfahren gem. § 5 InsO von Amts wegen zu ermitteln, ob ein Eröffnungsgrund sowie die sonstigen Eröffnungsvoraussetzungen vorliegen. Bei den Eröffnungsvoraussetzungen dürfte ein Eröffnungsgrund nach §§ 17, 18 InsO (dazu FK-InsO/*Kohte/Busch* 8. Aufl., § 312 Rn. 9 ff.) geringere Probleme bereiten, da ein Schuldenbereinigungsplan typischerweise dann scheitern wird, wenn der Schuldner zahlungsunfähig ist. Da die Verfahrenskostenstundung nach § 4a InsO als subsidiär qualifiziert wird (so BT-Drucks. 14/5680 S. 20; dazu s. *Kohte* § 4a Rdn. 8), ist zunächst nach § 26 Abs. 1 Satz 1 InsO die Frage zu beantworten, ob das Vermögen des Schuldners voraussichtlich ausreicht, die Kosten des Verfahrens zu decken (so auch *Maier/Krafft* BB 1997, 2173 [2178]). Dies ist auch verfahrensökonomisch, denn beide Prüfungen sind weitgehend identisch (*BGH* VuR 2005, 269 m. Hinw. auf *Ahrens* NZI 2003, 558; *BGH* NZI 2010, 614; A/G/R-*Henning* § 311 InsO Rn. 4). 4

Die **Kosten des Verfahrens**, die nach § 26 Abs. 1 Satz 1 InsO zu prüfen sind, sind näher **in § 54 InsO definiert** und umfassen die Gerichtskosten sowie Vergütung und Auslagen des Treuhänders bzw. eines vorläufigen Treuhänders. Eine Deckung der sonstigen Masseverbindlichkeiten nach § 55 InsO – die in der Verbraucherinsolvenz nicht oft anfallen dürften – wird für die Eröffnung des Verfahrens nicht verlangt. Ergibt sich im späteren Verfahren Masseunzulänglichkeit nach § 209 InsO, so führt dies zur Einstellung des Verfahrens nach § 211 InsO, die nach § 291 InsO einem weiteren Restschuldbefreiungsverfahren nicht entgegensteht (dazu s. *Ahrens* § 289 Rdn. 6 ff.). 5

Mit dieser gesetzgeberischen Entscheidung ist eine in der Literatur (dazu nur *Kuhn/Uhlenbruck* KO, § 107 Rn. 4) nachhaltig kritisierte Praxis in den früheren Konkursverfahren korrigiert worden, die spürbare Kostenvorschüsse verlangt hatte. In der ostdeutschen Gerichtspraxis zur GesO waren ebenfalls Verbraucheranträge nicht selten an hohen Vorschusslasten gescheitert. Eine wesentliche Ursache dafür waren **routinemäßig angeordnete Gutachtenaufträge**, mit denen ein Eröffnungsgrund sowie die Existenz einer kostendeckenden Masse festgestellt werden sollte. Diese Aufträge erwiesen sich nicht selten als verfehlt, da die Zahlungsunfähigkeit überschuldeter Verbraucher auch ohne betriebswirtschaftlichen Sachverstand hätte festgestellt werden können; der wesentliche Effekt dieser Gutachtenanordnung bestand dann darin, dass der angeforderte Kostenvorschuss nicht gezahlt werden konnte und das Verfahren mangels Masse eingestellt wurde (dazu nur *Smid* ZIP 1993, 1037 [1041]). Diese Praxis war bereits im Rahmen der GesO problematisch. Im neuen Umfeld der InsO ist sie nicht mehr akzeptabel (vgl. *Stephan* ZVI 2007, 441 [445]). 6

Bereits für das allgemeine Insolvenzverfahren wird zutreffend davor gewarnt, standardmäßig Gutachtenaufträge zu erteilen, die die Kosten des vorläufigen Insolvenzverfahrens in die Höhe treiben und die Gefahr hervorrufen, dass dieses Verfahren scheitert (dazu *Kübler/Prütting/Bork-Pape* InsO, § 22 Rn. 63). Im Verbraucherinsolvenzverfahren läuft eine solche Praxis der gesetzlichen Systematik direkt entgegen, denn das vereinfachte Verfahren ist als kostengünstiges Verfahren konzipiert (so BT-Drucks. 12/7302 S. 193;). Die umfassenden Unterlagen, die nach § 305 InsO einzureichen sind, ermöglichen in aller Regel eine unmittelbare Prüfung des Eröffnungsgrundes durch das Insolvenzgericht (ebenso *Schmerbach* § 21 Rdn. 42; *Vallender* ZIP 1999, 125, [130]). Ebenso soll das umfassende Vermögensverzeichnis im Regelfall eine Prüfung der Existenz einer kostendeckenden Masse ermöglichen. Bei Unklarheiten dürfte zunächst eine Ergänzung durch den Schuldner (*Braun/Buck* InsO, § 311 Rn. 3) bzw. die beratende/bescheinigende geeignete Stelle geboten sein. Weiter ist zu beachten, dass eine **Bestellung eines vorläufigen Treuhänders** nach §§ 306, 21 InsO im Verbraucherinsolvenzverfahren (*BGH* VuR 2007, 270) eine andere Funktion hat. Es geht hier nicht um betriebs- 7 wirtschaftliche Prüfungen der Betriebsfortführung, sondern um Hilfen bei der Ergänzung fehlender Unterlagen oder der Erstellung bzw. Änderung des Schuldenbereinigungsplans (s. *Grote/Lackmann* § 306 Rdn. 25 mit Hinweis auf den Vergleichsverwalter »Kölner Prägung«; vgl. *Schmidt* ZIP 1999, 915). Daher sollten Gutachten im Vorfeld der Eröffnung nur in Ausnahmefällen in Betracht kommen, wenn z.B. – was nach der Streichung von § 313 Abs. 2 InsO relevant werden könnte – die Erfolgsaussichten eines Anfechtungsverfahrens zu prüfen sind und die erforderlichen Tatsachen noch ermittelt werden müssen (ebenso *Uhlenbruck/Vallender* InsO, 13. Aufl., § 306 Rn. 46); bei der Ermittlung der Voraussetzungen der § 304 Abs. 2 InsO ist – soweit nach der Novellierung noch erforderlich – kostenschonend zuerst die IHK anzuhören (*Kögel* DZWIR 1999, 235, [239]). In den anderen Fällen ist davon auszugehen, dass die gesetzliche Neuregelung einer unkritischen Fortsetzung der bisherigen Gutachtenpraxis zumindest für das Verbraucherinsolvenzverfahren entgegensteht (vgl. auch *Schmerbach/Stephan* ZInsO 2000, 541 [543]; *Stephan* ZVI 2007, 441 [445]; *Graf-Schlicker/Kexel* InsO, § 311 Rn. 5; zur teilweise abweichenden Praxis *Holzer* ZVI 2007, 393 [394]; ausf. *Reill-Ruppe* Anspruch und Wirklichkeit des Restschuldbefreiungsverfahrens, S. 191 ff.).

8 Aus der oben (s. § 310 Rdn. 8 ff.) dargestellten Kostenstruktur ergibt sich, dass zunächst für die Eröffnung und Durchführung des Verbraucherinsolvenzverfahrens insgesamt drei Gebühren – berechnet vom Wert der Insolvenzmasse zur Zeit der Beendigung des Verfahrens (§ 58 Abs. 1 GKG) – bestimmt werden müssen. Da dieser Betrag endgültig erst nach Abschluss des Verfahrens feststeht, ist im Rahmen des Eröffnungsverfahrens eine **Schätzung** erforderlich. Für die Aktivmasse sind das verwertbare Vermögen sowie das der Pfändung unterworfene Einkommen – nicht jedoch wirksam abgetretene Beträge (BT-Drucks. 12/3803 S. 72) – für die Dauer des Verfahrens zusammenzurechnen. Es ist daher sachdienlich, wenn bereits im Schuldnerantrag zur Wertbestimmung nach § 58 GKG Stellung genommen wird; i.d.R. wird es andernfalls erforderlich sein, dem Schuldner insoweit noch Gelegenheit zur Stellungnahme zu geben.

9 Ein inzwischen reduzierter **Kostenblock** ergibt sich aus den Auslagen nach § 17 GKG; neben den bisher entstandenen Zustellkosten fielen in den ersten Jahren die **Veröffentlichungskosten** ins Gewicht. 1999 hatte man die Kostenbelastung für ein Verbraucherinsolvenzverfahren auf 2000 bis 4000 DM geschätzt (dazu *Henning* InVo 1996, 288 [289], *Graf-Schlicker* FS für Uhlenbruck, S. 573, 578). Empirische Untersuchungen zeigten, dass in der Gerichtspraxis Mechanismen zur Kontrolle fehlenden Kostenbewusstseins oft nicht eingreifen, so dass trotz Änderung von § 9 InsO auch nach 2001 nur eine gewisse Kostendegression zu verzeichnen war (dazu *Rüntz u.a.* ZVI 2006, 185 [188 ff.]) und teilweise weiter beachtliche Kosten anfielen (*Reill-Ruppe* Anspruch und Wirklichkeit, S. 203 ff.). Eine wichtige **Reduzierung der Veröffentlichungskosten** ist endgültig seit 2009 mit der Änderung des § 9 InsO durch das Vereinfachungsgesetz (*Kübler/Prütting/Bork-Prütting* InsO, § 9 Rn. 6) eingetreten, denn die Veröffentlichung im Internet (KV 9004, symbolisch 1 €) ist »konkurrenzlos billig« (s. *Schmerbach* § 9 Rdn. 2).

D. Beschlussfassung zum Kostenvorschuss

10 § 26 Abs. 1 Satz 2 InsO hat die **Rechtsfigur des Kostenvorschusses ausdrücklich aufgenommen** aus dem früheren Recht nach § 107 Abs. 1 Satz 2 KO, § 17 Abs. 1 Nr. 6 VerglO und zu § 4 GesO (s. ausf. die 8. Aufl.). In den Materialien ist die Übereinstimmung zum bisher geübten Verfahren ausdrücklich hervorgehoben worden (BT-Drucks. 12/2443 S. 118). Gerade im Verbraucherinsolvenzverfahren ist es für den Antragsteller wichtig, rechtzeitig zu wissen, von welchem Kostenumfang das Insolvenzgericht ausgeht, denn es gehört zur Typizität von Verbraucherinsolvenzverfahren, dass ein **Vorschuss durch Dritte** geleistet werden kann – sei es als Hilfe in besonderen Lebenslagen nach § 73 SGB XII – früher §§ 27, 30 BSHG (dazu *Häsemeyer* InsR, Rn. 29.19a im Anschluss an *Kohte* ZIP 1994, 184 [186]), sei es als karitative Leistung oder innerfamiliäre Unterstützung. Die Gesetzessystematik und die Gesetzesbegründung (BT-Drucks. 12/7302 S. 188) gehen davon aus, dass Schuldner aus karitativen oder sozialrechtlichen Zuwendungen Dritter unterstützt werden können.

11 Ein solches Verfahren kann auch nach Inkrafttreten der §§ 4a ff. InsO geboten sein, obgleich die **Bewilligung der Verfahrenskostenstundung die Anforderung eines Kostenvorschusses ausschließt**

(*BGH* ZVI 2006, 285 = VuR 2006, 405). Da die Verfahrenskostenstundung subsidiär eingreifen soll (s. *Kohte* § 4a Rdn. 8), ist auch weiterhin zu prüfen, ob die vorhandene bzw. die in absehbarer Zeit zu erwartende Masse die Kosten decken kann oder ob zumindest durch Leistung eines Vorschusses eine Eröffnung des Verfahrens ohne Verfahrenskostenstundung ermöglicht werden kann.

Die Bestimmung der Masse kann im heutigen Insolvenzrecht, in dem der Neuerwerb nach § 35 InsO zur Masse gezogen wird, nicht mehr statisch erfolgen. Vielmehr ist auf einen überschaubaren, »angemessenen Zeitraum« (so *BGH* NZI 2004, 30 = ZVI 2004, 28) abzustellen, innerhalb dessen schuldnerisches Vermögen realisiert werden kann. Angesichts des erklärten Ziels der Insolvenzrechtsreform, eine vermehrte Eröffnung von Verfahren zu erreichen, darf die Prognose des Gerichts nicht restriktiv vorgenommen werden (s. *Schmerbach* § 26 Rdn. 29; MüKo-InsO/*Haarmeyer* § 26 Rn. 23). Zutreffend ist daher in der instanzgerichtlichen Praxis ein Zeitraum von mindestens einem halben Jahr als noch vertretbar eingestuft worden (so *LG Kaiserslautern* VuR 2001, 327 m. Anm. *Kohte* = ZInsO 2001, 628; vgl. *Kübler/Prütting/Bork-Pape* InsO, § 26 Rn. 9e). Dieser Gesichtspunkt ist vor allem im Verbraucherinsolvenzverfahren von großer Bedeutung (dazu ausf. *Köhler* ZInsO 2001, 743 ff.), wenn die Masse in erster Linie durch pfändbares laufendes Arbeits- oder Sozialeinkommen gebildet wird. Daher ist in diesen Verfahren regelmäßig vorzutragen, wie die Masse in den nächsten sechs Monaten, z.B. durch Weihnachtsgeld, angereichert werden kann (daran fehlte es offensichtlich im Verfahren *OLG Köln* ZInsO 2000, 606). Dagegen ist bei einem Stundungsantrag entscheidend, dass die Kosten kurzfristig durch eine Einmalzahlung gedeckt werden können (*BGH* ZVI 2006, 285 = VuR 2006, 405), eine Verweisung auf eine Ratenzahlung oder das laufende Arbeitseinkommen mehrerer Monate ist nicht möglich (s. *Kohte* § 4a Rdn. 10 und *Schmerbach* § 26 Rdn. 32). Hier zeigt sich, dass die **Kategorien in §§ 26, 4a InsO zwar ähnlich aber nicht deckungsgleich** sind (*Ahrens* NZI 2003, 558 [559]; ihm folgend *BGH* ZInsO 2005, 265 m. Anm. *Grote* = VuR 2005, 269 m. Anm. *Kohte*).

Spiegelbildlich ist danach die **Prognose der zu erwartenden Kosten** anzustellen. In einem Teil der instanzgerichtlichen Praxis war bis 2001 zu beobachten, dass schematische und überhöhte Kostenforderungen von 5.000 bis 6.000 DM geltend gemacht wurden, die die von den Schuldnern zu überwindende Kostenhürde unzulässig erhöhten. Bereits vor dem InsOÄndG war in einer Reihe von Verfahren durch die Beschwerdegerichte diese Praxis korrigiert worden (anschaulich *LG Berlin* ZInsO 2001, 718). Auch nach der Einführung der Verfahrenskostenstundung ist weiterhin zumindest dann eine solche präzise Kostenschätzung geboten, wenn der Schuldner dem Gericht das Interesse an einer Vorschussanforderung signalisiert hat (dazu *Vallender* InVo 1998, 4 [6]; *LG Traunstein* NZI 2000, 439).

Es muss daher dem Schuldner, der noch keinen Stundungsantrag gestellt hat – soweit erforderlich zusammen mit einem Hinweis auf die Möglichkeit der Verfahrenskostenstundung (s. *Schmerbach* § 26 Rdn. 35) – Gelegenheit gegeben werden, innerhalb eines angemessenen Zeitraums die Unterstützung ihm verbundener Personen, einer öffentlichen Stelle oder eines karitativen Trägers für die Zahlung eines solchen Kostenvorschusses einholen zu können. Dies kann für ihn auch von Interesse sein, wenn er mit einer solchen Unterstützung einen Insolvenzplan vorlegen will (dazu s. *Grote/Leckmann* § 309 Rdn. 54 ff.). In jedem Fall bedarf es in Anknüpfung an die bisherige Gerichtspraxis sowohl eines vorherigen Beschlusses zur Höhe eines Kostenvorschusses als auch einer angemessenen Frist, in der der Schuldner entsprechende Initiativen einleiten kann (dazu auch *OLG Köln* ZInsO 2000, 606; MüKo-InsO/*Haarmeyer* § 26 Rn. 26; *Kübler/Prütting/Bork-Pape* InsO, § 26 Rn. 11f; HK-InsO/*Rüntz* InsO, § 26 Rn. 21 f.). Das **Insolvenzgericht ist zu einer solchen Kommunikation** (vgl. *BGH* NZI 2004, 255) aufgrund des Gebotes prozessrechtlicher Rücksichtnahme **verpflichtet**; insoweit kann hier auf die Auslegung des § 17 Abs. 1 Nr. 6 VglO (dazu nur *Bley/Mohrbutter* VglO § 17 Rn. 18) und die allgemeinen Grundsätze zurückgegriffen werden, die in Teilen der Judikatur und Literatur z.B. zu den prozessrechtlichen Konsequenzen des § 554 Abs. 2 Nr. 2 BGB – jetzt § 569 Abs. 3 Nr. 2 BGB – entwickelt worden sind (vgl. dazu nur *OLG Hamburg* ZMR 1988, 225; a.A. *Soergel/Heintzmann* BGB, § 569 Rn. 25); diff. jetzt *Schmidt-Futterer/Blank* MietR, 12. Aufl., § 569 Rn. 55 ff.; *O'Sullivan* ZMR 2002, 250 [253]).

§§ 312 bis 314 InsO (weggefallen)

15 Falls die Verfahrenskosten weder aus eigenen Kräften noch durch einen Zuschuss aufgebracht werden können, wird dem Schuldner, der keinen Antrag auf Verfahrenskostenstundung gestellt hat oder dessen Antrag abgelehnt worden ist, eine Überlegungsfrist für die Abwägung einzuräumen sein, ob die Eintragung in das Schuldnerverzeichnis nach § 26 Abs. 2 InsO oder eine Rücknahme des Antrags nach § 13 Abs. 2 InsO für ihn eher hinnehmbar ist. In jedem Fall spricht auch dieser Gesichtspunkt bei fehlender Verfahrenskostenstundung für die Fortsetzung der bisherigen Praxis, eine gesonderte und rechtzeitige Anordnung zum Kostenvorschuss zu treffen.

E. Verfahrensrechtliches

16 Die **Höhe eines Kostenvorschusses** kann von zentraler Bedeutung sein; der Beschluss des Gerichtes zur Höhe des Kostenvorschusses bedarf daher notwendigerweise der Rechtskontrolle. Auf den ersten Blick scheint nach §§ 6, 34 InsO eine Rechtskontrolle erst im Zusammenhang mit der sofortigen Beschwerde gegen die Ablehnung der Eröffnung nach § 34 InsO möglich zu sein, da vorherige Anordnungen nicht als beschwerdefähig ausgestaltet sind (dazu *LG Göttingen* DZWIR 2000, 392; *Hess/Pape* InsO Rn. 183). Daher war zeitweilig erwogen worden, den Beschluss zum Kostenvorschuss der Beschwerde nach § 34 InsO zu unterwerfen, so dass die bisherige Verfahrensverbindung zwischen rechtskräftigem Beschluss zum Kostenvorschuss und Eröffnungsbeschluss übernommen werden könnte (*Häsemeyer* InsR, 2. Aufl., Rn. 7.33; ebenso *Haarmeyer/Wutzke/Förster* Hdb. zur InsO, 1997, § 3 Rn. 294, anders die 3. Aufl., § 3 Rn. 531).

17 Näher liegt es, in Übereinstimmung mit einem Teil der Judikatur (so die Verfahren zu § 305 Abs. 3 InsO: *BayObLG* NZI 2000, 129; *OLG Celle* ZIP 2001, 340; *LG Bonn* NZI 2010, 863; *LG Berlin* ZVI 2011, 293; *Ahrens* NZI 2000, 201, [206]; s.a. *Grote/Lackmann* § 305 Rdn. 69; A/G/R-*Henning* § 305 Rn. 64; K. *Schmidt/Stephan* InsO, § 305 Rn. 55; zunächst offen gelassen in *BGH* ZInsO 2005, 537, der inzwischen zumindest bei willkürlichem Verhalten des Insolvenzgerichts die Beschwerde akzeptiert: *BGH* ZInsO 2009, 2262 [2263]) § 34 InsO analog anzuwenden (so auch *Andres/Leithaus* InsO, § 311 Rn. 10), wenn der insolvenzgerichtliche Kostenvorschuss eindeutig rechtswidrig ist und unmittelbar zur Abweisung mangels Masse führen wird (vgl. die amtsgerichtliche Anordnung in *OLG Köln* ZIP 2000, 548 [549]). Diese Voraussetzungen sind nicht gegeben, wenn der Schuldner zugleich Verfahrenskostenstundung beantragt hat und erhält, so dass in diesen Fällen die Kostenkontrolle nicht im Rahmen der Vorschussanordnung, sondern der Erinnerung nach § 66 GKG sowie der Beschwerde nach § 63 Abs. 2 InsO erfolgen wird. Wird auch der Antrag auf Verfahrenskostenstundung abgelehnt, so müsste die Bestimmung des Kostenvorschusses als Vorfrage im Beschwerdeverfahren nach § 4d InsO überprüft werden. Diese verfahrensrechtliche Konstellation zeigt, dass die Einführung der Verfahrenskostenstundung auch diverse weitere Verfahrensprobleme für die Praxis erledigt hat.

§§ 312 bis 314 (weggefallen)

(§§ 312 bis 314 a.F. i.d.F. für die bis zum 01.07.2014 beantragte Verfahren s. 8. Aufl.)

Elfter Teil[1] Besondere Arten des Insolvenzverfahrens

Vorbemerkungen vor §§ 315 ff. InsO

Übersicht

	Rdn.			Rdn.
A. Allgemeines	1		2. Pfändbarkeit der Nachlassgegenstände	23
B. Grundzüge der Nachlassinsolvenz	7		3. Beschränkung der Masse durch Rechtsgeschäfte des Erben	24
C. Begriffsumschreibungen	14			
I. Allgemeines	14		4. Ersatzansprüche	25
II. Erblasser	17	IV.	Schuldner	29
III. Nachlass	18	V.	Insolvenzverwalter	37
1. Zeitpunkt der Bestimmung des Umfangs des Nachlasses	22	VI.	Überleitung ins Nachlassinsolvenzverfahren	38

Literatur:
Busch Schnittstellen zwischen Insolvenz- und Erbrecht, ZVI 2011, 77; *Busch* Besonderheiten in der Nachlassinsolvenz, in: Festschrift Vallender, 2015, S. 69; *du Carrois* Der Insolvenzplan im Nachlassinsolvenzverfahren, 2009; *Messner* Dissonanzen zwischen Insolvenz- und Erbrecht, ZVI 2008, 433; *Pfeuffer* Praxishandbuch für Nachlassinsolvenzverfahren, 2009; *Staufenbiel/Brill* Das Nachlassinsolvenzverfahren, ZInsO 2012, 1395

A. Allgemeines

Mit dem Zehnten Teil (ab 21.04.2018: Elfter Teil) der Insolvenzordnung werden das Nachlassinsolvenzverfahren, das Insolvenzverfahren über das Gesamtgut einer fortgesetzten Gütergemeinschaft sowie über das gemeinschaftlich verwaltete Gesamtgut einer Gütergemeinschaft zusammengefasst. 1

Auch wenn die Neukodifikation dieser besonderen Arten des Insolvenzverfahrens nunmehr bereits mehrere Jahre zurückliegt, ist die Kenntnis der Ziele und **Leitgedanken** der Insolvenzrechtsreform für das Verständnis hilfreich. Exemplarisch ist auf das Bestreben des Reformgesetzgebers zu verweisen, durch Erweiterung der Eröffnungsgründe eine rechtzeitige bzw. frühzeitige Eröffnung des Insolvenzverfahrens und damit die Eindämmung der Abweisungen mangels Masse zu erreichen. 2

Die Reform der Insolvenzgesetzgebung hat in diesem Bereich jedoch nicht zur Notwendigkeit eines völligen Perspektivenwechsels oder eines neuen Denkens geführt, was vor allem im Hinblick auf die in der Nachlassinsolvenz besonders augenfällige Wechselbeziehung zwischen Verfahrensrecht und materiellem Recht nicht verwundert (eingehend hierzu *Hanisch* FS Henckel, S. 369 ff.). Hierbei ist jedoch zu berücksichtigen, dass der Gesetzgeber gleichwohl vermeintlichen Mängeln der vormaligen Konkursordnung entgegenzuwirken bestrebt war, insbes. dem Auseinanderfallen der Insolvenzantragsgründe im Regel- und Nachlassinsolvenzverfahren. So gestaltet sich der Übergang des bereits zu Lebzeiten eines Erblassers eröffneten Insolvenzverfahrens als Nachlassinsolvenzverfahren wegen der nunmehr **einheitlichen Insolvenzeröffnungsgründe** jetzt einfacher (vgl. hierzu Rdn. 8). 3

Das Nachlassinsolvenzverfahren übernimmt die vom **materiellen Erbrecht** vorgenommenen Qualifikationen weitgehend und weist eine dementsprechende Prägung auf. Dies ist keine neue Erkenntnis. So sah der Entwurf des BGB in der ersten Lesung noch vor, die Regelung des Nachlasskonkurses in das BGB aufzunehmen. Erst im Rahmen der zweiten Lesung erfolgte ein Verweis in die Konkursordnung (Nachw. bei *Jaeger/Weber* KO, § 214 Rn. 3). Die Insolvenzordnung ändert hieran nichts. Wer Erbe ist, bestimmt allein das materielle Erbrecht. Dort verankerte grundlegende Prämissen wie die Universalsukzession des Erben bzw. der Erben in das Vermögen des Erblassers im Zeitpunkt seines Todes (§ 1922 BGB) bestimmen unmittelbar das Insolvenzrecht. Auch die Bestimmung der Haf- 4

---

[1] Bis zum 20.04.2018: Zehnter Teil.

tungsordnung (§§ 1967 ff. BGB), insbesondere die Rangfolge der Befriedigung aus dem Nachlass beruht auf einem Zusammenwirken von Insolvenzrecht und materiellem Erbrecht. Mit § 1975 BGB erfolgt schließlich die zivilrechtliche Vorgabe einer Haftungsbeschränkung des oder der Erben auf den Nachlass. Diese strikte Trennung zwischen ererbtem Vermögen und Eigenvermögen des Erben wird auch im Rahmen der nunmehr einschlägigen Regelungen fortgeführt.

5 Ähnliches gilt für das Insolvenzverfahren über das Gesamtgut einer fortgesetzten Gütergemeinschaft. Soweit in § 332 InsO die Haftung des überlebenden Ehegatten auf das Gesamtgut beschränkt wird, erfolgt damit allein eine Übertragung der bereits in §§ 1989 Abs. 2, 1975 BGB vorgesehenen **Haftungsbeschränkung** in das Insolvenzrecht.

6 Der insoweit vorgegebene Handlungsrahmen für den Reformgesetzgeber erschöpfte sich daher bei der Regelung der besonderen Arten des Insolvenzverfahrens im Kern in einer **Harmonisierung**. Hieraus erklärt sich, dass bei der Ausgestaltung des Insolvenzverfahrens über einen Nachlass eine Anlehnung an das bewährte geltende Recht (§ 214 bis § 235 KO; § 113 VerglO) erfolgte. Nichts anderes gilt für die Vorschriften für das Insolvenzverfahren über das Gesamtgut einer fortgesetzten Gütergemeinschaft; wie bereits zuvor (§ 236 KO; § 114 VerglO) gelten die für das Nachlassinsolvenzverfahren maßgeblichen Regelungen dort entsprechend, § 332 Abs. 1 InsO.

B. Grundzüge der Nachlassinsolvenz

7 Dem Erbrecht, damit mittelbar dem Nachlassinsolvenzrecht, kommt angesichts der stetig anwachsenden Erbvermögensmassen, damit verbunden aber auch verdichteter Verbindlichkeitsbeziehungen, eine außerordentliche gesellschaftliche wie wirtschaftliche Bedeutung zu. Vor diesem Hintergrund erklärt sich das neu erwachte Interesse am materiellen Erbrecht und dessen – damit zusammenhängender – verfahrensrechtlicher Ausgestaltung. Das Erbrecht erlebt, wie *Schiemann* es treffend ausdrückt (ZEV 1995, 197), eine Renaissance. Nicht zuletzt vor diesem Hintergrund verwundert es nicht, wenn das Nachlassinsolvenzverfahren mit den §§ 315 ff. InsO **Sonderregelungen** unterworfen wird.

8 Bereits § 11 Abs. 2 Nr. 2 InsO stellt klar, dass die Nachlassinsolvenz – ebenso wie die Vermögensmasse »Gesamtgut« einer fortgesetzten Gütergemeinschaft – eines **besonderen Insolvenzverfahrens** bedarf (zum Begriff der fortgesetzten Gütergemeinschaft s. *Bergerfurth* Eherecht, Rn. 406 ff.). Dies ergibt sich auch aus der systematischen Stellung der §§ 315 ff. InsO im Gesamtgefüge der neuen Insolvenzordnung. Die Vorschriften dieses Abschnitts befassen sich mit den Abweichungen des Nachlass- vom Regelinsolvenzverfahren. Die allgemeinen Regelungen werden hierdurch nicht obsolet, vielmehr kommt dem neu geregelten besonderen Teil in erster Linie eine ergänzende Funktion zu. Allein die Berücksichtigung erbrechtlicher Besonderheiten führte zu ersetzenden Regelungen. Soweit nicht die Vorschriften dieses besonderen Teils einschlägig sind, ist der Rückgriff auf die allgemeinen Regelungen statthaft, aber auch notwendig. Gewährleistet ist damit beispielsweise ein nahtloser Übergang bei der **Überleitung eines Regelinsolvenzverfahrens in ein Nachlassverfahren**, wie dies beim Tod eines Schuldners während des Schuldbefreiungsverfahrens notwendig wird (ausf. hierzu *Ahrens* § 286 Rdn. 93 ff.). In Abweichung von der vormaligen Konkursordnung gestaltet sich der Übergang des bereits zu Lebzeiten eines Erblassers eröffneten Insolvenzverfahrens als Nachlassinsolvenzverfahren nach der Insolvenzordnung nunmehr einfacher (vgl. MüKo-InsO/*Siegmann* Vor §§ 315 bis 331 Rn. 3 m.w.N.). Unstreitig ist dies für den Fall des Todes des Schuldners während eines Verbraucher- und Kleininsolvenzverfahrens (*BGH* NZI 2008, 382) oder eines Regelinsolvenzverfahrens (vgl. BGHZ 157, 350 [354]; MüKo-InsO/*Siegmann* Vor §§ 315 bis 331 Rn. 2, 5 f.). Dasselbe gilt, wenn der Schuldner nach Eingang des Insolvenzantrags verstirbt; auch hier bleibt der bereits gestellte Antrag maßgeblich für die Entscheidung über die Eröffnung des Nachlassinsolvenzverfahrens (vgl. *BGH* NZI 2004, 206). Dies folgt bereits aus dem Umstand, dass in beiden Verfahren nunmehr dieselben Eröffnungsgründe bestehen; die vormalige Frage, ob etwa unabhängig vom Vorliegen einer Überschuldung eine Weiterführung als Nachlassverfahren möglich ist, stellt sich folglich nicht mehr. Ausstrahlungswirkung hat dies auch auf § 131 InsO, der im Interesse der Gläubigergesamtheit das ansonsten im Zwangsvollstreckungsrecht beherrschende Prioritätsprin-

zip in den letzten drei Monaten vor dem Eröffnungsantrag verdrängt (vgl. *BGH* NZI 2004, 206). Erforderlich war – neben der auch im Übrigen verfolgten Rechtsklarheit – ferner eine strukturelle Anpassung der Vorschriften an die Besonderheiten des neuen Verfahrens.

Nach dem Grundsatz der Universalsukzession rückt der Erbe in die Rechtsstellung des Erblassers ein, 9 §§ 1922, 1967 BGB. Aus der Universalsukzession folgt, dass sich die Haftung des Erben nicht auf den Nachlass und somit auf das ererbte Vermögen beschränkt, sondern sich auch auf sein Eigenvermögen erstreckt. Zivilprozessual ist zu beachten, dass die Eröffnung des Nachlassinsolvenzverfahrens **Unterbrechungswirkung hinsichtlich aller Aktiv- und Passivprozesse der Erben**, die diese als solche führen, hat (vgl. *OLG Köln* NZI 2002, 687). Ausgenommen von der Unterbrechungswirkung des § 240 ZPO sind jedoch Prozesse, die ausschließlich das nicht zum Nachlass gehörende persönliche Vermögen des Erben betreffen.

Schon die Begründung zum RegE betont, dass Nachlassinsolvenzverfahren und Nachlassverwaltung 10 auch weiterhin die Wege bilden, um das ererbte Vermögen vom eigenen Vermögen des Erben zu sondern (BT-Drucks. 12/2443 S. 229). Andernfalls liefe der Erbe Gefahr, einen Nachlassgläubiger mit seinem vorher erworbenen Privatvermögen befriedigen zu müssen; den Ausnahmefall, dass neben dem Nachlassinsolvenzverfahren der Erbe insolvent ist, regelt § 331 InsO. Nach wie vor wird somit den Nachlassgläubigern der alleinige Zugriff auf den Nachlass gewährleistet, zugleich aber endgültig der Zugriff auf das Eigenvermögen des Erben verschlossen. Dies führt zu einer vorzugsweisen Befriedigung der Nachlassgläubiger im Hinblick auf den Nachlass. Nachlassinsolvenzverfahren und Nachlassverwaltung gewährleisten somit eine Nachlasssonderung, bei der zwischen dem **ererbten** und **dem eigenen Vermögen des Erben** strikt **getrennt** wird (§ 1975 BGB).

Diese klare Trennung wirkt sich konsequenterweise auf die Teilnahmeberechtigung der Gläubiger 11 am jeweiligen Verfahren aus. Insbesondere ist eine **Teilnahme der Eigengläubiger des Erben am Nachlassinsolvenzverfahren** damit **ausgeschlossen**. Berechtigt sind insoweit lediglich die Nachlassgläubiger (§ 325 InsO). Es bedarf somit also eines besonderen materiell-rechtlichen Bezugs zur jeweils in Anspruch genommenen Haftungsmasse.

Die Nachlassmasse dient allein der Befriedigung der Nachlassgläubiger. Daraus ergibt sich, dass der 12 **Nachlass** als **nicht rechtsfähiges Sondervermögen** einer besonderen rechtlichen Berücksichtigung bedarf. Es handelt sich folglich um ein Sonderinsolvenzverfahren der Erben. Dagegen findet über einen Erbteil oder über einzelne Erbteile – wie § 316 Abs. 3 InsO klarstellt – ein Insolvenzverfahren nicht statt.

Entsprechend der Vorgaben des bürgerlichen Rechts macht es keinen Unterschied, ob der Nachlass 13 auf einen oder mehrere Erben übergeht (§§ 1922 Abs. 1, 2032 BGB).

C. Begriffsumschreibungen

I. Allgemeines

Auch das Nachlassinsolvenzverfahren beginnt mit einem **Insolvenzantrag** beim zuständigen Gericht, 14 § 13 InsO. Weitgehend gelten auch hier die gleichen Vorschriften wie im Regelinsolvenzverfahren. Insbesondere ist – nicht anders als im Regelinsolvenzverfahren – nicht das Nachlassgericht, sondern das Insolvenzgericht zuständig (vgl. hierzu Rdn. 30). Auch im Nachlassinsolvenzverfahren ist gegen die Ablehnung von Prozesskostenhilfe eine sofortige weitere Beschwerde nicht gegeben (*OLG Köln* ZInsO 2000, 220). Die Deckung der notwendigen Verfahrenskosten nach § 26 InsO im Nachlassinsolvenzverfahren kann nicht aus der Staatskasse über Prozesskostenhilfe finanziert werden (*BGH* ZIP 2000, 755 [757]; *AG Flensburg* ZInsO 1999, 422; **a.A.** *LG Göttingen* ZInsO 2000, 612 f.).

Die **Eröffnung** des Insolvenzverfahrens erfolgt ungeachtet der Frage, ob der Erbe bereits unbe- 15 schränkt für den Nachlass haftet, die Erbschaft noch nicht angenommen hat oder die Erbschaft bereits geteilt ist (§ 316 Abs. 1 und 2 InsO; *Uhlenbruck/Lüer* InsO, § 315 Rn. 3).

16 Die **Nachlassverwaltung** bietet sich an, wenn der Nachlass voraussichtlich zur Befriedigung der Nachlassgläubiger ausreicht. Ist dies nicht der Fall, muss – in Einklang mit §§ 1980, 1985 Abs. 2 BGB – das Nachlassinsolvenzverfahren beantragt werden.

II. Erblasser

17 Die für das besondere Insolvenzverfahren maßgeblichen Regelungen der §§ 315 ff. InsO betreffen den **Nachlass eines Verstorbenen**; bei Verschollenheit auch den Nachlass eines – nach Maßgabe des Verschollenheitsgesetzes i.d.F.v. 15.01.1951 (BGBl. I S. 63) – für tot Erklärten; zu den dortigen Besonderheiten vgl. § 316 Rdn. 8.

III. Nachlass

18 Das Insolvenzverfahren findet über »einen **Nachlass**« statt. Dessen Verständnis bestimmt sich maßgeblich nach den erbrechtlichen Vorgaben des BGB. Der Nachlass umfasst nach der in den §§ 1922, 1967 BGB verankerten **Universalsukzession** die Gesamtheit der – auf den oder die Erben übergegangenen – Rechtsverhältnisse des Erblassers; mit dem Nachlass gehen zugleich die mit den jeweiligen Einzelansprüchen verbundenen beweisrechtlichen Positionen auf den Erben über, *BGH* FamRZ 1993, 1311. Vererblich sind allein die dinglichen und persönlichen Vermögensrechte und Verbindlichkeiten des Erblassers. Hierzu zählt etwa auch der Restitutionsanspruch nach § 3 VermG, der sich auf DDR-Enteignungen vor dem Erbfall stützt; dieser ist wie ein Nachlassgegenstand zu behandeln (*BayObLG* DNotZ 1995, 393).

19 Ausgenommen sind dabei alle rechtlich **unvererbliche Positionen** des Erblassers, so etwa die an eine Person gebundenen höchstpersönlichen Rechte wie der Nießbrauch (vgl. § 1061 BGB). Nicht zum Nachlass zählen weiter die Rechtspositionen, deren Rechtsnachfolge sich außerhalb der Universalsukzession vollzieht bzw. – wie etwa bei wirksamen Schenkungen unter Lebenden auf den Todesfall – bereits vollzogen sind. Soweit ein Rechtsverhältnis nichtvermögensrechtlichen Inhalts ist, kommt diesem naturgemäß für das Insolvenzverfahren keine Bedeutung zu.

20 In wenigen Fällen findet abweichend vom Grundsatz der Gesamtrechtsnachfolge eine unmittelbare Sondererbfolge in bestimmte, vom übrigen Nachlass abgesonderte Vermögensteile des Erblassers statt (sog. **Singularsukzession**). Bedeutsam für die Praxis sind insbesondere:
– die **Sondererbfolge in den Geschäftsanteil** des persönlich haftenden Gesellschafters einer Personengesellschaft (OHG, KG, BGB-Gesellschaft), etwa beim Eintritt eines testamentarisch Bedachten über die im Gesellschaftsvertrag vereinbarte qualifizierte Nachfolgeklausel
– die **Sondererbfolge** nach der landesrechtlich unterschiedlich ausgestalteten **Höfeordnung** (vgl. Art. 64 EGBGB).

Bei diesen Ausnahmekonstellationen entstehen zwei rechtlich selbstständige Vermögensmassen, der aus der unmittelbaren Sondererbfolge resultierende und der übrige Nachlass. Es kommt also zu einer grds. nicht vorgesehenen **Nachlassspaltung**, bei der jeder Nachlassteil als selbstständig anzusehen ist und einen besonderen, eigenen Nachlass bildet (grundlegend hierzu *BGH* BGHZ 24, 352 [355]). Zu beachten ist, dass über den im Wege der Erbfolge auf einen Gesellschaftererben übergangene Gesellschaftsanteil als solchen eine Nachlassverwaltung nicht stattfindet (*OLG Hamm* OLGZ 93, 147).

21 Für die Frage, was letztlich in die **Nachlassinsolvenzmasse** fällt, ist die erbrechtliche Klärung, welche Rechtspositionen vererblich sind, nur der Ausgangspunkt. Die weitere Bestimmung des Masseumfangs erfolgt nunmehr auf Basis der Insolvenzordnung (§§ 35–37 InsO). Maßgeblich zu berücksichtigende Faktoren sind insoweit:
– der Zeitpunkt der Bestimmung des Nachlasses
– die Pfändbarkeit der Nachlassgegenstände
– die Beschränkung der Masse durch Rechtsgeschäfte des Erben
– die zum Nachlass gehörenden Ersatzansprüche.

Über diese wertbildenden Faktoren soll nachfolgend eine Übersicht gegeben werden.

1. Zeitpunkt der Bestimmung des Umfangs des Nachlasses

Es ist umstritten, ob bei der Bestimmung der Insolvenzmasse auf den Zeitpunkt des Erbfalls oder aber auf den der Verfahrenseröffnung abzustellen ist (so stellen *Uhlenbruck/Lüer* InsO, § 315 Rn. 7, *Nerlich/Römermann-Riering* InsO, § 315 Rn. 23 und HambK-InsO/*Böhm* Vor §§ 315 ff. Rn. 5 auf die Eröffnung des Verfahrens ab). Die Praxisrelevanz dieses Streits verliert jedoch an Bedeutung, soweit berücksichtigt wird, dass auch beim Abstellen auf den Zeitpunkt des Erbfalls ein zwischenzeitlicher Zuwachs als der Masse zugehörig anerkannt wird (HambK-InsO/*Böhm* Vor §§ 315 ff. Rn. 5). Gleiches gilt für die durch Veräußerung von Nachlassgegenständen erworbenen Sachen oder diejenigen, die bei der Verwaltung des Nachlasses erworben wurden. Eines Rückgriffs auf die **Surrogationswirkung** der §§ 2019, 2041 BGB, mit der fiktiv auf den Anfall der Erbschaft abgestellt wird, bedarf es hierzu nach herrschender und vorzugswürdiger Auffassung nicht, da diese nur im Verhältnis zwischen Erbschaftsbesitzer und Erben gelten (*RG* WarnRspr 1913 Nr. 427; *OLG Braunschweig* OLGZ 19, 231 [233]; **a.A.** *Hess/Weis/Wienberg* InsO, § 315 Rn. 14). 22

2. Pfändbarkeit der Nachlassgegenstände

Bei der Ermittlung der der Haftung unterliegenden Masse muss jedoch die Pfändbarkeit der Gegenstände beachtet werden. Unterliegt die Pfändbarkeit einer **persönlichen** – von subjektiven Eigenschaften abhängigen – **Beschränkung**, wie es § 811 Nr. 1–7, 10 ZPO verlangt, so ist insoweit auf die Person des bzw. der Erben abzustellen (vgl. HambK-InsO/*Böhm* Vor §§ 315 ff. Rn. 4; *Uhlenbruck/Lüer* InsO, § 315 Rn. 7). Dieser Umstand ist von praktischer Bedeutung und bedarf deshalb hinreichender Berücksichtigung, da die anfangs in Betracht kommende und die tatsächlich der Haftung unterliegende Insolvenzmasse (Ist- und Sollmasse) bedeutend voneinander abweichen können. Es soll daher zunächst eine eingehende Prüfung der Nachlassgegenstände im Hinblick auf ihre Pfändbarkeit erfolgen. Häufig stellen gerade die zum Berufs- bzw. Erwerbsbetrieb zugehörigen Gegenstände einen maßgeblichen Teil des Vermögens dar. 23

3. Beschränkung der Masse durch Rechtsgeschäfte des Erben

Rechtsgeschäfte, die der Erbe im eigenen Namen geschlossen hat, die jedoch wirtschaftlich betrachtet bei der Verwaltung des Nachlasses angefallen sind, gelten als **für Rechnung des Nachlasses** eingegangen. Eine denkbare Surrogation findet nicht statt (*Uhlenbruck/Lüer* InsO, § 315 Rn. 8; *RG* RGZ 134, 257 [259]), soweit nicht ausdrücklich gesetzlich vorgesehen wie z.B. in § 2041 BGB (*BGH* NJW-RR 1989, 1226 [1227]; HambK-InsO/*Böhm* Vor §§ 315 ff. Rn. 6). Hierbei kann die Zuordnung im Einzelfall Schwierigkeiten bereiten, da die Grenzen nicht immer klar abgesteckt werden können, so dass eine Abwägung im jeweiligen Einzelfall zu erfolgen hat. Durch diese Abwägung hat dann der Richter im Streitfall zu ermitteln, ob dieses im eigenen Namen abgeschlossene Rechtsgeschäft für Rechnung des Nachlasses oder des Erben geschlossen wurde. Hierbei können sich vielfältige Schwierigkeiten ergeben. Diese bestehen darin, die Voraussetzungen für eine Zuordnung zum jeweiligen Geschäftsbereich zu finden. Denkbares Abgrenzungskriterium ist z.B. der wirtschaftliche Wirkungsbereich des Geschäfts. Ferner kommt eine Abgrenzung mit Hilfe der Regeln der **Stellvertretung** in Betracht (vgl. hierzu § 324 Rdn. 18). 24

4. Ersatzansprüche

Wichtig bei der Ermittlung der Haftungsmasse ist die **Berücksichtigung etwaiger Ersatzansprüche**. Diese Ansprüche gehören, mit Blick auf § 1975 BGB, wie § 1978 Abs. 2 BGB es anordnet, zum Nachlass und folglich auch zur Insolvenzmasse und unterliegen somit auch dem Zugriff der Nachlassgläubiger (*Uhlenbruck/Lüer* InsO, § 315 Rn. 9; HambK-InsO/*Böhm* Vor §§ 315 ff. Rn. 6). Ihr Bestehen kann verschiedene Ursachen haben. Hervorzuheben sind in diesem Zusammenhang Ansprüche gegen den Erben gem. § 1978 Abs. 1, 2 BGB und § 1980 BGB, die sich aus dessen fehlerhafter Verwaltung des Nachlasses oder der unterlassenen Insolvenzantragsstellung ergeben (*OLG Braunschweig* OLGZ 19, 231 [232]; 24, 64 [65]). 25

26 Im Umkehrschluss daraus ergibt sich aber, dass diejenigen Vermögensgegenstände, die der Erbe kraft seiner Verfügungsbefugnis dem Nachlass entzogen hat, nicht mehr zur Masse gehören. Auch hier gibt es keine Surrogation. Es kann deshalb lediglich der in § 1978 Abs. 1 Satz 2 BGB mit Verweis aus §§ 667, 681 BGB gestützte obligatorische Schadensersatzanspruch geltend gemacht werden. Dieser gehört jedoch wiederum dem Nachlass an und unterliegt auch dem Zugriff der Nachlassgläubiger. Dem Insolvenzverwalter steht jedoch noch die Möglichkeit offen, vom Erben die **Abtretung des Anspruchs** auf einen noch nicht geleisteten Gegenwert zu verlangen (vgl. *BGH* NJW-RR 1989, 1226 [1227]; *Uhlenbruck/Lüer* InsO, § 315 Rn. 9).

27 Um diesen, teilweise als überflüssig empfundenen (so HambK-InsO/*Böhm* vor §§ 315 ff. Rn. 6), Weg über die Durchsetzung des schuldrechtlichen Verschaffungsanspruchs auf Abtretung zu vermeiden, wird vertreten, die **Fiktion des § 1978 Abs. 2 BGB** nicht nur auf Ersatzansprüche der Nachlassgläubiger wegen schlechter Verwaltung des Nachlasses zu beziehen, sondern auf alles, was der Erbe aus seiner Verwaltung erlangt. Hierdurch würde der mit der Eröffnung des Insolvenzverfahrens eingetretene Insolvenzbeschlag optimal zur Geltung gebracht, da automatisch Ansprüche auf die Gegenleistung in die Insolvenzmasse fallen, die wirtschaftlich betrachtet aus dem Erblasservermögen stammen (*Schmidt-Kessel* WM 2003, 2086 [2091]).

28 Hat der Erbe den Nachlassgläubigern gegenüber seine **Haftungsbeschränkung** jedoch verwirkt (beispielsweise durch nicht rechtzeitige Errichtung des Inventars gem. §§ 1993 ff. BGB), so besteht dieser Anspruch nicht, da er in diesem Falle – wie § 2013 klarstellt – überflüssig ist. Denn im Falle der unbeschränkten Haftung des Erben sind die Gläubiger nicht auf einen Ersatzanspruch gegen den Erben zu verweisen. Ab diesem Zeitpunkt hat dieser ohnehin mit seinem ganzen Vermögen für diese Verbindlichkeiten einzustehen. Die persönliche Haftung des Erben gegenüber Dritten kann zudem, wie bereits das *Reichsgericht* in RGZ 92, 341 [343 f.] festgestellt hat, über die Haftung für den Nachlass hinausgehen. Es ist also im Einzelfall denkbar, dass der Erbe – ungeachtet der im Übrigen bestehenden beschränkten Haftung – von einzelnen Gläubigern in vollem Umfang in Anspruch genommen werden kann.

IV. Schuldner

29 Auch das Nachlassinsolvenzverfahren kann einen **Schuldner** nicht entbehren. Entgegen der insoweit irreführenden Begründung zu § 363 RegE (BT-Drucks. 12/2443 S. 231) kommt dem Nachlass funktional nicht die Rolle des »Schuldners« i.S.d. §§ 17 und 18 InsO zu. Der **Nachlass** ist ein **Sondervermögen**, aber keine eigene Rechtspersönlichkeit (vgl. hierzu die Parallele beim ehelichen Gesamtgut: § 333 Rdn. 2, 12). Demnach würde es im Nachlassinsolvenzverfahren an einem Rechtssubjekt fehlen, gegen welches sich der Eröffnungsantrag richtet (vgl. *Uhlenbruck/Lüer* InsO, § 315 Rn. 11). Daher bedarf es einer rechtlich klar definierten Schuldnerstellung. Wer **Träger des Nachlasses** ist und damit die Stellung als Schuldner einnimmt, bestimmt sich allein nach bürgerlich-rechtlichen Vorschriften. Dementsprechend kommt im Nachlassinsolvenzverfahren dem **Erben oder** im Falle mehrerer bedachter Personen der **Erbengemeinschaft**, die auf den Nachlass beschränkte Schuldnerrolle zu (*BGH* NJW 1969, 1349; für die InsO: *LG Berlin* ZInsO 2004, 626; **a.A.** *LG Göttingen* ZInsO 2000, 619). Sie gelten als Träger der in der Masse vereinten Vermögenswerte und Nachlassverbindlichkeiten (so schon *RG* JW 13 752 [753]).

30 Unbeachtlich ist insoweit, dass der Insolvenzgrund nicht in der Person des Erben entstanden ist, dieser also insoweit »unverschuldet« in die Rolle des Schuldners gedrängt wird. Dies rechtfertigt sich bereits aus der Überlegung, dass dem Erben allein aus der Zuweisung der Schuldnerrolle keine materiellen oder auch immateriellen Nachteile erwachsen. Daneben begründet sich die Zuweisung der insolvenzrechtlichen Schuldnerposition aus der Verbundenheit des Erben mit dem Nachlass; er ist im Wege der Universalsukzession gem. §§ 1922, 1967 BGB Träger des Nachlasses geworden und haftet – mit Blick auf die in § 1975 BGB getroffene Regelung – für die Nachlassverbindlichkeiten (*Hanisch* FS für Henckel, S. 377).

Vor diesem Hintergrund macht es auch keinen Unterschied, ob nur ein Erbe oder eine **Erbengemein-** 31
schaft (§ 2032 BGB) Rechtsnachfolger des Erblassers ist (keine Erbengemeinschaft bilden mehrere
Nacherben vor dem Nacherbfall (*BGH* FamRZ 1993, 801). Die Erbengemeinschaft unterscheidet
sich – ausgehend von den erbrechtlichen Grundsätzen im materiellen Recht – allein in ihrer gesamthänderischen Verbundenheit vom Alleinerben.

Die in § 316 Abs. 1 InsO getroffene Regelung, dass das Insolvenzverfahren auch vor der Annahme 32
der Erbschaft eröffnet werden kann, zeigt, dass auch der **vorläufige Erbe** – bis zu einer etwaigen Ausschlagung der Erbschaft – Insolvenzschuldner ist (zu den Auswirkungen auf die Schuldnerlasten auf
den vorläufigen Erben vgl. *Hanisch* FS Henkel S. 369 [377]; *Jaeger/Weber* KO, § 214 Rn. 14). Wird
die Erbschaft ausgeschlagen, findet allein ein Wechsel in der Vermögensträgerschaft statt; die Schuldnerrolle übernimmt nunmehr der etwa durch den Erblasser eingesetzte Ersatzerbe (§ 2096 BGB)
oder der in sonstiger Weise zuletzt Bedachte.

Im Nachlassinsolvenzverfahren erhält der Erbe als **Gemeinschuldner** die uneingeschränkte Rechts- 33
position mit allen Rechten und Pflichten, wie sie sich auch für den Gemeinschuldner im Regelinsolvenzverfahren ergeben. Er hat demnach insbesondere die gleiche Antragsbefugnis. Dessen ungeachtet
wird das Verfahren auf den Namen des Erblassers abgewickelt (vgl. hierzu eingehend *Kuhn/Uhlen-
bruck* KO, § 214 Rn. 7 und Rn. 12).

Für die Erbengemeinschaft ergibt sich aus der gesamthänderischen Verbundenheit, dass die **Mit-** 34
erben zusammen Schuldner sind. Sie müssen gemeinschaftlich und einheitlich handeln (*Uhlen-
bruck/Lüer* InsO, § 315 Rn. 13). Demgegenüber genügt für die Antragstellung, dass nur einer der
Erben den Antrag auf Eröffnung des Verfahrens stellt, § 317 Abs. 2 InsO. Es bedarf dann insoweit
nur einer Glaubhaftmachung des Insolvenzgrundes. Den Interessen der übrigen Miterben muss jedoch durch die Gewährung rechtlichen Gehörs Rechnung getragen werden.

Tritt bei einer **Nacherbfolge** gem. § 329 InsO während des Insolvenzverfahrens der Nacherbfall ein, 35
ist bis zum Zeitpunkt des Eintritts des Nacherbfalls der Vorerbe, anschließend der Nacherbe Schuldner (HambK-InsO/*Böhm* Vor §§ 315 ff. Rn. 13).

Bei Handlungen des Schuldners, die der **Anfechtung gem. §§ 129 ff. InsO** unterliegen, kommt für 36
die Zeit zwischen Erbfall und Verfahrenseröffnung die Person des Erben und für die Zeit vor dem
Erbfall die Person des Erblassers in Betracht (vgl. *Dauernheim* §§ 144 ff. sowie *Uhlenbruck/Lüer*
InsO, § 315 Rn. 14; zur Abgrenzung der Anfechtung nach InsO von der Gläubigeranfechtung
nach dem Anfechtungsgesetz s. *Schallenberg* Steuerberater Rechtshandbuch, Fach K, Kap. 8
Rn. 5 f.; zum Verhältnis der Einzelgläubigeranfechtung zum Insolvenzverfahren siehe dort Rn. 4).
Die durch die Regeln der Anfechtung dem Nachlass zurückgeführten Vermögenswerte – gleich
ob Forderungen oder Sachen – müssen bei der Ermittlung des tatsächlichen Umfangs des Nachlasses
berücksichtigt werden. Dies ergibt sich schon aus deren teils erheblichem Wert, damit verbunden der
wesentlichen Erhöhung des Nachlassumfangs. Andernfalls wäre auch eine dahingehende Anfechtung sinnwidrig, da es an einer Benachteiligung der Gläubiger fehlen würde (vgl. hierzu den Wortlaut der §§ 129 ff. InsO sowie *Dauernheim* §§ 129 ff.).

V. Insolvenzverwalter

Dem Insolvenzverwalter kommt eine eigenständige rechtliche Stellung zu. Er handelt kraft der ihm 37
vom zuständigen Gericht verliehenen Befugnisse und ist Partei kraft Amtes (A/G/R-*Ringstmeier*
§ 315 InsO Rn. 11). Der Umstand, dass die Entscheidungen und Handlungen des Insolvenzverwalters nicht dem Willen des Erben unterworfen sind – er handelt nicht einmal im Namen des Erben –
führt konsequenterweise zu einer entsprechenden **Haftungsverteilung zwischen Insolvenzverwalter
und Erbe**. So vermag etwa die Fortführung des Geschäfts des Erblassers durch den Insolvenzverwalter nicht die Haftung des Erben nach § 27 HGB zu begründen (vgl. *Uhlenbruck/Lüer* InsO, § 315
Rn. 15; *BGH* BGHZ 35, 13 [17]). Andernfalls wäre der Erbe selbst durch die bereits mit dem Erblasser eingegangenen Verbindlichkeiten gem. § 25 HGB verpflichtet, auf den durch § 27 HGB Bezug genommen wird. Da gerade durch das eingeleitete Insolvenzverfahren die Gläubiger eine voll-

ständige Befriedigung ihrer Forderungen oft nicht erwarten können, wäre dies eine attraktive Möglichkeit zur Forderungstilgung. Jedoch kann dem Erben nicht die Geschäftsführung des Insolvenzverwalters angelastet werden. Genauso wenig kann er persönlich für diese Verbindlichkeiten in Anspruch genommen werden. Dies widerspräche zudem der klaren Trennung zwischen Eigen- und Erbschaftsvermögen.

VI. Überleitung ins Nachlassinsolvenzverfahren

38 Sowohl das Klein- und Verbraucherinsolvenzverfahren (*BGH* NZI 2008, 382) als auch das **Regelinsolvenzverfahren** gehen in das **übergeleitete Nachlassinsolvenzverfahren** über, wenn der Schuldner während des laufenden Verfahrens über sein Vermögen verstirbt (vgl. hierzu *Ahrens* § 286 Rdn. 93 ff.). Dann finden ex nunc die Regeln über das Nachlassinsolvenzverfahren Anwendung. Nur das zwischen Eröffnung des Insolvenzverfahrens und dem Erbfall erworbene pfändbare Vermögen des Erblassers gehört zur Masse, so dass sich Neugläubiger des Erblassers an das bisher nicht pfändbare Restvermögen des Schuldners halten müssen. Nach der herrschenden Auffassung stellen nach Eröffnung des Insolvenzverfahrens entstandene Verbindlichkeiten keine Insolvenzforderungen dar und erhalten diese Eigenschaft auch nicht mit dem Tod des Erblassers (*BGH* 26.09.2013 – IX ZR 3/13, BeckRS 2013, 21938; MüKo-InsO/*Siegmann* Vor §§ 315 bis 331 Rn. 3). Gemeinschuldner desselben wird dann der Erbe oder im Falle mehrerer Bedachter die Erbengemeinschaft (HambK-InsO/*Böhm* Vor §§ 315 ff. Rn. 16). Dem neuen Gemeinschuldner kann dann eine Doppelrolle sowohl als Schuldner als auch als Gläubiger zukommen (vgl. *Kilger/Karsten Schmidt* KO, § 214 Rn. 7). Anders verhält es sich jedoch, falls der Erbe einziger Gläubiger des Nachlasses ist. In diesem Fall erlöschen die Verbindlichkeiten im Eröffnungsverfahren wegen Konfusion (HambK-InsO/*Böhm* Vor §§ 315 ff. Rn. 16). Zu beachten ist, dass die einmal begründete Zuständigkeit des Gerichts bestehen bleibt; es findet also **kein Zuständigkeitswechsel** i.S.d. § 315 InsO statt. Dies gilt auch für den Fall, dass das Insolvenzverfahren vor dem Tod des Erblassers beantragt, aber erst nach dem Erbfall eröffnet wird (*BGH* ZInsO 2004, 270). Zur Frage, auf welchen Eröffnungsgrund in einem solchen Fall abzustellen ist, vgl. die Ausführungen zu § 320 InsO.

Erster Abschnitt Nachlaßinsolvenzverfahren

§ 315 Örtliche Zuständigkeit

¹Für das Insolvenzverfahren über einen Nachlass ist ausschließlich das Insolvenzgericht örtlich zuständig, in dessen Bezirk der Erblasser zur Zeit seines Todes seinen allgemeinen Gerichtsstand hatte. ²Lag der Mittelpunkt einer selbständigen wirtschaftlichen Tätigkeit des Erblassers an einem anderen Ort, so ist ausschließlich das Insolvenzgericht zuständig, in dessen Bezirk dieser Ort liegt.

Übersicht

	Rdn.		Rdn.
A. Allgemeiner Gerichtsstand des Erblassers als Zuständigkeitskriterium	1	schaftlichen Tätigkeit des Erblassers als Zuständigkeitskriterium	4
B. Bestimmung der örtlichen Zuständigkeit bei Auseinanderfallen der Gerichtsstände	3	D. Versterben nach Insolvenzantragstellung	8
C. Mittelpunkt der selbstständigen wirt-		E. Abschaffung des § 229 KO	9

Literatur:
Hellwich Neuordnung der Zuständigkeitsregelungen im künftigen Insolvenzverfahren, MDR 1997, 13 ff.; *Vallender/Fuchs/Rey* Der Antrag auf Eröffnung eines Nachlassinsolvenzverfahrens und seine Behandlung bis zur Eröffnungsentscheidung, NZI 1999, 355.

A. Allgemeiner Gerichtsstand des Erblassers als Zuständigkeitskriterium

§ 315 InsO trifft in erster Linie eine Zuständigkeitsregelung. Für die örtliche Zuständigkeit wird an die Verhältnisse des Erblassers zur Zeit seines Todes angeknüpft. Mit Satz 1 der Vorschrift wird für das Nachlassinsolvenzverfahren eine **ausschließliche örtliche Zuständigkeit** des Insolvenzgerichts begründet. Dies führt ggf. zu einem Auseinanderfallen von Nachlass- und Nachlassinsolvenzgericht (*Andres/Leithaus* InsO, § 315 Rn. 4). Zuständig ist das Insolvenzgericht in dessen Bezirk der Erblasser zur Zeit seines Todes seinen **allgemeinen Gerichtsstand** hatte. Insoweit deckt sich die Regelung mit der in § 27 ZPO (§§ 12 ff., 16 ZPO) vorgesehenen Zuständigkeit. Unerheblich ist, an welchem Ort der Erblasser verstorben ist (§ 3 InsO). Bei einem **ausländischen Wohnsitz** ist für das Nachlassverfahren § 16 ZPO zu beachten; dieser Wohnsitz geht einem aufgegebenen Wohnsitz vor (*BGH* ZEV 2010, 528; *OLG Köln* NZI 2001, 381). Keine inländische Zuständigkeit ist auch, so man denn von der Möglichkeit eines Partikularinsolvenzverfahrens gem. Art. 102 Abs. 3 Satz 1 EGInsO im Inland absieht, gegeben, falls Tätigkeitsmittelpunkt und Wohnsitz des Erblassers im Ausland lagen. 1

Eine bedeutende Abweichung von dem in Satz 1 niedergelegten Grundsatz erfolgt jedoch mit der durch § 315 InsO eingeführten Beachtung des **wirtschaftlichen Tätigkeitsbereichs** des Erblassers. Diese Abweichung muss insbesondere bei der Antragstellung Berücksichtigung finden, s. Rdn. 4 ff. 2

B. Bestimmung der örtlichen Zuständigkeit bei Auseinanderfallen der Gerichtsstände

Soweit nach Maßgabe der §§ 12 ff. ZPO der Erblasser **mehrere allgemeine Gerichtsstände** hatte, kann die Eröffnung des Insolvenzverfahrens wahlweise an einem dieser Gerichtsstände erfolgen. Wird das Verfahren mehrfach eingeleitet, ist – wie sich bereits aus § 3 Abs. 2 InsO ergibt – auf den zuerst eingegangen Antrag abzustellen (Prioritätsprinzip). Das zuerst angerufene Gericht schließt also die übrigen aus. Beharrt der Antragsteller trotz – zutreffenden – gerichtlichen Hinweises auf die Unzuständigkeit und der Anregung, einen **Verweisungsantrag** zu stellen, auf der vermeintlichen Zuständigkeit des von ihm angerufenen Gerichts, ist der Eröffnungsantrag als unzulässig zurückzuweisen (*LG Magdeburg* GmbHR 1997, 129). Eine Verweisung von Amts wegen ist dagegen, auch nicht nach § 281 Abs. 1 ZPO analog, nicht zulässig. 3

C. Mittelpunkt der selbstständigen wirtschaftlichen Tätigkeit des Erblassers als Zuständigkeitskriterium

4 Soweit der **Mittelpunkt einer selbstständigen wirtschaftlichen Tätigkeit des Erblassers** an einem anderen Ort liegt, ist nach Satz 2 der Vorschrift abweichend von Satz 1 ausschließlich das Insolvenzgericht zuständig, in dessen Bezirk dieser Ort zur Zeit des Todes des Erblassers liegt (*Vallender/Fuchs/Rey* NZI 1999, 355). Wie auch im Rahmen des § 3 Abs. 1 InsO geht dieser Gerichtsstand dem allgemeinen Gerichtsstand des Erblassers vor.

Ein Vorteil der nunmehr zugrunde zu legenden Regelung besteht darin, dass das Insolvenzverfahren über den Nachlass beispielsweise eines Einzelkaufmanns am **Sitz des Unternehmens** durchgeführt werden kann.

Ein anderer Vorteil der Vorschrift ist die **Sachnähe des handelnden Gerichts** und der betroffenen Parteien zur Haftungsmasse. Dies bewirkt zum einen eine Beschleunigung des Verfahrens, da den Parteien ein schnellerer Zugriff und eine zügigere Kommunikation mit dem zuständigen Gericht durch kürzere Informationswege ermöglicht wird. Es entscheidet somit das sachnähere Gericht.

5 Zum anderen werden durch die Regelung des Satz 2 die **Kosten des Verfahrens** gesenkt, da den Parteien und dem Gericht durch den schnelleren Zugriff auf das Vermögen zeitaufwendige Fahrten erspart und persönliche Einsichtnahmen erleichtert werden. Die Sachnähe des zuständigen Gerichts zeichnet sich insbesondere auch dadurch aus, dass das Gericht häufig mit den Örtlichkeiten vertraut ist und kurzfristig Termine anberaumt werden können. Es entscheidet somit ab jetzt das sachlich qualifiziertere Gericht (*Hellwich* MDR 1997, 13, ebenso zu den weiteren Änderungen und den damit verbundenen Vor- und Nachteilen im Rahmen der Neuregelung der Zuständigkeit im Hinblick auf die gesamte Insolvenzordnung). Demnach ist diese Vorschrift sowohl aus Gründen der Konzentration des Verfahrens als auch aus prozessökonomischen Erwägungen zu begrüßen.

6 Mit der Bestimmung der örtlichen Zuständigkeit wird ausdrücklich eine **ausschließliche Zuständigkeit** begründet, die einer **abweichenden Vereinbarung** der Verfahrensbeteiligten **entzogen** ist. Es gilt demnach nicht mehr der nach §§ 12 ff., 16 ZPO i.V.m. §§ 7 f. BGB zu ermittelnde allgemeine Gerichtsstand, den der Erblasser zur Zeit des Erbfalles gehabt hat. Folglich wird in den Fällen eines wirtschaftlichen Schwerpunkts auch das Problem mehrerer allgemeiner Gerichtsstände beseitigt und das damit nach herrschender Meinung verbundene Prioritätsprinzip für diesen Fall seiner Wirkung enthoben. Nach wie vor unbeachtlich ist der Gerichtsstand des Erben; auf diesen ist nur im Rahmen der Eigeninsolvenz des Erben abzustellen.

7 Soweit die EuInsVO Anwendung findet ist Art. 3 EUInsVO anstelle von § 315 Abs. 2 einschlägig (A/G/R-*Ringstmeier* § 315 InsO Rn. 18). Maßgeblich ist danach der Mittelpunkt der hauptsächlichen Interessen des Verstorbenen. Lag der Wohnsitz des Verstorbenen demnach im Ausland, ist kein deutsches Insolvenzgericht zuständig (*BGH* ZEV 2010, 528).

D. Versterben nach Insolvenzantragstellung

8 Zur Zuständigkeit im Falle des Versterbens des Schuldners nach Insolvenzantragstellung s. Vor § 315 Rdn. 38.

E. Abschaffung des § 229 KO

9 Da die **Identität von Nachlass- und Insolvenzgericht** unter den oben dargestellten Umständen häufig nicht mehr gegeben sein wird, konnte auf eine dem § 229 KO entsprechende Vorschrift verzichtet werden. Dort war vorgesehen, dass das Konkursverfahren bei dem Gericht anhängig ist, welches zugleich für das Aufgebotsverfahren zuständig ist; die im Aufgebotsverfahren geltend gemachten Forderungen galten auch als im Nachlassinsolvenzverfahren angemeldet. Die Anmeldung einer Forderung im Aufgebotsverfahren kann aber die Anmeldung im Insolvenzverfahren nicht entbehrlich machen, sofern diese beiden Gerichte auseinander fallen. Mit der ersatzlosen Abschaffung des § 229 KO kommt der Gesetzgeber der Praxis, dass Insolvenz- und Nachlassgericht oftmals auseinander fal-

len, entgegen (vgl. die Begr. zu § 358 RegE, BT-Drucks. 12/2443 S. 230). Ein Festhalten an der Regelung der KO hätte zur Folge gehabt, dass der Gesetzgeber eine Norm ohne – oder jedenfalls mit einem nur sehr geringen – Anwendungsbereich geschaffen hätte.

Ausgehend von der Abschaffung der Regelung der KO, obliegt es nun den Parteien, ihr Recht zu behaupten. Sie müssen nun stets ihre Forderungen sowohl im Aufgebotsverfahren als auch im Insolvenzverfahren anmelden. Der unter der KO bestehende gesetzliche Automatismus existiert nun nicht mehr. **Bedeutung für die Praxis** gewinnt diese Neuregelung insoweit, als die Gläubiger und auch ihre Vertreter bestrebt sein müssen, die Anmeldung im Nachlassinsolvenzverfahren schleunigst zu veranlassen, da die Verjährung der Ansprüche nicht durch eine kraft Gesetzes gleichzeitig erfolgte Anmeldung im Aufgebotsverfahren unterbrochen wird (zur vorhergehenden Rechtslage vgl. *Jaeger/Weber* KO, § 229 Rn. 4; *Kilger/Karsten Schmidt* KO, § 229 Rn. 2).

§ 316 Zulässigkeit der Eröffnung

(1) Die Eröffnung des Insolvenzverfahrens wird nicht dadurch ausgeschlossen, dass der Erbe die Erbschaft noch nicht angenommen hat oder dass er für die Nachlassverbindlichkeiten unbeschränkt haftet.

(2) Sind mehrere Erben vorhanden, so ist die Eröffnung des Verfahrens auch nach der Teilung des Nachlasses zulässig.

(3) Über einen Erbteil findet ein Insolvenzverfahren nicht statt.

Übersicht	Rdn.		Rdn.
A. Regelungsgehalt des Abs. 1	1	III. Zeitliche Schranke	7
I. Annahme der Erbschaft	2	IV. Besonderheit des Verschollenheits-	
II. Unbeschränkte Haftung des Erben ...	4	gesetzes	8
B. Regelungsgehalt des Abs. 2	5	C. Der Regelungsgehalt des Abs. 3	10
I. Teilung des Nachlasses	5	I. Zweck der Regelung	10
II. Erbengemeinschaft	6	II. Ausnahme	13

Literatur:
Fischinger Die Beschränkung der Erbenhaftung in der Insolvenz, 2013; *Frege/Keller/Riedel* Insolvenzrecht, Rn. 2319 ff.

A. Regelungsgehalt des Abs. 1

Abs. 1 stellt klar, dass die Durchführung des Insolvenzverfahrens ohne Rücksicht auf erbrechtliche Besonderheiten wie die Annahme der Erbschaft oder die unbeschränkte Haftung des Erben für Nachlassverbindlichkeiten erfolgen kann. Die von § 316 Abs. 1 InsO vorgesehene **Überbrückung** des durch die noch nicht erfolgte Erbschaftsannahme bewirkten Schwebezustandes folgt der für diesen Fall in §§ 1942 Abs. 1, 1943 BGB vorgesehenen Regelung. Hierdurch wird sichergestellt, dass es angesichts der Rückwirkung des Erbschaftsanfalls auf den Zeitpunkt des Erbfalls keine ruhende Erbschaft gibt.

I. Annahme der Erbschaft

Durch die Regelung in Abs. 1, dass die noch nicht erfolgte Annahme der Erbschaft der Verfahrenseröffnung nicht entgegensteht, wird der Regelungsgehalt des § 1943 BGB in das Insolvenzrecht transferiert. Hiernach ist die **Annahme der Erbschaft nicht Voraussetzung der Erbenhaftung**, sondern verhindert lediglich eine spätere Ausschlagung. Die von der Annahme der Erbschaft losgelöste Erbenhaftung schlägt insoweit konsequenterweise im Insolvenzverfahren durch. Die Annahmeerklärung braucht nicht ausdrücklich zu erfolgen; es genügt ein aus den Umständen des Einzelfalls nach außen tretender Wille des Erben (Bsp. zu solch konkludenten Annahmen in den Entscheidungen des *BayObLG* FamRZ 1988, 213 sowie *OLG Oldenburg* NJW-RR 1995, 141; zu den Voraussetzungen, die an die Wirksamkeit einer Ausschlagungserklärung zu stellen sind, wenn die Erbschaft Nachlassvermögen im Beitrittsgebiet umfasst vgl. *LG Bonn* DtZ 1992, 56).

3 Für den noch nicht vollständig in die Erbenstellung eingetretenen (vorläufigen) Erben kann für das Nachlassinsolvenzverfahren ein **Nachlasspfleger** gem. § 1960 BGB bestellt werden (zum Umfang der Vermögensbetreuungspflicht des Nachlasspflegers s. *OLG Hamm* NJW-RR 1995, 1159; allgemein zur Nachlasspflegschaft: *Tidow* Rpfleger 1991, 400). Im Falle der Testamentsvollstreckung wird der Erbe durch den **Testamentsvollstrecker** vertreten. Ungeachtet der noch nicht erfolgten Annahme der Erbschaft kann der – noch vorläufige – Erbe die Eröffnung des Verfahrens beantragen. Eine Bindung in Bezug auf das Erbe i.S. einer (konkludenten) Annahme ist damit nicht verbunden (*Uhlenbruck/Lüer* InsO, § 316 Rn. 3; *A/G/R-Ringstmeier* § 316 InsO Rn. 1). Die Wirkung einer solchen Verfahrenshandlung des vorläufigen Erben erschöpft sich in einer – auf den Nachlass bezogenen – Verwaltungshandlung i.S.d. § 1959 BGB.

II. Unbeschränkte Haftung des Erben

4 Kein Hinderungsgrund für die Eröffnung des Insolvenzverfahrens ist die **unbeschränkte Haftung des Erben** für die Nachlassverbindlichkeiten (Übersichten zur Erbenhaftung geben: *App* DGVZ 1996, 136; *Harder/Müller-Freienfels* JuS 1980, 876; zur Rechtfertigung der Erbenhaftung für den Geschiedenenunterhalt s. *Roessink* FamRZ 1990, 924). Eine solch unbeschränkte Haftung kann etwa aus der Nichtwahrung der Inventarfrist nach § 1994 BGB resultieren. Aufgabe des Nachlassinsolvenzverfahrens ist es dann, zu gewährleisten, dass die Nachlassgläubiger gegenüber den persönlichen Gläubigern des Erben bevorrechtigten Zugriff auf den Nachlass erhalten (vgl. *Nerlich/Römermann-Riering* InsO, § 316 Rn. 4). Damit den Nachlassgläubigern aber diese Haftungsmasse erhalten bleibt, muss das Insolvenzverfahren auch bei unbeschränkter Haftung des Erben eröffnet werden können (*Jaeger/Weber* KO, § 216 Rn. 2; *Petersen/Kleinfeller* Rn. 13). Andernfalls liefen die Nachlassgläubiger Gefahr, dass auch die Eigengläubiger des Schuldners auf den Nachlass Zugriff nehmen könnten. Dies soll jedoch gerade durch die insoweit erfolgende Trennung der beiden Vermögensmassen vermieden werden.

B. Regelungsgehalt des Abs. 2

I. Teilung des Nachlasses

5 Letztlich schließt auch die in Abs. 2 erwähnte **Teilung des Nachlasses** die Eröffnung des Verfahrens nicht aus, so dass keine »normative Kraft« des vorgezogenen faktischen Vollzugs bewirkt wird. Denn andernfalls liefen die Nachlassgläubiger Gefahr, bei einer vollzogenen Auseinandersetzung der Erbengemeinschaft ihre unerfüllten Forderungen – mangels Masse – wirtschaftlich zu verlieren. Deshalb ist es notwendig, die Masse, die entgegen der Vorschrift des § 2046 BGB vor der Berichtigung der Nachlassverbindlichkeiten geteilt wurde, auch noch nach Teilung derselben als einheitlich zu behandeln, damit der Zugriff weiter möglich bleibt (vgl. *Jaeger/Weber* KO, § 216 Rn. 5). Dessen ungeachtet kann sich eine vorgezogene Teilung in der Praxis als problematisch erweisen; u.a. kann diese die dem Insolvenzverwalter nach § 148 InsO obliegende Sammlung der Masse erschweren. Die Anordnung der Nachlassverwaltung ist hingegen nach erfolgter Teilung nicht mehr zulässig. Dies ließe sich nun auch nur schwer durchsetzen, so dass man wegen der praktischen Schwierigkeiten auf diese Möglichkeit verzichtet hat. Hierdurch wird dem Erben ein Mittel zur Beschränkung seiner Haftung versagt. Jedoch besteht insoweit keine weitergehende Gefahr, da im Falle einer Nachlassverwaltung der Nachlass zur Befriedigung der Nachlassgläubiger regelmäßig ausreichen würde.

II. Erbengemeinschaft

6 Die Miterben trifft dann eine **Rückführungspflicht bezüglich der Nachlassgegenstände** in die Masse. Folglich ist der Insolvenzverwalter zur Inbesitznahme der Massegegenstände verpflichtet, wenn das Insolvenzverfahren nach der Teilung eröffnet wird (*Uhlenbruck/Lüer* InsO, § 316 Rn. 5).

III. Zeitliche Schranke

Die Einleitung des Nachlassinsolvenzverfahrens ist theoretisch nicht an eine zeitliche Schranke gebunden. Folglich bleibt die Möglichkeit der Verfahrenseröffnung auch noch Jahre nach dem Erbfall möglich. Eine **sinnvolle zeitliche Schranke** für das Einleitungsrecht der Nachlassgläubiger setzt jedoch § 319 InsO, wonach diesen die Verfahrenseröffnung zwei Jahre nach der Annahme der Erbschaft nicht mehr gestattet sein soll. Dem liegt der Gedanke zugrunde, dass nach einer solchen Zeitspanne der Verbleib und der Wert des Nachlasses nicht mehr hinreichend genau bestimmt werden kann.

7

IV. Besonderheit des Verschollenheitsgesetzes

Das Nachlassinsolvenzverfahren wird nicht dadurch beendet, dass der nach dem Verschollenheitsgesetz für tot Erklärte wieder »**auftaucht**«. Dies bewirkt nur, dass der bis dahin Verschollene als der **neue Schuldner** anzusehen ist. Das Beschwerderecht gegen den Eröffnungsbeschluss steht von diesem Zeitpunkt an nur noch ihm uneingeschränkt zu (vgl. *Kilger/Karsten Schmidt* KO, § 216 Rn. 4; *Uhlenbruck/Lüer* InsO, § 316 Rn. 10). Es gelten dann die Regeln des Regelinsolvenzverfahrens ex nunc. Abweichungen im Hinblick auf die Eröffnungsgründe, wie sie sich vormals für das Regelkonkurs- und Nachlasskonkursverfahren ergaben, bestehen jedoch nicht mehr. Denn nunmehr hat der Gesetzgeber gem. § 320 InsO neben der Überschuldung auch die Zahlungsunfähigkeit und – eingeschränkt – die drohende Zahlungsunfähigkeit als Eröffnungsgründe für ein Nachlassinsolvenzverfahren anerkannt (vgl. *Nerlich/Römermann-Riering* InsO, § 316 Rn. 10).

8

Dies hat allerdings auch Auswirkungen auf das dem Schuldner bis dahin zugestandene **Beschwerderecht**. Der Schuldner kann den Eröffnungsbeschluss nicht mehr ohne Weiteres rügen. Denn ein Auseinanderfallen der Eröffnungsgründe zwischen Regel- und Nachlassinsolvenzverfahren ist nun weitgehend eingedämmt worden. Demgegenüber muss das Beschwerderecht uneingeschränkt zugebilligt werden, soweit das Insolvenzverfahren unter Berufung des Erben auf die drohende Zahlungsunfähigkeit eröffnet wurde. Denn dieser Eröffnungsgrund stellt gerade auf die persönliche Einschätzung des Schuldners ab. Insoweit kann ein eröffnetes Verfahren keinen weiteren Bestand mehr haben. Die Ausführungen im Verhältnis zwischen Erben und Vorerben gelten entsprechend.

9

C. Der Regelungsgehalt des Abs. 3

I. Zweck der Regelung

Der Zweck der Regelung ist auf die gesamthänderische Verbundenheit der Erbengemeinschaft gem. § 2032 BGB und der gesamtschuldnerischen Haftung derselben gem. § 2058 i.V.m. §§ 421 ff. BGB zurückzuführen. Bereits aus dem gemeinsamen Schicksal dieser Gesamthandsgemeinschaft folgt, dass eine **isolierte Vermögensliquidation nicht zulässig** sein kann. § 316 Abs. 3 InsO drückt damit letztlich eine sich aus den zivilrechtlichen Vorgaben ergebende Selbstverständlichkeit aus. Dem Insolvenzverfahren eines einzelnen Erben kann der Nachlassgegenstand nur dann angehören, wenn das ererbte und das Eigenvermögen bereits verschmolzen sind. In diesem Fall können diejenigen Gegenstände, die einer der Miterben kraft seines Erbrechts erworben hat, natürlich Zugriffsobjekt der Haftungsmasse des Eigeninsolvenzverfahrens sein.

10

Die Anwendung der Regeln des Rechts der **Individualexekution** können hier kein anderes Ergebnis gestatten (anschaulich zum Verhältnis von Individualzwangsvollstreckung und Insolvenz: *Smid* JZ 1995, 1150; zu den Rechtswirkungen einer Pfändung des Miterbenanteils bzw. eines einzelnen Nachlassgegenstandes s. *Baumbach/Lauterbach-Hartmann* ZPO, § 859 Rn. 6). Soweit § 859 Abs. 2 ZPO in Anlehnung an die Zwangsvollstreckung in einen Gesellschaftsanteil auch den einzelnen Erbteil einer möglichen Pfändung unterwirft, steht der Übertragung dieses Grundgedankens bereits der Wortlaut des § 316 Abs. 3 InsO entgegen. Die konsequente Einhaltung dieser in § 316 Abs. 3 InsO enthaltenen Grundregel zeigt sich insbesondere darin, dass in § 316 Abs. 2 InsO trotz der erfolgten Teilung des Nachlasses nur über den Nachlass als Ganzes das Verfahren eröffnet werden kann

11

(*Uhlenbruck/Lüer* InsO, § 316 Rn. 7). Der Nachlass muss für diesen Zweck wieder zusammengeführt werden.

12 Auch wenn auf der Schuldnerseite eine Personenmehrheit steht, ist das Insolvenzverfahren als ein einziges, **einheitliches Verfahren** zu betrachten und zu gestalten. Die Beschwer eines einzelnen Erbteils löst weder eine Antragspflicht auf Schuldnerseite aus noch wird auf Gläubigerseite dadurch eine Antragsrecht begründet. Der Eröffnungsgrund muss einheitlich auf den ganzen Nachlass bezogen festgestellt werden; zu der Frage, wie das Insolvenzverfahren über das Vermögen eines Miterben sowohl vor als auch nach der Teilung des Nachlasses abzuwickeln ist vgl. *Jaeger/Weber* KO, § 235 Rn. 4 ff.

II. Ausnahme

13 Eine scheinbare Ausnahme von dem Grundsatz, dass über einzelne Nachlassgegenstände kein gesondertes Insolvenzverfahren stattfindet, bildet nur der Fall, dass der Erblasser ein **Unternehmen als Einzelgesellschafter** betrieb. Hier wird das Insolvenzverfahren nicht über die Nachlassgegenstände, die hier die Gesellschaftsanteile darstellen, eröffnet, wohl aber kann neben dem Nachlassinsolvenzverfahren ein Insolvenzverfahren über das Vermögen der Ein-Mann-GmbH stattfinden (vgl. *Kilger/Karsten Schmidt* KO, § 235 Rn. 2; *Uhlenbruck/Lüer* InsO, § 316 Rn. 8). Dieses gesonderte Verfahren ist auf die eigenständige Rechtspersönlichkeit der GmbH zurückzuführen.

§ 317 Antragsberechtigte

(1) Zum Antrag auf Eröffnung des Insolvenzverfahrens über einen Nachlass ist jeder Erbe, der Nachlassverwalter sowie ein anderer Nachlasspfleger, ein Testamentsvollstrecker, dem die Verwaltung des Nachlasses zusteht, und jeder Nachlassgläubiger berechtigt.

(2) ¹Wird der Antrag nicht von allen Erben gestellt, so ist er zulässig, wenn der Eröffnungsgrund glaubhaft gemacht wird. ²Das Insolvenzgericht hat die übrigen Erben zu hören.

(3) Steht die Verwaltung des Nachlasses einem Testamentsvollstrecker zu, so ist, wenn der Erbe die Eröffnung beantragt, der Testamentsvollstrecker, wenn der Testamentsvollstrecker den Antrag stellt, der Erbe zu hören.

Übersicht

	Rdn.
A. Zweck der Vorschrift	1
B. Kreis der Antragsberechtigten	2
I. Regelungsgehalt des Abs. 1	2
1. Antragsrecht des bzw. der Erben	3
a) Ausschlagung der Erbschaft	5
b) Antragsrecht bei Vor- und Nacherbschaft	8
c) Insolvenz des Erben	14
2. Antragsrecht des Nachlassverwalters	15
3. Antragsrecht des Testamentsvollstreckers	18
4. Antragsrecht der Nachlassgläubiger	20
5. Antragsrecht der vormals Ausgeschlossenen	22
6. Sonderfälle	23
II. Regelungsgehalt des Abs. 2	24
III. Regelungsgehalt des Abs. 3	25
C. Antragspflicht	26

Literatur:
Geitner Der Erbe im Insolvenzrecht, 2007; *Rugullis* Das Konkursverhältnis zwischen Nachlassverwaltung und Nachlassinsolvenzverfahren, ZErb 2008, 35.

A. Zweck der Vorschrift

1 Da das Nachlassinsolvenzverfahren nicht nur bei Überschuldung, sondern entgegen der Rechtslage unter der KO auch bei Zahlungsunfähigkeit oder – bei Antragstellung durch eine der in § 320 InsO enumerativ genannten Personen – der nur drohenden Zahlungsunfähigkeit eröffnet werden kann und somit zu erwarten ist, dass auch der unter Geltung der KO benachteiligte Kreis der von der Insolvenzantragstellung ausgeschlossenen Gläubiger zumindest eine anteilsmäßige Befriedigung erhält. Folglich kann nun auch nicht mehr von einem mangelnden **Rechtsschutzbedürfnis** ausgegan-

gen werden. Die mit § 317 InsO gegenüber der KO erfolgte Neuregelung führt zugleich zu einer weitergehenden **Gleichbehandlung der Gläubiger**, da die Differenz im Antragsrecht selbst beseitigt wurde. Die im Rahmen des Nachlassinsolvenzverfahrens erfolgte Änderung des Antragsrechts korrespondiert – wie auch im Regelinsolvenzverfahren – insoweit mit der Änderung der Eröffnungsgründe. Letztlich ist dies auch unter dem Aspekt zu begrüßen, dass es geboten erscheint, aus dem Kreis derjenigen Personen, die an einer Absonderung des Nachlasses ein gesteigertes Interesse haben oder sich für die Nachlassabwicklung verantwortlich zeichnen, möglichst wenige vom Antragsrecht auszuschließen.

B. Kreis der Antragsberechtigten

I. Regelungsgehalt des Abs. 1

Abs. 1 enthält mit der Benennung des Erben, Nachlassverwalters sowie Nachlasspflegers, Testamentsvollstreckers und letztlich eines jeden Nachlassgläubigers eine **enumerative Aufzählung der Antragsberechtigten**. 2

1. Antragsrecht des bzw. der Erben

Die Berechtigung des bzw. der Erben, als Schuldner die Eröffnung des Insolvenzverfahrens zu beantragen, besteht unabhängig davon, ob die Erbschaft bereits angenommen wurde, bereits die unbeschränkte Haftung eingetreten ist oder aber der Nachlass bereits geteilt wurde, § 316 Abs. 1 InsO (vgl. die dortige Kommentierung; zur Parallele im alten Recht vgl. *Hess* KO, § 217 Rn. 4). Keine Antragsberechtigung hat hingegen vor dem Tode des Längerlebenden der **Schlusserbe aus einem Berliner Testament**, da dieser entsprechend der testamentarischen Verfügung erst im Zeitpunkt des Versterbens des überlebenden Ehegatten in die Erbenstellung einrückt. 3

Im Hinblick auf die an eine Antragstellung zu stellenden Anforderungen ist zum einen zwischen der Antragstellung durch einen Erben und der durch mehrere Erben bei der Erbengemeinschaft zu unterscheiden. Vorausgeschickt wird, dass ein einzelner Erbe – auch der Miterbe – antragsbefugt ist, § 317 Abs. 2 InsO. Zum anderen sind **Besonderheiten** bei der Ausschlagung der Erbschaft und bei der Vor- und Nacherbschaft zu beachten. Zur Antragsberechtigung des Erbschaftskäufers vgl. *OLG Köln* NZI 2001, 98, rkr., Vorinstanz: *LG Duisburg* ZIP 2000, 627 [628] sowie Komm. § 330. 4

a) Ausschlagung der Erbschaft

Auch der **vorläufige Erbe** ist antragsberechtigt (HambK-InsO/*Böhm* § 317 Rn. 2). Wird das Erbe hingegen ausgeschlagen, so erlischt mit Ausübung dieses Gestaltungsrechts auch das Recht, die Eröffnung des Nachlassinsolvenzverfahrens zu beantragen. Dies gilt ebenso dann, wenn der Erbe die Versäumung der Ausschlagungsfrist angefochten hat, auch wenn die Wirksamkeit der Anfechtung noch nicht feststeht (*BGH* ZInsO 2011, 1352). Damit im Einklang steht die bereits oben erwähnte Regelung, dass das Verfahren auch eröffnet werden kann, wenn der Erbe die Erbschaft noch nicht angenommen hat. Das Nachlassinsolvenzverfahren zielt nämlich nicht allein auf den Schutz des Erben, sondern bezweckt insbesondere auch die – bevorrechtigte – Befriedigung der Nachlassgläubiger. Dieser Zweck wird mit der auf den Nachlass bezogenen Zugriffsbeschränkung zugunsten der Nachlassgläubiger, damit einhergehend dem Entzug der Haftungsmasse »Nachlass« für die übrigen Gläubiger des Schuldners, verfolgt. Daraus ergibt sich, dass die zur Verfügung stehende Haftungsmasse nicht vom Handeln des Schuldners abhängig gemacht werden kann, da es sonst allein vom Zufall abhinge, in welcher Höhe die jeweiligen Gläubiger Befriedigung erlangen würden. Auch korrespondierte eine andere Aufteilung nicht mit dem Grundgedanken, dass der Vertragspartner für die vorher eingegangenen Verbindlichkeiten oder entstandenen Schulden haften müsste, wenn der Erbe den Nachlass zur Befriedigung anderer Gläubiger benutzen würde. Zwar lassen erbrechtliche Vorschriften, insbesondere die Universalsukzession gem. §§ 1922, 1967 BGB, Bedenken bzgl. dieses Grundsatzes zu, jedoch spricht hiergegen die Entscheidung des Gesetzgebers, den Nachlass als bevorrech- 5 tigtes Haftungsvermögen der Nachlassgläubiger zu behandeln. Dies schlägt sich nicht nur in den §§ 315 ff. InsO nieder, sondern ist bereits im bürgerlichen Recht (§§ 1967 ff. BGB) verankert.

6 Daraus folgt wiederum, dass das auf Antrag eines Gläubigers eröffnete Verfahren nach Ausschlagung der Erbschaft nicht für erledigt erklärt werden kann. Einem Antrag des Erben, gerichtet auf **Feststellung der Erledigung**, fehlt insoweit **das Rechtsschutzbedürfnis** (*OLG Koblenz* Rpfleger 1989, 510).

7 Die kontrovers beurteilte Frage, ob im Insolvenzantragsverfahren eine Erledigungserklärung, mit dem Ziel, eine **Kostenentscheidung nach § 91a ZPO** herbeizuführen, möglich ist (vgl. hierzu eingehend *Zöller/Vollkommer* ZPO, § 91a Rn. 58; *Baumbach/Lauterbach-Hartmann* ZPO, § 91a Rn. 11), bedarf jedoch insoweit keiner Entscheidung. Dies begründet sich aus der Feststellung, dass es im Falle der Ausschlagung der Erbschaft bereits an einem **Antragsgegner fehlt**. Die Kostengrundentscheidung des § 91a ZPO kann jedoch nur in einem kontradiktorischen Verfahren ergehen. Beantragt der zunächst berufene Erbe ein Nachlassinsolvenzverfahren, so ist eine Antragsberechtigung auf Schuldnerseite gegeben. Ein Antragsgegner ist nicht beteiligt. Hieran ändert sich auch dann nichts, wenn der ursprüngliche Antragsteller die Erbschaft ausschlägt. Die nach einer Ausschlagung berufenen weiteren (wenn auch ggf. unbekannten) Erben oder Nachlasspfleger sind keine Verfahrensgegner des ursprünglichen antragstellenden Erben. Sie übernehmen vielmehr als nunmehrige Träger des Nachlassvermögens die Gemeinschuldnerrolle; kurz: sie stehen ebenfalls auf Schuldnerseite. Ob dem ursprünglich handelnden Erben für ein vor der Ausschlagung besorgtes erbschaftliches Geschäft ein Erstattungsanspruch zusteht, richtet sich aber ausschließlich nach der materiell-rechtlichen Vorschrift des § 1959 BGB. Das Insolvenzgericht kann daher nicht nach § 91a ZPO entscheiden, ob Aufwendungen – etwa anwaltlichen Kosten – im Zusammenhang mit einem erfolglos betriebenen Nachlassinsolvenzverfahren erstattungsfähig sind.

b) Antragsrecht bei Vor- und Nacherbschaft

8 Angesichts des bewusst verwendeten offenen Begriffs des Erben (»jeder« Erbe) spielt es keine Rolle, ob es sich um einen **Vorerben**, **Nacherben** oder gar einen **Ersatzerben** handelt. Hierbei sind erbrechtliche Besonderheiten zu berücksichtigen. Dies gilt insbesondere für die durch letztwillige Verfügung bestimmte Erbfolge. Die **Antragsbefugnis bei der Vor- und Nacherbschaft** gem. § 2106 BGB richtet sich nach dem Zeitpunkt des Nacherbfalles (so auch HK-InsO/*Marotzke* § 317 Rn. 4; *Hess/Weis/Wienberg* InsO, § 317 Rn. 13; a.A. *Kübler/Prütting-Holzer* InsO, § 317 Rn. 4: Unbeachtlichkeit der Unterscheidung zwischen Vor- oder Nacherbenstellung für die Antragsberechtigung). § 2139 BGB ordnet an, dass die Erbenstellung des Vorerben mit dem Eintritt des Nacherbfalls endet. Ab diesem Zeitpunkt ist nur der Nacherbe als Erbe zu behandeln. Hieraus lässt sich die Antragsberechtigung des jeweils Bedachten ermitteln. Bis zum Eintritt des Nacherbfalls ist demzufolge der Vorerbe antragsberechtigt, von diesem Zeitpunkt an nur der Nacherbe (so auch *Hess* KO, § 217 Rn. 5 zur parallelen Problematik im Konkursrecht; zur InsO: *Hess* InsO, § 317 Rn. 20; MüKo-InsO/*Siegmann* § 317 Rn. 2).

9 Die hier vertretene Ansicht wird wohl überwiegend vertreten, ist jedoch nicht unangefochten. So geht eine **andere Ansicht** davon aus, dass die Antragsberechtigung des Vorerben solange bestehen bleibt, wie dieser im Besitz des Nachlasses ist (*Kilger/Karsten Schmidt* KO, § 217 Rn. 1a). Für eine solche Lösung sprechen verfahrensvereinfachende Überlegungen, da das zuständige Gericht im Falle der Antragstellung nur den leicht nachzuweisenden Besitz prüfen muss. Diesem Vorteil stehen jedoch gewichtige Nachteile gegenüber.

10 Es ist bereits vom Ansatz nicht überzeugend, die formelle Berechtigung zur Antragstellung vom tatsächlichen, damit aber vom Zufall abhängigen, bloßen Besitz abhängig zu machen. Hierbei wird verkannt, dass dem Nacherben unabhängig von den Besitzverhältnissen die wesentlich stärkere Rechtsposition zusteht: Er ist, ohne dass es der Herausgabe der Erbschaft bedarf, der Eigentümer des Nachlasses (vgl. nur *Palandt/Weidlich* § 2139 BGB Rn. 1). Dies gilt umso mehr angesichts der nunmehr im Rahmen der Reformbestrebungen erfolgten **Akzentverschiebung durch die Erweiterung der Eröffnungsgründe**. Diese ermöglicht dem Erben im Fall der drohenden Zahlungsunfä-

higkeit (s. hierzu *Schmerbach* § 18 Rdn. 1 ff.), die Eröffnung des Insolvenzverfahrens zu beantragen; eine entsprechende Antragsbefugnis auf Gläubigerseite besteht dagegen – aus gutem Grund – nicht. Ausgehend von der keineswegs abwegigen Fallgestaltung, dass der Vorerbe zugleich Gläubiger des Nacherben ist, würde dieses klare gesetzgeberische Konzept aus den Angeln gehoben.

Dem denkbaren Einwand, dass kein Grund erkennbar ist, wieso der Nacherbe unter Berufung auf eine drohende Zahlungsunfähigkeit zu einem Zeitpunkt die Verfahrenseröffnung begehrt, in welchem er nicht einmal den Besitz am Nachlass erlangt hat, steht bereits entgegen, dass die Besitzerlangung oder -erhaltung nicht deckungsgleich mit der Kenntnis der Unterdeckung der Vermögensmasse »Nachlass« ist. Die Zubilligung eines Antragsrechts ist selbst in diesem Stadium für den »**besitzlosen**« **Erben** die günstigere Alternative. So bleibt es wenigstens seinem Willen überlassen, ob er sich dieser Möglichkeit bedient oder nicht. 11

Bei Bestimmung der Antragsberechtigung auf den Besitz abzustellen, hieße auch, das **teleologisch vorgezeichnete Auslegungsergebnis** zu missachten. Nur der Schuldner soll für den Fall der drohenden Zahlungsunfähigkeit befugt sein, das Nachlassinsolvenzverfahren einzuleiten. Das Antragsrecht kann jedoch unter Berücksichtigung der Interessenlagen nicht in die Hände desjenigen gelegt werden, dessen Erbenstellung bereits endet. Die in § 320 InsO verankerte Einschränkung, dass gerade nicht jeder berechtigt sein soll, sich auf den Eröffnungsgrund der drohenden Zahlungsunfähigkeit zu berufen, rechtfertigt sich aus der Überlegung, dass es der persönlichen Einschätzung und Geschäftsführung des dadurch demnächst Betroffenen obliegen muss, in diesem Stadium bereits ein Verfahren einzuleiten. Es ist also die Subjektivierung dieses Eröffnungsgrundes, die gegen das Abstellen auf den – wie gesagt vom Zufall abhängigen – Besitz spricht. 12

Hinzu tritt, dass es nicht angehen kann, dem besitzenden Vorerben zu gestatten, trotz eventuell unberechtigten Besitzes sich auf diesen Eröffnungsgrund zu berufen und den Nacherben – ggf. nach zweck- und interessenwidriger Vermögensverwaltung – mit dem Nachlass in dieser Situation zu belassen. Die Gefahr einer pflichtwidrigen Verwaltung des Nachlasses ergibt sich bereits aus dem – vom Vorerben oftmals nicht gewünschten – Wechsel in der Verantwortung über den Nachlass (zu den – nicht nur unwesentlichen Einflussmöglichkeiten des Vorerben auf die Vor- und Nacherbschaft eingehend: *Mayer* ZEV 1996, 104). Um einer solchen Möglichkeit Einhalt zu gebieten, muss das Antragsrecht des Vorerben unverzüglich mit dem Eintritt des Nacherbfalls auf den Nacherben übergehen. Ein Abstellen auf den **besitzrechtlichen Status** der Beteiligten, d.h. eine Begünstigung des Sachnächsten, ist nicht zu rechtfertigen. 13

c) Insolvenz des Erben

Ist über das Gesamtvermögen des Erben das Insolvenzverfahren eröffnet, so ist auch der **Insolvenzverwalter** gegenüber dem Erben berechtigt und verpflichtet, das Nachlassinsolvenzverfahren zu beantragen. Diese Berechtigung dient dazu, dem Erben die Haftungsbeschränkung zu sichern (vgl. insgesamt *Vallender* NZI 2005, 318 ff.). 14

2. Antragsrecht des Nachlassverwalters

Das Antragsrecht steht auch dem **Nachlassverwalter** und dem **Nachlasspfleger** zu. Denn die Nachlassverwaltung gem. § 1975 BGB stellt – wie der Gesetzeswortlaut »Nachlassverwalter sowie ein anderer Nachlasspfleger« bereits intendiert – nichts anderes dar als eine besondere Nachlasspflegschaft zum Zwecke der Befriedigung der Nachlassgläubiger (*RG* RGZ 151, 57 [59]; zum Prüfungsumfang hinsichtlich der Zulänglichkeit des Nachlasses vor Zahlung an die Nachlassgläubiger siehe *BGH* NJW 1985, 140 [141]; vgl. im Übrigen *Hess* InsO, § 317 Rn. 23 ff.; *Uhlenbruck/Lüer* InsO, § 317 Rn. 7). Dabei hat der Nachlassverwalter die Regelung des § 1985 Abs. 2 BGB zu beachten, die ihm dieselben Pflichten auferlegt wie dem Erben. Folglich unterliegt er gegenüber den Nachlassgläubiger der gleichen Antragspflicht wie der Erbe selbst nach §§ 1985 Abs. 2, 1980 BGB; vgl. zur Antragspflicht des Nachlassverwalters bei Kenntnis der Überschuldung des Nachlasses *OLG Stuttgart* Justiz 15

1984, 301. Dementsprechend trifft den Nachlassverwalter der gleiche Schadensersatzanspruch der Nachlassgläubiger gem. § 1980 BGB im Falle der verschuldeten Nichtantragstellung.

16 Demgegenüber ist der **Nachlasspfleger** i.S.d. § 1960 BGB, wie sich bereits aus einem Umkehrschluss aus § 1985 Abs. 2 BGB ergibt, nur den Erben gegenüber zur Antragstellung verpflichtet. Dies folgt bereits aus der – gegenüber dem Nachlassverwalter – anderweitigen Aufgabenzuweisung für den Nachlasspfleger. Während dieser a priori die Fürsorge für den Erben trägt, obliegt dem Nachlassverwalter in erster Linie die möglichst weitgehende und gleichmäßige Befriedigung der Gläubiger (vertiefend zum Umfang der Vermögensbetreuungspflicht des Nachlasspflegers für den Erben *OLG Hamm* NJW-RR 1995, 1159; vgl. auch *Jaeger/Weber* KO, §§ 217–220 Rn. 24; von einer – nicht nur auf den Ausnahmefall beschränkten – Pflicht zur Gläubigerbefriedigung durch den Nachlasspfleger geht dagegen *Draschka* Rpfleger 1992, 281 aus). Der Nachlasspfleger stellt den Antrag auf Eröffnung des Nachlassinsolvenzverfahrens nicht im Interesse der Nachlassgläubiger, sondern als Vertreter und im Interesse des unbekannten Erben (HambK-InsO/*Böhm* § 317 Rn. 4). In diesem Zusammenhang versteht sich auch, dass für die Vergütung des Nachlasspflegers nur der Erbe haftet; eine Zahlungspflicht anderer Personen ist selbst dann ausgeschlossen, wenn sie die Anordnung der Nachlasspflegschaft beantragt haben, *OLG Frankfurt* NJW-RR 1993, 267 (zur fehlenden Eignung eines Nachlassgläubigers für das Amt des Nachlasspflegers wegen denkbarem Interessenkonflikt vgl. *BayObLG* NJW-RR 1995, 1159).

17 Das **pflichtwidrige Unterlassen der Antragstellung** führt zur Schadensersatzpflicht des Nachlasspflegers gegenüber den Erben. Um diesen Anspruch, dem mittelbar einen Schaden der Gläubiger zu Grunde liegt, doch noch der Masse zuzuordnen und somit dem Zugriff der Nachlassgläubiger zu unterwerfen, hat der Nachlassinsolvenzverwalter die Möglichkeit, diesen Anspruch für die Masse pfänden und überweisen zu lassen. Dies geht jedoch nur, soweit ihr vollstreckungsreife Forderungen gegen den Erben zustehen (§§ 1978 Abs. 2, 1980 BGB). Sind **mehrere Nachlasspfleger** beteiligt, so müssen diese den Antrag gemeinschaftlich stellen. Bei Meinungsverschiedenheiten entscheidet das Nachlassgericht (vgl. §§ 1797 Abs. 1, 1915, 1962 BGB).

3. Antragsrecht des Testamentsvollstreckers

18 Der **Testamentsvollstrecker** ist antragsberechtigt, wenn ihm – bezogen auf den Nachlass – eine **umfassende Verwaltungsbefugnis** zusteht (vgl. hierzu *Lehmann* AcP 88, Bd. 188, 1). Dies gilt zunächst dann, wenn ihm gem. § 2205 BGB die allgemeine Verwaltungsbefugnis zusteht, da der Testamentsvollstrecker dann für den gesamten Nachlass verantwortlich ist. Eine solche Verantwortlichkeit fehlt dem Testamentsvollstrecker im Falle des § 2208 BGB, da hier die Verwaltungsbefugnisse weitgehend beschränkt oder gar völlig entzogen sind. Daraus folgt, dass ihm in diesem Fall eine Antragsberechtigung nicht eingeräumt werden kann. Maßgebliches Kriterium ist die Verwaltung des gesamten Nachlasses. Eine Antragsberechtigung muss mithin auch im Falle der reinen Testamentsvollstreckung bejaht werden, da auch diese den gesamten Nachlass betrifft. Anders verhält es sich bei der Vermächtnisvollstreckung. Diese begründet gerade kein Antragsrecht, da sie sich nicht auf den gesamten Nachlass bezieht (*BGH* BGHZ 13, 203 [205 ff.]).

19 Hat der Erblasser **mehrere Testamentsvollstrecker** mit der Abwicklung des Nachlasses betraut (§ 2197 Abs. 1 BGB), so muss der Antrag auf Eröffnung des Nachlassinsolvenzverfahrens von allen gemeinschaftlich gestellt werden. Im Falle des Unterlassens durch den oder die Testamentsvollstrecker trifft diesen, wie den Nachlasspfleger, eine Verantwortlichkeit gegenüber dem Erben (§ 2219 Abs. 1, 1. Alt. BGB).

4. Antragsrecht der Nachlassgläubiger

20 Das Antragsrecht steht jedem Nachlassgläubiger zu, also sowohl den Nachlassinsolvenzgläubigern als auch den Nachlassmassegläubigern (vgl. u.a. *Uhlenbruck/Lüer* InsO, § 317 Rn. 12).

21 Im Übrigen gelten für die Nachlassgläubiger die **allgemeinen Regeln**, insbesondere die Glaubhaftmachung des Insolvenzgrundes und seiner Forderung gegen den Nachlass (*BGH* ZInsO 2011, 1352)

gem. § 14 Abs. 1 InsO. Bei der Antragstellung muss jedoch die in § 319 InsO genannte Antragsfrist beachtet werden (vgl. hierzu § 319 Rdn. 1 ff. und zu § 14 InsO s. die dortigen Erläuterungen). Nach Eröffnung des Verfahrens sind weitere Anträge zulässig, nicht dagegen ein neuer Insolvenzantrag bei Anhängigkeit einer Nachtragsverteilung (*BGH* NZI 2008, 609; ZInsO 2011, 94; MüKo-InsO/*Siegmann* § 317 Rn. 12).

5. Antragsrecht der vormals Ausgeschlossenen

Hinsichtlich der unter der KO vom Antragsrecht ausgeschlossenen Nachlassgläubiger (insbes. vom Aufgebotsverfahren Ausgeschlossene und Vermächtnisnehmer) sowie der durch das Kindschaftsreformgesetz obsolet gewordenen Streits um die Antragsberechtigung von Ersatzberechtigten s. FK-InsO 6. Aufl. Rn. 26 ff. 22

6. Sonderfälle

In den Fällen, in denen sich im Nachlass ein **selbstständig insolvenzfähiges Handelsunternehmen** oder eine **Kapitalgesellschaft** befindet (zur Veräußerung eines Handelsgeschäfts durch den Nachlassverwalter s. *Grizowitz* DB 1990, 924; zur Fortführung eines Handelsgeschäfts durch eine Erbengemeinschaft siehe *Wolf* AcP 81 Bd. 181, 480) wird man das Recht des Insolvenzverwalters, über dieses Sondervermögen das Insolvenzverfahren einzuleiten, wohl eher ablehnen müssen und es allein den vertretungsberechtigten Organen zusprechen müssen. 23

II. Regelungsgehalt des Abs. 2

Anders stellt sich jedoch die Rechtslage dar, wenn im Falle einer Erbengemeinschaft nicht alle Erben, sondern nur ein einzelner sich zur Stellung des Antrags entscheidet. Abs. 2 der Vorschrift stellt die grds. Zulässigkeit eines solchen Vorgehens klar. Dessen positive Bescheidung hängt jedoch von der Glaubhaftmachung des Insolvenzgrundes gem. § 294 ZPO ab. Das Insolvenzgericht hat dann, wenn die Glaubhaftmachung gelungen ist, den übrigen Erben rechtliches Gehör zu gewähren. Dadurch ist den übrigen Erben die Möglichkeit gegeben, sich zu dem behaupteten und glaubhaft gemachten Insolvenzgrund zu äußern. Weitere Ermittlungen sind dabei in das Ermessen des Gerichtes gestellt. Erreicht werden soll mit dieser Vorschrift die Vereinfachung des Verfahrens, insbesondere für den Fall, dass eine große Erbengemeinschaft am Verfahren beteiligt ist (vgl. *Kuhn/Uhlenbruck* KO, § 217 Rn. 3). 24

III. Regelungsgehalt des Abs. 3

Hinsichtlich der Antragsberechtigung des Testamentsvollstreckers und der des Erben besteht kein Ausschlussverhältnis. Vielmehr stehen diese nebeneinander (§ 317 Abs. 3 InsO). Der Antragstellung der einen Seite folgt spiegelbildlich die – vom Insolvenzgericht zu gewährleistende – Anhörung der anderen Seite. 25

C. Antragspflicht

Eine Antragspflicht ergibt sich aus § 317 InsO selbst nicht; entgegen der positiven Gesetzesüberschrift »Antragsberechtigung« wird sie jedoch dort stillschweigend vorausgesetzt. Eine Antragspflicht begründet sich materiell-rechtlich aus § 1980 BGB (*Uhlenbruck/Lüer* InsO, § 317 Rn. 3). Ausgelöst wird diese Pflicht mit der Annahme der Erbschaft (zu Fällen der konkludenten Annahme einer Erbschaft vgl. *OLG Oldenburg* NJW-RR 1995, 141; *BayObLG* FamRZ 1988, 213). Daraus folgt, dass den vorläufigen Erben (bei noch nicht erfolgter Annahme) noch keine Antragspflicht treffen kann. Hinzu kommen kumulativ noch die Kenntnis vom Eröffnungsgrund und die verschuldete Nichtbeachtung der Pflicht; hierbei steht die fahrlässige Unkenntnis der Kenntnis gleich, § 1980 Abs. 2 BGB. Die Antragspflicht des Erben besteht nach Annahme der Erbschaft auch dann, wenn ein Erbprätendentenstreit besteht und aufgrund dessen Nachlasspflegschaft angeordnet wurde (*BGH* NZI 2005, 182). 26

27 Die schuldhafte Verletzung verschafft den Gläubigern einen gegen den Erben gerichteten Schadensersatzanspruch, der sich materiell-rechtlich auf § 1980 Abs. 1 Satz 2 BGB gründet (i.E. vgl. hierzu *Uhlenbruck/Lüer* InsO, § 317 Rn. 3). Eine Entlastung von dieser Pflicht gelingt dem Erben über eine wirksame Vereinbarung mit den Nachlassinsolvenzgläubigern (*Sieber* Haftung für Nachlassschulden, S. 89).

28 Ob eine Antragspflicht auch den **Nachlassverwalter** aus § 1985 Abs. 2 Satz 2 BGB sowie den nachlassverwaltenden Testamentsvollstrecker aus § 2219 BGB trifft, ist streitig (vgl. die Nachw. bei MüKo-InsO/*Siegmann* § 317 Rn. 7); die wohl überwiegende Auffassung verneint dies. Der Meinungsstreit sowie die eine Antragspflicht bejahende Auffassung in der 6. Auflage zeugt indes vom Gefährdungspotential bei Unterlassen eines Antrags; hierzu und zur besonderen Stellung des Nachlasspflegers vgl. Rdn. 16 f. Zur Beschwerdeberechtigung eines Nachlassverwalters gegen die seinem Antrag nicht entsprechende Abweisung des Nachlassinsolvenzverfahrens vgl. *Schmerbach* § 34.

§ 318 Antragsrecht beim Gesamtgut

(1) ¹Gehört der Nachlass zum Gesamtgut einer Gütergemeinschaft, so kann sowohl der Ehegatte, der Erbe ist, als auch der Ehegatte, der nicht Erbe ist, aber das Gesamtgut allein oder mit seinem Ehegatten gemeinschaftlich verwaltet, die Eröffnung des Insolvenzverfahrens über den Nachlass beantragen. ²Die Zustimmung des anderen Ehegatten ist nicht erforderlich. ³Die Ehegatten behalten das Antragsrecht, wenn die Gütergemeinschaft endet.

(2) ¹Wird der Antrag nicht von beiden Ehegatten gestellt, so ist er zulässig, wenn der Eröffnungsgrund glaubhaft gemacht wird. ²Das Insolvenzgericht hat den anderen Ehegatten zu hören.

(3) Die Absätze 1 und 2 gelten für Lebenspartner entsprechend.

Übersicht	Rdn.		Rdn.
A. Zweck der Vorschrift	1	C. Regelungsgehalt des Abs. 2	5
B. Regelungsgehalt des Abs. 1	2	D. Regelungsgehalt des Abs. 3	6

A. Zweck der Vorschrift

1 Diese Vorschrift **ergänzt** § 317 InsO und erweitert diesen im Hinblick auf die Antragsberechtigung auf der Schuldnerseite. Dabei wird die Antragsberechtigung für den Fall geregelt, dass über einen Nachlass das Insolvenzverfahren eröffnet werden soll, welcher Bestandteil eines Gesamtguts (vgl. § 1416 BGB) einer Gütergemeinschaft gem. § 1415 BGB ist (zum Begriff des Gesamtguts und der Gütergemeinschaft als Abweichung vom gesetzlichen Güterstand der Zugewinngemeinschaft s. § 332 Rdn. 8 ff.).

B. Regelungsgehalt des Abs. 1

2 Anknüpfungspunkt für die **Berechtigung**, die Eröffnung des Insolvenzverfahrens über den Nachlass zu beantragen, ist – neben der **Erbenstellung** eines Ehegatten – **die Verwaltungsbefugnis des vom Erbe ausgeschlossenen Ehegatten** über das Gesamtgut; sei dies nun im Rahmen einer Allein- oder aber nur Mitverwaltungsbefugnis über das Gesamtgut (vgl. die §§ 1421, 1450 BGB). Die Antragsberechtigung wird mit Abs. 1 Satz 2 der Vorschrift ausdrücklich losgelöst von der Zustimmung des anderen Ehegatten. Mit § 318 Abs. 1, Satz 3 InsO wird klargestellt, dass diese Antragsberechtigung auch über das Ende der Gütergemeinschaft hinaus gilt.

3 Keiner besonderen Regelung bedurfte hingegen der Fall des **verwaltungsbefugten Ehegatten**, der selbst Erbe ist. Hier bleibt es beim Antragsrecht des Erben gem. § 317 InsO, da Verwaltungsrecht und Erbenstellung zusammenfallen. Hieraus erklärt sich indirekt die Regelungsbedürftigkeit der von Abs. 1 erfassten Fallgestaltungen.

Ebenfalls nicht regelungsbedürftig ist der Fall, dass der Nachlass bzw. der Miterbenanteil in das **Vor-** 4
behaltsgut des in Gütergemeinschaft lebenden Erben (§ 1418 Abs. 2, Nr. 2 BGB) fällt. Hier steht
dem anderen Ehegatten kein Antragsrecht zu. Dies gilt unabhängig von der Frage, ob das Verwaltungsrecht gemeinschaftlich (§ 1450 BGB) besteht oder gar nur dem nichterbenden Ehegatten
durch Vereinbarung im Ehevertrag gem. § 1421 BGB zugesprochen wurde. Dies erklärt sich daraus,
dass die vormals begründeten Nachlassverbindlichkeiten nicht das Gesamtgut belasten, sondern nur
das Vorbehaltsgut. Ein Eingriff in dieses Vermögen beschwert aber den selbst nicht erbenden Ehegatten nicht (vgl. hierzu ausf. mit weiteren Beispielen *Jaeger/Weber* KO, §§ 217–220, Rn. 4 ff.
und insbes. Rn. 7).

C. Regelungsgehalt des Abs. 2

Bei einer Antragstellung durch beide Ehegatten, ergeben sich keine weiteren Schwierigkeiten. Wird 5
jedoch der Antrag nicht von beiden Ehegatten gemeinschaftlich gestellt, so muss der antragstellende
Ehegatte gem. § 294 ZPO den Eröffnungsgrund glaubhaft machen. Dem anderen Ehegatten ist in
einem solchen Fall rechtliches Gehör zu gewähren. Dies entspricht der durch § 317 Abs. 2 InsO vorgeschriebenen Vorgehensweise.

D. Regelungsgehalt des Abs. 3

Die Anwendung von Abs. 3 setzt voraus, dass die Lebenspartner Gütergemeinschaft vereinbart haben (MüKo-InsO/*Siegmann* § 318 Rn. 1). 6

§ 319 Antragsfrist

Der Antrag eines Nachlassgläubigers auf Eröffnung des Insolvenzverfahrens ist unzulässig, wenn
seit der Annahme der Erbschaft zwei Jahre verstrichen sind.

Übersicht	Rdn.		Rdn.
A. Zweck der Regelung	1	C. Anwendungsbereich	4
B. Bemessung der Frist	2		

A. Zweck der Regelung

Ausgangspunkt der Überlegungen zur **Einführung einer zeitlichen Schranke** war der Gedanke, dass 1
eine Sonderung der beiden Vermögensmassen des Nachlassvermögens und des Eigenvermögens des
Erben um so schwerer gelingt, je länger die Verschmelzung der beiden Vermögensmassen andauert.
Dies stellt insbesondere für den Erben und dessen Eigengläubiger eine Schwierigkeit dar, da der Zugriff auf das Haftungsvermögen nun vor der Trennbarkeit der Vermögensmassen abhängt (hierzu
eingehend *Jaeger/Weber* KO, §§ 217–220 Rn. 19 f.). Die vom Gesetzgeber zugrunde gelegte ratio
legis trifft indes nicht für alle Fallgestaltungen, so etwa nicht bei der Verwaltungsvollstreckung,
zu (ebenso MüKo-InsO/*Siegmann* § 319 Rn. 1).

B. Bemessung der Frist

Die nach §§ 187 Abs. 1, 188 Abs. 2 BGB zu bemessende Frist für die Antragstellung, die ihre Parallele im Recht der Nachlassverwaltung hat (§ 1981 Abs. 2 Satz 2 BGB), deckt sich inhaltlich mit der 2
»Vorgängerregelung« § 220 KO und wurde durch die Insolvenzordnung nur dem Wortlaut nach angepasst. Es handelt sich um eine **Ausschlussfrist**. Beweispflichtig für den Beginn, aber auch den Ablauf der Frist ist derjenige, der sich auf den ihm günstigen Zeitpunkt beruft (vgl. *BGH* LM § 282
ZPO Beweislast Nr. 23). Im Übrigen ist die Fristeinhaltung **von Amts wegen zu beachten**.

Der **Fristbeginn** hängt von der in § 1943 BGB normierten **Annahme der Erbschaft** durch den Erben 3
(*Uhlenbruck/Lüer* InsO, § 319 Rn. 2) oder dem Ablauf der Ausschlagungsfrist gem. § 1943, 2. HS,
i.V.m. § 1944 Abs. 1 BGB ab. Handelt es sich um eine Erbengemeinschaft, so beginnt die Frist mit

der Annahmeerklärung des letzten aller zur Erbschaft Berufenen. Außer Betracht haben freilich diejenigen zu bleiben, die bereits die Ausschlagung erklärt oder die Ausschlagungsfrist versäumt haben. Dabei ist eine nicht unerhebliche Verzögerung möglich, da § 1944 Abs. 2 BGB den Fristbeginn auf den Zeitpunkt hinausschiebt, in welchem der Erbe von dem Anfall und dem Grund der Erbschaft Kenntnis erlangt (vgl. *Hess* KO, § 220 Rn. 3, 4; *OLG Karlsruhe* Rpfleger 1989, 62; *BGH* NJW 1991, 169).

C. Anwendungsbereich

4 Die Frist gilt ausschließlich für den **Antrag eines Nachlassgläubigers** (vgl. BT-Drucks. 12/2443 S. 230). Der Erbe ist dieser Beschränkung nicht unterworfen. Für ihn gilt die Vorschrift des § 1980 BGB, die ihn verpflichtet, unverzüglich, d.h. ohne schuldhaftes Zögern, die Eröffnung des Nachlassinsolvenzverfahrens zu beantragen, wenn er von dem Eröffnungsgrund, also der Überschuldung, der jetzt die (drohende) Zahlungsunfähigkeit gleichgestellt worden ist, Kenntnis erlangt. Eine Versäumung der Antragstellung macht den Erben schadensersatzpflichtig. Mit der fehlenden Fristbeschränkung für den Erben geht einher, dass auch der Nachlasspfleger, Nachlassverwalter, Testamentsvollstrecker und der Gesamthänder vom Anwendungsbereich des § 319 InsO nicht erfasst werden. Dies folgt bereits aus der Überlegung, dass deren Antragsrecht erst dann erlischt, wenn die Rechtsstellung, auf der das Antragsrecht beruht, erlischt (ebenso MüKo-InsO/*Siegmann* § 319 Rn. 5).

§ 320 Eröffnungsgründe

¹Gründe für die Eröffnung des Insolvenzverfahrens über einen Nachlass sind die Zahlungsunfähigkeit und die Überschuldung. ²Beantragt der Erbe, der Nachlassverwalter oder ein anderer Nachlasspfleger oder ein Testamentsvollstrecker die Eröffnung des Verfahrens, so ist auch die drohende Zahlungsunfähigkeit Eröffnungsgrund.

Übersicht	Rdn.		Rdn.
A. Zweck der Vorschrift	1	2. Beibehaltung der Überschuldung als Eröffnungsgrund	17
B. Schuldnereigenschaft des Erben	3	III. Drohende Zahlungsunfähigkeit	19
C. Eröffnungsgründe	4	1. Allgemeines	19
I. Zahlungsunfähigkeit	8	2. Ermittlung und Zweck der drohenden Zahlungsunfähigkeit	20
1. Ermittlung der Zahlungsunfähigkeit	8	3. Gefahren der Neuregelung	22
2. Vorteile der Einbeziehung	9	D. Insolvenzmasse	26
II. Überschuldung	13		
1. Definition der Überschuldung	13		

Literatur:
Gehrlein Aktuelle Rechtsprechung zum Insolvenzeröffnungsverfahren, ZInsO 2012, 2117; *Harz/Baumgartner/Conrad* Kriterien der Zahlungsunfähigkeit und der Überschuldung, ZInsO 2005, 1304; *Roth* Die Eröffnungsgründe im Nachlassinsolvenzverfahren, ZInsO 2009, 2265.

A. Zweck der Vorschrift

1 Eines der wesentlichen Ziele der Reform des Insolvenzrechts war es, die Eröffnung des Insolvenzverfahrens u.a. mittels **Erweiterung** der Eröffnungstatbestände in einem weitaus größeren Ausmaß zu ermöglichen (vgl. die Übersichten bei *Burger* DB 1992, 2149; *Burger/Schellberg* BB 1995, 261; *Gerhardt* ZZP 1996, Bd. 109, 415).

2 Dies findet Ausdruck in der **Gleichstellung** zwischen Überschuldung und Zahlungsunfähigkeit und der Anerkennung der drohenden Zahlungsunfähigkeit.

B. Schuldnereigenschaft des Erben

3 Dem Nachlass kommt – entgegen der insoweit irreführenden Begründung zu § 363 RegE (BT-Drucks. 12/2443 S. 231) funktional nicht die Rolle des »Schuldners« i.S.d. §§ 17 und 18 InsO

zu. Schuldner ist vielmehr – beschränkt auf den Nachlass – weiterhin der Erbe (vgl. in diesem Zusammenhang Vor §§ 315 ff. Rdn. 28 ff.).

C. Eröffnungsgründe

§ 320 Satz 1 InsO erkennt als **Verfahrenseröffnungsgrund** über den Nachlass – abw. von der Rechtslage unter Konkurs- und Vergleichsrecht (§ 215 KO; §§ 2 Abs. 1 Satz 3, 113 VerglO) – neben der **Überschuldung** die **Zahlungsunfähigkeit** und die **drohende Zahlungsunfähigkeit** an. 4

Besondere Bedeutung kommt insoweit dem Nachlass als Haftungsmasse zu. Beim Nachlassinsolvenzverfahren handelt es sich um ein Insolvenzverfahren über ein in gewisser Weise verselbstständigtes Vermögens. Was letztendlich Gegenstand der Haftungsmasse ist bestimmt sich zunächst nach **erbrechtlichen Vorschriften**. Ergänzend sind dann auch die Vorschriften der InsO und der ZPO zu berücksichtigen (vgl. hierzu *Hanisch* FS für Henckel, S. 369, 372, 374 ff.). 5

Maßgeblich bei der Einleitung des Nachlassinsolvenzverfahrens ist, ähnlich wie beim Regelinsolvenzverfahren, **nicht die Behauptung eines Insolvenzgrundes, sondern dessen tatsächliches Vorliegen**. Dafür muss der Eröffnungsgrund in der Antragsstellung, insbesondere im Hinblick auf die Finanzlage des Erblassers in substantierter und nachvollziehbarer Form dargelegt werden. Dazu gehört eine nachvollziehbare Auflistung seiner Vermögensgegenstände einerseits und seiner Verbindlichkeiten andererseits (*BGH* ZIP 2007, 1868). Am Erfordernis eines Insolvenztatbestandes wird weiter festgehalten, d.h. das Insolvenzgericht darf dem Antrag nur stattgeben, wenn zu seiner Überzeugung ein Insolvenzgrund gegeben ist. Denn es soll dem Schuldner verwehrt sein, sich mittels des Insolvenzverfahrens zum Nachteil der Nachlassgläubiger von seinen Verbindlichkeiten zu befreien (vgl. insoweit *Uhlenbruck* BB 1989, 433). 6

Ob einer der genannten Eröffnungsgründe gegeben ist, ist – ungeachtet der dem Erben zugewiesenen Schuldnerrolle – bezogen auf den Nachlass festzustellen. Wegen der Trennung von Nachlass- und Eigenvermögen des Erben zum Zwecke der Haftungsbeschränkung, ist allein die »**Liquidität des Nachlasses**« und nicht die des Erben maßgeblich (Begr. RegE BT-Drucks. 12/2443, S. 231). Soweit demgegenüber teils darauf abgestellt wird, dass von einer Zahlungsunfähigkeit auch dann nicht gesprochen werden könne, wenn der Erbe eigene Mittel zur Abwendung der Zahlungsunfähigkeit zur Verfügung stellt (so MüKo-InsO/*Siegmann* § 320 Rn. 2), erscheint dies angesichts der vorzunehmenden Differenzierung zwischen Nachlass- und Eigenvermögen terminologisch unsauber. Das Nachlassvermögen wird – bei objektiver Betrachtung – nicht dadurch zahlungsfähig, dass erst unter Verwendung von Fremdmitteln des Erben die vorherige Zahlungsunfähigkeit überwunden wird. Anderes kann dann gelten, wenn mittels abrufbarer Kredite eine Zahlungsstockung überbrückt werden kann. 7

I. Zahlungsunfähigkeit

1. Ermittlung der Zahlungsunfähigkeit

Die Ermittlung der Zahlungsunfähigkeit des Nachlasses folgt den zu § 17 InsO dargestellten **Grundsätzen**. Danach liegt Zahlungsunfähigkeit vor, wenn der Schuldner dauerhaft nicht in der Lage ist seinen fälligen Verbindlichkeiten nachzukommen und nicht lediglich eine Zahlungsstockung oder eine geringfügige Liquiditätsunterdeckung vorliegt (vgl. BGHZ 163, 134). Wegen der Einzelheiten hierzu s. die Kommentierung von *Schmerbach* zu § 17 InsO. 8

2. Vorteile der Einbeziehung

Die Einbeziehung der Zahlungsunfähigkeit in den Kanon der vom Gesetzgeber für das Nachlassinsolvenzverfahren vorgesehenen Eröffnungsgründe erfolgt – wie bereits die Begründung zum Regierungsentwurf (BT-Drucks. 12/2443 S. 230 f.) erkennen lässt – aus der Überlegung, dass es sich bei der Vermögensmasse »**Nachlass**« i.d.R. **nicht** um eine **statische Größe** handelt. Hiervon auszugehen, hieße häufig, den tatsächlichen Charakter des Vermögens zu verkennen, damit aber auch unbilligen 9

Ergebnissen »Tür und Tor zu öffnen«. Ein **Vermögenszuwachs** kann sich etwa daraus ergeben, dass der Erbe in noch anhängigen Zivilprozessen obsiegt, oder, dass sich im Vermögen befindliche Wertpapiere durch Kursgewinne oder Dividendenausschüttungen positiv auf den Nachlass auswirken. Besonders augenscheinlich ist dies, wenn zum Nachlass ein Unternehmen gehört (vgl. die Begr. zu § 363 RegE, BT-Drucks. 12/2443 S. 230 f.). Hier kann bereits eine plötzliche Änderung der Auftragslage Auslöser eines erheblichen Vermögenszuwachses sein. Dies kann dazu führen, dass das Insolvenzverfahren in weite Ferne rückt.

10 Die Anerkennung der Zahlungsunfähigkeit als Eröffnungsgrund im Nachlassinsolvenzverfahren scheint weiterhin insbesondere im Hinblick auf die Schwierigkeiten, die mit der Feststellung der vormals als alleinigem Eröffnungsgrund anerkannten Überschuldung verbunden waren, geboten. Denn bis tatsächlich alle Vermögenswerte, die zur Berechnung der Aktiva und Passiva erforderlich waren, zusammengetragen waren, konnte einige Zeit vergehen. Diese Verzögerung nutzten unter der Geltung der KO einige Gläubiger, um in den Nachlass zu vollstrecken, was sogar im Falle der Nachlassverwaltung wegen § 1985 BGB noch möglich war. Dies führte dann zu einer erheblichen Verringerung der Haftungsmasse, die zur zumindest anteilsmäßigen Befriedigung aller Gläubiger gedacht war, indem ihr die wertvollen Vermögensstücke entzogen wurden. Das Verfahren wurde dadurch mit weiteren Kosten zum Nachteil der Gläubiger belastet, da diese Vermögensstücke nur unter den Voraussetzungen der Insolvenzanfechtung zurück gewonnen werden konnten, nachdem letztendlich die Überschuldung festgestellt wurde. Dieser Nachteil der Verringerung der Insolvenzmasse kann nun dadurch vermieden werden, dass das Verfahren bereits durch die gerichtliche Feststellung der Zahlungsunfähigkeit oder gar bereits bei der drohenden Zahlungsunfähigkeit eröffnet werden kann (BT-Drucks. 12/2443 S. 231; *Baudrexl* JuS 1996, 691 [701]; hierzu ausführlicher *Schmerbach* §§ 17 ff.).

11 Mit der Vereinheitlichung der Verfahrenseröffnungsgründe geht eine **Annäherung an das Regelinsolvenzverfahren** einher. Besondere Bedeutung gewinnt dies für den **Übergang des Regelinsolvenzverfahrens zum Sonderinsolvenzverfahren** im Falle der Nachlassinsolvenz, also wenn der Schuldner nach Stellung des Eröffnungsantrags verstirbt.

12 Wegen des nunmehr einheitlichen Anknüpfungspunktes im Rahmen der verschiedenen Insolvenzverfahren ist auch die unter Geltung der KO diskutierte Frage, ob das wegen Zahlungsunfähigkeit über das Vermögen eines Schuldners eröffnete Verfahren im Falle seines Versterbens unabhängig vom Vorliegen und von der Prüfung der Überschuldung als Eröffnungsgrund als Fall der Nachlassinsolvenz weitergeführt werden kann, obsolet geworden. Für das in den neuen Bundesländern geltende Nachlassgesamtvollstreckungsverfahren stellte sich diese Frage nicht, da als Eröffnungsgrund sowohl in Nachlasssachen, als auch im Regelgesamtvollstreckungsverfahren über das Vermögen einer natürlichen und juristischen Person die Zahlungsunfähigkeit anerkannt war. Es sprachen somit sowohl **prozessökonomische Gründe** als auch **Erwägungen des Vertrauensschutzes** der am Verfahren beteiligten Gläubiger für die Vereinheitlichung der Anknüpfungspunkte der verschiedenen Insolvenzverfahren.

II. Überschuldung

1. Definition der Überschuldung

13 Den Insolvenzgrund der Überschuldung, der seinen Hauptanwendungsbereich im Insolvenzverfahren über das **Vermögen einer juristischen Person** hat, hat der Gesetzgeber im Recht der Nachlassinsolvenz beibehalten. Eine Legaldefinition der Überschuldung findet sich hier in § 19 Abs. 2 InsO. Zur Ermittlung des Vorliegens einer Überschuldung i.E. s. *Schmerbach* § 19 InsO.

14 Eine **Überschuldung** i.S.d. § 19 InsO ist aufgrund des speziellen Charakters des Nachlassinsolvenzverfahrens im Regelfall immer dann gegeben, wenn das Nachlassvermögen die Verbindlichkeiten nicht mehr deckt (BT-Drucks. 12/2443 S. 115; *Bork* Einführung in das neue Insolvenzrecht, Rn. 90; zum Begriff der Überschuldung, insbesondere der Unterscheidung zwischen dem einstufigen und dem zweistufigen [prognostischen] Überschuldungsbegriff s. *Neumann* Die Gläubiger-

autonomie in einem künftigen Insolvenzverfahren, S. 179 ff.). Grundsätzlich ist ein Nachlass gem. § 320 Satz 1 Alt. 2 InsO überschuldet, wenn bei Gegenüberstellung der Aktiva und Passiva des Nachlasses die Verbindlichkeiten den Wert der Nachlassgegenstände übersteigen, wobei maßgebend für die Bewertung der Nachlassgegenstände der jeweilige Liquidationswert ist (*BayObLG* NJW-RR 1999, 590 ff. = FamRZ 1999, 1172 ff.; *Uhlenbruck/Lüer* InsO, § 320 Rn. 3). Dies gilt für das Nachlassinsolvenzverfahren grds. auch unter dem durch das Finanzmarktstabilisierungsgesetz und das MoMiG zunächst befristet eingeführten, zwischenzeitlich jedoch entfristeten Überschuldungsbegriff (BGBl. I 2012 S. 2418, Art. 18). Als Passiva sind bei der Ermittlung, ob eine Überschuldung vorliegt auch die in den §§ 324 ff. aufgeführten Verbindlichkeiten sowie Vermächtnisse und Auflagen zu berücksichtigen *(Uhlenbruck/Lüer* InsO, § 320 Rn. 3; HambK-InsO/*Böhm* § 320 Rn. 4). **Gehört zum Nachlass ein Unternehmen** ist für dieses jedoch die **Bilanzierung zu Fortführungswerten** vorzunehmen, soweit die Fortführung überwiegend wahrscheinlich ist (HK-*Marotzke* § 320 Rn. 3; HambK-InsO/*Böhm* § 320 Rn. 4).

Maßgeblicher Zeitpunkt für die Feststellung der Überschuldung ist der **Moment der gerichtlichen Entscheidung** über den Eröffnungsantrag, da ein Abstellen auf den Zeitpunkt der Antragstellung verkennen würde, dass das Gericht, vorausgesetzt, es erfolgte keine mündliche Verhandlung, die Rechtslage zum Zeitpunkt der Entscheidung feststellt. 15

Besondere Berücksichtigung muss allerdings der Umstand finden, dass bei der Ermittlung der Überschuldung, die lediglich auf Vermächtnissen und Auflagen beruht, der Erbe das Insolvenzverfahren nach Maßgabe des § 1992 BGB durch **Erheben der Überlastungseinrede** abwenden kann. Von einer Antragspflicht kann in diesem Fall nicht gesprochen werden *(Uhlenbruck/Lüer* InsO, § 320 Rn. 3). Das Gleiche gilt, wenn die Überschuldung lediglich auf ausgeschlossenen Nachlassverbindlichkeiten beruht. Folglich finden diese Verbindlichkeiten nur eine relative Berücksichtigung (vgl. *Hess* KO, § 215 Rn. 5; *Kilger/Karsten Schmidt* KO, § 215 Rn. 2). 16

2. Beibehaltung der Überschuldung als Eröffnungsgrund

Die Beibehaltung der Überschuldung als Eröffnungsgrund für das Insolvenzverfahren neben der Zahlungsunfähigkeit findet ihre Berechtigung darin, dass beide Umstände sowohl nebeneinander, als auch in der Form denkbar sind, dass jeweils der eine Grund ohne Vorliegen des anderen bestehen kann, d.h. kumulativ als auch alternativ. Eine starre Steigerung der jeweiligen Insolvenzstufen ist somit nicht erkennbar. Man kann also nicht sagen, dass vor dem Eintritt des einen Eröffnungsgrundes zwingend der andere als Zwischenstadium erforderlich ist. Somit ist durchaus denkbar, dass der Schuldner **trotz fehlender Überschuldung zahlungsunfähig** ist. Davon ist z.B. dann auszugehen, wenn werthaltige Aktiva gebunden sind und damit weder als Kreditsicherheiten genutzt noch veräußert werden können. Bei Gegenüberstellung der Aktiva und Passiva kann in diesem Fall durchaus eine positive Bilanz Ergebnis der Rechnung sein. Eine Überschuldung ist damit ausgeschlossen. Dennoch ist es dem Schuldner zurzeit – dies kann im Übrigen ein erheblicher Zeitraum und damit nicht mehr vorübergehend sein – nicht möglich, die gegen ihn bestehenden Verbindlichkeiten bei Fälligkeit zu tilgen. Folglich ist von seiner Zahlungsunfähigkeit auszugehen. 17

Spiegelbildlich ist aber auch eine **Zahlungsfähigkeit trotz Überschuldung** denkbar. So etwa, wenn eine überschuldete juristische Person noch als kreditwürdig erachtet wird. Von einer Überschuldung als Eröffnungsgrund ist in diesem Fall auszugehen, da ein Vergleich der Aktiva und der Passiva eine negative Bilanz ergibt. Von Zahlungsunfähigkeit kann jedoch nicht gesprochen werden, da der juristischen Person noch Kredite eingeräumt werden, was für sich genommen schon gegen eine Zahlungsunfähigkeit spricht (*Bork* Einführung in das neue Insolvenzrecht, Rn. 94). Ferner hatte der Gesetzgeber bei der Beibehaltung dieses Tatbestandes die Interessen der Gläubiger eines Unternehmens im Blick (*Neumann* Die Gläubigerautonomie in einem künftigen Insolvenzverfahren, S. 175, 180 f.). 18

III. Drohende Zahlungsunfähigkeit

1. Allgemeines

19 Besonderes Augenmerk verdient im Rahmen des § 320 InsO das Tatbestandsmerkmal der »drohenden Zahlungsunfähigkeit«. Im Gegensatz zu den anderen Eröffnungsgründen ist die **drohende Zahlungsunfähigkeit** des Nachlasses – wie auch beim Regelinsolvenzverfahren (§ 18 InsO) – nur dann Eröffnungsgrund, wenn der Erbe, der Nachlassverwalter, ein anderer Nachlasspfleger oder ein Testamentsvollstrecker, dem die Verwaltung des Nachlasses zusteht, die Eröffnung beantragt (BT-Drucks. 12/2443 S. 114, 230 f.). Das Antragsrecht ist insoweit allein auf Schuldnerseite; dem Nachlassgläubiger ist es demnach verwehrt, den Eröffnungsantrag auf die drohende Zahlungsunfähigkeit zu stützen. Gesetzgeberisch erklärt sich diese Einschränkung aus der Überlegung, dass es sachlich nicht gerechtfertigt ist, den Nachlassgläubigern ein derartiges Druckmittel in die Hand zu geben, indem auch sie sich zur Begründung ihres Insolvenzantrages auf die drohende Zahlungsunfähigkeit des Schuldners berufen könnten (Begr. zu § 22 RegE [§ 18 InsO], BT-Drucks. 12/2443).

2. Ermittlung und Zweck der drohenden Zahlungsunfähigkeit

20 Im Rahmen der Prüfung der Voraussetzungen des neu geschaffenen Merkmals der drohenden Zahlungsunfähigkeit werden auch die noch nicht fälligen Forderungen berücksichtigt, § 18 InsO. Nach der dortigen Legaldefinition soll von einer drohenden Zahlungsunfähigkeit auszugehen sein, wenn der Schuldner voraussichtlich im Zeitpunkt der fälligen, bereits begründeten Zahlungspflichten nicht in der Lage sein wird, diese Pflichten zu erfüllen. Dem **reorganisationswilligen Schuldner** soll ermöglicht werden, mittels einer vorverlagerten Verfahrenseröffnung eine weitgehende Bereinigung seiner Schulden durch eine umfangreiche Befriedigung seiner Gläubiger zu erreichen (BT-Drucks. 12/2443 S. 84). Wegen der Einzelheiten s. *Schmerbach* § 18 InsO.

21 Dem **Vorteil** des Schuldners steht der **der Gläubiger** gegenüber. Denn bei einer so frühzeitigen Beantragung der Verfahrenseröffnung können sie, wie bereits ausgeführt, eine höhere Quote erwarten. Durch das Hinzutreten dieses Eröffnungsgrunds ist der Gesetzgeber seinem Bestreben, die Befriedigung der Gläubiger zu gewährleisten und damit die Fälle der Abweisung der Verfahrenseröffnung mangels Masse wieder zur Ausnahme zu erklären, einen noch größeren Schritt näher gekommen.

3. Gefahren der Neuregelung

22 Der Eröffnungsgrund der »drohenden Zahlungsunfähigkeit« steht nur dem Schuldner zur Seite. Dies rechtfertigt sich bereits aus der Überlegung, dass regelmäßig nur dieser in der Lage sein wird, die für die Beantragung erforderlichen Informationen zu gewinnen. Eine dahingehende Ermittlung wäre zu aufwendig und langwierig. Ferner würde eine vorzeitige Liquidation durch ein Antragsrecht der Gläubiger den Schuldner wirtschaftlich knebeln und ihn somit seiner Handlungsfreiheit berauben. Es bestünde auch die Gefahr, dass dieser Eröffnungsgrund als Mittel zum Zweck zur **Erreichung außerhalb der Forderungsbefriedigung liegender Ziele** missbraucht werden könnte. Gleichzeitig soll mit der Beschränkung des Antragsrechts auf den Schuldner das Bestreben einer außergerichtlichen Sanierung gefördert werden. Denn hätten die Gläubiger die »Macht«, das Verfahren bereits vor der tatsächlichen Insolvenzreife einzuleiten, wären außergerichtliche Verhandlungen der Parteien mit dem gleichen Ziel wohl kaum zu erwarten (BT-Drucks. 12/2443 S. 114; *Neumann* Die Gläubigerautonomie in einem künftigen Insolvenzverfahren, S. 175, 179).

23 Hieraus lässt sich andererseits auch der Schluss ziehen, dass im Falle der **drohenden Zahlungsunfähigkeit keine Antragspflicht** des Schuldners besteht. Folglich ist auch bei Unterbleiben der Antragstellung durch den Erben der Tatbestand für einen auf § 1980 BGB gestützten Schadensersatzanspruch nicht erfüllt. Dieser kann nur in den Fällen der Zahlungsunfähigkeit und der Überschuldung als begründet zugesprochen werden. Jedoch war diesbezüglich eine Änderung, wie sie nun in Art. 33 Nr. 37 EGInsO enthalten ist, erforderlich, da § 1980 BGB den Schadensersatzanspruch nur auf die versäumte Antragstellung im Hinblick auf die Überschuldung gewährte.

Der mit der Einführung der drohenden Zahlungsunfähigkeit als Eröffnungsgrund geschaffenen 24
Gefahr, die Verfahrenseröffnung als **vorzeitige Schuldenbereinigung** zu missbrauchen, soll mit
dem in § 23 Abs. 2 InsO eingeführten Prüfungsmaßstab ein Riegel vorgeschoben werden. Der Eintritt der Zahlungsunfähigkeit muss insoweit wahrscheinlicher sein als deren Vermeidung (BT-Drucks. 12/2443 S. 115). Wie auch die anderen Eröffnungsgründe unterliegt auch dieser nach
Antragstellung der Überprüfung durch das zuständige Gericht. Zwar ist im Hinblick auf die Antragstellung allein dem Schuldner die Entscheidung überlassen, jedoch ist der anzulegende Maßstab
nicht seinem Willen und somit seiner Zahlungsmoral überlassen. Allein entscheidend ist seine tatsächliche wirtschaftliche Potenz.

Im Übrigen sei zur Erläuterung der einzelnen Eröffnungsgründe auf die Kommentierung von 25
Schmerbach zu den §§ 17–19 verwiesen.

D. Insolvenzmasse

Bereits in der Erläuterung vor §§ 315 ff. (s. vor §§ 315 ff. Rdn. 22 f.) wurde klargestellt, dass das ma- 26
terielle Erbrecht lediglich der Ausgangspunkt für die Frage ist, was letztlich in die **Nachlassinsolvenzmasse** fällt und damit den Gläubigern zur Befriedigung zur Verfügung steht. Die abschließende
Regelung bleibt dagegen dem Insolvenzrecht vorbehalten.

Von Bedeutung ist hier zum einen, dass allein der **Zeitpunkt der Eröffnung des Insolvenzverfahrens**, 27
also nicht der des Erbfalls, den Umfang der Masse bestimmt. Damit ist ebenso wie bei der Regelinsolvenz (§ 35 InsO) gewährleistet, dass ein zwischenzeitlicher Wertzuwachs des Nachlasses – etwa
bei Fortführung eines zum Nachlass gehörenden Unternehmens – berücksichtigt werden kann.
Dies wird insbesondere den Interessen der am Verfahren beteiligten Gläubiger, aber auch dem Gesamtzweck des Insolvenzverfahrens gerecht.

Auch die **Verletzung von Betreuungspflichten** bei der Vermögensverwaltung durch den Erben im 28
Zeitraum zwischen Erbfall und Verfahrenseröffnung wird dadurch erfasst, dass auf den Zeitpunkt
der Verfahrenseröffnung abgestellt wird. Der Erbe haftet insoweit für die ordnungsgemäße Verwaltung und Erhaltung des Nachlasses. Ersatzansprüche, die aus einer Zuwiderhandlung resultieren,
werden als zum Nachlass gehörend eingestuft, § 1978 Abs. 2 BGB (vgl. hierzu Vor §§ 315 ff.
Rdn. 25).

§ 321 Zwangsvollstreckung nach Erbfall

**Maßnahmen der Zwangsvollstreckung in den Nachlass, die nach dem Eintritt des Erbfalls erfolgt
sind, gewähren kein Recht zur abgesonderten Befriedigung.**

Übersicht

		Rdn.			Rdn.
A.	Ziel der Vorschrift	1	III.	Weitere Ausnahmen und deren Rückabwicklung gem. § 812 BGB	8
B.	Anwendungsbereich	3			
C.	Maßgeblicher Zeitpunkt	4	IV.	Bedenken im Zusammenhang mit der Neuregelung des § 321 InsO	11
D.	Ausnahmen von der Anwendbarkeit des § 321 InsO	6	V.	Rechtsfolgen der Anwendung des § 321 InsO	16
I.	Originär erworbene Pfandrechte	6			
II.	Vorpfändung gem. § 845 ZPO	7			

A. Ziel der Vorschrift

Der Hauptzweck der Vorschrift besteht darin, eine weitestgehende Wiederherstellung des Rechts- 1
zustandes zum Zeitpunkt des Erbfalles zu erreichen, indem das **Prioritätsprinzip der Einzelzwangsvollstreckung** zum Vorteil der gleichmäßigen Befriedigung der Nachlassgläubiger **zurückgedrängt**
wird (vgl. *Uhlenbruck/Lüer* InsO, § 321 Rn. 1; *Hess* KO, § 221 Rn. 1). Letztlich bewirkt diese Vor-

schrift eine teilweise **Vorverlegung** der **durch** das Insolvenzverfahren bewirkten **Inbeschlagnahme** (*Kilger/Karsten Schmidt* KO, § 221 Rn. 1a).

2 Statt wie zuvor in § 221 Abs. 1 KO in Abs. 1 auf die Arrestvollziehung Bezug zu nehmen und im dortigen Abs. 2 die einstweilige Verfügung zu erwähnen, wird nunmehr in Abs. 1 nur noch von »**Maßnahmen der Zwangsvollstreckung**« gesprochen. Die in der KO genannten Maßnahmen sind nun in einem pauschalen Verweis völlig aufgegangen, so dass eine isolierte Benennung – jedenfalls aus Sicht des Gesetzgebers – entbehrlich wurde (BT-Drucks. 12/2443 S. 231). Erfasst werden sollen weiterhin insbesondere (vgl. *Hess* InsO, § 321 Rn. 5; zur KO vgl. *Hess* KO, § 221 Rn. 2):
– Pfändungen,
– Anordnungen der Zwangsvollstreckung,
– Anordnungen der Zwangsverwaltung,
– Eintragung von Zwangs- oder Arresthypotheken.

B. Anwendungsbereich

3 Dabei bezieht sich der Anwendungsbereich der Vorschrift nicht nur auf Maßnahmen der Nachlassgläubiger, sondern auch auf solche der **Eigengläubiger des Erben/Schuldners** (HambK-InsO/*Böhm* § 321 Rn. 1; zur Parallele im alten Recht: *Kilger/Karsten Schmidt* KO, § 221 Rn. 1a). Ein anderes Verständnis liefe dem Zweck der Vorschrift zuwider.

C. Maßgeblicher Zeitpunkt

4 Nicht erfasst sind **Maßnahmen**, die bereits **vor dem Erbfall** eingeleitet wurden und schon zu diesem Zeitpunkt ein **Absonderungsrecht** begründeten (A/G/R-*Ringstmeier* § 321 InsO Rn. 9; grundlegend zur Rechtsstellung des absonderungsberechtigten Gläubigers nach der Insolvenzordnung: *Lwowski/Heyn* WM 1998, 473). Dies gilt z.B. für den Hypothekengläubiger, der unter Berufung auf das rechtsgeschäftlich erworbene Pfandrecht nun die Duldung der Zwangsvollstreckung verlangt (*Kilger/Karsten Schmidt* KO, § 221 Rn. 1b). Unter Berufung auf den Wortlaut der Vorschrift ist im Falle der vollständigen Befriedigung des Gläubigers, die etwa durch die Auskehrung des Erlöses nach erfolgter Zwangsvollstreckung erreicht ist, der Anwendungsbereich des § 321 InsO ebenfalls nicht eröffnet. Unbeachtlich ist dabei, dass der Titel nur für vorläufig vollstreckbar erklärt wurde.

5 Jedoch sind auch diejenigen Maßnahmen der Zwangsvollstreckung, die vor dem Erbfall vorgenommen wurden, unter kritischer Betrachtung aus dem Blickwinkel des Anfechtungsrechts zu würdigen (vgl. *BGH* ZIP 2005, 494; HK-InsO/*Marotzke* § 321 Rn. 5). Denn ein solches Vorgehen kann nicht zuletzt eine **Vermögenszuwendung in Bevorteilungsabsicht** i.S.d. §§ 129 ff. InsO darstellen (*Kuhn/Uhlenbruck* KO, § 221 Rn. 2; *Hess* KO, § 221 Rn. 2). Hält die empfangene Befriedigung der Anfechtung stand, so kommt auch keine Rückforderung über die Regeln des Bereicherungsrechts in Betracht (vgl. hierzu jedoch Vor §§ 315 ff. Rdn. 34).

D. Ausnahmen von der Anwendbarkeit des § 321 InsO

I. Originär erworbene Pfandrechte

6 Da § 321 InsO von Maßnahmen der Zwangsvollstreckung spricht, fallen die **gesetzlich erworbenen Pfandrechte** nicht in dessen Anwendungsbereich (A/G/R-*Ringstmeier* § 321 InsO Rn. 4). Demzufolge gewähren auch nachträgliche Pfändungen des Vermieters gem. § 559 BGB oder des Werkunternehmers gem. § 647 BGB, die sich auf Gegenstände beziehen, welche bereits vom jeweiligen Pfandrecht erfasst wurden, das uneingeschränkte Recht zur abgesonderten Befriedigung (vgl. *Kilger/Karsten Schmidt* KO, § 221 Rn. 1b). Entsprechendes gilt für **rechtsgeschäftlich erworbene Pfandrechte** (*Hess* InsO, § 321 Rn. 10; *Uhlenbruck/Lüer* InsO, § 321 Rn. 3).

II. Vorpfändung gem. § 845 ZPO

Anders verhält es sich bei Maßnahmen der Gläubiger, die sich auf das in § 845 ZPO festgelegte mehraktige Verfahren stützen. Maßgeblich ist der der Zeitpunkt der gerichtlich bewirkten Pfändung. Erfolgt diese erst nach dem Erbfall, unterlag die Sache jedoch schon zuvor der Vorpfändung i.S.d. § 845 ZPO, so kann die Vorpfändung ihre Wirkung wegen § 321 InsO nicht entfalten. Ein auf die Vorpfändung gestütztes Befriedigungsverlangen des Gläubigers ist abzulehnen, da § 321 InsO allgemein die Rechtslage wiederherstellen will, die zur Zeit des Erbfalles bestand. Die Vorschrift verlagert somit künstlich den **insolvenzrechtlichen Beschlag** nach vorne (so schon zu § 221 KO, *RG* W 7, 207, 208; *RG* JW 36, 2314 f.; *Kilger/Karsten Schmidt* KO, § 221, Rn. 1b; vgl. zur Vorpfändung i.E. *Rosenberg/Gaul/Schilken* Zwangsvollstreckungsrecht, § 54 III 3; allgemein zum Verhältnis der Individualzwangsvollstreckung und Insolvenz *Smid* JZ 1995, 1150). 7

III. Weitere Ausnahmen und deren Rückabwicklung gem. § 812 BGB

Die Anwendung des § 321 InsO muss weiterhin für den Fall abgelehnt werden, in dem die Eigengläubiger, die im Wege der **Individualexekution** vorgegangen sind, bereits Befriedigung aus dem Nachlass erlangt haben (ebenso MüKo-InsO/*Siegmann* § 321 Rn. 5; vgl. ansonsten *Hess* InsO, § 321 Rn. 8 f.; *ders.* KO, § 221, Rn. 1, dort insbesondere Rn. 3). Nach überwiegender Auffassung (*Uhlenbruck/Lüer* InsO, § 321 Rn. 2 m.w.N.) ginge ein solches Verständnis der Vorschrift über den Wortlaut hinaus. Die Zwangsvollstreckung in den Nachlass ist insoweit zulässig. Um diesem Missstand gerecht zu werden, ist der Ausgleich zugunsten der Insolvenzmasse über § 812 BGB gegenüber dem Eigengläubiger des Erben herbeizuführen (ebenso *Braun/Bauch* InsO, § 321 Rn. 9; HK-InsO/*Marotzke* § 321 Rn. 8; *Uhlenbruck/Lüer* InsO, § 321 Rn. 2; **a.A.** *Dauner-Lieb* FS Gaul, S. 93 [97]; MüKo-InsO/*Siegmann* § 321 Rn. 5, der einen Bereicherungsanspruch gegen den Erben sieht). Denn ein Privatgläubiger des Erben, der sich im Vollstreckungswege Befriedigung aus dem Nachlass verschafft, ist so zu behandeln, als wenn er das Erlangte nicht von seinem Schuldner erhalten hat (vgl. *Uhlenbruck/Lüer* InsO, § 321 Rn. 2; *Jaeger/Weber* KO, § 221 Rn. 6). Der Rückforderungsanspruch gegen den Eigengläubiger des Erben ist auf die vorher erwähnte Trennung der beiden Vermögensmassen zurückzuführen. Der Zugriff der Gläubiger muss auf das jeweilige Forderungsrecht abgestimmt werden. Steht jedoch einem Gläubiger das jeweilige Vermögen nicht zu seiner Befriedigung zur Verfügung, so muss er das Erlangte nach den Regeln der ungerechtfertigten Bereicherung gem. §§ 812 ff. BGB herausgeben. Dies gilt trotz der Vereinigung, also der einheitlichen Eigentümerstellung im Hinblick auf das Erbschaftsvermögen und das Privatvermögen, durch den Erbfall. 8

Die Parallele hierzu findet sich in der **Mobiliarzwangsvollstreckung** in den Fällen der Zwangsvollstreckung in schuldnerfremdes Vermögen. Hier findet ebenfalls ein Ausgleich über das Bereicherungsrecht statt. Einschlägig ist insoweit § 812 Abs. 1, Satz 1, 2. Alt. BGB und nicht § 316 BGB, da die erfolgte Übereignung nicht auf eine rechtsgeschäftliche Verfügung zurückzuführen ist und ebenso wenig eine Leistung durch das Vollstreckungsorgan in der Eigentumsübertragung zu erblicken ist (ausführlich hierzu MüKo-ZPO/*Gruber* § 804 Rn. 8, 42 ff.; ferner *Rosenberg/Gaul/Schilken* Zwangsvollstreckungsrecht, § 53 V 1d aa, jeweils m.w.N.). Dies gilt entsprechend für das Insolvenzrecht, da die Befriedigung ja gerade auf Grund einer Zwangsvollstreckungsmaßnahme erfolgte. Die Tatsache, dass die Rückforderung in Folge eines Insolvenzverfahrens erforderlich wurde, macht im Hinblick auf das Bereicherungsrecht keinen Unterschied. 9

Aufgrund der **zeitlichen Schranke** des § 321 InsO werden nur Maßnahmen erfasst, die **vor** der Eröffnung des Insolvenzverfahrens, aber **nach dem Erbfall** vorgenommen wurden und zu diesem Zeitpunkt das Absonderungsrecht begründen sollten (A/G/R-*Ringstmeier* § 321 InsO Rn. 8). 10

IV. Bedenken im Zusammenhang mit der Neuregelung des § 321 InsO

§ 321 InsO ersetzte im Rahmen der Insolvenzrechtsreform die bis dahin unter der Konkursordnung geltende Regelung des § 221 KO. Infolge des pauschalen Abstellens des § 321 InsO auf »Maßnah- 11 men der Zwangsvollstreckung« wurde kritisiert, dass die Rechtsfolgen des § 321 InsO nunmehr nicht mehr eindeutig definiert waren.

12 Im Rahmen des § 221 KO war anerkannt, dass die dort aufgeführten Maßnahmen der Zwangsvollstreckung zunächst einer **relativen**, später einer **absoluten Unwirksamkeit** unterliegen sollten (vgl. *Hess* KO, § 221 Rn. 7). Dieser materiellrechtliche Gehalt der Norm wurde darauf zurückgeführt, dass es keinen Sinn gehabt hätte, dem Gläubiger für die Dauer des Konkursverfahrens das Absonderungsrecht abzusprechen, sofern nicht der Konkursverwalter das Recht haben sollte, das in Streit stehende Gut, das Gegenstand der Zwangsvollstreckung war, zu Gunsten der Konkursmasse zu verwerten (so schon *RG* RGZ 157, 294 [295]). Rechtsfolge des § 221 KO war mithin die relative Unwirksamkeit der Zwangsvollstreckungsmaßnahme, die mit Veräußerung des Gegenstands zur endgültigen Unwirksamkeit wurde. Uneingeschränkt wirksam wurde die Maßnahme der Zwangsvollstreckung hingegen durch Freigabe des Guts oder mit Beendigung des Konkursverfahrens (*RG* RGZ 157, 294 [295]; *OLG Hamm* NJW 1958, 1928 [1929]; *Kuhn/Uhlenbruck* KO, § 221 Rn. 6).

13 Gegen eine anstehende Verwertung des Vermögensgegenstandes konnte der Konkursverwalter vor diesem Hintergrund nach 766 ZPO intervenieren. Hinsichtlich einer Zwangshypothek konnte der Konkursverwalter bei entsprechendem Rechtsschutzinteresse (keine Überbelastung bzw. Unverwertbarkeit o.Ä.) die Löschung verlangen (*RG* RGZ 157, 294 [295]). **Materiellrechtlich** fand dieses Vorgehen seine Stütze in § 894 BGB (vgl. *Kilger/Karsten Schmidt* KO, § 221 Rn. 3; *OLG Celle* KTS 1977, 47 [48]). Sofern eine Verwertung der Sache im Konkursverfahren nicht erfolgte, stand dem Gläubiger das Recht auf Wiedereinräumung des durch die Zwangsvollstreckung erlangten Rechts zu.

14 Die Rechtsfolge des § 221 KO ließ sich nicht nur aus Sinn und Zweck der Vorschrift herleiten sondern fand ihre Stütze auch im **Wortlaut** des § 221 KO. In dessen Abs. 2 war die Rechtsfolge der Unwirksamkeit angeordnet. Diese war zwar – dem Wortlaut nach – nur auf die im Wege der einstweiligen Verfügung erlangte Vormerkung bezogen, jedoch systematisch auf die gesamte Regelung zu beziehen. Die im Rahmen der Insolvenzrechtsreform vorgenommene Änderung des § 321 InsO sieht sich der Schwierigkeit ausgesetzt, dass der Gesetzgeber durch den pauschalen Bezug auf jegliche Maßnahmen der Zwangsvollstreckung irrtümlich davon ausging, der Vorschrift systematisch den gleichen Anwendungsbereich erhalten zu haben (BT-Drucks. 12/2443 S. 231).

15 Durch die Neufassung des § 321 InsO stellte sich die Frage, wie – unter Beachtung des Wortlauts der Vorschrift – mit einem durch die Zwangsvollstreckung erlangten Recht zu verfahren ist. Die Abhängigkeit des Wiederauflebens des Rechts des Gläubigers davon, ob eine Verwertung des betroffenen schuldnerischen Vermögensguts im Rahmen des Insolvenzverfahrens erfolgt, wurde hier in der 5. Aufl. auf die bereits im Rahmen der Konkursordnung vorgenommene **Differenzierung zwischen relativer und absoluter Unwirksamkeit** gestützt (vgl. zur Rechtslage unter der Konkursordnung *Hess* KO, § 221 Rn. 7; zur Rechtslage unter der Insolvenzordnung *Hess* InsO, § 321 Rn. 15; FK-InsO/ *Schallenberg/Rafiqpoor* 5. Aufl., § 321 Rn. 14 f.). Vor dem Hintergrund einer Entscheidung des Bundesgerichtshofs (*BGH* NZI 2006, 224) zur Rechtslage unter der vergleichbaren Regelung des § 88 InsO wird dem jedoch nicht mehr gefolgt werden können (vgl. auch MüKo-InsO/*Siegmann* § 321 Rn. 3).

V. Rechtsfolgen der Anwendung des § 321 InsO

16 Mit Urteil vom 19.01.2006 hat der *BGH* (NZI 2006, 224) zu § 88 InsO entschieden, dass die dort angeordnete Unwirksamkeit einer durch Zwangsvollstreckung erlangten Sicherheit die **absolute schwebende Unwirksamkeit** der in § 88 InsO aufgeführten Rechte mit Eröffnung des Insolvenzverfahrens zur Folge hat.

17 Diese gegenüber jedermann geltende schwebende Unwirksamkeit der durch Zwangsmaßnahmen erlangten Sicherheit endet erst mit Verwertung bzw. Freigabe der betroffenen Vermögenswerte durch den Insolvenzverwalter oder die Aufhebung bzw. Einstellung des Insolvenzverfahrens. Sofern eine

Verwertung während des Insolvenzverfahrens nicht erfolgt ist, lebt die Zwangsmaßnahme wieder auf und wird voll wirksam (vgl. *Uhlenbruck/Lüer* InsO, § 321 Rn. 5; MüKo-InsO/*Siegmann* § 321 Rn. 3).

Wesentliche praktische Auswirkungen ergeben sich aus dieser Änderung der rechtlichen Einordnung (absolute schwebende Unwirksamkeit statt relativer Unwirksamkeit) des § 321 InsO nicht. Für den Insolvenzverwalter besteht im Falle der bevorstehenden Verwertung durch den Gläubiger weiterhin die Möglichkeit eines Vorgehens nach § 766 ZPO. Auch die Regelung des § 894 BGB findet sowohl für Insolvenzverwalter als auch für den Gläubiger weiterhin Anwendung. 18

Im Falle der Verwertung durch den Insolvenzverwalter kann der durch die Anwendung des § 321 InsO in die Reihe der übrigen Gläubiger Eingereihte seine Forderung zur Tabelle anmelden, vorausgesetzt, er gehört der Gruppe der Nachlassgläubiger an. 19

Sofern **Arrest und einstweilige Verfügung** in § 321 InsO (anders in § 221 KO) nicht mehr ausdrücklich erwähnt werden, unterfallen sie diesem dennoch (vgl. MüKo-InsO/*Siegmann* § 321 Rn. 7; *Uhlenbruck/Lüer* InsO, § 321 Rn. 1). Der Gesetzgeber hat eine gesonderte Erwähnung vor dem Hintergrund der umfassenden Verweisung des § 321 InsO ausweislich der Gesetzesmaterialien (vgl. BT-Drucks. 12/2443 S. 231) irrtümlich für nicht notwendig gehalten, obwohl diese kein Recht zur abgesonderten Befriedigung gewähren. 20

§ 322 Anfechtbare Rechtshandlungen des Erben

Hat der Erbe vor der Eröffnung des Insolvenzverfahrens aus dem Nachlass Pflichtteilsansprüche, Vermächtnisse oder Auflagen erfüllt, so ist diese Rechtshandlung in gleicher Weise anfechtbar wie eine unentgeltliche Leistung des Erben.

Übersicht	Rdn.		Rdn.
A. Zweck der Regelung	1	C. Gläubigerbenachteiligung	3
B. Erfüllung der Verbindlichkeiten	2	D. Zeitliche Schranke	4

Literatur:
Schindler Pflichtteil und (Nachlass-)Insolvenz, ZInsO 2007, 484; *Zeuner* Die Anfechtung in der Insolvenz, 2. Aufl. 2007.

A. Zweck der Regelung

Bei Pflichtteilsansprüchen, Vermächtnissen und Auflagen ist besonderes Augenmerk auf den **Rang der Forderungen** zu richten. Die in § 327 InsO festgelegte Hierarchie der Ansprüche stellt die soeben bezeichneten Forderungen in den Nachrang. Dies hat, wie die in § 322 InsO getroffene Regelung belegt, Auswirkungen auf die Schutzwürdigkeit (vgl. zur Parallele im alten Recht *Hess* KO, § 222 Rn. 1). Die Befriedigung dieser Verbindlichkeiten wird einer **unentgeltlichen Verfügungen** des Erben gleichgestellt. Eine vorzeitige Befriedigung dieser Forderungen unterstellt § 322 InsO einem vereinfachten Anfechtungsrecht (*Uhlenbruck/Lüer* InsO, § 322 Rn. 1). Die Vorschrift stellt die oben bezeichneten Verfügungen der Handlung des Schuldners dem Fall der **Schenkungsanfechtung** (§ 134 InsO) gleich und erklärt somit deren Regeln für anwendbar. 1

B. Erfüllung der Verbindlichkeiten

Zunächst muss jedoch eine Befriedigung der oben bezeichneten Verbindlichkeiten erfolgt sein. Ererbte Rechte fallen nicht in den Anwendungsbereich dieser Vorschrift (*Hess* InsO, § 322 Rn. 2; *ders.* KO, § 222 Rn. 1). Unberücksichtigt kann die Frage bleiben, mit welchen Mitteln die Nachlassforderungen erfüllt wurden. Eine Differenzierung danach, ob der Erbe mit Mitteln des Nachlasses oder aus dem Eigenvermögen die Forderungen der Gläubiger befriedigt hat, findet nicht statt (vgl. *Uhlenbruck/Lüer* InsO § 322 Rn. 3; einschränkend insoweit MüKo-InsO/*Siegmann* § 322 Rn. 3). Zur Erfüllung in diesem Sinne ist neben der klassischen **Leistungserbringung nach § 362 BGB** auch 2 die **Leistungsannahme an Erfüllung Statt** nach § 364 BGB geeignet. Das Gleiche gilt ebenfalls für eine bloße Sicherung (vgl. *Uhlenbruck/Lüer* InsO, § 322 Rn. 5; HambK-InsO/*Böhm* § 322 Rn. 2).

C. Gläubigerbenachteiligung

3 Um in Fällen, in denen der Erbe Pflichtteilsansprüche, Vermächtnisse oder Auflagen trotz Kenntnis oder schuldhafter Unkenntnis der Unzulänglichkeit des Nachlasses aus dem Nachlass erfüllt hat, setzt eine Anfechtung gem. § 322 InsO voraus, dass der der Masse gegen den Erben wegen der Erfüllung zustehende Ersatzanspruch nicht realisiert werden kann, da der Erbe zahlungsunfähig oder zumindest nicht in der Lage ist, die Ersatzleistung zu erbringen. Andernfalls fehlt es an der **unentbehrlichen** Gläubigerbenachteiligung (*Uhlenbruck/Lüer* InsO, § 322 Rn. 4; zur Parallelproblematik unter der Konkursordnung vgl. *Jaeger/Weber* KO, § 222 Rn. 8).

D. Zeitliche Schranke

4 Die von den **allgemeinen Anfechtungsvorschriften** gem. §§ 129 ff. InsO festgelegten zeitlichen Einschränkungen (hier vor allem §§ 134, 146 InsO) gelten auch für die Anfechtung nach § 322 InsO (vgl. daher *Dauernheim* §§ 129 ff.).

§ 323 Aufwendungen des Erben

Dem Erben steht wegen der Aufwendungen, die ihm nach den §§ 1978, 1979 des Bürgerlichen Gesetzbuchs aus dem Nachlass zu ersetzen sind, ein Zurückbehaltungsrecht nicht zu.

Übersicht

	Rdn.		Rdn.
A. Zurückbehaltungsrecht des Erben	1	B. Ausschluss der Anwendung auf die Aufrechnung	5

A. Zurückbehaltungsrecht des Erben

1 Grds. gilt für den **Aufwendungsersatzanspruch des Erben**, dass dieser gem. § 324 Abs. 1 Nr. 1 InsO Masseforderung ist (HambK-InsO/*Böhm* § 323 Rn. 2).

2 Dieser Anspruch des Erben stützt sich auf die Regeln der Geschäftsführung ohne Auftrag (§ 683 BGB) oder die Regeln des Auftragsrechts (§ 670 BGB). Welche Vorschriften im Einzelfall einschlägig sind, hängt davon ab, zu welchem **Zeitpunkt** die Aufwendungen gemacht wurden. Sie können vor oder nach der Annahme der Erbschaft gemacht worden sein.

3 Den **Anwendungsbereich** des Auftragsrechts im weiteren Sinne eröffnet § 1978 Abs. 3 BGB. Dieser Ersatzanspruch soll dem Erben jedoch gem. § 2013 BGB nur dann zustehen, wenn er nicht der unbeschränkten Haftung unterliegt. Nach dem Wortlaut der Vorschrift steht dem Erben wegen dieser Aufwendungen kein Zurückbehaltungsrecht gem. § 273 BGB zu. Andernfalls käme es zu erheblichen Verzögerungen bei der Verwertung des Nachlasses (vgl. *Jaeger/Weber* KO, § 223 Rn. 1). Dem Erben wäre es nämlich durch die räumliche Nähe und der damit gegebenen Einwirkungsmöglichkeit auf den Nachlass leicht möglich, jegliches Handeln der Gläubiger und insbesondere des Nachlassinsolvenzverwalters zu behindern.

4 Ein weitergehendes **Verweigerungsrecht**, um die Sache in Besitz zu behalten, steht dem Erben nicht zu. Jedoch werden andere, durch **vertragliche Vereinbarung** begründete Zurückbehaltungsrechte nicht von § 323 InsO erfasst. Dem Erben stehen alle sich aus vertraglichen Vereinbarungen ergebenden Ansprüche uneingeschränkt zu. Diese Einschränkung ergibt sich aus der ausschließlichen Bezugnahme des § 323 InsO auf die §§ 1978, 1979 BGB. Steht dem Erben also aufgrund eines Vertrages mit dem Erblasser der Besitz an bestimmten Gegenständen zu und macht er nun Aufwendungen auf diese Sache, so kann er diesbezüglich ein Zurückbehaltungsrecht geltend machen. Dieses wirkt dann wie ein Pfandrecht (vgl. *Uhlenbruck/Lüer* InsO, § 323 Rn. 1; *Jaeger/Weber* KO, § 223 Rn. 3).

B. Ausschluss der Anwendung auf die Aufrechnung

Keine Anwendung findet § 323 InsO jedoch **auf die Aufrechnung** (vgl. MüKo-InsO/*Siegmann* 5 § 323 Rn. 3). Weder der Wortlaut noch der Sinn und Zweck der Vorschrift gebieten eine solche Auslegung. Damit ist die Möglichkeit der Aufrechnung nicht gänzlich ausgeschlossen; sie richtet sich jedoch nach den allgemeinen Vorschriften der §§ 94 ff. InsO (s. *Bernsau* §§ 94 ff.; HambK-InsO/*Böhm* § 323 Rn. 3; *Uhlenbruck/Lüer* InsO, § 323 Rn. 2; zur Parallele im alten Recht siehe *Kuhn/Uhlenbruck* KO, § 223 Rn. 2; *Kilger/Karsten Schmidt* KO, § 223 Rn. 2).

§ 324 Masseverbindlichkeiten

(1) Masseverbindlichkeiten sind außer den in den §§ 54, 55 bezeichneten Verbindlichkeiten:
1. die Aufwendungen, die dem Erben nach den §§ 1978, 1979 des Bürgerlichen Gesetzbuchs aus dem Nachlass zu ersetzen sind;
2. die Kosten der Beerdigung des Erblassers;
3. die im Falle der Todeserklärung des Erblassers dem Nachlass zur Last fallenden Kosten des Verfahrens;
4. die Kosten der Eröffnung einer Verfügung des Erblassers von Todes wegen, der gerichtlichen Sicherung des Nachlasses, einer Nachlasspflegschaft, des Aufgebots der Nachlassgläubiger und der Inventarerrichtung;
5. die Verbindlichkeiten aus den von einem Nachlasspfleger oder einem Testamentsvollstrecker vorgenommenen Rechtsgeschäften;
6. die Verbindlichkeiten, die für den Erben gegenüber einem Nachlasspfleger, einem Testamentsvollstrecker oder einem Erben, der die Erbschaft ausgeschlagen hat, aus der Geschäftsführung dieser Personen entstanden sind, soweit die Nachlassgläubiger verpflichtet wären, wenn die bezeichneten Personen die Geschäfte für sie zu besorgen gehabt hätten.

(2) Im Falle der Masseunzulänglichkeit haben die in Absatz 1 bezeichneten Verbindlichkeiten den Rang des § 209 Abs. 1 Nr. 3.

Übersicht

	Rdn.			Rdn.
A. Zweck der Vorschrift	1		3. Erbengemeinschaft	11
B. Die Aufwendungen im Einzelnen	4	II.	Beerdigungskosten	12
I. Aufwendungen des Erben nach Nr. 1	4		1. Ersatzfähigkeit der Aufwendungen	13
1. Abgrenzung der Eigenverbindlichkeit zur Nachlassverbindlichkeit	5		2. Ausnahmen	14
a) Bezug zum Nachlass	6	III.	Kosten der Todeserklärung	15
b) Anwendung des § 164 Abs. 2 BGB	8	IV.	Kosten nach § 324 Abs. 1 Nr. 4 InsO	16
c) Ordnungsgemäße Nachlassverwaltung	9	V.	Verbindlichkeiten aus den von einem Nachlasspfleger oder Testamentsvollstrecker vorgenommenen Rechtsgeschäften	17
2. Freistellungsanspruch des Erben gem. § 257 BGB bei Begründung einer Eigenverbindlichkeit	10	VI.	Einschränkungen	22
		C.	Rangverhältnis im Falle der Massearmut	24

Literatur:
Nöll Nachlassinsolvenzverwaltung in der (Liquiditäts-)Krise: Aufrechnungsverbot für Massegläubiger des § 324 Abs. 1 InsO und andere Hinweise zur Überwindung der notorischen Massearmut, ZInsO 2010, 1866; *Roth* Umfang der Insolvenzmasse im Nachlassinsolvenzverfahren, ZInsO 2010, 118.

A. Zweck der Vorschrift

Der von § 324 InsO verfolgte **Zweck** ist – wie bei der Vorgängerregelung (§ 224 KO) – eine **Erweiterung des Kreises der Masseverbindlichkeiten** für den Bereich des Nachlassinsolvenzverfahrens (vgl. BT-Drucks. 12/2443 S. 231). 1

2 Dementsprechend werden von der Regelung Aufwendungen für den Fall einer Gesamtvermögensinsolvenz und der Eigeninsolvenz nicht erfasst (vgl. zum alten Recht *Jaeger/Weber* KO, § 224 Rn. 1). Es soll allein eine Begünstigung derjenigen Aufwendungen bewirkt werden, die typischerweise nach Eintritt des Erbfalls im Rahmen einer ordnungsgemäßen Verwaltung der Erbschaft anfallen (BT-Drucks. 12/2443 S. 231). **Gläubiger dieser Forderung** ist, wie der Wortlaut der Vorschrift durch eine fehlende Bezugnahme andeutet, stets derjenige, der die Kosten zu fordern, also die Mittel ausgelegt hat (einschränkend MüKo-InsO/*Siegmann* § 324 Rn. 6). Ist dies der Erbe, so ist er nun auch Gläubiger der Masse (vgl. *Uhlenbruck/Lüer* InsO, § 324 Rn. 3).

3 Auch im Hinblick auf die Masseverbindlichkeiten des § 324 InsO gilt es dem Grundsatz gerecht zu werden, die Wirkungen der Eröffnung des Nachlassinsolvenzverfahrens so weit wie möglich auf den Zeitpunkt des Erbfalls zurückzubeziehen (BT-Drucks. 12/2443 S. 231). Dies korrespondiert mit dem bereits im Rahmen des § 321 InsO dargestellten **Regelungszweck** (vgl. § 321 Rdn. 1 ff.).

B. Die Aufwendungen im Einzelnen

I. Aufwendungen des Erben nach Nr. 1

4 Zunächst wird in § 324 InsO der Anspruch des Erben für Aufwendungen hinsichtlich des Nachlasses angeführt. Dieser umfasst ausschließlich die vom Erben gemachten Aufwendungen, nicht jedoch eine Vergütung für dessen Tätigkeit (vgl. *Uhlenbruck/Lüer* InsO, § 324 Rn. 2; MüKo-InsO/*Siegmann* § 324 Rn. 3). Davon ist jedoch eine Ausnahme zu machen, wenn es sich um Dienstleistungen des Erben nach Eröffnung des Nachlassinsolvenzverfahrens handelt. Denn nach Eröffnung des Insolvenzverfahrens ist dieser zur Weiterarbeit im Unternehmen nicht verpflichtet, da seine Arbeitskraft nicht in die Insolvenzmasse fällt (*BGH* NZI 2009, 515; MüKo-InsO/*Siegmann* § 324 Rn. 3). Die Regelung des § 324 InsO gilt für **alle Erben** (Vor-, Nach- und Miterben etc.) hilft jedoch wegen der in § 2013 Abs. 1 BGB getroffenen Regelung nur den **beschränkt haftenden Erben** (vgl. MüKo-InsO/*Siegmann* § 324 Rn. 3; *Uhlenbruck/Lüer* InsO, § 324 Rn. 2). Die Nachlassaufwendungen des beschränkt haftenden Erben entstehen aus einer Geschäftsführung für den Nachlass. Dabei eröffnet § 1978 Abs. 3 BGB dem Erben die Möglichkeit eines Aufwendungsersatzes zum einen nach den Vorschriften über die Geschäftsführung ohne Auftrag (§ 683 BGB) und zum anderen über die Regeln des Auftragsrechts (§ 670 BGB). Dies gilt ebenso für Ansprüche des Erben aus § 1979 BGB. Die Regelung zielt damit im Nachlassinsolvenzverfahren erkennbar auf die Bevorzugung des Erben für bestimmte Verwaltungshandlungen ab. Jedenfalls als Reflexwirkung kommt diese Begünstigung auch den Gläubigern zugute. Denn bei einer nur anteilsmäßigen Befriedigung der Forderungen kann nicht erwartet werden, dass ein Erbe eine »ordnungsgemäße« Verwaltung der Erbschaft besorgt. Ganz im Gegenteil: der Erbe wäre gut beraten, jegliches »Kostenrisiko« zu scheuen und allenfalls minimalen Einsatz zur Erhaltung und Mehrung der Erbschaft zu zeigen. Dies ginge dann zum Nachteil der Insolvenzmasse und somit zum Nachteil der Gläubiger (eingehend hierzu *Jaeger/Weber* KO, § 224 Rn. 1).

1. Abgrenzung der Eigenverbindlichkeit zur Nachlassverbindlichkeit

5 Stets erforderlich ist die Abgrenzung, ob durch die Verpflichtung des Erben eine **Nachlass- oder** aber eine **Eigenverbindlichkeit** begründet wurde. Bei einem durch den Erben erteilten Schuldanerkenntnis soll es sich regelmäßig um eine Nachlassverbindlichkeit handeln (*RG* RGZ 62, 38 [40]). In dieser Verallgemeinerung stößt dieser Grundsatz jedoch auf Bedenken; zumindest kann dies nicht pauschal für jede nach dem Erbfall durch den Erben begründete Verbindlichkeit gelten.

a) Bezug zum Nachlass

6 Eine nähere Eingrenzung gerade im Hinblick auf die Entstehung der Verbindlichkeit ist insoweit unerlässlich. Es bedarf einer **besonderen Beziehung** zum Nachlass. Eine einfache rechtliche Bindung der Forderung an den Erben insoweit, als dass dieser das Rechtsgeschäft vorgenommen hat, reicht nicht aus. Weitergehend – im obigen Sinne – ist die Bindung der Forderung an den Nachlass, wenn das Rechtsgeschäft in Betätigung für denselben erfolgt ist (*RG* RGZ 62, 38 [40], 41).

Dies alleine wäre jedoch als Einschränkungskriterium für die Ersatzfähigkeit der Aufwendungen nicht ausreichend, da dadurch der verschwenderische Erbe auch seine für den Nachlass noch so ungünstigen Verbindlichkeiten zu dessen Nachteil und nicht zuletzt auch zum Nachteil der Gläubiger auf die Masse abwälzen könnte. Um einem solchen Vorgehen einen Riegel vorzuschieben, bedarf es **weiterer Differenzierungen.** 7

b) Anwendung des § 164 Abs. 2 BGB

Der **Bezug der Forderung zum Nachlass** ist ein Anknüpfungspunkt. Hierfür wird nicht verlangt werden können, den entstehenden Anspruch durch eine äußerliche Kenntlichmachung, in Anlehnung und entsprechender Anwendung an das in § 164 Abs. 2 BGB enthaltenen Offenkundigkeitsprinzip, an den Nachlass zu binden. Demnach ist es unerheblich, ob der Erbe bei Abschluss des Rechtsgeschäfts seinen Vertragspartner auf diesen Umstand hingewiesen hat. 8

c) Ordnungsgemäße Nachlassverwaltung

Notwendig ist allein der sachlich-rechtliche Bezug. Die Aufwendungen müssen insofern einer sinnvollen, also **ordnungsgemäßen Nachlassverwaltung** entsprechen (so schon *RG* RGZ 90, 91 [95]). Dies allein stellt den maßgeblichen Grund für eine Bevorzugung des Erben dar (vgl. hierzu Rdn. 1). Für die rechtliche Einordnung des Handelns kann dann jedoch kein anderer Maßstab gelten, als für die Qualifikation des Rechtsgeschäfts selbst. Andernfalls wäre das unbillige Ergebnis vorgezeichnet, die Gläubiger durch ein leichtsinniges Handeln des Schuldners, welches eine Schmälerung der Masse zur Folge hat, zu benachteiligen. Ist die Voraussetzung einer ordnungsgemäßen Nachlassverwaltung erfüllt, so bestehen keine weiteren Bedenken, diesen Anspruch als Nachlassverbindlichkeit i.S.d. § 324 Abs. 1 InsO zu qualifizieren. Ein Nachlassverwalter ist jedoch gehindert, wegen seines Vergütungsanspruchs gegenüber dem Nachlassinsolvenzverwalter aufzurechnen oder ein Zurückbehaltungsrecht geltend zu machen, wenn Masseunzulänglichkeit vorliegt, da es sich bei dem Vergütungsanspruch um eine Masseverbindlichkeit nach §§ 209 Abs. 1 Nr. 3, 324 Abs. 1 InsO handelt (vgl. *AG Ottweiler* ZInsO 2000, 520; **a.A.** MüKo-InsO/*Siegmann* § 324 Rn. 14). 9

2. Freistellungsanspruch des Erben gem. § 257 BGB bei Begründung einer Eigenverbindlichkeit

Bei Begründung einer »Eigenverbindlichkeit« durch den Erben, z.B. zum Zwecke der Erhaltung des Nachlasses, ist dem Erben wegen seines bevorrechtigten Masseanspruchs ein **Freistellungsanspruch gem. § 257 BGB** zuzugestehen (MüKo-InsO/*Siegmann* § 324 Rn. 3; HambK-InsO/*Böhm* § 324 Rn. 3). 10

3. Erbengemeinschaft

Den gleichen Vorzug der bevorrechtigten Befriedigung genießen die einer Erbengemeinschaft angehörenden Miterben. Hierbei hat jeder der Miterben einen Anspruch auf Ersatz der gemachten Verwendungen, die bei einer ordnungsgemäßen Verwaltung des Nachlasses angefallen sind. **Zu beachten** ist in diesem Zusammenhang, dass zwischen Nacherben vor dem Nacherbfall keine Erbengemeinschaft besteht, *BGH* FamRZ 1993, 801 in Abweichung von *RG* RGZ 1993, 292. Die anteilsmäßige Befriedigung erfolgt dann über § 420 BGB. Zu weiteren Einzelheiten vgl. *Jaeger/Weber* KO, § 224 Rn. 2. 11

II. Beerdigungskosten

Abweichend von der »Vorgängerregelung« § 224 Nr. 4 KO knüpft die Vorschrift hinsichtlich der Beerdigungskosten an die damit verbundenen Kosten als solche an; eine Koppelung an die »**Standesgemäßheit**« der Beerdigung ist dem Wortlaut nach fallen gelassen worden. Auch in den Gesetzesmaterialien findet sich hierzu keine Begründung. Gleichwohl kann – ausgehend von der ober- be- 12 schriebenen Ratio der Norm – nicht unterstellt werden, dass die mit der Beerdigung verbundenen Kosten nunmehr unter allen Umständen und losgelöst von jeglicher Einschränkung der Ersatzfähigkeit als Masseverbindlichkeiten geltend gemacht werden können. Hiergegen spricht auch die gerade im Nachlassinsolvenzverfahren deutlich hervortretende Wechselbeziehung zwischen Verfahrens- und materiellem Recht. Daher ist die Regelung unter den bisher entwickelten Einschränkungen zu verstehen. Soweit im Einzelfall auf beamten- oder privatversicherungsrechtlicher Basis **Sterbegelder** an den Erben ausbezahlt werden, erfolgt **keine Anrechnung** auf die Beerdigungskosten (*OLG Oldenburg* MDR 1990, 1015).

1. Ersatzfähigkeit der Aufwendungen

13 Was im konkreten Einzelfall (noch) zu einer angemessenen Beerdigung zählt, richtet sich nach der **Lebensstellung des Erblassers**. Es ist darauf abzustellen, was bei einer Beerdigung eines Menschen der Lebensstellung des Verstorbenen unter Berücksichtigung der **Bräuche und Sitten** entspricht (*Palandt/Weidlich* § 1968 BGB Rn. 2). In die Bewertung muss dabei die **Leistungsfähigkeit des Nachlasses** und der Erben miteinbezogen werden (*RG* RGZ 139, 393 [394]; *BGH* BGHZ 32, 72 [73]). Ersatzfähig ist aber nicht nur das Nötigste, sondern alles, was nach den in den Kreisen des Erblassers herrschenden Auffassungen und Bräuchen zu einer würdigen und angemessenen Beerdigung gehört (*RG* RGZ 160, 255 [256]; *BGH* BGHZ 61, 238 [239]). Nicht ersatzfähig sind allerdings die Reisekosten, die ein auch in gerader Linie Verwandter benötigt, um an der Beerdigung teilzunehmen. Eine Ausnahme hiervon ist nur dann zu machen, wenn es dem Angehörigen aus Gründen der Bedürftigkeit nicht möglich ist, an der Beerdigung teilzunehmen und es vom Erben nach der sittlichen Anschauung nicht anders zu erwarten wäre, als dem Angehörigen die Reisekosten zu erstatten (*BGH* BGHZ 32, 73 [74]). Unzweifelhaft gehört ein **angemessenes Grabdenkmal** zu den Beerdigungskosten (*Wacke* DGVZ 1986, 161 [165]).

2. Ausnahmen

14 Von der Ersatzfähigkeit als Masseverbindlichkeit sind jedoch die Aufwendungen für die **Instandhaltung und Pflege der Grabstätte** und des Grabdenkmals ausgenommen (*BGH* BGHZ 61, 239; *OLG Oldenburg* DNotZ 1993, 135; einen Überblick gibt *Märker* MDR 1992, 217). Umstritten ist die Frage, ob die **Kosten einer angemessenen Bewirtung** als Masseverbindlichkeiten angesehen werden können. Nach wohl h.M. ist dies zu bejahen (vgl. *Palandt/Weidlich* § 1968 BGB Rn. 1 m.w.N.).

III. Kosten der Todeserklärung

15 Die Rechtfertigung dafür, dass die **Kosten der Todeserklärung** durch die Masse übernommen werden müssen, ist darin zu sehen, dass ein Nachlassinsolvenzverfahren die Todeserklärung voraussetzt. Deshalb müssen die Kosten des Verfahrens, sowie die außergerichtlichen Kosten des Antragstellers dem Nachlass auferlegt werden. Im Kern handelt es sich hierbei um eine Billigkeitsentscheidung. Von den Kosten einer Todeserklärung gem. §§ 1 ff., 13 ff., 34 Abs. 2 VerschollenheitsG v. 15.01.1951 BGBl. I S. 63, § 128 KostO ist der Nachlass nur ausgenommen, wenn das Gericht gem. § 34 Abs. 1 VerschG eine andere Entscheidung trifft (vgl. zu weiteren Einzelheiten *Jaeger/Weber* KO, § 224 Rn. 7; MüKo-InsO/*Siegmann* § 324 Rn. 7).

IV. Kosten nach § 324 Abs. 1 Nr. 4 InsO

16 Die in § 324 Abs. 1 Nr. 4 InsO aufgeführten Kosten werden dem **Nachlass auferlegt**, da sie auch diesem zu Gute kommen. Dabei sind i.E. zu erwähnen die Kosten:
- der Eröffnung einer Verfügung des Erblassers von Todes wegen (§§ 2260 ff., 2273, 2300 BGB),
- der gerichtlichen Sicherung des Nachlasses (§ 1960 BGB),
- einer Nachlasspflegschaft (§§ 1960 ff.), als Unterfall dazu gehört auch die Nachlassverwaltung (§§ 1981 ff. BGB),
- des Aufgebots der Nachlassgläubiger (§§ 1970 BGB, §§ 989 ff. ZPO) und der Inventarerrichtung (§§ 1993 ff. BGB); vgl. dazu auch *Uhlenbruck/Lüer* InsO, § 324 Rn. 5.

Im Übrigen wird hinsichtlich der einzelnen Positionen auf die einschlägigen BGB-Kommentare verwiesen.

V. Verbindlichkeiten aus den von einem Nachlasspfleger oder Testamentsvollstrecker vorgenommenen Rechtsgeschäften

Die **Bezeichnung des Nachlasspflegers** umfasst auch hier nicht nur den eigentlichen Nachlasspfleger gem. §§ 1960 ff. BGB, sondern **erfasst** als Oberbegriff ebenfalls den **Nachlassverwalter i.S.d. §§ 1981 ff. BGB** (*Uhlenbruck/Lüer* InsO, § 324 Rn. 7; A/G/R-*Ringstmeier* § 324 InsO Rn. 7). 17

Die **Massegläubigerschaft** ergibt sich hier aus der Vertretungsmacht des Nachlasspflegers, Nachlassverwalters oder Testamentsvollstreckers. Wer mit diesem Personenkreis ein Rechtsgeschäft abschließt, kontrahiert mit dem Erben, damit mit dem Eigentümer des Nachlasses. Folglich ergibt sich daraus zwingend die Massegläubigerschaft, da die Vertretungsmacht der in § 324 Abs. 1 Nr. 5 InsO genannten Personen sich nur auf die Verwaltung des Nachlasses bezieht. Demgemäß können diese somit keine wirksamen Eigenverbindlichkeiten des Erben begründen, also keine Rechtsgeschäfte, die den Erben mit seinem Privatvermögen belasten (vgl. *Jaeger/Weber* KO, § 224 Rn. 13). 18

Hinsichtlich der oben genannten Personen muss jedoch **differenziert** werden. **Unstreitig** kommen die Handlungen des **Nachlassverwalters** und des **Nachlasspflegers** dem Nachlass und folglich der Gläubigergesamtheit zugute. Hieraus rechtfertigt sich die Erhebung dieser Verbindlichkeiten zu Masseschulden. Denn insgesamt tragen diese ja den alleinigen Vorteil dieses Rechtsgeschäfts. Unbillig wäre es nun, den Kontrahenten auf die Quote zu verweisen. Gleiches muss für den Insolvenzverwalter gelten. 19

Streitig ist jedoch, ob auch sämtliche von einem **Testamentsvollstrecker** vorgenommenen Rechtsgeschäfte und dadurch begründeten Verbindlichkeiten zu Masseverbindlichkeiten qualifiziert werden sollen. Der Streit entzündet sich an der fehlenden Einschränkung durch den Gesetzeswortlaut. Denn dieser betrifft grds. jedes Geschäft und damit auch jede daraus entstandene Forderung. Gegen die Qualifizierung dieser Ansprüche als Masseverbindlichkeiten spricht das teilweise fehlende Interesse der Nachlassgläubigerschaft an diesen Rechtsgeschäften (*RG* RGZ 60, 30 [31]; *Hahn/Mugdan* Die gesamten Materialien zu den Reichs-Justizgesetzen, 7. Bd., S. 254 zu § 224 KO n.F.; ferner auch *BGH* BGHZ 94, 313 [315] mit dem Verweis, dass die in diesem Sinne betroffenen Gläubiger nicht auf die Konkursquote verwiesen werden dürfen). Ist demnach ein Rechtsgeschäft gänzlich nicht i.S.d. Nachlassgläubiger, so soll die daraus erwachsene Forderung auch nicht zur Masseverbindlichkeit werden. Angelehnt wird diese Argumentation an § 2206 BGB, der von einer Verpflichtung durch ordnungsgemäße Verwaltung spricht. Hiervon ausgehend, ist jedoch zu berücksichtigen, dass der Erblasser die Beschränkung der Verpflichtungsbefugnis des Testamentsvollstreckers zur ordnungsgemäßen Verwaltung durch seine letztwillige Verfügung gem. § 2207 BGB aufheben kann. Ferner ist bei einem Verwaltungstestamentsvollstrecker gem. § 2209 Satz 2 BGB im Zweifelsfalle stets von der erweiterten Verpflichtungsbefugnis auszugehen (so insgesamt *Jaeger/Weber* KO, § 224 Rn. 13 m.w.N.). 20

Dieser Begründung steht zunächst der **klare Wortlaut** des Gesetzes entgegen. Ferner verkennt diese Ansicht, dass sich gerade durch die Testamentsvollstreckung und somit durch das Handeln des Testamentsvollstreckers der Wille des Erblassers fortsetzt. Solange dieser Wille durch die Ausführungen des Testamentsvollstreckers noch immer gegenwärtig ist, kann auch die Masse noch nicht das endgültige Stadium erreicht haben. Also ist die Masse noch nicht abschließend im Umfang festgestellt. Die Gegenauffassung untergräbt mit ihrer Lösung die Priorität des Willens des Erblassers. Es überzeugt somit nicht über eine Billigkeitslösung den klaren Wortlaut und die Intention des Gesetzgebers zu suspendieren. 21

VI. Einschränkungen

§ 324 Abs. 1 Nr. 6 InsO enthält eine Einschränkung dahingehend, dass die Verbindlichkeiten des Erben gegenüber einem Nachlasspfleger, einem Testamentsvollstrecker oder einem Erben, der die 22

Erbschaft ausgeschlagen hat, nicht schlechthin Nachlassverbindlichkeiten werden, sondern nur dann, wenn diese Rechtsgeschäfte dem **Interesse der Nachlassgläubiger** und ihren **mutmaßlichen Willen** gerecht werden (*BGH* ZIP 1985, 815). Anhaltspunkt und Prüfungsmaßstab sind insoweit §§ 670, 677 BGB (vgl. MüKo-InsO/*Siegmann* § 324 Rn. 12). Dies bezieht sich z.B. auch auf den Vergütungsanspruch des Testamentsvollstreckers. In der Konsequenz kann dies zu dem Ergebnis führen, dass ein Teil der Vergütungsforderung – der angemessene gem. § 2221 BGB – Masseverbindlichkeit wird, der verbleibende dahingegen als Vermächtnis gem. § 327 Abs. 1 Nr. 2 InsO nur nachrangig zu befriedigen ist (vgl. zur Parallele in der Konkursordnung *Hess* KO, § 224 Rn. 9; *Haegele* KTS 69, 162 f.). In dieser starken Berücksichtigung der Interessen der Gläubiger liegt zugleich die Rechtfertigung der Einreihung dieser Forderung unter die Masseverbindlichkeiten (*Jaeger/Weber* KO, § 224 Rn. 15). Denn wer den Vorteil einer Handlung hat, muss auch zugleich den daraus erwachsenen Nachteil gegen sich gelten lassen.

23 In entsprechender Anwendung des § 324 Abs. 1 Nr. 6 InsO sind auch die Vergütungsansprüche eines **Kanzleiabwicklers** als Masseverbindlichkeiten einzustufen; dies gilt auch bzgl. des Entgelts für seine Tätigkeit vor Eröffnung des Insolvenzverfahrens; dies gilt jedenfalls dann, wenn Kanzleiabwicklung und Insolvenzverwaltung sich zeitlich überschneiden (*OLG Rostock* ZIP 2004, 1857). Die über die entsprechende Anwendung des Abs. 1 Nr. 6 InsO bewirkte Privilegierung einer solchen Vergütungsforderung erscheint angesichts des öffentlichen Interesses, das der Abwicklung einer Rechtsanwaltskanzlei zukommt, sachlich gerechtfertigt.

C. Rangverhältnis im Falle der Masseamut

24 Im Falle der Masseamut soll den in Abs. 1 genannten Verbindlichkeiten der Rang des § 209 Abs. 1 Nr. 3 InsO zukommen. Insoweit wird verwiesen auf *Kießner* § 209.

§ 325 Nachlassverbindlichkeiten

Im Insolvenzverfahren über einen Nachlass können nur die Nachlassverbindlichkeiten geltend gemacht werden.

Übersicht	Rdn.		Rdn.
A. Zweck der Regelung	1	B. Begriff der Nachlassverbindlichkeiten	3

Literatur:
Fischinger Die Beschränkung der Erbenhaftung in der Insolvenz, 2013.

A. Zweck der Regelung

1 Durch § 325 InsO wird klargestellt, dass – abweichend vom Regelinsolvenzverfahren – nicht das gesamte Schuldnervermögen für alle Gläubiger des Schuldners, sondern nur der Nachlass für die Nachlassgläubiger verwertet wird (HambK-InsO/*Böhm* § 325 Rn. 1). Insoweit liegt eine **Partikularinsolvenz** vor. Dies mit der Konsequenz, dass neben der Nachlassinsolvenz ein zweites Insolvenzverfahren über das Eigenvermögen des Erben möglich, aber ggf. auch notwendig ist. Relevanz im Nachlassinsolvenzverfahren können Eigenschulden des Erben nur haben, wenn sie zugleich Nachlassverbindlichkeiten, d.h. Nachlasserbschulden sind (vgl. hierzu auch BT-Drucks. 12/2443 S. 232).

2 Nach wie vor soll im Nachlassinsolvenzverfahren die Haftung des Erben für alle Nachlassverbindlichkeiten realisiert werden.

B. Begriff der Nachlassverbindlichkeiten

Das Insolvenzrecht knüpft auch hinsichtlich des Begriffs der **Nachlassverbindlichkeiten** an die materiellen Vorgaben des Erbrechts an. Ob eine Verbindlichkeit eine »Nachlassverbindlichkeit« ist, bestimmt sich nach § **1967 Abs. 2 BGB** (A/G/R-*Ringstmeier* § 325 InsO Rn. 1).

Zu den Nachlassverbindlichkeiten zählen zunächst alle Schulden des Erblassers (sog. **Erblasserschulden**). Hiervon erfasst werden alle die zum Zeitpunkt des Erbfalles schon entstandenen Ansprüche, aber auch diejenigen Ansprüche, deren wesentliche Entstehungsgrundlage zum Zeitpunkt des Erbfalles schon so weit gegeben war, dass eine Zurechnung zu den Erblasserschulden gerechtfertigt erscheint (*BGH* BB 1968, 152; *Hess* KO, § 226 Rn. 2; *ders.* InsO, § 325 Rn. 5). Die damit bezeichneten vererbten Verbindlichkeiten gem. § 1967 II BGB sind unabhängig von ihrem Schuldgrund als Erblasserschulden zu bezeichnen. Insoweit erfolgt keine Differenzierung nach gesetzlichem oder vertraglichem Entstehungsgrund (vgl. *Jaeger/Weber* KO, §§ 226, 227 Rn. 5; *Hess* KO § 226 Rn. 2; *ders.* InsO, § 325 Rn. 6).

Nicht als Erblasserschulden sind solche Verbindlichkeiten zu qualifizieren, die im Wege der Universalsukzession gem. § 1922 BGB nicht übertragungsfähig sind, weil sie an die Person des Erblassers gebunden sind. Das sind insbesondere:
– die Ansprüche gem. § 520 BGB aus einem **Rentenversprechen** (vgl. *Jaeger/Weber* KO, §§ 226, 227 Rn. 6). Diese erlöschen, wie der Wortlaut der Vorschrift klarstellt, mit dem Tode des Schuldners.
– die **Unterhaltsansprüche der Ehefrau des Erblassers**, seiner Eltern, Kindern und Enkelkindern (§§ 1360a Abs. 3, 1615 BGB; auch diese Ansprüche enden mit dem Tod des Schuldners. Gemäß § 1586b BGB werden jedoch die Unterhaltspflichten aus geschiedener oder aufgehobener Ehe auf die Erben als vererbliche Schulden, somit als Nachlassverbindlichkeiten, übertragen (*Uhlenbruck/Lüer* InsO, § 325 Rn. 4). Eine gesetzliche Beschränkung der Haftung findet sich jedoch ebenfalls in § 1586b Abs. 1 Satz 3 BGB. Danach haftet der Erbe nicht über den Betrag hinaus, der dem Pflichtteilsanspruch entspricht, welcher dem Berechtigten zustände, wenn die Ehe nicht geschieden worden wäre. Ebenfalls haftet der Erbe für den Unterhaltsanspruch der Mutter eines nichtehelichen Kindes gegen den Vater (sog. Betreuungsunterhaltsanspruch i.S.d. § 1615l BGB).
– Der schuldrechtliche Anspruch auf Versorgungsausgleich (§ 1587f BGB) erlischt ebenfalls (*BVerfG* NJW 1986, 1321 [1322]).

Hinzu treten alle sog. **Erbfallschulden**, d.h. die **aus Anlass der Erbfalls** oder durch dessen Abwicklung entstandenen Schulden des Erben. Das sind zunächst Pflichtteilsrechte, Vermächtnisse und Auflagen (§ 1967 Abs. 2 BGB) sowie die Kosten die im Rahmen des § 324 Abs. 1 Nr. 3, 4 InsO anfallen (vgl. hierzu die dortige Kommentierung; speziell zu den Beerdigungskosten *LG Koblenz* FamRZ 1997, 968). Ebenso gemeint sind die Verbindlichkeiten, die aus der Tätigkeit eines Nachlasspflegers, Nachlassverwalters oder der Verwaltung eines Testamentsvollstreckers entstanden sind. Hierzu zählen weiter die Verbindlichkeiten des Erben gegenüber diesen Personen aus einer von ihnen vorgenommenen Geschäftsführung i.S.d. § 324 Abs. 1 Nr. 6 InsO. Gleichfalls gehören hierzu die Ansprüche des Erben die aus seiner Verwaltungstätigkeit für den Nachlass entstanden sind (vgl. §§ 1978 Abs. 3, 1979, 2013 BGB). Vor diesem Hintergrund erklärt sich auch, dass ausschließlich der Erbe für die Vergütung des Nachlasspflegers haftet; eine Zahlungspflicht anderer Personen ist selbst dann nicht gegeben, wenn diese die Anordnung der Nachlasspflegschaft beantragt haben, *OLG Frankfurt* NJW-RR 1993, 267.

Letztlich kommt noch die Gruppe der **Nachlasserbenschulden** hinzu. Eine solche Schuld ist etwa gegeben, wenn der Erbe eines verstorbenen Kontoinhabers von einem dem Kontoinhaber eingeräumten **Kreditlinie** Gebrauch macht (vgl. *LG Darmstadt* WM 1996, 1857). Keine Nachlasserbenschuld stellt hingegen die Pflicht des Erben zur Rückzahlung von versehentlich noch nach dem Tode des Erblassers überwiesenen Rentenbeiträgen; diese sind eine den Erben als solche treffende Nachlassverbindlichkeiten i.S.d. § 1967 Abs. 2 Alt. 2 BGB (*AG Kassel* NJW-RR 1992, 585).

Ebenfalls als Nachlassverbindlichkeiten zu ersetzen sind die Verbindlichkeiten aus:

- **Erbersatzansprüchen** (§ 1934a BGB a.F.); kommen nach der geltenden Rechtslage **nicht mehr** als **Nachlassverbindlichkeiten** in Betracht. Das nichteheliche Kind kann sich dafür jetzt auf genau dieselben Ansprüche wie das eheliche Kind berufen, da es in gleicher Weise in die erbrechtliche Stellung rückt.
- **Vorausvermächtnissen** (§ 2150 BGB); zur Abgrenzung von der Teilungsanordnung siehe *Bürger* MDR 1986, 445
- **Pflichtteilsrechten**, **Vermächtnissen** und **Auflagen** (§ 1967 Abs. 2 BGB; vgl. zu Pflichtteilsansprüchen *OLG Düsseldorf* FamRZ 1995, 102)
- **Beerdigungskosten** (§ 1968 BGB), siehe in diesem Zusammenhang *Märker* MDR 1992, 217
- **Unterhaltsansprüchen** (§ 1969 BGB).

Keine Nachlassverbindlichkeit i.S.v. § 1967 BGB stellt dagegen die vom Erben zu tragende **Erbschaftsteuer** dar: *OLG Hamm* MDR 1990, 1014.

9 Besonderes Augenmerk verdient auch hier die wiederum **notwendige Abgrenzung zwischen Nachlass- und Eigenschulden des Erben** (zur Abgrenzung vgl. i.E. § 324 Rdn. 5 ff.). Erforderlich ist die Abgrenzung auch hier, da es sich jedenfalls dann nicht um eine Nachlassverbindlichkeit i.S.d. § 325 InsO handelt, wenn der Erbe durch das eingegangene Rechtsgeschäft eine Verbindlichkeit begründet hat, die nur ihn selbst, d.h. auch nur mit Wirkung für und gegen ihn, also gerade nicht in der Person des Erben, sondern ihn als Privatmann verpflichtet hat. Für diese Verpflichtungen kann der Nachlass nicht in Anspruch genommen werden (*BayObLG* ZEV 2001, 408 [410]; zur Haftungsbeschränkung auf den Nachlass vgl. *BGH* WM 1968, 798 [799]).

10 Zur Eigenschuld ist demnach auch der den Gläubigern zustehende Anspruch gegen den Erben aus der fehlerhaften Verwaltung des Nachlasses gem. §§ 1978, 1979 BGB entstandene Anspruch zu zählen. Liegt dahingegen eine ordnungsgemäße Verwaltung vor, so haftet der Nachlass ebenso wie der Erbe (*BGH* NJW 1978, 1385 [1386]; nach *BGH* BGHZ 32, 60 sind vom Vorerben in ordnungsgemäßer Verwaltung begründete Schulden für den Nacherben Verbindlichkeiten). Besondere Bedeutung kommt dann der Einzelzwangsvollstreckung zu. Haftet der Erbe unbeschränkt, so steht den Nachlassgläubigern der Weg zur Vollstreckung in das Privatvermögen des Erben trotz bestehenden Nachlassinsolvenzverfahrens offen (vgl. *OLG Kassel* OLGZ 19, 137).

§ 326 Ansprüche des Erben

(1) Der Erbe kann die ihm gegen den Erblasser zustehenden Ansprüche geltend machen.

(2) Hat der Erbe eine Nachlassverbindlichkeit erfüllt, so tritt er, soweit nicht die Erfüllung nach § 1979 des Bürgerlichen Gesetzbuchs als für Rechnung des Nachlasses erfolgt gilt, an die Stelle des Gläubigers, es sei denn, dass er für die Nachlassverbindlichkeiten unbeschränkt haftet.

(3) Haftet der Erbe einem einzelnen Gläubiger gegenüber unbeschränkt, so kann er dessen Forderung für den Fall geltend machen, dass der Gläubiger sie nicht geltend macht.

Übersicht	Rdn.			Rdn.
A. Zweck der Vorschrift	1		2. Ausschluss bei unbeschränkter Haftung	11
B. Regelungsgehalt des Abs. 1	2			
C. Regelungsgehalt des Abs. 2	4	II.	Einschränkung des Ausschlusses der Legalzession durch Abs. 3	12
I. Ausschluss der Legalzession	8			
1. Für Rechnung des Nachlasses	9			

Literatur:
Fischinger Die Beschränkung der Erbenhaftung in der Insolvenz, 2013.

A. Zweck der Vorschrift

Die in § 326 InsO enthaltene Regelung ermöglicht dem Erben in einem künftigen Insolvenzverfahren diejenigen Ansprüche geltend zu machen, die ihm gegen den Erblasser zustehen (BT-Drucks. 12/2443 S. 232). 1

B. Regelungsgehalt des Abs. 1

An sich legt diese Vorschrift das Selbstverständliche noch einmal fest (vgl. insoweit MüKo-InsO/ 2 *Siegmann* § 326 Rn. 1, der § 326 InsO sogar als überflüssig bezeichnet). Zwar tritt durch den Erbfall gem. § 1922 BGB eine Verschmelzung des Eigenvermögens des Erben mit dem Nachlass ein. Jedoch gilt gem. § 1976 BGB die durch diese Verschmelzung bedingte Vereinigung zwischen Forderungsinhaberschaft und Vermögen und das dadurch bewirkte **Erlöschen der Forderung** als **rückwirkend aufgehoben**. Dies geschieht unabhängig davon, ob der Erbe die Haftungsbeschränkung gegenüber einzelnen oder sämtlichen Nachlassgläubigern verwirkt hat (einen allgemeinen Überblick über die Erbenhaftung und -haftbeschränkung geben *Harder/Müller-Freienfels* JuS 1980, 876; *App* DGVZ 1996, 136). Da § 1976 BGB gerade keinen Bezug auf § 2013 BGB nimmt, ist die Haftungsbeschränkung kein Erfordernis der Rechtsfolge des § 1976 BGB. Hierbei erhält der Anspruch seinen vollständigen materiell-rechtlichen Bestand zurück.

Damit ist der Erbe ebenso wie jeder andere Gläubiger des Erblassers berechtigt, seine Forderung als 3 **Vorrechtsforderung**, d.h. als Recht mit Absonderungs- und Aussonderungskraft geltend zu machen. Der Erbe wird damit den übrigen Gläubigern des Erblassers gleich gestellt (*BGH* BGHZ 48, 214 [219]). Er ist zwar der Schuldner des Verfahrens, jedoch ist er nur als Träger des Sondervermögens in dieser Position. Seine Ansprüche gegen die Masse macht er damit als Träger seines Eigenvermögens geltend (vgl. *Jaeger/Weber* KO, § 225 Rn. 1). Unbeachtlich ist dabei der Entstehensgrund des Anspruchs, ob er also auf Vertrag bzw. Delikt beruhen oder originär erworben wurde.

C. Regelungsgehalt des Abs. 2

§ 326 Abs. 2 InsO stellt klar, dass der Erbe in die Rechtsstellung des Gläubigers eintritt, sofern er 4 dessen Forderung mit endgültigem rechtlichem Bestand erfüllt. Von einer *cessio legis* in diesem Sinne ist zunächst dann auszugehen, wenn der Erben einer der Nachlassverbindlichkeiten selbst, d.h. aus eigenen Mitteln befriedigt hat. Er tritt dann an die Stelle des Gläubigers und ihm steht dann die Nachlassverbindlichkeit zu (so schon *RG* RGZ 55, 157 [161] jedoch unter der erweiterten Fragestellung der Übertragung einer Forderung kraft Gesetzes i.S.d. § 225 Abs. 2 KO, und eines damit akzessorisch verbundenen Rechts). Das Reichsgericht hat hier zutreffend sowohl den Übergang der Forderung als auch den Übergang des Sicherungsrechts bejaht, welches im vorliegenden Fall zu einer abgesonderten Befriedigung berechtigte.

Irrelevant ist dabei, in welcher Weise die Erfüllung erfolgt. Die geschuldete Leistung kann durch eine 5 »klassische« Leistungserbringung (§ 362 BGB) oder durch ein Erfüllungssurrogat (Leistung an Erfüllung statt [§ 364 BGB], Hinterlegung [§§ 372 ff. BGB] oder Aufrechnung [§ 387 BGB]) erbracht werden (A/G/R-*Ringstmeier* § 326 InsO Rn. 3). Erfolgt die Erfüllung in der Weise, dass dem Gläubiger das Recht zur Anfechtung zusteht, und wird dieses Rechtsgeschäft im Wege der Anfechtung (§§ 119 ff., 142 BGB) beseitigt, so tritt der vormals berechtigte Nachlassgläubiger als alter Schuldner des Erblassers und somit des Nachlasses wieder an die alte Stelle und erhält nun die Rechtsposition, die kurzfristig der Erbe inne hatte (*Jaeger/Weber* KO, § 225 Rn. 8). Die **ursprüngliche Rechtslage** vor der Legalzession wird damit **wieder hergestellt**.

Unerheblich ist weiter, ob der Erbe die Forderung mit eigenen Mitteln oder mit Mitteln des Nach- 6 lasses tilgt (vgl. *Uhlenbruck/Lüer* InsO, § 326 Rn. 4). Der Erbe tritt gleich dem Gläubiger in dessen Rechtsposition ein. Der Anspruch gegen die Masse bleibt damit inhaltlich unverändert. Mit der Zession ist ebenfalls der Übergang der übertragungsfähigen **Nebenrechte gem. §§ 412, 401 BGB** verbunden (*RG* RGZ 55, 158 [161]). Obwohl der Erbe als Träger des Nachlasses und damit als Schuldner angesehen wird, kann er so einen Anspruch aus einem Nebenrecht geltend machen, welches typischerweise eine Personenverschiedenheit voraussetzt. Dies gilt insbesondere für die Hypothek (*RG* RGZ 55, 158 [161]). Damit verbunden ist jedoch der Nachteil, dass sich der Erbe als Schuldner in dieser Position auch allen Einwendungen gegenüber sieht, die vorher diesem Recht entgegenstanden.

7 Erlangt der Erbe dadurch einen Vorteil, dass er dem Inhaber des zu tilgenden Anspruchs einen geringeren Wert als den geschuldeten zukommen lässt, so soll er diesen Vorteil auch behalten dürfen (*Uhlenbruck/Lüer* InsO, § 326 Rn. 3). Der Erbe ist also berechtigt, in diesem Fall den **ganzen Betrag** gegen die Masse geltend zu machen. Ein Grund hierfür ist darin zu sehen, dass es sich hier gerade nicht um einen Fall des Ersatzes bestimmter Aufwendungen handelt wie in § 1979 BGB. Denn dort soll der Erbe durch eine solche Handlung gerade nicht mehr erhalten, als er selbst ausgelegt hat. Zwar wird diese Forderung dann als Masseschuld zu behandeln sein, jedoch ist eine weitere Bevorzugung nicht vorgesehen. Durch eine andere Auslegung würde der Charakter dieser Vorschrift als Erstattungsanspruch verkannt und damit überqualifiziert (i.E. *Jaeger/Weber* KO, § 225 Rn. 9).

I. Ausschluss der Legalzession

8 § 326 Abs. 2 InsO enthält zwei selbstständige Alternativen, die den Ausschluss der Legalzession bewirken. Zum einen ist dies der Fall, wenn der Erbe keine Eigenleistung i.S. einer Aufwendung aus dem eigenen Vermögen erbracht hat; zum anderen, wenn er aufgrund unbeschränkter Haftung ohnehin einstehen müsste.

1. Für Rechnung des Nachlasses

9 Zunächst darf die Erfüllung nicht als für **Rechnung des Nachlasses** erfolgt gelten. Andernfalls ist eine Übertragung der Forderung auf den Schuldner ausgeschlossen. Eine Erfüllung für Rechnung des Nachlasses ist dann anzunehmen, wenn der Erbe bei der Berichtigung der Nachlassschulden den Umständen nach davon ausgehen durfte, dass die vorhandene Masse zur Deckung sämtlicher Nachlassschulden ausreicht. Eine Ersatzpflicht im Hinblick auf den der Masse entzogenen Wert gem. § 1978 BGB entsteht nicht (vgl. MüKo-InsO/*Siegmann* § 326 Rn. 5). Bei einer Tilgung aus eigenen Mitteln kann der Erbe den ihm zustehenden Erstattungsanspruch gem. § 1978 Abs. 3 BGB als Masseverbindlichkeit geltend machen. Hat er die Forderung jedoch aus Mitteln des Nachlasses getilgt, so steht ihm kein Erstattungsanspruch zu, da er selbst keinerlei Aufwendungen aus seinem eigenen Vermögen getätigt hat. Den bei der Befriedigung hingegebenen Wert braucht er demgemäß auch nicht zu ersetzen, da andernfalls die Insolvenzmasse auf seine Kosten bereichert wäre (vgl. *Jaeger/Weber* KO, § 225 Rn. 4).

10 Hat der Erbe bei Erfüllung der Nachlassverbindlichkeit jedoch zumindest fahrlässig verkannt, dass der Nachlass zur Tilgung der bestehenden Verbindlichkeiten nicht mehr ausreicht § 1979 BGB, so bleibt ihm der **Erstattungsanspruch** gem. § 1978 Abs. 3 BGB (zu den hieraus resultierenden Konsequenzen und weiteren Einzelheiten vgl. *Palandt/Weidlich* § 1979 BGB Rn. 3).

2. Ausschluss bei unbeschränkter Haftung

11 Als weiterer Ausschlussgrund für die in § 326 InsO normierte Legalzession kommt die unbeschränkte Haftung des Erben in Betracht (*Uhlenbruck/Lüer* InsO, § 326 Rn. 4). In diesem Fall steht dem Erben der auf §§ 1978 Abs. 3, 1979, BGB i.V.m. § 324 Abs. 1 Nr. 1 InsO gestützte Ersatzanspruch wegen des in § 2013 BGB verankerten **Verwirkungsgedankens** nicht zu. Die Gefahr der Bereicherung der Nachlassgläubiger besteht nicht, da der Schuldner in diesem Fall für den nun eingetretenen Ausfall ohnehin einstehen muss.

II. Einschränkung des Ausschlusses der Legalzession durch Abs. 3

12 Besteht die **unbeschränkte Haftung** nur **gegenüber einem einzelnen Gläubiger**, dann wird die Legalzession nicht vollständig ausgeschlossen. Der Erbe hat in diesem Fall die Möglichkeit gem. Abs. 3, die Forderung des Nachlassgläubigers dann geltend zu machen, wenn der Gläubiger selbst

von einer Verfolgung des Anspruchs absieht. Die vom Erben geltend gemachte Forderung ist daher bis zur Schlussverteilung als aufschiebend bedingt geltend zu machen. Der Erbe macht die Forderung als fremde geltend mit der Wirkung, dass ihm **Einreden aus der Person des Gläubigers** entgegengehalten werden können (vgl. *Jaeger/Weber* KO, § 225 Rn. 12 mit weiteren Einzelheiten zum Charakter des Erbengläubigerrechts).

§ 327 Nachrangige Verbindlichkeiten

(1) Im Rang nach den in § 39 bezeichneten Verbindlichkeiten und in folgender Rangfolge, bei gleichem Rang nach dem Verhältnis ihrer Beträge, werden erfüllt:
1. die Verbindlichkeiten gegenüber Pflichtteilsberechtigten;
2. die Verbindlichkeiten aus den vom Erblasser angeordneten Vermächtnissen und Auflagen.
3. (weggefallen).

(2) ¹Ein Vermächtnis, durch welches das Recht des Bedachten auf den Pflichtteil nach § 2307 des Bürgerlichen Gesetzbuchs ausgeschlossen wird, steht, soweit es den Pflichtteil nicht übersteigt, im Rang den Pflichtteilsrechten gleich. ²Hat der Erblasser durch Verfügung von Todes wegen angeordnet, dass ein Vermächtnis oder eine Auflage vor einem anderen Vermächtnis oder einer anderen Auflage erfüllt werden soll, so hat das Vermächtnis oder die Auflage den Vorrang.

(3) ¹Eine Verbindlichkeit, deren Gläubiger im Wege des Aufgebotsverfahrens ausgeschlossen ist oder nach § 1974 des Bürgerlichen Gesetzbuchs einem ausgeschlossenen Gläubiger gleichsteht, wird erst nach den in § 39 bezeichneten Verbindlichkeiten und, soweit sie zu den in Absatz 1 bezeichneten Verbindlichkeiten gehört, erst nach den Verbindlichkeiten erfüllt, mit denen sie ohne die Beschränkung gleichen Rang hätte. ²Im übrigen wird durch die Beschränkungen an der Rangordnung nichts geändert.

Übersicht

	Rdn.			Rdn.
A. **Zweck der Vorschrift**	1		3. Gleichstellung	8
B. **Die Verbindlichkeiten im Einzelnen**	3	III.	Nichtanwendbarkeit der Nrn. 1, 2 bei Beschwer des Erblassers selbst	9
I. Verbindlichkeiten gegenüber Pflichtteilsberechtigten gem. Nr. 1	3	IV.	Verbindlichkeiten gegenüber Erbersatzberechtigten	10
II. Verbindlichkeiten aus Vermächtnissen und Auflagen	6	C.	**Regelungsgehalt des Abs. 2**	11
1. Vermächtnisse	6	D.	**Regelungsgehalt des Abs. 3**	12
2. Auflagen	7	E.	**Aufrechnung**	13

Literatur:
Schindler Pflichtteil und (Nachlass-)Insolvenz, ZInsO 2007, 484.

A. Zweck der Vorschrift

Die Regelung des § 327 InsO definiert einen bestimmten Kreis von nachrangigen Forderungen. Die hier aufgeführten Forderungen werden in ihrem **Rangverhältnis** unter die in § 39 InsO genannten gestellt. In der **Forderungshierarchie** handelt es sich hierbei also um **minderberechtigte Forderungen**. Diese Regelung bezweckt die Sicherung der Befriedigung der Nachlassgläubiger. Es handelt sich bei den in § 327 InsO aufgeführten Forderungen um **nachrangige Insolvenzforderungen**. Sie werden dementsprechend erst nach allen anderen Forderungen befriedigt. Innerhalb der in § 327 InsO genannten Forderungen gilt der dort festgelegte Rang. Haben mehrere Forderungen den gleichen Rang, so werden sie nach dem Verhältnis ihrer Beträge zueinander erfüllt. 1

Infolge ihres Charakters als Insolvenzforderungen unterliegen sie der **Anmeldungs- und Prüfungspflicht**. Nach § 174 Abs. 3 InsO sind diese Forderungen jedoch nur anzumelden, sofern das Insolvenzgericht hierzu auffordert (vgl. MüKo-InsO/*Siegmann* § 327 Rn. 2). Dabei wird klargestellt, dass die Verbindlichkeiten gegenüber Pflichtteilsberechtigten sowie aus Vermächtnissen und Auflagen (Abs. 1 Nr. 1 und 2; früher § 226 Abs. 2 Nr. 4 und 5 KO) im Rang allen anderen Verbindlich- 2 keiten nachzuordnen sind, also auch den Verbindlichkeiten aus **Darlehen mit vertraglichem Nachrang** gem. § 39 Abs. 2 InsO. Die Gläubiger der in § 327 InsO aufgeführten Verbindlichkeiten sollen insoweit nicht besser stehen als der Erbe selbst. Zins- und Kostenforderungen nachrangiger Insolvenzgläubiger haben den gleichen Rang wie die entsprechenden Hauptforderungen § 39 Abs. 3 InsO.

B. Die Verbindlichkeiten im Einzelnen

I. Verbindlichkeiten gegenüber Pflichtteilsberechtigten gem. Nr. 1

3   Zunächst ist dabei auf den in § 2303 ff. BGB geregelten **Pflichtteilsanspruch** einzugehen. Sein Entstehungsgrund ist i.d.R. darin zu sehen, dass der insoweit Forderungsberechtigte durch die letztwillige Verfügung des Erblassers von jeglicher Erbfolge ausgenommen wurde, aber der diesem zustehende Pflichtteil nicht in den durch §§ 2333–2337 BGB markierten Grenzen zugleich entzogen wurde (*RG* RGZ 93, 193 [195]). Dem Pflichtteil im Range gleichgestellt ist der Anspruch aus einem Pflichtteilsvermächtnis gem. Abs. 2 Satz 1, da andernfalls der Vermächtnisnehmer zur Erlangung eines höheren Ranges gezwungen wäre, das Vermächtnis auszuschlagen (vgl. § 327 Abs. 1 Nr. 2 InsO).

4   Der schlechtere Rang des Pflichtteilsvermächtnisnehmers ist wegen der notwendigen Gleichstellung mit dem Pflichtteilsberechtigten nur auf den Betrag zu beziehen, welcher im Wert den Pflichtteil überschreitet. Denn die Gleichstellung erfolgt im Hinblick auf den dem Pflichtteilsberechtigten zustehenden Rang. Eine Gleichstellung mit diesem heißt aber zugleich, dass eine Besserstellung nicht zulässig ist. Denn wäre auch noch der restliche Wert dem gleichen Rang zugeordnet, so wäre hier nicht mehr von einer Gleichstellung die Rede, da der Pflichtteilsvermächtnisnehmer damit etwas erhielte, was dem Pflichtteilsberechtigten selbst gar nicht zusteht. Allgemein zur Erbenhaftung und Haftungsbeschränkung *App* DGVZ 1996, 136.

5   Die Ausgleichsforderung des überlebenden Ehegatten im gesetzlichen Güterstand der Zugewinngemeinschaft (§§ 1371 Abs. 2, 1373 ff. BGB) ist im Range dem Pflichtteilsanspruch nicht gleichzustellen (zum Begriff der Zugewinngemeinschaft und zur Abgrenzung gegenüber anderen Güterständen s. § 332 Rdn. 8 ff.; *Palandt/Brudermüller* Vor § 1363 BGB und § 1363 BGB). Die **Zugewinnausgleichsforderung** des überlebenden Ehegatten ist **als gewöhnliche Insolvenzforderung** zu behandeln (vgl. *Uhlenbruck/Lüer* InsO, § 327 Rn. 3). § 327 Abs. 1 Nr. 1 InsO findet auf diesen Anspruch weder direkte noch analoge Anwendung. Er steht den anderen Pflichtteilsansprüchen gleich (*BGH* NJW 1988, 136; für den **Pflichtteilsanspruch des nichtehelichen Kindes** galt bisher der Rang des § 327 Abs. 1 Nr. 1 InsO; ausführlicher hierzu s. Rdn. 10; zur erbrechtlichen Stellung des nichtehelichen Kindes vor der Neuregelung *Mack/Olbing* ZEV 1994, 280; zur jetzigen Rechtslage vgl. *Rauscher* ZEV 1998, 41).

II. Verbindlichkeiten aus Vermächtnissen und Auflagen

1. Vermächtnisse

6   Bei den **Vermächtnissen** ist eine Unterscheidung danach, ob sie durch letztwillige Verfügung oder kraft Gesetzes entstanden sind, nicht zulässig. Sie fallen unabhängig vom Entstehungsgrund unter die Regelung der Nr. 2. Bei dem gesetzlichen Unterhaltsanspruch der Mutter gem. § 1963 Abs. 2 BGB handelt es sich nicht um eine Vermächtnisforderung, sondern um eine vollberechtigte Insolvenzforderung (zur Parallele in der Konkursordnung *Kilger/Karsten Schmidt* KO, § 226 Rn. 3e; zur Berechtigung der Erbenhaftung für den Geschiedenenunterhalt *Roessink* FamRZ 1990, 924).

2. Auflagen

7   Bei **Auflagen** nimmt derjenige die Stellung des Insolvenzgläubigers ein, der auf ihre Vollziehung klagen kann. Nicht maßgeblich ist demnach, wer danach der Begünstigte sein soll (vgl. *Kilger/Karsten Schmidt* KO, § 226 Rn. 3e). Legt der Erblasser jedoch per letztwilliger Verfügung eine bestimmte Rangfolge fest, welche klarstellt, in welcher Reihenfolge die Forderungen befriedigt werden sollen,

so hat diese Entscheidung des Erblassers gegenüber der geltenden gesetzlichen Bestimmung den Vorrang (§ 327 Abs. 2 Satz 2 InsO).

3. Gleichstellung

Unter den gleichen Rang ist auch das Recht des Ehegatten auf den **Voraus** gem. § 1932 ff. BGB (die zum ehelichen Haushalt gehörenden Gegenstände, Hochzeitsgeschenke) und das **Recht des Dreißigsten** gem. § 1969 BGB (Unterhaltsgewährung; Benutzung der Wohnung für die ersten dreißig Tage nach Eintritt des Erbfalls) zu stellen. 8

III. Nichtanwendbarkeit der Nrn. 1, 2 bei Beschwer des Erblassers selbst

Nicht durch die Nr. 1 und Nr. 2 erfasst sind diejenigen Pflichtteilsansprüche und Vermächtnisse, mit denen der **Erblasser beschwert** war. Diese sind vollberechtigte Forderungen des Nachlassinsolvenzverfahrens (vgl. *Uhlenbruck/Lüer* InsO, § 327 Rn. 4). 9

IV. Verbindlichkeiten gegenüber Erbersatzberechtigten

Für das nichteheliche Kind gelten aufgrund des Erbrechtsgleichstellungsgesetzes die gleichen Regelungen wie für eheliche Kinder, so dass § 327 Abs. 1 Satz 1 ohne Weiteres Anwendung findet (A/G/R-*Ringsmeier* § 327 InsO Rn. 3). 10

C. Regelungsgehalt des Abs. 2

§ 327 Abs. 2 Satz 1 InsO stellt das **Pflichtteilsvermächtnis** dem Pflichtteilsanspruch gleich, da ansonsten der Vermächtnisnehmer das Vermächtnis ausschlagen muss, um in den Genuss eines höheren Ranges zu kommen. Das Pflichtteilsvermächtnis ist aber nur bis zur Höhe des Pflichtteils diesem im Range gleichgestellt. Der über diesen Betrag hinausgehende Teil muss dagegen als Vermächtnis mit dem entsprechenden Rang behandelt werden, da ansonsten dem Vermächtnisnehmer, dem an sich nur eine Gleichstellung zusteht, ein darüber hinausgehendes Recht gewährt würde (vgl. hierzu schon Rdn. 4; *Uhlenbruck/Lüer* InsO, § 327 Rn. 5). Satz 2 der Vorschrift stellt klar, dass eine durch letztwillige Verfügung festgelegt Rangfolge gegenüber der durch das Nachlassinsolvenzverfahren niedergelegten den Vorrang haben soll (§ 2189 BGB). 11

D. Regelungsgehalt des Abs. 3

Beruht die Forderung eines Gläubigers auf einem gem. §§ 1970 ff. BGB i.V.m. §§ 946 ff., 989 ff. ZPO im Wege des Aufgebotsverfahrens ausgeschlossenen Recht, so ist diese Forderung erst nach den in § 39 InsO genannten zu befriedigen. Besteht diese Forderung in einem in Abs. 1 genannten Recht, so geht dieses Recht denjenigen nach, mit denen es ohne die Beschränkung den gleichen Rang hätte. Es ist den in Nrn. 1–3 genannten Ansprüchen gegenüber also nachrangig zu befriedigen. Die Rechtfertigung dieser Erwägung ergibt sich daraus, dass es sich hierbei ohnehin schon um ein nachrangiges Recht handelt, welches zusätzlich noch einer Belastung unterliegt. Von dem Aufgebotsverfahren und damit von der Unterordnung werden zwar die Pflichtteile, Vermächtnisse und Auflagen gem. § 1972 BGB nicht betroffen, jedoch stellt § 1974 BGB diese Forderungen den ausgeschlossenen gleich (vgl. zum Vorstehenden auch *Uhlenbruck/Lüer* InsO, § 327 Rn. 6). 12

E. Aufrechnung

Dass unter den Voraussetzungen der §§ 94 ff. InsO die Aufrechnung von nach § 327 InsO minderberechtigten Insolvenzforderungen gegen Nachlassforderungen möglich ist, ist grundsätzlich anerkannt (vgl. *Jaeger/Weber* KO §§ 226, 227 Rn. 42; *Uhlenbruck/Lüer* InsO, § 327 Rn. 7 m.w.N.). Umstritten ist hingegen, ob dies für sämtliche in § 327 InsO aufgeführte minderberechtigte Forderungen Geltung haben soll (vgl. *Kuhn/Uhlenbruck* KO, § 226 Rn. 14). Unabhängig hiervon ist jedenfalls bei Vorliegen der Voraussetzungen der §§ 1971 Abs. 1 Satz 1, 1990 Abs. 1 Satz 1, 1991 13

Abs. 4, 1992 BGB eine Aufrechnung mangels Aufrechnungslage nicht mehr möglich (vgl. *Jaeger/Weber* KO, §§ 226, 227 Rn. 42).

§ 328 Zurückgewährte Gegenstände

(1) Was infolge der Anfechtung einer vom Erblasser oder ihm gegenüber vorgenommenen Rechtshandlung zur Insolvenzmasse zurückgewährt wird, darf nicht zur Erfüllung der in § 327 Abs. 1 bezeichneten Verbindlichkeiten verwendet werden.

(2) Was der Erbe auf Grund der §§ 1978 bis 1980 des Bürgerlichen Gesetzbuchs zur Masse zu ersetzen hat, kann von den Gläubigern, die im Wege des Aufgebotsverfahrens ausgeschlossen sind oder nach § 1974 des Bürgerlichen Gesetzbuchs einem ausgeschlossenen Gläubiger gleichstehen, nur insoweit beansprucht werden, als der Erbe auch nach den Vorschriften über die Herausgabe einer ungerechtfertigten Bereicherung ersatzpflichtig wäre.

Übersicht

	Rdn.		Rdn.
A. Zweck der Vorschrift	1	C. Regelungsgehalt des Abs. 2	5
B. Regelungsgehalt des Abs. 1	2		

A. Zweck der Vorschrift

1 Die Ansprüche der schon durch die Regelung des § 327 Abs. 1 InsO **minderberechtigten Insolvenzgläubiger** werden durch die Vorschrift des § 328 InsO **noch weiter zurückgesetzt**. Dies erfolgt durch eine Einschränkung dahingehend, dass das Zugriffsrecht der Pflichtteilsberechtigten, Vermächtnisnehmer und Auflagenberechtigten auf die durch § 328 InsO definierte Masse beschränkt wird. Zum einen wird dies – gem. Abs. 1 der Vorschrift – durch einen gänzlichen Ausschluss des Zugriffs bewirkt, zum anderen durch die Erschwernis des Abs. 2.

B. Regelungsgehalt des Abs. 1

2 Die in § 328 Abs. 1 InsO enthaltene Regelung zielt auf den **Schutz der »Altgläubiger«** ab, die bereits zum Zeitpunkt der Vornahme der anfechtbaren Handlung Ansprüche gegen den Erblasser hatten. Denn ohne diese Vorschrift würden diese Vermögenswerte einfach in die Masse fallen und dem Zugriff der hieran Berechtigten unterliegen. Diejenigen, die jedoch erst durch den Todesfall einen Anspruch gegen den Erben oder damit gegen die Masse erworben haben, namentlich die Pflichtteilsberechtigten, Vermächtnisnehmer oder Auflagenberechtigten, würden hierdurch ungerechtfertigt begünstigt. § 328 InsO legt das Zugriffsrecht – entsprechend der Forderungsentstehung – allein in die Hand der »Altgläubiger« (so auch MüKo-InsO/*Siegmann* § 328 Rn. 1 unter Hinweis auf den insoweit verfehlten Verweis in § 328 InsO). Damit ist die Möglichkeit der Befriedigung der zurückgesetzten Gläubiger aus diesem Teil der Vermögensmasse gänzlich ausgeschlossen (vgl. *Jaeger/Weber* KO, § 228 Rn. 1). Die Konsequenz der Anfechtung bedarf im Hinblick darauf einer Korrektur. Ist der Erlös verteilt und verbleibt sogar ein **Überschuss**, so ist dieser dem Anfechtungsgegner zurückzuerstatten (MüKo-InsO/*Siegmann* § 328 Rn. 3; A/G/R-*Ringstmeier* § 328 InsO Rn. 2).

3 Der Anfechtungsgegner kann bereits im Anfechtungsprozess den Einwand erheben, dass eine vollständige Rückgewähr nicht erforderlich ist. Es obliegt dem Insolvenzverwalter, diesen Einwand zu entkräften. Denn seine Aufgabe ist es, die Gläubigerbenachteiligung und die sie begründenden Tatsachen nachzuweisen (vgl. *BGH* NZI 1999, 114). Insoweit bleibt der Insolvenzverwalter beweisbelastet.

4 Das Anfechtungsrecht bezieht sich jedoch nur auf Rechtsgeschäfte, die eine Benachteiligung der Nachlassgläubiger zur Folge haben. Ausgeschlossen ist die Anwendung des § 328 InsO insoweit, als es sich lediglich um die Beseitigung von Willensmängeln gem. §§ 119 ff. BGB bei Vornahme des Rechtsgeschäfts handelt. Dasselbe gilt auch im Falle des Erbenhandelns und bei Handlungen eines Erbenvertreters (*Jaeger/Weber* KO, § 228 Rn. 2).

C. Regelungsgehalt des Abs. 2

§ 328 Abs. 2 InsO gewährt den Gläubigern, die im Wege des Aufgebotsverfahrens ausgeschlossen wurden, lediglich einen Anspruch, soweit der Erbe über die Vorschriften der Herausgabe einer **ungerechtfertigten Bereicherung** (§ 812 ff. BGB) ersatzpflichtig wäre. 5

Als Ersatzansprüche gegen den Erben kommen die in Abs. 2 genannten in Betracht. Das können zum einen diejenigen sein, die daraus erwachsen, dass der Erbe durch **sorgfaltswidrige Geschäftsführung i.S.d. § 1978 BGB** einen Schaden verursacht hat. Zum anderen kommt hier der Schaden in Betracht, den der Erbe der Masse dadurch zufügt, dass er mit dem Nachlassvermögen Verbindlichkeiten befriedigt, ohne dass § 1979 BGB auf diesen Fall Anwendung findet, er also nicht annehmen durfte, dass der Nachlass zur Befriedigung dieser Forderungen ausreicht. Ferner kann der Erbe zum Ersatz desjenigen Schadens verpflichtet sein, der sich aus der nicht rechtzeitigen Insolvenzantragstellung ergibt (zu den weiteren Einzelheiten und Voraussetzungen vgl. *Uhlenbruck/Lüer* InsO, § 328 Rn. 3). Die Inanspruchnahme des Erben rechtfertigt sich aus der ihn begünstigenden beschränkten Erbenhaftung (§ 1975 BGB). Hier können die Nachlassgläubiger wenigstens erwarten, dass die einzige Haftungsmasse – der Nachlass – möglichst unvermindert erhalten bleibt (*Palandt/Weidlich* § 1978 BGB Rn. 1). 6

Hinzu treten mögliche Ansprüche aus einer **fehlerhaften Berichtigung von Nachlassverbindlichkeiten i.S.d. § 1979 BGB**. Gleiches gilt für den Anspruch gegen den Erben aufgrund nicht rechtzeitiger Stellung des Antrags auf Eröffnung des Nachlassinsolvenzverfahrens gem. § 1980 BGB. 7

Die Rechtfertigung für diesen Anspruch ist darin zu sehen, dass eine **einheitliche Haftungslage** im Hinblick auf die materiell-rechtliche Rechtslage geschaffen werden soll (A/G/R-*Ringstmeier* § 328 InsO Rn. 5). Denn hiernach haftet der beschränkt haftende Erbe den durch das Aufgebotsverfahren ausgeschlossenen Nachlassgläubigern gem. § 1973 Abs. 2 Satz 1 BGB nur nach den §§ 812 ff. BGB. Um diese Haftungslage auch im Nachlassinsolvenzverfahren zu erreichen, beschränkt § 328 Abs. 2 InsO den Anspruch der ausgeschlossenen oder diesen gleichstehenden Gläubiger. Diese Einschränkung verliert jedoch ihre Berechtigung, wenn eine Beschränkung der Erbenhaftung nicht mehr besteht, § 2013 BGB. Denn bei unbeschränkter Erbenhaftung soll dem Erben auch der Vorteil einer eingeschränkten Ersatzpflicht gem. § 1973 Abs. 2 Satz 1 BGB nicht zu Gute kommen. 8

§ 329 Nacherbfolge

Die §§ 323, 324 Abs. 1 Nr. 1 und § 326 Abs. 2, 3 gelten für den Vorerben auch nach dem Eintritt der Nacherbfolge.

Übersicht	Rdn.		Rdn.
A. Zweck der Regelung 1		B. Einzelheiten 4	

A. Zweck der Regelung

Dem Erblasser steht es frei, durch Erbvertrag oder Testament eine besondere Reihenfolge für die Erbenstellung festzulegen. Insbesondere ist es ihm möglich, jemanden als Erben zu bestimmen, nachdem jemand anderes zuvor Erbe gewesen ist (vgl. § 2100 BGB). Für eine solche Erbeinsetzung ist eine entsprechende ausdrückliche Festlegung einer Vor- und Nacherbschaft nicht erforderlich. Von einer solchen Nacherbschaft ist – ggf. durch Auslegung – vielmehr bereits dann auszugehen, wenn der Erblasser etwa ein Verbot statuiert, den Nachlassgrundbesitz an andere als die Abkömmlinge der Söhne zu »übergeben« (so in der Entscheidung des *BayObLG* FamRZ 1986, 608). Man spricht dann von **Vor- und Nacherbschaft**. Für diese Sonderform der Erbschaft ist kennzeichnend, dass der Erbfall neben der Vorerbschaft für den einen zugleich einen Voranfall der Nacherbschaft für den anderen bewirkt; Vor- und Nacherbe sind also – abgesehen von dem zeitlichen Aufeinanderfolgen des Erbeintritts – beide »vollwertige« Erben (*Palandt/Weidlich* § 2100 BGB Rn. 1 ff.; zur Vor- und Nacherbschaft in einen Gesellschaftsanteil *Michalski* DB 1987, Beil. 16; vertiefend zur mög- 1 lichen Absprachen zwischen Vor- und Nacherben zur Beseitigung der Nacherbschaft, *Mayer* ZEV 1996, 104).

2   Dabei folgt die zeitliche Reihenfolge des Nachrückens allein dem Belieben und damit der Entscheidungsbefugnis des Erblassers (*BGH* BGHZ 15, 199; *Hess* InsO, § 329 Rn. 4; *ders.* KO, § 231 Rn. 2; *Erman-Schmidt* BGB, § 2100 Rn. 1 ff.). Der Erblasser erhält so die Möglichkeit, die Erbenstellung zu steuern, indem er einen Erben benennt, jedoch dessen Erben nicht in den Genuss des Vermögens des ursprünglichen Erblassers kommen (*Palandt/Weidlich* Einf. v. § 2100 Rn. 1).

3   Mit dem Nacherbfall rückt der Nacherbe in die Erbenstellung ein, § 2139 BGB; er erwirbt den Nachlass als Gesamtrechtsnachfolger des Erblassers und mit dinglicher Wirkung kraft Gesetzes (§ 1922 BGB). Der Nacherbe rückt dann in die Stellung des Vorerben, sofern er nicht die Erbschaft ausschlägt (§ 2142 BGB). Ebenso endet die Schuldnerstellung des Vorerben. Auch in diese Stellung rückt der Nacherbe ein. Mit diesem Wechsel gehen alle damit verbundenen Verbindlichkeiten und Rechte auf den Nacherben über. Diesem steht nun uneingeschränkt das Antrags-, Beschwerde-, Bestreitungs- und Vorschlagsrecht zu. Die neue Erbenstellung erlangt der Nacherbe auch ohne Kenntnis hiervon.

B. Einzelheiten

4   Besonderes Augenmerk ist auf den Fall zu richten, in dem der **Nacherbfall während des laufenden Nachlassinsolvenzverfahrens** eintritt. Der Nacherbe tritt nun in die Rechtsstellung des Vorerben, also in die Schuldnerstellung ein und zwar in dem Stadium, in welchem sich das Verfahren gerade befindet. **Versäumnisse des Vorerben** hat der Nacherbe nun gegen sich gelten zu lassen. Dies gilt z.B. auch für den Fall der Versäumung einer Beschwerdefrist (vgl. *Uhlenbruck/Lüer* InsO, § 329 Rn. 1).

5   Anders ist jedoch zu entscheiden, wenn der Vorerbe es unterlassen hat, einen **Widerspruch gegen eine angemeldete Forderung** (§ 178 InsO) einzulegen. Denn ebenso wenig, wie ein gegen den Vorerben ergangenes Urteil gegen den Nacherben Wirkungen entfalten kann (§ 326 Abs. 1 ZPO), wirkt die einem rechtskräftigen Urteil gleichstehende Feststellung einer Forderung im Prüfungstermin, wenn der Vorerbe keinen Widerspruch erhoben hatte, gegen den Nacherben (vgl. *Uhlenbruck/Lüer* InsO, § 329 Rn. 1; MüKo-InsO/*Siegmann* § 329 Rn. 3; im Rahmen der Konkursordnung *Jaeger/Weber* KO, § 231 Rn. 1). Auch § 2115 BGB gibt keinen Anlass für eine gegenteilige Auffassung, da der dort geregelte Fall die Verfügung des Vorerben über Nachlassgegenstände betrifft.

6   Der ausscheidende Vorerbe kann die ihm zustehenden **Gläubigerrechte** so geltend machen, wie er sie bereits erworben hatte (§§ 323, 324 Abs. 1 Nr. 1 und § 326 Abs. 2, 3 InsO). Ihm steht also ein Anspruch zu, der eigentlich nur dem Erben zugesprochen werden kann. Gegen diesen Anspruch lassen sich zwar wegen § 2139 BGB systematische Einwände erheben, da gerade durch den Eintritt des Nacherbfalles der Vorerbe aus seiner Rechtsstellung verdrängt wird. Man müsste jetzt – unbedacht der Vorschrift des § 329 InsO – über eine analoge Anwendung versuchen, diesem Problem gerecht zu werden. Jedoch räumt § 329 InsO gerade diese Zweifel beiseite, indem er dem Vorerben durch die Anwendbarkeit der im Gesetzestext zitierten Vorschriften diese Ansprüche auch weiterhin zubilligt. Im Gegenzug ist dem Vorerben jedoch auch das dort erwähnte Zurückbehaltungsrecht versagt. Sein aus § 326 Abs. 2 InsO resultierendes Recht zur Geltendmachung der Forderung des befriedigten Gläubigers im Wege der Legalzession bleibt ebenfalls bestehen (vgl. *Uhlenbruck/Lüer* InsO, § 329 Rn. 2). Es gelten aber die dort erwähnten Einschränkungen, die einen solchen Anspruch ausschließen. Also der Fall der unbeschränkten Haftung und eine Erfüllung für Rechnung des Nachlasses.

7   § 2143 BGB ordnet zusätzlich an, dass die Wirkungen der mit dem Erbfall eingetretenen **Vereinigung von Recht und Verbindlichkeit**, die regelmäßig ein Erlöschen dieser Rechte nach sich ziehen, gerade nicht eingreifen. Der Erbe darf also die ihm gegen den Erblasser zustehenden Rechte, die also bereits vor dem Erbfall begründet wurden, im Nachlassinsolvenzverfahren wie jeder andere Dritte auch geltend machen. Er ist hierbei nicht erst auf § 326 InsO angewiesen. Dies bedurfte, da es sich um bei der Geltendmachung dieser Ansprüche um die logische Konsequenz aus dem materiellen Recht handelt, keiner Erwähnung in § 329 InsO.

Wird das **Nachlassinsolvenzverfahren erst nach Eintritt des Nacherbfalles** eröffnet, so ist nur der Nacherbe in der vollen Schuldnerstellung. Jedoch können Rechtshandlungen des Vorerben als solche des Schuldners angesehen werden, um sie der Anfechtbarkeit nach den Vorschriften der Insolvenzordnung zu unterwerfen (A/G/R-*Ringstmeier* § 329 InsO Rn. 3; HambK-InsO/*Böhm* § 329 Rn. 2). 8

§ 330 Erbschaftskauf

(1) Hat der Erbe die Erbschaft verkauft, so tritt für das Insolvenzverfahren der Käufer an seine Stelle.

(2) ¹Der Erbe ist wegen einer Nachlassverbindlichkeit, die im Verhältnis zwischen ihm und dem Käufer diesem zur Last fällt, wie ein Nachlassgläubiger zum Antrag auf Eröffnung des Verfahrens berechtigt. ²Das gleiche Recht steht ihm auch wegen einer anderen Nachlassverbindlichkeit zu, es sei denn, dass er unbeschränkt haftet oder dass eine Nachlassverwaltung angeordnet ist. ³Die §§ 323, 324 Abs. 1 Nr. 1 und § 326 gelten für den Erben auch nach dem Verkauf der Erbschaft.

(3) Die Absätze 1 und 2 gelten entsprechend für den Fall, dass jemand eine durch Vertrag erworbene Erbschaft verkauft oder sich in sonstiger Weise zur Veräußerung einer ihm angefallenen oder anderweitig von ihm erworbenen Erbschaft verpflichtet hat.

Übersicht	Rdn.		Rdn.
A. Anwendungsbereich	1	C. Regelungsgehalt des Abs. 2	7
B. Regelungsgehalt des Abs. 1	2	D. Regelungsgehalt des Abs. 3	11

A. Anwendungsbereich

Soweit § 330 InsO den Begriff des Erbschaftskaufs verwendet, wird unausgesprochen auf die materiell-rechtliche Begriffsprägung des § 2371 BGB zurückgegriffen. Insoweit ist – nicht anders als im materiellen Recht – § 330 InsO nur einschlägig, soweit die **ganze Erbschaft** durch notariellen Vertrag wirksam, also insbesondere unter Wahrung der Form des § 2371 BGB (*BGH* NJW 1965, 862), veräußert wird (vgl. *BGH* NJW 1967, 1128 [1131]; *OLG Köln* ZIP 2000, 627). Der Verkauf einzelner Nachlassgegenstände löst die in § 330 InsO vorgesehene gesetzliche Gesamtrechtsnachfolge nicht aus (*BGH* NJW 1965, 862). Die Rechtsnachfolge des § 330 InsO bezieht sich nur auf den Nachlass, was sich schon aus der Überlegung ergibt, dass mit dem Erbschaftskauf allein die Gesamtheit der Erblassgegenstände oder Vermögenswerte, nicht aber die Erbenstellung als solche übertragen werden kann. Kurz: der Erbschaftskauf macht den Käufer nicht zum Erben, sondern gibt ihm nur den Anspruch, wirtschaftlich so gestellt zu werden, als ob er an Stelle des Verkäufers sei (MüKo-InsO/*Siegmann* § 330 Rn. 4; *Palandt*/*Weidlich* § 2371 BGB Rn. 4). Es ist demnach ein **Fall der »beschränkten Gesamtrechtsnachfolge«**, die sich nur auf den durch den Erbfall erworbenen Teil des Vermögens des Erben bezieht. Eine Verfügung über das Erbrecht ist dem Erben jedoch nicht möglich. Unerheblich ist dabei, ob er einen Bruchteil oder gleich die ganze Erbschaft veräußert. Auch der Umstand, dass die Veräußerung der Erbschaft durch den Nachlassinsolvenzverwalter erfolgt, führt nicht zum Übergang der Erbschaft als solcher (vgl. zu dem Ganzen ausführlich *Jaeger/Weber* KO, §§ 232, 233 Rn. 3). 1

B. Regelungsgehalt des Abs. 1

Bliebe jedoch die Stellung des Erben völlig unberührt, so wäre er, obwohl er bzgl. des Nachlasses Nichteigentümer ist, der Schuldner. Diese Position überträgt § 330 Abs. 1 InsO indes auf den Erwerber des Nachlasses. Der Regelungsgehalt dieser Vorschrift entspricht zweifelsohne der Interessenlage der Parteien. Die Übertragung der Erbenstellung hat für den Erwerber den Sinn, dass dadurch seine **Haftung auf den Nachlass beschränkt** wird. Im Hinblick auf die bestehenden Nachlassverbindlichkeiten ist dies von großem Wert für ihn, da er ansonsten für diese Verbindlichkeiten mit seinem 2

Privatvermögen haften müsste. Der Erwerber tritt damit also vollständig in die Rechtsposition ein, die vorher dem Erben zustand. Er wird damit jedoch nach wie vor nicht zum Erben. Ihm stehen lediglich die Befugnisse zu, die an diese Position geknüpft sind (s. *OLG München* JFG 14, 65; A/G/R-*Ringstmeier* § 330 InsO Rn. 2; HambK-InsO/*Böhm* § 330 Rn. 2).

3 Anders verhält es sich jedoch beim **Miterben**. Dieser kann kraft öffentlich beurkundeten Vertrages über seinen Anteil am Nachlass mit dinglicher Wirkung verfügen (§ 2033 BGB). Über den Erbteil als Ganzen kann jedoch wiederum nur mit den anderen Miterben gemeinschaftlich verfügt werden.

4 Regelmäßig wird die Veräußerung der Erbschaft jedoch vor der Eröffnung des Nachlassinsolvenzverfahrens erfolgen. Denn es wird wohl nur selten jemand ein Interesse am Erwerb eines überschuldeten oder zahlungsunfähigen Nachlasses haben. Jedoch ist durch die nun erweiterten Eröffnungsgründe eine erfolgreiche Veräußerung bei schon drohender Zahlungsunfähigkeit nicht mehr so unwahrscheinlich. Es bleibt abzuwarten sein, wie sich im Hinblick darauf die **Erfolgsaussichten des Erbschaftsverkaufs** entwickeln werden (vgl. zu den Eröffnungsgründen § 320 Rdn. 1 ff.).

5 Erfolgt die Veräußerung der Erbschaft gem. § 2371 BGB durch notariellen Vertrag, so bestimmt § 2382 BGB für die Haftung des Erbschaftskäufers, dass dieser – ausgehend vom Zeitpunkt des Vertragsschlusses – den Nachlassgläubigern gegenüber für die Nachlassverbindlichkeiten haftet. Ob die Haftung den Gläubigern gegenüber beschränkt oder unbeschränkt ist, richtet sich danach, in welchem Zustand der vorherige Schuldner die Erbenstellung verlassen hat. Es ist also an die **vorherige Haftungslage** anzuknüpfen (vgl. *Uhlenbruck/Lüer* InsO, § 330 Rn. 2; *Hess* InsO, § 330 Rn. 3). Diese Haftung bezieht sich auf sämtliche Nachlassverbindlichkeiten (*RG* RGZ 112, 129). Sollte die Veräußerung des Nachlasses durch Erbschaftskauf nicht notariell beurkundet worden sein, so ist der Erbschaftskauf unwirksam – mit der fatalen Konsequenz, dass der vermeintliche Erbschaftskäufer nicht zu einem Antrag auf Eröffnung des Insolvenzverfahrens über den Nachlass gem. § 317 Abs. 1, § 330 Abs. 1 InsO berechtigt ist (*OLG Köln* ZIP 2000, 627 [628]).

6 Materiell-rechtlich gesehen tritt der Erwerber mit dem Erbschaftskauf, im Hinblick auf die Haftung, **gesamtschuldnerisch** (§§ 421 ff. BGB) neben den Erben (*Palandt/Weidlich* § 2382 Rn. 1). Die Haftungslage im nachfolgenden Nachlassinsolvenzverfahren wird zuungunsten des Erwerbers auf ihn verlagert. Zu seinen Gunsten besteht jedoch die mit dem Eintritt in diese Rechtsposition verbundene Haftungsbeschränkung noch fort. Vorausgesetzt, sie ist nicht durch ein Fehlverhalten des Erben bereits aufgehoben worden.

C. Regelungsgehalt des Abs. 2

7 Mit diesem **Wechsel der Rechtszuständigkeit** tritt auch eine insolvenzverfahrensrechtliche Beschränkung der Befugnisse des Erben ein. So ist dieser etwa – trotz seiner Erbenstellung – gem. § 317 InsO nicht mehr befugt, die Eröffnung des Insolvenzverfahrens zu beantragen. Seine Berechtigung zur Antragstellung – insbesondere im Hinblick auf den Eröffnungsgrund der drohenden Zahlungsunfähigkeit – ist jetzt auf den Erwerber übergegangen. Hiervon unberührt bleibt jedoch das Recht des Erben als Nachlassgläubiger die Eröffnung des Verfahrens gem. § 330 Abs. 2 InsO zu beantragen (HambK-InsO/*Böhm* § 330 Rn. 3). Dies gilt jedoch nur, wenn die Verbindlichkeit zwischen dem Erben und dem Erwerber diesem zur Last fällt. Nach § 2378 BGB fallen dem Erwerber im Verhältnis zum Veräußerer die Nachlassverbindlichkeiten zur Last, soweit nicht der Erbe gem. § 2376 BGB dafür zu haften hat, dass sie nicht bestehen. Dies gilt unabhängig davon, ob er für diese Verbindlichkeiten beschränkt oder unbeschränkt haftet.

8 Für den Nachlassverkäufer gilt die gleiche **Antragsfrist** gem. § 319 InsO wie für die übrigen Nachlassgläubiger.

9 Auch in dem Fall, dass der Erbe wegen einer Nachlassverbindlichkeit, für die der Käufer ihm gegenüber nicht auf Erfüllung haftet (§§ 2376, 2379 Satz 2 BGB – gemeint sind insbesondere Pflichtteilsansprüche, Vermächtnisse und Auflagen), nicht Gläubiger des Käufers ist, kann er die Eröffnung des Verfahrens beantragen (vgl. *Uhlenbruck/Lüer* InsO, § 330 Rn. 6). Dies beruht auf der Erwägung,

dass es ihm möglich bleiben muss, durch den Antrag auf Eröffnung des Verfahrens seine Haftungsbeschränkung zu erreichen. Im Falle der unbeschränkten Haftung gegenüber den Nachlassgläubigern ist ihm das Antragsrecht jedoch verwehrt. Auf das **Antragsrecht** kann im Übrigen verzichtet werden, wenn die Nachlassverwaltung angeordnet ist. Denn in diesem Fall ist die Haftungsbeschränkung bereits gem. § 1975 BGB erreicht.

Im Hinblick auf § 330 Abs. 2 Satz 3 InsO kann auf die Kommentierung zu § 329 InsO verwiesen werden. 10

D. Regelungsgehalt des Abs. 3

Dem in § 330 Abs. 1 InsO geregelten Fall des Erbschaftskaufs steht nach Abs. 3 der Vorschrift der Fall gleich, dass sich der Erbe statt durch Kaufvertrag durch ein **anderes schuldrechtliches Geschäft** wie z.B. der Schenkung zur Übertragung der Erbschaft an einen anderen verpflichtet. Diese Vorschrift findet ihr materielles Gegenstück in § 2385 BGB, der die Weiterveräußerung der Erbschaft durch Weiterverkauf, Tausch, Schenkung oder ähnliche Verträge dem Erbschaftsverkauf gleichstellt. Ausgehend von § 2385 Abs. 1 BGB ist aber auch für einen derartigen Vertrag die für den Erbschaftskauf geltende Bestimmung des § 2371 BGB anzuwenden, so dass dieser nur wirksam ist, wenn er notariell beurkundet ist. Ein bestehender Formmangel wird hierbei auch nicht durch die gleichzeitige oder nachträgliche Erfüllung in Gestalt der Übertragung aller zum Nachlass gehörender Gegenstände geheilt (*OLG Köln* ZIP 2000, 627 f.). Ebenfalls unter § 330 Abs. 3 InsO fällt ein Vertrag, durch den ein zunächst abgeschlossener Erbschaftsverkauf nachträglich rückgängig gemacht wird (vgl. *Hess* InsO, § 330 Rn. 13; *Uhlenbruck/Lüer* InsO, § 330 Rn. 8; für die Konkursordnung *Hess* KO). 11

Durch diese Vorschrift wird eine der materiellen Rechtslage entsprechende **verfahrensrechtliche Gleichstellung** erreicht. Der Erwerber tritt daher in die Stellung des Erben ein. Außer im Falle des arglistigen Verschweigens hat jedoch der Schenker nicht dafür einzustehen, dass der Nachlass mit Pflichtteilsrechten, Vermächtnissen und Auflagen beschwert ist. Der Beschenkte hat dann im Verhältnis zum Schenker die Nachlassverbindlichkeiten zu tragen. Auswirkungen hat dies im Verhältnis zu Abs. 2 (vgl. zur Parallelproblematik unter der Konkursordnung *Kuhn/Uhlenbruck* KO, § 233 Rn. 2). Dies gilt jedoch nicht, wenn ein Fall der arglistigen Täuschung vorliegt. 12

§ 331 Gleichzeitige Insolvenz des Erben

(1) Im Insolvenzverfahren über das Vermögen des Erben gelten, wenn auch über den Nachlass das Insolvenzverfahren eröffnet oder wenn eine Nachlassverwaltung angeordnet ist, die §§ 52, 190, 192, 198, 237 Absatz 1 Satz 2 entsprechend für Nachlassgläubiger, denen gegenüber der Erbe unbeschränkt haftet.

(2) ¹Gleiches gilt, wenn ein Ehegatte der Erbe ist und der Nachlass zum Gesamtgut gehört, das vom anderen Ehegatten allein verwaltet wird, auch im Insolvenzverfahren über das Vermögen des anderen Ehegatten und, wenn das Gesamtgut von den Ehegatten gemeinschaftlich verwaltet wird, auch im Insolvenzverfahren über das Gesamtgut und im Insolvenzverfahren über das sonstige Vermögen des Ehegatten, der nicht Erbe ist. ²Satz 1 gilt für Lebenspartner entsprechend.

Übersicht	Rdn.		Rdn.
A. Allgemeines	1	V. Erbenhaftung nach Beendigung des Nachlassinsolvenzverfahrens	15
B. **Regelungsgehalt des Abs. 1**	5	1. Nachtragsverteilung	16
I. Fall der Gesamtinsolvenz	5	2. Haftung des Erben bei Einstellung des Verfahrens nach Zustimmung der Gläubiger	17
II. Gesamtinsolvenz und Nachlassinsolvenz	6	3. Erschöpfungseinrede des Erben	18
III. Haftungsbeschränkung des Erben im Gesamtinsolvenzverfahren	7	C. **Regelungsgehalt des Abs. 2**	19
IV. Das Ausfallprinzip und seine Abwicklung	12		

§ 331 InsO Gleichzeitige Insolvenz des Erben

Literatur:
Smid/Fehl Recht und Pluralismus, FS Pawlowski, Berlin 1997; *Vallender* Doppelinsolvenz: Erben- und Nachlassinsolvenz, NZI 2005, 318.

A. Allgemeines

1 Grds. ist zwischen den Vermögensmassen Eigenvermögen und Nachlass zu trennen (vgl. Vor §§ 315 ff. Rdn. 4). Zwar wird im Wege der Universalsukzession gem. § 1922 BGB der Erbe Eigentümer beider Vermögensmassen, jedoch wird er, vor allem wenn der Nachlass mit hohen Verbindlichkeiten belastet ist, ein Interesse daran haben, die **beiden Massen voneinander zu trennen**.

2 Durch die Eröffnung des Insolvenzverfahrens wird das jeweilige Vermögen unter den insolvenzrechtlichen Beschlag genommen. Dementsprechend bestimmt § 80 Abs. 1 Satz 1 InsO, dass der Schuldner durch die Verfahrenseröffnung das Verfügungs- und Verwaltungsrecht über die Insolvenzmasse an den Insolvenzverwalter verliert. Der **insolvenzrechtliche Beschlag** ist dabei auf die jeweilige Vermögensmasse beschränkt (vgl. hierzu auch *Bornemann* §§ 35, 36).

3 Damit kommt der Verfahrenseröffnung eine **separierende Wirkung** zu. Folglich wird dadurch das Eigenvermögen vom Nachlass haftungsrechtlich getrennt (§ 1975 BGB). Denkbar ist auch der Fall, dass der Erbe sich auch mit seinem Privatvermögen in finanziellen Schwierigkeiten befindet. Ein Insolvenzverfahren über dieses Vermögen ist dann auch neben dem Nachlassinsolvenzverfahren möglich. Die Verfahrenseröffnung über den Nachlass hindert demnach die Eröffnung des Eigeninsolvenzverfahrens nicht (vgl. zur parallelen Problematik unter der Konkursordnung *Hess* KO, § 234 Rn. 1).

4 Anderes gilt jedoch in dem Fall, in welchem beide **Vermögensmassen** sich schon **vereinigt** haben, und der Erbe erst anschließend insolvent wird. Hier wird das Verfahren über beide Vermögensmassen einheitlich eröffnet, sofern eine Sondierung ausgeschlossen ist. Man spricht dann von einer **Gesamtinsolvenz des Erben**. Bestehen jedoch beide Verfahren isoliert nebeneinander, so ist von einer sog. **Doppelinsolvenz** auszugehen (vgl. *Uhlenbruck/Lüer* InsO, § 331 Rn. 2, 4; sowie eingehend *Vallender* NZI 2005, 318 ff.). **Nicht** von **§ 331 InsO** erfasst ist das Problem der **Überleitung eines Regelinsolvenzverfahrens in ein Nachlassverfahren**. Solch ein Übergang kommt etwa in Betracht bei Tod eines Schuldners während des Schuldbefreiungsverfahrens (ausführlich hierzu *Ahrens* § 286 Rdn. 93 ff.).

B. Regelungsgehalt des Abs. 1

I. Fall der Gesamtinsolvenz

5 Liegt ein Fall der Gesamtinsolvenz des Erben vor, so nehmen sowohl die **Eigengläubiger**, als auch die **Nachlassgläubiger** am Insolvenzverfahren teil. Gläubiger von Pflichtteilsansprüchen und Vermächtnissen sowie Auflagen- und Erbersatzberechtigte sind dann als gewöhnliche Insolvenzgläubiger zu befriedigen (vgl. MüKo-InsO/*Siegmann* § 331 Rn. 7). Das Verfahren unterliegt in diesem Fall nicht den Einschränkungen oder Erweiterungen, die das besondere Insolvenzverfahren über den Nachlass vorsieht, sondern ist als gewöhnliches Regelinsolvenzverfahren abzuwickeln (zu weiteren Einzelheiten vgl. MüKo-InsO/*Siegmann* § 331 Rn. 7).

II. Gesamtinsolvenz und Nachlassinsolvenz

6 Durch die Eröffnung des Gesamtinsolvenzverfahrens wird jedoch die Möglichkeit der Eröffnung eines Nachlassinsolvenzverfahrens nicht gänzlich ausgeschlossen (*LG Aachen* NJW 1960, 46 [48]). Dies ist nicht nur für den Erben von Relevanz, der somit eine Haftungsbeschränkung gegenüber den Nachlassgläubigern erreichen kann, falls deren Forderungen gegenüber denjenigen der Eigengläubiger überwiegen. Ein **gleichgerichtetes Interesse** können auch die Gläubiger haben, sofern diese dadurch den Vorteil erlangen, dass das nun ihnen allein zustehende Vermögen sich mehrt. Die Folge ist jedoch eine Beschränkung der Erbenhaftung. Die Zulässigkeit der Eröffnung des Nachlassinsol-

venzverfahrens in diesem Stadium muss allerdings einer gründlichen Prüfung unterliegen. Probleme können sich in dem Fall ergeben, in welchem das Nachlassinsolvenzverfahren erst beantragt und auch eröffnet wird, jedoch eine Insolvenzverteilung schon vorgenommen wurde (vgl. hierzu die ausführlichen Nachweise bei *Jaeger/Weber* KO, § 234 Rn. 4).

III. Haftungsbeschränkung des Erben im Gesamtinsolvenzverfahren

Gleich, ob der Erbe selbst oder ein Nachlassgläubiger die Eröffnung des Nachlassinsolvenzverfahrens erwirkt hat, es bleibt bei der **Haftungsbeschränkung im Falle der Doppelinsolvenz**. Wird also bei einem bereits eröffneten Erbeninsolvenzverfahren gleichzeitig ein Nachlassinsolvenzverfahren eingeleitet, sind die Nachlassgläubiger lediglich aus dem Nachlass zu befriedigen (*Uhlenbruck/Lüer* InsO, § 331 Rn. 5; A/G/R-*Ringstmeier* § 331 InsO Rn. 2). Lediglich der Nachlass haftet für deren Verbindlichkeiten (§§ 1975, 2013 BGB). Anders ist es nach der Vorschrift des § 331 InsO lediglich dann, wenn der Erbe seine ihn schützende Haftungsbeschränkung wegen eines Fehlverhaltens verloren hat. Dies gilt unabhängig davon, ob der Erbe die Haftungsbeschränkung allgemein (§§ 1994 Abs. 1, 2005 Abs. 1 BGB) oder lediglich gegenüber einzelnen Gläubigern verloren hat. Die gegenteilige Auffassung, die ein Eingreifen der Norm nur im Falle der Haftung gegenüber einzelnen Nachlassgläubigern bejaht (*Smid/Fehl* FS Pawlowski, Rn. 2) ist weder dem Wortlaut noch der ratio der Vorschrift zu entnehmen (dem folgt MüKo-InsO/*Siegmann* § 331 Rn. 3). 7

Eine Abwicklung nach den allgemeinen Vorschriften wäre aber unbillig, da die Nachlassgläubiger sich bis zur vollen Höhe aus dem Eigenvermögen befriedigen könnten, den Eigengläubigern aber ein Zugriff auf den Nachlass verwehrt bliebe. Jedoch ist der gänzliche Ausschluss des Zugriffs des Nachlassgläubigers auf das Eigenvermögen ebenso ungerechtfertigt. § 331 InsO versucht in der Konsequenz daher, einen **Mittelweg** einzuschlagen, indem den Nachlassgläubigern der Zugriff auf das Eigenvermögen des Erben in der Weise ermöglicht wird, dass diese für den Teil ihrer Forderungen, mit denen sie im Nachlassinsolvenzverfahren ausgefallen sind, anteilsmäßige Befriedigung verlangen können. Dies geschieht dann nach Maßgabe derjenigen Vorschriften, auf die § 331 InsO verweist. Es handelt sich hierbei grds. um die Vorschriften, die für absonderungsberechtigte Gläubiger gelten (BT-Drucks. 12/2443 S. 232 f.). 8

Bereits in der Gesetzesbegründung zu § 376 RegE (BT-Drucks. 12/2443 S. 232 f.) wird klargestellt, dass die Vorschriften, nach denen die Absonderungsberechtigten in der Gläubigerversammlung mit dem vollen Wert des Absonderungsrechts abstimmen können (§§ 74 Abs. 1 Satz 2, 76 Abs. 2 RegE InsO), von der Verweisung ausgenommen sind. Dies stellt für die Nachlassgläubiger keine sachlich ungerechtfertigte Benachteiligung dar, denn ihr Stimmrecht richtet sich auch im Übrigen – so etwa beim Insolvenzplan – nach ihrer Ausfallforderung (BT-Drucks. 12/2443 S. 232 f.). 9

Die mit § 331 InsO einhergehende **Haftungseinschränkung** ist **ausgeschlossen**, soweit der Erbe seine **unbeschränkte Haftung aus besonderem Grund** verwirkt hat (s. hierzu § 326 Rdn. 2). Dies gilt z.B. für die Fälle einer eingegangenen Wechselverbindlichkeit, der Haftung aus einer Bürgschaft oder einer kumulativen Schuldübernahme, (vgl. MüKo-InsO/*Siegmann* § 331 Rn. 5). Die Versagung des vollständigen Zugriffs des Nachlassgläubigers würde hier eine zu weitgehende Einschränkung der eingegangenen Verbindlichkeit bedeuten. Vielmehr ist hier von der Anwendung der allgemeinen Regeln, also der gänzlich unbeschränkten Haftung auszugehen. 10

Gleiches gilt für den Fall, dass ein und derselbe Tatbestand **zugleich** eine **Nachlassverbindlichkeit** und eine **Eigenverbindlichkeit** begründet (vgl. hierzu mit weiteren Beispielen MüKo-InsO/*Siegmann* § 331 Rn. 5). 11

IV. Das Ausfallprinzip und seine Abwicklung

Dem Nachlassgläubiger, demgegenüber der Erbe unbeschränkt haftet, steht nach § 331 Abs. 1 InsO das Eigenvermögen des Erben im Falle der Eigeninsolvenz wie einem absonderungsberechtigten Gläubiger zur Verfügung. Dieser Nachlassgläubiger kann seine Forderung im Eigeninsolvenzverfah- 12 ren voll anmelden. Behauptet ein Nachlassgläubiger sein vermeintliches Recht, so kann jeder andere Eigengläubiger das angemeldete Recht bestreiten.

13 Um eine weitestgehende Befriedung zu erlangen, wird der Nachlassinsolvenzgläubiger stets bemüht sein, seine **Forderung in beiden Verfahren** anzumelden. Da seine Forderung im Eigeninsolvenzverfahren jedoch nur unter der Bedingung eines erlittenen Ausfalls berücksichtigt wird, wird der Nachlassgläubiger sich auf die Möglichkeit des Verzichts berufen, wenn sich die Abwicklung des Eigeninsolvenzverfahrens schneller gestaltet und somit die Schlussverteilung bereits ansteht. Ein solches Vorgehen erscheint jedoch nur dann sinnvoll, wenn die zu erwartende Insolvenzquote die des Nachlassinsolvenzverfahrens überschreiten wird.

14 In diesem Fall muss das Vorgehen des Nachlassgläubigers mit der Änderung der Eröffnungsgründe abgestimmt werden. Denn grds. ist das oben bezeichnete Verhalten des Nachlassgläubigers sinnvoll. Jedoch sind nun Fälle denkbar, in denen ein Berufen auf die Möglichkeit eines **Verzichts geradezu unvernünftig** scheint, nämlich dann, wenn lediglich eine (drohende) Zahlungsunfähigkeit zur Eröffnung des Nachlassinsolvenzverfahrens geführt hat, jedoch keine oder eine nur sehr geringe vermögensmäßige Überschuldung gegeben ist.

V. Erbenhaftung nach Beendigung des Nachlassinsolvenzverfahrens

15 Wird das Nachlassinsolvenzverfahren durch **Verteilung der Masse** an die forderungsberechtigten Gläubiger beendet, so findet gem. § 1989 BGB auf die Haftung des Erben die Vorschrift des § 1973 BGB Anwendung. Danach richtet sich die Haftung des Erben nach der Rechtslage, die im Falle eines Aufgebotsverfahrens besteht, in welchem alle Gläubiger ausgeschlossen wurden (vgl. *Uhlenbruck/Lüer* InsO, § 331 Rn. 9).

1. Nachtragsverteilung

16 Denkbar ist nun noch, dass es zu einer **Nachtragsverteilung** kommt. Das ist immer dann der Fall, wenn dem Nachlass nach Beendigung des Verfahrens durch Verteilung des Erlöses noch Vermögenswerte zufließen. Dies ist möglich, wenn Beträge, die bis dahin zurückbehalten worden sind, nun frei werden, oder wenn etwa Beträge, die aus der Masse gezahlt worden sind, dieser wieder zufließen (vgl. *Uhlenbruck/Lüer* InsO, § 331 Rn. 9). Letztendlich wird hierdurch die Haftung des Erben weiter eingeschränkt.

2. Haftung des Erben bei Einstellung des Verfahrens nach Zustimmung der Gläubiger

17 Erfolgt eine **Verfahrenseinstellung durch Zustimmung aller Gläubiger**, so entfällt zugleich auch die Haftungsbeschränkung des § 1975 BGB (*Palandt/Weidlich* § 1989 BGB Rn. 2; MüKo-BGB/*Küpper* § 1989 Rn. 3). Der Erbe haftet ab diesem Zeitpunkt wie vor der Verfahrenseröffnung. Seine Haftungseinschränkung kann er jetzt nur durch Einleitung der Nachlassverwaltung oder des Nachlassinsolvenzverfahrens erreichen.

3. Erschöpfungseinrede des Erben

18 Zwar hat der Gesetzgeber versucht, die zur Regel gewordene Abweisung des Insolvenzverfahrens mangels Masse in ihr Gegenteil zu verkehren, jedoch wird es auch künftig zahlreiche Insolvenzen geben, in denen nicht einmal die Verfahrenskosten gedeckt sind. So bleibt demnach die **Erschöpfungseinrede des Schuldners** gem. § 1990 Abs. 1 Satz 1 BGB, mit der er die **Dürftigkeit des Nachlasses** geltend macht, immer noch aktuell. Dann hat er den Nachlass im Wege der Zwangsvollstreckung herauszugeben. Für die dabei ausgeschlossenen oder säumigen Gläubiger gelten dann die Vorschriften der §§ 1973, 1974 BGB (vgl. *Uhlenbruck/Lüer* InsO, § 331 Rn. 10).

C. Regelungsgehalt des Abs. 2

Die in Abs. 2 enthaltene Regelung erweitert die für die Konkurrenz von Nachlassgläubigern und Eigengläubigern aufgestellten Grundsätze des Abs. 1 auf die Fälle, in denen ein im Güterstand der **Gütergemeinschaft** lebender Ehegatte Erbe ist, und der Nachlass zum Gesamtgut gehört (BT-Drucks. 12/24443 S. 233). Hierbei ist unerheblich, in welcher Form das Verwaltungsrecht ausgestaltet ist, ob also ein Ehegatte das eheliche Gesamtgut allein verwaltet oder aber die Ehegatten eine gemeinsame Verwaltung vereinbart haben. In diesem Fall sind also die Nachlassverbindlichkeiten auch Gesamtgutsverbindlichkeiten. Bei der Verfahrenseröffnung wird der Nachlass nicht nur vom persönlichen Vermögen des Ehegatten, d.h. dem Sonder- und Vorbehaltsgut, getrennt, sondern ebenfalls von dem übrigen Gesamtgut. Hierdurch wird zum einen die Haftung auf den Nachlass beschränkt und zum anderen den übrigen Gesamtgutsgläubigern der Zugriff auf dieses Vermögen verwehrt. Haftet der Ehegatte, der zugleich Erbe ist, bestimmten Nachlassgläubigern gegenüber unbeschränkt, so steht diesen auch der Zugriff auf das übrige Gesamtgut offen. Ist gleichzeitig das Insolvenzverfahren gegen das übrige Gesamtgut eröffnet, so besteht auch hier – in Parallele zur Eigeninsolvenz des Erben – die **Gefahr der Doppelbefriedigung der Gesamtgutsgläubiger**. Deshalb hat der Gesetzgeber im Falle der unbeschränkten Haftung des Erben die dadurch begünstigten Nachlassgläubiger dem Ausfallprinzip unterworfen. 19

Im Übrigen ist wie folgt zu unterscheiden: 20

Werden **beide Ehegatten zugleich insolvent**, so können die Nachlassgläubiger, für deren Forderung der Ehegatte, der zugleich Erbe ist, unbeschränkt haftet, in jedem Insolvenzverfahren nur die Ausfallforderung oder den Betrag geltend machen, auf den sie im anderen Insolvenzverfahren verzichtet haben. Dies folgt für den Fall der Insolvenz des Erben unmittelbar aus Abs. 1. Für das Insolvenzverfahren über das Vermögen des verwaltenden Ehegatten ergibt sich dies aus Abs. 2.

Das Gleiche gilt nach Abs. 2 HS 2, wenn bei **gemeinschaftlicher Verwaltung des Gesamtguts** sowohl über das Gesamtgut als auch über das Vermögen des erbenden Ehegatten ein Insolvenzverfahren eröffnet wurde. Die Regelung des Abs. 1 gilt mit ihren Verweisungen für diese Ansprüche uneingeschränkt (zur Parallele unter der Konkursordnung *Hess* KO, § 234 Rn. 6). 21

Auf den **Lebenspartner** gem. Lebenspartnerschaftsgesetz der in Gütergemeinschaft lebt ist § 331 Abs. 2 Satz 1 InsO nach Satz 2 entsprechend anzuwenden. 22

Zweiter Abschnitt Insolvenzverfahren über das Gesamtgut einer fortgesetzten Gütergemeinschaft

§ 332 Verweisung auf das Nachlassinsolvenzverfahren

(1) Im Falle der fortgesetzten Gütergemeinschaft gelten die §§ 315 bis 331 entsprechend für das Insolvenzverfahren über das Gesamtgut.

(2) Insolvenzgläubiger sind nur die Gläubiger, deren Forderungen schon zur Zeit des Eintritts der fortgesetzten Gütergemeinschaft als Gesamtgutsverbindlichkeiten bestanden.

(3) ¹Die anteilsberechtigten Abkömmlinge sind nicht berechtigt, die Eröffnung des Verfahrens zu beantragen. ²Sie sind jedoch vom Insolvenzgericht zu einem Eröffnungsantrag zu hören.

Übersicht	Rdn.		Rdn.
A. Grundsätze und Zweck der Vorschrift	1	**I. Schuldner**	37
I. Zivilrechtlich vorgesehene eheliche Güterstände	8	II. Insolvenzmasse	39
		D. Insolvenzgrund	44
II. Haftung der Ehegatten im Rahmen der Gütergemeinschaft	12	**E. Insolvenzgläubiger (Abs. 2)**	46
III. Haftungslage bei Eintritt der fortgesetzten Gütergemeinschaft	18	**F. Auswirkungen von Sonderkonstellationen auf das Gesamtgutsinsolvenzverfahren**	52
1. Begriff der fortgesetzten Gütergemeinschaft	20	I. Ablehnung der fortgesetzten Gütergemeinschaft	52
2. Nachteilige Veränderung der Haftungslage bei Eintritt der fortgesetzten Gütergemeinschaft	23	II. Gesamtgutsinsolvenz nach Auseinandersetzung	56
a) Haftungserweiterung auf Seite des überlebenden Ehegatten	24	III. Eröffnung des Insolvenzverfahrens über das Vermögen des überlebenden Ehegatten	57
b) Beeinträchtigung der Position der bisherigen Gesamtgutsgläubiger	30	IV. Insolvenzverfahren über den Nachlass des verstorbenen Ehegatten	59
IV. Notwendigkeit einer auf das Gesamtgut beschränkten Sonderinsolvenz	32	V. Insolvenzverfahren über das Vermögen eines gemeinschaftlichen Abkömmlings	60
B. Entsprechende Anwendung der Regelungen des Nachlassinsolvenzverfahrens	34	VI. Anfall einer Erbschaft oder eines Vermächtnisses	61
C. Begriffsumschreibungen	36	**G. Beteiligung der anteilsberechtigten Abkömmlinge (Abs. 3)**	62

Literatur:
Häsemeyer Insolvenzrecht, 4. Aufl. 2007; *Klein/Perleberg-Kölbel* Familienvermögensrecht, 2. Aufl. 2015, Kap. E Rn. 336 ff.; *Schlüter* BGB-Familienrecht, 14. Aufl. 2013; *Schuler* Der Sonderkonkurs des ehelichen Gesamtgutes, NJW 1958, 1609; *van Venrooy* Überlegungen zum Vertrag nach §§ 1491 II und 1492 II BGB, FamRZ 1988, 561.

A. Grundsätze und Zweck der Vorschrift

1 Die Regelung der Gesamtgutsinsolvenz knüpft – nicht anders als beim Nachlassinsolvenzverfahren – an materiellrechtliche Vorgaben des BGB an. Dies gilt insbesondere im Hinblick auf die vorgesehene Haftungseinschränkung des überlebenden Ehegatten auf die Sondervermögensmasse »Gesamtgut«; eine entsprechende Haftungsbeschränkung des überlebenden Ehegatten sieht auch § 1489 Abs. 2 BGB vor (vgl. *Kilger/Karsten Schmidt* KO, § 236 Rn. 1).

2 Zweck der Vorschrift ist die Zulassung einer auf das Gesamtgut beschränkten **Sonderinsolvenz** unter entsprechender Heranziehung der für das Nachlassinsolvenzverfahren maßgeblichen Regelungen der §§ 315 bis 331 InsO im Falle der fortgesetzten Gütergemeinschaft. Eine solche liegt vor, wenn die Ehegatten durch Ehevertrag vereinbaren, dass die Gütergemeinschaft nach dem Tode eines

Ehegatten zwischen dem überlebenden Ehegatten und den gemeinschaftlichen Abkömmlingen fortgesetzt wird (§ 1483 Abs. 1 Satz 1 BGB).

Sachlich ausschließlich zuständig für das Gesamtgutsinsolvenzverfahren ist – entsprechend der in § 2 InsO getroffenen allgemeinen Regelung – das Amtsgericht, in dessen Bezirk ein Landgericht seinen Sitz hat. Demgegenüber bestimmt sich die – ebenfalls ausschließliche – **örtliche Zuständigkeit des Insolvenzgerichts** in entsprechender Anwendung des § 315 InsO nach dem Sitz des Amtsgerichts, in dessen Bezirk der verstorbene Ehegatte seinen allgemeinen Gerichtsstand hatte. Soweit der Mittelpunkt einer selbstständigen wirtschaftlichen Tätigkeit des verstorbenen Ehegatten an einem anderen Ort liegt, ist dagegen ausschließlich das Insolvenzgericht zuständig, in dessen Bezirk dieser Ort liegt (vgl. insoweit die Kommentierung zu § 315 InsO; allgemein zur Neuordnung der Zuständigkeitsregelungen im Insolvenzverfahren *Helwich* MDR 1997, 13).

Abzugrenzen ist das Gesamtgutsinsolvenzverfahren bei fortgesetzter Gütergemeinschaft vom:
- **Insolvenzverfahren über das Vermögen des überlebenden Ehegatten**. Hier wird, unabhängig von der Zuordnung der Verwaltungsbefugnis über das eheliche Gesamtgut vor Eintritt der fortgesetzten Gütergemeinschaft, eine Trennung des Eigenvermögens und des Gesamtguts gerade nicht vorgenommen, § 37 Abs. 1 i.V.m. Abs. 3 InsO.
- **Insolvenzverfahren über den Nachlass des verstorbenen Ehegatten**; dies bestimmt sich nach den insoweit einschlägigen Regelungen der §§ 315 InsO und beschränkt sich allein auf das vererbliche und beschlagfähige Sonder- wie Vorbehaltsgut (§§ 1417, 1418 BGB, zu den Begriffen s.u.) des Erblassers.
- **Insolvenzverfahren über das Vermögen eines gemeinschaftlichen Abkömmlings**; bei fortgesetzter Gütergemeinschaft bleibt das Gesamtgut unberührt (vgl. *Jaeger/Weber* KO, § 236 Rn. 8b).
- **Gesamtgutsinsolvenzverfahren bei bestehender Gütergemeinschaft**; die Möglichkeit eines allein auf das Gesamtgut beschränkten Insolvenzverfahrens ist hier nur bei gemeinschaftlicher Verwaltung des Gesamtguts durch die Ehegatten möglich und bestimmt sich nach § 333 InsO.

Abweichungen gegenüber dem Nachlassinsolvenzverfahren bestehen hinsichtlich des Gläubigerkreises. Gläubiger im Rahmen eines Gesamtgutsinsolvenzverfahren können nur diejenigen sein, deren Forderungen aus dem Gesamtgut zu erfüllen sind und im Zeitpunkt des Eintritts der fortgesetzten Gütergemeinschaft – dem Tod eines der Ehegatten – als Gesamtgutsverbindlichkeiten bestanden (*Uhlenbruck/Lüer* InsO, § 332 Rn. 6; A/G/R-*Ringstmeier* § 332 InsO Rn. 9). Diesen, vom Nachlassinsolvenzverfahren im Übrigen abweichenden, Besonderheiten der fortgesetzten Gütergemeinschaft wird mit den in den Abs. 2 und 3 getroffenen Regelungen Rechnung getragen.

Die eingehende Erläuterung der in diesem Zusammenhang relevanten **zivilrechtlichen Begrifflichkeiten** muss der dort einschlägigen Kommentarliteratur vorbehalten bleiben (einen guten Überblick geben *Soergel/Gaul* BGB, 12. Aufl.; *Palandt/Brudermüller*; jeweils zu §§ 1415 ff.). Es kann jedoch nicht außer Acht gelassen werden, dass § 332 InsO materielle Begriffe wie den der fortgesetzten Gütergemeinschaft stillschweigend voraussetzt, damit aber zugleich auch ein Verständnis der dieser Gemeinschaft zugrunde liegenden Güterregelung sowie der damit verbundenen Haftungsprinzipien unterstellt. Insoweit kann bei dem Bemühen um eine transparente und nachvollziehbare Darlegung der Regelung nicht völlig auf die Darstellung der wesentlichen materiellen Grundzüge verzichtet werden.

Aus insolvenzrechtlicher Sicht bedarf es (1.) zunächst der Klarstellung der zivilrechtlich vorgesehenen ehelichen Güterstände, (2.) der Darstellung der hiermit verbundenen haftungsrechtlichen Prinzipien der Gütergemeinschaft, (3.) dem folgend der Darstellung der allein durch den Eintritt der fortgesetzten Gütergemeinschaft eintretenden Haftungserweiterung des überlebenden Ehegatten. Allein hieraus wird (4.) die Notwendigkeit deutlich, eine Sonderinsolvenz über das Gesamtgut einer fortgesetzten Gütergemeinschaft – wie durch § 332 InsO geschehen – zuzulassen.

I. Zivilrechtlich vorgesehene eheliche Güterstände

8 Das zivilrechtliche Güterrecht kennt mit der **Gütertrennung** und der **Gütergemeinschaft** ausschließlich **zwei Grundprinzipien der Vermögenszuordnung**. Kennzeichnend für die Gütertrennung ist die strenge Sonderung der Vermögensmassen beider Ehegatten; sie findet sich im gesetzlichen Güterstand der Zugewinngemeinschaft (§ 1363 BGB) und in der durch Ehevertrag zwischen den Ehegatten vereinbarten Gütertrennung (§ 1414 BGB). Wesensmerkmal der Gütertrennung ist, dass sich die Ehegatten in vermögensrechtlicher Hinsicht wie Unverheiratete gegenüberstehen. Es bestehen zwei Vermögensmassen, deren Verwaltung, aber auch Nutzung grds. ausschließlich dem jeweiligen Vermögensinhaber zusteht. Abweichungen erfolgen allein, wenn ein Ehegatte die Vermögensverwaltung auf den anderen Ehegatten überträgt (§ 1413 BGB) oder wenn die Nutzung einer Vermögensmasse zugleich Beitrag zum Familienunterhalt ist (vgl. § 1360 BGB). Der gesetzliche Güterstand der Zugewinngemeinschaft kennt darüber hinaus gewisse Verfügungsbeschränkungen (§§ 1365–1369 BGB).

9 Demgegenüber sind bei der **Gütergemeinschaft** (§ 1415 BGB) die Vermögen der Ehegatten zu einem Gesamtgut verschmolzen, das den Eheleuten zur gesamten Hand zusteht (*Soergel/Gaul* vor § 1415 Rn. 1). Diese von den Ehegatten gewählte Vermögenszusammenführung beruht auf dem Gedanken, dass zur Ehe als Lebensgemeinschaft – der ideellen Einheit – auch die Einheit des Vermögens der Ehegatten – die wirtschaftliche Einheit – gehört (vgl. *Schlüter* BGB-Familienrecht, 14. Aufl., Rn. 152). Die Bildung des Gesamtguts bedarf keiner rechtsgeschäftlichen Übertragung, sondern vollzieht sich kraft Gesetzes (§ 1416 Abs. 1 und 2 BGB).

10 Die Gütergemeinschaft kennt insgesamt fünf verschiedene Vermögensmassen, auf deren Unterscheidung es wegen der engen Verbundenheit des Gesamtgutsinsolvenzverfahrens mit den zivilrechtlichen Vorgaben auch und gerade im Insolvenzverfahren ankommt. Hierzu zählen:
– das gesamthänderisch gebundene **Gesamtgut** (§§ 1416, 1419 BGB),
– das **Sondergut** des Mannes und das der Frau (§ 1417 BGB),
– das **Vorbehaltsgut** eines jeden Ehegatten (§ 1418 BGB).

Sonder- wie Vorbehaltsgut verwaltet jeder Ehegatte selbstständig (§ 1417 Abs. 3 BGB bzw. § 1418 Abs. 3 BGB).

11 Die Gütergemeinschaft bildet gegenüber den alternativ zur Verfügung stehenden Güterständen der Zugewinngemeinschaft und dem Wahlgüterstand Gütertrennung die Ausnahme. Sie ist gleichwohl nicht obsolet, wie *Behmer* dies als Frage aufwirft (FamRZ 1988, 339). Die Wiederherstellung der deutschen Rechtseinheit hat vielmehr mit EG 234, § 4 Abs. 2 die Möglichkeit der Fortgeltung der »Eigentums- und Vermögensgemeinschaft« nach § 13 ff. FGB-DDR eröffnet und damit den Gedanken des Gemeinschaftsgüterstandes erneut belebt (*Gaul/Althammer* Nachtrag zu Soergel, BGB, vor § 1415).

II. Haftung der Ehegatten im Rahmen der Gütergemeinschaft

12 Der Haftungsumfang eines jeden Ehegatten bestimmt sich in der (bestehenden!) Gütergemeinschaft vornehmlich nach der **Verteilung der Verwaltungsbefugnisse** über das Gesamtgut zwischen den Ehegatten. Dies legitimiert sich aus den mit der Verwaltungsbefugnis verbundenen Handlungs- und Einwirkungsmöglichkeiten des Ehegatten. Daneben ist zwischen der persönlichen Haftung und der Haftung des Gesamtguts zu unterscheiden.

13 Soweit die Verwaltung des ehelichen Gesamtguts allein einem Ehegatten übertragen wurde, wird der andere Ehegatte durch die Verwaltungshandlungen nicht persönlich verpflichtet, § 1422 Satz 2 BGB. Den von der Verwaltung ausgeschlossenen Ehegatten trifft demnach keine persönliche Haftung. Eine solche **Haftung** trifft jedoch den **Alleinverwalter des Gesamtguts**; dieser haftet für alle Gesamtgutsverbindlichkeiten der ehelichen Gütergemeinschaft auch persönlich, auch für diejenigen, die aus Verbindlichkeiten des nichtverwaltenden Ehegatten erwachsen sind, § 1437 Abs. 2 Satz 1 BGB.

Daneben können die Gläubiger des Ehegatten, der das Gesamtgut verwaltet, aus dem Gesamtgut Befriedigung verlangen. Der insoweit maßgebliche § 1437 Abs. 1 BGB stellt zugleich klar, dass das Gesamtgut grds. auch für die Schulden des nicht verwaltungsberechtigten Ehegatten haftet. Ausnahmen von diesem Grundsatz finden sich in den §§ 1438 bis 1440 BGB. 14

Das zivilrechtlich vorgesehene Prinzip, die Haftung eines Ehegatten an die ihm zustehende Verwaltungsbefugnis über das eheliche Gesamtgut zu koppeln, setzt sich spiegelbildlich im **Insolvenzverfahren über das Vermögen eines Ehegatten** fort; die Verwaltungsbefugnis über das Gesamtgut stellt also auch hier das maßgebliche Haftungskriterium dar (*Bork* Einführung in das neue Insolvenzrecht, Rn. 434 f.). 15

Ist der **Ehegatte** über dessen Vermögen das Insolvenzverfahren durchgeführt wird **allein verwaltungsbefugt**, so fällt nach § 37 Abs. 1 Satz 1 InsO außer dem der Verpfändung zugänglichen Sonder- und Vorbehaltsgut auch das Gesamtgut in die Insolvenzmasse. Wegen der Einheitlichkeit der den Gläubigern zur Verfügung stehenden Masse bedarf es – wie § 37 Abs. 1 Satz 2 InsO klarstellt – keiner Auseinandersetzung über das Gesamtgut. 16

Ist der **Ehegatte** über dessen Vermögen das Insolvenzverfahren durchgeführt wird **nicht verwaltungsbefugt**, so fällt allein sein Sonder- und Vorbehaltsgut, nicht aber das Gesamtgut in die Masse, § 37 Abs. 1 Satz 3 InsO. Dementsprechend ist der verwaltende Ehegatte hier auch zur Aussonderung von Gegenständen, die zum Gesamtgut gehören, berechtigt, § 47 InsO. Dass insoweit das Gesamtgut nicht haftet, führt nicht zu einer unangemessenen Benachteiligung der Insolvenzgläubiger, denn nach § 1437 Abs. 2 Satz 1 BGB haftet den Gläubigern des nicht verwaltenden Ehegatten grds. der verwaltende Ehegatte als Gesamtschuldner, soweit es sich um Gesamtgutsverbindlichkeiten handelt. Schließlich fällt mangels Pfändbarkeit des dem insolventen Ehegatten gehörenden Gesamthandsanteils am Gesamtgut dieser Vermögensanteil nicht in die Masse, § 36 Abs. 1 InsO, § 860 Abs. 1 ZPO (zur Insolvenz über das Vermögen eines Ehegatten wird auf die Kommentierung zu §§ 36 f., 47 InsO verwiesen). 17

III. Haftungslage bei Eintritt der fortgesetzten Gütergemeinschaft

Wie aufgezeigt, knüpft die persönliche Haftung eines Ehegatten in der Gütergemeinschaft an die ihm zustehende Verwaltungsberechtigung an. Soweit mit § 1489 Abs. 1 BGB bei Eintritt der fortgesetzten Gütergemeinschaft also eine persönliche Haftung des nunmehr allein verwaltungsberechtigten Ehegatten (§ 1487 Abs. 1 BGB) festgeschrieben wird, ist dies nur die logische Fortsetzung des bereits bei Bestehen der Gütergemeinschaft maßgeblichen Haftungsprinzips. 18

Der Eintritt der fortgesetzten Gütergemeinschaft ist regelmäßig – wie nachfolgend dargestellt wird – mit einer Haftungserweiterung des überlebenden Ehegatten verbunden. Vorab bedarf es jedoch der Darstellung, was überhaupt unter dem Begriff der »fortgesetzten Gütergemeinschaft« zu verstehen ist. 19

1. Begriff der fortgesetzten Gütergemeinschaft

Regelmäßig wird die Gütergemeinschaft durch den Tod eines Ehegatten beendet; dies mit der Folge, dass der Anteil des verstorbenen Ehegatten zu seinem Nachlass gehört, die Beerbung sich also nach den allgemeinen Regeln richtet, § 1482 BGB. **Ziel der fortgesetzten Gütergemeinschaft** ist nun ein Überdauern der Gütergemeinschaft, d.h. den Erhalt des Familienvermögens nach dem Tode eines Ehegatten, durch Abschluss eines entsprechenden Ehevertrages (§§ 1410 f., 1483 BGB) zu ermöglichen (zur Frage, ob Rechtsgeschäfte im Zusammenhang mit einem Ehevertrag der notariellen Beurkundung bedürfen s. *Kanzleiter* NJW 1997, 217). 20

Ist in diesem Sinne die Fortsetzung der Gütergemeinschaft vereinbart worden, wird die Gütergemeinschaft mit den gemeinschaftlichen Abkömmlingen fortgesetzt, die bei gesetzlicher Erbfolge als Erben berufen sind (§ 1483 Abs. 1 Satz 2 BGB). Der Anteil des verstorbenen Ehegatten am Gesamtgut gehört nicht zum Nachlass (§ 1483 Abs. 1 Satz 3 BGB); der Nachlass beschränkt sich allein 21 auf das vererbliche Sonder- wie Vorbehaltsgut (§§ 1417, 1418 BGB). Ungeachtet der vorherigen Verwaltungsberechtigung übernimmt der überlebende Ehegatte die alleinige Verwaltung des Gesamtguts, § 1487 Abs. 1 BGB.

22 Aufgrund ihrer Zielrichtung, das Familienvermögen trotz Versterben eines der Ehegatten den Familienmitgliedern zu erhalten, endet die fortgesetzte Gütergemeinschaft mit dem Tod des überlebenden Ehegatten (§ 1493 BGB), mit dessen erneuter Heirat (§ 1494 BGB) oder aber mit dem Ausscheiden des letzten Abkömmlings aus der Gesamthand (§ 1490, 1490 Abs. 4 BGB; allgemein hierzu *Schlüter* BGB-Familienrecht, Rn. 164).

2. Nachteilige Veränderung der Haftungslage bei Eintritt der fortgesetzten Gütergemeinschaft

23 Der Eintritt der fortgesetzten Gütergemeinschaft vermag sich sowohl auf Seiten des überlebenden Ehegatten, also auf Schuldnerseite, als auch auf Seiten der bisherigen Gesamtgutsgläubiger nachteilig auszuwirken (vgl. auch *Jaeger/Weber* KO, § 236 Rn. 2 f.).

a) Haftungserweiterung auf Seite des überlebenden Ehegatten

24 § 1487 Abs. 1 BGB schreibt für die fortgesetzte Gütergemeinschaft ein **Alleinverwaltungsrecht des überlebenden Ehegatten** vor. Die bei der Gütergemeinschaft erfolgte Koppelung der persönlichen Haftung eines Ehegatten an die ihm zustehende Verwaltungsbefugnis über das Gesamtgut wird auch hier nicht durchbrochen; der überlebende Ehegatte haftet nunmehr für alle Gesamtgutsverbindlichkeiten der fortgesetzten Gütergemeinschaft auch persönlich, § 1489 Abs. 1 BGB. Was wiederum Gesamtgutsverbindlichkeiten sind, regelt § 1488 Abs. 1 BGB, wonach hierunter die Verbindlichkeiten des überlebenden Ehegatten sowie diejenigen Verbindlichkeiten des verstorbenen Ehegatten, die Gesamtgutsverbindlichkeiten der ehelichen Gütergemeinschaft waren, fallen. Gesamtgut und das persönliche Vermögen, also das beschlagfähige Vorbehalts- und Sondergut i.S.d. § 1486 BGB, bilden eine einheitliche Haftungsmasse (vgl. *Jaeger/Weber* KO § 236 Rn. 2; MüKo-InsO/*Siegmann* § 332 Rn. 1).

25 Der Eintritt der fortgesetzten Gütergemeinschaft führt damit aber zu **einer verschärften Haftung des überlebenden Ehegatten**. Dies gilt prinzipiell ungeachtet der vorherigen Zuordnung der Verwaltungsbefugnis, d.h. nach Eintritt der fortgesetzten Gütergemeinschaft tritt eine verschärfte Haftung des überlebenden Ehegatten auch dann ein, wenn dieser zuvor von der Verwaltung des Gesamtguts ausgeschlossen war:

26 War vor Eintritt der fortgesetzten Gütergemeinschaft der **verstorbene Ehegatte Alleinverwalter des ehelichen Gesamtguts**, wird dem überlebenden Ehegatten nunmehr eine neue Haftung aufgebürdet. Während zuvor – wie oben aufgezeigt – eine persönliche Haftung für Gesamtgutsverbindlichkeiten, die nicht in der Person des von der Verwaltung ausgeschlossenen Ehegatten entstanden sind, nicht gegeben war (§ 1422 Satz 2 BGB), begründet nunmehr der Eintritt der fortgesetzten Gütergemeinschaft eine umfassende persönliche Haftung für alle Gesamtgutsverbindlichkeiten, §§ 1488, 1489 Abs. 1 BGB.

27 Aber auch wenn der **überlebende Ehegatte** innerhalb der Gütergemeinschaft der **Alleinverwalter des ehelichen Gesamtguts** war, kann sich seine Haftungslage durch den Eintritt der fortgesetzten Gütergemeinschaft verschlechtern. Diese Feststellung verwundert zunächst, da der verwaltungsberechtigte Ehegatte bereits zuvor für alle Gesamtgutsverbindlichkeiten der Gütergemeinschaft persönlich haftete. Jedoch würde im Regelfall – der Beendigung der Gütergemeinschaft durch den Tod eines Ehegatten – die Haftung für Gesamtgutsverbindlichkeiten, die in der Person des nichtverwaltenden Ehegatten erwachsen sind und im Innenverhältnis der Ehegatten diesem zur Last fallen, erlöschen, § 1437 Abs. 2 Satz 1 bzw. Satz 2 BGB. Die Haftung für solche Verbindlichkeiten setzt sich jedoch bei der fortgesetzten Gütergemeinschaft fort; der überlebende Ehegatte übernimmt »von neuem« die persönliche Verantwortung für die nicht in seiner Person erwachsenen Schulden des verstorbenen Ehegatten (vgl. *Jaeger/Weber* KO, § 236 Rn. 3).

Entsprechendes gilt bei der **gemeinsamen Verwaltung des ehelichen Gesamtguts durch die Ehegatten**. Während § 1459 Abs. 2 Satz 2 BGB für die Gütergemeinschaft ein Erlöschen der dem einen Ehegatten zur Last fallenden Verbindlichkeiten für den anderen Ehegatten mit der Beendigung der Gütergemeinschaft vorsieht, tritt mit Eintritt der fortgesetzten Gütergemeinschaft eine Weiterhaftung des überlebenden Ehegatten ein, §§ 1488, 1489 Abs. 1 BGB. 28

Die dergestalt vorgezeichnete haftungsrechtliche Ausgestaltung schlägt sich auch in der **Insolvenz des überlebenden Ehegatten** nieder. § 37 Abs. 1 und 3 InsO ordnen folgerichtig an, dass in diesem Fall das Gesamtgut zur Insolvenzmasse gehört, also mit dem persönlichen Vermögen eine einheitliche Insolvenzmasse bildet, während das Gesamtgut von einem Insolvenzverfahren über das Vermögen eines an der fortgesetzten Gütergemeinschaft beteiligten Abkömmlings unberührt bleibt. 29

b) Beeinträchtigung der Position der bisherigen Gesamtgutsgläubiger

Eine Änderung der Haftungslage, die allein auf dem Eintritt der fortgesetzten Gütergemeinschaft beruht, vollzieht sich jedoch nicht allein auf Seiten des überlebenden Ehegatten, dem die Schuldnerrolle zufällt. Auch die **Haftungslage der bisherigen Gesamtgutsgläubiger** kann sich verschlechtern. Die Verschlechterung der Haftungslage resultiert aus dem Hinzutreten der persönlichen Gläubiger, die erst mit Eintritt der fortgesetzten Gütergemeinschaft zu Gesamtgutsgläubigern werden (vgl. *Jaeger/Weber* KO, § 236 Rn. 4). Ein solcher **Wechsel der Gläubigerstellung** ist allerdings nur denkbar, soweit entweder der verstorbene Ehegatte Alleinverwalter des Gesamtguts war oder aber das eheliche Gesamtgut von beiden Ehegatten verwaltet wurde. Hier werden – auf Grundlage der §§ 1437 ff. bzw. der §§ 1459 ff. BGB – Verbindlichkeiten des überlebenden Ehegatten mit Eintritt der fortgesetzten Gütergemeinschaft zu Gesamtgutsverbindlichkeiten, § 1488 BGB (vgl. MüKo-InsO/*Siegmann* § 332 Rn. 4). Damit erhöht sich zugleich die Anzahl der Gesamtgutsgläubiger. 30

Eine – durch den Eintritt der fortgesetzten Gütergemeinschaft bedingte – Verschlechterung der Haftungssituation für die bisherigen Gesamtgutsgläubiger scheidet dagegen aus, wenn der überlebende Ehegatte bereits zuvor Alleinverwalter des Gesamtguts war. Denn in diesem Fall waren seine Verbindlichkeiten bereits vor Eintritt der fortgesetzten Gütergemeinschaft ausnahmslos Gesamtgutsverbindlichkeiten des ehelichen Gesamtguts. 31

IV. Notwendigkeit einer auf das Gesamtgut beschränkten Sonderinsolvenz

Bereits das materielle Recht sieht mit §§ 1489 Abs. 2, 1975 BGB eine **Haftungsbeschränkung** zugunsten des überlebenden Ehegatten vor, soweit dessen persönliche Haftung »nur infolge des Eintritts der fortgesetzten Gütergemeinschaft« eintritt. Gesetzestechnisch wird diese Haftungsbeschränkung durch die entsprechende Anwendung der für die Haftung des Erben für die Nachlassverbindlichkeiten geltenden Vorschriften erreicht. Da die Haftungsbeschränkung allein bei einer Haftungsverschiebung »infolge des Eintritts der fortgesetzten Gütergemeinschaft« greift, scheidet eine solche aus, soweit der überlebende Ehegatte unabhängig vom Eintritt der fortgesetzten Gütergemeinschaft persönlich haftet (*Palandt/Brudermüller* BGB, § 1489 Rn. 2). Dass – abweichend von der Nachlassinsolvenz – an die Stelle des Nachlasses das Gesamtgut in den Bestand tritt, den es zur Zeit des Eintritts der fortgesetzten Gütergemeinschaft hat, erklärt sich ebenfalls aus der Zielrichtung, allein (»nur«) die infolge der Fortsetzung der Gütergemeinschaft eintretende Verschiebung der Haftungslage haftungsbeschränkend aufzufangen. 32

Die im materiellen Recht vorgegebene Möglichkeit der Haftungsbeschränkung wird – entsprechend der durch § 11 Abs. 2 Nr. 2 InsO eröffneten Begrenzung des von der Insolvenz erfassten Vermögens auf das Gesamtgut – mit der in § 332 InsO getroffenen Regelung im Insolvenzrecht umgesetzt. Soweit das Gesamtgut erst mit Eintritt der fortgesetzten Gütergemeinschaft für die Verbindlichkeiten des überlebenden Ehegatten haftet, kann dies zur Insolvenz des Gesamtguts führen. Das Gesamtgut fällt aber nach § 1483 Abs. 1 Satz 3 BGB nicht in den Nachlass; die Durchführung eines Nachlassinsolvenzverfahrens ist also ausgeschlossen. Bereits vor diesem Hintergrund erklärt sich die Notwendigkeit der mit § 332 InsO getroffenen Regelung, eine Sonderinsolvenz über das Gesamtgut der fort- 33 gesetzten Gütergemeinschaft zuzulassen. Die Beschränkung des Insolvenzverfahrens auf die Sondervermögensmasse »Gesamtgut« rechtfertigt sich aber vornehmlich aus den **Interessenlagen der Verfahrensbeteiligten**. Das Interesse des überlebenden Ehegatten ist darauf gerichtet, dass sich eine Überschuldung des Gesamtguts nicht auf den Bestand seines sonstigen Vermögens auswirkt (*Bley/ Mohrbutter* VerglO, § 114, Rn. 1). Die bisherigen Gesamtgutsgläubiger wiederum haben ein Interesse daran, dass der Zugriff auf das Gesamtgut denjenigen Gesamtgutsgläubigern versagt wird, denen vor Eintritt der fortgesetzten Gütergemeinschaft das Gesamtgut noch nicht haftete.

B. Entsprechende Anwendung der Regelungen des Nachlassinsolvenzverfahrens

34 In Anlehnung an das vormalige Recht (§ 236 KO, § 114 VerglO) erklärt Abs. 1 die Vorschriften über das Nachlassinsolvenzverfahren auf das Insolvenzverfahren über das Gesamtgut einer fortgesetzten Gütergemeinschaft für entsprechend anwendbar. Die Möglichkeit der Übertragung der dortigen Regelungsinhalte folgt aus der Parallelität der Interessen des überlebenden Ehegatten mit denen des Erben (vgl. *Jaeger/Weber* KO, § 236 Rn. 5). Beide Verfahrensarten weichen durch Beschränkung des Schuldnervermögens auf eine »Sondermasse« von der Grundregel »Eine Person – ein Vermögen – eine Insolvenz« ab (**Partikularinsolvenz** statt Gesamt- oder Universalinsolvenz). Hier wie dort wird die Möglichkeit eröffnet, die persönliche Haftung auf eine gesonderte Vermögensmasse, d.h. im Falle des Nachlassinsolvenzverfahrens auf den Nachlass, im Falle der fortgesetzten Gütergemeinschaft auf das Gesamtgut zu beschränken (vgl. MüKo-InsO/*Siegmann* § 332 Rn. 1).

35 Nichts anderes vollzieht sich – als Kehrseite der haftungsrechtlichen Absonderung des Eigenvermögens des Schuldners vom Sondervermögen – auf **Gläubigerseite**; denn an die Stelle des Nachlasses tritt – wie bereits § 1489 Abs. 2 HS 2 BGB aufzeigt – funktional das Gesamtgut. Nicht anders als im Nachlassinsolvenzverfahren wird den Gläubigern also auch im Insolvenzverfahren über eine fortgesetzte Gütergemeinschaft eine abgesonderte Befriedigung allein aus einer Sonderinsolvenzmasse verschafft. Versagt bleibt damit der Zugriff auf das vom Gesamtgut zu unterscheidende Sonder- und Vorbehaltsgut, aber auch der Zugriff auf das Vermögen der Abkömmlinge, § 1489 Abs. 3 BGB (zur Abgrenzung der verschiedenen Vermögensmassen s. Rdn. 39 ff.; vgl. zum Ganzen *Uhlenbruck/Lüer* InsO, § 332 Rn. 2).

C. Begriffsumschreibungen

36 Die vom materiellen Eherecht vorgezeichnete Haftungslage setzt sich auch im Gesamtgutsinsolvenzverfahren fort; sie bestimmt, wem die Schuldnerrolle zukommt und welches Vermögen in welchem Umfang zur Gläubigerbefriedigung herangezogen werden kann.

I. Schuldner

37 Schuldner im Gesamtgutsinsolvenzverfahren ist nicht das – nicht rechtsfähige – Gesamtgut, sondern allein **der überlebende Ehegatte** (vgl. *Uhlenbruck/Lüer* InsO, § 332 Rn. 4; MüKo-InsO/*Siegmann* § 332 Rn. 3; noch zu KO: *Kuhn/Uhlenbruck* KO, § 236 Rn. 1). Mit der Zuweisung der Schuldnerrolle übernimmt der überlebende Ehegatte alle hieraus resultierenden Rechte und Pflichten. Er ist es, dem das Recht zu sofortigen Beschwerde gegen den Eröffnungsbeschluss (§ 34 Abs. 2 InsO) oder gegen die Abweisung des Insolvenzverfahrens mangels Masse (§§ 34 Abs. 1 i.V.m. § 26 InsO), aber auch die Befugnis, eine angemeldete Forderung zu bestreiten (§ 176 Satz 2 InsO), zusteht. Damit korrespondieren die ihm obliegenden Auskunfts- und Mitwirkungspflichten, wie sie § 97 InsO statuiert (vgl. die dortige Kommentierung; im Übrigen zum Ausmaß dieser Pflichten: *Haarmeyer* ZAP-Ost Fach 14, S. 189 [S. 206 f.]; zur Durchsetzung dieser Pflichten: *LG Detmold* Rpfleger 1989, 300; zur verfassungsrechtlichen Zulässigkeit von Beugemitteln: *BVerfG* zu § 75 KO, NJW 1981, 1431).

38 Ausgeschlossen als Träger der Schuldnerrolle sind demgegenüber die **leiblichen Abkömmlinge der Ehegatten** (vgl. MüKo-InsO/*Siegmann* § 332 Rn. 3). Auch eine anteilsmäßige Mitträgerschaft der *Schuldnerrolle* für die Abkömmlinge kommt nicht in Betracht, was sich aus ihrer – mit der Stellung des Erben im Nachlassinsolvenzverfahren nicht vergleichbaren – untergeordneten Bedeutung

im insolvenzrechtlichen Sinne rechtfertigt. So haben die Abkömmlinge – anders als der Erbe im Nachlassinsolvenzverfahren nach § 317 InsO – weder ein Recht, das Insolvenzverfahren zu beantragen (§ 332 Abs. 3 Satz 1 InsO), noch haften sie persönlich für die Gesamtgutsverbindlichkeiten (§ 1489 Abs. 3 BGB); ihre Befugnis beschränkt sich auf die nach materiellem Recht zugestandene Mitberechtigung am Gesamtgut. Eine Mitträgerschaft der Schuldnerrolle ist aber auch dann ausgeschlossen, wenn das Gesamtgutsinsolvenzverfahren erst während der Auseinandersetzung der fortgesetzten Gütergemeinschaft eröffnet wird (vgl. *Jaeger/Weber* KO § 236 Rn. 16). Die Verbundenheit der Abkömmlinge zum Gesamtgut rechtfertigt auch in diesem Fall keine anderweitige Zuordnung der Schuldnerrolle. Auch der ein Antragsrecht der Abkömmlinge negierende § 332 Abs. 3 InsO trifft insoweit keine Differenzierung. Allerdings sind die Abkömmlinge nach § 3 Satz 2 InsO von Amts wegen durch das Insolvenzgericht zum Insolvenzantrag anzuhören (A/G/R-*Ringstmeier* § 332 InsO Rn. 15).

II. Insolvenzmasse

Das die **Insolvenzmasse** bildende Vermögen ist allein das **Gesamtgut**. Von Bedeutung ist in diesem Zusammenhang, dass **Nutzungen**, aber auch **Lasten des Sondergutes** dem Gesamtgut zufallen (§ 1417 Abs. 3 BGB); anders ist es beim Vorbehaltsgut: hier gebühren allein dem verwaltenden Ehegatten die Nutzungen (§ 1418 Abs. 3 BGB). Das Gesamtgut umfasst ferner folgende Vermögenswerte und -rechte (weitere Beispiele bei *Palandt/Brudermüller* § 1416 Rn. 2):

39

– eingebrachtes sowie während der Ehe erworbenes Vermögen der Ehegatten,
– Ersatzansprüche gegen den Ehegatten wegen Verletzung der ihm obliegenden Pflichten bei der Verwaltung des Gesamtguts (Verbrauch, Veräußerung von Gesamtgutsgegenständen, §§ 1489 Abs. 2, 1978 Abs. 2 BGB),
– Rückgewähransprüche gem. §§ 129 ff. InsO aus anfechtbaren Handlungen des verwaltenden Ehegatten vor Eintritt der fortgesetzten Gütergemeinschaft bzw. des überlebenden Ehegatten nach diesem Zeitpunkt,
– Erbschaft eines Ehegatten,
– Einkünfte und/oder Arbeitsverdienste aus einem Erwerbsgeschäft,
– deliktische Schadenersatzansprüche auf Ersatz des Verdienstausfalls in einem zum Gesamtgut gehörigen Erwerbsgeschäft (*BGH* NJW 1994, 652),
– Anteil am Gesamtgut einer beendeten fortgesetzten Gütergemeinschaft aus früherer Ehe,
– Ausgleichsforderung nach § 1378 BGB aus einer Zugewinngemeinschaft (zur Pfändbarkeit des Anspruchs vgl. § 852 Abs. 2 ZPO),
– Eigentumsanwartschaft aus einem Vorbehaltskauf (*RG* JW 1925, 353).

Der außerhalb der ehelichen Gemeinschaft stehende Insolvenzgläubiger wird oftmals außerstande sein, die Zugehörigkeit eines Gegenstandes zu einer bestimmten Vermögensmasse behaupten zu können. Bereits die Systematik des materiellen Rechts zeigt jedoch auf, dass die Zugehörigkeit eines Gegenstandes zum Gesamtgut die Regel, die Zugehörigkeit zum Sonder- oder Vorbehaltsgut dagegen die Ausnahme ist. Vor diesem Hintergrund trifft den Gläubiger keine Nachweispflicht, denn die **Zugehörigkeit eines Gegenstandes zum Gesamtgut** wird – wenn auch widerleglich – vermutet, wenn die Gütergemeinschaft Dritten gegenüber nach § 1412, 1416 BGB wirksam ist (*RG* RGZ 90, 288; MüKo-BGB/*Kanzleiter* § 1416 Rn. 4). Nach § 97 Abs. 1 Satz 1 InsO trifft den Schuldner überdies die Verpflichtung, »über alle das Verfahren betreffenden Verhältnisse Auskunft zu geben«. Die Darlegung, dass ein Gegenstand ausnahmsweise Sondergut oder aber Vorbehaltsgut ist, obliegt also dem überlebenden Ehegatten.

40

Hinsichtlich des **Umfangs der Insolvenzmasse** ist – abweichend vom Nachlassinsolvenzverfahren und damit zugleich von der in § 35 InsO getroffenen Regelung – nicht auf den Zeitpunkt der Eröffnung des Insolvenzverfahrens, sondern auf den **Zeitpunkt des Eintritts der fortgesetzten Gütergemeinschaft** abzustellen (so schon *Hess* KO, § 236 Rn. 4; *Jaeger/Weber* KO, § 236 Rn. 22; *Kuhn/Uhlenbruck* KO, § 236 Rn. 2; jetzt zur InsO: *Hess* InsO, § 332 Rn. 12; *Uhlenbruck/Lüer* InsO, § 332 Rn. 5, jeweils m.w.N.). Der gegenteiligen Auffassung, die auf den Zeitpunkt der Verfahrens-

41

eröffnung abstellen will (so etwa *Felgenträger* in Staudinger, BGB, § 1489 Rn. 11), steht bereits die in § 1489 Abs. 2 Hs. 2 BGB getroffene Regelung entgegen, wonach an die Stelle des Nachlasses das Gesamtgut in dem Bestand tritt, den es zur Zeit des Eintritts der fortgesetzten Gütergemeinschaft hatte. Ein Abstellen auf den Zeitpunkt der Eröffnung des Insolvenzverfahrens verbietet sich aber auch bereits aus der Ratio der Vorschrift, die dem Schuldner einen Schutz gegen die allein infolge der Fortsetzung der Gütergemeinschaft eintretende Verschiebung der Haftungslage zu bieten versucht (vgl. *Jaeger/Weber* KO, § 236 Rn. 5, 22; *Bley/Mohrbutter* VerglO, § 114 Rn. 4).

42 Nicht in die Insolvenzmasse fällt – insoweit abweichend von den allgemeinen Regelungen – der dem Gesamtgut seit Eintritt der fortgesetzten Gütergemeinschaft zugeflossene **Neuerwerb** (vgl. *Kilger/Karsten Schmidt* KO, § 236 Rn. 2; MüKo-InsO/*Siegmann* § 332 Rn. 5; *Uhlenbruck/Lüer* InsO, § 332 Rn. 5; ausf. A/G/R-*Ringstmeier* § 332 InsO Rn. 6; a.A. *Kübler/Prütting/Bork-Holzer* InsO, § 332 Rn. 5; *Nerlich/Römermann-Riering* InsO, § 332 Rn. 10; *Hess* InsO, § 332 Rn. 13). Demgegenüber verhindert der Umstand, dass auf den Zeitpunkt des Eintritts der fortgesetzten Gütergemeinschaft abzustellen ist, nicht die **Berücksichtigung zwischenzeitlich eingetretener Wertsteigerungen aber auch -verluste** (Dividendenausschüttungen, Kurssteigerung oder -verluste bei Aktien, vgl. *Hess* KO, § 236 Rn. 5), also von ohne Einfluss des überlebenden Ehegatten entstandenen Veränderungen des Gesamtguts (A/G/R-*Ringstmeier* § 332 InsO Rn. 5). Die Einbeziehung solcher Vermögensschwankungen kann nicht allein auf den »Zuwachs, den das Gesamtgut ohne Zutun des überlebenden Ehegatten erhalten hat«, beschränkt werden (so aber offensichtlich *Hess* KO, § 236 Rn. 5 sowie *Uhlenbruck/Lüer* InsO, § 332 Rn. 5). Die erkennbaren Interessen der am Verfahren beteiligten Parteien sowie der von der Gesamtgutsinsolvenz verfolgte Zweck gebieten eine umfassende Berücksichtigung von Wertzuwächsen wie -verlusten. So dürfen sich Wertverluste, die ohne Verschulden des Schuldners nach Eintritt der fortgesetzten Gütergemeinschaft eintreten, allein auf die Insolvenzmasse – das Gesamtgut – auswirken. Ein Wertausgleich durch Zugriff auf das Eigenvermögen des Schuldners verbietet sich wegen der strikten Trennung von Sonder- und Eigenvermögen im Insolvenzverfahren über das Gesamtgut einer fortgesetzten Gütergemeinschaft und würde der von § 1489 Abs. 2 HS 2 BGB vorgesehenen Haftungsbeschränkung zuwiderlaufen. Im umgekehrten Fall – dem Eintritt eines Wertgewinns des Gesamtguts nach Eintritt der fortgesetzten Gütergemeinschaft – profitieren die Gläubiger, denen nunmehr ein wertmäßig höheres Sondervermögen haftet. Interessen des Schuldners werden hierdurch nicht beeinträchtigt, denn dessen Schutz gebietet allein eine Trennung zwischen Eigenvermögen und Gesamtgut.

43 Zu dem Bestand des Gesamtguts in diesem Zeitpunkt gehören daher **Surrogate** nach § 1473 BGB, die – ohne besonderen Übertragungsakt – kraft Gesetzes dem Gesamtgut zugeordnet werden (*Bley/Mohrbutter* § 114 VerglO Rn. 2; *Palandt/Brudermüller* § 1473 Rn. 1). Hierzu zählen:
– der Erwerb aufgrund eines zum Gesamtgut gehörenden Rechts (Früchte, Zinsen),
– der Ersatz für Zerstörung, Beschädigung und Entziehung (Bsp. Auszahlung einer Versicherungssumme),
– der Erwerb durch ein Rechtsgeschäft, das sich auf das Gesamtgut bezieht (Verkauf von Gesamtgut, Kauf mit Mitteln des Gesamtguts).

D. Insolvenzgrund

44 Die entsprechende Anwendung der Vorschriften der Nachlassinsolvenz erstreckt sich auch auf die dort in § 320 InsO genannten **Eröffnungsgründe**. Neben den allgemeinen Eröffnungsgründen Zahlungsunfähigkeit (§ 17 InsO) und Überschuldung (§ 19 InsO), die bei Überwiegen der in diesem Sonderinsolvenzverfahren verfolgbaren Verbindlichkeiten gegeben ist, kommt also auch im Rahmen der Gesamtgutsinsolvenz ein Eigenantrag des überlebenden Ehegatten bzw. Gesamtgutsverwalters wegen drohender Zahlungsunfähigkeit (§ 18 InsO) in Betracht (HambK-InsO/*Böhm* § 332 Rn. 4); zu den Eröffnungsgründen vgl. die Kommentierung zu den §§ 17–19 und § 320 InsO. Hier wie dort ist bei drohender Zahlungsunfähigkeit einzig der Schuldner, der allein die Vermögenssituation mit hinreichender Sicherheit feststellen kann, berechtigt den Antrag auf Eröffnung des Insolvenzverfahrens zu stellen. Die Versagung des Antragsrechts für die Gläubiger rechtfertigt sich auch bei Ge-

samtgutsinsolvenz aus der Überlegung, dass es sachlich nicht gerechtfertigt ist, durch Erweiterung der Eröffnungsgründe den Gläubigern ein (weiteres) Druckmittel in die Hand zu geben, etwa um außerhalb des Insolvenzverfahrens liegende Zwecke zu verfolgen. Mit der Beschränkung des Antragsrechts wird daneben bewirkt, dass Bemühungen des Schuldners um eine außergerichtliche Sanierung nicht bereits in diesem Stadium behindert werden (vgl. *Haarmeyer* ZAP-Ost, Fach 14 S. 189 [205]).

Während für den Umfang der Insolvenzmasse auf den Zeitpunkt des Eintritts der fortgesetzten Gütergemeinschaft abzustellen ist (s. Rdn. 41), ist **maßgeblicher Zeitpunkt** für das Vorliegen eines Eröffnungsgrundes (Überschuldung, Zahlungsunfähigkeit und drohende Zahlungsunfähigkeit) **der Zeitpunkt der Eröffnung des Insolvenzverfahrens** (vgl. die Begr. zu § 363 RegE, BT-Drucks. 12/2443 S. 233; zur Parallele im altem Recht vgl. *Kilger/Karsten Schmidt* KO, § 236 Rn. 2; zur InsO: *Uhlenbruck/Lüer* InsO, § 332 Rn. 3). 45

E. Insolvenzgläubiger (Abs. 2)

Abs. 2 der Vorschrift stellt klar, dass Insolvenzgläubiger ausschließlich (»nur«) die Gläubiger sind, deren Forderungen schon **zur Zeit des Eintritts der fortgesetzten Gütergemeinschaft** als Gesamtgutsverbindlichkeiten bestanden. Dem Zweck des auf das Sondervermögen »Gesamtgut« beschränkten Insolvenzverfahrens entsprechend, scheiden damit alle Forderungen aus, die erst mit oder gar erst nach diesem Eintritt Gesamtgutsverbindlichkeiten der fortgesetzten Gütergemeinschaft wurden (vgl. zur Parallele im alten Recht *Kilger/Karsten Schmidt* KO, § 236 Rn. 2). Unzureichend hierfür ist, wie die nunmehrige Hervorhebung im Gesetzeswortlaut (»als Gesamtgutsverbindlichkeiten«) aufzeigt, dass bei Eintritt der fortgesetzten Gütergemeinschaft eine Forderung als solche bestand. Der Entstehenszeitpunkt der Forderung ist also nur eine der tatbestandlichen Voraussetzungen. 46

Daneben ist immer auch maßgeblich, ob hinsichtlich des geltend gemachten Anspruchs das **Gesamtgut haftete** (A/G/R-*Ringstmeier* § 332 InsO Rn. 9). Ist dies nicht der Fall, ist der jeweilige Gläubiger ausgeschlossen, dies auch dann, wenn der Anspruch vor Eintritt der fortgesetzten Gütergemeinschaft entstand. Diese Auslegung deckt sich mit der bereits zuvor herrschenden Ansicht, die sich – mangels klarstellendem Wortlaut des »Vorgängers« § 236 KO –, zu Recht auf den Zweck des Vorschrift stützte, dem Schuldner einen Schutz gegen die allein infolge der Gemeinschaftsfortsetzung eintretende Verschiebung der Haftungslage zu bieten (vgl. *Jaeger/Weber* KO, § 236 Rn. 5; *Bley/Mohrbutter* § 114 VerglO Rn. 4). 47

Wegen der strikten Zeitgrenze (»zur Zeit des Eintritts«) fallen **Pflichtteilsansprüche, Vermächtnisse und Auflagen** – ungeachtet dessen, dass auch diese Gesamtgutsverbindlichkeiten sein können – **nicht** in den Anwendungsbereich des § 332 InsO (vgl. *Kilger/Karsten Schmidt* KO, § 236 Rn. 2; *Uhlenbruck/Lüer* InsO, § 332 Rn. 6; *Jaeger/Weber* KO, § 236 Rn. 19). Dasselbe gilt für **Eigenverbindlichkeiten**, aber auch die nach dem Erbfall begründeten Verbindlichkeiten **des überlebenden Ehegatten**, denn auch hier sind die Forderungen erst mit bzw. gar erst nach dem Erbfall zur Gesamtgutsverbindlichkeit geworden (A/G/R-*Ringstmeier* § 332 InsO Rn. 10). 48

Insolvenzgläubiger kann – ungeachtet der ihm zugewiesenen Schuldnerrolle – auch der **überlebende Ehegatte** selbst sein. Eine solche Zwitterstellung setzt allein voraus, dass dem überlebenden Ehegatten – wie bei jedem anderen Gläubiger auch – eine Forderung (etwa aus Gewährung eines Darlehens) gegen das Gesamtgut schon zur Zeit des Eintritts der fortgesetzten Gütergemeinschaft zustand. Auch von Abkömmlinge können Gläubiger sein; aus dieser Gläubigerstellung folgt zugleich – abweichend von dem in § 332 Abs. 3 InsO festgelegten Grundsatz – das Recht, die Eröffnung des Gesamtgutsinsolvenzverfahren zu beantragen (vgl. MüKo-InsO/*Siegmann* § 332 Rn. 4; A/G/R-*Ringstmeier* § 332 InsO Rn. 12; *Jaeger/Weber* KO, § 236 Rn. 20). 49

Auch dem Gläubiger, dem der überlebende Ehegatte zur Zeit des Eintritts der fortgesetzten Gütergemeinschaft persönlich haftet (§§ 1437, 1459 BGB), ist es nunmehr grds. nicht mehr verwehrt, das Insolvenzverfahren über das Gesamtgut zu beantragen. Insoweit wurde die noch in § 236 Satz 3 KO vorgesehene Versagung der **Antragsbefugnis** für diesen Fall nicht übernommen. Damit wird den vor- 50 mals geäußerten rechtspolitischen Bedenken, dass das Gesetz das Interesse dieser Gläubiger, zur Verhinderung eines Zugriffs der neuen Gesamtgutsgläubiger auf das überschuldete Gesamtgut dessen Sonderung zu erwirken, unberücksichtigt lasse (vgl. *Jaeger/Weber* KO, § 236 Rn. 6, vgl. auch die Begr. zu § 378 RegE), Rechnung getragen. In der Tat ist nicht ersichtlich, warum solchen Gläubigern ein rechtliches Interesse, das Gesamtgut dem Zugriff neu hinzutretender Gesamtgutsgläubiger zu entziehen, abgesprochen werden soll und es allein dem überlebenden Ehegatten, der bereits vor Eintritt der fortgesetzten Gütergemeinschaft die alleinige Verwaltungsbefugnis über das eheliche Gesamtgut inne hatte, obliegen sollte, den Antrag auf Eröffnung des Verfahrens zu stellen (zu Letzterem *Kilger/Karsten Schmidt* KO, § 236 Rn. 3). Die Erweiterung des antragsbefugten Personenkreises führt auch nicht zu einer sachlich nicht gerechtfertigten Ausuferung, denn es verbleibt bei der Notwendigkeit eines im Einzelfall tatsächlich bestehenden berechtigten Interesses. Die Feststellung, dass ein solches im konkreten Fall bejaht werden kann, wird also nicht unterstellt, sondern – nicht anders als bei den anderen Gläubigern – auf eine Prüfung im Rahmen der allgemeinen Regelung über das Rechtsschutzinteresse beim Eröffnungsantrag verlagert, § 14 Abs. 1 InsO.

51 Auch im Übrigen gelten für den Antrag des Gläubigers die Voraussetzungen des § 14 Abs. 1 InsO, d.h. der Gläubiger muss neben dem rechtlichen Interesse an der Eröffnung des Insolvenzverfahrens seine Forderung und den Eröffnungsgrund glaubhaft machen; hierzu kann er sich aller von § 294 ZPO benannten zulässigen Mittel bedienen (vgl. insoweit *Schmerbach* § 14). Damit korrespondiert die Auskunftspflicht des Schuldners, § 20 InsO.

F. Auswirkungen von Sonderkonstellationen auf das Gesamtgutsinsolvenzverfahren

I. Ablehnung der fortgesetzten Gütergemeinschaft

52 Dem überlebenden Ehegatten steht es frei, die Gütergemeinschaft fortzusetzen oder aber dies während der ihm zustehenden Überlegungsfrist (§§ 1484 Abs. 1 mit 1944 BGB; s. hierzu *Palandt/Brudermüller* § 1484 Rn. 1) abzulehnen. Auch der Umstand, dass mit Eröffnung des Insolvenzverfahrens das Verwaltungs- und Verfügungsrecht über das zur Insolvenzmasse gehörende Vermögen vom Schuldner auf den Insolvenzverwalter übergeht (§ 80 Abs. 1 InsO), ändert an der allein dem Ehegatten zustehenden **Entscheidungsbefugnis** nichts, wie § 83 Abs. 1 Satz 2 InsO ausdrücklich klarstellt (vgl. die dortige Kommentierung).

53 Mit **Ablehnung der fortgesetzten Gütergemeinschaft** tritt die von §§ 1484 Abs. 3, 1482 BGB vorgesehene Rechtsfolge ein: Es verbleibt bei der Nachlasszugehörigkeit des Gesamtgutsanteils des verstorbenen Ehegatten und damit bei der Beerbung nach den allgemeinen Vorschriften (*RG* RGZ 136, 19 [21]). Dementsprechend scheidet für den Fall der Ablehnung der fortgesetzten Gütergemeinschaft die Durchführung eines Gesamtgutsinsolvenzverfahrens aus. Der Zugriff auf das Schuldnervermögen hat hier im Nachlassinsolvenzverfahren nach §§ 315 ff. InsO zu erfolgen.

54 Vom Gesetz nicht beantwortet wird die Frage, wie sich die **Ablehnung** der fortgesetzten Gütergemeinschaft **nach Eröffnung des Insolvenzverfahrens über das Gesamtgut** auswirkt. Unklar ist insbesondere, ob eine Beendigung des Verfahrens oder aber dessen Überleitung in Betracht zu ziehen ist. Die Heranziehung der für das Nachlassinsolvenzverfahren maßgeblichen Regelung ist hier – trotz der in § 332 Abs. 1 InsO vorgesehenen »entsprechenden« Anwendung – nicht möglich. Der entsprechenden Anwendung steht bereits entgegen, dass bei Ausschlagung der Erbschaft lediglich der Vermögensträger, damit der Träger der Haftungsmasse wechselt. Anders als bei der dem überlebenden Ehegatten zugestandenen Ablehnung, die Gütergemeinschaft fortzusetzen, wird hier dem Gesamtgutsinsolvenzverfahren gänzlich die (Haftungs-)Grundlage, das Gesamtgut der fortgesetzten Gütergemeinschaft (§§ 1484 Abs. 2 i.V.m. 1482 BGB), entzogen.

55 Den dargelegten Rechtsunsicherheiten sollte **verfahrenstechnisch** begegnet werden. Soweit es der überlebende Ehegatte selbst war, der den Eröffnungsantrag gestellt hat, wird man hierin zugleich den Willen, die Gütergemeinschaft fortzusetzen, erblicken können. Stellt dagegen ein Gesamtgutsgläubiger den Eröffnungsantrag, sollte das Verfahren bis zum Verstreichen der dem überlebenden Ehegatten zustehenden Überlegungsfrist ausgesetzt werden (vgl. *Jaeger/Weber* KO, § 236 Rn. 13).

Den Interessen der Gesamtgutsgläubiger wird trotz der relativ knappen Überlegungsfrist ausreichend Rechnung getragen. Hinzu tritt die Möglichkeit, die Masse nach Maßgabe des § 21 InsO durch die Anordnung von Sicherungsmaßnahmen vorläufig abzusichern.

II. Gesamtgutsinsolvenz nach Auseinandersetzung

Auch nach Auseinandersetzung der Gütergemeinschaft ist das **Gesamtgutsinsolvenzverfahren** zulässig (vgl. *Uhlenbruck/Lüer* InsO, § 332 Rn. 11; **a.A.** MüKo-InsO/*Siegmann* § 332 Rn. 2; A/G/R-*Ringstmeier* § 332 InsO Rn. 21; Fallgestaltungen zur Auseinandersetzung der Gütergemeinschaft zeigt *Klein* FuR 1995, 165 sowie 249 auf). Dies folgt bereits aus dem Umstand, dass § 316 Abs. 2, wonach die Eröffnung des Verfahrens auch nach der Teilung des Nachlasses zulässig ist, von der Bezugnahme in § 332 Abs. 1 nicht ausgeschlossen wird. Zudem ist es sachlich gerechtfertigt, das Insolvenzverfahren auch in diesem Stadium zuzulassen. Andernfalls bestünde die Gefahr, dass durch eine beschleunigte Auseinandersetzung der Gütergemeinschaft das den Gesamtgutsgläubigern zustehende Recht auf abgesonderte Befriedigung aus dem Gesamtgut verkürzt würde (vgl. *Uhlenbruck/Lüer* InsO, § 332 Rn. 11).

56

III. Eröffnung des Insolvenzverfahrens über das Vermögen des überlebenden Ehegatten

Ein »Nebeneinander« von Gesamtgutsinsolvenz und dem Insolvenzverfahren über das Vermögen des überlebenden Ehegatten ist ohne **wechselseitige Auswirkungen** nicht denkbar. Dies ergibt sich bereits aus dem Umstand, dass bei der Insolvenz des überlebenden Ehegatten auch das Gesamtgut der Insolvenzmasse zugeschlagen wird, eine Trennung zwischen Eigenvermögen und Gesamtgut also nicht stattfindet und es folgerichtig einer Auseinandersetzung des Gesamtguts nicht bedarf, § 37 Abs. 1 Satz 1 und 2, Abs. 3 InsO.

57

Insoweit sind – je nach zeitlichem Ablauf der Geschehnisse – zwei Konstellationen zu unterscheiden:
– **das Insolvenzverfahren über das Vermögen des überlebenden Ehegatten folgt dem Gesamtgutsinsolvenzverfahren:** Hier beschränkt sich die Masse beim Insolvenzverfahren über das Vermögen des überlebenden Ehegatten von vornherein auf dessen Eigenvermögen; die in § 37 Abs. 1 Satz 1 und 2, Abs. 3 InsO getroffene Regelung, bei der Eigenvermögen und Gesamtgut vermischt werden, wird also durchbrochen. Im Ergebnis wird also das Gesamtgutsinsolvenzverfahren durch ein nachfolgendes Verfahren nach § 37 InsO nicht berührt (vgl. MüKo-InsO/*Siegmann* § 332 Rn. 6; HambK-InsO/*Böhm* § 332 Rn. 9; *Jaeger/Weber* KO, § 236 Rn. 8).
– **das Gesamtgutsinsolvenzverfahren folgt dem Insolvenzverfahren über das Vermögen des überlebenden Ehegatten:** Das Gesamtgut scheidet nachträglich aus der Masse des Insolvenzverfahrens über das Vermögen des überlebenden Ehegatten aus. Das letztgenannte Verfahren beschränkt sich folglich auch hier im Ergebnis auf das Eigenvermögen des überlebenden Ehegatten (vgl. MüKo-InsO/*Siegmann* § 332 Rn. 6).

58

IV. Insolvenzverfahren über den Nachlass des verstorbenen Ehegatten

Das Insolvenzverfahren über das Gesamtgut einer fortgesetzten Gütergemeinschaft bleibt von einem nachfolgenden, aber auch von einem zeitlich vorausgehenden Insolvenzverfahren über den Nachlass des verstorbenen Ehegatten **unberührt**. Dies erklärt sich im Falle der fortgesetzten Gütergemeinschaft aus dem Umstand, dass vom Nachlassinsolvenzverfahren von vornherein nur das vererbliche und beschlagnahmefähige Sonder- und Vorbehaltsgut (§ 1417 bzw. § 1418 BGB), nicht jedoch der Anteil des verstorbenen Ehegatten am Gesamtgut (§ 1483 Abs. 1 Satz 2 BGB) erfasst wird.

59

V. Insolvenzverfahren über das Vermögen eines gemeinschaftlichen Abkömmlings

Wie § 37 Abs. 1 Satz 3 i.V.m. Abs. 3 InsO klarstellt, berührt ein Insolvenzverfahren über das Vermögen eines gemeinsamen Abkömmlings der Ehegatten das Gesamtgut nicht (vgl. MüKo-InsO/*Siegmann* § 332 Rn. 6). Vor diesem Hintergrund sind **Einwirkungen auf ein Gesamtgutsinsolvenzverfahren** im Ansatz ausgeschlossen. Nicht ausgeschlossen wird damit die Möglichkeit für Gesamtgutsgläubi-

60

ger, sich am Insolvenzverfahren über das Vermögen eines gemeinschaftlichen Abkömmlings zu beteiligen, wenn sie persönliche Gläubiger des verstorbenen Ehegatten waren und der Abkömmling ihnen für Nachlassverbindlichkeiten als Erbe haftete, § 1967 BGB (vgl. *Jaeger/Weber* KO, § 236 Rn. 8b).

VI. Anfall einer Erbschaft oder eines Vermächtnisses

61 Grds. geht mit Eröffnung des Insolvenzverfahrens das dem Schuldner zustehende Verwaltungs- und Verfügungsrecht über das nunmehr die Insolvenzmasse bildende Vermögen auf den Insolvenzverwalter über, § 80 Abs. 1 InsO. Diese Übertragung der Verwaltungs- und Verfügungsbefugnis erstreckt sich hingegen nicht auf den Fall, dass dem Schuldner vor Verfahrenseröffnung, aber auch während des Insolvenzverfahrens eine **Erbschaft oder ein Vermächtnis** anfällt, § 83 Abs. 1 Satz 1 InsO. Es obliegt also weiterhin dem Schuldner, das ihm zugewandte Vermögen anzunehmen oder aber auszuschlagen.

G. Beteiligung der anteilsberechtigten Abkömmlinge (Abs. 3)

62 Die Teilnahme an der fortgesetzten Gütergemeinschaft begründet für die Abkömmlinge **keinerlei Haftung** für Gesamthandsschulden (§ 1489 Abs. 3 BGB); unberührt bleibt eine Haftung aus anderen Gründen (Haftung als Erbe oder Bürge). Die damit vom materiellen Recht vorgegebene geringe Verbundenheit mit dem Gesamtgut findet im Insolvenzverfahren über das Gesamtgut einer fortgesetzten Gütergemeinschaft ihre konsequente Fortsetzung. Mangels schutzwürdigen Interesses an der Eröffnung des Insolvenzverfahrens ist das Beteiligungsrecht der Abkömmlinge auf ein Anhörungsrecht beschränkt; sie sind jedoch nicht berechtigt, allein aufgrund ihrer Eigenschaft als Abkömmlinge die Eröffnung des Insolvenzverfahrens zu beantragen (*Uhlenbruck/Lüer* InsO, § 332 Rn. 8). Damit ist der zu berücksichtigenden Wahrung der Gemeinschaftsrechte in genügendem Maße Rechnung getragen (vgl. hierzu *Häsemeyer* Insolvenzrecht, 1992, S. 821). Eine Ausnahme von dem Grundsatz, dass den Abkömmlingen kein Recht zusteht, das Gesamtgutsinsolvenzverfahren zu beantragen, besteht, soweit diese selbst die Stellung eines Insolvenzgläubigers einnehmen (vgl. *Jaeger/Weber* KO, § 236 Rn. 7, 20).

Dritter Abschnitt Insolvenzverfahren über das gemeinschaftlich verwaltete Gesamtgut einer Gütergemeinschaft

§ 333 Antragsrecht. Eröffnungsgründe

(1) Zum Antrag auf Eröffnung des Insolvenzverfahrens über das Gesamtgut einer Gütergemeinschaft, das von den Ehegatten gemeinschaftlich verwaltet wird, ist jeder Gläubiger berechtigt, der die Erfüllung einer Verbindlichkeit aus dem Gesamtgut verlangen kann.

(2) ¹Antragsberechtigt ist auch jeder Ehegatte. ²Wird der Antrag nicht von beiden Ehegatten gestellt, so ist er zulässig, wenn die Zahlungsunfähigkeit des Gesamtguts glaubhaft gemacht wird; das Insolvenzgericht hat den anderen Ehegatten zu hören. ³Wird der Antrag von beiden Ehegatten gestellt, so ist auch die drohende Zahlungsunfähigkeit Eröffnungsgrund.

(3) Die Absätze 1 und 2 gelten für Lebenspartner entsprechend.

Übersicht	Rdn.		Rdn.
A. Regelungsgegenstand	1	G. Insolvenzgrund	25
B. Zuständiges Insolvenzgericht	5	H. Wirkung der Verfahrenseröffnung	29
C. Schuldner	12	I. Zulässigkeit eines Insolvenzverfahrens über das Gesamtgut nach Beendigung der Gütergemeinschaft	30
D. Antragsberechtigung	16		
E. Insolvenzgläubiger	22		
F. Insolvenzmasse	24	J. Wirkung der Verfahrenseröffnung	32

A. Regelungsgegenstand

Den Ehegatten steht es frei, die **Verwaltungsbefugnis** über das eheliche Gesamtgut nur einem Ehegatten zu übertragen oder aber insoweit eine gemeinschaftliche Verwaltung zu vereinbaren. Bei unklarer oder mehrdeutiger Regelung im Ehevertrag ist durch Auslegung zu ermitteln, ob eine gemeinschaftliche Verwaltung gewollt ist; dabei ist die bisherige Übung der Ehegatten von Bedeutung (*BayObLG* NJW-RR 1990, 5). Soweit die Ehegatten dagegen im Ehevertrag überhaupt keine Regelung hinsichtlich der Verwaltungsbefugnis getroffen haben, gilt die gesetzliche Regelung des § 1421 Satz 2 BGB, wonach das Gesamtgut gemeinschaftlich verwaltet wird (§§ 1450 ff. BGB). Auch auf einen in der Zeit zwischen dem 01.04.1953 und 01.07.1958 vereinbarten Güterstand sind die Vorschriften der 1450 ff. BGB in der nunmehr geltenden Fassung des Gleichberechtigungsgesetzes vom 18.06.1957 (BGBl. I S. 609) anzuwenden, *BayObLG* NJW-RR 1990, 5; zu den Auswirkungen dieses Gesetzes auf das Konkursrecht vgl. *Baur* in Ehe und Familie (= FamRZ) 1958, 252. 1

Mit § 333 InsO wird – entsprechend der in § 11 Abs. 2 Nr. 2 InsO getroffenen Regelung – die Möglichkeit eröffnet, trotz fehlender Rechtspersönlichkeit des von beiden Ehegatten gemeinschaftlich verwalteten Gesamtgutes (hierzu MüKo-BGB/*Kanzleiter* § 1459 Rn. 2) ein eigenständiges Insolvenzverfahren über das Gesamtgut als solches durchzuführen. Insoweit handelt es sich auch hier – nicht anders als beim Nachlassinsolvenzverfahren – um eine **Sonder- oder Partikularinsolvenz** (*Bork* Einführung in das neue Insolvenzrecht, Rn. 437). Die Verwertung des – das Haftungsobjekt bildende – Gesamtguts ist nach Abs. 1 nur den Gläubigern eröffnet, die Erfüllung ihrer Verbindlichkeiten aus dem Gesamtgut verlangen können (HambK-InsO/*Böhm* § 333 Rn. 1). 2

Abweichend vom früheren § 236a Abs. 1 KO wird als **Eröffnungsgrund** nun nicht mehr auf die Zahlungsunfähigkeit der Ehegatten, sondern auf die Zahlungsunfähigkeit bzw. drohende Zahlungsunfähigkeit des Gesamtguts abgestellt (vgl. MüKo-InsO/*Schumann* § 333 Rn. 13; *Uhlenbruck/Lüer* InsO, § 333 Rn. 3 und zur früheren Regelung *Kilger/Karsten Schmidt* KO, § 236a Rn. 1). 3

Abzugrenzen ist das Gesamtgutsinsolvenzverfahren bei gemeinschaftlicher Verwaltung des Gesamtguts durch die Ehegatten vom Insolvenzverfahren über das Vermögen eines Ehegatten. Letzteres be- 4 rührt, wie § 37 Abs. 2 InsO bestimmt, das Gesamtgut, damit auch das sich hierauf beziehende Insolvenzverfahren, nicht.

B. Zuständiges Insolvenzgericht

5 § 333 InsO trifft keine besondere Zuständigkeitsbestimmung; auch eine entsprechende Geltung der für das Nachlassinsolvenzverfahren geltenden Vorschriften, wie sie § 332 Abs. 1 InsO für die fortgesetzte Gütergemeinschaft festschreibt, ist nicht vorgesehen. Bei der sachlichen wie örtlichen Bestimmung des für das Insolvenzverfahren über das gemeinschaftlich verwaltete Gesamtgut zuständigen Gerichts verbleibt es somit bei den in §§ 2 und 3 InsO getroffenen allgemeinen Zuständigkeitsregelungen (vgl. daher die dortige Kommentierung; einen Überblick über die Neuordnung der Zuständigkeitsregelungen im Insolvenzverfahren gibt *Helwich* MDR 1997, 13). Während die **sachliche Zuständigkeit des Amtsgerichts** als Insolvenzgericht sich unmittelbar aus § 2 Abs. 1 InsO ergibt, können bei der Bestimmung der **örtlichen Zuständigkeit** wegen der Zuweisung der Schuldnerrolle an beide Ehegatten (vgl. unten) Abgrenzungsschwierigkeiten auftauchen.

6 Unproblematisch ist die Situation, wenn zum Gesamtgut ein **Erwerbsgeschäft** gehört. Das Vorliegen eines Mittelpunkts einer selbstständigen wirtschaftlichen Tätigkeit wirkt, wie § 3 Abs. 1 Satz 2 InsO festlegt, zuständigkeitsbestimmend; die hiervon ggf. abweichende Zuständigkeitsregelung des § 3 Abs. 1 Satz 1 InsO, mit der auf den allgemeinen Gerichtsstand des Schuldners abgestellt wird, wird verdrängt (vgl. insoweit die Kommentierung zu § 3 sowie zu § 315 InsO). Soweit die Niederlassung in der Zeit zwischen Antragstellung und Eröffnung des Insolvenzverfahrens an einen anderen Ort verlegt wird, bleibt das ursprünglich angerufene Gericht für die Verfahrenseröffnung zuständig (*OLG München* Rpfleger 1987, 78). Bei plötzlichen, zeitlich in engem Zusammenhang mit dem Insolvenzverfahren stehenden, **Sitzverlegungen** liegt der Verdacht nahe, dass hiermit allein ein Gerichtsstand missbräuchlich erschlichen werden soll; vor diesem Hintergrund hat das Gericht hier zu prüfen, ob tatsächlich der Mittelpunkt der selbstständigen wirtschaftlichen Tätigkeit verlegt worden ist (*BGH* BGHZ 132, 195; *LG Magdeburg* GmbHR 1997, 129).

7 Betreibt dagegen ein Ehegatte ein **Erwerbsgeschäft**, das zu seinem Vorbehaltsgut gehört, begründet dies allein die örtliche Zuständigkeit im Eigeninsolvenzverfahren des Ehegatten, nicht dagegen für das Insolvenzverfahren über das von den Ehegatten gemeinsam verwaltete eheliche Gesamtgut (vgl. *Jaeger/Weber* KO, §§ 236a–c Rn. 10; zum Begriff des Vorbehaltsguts vgl. § 332 Rdn. 10, 16 f., 39).

8 Schwierigkeiten können insoweit jedoch auftauchen, wenn unklar ist, ob das Erwerbsgeschäft dem Gesamt- oder aber – nach Maßgabe des § 1418 Abs. 2 Nr. 1 und 2 BGB – dem Vorbehaltsgut zuzuordnen ist. Ausgehend von § 1412, 1416 BGB wird die Zugehörigkeit zum Gesamtgut jedoch – widerleglich – vermutet (vgl. *RG* RGZ 90, 288; MüKo-BGB/*Kanzleiter* § 1416 Rn. 4; A/G/R-*Ringstmeier* § 332 InsO Rn. 4). Die Darlegung, dass dem nicht so ist, obliegt – korrespondierend mit der in § 97 Abs. 1 InsO verankerten Verpflichtung des Schuldners, »über alle das Verfahren betreffenden Verhältnisse Auskunft zu geben« – dem Schuldner. Soweit die Ehegatten **mehrere Erwerbsgeschäfte an verschiedenen Orten** betreiben, dürfte die von der Insolvenzordnung vorgesehene Prävention des ersten Eröffnungsantrages nicht maßgeblich sein (so aber – bezogen auf § 71 Abs. 2 KO – noch *Schuler* NJW 1958, 1609 [1611]). § 3 Abs. 1 Satz 2 InsO betont den Mittelpunkt einer selbstständigen wirtschaftlichen Tätigkeit; vorrangig ist daher zunächst der Erwerbsschwerpunkt zu ermitteln. Die Notwendigkeit einer solchen Auslegung wird deutlich bei einem Haupterwerbsgeschäft mit nachrangigen, von der wirtschaftlichen Bedeutung unbedeutsameren Nebenstellen.

9 Ebenfalls keine Probleme hinsichtlich der örtlichen Zuständigkeitsbestimmung tauchen auf, soweit der **allgemeine Gerichtsstand des Schuldners** (§ 3 Abs. 1 Satz 1 InsO) maßgeblich ist und die Ehegatten – wie dies regelmäßig der Fall ist – einen gemeinsamen Gerichtsstand haben. Im Ausnahmefall – die Ehegatten haben verschiedene allgemeine Gerichtsstände – ist dagegen nicht ausgeschlossen, dass die **Zuständigkeit ortsverschiedener Insolvenzgerichte** begründet ist. Dem Gläubiger kommt insoweit zunächst ein Wahlrecht zu, das ihm – aus welchen Gründen auch immer – genehmere Gericht anzurufen. Das Wahlrecht entfällt jedoch, soweit bereits von anderer Seite die Eröff-

nung des Insolvenzverfahrens beantragt wurde. Hier schließt das Insolvenzgericht, bei dem zuerst die Eröffnung des Insolvenzverfahrens beantragt wurde, die übrigen aus, § 3 Abs. 2 InsO.

Soweit die Eröffnung des Insolvenzverfahrens beim örtlich unzuständigen Gericht beantragt wird, hat das Gericht den Antragsteller hierauf hinzuweisen; da eine Verweisung von Amts wegen nach § 281 Abs. 1 ZPO analog nicht zulässig ist, ist die Stellung eines Verweisungsantrages anzuregen. Wird dieser nicht gestellt, ist der Eröffnungsantrag als unzulässig zurückzuweisen (*LG Magdeburg* GmbHR 1997, 129). Bei **unbekanntem Aufenthalt des Schuldners** bzw. der Schuldner kann der Insolvenzantrag öffentlich zugestellt werden, §§ 203, 208 ZPO. Eines Antrags des Gläubigers bedarf es insoweit nicht. Dessen Pflicht beschränkt sich auf die Glaubhaftmachung der Voraussetzungen für eine von Amts wegen vorzunehmende **öffentliche Zustellung** (*Haarmeyer* ZAP-Ost Fach 14, 189 (194). Der verfassungsrechtliche Schutz der Ehe erfordert jedoch eine besonders sorgfältige Prüfung (*AG Landstuhl* FamRZ 1993, 212; zu den allgemein an die öffentliche Zustellung i.S.d. § 203 ZPO anzustrengenden Anforderungen siehe *OLG Hamm* JurBüro 1994, 630). 10

Auch hinsichtlich der **funktionellen Zuständigkeit** gelten die allgemeinen Regelungen. 11

C. Schuldner

Schuldner einer Gesamtgutsverbindlichkeit können bereits materiellrechtlich **nur die Ehegatten** persönlich, keinesfalls aber das Gesamtgut selbst sein, da dieses – ebenso wie andere Vermögensmassen – keine eigene Rechtspersönlichkeit besitzt (MüKo-InsO/*Schumann* § 333 Rn. 8; *Uhlenbruck/Lüer* InsO, § 333 Rn. 4; *Hess* InsO, § 333 Rn. 4). Das Gesamtgut bildet allein das Haftungsobjekt für die Verbindlichkeiten der Ehegatten (MüKo-BGB/*Kanzleiter* § 1459 Rn. 2). Dementsprechend führt auch die Möglichkeit, dass über das Gesamtgut als solches ein selbstständiges Insolvenzverfahren durchgeführt werden kann, nicht zu einer Zuweisung der Schuldnerrolle an das Gesamtgut. In Übereinstimmung mit dem alten Recht (vgl. *Hess* KO, § 236a Rn. 1; *Baur* Ehe und Familie (= FamRZ) 1958, 252 [259]) sind Schuldner in diesem Verfahren vielmehr beide Ehegatten (*Uhlenbruck/Lüer* InsO, § 333 Rn. 4). Dies rechtfertigt auch der Umstand, dass diese bereits zuvor Träger des – nunmehr zu verwertenden – Gesamtguts in gesamthänderischer Verbundenheit waren und hieraus folgend auch persönlich für die Gesamtgutsverbindlichkeiten hafteten (*Schuler* NJW 1958, 1609 [1610]). Wegen der gleichzeitigen Gemeinschuldnerstellung beider Ehegatten ist denkbar, dass diese hinsichtlich der Notwendigkeit, die Eröffnung des Insolvenzverfahrens zu beantragen, unterschiedlicher Auffassung sind. Dem wird mit der in Abs. 2 getroffenen Verfahrensregelung Rechnung getragen. 12

Nur für bestimmte Fälle ist der Insolvenzordnung zu entnehmen, ob die aus der Schuldnerrolle folgenden Rechte einzeln oder nur gemeinsam von den Ehegatten ausgeübt werden dürfen (zu den verbleibenden Einzelrechten im alten Recht vgl. *Hess* KO, § 236a Rn. 2; *Schuler* NJW 1958, 1609 [1611 f.]). Von einer bereits dem **einzelnen Ehegatten zustehenden Schuldnerbefugnis** ist insbesondere auszugehen bei: 13
– dem Beschwerderecht gegen die Eröffnung des Verfahrens (§ 34 Abs. 2 InsO) sowie bei Abweisung des Eröffnungsantrags mangels Masse; dies begründet sich aus der Selbstständigkeit des Beschwerderechtes (vgl. auch unten Rdn. 21);
– dem Recht, angemeldete Forderung zu bestreiten (§ 176 Satz 2 InsO); die Notwendigkeit, dass es genügen muss, wenn ein Ehegatte bestreitet, folgt bereits aus der Existenz von Sonder- und Vorbehaltsgut eines jeden Ehegatten.

Soweit dagegen die Insolvenzordnung eine **Anhörung des Schuldners** vorsieht (§§ 10, 14 Abs. 2, 21 Abs. 3 InsO), ist dieses Recht – soweit nicht eine Empfangsvollmacht für einen Ehegatten erteilt wurde – beiden Ehegatten zuzugestehen (A/G/R-*Ringstmeier* § 333 InsO Rn. 6; HambK-InsO/*Böhm* § 333 Rn. 4). Eine Ausnahme bildet die Anhörung eines Ehegatten, soweit nur der andere den Antrag auf Eröffnung des Insolvenzverfahrens gestellt hat, § 334 Abs. 1 Satz 2 HS 2 InsO. 14

Demgegenüber treffen die **Schuldnerpflichten**, wie etwa die in § 97 InsO statuierten Auskunfts- und Mitwirkungspflichten, ausnahmslos beide Ehegatten (vgl. *Uhlenbruck/Lüer* InsO, § 333 15

Rn. 4). Dasselbe gilt grds. hinsichtlich der zwangsweisen Durchsetzung der Pflichten des Schuldners nach § 98 InsO. Eine Ausnahme wird indes angebracht sein, soweit die Verletzung einer dem Schuldner obliegenden Pflicht allein einem Ehegatten angelastet werden kann.

D. Antragsberechtigung

16 Antragsberechtigt ist zunächst jeder **Gläubiger**, »der die Erfüllung einer Verbindlichkeit aus dem Gesamtgut verlangen kann«, § 333 Abs. 1 InsO. Gläubiger in diesem Sinne kann – trotz der zugewiesenen Schuldnerrolle – auch ein Ehegatte sein, soweit diesem gegen das Gesamtgut eine Forderung zusteht (HambK-InsO/*Böhm* § 333 Rn. 5). Die Möglichkeit einer solchen Gläubigerstellung folgt bereits aus der strikten Trennung von Eigenvermögen der Ehegatten und dem Gesamtgut. So ist etwa denkbar, dass ein Ehegatte aus Mitteln seines Vorbehaltsguts Gesamtgutsverbindlichkeiten getilgt hat (§ 1467 Abs. 2 BGB) oder hieraus ein Darlehen vergeben hat.

17 Zulässig ist der Antrag eines Gläubigers auf Eröffnung des Insolvenzverfahrens, wenn er hieran ein rechtliches Interesse hat und seine Forderung und den Eröffnungsgrund glaubhaft macht, § 14 Abs. 1 InsO (siehe die dortige Kommentierung). Ausnahmsweise bedarf es – über die Glaubhaftmachung hinaus – des vollen Beweises, wenn die dem Eröffnungsantrag zugrunde liegende Forderung die einzige ist und diese vom Schuldner bestritten wird (*AG Düsseldorf* KTS 1988, 177).

18 Ungeachtet der Gläubigerstellung wird mit der in **Abs. 2** getroffenen Regelung daneben klargestellt, dass auch »jeder« **Ehegatte** bzw. beide Ehegatten die Eröffnung des Insolvenzverfahrens über das gemeinschaftlich verwaltete Gesamtgut der Gütergemeinschaft beantragen können, soweit die Zahlungsunfähigkeit des Gesamtguts glaubhaft gemacht wird bzw. eine drohende Zahlungsunfähigkeit gegeben ist.

19 Die gleichzeitige Schuldnerstellung der Ehegatten wirkt sich auch **verfahrensrechtlich** aus; dies insbesondere angesichts der latenten Gefahr, dass die Ehegatten hinsichtlich der Vermögenseinschätzung unterschiedlicher Auffassung sind. Dem wird mit der in Abs. 2 vorgenommenen Differenzierung von Zahlungsunfähigkeit und drohender Zahlungsunfähigkeit Rechnung getragen. Soweit nur ein Ehegatte die Eröffnung des Insolvenzverfahrens beantragt, bedarf es hierzu nicht der Zustimmung des anderen Ehegatten. Zulässigkeitsvoraussetzung der insoweit autonomen Verfahrenshandlung ist jedoch dann, dass der beantragende Ehegatte die »Zahlungsunfähigkeit des Gesamtguts glaubhaft macht« (zur Parallele im alten Recht vgl. *Hess* KO, § 236a Rn. 2; *Kuhn/Uhlenbruck* KO, § 236a Rn. 4; zum Sinn und Zweck der Glaubhaftmachung vgl. *Haarmeyer* ZAP-Ost 1997, Fach 14 S. 189 (197). Die – sich bereits aus der Schwere des Eingriffs der Insolvenzverfahrenseröffnung ergebenden – Interessen des anderen Ehegatten werden hier durch das ihm zustehende Anhörungsrecht gewahrt.

20 Abs. 2 Satz 2 und 3 markieren insoweit zugleich die **Grenze der autonomen Entscheidungsbefugnis des einzelnen Ehegatten**. Während für den Eröffnungsgrund »Zahlungsunfähigkeit« die Glaubhaftmachung durch einen Ehegatten als ausreichend erachtet wird, ist die drohende Zahlungsunfähigkeit nur dann Eröffnungsgrund, wenn der Eröffnungsantrag von beiden Ehegatten gestellt wird.

21 Wird das Insolvenzverfahren auf einen Gläubigerantrag hin eröffnet, steht es jedem Ehegatten als Mitschuldner frei, hiergegen **Beschwerde** einzulegen, § 34 Abs. 2 InsO; wegen der Selbstständigkeit des Beschwerderechts bedarf es einer Zustimmung des anderen Ehegatten insoweit nicht (vgl. MüKo-InsO/*Schumann* § 333 Rn. 8). Aus diesem Grund steht das Beschwerderecht eines Ehegatten diesem auch für den Fall zu, dass die Verfahrenseröffnung auf einem Antrag des anderen Ehegatten beruht. Soweit die Eröffnung des Insolvenzverfahrens abgelehnt wurde, steht das Beschwerderecht nach § 34 Abs. 1 InsO dem »Antragsteller« zu. Für den Fall des Eigenantrags ist damit auch für den bzw. die Ehegatten das Rechtsmittel der Beschwerde eröffnet. Bei Abweisung der Verfahrenseröffnung mangels Masse (§ 26 InsO) ergibt sich diese Möglichkeit für die Ehegatten bereits aus deren Schuldnerrolle (§ 34 Abs. 1 HS 2 InsO).

E. Insolvenzgläubiger

Gläubiger im Rahmen eines Insolvenzverfahrens über das gemeinschaftlich verwaltete Gesamtgut einer Gütergemeinschaft kann nur sein, wer »die Erfüllung einer Verbindlichkeit aus dem **Gesamtgut** verlangen kann«, § 333 Abs. 1. Eine solche Stellung kommt allein den Gesamtgutsgläubigern i.S.d. §§ 1459 ff. BGB zu. Von Bedeutung sind insoweit die teils weit reichenden Einschränkungen der §§ 1460–1462 BGB. Insbesondere § 1460 BGB schränkt die Haftung des Gesamtguts auf die – während der Dauer der Gütergemeinschaft entstandenen – rechtsgeschäftlichen Verbindlichkeiten ein, die von beiden Ehegatten begründet wurden; dem gleichgestellt sind die durch einen Ehegatten vorgenommenen Rechtsgeschäfte, die entweder aufgrund einer Zustimmung des anderen Ehegatten oder aber aufgrund der Befugnis, für das Gesamtgut zu handeln (§§ 1454 bis 1456 BGB), für das Gesamtgut wirksam sind. Zur möglichen Gläubigerstellung eines Ehegatten vgl. Rdn. 16 sowie *Bley/Mohrbutter* § 114a VerglO Rn. 7. 22

Die Haftung des Gesamtguts ist nach § 1459 Abs. 1 BGB die Regel. Soweit bestritten wird, dass eine Gesamtgutsverbindlichkeit vorliegt, trägt die **Beweislast** derjenige, der sich hierauf beruft (MüKo-BGB/*Kanzleiter* § 1459 Rn. 8) 23

F. Insolvenzmasse

Vom Insolvenzbeschlag erfasst werden alle Gegenstände, die im **Zeitpunkt der Eröffnung des Insolvenzverfahrens** zum Gesamtgut gehören, § 1416 BGB (*Uhlenbruck/Lüer* InsO, § 333 Rn. 8). Auch der Neuerwerb gehört zur Insolvenzmasse (HambK-InsO/*Böhm* § 333 Rn. 6). Auszuscheiden ist das Eigenvermögen der Ehegatten, also das diesen jeweils zustehende Sonder- und Vorbehaltsgut (§§ 1417, 1418 BGB). 24

G. Insolvenzgrund

Die **Gesetzesbegründung** zu § 333 InsO fällt reichlich knapp aus. Sie beschränkt sich im Wesentlichen auf die Aussage, dass § 236a Abs. 2 und 3 KO, sinngemäß übernommen werden. Die Zurückhaltung in der Begründung verwundert angesichts der Nichtübernahme der in § 236a Abs. 1 KO, getroffenen Regelung und der hieraus folgenden – nicht nur unwesentlichen – Abweichung der nunmehr vorliegenden Norm gegenüber dem bisherigen Recht. Abgestellt wurde in § 236a Abs. 1 KO, auf die »Zahlungsunfähigkeit beider Ehegatten«. Wegen der in § 1459 Abs. 1 BGB vorgesehenen persönlichen Haftung für Gesamtgutsverbindlichkeiten, die sich auch auf das nicht gesamthänderisch gebundene sonstige Vermögen erstreckte, genügte damit insbesondere nicht, dass aus dem Gesamtgut keine Zahlungen mehr geleistet werden konnten, solange und soweit eine Deckung durch das sonstige Vermögen der Ehegatten gegeben war (vgl. *Hess* KO, § 236a Rn. 3; *Häsemeyer* Insolvenzrecht, 1. Aufl. S. 818 und für das Vergleichsverfahren *Bley/Mohrbutter* § 114a VerglO Rn. 3). 25

Demgegenüber bildet den Insolvenzgrund im Gesamtgutsinsolvenzverfahren bei gemeinsamer Verwaltung des ehelichen Gesamtguts nunmehr die **Zahlungsunfähigkeit** bzw. bei Antrag beider Ehegatten die **drohende Zahlungsunfähigkeit** (Abs. 2) **des Gesamtgutes** (*Bork* Einführung in das neue Insolvenzrecht, Rn. 437; allgemein zu den neuen Eröffnungsgründen im Insolvenzrecht: *Burger/Schellberg* BB 1995, 261). Das nunmehr hierauf abzustellen ist, ergibt sich bereits aus Abs. 2, wo von der »Zahlungsunfähigkeit des Gesamtguts« die Rede ist, aber auch mittelbar aus der in § 334 Abs. 1 InsO getroffenen Regelung, welche die persönliche Haftung der Ehegatten zum Gegenstand hat. Abweichend vom alten Recht sind also die sonstigen Vermögensverhältnisse der Ehegatten nunmehr für das Gesamtgutsinsolvenzverfahren irrelevant, da hier allein auf die Aktiva und Passiva des Gesamtguts abgestellt wird (*Uhlenbruck/Lüer* InsO, § 333 Rn. 3; **a.A.** *Kübler/Prütting/Bork-Holzer* InsO, § 333 Rn. 6 f.). 26

Soweit § 333 InsO einen Zugriff der Gläubiger allein auf das Gesamtgut vorsieht, stehen diese sich im Verhältnis zum alten Recht nicht schlechter, denn der Zugriff auf das Gesamtgut versperrt – wie § 334 InsO aufzeigt – nicht zwingend die Möglichkeit einer hierüber hinausgehenden persönlichen Inanspruchnahme der Ehegatten. Die mit § 333 InsO vorgenommene Abweichung gegenüber dem 27 alten Recht stellt insoweit eine **Verfahrenskomplizierung** dar. Sie beruht auf der vom Gesetzgeber verfolgten Zielsetzung, dass die Haftung der Gesamtheit der Gläubiger zu Gute kommt. Hierfür ist jedoch die Eröffnung eines Insolvenzverfahrens über das Vermögen des einzelnen Ehegatten nicht erforderlich. Will ein Gläubiger, über die Sondervermögensmasse »Gesamtgut« hinaus, auf das Eigenvermögen der Ehegatten zugreifen, bedarf es hierzu eines vom Insolvenzverfahren über das Gesamtgut losgelösten – insoweit eigenständigen – Insolvenzverfahren über das Vermögen der Ehegatten. Diese persönliche Haftung muss jedoch nach § 334 Abs. 1 InsO in der Gesamtgutsinsolvenz nunmehr vom Insolvenzverwalter oder Sachwalter geltend gemacht werden.

28 Insolvenzgrund bildet allein die Zahlungsunfähigkeit bzw. die drohende Zahlungsunfähigkeit, **nicht** dagegen – anders als bei der Nachlassinsolvenz (§ 320 InsO) – die **Überschuldung des Gesamtguts** (*Bork* Einführung in das neue Insolvenzrecht, Rn. 438 Fn. 46; *Uhlenbruck/Lüer* InsO, § 333 Rn. 3; A/G/R-*Ringstmeier* § 333 InsO Rn. 9). Dies ergibt sich bereits aus § 19 Abs. 1 InsO, mit dem klarstellt wird, dass die Überschuldung bei einer juristischen Person Eröffnungsgrund ist (eingehend zur bilanzmäßigen Überschuldung *BGH* NJW 1992, 2891). Vgl. zum Ganzen MüKo-InsO/*Schumann* § 333 Rn. 13 ff.

H. Wirkung der Verfahrenseröffnung

29 Die Eröffnung des Insolvenzverfahrens über das von den Eheleuten gemeinsam verwaltete Gesamtgut führt **nicht zur Beendigung der Gütergemeinschaft**; sie ist allenfalls – gestützt auf die Überschuldung des Gesamtgutes – ein Grund für die Klage eines Ehegatten auf Aufhebung der Gütergemeinschaft (§ 1469 Nr. 4 BGB). Umgekehrt berührt eine solche Klage das bereits eingeleitete Verfahren auch dann nicht mehr, wenn dem Klageantrag noch vor Abschluss des Insolvenzverfahrens stattgegeben und die Gütergemeinschaft dementsprechend aufgehoben wird (vgl. *Jaeger/Weber* KO, §§ 236a–c Rn. 16; zur Überschuldung des Gesamtgut vgl. MüKo-BGB/*Kanzleiter* § 1447 Rn. 14). Die der Aufhebung der Gütergemeinschaft nachfolgende Auseinandersetzung beschränkt sich für diesen Fall allein auf das vom Insolvenzverfahren nicht erfasste Vermögen (zur Zulässigkeit eines Insolvenzverfahrens über das Gesamtgut im Zwischenstadium nach Beendigung und noch nicht auseinandergesetzter Gütergemeinschaft s. die nachfolgenden Rdn. 30, 31).

I. Zulässigkeit eines Insolvenzverfahrens über das Gesamtgut nach Beendigung der Gütergemeinschaft

30 Keine Aufnahme in die Insolvenzordnung fand die im Rahmen des Gesetzgebungsverfahrens vorgeschlagene Regelung zum **Insolvenzverfahren nach Beendigung der Gütergemeinschaft** (§ 13 Abs. 3 RegE). Diese Fallgestaltung soll – wie die Beschlussempfehlung des Rechtsausschusses knapp festhält – »wie im geltenden Recht der Rspr. überlassen werden«. Damit aber wurde – wie schon bei den Vorgängerregelungen §§ 236a–c KO, – die Chance verpasst, eine abschließende Klärung der Frage herbeizuführen, inwieweit ein Insolvenzverfahren über das Gesamtgut nach Beendigung und noch nicht abgeschlossener Auseinandersetzung der Gütergemeinschaft zulässig ist (vgl. zum alten Recht bereits *Schuler* NJW 1958, 1609 sowie MüKo-InsO/*Schumann* § 333 Rn. 20 ff.; *Uhlenbruck/Lüer* InsO, § 333 Rn. 9). Die Zurückhaltung des Gesetzgebers ist angesichts der nicht nur unwesentlichen praktischen Bedeutung der Frage – auch weiterhin – wenig verständlich.

31 Aus der bewusst offen gelassenen **Regelungslücke** wird man jedoch gerade angesichts der kontroversen Behandlung im Gesetzgebungsverfahren nicht ableiten können, dass die Insolvenzordnung die Sonderinsolvenz über das Gesamtgut nur bis Beendigung der Gütergemeinschaft zulassen will. Insbesondere kann nicht unterstellt werden, dass mit der nunmehr vorgenommenen Aufzählung der Sonderinsolvenzen eine abschließende Regelung getroffen werden sollte (vgl. die ähnliche Argumentation in *RG* RGZ 84, 242). Vielmehr spricht der Umstand, dass der Gesetzgeber im Interesse der Gesamtgutsgläubiger nach wie vor durch Schaffung einer Sonderinsolvenz über das Gesamtgut der bestehenden Gütergemeinschaft an der Notwendigkeit eines Vorzugsbefriedigungsrecht aus dem Gesamtgut festhält, für eine entsprechende Anwendung des § 333 InsO auch für die beendete, noch in der Auseinandersetzung befindliche Gütergemeinschaft (wohl allg. Auffassung, vgl. MüKo-

InsO/*Schumann* § 333 Rn. 21; *Kübler/Prütting/Bork-Holzer* InsO, § 333 Rn. 11; in diesem Zusammenhang schon die Ansicht von *Jaeger/Weber* KO, §§ 236a–c Rn. 9 und *Schuler* NJW 1958, 1609). Hierbei ist zu berücksichtigen, dass Verbindlichkeiten, die im Rahmen der Verwaltung des Gesamtguts nach Beendigung der Gütergemeinschaft neu eingegangen werden, keine Gesamtgutsverbindlichkeiten werden und von dem sie begründenden Ehegatten allein oder im Fall der Zustimmung oder Mitwirkung des anderen Teils, von beiden anteilig zu tragen sind (*OLG München* FamRZ 1996, 170).

J. Wirkung der Verfahrenseröffnung

Auf den **Lebenspartner** gem. Lebenspartnerschaftsgesetz der in Gütergemeinschaft lebt, sind § 333 Abs. 1 und 2 gem. Abs. 3 entsprechend anzuwenden. 32

§ 334 Persönliche Haftung der Ehegatten

(1) Die persönliche Haftung der Ehegatten oder Lebenspartner für die Verbindlichkeiten, deren Erfüllung aus dem Gesamtgut verlangt werden kann, kann während der Dauer des Insolvenzverfahrens nur vom Insolvenzverwalter oder vom Sachwalter geltend gemacht werden.

(2) Im Falle eines Insolvenzplans gilt für die persönliche Haftung der Ehegatten oder Lebenspartner § 227 Abs. 1 entsprechend.

Übersicht	Rdn.		Rdn.
A. Regelungsgegenstand und Zweck der Vorschrift	1	C. Haftungsbefreiung der Ehegatten und Lebenspartner entsprechend § 227 Abs. 1 InsO (Abs. 2)	8
B. Geltendmachung der persönlichen Haftung	6		

A. Regelungsgegenstand und Zweck der Vorschrift

Entgegen der allgemein gehaltenen Überschrift »persönliche Haftung der Ehegatten« regelt die Vorschrift allein die persönliche Haftung der im **Wahlgüterstand der Gütergemeinschaft** lebenden Ehegatten für die Verbindlichkeiten, deren Erfüllung aus dem ehelichen Gesamtgut verlangt werden kann. Dass eine solche Haftung tatsächlich besteht, wird stillschweigend vorausgesetzt und ergibt sich bereits aus den entsprechenden materiell-rechtlichen Vorgaben der §§ 1450 ff. BGB. Soweit § 334 Abs. 1 InsO also festhält, dass ein Insolvenzverfahren über das Gesamtgut einer Gütergemeinschaft nicht die persönliche Haftung der Ehegatten ausschließt, deckt sich dies mit der Vorgabe des § 1459 BGB, der in Abs. 1 die Haftung des Gesamtguts und mit Abs. 2 die persönliche Haftung der Ehegatten für Gesamtgutsverbindlichkeiten festschreibt (*A/G/R-Ringstmeier* § 334 InsO Rn. 1). 1

Eine – bezogen auf die weite Fassung des Wortlauts – vergleichbare Einschränkung muss auch hinsichtlich des in der Vorschrift verwendeten Begriffs des »Gesamtguts« gemacht werden. Wie sich bereits aus der systematischen Stellung der Norm im Dritten Abschnitt des 10. Teils der Insolvenzordnung ergibt, ist ausschließlich das **gemeinschaftlich verwaltete Gesamtgut** gemeint (ebenso MüKo-InsO/*Schumann* § 334 Rn. 1; *Uhlenbruck/Lüer* InsO, § 334 Rn. 1). 2

Abweichend vom früheren Recht (§ 236c KO, § 114b VerglO) kann die persönliche Haftung während des Insolvenzverfahrens über das Gesamtgut nunmehr »nur« noch vom Insolvenzverwalter oder Sachwalter geltend gemacht werden. 3

Mit der in Abs. 2 der Vorschrift vorgesehenen entsprechenden Anwendung des § 227 Abs. 1 InsO wird dem Umstand Rechnung getragen, dass die Interessenlage der Ehegatten, soweit sie persönlich in Anspruch genommen werden, sich mit der eines »gewöhnlichen« Schuldners deckt. Insoweit ist es gerechtfertigt auch den Ehegatten die für den Fall eines Insolvenzplanes vorgesehene **Haftungsprivilegierung** des § 227 Abs. 1 InsO zukommen zu lassen. 4

5 Durch die zwischenzeitlich erfolgte Erweiterung des Wortlauts der Regelung um Lebenspartner ist klargestellt, dass die Regelung auch auf in Gütergemeinschaft lebende Lebenspartner nach dem Lebenspartnerschaftsgesetz Anwendung findet.

B. Geltendmachung der persönlichen Haftung

6 Die persönliche Haftung der Ehegatten, gemeint sind entgegen der insoweit unklaren Terminologie des Gesetzgebers die Ansprüche der Gesamtgutsgläubiger gegen die mit ihrem Eigenvermögen haftenden Ehegatten, kann nunmehr »nur« noch vom Insolvenzverwalter oder Sachwalter geltend gemacht werden kann (*Uhlenbruck/Lüer* InsO, § 334 Rn. 3). Die von *Schumann* (MüKo-InsO § 334 Rn. 5) erhobene **Kritik** gegen den unklaren Wortlaut wird geteilt. Eine entsprechende – sprachlich ebenso unglücklich formulierte – Regelung findet sich auch für die persönliche Haftung der Gesellschafter in § 93 InsO. Die Deckungsgleichheit der von § 334 und § 93 InsO erfassten Regelungsinhalte folgt aus der Parallelität der – vom Regelinsolvenzfall abweichenden – Zugriffsmöglichkeiten für die Gläubiger. Bildet bei der Insolvenz einer Gesellschaft das Gesellschaftsvermögen die eine Haftungsmasse, ist dies bei der Insolvenz der Ehegatten das Gesamtgut; die darüber hinausgehende persönliche Haftung der Gesellschafter wiederum entspricht funktional der persönlichen Haftung der Ehegatten für die Gesamtgutverbindlichkeiten, wie sie in § 1459 Abs. 2 BGB festgeschrieben wird.

7 Soweit nunmehr allein der Insolvenzverwalter oder Sachwalter befugt ist, die »persönliche Haftung« der Ehegatten geltend zu machen, erfolgt eine Verlagerung der im alten Recht noch dem Gläubiger zugewiesenen Kompetenz (vgl. § 236c KO, § 114b VerglO) auf den Insolvenzverwalter bzw. Sachverwalter. Soweit demgegenüber *Schumann* (MüKo-InsO § 334 Rn. 6–8) hinsichtlich der hier vertretenen »Kompetenzverlagerung« von unverständlicher Wortlautinterpretation spricht, zugleich aber »nach richtiger Ansicht« von der Übertragung der Einziehungs- und Prozessführungsbefugnis auf den Insolvenzverwalter spricht, dürfte sich die Auseinandersetzung angesichts der beiderseits als unglücklich eingestuften Wortwahl des Gesetzgebers relativiert haben. Der Gesetzgeber verfolgt dabei die Zielsetzung, bereits durch entsprechende Verfahrensgestaltungen und Einflussmöglichkeiten, aber auch -begrenzungen, eine möglichst gleichmäßige Befriedigung der Gesamtgläubiger zu erreichen. Verhindert werden soll, dass Gläubiger sich in der Insolvenz des Gesamtguts durch einen schnelleren Zugriff auf den persönlich haftenden Schuldner Sondervorteile verschaffen (vgl. Begr. zu § 105 RegE).

C. Haftungsbefreiung der Ehegatten und Lebenspartner entsprechend § 227 Abs. 1 InsO (Abs. 2)

8 Mit der Aufnahme der entsprechenden Anwendung des § 227 Abs. 1 InsO in Abs. 2 wird der **Insolvenzplan** als eines der herausragenden neuen Instrumente der InsO in das Sonderinsolvenzverfahren über das gemeinschaftlich verwaltete Gesamtgut einer Gütergemeinschaft transferiert.

9 Nicht anders als im Regelinsolvenzverfahren besteht auch hinsichtlich der **persönlichen Haftung der Ehegatten und Lebenspartner** die Möglichkeit, die verschiedenen – regelmäßig gegenläufigen – Interessen der am Insolvenzverfahren Beteiligten durch Abschluss eines Insolvenzplanes zu einem einvernehmlichen Ausgleich zu bringen. Insoweit ist es sachlich gerechtfertigt, für den Fall eines Insolvenzplanes auch den Ehegatten die in § 227 Abs. 1 InsO vorgesehene Haftungsprivilegierung zukommen zu lassen. Die Notwendigkeit einer »entsprechenden« Anwendung folgt bereits aus der Schuldnerstellung beider Ehegatten.

10 Auch der verfolgte **Zweck** eines im Zusammenhang mit der persönlichen Haftung der Ehegatten abgeschlossenen Insolvenzplans deckt sich mit dem Regelverfahren. Hier wie dort kann insbesondere angestrebt werden:
– die **Verwertung der Insolvenzmasse** bei möglichst gleich hoher Befriedigungsquote;
– die Stabilisierung und/oder **Wiederherstellung der Ertragskraft** des Schuldnervermögens, damit verbunden die Verlagerung der Gläubigerzugriffs auf zukünftig Überschüsse;

– die **Übertragung eines Unternehmens** auf einen Dritten, damit verbunden die Verteilung des Verkaufserlöses auf die Gläubiger.

Für eine – gegenüber dem Regelinsolvenzverfahren – höhere Akzeptanz des Insolvenzplanes bei der Insolvenz über das gemeinschaftlich verwaltete Gesamtgut einer Gütergemeinschaft spricht der Umstand, dass bereits durch den Zugriff der Gläubiger auf die Sondervermögensmasse »Gesamtgut« regelmäßig eine nicht nur unerhebliche Befriedigungsquote erzielt werden kann, der persönlichen Haftung der Ehegatten also oftmals nur eine ergänzende Funktion zukommt. 11

Mit der entsprechenden Anwendung der in § 227 Abs. 1 InsO vorgesehenen **Haftungsbefreiung** des Schuldners wird einerseits berücksichtigt, dass der Schuldner nicht erwarten kann, dass ihm in einem Insolvenzplan wirtschaftliche Werte aus der Insolvenzmasse zugewiesen werden. Dem steht das nachvollziehbare Interesse des Schuldners – hier der Ehegatten – gegenüber, durch den Insolvenzplan eine verfahrensabschließende Lösung zu erzielen, mit der eine endgültige Befreiung von den Verbindlichkeiten gegenüber den Gesamtgutsgläubigern erreicht werden kann (vgl. die Begr. zu § 270 RegE). Für eine Haftungsprivilegierung in diesem Sinne reicht es aus, dass eine andere Bestimmung im Insolvenzplan nicht getroffen wurde; hinsichtlich der weiteren Einzelheiten wird insoweit auf die Kommentierung zu § 227 InsO verwiesen. 12

Die **Vereinbarung eines Insolvenzplanes** folgt auch für den Fall der Insolvenz eines gemeinschaftlich verwalteten Gesamtguts einer Gütergemeinschaft den sehr differenzierten Regelungen der §§ 217 bis 269 InsO, auf deren Kommentierung verwiesen wird. Grob skizziert sind dementsprechend auch hier folgende **Verfahrensschritte** einzuhalten: 13
- Der Insolvenzplan wird entweder vom Insolvenzverwalter oder aber vom Schuldner, hier ggf. zugleich mit dem Antrag auf Eröffnung des Insolvenzverfahrens, vorgelegt (§ 218 InsO). Bei Vorlage durch die Ehegatten ist ein gemeinschaftlicher Plan erforderlich. Die Vorlage einander ggf. widersprechender Insolvenzpläne durch die Ehegatten ist nicht zulässig (*Uhlenbruck/Lüer* InsO, § 334 Rn. 4).
- Der Plan muss eine Darstellung der bisher getroffenen bzw. beabsichtigten Maßnahmen enthalten (§ 220 InsO) und darlegen, wie die bisherige Rechtsstellung der Beteiligten geregelt werden soll (§ 221 InsO).
- Gläubiger mit unterschiedlicher Rechtsstellung sind in Gruppen aufzuteilen und innerhalb der Gruppe gleich zu behandeln (§§ 222 bis 226 InsO).
- Die Zurückweisung des Insolvenzplans ist nach Maßgabe des § 231 InsO möglich; erfolgt keine Zurückweisung, so leitet das Insolvenzgericht ihn den Verfahrensbeteiligten zur Stellungnahme zu (§ 232 InsO).
- Zu seiner Wirksamkeit bedarf der Insolvenzplan der Zustimmung des Schuldners (§ 247 InsO) und der Insolvenzgläubiger; die hierbei einzuhaltenden Mehrheitsverhältnisse bestimmen sich nach § 244 InsO.
- Schließlich erwächst der Insolvenzplan nach Bestätigung durch das Insolvenzgericht in Rechtskraft (§§ 248, 254 InsO).

Die in § 334 Abs. 1 InsO vorgesehene **entsprechende Anwendung des § 227 Abs. 1 InsO** greift **nur** dann, wenn die dort genannten Voraussetzungen vorliegen. Hiernach wird der Schuldner mit der im gestaltenden Teil (§ 221 InsO) vorgesehenen Befriedigung der Insolvenzgläubiger von seinen restlichen Verbindlichkeiten gegenüber diesen Gläubigern befreit, **wenn** und soweit **keine andere Bestimmung im Insolvenzplan** getroffen wurde. Dementsprechend ist nicht notwendig, dass die Befreiung von den durch den Insolvenzplan nicht erfassten Restverbindlichkeiten im Insolvenzplan explizit aufgeführt wird. Bereits das Schweigen des Plans führt zur Befreiung des Schuldners von den Restverbindlichkeiten; vgl. im Übrigen die Kommentierung zu § 227 InsO. 14

Zwölfter Teil[1] Internationales Insolvenzrecht

Vorbemerkungen vor §§ 335 ff. InsO

Übersicht

	Rdn.
A. **Aufgabe des Internationalen Insolvenzrechts**	1
I. Grundlegende Fragestellung	1
II. Regelungen	2
III. Bedeutung des IIR	3
IV. Die Auslegung der IIR-Vorschriften	5
B. **Rechtsnatur und Begriff des IIR**	7
I. Internationales Insolvenzkollisionsrecht und Internationales Insolvenzverfahrensrecht	7
II. Insolvenzrechtliche Sachverhalte	8
III. Ausgangspunkt: lex fori concursus	9
IV. Grenzüberschreitende Wirkungen des Insolvenzverfahrens	13
C. **Grundlegende Prinzipien des IIR**	14
I. Grundregel des IIR	14
II. Kollisionsrechtlicher Hintergrund	18
III. Einschränkungen der Grundregel	20
IV. Terminologie	22
V. Nachteile paralleler Verfahren	27
VI. Rechtsunsicherheit	30
D. **Geltungsanspruch des deutschen Insolvenzverfahrens**	31
E. **Die internationalen Übereinkommen und die sonstigen bi- oder multilateralen Bemühungen zur Bewältigung grenzüberschreitender Insolvenzverfahren**	38
I. Verträge mit der Schweiz	38
II. Konsularverträge	41
III. Sonstige bi- und multilaterale Verträge	42
IV. Vereinheitlichungsbemühungen auf europäischer Ebene	45

Literatur:
Adam/Poertzgen Überlegungen zum Europäischen Konzerninsolvenzrecht, ZInsO 2008, 281 und 347; *Albrecht/Achim* Problemstellungen bei der Insolvenz ausländischer Unternehmensformen in Deutschland, ZInsO 2013, 1623; *Beck* Verteilungsfragen im Verhältnis zwischen Haupt- und Sekundärinsolvenzverfahren nach der EuInsVO, NZI 2007, 1; *Bierhenke* Der ausländische Insolvenzverwalter und das deutsche Grundbuch, MittBayNot 2009, 197; *Busch/Remmert/Rüntz/Vallender* Kommunikation zwischen Gerichten in grenzüberschreitenden Insolvenzen, NZI 2010, 417; *Cranshaw* Aktuelle Fragen zur europäischen Insolvenzordnung vor dem Hintergrund der Rechtsprechung des EuGH, DZWIR 2009, 353; *Damman* Die Schlüssel des Erfolgs der französischen Vorverfahren und der neuen procédure de sauvegarde, NZI 2008, 420; *ders.* Die Erfolgsrezepte französischer vorinsolvenzlicher Sanierungsverfahren, NZI 2009, 502; *Delzant/Ehret* Die Reform des französischen Insolvenzrechts zum 15.02.2009, ZInsO 2009, 990; *Drobnig* Vorrechte, Sicherheiten und Eigentumsvorbehalt im EG-Konkursübereinkommen, in: Vorschläge und Gutachten zum Entwurf eines neues EG-Konkursübereinkommens hrsg. v. *Kegel*, bearbeitet von Thieme, 1988, S. 357 ff. (zit.: *Drobnig* in: *Kegel* [Hrsg.], S.); *ders.* Die Verwertung von Mobiliarsicherheiten in einigen Ländern der Europäischen Union, RabelsZ [1996], 40 ff.; *ders.* Die in grenzüberschreitenden Insolvenzverfahren anwendbaren Rechtsordnungen, in: *Stoll* [Hrsg.], Stellungnahmen und Gutachten zur Reform des deutschen internationalen Insolvenzrechts, 1992, S. 51 ff. (zit.: *Drobnig* in: *Stoll* [Hrsg.] Stellungnahmen, S.); *ders.* Bemerkungen zur Behandlung der Rechte Dritter, insbesondere von Sicherungsrechten (Art. 3, 3a, 17, 17a Vorentwurf), in: *Stoll* [Hrsg.], Stellungnahmen und Gutachten zur Reform des deutschen internationalen Insolvenzrechts, 1992, S. 177 ff. (zit.: *Drobnig* in: *Stoll* [Hrsg.] Stellungnahmen, S.); *Ehricke* Zur Kooperation von Insolvenzgerichten bei grenzüberschreitenden Insolvenzverfahren im Anwendungsbereich der EuInsVO, ZIP 2007, 2395; Erläuternder Bericht zu dem Übereinkommen über Insolvenzverfahren vom 8. Juli 1996 – 6500/1/96 REV 1 DRS 8 [cfc] Rn. 49, in: *Stoll* [Hrsg.], Stellungnahmen und Gutachten zur Reform des deutschen internationalen Insolvenzrechts, 1992 (zit.: Erläuternder Bericht); *Esser* Anmerkung zu U.S. Bankruptcy Court Eastern District of Virginia Ausschluss des § 365 B.C. zugunsten des § 103 InsO im U.S. Chapter 15-Verfahren zum deutschen Insolvenzverfahren Qimonda AG, FDInsR 2010, 300546; *Eyber* Auslandsinsolvenz und Inlandsrechtsstreit, ZInsO 2009, 1225; *Fehl* Das neue Konkursgesetz der Volksrepublik China, ZInsO 2008, 69; *Fehrenbach* Die prioritätsprinzipwidrige Verfahrenseröffnung im europäischen Insolvenzrecht, IPRax 2009, 51; *ders.* Die Zuständigkeit für insolvenzliche Annexverfahren, IPRax 2009, 492; *ders.* Kapitalmaßnahmen im grenzüberschreitenden Reorganisationsverfahren, ZIP 2014, 2485; *Flessner* Das künftige internationale Insolvenzrecht im Verhältnis zum europäischen Insolvenzübereinkommen.

---

[1] Bis zum 20.04.2018: Elfter Teil.

vor §§ 335 ff. InsO Vorbemerkungen

Anwendbares Recht, Reichweite der Anerkennung, Insolvenzplan und Schuldbefreiung, in: *Stoll* [Hrsg.], Vorschläge und Gutachten zur Umsetzung des EU-Übereinkommens über Insolvenzverfahren im deutschen Recht, 1997, S. 219 ff. (zit.: *Flessner* in: *Stoll* [Hrsg.] Vorschläge, S.); *ders.* Insolvenzplan und Restschuldbefreiung im internationalen Konkursrecht – Stellungnahme zu den Art. 15 und 16 des Vorentwurfs, in: *Stoll* [Hrsg.], Stellungnahmen und Gutachten zur Reform des deutschen internationalen Insolvenzrechts, 1992, S. 201 ff. (zit.: *Flessner* in: *Stoll* [Hrsg.] Stellungnahmen, S.); *ders.* The Law of Insolvency, 4. Aufl. 2009; *Fletcher/Wessels* Global Principles for Cooperation in International Insolvency Cases, IILR 2013, 2; *Gebler/Stracke* Anerkennung des Chapter 11-Verfahrens als Insolvenzverfahren, NZI 2010, 13; *Geroldinger* Verfahrenskoordination im Europäischen Insolvenzrecht – Die Abstimmung von Haupt- und Sekundärinsolvenzverfahren nach der EuInsVO, 2010; *Giese/Krüger* Das neue Insolvenzrecht in der Tschechischen Republik – ein Überblick, NZI 2008, 12; *Goode* Principles of Corporate Insolvency Law, 4. Aufl. 2011; *Göpfert/Müller* Englisches Administrationsverfahren und deutsches Insolvenzarbeitsrecht, NZA 2009, 1057; *Haß/Huber/Gruber/Heiderhoff* EU-Insolvenzverordnung, Kommentar zur Verordnung (EG) 1346/2000 über Insolvenzverfahren (EuInsVO), 2005 (zit.: *Haß/Huber/Gruber/Heiderhoff* Art. Rn.); *Henckel* Insolvenzanfechtung – Art. 4 und 5 des Vorentwurfs – und Gläubigeranfechtung außerhalb des Insolvenzverfahrens, in: *Stoll* [Hrsg.], Stellungnahmen und Gutachten zur Reform des deutschen internationalen Insolvenzrechts, 1992, S. 156 ff. (zit.: *Henckel* in: *Stoll* [Hrsg.] Stellungnahmen, S.); *Hess/Oberhammer/Pfeiffer* European Insolvency Law – Heidelberg-Luxembourg-Vienna Report, 2014; *Jahr* Vis attractiva concursus, in: Vorschläge und Gutachten zum Entwurf eines EG-Konkursübereinkommens, hrsg. v. *Kegel*, bearbeitet von Thieme, 1988, S. 305 ff. (zit.: *Jahr* in: *Kegel* [Hrsg.], S.); *ders.* Wirkungen des Insolvenzverfahrens auf vertragliche Rechtsverhältnisse, in: *Stoll* [Hrsg.], Stellungnahmen und Gutachten zur Reform des deutschen internationalen Insolvenzrechts, 1992, S. 171 ff. (zit.: *Jahr* in: *Stoll* [Hrsg.] Stellungnahmen, S.); *Kilgus* Keine Zahlungspflicht unter internationalen Derivaten bei Insolvenz des Vertragspartners?, ZIP 2010, 613; *Kodek* Feststellung in Österreich zur Tabelle (Forderungsfeststellung) und internationale Bindungswirkung, ZInsO 2011, 889; *Kropholler* Europäisches Zivilprozessrecht, 9. Aufl. 2011; *ders.* Internationales Privatrecht, 6. Aufl. 2006; *Kuhn* Enden die Befugnisse eines deutschen Insolvenzverwalters an der schweizerischen Staatsgrenze?, ZInsO 2010, 607; *Lüttringhaus/Weber* Aussonderungsklagen an der Schnittstelle von EuGVVO und EuInsVO, RIW 2010, 45; *Mankowski* Internationale Nachlassinsolvenzverfahren, ZIP 2011, 1501; *ders.* Neues zur grenzüberschreitenden Forderungsanmeldung unter der EuInsVO, NZI 2011, 887; *Mankowski* Bestimmung der Insolvenzmasse und Pfändungsschutz unter der EuInsVO, NZI 2009, 785; *ders.* Insolvenznahe Verfahren im Grenzbereich zwischen EuInsVO und EuGVVO – Zur Entscheidung des EuGH in Sachen German Graphics, NZI 2010, 508; *ders.* Konzerninterne Arbeitnehmerüberlassung, AR-Blattei ES 920 Nr. 4; *Mankowski/Willemer* Die internationale Zuständigkeit für Insolvenzanfechtungsklagen, RIW 2009, 669; *Maucher* Die Europäisierung des internationalen Bankeninsolvenzrechts, Diss., Erlangen 2008; *Mohrbutter/Ringstmeier* Handbuch Insolvenzverwaltung, 9. Aufl. 2015; *Mörsdorf-Schulte* Geschlossene europäische Zuständigkeitsordnung und die Frage der vis attractiva concursus, NZI 2008, 282; *dies.* Zuständigkeit für Insolvenzanfechtungsklagen im Eröffnungsstaat, ZIP 2009, 1456; *Moss/Fletcher/Isaacs* The EU-Regulation on Insolvency Proceedings, 2nd edition 2009; *Paulick/Simon* »EU-Grenzgänger« und die Anwendbarkeit der deutschen Pfändungsschutzvorschriften, ZInsO 2009, 1933; *Reinhart* Die Bedeutung der EuInsVO im Insolvenzeröffnungsverfahren – Besonderheiten paralleler Eröffnungsverfahren, NZI 2009, 201; *ders.* Die Bedeutung der EuInsVO im Insolvenzeröffnungsverfahren – Verfahren bei internationaler Zuständigkeit nach Art. 102 EGInsO, NZI 2009, 73; *Riesenhuber* Europäische Methodenlehre, Handbuch für Ausbildung und Praxis, 3. Aufl. 2015 (zit.: *Riesenhuber/Bearbeiter* § Rn.); *Riewe* Aktuelles Internationales und ausländisches Insolvenzrecht Juni/Juli 2009, NZI 2009, 549; *dies.* Aktuelles Internationales und ausländisches Insolvenzrecht Oktober/November 2009, NZI 2009, 881; *Schmidt* Zur Auslegung des Art. 24 EuInsVO, EWiR 2013, 547; *Schmitt* Die Rechtsstellung englischer Insolvenzverwalter in Prozessen vor deutschen Gerichten, ZIP 2009, 1989; *Schmittmann/Hesselmann* Die internationale Zuständigkeit und Wirkungserstreckung in der EuInsVO unter besonderer Berücksichtigung von Kompetenzkonflikten, ZInsO 2008, 957; *Schmüser* Das Zusammenspiel zwischen Haupt- und Sekundärinsolvenzverfahren nach der EuInsVO, Diss., Hamburg 2009; *Schröder* Internationale Zuständigkeit, allgemeine Konkurswirkungen sowie Anerkennung und Vollstreckung, in: Vorschläge und Gutachten zum Entwurf eines EG-Konkursübereinkommens, hrsg. v. *Kegel*, bearbeitet von Thieme, 1988, S. 299 ff. (zit.: *Schröder* in: *Kegel* [Hrsg.], S.); *Schütze* Rechtsverfolgung im Ausland, 5. Aufl. 2016; *Schwemmer* Die Verlegung des centre of main interests (COMI) im Anwendungsbereich der EuInsVO, NZI 2009, 355; *Schwerte* Neue Entwicklungen im internationalen Insolvenzrecht, InsbürO 2009, 351; *Seidl/Paulick* Sekundärinsolvenz und Sanierungsinsolvenzplan: Das Zustimmungserfordernis des Art. 34 Abs. 2 EuInsVO, ZInsO 2010, 125; *Smid* Gegen den Strom – Eröffnet das deutsche Insolvenzgericht durch Bestellung eines vorläufigen Insolvenzverwalters ein Hauptinsolvenzverfahren?, NZI 2009, 150; *Spellenberg* Der ordre public im Internationalen Insolvenzrecht, in: *Stoll* [Hrsg.], Stellungnahmen und Gutachten zur Reform des deutschen internationalen Insolvenzrechts, 1992, S. 183 ff. (zit.: *Spellenberg* in: *Stoll* [Hrsg.] Stellungnahmen, S.); *ders.* Das Verhältnis eines

EG-Konkursübereinkommens zum GVÜ und zu anderen Staatsverträgen, in: Vorschläge und Gutachten zum Entwurf eines EG-Konkursübereinkommens, hrsg. v. *Kegel*, bearbeitet von Thieme 1988, S. 391 ff. (zit.: *Spellenberg* in: *Kegel* [Hrsg.], S.); *Stoll* [Hrsg.], Stellungnahmen und Gutachten zur Reform des deutschen internationalen Insolvenzrechts, 1992 (zit.: *Bearbeiter* in: *Stoll* [Hrsg.] Stellungnahmen, S.); *ders.* Vorschläge und Gutachten zur Umsetzung des EU-Übereinkommens über Insolvenzverfahren im deutschen Recht, 1997 (zit.: *Bearbeiter* in: *Stoll* [Hrsg.] Vorschläge, S.); *Thieme* Grundsätze des EG-Konkursübereinkommens, Allgemeine Stellungnahme zum Entwurf von 1980, in: Vorschläge und Gutachten zum Entwurf eines EG-Konkursübereinkommens, hrsg. v. *Kegel*, bearbeitet von Thieme, 1988, S. 213 ff. (zit.: *Thieme* in: *Kegel* [Hrsg.], S.); *ders.* Der revidierte Entwurf eines EG-Konkursübereinkommens von 1984, Allgemeine Stellungnahme zu den Vorschlägen zweiter Lesung der Arbeitsgruppe beim Rat der EG (wie vor), S. 465 ff.; *ders.* Ersatzpflicht bei Absonderung oder Aufrechnung im Ausland – Stellungnahme zu Artikel 25 des Vorentwurfs, in: *Stoll* [Hrsg.], Stellungnahmen und Gutachten zur Reform des deutschen internationalen Insolvenzrechts, 1992, S. 210 ff. (zit.: *Thieme* in: *Stoll* [Hrsg.] Stellungnahmen, S.); *ders.* Partikularkonkurs – Stellungnahme zu den Artikeln 1 Abs. 2, 2, 9, 10, 11 Abs. 1, 15 Abs. 1, 16 Abs. 1, 20, 21 S. 2, 26–34 des Vorentwurfs zur Neuordnung des Internationalen Insolvenzrechts vor 1989, in: *Stoll* [Hrsg.], Stellungnahmen und Gutachten zur Reform des deutschen internationalen Insolvenzrechts, 1992, S. 212 ff. (zit.: *Thieme* in: *Stoll* [Hrsg.] Stellungnahmen, S.); *Trunk* Regelungsschwerpunkte eines Ausführungsgesetzes zum Europäischen Insolvenzübereinkommen, in: *Stoll* [Hrsg.], Vorschläge und Gutachten zur Umsetzung des EU-Übereinkommens über Insolvenzverfahren im deutschen Recht, 1997, S. 232 ff. (zit.: *Trunk* in: *Stoll* [Hrsg.] Vorschläge, S.); *ders.* Internationale Aspekte von Insolvenzverfahren, in: *Gilles* [Hrsg.], Transnationales Prozessrecht, Deutsche Landesberichte zur Weltkonferenz für Prozessrecht in *Vallender* Die gerichtliche Zuständigkeit in Insolvenzverfahren, NJW-Spezial 2009, 418; *ders.* Die Zusammenarbeit von Richtern in grenzüberschreitenden Insolvenzverfahren nach der EuInsVO, Festschrift für Hans-Jochem Lüer, 2008, S. 479 ff.; *ders.* Wirkung und Anerkennung einer im Ausland erteilten Restschuldbefreiung, ZInsO 2009, 616; *Vallender/Deyda* Brauchen wir einen Konzerninsolvenzgerichtsstand?, NZI 2009, 825; *Wessels* Tax Claims: Lodging and Enforcing in Cross-border Insolvencies in Europe, ILLR 2011, 131; *Widhalm-Budak* Überblick über die Rechte der Absonderungsberechtigten nach der österreichischen Insolvenzordnung unter besonderer Berücksichtigung der Neuerungen durch das Insolvenzrechtsänderungsgesetz 2010, ZInsO 2011, 562; *Wimmer* Konzerninsolvenzen im Rahmen der EuInsVO – Ausblick auf die Schaffung eines deutschen Konzerninsolvenzrechts, DB 2013, 1343; *Wimmer* Vorüberlegungen zur Umsetzung des Europäischen Insolvenzübereinkommens und zum deutschen internationalen Insolvenzrecht, in: *Stoll* [Hrsg.], Vorschläge und Gutachten zur Umsetzung des EU-Übereinkommens über Insolvenzverfahren im deutschen Recht, S. 179 ff. (zit.: *Wimmer* in: *Stoll* [Hrsg.] Vorschläge, S.); *Winter* Bemerkungen zum österreichischen Insolvenzeröffnungsverfahren nach dem IRÄG 2010, ZInsO 2011, 1141; *Zumbro* Cross-border Insolvencies and International Protocols – an Imperfect but Effective Tool, BLI 2010, 157.

A. Aufgabe des Internationalen Insolvenzrechts

I. Grundlegende Fragestellung

Das deutsche Internationale Insolvenzrecht (IIR) beschäftigt sich mit **grenzüberschreitenden Insolvenzen**. Es umfasst mehrere Themen. Zum einen enthält das IIR Normen über die **internationale Zuständigkeit** der Gerichte im Zusammenhang mit grenzüberschreitenden Insolvenzen. Dem IIR ist ferner zu entnehmen, welches **materielle Insolvenzrecht** zur Anwendung kommt. Das IIR regelt auch, ob und unter welchen Voraussetzungen **ausländische Insolvenzverfahren im Inland anerkannt** werden. Schließlich regelt das IIR eine Reihe von **sachrechtlichen Fragen**, die sich bei grenzüberschreitenden Insolvenzen stellen: Führt die Eröffnung eines Insolvenzverfahrens in einem Staat auch zu einer Einschränkung der Verwaltungs- und Verfügungsbefugnis des Schuldners mit Bezug auf Gegenstände, die in einem anderen Staat belegen sind? Wird durch die Eröffnung eines ausländischen Insolvenzverfahrens ein im Inland anhängiger Prozess unterbrochen? Nach welchem Recht sind Bestand und Durchsetzbarkeit dinglicher Sicherheiten in grenzüberschreitenden Insolvenzfällen zu behandeln? Nach welchem Recht bestimmen sich die Anfechtungsrechte des Insolvenzverwalters, nach welchem Recht bestimmt sich die Zulässigkeit der Aufrechnung? Kann der ausländische Insolvenzverwalter im Inland belegene Vermögensgegenstände zur Masse ziehen? Schließlich enthält das deutsche IIR eine Reihe von Regelungen zu Fragen, die sich ergeben, wenn über das Vermögen eines insolventen Schuldners in mehreren Staaten Insolvenzverfahren eröffnet werden.

II. Regelungen

2 Vorrangig sind Staatsverträge und das Europäische Recht, insbesondere die **EuInsVO**. Seit Inkrafttreten des Gesetzes zur Neuregelung des Internationalen Insolvenzrechts (BGBl. I S. 345) am 20.03.2003 wird das **autonome IIR** im Elften Teil der InsO behandelt. Diese autonomen Regelungen gelten nur dann, wenn der Anwendungsbereich der EuInsVO nicht eröffnet ist (*BGH* NZI 2011, 420 [421]). Da gerade im Bereich des Internationalen Insolvenzrechts durch Wissenschaft, Rechtsprechung und internationale Vertragspraxis erhebliche Fortschritte erzielt wurden, dürfte das von *Jahr* 1972 zitierte pessimistische Wort *Dernburgs* aus dem Jahre 1897, dass »das Internationale Konkursrecht zu den dunkelsten und bestrittensten Gebieten des Konkursrechts zählt«, heute keine Berechtigung mehr besitzen (*Jaeger/Jahr* §§ 237, 238 KO Rn. 4). Dunkle Ecken gibt es aber – gerade auch wegen der Neuregelung des autonomen und europäischen Rechts – reichlich.

III. Bedeutung des IIR

3 Die praktische Bedeutung des IIR ist erheblich (vgl. HK-InsO/*Stephan* Vor §§ 335 ff. Rn. 1). Während *Thieme* 1981 noch davon ausgehen konnte, man habe es – angesichts der gesetzgeberischen Abstinenz und der geringen Resonanz des IIR in der Rechtsprechung – bei diesem Rechtsgebiet mit einer rechts- und wirtschaftspolitischen quantité négligeable zu tun (*Thieme* in: *Kegel* [Hrsg.], S. 216), haben heute spektakuläre Fälle, wie etwa Parmalat, Hettlage, Daisytek, Enron, Brochier, Rover oder Qimonda das IIR nachdrücklich in das Bewusstsein der Öffentlichkeit gerückt. Angesichts der zunehmenden wirtschaftlichen Verflechtungen in Europa ist dieses Rechtsgebiet jedoch nicht nur für multinational tätige Unternehmen von Bedeutung, sondern auch für mittelständische Handwerksbetriebe, die etwa im grenznahen Bereich tätig sind. Selbst für Privatleute gewinnt das IIR an Bedeutung. Denn auch zahlreiche nicht unternehmerisch tätige Personen verfügen über Vermögen im Ausland. Die Mehrzahl der nennenswerten Insolvenzverfahren weist grenzüberschreitende Bezüge auf. **Die erheblich gewachsene Bedeutung des IIR** lässt sich auch an den internationalen Instrumenten wie etwa der EuInsVO oder den Richtlinien über die Sanierung und Liquidation von Kreditinstituten (2001/24/EG) bzw. Versicherungsunternehmen (2001/17/EG neu gefasst in 2009/1387/EG [Solvabilität II-Richtlinie]) ablesen.

4 Heutzutage gibt es kaum einen Fall mit transnationalen Bezügen, in denen Fragen des IIR keine Rolle spielen. Der insolvenzrechtliche Hintergrund des ausländischen Vertragspartners ist immer zu beleuchten. Bei Abschluss und Durchführung von Verträgen führen Fragen der Anfechtbarkeit, Aufrechenbarkeit und eventueller Lösungsrechte zu kollisionsrechtlichen Problemen des IIR. Ebenso darf man Sicherheiten nicht ohne Blick auf die beteiligten Kollisionsrechte bestellen. Das IIR spielt also nicht nur während der Insolvenz, sondern bereits im Vorfeld eine erhebliche Rolle.

IV. Die Auslegung der IIR-Vorschriften

5 Für die Auslegung der IIR-Vorschriften gelten die allgemeinen Grundsätze des Internationalen Zivilverfahrens- und Privatrechts. Vorschriften eines Übereinkommens sind i.d.R. autonom auszulegen. Die Regelungen der EuInsVO werden also **gemeinschaftsrechtlich autonom** interpretiert (vgl. EuInsVO Art. 2 Rdn. 1). Letztinstanzliche Gerichte der Mitgliedsstaaten haben Fragen der Gültigkeit und der Auslegung der EuInsVO dem EuGH vorzulegen (Art. 267 AEUV). Bei der **Auslegung des autonomen IIR** geht die Praxis von der **lex fori** aus (vgl. HK-InsO/*Stephan* Vor §§ 335 ff. Rn. 5). Der internationale Bezug bringt aber bei der Auslegung Besonderheiten mit sich. Insbesondere müssen Regelungen des IIR so ausgelegt werden, dass auch ausländische Rechtsinstitute, die dem deutschem Recht nicht bekannt sind, erfasst werden können (zur Auslegung, die teils auch Qualifikation genannt wird, *Mohrbutter/Ringstmeier-Wenner* Kap. 20 Rn. 258, *Palandt/Thorn* Einl. vor Art. 3 EGBGB Rn. 27 f. m.N.).

6 Die Vorschriften, die die Geltung der lex fori concursus (aus rechtspolitisch fragwürdigen Gründen, vgl. Rdn. 27 ff.) einschränken, sollte man – auch weil es Ausnahmevorschriften sein sollen – **eng**

auslegen. Das gilt bei den Vorschriften der EuInsVO ebenso wie bei den Vorschriften des autonomen deutschen IIR (vgl. EuInsVO Art. 2 Rdn. 2; *Mohrbutter/Ringstmeier-Wenner* Kap. 20 Rn. 255 f.).

B. Rechtsnatur und Begriff des IIR

I. Internationales Insolvenzkollisionsrecht und Internationales Insolvenzverfahrensrecht

Das IIR enthält kollisionsrechtliche Normen, solche des Internationalen Verfahrensrechts, aber auch Sachnormen (*Mohrbutter/Ringstmeier-Wenner* Kap. 20 Rn. 1; HK-InsO/*Stephan* Vor §§ 335 ff. Rn. 4). Durch die **kollisionsrechtlichen Normen**, die den Schwerpunkt des IIR bilden dürften, wird das auf den jeweiligen Sachverhalt anwendbare Insolvenzrecht bestimmt. Dabei greift das moderne Kollisionsrecht zu allseitigen Kollisionsnormen, die bestimmen, wann eigenes und wann fremdes Recht zur Anwendung kommt. Im IIR finden sich hingegen auch einseitige Kollisionsnormen, durch die lediglich die räumliche Anwendbarkeit eigenen Rechts bestimmt wird. Daneben finden sich zahlreiche Normen des **Internationalen Verfahrensrechts**. Diese beschäftigen sich insbesondere mit der internationalen Zuständigkeit zur Eröffnung von Insolvenzverfahren und mit der Frage, wann und unter welchen Voraussetzungen ausländische Insolvenzverfahren im Inland anerkannt werden können (*Leipold* FS Baumgärtel, S. 293–296; *Mohrbutter/Ringstmeier-Wenner* Kap. 20 Rn. 1). Schließlich finden sich im IIR zunehmend **Sachnormen**, die die Vorschriften des Internationalen Insolvenzverfahrensrechts und des Insolvenzprivatrechts ergänzen (etwa Regelungen, die die Abwicklung des ausländischen Verfahrens im Inland unterstützen). Für die kollisionsrechtlichen und verfahrensrechtlichen Vorschriften des IIR können die Grundsätze des Internationalen Zivilprozessrechts und des Internationalen Privatrechts herangezogen werden (*Gottwald/Kolmann/Keller* HdbInsR, § 130 Rn. 19).

II. Insolvenzrechtliche Sachverhalte

Stets will das IIR jedoch nur **Antworten auf insolvenzrechtliche Fragestellungen** geben (grundlegend hierzu *Jaeger/Jahr* §§ 237, 238 KO Rn. 10 ff.; vgl. auch *Trunk* IIR, S. 5 f.). Welche Rechtsfolgen insolvenzrechtlich einzuordnen sind, entscheidet im Internationalen Insolvenzrecht ebenso wie im Internationalen Zivilverfahrens- und Privatrecht die **Qualifikation**. Dabei ist nicht zu fragen, ob eine Rechtsfolge insolvenzspezifisch ist. Vielmehr ist wie im Internationalen Zivilverfahrens- und Privatrecht der Begriff »Insolvenzrecht« anhand der Interessen auszulegen, welche die in Frage stehende kollisionsrechtliche oder verfahrensrechtliche Norm verfolgt (*Gottwald/Kolmann/Keller* HdbInsR, § 130 Rn. 24; *Mohrbutter/Ringstmeier-Wenner* Kap. 20 Rn. 258). Das IIR wirft zahlreiche Qualifikationsfragen auf (*Hanisch* FS Jahr, S. 460). Zunehmende Diskussionen sind in den letzten Jahren an der Nahtstelle zwischen Insolvenz- und Gesellschaftsrecht zu beobachten (vgl. dazu etwa EuInsVO Art. 6 Rdn. 19 ff.).

III. Ausgangspunkt: lex fori concursus

Im IIR gilt das lex fori-Prinzip (zu diesem Prinzip allgemein *Schack* Internationales Zivilverfahrensrecht, Rn. 44–50). Das deutsche Gericht wendet (zunächst) das heimische IIR an, also entweder die EuInsVO, andere staatsvertragliche Kodifikationen oder das autonome deutsche IIR (Abweichungen vom lex fori-Prinzip sind denkbar, vgl. *Geimer* IZPR Rn. 323).

Verweisungen auf andere Rechtsordnungen, die das autonome deutsche IIR ausspricht, sind i.d.R. **Kollisionsnormverweisungen** (Art. 4 Abs. 1 EGBGB). Die Verweisung führt also zum Kollisionsrecht des Staats, auf dessen Rechtsordnung verwiesen wird. Verweist diese Rechtsordnung zurück (Rückverweisung), so ist dies hier zu beachten (*Mohrbutter/Ringstmeier-Wenner* Kap. 20 Rn. 260).

Die Verweisungen der EuInsVO hingegen sind i.d.R. **Sachnormverweisungen**, führen also unmittelbar zum Sachrecht des Staats, auf dessen Rechtsordnung verwiesen worden ist (*Mohrbutter/Ringstmeier-Wenner* Kap. 20 Rn. 259; *Taupitz* ZZP 111 [1998], 315 [329]; *Reithmann/Martiny/Hausmann* Int. Vertragsrecht Rn. 5755).

12 Auswirkung des lex fori-Prinzips ist auch, dass das international zur Eröffnung eines Insolvenzverfahrens zuständige deutsche Gericht stets deutsches materielles Insolvenzrecht anwendet. Bei Eröffnung mehrerer Insolvenzverfahren in verschiedenen Staaten kann dies zu einer Zersplitterung des an sich wünschenswerten Gesamtstatuts führen. Der Gleichlauf zwischen internationaler Zuständigkeit und dem anwendbaren materiellen Recht ist ein konzeptioneller Nachteil des IIR (*Mohrbutter/Ringstmeier-Wenner* Kap. 20 Rn. 31).

IV. Grenzüberschreitende Wirkungen des Insolvenzverfahrens

13 Die Aufgabe des IIR ist es, zunächst festzulegen, nach welchem Verfahrensrecht eine Insolvenz abzuwickeln ist und nach welchem Recht sich die von grenzüberschreitenden Insolvenzverfahren betroffenen Rechtsverhältnisse bestimmen (*Drobnig* in: *Stoll* [Hrsg.] Stellungnahmen, S. 51). Dabei sind einmal die Rechtswirkungen eines **inländischen Insolvenzverfahrens im Ausland** zu bestimmen, zum anderen die **Wirkungen eines ausländischen Insolvenzverfahrens im Inland**. Der Umstand, dass der inländische Gesetzgeber im Ausland belegenes Vermögen als zur Insolvenzmasse gehörig definiert, verstößt entgegen früherer Missverständnisse (*OLG Köln* ZIP 1989, 321; *Hanisch* ZIP 1989, 273 [277]) nicht gegen die Souveränität des ausländischen Staats (GK-Insolvenzrecht/*Hess* Vor §§ 335 ff. Rn. 8). Souveränitätsinteressen haben bei der Bildung von Kollisionsnormen nichts zu suchen (*Wenner* KTS 1990, 429 [435]).

C. Grundlegende Prinzipien des IIR

I. Grundregel des IIR

14 Fast 100 Jahre lang wurden im deutschen IIR **inländische und ausländische Insolvenzverfahren kollisionsrechtlich unterschiedlich** behandelt. Während die Rechtsprechung auf inländische Insolvenzverfahren inländisches Insolvenzrecht anwandte (vgl. *Jaeger/Jahr* §§ 237, 238 KO Rn. 116, 120, 244 m.N.), verweigerte sie ausländischen Insolvenzverfahren im Inland die Anerkennung (vgl. etwa RGZ 14, 405 [406, 410]; *BGH* NJW 1960, 774; NJW 1962, 1511; NJW 1979, 2477; GK-Insolvenzrecht/*Hess* Vor §§ 335 ff. Rn. 3; ausführlich hierzu *Müller-Freienfels* FS Dölle II, S. 359 ff.). Diese Lehre von der Nichtanerkennung ausländischer Insolvenzverfahren war keine deutsche Besonderheit. Selbst zur Europäischen Union gehörende Staaten verweigerten untereinander die Anerkennung des im anderen Mitgliedstaat eröffneten Insolvenzverfahrens. Damit konnten sich insbesondere Großgläubiger in der inländischen Insolvenz eines Schuldners dadurch Vorteile verschaffen, dass sie in Vermögensgegenstände des Schuldners vollstreckten, die im Ausland belegen waren. Der Schuldner konnte den Zugriff des Insolvenzverwalters auf sein Vermögen erheblich dadurch erschweren, dass er Vermögenswerte ins Ausland schaffte (Erläuternder Bericht, S. 32 ff. [96, 103]).

15 Wohl diese Missstände haben dazu geführt, dass der Bundesgerichtshof im Jahre 1985 die **Wende im IIR** einläutete, indem er die Befugnisse eines belgischen Konkursverwalters anerkannte (BGHZ 95, 256 nach entsprechenden Anzeichen in BGHZ 88, 147; vgl. zu dieser Entwicklung GK-Insolvenzrecht/*Hess* Vor §§ 335 ff. Rn. 6 ff.). Es entwickelte sich eine **gefestigte Rechtsprechung, derzufolge ausländische Insolvenzverfahren im Inland anerkannt wurden** (BGHZ 122, 373; *BGH* NJW 1990, 990; NJW 1992, 624; BGHZ 125, 196).

16 Seit dieser Wende der Rechtsprechung gilt im IIR sowohl für inländische als auch für ausländische Insolvenzverfahren die **kollisionsrechtliche Grundregel**, dass das Insolvenzrecht des Staats Anwendung findet, der das Insolvenzverfahren eröffnet hat. Vollständig wird die Grundregel des IIR erst, wenn man den Eröffnungsstaat festlegt. Auch hier besteht im Grundsatz Einigkeit, dass der Staat zur Eröffnung des Insolvenzverfahrens über das Vermögen des Schuldners befugt ist, in dem der Schuldner seinen wirtschaftlichen Schwerpunkt hat. Damit kommt das Insolvenzrecht dieses Staats zur Anwendung (zwingend ist diese Anknüpfung nicht; denkbar wäre es beispielsweise durchaus, eine Grundnorm zu schaffen, die auf das Insolvenzrecht des Gründungsstaats verweist, vgl. *Mohrbutter/Ringstmeier-Wenner* Kap. 20 Rn. 30 Fn. 27).

Diese Grundregel hat der deutsche Gesetzgeber im autonomen IIR und der europäische Verord- 17
nungsgeber im Rahmen der EuInsVO übernommen. Sowohl Art. 7 EuInsVO als auch § 335 InsO bestimmen, dass sich **das Insolvenzverfahren und seine Wirkungen grundsätzlich nach dem Recht des
Eröffnungsstaats** richten. Zahlreiche **Ausnahmen** prägen allerdings das Bild, im Ergebnis bleibt von
der Grundregel nicht viel übrig (dazu s. Rdn. 20 f.).

II. Kollisionsrechtlicher Hintergrund

Mit der Anerkennung ausländischer Insolvenzverfahren in Deutschland übernahm das Internatio- 18
nale Insolvenzrecht kollisionsrechtliche Wertungen, die das Internationale Privatrecht schon seit langem beherrschte. Die Wende der Rechtsprechung ist die Absage an das **kollisionsrechtliche Territorialitätsprinzip** und die Hinwendung zum **kollisionsrechtlichen Universalitätsprinzip** (zu den
Begriffen *Lüer* KTS 1990, 377 [394–396]). Kollisionsrechtliche Territorialität bedeutet, dass im Inland inländisches Recht angewandt und ausländisches Recht ignoriert wird. Diese von *Kropholler* als
»primitiv« bezeichnete Einstellung (*Kropholler* IPR, S. 154) führt insbesondere dazu, dass Rechtsverhältnisse von jedem Staat anders beurteilt werden. Diese hinkenden Rechtsverhältnisse sind im Kollisionsrecht unerwünscht. Kollisionsrechtliche Universalität hingegen bedeutet, dass das ausländische Rechtsverhältnis im Inland dieselbe Rechtswirkung wie im Ausland hat (*Kropholler* IPR,
S. 156).

Das Universalitätsprinzip führt zu Fragestellungen, die das Internationale Privatrecht schon seit *Sa-* 19
vigny beherrschen. Auf den Sachverhalt soll das **räumlich beste Recht** angewandt werden (vgl. zum
IIR *Favoccia* Vertragliche Mobiliarsicherheiten, S. 19 m.N.; *Lüer* KTS 1990, 377 [396]; *Mohrbutter/
Ringstmeier-Wenner* Kap. 20 Rn. 29; *Wenner* KTS 1990, 429 [432]; *Uhlenbruck/Lüer* InsO, Vor
§§ 335–358 Rn. 28). Auch hier herrscht weitgehende Einigkeit über den Grundsatz: Das Insolvenzverfahren soll einheitlich angeknüpft werden, weil es zum Zwecke der Gleichbehandlung der Gläubiger der einheitlichen Erfassung, Verwaltung, Verwertung und Verteilung der Masse bedarf (KS-
InsO/*Lüer* 2. Aufl., S. 305, Rn. 20; *Mohrbutter/Ringstmeier-Wenner* Kap. 20 Rn. 29; *Trunk* IIR,
S. 88 f.). Weiter entspricht es der herrschenden Sichtweise, dass das räumlich beste Recht das Insolvenzrecht des Staats ist, in dem der Schuldner seinen wirtschaftlichen Mittelpunkt hat (BGHZ 134,
79 [88]; *Ackmann/Wenner* IPRax 1990, 209 [212]; *Mohrbutter/Ringstmeier-Wenner* Kap. 20 Rn. 30;
Lüer KTS 1990, 277 [396]; *Trunk* IIR, S. 88 f.; vgl. dazu auch Rdn. 16).

III. Einschränkungen der Grundregel

Modernes kollisionsrechtliches Denken hat es im IIR stets schwer gehabt. Regelmäßig ist versucht 20
worden, die Grundregel des IIR einzuschränken bzw. auszuhöhlen. Das geschieht im Wesentlichen
auf zwei Wegen: Einmal haben schon unter Geltung der KO viele Stimmen in erweiternder Auslegung von § 238 KO eine weitgehende Zulässigkeit eines **inländischen Partikularverfahrens** gefordert. Damit sollte die Möglichkeit geschaffen werden, unabhängig von einem im Ausland eröffneten
Insolvenzverfahren das inländische Vermögen des Schuldners nach eigenen Regeln abzuwickeln
(*Hanisch* FS Bosch, S. 381 [384 ff.]; *Flessner* ZIP 1989, 749 [754]; *Pielorz* Auslandskonkurs,
S. 68 ff.; ausf. zum Partikularverfahren: *Thieme* in: Internationale Juristenvereinigung Osnabrück,
Jahresheft 1995/96, S. 44 ff.). Zum anderen wurden für fast alle bedeutenden Fragen des IIR **Son-
deranknüpfungen** vorgeschlagen, die ebenfalls das Ziel hatten, unter Verdrängung des ausländischen
Insolvenzstatuts inländisches Recht zur Anwendung zu bringen (*Pielorz* Auslandskonkurs, S. 77).
Während man für inländische Verfahren betonte, dass nur die umfassende Anwendung des Insolvenzstatuts im grenzüberschreitenden Insolvenzfall das Ziel des Verfahrens, nämlich eine Gleichbehandlung der Gläubiger, erreichen kann (*Gottwald/Arnold* HdbInsR 1. Aufl., § 122 Rn. 89), sei es
wegen der »vielfältigen Unterschiede der nationalen Konkursgesetze und der engen Verzahnung des
Konkursrechts mit der gesamten Rechtsordnung eines Staats« nicht zuzulassen, »diese Regel bei ausländischen Insolvenzverfahren ebenfalls unterschiedslos anzuwenden« (*Gottwald/Arnold* HdbInsR
1. Aufl., § 122 Rn. 92). Die Vorschläge gingen soweit, dass teils pauschal ganze Rechtsgebiete, nämlich die »Normen der inländischen Wirtschafts- und Sozialordnung« herausgenommen werden soll-

ten (*Pielorz* Auslandskonkurs, S. 77 ff.; ebenso *Summ* Anerkennung ausländischer Konkurse in der Bundesrepublik Deutschland, S. 90). Oder es wurde gefordert, die Anerkennung der jeweiligen ausländischen Insolvenzwirkung gesondert von »Fall zu Fall« zu entscheiden (*Favoccia* Vertragliche Mobiliarsicherheiten, S. 56; *Habscheid* KTS 1989, 593 [612]).

21 Der Gesetzgeber der InsO ist ebenso wie der Verordnungsgeber der EuInsVO diesen – kollisionsrechtlich befremdlichen – Ansätzen gefolgt. Im geltenden Recht, und zwar sowohl **im europäischen als auch im autonomen deutschen Recht wird die kollisionsrechtliche Grundregel durch ein System von Partikularverfahren, Sonderanknüpfungen, Kumulationslösungen und Anpassungspflichten ausgehöhlt.** »Vertrauensschutz und Sicherheit des Rechtsverkehrs« (Erläuternder Bericht, S. 32 ff. [41]; BT-Drucks. 15/16, S. 23) werden angeführt, um die an sich als vernünftig erachtete Grundnorm durch massive Einschränkungen in Frage zu stellen. So sind nach EuInsVO und autonomem deutschen IIR neben dem Hauptverfahren Partikularverfahren dort zulässig, wo Vermögen des Schuldners belegen ist (Art. 3 Abs. 2, 34 ff. EuInsVO, §§ 354 ff. InsO). Kaum eine wichtige Frage ist zudem von Sonderanknüpfungen verschont geblieben: Es finden sich Ausnahmen von der kollisionsrechtlichen Grundregel etwa bei den dinglichen Rechten Dritter (Art. 8 EuInsVO, § 351 InsO), dem Eigentumsvorbehalt (Art. 10 EuInsVO), Verträgen über unbewegliche Gegenstände (Art. 11 EuInsVO, § 336 InsO), bei Zahlungssystemen und Finanzmärkten (Art. 12 EuInsVO, § 340 InsO), Arbeitsverträgen (Art. 13 EuInsVO, § 337 InsO), eintragungspflichtigen Rechten (Art. 14 EuInsVO), Aufrechnungen (Art. 9 EuInsVO, § 338 InsO) und bei der Insolvenzanfechtung (Art. 16 EuInsVO, § 339 InsO).

IV. Terminologie

22 1) Dementsprechend unterscheidet man im IIR unterschiedliche Verfahrensarten: Wird von Insolvenzverfahren (**Hauptinsolvenzverfahren**) gesprochen, so ist grds. das am Mittelpunkt des wirtschaftlichen Interesses des Schuldners eröffnete Verfahren gemeint, welches das gesamte Vermögen des Schuldners erfasst, unabhängig davon, wo es belegen ist.

23 2) Daneben gibt es sog. **Partikularverfahren**, die lediglich das im **Hoheitsgebiet eines bestimmten Staats** belegene Vermögen des Schuldners erfassen. Ihr Ziel ist es, die Wirkungen des Hauptinsolvenzverfahrens weitgehend zu verdrängen; der Belegenheitsstaat wickelt das im eigenen Land belegene Vermögen nach eigenen Regeln ab. Die Partikularverfahren lassen sich wieder aufgliedern in selbstständige und unselbstständige.

24 a) Unselbstständige Partikularverfahren finden neben einem ausländischen Hauptinsolvenzverfahren statt. Sie werden als **Sekundärinsolvenzverfahren** bezeichnet (vgl. § 356 InsO) und haben, von ihrer räumlichen Beschränkung abgesehen, grds. die gleichen Wirkungen wie ein Insolvenzverfahren mit universalem Anspruch.

25 b) Neben diesen Sekundärverfahren, die ein ausländisches Hauptinsolvenzverfahren voraussetzen, gibt es die **selbständigen bzw. unabhängigen Partikularverfahren**, die § 354 Abs. 1 InsO **Partikularverfahren** nennt (vgl. zu den terminologischen Unschärfen in diesem Bereich *Trunk* in: *Stoll* [Hrsg.] Vorschläge, S. 232 ff. [244 ff.], der treffend Partikularverfahren als Oberbegriff für alle Nebenverfahren verwendet sehen möchte; vgl. auch *Trunk* in: *Gilles* [Hrsg.], S. 161 f.; HK-InsO/*Stephan* Vor §§ 335 ff. Rn. 10). Die Eröffnung eines solchen Partikularverfahrens setzt nach den Regelungen der InsO entweder eine Niederlassung oder sonstiges im Inland belegenes Vermögen voraus, sofern der antragstellende Gläubiger ein besonderes Interesse an der Durchführung eines solchen Verfahrens hat (§ 354 Abs. 2 InsO).

26 3) Schließlich kennen manche ausländische Rechtsordnungen auch sog. **unselbständige Hilfsverfahren**, deren eigentliches Ziel darin besteht, ein ausländisches Hauptverfahren flankierend zu unterstützen. Die wohl bekanntesten Verfahren dieser Art sind die Verfahren nach Chapter 15 des US Bankruptcy Code – BC –, die an die Stelle der früheren ancillary proceedings getreten sind (*Esser* FD-InsR 2010, 300546; *US Court of Appeals* ILLR 2011, 412; *US Bankruptcy Court Virginia* IILR 2010, 144 ff.; *Unites States Bancruptcy Court Southern District of New York* IILR 2010, 147 ff.).

V. Nachteile paralleler Verfahren

Die Entscheidung des Gesetzgebers und des europäischen Verordnungsgebers, parallele Insolvenzverfahren zuzulassen und zahlreiche Sonderanknüpfungen vorzusehen, ist **rechtspolitisch bedauerlich**. Kollisionsrechtliche Einsichten sind dem Bemühen zum Opfer gefallen, durch die Anwendung des Insolvenzrechts des Belegenheitsstaats lokale Gläubiger zu bevorzugen. Ausländischem Recht wird misstraut, inländisches Recht wird vorgezogen (vgl. die Kritik bei *Mohrbutter/Ringstmeier-Wenner* Kap. 20 Rn. 32–38; vgl. auch zur Einführung eines Systems von Partikularverfahren vor §§ 354 ff. Rdn. 4). Rechtspolitisch bedauerlich sind die zahlreichen **Ausnahmen und Durchbrechungen der Grundregeln des IIR** auch deshalb, weil ein kompliziertes Nebeneinander von Gesamt- und Einzelstatuten entstanden ist, dessen Abgrenzung zahlreiche ungeklärte Fragen aufwirft.

27

Das **Postulat der Gleichbehandlung der Gläubiger erfordert eine einheitliche Verwaltung, Verwertung und Verteilung der Masse.** Ein System paralleler Verfahren, in denen mehrere Insolvenzrechte verschiedener Staaten zugleich angewandt werden, kann dies offenkundig nicht erreichen (vgl. *Wenner* KTS 1990, 429 [434]).

28

Das **im Einzelfall anwendbare Insolvenzrecht** ist bei einem System paralleler Verfahren für die Gläubiger häufig **nicht vorhersehbar**. Nur der Gläubiger, der weiß, welches Insolvenzrecht für seinen Schuldner gelten wird, kann sich im geschäftlichen Verkehr darauf einrichten. Kein Gläubiger kann seinen (potentiellen) Schuldner richtig einschätzen, ohne die Folgen der Insolvenz des Schuldners zu kennen. Ohne Wissen um das anwendbare Insolvenzrecht ist etwa eine insolvenzfeste Sicherung eines Gläubigers undenkbar. Diese Vorhersehbarkeit aber ist bei der Zulassung paralleler Insolvenzverfahren nicht gewährleistet: Wo der Schuldner im Insolvenzfall Vermögen haben wird, ist nicht absehbar. Zudem kann man nicht vorhersehen, ob in dem Staat, der bei Eintritt der Insolvenz Belegenheitsstaat ist, ein Partikularverfahren tatsächlich eröffnet wird oder werden kann. Deshalb hängt es bei der Zulassung von Parallelverfahren in besonderem Maß von Zufälligkeiten ab, welches Insolvenzrecht gilt (vgl. *Wenner* KTS 1990, 429 [433]).

29

VI. Rechtsunsicherheit

Gesetz- und Verordnungsgeber haben durch die komplizierten Regelungswerke nicht nur zahlreiche Fragen aufgeworfen, die die deutsche Rechtsprechung und den EuGH bereits seit vielen Jahren beschäftigen und weiter beschäftigen werden. Das heutige deutsche Internationale Insolvenzrecht steht auch deshalb auf unsicheren Füßen, weil sich nach der neueren Rechtsprechung des EuGH zum internationalen Gesellschaftsrecht (insbesondere *EuGH* Slg. 2003, I-10155 »Inspire Art«) die Frage stellt, ob die Grundnorm des IIR mit der **Niederlassungsfreiheit** (Art. 49, 54 AEUV) in Übereinstimmung zu bringen ist. Der EuGH hat entschieden, dass Vorschriften zur Gründung einer Gesellschaft in einem Mitgliedstaat die Niederlassungsfreiheit einer aus einem anderen Mitgliedstaat der EU stammenden Gesellschaft beeinträchtigen können (*EUGH* Slg. 2003, I-10155 »Inspire Art«). Das legt die Annahme nahe, dass auch Vorschriften über die Abwicklung solcher Gesellschaften im Insolvenzfall als Eingriff in die Niederlassungsfreiheit gewertet werden können (vgl. *Mohrbutter/Ringstmeier-Wenner* Kap. 20 Rn. 41; anders jetzt mit sehr zweifelhafter Begründung *EuGH* ZIP 2015, 2468 [2470]).

30

D. Geltungsanspruch des deutschen Insolvenzverfahrens

Im deutschen Insolvenzverfahren gilt grundsätzlich deutsches Insolvenzrecht. Diesem ist die Definition der Masse zu entnehmen, dieses Recht beantwortet also auch die Frage, ob Auslandsvermögen zur Insolvenzmasse gehört. Nach § 35 InsO umfasst das Insolvenzverfahren das **gesamte Vermögen** des Schuldners. Zur Insolvenzmasse des inländischen Insolvenzverfahrens gehört also auch das **im Ausland belegene Vermögen** des Schuldners (BGHZ 68, 16 [17]; 88, 147 [150]; 95, 256 [264]; 118, 151 [159]). Lediglich das in Deutschland eröffnete Partikularinsolvenzverfahren beschränkt sich auf das Inlandsvermögen (§ 354 Abs. 1 InsO). Ob der Staat, in dem der Vermögensgegenstand belegen ist, diesen Geltungsanspruch anerkennt, ist unerheblich (BGHZ 118, 151 [159]; *Mohrbut-*

31

ter/Ringstmeier-Wenner Kap. 20 Rn. 79). Der inländische Insolvenzverwalter hat nach § 148 Abs. 1 InsO also **auch das ausländische Vermögen zur Masse zu ziehen und zu verwerten** (BGHZ 88, 147 [150]; *BGH* NZI 2004, 21). Art. 21 Abs. 1 Satz 2 EuInsVO bestimmt sogar ausdrücklich, dass der Insolvenzverwalter zur Masse gehörende Gegenstände, die in anderen Mitgliedstaaten belegen sind, an sich nehmen darf (was nicht bedeuten soll, dass der inländische Insolvenzverwalter sich nur um das im europäischen Ausland belegene Schuldnervermögen zu kümmern habe; so aber *Runkel/ Pannen* Anwalts-Handbuch Insolvenzrecht, § 16 Rn. 51). InsO und EuInsVO beschneiden diese Befugnisse allerdings durch im Ausland eröffnete Partikularverfahren und Sonderanknüpfungen (beispielsweise durch Art. 8 Abs. 1 EuInsVO, § 351 InsO), denen zufolge dingliche Rechte von den Wirkungen des Insolvenzverfahrens »unberührt« bleiben sollen (vgl. *Mohrbutter/Ringstmeier-Wenner* Kap. 20 Rn. 80).

32 Ist die **internationale Zuständigkeit deutscher Gerichte** gegeben, kann der Insolvenzverwalter vor deutschen Gerichten **Herausgabe** der im Ausland befindlichen Gegenstände der Insolvenzmasse fordern. Ob der Insolvenzverwalter **vor ausländischen Gerichten** die Herausgabe von Massegegenständen verlangen darf, entscheidet das angerufene ausländische Gericht. Ist der Insolvenzverwalter dort prozessführungsbefugt, ist er **zum Tätigwerden verpflichtet**.

33 Die Pflicht, auch das im Ausland belegene Vermögen des Schuldners zur Masse zu ziehen und zu verwerten besteht auch dann, wenn **das ausländische Belegenheitsstatut den Geltungsanspruch des deutschen Insolvenzverfahrens ignoriert**. Erkennt etwa der ausländische Staat die Prozessführungsbefugnis des inländischen Insolvenzverwalters nicht an, hat der Insolvenzverwalter zu prüfen, ob ein **Zusammenwirken mit dem Schuldner oder einem Gläubiger** in Betracht kommt.

34 Der **Schuldner** ist nach § 97 Abs. 3 InsO auch **verpflichtet**, den Insolvenzverwalter bei der Inbesitznahme im Ausland belegener Massegegenstände **zu unterstützen** (*OLG Köln* OLGZ 1987, 69 [70]). Insbesondere hat der Schuldner dem Insolvenzverwalter eine Vollmacht zu erteilen, die ihn ermächtigt, über das im Ausland belegene Vermögen zu verfügen (**Auslandsvollmacht**, *BGH* NJW-RR 2004, 134 [135]; *OLG Köln* OLGZ 1987, 69 [71]; *Uhlenbruck/Lüer* InsO, § 335 Rn. 37; *Vallender* EWiR, § 97 InsO 1/04, 293). Die Verpflichtung zur Erteilung einer Auslandsvollmacht besteht bereits dann, wenn lose Anhaltspunkte dafür bestehen, dass sich Massegegenstände im Ausland befinden (*BGH* NZI 2004, 21 f.; *Mohrbutter/Ringstmeier-Wenner* Kap. 20 Rn. 102). Weigert sich der Schuldner, seinen Mitwirkungspflichten nach § 97 Abs. 3 InsO zu genügen, ist er mit **Zwangsmitteln** anzuhalten, insbesondere kommt die Anordnung der **Zwangshaft** gem. § 98 Abs. 2 InsO in Betracht (*BGH* NZI 2004, 21 [22]; *Mohrbutter/Ringstmeier-Wenner* Kap. 20 Rn. 103). Auf diese Weise kann man auf den Schuldner einwirken, wenn er sich beispielsweise weigert, eine Auslandsvollmacht zu erteilen oder versucht, im Ausland belegene Vermögensgegenstände zu veräußern (*LG Memmingen* ZIP 1983, 204). Der Insolvenzverwalter kann den Anspruch auf Erteilung einer Vollmacht auch **klageweise durchsetzen** (*LG Köln* ZIP 1997, 61 f.; ZIP 1997, 2161). Zudem macht sich der sich weigernde Schuldner gem. § 826 BGB **schadenersatzpflichtig** (*OLG Köln* ZIP 1998, 113).

35 Werden die Befugnisse des inländischen Insolvenzverwalters im Ausland nicht anerkannt, kann der Insolvenzverwalter auch **mit Gläubigern kooperieren**. So kann er etwa mit einem bereitwilligen Gläubiger vereinbaren, dass dieser Gläubiger im Ausland einen Titel erwirkt, mit diesem Titel in den im Ausland belegenen Vermögensgegenstand vollstreckt und den Erlös – gegebenenfalls gegen eine Erfolgsprämie – an die Masse herausgibt (zum Inhalt einer solchen Vereinbarung *Mohrbutter/ Ringstmeier-Wenner* Kap. 20 Rn. 106).

36 Umgekehrt hat der Insolvenzverwalter Gläubigern entgegenzutreten, die »auf eigene Faust« dort in ausländisches Vermögen vollstrecken, wo die Befugnisse des Insolvenzverwalters nicht anerkannt werden.

37 Dem Insolvenzverwalter stehen **Unterlassungsansprüche** gegen Gläubiger zu, die die Verwertung (auch) des im Ausland belegenen Vermögens erschweren (*Mohrbutter/Ringstmeier-Wenner* Kap. 20 Rn. 115 f.; a.A. *Spennemann* Insolvenzverfahren in Deutschland, Vermögen in Amerika, 1981,

S. 131 f.; MüKo-InsO/*Reinhart* § 335 Rn. 70 ff.). Hat der Gläubiger in Gegenstände der Insolvenzmasse vollstreckt, so hat er nach Art. 20 EuInsVO, § 342 Abs. 1 InsO das Erlangte an den Insolvenzverwalter **herauszugeben**. Daneben kann der Insolvenzverwalter **Schadenersatzansprüche** geltend machen (hierzu *Mohrbutter/Ringstmeier-Wenner* Kap. 20 Rn. 112).

E. Die internationalen Übereinkommen und die sonstigen bi- oder multilateralen Bemühungen zur Bewältigung grenzüberschreitender Insolvenzverfahren

I. Verträge mit der Schweiz

In den 20er Jahren des 19. Jahrhunderts gab es Bemühungen, innerhalb Deutschlands durch interdeutsche Staatsverträge die mit grenzüberschreitenden Insolvenzverfahren verbundenen Schwierigkeiten zu meistern (zu sonstigen bilateralen Abkommen vgl. *Trunk* IIR, S. 70 ff.). In diesem Kontext können auch die Staatsverträge einzelner deutscher Staaten mit schweizerischen Kantonen genannt werden. Die meisten dieser Übereinkommen sind in dem größeren Zusammenhang der in der Zeit des deutschen Bunds zwischen den einzelnen Bundesstaaten geschlossenen Konkursübereinkommen zu sehen (eingehend zu dem früheren IIR der Schweiz *Meili* Die Grundlagen einer internationalen Regelung des Konkursrechtes, 1911). 38

Ein **Teil dieser Verträge** ist noch **heute gültig** (*Blaschczok* ZIP 1983, 141 ff.; *Mohrbutter/Ringstmeier-Wenner* Kap. 20 Rn. 19; *Wenner* EWiR 1998, 705 f.; a.A. MüKo-InsO/*Reinhart* vor §§ 335 ff. Rn. 73 mit der Begründung, die Verträge seien nur auf Konkursverfahren und nicht auch auf liquidationsabwendende Verfahren anwendbar). Zu den fortgeltenden Übereinkommen wird insbesondere die Übereinkunft zwischen einigen schweizerischen Kantonen und dem Königreich Bayern über gleichmäßige Behandlung der gegenseitigen Staatsangehörigen in Konkursfällen vom 11.05./27.06.1834 gerechnet (vgl. *Kantonsgericht Zürich* ZIP 2011, 2429; veröffentlicht in der bereinigten Bayerischen Rechtssammlung, Sachbereich 311--1-J). Als weiterhin gültig wird auch die Übereinkunft zwischen der schweizerischen Eidgenossenschaft und der Krone Württembergs betreffend die Konkursverhältnisse und gleiche Behandlung der beiderseitigen Staatsangehörigen in Konkursfällen vom 12.12.1825 und 13.05.1826 angesehen (abgedruckt bei *Blaschczok* ZIP 1983, 141 [143 f.]). Während in der Übereinkunft mit Bayern lediglich der Grundsatz der Gläubigergleichbehandlung (vgl. zur Behandlung ausländischer Gläubiger im älteren Schweizer Recht: *Meili* Die Grundlagen einer internationalen Regelung des Konkursrechtes, 1911, S. 14 ff.) und das Verbot der Einzelzwangsvollstreckung niedergelegt ist, enthält der württembergisch-schweizerische Vertrag in 7 Artikeln eingehende Regelungen. Zunächst werden auch in diesem Übereinkommen der Grundsatz der Gläubigergleichbehandlung postuliert und ein Verbot der Einzelzwangsvollstreckung festgelegt. Alle Vermögensbestandteile des Schuldners, gleich in welchem der beiden Staaten sie belegen sind, bilden eine einheitliche Konkursmasse. Aus- und Absonderungsrechte an Gegenständen, die nicht im Eröffnungsstaat belegen sind, sollen von dem jeweiligen Inhaber nach der lex rei sitae geltend gemacht werden können. Ein im Rahmen der abgesonderten Befriedigung sich ergebender Überschuss ist an den Konkursverwalter herauszugeben. 39

Trotz der zwischenzeitlich eingetretenen erheblichen Veränderungen sind diese Vereinbarungen weiter wirksam und in ihrem räumlichen Anwendungsbereich im Gebiet des Bundeslands Bayern und in dem Teil des Bundeslands Baden-Württemberg, der dem Gebiet des früheren Lands Württemberg entspricht, anwendbar (*Holch* Die Justiz 1980, 81; *Mohrbutter/Ringstmeier-Wenner* Kap. 20 Rn. 19). Die Bedeutung dieser Übereinkommen, zumindest jedoch des württembergischen Vertrags, dürfte für die Schweiz allerdings eingeschränkt sein, da deren Bundesgericht in seiner Entscheidung vom 17. Juni 1983 den Vertrag dahingehend auslegte, dass im Anschluss an die Anerkennung des württembergischen Konkurses in der Schweiz ein Nebenkonkurs mit eigener Konkursmasse und schweizerischen Konkursorganen durchzuführen sei (BGE 109 III 83). 40

II. Konsularverträge

41 Das Deutsche Reich rsp. der Norddeutsche Bund hatte mit einzelnen Staaten sog. Konsularverträge abgeschlossen, in denen einzelne Fragen des IIR abgehandelt wurden. Im Einzelnen handelt es sich hierbei um Verträge mit Italien (1868), Spanien (1870), Persien (1873), Russland (1874), Griechenland (1881), Serbien (1883) und Sansibar (1885; vgl. zu diesen Übereinkommen *Aderhold* Auslandskonkurs im Inland, S. 155 f., m.w.N.).

III. Sonstige bi- und multilaterale Verträge

42 Für die internationale Insolvenzpraxis von Bedeutung sind auch die multilateralen Insolvenzübereinkommen der südamerikanischen und der skandinavischen Staaten. Zu nennen sind hier die **Verträge von Montevideo** aus den Jahren 1889 und 1940, die beide von Argentinien und Uruguay ratifiziert wurden (vgl. zu diesen Verträgen *Fletcher* Cross-Border Insolvency, S. 301; *Trunk* IIR, S. 74 ff.). Als bemerkenswert erwähnt *Fletcher* in diesem Zusammenhang, dass diese Verträge zwar die Literatur befruchtet haben, jedoch nur wenige einschlägige Entscheidungen zu ihnen feststellbar sind. Der gleiche Befund gilt auch für die **skandinavische Konkurskonvention**, zu der die Vermutung geäußert wird, die geringe Zahl einschlägiger Entscheidungen sei wohl auf ihr reibungsloses Funktionieren zurückzuführen (vgl. eingehend zu dieser Konvention *Stummel* Konkurs und Integration 1991, S. 156 ff.).

43 Als für Deutschland bedeutsame bilaterale Übereinkommen ist der **deutsch-österreichische Vertrag** vom 25.05.1979 zu nennen, der allerdings nach Inkrafttreten der EuInsVO keine Bedeutung mehr hat (Art. 44 Abs. 1 lit. d) EuInsVO). Zur Frage, ob der Vertrag durch die EuInsVO vollständig ersetzt wird, vgl. EuInsVO Art. 44 Rdn. 1 f.

44 Im Gegensatz zu den sonstigen von Deutschland geschlossenen Vollstreckungsübereinkommen, bei denen insolvenzrechtliche Fragestellungen ausgeklammert sind, enthielt der **deutsch-niederländische Vertrag** über die gegenseitige Anerkennung und Vollstreckung gerichtlicher Entscheidungen und anderer Schuldtitel in Zivil- und Handelssachen (BGBl. II 1965 S. 26), in Art. 16 die Anerkennung und Vollstreckung von Eintragungen in die Konkurstabelle sowie von Zwangsvergleichen und Vergleichen nach der Vergleichsordnung (vgl. zu diesem Übereinkommen *Czapski* WM IV 1976, 918). Während der vollstreckungsrechtliche Teil dieses Übereinkommens überwiegend bereits durch das EuGVÜ vom 27.09.1968 (nunmehr EuGVO vom 22.12.2000, ABlEG L 12/1 vom 16.01.2001) ersetzt wurde, hatten dessen insolvenzrechtliche Bestimmungen bis zum Inkrafttreten der EuInsVO am 31.05.2002 Bedeutung. Danach wurde der Vertrag durch die EuInsVO ersetzt (Art. 44 Abs. 1 lit. h EuInsVO).

IV. Vereinheitlichungsbemühungen auf europäischer Ebene

45 Bereits Ende des 19. Jahrhundert gab es intensive Bemühungen, die Probleme, die mit grenzüberschreitenden Insolvenzverfahren verbunden sind, zu meistern. Erwähnt seien in diesem Zusammenhang etwa die Arbeiten des **Institut de droit international** aus den Jahren 1891 und 1894, die dem Grundsatz einer gemäßigten Universalität folgten (vgl. hierzu die Nachw. bei *Aderhold* Auslandskonkurs im Inland, S. 158). Mehrfach hat sich mit diesen Fragen auch die **Haager Konferenz für Internationales Privatrecht** auseinandergesetzt, ohne dass allerdings wesentliche Fortschritte erzielt werden konnten (*Arnold* ZIP 1984, 1146 Fn. 10; vgl. aber die Arbeiten zu dem Haager Übereinkommensentwurf über das auf bestimmte Rechte in Bezug auf bei einem Zwischenverwahrer sammelverwahrte Effekte anzuwendende Recht (*Merkt/Rossbach* ZVglRWiss 102 [2003] 33 ff. und zu den weiteren Bemühungen auf diesem Gebiet *Nadelmann* Codification of conflict rules for bankruptcy, Schweizerisches Jahrbuch für Internationales Recht 30, 1974, S. 57). Für den Bereich der EU konnten diese Bemühungen mit der **EuInsVO** zu einem erfolgreichen Abschluss gebracht werden.

Erster Abschnitt Allgemeine Vorschriften

§ 335 Grundsatz

Das Insolvenzverfahren und seine Wirkungen unterliegen, soweit nichts anderes bestimmt ist, dem Recht des Staats, in dem das Verfahren eröffnet worden ist.

Übersicht

	Rdn.
A. Anwendung der lex fori concursus als Grundregel	1
B. Im Einzelnen	4
I. Überblick	4
II. Einzelfragen	6
1. Eröffnungsfragen	6
a) Gerichtsbarkeit	7
b) Internationale Zuständigkeit	8
2. Umfang der Insolvenzmasse	12
3. Gläubiger, Masseverbindlichkeiten und Rang der Forderung	13
4. Anmeldung und Feststellung der Forderung	15
5. Befugnisse des Insolvenzverwalters	17
6. Stellung des Schuldners	20
7. Verfahrensart und Verfahrensabschluss	21
8. Verhältnis zwischen Insolvenz- und Gesellschaftsstatut	22
III. Vis attractiva concursus	23

Literatur:
Ackmann/Wenner Inlandswirkung des Auslandskonkurses, Verlustscheine und Restschuldbefreiungen, Anm. zu OLG Stuttgart v. 20.03.1989, IPRax 1990, 209; *Carstens* Die internationale Zuständigkeit im europäischen Insolvenzrecht, 2005; *Haas* Die Verwertung der im Ausland belegenen Insolvenzmasse im Anwendungsbereich der EuInsVO, in: Festschrift für Walter Gerhardt, 2004, S. 319; *Keggenhoff* Internationale Zuständigkeit bei grenzüberschreitenden Insolvenzverfahren, 2006; *Mankowski* Bestimmung der Insolvenzmasse und Pfändungsschutz unter der EuInsVO, NZI 2009, 785; *Mörsdorf-Schulte* Geschlossene europäische Zuständigkeitsordnung und die Frage der vis attractiva concursus, NZI 2008, 282; *Paulick/Simon* »EU-Grenzgänger« und die Anwendbarkeit der deutschen Pfändungsschutzvorschriften, ZInsO 2009, 1933; *Vallender* Wirkungen und Anerkennung einer im Ausland erteilten Restschuldbefreiung, ZInsO 2009, 616.

A. Anwendung der lex fori concursus als Grundregel

§ 335 InsO enthält einen Teil der **Grundregel des IIR**, indem er bestimmt, dass das Insolvenzrecht des Eröffnungsstaats zur Anwendung kommt. Er enthält eine **allseitige Verweisungsnorm**, derzufolge die **lex fori concursus** gilt (*Liersch* NZI 2003, 302 [304]; HK-InsO/*Stephan* § 335 Rn. 6; K. Schmidt/*Brinkmann* InsO, § 335 Rn. 1). Die lex fori concursus gilt für das Insolvenzverfahrensrecht und für das materielle Insolvenzrecht; deren schwierige Abgrenzung ist verweisungsrechtlich also ohne Bedeutung (*Mohrbutter/Ringstmeier-Wenner* Kap. 20 Rn. 249; *Smid* Dt. IIR, § 335 InsO Rn. 1; *Liersch* NZI 2003, 302 [304]; vgl. auch BT-Drucks. 15/16, S. 18). Gehalt hat diese Verweisungsnorm allerdings erst durch die **Regelungen, die die internationale Zuständigkeit zur Eröffnung eines Insolvenzverfahrens bestimmen**. Erst wenn diese Regelungen festlegen, dass zur Eröffnung des Verfahrens das Gericht des Staates zuständig ist, in dem der **Schuldner seinen wirtschaftlichen Schwerpunkt** hat, ergibt sich die kollisionsrechtliche Grundregel, die gemeinhin für vernünftig gehalten wird (*Mohrbutter/Ringstmeier-Wenner* Kap. 20 Rn. 30, 46; zur Grundregel bereits oben vor §§ 335 ff. Rdn. 14 ff.). Die Regelungen über die internationale Zuständigkeit haben im IIR also **besondere Bedeutung**: Wegen des im IIR herrschenden **Gleichlaufs zwischen Verfahrens- und materiellem Recht** legen diese Regelungen nicht nur die internationale Zuständigkeit der Eröffnungsgerichte fest, sondern mittelbar damit zugleich das anwendbare Recht. Demzufolge sind Regelungen über internationale Zuständigkeit im IIR stets unter Berücksichtigung der Gesichtspunkte zu wählen, die aus kollisionsrechtlicher Sicht entscheidend sind (*Mohrbutter/Ringstmeier-Wenner* Kap. 20 Rn. 46). Dies hat der Gesetzgeber insbesondere bei der Schaffung der **Partikularverfahren** nicht hinreichend beachtet. Durch diese Verfahren wird, weil durch sie nicht das räumlich beste Recht am wirtschaftlichen Schwerpunkt des Schuldners, sondern lokales Belegenheitsstatut zur Anwendung kommt, das Postulat der einheitlichen Verwaltung, Verwertung und Verteilung der Masse nicht beachtet (vgl. vor §§ 335 ff. Rdn. 19, 27 ff.). Nicht nur durch die Bestimmungen über Partikularverfahren hat der Gesetzgeber die Grundnorm des IIR ausgehöhlt. Zahlreiche **Sonderanknüpfungen**, die die Grundregel des § 335 InsO außer Kraft setzen, führen im Ergebnis dazu, dass die Grundnorm des IIR bei wichtigen Fragen weitgehend bedeutungslos ist (krit. *Mohrbutter/Ringstmeier-Wenner* Kap. 20 Rn. 32 ff.).

2 § 335 InsO ist eine **Gesamtverweisung** (Art. 4 Abs. 1 EGBGB; vgl. *Mohrbutter/Ringstmeier-Wenner* Kap. 20 Rn. 260). Verweist § 335 InsO also auf das Recht eines anderen Staats, so wird auf das Kollisionsrecht dieses Staats verwiesen, nicht auf dessen Sachrecht. Verweist das fremde Kollisionsrecht weiter an das Recht eines dritten Staats, so ist diese **Weiterverweisung** zu beachten. Verweist das fremde IIR auf das eigene Recht zurück, so ist diese **Rückverweisung** zu beachten.

3 Grenze der Anwendung ausländischen Rechts im Inland ist der **ordre public** (§ 343 Abs. 1 S. 2 Nr. 2 InsO). Er kann in sehr seltenen Fällen dazu führen, dass das ausländische Verfahren insgesamt nicht anerkannt wird, eher aber dazu, dass eine einzelne Rechtsfolge, die das ausländische Statut vorsieht, im Inland nicht angewendet wird (vgl. § 343 Rdn. 22 ff., 28).

B. Im Einzelnen

I. Überblick

4 Nach der Grundregel des § 335 InsO gilt im inländischen Insolvenzverfahren inländisches, im ausländischen Insolvenzverfahren ausländisches Insolvenzrecht. Das gilt für Hauptinsolvenzverfahren ebenso wie für Partikularverfahren (HK-InsO/*Stephan* § 335 Rn. 7). Ob Insolvenzrecht vorliegt, wird durch **Qualifikation** bestimmt (s. vor §§ 335 ff. Rdn. 8; *Liersch* NZI 2003, 302 [304]). § 335 InsO entspricht **Art. 7 EuInsVO**, der in seinem Abs. 2 aber detailliert aufzählt, für welche Fragen das Recht des Eröffnungsstaats insbesondere anwendbar sein soll. Diese Aufzählung kann auch für das autonome deutsche IIR als **Indiz** herangezogen werden (vgl. BT-Drucks. 15/16, S. 18; *Smid* Dt. IIR, § 335 Rn. 2; HambK-InsO/*Undritz* § 335 Rn. 3).

5 Nach der **lex fori concursus** bestimmen sich: die Insolvenzfähigkeit, der Umfang der Insolvenzmasse und die Behandlung des Neuerwerbs, die jeweiligen Befugnisse des Schuldners und des Verwalters, die Wirksamkeit einer Aufrechnung, wie sich das Insolvenzverfahren auf laufende Verträge des Schuldners auswirkt, die Zulässigkeit von Vollstreckungsmaßnahmen, welche Forderungen als Insolvenzforderungen anzumelden sind und wie Masseforderungen zu behandeln sind, die Anmeldung, die Prüfung und die Feststellung der Forderungen, die Verteilung des Erlöses, die Rechte der Gläubiger, die nach der Eröffnung des Insolvenzverfahrens aufgrund eines dinglichen Rechts oder infolge einer Aufrechnung teilweise befriedigt wurden, die Voraussetzungen und die Wirkungen der Beendigung des Insolvenzverfahrens insbesondere durch einen Insolvenzplan, die Zulässigkeit und die Wirkungen einer Restschuldbefreiung, wer die Kosten des Insolvenzverfahrens einschließlich der Auslagen zu tragen hat und welche Rechtshandlungen anfechtbar sind, weil sie die Gesamtheit der Gläubiger benachteiligen. Im Folgenden sollen aus der obigen Aufzählung einige Punkte angesprochen werden.

II. Einzelfragen

1. Eröffnungsfragen

6 Ob ein deutsches Gericht die Befugnis hat, ein Insolvenzverfahren zu eröffnen, richtet sich nach der deutschen lex fori. Ob ein ausländisches Gericht ein Verfahren eröffnen durfte, stellt sich bei der Frage, ob das ausländische Verfahren anzuerkennen ist (§ 343 InsO).

a) Gerichtsbarkeit

7 Die Gerichtsbarkeit ist der lex fori zu entnehmen. Ein deutscher Eröffnungsbeschluss, der die deutsche Gerichtsbarkeit missachtet, ist nichtig (*Mohrbutter/Ringstmeier-Wenner* Kap. 20 Rn. 43). Die Vorschriften über Immunität (§§ 18–20 GVG) sind zu beachten. Insolvenzverfahren mit Wirkung

für Vermögensgegenstände eines ausländischen Staats, die hoheitlichen Zwecken dienen, sind unzulässig (MüKo-InsO/*Reinhart* § 335 Rn. 18; *Mohrbutter/Ringstmeier-Wenner* Kap. 20 Rn. 44). Entsprechend gilt für ausländische Staatsunternehmen, dass ein Insolvenzverfahren über deren Vermögen eröffnet werden kann, wenn das Unternehmen nicht hoheitlichen Zwecken des ausländischen Staats dient (*Geimer* IZPR Rn. 3453; *Mohrbutter/Ringstmeier-Wenner* Kap. 20 Rn. 44). Ob Gerichtsbarkeit vorliegt, ist **von Amts wegen** zu prüfen (BVerfGE 46, 342 [359]).

b) Internationale Zuständigkeit

Im Geltungsbereich der EuInsVO richtet sich die internationale Zuständigkeit zur Eröffnung eines Hauptinsolvenzverfahrens nach **Art. 3 EuInsVO**. Danach sind Gerichte zur Eröffnung eines Hauptverfahrens dann befugt, wenn der **Mittelpunkt der hauptsächlichen Interessen des Schuldners im Gerichtsstaat liegt** (vgl. EuInsVO Art. 3 Rdn. 3 ff.). Art. 3 EuInsVO ist nicht nur anzuwenden, wenn der transnationale Bezug zu einem anderen Mitgliedstaat der EU besteht. Vielmehr gilt Art. 3 EuInsVO **auch im Verhältnis zu Drittstaaten** (vgl. EuInsVO Art. 1 Rdn. 14 f. m.w.N.). 8

Art. 3 EuInsVO ist also lediglich dann **nicht einschlägig**, wenn der Schuldner nicht in den persönlichen Anwendungsbereich der EuInsVO fällt. Bei Kreditinstituten, E-Geldinstituten und Versicherungsunternehmen gelten **Sondervorschriften**: Zuständig zur Eröffnung des Insolvenzverfahrens ist das Gericht des Herkunftsstaats (§ 46e Abs. 1 KWG und § 312 Abs. 2 VAG). Für die anderen in Art. 1 Abs. 2 EuInsVO genannten Institute ist auf das autonome IIR zurückzugreifen (MüKo-InsO/*Reinhart* § 335 Rn. 26). Hier wendet die h.M. die Vorschriften der InsO über die örtliche Zuständigkeit entsprechend an (vgl. schon BGHZ 95, 256 [270]). Zur Eröffnung eines Hauptverfahrens sind deutsche Gerichte danach international zuständig, wenn sie gem. § 3 Abs. 1 InsO örtlich zuständig sind. Diese Zuständigkeit ist gegeben, wenn der Mittelpunkt der selbstständigen und wirtschaftlichen Tätigkeit des Schuldners im Inland liegt oder der Schuldner im Inland seinen allgemeinen Gerichtsstand hat. Das führt dazu, dass deutsche Gerichte ein Insolvenzverfahren auch eröffnen dürfen, wenn ein Schuldner im Inland einen allgemeinen Gerichtsstand hat, in einem Drittland aber den Schwerpunkt seiner wirtschaftlichen Tätigkeit. Damit würde auch dann deutsches Insolvenzrecht Anwendung finden, wenn der Schuldner seinen wirtschaftlichen Mittelpunkt im Ausland hat. Daran wird deutlich, dass die Regelung im IIR nicht taugt. Hat der Schuldner seinen allgemeinen Gerichtsstand im Inland, so begründet dies entgegen der h.M. nach autonomem IIR die Eröffnungszuständigkeit eines deutschen Gerichts nur dann, wenn es an einem im Ausland gelegenen wirtschaftlichen Mittelpunkt des Schuldners fehlt (*Mohrbutter/Ringstmeier-Wenner* Kap. 20 Rn. 60). 9

Sonderregelungen finden sich zur internationalen Zuständigkeit zur Eröffnung eines Partikularverfahrens in §§ 354, 356 InsO. 10

Die internationale Zuständigkeit ist **von Amts wegen** zu prüfen (*BGH* NZI 1999, 114; *AG Köln* NZI 2008, 390; MüKo-InsO/*Reinhart* § 335 Rn. 30; *Mohrbutter/Ringstmeier-Wenner* Kap. 20 Rn. 77). 11

2. Umfang der Insolvenzmasse

Der **Umfang der Insolvenzmasse** und die **Behandlung des Neuerwerbs** bestimmen sich nach dem Insolvenzstatut (Art. 7 Abs. 2 lit. b EuInsVO; ebenso *Aderhold* Auslandskonkurs im Inland, S. 261 ff.; *Gottwald/Kolmann/Keller* HdbInsR, § 134 Rn. 50; *Hanisch* in: *Kegel* [Hrsg.], S. 332; *Mohrbutter/Ringstmeier-Wenner* Kap. 20 Rn. 290; *Smid* Dt. IIR, § 335 Rn. 4). Sieht die maßgebende lex fori concursus eines anerkannten ausländischen Verfahrens die Einbeziehung des Neuerwerbs nicht vor, so werden auch die in Deutschland belegenen Gegenstände des Neuerwerbs nicht vom Insolvenzbeschlag des ausländischen Verfahrens erfasst. Regelmäßig wird nur das **pfändbare Vermögen** des Schuldners in ein Insolvenzverfahren einbezogen (vgl. die Nachw. zum ausländischen Recht *Aderhold* Auslandskonkurs im Inland, S. 262). Ob nur pfändbares Vermögen zur Masse gehört und welche Vermögensgegenstände gegebenenfalls unpfändbar sind, entscheidet nach richtiger Auffassung die lex fori concursus (vgl. i.E. EuInsVO Art. 7 Rdn. 6). 12

3. Gläubiger, Masseverbindlichkeiten und Rang der Forderung

13 Das Recht des Eröffnungsstaats bestimmt, wer **Gläubiger** ist und wie diese am Verfahren teilnehmen. Das gilt für die **Art und Weise der Mitwirkung der Gläubiger** ebenso wie die **Modalitäten der Forderungsanmeldung**. Ob, wie und bis wann Forderungen anzumelden sind, bestimmt das Insolvenzstatut (vgl. auch Art. 7 Abs. 2 lit. h, i EuInsVO).

14 Nicht hinreichend geklärt ist die Behandlung **öffentlich-rechtlicher Forderungen**. Nach Art. 53 EuInsVO können Steuerbehörden und Sozialversicherungsträger der Mitgliedstaaten der EU (mit Ausnahme von Dänemark) an einem in einem anderen EU-Staat eröffneten Insolvenzverfahren teilnehmen. Art. 13 der UNCITRAL-Modellbestimmungen hingegen sieht vor, dass Forderungen des ausländischen Fiskus und Sozialversicherungsträgers von Verfahren völlig ausgeschlossen werden können, weil verschiedene Staaten in den Beratungen vorgetragen hatten, die Berücksichtigung öffentlich-rechtlicher Forderungen würde ihren ordre public berühren (vgl. *Wimmer* 4. Aufl., § 335 Rn. 6). Die traditionelle Sichtweise, derzufolge ein Staat bei der Durchsetzung ausländischer öffentlich-rechtlicher Forderungen nicht behilflich ist, ist weder zeitgemäß noch gut begründet. Forderungen ausländischer Steuerbehörden und Sozialversicherungsträger sind daher auch im inländischen Insolvenzverfahren zuzulassen (vgl. MüKo-InsO/*Reinhart* Art. 102 EGInsO Rn. 69–72). Sinn macht das allerdings nur, wenn dem ausländischen Staat schon vor der Insolvenz gestattet war, seine Forderungen durchzusetzen. Der ausländische Staat darf durch die Insolvenz des Schuldners nicht besser gestellt werden (vgl. *Mohrbutter/Ringstmeier-Wenner* Kap. 20 Rn. 152). **Vorrechte**, die der ausländische Staat für seine Forderung vorsieht, gelten nicht im inländischen Verfahren. Im inländischen Insolvenzverfahren bestimmt das Insolvenzstatut, welcher Forderung Vorrechte eingeräumt sind (vorbehaltlich völkerrechtlicher Vereinbarungen).

4. Anmeldung und Feststellung der Forderung

15 Dem Recht des Eröffnungsstaats ist zu entnehmen, welche **Gläubiger teilnahmeberechtigt** sind und wie sie ihre **Forderungen anmelden** können (vgl. Art. 7 Abs. 2 lit. g EuInsVO). Für ein deutsches Verfahren bedeutet dies, dass grds. alle Gläubiger ihre Forderungen anmelden können.

16 Einen **Feststellungsstreit** nach § 179 Abs. 1 InsO hat auch der ausländische Gläubiger nach § 180 Abs. 1 InsO vor dem Amts- oder Landgericht des Bezirks zu führen, zu dem das Insolvenzgericht gehört (anders *Gottwald/Kolmann/Keller* HdbInsR, § 132 Rn. 97, die die Auffassung vertreten, § 180 Abs. 1 InsO schaffe lediglich eine konkurrierende internationale Zuständigkeit). War ein Rechtsstreit über die Forderung bereits anhängig, so gilt – auch im internationalen Kontext – § 180 Abs. 2 InsO (*Nerlich/Römermann-Becker* InsO, § 180 Rn. 28). Zu trotz Insolvenz betriebenen Schiedsverfahren (in casu allerdings im Land des Schiedsgerichts) vgl. *BGH* SchiedsVZ 2009, 176.

5. Befugnisse des Insolvenzverwalters

17 **Rechtsstellung und Befugnisse des Insolvenzverwalters** bestimmen sich nach der **lex fori concursus** (*Mohrbutter/Ringstmeier-Wenner* Kap. 20 Rn. 270 ff.; *Reithmann/Martiny/Hausmann* Int. Vertragsrecht, Rn. 5659; *Smid* Dt. IIR, § 335 Rn. 7; *Uhlenbruck/Lüer* InsO, § 335 Rn. 34; vgl. auch Art. 7 Abs. 2 lit. c EuInsVO). Insbesondere hat der **inländische Insolvenzverwalter** seine Befugnisse auch mit Blick auf das im Ausland belegene Vermögen auszuüben; ob man ihn dort anerkennt, steht auf einem anderen Blatt. Soweit sein Heimatrecht dem **ausländischen Insolvenzverwalter** Befugnisse verleiht, kann er auch im Inland handeln, um die Masse zu sichern, zu sammeln und zu verwerten. Seine Befugnisse mögen größer oder kleiner als die des deutschen Insolvenzverwalters sein. Eine Anpassung an inländisches Recht, die im Rahmen der EuInsVO wegen einer unscharfen Formulierung in Art. 21 Abs. 3 S. 1 EuInsVO vorgeschlagen worden ist, findet nicht statt (*Mohrbutter/Ringstmeier-Wenner* Kap. 20 Rn. 273). Im ausländischen Recht vorgesehene Hoheitsbefugnisse stehen dem ausländischen Verwalter im Inland allerdings nicht zu. Ebenso hat er sich an die deutschen nicht insolvenzrechtlichen Regelungen zu halten: So geschieht die Zwangsversteigerung eines

in Deutschland belegenen Grundstücks nach der lex rei sitae, also nach deutschem Versteigerungsrecht (vgl. auch Art. 21 Abs. 3 Satz 1 EuInsVO).

Ob der ausländische Verwalter im Inland **prozessführungsbefugt** ist, bestimmt ebenfalls die **lex fori concursus** (vgl. auch Art. 7 Abs. 1 lit. c EuInsVO). Gleiches gilt für die Frage, ob der Verwalter befugt ist, eine dritte Person, etwa den Schuldner, zur Führung des Prozesses zu ermächtigen (BGHZ 125, 196 [200]). Hingegen richten sich prozessuale Zulässigkeit und Wirkung einer **Prozessführungsermächtigung** nach **der lex fori processus** (*Gottwald* IPRax 1995, 157; *Mohrbutter/Ringstmeier-Wenner* Kap. 20 Rn. 275). 18

Beschnitten werden die Befugnisse des Insolvenzverwalters durch die Regelungen über Partikularverfahren und die zahlreichen Sonderanknüpfungen, die die §§ 336 ff. InsO vorsehen. 19

6. Stellung des Schuldners

Die Wirkungen, die das ausländische Insolvenzverfahren auf die **Stellung des Schuldners und die Befugnisse des ausländischen Verwalters** entfaltet, entsprechen sich weitgehend. Mit der Anerkennung des ausländischen Verfahrens bestimmt dessen lex fori concursus auch die Stellung des Schuldners, also ob er beispielsweise seine Verwaltungs- und Verfügungsbefugnis über die Gegenstände der Insolvenzmasse verliert und ob er in seiner Prozessführungsbefugnis Einschränkungen unterliegt (*Jaeger/Jahr* §§ 237, 238 Rn. 415 ff.; *Gottwald/Kolmann/Keller* InsR-Hdb § 133 Rn. 15; *Uhlenbruck/Lüer* InsO, § 335 Rn. 23). 20

7. Verfahrensart und Verfahrensabschluss

Das Insolvenzstatut bestimmt die **Art des Verfahrens**. Es regelt, ob der Schuldner zur **Eigenverwaltung** berechtigt ist und welche Befugnisse dem Verwalter dann zustehen (*Mohrbutter/Ringstmeier-Wenner* Kap. 20 Rn. 270). Wie das **Verfahren** beendet wird, ist ebenfalls der lex fori concursus zu entnehmen. Das umfasst **Zwangsvergleiche**, **Insolvenzpläne und Restschuldbefreiungen** (BGHZ 122, 373 [375]; BGHZ 134, 79 [87]; *BGH* NJW 2002, 960; *Ackmann/Wenner* IPRax 1990, 209 [211 f.]; *Ehricke* RabelsZ [1998], 712 [723 ff.]; *Mohrbutter/Ringstmeier-Wenner* Kap. 20 Rn. 366; *Reinhart* Sanierungsverfahren im Internationalen Insolvenzrecht, S. 212 ff.). Sieht das ausländische Insolvenzstatut eine gerichtliche Entscheidung über den Abschluss des Verfahrens vor, so ist diese Entscheidung nach § 343 Abs. 2 InsO anzuerkennen. Ist dies nicht der Fall, so ist der Verfahrensabschluss als Folge der kollisionsrechtlichen Verweisung auf die lex fori concursus zu beachten (BGHZ 134, 79 [87]). 21

8. Verhältnis zwischen Insolvenz- und Gesellschaftsstatut

Da Insolvenz- und Gesellschaftsstatut nach der neueren Rechtsprechung des EuGH auseinanderfallen können, stellt sich die Frage der Abgrenzung der beiden Statute. Da sich vergleichbare Fragen auch im Rahmen der EuInsVO stellen, wird auf die dortigen Ausführungen verwiesen (s. EuInsVO Art. 7 Rdn. 19 ff.). 22

III. Vis attractiva concursus

Eine Reihe von ausländischen Insolvenzrechten kennen eine umfassende **vis attractiva concursus**, wonach dem für das Verfahren zuständigen Insolvenzgericht eine umfassende ausschließliche Zuständigkeit zur Entscheidung über sämtliche das Insolvenzverfahren betreffende Streitigkeiten gewährt wird. Rechtsstreitigkeiten über die Feststellung der Forderungen, über die Insolvenzanfechtung, die Aus- und Absonderung etc. sind dann nach den Bestimmungen dieser Rechtsordnung vor dem Insolvenzgericht zu führen. Das autonome deutsche Recht kennt eine solche Konzentration beim Insolvenzgericht nicht. 23

Einige Stimmen wollen diese kompetenzrechtliche Zuständigkeit des (ausländischen) Insolvenzeröffnungsgerichts im Inland beachten (*Aderhold* Auslandskonkurs im Inland, S. 302 ff.; vgl. auch 24

Mörsdorf-Schulte NZI 2008, 282 [288]; **a.A.** *Duursma-Kepplinger/Duursma/Chalupsky* Art. 4 Rn. 23; *Haß/Huber/Gruber/Heiderhoff* Art. 4 Rn. 19; *Leible/Staudinger* KTS 2000, 533 [559 f.]). Dagegen ist zu Unrecht vorgebracht worden, dies greife unzulässig in die Justizgrundrechte ein (*Habscheid* Grenzüberschreitendes Insolvenzrecht, S. 370 ff.; *ders.* ZIP 1999 1113 [1115 ff.]; *ders.* NZI 2003, 238 [249]). Übersehen wird allerdings, dass nach allgemeinen Grundsätzen des deutschen Internationalen Zivilprozessrechts sich die Entscheidungszuständigkeit deutscher Gerichte nach der lex fori richtet (*Geimer* IZPR Rn. 338 m.w.N.). Ob ein ausländisches Gericht sich für ausschließlich zuständig hält, ist nach allgemeinen Grundsätzen unbeachtlich. Nichts anderes kann gelten, wenn der ausländische Staat seine Zuständigkeit nur für den Fall der Insolvenz beansprucht (*Mohrbutter/Ringstmeier-Wenner* Kap. 20 Rn. 246). Die Kompetenzregelung ist also nicht als insolvenzrechtliche, sondern als Regelung internationaler Entscheidungszuständigkeit des ausländischen Staats zu qualifizieren (*Mohrbutter/Ringstmeier-Wenner* Kap. 20 Rn. 269; **a.A.** *Mörsdorf-Schulte* NZI 2008, 282 [287]).

25 Anders als das autonome deutsche IIR sieht die EuInsVO in Art. 6 nunmehr eine Annexzuständigkeit für Klagen, die unmittelbar aus dem Insolvenzverfahren hervorgehen, vor (vgl. dazu EuInsVO Art. 6 Rdn. 1 ff.).

§ 336 Vertrag über einen unbeweglichen Gegenstand

¹Die Wirkungen des Insolvenzverfahrens auf einen Vertrag, der ein dingliches Recht an einem unbeweglichen Gegenstand oder ein Recht zur Nutzung eines unbeweglichen Gegenstandes betrifft, unterliegen dem Recht des Staats, in dem der Gegenstand belegen ist. ²Bei einem im Schiffsregister, Schiffsbauregister oder Register für Pfandrechte an Luftfahrzeugen eingetragenen Gegenstand ist das Recht des Staats maßgebend, unter dessen Aufsicht das Register geführt wird.

Übersicht

	Rdn.		Rdn.
A. Normzweck	1	3. Dingliches Recht	5
B. Im Einzelnen	2	4. Von der Norm erfasste Verträge	7
I. Verweisungsnorm	2	a) Vertrag über ein dingliches Recht	7
II. Tatbestand	3	b) Verträge über die Nutzung unbeweglicher Sachen	8
1. Wirkungen der Verfahrenseröffnung	3		
2. Unbeweglicher Gegenstand	4	5. Schiffe und Luftfahrzeuge	9

Literatur:
Lüttringhaus/Weber Aussonderungsklagen an der Schnittstelle von EuGVVO und EuInsVO, RIW 2010, 45; *Meyer* Das Erbbaurecht in der Insolvenz, NZI 2007, 487; *Plappert* Dingliche Sicherungsrechte in der Insolvenz, 2008; *von Bismarck/Schümann-Kleber* Insolvenz eines ausländischen Sicherungsgebers – Anwendung deutscher Vorschriften auf die Verwertung in Deutschland belegener Kreditsicherheiten, NZI 2005, 147; *dies.* Insolvenz eines deutschen Sicherungsgebers – Auswirkungen auf die Verwertung im Ausland belegener Kreditsicherheiten, NZI 2005, 89.

A. Normzweck

1 § 336 InsO enthält eine erste **erhebliche Einschränkung des Universalitätsprinzips**, indem die Behandlung sämtlicher Verträge, die ein dingliches Recht oder ein Nutzungsrecht an einem Grundstück betreffen, aus dem Insolvenzstatut herausgenommen wird. Dabei ist der Gesetzgeber sehr allgemein gehaltenen Befürchtungen gefolgt, Rechtsverhältnisse an Grundstücken seien so eng mit dem Recht des Belegenheitsorts verknüpft, dass ein fremdes Insolvenzstatut nicht akzeptable Auswirkungen habe (BT-Drucks. 15/16, S. 18). So ist schon zum früheren Recht nebulös behauptet worden, die Anknüpfung dieser Verträge an die lex rei sitae ergebe sich aus »allgemeinen Überlegungen, die für die Herrschaft der lex rei sitae sprechen« (*Aderhold* Auslandskonkurs im Inland, S. 280). Die Ausgestaltung des Miet- und Pachtrechts sei Bestandteil der deutschen sozialen Ordnung (*Aderhold* Auslandskonkurs im Inland, S. 280). Zumindest teilweise mögen hier Missverständnisse den Ausschlag gegeben haben, die im Rahmen der Abgrenzung des Insolvenzstatuts von anderen Statuten

entstanden sind. Auch Misstrauen gegenüber fremden Insolvenzrechten mag die Feder des Gesetzgebers geführt haben. Ganz unnötig aber hat der Gesetzgeber dabei den von Art. 11 EuInsVO gesetzten Rahmen überschritten. Während dort für die Wirkung des Insolvenzverfahrens auf Verträge, die zum **Erwerb oder zur Nutzung eines unbeweglichen Gegenstands** berechtigen, die lex rei sitae für anwendbar erklärt wird, bestimmt § 336 InsO dies weitergehend für **sämtliche Verträge**, die ein dingliches Recht an einem unbeweglichen Gegenstand betreffen. Ebenfalls weitergehend als die EuInsVO bestimmt § 336 Satz 2 InsO, dass bei registerpflichtigen Rechten an das Registerstatut anzuknüpfen ist. Damit ist der deutsche Gesetzgeber weit über das Ziel hinausgeschossen (s. allgemein zur Kritik an den vom Gesetzgeber vorgenommenen Sonderanknüpfungen vor §§ 335 ff. Rdn. 27 ff.).

B. Im Einzelnen

I. Verweisungsnorm

§ 336 InsO ist eine **allseitige Kollisionsnorm**, also sowohl bei in- als auch bei ausländischen Insolvenzverfahren anzuwenden (*Mohrbutter/Ringstmeier-Wenner* Kap. 20 Rn. 327). Es handelt sich um eine **Kollisionsnormverweisung**, § 336 InsO verweist also nicht auf das Sachrecht des anderen Staats, sondern auf dessen Kollisionsrecht (*Mohrbutter/Ringstmeier-Wenner* Kap. 20 Rn. 260; a.A. *K. Schmidt/Brinkmann* InsO, § 336 Rn. 1). Das bedeutet insbesondere, dass eine **Rückverweisung** beachtet wird. Verweist also im Falle eines inländischen Insolvenzverfahrens, zu dessen Masse ein im Ausland belegenes Grundstück gehört, die ausländische lex rei sitae auf deutsches Recht zurück, so nehmen wir diese Rückverweisung an. Zu der von § 336 InsO vorgesehenen Sonderanknüpfung kommt es in diesem Fall nicht (*Mohrbutter/Ringstmeier-Wenner* Kap. 20 Rn. 260).

II. Tatbestand

1. Wirkungen der Verfahrenseröffnung

§ 336 InsO »schützt« vor den Wirkungen, die die **Verfahrenseröffnung** nach dem Recht des Eröffnungsstaats mit sich bringt (*Mohrbutter/Ringstmeier-Wenner* Kap. 20 Rn. 324). Anstelle der lex fori concursus tritt insoweit **das Insolvenzrecht des Belegenheitsstaats**. Dies gilt auch, soweit für die Gläubiger das Recht des Eröffnungsstaats günstiger ist (*Mohrbutter/Ringstmeier-Wenner* Kap. 20 Rn. 324; HK-InsO/*Stephan* § 336 Rn. 9). Auf die Frage, welches Statut auf Rechtsgeschäfte des Verwalters über massezugehörige Immobilien anwendbar ist, gibt § 336 InsO hingegen keine Antwort (vgl. *Andres/Leithaus/Dahl* InsO, § 336 Rn. 1 sowie *Duursma-Kepplinger/Duursma/Chalupsky* Art. 8 Rn. 3).

2. Unbeweglicher Gegenstand

Die Sonderanknüpfung des § 336 InsO gilt nur für **unbewegliche Gegenstände**, die nach deutschem Insolvenzrecht in § 49 InsO legal definiert sind (BT-Drucks. 15/16, S. 18; *Braun/Tashiro* InsO, § 336 Rn. 5; *Smid* Dt. IIR, § 336 Rn. 5). Danach werden die Gegenstände erfasst, die der Zwangsvollstreckung in das unbewegliche Vermögen unterliegen. Maßgebend hierfür sind somit die §§ 864, 865 ZPO i.V.m. §§ 93 ff., 1120 ff., 1165 BGB (s. *Imberger* § 49 Rdn. 27 ␣␣ff.; *Uhlenbruck/Brinkmann* InsO, § 49 Rn. 10).

3. Dingliches Recht

Erfasst werden alle Verträge, die ein **dingliches Recht** an einem unbeweglichen Gegenstand betreffen. Eine erschöpfende Definition des dinglichen Rechts gibt es schon im deutschen Recht nicht (weshalb der Begriff im BGB mit Ausnahme der Überschrift zu § 889 BGB keine Verwendung findet). Im internationalen Kontext (zur Auslegung vor §§ 335 ff. Rdn. 5 f.) ist dies noch viel weniger klar. Beispiele für dingliche Rechte sind das Eigentum, Dienstbarkeiten, Reallasten, Hypotheken und Grundschulden, das Erbbaurecht, das Wohnungseigentum und das Bergwerkseigentum (vgl.

weitere Beispiele bei *Staudinger/Seiler* Einl. zum SachenR Rn. 21). Art. 8 Abs. 2 EuInsVO mag als Orientierung dienen.

6   Ob das dingliche Recht **wirksam bestellt** worden ist, richtet sich nach der lex rei sitae (*Uhlenbruck/Lüer* InsO, § 335 Rn. 18 m.N.). Das ergibt sich nicht aus § 336 InsO (offen insoweit *Wimmer* 4. Aufl., Rn. 7), sondern aus allgemeinen Grundsätzen des IPR (vgl. für das deutsche Recht Art. 43 EGBGB).

4. Von der Norm erfasste Verträge

a) Vertrag über ein dingliches Recht

7   Unter § 336 InsO fallen **Kauf-, Tausch- und Schenkungsverträge** (*Mohrbutter/Ringstmeier-Wenner* Kap. 20 Rn. 325). Zur Frage, ob § 336 InsO Auswirkungen auf das **dingliche Rechtsgeschäft** hat vgl. *Duursma-Kepplinger/Duursma/Chalupsky* Art. 8 Rn. 12–23. Da § 336 InsO rechtspolitisch fragwürdig ist und weit über das Ziel hinausschießt, spricht viel gegen eine erweiternde Auslegung (so auch HK-InsO/*Stephan* § 336 Rn. 6; *Braun/Tashiro* InsO, § 336 Rn. 1; anders *Wimmer* 4. Aufl., Rn. 8; *Uhlenbruck/Lüer* InsO, § 336 Rn. 9).

b) Verträge über die Nutzung unbeweglicher Sachen

8   Neben den Verträgen über dingliche Rechte erfasst die Norm auch Verträge, die die **Nutzung einer unbeweglichen Sache** zum Gegenstand haben. Das sind **Miet-, Pacht- und Leasingverträge**. Begründet hat der Gesetzgeber dies mit sozialen Erwägungen, insbesondere dem Mieterschutz (vgl. BT-Drucks. 15/16, S. 18; krit. *Liersch* NZI 2003, 302 [304]). Das erklärt zunächst nicht, warum sich die Vorschrift auch auf Pacht- und Leasingverträge erstreckt. Zum anderen hätte man den Mieterschutz auch ohne die Regelung des § 336 InsO bewirken können. Wenn der Gesetzgeber das den Mieter schützende deutsche Wohnraummietrecht zu den sich gegenüber dem Schuldstatut durchsetzenden Bestimmungen i.S.v. Art. 34 EGBGB zählt (Begr. zu Art. 34 EGBGB, BT-Drucks. 10/504, S. 84), wird man bei einer Kollision des Mietschutzrechts mit Insolvenzrecht ebenso zu entscheiden haben.

5. Schiffe und Luftfahrzeuge

9   Bei **Schiffen und Luftfahrzeugen** würde eine strikte Anwendung der lex rei sitae wegen des ständigen Wechsels des Lageorts zu einem häufigen Statutenwechsel führen, so dass **§ 336 Satz 2 InsO** eine eigenständige kollisionsrechtliche Lösung vorsieht (BT-Drucks. 15/16, S. 18), die jedoch regelmäßig mit der Bestimmung des Rechts des Registerstaats und dessen allgemeiner IPR-Verweisung übereinstimmen dürfte. Nach Art. 45 EGBGB bestimmen sich die Rechte an Transportmitteln nach dem Recht des Herkunftsstaats, der bei **Wasserfahrzeugen** gem. Art. 45 Abs. 1 Nr. 2 EGBGB regelmäßig der Registerstaat ist. Erwerb und Verlust des Eigentums an einem Schiff, das im Schiffsregister eines deutschen Gerichts eingetragen ist, richtet sich somit nach deutschen Gesetzen (*Palandt/Thorn* Art. 45 EGBGB Rn. 2; zur alten einseitigen Kollisionsnorm in § 1 Abs. 2 SchiffRG vgl. MüKo-BGB/*Wendehorst* Art. 45 EGBGB Rn. 2, 20 ff., 47 ff.). Da § 336 InsO eine Ausnahmevorschrift zu der Grundnorm des § 335 InsO darstellt, kann bei **nicht eingetragenen Schiffen** nicht ergänzend die Auffangvorschrift des Art. 45 Abs. 1 Nr. 2 2. Alt. EGBGB herangezogen und auf das Recht des Heimathafens oder Heimatorts abgestellt werden, vielmehr hat es bei der Anwendung der **lex fori concursus** zu bleiben.

10 Auch bei **Luftfahrzeugen** verweist § 336 Satz 2 InsO auf das Recht des Registerstaats. Dies ist, zumindest was das deutsche Recht anbelangt, jedoch nur scheinbar eine Abweichung von Art. 45 Abs. 1 Nr. 1 EGBGB, der das Recht der Staatszugehörigkeit des Luftfahrzeugs für maßgebend erklärt. Das Recht der Staatszugehörigkeit (**Flaggenrecht**) stimmt nämlich mit dem **Registerortsrecht überein**, da sich Ersteres nach dem quasi weltweit geltenden Abkommen vom 07.12.1944 über die internationale Zivilluftfahrt (BGBl. 1956 II S. 411) bestimmt, das die Eintragung in die Luftfahrzeugrolle eines Staats für maßgebend erklärt (MüKo-BGB/*Wendehorst* Art. 45 EGBGB Rn. 43).

Im Zusammenhang mit der IIR-Regelung für eingetragene Luftfahrzeuge sei auf ein internationales Abkommen verwiesen, dass für die Bestellung von Sicherheiten an Flugzeugen von erheblicher Bedeutung sein wird. Um bei grenzüberschreitenden Geschäften mit diesen hochwertigen Mobilien ein verlässliches Sicherungsmittel an der Hand zu haben, wurde ein internationales Übereinkommen (**Convention on International Interests in Mobile Equipment**) mit einem ergänzenden Luftfahrtausrüstungsprotokoll (Protocol to the Convention on International Interests in Mobile Equipment on Matters specific to Aircraft Equipment) erarbeitet, durch das eine neuartige Sicherheit zur Finanzierung hochwertiger beweglicher Ausrüstungsgegenstände geschaffen wurde. Darin wird die Behandlung in der Insolvenz durch eigenständige Bestimmungen geregelt (vgl. hierzu *Bollweg/Kreuzer* ZIP 2000, 1361 ff.; *Bollweg/Gerhard* ZLW 2001, 373 ff.; *Bollweg/Henrichs* ZLW 2002, 186 ff.). Das Abkommen ist bislang von Deutschland nicht ratifiziert worden. 11

§ 337 Arbeitsverhältnis

Die Wirkungen des Insolvenzverfahrens auf ein Arbeitsverhältnis unterliegen dem Recht, das nach der Verordnung (EG) Nr. 593/2008 des Europäischen Parlaments und des Rates vom 17. Juni 2008 über das auf vertragliche Schuldverhältnisse anzuwendende Recht (Rom I) (ABl. L 177 vom 4.7.2008, S. 6) für das Arbeitsverhältnis maßgebend ist.

Übersicht

	Rdn.		Rdn.
A. Normzweck	1	3. Bestimmung des Statuts nach Art. 8 Rom-I-VO	6
B. Im Einzelnen	2	4. Gesondert anzuknüpfende Fragen	8
I. Verweisungsnorm	2	a) Betriebsverfassungsrecht	9
II. Tatbestand	3	b) Betriebliche Altersversorgung	10
1. Arbeitsverhältnis	3	c) Insolvenzgeld	11
2. Wirkung der Verfahrenseröffnung	4		

Literatur:
Adam Zuständigkeitsfragen bei der Insolvenz internationaler Unternehmensverbindungen, 2006; *Berkowsky* Aktuelle arbeitsrechtliche Fragen in Krise und Insolvenz – Oktober/November 2007, NZI 2008, 20; *Cransnaw* Anwendung inländischen Insolvenzarbeitsrechts auf im Inland beschäftigte Arbeitnehmer bei ausländischen Insolvenzverfahren des Arbeitgebers, jurisPR-InsR 11/2011 Anm. 2; *Gagel* [Hrsg.], Sozialgesetzbuch III – Arbeitsförderung: SGB III, Loseblattausgabe (zit.: *Bearbeiter* in: *Gagel*, SGB III, § Rn.); *Göpfert/Müller* Englisches Administrationsverfahren und deutsches Insolvenzarbeitsrecht, NZA 2009, 1057; *Liebmann* Der Schutz des Arbeitnehmers bei grenzüberschreitenden Insolvenzen, 2005; *Mankowski* Bestimmung der Insolvenzmasse und Pfändungsschutz unter der EuInsVO, NZI 2009, 785; *Zwanziger* Die neuere Rechtsprechung des Bundesarbeitsgerichts in Insolvenzsachen, BB 2008, 946; *ders.* Arbeitsrechtliches Auswirken des RegE-ESUG, BB 2011, 887.

A. Normzweck

§ 337 InsO ist Art. 13 EuInsVO nachgebildet (vgl. BT-Drucks. 15/16 S. 18; *BAG* BecksRS 2013, 68173). Er enthält eine weitere **erhebliche Einschränkung des Universalitätsprinzips**. Im »Interesse der Rechtssicherheit« und aus sozialen Erwägungen (*Wimmer* 4. Aufl., § 337 Rn. 1) sei die Sonderanknüpfung der Arbeitsverträge erforderlich. Insbesondere müsse für den Arbeitnehmer »überschaubar« sein, wie sich die Insolvenz seines Arbeitgebers auf seinen Arbeitsplatz auswirkt (*Wimmer* 4. Aufl., § 337 Rn. 1). Kollisionsrechtlich geboten war dies nicht. Unerträglichen Auswirkungen des ausländischen Insolvenzrechts hätte man mit dem ordre public begegnen können. Zudem schafft der Gesetzgeber erhebliche Rechtsunsicherheit. Die Ermittlung des auf das Arbeitsverhältnis anwendbaren Insolvenzrechts ist nämlich ausgesprochen schwierig geworden. 1

B. Im Einzelnen

I. Verweisungsnorm

2 § 337 InsO ist eine **allseitige Kollisionsnorm**. Sie gilt also sowohl im inländischen als auch im ausländischen Insolvenzverfahren (HK-InsO/*Stephan* § 337 Rn. 4). Sie ist ebenso wie die anderen Verweisungen der InsO eine **Kollisionsnormverweisung** (hingegen nimmt *Reithmann/Martiny/Hausmann* Int. Vertragsrecht, Rn. 5756 wegen Art. 20 Rom-I-VO eine Sachnormverweisung an). Weiterverweisungen des berufenen ausländischen Rechts sind zu beachten, ebenso Rückverweisungen: Verweist im inländischen Insolvenzverfahren also das ausländische Arbeitsvertragsstatut auf die deutsche lex fori concursus zurück, gilt deutsches Sachrecht.

II. Tatbestand

1. Arbeitsverhältnis

3 Unter Arbeitsverträgen sind Vereinbarungen zu verstehen, die zwischen Arbeitgeber und Arbeitnehmer geschlossen werden und eine abhängige, weisungsgebundene und entgeltliche Tätigkeit zum Gegenstand haben (MüKo-BGB/*Martiny* Art. 8 Rom I-VO Rn. 18 ff.; *Palandt/Thorn* Art. 8 Rom-I-VO Rn. 3; *Smid* Dt. IIR, § 337 Rn. 3). Für § 337 InsO und für Art. 8 Rom-I-VO ist nicht der Arbeitsvertrag, sondern ein bestehendes **Arbeitsverhältnis** maßgebend, so dass auch **nichtige, aber in Vollzug gesetzte Arbeitsverhältnisse** (faktische Arbeitsverhältnisse) einbezogen sind (MüKo-BGB/*Martiny* Art. 8 Rom I-VO Rn. 21; *Smid* Dt. IIR, § 337 Rn. 3; HK-InsO/*Stephan* § 337 Rn. 5). Da die Norm, wie auch die sonstigen Vorschriften des IIR, nur Antworten auf die Frage geben will, wie sich die Verfahrenseröffnung auf bestehende Rechtsverhältnisse auswirkt, muss das Arbeitsverhältnis bei Eröffnung des Verfahrens bereits bestehen (*Andres/Leithaus/Dahl* InsO, § 337 Rn. 4;). Arbeitsverhältnisse, die der Insolvenzverwalter begründet hat, fallen nicht unter § 337 InsO (HK-InsO/*Stephan* § 337 Rn. 4).

2. Wirkung der Verfahrenseröffnung

4 Das nach § 337 InsO ermittelte Insolvenzrecht verdrängt das Insolvenzrecht des Eröffnungsstaats vollständig, also auch dann, wenn das Recht des Eröffnungsstaats für den Arbeitnehmer **günstiger** gewesen wäre. Allerdings werden nur die Wirkungen der lex fori concursus des Eröffnungsstaats verdrängt, die die **Verfahrenseröffnung** mit sich bringt. Das sind im Wesentlichen die Vorschriften, die eine Änderung oder Beendigung des Arbeitsverhältnisses aufgrund der Insolvenzsituation regeln, d.h. die §§ 103 ff. InsO, insbesondere § 113 InsO (*BAG* ZIP 2015, 2387; *Mohrbutter/Ringstmeier-Wenner* Kap. 20 Rn. 318). Fragen, die nicht mit der Verfahrenseröffnung zusammenhängen, richten sich nach der lex fori concursus (*Huber* ZZP 114 [2001], 133 [163]; *Mohrbutter/Ringstmeier-Wenner* Kap. 20 Rn. 318). Beispielsweise richtet sich nach der lex fori concursus des Eröffnungsstaats, ob der Arbeitnehmer ein **Vorrecht** beanspruchen kann und welchen Rang dieses hat (*Reithmann/Martiny/Hausmann* Int. Vertragsrecht, Rn. 5771; *Ehricke/Ries* JuS 2003, 313 [317]).

5 **Begründung und Beendigung des Arbeitsverhältnisses außerhalb der Insolvenz** unterliegen daher dem Arbeitsstatut (MüKo-BGB/*Martiny* Art. 8 Rom I-VO Rn. 102 ff.; *Palandt/Thorn* Art. 8 Rom-I-VO Rn. 4; Erläuternder Bericht Rn. 125; GK-Insolvenzrecht/*Hess* § 337 Rn. 4). Dies gilt auch für die Frage, ob bei einem Betriebsübergang das Arbeitsverhältnis gem. **§ 613a BGB** mit übergeht (*Gottwald/Kolmann/Keller* HdbInsR, § 133 Rn. 76; MüKo-BGB/*Martiny* Art. 8 Rom I-VO Rn. 104; *Staudinger/Magnus* Art. 8 Rom I-VO Rn. 218; GK-Insolvenzrecht/*Hess* § 337 Rn. 14; **a.A.** *Birk* RabelsZ [1982], 396; *Koch* RIW 1994, 594, die § 613a BGB primär nicht als individualschützende Norm ansehen, sondern die betrieblichen und arbeitsmarktpolitischen Interessen betonen). Auch der **Inhalt des Arbeitsverhältnisses**, also die arbeitnehmer- und arbeitgeberseitigen Pflichten, bestimmt sich regelmäßig nach dem Arbeitsstatut. Dies gilt auch für Arbeitnehmererfindungen, da die Vorschriften des ArbEG als zwingende Schutzvorschriften i.S.v. Art. 8 Rom-I-VO Abs. 1 anzusehen sind (vgl. MüKo-BGB/*Martiny* Art. 8 Rom I-VO Rn. 113 ff.).

3. Bestimmung des Statuts nach Art. 8 Rom-I-VO

Das nach § 337 InsO anwendbare Insolvenzrecht bestimmt sich nach dem Statut, dem das Arbeitsverhältnis unterliegt. § 337 InsO verweist auf Art. 8 Rom-I-VO. 6

Nach Art. 8 Abs. 1 Rom-I-VO können die Parteien des Arbeitsverhältnisses das **Arbeitsrechtsstatut** 7 **frei wählen; dabei darf dem Arbeitnehmer aber nicht der Schutz entzogen werden, der ihm durch die zwingenden Bestimmungen des Rechts gewährt wird, das ohne Rechtswahl anzuwenden wäre** (*Smid* Dt. IIR, § 337 Rn. 4). Dieses Recht ist nach Art. 8 Abs. 2 Rom-I-VO das Recht des Staats, in dem der Arbeitnehmer seine Arbeit verrichtet, wenn nicht die Gesamtheit der Umstände ergibt, dass das Arbeitsverhältnis engere Verbindungen zu einem anderen Staat aufweist. Haben die Parteien des Arbeitsverhältnisses also ein Arbeitsrecht gewählt, welches nicht das Recht des Staats ist, in dem der Arbeitnehmer seine Arbeit gewöhnlich verrichtet (oder zu dem das Arbeitsverhältnis eine engere Beziehung aufzeigt), ist ein **Günstigkeitsvergleich** (*BAG* RIW 2008, 644 [646]; HK-InsO/*Stephan* § 337 Rn. 7) durchzuführen: Für jeden Teilbereich (Kündigungsschutz, Lohnfortzahlung, Krankheitsfall) ist zu untersuchen, welches der beiden in Betracht kommenden Statuten den Arbeitnehmer besser schützt (*BAG* IPRax 1994, 123 [126]). So kann ein buntes »Mosaik zwingender Schutzvorschriften verschiedener staatlicher Herkunft« (*Palandt/Thorn* Art. 8 Rom-I-VO Rn. 8) entstehen. In diesen Fällen gibt es kein einheitliches Arbeitsvertragsstatut. Zudem wird sich häufig nur schwer vorhersagen lassen, welche Rechtsordnung den besseren Schutz für den Arbeitnehmer bewirkt.

4. Gesondert anzuknüpfende Fragen

Eine Reihe von Regelungen, die das Arbeitsverhältnis betreffen, sind weder arbeitsvertragsrechtlich 8 noch insolvenzrechtlich zu qualifizieren. Sie werden nach eigenen Regeln angeknüpft:

a) Betriebsverfassungsrecht

Für das BetrVG gelten eigene Anknüpfungsregeln. Nach herrschender Auffassung findet **deutsches** 9 **Betriebsverfassungsrecht** schon dann Anwendung, wenn im Inland ein betriebsratsfähiger Betrieb vorliegt (GK-BetrVG/*Kraft/Franzen* § 1 Rn. 4 f.; vgl. die umfangreichen Nachw. bei MüKo-BGB/*Martiny* Art. 8 Rom I-VO vor Rn. 145; *Staudinger/Magnus* Art. 8 Rom I-VO Rn. 263 ff.). Unterhält der Schuldner somit im Inland einen Betrieb, sind folglich auch die Vorschriften der §§ 111 ff. BetrVG anwendbar. Die Frage, ob bei der Eröffnung eines Insolvenzverfahrens über einen ausländischen Arbeitgeber für die im Inland tätigen Arbeitnehmer ein Sozialplan aufzustellen ist, bestimmt sich somit nach deutschem Arbeitsstatut (*Uhlenbruck/Lüer* InsO, § 337 Rn. 10, 1 f.). Für das Sozialplanvolumen ist § 123 InsO maßgebend (vgl. *Gottwald/Gottwald* HdbInsR, § 132 Rn. 64). Dies gilt jedoch nicht für die Einstufung der Sozialplananspüche als Masseverbindlichkeiten gem. § 123 Abs. 2 Satz 1 InsO.

b) Betriebliche Altersversorgung

Vereinbarungen über die betriebliche Altersversorgung richten sich nach dem Arbeitsstatut, welches 10 nach Art. 8 Abs. 1 Rom-I-VO gewählt werden kann. Unabhängig hiervon gilt jedoch gem. § 17 Abs. 3 BetrAVG deutsches Betriebsrentenrecht, wenn das Arbeitsverhältnis seinen Schwerpunkt im Inland hat (ErfK/*Steinmeyer* Vorbem. BetrAVG Rn. 49). Ob **im Insolvenzfall der PSVaG** eintritt, ist durch Rechtswahl nicht zu beeinflussen. Nach § 7 ff. BetrAVG ist entscheidend, ob der Arbeitgeber vom Gesetz erfasst wird und ob er zu Beitragsleistungen in Deutschland verpflichtet war (*Birk* FS G. Müller, S. 31 [49]; *Junker* IPRax 1993, 1 [6]; *Schwerdtner* ZIP 1986, 1030 [1034]). Um zu verhindern, dass der deutsche Insolvenzschutz auf Arbeitnehmer ausgedehnt wird, deren Arbeitsverhältnis keine Beziehung zum deutschen Recht aufweist und deren Arbeitgeber keine Beiträge zur Insolvenzsicherung leisten, wird darauf abgestellt, ob über den Arbeitgeber nach deutschem Insolvenzrecht ein Insolvenzverfahren eröffnet werden kann (*Paulsdorff* BetrAVG, Rn. 382 ff.; *Gottwald/Gottwald* HdbInsR, § 132 Rn. 66). Im Sinne dieser Grundsätze ist die Entscheidung des LAG Köln konsequent, dass ein deutscher Arbeitnehmer einer ausländischen Tochtergesellschaft im Falle der

Insolvenz der deutschen Konzernmutter keinen Anspruch gegen den PSVaG hat (*LAG Köln* IPRax 1984, 150 ff.). Demgegenüber vertritt das BAG die Auffassung, ein Arbeitnehmer, der von der Konzern-Muttergesellschaft mit einer Versorgungszusage zu einer ausländischen Gesellschaft entsandt wurde, die zwar ihrerseits einen Arbeitsvertrag schließt, aber nicht in die Versorgungsverpflichtung eintritt, habe in der Insolvenz der Konzern-Muttergesellschaft einen Anspruch gegen den PSVaG (BAGE 49, 22 ff. m. Anm. *Weyer* BB 1986, 1506; krit. *Schwerdtner* ZIP 1986, 1030). Es erscheint fraglich, ob das BAG damit einen allgemeinen Grundsatz aufstellen oder ob es lediglich dem besonderen Schutzbedürfnis des Arbeitnehmers und den konzernrechtlichen Implikationen Rechnung tragen wollte (*Schwerdtner* vertritt die Auffassung, die Entscheidung sei auch durch die »Unsicherheiten bei der Erfassung von Konzernsachverhalten mit Auslandsberührungen im Rahmen der betrieblichen Altersversorgung« beeinflusst, ZIP 1986, 1030 [1032]).

c) Insolvenzgeld

11 Insolvenzgeld erhält nach § 165 Abs. 1 Satz 1 SGB III, wer im Inland beschäftigt war; nach Satz 3 begründet auch ein ausländisches Insolvenzereignis einen Anspruch auf Insolvenzgeld. Ein inländisches Beschäftigungsverhältnis erfordert keinen Wohnsitz im Inland. Nach dem **Grundsatz der Ausstrahlung des internationalen Sozialrechts** hat eine lediglich vorübergehende Auslandsbeschäftigung keine Auswirkungen auf den inländischen Insolvenzgeldanspruch. Voraussetzung ist jedoch, dass der Schwerpunkt der rechtlichen und tatsächlichen Merkmale des Arbeitsverhältnisses im Inland liegt (*Peters-Lange* in: *Gagel*, SGB III, § 165 Rn. 62). Als **Anhaltspunkte** dafür werden etwa genannt: Arbeitsvertrag mit einem deutschen Unternehmen, Anwendung deutschen Arbeitsrechts oder Vereinbarung eines deutschen Gerichtsstands. Will man zusätzlich ein tragfähiges materielles Kriterium einführen, so kann als Indiz herangezogen werden, ob vom Arbeitgeber in dem betreffenden Staat auch Beiträge zur Garantieeinrichtung geleistet wurden. Wie das BSG aber überzeugend ausgeführt hat, kann dies nicht zwingend die Zuständigkeit der Einrichtung begründen, da sich ein Staat nicht seiner Verantwortung nach der RL dadurch entziehen kann, dass seine Vorschriften über die Mittelaufbringung nicht dem Schutzrecht der Arbeitnehmer entsprechen (BSG AuB 2000, 372 [375]).

12 Nach Nr. 3.7 der DA der **Bundesagentur für Arbeit** zu § 165 SGB III löst auch ein ausländisches Insolvenzereignis einen Anspruch auf Insolvenzgeld aus, wenn ein inländisches Beschäftigungsverhältnis besteht (anders noch BSGAuB 2001, 120 [121]). Unter dem Gesichtspunkt einer Verpflichtung zur Insolvenzgeld-Zahlung ist es unerheblich, ob nach der EuInsVO ein Sekundärinsolvenzverfahren eröffnet wurde oder ob das Vermögen der inländischen Niederlassung in dem ausländischen Hauptinsolvenzverfahren verwertet wurde. Zwingend wird dies unter dem Regime der Richtlinien über die Sanierung und Liquidation von Kreditinstituten (2001/24/EG) bzw. von Versicherungsunternehmen (2001/17/EG neugefasst in 2009/138/EG [Solvabilität II-Richtlinie]), da nach diesen Richtlinien keine Sekundärinsolvenzverfahren zugelassen sind, bei einer inländischen Zweigniederlassung somit nie ein Insolvenzverfahren in Deutschland möglich wäre. Bei Arbeitnehmern, die lediglich vorübergehend im Ausland tätig sind, finden die Regelungen über die Ausstrahlung Anwendung (§ 4 SGB IV), so dass diese ebenfalls von der Insolvenzgeld-Versicherung geschützt sind (DA Nr. 2.1 Abs. 1 zu § 165 SGB III).

§ 338 Aufrechnung

Das Recht eines Insolvenzgläubigers zur Aufrechnung wird von der Eröffnung des Insolvenzverfahrens nicht berührt, wenn er nach dem für die Forderung des Schuldners maßgebenden Recht zur Zeit der Eröffnung des Insolvenzverfahrens zur Aufrechnung berechtigt ist.

Übersicht	Rdn.		Rdn.
A. Normzweck	1	I. Grundsätzliche Geltung der lex fori concursus	2
B. Im Einzelnen	2	II. Einschränkung der lex fori concursus	3

		Rdn.			Rdn.
III.	Aufrechnungslage im Zeitpunkt der Verfahrenseröffnung	4	V.	Kreditinstitute und Versicherungsunternehmen	6
IV.	Anfechtbarkeit	5			

Literatur:
Jeremias Internationale Insolvenzaufrechnung, 2005; *Jud* Die Aufrechnung im internationalen Privatrecht, IPRax 2005, 104.

A. Normzweck

§ 338 InsO schützt das nach dem Forderungsstatut bestehende Aufrechnungsrecht vor Einwirkungen des Insolvenzstatuts. Der Gesetzgeber hat diese Regelung damit begründet, dass ein Gläubiger, der zur Aufrechnung berechtigt ist, in seinem Vertrauen auf die Aufrechnungsmöglichkeit nicht durch eine fremde lex fori concursus enttäuscht werden soll. Dem kann man entgegenhalten, dass der Gläubiger, der sich nur am heimischen Forderungsstatut orientiert, kurzsichtig handelt, wenn er mit einem ausländischen Vertragspartner zu tun hat. Ebenso wie er einen Blick auf das dortige Gesellschaftsrecht werfen muss, muss der vernünftig handelnde Kaufmann auch einen Blick auf das dortige Insolvenzrecht werfen (*Mohrbutter/Ringstmeier-Wenner* Kap. 20 Rn. 36). Die vom Gesetzgeber vorgesehene Lösung schafft zudem Manipulationsmöglichkeiten, weil das die Aufrechnungsbefugnis schützende Forderungsstatut gewählt werden kann (Art. 17 Rom-I-VO; krit. auch *Trunk* IIR, S. 392; *Schack* Internationales Zivilverfahrensrecht, Rn. 1203; *Andres/Leithaus/Dahl* InsO, § 338 Rn. 2). 1

B. Im Einzelnen

I. Grundsätzliche Geltung der lex fori concursus

Die **insolvenzrechtliche Zulässigkeit der Aufrechnung** richtet sich nach der **lex fori concursus** (Umkehrschluss aus § 338 InsO, vgl. *Braun/Tashiro* InsO, § 338 Rn. 4; *Geimer* IZPR Rn. 3563; *Mohrbutter/Ringstmeier-Wenner* Kap. 20 Rn. 334; *Schack* Internationales Zivilverfahrensrecht, Rn. 1203; *Andres/Leithaus/Dahl* InsO, § 338 Rn. 6). Hingegen soll sich die **materiell-rechtliche Wirksamkeit der Aufrechnung** nach dem Schuldstatut der Hauptforderung bestimmen (BGHZ 95, 256 [273]; *Andres/Leithaus/Dahl* InsO, § 338 Rn. 4; *Braun/Tashiro* InsO, § 338 Rn. 2; HK-InsO/*Stephan* § 338 Rn. 5). Das kann zu Problemen führen, wenn das Insolvenzrecht die Forderung ändert und deshalb materiell wirkt (*Hanisch* ZIP 1985, 1233 [1238]). Deshalb ist vorgeschlagen worden, das Insolvenzstatut auch über die materiellen Aufrechnungsentscheidungen bestimmen zu lassen (so z.B. *Smid* Dt. IIR, § 338 Rn. 1; *Jeremias* Internationale Insolvenzaufrechnung, S. 281 f.; offen *Hanisch* ZIP 1985, 1233 [1238]; anders *ders.* FS Jahr, S. 455 [465]). Das ist zweifelhaft (vgl. EuInsVO Art. 9 Rdn. 2). 2

II. Einschränkung der lex fori concursus

Kern der Regelung des § 338 InsO ist die Einschränkung der kollisionsrechtlichen Regel, derzufolge die lex fori concursus des Eröffnungsstaats zur Anwendung kommt. Einschränkungen der Aufrechnung, die die lex fori concursus des Insolvenzeröffnungsstaats vorsieht, sind nach § 338 InsO dann nicht zu beachten, wenn nach dem **Insolvenzrecht des Staats, dessen Recht für die Hauptforderung gilt**, dem Gläubiger **die Aufrechnung erlaubt** ist (*Liersch* NZI 2003, 302 [305]; *Andres/Leithaus/Dahl* InsO, § 338 Rn. 7; MüKo-InsO/*Reinhart* § 338 InsO Rn. 7; K. Schmidt/*Brinkmann* InsO, § 338 Rn. 1). Will der Gläubiger also gegen eine Forderung eines im Ausland sitzenden Schuldners aufrechnen und unterliegt diese Forderung deutschem Recht, so entscheidet über die insolvenzrechtliche Zulässigkeit der Aufrechnung letztendlich nicht das ausländische, sondern das deutsche Insolvenzrecht. Dass das für die Aufrechnung maßgebliche Recht die Aufrechnung ebenfalls gestatten muss, versteht sich. 3

III. Aufrechnungslage im Zeitpunkt der Verfahrenseröffnung

4 § 338 InsO greift nur dann ein, wenn die Aufrechnungslage **zum Zeitpunkt der Insolvenzeröffnung** bereits bestand (*Smid* Dt. IIR, § 338 Rn. 5; *Andres/Leithaus/Dahl* InsO, § 338 Rn. 5; *Braun/Tashiro* InsO, § 338 Rn. 7; HK-InsO/*Stephan* § 338 Rn. 2 und 6; *Jeremias* Internationale Aufrechnung S. 281; K. Schmidt/*Brinkmann* InsO, § 338 Rn. 4; vgl. *Huber* ZZP 114 [2001], 133 [161]; anders MüKo-InsO/*Reinhart* § 338 Rn. 10; *Uhlenbruck/Lüer* InsO, § 338 Rn. 11, die es ausreichen lassen wollen, wenn die aufzurechnenden Forderungen bei Verfahrenseröffnung bereits entstanden sind). Das folgt aus der Funktion der Norm aus ihrem Wortlaut (»Das Recht ... wird von der Eröffnung des Insolvenzverfahrens nicht berührt«). Tritt die Aufrechnungslage erst im eröffneten Verfahren ein, so bestimmt sich die Zulässigkeit der Aufrechnung also ausschließlich nach der lex fori concursus (*Andres/Leithaus/Dahl* InsO, § 338 Rn. 5; HK-InsO/*Stephan* § 338 Rn. 6).

IV. Anfechtbarkeit

5 Wenn der Gläubiger die Aufrechnungsposition nach der lex fori concursus **anfechtbar** erworben hat, greift § 339 InsO ein (*Mohrbutter/Ringstmeier-Wenner* Kap. 20 Rn. 336).

V. Kreditinstitute und Versicherungsunternehmen

6 Da die **Richtlinien über die Sanierung und Liquidation von Kreditinstituten** bzw. **Versicherungsunternehmen** in Art. 23 RL 2001/24/EG bzw. Art. 22 RL 2001/17/EG (nunmehr Art. 288 RL 2009/138/EG [Solvabilität II-Richtlinie]) vergleichbare Regelungen enthalten, dient § 338 InsO auch der Umsetzung dieser Vorschriften; *Smid* Dt. IIR, § 338 Rn. 3).

§ 339 Insolvenzanfechtung

Eine Rechtshandlung kann angefochten werden, wenn die Voraussetzungen der Insolvenzanfechtung nach dem Recht des Staats der Verfahrenseröffnung erfüllt sind, es sei denn, der Anfechtungsgegner weist nach, dass für die Rechtshandlung das Recht eines anderen Staats maßgebend und die Rechtshandlung nach diesem Recht in keiner Weise angreifbar ist.

Übersicht

	Rdn.		Rdn.
A. Normzweck	1	2. Einrede des Wirkungsstatuts	8
B. Im Einzelnen	3	3. In keiner Weise angreifbar	10
I. Anknüpfungsmöglichkeiten	3	4. Nachweis	11
II. Die Regelung des § 339 InsO	7	III. Konkurrierende Vorschriften	12
1. Ausgangspunkt lex fori concursus	7	IV. Internationale Zuständigkeit	13

Literatur:
Bork [Hrsg.] Handbuch des Insolvenzanfechtungsrechts, 2006 (zit.: *Bork/Bearbeiter* Kap. Rn.); *Kindler* EG-Klauselrichtlinie – Mobiliarsicherheiten im internationalen Insolvenzrecht – institutionalisierte Bekämpfung des organisierten Verbrechens in der Europäischen Union, IPRax 2005, 287; *Mankowski* Insolvenznahe Verfahren im Grenzbereich zwischen EuInsVO und EuGVVO – Zur Entscheidung des EuGH in Sachen German Graphics, NZI 2010, 508; *Mörsdorf-Schulte* Zuständigkeit für Insolvenzanfechtungsklagen im Eröffnungsstaat, ZIP 2009, 1456; *Paulus*, Insolvenzanfechtung nach U.S.-amerikanischem Recht bei Ponzi-Schemes, ZVglRWiss 2014, 29; *Stehle* Die Auslandsvollstreckung – ein Mittel zur Flucht aus dem deutschen Insolvenzrecht, DZWIR 2008, 53; *Thole* Die Zuständigkeit für insolvenzrechtliche Anfechtungsklagen, ZIP 2006, 1383; *Wiorek* Das Prinzip der Gläubigergleichbehandlung im Europäischen Insolvenzrecht, 2005.

A. Normzweck

1 Das wesentliche Ziel der Insolvenzanfechtung ist die **Verwirklichung des Grundsatzes der Gläubigergleichbehandlung** (vgl. *Braun/Tashiro* InsO, § 339 Rn. 1; *Bork/Adolphsen* Kap. 19 Rn. 1; *Smid* Dt. IIR, § 339 Rn. 2). Eine Vorzugsstellung, die jemand durch eine Rechtshandlung des Schuldners oder in sonstiger Weise erhalten hat, soll ihm genommen werden, wenn sie unter rechtlich bedenk-

lichen Umständen zu einer Benachteiligung aller Gläubiger führt. Wem in dieser Weise ein Vorteil eingeräumt wurde, der soll diesen zur Insolvenzmasse zurückgewähren, um eine Gleichbehandlung der Gläubiger sicherzustellen. Ganz allgemein formuliert dient die Insolvenzanfechtung der Erweiterung der Aktivmasse und der Verringerung der Passivmasse (vgl. *Dauernheim* § 129 Rdn. 1; *Jaeger/Henckel* KO, § 29 Rn. 1). Bei grenzüberschreitenden Insolvenzverfahren findet nach der Grundnorm des § 335 InsO das **Insolvenzanfechtungsrecht des Eröffnungsstaats** Anwendung.

Wiederum haben Erwägungen des Vertrauensschutzes dazu geführt, dass der Gesetzgeber den 2 Grundsatz der Geltung der lex fori concursus eingeschränkt hat. Dabei hat er zu einer Kumulationslösung gegriffen, die die Rechtsanwendung erschwert und sachlich nicht gerechtfertigt ist (vgl. *Mohrbutter/Ringstmeier-Wenner* Kap. 20 Rn. 339; *Smid* Dt. IIR, § 339 Rn. 2). Unter Berufung auf den Vertrauensschutz hat der Gesetzgeber nämlich bestimmt, dass die Anfechtung nach der lex fori concursus dann nicht möglich sein soll, wenn der Anfechtungsgegner nachweist, dass die Anfechtung nach dem Statut, dem die Rechtshandlung unterliegt, nicht angreifbar ist. Letztlich wird damit wieder der Gläubiger belohnt, der sich trotz internationaler Geschäftstätigkeit nicht am Insolvenzrecht seines Vertragspartners, sondern am heimischen Insolvenzrecht orientiert. Dies geschieht um den Preis, dass die Anfechtbarkeit einer Rechtshandlung nun – durch Rechtswahl – ggf. manipulierbar geworden ist (krit. auch *Andres/Leithaus/Dahl* InsO, § 339 Rn. 1; vgl. aber zur Anfechtbarkeit einer solchen Rechtswahl Rdn. 9).

B. Im Einzelnen

I. Anknüpfungsmöglichkeiten

Zum Internationalen Anfechtungsrecht in der Insolvenz gibt es drei kollisionsrechtliche Lösungsvor- 3 schläge (vgl. *Bork/Adolphsen* Kap. 19 Rn. 55 ff.):

1) Insbesondere *Henckel* hatte sich für die Anwendbarkeit des Rechts ausgesprochen, welches auf den 4 **Erwerbsvorgang** Anwendung findet (*Henckel* in: *Stoll* [Hrsg.] Stellungnahmen, S. 156 ff.). Diese Lösung ist einfach, dient aber entgegen einiger Literaturstimmen (*Aderhold* Auslandskonkurs im Inland, S. 267) keineswegs in besonderer Weise dem Verkehrsschutz: Das Vertrauen auf das Wirkungsstatut allein ist ein blindes Vertrauen.

2) Die herrschende Auffassung hat vor Tätigwerden des Gesetzgebers (zunächst Art. 102 Abs. 2 5 EGInsO, jetzt § 339 InsO) die insolvenzrechtlichen Anfechtungsvorschriften dem Recht des international zuständigen Eröffnungsstaats entnommen, also die lex fori concursus angewandt (BGHZ 118, 151 [168]; BGHZ 134, 116 [122]; *Hanisch* ZIP 1985, 1233 [1238]; *von Campe* Insolvenzanfechtung in Deutschland und Frankreich, S. 395; *Mohrbutter/Ringstmeier-Wenner* Kap. 20 Rn. 338).

3) Demgegenüber hat der Gesetzgeber bereits in Art. 102 Abs. 2 EGInsO eine **Kumulationslösung** 6 vorgesehen, derzufolge das Wirkungsstatut »ergänzend« zur lex fori concursus herangezogen werden sollte. Durch einen ausländischen Insolvenzverwalter sollte eine Rechtshandlung, die deutschem Wirkungsstatut unterliegt, nur angefochten werden können, wenn die Rechtshandlung auch nach deutschem Wirkungsstatut angefochten werden kann oder aus anderen Gründen keinen Bestand hat (*Bork/Adolphsen* Kap. 21 Rn. 30). Schon die Motivation des Gesetzgebers, im Rahmen des bruchstückhaften Art. 102 EGInsO den Teilbereich der Anfechtung als einzigen ausdrücklich regeln zu wollen, war nicht erklärlich. Gerade hier hatte die Rechtsprechung Rechtsklarheit geschaffen (s. Rdn. 5). Auch der Inhalt der Regelung ist auf wenig Verständnis gestoßen: Im Internationalen Anfechtungsrecht gelten **Kumulationsregelungen als schlechteste aller Lösungen** (*Zeeck* Das Internationale Anfechtungsrecht in der Insolvenz, S. 69 m.N.; so auch *Andres/Leithaus/Dahl* InsO, § 339 Rn. 1). Denn das Wirkungsstatut ist häufig zufällig, meist zudem durch Rechtswahl zu beeinflussen (zur eventuellen Rechtsmissbräuchlichkeit einer Rechtswahl vgl. *Haß/Huber/Gruber/Heiderhoff* Art. 13 Rn. 7; *Niggemann/Blenske* NZI 2003, 471 [478]). Wenn es um Schutzvorschriften zu Gunsten der Masse geht, ist dies verfehlt (*Mohrbutter/Ringstmeier-Wenner* Kap. 20 Rn. 339 m.N.). Zudem verhilft die Kumulation dem anfechtungsfeindlichsten Recht zur Geltung (*Leipold* FS Henckel,

S. 543) und kann sogar zu Ergebnissen führen, die keines der beteiligten Rechte will (vgl. *Hanisch* IPRax 1993, 69 [73]). Die Bedenken kannte wohl auch der Gesetzgeber (krit. zur Kumulationslösung auch *Wimmer* 4. Aufl.). Er sah sich aber mit Blick auf Art. 16 EuInsVO, der – nicht ohne Einfluss aus Deutschland – auch eine Kumulationslösung vorsieht, an einer gesetzgeberischen Neuorientierung gehindert (BT-Drucks. 15/16, S. 19). Ebenso hat der BGH kurz vor Inkrafttreten von Art. 102 Abs. 2 EGInsO zähneknirschend »unter dem Gesichtspunkt der Vorwirkung dieser Norm« die Kumulationslösung angewandt (BGHZ 134, 116 [121]; krit. zu dieser Entscheidung *Wenner* WiB 1997, 138 f.).

II. Die Regelung des § 339 InsO

1. Ausgangspunkt lex fori concursus

7   Ausgangspunkt ist die **lex fori concursus** des Staats, der das Insolvenzverfahren eröffnet hat. Diesem Recht ist zu entnehmen, **ob Insolvenzanfechtungsansprüche bestehen** und **welche Rechtsfolge** sie haben (BT-Drucks. 12/7303, S. 118; *Mohrbutter/Ringstmeier-Wenner* Kap. 20 Rn. 341; *Smid* Dt. IIR, § 339 Rn. 5; *Andres/Leithaus/Dahl* InsO, § 339 Rn. 6; *Braun/Tashiro* InsO, § 339 Rn. 2, 10). Der Grundsatz der lex fori concursus gilt auch im **Partikularverfahren** (vgl. *Braun/Tashiro* InsO, § 339 Rn. 4). Der Verwalter des Partikularverfahrens ist zur Anfechtung berechtigt, soweit das Insolvenzanfechtungsrecht des Staats, in dem das Partikularverfahren eröffnet worden ist, die Anfechtung gestattet. Das ist bedauerlich, weil das Anfechtungsstatut davon abhängt, ob ein Gläubiger oder ein Verwalter die Eröffnung des Partikularverfahrens beantragt (krit. hierzu *Wenner* KTS 1990, 429 [433 f.]; vgl. zur Anfechtung durch den Partikularverwalter auch EuInsVO Art. 16 Rdn. 15 ff.). Auch wenn § 351 InsO **dingliche Rechte** vor der lex fori concursus schützen will, bleibt deren **Erwerb anfechtbar** (*Mohrbutter/Ringstmeier-Wenner* Kap. 20 Rn. 342). Die **Aufrechnungsposition** ist zwar durch § 338 InsO geschützt, aber **anfechtbar** (*Mohrbutter/Ringstmeier-Wenner* Kap. 20 Rn. 343).

2. Einrede des Wirkungsstatuts

8   Ist nach der lex fori concursus eine Rechtshandlung anfechtbar, so kann sich der Anfechtungsgegner der im Insolvenzstatut vorgesehenen Rechtsfolge entziehen, wenn er nachweist, dass die **Rechtshandlung nach dem Wirkungsstatut nicht angegriffen werden kann**. Das Wirkungsstatut ist das **Schuldstatut** der Rechtshandlung einschließlich seiner insolvenzrechtlichen Bestimmungen (s. EuInsVO Art. 13 Rdn. 8; *Mohrbutter/Ringstmeier-Wenner* Kap. 20 Rn. 346). Wird ein Verfügungsgeschäft angefochten, ist das Recht entscheidend, das auf das diesem zugrundeliegende Verpflichtungsgeschäft Anwendung findet (MüKo-InsO/*Reinhart* § 339 Rn. 9). Es ist nach allgemeinen kollisionsrechtlichen Regeln zu ermitteln, wobei der Gesetzgeber offen gelassen hat, ob die Kollisionsregeln der lex fori processus oder der lex fori concursus heranzuziehen sind (vgl. *Mohrbutter/Ringstmeier-Wenner* Kap. 20 Rn. 346). Es wird die Auffassung vertreten, dass die Kollisionsnormen des Insolvenzeröffnungsstaats heranzuziehen sind (*Duursma-Kepplinger/Duursma/Chalupsky* Art. 13 a.F. Rn. 16). Demgegenüber entspricht es allgemeinen Grundsätzen des Internationalen Privatrechts, dass Gerichte ihre eigenen Kollisionsregeln zum Ausgang der kollisionsrechtlichen Prüfung nehmen (lex fori Prinzip). Danach bestimmt sich das **Schuldstatut nach dem Kollisionsrecht des Staats, in dem der Anfechtungsprozess geführt wird** (*Mohrbutter/Ringstmeier-Wenner* Kap. 20 Rn. 346; *Haß/Huber/Gruber/Heiderhoff* Art. 13 Rn. 3; *Andres/Leithaus/Dahl* InsO, § 339 Rn. 8; *Bork/Adolphsen* Kap. 21 Rn. 32). Für den Insolvenzverwalter bedeutet dies allerdings erhöhte Komplexität. Er darf nicht alles durch die Brille der lex fori concursus sehen (*Mohrbutter/Ringstmeier-Wenner* Kap. 20 Rn. 298).

9   Beruht die Geltung des Wirkungsstatuts auf einer Rechtswahl der Parteien, ist zu prüfen, ob die Rechtswahl selbst wirksam bzw. anfechtbar ist (MüKo-InsO/*Reinhart* § 339 Rn. 10). In diesem Fall kann der Anfechtungsgegner nach § 339 InsO einwenden, dass die Rechtswahl nach dem Recht, das ohne eine Rechtswahl Anwendung finden würde, in keiner Weise angreifbar wäre. Die Anfechtung sowohl des Rechtsgeschäfts als auch der Rechtswahl wird hierbei i.d.R. dann Erfolg ha-

ben, wenn das Rechtsgeschäft nach deutschem Insolvenzrecht anfechtbar ist, ein deutsches Wirkungsstatut bestünde und die Parteien in der Krise durch ihre Rechtswahl dem Anfechtungsgegner nach § 339 InsO die Einrede eines anfechtungsfeindlicheren Wirkungsstatuts ermöglicht haben.

3. In keiner Weise angreifbar

Nach dem Wirkungsstatut **in keiner Weise** angreifbar ist eine Rechtshandlung dann, wenn sie nach diesem Recht (also nicht nur nach dem berufenen Schuldrecht) weder **anfechtbar noch in einer anderen Weise unwirksam oder vernichtbar** ist (*Fritz/Bähr* DZWIR 2001, 221 [229]; *Kemper* ZIP 2001, 1608 [1618]; *Andres/Leithaus/Dahl* InsO, § 339 Rn. 9; *Duursma-Kepplinger/Duursma/Chalupsky* Art. 13 Rn. 18 f.; *Mohrbutter/Ringstmeier-Wenner* Kap. 20 Rn. 347; *Smid* Dt. IIR, § 339 Rn. 5, 7). Sieht das Wirkungsstatut andere Rechtsfolgen vor, so ist dies unbeachtlich. Kumuliert wird nur bei den Tatbestandsvoraussetzungen (*Andres/Leithaus/Dahl* InsO, § 339 Rn. 9; *Braun/Tashiro* InsO, § 339 Rn. 19; *Mohrbutter/Ringstmeier-Wenner* Kap. 20 Rn. 347). Ebenso spielt es nach dem autonomen Recht keine Rolle, ob der Anfechtungsanspruch nach dem Wirkungsstatut verjährt ist; insoweit entscheidet allein die lex fori concursus (*Balz* ZIP 1996, 948 [951] Fn. 25; *Mohrbutter/Ringstmeier-Wenner* Kap. 20 Rn. 347; anders *Kranemann* Insolvenzanfechtung im deutschen internationalen Insolvenzrecht und nach der Europäischen Insolvenzrechtsverordnung, S. 145; *Duursma-Kepplinger/Duursma/Chalupsky* Art. 13 Rn. 18 Fn. 35; nach der neueren Rechtsprechung der *EuGH* ebenfalls anders unter der EuInsVO, vgl. EuInsVO Art. 16 Rdn. 10 m.w.N.). Teilweise wird angenommen, die deutsche Rechtsprechung werde den Vorgaben des EuGH auch im autonomen Recht folgen (*Braun/Tashiro* InsO, § 339 Rn. 18).

4. Nachweis

§ 339 InsO verlangt, dass der Anfechtungsgegner diese Umstände **nachweist**. Der Anfechtungsgegner hat die Wirksamkeit nach dem Wirkungsstatut im Wege der **Einrede** geltend zu machen (*Andres/Leithaus/Dahl* InsO, § 339 Rn. 10; *K. Schmidt/Brinkmann* InsO, § 339 Rn. 4; *Smid* Dt. IIR, § 339 Rn. 6; vgl. *Huber* ZZP 114 [2001], 133 [166]). Dabei obliegt ihm die volle **Darlegungs- und Beweislast**. Dies gilt auch für die **Rechtssätze** des Wirkungsstatuts, aus denen sich ergibt, dass die Rechtshandlung nicht angegriffen werden kann (*Andres/Leithaus/Dahl* InsO, § 339 Rn. 11; *Hanisch* FS Stoll, S. 503 [518]; *Kübler/Prütting/Bork/Paulus* InsO, § 339 Rn. 9; *Liersch* NZI 2003, 302 [305]). Der Anfechtungsgegner soll auch nachweisen, dass ausländisches Recht für die Rechtshandlung gilt (*BGH* BeckRS 2010, 11721; *U. Huber* FS Gerhardt, S. 397 [422]). Die Vorgabe, eine Mischung aus Tatsachen und Rechtsnormen vorzutragen und zu beweisen, ist dem deutschen Recht sonst fremd und dürfte zu weiterer Rechtsunsicherheit führen (*Mohrbutter/Ringstmeier-Wenner* Kap. 20 Rn. 339).

III. Konkurrierende Vorschriften

Sieht das Insolvenzstatut eine **Rückschlagsperre** vor (wie § 88 InsO), so ist diese zu beachten. § 339 InsO gilt hier nicht. Es besteht kein Anlass, rechtspolitisch verfehlte Ausnahmevorschriften erweiternd anzuwenden (*Mohrbutter/Ringstmeier-Wenner* Kap. 20 Rn. 351; a.A. *Braun/Tashiro* InsO, § 339 Rn. 8; *Stehle* DZWIR 2008, 53 [56]; ebenfalls anders unter der EuInsVO, vgl. EuInsVO Art. 16 Rdn. 3). Ebenso wenig sperrt § 339 InsO **deliktsrechtliche Ansprüche** wegen Masseverkürzung (*Mohrbutter/Ringstmeier-Wenner* Kap. 20 Rn. 350).

IV. Internationale Zuständigkeit

Die InsO enthält keine Regelungen zur autonomen internationalen Zuständigkeit für **Anfechtungsklagen**, insbesondere gibt es im deutschen Recht keine vis attractiva concursus (vgl. § 335 Rdn. 23 ff., EuInsVO Art. 3 Rdn. 44 ff.; *Bork/Adolphsen* Kap. 21 Rn. 5 ff.). Hieran ist trotz der Neuregelung in Art. 6 EuInsVO festzuhalten (vgl. allerdings zum Anwendungsbereich der Neuregelung EuInsVO Art. 6 Rdn. 19). Außerhalb des Anwendungsbereichs von Art. 6 EuInsVO richtet sich die internationale Zuständigkeit nach dem Internationalen Zivilprozessrecht der lex fori processus.

§ 340 Organisierte Märkte. Pensionsgeschäfte

(1) Die Wirkungen des Insolvenzverfahrens auf die Rechte und Pflichten der Teilnehmer an einem organisierten Markt nach § 2 Abs. 5 des Wertpapierhandelsgesetzes unterliegen dem Recht des Staats, das für diesen Markt gilt.

(2) Die Wirkungen des Insolvenzverfahrens auf Pensionsgeschäfte im Sinne des § 340b des Handelsgesetzbuchs sowie auf Schuldumwandlungsverträge und Aufrechnungsvereinbarungen unterliegen dem Recht des Staats, das für diese Verträge maßgebend ist.

(3) Für die Teilnehmer an einem System im Sinne von § 1 Abs. 16 des Kreditwesengesetzes gilt Absatz 1 entsprechend.

Übersicht

	Rdn.		Rdn.
A. Normzweck	1	III. Pensionsgeschäfte und Nettingvereinbarungen (Abs. 2)	8
B. Im Einzelnen	2	1. Pensionsgeschäfte	8
I. Verweisungsnorm	2	2. Nettingvereinbarungen	10
II. Organisierte Märkte (Abs. 1)	4	IV. Zahlungs- und Wertpapierliefer- und -abrechnungssysteme (Abs. 3)	15
1. Begriff des organisierten Markts	4	1. Systemrisiken	15
2. Rechte und Pflichten der Marktteilnehmer	5	2. Anwendungsbereich	16
3. Anwendbares Recht außerhalb der Insolvenz	6	3. Maßgebliches Recht	17
4. Verwahrung und Verfügung über Wertpapiere	7		

Literatur:
Assmann/Schneider Wertpapierhandelsgesetz, Kommentar, 6. Aufl. 2012 (zit.: *Assmann/Schneider-Bearbeiter* WpHG § Rn.); *Benzler* Nettingvereinbarungen im außerbörslichen Derivatehandel, 1999; *Böhm* Rechtliche Aspekte grenzüberschreitender Nettingvereinbarungen, 2001; *Boss/Fischer/Schulte-Mattler* [Hrsg.] Kreditwesengesetz, Kommentar zu KWG und Ausführungsvorschriften, 4. Aufl. 2012 (zit.: *Boos/Fischer/Schulte-Mattler* Kreditwesengesetz, § Rn.); *Braun/Heinrich* Finanzdienstleister in der »grenzüberschreitenden« Insolvenz – Lücken im System? – Ein Beitrag zu der Verordnung (EG) Nr. 1346/2000 des Rates vom 29.05.2000 über Insolvenzverfahren, NZI 2005, 578; *Ehricke* Zum anwendbaren Recht auf ein in einem Clearing-System vereinbartes Glattstellungsverfahren im Fall der Insolvenz ausländischer Clearing-Teilnehmer, WM 2006, 2109; *Heiss/Götz* Zur deutschen Umsetzung der Richtlinie 2001/17/EG des Europäischen Parlaments und des Rates vom 19.03.2001 über die Sanierung und Liquidation von Versicherungsunternehmen, NZI 2006, 1; *Horn* [Hrsg.] Handelsgesetzbuch, Kommentar, Band 3, 2. Aufl. 1999 (zit.: *Horn/Kröll/Balzer* HGB, § Rn.); *Keller* Die EG-Richtlinie 98/26 vom 19.05.1998 über die Wirksamkeit von Abrechnungen in Zahlungs- sowie Wertpapierliefer- und -abrechnungssystemen und ihre Umsetzung in Deutschland, WM 2000, 1269; *Kieper* Abwicklungssysteme in der Insolvenz, 2004; *Koller/Roth/Morck* [Hrsg.] Handelsgesetzbuch, Kommentar, 7. Aufl. 2011 (zit.: *Koller/Roth/Morck* HGB, § Rn.); *Reuschle* Das neue IPR für Intermediär-verwahrte Wertpapiere, BKR 2003, 562; *Schefold* Grenzüberschreitende Wertpapierübertragungen und Internationales Privatrecht, IPRax 2000, 468; *K. Schmidt* [Hrsg.], Münchener Kommentar zum Handelsgesetzbuch, Band 5, 2001 (zit.: MüKo-HGB/ *Bearbeiter* Bd. 5, Stichwort Rn.).

A. Normzweck

1 § 340 InsO enthält eine weitere **Sonderanknüpfung**. Die Vorschrift nimmt bestimmte Geschäfte über finanzielle Transaktionen aus und knüpft sie gesondert an. Gleichzeitig werden teilweise die Richtlinien 2001/24/EG vom 04.04.2001 über die Sanierung und Liquidation von Kreditinstituten und die Richtlinie 2001/17/EG vom 19.03.2001 über die Sanierung und Liquidation von Versicherungsunternehmen (neugefasst in 2009/138/EG [Solvabilität II- Richtlinie]) umgesetzt (vgl. *Ehricke* WM 2006, 2109 [2110 f.]). Die Sonderanknüpfung rechtfertigt der Gesetzgeber wiederum im

Wesentlichen mit Vertrauensschutzgesichtspunkten (BT-Drucks. 15/16, S. 19). Es soll die »Integrität der geregelten Märkte« aufrechterhalten werden, das »Eingreifen eines fremden Konkursstatuts« müsse verhindert werden (BT-Drucks. 15/16, S. 19). Diese Begründung ist zweifelhaft. Im Ergebnis führt § 340 InsO dazu, dass mit der kollisionsrechtlichen Wahl des anwendbaren Schuldrechts das anzuwendende Insolvenzrecht gleich mitgewählt wird.

B. Im Einzelnen

I. Verweisungsnorm

§ 340 InsO ist eine **allseitige Verweisungsnorm** (*Kübler/Prütting/Bork/Paulus* InsO, § 340 Rn. 2). Verweist § 340 InsO auf das Recht eines anderen Staats, so ist dies eine Verweisung auf das Kollisionsrecht dieses Staats, nicht auf sein Sachrecht. Rück- und Weiterverweisungen sind also zu beachten. 2

Art. 12 EuInsVO geht vor. Da diese Bestimmung aber gem. Art. 1 Abs. 2 EuInsVO nicht auf Insolvenzverfahren über das Vermögen von Versicherungsunternehmen und Kreditinstituten anwendbar ist, spielt § 340 InsO für diese Unternehmen und Institute auch innerhalb der EU eine Rolle. 3

II. Organisierte Märkte (Abs. 1)

1. Begriff des organisierten Markts

Abs. 1 enthält eine Sonderanknüpfung für **organisierte Märkte**. Entsprechende Regelungen finden sich in **Art. 289 Richtlinie 2009/138/EG** (Aufnahme und Ausübung der Versicherungs- und Rückversicherungstätigkeit [Solvabilität II-Richtlinie]) und **Art. 27 Richtlinie 2001/24/EG** (Sanierung und Liquidation von Kreditinstituten), die in unterschiedlichem Wortlaut vorschreiben, dass für die Wirkungen eines Liquidationsverfahrens auf die Rechte und Pflichten des Teilnehmers an einem **geregelten Markt** ausschließlich das Recht maßgeblich ist, das für den betreffenden Markt gilt (vgl. zu den RL FK-InsO/*Wenner/Schuster* 8. Aufl., Anh. 2 nach § 358 Rn. 1 ff.; *Wimmer* ZInsO 2002, 897 ff.). Zur näheren Bestimmung des Begriffs »geregelter Markt« verweist Art. 2 Richtlinie 2001/24/EG auf die Definition in der Richtlinie 93/22/EWG, die mittlerweile durch die Richtlinie 2004/39/EG [EG-FinanzinstrumenteRL] ersetzt wurde. In Art. 4 Abs. 1 Nr. 14 der Richtlinie 2004/39/EG wird der geregelte Markt als ein von einem Marktbetreiber betriebenes und/oder verwaltetes multilaterales System, das die Interessen einer Vielzahl Dritter am Kauf und Verkauf von Finanzinstrumenten innerhalb des Systems und nach seinen nichtdiskretionären Regeln in einer Weise zusammenführt oder das Zusammenführen fördert, die zu einem Vertrag in Bezug auf Finanzinstrumente führt, die gem. den Regeln und/oder den Systemen des Marktes zum Handel zugelassen wurden, sowie eine Zulassung erhalten hat und ordnungsgemäß und gem. den Bestimmungen des Titels III dieser Richtlinie funktioniert. Das deutsche Recht verwendet statt des Begriffs »geregelter Markt« die Formulierung »organisierter Markt«, die in § 2 Abs. 5 des Wertpapierhandelsgesetzes (WpHG) legal definiert wird. Da der Begriff geregelter Markt bereits durch die Verwendung in den §§ 49 ff. BörsG a.F. verbraucht war, wurde zur Vermeidung von Missverständnissen der Terminus **organisierter Markt** eingeführt, der jedoch von seinem Bedeutungsgehalt mit »geregelter Markt« übereinstimmt (*Assmann/Schneider-Assmann* WpHG, § 2 Rn. 158 f.; *Braun/Tashiro* InsO, § 340 Rn. 2). Vorausgesetzt wird ein Markt, der von staatlich anerkannten Stellen geregelt und überwacht wird, regelmäßig stattfindet und für das Publikum zugänglich ist. Von den deutschen Handelsmärkten sind hierzu der Regulierte Markt (§§ 32 ff. BörsG), in dem der ehemalige Amtliche Markt und der Geregelte Markt nunmehr zusammengefasst sind, und die Terminbörse European Exchange (Eurex) zu rechnen. Demgegenüber erfüllt der Freiverkehr nach § 48 BörsG nicht die genannten Anforderungen (*Assmann/Schneider-Assmann* WpHG, § 2 Rn. 161; zur mittlerweile überholten Frage, ob auch der Neue Markt die Anforderungen erfüllte vgl. *Döhmel* WM 2002, 2351 ff.; *Hammen* WM 2002, 2349 ff.). 4

2. Rechte und Pflichten der Marktteilnehmer

5 Abs. 1 regelt die **Insolvenz des Teilnehmers** des organisierten Markts. Rechte und Pflichten des Teilnehmers sind diejenigen, die aus dem Insolvenzrecht erwachsen oder die das Insolvenzrecht berühren.

3. Anwendbares Recht außerhalb der Insolvenz

6 Abs. 1 verdrängt das nach § 335 InsO anwendbare Insolvenzstatut. Ersetzt wird es durch das **Insolvenzrecht des Staats, das für diesen Markt gilt**. Es gilt damit regelmäßig das **Insolvenzrecht des Vertragsstatuts**.

4. Verwahrung und Verfügung über Wertpapiere

7 Sind Fragen der **Verwahrung** und der **Verfügung über Wertpapiere** angesprochen, so ist § 17a DepotG (vgl. hierzu etwa *Keller* WM 2000, 1269 [1282]; krit. *Einsele* WM 2001, 2415 ff.; *Reuschle* BKR 2003, 562 [564]) und das Haager Übereinkommen über die auf bestimmte Rechte in Bezug auf intermediär-verwahrte Wertpapiere anzuwendende Rechtsordnung (hierzu *Reuschle* BKR 2003, 562 [564]; *ders.* IPRax 2003, 495 ff.; *ders.* RabelsZ [2004], 687 [719 ff.]; *Einsele* WM 2003, 2349 ff.) zu beachten.

III. Pensionsgeschäfte und Nettingvereinbarungen (Abs. 2)

1. Pensionsgeschäfte

8 Mit der in Abs. 2 vorgesehenen Sonderanknüpfung für **Pensionsgeschäfte** wird insbesondere Art. 26 der Richtlinie 2001/24/EG Rechnung getragen, der eine solche Sonderbehandlung fordert. Welche Geschäfte hierunter zu verstehen sind, ergibt sich zunächst aus Art. 12 Abs. 1 der Richtlinie 86/635/EWG des Rates vom 8. Dezember 1986 über den Jahresabschluss und den konsolidierten Abschluss von Banken und anderen Finanzinstituten (AblEG Nr. L 372 S. 1), der mit **§ 340b HGB** in das deutsche Recht umgesetzt wurde. Danach sind Pensionsgeschäfte »Verträge, durch die ein Kreditinstitut oder der Kunde eines Kreditinstituts (Pensionsgeber) ihm gehörende Vermögensgegenstände einem anderen Kreditinstitut oder einem seiner Kunden (Pensionsnehmer) gegen Zahlung eines Betrags überträgt und in denen gleichzeitig vereinbart wird, dass die Vermögensgegenstände später gegen Entrichtung des empfangenen oder eines im Voraus vereinbarten anderen Betrags an den Pensionsgeber zurückübertragen werden müssen oder können«. Die Geschäfte dienen insbesondere der **kurz- und mittelfristigen Liquiditätssteuerung**. Unabhängig von bilanzpolitischen Erwägungen ermöglichen Pensionsgeschäfte den Beteiligten, ihre Liquidität in dem geschäftsgebotenen Maß anzupassen (vgl. zum Folgenden *Horn/Kröll/Balzer* HGB, § 340b; *Koller/Roth/Morck* HGB, § 340b). Der Pensionsgeber kann sich auf diese Weise flüssige Mittel verschaffen. Der Pensionsnehmer hat die Möglichkeit, entsprechende Mittel mit einer auf seine Liquiditätsverhältnisse abgestellten Veräußerungsmöglichkeit anzulegen. Steuerrechtlich bieten die Geschäfte den Vorteil, dass dem Pensionsnehmer die Erträge aus dem Pensionsgut zufließen können, was bei einer unterschiedlichen Ertragsteuerbelastung der verschiedenen Eigentümer der Pensionsgegenstände von Bedeutung ist. Die in § 340b Abs. 4 und 5 HGB enthaltenen Bilanzierungsregeln stellen allgemeingültige Grundsätze ordnungsmäßiger Buchführung dar. Die Rückübertragung bildet wirtschaftlich eine Einheit mit der Übertragung, nur dass der Kaufvertrag sofort erfüllt wird, während die Rückkaufvereinbarung ein schwebender Vertrag ist, der erst zu einem späteren Zeitpunkt abgewickelt wird (*Häuselmann/Wiesenbart* DB 1990, 2129 [2130]; *Waschbusch* BB 1993, 172). Wirtschaftlich lässt sich der Pensionsgegenstand, insbesondere bei echten Pensionsgeschäften, auch als eine Sicherheit des Pensionsgebers für ein vom Pensionsnehmer gewährtes Darlehen ansehen (*Schwartze* AG 1993, 12 [15]; *v. Treuberg/Scharpf* DB 1991, 1233 [1235]). Das **Pensionsgeschäft** i.S.d. § 340b HGB wird somit durch **drei Anforderungen** charakterisiert (*Horn/Kröll/Balzer* HGB, § 340b Rn. 4): es muss sich (1) um eine Übertragung von gleichen oder gleichartigen Gegenständen zwischen zwei Parteien handeln, bei der (2) als Gegenleistung für die Hin- und Rückübertragung die

Zahlung eines Geldbetrags vereinbart wurde, und der (3) von den Parteien bei Vertragsschluss festgelegt wird. Die dritte Voraussetzung, die Festlegung eines Rücknahmepreises bei Vertragsschluss, ist von besonderer Bedeutung. Das Preisrisiko soll beim Pensionsgeber verbleiben. Dieser trägt die positiven und negativen Wertveränderungen des Vermögensgegenstands. Gegenstand eines Pensionsgeschäfts können grds. alle Vermögenswerte sein, wobei in der Praxis Wechsel, Forderungen und Wertpapiere die größte Rolle spielen. Ein **echtes Pensionsgeschäft** setzt voraus, dass der Rücknahmeverpflichtung des Pensionsgebers eine Rückgabeverpflichtung des Pensionsnehmers gegenübersteht. In Verbindung mit dem festen Preis für die Rückübertragung hat dies zur Konsequenz, dass zwar das bürgerlich-rechtliche Eigentum auf den Pensionsnehmer übergeht, wirtschaftlicher Eigentümer aber weiter der Pensionsgeber bleibt. Er trägt das Risiko der Wertveränderung des Pensionsgegenstands sowie i.d.R. auch das Ertragsrisiko aus dem Vermögensgegenstand. **Unechte Pensionsgeschäfte** zeichnen sich dadurch aus, dass der Pensionsgeber zur Rücknahme verpflichtet ist, der Pensionsnehmer jedoch lediglich eine Rückgabeoption hat, von der er keinen Gebrauch machen muss. Der Pensionsnehmer hat die Wahl, ob er das bürgerlich-rechtliche Eigentum an dem Pensionsgegenstand behält oder es auf den Pensionsgeber zurücküberträgt (*Baumbach/Hopt/Merkt* HGB, § 340b Rn. 3).

Nach (zweifelhafter, vgl. Rdn. 1) Auffassung des Verordnungsgebers soll die Abwicklung der Pensionsgeschäfte empfindlich gestört werden, wenn im Falle der Insolvenz eines Geschäftspartners die lex fori concursus eines Staats zur Anwendung gelangen würde, die wesentlich von dem ansonsten anwendbaren Recht abweicht. Diese Überlegungen sollen nicht nur für Pensionsgeschäfte, die unter den Anwendungsbereich der Richtlinie 2001/24/EG fallen, sondern gleichermaßen auch für Geschäfte mit Partnern aus Drittstaaten gelten (BT-Drucks. 15/16, S. 19 ff.). Maßgeblich ist also wiederum das Insolvenzrecht des Staats, das für die Pensionsgeschäfte maßgeblich ist. 9

2. Nettingvereinbarungen

Neben den Pensionsgeschäften sieht Abs. 2 auch eine Sonderanknüpfung für **Nettingvereinbarungen** vor, für die nach Art. 25 der Richtlinie 2001/24/EG ausschließlich das Recht maßgeblich sein soll, das auf derartige Vereinbarungen anwendbar ist (*Ehricke* WM 2006, 2109 [2111]). Die mit dem Begriff des »Netting« angesprochenen Erscheinungsformen sind **äußerst vielgestaltig**. Sie lassen sich jedoch aus der Grundform ableiten, dass mehrere Zahlungsströme oder Zahlungsansprüche auf einen Saldobetrag zurückgeführt werden. Damit werden weniger liquide Mittel benötigt, um die Zahlungen abzuwickeln, und außerdem die Kosten für die Transaktionen sowie das Risiko von Fehlbuchungen minimiert (BT-Drucks. 15/16, S. 20). 10

Der aus der angloamerikanischen Rechtssprache stammende Begriff »Netting« kann aufrechnen (engl. set-off) oder saldieren bedeuten (vgl. zum Folgenden *Schimansky/Bunte/Lwowski/Jahn* § 114 Rn. 131 ff.). Aufrechnung ist dabei nicht im Sinne der §§ 387 ff. BGB zu verstehen, der Begriff umfasst hier die finanzmarkttypische Verrechnungsform des Nettings (*Andres/Leithaus/Dahl* InsO, § 340 Rn. 7). Es werden drei Formen des Netting unterschieden: Zahlungs-Netting, Novations-Netting und Liquidations-Netting, wobei heute »Netting« zumeist i.S.d. Liquidations-Netting (sog. close-out netting) verstanden wird (*Schimansky/Bunte/Lwowski/Jahn* § 114 Rn. 131 ff.). 11

Unter **Zahlungs-Netting** wird die Verrechnung (»settlement netting«) verstanden, die sich auf Zahlungen oder Leistungen aus einem oder mehreren Einzelgeschäften zwischen zwei Vertragspartnern bezieht. Sind Kaufleute betroffen, so ist das Zahlungs-Netting als Vereinbarung eines Staffelkontokorrents gem. § 355 HGB zu verstehen, mit der Besonderheit, dass der Rechnungsabschluss jeweils an dem Tag erteilt wird, an dem sich zwei saldierungsfähige Forderungen aus einem Einzelabschluss gegenüberstehen. Die betreffenden Abschlüsse bestehen weiter fort bis zur letzten Zahlung (*Schimansky/Bunte/Lwowski/Jahn* § 114 Rn. 132; ebenso auch *Benzler* Nettingvereinbarungen im außerbörslichen Derivatehandel, S. 63). Das Ziel einer Verringerung des Ausfallrisikos für den Fall des Eintritts der Insolvenz vor dem Fälligkeitstag kann mit dem Zahlungs-Netting nicht erreicht werden. Hierfür ist das **Novations-Netting** geeignet. Im Unterschied zum Zahlungs-Netting betrifft das Netting durch Novation (Schuldumwandlungsverträge) nicht einzelne Zahlungen, sondern Ein- 12 zelabschlüsse insgesamt, d.h. ganze Vertragsverhältnisse (*Schimansky/Bunte/Lwowski/Jahn* § 114 Rn. 133). Bei diesen **Schuldumwandlungsverträgen** werden bestehende und neu abgeschlossene Kontrakte zwischen zwei Parteien, die Liefer- oder Zahlungsansprüche in derselben Währung am selben Erfüllungstag zum Gegenstand haben, durch einen einzigen schuldersetzenden Nettokontrakt ersetzt. Die in das Novations-Netting eingehenden Geschäfte gehen juristisch unter (*Boos/Fischer/Schulte-Mattler* Kreditwesengesetz, SolvV § 12 Rn. 3). Das **Liquidations-Netting** (close-out netting) ist eine Glattstellung wechselseitiger Forderungen durch Saldierung, die im Falle der vorzeitigen Beendigung des Vertrags, sei es aufgrund Insolvenz, sei es aufgrund Kündigung, vorgenommen wird. Alle fälligen, aber noch nicht geleisteten Zahlungen sowie der Marktwert der nicht erfüllten Einzelabschlüsse werden saldiert. Die Saldierungsklausel wird als aufschiebend bedingter Aufrechnungsvertrag qualifiziert, der die rückständigen Zahlungen und den saldierten Marktwert aller Einzelabschlüsse untereinander verrechnet (vgl. *Schimansky/Bunte/Lwowski/Jahn* § 114 Rn. 134; *Bosch* WM 1995, 365 ff. und 413 ff.; *Ebenroth/Benzler* ZVerglRWiss 95 (1996), 335 [350]). Die Glattstellung ist dabei lediglich als Errechnung der Abschlusszahlung und des Ausgleichsanspruchs anzusehen (so *Bosch* WM 1995, 368 [369] und *Benzler* Nettingvereinbarungen im außerbörslichen Derivatehandel, S. 67).

13 **Ziel des Nettings,** zumindest in der Form des Liquidations-Netting, ist die **Verringerung des Kreditrisikos.** Eine ausdrückliche vertragliche Regelung über die Saldierung ist für die Beteiligten vorteilhaft, da hierdurch eine Bündelung aller einbezogenen Geschäfte erreicht und die Anwendung der gesetzlichen Aufrechnungsbestimmungen vermieden wird. Dafür ist es erforderlich, das Wahlrecht des Insolvenzverwalters nach § 103 InsO einzuschränken, um zu verhindern, dass der Verwalter nur bei den für die Masse positiven Geschäften Erfüllung wählt (sog. cherry picking vgl. FK-InsO/*Wegener* § 104 Rdn. 3 m.w.N.). Aufgrund der großen praktischen Bedeutung des Liquidation-Nettings und der damit verbundenen weitreichenden Möglichkeit das Insolvenzrisiko zu begrenzen, wird zur Vermeidung von *moral hazard* teilweise vorgeschlagen, den § 340 InsO insoweit teleologisch zu reduzieren, als er nur auf Netting-Vereinbarung zwischen zwei Kreditinstituten Anwendung finden soll (*Kübler/Prütting/Bork-Paulus* InsO, § 340 Rn. 9; *K. Schmidt/Brinkmann* InsO, § 340 Rn. 4). Dies ist aus rechtspolitischen Gesichtspunkten vorzugswürdig und ist mit der gesetzgeberischen Begründung des § 340 InsO – der ausweislich dieser zuvorderst Kredit- und Finanzinstituten und der »Attraktivität des Finanzplatzes Deutschland« dienen soll (BT-Drucks. 15/16 S. 20) – durchaus vereinbar.

14 Die Insolvenzfestigkeit der Nettingvereinbarungen und die Klarstellung, welchem Insolvenzstatut sie im Falle eines grenzüberschreitenden Insolvenzverfahrens unterworfen sind, soll zur Attraktivität des Finanzplatzes Deutschland beitragen. Für die **Rechtssicherheit** sei es – so die undurchsichtige Gesetzesbegründung – von erheblicher Bedeutung, wenn bereits bei Abschluss der Vereinbarung klar ist, welches Recht im Falle der Insolvenz Anwendung finden wird. Auch bei Vereinbarungen wird die nach § 335 InsO anwendbare lex fori concursus verdrängt durch das Insolvenzrecht des Staats, welches auf die Vereinbarungen anwendbar ist. Mit Umsetzung der Richtlinie 98/26/EG des Europäischen Parlaments und des Rates über die Wirksamkeit von Abrechnungen in Zahlungs- sowie Wertpapierliefer- und -abrechnungssystemen vom 19. Mai 1998 (ABlEG Nr. L 166 S. 45 sog. Finalitätsrichtlinie) durch das Gesetz zur Änderung insolvenzrechtlicher und kreditwesenrechtlicher Vorschriften vom 8. Dezember 1999 (BGBl. I S. 2384) wurden im deutschen Recht bereits wesentliche Weichenstellungen getroffen, um in den von der Richtlinie erfassten Systemen die Verrechnungen nicht nur insolvenzfest auszugestalten, sondern auch das Anfechtungsrecht so zu modifizieren, dass die Anfechtung nicht zur Folge hat, dass die Verrechnung selbst rückgängig gemacht werden muss (BT-Drucks. 15/16, S. 20). Nachdem der BGH zwischenzeitlich eine Reihe gängiger Netting-Vereinbarungen aufgrund eines Verstoßes gegen § 104 InsO a.F. für unwirksam erklärt hatte (*BGH* NJW 2016, 2328), wurde § 104 InsO durch das 3. Gesetz zur Änderung der InsO vom 22.12.2016 (BGBl. I S. 3147) weitgehend neugefasst (vgl. zu den Änderungen im Einzelnen die Erl. von *Bornemann* zu § 104).

IV. Zahlungs- und Wertpapierliefer- und -abrechnungssysteme (Abs. 3)

1. Systemrisiken

Mit Abs. 3 wird die vorher in Art. 102 Abs. 4 EGInsO geregelte Sonderanknüpfung für die von der Richtlinie 98/26/EG über die Wirksamkeit von Abrechnungen in Zahlungs- sowie Wertpapierliefer- und -abrechnungssystemen erfassten Systeme übernommen, die auch für Systeme aus Drittstaaten gilt, soweit sie den von der Richtlinie erfassten Systemen im Wesentlichen entsprechen (BT-Drucks. 15/16, S. 20). § 340 Abs. 3 InsO ergänzt die Privilegierung von Zahlungs- und Abrechnungssystemen des § 96 Abs. 2 InsO (*Ehricke* WM 2006, 2109 [2112]). In mehreren Berichten hat die BIZ eindrucksvoll dokumentiert, welche Risiken für das internationale Finanzsystem die Krise eines Finanzinstituts oder einer Gruppe von Instituten verursachen kann. Der Lamfalussy-Bericht von 1990 an die G10-Zentralbankpräsidenten schildert das Systemrisiko in Zahlungssystemen. Dabei geht es insbes. um die Befürchtung, die Insolvenz eines großen Kreditinstituts könne über weltweite Verflechtungen zahlreiche andere Kreditinstitute mit in den Strudel ziehen, so dass über diesen Domino-Effekt eine **Krise des internationalen Bankensystems** heraufbeschworen werden könnte (vgl. zum Lamfalussy-Bericht *Vollrath* Die Endgültigkeit bargeldloser Zahlungen, S. 3). Zudem ist nicht ganz eindeutig, welche Netting-Vereinbarungen in welchen Mitgliedsstaaten anerkannt werden. Diese Risiken sollen durch die Richtlinie 98/26/EG gelöst werden (eingehend hierzu *Keller* WM 2000, 1269 ff.; *Obermüller* FS Uhlenbruck, S. 365 ff.; *Reuschle* RabelsZ [2004], 687 [715 ff.]; Text der Richtlinie mit einigen Erläuterungen unter FK-InsO/*Wenner/Schuster* Anh. 1 nach § 353). Das ursprüngliche Anliegen der Kommission ergibt sich aus den Erläuterungen zum Richtlinien-Vorschlag (Dokument 8257/96 vom 13. Juni 1996 = BR-Drucks. 512/96 vom 28.06.1996). Die Umsetzung der Richtlinie erfolgte zum kleineren Teil im Überweisungsgesetz (BGBl. I 1999 S. 1642) und überwiegend im Gesetz zur Änderung insolvenzrechtlicher und kreditwesenrechtlicher Vorschriften (BGBl. I 1999 S. 2384).

2. Anwendungsbereich

Ein System i.S.d. § 340 Abs. 3 InsO ist, der Legaldefinition von § 1 Abs. 16 KWG folgend, eine schriftliche Vereinbarung nach Art. 2 lit. a) Richtlinie 98/26/EG zwischen wenigstens drei Teilnehmern einschließlich der Vereinbarung eines Teilnehmers und einem indirekt teilnehmenden Kreditinstitut, die dem Recht eines von den Teilnehmern gewählten Rechts unterliegt und von der Deutschen Bundesbank oder einer anderen zuständigen Stelle der Kommission der Europäischen Union gemeldet wurde (*Kübler/Prütting/Bork-Paulus* InsO, § 340 Rn. 13). Eine Anwendbarkeit des § 340 Abs. 3 InsO setzt zudem voraus, dass das System bereits vor Eröffnung des Insolvenzverfahrens über das Vermögen eines der Systemteilnehmer bestand (*Andres/Leithaus/Dahl* InsO, § 340 Rn. 11).

3. Maßgebliches Recht

Zur **Bestimmung des anwendbaren Rechts** verweist **Abs. 3** auf Abs. 1, mithin verdrängt das Insolvenzrecht des Staats, das für die Zahlungs-, Wertpapier, Liefer- und Abrechnungssysteme gilt, die nach § 335 InsO anzuwendende lex fori concursus. Handelt es sich um Wertpapierliefer- und -abrechnungssysteme, so ist zur Bestimmung des maßgeblichen Rechts stets auch an **§ 17a DepotG** zu denken (*Keller* WM 2000, 1269 [1274]; *Reuschle* RabelsZ [2004], 687 [719 ff.]). Nach dieser Vorschrift unterliegen Verfügungen über Wertpapiere oder Sammelbestandanteile, die mit rechtsbegründender Wirkung in ein Register eingetragen oder auf einem Konto verbucht werden, dem **Recht des Staats, unter dessen Aufsicht das Register geführt wird**, in dem unmittelbar die rechtsbegründende Eintragung zugunsten des Verfügungsempfängers vorgenommen wird oder in dem sich die kontoführende Stelle des Verwahrers befindet, die die rechtsbegründende Gutschrift erteilt. Ziel der Vorschrift ist es, für die Anknüpfung ein Kriterium zu wählen, dass für Dritte leicht erkennbar und ermittelbar ist, wobei im Rahmen von Zwischenverwahrungen das Recht des Verwahrers maßgebend sein soll, der für den Verfügungsempfänger bucht (BT-Drucks. 14/1539, S. 16). Mit § 17a DepotG sollen lediglich sachenrechtliche Verfügungen über Sammelbestandanteile oder über Wertpapiere erfasst werden, nicht jedoch schuldrechtliche Ansprüche wie Wertrechtsgutschriften. Auch die heute kaum noch gebräuchliche **Streifbandverwahrung** wird nicht abgedeckt, da die Depotgutschrift lediglich den nach allgemeinen Vorschriften erfolgenden Eigentumsübergang dokumentiert, diesen jedoch nicht begründet (BT-Drucks. 14/1539, S. 16). Aus dem Erfordernis, dass die Eintragung im Depotbuch des Erwerbers rechtsbegründende Wirkung entfalten muss, wird die zentrale Kritik an der Vorschrift hergeleitet, da bei girosammelverwahrten Anteilen sich der Eigentumsübergang bereits durch Einigung und Übergabe nach § 929 BGB vollziehe und der Umbuchung allenfalls noch eine verlautbarende, nicht aber eine selbst rechtsbegründende Wirkung zukomme (*Einsele* WM 2001, 2415 [2422]; MüKo-HGB/*Einsele* Bd. 6, Depotgeschäft Rn. 198; *Reuschle* BKR 2003, 562 [564]). Die Konsequenz dieser Auffassung wäre, dass selbst inländische stückelose Wertpapiergiros von § 17a DepotG nicht abgedeckt wären und selbst die vom Bund emittierten Schuldbuchforderungen, die als unverbriefte Wertrechte ausgegeben werden, nicht dem Anwendungsbereich der Norm unterfielen (MüKo-HGB/*Einsele* Bd. 6, Depotgeschäft Rn. 199). Aus der Entstehungsgeschichte der Vorschrift ergibt sich, dass der Begriff »rechtsbegründend« vor dem Hintergrund der sachenrechtlichen Grundlage des inländischen Wertpapiergiros zu verstehen ist. Insofern liegt eine Buchung bzw. Gutschrift bereits dann vor, wenn ihr rechtlich eine Kundgabe des nunmehr geänderten Besitzmittlungswillens des verwahrenden Instituts zukommt (*Keller* WM 2000, 1269 [1281]). Allgemein wird die Auffassung vertreten, bei der Übertragung des Miteigentums an Sammelbestandanteilen vollziehe sich der Eigentumsübergang durch Einigung und Kontobuchung. Die Übertragung des Mitbesitzes werde durch den Buchungsvorgang vollzogen

§ 341 Ausübung von Gläubigerrechten

(1) Jeder Gläubiger kann seine Forderungen im Hauptinsolvenzverfahren und in jedem Sekundärinsolvenzverfahren anmelden.

(2) ¹Der Insolvenzverwalter ist berechtigt, eine in dem Verfahren, für das er bestellt ist, angemeldete Forderung in einem anderen Insolvenzverfahren über das Vermögen des Schuldners anzumelden. ²Das Recht des Gläubigers, die Anmeldung abzulehnen oder zurückzunehmen, bleibt unberührt.

(3) Der Verwalter gilt als bevollmächtigt, das Stimmrecht aus einer Forderung, die in dem Verfahren, für das er bestellt ist, angemeldet worden ist, in einem anderen Insolvenzverfahren über das Vermögen des Schuldners auszuüben, sofern der Gläubiger keine anderweitige Bestimmung trifft.

Übersicht	Rdn.		Rdn.
A. Normzweck	1	2. Recht zur Mehrfachanmeldung	4
B. Im Einzelnen	3	II. Zu Absatz 2	5
I. Zu Absatz 1	3	III. Zu Absatz 3	10
1. Teilnahmerecht ausländischer Gläubiger	3	1. Befugnis zur Stimmabgabe	10
		2. Inhaltliche Bindung des Verwalters	11

Literatur:
Klockenbrink Die Gläubigerstellung unter dem Einfluss der EuInsVO und des deutschen internationalen Insolvenzrechts, 2008; *Wiorek* Das Prinzip der Gläubigergleichbehandlung im Europäischen Insolvenzrecht, 2005.

A. Normzweck

1   § 341 InsO fasst im Wesentlichen zwei Regelungen zusammen, die letztlich durch das Prinzip der **Gläubigergleichbehandlung** verknüpft sind. Nach Abs. 1 haben die Gläubiger das **Recht, ihre Forderungen** in jedem über das Vermögen des Schuldners eröffneten Insolvenzverfahren **anzumelden**. Ist etwa ein ausländisches Verfahren besonders massehaltig, so können die Gläubiger trotz eines inländischen Verfahrens ihre Forderungen ausschließlich in dem ausländischen Insolvenzverfahren anmelden, um so die Kosten für ihre Verfahrensbeteiligung möglichst gering zu halten.

Die Abs. 2 und 3 sind Ausfluss der insolvenzspezifischen Pflichten des Verwalters gegenüber den Insolvenzgläubigern, wenn mehrere Insolvenzverfahren anhängig sind. Der Verwalter hat dann zu prüfen, ob es für die Gläubiger »seines« Verfahrens lohnenswert ist, sich an dem ausländischen Verfahren zu beteiligen und wenn ja, ob es für ihn geboten ist, die Mittel aufzuwenden, um für sie das Stimmrecht in dem ausländischen Verfahren geltend zu machen. 2

B. Im Einzelnen

I. Zu Absatz 1

1. Teilnahmerecht ausländischer Gläubiger

Auf das Insolvenzverfahren findet das **Recht des Eröffnungsstaats** Anwendung. Somit ist auch diesem Recht zu entnehmen, **welche Gläubiger teilnahmeberechtigt** sind und wie sie ihre Forderungen anmelden müssen (*Braun/Tashiro* InsO, § 341 Rn. 2; vgl. § 335 InsO). Werden diese Forderungen bestritten, so ist der lex fori concursus auch zu entnehmen, wie ihre Feststellung ggf. zu erfolgen hat. Abs. 1 enthält zunächst die für die Gläubigergleichbehandlung fundamentale Feststellung, dass jeder Insolvenzgläubiger seine Forderungen anmelden darf. In Übereinstimmung mit Art. 55 Abs. 1 EuInsVO legt er allgemein das **Teilnahmerecht ausländischer Gläubiger** fest (BT-Drucks. 15/16, S. 20; *Smid* Dt. IIR, § 341 Rn. 3). Während die Konkursordnung in § 5 noch eine ausdrückliche Vorschrift über die Gleichstellung ausländischer Gläubiger in Bezug auf die formellen und materiellen Bestimmungen des Konkursrechts vorsah (vgl. *Jaeger/Henckel* § 5 KO Rn. 4), hat die Insolvenzordnung auf eine solche Klarstellung verzichtet, da sich eine Gleichbehandlung ausländischer Gläubiger inzident aus dem Fehlen von Sonderregelungen für diese Gläubiger ergibt. Allerdings wird bei internationalen Verhandlungen zum IIR hin und wieder die Frage aufgeworfen, wie die einzelnen nationalen Rechtsordnungen ausländische Gläubiger behandeln. Ebenso kann dieses Thema bei Fragen der Reziprozität virulent werden. Insofern ist die in Abs. 1 vorgesehene Klarstellung nützlich (BT-Drucks. 15/16, S. 20). In einem deutschen Insolvenzverfahren können somit alle Gläubiger ihre Forderungen anmelden. Dies gilt auch für ausländische **Fiskalforderungen** oder Forderungen ausländischer **Sozialversicherungsträger** (vgl. § 335 Rdn. 14). 3

2. Recht zur Mehrfachanmeldung

Bedeutsamer ist die Regelung, die es den **Gläubigern freistellt**, in welchen Verfahren, also im Hauptinsolvenzverfahren, in einem Sekundärinsolvenzverfahren oder in jedem Sekundärinsolvenzverfahren, sie ihre **Forderungen anmelden** (*Braun/Tashiro* InsO, § 341 Rn. 2). In § 342 Abs. 2 InsO wird dann geregelt, wie eine mehrfach angemeldete Forderung bei der Verteilung zu berücksichtigen ist (BT-Drucks. 15/16, S. 20). Eine **Mehrfachanmeldung** von Forderungen kann sinnvoll sein, wenn sie in einem ausländischen Insolvenzverfahren einen besseren Rang erhalten oder wenn das ausländische Verfahren besonders massehaltig ist. Der Gläubiger wird dabei jedoch stets die möglichen Vorteile mit den zusätzlichen Kosten abzuwägen haben. 4

II. Zu Absatz 2

Nach Abs. 2 sind die **Verwalter des Haupt- und der Sekundärverfahren** berechtigt, die in ihrem Verfahren angemeldeten Forderungen in den anderen Verfahren anzumelden. 5

Art. 45 Abs. 2 EuInsVO wird eine **Verpflichtung des Insolvenzverwalters** entnommen, diese Anmeldungen vorzunehmen, wenn dies zweckmäßig ist. Diese Verpflichtung sieht Abs. 2 für das autonome Recht zwar nicht vor, sie ergibt sich aber beim inländischen Insolvenzverfahren aus deutschem materiellen Insolvenzrecht (*Mohrbutter/Ringstmeier-Wenner* Kap. 20 Rn. 131; vgl. *Andres/Leithaus/Dahl* InsO, § 341 Rn. 7; *K. Schmidt/Brinkmann* InsO, § 341 Rn. 5; *Uhlenbruck/Lüer* InsO, § 341 Rn. 14 f.; anders *Braun/Tashiro* InsO, § 341 Rn. 4; HK-InsO/*Stephan* § 341 Rn. 5; HambK-InsO/*Undritz* § 341 Rn. 1; *Liersch* NZI 2003, 302 [309]). Der Verwalter hat also zu prüfen, ob es im Interesse der Gläubiger sinnvoll ist, die in seinem Verfahren angemeldeten Forderungen auch in anderen Verfahren anzumelden. Hierbei wird er insbesondere berücksichtigen, ob die in dem 6 ausländischen Verfahren möglicherweise erzielbare Quote die durch die weitere Anmeldung verursachten Kosten rechtfertigt (BT-Drucks. 15/16, S. 20; *Braun/Tashiro* InsO, § 341 Rn. 5). Ergibt sich aus dieser Abwägung, dass die Anmeldung der Masse günstig ist, **muss** der Verwalter jedenfalls nach deutschem materiellen Insolvenzrecht anmelden (im Ergebnis ebenso *Andres/Leithaus/Dahl* InsO, § 341 Rn. 7).

7 Ob der Verwalter **alle oder ausgesuchte Forderungen** in anderen Verfahren anmeldet, ist eine Frage der Zweckmäßigkeit, die für jeden Einzelfall zu entscheiden ist (vgl. dazu EuInsVO Art. 45 Rdn. 6 ff.). Die Kosten einer solchen Sammelanmeldung trägt die Masse (str., vgl. EuInsVO Art. 45 Rdn. 7). Sieht die lex fori concursus des Insolvenzverfahrens, in dem der Verwalter die Forderung anmelden möchte, ein Recht des Gläubigers vor, die Anmeldung **abzulehnen** oder die Forderungsanmeldung **zurückzunehmen**, so bleibt dieses Recht nach Abs. 1 Satz 2 unberührt. Abs. 2 Satz 2 selbst schafft ein solches Recht hingegen nicht (*Andres/Leithaus/Dahl* InsO, § 341 Rn. 9 f.).

8 **Art und Weise** der Forderungsanmeldung, ebenso deren Form, richten sich nach dem Recht des Staats, bei dessen Insolvenzverfahren die Anmeldung erfolgen soll (*Andres/Leithaus/Dahl* InsO, § 341 Rn. 6; *Braun/Tashiro* InsO, § 341 Rn. 7).

9 Der Insolvenzverwalter, bei dem die Forderung angemeldet worden ist, kann diese unabhängig davon bestreiten, ob sie in dem anderen Verfahren festgesetzt worden ist. War die Forderung bereits tituliert und wird die Entscheidung anerkannt (vgl. in Deutschland § 328 ZPO), gelten für sie die Vorschriften der lex fori concursus über titulierte Forderungen.

III. Zu Absatz 3

1. Befugnis zur Stimmabgabe

10 Häufig wird es sinnvoll sein, wenn der **Verwalter des Hauptinsolvenzverfahrens** in einem Sekundärinsolvenzverfahren **seine Vorstellungen mit einbringt** und etwa für die Liquidation einer ausländischen Zweigniederlassung oder deren Einbeziehung in ein grenzüberschreitendes Sanierungskonzept wirbt. Umgekehrt kann es auch sinnvoll sein, wenn der Insolvenzverwalter eines Sekundärinsolvenzverfahrens die besonderen Interessen seiner Gläubiger in dem ausländischen Hauptinsolvenzverfahren zu stärken versucht. Durch die **Befugnis zur Stimmrechtsabgabe** in Abs. 3 wird die Position des Verwalters deutlich gestärkt (BT-Drucks. 15/16, S. 20). Dem Insolvenzverwalter steht das Stimmrecht nur in dem Umfang und nur unter den Voraussetzungen zu, wie es dem Gläubiger zugestanden hätte, so dass beispielsweise auch die Voraussetzungen des § 77 InsO vorliegen müssen (*Braun/Tashiro* InsO, § 341 Rn. 14; HK-InsO/*Stephan* § 341 Rn. 8). Da das Haupt- und die jeweils anhängigen SekundärinsolvenzverfahrenF weitgehend unabhängige Verfahren sind, muss auch das **Stimmrecht** des Gläubigers bzw. Verwalters für das jeweilige Verfahren nach dem jeweils anwendbaren Recht **gesondert festgestellt** werden.

2. Inhaltliche Bindung des Verwalters

11 Da dem Verwalter das Anmelde- und das Stimmrecht nur zur treuhänderischen Wahrnehmung für den Gläubiger übertragen werden, ist es Letzterem vorbehalten, eine **anderweitige Bestimmung** zu treffen (BT-Drucks. 15/16, S. 21; vgl. *Braun/Tashiro* InsO, § 341 Rn. 11), wobei das Recht zur Bestimmung **nicht nur das Ob, sondern auch das Wie** der Stimmrechtsausübung umfasst. So kann der Gläubiger etwa selbst an der Gläubigerversammlung teilnehmen, um dort seine abweichenden Vorstellungen einzubringen. Dies wird ihm jedoch häufig wegen Unkenntnis des ausländischen Rechts oder der Verfahrenssprache oder auch schlicht wegen der räumlichen Distanz nicht möglich sein. Will der Gläubiger nicht selbst sein Stimmrecht ausüben, so kann er gegenüber dem Verwalter eine abweichende Auffassung deutlich machen, die dieser bei seinem Agieren in der Gläubigerversammlung zu beachten hat (*Andres/Leithaus/Dahl* InsO, § 341 Rn. 11). Der Verwalter hat somit zunächst zu prüfen, ob er die in »seinem« Verfahren angemeldeten Forderungen in dem ausländischen Verfahren anmelden will. Hat er sich hierzu entschlossen, ist er verpflichtet, die **Gläubiger** darüber **zu informieren**, wie er in dem ausländischen Verfahren vorzugehen beabsichtigt (ähnlich

Braun/Tashiro InsO, § 341 Rn. 9). Ohne Kenntnis über das geplante Vorgehen des Verwalters könnten die Gläubiger mangels ausreichender Information über den Gang des ausländischen Verfahrens ihre in § 341 Abs. 2 Satz 2 und Abs. 3 InsO statuierten Rechte nicht ausüben. Hat der Verwalter sich einmal entschlossen, eine Forderung anzumelden, so trifft ihn einerseits die erläuterte Informationspflicht, andererseits ist er nun gehalten, etwaige abweichende Vorstellungen des Gläubigers zu berücksichtigen. Im Interesse seiner Pflicht, die Vermögensinteressen des Gläubigers zu wahren, wird man dem Gläubiger sogar ein **Weisungsrecht** zubilligen können, dem der Verwalter nachzukommen hat, soweit er hierdurch nicht die Interessen der Gesamtgläubigerschaft verletzt.

§ 342 Herausgabepflicht. Anrechnung

(1) ¹Erlangt ein Insolvenzgläubiger durch Zwangsvollstreckung, durch eine Leistung des Schuldners oder in sonstiger Weise etwas auf Kosten der Insolvenzmasse aus dem Vermögen, das nicht im Staat der Verfahrenseröffnung belegen ist, so hat er das Erlangte dem Insolvenzverwalter herauszugeben. ²Die Vorschriften über die Rechtsfolgen einer ungerechtfertigten Bereicherung gelten entsprechend.

(2) Der Insolvenzgläubiger darf behalten, was er in einem Insolvenzverfahren erlangt hat, das in einem anderen Staat eröffnet worden ist. Er wird jedoch bei den Verteilungen erst berücksichtigt, wenn die übrigen Gläubiger mit ihm gleichgestellt sind.

(3) Der Insolvenzgläubiger hat auf Verlangen des Insolvenzverwalters Auskunft über das Erlangte zu geben.

Übersicht

	Rdn.		Rdn.
A. Normzweck und Historie	1	2. Zu den Tatbestandsvoraussetzungen von Absatz 1	5
B. Im Einzelnen	4	3. Rechtsfolge	6
I. Zu Absatz 1	4	II. Zu Absatz 2	8
1. Anspruch des Verwalters eines Hauptverfahrens	4	III. Zu Absatz 3	11

Literatur:
Lüer Überlegungen zu einem künftigen deutschen Internationalen Insolvenzrecht, KTS 1990, 377; *Martius* Verteilungsregeln in der grenzüberschreitenden Insolvenz, 2004; *Wenner* Ausländisches Sanierungsverfahren, Inlandsarrest und § 238 KO, KTS 1990, 429.

A. Normzweck und Historie

Dass regelmäßig auch Auslandsvermögen zur Insolvenzmasse gehört, bedeutet noch nicht, dass es zugunsten der Insolvenzmasse verwertet werden kann. Insbesondere dort, wo die Befugnisse des Insolvenzverwalters nicht anerkannt werden, können Gläubiger, etwa im Wege der Einzelzwangsvollstreckung, auf das zur Insolvenzmasse gehörende Vermögen zugreifen. Schon vor Inkrafttreten des Abs. 1 entsprach es der ganz herrschenden Auffassung in Deutschland, dass der **Gläubiger**, der während eines inländischen Insolvenzverfahrens im Ausland die **Zwangsvollstreckung** betrieben hatte, das **Erlangte an den Insolvenzverwalter herausgeben musste** (BGHZ 88, 147; *Lüer* KTS 1990, 377 [387]; anders noch RGZ 54, 193). Das während der Dauer des Insolvenzverfahrens geltende Vollstreckungsverbot gilt auch für das ausländische Vermögen, unabhängig davon, ob der ausländische Staat dieses Vollstreckungsverbot anerkennt. Dementsprechend entscheidet über die Frage, ob der Gläubiger das Erlangte behalten darf, nicht das Einzelzwangsvollstreckungsstatut, sondern das Insolvenzstatut (*Mohrbutter/Ringstmeier-Wenner* Kap. 20 Rn. 108). Während der *BGH* zu diesem Ergebnis auf dem Wege des Bereicherungsrechts gekommen ist (BGHZ 88, 147 [156]), normiert der Gesetzgeber in Abs. 1 nun im Wege einer Sachnorm einen Herausgabeanspruch, hinsichtlich dessen Rechtsfolgen die Vorschriften über die ungerechtfertigte Bereicherung entsprechend gelten sollen.

2 Der **Gläubiger**, der an einem **ausländischen Partikularverfahren** teilgenommen hat, welches ungeachtet des universellen Geltungsanspruchs des inländischen Hauptverfahrens durchgeführt wurde, sollte nach früher herrschender Auffassung **das Erlangte behalten dürfen**. Die Nichtanerkennung des ausländischen Verfahrens sei eine Diskreditierung eines ausländischen Hoheitsakts (*OLG Köln* ZIP 1989, 321; *Hanisch* ZIP 1989, 273 [277]). Hier haben damals in besonderem Maße Überlegungen eine Rolle gespielt, die kollisionsrechtlich verfehlt sind (vgl. *Wenner* in: *Mohrbutter/Mohrbutter* 7. Aufl., Kap. XXIII. Rn. 84–86; *Wenner* KTS 1990, 429 [435]). Nachdem der Gesetzgeber sich (rechtspolitisch bedauerlich) zu einem System der Partikularverfahren entschieden hat, ist es konsequent, dem Gläubiger den im Partikularverfahren erzielten Erlös zu belassen. Dementsprechend sieht Abs. 2 Satz 1 dies nun vor. Nach Satz 2 wird er jedoch bei Verteilungen in anderen Verfahren erst berücksichtigt, wenn die übrigen Gläubiger nicht schlechter stehen.

3 Beide Regelungen setzen voraus, dass der Insolvenzverwalter Informationen über das durch die Zwangsvollstreckung oder im Partikularverfahren Erhaltene bekommt. Abs. 3 sieht deshalb einen **Auskunftsanspruch des Insolvenzverwalters** vor.

B. Im Einzelnen

I. Zu Absatz 1

1. Anspruch des Verwalters eines Hauptverfahrens

4 Der Insolvenzgläubiger hat an den Insolvenzverwalter herauszugeben, was er durch Zwangsvollstreckung außerhalb des Eröffnungsstaats erhalten hat. Dieser Herausgabeanspruch steht lediglich dem **Insolvenzverwalter des Hauptverfahrens zu**, nicht aber dem Insolvenzverwalter eines Partikularverfahrens (*Braun/Tashiro* InsO, § 342 Rn. 7; HK-InsO/*Stephan* § 342 Rn. 8; *Mohrbutter/Ringstmeier-Wenner* Kap. 20 Rn. 110).

2. Zu den Tatbestandsvoraussetzungen von Absatz 1

5 Der Gläubiger muss **durch Zwangsvollstreckung, durch eine Leistung des Schuldners oder in sonstiger Weise etwas auf Kosten der Insolvenzmasse erlangt** haben, welche **nicht im Eröffnungsstaat** belegen ist. Da es sich bei dieser Bestimmung um eine deutsche Sachnorm handelt, ist sie **nach deutschen Grundsätzen** auszulegen (*Braun/Tashiro* InsO, § 342 Rn. 4). Hat der Gläubiger durch eine Leistung des Schuldners etwas erlangt, so wird bei einem inländischen Insolvenzverfahren häufig § 81 InsO anwendbar sein. Hat der Gläubiger etwas aus dem **Vermögen des Eröffnungsstaats** erlangt, bleibt es bei der **lex fori concursus**. Wie der Gläubiger etwas aus dem zur Insolvenzmasse gehörenden Vermögen erlangt hat, ist einerlei. Das zeigen die Worte »in sonstiger Weise«. Abs. 1 umfasst alle **Vermögensverschiebungen** zugunsten des Gläubigers (*Kübler/Prütting/Bork/Paulus* InsO, § 342 Rn. 8). Hat der Gläubiger allerdings etwas in **insolvenzrechtlich zulässiger Weise** erhalten, so besteht kein Herausgabeanspruch (BT-Drucks. 12/2443, S. 240 f.). Etwa ein dinglich gesicherter Gläubiger wird häufig behalten dürfen, was er bei der Sicherheitenverwertung erlangt hat (BT-Drucks. 15/16, S. 21; HK-InsO/*Stephan* § 342 Rn. 7; *Kübler/Prütting/Bork/Paulus* InsO, § 342 Rn. 9; *Smid* Dt. IIR, § 342 Rn. 2). Der Regelung in Abs. 1 bedarf es nicht, wenn der Insolvenzverwalter **Gläubiger beauftragt hat**, im Wege der Einzelzwangsvollstreckung zur Insolvenzmasse gehörende Vermögenswerte mit Beschlag zu belegen. Hier ergibt sich die Herausgabepflicht bereits aus Auftragsrecht. Hat der Gläubiger den erhaltenen Gegenstand **gutgläubig erworben**, scheidet eine Herausgabepflicht aus (zur kollisionsrechtlichen Behandlung des Gutglaubenschutzes *Mohrbutter/Ringstmeier-Wenner* Kap. 20 Rn. 279–280), möglich bleibt die Anfechtung.

3. Rechtsfolge

6 Der Gläubiger hat das Erlangte an den Insolvenzverwalter herauszugeben, es gelten die **Rechtsfolgen der ungerechtfertigten Bereicherung**. Wenn der Gläubiger seinen Anspruch im Insolvenzverfahren angemeldet hat, kann der Insolvenzverwalter ggf. im Rahmen der Verteilung verrechnen; die Anrech-

nung erfolgt dann auf die Quote (*Mohrbutter/Ringstmeier-Wenner* Kap. 20 Rn. 110). Der Gläubiger kann jedenfalls nicht aufrechnen.

Die durch den Verweis auf die bereicherungsrechtlichen Vorschriften nach deutschem Recht mögliche Einrede der Entreicherung (*Smid* Dt. IIR, § 342 Rn. 5) geht ins Leere, wenn der Gläubiger weiß, dass das Hauptverfahren eröffnet worden ist. Diese Kenntnis wird nach öffentlicher Bekanntmachung gem. § 345 InsO vermutet (§ 350 Satz 2 InsO; vgl. *Andres/Leithaus/Dahl* InsO, § 342 Rn. 8; *Braun/Tashiro* InsO, § 342 Rn. 9). Der Gläubiger ist auch dann zur Herausgabe verpflichtet, wenn er seine Forderung im Hauptinsolvenzverfahren **nicht geltend** macht (*Kübler/Prütting/Bork-Paulus* InsO, § 342 Rn. 11). 7

II. Zu Absatz 2

Hat der Insolvenzgläubiger bei der Teilnahme an einem **Insolvenzverfahren** in einem anderen Staat etwas erlangt, so darf er dies nach Abs. 2 Satz 1 **behalten**. Die Vorschrift umfasst **sämtliche Spielarten paralleler Verfahren**: Sie erfasst einmal den Fall, dass der Gläubiger im Rahmen eines ausländischen Sekundärinsolvenzverfahrens etwas erlangt hat und im inländischen Hauptinsolvenzverfahren seine Forderung geltend macht. Die Vorschrift erfasst weiter den Fall, dass der Gläubiger im ausländischen Hauptinsolvenzverfahren etwas erlangt hat und seine Forderung im inländischen Sekundärinsolvenzverfahren geltend macht. Die Vorschrift umfasst aber schließlich auch den Fall, in dem in verschiedenen Staaten Partikularverfahren stattfinden (*Kübler/Prütting/Bork-Paulus* InsO, § 342 Rn. 12). 8

Das Verfahren, in dem der Gläubiger etwas erlangt hat, muss **anerkennungsfähig** sein. Hat der Gläubiger in einem **nichtanerkennungsfähigen Verfahren** etwas erlangt, sollte es bei der bereicherungsrechtlichen **Herausgabepflicht** bleiben (§ 342 Abs. 1 InsO analog). 9

Bei der Verteilung ist der Umstand, dass der Gläubiger in einem anderen Verfahren etwas erlangt hat, zu berücksichtigen. Die Möglichkeit, Forderungen in mehreren Verfahren anzumelden, führt zu **komplizierten Anrechnungsfragen**. Eine entsprechende Regel enthält Art. 23 Abs. 2 EuInsVO. Auch wenn sich der Wortlaut unterscheidet, sind die Ergebnisse gleich (*Mohrbutter/Ringstmeier-Wenner* Kap. 20 Rn. 133). Zu den Anrechnungsfragen wird deshalb auf die Kommentierung zu Art. 230 Abs. 2 EuInsVO verwiesen (vgl. EuInsVO Art. 23 Rdn. 16 ff.). Die Anrechnungsregel des Abs. 2 setzt voraus, dass der Gläubiger die Forderung **jeweils zum vollen Betrag in den verschiedenen Insolvenzverfahren** anmeldet und nicht nur die berichtigte Restforderung (*Kübler/Prütting/Bork-Paulus* InsO, § 342 Rn. 16; *Mohrbutter/Ringstmeier-Wenner* Kap. 20 Rn. 134). 10

III. Zu Absatz 3

Zur Berechnung der Quote oder zur Bestimmung, was an die Masse des Hauptinsolvenzverfahrens herauszugeben ist, ist der Insolvenzverwalter auf Informationen seitens der Insolvenzgläubiger angewiesen. Der **Auskunftsanspruch**, den ihm zu diesem Zweck Abs. 3 einräumt (BT-Drucks. 15/16, S. 21), ist nach allgemeinen zivilprozessualen Regeln durchzusetzen (*Braun/Tashiro* InsO, § 342 Rn. 19 f., die darauf hinweisen, dass diese Informationen ggf. auch über das Kooperationsgebot nach § 357 Abs. 1 InsO vom ausländischen Insolvenzverwalter erlangt werden können). Die Frage, ob der Auskunftsanspruch in der Eilsituation der Insolvenz auch im Wege der einstweiligen Verfügung durchgesetzt werden kann, wird zu bejahen sein, da ansonsten die Abwicklung des Verfahrens verzögert werden könnte (**a.A.** wohl *Zöller/Vollkommer* § 940 Rn. 8). 11

Zweiter Abschnitt Ausländisches Insolvenzverfahren

§ 343 Anerkennung

(1) ¹Die Eröffnung eines ausländischen Insolvenzverfahrens wird anerkannt. ²Dies gilt nicht,
1. wenn die Gerichte des Staats der Verfahrenseröffnung nach deutschem Recht nicht zuständig sind;
2. soweit die Anerkennung zu einem Ergebnis führt, das mit wesentlichen Grundsätzen des deutschen Rechts offensichtlich unvereinbar ist, insbesondere soweit sie mit den Grundrechten unvereinbar ist.

(2) Absatz 1 gilt entsprechend für Sicherungsmaßnahmen, die nach dem Antrag auf Eröffnung des Insolvenzverfahrens getroffen werden, sowie für Entscheidungen, die zur Durchführung oder Beendigung des anerkannten Insolvenzverfahrens ergangen sind.

Übersicht

	Rdn.
A. Normzweck	1
B. Im Einzelnen	2
I. Zu Absatz 1	2
1. Gegenstand der Anerkennung	2
2. Anerkennung formlos	4
3. Voraussetzungen der Anerkennung	5
a) Insolvenzverfahren	6
b) Internationale Zuständigkeit	17
c) Von Amts wegen zu prüfen	20
d) Rechtskraft nicht erforderlich	21
e) Ordre public	22
aa) Allgemeines	22
bb) Einzelheiten	23
cc) Beispiele	26
dd) Ausnahme	27
ee) Rechtsfolgen	28
f) Keine Verbürgung der Gegenseitigkeit	29
g) Öffentliche Bekanntmachung	30
h) Auslandswirkung des Insolvenzverfahrens	31
i) »So genannte Einbettungsformel«	33
j) Teilanerkennung	34
k) Vollstreckbarkeit	35
4. Folgen der Anerkennung	38
II. Zu Absatz 2	39
1. Sicherungsmaßnahmen	39
2. Sonstige Entscheidungen im Insolvenzverfahren	42
a) Entscheidungen zur Durchführung und Beendigung eines Insolvenzverfahrens	42
b) Entscheidungen im Zusammenhang mit dem Insolvenzverfahren	43

Literatur:
Bormann Kreditreorganisationsgesetz, ESUG und Scheme of Arrangement, NZI 2011, 892; *Bork* The Scheme of Arrangement, IILR 2012, 477; *ders.* Internationale Zuständigkeit und ordre public, ZIP 2016, S011; *Eidenmüller/Frobenius* Die internationale Reichweite eines englischen Scheme of Arrangement, WM 2011, 1210; *Fehl* Das neue Konkursgesetz der Volksrepublik China, ZInsO 2008, 69; *Garasic* Anerkennung ausländischer Insolvenzverfahren, 2005; *Gebler* Ausländische Insolvenzverfahren zur Sanierung deutscher Unternehmen, NZI 2010, 665; *Gebler/Stracke* Anerkennung des US-Chapter 11-Verfahrens als Insolvenzverfahren, NZI 2010, 13; *Geroldinger* Verfahrenskoordination im Europäischen Insolvenzrecht – Die Abstimmung von Haupt- und Sekundärinsolvenzverfahren nach der EuInsVO, 2010; *Gottwald* (Hrsg.) Europäisches Insolvenzrecht – kollektiver Rechtsschutz, 2008; *Gräwe* Der Ablauf des US-amerikanischen Chapter 11-Verfahrens, ZInsO 2012, 185; *Hergenröder/Gotzen* Insolvenzrechtliche Anerkennung des US-Chapter 11-Verfahrens, DZWIR 2010, 273; *Kokemoor* Das internationale Sonderinsolvenz- und -sanierungsrecht der Einlagenkreditinstitute und E-Geld-Institute gem. den §§ 46d, 46e und 46f KWG, WM 2005, 1881; *Laier* Die stille Sanierung deutscher Gesellschaften mittels eines »Scheme of Arrangement«, GWR 2011, 252; *Maier* Die praktische Wirksamkeit des Schemes of Arrangement in Bezug auf englischrechtliche Finanzierungen, NZI 2011, 305; *Mankowski* Rechtsbehelfe gegen Zwangsvollstreckungsmaßnahmen, die trotz einer ausländischen Insolvenz erfolgen, ZInsO 2007, 1324; *ders.* Anerkennung englischer Solvent Schemes of Arrangement in Deutschland, WM 2011, 1201; *Martini* Inländische Insolvenzverfahren mit schuldnerischem Vermögen in der Schweiz, DZWIR 2007, 227; *Paulus* Das englische Scheme of Arrangement – ein neues Angebot auf dem europäischen Markt für außergerichtliche Restrukturierungen, ZIP 2011, 1077; *ders.* Vorrang für die Sanierung, RIW 2011, 1; *ders.* Internationales Restrukturierungsrecht, RiW 2013, 577; *Petrovic* Die rechtliche Anerkennung von Solvent Schemes of Arrangement in Deutschland – Eine Chance für die Restrukturierungspraxis, ZInsO 2010, 265; *Podewils* Zur Anerkennung von

Chapter 11 in Deutschland, ZInsO 2010, 209; *Priebe* Chapter 11 & Co: Eine Einführung in das US-Insolvenzrecht und ein erster Rückblick auf die Jahre 2007–2010 der Weltwirtschaftskrise, ZInsO 2011, 1676; *Riewe* Aktuelles Internationales und ausländisches Insolvenzrecht Oktober/November 2009, NZI 2009, 881; *Rumberg* Entwicklungen der »Rescue Culture im englischen Insolvenzrecht«, RiW 2010, 358; *Sax/Swierczok* Das englische Scheme of Arrangement – ein taugliches Sanierungsinstrument für deutsche Unternehmen!, ZIP 2016, 1945; *Smid* Gegen den Strom – Eröffnet das deutsche Insolvenzgericht durch Bestellung eines vorläufigen Insolvenzverwalters ein Hauptinsolvenzverfahren?, NZI 2009, 150; *Vallender* Wirkungen und Anerkennung einer im Ausland erteilten Restschuldbefreiung, ZInsO 2009, 616; *Walther/Liersch* Geltung und Grenzen der deutsch-schweizerischen Staatsverträge auf dem Gebiet des Insolvenzrechts, ZInsO 2007, 582.

A. Normzweck

Nach § 343 InsO ist ein ausländisches Insolvenzverfahren im Inland grundsätzlich anzuerkennen. Das entspricht der »**Wendeentscheidung**« des *BGH* (BGHZ 95, 256; vgl. Vor §§ 335 ff. Rdn. 15). Die Nichtanerkennung ist die Ausnahme. **Anerkennung bedeutet Wirkungserstreckung** (BT-Drucks. 15/16, S. 18). Mit der Anerkennung übernehmen wir die insolvenzrechtlichen Folgen, die der Eröffnungsstaat an die anerkennungsfähige Entscheidung knüpft (§ 335 InsO). Mit anderen Worten: Ist das ausländische Verfahren anerkennungsfähig, gilt kollisionsrechtlich für dieses Verfahren die Grundnorm des IIR. Die Anerkennung erfolgt unter gewissen Voraussetzungen, insbesondere muss die das Insolvenzverfahren eröffnende Stelle international zuständig sein. 1

B. Im Einzelnen

I. Zu Absatz 1

1. Gegenstand der Anerkennung

Gegenstand der Anerkennung ist nicht das ausländische Verfahren, sondern die einzelne ausländische **Entscheidung**, die in dem Verfahren ergeht. Der **Verfahrenseröffnungsakt** steht im Vordergrund. Ihn hat Abs. 1 im Sinn. Der Verfahrenseröffnungsakt ist regelmäßig ein **Eröffnungsbeschluss**. Anerkennungsfähig sind aber auch Verfahrenseröffnungsakte, die ohne gerichtliche Entscheidung ergehen. Nicht anerkennungsschädlich ist, dass die Verfahrenseröffnung allein auf Antrag des Schuldners bewirkt wird (*BGH* NZI 2009, 859 [861]). Wird der Verfahrenseröffnungsakt anerkannt, so werden auch die nachfolgenden Entscheidungen, die in dem ausländischen Insolvenzverfahren ergehen, anerkannt. Auch Sicherungsmaßnahmen, die nach dem Antrag auf Eröffnung des Insolvenzverfahrens getroffen werden, sind anerkennungsfähig (§ 343 Abs. 2 InsO, vgl. dazu Rdn. 39 ff.). 2

Die Anerkennung schließt nicht aus, dass einzelne Wirkungen, die das ausländische Insolvenzstatut vorsieht, ausnahmsweise nicht anerkannt werden (**Teilanerkennung**; vgl. dazu s. Rdn. 34). 3

2. Anerkennung formlos

Die Anerkennungsfähigkeit wird **inzident** immer dann geprüft, wenn sich die Frage der Anerkennung stellt (etwa weil man prüfen möchte, ob eine bestimmte Norm des ausländischen Insolvenzrechts anwendbar ist). Diese Prüfung und damit die Anerkennung erfolgt **formlos**, eines Anerkennungstitels oder der Durchführung eines Exequaturverfahrens bedarf es nicht. Art. 20 Abs. 1 EuInsVO bestimmt dies ausdrücklich, für das deutsche autonome IIR gilt das Gleiche (vgl. BT-Drucks. 15/16, S. 21; *Andres/Leithaus/Dahl* InsO, § 343 Rn. 4; HambK-InsO/*Undritz* § 343 Rn. 1; *Mohrbutter/Ringstmeier-Wenner* Kap. 20 Rn. 163). 4

3. Voraussetzungen der Anerkennung

Nach Abs. 1 ist ein ausländisches Verfahren anzuerkennen, wenn es sich bei dem Verfahren um ein **Insolvenzverfahren** handelt, die das Insolvenzverfahren eröffnende Stelle **international zuständig** ist, der **Verfahrenseröffnungsakt** wirksam ist und die Anerkennung nicht gegen den **ordre public** verstößt (vgl. *Mohrbutter/Ringstmeier-Wenner* Kap. 20 Rn. 167). 5

a) Insolvenzverfahren

6 Anerkennungsfähig nach deutschem IIR sind nur **Insolvenzverfahren**. Welche Verfahren Insolvenzverfahren sind, wird im Wege der **Qualifikation** ermittelt (s. Vor §§ 335 ff. Rdn. 8). Ähnlichkeiten mit deutschen Vorstellungen sind nicht erforderlich (ähnlich HK-InsO/*Stephan* § 343 Rn. 6). Wenn es in den Gesetzesmaterialien heißt, dass Insolvenzverfahren solche sind, die »im Wesentlichen den gleichen Zielen dienen, wie ein deutsches Insolvenzverfahren« (BT-Drucks. 15/16, S. 18; so jetzt auch *BGH* NZI 2009, 859 [860]; *BGH* NZI 2012, 572), so ist dies irreführend (vgl. *Mohrbutter/Ringstmeier-Wenner* Kap. 20 Rn. 172).

7 Der Anerkennungsmechanismus des deutschen IIR greift nach der Rechtsprechung des BGH dann ein, wenn es sich um ein »**staatlich angeordnetes Verfahren zur Abwicklung der Vermögens- und Haftungsverhältnisse eines Schuldners zugunsten aller Gläubiger bei mutmaßlich nicht ausreichendem Schuldnervermögen**« handelt (BGHZ 134, 79 [89]).

Das ist in Teilen zu eng. Es muss sich um **ein staatlich veranlasstes** Verfahren handeln, welches ein zur vollen Befriedigung der Gläubiger voraussichtlich nicht ausreichendes Vermögen des Privatrechts mit dem Ziel verwaltet, einen Ausgleich zwischen Gläubiger-, Schuldner- und ggf. staatlichen Interessen herbeizuführen (*Mohrbutter/Ringstmeier-Wenner* Kap. 20 Rn. 174).

8 **Grundvoraussetzung** ist, dass das anzuerkennende ausländische Verfahren auf eine Situation reagiert, in der der **Schuldner nicht mehr in der Lage** ist, **seine Verbindlichkeiten zu erfüllen** (GK-Insolvenzrecht/*Hess* § 335 Rn. 5). Das Verfahren muss somit eine Antwort auf die finanzielle Krise des Schuldners geben (*Andres/Leithaus/Dahl* InsO, § 343 Rn. 5; HK-InsO/*Stephan* § 343 Rn. 6; zum internationalen Begriff des Insolvenzverfahrens *Trunk* IIR, S. 2 f., 267 ff.).

9 Nicht erfasst werden Verfahren, die primär nicht die Gläubiger im Auge haben, sondern die Krise des Schuldners lediglich dazu benutzen, eine **verdeckte Enteignung** durchzuführen. Mitunter ist vor der Anerkennung von Verfahren gewarnt worden, die rein volkswirtschaftlich orientiert sind und denen die Gläubigerinteressen zugunsten gesamtwirtschaftlicher Belange, etwa des Arbeitsmarkts, geopfert werden (*Hanisch* ZIP 1985, 1236). Demgegenüber führt der Umstand, dass ein Insolvenzverfahren auch staatliche Ziele verfolgt, nicht dazu, dass eine Qualifikation als Insolvenzverfahren ausscheidet. Das zeigt die EuInsVO, deren Anhang A auch die von politischen Motiven getragenen Sanierungsverfahren des französischen und italienischen Rechts umfasst (*Mohrbutter/Ringstmeier-Wenner* Kap. 20 Rn. 173).

10 Erforderlich ist auch nicht, dass es sich um ein kollektives Verfahren handelt, das **allen** Gläubigern offen steht oder in dem alle Gläubiger gleichmäßig befriedigt werden (so *Wimmer* 4. Aufl.). Auch Verfahren, die eine unterschiedliche Behandlung von Gläubigern vorsehen, können als Insolvenzverfahren qualifiziert werden. Unerträglichen Einzelwirkungen kann man mit dem ordre public begegnen.

11 Anerkennungsfähig sind **Liquidationsverfahren, Vergleichsverfahren, Sanierungsverfahren ebenso wie Reorganisationsverfahren**. Es ist nicht erforderlich, dass die Verfahren in eine **Liquidation** münden (*Mohrbutter/Ringstmeier-Wenner* Kap. 20 Rn. 175; so auch *BGH* NZI 2012, 572; *LAG Hessen* BeckRS 2012, 69394).

12 Ein (durch Schuldnerantrag eingeleitetes) Verfahren nach **Chapter 11 des US-amerikanischen Bankruptcy Code** wird als Eröffnung eines ausländischen Insolvenzverfahrens anerkannt (*BGH* NZI 2009, 859 [860], dazu: *Brinkmann* IPRax 2011, 143; *Gebler/Stracke* NZI 2010, 13; *Hergenröder/Gotzen* DZWIR 2012, 273; HambK-InsO/*Undritz* § 343 Rn. 5; K. Schmidt/*Brinkmann* InsO, § 335 Rn. 8; ebenso *BGH* NJW 1990, 990 [991]; *OLG Frankfurt* ZIP 2007, 932; *Podewils* ZInsO 2010, 209; *Reithmann/Martiny/Hausmann* Int. Vertragsrecht Rn. 5695; *Mohrbutter/Ringstmeier-Wenner* Kap. 20 Rn. 175; *ders.* KTS 1990, 429 [432]; mehr zu Verfahren nach Chapter 11: *Gräwe* ZInsO 2012, 158; *Priebe* ZInsO 2011, 1676; ebenso die Einzelfallentscheidung BAGE 121, 309, wonach jedoch bestimmte Regelungen des automatic stay zum Schutz eines Arbeitnehmers nicht anwendbar sein sollen).

Diskutiert wird, ob ein sog. »**Solvent Scheme of Arrangement**« i.S.d. britischen Companies Act 1985 nach § 343 InsO anerkannt werden kann (so etwa *LG Rottweil* ZInsO 2010, 1854; vgl. zu den großzügigen Zuständigkeitserwägungen englischer Gerichte *High Court of Justice* NZI 2011, 557 m. Anm. *von der Fecht*; *Paulus* RIW 2011, 1). Hierbei handelt es sich um einen gerichtlich bestätigten Vergleich zwischen einem Unternehmen und seinen Gläubigern bzw. einer Gruppe von Gläubigern; dabei werden sämtliche, also auch zukünftige Verbindlichkeiten eines Unternehmens aus solchen Rechtsgeschäften, die der solvente Vergleichsplan erfasst, gegen bestimmte, an die Gläubiger auszuzahlende Beträge abgewickelt. Der BGH hat unter Verweis darauf, dass das Vergleichsplanverfahren einen breiteren Anwendungsbereich als das Insolvenzverfahren hat, mithin also andere Ziele verfolgt, entschieden, dass es i.d.R. nicht nach § 343 InsO anerkannt werden kann (*BGH* NJW 2012, 2113; dazu *Bork* ZEuP 2013, 136; *Cranshaw* DZWIR 2012, 223; *Mankowski* BGH EWiR Art. 35 EuGVVO 1/12, 313). Auch die EuInsVO findet auf das »Solvent Scheme of Arrangement« keine Anwendung (s. Art. 1 EuInsVO Rdn. 3). In Betracht kommt hingegen eine Anerkennung nach allgemeinen Regeln, etwa nach Art. 33 EuGVO, wenn der Anwendungsbereich der EuGVO eröffnet ist und der gerichtliche Bestätigungsbeschluss nicht gegen den ordre public verstößt (vgl. *Mankowski* WM 2011, 1201; *Paulus* ZIP 2011, 1077; *Eidenmüller/Frobenius* WM 2011, 1210; *Petrovic* ZInsO 2010, 265; *Bormann* NZI 2011, 892; zu weiteren Sanierungsverfahren des englischen Rechts *Rumberg* RiW 2010, 358). Gibt es kein geschriebenes Anerkennungsrecht, sind Regeln zu entwickeln (vgl. Rdn. 16), wie der BGH es 1985 mangels geschriebener Regelungen mit der Anerkennung ausländischer Insolvenzverfahren getan hat (BGHZ 95, 256). Die Nichtanerkennung eines Solvent Schemes of Arrangement ist nicht wünschenswert, die Nichtanerkennung produziert hinkende Rechtsverhältnisse, die zu vermeiden sind (*Mohrbutter/Ringstmeier-Wenner* Kap. 20 Rn. 29). 13

Abs. 1 Nr. 1 spricht von **Gerichten**, die das Verfahren eröffnen. Demgegenüber ist es nicht erforderlich, dass es sich bei dem ausländischen Insolvenzverfahren um ein gerichtliches Verfahren handelt. Vielmehr sind auch Verfahren einer **Verwaltungs- oder Vollstreckungsbehörde** anerkennungsfähig. Gericht i.S.v. Abs. 1 ist **jede Stelle, die befugt ist, ein Insolvenzverfahren zu eröffnen oder in diesem Verfahren Entscheidungen zu treffen** (BT-Drucks. 15/16, S. 21; GK-Insolvenzrecht/*Hess* § 335 Rn. 14; *Kübler/Prütting/Bork-Paulus* InsO, § 343 Rn. 10; *Mohrbutter/Ringstmeier-Wenner* Kap. 20 Rn. 176). 14

Die im Rahmen der EuInsVO anzuerkennenden Verfahren sind in **Anhang A zur EuInsVO** genannt, dies dient als **Auslegungshilfe** auch im Rahmen von § 343 InsO (BT-Drucks. 15/16, S. 18, 21; *Andres/Leithaus/Dahl* InsO, § 343 Rn. 5; MüKo-InsO/*Thole* § 343 Rn. 14; *Smid* Dt. IIR, § 343 Rn. 5). 15

Handelt es sich hiernach bei dem ausländischen Verfahren nicht um ein Insolvenzverfahren, bedeutet dies entgegen landläufiger Meinung nicht, dass das Verfahren überhaupt nicht anerkennungsfähig ist. Ein Rückfall in territoriales Denken ist ausgeschlossen. Vielmehr sind für solche Verfahren **eigene Anerkennungsregeln und Kollisionsnormen** zu bilden (*Mohrbutter/Ringstmeier-Wenner* Kap. 20 Rn. 177). 16

b) Internationale Zuständigkeit

Zentrale Anerkennungsvoraussetzung ist, dass die das Insolvenzverfahren eröffnende Stelle **international zuständig** ist. Die Anerkennung ausländischer **Hauptinsolvenzverfahren** richtet sich vorwiegend nach Art. 3 EuInsVO. Außerhalb des Anwendungsbereichs von Art. 3 EuInsVO (vgl. dazu § 335 Rdn. 8 ff.; **a.A.** die h.M., vgl. statt vieler *Andres/Leithaus/Dahl* InsO, § 343 Rn. 12 m.w.N.) ist der Beschluss zur Eröffnung eines ausländischen Insolvenzverfahrens dann anzuerkennen, wenn die ausländische Stelle nach autonomem deutschem Recht die **internationale Zuständigkeit zur Eröffnung dieses Verfahrens** gehabt hätte. Es gelten die oben geschilderten Grundsätze (s. § 335 Rdn. 8 ff.). 17

Ausnahmsweise kann die Zuständigkeit mehrerer Staaten begründet sein (etwa, weil der Schuldner keiner wirtschaftlichen Tätigkeit nachgeht und mehrere Wohnsitze hat). Entscheidet man hier in 18 einer analogen Anwendung der Vorschriften über die örtliche Zuständigkeit, so wäre nach § 3 Abs. 2 InsO in diesem Fall das Gericht zuständig, bei dem zuerst die Eröffnung eines Insolvenzverfahrens beantragt worden ist. In einer leichten Modifikation der Bestimmungen über die örtliche Zuständigkeit schlägt *Leipold* vor, nicht auf den Antrag abzustellen, sondern darauf, welches Gericht zuerst das Verfahren eröffnet habe (*Leipold* FS Henckel, S. 537). Für diese Auslegung spricht zwar, dass sie die Festlegung der internationalen Zuständigkeit anhand eines Gesichtspunkts vornimmt, der eindeutig bestimmbar ist und der zudem bekannt gemacht wird (ebenso *Andres/Leithaus/Dahl* InsO, § 343 Rn. 14; *Uhlenbruck/Lüer* InsO, § 335 Rn. 5). Andererseits führt das Abstellen auf den Zeitpunkt der Eröffnung des Insolvenzverfahrens dazu, dass möglicherweise vorgeschaltete vorläufige Verfahren bei der Beurteilung der Zuständigkeit unberücksichtigt bleiben, obwohl sie bereits einen Vermögensbeschlag mit sich bringen können. Dementsprechend sollte es dabei bleiben, auf den Zeitpunkt der Antragstellung abzustellen (MüKo-InsO/*Thole* § 343 Rn. 30).

19 Explizite Regelungen zur **Anerkennung ausländischer Partikularverfahren** enthält die InsO nicht. Man wird die Voraussetzungen der Anerkennung solcher Verfahren aber ebenfalls § 343 InsO entnehmen müssen (*Mohrbutter/Ringstmeier-Wenner* Kap. 20 Rn. 188; ebenso MüKo-InsO/*Thole* § 343 Rn. 39 m.w.N.). Voraussetzung für die Anerkennung eines ausländischen Partikularverfahrens ist danach insbesondere, dass das ausländische Eröffnungsgericht in spiegelbildlicher Anwendung der §§ 354, 356 InsO international zuständig war. Die wichtigste Frage, nämlich die Frage, ob ein Gläubiger das im ausländischen Partikularverfahren Erlangte behalten darf, ist durch die Sachnorm des § 342 Abs. 2 InsO geregelt (die aber nur für anerkennungsfähige Partikularverfahren gilt, vgl. § 342 Rdn. 9).

c) Von Amts wegen zu prüfen

20 Die internationale Anerkennungszuständigkeit des Eröffnungsstaats prüfen deutsche Gerichte **von Amts wegen** (*Mohrbutter/Ringstmeier-Wenner* Kap. 20 Rn. 189; *Smid* Dt. IIR, § 343 Rn. 4; *Andres/Leithaus/Dahl* InsO, § 335 Rn. 17).

d) Rechtskraft nicht erforderlich

21 Rechtskraft des ausländischen Eröffnungsbeschlusses ist nicht erforderlich (*Andres/Leithaus/Dahl* InsO, § 343 Rn. 7; GK-Insolvenzrecht/*Hess* § 335 Rn. 13; MüKo-InsO/*Thole* § 343 Rn. 20; *Huber* ZZP 114 [2001], 133 [145]). Erst recht interessiert nicht, ob der ausländische Eröffnungsakt fehlerhaft oder aufhebbar ist (*Mohrbutter/Ringstmeier-Wenner* Kap. 20 Rn. 191; *Geimer* IZPR Rn. 3511). Allerdings darf der ausländische Verfahrenseröffnungsakt **nicht unwirksam sein**. Denn ein unwirksamer Verfahrenseröffnungsakt hat keine Wirkungen, die sich auf das Inland erstrecken könnten (*Mohrbutter/Ringstmeier-Wenner* Kap. 20 Rn. 191; *Andres/Leithaus/Dahl* InsO, § 343 Rn. 7; GK-Insolvenzrecht/*Hess* § 335 Rn. 15; HK-InsO/*Stephan* § 343 Rn. 5). Ob es sich hierbei um eine Anerkennungsvoraussetzung handelt (so ausdrücklich Art. 16 Abs. 1 Satz 2 EuInsVO) oder nicht (so MüKo-InsO/*Thole* § 343 Rn. 21; nicht eindeutig GK-Insolvenzrecht/*Hess* § 335 Rn. 15), kann dahinstehen. Ob der Verfahrensakt wirksam ist, bestimmt die **lex fori concursus** (BGHZ 95, 256 [270]; *Braun/Ehret* InsO, § 343 Abs. 5; *Geimer* IZPR Rn. 3511; GK-Insolvenzrecht/*Hess* § 335 Rn. 15).

e) Ordre public

aa) Allgemeines

22 Wie im Anerkennungsrecht üblich, ist Voraussetzung für die Anerkennung der ausländischen Entscheidung auch im IIR, dass kein Verstoß gegen den **deutschen ordre public** vorliegt. Ein solcher Verstoß liegt vor, wenn die **Anerkennung zu einem Ergebnis führen würde, das mit wesentlichen Grundgedanken des deutschen Rechts offensichtlich unvereinbar ist** (vgl. auch *BAG* NZI 2013, 758; BGHZ 122, 373 [379]; *BGH* NZI 2009, 859 [861]). Die Prüfung erfolgt von Amts wegen (*Mohrbutter/Ringstmeier-Wenner* Kap. 20 Rn. 195). Die Darlegungs- und Beweislast für die tatsäch-

lichen Voraussetzungen dieser Ausnahme trägt derjenige, der sich auf eine Verletzung des ordre public beruft (vgl. *BGH* NJW 1997, 524 [527]; *LAG Hessen* BeckRS 2012, 69394). Im IIR unterscheidet man wie im Internationalen Zivilprozessrecht und im Internationalen Privatrecht zwischen verfahrensrechtlichem und materiell-rechtlichem ordre public, ersterer wird noch zurückhaltender gehandhabt (ausf. *Spellenberg* in: *Stoll* [Hrsg.] Stellungnahmen, S. 183 ff.). Praktikabel ist die Unterscheidung im IIR nicht. Hier ist noch wenig geklärt, welche Wirkungen des ausländischen Insolvenzstatuts im Inland wegen verfahrensrechtlicher Anerkennung und welche wegen kollisionsrechtlicher Verweisung gelten (vgl. *Mohrbutter/Ringstmeier-Wenner* Kap. 20 Rn. 192 Fn. 492). In der Sache geht es um zweierlei (*BGH* NZI 2009, 859 [861 f.]): Zum einen ist nach § 343 Abs. 2 Nr. 2 InsO zu untersuchen, ob die Eröffnung selbst aufgrund verfahrensrechtlicher Mängel gegen den deutschen ordre public verstößt (*BGH* NZI 2009, 859 [861]). Zum anderen ist zu überprüfen, ob die Anwendung ausländischen Insolvenzrechts Folgewirkungen hat, die gegen den allgemeinen kollisionsrechtlichen ordre public verstoßen (vgl. etwa *LAG Hessen* BeckRS 2012, 69394). Das ist insbesondere dann der Fall, wenn das Ergebnis der Rechtsanwendung mit den Grundrechten unvereinbar wäre (Art. 21 Rom-I-VO). Verstößt eine einzelne Regelung gegen den ordre public, steht dies der Anerkennung als solches nicht entgegen, es reicht aus, die einzelne Regelung nicht anzuerkennen (vgl. Rdn. 28).

bb) **Einzelheiten**

Die Anwendung des ordre public ist die **absolute Ausnahme**. Sowohl der EuGH (vgl. nur *EuGH* 23 NZG 2006, 633 [636 f.]; NJW 2000, 1853 [1854]) als auch die deutsche Rechtsprechung sind dabei zu Recht sehr zurückhaltend. Der Verstoß gegen die wesentlichen Grundsätze des deutschen Rechts muss nicht nur offensichtlich, sondern **untragbar** sein (*BAG* NZI 2013, 758; BGHZ 50, 370 [375]; BGHZ 138, 331 [334 f.]). Abweichungen vom deutschen Recht reichen keinesfalls aus (BAG NZI 2013, 758). Auf Ähnlichkeiten mit deutschen Grundsätzen kommt es nicht an (*Mohrbutter/Ringstmeier-Wenner* Kap. 20 Rn. 193). Entscheidend sind die Vorstellungen im Anerkennungsstaat, die Vorstellungen anderer Staaten werden bei der Prüfung nicht berücksichtigt (*Mohrbutter/Ringstmeier-Wenner* Kap. 20 Rn. 194; vgl. auch *EuGH* NZG 2006, 633 [637]).

Der ordre public-Vorbehalt greift nur ein, wenn eine hinreichend starke **Inlandsbeziehung** besteht 24 (*Andres/Leithaus/Dahl* InsO, § 343 Rn. 17; *Reithmann/Martiny/Hausmann* Int. Vertragsrecht, Rn. 5708; *Smid* Dt. IIR, § 343 Rn. 7). Je schwächer diese Beziehung, desto eher ertragen wir die ausländische Rechtsfolge. Die Inlandsbeziehung ergibt sich noch nicht daraus, dass das ausländische Recht im Inland Wirkungen hat (*Kübler/Prütting/Bork-Paulus* InsO, § 343 Rn. 19; *Spellenberg* in: *Stoll* [Hrsg.] Stellungnahmen, S. 183 [191]). Eine Inlandsbeziehung kann insbesondere durch **persönliche Bezüge** hergestellt werden, etwa durch den ständigen Aufenthalt eines am Verfahren Beteiligten im Inland (*Mohrbutter/Ringstmeier-Wenner* Kap. 20 Rn. 196). Die deutsche Staatsangehörigkeit ohne einen solchen Aufenthalt im Inland wird korrigierendes Eingreifen eher nicht erfordern (*Mohrbutter/Ringstmeier-Wenner* Kap. 20 Rn. 196; anders *Kübler/Prütting/Bork/Paulus* InsO, § 343 Rn. 19). Die Belegenheit eines Vermögensgegenstands im Inland stellt jedenfalls dann nicht ohne weiteres einen Inlandsbezug her, wenn die Beteiligten ihren ständigen Aufenthalt im Ausland haben (*Mohrbutter/Ringstmeier-Wenner* Kap. 20 Rn. 196; *Spellenberg* in *Stoll* [Hrsg.] Stellungnahmen, S. 183 [191]; anders *Kübler/Prütting/Bork-Paulus* InsO, § 343 Rn. 19).

Der Verstoß gegen den ordre public muss **zu dem Zeitpunkt vorliegen, zu dem der Verstoß geprüft** 25 **wird**, nicht zum Zeitpunkt der Anerkennung (so die herrschende Auffassung, BGHZ 147, 178 [178]; *BGH* WM 1998, 1176 [1177]; *Mohrbutter/Ringstmeier-Wenner* Kap. 20 Rn. 197; anders *Geimer* IZPR Rn. 29a).

cc) **Beispiele**

Verstöße gegen elementare Verfahrensregeln können dem ordre public widersprechen (*Kirchhof* 26 WM 1993, 1364 [1366]; GK-Insolvenzrecht/*Hess* § 335 Rn. 21). Insbesondere ein Verstoß gegen den Grundsatz **rechtlichen Gehörs** kann ein ordre public-Verstoß sein (*EuGH* NZG 2006, 633;

K. Schmidt/*Brinkmann* InsO, § 343 Rn. 13; *Kübler/Prütting/Bork/Paulus* InsO, § 343 Rn. 17; *Spellenberg* in: *Stoll* [Hrsg.] Stellungnahmen, S. 183 [190]). Aber nicht jede Nichtanhörung des Betroffenen führt zu einem ordre public-Verstoß. Zu berücksichtigen ist insbesondere, dass auch nach deutschem Recht beispielsweise Sicherungsmaßnahmen ohne vorherige Anhörung des Betroffenen angeordnet werden können. Sieht das ausländische Insolvenzstatut das Erlöschen der Forderung bei Nichtanmeldung vor, so kann dies allenfalls dann einen Verstoß gegen den ordre public bedeuten, wenn der Gläubiger nicht die Möglichkeit hatte, seine Forderung anzumelden (*Kirchhof* WM 1993, 1401 [1403]). Der Forderungsverlust an sich ist nicht ordre public-widrig (**a.A.** MüKo-BGB/*Kindler* § 343 InsO Rn. 22). **Gläubigerdiskriminierung** kann im Einzelfall einen ordre public-Verstoß bedeuten (vgl. GK-Insolvenzrecht/*Hess* § 335 Rn. 23); abweichende Verteilungspläne sind für sich nicht geeignet, einen Verstoß zu begründen (*Mohrbutter/Ringstmeier-Wenner* Kap. 20 Rn. 198). **Willkürliche Schlechterstellung** einzelner Gläubiger oder Gläubigergruppen, etwa in einem Vergleich oder einem Insolvenzplan, kann einen Verstoß gegen den ordre public darstellen (vgl. *Geimer* IZPR Rn. 3517; GK-Insolvenzrecht/*Hess* § 335 Rn. 23). Ein offensichtlicher gravierender Verstoß gegen **Grundrechte** legt einen ordre public-Verstoß nahe, Ausnahme ist Art. 14 GG (vgl. *Andres/Leithaus/Dahl* InsO, § 343 Rn. 18; *Geimer* IZPR Rn. 3516; *Mohrbutter/Ringstmeier-Wenner* Kap. 20 Rn. 198; vgl. zu Art. 12 GG, allerdings in der Sache nicht überzeugend, *BAG* NZI 2008, 122).

dd) Ausnahme

27 Im europäischen Wirtschaftsraum über das Vermögen von Kreditinstituten und Versicherungsunternehmen eröffnete Insolvenzverfahren sollen nach § 46e Abs. 1 Satz 2 KWG, § 312 Abs. 1 Satz 2 VAG ohne Rücksicht auf Abs. 1 im Inland anerkannt werden. Damit will der Gesetzgeber (kaum verständlich) den ordre public ausschließen (vgl. für § 46e KWG BT-Drucks. 15/1653, S. 33). Ob der Gesetzgeber das kann, ist zweifelhaft (vgl. *Mohrbutter/Ringstmeier-Wenner* Kap. 20 Rn. 192, Fn. 491).

ee) Rechtsfolgen

28 Verstößt der **Verfahrenseröffnungsakt** gegen den anerkennungsrechtlichen ordre public, ist die Eröffnung als solche nicht anzuerkennen. Verstoßen einzelne **Folgewirkungen** gegen den kollisionsrechtlichen ordre public, ist die in Rede stehende Folgewirkung nicht anzuerkennen (*BGH* NZI 2009, 859 [862]). Häufig wird eine teilweise Nichtanerkennung ausreichen (vgl. EuInsVO Art. 33 Rdn. 11).

f) Keine Verbürgung der Gegenseitigkeit

29 Voraussetzung der Anerkennung ist nicht, dass der Eröffnungsstaat deutsche Eröffnungsentscheidungen anerkennt. **Gegenseitigkeit ist nicht gefordert** (*Geimer* IZPR Rn. 3510; *Mohrbutter/Ringstmeier-Wenner* Kap. 20 Rn. 200; *Andres/Leithaus/Dahl* InsO, § 335 Rn. 16).

g) Öffentliche Bekanntmachung

30 Anerkennungsvoraussetzung ist nicht die öffentliche Bekanntmachung der ausländischen Verfahrenseröffnung (*Mohrbutter/Ringstmeier-Wenner* Kap. 20 Rn. 201; anders noch *LG München* WM 1987, 222). Auch die Bekanntmachung gegenüber den Beteiligten ist nicht erforderlich (*Gottwald/Kolmann/Keller* HdbInsR, § 134 Rn. 42; *Trunk* KTS 1987, 415 [425 f.]). Publikationserfordernisse würden die Anerkennung zur seltenen Ausnahme machen (*Ackmann/Wenner* IPRax 1989, 144 f.). Dennoch ist die Schaffung inländischer Publizität i.d.R. empfehlenswert, teils sogar Pflicht: So ist nach § 345 Abs. 2 InsO der wesentliche Inhalt des ausländischen Eröffnungsbeschlusses und der Bestellung des Insolvenzverwalters von Amts wegen im Inland bekannt zu machen, wenn der Schuldner im Inland eine Niederlassung hat. Fehlt eine Niederlassung, so hat das inländische Insolvenzgericht die Bekanntmachung auf Antrag des ausländischen Insolvenzverwalters vorzunehmen (§ 345

Abs. 1 InsO). Er kann auch beantragen, Beschränkungen der Verfügungsbefugnis in inländische Grundbücher einzutragen (§ 346 Abs. 1 InsO).

h) Auslandswirkung des Insolvenzverfahrens

Als weitere Anerkennungsvoraussetzung wird genannt, dass die **ausländische lex fori concursus extraterritoriale Wirkung** für sich in Anspruch nimmt (OLG Zweibrücken IPRspr 1989 Nr. 225; *Pielorz* Auslandskonkurs, S. 71). In der Allgemeinheit wird die Frage nach der extraterritorialen Wirkung des ausländischen Insolvenzstatuts nicht weiterhelfen. Vielmehr ist im Falle der Anerkennung **konkret zu fragen**, ob das ausländische Insolvenzstatut den in Rede stehenden **Sachverhalt erfasst**. Selbst Partikularverfahren können extraterritoriale Wirkung haben (vgl. den in Art. 21 Abs. 2 EuInsVO geregelten Fall, i.E. *Mohrbutter/Ringstmeier-Wenner* Kap. 20 Rn. 202). Die Auslandswirkung ist danach keine eigene Anerkennungsvoraussetzung, vielmehr geht es um die Anwendung ausländischen Rechts und die Frage, wie dieses Recht den Auslandsbezug behandelt (*Mohrbutter/Ringstmeier-Wenner* Kap. 20 Rn. 203). Jedenfalls in diesem Zusammenhang ist es von Bedeutung, ob der ausländische Eröffnungsbeschluss wirksam ist (vgl. § 343 Rdn. 21). 31

Wird der ausländische Verfahrenseröffnungsakt später wieder aufgehoben, stellt sich die Frage, wie bis zu diesem Zeitpunkt vorgenommene Handlungen des Insolvenzverwalters zu behandeln sind. Es wird vorgeschlagen, die Frage der Wirksamkeit dieser Handlungen nach dem Geschäftsstatut bei Inlandsvorgängen, also entsprechend § 47 FamFG zu behandeln (*Pielorz* Auslandskonkurs, S. 57 Fn. 191). Andere wollen die lex fori concursus anwenden (MüKo-InsO/*Thole* § 343 Rn. 24). 32

i) »So genannte Einbettungsformel«

In der Wendeentscheidung des *BGH* (BGHZ 95, 256) heißt es, dass die Anerkennung der ausländischen Insolvenz Schranken habe; die Anerkennung müsse »in das Gesamtgefüge der deutschen konkursrechtlichen Vorschriften und Rechtsgrundsätze eingebettet sein« (BGHZ 95, 256 [269 f]). Das hat für Verwirrung gesorgt. Insbesondere ist in der Literatur der Hinweis auf die »Einbettungsformel« als zusätzliches Mittel verstanden worden, ausländische Insolvenzwirkungen abzuwehren. So meinte etwa *Hanisch* (ZIP 1985, 1233 [1235]), die Einbettung sei geeignet, um Rechtsfolgen des Insolvenzstatuts zu entgehen, die deutsche Insolvenzgläubiger benachteiligten, aber noch nicht als Verstoß gegen den ordre public anzusehen seien. Mit der Einbettungsformel könne man »kontrollierte Universalität« schaffen, in dem ausländische Institutionen bei Bedarf »bis zur Substitution« durch deutsches Recht »angepasst« werden (*Hanisch* ZIP 1985, 1233 [1235]; ähnlich *Wimmer* 4. Aufl., Rn. 49; *Aderhold* Auslandskonkurs im Inland, S. 220; *Summ* Anerkennung ausländischer Konkurse in der Bundesrepublik Deutschland, S. 39; *Trunk* KTS 1987, 415 [426]). Noch deutlicher formulierte *Habscheid*, die Einbettungsformel sei eine Generalklausel, mit der der Schutz (inländischer) Gläubiger »auch um den Preis der Nichtanerkennung« herzustellen sei. 33

Die Einbettungsformel wird damit überinterpretiert und missbraucht. Die Versuche der Literatur, ausländisches Insolvenzrecht auch über die sog. Einbettungsformel zu verdrängen, sind kollisionsrechtlich verfehlt (vgl. schon *Ackmann/Wenner* IPRax 1990, 209) und allein geeignet, nachhaltige Unsicherheit über die Konturen des deutschen Internationalen Insolvenzrechts zu erzeugen. Wenn sich das deutsche Recht entschlossen hat, aus kollisionsrechtlich seit *Savigny* anerkannten Erwägungen eine Grundnorm des IIR zu schaffen, die als »räumlich bestes Recht« die Rechtsordnung des Staats als Anknüpfungspunkt wählt, in dem der Schuldner seinen wirtschaftlichen Mittelpunkt hat (vgl. Vor §§ 335 ff. Rdn. 19), so kann dieser Ausgangspunkt, der kollisionsrechtlich richtig von der Gleichwertigkeit der verschiedenen Rechtsordnungen ausgeht, nicht durch den Hinweis auf die unterschiedlichen Rechtsordnungen generell in Frage gestellt werden. Dementsprechend ist auch der Entscheidung des BGH selbst hinreichend deutlich zu entnehmen, dass die dort genannten Voraussetzungen für die Anerkennung, die Abs. 1 entsprechen, **abschließend** zu verstehen sind. Mit dem Hinweis auf die »Einbettung« ist nichts anderes gemeint, als dass die aufgeführten Anerkennungsvoraussetzungen erfüllt sein müssen und darüber hinaus der Inlandswirkung des ausländischen Insolvenzverfahrens spezielle Sperren des deutschen Rechts (damals §§ 237, 238 KO) nicht entgegenstehen dürfen. Dementsprechend hat der damalige Vorsitzende des IX. Senats *Merz* betont, der Bundesgerichtshof verlange für die Anerkennung »nur« die aufgeführten Voraussetzungen. Auch *Kirchhof*, der an der Entscheidung mitgewirkt hat, hat hinreichend deutlich gemacht, dass mit der Einbettungsformel **keine weitere Anerkennungsvoraussetzung** geschaffen werden sollte, sondern der Senat lediglich ausdrücken wollte, dass die Anerkennung ausländischer Insolvenzverfahren ihre Grenze dort findet, wo deutsches Recht sie setzt (*Kirchhof* WM 1993, 1364 [1366]).

j) Teilanerkennung

34 Eine **Teilanerkennung ist möglich** (*Duursma-Kepplinger/Duursma/Chalupsky* Art. 26 Rn. 26; *Geimer* IZPR Rn. 3521; *Mohrbutter/Ringstmeier-Wenner* Kap. 20 Rn. 165; *Smid* Dt. IIR, § 343 Rn. 2). Insbesondere ist denkbar, dass einzelne Wirkungen des ausländischen Insolvenzverfahrens ausnahmsweise gegen den deutschen **ordre public** verstoßen. Dies führt nicht zur Nichtanerkennung des gesamten Verfahrens, sondern nur zur Nichtanerkennung dieser Wirkungen (vgl. § 343 Rdn. 28).

k) Vollstreckbarkeit

35 Anerkennung heißt nicht Vollstreckbarkeit. Soll ein anerkannter Titel in Deutschland vollstreckt werden, bedarf es der **Verleihung der Vollstreckbarkeit** durch das deutsche **Exequaturgericht** entsprechend den dafür vorgesehenen Regelungen (§ 353 Abs. 1 InsO, die Vorschrift verweist auf § 722 Abs. 2 und § 723 Abs. 1 ZPO). Aus nicht ganz verständlichen Gründen hat der Gesetzgeber nicht auf § 723 Abs. 2 ZPO verwiesen und damit auf die formelle Rechtskraft der ausländischen Entscheidung verzichtet (krit. *Geimer* IZPR Rn. 3523; *Mohrbutter/Ringstmeier-Wenner* Kap. 20 Rn. 214). **Zuständig** zur Erteilung der Exequatur ist nicht das Insolvenzgericht, sondern das **nach § 722 Abs. 2 ZPO zu bestimmende Gericht.**

36 Da die Durchführung des Exequaturverfahrens regelmäßig erhebliche Zeit in Anspruch nehmen wird, muss der Insolvenzverwalter **einstweiligen Rechtsschutz** in Erwägung ziehen, um inländisches Vermögen etwa durch Arrest oder einstweilige Verfügung zu sichern (*Mohrbutter/Ringstmeier-Wenner* Kap. 20 Rn. 216; *LG Hamburg* RIW 1993, 147 f.).

37 Enthält der **ausländische Eröffnungsbeschluss** vollstreckbaren Inhalt, kann er im Inland ebenfalls für vollstreckbar erklärt werden. Zweifelhaft ist, ob der ausländische Eröffnungsbeschluss als Herausgabetitel fungieren kann, wenn in ihm die herauszugebenden Gegenstände nicht bezeichnet sind (*Mohrbutter/Ringstmeier-Wenner* Kap. 20 Rn. 92, 215).

4. Folgen der Anerkennung

38 Anerkennung heißt **Wirkungserstreckung** (vgl. BT-Drucks. 15/16, S. 18, 21). Ist die ausländische Entscheidung anerkennungsfähig, werden die insolvenzrechtlichen Folgen, die der Eröffnungsstaat an die anerkennungsfähige Entscheidung knüpft, im Inland übernommen (BGHZ 134, 79 [87]). Die Anerkennung hat also **kollisionsrechtliche Folgen**: Im Inland gelten die Wirkungen des ausländischen Insolvenzrechts, die im Ausland an die Eröffnung geknüpft werden (*Mohrbutter/Ringstmeier-Wenner* Kap. 20 Rn. 218 m.N.). Wie bei § 328 ZPO, § 109 FamFG gilt das Prinzip der **automatischen** Anerkennung, es bedarf weder der Durchführung eines Exequaturverfahrens noch eines Anerkennungstitels (*Mohrbutter/Ringstmeier-Wenner* Kap. 20 Rn. 163 und für das bisherige Recht BGHZ 95, 256). Ist das ausländische Hauptinsolvenzverfahren im Inland anerkennungsfähig, sind der dortigen lex fori concursus das Verfahrensrecht der Insolvenz und die Befugnisse des Insolvenzverwalters zu entnehmen. Welche Vermögensgegenstände zur Masse gehören, welche Gläubiger teilnehmen und wie die Insolvenzmasse verteilt wird, richtet sich grundsätzlich ebenfalls nach der lex fori concursus. Gleiches gilt für die Verfahrensbeendigung. Zu beachten sind allerdings die **erheblichen Einschränkungen** der lex fori concursus, die sich durch die zahlreichen Sonderanknüpfungen und das System der Partikularverfahren ergeben (vgl. Vor §§ 335 ff. Rdn. 20 f., 27 ff.). Weitere Grenze ist der ordre public (s. Rdn. 22 ff.) Andere Einschränkungen gibt es nicht. Insbesondere

ist Gläubigern – anders noch § 237 Abs. 1 KO – die Zwangsvollstreckung in im Inland belegenes Vermögen untersagt, wenn die lex fori concursus dies vorsieht. Gleiches gilt für Sicherungsmaßnahmen von Gläubigern (*Mohrbutter/Ringstmeier-Wenner* Kap. 20 Rn. 222; anders *Flessner* IPRax 1997, 1 [6 f.]; *Geimer* IZPR Rn. 3534); *Reithmann/Martiny/Hausmann* Int. Vertragsrecht, Rn. 5713 f.; *Roth* IPRax 1996, 324 [326]). Weitere Einschränkungen ergeben sich auch nicht aus einer »Einbettungsformel« (s. Rdn. 33).

II. Zu Absatz 2

1. Sicherungsmaßnahmen

Nach Abs. 2 sind **Sicherungsmaßnahmen** anerkennungsfähig, die **nach dem Antrag** auf Eröffnung des Insolvenzverfahrens erlassen werden. Sicherungsmaßnahmen sind etwa die Bestellung eines vorläufigen Verwalters, Verfügungsbeschränkungen oder Vollstreckungsverbote. Unter Abs. 2 fallen auch Sicherungsmaßnahmen, die **nach Eröffnung** des Insolvenzverfahrens getroffen werden (*Mohrbutter/Ringstmeier-Wenner* Kap. 20 Rn. 212; zust. *Andres/Leithaus/Dahl* InsO, § 343 Rn. 23; a.A. MüKo-InsO/*Thole* § 343 Rn. 77). Anerkennungsfähig sind diese Sicherungsmaßnahmen dann, wenn sie die Voraussetzungen des Abs. 1 erfüllen. Dazu gehört auch, dass sie als **insolvenzrechtliche** Maßnahmen **qualifiziert** werden können. Dass die Maßnahme deutschen Sicherungsmaßnahmen **ähnlich** ist, wird hingegen **nicht gefordert** (*Braun/Ehret* InsO, § 343 Rn. 14; *Mohrbutter/Ringstmeier-Wenner* Kap. 20 Rn. 212). Demgegenüber wird zu Unrecht vertreten, dass die ausländische Sicherheitsmaßnahme im Wesentlichen die gleichen Ziele wie eine deutsche Sicherungsmaßnahme verfolgen müsse (vgl. Erläuternder Bericht, S. 32 [120]; *Kübler/Prütting/Bork-Paulus* InsO, § 343 Rn. 23; *Uhlenbruck/Lüer* InsO, § 343 Rn. 16). Anerkennungsrechtlich lässt sich das nicht begründen, eine »Einbettungsformel«, nach der ausländische Wirkungen deutschen in etwa entsprechen müssen, gibt es im IIR ebenso wenig wie sonst im Anerkennungsrecht und IPR (zur Einbettungsformel s. § 343 Rdn. 33). 39

Ergänzt wird Abs. 2 durch § 344 InsO. Hiernach kann ein im Ausland **vor Eröffnung** des Hauptinsolvenzverfahrens bestellter vorläufiger Verwalter im Inland Maßnahmen nach § 21 InsO beantragen (vgl. i.E. die Kommentierung zu § 344 InsO). 40

Auch bei Sicherungsmaßnahmen gilt: **Anerkennung heißt nicht Vollstreckung** (vgl. BT-Drucks. 15/16, S. 21); ggf. bedarf es eines Vollstreckungstitels (§ 353 Abs. 2 InsO). 41

2. Sonstige Entscheidungen im Insolvenzverfahren

a) Entscheidungen zur Durchführung und Beendigung eines Insolvenzverfahrens

Die Anerkennung der Entscheidungen, die im Rahmen der Durchführung und Beendigung eines ausländischen Insolvenzverfahrens ergehen, richtet sich gem. Abs. 2 ebenfalls nach Abs. 1. In der Regel wird es sich um Entscheidungen des **Eröffnungsgerichts** handeln, Abs. 2 beschränkt sich aber hierauf nicht. Anerkennungsvoraussetzung ist aber, dass das Verfahren **anerkennungsfähig** ist. Zudem muss die Entscheidung als **insolvenzrechtlich qualifiziert** werden können. Beispiele für **Entscheidungen, die im Rahmen der Durchführung eines Insolvenzverfahrens** ergehen, sind die Entscheidungen über die Bestellung und Abberufung des Insolvenzverwalters, die Festsetzung seiner Vergütung, Beschlüsse über die Einberufung einer Gläubigerversammlung, Festsetzung des Stimmrechts und Beschlüsse über die verfahrensrechtlichen Mitwirkungspflichten des Schuldners. Beispiele für **Entscheidungen im Zusammenhang mit der Beendigung eines Verfahrens** sind der Insolvenzplan, eine restschuldbefreiende Entscheidung des Gerichts (vgl. *BGH* WM 2001, 2177; *Vallender* ZInsO 2009, 616 [618 f.]) oder der Tabellenauszug (Letzterer soll eine unbestrittene Forderung i.S.v. Art. 3 EuGVO darstellen, also ohne Exequatur vollstreckt werden können, vgl. *Scholtmeyer* IPRax 2003, 227 [230]) sowie die Aufhebung des Verfahrens (vgl. GK-Insolvenzrecht/*Hess* § 343 Rn. 38 f.). 42

b) Entscheidungen im Zusammenhang mit dem Insolvenzverfahren

43 **Entscheidungen**, die im Zusammenhang mit Insolvenzverfahren ergehen, sind zahlreich. Zu nennen ist etwa der Feststellungsstreit, der Rechtsstreit, der vom Insolvenzverwalter über einen Gegenstand der Masse geführt wird, oder der Streit im Zusammenhang mit einem vom Schuldner abgeschlossenen Schuldverhältnis. Gleiches gilt für Anfechtungsprozesse. Für solche Rechtsstreitigkeiten trifft das autonome deutsche IIR keine Regelung zur Anerkennung von Entscheidungen. Es gelten die **allgemeinen Regeln**, mithin in erster Linie § 328 ZPO und § 109 FamFG (*Andres/Leithaus/Dahl* InsO, § 343 Rn. 25; *Geimer* IZPR Rn. 3522; *Kübler/Prütting/Bork/Paulus* InsO, § 343 Rn. 26; *Mohrbutter/Ringstmeier-Wenner* Kap. 20 Rn. 208). **Anerkennungsfähig** sind die Entscheidungen allerdings nur, wenn die **ausländische Insolvenzeröffnung** ebenfalls anerkennungsfähig ist (*Geimer* IZPR Rn. 3523; *Mohrbutter/Ringstmeier-Wenner* Kap. 20 Rn. 208; *Trunk* IIR, S. 278).

§ 344 Sicherungsmaßnahmen

(1) Wurde im Ausland vor Eröffnung eines Hauptinsolvenzverfahrens ein vorläufiger Verwalter bestellt, so kann auf seinen Antrag das zuständige Insolvenzgericht die Maßnahmen nach § 21 anordnen, die zur Sicherung des von einem inländischen Sekundärinsolvenzverfahren erfassten Vermögens erforderlich erscheinen.

(2) Gegen den Beschluss steht auch dem vorläufigen Verwalter die sofortige Beschwerde zu.

Übersicht	Rdn.		Rdn.
A. Normzweck	1	3. Sicherungsmaßnahmen	5
B. Im Einzelnen	2	4. Zuständiges Insolvenzgericht	6
I. Zu Absatz 1	2	5. Sicherungsmaßnahmen in verschiedenen Staaten und Aufhebung	7
1. Antragsrecht	2		
2. Zur Vorbereitung eines Sekundärinsolvenzverfahrens	4	II. Zu Absatz 2	9

Literatur:
Kuhn Enden die Befugnisse eines deutschen Insolvenzverwalters an der schweizerischen Staatsgrenze?, ZInsO 2010, 607; *Vallender* Aufgaben und Befugnisse des deutschen Insolvenzrichters in Verfahren nach der EuInsVO, KTS 2005, 283.

A. Normzweck

1 Während § 343 Abs. 2 InsO vorsieht, dass vorläufige Sicherungsmaßnahmen, die **im Ausland** vor Eröffnung des Insolvenzverfahrens getroffen werden, im Inland grundsätzlich anzuerkennen sind, ist es Ziel von § 344 InsO, die Sicherungsmöglichkeiten zu erweitern (*Andres/Leithaus/Dahl* InsO, § 344 Rn. 1; HK-InsO/*Stephan* § 344 Rn. 6): Ist im Ausland vor Eröffnung des Hauptinsolvenzverfahrens ein vorläufiger Verwalter bestellt worden, so kann er **im Inland** den Erlass von Sicherungsmaßnahmen nach § 21 InsO beantragen, wenn dies zur Sicherung eines Sekundärinsolvenzverfahrens erforderlich ist. Von der Konzeption her entspricht dies Art. 52 EuInsVO. Ebenso wie dieser, erfasst Abs. 1 nur einen Teil der regelungsbedürftigen Materie und ist deshalb erweiternd auszulegen (s. Rdn. 4).

B. Im Einzelnen

I. Zu Absatz 1

1. Antragsrecht

2 Nach § 344 InsO hat der **vorläufige Verwalter** eines im Ausland noch nicht eröffneten Hauptinsolvenzverfahrens das Recht, im Inland den Erlass von Sicherungsmaßnahmen zu beantragen. Der Begriff des vorläufigen Verwalters ist weit zu verstehen (*Braun/Ehret* InsO, § 344 Rn. 2). Über den Wortlaut hinaus sollte man aber erst recht auch dem **Verwalter** des Hauptinsolvenzverfahrens die

Möglichkeit geben, im Inland den Erlass von Sicherungsmaßnahmen nach § 21 InsO zu beantragen (*Mohrbutter/Ringstmeier-Wenner* Kap. 20 Rn. 211; **a.A.** HK-InsO/*Stephan* § 344 Rn. 7).

Das Hauptverfahren muss nach § 343 Abs. 1 InsO **anerkennungsfähig** sein (*Kübler/Prütting/Bork-Paulus* InsO, § 344 Rn. 4). 3

2. Zur Vorbereitung eines Sekundärinsolvenzverfahrens

Abs. 1 gestattet die Anordnung von Maßnahmen, die **zur Sicherung des von einem inländischen Sekundärinsolvenzverfahren erfassten Vermögens** erforderlich erscheinen. Diese Voraussetzung schränkt die Sicherungsbedürfnisse der ausländischen (vorläufigen) Verwaltung unnötig ein. Gerade wenn kein Sekundärinsolvenzverfahren eröffnet werden kann, ist das Sicherungsbedürfnis oft besonders hoch (vgl. *Mohrbutter/Ringstmeier-Wenner* Kap. 20 Rn. 211; vgl. EuInsVO Art. 38 Rdn. 6 f.). Nach autonomem deutschem IIR ist allerdings die Eröffnung eines Sekundärinsolvenzverfahrens immer möglich, wenn man die Belegenheit jedes auch noch so unbedeutenden Vermögensgegenstands im Inland ausreichen lässt (dazu § 354 Rdn. 6) und weiter im Rahmen des § 344 InsO auf die Prüfung verzichtet, ob denn ein Antragsrecht eines Gläubigers auf Eröffnung eines Sekundärverfahrens gem. § 354 Abs. 2 InsO besteht (so *Braun/Ehret* InsO, § 344 Rn. 8; *Kübler/Prütting/Bork-Paulus* InsO, § 344 Rn. 7; HK-InsO/*Stephan* § 344 Rn. 9). Trotzdem sollte man das Antragsrecht des ausländischen (vorläufigen) Verwalters **auch auf die Fälle erweitern, in denen die Voraussetzungen zur Eröffnung eines Sekundärinsolvenzverfahrens nicht gegeben sind** (*Mohrbutter/Ringstmeier-Wenner* Kap. 20 Rn. 211; ebenso die h.A. zu Art. 38 EuInsVO, vgl. EuInsVO Art. 38 Rdn. 6; differenzierend HK-InsO/*Stephan* § 344 Rn. 9, 11; anders wohl BT-Drucks. 15/16, S. 22). Das Sekundärinsolvenzverfahren zerschlägt das einheitliche Insolvenzstatut und ist schon deshalb keine gleichwertige Alternative. Die enge Lesart des § 344 InsO zwingt den ausländischen Verwalter zur Beantragung eines Sekundärinsolvenzverfahrens auch in den Fällen, in denen dies nicht praktikabel ist. 4

3. Sicherungsmaßnahmen

Eröffnet ist das **gesamte Spektrum der in § 21 InsO genannten Sicherungsmaßnahmen** (*Braun/Ehret* InsO, § 344 Rn. 14). Ausreichend ist, dass die Maßnahmen **erforderlich** erscheinen (*Andres/Leithaus/Dahl* InsO, § 344 Rn. 8). Regelmäßig kann das deutsche Gericht davon ausgehen, dass der ausländische Verwalter die Erforderlichkeit (im eigenen Interesse) bereits geprüft hat. Es ist ein **großzügiger Maßstab anzulegen**, insbesondere ein Gutachter muss nicht eingesetzt werden. 5

4. Zuständiges Insolvenzgericht

Das im Inland zuständige Insolvenzgericht bestimmt sich nach **§ 348 InsO**. Der Erlass von Sicherungsmaßnahmen obliegt dem Richter (§ 18 Abs. 1 Nr. 3 RPflG; HK-InsO/*Stephan* § 344 Rn. 13). 6

5. Sicherungsmaßnahmen in verschiedenen Staaten und Aufhebung

Sind in verschiedenen Staaten gleichzeitig Insolvenzantragsverfahren anhängig und erlassen beide Eröffnungsstellen Sicherungsmaßnahmen, soll nach einer in der Literatur vertretenen Auffassung eine inländische Sicherungsmaßnahme die ausländische Sicherungsmaßnahme verdrängen (*Vallender* KTS 2005, 283 [307] zur EuInsVO). 7

Über die Aufhebung kann das Insolvenzgericht i.d.R. nur auf Antrag des (vorläufigen) Hauptinsolvenzverwalters entscheiden (vgl. EuInsVO Art. 52 Rdn. 10). 8

II. Zu Absatz 2

Gegen Entscheidungen des Insolvenzgerichts kann sich der ausländische Verwalter mit der **sofortigen Beschwerde** wehren. 9

§ 345 Öffentliche Bekanntmachung

(1) ¹Sind die Voraussetzungen für die Anerkennung der Verfahrenseröffnung gegeben, so hat das Insolvenzgericht auf Antrag des ausländischen Insolvenzverwalters den wesentlichen Inhalt der Entscheidung über die Verfahrenseröffnung und der Entscheidung über die Bestellung des Insolvenzverwalters im Inland bekannt zu machen. ²§ 9 Abs. 1 und 2 und § 30 Abs. 1 gelten entsprechend. ³Ist die Eröffnung des Insolvenzverfahrens bekannt gemacht worden, so ist die Beendigung in gleicher Weise bekannt zu machen.

(2) ¹Hat der Schuldner im Inland eine Niederlassung, so erfolgt die öffentliche Bekanntmachung von Amts wegen. ²Der Insolvenzverwalter oder ein ständiger Vertreter nach § 13e Abs. 2 Satz 5 Nr. 3 des Handelsgesetzbuchs unterrichtet das nach § 348 Abs. 1 zuständige Insolvenzgericht.

(3) ¹Der Antrag ist nur zulässig, wenn glaubhaft gemacht wird, dass die tatsächlichen Voraussetzungen für die Anerkennung der Verfahrenseröffnung vorliegen. ²Dem Verwalter ist eine Ausfertigung des Beschlusses, durch den die Bekanntmachung angeordnet wird, zu erteilen. ³Gegen die Entscheidung des Insolvenzgerichts, mit der die öffentliche Bekanntmachung abgelehnt wird, steht dem ausländischen Verwalter die sofortige Beschwerde zu.

Übersicht	Rdn.		Rdn.
A. Normzweck	1	II. Zu Absatz 2	6
B. Im Einzelnen	2	III. Zu Absatz 3	10
I. Zu Absatz 1	2	IV. Kosten	11

Literatur:
Bierhenke Der ausländische Insolvenzverwalter und das deutsche Grundbuch, MittBayNot 2009, 197.

A. Normzweck

1 Die **öffentliche Bekanntmachung** des ausländischen Insolvenzverfahrens ist zwar nicht Anerkennungsvoraussetzung (BT-Drucks. 15/16, S. 22; s. § 343 Rdn. 30; HK-InsO/*Stephan* § 345 Rn. 5). Der inländische Rechtsverkehr kann aber und muss teilweise auch von der Eröffnung eines Hauptinsolvenzverfahrens unterrichtet werden. Soweit die Bekanntmachung nicht von Amts wegen erfolgt, ist ein entsprechender Antrag im ausländischen Insolvenzfall häufig anzuraten. Die Publizität im Inland kann insbesondere den **gutgläubigen Erwerb erschweren** oder **schuldbefreiende Leistungen verhindern** (*Andres/Leithaus/Dahl* InsO, § 345 Rn. 1; *Braun/Ehret* InsO, § 345 Rn. 1; HK-InsO/*Stephan* § 345 Rn. 5).

B. Im Einzelnen

I. Zu Absatz 1

2 Auf **Antrag** des Verwalters eines **Haupt- oder Partikularverfahrens** hat das inländische Insolvenzgericht den wesentlichen Inhalt der Entscheidung über die Verfahrenseröffnung und über die Bestellung des Insolvenzverwalters im Inland bekannt zu machen. Voraussetzung ist, dass die Eröffnung des ausländischen Verfahrens nach § 343 Abs. 1 InsO **anzuerkennen ist** (*Andres/Leithaus/Dahl* InsO, § 345 Rn. 8; *Braun/Ehret* InsO, § 345 Rn. 2; HK-InsO/*Stephan* § 345 Rn. 10). **Ob** der ausländische Verwalter im Inland Publizität beantragt, richtet sich nach seinem **Pflichtenkreis, den die lex fori concursus** bestimmt (es lässt sich nicht generell sagen, dass der Antrag im Ermessen des ausländischen Insolvenzverwalters steht; so aber BT-Drucks. 15/16, S. 22; *Andres/Leithaus/Dahl* InsO, § 345 Rn. 4; *Braun/Ehret* InsO, § 345 Rn. 3; *Kübler/Prütting/Bork-Paulus* InsO, § 345 Rn. 5; *Smid* Dt. IIR, § 345 Rn. 3; HK-InsO/*Stephan* § 345 Rn. 8).

3 Die Bekanntmachung erfolgt gem. § 9 Abs. 1 und 2 InsO sowie § 30 Abs. 1 InsO (*Braun/Ehret* InsO, § 345 Rn. 7; vgl. § 345 Abs. 1 Satz 2 InsO). Der **wesentliche Inhalt** der Entscheidung über die **Verfahrenseröffnung** wird häufig dem Inhalt des deutschen Eröffnungsbeschlusses entsprechen (vgl. *Kübler/Prütting/Bork-Paulus* InsO, § 345 Rn. 6; *Smid* Dt. IIR, § 345 Rn. 4). Welcher

Inhalt wesentlich ist, entscheidet das inländische Insolvenzgericht. Der wesentliche Inhalt der Entscheidung über die **Bestellung** des ausländischen Insolvenzverwalters wird häufig umfangreicher sein als die entsprechende deutsche Urkunde.

Vom ausländischen Gericht angeordnete **Sicherungsmaßnahmen** können in entsprechender Anwendung von Abs. 1 im Inland bekannt gemacht werden (*Andres/Leithaus/Dahl* InsO, § 345 Rn. 7; *Braun/Ehret* InsO, § 345 Rn. 6; *Kübler/Prütting/Bork-Paulus* InsO, § 345 Rn. 10). 4

Ist die Eröffnung des Verfahrens im Inland bekannt gemacht worden, ist nach Abs. 1 Satz 3 auch die **Beendigung** des Verfahrens in gleicher Weise bekannt zu machen. Die Bekanntmachung der Beendigung hat **von Amts wegen** zu erfolgen (vgl. *Andres/Leithaus/Dahl* InsO, § 345 Rn. 10). 5

II. Zu Absatz 2

Von Amts wegen erfolgt eine öffentliche Bekanntmachung, wenn der Schuldner im Inland eine **Niederlassung** hat. Das inländische Insolvenzgericht ist allerdings nicht verpflichtet, eigene Ermittlungen anzustellen. Eine Publizitätspflicht besteht lediglich, wenn der ausländische Insolvenzverwalter oder ein ständiger Vertreter nach § 13e Abs. 2 Satz 5 Nr. 3 HGB das Insolvenzgericht unterrichtet. 6

Der Antrag nach Abs. 1 ist nach dessen Abs. 2 nur zulässig, wenn der ausländische Insolvenzverwalter **glaubhaft macht**, dass die tatsächlichen Voraussetzungen für die Anerkennung der Verfahrenseröffnung vorliegen. **Wie** dies glaubhaft gemacht wird, bestimmt die **inländische lex fori processus** (zur Glaubhaftmachung vgl. *Schmerbach* § 14 Rdn. 174 ff.). Glaubhaft gemacht werden müssen insbesondere die Verfahrenseröffnung und die Umstände, aus denen sich die internationale Zuständigkeit des ausländischen Gerichts ergibt (vgl. BT-Drucks. 15/16, S. 22). 7

Zuständig ist nach § 348 InsO das Insolvenzgericht, in dessen Bezirk die Niederlassung des Schuldners liegt oder Vermögen des Schuldners belegen ist. 8

Das Insolvenzgericht hat dem Verwalter eine **Ausfertigung des Beschlusses** zu erteilen. Dies gilt im Fall des Abs. 1 ebenso wie im Fall des Abs. 2 (*Andres/Leithaus/Dahl* InsO, § 345 Rn. 13). 9

III. Zu Absatz 3

Gegen ablehnende Entscheidungen des Insolvenzgerichts steht dem ausländischen Verwalter das Recht zur **sofortigen Beschwerde** zu (§ 345 Abs. 3 Satz 3 InsO). Das Beschwerderecht besteht auch dann, wenn das Insolvenzgericht den Inhalt der Veröffentlichung anders fasst, als der Insolvenzverwalter dies beantragt hat und der Insolvenzverwalter hierdurch beschwert ist (anders *Andres/Leithaus/Dahl* InsO, § 343 Rn. 14; *Kübler/Prütting/Bork-Paulus* InsO, § 345 Rn. 18). 10

IV. Kosten

Die Bekanntmachung löst gem. § 24 GKG Kosten aus, nach § 17 Abs. 1 GKG kann der ausländische Verwalter zur Leistung eines Vorschusses verpflichtet werden (*Andres/Leithaus/Dahl* InsO, § 345 Rn. 15). Nach der lex fori concursus richtet sich, ob es sich um Kosten des Verfahrens handelt (vgl. *Braun/Ehret* InsO, § 345 Rn. 12; anders wohl HK-InsO/*Stephan* § 345 Rn. 16, der die Kosten der öffentlichen Bekanntmachung stets als Kosten des Verfahrens ansieht). 11

§ 346 Grundbuch

(1) Wird durch die Verfahrenseröffnung oder durch Anordnung von Sicherungsmaßnahmen nach § 343 Abs. 2 oder § 344 Abs. 1 die Verfügungsbefugnis des Schuldners eingeschränkt, so hat das Insolvenzgericht auf Antrag des ausländischen Insolvenzverwalters das Grundbuchamt zu ersuchen, die Eröffnung des Insolvenzverfahrens und die Art der Einschränkung der Verfügungsbefugnis des Schuldners in das Grundbuch einzutragen:
1. bei Grundstücken, als deren Eigentümer der Schuldner eingetragen ist;

2. bei den für den Schuldner eingetragenen Rechten an Grundstücken und an eingetragenen Rechten, wenn nach der Art des Rechts und den Umständen zu befürchten ist, dass ohne die Eintragung die Insolvenzgläubiger benachteiligt würden.

(2) ¹Der Antrag nach Absatz 1 ist nur zulässig, wenn glaubhaft gemacht wird, dass die tatsächlichen Voraussetzungen für die Anerkennung der Verfahrenseröffnung vorliegen. ²Gegen die Entscheidung des Insolvenzgerichts steht dem ausländischen Verwalter die sofortige Beschwerde zu. ³Für die Löschung der Eintragung gilt § 32 Abs. 3 S. 1 entsprechend.

(3) Für die Eintragung der Verfahrenseröffnung in das Schiffsregister, das Schiffsbauregister und das Register für Pfandrechte an Luftfahrzeugen gelten die Absätze 1 und 2 entsprechend.

Übersicht	Rdn.		Rdn.
A. Normzweck	1	3. Einschränkung der Verfügungs-	
B. Im Einzelnen	3	befugnis	5
I. Zu Absatz 1	3	4. Aufgaben des Insolvenzgerichts	6
1. Ausländisches Hauptinsolvenz-		II. Zu Absatz 2	8
verfahren	3	III. Zu Absatz 3	10
2. Antragsbefugnis	4		

Literatur:
Koppmann Die besondere Sicherheit des Pfandbriefs in der Insolvenz der Pfandbriefbank, WM 2006, 305.

A. Normzweck

1 Die Vorschrift schafft **Publizität des ausländischen Insolvenzverfahrens in inländischen Registern** (*Braun/Ehret* InsO, § 346 Rn. 1). Sie hat dieselbe Funktion wie § 32 InsO bei inländischen Verfahren. Da der öffentliche Glaube des Grundbuchs, des Schiffsregisters, des Schiffsbauregisters und des Registers für Pfandrechte an Luftfahrzeugen auch gegen den Insolvenzbeschlag (vgl. §§ 81 Abs. 1, 91 InsO) und gegen ein zur Sicherung der künftigen Insolvenzmasse erlassenes Verfügungsverbot Schutz gewährt, ist es im Interesse der Insolvenzgläubiger geboten, dass durch Eintragung der Insolvenzeröffnung bzw. des Verfügungsverbots der grundbuchrechtliche bzw. registerrechtliche Verkehrsschutz ausgeschaltet wird (*Jaeger/Weber* § 113 KO Rn. 1). Da § 346 InsO ausländische Insolvenzverfahren behandelt, muss der ausländische Insolvenzverwalter initiativ werden.

2 Die Eintragung geschieht **nicht von Amts wegen, sondern nur auf seinen Antrag hin** (*Andres/Leithaus/Dahl* InsO, § 346 Rn. 2).

B. Im Einzelnen

I. Zu Absatz 1

1. Ausländisches Hauptinsolvenzverfahren

3 Es muss entweder im Ausland ein **Hauptinsolvenzverfahren** eröffnet worden sein oder es müssen **im ausländischen Eröffnungsverfahren** Sicherungsmaßnahmen angeordnet worden sein (*Andres/Leithaus/Dahl* InsO, § 346 Rn. 3). Jeweils zu prüfen ist, ob das ausländische Verfahren i.S.v. § 343 Abs. 1 InsO **anerkennungsfähig** ist (*Braun/Ehret* InsO, § 346 Rn. 3).

2. Antragsbefugnis

4 Antragsbefugt ist bei eröffneten Hauptinsolvenzverfahren der **ausländische Verwalter**, im Eröffnungsverfahren der **vorläufige Verwalter** (*Andres/Leithaus/Dahl* InsO, § 346 Rn. 4; *Kübler/Prütting/Bork/Paulus* InsO, § 346 Rn. 4 f.). Der (vorläufige) Verwalter hat den Antrag beim **Insolvenzgericht** zu stellen; eine Antragstellung beim Grundbuchamt ist nicht möglich (vgl. *OLG Düsseldorf* Beschl. v. 02.03.2012 – 3 Wx 329/11; *AG Duisburg* NZI 2010, 199; *Andres/Leithaus/Dahl* InsO, § 346 Rn. 5; HK-InsO/*Stephan* § 346 Rn. 4).

3. Einschränkung der Verfügungsbefugnis

Das ausländische Verfahren oder die in dem Verfahren angeordneten Sicherungsmaßnahmen müssen die **Verfügungsbefugnis des Schuldners einschränken**. Maßgeblich ist die lex fori concursus. Der Begriff der Verfügungsbefugnis ist **weit auszulegen** (vgl. *Braun/Ehret* InsO, § 346 Rn. 4), Ähnlichkeit mit deutschen Rechtsinstituten ist nicht erforderlich. Im Wege der **Angleichung** bzw. **Substitution** ist das ausländische Institut so in das deutsche Recht zu übertragen, dass eine Eintragung im Register möglich ist (*Andres/Leithaus/Dahl* InsO, § 346 Rn. 9; HK-InsO/*Stephan* § 346 Rn. 9). Kennt beispielsweise das ausländische Recht kein Register und sieht das dortige Insolvenzrecht deshalb die Registerpublizität nicht vor, sondern schafft Publizität auf andere Weise, so lässt sich im Inland trotzdem Publizität im Grundbuch durch entsprechende Eintragungen erreichen. Sieht das ausländische Recht vor, dass das Eigentum auf den Verwalter übergeht, soll nach Auffassung einiger Autoren auch angepasst werden: Im Inland soll lediglich die Verfügungsbefugnis wechseln (*Kübler/Prütting/Bork-Paulus* InsO, § 346 Rn. 11; HK-InsO/*Stephan* § 346 Rn. 9). Das ist zu viel des Guten, hier ist eine Angleichung nicht erforderlich (zur Angleichung im IPR *Kegel/Schurig* Internationales Privatrecht, S. 357 ff.). Einen Eigentumserwerb i.S.d. GrEStG stellt ein solcher Eigentumsübergang allerdings nicht dar.

5

4. Aufgaben des Insolvenzgerichts

Das zuständige Insolvenzgericht wird nach § 348 InsO ermittelt (HK-InsO/*Stephan* § 346 Rn. 4, 18). Liegt ein Antrag des ausländischen Verwalters vor, so hat das Insolvenzgericht zu prüfen, ob **ohne die Eintragung Insolvenzgläubiger benachteiligt** würden. Dabei ist ein großzügiger Maßstab anzunehmen. Dass die fehlende Eintragung in deutsche Register nachteilig sein kann, liegt nahe.

6

Das Insolvenzgericht **ersucht das Grundbuchamt** (§§ 38, 29 Abs. 3 GBO). Das Ersuchen enthält die Vorgabe, wie die ausländische Verfügungsbeschränkung einzutragen ist (HK-InsO/*Stephan* § 346 Rn. 11).

7

II. Zu Absatz 2

Der ausländische Verwalter muss **glaubhaft** machen, dass die tatsächlichen Voraussetzungen für die Anerkennung der Verfahrenseröffnung vorliegen. Die **zulässigen Mittel der Glaubhaftmachung** richten sich nach **deutschem Recht**. Der Eröffnungsbeschluss muss vorgelegt werden, weil er für die Eintragung im Register benötigt wird (z.B. § 29 GBO; vgl. *Andres/Leithaus/Dahl* InsO, § 346 Rn. 6).

8

Lehnt das Insolvenzgericht den Antrag des Insolvenzverwalters ab oder folgt es ihm in einer Art und Weise nicht, die die Insolvenzmasse beschwert, steht dem Insolvenzverwalter nach § 346 Abs. 2 Satz 2 InsO die **sofortige Beschwerde** zu. Folgt das Grundbuchamt dem Ersuchen des Insolvenzgerichts nicht, so ist nicht das Beschwerdeverfahren nach § 71 GBO eröffnet (**a.A.** *Andres/Leithaus/Dahl* InsO, § 346 Rn. 13; *Kübler/Prütting/Bork-Paulus* InsO, § 346 Rn. 18); vielmehr wird die **Weigerung des Grundbuchamts inzident im Verfahren der sofortigen Beschwerde nach Abs. 2 Satz 2 überprüft** (anders ist dies bei Art. 22 EuInsVO i.V.m. Art. 102 § 6 EGInsO, vgl. BT-Drucks. 15/16, S. 16 und 22 f.).

9

III. Zu Absatz 3

Nach Abs. 3 gelten die Regelungen von Abs. 1 und Abs. 2 für die Eintragung der Verfahrenseröffnung in das **Schiffsregister**, das **Schiffsbauregister** und das **Register für Pfandrechte an Luftfahrzeugen** entsprechend.

10

§ 347 Nachweis der Verwalterbestellung. Unterrichtung des Gerichts

(1) ¹Der ausländische Insolvenzverwalter weist seine Bestellung durch eine beglaubigte Abschrift der Entscheidung, durch die er bestellt worden ist, oder durch eine andere von der zuständigen Stelle ausgestellte Bescheinigung nach. ²Das Insolvenzgericht kann eine Übersetzung verlangen, die von einer hierzu im Staat der Verfahrenseröffnung befugten Person zu beglaubigen ist.

(2) Der ausländische Insolvenzverwalter, der einen Antrag nach den §§ 344 bis 346 gestellt hat, unterrichtet das Insolvenzgericht über alle wesentlichen Änderungen in dem ausländischen Verfahren und über alle ihm bekannten weiteren ausländischen Insolvenzverfahren über das Vermögen des Schuldners.

Übersicht	Rdn.			Rdn.
A. Normzweck	1	I.	Zu Absatz 1	2
B. Im Einzelnen	2	II.	Zu Absatz 2	4

Literatur:
Höfling Insolvenzverwalterbestellung – Rechtsschutz durch Konkurrentenklage?, NJW 2005, 2341.

A. Normzweck

1 Die Vorschrift regelt zweierlei: Abs. 1 legt fest, wie der ausländische Verwalter seine **Bestellung** im Inland **nachweist**. Abs. 2 verpflichtet den ausländischen Verwalter zur **Unterrichtung des inländischen Insolvenzgerichts** über den Fortgang des ausländischen Verfahrens und weiterer Verfahren in Drittstaaten. Diese Information benötigt das inländische Insolvenzgericht insbesondere, um gegebenenfalls Maßnahmen nach §§ 344–346 InsO wieder aufzuheben. Beide Absätze enthalten **Sachnormen** und gelten sowohl für den Verwalter eines **Hauptinsolvenzverfahrens** als auch für den Verwalter eines **Partikularverfahrens** (*Andres/Leithaus/Dahl* InsO, § 347 Rn. 1; HK-InsO/*Stephan* § 347 Rn. 7). Sie gelten auch für den ausländischen **vorläufigen** Verwalter (*Liersch* NZI 2003, 302 [307]; *Andres/Leithaus/Dahl* InsO, § 347 Rn. 1; *Braun/Ehret* InsO, § 347 Rn. 3; K. Schmidt/*Brinkmann* InsO, § 347 Rn. 4).

B. Im Einzelnen

I. Zu Absatz 1

2 Gem. Abs. 1 weist der ausländische Verwalter seine Bestellung durch Vorlage einer **beglaubigten Abschrift des Eröffnungsbeschlusses** oder einer **beglaubigten Abschrift einer anderen Entscheidung**, durch die er bestellt worden ist, nach. Einer **Übersetzung** bedarf es nur, wenn das Insolvenzgericht dies verlangt (*Liersch* NZI 2003, 302 [307]; *Andres/Leithaus/Dahl* InsO, § 347 Rn. 2; weitergehend *Kübler/Prütting/Bork-Paulus* InsO, § 347 Rn. 6, der ein Recht auf eine Übersetzung auch Drittbeteiligten und Gläubigern zugestehen will). Die Übersetzung ist dann von einer im Staat der Verfahrenseröffnung befugten Person zu **beglaubigen**. Abs. 1 **verpflichtet** den Verwalter nicht, seine Bestellung nachzuweisen, wenn er im Inland handelt. Die Vorschrift regelt lediglich **die Art und Weise**, wie gegebenenfalls der Nachweis auszusehen hat. Ausgeschlossen wird damit insbesondere, dass eine Legalisation oder eine andere Förmlichkeit verlangt wird. Insbesondere darf die Urkunde über die Bestellung eines ausländischen Verwalters nicht einem Verfahren nach § 438 ZPO unterzogen werden. Auch darf eine Apostille gem. dem Haager Übereinkommen vom 05.10.1961 zur Befreiung ausländischer öffentlicher Urkunden von der Legalisation nicht gefordert werden (HK-InsO/*Stephan* § 347 Rn. 5; *Kübler/Prütting/Bork-Paulus* InsO, § 347 Rn. 4).

3 Regelungsgegenstand von § 347 InsO ist nicht der **Umfang der Befugnisse** des ausländischen Verwalters; sie sind der **lex fori concursus des** Eröffnungsstaats zu entnehmen.

II. Zu Absatz 2

Der ausländische Verwalter, der einen **Antrag nach §§ 344–346 InsO gestellt** hat (vgl. *Andres/Leit-* 4 *haus/Dahl* InsO, § 347 Rn. 3), soll durch Abs. 2 verpflichtet werden, das **inländische Insolvenzgericht** über alle **wesentlichen Änderungen** in dem ausländischen Verfahren zu **informieren**. Des Weiteren soll der ausländische Verwalter das inländische Insolvenzgericht benachrichtigen, wenn in **dritten Staaten weitere Insolvenzverfahren eröffnet** worden sind (*Braun/Ehret* InsO, § 347 Rn. 7). Ob die Vorschrift ein dem Prozessrechtsverhältnis ähnliches Sonderverhältnis zum ausländischen Verwalter begründet (so *Wimmer* 4. Aufl., § 347 Rn. 5), mag dahinstehen. Informiert der ausländische Verwalter das inländische Insolvenzgericht nicht, ist jedenfalls einzige Konsequenz, dass das inländische Insolvenzgericht nicht handeln muss. Letztlich bedeutet die Begründung der Informationspflicht lediglich, dass das inländische Insolvenzgericht den Sachverhalt nicht selbst zu ermitteln hat.

Wesentliche Änderungen sind solche, die für das inländische Insolvenzgericht von Bedeutung sind 5 (*Andres/Leithaus/Dahl* InsO, § 347 Rn. 4). Ist beispielsweise die Eröffnung des ausländischen Verfahrens im Inland öffentlich bekannt gemacht worden, so hat der ausländische Verwalter die Beendigung des Verfahrens mitzuteilen, weil die Beendigung im Inland in gleicher Weise bekanntzumachen ist (§ 345 Abs. 2 Satz 3 InsO). Ändert sich die Rechtsstellung des Verwalters, ist dies ebenfalls mitzuteilen (BT-Drucks. 15/16, S. 23).

§ 348 Zuständiges Insolvenzgericht. Zusammenarbeit der Insolvenzgerichte

(1) ¹Für die Entscheidungen nach den §§ 344 bis 346 ist ausschließlich das Insolvenzgericht zuständig, in dessen Bezirk die Niederlassung oder, wenn eine Niederlassung fehlt, Vermögen des Schuldners belegen ist. ²§ 3 Abs. 2 gilt entsprechend.

(2) Sind die Voraussetzungen für die Anerkennung eines ausländischen Insolvenzverfahrens gegeben oder soll geklärt werden, ob die Voraussetzungen vorliegen, so kann das Insolvenzgericht mit dem ausländischen Insolvenzgericht zusammenarbeiten, insbesondere Informationen weitergeben, die für das ausländische Verfahren von Bedeutung sind.

(3) ¹Die Landesregierungen werden ermächtigt, zur sachdienlichen Förderung oder schnelleren Erledigung der Verfahren durch Rechtsverordnung die Entscheidungen nach den §§ 344 bis 346 für die Bezirke mehrerer Insolvenzgerichte einem von diesen zuzuweisen. ²Die Landesregierungen können die Ermächtigungen auf die Landesjustizverwaltungen übertragen.

(4) ¹Die Länder können vereinbaren, dass die Entscheidungen nach den §§ 344 bis 346 für mehrere Länder den Gerichten eines Landes zugewiesen werden. ²Geht ein Antrag nach den §§ 344 bis 346 bei einem unzuständigen Gericht ein, so leitet dieses den Antrag unverzüglich an das zuständige Gericht weiter und unterrichtet hierüber den Antragsteller.

Übersicht	Rdn.		Rdn.
A. Normzweck	1	II. Zu Absatz 2	4
B. Im Einzelnen	2	III. Zu Absatz 3 und 4	6
I. Zu Absatz 1	2		

Literatur:
Andres/Grund Die Flucht vor deutschen Insolvenzgerichten nach England – Die Entscheidungen in dem Insolvenzverfahren Hans Brochier Holdings Ltd., NZI 2007, 137; *Mankowski* Rechtsbehelfe gegen Zwangsvollstreckungsmaßnahmen, die trotz einer ausländischen Insolvenz erfolgen, ZInsO 2007, 1324; *Wimmer* Die Reform der EuInsVO, jurisPR-InsR 13/2012 Anm. 1; *Paulus* Globale Grundsätze für die Zusammenarbeit in grenzüberschreitenden Insolvenzen und globale Richtlinien für die gerichtliche Kommunikation, RIW 2014, 194.

§ 348 InsO Zuständiges Insolvenzgericht. Zusammenarbeit der Insolvenzgerichte

A. Normzweck

1 § 348 InsO bestimmt das örtlich zuständige Insolvenzgericht für die Unterstützungshandlungen nach den §§ 344–346 InsO (*Andres/Leithaus/Dahl* InsO, § 348 Rn. 1). Es enthält zudem im neu eingefügten Abs. 2 eine Ermächtigung der Gerichte zur Zusammenarbeit mit ausländischen Insolvenzgerichten (vgl. dazu auch *Braun/Ehret* InsO, § 348 Rn. 9). Weiterhin enthält die Vorschrift eine Konzentrationsermächtigung für die Länder.

B. Im Einzelnen

I. Zu Absatz 1

2 Will der ausländische Insolvenzverwalter im Inland Unterstützungshandlungen für sein Verfahren beantragen, so richtet sich die **örtliche Zuständigkeit des Insolvenzgerichts** primär nach der **Niederlassung**. Der Begriff der Niederlassung, der sich auch in § 345 Abs. 2 InsO findet, ist, damit eine einheitliche Anknüpfung im IIR gewährleistet ist, entsprechend Art. 2 Nr. 10 EuInsVO zu verstehen. Niederlassung ist somit jeder Tätigkeitsort, an dem der Schuldner einer wirtschaftlichen Aktivität von nicht vorübergehender Art nachgeht, die den Einsatz von Personal und Vermögenswerten voraussetzt (vgl. hierzu EuInsVO Art. 2 Rdn. 33 ff.; ebenso *OLG Wien* NZI 2005, 56 [60]; *Andres/Leithaus/Dahl* InsO, § 348 Rn. 3; HK-InsO/*Stephan* § 348 Rn. 4; *Smid* Dt. IIR, § 348 InsO Rn. 2; *Mankowski* NZI 2007, 360).

3 Unterhält der Schuldner im Inland **keine Niederlassung**, so richtet sich die örtliche Zuständigkeit danach, wo **Vermögensgegenstände des Schuldners im Inland** belegen sind. Im autonomen IIR kann über § 4 InsO zur Bestimmung des Orts, wo Vermögen belegen ist, Rechtsprechung und Literatur zu § 23 ZPO herangezogen werden (ebenso wohl HK-InsO/*Stephan* § 348 Rn. 7). Im Rahmen des § 23 ZPO wird diskutiert, ob jeder Gegenstand zur Begründung der Zuständigkeit ausreichend ist, auch wenn ihm lediglich ein geringer Geldwert zukommt oder er unpfändbar ist (offen gelassen von BGHZ 115, 93; so aber *Baumbach/Lauterbach/Albers/Hartmann* § 23 Rn. 20; a.A. *Zöller/Vollkommer* § 23 Rn. 7 f.). Im Rahmen von § 348 InsO ist keine Differenzierung nach dem Wert oder der Pfändbarkeit des Gegenstandes vorzunehmen (*Kübler/Prütting/Bork-Paulus* InsO, § 348 Rn. 5), da es der Entscheidung des ausländischen Verwalters vorbehalten werden sollte, ob er entsprechende Unterstützungshandlungen im Inland beantragt. In entsprechender Anwendung von § 23 S. 2 ZPO gilt eine Forderung am Wohnsitz des Schuldners, in der Situation des § 348 InsO somit am Wohnsitz des Drittschuldners belegen. Wird die Forderung durch eine Sache gesichert, etwa durch Pfand oder Zurückbehaltungsrecht oder im Rahmen einer Sicherungsübereignung, so wird eine Zuständigkeit sowohl durch die Forderung als auch durch den haftenden Gegenstand begründet (*Zöller/Vollkommer* § 23 Rn. 11).

II. Zu Absatz 2

4 Der neu eingefügte Abs. 2 stellt klar, dass die deutschen Insolvenzgerichte bei Vorliegen der Anerkennungsvoraussetzungen zur Zusammenarbeit mit dem ausländischen Insolvenzgericht berechtigt sind. Die Vorschrift greift gleich in mehrerlei Hinsicht zu kurz: So wäre zunächst wünschenswert gewesen, eine ausdrückliche Verpflichtung der Gerichte zur Zusammenarbeit vorzusehen (vgl. dazu *Czaja* Umsetzung der Kooperationsvorgaben durch die Europäische Insolvenzverordnung im deutschen Insolvenzverfahren, S. 237 ff.; ähnlich HambK-InsO/*Undritz* Art. 31 EuInsVO a.F. Rn. 12); immerhin werden die Insolvenzgerichte nach Maßgabe von Abs. 2 ermessensfehlerfrei über die Zusammenarbeit entscheiden müssen. Zudem ist die Unterstützung des hiesigen Insolvenzverwalters gerade im umgekehrten Fall (Anerkennung des deutschen Insolvenzverfahrens im Ausland) durch Kooperation mit dem ausländischen Gericht von besonderer Bedeutung. Schließlich mag nicht nur eine Zusammenarbeit mit dem ausländischen Gericht, sondern auch mit dem ausländischen Verwalter sinnvoll sein. Zu Recht weist der Gesetzgeber dann in der Begründung darauf hin, dass die Gerichte auch ohne entsprechende Ermächtigung befugt seien, mit ausländischen Gerichten (und Verwaltern) zu kooperieren (wie auch schon nach der bisherigen Rechtslage, vgl. *Braun/Ehret*

InsO, § 348 Rn. 9). Die Kooperation kann dabei beispielsweise die Kommunikation zwischen den Gerichten, ggf. die Unterstützung bei Beweisaufnahmen sowie die Abstimmung des Verfahrensablaufs betreffen. Es bleibt zu hoffen, dass die Gerichte hiervon in der Praxis in geeigneten Fällen auch Gebrauch machen.

Wesentlich unbürokratischer und wohl auch effektiver sind die **Möglichkeiten der Verfahrenskoordinierung im angloamerikanischen** Rechtskreis (vgl. ausf. *Eidenmüller* ZZP 114 [2001], 3 [24 ff.]); dazu auch HambK-InsO/*Undritz* Art. 31 EuInsVO a.F. Rn. 13 ff.). Bereits in einem frühen Verfahrensstadium können sich die involvierten Insolvenzrichter über die Abwicklung von Parallelverfahren verständigen. Diese Verständigung kann zunächst in einem formlosen Austausch von Informationen bestehen, aber auch in eine detaillierte schriftliche Vereinbarung münden. Im Rahmen der Beratungen zu den UNCITRAL-Modellbestimmungen spielten diese »**protocols**« eine erhebliche Rolle. Von den angloamerikanischen Teilnehmern wurde nachdrücklich gefordert, diese protocols ausdrücklich in den Modellbestimmungen zu erwähnen. Da diese Vereinbarungen bei den kontinentaleuropäischen Juristen, deren Richter an strikte gesetzliche Vorgaben gebunden sind, auf große Zurückhaltung stießen, wurde lediglich in Art. 25 der Modellbestimmungen die Möglichkeit direkter Kommunikation zwischen verschiedenstaatlichen Insolvenzrichtern und Insolvenzverwaltern vorgesehen (vgl. zur starken Betonung der Zusammenarbeit in den UNCITRAL-Modellbestimmungen *Wimmer* ZIP 1997, 2220 [2223]; vgl. zu den protocols *Paulus* ZIP 1998, 977 ff. und zu ihrer grds. Bedeutung im »Maxwell case« *Göpfert* ZZP Int. 1996, 73 ff.). Diese protocols will *Paulus* auch für das deutsche Recht nutzbar machen. In der Tat hat es etwas Verlockendes, wie im angloamerikanischen Rechtskreis mit Hilfe dieser Protokolle Vereinbarungen über das in den verschiedenen Staaten belegene Vermögen, die Behandlung des betroffenen Managements oder Einzelheiten der Sanierungsmaßnahmen erzielt werden können (vgl. *Paulus* ZIP 1998, 977 [979]). Allerdings muss auch *Paulus* einräumen, dass diese Protokolle aus kontinental-europäischer Sicht etwas »Ungeheuerliches« unternehmen, da sie darauf abzielen, völkerrechtliche Übereinkünfte zu ersetzen und die Rechts- und Gesetzesbindung des Richters zu relativieren oder sie sogar vollständig aufzuheben (ZIP 1998, 977 [981]).

III. Zu Absatz 3 und 4

Entsprechend § 2 Abs. 2 InsO werden durch Abs. 3 die Landesregierungen ermächtigt, durch Rechtsverordnung die Entscheidungen nach den §§ 344–346 InsO für die Bezirke mehrerer Insolvenzgerichte bei einem Insolvenzgericht zu konzentrieren. Sinnvoll könnte es etwa sein, für ein Land oder für einen OLG-Bezirk ein Insolvenzgericht zu bestellen, das für die Bearbeitung grenzüberschreitender Insolvenzverfahren nach Art. 102c § 1 Abs. 3 EGInsO und für die Unterstützungsmaßnahmen nach §§ 344 ff. InsO zuständig ist. Durch eine solche Konzentration würde erreicht, dass sich an diesem Gericht eine **hinreichende Expertise** bildet und **Richter mit besonderen Sprachkenntnissen** herangezogen werden können (vgl. BT-Drucks. 12/2443, S. 242).

Noch stärker kämen diese synergetischen Effekte zum Tragen, wenn von der Ermächtigung nach Abs. 4 Gebrauch gemacht würde und über die Ländergrenzen hinweg einzelne Insolvenzgerichte für zuständig erklärt würden. Dies wäre auch eine erhebliche Erleichterung für die ausländischen Insolvenzverwalter, da hierdurch die Zahl der inländischen Gerichte, die für Maßnahmen nach den §§ 344 ff. InsO zuständig wären, deutlich reduziert würde.

Die Länder haben von der Ermächtigung gem. Abs. 3 bislang keinen Gebrauch gemacht (*Braun/Ehret* InsO, § 348 Rn. 8). Ebenso fehlen Vereinbarungen gem. Abs. 4.

Wendet sich der ausländische Insolvenzverwalter an ein **unzuständiges Gericht**, so ist dieses Gericht nach Abs. 4 Satz 2 verpflichtet, den bei ihm eingegangenen Antrag **unverzüglich an das zuständige Gericht weiterzuleiten** und den Verwalter hierüber zu informieren. Dabei ist nicht nur die örtliche Zuständigkeit angesprochen; jedes deutsche Gericht, bei dem ein entsprechender Antrag eingeht, hat dessen Weiterleitung zu veranlassen (*Andres/Leithaus/Dahl* InsO, § 348 Rn. 5; HK-InsO/*Stephan* § 348 Rn. 10).

§ 349 Verfügungen über unbewegliche Gegenstände

(1) Hat der Schuldner über einen Gegenstand der Insolvenzmasse, der im Inland im Grundbuch, Schiffsregister, Schiffsbauregister, oder Register für Pfandrechte an Luftfahrzeugen eingetragen ist, oder über ein Recht an einem solchen Gegenstand verfügt, so sind die §§ 878, 892, 893 des Bürgerlichen Gesetzbuchs, § 3 Abs. 3, §§ 16, 17 des Gesetzes über Rechte an eingetragenen Schiffen und Schiffsbauwerken und § 5 Abs. 3, §§ 16, 17 des Gesetzes über Rechte an Luftfahrzeugen anzuwenden.

(2) Ist zur Sicherung eines Anspruchs im Inland eine Vormerkung im Grundbuch, Schiffsregister, Schiffsbauregister oder Register für Pfandrechte an Luftfahrzeugen eingetragen, so bleibt § 106 unberührt.

Übersicht

	Rdn.
A. Normzweck	1
B. Im Einzelnen	3
I. Zu Absatz 1	3
1. Verfügung über einen Gegenstand der Insolvenzmasse	3
2. Verweisung auf die Gutglaubensvorschriften	4
II. Zu Absatz 2	5
III. Anfechtung	6

Literatur:
von Bismarck/Schümann-Kleber Insolvenz eines ausländischen Sicherungsgebers – Anwendung deutscher Vorschriften auf die Verwertung in Deutschland belegener Kreditsicherheiten, NZI 2005, 147; *dies.* Insolvenz eines deutschen Sicherungsgebers – Auswirkungen auf die Verwertung im Ausland belegener Kreditsicherheiten, NZI 2005, 89.

A. Normzweck

1 Vorschriften, die nach Eröffnung des Verfahrens **die Grenzen der Verfügungsmacht des Schuldners** beschreiben, **sind insolvenzrechtlich zu qualifizieren**. Richtiger Auffassung nach gilt dies auch für Vorschriften, die den **guten Glauben an die Verfügungsmacht** des Schuldners schützen (*Mohrbutter/Ringstmeier-Wenner* Kap. 20 Rn. 284). § 349 InsO sperrt die ausländische lex fori concursus insoweit aus. Der durch Register vermittelte **gute Glaube wird nach inländischem Belegenheits- und Registerrecht geschützt**. Es handelt sich nicht um eine Sachnorm (so aber *Kübler/Prütting/Bork-Paulus* InsO, § 349 Rn. 2), sondern um eine **einseitige Kollisionsnorm**, die für die in der Regelung angesprochenen Fragen in Ausnahme zu der in § 335 InsO enthaltenen Kollisionsnorm auf deutsches Sachrecht verweist (BT-Drucks. 15/16, S. 23; HK-InsO/*Stephan* § 349 Rn. 2). Während also § 349 InsO bei ausländischen Insolvenzverfahren eine Sonderregelung vorsieht, soll es nach dem Willen des Gesetzgebers **bei einem deutschen Insolvenzverfahren hinsichtlich des Gutglaubensschutzes bei der Anwendung der inländischen lex fori concursus** bleiben; es gelten also bei Verfügungen über unbewegliche Gegenstände die Gutglaubensvorschriften der InsO (bei der Anwendung von § 81 InsO sind dann die dort genannten deutschen Rechtsinstitute durch die im ausländischen Recht vorhandenen vergleichbaren Institute zu ersetzen).

2 Einseitige Kollisionsnormen sind im IIR grundsätzlich verfehlt, weil inländische Insolvenzverfahren anders als ausländische Insolvenzverfahren behandelt und auf diese Weise moderne kollisionsrechtliche Einsichten missachtet werden. Mitunter baut man deshalb einseitige Kollisionsnormen zu allseitigen aus. Hier verbietet sich das. Rechtpolitisch fragwürdige Einschränkungen der lex fori concursus vertragen keine Weiterungen.

B. Im Einzelnen

I. Zu Absatz 1

1. Verfügung über einen Gegenstand der Insolvenzmasse

Es muss sich um eine **Verfügung über einen Gegenstand der Insolvenzmasse** handeln (*Andres/Leithaus/Dahl* InsO, § 349 Rn. 4). Der Begriff der **Verfügung** ist weit zu verstehen (anders wohl *Andres/Leithaus/Dahl* InsO, § 349 Rn. 6; *Kübler/Prütting/Bork-Paulus* InsO, § 349 Rn. 5). Auch Rechtsgeschäfte oder nicht rechtsgeschäftliche Rechtshandlungen, die Rechtsfolgen auslösen, ohne dass der Wille des Handelnden auf diesen Erfolg gerichtet ist (s. *Wimmer-Amend* § 81 Rdn. 1) fallen unter Abs. 1. Es muss weiterhin eine Verfügung des **Schuldners** oder eines Vertreters oder Bevollmächtigten vorliegen. Verfügungen eines **Treuhänders** werden nicht erfasst. Die Verfügung muss ferner **nach Verfahrenseröffnung** vorgenommen worden sein. Der Gegenstand der Insolvenzmasse muss schließlich im **Inland** belegen sein (*Braun/Ehret* InsO, § 349 Rn. 4).

2. Verweisung auf die Gutglaubensvorschriften

§ 349 InsO verweist auf §§ 878, 892, 893 BGB, § 3 Abs. 3, §§ 16, 17 des Gesetzes über Rechte an eingetragenen Schiffen und Schiffsbauwerken sowie auf § 5 Abs. 3, §§ 16, 17 des Gesetzes über Rechte an Luftfahrzeugen. Diese Vorschriften **verdrängen den Gutglaubensschutz der ausländischen lex fori concursus** (vgl. HK-InsO/*Stephan* § 349 Rn. 3).

II. Zu Absatz 2

Wurde zur Sicherung eines Anspruchs im Inland eine **Vormerkung** in den Registern eingetragen, so gilt anstelle der ausländischen lex fori concursus § 106 InsO (*Smid* Dt. IIR, § 349 Rn. 3). Damit soll die **Insolvenzfestigkeit** der Vormerkung sichergestellt werden (*Braun/Ehret* InsO, § 349 Rn. 6). § 349 Abs. 2 InsO betrifft ebenfalls nur den Fall, dass im Ausland ein Insolvenzverfahren eröffnet worden ist (HK-InsO/*Stephan* § 349 Rn. 9). Ist umgekehrt im Inland ein Hauptverfahren eröffnet worden und ein Anspruch auf Einräumung oder Aufhebung eines Rechts an einem im Ausland belegenen unbeweglichen Gegenstand des Schuldners in einer der Vormerkung vergleichbaren Weise gesichert, gilt § 106 InsO mit der Maßgabe, dass das ausländische Sicherungsrecht an die Stelle der Vormerkung tritt.

III. Anfechtung

Wer die inländischen Gutglaubensvorschriften anwendet, muss auch § 147 InsO im Blick haben (vgl. *Andres/Leithaus/Dahl* InsO, § 349 Rn. 10). Die Vorschrift bestimmt, dass Rechtshandlungen, die nach §§ 892, 893 BGB, §§ 16, 17 des Gesetzes über Rechte an eingetragenen Schiffen und Schiffsbauwerken sowie nach § 5 Abs. 3, §§ 16, 17 des Gesetzes über Rechte an Luftfahrzeugen wirksam sind, nach den Vorschriften angefochten werden können, die für die Anfechtung einer vor der Verfahrenseröffnung vorgenommenen Rechtshandlung gelten. Der durch die Gutglaubensvorschriften vermittelte Erwerb ist also nicht in jedem Fall rechtsbeständig. Eine § 147 InsO vergleichbare Vorschrift wird man in der ausländischen lex fori concursus häufig nicht finden (etwa weil das Konzept insgesamt anders ist). Das bedeutet nicht, dass eine Anfechtung ausscheidet. Vielmehr besteht **Normenmangel**, der durch Angleichung zu lösen ist. **Die Anfechtungsregeln sind dennoch anwendbar** (*Mohrbutter/Ringstmeier-Wenner* Kap. 20 Rn. 288; zust. *Andres/Leithaus/Dahl* InsO, § 349 Rn. 10). Dabei nützt dem Anfechtungsgegner § 339 InsO nicht unbedingt. Zwar läuft hiernach eine Anfechtung leer, wenn der Anfechtungsgegner nachweist, dass die Rechtshandlung nach ihrem Statut nicht angreifbar ist. Das Statut der Rechtshandlung ist aber das Vertragsstatut, nicht die lex rei sitae, die hier den gutgläubigen Erwerb ermöglicht hat (*Mohrbutter/Ringstmeier-Wenner* Kap. 20 Rn. 288).

§ 350 Leistung an den Schuldner

¹Ist im Inland zur Erfüllung einer **Verbindlichkeit an den Schuldner** geleistet worden, obwohl die Verbindlichkeit zur Insolvenzmasse des ausländischen Insolvenzverfahrens zu erfüllen war, so wird der Leistende befreit, wenn er zur Zeit der Leistung die Eröffnung des Verfahrens nicht kannte. ²Hat er vor der öffentlichen Bekanntmachung nach § 345 geleistet, so wird vermutet, dass er die Eröffnung nicht kannte.

Übersicht	Rdn.		Rdn.
A. Normzweck	1	I. Leistung an den Schuldner	4
B. Im Einzelnen	4	II. Befreiende Wirkung der Leistung	7

Literatur:
Siehe Vor §§ 335 ff.

A. Normzweck

1 Vorschriften, die den **guten Glauben** desjenigen schützen, der in Unkenntnis der Eröffnung des Insolvenzverfahrens **an den Schuldner geleistet hat**, sind insolvenzrechtlich zu qualifizieren (*Kirchhof* WM 1993, 1364 [1369]; *Mohrbutter/Ringstmeier-Wenner* Kap. 20 Rn. 279; *Summ* Anerkennung ausländischer Konkurse in der Bundesrepublik Deutschland, S. 89; wohl auch: *Beck/Depré/Kammel* Praxis der Insolvenz, § 39 Rn. 62; **a.A.** *Aderhold* Auslandskonkurs im Inland, S. 258).

2 Zu Unrecht wollen allerdings einige Stimmen ausländische Gutgläubenskonzepte nicht anwenden, wenn sie weniger Schutz bieten als § 82 InsO (*Kirchhof* WM 1993, 1364[1369]; *Summ* Anerkennung ausländischer Konkurse in der Bundesrepublik Deutschland, S. 89 f.; *Pielorz* Auslandskonkurs, S. 102 f.). Ausländische Gutgläubenskonzepte sind anzuwenden, wenn sie nicht gegen den ordre public verstoßen. § 82 InsO beschreibt nicht die Grenze des Erträglichen (*Mohrbutter/Ringstmeier-Wenner* Kap. 20 Rn. 279; zust. *Andres/Leithaus/Dahl* InsO, § 350 Rn. 1).

3 Einen Teilbereich nimmt nun § 350 InsO aus der Problematik heraus, in dem er im Wege einer **Sachnorm** bestimmt, dass derjenige, der an den Schuldner und nicht an die ausländische Insolvenzmasse geleistet hat, dennoch befreit wird, wenn er zum Zeitpunkt der Leistung die Eröffnung des Verfahrens nicht kannte. Diese Unkenntnis wird vor der öffentlichen Bekanntmachung im Inland vermutet.

B. Im Einzelnen

I. Leistung an den Schuldner

4 Ein Drittschuldner muss eine **Leistung an den Schuldner** erbracht haben, die an die **Insolvenzmasse** zu leisten gewesen wäre. Ob der Insolvenzmasse eine **Verbindlichkeit** zustand, bestimmt sich nach dem Schuldstatut, welches nach den Regeln des Internationalen Schuldvertragsrechts der lex fori processus bestimmt wird. Ob die Verbindlichkeit der **Insolvenzmasse** zusteht, bestimmt sich nach der lex fori concursus.

5 Es muss sich um ein **ausländisches** Insolvenzverfahren handeln, ob das Verfahren ein Hauptinsolvenzverfahren oder ein Partikularverfahren ist, ist irrelevant. Die Leistung muss **an den Schuldner** erfolgt sein; ob sie später zur Masse gelangt ist, ist für den Anwendungsbereich von § 350 InsO unerheblich.

6 § 350 InsO regelt nur den Fall, dass bei ausländischer Eröffnung des Verfahrens **die Leistung im Inland** erbracht worden ist. Die Bestimmung des Leistungsorts erfolgt nach § 269 BGB (*Mohrbutter/Ringstmeier-Wenner* Kap. 20 Rn. 282; HK-InsO/*Stephan* § 350 Rn. 6; *Smid* Dt. IIR, § 350 Rn. 2; *Braun/Ehret* InsO, § 350 Rn. 6; vgl. BT-Drucks. 15/16, S. 23). § 350 InsO setzt ferner voraus, dass der Drittschuldner **vertragsgemäß im Inland** geleistet hat. Hätte er im Ausland leisten

müssen, greift § 350 InsO nicht ein (*Andres/Leithaus/Dahl* InsO, § 350 Rn. 5; *Kübler/Prütting/ Bork-Paulus* InsO, § 350 Rn. 5).

II. Befreiende Wirkung der Leistung

Als **Rechtsfolge** enthält § 350 InsO keine Verweisung auf ein anderes Recht, sondern eine Sachregelung (*Braun/Ehret* InsO, § 350 Rn. 7). Der Drittschuldner wird von der Verbindlichkeit befreit, wenn er zum Zeitpunkt der Leistung die **Eröffnung des Verfahrens nicht kannte**. Erforderlich ist **positives Wissen**, Kennenmüssen reicht nicht aus (*Kübler/Prütting/Bork-Paulus* InsO, § 350 Rn. 8; *Smid* Dt. IIR, § 350 Rn. 3). Die Unkenntnis des Drittschuldners wird **widerleglich vermutet**, wenn er vor der öffentlichen Bekanntmachung des ausländischen Verfahrens im Inland nach § 345 InsO geleistet hat. Der ausländische Insolvenzverwalter kann die vermutete Unkenntnis etwa dadurch widerlegen, dass er nachweist, den Drittschuldner durch ein Anschreiben in Kenntnis gesetzt zu haben. Kenntnis der Krise des Schuldners reicht aber nicht aus. 7

Leistet der Drittschuldner **nach der öffentlichen Bekanntmachung** der Verfahrenseröffnung, gilt die Vermutung des § 350 Satz 2 InsO nicht. Das bedeutet nicht automatisch, dass der Drittschuldner stets die Beweislast trägt (anders *Andres/Leithaus/Dahl* InsO, § 350 Rn. 10; *Kübler/Prütting/Bork-Paulus* InsO, § 350 Rn. 10; HK-InsO/*Stephan* § 350 Rn. 10). Vielmehr richtet sich die Beweislast nun nach den allgemeinen Regeln der lex fori processus (wohl auch *Braun/Ehret* InsO, § 350 Rn. 8); nach deutschem Internationalen Zivilprozessrecht richtet sich die Frage der Beweislast nach dem Forderungsstatut. 8

§ 351 Dingliche Rechte

(1) Das Recht eines Dritten an einem Gegenstand der Insolvenzmasse, der zur Zeit der Eröffnung des ausländischen Insolvenzverfahrens im Inland belegen war, und das nach inländischem Recht einen Anspruch auf Aussonderung oder auf abgesonderte Befriedigung gewährt, wird von der Eröffnung des ausländischen Insolvenzverfahrens nicht berührt.

(2) Die Wirkungen des ausländischen Insolvenzverfahrens auf Rechte des Schuldners an unbeweglichen Gegenständen, die im Inland belegen sind, bestimmen sich, unbeschadet des § 336 Satz 2, nach deutschem Recht.

Übersicht	Rdn.			Rdn.
A. Normzweck	1		c) Das dingliche Recht	9
B. Im Einzelnen	4		d) Belegenheit im Inland	11
I. Absatz 1	4		3. Rechte werden »nicht berührt«	12
1. Regelungstechnik	4	II.	Absatz 2	15
2. Tatbestandsvoraussetzungen	7		1. Regelungsgegenstand	16
a) Ausländisches Hauptinsolvenz-			2. Tatbestandsvoraussetzungen	17
verfahren	7		3. Rechtsfolge	18
b) Gegenstand der Insolvenzmasse	8			

Literatur:
Heiss/Götz Zur deutschen Umsetzung der Richtlinie 2001/17/EG des Europäischen Parlaments und des Rates vom 19.03.2001 über die Sanierung und Liquidation von Versicherungsunternehmen, NZI 2006, 1; *Plappert* Dingliche Sicherungsrechte in der Insolvenz, 2008; *Scherber* Neues autonomes internationales Insolvenzrecht in Spanien im Vergleich zur EuInsVO und zu den neuen §§ 335–358 InsO, IPRax 2005, 160; *von Bismarck/ Schümann-Kleber* Insolvenz eines ausländischen Sicherungsgebers – Anwendung deutscher Vorschriften auf die Verwertung in Deutschland belegener Kreditsicherheiten, NZI 2005, 147; *dies.* Insolvenz eines deutschen Sicherungsgebers – Auswirkungen auf die Verwertung im Ausland belegener Kreditsicherheiten, NZI 2005. 89.

§ 351 InsO Dingliche Rechte

A. Normzweck

1 Mit § 351 InsO wollte der Gesetzgeber den Interessen inländischer gesicherter Gläubiger entgegen kommen. Er meinte, durch die Anwendung der ausländischen lex fori concursus auf Sicherungsrechte werde das Sicherungsrecht entwertet, was aus Vertrauensschutzgesichtspunkten nicht tragbar sei (BT-Drucks. 15/16, S. 23 f.). Dies entspricht einer schon früher häufig vertretenen Auffassung, bei ausländischen Insolvenzverfahren im Inland belegenes Vermögen nach inländischen Grundsätzen abzuwickeln (so etwa *Aderhold* Auslandskonkurs im Inland, S. 282). Das Ziel, **inländische** Gläubiger zu bevorzugen, ist unverkennbar. Während man im Falle eines inländischen Insolvenzverfahrens keinen Zweifel daran hat, dass sich die Behandlung der ausländischen Sicherungsrechte nach der lex fori concursus richtet, soll im umgekehrten Fall die lex fori concursus durch eigene Rechtsvorstellungen verdrängt werden.

2 Die Überlegung des Gesetzgebers, das Sicherungsrecht werde durch die ausländische lex fori concursus entwertet, geht offensichtlich fehl: Entwertet wird nur die Sicherheit, bei deren Bestellung sich der Gläubiger – zu Unrecht – am Insolvenzrecht des Belegenheitsstaats orientiert hat. Dieser kurzsichtige Gläubiger wäre nicht zu belohnen gewesen. Demgegenüber ist es für den gesicherten Gläubiger wichtig, dass das anwendbare Insolvenzstatut **vorhersehbar** ist. Knüpft man an die lex rei sitae an, so führt dies jedenfalls bei Sicherungsrechten an beweglichen Sachen zu **großen Unsicherheiten**, weil das Belegenheitsstatut ohne Weiteres wechseln kann (vgl. *Mohrbutter/Ringstmeier-Wenner* Kap. 20 Rn. 293). Die Anwendung der lex fori concursus wäre vorzugswürdig gewesen (so schon zum früheren Recht *Kirchhof* WM 1993, 1401 [1404]; *Lau* BB 1986, 1450 [1451]; *Riegel* Grenzüberschreitende Konkurswirkungen, S. 201, *Favoccia* Vertragliche Mobiliarsicherheiten, S. 50 [86]; *Hanisch* IPRax 1992, 187 [190]).

3 Der Ausschluss der Anwendung der lex fori concursus auf Sicherungsrechte ist nicht nur kollisionsrechtlich verfehlt, sondern führt in der Praxis dazu, dass **Sanierungen erheblich behindert** werden (*Andres/Leithaus/Dahl* InsO, § 351 Rn. 2; *Braun/Ehret* InsO, § 351 Rn. 2, 12; *Leible/Staudinger* KTS 2000, 532 [550]). Die Sonderanknüpfung ist zu Recht als schwerer konzeptioneller Fehler bezeichnet worden (*Stürner* FS Kirchhof, S. 467 [473]). § 351 InsO sollte schon deshalb **eng ausgelegt** werden (*Mohrbutter/Ringstmeier-Wenner* Kap. 20 Rn. 255 f.).

B. Im Einzelnen

I. Absatz 1

1. Regelungstechnik

4 Abs. 1 bestimmt, dass Rechte eines Dritten an einem Gegenstand der Insolvenzmasse von der Eröffnung des ausländischen Insolvenzverfahrens **nicht berührt** werden. Damit wird die nach der Grundnorm des IIR anwendbare lex fori concursus ausgesperrt. Abs. 1 beschränkt sich auf die Aussage, welches Recht nicht angewandt wird. Eine Verweisung auf ein anderes Recht enthält Abs. 1 nicht. Dieser Umstand macht ihn aber nicht zur Sachnorm (so aber *Braun/Ehret* InsO, § 351 Rn. 1; *ders.* NZI 2003, 302 [307]; vgl. auch *Huber* ZZP 114 [2001], 133 [154]). Die Bestimmung, dass ein bestimmtes Recht nicht angewandt werden soll, ist durchaus eine **kollisionsrechtliche Regelung** (*Mohrbutter/Ringstmeier-Wenner* Kap. 20 Rn. 299, Fn. 771).

5 Abs. 1 enthält eine **einseitige** Kollisionsnorm, weil sie das Schicksal der Rechte Dritter lediglich in einem **ausländischen** Insolvenzverfahren behandelt, nicht aber in einem **inländischen**. Im Grundsatz ist man bestrebt, einseitige Kollisionsnormen zu allseitigen auszubauen; so entsteht der gewünschte **Entscheidungseinklang** (zu einseitigen Kollisionsnormen vgl. *Kegel/Schurig* Internationales Privatrecht, S. 322 f.). Es besteht aber kein Grund, **rechtspolitisch verfehlte** Kollisionsnormen zu allseitigen Normen auszubauen. Der **allseitige Ausbau des § 351 Abs. 1 InsO ist nicht geboten** (*Mohrbutter/Ringstmeier-Wenner* Kap. 20 Rn. 305; im Ergebnis ebenso *Braun/Ehret* InsO, § 351 Rn. 20; *Kübler/Prütting/Bork-Paulus* InsO, § 351 Rn. 2; anders *Wimmer* 4. Aufl., § 351 Rn. 7).

§ 351 InsO soll auch die europäische Richtlinie 2001/17/EG vom 19.03.2001 über die Sanierung und Liquidation von Versicherungsunternehmen (ersetzt durch 2009/138/EG [Solvabilität II-Richtlinie]) und die Richtlinie 2001/24/EG vom 04.04.2001 über die Sanierung und Liquidation von Kreditinstituten umsetzen. Da diese Richtlinien allseitige Kollisionsnormen fordern, sind sie nur unzureichend umgesetzt und gelten mangels fristgerechter Umsetzung möglicherweise inzwischen unmittelbar (*Mohrbutter/Ringstmeier-Wenner* Kap. 20 Rn. 254, 304 Fn. 791). 6

2. Tatbestandsvoraussetzungen

a) Ausländisches Hauptinsolvenzverfahren

Es muss ein **anerkennungsfähiges** ausländisches Hauptinsolvenzverfahren eröffnet worden sein, dessen lex fori concursus auf die in § 351 InsO genannten Rechte in irgendeiner Weise einwirken will. Die Anerkennungsfähigkeit des Verfahrens richtet sich nach § 343 Abs. 1 InsO. 7

b) Gegenstand der Insolvenzmasse

Es muss ein Recht an einem **Gegenstand der Insolvenzmasse** bestehen (*Andres/Leithaus/Dahl* InsO, § 351 Rn. 7). Gegenstand ist, was Objekt von Rechten sein kann. Dazu zählen bewegliche und unbewegliche Sachen, Forderungen, Immaterialgüterrechte und sonstige Vermögensrechte. 8

c) Das dingliche Recht

Abs. 1 schützt alle Rechte, die nach deutschem Insolvenzrecht zur **Aus- oder Absonderung** berechtigen würden (*Andres/Leithaus/Dahl* InsO, § 351 Rn. 6; *Braun/Ehret* InsO, § 351 Rn. 8; *Mohrbutter/Ringstmeier-Wenner* Kap. 20 Rn. 296; HK-InsO/*Stephan* § 351 Rn. 4). 9

Das bedeutet nicht, dass nur in Deutschland bekannte Rechtsinstitute in Betracht kommen. Auch **besitzlose Mobiliarpfandrechte** können relevant werden. Gelangen durch ein besitzloses Mobiliarpfandrecht gesicherte Gegenstände ins Inland, so ist zu prüfen, ob und auf welche Weise dieses hier anerkannt werden kann. Dabei ist die ausländische Sicherheit durch eine **vergleichende Analyse** in das deutsche System einzuordnen. Das ausländische Rechtsinstitut wird entsprechend dem ihm funktional am nächsten stehenden inländischen Rechtsinstitut behandelt. Bei der Anerkennung ausländischer Sicherungsformen ist das deutsche Recht großzügig. Grenze ist der ordre public (BGHZ 39, 173 [175 f.]; 45, 95 [97]). Auf diese Weise ist auch festzustellen, ob ein Aus- oder Absonderungsrecht besteht. Das security interest eines Verkäufers einer Ware mit dem Sitz in den USA ist wie ein Eigentumsvorbehalt zu behandeln, das security interest eines Werkunternehmers hingegen berechtigt zur abgesonderten Befriedigung (vgl. die Beispiele bei *Mohrbutter/Ringstmeier-Wenner* Kap. 20 Rn. 310). Die großzügige Haltung Deutschlands führt dazu, dass auch ausländische **besitzlose Mobiliarsicherheiten** oder **Globalsicherheiten** (etwa die floating charge) im Inland nach **Angleichung** anerkannt werden. Dabei werden ihre Bestandteile in die funktionsäquivalenten Rechtsfiguren des deutschen Rechts übertragen (*Mohrbutter/Ringstmeier-Wenner* Kap. 20 Rn. 206, 310 m.N.). Ob das Recht zivilrechtlich wirksam entstanden ist und noch besteht, ist kollisionsrechtlich eine **Vorfrage** und gesondert zu behandeln. Es gelten die kollisionsrechtlichen Regeln der **lex fori processus** (*Mohrbutter/Ringstmeier-Wenner* Kap. 20 Rn. 298). 10

d) Belegenheit im Inland

Geschützt wird nur das Recht an dem Gegenstand, der sich zum Zeitpunkt der **Verfahrenseröffnung im Inland befunden** hat. Gelangt der Gegenstand erst nach Eröffnung des Verfahrens ins Inland, findet Abs. 1 keine Anwendung (*Andres/Leithaus/Dahl* InsO, § 351 Rn. 8; *Huber* ZZP 114 [2001], 133 [156]; *Liersch* NZI 2003, 302 [308]). 11

3. Rechte werden »nicht berührt«

12 Abs. 1 bestimmt, dass dingliche Rechte an einem im Inland belegenen Gegenstand von den Wirkungen des ausländischen Verfahrens **nicht berührt** werden. Die herrschende Auffassung versteht dies als **völlige Freistellung** dieser Rechte. Der Sicherungsnehmer soll ungeachtet der Insolvenzeröffnung seine Berechtigungen so wahrnehmen, wie er es ohne Insolvenz konnte (*Andres/Leithaus/Dahl* InsO, § 351 Rn. 9 f.; *Braun/Ehret* InsO, § 351 Rn. 11; *Kübler/Prütting/Bork/Paulus* InsO, § 351 Rn. 9). Über das Ziel des Gesetzgebers, den Gläubiger vor den Wirkungen eines ausländischen und ihm nicht bekannten Insolvenzverfahrens zu schützen (vgl. BT-Drucks. 15/16, S. 24), geht dies weit hinaus (*Mohrbutter/Ringstmeier-Wenner* Kap. 20 Rn. 299 m.N.). Zugleich werden häufig gerade die bedeutenden Vermögensgegenstände des Schuldners dem Zugriff des ausländischen Insolvenzverwalters entzogen, ohne die eine Fortführung des Unternehmens kaum möglich ist (s. Rdn. 3). Das führt nicht nur dazu, dass der Gesetzgeber die in § 351 InsO enthaltene Regelung überdenken sollte (*Mohrbutter/Ringstmeier-Wenner* Kap. 20 Rn. 299). Es muss überlegt werden, ob Abs. 1 nicht **einschränkend ausgelegt** werden kann. Der Schutz des § 351 InsO bezieht sich jedenfalls nicht auf die vollstreckungsrechtlichen Voraussetzungen bei der Durchsetzung der dinglichen Rechte (vgl. *BGH* NZI 2011, 420 zum vergleichbaren Art. 5 EuInsVO; *Bierhenke* MittBayNot 2012, 155; *Braun/Ehret* InsO, § 351 Rn. 11). § 351 verhindert auch nicht die Anwendung von Regelungen der lex fori concursus, die die Nichtigkeit, Anfechtbarkeit oder relative Unwirksamkeit einer die Gesamtheit der Gläubiger benachteiligenden Rechtshandlung vorsehen (*BGH* NZI 2013, 763).

13 Im autonomen deutschen IIR kann der ausländische Verwalter im Inland die Eröffnung eines Sekundärinsolvenzverfahrens beantragen, falls die dann geltenden Regelungen für ihn und seine Gläubiger günstiger sind (vgl. BT-Drucks. 15/16, S. 24). Massiver stellt sich die Problematik im Rahmen des Art. 8 EuInsVO. Möglichkeiten einer einschränkenden Auslegung werden dort behandelt (s. EuInsVO Art. 8 Rdn. 11 f.).

14 § 351 InsO schützt das **Recht des Dritten**, nicht aber den **Gegenstand selbst** (*Kübler/Prütting/Bork-Paulus* InsO, § 351 Rn. 10; vgl. *Huber* ZZP 114 [2001], 133 [154]). Ein **Verwertungsübererlös** gehört der Masse (*Kübler/Prütting/Bork/Paulus* InsO, § 351 Rn. 10; *Braun/Ehret* InsO, § 351 Rn. 12; vgl. *Huber* ZZP 114 [2001], 133 [154]).

II. Absatz 2

15 Abs. 2 behandelt die Rechte des Schuldners an unbeweglichen Gegenständen, die im Inland belegen sind.

1. Regelungsgegenstand

16 Es handelt sich um eine **einseitige** Kollisionsnorm, die bei Eröffnung eines ausländischen Insolvenzverfahrens die ausländische lex fori concursus beschränkt und anstelle dessen auf deutsches Recht verweist. Der **allseitige Ausbau** der Kollisionsnorm ist abzulehnen (s. Rdn. 5).

2. Tatbestandsvoraussetzungen

17 Es muss im Ausland ein Hauptinsolvenzverfahren eröffnet worden sein, welches nach § 343 Abs. 1 InsO anerkennungsfähig ist. Das Recht des Schuldners muss an einem im **Inland** belegenen unbeweglichen Gegenstand begründet worden sein.

3. Rechtsfolge

18 Abs. 2 verweist auf die **Geltung deutschen Rechts anstelle der lex fori concursus**. Einige meinen, damit gelte ausschließlich deutsches Recht (*Braun/Ehret* InsO, § 351 Rn. 17; MüKo-InsO/*Thole* § 351 InsO Rn. 16). Andere meinen, Abs. 2 schließe nur die Wirkungen aus, die dem deutschen Recht unbekannt sind (*Wimmer* 4. Aufl., § 351 Rn. 16; HK-InsO/*Stephan* § 351 Rn. 9; *Kübler/Prütting/Bork-Paulus* InsO, § 351 Rn. 16; *Smid* Dt. IIR, § 351 Rn. 6). Letzteres entspricht offenbar

auch dem Willen des Gesetzgebers (BT-Drucks. 15/16, S. 24; *Wimmer* ZInsO 2001, 97 [100]). Auch wenn diese Kumulationslösung umständlich ist, regelungstechnisch ungeschickt erscheint und vielleicht nur auf kollisionsrechtlichen Missverständnissen beruht, ist sie als »sanfterer Eingriff« in die eigentlich berufene lex fori concursus vorzuziehen.

§ 352 Unterbrechung und Aufnahme eines Rechtsstreits

(1) ¹Durch die Eröffnung des ausländischen Insolvenzverfahrens wird ein Rechtsstreit unterbrochen, der zur Zeit der Eröffnung anhängig ist und die Insolvenzmasse betrifft. ²Die Unterbrechung dauert an, bis der Rechtsstreit von einer Person aufgenommen wird, die nach dem Recht des Staats der Verfahrenseröffnung zur Fortführung des Rechtsstreits berechtigt ist, oder bis das Insolvenzverfahren beendet ist.

(2) Absatz 1 gilt entsprechend, wenn die Verwaltungs- und Verfügungsbefugnis über das Vermögen des Schuldners durch die Anordnung von Sicherungsmaßnahmen nach § 343 Abs. 2 auf einen vorläufigen Insolvenzverwalter übergeht.

Übersicht	Rdn.		Rdn.
A. Normzweck	1	3. Übergang der Verwaltungs- und	
B. Im Einzelnen	2	Verfügungsbefugnis	6
I. Zu Absatz 1	2	4. Prozessvollmacht	7
1. Ausländisches Insolvenzverfahren	2	5. Aufnahme des Rechtsstreits	8
2. Inländischer Rechtsstreit	3	II. Zu Absatz 2	9

Literatur:
Ackmann/Wenner Auslandskonkurs und Inlandsprozess: Rechtssicherheit contra Universalität im deutschen Internationalen Konkursrecht?, IPRax 1989, 144 ff.; *Brinkmann* Die Auswirkungen der Eröffnung eines Verfahrens nach Chapter 11 U.S. Bankrupty Code auf im Inland anhängige Prozesse, IPRax 2011, 143; *Eyber* Auslandsinsolvenz und Inlandsrechtsstreit, ZInsO 2009, 1225; *Gebler/Stracke* Anerkennung des Chapter 11-Verfahrens als Insolvenzverfahren, NZI 2010, 13.

A. Normzweck

Die Vorschrift regelt die **Unterbrechung inländischer Prozesse**, wenn im Ausland ein Insolvenzverfahren eröffnet wird (Abs. 1) oder durch eine einstweilige Sicherungsmaßnahme im Ausland die Verwaltungs- und Verfügungsbefugnis auf einen vorläufigen Insolvenzverwalter übergeht (Abs. 2). Mit § 352 InsO will der Gesetzgeber klarstellen, »dass die prozessunterbrechende Wirkung von § 240 ZPO einen inländischen Rechtsstreit auch bei Eröffnung eines Insolvenzverfahrens im Ausland erfasst« (BT-Drucks. 15/16, S, 24). Es handelt sich um eine **Sachnorm** (*Braun/Ehret* InsO, § 352 Rn. 1; HK-InsO/*Stephan* § 352 Rn. 4).

B. Im Einzelnen

I. Zu Absatz 1

1. Ausländisches Insolvenzverfahren

Unterbrechungswirkung hat einmal das ausländische **Hauptinsolvenzverfahren**. Aber auch ein ausländisches **Partikularverfahren** kann einen im Inland anhängigen Prozess unterbrechen, wenn der Rechtsstreit einen zur Insolvenzmasse des Partikularverfahrens gehörenden Gegenstand betrifft (*Mohrbutter/Ringstmeier-Wenner* Kap. 20 Rn. 240; *Uhlenbruck/Lüer* InsO, § 352 Rn. 2; **a.A.** *Andres/Leithaus/Dahl* InsO, § 352 Rn. 2; *Braun/Ehret* InsO, § 352 Rn. 3; *Kübler/Prütting/Bork-Paulus* InsO, § 352 Rn. 2). Entscheidend ist, dass es sich um ein anerkennungsfähiges Insolvenzverfahren handelt (vgl. dazu § 343 Rdn. 5 ff.; zur Unterbrechungswirkung des Verfahrens nach Chapter 11 BC *BGH* NZI 2009, 859; dazu ausf. *Brinkmann* IPRax 2011, 143; abl. mit Blick auf das Verfahren nach Art. L 330–1 des französischen Code de la consommation *OLG Brandenburg* ZInsO 2011, 398; bejahend für das schweizerische Nachlassverfahren *BGH* NZI 2012, 572).

2. Inländischer Rechtsstreit

3 Betroffen sind **Aktiv- und Passivprozesse** (*Leible/Staudinger* KTS 2000, 533 [558]; *Andres/Leithaus/ Dahl* InsO, § 351 Rn. 3; HK-InsO/*Stephan* § 352 Rn. 7; *Mohrbutter/Ringstmeier-Wenner* Kap. 20 Rn. 239). Abs. 1 findet auf alle Urteilsverfahren jeder Prozessart und in allen Instanzen Anwendung, er gilt also für **zivilrechtliche Streitigkeiten ebenso wie für arbeits-, verwaltungs-, sozial- und finanzgerichtliche Streitigkeiten** (*Mohrbutter/Ringstmeier-Wenner* Kap. 20 Rn. 239; HK-InsO/ *Stephan* § 352 Rn. 6). Ausgenommen sind Zwangsvollstreckungsverfahren, sie richten sich nach der lex fori concursus (*Mohrbutter/Ringstmeier-Wenner* Kap. 20 Rn. 239; HambK-InsO/*Undritz* § 354 Rn. 3; *Smid* Dt. IIR, § 352 Rn. 4; vgl. für Art. 15 EuInsVO auch Art. 4 Abs. 2 lit. f EuInsVO). Die Wirkung von § 352 Abs. 1 InsO ist unabhängig vom Ausgang des Rechtsstreits (anders wohl *LG Mannheim* GRUR-RR 2011, 49). Zur Anwendung auf Schiedsverfahren vgl. auch EuInsVO Art. 18 Rdn. 6.

4 Der Rechtsstreit muss die **Insolvenzmasse betreffen**. Es entscheidet die lex fori concursus, ob die Masse betroffen ist (*Mohrbutter/Ringstmeier-Wenner* Kap. 20 Rn. 241; *Smid* Dt. IIR, § 352 Rn. 5; HK-InsO/*Stephan* § 352 Rn. 8).

5 Unterbrochen werden können nur Rechtsstreitigkeiten, die **bei Eröffnung** des ausländischen Verfahrens **bereits anhängig** waren (*Smid* Dt. IIR, § 352 Rn. 6). Das Merkmal der Anhängigkeit bestimmt sich nach der deutschen lex fori processus (*Mohrbutter/Ringstmeier-Wenner* Kap. 20 Rn. 239).

3. Übergang der Verwaltungs- und Verfügungsbefugnis

6 Zunächst: Ob die lex fori processus des ausländischen Eröffnungsstaats selbst das Institut der Prozessunterbrechung durch Insolvenz kennt, spielt für die Unterbrechung des inländischen Verfahrens keine Rolle (vgl. auch *OLG München* ZInsO 2011, 866). Fraglich ist aber, ob der inländische Prozess nur dann unterbrochen wird, **wenn die ausländische lex fori concursus die Prozessführungsbefugnis entzieht**, die Verwaltungs- und Verfügungsbefugnis also auf einen Verwalter überträgt. Im Rahmen des § 240 ZPO war man sich früher einig, dass die Vorschrift lediglich die Konsequenz des insolvenzrechtlich angeordneten Prozessführungswechsels ist (*BGH* NJW 1997, 2525 [2526]; *Ackmann/Wenner* IPRax 1989, 144 [145]). Heute wird zu § 240 ZPO im nationalen Kontext zunehmend die Auffassung vertreten, bei Insolvenzeröffnung trete eine Prozessunterbrechung auch dann ein, wenn die Verwaltungs- und Verfügungsbefugnis **nicht auf** den Verwalter übergehe (so für die Anordnung der Eigenverwaltung *BGH* NZI 2007, 188; *Zöller/Greger* § 240 Rn. 6). Auch für § 352 InsO wird vertreten, dass es nicht darauf ankomme, ob die ausländische lex fori concursus den Wechsel der Prozessführungsbefugnis anordne (vgl. etwa *OLG München* ZInsO 2011, 866; *OLG Frankfurt* ZIP 2007, 932; FK-InsO/*Wimmer* 4. Aufl., § 352 Rn. 4; K. Schmidt/*Brinkmann* InsO, § 352 Rn. 3; MüKo-InsO/*Thole* § 352 Rn. 5; *Gottwald/Kolmann/Keller* HdbInsR, § 134 Rn. 65.; HK-InsO/*Stephan* § 352 Rn. 5; noch offen *BGH* NZI 2009, 859 [861]). Diese Auffassung bewirkt im Inland unter Umständen mehr, als die lex fori concursus bewirken will. Der inländische Prozess würde auch dann unterbrochen, wenn das ausländische Recht dem Schuldner die Fortführung des Prozesses gestattet. Dem Willen des Gesetzgebers entsprach dies kaum, weil er durch § 352 InsO lediglich klarstellen wollte, dass § 240 ZPO gilt (BT-Drucks. 15/16, S. 24). Auch Abs. 2, der die prozessunterbrechende Wirkung auf im Ausland erlassene Sicherungsmaßnahmen erstreckt und ausdrücklich den Übergang der Verwaltungs- und Verfügungsbefugnis erwähnt, spricht dafür, dass **in Abs. 1 der Verlust der Prozessführungsbefugnis ungeschriebenes Tatbestandsmerkmal** ist (vgl. *Mohrbutter/Ringstmeier-Wenner* Kap. 20 Rn. 237). Der **BGH verneint eine Unterbrechungswirkung** immerhin zumindest dann, wenn das ausländische Recht weder einen Wechsel der Prozessführungsbefugnis noch sonstige Auswirkungen auf die Fortsetzung von Zivilprozessen vorsieht (*BGH* NZI 2012, 572 m. krit. Anm. *Buntenbroich* NZI 2012, 547; anders noch die Vorinstanz *OLG München* ZInsO 2011, 866). Die Prozessführungsbefugnis verliert der Schuldner auch dann, wenn das auslän-

dische Insolvenzrecht eine Aussetzung anhängiger Rechtsstreitigkeiten vorsieht (z.B. »automatic stay«, vgl. *BGH* NZI 2009, 859). Dass die Prozessführungsbefugnis auf einen Dritten (insbesondere den Insolvenzverwalter) übergeht, ist nicht Voraussetzung.

4. Prozessvollmacht

Ob mit der Eröffnung des Insolvenzverfahrens die vom Schuldner erteilte **Prozessvollmacht** erlischt, richtet sich nach der lex fori concursus. Bleibt sie bestehen, wird der inländische Prozess dennoch unterbrochen. § 246 Abs. 1 ZPO verweist nicht auf § 240 ZPO. 7

5. Aufnahme des Rechtsstreits

Nach **Abs. 1 Satz 2** bestimmt die lex fori concursus, **welche Person** zur Aufnahme des Rechtsstreits berechtigt ist. Dieses Statut bestimmt auch, **wann** der Rechtsstreit aufgenommen werden kann (bei der Anwendung des ordre public ist insoweit Zurückhaltung geboten, anders *BAG* NZI 2008, 122). Für die **Form** der Aufnahme gilt die lex fori processus (*BGH* NZI 2009, 859 [862]). 8

II. Zu Absatz 2

Entsprechend § 240 Satz 2 ZPO ordnet Abs. 2 Satz 1 eine Unterbrechung des inländischen Prozesses an, sofern die Verwaltungs- und Verfügungsbefugnis des Schuldners durch die **Anordnung von Sicherungsmaßnahmen nach § 343 Abs. 2 InsO** auf einen vorläufigen Insolvenzverwalter übergeht. Die Verweisung auf § 343 Abs. 2 InsO stellt klar, dass es sich um vorläufige Sicherungsmaßnahmen handeln muss, die der Eröffnungsstaat angeordnet hat. Auch hier reicht es aus, dass der Schuldner die Prozessführungsbefugnis verliert, ein Übergang der Befugnis auf eine andere Person ist nicht erforderlich. Wurden auf Antrag des ausländischen Verwalters hingegen im Inland Sicherungsmaßnahmen nach § 344 Abs. 2 InsO angeordnet, findet § 240 Satz 2 ZPO unmittelbare Anwendung, sofern diese Maßnahme einen Wechsel der Verwaltungs- und Verfügungsbefugnis auf einen vorläufigen Verwalter mit sich bringt. 9

§ 353 Vollstreckbarkeit ausländischer Entscheidungen

(1) ¹Aus einer Entscheidung, die in dem ausländischen Insolvenzverfahren ergeht, findet die Zwangsvollstreckung nur statt, wenn ihre Zulässigkeit durch ein Vollstreckungsurteil ausgesprochen ist. ²§ 722 Abs. 2 und § 723 Abs. 1 der Zivilprozessordnung gelten entsprechend.

(2) Für die in § 343 Abs. 2 genannten Sicherungsmaßnahmen gilt Absatz 1 entsprechend.

Übersicht	Rdn.		Rdn.
A. Normzweck	1	1. Entscheidung im ausländischen	
B. Im Einzelnen	2	Insolvenzverfahren	2
I. Zu Absatz 1	2	2. Vollstreckbarkeitserklärung	7
		II. Zu Absatz 2	8

Literatur:
Laptew Zur Vollstreckbarkeit russischer Gerichtsentscheidungen in Deutschland: Neue Entwicklungen, WiRo 2006, 198; *Walther/Liersch* Geltung und Grenzen der deutsch-schweizerischen Staatsverträge auf dem Gebiet des Insolvenzrechts, ZInsO 2007, 582.

A. Normzweck

Dass die in einem ausländischen Insolvenzverfahren ergangenen Entscheidungen im Inland anerkannt werden, bedeutet nicht, dass sie automatisch auch vollstreckbar sind. Vielmehr bedarf es eines **Exequaturverfahrens**, in dem die Zulässigkeit der Zwangsvollstreckung durch ein Vollstreckungsurteil ausgesprochen wird. Das bestimmt § 353 InsO. 1

B. Im Einzelnen

I. Zu Absatz 1

1. Entscheidung im ausländischen Insolvenzverfahren

2 § 353 InsO regelt die **Vollstreckbarkeit** von Entscheidungen, die in einem ausländischen Insolvenzverfahren ergehen, welches gem. § 343 InsO anerkennungsfähig ist. Es kann sich um ein **Hauptinsolvenzverfahren** oder um ein **Partikularverfahren** handeln.

3 Die Entscheidung muss in einem Insolvenzverfahren ergangen sein. Dazu gehören etwa die Entscheidung über die Eröffnung des Verfahrens, Entscheidungen des ausländischen Insolvenzgerichts über die Auskunftsleistung, Verfahrensmitwirkung, Vorführung oder Verhaftung von Verfahrensbeteiligten sowie die Postsperren, ebenso wie Entscheidungen zur Beendigung des Verfahrens, etwa der Tabellenauszug, der gerichtlich bestätigte Vergleich oder ein Insolvenzplan (BT-Drucks. 15/16, S. 24; HK-InsO/*Stephan* § 353 Rn. 4).

4 § 353 InsO erfasst nur die Entscheidungen, die nach § 343 InsO anerkannt werden. Entscheidungen, die **lediglich im Zusammenhang mit dem Insolvenzverfahren erfolgen** (hierzu s. § 343 Rdn. 43) fallen nicht unter § 353 InsO.

5 Ob eine Entscheidung **in** einem Insolvenzverfahren oder **im Zusammenhang** mit einem Insolvenzverfahren getroffen worden ist, wird unter verständiger Würdigung des ausländischen Insolvenzverfahrens entschieden. Kennt das ausländische Recht eine vis attractiva concursus, entscheidet es also etwa auch Anfechtungsklagen oder Feststellungsklagen der Gläubiger, so führt dies nicht dazu, dass es sich um Entscheidungen in einem Insolvenzverfahren i.S.v. § 353 InsO handelt (s. § 335 Rdn. 23; anders wohl *Wimmer* 4. Aufl., § 353 Rn. 3; anders auch das neue Verständnis der EuInsVO, vgl. Art. 6 EuInsVO). In diesem Fall richten sich Anerkennung und Vollstreckung nach allgemeinen Regeln.

6 Die **formelle Rechtskraft** der ausländischen Entscheidung ist nicht gefordert, § 353 InsO verweist nicht auf § 732 Abs. 2 ZPO (*Braun/Ehret* InsO, § 353 Rn. 4). Begründet hat der Gesetzgeber dies mit der Eilbedürftigkeit (BT-Drucks. 15/16, S. 24; krit. *Geimer* IZPR Rn. 3523; *Leipold* in: Stoll [Hrsg.] Stellungnahmen, S. 186 [196 f.]; *Mohrbutter/Ringstmeier-Wenner* Kap. 20 Rn. 214).

2. Vollstreckbarkeitserklärung

7 **Vorrangig** sind EU-Recht (insbesondere Art. 32 EuInsVO und die EuGVO) und **Staatsverträge**. Ansonsten gelten § 722 Abs. 2 und § 723 Abs. 1 ZPO. Vollstreckbarkeitsvoraussetzung ist zusätzlich, dass die ausländische Entscheidung im Sinne von § 343 InsO anerkennungsfähig ist (*Mohrbutter/Ringstmeier-Wenner* Kap. 20 Rn. 214). Der ausländische Eröffnungsbeschluss kann für vollstreckbar erklärt werden, wenn er nach dem Recht des Erlassstaats einen Titel darstellt (*Geimer* IZPR Rn. 3524; *Andres/Leithaus/Dahl* InsO, § 353 Rn. 4; HK-InsO/*Stephan* § 353 Rn. 4). Als Herausgabetitel dient er aber wohl nicht, wenn die herauszugebenden Gegenstände in ihm nicht bezeichnet sind (*Mohrbutter/Ringstmeier-Wenner* Kap. 20 Rn. 91, 215).

II. Zu Absatz 2

8 Nach Abs. 2 können auch **Entscheidungen**, die die ausländische eröffnende Stelle im Eröffnungsverfahren **zur vorläufigen Sicherung** trifft, nach Abs. 1 für vollstreckbar erklärt werden. Es muss sich um das Eröffnungsverfahren eines **anerkennungsfähigen Haupt- oder Partikularinsolvenzverfahrens** handeln (*Andres/Leithaus/Dahl* InsO, § 353 Rn. 6).

Dritter Abschnitt Partikularverfahren über das Inlandsvermögen

Vorbemerkungen vor §§ 354 ff.

Übersicht

	Rdn.			Rdn.
A.	Arten und Wirkungen der Partikular-		I. Begründung des Gesetzgebers	3
	verfahren	1	II. Bewertung	4
B.	Hintergrund	3		

Literatur:
Duursma-Kepplinger Einfluss der Eröffnung eines Sekundärinsolvenzverfahrens auf die Befriedigung von zuvor begründeten Masseverbindlichkeiten, ZIP 2007, 752; *Geroldinger* Verfahrenskoordination im Europäischen Insolvenzrecht – Die Abstimmung von Haupt- und Sekundärinsolvenzverfahren nach der EuInsVO, 2010; *Houzer* Die Verbindung von Insolvenzverfahren, NZI 2007, 432; *Klockenbrink/Saenger* Neue Grenzen für ein forum shopping des Insolvenzschuldners?, DZWIR 2006, 183; *Schmüser* Das Zusammenspiel zwischen Haupt- und Sekundärinsolvenzverfahren nach der EuInsVO, Diss., Hamburg 2009; *Siebert* Inländische Besteuerung des englischen Insolvenzschuldners oder des trust (ees) bei Verwertung von inländischem Vermögen? – Einschließlich Hinweisen zu österreichischen Insolvenzen mit Inlandsbezug, IStR 2007, 537; *Wenner* Ausländisches Sanierungsverfahren, Inlandsarrest und § 238 KO, KTS 1990, 429.

A. Arten und Wirkungen der Partikularverfahren

Der dritte Abschnitt regelt **Partikularverfahren**. Sie erfassen lediglich das im **Inland belegene** Vermögen. Die InsO kennt **zwei Arten**: Nach § 356 InsO kann im Inland ein **Sekundärinsolvenzverfahren** eröffnet werden, wenn im Ausland ein Hauptinsolvenzverfahren eröffnet worden ist. Gibt es kein Hauptinsolvenzverfahren im Ausland, so gestattet § 354 InsO die Eröffnung eines **unabhängigen Partikularverfahrens** im Inland (*Andres/Leithaus/Dahl* InsO, § 354 Rn. 1; *Braun/Delzant* InsO, § 354 Rn. 1; HambK-InsO/*Undritz* § 354 Rn. 1). 1

Die **Wirkungen der Partikularverfahren** nach §§ 354, 356 InsO sind im Wesentlichen gleich: Partikularverfahren erfassen das **im Inland belegene Vermögen** und wickeln dieses nach **eigenen Regeln** ab. Das nach der kollisionsrechtlichen Grundregel des IIR eigentlich anwendbare Insolvenzrecht des Staats, in dem der Schuldner seinen wirtschaftlichen Schwerpunkt hat, **wird verdrängt** und durch das am **Ort der Belegenheit des Vermögens geltende Insolvenzrecht ersetzt**. Die Wirkungen des Partikularverfahrens beschränken sich auf die im **Inland belegenen Vermögensgegenstände** (§ 354 Abs. 1 InsO). Das bedeutet nicht, dass Partikularverfahren **nur Wirkungen im Inland** haben. Auch der Verwalter eines Partikularverfahrens kann im Ausland tätig werden, etwa Anfechtungsklage erheben oder Herausgabeansprüche hinsichtlich solcher Gegenstände geltend machen, die nach Eröffnung des Partikularverfahrens in das Ausland verbracht worden sind (*Mohrbutter/Ringstmeier-Wenner* Kap. 20 Rn. 142). 2

B. Hintergrund

I. Begründung des Gesetzgebers

Bereits unter Geltung der KO, der Partikularverfahren nicht unbekannt waren (§ 238 KO), traten eine Reihe von Autoren für eine weitgehende Zulässigkeit von Partikularverfahren in Staaten ein, in denen Vermögen des Schuldners belegen ist (insbes. *Hanisch* FS Bosch, S. 381 [384 ff.]). Unter (irreführendem) Hinweis, auch ein System von Partikularverfahren schaffe eine universalistische Lösung, wurde die kollisionsrechtliche Erkenntnis, dass das Recht am wirtschaftlichen Schwerpunkt des Gemeinschuldners das räumlich beste Recht darstellt, in Zweifel gezogen. Die einschränkungslose Anwendung der Grundregel des IIR (s. dazu Vor §§ 335 ff. Rdn. 14 ff.) sei ein nicht zu verwirklichendes Ideal (*Hanisch* ZIP 1994, 1). Diesen Befürchtungen ist der Gesetzgeber gefolgt. Eine »schrankenlose Anerkennung der Wirkungen eines ausländischen Insolvenzverfahrens« dürfe nicht zugelassen werden; die Wirkungen müssten »einer gewissen Kontrolle unterworfen« werden (BT- 3

Drucks. 15/16, S. 25). Zum Schutz des inländischen Rechtsverkehrs, aber auch im Interesse lokaler Gläubiger sei eine »vollständige Universalität« (so *Wimmer* 4. Aufl., Vor § 354 Rn. 4) nicht sachgerecht.

II. Bewertung

4   Mit der Einführung eines Systems von Partikularverfahren wird die Hinwendung zum kollisionsrechtlichen Universalitätsprinzip zum Lippenbekenntnis. Die Anwendung ausländischen und inländischen Insolvenzrechts ist nicht mehr Folge kollisionsrechtlicher Einsichten. Ausländisches Insolvenzrecht wird mit Bezug auf im Inland belegene Vermögensgegenstände mehr oder weniger nach Belieben ausgesperrt; die in Abs. 2 enthaltene Hürde ändert daran kaum etwas (ausf. Kritik am System der Partikularverfahren bei *Mohrbutter/Wenner* 7. Aufl., § 20 Rn. XXIII 24–32; vgl. auch Vor §§ 335 ff. Rdn. 27 ff.). Das **Bemühen des Gesetzgebers, lokale Gläubiger vor den Wirkungen ausländischen Insolvenzrechts zu schützen**, ist schwer verständlich (krit. auch *Andres/Leithaus/Dahl* InsO, § 354 Rn. 1). Der **EuGH** hat – in anderem Zusammenhang – in der Entscheidung »Inspire Art« zu Recht deutlich gemacht, dass Gläubiger regelmäßig bereits dadurch hinreichend geschützt sind, dass sie den ausländischen Charakter des Vertragspartners erkennen und deshalb wissen, dass andere Rechtsvorschriften gelten (*EuGH* Slg 2003, I-10155 (»Inspire Art«); vgl. *Mohrbutter/Ringsmeier-Wenner* Kap. 20 Rn. 37). Zudem ist der **Preis hoch**: Anhänger eines Systems paralleler Insolvenzverfahren erreichen nicht mehr, als dass das in verschiedenen Ländern liegende Vermögen »irgendwie« gesamtvollstreckungsrechtlich behandelt wird. Lediglich Verfügungen des Schuldners und Einzelzwangsvollstreckungsmaßnahmen der Gläubiger werden verhindert. Im Übrigen führt das System paralleler Insolvenzen dazu, dass **mehrere materielle Insolvenzrechte nebeneinander** gelten, die das Schuldnervermögen unterschiedlich behandeln. Über die Verhinderung von Einzelzwangsvollstreckungsmaßnahmen und Verfügungen des Schuldners gehen die Ziele eines Insolvenzverfahrens aber weit hinaus. Das Insolvenzverfahren soll die **Gleichbehandlung der Gläubiger** bewirken; hierzu bedarf es der **einheitlichen Erfassung, Verwaltung, Verwertung und Verteilung der Masse**. Dieses Postulat hat kollisionsrechtliche Konsequenzen, die für die Behandlung sämtlicher Sondervermögen gelten: sie müssen einheitlich angeknüpft werden. Diese einheitliche Behandlung kann ein System von Partikularverfahren, in denen jeweils das Belegenheitsrecht zur Anwendung gelangt, offensichtlich nicht erreichen. Begriffe wie »kontrollierte Universalität« oder »gemäßigte Universalität« können diesen Missstand nicht verdecken. Nicht nur der Verzicht auf die einheitliche Anknüpfung ist problematisch; mit der Einführung des Systems von Partikularverfahren leidet vor allem die **Vorhersehbarkeit des Insolvenzstatuts**. Ob das Insolvenzrecht des Staats, in dem der Schuldner seinen wirtschaftlichen Schwerpunkt hat oder das Insolvenzrecht des Orts der Belegenheit des Vermögensgegenstands zur Anwendung kommt, hängt von kaum voraussagbaren Zufällen ab. Hinzu kommt, dass der Ort der Belegenheit der Sache und damit das Insolvenzstatut des Partikularverfahrens bei beweglichen Gegenständen ohne weiteres wechseln kann (vgl. *Wenner* KTS 1990, 429 [433]). Ohne das Insolvenzrecht zu kennen, welches zur Anwendung kommt, wenn der Schuldner insolvent wird, kann ein Gläubiger sich im Geschäftsverkehr nur schwerlich einrichten. Auch für lokale Gläubiger schafft ein System von Partikularverfahren keine Sicherheit, sondern hohe Rechtsunsicherheit. **Völlig ausreichend** wäre es gewesen, wenn der Gesetzgeber den Interessen lokaler Gläubiger durch Schaffung von **Nebenverfahren** entgegengekommen wäre, die sich materiell-rechtlicher Regelungen enthalten und das im Ausland durchgeführte Hauptinsolvenzverfahren begleiten und unterstützen (vgl. *Mohrbutter/Ringsmeier-Wenner* Kap. 20 Rn. 38). Hierdurch würde auch die Sanierung von Unternehmen in grenzüberschreitenden Fällen erleichtert.

5   Während die EuInsVO das kollisionsrechtliche Universalitätsprinzip durch die Einführung der Partikularverfahren ebenfalls aushöhlt, sehen die Richtlinien 2001/17/EG über die Sanierung und Liquidation von Versicherungsunternehmen, deren Nachfolgerichtlinie 2009/138/EG und die Richtlinie 2001/24/EG über die Sanierung und Liquidation von Kreditinstituten (vgl. Anh. 2 nach § 358) vor, dass nur der Herkunftsmitgliedstaat Liquidationsverfahren eröffnen darf. Dementsprechend erklären §§ 46e Abs. 2 KWG, 312 Abs. 3 Satz 1 VAG Partikularverfahren für unzulässig.

§ 354 Voraussetzungen des Partikularverfahrens

(1) Ist die Zuständigkeit eines deutschen Gerichts zur Eröffnung eines Insolvenzverfahrens über das gesamte Vermögen des Schuldners nicht gegeben, hat der Schuldner jedoch im Inland eine Niederlassung oder sonstiges Vermögen, so ist auf Antrag eines Gläubigers ein besonderes Insolvenzverfahren über das inländische Vermögen des Schuldners (Partikularverfahren) zulässig.

(2) ¹Hat der Schuldner im Inland keine Niederlassung, so ist der Antrag eines Gläubigers auf Eröffnung eines Partikularverfahrens nur zulässig, wenn dieser ein besonderes Interesse an der Eröffnung des Verfahrens hat, insbesondere, wenn er in einem ausländischen Verfahren voraussichtlich erheblich schlechter stehen wird als in einem inländischen Verfahren. ²Das besondere Interesse ist vom Antragsteller glaubhaft zu machen.

(3) Für das Verfahren ist ausschließlich das Insolvenzgericht zuständig, in dessen Bezirk die Niederlassung oder, wenn eine Niederlassung fehlt, Vermögen des Schuldners belegen ist. § 3 Abs. 2 gilt entsprechend.

Übersicht

	Rdn.			Rdn.
A. Normzweck	1	III.	Zu Absatz 3	10
B. Im Einzelnen	3	IV.	Weitere Voraussetzungen	11
I. Zu Absatz 1	3		1. Antrag	11
1. Keine internationale Zuständigkeit zur Eröffnung von Hauptinsolvenzverfahren	3		2. Antragsrecht	12
			a) Selbstständiges Partikularverfahren	12
2. Niederlassung oder Vermögen	4		b) Sekundärinsolvenzverfahren	13
3. Änderung der zuständigkeitsbegründenden Merkmale	8		c) Rechtliches Interesse	14
			3. Insolvenzgrund	15
II. Zu Absatz 2	9	V.	Wirkungen	17

Literatur:
Kokemoor Das internationale Sonderinsolvenz- und -sanierungsrecht der Einlagenkreditinstitute und E-Geld-Institute gem. den §§ 46d, 46e und 46f KWG, WM 2005, 1881; *Vallender* Die Voraussetzungen für die Einleitung eines Sekundärinsolvenzverfahrens nach der EuInsVO, InVo 2005, 41; *Wienberg/Sommer* Anwendbarkeit von deutschem Eigenkapitalersatzrecht auf EU-Kapitalgesellschaften am Beispiel eines Partikularinsolvenzverfahrens im engeren Sinn nach Art. 3 II, IV EuInsVO, NZI 2005, 353.

A. Normzweck

In Ausnahme von der kollisionsrechtlichen Grundregel des IIR, wonach das Insolvenzrecht des Staats zur Anwendung kommt, in dem der Schuldner seinen wirtschaftlichen Schwerpunkt hat, erlaubt § 354 InsO die Eröffnung eines Partikularverfahrens über die im Inland belegenen Vermögensgegenstände des Schuldners. Für dieses Partikularverfahren gilt die lex fori concursus (§ 335 InsO), es findet also inländisches Insolvenzrecht Anwendung (vgl. krit. Vor §§ 354 ff. Rdn. 4 f.). 1

Abs. 2 regelt die Befugnis des Gläubigers, die Eröffnung eines unabhängigen Partikularverfahrens oder eines Sekundärinsolvenzverfahrens zu beantragen. Ist im Ausland ein Hauptinsolvenzverfahren eröffnet, steht dem ausländischen Insolvenzverwalter gem. § 356 Abs. 2 InsO ebenfalls das Recht zu, die Eröffnung eines Sekundärinsolvenzverfahrens zu beantragen. 2

B. Im Einzelnen

I. Zu Absatz 1

1. Keine internationale Zuständigkeit zur Eröffnung von Hauptinsolvenzverfahren

Die internationale Zuständigkeit zur Eröffnung eines Partikularverfahrens gem. Abs. 1 haben deutsche Gerichte zunächst nur dann, wenn sie **nicht die internationale Zuständigkeit zur Eröffnung eines Hauptinsolvenzverfahrens** besitzen (*Andres/Leithaus/Dahl* InsO, § 354 Rn. 4; *Braun/Delzant* 3

InsO, § 354 Rn. 3; HK-InsO/*Stephan* § 354 Rn. 10; *Kübler/Prütting/Bork-Paulus* InsO, § 354 Rn. 4). Diese internationale Zuständigkeit kann sich aus Art. 3 Abs. 1 EuInsVO oder aus autonomem IIR ergeben (vgl. § 335 Rdn. 8 ff.; **a.A.** *Andres/Leithaus/Dahl* InsO, § 354 Rn. 4; *Kübler/ Prütting/Bork-Paulus* InsO, § 354 Rn. 4).

2. Niederlassung oder Vermögen

4 Die Eröffnung eines Partikularverfahrens gem. Abs. 1 setzt voraus, dass der Schuldner im Inland eine **Niederlassung oder sonstiges Vermögen** hat.

5 Der Begriff der **Niederlassung** entspricht § 21 ZPO (*Mohrbutter/Ringstmeier-Wenner* Kap. 20 Rn. 71; MüKo-InsO/*Reinhart* § 354 Rn. 7; *LG Frankfurt a.M.* ZIP 2012, 2454). Die Zuständigkeitsmerkmale des Abs. 1 sind nach deutschem Recht zu qualifizieren; der Rückgriff auf die weite Definition der EuInsVO ist unzulässig (*Mohrbutter/Ringstmeier-Wenner* Kap. 20 Rn. 71; ebenso *Braun/Delzant* InsO, § 354 Rn. 5; anders *Andres/Leithaus/Dahl* InsO, § 354 Rn. 6; MüKo-BGB/ *Kindler* § 354 InsO Rn. 3; *Smid* Dt. IIR, § 354 Rn. 3; anders auch *Wimmer* 4. Aufl., § 354 Rn. 4).

6 Während Art. 3 Abs. 2 Satz 1 EuInsVO die Eröffnung eines Partikularverfahrens lediglich dann erlaubt, wenn sich im Eröffnungsstaat eine Niederlassung des Schuldners befindet, gestattet das autonome Internationale Insolvenzrecht nach Abs. 1 die Eröffnung eines Partikularverfahrens schon dann, wenn sonstiges Vermögen im Inland vorhanden ist (vgl. zu den weiteren Voraussetzungen Rdn. 10 ff.). **Sonstiges Vermögen** im Inland liegt vor, wenn **erhebliche Vermögenswerte** des Schuldners im Inland belegen sind (*Mohrbutter/Ringstmeier-Wenner* Kap. 20 Rn. 71). **Erheblich** müssen die Vermögenswerte sein, weil der Gesetzgeber nur diesen Fall regeln will (BT-Drucks. 15/16, S. 25). Die h.A. lässt demgegenüber zu Unrecht jeden Vermögenswert ausreichen (*Andres/Leithaus/ Dahl* InsO, § 354 Rn. 7; MüKo-InsO/*Reinhart* § 354 Rn. 9; HK-InsO/*Stephan* § 354 Rn. 13). Vermögensgegenstände, die nach Eröffnung eines Hauptinsolvenzverfahrens ins Inland verbracht worden sind, sind nicht geeignet, eine Zuständigkeit nach Abs. 1 zu begründen. Gleiches gilt für Gegenstände auf dem Transportweg oder Transportmittel, die sich »auf der Durchreise befinden« (vgl. MüKo-InsO/*Reinhart* § 354 Rn. 13).

7 Der **Ort der Belegenheit** definiert sich nach deutschem Recht (*Andres/Leithaus/Dahl* InsO, § 354 Rn. 7; *Kübler/Prütting/Bork/Paulus* InsO, § 354 Rn. 10). Für Forderungen gilt § 23 Satz 2 ZPO (*Mohrbutter/Ringstmeier-Wenner* Kap. 20 Rn. 71; HK-InsO/*Stephan* § 354 Rn. 13; anders *Wimmer* 4. Aufl., § 354 Rn. 11).

3. Änderung der zuständigkeitsbegründenden Merkmale

8 Bis zum **Eingang des Antrags auf Eröffnung des Insolvenzverfahrens** ist der Wechsel der zuständigkeitsbegründenden Merkmale beachtlich (HK-InsO/*Stephan* § 354 Rn. 11; vgl. EuInsVO Art. 3 Rdn. 23 ff.; i.E. wohl auch *LG Frankfurt a.M.* ZIP 2012, 2454).

II. Zu Absatz 2

9 Hat der Schuldner lediglich **sonstiges** Vermögen im Inland, so wird die Antragsbefugnis des Gläubigers durch Abs. 2 **erschwert**. Der Gläubiger muss ein **besonderes Interesse an der Eröffnung des Verfahrens** glaubhaft machen. Abs. 2 sagt, dass dieses besondere Interesse insbesondere dann vorliegt, wenn der Gläubiger in einem ausländischen Verfahren voraussichtlich erheblich schlechter stehen würde als in einem inländischen. Wie die Schlechterstellung im Einzelnen auszusehen hat, ist noch wenig geklärt (*Andres/Leithaus/Dahl* InsO, § 354 Rn. 9; *Mohrbutter/Ringstmeier-Wenner* Kap. 20 Rn. 129). Dass der Gläubiger ohne Partikularverfahren an einem ausländischen Verfahren teilnehmen müsste, bedeutet noch keine Schlechterstellung. Dies gilt auch dann, wenn die Teilnahme am ausländischen Verfahren dem Gläubiger deutlich mehr Mühe bereitet, etwa wegen großer Distanz und Undurchsichtigkeit der ausländischen lex fori concursus (anders *Wimmer* 4. Aufl., § 354 Rn. 12). Schließlich war dem Gläubiger auch bei der Anbahnung des geschäftlichen Kontakts die Distanz nicht zu groß. Bestehen berechtigte Zweifel hinsichtlich der Funktionsfähigkeit der aus-

ländischen Gerichtsbarkeit wegen einer politisch instabilen Lage, kann dies ein besonderes Interesse i.S.d. Abs. 2 begründen (vgl. *AG Göttingen* NZI 2011, 160). Nicht ausreichend ist eine bloße wirtschaftliche Schlechterstellung (*Kübler/Prütting/Bork-Paulus* InsO, § 354 Rn. 12; MüKo-InsO/*Reinhart* § 354 Rn. 36). Auch ist nicht jede rechtliche Schlechterstellung Grund genug, ein inländisches Partikularverfahren zu eröffnen (*Kübler/Prütting/Bork-Paulus* InsO, § 354 Rn. 12; MüKo-InsO/*Reinhart* § 354 Rn. 37). Insbesondere eine andere rechtliche Position (Vorrecht oder Rang) reicht nicht aus (MüKo-InsO/*Reinhart* § 354 Rn. 37 gegen *Andres/Leithaus/Dahl* InsO, § 354 Rn. 9; *Kübler/ Prütting/Bork-Paulus* InsO, § 354 Rn. 13). Erkennt das ausländische Statut ein Aus- oder Absonderungsrecht des Gläubigers nicht an, so ist der Gläubiger durch § 351 InsO im Ergebnis hinreichend geschützt. Werden Aus- und Absonderungsrechte an Gegenständen, die im Ausland belegen sind, durch das ausländische Statut nicht hinreichend geschützt, so rechtfertigt dies die Eröffnung eines Partikularverfahrens im Inland nicht. Ein besonderes Interesse eines Gläubigers wird man am ehesten annehmen dürfen, wenn er darauf vertrauen durfte, dass er seine Rechte in einem inländischen Insolvenzverfahren geltend machen darf. Voraussetzung dafür wird es sein, dass die Forderung des Gläubigers aus dem Betrieb der inländischen Niederlassung herrührt (so MüKo-InsO/*Reinhart* § 354 Rn. 38).

III. Zu Absatz 3

Nach Abs. 3 ist sachlich und örtlich ausschließlich **zuständig** das Insolvenzgericht, in dessen Bezirk die **Niederlassung des Schuldners** liegt oder, wenn der Schuldner über keine Niederlassung im Inland verfügt, wo sein **inländisches Vermögen** belegen ist. Sind Vermögenswerte an verschiedenen Orten belegen, kommt die **Zuständigkeit mehrerer Insolvenzgerichte** in Betracht. Zuständig ist dann das zuerst angerufene Gericht (Abs. 3 Satz 2 i.V.m. § 3 Abs. 2).   10

IV. Weitere Voraussetzungen

1. Antrag

Es muss ein **Antrag auf Eröffnung des Partikularinsolvenzverfahrens** vorliegen. Beantragt ein Gläubiger die Eröffnung eines Hauptinsolvenzverfahrens, so beinhaltet dies nicht als Minus den Antrag auf Eröffnung eines Partikularinsolvenzverfahrens (*OLG Köln* NZI 2001, 380; *AG Köln* NZI 2006, 57; *Braun/Delzant* InsO, § 354 Rn. 11; anders MüKo-InsO/*Reinhart* § 354 Rn. 22).   11

2. Antragsrecht

a) Selbstständiges Partikularverfahren

Antragsberechtigt ist nach § 354 Abs. 1 InsO jeder Gläubiger des Schuldners (*Andres/Leithaus/ Dahl* InsO, § 354 Rn. 9). Der Schuldner ist nicht antragsbefugt (so auch *Andres/Leithaus/Dahl* InsO, § 354 Rn. 10; HK-InsO/*Stephan* § 354 Rn. 16; *Kübler/Prütting/Bork/Paulus* InsO, § 354 Rn. 15; *Eidenmüller* NJW 2004, 3455 [3458]; wohl auch *Sabel* NZI 2004, 126 [128]; anders MüKo-BGB/*Kindler* § 356 InsO Rn. 7 und mit ausf. Begr. MüKo-InsO/*Reinhart* § 354 Rn. 40).   12

b) Sekundärinsolvenzverfahren

Die Antragsbefugnis der Gläubiger richtet sich nach Abs. 1. Zusätzlich antragsbefugt ist der Verwalter des ausländischen Hauptinsolvenzverfahrens (§ 356 Abs. 2 InsO).   13

c) Rechtliches Interesse

Hat der Schuldner eine **Niederlassung** im Inland, so muss der Gläubiger ein rechtliches Interesse i.S.v. § 14 InsO haben (MüKo-InsO/*Reinhart* § 354 Rn. 34).   14

3. Insolvenzgrund

15 Ist im Ausland ein Hauptinsolvenzverfahren eröffnet, wird bei Eröffnung eines inländischen Sekundärinsolvenzverfahrens ein **Insolvenzgrund nicht mehr geprüft** (§ 356 Abs. 3 InsO). Das gilt unabhängig davon, welche Eröffnungsgründe das ausländische Insolvenzstatut kennt (*Andres/Leithaus/ Dahl* InsO, § 356 Rn. 9; *Vallender* InVo 2005, 41 [44]; *Mohrbutter/Ringstmeier-Wenner* Kap. 20 Rn. 135). Die Eröffnung des **selbstständigen Insolvenzverfahrens** setzt hingegen einen **Insolvenzgrund** voraus. Bei der Prüfung ist das Auslandsvermögen des Schuldners einzubeziehen (*Geimer* IZPR Rn. 3393a; MüKo-BGB/*Kindler* § 354 InsO Rn. 11; *Mankowski* ZIP 1995, 1650 ff.; *Mohrbutter/Ringstmeier-Wenner* Kap. 20 Rn. 136; vgl. auch EuInsVO Art. 3 Rdn. 40).

16 **Verfahrenskosten** müssen durch das im Inland befindliche Vermögen gedeckt werden können (*Andres/Leithaus/Dahl* InsO, § 354 Rn. 3; *Braun/Delzant* InsO, § 354 Rn. 20; HK-InsO/*Stephan* § 354 Rn. 18).

V. Wirkungen

17 Mit Eröffnung des Partikularverfahrens findet inländisches Insolvenzrecht Anwendung (*Mohrbutter/Ringstmeier-Wenner* Kap. 20 Rn. 141; HK-InsO/*Stephan* § 354 Rn. 18). Ausnahmen sieht § 355 InsO vor (keine Restschuldbefreiung, besondere Regelungen für Zustimmungserfordernisse im Falle eines Insolvenzplans). Die **Bestellung eines vorläufigen Verwalters** ist möglich (*Braun/Delzant* InsO, § 354 Rn. 15).

18 **Teilnahmeberechtigt** sind alle Gläubiger des Schuldners, also auch die ausländischen Gläubiger. Sie können ihre Forderungen sowohl im Hauptverfahren als auch in jedem Sekundärverfahren anmelden (§ 341 Abs. 1 InsO). Der Verwalter des Hauptverfahrens kann die in seinem Verfahren angemeldeten Forderungen in einem Sekundärverfahren ebenfalls anmelden (§ 341 Abs. 2 InsO, dazu § 341 Rdn. 5 ff.).

19 **Masseverbindlichkeiten**, die der Verwalter des Hauptverfahrens nach Eröffnung des Sekundärinsolvenzverfahrens begründet hat, treffen die Sekundärmasse nicht (*Ringstmeier/Homann* NZI 2004, 354 [358]; *Mohrbutter/Ringstmeier-Wenner* Kap. 20 Rn. 132). Für Masseverbindlichkeiten, die der Verwalter eines Sekundärverfahrens begründet hat, haftet nur die Masse des Sekundärverfahrens (*Mohrbutter/Ringstmeier-Wenner* Kap. 20 Rn. 132; vgl. ausf. EuInsVO Art. 34 Rdn. 21 ff.). Die Wirkungen eines ausländischen Hauptinsolvenzverfahrens werden nur dort verdrängt, wo sie mit den Wirkungen des Sekundärinsolvenzverfahrens kollidieren (*AG Köln* NZI 2004, 151 [153]; *Ringstmeier/Homann* NZI 2004, 354 [355]; *Mohrbutter/Ringstmeier-Wenner* Kap. 20 Rn. 143). Auch nach Eröffnung eines inländischen Sekundärinsolvenzverfahrens kann beispielsweise deshalb der ausländische Beschluss über die Eröffnung des Hauptinsolvenzverfahrens für vollstreckbar erklärt werden (*OLG Düsseldorf* NZI 2004, 628; *Braun/Delzant* InsO, § 354 Rn. 21; *Mohrbutter/Ringstmeier-Wenner* Kap. 20 Rn. 143).

§ 355 Restschuldbefreiung. Insolvenzplan

(1) Im Partikularverfahren sind die Vorschriften über die Restschuldbefreiung nicht anzuwenden.

(2) Ein Insolvenzplan, in dem eine Stundung, ein Erlass oder sonstige Einschränkungen der Rechte der Gläubiger vorgesehen sind, kann in diesem Verfahren nur bestätigt werden, wenn alle betroffenen Gläubiger dem Plan zugestimmt haben.

Übersicht

	Rdn.
A. Normzweck	1
B. Im Einzelnen	2
I. Zu Absatz 1	2
II. Zu Absatz 2	4
1. Zulässigkeit von Sanierungsplänen	4
2. Lösungskonzepte	5
3. Lösung von § 355 Abs. 2 InsO	6
4. Ausgleich der Quoten	9
5. Aussetzung der Verwertung	10

Literatur:
Fritze Sanierung von Groß- und Konzernunternehmen durch Insolvenzpläne, DZWIR 2007, 89; *Hergenröder* Entschuldung durch Restschuldbefreiungstourismus?, DZWIR 2009, 309; *Kersting* Die Rechtsstellung der Gläubiger im Insolvenzplanverfahren, 1999; *Martini* Inländische Insolvenzverfahren mit schuldnerischem Vermögen in der Schweiz, DZWIR 2007, 227; *Schulte* Die europäische Restschuldbefreiung, 2001; *Vallender* Wirkung und Anerkennung einer im Ausland erteilten Restschuldbefreiung, ZInsO 2009, 616.

A. Normzweck

§ 355 InsO enthält zwei Einschränkungen des Grundsatzes, dass ein Partikularverfahren nach inländischem Insolvenzrecht wie ein normales Insolvenzverfahren abgewickelt wird. Einmal kann eine **Restschuldbefreiung** in einem Partikularverfahren, in welchem meist nur ein Teil der Vermögensgegenstände des Schuldners verwertet werden, nicht erteilt werden (Abs. 1). Zum anderen können nach Abs. 2 Insolvenzpläne, die die Rechte von Gläubigern einschränken, in einem Partikularverfahren nur bestätigt werden, wenn alle betroffenen Gläubiger zugestimmt haben. Art. 47 Abs. 2 EuInsVO sieht die Zustimmungspflicht der Gläubiger bei Restschuldbefreiung und Insolvenzplan vor. Abs. 1 ist mit dem Ausschluss einer Restschuldbefreiung im Partikularverfahren rigider.

B. Im Einzelnen

I. Zu Absatz 1

Zur Restschuldbefreiung bestimmt Abs. 1, dass die §§ 286 ff. InsO im Partikularverfahren nicht anwendbar sein sollen. Insofern führt die Begründung zum RegE InsO aus, den Gläubigern könne eine Restschuldbefreiung nur zugemutet werden, wenn das gesamte in- und ausländische Vermögen des Schuldners verwertet worden sei (BT-Drucks. 12/2443, S. 245). Die umfassende Schuldenbereinigungswirkung des § 301 Abs. 1 InsO ist nur dann gerechtfertigt, wenn zumindest das wesentliche Vermögen des Schuldners in einem geordneten und gerichtlich überwachten Verfahren festgestellt und verwertet worden ist (a.A. *Gottwald/Kolmann/Keller* HdbInsR, § 132 Rn. 181; *Thieme* in: *Stoll* [Hrsg.] Stellungnahmen, S. 212 [226 f.], der für eine Restschuldbefreiung lediglich eine »genau begrenzte Vermögensrelation« voraussetzt, die auch im Partikularverfahren erfüllt sei). Da alle Gläubiger an dem Partikularverfahren teilnahmeberechtigt sind, ist eine Differenzierung zwischen den einzelnen Forderungen nur schwer vorstellbar (z.B. Unterscheidung nach Wohnsitz, Sitz, Niederlassung?). Dass das wesentliche Vermögen des Schuldners im Einzelfall auch in einem Partikularverfahren verwertet werden kann, berücksichtigt der Gesetzgeber nicht.

Schuldenbereinigungspläne fallen nicht unter Abs. 1. Für sie gilt Abs. 2 entsprechend (*Braun/Delzant* InsO, § 355 Abs. 6; MüKo-InsO/*Reinhart* § 355 Rn. 6; *Andres/Leithaus/Dahl* InsO, § 355 Rn. 20).

II. Zu Absatz 2

1. Zulässigkeit von Sanierungsplänen

Dem Wortlaut von Abs. 2 kann zunächst eindeutig entnommen werden, dass auch im Partikularinsolvenzverfahren Insolvenzpläne grds. zulässig sind. Dies gilt sowohl für Liquidation- als auch für Sanierungspläne. Zunächst bestehen auch an der **Zulässigkeit von Sanierungsplänen** in deutschen unabhängigen Partikularverfahren keine Bedenken (vgl. zur Rechtslage in der Schweiz, in England und in den USA: *Reinhart* Sanierungsverfahren im internationalen Insolvenzrecht, S. 259 ff.). Das unabhängige Partikularverfahren ist ein zwar auf das Inlandsvermögen beschränktes, aber ansonsten vollwertiges Insolvenzverfahren, in dem auch ein Insolvenzplan mit dem Ziel der Sanierung beschlossen werden kann. Denkbar wäre eine solche isolierte Sanierungsmaßnahme etwa bei einer weitgehend autark operierenden Niederlassung, in der zahlreiche Ortskräfte beschäftigt sind. Im Interesse des Erhalts der Arbeitsplätze könnte in einem solchen Fall eine Sanierung sogar unter dem Einsatz öffentlicher Mittel versucht werden. Allerdings werden solche Maßnahmen nur in seltenen

Ausnahmefällen wirtschaftlich sinnvoll sein, da nach Aufhebung des Partikularverfahrens die ausländischen Gläubiger in das Vermögen der sanierten Niederlassung vollstrecken können.

2. Lösungskonzepte

5   Zunächst muss geklärt werden, welche Gläubiger von den Kürzungen in einem solchen Planverfahren betroffen sind. Es dürfte wohl unstreitig sein, dass die **ausländischen Gläubiger**, die sich **nicht** an dem inländischen Partikularverfahren **beteiligt haben, keine Kürzung ihrer Forderung** hinnehmen müssen. Nicht so eindeutig beantworten lässt sich die Frage, wie sich eine Forderungsreduzierung im Partikularinsolvenzverfahren auf die Rechtsverfolgungsmöglichkeiten der Gläubiger auswirkt. So wird etwa vertreten, der gegenständlich beschränkten Partikularkonkursmasse (lediglich das Inlandsvermögen) stehe auf der Passivseite eine beschränkte Zahl von Partikularkonkursgläubigern gegenüber (*Thieme* in: *Stoll* [Hrsg.] Stellungnahmen, S. 212 [224]; anders jedoch Art. 45 Abs. 1 EuInsVO). Dem liegt die Vorstellung von einer Partikularkonkursquote zugrunde, die sich aus der Relation des Inlandsvermögens zu den am Verfahren beteiligten Gläubigern ergibt. Gegen diese Vorstellung wird jedoch zu Recht eingewandt, Forderungen hätten keine physische, territorial beschränkte Existenz und richteten sich immer gegen einen Schuldner, der u.U. in mehreren Ländern präsent ist (so *Flessner* in: *Stoll* [Hrsg.] Stellungnahmen, S. 201 [205]; ebenso *Reinhart* Sanierungsverfahren im Internationalen Insolvenzrecht, S. 301). Um dennoch eine **gegenständliche Beschränkung auf das Inlandsvermögen** zu begründen, könnte erwogen werden, zwar die Forderung in ihrem Bestand unangetastet zu lassen, jedoch die verfahrensrechtliche Durchsetzung im Inland einzuschränken (vgl. hierzu und zu Parallelen insbes. im englischen Recht: *Reinhart* Sanierungsverfahren im internationalen Insolvenzrecht). Von einer solchen territorial beschränkten, also lediglich **verfahrensrechtlich realisierbaren Wirkung der Schuldbefreiung** in einem Partikularverfahren (zumindest bei Gläubigern, die ihre Zustimmung zu der Maßnahme verweigert haben) gehen auch die Verfasser des Berichts zum EuIÜ aus: »Es liegt auf der Hand, dass ... eine solche Beschränkung der Rechte der Gläubiger nur das im Staat der Eröffnung des Partikularverfahrens belegene Vermögen betreffen kann« (Rn. 157). Zwangsvollstreckungsmaßnahmen in das im Ausland belegene Vermögen werden demgegenüber uneingeschränkt für zulässig gehalten. Nach dieser Lösung würde ein Insolvenzplan zwar die Forderungen in ihrem Bestand unberührt lassen, würde aber den Gläubigern, die sich an dem Verfahren beteiligt haben, unabhängig davon, ob sie den Plan gebilligt oder abgelehnt haben, den Zugriff auf das inländische Vermögen verwehren. Demgegenüber wäre es ihnen unbenommen, Befriedigungen durch Zwangsvollstreckungsmaßnahmen im Ausland zu erlangen. Zwangsvollstreckungsmaßnahmen im Inland würden demgegenüber als Widerspruch zur Teilnahme an dem inländischen Insolvenzplanverfahren gewertet und als unzulässig abgelehnt. Dies würde unabhängig davon gelten, wo der teilnehmende Gläubiger domiziliert ist.

3. Lösung von § 355 Abs. 2 InsO

6   Im Gegensatz zu diesen differenzierten Lösungsansätzen bestimmt § 355 Abs. 2 InsO, ein Insolvenzplan könne nur bestätigt werden, wenn alle betroffenen Gläubiger zugestimmt haben. Da § 355 InsO nicht zwischen Sekundärinsolvenzverfahren und sonstigen Partikularinsolvenzverfahren differenziert, kommt ein Insolvenzplan in beiden Verfahren nur wirksam zustande, wenn alle betroffenen Gläubiger dem Plan zugestimmt haben (vgl. BT-Drucks. 12/2443, S. 245). Dabei ist allerdings eine **inländische Sanierung einer unselbstständigen Zweigniederlassung kaum vorstellbar, wenn am Sitz der Hauptniederlassung die Liquidation erfolgt**, die grds. alle Vermögenswerte erfassen will. Würde im Inland entgegen der Intention des ausländischen Verfahrens über einen Insolvenzplan eine Sanierung versucht, so käme mit der Aufhebung des Insolvenzverfahrens nach der rechtskräftigen Bestätigung des Insolvenzplans (§ 258 InsO) der ausländische Insolvenzbeschlag wieder zum Tragen, so dass das der inländischen Zweigniederlassung »gewidmete« Vermögen sogleich wieder dem ausländischen Insolvenzbeschlag unterfallen würde. Sollte das im Inland belegene Vermögen so umfangreich sein, dass eine Sanierung der Zweigniederlassung an sich in Frage käme, so würde dies unweigerlich die ausländischen Gläubiger veranlassen, ihre Forderung im inländischen Verfahren anzumelden. Selbst unter der unwahrscheinlichen Annahme, dass im inländischen Sekundär-

insolvenzverfahren ein Sanierungsplan beschlossen wird, das ausländische Verfahren bereits abgeschlossen und keine Nachtragsverteilung im Ausland nach Beendigung des inländischen Sekundärinsolvenzverfahrens angeordnet wird, wäre der **inländische Sanierungsplan** vom Insolvenzgericht abzulehnen. Da ein solcher Plan **offensichtlich keinerlei Aussichten** hat, das mit ihm verfolgte **wirtschaftliche Ergebnis zu realisieren**, wäre er in entsprechender Anwendung von § 231 InsO zurückzuweisen. Demgegenüber können andere Insolvenzpläne, die etwa eine von der InsO abweichende Form der Liquidation vorsehen, durchaus sinnvoll sein und die Billigung des Gerichts finden.

Auch **für isolierte Partikularverfahren** ist die Regelung des Abs. 2 **nicht sinnvoll**. Betroffen sind nämlich nicht nur die Gläubiger, die ihre Forderungen in dem Verfahren angemeldet haben, sondern alle zur Anmeldung berechtigten Gläubiger (MüKo-InsO/*Reinhart* § 355 Rn. 9), mithin alle (weltweiten) Gläubiger. Ob alle Gläubiger zugestimmt haben, kann das Insolvenzgericht aber i.d.R. nicht überprüfen. 7

Nicht sinnvoll ist eine solche rigide Regelung auch dann, wenn in **aufeinander abgestimmten Insolvenzplänen** sowohl im Haupt- als auch in den Sekundärinsolvenzverfahren eine Sanierung des schuldnerischen Unternehmens angestrebt werden soll. Liegt der tragende Grund für das Erfordernis der Einstimmigkeit im Partikularinsolvenzverfahren darin, dass den Gläubigern eine Reduktion ihrer Forderung nur zugemutet werden kann, wenn das schuldnerische Vermögen in einem oder mehreren Insolvenzverfahren ermittelt und ggf. verwertet wurde, so würde das Erfordernis der Einstimmigkeit weit über das Ziel hinaus schießen. In diesem Fall wurde nämlich ein Hauptinsolvenzverfahren mit universalem Insolvenzbeschlag eröffnet, das unabhängig von etwaigen Sekundärinsolvenzverfahren das gesamte Vermögen des Schuldners einschließt. Die Insolvenzgläubiger hatten außerdem die Möglichkeit, sich an allen anhängigen Verfahren zu beteiligen. Unter diesen Voraussetzungen ist es gerechtfertigt, **teleologische Reduktion** von Abs. 2 vorzunehmen. Dies bedeutet, dass in einem Sekundärinsolvenzverfahren mit einem mit dem Hauptinsolvenzverfahren abgestimmten Insolvenzplan durchaus eine Majorisierung von ablehnenden Gläubigern denkbar ist (ebenso *Braun/Delzant* InsO, § 355 Rn. 17; HK-InsO/*Stephan* § 355 Rn. 5; a.A. *Andres/Leithaus/Dahl* InsO, § 355 Rn. 2). 8

4. Ausgleich der Quoten

Werden **sowohl im Haupt- als auch im Sekundärinsolvenzverfahren Insolvenzpläne** mit dem Ziel der Sanierung beschlossen, die jedoch die Forderungen der Gläubiger in unterschiedlicher Höhe kürzen, so muss ein Ausgleich vorgenommen werden. Die Einzelheiten hierzu sind ebenso kompliziert wie umstritten (vgl. *Reinhart* Sanierungsverfahren im Internationalen Insolvenzrecht, S. 305 ff.). Andere wollen demgegenüber dem inländischen Verfahrensergebnis vor deutschen Gerichten den Vorrang einräumen (so *Flessner* in: *Stoll* [Hrsg.] Stellungnahmen, S. 201 [206]). Dagegen wendet *Reinhart* ein, ein solches Verständnis würde die durch die unterschiedlichen Insolvenzverfahren bedingte Trennung der Haftungsmassen über das Ende dieser Verfahren hinaus aufrechterhalten. Folgt man der Auffassung, dass es lediglich um die **prozessuale Durchsetzung im Inland** geht (vgl. Rdn. 5), gilt Folgendes: Hat der Gläubiger im inländischen Verfahren lediglich eine Quote von 10 % zugesprochen bekommen, während im Ausland eine in Höhe von 30 % vereinbart wurde, so kann er im Inland gerichtlich nur diese 10 % durchsetzen, im Ausland jedoch die im Hauptinsolvenzverfahren festgesetzte Quote beanspruchen, wobei jedoch die im Inland erhaltene Dividende angerechnet wird. 9

5. Aussetzung der Verwertung

Findet im **Ausland ein Sanierungsverfahren** statt, beabsichtigt jedoch der inländische Insolvenzverwalter des Sekundärinsolvenzverfahrens das **im Inland belegene Vermögen des Schuldners zu versilbern**, so hat der ausländische Insolvenzverwalter keine unmittelbaren Befugnisse, dies zu unterbinden. Auch der RegE InsO hatte Art. 32 des Vorentwurfs zum internationalen Insolvenzrecht nicht übernommen, der vorsah, dass unter bestimmten Voraussetzungen die Verwertung und Verteilung der Insolvenzmasse auf Antrag des ausländischen Verwalters ausgesetzt werden konnte (vgl. hierzu *Reinhart* Sanierungsverfahren im Internationalen Insolvenzrecht, S. 288 f.). Demgegenüber gewährt 10

Art. 46 EuInsVO (vgl. EuInsVO Art. 46 Rdn. 1 ff.) dem Verwalter des Hauptinsolvenzverfahrens eine starke Einflussmöglichkeit, da er eine **Aussetzung der Verwertung im Sekundärinsolvenzverfahren** verlangen kann. Der ausländische Verwalter des Hauptinsolvenzverfahrens kann sich nach autonomem Recht immerhin von den Gläubigern »seines« Verfahrens bevollmächtigen lassen, ihre Forderungen auch im Sekundärinsolvenzverfahren anzumelden, um so auf dieses Verfahren einzuwirken (gegen diese »formalistische und unökonomische« Lösung *Reinhart* Sanierungsverfahren im Internationalen Insolvenzrecht, S. 290). Will der ausländische Verwalter diesen Weg nicht beschreiten, so muss er versuchen, im Berichtstermin die inländischen Gläubiger von seinem Sanierungsplan zu überzeugen.

§ 356 Sekundärinsolvenzverfahren

(1) ¹Die Anerkennung eines ausländischen Hauptinsolvenzverfahrens schließt ein Sekundärinsolvenzverfahren über das inländische Vermögen nicht aus. ²Für das Sekundärinsolvenzverfahren gelten ergänzend die §§ 357 und 358.

(2) Zum Antrag auf Eröffnung des Sekundärinsolvenzverfahrens ist auch der ausländische Insolvenzverwalter berechtigt.

(3) Das Verfahren wird eröffnet, ohne dass ein Eröffnungsgrund festgestellt werden muss.

Übersicht

	Rdn.		Rdn.
A. Normzweck	1	4. Verhältnis der Teilmassen untereinander	5
B. Im Einzelnen	2	5. Masse des Sekundärinsolvenzverfahrens	6
I. Zu Absatz 1	2	6. Teilnahmerecht	7
1. Die Bedeutung von Sekundärinsolvenzverfahren	2	7. Auswahl des Verwalters	8
2. Voraussetzungen für die Verfahrenseröffnung	3	8. Behandlung der Forderungen	9
3. Problem der Masseverbindlichkeiten	4	II. Zu Absatz 2	10
		III. Zu Absatz 3	11

Literatur:
Beck Verteilungsfragen im Verhältnis zwischen Haupt- und Sekundärinsolvenzverfahren nach der EuInsVO, NZI 2007, 1; *Blank* Sanierung eines mittelständischen Unternehmens durch Insolvenzplan in Verbindung mit Eigenverwaltung und französischem Sekundärinsolvenzverfahren, ZInsO 2008, 412; *Duursma-Kepplinger* Einfluss der Eröffnung eines Sekundärinsolvenzverfahrens auf die Befriedigung von zuvor begründeten Masseverbindlichkeiten, ZIP 2007, 752; *Kokemoor* Das internationale Sonderinsolvenz- und -sanierungsrecht der Einlagenkreditinstitute und E-Geld-Institute gem. den §§ 46d, 46e und 46f KWG, WM 2005, 1881; *Staak* Der deutsche Insolvenzverwalter in der europäischen Insolvenz, 2004.

A. Normzweck

1 § 356 InsO regelt einen **speziellen Fall des Partikularinsolvenzverfahrens**, nämlich das **Sekundärinsolvenzverfahren**, welches im Inland trotz eines im Ausland eröffneten Hauptinsolvenzverfahrens durchgeführt werden darf. Auch dieses Verfahren verdrängt das ausländische Insolvenzstatut mit Blick auf die im Inland belegenen Vermögensgegenstände, die nach inländischem Insolvenzrecht verwaltet und verwertet werden. Der Gesetzgeber hatte nicht nur den Schutz lokaler Gläubiger im Auge. Vielmehr soll das Institut des Sekundärinsolvenzverfahrens vom Verwalter des ausländischen Hauptverfahrens auch »zur Strukturierung völlig unübersichtlicher Vermögensverhältnisse eingesetzt werden« (BT-Drucks. 15/16, S. 25).

B. Im Einzelnen

I. Zu Absatz 1

1. Die Bedeutung von Sekundärinsolvenzverfahren

Hinsichtlich der Bedeutung und der historischen Entwicklung von Sekundärinsolvenzverfahren sei auf die Ausführungen Vor §§ 335 ff. Rdn. 18 ff. verwiesen. 2

2. Voraussetzungen für die Verfahrenseröffnung

Bereits aus dem Begriff Sekundärinsolvenzverfahren erschließt sich, dass zwingend die **Eröffnung eines anerkennungsfähigen ausländischen Hauptinsolvenzverfahrens** vorausgesetzt wird (*Andres/Leithaus/Dahl* InsO, § 356 Rn. 3; *Kübler/Prütting/Bork-Paulus* InsO, § 356 Rn. 5). Ist zwar im Ausland ein Hauptinsolvenzverfahren anhängig, kann dieses jedoch nach § 343 InsO (vgl. die dortigen Ausführungen) in Deutschland nicht anerkannt werden, so ist je nach dem, wo sich der Mittelpunkt der hauptsächlichen Interessen des Schuldners befindet, entweder ein Hauptinsolvenzverfahren oder ein Partikularinsolvenzverfahren im Inland zu eröffnen. **Unerheblich** ist, welche **Ziele das ausländische Verfahren** verfolgt, ob es also auf eine Liquidation oder auf eine Sanierung des Unternehmensträgers abzielt. Bei dem Sekundärinsolvenzverfahren handelt es sich grds. um ein **vollwertiges inländisches Verfahren**, bei dem lediglich die Beschränkung des territorialen Geltungsanspruchs besteht (vgl. Vor §§ 354 ff. Rdn. 2). Insofern müssen auch alle Voraussetzungen zur Eröffnung eines Inslvenzverfahrens nach der InsO gegeben sein; eine Besonderheit besteht lediglich hinsichtlich der Eröffnungsgründe (vgl. Abs. 3). Dies gilt etwa für die Insolvenzfähigkeit des Schuldners. Außer der Einstellung oder der Aufhebung des ausländischen Hauptinsolvenzverfahrens gibt es **keine zeitliche Grenze** für die Eröffnung eines Sekundärinsolvenzverfahrens. Allerdings wird im Interesse aller Verfahrensbeteiligten eine möglichst frühzeitige Eröffnung anzustreben sein, da einerseits sonst die Verwertung im Hauptverfahren weit fortgeschritten ist, andererseits der Verfahrenszweck des Hauptverfahrens konterkariert werden kann. 3

3. Problem der Masseverbindlichkeiten

Nach § 26 InsO würde die Eröffnung eines Sekundärinsolvenzverfahrens abgelehnt, wenn die inländische Masse nicht ausreicht, die Verfahrenskosten zu decken, da nur auf die im Inland belegene Masse abgestellt werden kann. Schwieriger ist jedoch die Antwort auf die eng damit verbundene Frage, wie sich die Eröffnung eines Sekundärinsolvenzverfahrens auf bis dahin **entstandene Masseverbindlichkeiten** auswirkt (vgl. ausführlich EuInsVO Art. 34 Rdn. 21 ff.). 4

4. Verhältnis der Teilmassen untereinander

Durch die Eröffnung eines Sekundärinsolvenzverfahrens wird die zunächst einheitliche Insolvenzmasse in Teilmassen separiert. Vermögensträger ist und bleibt der Schuldner, allerdings entsteht ein unterschiedlicher Insolvenzbeschlag, je nach der territorialen Sollgeltung des betreffenden Verfahrens. Im Interesse einer möglichst optimalen Verwaltung der gesamten Masse kann es erforderlich sein, dass bestimmte **Vermögensgegenstände von einer Teilmasse in die andere transferiert** werden, was zulässig ist (vgl. dazu EuInsVO Art. 34 Rdn. 24). 5

5. Masse des Sekundärinsolvenzverfahrens

Zur Aktivmasse des inländischen Sekundärinsolvenzverfahrens gehört das schuldnerische Vermögen i.S.v. § 35 InsO, das sich im Zeitpunkt der Verfahrenseröffnung im Inland befindet. Zur **Lokalisierung der einzelnen Gegenstände** können die Grundsätze von Art. 2 Nr. 9 EuInsVO herangezogen werden. Werden nach Eröffnung des Sekundärinsolvenzverfahrens noch Gegenstände in den Staat des Hauptinsolvenzverfahrens transferiert, so kann der inländische Verwalter als Ausfluss seiner Verwaltungs- und Verfügungsbefugnis geltend machen, dass diese Gegenstände zurückgebracht werden müssen (entsprechende Regelung in Art. 21 Abs. 2 EuInsVO). 6

6. Teilnahmerecht

7 Alle **Gläubiger des Schuldners sind teilnahmeberechtigt** (vgl. zur insofern identischen Rechtslage nach der EuInsVO Art. 45 EuInsVO und Erläuternder Bericht Rn. 235; *Gottwald* Grenzüberschreitende Insolvenzen, S. 27 f.; *Lüke* ZZP 111 [1998], 300 ff.; *Wimmer* ZIP 1998, 987; *Duursma-Kepplinger/Duursma/Chalupsky* Art. 27 Rn. 44). Eine Beschränkung auf inländische und damit eine Diskriminierung ausländischer Gläubiger ist der InsO unbekannt.

7. Auswahl des Verwalters

8 Hinsichtlich der Auswahl des Insolvenzverwalters gilt keine Besonderheit; es findet die **lex fori concursus**, also die §§ 56 und 56a InsO, Anwendung. Im Rahmen der EuInsVO wird diskutiert, ob in Parallelverfahren ein einheitlicher Verwalter bestellt werden kann (vgl. dazu Art. 3 EuInsVO Rdn. 42).

8. Behandlung der Forderungen

9 Für die Anmeldung und Feststellung der Forderungen bestehen im Sekundärinsolvenzverfahren keine Besonderheiten; insofern finden die §§ 174 ff. InsO uneingeschränkt Anwendung. Da das Sekundärinsolvenzverfahren ein eigenständiges Verfahren ist, besteht hinsichtlich der Feststellung der Forderungen keine Bindung an das ausländische Hauptinsolvenzverfahren. Für die Frage der Vorrechte und die Behandlung nachrangiger Insolvenzforderungen ergibt sich dies bereits aus der Anwendung der lex fori concursus. Dies hat aber auch dann zu gelten, wenn die Forderung ihrem Grund oder ihrer Höhe nach bestritten wird (vgl. § 341 Rdn. 9).

II. Zu Absatz 2

10 Das **Antragsrecht im Partikularinsolvenzverfahren** ist in § 354 Abs. 1 InsO geregelt (vgl. § 354 Rdn. 12). Dem Schuldner kommt im Partikularinsolvenzverfahren kein Antragsrecht zu. Dies gilt i.d.R. auch in Sekundärinsolvenzverfahren (vgl. EuInsVO Art. 37 Rdn. 11).

III. Zu Absatz 3

11 Wie in Art. 34 Satz 1 EuInsVO kann auch nach Abs. 3 ein Sekundärinsolvenzverfahren eröffnet werden, **ohne dass ein Insolvenzgrund gesondert festgestellt werden müsste**. Dabei ist Abs. 3 nicht als Beweislastregel ausgestaltet (*Andres/Leithaus/Dahl* InsO, § 356 Rn. 9); es wird also nicht unwiderlegbar vermutet, dass mit der Eröffnung eines anerkennungsfähigen ausländischen Hauptinsolvenzverfahrens auch im Inland ein Insolvenzgrund gegeben ist. Vielmehr kommt es auf die Insolvenzgründe im Inland gar nicht an. Ein Sekundärinsolvenzverfahren kann somit in Deutschland auch dann eröffnet werden, wenn das ausländische Recht Insolvenzgründe kennt, die im Inland unbekannt sind (BT-Drucks. 15/16, S. 25; vgl. *Duursma-Kepplinger/Duursma/Chalupsky* Art. 27 Rn. 33 ff.; *Thieme* IJVO 1995/1996, 81; *Kolmann* Kooperationsmodelle, S. 336 f.; *Wimmer* ZIP 1998, 986).

§ 357 Zusammenarbeit der Insolvenzverwalter

(1) ¹Der Insolvenzverwalter hat dem ausländischen Verwalter unverzüglich alle Umstände mitzuteilen, die für die Durchführung des ausländischen Verfahrens Bedeutung haben können. ²Er hat dem ausländischen Verwalter Gelegenheit zu geben, Vorschläge für die Verwertung oder sonstige Verwendung des inländischen Vermögens zu unterbreiten.

(2) Der ausländische Verwalter ist berechtigt, an den Gläubigerversammlungen teilzunehmen.

(3) ¹Ein Insolvenzplan ist dem ausländischen Verwalter zur Stellungnahme zuzuleiten. ²Der ausländische Verwalter ist berechtigt, selbst einen Plan vorzulegen. ³§ 218 Abs. 1 Satz 2 und 3 gilt entsprechend.

Übersicht

	Rdn.		Rdn.
A. Normzweck	1	3. Vorschläge zur Verwertung	7
B. Im Einzelnen	2	II. Zu Absatz 2	8
I. Zu Absatz 1	2	III. Zu Absatz 3	9
1. Allgemeine Pflicht zur Kooperation	2	IV. Aufsicht und Pflichtverletzung	11
2. Inhalt der Kooperationspflicht	3		

Literatur:
Busch/Remmert/Rüntz/Vallender Kommunikation zwischen Gerichten in grenzüberschreitenden Insolvenzen, NZI 2010, 417; *Ehricke* Die Zusammenarbeit der Insolvenzverwalter bei grenzüberschreitenden Insolvenzen nach der EuInsVO, WM 2005, 397; *ders.* Zur Kooperation von Insolvenzgerichten bei grenzüberschreitenden Insolvenzverfahren im Anwendungsbereich der EuInsVO, ZIP 2007, 2395; *Vallender* Gerichtliche Kommunikation und Kooperation bei grenzüberschreitenden Insolvenzverfahren im Anwendungsbereich der EuInsVO – eine neue Herausforderung für Insolvenzgerichte, KTS 2008, 59.

A. Normzweck

Eine **effektive Verwertung des schuldnerischen Vermögens in parallelen Insolvenzverfahren** kann nur gelingen, wenn alle Verwalter eng zusammenarbeiten. Dies gilt unabhängig davon, welches Verfahrensziel letzten Endes angestrebt wird. Bei einer **Liquidation** hängt der zu erreichende Verwertungserlös häufig davon ab, ob das gesamte Unternehmen oder zumindest wesentliche Teile von ihm geschlossen veräußert werden können. Bei einer **Sanierung** ist es ganz offensichtlich, dass diese nur gelingen kann, wenn eine enge Koordinierung der Verfahren stattfindet. Insofern sind die in § 357 InsO ausdrücklich angeordneten Mitwirkungshandlungen als Minimum der Kooperation zu werten.   1

B. Im Einzelnen

I. Zu Absatz 1

1. Allgemeine Pflicht zur Kooperation

Während der Wortlaut der Norm insbesondere Informationspflichten und Anhörungsrechte statuiert, bringt die Überschrift das eigentlich Gewollte deutlicher zum Ausdruck. Mit der Eröffnung eines Sekundärinsolvenzverfahrens wird die zunächst umfassende Verwaltungs- und Verfügungsbefugnis des ausländischen Hauptinsolvenzverwalters limitiert und modifiziert. Sie richtet sich jetzt darauf, eine **möglichst weitgehende Harmonisierung zwischen Haupt- und Sekundärinsolvenzverfahren** sicherzustellen. Dies kann jedoch nur gelingen, wenn der Verwalter des Sekundärinsolvenzverfahrens zu einer umfassenden Kooperation bereit ist. Nach deutschem Recht ist die Pflicht zur Zusammenarbeit **Ausfluss der allgemeinen Pflichten des Insolvenzverwalters**, da eine ordnungsgemäße Verwaltung des Inlandsvermögens regelmäßig nur unter Beachtung des ausländischen Verfahrens möglich sein wird (*Flessner* IPRax 1997, 4; *Thieme* in: *Stoll* [Hrsg.] Stellungnahmen, S. 212 [243]; *Trunk* in: *Gilles* [Hrsg.], S. 189).   2

2. Inhalt der Kooperationspflicht

a) Der Verwalter im Sekundärinsolvenzverfahren hat dem ausländischen Verwalter alle Umstände mitzuteilen, die für die Abwicklung des Hauptinsolvenzverfahrens von Belang sein können (vgl. EuInsVO Art. 41 Rdn. 14 ff.; *Smid* Dt. IIR, § 357 Rn. 5). Die Pflicht zur Zusammenarbeit erschöpft sich nicht in einer Unterrichtung; vielmehr ist der Verwalter des inländischen Verfahrens auch zu **sonstigen Mitwirkungshandlungen,** etwa der Beschaffung von Unterlagen, verpflichtet (vgl. EuInsVO Art. 34 Rdn. 19).   3

Der Wortlaut des Abs. 1 bezeichnet lediglich den Verwalter des inländischen Sekundärinsolvenzverfahrens gegenüber dem Hauptinsolvenzverwalter als informationsverpflichtet. Im Interesse einer effektiven Verwaltung der Masse sind solche **Pflichten aber auch umgekehrt anzuerkennen** (so auch HK-InsO/*Stephan* § 357 Rn. 3; anders *Andres/Leithaus/Dahl* InsO, § 357 Rn. 2; *Braun/Delzant*   4

InsO, § 357 Rn. 1; *Kübler/Prütting/Bork-Paulus* InsO, § 357 Rn. 2). Ist in Deutschland das Hauptinsolvenzverfahren eröffnet und der ausländische Verwalter auf Mitwirkungshandlungen aus Deutschland angewiesen, so würde sich eine entsprechende Pflicht aus dem allgemeinen Kooperationsgebot in Parallelinsolvenzen ergeben. Entsprechendes hat zu gelten, wenn in einem gleichzeitig anhängigen Sekundärinsolvenzverfahren auch der dortige Verwalter auf Informationen aus Deutschland angewiesen wäre.

5 § 357 InsO betrifft nur die involvierten **Insolvenzverwalter,** nicht die beteiligten Insolvenzgerichte (krit. zu dieser Rechtslage *Staak* NZI 2004, 480 [483]). Für diese gilt § 348 Abs. 2 InsO.

6 **b)** Auch ohne völkerrechtliche Vereinbarungen oder ausdrückliche gesetzliche Grundlage dürften im deutschen Recht **Vereinbarungen zwischen den Verwaltern** grundsätzlich zulässig sein (vgl. zu diesen Vereinbarungen; *Eidenmüller* ZZP 114 [2001], 3 ff.; *Wittinghofer* Der nationale und internationale Insolvenzverwaltungsvertrag).

3. Vorschläge zur Verwertung

7 Als ausdrückliche Mitwirkungshandlung des ausländischen Hauptinsolvenzverwalters sieht § 357 InsO zunächst das Recht vor, Vorschläge für die Verwertung zu unterbreiten (zum Umfang des Vorschlagsrecht vgl. *Ehricke* ZInsO 2004, 633 ff.; *Staak* NZI 2004, 480 [483 ff.]). Die Vorschrift ist zunächst in Zusammenhang mit Abs. 2 zu werten, der dem ausländischen Verwalter ein Teilnahmerecht an der Gläubigerversammlung einräumt. Der Hauptinsolvenzverwalter ist somit nicht darauf verwiesen, seine Vorschläge lediglich dem inländischen Verwalter zu unterbreiten, sondern ihm ist damit die Möglichkeit eröffnet, **in der Gläubigerversammlung**, etwa im Berichtstermin, für seine Vorschläge zu werben. Sieht er etwa die Möglichkeit, im Wege einer übertragenden Sanierung das Gesamtunternehmen zu veräußern, so muss er diesen Vorschlag der Gläubigerversammlung unterbreiten und auch gegenüber einem Gläubigerausschuss vortragen können. Neben einer Verwertung erwähnt die Vorschrift auch andere Formen der Verwendung der Masse, um klarzustellen, dass durch isolierte Verwertungshandlungen im Sekundärinsolvenzverfahren nicht eine Fortführung des Gesamtunternehmens gefährdet werden darf (*Braun/Delzant* InsO, § 357 Rn. 5). Für den Sekundärinsolvenzverwalter bindend ist der Vorschlag des Hauptinsolvenzverwalters grundsätzlich nicht (*Uhlenbruck/Lüer* InsO, § 357 Rn. 9).

II. Zu Absatz 2

8 Um dem Verwalter des Hauptinsolvenzverfahrens die Möglichkeit zu eröffnen, sich für eine optimale Gesamtbereinigung der Insolvenz einzusetzen, gewährt ihm Abs. 2 das **Teilnahmerecht an den Gläubigerversammlungen** im Sekundärinsolvenzverfahren. Auch ohne ausdrückliche Erwähnung in § 357 InsO würde dem Verwalter ein Teilnahmerecht zustehen, da er nur so die ihm durch § 341 InsO gewährten Gläubigerrechte ausüben kann. Da ihm nach deutschem Recht weitergehend als nach der EuInsVO die Befugnis zusteht, das Stimmrecht der in »seinem« Insolvenzverfahren angemeldeten Forderungen auch im Sekundärinsolvenzverfahren geltend zu machen, kann er erheblichen Einfluss auf die Abwicklung des inländischen Territorialverfahrens ausüben. Über die Teilnahme des Hauptinsolvenzverwalters werden auch die Interessen der ausländischen Gläubiger gestärkt, die – vor dem Hintergrund der geringen Teilnahme in Gläubigerversammlungen überhaupt – bereits durch die räumliche Distanz und die Sprachbarrieren zusätzlich gehindert sind, an einer Gläubigerversammlung teilzunehmen (vgl. zur gleichen Interessenlage nach der EuInsVO: EuInsVO Art. 45 Rdn. 2 ff.). Eine Teilnahme ist dem ausländischen Verwalter jedoch nur möglich, wenn er **rechtzeitig** zu den Gläubigerversammlungen des Sekundärinsolvenzverfahrens **geladen** wird. Eine solche Verpflichtung ergibt sich deshalb inzident aus Abs. 2 (vgl. BT-Drucks. 15/16, S. 26; so auch *Andres/Leithaus/Dahl* InsO, § 357 Rn. 8; HK-InsO/*Stephan* § 357 Rn. 13; *Kübler/Prütting/Bork-Paulus* InsO, § 357 Rn. 9). Die Rechte des ausländischen Verwalters erschöpfen sich jedoch nicht nur in seiner reinen physischen Präsenz, vielmehr steht ihm auch ein Äußerungsrecht in der Gläubigerversammlung zu (*Andres/Leithaus/Dahl* InsO, § 357 Rn. 9; *Kübler/Prütting/Bork-Paulus*

InsO, § 357 Rn. 11), selbst wenn er nicht das Stimmrecht der Gläubiger seines Verfahrens ausüben will.

III. Zu Absatz 3

Durch Abs. 3 Satz 1 wird der Verwalter des Hauptinsolvenzverfahrens in den Kreis der Personen aufgenommen, denen der **Insolvenzplan zuzuleiten** ist (vgl. § 232 InsO). Der ausländische Verwalter erhält damit Gelegenheit, sich auf den Erörterungs- und Abstimmungstermin vorzubereiten. Auch bei diesem Teilnahmerecht sind die räumliche Distanz und die Sprachschwierigkeiten zu berücksichtigen, so dass der Plan möglichst umgehend zu übersenden ist. 9

Noch bedeutsamer ist, dass ihm nach **Satz 2** ein **Planinitiativrecht** zugebilligt wird. Damit besteht die Möglichkeit, dass den Gläubigern von Verwalterseite zwei **abweichende Pläne** präsentiert werden. Da der Verwalter des Hauptinsolvenzverfahrens regelmäßig die Interessen des Gesamtunternehmens im Blick hat, dürfte sein Plan der umfassendere sein. Gerade bei grenzüberschreitenden Sanierungsverfahren muss die Zusammenarbeit der Verwalter besonders intensiv sein (vgl. *Eidenmüller* Unternehmenssanierung zwischen Markt und Gesetz, S. 921 ff. [971]). Der Verwalter des Sekundärinsolvenzverfahrens würde seine Aufgabe verkennen, wenn er bei konkurrierenden Plänen lediglich die Interessen der inländischen Gläubiger in den Blick nimmt. Da auch an einem Territorialverfahren grds. alle Gläubiger teilnahmeberechtigt sind, hat er stets das Interesse der Gesamtgläubigerschaft zu beachten und ggf. seinen Plan zurückzunehmen oder zu modifizieren. Da so gut wie jeder Insolvenzplan eine Einschränkung der Rechte der Gläubiger vorsieht, ist stets § 355 Abs. 2 InsO zu beachten, nach dem im Partikularinsolvenzverfahren ein solcher Plan nur bestätigt werden kann, wenn alle betroffenen Gläubiger zugestimmt haben (vgl. § 355 Rdn. 6 f.). Zwar werden regelmäßig Sanierungspläne im Vordergrund stehen, doch sind auch Situationen denkbar, in denen ein Liquidationsplan für die Gläubiger vorteilhaft ist. Gerade das Planinitiativrecht zeigt, wie wichtig es ist, dass der ausländische Insolvenzverwalter rechtzeitig und **umfassend** auch über die Umstände **informiert** wird, die für die Erstellung eines Insolvenzplans von Bedeutung sind. 10

IV. Aufsicht und Pflichtverletzung

Kommt der Verwalter des Sekundärinsolvenzverfahrens seiner Pflicht zur umfassenden Kooperation nicht nach, so kann der ausländische Verwalter, aber auch jeder Insolvenzgläubiger, **Maßnahmen nach § 58 InsO** beim Insolvenzgericht anregen (BT-Drucks. 12/2443, S. 246). Darüber hinaus können die Pflichten ggf. auch durchgesetzt werden oder im Falle eines Pflichtverstoßes des Verwalters **Schadenersatzansprüche** bestehen (*Braun/Delzant* InsO, § 357 Rn. 4; vgl. EuInsVO Art. 41 Rdn. 34 ff.). 11

§ 358 Überschuss bei der Schlussverteilung

Können bei der Schlussverteilung im Sekundärinsolvenzverfahren alle Forderungen in voller Höhe berichtigt werden, so hat der Insolvenzverwalter einen verbleibenden Überschuss dem ausländischen Verwalter des Hauptinsolvenzverfahrens herauszugeben.

Übersicht	Rdn.		Rdn.
A. Normzweck	1	B. Im Einzelnen	2

Literatur:
Rühle Gegenseitige Verträge nach Aufhebung des Insolvenzverfahrens, 2005.

A. Normzweck

Um zu verhindern, dass nach Aufhebung des Sekundärinsolvenzverfahrens ein in diesem Verfahren **verbleibender Überschuss** nach § 199 InsO an den Schuldner ausgekehrt werden müsste, sieht 1

§ 358 InsO vor, dass ein solcher Überschuss **an den Verwalter des Hauptinsolvenzverfahrens** herauszugeben ist. Eine vergleichbare Vorschrift enthält Art. 49 EuInsVO.

B. Im Einzelnen

2 Auch wenn Haupt- und Sekundärinsolvenzverfahren weitgehend autonome Verfahren sind, besteht doch eine gewisse Hierarchie der Verfahren, die noch deutlicher unter den Bestimmungen der EuInsVO zum Ausdruck kommt. Aber auch nach dem autonomen IIR ist die **übergeordnete Funktion des universalen Hauptverfahrens** anzuerkennen (*Andres/Leithaus/Dahl* InsO, § 358 Rn. 1). Als Ausfluss dieses universalen Insolvenzbeschlags, der lediglich durch die Eröffnung eines Sekundärinsolvenzverfahrens zurückgedrängt wird (vgl. § 354 Rdn. 19), ergibt sich, dass nach Beendigung des Sekundärinsolvenzverfahrens der Beschlag des Hauptverfahrens das restliche schuldnerische Vermögen oder den an seine Stelle getretenen Verwertungserlös erfasst (*Smid* Dt. IIR, § 358 Rn. 2).

3 Der **Anwendungsbereich** der Vorschrift dürfte **nicht allzu groß** sein (*Andres/Leithaus/Dahl* InsO, § 358 Rn. 2; HK-InsO/*Stephan* § 358 Rn. 4). Sie kommt nur dann zum Tragen, wenn in der Schlussverteilung alle Insolvenzgläubiger, d.h. die im Schlussverzeichnis aufgeführten Gläubiger einschließlich der nachrangigen Insolvenzgläubiger nach § 39 InsO, und alle Masseverbindlichkeiten befriedigt werden konnten. Ist die Masse so werthaltig, dass ein solch hoher Erlös zu erwarten sein wird, wird man eine Pflicht des Verwalters des Hauptinsolvenzverfahrens nach § 341 Abs. 2 InsO annehmen müssen, die in seinem Verfahren angemeldeten Forderungen auch in dem Sekundärinsolvenzverfahren geltend zu machen. Zumindest werden jedoch die ausländischen Gläubiger von ihrem Anmelderecht Gebrauch machen (vgl. § 341 Abs. 1 InsO).

4 § 358 InsO kommt grundsätzlich auch dann zur Anwendung, wenn das ausländische Hauptinsolvenzverfahren vor dem Sekundärinsolvenzverfahren beendet wird.

Dreizehnter Teil Inkrafttreten[1]

§ 359 Verweisung auf das Einführungsgesetz

Dieses Gesetz tritt an dem Tage in Kraft, der durch das Einführungsgesetz zur Insolvenzordnung bestimmt wird.

Übersicht

	Rdn.			Rdn.
A. Inkrafttreten der Insolvenzordnung	1	B.	Übergangsregelungen	5

Literatur:
Berscheid Personalabbau vor und in der Insolvenz unter Berücksichtigung des Betriebsübergangs, AnwBl. 1995, 8; *Heyer* Kommt die Insolvenzordnung wirklich 1999?, NJW 1997, 2803; *Pape* Aktuelle Entwicklungstendenzen der Rspr. zur Gesamtvollstreckungsordnung, DtZ 1997, 2; *Rother* Über die Insolvenz der Gesetzgebung, ZRP 1998, 205.

A. Inkrafttreten der Insolvenzordnung

Mit der in § 359 InsO angeordneten Verweisung auf das zur Insolvenzordnung ergangene Einführungsgesetz wird auf Art. 110 Abs. 1 und 2 EGInsO, Bezug genommen, der als Zeitpunkt des Inkrafttretens der Insolvenzordnung den 01.01.1999 vorsieht, § 110 Abs. 1 EGInsO. 1

Dass mit der Insolvenzordnung – erstmals in der Geschichte der Bundesrepublik – ein verabschiedetes Gesetz erst fünf Jahre nach seiner Verabschiedung in Kraft tritt, mag ein ungewöhnlicher und wohl auch einmaliger Vorgang sein. Insbesondere vermag auch die These, dass die Justiz 1999 dem Geschäftsanfall besser gewachsen sei, wenig zu überzeugen. Insbesondere im Hinblick auf die Einführung der Restschuldbefreiung bleibt – von einer Übergangszeit abgesehen – abzuwarten, inwieweit die personelle Belastung der Justiz das erträgliche Maß übersteigt. Zumindest in gewisser Weise bewahrheitet haben sich in diesem Zusammenhang die Befürchtungen, der lange Zeitraum zwischen Verabschiedung und Inkrafttreten der Reform berge die Gefahr einer Neueröffnung der Reformdiskussion in sich (*Pape* DtZ 1997, 2; verneinend *Haarmeyer/Wutzke/Förster* InsO/EGInsO, S. 11). 2

Bereits am 19.10.1994, dem Tag der Verkündung, in Kraft getreten sind wichtige Teile des Einführungsgesetzes, namentlich flankierende Regelungen und solche, die in keinem unmittelbaren Zusammenhang zur Reform stehen, § 110 Abs. 2 EGInsO (vgl. hierzu *Berscheid* Anwaltsblatt 1995, 8). 3

Mit § 354a HGB ist eine weitere – im mittelbaren Zusammenhang mit der Insolvenzordnung stehende – wesentliche Vorschrift mit Wirkung vom 30.07.1994 in Kraft getreten (BGBl. I 1994 S. 1682). Hiernach ist die Abtretung einer Geldforderung auch dann wirksam, wenn Gläubiger und Schuldner dieser Geldforderung gem. § 399 BGB ein Abtretungsverbot vereinbart haben und das die Forderung begründende Rechtsgeschäft für beide Teile ein Handelsgeschäft ist. Der hier zum Ausdruck gebrachte gesetzgeberische Wille ist schwerlich mit dem von der Insolvenzordnung angestrebten Neuordnung in Einklang zu bringen. Das erklärte Ziel, mehr Verfahren zur Eröffnung zu bringen, konterkariert. So wird bereits jetzt die Vermutung laut, dass die Aufhebung des Abtretungsverbots einen erheblichen Einfluss auf die zu verteilende Masse hat. Ob die Neuregelung des § 354a HGB gar bei Unternehmensfinanzierungen zu einer – sachlich nicht gerechtfertigten – Risikoverlagerung von den Banken auf die Lieferanten führen wird (so *Haarmeyer/Wutzke/Förster* InsO/EGInsO, S. 24) bleibt abzuwarten. 4

---

1 Bis zum 20.04.2018: Zwölfter Teil.

B. Übergangsregelungen

5 Die Schaffung eines neuen Insolvenzrechts setzt naturgemäß Übergangsregelungen für Konkurs-, Vergleichs- und Gesamtvollstreckungsverfahren voraus. Dementsprechende Regelungen finden sich in den Art 103 ff. EGInsO.

6 Hiernach gelten folgende Grundsätze:
- Bereits **vor dem 01.01.1999 beantragte Konkurs-, Vergleichs- und Gesamtvollstreckungsverfahren**, aber auch der dem Anschlusskonkursverfahren vorausgehende, vor dem 01.01.1999 gestellte Vergleichsantrag sind allein nach bisherigem Recht zu beurteilen, Art. 103 EGInsO.
- Alle **nach dem 31.12.1998 beantragten Insolvenzverfahren** sind – unabhängig vom Zeitpunkt der Begründung von Rechtsverhältnissen und Rechten – nach neuem Recht zu beurteilen, Art. 104 EGInsO; zur Frage, wann eine »Beantragung vorliegt«, vgl. FK-InsO/*Schmerbach* § 13 ff.
- Die **vor dem 01.01.1999 vorgenommenen Rechtshandlungen** sind nur dann nach neuem Recht anfechtbar, wenn eine Anfechtung – auch hinsichtlich des Anfechtungsumfangs – bereits nach altem Recht möglich war, Art. 106 EGInsO (eine Übersicht zur Gläubigeranfechtung nach dem »neuen« Anfechtungsgesetz gibt *Schallenberg* in Steuerberater Rechtshandbuch, Fach K, Kap. 8; zum Begriff der Rechtshandlung siehe dort Rn. 10; zum maßgeblichen Zeitpunkt der Vornahme einer Rechtshandlung vgl. § 8 AnfG n.F.).
- War der **Schuldner bereits vor dem 01.01.1999 zahlungsunfähig**, verkürzen sich die für die Restschuldbefreiung maßgeblichen Fristen nach Maßgabe des Art. 107 EGInsO.
- Soweit bereits ein **Gesamtvollstreckungsverfahren** durchgeführt worden ist, sind auch nach dem 31.12.1998 die Vollstreckungsbeschränkungen des § 18 Abs. 2 Satz 3 GesO zu beachten; bei Eröffnung des Insolvenzverfahrens sind die der Vollstreckungsbeschränkung unterliegenden Forderungen im Rang nach Maßgabe des § 39 Abs. 1 InsO zu berichtigen; Art. 108 EGInsO.
- Bestimmte – in Art. 109 EGInsO näher eingegrenzte – **in Schuldverschreibungen zugestandene Befriedigungsvorrechte** sind auch im zukünftigen Insolvenzverfahren zu beachten.

EuInsVO 2017 Verordnung (EU) 2015/848 des Europäischen Parlaments und des Rates vom 20. Mai 2015 über Insolvenzverfahren
(ABl. Nr. L 141 S. 19)

Verordnung (EU) 2015/848 des Europäischen Parlaments und des Rates vom 20. Mai 2015 über Insolvenzverfahren
(ABl. Nr. L 141 S. 19)

DAS EUROPÄISCHE PARLAMENT UND DER RAT DER EUROPÄISCHEN UNION –

gestützt auf den Vertrag über die Arbeitsweise der Europäischen Union, insbesondere auf Artikel 81,

auf Vorschlag der Europäischen Kommission,

nach Zuleitung des Entwurfs des Gesetzgebungsakts an die nationalen Parlamente,

nach Stellungnahme des Europäischen

Wirtschafts- und Sozialausschusses[1],

gemäß dem ordentlichen Gesetzgebungsverfahren[2],

in Erwägung nachstehender Gründe:

(1) Die Kommission hat am 12. Dezember 2012 einen Bericht über die Anwendung der Verordnung (EG) Nr. 1346/2000 des Rates[3] angenommen. Dem Bericht zufolge funktioniert die Verordnung im Allgemeinen gut, doch sollte die Anwendung einiger Vorschriften verbessert werden, um grenzüberschreitende Insolvenzverfahren noch effizienter abwickeln zu können. Da die Verordnung mehrfach geändert wurde und weitere Änderungen erfolgen sollen, sollte aus Gründen der Klarheit eine Neufassung vorgenommen werden.

(2) Die Union hat sich die Schaffung eines Raums der Freiheit, der Sicherheit und des Rechts zum Ziel gesetzt.

(3) Für ein reibungsloses Funktionieren des Binnenmarktes sind effiziente und wirksame grenzüberschreitende Insolvenzverfahren erforderlich. Die Annahme dieser Verordnung ist zur Verwirklichung dieses Ziels erforderlich, das in den Bereich der justiziellen Zusammenarbeit in Zivilsachen im Sinne des Artikels 81 des Vertrags fällt.

(4) Die Geschäftstätigkeit von Unternehmen greift mehr und mehr über die einzelstaatlichen Grenzen hinaus und unterliegt damit in zunehmendem Maß den Vorschriften des Unionsrechts. Die Insolvenz solcher Unternehmen hat auch nachteilige Auswirkungen auf das ordnungsgemäße Funktionieren des Binnenmarktes, und es bedarf eines Unionsrechtsakts, der eine Koordinierung der Maßnahmen in Bezug auf das Vermögen eines zahlungsunfähigen Schuldners vorschreibt.

(5) Im Interesse eines ordnungsgemäßen Funktionierens des Binnenmarkts muss verhindert werden, dass es für Beteiligte vorteilhafter ist, Vermögensgegenstände oder Gerichtsverfahren von einem Mitgliedstaat in einen anderen zu verlagern, um auf diese Weise eine günstigere Rechtsstellung zum Nachteil der Gesamtheit der Gläubiger zu erlangen (im Folgenden »Forum Shopping«).

---

1 ABl. C 271 vom 19.09.2013, S. 55.
2 Standpunkt des Europäischen Parlaments vom 5. Februar 2014 (noch nicht im Amtsblatt veröffentlicht) und Standpunkt des Rates in erster Lesung vom 12. März 2015 (noch nicht im Amtsblatt veröffentlicht). Standpunkt des Europäischen Parlaments vom 20. Mai 2015 (noch nicht im Amtsblatt veröffentlicht).
3 Verordnung (EG) Nr. 1346/2000 des Rates vom 29. Mai 2000 über Insolvenzverfahren (ABl. L 160 vom 30.06.2000, S. 1).

(6) Diese Verordnung sollte Vorschriften enthalten, die die Zuständigkeit für die Eröffnung von Insolvenzverfahren und für Klagen regeln, die sich direkt aus diesen Insolvenzverfahren ableiten und eng damit verknüpft sind. Darüber hinaus sollte diese Verordnung Vorschriften für die Anerkennung und Vollstreckung von in solchen Verfahren ergangenen Entscheidungen sowie Vorschriften über das auf Insolvenzverfahren anwendbare Recht enthalten. Sie sollte auch die Koordinierung von Insolvenzverfahren regeln, die sich gegen denselben Schuldner oder gegen mehrere Mitglieder derselben Unternehmensgruppe richten.

(7) Konkurse, Vergleiche und ähnliche Verfahren sowie damit zusammenhängende Klagen sind vom Anwendungsbereich der Verordnung (EU) Nr. 1215/2012 des Europäischen Parlaments und des Rates ausgenommen[4]. Diese Verfahren sollten unter die vorliegende Verordnung fallen. Die vorliegende Verordnung ist so auszulegen, dass Rechtslücken zwischen den beiden vorgenannten Rechtsinstrumenten so weit wie möglich vermieden werden. Allerdings sollte der alleinige Umstand, dass ein nationales Verfahren nicht in Anhang A dieser Verordnung aufgeführt ist, nicht bedeuten, dass es unter die Verordnung (EU) Nr. 1215/2012 fällt.

(8) Zur Verwirklichung des Ziels einer Verbesserung der Effizienz und Wirksamkeit der Insolvenzverfahren mit grenzüberschreitender Wirkung ist es notwendig und angemessen, die Bestimmungen über den Gerichtsstand, die Anerkennung und das anwendbare Recht in diesem Bereich in einer Maßnahme der Union zu bündeln, die in den Mitgliedstaaten verbindlich ist und unmittelbar gilt.

(9) Diese Verordnung sollte für alle Insolvenzverfahren gelten, die die in ihr festgelegten Voraussetzungen erfüllen, unabhängig davon, ob es sich beim Schuldner um eine natürliche oder juristische Person, einen Kaufmann oder eine Privatperson handelt. Diese Insolvenzverfahren sind erschöpfend in Anhang A aufgeführt. Bezüglich der in Anhang A aufgeführten nationalen Verfahren sollte diese Verordnung Anwendung finden, ohne dass die Gerichte eines anderen Mitgliedstaats die Erfüllung der Anwendungsvoraussetzungen dieser Verordnung nachprüfen. Nationale Insolvenzverfahren, die nicht in Anhang A aufgeführt sind, sollten nicht in den Anwendungsbereich dieser Verordnung fallen.

(10) In den Anwendungsbereich dieser Verordnung sollten Verfahren einbezogen werden, die die Rettung wirtschaftlich bestandsfähiger Unternehmen, die sich jedoch in finanziellen Schwierigkeiten befinden, begünstigen und Unternehmern eine zweite Chance bieten. Einbezogen werden sollten vor allem Verfahren, die auf eine Sanierung des Schuldners in einer Situation gerichtet sind, in der lediglich die Wahrscheinlichkeit einer Insolvenz besteht, und Verfahren, bei denen der Schuldner ganz oder teilweise die Kontrolle über seine Vermögenswerte und Geschäfte behält. Der Anwendungsbereich sollte sich auch auf Verfahren erstrecken, die eine Schuldbefreiung oder eine Schuldenanpassung in Bezug auf Verbraucher und Selbständige zum Ziel haben, indem z.B. der vom Schuldner zu zahlende Betrag verringert oder die dem Schuldner gewährte Zahlungsfrist verlängert wird. Da in solchen Verfahren nicht unbedingt ein Verwalter bestellt werden muss, sollten sie unter diese Verordnung fallen, wenn sie der Kontrolle oder Aufsicht eines Gerichts unterliegen. In diesem Zusammenhang sollte der Ausdruck »Kontrolle« auch Sachverhalte einschließen, in denen ein Gericht nur aufgrund des Rechtsbehelfs eines Gläubigers oder anderer Verfahrensbeteiligter tätig wird.

(11) Diese Verordnung sollte auch für Verfahren gelten, die einen vorläufigen Aufschub von Vollstreckungsmaßnahmen einzelner Gläubiger gewähren, wenn derartige Maßnahmen die Verhandlungen beeinträchtigen und die Aussichten auf eine Sanierung des Unternehmens des Schuldners mindern könnten. Diese Verfahren sollten sich nicht nachteilig auf die Gesamtheit der Gläubiger auswirken und sollten, wenn keine Einigung über einen Sanierungsplan erzielt werden kann, anderen Verfahren, die unter diese Verordnung fallen, vorgeschaltet sein.

---

4 Verordnung (EU) Nr. 1215/2012 des Europäischen Parlaments und des Rates vom 12. Dezember 2012 über die gerichtliche Zuständigkeit und die Anerkennung und Vollstreckung von Entscheidungen in Zivil- und Handelssachen (ABl. L 351 vom 20.12.2012, S. 1).

(12) Diese Verordnung sollte für Verfahren gelten, deren Eröffnung öffentlich bekanntzugeben ist, damit Gläubiger Kenntnis von dem Verfahren erlangen und ihre Forderungen anmelden können, und dadurch der kollektive Charakter des Verfahrens sichergestellt wird, und damit den Gläubigern Gelegenheit gegeben wird, die Zuständigkeit des Gerichts überprüfen zu lassen, das das Verfahren eröffnet hat.
(13) Dementsprechend sollten vertraulich geführte Insolvenzverfahren vom Anwendungsbereich dieser Verordnung ausgenommen werden. Solche Verfahren mögen zwar in manchen Mitgliedstaaten von großer Bedeutung sein, es ist jedoch aufgrund ihrer Vertraulichkeit unmöglich, dass ein Gläubiger oder Gericht in einem anderen Mitgliedstaat Kenntnis von der Eröffnung eines solchen Verfahrens erlangt, so dass es schwierig ist, ihren Wirkungen unionsweit Anerkennung zu verschaffen.
(14) Ein Gesamtverfahren, das unter diese Verordnung fällt, sollte alle oder einen wesentlichen Teil der Gläubiger des Schuldners einschließen, auf die die gesamten oder ein erheblicher Anteil der ausstehenden Verbindlichkeiten des Schuldners entfallen, vorausgesetzt, dass die Forderungen der Gläubiger, die nicht an einem solchen Verfahren beteiligt sind, davon unberührt bleiben. Verfahren, die nur die finanziellen Gläubiger des Schuldners betreffen, sollten auch unter diese Verordnung fallen. Ein Verfahren, das nicht alle Gläubiger eines Schuldners einschließt, sollte ein Verfahren sein, dessen Ziel die Rettung des Schuldners ist. Ein Verfahren, das zur endgültigen Einstellung der Unternehmenstätigkeit des Schuldners oder zur Verwertung seines Vermögens führt, sollte alle Gläubiger des Schuldners einschließen. Einige Insolvenzverfahren für natürliche Personen schließen bestimmte Arten von Forderungen, wie etwa Unterhaltsforderungen, von der Möglichkeit einer Schuldenbefreiung aus, was aber nicht bedeuten sollte, dass diese Verfahren keine Gesamtverfahren sind.
(15) Diese Verordnung sollte auch für Verfahren gelten, die nach dem Recht einiger Mitgliedstaaten für eine bestimmte Zeit vorläufig oder einstweilig eröffnet und durchgeführt werden können, bevor ein Gericht durch eine Entscheidung die Fortführung des Verfahrens als nicht vorläufiges Verfahren bestätigt. Auch wenn diese Verfahren als »vorläufig« bezeichnet werden, sollten sie alle anderen Anforderungen dieser Verordnung erfüllen.
(16) Diese Verordnung sollte für Verfahren gelten, die sich auf gesetzliche Regelungen zur Insolvenz stützen. Allerdings sollten Verfahren, die sich auf allgemeines Gesellschaftsrecht stützen, das nicht ausschließlich auf Insolvenzfälle ausgerichtet ist, nicht als Verfahren gelten, die sich auf gesetzliche Regelungen zur Insolvenz stützen. Ebenso sollten Verfahren zur Schuldenanpassung nicht bestimmte Verfahren umfassen, in denen es um den Erlass von Schulden einer natürlichen Person mit sehr geringem Einkommen und Vermögen geht, sofern derartige Verfahren nie eine Zahlung an Gläubiger vorsehen.
(17) Der Anwendungsbereich dieser Verordnung sollte sich auf Verfahren erstrecken, die eingeleitet werden, wenn sich ein Schuldner in nicht finanziellen Schwierigkeiten befindet, sofern diese Schwierigkeiten mit der tatsächlichen und erheblichen Gefahr verbunden sind, dass der Schuldner gegenwärtig oder in Zukunft seine Verbindlichkeiten bei Fälligkeit nicht begleichen kann. Der maßgebliche Zeitraum zur Feststellung einer solchen Gefahr kann mehrere Monate oder auch länger betragen, um Fällen Rechnung zu tragen, in denen sich der Schuldner in nicht finanziellen Schwierigkeiten befindet, die die Fortführung seines Unternehmens und mittelfristig seine Liquidität gefährden. Dies kann beispielsweise der Fall sein, wenn der Schuldner einen Auftrag verloren hat, der für ihn von entscheidender Bedeutung war.
(18) Die Vorschriften über die Rückforderung staatlicher Beihilfen von insolventen Unternehmen, wie sie nach der Rechtsprechung des Gerichtshofs der Europäischen Union ausgelegt worden sind, sollten von dieser Verordnung unberührt bleiben.
(19) Insolvenzverfahren über das Vermögen von Versicherungsunternehmen, Kreditinstituten, Wertpapierfirmen und anderen Firmen, Einrichtungen oder Unternehmen, die unter die Richtlinie 2001/24/EG des Europäischen Parlaments und des Rates[5] fallen, und Organismen für ge-

---

[5] Richtlinie 2001/24/EG des Europäischen Parlaments und des Rates vom 4. April 2001 über die Sanierung und Liquidation von Kreditinstituten (ABl. L 125 vom 05.05.2001, S. 15).

meinsame Anlagen sollten vom Anwendungsbereich dieser Verordnung ausgenommen werden, da für sie besondere Vorschriften gelten und die nationalen Aufsichtsbehörden weitreichende Eingriffsbefugnisse haben.

(20) Insolvenzverfahren sind nicht zwingend mit dem Eingreifen einer Justizbehörde verbunden. Der Ausdruck »Gericht« in dieser Verordnung sollte daher in einigen Bestimmungen weit ausgelegt werden und Personen oder Stellen umfassen, die nach einzelstaatlichem Recht befugt sind, Insolvenzverfahren zu eröffnen. Damit diese Verordnung Anwendung findet, muss es sich um ein Verfahren (mit den entsprechenden gesetzlich festgelegten Handlungen und Formalitäten) handeln, das nicht nur im Einklang mit dieser Verordnung steht, sondern auch in dem Mitgliedstaat der Eröffnung des Insolvenzverfahrens offiziell anerkannt und rechtsgültig ist.

(21) Verwalter sind in dieser Verordnung definiert und in Anhang B aufgeführt. Verwalter, die ohne Beteiligung eines Justizorgans bestellt werden, sollten nach nationalem Recht einer angemessenen Regulierung unterliegen und für die Wahrnehmung von Aufgaben in Insolvenzverfahren zugelassen sein. Der nationale Regelungsrahmen sollte angemessene Vorschriften über den Umgang mit potenziellen Interessenkonflikten umfassen.

(22) Diese Verordnung erkennt die Tatsache an, dass aufgrund der großen Unterschiede im materiellen Recht ein einziges Insolvenzverfahren mit universaler Geltung für die Union nicht realisierbar ist. Die ausnahmslose Anwendung des Rechts des Staates der Verfahrenseröffnung würde vor diesem Hintergrund häufig zu Schwierigkeiten führen. Dies gilt etwa für die in den Mitgliedstaaten sehr unterschiedlich ausgeprägten nationalen Regelungen zu den Sicherungsrechten. Aber auch die Vorrechte einzelner Gläubiger in Insolvenzverfahren sind teilweise vollkommen anders ausgestaltet. Bei der nächsten Überprüfung dieser Verordnung wird es erforderlich sein, weitere Maßnahmen zu ermitteln, um die Vorrechte der Arbeitnehmer auf europäischer Ebene zu verbessern. Diese Verordnung sollte solchen unterschiedlichen nationalen Rechten auf zweierlei Weise Rechnung tragen. Zum einen sollten Sonderanknüpfungen für besonders bedeutsame Rechte und Rechtsverhältnisse vorgesehen werden (z.B. dingliche Rechte und Arbeitsverträge). Zum anderen sollten neben einem Hauptinsolvenzverfahren mit universaler Geltung auch innerstaatliche Verfahren zugelassen werden, die lediglich das im Eröffnungsstaat befindliche Vermögen erfassen.

(23) Diese Verordnung gestattet die Eröffnung des Hauptinsolvenzverfahrens in dem Mitgliedstaat, in dem der Schuldner den Mittelpunkt seiner hauptsächlichen Interessen hat. Dieses Verfahren hat universale Geltung sowie das Ziel, das gesamte Vermögen des Schuldners zu erfassen. Zum Schutz der unterschiedlichen Interessen gestattet diese Verordnung die Eröffnung von Sekundärinsolvenzverfahren parallel zum Hauptinsolvenzverfahren. Ein Sekundärinsolvenzverfahren kann in dem Mitgliedstaat eröffnet werden, in dem der Schuldner eine Niederlassung hat. Seine Wirkungen sind auf das in dem betreffenden Mitgliedstaat belegene Vermögen des Schuldners beschränkt. Zwingende Vorschriften für die Koordinierung mit dem Hauptinsolvenzverfahren tragen dem Gebot der Einheitlichkeit in der Union Rechnung.

(24) Wird über das Vermögen einer juristischen Person oder einer Gesellschaft ein Hauptinsolvenzverfahren in einem anderen Mitgliedstaat als dem, in dem sie ihren Sitz hat, eröffnet, so sollte die Möglichkeit bestehen, im Einklang mit der Rechtsprechung des Gerichtshofs der Europäischen Union ein Sekundärinsolvenzverfahren in dem Mitgliedstaat zu eröffnen, in dem sie ihren Sitz hat, sofern der Schuldner einer wirtschaftlichen Aktivität nachgeht, die den Einsatz von Personal und Vermögenswerten in diesem Mitgliedstaat voraussetzt.

(25) Diese Verordnung gilt nur für Verfahren in Bezug auf einen Schuldner, der Mittelpunkt seiner hauptsächlichen Interessen in der Union hat.

(26) Die Zuständigkeitsvorschriften dieser Verordnung legen nur die internationale Zuständigkeit fest, das heißt, sie geben den Mitgliedstaat an, dessen Gerichte Insolvenzverfahren eröffnen dürfen. Die innerstaatliche Zuständigkeit des betreffenden Mitgliedstaats sollte nach dem nationalen Recht des betreffenden Staates bestimmt werden.

(27) Vor Eröffnung des Insolvenzverfahrens sollte das zuständige Gericht von Amts wegen prüfen, ob sich der Mittelpunkt der hauptsächlichen Interessen des Schuldners oder der Niederlassung des Schuldners tatsächlich in seinem Zuständigkeitsbereich befindet.
(28) Bei der Beantwortung der Frage, ob der Mittelpunkt der hauptsächlichen Interessen des Schuldners für Dritte feststellbar ist, sollte besonders berücksichtigt werden, welchen Ort die Gläubiger als denjenigen wahrnehmen, an dem der Schuldner der Verwaltung seiner Interessen nachgeht. Hierfür kann es erforderlich sein, die Gläubiger im Fall einer Verlegung des Mittelpunkts der hauptsächlichen Interessen zeitnah über den neuen Ort zu unterrichten, an dem der Schuldner seine Tätigkeiten ausübt, z.B. durch Hervorhebung der Adressänderung in der Geschäftskorrespondenz, oder indem der neue Ort in einer anderen geeigneten Weise veröffentlicht wird.
(29) Diese Verordnung sollte eine Reihe von Schutzvorkehrungen enthalten, um betrügerisches oder missbräuchliches Forum Shopping zu verhindern.
(30) Folglich sollten die Annahmen, dass der Sitz, die Hauptniederlassung und der gewöhnliche Aufenthalt jeweils der Mittelpunkt des hauptsächlichen Interesses sind, widerlegbar sein, und das jeweilige Gericht eines Mitgliedstaats sollte sorgfältig prüfen, ob sich der Mittelpunkt der hauptsächlichen Interessen des Schuldners tatsächlich in diesem Mitgliedstaat befindet. Bei einer Gesellschaft sollte diese Vermutung widerlegt werden können, wenn sich die Hauptverwaltung der Gesellschaft in einem anderen Mitgliedstaat befindet als in dem Mitgliedstaat, in dem sich der Sitz der Gesellschaft befindet, und wenn eine Gesamtbetrachtung aller relevanten Faktoren die von Dritten überprüfbare Feststellung zulässt, dass sich der tatsächliche Mittelpunkt der Verwaltung und der Kontrolle der Gesellschaft sowie der Verwaltung ihrer Interessen in diesem anderen Mitgliedstaat befindet. Bei einer natürlichen Person, die keine selbständige gewerbliche oder freiberufliche Tätigkeit ausübt, sollte diese Vermutung widerlegt werden können, wenn sich z.B. der Großteil des Vermögens des Schuldners außerhalb des Mitgliedstaats des gewöhnlichen Aufenthalts des Schuldners befindet oder wenn festgestellt werden kann, dass der Hauptgrund für einen Umzug darin bestand, einen Insolvenzantrag im neuen Gerichtsstand zu stellen, und die Interessen der Gläubiger, die vor dem Umzug eine Rechtsbeziehung mit dem Schuldner eingegangen sind, durch einen solchen Insolvenzantrag wesentlich beeinträchtigt würden.
(31) Im Rahmen desselben Ziels der Verhinderung von betrügerischem oder missbräuchlichem Forum Shopping sollte die Vermutung, dass der Mittelpunkt der hauptsächlichen Interessen der Sitz, die Hauptniederlassung der natürlichen Person bzw. der gewöhnliche Aufenthalt der natürlichen Person ist, nicht gelten, wenn – im Falle einer Gesellschaft, einer juristischen Person oder einer natürlichen Person, die eine selbständige gewerbliche oder freiberufliche Tätigkeit ausübt, – der Schuldner seinen Sitz oder seine Hauptniederlassung in einem Zeitraum von drei Monaten vor dem Antrag auf Eröffnung des Insolvenzverfahrens in einen anderen Mitgliedstaat verlegt hat, oder – im Falle einer natürlichen Person, die keine selbständige gewerbliche oder freiberufliche Tätigkeit ausübt – wenn der Schuldner seinen gewöhnlichen Aufenthalt in einem Zeitraum von sechs Monaten vor dem Antrag auf Eröffnung des Insolvenzverfahrens in einen anderen Mitgliedstaat verlegt hat.
(32) Das Gericht sollte in allen Fällen, in denen die Umstände des Falls Anlass zu Zweifeln an seiner Zuständigkeit geben, den Schuldner auffordern, zusätzliche Nachweise für seine Behauptung vorzulegen, und, wenn das für das Insolvenzverfahren geltende Recht dies erlaubt, den Gläubigern des Schuldners Gelegenheit geben, sich zur Frage der Zuständigkeit zu äußern.
(33) Stellt das mit dem Antrag auf Eröffnung eines Insolvenzverfahrens befasste Gericht fest, dass der Mittelpunkt der hauptsächlichen Interessen nicht in seinem Hoheitsgebiet liegt, so sollte es das Hauptinsolvenzverfahren nicht eröffnen.
(34) Allen Gläubigern des Schuldners sollte darüber hinaus ein wirksamer Rechtsbehelf gegen die Entscheidung, ein Insolvenzverfahren zu eröffnen, zustehen. Die Folgen einer Anfechtung der Entscheidung, ein Insolvenzverfahren zu eröffnen, sollten dem nationalen Recht unterliegen.
(35) Die Gerichte des Mitgliedstaats, in dessen Hoheitsgebiet das Insolvenzverfahren eröffnet wurde, sollten auch für Klagen zuständig sein, die sich direkt aus dem Insolvenzverfahren ableiten

und eng damit verknüpft sind. Zu solchen Klagen sollten unter anderem Anfechtungsklagen gegen Beklagte in anderen Mitgliedstaaten und Klagen in Bezug auf Verpflichtungen gehören, die sich im Verlauf des Insolvenzverfahrens ergeben, wie z.B. zu Vorschüssen für Verfahrenskosten. Im Gegensatz dazu leiten sich Klagen wegen der Erfüllung von Verpflichtungen aus einem Vertrag, der vom Schuldner vor der Eröffnung des Verfahrens abgeschlossen wurde, nicht unmittelbar aus dem Verfahren ab. Steht eine solche Klage im Zusammenhang mit einer anderen zivil- oder handelsrechtlichen Klage, so sollte der Verwalter beide Klagen vor die Gerichte am Wohnsitz des Beklagten bringen können, wenn er sich von einer Erhebung der Klagen an diesem Gerichtsstand einen Effizienzgewinn verspricht. Dies kann beispielsweise dann der Fall sein, wenn der Verwalter eine insolvenzrechtliche Haftungsklage gegen einen Geschäftsführer mit einer gesellschaftsrechtlichen oder deliktsrechtlichen Klage verbinden will.

(36) Das für die Eröffnung des Hauptinsolvenzverfahrens zuständige Gericht sollte zur Anordnung einstweiliger Maßnahmen und von Sicherungsmaßnahmen ab dem Zeitpunkt des Antrags auf Verfahrenseröffnung befugt sein. Sicherungsmaßnahmen sowohl vor als auch nach Beginn des Insolvenzverfahrens sind zur Gewährleistung der Wirksamkeit des Insolvenzverfahrens von großer Bedeutung. Diese Verordnung sollte hierfür verschiedene Möglichkeiten vorsehen. Zum einen sollte das für das Hauptinsolvenzverfahren zuständige Gericht einstweilige Maßnahmen und Sicherungsmaßnahmen auch über Vermögensgegenstände anordnen können, die sich im Hoheitsgebiet anderer Mitgliedstaaten befinden. Zum anderen sollte ein vor Eröffnung des Hauptinsolvenzverfahrens bestellter vorläufiger Verwalter in den Mitgliedstaaten, in denen sich eine Niederlassung des Schuldners befindet, die nach dem Recht dieser Mitgliedstaaten möglichen Sicherungsmaßnahmen beantragen können.

(37) Das Recht, vor der Eröffnung des Hauptinsolvenzverfahrens die Eröffnung eines Insolvenzverfahrens in dem Mitgliedstaat, in dem der Schuldner eine Niederlassung hat, zu beantragen, sollte nur lokalen Gläubigern und Behörden zustehen beziehungsweise auf Fälle beschränkt sein, in denen das Recht des Mitgliedstaats, in dem der Schuldner den Mittelpunkt seiner hauptsächlichen Interessen hat, die Eröffnung eines Hauptinsolvenzverfahrens nicht zulässt. Der Grund für diese Beschränkung ist, dass die Fälle, in denen die Eröffnung eines Partikularverfahrens vor dem Hauptinsolvenzverfahren beantragt wird, auf das unumgängliche Maß beschränkt werden sollen.

(38) Das Recht, nach der Eröffnung des Hauptinsolvenzverfahrens die Eröffnung eines Insolvenzverfahrens in dem Mitgliedstaat, in dem der Schuldner eine Niederlassung hat, zu beantragen, wird durch diese Verordnung nicht beschränkt. Der Verwalter des Hauptinsolvenzverfahrens oder jede andere, nach dem Recht des betreffenden Mitgliedstaats dazu befugte Person sollte die Eröffnung eines Sekundärverfahrens beantragen können.

(39) Diese Verordnung sollte Vorschriften für die Bestimmung der Belegenheit der Vermögenswerte des Schuldners vorsehen, und diese Vorschriften sollten bei der Feststellung, welche Vermögenswerte zur Masse des Haupt- oder des Sekundärinsolvenzverfahrens gehören, und auf Situationen, in denen die dinglichen Rechte Dritter betroffen sind, Anwendung finden. Insbesondere sollte in dieser Verordnung bestimmt werden, dass Europäische Patente mit einheitlicher Wirkung, eine Gemeinschaftsmarke oder jedes andere ähnliche Recht, wie gemeinschaftliche Sortenschutzrechte oder das Gemeinschaftsgeschmacksmuster, nur in das Hauptinsolvenzverfahren mit einbezogen werden dürfen.

(40) Ein Sekundärinsolvenzverfahren kann neben dem Schutz der inländischen Interessen auch anderen Zwecken dienen. Dies kann der Fall sein, wenn die Insolvenzmasse des Schuldners zu verschachtelt ist, um als Ganzes verwaltet zu werden, oder weil die Unterschiede in den betroffenen Rechtssystemen so groß sind, dass sich Schwierigkeiten ergeben können, wenn das Recht des Staates der Verfahrenseröffnung seine Wirkung in den anderen Staaten, in denen Vermögensgegenstände belegen sind, entfaltet. Aus diesem Grund kann der Verwalter des Hauptinsolvenzverfahrens die Eröffnung eines Sekundärinsolvenzverfahrens beantragen, wenn dies für die effiziente Verwaltung der Masse erforderlich ist.

(41) Sekundärinsolvenzverfahren können eine effiziente Verwaltung der Insolvenzmasse auch behindern. Daher sind in dieser Verordnung zwei spezifische Situationen vorgesehen, in denen das

mit einem Antrag auf Eröffnung eines Sekundärinsolvenzverfahrens befasste Gericht auf Antrag des Verwalters des Hauptinsolvenzverfahrens die Eröffnung eines solchen Verfahrens aufschieben oder ablehnen können sollte.

(42) Erstens erhält der Verwalter des Hauptinsolvenzverfahrens im Rahmen dieser Verordnung die Möglichkeit, den lokalen Gläubigern die Zusicherung zu geben, dass sie so behandelt werden, als wäre das Sekundärinsolvenzverfahren eröffnet worden. Bei dieser Zusicherung ist eine Reihe von in dieser Verordnung festgelegten Voraussetzungen zu erfüllen, insbesondere muss sie von einer qualifizierten Mehrheit der lokalen Gläubiger gebilligt werden. Wurde eine solche Zusicherung gegeben, so sollte das mit einem Antrag auf Eröffnung eines Sekundärinsolvenzverfahrens befasste Gericht den Antrag ablehnen können, wenn es der Überzeugung ist, dass diese Zusicherung die allgemeinen Interessen der lokalen Gläubiger angemessen schützt. Das Gericht sollte bei der Beurteilung dieser Interessen die Tatsache berücksichtigen, dass die Zusicherung von einer qualifizierten Mehrheit der lokalen Gläubiger gebilligt worden ist.

(43) Für die Zwecke der Abgabe einer Zusicherung an die lokalen Gläubiger sollten die in dem Mitgliedstaat, in dem der Schuldner eine Niederlassung hat, belegenen Vermögenswerte und Rechte eine Teilmasse der Insolvenzmasse bilden, und der Verwalter des Hauptinsolvenzverfahrens sollte bei ihrer Verteilung bzw. der Verteilung des aus ihrer Verwertung erzielten Erlöses die Vorzugsrechte wahren, die Gläubiger bei Eröffnung eines Sekundärinsolvenzverfahrens in diesem Mitgliedstaat hätten.

(44) Für die Billigung der Zusicherung sollte, soweit angemessen, das nationale Recht Anwendung finden. Insbesondere sollten Forderungen der Gläubiger für die Zwecke der Abstimmung über die Zusicherung als festgestellt gelten, wenn die Abstimmungsregeln für die Annahme eines Sanierungsplans nach nationalem Recht die vorherige Feststellung dieser Forderungen vorschreiben. Gibt es nach nationalem Recht unterschiedliche Verfahren für die Annahme von Sanierungsplänen, so sollten die Mitgliedstaaten das spezifische Verfahren benennen, das in diesem Zusammenhang maßgeblich sein sollte.

(45) Zweitens sollte in dieser Verordnung die Möglichkeit vorgesehen werden, dass das Gericht die Eröffnung des Sekundärinsolvenzverfahrens vorläufig aussetzt, wenn im Hauptinsolvenzverfahren eine vorläufige Aussetzung von Einzelvollstreckungsverfahren gewährt wurde, um die Wirksamkeit der im Hauptinsolvenzverfahren gewährten Aussetzung zu wahren. Das Gericht sollte die vorläufige Aussetzung gewähren können, wenn es der Überzeugung ist, dass geeignete Maßnahmen zum Schutz der Interessen der lokalen Gläubiger bestehen. In diesem Fall sollten alle Gläubiger, die von dem Ergebnis der Verhandlungen über einen Sanierungsplan betroffen sein könnten, über diese Verhandlungen informiert werden und daran teilnehmen dürfen.

(46) Im Interesse eines wirksamen Schutzes lokaler Interessen sollte es dem Verwalter im Hauptinsolvenzverfahren nicht möglich sein, das in dem Mitgliedstaat der Niederlassung befindliche Vermögen missbräuchlich zu verwerten oder missbräuchlich an einen anderen Ort zu bringen, insbesondere wenn dies in der Absicht geschieht, die wirksame Befriedigung dieser Interessen für den Fall, dass im Anschluss ein Sekundärinsolvenzverfahren eröffnet wird, zu vereiteln.

(47) Diese Verordnung sollte die Gerichte der Mitgliedstaaten, in denen Sekundärinsolvenzverfahren eröffnet worden sind, nicht daran hindern, gegen Mitglieder der Geschäftsleitung des Schuldners Sanktionen wegen etwaiger Pflichtverletzung zu verhängen, sofern diese Gerichte nach nationalem Recht für diese Streitigkeiten zuständig sind.

(48) Hauptinsolvenzverfahren und Sekundärinsolvenzverfahren können zur wirksamen Verwaltung der Insolvenzmasse oder der effizienten Verwertung des Gesamtvermögens beitragen, wenn die an allen parallelen Verfahren beteiligten Akteure ordnungsgemäß zusammenarbeiten. Ordnungsgemäße Zusammenarbeit setzt voraus, dass die verschiedenen beteiligten Verwalter und Gerichte eng zusammenarbeiten, insbesondere indem sie einander wechselseitig ausreichend informieren. Um die dominierende Rolle des Hauptinsolvenzverfahrens sicherzustellen, sollten dem Verwalter dieses Verfahrens mehrere Einwirkungsmöglichkeiten auf gleichzeitig anhängige Sekundärinsolvenzverfahren gegeben werden. Der Verwalter sollte insbesondere einen Sanierungsplan oder Vergleich vorschlagen oder die Aussetzung der Verwertung der

Masse im Sekundärinsolvenzverfahren beantragen können. Bei ihrer Zusammenarbeit sollten Verwalter und Gerichte die bewährten Praktiken für grenzüberschreitende Insolvenzfälle berücksichtigen, wie sie in den Kommunikations- und Kooperationsgrundsätzen und -leitlinien, die von europäischen und internationalen Organisationen auf dem Gebiet des Insolvenzrechts ausgearbeitet worden sind, niedergelegt sind, insbesondere den einschlägigen Leitlinien der Kommission der Vereinten Nationen für internationales Handelsrecht (UNCITRAL).

(49) Zum Zwecke dieser Zusammenarbeit sollten Verwalter und Gerichte Vereinbarungen schließen und Verständigungen herbeiführen können, die der Erleichterung der grenzüberschreitenden Zusammenarbeit zwischen mehreren Insolvenzverfahren in verschiedenen Mitgliedstaaten über das Vermögen desselben Schuldners oder von Mitgliedern derselben Unternehmensgruppe dienen, sofern dies mit den für die jeweiligen Verfahren geltenden Vorschriften vereinbar ist. Diese Vereinbarungen und Verständigungen können in der Form – sie können schriftlich oder mündlich sein – und im Umfang – von allgemein bis spezifisch – variieren und von verschiedenen Parteien geschlossen werden. In einfachen allgemeinen Vereinbarungen kann die Notwendigkeit einer engen Zusammenarbeit der Parteien hervorgehoben werden, ohne dass dabei auf konkrete Punkte eingegangen wird, während in spezifischen Vereinbarungen ein Rahmen von Grundsätzen für die Verwaltung mehrerer Insolvenzverfahren festgelegt werden und von den beteiligten Gerichten gebilligt werden kann, sofern die nationalen Rechtsvorschriften dies erfordern. In ihnen kann zum Ausdruck gebracht werden, dass Einvernehmen unter den Parteien besteht, bestimmte Schritte zu unternehmen oder Maßnahmen zu treffen oder davon abzusehen.

(50) In ähnlicher Weise können Gerichte verschiedener Mitgliedstaaten durch die Koordinierung der Bestellung von Verwaltern zusammenarbeiten. In diesem Zusammenhang können sie dieselbe Person zum Verwalter für mehrere Insolvenzverfahren über das Vermögen desselben Schuldners oder verschiedener Mitglieder einer Unternehmensgruppe bestellen, vorausgesetzt, dies ist mit den für die jeweiligen Verfahren geltenden Vorschriften insbesondere mit etwaigen Anforderungen an die Qualifikation und Zulassung von Verwaltern – vereinbar.

(51) Diese Verordnung sollte gewährleisten, dass Insolvenzverfahren über das Vermögen verschiedener Gesellschaften, die einer Unternehmensgruppe angehören, effizient geführt werden.

(52) Wurden über das Vermögen mehrerer Gesellschaften derselben Unternehmensgruppe Insolvenzverfahren eröffnet, so sollten die an diesen Verfahren beteiligten Akteure ordnungsgemäß zusammenarbeiten. Die verschiedenen beteiligten Verwalter und Gerichte sollten deshalb in ähnlicher Weise wie die Verwalter und Gerichte in denselben Schuldner betreffenden Haupt- und Sekundärinsolvenzverfahren verpflichtet sein, miteinander zu kommunizieren und zusammenzuarbeiten. Die Zusammenarbeit der Verwalter sollte nicht den Interessen der Gläubiger in den jeweiligen Verfahren zuwiderlaufen, und das Ziel dieser Zusammenarbeit sollte sein, eine Lösung zu finden, durch die Synergien innerhalb der Gruppe ausgeschöpft werden.

(53) Durch die Einführung von Vorschriften über die Insolvenzverfahren von Unternehmensgruppen sollte ein Gericht nicht in seiner Möglichkeit eingeschränkt werden, Insolvenzverfahren über das Vermögen mehrerer Gesellschaften, die derselben Unternehmensgruppe angehören, nur an einem Gerichtsstand zu eröffnen, wenn es feststellt, dass der Mittelpunkt der hauptsächlichen Interessen dieser Gesellschaften in einem einzigen Mitgliedstaat liegt. In diesen Fällen sollte das Gericht für alle Verfahren gegebenenfalls dieselbe Person als Verwalter bestellen können, sofern dies mit den dafür geltenden Vorschriften vereinbar ist.

(54) Um die Koordinierung der Insolvenzverfahren über das Vermögen von Mitgliedern einer Unternehmensgruppe weiter zu verbessern und eine koordinierte Sanierung der Gruppe zu ermöglichen, sollten mit dieser Verordnung Verfahrensvorschriften für die Koordinierung der Insolvenzverfahren gegen Mitglieder einer Unternehmensgruppe eingeführt werden. Bei einer derartigen Koordinierung sollte angestrebt werden, dass die Effizienz der Koordinierung gewährleistet wird, wobei gleichzeitig die eigene Rechtspersönlichkeit jedes einzelnen Gruppenmitglieds zu achten ist.

(55) Ein Verwalter, der in einem Insolvenzverfahren über das Vermögen eines Mitglieds einer Unternehmensgruppe bestellt worden ist, sollte die Eröffnung eines Gruppen-Koordinationsverfah-

rens beantragen können. Allerdings sollte dieser Verwalter vor der Einreichung eines solchen Antrags die erforderliche Genehmigung einholen, sofern das für das Insolvenzverfahren geltende Recht dies vorschreibt. Im Antrag sollten Angaben zu den wesentlichen Elementen der Koordinierung erfolgen, insbesondere eine Darlegung des Koordinationsplans, ein Vorschlag für die als Koordinator zu bestellende Person und eine Übersicht der geschätzten Kosten für die Koordinierung.

(56) Um die Freiwilligkeit des Gruppen-Koordinationsverfahrens sicherzustellen, sollten die beteiligten Verwalter innerhalb einer festgelegten Frist Widerspruch gegen ihre Teilnahme am Verfahren einlegen können. Damit die beteiligten Verwalter eine fundierte Entscheidung über ihre Teilnahme am Gruppen-Koordinationsverfahren treffen können, sollten sie in einer frühen Phase über die wesentlichen Elemente der Koordinierung unterrichtet werden. Allerdings sollten Verwalter, die einer Einbeziehung in ein Gruppen-Koordinationsverfahren ursprünglich widersprochen haben, eine Beteiligung nachträglich beantragen können. In einem solchen Fall sollte der Koordinator über die Zulässigkeit des Antrags befinden. Alle Verwalter einschließlich des antragstellenden Verwalters sollten über die Entscheidung des Koordinators in Kenntnis gesetzt werden und die Gelegenheit haben, diese Entscheidung bei dem Gericht anzufechten, von dem das Gruppen-Koordinationsverfahren eröffnet wurde.

(57) Gruppen-Koordinationsverfahren sollten stets zum Ziel haben, dass die wirksame Verwaltung in den Insolvenzverfahren über das Vermögen der Gruppenmitglieder erleichtert wird, und sie sollten sich allgemein positiv für die Gläubiger auswirken. Mit dieser Verordnung sollte daher sichergestellt werden, dass das Gericht, bei dem ein Antrag auf ein Gruppen-Koordinationsverfahren gestellt wurde, diese Kriterien vor der Eröffnung des Gruppen-Koordinationsverfahrens prüft.

(58) Die Kosten des Gruppen-Koordinationsverfahrens sollten dessen Vorteile nicht überwiegen. Daher muss sichergestellt werden, dass die Kosten der Koordinierung und der von jedem Gruppenmitglied zu tragende Anteil an diesen Kosten angemessen, verhältnismäßig und vertretbar sind und im Einklang mit den nationalen Rechtsvorschriften des Mitgliedstaats, in dem das Gruppen-Koordinationsverfahren eröffnet wurde, festzulegen sind. Die beteiligten Verwalter sollten auch die Möglichkeit haben, diese Kosten ab einer frühen Phase des Verfahrens zu kontrollieren. Wenn es die nationalen Rechtsvorschriften erfordern, kann die Kontrolle der Kosten ab einer frühen Phase des Verfahrens damit verbunden sein, dass der Verwalter die Genehmigung eines Gerichts oder eines Gläubigerausschusses einholt.

(59) Wenn nach Überlegung des Koordinators die Wahrnehmung seiner Aufgaben zu einer – im Vergleich zu der eingangs vorgenommenen Kostenschätzung – erheblichen Kostensteigerung führen wird, und auf jeden Fall, wenn die Kosten 10 % der geschätzten Kosten übersteigen, sollte der Koordinator von dem Gericht, das das Gruppen-Koordinationsverfahren eröffnet hat, die Genehmigung zur Überschreitung dieser Kosten einholen. Bevor das Gericht, das das Gruppen-Koordinationsverfahren eröffnet hat, seine Entscheidung trifft, sollte es den beteiligten Verwaltern Gelegenheit geben, gehört zu werden und dem Gericht ihre Bemerkungen dazu darzulegen, ob der Antrag des Koordinators angebracht ist.

(60) Diese Verordnung sollte für Mitglieder einer Unternehmensgruppe, die nicht in ein Gruppen-Koordinationsverfahren einbezogen sind, auch einen alternativen Mechanismus vorsehen, um eine koordinierte Sanierung der Gruppe zu erreichen. Ein in einem Verfahren, das über das Vermögen eines Mitglieds einer Unternehmensgruppe anhängig ist, bestellter Verwalter sollte die Aussetzung jeder Maßnahme im Zusammenhang mit der Verwertung der Masse in Verfahren über das Vermögen anderer Mitglieder der Unternehmensgruppe, die nicht in ein Gruppen-Koordinationsverfahren einbezogen sind, beantragen können. Es sollte nur möglich sein, eine solche Aussetzung zu beantragen, wenn ein Sanierungsplan für die betroffenen Mitglieder der Gruppe vorgelegt wird, der den Gläubigern des Verfahrens, für das die Aussetzung beantragt wird, zugute kommt und die Aussetzung notwendig ist, um die ordnungsgemäße Durchführung des Plans sicherzustellen.

(61) Diese Verordnung sollte die Mitgliedstaaten nicht daran hindern, nationale Bestimmungen zu erlassen, mit denen die Bestimmungen dieser Verordnung über die Zusammenarbeit, Kom-

munikation und Koordinierung im Zusammenhang mit Insolvenzverfahren über das Vermögen von Mitgliedern einer Unternehmensgruppe ergänzt würden, vorausgesetzt, der Geltungsbereich der nationalen Vorschriften beschränkt sich auf die nationale Rechtsordnung und ihre Anwendung beeinträchtigt nicht die Wirksamkeit der in dieser Verordnung enthaltenen Vorschriften.

(62) Die Vorschriften dieser Verordnung über die Zusammenarbeit, Kommunikation und Koordinierung im Rahmen von Insolvenzverfahren über das Vermögen von Mitgliedern einer Unternehmensgruppe sollten nur insoweit Anwendung finden, als Verfahren über das Vermögen verschiedener Mitglieder derselben Unternehmensgruppe in mehr als einem Mitgliedstaat eröffnet worden sind.

(63) Jeder Gläubiger, der seinen gewöhnlichen Aufenthalt, Wohnsitz oder Sitz in der Union hat, sollte das Recht haben, seine Forderungen in jedem in der Union anhängigen Insolvenzverfahren über das Vermögen des Schuldners anzumelden. Dies sollte auch für Steuerbehörden und Sozialversicherungsträger gelten. Diese Verordnung sollte den Verwalter nicht daran hindern, Forderungen im Namen bestimmter Gläubigergruppen – z.B. der Arbeitnehmer – anzumelden, sofern dies im nationalen Recht vorgesehen ist. Im Interesse der Gläubigergleichbehandlung sollte jedoch die Verteilung des Erlöses koordiniert werden. Jeder Gläubiger sollte zwar behalten dürfen, was er im Rahmen eines Insolvenzverfahrens erhalten hat, sollte aber an der Verteilung der Masse in einem anderen Verfahren erst dann teilnehmen können, wenn die Gläubiger gleichen Rangs die gleiche Quote auf ihre Forderungen erlangt haben.

(64) Es ist von grundlegender Bedeutung, dass Gläubiger, die ihren gewöhnlichen Aufenthalt, Wohnsitz oder Sitz in der Union haben, über die Eröffnung von Insolvenzverfahren über das Vermögen ihres Schuldners informiert werden. Um eine rasche Übermittlung der Informationen an die Gläubiger sicherzustellen, sollte die Verordnung (EG) Nr. 1393/2007 des Europäischen Parlaments und des Rates[6] keine Anwendung finden, wenn in der vorliegenden Verordnung auf die Pflicht zur Information der Gläubiger verwiesen wird. Gläubigern sollte die Anmeldung ihrer Forderungen in Verfahren, die in einem anderen Mitgliedstaat eröffnet werden, durch die Bereitstellung von Standardformularen in allen Amtssprachen der Organe der Union erleichtert werden. Die Folgen des unvollständigen Ausfüllens des Standardformulars sollten durch das nationale Recht geregelt werden.

(65) In dieser Verordnung sollte die unmittelbare Anerkennung von Entscheidungen zur Eröffnung, Abwicklung und Beendigung der in ihren Geltungsbereich fallenden Insolvenzverfahren sowie von Entscheidungen, die in unmittelbarem Zusammenhang mit diesen Insolvenzverfahren ergehen, vorgesehen werden. Die automatische Anerkennung sollte somit zur Folge haben, dass die Wirkungen, die das Recht des Mitgliedstaats der Verfahrenseröffnung dem Verfahren beilegt, auf alle übrigen Mitgliedstaaten ausgedehnt werden. Die Anerkennung der Entscheidungen der Gerichte der Mitgliedstaaten sollte sich auf den Grundsatz des gegenseitigen Vertrauens stützen. Die Gründe für eine Nichtanerkennung sollten daher auf das unbedingt notwendige Maß beschränkt sein. Nach diesem Grundsatz sollte auch der Konflikt gelöst werden, wenn sich die Gerichte zweier Mitgliedstaaten für zuständig halten, ein Hauptinsolvenzverfahren zu eröffnen. Die Entscheidung des zuerst eröffnenden Gerichts sollte in den anderen Mitgliedstaaten anerkannt werden; diese Mitgliedstaaten sollten die Entscheidung dieses Gerichts keiner Überprüfung unterziehen dürfen.

(66) Diese Verordnung sollte für den Insolvenzbereich einheitliche Kollisionsnormen formulieren, die die nationalen Vorschriften des internationalen Privatrechts ersetzen. Soweit nichts anderes bestimmt ist, sollte das Recht des Staates der Verfahrenseröffnung (lex concursus) Anwendung finden. Diese Kollisionsnorm sollte für Hauptinsolvenzverfahren und Partikularverfahren glei-

---

6 Verordnung (EG) Nr. 1393/2007 des Europäischen Parlaments und des Rates vom 13. November 2007 über die Zustellung gerichtlicher und außergerichtlicher Schriftstücke in Zivil- oder Handelssachen in den Mitgliedstaaten (Zustellung von Schriftstücken) und zur Aufhebung der Verordnung (EG) Nr. 1348/2000 des Rates (ABl. L 324 vom 10.12.2007, S. 79).

chermaßen gelten. Die lex concursus regelt sowohl die verfahrensrechtlichen als auch die materiellen Wirkungen des Insolvenzverfahrens auf die davon betroffenen Personen und Rechtsverhältnisse. Nach ihr bestimmen sich alle Voraussetzungen für die Eröffnung, Abwicklung und Beendigung des Insolvenzverfahrens.

(67) Die automatische Anerkennung eines Insolvenzverfahrens, auf das regelmäßig das Recht des Staats der Verfahrenseröffnung Anwendung findet, kann mit den Vorschriften anderer Mitgliedstaaten für die Vornahme von Rechtshandlungen kollidieren. Um in den anderen Mitgliedstaaten als dem Staat der Verfahrenseröffnung Vertrauensschutz und Rechtssicherheit zu gewährleisten, sollte eine Reihe von Ausnahmen von der allgemeinen Vorschrift vorgesehen werden.

(68) Ein besonderes Bedürfnis für eine vom Recht des Eröffnungsstaats abweichende Sonderanknüpfung besteht bei dinglichen Rechten, da solche Rechte für die Gewährung von Krediten von erheblicher Bedeutung sind. Die Begründung, Gültigkeit und Tragweite von dinglichen Rechten sollten sich deshalb regelmäßig nach dem Recht des Belegenheitsorts bestimmen und von der Eröffnung des Insolvenzverfahrens nicht berührt werden. Der Inhaber des dinglichen Rechts sollte somit sein Recht zur Aus- bzw. Absonderung an dem Sicherungsgegenstand weiter geltend machen können. Falls an Vermögensgegenständen in einem Mitgliedstaat dingliche Rechte nach dem Recht des Belegenheitsstaats bestehen, das Hauptinsolvenzverfahren aber in einem anderen Mitgliedstaat stattfindet, sollte der Verwalter des Hauptinsolvenzverfahrens die Eröffnung eines Sekundärinsolvenzverfahrens in dem Zuständigkeitsgebiet, in dem die dinglichen Rechte bestehen, beantragen können, sofern der Schuldner dort eine Niederlassung hat. Wird kein Sekundärinsolvenzverfahren eröffnet, so sollte ein etwaiger überschießender Erlös aus der Veräußerung der Vermögensgegenstände, an denen dingliche Rechte bestanden, an den Verwalter des Hauptinsolvenzverfahrens abzuführen sein.

(69) Diese Verordnung enthält mehrere Bestimmungen, wonach ein Gericht die Aussetzung der Eröffnung eines Verfahrens oder die Aussetzung von Vollstreckungsverfahren anordnen kann. Eine solche Aussetzung sollte die dinglichen Rechte von Gläubigern oder Dritten unberührt lassen.

(70) Ist nach dem Recht des Staats der Verfahrenseröffnung eine Aufrechnung von Forderungen nicht zulässig, so sollte ein Gläubiger gleichwohl zur Aufrechnung berechtigt sein, wenn diese nach dem für die Forderung des insolventen Schuldners maßgeblichen Recht möglich ist. Auf diese Weise würde die Aufrechnung eine Art Garantiefunktion aufgrund von Rechtsvorschriften erhalten, auf die sich der betreffende Gläubiger zum Zeitpunkt der Entstehung der Forderung verlassen kann.

(71) Ein besonderes Schutzbedürfnis besteht auch bei Zahlungssystemen und Finanzmärkten, etwa im Zusammenhang mit den in diesen Systemen anzutreffenden Glattstellungsverträgen und Nettingvereinbarungen sowie der Veräußerung von Wertpapieren und den zur Absicherung dieser Transaktionen gestellten Sicherheiten, wie dies insbesondere in der Richtlinie 98/26/EG des Europäischen Parlaments und des Rates[7] geregelt ist. Für diese Transaktionen sollte deshalb allein das Recht maßgebend sein, das auf das betreffende System bzw. den betreffenden Markt anwendbar ist. Dieses Recht soll verhindern, dass im Fall der Insolvenz eines Geschäftspartners die in Zahlungs- oder Aufrechnungssystemen und auf den geregelten Finanzmärkten der Mitgliedstaaten vorgesehenen Mechanismen zur Zahlung und Abwicklung von Transaktionen geändert werden können. Die Richtlinie 98/26/EG enthält Sondervorschriften, die den in dieser Verordnung festgelegten allgemeinen Regelungen vorgehen sollten.

(72) Zum Schutz der Arbeitnehmer und der Arbeitsverhältnisse sollten die Wirkungen der Insolvenzverfahren auf die Fortsetzung oder Beendigung von Arbeitsverhältnissen sowie auf die Rechte und Pflichten aller an einem solchen Arbeitsverhältnis beteiligten Parteien durch das

---

7 Richtlinie 98/26/EG des Europäischen Parlaments und des Rates vom 19. Mai 1998 über die Wirksamkeit von Abrechnungen in Zahlungs- sowie Wertpapierliefer- und -abrechnungssystemen (ABl. L 166 vom 11.06.1998, S. 45).

gemäß den allgemeinen Kollisionsnormen für den jeweiligen Arbeitsvertrag maßgebliche Recht bestimmt werden. Zudem sollte in Fällen, in denen zur Beendigung von Arbeitsverträgen die Zustimmung eines Gerichts oder einer Verwaltungsbehörde erforderlich ist, die Zuständigkeit zur Erteilung dieser Zustimmung bei dem Mitgliedstaat verbleiben, in dem sich eine Niederlassung des Schuldners befindet, selbst wenn in diesem Mitgliedstaat kein Insolvenzverfahren eröffnet wurde. Für sonstige insolvenzrechtliche Fragen, wie etwa, ob die Forderungen der Arbeitnehmer durch ein Vorrecht geschützt sind und welchen Rang dieses Vorrecht gegebenenfalls erhalten soll, sollte das Recht des Mitgliedstaats maßgeblich sein, in dem das Insolvenzverfahren (Haupt- oder Sekundärverfahren) eröffnet wurde, es sei denn, im Einklang mit dieser Verordnung wurde eine Zusicherung gegeben, um ein Sekundärinsolvenzverfahren zu vermeiden.

(73) Auf die Wirkungen des Insolvenzverfahrens auf ein anhängiges Gerichts- oder Schiedsverfahren über einen Vermögenswert oder ein Recht, der bzw. das Teil der Insolvenzmasse ist, sollte das Recht des Mitgliedstaats Anwendung finden, in dem das Gerichtsverfahren anhängig ist oder die Schiedsgerichtsbarkeit ihren Sitz hat. Diese Bestimmung sollte allerdings die nationalen Vorschriften über die Anerkennung und Vollstreckung von Schiedssprüchen nicht berühren.

(74) Um den verfahrensrechtlichen Besonderheiten der Rechtssysteme einiger Mitgliedstaaten Rechnung zu tragen, sollten bestimmte Vorschriften dieser Verordnung die erforderliche Flexibilität aufweisen. Dementsprechend sollten Bezugnahmen in dieser Verordnung auf Mitteilungen eines Justizorgans eines Mitgliedstaats, sofern es die Verfahrensvorschriften eines Mitgliedstaats erforderlich machen, eine Anordnung dieses Justizorgans umfassen, die Mitteilung vorzunehmen.

(75) Im Interesse des Geschäftsverkehrs sollte der wesentliche Inhalt der Entscheidung über die Verfahrenseröffnung auf Antrag des Verwalters in einem anderen Mitgliedstaat als in dem, in dem das Gericht diese Entscheidung erlassen hat, bekanntgemacht werden. Befindet sich in dem betreffenden Mitgliedstaat eine Niederlassung, sollte die Bekanntmachung obligatorisch sein. In keinem dieser Fälle sollte die Bekanntmachung jedoch Voraussetzung für die Anerkennung des ausländischen Verfahrens sein.

(76) Um eine bessere Information der betroffenen Gläubiger und Gerichte zu gewährleisten und die Eröffnung von Parallelverfahren zu verhindern, sollten die Mitgliedstaaten verpflichtet werden, relevante Informationen in grenzüberschreitenden Insolvenzfällen in einem öffentlich zugänglichen elektronischen Register bekanntzumachen. Um Gläubigern und Gerichten in anderen Mitgliedstaaten den Zugriff auf diese Informationen zu erleichtern, sollte diese Verordnung die Vernetzung solcher Insolvenzregister über das Europäische Justizportal vorsehen. Den Mitgliedstaaten sollte freistehen, relevante Informationen in verschiedenen Registern bekanntzumachen, und es sollte möglich sein, mehr als ein Register je Mitgliedstaat zu vernetzen.

(77) In dieser Verordnung sollte der Mindestumfang der Informationen, die in den Insolvenzregistern bekanntzumachen sind, festgelegt werden. Die Mitgliedstaaten sollten zusätzliche Informationen aufnehmen dürfen. Ist der Schuldner eine natürliche Person, so sollte in den Insolvenzregistern nur dann eine Registrierungsnummer angegeben werden, wenn der Schuldner eine selbständige gewerbliche oder freiberufliche Tätigkeit ausübt. Diese Registrierungsnummer sollte gegebenenfalls als die einheitliche Registrierungsnummer seiner selbständigen oder freiberuflichen Tätigkeit im Handelsregister zu verstehen sein.

(78) Informationen über bestimmte Aspekte des Insolvenzverfahrens, wie z.B. die Fristen für die Anmeldung von Forderungen oder die Anfechtung von Entscheidungen, sind für die Gläubiger von grundlegender Bedeutung. Diese Verordnung sollte allerdings die Mitgliedstaaten nicht dazu verpflichten, diese Fristen im Einzelfall zu berechnen. Die Mitgliedstaaten sollten ihren Pflichten nachkommen können, indem sie Hyperlinks zum Europäischen Justizportal einfügen, über das selbsterklärende Angaben zu den Kriterien zur Berechnung dieser Fristen verfügbar zu machen sind.

(79) Damit ausreichender Schutz der Informationen über natürliche Personen, die keine selbständige gewerbliche oder freiberufliche Tätigkeit ausüben, gewährleistet ist, sollte es den Mitglied-

staaten möglich sein, den Zugang zu diesen Informationen von zusätzlichen Suchkriterien wie der persönlichen Kennnummer des Schuldners, seiner Anschrift, seinem Geburtsdatum oder dem Bezirk des zuständigen Gerichts abhängig zu machen oder den Zugang an die Voraussetzung eines Antrags an die zuständige Behörde oder der Feststellung eines rechtmäßigen Interesses zu knüpfen.

(80) Den Mitgliedstaaten sollte es auch möglich sein, Informationen über natürliche Personen, die keine selbständige gewerbliche oder freiberufliche Tätigkeit ausüben, nicht in ihre Insolvenzregister aufzunehmen. In solchen Fällen sollten die Mitgliedstaaten sicherstellen, dass die einschlägigen Informationen durch individuelle Mitteilung an die Gläubiger übermittelt werden und die Forderungen von Gläubigern, die die Informationen nicht erhalten haben, durch die Verfahren nicht berührt werden.

(81) Es kann der Fall eintreten, dass einige der betroffenen Personen keine Kenntnis von der Eröffnung des Insolvenzverfahrens haben und gutgläubig im Widerspruch zu der neuen Sachlage handeln. Zum Schutz solcher Personen, die in Unkenntnis der ausländischen Verfahrenseröffnung eine Zahlung an den Schuldner statt an den ausländischen Verwalter leisten, sollte eine schuldbefreiende Wirkung der Leistung bzw. Zahlung vorgesehen werden.

(82) Zur Gewährleistung einheitlicher Bedingungen für die Durchführung dieser Verordnung sollten der Kommission Durchführungsbefugnisse übertragen werden. Diese Befugnisse sollten im Einklang mit der Verordnung (EU) Nr. 182/2011 des Europäischen Parlaments und des Rates[8] ausgeübt werden.

(83) Diese Verordnung steht im Einklang mit den Grundrechten und Grundsätzen, die mit der Charta der Grundrechte der Europäischen Union anerkannt wurden. Die Verordnung zielt insbesondere darauf ab, die Anwendung der Artikel 8, 17 und 47 der Charta zu fördern, die den Schutz der personenbezogenen Daten, das Recht auf Eigentum und das Recht auf einen wirksamen Rechtsbehelf und ein faires Verfahren betreffen.

(84) Die Richtlinie 95/46/EG des Europäischen Parlaments und des Rates[9] und die Verordnung (EG) Nr. 45/2001 des Europäischen Parlaments und des Rates[10] regeln die Verarbeitung personenbezogener Daten im Rahmen dieser Verordnung.

(85) Diese Verordnung lässt die Verordnung (EWG, Euratom) Nr. 1182/71 des Rates[11] unberührt.

(86) Da das Ziel dieser Verordnung von den Mitgliedstaaten nicht ausreichend verwirklicht werden kann, sondern vielmehr aufgrund der Schaffung eines rechtlichen Rahmens für die geordnete Abwicklung von grenzüberschreitenden Insolvenzverfahren auf Unionsebene besser zu verwirklichen ist, kann die Union im Einklang mit dem in Artikel 5 des Vertrags über die Europäische Union verankerten Subsidiaritätsprinzip tätig werden. Entsprechend dem in demselben Artikel genannten Grundsatz der Verhältnismäßigkeit geht diese Verordnung nicht über das zur Verwirklichung dieses Ziels erforderliche Maß hinaus.

(87) Gemäß Artikel 3 und Artikel 4a Absatz 1 des dem Vertrag über die Europäische Union und dem Vertrag über die Arbeitsweise der Europäischen Union beigefügten Protokolls Nr. 21 über die Position des Vereinigten Königreichs und Irlands hinsichtlich des Raums der Freiheit, der Sicherheit und des Rechts haben diese Mitgliedstaaten mitgeteilt, dass sie sich an der Annahme und Anwendung der vorliegenden Verordnung beteiligen möchten.

---

8 Verordnung (EU) Nr. 182/2011 des Europäischen Parlaments und des Rates vom 16. Februar 2011 zur Festlegung der allgemeinen Regeln und Grundsätze, nach denen die Mitgliedstaaten die Wahrnehmung der Durchführungsbefugnisse durch die Kommission kontrollieren (ABl. L 55 vom 28.02.2011, S. 13).

9 Richtlinie 95/46/EG des Europäischen Parlaments und des Rates vom 24. Oktober 1995 zum Schutz natürlicher Personen bei der Verarbeitung personenbezogener Daten und zum freien Datenverkehr (ABl. L 281 vom 23.11.1995, S. 31).

10 Verordnung (EG) Nr. 45/2001 des Europäischen Parlaments und des Rates vom 18. Dezember 2000 zum Schutz natürlicher Personen bei der Verarbeitung personenbezogener Daten durch die Organe und Einrichtungen der Gemeinschaft und zum freien Datenverkehr (ABl. L 8 vom 12.01.2001, S. 1).

11 Verordnung (EWG, Euratom) Nr. 1182/71 des Rates vom 3. Juni 1971 zur Festlegung der Regeln für die Fristen, Daten und Termine (ABl. L 124 vom 08.06.1971, S. 1).

(88) Gemäß den Artikeln 1 und 2 des dem Vertrag über die Europäische Union und dem Vertrag über die Arbeitsweise der Europäischen Union beigefügten Protokolls Nr. 22 über die Position Dänemarks beteiligt sich Dänemark nicht an der Annahme dieser Verordnung und ist weder durch diese Verordnung gebunden noch zu ihrer Anwendung verpflichtet.

(89) Der Europäische Datenschutzbeauftragte wurde angehört und hat seine Stellungnahme am 27. März 2013 abgegeben[12] –

Hat folgende Verordnung erlassen:

Vorbemerkungen

Übersicht

		Rdn.			Rdn.
A.	Allgemeines	1	D.	EuInsVO 2002	12
B.	Entstehungsgeschichte	4	E.	Kritik	14
C.	Das Konkursübereinkommen des Europarats und das EuIÜ als Zwischenschritt zur EuInsVO	8	F.	EuInsVO 2017	16

Literatur:
Asimacopoulus The Future of the European Insolvency Regulation, ILLR 2011, 248; *Beck* EU-Kommission gibt Reform des Insolvenzrechts neuen Schub, ZVI 2013, 250; *Brinkmann* Grenzüberschreitende Sanierung und europäisches Insolvenzrecht, KTS 2014, 381; *Bufford* Revision of the European Union Regulation on Insolvency Proceedings – Recommendations IILR 2012, 341; *Fehrenbach* Die Rechtsprechung des EuGH zur Europäischen Insolvenzverordnung: der Mittelpunkt der hauptsächlichen Interessen und andere Entwicklungen in Europa, ZeuP 2013, 353; *Griffiths/Helmig* Insolvenzkulturen – Kampf oder Harmonisierung? – Eine angelsächsische Perspektive, NZI 2008, 418; *Huber, U.* Inländische Insolvenzverfahren über Auslandsgesellschaften nach der Europäischen Insolvenzverordnung, in: Festschrift für Walter Gerhardt, 2004, S. 397; *k.A.* Summary of proposals for reform – Conference on the Future of the European Insolvency Regulation, ILLR 2011, 345; *Keller/Prager* Der Vorschlag der Europäischen Kommission zur Reform der EuInsVO, NZI 2013, 57; *Kindler* Hauptfragen des Europäischen Internationalen Insolvenzrechts, KTS 2014, 25; *ders.* Die Neufassung der Europäischen Insolvenzverordnung, EuZW 2015, 460; *Kirchhof* Cross Border Insolvency (Part 2), ILLR 2010, 23; *Konecny* Europäische Insolvenzkultur(en) – Kampf oder Harmonisierung? – Podiumsdiskussion beim Deutschen Insolvenzverwalterkongress 2007 in München, NZI 2008, 416; *Marshall* The Future of the European Insolvency Regulation- Rights in rem, ILLR 2011, 263; *Mc Cormack* Time to revise the Insolvency Regulation, ILLR 2011,121; *Mock* Das (geplante) neue europäische Insolvenzrecht nach dem Vorschlag der Kommission zur Reform der EuInsVO, GPR 2013, 156; *Parzinger* Die neue EuInsVO auf einem Blick, NZI 2016, 63; *Paulus* Der EuGH und das moderne Insolvenzrecht, NZG 2006, 609; *ders.* EuInsVO: Änderungen am Horizont und ihre Auswirkungen, NZI 2012, 297; *Prager/Keller* Der Entwicklungsstand des Europäischen Insolvenzrechts, WM 2015, 805; *Reinhart* Die Überarbeitung der EuInsVO, NZI 2012, 234; *Reuß* Europäisches Insolvenzrecht 3.0 oder doch nur Version 1.1, EuZW 2013, 165; *Rordorf* Cross Border Insolvency, ILLR 2010,16; *Schmidt, J.* Das Prinzip »eine Person, ein Vermögen, eine Insolvenz« und seine Durchbrechungen vor dem Hintergrund der aktuellen Reformen im europäischen und deutschen Recht, KTS 2015, 19; *Taylor* Conference on Reform of the European Insolvency Regulation, ILLR 2011, 242; *Thirase* Die Europäische Insolvenzordnung – Ein Überblick, InsbürO 2009, 141; *Thole/Swierczok* Der Kommissionsvorschlag zur Reform der EuInsVO, ZIP 2013, 550; *Thole* Die neue Europäische Insolvenzverordnung, IPRax 2017, 213; *Tollenaar* Proposal for Reform: Improving the ability to rescue multinational Enterprises under the European Insolvency Regulation, ILLR 2011, 252; *Vallender* Europaparlament gibt den Weg frei für eine neue Europäische Insolvenzverordnung, ZIP 2015, 1513; *Veder* The Future of the European Insolvency Regulation: – applicable law in particular security rights, ILLR 2011, 285; *Wenner* Die Reform der EuInsVO – Ein Verriss, ZIP 2017, 1137; *Wessels* EU Insolvency Regulation: Where to go from here?, ILLR 2011, 298; *Wimmer/Bornemann/Lienau* Die Neufassung der EuInsVO, 2016.

---

12 ABl. C 358 vom 07.12.2013, S. 15.

A. Allgemeines

Aus europäischer Sicht war das Europäische Übereinkommen über Insolvenzverfahren (EuIÜ; zum Text vgl. 2. Aufl., Anh. I Anl. 2) der wichtigste Vorstoß, grenzüberschreitende Insolvenzverfahren innerhalb der EU zu bewältigen. Das EuIÜ wurde von 14 Mitgliedsstaaten gezeichnet. Das **Vereinigte Königreich** hatte im November 1995 die Zeichnung aus sachfremden Gründen **abgelehnt** (vgl. *Balz* ZIP 1996, 948; *Paulus* NZG 2006, 609 [611]; *Wimmer* NJW 2002, 2427). Die Zeichnung durch das Vereinigte Königreich, die zunächst in greifbare Nähe gerückt schien, da die Labour-Regierung zugesagt hatte, ihre gesamte Europapolitik zu überprüfen, war nach dem Inkrafttreten des Amsterdamer Vertrags nicht mehr möglich. Ausschlaggebend für die ablehnende Haltung der britischen Seite waren, ohne dass hierzu eine offizielle Note vorgelegen hätte, gewisse Probleme im Hinblick auf Gibraltar. Diese Schwierigkeiten bestanden auch bei den Arbeiten zum EuGVÜ (vgl. *Kohler* EuZW 1991, 303 [306 f.]). Strittig dürften dabei insbes. die Ausführungen im Erläuternden Bericht zum räumlichen Anwendungsbereich des Übereinkommens gewesen sein (vgl. Erläuternder Bericht Rn. 286 ff.). Danach sollte das Übereinkommen keine Anwendung finden auf Gebiete, »deren internationale Beziehungen durch einen der Vertragsstaaten wahrgenommen werden, die jedoch nicht Bestandteil seines Hoheitsgebiets sind, sondern eigenständige Gebilde darstellen«. Hätte der Vertragsstaat, der die Aufgaben für dieses Gebiet wahrnimmt, eine Ausdehnung des Geltungsbereichs auf dieses Gebiet gewünscht, so hätte ein anderer Vertragsstaat dies ablehnen können. Es ist zu vermuten, dass das Vereinigte Königreich im Falle einer Ausdehnung des EuIÜ auf Gibraltar mit einer Ablehnung durch Spanien rechnete. Dem hätte unter Umständen eine negative Signalwirkung zugemessen werden können. Diese Position dürfte jedoch unzutreffend sein, wie in einem Bericht des EP zum EuIÜ erläutert wird (PE 228.795). Dort wird darauf hingewiesen, bisher sei in keinem einzigen Rechtsstreit vor dem EuGH, bei dem es um Gibraltar ging, der Einwand erhoben worden, EG-Recht gelte nicht in Gibraltar. In einer an diesen Bericht anknüpfenden Entschließung forderte das EP die Kommission auf, einen Vorschlag für eine Richtlinie oder eine Verordnung über den Konkurs von Unternehmen, die in mehreren Mitgliedstaaten tätig sind, vorzulegen (A4–0234/99).

Trotz intensiver Bemühungen unter österreichischer und deutscher Präsidentschaft, konnte das Vereinigte Königreich nicht zur Unterzeichnung des EuIÜ bewogen werden. Nach Inkrafttreten des Amsterdamer Vertrags vom 2. Oktober 1997 (vgl. BT-Drucks. 13/9339) kam eine Zeichnung und anschließende Ratifikation ohnehin nicht mehr in Betracht (vgl. *Kemper* ZIP 2001, 1609 [1610]; *Wimmer* NJW 2002, 2427). Der juristische Dienst des Rates vertritt nämlich die Auffassung, Übereinkommen auf der Basis von Art. K. 3 EUV (alt) bzw. Art. 220 EGV (alt), die dann unter Art. 65 EG fielen und nunmehr unter Art. 81 AEUV fallen, könnten nur solange ratifiziert werden, bis die Kommission oder ein Mitgliedstaat einen Vorschlag auf der Basis von Art. 81 AEUV vorlegt. Obwohl diese Rechtsauffassung hinsichtlich der Übereinkommen, die bereits von allen Mitgliedstaaten gezeichnet und von einigen auch ratifiziert wurden, wenig überzeugend ist, dürfte sie doch für das EuIÜ Gültigkeit haben. Daraus folgt, dass die gemeinschaftsrechtlichen Instrumente, wie sie nun in Art. 81 AEUV für die justitielle Zusammenarbeit in Zivilsachen vorgesehen sind, den völkerrechtlichen Vereinbarungen auf der Grundlage des früheren Art. 293 EG (ehemals Art. 220 EGV) vorgehen (*Kemper* ZIP 2001, 1609 [1610]). Nach Art. 67 Abs. 1 EG a.F. kam in einem Übergangszeitraum von fünf Jahren nach Inkrafttreten des Amsterdamer Vertrags auch den einzelnen Mitgliedstaaten ein Initiativrecht zu. Von dieser Möglichkeit haben Deutschland und Finnland Gebrauch gemacht, die auf dem JI-Rat vom 27./28. Mai 1999 einen Verordnungsvorschlag vorstellten, der das EuIÜ nahezu wortlautidentisch in eine Verordnung transformierte. Es wurden lediglich die Änderungen zum EuIÜ vorgesehen, die zwingend durch den Wechsel des Rechtsinstruments bedingt waren. So entfielen etwa die Vorschriften über die Zuständigkeit des EuGH, die lediglich bei einem völkerrechtlichen Übereinkommen erforderlich sind. Im Übrigen wurde der Verordnungsvorschlag noch um die erforderlichen Erwägungsgründe ergänzt (vgl. *Wimmer* ZInsO 2001, 97 f.). Auf dem **JI-Rat vom 29. Mai 2000** konnte die entsprechende **Verordnung (EG) Nr. 1346/2000** über Insolvenzverfahren (ABlEG L 160/2000, S. 1) **verabschiedet** werden. Unbefriedigend ist in diesem Zusammenhang jedoch, dass nach den Protokollen 4 und 5 zum Amsterdamer Vertrag das Vereinigte

Königreich, Irland und Dänemark nicht an Maßnahmen teilnehmen, die auf der Grundlage des durch diesen Vertrag neu eingeführten Art. 67 EG ergriffen werden. Allerdings bestimmt das für das Vereinigte Königreich und Irland einschlägige Protokoll, dass diese Staaten innerhalb von drei Monaten nach der Vorlage einer entsprechenden Initiative dem Rat schriftlich mitteilen können, sie möchten sich an der Annahme und Anwendung der betreffenden Maßnahmen beteiligen (sog. Opt in). Von dieser Möglichkeit haben die genannten Staaten Gebrauch gemacht. Das Protokoll über die Position Dänemarks ist jedoch weniger eindeutig. Bei wohlwollender Interpretation wird man auch diesem Protokoll entnehmen können, dass Dänemark die geplante Verordnung für sich als verbindlich anerkennen kann. Sollte dies von Dänemark gewünscht sein, muss es wohl einen völkerrechtlichen Vertrag mit den anderen Mitgliedstaaten abschließen.

3   Die Verordnung beeinflusst das IIR Deutschlands auch im Verhältnis zu Drittstaaten wesentlich und prägt das IIR nachhaltig (hiervon ging schon der BT-Rechtsausschuss aus, der in seiner Beschlussempfehlung und Bericht ausführt, dass das EuIÜ im Wesentlichen unverändert auch im Verhältnis zu Nicht-Vertragsstaaten Anwendung finden kann; vgl. BT-Drucks. 12/7303, S. 117). Bereits im Rahmen der Arbeiten zu den UNCITRAL – Modellbestimmungen über grenzüberschreitende Insolvenzverfahren wurde das EuIÜ stets als Vergleichsmaßstab herangezogen.

B. Entstehungsgeschichte

4   1) Die Arbeiten zum EuIÜ nahmen mit Unterbrechungen mehrere Jahrzehnte in Anspruch. Ausgangspunkt war die im Rahmen der Beratungen zum EuGVÜ (heute EuGVO vom 22.12.2000, ABlEG L 12/1 vom 16.01.2001) gewonnene Erkenntnis, dass ein Insolvenzübereinkommen weit über die punktuellen Regelungen eines Anerkennungs- und Vollstreckungsübereinkommens für Urteile hinausgehen und auch Bestimmungen materiell rechtlichen Inhalts umfassen muss (vgl. *Arnold* ZIP 1984, 1146 und zur Entstehungsgeschichte des EuIÜ der Bericht von *Lemontey*, abgedruckt bei: *Kegel* [Hrsg.], S. 93 ff.).

5   2) **Grundlage** sowohl des EuGVÜ (heute EuGVO vom 22.12.2000, ABlEG L 12/1 vom 16.01.2001), als auch des Insolvenzübereinkommens ist **Art. 293 EG**, der die Mitgliedstaaten unter anderem verpflichtet, Verhandlungen einzuleiten, um zugunsten ihrer Staatsangehörigen die Vereinfachung der Förmlichkeiten für die gegenseitige Anerkennung und Vollstreckung richterlicher Entscheidungen und Schiedssprüche sicherzustellen. In einer Note der Kommission der Europäischen Wirtschaftsgemeinschaft vom 22. Oktober 1959 wird ausgeführt, das Ziel, die Märkte der Mitgliedstaaten zu einem einzigen großen Binnenmarkt zu vereinigen, verlange, dass auf diesem gemeinsamen Markt ein ausreichender Rechtsschutz gewährleistet ist. Andernfalls seien Störungen und Schwierigkeiten im Wirtschaftsleben der Gemeinschaft zu befürchten, wenn Ansprüche innerhalb dieses gemeinsamen Markts nicht erforderlichenfalls mit Hilfe der Gerichte festgestellt und durchgesetzt werden könnten (zit.: *Lemontey* in: *Kegel* [Hrsg.], S. 96).

6   3) Bereits zu Beginn der **Arbeiten zum EuGVÜ** (heute EuGVO vom 22.12.2000, ABlEG L 12/1 vom 16.01.2001) zeigte sich, dass wegen der zahlreichen besonders gelagerten Probleme, die mit einem Konkursverfahren verbunden sind, und um die Beratungen zum EuGVÜ **nicht über Gebühr zu verzögern**, es sinnvoll sein würde, das Konkursübereinkommen gesondert weiterzuverfolgen. Bereits 1963 trat eine Gruppe von Regierungssachverständigen der Mitgliedstaaten der EWG zusammen, um den Entwurf eines Übereinkommens zu erarbeiten (vgl. *Nadelmann* KTS 1971, 65). Als Ergebnis dieser Bemühungen wurde **1971** ein **Vorentwurf** vorgelegt, der von der Universalität und Einheit des Verfahrens ausgeht und keine Nebeninsolvenzen zulässt (der Text dieses Vorentwurfs ist abgedruckt in KTS 1971, 167 ff.). Der Entwurf wurde in der deutschen Fachöffentlichkeit **überwiegend kritisch aufgenommen** (so etwa *Jahr* RabelsZ [1972], 620 ff. und die Stellungnahme des Insolvenzausschusses des Deutschen Anwaltsvereins KTS 1975, 59 ff.). Die Kritik entzündete sich insbes. an den **äußerst komplizierten Regelungen** des Entwurfs. Gemeint war hier vor allem die Erfassung der Konkursvorrechte, die durch die Einführung von sechs verschiedenen Untermassen mit entsprechend unterschiedlicher nationaler, materiell-rechtlicher Behandlung so kompliziert wurde, dass die möglichen Vorteile des Übereinkommens insgesamt in Frage gestellt wurden (vgl.

Stellungnahme des DIHT, abgedruckt in der *Stellungnahme des DAV* in KTS 1975, 64). So wurde ausgeführt, die zentrale Aussage des Übereinkommens, die Universalität und Einheit des Verfahrens, sei im Interesse der Aufrechterhaltung nationaler Rechte so eingeschränkt, dass der Grundsatz quasi schon zu einer Ausnahme werde (*Stellungnahme des DAV* KTS 1975, 64 [65]). Die fundamentale Kritik an dem Entwurf und der Beitritt neuer Mitgliedstaaten in die Gemeinschaft gaben Anlass für eine grundlegende Überarbeitung.

4) Die im Jahre **1980** vorgelegte **überarbeitete Fassung** enthielt zwar zahlreiche Änderungen im Detail, behielt im Wesentlichen aber die Grundkonzeption des Entwurfs von 1970 bei (vgl. Text des Entwurfs von 1980, ZIP 1980, 582 ff. und die dazugehörigen Protokolle, ZIP 1982, 811 ff.). Es war deshalb nicht verwunderlich, dass sich die **Kritik** erneut insbes. in Deutschland **gegen das System rechnerischer Untermassen** wandte und die mangelnde Praktikabilität des Vorhabens rügte (eingehende Kritik bei *Thieme* RabelsZ [1981], 459 [482]; *ders.* in: *Kegel* [Hrsg.], S. 213 [282 ff.]; *Drobnig* ebd., S. 357 ff.). Prägnant wurde die deutsche Sicht des Entwurfs durch die Sonderkommission für IIR des Deutschen Rats für Internationales Privatrecht zum Ausdruck gebracht, nach dessen Einschätzung wichtige Regelungsbereiche derart kompliziert ausgestaltet seien, dass sie Kosten verursachen würden, die im Normalfall eines internationalen Konkurses in keinem Verhältnis zu der zu erwartenden Massemehrung stünden (vgl. *Flessner* in: *Kegel* [Hrsg.], S. 411). Die von Deutschland geäußerte Kritik, die schließlich in einem allgemeinen Vorbehalt mündete, führte wohl dazu, dass die Beratungen der Arbeitsgruppe erst 1982 wieder aufgenommen wurden (vgl. *Thieme* in: *Kegel* [Hrsg.], S. 466 f.).

C. Das Konkursübereinkommen des Europarats und das EuIÜ als Zwischenschritt zur EuInsVO

1) Angesichts der massiven Kritik von deutscher Seite wurde, um die verhärteten Fronten etwas zu entspannen, vorgeschlagen, zunächst die Arbeiten zu einem Konkursübereinkommen des Europarats, die auf schweizerische Initiative in Gang gekommen waren, zu beobachten, um dann, aufbauend auf den in Straßburg gewonnenen Ergebnissen, das EG-Übereinkommen wieder in Angriff zu nehmen (vgl. *Thieme* in: *Kegel* [Hrsg.], S. 468 f.). Die **Vorentwürfe zum Europaratsübereinkommen** verfolgten zunächst nur zwei zentrale Anliegen. Die Anerkennung gewisser Befugnisse des ausländischen Konkursverwalters in anderen Vertragsstaaten; insbes. sollte es dem Konkursverwalter ermöglicht werden, in den anderen Vertragsstaaten belegenes Vermögen des Schuldners vor den Gerichten dieses Staats geltend zu machen. Darüber hinaus sollte sichergestellt sein, dass die Gläubiger eines anderen Vertragsstaats als des Eröffnungsstaats ihre Ansprüche in dem ausländischen Verfahren anmelden können (*Arnold* ZIP 1984, 1144 [1147]). Damit wurde einem der wesentlichen Anliegen der internationalen Insolvenzpraxis Rechnung getragen, da nur wenige Staaten einem ausländischen Konkursverwalter gestatteten, auf ihrem Hoheitsgebiet Verwaltungs- und Verfügungshandlungen vorzunehmen (*Arnold* ZIP 1984, 1144 [1147]). Auch im Rahmen der UNCITRAL war dies einer der wesentlichen Beweggründe für die Erarbeitung der Modellbestimmungen.

2) Im Verlauf der Arbeiten zum Europaratsübereinkommen wurde dieser grundlegende Ansatz noch um Bestimmungen zu **Sekundärinsolvenzverfahren** in Kapitel III erweitert. Abweichend vom EuIÜ sollten in einem solchen Sekundärinsolvenzverfahren nur bestimmte Gläubigerkategorien befriedigt werden, zu denen insbes. die Gläubiger mit bevorrechtigten oder dinglich gesicherten Forderungen oder mit Forderungen aus dem Betrieb einer schuldnerischen Niederlassung gehörten.

3) Eine der wesentlichen **Schwächen des Übereinkommens** dürfte in der Möglichkeit der Signatarstaaten bestanden haben, nach Art. 40 einen Vorbehalt dahingehend einzulegen, dass die Vorschriften über die Vollmachten des Liquidators und/oder die Vorschriften über das Sekundärinsolvenzverfahren keine Anwendung finden. Damit wurde gerade der zentrale Regelungsbereich des Übereinkommens zur Disposition der Zeichnerstaaten gestellt. Die Bundesrepublik Deutschland hat das Übereinkommen auf dem Treffen der Europäischen Justizminister **im Juni 1990 in Istanbul gezeichnet**. Folgende weitere Staaten haben das Abkommen ebenfalls gezeichnet: Belgien, Frankreich, Griechenland, Italien, Luxemburg, Zypern und die Türkei.

11 Nach Art. 44 lit. k EuInsVO ersetzt die EuInsVO in ihrem sachlichen Anwendungsbereich das Istanbuler Übereinkommen.

D. EuInsVO 2002

12 Die EuInsVO ist am 31.05.2002 in Kraft getreten. Sie enthält eine umfassende Regelung des IIR. Sie gilt in allen Mitgliedstaaten der EU außer Dänemark (Dänemark ist deshalb Drittstaat), weil sich Dänemark an der Annahme der Verordnung nicht beteiligt hat (Erwägungsgrund 33; vgl. auch *OLG Frankfurt* ZInsO 2005, 715; *U. Huber* FS Gerhardt, S. 397 [402]). Nach Art. 288 AEUV gilt die Verordnung unmittelbar, sie bedarf also keiner Umsetzung (vgl. *Kemper* ZIP 2001, 1609 [1610]).

13 Wie im autonomen deutschen IIR findet sich in der EuInsVO als Ausgangspunkt der **Grundsatz der kollisionsrechtlichen Universalität** (Art. 4 i.V.m. Art. 3 EuInsVO a.F.): Im Grundsatz soll das Insolvenzrecht des Staats zur Anwendung kommen, in dem der Schuldner den Schwerpunkt seiner wirtschaftlichen Tätigkeit hat. Wie im autonomen Recht wird aber in der EuInsVO der Grundsatz durch zahlreiche Ausnahmen und Sonderregelungen durchbrochen. Die EuInsVO kennt zwei Typen von Partikularverfahren, die zu Lasten der lex fori concursus des Staats, in dem der Schuldner seinen wirtschaftlichen Schwerpunkt hat, das Insolvenzrecht am Ort der Belegenheit zur Anwendung bringen (Art. 3 Abs. 2, 27 ff. EUInsVO a.F.). Zu nennen ist einmal das **Sekundärinsolvenzverfahren**, das nach Eröffnung eines Hauptinsolvenzverfahrens in einem anderen Mitgliedstaat der EU eröffnet werden kann (Art. 16 Abs. 2 EuInsVO a.F.). Zum zweiten die **unabhängigen Partikularinsolvenzverfahren**, die unabhängig von einem ausländischen Hauptinsolvenzverfahren unter bestimmten Voraussetzungen eröffnet werden dürfen. Neben den Partikularverfahren bringen massive Einschränkungen des Grundsatzes der kollisionsrechtlichen Universalität die zahlreichen Sonderanknüpfungen, die die EuInsVO vorsieht. Wie im autonomen IIR gibt es kaum ein wichtiges Rechtsgebiet, in welchem die Grundnorm des IIR (s. Vor §§ 335 ff. Rdn. 14 ff., 20 f., 27 ff.) ungehindert gilt. Angeblich zum Schutz lokaler Gläubiger geschaffene Sonderregeln höhlen das (angeblich) für richtig gehaltene Prinzip weitgehend aus, in dem sie auf das Recht der Belegenheit der Sache, zum Teil sogar auf das von den Parteien wählbare Vertragsstatut Rücksicht nehmen.

E. Kritik

14 Die Kritik am deutschen autonomen IIR gilt für die EuInsVO erst recht: Dass auch im Rahmen der EU das IIR im Wesentlichen von Misstrauen gegenüber fremdem Recht geprägt ist, ist bedauerlich (zur Kritik an Partikularverfahren und Sonderanknüpfungen vgl. Vor §§ 335 ff. Rdn. 27 ff.; *Mohrbutter/Ringstmeier-Wenner* Kap. 20 Rn. 32–42).

15 Dabei erscheint als bemerkenswerter Anachronismus insbesondere, dass der Verordnungsgeber die zahlreichen Durchbrechungen der Grundnorm des IIR mit dem angeblich erforderlichen Schutz lokaler Gläubiger begründet, während der EuGH zur gleichen Zeit (völlig zu Recht) feststellt, dass Gläubiger bereits dadurch hinreichend geschützt sind, dass sie den ausländischen Charakter ihrer Vertragspartner erkennen und deshalb wissen, dass diese Vertragspartner anderen Rechtsvorschriften unterliegen, als inländische Vertragspartner (so *EuGH* Slg. 2003, I-10155 [»Inspire Art«]; vgl. *Mohrbutter/Ringstmeier-Wenner* Kap. 20 Rn. 37).

F. EuInsVO 2017

16 Art. 46 EuInsVO sah vor, dass die Kommission zum 01.06.2012 einen Bericht über die Anwendung der Verordnung vorlegt und Vorschläge für die Anpassung der Verordnung unterbreitet. Dies geschah im Dezember 2012 (vgl. Bericht der Kommission an das Europäische Parlament, den Rat und den Europäischen Wirtschafts- und Sozialausschuss, COM (2012) 743 final, Vorschlag für eine Verordnung des Europäischen Parlaments und des Rates zur Änderung der Verordnung, COM (2012) 244 final; vgl. dazu *Beck* ZVI 2013, 250). Sowohl das Parlament als auch der Rat legten Gegenentwürfe vor. Im Dezember 2014 billigte der Rat die mit dem Parlament erzielte Einigung

(Vorschlag einer Verordnung des Europäischen Parlaments und des Rates zur Änderung der Verordnung (EG) Nr. 1346/2000 des Rates über Insolvenzverfahren vom 20.11.2014, 15414/14 ADD 1). Das Europäische Parlament verabschiedete die EuInsVO 2017 am 20.05.2015, die reformierte EuInsVO findet Anwendung auf Insolvenzverfahren, die nach dem 26.06.2017 eröffnet werden (Verordnung (EU) 2015/848 ABl. Nr. L141/19).

Die reformierte EuInsVO 2017 stellt ein Musterbeispiel moderner Legislation dar (vgl. zur Kritik i. E. *Wenner* ZIP 2017, 1137). Die Anzahl der Artikel der EuInsVO hat sich mehr als verdoppelt. Viel Neues bringt die Reform aber nicht. Die zahlreichen Geburtsfehler der EuInsVO bleiben unangetastet. So galt als schwerer konzeptioneller Fehler der Verordnung, dass sich nach Art. 5 Abs. 1 EuInsVO die Wirkung des Insolvenzverfahrens nicht auf dingliche Rechte eines Dritten an einem Gegenstand der Insolvenzmasse, die in einem anderen Mitgliedstaat als dem Eröffnungsstaat belegen ist, erstreckt (*Stürner* FS Kirchhof, S. 467 [473]; *Mohrbutter/Ringstmeier-Wenner* Kap. 20 Rn. 294). Dass der Reformgeber diese Lücke nicht schließt (Art. 8 Abs. 1 EuInsVO 2017), ist angesichts der Bedeutung der Sicherungsrechte im Insolvenzrecht kaum verständlich. Ebenso bedauerlich ist, dass der Reformgeber am Konzept der Sonderanknüpfungen und Partikularverfahren (vgl. Rdn. 14) festhält und damit die Zersplitterung des Insolvenzstatuts zementiert (vgl. *Wenner* ZIP 2017, 1137 [1138]). Unberührt bleibt ebenfalls die in der Praxis schwer handhabbare Anknüpfung der internationalen Zuständigkeit an den Mittelpunkt der hauptsächlichen Interessen des Schuldners (vgl. EuInsVO Art. 3 Rdn. 16 f., vgl. *Wenner* ZIP 2017, 1137). Auch unglückliche Entwicklungen in der EuGH-Rechtsprechung werden nicht zurechtgerückt. Vielmehr schreibt der Reformgeber (rechtstechnisch unnötig) zahlreiche in Begründung und Ergebnis fragwürdige Entscheidungen des EuGH fest (so z.B. in Art. 6 Abs. 1 EuInsVO 2017 die Rechtsprechung des EuGH zu Annex-Verfahren, im Übrigen ohne die Gelegenheit wahrzunehmen, dabei die zahlreichen noch offenen Streitfragen zu klären; vgl. *Wenner* ZIP 2017, 1137 [1140]). Umfangreiche Regelungen schafft der Reformgeber, um Konzerninsolvenzen effektiv abzuwickeln. Kernstück der Reform ist das Gruppen-Koordinationsverfahren, für das ein Koordinationsplan erstellt werden soll (Art. 70 EuInsVO). Dieser Plan ist allerdings unverbindlich, sodass die Effizienz der neugeschaffenen Regelungen fragwürdig ist (vgl. *Wenner* ZIP 2017, 1137 [1141]).

Kapitel I Allgemeine Bestimmungen

Artikel 1 Anwendungsbereich

(1) Diese Verordnung gilt für öffentliche Gesamtverfahren einschließlich vorläufiger Verfahren, die auf der Grundlage gesetzlicher Regelungen zur Insolvenz stattfinden und in denen zu Zwecken der Rettung, Schuldenanpassung, Reorganisation oder Liquidation
a) dem Schuldner die Verfügungsgewalt über sein Vermögen ganz oder teilweise entzogen und ein Verwalter bestellt wird,
b) das Vermögen und die Geschäfte des Schuldners der Kontrolle oder Aufsicht durch ein Gericht unterstellt werden oder
c) die vorübergehende Aussetzung von Einzelvollstreckungsverfahren von einem Gericht oder kraft Gesetzes gewährt wird, um Verhandlungen zwischen dem Schuldner und seinen Gläubigern zu ermöglichen, sofern das Verfahren, in dem die Aussetzung gewährt wird, geeignete Maßnahmen zum Schutz der Gesamtheit der Gläubiger vorsieht und in dem Fall, dass keine Einigung erzielt wird, einem der in den Buchstaben a oder b genannten Verfahren vorgeschaltet ist.

Kann ein in diesem Absatz genanntes Verfahren in Situationen eingeleitet werden, in denen lediglich die Wahrscheinlichkeit einer Insolvenz besteht, ist der Zweck des Verfahrens die Vermeidung der Insolvenz des Schuldners oder der Einstellung seiner Geschäftstätigkeit.

Art. 1 EuInsVO Anwendungsbereich

Die Verfahren, auf die in diesem Absatz Bezug genommen wird, sind in Anhang A aufgeführt.

(2) Diese Verordnung gilt nicht für Verfahren nach Absatz 1 in Bezug auf
a) Versicherungsunternehmen,
b) Kreditinstitute,
c) Wertpapierfirmen und andere Firmen, Einrichtungen und Unternehmen, soweit sie unter die Richtlinie 2001/24/EG fallen, oder
d) Organismen für gemeinsame Anlagen.

Übersicht	Rdn.		Rdn.
A. Normzweck	1	C. Persönlicher Anwendungsbereich	
B. Sachlicher Anwendungsbereich		(Abs. 2)	9
(Abs. 1)	3	D. Räumlicher Anwendungsbereich	13

Literatur:
Braun/Heinrich Finanzdienstleister in der »grenzüberschreitenden« Insolvenz – Lücken im System? – Ein Beitrag zur Verordnung (EG) Nr. 1346/2000 des Rates vom 29.05.2000 über Insolvenzverfahren, NZI 2005, 578; *Carstens* Die internationale Zuständigkeit im europäischen Insolvenzrecht, 2005; *Heiss/Götz* Zur deutschen Umsetzung der Richtlinie 2001/17/EG des Europäischen Parlaments und des Rates vom 19.03.2001 über die Sanierung und Liquidation von Versicherungsunternehmen, NZI 2006, 1; *Laier* Die stille Sanierung deutscher Gesellschaften mittels eines »Scheme of Arrangement«, GWR 2011, 252; *Linna* Protective Measures in European Cross-Border Insolvency Proceedings, IILR 2014, 6; *Lüke/Scherz* Zu den Wirkungen eines Solvent Scheme of Arrangement in Deutschland, ZIP 2012, 1101; *Mankowski* Insolvenznahe Verfahren im Grenzbereich zwischen EuInsVO und EuGVVO – Zur Entscheidung des EuGH in Sachen German Graphics, NZI 2010, 508; *Wenner* Die Reform der EuInsVO – Ein Verriss, ZIP 2017, 1137.

A. Normzweck

1 Art. 1 regelt den sachlichen, Abs. 2 den persönlichen Anwendungsbereich der EuInsVO. Die Vorschrift beschränkt sich darauf, abstrakt zu regeln, auf welche Verfahren die Verordnung Anwendung findet. In Anhang A werden die einzelnen Verfahren aufgezählt, die nach den Vorstellungen des Verordnungsgebers unter Art. 1 fallen. Zum zeitlichen Anwendungsbereich sei auf Art. 84 EuInsVO verwiesen.

2 Im Rahmen der Neufassung der EuInsVO 2017 wurde die abstrakte Definition des sachlichen Anwendungsbereichs deutlich erweitert. Die Kritik an der aus Sicht des Verordnungsgebers abschließenden Aufzählung der Verfahrensarten, für die die EuInsVO Anwendung findet, wurde jedoch nicht aufgegriffen.

B. Sachlicher Anwendungsbereich (Abs. 1)

3 Die Bedeutung des Art. 1 Abs. 1 EuInsVO in seiner bisherigen Fassung war umstritten. Während überwiegend die Auffassung vertreten wurde, dass die Anhänge A und B der EuInsVO abschließend und verbindlich die einzelnen Verfahren aufzählen, die unter die EuInsVO fallen, wurde vereinzelt und zu Recht vertreten, dass Art. 1 Abs. 1 EuInsVO lediglich eine Auslegungshilfe darstellt (zum bisherigen Streitstand Vorauflage Art. 1 EuInsVO Rn. 2). Der Reformgeber sagt in Art. 1 Abs. 1 letzter Satz EuInsVO 2017 nun ausdrücklich, dass die Verfahren »in Anhang A aufgeführt« sind. Das soll abschließend sein (Erwägungsgrund Nr. 9). Damit ist die abstrakte Definition des Art. 1 Abs. 1 EuInsVO entbehrlich und überflüssig (*Wenner* ZIP 2017, 1137 [1139]). Unverständlicher Weise hat der Reformgeber zugleich das Verfahren der Änderung des Anhang A erschwert. Es muss nun im Wege des ordentlichen Gesetzgebungsverfahrens nach Art. 289 AEUV beschlossen werden (kritisch hierzu *Wenner* ZIP 2017, 1137 [1139]).

4 Abs. 1 erstreckt sich in der neuen Fassung auf öffentliche Gesamtverfahren, die auf der Grundlage gesetzlicher Regelungen zur Insolvenz stattfinden. Ein vollständiger oder teilweiser Vermögensbeschlag ist, anders als nach Art. 1 EuInsVO a.F., nicht mehr notwendig. Auch die Bestellung eines

Verwalters wird nicht mehr zwingend vorausgesetzt. Ein Verfahren, das lediglich eine Wahrscheinlichkeit der Insolvenz voraussetzt, soll ausreichen, um den Anwendungsbereich der EuInsVO zu eröffnen. Damit soll der abstrakte Anwendungsbereich der Verordnung auch auf die sog. Hybridverfahren erweitert werden, die vorinsolvenzlich der Vermeidung der Insolvenz des Schuldners dienen (vgl. Erwägungsgrund Nr. 9). Eine Kontrolle im anerkennenden Staat, ob das entsprechende ausländische Verfahren tatsächlich der Definition des Abs. 1 genügt, ist nicht zulässig. Weitere, in den Anhängen nicht benannte Verfahren, sollen aus Gründen der Rechtssicherheit nicht unter die Regelungen der EuInsVO fallen (vgl. MüKo-BGB/*Kindler* Art. 1 EuInsVO a.F. Rn. 3; *Kemper* ZIP 2001, 1609 [1611]). Im Sinne der EuInsVO ist dies nicht. Führt ein Mitgliedstaat ein Insolvenzverfahren ein, ohne dass gleichzeitig die Anhänge zur EuInsVO geändert werden, entsteht eine unnötige Lücke, obwohl das Verfahren von der in Abs. 1 enthaltenen Definition erfasst wäre (vgl. *Mohrbutter/Ringstmeier-Wenner* Kap. 20 Rn. 171; vgl. *AG Köln* NZI 2010, 159, *AG Düsseldorf* ZInsO 2012, 1278 zur Anwendung von Art. 3 EuInsVO auf Nachlassinsolvenzverfahren). Ebenso kann sich die Frage stellen, ob eine nationale Neufassung eines in den Anhängen benannten Verfahrens einer Anwendung der EuInsVO entgegensteht (vgl. *LAG Düsseldorf* NZI 2011, 874 m. krit. Anm. *Mankowski*). Wer demgegenüber die Anhänge als abschließend ansieht, muss die Anerkennungsfähigkeit dort nicht aufgeführter Verfahren nach autonomem Recht (§ 343 InsO) prüfen (so *BAG* NJOZ 2013, 1232; *LAG Düsseldorf* NZI 2011, 874; vgl. zum Solvent Scheme of Arrangement § 343 Rdn. 13; vgl. auch *Mankowski* WM 2011, 1201, *Lüke/Scherz* ZIP 2012, 1101).

Im Hinblick auf die Rechtsprechung des EuGH, dass auch das deutsche vorläufige Insolvenzverfahren die Wirkungen eines Verfahrens i.S.d. EuInsVO haben kann (*EuGH* NZI 2006, 360 [362 f.] *Eurofood*) stellt der Reformgeber nunmehr bereits in Abs. 1 klar, dass auch vorläufige Verfahren erfasst sind, auch wenn diese nicht ausdrücklich als solche in Anhang A bezeichnet sein sollten. Die Klarstellung war letztlich unnötig. Ein vorläufiges Insolvenzverfahren ist ein Insolvenzverfahren i.S d. InsO und damit i.S.v. Anhang A. 5

Die Regelungen der EuInsVO gehen den Vorschriften des autonomen deutschen Internationalen Insolvenzrechts vor (*BGH* NZI 2011, 420 [421]). 6

Sollte eines der in den Anhängen aufgeführten **Verfahren nicht nur insolvenzrechtliche Wirkungen** haben, sondern auch anderen Zwecken dienen, so fällt ein solches Verfahren nur dann unter Abs. 1 EuInsVO, wenn es auf der Insolvenz des Schuldners beruht (Erläuternder Bericht Rn. 49), oder zumindest deren Wahrscheinlichkeit voraussetzt. Dies gilt etwa für die Winding-up-Verfahren des britischen und des irischen Rechts (vgl. zu diesem Verfahren auch *Balz* ZIP 1996, 948 f.; ausführlich *Fletcher* The Law of Insolvency, S. 491 ff.). Dass ein Verfahren nicht insolvenzrechtlich zu qualifizieren ist, führt entgegen einer verbreiteten Ansicht keinesfalls zur automatischen Nichtanerkennung (vgl. § 343 Rdn. 16). 7

Allerdings muss das Insolvenzverfahren nach der Neufassung der Regelung öffentlich sein. Darunter sind Verfahren zu verstehen, deren Eröffnung öffentlich bekanntzugeben ist (Erwägungsgrund Nr. 12; vgl zur Entstehungsgeschichte *Wimmer/Bornemann/Lienau*, Die Neufassung der EuInsVO, Rn. 55). Vertrauliche Verfahren, also solche, deren öffentliche Bekanntmachung nicht zwingend im Gesetz vorgeschrieben ist, fallen nicht unter die EuInsVO. Problematisch kann dies bei Schutzschirmverfahren nach deutschem Recht sein, wenn man der Auffassung folgen wollte, die öffentliche Bekanntmachung eines solchen Verfahrens sei nicht obligatorisch (vgl. dazu *Mankowski/Schmidt* Art. 1 EuInsVO Rn. 19). Der bloße Umstand, dass ein vertrauliches Verfahren im späteren Verlauf öffentlich wird, ohne dass dies gesetzlich vorgeschrieben ist, reicht nicht aus (**a.A.** *Mankowski/Schmidt* Art. 1 EuInsVO Rn. 18). 8

C. Persönlicher Anwendungsbereich (Abs. 2)

Die EuInsVO gilt grds. für alle Insolvenzverfahren über das Vermögen eines Schuldners. Sie betrifft damit insbesondere natürliche und juristische Personen, unabhängig davon, ob diese unterneh- 9

Art. 1 EuInsVO Anwendungsbereich

risch tätig sind (vgl. Erwägungsgrund Nr. 9). Wer Schuldner i.S.v. Abs. 1 sein kann, richtet sich nach dem Recht des Staats der Verfahrenseröffnung (s. Art. 7 Abs. 2a) EuInsVO).

10 **Ausgeschlossen** sind gem. Abs. 2 jedoch **Versicherungsunternehmen, Kreditinstitute, Wertpapierfirmen und andere Firmen, Einrichtungen und Unternehmen, soweit sie unter die Richtlinie 2011/24/EG fallen,** sowie Organismen für gemeinsame Anlagen (**Investmentgesellschaften**). Für die genauere Begriffsbestimmung dieser ausgeschlossenen Unternehmen sind die Vorschriften des Gemeinschaftsrechts maßgebend (*Braun/Heinrich* NZI 2005, 578 [581]): Für Versicherungsunternehmen ist dies die Richtlinie 2009/138/EG, für Kreditinstitute die Richtlinie 2001/24/EG, für Wertpapierfirmen die Richtlinie 2001/24/EG sowie für die Organismen für gemeinsame Anlagen nach Art. 2 Abs. 2 die Richtlinien 2009/65/EG und 2011/61/EU. Einen entsprechenden Ausschluss enthalten auch Art. 1 Abs. 1 Istanbuler Übereinkommen, Art. 26 DöKV und Art. 1 Abs. 2 der UNCITRAL-Modellbestimmungen.

11 Diese Unternehmen sind in vielen Staaten im Falle einer wirtschaftlichen Krise einem Sonderregime unterworfen, das es – so die Überlegungen des Verordnungsgebers – ratsam erscheinen lassen soll, das Insolvenzverfahren über ihr Vermögen in gesonderten Vorschriften zu regeln (krit. *Kemper* ZIP 2001, 1609 [1611]), nämlich insbesondere in der Richtlinie 2001/24/EG über die Sanierung und Liquidation von Kreditinstituten (vgl. *Strub* EuZW 1994, 424 ff.; *Priesemann* WM IV 1994, 1155 ff.; *Lanzke* WM IV 1988, 397 ff.; *Reuschle* BKR 2003, 562 ff.; *Keller* BKR 2002, 347 ff.; *Wimmer* ZInsO 2002, 897 ff.). Das zu der Richtlinie für Kreditinstitute Ausgeführte gilt entsprechend für die Richtlinie 2009/138/EG über die Sanierung und Liquidation von Versicherungsunternehmen (vgl. die oben Genannten und *Kühlein* Versicherungswirtschaft 1994, S. 102 ff.; *Geiger* VW 2002, 1157 ff.).

12 In den Beratungen zu dem EuIÜ hatte sich die Bundesregierung zu Recht nachdrücklich für die Einbeziehung von Kreditinstituten ausgesprochen und bei der Paraphierung eine Protokollerklärung abgegeben, in der für die ausgeschlossenen Unternehmen gleichwertige Bestimmungen gefordert wurden (*Funke* InVo 1996, 170 [172]).

D. Räumlicher Anwendungsbereich

13 Die EuInsVO gilt nur für Fälle mit **Auslandsbezug**. Bei Binnensachverhalten, deren Auswirkungen ausschließlich auf das Gebiet eines Mitgliedstaats beschränkt bleiben, stellen sich keine international-verfahrensrechtlichen oder kollisionsrechtlichen Fragen; sie werden daher von der EuInsVO nicht erfasst (vgl. Erwägungsgründe Nr. 2 und 3; *Smid* Dt. IIR Art. 1 EuInsVO a.F. Rn. 7; *Huber* EuZW 2002, 490 [491]; *Mock/Schildt* ZInsO 2003, 396 [397]). Mitgliedstaat i.S.d. EuInsVO sind die Mitgliedstaaten der EU mit Ausnahme von Dänemark (Erwägungsgrund Nr. 88; vgl. auch *OLG Frankfurt* NJOZ 2005, 2532). Der Auslandsbezug muss **zuständigkeitsrechtlich oder anknüpfungsrechtlich relevant** sein (*Mohrbutter/Ringstmeier-Wenner* § 20 Rn. 7).

14 Es ist nicht erforderlich, dass der Auslandsbezug zu einem **Mitgliedstaat** besteht, ein transnationaler Bezug zu einem **Drittstaat** reicht aus (*EuGH* NZI 2015, 88; NZI 2014, 134; *High Court of Justice Chancery Division Companies Court* ZIP 2003, 813 m. zust. Anm. *Herchen* ZInsO 2003, 742 [745 ff.], der aber auch darauf hinweist, dass der *High Court* einen bestehenden europarechtlichen Bezug übersehen hat; *High Court of Justice Leeds* ZIP 2004, 1769; MüKo-InsO/*Reinhart* Art. 1 EuInsVO Rn. 16; *Geimer* IZPR Rn. 3357c; *Gebauer/Wiedmann/Haubold* Kap. 32 Rn. 30; *ders.* IPRax 2003, 34 [35]; *Mohrbutter/Ringstmeier-Wenner* § 20 Rn. 7; *Huber* ZZP 114 [2001], 133 [136 f.]; **a.A.** *AG Köln* NZI 2008, 390; *AG Ludwigsburg* ZIP 2006, 1507 [1509]; *Balz* ZIP 1996, 948; *Duursma-Kepplinger* NZI 2003, 87 [88]; *Ehricke/Ries* JuS 2003, 313 f.; *Eidenmüller* IPRax 2001, 2 [5]; *Mock/Schildt* ZInsO 2003, 396 [397 f.]; *Pannen/Riedemann* NZI 2004, 646 [651]; *Carstens* Die internationale Zuständigkeit im europäischen Insolvenzrecht, S. 28 ff., 32 f.; *Duursma-Kepplinger/Duursma/Chalupsky* Teil 4, Vorbem. EuInsVO, Rn. 30 Art. 1 Rn. 51 ff.; *Kübler/Prütting/Bork-Kemper* InsO, Art. 1 EuInsVO a.F., Rn. 19; *Uhlenbruck/Lüer* InsO, Art. 1 EuInsVO a.F. Rn. 2; MüKo-BGB/*Kindler* Art. 1 EuInsVO a.F. Rn. 25 ff.; *Smid* Dt. IIR Art. 1 EuInsVO

a.F. Rn. 8; nunmehr differenzierend HambK-InsO/*Undritz* Art. 1 EuInsVO a.F. Rn. 7; zweifelnd *Nerlich/Römermann/Mincke* InsO, Vorbem. EuInsVO a.F. Rn. 49; offen gelassen von *AG Hamburg* ZInsO 2006, 1006 [1007]). Auch bei der EuGVO reicht ein Bezug zu einem Drittstaat (*EuGH* IPRax 2005, 244 [247]; vgl. auch Erwägungsgrund Nr. 8 EuGVO; weitere Nachw. bei *Mohrbutter/ Ringstmeier-Wenner* Kap. 20 Rn. 7 Fn. 18). So bestimmt sich die internationale Zuständigkeit zur Eröffnung eines Hauptinsolvenzverfahrens auch dann nach Art. 3 EuInsVO, wenn der Auslandsbezug beispielsweise zu den USA besteht (*Mohrbutter/Ringstmeier-Wenner* § 20 Rn. 7, ebenso MüKo-InsO/*Reinhart* Art. 1 EuInsVO a.F. Rn. 16).

Hingegen ergibt sich **aus einzelnen Vorschriften** der EuInsVO, dass dort ein Bezug zu einem **Mitgliedstaat** erforderlich ist. So regelt die EuInsVO lediglich die **Anerkennung** der Insolvenzverfahren anderer Mitgliedstaaten. Eine Reihe der kollisionsrechtlichen Sonderregelungen schützen örtliches Recht der Mitgliedstaaten (z.B. Artt. 8, 10, 11, 12, 13, 14 und 18 EuInsVO; vgl. *Mohrbutter/Ringstmeier-Wenner* § 20 Rn. 8). Nehmen Vorschriften ausdrücklich Bezug auf das Verhältnis zu einem anderen Mitgliedstaat und liegt ein Drittstaatensachverhalt vor, stellt sich die weitergehende Frage, ob es in solchen Fällen bei der Grundregel des Art. 7 EuInsVO (Anwendung der lex fori concursus) bleibt oder ob stattdessen das autonome Internationale Insolvenzrecht zur Anwendung kommt (so wohl die überwiegende Auffassung: *Duursma-Kepplinger/Duursma* IPRax 2003, 505 [508]; wie hier aber z.B. *Herchen* ZInsO 2003, 742 [746]; vgl. auch *Huber* ZZP 114 [2001], 133 [152 f.]). Für die Anwendung des Art. 7 spricht schon das Konzept der EuInsVO: Nur für die in der EuInsVO geregelten Ausnahmen soll die lex fori concursus keine Anwendung finden. Zudem ist die uneingeschränkte Anwendung der lex fori concursus rechtspolitisch wünschenswert und sinnvoll (*Mohrbutter/Ringstmeier-Wenner* Kap. 20 Rn. 255). 15

Anders als die überwiegende Zahl der Sonderanknüpfungen der EuInsVO enthalten **Art. 9 und 17 EuInsVO** keine Beschränkung auf Fälle, in denen der Auslandsbezug zu einem **anderen Mitgliedstaat** besteht. Diese sind auch dann anzuwenden, wenn der transnationale Bezug zu einem Drittstaat besteht (*Mohrbutter/Ringstmeier-Wenner* Kap. 20 Rn. 255; Erläuternder Bericht Rn. 93; **a.A.** *Duursma-Kepplinger/Duursma/Chalupsky* Art. 6 EuInsVO a.F., Rn. 22; *Balz* ZIP 1996, 948 [950] mit Fn. 16; *Huber* ZZP 114 [2001], 133 [152, 162]; *Taupitz* ZZP 111 [1998], 315 [343]). 16

Von diesen Fragen zu unterscheiden ist, ob die EuInsVO auch Anwendung auf eine Drittstaatengesellschaft findet, etwa weil diese den Mittelpunkt ihrer hauptsächlichen Interessen in einem Mitgliedstaat hat. Diese Frage ist zu bejahen (vgl. die Entscheidung »BRAC-Budget«, *High Court of Justice* ZIP 2003, 813; ebenso *High Court of Justice* RIW 2005, 70; vgl. auch *Krebber* IPRax 2004, 540). 17

Artikel 2 Definitionen

Für die Zwecke dieser Verordnung bedeutet
1. »Gesamtverfahren« ein Verfahren, an dem alle oder ein wesentlicher Teil der Gläubiger des Schuldners beteiligt sind, vorausgesetzt, dass im letzteren Fall das Verfahren nicht die Forderungen der Gläubiger berührt, die nicht daran beteiligt sind;
2. »Organismen für gemeinsame Anlagen« Organismen für gemeinsame Anlagen in Wertpapieren (OGAW) im Sinne der Richtlinie 2009/65/EG des Europäischen Parlaments und des Rates und alternative Investmentfonds (AIF) im Sinne der Richtlinie 2011/61/EU des Europäischen Parlaments und des Rates;
3. »Schuldner in Eigenverwaltung« einen Schuldner, über dessen Vermögen ein Insolvenzverfahren eröffnet wurde, das nicht zwingend mit der Bestellung eines Verwalters oder der vollständigen Übertragung der Rechte und Pflichten zur Verwaltung des Vermögens des Schuldners auf einen Verwalter verbunden ist, und bei dem der Schuldner daher ganz oder zumindest teilweise die Kontrolle über sein Vermögen und seine Geschäfte behält;
4. »Insolvenzverfahren« ein in Anhang A aufgeführtes Verfahren;
5. »Verwalter« jede Person oder Stelle, deren Aufgabe es ist, auch vorläufig
    i) die in Insolvenzverfahren angemeldeten Forderungen zu prüfen und zuzulassen;

ii) die Gesamtinteressen der Gläubiger zu vertreten;
iii) die Insolvenzmasse entweder vollständig oder teilweise zu verwalten;
iv) die Insolvenzmasse im Sinne der Ziffer iii zu verwerten oder
v) die Geschäftstätigkeit des Schuldners zu überwachen.

Die in Unterabsatz 1 genannten Personen und Stellen sind in Anhang B aufgeführt;

6. »Gericht«
   i) in Artikel 1 Absatz 1 Buchstaben b und c, Artikel 4 Absatz 2, Artikel 5, Artikel 6, Artikel 21 Absatz 3, Artikel 24 Absatz 2 Buchstabe j, Artikel 36, Artikel 39 und Artikel 61 bis Artikel 77 das Justizorgan eines Mitgliedstaats;
   ii) in allen anderen Artikeln das Justizorgan oder jede sonstige zuständige Stelle eines Mitgliedstaats, die befugt ist, ein Insolvenzverfahren zu eröffnen, die Eröffnung eines solchen Verfahrens zu bestätigen oder im Rahmen dieses Verfahrens Entscheidungen zu treffen;

7. »Entscheidung zur Eröffnung eines Insolvenzverfahrens«
   i) die Entscheidung eines Gerichts zur Eröffnung eines Insolvenzverfahrens oder zur Bestätigung der Eröffnung eines solchen Verfahrens und
   ii) die Entscheidung eines Gerichts zur Bestellung eines Verwalters;

8. »Zeitpunkt der Verfahrenseröffnung« den Zeitpunkt, zu dem die Entscheidung zur Eröffnung des Insolvenzverfahrens wirksam wird, unabhängig davon, ob die Entscheidung endgültig ist oder nicht;

9. »Mitgliedstaat, in dem sich ein Vermögensgegenstand befindet«, im Fall von
   i) Namensaktien, soweit sie nicht von Ziffer ii erfasst sind, den Mitgliedstaat, in dessen Hoheitsgebiet die Gesellschaft, die die Aktien ausgegeben hat, ihren Sitz hat;
   ii) Finanzinstrumenten, bei denen die Rechtsinhaberschaft durch Eintrag in ein Register oder Buchung auf ein Konto, das von einem oder für einen Intermediär geführt wird, nachgewiesen wird (»im Effektengiro übertragbare Wertpapiere«), den Mitgliedstaat, in dem das betreffende Register oder Konto geführt wird;
   iii) Guthaben auf Konten bei einem Kreditinstitut den Mitgliedstaat, der in der internationalen Kontonummer (IBAN) angegeben ist, oder im Fall von Guthaben auf Konten bei einem Kreditinstitut ohne IBAN den Mitgliedstaat, in dem das Kreditinstitut, bei dem das Konto geführt wird, seine Hauptverwaltung hat, oder, sofern das Konto bei einer Zweigniederlassung, Agentur oder sonstigen Niederlassung geführt wird, den Mitgliedstaat, in dem sich die Zweigniederlassung, Agentur oder sonstige Niederlassung befindet;
   iv) Gegenständen oder Rechten, bei denen das Eigentum oder die Rechtsinhaberschaft in anderen als den unter Ziffer i genannten öffentlichen Registern eingetragen ist, den Mitgliedstaat, unter dessen Aufsicht das Register geführt wird;
   v) Europäischen Patenten den Mitgliedstaat, für den das Europäische Patent erteilt wurde;
   vi) Urheberrechten und verwandten Schutzrechten den Mitgliedstaat, in dessen Hoheitsgebiet der Eigentümer solcher Rechte seinen gewöhnlichen Aufenthalt oder Sitz hat;
   vii) anderen als den unter den Ziffern i bis iv genannten körperlichen Gegenständen den Mitgliedstaat, in dessen Hoheitsgebiet sich der Gegenstand befindet;
   viii) anderen Forderungen gegen Dritte als solchen, die sich auf Vermögenswerte gemäß Ziffer iii beziehen, den Mitgliedstaat, in dessen Hoheitsgebiet der zur Leistung verpflichtete Dritte den Mittelpunkt seiner hauptsächlichen Interessen im Sinne des Artikels 3 Absatz 1 hat;

10. »Niederlassung« jeden Tätigkeitsort, an dem der Schuldner einer wirtschaftlichen Aktivität von nicht vorübergehender Art nachgeht oder in den drei Monaten vor dem Antrag auf Eröffnung des Hauptinsolvenzverfahrens nachgegangen ist, die den Einsatz von Personal und Vermögenswerten voraussetzt;

11. »lokaler Gläubiger« den Gläubiger, dessen Forderungen gegen den Schuldner aus oder in Zusammenhang mit dem Betrieb einer Niederlassung in einem anderen Mitgliedstaat als dem Mitgliedstaat entstanden sind, in dem sich der Mittelpunkt der hauptsächlichen Interessen des Schuldners befindet;

12. »ausländischer Gläubiger« den Gläubiger, der seinen gewöhnlichen Aufenthalt, Wohnsitz oder Sitz in einem anderen Mitgliedstaat als dem Mitgliedstaat der Verfahrenseröffnung hat, einschließlich der Steuerbehörden und der Sozialversicherungsträger der Mitgliedstaaten;
13. »Unternehmensgruppe« ein Mutterunternehmen und alle seine Tochterunternehmen;
14. »Mutterunternehmen« ein Unternehmen, das ein oder mehrere Tochterunternehmen entweder unmittelbar oder mittelbar kontrolliert. Ein Unternehmen, das einen konsolidierten Abschluss gemäß der Richtlinie 2013/34/EU des Europäischen Parlaments und des Rates erstellt, wird als Mutterunternehmen angesehen.

Übersicht

		Rdn.
A.	Auslegung der EuInsVO	1
B.	Zu den einzelnen Definitionen	3
I.	Gesamtverfahren (Nr. 1)	3
II.	Organismen für gemeinsame Anlagen (Nr. 2)	4
III.	Schuldner in Eigenverwaltung (Nr. 3)	5
IV.	Insolvenzverfahren (Nr. 4)	7
V.	Verwalter (Nr. 5)	8
VI.	Gericht (Nr. 6)	10
VII.	Entscheidung zur Eröffnung eines Insolvenzverfahrens (Nr. 7)	12
VIII.	Zeitpunkt der Verfahrenseröffnung (Nr. 8)	14
IX.	Mitgliedstaat, in dem sich ein Vermögensgegenstand befindet (Nr. 9)	16
	1. Namensaktien (lit. i)	17
	2. Im Effektengiro übertragene Wertpapiere (lit. ii)	19
	3. Kontoguthaben (lit. iii)	20
	4. Registerrechte im Übrigen (lit. iv)	22
	5. Europäische Patente (lit v)	23
	6. Urheberrechte und verwandte Schutzrechte (lit. vi)	24
	7. Körperliche Gegenstände im Übrigen (lit. vii)	26
	8. Forderungen im Übrigen (lit. viii)	29
	9. Sonstiges Vermögen	32
X.	Niederlassung (Nr. 10)	33
	1. Wirtschaftliche Aktivität von nicht vorübergehender Art	34
	2. Einsatz von Personal und Vermögen	36
	3. Maßgeblicher Zeitpunkt	39
	4. Selbstständige Gesellschaft als Niederlassung	40
XI.	Lokaler Gläubiger (Nr. 11)	43
XII.	Ausländischer Gläubiger (Nr. 12)	46
XIII.	Unternehmensgruppe (Nr. 13)	47
XIV.	Mutterunternehmen (Nr. 14)	48

Literatur:

Adam Zuständigkeitsfragen bei der Insolvenz internationaler Unternehmensverbindungen, 2006; *Adam/Poertzgen* Überlegungen zum Europäischen Konzerninsolvenzrecht, ZInsO 2008, 281 und 347; *Dähnert* Haftung und Insolvenz – Englische Wahrnehmung des Konzernphänomens, ZInsO 2011, 750; *Duursma-Kepplinger* Aktuelle Entwicklungen in Bezug auf die Auslegung der Vorschriften über die internationale Eröffnungszuständigkeit nach der Europäischen Insolvenzverordnung, DZWIR 2006, 177; *Eidenmüller/Frobenius* Ein Regulierungskonzept zur Bewältigung von Gruppeninsolvenzen: Verfahrenskonsolidierung im Kontext nationaler und internationaler Reformvorhaben, ZIP Beilage 2013, 1; *Hess* Methoden der Rechtsfindung im Europäischen Zivilprozessrecht, IPRax 2006, 348; *Hirte* Sechs Thesen zur Kodifikation der Konzerninsolvenz in der EuInsVO, ZInsO 2011, 1788; *Huber, P.* Der deutsch-englische Justizkonflikt – Kompetenzkonflikte im Internationalen Insolvenzrecht, in: Festschrift für Andreas Heldrich, 2005, S. 679; *Huber, U.* Inländische Insolvenzverfahren über Auslandsgesellschaften nach der Europäischen Insolvenzverordnung, in: Festschrift für Walter Gerhardt, 2004, S. 397; *Reinhart* Die Bedeutung der EuInsVO im Insolvenzeröffnungsverfahren – Verfahren bei internationaler Zuständigkeit nach Art. 102 EGInsO, NZI 2009, 73; *Smid* Voraussetzungen der Eröffnung eines deutschen Sekundärinsolvenzverfahrens- Geltendes Recht und Reformpläne, ZInsO 2013, 953; *Vallender* Aufgaben und Befugnisse des deutschen Insolvenzrichters in Verfahren nach der EuInsVO, KTS 2005, 283; *Wenner* Die Reform der EuInsVO – Ein Verriss, ZIP 2017, 1137.

A. Auslegung der EuInsVO

Art. 2 legt die Bedeutung bestimmter Grundbegriffe der EuInsVO für die Mitgliedstaaten verbindlich fest. Sinn der Norm ist auch, eine möglichst einheitliche Interpretation der Grundbegriffe in den Mitgliedstaaten herbeizuführen und zu gewährleisten. Die Definitionen und die sonstigen Vorschriften der EuInsVO sind stets gemeinschaftsrechtlich autonom, d.h. nach europaweit einheitlichen Kriterien, auszulegen; die jeweiligen nationalen Bestimmungen spielen dabei keine Rolle (vgl. etwa *EuGH* NZI 2006, 360 [361] [*Eurofood*]; *Duursma-Kepplinger/Duursma/Chalupsky* Teil 4 Vorbem. 1

Art. 2 EuInsVO   Definitionen

EuInsVO a.F. Rn. 29; *Geimer/Schütze/Huber* Internationaler Rechtsverkehr in Zivil- und Handelssachen, EuInsVO, Einl. Rn. 7; *Mohrbutter/Ringstmeier-Wenner* Kap. 20 Rn. 10; *Vallender* KTS 2005, 283 [286]; zur Auslegung der EuGVO *Geimer/Schütze/Geimer* Europäisches Zivilverfahrensrecht, Einl. A.1 Rn. 125 ff.; *Hess* IPRax 2006, 348; zur Auslegung und Fortbildung des Primärrechts allgemein *Riesenhuber/Pechstein/Drechsler* § 8 Rn. 10 ff.). Nur so kann eine einheitliche Anwendung des Europarechts in den Mitgliedstaaten erreicht werden. Bei dieser autonomen Auslegung der Normen stellt der EuGH oft auf den sog. »effet utile« ab (vgl. *Bleckmann* NJW 1982, 1177 [1180]). Die Vorschriften der Verordnung dürfen durch die Auslegung nicht ihrer praktischen Wirksamkeit beraubt werden. Auslegungshilfe können u.a. die der EuInsVO vorangestellten Erwägungsgründe oder der Erläuternde Bericht sein (vgl. zur Bedeutung von letzterem MüKo-InsO/*Reinhart* vor Art. 1 EuInsVO a.F. Rn. 23).

2   Die in der EuInsVO enthaltenen **Sonderanknüpfungen** sollte man **eng auslegen** (vgl. *Mohrbutter/Ringstmeier-Wenner* Kap. 20 Rn. 255; für eine einschränkende Auslegung auch *Reithmann/Martiny/Hausmann* Int. Vertragsrecht, Rn. 5756; wohl auch *Schack* Internationales Zivilverfahrensrecht, Rn. 1189 f., 1192). Gleiches gilt für die Regelungen über **Partikularverfahren**. Insbesondere, wenn Sonderanknüpfungen ihrem Wortlaut nach nur dann eingreifen, wenn ein anderer **Mitgliedstaat** betroffen ist (Artt. 8, 10, 11, 12, 13, 14 und 18 EuInsVO), sollte man die Regelungen nicht erweiternd auch dann anwenden, wenn der Bezug zu einem **Drittstaat** besteht. In diesen Fällen sollte man auch nicht das autonome IIR anwenden, vielmehr sollte man es bei der Grundregel des Art. 7 EuInsVO belassen (*Mohrbutter/Ringstmeier-Wenner* Kap. 20 Rn. 255; str., s. EuInsVO Art. 1 Rdn. 14 ff.).

B. Zu den einzelnen Definitionen

I. Gesamtverfahren (Nr. 1)

3   Der Begriff Gesamtverfahren ist der neue Oberbegriff für den Anwendungsbereich der EuInsVO (vgl. Art. 1 Abs. 1). Entscheidendes Merkmal ist, dass das Verfahren lediglich die Forderungen der Gläubiger berührt, die daran beteiligt sind, sei es nun aller Gläubiger, oder lediglich eines wesentlichen Teils davon (vgl. Erwägungsgrund Nr. 14 Satz 1). Es handelt sich um einen Teil der abstrakten Definition des Anwendungsbereichs der EuInsVO. Eine eigenständige Bedeutung hat der Begriff angesichts des beabsichtigten abschließenden Charakters der Anlage A nicht (vgl. zur Kritik daran EuInsVO Art. 1 Rdn. 3).

II. Organismen für gemeinsame Anlagen (Nr. 2)

4   Auf Organismen für gemeinsame Anlagen findet die EuInsVO keine Anwendung. Der Begriff ist nur im Rahmen des persönlichen Anwendungsbereichs relevant (vgl. dazu EuInsVO Art. 1 Rdn. 10).

III. Schuldner in Eigenverwaltung (Nr. 3)

5   Nachdem die EuInsVO bislang nur Verfahren erfasste, in denen ein Verwalter bestellt worden war, soll sie nach den Vorstellungen des Verordnungsgebers nun auch solche Verfahren erfassen, in denen der Schuldner selbst agieren kann. Ob eine Kontrolle stattfindet, oder nicht, sei es durch ein Gericht oder einen Sachwalter, spielt nach der neuen Definition keine Rolle.

6   Die Einführung des neuen Begriffs wurde nicht konsequent in den Vorschriften der EuInsVO umgesetzt. Sprechen einzelne Vorschriften der EuInsVO nur vom Verwalter, zählen aber den Schuldner in Eigenverwaltung nicht auf (vgl. etwa Art. 23 Abs. 1, 31 Abs. 1, 36 Abs. 1 EuInsVO), stellt sich jeweils die Frage, ob der Anwendungsbereich dieser Vorschriften in Eigenverwaltungsverfahren verschlossen bleibt, oder ob es sich um Redaktionsversehen handelt.

IV. Insolvenzverfahren (Nr. 4)

Art. 2 Nr. 4 legt fest, dass die in Anhang A aufgeführten Insolvenzverfahren abschließend festgelegt sind (*Smid* Dt. IIR Art. 1 EuInsVO a.F. Rn. 9, Art. 2 EuInsVO a.F. Rn. 2). Dies ist unpraktikabel (vgl. *Mohrbutter/Ringstmeier-Wenner* Kap. 20 Rn. 171; s. EuInsVO Art. 1 Rdn. 3). 7

V. Verwalter (Nr. 5)

Auch hinsichtlich des Begriffs Verwalter gilt das unter Rdn. 7 Ausgeführte. Wer Verwalter i.S.d. EuInsVO ist, soll abschließend in Anhang B aufgeführt sein (*Smid* Dt. IIR Art. 2 EuInsVO Rn. 3). Auf die breite Definition in Nr. 5 soll es nicht ankommen, wenngleich in Erwägungsgrund Nr. 21, anders als für Insolvenzverfahren in Nr. 9 der Begriff »erschöpfend« nicht verwendet wird. 8

Der Schuldner in Eigenverwaltung ist kein Verwalter i.S.d. Nr. 5 (vgl. Nr. 3; ebenso MüKo-InsO/ *Thole* VO (EG) 2015/848 Art. 2 Rn. 7). Zum vorläufigen Insolvenzverwalter vgl. auch Rdn. 13. 9

VI. Gericht (Nr. 6)

Der Begriff Gericht kann nach der Neufassung der EuInsVO nunmehr zwei Bedeutungen haben. In bestimmten, unter Nr. 6 lit. i aufgelisteten Fällen, beschränkt die Vorschrift den Begriff auf ein Justizorgan eines Mitgliedstaats, ist eng zu verstehen, und meint ein Gericht im institutionellen Sinne. 10

In allen anderen Fällen ist der Begriff funktional zu verstehen und meint jede Stelle eines Mitgliedstaats, die berechtigt ist, das Insolvenzverfahren zu eröffnen, die Eröffnung eines solchen Verfahrens zu bestätigen oder im Rahmen des Verfahrens Entscheidungen zu treffen. Dieser Begriff ist weit auszulegen (vgl. Erwägungsgrund Nr. 10; *Smid* Dt. IIR Art. 2 EuInsVO Rn. 12). Es muss sich nicht um ein Gericht im klassischen, institutionellen Sinne handeln. Auch ein von einer Verwaltungs- oder Vollstreckungsbehörde durchgeführtes Verfahren ist anerkennungsfähig (*Mohrbutter/Ringstmeier-Wenner* Kap. 20 Rn. 176). Maßgebend ist die Entscheidungskompetenz (MüKo-InsO/*Reinhart* Art. 2 EuInsVO a.F. Rn. 5; *Smid* Dt. IIR Art. 2 EuInsVO a.F. Rn. 12 ff.). 11

VII. Entscheidung zur Eröffnung eines Insolvenzverfahrens (Nr. 7)

Der Begriff Entscheidung zur Eröffnung eines Insolvenzverfahrens i.S.v. Nr. 7 ist weit zu verstehen (*Smid* Dt. IIR Art. 2 EuInsVO Rn. 15). Eine Entscheidung i.S.v. Nr. 7 betrifft entweder den Fall, dass ein Gericht (vgl. Rdn. 10) ein Insolvenzverfahren (vgl. Rdn. 7) eröffnet, die Eröffnung bestätigt oder dass es einen Insolvenzverwalter (vgl. Rdn. 8) bestellt. Der Verordnungsgeber hat die hier geäußerte Kritik an der bisherigen Formulierung (vgl. Vorauflage Rn. 8) aufgegriffen, und die Definition angepasst, die nun nicht mehr allgemein von Entscheidungen spricht. 12

Der Begriff Eröffnung ist ebenfalls weit zu verstehen, und autonom auszulegen. Gemeint ist nicht die Eröffnung i.S.d. Vorschriften der InsO, sondern jede Entscheidung, die ein Insolvenzverfahren i.S.d. EuInsVO einleitet, mithin also auch die Bestellung eines vorläufigen Insolvenzverwalters in einem deutschen Insolvenzverfahren (vgl. dazu EuInsVO Art. 1 Rdn. 4; ebenso MüKo-InsO/*Thole* VO (EG) 2015/848 Art. 2 Rn. 9). 13

VIII. Zeitpunkt der Verfahrenseröffnung (Nr. 8)

Ein Insolvenzverfahren ist i.S.d. EuInsVO eröffnet, wenn die Eröffnungsentscheidung wirksam wird; ob die Entscheidung endgültig ist, d.h. unanfechtbar, ist nicht entscheidend (*Smid* Dt. IIR Art. 2 EuInsVO a.F. Rn. 16; *Huber* ZZP 114 [2001], 133 [145]). Es kommt auf den Zeitpunkt an, in dem die Rechtsfolgen der Eröffnungsentscheidung eintreten. Für die Beurteilung der Frage, wann dies der Fall ist, ist das Recht des Mitgliedstaats heranzuziehen, in dem das Verfahren eröffnet worden ist (*Smid* Dt. IIR Art. 2 EuInsVO a.F. Rn. 16; vgl. Art. 4 Abs. 1). In Deutschland wird der Eröffnungsbeschluss wirksam, wenn er zum Zwecke der Bekanntgabe aus dem inneren Geschäftsbetrieb des Gerichts herausgegeben wird (vgl. *BGH* NJW-RR 2004, 1575; *Schmerbach* § 30 Rdn. 7). 14

Art. 2 EuInsVO Definitionen

15 Zeitpunkt der Verfahrenseröffnung ist auch die Anordnung der vorläufigen Verwaltung (vgl. dazu EuInsVO Art. 1 Rdn. 4).

IX. Mitgliedstaat, in dem sich ein Vermögensgegenstand befindet (Nr. 9)

16 Art. 2 Nr. 9 legt fest, wo Vermögensgegenstände belegen sind. Der Bestimmung kommt damit besondere Bedeutung für die Frage zu, ob es sich bei einem Insolvenzverfahren überhaupt um eines mit Auslandsbezug handelt und damit zugleich, ob die EuInsVO überhaupt Anwendung findet (vgl. EuInsVO Art. 1 Rdn. 13 ff.). Entscheidende Bedeutung erfährt sie, wenn ein Partikularverfahren eröffnet wird; dessen Wirkungen erstrecken sich nur auf die Vermögensgegenstände, die im Staat seiner Eröffnung belegen sind (vgl. Art. 34 Satz 3 EuInsVO).

1. Namensaktien (lit. i)

17 Nachdem vor der Reform die Belegenheit von Gesellschaftsanteilen umstritten war (vgl. Vorauf. Rn. 19), differenziert die Vorschrift nun zwischen sammelverwahrten Wertpapieren (dazu sogleich unter lit. ii) und Namensaktien. Der Begriff der Namensaktie (»registered shares«) ist autonom auszulegen, und erfasst auch der deutschen Namensaktie (vgl. § 67 AktG) vergleichbare Beteiligungen an Gesellschaften, die auf den Namen lauten (*Mankowski/Schmidt* Art. 2 EuInsVO Rn. 31).

18 Die Namensaktie ist in dem Mitgliedstaat belegen, in dessen Hoheitsgebiet die Emittentin ihren Sitz hat. Was unter Sitz zu verstehen ist, lässt die deutsche Sprachfassung offen, und zwar anders als Art. 54 AEUV, der auf den satzungsmäßigen Sitz abstellt. Denkbar wäre eine Anknüpfung an den Satzungssitz, aber auch an den Verwaltungssitz. Im Interesse der Rechtssicherheit und auch im Hinblick auf die englischsprachige Fassung (»*registered office*«) ist an den Satzungssitz anzuknüpfen (*Mankowski/Schmidt* Art. 2 EuInsVO Rn. 32).

2. Im Effektengiro übertragene Wertpapiere (lit. ii)

19 Art. 2 lit. ii betrifft Wertpapiere, die sich in einer Sammelverwahrung befinden. Diese Wertpapiere sind in dem Mitgliedstaat belegen, in dem das betreffende Register oder Konto geführt wird.

3. Kontoguthaben (lit. iii)

20 Im Interesse der Rechtssicherheit enthält die Regelung eine Bestimmung, wo sich Kontoguthaben befinden. Bei Bankverbindungen mit IBAN ist auf das zu Beginn der Kontonummer gekennzeichnete Land abzustellen.

21 Hat das Konto keine IBAN ist es dort belegen, wo das kontoführende Kreditinstitut seine Hauptverfahren hat bzw. sich dessen Zweigniederlassung befindet.

4. Registerrechte im Übrigen (lit. iv)

22 Registrierte Rechte oder Gegenstände, bei denen das Eigentum oder die Rechtsinhaberschaft in ein öffentliches Register einzutragen ist, befinden sich in dem Mitgliedstaat, unter dessen Aufsicht das Register geführt wird. Der Begriff des öffentlichen Registers ist weit zu verstehen; das Register muss nicht zwingend von der öffentlichen Hand geführt werden. Vielmehr sind sämtliche der Öffentlichkeit zugängliche Register umfasst, bei denen Eintragungen Wirkungen gegenüber Dritten erzeugen (vgl. Erl. Bericht Rn. 69; *Smid* Dt. IIR Art. 2 EuInsVO a.F. Rn. 19). In Betracht kommt dies insbesondere bei Grundstücken, registrierten Wasser- oder Luftfahrzeugen. Auch Patente und Marken fallen hierunter. (vgl. Rdn. 24). Für Namensaktien gilt lit. i.

5. Europäische Patente (lit v)

23 Europäische Patente, die auf der Grundlage des EPÜ erteilt wurden, also nationale Wirkung für sich beanspruchen, sind in dem Mitgliedstaat belegen, für den das Europäische Patent erteilt wurde. Für Europäische Patente mit einheitlicher Wirkung i.S.d. EPatVO ergibt sich aus Art. 15, dass diese nur

in ein Hauptinsolvenzverfahren einbezogen werden können; die Frage der Belegenheit stellt sich damit insoweit nicht.

6. Urheberrechte und verwandte Schutzrechte (lit. vi)

Urheberrechte und verwandte Schutzrechte sind in dem Mitgliedstaat belegen, in dessen Hoheitsgebiet der Eigentümer der Rechte seinen gewöhnlichen Aufenthalt oder Sitz hat. Die Begriffe sind autonom auszulegen. Die Bezeichnung verwandte Schutzrechte findet auch in anderen Richtlinien Verwendung (etwa in der Vermiet- und Verleih-Richtlinie 2006/115/EG sowie in der Schutzdauer-Richtlinie 2006/116/EG) und bezeichnet die Rechte der ausübenden Künstler, der Ton- und Filmhersteller, der Sendeunternehmer und der Herausgeber unveröffentlichter Werke (vgl. i.E. *Mankowski/Schmidt* Art. 2 EuInsVO Rn. 42). Auf sonstige gewerbliche Schutzrechte, wie etwa Patente oder Marken, findet lit. vi keine Anwendung. 24

Auch hier bezieht sich der Begriff »Sitz« auf den satzungsmäßigen Sitz (vgl. dazu auch Rdn. 18). 25

7. Körperliche Gegenstände im Übrigen (lit. vii)

Alle anderen körperlichen Gegenstände befinden sich in dem Mitgliedstaat, in dem sie belegen sind. Belegen ist ein Gegenstand dort, wo er physisch präsent ist (MüKo-BGB/*Kindler* Art. 2 EuInsVO Rn. 20). 26

Eine Definition dessen, was unter einem körperlichen Gegenstand zu verstehen ist, enthält die EuInsVO nicht. Um eine europaweit einheitliche Anwendung zu erreichen, ist auch dieser Begriff autonom auszulegen (**a.A.** *Pannen/Riedemann* Art. 2 EuInsVO Rn. 33). Schwierigkeiten bereitet dabei insbesondere die Frage, ob auch verbriefte Forderungen, d.h. Wertpapiere, die nicht von lit. i und ii erfasst sind, unter die Vorschrift fallen. Dagegen spricht, dass lit. viii für die Einordnung von Forderungen nicht zwischen verbrieften und unverbrieften Rechten unterscheidet und es daher näher liegt, sämtliche Forderungen einheitlich zu behandeln, so dass auch verbriefte Forderungen dort belegen sind, wo der Schuldner den Mittelpunkt seiner hauptsächlichen Interessen hat (MüKo-InsO/*Reinhart* Art. 2 EuInsVO a.F. Rn. 22; **a.A.** *Pannen/Riedemann* Art. 2 EuInsVO a.F. Rn. 34). 27

Ob diese Einordnung nach der Belegenheit auch für die sog. »Gegenstände auf der Durchreise« (res in transitu) gilt, oder ob man – wie im deutschen Internationalen Privatrecht – in solchen Fällen das Transitland außer Acht lässt und entweder auf den Absendestaat oder den Bestimmungsstaat abstellt, ist nicht geklärt. Gegen eine Sonderbehandlung der res in transitu spricht, dass die EuInsVO hierzu keinerlei Regelungen enthält und jedenfalls zweifelhaft ist, ob die Grundsätze des Internationalen Privatrechts, die dadurch geprägt sind, dass das anwendbare Recht in Teilen zur Disposition der Parteien steht, im Internationalen Insolvenzrecht uneingeschränkt zur Anwendung kommen (vgl. MüKo-BGB/*Kindler* Art. 2 EuInsVO a.F. Rn. 20). 28

8. Forderungen im Übrigen (lit. viii)

Forderungen, die nicht Bankguthaben i.S.v. lit. iii betreffen, sind in dem Mitgliedstaat belegen, in dessen Gebiet der Schuldner der Forderung den Mittelpunkt seiner hauptsächlichen Interessen i.S.v. Art. 3 Abs. 1 EuInsVO hat (vgl. zu Letzterem EuInsVO Art. 3 Rdn. 6 ff.). Vereinbarungen über die Belegenheit einer Forderung sind unbeachtlich (*Mankowski* NZI 2011, 720 [731]). 29

Diese Regelung dürfte auch – unabhängig von der Belegenheit des Wertpapiers – für verbriefte Forderungen gelten (s. Rdn. 27 m.w.N.). 30

Insolvenzanfechtungsansprüche ergeben sich aus der (jeweiligen) lex fori concursus, sind aber keine Forderungen i.S.v. lit. viii (vgl. zur Abgrenzung Art. 16 Rdn. 15). 31

9. Sonstiges Vermögen

32 Art. 2 Nr. 9 regelt, obwohl er im Rahmen der Reform der EuInsVO deutlich erweitert wurde, die Belegenheit von Vermögensgegenständen nicht abschließend. Neben den benannten Vermögensgegenständen gibt es weiteres Vermögen, das von dem Wortlaut der Vorschrift nicht erfasst wird, etwa Gesellschaftsanteile, die keine Namensaktien sind oder sammelverwahrt werden, oder sonstige nicht registrierte Rechte, die keine Urheberrechte sind. Bei der Einordnung dieser Vermögensgegenstände wird man den Rechtsgedanken von Art. 2 Nr. 9 zu Grunde zu legen haben und prüfen müssen, ob ein mit den benannten Fällen vergleichbarer Fall vorliegt (anders *Paulus* Art. 2 a.F. EuInsVO Rn. 25, der eigene Kriterien entwickeln möchte). So wird man etwa bei sonstigen Anteilen an Gesellschaften auf den Mittelpunkt der hauptsächlichen Interessen dieser Gesellschaft abstellen (für den satzungsmäßigen Sitz: MüKo-InsO/*Reinhart* Art. 2 a.F. EuInsVO Rn. 23).

X. Niederlassung (Nr. 10)

33 Niederlassung ist jeder Ort, an dem der Schuldner **einer wirtschaftlichen Aktivität von nicht vorübergehender Art nachgeht**, die den Einsatz von sowohl **Personal als auch Vermögenswerten** voraussetzt (vgl. *BGH* NZI 2012, 377; *AG München* NZI 2007, 358 [359]; *OLG Wien* NZI 2005, 56 [60]); auf eine Eintragung als Niederlassung im Handelsregister kommt es hingegen nicht an (*BGH* NZI 2012, 725). Bedeutung erlangt der Begriff der Niederlassung vor allem für die Frage, ob in einem Mitgliedstaat ein Partikularinsolvenzverfahren gem. Art. 3 Abs. 2, 4 EuInsVO eröffnet werden kann. Entscheidend ist daher nach Auffassung des Verordnungsgebers, dass die nachfolgend beschriebenen Voraussetzungen aus Sicht der Gläubiger von so **nennenswertem Gewicht sind**, dass das Vertrauen der Gläubiger auf die Anwendbarkeit inländischen Insolvenzrechts gerechtfertigt ist (vgl. Erwägungsgrund Nr. 28; Erläuternder Bericht Rn. 70). Das bedeutet auch, dass das Vorliegen einer Niederlassung anhand objektiver, für Dritte feststellbarer Kriterien beurteilt werden muss (vgl. *EuGH* NZI 2011, 990 [994]). Der Begriff ist nicht identisch mit dem Begriff der Niederlassung in Art. 5 Nr. 5 EuGVO; der Verordnungsgeber möchte den Begriff der Niederlassung weit verstehen (vgl. *Lüke* ZZP 111 [1998], 275 [298 ff.]). Dabei handelt es sich offenbar um ein Zugeständnis gegenüber Stimmen, die auch für die EuInsVO die Belegenheit von Vermögen als zuständigkeitsbegründendes Element für die Eröffnung eines Partikularverfahrens ausreichen lassen wollten (vgl. *Balz* ZIP 1996, 948 [949]).

1. Wirtschaftliche Aktivität von nicht vorübergehender Art

34 Wirtschaftliche Aktivität ist jede Tätigkeit, die nach außen, d.h. zum Markt hin, entfaltet wird. Sie muss ein Mindestmaß an Organisation erfordern (vgl. *EuGH* NZI 2011, 990 [994]). Es kommt nicht darauf an, ob die Tätigkeit kommerzieller, industrieller oder freiberuflicher Art ist (MüKo-BGB/*Kindler* Art. 2 EuInsVO a.F. Rn. 24; *K. Schmidt*/*Brinkmann* InsO, Art. 2 EuInsVO a.F. Rn. 18; vgl. *LG Hannover* NZI 2008, 631). Eine Gewinnerzielungsabsicht wird nicht gefordert (*LG Hannover* NZI 2008, 631; *Paulus* Art. 2 EuInsVO a.F. Rn. 31).

35 Die Tätigkeit darf jedoch nicht nur vorübergehender Art sein, d.h. es bedarf einer gewissen Dauerhaftigkeit (Erläuternder Bericht Rn. 71) und Stabilität (vgl. *EuGH* NZI 2011, 990 [994]). Zweifelhaft ist daher, ob eine Großbaustelle eine Niederlassung in diesem Sinne sein kann (vgl. *Mohrbutter/Ringstmeier-Wenner* Kap. 20 Rn. 67; anders aber *Duursma-Kepplinger/Duursma/Chalupsky* Art. 2 EuInsVO a.F. Rn. 26; *Smid* Dt. IIR Art. 2 EuInsVO Rn. 22). Das bloße Unterhalten eines Ferienhauses, in dem etwa ein Gärtner tätig ist, ist keine Niederlassung (*Smid* Dt. IIR Art. 2 EuInsVO a.F. Rn. 22). Dies gilt auch dann, wenn das Ferienhaus mitunter vermietet wird (*Mohrbutter/Ringstmeier-Wenner* Kap. 20 Rn. 67; anders MüKo-BGB/*Kindler* Art. 2 EuInsVO a.F. Rn. 24 unter Hinweis auf eine Entscheidung des italienischen Kassationshofs, nach der bereits das Halten eines Grundstücks eine Niederlassung darstellen soll).

2. Einsatz von Personal und Vermögen

Dem Wortlaut der Definition nach könnte zweifelhaft sein, ob es lediglich abstrakt darauf ankommt, ob die Tätigkeit den Einsatz von Personal und Vermögenswerten voraussetzt oder ob der Schuldner tatsächlich Personal und Vermögenswerte einsetzen muss. Dass beabsichtigt war, nur dort eine Niederlassung anzunehmen, wo aus der Sicht Dritter ein Vertrauen auf die Anwendbarkeit inländischen Insolvenzrechts gerechtfertigt ist (vgl. Rdn. 33), spricht gegen eine bloß abstrakte Beurteilung. 36

Es kommt daher darauf an, ob der Schuldner tatsächlich Personal einsetzt. Dies tut er, wenn er einen oder mehrere Dritte entgeltlich beschäftigt, die nicht mit dem Schuldner bzw. dessen Organen identisch sind; die eigene Tätigkeit des Schuldners reicht nicht aus (*OLG Wien* NZI 2005, 56 [60]; *LG Hannover* NZI 2008, 631 [632]). Darauf, ob es sich um eigene Mitarbeiter des Schuldners handelt, kommt es allerdings nicht an; auch der Einsatz von Mitarbeitern eines anderen Unternehmens, die aufgrund von Geschäftsbesorgungsverträgen tätig werden, kann ausreichen (*AG München* NZI 2007, 358; *LG Hildesheim* NZI 2013, 110 m. krit. Anm. *Köster/Hemmerle*, die eine Niederlassung bei vollständigem Outsourcing ablehnen; *AG Stade* ZInsO 2012, 1911; vgl. auch *LG Hannover* NZI 2008, 631; a.A. *AG Deggendorf*, NZI 2013, 112). 37

Der Schuldner muss Vermögen **und** Personal einsetzen. Vermögen allein reicht nicht (*EuGH* NZI 2011, 990 [994]; *LG Gera* 21.09.2009 – 5 T 177/09; *Smid* Dt. IIR Art. 2 EuInsVO a.F. Rn. 22; *Kemper* ZIP 2001, 1609 [1613]; *Pannen/Riedemann/Kühnle* NZI 2002, 303 [306]), weil der Verordnungsgeber keinen Vermögensgerichtsstand schaffen wollte (*Mohrbutter/Ringstmeier-Wenner* Kap. 20 Rn. 66). Der Einsatz von Personal und Vermögenswerten muss aus Sicht der Gläubiger von **nennenswertem Gewicht** sein (*Mohrbutter/Ringstmeier-Wenner* Kap. 20 Rn. 66). 38

3. Maßgeblicher Zeitpunkt

Nach der Neufassung der EuInsVO kommt es für die Frage, wo eine Niederlassung begründet ist, grundsätzlich auf den Zeitpunkt der Stellung des Antrags auf Eröffnung des Hauptinsolvenzverfahrens an. Zudem soll es genügen, wenn der Schuldner der Tätigkeit in den letzten drei Monaten vor dem Antrag auf Eröffnung des Hauptinsolvenzverfahrens nachgegangen ist. Damit soll verhindert werden, dass ein Schuldner durch das Schließen einer Niederlassung kurz vor Einleitung eines Gesamtverfahrens den Gläubigern die Möglichkeit nimmt, ein Sekundärinsolvenzverfahren am Ort der (dann an sich ehemaligen) Niederlassung zu beantragen (sog. Retrospektivfrist). 39

4. Selbstständige Gesellschaft als Niederlassung

Differenziert muss man die Frage betrachten, ob eine selbstständige Gesellschaft eine Niederlassung i.S.d. EuInsVO darstellen kann (vgl. dazu *EuGH Burgo Group* 4.9.2014, ZIP 2014, 2513; *OLG Graz* NZI 2006, 660 [662]; *Duursma-Kepplinger/Duursma/Chalupsky* Art. 2 EuInsO a.F. Rn. 29, Art. 27 Rn. 25 f.; MüKo-BGB/*Kindler* Art. 2 EuInsVO a.F. Rn. 28 f.; *Smid* Dt. IIR Art. 2 EuInsVO Rn. 23; *Eidenmüller* NJW 2004, 3455 [3458]; *Ehricke* EWS 2002, 101 [105 ff.]; *Vallender* KTS 2005, 283 [301]). Dies kann in zweierlei Hinsicht Bedeutung entfalten: 40

Zunächst könnte sich die Frage stellen, ob auch eine eigenständige Tochtergesellschaft eines Schuldners eine Niederlassung des Schuldners i.S.v. Art. 2 Nr. 10 EuInsVO ist (*Mohrbutter/Ringstmeier-Wenner* Kap. 20 Rn. 67; *Smid* Dt. IIR Art. 2 EuInsVO a.F. Rn. 23). Der Wortlaut des Art. 2 Nr. 10 schließt dies nicht von vorneherein aus. Aus der Konzeption der EuInsVO ergibt sich aber, dass eine eigenständige Tochtergesellschaft keine Niederlassung des Schuldners sein kann (im Ergebnis so auch *Ehricke* EWS 2002, 101 [105]): Wäre sie es, könnte über ihr in diesem Mitgliedstaat belegenes Vermögen ein Sekundärinsolvenzverfahren eröffnet werden, ohne dass es ein Hauptinsolvenzverfahren über das Vermögen des eigentlichen Rechtsträgers, nämlich der Tochtergesellschaft, gibt. Eine solche »Konzerninsolvenz« sieht die EuInsVO nicht vor (vgl. Erläuternder Bericht Rn. 76; *Duursma-Kepplinger/Duursma/Chalupsky* Art. 2 EuInsO a.F. Rn. 29, Art. 27 EuInsO a.F. Rn. 25 f.; HambK-InsO/*Undritz* Art. 2 EuInsVO a.F. Rn. 7; *Smid* Dt. IIR Art. 2 EuInsVO a.F. Rn. 23; *Adam/Poertzgen* ZInsO 2008, 281; *Ehricke* EWS 2002, 101). 41

42 Eine andere Beurteilung ist dann geboten, wenn es um die Frage geht, ob eine Gesellschaft eine Niederlassung an ihrem Sitz haben kann. Diese Frage wird man bejahen müssen. Hat ein Gericht eines anderen Mitgliedstaats, etwa am Sitz eines anderen Konzernunternehmens, ein Hauptinsolvenzverfahren über das Vermögen der Gesellschaft eröffnet, ist gem. Artt. 3, 34 ff. EuInsVO die Eröffnung eines **Sekundärinsolvenzverfahrens** zulässig (vgl. *EuGH Burgo Group* 4.9.2014, ZIP 2014, 2513; *AG Köln* NZI 2004, 151 [152] m. zust. Anm. *Sabel* NZI 2004, 126; so auch *Paulus* ZIP 2003, 1725 [1728]; *U. Huber* FS Gerhardt, S. 397 [412]; *P. Huber* FS Heldrich, S. 679 [691]; *Vallender* KTS 2005, 283 [300 f.]; s.u. Art. 34 EuInsVO Rn. 4 f.; *Mohrbutter/Ringstmeier-Wenner* Kap. 20 Rn. 67 m.w.N.). Voraussetzung ist allerdings das Vorliegen einer Niederlassung i.S.d. EuInsVO am Sitz der Gesellschaft (*U. Huber* FS Gerhardt, S. 397 [412]; vgl. auch *Smid* ZInsO 2013, 953.).

XI. Lokaler Gläubiger (Nr. 11)

43 Lokale Gläubiger sind Gläubiger, deren Forderung gegen den Schuldner aus oder im Zusammenhang mit dem Betrieb einer Niederlassung in einem anderen Mitgliedstaat als dem Mitgliedstaat entstanden sind, in dem sich der Mittelpunkt der hauptsächlichen Interessen des Schuldners befindet. Nach den Vorstellungen der Neufassung der EuInsVO sollen diese lokalen Gläubiger einen besonderen Schutz im Rahmen eines Sekundärinsolvenzverfahrens genießen (vgl. dazu Art. 34 ff. EuInsVO).

44 Für die erforderliche Betriebsbezogenheit kann die Rechtsprechung des EuGH zu Art. 5 Nr. 5 EuGVÜ herangezogen werden (*Mankowsi/Schmidt* Art. 2 EuInsVO Rn. 63; MüKo-InsO/*Thole* VO (EG) 2015/848 Art. 2 Rn. 17). **Entstehen** bedeutet, dass die Forderung tatsächlich im Niederlassungsstaat begründet wurde. Neben vertraglichen und außervertraglichen Verbindlichkeiten aus der Führung der Niederlassung werden damit auch Verbindlichkeiten erfasst, die die Niederlassung im Namen oder für Rechnung des Stammhauses eingegangen ist.

45 Die Gruppe der lokalen Gläubiger ist nicht identisch mit denjenigen, die Ansprüche im Sekundärinsolvenzverfahren geltend machen können, denn dort kann nach Art. 45 EuInsVO jeder Gläubiger seine Forderung anmelden.

XII. Ausländischer Gläubiger (Nr. 12)

46 Ausländische Gläubiger sind solche, die ihren gewöhnlichen Aufenthalt, Wohnsitz oder (Satzungs-)Sitz (vgl. Rdn. 18) in einem anderen Mitgliedstaat als dem Mitgliedstaat der Verfahrenseröffnung haben, einschließlich der Steuerbehörden und der Sozialversicherungsträger. Die Definition des Begriffs ändert nichts daran, dass im Grundsatz die lex fori concursus darüber bestimmt, wer Gläubiger in dem betreffenden Insolvenzverfahren ist. Die EuInsVO sieht gleichwohl eine Reihe von Sonderregelungen für ausländische Gläubiger vor, die die lex fori concursus als Sachnormen überlagern, insbesondere das Recht auf Forderungsanmeldung ausländischer Gläubiger in Art. 53.

XIII. Unternehmensgruppe (Nr. 13)

47 Die EuInsVO 2017 bringt umfangreiche Regelungen für Konzerninsolvenzen, die allerdings nur Unterordnungs- nicht aber Gleichordnungskonzerne betreffen (vgl. *Wenner* ZIP 2017, 1137 [1141]). Mit Blick hierauf definiert die EuInsVO 2017 nun auch die Unternehmensgruppe und Mutterunternehmen. Eine Unternehmensgruppe ist ein **Mutterunternehmen und alle seine Tochterunternehmen**. Dies entspricht dem Gruppenbegriff in Art. 2 Nr. 11 der EU-Bilanz-Richtlinie 2013/34/EU. Ein Tochterunternehmen reicht aus, um eine Unternehmensgruppe zu bejahen.

XIV. Mutterunternehmen (Nr. 14)

48 Der Begriff des Mutterunternehmens knüpft an die **Kontrolle eines oder mehrerer Tochterunternehmen** an. Der Begriff der Kontrolle selbst ist nicht definiert, und autonom auszulegen, so dass sich die Kriterien erst herausbilden müssen. Das Mutterunternehmen muss jedenfalls direkt oder indirekt die Geschicke des Tochterunternehmens bestimmen können (ähnlich MüKo-InsO/*Thole* VO

(EG) 2015/848 Art. 2 Rn. 22). Das Vorliegen eines Beherrschungs- und Gewinnabführungsvertrags ist nicht notwendig.

Eine **unwiderlegliche Vermutung** für ein Mutterunternehmen ist, wenn ein **konsolidierter Abschluss** 49 nach der benannten EU-Bilanz-Richtlinie erstellt wird. Auch insoweit kommt es grundsätzlich nicht auf die nationalen Vorschriften an. Auch dies ist autonom auszulegen. Erstellt eine Gesellschaft auf der Basis der nationalen Umsetzungsvorschriften, etwa nach §§ 290 ff. HGB konsolidierte Abschlüsse, ist dies allerdings ein starkes Indiz dafür, dass ein konsolidierter Abschluss i.S.d. EuInsVO erstellt wird; es entbindet jedoch nicht von einer Prüfung der Voraussetzungen der EU-Bilanz-Richtlinie. Dies betrifft insbesondere Unternehmen, die nach IFRS bilanzieren (und damit nicht nach den §§ 290 ff. HGB), denn auch diese Unternehmen fallen im Grundsatz unter die EU-Bilanz-Richtlinie (*Mankowski/Schmidt* Art. 2 EuInsVO Rn. 80).

Artikel 3 Internationale Zuständigkeit

(1) Für die Eröffnung des Insolvenzverfahrens sind die Gerichte des Mitgliedstaats zuständig, in dessen Hoheitsgebiet der Schuldner den Mittelpunkt seiner hauptsächlichen Interessen hat (im Folgenden »Hauptinsolvenzverfahren«). Mittelpunkt der hauptsächlichen Interessen ist der Ort, an dem der Schuldner gewöhnlich der Verwaltung seiner Interessen nachgeht und der für Dritte feststellbar ist.

Bei Gesellschaften oder juristischen Personen wird bis zum Beweis des Gegenteils vermutet, dass der Mittelpunkt ihrer hauptsächlichen Interessen der Ort ihres Sitzes ist. Diese Annahme gilt nur, wenn der Sitz nicht in einem Zeitraum von drei Monaten vor dem Antrag auf Eröffnung des Insolvenzverfahrens in einen anderen Mitgliedstaat verlegt wurde.

Bei einer natürlichen Person, die eine selbständige gewerbliche oder freiberufliche Tätigkeit ausübt, wird bis zum Beweis des Gegenteils vermutet, dass der Mittelpunkt ihrer hauptsächlichen Interessen ihre Hauptniederlassung ist. Diese Annahme gilt nur, wenn die Hauptniederlassung der natürlichen Person nicht in einem Zeitraum von drei Monaten vor dem Antrag auf Eröffnung des Insolvenzverfahrens in einen anderen Mitgliedstaat verlegt wurde.

Bei allen anderen natürlichen Personen wird bis zum Beweis des Gegenteils vermutet, dass der Mittelpunkt ihrer hauptsächlichen Interessen der Ort ihres gewöhnlichen Aufenthalts ist. Diese Annahme gilt nur, wenn der gewöhnliche Aufenthalt nicht in einem Zeitraum von sechs Monaten vor dem Antrag auf Eröffnung des Insolvenzverfahrens in einen anderen Mitgliedstaat verlegt wurde.

(2) Hat der Schuldner den Mittelpunkt seiner hauptsächlichen Interessen im Hoheitsgebiet eines Mitgliedstaats, so sind die Gerichte eines anderen Mitgliedstaats nur dann zur Eröffnung eines Insolvenzverfahrens befugt, wenn der Schuldner eine Niederlassung im Hoheitsgebiet dieses anderen Mitgliedstaats hat. Die Wirkungen dieses Verfahrens sind auf das im Hoheitsgebiet dieses letzteren Mitgliedstaats befindliche Vermögen des Schuldners beschränkt.

(3) Wird ein Insolvenzverfahren nach Absatz 1 eröffnet, so ist jedes zu einem späteren Zeitpunkt nach Absatz 2 eröffnete Insolvenzverfahren ein Sekundärinsolvenzverfahren.

(4) Vor der Eröffnung eines Insolvenzverfahrens nach Absatz 1 kann ein Partikularverfahren nach Absatz 2 nur eröffnet werden, falls:
a) die Eröffnung eines Insolvenzverfahrens nach Absatz 1 angesichts der Bedingungen, die das Recht des Mitgliedstaats vorschreibt, in dessen Hoheitsgebiet der Schuldner den Mittelpunkt seiner hauptsächlichen Interessen hat, nicht möglich ist oder
b) die Eröffnung des Partikularverfahrens von
   i) einem Gläubiger beantragt wird, dessen Forderung sich aus dem Betrieb einer Niederlassung ergibt oder damit im Zusammenhang steht, die sich im Hoheitsgebiet des Mitgliedstaats befindet, in dem die Eröffnung des Partikularverfahrens beantragt wird, oder

ii) einer Behörde beantragt wird, die nach dem Recht des Mitgliedstaats, in dessen Hoheitsgebiet sich die Niederlassung befindet, das Recht hat, die Eröffnung von Insolvenzverfahren zu beantragen.

Nach der Eröffnung des Hauptinsolvenzverfahrens wird das Partikularverfahren zum Sekundärinsolvenzverfahren.

Übersicht

	Rdn.
A. Normzweck und Anwendungsbereich	1
B. Internationale Zuständigkeit zur Eröffnung eines Hauptinsolvenzverfahrens (Abs. 1)	3
I. Bestimmung des Mittelpunkts der hauptsächlichen Interessen	6
II. Besonderheiten bei Gesellschaften	10
1. Einzelgesellschaften	13
2. Konzernrechtliche Verflechtungen	15
III. Besonderheiten bei natürlichen Personen	18
1. Selbständig und freiberuflich Tätige	19
2. Privatpersonen	21
IV. Entscheidender Zeitpunkt	23
V. Prioritätsprinzip	27
C. Internationale Zuständigkeit zur Eröffnung eines Partikularinsolvenzverfahrens (Abs. 2 bis 4)	30
I. Sekundärinsolvenzverfahren (Abs. 2 und 3)	31
II. Unabhängige Partikularinsolvenzverfahren (Abs. 4)	33
1. Absatz 4 lit. a	34
2. Absatz 4 lit. b	35
3. Entscheidender Zeitpunkt	37
4. Eröffnungsvoraussetzungen	39
III. Gläubiger	41
IV. Zur Person des Verwalters	42
D. Zuständigkeit für den Erlass von Sicherungsmaßnahmen	43
E. Zuständigkeitskonflikte zwischen den Mitgliedstaaten	44

Literatur:
Adam/Poertzgen Überlegungen zum Europäischen Konzerninsolvenzrecht, ZInsO 2008, 281 und 347; *Albert* Problemstellungen bei der Insolvenz ausländischer Unternehmensformen in Deutschland, ZInsO 2013,1623; *Andres/Grund* Die Flucht vor deutschen Insolvenzgerichten nach England – Die Entscheidungen in dem Insolvenzverfahren Hans Brochier Holdings Ltd., NZI 2007, 137; *d'Avoine* Zuständigkeit des deutschen Insolvenzgerichts bei offenkundiger »Rückkehroption« des ehemals selbstständig wirtschaftlich tätigen Schuldners (Unternehmer, Freiberufler, Arzt, Anwalt, Notar etc.) mit dem Ziel der Restschuldbefreiung, NZI 2011, 310; *Beck* Insolvenz in England – Insolvenztourismus und »Mittelpunkt der hauptsächlichen Interessen« als Abgrenzung zwischen legitimem und illegitimem forum shopping, ZVI 2011, 355; *Brinkmann* Der Aussonderungsstreit im internationalen Insolvenzrecht – Zur Abgrenzung zwischen EuGVVO und EuInsVO, IPrax 2010, 324; *ders.* Avoidance Claims in the Context of the EIR, IILR 2013, 371; *Brünkmans* Auf dem Weg zu einem europäischen Konzerninsolvenzrecht, ZInsO 2013, 797; *Burguera/Camacho* Secondary proceedings: are cross-border insolvencies in the EU dealt with efficiently?, IILR 2013, 140; *Carstens* Die internationale Zuständigkeit im europäischen Insolvenzrecht, 2005; *Cranshaw* Fragen zur Durchsetzung des Eigentumsvorbehalts im Hauptinsolvenzverfahren des Vorbehaltskäufers im Geltungsbereich der EuInsVO, DZWIR 2010, 89; *ders.* Zehn Jahre EuInsVO und Centre of Main Interest – Motor dynamischer Entwicklungen im Insolvenzrecht?, DZWIR 2012, 134; *ders.* Grenzüberschreitende Anfechtungsklagen – Auswirkungen der Rechtsprechung der Unionsgerichtsbarkeit, ZInsO 2012, 1237; *Dahl* Internationales Insolvenzrecht in der EU, NJW-Spezial 2009, 245; *Drouven/Mödl* US-Gesellschaften mit Hauptverwaltungssitz in Deutschland im deutschen Recht, NZG 2007, 7; *Dähnert* Haftung und Insolvenz – Englische Wahrnehmung des Konzernphänomens, ZInsO 2011, 750; *Duursma-Kepplinger* Aktuelle Entwicklungen in Bezug auf die Auslegung der Vorschriften über die internationale Eröffnungszuständigkeit nach der Europäischen Insolvenzverordnung, DZWIR 2006, 177; *dies.* Checkliste zur Eröffnung eines Insolvenzverfahrens nach der Europäischen Insolvenzverordnung und zum anwendbaren Recht, NZI 2003, 87; *Eidenmüller* Wettbewerb der Insolvenzrechte?, ZGR 2006, 467; *ders.* Der Markt für internationale Konzerninsolvenzen: Zuständigkeitskonflikte unter der EuInsVO, NJW 2004, 3455; *Eidenmüller/Frobenius* Ein Regulierungskonzept zur Bewältigung von Gruppeninsolvenzen: Verfahrenskonsolidierung im Kontext nationaler und internationaler Reformvorhaben, ZIP-Beilage 2013, 1; *Eidenmüller/Frobenius/Prusko* Regulierungswettbewerb im Unternehmensinsolvenzrecht: Ergebnisse einer empirischen Untersuchung, NZI 2010, 545; *Fehrenbach* Die prioritätsprinzipwidrige Verfahrenseröffnung im europäischen Insolvenzrecht, IPRax 2009, 51; *ders.* Die Zuständigkeit für insolvenzrechtliche Annexverfahren, IPrax 2009, 492; *Freitag/Leible* Justizkonflikte im Europäischen Internationalen Insolvenzrecht und (k)ein Ende?, RiW 2006, 641; *Frind* Forum shopping – made in Germany? Anmerkung zu AG Köln, Beschl. v. 01.02.2008 – 73 IN 682/07, ZInsO 2008, 261; *ders./Pannen* Einschränkung der Manipulation der insolvenzrechtlichen Zuständigkeiten durch Sperrfris-

ten – ein Ende des Forum Shopping in Sicht?, ZIP 2016, 398; *van Galen* International groups of insolvent companies in the European Community, IILR 2012, 376; *Gebler* Ausländische Insolvenzverfahren zur Sanierung deutscher Unternehmen, NZI 2010, 665; *Göpfert/Müller* Englisches Administrationsverfahren und deutsches Insolvenzarbeitsrecht, NZA 2009, 1057; *Goslar* Annullierung englischer Insolvenzeröffnungsentscheidungen nach sec. 282 Insolvency Act (UK), NZI 2012, 912; *Gottwald* (Hrsg.) Europäisches Insolvenzrecht – kollektiver Rechtsschutz, 2008; *Graeber* Der Konzerninsolvenzverwalter – Pragmatische Überlegungen zu Möglichkeiten eines Konzerninsolvenzverfahrens, NZI 2007, 265; *Haas* Die internationale und örtliche Zuständigkeit für Klagen nach § 64 II GmbHG a.F. (bzw. § 64 S. 1 GmbHG n.F.), NZG 2010, 495; *Haas/Blank* Die örtliche und internationale Zuständigkeit für Ansprüche des Insolvenzverwalters nach § 128 HGB i.V.m. § 93 InsO, ZInsO 2013, 706; *Haas/Vogel* Durchsetzung gesellschaftsrechtlicher und insolvenzrechtlicher Haftungsansprüche im internationalen Konzern, NZG 2011, 455; *Haase* COMI und Forderungsverzicht- Internationales Insolvenz- und Steuerrecht im Spannungsfeld, IStR 2013,192; *Herchen* Wer zuerst kommt, mahlt zuerst! – Die Bestellung eines »schwachen« vorläufigen Insolvenzverwalters als Insolvenzverfahrenseröffnung im Sinne der EuInsVO, NZI 2006, 435; *ders.* Das Prioritätsprinzip im internationalen Insolvenzrecht, ZIP 2005, 1401; *Hess/Laukemann/Seagon* Europäisches Insolvenzrecht nach Eurofood: Methodische Standortbestimmung und praktische Schlussfolgerungen, IPRax 2007, 89; *Hirte* Sechs Thesen zur Kodifikation der Konzerninsolvenz in der EuInsVO, ZInsO 2011, 1788; *Honorati/Corno* A double lesson from Interedil: higher courts, lower courts and preliminary ruling and further clarifications on COMI and establishment under EC Insolvency Regulation, IILR 2013, 18; *Kammel* Die Bestimmung der zuständigen Gerichte bei grenzüberschreitenden Konzerninsolvenzen, NZI 2006, 334; *Keggenhoff* Internationale Zuständigkeit bei grenzüberschreitenden Insolvenzverfahren, 2006; *Kindler* Sitzverlegung und internationales Insolvenzrecht, IPRax 2006, 114; *Klöhn* Statische oder formale Lebenssachverhalte als »Interessen« i.S. des Art. 3 I 1 EuInsVO? – Zum Mittelpunkt der hauptsächlichen Interessen einer im Ausland gegründeten Gesellschaft bei Einstellung ihrer werbenden Tätigkeit im Inland, NZI 2006, 383; *ders.* Verlegung des Mittelpunkts der hauptsächlichen Interessen i.S. des Art. 3 I S. 1 EuInsVO vor Stellung des Insolvenzantrags, KTS 2006, 259; *Klöhn/Schaper* Grenzüberschreitende Kombination von Gesellschaftsformen und Niederlassungsfreiheit, ZIP 2013, 49; *Knof* Europäisches Insolvenzrecht und Schuldbefreiungs-Tourismus, ZInsO 2005, 1017; *ders.* Perpetuatio fori und Attraktivkraft des Erstantrags im Europäischen Insolvenzrecht?, ZInsO 2006, 754; *Knof/Mock* Innerstaatliches Forum Shopping in der Konzerninsolvenz – Cologne Calling?, ZInsO 2008, 253; *Kübler* Der Mittelpunkt der hauptsächlichen Interessen nach Art. 3 Abs. 1 EuInsVO, in: Festschrift für Walter Gerhardt, 2004, S. 527; *Leithaus/Riewe* Inhalt und Reichweite der Insolvenzantragspflicht bei europaweiter Konzerninsolvenz, NZI 2008, 598; *Limbach* Nichtberechtigung des Dritten zum Empfang einer der Insolvenzmasse zustehenden Leistung: Zuständigkeit, Qualifikation und Berücksichtigung relevanter Vorfragen, IPRax 2012, 321; *Lüttringhaus/Weber* Aussonderungsklagen an der Schnittstelle von EuGVVO und EuInsVO, RIW 2010, 45; *Mankowski* Internationale Nachlassinsolvenzverfahren, ZIP 2011, 1501; *ders.* Grenzüberschreitender Umzug und das center of main interests im europäischen Internationalen Insolvenzrecht, NZI 2005, 368; *ders.* Insolvenznahe Verfahren im Grenzbereich zwischen EuInsVO und EuGVVO – Zur Entscheidung des EuGH in Sachen German Graphics, NZI 2010, 508; *ders.* Klärung von Grundfragen des europäischen Internationalen Insolvenzrechts durch die Eurofood-Entscheidung?, BB 2006, 1753; *ders.* Keine Anordnung von Vollstreckungsmaßnahmen nach Eröffnung des Hauptinsolvenzverfahrens in anderem Mitgliedstaat, NZI 2010, 178; *ders.* Gläubigerstrategien zur Fixierung des schuldnerischen Centre of Main Interests (COMI), ZIP 2010, 1376; *Mankowski/Willemer* Die Internationale Zuständigkeit für Insolvenzanfechtungsklagen, RIW 2009, 669; *Mock* Safe harbour für Qualifikationsprobleme bei der Insolvenzantragspflicht?, NZI 2006, 24; *ders.* Steine statt Brot? – Verfahrenskonzentration bei grenzüberschreitenden Insolvenzanfechtungsklagen und fehlende örtliche Zuständigkeiten, ZInsO 2009, 470; *Mörsdorf-Schulte* Geschlossene europäische Zuständigkeitsordnung und die Frage der vis attractiva concursus, NZI 2008, 282; *dies.* Zuständigkeit für Insolvenzanfechtungsklagen im Eröffnungsstaat, ZIP 2009, 1456; *Oberhammer* Im Holz sind Wege: EuGH SCT./.Alpenblume und der Insolvenztatbestand des Art. 1 II b EuGVVO, IPRax 2010, 317; *Paulus* Der EuGH und das moderne Insolvenzrecht, NZG 2006, 609; *ders.* Anfechtungsklagen in grenzüberschreitenden Insolvenzverfahren, ZIP 2006, 295; *ders.* Die ausländische Sanierung über einen Debt-Equity-Swap als Angriff auf das deutsche Insolvenzrecht, DZWIR 2008, 6; *ders.* Die EuInsVO – wo geht die Reise hin?, NZI 2008, 1; *Priebe* Bankrott in Britain, ZInsO 2012, 2074; *Radtke/Hoffmann* Die Anwendbarkeit von nationalem Insolvenzstrafrecht auf EU-Auslandsgesellschaften, EuZW 2009, 404; *Reinhart* Die Bedeutung der EuInsVO im Insolvenzeröffnungsverfahren – Verfahren bei internationaler Zuständigkeit nach Art. 102 EGInsO, NZI 2009, 73; *Ringe* Insolvenzanfechtungsklagen im System des europäischen Zivilverfahrensrechts, ZInsO 2006, 700; *Römermann* Die Konzerninsolvenz auf der Agenda des Gesetzgebers, ZRP 2013, 201; *Rotstegge* Zuständigkeitsfragen bei der Insolvenz in- und ausländischer Konzerngesellschaften, ZIP 2008, 955; *Saenger/Klockenbrink* Anerkennungsfragen im internationalen Insolvenzrecht gelöst?, EuZW 2006, 363; *dies.* Neue Grenzen für ein forum shopping des Insolvenzschuldners, DZWIR 2006, 183; *Schall* Die Große Freiheit an der Börse?, NZG 2007, 338; *Schil-*

Art. 3 EuInsVO Internationale Zuständigkeit

ling/Schmidt COMI und vorläufiger Insolvenzverwalter – Problem gelöst?, ZInsO 2006, 113; *Schmittmann* Grundzüge der internationalen Insolvenzanfechtung, InsbürO 2009, 434; *Schmittmann/Hesselmann* Die internationale Zuständigkeit und Wirkungserstreckung in der EuInsVO unter besonderer Berücksichtigung von Kompetenzkonflikten, ZInsO 2008, 957; *Schmidt* Eurofood – Eine Entscheidung und ihre Rezeption in Europa und den USA, ZIP 2007, 405; *Schwemmer* Die Verlegung des centre of main interests (COMI) im Anwendungsbereich der EuInsVO, NZI 2009, 355; *Schwerdtfeger/Schilling* Innerstaatlicher Rechtsschutz gegen die Eröffnung eines Hauptinsolvenzverfahrens nach Art. 3 Abs. 1 EuInsVO in Deutschland, DZWIR 2005, 370; *Siemon/Frind* Der Konzern in der Insolvenz – Zur Überwindung des Dominoeffekts in der (internationalen) Konzerninsolvenz, ZInsO 2013, 1; *Smid* Gegen den Strom – Eröffnet das deutsche Insolvenzgericht durch Bestellung eines vorläufigen Insolvenzverwalters ein Hauptinsolvenzverfahren?, NZI 2009, 150; *Stürner, M.* Gerichtsstandsvereinbarungen und Europäisches Insolvenzrecht, IPRax 2005, 416; *Thole* Die internationale Zuständigkeit für insolvenzrechtliche Anfechtungsklagen, ZIP 2006, 1383; *ders.* Negative Feststellungsklagen, Insolvenztorpedos und EuInsVO, ZIP 2012, 605; *Vallender* Aufgaben und Befugnisse des deutschen Insolvenzrichters in Verfahren nach der EuInsVO, KTS 2005, 283; *ders.* Die gerichtliche Zuständigkeit in Insolvenzverfahren, NJW-Spezial 2009, 418; *ders.* Gefahren für den Insolvenzstandort Deutschland, NZI 2007, 129; *ders.* Rechtsmissbräuchliches Forum Shopping natürlicher Personen vor dem Aus?, VIA 2016, 57; *Vallens/Dammann* Die Problematik der Behandlung von Konzerninsolvenzen nach der EuInsVO – Bericht über ein internationales Richterseminar in Paris, NZI 2006, 29; *v. Hase* Insolvenzantragspflicht für directors einer Limited in Deutschland?, BB 2006, 2141; *Verhoeven* Ein Konzerninsolvenzrecht für Europa – Was lange währt, wird endlich gut?, ZInsO 2012, 2369; *Wagner* Insolvenzantragstellung nur im EU-Ausland? Zivil- und strafrechtliche Risiken für den GmbH-Geschäftsführer, ZIP 2006, 1934; *Weller* Die Verlegung des Center of Main Interests von Deutschland nach England, ZGR 2008, 835; *Wessels* COMI: Are English courts coming-out?, ILLR 2010, 2; *ders.* COMI: Are English courts coming-out? Stanford International Bank case on appeal –The Stanford International Bank case continues, ILLR 2010, 57; *Wenner* Die Reform der EuInsVO – Ein Verriss, ZIP 2017, 1137; *Wiedemann* Kriterien und maßgeblicher Zeitpunkt zur Bestimmung des COMI, ZInsO 2007, 1009; *Wienberg/Sommer* Anwendbarkeit von deutschem Eigenkapitalersatzrecht auf EU-Kapitalgesellschaften am Beispiel eines Partikularinsolvenzverfahrens im engeren Sinn nach Art. 3 II, IV EuInsVO, NZI 2005, 353; *Wright/Fenwick* Bankruptcy tourism – what it is, how it works and how creditors can fight back, ILLR 2012, 45.

A. Normzweck und Anwendungsbereich

1 Art. 3 legt fest, in welchen Mitgliedstaaten Insolvenzverfahren eröffnet werden dürfen. Die Norm unterscheidet dabei zwischen der Eröffnung eines Hauptinsolvenzverfahrens, das über das Vermögen eines Schuldners immer nur einmal, und zwar in dem Mitgliedstaat eröffnet werden kann, in dem der Schuldner den **Mittelpunkt seiner hauptsächlichen Interessen (= centre of main interests = COMI)** hat und der Eröffnung von Partikularverfahren, nämlich Sekundärinsolvenzverfahren und unabhängigen Partikularverfahren, die in den Mitgliedstaaten eröffnet werden können, in denen sich eine Niederlassung befindet; sie enthält auch Regelungen zum Verhältnis dieser Partikularverfahren zum Hauptinsolvenzverfahren. Art. 3 regelt nur, welcher Mitgliedstaat für die Eröffnung zuständig ist; die **örtliche Zuständigkeit** bleibt Sache des jeweiligen Mitgliedstaats (Erläuternder Bericht Rn. 72; *Haas* ZInsO 2013, 706 [711]; *Huber* EuZW 2002, 490 [492]; *Kemper* ZIP 2001, 1609 [1612]; vgl. in Deutschland § 3 InsO und Art. 102c § 1 EGInsO; vgl. dazu auch *AG Köln* ZInsO 2008, 215).

2 Die Vorschrift findet immer dann Anwendung, wenn es um die Eröffnung eines Insolvenzverfahrens geht. Die Voraussetzungen des Art. 3 müssen auch dann vorliegen, wenn nationales Recht, etwa in Konzernsachverhalten oder bei Vorliegen von Vermögensvermischungen, eine Erstreckung des bereits eröffneten Insolvenzverfahrens auf eine andere Gesellschaft vorsieht (*EuGH* NZI 2012, 147 [*Rastelli*]; krit. dazu *Paulus* NZI 2012, 297 [299]).

B. Internationale Zuständigkeit zur Eröffnung eines Hauptinsolvenzverfahrens (Abs. 1)

3 Die internationale Zuständigkeit für die Eröffnung eines Hauptinsolvenzverfahrens mit universaler Wirkung liegt bei den Gerichten des Staats, in dessen Gebiet der Schuldner den **Mittelpunkt seiner hauptsächlichen Interessen** hat. Der Begriff des »Mittelpunkts der hauptsächlichen Interessen« wurde einschließlich der Vermutung, dass bei Gesellschaften und juristischen Personen dies regel-

mäßig der Ort des (satzungsmäßigen) Sitzes ist, aus Art. 4 Abs. 1 Istanbuler Übereinkommen entnommen. Er ist autonom auszulegen (*EuGH* NZI 2011, 990 [*Interedil*]).

Da jeder Schuldner nur einen Mittelpunkt seiner hauptsächlichen Interessen besitzen kann, ist **in der** **4** **EU auch nur ein Hauptinsolvenzverfahren** denkbar (*Mohrbutter/Ringstmeier-Wenner* Kap. 20 Rn. 78; *Duursma-Kepplinger/Duursma/Chalupsky* Art. 3 EuInsVO a.F. Rn. 6; *Herchen* ZIP 2005, 1401; *ders.* ZInsO 2004, 61 [62]; *Leible/Staudinger* KTS 2000 533 [545]). Dies wird in Abs. 2 noch einmal ausdrücklich betont, da nach der Eröffnung eines Hauptinsolvenzverfahrens in einem Mitgliedstaat in den anderen Mitgliedstaaten nur noch Sekundärinsolvenzverfahren eröffnet werden dürfen, die lediglich das im Staat ihrer Eröffnung befindliche Vermögen des Schuldners erfassen.

Im Rahmen der Neufassung der EuInsVO hat der Reformgeber Art. 3 Abs. 1 EuInsVO dadurch erweitert, dass er den Mittelpunkt der hauptsächlichen Interessen des Schuldners umfangreicher beschrieben hat, indem er die hierzu ergangene Rechtsprechung des EuGH übernahm (kritisch hierzu *Wenner* ZIP 2017, 1137 [1140]). **5**

I. Bestimmung des Mittelpunkts der hauptsächlichen Interessen

Die Gerichte der Mitgliedstaaten müssen **von Amts wegen** (vgl. auch Art. 4 EuInsVO) prüfen, ob sie **6** für die Eröffnung eines Insolvenzverfahrens nach Abs. 1 zuständig sind, ohne an den Vortrag der Beteiligten im Eröffnungsverfahren gebunden zu sein (*BGH* NZG 2012, 153 [154], NZI 2008, 121 f.; *Herchen* ZInsO 2004, 61 [62]; *Rotstegge* ZIP 2008, 955 [959]). Dabei müssen sie beurteilen, wo der Mittelpunkt der hauptsächlichen Interessen des Schuldners liegt. In Zweifelsfällen empfiehlt es sich, den vorläufigen Insolvenzverwalter mit der Ermittlung zu beauftragen, ob der Schuldner in anderen Mitgliedstaaten eine wirtschaftliche Tätigkeit entfaltet (MüKo-InsO/*Reinhart* Art. 3 EuInsVO Rn. 6). Allein auf die Angaben des Schuldners kann sich das Gericht nicht verlassen (*Kebekus* Insolvenz-Forum 2004, 85, 93). Lässt sich der Mittelpunkt der hauptsächlichen Interessen einer natürlichen Person im Rahmen der Amtsermittlung nicht feststellen, trägt der Schuldner für seine Behauptungen hinsichtlich des COMI die Darlegungs- und Beweislast (vgl. *AG Köln* NZI 2012, 379 [381 ff.]).

Der Mittelpunkt liegt nach der Neuregelung in Abs. 1 Unterabs. 1 Satz 2 dort, wo der **Schuldner für** **7** **Dritte feststellbar gewöhnlich der Verwaltung seiner Interessen** nachgeht. In der Sache hat sich damit nichts im Vergleich zur früheren Fassung geändert, da der Verordnungsgeber lediglich die Vorgaben des EuGH im Verordnungstext nachvollzogen hat. Feststellbar bedeutet zum einen für Dritte erkennbar, zum anderen aber auch nachweisbar. Die Erkennbarkeit für Dritte ist von entscheidender Bedeutung, weil mit der Zuständigkeit zugleich über das anwendbare Insolvenzrecht entschieden wird. Dieses aber müssen potentielle Gläubiger im Voraus erkennen können (*EuGH* NZI 2011, 990 [*Interedil*]). Der Begriff des Interesses ist dabei weit zu verstehen; er umfasst neben wirtschaftlichen und beruflichen Tätigkeiten bzw. Lebenssachverhalten auch Fälle rein privater Natur, da auch Insolvenzen natürlicher Personen von der EuInsVO erfasst werden (s. EuInsVO Art. 1 Rdn. 9; für eine Darstellung dieser »Zuständigkeitsinteressen« vgl. *Knof* ZInsO 2005, 1017 [1019 ff.] sowie *Klöhn* NZI 2006, 383 [385 f.]). Die Bestimmung des Orts, an dem die hauptsächlichen Interessen liegen, erfordert zunächst eine Ermittlung ggf. vorhandener unterschiedlicher Interessen eines Schuldners und eine Beurteilung, welche dieser Interessen »hauptsächlich« sind (MüKo-BGB/*Kindler* Art. 3 EuInsVO a.F. Rn. 17). Wurden dabei mehrere hauptsächliche Interessen bestimmt, stellt sich die Frage, wo deren Mittelpunkt liegt. Abzustellen ist dabei auf **objektive und für Dritte erkennbare und nachweisbare Kriterien** (vgl. auch *EuGH* NZI 2011, 990 [*Interedil*]; NZI 2006, 360 [361] [*Eurofood*]; NZI 2010, 156 [158]; vgl. auch *High Court of Justice (Birmingham)* NZI 2005, 467), nicht aber auf bloße Absichten des Schuldners.

Die möglicherweise relevanten Kriterien sind vielfältig und lassen sich nicht abschließend aufzählen **8** (zahlr. Beispiele finden sich z.B. bei *Herchen* ZInsO 2004, 825 [827 ff.]; *Wimmer* ZInsO 2005, 119 [122 ff.]; *Schmittmann/Hesselmann* ZInsO 2008, 957 [960 f.]; *AG Köln* NZI 2008, 254 m. krit. Anm. *Frind* ZInsO 2008, 261; *AG Köln* NZI 2008, 257). Entscheidend ist eine Gesamtbetrachtung aller relevanten Faktoren (*EuGH* NZI 2011, 990 [*Interedil*]). In vielen Fällen entscheidend kann der Tätigkeitsort der für das Tagesgeschäft zuständigen Mitglieder des Verwaltungsorgans (vgl. MüKo-BGB/*Kindler* Art. 3 EuInsVO a.F. Rn. 16) oder der Arbeitnehmer (MüKo-InsO/*Reinhart* Art. 3 EuInsVO a.F. Rn. 32; *Herchen* ZInsO 2004, 825 [828]; *Wimmer* ZInsO 2005, 119 [123]) sein. Erledigt ein Dienstleister nach außen erkennbar den überwiegenden Teil des operativen Geschäfts- und Zahlungsverkehrs des Schuldners, kann auch auf dessen Sitz abzustellen sein (*High Court London* NZI 2015, 338). Im Einzelfall relevant können auch der Ort der Geschäftsräume (*Wimmer* ZInsO 2005, 119 [122 f.]), die Belegenheit von Sachvermögen, etwa von Produktionsstätten oder Lagern, die in Korrespondenz angegebenen Bankverbindungen (*Herchen* ZInsO 2004, 825 [828]; *Wimmer* ZInsO 2005, 119 [123]), aber auch die Namensgebung des Schuldners, sein Internet-Auftritt oder seine Werbung sein (vgl. etwa *AG Köln* NZI 2008, 257 [260]; *AG Nürnberg* NZI 2007, 186 [187]; *AG Mönchengladbach* NZI 2004, 383 [384]; *Paulus* Art. 3 EuInsVO Rn. 21; ähnlich MüKo-BGB/*Kindler* Art. 3 EuInsVO a.F. Rn. 15 f.). Betreibt der Schuldner ein **Handelsunternehmen**, so ist der **Ort, an dem sich die Geschäftsräume befinden**, und damit auch regelmäßig die Verträge mit den Kunden abgeschlossen werden, von zentraler Bedeutung (*Mankowski* NZI 2005, 368 [370]; *Wimmer* ZInsO 2005, 119 [122 f.]). Unter dem Gesichtspunkt der Erkennbarkeit wird insbesondere das breite Publikum diese Räume als das wesentliche zuständigkeitsbegründende Kriterium wahrnehmen. Bei **Produktionsbetrieben** wird i.d.R. entscheidend auf **die Lage der Fabrikationsräume** abzustellen sein (*Wimmer* ZInsO 2005, 119 [123]). An diesen Ort werden die Rohstoffe geliefert, hier werden die Energie bezogen und sonstige zahlreiche Rechtsbeziehungen unterhalten. An diesem Ort befinden sich auch die Maschinen für die Produktion, die häufig als Kreditsicherungsmittel verwendet werden (*Kübler* FS Gerhardt, S. 527 [550]; *Wimmer* ZInsO 2005, 119 [123]).

9   Im Hinblick auf Erwägungsgrund Nr. 5 haben Kriterien, die sich nicht einfach und ohne Weiteres in einen anderen Mitgliedsstaat verlagern lassen, ein stärkeres Gewicht als solche, bei denen dies möglich ist (vgl. zum entscheidenden Zeitpunkt Rdn. 23). Dies gilt sowohl bei natürlichen Personen als auch bei Gesellschaften.

II. Besonderheiten bei Gesellschaften

10 Bei Gesellschaften ist zwischen Einzelgesellschaften und solchen Gesellschaften zu unterscheiden, bei denen konzernrechtliche Verflechtungen bestehen. Für beide gilt Abs. 1 Unterabs. 2 Satz 1, wonach bis zum Beweis des Gegenteils **vermutet** wird, dass der Mittelpunkt der hauptsächlichen Interessen der Ort ihres Sitzes ist; gemeint ist der **satzungsmäßige Sitz**, wie sich aus der englischen Fassung (»*registered office*«) ergibt. Diese Vermutung entbindet das Gericht jedoch nicht von einer Prüfung von Amts wegen, ob sich der Mittelpunkt der Interessen möglicherweise an einem anderen Ort als dem satzungsmäßigen Sitz befindet; nur wenn diese Prüfung zu keinem oder zu keinem eindeutigen Ergebnis geführt hat, greift die Vermutungsregel ein (vgl. MüKo-BGB/*Kindler* Art. 3 EuInsVO a.F. Rn. 26 ff.; *Duursma/Duursma-Kepplinger* DZWIR 2003, 447 [448]; *Vallender* KTS 2005, 283 [293]; zur Bedeutung der Vermutungsregel *Fehrenbach* ZEuP 2013, 353 [367]). Die Auffassung, die eine Ermittlung von Amts wegen verneint, wenn keine Anhaltspunkte für einen vom satzungsmäßigen Sitz abweichenden Mittelpunkt der Interessen bestehen, ist abzulehnen (so aber *BGH* NZG 2012, 153 [154]; *Duursma-Kepplinger/Duursma/Chalupsky* Art. 3 EuInsVO a.F. Rn. 25; HambK-InsO/*Undritz* Art. 3 EuInsVO a.F. Rn. 54 f.; wie hier z.B. *Herchen* ZInsO 2004, 825 [827]; *Huber* ZZP 114 [2001], 133 [141]; *Klöhn* NZI 2006, 383 [384]; *Rotstegge* ZIP 2008, 955 [959]; *Vallender/Fuchs* ZIP 2004, 829 [831]; *Wimmer* ZInsO 2005, 119 [122]; ausf. zum Streitstand *Vallender* KTS 2005 283 [291 ff.] m.w.N.).

11 Entkräftet wird die Vermutung nur dann, wenn objektive, für Dritte erkennbare Tatsachen ergeben, dass sich der Mittelpunkt der hauptsächlichen Interessen nicht am Ort des satzungsmäßigen Sitzes befindet (*EuGH* NZI 2011, 990 [*Interedil*]; NZI 2006, 360 [*Eurofood*]; NZI 2010, 156 [158]; vgl. auch *High Court Chancery Division* IILR 2011, 388). Das ist etwa dann der Fall, wenn die Gesellschaft aus der Perspektive der Gläubiger am satzungsmäßigen Sitz keiner Tätigkeit nachgeht (*EuGH* NZI 2010, 156 [158]). Die bloße Belegenheit von Immobilienvermögen, der Ort von Mietobjekten,

mit denen die Gesellschaft mit einer anderen Person Mietverträge abgeschlossen hat oder das Bestehen des Vertrags mit einem Geldinstitut in einem Mitgliedsstaat sind – isoliert betrachtet – nicht in der Lage, die Vermutung des Abs. 1 Satz 2 zu entkräften (*EuGH* NZI 2011, 990 [*Interedil*]). Erst wenn im Wege einer Gesamtbetrachtung die Belegenheit des Vermögens der Gesellschaft, ihrer Betriebsstätten und ihrer Aktivitäten dazu führt, dass aus Sicht der Gläubiger der Satzungssitz nicht der Ort der Hauptverwaltung ist, wird die Vermutung widerlegt (*EuGH* NZI 2011, 990 [*Interedil*]). Deshalb können deutsche Gerichte die internationale Zuständigkeit zur Eröffnung eines Hauptinsolvenzverfahrens haben, wenn die Schuldnerin zwar ihren satzungsmäßigen Sitz (etwa aus steuerlichen Gründen) im Ausland hat, ihre Geschäftstätigkeit aber ausschließlich in der Verpachtung und Verwaltung von Immobiliarvermögen besteht, welches in Deutschland belegen ist (ähnlich wohl die *BGH* NZI 2008, 121; *LG Leipzig* ZInsO 2006, 378 zugrunde liegende Fallkonstruktion).

Die Vermutung gilt nach Abs. 1 Unterabs. 2 Satz 2 nur, wenn der Sitz nicht in einem Zeitraum von drei Monaten vor dem Antrag auf Eröffnung des Insolvenzverfahrens in einen anderen Mitgliedstaat verlegt wurde (vgl. zum entscheidenden Zeitpunkt im Übrigen Rdn. 23). 12

1. Einzelgesellschaften

Bei Einzelgesellschaften stellt sich insbesondere die Problematik der **ausländischen Gesellschaften**, deren (nahezu **ausschließlicher Betätigungsbereich im Inland liegt** (etwa die englische Ltd.). Die »Vermutung« des Abs. 1 Unterabs. 2 Satz 1 wird in diesen Fällen leicht widerlegt werden können (**a.A.** wohl *Mankowski* NZI 2004, 450 [451]; vgl. auch den Fall Brochier *AG Nürnberg* NZI 2007, 185; krit. dazu *Andres/Grund* NZI 2007, 137; vgl. *Albrecht* ZInsO 2013, 1623); der Mittelpunkt der Interessen ist nach den oben benannten Kriterien zu bestimmen, er wird oft mit dem tatsächlichen Verwaltungssitz übereinstimmen. 13

Die Vermutung des Abs. 1 Unterabs. 2 Satz 1 gilt im Übrigen auch dann, wenn es sich um eine Gesellschaft handelt, deren **Geschäftsbetrieb eingestellt** ist (*High Court of Justice Leeds* EWiR 2004, 847; *Klöhn* NZI 2006, 383 [384]; *ders.* KTS 2006, 259 [277 f., 280]; **a.A.** *Paulus* Art. 3 EuInsVO a.F. Rn. 28; unklar *AG Hamburg* NZI 2006, 486 [487]); es besteht kein Grund, die Regeln der EuInsVO für solche Fälle einzuschränken. Allerdings wird hier regelmäßig auf den Zeitpunkt abzustellen sein, zu dem die Gesellschaft ihren Geschäftsbetrieb eingestellt hat oder zu dem sie gelöscht wurde (*BGH* NZI 2012, 151 im Anschluss an *EuGH* NZI 2011, 990 [994] [*Interedil*]). Gleichwohl kann sich auch bei einer nicht mehr werbenden Gesellschaft ergeben, dass sich der Mittelpunkt der hauptsächlichen Interessen tatsächlich am Aufenthaltsort der handelnden Personen, etwa des Liquidators, befindet (*AG Hamburg* NZI 2006, 486; vgl. auch *AG Hamburg* NZI 2006, 120 m. Anm. *Klöhn* NZI 2006, 383). Diese Grundsätze gelten auch für die bereits gelöschte Gesellschaft, deren Insolvenzfähigkeit sich nach dem Recht des Staats richtet, der nach den Regelungen der EuInsVO für die Eröffnung des Insolvenzverfahrens zuständig wäre (*AG Duisburg* NZI 2003, 658; vgl. aber zur sog. »Restgesellschaft« Art. 7 EuInsVO Rdn. 22 f.). 14

2. Konzernrechtliche Verflechtungen

Von besonderem Interesse ist die Frage, nach welchen Kriterien sich der Mittelpunkt der wirtschaftlichen Interessen bei **konzernrechtlichen Verflechtungen** bestimmt. Dabei ist zunächst festzuhalten, dass die **EuInsVO keine Regelungen zur Zuständigkeit in Konzernsachverhalten enthält**. Auch die Neuregelungen zu den Unternehmensgruppen in Art. 56 ff. EuInsVO enthalten keine Zuständigkeitsregelungen. Nach der Neufassung der EuInsVO bleibt es bei der allgemeinen **Regel**, dass **für jeden der betroffenen Schuldner mit eigener Rechtspersönlichkeit die Zuständigkeit gesondert nach der EuInsVO ermittelt werden muss** (vgl. allgemein Erläuternder Bericht Rn. 76; krit. zur Betrachtungsweise »Ein Rechtssubjekt – ein Insolvenzverfahren« *Paulus* ZIP 2005, 1948 ff.). 15

Nachdem es in der Vergangenheit wiederholt zu Verfahrenseröffnungen insbesondere durch britische Gerichte gekommen war, bei denen das COMI im Vereinigten Königreich angenommen wurde, obwohl der **Schuldner** seinen satzungsmäßigen Sitz in einem anderen Mitgliedstaat hatte (vgl. etwa 16

AG München Beschl. v. 04.05.2004, ZIP 2004, 962; *AG Mönchengladbach* Beschl. v. 27.04.2004, ZIP 2004, 1064 und NZI 2004, 383 m. Anm. *Lautenbach* und *Kebekus* EWiR 2004, 705; *AG Düsseldorf* Beschl. v. 06.06.2003, ZIP 2003, 1363; *High Court of Justice Leeds* Beschl. v. 16.05.2003, ZIP 2003, 1362; *High Court of Justice Leeds* Judgement zur Administration Order v. 16.05.2003, ZIP 2004, 963; *BGH* Beschl. v. 27.11.2003, ZIP 2004, 94; *Cour d'appel Versailles* Urt. v. 04.09.2003, ZIP 2004, 377; *AG Köln* Beschl. v. 23.01.2004, ZIP 2004, 471; *AG Düsseldorf* Beschl. v. 12.03.2004 ZIP 2004, 623; *OLG Düsseldorf* Beschl. v. 09.07.2004 NZI 2004, 628; *High Court of Justice Chancery Division Companies Court (England)* Urt. v. 07.02.2003, ZIP 2003, 813; *Tribunale di Parma* Urt. v. 19.02.2004, ZIP 2004, 1220; *High Court Dublin* Judgement v. 23.03.2004, ZIP 2004, 1223 sowie die Darstellung bei *Pannen/Riedemann* NZI 2004, 646 ff.; krit. auch *Göpfert/Müller* NZA 2009, 1057 [1058]), hatte sich der EuGH zur Frage des COMI geäußert. In seiner sog. »Eurofood«-Entscheidung vom 02.05.2006 (NZI 2006, 360; vgl. dazu *Herchen* NZI 2006, 435; *Kammel* NZI 2006, 334; *Knof/Mock* ZIP 2006, 911; *Mankowski* BB 2006, 1753; *Paulus* NZG 2006, 609; *Poertzgen/Adam* ZInsO 2006, 505; *Saenger/Klockenbrink* EuZW 2006, 363; *Schmidt* ZIP 2007, 405; *Smid* DZWIR 2006, 325) hat er festgestellt, dass die Tatsache allein, dass eine Gesellschaft von ihrer Konzernmutter gesteuert wird, nicht ausreicht, um am Sitz der Konzernmutter ein Hauptinsolvenzverfahren eröffnen zu können (ebenso *EuGH* NZI 2010, 156 [158]). Allerdings hat der EuGH gleichzeitig festgehalten, dass es auch nicht ausgeschlossen sei, dass sich der Mittelpunkt der hauptsächlichen Interessen am Sitz der Konzernmutter befände; Voraussetzung sei jedoch, dass für Dritte erkennbare, objektive Elemente hinzutreten (*EuGH* NZI 2006, 360 [361] [*Eurofood*]; vgl. *Paulus* NZG 2006, 609 [612]; hierzu auch *Fehrenbach* ZEuP 2013, 353 [356]).

17 Diese Rechtsprechung des EuGH hat der Verordnungsgeber nunmehr in Art. 3 Abs. 1 Unterabs. 1 Satz 2 übernommen und damit der sog. »mind-of-management Theorie« eine endgültige Absage erteilt. Dementsprechend bleiben bei der Bestimmung des Mittelpunkts der hauptsächlichen Interessen **alle Kriterien unberücksichtigt**, die sich lediglich in einer **faktischen Einflussnahme auf die Leitung** des insolventen Unternehmens erschöpfen. Folgende Gesichtspunkte können beispielsweise, da sie für den Geschäftsverkehr nicht erkennbar sind, **keine Rolle spielen**: Betriebsinterne Abstimmung der Buchhaltung und Bilanzierung, betriebsinterne Absprachen hinsichtlich größerer Anschaffungen oder hinsichtlich der Einstellungspolitik, die Vorgabe eines Geschäfts- und Strategieplans durch das herrschende Unternehmen oder Finanzstrukturen (vgl. eingehend *Kübler* FS Gerhardt, S. 527 [555 f.]; *Schmittmann/Hesselmann* ZInsO 2008, 957 [960 ff.]). Eine **abweichende Festlegung** des COMI ist möglich, wenn der Fall einer »verlängerten Werkbank« gegeben sein sollte (*Wimmer* ZInsO 2005, 119 [123]). Dies ist etwa der Fall, wenn **die Einzelheiten der Geschäftsabwicklung von dem herrschenden Unternehmen festgelegt werden** und das herrschende Unternehmen nach außen erkennbar die Geschicke der Gesellschaft leitet, die lediglich noch als **Betriebsstätte des ausländischen Unternehmens** wahrgenommen wird. Die Annahme des COMI am Sitz der Konzernmutter liegt auch dann nahe, wenn es sich bei einer Gesellschaft um eine bloße Holding-Gesellschaft handelt, deren Unternehmensgegenstand allein in der Anteilsverwaltung besteht und deren Interessen – was in aller Regel auch nach außen erkennbar ist – durch die Konzernmutter bestimmt werden (vgl. *AG Köln* ZIP 2008, 423; *Duursma-Kepplinger* ZIP 2007, 896 [899]; anders *AG Mönchengladbach* ZInsO 2011, 1752). Im Übrigen gelten die oben aufgeführten Kriterien für die Bestimmung des COMI bei konzernangehörigen Gesellschaften.

III. Besonderheiten bei natürlichen Personen

18 Auch für natürliche Personen enthält Art. 3 Abs. 1 EuInsVO nunmehr eine Vermutungsregel: Diese unterscheidet zwischen natürlichen Personen, die eine selbständige gewerbliche oder freiberufliche Tätigkeit ausüben (Abs. 1 Unterabs. 3) und allen anderen Personen, die nicht selbständig oder freiberuflich tätig sind (Abs. 1 Unterabs. 4).

1. Selbständig und freiberuflich Tätige

Bei selbständig und freiberuflich Tätigen stellt die widerlegbare Vermutungsregel nunmehr auf die 19 Hauptniederlassung ab. Insoweit kann auf den in Art. 2 definierten Begriff der Niederlassung zurückgegriffen werden; bei Vorliegen mehrerer Niederlassungen ist von Amts wegen zu ermitteln, wo sich die Hauptniederlassung befindet, und zwar wiederum an Hand für Dritte erkennbarer Kriterien. Darauf, ob die Insolvenz wegen privater oder beruflicher Verbindlichkeiten beantragt wird, kommt es für das Eingreifen der Vermutung nicht an (vgl. *Pannen/Pannen* Art. 3 EuInsVO a.F. Rn. 26).

Die Vermutung bei selbständig und freiberuflich Tätigen gilt nach Abs. 1 Unterabs. 3 Satz 2 nur, 20 wenn die Hauptniederlassung nicht in einem Zeitraum von drei Monaten vor dem Antrag auf Eröffnung des Insolvenzverfahrens in einen anderen Mitgliedstaat verlegt wurde (vgl. zum entscheidenden Zeitpunkt im Übrigen Rdn. 23).

2. Privatpersonen

Nachdem früher umstritten war, ob man bei Privatpersonen auf den Wohnsitz oder auf den gewöhn- 21 lichen Aufenthaltsort abstellt, gilt nach Abs. 1 Unterabs. 4 nunmehr eine Vermutung dafür, dass sich der COMI am Ort des gewöhnlichen Aufenthalts befindet (vgl. zum früheren Recht *OLG Hamm* IPRax 2012, 351; *AG Mannheim* BeckRS 2009, 26626; *AG Köln* NZI 2009, 133; *High Court of Justice London* NZI 2007, 361; *Huber* ZZP 114 [2001], 133 [140]; *Mankowski* NZI 2005, 368 [369]; *Taupitz* ZZP 111 [1998], 315 [326]; differenziert *Knof* ZInsO 2005, 1017 ff.). Das Vorstehende gilt auch für unselbständig tätige Privatpersonen (vgl. MüKo-BGB/*Kindler* Art. 3 EuInsVO a.F. Rn. 41); auf den Ort, an dem die Privatperson ihrer Arbeit nachgeht, kommt es auch nach der Neuregelung nicht an (vgl. zum alten Recht *AG Deggendorf* ZInsO 2007, 558; vgl. *Knof* ZInsO 2005, 1017 [1019 f.]).

Die Vermutung bei Privatpersonen gilt nach Abs. 1 Unterabs. 4 Satz 2 nur, wenn der gewöhnliche 22 Aufenthalt nicht in einem Zeitraum von sechs Monaten vor dem Antrag auf Eröffnung des Insolvenzverfahrens in einen anderen Mitgliedstaat verlegt wurde (vgl. zum entscheidenden Zeitpunkt im Übrigen Rdn. 23). Die hier etwas längere Retrospektivfrist lässt sich damit erklären, dass es Privatpersonen nach der Vorstellung des Verordnungsgebers leichter fällt, ihren gewöhnlichen Aufenthaltsort zu verändern.

IV. Entscheidender Zeitpunkt

Für die Ermittlung der Zuständigkeit durch das Gericht kommt es, trotz der neuen Vermutungs- 23 regelungen, die zeitliche Beschränkungen enthalten, im Grundsatz weiterhin auf die Verhältnisse zum Zeitpunkt der Antragstellung an (vgl. *EuGH* »Staubitz-Schreiber« EuZW 2006, 125 m. Anm. *Kindler* IPRax 2006, 114; *BGH* ZInsO 2008, 1382 [1383]; *Knof/Mock* ZIP 2006, 189; *Mankowski* NZI 2006, 154; *Vogl* EWiR 2006, 141; *Schwemmer* NZI 2009, 355 [358]; vgl. auch die Vorlageentscheidung *BGH* NZI 2004, 139; *Mankowski* NZI 2005, 368 [369]; ausf. *Laukemann* RIW 2005, 104 ff.; zu dem Fall, dass sich ein Insolvenzantrag erledigt, der Schuldner dann seinen Wohnsitz wechselt und am ursprünglichen Aufenthaltsort erneut Insolvenzanträge gestellt werden vgl. *BGH* NZI 2006, 364 m. Anm. *Knof* ZInsO 2006, 754). Bei Nachlassinsolvenzverfahren ist der Zeitpunkt des Todes des Erblassers maßgeblich (*Mankowski* ZIP 2011, 1501 [1505]). Für den Fall der Einstellung des Geschäftsbetriebs oder der Löschung der Gesellschaft vgl. Rdn. 14.

Wechselt der Schuldner vor Antragstellung und vor Eröffnung eines Insolvenzverfahrens den Mittel- 24 punkt seiner Interessen, so ist dies – vorbehaltlich der Sonderregelungen für die Vermutungen, grds. beachtlich (*EuGH* NZI 2011, 990 [*Interedil*]; *AG Hildesheim* ZInsO 2009, 1544; *AG Köln* NZI 2008, 257 [259 f.]; *AG Celle* ZInsO 2005, 895 m. Anm. *Knof* ZInsO 2005, 1017; *Mohrbutter/Ringstmeier-Wenner* Kap. 20 Rn. 75; *Mankowski* NZI 2005, 368 [370 ff.]; a.A. *LG Wuppertal* ZInsO 2002, 1099 f.; ausf. *Klöhn* KTS 2006, 259; vgl. auch *Vallender* NZI 2007, 129 ff.). Das damit verbundene Risiko, dass sich das Insolvenzstatut ändert, muss der Gläubiger tragen. Dazu wird vor-

Art. 3 EuInsVO Internationale Zuständigkeit

geschlagen, dass sich der Gläubiger vertraglich absichern sollte, etwa über eine Verpflichtung des Schuldners, sein COMI nicht zu verlegen bzw. entsprechende Sonderkündigungsrechte (*Mankowski* ZIP 2010, 1376). Insolvenzfest werden solche Regelungen kaum sein. Der Gläubiger muss sich i.d.R. durch die Bestellung entsprechender Sicherheiten zu seinen Gunsten schützen.

25 Beachtlich ist der Wechsel auch dann, wenn er kurz vor Antragstellung erfolgt. Zwar gelten dann die Vermutungen nach Abs. 1 Unterabs. 2 bis 4 nicht mehr, das Gericht muss gleichwohl prüfen, wo sich der COMI befindet, und wird dazu an den Zeitpunkt der Antragsstellung anknüpfen müssen. Etwas anderes kommt in Betracht, wenn sich der Schuldner rechtsmissbräuchlich verhält, etwa weil er mit unzulässigen Mitteln gezielt die Anwendung eines für ihn (oder bestimmte Gläubigergruppen) günstigeren Insolvenzrechts anstrebt (krit. *Duursma-Kepplinger* ZIP 2007, 896 [900 f.]; *Klöhn* KTS 2006, 259 [281 f.]; zur Handhabung des Rechtsmissbrauchseinwands in der Praxis vgl. *LG Köln* NZI 2011, 957; *AGH Bayern* BeckRS 2011, 22607; *AG Köln* NZI 2008, 257 [260]; *AG Nürnberg* NZI 2007, 185; krit. dazu *Andres/Grund* NZI 2007, 137 und *Paulus* NZI 2008, 1 [3]; *High Court of Justice Leeds* ZIP 2004, 1769; vgl. auch MüKo-InsO/*Reinhart* Art. 3 EuInsVO a.F. Rn. 53; *Mankwoski* NZI 2005, 368 [372 f.]; *Wright/Fenwick* ILLR 2012,45; *d'Avoine* NZI 2011, 310; *Rumberg* RiW 2010, 358; mit ähnlichen Erwägungen *BGH* ZInsO 2011, 2147; krit. *Beck* ZVI 2011, 355; zum sog. »Restschuldbefreiungstourismus« *Goslar* Annullierung englischer Insolvenzeröffnungsentscheidungen nach sec. 282 Insolvency Act (UK), NZI 2012, 912). Die Einführung der Retrospektivfristen bei den Vermutungen zeigt zwar, welche Gestaltungen der Verordnungsgeber von vornerein für suspekt hält, entbindet das Gericht aber nicht davon zu prüfen, ob im Einzelfall ein Rechtsmissbrauch vorliegt (kritisch *Mankowski/Mankowski* Art. 3 EuInsVO Rn 12). Dies ergibt sich auch aus Erwägungsgrund Nr. 5, der als Vorgabe enthält, dass ein forum shopping zum Nachteil der Gesamtheit der Gläubiger, und zum Vorteil einzelner Beteiligter nach Möglichkeit vermieden werden soll.

26 Wechselt der Mittelpunkt der Interessen nach Antragstellung, aber vor Eröffnung, oder fällt ein anderes Zuständigkeitsmerkmal weg, ist dies unbeachtlich; es bleibt dabei, dass auf den Zeitpunkt der Antragstellung abzustellen ist (*EuGH* »Staubitz-Schreiber« EuZW 2006, 125; *Geimer* IZPR Rn. 3470; *Mohrbutter/Ringstmeier-Wenner* Kap. 20 Rn. 76; *K. Schmidt/Brinkmann* Art. 3 EuInsVO a.F. Rn. 6).

V. Prioritätsprinzip

27 Nehmen mehrere Staaten die internationale Zuständigkeit zur Eröffnung eines Hauptverfahrens an, gilt das **Prioritätsprinzip** (*EuGH* NZI 2006, 360 [*Eurofood*]; *BGH* NZI 2009, 572; *Duursma-Kepplinger/Duursma/Chalupsky* Art. 3 EuInsVO a.F. Rn. 29 f.; MüKo-BGB/*Kindler* Art. 3 EuInsVO a.F. Rn. 43 ff.; MüKo-InsO/*Reinhart* Art. 3 EuInsVO a.F. Rn. 58 m.N.; *Mohrbutter/Ringstmeier-Wenner* Kap. 20 Rn. 52, 75; *K. Schmidt/Brinkmann*, Art. 3 EuInsVO a.F. Rn. 1, 21; *Eidenmüller* NJW 2004, 3455 [3457]; *Leible/Staudinger* KTS 2000, 533 [545]; *Huber* EuZW 2002, 490 [492]; *Paulus* ZIP 2003, 1725 [1727]; vgl. ausf. zum Prioritätsprinzip *Herchen* ZIP 2005, 1401; *ders.* ZInsO 2004, 61 [63 ff.]). Ist im Ausland ein nach Art. 19 EuInsVO oder nach autonomem IIR anerkennungsfähiges Hauptinsolvenzverfahren eröffnet worden, darf im Inland kein weiteres Hauptinsolvenzverfahren eröffnet werden.

28 Im Zusammenhang mit dem Prioritätsprinzip ist nach der Rechtsprechung des EuGH der Zeitpunkt der Verfahrenseröffnung unter Umständen ein anderer als im Lichte anderer Vorschriften der EuInsVO (vgl. MüKo-InsO/*Reinhart* Art. 3 EuInsVO a.F. Rn. 62). Nach der Euro-Food-Entscheidung des EuGH ist nämlich der das Hauptinsolvenzverfahren zuerst eröffnende Staat auch der Staat, in dem eine Entscheidung ergeht, die einen Vermögensbeschlag gegen den Schuldner anordnet und durch die ein in Anhang B zur EuInsVO genannter Verwalter bestellt wird (*EuGH* NZI 2006, 360 [362]). Da dort etwa auch der vorläufige Insolvenzverwalter nach deutschem Recht benannt ist, führt jedenfalls die Einsetzung eines starken vorläufigen Insolvenzverwalters durch ein deutsches Gericht dazu, dass in anderen Mitgliedstaaten kein Hauptinsolvenzverfahren mehr eröffnet werden kann (*OLG Innsbruck* NZI 2008, 700). Ob dies auch dann der Fall ist, wenn das Gericht lediglich einen schwachen Insolvenzverwalter eingesetzt hat, ist umstritten (dafür *Herchen* NZI 2006, 435 [437];

Mankowski BB 2006, 1753 [1758]; im Grundsatz ebenso dafür: *Reinhart* NZI 2009, 73 [74 f.]; dagegen: *Smid* NZI 2009, 150 [150]; *ders.* DZWIR 2006, 325 [327]; *Paulus* NZG 2006, 609 [613]). Dafür spricht, dass in Anhang B nicht zwischen dem starken und dem schwachen Insolvenzverwalter unterschieden wird. Dagegen lässt sich auch nicht anführen, dass ein unmittelbarer Vermögensbeschlag mit der Einsetzung eines schwachen vorläufigen Insolvenzverwalters nicht verbunden wäre; auch die Einsetzung des schwachen vorläufigen Insolvenzverwalters führt dazu, dass der Schuldner ohne dessen Zustimmung nicht mehr über sein Vermögen verfügen kann. Ebenso genügt die Einsetzung eines vorläufigen Sachwalters, der nunmehr in Anhang B aufgeführt ist, um die Priorität anzunehmen.

Wie deutsche Gerichte den positiven Kompetenzkonflikt zu behandeln haben, wenn das Gericht eines anderen Mitgliedstaats der EU ein Hauptinsolvenzverfahren eröffnet hat, behandelt Art. 102c § 2 Abs. 1 EGInsO. 29

C. Internationale Zuständigkeit zur Eröffnung eines Partikularinsolvenzverfahrens (Abs. 2 bis 4)

Auch die EuInsVO kennt Partikularverfahren (zur grundsätzlichen Kritik vgl. Vor §§ 335 ff. Rdn. 27 ff.), und zwar sowohl unabhängige Partikularverfahren als auch Sekundärinsolvenzverfahren (zur Terminologie vgl. Vor §§ 335 ff. Rdn. 22 ff.). Beide Verfahren erfassen nur das im Inland befindliche Vermögen, was nicht bedeutet, dass die Verfahren nur im Inland Wirkungen haben (vgl. § 354 Rdn. 1). Der Reformgeber hat es bedauerlicherweise beim System der Partikularverfahren belassen (*Wenner* ZIP 2017, 1137 [1138]). 30

I. Sekundärinsolvenzverfahren (Abs. 2 und 3)

Ein Gericht eines Mitgliedstaats ist für die Eröffnung eines Sekundärinsolvenzverfahrens gem. Abs. 2 und 3 nur dann zuständig, wenn der Schuldner in diesem Mitgliedstaat über eine **Niederlassung** verfügt (*EuGH* NZI 2010, 156 [157]; *High Court of Justice London* NZI 2007, 187; vgl. zum Begriff der Niederlassung Art. 2 EuInsVO Rn. 17 ff.) und das Gericht eines **anderen Mitgliedstaats** ein Hauptinsolvenzverfahren eröffnet hat. Die Voraussetzungen von Abs. 2 können nicht durch die des Abs. 1 ersetzt werden (*BGH* WM 2012, 709). Die Wirkungen des Sekundärinsolvenzverfahrens ergeben sich aus den Art. 34 ff. EuInsVO (s. EuInsVO Art. 34 Rdn. 4 ff.): Hat der Schuldner den Mittelpunkt seiner hauptsächlichen Interessen in einem **Drittstaat**, berechtigt Abs. 2 nicht zur Eröffnung eines Partikularverfahrens (*Mohrbutter/Ringstmeier-Wenner* Kap. 20 Rn. 68). 31

Bei diesem Sekundärinsolvenzverfahren muss es sich nach der Neufassung der EuInsVO nicht mehr um ein **Liquidationsverfahren** handeln (vgl. zur Kritik an der bisherigen Rechtslage, die der Gesetzgeber aufgegriffen hat, die Vorauflage Rn. 26). 32

II. Unabhängige Partikularinsolvenzverfahren (Abs. 4)

Ein unabhängiges Partikularinsolvenzverfahren kann nach Abs. 4 nur eröffnet werden, wenn ein Hauptinsolvenzverfahren (noch) **nicht eröffnet ist**. Wird **nach Eröffnung** eines unabhängigen Partikularinsolvenzverfahrens ein Hauptinsolvenzverfahren eröffnet, **gelten die Artt. 50 f. EuInsVO**. Zuständig für die Eröffnung sind gem. Abs. 2 auch hier die Gerichte der Mitgliedstaaten, in denen sich eine Niederlassung befindet (vgl. dazu Rdn. 31). Hinzukommen müssen jedoch weitere Voraussetzungen für die Eröffnung, die in Abs. 4 geregelt sind. Dabei sind die Tatbestände des Abs. 4 eng auszulegen, weil Partikularinsolvenzverfahren auf das unumgängliche Maß zu beschränken sind (*EuGH* EuZW 2011, 966). 33

1. Absatz 4 lit. a

Gemäß Abs. 4 lit. a kann ein unabhängiges Partikularverfahren dann eröffnet werden, wenn an dem Ort, an dem der Schuldner den Mittelpunkt seiner hauptsächlichen Interessen hat, **die Eröffnung eines Hauptinsolvenzverfahrens nicht möglich** ist. Entscheidend ist dabei die objektive Unmöglichkeit, über ein bestimmtes Vermögen das Insolvenzverfahren zu eröffnen und nicht die subjektive Un- 34 möglichkeit aus der Sicht einzelner Personen, denen etwa das Antragsrecht fehlt (vgl. *EuGH* EuZW 2011, 966), oder deren Antrag abgewiesen wurde. Hintergrund der Regelung sind die abweichenden Bestimmungen der Mitgliedstaaten dazu, welche Personen insolvenzfähig sind. Während in einigen Staaten, etwa in Deutschland und Österreich, Insolvenzverfahren grds. über jede rechtsfähige Person eröffnet werden können, gibt es andere Länder, etwa Belgien und Frankreich, in denen die Insolvenz Kaufleuten vorbehalten ist (vgl. dazu die Übersicht bei *Pannen/Pannen* Art. 3 EuInsVO a.F. Rn. 14). In diesen Fällen könnte ein Hauptinsolvenzverfahren über das Vermögen einer natürlichen Person, die kein Kaufmann ist, nicht eröffnet werden; dies würde andere Länder, in denen der Schuldner über eine Niederlassung verfügt, nach den Regelungen der EuInsVO (mangels Zuständigkeit) davon abhalten, ein Insolvenzverfahren zu eröffnen. Für diese Fälle sieht Abs. 4 lit. a vor, dass die Eröffnung eines unabhängigen Partikularverfahrens in den Mitgliedstaaten, in denen sich eine Niederlassung befindet, gleichwohl möglich bleibt.

2. Absatz 4 lit. b

35 Nach Abs. 4 lit. b (i) kann ein unabhängiges Partikularverfahren auf **Antrag eines Gläubigers** eröffnet werden, dessen Forderung sich aus dem Betrieb einer Niederlassung ergibt, oder damit im Zusammenhang steht, also einem lokalen Gläubiger i.S.v. Art. 2 Nr. 11 EuInsVO. Damit wird zunächst der Forderung Rechnung getragen, das Antragsrecht weiter zu begrenzen, denn es wird ein Bezug zwischen der Forderung des Gläubigers und der Niederlassung gefordert. Die bloße Ansässigkeit des Gläubigers in dem Mitgliedstaat, in dem sich die Niederlassung befindet, reicht nicht mehr aus. Weiterhin gilt, dass ein besonderes Rechtsschutzinteresse des Antragstellers notwendig ist, um unabhängige Partikularinsolvenzverfahren auf die notwendigen Fälle zu beschränken (vgl. *Kemper* ZIP 2001, 1609 [1613]).

36 Vor der Neufassung der EuInsVO hatten staatliche Behörden, die zwar im Allgemeininteresse handeln, aber selbst weder Forderungen gegen den Schuldner haben noch als Vertreter eines Gläubigers tätig werden, kein Antragsrecht (vgl. *EuGH* EuZW 2011, 966). Abs. 4 lit b (ii) sieht abweichend davon nunmehr vor, dass ein Partikularverfahren auch von einer Behörde beantragt werden kann, die nach dem Recht des Mitgliedstaats, in dem sich die Niederlassung befindet, das Recht hat, die Eröffnung des Insolvenzverfahrens zu beantragen.

3. Entscheidender Zeitpunkt

37 Für die Ermittlung der Zuständigkeit durch das Gericht kommt es nach der deutschen Rechtsprechung auf die Verhältnisse zum Zeitpunkt der Beantragung des Partikularinsolvenzverfahrens an, nicht auf den Zeitpunkt der Antragstellung im Hauptinsolvenzverfahren (*BGH* NZI 2012, 377; *AG Deggendorf* NZI 2013, 112; vgl. dazu auch Rdn. 23).

38 Dabei bleibt es auch nach der Neufassung der EuInsVO. Die zunächst diskutierte Regelung dass es für die Feststellung, ob der Schuldner eine Niederlassung im Gebiet eines anderen Mitgliedsstaats hat, auf den Zeitpunkt ankomme, zu dem das Hauptinsolvenzverfahren eröffnet wurde, ist nicht Gesetz geworden.

4. Eröffnungsvoraussetzungen

39 Zu beachten ist, dass die Artt. 34 ff. EuInsVO auf unabhängige Partikularinsolvenzverfahren keine Anwendung finden, so dass nach dem nationalen Recht des Eröffnungsstaats geprüft werden muss, ob ein **Insolvenzgrund** vorliegt (MüKo-BGB/*Kindler* Art. 3 EuInsVO a.F. Rn. 74; *Mohrbutter/Ringstmeier-Wenner* Kap. 20 Rn. 135; *Wienberg/Sommer* NZI 2005, 353 [355]).

40 Im deutschen Partikularverfahren ist also zu prüfen, ob nach der InsO ein Insolvenzgrund vorliegt, mithin ob Überschuldung oder Zahlungsunfähigkeit gegeben ist. Drohende Zahlungsunfähigkeit reicht bei einem Antrag eines Gläubigers nicht, da diesem die Antragsbefugnis fehlt (*Mohrbutter/Ringstmeier-Wenner* Kap. 20 Rn. 135). Überschuldung und Zahlungsunfähigkeit sind **global zu beurteilen** (*Geimer* IZPR Rn. 3393a; KS-InsO/*Lüer* 2. Aufl. S. 315 Rn. 41 f.; *Mohrbutter/Ringstmei-*

er-Wenner Kap. 20 Rn. 136; ausf. *Mankowski* ZIP 1995, 1650 [1659]). Für die Überschuldung ist dies herrschende Auffassung (vgl. MüKo-InsO/*Reinhart* Art. 3 EuInsVO a.F. Rn. 78; *Wimmer* ZIP 1998, 982 [986]). Für die Zahlungsunfähigkeit wird allerdings vorgeschlagen, sie niederlassungsbezogen zu ermitteln (MüKo-BGB/*Kindler* Art. 3 EuInsVO a.F. Rn. 75 ff. m.w.N.). Der Schutz lokaler Gläubiger, den der Verordnungsgeber im Auge habe, sei nicht gewährleistet, wenn der lokale Gläubiger die globale Zahlungsunfähigkeit nachzuweisen habe. Das ist aber kein Grund, die Sichtweise auf die Zahlungsunfähigkeit der ortsansässigen Niederlassung zu beschränken (vgl. zu diesen Erwägungen *BGH* ZIP 1991, 1014 [1015]). Gegen eine auf die Niederlassung beschränkte Sichtweise spricht schon, dass die Durchführung eines Insolvenzverfahrens überhaupt nicht notwendig ist, wenn die Gläubiger noch auf liquides (wenn auch möglicherweise im Ausland belegenes) Vermögen des Schuldners zugreifen können; überdies sollte sich die Beurteilung der Überschuldung und der Zahlungsunfähigkeit am gleichen Maßstab orientieren (vgl. zu diesen Erwägungen *Mankowski* ZIP 1995, 1650 [1659]). In aller Regel wird man aber von Zahlungsunfähigkeit ausgehen können, wenn der Schuldner im Inland und in den anderen Mitgliedstaaten die Zahlungen eingestellt hat.

III. Gläubiger

An Partikularverfahren nehmen alle Gläubiger teil (Art. 45 EuInsVO; Erläuternder Bericht Rn. 243), nicht nur die lokalen Gläubiger. 41

IV. Zur Person des Verwalters

Wen die jeweils zuständige Stelle zum Partikularverwalter bestellt, richtet sich nach dem Insolvenzrecht des jeweiligen Eröffnungsstaats. Dieses Recht entscheidet auch, ob zum Partikularverwalter der Verwalter des Hauptinsolvenzverfahrens bestellt werden darf. Zum Teil wird mit Blick auf die Möglichkeit des Hauptinsolvenzverwalters, Ansprüche im Sekundärinsolvenzverfahren anzumelden, eine solche Personenidentität als unzulässig angesehen (so etwa *Lüke* ZZP 111 [1998], 275 [304]; MüKo-BGB/*Kindler* Art. 27 EuInsVO a.F. Rn. 38; **a.A.** MüKo-InsO/*Reinhart* Art. 27 EuInsVO Rn. 30 m.w.N.). Ob man diesen Bedenken damit begegnen kann, dass für solche Fälle ein Sonderinsolvenzverwalter bestellt wird, ist zweifelhaft (krit. auch *Adam/Poertzgen* ZInsO 2008, 281 [286]; *Graeber* NZI 2007, 265 ff. (allerdings aus nationaler Sicht); optimistischer *Knof/Mock* ZInsO 2008, 253 [260]). Auch wenn eine Personenidentität der Verwalter Vorteile haben kann, gibt die EuInsVO für die Bestellung eines Sonderinsolvenzverwalters nichts her. 42

D. Zuständigkeit für den Erlass von Sicherungsmaßnahmen

Aus Art. 3 ergibt sich neben der Zuständigkeit für die Eröffnung des Verfahrens auch die Zuständigkeit zum Erlass von Sicherungsmaßnahmen nach den jeweiligen nationalen Vorschriften (*Mohrbutter/Ringstmeier-Wenner* Kap. 20 Rn. 119). Sowohl das Gericht, das für die Eröffnung des Hauptinsolvenzverfahrens zuständig ist (Erläuternder Bericht Rn. 78), als auch das Gericht, das für die Eröffnung eines Sekundärinsolvenzverfahrens zuständig ist, können – i.d.R. ein Antrag des Schuldners auf Eröffnung vorausgesetzt – Sicherungsmaßnahmen anordnen (vgl. auch Art. 32 EuInsVO Rdn. 5 ff.). Das bedeutet aber auch, dass die internationale Zuständigkeit bereits zum Zeitpunkt der Anordnung von Sicherungsmaßnahmen, zumindest nicht sicher auszuschließen sein darf; letzte Gewissheit über die Zulässigkeit des Insolvenzantrags ist nicht erforderlich (*BGH* NZI 2010, 680; vgl. *BGH* NZI 2007, 344; *Reinhart* NZI 2009, 73 [75]). 43

E. Zuständigkeitskonflikte zwischen den Mitgliedstaaten

1. Wird nach Abs. 1 ein **Insolvenzverfahren eröffnet**, so sind **die Gerichte der anderen Mitgliedstaaten an diese Entscheidung gebunden** und können nicht ihrerseits ein Hauptinsolvenzverfahren eröffnen, da nach dem Grundsatz des gegenseitigen Vertrauens die Entscheidung des zuerst eröffnenden Gerichts in den anderen Mitgliedstaaten anzuerkennen ist (*EuGH* NZI 2006, 360 [361 f.] [*Eurofood*]; **a.A.** *Mankowski* BB 2006, 1753 [1755 f.]; *ders.* RIW 2004, 587 [598]; vgl. aber zur Möglich- 44

Art. 4 EuInsVO Prüfung der Zuständigkeit

keit der Eröffnung eines Sekundärinsolvenzverfahrens Art. 34 EuInsVO Rn. 8 ff.; *Paulus* ZIP 2003, 1725 [1727 ff.]). Die später entscheidenden Gerichte anderer Mitgliedstaaten dürfen die Entscheidung des eröffnenden Gerichts nicht überprüfen (vgl. zum Streitstand Art. 34 EuInsVO Rdn. 5 ff.). Eine **Überprüfung** des Eröffnungsbeschlusses ist **nur im Eröffnungsstaat** mit den dort vorgesehenen Rechtsbehelfen möglich (vgl. dazu nunmehr Art. 5 EuInsVO).

45 2. Um die Entscheidung des Gerichts für andere Gerichte transparent zu machen und **Zuständigkeitskonflikte** nach Möglichkeit **zu verringern**, sieht Art. 4 Abs. 1 Satz 2 EuInsVO nunmehr vor, dass in der Entscheidung die Gründe anzugeben sind, auf denen die Zuständigkeit des Gerichts beruht. Dies sah **Art. 102 § 2 EGInsO** für die nach der bisherigen EuInsVO eröffneten Verfahren ohnehin bereits vor. Wurde in einem anderen Mitgliedstaat ein Hauptinsolvenzverfahren eröffnet, so ist ein Antrag auf Eröffnung eines solchen Verfahrens im Inland unzulässig (vgl. **Art. 102c § 2 Abs. 1 EGInsO**). Sollte entgegen den Grundsätzen von Art. 3 im Inland dennoch ein Hauptinsolvenzverfahren eröffnet werden, obwohl der Mittelpunkt der hauptsächlichen Interessen des Schuldners in einem anderen Mitgliedstaat gelegen ist, so ist nach **Art. 102c § 3 Abs. 1 EGInsO** das Verfahren zu Gunsten der Gerichte des anderen Mitgliedstaats einzustellen.

46 3. Hat ein Gericht eines anderen Mitgliedstaats seine internationale Zuständigkeit zur Eröffnung eines Hauptinsolvenzverfahrens verneint, darf ein deutsches Gericht seine internationale Zuständigkeit nicht mit der Begründung verneinen, das Erstgericht sei zuständig (Art. 102c § 2 Abs. 2 EGInsO). Eine Zurückweisung des Antrags wegen fehlender internationaler Zuständigkeit ist nur mit der Begründung möglich, dass Gerichte eines Drittstaats oder eines weiteren Mitgliedstaats international zuständig sind (MüKo-InsO/*Reinhart* Art. 3 EuInsVO a.F. Rn. 66; *Mohrbutter/Ringstmeier-Wenner* Kap. 20 Rn. 54; ähnlich *Kübler/Prütting/Bork-Kemper* InsO, Art. 102 § 3 EGInsO Rn. 12). Hält sich ein deutsches Gericht nicht für international zuständig, kann es das Insolvenzverfahren nicht an das zuständige (ausländische) Gericht verweisen, schon gar nicht mit bindender Wirkung (so aber *AG Hamburg* NZI 2006, 486 [487] m. Anm. *Mankowski*; MüKo-InsO/*Reinhart* Art. 3 EuInsVO a.F. Rn. 68). Für eine solche Verweisungsmöglichkeit fehlt es an einer gesetzlichen Grundlage; die EuInsVO sieht eine Verweisung nicht vor (MüKo-InsO/*Reinhart* Art. 3 EuInsVO a.F. Rn. 68; *Wagner* EWiR 2006 433). Sie ist im Übrigen auch nicht zum Schutz des Antragstellers mit Blick auf die Einhaltung etwaiger Antragspflichten notwendig (s. EuInsVO Art. 7 Rdn. 24 ff.).

Artikel 4 Prüfung der Zuständigkeit

(1) Das mit einem Antrag auf Eröffnung eines Insolvenzverfahrens befasste Gericht prüft von Amts wegen, ob es nach Artikel 3 zuständig ist. In der Entscheidung zur Eröffnung des Insolvenzverfahrens sind die Gründe anzugeben, auf denen die Zuständigkeit des Gerichts beruht sowie insbesondere, ob die Zuständigkeit auf Artikel 3 Absatz 1 oder Absatz 2 gestützt ist.

(2) Unbeschadet des Absatzes 1 können die Mitgliedstaaten in Insolvenzverfahren, die gemäß den nationalen Rechtsvorschriften ohne gerichtliche Entscheidung eröffnet werden, den in einem solchen Verfahren bestellten Verwalter damit betrauen, zu prüfen, ob der Mitgliedstaat, in dem der Antrag auf Eröffnung des Verfahrens anhängig ist, gemäß Artikel 3 zuständig ist. Ist dies der Fall, führt der Verwalter in der Entscheidung zur Verfahrenseröffnung die Gründe auf, auf welchen die Zuständigkeit beruht sowie insbesondere, ob die Zuständigkeit auf Artikel 3 Absatz 1 oder Absatz 2 gestützt ist.

Übersicht	Rdn.			Rdn.
A. Normzweck	1	C.	Begründungspflicht (Abs. 1 Satz 2)	7
B. Prüfung der internationalen Zuständigkeit von Amts wegen (Abs. 1 Satz 1)	3	D.	Prüfung durch den Verwalter (Abs. 2)	10

A. Normzweck

Mit Art. 4 wird klargestellt, dass die Prüfung der internationalen Zuständigkeit nach Art. 3 von Amts wegen erfolgt. Kein Gericht eines Mitgliedstaats soll ein Verfahren eröffnen dürfen, ohne dass es zuvor seine Zuständigkeit geprüft hat. Die Prüfung soll zudem in der Eröffnungsentscheidung dokumentiert werden. Abs. 2 enthält eine Sonderregelung für solche Verfahren, in denen (zunächst) kein Gericht involviert ist. 1

Für Deutschland führt die Vorschrift nicht zu Änderungen, da Beschlüsse in Insolvenzverfahren ohnehin nicht ohne entsprechende Prüfung ergehen dürfen, und Art. 102 § 2 EGInsO eine entsprechende Begründungspflicht für die nach der früheren EuInsVO eröffneten Verfahren vorschrieb. Nunmehr gilt dessen Stelle Art. 4 direkt. Gedacht ist die Vorschrift wohl vornehmlich für die Mitgliedstaaten, in denen das (bislang) nicht der Fall war, insbesondere, wenn lediglich eine nachlaufende Prüfung erfolgte. 2

B. Prüfung der internationalen Zuständigkeit von Amts wegen (Abs. 1 Satz 1)

Die Prüfung der internationalen Zuständigkeit hat von Amts wegen zu erfolgen, und sich auf alle Aspekte des Art. 3 zu beziehen. Prüfung von Amts wegen bedeutet nicht nur Prüfung der vom Schuldner vorgetragenen Tatsachen, sondern Amtsermittlung, denn nur dann kann die Prüfung überhaupt zu einem sachgerechten Ergebnis führen (so wohl auch *Fehrenbach*, Haupt- und Sekundärinsolvenzverfahren, 2014, S. 87; in diese Richtung auch MüKo-InsO/*Thole* VO (EG) 2015/848 Art. 4 Rn. 3; a.A. *Wimmer/Bornemann/Lienau* Die Neufassung der EuInsVO Rn. 256; a.A. *Braun/Tashiro* Art. 4 EuInsVO Rn. 11). Der Begriff ist autonom auszulegen, so dass die Ermittlungs- und Prüfungspflicht nicht nur dann gilt, wenn das Verfahrensrecht des Forumsstaates dies vorsieht, sondern stets (anders *Mankowski/Mankowski* Art. 4 EuInsVO Rn. 8). 3

Insbesondere darf es das Gericht nicht dabei bewenden lassen, die Voraussetzungen für die in Art. 3 neu eingefügten Vermutungen zu prüfen, sondern muss darüber hinaus auch von Amts wegen ermitteln und prüfen, ob die Vermutung ggf. widerlegt werden kann. 4

Oft wird das Gericht vor diesem Hintergrund einen Gutachter oder vorläufigen Insolvenzverwalter beauftragen müssen, den Sachverhalt zu ermitteln, um auf dieser Basis dann seine Prüfung abschließen zu können. Dies ist auch nach Art. 4 EuInsVO zulässig. Überdies kann das Gericht den Schuldner befragen (Erwägungsgrund Nr. 32). Art. 102c § 5 EGInsO sieht hierzu ausdrücklich vor, dass der Schuldnerantrag Angaben zum COMI enthalten muss, wenn ein anderes Gericht international zuständig sein könnte. Auch die Gläubiger kann das Gericht zur Frage der Zuständigkeit anhören. Deutsches Recht steht dem nicht entgegen. 5

Im Übrigen bleibt es bei dem Verfahrensrecht der lex fori concursus. Dieses wird oftmals die Prüfung weiterer Tatbestandsmerkmale, oder ggf. auch Anhörungsvorschriften vorschreiben. Und auch Mitwirkungspflichten können sich aus der lex fori concursus ergeben. 6

C. Begründungspflicht (Abs. 1 Satz 2)

Die Entscheidung ist nach Abs. 1 Satz 2 zu begründen. Dies gilt nicht nur für die Verfahrenseröffnung im Sinne des deutschen Rechts, sondern auch für die Anordnung von Sicherungsmaßnahmen wie der Bestellung eines vorläufigen Insolvenzverwalters (vgl. dazu Art. 3 EuInsVO Rdn. 43). Ob auch eine Abweisung eines Antrags auf Eröffnung begründet werden muss, lässt die EuInsVO offen; insoweit gilt die lex fori concursus. 7

Zum Umfang der Begründungspflicht schweigt sich die EuInsVO aus. Die bloße Angabe der Norm, auf der die internationale Zuständigkeit gestützt wird, dürfte jedoch nicht ausreichen (so aber *Mankowski/Mankowski* Art. 4 EuInsVO Rn. 15; MüKo-InsO/*Thole* VO (EG) 2015/848 Art. 4 Rn. 4); deren Angabe ist vielmehr stets gefordert (Art. 4 Abs. 1 S. 2 a.E.). Vielmehr sollten die Tatsachen angegeben werden, die unter Art. 3 subsumiert worden sind, damit ein Dritter die Entscheidung 8 des Gerichts nachvollziehen und insbesondere entscheiden kann, ob Rechtsmittel eingelegt werden sollen (vgl. Art. 5 EuInsVO).

9 Auch enthält die Vorschrift keine Sanktion für den Fall eines Verstoßes. Insbesondere sieht sie nicht vor, dass einer unbegründeten Entscheidung die Anerkennung zu versagen wäre (anders MüKo-InsO/*Thole* VO (EG) 2015/848 Art. 4 Rn. 4). Ob die gerichtliche Entscheidung auch ohne Begründung wirksam ist, richtet sich nach der lex fori concursus.

D. Prüfung durch den Verwalter (Abs. 2)

10 Bedarf es für die Eröffnung des Verfahrens in einem Mitgliedstaat keiner gerichtlichen Entscheidung, ist der Verwalter für die Prüfung und Begründung der internationalen Zuständigkeit verantwortlich. Für deutsche Insolvenzverfahren hat die Vorschrift keine Relevanz.

Artikel 5 Gerichtliche Nachprüfung der Entscheidung zur Eröffnung des Hauptinsolvenzverfahrens

(1) Der Schuldner oder jeder Gläubiger kann die Entscheidung zur Eröffnung des Hauptinsolvenzverfahrens vor Gericht aus Gründen der internationalen Zuständigkeit anfechten.

(2) Die Entscheidung zur Eröffnung des Hauptinsolvenzverfahrens kann von anderen als den in Absatz 1 genannten Verfahrensbeteiligten oder aus anderen Gründen als einer mangelnden internationalen Zuständigkeit angefochten werden, wenn dies nach nationalem Recht vorgesehen ist.

Übersicht	Rdn.		Rdn.
A. Normzweck	1	C. Zulässigkeit weiterer Rechtsbehelfe (Abs. 2)	6
B. Notwendigkeit eines Rechtsbehelfs (Abs. 1)	2		

A. Normzweck

1 Art. 5 Abs. 1 EuInsVO garantiert Schuldner und Gläubigern, dass die Entscheidung zur Eröffnung des Hauptinsolvenzverfahrens vor einem Gericht mit der Begründung angefochten werden kann, das Gericht sei international nicht zuständig. Andere Einwände gegen die Eröffnungsentscheidung erfasst Abs. 1 ebensowenig wie die Überprüfung der Eröffnung von Partikular- oder Sekundärinsolvenzverfahren. Abs. 2 stellt klar, dass die lex fori concursus weitergehende Rechtsbehelfe vorsehen darf.

B. Notwendigkeit eines Rechtsbehelfs (Abs. 1)

2 Die Regelung betrifft ausschließlich die gerichtliche Überprüfung der internationalen Zuständigkeit der Stelle, die das Hauptinsolvenzverfahren eröffnet hat. Sie kann nicht erweiternd auf andere Entscheidungen übertragen werden, weder auf die Entscheidung zur Eröffnung eines Partikular- oder Sekundärinsolvenzverfahren (ebenso MüKo-InsO/*Thole* VO (EG) 2015/848 Art. 5 EuInsVO Rn. 2; A/G/R-*Gruber/Schulz* Art. 5 EuInsVO Rn. 1), und auch nicht auf Annexentscheidungen nach Art. 6.

3 Die Norm lässt offen, wie das Rechtsbehelfsverfahren ausgestaltet sein muss. Weder sieht sie ein bestimmtes Verfahren, einen Instanzenzug oder eine Frist vor. Nach den Vorstellungen des Verordnungsgebers soll für diese Aspekte offenbar die lex fori concursus gelten. Sieht die lex fori concursus aber überhaupt keinen Rechtsbehelf vor, stellen sich Substitutionsprobleme (*Mock* GPR 2013, 156, 158). Auch die Frage, ob einem Rechtsbehelf ein Suspensiveffekt zukommt, richtet sich nach der lex fori concursus.

4 Auch mag man sich die Frage nach einem Mindestmaß an Rechtsschutz stellen, wenn die von der lex fori concursus vorgesehenen Rechtsordnung beispielsweise äußerst kurze Fristigkeiten vorsieht, oder

eine Regelung enthält, nach der das Gericht, das die Ausgangsentscheidung getroffen hat, für die Überprüfung selbst zuständig ist. Es gilt der Grundsatz des effet utile, mithin muss das nationale Recht so ausgelegt werden, dass die europarechtlichen Vorgaben wirkungsvoll durchgesetzt werden können.

Für das deutsche Recht enthält Art. 102c § 4 EGInsO eine entsprechende Einpassung, die in bestimmten Fällen ein Recht zur sofortigen Beschwerde gegen gerichtliche Entscheidungen vorsieht. Auf die dortige Kommentierung sei verwiesen. 5

C. Zulässigkeit weiterer Rechtsbehelfe (Abs. 2)

Abs. 2 stellt die Selbstverständlichkeit klar, dass die lex fori concursus weitere Anfechtungsmöglichkeiten vorsehen kann, insbesondere für andere Verfahrensbeteiligte, etwa den Verwalter, oder mit einer anderen Begründung als derjenigen, dass die internationale Zuständigkeit zu Unrecht angenommen wurde. 6

Artikel 6 Zuständigkeit für Klagen, die unmittelbar aus dem Insolvenzverfahren hervorgehen und in engem Zusammenhang damit stehen

(1) Die Gerichte des Mitgliedstaats, in dessen Hoheitsgebiet das Insolvenzverfahren nach Artikel 3 eröffnet worden ist, sind zuständig für alle Klagen, die unmittelbar aus dem Insolvenzverfahren hervorgehen und in engem Zusammenhang damit stehen, wie beispielsweise Anfechtungsklagen.

(2) Steht eine Klage nach Absatz 1 im Zusammenhang mit einer anderen zivil- oder handelsrechtlichen Klage gegen denselben Beklagten, so kann der Verwalter beide Klagen bei den Gerichten in dem Mitgliedstaat, in dessen Hoheitsgebiet der Beklagte seinen Wohnsitz hat, oder – bei einer Klage gegen mehrere Beklagte – bei den Gerichten in dem Mitgliedstaat, in dessen Hoheitsgebiet einer der Beklagten seinen Wohnsitz hat, erheben, vorausgesetzt, die betreffenden Gerichte sind nach der Verordnung (EU) Nr. 1215/2012 zuständig.

Unterabsatz 1 gilt auch für den Schuldner in Eigenverwaltung, sofern der Schuldner in Eigenverwaltung nach nationalem Recht Klage für die Insolvenzmasse erheben kann.

(3) Klagen gelten für die Zwecke des Absatzes 2 als miteinander im Zusammenhang stehend, wenn zwischen ihnen eine so enge Beziehung gegeben ist, dass eine gemeinsame Verhandlung und Entscheidung zweckmäßig ist, um die Gefahr zu vermeiden, dass in getrennten Verfahren miteinander unvereinbare Entscheidungen ergehen.

Übersicht	Rdn.		Rdn.
A. Normzweck	1	7. Gesellschaftsrechtliche Klagen	18
B. Annexverfahren (Abs. 1)	5	II. Erstreckung auf Klagen gegen/von Gläubigern aus Drittstaaten	19
I. Reichweite der Vorschrift	6	III. Anwendung in Partikularverfahren	21
1. Anfechtungsklagen	9	V. Ausschließlicher Gerichtsstand?	22
2. Feststellungsklagen	12	VI. Zuständigkeit der ordentlichen Gerichte	23
3. Aus- und Absonderungsklagen	13	VII. Örtliche Zuständigkeit	24
4. Klagen wegen verspäteter Insolvenzantragstellung	15	C. Klagen im Zusammenhang mit einer Annexklage (Abs. 2, 3)	26
5. Masseforderungen	16		
6. Arbeitsrechtliche Klagen	17		

A. Normzweck

Vor der Neufassung der EuInsVO war lange Zeit umstritten, ob die Regelung über die internationale Zuständigkeit in Art. 3 Abs. 1 hinaus auch für Rechtsstreitigkeiten gilt, die im Zusammenhang mit einem Insolvenzverfahren geführt werden (sog. **Annexverfahren**, vgl. dazu *Mohrbutter/Ringstmeier-Wenner* Kap. 20 Rn. 17). Zwar hatte der EuGH schon vor vielen Jahren entschieden, dass der in 1

Art. 6 EuInsVO Zuständigkeit für Klagen, die unmittelbar aus dem Insolvenzverfahren hervorgehen

Art. 1 Abs. 2 lit. b EuGVO enthaltene Ausschluss auch für die im Insolvenzverfahren ergangenen Sachentscheidungen gilt (*EuGH* Slg. 1979, 733 [744] [*Gourdain/Nadler*]; für Anfechtungsklagen gem. § 29 ff. KO *BGH* NJW 1990, 990). Damals wollte der EuGH aber nur Spielraum für eine einheitliche insolvenzrechtliche Regelung geben (*Mörsdorf/Schulte* ZIP 2009, 1456 [1460]). Eine solche einheitliche Regelung wollte der Verordnungsgeber aber damals nicht einführen. Insbesondere konnte er sich nicht dazu entschließen, Annexverfahren zuständigkeitsrechtlich im Staat der Eröffnung des Insolvenzverfahrens zu konzentrieren (sog. vis attractiva concursus, vgl. Erläuternder Bericht Rn. 77; *Mörsdorf-Schulte* ZIP 2009, 1456 [1460]; *Mohrbutter/Ringstmeier-Wenner* Kap. 20 Rn. 17; dazu auch *Reinhart* NZI 2012, 304 [306 ff.]). Dementsprechend ist angenommen worden, dass den Zuständigkeitsregeln der EuGVO sowohl insolvenzrechtliche Anfechtungsklagen, als auch beispielsweise Eigenkapitalersatzklagen, Klagen des Insolvenzverwalters auf Erfüllung von Verträgen, Klagen des Insolvenzverwalters gegen den Schuldner oder dessen Geschäftsführer, Aus- und Absonderungsklagen, Rangstreitigkeiten sowie Klagen auf Zahlung einer Masseverbindlichkeit unterfallen (s. FK-InsO 5. Aufl. Rn. 37; *Geimer* IZPR Rn. 3561; MüKo-InsO/*Reinhart* Art. 3 EuInsVO a.F. Rn. 92; *Nerlich/Römermann/Nerlich* Art. 3 EuInsVO a.F. Rn. 71; *OLG Frankfurt* ZIP 2006, 769 m. Anm. *Mankowski/Willemer* NZI 2006, 650; *Schwarz* NZI 2002, 290 [294 ff.]; *Uhlenbruck/Lüer* Art. 3 EuInsVO a.F. Rn. 52; *Mohrbutter/Ringstmeier-Wenner* Kap. 20 Rn. 17).

2 Auf Vorlage des *BGH* (ZIP 2007, 1415) hatte der **EuGH** demgegenüber entschieden, dass die **Gerichte des Insolvenzeröffnungsstaats nach Art. 3 Abs. 1 für Insolvenzanfechtungsklagen zuständig sind**; die Anknüpfung nach den Zuständigkeitsregeln der EuGVO oder des nationalen Rechts wurde verworfen (*EuGH* NZI 2009, 199 [*Deko Marty*]; ebenso *BGH* NZI 2009, 532 m. Anm. *Mock* NZI 2009, 534; *OLG Köln* ZIP 2012, 1000). Die Entscheidung war äußerst knapp begründet (krit. daher *Stürner/Kern* LMK 2009, 278572). Es wurde nicht deutlich, ob der EuGH gesehen hat, dass er mit der Schaffung einer vis attractiva concursus den kompetenzrechtlichen Schutz des Beklagten aufgibt (krit. auch *Mörsdorf-Schulte* ZIP 2009, 1456; *Schack* Internationales Zivilverfahrensrecht, Rn. 1186). Der Entscheidung war auch nicht zu entnehmen, ob die internationale Zuständigkeit nach Art. 3 Abs. 1 für Insolvenzanfechtungsklagen ausschließlich sein soll (für Ausschließlichkeit *Mankowski/Willemer* RIW 2009, 669 [674 f.]; zweifelnd *Mörsdorf-Schulte* ZIP 2009, 1456 [1461]).

3 Der Verordnungsgeber übergeht die an der Entscheidung des EuGH geäußerten Bedenken und übernimmt seine Rechtsprechung in Art. 6. Er weitet diese Rechtsprechung darüber hinaus dadurch aus, dass er die internationale Zuständigkeit des Eröffnungsgerichts auch für zivil- und handelsrechtliche Klagen gegen denselben Beklagten eröffnet, die im Zusammenhang mit einer Klage nach Art. 6 Abs. 1 EuInsVO geltend gemacht werden (Art. 6 Abs. 2, 3 EuInsVO). Die Neuregelung ist kritisch zu sehen, greift sie doch ganz entscheidend in das ansonsten übliche Zuständigkeitssystem ein, das den Beklagten schützt, und zu Waffengleichheit führen soll (krit. *Wenner* ZIP 2017, 1137 [1140]). Unverständlich ist auch, dass der Reformgeber als Beispiel für eine Annexklage in Art. 6 Abs. 1 lediglich die Anfechtungsklage erwähnt und im Übrigen die Frage, welche Verfahren Annexverfahren sein sollen, offenlässt (vgl. *Wenner* ZIP 2017, 1137 [1140]). Auch die Frage, ob es sich um einen ausschließlichen Gerichtsstand handelt, bleibt offen. Es besteht **große Rechtsunsicherheit**.

4 Die **Vollstreckung von Annexentscheidungen** im Sinne des Art. 6 richtet sich nunmehr nach Art. 32 Abs. 1 Unterabs. 2, nicht nach der EuGVO.

B. Annexverfahren (Abs. 1)

5 Der Verordnungsgeber hat bei der Neufassung von Art. 6 die unklare Formulierung aus der Rechtsprechung des *EuGH* (NZI 2009, 199 [*Deko Marty*]) übernommen. Danach gilt Abs. 1 für Klagen, **die unmittelbar aus dem Insolvenzverfahren hervorgehen und in engem Zusammenhang** damit stehen. Wann ein solcher enger und unmittelbarer Zusammenhang anzunehmen ist, ist allerdings offen. Die vom EuGH genannten und vom Verordnungsgeber übernommenen Kriterien sind dürftig und für die Praxis kaum brauchbar (so auch bereits allgemein gegen das Merkmal des »engen Zusammenhangs« MüKo-InsO/*Reinhart* Art. 3 EuInsVO a.F. Rn. 91). Hinzu kommt: In einer weiteren Entscheidung nimmt der EuGH diese Nähe zum Insolvenzverfahren für einen Rechtsstreit an, indem

es (nach Auffassung des *EuGH*) darum ging, ob ein schwedischer Konkursverwalter Gesellschaftsanteile wirksam übertragen hatte (*EuGH* NZI 2009, 570 [*Alpenblume*] m. Anm. *Mankowski* NZI 2010, 571; krit. zu dieser ebenfalls nur dürftig begründeten Entscheidung *Oberhammer* IPRax 2010, 317; als schlicht »falsch entschieden« bezeichnet die Entscheidung *Mankowski* NZI 2010, 508 [510]), mithin in einem Fall, der gerade kein enges Verhältnis zum Insolvenzverfahren aufweist, weil dort lediglich eine Vorfrage insolvenzrechtlicher Natur war. Möglicherweise allerdings ist der EuGH danach wieder einen Schritt zurückgerudert, wenn er dort den Anwendungsbereich der EuGVO als »weit« und den Anwendungsbereich der EuInsVO als »nicht weit« auslegt (*EuGH* NZI 2009, 741 [*German Graphics*]; so ebenfalls *Oberhammer* IPRax 2010, 317 [324]; *Brinkmann* IPRax 2010, 324 [326]). Auch diese Entscheidung des EuGH lässt allerdings nicht erkennen, ob das Gericht die in Rede stehende Problematik zur Gänze erfasst hat (vgl. *Mankowski* NZI 2010, 508 [510]). Für die Geltendmachung eines Insolvenzanfechtungsanspruchs durch einen Dritten, dem dieser vom Insolvenzverwalter abgetreten wurde, sei der enge Zusammenhang zum Insolvenzverfahren jedenfalls nicht mehr gegeben (*EuGH* NZI 2012, 469; dazu krit. *Brinkmann* EWiR Art. 3 EuInsVO 5/12, 383).

I. Reichweite der Vorschrift

Welche **Verfahren im Einzelnen** gemeint sind, wird man also rechtssicher nur durch weitere Vorlagen an den *EuGH* klären können (vgl. hierzu *Fehrenbach* ZEuP 2013, 353 [381]). Der Umstand, dass eine Vorfrage für einen Anspruch insolvenzrechtlich zu qualifizieren ist, reicht nicht (das verkennt *EuGH* NZI 2009, 570 [*Alpenblume*]; dazu *Piekenbrock* LMK 2009, 289817). Die Qualifikation geschieht autonom (vgl. zur Abgrenzung zwischen Gesellschafts- und Insolvenzstatut weiterhin EuInsVO Art. 7 Rdn. 19 ff.). Auch ein Abstellen auf Art. 7 Abs. 2 EuInsVO (so *Mankowski/Mankowski*, Art. 6 EuInsVO Rn. 6) führt nicht zu mehr Klarheit, denn die dort aufgeführten Bereiche, für die die lex fori concursus Anwendung findet, sind nicht trennscharf abgegrenzt, und decken sich überdies nicht mit der Definition von Abs. 1, die neben der insolvenzrechtlichen Qualifikation weitere Anforderungen aufstellt.

Abs. 1 setzt nicht voraus, dass der Insolvenzverwalter oder der Schuldner in Eigenverwaltung als Kläger in dem betroffenen Verfahren auftritt. Auch **Klagen gegen den Insolvenzverwalter und den Schuldner in Eigenverwaltung** können unter Abs. 1 fallen.

Viel spricht dafür, die Vorschrift eng zu verstehen, und nur solche Klagen unter Abs. 1 zu fassen, mit denen Ansprüche geltend gemacht werden, die es ohne das Insolvenzverfahren über das Vermögen des Schuldners nicht gäbe bzw. bei denen Rechtsnormen entscheidend sind, die ohne das Insolvenzverfahren nicht zur Anwendung kämen (wie hier: *Wimmer/Bornemann/Lienau* Die Neufassung der EuInsVO Rn. 278; weiter jedoch *EuGH* EuZW 2015, 141 Rn. 20, der darauf abstellt, dass es auch bei unabhängig von der Insolvenz bestehenden Ansprüchen ausreicht, wenn die Klage im Rahmen eines Insolvenzverfahrens erhoben wurde).

1. Anfechtungsklagen

Schon die Frage, was unter einer Anfechtungsklage i.S.d. EuInsVO zu verstehen ist, ist nicht leicht zu beantworten. So werden aus deutscher Sicht die Klagen, die auf die §§ 129 ff InsO gestützt sind, grundsätzlich unter Abs. 1 fallen. Aber schon bei der Vorschrift § 135 InsO, die Gesellschafterdarlehen betrifft, kann man sich fragen, ob eine auf sie gestützte Klage unter die Norm fällt (vgl. dazu EuInsVO Art. 7 Rdn. 31).

Wie schwierig die Abgrenzung ist, zeigt der Fall, dass der Insolvenzverwalter einen Zahlungsanspruch einklagt, der Anfechtungsgegner aufrechnet, und sich die Auseinandersetzung um die Frage dreht, ob die Aufrechnungsposition i.S.d. § 96 Abs. 1 Nr. 3 InsO anfechtbar erlangt wurde. Der *BGH* verneint den engen Bezug zum Insolvenzverfahren, denn die Frage der Anfechtbarkeit sei hier nur eine Vorfrage (*BGH* NZI 2015, 1033; vgl. auch *EuGH Nickel & Goeldner* ZIP 2015, 96). In diese Richtung deutet auch der Erwägungsgrund Nr. 35, der Klagen wegen der Erfüllung von Verpflichtungen aus einem Vertrag, der vom Schuldner vor der Eröffnung des Verfahrens abgeschlossen wurde, ausklammern will. Hätte der Verwalter nicht auf Zahlung, sondern (zunächst) auf Feststellung geklagt, dass die Aufrechnung wegen der Anfechtbarkeit ausscheidet, hätte, vorbehaltlich der Zulässigkeit einer solchen Klage im Übrigen, möglicherweise anders entschieden werden müssen.

11 Ähnliche Fragen stellen sich, wenn sich die Klage gegen den Insolvenzverwalter richtet, und dieser die Einrede der Anfechtbarkeit erhebt, und eine Leistung verweigert (vgl. § 146 Abs. 2 InsO). Auch dann mag man sich fragen, ob es sich bei der Anfechtbarkeit nur um eine Vorfrage handelt, oder ob ein Annexverfahren vorliegt, wenn es im Kern um die Anfechtbarkeit geht (so *Haas* ZIP 2013, 2381, 2389).

2. Feststellungklagen

12 Auch die **Feststellungsklage** zur Tabelle soll ein **Annexverfahren** sein (zur früheren Rechtsprechung des EuGH *Mankowski/Willemer* RIW 2009, 669 [678]; a.A. *Haß/Huber/Gruber/Heiderhoff-Gruber* Art. 25 EuInsVO a.F. Rn. 14, der es bei der Anwendung der EuGVO belassen möchte, zumindest soweit sich die Tabellenstreitigkeit um das Bestehen der Forderung dreht). Andere stellen darauf ab, dass sich aus § 180 InsO eine ausschließliche internationale Zuständigkeit ergibt, da über Art. 7 die Vorschriften der lex fori concursus auf das Insolvenzverfahren Anwendung finden (offen gelassen von *BGH* NZG 2011, 273; vgl. dazu auch § 335 Rdn. 16).

3. Aus- und Absonderungsklagen

13 Die internationale Zuständigkeit für die Klage eines Gläubigers wegen eines **Aus- oder Absonderungsrechts** richtet sich hingegen nach der **EuGVO** (*EuGH* NZI 2009, 741 [*German Graphics*]; *High Court of Justice* IILR 2011, 221 dazu *Cranshaw* DZWIR 2010, 89; *Lüttringhaus/Weber* RIW 2010, 45; *Mankowski* NZI 2010, 178). Denn in einem solchen Verfahren geht es in der Regel um die Frage, wer Eigentümer ist, und das kann man unabhängig von den insolvenzrechtlichen Regelungen entscheiden.

14 Anders mag dies allerdings sein, wenn der Schwerpunkt des Streits die Anfechtbarkeit der bestellten Sicherheit ist (vgl. zur schwierigen Abgrenzung auch Rdn. 11).

4. Klagen wegen verspäteter Insolvenzantragstellung

15 Sehr streitig war, ob auch eine Klage wegen **Insolvenzverschleppungshaftung** oder verspäteter Insolvenzantragstellung ein **Annexverfahren** ist. Dies hat *EuGH* nunmehr in dem Sinne entschieden, dass eine solche Klage heute unter Abs. 1 gefasst würde (*EuGH* »H« NZI 2015, 88; vgl. zum früheren Streit *Mankowski/Mankowski* Art. 6 EuInsVO Rn. 20 ff.). Dabei soll es keine Rolle spielen, dass der Anspruch aus § 64 GmbH auch unabhängig vom Insolvenzverfahren besteht, wenn der Anspruch im Rahmen eines Insolvenzverfahrens geltend gemacht wird.

5. Masseforderungen

16 Klagen aus Verträgen, die der Insolvenzverwalter selbst nach Eröffnung abgeschlossen hat, sind **keine Annexverfahren** und fallen nicht unter Abs. 1.

6. Arbeitsrechtliche Klagen

17 Die int. Zuständigkeit für **Kündigungsschutzklagen** in der Insolvenz des Arbeitgebers richtet sich nach der **EuGVO** (*BAG* NZA 2013, 669; NZI 2012, 1011). Dies gilt auch dann, wenn die Kündigung auf Grundlage eines Interessenausgleichs gem. § 125 InsO erklärt worden ist (*BAG* NZI 2012, 1011).

7. Gesellschaftsrechtliche Klagen

Gesellschaftsrechtliche Ansprüche, die auch bestünden, wenn es kein Insolvenzverfahren gäbe, begründen **kein Annexverfahren**. Eine Zuständigkeit setzt (ohne dass dies genügen würde) eine insolvenzrechtliche Qualifikation der Streitigkeit voraus (*Uhlenbruck/Lüer* InsO, Art. 4 EuInsVO a.F. Rn. 12). Als gesellschaftsrechtlich zu qualifizierende Streitigkeiten sollten nicht unter Art. 6 fallen. 18

II. Erstreckung auf Klagen gegen/von Gläubigern aus Drittstaaten

Mit seiner Entscheidung vom 16.01.2014 hat der EuGH seine Rechtsprechung zu Art. 3 Abs. 1 a.F. fortgeführt und entschieden, dass sich daraus dann auch eine entsprechende Zuständigkeit für **Beklagte mit Sitz in einem Drittstaat** ergibt (*EuGH* NZI 2014, 134; vgl. dazu auch EuInsVO Art. 1 Rdn. 14). Allerdings ergeben sich dann Folgefragen bei der Vollstreckung der Entscheidung (dazu etwa *Baumert* NZI 2014, 106). 19

Art. 6 Abs. 1 EuInsVO enthält keine Einschränkung in dem Sinne, dass die Vorschrift nicht auch für Beklagte mit einem Sitz in Drittstaaten gelten soll, so dass viel dafür spricht, dass der *EuGH* seine neuere Rechtsprechung auch zu Art. 6 Abs. 1 EuInsVO aufrechterhalten würde. Allerdings säht Erwägungsgrund Nr. 35 Zweifel, denn dieser beschreibt als Vorgabe, dass Anfechtungsklagen gegen Beklagte »*in anderen Mitgliedstaaten*«, zu solchen Verfahren zählen sollen, die von Art. 6 Abs. 1 erfasst werden. Es bleibt abzuwarten, ob damit eine Einschränkung des Anwendungsbereichs bezweckt ist, oder ob es bei der bisherigen Rechtsprechung bleibt. 20

III. Anwendung in Partikularverfahren

Art. 6 findet **auch in Partikularverfahren** Anwendung, und zwar in dem Sinne, dass der Sekundärinsolvenzverwalter die in Abs. 1 genannten Klagen vor den Gerichten erheben kann, in dem das Sekundärinsolvenzverfahren eröffnet wurde. Soweit Art. 21 Abs. 2 EuInsVO weitere Gerichtsstände vorsieht, stehen diese ebenfalls zur Verfügung. Das Forum des Staats der Eröffnung des Hauptverfahrens steht für Anfechtungsklagen des Sekundärinsolvenzverwalters nicht zur Verfügung (anders *Mock* ZIP 2009, 470 [474]). 21

V. Ausschließlicher Gerichtsstand?

Die EuInsVO regelt nicht, ob es sich um einen ausschließlich Gerichtsstand handelt (dafür, wenngleich kritisch MüKo-InsO/*Thole* VO (EG) 2015/848 Art. 6 Rn. 3). Dagegen spricht, dass es ein berechtigtes Interesse des Insolvenzverwalters geben kann, eine Klage am Beklagtenwohnsitz zu führen, etwa, wenn diese günstiger ist oder einen schnelleren Erfolg verspricht. Für die Ausschließlichkeit spricht die Regelung in Abs. 2, wenn man sie als Ausnahme vom (dann ausschließlichen) Gerichtsstand nach Abs. 1 verstehen würde. Allerdings kann man Abs. 2 auch so verstehen, dass klargestellt wird, dass es auch weitere zulässige Gerichtsstände geben kann, ohne dass zugleich die Rechte der Beteiligten eingeschränkt werden sollen. 22

VI. Zuständigkeit der ordentlichen Gerichte

Nach der Legaldefinition des Art. 2 Nr. 6 lit i) handelt es sich bei dem zuständigen Gericht im Sinne des Art. 6 um ein Justizorgan eines Mitgliedstaats. Auf Art. 6 kann sich also nicht berufen, wer ein **Schiedsverfahren** einleiten will. 23

VII. Örtliche Zuständigkeit

Die **örtliche Zuständigkeit** regelt die EuInsVO nicht, sondern überlässt dies den Mitgliedstaaten. Dies ist insbesondere dann problematisch, wenn die Mitgliedstaaten eine vis attractiva concursus bislang nicht kannten. 24

Art. 102c § 6 Abs. 1 EGInsO füllt diese Lücke und sieht vor, dass die Gerichte am Sitz des Insolvenzgerichts örtlich zuständig für Annexverfahren sind. Schon zuvor hatte der BGH für insolvenzrecht- 25 liche Anfechtungsklagen bei internationaler Zuständigkeit deutscher Gerichte nach Art. 3 Abs. 1 EuInsVO a.F. eine **örtliche Zuständigkeit am Sitz des Insolvenzgerichts** angenommen (§ 19a ZPO analog i.V.m. § 3 InsO, Art. 102 § 1 EGInsO, vgl. *BGH* NZI 2009, 532; krit. hierzu *Wolfer* GWR 2009, 152; *Tashiro* FD-InsR 2009, 276473; wie der BGH auch *LG Marburg* BeckRS 2011, 02242).

C. Klagen im Zusammenhang mit einer Annexklage (Abs. 2, 3)

26 Abs. 2 eröffnet einen **weiteren Gerichtsstand** für zivil- oder handelsrechtliche Klagen, die in einem **Sachzusammenhang mit der Annexklage** stehen. Diese ausufernde vis attractiva concursus gefährdet den kompetenzrechtlichen Schutz des Beklagten weitgehend. Dass der Reformgeber dies erkannt hat, ist nicht ersichtlich (krit. *Wenner* ZIP 2017, 1137 [1140]). Anders als Abs. 1 gilt Abs. 2 nur für Klagen des Verwalters oder des Schuldners in Eigenverwaltung. Diese Klage kann dann am Beklagtenwohnsitz erhoben werden, wobei offen ist, ob es sich um eine klarstellende Regelung handelt, oder ob sich im Umkehrschluss aus Abs. 2 ergibt, dass Abs. 1 ein ausschließlicher Gerichtsstand ist (vgl. dazu Rdn. 22). Die Regelung gilt auch für den Schuldner in Eigenverwaltung.

27 Ein Sachzusammenhang in diesem Sinne liegt nach Abs. 3 vor, wenn zwischen den beiden Klagen eine so **enge Beziehung** gegeben ist, dass eine **gemeinsame Verhandlung und Entscheidung zweckmäßig** erscheint, um die Gefahr zu vermeiden, dass in getrennten Verfahren unterschiedliche Entscheidungen ergehen. Dies entspricht der Formulierung aus Art. 30 Abs. 3 Brüssel Ia-VO, schränkt aber zugleich den Anwendungsbereich von Abs. 2 deutlich ein. Denn die Gefahr unterschiedlicher Entscheidungen stellt sich nicht, wenn über die den Klagen jeweils zu Grunde liegenden Anspruchsnormen unabhängig voneinander entschieden werden könnte. Es muss eine enge tatsächliche oder rechtliche Verwobenheit zwischen den Ansprüchen bestehen. Insbesondere bei Insolvenzanfechtungsansprüchen wird dies nur selten der Fall sein. Dementsprechend verbleiben trotz der Regelungen Schwierigkeiten, wenn eine Klage parallel auf einen Insolvenzanfechtungstatbestand und daneben auf die gesellschaftsrechtlichen Eigenkapitalersatzregeln gem. §§ 30, 31 GmbHG a.F. analog gestützt wird (vgl. dazu den Vorlagebeschluss des *LG Essen* GWR 2011, 172; *LG Essen* ZIP 2011, 875; s. zu dieser Problematik auch *Haas/Vogel* NZG 2011, 455; *Thole* ZIP 2012, 605; *Stoecker/Zschaler* NZI 2010, 757).

28 Der Begriff Wohnsitz ist unglücklich gewählt, denn er ist in der EuInsVO nicht definiert. Und auch bei juristischen Personen macht er wenig Sinn. In Anlehnung an die Brüssel Ia-VO wird man an den satzungsmäßigen Sitz, die Hauptverwaltung oder die Hauptniederlassung anknüpfen können.

29 Abs. 2 greift zu kurz. Denn die örtliche Zuständigkeit wird dort nicht geregelt. Richtet sich aber die Klage gegen mehrere Beklagte, macht die Vorschrift nur Sinn, wenn die Klage dann an einem örtlich zuständigen Gerichtsstand erhoben werden kann (für eine Auslegung in diesem Sinne *Mankowski/Mankowski* Art. 6 Rn. 44). Für Verfahren, die in Deutschland geführt werden, enthält Art. 102c § 6 Abs. 2 EGInsO eine entsprechende Regelung zur örtlichen Zuständigkeit.

Artikel 7 Anwendbares Recht

(1) Soweit diese Verordnung nichts anderes bestimmt, gilt für das Insolvenzverfahren und seine Wirkungen das Insolvenzrecht des Mitgliedstaats, in dessen Hoheitsgebiet das Verfahren eröffnet wird (im Folgenden »Staat der Verfahrenseröffnung«).

(2) Das Recht des Staates der Verfahrenseröffnung regelt, unter welchen Voraussetzungen das Insolvenzverfahren eröffnet wird und wie es durchzuführen und zu beenden ist. Es regelt insbesondere:
a) bei welcher Art von Schuldnern ein Insolvenzverfahren zulässig ist;
b) welche Vermögenswerte zur Insolvenzmasse gehören und wie die nach der Verfahrenseröffnung vom *Schuldner* erworbenen Vermögenswerte zu behandeln sind;
c) die jeweiligen Befugnisse des Schuldners und des Verwalters;

d) die Voraussetzungen für die Wirksamkeit einer Aufrechnung;
e) wie sich das Insolvenzverfahren auf laufende Verträge des Schuldners auswirkt;
f) wie sich die Eröffnung eines Insolvenzverfahrens auf Rechtsverfolgungsmaßnahmen einzelner Gläubiger auswirkt; ausgenommen sind die Wirkungen auf anhängige Rechtsstreitigkeiten;
g) welche Forderungen als Insolvenzforderungen anzumelden sind und wie Forderungen zu behandeln sind, die nach der Eröffnung des Insolvenzverfahrens entstehen;
h) die Anmeldung, die Prüfung und die Feststellung der Forderungen;
i) die Verteilung des Erlöses aus der Verwertung des Vermögens, den Rang der Forderungen und die Rechte der Gläubiger, die nach der Eröffnung des Insolvenzverfahrens auf Grund eines dinglichen Rechts oder infolge einer Aufrechnung teilweise befriedigt wurden;
j) die Voraussetzungen und die Wirkungen der Beendigung des Insolvenzverfahrens, insbesondere durch Vergleich;
k) die Rechte der Gläubiger nach der Beendigung des Insolvenzverfahrens;
l) wer die Kosten des Insolvenzverfahrens einschließlich der Auslagen zu tragen hat;
m) welche Rechtshandlungen nichtig, anfechtbar oder relativ unwirksam sind, weil sie die Gesamtheit der Gläubiger benachteiligen.

Übersicht	Rdn.		Rdn.
A. Normzweck	1	und sonstige Beendigung der Gesellschaft	22
B. Das anwendbare Recht (Abs. 1)	3	2. Insolvenzantragspflichten	24
C. Regelbeispiele (Abs. 2)	5	3. Insolvenzverschleppungshaftung	28
D. Einzelfälle	17	4. Kapitalaufbringung und Kapitalerhaltung	30
I. Qualifikation	17	5. Existenzvernichtungs- und Durchgriffshaftung	32
II. Abgrenzung Gesellschafts- und Insolvenzstatut	19	III. Vis attractiva concursus	34
1. Entstehung, Auflösung, Liquidation			

Literatur:
Beck Verteilungsfragen im Verhältnis zwischen Haupt- und Sekundärinsolvenzverfahren nach der EuInsVO, NZI 2007, 1; *Berner/Klöhn* Insolvenzantragspflicht, Qualifikation und Niederlassungsfreiheit, ZIP 2007, 106; *Dahl* Internationales Insolvenzrecht in der EU, NJW-Spezial 2009, 245; *Dammann/Lehmkuhl* Unwirksamkeit insolvenzbedingter Lösungsklauseln – Vorrang der lex fori concursus nach Art. 4 II 2 lit. e. EuInsVO, NJW 2012, 3069; *Dornblüth* Fortbestehende Geschäftsführerhaftung gem. § BGB § 823 Abs. BGB § 823 Absatz 2 BGB, § STGB § 266a StGB trotz in England erlangter Restschuldbefreiung?, ZIP 2014, 712; *Flecke-Giammarco/Keller* Die Auswirkung der Wahl des Schiedsortes auf den Fortgang des Schiedsverfahrens in der Insolvenz, NZI 2012, 529; *Frind* Stärkung der Gläubigerrechte in der InsO – Bemerkungen zum Stand der Gesetzgebung, NZI 2007, 555; *Gittfried* Unternehmenssanierung im Rahmen der Europäischen Insolvenzverordnung, KSI 2007, 166; *Gloger/Goette/v.Huet* Die neue Rechtsprechung zur Existenzvernichtungshaftung mit Ausblick in das englische Recht (Teil I), DStR 2008, 1141; *dies.* Die neue Rechtsprechung zur Existenzvernichtungshaftung mit Ausblick in das englische Recht (Teil II), DStR 2008, 1194; *Gross/Schorck* Strafbarkeit des directors einer Private Company Limited by Shares wegen verspäteter Insolvenzantragstellung, NZI 2006, 10; *Haas* Die internationale und örtliche Zuständigkeit für Klagen nach § 64 II GmbHG a.F. (bzw. § 64 S. 1 GmbHG n.F.), NZG 2010, 495; *ders.* Kapitalerhaltung, Insolvenzanfechtung, Schadensersatz und Existenzvernichtung – wann wächst zusammen, was zusammengehört?, ZIP 2006, 1373; *Heil* Insolvenzantragspflicht und Insolvenzverschleppungshaftung bei der Scheinauslandsgesellschaft in Deutschland, 2008; *Huber, U.* Inländische Insolvenzverfahren über Auslandsgesellschaften nach der Europäischen Insolvenzverordnung, in: Festschrift für Walter Gerhardt, 2004, S. 397; *Kußmaul/Ruiner* Ausgewählte Charakteristika der Limited mit ausschließlicher Geschäftstätigkeit in Deutschland im Lichte der aktuellen Gesetzesänderung, IStR 2007, 696; *Leithaus/Riewe* Inhalt und Reichweite der Insolvenzantragspflicht bei europaweiter Konzerninsolvenz, NZI 2008, 598; *Mankowski* Bestimmung der Insolvenzmasse und Pfändungsschutz unter der EuInsVO, NZI 2009, 785; *ders.* Insolvenzrecht gegen Gesellschaftsrecht 2:0 im europäischen Spiel um § 64 GmbHG, NZG 2016, 281; *Müller, K.* Die englische Limited in Deutschland – für welche Unternehmer ist sie tatsächlich geeignet?, BB 2006, 837; *Plappert* Dingliche Sicherungsrechte in der Insolvenz, 2008; *Poertzgen* Neues zur Insolvenzverschleppungshaftung – der Regierungsentwurf des MoMiG, NZI 2008, 9; *ders.* Die künftige Insolvenzverschleppungshaftung nach dem MoMiG, NZI 2007, 15; *Radtke/Hoffmann* Die Anwendbarkeit von nationalem Insolvenzstrafrecht

auf EU-Auslandsgesellschaften, EuZW 2009, 404; *Reinhart* Die Durchsetzung im Inland belegener Absonderungsrechte bei ausländischen Insolvenzverfahren oder Qualifikation, Vorfragen und Substitution im internationalen Insolvenzrecht, IPRax 2012, 417; *Renner* Insolvenzverschleppungshaftung in internationalen Fällen, 2006; *Roitsch* Auflösung, Insolvenz und Liquidation einer Europäischen Aktiengesellschaft (SE) mit Sitz in Deutschland, 2006; *Schall* Anspruchsgrundlagen gegen Direktoren und Gesellschafter einer Limited nach englischem Recht, DStR 2006, 1229; *ders.* Die Große Freiheit an der Börse?, NZG 2007, 338; *Schwab* Missbrauchsbekämpfung durch die GmbH-Reform: Schutzinstrumente und Schutzlücken, DStR 2010, 333; *Ulmer* Gläubigerschutz bei Scheinauslandsgesellschaften – Zum Verhältnis zwischen gläubigerschützendem nationalem Gesellschafts-, Delikts- und Insolvenzrecht und der EG-Niederlassungsfreiheit, NJW 2004, 1201; *v. Hase* Insolvenzantragspflicht für directors einer Limited in Deutschland?, BB 2006, 2141; *Vallender* Gefahren für den Insolvenzstandort Deutschland, NZI 2007, 129; *ders.* Wirkung und Anerkennung einer im Ausland erteilten Restschuldbefreiung, ZInsO 2009, 616; *Wachter* Persönliche Haftung des Gründers einer englischen private limited company, BB 2006, 1463; *Walterscheid* Die englische Limited im Insolvenzverfahren, DZWIR 2006, 95; *Wälzholz* Die insolvenzrechtliche Behandlung haftungsbeschränkter Gesellschaften nach der Reform durch das MoMiG, DStR 2007, 1914; *Wedemann* Die Regelungen des deutschen Eigenkapitalersatzrechts: Insolvenz- oder Gesellschaftsrecht?, IPRax 2012, 226; *Wienberg/Sommer* Anwendung von deutschem Eigenkapitalersatzrecht auf EU-Kapitalgesellschaften am Beispiel eines Partikularinsolvenzverfahrens im engeren Sinne nach Art. 3 II, IV EuInsVO, NZI 2005, 353; *Zerres* Deutsche Insolvenzantragspflicht für die englische Limited mit Inlandssitz, DZWIR 2006, 356.

A. Normzweck

1 Art. 7 gehört zu den zahlreichen Kollisionsnormen der EuInsVO. Diese Normen verdrängen in ihrem Anwendungsbereich die nationalen Kollisionsnormen (vgl. Erwägungsgrund Nr. 66). Die in der EuInsVO enthaltenen Kollisionsnormen sind i.d.R. **Sachnormverweisungen**, verweisen also nicht auf das Kollisionsrecht eines Mitgliedstaats, sondern auf dessen materielles Recht. Eine Rückverweisung ist dann unbeachtlich (Erläuternder Bericht Rn. 87; *Geimer* IZPR Rn. 3375; MüKo-InsO/*Reinhart* Art. 4 EuInsVO a.F. Rn. 1; *Reithmann/Martiny/Hausmann* Int. Vertragsrecht, Rn. 5755; K. Schmidt/*Brinkmann* InsO, Art. 4 EuInsVO a.F. Rn. 2; *Taupitz* ZZP 111 [1998], 315 [329]; *Mohrbutter/Ringstmeier-Wenner* Kap. 20 Rn. 259).

2 Art. 7 erklärt entsprechend den modernen kollisionsrechtlichen Einsichten (dazu Vor §§ 335 ff. Rdn. 14 ff., 20 f.) im Grundsatz für sämtliche Aspekte des Insolvenzverfahrens die **lex fori concursus** für anwendbar. Art. 7 verspricht aber mehr als die EuInsVO hält. Ebenso wie im autonomen IIR durchlöchern zahlreiche Ausnahmen den Grundsatz und lassen in wichtigen Bereichen von ihm kaum noch etwas übrig (vgl. die Kritik bei Vor §§ 335 ff. Rdn. 20 f., 27 ff.; *Mohrbutter/Ringstmeier-Wenner* Kap. 20 Rn. 251 f.).

B. Das anwendbare Recht (Abs. 1)

3 Soweit die EuInsVO keine abweichenden Vorschriften enthält, **gilt nach Abs. 1 für das Insolvenzverfahren und seine Wirkungen das Insolvenzrecht des Eröffnungsstaats**. Das Insolvenzrecht des Eröffnungsstaats regelt sowohl das Verfahrensrecht als auch das auf die Insolvenz anwendbare materielle Recht (*EuGH* NZI 2010, 156 [157]; *BGH* NZI 2012, 153 [154]; *Duursma-Kepplinger/Duursma/Chalupsky* Art. 4 EuInsVO Rn. 5, 9; *Kemper* ZIP 2001, 1609 [1615]). Art. 7 gilt zunächst für **Hauptinsolvenzverfahren**. Das bringt das Insolvenzrecht des Staats zur Anwendung, in dem der Schuldner den Schwerpunkt seiner wirtschaftlichen Tätigkeit hat (Art. 3 EuInsVO). Art. 7 gilt aber auch für das **Partikularinsolvenzverfahren** (Erläuternder Bericht Rn. 89; *Wienberg/Sommer* NZI 2005, 353 [356]; dazu krit. Vor §§ 335 ff. Rdn. 27 ff.; vgl. auch die dies unnötigerweise wiederholende Regelung in Art. 35 EuInsVO für Sekundärinsolvenzverfahren) und bringt dann eine (rechtspolitisch unerwünschte) Zersplitterung des Insolvenzstatuts mit sich.

4 Die Grundregel des Abs. 1 wird ergänzt durch eine klarstellende Liste von Beispielen in Abs. 2. Diese Auflistung ist nicht abschließend.

C. Regelbeispiele (Abs. 2)

Die lex fori concursus regelt die möglichen **Insolvenzgründe** (Abs. 2 Satz 1) und die Insolvenzfähigkeit des Schuldners (Abs. 2 **lit. a**). Ob Zahlungsunfähigkeit, drohende Zahlungsunfähigkeit oder Überschuldung vorliegt, richtet sich nach dem Insolvenzstatut (in Deutschland nach den §§ 17 ff. InsO). Bei einer ausländischen Kapitalgesellschaft, bei der in Übereinstimmung mit dem Gesellschaftsstatut kein Gesellschafter persönlich haftet, ist die Überschuldung Eröffnungsgrund, wenn ein deutsches Gericht für die Eröffnung zuständig ist. 5

Die lex fori concursus bestimmt auch, was zur **Masse des Insolvenzverfahrens** gehört und wie die nach Eröffnung des Insolvenzverfahrens vom Schuldner erworbenen Vermögenswerte (sog. Neuerwerb) zu behandeln sind (Abs. 2 **lit. b**). Dabei sind die Sonderanknüpfungen der EuInsVO zu beachten. Ob ein Vermögensgegenstand überhaupt dem Schuldner zuzuordnen ist und ob er, wenn es sich etwa um ein Recht handelt, besteht und durchgesetzt werden kann, bestimmt sich – als Vorfrage – nach dem jeweiligen Sachstatut. Welches Sachstatut Anwendung findet, ist anhand des IPR des jeweiligen Gerichtsstaats zu ermitteln (*OLG Hamm* IPRax 2012, 351; *Mohrbutter/Ringstmeier-Wenner* Kap. 20 Rn. 290). Nach der lex fori concursus und nicht nach dem Zwangsvollstreckungsstatut richtet sich, ob sich der Schuldner auf einen Vollstreckungsschutz, also etwa auf Pfändungsfreigrenzen, berufen kann (*LG Passau* NZI 2014, 1019; *LG Traunstein* NZI 2009, 818; *Mohrbutter/Ringstmeier-Wenner* Kap. 20 Rn. 291; MüKo-InsO/*Reinhart* § 335 InsO Rn. 45; *Mankowski* NZI 2009, 785 [786]; tendenziell auch *Paulick/Simon* ZInsO 2009, 1933 [1939]). Andere befragen das Zwangsvollstreckungs-, mithin also das Belegenheitsstatut (*BGH* NJW-RR 2013, 880 [882]; *AG Passau* NZI 2009, 820; *AG München* NZI 2010, 664; obiter BGHZ 118, 151 [159]; *Haas* FS Gerhardt, S. 319; *Reithmann/Martiny/Hausmann* Int. Vertragsrecht, Rn. 5712). Das überzeugt nicht, es besteht kein Anlass, über den Umfang der Insolvenzmasse ausländische Belegenheitsstatute (mit-)entscheiden zu lassen (vgl. ausf. *Mohrbutter/Ringstmeier-Wenner* Kap. 20 Rn. 291). Vorschläge, bei unzureichenden Beschränkungen der Insolvenzmasse aus sozialen Gründen inländisches Recht anzuwenden (*Aderhold* Auslandskonkurs im Inland, S. 263 unter Hinw. auf Art. 11 DÖKV), sind abzulehnen. Sozial unerträgliche Ergebnisse können über den ordre public korrigiert werden. Der Schuldner soll auch keine Möglichkeit haben, sich Vorteile durch die Verschiebung von Massebestandteilen in andere Mitgliedstaaten zu verschaffen (vgl. *Mohrbutter/Ringstmeier-Wenner* Kap. 20 Rn. 291 m.w.N.). 6

Die **Befugnisse von Schuldner und Verwalter** richten sich nach der lex fori concursus (Abs. 2 **lit. c**). Einzelheiten hinsichtlich der Befugnisse des Verwalters ergeben sich aus Art. 21 EuInsVO. 7

Auch für die **Wirksamkeit einer Aufrechnung** gilt grds. das Insolvenzstatut (Abs. 2 **lit. d**); im Einzelnen ist vieles streitig (s. EuInsVO Art. 9 Rdn. 2 ff.). Sonderregeln enthält Art. 12 EuInsVO für die dort benannten Zahlungs- oder Abwicklungssysteme. 8

Die **Auswirkungen der Insolvenzeröffnung** auf die zum Zeitpunkt der Eröffnung des Insolvenzverfahrens laufenden **Verträge des Schuldners** richten sich nach der lex fori concursus (Abs. 2 **lit. e**). Im deutschen Recht werden davon vor allem erleichterte Lösungsmöglichkeiten von einem Vertrag im Insolvenzfall, wie etwa § 103 InsO erfasst (vgl. *Nerlich/Römermann* InsO, Art. 4 EuInsVO Rn. 40). Auch hier sind Sonderregelungen zu beachten (Artt. 10 Abs. 2, 11, 13 EuInsVO). Die Regelung ist aber weit zu verstehen: Sie gilt nicht nur für erleichterte Kündigungsmöglichkeiten, sondern auch für Regelungen des ausländischen Insolvenzrechts, die die Kündigungsmöglichkeit im Insolvenzfall einschränken (anders *OLG Karlsruhe* NJW 2012, 3106; wie hier *Dammann/Lehmkuhl* NJW 2012, 3069). 9

Die lex fori concursus regelt auch die **Auswirkungen auf Rechtsverfolgungsmaßnahmen** einzelner Gläubiger, mit Ausnahme der Wirkungen auf anhängige Rechtsstreitigkeiten (Abs. 2 **lit. f**). Für Letztere gilt Art. 18 EuInsVO. Der Begriff der Rechtsverfolgungsmaßnahme ist weit zu verstehen und erfasst insbesondere Maßnahmen der Einzelzwangsvollstreckung (*Leipold* in: *Stoll* [Hrsg.] Vorschläge, S. 185 [200]; vgl. auch *EuGH* ZIP 2010, 187). Das Insolvenzstatut gilt dabei sowohl für Auswirkungen auf abgeschlossene als auch auf noch nicht abgeschlossene Zwangsvollstreckungen (MüKo- 10

BGB/*Kindler* Art. 4 EuInsVO a.F. Rn. 31; vgl. zu den Rechtsschutzmöglichkeiten des Schuldners ausführlich *Mankowski* ZInsO 2007, 1324). Zwar gilt lit. f) nur bis zur Beendigung des Insolvenzverfahrens, jedoch bestimmen sich auch die Auswirkungen nachgelagerter Verfahren, wie das einer Restschuldbefreiung, gem. lit. k) nach dem Insolvenzstatut (vgl. *AG Augsburg* ZInsO 2012, 1175).

11 Die lex fori concursus entscheidet darüber, welche Forderungen **Insolvenzforderungen** sind und wie Forderungen zu behandeln sind, die nach Verfahrenseröffnung entstanden sind (Abs. 2 **lit. g**). In Deutschland betrifft dies die Abgrenzung zwischen Insolvenz- und Masseverbindlichkeiten.

12 Aus dem Insolvenzstatut ergibt sich, ob und wie **Forderungen im Insolvenzverfahren angemeldet, geprüft und festgestellt** werden (Abs. 2 **lit. h**). Art. 53 EuInsVO stellt klar, dass auch ausländische Gläubiger einschließlich der Sozialversicherungen und des Fiskus ihre Forderungen anmelden können (zum autonomen Recht vgl. § 335 Rdn. 14).

13 Auch die **Verteilung des Erlöses** und die **Rangordnung der Gläubiger** richtet sich nach der lex fori concursus (Abs. 2 **lit. i**; vgl. aber zu eigenkapitalersetzenden Darlehen Rdn. 30 ff.).

14 Aus der lex fori concursus ergibt sich, wann das **Insolvenzverfahren beendet** werden kann, welche Wirkungen die Beendigung hat (Abs. 2 **lit. j**; vgl. *EuGH* NZI 2013, 106) sowie welche Rechte den Gläubigern nach der Beendigung zustehen (Abs. 2 **lit. k**); dies gilt auch für die Wirkungen eines Vergleichs. Erfasst werden auch Voraussetzungen und Wirkungen der Restschuldbefreiung (Erläuternder Bericht Rn. 91; *BGH* BeckRs 2014, 03371; ausf. dazu auch *Vallender* ZInsO 2009, 616 ff.).

15 Eng verbunden mit dem Insolvenzverfahren sind die Regelungen über dessen **Kosten und die Auslagen**; diese richten sich nach der lex fori concursus (Abs. 2 **lit. l**).

16 **Nichtigkeit, Anfechtbarkeit oder relative Unwirksamkeit benachteiligender** Rechtshandlungen richten sich nach dem Insolvenzstatut (Abs. 2 **lit. m**), wobei die Besonderheiten des Art. 16 EuInsVO zu beachten sind. Die Regelung bezieht sich nicht auf die Gläubigeranfechtung; die Auswirkungen eines Insolvenzverfahrens auf die Gläubigeranfechtung sind nicht Gegenstand des Insolvenzstatuts (*BGH* ZIP 2015, 2428).

D. Einzelfälle

I. Qualifikation

17 Abs. 2 enthält Regelbeispiele und ist nicht abschließend (*EuGH* NZI 2010, 156 [157]). Zweifelsfälle, die in den Regelbeispielen des Abs. 2 nicht genannt sind, sind daraufhin zu untersuchen, ob sie **insolvenzrechtlich qualifiziert werden können**. Dann fallen sie unter die Regel des Abs. 1 (zur Qualifikation Vor §§ 335 ff. Rdn. 5, 8). Auch hier gilt, dass die Kennzeichnung einer Rechtsfolge als »insolvenztypisch« den Qualifikationsvorgang nicht hinreichend beschreibt (*Mohrbutter/Ringstmeier-Wenner* Kap. 20 Rn. 258). Vielmehr ist auch bei der Qualifikation im IIR das **räumlich beste Recht** zu finden (*Hanisch* FS Jahr, S. 455 [460]).

18 Begriffe der EuInsVO sind **autonom auszulegen**, mithin losgelöst von den nationalen Vorschriften **einheitlich europäisch zu definieren** (*Duursma-Kepplinger/Duursma/Chalupsky* Teil 4, Vorbem. EuInsVO a.F. Rn. 20; *Mohrbutter/Ringstmeier-Wenner* Kap. 20 Rn. 10). Es gelten die gleichen Auslegungsregeln wie bei der EuGVO (dazu *Geimer/Schütze* Europäisches Zivilverfahrensrecht, Einl. A.1 Rn. 125 ff.; *Kropholler* Europäisches Zivilprozessrecht, Einl. EuGVVO Rn. 54 ff.; *Schlosser* EU-Zivilprozessrecht, Einleitung Rn. 29; zur Auslegung und Fortbildung des Primärrechts allgemein *Riesenhuber/Pechstein/Drechsler* § 8 Rn. 10 ff.). Vereinfacht lässt sich sagen, dass insolvenzrechtliche Wirkungen solche sind, die notwendig sind, damit das Insolvenzverfahren seinen Zweck erfüllen kann (Erläuternder Bericht Rn. 90).

II. Abgrenzung Gesellschafts- und Insolvenzstatut

19 Die meisten Qualifikationsfragen haben sich in den letzten Jahren bei der Abgrenzung des Gesellschafts- und Insolvenzstatuts gezeigt. Relevant, da in Abs. 2 nicht aufgezählt, sind dabei insbeson-

dere die Bestimmung der einschlägigen Antragspflichten einschließlich des Insolvenzgrunds, die Einordnung der Insolvenzverschleppungshaftung und des Eigenkapitalersatzes.

Gesellschafts- und Insolvenzstatut können dabei insbesondere dann auseinander fallen, wenn das Insolvenzverfahren nicht im Gründungsstaat eröffnet worden ist, etwa weil die Gesellschaft einen Sitz in einem anderen Mitgliedstaat hat oder weil ein Partikularinsolvenzverfahren außerhalb des Gründungsstaats eröffnet worden ist. Nach der neueren Rechtsprechung des EuGH gilt für das Gesellschaftsstatut mittlerweile die sog. Gründungstheorie: Mit dem **Centros-Urteil** (*EuGH* Slg. 1999, 1–1459 = NJW 1999, 2027; vgl. hierzu etwa: *Behrens* IPRax 1999, 323; *Ebke* JZ 1999, 656; *Kieninger* ZGR 1999, 724; *Kindler* NJW 1999, 1993; *Lange* DNotZ 1999, 599; *Mülbert/Schmolke* ZVglRWiss 100 (2001), 233; *Roth* ZGR 2000, 311; *Sonnenberger/Großerichter* RIW 1999, 721; *Zimmer* ZHR 164 [2000], 23) bejahte der Gerichtshof die Pflicht eines Mitgliedstaats zur Eintragung der Zweigniederlassung einer nach dem Recht eines anderen Mitgliedstaats gegründeten Gesellschaft selbst dann, wenn diese Niederlassung faktisch die Hauptniederlassung der Gesellschaft war. Das zweite Urteil – **Überseering** (NJW 2002, 3634 = NZG 2002, 1164; vgl. hierzu *Behrens* IPRax 2003, 197; *Eidenmüller* ZIP 2002, 2233; *Ebke* JZ 2003, 927; *Geyrhalter/Gänßler* NZG 2003, 409; *v. Halen* WM 2003, 571; *Leible/Hoffmann* RIT 2002, 925; *Lutter* BB 2003, 7; *Paefgen* WM 2003, 561; *Roth* IPRax 2003, 117; *Schulz* NJW 2003, 2705; *Weller* IPRax 2003, 207; *Zimmer* BB 2003, 1) – hatte den Sachverhalt einer rein tatsächlichen Sitzverlegung in einen anderen Mitgliedstaat zum Gegenstand. Der EuGH entschied, dass in einem solchen Fall der Zuzugsstaat der Gesellschaft nicht die Rechts- und Parteifähigkeit absprechen darf, die ihr nach dem Recht ihres Gründungsstaats zukommt. Mit **Inspire Art** (*EuGH* NJW 2003, 3331; vgl. *Bayer* BB 2003, 2357; *Drygala* EWiR 2003, 1029; *Geyrhalter/Gänßler* DStR 2003, 2167; *Kieninger* ZEuP 2004, 685 ff.; *Kleinert/Probst* DB 2003, 2217; *dies.* MDR 2003, 1265; *Kindler* NZG 2003, 1086; *Leible/Hoffmann* EuZW 2003, 677; *Weller* DStR 2003, 1800; *Ziemons* ZIP 2003, 1913; *Spindler/Berner* RIW 2003 (H. 12); *Meilicke* GmbHR 2003, 1271; *Wachter* GmbHR 2003, 1254; *Zimmer* NJW 2003, 3585; vgl. auch *Altmeppen/Wilhelm* DB 2004, 1083 ff.; *Bitter* WM 2004, 2190 ff.; *Paefgen* ZIP 2004, 2253 ff.; *Ulmer* NJW 2004, 1201 ff.) legte der Gerichtshof fest, ob und unter welchen Voraussetzungen der Zuzugsstaat die zuziehende Gesellschaft Regeln unterwerfen darf, die über das Recht des Gründungsstaats hinausgehen. Im Folgenden sollen insbesondere die Konsequenzen aus dem **Überseeringurteil** des EuGH aufgezeigt werden, in dem der Gerichtshof zu dem Ergebnis kommt, die Versagung der Rechts- und Parteifähigkeit einer in einem anderen Mitgliedstaat ordnungsgemäß gegründeten Gesellschaft komme einer Versagung der Niederlassungsfreiheit gleich. Der **Sitztheorie** in ihrer bis dahin im deutschen Recht vertretenen strikten Ausprägung wurde damit die **Grundlage entzogen**. Das Gründungsstatut regelt grds. alle gesellschaftsrechtlichen Fragen; auf den Sitz der Gesellschaft kommt es nicht an.

Aufgrund dieser Vorgaben ist nun für Einzelbereiche die Abgrenzung zwischen Gesellschafts- und Insolvenzstatut zu bestimmen. Als **allgemeine Leitlinie** ist dabei davon auszugehen, dass die **Vorschriften zum Gläubigerschutz** überwiegend **gesellschaftsrechtlich zu qualifizieren** sind (*Zimmer* Internationales Gesellschaftsrecht, S. 292). Dies gilt etwa für Vorschriften über das Mindestkapital und die Kapitalaufbringung. In diesem Zusammenhang werden auch die Kapitalersatzregeln genannt (*Zimmer* Internationales Gesellschaftsrecht, S. 292; näher dazu Rdn. 31). Weiter sind die materiellen Haftungsregelungen aufgrund gesellschaftsrechtlichen Fehlverhaltens dem Gesellschaftsstatut zu unterstellen (so etwa *Assmann* Großkommentar zum Aktiengesetz, 4. Aufl., Einl. Rn. 618; *Ebenroth/Kieser* KTS 1998, 19 [29]; *Mock/Schildt* ZInsO 2003, 396 [398]). Im Gegensatz zu den genannten gesellschaftsrechtlichen Regelungen dient das **Insolvenzverfahren der Haftungsrealisierung** (vgl. *Mock/Schildt* ZInsO 2003, 396 [398] m.w.N.), so dass sich nur die damit im Zusammenhang stehenden Fragen nach dem Insolvenzstatut richten. Insgesamt ist das Gesellschaftsstatut im Bereich des Gläubigerschutzes weit zu fassen, um zu verhindern, »dass zusammengehörige, aufeinander abgestimmte Regelungen auseinander gerissen würden und bald eine Normenhäufung, bald ein Normenmangel einträte« (*Zimmer* Internationales Gesellschaftsrecht, S. 292 f.). Bemerkenswert ist, dass die Diskussion über die Einordnung von Rechtsinstituten als gesellschafts- oder insolvenzrechtlich erheblich von Überlegungen geprägt sein dürfte, die i.d.R. nicht explizit genannt werden: Nachdem der EuGH in seiner Entscheidung »Inspire Art« (*EuGH* NJW 2003, 3331) klargestellt hat, dass nationale Gläubigerschutzvorschriften mit der **Niederlassungsfreiheit** der Artt. 49, 54 AEUV nicht zu vereinbaren sind, ist man bestrebt, solche Vorschriften nicht mehr als gesellschaftsrechtlich, sondern als insolvenzrechtlich zu qualifizieren. Die damit einhergehende Annahme, der EuGH werde Gläubigerschutzvorschriften als mit der Niederlassungsfreiheit vereinbar ansehen, wenn sie insolvenzrechtlich qualifiziert werden, ist aber fraglich (*Mohrbutter/Ringstmeier-Wenner* Kap. 20 Rn. 41, 265; vgl. dazu aber auch *Vallender* NZI 2007, 129 [135], der es nicht für ausgeschlossen hält, dass Eingriffe in den Betrieb oder die Aktivität einer Gesellschaft eine geringere Schutzintensität genießen, als dies bei Eingriffen in die Errichtung einer Gesellschaft der Fall ist). Es liegt nahe, dass Regelungen, welche die Niederlassungsfreiheit einschränken, unabhängig von ihrer Qualifikation auf ihre Vereinbarkeit mit der Niederlassungsfreiheit zu prüfen sind (*Ebke* FS Thode, S. 593 [604]; *Mohrbutter/Ringstmeier-Wenner* Kap. 20 Rn. 255). Die Haftung nach § 64 GmbHG ist mit der Niederlassungsfreiheit vereinbar (*EuGH* »Kornhaas« ZIP 2015, 2468).

1. Entstehung, Auflösung, Liquidation und sonstige Beendigung der Gesellschaft

22 Das Gesellschaftsstatut regelt neben der Entstehung auch die **Auflösung, Liquidation und sonstige Beendigung der Gesellschaft** und insbesondere ihre **Rechtsfähigkeit** (vgl. *AG Duisburg* NZI 2003, 658). Aus dem Gesellschaftsstatut ergibt sich, ob die insolvente Gesellschaft durch die Einleitung des Insolvenzverfahrens oder dessen Abschluss aufgelöst wird (*Mohrbutter/Ringstmeier-Wenner* Kap. 20 Rn. 268). Diese Fragen wiederum sind von der Insolvenzfähigkeit einer Gesellschaft zu unterscheiden, die sich nach der lex fori concursus richtet (*U. Huber* FS Gerhardt, S. 397 [408]; *Mock/Schildt* ZInsO 2003, 396 [398]; eine erloschene Gesellschaft wird aber regelmäßig auch nicht insolvenzfähig sein, vgl. *AG Duisburg* NZI 2003, 658; *LG Duisburg* NZI 2007, 475).

23 Eine Besonderheit kann sich dann ergeben, wenn eine Gesellschaft, etwa eine englische Ltd., nach ihrem Gründungsrecht gelöscht wird und damit – ebenfalls nach den Regelungen des Gründungsrechts – ihr Vermögen dem Gründungsstaat anheimfällt. Aus der Regelung des Art. 43 Abs. 1 EGBGB wird geschlossen, der staatlich angeordnete Vermögensanfall könne jedenfalls nicht das in Deutschland belegene Vermögen betreffen. Die Gesellschaft bestehe daher als sog. »Restgesellschaft« fort und könne Gegenstand eines Insolvenzverfahrens sein (vgl. *OLG Jena* NZG 2007, 877 m.w.N.; *BGH* NJW-RR 1990, 166; NJW-RR 1992, 168).

2. Insolvenzantragspflichten

24 **Wer die Eröffnung des Insolvenzverfahrens beantragen darf,** bestimmt die lex fori concursus (*Paulus* DStR 2005, 334 [336]; *Mohrbutter/Ringstmeier-Wenner* Kap. 20 Rn. 264).

25 Wie die **Insolvenzantragspflichten** zu qualifizieren sind, war umstritten. Irrelevant für die Qualifikation ist deren Regelung in gesellschaftsrechtlichen Spezialgesetzen (etwa früher § 64 GmbHG oder § 92 AktG) oder insolvenzrechtlichen Gesetzen (heute § 15a InsO). Teilweise wurden die Insolvenzantragspflichten gesellschaftsrechtlich qualifiziert (*Berner/Klöhn* ZIP 2007, 106; *K. Schmidt* ZHR 168 (2004), 493 [497 f.]; *J. Schmidt* ZInsO 2006, 737 [740]; *K. Müller* BB 2006, 837 [838]; *Paefgen* ZIP 2004, 2253 [2260]; *Schumann* DB 2004, 743; *v. Hase* BB 2006, 2141 [2146 f.]; *Vallender/Fuchs* ZIP 2004, 829 [830]; *Ulmer* NJW 2004, 1201 [1207]; *Hirte/Mock* ZIP 2004, 474 [475]; *Mock/Schildt* ZInsO 2003, 396 [399 ff.]); hierfür spricht insbesondere, dass das inländische Insolvenzrecht regelmäßig nur die Eröffnungsgründe regelt, während die Eröffnungspflichten an den jeweiligen Gesellschaftstyp anknüpfen (*Ulmer* NJW 2004, 1201 [1207]; *Mock/Schildt* ZInsO 2003, 396 [399]). Andere wiederum qualifizierten insolvenzrechtlich (*LG Kiel* EuZW 2006, 478 m. krit. Anm. *Ringe/Willemer* EuZW 2006, 621 und *Mock* NZI 2006, 484; *Leithaus/Riewe* NZI 2008, 598 [600]; *Borges* ZIP 2004, 733 [739 f.]; *Kuntz* NZI 2005, 424 [427]; *Müller* NZG 2003, 412 [416]; *Pannen/Pannen/Riedemann* Art. 4 EuInsVO Rn. 83; *dies.* NZI 2005, 413 [414]; *Paulus* ZIP 2002, 729 [734]; MüKo-BGB/*Kindler* IntGesR Rn. 661 ff. m.w.N.; *Zimmer* NJW 2003, 3585 [3589 f.]; zust. auch *Röhricht* ZIP 2005, 505 [507 f.]; vgl. *U. Huber* FS Gerhardt, S. 397 [424 ff.]). Sie berufen sich darauf, es sei ein Gleichlauf zwischen Antragspflicht und Antragsrecht herzustellen; zudem diene

die Insolvenzantragspflicht dazu, eine möglichst hohe Befriedigung der Gläubiger zu erreichen. Der EuGH hat hierzu festgehalten, dass er die Bestimmung der zur Stellung des Antrags auf Eröffnung eines Verfahrens verpflichteten Personen für insolvenzrechtliche Bestimmungen hält, und entnimmt dies Art. 7 Abs. 2 (»*unter welchen Voraussetzungen das Insolvenzverfahren eröffnet wird*«; *EuGH* »*Kornhaas*« ZIP 2015, 2468; dies umsetzend *BGH* ZIP 2016, 821). Zugleich hält der EuGH fest, dass die daraus folgende Anwendung des § 64 Abs. 2 Satz 1 GmbH auf eine ausländische Gesellschaft nicht gegen die Niederlassungsfreiheit verstößt.

Unabhängig von der Qualifikation ist die Frage, **wo** ein Schuldner seinen Antragspflichten nachkommen kann. Als gesichert dürfte gelten, dass ein Antrag bei dem nach der EuInsVO zuständigen Gericht (oder dem Gericht, das sich später für zuständig hält) ausreicht; ist ein deutsches Gericht für die Eröffnung eines Hauptinsolvenzverfahrens nicht zuständig, kann man vom Geschäftsführer nicht verlangen, dort einen Antrag zu stellen. Dies gilt im Rahmen der EuInsVO im Übrigen unabhängig davon, ob das (anwendbare) ausländische Insolvenzrecht vergleichbare Regelungen im Hinblick auf die Beschlagnahme des Vermögens vorsieht (anders *Mock* NZI 2006, 24 [25]). 26

Es ist aber umstritten, ob der Schuldner auch durch einen **Antrag vor einem (international) unzuständigen Gericht** seinen Antragspflichten genügt (so *AG Köln* ZIP 2005, 1566 m. krit. Anm. *Wagner* ZIP 2005, 1934; zust. auch *Leithaus/Riewe* NZI 2008, 598 [601], wenn der Antrag gutgläubig gestellt wurde; vgl. grds. zu den Antragspflichten *Vallender/Fuchs* ZIP 2004, 829 ff.). Hat man das auf die Antragspflichten anwendbare Recht nach den oben genannten Maßstäben ermittelt, richtet sich nach diesem Recht, wie der Schuldner einer Antragspflicht nachkommen kann. Die einschlägigen Vorschriften in Deutschland legen dabei nur allgemein fest, dass der Schuldner unter bestimmten Voraussetzungen verpflichtet ist, einen Insolvenzantrag zu stellen, nicht aber, wo der Schuldner seiner Pflicht nachkommen muss. Mit Blick auf das Vertrauen, das die EuInsVO dem Recht der Mitgliedstaaten entgegenbringt, spricht einiges dafür, dass auch ein Antrag vor einem unzuständigen Gericht eines Mitgliedstaats keine übermäßig schädlichen Auswirkungen auf die Gläubiger hat und der Schuldner damit seiner Antragspflicht genügt (a.A. *Wagner* ZIP 2005, 1934). Etwas anderes kann dann gelten, wenn das Gericht, bei dem der Antrag gestellt wird, offensichtlich unzuständig ist oder der Antrag missbräuchlich bei einem unzuständigen Gericht gestellt wird (MüKo-BGB/*Kindler* Art. 3 EuInsVO Rn. 4). 27

3. Insolvenzverschleppungshaftung

Eng mit der Frage des auf die Insolvenzantragspflichten anwendbaren Rechts verbunden ist die Frage, wie die Regelungen zu qualifizieren sind, die Verstöße gegen diese Antragspflichten sanktionieren (sog. **Insolvenzverschleppungshaftung**). Diese könnte man zusätzlich zu der bei den Antragspflichten diskutierten insolvenzrechtlichen (so *KG Berlin* GmbHR 2010, 99 [100] m. krit. Anm. *Mock* GmbHR 2010, 102; *Eidenmüller* Ausländische Kapitalgesellschaften im deutschen Recht, § 9 Rn. 32; *ders.* NJW 2005, 1618 [1621]; *Goette* DStR 2005, 197 [200]; *Müller* NZG 2003, 414; *Wienberg/Sommer* NZI 2005, 353 [356]; zust. auch *Röhricht* ZIP 2005, 505 [507 f.]) oder gesellschaftsrechtlichen (so *AG Bad Segeberg* NZI 2005, 411; *Hirte/Bücker/Hirte* Grenzüberschreitende Gesellschaften, § 1 Rn. 74; *Wimmer* 4. Aufl., § 335 Rn. 14; *Mock/Schildt* ZInsO 2003, 396 [400]; *Paefgen* ZIP 2004, 2253 [2260]; *J. Schmidt* ZInsO 2006, 737 [740]; *Gross/Schorck* NZI 2006, 10 [14]; *Ulmer* NJW 2004, 1201 [1207]) Qualifikation auch deliktsrechtlich (so *Schanze/Jüttner* AG 2003, 661 [670]) qualifizieren. Der *EuGH* qualifiziert insolvenzrechtlich und wendet § 64 GmbHG auf Auslandsgesellschaften an, wenn das Insolvenzverfahren in Deutschland eröffnet wurde (*EuGH* »*Kornhaas*« ZIP 2015, 2468). 28

Von der Frage des anwendbaren Rechts zu trennen ist die Frage der internationalen Zuständigkeit für Klagen wegen verspäteter Insolvenzantragstellung. Diese hält der *EuGH* (»*H*« EuZW 2015, 141) für Annexverfahren i.S.d. Art. 6; die Frage der Qualifikation stellte sich im entschiedenen Fall nicht (vgl. EuInsVO Art. 6 Rdn. 15). 29

4. Kapitalaufbringung und Kapitalerhaltung

30 Die Kapitalaufbringung richtet sich nach den **gesellschaftsrechtlichen** Regelungen des Gründungsstaats (vgl. *EuGH* »Inspire Art« NJW 2003, 3331).

31 Streitig ist aber, ob dies auch für die **Kapitalerhaltung**, insbesondere für die Regelungen über eigenkapitalersetzende Gesellschafterdarlehen gilt (vgl. zum Eigenkapitalersatzrecht auch *Borges* ZIP 2004, 733 [743]; *Eisner* ZInsO 2004, 20; *Fischer* ZIP 2004, 1477 [1479 f.]; *Haas* NZI 2001, 1; *ders.* NZI 2002, 457 [466]; *ders.* ZIP 2006, 1373; *U. Huber* FS Gerhardt, S. 397 [415 ff.]; *Paulus* ZIP 2002, 729 [734]; *Röhricht* ZIP 2005, 505 [512 f.]; *Sandrock* DB 2004, 897; *K. Schmidt* ZHR 168 (2004), 493 [501]; *Ulmer* NJW 2004, 1201 [1207]). In Betracht kommt eine gesellschaftsrechtliche (vgl. BGHZ 148, 167 [168]; *Müller* NZG 2003, 414 [417]; *Paefgen* ZIP 2004, 2253 [2259, 2261]; *Hanisch* Schweizer Jahrbuch für Internationales Recht XXXIV, 1980 S. 109 [131 ff.]) oder eine insolvenzrechtliche Qualifikation (MüKo-BGB/*Kindler* IntHandelsGesR Rn. 735 ff. m.w.N.; *Haas* NZI 2002, 457 [466]; *Ulmer* NJW 2004, 1201 [1207]). Für die gesellschaftliche Qualifikation wird vorgebracht, es sei eine Frage des Gesellschaftsrechts, ob und unter welchen Voraussetzungen eine werbende Gesellschaft ordnungsgemäß mit Kapital ausgestattet ist; es sei für die Gesellschafter überraschend, wenn sich die anwendbaren Regelungen durch die Insolvenzeröffnung ändern würden. Die Verfechter der insolvenzrechtlichen Qualifikation meinen, die benannten Regelungen dienten im Wesentlichen dem Gläubigerschutz und seien daher insolvenzrechtlich zu qualifizieren. Wieder andere differenzieren zwischen den Rechtsprechungsregeln zum Eigenkapitalersatz und den Novellenregeln (§§ 32a, 32b GmbHG a.F., §§ 39 Abs. 1 Nr. 5 InsO, 135 InsO a.F.). Bei den Novellenregeln handle es sich danach um Insolvenzrecht, weil die Novellenregeln erst und ausschließlich in der Insolvenz Bedeutung erlangen (*Pannen/Pannen/Riedemann* Art. 4 EuInsVO Rn. 91 ff.; *Mankowski* NZI 2010, 1004; *Ulmer* KTS 2004, 291 [299]). Dieser Auffassung hat sich der BGH angeschlossen und zugleich klargestellt, dass diese Einordnung auch für das neue Recht der Gesellschafterdarlehen (§§ 39 Abs. 1 Nr. 5, Abs. 4, 5, 135 InsO n.F.), wie es durch das MoMiG eingeführt wurde, gilt (*BGH* NZI 2011, 818 [820]; i.E. zust. *Teichmann* BB 2012, 14 [19]; *Dammann/Orth* LMK 2011, 326134; *Dahl/Thomas* GWR 2011, 451; *Wedemann* IPRAX 2012, 226 [234]; HambK-InsO/*Undritz* Art. 4 EuInsVO Rn. 23; krit. *Tashiro* FD-InsR 2011, 323276). Auch hier stellt sich aber die Frage der Vereinbarkeit einer insolvenzrechtlichen Qualifikation mit der neueren Rechtsprechung des EuGH zur Gründungstheorie (vgl. Rdn. 20 f.). Es wäre wünschenswert gewesen, wenn der BGH diese Frage dem EuGH vorgelegt hätte (so auch *Teichmann* BB 2012, 14 [19]).

5. Existenzvernichtungs- und Durchgriffshaftung

32 Streitig ist, wie die Existenzvernichtungshaftung nach deutschem Recht einzuordnen ist. Der Bundesgerichtshof stützt diese Haftung nunmehr allein auf § 826 BGB und ordnet sie unter Aufgabe seiner früheren Rechtsprechung als deliktische Haftung ein (*BGH* BB 2007, 1970 [1972]). Die früheren Ansichten, die die Haftung dem Insolvenzstatut oder dem Gesellschaftsstatut zuordneten (vgl. etwa die Nachw. bei *Pannen/Pannen/Riedemann* Art. 4 EuInsVO Rn. 98 ff.) dürften damit überholt sein (a.A. *Schanze* NZI 2007, 681 [685]). Qualifiziert man die Haftung deliktsrechtlich, so scheint dies zu Art. 4 Abs. 1 Rom-II-VO zu führen (so zu Art. 40 EGBGB *Zimmer* NJW 2003, 3585 [3588]). Demgegenüber fragt sich, ob die deliktsrechtliche Haftung nicht gem. Art. 4 Abs. 3 Rom-II-VO anzuknüpfen ist (vgl. schon Rdn. 28).

33 Bei der allg. Durchgriffshaftung handelt es sich um gesellschaftsrechtliche Regelungen, die sich mit den spezifischen Problemen der jeweiligen Haftungsbeschränkung nach dem Recht des Gründungsstaats beschäftigen; hier muss es bei den Regelungen des Gesellschaftsstatuts bleiben (vgl. MüKo-BGB/*Kindler* IntGesR Rn. 635 ff.).

III. Vis attractiva concursus

34 Sieht ein Staat über Art. 6 hinausgehende Regelungen vor, derzufolge Rechtsstreitigkeiten im Zusammenhang mit der Insolvenzmasse vor dem Insolvenzgericht fortzuführen sind, kennt die Rechts-

ordnung also eine **vis attractiva concursus**, so führt Abs. 1 nicht zur Anwendung dieser Regelungen. Diese sind nämlich als Regelungen internationaler Entscheidungszuständigkeit zu qualifizieren (vgl. *Geimer* IZPR Rn. 342a; *Mohrbutter/Ringstmeier-Wenner* Kap. 20 Rn. 246, 269; anders *Aderhold* Auslandskonkurs im Inland, S. 305; *v. Bieberstein/Hanisch* Probleme des internationalen Insolvenzrechts, S. 9, 19; *Trunk* Internationales Insolvenzrecht, S. 380 ff.; vgl. auch § 335 Rdn. 23).

Artikel 8 Dingliche Rechte Dritter

(1) Das dingliche Recht eines Gläubigers oder eines Dritten an körperlichen oder unkörperlichen, beweglichen oder unbeweglichen Gegenständen des Schuldners – sowohl an bestimmten Gegenständen als auch an einer Mehrheit von nicht bestimmten Gegenständen mit wechselnder Zusammensetzung –, die sich zum Zeitpunkt der Eröffnung des Insolvenzverfahrens im Hoheitsgebiet eines anderen Mitgliedstaats befinden, wird von der Eröffnung des Verfahrens nicht berührt.

(2) Rechte im Sinne von Absatz 1 sind insbesondere
a) das Recht, den Gegenstand zu verwerten oder verwerten zu lassen und aus dem Erlös oder den Nutzungen dieses Gegenstands befriedigt zu werden, insbesondere auf Grund eines Pfandrechts oder einer Hypothek;
b) das ausschließliche Recht, eine Forderung einzuziehen, insbesondere auf Grund eines Pfandrechts an einer Forderung oder auf Grund einer Sicherheitsabtretung dieser Forderung;
c) das Recht, die Herausgabe von Gegenständen von jedermann zu verlangen, der diesen gegen den Willen des Berechtigten besitzt oder nutzt;
d) das dingliche Recht, die Früchte eines Gegenstands zu ziehen.

(3) Das in einem öffentlichen Register eingetragene und gegen jedermann wirksame Recht, ein dingliches Recht im Sinne von Absatz 1 zu erlangen, wird einem dinglichen Recht gleichgestellt.

(4) Absatz 1 steht der Nichtigkeit, Anfechtbarkeit oder relativen Unwirksamkeit einer Rechtshandlung nach Artikel 7 Absatz 2 Buchstabe m nicht entgegen.

Übersicht	Rdn.		Rdn.
A. Normzweck und Kritik	1	V. Maßgeblicher Zeitpunkt	8
B. Im Einzelnen	2	VI. Sekundärverfahren	10
I. Dingliches Recht an einem Gegenstand	2	C. Rechtsfolge	11
II. Gleichgestellte Rechte	5	D. Anfechtbarkeit, Nichtigkeit und relative	
III. Wirksam bestellt	6	Unwirksamkeit	14
IV. Belegenheit	7	E. Angleichung	15

Literatur:
Beck Verteilungsfragen im Verhältnis zwischen Haupt- und Sekundärinsolvenzverfahren nach der EuInsVO, NZI 2007, 1; *Berger* Die Verwertung von Absonderungsgut, KTS 2007, 433; *Bierhenke* Der ausländische Insolvenzverwalter und das deutsche Grundbuch, MittBayNot 2009, 197; *Kieninger/Schütze* Die Forderungsabtretung im Internationalen Privatrecht, IPRax 2005, 200; *Lüttringhaus/Weber* Aussonderungsklagen an der Schnittstelle von EuGVVO und EuInsVO, RIW 2010, 45; *Plappert* Dingliche Sicherungsrechte in der Insolvenz, 2008; *Stehle* Die Auslandsvollstreckung – ein Mittel zur Flucht aus dem deutschen Insolvenzrecht, DZWIR 2008, 53; *Wenner* Die Reform der EuInsVO – Ein Verriss, ZIP 2017, 1137.

A. Normzweck und Kritik

Im Grundsatz bestimmt das Insolvenzstatut gem. Art. 7 EuInsVO den Umfang der Insolvenzmasse. 1 Welche Vermögensgegenstände vom Insolvenzverfahren erfasst sind, richtet sich nach der lex fori concursus (vgl. Art. 7 Abs. 2 lit. b EuInsVO). Von diesem Grundsatz enthalten Art. 8 und Art. 10 EuInsVO wichtige Ausnahmen, in dem sie die Wirkungen des Insolvenzverfahrens auf **dingliche Rechte eines Dritten** an einem Gegenstand der Insolvenzmasse, der in einem anderen Mitgliedstaat als im Eröffnungsstaat belegen ist, **eingetragene Rechte, ein dingliches Recht zu erlangen** sowie die Rechte des Verkäufers aus einem **Eigentumsvorbehalt** ausnehmen. Der Verordnungsgeber wollte damit lokale Gläubiger in der Annahme schützen, dass diese sich nach Maßgabe inländischer Vorstellungen absichern (Erläuternder Bericht Rn. 97). Hingegen ist dem heutzutage transnational tätigen Geschäftsmann die Transnationalität seines Handelns durchaus bewusst (vgl. *Mohrbutter/Ringstmeier-Wenner* Kap. 20 Rn. 293). Die gesonderte Behandlung der Sicherungsrechte ist ein schwerer konzeptioneller Fehler der EuInsVO (vgl. MüKo-InsO/*Reinhart* Art. 5 EuInsVO Rn. 14; *Stürner* FS Kirchhof, S. 467 [473]; *Mohrbutter/Ringstmeier-Wenner* Kap. 20 Rn. 294; anders *Taupitz* ZZP 111 [1998], 315 [342]; s.a. die vergleichbare Vorschrift des § 351 InsO), den der Reformgeber leider nicht behoben hat (vgl. dazu kritisch *Wenner* ZIP 2017, 1137 [1138]). Ob es sich bei Art. 8 um eine Kollisionsnorm (so etwa *Flessner* IPRax 1997, 1 [7 f.]; *Oberhammer* ZInsO 2004, 761 [772]) oder eine Sachnorm (so die wohl h.M.; vgl. MüKo-BGB/*Kindler* Art. 5 EuInsVO Rn. 15 ff.; MüKo-InsO/*Reinhart*, Art. 5 EuInsVO, Rn. 13 f.; *Reithmann/Martiny/Hausmann* Int. Vertragsrecht, Rn. 5758) handelt, ist umstritten (zutr. dürfte es sein, Art. 8 Abs. 1 als Kollisionsnorm anzusehen, vgl. *Mohrbutter/Ringstmeier-Wenner* Kap. 20 Rn. 299 Fn. 771).

B. Im Einzelnen

I. Dingliches Recht an einem Gegenstand

2 Es muss ein **dingliches Recht** eines Gläubigers oder eines Dritten an körperlichen oder unkörperlichen, beweglichen oder unbeweglichen Gegenständen des Schuldners bestehen. Der Begriff des dinglichen Rechts ist **autonom** zu bestimmen (vgl. zur Einordnung öffentlicher Lasten als dingliches Recht *EuGH* ZInsO 2016, 2299; *BGH* ZInsO 2017, 506; *Haas* FS Gerhardt, S. 319 [332]; MüKo-BGB/*Kindler* Art. 5 EuInsVO Rn. 4 ff.; MüKo-InsO/*Reinhart* Art. 5 EuInsVO a.F. Rn. 3; *Mohrbutter/Ringstmeier-Wenner* Kap. 20 Rn. 295). Andere wollen nationales Recht anwenden (*Reithmann/Martiny/Hausmann* Int. Vertragsrecht, Rn. 5758), wobei teilweise unklar ist, ob dieses nach dem internationalen Privatrecht der lex fori processus oder der lex fori concursus zu ermitteln ist (*Balz* ZIP 1996, 948 [950]; *Kübler/Prütting/Bork-Kemper* InsO, Art. 5 EuInsVO Rn. 6; *Taupitz* ZZP 111 [1998], 315 [335]; HK-InsO/*Stephan* Art. 5 EuInsVO a.F. Rn. 4; zum anwendbaren Kollisionsrecht s. Rdn. 6).

3 Nach Abs. 2 muss das dingliche Recht **unmittelbar mit der Sache verbunden** sein. Des Weiteren muss es sich um ein **absolutes Recht** handeln, es muss gegenüber jedermann geschützt sein und bei einer Veräußerung, sei es rechtsgeschäftlich oder im Wege der Zwangsvollstreckung, grds. bestehen bleiben. Vor diesem Hintergrund zählt Abs. 2 verschiedene Rechte auf, die dingliche Rechte in diesem Sinne sind. Die Liste ist nicht abschließend, sondern nur eine Orientierungshilfe für Zweifelsfälle (Erläuternder Bericht Rn. 103).

4 Abs. 1 stellt klar, dass das dingliche Recht auch an einer Mehrheit von nicht bestimmten Gegenständen mit wechselnder Zusammensetzung bestehen kann, sich also auch auf ein **Gesamtvermögen** beziehen kann. Damit ist die etwa im englischen Recht vorkommende **floating charge** ein dingliches Recht i.S.v. Abs. 1 (MüKo-InsO/*Reinhart* Art. 5 EuInsVO a.F. Rn. 3; *Mohrbutter/Ringstmeier-Wenner* Kap. 20 Rn. 295; HambK-InsO/*Undritz* Art. 5 EuInsVO a.F. Rn. 4).

II. Gleichgestellte Rechte

5 Abs. 3 erweitert den Begriff des dinglichen Rechts auf solche Rechte auf Einräumung eines dinglichen Rechts, die in einem öffentlichen Register eingetragen und gegenüber jedermann wirksam sind. Davon wird insbesondere die Vormerkung nach deutschem Recht (§ 883 BGB) erfasst (*Kemper* ZIP 2001, 1609 [1616]; *Bierhenke* MittBayNot 2009, 197 [202]).

III. Wirksam bestellt

6 Die Frage des **zivilrechtlichen Bestands des dinglichen Rechts** ist eine **Vorfrage**. Diese ist selbständig anzuknüpfen. Es entscheidet das **Sachstatut**. Dieses ist zu ermitteln nach den **kollisionsrechtlichen Regeln der lex fori processus** (*Mohrbutter/Ringstmeier-Wenner* Kap. 20 Rn. 298; ebenso MüKo-InsO/*Reinhart* Art. 5 EuInsVO a.F. Rn. 6; MüKo-BGB/*Kindler* Art. 5 EuInsVO a.F. Rn. 8). Es

entspricht allgemeinen Regeln des Internationalen Privatrechts (lex fori Prinzip), dass Gerichte ihr eigenes Kollisionsrecht zum Ausgangspunkt nehmen. Dies verkennen Stimmen, die das Kollisionsrecht des Eröffnungsstaats (*Duursma-Kepplinger/Duursma/Chalupsky* Art. 5 EuInsVO a.F. Rn. 21 f.; *Huber* EuZW 2002, 490 [493]; *Taupitz* ZZP 111 [1998], 315 [335]) oder das Kollisionsrecht der lex rei sitae (so *Herchen* Übereinkommen, S. 117) heranziehen wollen.

IV. Belegenheit

Der so definierte Gegenstand muss sich zum Zeitpunkt der Eröffnung des Verfahrens im Hoheitsgebiet eines **anderen Mitgliedstaats** befinden (*Kemper* ZIP 2001, 1609 [1616]). Wo ein Gegenstand belegen ist, richtet sich nach der Definition in Art. 2 Nr. 9 EuInsVO (vgl. EuInsVO Art. 2 Rdn. 16 ff.; für die Anwendbarkeit der lex fori concursus *Mohrbutter/Ringstmeier-Wenner* Kap. 20 Rn. 303). Befindet sich der Gegenstand nicht in einem Mitgliedstaat, sondern in einem **Drittstaat**, findet Art. 8 keine Anwendung (Erläuternder Bericht Rn. 94), es bleibt bei der Anwendbarkeit der lex fori concursus. 7

V. Maßgeblicher Zeitpunkt

Entscheidender Zeitpunkt für die Frage, ob Art. 8 zur Anwendung gelangt, ist derjenige der Eröffnung des Hauptinsolvenzverfahrens. Zu diesem Zeitpunkt muss das Recht bereits bestehen und in einem anderen Mitgliedstaat belegen sein. Wird es erst später bestellt, oder in einen anderen Mitgliedstaat verbracht, gilt Art. 8 EuInsVO nicht. Es bleibt dann bei den Regelungen der lex fori concursus. 8

In Fällen, in denen der Drittstaat erst nach Eröffnung des Insolvenzverfahrens Mitglied der Union wird, erstreckt der EuGH den Anwendungsbereich des Art. 8 auch auf solche Gegenstände, die sich zum Zeitpunkt des Beitritts in dem neuen Mitgliedstaat befunden haben (*EuGH* ZIP 2012, 1815; *Laukemann* IPRax 2013, 150). 9

VI. Sekundärverfahren

Keine Anwendung findet Art. 8, wenn in dem **Staat der Belegenheit ein Sekundärinsolvenzverfahren** eröffnet worden ist. Mit der Eröffnung des Sekundärverfahrens fällt der Gegenstand in die Sekundärmasse (*Geimer/Schütze/Huber* Internationaler Rechtsverkehr in Zivil- und Handelssachen, Art. 5 EuInsVO a.F. Rn. 14; *MüKo-InsO/Reinhart* Art. 5 EuInsVO a.F. Rn. 9; *Huber* EuZW 2002, 490 [493]; *Kemper* ZIP 2001, 1609 [1616]). 10

C. Rechtsfolge

Abs. 1 ordnet an, dass das dingliche Recht von der Eröffnung des Insolvenzverfahrens »**nicht berührt**« wird. Was dies bedeutet, ist unklar. So legt die Formulierung nahe, dass dingliche Sicherheiten von den Wirkungen des ausländischen Insolvenzrechts völlig freigestellt werden sollen (so die wohl überwiegende Auffassung: *Balz* ZIP 1996, 948 [950]; *Duursma-Kepplinger/Duursma/Chalupsky* Art. 5 EuInsVO a.F. Rn. 45; *MüKo-BGB/Kindler* Art. 5 EuInsVO a.F. Rn. 23 f.; *MüKo-InsO/Reinhart* Art. 5 EuInsVO a.F. Rn. 13; *Pannen/Ingelmann* Art. 5 EuInsVO a.F. Rn. 17; offen gelassen von *BGH* NJW 2011, 1818 [1820]). Dies hätte jedoch zur Folge, dass der Insolvenzverwalter auf das dingliche Recht überhaupt nicht, d.h. auch nicht nach den dafür vorgesehenen Regelungen des Insolvenzrechts des Belegenheitsstaats, zugreifen dürfte. Dass dies nicht im Interesse einer sachgerechten Insolvenzverwaltung ist, liegt auf der Hand (*Haas* FS Gerhardt, S. 319 [329]). Sinn und Zweck von Art. 8, nämlich der Schutz des Vertrauens des Sicherungsnehmers auf das Insolvenzrecht des Belegenheitsstaats, sprechen dafür, dem Verwalter jedenfalls die Nutzungs- und Verwertungsrechte zuzugestehen, die am Belegenheitsort bestehen (*Flessner* IPRax 1997, 1 [7 f.]; *ders.* FS Drobnig, S. 276 [286]; *Geimer/Schütze/Huber* Internationaler Rechtsverkehr in Zivil- und Handelssachen, Art. 5 a.F. Rn. 25; *Kemper* ZIP 2001, 1609 [1616]; *Liersch* NZI 2002, 15 [18 ff.]; *Paulus* EWS 2002, 497 [499 f.]; *Prütting* ZIP 1996, 1277 [1284]; *v. Bismarck/Schürmann-Kleber* NZI 11

2005, 147 [149]). Hiergegen kann auch nicht angeführt werden, der Verwalter könne doch stets einen Antrag auf Eröffnung eines Sekundärinsolvenzverfahren stellen (MüKo-BGB/*Kindler* Art. 5 EuInsVO a.F. Rn. 24); unter Geltung der EuInsVO ist dies nämlich nur dann möglich, wenn der Schuldner in dem betreffenden Staat über eine Niederlassung verfügt (vgl. *Mohrbutter/Ringstmeier-Wenner* Kap. 20 Rn. 299; *Huber* EuZW 2002, 490 [493]). Denkbar ist auch, dass man dem Verwalter die nach der lex fori concursus zustehenden **Verwertungsrechte** belässt (*Liersch* NZI 2002, 15 [18 ff.]; *Schack* Internationales Zivilverfahrensrecht Rn. 1200; *Mohrbutter/Ringstmeier-Wenner* Kap. 20 Rn. 299). Ob Gerichte angesichts der rechtspolitisch verfehlten Konzeption des Art. 8 (s. Rdn. 1) bereit sind, den Anwendungsbereich der Vorschrift angemessen zu beschränken, ist offen. Die in der Literatur aufgeworfenen Bedenken hat der Verordnungsgeber bei der Neufassung nicht aufgegriffen (vgl. *Mohrbutter/Ringstmeier-Wenner* Kap. 20 Rn. 299).

12 Die Vertreter der wohl überwiegenden Auffassung müssen, um den Gläubigerschutz zu gewährleisten, den Sicherungsnehmer verpflichten, einen etwaigen Übererlös an den Insolvenzverwalter herauszugeben; begründet wird dies damit, dass nach dem Wortlaut der Norm zwar das Recht unberührt bleibe, der Gegenstand selbst aber in die Insolvenzmasse falle (so MüKo-BGB/*Kindler* Art. 5 EuInsVO a.F. Rn. 24 m.w.N.; *Beck* NZI 2007, 1 [4]; *Haas* FS Gerhardt, S. 319 [330 f.]).

13 Geht es um die Befugnisse des ausländischen Insolvenzverwalters, gilt Art. 21 Abs. 1 EuInsVO. Art. 8 EuInsVO entbindet den inländischen Gläubiger jedenfalls nicht davon, die vollstreckungsrechtlichen Voraussetzungen zu beachten, wie etwa die Notwendigkeit einer Klauselumschreibung auf den nunmehr verfügungsbefugten ausländischen Verwalter (vgl. *BGH* NZI 2011, 420 m. Anm. *Wilhelm* BB 2011, 1488; *Bierhenke* MittBayNot 2012, 155; *Gruber* DZWIR 2011, 410).

D. Anfechtbarkeit, Nichtigkeit und relative Unwirksamkeit

14 Art. 8 schützt nicht vor etwaiger Nichtigkeit, relativer Unwirksamkeit oder der Anfechtbarkeit einer Rechtshandlung (*Mohrbutter/Ringstmeier-Wenner* Kap. 20 Rn. 302).

E. Angleichung

15 Soweit Art. 8 Sicherungsrechte nicht vor der lex fori concursus schützt, muss der Insolvenzverwalter mit ihnen nach Maßgabe der lex fori concursus umgehen. In Insolvenzen mit transnationalen Bezügen wird er oft Sicherungsrechte feststellen, die anders als die heimischen ausgestattet, insbesondere auch nicht mit Blick auf inländisches, sondern mit Blick auf ausländisches Insolvenzrecht geformt sind. Hier muss der Insolvenzverwalter die ausländische Sicherheit durch vergleichende Analyse in das deutsche System einbauen (Angleichung, vgl. *Mohrbutter/Ringstmeier-Wenner* Kap. 20 Rn. 310). Die Anerkennung ausländischer Sicherungsrechte, die dem deutschen Recht fremd sind, wird in Deutschland sehr großzügig betrieben (vgl. § 351 Rdn. 10).

Artikel 9 Aufrechnung

(1) Die Befugnis eines Gläubigers, mit seiner Forderung gegen eine Forderung eines Schuldners aufzurechnen, wird von der Eröffnung des Insolvenzverfahrens nicht berührt, wenn diese Aufrechnung nach dem für die Forderung des insolventen Schuldners maßgeblichen Recht zulässig ist.

(2) Absatz 1 steht der Nichtigkeit, Anfechtbarkeit oder relativen Unwirksamkeit einer Rechtshandlung nach Artikel 7 Absatz 2 Buchstabe m) nicht entgegen.

Übersicht

	Rdn.			Rdn.
A. Normzweck	1	D.	Nichtigkeit, Anfechtbarkeit oder relative	
B. Voraussetzungen	2		Unwirksamkeit	8
C. Rechtsfolge	6			

Art. 9 EuInsVO

Literatur:
Gruschinske Die Aufrechnung in grenzüberschreitenden Insolvenzverfahren – eine Untersuchung anhand der vereinheitlichten europäischen Regelungen des Privat- und Zivilverfahrensrechts, EuZW 2011, 171; *Jeremias* Internationale Insolvenzaufrechnung, 2005; *Jud* Die Aufrechnung im internationalen Privatrecht, IPRax 2005, 104; *Jungclaus/Keller* Die Aufrechnung des Insolvenzverwalters gegen den Anspruch des Gläubigers aus § 170 I S. 2 InsO – Zugleich ein Beitrag zu den Aufrechnungsverboten nach Treu und Glauben, KTS 2010, 149.

A. Normzweck

Grundsätzlich gilt auch für die insolvenzrechtliche Zulässigkeit der Aufrechnung die lex fori concursus (Art. 7 Abs. 2 lit. d EuInsVO). Diese Anknüpfung kann nach Auffassung der Verordnungsgebers dann zu Ungerechtigkeiten führen, wenn vor Insolvenzeröffnung nach dem Schuldstatut die Aufrechnung zulässig war, der Gläubiger auf diese Aufrechnungslage vertraut hat und nach Eröffnung des Insolvenzverfahrens die lex fori concursus eine Aufrechnung nur noch unter eingeschränkten Bedingungen zulässt. War nach dem auf die Hauptforderung anwendbaren Recht die Aufrechnung zulässig, so soll der Gläubiger in seinem **Vertrauen auf die Aufrechnungslage** auch weiterhin **geschützt** bleiben (vgl. etwa *Kolmann* Kooperationsmodelle, S. 309 ff.; zu Recht kritisch zu dieser Lösung *Gruschinske* EuZW 2011, 171 [175]; *Braun/Tashiro* InsO, § 338 Rn. 6; *Trunk* Internationales Insolvenzrecht, S. 392; *Schack* Internationales Zivilverfahrensrecht, Rn. 1203; MüKo-InsO/ *Reinhart* Art. 6 EuInsVO Rn. 1; *Mohrbutter/Ringstmeier-Wenner* Kap. 20 Rn. 335). Art. 12 EuInsVO ist lex specialis zu Art. 9 EuInsVO. 1

B. Voraussetzungen

Die Voraussetzungen und die Wirksamkeit einer **Aufrechnung** bestimmen sich grds. nach dem Recht des Eröffnungsstaats (**Art. 7 Abs. 2 lit. d EuInsVO**). Ob Art. 7 EuInsVO dabei auf das gesamte Recht des Eröffnungsstaats (d.h. auch auf dessen materiellen Aufrechnungsvoraussetzungen) verweist (*Balz* ZIP 1996, 948 [950]; *Duursma-Kepplinger/Duursma/Chalupsky* Art. 6 EuInsVO a.F. Rn. 7; HambK-InsO/ *Undritz* Art. 6 EuInsVO a.F. Rn. 3; *Huber* ZZP 114 [2001], 133 [161]; *ders.* EuZW 2002, 490 [493]; *Leible/Staudinger* KTS 2000, 533 [555]; *Taupitz* ZZP 111 [1998], 315 [343]; ausf. MüKo-BGB/*Kindler* Art. 4 EuInsVO a.F. Rn. 27), oder nur auf die insolvenzrechtlichen Sonderbestimmungen (*Herchen* Übereinkommen, S. 134 ff.; *Bork* ZIP 2002, 690 [694]; *Gruschinske* EuZW 2011, 171 [174]), ist umstritten. Zwar war es das Ansinnen des Verordnungsgebers, für den Insolvenzbereich einheitliche Kollisionsnormen zu schaffen, die das Internationale Privatrecht der einzelnen Staaten ersetzen (Erwägungsgrund Nr. 66). Dass der Verordnungsgeber dabei so weit gehen wollte, eine Kollisionsregel auch für die nicht insolvenzrechtlichen Voraussetzungen einer Aufrechnung zu schaffen, ist allerdings nicht anzunehmen. Auch erscheint es nicht gerechtfertigt, einem Gläubiger etwa Aufrechnungsmöglichkeiten einzuräumen, die ihm außerhalb der Insolvenz nicht zustanden. Es spricht daher viel dafür, dass sich nur die insolvenzrechtliche Zulässigkeit der Aufrechnung nach der lex fori concursus richtet, die materiell-rechtliche Zulässigkeit aber weiterhin nach dem Aufrechnungsstatut, welches nach dem Kollisionsrecht des angerufenen Gerichts zu ermitteln ist. 2

Entscheidend für die Anwendbarkeit von Art. 9 ist, dass die Aufrechnungslage **vor Insolvenzeröffnung** (Art. 2 Nr. 8 EuInsVO) entstanden ist (*Bork* ZIP 2002, 690 [694]; *Huber* ZZP 114 [2001], 133 [161]; *Taupitz* ZZP 111 [1998], 315 [343]; krit. *Kemper* ZIP 2001, 1609 [1617]). Ist sie **danach** entstanden, bleibt es bei der Anwendung der lex fori concursus. 3

Unerheblich ist, ob sich die Aufrechnungslage aus gesetzlichen Vorschriften ergibt oder aus einer Vereinbarung (Erläuternder Bericht Rn. 100). 4

Nach h.M. findet die Regelung nur dann Anwendung, wenn das **Statut der Hauptforderung das Recht** eines **Mitgliedstaats** ist (Erläuternder Bericht Rn. 93; *Balz* ZIP 1996, 948 [950]; *Bork* ZIP 2002, 690 [694]; *Duursma-Kepplinger/Duursma/Chalupsky* Art. 6 EuInsVO Rn. 22; *Huber* ZZP 114 [2001], 133 [162]; *Leible/Staudinger* KTS 2000, 533 [554]; MüKo-BGB/*Kindler* Art. 6 EuInsVO a.F. Rn. 4; anders MüKo-InsO/*Reinhart* Art. 6 EuInsVO a.F. Rn. 10 m.w.N.). Dem 5

Wortlaut der Vorschrift lässt sich diese Einschränkung nicht entnehmen. Ob man die Vorschrift auch dann anwendet, wenn es um einen Drittstaatensachverhalt geht, oder ob es dann bei der allgemeinen Regel des Art. 7 EuInsVO bleibt, oder das autonome deutsche Insolvenzrecht zur Anwendung gelangt, ist offen (vgl. EuInsVO Art. 1 Rdn. 14 ff.; für die Anwendung von Art. 4 Abs. 1 EuInsVO *Mohrbutter/Ringstmeier-Wenner* Kap. 20 Rn. 337).

C. Rechtsfolge

6 Verbieten die insolvenzrechtlichen Vorschriften des Eröffnungsstaats die Aufrechnung, so ist nach Art. 9 eine Aufrechnung durch den Gläubiger dennoch möglich, wenn nach **den insolvenzrechtlichen Regeln des Staats, dessen Aufrechnungsstatut gilt,** die Aufrechnung zulässig ist (MüKo-InsO/*Reinhart* Art. 6 EuInsVO a.F. Rn. 12; MüKo-BGB/*Kindler* Art. 6 EuInsVO a.F. Rn. 5). Es reicht also nicht aus, dass die Aufrechnung nach den schuldrechtlichen Regeln des Aufrechnungsstatuts zulässig ist (so aber *Flessner* in: *Stoll* [Hrsg.] Vorschläge, S. 219 [223]), sie muss auch nach dem dortigen Insolvenzrecht zulässig sein. Der Verordnungsgeber wollte den Gläubiger nicht vor jeglichem Insolvenzrecht schützen; geschützt werden sollte nur das Vertrauen in heimische Regelungen.

7 Das Aufrechnungsstatut bestimmt sich nach den kollisionsrechtlichen Regelungen der lex fori processus, also des Gerichts, welches über den Streit mit dem Gläubiger entscheidet.

D. Nichtigkeit, Anfechtbarkeit oder relative Unwirksamkeit

8 Abs. 2 stellt – wie Art. 8 Abs. 4 EuInsVO – klar, dass andere Unwirksamkeitsgründe und das Recht zur Anfechtung unberührt bleiben.

Artikel 10 Eigentumsvorbehalt

(1) Die Eröffnung eines Insolvenzverfahrens gegen den Käufer einer Sache lässt die Rechte der Verkäufers aus einem Eigentumsvorbehalt unberührt, wenn sich diese Sache zum Zeitpunkt der Eröffnung des Verfahrens im Hoheitsgebiet eines anderen Mitgliedstaats als dem der Verfahrenseröffnung befindet.

(2) Die Eröffnung eines Insolvenzverfahrens gegen den Verkäufer einer Sache nach deren Lieferung rechtfertigt nicht die Auflösung oder Beendigung des Kaufvertrags und steht dem Eigentumserwerb des Käufers nicht entgegen, wenn sich diese Sache zum Zeitpunkt der Verfahrenseröffnung im Hoheitsgebiet eines anderen Mitgliedstaats als dem der Verfahrenseröffnung befindet.

(3) Die Absätze 1 und 2 stehen der Nichtigkeit, Anfechtbarkeit oder relativen Unwirksamkeit einer Rechtshandlung nach Artikel 7 Absatz 2 Buchstabe m) nicht entgegen.

Übersicht	Rdn.		Rdn.
A. Normzweck	1	C. Insolvenz des Käufers (Abs. 1)	9
B. Eigentumsvorbehalt und Belegenheit der Sache	5	D. Insolvenz des Verkäufers (Abs. 2)	11
		E. Anfechtung (Abs. 3)	14

Literatur:
Lüttringhaus/Weber Aussonderungsklagen an der Schnittstelle von EuGVVO und EuInsVO, RIW 2010, 45; *Plappert* Dingliche Sicherungsrechte in der Insolvenz, 2008; *Schmalenbach/Sester* Internationale Sicherungsrechte an Flugzeugen auf Basis der Kapstadt-Konvention: Umsetzungsprobleme und praktische Vorwirkungen, WM 2005, 301.

A. Normzweck

1 Entsprechend dem in Art. 8 EuInsVO niedergelegten (rechtspolitisch verfehlten) Grundsatz über die Behandlung dinglicher Rechte, bestimmt Abs. 1, dass das Insolvenzverfahren die Rechte des Verkäufers aus einem **Eigentumsvorbehalt** unberührt lässt, wenn sich die Sache bei Verfahrenseröffnung

in einem anderen Mitgliedstaat befindet. Zur Einordnung als Kollisions- oder Sachnorm gilt das zu Art. 8 Rdn. 1 am Ende Gesagte. Obiter hat der EuGH Art. 10 allerdings als »materiell-rechtliche Vorschrift« bezeichnet (*EuGH* NZI 2009, 741 [743]).

Abs. 2 betrifft die Rechte des Käufers in der Insolvenz des Verkäufers. Die Eröffnung eines Insolvenzverfahrens soll – so die Auffassung des Verordnungsgebers – keine Begründung dafür sein, das Anwartschaftsrecht des vertragstreuen Eigentumsvorbehaltskäufers zu entwerten, sofern sich die Sache zum Zeitpunkt der Verfahrenseröffnung in einem anderen Mitgliedstaat befindet. 2

Hintergrund der Regelung ist, dass der Verordnungsgeber den Eigentumsvorbehalt nicht als dingliches Recht i.S.v. Art. 8 EuInsVO ansah und daher eine Sonderregelung für notwendig hielt (*Kolmann* Kooperationsmodelle, S. 309). 3

Art. 10 verdient die gleiche Kritik wie Art. 8 EuInsVO (s. EuInsVO Art. 8 Rdn. 1). 4

B. Eigentumsvorbehalt und Belegenheit der Sache

Art. 10 erläutert nicht, was unter Eigentumsvorbehalt zu verstehen ist. Um eine einheitliche Rechtsanwendung zu erreichen, muss der Begriff autonom ausgelegt werden (s. EuInsVO Art. 2 Rdn. 1; MüKo-BGB/*Kindler* Art. 7 EuInsVO a.F. Rn. 19 ff.; **a.A.** *Paulus* Art. 7 EuInsVO a.F. Rn. 2). Erfasst werden Sachverhalte, in denen der Verkäufer eines Gegenstands trotz Lieferung der Sache an den Käufer Eigentümer bleibt, bis der Käufer den Kaufpreis vollständig entrichtet hat. 5

Die Vorschrift gilt vor dem Hintergrund dieser Definition nur, soweit es um einen einfachen Eigentumsvorbehalt geht. Sehen Rechtsordnungen Erweiterungen vor, etwa einen erweiterten oder verlängerten Eigentumsvorbehalt, ist einerseits anerkannt, dass die Wirkungen dieser Erweiterungen nicht unter Art. 10 fallen (MüKo-BGB/*Kindler* Art. 7 a.F. EuInsVO Rn. 19 f.; *Paulus* Art. 7 EuInsVO a.F. Rn. 3). Andererseits ist streitig, ob die Wirkungen von Art. 8 EuInsVO geschützt werden (bejahend *Nerlich/Römermann* InsO, Art. 7 EuInsVO a.F. Rn. 5; K. *Schmidt/Brinkmann* InsO, Art. 7 EuInsVO a.F. Rn. 2). Richtig dürfte sein, die Wirkungen dann nach Art. 8 EuInsVO zu schützen, wenn es bei der jeweiligen Erweiterung tatsächlich um die Einräumung eines dinglichen Rechts an einem Gegenstand geht, mithin die Voraussetzungen des Art. 8 EuInsVO vorliegen. So fällt etwa die »Verlängerung« des Eigentumsvorbehalts, bei der der Verkäufer dem Käufer die Veräußerung der Sache gestattet und die Forderung gegen den Erwerber zur Sicherheit an den Verkäufer abgetreten wird, ohne weiteres als Sicherungsabtretung unter Art. 8 EuInsVO. Beim erweiterten Eigentumsvorbehalt hingegen, der auch andere Forderungen des Verkäufers absichert, könnte dies zweifelhaft sein. Nach Auffassung des Verordnungsgebers stellt der Eigentumsvorbehalt selbst kein dingliches Recht i.S.v. Art. 8 EuInsVO dar (vgl. MüKo-BGB/*Kindler* Art. 7 EuInsVO a.F. Rn. 21). In diesen Fällen bleibt es bei der Anwendung der lex fori concursus. 6

Ob der Eigentumsvorbehalt wirksam vereinbart worden ist, richtet sich nach dem (nach dem IPR des Gerichtsstaats zu ermittelnden) darauf anwendbaren Recht. Nach deutschem IPR regelt Art. 43 EGBGB das anwendbare Sachstatut. 7

Die unter Eigentumsvorbehalt ge- oder verkaufte Sache muss sich bei Eröffnung des Insolvenzverfahrens in einem anderen Mitgliedstaat befinden als dem der Verfahrenseröffnung (vgl. zur Belegenheit EuInsVO Art. 2 Rdn. 16 ff.). Befindet sie sich in einem Drittstaat, ist offen, welche Vorschriften zur Anwendung gelangen (s. EuInsVO Art. 8 Rdn. 7). 8

C. Insolvenz des Käufers (Abs. 1)

Abs. 1 kommt in der Insolvenz des Käufers zur Anwendung, wenn ein wirksamer Eigentumsvorbehalt vereinbart wurde und sich die Sache in einem anderen Mitgliedstaat als dem der Verfahrenseröffnung befindet (s. Rdn. 5 bis 8). Abs. 1 gilt auch nicht, wenn sich der unter Eigentumsvorbehalt verkaufte Gegenstand i.d.R. beim insolventen Käufer befinden wird und damit nicht in einem anderen Mitgliedstaat (*Duursma-Kepplinger/Duursma/Chalupsky* Art. 7 EuInsVO Rn. 8, 21). 9

Art. 11 EuInsVO Vertrag über einen unbeweglichen Gegenstand

10 Liegen die Voraussetzungen vor, bleibt der Eigentumsvorbehalt von der Insolvenz des Käufers »unberührt«. Ebenso wie für die von Art. 8 EuInsVO erfassten dinglichen Rechte gilt auch hier, dass jedenfalls die insolvenzrechtlichen Regelungen des Belegenheitsstaats Anwendung finden sollten (vgl. zum Meinungsstand EuInsVO Art. 8 Rdn. 11 ff.).

D. Insolvenz des Verkäufers (Abs. 2)

11 In der Insolvenz des Verkäufers soll Abs. 2 den Käufer schützen, dem die Sache bereits vor Eröffnung des Insolvenzverfahrens geliefert war, wenn diese sich zum Zeitpunkt der Eröffnung in einem anderen Mitgliedstaat als dem der Verfahrenseröffnung befindet (s. Rdn. 5 bis 8).

12 Rechtsfolge von Abs. 2 ist, dass die Insolvenz über das Vermögen des Verkäufers weder die Auflösung oder Beendigung des Kaufvertrags rechtfertigt, noch den Eigentumsübergang auf den Käufer, der sich vertragsgemäß verhält, verhindern kann. Unklar ist, ob auch darüber hinausgehende Regelungen des Insolvenzstatuts, etwa § 107 Abs. 1 Satz 2 InsO, erfasst werden (vgl. dazu MüKo-InsO/*Reinhart* Art. 7 EuInsVO a.F. Rn. 10).

13 Anders als Abs. 1, der lediglich bereits bestehende Rechte unberührt lässt, ordnet Abs. 2 seinem Wortlaut nach eine einheitliche Regelung für die Insolvenz des Verkäufers an, die Vorrang vor Sonderregeln eines etwaig anwendbaren anderen Rechts hat (so MüKo-BGB/*Kindler* Art. 7 EuInsVO a.F. Rn. 12). Mit dem Sinn der Artt. 8 ff. EuInsVO, nämlich dem Schutz des Vertrauens des Käufers, ist eine solch weitgehende Regelung nur schwer zu vereinbaren. Dementsprechend versucht die Literatur, den Anwendungsbereich von Abs. 2 entgegen dessen Wortlaut dann einzuschränken, wenn das Insolvenzrecht des Mitgliedstaats, unter dessen Recht der betreffende Eigentumsvorbehalt vereinbart worden ist, einen Schutz des Anwartschaftsrechts des Käufers überhaupt nicht vorsieht (*Paulus* Art. 7 EuInsVO a.F. Rn. 11). Schränkt man den Anwendungsbereich der Vorschrift so ein, ergeben sich auch keine Konflikte, wenn ein Sekundärinsolvenzverfahren in dem Mitgliedstaat eröffnet wird, in dem sich der Gegenstand befindet und das dann anwendbare Recht einen Schutz des Anwartschaftsrechts des Käufers nicht vorsieht (vgl. zu den dann anzustellenden Überlegungen MüKo-BGB/*Kindler* Art. 7 EuInsVO a.F. Rn. 13 ff.).

E. Anfechtung (Abs. 3)

14 Die Wirkung des Art. 10 soll eine Nichtigkeit, Anfechtbarkeit oder relative Unwirksamkeit einer Rechtshandlung nach dem Recht des Eröffnungsstaats nicht überlagern (s.a. EuInsVO Art. 8 Rdn. 14). Auf diese kann sich der Insolvenzverwalter berufen.

Artikel 11 Vertrag über einen unbeweglichen Gegenstand

(1) Für die Wirkungen des Insolvenzverfahrens auf einen Vertrag, der zum Erwerb oder zur Nutzung eines unbeweglichen Gegenstands berechtigt, ist ausschließlich das Recht des Mitgliedstaats maßgebend, in dessen Hoheitsgebiet sich dieser Gegenstand befindet.

(2) Die Zuständigkeit für die Zustimmung zu einer Beendigung oder Änderung von Verträgen nach diesem Artikel liegt bei dem Gericht, das das Hauptinsolvenzverfahren eröffnet hat, wenn
a) ein derartiger Vertrag nach den für diese Verträge geltenden Rechtsvorschriften des Mitgliedstaats nur mit Zustimmung des Gerichts der Verfahrenseröffnung beendet oder geändert werden kann und
b) in dem betreffenden Mitgliedstaat kein Insolvenzverfahren eröffnet worden ist.

Übersicht	Rdn.		Rdn.
A. Normzweck	1	II. Rechtsfolge	9
B. Anwendbares Recht (Abs. 1)	3	C. Zuständigkeit für die Zustimmung zu einer Beendigung oder Änderung von Verträgen (Abs. 2)	12
I. Vertrag über Erwerb oder Nutzung eines unbeweglichen Gegenstands	3		

Literatur:
Bierhenke Der ausländische Insolvenzverwalter und das deutsche Grundbuch, MittBayNot 2009, 197.

A. Normzweck

Art. 11 Abs. 1 schützt Verträge über unbewegliche Gegenstände vor den Bestimmungen der lex fori concursus. Grundsätzlich bestimmt nämlich das Insolvenzrecht des Staats der Verfahrenseröffnung, wie sich das Insolvenzverfahren auf laufende Verträge des Schuldners auswirkt (Art. 7 Abs. 2 lit. e EuInsVO). Nach Art. 11 sollen sich die Wirkungen eines Insolvenzverfahrens auf Verträge über unbewegliche Gegenstände nach dem Recht des Staats richten, in dem der Gegenstand belegen ist (lex rei sitae). Die Norm betrifft nicht nur Kaufverträge, sondern auch Verträge über die Nutzung unbeweglicher Gegenstände, d.h. Miet- und Pachtverträge (vgl. zur Kritik an den Sonderregelungen EuInsVO Vor Art. 1 Rn. 14 ff.; MüKo-InsO/*Reinhart* Art. 8 EuInsVO a.F. Rn. 1). 1

Art. 11 Abs. 2 EuInsVO erweitert die Zuständigkeiten des Gerichts, welches das Hauptinsolvenzverfahren eröffnet hatte. Es soll zur Zustimmung zu einer Beendigung oder Änderung von Verträgen zuständig sein, wenn das Insolvenzrecht des Belegenheitsstaats ein solches Zustimmungserfordernis vorsieht. 2

B. Anwendbares Recht (Abs. 1)

I. Vertrag über Erwerb oder Nutzung eines unbeweglichen Gegenstands

Unter den schon aus systematischen Gründen autonom auszulegenden Begriff des unbeweglichen Gegenstands fallen **Immobilien** (MüKo-BGB/*Kindler* Art. 8 EuInsVO a.F. Rn. 2; für die Einordnung nach dem Recht des Belegenheitsstaats *Paulus* Art. 8 EuInsVO a.F. Rn. 5). Schiffe und Luftfahrzeuge sind – wie Art. 14 EuInsVO zeigt – keine unbeweglichen Gegenstände i.S.d. EuInsVO. 3

Der unbewegliche Gegenstand muss sich in einem **Mitgliedstaat** befinden. Befindet er sich in einem Drittstaat, ist offen, welche Vorschriften zur Anwendung gelangen (vgl. EuInsVO Art. 1 Rdn. 14 ff.; für die Anwendung der lex fori concursus gem. Art. 7 Abs. 1 EuInsVO *Mohrbutter/Ringstmeier-Wenner* Kap. 20 Rn. 326). 4

Verträge über die Nutzung eines unbeweglichen Gegenstands sind insbesondere Miet- und Pachtverträge, aber auch Leasing- und Erbpachtverträge sowie alle sonstigen Verträge über die Verschaffung eines vergleichbaren Rechts. Der Begriff der Nutzung ist weit zu verstehen; die EuInsVO unterscheidet nicht zwischen Verpflichtungsgeschäften und Verfügungsgeschäften, so dass auch dingliche Verträge unter Art. 11 fallen (MüKo-BGB/*Kindler* Art. 8 EuInsVO a.F. Rn. 5; K. Schmidt/*Brinkmann* InsO, Art. 8 EuInsVO a.F. Rn. 4). Damit werden insbesondere auch Verträge über die Belastung eines unbeweglichen Gegenstands vom Anwendungsbereich des Art. 11 erfasst (**a.A.** *Paulus* Art. 8 EuInsVO a.F. Rn. 4; *v. Bismarck/Schürmann-Kleber* NZI 2005, 89 [92]). 5

Verträge über den Erwerb eines unbeweglichen Gegenstands sind vor allem Kaufverträge, aber auch Schenkungsverträge (*Balz* ZIP 1996, 948 [950]; MüKo-BGB/*Kindler* Art. 8 EuInsVO a.F. Rn. 4). Verträge über den Erwerb dinglicher Rechte sind nicht erfasst (*Bierhenke* MittBayNot 2009, 197 [201]). 6

Bei **typengemischten Verträgen**, also solchen, die sowohl Elemente eines in Art. 11 benannten Vertrags enthalten, aber auch andere Sachverhalte regeln (z.B. Verträge über die Errichtung von Bauwerken), kommt es darauf an, ob der durch Art. 11 geschützte Teil des Vertrags separierbar ist. Dann gilt für ihn Art. 11 und im Übrigen die lex fori concursus. Sind die Vertragsteile nicht separierbar, soll für den gesamten Vertrag die lex fori concursus gelten (*Paulus* Art. 8 EuInsVO a.F. Rn. 3). Man könnte demgegenüber auch erwägen, den Schwerpunkt des Vertrags zu bestimmen und – liegt der Schwerpunkt auf dem Erwerb oder der Nutzung eines unbeweglichen Gegenstands – Art. 11 in solchen Fällen auf den Vertrag anwenden. 7

8 Der Vertrag über den unbeweglichen Gegenstand muss **zum Zeitpunkt der Eröffnung des Insolvenzverfahrens bereits abgeschlossen** sein (vgl. Erläuternder Bericht Rn. 116; vgl. zur Bestimmung dieses Zeitpunkts EuInsVO Art. 3 Rdn. 23 ff.). Dies soll schon dann der Fall sein, wenn die zum Vertrag führenden Willenserklärungen abgegeben, die Wirksamkeit und Durchführung des Vertrags jedoch von Bedingungen abhängt, die zum Zeitpunkt der Verfahrenseröffnung noch nicht eingetreten sind (vgl. dazu und zu Optionsrechten MüKo-InsO/*Reinhart* Art. 8 EuInsVO a.F. Rn. 11 f.).

II. Rechtsfolge

9 Liegen die Voraussetzungen des Art. 11 vor, verdrängt die **lex fori concursus des Belegenheitsstaats** die nach Art. 7 EuInsVO anwendbare lex fori concursus (*Paulus* Art. 8 EuInsVO a.F. Rn. 7), keineswegs kommen sämtliche Vorschriften des Belegenheitsorts zur Anwendung (so aber irrig: Erläuternder Bericht Rn. 118; *Kübler/Prütting/Bork-Kemper* InsO, Art. 8 EuInsVO a.F. Rn. 8).

10 Es ist vorgeschlagen worden, Art. 11 nicht auf die dem Vertragspartner zustehenden Rechte anzuwenden, weil die Bestimmung lediglich das Immobiliarrecht des Staats, nicht aber den Vertragspartner schützen soll (*Paulus* Art. 8 EuInsVO a.F. Rn. 8).

11 Im Gegensatz zu Art. 8 Abs. 4 EuInsVO und einer Reihe von anderen Vorschriften der EuInsVO enthält Art. 11 nicht den klarstellenden Zusatz, dass die Regelung nicht vor anderen Unwirksamkeitsgründen und einer Anfechtbarkeit schützt. Das versteht sich aber auch ohne Klarstellung (*OLG Koblenz* NZI 2011, 448 [449]; *Pannen/Riedemann* Art. 8 EuInsVO a.F. Rn. 26; MüKo-BGB/*Kindler* Art. 8 EuInsVO a.F. Rn. 9; MüKo-InsO/*Reinhart* Art. 8 EuInsVO a.F. Rn. 17; **a.A.** *Paulus* Art. 8 EuInsVO a.F. Rn. 10).

C. Zuständigkeit für die Zustimmung zu einer Beendigung oder Änderung von Verträgen (Abs. 2)

12 Abs. 2 ist eine Besonderheit, die im Rahmen der Neufassung der EuInsVO Gesetz geworden ist. Die Regelung begründet eine Zuständigkeit des Gerichts, welches das Hauptinsolvenzverfahren eröffnet hatte, für die Zustimmung zur Beendigung oder Änderung von Verträgen i.S.v. Abs. 1, wenn das Recht des Belegenheitsstaates eine derartige Zustimmungspflicht vorsieht. Behördliche Zustimmungsvorbehalte sind dabei nicht erfasst (Braun/*Josko de Marx* Art. 11 EuInsVO Rn. 21). Sie begründet damit eine Annexkompetenz des Hauptsachegerichts, und soll einer Verfahrenskonzentration dienen. Zudem schließt sie eine Kompetenzlücke, denn im Belegenheitsstaat gibt es mangels Insolvenzverfahren i.d.R. auch kein zuständiges Insolvenzgericht, das das Verfahren führt und die Zustimmung erteilen könnte.

13 Es handelt sich um eine ausschließliche Zuständigkeit. Das nach den Vorschriften des Belegenheitsstaats zuständige Gericht ist nicht für die Zustimmung zuständig.

14 Das Hauptsachegericht muss daher in diesem Fall ausländisches Recht prüfen und die dortigen Maßstäbe anlegen.

15 Die Vorschrift findet keine Anwendung, wenn in dem betroffenen Staat ein Sekundärinsolvenzverfahren eröffnet worden sind (Abs. 2 lit. b). Dann bleibt es bei der Zuständigkeit der dortigen Gerichte.

Artikel 12 Zahlungssysteme und Finanzmärkte

(1) Unbeschadet des Artikels 8 ist für die Wirkungen des Insolvenzverfahrens auf die Rechte und Pflichten der Mitglieder eines Zahlungs- oder Abwicklungssystems oder eines Finanzmarktes ausschließlich das Recht des Mitgliedstaats maßgebend, das für das betreffende System oder den betreffenden Markt gilt.

(2) Absatz 1 steht einer Nichtigkeit, Anfechtbarkeit oder relativen Unwirksamkeit der Zahlungen oder Transaktionen gemäß den für das betreffende Zahlungssystem oder den betreffenden Finanzmarkt geltenden Rechtsvorschriften nicht entgegen.

Übersicht	Rdn.			Rdn.
A. Normzweck	1	B.	Im Einzelnen	3

Literatur:
Ehricke Zum anwendbaren Recht auf ein in einem Clearing-System vereinbartes Glattstellungsverfahren im Fall der Insolvenz ausländischer Clearing-Teilnehmer, WM 2006, 2109; *Kilgus* Keine Zahlungspflicht unter internationalen Derivaten bei Insolvenz des Vertragspartners?, ZIP 2010, 613.

A. Normzweck

Der Verordnungsgeber möchte das »allgemeine Vertrauen in die Abrechnungs- und Zahlungsmechanismen« schützen (Erläuternder Bericht Rn. 120). Mit der Richtlinie 98/26/EG über die Wirksamkeit von Abrechnungen in Zahlungs- sowie Wertpapierliefer- und Abrechnungssystemen soll dieser Schutz noch ausgebaut werden (vgl. zu dieser Richtlinie *Balz* ZIP 1995, 1639 f.; *Hasselbach* ZIP 1997, 1491 ff.; *Vollrath* Die Endgültigkeit bargeldloser Zahlungen, S. 222 ff.). 1

Zu Recht wird darauf hingewiesen, dass Art. 12 nur selten zur Anwendung kommen wird (MüKo-BGB/*Kindler* Art. 9 EuInsVO a.F. Rn. 4). Die Teilnehmer an den in Abs. 1 benannten Systemen oder Märkten werden i.d.R. Versicherungsunternehmen und Kreditinstitute sein. Für diese gilt die EuInsVO ohnehin nicht (vgl. Art. 1 Abs. 2 EuInsVO). 2

B. Im Einzelnen

Was unter einem **Zahlungs- und Abwicklungssystem** oder einem Finanzmarkt i.S.v. Abs. 1 zu verstehen ist, ergibt sich aus Art. 2 Buchstabe a) der Richtlinie 98/26/EG. Danach setzt ein solches System eine förmliche Vereinbarung zwischen mindestens drei Teilnehmern über gemeinsame Regeln und vereinheitlichte Vorgaben für das Clearing oder die Ausführung von Zahlungs- bzw. Übertragungsaufträgen zwischen den Teilnehmern voraus. Eine Einschränkung wie Art. 10 der benannten Richtlinie auf solche Systeme, die von den Mitgliedstaaten entsprechend bezeichnet worden sind, enthält die EuInsVO nicht. Folglich findet Art. 12 Anwendung u.a. auf Inter-Company Netting Agreements, Termintransaktionen über Clearing Systeme oder Warenterminbörsen. Unter den Begriff fallen auch Wertpapierabwicklungssysteme. 3

Ein **Finanzmarkt** ist ein Markt in einem Mitgliedstaat, in dem Finanzinstrumente, sonstige Finanzwerte oder Warenterminkontrakte und -optionen gehandelt werden, der regelmäßig funktioniert, dessen Funktions- und Zugangsbedingungen durch Vorschriften geregelt sind, und der dem Recht eines Mitgliedstaats unterliegt, einschließlich einer entsprechenden Aufsicht seitens der zuständigen Behörden dieses Mitgliedstaats (vgl. Erläuternder Bericht Rn. 120). 4

Die Anwendung von Art. 12 setzt voraus, dass die **Rechtsordnung eines Mitgliedstaats** auf das System bzw. den Markt Anwendung findet. Zu ermitteln ist diese Rechtsordnung nach dem Kollisionsrecht des Gerichtsstaats. Führt dieses Kollisionsrecht dazu, dass die Rechtsordnung eines **Drittstaats** anwendbar ist, muss wiederum entschieden werden, ob Art. 7 EuInsVO oder das autonome IIR zur Anwendung kommt (vgl. dazu EuInsVO Art. 1 Rdn. 14 ff.). 5

Liegt ein System bzw. ein Markt i.S.v. Art. 12 vor, ordnet dieser an, dass die lex fori concursus keine Anwendung findet. Vielmehr gilt das Insolvenzrecht des Staats, dessen Rechtsordnung auf das System bzw. den Markt Anwendung findet. Wiederum gilt: Als insolvenzrechtliche Kollisionsregel befasst sich Art. 12 nur mit dem anwendbaren Insolvenzrecht, nicht mit anderen Statuten (anders etwa Pannen/*Pannen* Art. 9 EuInsVO a.F. Rn. 26). 6

Für dingliche Sicherheiten im Zusammenhang mit dem System bzw. dem Markt gilt Art. 8 EuInsVO, wie sich aus dem klarstellenden Hinweis in Abs. 1 ergibt (vgl. *Balz* ZIP 1996, 948 [951]; Erläuternder Bericht Rn. 124). 7

Abs. 2 stellt klar, dass Abs. 1 nicht vor allgemeinen Unwirksamkeitsgründen oder einer Anfechtbarkeit nach dem System- oder Marktstatut schützt. 8

Artikel 13 Arbeitsvertrag

(1) Für die Wirkungen des Insolvenzverfahrens auf einen Arbeitsvertrag und auf das Arbeitsverhältnis gilt ausschließlich das Recht des Mitgliedstaats, das auf den Arbeitsvertrag anzuwenden ist.

(2) Die Zuständigkeit für die Zustimmung zu einer Beendigung oder Änderung von Verträgen nach diesem Artikel verbleibt bei den Gerichten des Mitgliedstaat, in dem ein Sekundärinsolvenzverfahren eröffnet werden kann, auch wenn in dem betreffenden Mitgliedstaat kein Insolvenzverfahren eröffnet worden ist.

Unterabsatz 1 gilt auch für eine Behörde, die nach nationalem Recht für die Zustimmung zu einer Beendigung oder Änderung von Verträgen nach diesem Artikel zuständig ist.

Übersicht

	Rdn.			Rdn.
A.	Normzweck und Kritik	1	C. Zuständigkeit für eine gerichtliche Zustimmung zu einer Beendigung oder Änderung von Arbeitsverträgen (Abs. 2)	8
B.	Anwendbares Recht (Abs. 1)	2		
I.	Voraussetzungen	2		
II.	Rechtsfolge	4		

Literatur:
Beck Verteilungsfragen im Verhältnis zwischen Haupt- und Sekundärinsolvenzverfahren nach der EuInsVO, NZI 2007, 1; *Berkowsky* Aktuelle arbeitsrechtliche Fragen in Krise und Insolvenz – Oktober/November 2007, NZI 2008, 20; *Cranshaw* Anwendung inländischen Insolvenzarbeitsrechts auf im Inland beschäftigte Arbeitnehmer bei ausländischem Insolvenzverfahren des Arbeitgebers, jurisPR-InsR 11/2011 Anm. 2; *Göpfert/Müller* Englisches Administrationsverfahren und deutsches Insolvenzarbeitsrecht, NZA 2009, 1057; *Wiese u.a.* Gemeinschaftskommentar zum Betriebsverfassungsgesetz, 10. Aufl. 2014 (zit.: GK-BetrVG/*Bearbeiter* § Rn.); *Liebmann* Der Schutz des Arbeitnehmers bei grenzüberschreitenden Insolvenzen, 2005; *Mankowski* Bestimmung der Insolvenzmasse und Pfändungsschutz unter der EuInsVO, NZI 2009, 785; *ders.* Die Rom-I-Verordnung – Änderungen im europäischen IPR für Schuldverträge, IHR 2008, 133; *Monserez/Moor* Insolvency proceedings and the TUPE Directive of the EU: an odd couple, Insolvency and Restructuring International, Vol. 2 2008, 16; *Podewin* Die Insolvenzsicherung von Wertguthaben in Arbeitszeitkonten – Parallelen und Unterschiede von § 7d SGB IV und § 8a AltTZG, RdA 2005, 295; *Wenner* Die Reform der EuInsVO – Ein Verriss, ZIP 2017, 1137; *Zwanziger* Die neuere Rechtsprechung des Bundesarbeitsgerichts in Insolvenzsachen, BB 2008, 946.

A. Normzweck und Kritik

1 Der Verordnungsgeber will Arbeitnehmer vor den Auswirkungen der nach Art. 7 EuInsVO anwendbaren lex fori concursus schützen und bestimmt, dass für die Wirkungen der Insolvenz auf das Arbeitsverhältnis das Recht des Mitgliedstaats anwendbar ist, das für den Arbeitsvertrag gilt. Damit macht der Verordnungsgeber die Ermittlung des für den Arbeitsvertrag geltenden Insolvenzrechts unverständlich kompliziert (vgl. *Mohrbutter/Ringstmeier-Wenner* Kap. 20 Rn. 317; vgl. auch § 337 Rdn. 1). Dennoch hält der Reformgeber am bisherigen Konzept fest (krit. hierzu *Wenner* ZIP 2017, 1137 [1138]).

B. Anwendbares Recht (Abs. 1)

I. Voraussetzungen

2 Was unter dem Begriff **Arbeitsvertrag** bzw. **Arbeitsverhältnis** i.S.v. Art. 13 zu verstehen ist, regelt die EuInsVO nicht. Diese Begriffe sind autonom auszulegen (vgl. *Mohrbutter/Ringstmeier-Wenner* Kap. 20 Rn. 315; *Uhlenbruck/Lüer* Art. 10 EuInsVO a.F. Rn. 8; a.A. *Kübler/Prütting/Bork-Kemper* InsO, Art. 10 EuInsVO a.F. Rn. 5). Es kann auf die Rechtsprechung zu Art. 8 Rom-I-VO und Art. 18 EuGVO zurückgegriffen werden (*Duursma-Kepplinger/Duursma/Chalupsky* Art. 10 EuInsVO a.F. Rn. 4; MüKo-InsO/*Reinhart* Art. 10 EuInsVO a.F. Rn. 5; *Mohrbutter/Ringstmeier-Wenner* Kap. 20 Rn. 315). Erforderlich ist jedenfalls die persönliche **Abhängigkeit vom Arbeitgeber** und **die Weisungsgebundenheit des Arbeitnehmers** (vgl. *EuGH* Rs. 66/85 Slg. 1986, 2112 Nr. 17 f.;

Duursma-Kepplinger/Duursma/Chalupsky Art. 10 EuInsVO a.F. Rn. 6; MüKo-InsO/*Reinhart* Art. 10 EuInsVO a.F. Rn. 4 f.; *Göpfert/Müller* NZA 2009, 1057 [1059]).

Das Arbeitsverhältnis muss zum Zeitpunkt der Insolvenzeröffnung bereits abgeschlossen sein (MüKo-BGB/*Kindler* Art. 10 EuInsVO a.F. Rn. 5; *Uhlenbruck/Lüer* InsO, Art. 10 EuInsVO a.F. Rn. 8). Dieser Grundsatz, der sich mittelbar aus der Formulierung des Art. 13 Abs. 1 ergibt, ist nicht unbestritten. Soweit argumentiert wird, dass die zeitliche Einschränkung dann zu nicht nachvollziehbaren Ergebnissen führt, wenn der Arbeitsvertrag, etwa wegen einer Bedingung, erst nach Insolvenzeröffnung wirksam wird (*Pannen/Dammann* Art. 10 EuInsVO a.F. Rn. 7), geht dies fehl: Entscheidend für die Anwendbarkeit von Art. 13 ist nicht die Wirksamkeit des Arbeitsvertrags vor Insolvenzeröffnung, sondern dessen Abschluss. Im Übrigen sind Arbeitnehmer, die etwa im Rahmen der Eigenverwaltung eingestellt werden, nicht schutzwürdig (a.A. *Pannen/Dammann* Art. 10 EuInsVO a.F. Rn. 7). 3

II. Rechtsfolge

Die kollisionsrechtliche Regel des Art. 13 Abs. 1 lautet: Für die Wirkungen des Insolvenzverfahrens auf den Arbeitsvertrag bzw. das Arbeitsverhältnis gilt nicht die lex fori concursus des Eröffnungsstaats, sondern das Insolvenzrecht des Mitgliedstaats, dessen Arbeitsrecht auf den Arbeitsvertrag bzw. das Arbeitsverhältnis anzuwenden ist. Das ist eine in der Praxis untaugliche Regelung. Ermittelt wird das Arbeitsvertragsstatut anhand des Kollisionsrechts des angerufenen Gerichts (vgl. § 337 Rdn. 6 f.). Das ist – jedenfalls in der EU – aber ausgesprochen kompliziert: Nach Art. 8 Rom-I-VO gilt für den Arbeitsvertrag zwar in erster Linie das **gewählte Recht**. Dem Arbeitnehmer darf durch die Rechtswahl aber nicht der Schutz der zwingenden arbeitsrechtlichen Vorschriften des Staats entzogen werden, in dem er gewöhnlich seine Arbeit verrichtet (*Kemper* ZIP 2001, 1609 [1617]). Der Rechtsanwender hat einen **Günstigkeitsvergleich** vorzunehmen (*Palandt/Thorn* Art. 8 Rom-I-VO Rn. 8; *Mankowski* IHR 2008, 133 [145 f.]): Das Recht, das den Arbeitnehmer besser schützt, kommt zur Anwendung (*Reithmann/Martiny/Martiny* Int. Vertragsrecht, Rn. 4846). Der Günstigkeitsvergleich ist für jeden Teilbereich durchzuführen. So entsteht unter Umständen ein buntes »Mosaik zwingender Schutzvorschriften verschiedener staatlicher Herkunft« (*Palandt/Thorn* Art. 8 Rom-I-VO Rn. 8). Mit anderen Worten: Es gibt in einer Reihe von Fällen gar **kein einheitliches Arbeitsvertragsstatut**: Auch bei Art. 13 Abs. 1 wird man zur Bestimmung des auf den Arbeitsvertrag anwendbaren Insolvenzrechts einen – wenn auch völlig unpraktikablen – Günstigkeitsvergleich vornehmen müssen (*Mohrbutter/Ringstmeier-Wenner* Kap. 20 Rn. 317). 4

Ist das Arbeitsvertragsstatut die Rechtsordnung eines **Drittstaats**, so gilt Art. 13 nicht. Offen ist, ob es dann bei der Anwendung der Vorschriften der lex fori concursus bleibt (vgl. grds. EuInsVO Art. 1 Rdn. 14 ff.; dafür *Mohrbutter/Ringstmeier-Wenner* Kap. 20 Rn. 319; ebenso *Huber* ZZP 114 [2001], 133 [163]; für die Anwendung des autonomen Insolvenzkollisionsrechts MüKo-BGB/*Kindler* Art. 10 EuInsVO a.F. Rn. 11). Ein Günstigkeitsvergleich ist hier nicht anzustellen (**a.A.** MüKo-InsO/*Reinhart* Art. 10 EuInsVO a.F. Rn. 26). 5

Die kollisionsrechtliche Verweisung des Art. 13 Abs. 1 gilt für die **unmittelbaren Wirkungen der Insolvenzeröffnung**, insbesondere also für die Frage, ob und unter welchen Bedingungen das Arbeitsverhältnis beendet werden kann (Erläuternder Bericht Rn. 125; vgl. dazu auch *LAG Hessen* NZI 2011, 203). Hingegen richten sich nach der lex fori concursus die mittelbaren Wirkungen der Insolvenz, insbesondere, welchen Rang die Ansprüche der Arbeitnehmer haben (Erwägungsgrund Nr. 72; vgl. auch *LAG Baden-Württemberg* BeckRS 2012, 69167). Auch die Rechte des Arbeitnehmers im Falle der Beendigung seines Vertrags durch den Insolvenzverwalter richten sich nach dem Recht, das auf den Arbeitsvertrag anwendbar ist (Erwägungsgrund Nr. 72). Gleiches gilt für die Rechte des ausländischen Insolvenzverwalters: Dieser kann sich – wenn nach Art. 13 Abs. 1 deutsches Insolvenzrecht Anwendung findet – den Regelungen des deutschen Insolvenzrechts bedienen, wenn er Arbeitsverträge beenden möchte, etwa einen Interessenausgleich mit Namensliste nach § 125 InsO schließen (*BAG* NZI 2012, 1011 m. Anm. *Giesen* EuZA 2013, 350). 6

7 Keine Anwendung findet Art. 13 Abs. 1 auf die Frage, ob dem Arbeitnehmer Ansprüche auf Insolvenzgeld zustehen oder das BetrVG Anwendung findet (vgl. dazu § 337 Rdn. 8 ff.).

C. Zuständigkeit für eine gerichtliche Zustimmung zu einer Beendigung oder Änderung von Arbeitsverträgen (Abs. 2)

8 Im Rahmen der Neufassung der EuInsVO wurde mit Abs. 2 eine Regelung eingefügt, deren Ziel es ist, gerichtlichen oder behördlichen Kündigungsschutz in den Mitgliedstaaten, in denen eine Niederlassung besteht, zu erhalten. Dadurch soll verhindert werden, dass ein Sekundärinsolvenzverfahren ausschließlich zu dem Zweck eingeleitet wird, einen stärkeren Kündigungsschutz herbeizuführen. Bereits die bloße Möglichkeit eines Sekundärinsolvenzverfahrens reicht aus, um den Anwendungsbereich des Abs. 2 zu eröffnen.

9 Regelungstechnisch ist die Vorschrift missglückt. Denn ihrem Wortlaut nach regelt sie lediglich die gerichtliche oder behördliche Zuständigkeit für die Zustimmung zu einer Beendigung oder der Änderung von Arbeitsverträgen, ist aber keine Kollisionsnorm. Aus welchem Recht sich das Erfordernis einer entsprechenden Zustimmung ergeben muss, lässt die Norm offen. Auch das Wort »verbleibt« hilft nicht weiter, denn Abs. 1 regelt keine Zuständigkeit, sondern das anwendbare Recht.

10 Mit Blick auf den Regelungszweck, Sekundärinsolvenzverfahren nach Möglichkeit zu vermeiden, spricht viel dafür, auf die insolvenzrechtlichen Zustimmungsvorbehalte abzustellen, die sich aus dem Sekundärinsolvenzstatut ergeben würden (so auch *Mankowski/Mankowski* Art. 13 EuInsVO Rn. 40).

11 Wenig spricht dafür, die Vorschrift auch auf sonstige Zustimmungsvorbehalte im betroffenen Mitgliedstaat anzuwenden, die ihren Ursprung nicht in der Insolvenz haben, und etwa den Mutterschutz, den Schwerbehindertenschutz oder den allgemeinen Kündigungsschutz bei Massenentlassungen betreffen. Denn die EuInsVO regelt insoweit weder das anwendbare Recht, noch die Zuständigkeit.

Artikel 14 Wirkung auf eintragungspflichtige Rechte

Für die Wirkungen des Insolvenzverfahrens auf Rechte des Schuldners an einem unbeweglichen Gegenstand, einem Schiff oder einem Luftfahrzeug, die der Eintragung in ein öffentliches Register unterliegen, ist das Recht des Mitgliedstaats maßgebend, unter dessen Aufsicht das Register geführt wird.

Übersicht

	Rdn.		Rdn.
A. Normzweck	1	C. Rechtsfolge	5
B. Voraussetzungen	2		

Literatur:
Bierhenke Der ausländische Insolvenzverwalter und das deutsche Grundbuch, MittBayNot 2009, 197.

A. Normzweck

1 Art. 14 soll den Numerus clausus der Sachenrechte schützen (*Balz* ZIP 1996, 948 [950]; MüKo-InsO/*Reinhart* Art. 11 EuInsVO a.F. Rn. 2). Der Verordnungsgeber meinte offenbar, ohne eine solche Bestimmung könnten an inländischen Grundstücken etwa Generalhypotheken oder Superprivilegien entstehen (vgl. *Mohrbutter/Ringstmeier-Wenner* Kap. 20 Rn. 307). Zum anderen will Art. 14 im Interesse der Rechtssicherheit Reibungen zwischen der lex fori concursus und dem Registerrecht vermeiden (Erläuternder Bericht Rn. 129 f.).

B. Voraussetzungen

Ein **öffentliches Register** i.S.v. Art. 14 liegt bereits dann vor, wenn dieses öffentlich zugänglich ist; 2 überdies muss eine Eintragung Wirkungen gegenüber Dritten herbeiführen.

Das öffentliche Register muss unter der Aufsicht eines **Mitgliedstaats** geführt werden. Hat ein Dritt- 3 staat die Aufsicht, ist nicht geklärt, ob es bei der Anwendung der Vorschriften der lex fori concursus gem. Art. 7 EuInsVO verbleibt (so *Mohrbutter/Ringstmeier-Wenner* Kap. 20 Rn. 255; *Mäsch* in: *Rauscher*, Europäisches Zivilprozessrecht, Band 2, Art. 11 EG-InsVO Rn. 5) oder ob das autonome IIR heranzuziehen ist (so MüKo-InsO/*Reinhart* Art. 11 EuInsVO a.F. Rn. 10; vgl. dazu EuInsVO Art. 1 Rdn. 14 ff.).

Art. 14 erfasst **Rechte des Schuldners** an bestimmten Vermögensgegenständen, nämlich an Immo- 4 bilien, Schiffen und Luftfahrtzeugen. Es wird vorgeschlagen, diese Rechtsbegriffe nicht autonom, sondern nach dem Recht des Registergerichts zu qualifizieren (MüKo-InsO/*Reinhart* Art. 11 EuInsVO a.F. Rn. 4; *Paulus* Art. 11 EuInsVO a.F. Rn. 4).

C. Rechtsfolge

Inwieweit Art. 14 die lex fori concursus verdrängt, ist nicht geklärt und umstritten. Der Streit ent- 5 zündet sich daran, dass Art. 14 anders als Artt. 10–13 EuInsVO nicht das Wort »ausschließlich« verwendet. Einige meinen, Insolvenzstatut und Registerstatut seien zu kumulieren, also gemeinsam anzuwenden, wobei das Registerrecht die Obergrenze darstellen soll (Erläuternder Bericht Rn. 130; *Duursma-Kepplinger/Duursma/Chalupsky* Art. 11 EuInsVO a.F. Rn. 7, 10; *Geimer/Schütze/Huber* Internationaler Rechtsverkehr in Zivil- und Handelssachen, Art. 11 EuInsVO a.F. Rn. 8; *Leible/ Staudinger* KTS 2000, 533 [557]; MüKo-BGB/*Kindler* Art. 11 EuInsVO a.F. Rn. 9; offen *Nerlich/ Römermann* InsO, Art. 11 EuInsVO a.F. Rn. 6 f.). Vertreten wurde etwa, dass das am Registerort geltende Recht die lex fori concursus völlig verdrängt (MüKo-InsO/*Reinhart* 1. Aufl., Art. 102 EGInsO Rn. 1). Am ehesten dürfte eine zunehmend vertretene, einschränkende Interpretation des Art. 14 zutreffen: Es gelten die Wirkungen der lex fori concursus; für die Frage der Eintragungsfähigkeit dieser Wirkungen ist eine Anpassung an das Registerrecht vorzunehmen (*Flessner* in: *Stoll* [Hrsg.] Vorschläge, S. 219 [225 f.]; ebenso *Duursma-Kepplinger/Duursma/Chalupsky* Art. 11 EuInsVO a.F. Rn. 8; MüKo-InsO/*Reinhart* Art. 11 EuInsVO a.F. Rn. 14; *Taupitz* ZZP 111 [1998], 315 [346]; ähnlich *Kübler/Prütting/Bork-Kemper* InsO, Art. 11 EuInsVO a.F. Rn. 8 unter Anwendung einer Substitution).

Artikel 15 Europäische Patente mit einheitlicher Wirkung und Gemeinschaftsmarken

Für die Zwecke dieser Verordnung kann ein Europäisches Patent mit einheitlicher Wirkung, eine Gemeinschaftsmarke oder jedes andere durch Unionsrecht begründete ähnliche Recht nur in ein Verfahren nach Artikel 3 Absatz 1 miteinbezogen werden.

Übersicht	Rdn.		Rdn.
A. Normzweck	1	B. Im Einzelnen	2

Literatur:
Siehe Vor §§ 335 ff.

A. Normzweck

Die Vereinbarung über **Gemeinschaftspatente** (AB1EG 1989 Nr. L 401), die vom Europäischen Pa- 1 tentamt erteilt werden (heute Europäisches Patent mit einheitlicher Wirkung, vgl. Verordnungen über den einheitlichen Patentschutz (VO Nr. 1257/2012 und 1260/2012), enthält ebenso wie Art. 21 Abs. 1 der Verordnung über die **Gemeinschaftsmarke** (VO Nr. 40/95) und Art. 25 der Verordnung über den **gemeinschaftlichen Sortenschutz** (VO Nr. 2100/94) eine Vorschrift, nach der die gemeinschaftsrechtlich begründeten Rechte nur von einem Konkursverfahren oder einem konkursähnlichen Verfahren in dem Vertragsstaat erfasst werden, in dem das Verfahren zuerst eröffnet wurde. Diese Rechtslage soll bis zum Inkrafttreten gemeinsamer Vorschriften auf den genannten Gebieten gelten. **Art. 15** sichert diese Vorschriften dadurch, dass die genannten Rechte nur in ein Hauptinsolvenzverfahren einbezogen werden können. Da ein solches Verfahren jedoch nur eröffnet wird, wenn der Schuldner den Mittelpunkt seiner hauptsächlichen Interessen in einem Mitgliedstaat hat, bleiben ansonsten Art. 42 Abs. 1 GPÜ und die benannten, ihm entsprechenden, Vorschriften weiter von Bedeutung.

B. Im Einzelnen

2 Die in Art. 15 benannten Rechte können nur in ein Hauptinsolvenzverfahren nach Art. 3 Abs. 1 EuInsVO einbezogen werden. Auf die Frage der Belegenheit eines der benannten Gemeinschaftsrechte kommt es nicht an. Gemeinschaftsrechte gehören stets und uneingeschränkt zur Masse des Hauptinsolvenzverfahrens. Die Einbeziehung in ein Sekundärinsolvenzverfahren ist im Anwendungsbereich der EuInsVO ausgeschlossen (MüKo-InsO/*Reinhart* Art. 12 EuInsVO a.F. Rn. 8; *Kemper* ZIP 2001, 1609 [1617]).

3 Art. 15 stellt überdies eine Sonderregel zu Art. 8 EuInsVO dar. Für Sicherungsrechte an Gemeinschaftsrechten gilt die lex fori concursus des Hauptinsolvenzverfahrens (MüKo-InsO/*Reinhart* Art. 12 EuInsVO a.F. Rn. 2).

Artikel 16 Benachteiligende Handlungen

Artikel 7 Absatz 2 Buchstabe m) findet keine Anwendung, wenn die Person, die durch eine die Gesamtheit der Gläubiger benachteiligende Handlung begünstigt wurde, nachweist, dass
a) für diese Handlung das Recht eines anderen Mitgliedstaats als des Staates der Verfahrenseröffnung maßgeblich ist und
b) diese Handlung im vorliegenden Fall in keiner Weise nach dem Recht dieses Mitgliedstaats angreifbar ist.

Übersicht

		Rdn.			Rdn.
A.	Normzweck	1	IV.	Keine erweiternde Auslegung	14
B.	Im Einzelnen	2	C.	Anfechtung durch den Sekundär-	
I.	Voraussetzungen	2		insolvenzverwalter	15
II.	Rechtsfolge	8	D.	Internationale Zuständigkeit für An-	
III.	Einrede	12		fechtungsklagen	18

Literatur:
Brinkmann Gesellschafterdarlehen und Art. 13 EuInsVO – Ein offenes Scheunentor des Gläubigerschutzes?, ZIP 2016, 14; *Fehrenbach* Insolvenzanfechtung in grenzüberschreitenden Insolvenzverfahren bei Verfahrenspluralität, NZI 2015, 506; *Heidbrink* Zum Wiederaufleben von Sicherheiten nach Insolvenzanfechtung, NZI 2005, 363; *Huber, U.* Das für die anfechtbare Rechtshandlung maßgebende Recht, in: Festschrift für Andreas Heldrich, 2005, S. 695; *Mörsdorf-Schulte* Zuständigkeit für Insolvenzanfechtungsklagen im Eröffnungsstaat, ZIP 2009, 1456; *Paulus* Anfechtungsklagen in grenzüberschreitenden Insolvenzverfahren, ZInsO 2006, 295; *Prager/Keller* Die Einrede des Art. 13 EuInsVO, NZI 2011, 697; *Stehle* Die Auslandsvollstreckung – ein Mittel zur Flucht aus dem deutschen Insolvenzrecht, DZWIR 2008, 53; *Thole* Die Anwendung des Art. 13 EuInsVO bei Zahlungen auf fremde Schuld, NZI 2013, 113; *Zeuner/Elsner* Die internationale Zuständigkeit der Anfechtungsklage oder die Auslegung des Art. 1 Abs. 2 lit. b EuGVVO, DZWIR 2008, 1.

A. Normzweck

1 Nach Art. 7 Abs. 2 lit. m EuInsVO bestimmt das Recht des Eröffnungsstaats, welche Rechtshandlungen **anfechtbar** sind. Die Anknüpfung an die lex fori concursus entsprach auch der früheren Rechtsprechung des *BGH* (BGHZ 118, 151 [168]; vgl. § 339 Rdn. 5). Demgegenüber hat der Verordnungsgeber eine **Kumulationslösung vorgesehen**, derzufolge zwar im Ausgangspunkt die lex fori

concursus zur Anwendung kommt, die Anfechtung aber dann nicht durchgreift, wenn der Anfechtungsgegner nachweist, dass die Rechtshandlung nach dem Wirkungsstatut nicht angreifbar ist. Das entspricht der Regelung des § 339 InsO (vgl. zu den erheblichen Nachteilen dieser Lösung vgl. § 339 Rdn. 6).

B. Im Einzelnen

I. Voraussetzungen

Kollisionsrechtlicher Ausgangspunkt ist Art. 7 Abs. 2 lit. m EuInsVO: Das Insolvenzrecht des Eröffnungsstaats bestimmt, welche gläubigerbenachteiligenden Rechtshandlungen nichtig, anfechtbar oder relativ unwirksam sind (*Balz* ZIP 1996, 948 [951]). Gemeint sind **Insolvenzanfechtungsrechte**; ob ein solches Recht vorliegt, ist **autonom** zu bestimmen (*Mohrbutter/Ringstmeier-Wenner* Kap. 20 Rn. 340). 2

Art. 16 setzt voraus, dass eine **die Gesamtheit der Gläubiger benachteiligende Handlung** vorliegt. Auch das ist autonom zu qualifizieren (MüKo-InsO/*Reinhart* Art. 13 EuInsVO a.F. Rn. 2, 4). Wie bei § 129 InsO wird der Begriff der Rechtshandlung **weit** ausgelegt (MüKo-InsO/*Reinhart* Art. 13 EuInsVO a.F. Rn. 4). Die Rechtshandlung muss grds. **vor Verfahrenseröffnung** vorgenommen sein (*EuGH* NZI 2015, 478 Rn. 36; Erläuternder Bericht Rn. 138). Eine **Begünstigung** des Anfechtungsgegners ist entgegen dem Wortlaut der Vorschrift nicht erforderlich (vgl. MüKo-InsO/*Reinhart* Art. 13 EuInsVO a.F. Rn. 3). Auch die **Rückschlagsperre** nach § 88 InsO fällt unter Art. 16 (*EuGH* NZI 2015, 478 Rn. 31). 3

Für die Rechtshandlung muss die **Rechtsordnung eines anderen Mitgliedstaats Anwendung** finden. Zu ermitteln ist das Schuldstatut (*U. Huber* FS Heldrich, S. 695 [709 ff.]; *ders.* FS Gerhardt, S. 397 [421]). Es gelten die **Kollisionsregeln des Gerichtsstaats** (*OLG Naumburg* ZInsO 2010, 2325, m. Anm. *Wöhlert* GWR 2011, 72; *Geimer/Schütze/Gruber* Internationaler Rechtsverkehr in Zivil- und Handelssachen, Art. 13 EuInsVO a.F. Rn. 3; MüKo-InsO/*Reinhart* Art. 13 EuInsVO a.F. Rn. 6; *Mohrbutter/Ringstmeier-Wenner* Kap. 20 Rn. 346), nicht das Kollisionsrecht des Eröffnungsstaats (so aber *Duursma-Kepplinger/Duursma/Chalupsky* Art. 13 EuInsVO a.F. Rn. 16; anders auch *Paulus* ZInsO 2006, 295 [296], der auf die Belegenheit des Anfechtungsanspruchs abstellen möchte). 4

Ergibt sich die Anwendbarkeit der Rechtsordnung eines anderen Mitgliedstaats aus einer Rechtswahl der Parteien, ist vorab zu prüfen, ob die Rechtswahl selbst anfechtbar ist (s. dazu § 339 Rdn. 9). 5

Ist auf die Rechtshandlung das Recht eines **Drittstaats** anwendbar, greift Art. 16 nicht ein. Es verbleibt bei der Regelung des Art. 7 Abs. 1 lit. m) EuInsVO. Die sich in ähnlichen Konstellationen stellende Frage, ob auf autonomes IIR (hier § 339 InsO) zurückgegriffen werden kann, stellt sich nicht ernsthaft: Die EuInsVO kann durch nationales Recht nicht eingeschränkt werden (so richtig MüKo-InsO/*Reinhart* Art. 13 EuInsVO a.F. Rn. 20). 6

Art. 16 gilt auch im Partikularverfahren (*Mohrbutter/Ringstmeier-Wenner* Kap. 20 Rn. 344). 7

II. Rechtsfolge

Art. 16 sperrt die lex fori concursus aus, wenn die Rechtshandlung nach dem Wirkungsstatut **in keiner Weise angreifbar** ist. Damit wird nicht nur auf das Wirkungsstatut verwiesen, sondern auch auf die insolvenzrechtlichen Vorschriften des Staats, dessen Recht Wirkungsstatut ist (*Kemper* ZIP 2001, 1609 [1618]). Die Sperre des Art. 16 nützt also einmal nicht, wenn nach den insolvenzrechtlichen Bestimmungen des Staats, dessen Recht Wirkungsstatut ist, die Rechtshandlung unwirksam oder anfechtbar ist (vgl. auch *OLG Koblenz* NZI 2011, 448). Aber auch Formfehler, Willensmängel (*Smid* Dt. IIR Art. 13 EuInsVO a.F. Rn. 10) oder sonstige Unwirksamkeitsgründe, etwa Sittenwidrigkeit (*Balz* ZIP 1996, 948 [951]) sind schädlich und führen dazu, dass die Einrede nach Art. 13 nicht erfolgreich ist (MüKo-InsO/*Reinhart* Art. 13 EuInsVO a.F. Rn. 7 weist richtig darauf hin, dass bei Vorliegen allgemeiner Unwirksamkeitsgründe es einer Anfechtung durch den Insolvenzverwalter 8 nicht bedarf. Demgegenüber geht es in Art. 16 um die Frage, wie umfangreich der vom Anfechtungsgegner zu führende Nachweis zu sein hat).

9 **Keine Kumulation** findet bei den **Rechtsfolgen** statt. Sollte das Wirkungsstatut eine andere Rechtsfolge als die lex fori concursus vorsehen, ist dies unerheblich (*Braun/Liersch/Tashiro* InsO, § 339 Rn. 15; *Mohrbutter/Ringstmeier-Wenner* Kap. 20 Rn. 347).

10 **Verjährungs-, Anfechtungs- und Ausschlussfristen** sind zunächst ebenfalls ausschließlich der lex fori concursus zu entnehmen. Ob strengere Vorschriften des Wirkungsstatuts beachtlich sind, war umstritten (zu Recht dagegen: *Balz* ZIP 1996, 948 [951]; *Braun/Tashiro* InsO, § 339 Rn. 17; HambK-InsO/*Undritz* 5. Aufl. Art. 13 EuInsVO a.F. Rn. 6; MüKo-BGB/*Kindler* Art. 13 EuInsVO a.F. Rn. 11; *Mohrbutter/Ringstmeier-Wenner* Kap. 20 Rn. 347; *Wenner/Schuster* Voraufl., Rn. 10; **a.A.** *Kranemann* Insolvenzanfechtung im deutschen internationalen Insolvenzrecht und nach der europäischen Insolvenzverordnung, S. 145; *Duursma-Kepplinger/Duursma/Chalupsky* Art. 13 EuInsVO a.F. Rn. 18 Fn. 35). Gegen die Beachtlichkeit spricht, dass Art. 16 nur das Vertrauen in die Unangreifbarkeit einer Rechtshandlung dem Grunde nach schützt. Der EuGH hat jedoch gleich in zweierlei Hinsicht anders entschieden: Danach sind auch die nach dem Wirkungsstatut vorgesehenen **Verjährungs-, Anfechtungs- und Ausschlussfristen** erfasst, und zwar unabhängig davon, ob das Wirkungsstatut diese Fristen als Verfahrensregeln, oder als materielle Fristen einordnet. Und auch **Formvorschriften des Wirkungsstatuts** sollen beachtlich sein (*EuGH »Lutz«* NZI 2015, 478). So reicht es nicht aus, wenn der deutsche Insolvenzverwalter eine Anfechtungserklärung abgibt, das österreichische Recht aber eine Klageerhebung innerhalb der Jahresfrist verlangt (BGH NZI 2015, 1038; anders noch mit durchaus überzeugender Begründung OLG Stuttgart ZInsO 2012, 2153).

11 Daher können unter Umständen sehr viel kürzere Verjährungsfristen als die deutsche dreijährige Verjährungsfrist nach § 146 Abs. 1 InsO zu beachten sein. Zur Veranschaulichung der teils erheblich divergierenden Verjährungs- und Ausschlussfristen in den einzelnen Ländern soll nachfolgende Übersicht dienen:

Land	Verjährungs- und Verwirkungsfristen	Quelle
Bulgarien	**Ein Jahr** ab Eröffnung des Insolvenzverfahrens	*Dounavski* in: Grininger/Jungreithmeir/Reisch/Schlicher (Hrsg.), Handbuch Insolvenzrecht in Osteuropa, 2012, S. 59
Finnland	**Sechs Monate** nach Ablauf der Anmeldefrist der Forderungen bzw. **drei Monate** nach Kenntniserlangung des Insolvenzverwalters vom Grund der Anfechtung	*Virri* in: Jahn/Sahm, Insolvenzen in Europa, 2004, S. 153
Italien	**Drei Jahre** ab Konkurseröffnung. **Fünf Jahre** ab dem Zeitpunkt der Rechtshandlung	*Kindler/Conow* in: Kindler/Nachmann, Handbuch Insolvenzrecht in Europa, 4. EL 2014, Italien, Rn. 238
Kroatien	**18 Monate** nach Konkurseröffnung	*Garasic* in: MüKo- InsO, Länderberichte, Kroatien, Rn. 71
Lichtenstein	**Fünf Jahre** nach Ablauf der Rechtshandlung	*Oberhammer/Schwaighofer* in: Kindler/Nachmann, Handbuch Insolvenzrecht in Europa, 4. EL 2014, Lichtenstein, Rn. 291
Malta	**Bis fünf Jahre** nach der Streichung des Unternehmens aus dem Handelsregister	http://ec.europa.eu/civiljustice/bankruptcy/bankruptcy_mlt_de.htm#6
Niederlande	**Drei Jahre** ab Kenntnis des Insolvenzverwalters	Art. 3:52 lit. c Burgerlijk Wetboek 3; *Johanna Kroh* »Der existenzvernichtende Eingriff«, S. 386

Land	Verjährungs- und Verwirkungsfristen	Quelle
Österreich	**Ein Jahr** nach Insolvenzeröffnung	§ 43 II 1 IO; *Duursma-Kepplinger* in: Kindler/Nachmann, Handbuch Insolvenzrecht in Europa, 4. EL 2014, Österreich, Rn. 180
Polen	**Zwei Jahre** ab Insolvenzerklärung	*Daszkowski* in: Gringer/Jungreithmeir/Reisch/Schilcher (Hrsg.), Handbuch Insolvenzrecht in Osteuropa, S. 162
Rumänien	**Ein Jahr** ab dem Ablauf der Frist zur Erstellung des Berichts zur Analyse der Lage des Schuldners und der Insolvenzgründe; **spätestens 16 Monate** ab Verfahrenseröffnung	*Popa/Rizea/Stanica/Stamboli/Gherghel* in: Gringer/Jungreithmeir/Reisch/Schilcher (Hrsg.), Handbuch Insolvenzrecht in Osteuropa, S. 197
Schweden	**Ein Jahr** nach Insolvenzeröffnung und sechs Monate nach Kenntnis des Insolvenzverwalters	Teil 20/Kapitel 4 des 1987:672 Insolvenzgesetzes
Slowakei	**Sechs Monate** nach Konkurserklärung	*Stringl/Frolkovic/Slavikova* in: Gringer/Jungreithmeir/Reisch/Schilcher (Hrsg.), in: Handbuch Insolvenzrecht in Osteuropa, S. 312 f.
Slowenien	**Sechs Monate** nach Veröffentlichung der Konkurseröffnung	*Struc* in: Gringer/Jungreithmeir/Reisch/Schilcher (Hrsg.), Handbuch Insolvenzrecht in Osteuropa, S. 357
Tschechische Republik	**Ein Jahr** nach Wirksamkeit der Insolvenzentscheidung	*Konopcik* in: Kindler/Nachmann, Handbuch Insolvenzrecht in Europa, 4. EL 2014, Tschechische Republik, Rn. 209
United Kingdom	**Sechs Jahre** für Zahlungsklagen	*Beissenhirtz* Die Insolvenzanfechtung in Deutschland und England, S. 96 ff.
Ungarn	**90 Tage** nach Kenntniserlangung; **maximal ein Jahr** nach Veröffentlichung des Eröffnungsbeschlusses	*Sipos in*: Kindler/Nachmann, Handbuch des Insolvenzrechts in Europa, 4. EL 2014, Ungarn, Rn. 107; *Tenk* in: Gringer/Jungreithmeir/Schilcher (Hrsg.), Handbuch Insolvenzrecht in Osteuropa, 2012, S. 477.

In Dänemark findet die EuInsVO keine Anwendung. In Frankreich verjährt die Insolvenzanfechtung nicht. Eine Anfechtungsklage ist jedenfalls solange zulässig, wie der Insolvenzverwalter seine Funktion ausübt (*Droege Gagnier* in: Cranshaw/Hinkel, Praxiskommentar zum Anfechtungsrecht, 1. Aufl. 2013, S. 902).

III. Einrede

Dem Anfechtungsgegner obliegt die **Darlegungs- und Beweislast** dafür, dass die Rechtshandlung nach dem Wirkungsstatut in keiner Weise angreifbar ist. Das gilt (kurioserweise) nicht nur für die Tatsachen, sondern auch für die Rechtssätze (*Kemper* ZIP 2001, 1609 [1618]; vgl. § 339 Rdn. 11). 12

Im Übrigen gelten für die Darlegungs- und Beweislast die allgemeinen Regeln, im Fall der Insolvenzanfechtung sind sie der lex fori concursus zu entnehmen (vgl. *Mohrbutter/Ringstmeier-Wenner* Kap. 20 Rn. 348). 13

IV. Keine erweiternde Auslegung

Auf **deliktsrechtliche Ansprüche** wegen Masseverkürzung ist Art. 16 nicht entsprechend anzuwenden (*Mohrbutter/Ringstmeier-Wenner* Kap. 20 Rn. 350). 14

C. Anfechtung durch den Sekundärinsolvenzverwalter

15 Nach den allgemeinen Regelungen wäre ein Sekundärinsolvenzverwalter für die Erhebung von Anfechtungsklagen nur dann zuständig, wenn der Schuldner des Anfechtungsanspruchs den Mittelpunkt seiner hauptsächlichen Interessen in diesem Staat hat; nur dann wäre der Anfechtungsanspruch im Land des Sekundärinsolvenzverfahrens belegen (so *Paulus* Art. 13 EuInsVO a.F. Rn. 7). Eine solche Auslegung ist zu eng: Richtig dürfte sein, dass der Sekundärinsolvenzverwalter auch dann zur Erhebung einer Anfechtungsklage berechtigt ist, wenn die Sache oder das Recht, dessen Übertragung angefochten wird, ohne die angefochtene Handlung zur Masse seines Verfahrens gehören würde (vgl. *Mohrbutter/Ringstmeier-Wenner* Kap. 20 Rn. 344). Nur eine solche Auslegung gewährleistet, dass der Sekundärinsolvenzverwalter masseschmälernde Handlungen umfassend rückgängig machen kann. Stellt man lediglich auf die Belegenheit des Anfechtungsanspruchs ab, könnte sich ergeben, dass zwar die Masse des Sekundärinsolvenzverfahrens durch eine anfechtbare Handlung geschmälert worden ist, der Anfechtungsanspruch aber in die Masse des Hauptverfahrens fällt; dort fehlt es dann aber i.d.R. an einer Gläubigerbenachteiligung und eine Anfechtung scheitert. Das hier vertretene Ergebnis lässt sich auch mit Art. 21 Abs. 2 Satz 2 EuInsVO begründen, der den Sekundärinsolvenzverwalter – als Sonderregel gegenüber Art. 2 Nr. 9 EuInsVO – berechtigt, Anfechtungsansprüche in anderen Mitgliedstaaten geltend zu machen.

16 Besondere Probleme ergeben sich, wenn zunächst der Hauptinsolvenzverwalter einen Anfechtungsprozess rechtshängig gemacht hat und anschließend ein Sekundärverfahren eröffnet wird, in dessen Zuständigkeit die Führung des Anfechtungsprozesses liegt. Solche Fälle sollte man – nach der jeweiligen lex fori – so behandeln, als ob es sich um einen Prozess des Schuldners handelt; nach diesem Recht kann dann der Sekundärinsolvenzverwalter ggf. den Prozess aufnehmen (anders *Paulus* ZInsO 2006, 295 [299], der stets eine Einstellung des Prozesses fordert). Sieht das Sekundärinsolvenzrecht für diesen Fall keinen Anfechtungsanspruch vor, geht der Sekundärverwalter leer aus; Versuche, in diesen Fällen das Anfechtungsrecht des Hauptinsolvenzverwalters zu retten (*Paulus* ZInsO 2006, 295 [299]), sind zwar anerkennenswert, aber mit dem geltenden Recht nicht zu vereinbaren.

17 Es ist daher keineswegs so, dass Anfechtungsansprüche nur vom Hauptinsolvenzverwalter geltend gemacht werden könnten; aus diesem Grund muss der Hauptinsolvenzverwalter, erwägt er die Beantragung eines Sekundärinsolvenzverfahrens, in seine Überlegungen mit einbeziehen, ob sich aus der dann möglicherweise folgenden Anwendbarkeit des Rechts des Sekundärinsolvenzverfahrens Vor- oder Nachteile für die Anfechtung von Rechtshandlungen ergeben (vgl. MüKo-BGB/*Kindler* Art. 13 EuInsVO a.F. Rn. 6; *Gottwald* Grenzüberschreitende Insolvenzen, S. 40).

D. Internationale Zuständigkeit für Anfechtungsklagen

18 Zur internationalen Zuständigkeit für Anfechtungsklagen vgl. nunmehr Art. 6 EuInsVO.

Artikel 17 Schutz des Dritterwerbers

Verfügt der Schuldner durch eine nach Eröffnung des Insolvenzverfahrens vorgenommene Handlung gegen Entgelt über

a) einen unbeweglichen Gegenstand,
b) ein Schiff oder ein Luftfahrzeug, das der Eintragung in ein öffentliches Register unterliegt, oder
c) über Wertpapiere, deren Eintragung in ein gesetzlich vorgeschriebenes Register Voraussetzung für ihre Existenz ist,

so richtet sich die Wirksamkeit dieser Rechtshandlung nach dem Recht des Staats, in dessen Hoheitsgebiet sich dieser unbewegliche Gegenstand befindet oder unter dessen Aufsicht das Register geführt wird.

Übersicht	Rdn.		Rdn.
A. Normzweck	1	C. Nach Eröffnung des Insolvenz-	
B. Entgeltliche Verfügung des Schuldners		verfahrens	9
über unbewegliche oder registrierte Ge-		D. Anwendbares Recht	11
genstände	3	E. Anfechtung	14

Literatur:
Reinhart Die Bedeutung der EuInsVO im Insolvenzeröffnungsverfahren – Besonderheiten paralleler Eröffnungsverfahren, NZI 2009, 201; *Schmalenbach/Sester* Internationale Sicherungsrechte an Flugzeugen auf Basis der Kapstadt-Konvention: Umsetzungsprobleme und praktische Vorwirkungen, WM 2005, 301.

A. Normzweck

Art. 17 EuInsVO enthält eine weitere Sonderanknüpfungen für Verfügungen des Schuldners, nämlich bei Verfügungen über Grundstücke oder andere in Art. 17 benannte, in Registern eingetragene Gegenstände. Diese Erwerbsvorgänge sollen durch **Art. 17** so gestellt werden, wie im Falle der Eröffnung eines inländischen Insolvenzverfahrens (vgl. §§ 81 Abs. 1 Satz 2, 91 Abs. 2 InsO). Geschützt werden soll damit das Vertrauen des Geschäftsverkehrs in öffentliche Register (Erläuternder Bericht Rn. 141). **1**

Für den Erwerb von anderen Gegenständen als den in Art. 17 benannten, also insbesondere beweglichen Gegenständen, gilt die lex fori concursus uneingeschränkt (*Mohrbutter/Ringstmeier-Wenner* Kap. 20 Rn. 289). **2**

B. Entgeltliche Verfügung des Schuldners über unbewegliche oder registrierte Gegenstände

Voraussetzung für die Anwendung von Art. 17 ist zunächst eine **Verfügung des Schuldners**. Der Begriff der Verfügung ist autonom auszulegen und weit zu verstehen. Neben Handlungen, die zu einem Wechsel der dinglichen Zuordnung führen, sind auch Verfügungen erfasst, die dingliche Rechte betreffen, insbesondere die Belastung des Gegenstands oder die Bestellung sonstiger Sicherheiten an dem Gegenstand (Erläuternder Bericht Rn. 141). **3**

Die Norm findet zunächst Anwendung auf unbewegliche Gegenstände, d.h. Immobilien, wobei unerheblich ist, ob diese in ein Register eingetragen sind. Bedeutung hat die Registrierung jedoch für die Anwendung der Norm auf Schiffe und Flugzeuge, bei denen Voraussetzung ist, dass sie in ein öffentliches Register eingetragen sind und auf Wertpapiere, deren Eintragung in ein gesetzlich vorgeschriebenes Register Voraussetzung für ihre Existenz sein muss; solche Wertpapiere kennt das deutsche Recht nicht (MüKo-InsO/*Reinhart* Art. 14 EuInsVO a.F. Rn. 5). **4**

Auch die Einräumung eines Rechts, ein dingliches Recht an dem Gegenstand zu erlangen (vgl. Art. 8 Abs. 3 EuInsVO) wird von Art. 17 erfasst (MüKo-BGB/*Kindler* Art. 14 EuInsVO a.F. Rn. 3). Dabei kommt es bei Grundstücken nicht darauf an, ob dieses Recht eingetragen ist. **5**

Die Verfügung muss **entgeltlich** erfolgt sein. Die unentgeltliche Verfügung wird nicht geschützt (anders § 349 InsO); für sie gelten die Regeln der lex fori concursus, wobei eine insolvenzrechtliche Anfechtung der unentgeltlichen Verfügung nur unter den Voraussetzungen des Art. 16 EuInsVO möglich ist. Auch eine gemischte Schenkung ist eine Verfügung gegen Entgelt (MüKo-InsO/*Reinhart* Art. 14 EuInsVO a.F. Rn. 9). **6**

Zudem muss der Gegenstand, denkt man den Erwerb hinweg, grds. zur **Insolvenzmasse** gehören. Ob dies der Fall ist, bestimmt sich nach dem Recht des Eröffnungsstaats. Für die Anwendbarkeit von Art. 17 kommt es aber nicht darauf an, ob der Gegenstand auch einen Wert für die Insolvenzmasse hätte; Art. 17 findet daher auch auf wertausschöpfend belastete Gegenstände Anwendung. **7**

Der Norm lässt sich – anders als etwa bei Art. 8 EuInsVO – nicht entnehmen, dass sie nur Geltung beansprucht, wenn der Gegenstand in einem **Mitgliedstaat** belegen bzw. dort registriert ist (so aber Erläuternder Bericht Rn. 94; *Duursma-Kepplinger/Duursma/Chalupsky* Art. 14 EuInsVO a.F. **8**

Rn. 5; *Geimer/Schütze/Gruber* Internationaler Rechtsverkehr in Zivil- und Handelssachen, Art. 14 a.F. Rn. 13; MüKo-BGB/*Kindler* Art. 14 EuInsVO a.F. Rn. 16; MüKo-InsO/*Reinhart* Art. 14 EuInsVO a.F. Rn. 11; *Paulus* Art. 14 EuInsVO a.F. Rn. 8; HK-InsO/*Stephan* Art. 14 EuInsVO a.F. Rn. 4; anders *Gebauer/Wiedmann/Haubold* Kap. 32 Rn. 153). Ob es sich hierbei um ein Redaktionsversehen des Verordnungsgebers handelt, ist nicht klar. Findet die Vorschrift auf Drittstaatensachverhalte keine Anwendung, ist umstritten, ob es dann bei den Regeln der lex fori concursus bleibt oder ob das autonome internationale Insolvenzrecht Anwendung findet (vgl. zum Streit EuInsVO Art. 1 Rdn. 14 ff.).

C. Nach Eröffnung des Insolvenzverfahrens

9 Dem Wortlaut nach ist Art. 17 nur anwendbar, wenn die Verfügung durch eine **nach Insolvenzeröffnung** vorgenommene Rechtshandlung erfolgt. Fraglich ist dabei, ob es darauf ankommt, dass der Erfolg der Verfügung nach der Eröffnung des Insolvenzverfahrens i.S.v. Art. 2 Nr. 8 EuInsVO eintritt oder darauf, dass die Rechtshandlung selbst nach Eröffnung vorgenommen worden ist. Da derjenige, der vor Eröffnung verfügt hat, stets schutzwürdig ist, spricht viel dafür, auf den Erfolg der Verfügung abzustellen (vgl. etwa MüKo-InsO/*Reinhart* Art. 14 EuInsVO a.F. Rn. 10 m.w.N.).

10 Zweifelhaft ist, ob auch **Verfügungen während eines vorläufigen Insolvenzverfahrens** erfasst werden. Zwar spricht Art. 17 von der »Eröffnung des Insolvenzverfahrens«. Allerdings ist dieser Begriff autonom auszulegen. Insolvenzverfahren ist auch das deutsche vorläufige Insolvenzverfahren (EuInsVO Art. 1 Rdn. 4). Dementsprechend hat der EuGH jedenfalls für die Frage der Priorität verschiedener Insolvenzverfahren die Einsetzung eines vorläufigen Verwalters mit der Eröffnung eines Insolvenzverfahrens gleichgestellt (vgl. EuInsVO Art. 3 Rdn. 28). Mit Blick auf den Sinn der Vorschrift, nämlich den Schutz des Vertrauens in die Anwendung eines Rechts, dürfte Art. 17 auch dann zur Anwendung kommen, wenn sich die Verfügungsbeschränkung des Schuldners aus der Anordnung einer vorläufigen Insolvenzverwaltung ergibt (näher dazu auch *Reinhart* NZI 2009, 201 [202 f.]).

D. Anwendbares Recht

11 Liegen die Voraussetzungen von Art. 17 vor, gilt für die Wirksamkeit der Verfügung das Recht des Staats, in dessen Gebiet die Immobilie belegen ist bzw. unter dessen Aufsicht das Register geführt wird. Die lex fori concursus wird durch **die (insolvenzrechtlichen) Gutglaubensvorschriften des Belegenheits- bzw. Registerstaats verdrängt** (MüKo-BGB/*Kindler* Art. 14 EuInsVO a.F. Rn. 10 f.). Der Erwerber wird so gestellt, als ob ein inländisches Verfahren über das Vermögen des Schuldners eröffnet worden wäre. Art. 17 ordnet jedoch keine Anwendung der allgemeinen zivilrechtlichen Gutglaubensvorschriften der lex rei sitae an; welche zivilrechtlichen Regeln Anwendung finden, hängt von dem IPR des Gerichtsstaats ab.

12 Diese Rechtsfolge gilt auch, wenn der Erwerber nach den Regelungen des dann anwendbaren Rechts schlechter steht als er stehen würde, wenn die lex fori concursus Anwendung fände (MüKo-BGB/*Kindler* Art. 14 EuInsVO a.F. Rn. 11). Der Erwerber kann sich nicht aussuchen, welches Recht zur Anwendung kommt. Ein Günstigkeitsvergleich kommt nicht in Betracht.

13 Für den Verwalter bedeutet dies, dass er möglichst zeitnah nach Eröffnung des Insolvenzverfahrens die Eintragung der Insolvenz in die Register der anderen Staaten veranlassen muss. Andernfalls kann er sich gegenüber den Gläubigern schadenersatzpflichtig machen.

E. Anfechtung

14 Der buchrechtliche Verkehrsschutz hat deshalb nur begrenzte Bedeutung, weil auch der gutgläubige Erwerb vom Schuldner **anfechtbar** sein kann (vgl. § 147 InsO für das deutsche Recht; Einzelheiten bei § 339 Rdn. 3 ff.).

Artikel 18 Wirkungen des Insolvenzverfahrens auf anhängige Rechtsstreitigkeiten und Schiedsverfahren

Für die Wirkungen des Insolvenzverfahrens auf einen anhängigen Rechtsstreit oder ein anhängiges Schiedsverfahren über einen Gegenstand oder ein Recht, der bzw. das Teil der Insolvenzmasse ist, gilt ausschließlich das Recht des Mitgliedstaats, in dem der Rechtsstreit anhängig oder in dem das Schiedsrecht belegen ist.

Übersicht

	Rdn.		Rdn.
A. Normzweck und Anwendungsbereich	1	C. Anwendbares Recht	11
B. Anhängiger Rechtsstreit oder anhängiges Schiedsverfahren	4		

Literatur:
Ackmann/Wenner Auslandskonkurs und Inlandsprozess: Rechtssicherheit contra Universalität im deutschen Internationalen Konkursrecht?, IPRax 1989, 144; *Eyber* Auslandsinsolvenz und Inlandsrechtsstreit, ZInsO 2009, 1225; *Fritz* Die Neufassung der Europäischen Insolvenzverordnung: Erleichterung bei der Restrukturierung in grenzüberschreitenden Fällen? (Teil 2), DB 2015, 1945; *Gebler/Stracke* Anerkennung des Chapter 11-Verfahrens als Insolvenzverfahren, NZI 2010, 13; *Gruber* Inländisches Vollstreckbarerklärungsverfahren und Auslandskonkurs, IPrax 2007, 426; *Kasolowsky/Steup* Insolvenz in internationalen Schiedsverfahren – lex arbitri oder lex fori concursus, IPrax 2010, 180; *Mankowski* Rechtsbehelfe gegen Zwangsvollstreckungsmaßnahmen, die trotz einer ausländischen Insolvenz erfolgen, ZInsO 2007, 1324; *Mankowski* EuInsVO und Schiedsverfahren, ZIP 2010, 2478; *Wagner* Die insolvente Partei im Schiedsverfahren – eine Herausforderung für alle Beteiligten, GWR 2010, 129; *Buntenbroich* Unterbrechung eines Rechtsstreits bei ausländischen Insolvenzverfahren nur bei Einfluss des Insolvenzverfahrens auf anhängige Rechtsstreitigkeiten nach dem Recht des Insolvenzeröffnungsstaates, NZI 2012, 547.

A. Normzweck und Anwendungsbereich

Art. 18 sieht eine weitere Ausnahme von der Anwendung der lex fori concursus vor: Wie ein Insolvenzverfahren auf anhängige Rechtsstreitigkeiten und Schiedsverfahren über einen Gegenstand oder ein Recht der Masse wirkt, ist dem Recht des Mitgliedstaats zu entnehmen, in dem der Rechtsstreit anhängig bzw. das Schiedsgericht belegen ist. Die Regelung schießt über ihr eigentliches Ziel hinaus, weil sie dazu führt, dass Rechtsstreitigkeiten auch dann unterbrochen werden, wenn die lex fori concursus dies nicht fordert. Es hätte ausgereicht, an den in der lex fori concursus vorgesehenen Wechsel der Prozessführungsbefugnis anzuknüpfen und lediglich die Frage, wie auf diesen Wechsel reagiert wird, dem Staat zu überlassen, in dem der Rechtsstreit anhängig ist (vgl. *BGH* NJW 1997, 2525 [2526]; *Ackmann/Wenner* IPRax 1989, 144 [145] m.w.N.; vgl. auch Rdn. 11 f. und § 352 Rdn. 6 f.). 1

Unterbrechungswirkung kann auch das Partikularverfahren haben. Voraussetzung ist, dass der Rechtsstreit einen zur Insolvenzmasse des Partikularverfahrens gehörenden Gegenstand betrifft (*Mohrbutter/Ringstmeier-Wenner* Kap. 20 Rn. 240; weiter differenzierend *Kübler/Prütting/Bork-Kemper* InsO, Art. 15 EuInsVO a.F. Rn. 2; **a.A.** *Pannen/Dammann* Art. 15 EuInsVO a.F. Rn. 5). 2

Art. 18 gilt auch dann, wenn es darum geht, wie sich eine Sicherungsmaßnahme in einem anderen Mitgliedstaat, etwa die Einsetzung eines vorläufigen Verwalters, auf einen anhängigen Rechtsstreit auswirkt. Zunächst wird diese Sicherungsmaßnahme über Art. 32 Abs. 1 Unterabs. 3 EuInsVO anerkannt; dann entscheidet die lex fori processus über die Auswirkungen auf den Rechtsstreit (anders in der Begründung *Brinkmann* IPRax 2007, 235 [236], der aber auch zur Anwendung der lex fori processus kommt; vgl. auch *OGH* IPRax 2007, 225; MüKo-InsO/*Reinhart* Art. 15 EuInsVO a.F. Rn. 6). 3

B. Anhängiger Rechtsstreit oder anhängiges Schiedsverfahren

Die EuInsVO definiert den Begriff **Rechtsstreit** nicht, er ist autonom auszulegen. Jedenfalls fallen unter den Begriff sämtliche vor staatlichen Gerichten ausgetragene Rechtsstreitigkeiten im Erkenntnisverfahren (MüKo-BGB/*Kindler* Art. 15 EuInsVO a.F. Rn. 3) einschließlich des einstweiligen 4

Art. 18 EuInsVO Wirkungen d. Insolvenzverfahrens auf anh. Rechtsstreitigk. u. Schiedsverfahren

Rechtsschutzes (*Paulus* Art. 15 EuInsVO a.F. Rn. 3). Art. 18 erfasst sowohl Aktiv- als auch Passivprozesse des Schuldners. Nicht nur zivilrechtliche Rechtsstreitigkeiten, auch Rechtsstreitigkeiten vor Arbeits-, Verwaltungs-, Sozial- und Finanzgerichten fallen unter Art. 15 (MüKo-InsO/*Reinhart* Art. 15 EuInsVO a.F. Rn. 3; Zweifel in *Duursma-Kepplinger/Duursma/Chalupsky* Art. 15 EuInsVO a.F. Rn. 39).

5 Ob Verfahren der freiwilligen Gerichtsbarkeit von Art. 18 umfasst werden, ist umstritten (bejahend MüKo-InsO/*Reinhart* Art. 15 EuInsVO a.F. Rn. 3; *Eyber* ZInsO 2009, 1225 [1227]; **a.A.** MüKo-BGB/*Kindler* Art. 15 EuInsVO a.F. Rn. 5).

6 Mit der Neufassung der EuInsVO hat der Verordnungsgeber klargestellt, dass Art. 18 auch auf Schiedsverfahren Anwendung findet. Das war vorher umstritten (bejahend *Court of Appeal London* ZIP 2010, 2528; *High Court of Justice* SchiedsVZ 2008, 316; ausf. *Mankowski* ZIP 2010, 2478 [2479 ff.]; *Chuah* ECFR 2011, 423; *Moss* IILR 2010, 65 [73 f.]; *Wagner* GWR 2010,129; *Eyber* ZInsO 2009, 1225 [1229]; MüKo-InsO/*Reinhart* Art. 15 EuInsVO a.F. Rn. 4; **a.A.** *Pannen/Dammann* Art. 15 EuInsVO a.F. Rn. 8). Hinsichtlich der unmittelbaren prozessualen Folgen der Insolvenzeröffnung für das anhängige Schiedsverfahren, etwa für Unterbrechung und Wiederaufnahme, verweist Art. 18 seinem missglückten Wortlaut nach auf das Recht des Schiedsorts (kritisch *Fritz* DB 2015, 1945 [1949]). Haben die Parteien aber ein anderes Schiedsverfahrensrecht als das am Schiedsort geltende gewählt, soll diese Rechtswahl berücksichtigt werden (vgl. *Court of Appeal London* ZIP 2010, 2528 [2529]; *Mankowski/Mankowski* Art. 18 EuInsVO Rn. 23; ausf. *Mankowski* ZIP 2010, 2478 [2481 f]).

7 Für die Wirkungen des Insolvenzverfahrens auf die **Einzelzwangsvollstreckung** gilt gem. Art. 7 Abs. 2 lit. f EuInsVO hingegen die lex fori concursus. Die Abgrenzung der Einzelzwangsvollstreckung zum Erkenntnisverfahren ist nicht immer einfach: Entscheidend ist, ob das konkrete Verfahren den Titel erst schafft oder ob es auf der Basis eines bereits vorliegenden Titels weitere Schritte erlaubt (*Mankowski* ZInsO 2007, 1324 [1326]; ähnlich auch *Eyber* ZInsO 2009, 1225 [1228]). Vor diesem Hintergrund gehören Klagen auf Duldung der Zwangsvollstreckung zum Erkenntnisverfahren. Gleiches gilt für Klagen auf Herausgabe eines Vollstreckungstitels oder auf Abänderung eines solchen. Ob es sich bei dem Vollstreckbarkeitsverfahren nach Artt. 38 ff. EuGVO i.V.m. dem AVAG um einen Rechtsstreit i.S.v. Art. 18 handelt, ist umstritten (*OLG Bamberg* IPRax 2007, 454 m. Anm. *Gruber* IPrax 2007, 426; *Mankowski* ZIP 1994, 1577 [1579]; **a.A.** *OLG Dresden* IPRsps 2001, Nr. 182, 383). Ob eine andere Beurteilung für das Beschwerdeverfahren nach Art. 43 EuGVO i.V.m. Artt. 11 ff. AVAG gerechtfertigt ist, ist jedenfalls zweifelhaft (so aber *OLG Köln* ZIP 2007, 2287 [2288]). Das Verfahren nach § 722 ZPO wird jedenfalls durch eine inländische Insolvenz gem. § 240 ZPO unterbrochen (vgl. *BGH* ZInsO 2008, 912).

8 Der Rechtsstreit bzw. das Schiedsverfahren muss bereits anhängig sein. Was unter **Anhängigkeit** zu verstehen ist, regelt die EuInsVO nicht. Um eine einheitliche Anwendung der Vorschrift in den Mitgliedstaaten zu erreichen, liegt es nahe, in Anlehnung an Art. 30 EuGVO auf den Zeitpunkt abzustellen, zu dem das verfahrenseinleitende Schriftstück bei Gericht eingegangen ist (*Duursma-Kepplinger/Duursma/Chalupsky* Art. 15 EuInsVO a.F. Rn. 15; *Mohrbutter/Ringstmeier-Wenner* Kap. 20 Rn. 239; *Uhlenbruck/Lüer* InsO, Art. 15 EuInsVO a.F. Rn. 3; **a.A.** *Kemper* ZIP 2001, 1609 [1615]).

9 Nach der Konzeption der Verordnung genügt die Einleitung eines **Insolvenzverfahrens** nach Anhängigkeit. Ein solches liegt schon dann vor, wenn ein Verwalter bestellt und der Schuldner in seiner Verfügungsbefugnis eingeschränkt ist (MüKo-InsO/*Reinhart* Art. 15 EuInsVO a.F. Rn. 6). Auf die formale Eröffnung des Insolvenzverfahrens i.S.d. deutschen Rechts kommt es für die Anwendbarkeit von Art. 18 nicht an. Jedenfalls ist für eine Prozessunterbrechung erforderlich, dass die lex fori concursus den **Verlust der Prozessführungsbefugnis des Schuldners** vorsieht (Einzelheiten bei § 352 Rdn. 6; zu Überlegungen, den Verlust der Prozessführungsbefugnis als ungeschriebenes Tatbestandsmerkmal des Art. 18 anzusehen vgl. *Mohrbutter/Ringstmeier-Wenner* Kap. 20 Rn. 236). Der bloße Eigenantrag genügt i.d.R. nicht, wenn dieser nicht vergleichbare Folgen hat (vgl. *OLG München* NZI 2012, 1028).

Der Rechtsstreit bzw. das Schiedsverfahren muss nach dem Wortlaut der Vorschrift über einen **Ge-** 10
genstand oder ein Recht der Masse geführt werden, damit Art. 18 zur Anwendung kommt. Was zur
Insolvenzmasse gehört, richtet sich nach der **lex fori concursus** (Art. 7 Abs. 2 lit. b EuInsVO; *Mohr-
butter/Ringstmeier-Wenner* Kap. 20 Rn. 241). Art. 18 ist auch dann anwendbar, wenn es um einen
Streit gerade über die Zugehörigkeit eines Gegenstandes oder Rechts zur Masse geht (vgl. MüKo-
InsO/*Reinhart* Art. 15 EuInsVO a.F. Rn. 8; *OLG München* NZI 2010, 826). Gehört der Gegenstand nach der lex fori concursus nicht zur Masse, ist das Verfahren – aus Sicht der Masse – irrelevant.
Auch in diesem Fall bleibt es bei der Anwendung der lex fori processus; diese kann etwa vorsehen,
dass das Verfahren nicht unterbrochen wird. Allerdings können sich dann Schwierigkeiten ergeben,
wenn die Regelungen der lex fori processus auch für einen solchen Fall eine Unterbrechung des Verfahrens vorsehen (MüKo-BGB/*Kindler* Art. 15 EuInsVO a.F. Rn. 8). Solche Schwierigkeiten sind
nach den Regelungen der lex fori processus zu lösen, die dann ggf. einschränkend angewandt werden
müssen (so auch MüKo-InsO/*Reinhart* Art. 15 a.F. EuInsVO Rn. 13).

C. Anwendbares Recht

Wie sich die Eröffnung des Insolvenzverfahrens auf den in einem anderen Mitgliedstaat anhängigen 11
Rechtsstreit auswirkt, bestimmt sich ausschließlich nach dem **Recht des Mitgliedstaats, in dem das
Verfahren durchgeführt wird,** bzw. dem Recht des **Belegenheitsortes des Schiedsgerichts** Das ist
nach herrschender Auffassung eine **Sachnormverweisung** (*OLG München* NZI 2012, 1028; Erläu-
ternder Bericht Rn. 87; *Duursma-Kepplinger/Duursma/Chalupsky* Art. 15 EuInsVO a.F. Rn. 6ff.;
Herchen Übereinkommen, S. 196 ff.; MüKo-BGB/*Kindler* Art. 15 EuInsVO a.F. Rn. 14; MüKo-
InsO/*Reinhart* Art. 15 EuInsVO a.F. Rn. 10). Ob Art. 18 bei einer Insolvenzeröffnung im Ausland
und inländischem Rechtsstreit auf § 240 ZPO oder die ebenfalls sachrechtliche Vorschrift des § 352
InsO verweist, ist unklar (für § 240 ZPO *BGH (BPatG)* NZI 2013, 690; *OLG Düsseldorf*
BeckRS 2013, 11903; MüKo-InsO/*Reinhart* Art. 15 EuInsVO a.F. Rn. 13; *OLG Brandenburg*
ZInsO 2011, 1563; a.A. *Cranshaw* jurisPR-InsR 17/2013 Anm. 3).

Ob und wie der Prozess wieder aufgenommen werden kann, bestimmt die lex fori processus (*BGH* 12
NZI 2009, 859 [862]; *Pannen/Dammann* Art. 15 EuInsVO Rn. 11) bzw. die lex loci arbitri. **Wer
den Prozess aufnehmen kann und zu welchem Zeitpunkt dies möglich ist,** ergibt sich hingegen
aus der lex fori concursus (*BAG* NZI 2008, 122 [125]; *Mohrbutter/Ringstmeier-Wenner* Kap. 20
Rn. 244; *Eyber* ZInsO 2009, 1225 [1233 f.]; wohl wie hier *BGH* NZI 2013, 690).

Nicht nach der lex fori processus, sondern nach der lex fori concursus richtet sich das Schicksal der er- 13
teilten Prozessvollmacht (str., ebenso *Eyber* ZInsO 2009, 1225 [1231 f.]; MüKo-InsO/*Reinhart* Art. 15
EuInsVO a.F. Rn. 8; *Mohrbutter/Ringstmeier-Wenner* Kap. 20 Rn. 242; **a.A.** *Duursma-Kepplinger/
Duursma/Chalupsky* Art. 15 EuInsVO a.F. Rn. 36 ff.; *Smid* Dt. IIR Art. 15 EuInsVO a.F. Rn. 5).

Über das Schicksal der **Schiedsvereinbarung** entscheidet nach Art. 7 Abs. 2 lit. e) die lex fori con- 14
cursus (vgl. *Mankowski* ZIP 2010, 2478 [2483]; **a.A.** *Court of Appeal London* ZIP 2010, 2528
[2529], der bei bereits anhängigen Schiedsverfahren Art. 18 EuInsVO als Ausnahmeregelung heranzieht; vgl. auch *Kasolowsky/Steup* IPrax 2010, 180 [182 f.]).

Kapitel II Anerkennung der Insolvenzverfahren

Artikel 19 Grundsatz

(1) Die Eröffnung eines Insolvenzverfahrens durch ein nach Artikel 3 zuständiges Gericht eines
Mitgliedstaats wird in allen übrigen Mitgliedstaaten anerkannt, sobald die Entscheidung im Staat
der Verfahrenseröffnung wirksam ist.
Die Regel nach Unterabsatz 1 gilt auch, wenn in den übrigen Mitgliedstaaten über das Vermögen
des Schuldners wegen seiner Eigenschaft ein Insolvenzverfahren nicht eröffnet werden könnte.

Art. 19 EuInsVO Grundsatz

(2) Die Anerkennung eines Verfahrens nach Artikel 3 Absatz 1 steht der Eröffnung eines Verfahrens nach Artikel 3 Absatz 2 durch ein Gericht eines anderen Mitgliedstaats nicht entgegen. In diesem Fall ist das Verfahren nach Artikel 3 Absatz 2 ein Sekundärinsolvenzverfahren im Sinne von Kapitel III.

Übersicht

	Rdn.			Rdn.
A. Normzweck	1	IV.	Eröffnungszuständigkeit	7
B. Voraussetzungen der Anerkennung (Abs. 1)	2	V.	Ordre public	10
		VI.	Prioritätsprinzip	11
I. Insolvenzverfahren	2	C.	Sekundärinsolvenzverfahren (Abs. 2)	12
II. Eröffnungsbeschluss	4	D.	Wirkungen der Anerkennung und Vollstreckbarkeit	13
III. Eröffnende Stelle	6			

Literatur:
Dammann/Müller Eröffnung eines Sekundärinsolvenzverfahrens in Frankreich gem. Art. 29 lit. a EuInsVO auf Antrag eines »schwachen« deutschen Insolvenzverwalters, NZI 2011, 752; *Gebler/Stracke* Anerkennung des US-Chapter 11-Verfahrens als Insolvenzverfahren, NZI 2010, 13; *Geroldinger* Verfahrenskoordination im Europäischen Insolvenzrecht – Die Abstimmung von Haupt- und Sekundärinsolvenzverfahren nach der EuInsVO, 2010; *Lüke/Scherz* Zu den Wirkungen eines Solvent Scheme of Arrangement in Deutschland, ZIP 2012, 1101; *Smid* Gegen den Strom – Eröffnet das deutsche Insolvenzgericht durch Bestellung eines vorläufigen Insolvenzverwalters ein Hauptinsolvenzverfahren?, NZI 2009, 150; *Würdinger* Die Anerkennung ausländischer Entscheidungen im europäischen Insolvenzrecht, IPRAX 2011, 562.

A. Normzweck

1 Art. 19 enthält ein Kernstück der EuInsVO. Während vor Einführung der EuInsVO selbst die Mitgliedstaaten der EU untereinander ihre Insolvenzverfahren teils nicht anerkannten, legt Art. 19 fest, dass die Eröffnung eines Insolvenzverfahrens durch ein nach Art. 3 EuInsVO zuständiges Gericht eines Mitgliedstaats in den anderen Mitgliedstaaten automatisch anerkannt wird. Anders als das autonome IIR setzt die EuInsVO Entscheidungszuständigkeit und Anerkennungszuständigkeit gleich (*Mohrbutter/Ringstmeier-Wenner* Kap. 20 Rn. 179). Abs. 1 befasst sich nur mit der Eröffnungsentscheidung; die Anerkennung weiterer Entscheidungen ist in Art. 32 EuInsVO geregelt. Art. 19 sagt nichts über die Wirkungen der Anerkennung, diese sind (im Wesentlichen) in Art. 20 EuInsVO geregelt.

B. Voraussetzungen der Anerkennung (Abs. 1)

I. Insolvenzverfahren

2 Bei dem eröffneten Verfahren muss es sich nach der Neufassung der EuInsVO um ein in Anhang A aufgeführtes **Insolvenzverfahren** handeln (vgl. dazu EuInsVO Art. 1 Rdn. 3). Qualifikationsfragen stellen sich nicht mehr. Ist ein Verfahren nicht mehr in Anhang A aufgeführt, bedeutet dies nicht automatisch, dass das Verfahren überhaupt nicht anerkannt wird (zum Solvent Scheme of Arrangement s. § 343 Rdn. 13). Ist das Verfahren als Insolvenzverfahren zu qualifizieren, ist zu prüfen, ob das Verfahren nach autonomen Internationalen Insolvenzrecht (§ 343 InsO) anzuerkennen ist (so zum bisherigen Recht *BAG* NJOZ 2013, 1232 unter der Annahme, dass bereits hier die Anhänge der EuInsVO abschließend sind). Für nichtinsolvenzliche Verfahren sind eigene Anerkennungs- und Kollisionsregeln zu bilden (vgl. § 343 Rdn. 16).

3 Art. 19 gilt für die Anerkennung von **Hauptinsolvenzverfahren** und **Partikularverfahren** (*Duursma-Kepplinger/Duursma/Chalupsky* Art. 16 EuInsVO a.F. Rn. 9; MüKo-InsO/*Reinhart* Art. 16 EuInsVO a.F. Rn. 7; *Mohrbutter/Ringstmeier-Wenner* Kap. 20 Rn. 180).

II. Eröffnungsbeschluss

Art. 19 regelt die Anerkennung des **Eröffnungsbeschlusses**, nicht anderer, im Laufe des Verfahrens ergangener Entscheidungen, für die Art. 32 EuInsVO gilt. Die Bestellung eines vorläufigen Insolvenzverwalters ist nach Art. 19, und nicht nach Art. 32 EuInsVO anzuerkennen (anders *CA Colmar* IILR 2011, 108; krit. dazu *Mankowski* IILR 2011, 109), denn der Begriff Eröffnung ist autonom auszulegen. Nachdem Art. 2 Nr. 5 EuInsVO eine weite Definition des Verwalters enthält, auch den vorläufigen Verwalter erfasst, der lediglich die Geschäftstätigkeit des Schuldners kontrolliert, und Eröffnung jede Entscheidung des Gerichts zur Bestellung eines Verwalters ist, scheint geklärt, dass auch die Bestellung eines schwachen vorläufigen Insolvenzverwalters eine Eröffnung i.S.d. Vorschriften der EuInsVO ist (ebenso *Mankowski/Müller* Art. 19 EuInsVO Rn. 8; Braun/*Ehret* Art. 19 EuInsVO Rn. 7; vgl. auch EuInsVO Art. 3 Rdn. 28, Art. 1 Rdn. 4). 4

Anerkennungsfähig ist nur ein **wirksamer Verfahrenseröffnungsakt** (Art. 19 Abs. 1 2. Halbs. EuInsVO). Die Wirksamkeit beurteilt sich nach dem Recht des Eröffnungsstaats (*Mohrbutter/Ringstmeier-Wenner* Kap. 20 Rn. 191). **Rechtskraft** des Eröffnungsbeschlusses ist nicht gefordert (Art. 19 Abs. 1 i.V.m. Art. 2 Nr. 8 EuInsVO). Rechtskräftig muss der Beschluss nur dann sein, wenn er nach dem Recht des Verfahrenseröffnungsstaats erst ab Rechtskraft Wirkungen entfaltet (*Mohrbutter/Ringstmeier-Wenner* Kap. 20 Rn. 191). Fehlerhaftigkeit oder Aufhebbarkeit des Beschlusses machen ihn i.d.R. nicht unwirksam. 5

III. Eröffnende Stelle

Abs. 1 Satz 1 spricht von der Entscheidung eines **Gerichts** (vgl. dazu EuInsVO Art. 2 Rdn. 10). 6

IV. Eröffnungszuständigkeit

Das Verfahren muss von einem Gericht eines **Mitgliedstaats** eröffnet worden sein. Eröffnungsentscheidungen von Drittstaaten fallen nicht unter Art. 19. 7

Abs. 1 verlangt weiter, dass das Gericht **nach Art. 3 EuInsVO die Eröffnungszuständigkeit** besessen hat. Das bedeutet nicht, dass die anerkennende Stelle die Eröffnungszuständigkeit des Gerichts des Mitgliedstaats überprüft. Im Gegensatz zum autonomen IIR akzeptiert der anerkennende Mitgliedstaat den Umstand, dass das Eröffnungsgericht seine Zuständigkeit nach Art. 3 EuInsVO angenommen hat, ohne Weiteres (Erwägungsgrund Nr. 22; *EuGH* NZI 2010, 156 [157]; *OLG Frankfurt* ZVI 2014, 414; *OLG Nürnberg* NJW 2012, 862; *Duursma-Kepplinger/Duursma/Chalupsky* Art. 16 EuInsVO a.F. Rn. 14; *Geimer/Schütze/Gruber* Internationaler Rechtsverkehr in Zivil- und Handelssachen, Art. 16 EuInsVO a.F. Rn. 9; *Reithmann/Martiny/Hausmann* Int. Vertragsrecht, Rn. 5702; *Kübler/Prütting/Bork-Kemper* InsO, Art. 16 EuInsVO a.F. Rn. 6; MüKo-BGB/*Kindler* Art. 16 EuInsVO a.F. Rn. 9 ff.; MüKo-InsO/*Reinhart* Art. 16 EuInsVO a.F. Rn. 12; *Mohrbutter/Ringstmeier-Wenner* Kap. 20 Rn. 181). Auch offenkundige Fehler hindern die Anerkennung nicht (*Eidenmüller* NJW 2004, 3455 [3457]; *Mohrbutter/Ringstmeier-Wenner* Kap. 20 Rn. 181; anders *Mankowski* RIW 2004, 587 [598]). Zwischen den Mitgliedstaaten soll Vertrauen über Kontrolle gehen. 8

Abs. 1 Satz 2 stellt klar, dass eine Anerkennung des ausländischen Verfahrens auch dann stattfindet, wenn über das Vermögen des Schuldners im Inland mangels Insolvenzfähigkeit ein Verfahren nicht hätte eröffnet werden können. Bedurft hätte es dieser Klarstellung nicht, weil sich die Insolvenzfähigkeit nach Art. 7 Abs. 2 lit. a EuInsVO ohnehin nach der lex fori concursus des Eröffnungsstaats und nicht nach der des Anerkennungsstaats richtet. 9

V. Ordre public

Grenze der Anerkennung ist der ordre public (Art. 33 EuInsVO). Er dient aber nicht dazu, Entscheidungen abzuwehren, die von einem – aus Sicht der anerkennenden Stelle – unzuständigen Gericht eines anderen Mitgliedstaats getroffen wurden (vgl. EuInsVO Art. 33 Rdn. 9). 10

Art. 20 EuInsVO   Wirkungen der Anerkennung

VI. Prioritätsprinzip

11 Im Ergebnis gilt damit im Anwendungsbereich der EuInsVO das **Prioritätsprinzip**: Allein der Umstand, dass in einem Mitgliedstaat ein Hauptinsolvenzverfahren eröffnet worden ist, hindert die Eröffnung eines weiteren Hauptinsolvenzverfahrens in einem anderen Mitgliedstaat (s. EuInsVO Art. 3 Rdn. 27). Ein entsprechender Eröffnungsantrag ist als unzulässig abzuweisen (Art. 102c § 2 Abs. 1 Satz 1 EGInsO). Ein dennoch eröffnetes Verfahren muss eingestellt werden, es darf nicht fortgesetzt werden (Art. 102c § 3 Abs. 1 Satz 2 EGInsO; vgl. *Mohrbutter/Ringstmeier-Wenner* Kap. 20 Rn. 52). Ist im Ausland ein Eröffnungsantrag früher eingereicht worden, hat das inländische Gericht die Entscheidung des ausländischen Gerichts abzuwarten (*Mohrbutter/Ringstmeier-Wenner* Kap. 20 Rn. 182; zum Zeitpunkt der Eröffnung vgl. EuInsVO Art. 3 Rdn. 23 ff.).

C. Sekundärinsolvenzverfahren (Abs. 2)

12 Abs. 2 stellt klar, dass ein anerkennungsfähiges Hauptinsolvenzverfahren in einem anderen Mitgliedstaat der **Eröffnung eines Partikularverfahrens** (Sekundärinsolvenzverfahren) durch einen anderen Mitgliedstaat nicht entgegensteht.

D. Wirkungen der Anerkennung und Vollstreckbarkeit

13 Zu den Wirkungen der Anerkennung vgl. Artt. 20, 21 EuInsVO (zur Vollstreckbarkeit des Eröffnungsbeschlusses s. EuInsVO Art. 20 Rdn. 6).

Artikel 20 Wirkungen der Anerkennung

(1) Die Eröffnung eines Insolvenzverfahrens nach Artikel 3 Absatz 1 entfaltet in jedem anderen Mitgliedstaat, ohne dass es hierfür irgendwelcher Förmlichkeiten bedürfte, die Wirkungen, die das Recht des Staates der Verfahrenseröffnung dem Verfahren beilegt, sofern diese Verordnung nichts anderes bestimmt und solange in diesem anderen Mitgliedstaat kein Verfahren nach Artikel 3 Absatz 2 eröffnet ist.

(2) Die Wirkungen eines Verfahrens nach Artikel 3 Absatz 2 dürfen in den anderen Mitgliedstaaten nicht in Frage gestellt werden. Jegliche Beschränkung der Rechte der Gläubiger, insbesondere eine Stundung oder eine Schuldbefreiung infolge des Verfahrens, wirkt hinsichtlich des im Hoheitsgebiet eines anderen Mitgliedstaats befindlichen Vermögens nur gegenüber den Gläubigern, die ihre Zustimmung hierzu erteilt haben.

Übersicht	Rdn.		Rdn.
A. Normzweck	1	C. Wirkung der Anerkennung von Partikularinsolvenzverfahren (Abs. 2)	4
B. Wirkung der Anerkennung von Hauptinsolvenzverfahren (Abs. 1)	2	D. Vollstreckbarkeit des Eröffnungsbeschlusses	6

Literatur:
Cranshaw »Schuldbefreiung« für Schuldner mit Sitz in der Europäischen Union durch mitgliedstaatliche »Entschuldungsverfahren«, ZInsO 2013, 153; *Torz* Gerichtsstände im internationalen Insolvenzrecht zur Eröffnung von Partikularinsolvenzverfahren, 2005; *Vallender* Wirkung und Anerkennung einer im Ausland erteilten Restschuldbefreiung, ZInsO 2009, 616.

A. Normzweck

1 Art. 19 EuInsVO regelt die Anerkennung ausländischer Insolvenzverfahren, nicht aber, was aus der Anerkennung folgt. Die Folgen der Anerkennung regelt zum einen Art. 20, der für Haupt- und alle Formen von Partikularinsolvenzverfahren eine Wirkungserstreckung anordnet. Eine zweite Folge der Anerkennung findet sich in Art. 21 EuInsVO (Befugnisse des Verwalters).

B. Wirkung der Anerkennung von Hauptinsolvenzverfahren (Abs. 1)

Anerkennung bedeutet **Wirkungserstreckung** (*Huber* EuZW 2002, 490 [495]). Entsprechend den Prinzipien des Internationalen Verfahrensrechts bestimmt Abs. 1, dass die Verfahrenseröffnung in jedem anderen Mitgliedstaat die Wirkungen hat, welche die lex fori concursus dieser beimisst. Die Anerkennung des ausländischen Eröffnungsbeschlusses bedeutet also, dass die **insolvenzrechtlichen Folgen, die der Eröffnungsstaat an die anerkennungsfähige Eröffnungsentscheidung knüpft, übernommen werden** (*Mohrbutter/Ringstmeier-Wenner* Kap. 20 Rn. 218; zum früheren Recht BGHZ 134, 79 [87]; zum Prinzip der Wirkungserstreckung im IIR *Geimer* IZPR Rn. 3501; MüKo-InsO/*Reinhart* Art. 17 EuInsVO a.F. Rn. 3 ff.; *Trunk* Internationales Insolvenzrecht, S. 263 f.). Die Wirkungserstreckung geschieht automatisch, ohne irgendwelche Förmlichkeiten (*EuGH* NZI 2010, 156 [158]). Ob sich die Wirkungserstreckung nach Art. 20 nur auf den Eröffnungsbeschluss oder auch auf seine prozessualen und materiell-rechtlichen Rechtsfolgen bezieht, ist noch wenig geklärt (dazu MüKo-InsO/*Reinhart* Art. 17 EuInsVO a.F. Rn. 6 ff.), aber auch nicht von großer praktischer Relevanz: Denn Anerkennung des ausländischen Verfahrens bedeutet zugleich, dass die kollisionsrechtliche Grundnorm des IIR gilt, derzufolge (grundsätzlich) das Insolvenzrecht des Eröffnungsstaats zur Anwendung kommt. Soweit die Anwendung ausländischen Insolvenzrechts nicht anerkennungsrechtliche Folge ist, ist sie kollisionsrechtliche Konsequenz (*Mohrbutter/Ringstmeier-Wenner* Kap. 20 Rn. 250). Wirkungserstreckung bedeutet ebenso wie die kollisionsrechtliche Anwendbarkeit des ausländischen Rechts, dass das Recht so anzuwenden ist, wie es im Eröffnungsstaat angewandt wird. Für die im IIR immer wieder vorgeschlagene Anpassung der Rechtsfolgen an deutsche Rechtsinstitute ist – wie auch sonst im Anerkennungs- und Kollisionsrecht – kein Raum. Dass es im Anerkennungs- und Kollisionsrecht zu **Normenwidersprüchen** kommen kann, die durch das Institut der **Angleichung** zu bewältigen sind (dazu *Kegel/Schulrig* IPR, 9. Aufl., § 8, S. 357 ff.), steht auf einem anderen Blatt.

Die **Wirkungserstreckung findet ihre Grenze** dort, wo **diese Verordnung anderes bestimmt**. Es sind also die (massiven) Einschränkungen der Verordnung zu beachten (vgl. dazu EuInsVO Vor Art. 1 Rdn. 1 ff.). Die Wirkungen eines Hauptinsolvenzverfahrens werden durch ein Sekundärinsolvenzverfahren allerdings nicht völlig abgeblockt. Sie bestehen dort weiter, wo sie mit den Wirkungen des Sekundärverfahrens nicht kollidieren, werden durch das Sekundärinsolvenzverfahren im Wesentlichen also nur verdeckt (*Mohrbutter/Ringstmeier-Wenner* Kap. 20 Rn. 143).

C. Wirkung der Anerkennung von Partikularinsolvenzverfahren (Abs. 2)

Abs. 2 Satz 1 stellt klar, dass auch die **Wirkungen eines Sekundärinsolvenzverfahrens** in anderen Mitgliedstaaten nicht in Frage gestellt werden dürfen. Das ist eine unnötige Klarstellung, weil sich die Wirkungserstreckung bereits aus Abs. 1 ergibt. Der Umstand als solcher ist allerdings nicht so irrelevant, wie er oft dargestellt wird. Denn die Tatsache, dass Partikularverfahren nur im Partikularverfahrensstaat belegene Vermögensgegenstände erfassen, bedeutet nicht, dass Partikularverfahren keine Wirkungen im Ausland haben. Das zeigt etwa Art. 21 Abs. 2 EuInsVO, demzufolge der Verwalter eines Partikularverfahrens in einem anderen Mitgliedstaat Ansprüche wegen Vermögensgegenständen geltend machen kann, die nach Eröffnung des Partikularverfahrens aus dem Staat der Verfahrenseröffnung in den anderen Staat verbracht worden sind. Wirkungen hat ein Partikularverfahren im Ausland aber etwa auch dann, wenn dort ein Prozess um einen Gegenstand des Partikularverfahrens geführt wird (*Mohrbutter/Ringstmeier-Wenner* Kap. 20 Rn. 142; Beispiel: Art. 21 Abs. 2 Satz 2 EuInsVO) oder in Anfechtungsfällen (vgl. dazu EuInsVO Art. 16 Rdn. 15 ff.). Weiter spielt die Wirkung des Partikularverfahrens im Ausland eine Rolle, wenn es um die Frage geht, ob der Gläubiger eines Verfahrens behalten darf, was er im ausländischen Partikularverfahren erlangt hat.

Abs. 2 Satz 2 stellt klar, dass die **Beschränkung der Rechte von Gläubigern**, die in einem Sekundärverfahren angeordnet werden, insbesondere eine Stundung oder eine Restschuldbefreiung, in anderen Mitgliedstaaten nur dann wirken, wenn die Gläubiger zugestimmt haben (krit. zu dieser Regelung *Vallender* ZInsO 2009, 616 [619]). Das entspricht Art. 47 Abs. 2 EuInsVO. Während sich Art. 47 Abs. 2 EuInsVO an das Insolvenzgericht des Staats wendet, in dem das Sekundärverfahren stattfindet, richtet sich Abs. 2 an den Anerkennungsstaat (MüKo-InsO/*Reinhart* Art. 17 EuInsVO a.F. Rn. 14).

D. Vollstreckbarkeit des Eröffnungsbeschlusses

6 Der anerkennungsfähige ausländische Eröffnungsbeschluss ist im Inland auf Antrag für **vollstreckbar** zu erklären, wenn der Beschluss nach dem Recht des Erlassstaats einen Titel darstellt (*Geimer* IZPR Rn. 3524 f.; *Hanisch* ZIP 1985, 1233 [1237]; *Leipold* FS Waseda Universität, S. 787 [789]; *Mohrbutter/Ringstmeier-Wenner* Kap. 20 Rn. 215). Ob sich dies aus Art. 32 Abs. 1 Unterabs. 1 EuInsVO ergibt, ist allerdings unklar (vgl. *Eidenmüller* IPRax 2001, 2 [7] Fn. 41; *Haubold* IPRax 2002, 157 [159] Fn. 35; eine Klarstellung versucht Art. 102c § 10 EGInsO). Zweifelhaft ist, ob der ausländische Eröffnungsbeschluss auch dann als Herausgabetitel dient, wenn in ihm die herauszugebenden Vermögensgegenstände nicht bezeichnet sind. Nach den allgemeinen Grundsätzen des in Artt. 38–52 EuGVO geregelten Vollstreckbarkeitsverfahrens (zur Anwendbarkeit dieser Vorschriften vgl. EuInsVO Art. 32 Rdn. 11 ff.) wird einer Entscheidung, die den Vollstreckungsgegenstand nicht bezeichnet, die Vollstreckbarkeitserklärung verweigert, weil sie dem Bestimmtheitserfordernis nicht genügt (vgl. *Mohrbutter/Ringstmeier-Wenner* Kap. 20 Rn. 91, 215).

Artikel 21 Befugnisse des Verwalters

(1) Der Verwalter, der durch ein nach Artikel 3 Absatz 1 zuständiges Gericht bestellt worden ist, darf im Gebiet eines anderen Mitgliedstaats alle Befugnisse ausüben, die ihm nach dem Recht des Staates der Verfahrenseröffnung zustehen, solange in dem anderen Staat nicht ein weiteres Insolvenzverfahren eröffnet ist oder eine gegenteilige Sicherungsmaßnahme auf einen Antrag auf Eröffnung eines Insolvenzverfahrens hin ergriffen worden ist. Er darf insbesondere vorbehaltlich der Artikel 8 und 10 die zur Masse gehörenden Gegenstände aus dem Hoheitsgebiet des Mitgliedstaats entfernen, in dem diese sich befinden.

(2) Der Verwalter, der durch ein nach Artikel 3 Absatz 2 zuständiges Gericht bestellt worden ist, darf in jedem anderen Mitgliedstaat gerichtlich und außergerichtlich geltend machen, dass ein beweglicher Gegenstand nach der Eröffnung des Insolvenzverfahrens aus dem Gebiet des Staates der Verfahrenseröffnung in das Hoheitsgebiet dieses anderen Mitgliedstaats verbracht worden ist. Des Weiteren kann der Verwalter eine den Interessen der Gläubiger dienende Anfechtungsklage erheben.

(3) Bei der Ausübung seiner Befugnisse hat der Verwalter das Recht des Mitgliedstaats, in dessen Hoheitsgebiet er handeln will, zu beachten, insbesondere hinsichtlich der Art und Weise der Verwertung eines Gegenstands der Masse. Diese Befugnisse dürfen nicht die Anwendung von Zwangsmitteln ohne Anordnung durch das Gericht dieses Mitgliedstaats oder das Recht umfassen, Rechtsstreitigkeiten oder andere Auseinandersetzungen zu entscheiden.

Übersicht	Rdn.		Rdn.
A. Normzweck	1	C. Befugnisse des Verwalters im Partikularverfahren (Abs. 2)	7
B. Befugnisse des Verwalters im Hauptverfahren (Abs. 1)	2	D. Recht des Belegenheitsorts (Abs. 3)	8

Literatur:
Kuhn Enden die Befugnisse eines deutschen Insolvenzverwalters an der schweizerischen Staatsgrenze?, ZInsO 2010, 607; *Mankowski* Bestimmung der Insolvenzmasse und Pfändungsschutz unter der EuInsVO, NZI 2009, 785; *Schmitt* Die Rechtsstellung englischer Insolvenzverwalter in Prozessen vor deutschen Gerichten, ZIP 2009, 1989.

A. Normzweck

Mit Abs. 1 will der Verordnungsgeber klarstellen, dass der Verwalter eines anerkennungsfähigen Hauptinsolvenzverfahrens in anderen Mitgliedstaaten die Befugnisse hat, die ihm die lex fori concursus zuweist. Abs. 2 behandelt die Befugnisse des Verwalters eines Partikularverfahrens (krit. zur Regelungstechnik MüKo-InsO/*Reinhart* Art. 18 EuInsVO a.F. Rn. 1). 1

B. Befugnisse des Verwalters im Hauptverfahren (Abs. 1)

Nach Abs. 1 darf der Verwalter des **Hauptverfahrens die Befugnisse in den anderen Mitgliedstaaten ausüben, die ihm nach dem Recht des Eröffnungsstaats zustehen**. Dies gilt auch für die Art und Weise der Ausübung der Befugnisse. Exemplarisch nennt Abs. 1 die Befugnis des Verwalters, zur Masse gehörende Gegenstände aus dem Mitgliedstaat zu entfernen, in dem sich die Gegenstände befinden. 2

Begrenzt sind die Befugnisse durch die zahlreichen Sonderanknüpfungen der EuInsVO. Wenn Abs. 1 Satz 3 Artt. 8 und 10 EuInsVO erwähnt, so ist dies lediglich eine beispielhafte Aufzählung. 3

Beschränkt werden die Befugnisse des Verwalters des Hauptinsolvenzverfahrens ferner durch die Wirkungen eines Sekundärinsolvenzverfahrens. Gleiches gilt für vorläufige Sicherungsmaßnahmen, die dort vor Eröffnung des Sekundärinsolvenzverfahrens ergriffen wurden. Das heißt nicht, dass sämtliche Befugnisse des Hauptverwalters erlöschen. Da die Wirkungen des Sekundärinsolvenzverfahrens die Wirkungen des Hauptinsolvenzverfahrens lediglich verdecken, ist durchaus denkbar, dass die lex fori concursus des Partikularstaats gewisse Befugnisse dem Verwalter des Hauptinsolvenzverfahrens belässt. Das ist im Einzelfall zu prüfen. 4

Abs. 1 gilt nicht nur für den Insolvenzverwalter, sondern auch für den **vorläufigen Insolvenzverwalter** im Hauptinsolvenzverfahren (*AG Hamburg* ZIP 2007, 1767); ist ein starker Verwalter bestellt, kann dieser Vermögen des Schuldners, das in anderen Mitgliedstaaten belegen ist, in Besitz nehmen und dessen Herausgabe vom Schuldner verlangen. Ohne die Zustimmung eines schwachen vorläufigen Verwalters kann der Schuldner auch über Vermögen, das in anderen Mitgliedstaaten belegen ist, nicht mehr verfügen (vgl. dazu EuInsVO Art. 2 Rdn. 13). 5

Umfang und Art der Befugnisse des Verwalters sind der lex fori concursus zu entnehmen. Das gilt auch für die **Prozessführungsbefugnis** (Art. 7 Abs. 1 lit. c EuInsVO; *Kemper* ZIP 2001, 1609 [1614]; vgl. auch *OLG München* ZIP 2010, 2118). Welche Befugnisse dem **Schuldner verbleiben**, ist ebenfalls dem Insolvenzstatut zu entnehmen. Es regelt auch, ob er zur **Eigenverwaltung** befugt ist (*Mohrbutter/Ringstmeier-Wenner* Kap. 20 Rn. 270). 6

C. Befugnisse des Verwalters im Partikularverfahren (Abs. 2)

Nach Artt. 7 Abs. 2 Satz 2, 34 Satz 3 EuInsVO beschränken sich die Wirkungen des Partikularverfahrens auf die **im Partikularverfahrensstaat belegenen Vermögensgegenstände**. Trotzdem kann das Partikularverfahren **zahlreiche Wirkungen mit sich bringen, die im Ausland, etwa von ausländischen Gerichten, zu beachten** sind. Der Verordnungsgeber nennt in Abs. 2 zwei Beispiele: Einmal stellt er klar, dass der Verwalter des Partikularverfahrens gerichtlich und außergerichtlich geltend machen darf, dass ein Gegenstand nach Insolvenzeröffnung aus dem Partikularverfahrensstaat verbracht worden ist. Zum Zweiten erwähnt der Verordnungsgeber in Abs. 2 Satz 2 die Befugnis des Verwalters, eine den Interessen der Gläubiger dienende Anfechtungsklage zu erheben. Voraussetzung dafür, dass der Partikularinsolvenzverwalter Anfechtungsklagen erheben kann, ist, dass die Ansprüche zur Masse des Partikularverfahrens gehören (vgl. EuInsVO Art. 16 Rdn. 15 ff.). Eine Befugnis, Haftungsansprüche der Insolvenzgläubiger geltend zu machen, hat der Verwalter des Partikularverfahrens nicht (*KG* NZI 2011, 729). 7

D. Recht des Belegenheitsorts (Abs. 3)

8 Abs. 3 sagt, dass der Verwalter **das Recht des Mitgliedstaats, in dessen Gebiet er handeln will, zu beachten** hat. Das ist unscharf (vgl. *Mohrbutter/Ringstmeier-Wenner* Kap. 20 Rn. 273), weil der Verordnungsgeber nicht zwischen den verschiedenen Statuten trennt. Deshalb ist angenommen worden, dass Abs. 3 auch auf das Insolvenzrecht eines anderen Mitgliedstaats verweist, mithin das lokale Insolvenzrecht zu beachten sei (*Kübler/Prütting/Bork-Kemper* InsO, Art. 18 EuInsVO a.F. Rn. 12; ähnlich *Geimer/Schütze/Gruber* Internationaler Rechtsverkehr in Zivil- und Handelssachen, Art. 18 EuInsVO a.F. Rn. 7, die meinen, Art. 21 Abs. 3 EuInsVO schränke die insolvenzrechtlichen Befugnisse des Insolvenzverwalters ein). Dem ist nicht zu folgen. Abs. 3 zeigt durch die dort aufgeführten Beispiele, dass lediglich kollisionsrechtliche Selbstverständlichkeiten klargestellt werden sollen (vgl. *Mohrbutter/Ringstmeier-Wenner* Kap. 20 Rn. 273). So stehen dem Verwalter in einem anderen Mitgliedstaat **keine Zwangsbefugnisse** zu. Ebenso hat er die Vorschriften zu beachten, die nicht insolvenzrechtlich zu qualifizieren sind, nämlich **etwa öffentlich-rechtliche Vorschriften oder Vorschriften über die Art und Weise der Versteigerung eines Gegenstands**.

9 Ob die Maßnahme des Verwalters wegen Verstoßes gegen eine Vorschrift i.S.v. Abs. 3 wirksam oder unwirksam ist, bestimmt die lex fori concursus (vgl. *Uhlenbruck/Lüer* InsO, Art. 18 EuInsVO a.F. Rn. 15; *Mankowski* NZI 2009, 785 [786]).

Artikel 22 Nachweis der Verwalterbestellung

Die Bestellung zum Verwalter wird durch eine beglaubigte Abschrift der Entscheidung, durch die er bestellt worden ist, oder durch eine andere von dem zuständigen Gericht ausgestellte Bescheinigung nachgewiesen.

Es kann eine Übersetzung in die Amtssprache oder eine der Amtssprachen des Mitgliedstaats, in dessen Hoheitsgebiet er handeln will, verlangt werden. Eine Legalisation oder eine entsprechende andere Förmlichkeit wird nicht verlangt.

1 Um im Interesse einer zügigen Sicherung der Insolvenzmasse ein rasches Tätigwerden des Verwalters in anderen Mitgliedstaaten zu ermöglichen, sieht die EuInsVO einen **einfachen Nachweis der Verwalterstellung** vor. **Satz 1** lässt als Nachweis die Vorlage einer im Eröffnungsstaat beglaubigten Abschrift der Entscheidung genügen, durch die der Verwalter bestellt worden ist. In Deutschland wäre dies der Insolvenzeröffnungsbeschluss (vgl. § 27 Abs. 2 InsO) oder die Bestellungsurkunde (vgl. § 56 Abs. 2 Satz 1 InsO).

2 Die Vorschrift gilt für **sämtliche Verwalter** i.S.d. EuInsVO, also auch für Partikularinsolvenzverwalter sowie für vorläufige Verwalter (vgl. MüKo-InsO/*Reinhart* Art. 19 EuInsVO a.F. Rn. 3).

3 Satz 2 sieht vor, dass die Vorlage einer **Übersetzung** verlangt werden kann. Parallel zu Art. 55 Abs. 2 EuGVO ist zusätzlich die Übersetzung von einer hierzu in einem der Vertragsstaaten befugten Person zu beglaubigen, wenn dies verlangt wird. Dies entspricht auch § 4 Abs. 3 AVAG. Wer die Kosten der Übersetzung zu tragen hat, ergibt sich aus der lex fori concursus (MüKo-InsO/*Reinhart* Art. 19 EuInsVO a.F. Rn. 10).

4 Eine **Legalisation oder eine andere Förmlichkeit** darf nicht verlangt werden (Satz 3). Es ist deshalb ausgeschlossen, dass etwa in Deutschland die Bescheinigung über die Ernennung einem Verfahren nach § 438 ZPO unterzogen wird. Eine Apostille gem. den Haager Übereinkommen vom 5. Oktober 1961 zur Befreiung ausländischer öffentlicher Urkunden von der Legalisation (BGBl. II 1966 S. 106) darf ebenfalls nicht gefordert werden.

5 Art. 22 betrifft die **Bestellung** des Verwalters. Regelungen, die den Nachweis der **Befugnisse** des Verwalters, die sich aus der lex fori concursus ergeben, erleichtern, sieht die EuInsVO nicht vor. Um ihm den Nachweis zu erleichtern, kann ein Gericht, das den Verwalter bestellt hat, dessen Befugnisse in einem Beschluss auflisten (vgl. *High Court of Justice [Birmingham]* NZI 2005, 515 m. Anm. *Penzlin/*

Riedemann). Daraus ergibt sich jedoch weder, dass der Verwalter auf einen solchen Beschluss oder aber auch nur auf eine formlose Erklärung des Gerichts angewiesen wäre, um seine Rechte geltend zu machen (anders wohl *Pannen/Riedemann* Art. 19 EuInsVO a.F. Rn. 14), noch, dass die Auflistung durch das Gericht des Eröffnungsstaats bindend wäre (so auch MüKo-InsO/*Reinhart* Art. 19 EuInsVO a.F. Rn. 9).

Artikel 23 Herausgabepflicht und Anrechnung

(1) Ein Gläubiger, der nach der Eröffnung eines Insolvenzverfahrens nach Artikel 3 Absatz 1 auf irgendeine Weise, insbesondere durch Zwangsvollstreckung, vollständig oder teilweise aus einem Gegenstand der Masse befriedigt wird, der im Hoheitsgebiet eines anderen Mitgliedstaat[s] belegen ist, hat vorbehaltlich der Artikel 8 und 10 das Erlangte an den Verwalter herauszugeben.

(2) Zur Wahrung der Gleichbehandlung der Gläubiger nimmt ein Gläubiger, der in einem Insolvenzverfahren eine Quote auf seine Forderung erlangt hat, an der Verteilung im Rahmen eines anderen Verfahrens erst dann teil, wenn die Gläubiger gleichen Ranges oder gleicher Gruppenzugehörigkeit in diesem anderen Verfahren die gleiche Quote erlangt haben.

Übersicht	Rdn.		Rdn.
A. Normzweck	1	I. Voraussetzungen	5
B. Herausgabeanspruch des Insolvenz-		II. Rechtsfolge	13
verwalters (Abs. 1)	4	C. Anrechnung von Quoten (Abs. 2) ...	16

Literatur:
Meyer-Löwy/Plank Entbehrlichkeit des Sekundärinsolvenzverfahrens bei flexibler Verteilung der Insolvenzmasse im Hauptinsolvenzverfahren?, NZI 2006, 622; *Stehle* Die Auslandsvollstreckung – ein Mittel zur Flucht aus dem deutschen Insolvenzrecht, DZWIR 2008, 53; *Wiorek* Das Prinzip der Gläubigergleichbehandlung im Europäischen Insolvenzrecht, 2005.

A. Normzweck

Abs. 1 kodifiziert einen Herausgabeanspruch des Verwalters gegen den Gläubiger, der während des Insolvenzverfahrens auf irgendeine Weise, insbes. auf dem Weg der Zwangsvollstreckung, aus der Masse befriedigt wird. Diesen Herausgabeanspruch werden viele Rechtsordnungen kennen (vgl. § 342 InsO; zum früheren Recht BGHZ 88, 147; *Mohrbutter/Wenner* 7. Aufl., Rn. XXIII. 72–78), mitunter mag es aber Schwierigkeiten geben, ihn herzuleiten oder seine Anwendung kollisionsrechtlich zu begründen. 1

Abs. 2 ist eine Konsequenz des Systems der Verfahrenspluralität: Dasjenige, das der Gläubiger in einem anerkennungsfähigen Parallelverfahren als Quote erhalten hat, darf er behalten (vgl. § 342 Rdn. 8 f.); in anderen Verfahren ist diese Befriedigung aber zu berücksichtigen, damit die Gläubiger gleich behandelt werden. 2

Beide Absätze des Art. 23 EuInsVO stellen Sachnormen dar, enthalten also materielles Insolvenzrecht (MüKo-InsO/*Reinhart* Art. 20 EuInsVO a.F. Rn. 2). 3

B. Herausgabeanspruch des Insolvenzverwalters (Abs. 1)

Abs. 1 enthält einen materiell-rechtlichen Herausgabeanspruch des Verwalters gegen Gläubiger. Die Regelung ist parallel neben etwaigen Bestimmungen der lex fori concursus, deliktsrechtlichen Vorschriften oder Vorschriften über die ungerechtfertigte Bereicherung anzuwenden, aus denen sich ebenfalls ein Herausgabeanspruch ergeben mag. 4

Art. 23 EuInsVO Herausgabepflicht und Anrechnung

I. Voraussetzungen

5 Abs. 1 setzt zunächst voraus, dass es sich bei dem Begünstigten um einen **Gläubiger** handelt und dieser aus einem **Gegenstand der Masse** befriedigt worden ist. Wer Gläubiger ist und was zur Masse gehört, richtet sich nach der lex fori concursus. Wo ein Gegenstand belegen ist, ist Art. 2 Nr. 9 EuInsVO zu entnehmen.

6 Der Gläubiger muss dem Wortlaut des Abs. 1 nach aus einem Gegenstand Befriedigung erhalten haben, der in einem der **Mitgliedstaaten** belegen ist. Ist der Gegenstand in einem **Drittstaat** belegen, wollen viele auf die lex fori concursus zurückgreifen, um den Herausgabeanspruch zu ermitteln (*Duursma-Kepplinger/Duursma/Chalupsky* Art. 20 EuInsVO a.F. Rn. 16; *Geimer/Schütze/Gruber* Internationaler Rechtsverkehr in Zivil- und Handelssachen, Art 20 Rn. 5; MüKo-BGB/*Kindler* Art. 20 EuInsVO a.F. Rn. 11; *Paulus* Art. 20 EuInsVO a.F. Rn. 7; MüKo-InsO/*Reinhart* Art. 20 EuInsVO a.F. Rn. 5). Einen sachlichen Grund dafür, die Herausgabepflicht auf die Befriedigung aus Gegenständen zu beschränken, die in Mitgliedstaaten liegen, ist aber nicht ersichtlich. Deshalb spricht viel dafür, Abs. 1 in dem Fall, in dem der Gegenstand in einem Drittstaat belegen ist, entsprechend anzuwenden (so auch *Kolmann* Kooperationsmodelle, S. 315; *Mäsch* in: Rauscher, Europäisches Zivilprozessrecht, Band 2, Art. 20 EG-InsVO Rn. 9).

7 Hat nicht ein Gläubiger, sondern ein **Dritter** etwas aus der Insolvenzmasse erlangt, sollte man die lex fori concursus bzw. andere, möglicherweise zum Herausgabeanspruch führende Sachstatuten, darüber entscheiden lassen, ob ein Herausgabeanspruch besteht.

8 Der Gläubiger muss **Befriedigung erlangt** haben. Befriedigung tritt ein, wenn der Anspruch des Gläubigers **ganz oder teilweise erfüllt worden ist** (*Kübler/Prütting/Bork-Kemper* InsO, Art. 20 EuInsVO a.F. Rn. 4 ff.). Befriedigung ist aber **weit zu verstehen** und umfasst deshalb auch jede Sicherung, die der Gläubiger an Gegenständen der Masse erlangt.

9 Der Gläubiger muss nach dem Wortlaut der Vorschrift **nach Eröffnung** des Insolvenzverfahrens befriedigt worden sein. Zu eng wäre es, auf den Zeitpunkt abzustellen, in dem die Erfüllungswirkung hinsichtlich seiner Forderung eintritt (so aber MüKo-BGB/*Kindler* Art. 20 EuInsVO a.F. Rn. 7). Da Abs. 1 nicht nur die Erfüllung einer Forderung erfasst, kommt es vielmehr darauf an, dass die Verfügung des Schuldners, die Befriedigung des Gläubigers oder das Sicherungsrecht des Gläubigers nach Insolvenzeröffnung vorgenommen bzw. wirksam geworden sind.

10 Es ist zudem weder notwendig noch praktikabel, den Herausgabeanspruch von Abs. 1 auf den Zeitraum nach **formeller Eröffnung** des Verfahrens zu beschränken (so aber *Kübler/Prütting/Bork-Kemper* InsO, Art. 20 EuInsVO a.F. Rn. 3; *Mäsch* in: Rauscher, Europäisches Zivilprozessrecht, Band 2, Art. 20 EG-InsVO Rn. 5; MüKo-InsO/*Reinhart* Art. 20 EuInsVO a.F. Rn. 8). Der Begriff Eröffnung ist autonom auszulegen. Hat das Insolvenzgericht verfügungsbeschränkende Sicherungsmaßnahmen erlassen, die bewirken, dass der Schuldner nicht mehr allein verfügen kann, mithin also einen vorläufigen Insolvenzverwalter bestellt, findet Abs. 1 Anwendung (vgl. dazu auch EuInsVO Art. 2 Rdn. 13; ähnlich *Pannen/Riedemann* Art. 20 EuInsVO a.F. Rn. 14).

11 Ist der Gläubiger **vor** Eröffnung des Verfahrens i.S.d. vorstehenden Absatzes befriedigt worden, bleibt es bei den Regelungen der lex fori concursus, insbesondere auch bei den Regeln zur Insolvenzanfechtung (vgl. aber Art. 16 EuInsVO).

12 Die Herausgabe darf nach Abs. 1 **nicht mit Artt. 8 und 10 EuInsVO kollidieren**. Einige wollen die Herausgabepflicht auch dann verneinen, wenn eine nach Art. 9 EuInsVO wirksame Aufrechnung gegen den Herausgabeanspruch vorliegt (*Balz* ZIP 1996, 948 [952]; MüKo-InsO/*Reinhart* Art. 20 EuInsVO a.F. Rn. 11). Diese erweiternde Auslegung widerspricht dem Ausnahmecharakter der Vorschriften (MüKo-BGB/*Kindler* Art. 20 EuInsVO a.F. Rn. 13). Nicht herauszugeben ist ferner, was der Gläubiger in einem von der EuInsVO vorgesehenen, anerkennungsfähigen Partikularverfahren erlangt hat.

II. Rechtsfolge

Liegen die Voraussetzung von Abs. 1 vor, hat der Gläubiger das Erlangte an den Verwalter herauszugeben. Während § 342 Abs. 1 Satz 2 InsO auf die Rechtsfolgen der ungerechtfertigten Bereicherung verweist, enthält Abs. 1 einen solchen Verweis nicht; der Herausgabeanspruch ist **autonom herauszubilden** (*Mohrbutter/Ringstmeier-Wenner* Kap. 20 Rn. 109; MüKo-InsO/*Reinhart* Art. 20 EuInsVO a.F. Rn. 12; **a.A.** *Paulus* Art. 20 EuInsVO a.F. Rn. 9). 13

Der Rückgabepflicht hat der Gläubiger dadurch zu genügen, dass er den erlangten Gegenstand herausgibt. Ist dies nicht möglich, hat er den Wert zu ersetzen (zur Diskussion *Nerlich/Römermann* InsO, Art. 20 EuInsVO a.F. Rn. 11 f.). Hat der Gläubiger Nutzungen gezogen, so sind diese ebenfalls i.S.v. Art. 23 erlangt und damit herauszugeben (*Duursma-Kepplinger/Duursma/Chalupsky* Art. 20 EuInsVO a.F. Rn. 24). Wie im Falle der Entreicherung zu verfahren ist, ist ungeklärt. 14

Der Anspruch kann dem **Verwalter eines Hauptinsolvenzverfahrens** ebenso wie dem **Verwalter eines Partikularverfahrens** zustehen (anders noch *Braun/Tashiro* InsO, § 342 Rn. 7; *Smid* Dt. IIR Art. 20 EuInsVO Rn. 9). Entscheidend ist, in welchen Verfahrensstaat der Herausgabeanspruch fällt (MüKo-InsO/*Reinhart* Art. 20 EuInsVO a.F. Rn. 13). 15

C. Anrechnung von Quoten (Abs. 2)

Hat ein Gläubiger in einem Mitgliedstaat in einem Insolvenzverfahren auf seine Forderung eine **Quote** erlangt, so wird dies nach **Abs. 2** bei der Verteilung innerhalb der in anderen Mitgliedstaaten anhängigen Verfahren **berücksichtigt** (vgl. § 342 Abs. 2). Dieser Gläubiger nimmt an der Verteilung in anderen Verfahren erst teil, wenn die übrigen Gläubiger, deren Forderung den gleichen Rang hat und die der gleichen Gruppe zugehören, in diesem Verfahren dieselbe Quote erhalten haben. Abs. 2 stellt dabei lediglich eine Anrechnungsvorschrift dar und enthält nicht etwa eine Verpflichtung eines Gläubigers, einen über die **EU-weit konsolidierte Quote** erlangten Mehrerlös herauszugeben. 16

Nach dem Erläuternden Bericht (Rn. 175) sind bei der Berechnung der Quote **vier Grundregeln** zu beachten: 17

1. Kein Gläubiger darf mehr als 100 % seiner Forderung erhalten. Würde ein Gläubiger mehr erhalten, wäre die Gleichbehandlung der Gläubiger nicht gewährleistet (*Smid* Dt. IIR Art. 20 EuInsVO a.F. Rn. 18). Ist ein Gläubiger voll befriedigt, nimmt er an der Verteilung nicht teil. 18

2. Jeder Gläubiger kann in jedem Verfahren seine Forderung in voller (ursprünglicher) Höhe geltend machen. Beträge, die ein Gläubiger als Quote in anderen Verfahren erhalten hat, muss er bei der Anmeldung oder im weiteren Verfahrensverlauf nicht abziehen. Wie sich dingliche Sicherheiten oder ein Eigentumsvorbehalt sowie Erlöse daraus auf die Forderungsanmeldung und den weiteren Verlauf des Insolvenzverfahrens auswirken, richtet sich nach der lex fori concursus (für die Anwendung der lex causae *Nerlich/Römermann-Mincke* InsO, Art. 20 EuInsVO a.F. Rn. 4). 19

3. Hat ein Gläubiger bereits in anderen Verfahren eine Quote erhalten, wird seine Forderung bei der Verteilung in weiteren Verfahren erst berücksichtigt, wenn die Gläubiger desselben Rangs im Rahmen dieses Verfahrens zum gleichen Prozentsatz befriedigt worden sind wie der Gläubiger, der bereits eine Quote in einem anderen Verfahren erhalten hat. 20

Hat der Gläubiger bereits aus mehreren Verfahren eine Quote erhalten, ist die Prüfung mehrfach durchzuführen: Der Gläubiger kann erst an der Verteilung teilnehmen, wenn die anderen vergleichbaren Gläubiger jeweils zum gleichen Prozentsatz befriedigt worden sind. 21

Hat ein Gläubiger etwa in einem Sekundärinsolvenzverfahren eine Quote von 5 % auf seine Forderung erlangt und einem anderen Sekundärinsolvenzverfahren unter Anrechnung der erhaltenen Quote eine Quote von weiteren 2 % und wird im Hauptinsolvenzverfahren eine Quote von 10 % ausgeschüttet, so ist zunächst zu prüfen, welche Quote vergleichbare Gläubiger erhalten. Angenommen, diese würden eine Quote von 10 % erhalten, erhält der Gläubiger weitere 3 % im Hauptinsol- 22 venzverfahren. Auf den Betrag der ausgeschütteten Dividende kommt es im Übrigen nicht an (so aber wohl *Paulus* Art. 20 EuInsVO a.F. Rn. 13 ff.).

23 Dabei sind auch Quoten zu berücksichtigen, die der Gläubiger in Drittstaaten erhalten hat. Eine Beschränkung von Abs. 2 auf Quoten in mitgliedstaatlichen Verfahren würde zu einer Besserstellung der Gläubiger führen, die eine Befriedigung in Drittstaaten erlangt haben. Dies wäre mit dem Grundsatz der Gläubigergleichbehandlung nicht zu vereinbaren (so auch MüKo-InsO/*Reinhardt* Art. 20 EuInsVO a.F. Rn. 15; *Pannen/Riedemann* Art. 20 EuInsVO a.F. Rn. 28).

24 4. Der Rang der einzelnen Forderungen bestimmt sich gem. Art. 7 Abs. 2 lit. i EuInsVO nach dem Recht des Staats, in dem die Verteilung ansteht (vgl. Erläuternder Bericht Rn. 175).

25 Dies gilt auch für die Frage, ob Gläubiger einer gleichen Gruppe zugehören.

26 Ob dem Insolvenzverwalter, der die Verteilung vornimmt, gegen den Gläubiger ein Anspruch auf Erteilung von Auskunft über die von dem Gläubiger in anderen Insolvenzverfahren erhaltene Quote zusteht, richtet sich nach der jeweiligen lex fori concursus (MüKo-InsO/*Reinhart* Art. 20 EuInsVO a.F. Rn. 23).

27 Bei deutscher lex fori concursus ergibt sich der Auskunftsanspruch aus § 342 Abs. 3 InsO; dies soll auch im Anwendungsbereich der EuInsVO gelten (*Braun/Tashiro* InsO, § 342 Rn. 22; MüKo-BGB/*Kindler* § 342 InsO Rn. 12).

Artikel 24 Einrichtung von Insolvenzregistern

(1) Die Mitgliedstaaten errichten und unterhalten in ihrem Hoheitsgebiet ein oder mehrere Register, um Informationen über Insolvenz[v]erfahren bekanntzumachen (im Folgenden »Insolvenzregister«). Diese Informationen werden so bald als möglich nach Eröffnung eines solchen Verfahrens bekanntgemacht.

(2) Die Informationen nach Absatz 1 sind gemäß den Voraussetzungen nach Artikel 27 öffentlich bekanntzumachen und umfassen die folgenden Informationen (im Folgenden »Pflichtinformationen«):
a) Datum der Eröffnung des Insolvenzverfahrens;
b) Gericht, das das Insolvenzverfahren eröffnet hat, und – soweit vorhanden – Aktenzeichen;
c) Art des eröffneten Insolvenzverfahrens nach Anhang A und gegebenenfalls Unterart des nach nationalem Recht eröffneten Verfahrens;
d) Angaben dazu, ob die Zuständigkeit für die Eröffnung des Verfahrens auf Artikel 3 Absatz 1, 2 oder 4 beruht;
e) Name, Registernummer, Sitz oder, sofern davon abweichend, Postanschrift des Schuldners, wenn es sich um eine Gesellschaft oder eine juristische Person handelt;
f) Name, gegebenenfalls Registernummer sowie Postanschrift des Schuldners oder, falls die Anschrift geschützt ist, Geburtsort und Geburtsdatum des Schuldners, wenn er eine natürliche Person ist, unabhängig davon, ob er eine selbständige gewerbliche oder freiberufliche Tätigkeit ausübt;
g) gegebenenfalls Name, Postanschrift oder E-Mail-Adresse des für das Verfahren bestellten Verwalters;
h) gegebenenfalls die Frist für die Anmeldung der Forderungen bzw. einen Verweis auf die Kriterien für die Berechnung dieser Frist;
i) gegebenenfalls das Datum der Beendigung des Hauptinsolvenzverfahrens;
j) das Gericht, das gemäß Artikel 5 für eine Anfechtung der Entscheidung zur Eröffnung des Insolvenzverfahrens zuständig ist und gegebenenfalls die Frist für die Anfechtung bzw. einen Verweis auf die Kriterien für die Berechnung dieser Frist.

(3) Absatz 2 hindert die Mitgliedstaaten nicht, Dokumente oder zusätzliche Informationen, beispielsweise den[n] Ausschluss von einer Tätigkeit als Geschäftsleiter im Zusammenhang mit der Insolvenz, in ihre nationalen Insolvenzregister aufzunehmen.

(4) Die Mitgliedstaaten sind nicht verpflichtet, die in Absatz 1 dieses Artikels genannten Informationen über natürliche Personen, die keine selbständige gewerbliche oder freiberufliche Tätigkeit ausüben, in die Insolvenzregister aufzunehmen oder diese Informationen über das System der Vernetzung dieser Register öffentlich zugänglich zu machen, sofern bekannte ausländische Gläubiger gemäß Artikel 54 über die in Absatz 2 Buchstabe j dieses Artikels genannten Elemente informiert werden.

Macht ein Mitgliedstaat von der in Unterabsatz 1 genannten Möglichkeit Gebrauch, so berührt das Insolvenzverfahren nicht die Forderungen der ausländischen Gläubiger, die die Informationen gemäß Unterabsatz 1 nicht erhalten haben.

(5) Die Bekanntmachung von Informationen in den Registern gemäß dieser Verordnung hat keine anderen Rechtswirkungen als die, die nach nationalem Recht und in Artikel 55 Absatz 6 festgelegt sind.

Übersicht	Rdn.		Rdn.
A. Normzweck	1	C. Ausnahmen für Privatpersonen (Abs. 4)	6
B. Pflicht zur Errichtung und Unterhaltung von Insolvenzregistern und Pflichtinformationen (Abs. 1 bis 3)	3	D. Rechtsfolge (Abs. 5)	8

A. Normzweck

Art. 24 dient dazu, den Mitgliedstaaten einheitliche Regelungen über die Bekanntmachung von Informationen in Insolvenzverfahren in einem sog. Insolvenzregister vorzugeben. Die Norm schafft damit eine Voraussetzung für die Vernetzung dieser Register zu einem europaweiten Informationssystem, die in Art. 25 geregelt ist. Art. 27 regelt den Zugang zu den Informationen. Neben den Vorgaben an die Mitgliedstaaten enthält die Regelung in Abs. 4 Unterabs. 2 eine Schutzvorschrift der Gläubiger für den Fall, dass bestimmte Informationen nicht veröffentlich werden. 1

Art. 24 Abs. 1 gilt gem. Art. 92 ab dem 26.06.2018. 2

B. Pflicht zur Errichtung und Unterhaltung von Insolvenzregistern und Pflichtinformationen (Abs. 1 bis 3)

Abs. 1 gibt den Mitgliedstaaten auf, Insolvenzregister einzurichten und zu unterhalten. Vorgaben dazu, wie das Register auszusehen hat, bspw. ob es elektronisch zu führen ist, enthält Abs. 1 nicht. Der Begriff ist autonom auszulegen und funktional zu verstehen. Es geht um die dauerhafte Speicherung von Informationen, die man auf Anforderung abfragen kann. Hinsichtlich des Zugangs gilt Art. 27. 3

Abs. 2 zählt die Informationen auf, die zwingend in das Insolvenzregister aufzunehmen sind. Abs. 3 stellt klar, dass die Mitgliedstaaten berechtigt sind, darüber hinaus weitere Informationen oder Dokumente in ihre nationalen Insolvenzregister einzustellen. 4

Art. 24 gilt für alle Insolvenzverfahren i.S.d. EuInsVO, also sowohl für Hauptinsolvenzverfahren als auch Partikular- und Sekundärinsolvenzverfahren. 5

C. Ausnahmen für Privatpersonen (Abs. 4)

Für natürliche Personen, die keine gewerbliche oder freiberufliche Tätigkeit ausüben, also Privatpersonen, enthält Abs. 4 Unterabs. 1 eine Ausnahmeregel. Den Mitgliedstaaten steht es insoweit frei, ob sie die Informationen in das Insolvenzregister aufnehmen wollen, oder nicht. Tun sie es nicht, muss 6 sichergestellt sein, dass die bekannten ausländischen Gläubiger zumindest über die Rechtsmittelfristen in Bezug auf die Eröffnungsentscheidung informiert werden.

7 Abs. 4 Unterabs. 2 ordnet als eine Art Sanktion für die Ausklammerung von Privatpersonen an, dass das Insolvenzverfahren in diesem Fall die Forderungen der ausländischen Gläubiger, die (überhaupt) keine Information erhalten haben, nicht berühren soll.

D. Rechtsfolge (Abs. 5)

8 Die Rechtsfolge der erfolgten Bekanntmachung, deren Unterlassung oder einer fehlerhaften Bekanntmachung richtet sich nach der lex fori concursus. Die einzige in der EuInsVO vorgesehen Rechtsfolge ist der Beginn der Mindestfrist für die Anmeldung von Forderungen nach Art. 55 Abs. 6 EuInsVO, die erst mit Bekanntmachung läuft.

Artikel 25 Vernetzung von Insolvenzregistern

(1) Die Kommission richtet im Wege von Durchführungsrechtsakten ein dezentrales System zur Vernetzung der Insolvenzregister ein. Dieses System besteht aus den Insolvenzregistern und dem Europäischen Justizportal, das für die Öffentlichkeit als zentraler elektronischer Zugangspunkt zu Informationen im System dient. Das System bietet für die Abfrage der Pflichtinformationen und alle anderen Dokumente oder Informationen in den Insolvenzregistern, die von den Mitgliedstaaten über das Europäische Justizportal verfügbar gemacht werden, einen Suchdienst in allen Amtssprachen der Organe der Union.

(2) Die Kommission legt im Wege von Durchführungsrechtsakten gemäß dem Verfahren nach Artikel 87 bis zum 26. Juni 2019 Folgendes fest:
a) die technischen Spezifikationen für die elektronische Kommunikation und den elektronischen Informationsaustausch auf der Grundlage der festgelegten Schnittstellenspezifikation für das System zur Vernetzung der Insolvenzregister;
b) die technischen Maßnahmen, durch die die IT-Mindestsicherheitsstandards für die Übermittlung und Verbreitung von Informationen innerhalb des Systems zur Vernetzung der Insolvenzregister gewährleistet werden;
c) die Mindestkriterien für den vom Europäischen Justizportal bereitgestellten Suchdienst anhand der Informationen nach Artikel 24;
d) die Mindestkriterien für die Anzeige der Suchergebnisse in Bezug auf die Informationen nach Artikel 24;
e) die Mittel und technischen Voraussetzungen für die Verfügbarkeit der durch das System der Vernetzung von Insolvenzregistern angebotenen Dienste und
f) ein Glossar mit einer allgemeinen Erläuterung der in Anhang A aufgeführten nationalen Insolvenzverfahren.

1 Art. 25 gibt der Kommission auf, ein System zur Vernetzung der nationalen Insolvenzregister (Art. 24) einzurichten. Dies soll über einen einheitlichen Zugang über das Europäische Justizportal (https://ejustice.europa.eu) Gläubigern und Gerichten den Zugriff auf die in den jeweiligen Landesregistern eingestellten Informationen erleichtern. Anders als Art. 24 enthält Art. 25 Vorgaben zur Ausgestaltung des Systems, das ein elektronischer Zugangspunkt sein soll, und einen Suchdienst vorsehen muss.

2 Abs. 2 sieht vor, dass die Umsetzung im Wege von Durchführungsrechtsakten erfolgt. Erst diese Durchführungsrechtsakte werden für die Mitgliedstaaten verbindliche Pflichten vorsehen.

Artikel 26 Kosten für die Einrichtung und Vernetzung der Insolvenzregister

(1) Die Einrichtung, Unterhaltung und Weiterentwicklung des Systems zur Vernetzung der Insolvenzregister wird aus dem Gesamthaushalt der Union finanziert.

(2) Jeder Mitgliedstaat trägt die Kosten für die Einrichtung und Anpassung seiner nationalen Insolvenzregister für deren Interoperabilität mit dem Europäischen Justizportal sowie die Kosten für die Verwaltung, den Betrieb und die Pflege dieser Register. Davon unberührt bleibt die Möglichkeit, Zuschüsse zur Unterstützung dieser Vorhaben im Rahmen der Finanzierungsprogramme der Union zu beantragen.

Art. 26 regelt, wer die Kosten für die nach Art. 23 und Art. 24 einzurichtenden Register trägt. Die Kostentragung richtet sich dabei danach, wer das Register einzurichten hat und führt.   1

Artikel 27 Voraussetzungen für den Zugang zu Informationen über das System der Vernetzung

(1) Die Mitgliedstaaten stellen sicher, dass die Pflichtinformationen nach Artikel 24 Absatz 2 Buchstaben a bis j über das System der Vernetzung von Insolvenzregistern gebührenfrei zur Verfügung stehen.

(2) Diese Verordnung hindert die Mitgliedstaaten nicht, für den Zugang zu den Dokumenten oder zusätzlichen Informationen nach Artikel 24 Absatz 3 über das System der Vernetzung von Insolvenzregister eine angemessene Gebühr zu erheben.

(3) Die Mitgliedstaaten können den Zugang zu Pflichtinformationen bezüglich natürlicher Personen, die keine selbständige gewerbliche oder freiberufliche Tätigkeit ausüben sowie bezüglich natürlicher Personen, die eine selbständige gewerbliche oder freiberufliche Tätigkeit ausüben, sofern sich das Insolvenzverfahren nicht auf diese Tätigkeit bezieht, von zusätzlichen, über die Mindestkriterien nach Artikel 25 Absatz 2 Buchstabe c hinausgehenden Suchkriterien in Bezug auf den Schuldner abhängig machen.

(4) Die Mitgliedstaaten können ferner verlangen, dass der Zugang zu den Informationen nach Absatz 3 von einem Antrag an die zuständige Behörde abhängig zu machen ist. Die Mitgliedstaaten können den Zugang von der Prüfung des berechtigten Interesses am Zugang zu diesen Daten anhängig machen. Der anfragenden Person muss es möglich sein, die Auskunftsanfrage in elektronischer Form anhand eines Standardformulars über das Europäische Justizportal zu übermitteln. Ist ein berechtigtes Interesse erforderlich, so ist es zulässig, dass die anfragende Person die Rechtmäßigkeit ihres Antrags anhand von Kopien einschlägiger Dokumente in elektronischer Form belegt. Die anfragende Person erhält innerhalb von drei Arbeitstagen eine Antwort von der zuständigen Behörde.

Die anfragende Person ist weder verpflichtet, Übersetzungen der Dokumente, die die Berechtigung ihrer Anfrage belegen, zur Verfügung zu stellen, noch dazu, die bei der Behörde möglicherweise aufgrund der Übersetzungen anfallenden Kosten zu tragen.

Übersicht	Rdn.		Rdn.
A. Normzweck	1	C. Zulässige Beschränkungen bei natürlichen Personen (Abs. 3, 4)	5
B. Zugang zu den Informationen (Abs. 1, 2)	2		

A. Normzweck

Während Art. 25 vorgibt, dass die Kommission einen elektronischen Zugangspunkt für die nationalen Insolvenzregister einführt, regelt Art. 27, dass die Mitgliedstaaten die Pflichtinformationen über dieses vernetztes Insolvenzregister grds. gebührenfrei zur Verfügung zu stellen haben (Abs. 1), und   1 nur in Ausnahmefällen Gebühren erheben können (Abs. 2). Zudem sehen die Abs. 3 und 4 vor, dass die Mitgliedstaaten bestimmte Vorgaben in Bezug auf die Beschränkung des Zugriffs machen können.

B. Zugang zu den Informationen (Abs. 1, 2)

2 Nach Abs. 1 haben die Mitgliedstaaten die Pflichtinformationen i.S.v. Art. 24 Abs. 2 EuInsVO über das System der Vernetzung von Insolvenzregistern (Art. 25 EuInsVO) unentgeltlich zur Verfügung zu stellen. Nur für den Zugriff auf weitergehende Informationen nach Art. 24 Abs. 3 EuInsVO, die nicht zu den Pflichtinformationen zählen, darf eine (angemessene) Gebühr erhoben werden.

3 Die Vorschrift betrifft ihrem Wortlaut nach nicht die nationalen Insolvenzregister nach Art. 24 EuInsVO, sondern den Zugriff darauf über das System der Vernetzung von Insolvenzregistern i.S.d. Art. 25 EuInsVO. Etwaige Gebühren für den Zugriff auf nationale Register bleiben daher unberührt.

4 Die Vorschrift setzt implizit ein subjektives Recht auf den Zugang zu den Informationen voraus, regelt diesen aber nicht ausdrücklich. Eine Beschränkung des Zugangsanspruchs auf Gläubiger gibt es nicht.

C. Zulässige Beschränkungen bei natürlichen Personen (Abs. 3, 4)

5 Nur für Privatpersonen sowie selbständige bzw. freiberuflich tätige natürliche Personen, deren Insolvenzverfahren sich nicht auf diese Tätigkeit bezieht, sieht Abs. 3 vor, dass ein Mitgliedstaat den Zugriff insoweit begrenzen kann, dass dieser von bestimmten, über das Mindestmaß hinausgehenden Suchkriterien abhängig gemacht wird. Dies kann beispielsweise auch der Wohnort des Schuldners oder das zuständige Gericht sein.

6 Abs. 4 Satz 1 erlaubt darüber hinaus im Anwendungsbereich des Abs. 3 den Zugang von einem Antrag an die zuständige Behörde abhängig zu machen (gemeint ist wohl nicht der Antrag, sondern deren Zustimmung). Dabei ist Abs. 4 nach dessen Satz 2 so zu verstehen, dass die zuständige Behörde lediglich prüfen darf, ob ein berechtigtes Interesse des Antragstellers an dem Zugang zu den Informationen besteht; ein anderes Verständnis würde nicht nur den Prüfungsmaßstab offen lassen, sondern auch, wer die Prüfung des berechtigten Interesses vorzunehmen hat. Im Übrigen sieht die Vorschrift vor, dass der Antrag elektronisch gestellt werden kann. Die zuständige Behörde muss innerhalb von drei Arbeitstagen antworten. Was geschieht, wenn eine Antwort ausbleibt, lässt die Verordnung offen, und richtet sich nach der lex fori concursus.

Artikel 28 Öffentliche Bekanntmachung in einem anderen Mitgliedstaat

(1) Der Verwalter oder der Schuldner in Eigenverwaltung hat zu beantragen, dass eine Bekanntmachung der Entscheidung zur Eröffnung des Insolvenzverfahrens und gegebenenfalls der Entscheidung zur Bestellung des Verwalters in in jedem anderen Mitgliedstaat, in dem sich eine Niederlassung des Schuldners befindet, nach den in diesem Mitgliedstaat vorgesehenen Verfahren veröffentlicht wird. In der Bekanntmachung ist gegebenenfalls anzugeben, wer als Verwalter bestellt wurde und ob sich die Zuständigkeit aus Artikel 3 Absatz 1 oder Absatz 2 ergibt.

(2) Der Verwalter oder der Schuldner in Eigenverwaltung kann beantragen, dass die Bekanntmachung nach Absatz 1 in jedem anderen Mitgliedstaat, in dem er dies für notwendig hält, nach dem in diesem Mitgliedstaat vorgesehenen Verfahren der Bekanntmachung veröffentlicht wird.

Übersicht	Rdn.		Rdn.
A. Normzweck	1	C. Fakultative Bekanntmachung (Abs. 2)	9
B. Obligatorische Bekanntmachung (Abs. 1)	2	D. Rechtsfolgen	12

Literatur:
Reinhart Die Bedeutung der EuInsVO im Insolvenzeröffnungsverfahren – Besonderheiten paralleler Eröffnungsverfahren, NZI 2009, 201.

A. Normzweck

Die Artt. 28 und 29 EuInsVO dienen im Wesentlichen dazu, die Eröffnung eines Insolvenzverfahrens überall dort zu publizieren, wo eine Niederlassung besteht, oder ein Verwalter bzw. der Schuldner in Eigenverwaltung dies für sinnvoll hält. Die Veröffentlichung dient zum einen dazu, den Geschäftsverkehr zu informieren; zum anderen soll verhindert werden, dass Dritte weiterhin gutgläubig Geschäfte mit dem insolventen Schuldner machen oder an diesen Leistungen mit schuldbefreiender Wirkung erbringen (vgl. Art. 31 EuInsVO). 1

B. Obligatorische Bekanntmachung (Abs. 1)

Im Interesse des Geschäftsverkehrs bestimmt **Abs. 1**, dass der Verwalter bzw. der Schuldner in Eigenverwaltung verpflichtet sind die Veröffentlichung in jedem Mitgliedstaat zu beantragen, in dem sich eine Niederlassung des Schuldners befindet. Dies gilt sowohl in **Hauptinsolvenzverfahren** als auch in **Partikularverfahren**. 2

Der Verordnungsgeber sieht mit der Neuregelung nunmehr eine Veröffentlichungspflicht vor, während nach dem bisherigen Recht eine Pflicht der Mitgliedstaaten vorgesehen war, auf Antrag des Verwalters eine entsprechende Veröffentlichung vorzunehmen. Diese Verpflichtung der Mitgliedstaaten besteht weiterhin, ist jedoch nicht mehr ausdrücklich in Art. 28 EuInsVO geregelt, sondern wird vorausgesetzt (zweifelnd allerdings Braun/*Ehret* Art. 28 EuInsVO Rn. 13). 3

Die EuInsVO legt nicht fest, **an wen** der Insolvenzverwalter oder der Schuldner in Eigenverwaltung den Antrag richten muss. In dem Erläuternden Bericht (Rn. 143) wird lediglich ausgeführt, dass die Veröffentlichung vom Verwalter veranlasst wird und sich die Einzelheiten nach den Bestimmungen des Lands richten, in dem die Bekanntmachung erfolgen soll. 4

In Deutschland sieht **Art. 102c § 7 Abs. 1 EGInsO** vor, dass sich der ausländische Verwalter bzw. der Schuldner in Eigenverwaltung an das **inländische Insolvenzgericht** zu wenden hat, das seinerseits die Bekanntmachung anordnet. 5

Zum Teil haben die anderen Mitgliedstaaten keine entsprechenden Regelungen erlassen. Zum Teil gibt es Regelungen. Die nachfolgende Tabelle soll einen entsprechenden Überblick geben, an wen sich der Verwalter wenden kann, wenn er die Veröffentlichung herbeiführen will: 6

Land	Zuständige Stelle
Belgien	Amtsblatt (»Belgisch Staatsblad«)
Bulgarien	Handelsregister (bei Vorliegen einer Niederlassung)
England	London Gazette, und zusätzlich in einer Tageszeitung, die Gewähr dafür bietet, dass die Gläubiger und Gesellschafter informiert werden
Estland	Amtsblatt (»AMETLIK TEADAANNE«)
Finnland	Registerzentrum (»Oikeusrekisterikeskus«)
Frankreich	Zuständigkeit der Gerichte, im Übrigen keine klare Regelung, ggf. abhängig von der Belegenheit von Vermögensgegenständen
Griechenland	Antrag an das sog. Gericht erster Instanz in Athen; zudem Veröffentlichung im Gerichtsblatt möglich (Deltio Dikastikon Dimosiefseon)
Irland	Handelsregister (Companies Registration Office), und zusätzlich in zwei Tageszeitungen

Art. 28 EuInsVO   Öffentliche Bekanntmachung in einem anderen Mitgliedstaat

Land	Zuständige Stelle
Italien	Gesellschaftsregister, wenn es eine registrierte Niederlassung gibt; im Übrigen unklar
Lettland	Gesellschaftsregister zur Veröffentlichung im Amtsblatt (Latvijas Vestnesis)
Litauen	Wirtschaftsministerium, dort die für Insolvenzverfahren zuständige Stelle (Įmonių bankroto valdymo departamentas prie LR Ūkio ministerijos)
Luxemburg	Zwei Tageszeitungen oder/und Veröffentlichung im Amtsblatt (Memorial B oder C)
Malta	Handelsregister (Registrar of Companies), ggf. zusätzlich Veröffentlichung in zwei Tageszeitungen
Niederlande	District Court of The Hague (Übermittlung in deutscher Sprache möglich)
Österreich	Handelsgericht Wien
Polen	Keine Veröffentlichungsmöglichkeit mangels zwingender polnischer Vorschriften
Portugal	Jedes portugiesische Gericht, in dessen Bezirk sich eine Niederlassung befindet, ansonsten das Zivil- oder Handelsgericht Lissabon
Rumänien	Lokale Insolvenzbekanntmachungen
Spanien	Keine klare Regelung, ggf. jedes spanische Gericht
Schottland	Registergericht (Register of Companies) bzw. Insolvenzregister (Register of Insolvencies), und Veröffentlichung in der Edinburgh Gazette
Schweden	Gesellschaftsregister (Sw. Bolagsverket)
Slowakei	Justizministerium (Department of Justice of the Slovak Republic)
Slowenien	keine klare Regelung
Tschechische Republik	Gericht, in dessen Bezirk sich eine Niederlassung befindet, ansonsten unklar, wohl abhängig von der Belegenheit von Vermögenswerten
Ungarn	Hauptstadtgericht, Budapest, zur Veröffentlichung zur Veröffentlichung im Ungarischen Amtsblatt (Cégközlöny)
Zypern	Veröffentlichung im Amtsblatt, sowie in zwei Tageszeitungen

7 Abs. 1 legt den **Mindestumfang** der Veröffentlichung fest. Danach muss die Tatsache der Verfahrenseröffnung, die Art des Verfahrens sowie ggf. die Person des Verwalters veröffentlicht werden. Die nähere Ausgestaltung richtet sich nach dem Recht des Veröffentlichungsstaats.

8 Die Vorschrift ist auch auf den **vorläufigen Verwalter** anzuwenden. Dieser kann verlangen, dass seine Bestellung – oder sonstige Sicherungsmaßnahmen – in den anderen Mitgliedstaaten veröffentlicht werden (MüKo-InsO/*Reinhart* Art. 21 EuInsVO a.F. Rn. 4; *ders.* NZI 2009, 201 [203]).

C. Fakultative Bekanntmachung (Abs. 2)

9 Neben der obligatorischen Bekanntmachung nach Abs. 1 können der Verwalter oder der Schuldner in Eigenverwaltung die Veröffentlichung in jedem anderen Mitgliedstaat beantragen, wenn sie dies für notwendig halten. In der Regel wird eine Veröffentlichung zur Sicherung der Masse in allen Mitgliedstaaten sinnvoll und geboten sein, in denen der Schuldner über Vermögen verfügt. Natürlich muss der Verwalter bei der Stellung eines Antrags berücksichtigen, ob im Interesse einer Reduzierung der Verfahrenskosten von einer Veröffentlichung abgesehen werden sollte; dies dürfte u.a. vom Wert der Gegenstände abhängen, die in dem anderen Mitgliedstaat belegen sind, aber auch von der Zahl der dort ansässigen Gläubiger.

Die EuInsVO schließt nicht aus, dass sich über die Regelung in Abs. 1 hinaus aus der **lex fori concursus eine Pflicht des Verwalters** ergibt, die Veröffentlichung in anderen Mitgliedstaaten vorzunehmen. 10

Für das Verfahren, die Mitwirkungspflicht des Mitgliedstaats und den Umfang der Veröffentlichung gelten die obigen Ausführungen (Rdn. 3 ff.). 11

D. Rechtsfolgen

Über die Rechtsfolgen der Bekanntmachung entscheidet grds. die lex fori consursus. Gleiches gilt, wenn zu Unrecht bekannt gemacht, oder die Bekanntmachung unterlassen wurde. In diesen Fällen kommt eine Haftung nach den Vorschriften der lex fori concursus in Betracht. Unionsrechtlich sei auf Art. 31 Abs. 2 Satz 2 verwiesen. 12

Die Anerkennung des Insolvenzverfahrens hängt nicht von der Bekanntmachung ab. 13

Artikel 29 Eintragung in öffentliche Register eines anderen Mitgliedstaats

(1) Ist es in einem Mitgliedstaat, in dem sich eine Niederlassung des Schuldners befindet und diese Niederlassung in einem öffentlichen Register dieses Mitgliedstaats eingetragen ist oder in dem unbewegliches Vermögen des Schuldners belegen ist, gesetzlich vorgeschrieben, dass die Informationen nach Artikel 28 über die Eröffnung eines Insolvenzverfahrens im Grundbuch, Handelsregister oder einem sonstigen öffentlichen Register einzutragen sind, stellt der Verwalter oder der Schuldner in Eigenverwaltung die Eintragung im Register durch alle dazu erforderlichen Maßnahmen sicher.

(2) Der Verwalter oder der Schuldner in Eigenverwaltung kann diese Eintragung in jedem anderen Mitgliedstaat beantragen, sofern das Recht des Mitgliedstaats, in dem das Register geführt wird, eine solche Eintragung zulässt.

Übersicht	Rdn.		Rdn.
A. Normzweck	1	C. Fakultative Eintragung nach Absatz 2	9
B. Obligatorische Eintragung nach Absatz 1	2	D. Löschung der Eintragung	13
		E. Rechtsfolgen	14

Literatur:
Bierhenke Der ausländische Insolvenzverwalter und das deutsche Grundbuch, MittBayNot 2009, 197; *Reinhart* Die Bedeutung der EuInsVO im Insolvenzeröffnungsverfahren – Besonderheiten paralleler Eröffnungsverfahren, NZI 2009, 201; *Steinmetz/Giménez* Deutsches Insolvenzverfahren und Immobilienvermögen in Spanien – Grundbuchsperre beim Registro de la Propriedad durch deutsche Insolvenzverwalter, NZI 2010, 973.

A. Normzweck

Art. 29 dient den gleichen Zwecken wie Art. 28 EuInsVO, nämlich der Information des Geschäftsverkehrs und dem Schutz der Masse (vgl. EuInsVO Art. 28 Rdn. 1) und betrifft die Eintragung der Insolvenzeröffnung in öffentliche Register. 1

B. Obligatorische Eintragung nach Absatz 1

Die obligatorische Eintragung nach Abs. 1 hat mehrere Voraussetzungen: 2

Zunächst muss sich in dem (anderen) Mitgliedstaat eine Niederlassung befinden, die in ein öffentliches Register eingetragen ist, oder sich dort unbewegliches Vermögen befinden.

Öffentliche Register nach Abs. 1 sind Grundbuch und Handelsregister oder sonstige öffentliche Register. Insoweit sei auf die Kommentierung zu Art. 2 Nr. 9 iv verwiesen (vgl. EuInsVO Art. 2 Rdn. 22). 3

4 Für das betroffene öffentliche Register muss der Registerstaat vorsehen, dass die Eröffnung eines Insolvenzverfahrens dort zwingend eingetragen werden muss. Auf eine Antragspflicht kommt es nicht an; ausreichend wäre auch, dass eine Eintragung von Amts wegen zu erfolgen hat.

5 Die Eintragungspflicht muss sich konkret auf die Eintragung der Eröffnung eines aus Sicht des Registerstaats ausländischen Insolvenzverfahrens erstrecken. Dass ein inländisches Insolvenzverfahren eintragungspflichtig wäre, soll nicht ausreichen (*Mankowski/Müller* Art. 29 EuInsVO Rn. 4f).

6 Hat ein anderer Mitgliedstaat eine solche Regelung zur obligatorischen Eintragung getroffen, hat der Verwalter oder der Schuldner in Eigenverwaltung die für die Eintragung notwendigen Maßnahmen unmittelbar nach Insolvenzeröffnung zu treffen. Auch der **vorläufige Verwalter** im Hauptverfahren kann verpflichtet sein, entsprechende Eintragungen in den Registern zu bewirken (vgl. *Wimmer* ZInsO 2005, 119 [126]; *Reinhart* NZI 2009, 201 [203 f.]).

7 Abs. 1 enthält keine Beschränkung mehr auf ein Hauptinsolvenzverfahren. Auch der Verwalter eines Partikularverfahrens bzw. der dortige Schuldner in Eigenverwaltung kann im Einzelfall ein Bedürfnis nach einer grenzüberschreitenden Bekanntmachung haben (vgl. EuInsVO Art. 21 Rdn. 7).

8 Deutschland hat eine solche obligatorische Eintragung ausländischer Verfahren nicht vorgesehen. Allerdings verweist **§ 13d Abs. 3 HGB** für die Eintragungen hinsichtlich einer Zweigniederlassung, deren Hauptniederlassung sich im Ausland befindet, auf die Vorschriften über Hauptniederlassungen und damit auch auf § 32 HGB. Danach muss die Eröffnung des Insolvenzverfahrens von Amts wegen in das Handelsregister eingetragen werden. Handelt es sich um die inländische Zweigniederlassung einer Kapitalgesellschaft mit Sitz im Ausland, so verpflichtet **§ 13e Abs. 4 HGB** die ständigen Vertreter und, wenn solche fehlen, die gesetzlichen Vertreter der Gesellschaft, die Eröffnung des Insolvenzverfahrens zur Eintragung in das Handelsregister anzumelden. Damit soll sichergestellt werden, dass das für die Zweigniederlassung zuständige deutsche Registergericht von dem ausländischen Insolvenzverfahren Kenntnis erlangt.

C. Fakultative Eintragung nach Absatz 2

9 Nach Abs. 2 kann der Verwalter (auch der vorläufige) oder der Schuldner in Eigenverwaltung die Eintragung der Verfahrenseröffnung in die Register im Sinne des Abs. 1 beantragen, sofern das Recht des Mitgliedstaats, in dem das Register geführt wird, eine solche Eintragung zulässt.

10 Offenbar soll diese Beschränkung auf die Eintragungsfähigkeit nach dem Recht des Registerstaats den Bedenken an die Praktikabilität für die Registerstellen Rechnung tragen. Die Neuregelung ist allerdings missglückt: Es kann nicht den Mitgliedstaaten überlassen werden, Regelungen zu schaffen, mit denen Eintragungen ausländischer Insolvenzverfahren behindert werden. Wenn ein Mitgliedstaat zumindest das Ob der Insolvenzeröffnung als eintragungsfähig erachtet, muss er dem Antrag des ausländischen Verwalters bzw. des Schuldners in Eigenverwaltung nach Abs. 2 nachkommen.

11 Abs. 2 legt nicht fest, **wo** der Antrag zu stellen ist. Anders als Art. 28 EuInsVO verweist Art. 29 nicht ausdrücklich auf die Bestimmungen des anderen Mitgliedstaats für die Eintragung. Gleichwohl muss der Insolvenzverwalter das Recht des anderen Mitgliedstaats beachten, wobei die Mitgliedstaaten keine Regelungen vorsehen dürfen, die besondere Anforderungen an die Eintragung knüpfen (MüKo-InsO/*Reinhart* Art. 21 EuInsVO a.F. Rn. 7). Fehlen spezielle Regelungen, etwa zur Zuständigkeit, kann sich der Verwalter unmittelbar an die registerführende Stelle wenden und dort die Eintragung beantragen (beispielhaft: *Steinmetz/Giménez* NZI 2010, 973). Deutschland hat in Art. 102c § 8 Abs. 1 EGInsO eine spezielle Zuständigkeitsregelung vorgesehen. Danach muss der ausländische Verwalter sich an das deutsche Insolvenzgericht wenden. Dieses veranlasst dann die Eintragung durch die zuständige Stelle, etwa das Handelsregister oder das Grundbuchamt.

12 Auch **der Inhalt der Eintragung** richtet sich nach dem **Recht des Registerstaats** (Erläuternder Bericht Rn. 182). Ggf. muss eine Eintragung vorgenommen werden, die der gewünschten Eintragung am nächsten kommt und die gewünschten Ziele erreicht, mithin eine Veräußerung des Gegenstands

durch den Schuldner wirksam verhindert. Die Anpassung sollte auf das unbedingt Notwendige reduziert werden (*Mohrbutter/Ringstmeier-Wenner* Kap. 20 Rn. 225).

D. Löschung der Eintragung

Art. 29 EuInsVO enthält keine ausdrückliche Regelung für die Löschung der Eintragung. Eine Löschung ist jedenfalls dann möglich, wenn der Verwalter oder der Schuldner in Eigenverwaltung dies beantragt. Ob das deutsche Insolvenzgericht darüber hinaus von Amts wegen tätig werden kann, ist fraglich (für eine Anwendung von § 346 Abs. 2 Satz 3 InsO *OLG Dresden* ZIP 2010, 2108). 13

E. Rechtsfolgen

Hinsichtlich der Rechtsfolgen sei auf die Ausführungen zu Art. 28 verwiesen (vgl. EuInsVO Art. 28 Rdn. 12). 14

Artikel 30 Kosten

Die Kosten der öffentlichen Bekanntmachung nach Artikel 28 und der Eintragung nach Artikel 29 gelten als Kosten und Aufwendungen des Verfahrens.

Die **Kosten** der Bekanntmachung nach Art. 28 und der Registrierung nach Art. 29 EuInsVO sind nach **Art. 30** Verfahrenskosten. Sie sind grds. aus der Masse des Insolvenzverfahrens, für das der Antrag gestellt wurde, zu zahlen (vgl. zu den Schwierigkeiten der autonomen Auslegung und der Einordnung in das jeweilige nationale Recht aber MüKo-InsO/*Reinhart* Art. 23 EuInsVO a.F. Rn. 6). 1

Bedeutung hat dies für Bekanntmachungen oder Registrierungen in Deutschland nur für die **Kosten der öffentlichen Bekanntmachung gem. § 24 GKG.** Die Eintragung des Insolvenzvermerks in das Grundbuch oder andere öffentliche Register ist nach §§ 69 Abs. 2, 87 Nr. 1 KostO gebührenfrei. 2

Artikel 31 Leistung an den Schuldner

(1) Wer in einem Mitgliedstaat an einen Schuldner leistet, über dessen Vermögen in einem anderen Mitgliedstaat ein Insolvenzverfahren eröffnet worden ist, obwohl er an den Verwalter des Insolvenzverfahrens hätte leisten müssen, wird befreit, wenn ihm die Eröffnung des Verfahrens nicht bekannt war.

(2) Erfolgt die Leistung vor der öffentlichen Bekanntmachung nach Artikel 28, so wird bis zum Beweis des Gegenteils vermutet, dass dem Leistenden die Eröffnung nicht bekannt war. Erfolgt die Leistung nach der Bekanntmachung gemäß Artikel 28, so wird bis zum Beweis des Gegenteils vermutet, dass dem Leistenden die Eröffnung bekannt war.

Übersicht	Rdn.		Rdn.
A. Normzweck	1	C. Guter Glaube	6
B. Leistung an den Schuldner	2		

Literatur:
Siehe Vor §§ 335 ff.

A. Normzweck

Art. 31 EuInsVO schützt als sachrechtliche Norm Drittschuldner, die in einem anderen Mitgliedstaat als dem Eröffnungsstaat an den Schuldner noch eine Leistung bewirken, nachdem bereits ein Insolvenzverfahren über dessen Vermögen eröffnet worden ist. Diese werden nach Abs. 1 von ihrer Schuld befreit, wenn sie gutgläubig waren. Abs. 2 enthält Vermutungen zu Gunsten und zu Lasten des Drittschuldners. 1

B. Leistung an den Schuldner

2 Art. 31 entspricht § 350 InsO, der sich seinerseits an § 82 InsO anlehnt. Voraussetzung ist zunächst, dass die **Leistung nach Insolvenzeröffnung** erfolgt und die lex fori concursus vorsieht, dass die Leistung an den Insolvenzverwalter hätte erfolgen müssen.

3 Sehen **vorläufige Sicherungsmaßnahmen**, etwa die Einsetzung eines vorläufigen Verwalters, vor, dass Leistungen nicht mehr an den Schuldner erbracht werden können, greift auch hier Art. 31 ein (dazu auch *Reinhart* NZI 2009, 201 [203]).

4 Die Leistung muss dem Wortlaut nach **an den Schuldner** erfolgen. Wenngleich einiges dafür spricht, die Vorschrift weit auszulegen und auch solche Leistungen an Dritte zu erfassen, auf die sich die Insolvenz auswirkt, legt der EuGH die Bestimmung eng aus. Eine Zahlung, die im Auftrag des Insolvenzschuldners von einem Dritten (etwa einer Bank) an einen der Gläubiger des Insolvenzschuldners geleistet wird, wird nicht vom Anwendungsbereich des Art. 31 Abs. 1 erfasst (*EuGH* NZI 2013, 1039 m. krit. Anm. *Schäfer*).

5 Die Leistung muss **in einem Mitgliedstaat** erfolgt sein. Wie der Leistungsort i.S.v. Art. 31 ermittelt wird, ist streitig. Man könnte den Art. 31 zugrunde liegenden Leistungsort – wie in § 269 BGB – als den Ort verstehen, an dem die Leistungshandlung erbracht werden muss (MüKo-BGB/*Kindler* Art. 24 EuInsVO a.F. Rn. 9). Man könnte aber auch darauf abstellen, an welchem Ort die Leistung vom Drittschuldner tatsächlich erbracht worden ist (Erläuternder Bericht Rn. 188; *Paulus* Art. 24 EuInsVO a.F. Rn. 2; *Pannen/Riedemann* Art. 24 EuInsVO a.F. Rn. 11). Für das Abstellen auf den tatsächlichen Leistungsort spricht, dass solche Leistungen eines Drittschuldners geschützt werden sollen, die einen engen Bezug zu einem anderen Mitgliedstaat haben. Allerdings würde dies dazu führen, dass auch ein Drittschuldner, der seine Leistung am falschen Ort, nämlich in einem Mitgliedstaat, statt wie geschuldet in einem Drittstaat, erbracht hat, vom Schutz des Art. 31 profitieren, obwohl er nach den Regelungen des Vertragsstatuts von seiner Leistung möglicherweise nicht frei geworden ist. Dass dies nicht sinnvoll ist, liegt auf der Hand. Art. 31 schützt daher nur Leistungen, die nach dem Vertragsstatut – ohne die Insolvenzeröffnung – schuldbefreiende Wirkung gehabt hätten (MüKo-InsO/*Reinhart* Art. 24 EuInsVO a.F. Rn. 5); überdies muss der Ort der tatsächlichen Leistung in einem Mitgliedstaat liegen.

C. Guter Glaube

6 Obgleich Abs. 1 vorsieht, dass die Leistung dann schuldbefreiende Wirkung hat, wenn dem Drittschuldner die Eröffnung des Verfahrens **nicht** (positiv) **bekannt** war, sprechen sich Stimmen in der Literatur für einen Fahrlässigkeitsmaßstab aus (*Paulus* Art. 24 EuInsVO a.F. Rn. 4). Hiergegen spricht der klare Wortlaut des Abs. 1, der in den Mitgliedstaaten einheitlich angewandt werden soll (MüKo-BGB/*Kindler* Art. 24 EuInsVO a.F. Rn. 10). Gleichwohl ist der Kritik zuzugestehen, dass die Vorschrift vor diesem Hintergrund nur selten eine gutgläubige Entgegennahme der Leistung ausschließen wird; es empfiehlt sich daher für den Insolvenzverwalter, die bekannten Drittschuldner **unverzüglich nach Insolvenzeröffnung über die Insolvenzeröffnung zu informieren**, um schuldbefreiende Leistungen an den Schuldner wirksam zu verhindern.

7 Wie § 82 Satz 2 InsO enthält **Abs. 2 Satz 1** die **Vermutung zu Gunsten des Drittschuldners**, dass dieser vor der Veröffentlichung gem. Art. 28 EuInsVO in dem betreffenden Mitgliedstaat die Eröffnung des Verfahrens nicht kannte. Die Vermutung kann im Streitfall widerlegt werden (Erläuternder Bericht Rn. 187), etwa dadurch, dass der Insolvenzverwalter nachweist, dass er den Drittschuldner vor der Leistung über die Insolvenzeröffnung informiert hatte.

8 **Abs. 2 Satz 2** enthält darüber hinaus die **Vermutung zu Lasten des Drittschuldners**, dass dieser die Eröffnung kannte, wenn sie nach der Bekanntmachung der Eröffnung erfolgte. Auch diese Vermutung ist widerlegbar, wobei die Anforderungen an den Nachweis der Unkenntnis hoch sein dürften (MüKo-BGB/*Kindler* Art. 24 EuInsVO a.F. Rn. 14).

Ob die Vermutungen des Abs. 2 bereits bei jeder Veröffentlichung gem. Art. 28 EuInsVO eingreifen, ist zweifelhaft. Vielmehr bedarf es einer Beziehung zwischen der Veröffentlichung und dem Drittschuldner bzw. der von diesem vorgenommenen Leistung. Man könnte darauf abstellen, dass die Veröffentlichung sowohl am Sitz des Drittschuldners als auch am Ort der Leistung erfolgt sein muss (vgl. Erläuternder Bericht Rn. 187). Andere stellen auf den vertraglichen oder den tatsächlichen Leistungsort ab (vgl. *Pannen/Riedemann* Art. 24 EuInsVO a.F. Rn. 26). Entscheidend dürfte sein, dass die Veröffentlichung grds. geeignet ist, den guten Glauben des Drittschuldners zu zerstören. Dies ist sie dann, wenn sie (alternativ) **entweder dort erfolgt, wo der Drittschuldner den Mittelpunkt seiner hauptsächlichen Interessen hat, am vertraglichen Leistungsort oder am tatsächlichen Leistungsort**. In all diesen Fällen sind die Vermutungen zu Lasten des Drittschuldners des Abs. 2 gerechtfertigt. Eine einschränkende Auslegung oder eine kumulative Anwendung der Kriterien ist nicht angebracht.

9

Artikel 32 Anerkennung und Vollstreckbarkeit sonstiger Entscheidungen

(1) Die zur Durchführung und Beendigung eines Insolvenzverfahrens ergangenen Entscheidungen eines Gerichts, dessen Eröffnungsentscheidung nach Artikel 19 anerkannt wird, sowie ein von diesem Gericht bestätigter Vergleich werden ebenfalls ohne weitere Förmlichkeiten anerkannt. Diese Entscheidungen werden nach den Artikeln 39 bis 44 und 47 bis 57 der Verordnung (EU) Nr. 1215/2012 vollstreckt.

Unterabsatz 1 gilt auch für Entscheidungen, die unmittelbar aufgrund des Insolvenzverfahrens ergehen und in engem Zusammenhang damit stehen, auch wenn diese Entscheidungen von einem anderen Gericht erlassen werden.

Unterabsatz 1 gilt auch für Entscheidungen über Sicherungsmaßnahmen, die nach dem Antrag auf Eröffnung eines Insolvenzverfahrens oder in Verbindung damit getroffen werden.

(2) Die Anerkennung und Vollstreckung anderer als der in Absatz 1 dieses Artikels genannten Entscheidungen unterliegen der der Verordnung (EU) Nr. 1215/2012, sofern jene Verordnung anwendbar ist.

Übersicht

		Rdn.			Rdn.
A.	**Normzweck**	1	III.	Entscheidungen über Sicherungsmaßnahmen gem. Abs. 1 Unterabs. 3	5
B.	**Anerkennung der Entscheidungen**	2	IV.	Sonstige Entscheidungen gem. Abs. 2	8
I.	Entscheidungen zur Durchführung und Beendigung des Insolvenzverfahrens (Abs. 1 Unterabs. 1)	2	C.	**Anerkennungsmechanismus**	9
			D.	**Vollstreckung**	10
II.	Entscheidungen gem. Abs. 1 Unterabs. 2	4			

Literatur:
Brinkmann Zu Voraussetzungen und Wirkungen der Art. 15, 25 EuInsVO, IPRax 2007, 235; *Corno* Enforcement of avoidance claims judgments in Europe. Present rules and (reasonable) future reforms, IILR 2013, 417; *Keller/Prager* Die Anerkennung deutscher Postsperren im Vereinigten Königreich, NZI 2013, 829; *Laptew* Zur Vollstreckbarkeit russischer Gerichtsentscheidungen in Deutschland: Neue Entwicklungen, WiRO 2006, 198; *Linna* Protective Measures in European Cross-Border Insolvency Proceedings, IILR 2014, 6; *Lorenz* Annexverfahren bei Internationalen Insolvenzen, 2005; *Mankowski* Insolvenznahe Verfahren im Grenzbereich zwischen EuInsVO und EuGVVO – Zur Entscheidung des EuGH in Sachen German Graphics, NZI 2010, 508; *Strobel* Die Abgrenzung zwischen EuGVVO und EuInsVO im Bereich insolvenzbezogener Einzelentscheidungen, 2006; *Vallender* Wirkung und Anerkennung einer im Ausland erteilten Restschuldbefreiung, ZInsO 2009, 616; *Weller* Internationale Zuständigkeit für mitgliedschaftsbezogene Klagen nach der Brüssel I-VO, ZGR 2012, 606.

Art. 32 EuInsVO   Anerkennung und Vollstreckbarkeit sonstiger Entscheidungen

A. Normzweck

1 Während Art. 19 EuInsVO die Entscheidung über die Eröffnung eines Insolvenzverfahrens durch ein mitgliedschaftliches Gericht regelt, befasst sich Art. 32 mit der Anerkennung weiterer insolvenzrechtlicher Entscheidungen, die im oder anlässlich des Insolvenzverfahrens getroffen werden (zur Gesamtsystematik auch *Mankowski* NZI 2010, 508 [510 f.]). Die Vollstreckung richtet sich grds. nach der EuGVO (Verordnung über die gerichtliche Zuständigkeit und die Anerkennung und Vollstreckung von Entscheidungen in Zivil- und Handelssachen, VO (EU) Nr. 1215/2012).

B. Anerkennung der Entscheidungen

I. Entscheidungen zur Durchführung und Beendigung des Insolvenzverfahrens (Abs. 1 Unterabs. 1)

2 Nach Abs. 1 Unterabs. 1 werden die Entscheidungen anerkannt, die das mitgliedstaatliche Eröffnungsgericht **zur Durchführung und Beendigung des Insolvenzverfahrens** trifft. Gleiches gilt für einen von diesem Gericht **bestätigten Vergleich**. Voraussetzung für die Anerkennung der Entscheidungen ist, dass der Eröffnungsbeschluss gem. Art. 19 EuInsVO anerkennungsfähig ist. Die Anerkennung geschieht ohne Förmlichkeiten, also automatisch (zur automatischen Anerkennung s. EuInsVO Art. 19 Rdn. 1). Die Regelung ist autonom auszulegen. Für den Begriff der **Entscheidung** kann auf Art. 32 EuGVO zurückgegriffen werden (MüKo-InsO/*Reinhart* Art. 25 EuInsVO a.F. Rn. 6). Welche Stelle **Gericht** i.S.d. Vorschrift ist, ergibt sich aus Art. 2 Nr. 6 lit. ii EuInsVO (vgl. EuInsVO Art. 2 Rdn. 10).

3 Entscheidungen zur **Durchführung und Beendigung des Verfahrens** sind alle Entscheidungen des Eröffnungsgerichts, die die Gesamtheit der Gläubiger und die Abwicklung des Verfahrens unmittelbar betreffen (MüKo-BGB/*Kindler* Art. 25 EuInsVO a.F. Rn. 9). Ausdrücklich erwähnt Abs. 1 Unterabs. 1 den gerichtlich bestätigten Vergleich; hierzu zählt auch der deutsche Insolvenzplan. Ein nicht genanntes Beispiel ist der Tabellenauszug (*Mohrbutter/Ringstmeier-Wenner* Kap. 20 Rn. 206). Auch die Restschuldbefreiung wird anerkannt (MüKo-InsO/*Stephan*, vor §§ 286 bis 303 Rn. 69; *Vallender* ZInsO 2009, 616 [618]; *Gottwald/Kolmann/Keller* HdbInsR, § 131 Rn. 94).

II. Entscheidungen gem. Abs. 1 Unterabs. 2

4 Gemäß Abs. 1 Unterabs. 2 sind nach Unterabs. 1 auch Entscheidungen anzuerkennen, die **unmittelbar aufgrund des Insolvenzverfahrens ergehen und in engem Zusammenhang** damit stehen. Anders als Unterabs. 1 erfasst die Regelung Entscheidungen des Eröffnungsgerichts ebenso wie Entscheidungen **anderer Gerichte**, insbes. die Annexentscheidung nach dem neuen Art. 6 EuInsVO. Auf diese findet die EuGVO nach der Neuregelung keine Anwendung (mehr).

III. Entscheidungen über Sicherungsmaßnahmen gem. Abs. 1 Unterabs. 3

5 Nach Abs. 1 Unterabs. 3 gilt Unterabs. 1 auch für die Anerkennung von Entscheidungen über (**vorläufige**) **Sicherungsmaßnahmen**. Solche können von einem nach Art. 3 EuInsVO zuständigen Gericht erlassen werden (vgl. EuInsVO Art. 3 Rdn. 43). Damit ist jedoch nicht ausgeschlossen, dass der Verwalter oder jede andere befugte Person an dem Ort Sicherungsmaßnahmen beantragt, an dem sich der zu sichernde Gegenstand befindet. Dies entspricht in etwa auch der Rechtslage nach **Art. 31 EuGVO**, nach dem einstweilige Maßnahmen in einem Staat beantragt werden können, obwohl für die Hauptsache die Gerichte eines anderen Staats zuständig sind (vgl. zu den Besonderheiten bei der Vollstreckung Rdn. 10 ff.).

6 Die Sonderregelung in **Abs. 1 Unterabs. 3** war erforderlich, da nach der Rspr. des EuGH vorläufige Sicherungsmaßnahmen im Hinblick auf die EuGVO nicht nach ihrer eigenen Rechtsnatur, sondern nach derjenigen der durch sie gesicherten Ansprüche bestimmt werden (*EuGH* 27.03.1979 – 143/78, *De Cavel/De Cavel*; vgl. auch Erläuternder Bericht Rn. 199).

Fraglich ist, ob die Regelung auch für die Entscheidungen des Insolvenzgerichts über die **Bestellung** 7
eines vorläufigen Verwalters nach deutschem Recht gilt. Da der Begriff Eröffnung des Insolvenzverfahrens autonom auszulegen ist, spricht viel dafür, dass die Anerkennung auch des vorläufigen Insolvenzverwalters nach deutschem Recht, d.h. sowohl des schwachen als auch des starken Verwalters, bereits nach Art. 19 EuInsVO erfolgt. Wollte man dies anders sehen, oder sieht das Gericht über die Bestellung eines vorläufigen Verwalters hinaus weitere Sicherungsmaßnahmen vor, erfolgt deren Anerkennung nach Art. 32 Abs. 1 Unterabs. 3. Art. 52 EuInsVO ist keine Sonderregel für den vorläufigen Verwalter (so aber MüKo-BGB/*Kindler* Art. 25 EuInsVO a.F. Rn. 23). Art. 52 EuInsVO soll die Rechte eines vorläufigen Verwalters dadurch ergänzen, dass dieser in anderen Mitgliedstaaten die dort vorhandenen vorläufigen Sicherungsmöglichkeiten beantragen kann. Die Reichweite der Wirkung der Bestellung eines vorläufigen Verwalters wird dadurch nicht beschränkt. Die Bestellung eines vorläufigen Verwalters entfaltet daher auch in den anderen Mitgliedstaaten unmittelbare Wirkung, wenn die lex fori concursus eine solche Wirkung für sich in Anspruch nimmt (vgl. *AG Hamburg* ZIP 2007, 1767). Dies gilt grds. sowohl für den deutschen schwachen als auch den starken vorläufigen Verwalter (vgl. EuInsVO Art. 19 Rdn. 4). Soweit sich die andere Auffassung auf den Wortlaut des Abs. 1 Unterabs. 3 stützt, der ausschließlich auf gerichtliche Entscheidungen abstellt und meint, der vorläufige Verwalter sei etwas anderes, verkennt sie im Übrigen, dass die Einsetzung eines vorläufigen Verwalters selbstverständlich eine gerichtliche Maßnahme darstellt.

IV. Sonstige Entscheidungen gem. Abs. 2

Abs. 2 enthält die lediglich klarstellende Regelung, dass die Anerkennung und Vollstreckung sonstiger Entscheidungen, die nicht in Abs. 1 benannt sind, der EuGVO unterfallen, soweit diese anwendbar ist. Bevor eine Anerkennung und Vollstreckung nach der EuGVO erfolgen kann, muss das Vollstreckungsgericht jedoch prüfen, ob die Entscheidung nicht auch vom sachlichen Anwendungsbereich der EuGVO ausgeschlossen ist. Dies kann dazu führen, dass eine Entscheidung weder in den Anwendungsbereich der EuInsVO noch der EuGVO fällt (vgl. *EuGH* EuZW 2009, 785). 8

C. Anerkennungsmechanismus

Der Mechanismus der Anerkennung entspricht der des Art. 19 EuInsVO. Die Anerkennung geschieht **automatisch**. Eine **Nachprüfung** findet nicht statt (MüKo-InsO/*Reinhart* Art. 25 EuInsVO a.F. Rn. 16). Anerkennungsgrenze ist der ordre public. 9

D. Vollstreckung

Anerkennung bedeutet nicht Vollstreckbarkeit. Es bedarf der **Verleihung der Vollstreckbarkeit** durch 10
das Exequaturgericht entsprechend den dafür vorgesehenen Regeln (*Balz* ZIP 1996, 948 [953]; *Huber* EuZW 2002, 490 [496]).

Für Entscheidungen zur Durchführung und Beendigung eines Insolvenzverfahrens durch das Eröff- 11
nungsgericht, für Entscheidungen, die unmittelbar aufgrund des Insolvenzverfahrens ergehen und im engen Zusammenhang damit stehen, auch wenn sie von einem anderen Gericht getroffen worden sind, gelten die Artt. 39 bis 44 und 47 bis 57 der **EuGVO**.

Die Vollstreckbarkeitserklärung des ausländischen **Eröffnungsbeschlusses** ist in der EuInsVO aus- 12
drücklich nicht geregelt. Art. 102c § 10 EGInsO will klarstellen, dass für den ausländischen Eröffnungsbeschluss ebenfalls Abs. 1 Unterabs. 1 gilt. Im Ergebnis jedenfalls wird nicht bezweifelt, dass der Eröffnungsbeschluss nach den Regelungen der EuGVO für vollstreckbar erklärt werden kann (vgl. *Mohrbutter/Ringstmeier-Wenner* Kap. 20 Rn. 215 m.N.; *Balz* ZIP 1996, 948 [953]). Zu den Anforderungen i.E. vgl. EuInsVO Art. 20 Rdn. 6.

Werden von dem Gericht, das für das Hauptinsolvenzverfahren zuständig ist, Sicherungsmaßnah- 13
men erlassen, die in einem anderen Mitgliedstaat zu vollstrecken sind, so stellt sich die Frage, ob die Rspr. des EuGH zu der Vollstreckung einstweiliger Maßnahmen auch im Rahmen des Art. 32 zu beachten ist. Nach dieser Rechtsprechung wird eine Vollstreckung etwa dann als unzulässig

angesehen, wenn die Gegenpartei nicht geladen worden ist oder wenn die Vollstreckung der Entscheidung ohne vorherige Zustellung an diese Partei erfolgen soll (vgl. zu dieser Rspr. des EuGH *Kropholler* Europäisches Zivilprozessrecht, Art. 34 EuGVVO Rn. 22). Dagegen spricht, dass eine Anwendung dieser Rechtsprechung dem Zweck der einstweiligen Sicherungsmaßnahmen im Insolvenzverfahren entgegenstehen würde. Diese sollen i.d.R. das Schuldnervermögen umfassend schützen, ohne dass es auf eine Anhörung einzelner Gläubiger oder eine Zustellung an diese ankommt (vgl. *OLG Innsbruck* ZIP 2008, 1647 [1650]; MüKo-BGB/*Kindler* Art. 25 EuInsVO a.F. Rn. 25; **a.A.** *Wimmer* 4. Aufl., Anh. I Rn. 78).

14 Da das Exequaturverfahren zeitaufwendig ist, wird der Insolvenzverwalter **einstweiligen Rechtsschutz** in Anspruch nehmen müssen, wenn er in einem anderen Mitgliedstaat belegenes Vermögen des Schuldners sichern will (in Deutschland Arrest oder einstweilige Verfügung, vgl. *LG Hamburg* RIW 1993, 147 [148]; *Mohrbutter/Ringstmeier-Wenner* Kap. 20 Rn. 216).

Artikel 33 Öffentliche Ordnung

Jeder Mitgliedstaat kann sich weigern, ein in einem anderen Mitgliedstaat eröffnetes Insolvenzverfahren anzuerkennen oder eine in einem solchen Verfahren ergangene Entscheidung zu vollstrecken, soweit diese Anerkennung oder Vollstreckung zu einem Ergebnis führt, das offensichtlich mit seiner öffentlichen Ordnung, insbesondere mit den Grundprinzipien oder den verfassungsmäßig garantierten Rechten und Freiheiten des Einzelnen, unvereinbar ist.

Übersicht

	Rdn.			Rdn.
A. Normzweck	1	III.	Prüfung von Amts wegen	10
B. Voraussetzungen	4	C.	Rechtsfolge	11
I. Verstoß gegen die öffentliche Ordnung	4	D.	Ordre public Vorbehalt Portugals	12
II. Beispiele	7			

Literatur:
Andres/Grund Die Flucht vor deutschen Insolvenzgerichten nach England – Die Entscheidungen in dem Insolvenzverfahren Hans Brochier Holdings Ltd., NZI 2007, 137; *Beck* Insolvenz in England – Insolvenztourismus und »Mittelpunkt der hauptsächlichen Interessen« als Abgrenzung zwischen legitimem und illegitimem forum shopping, ZVI 2011, 355; *Dimmling* Schuldenfrei in der UK?, ZInsO 2007, 1199; *Freitag/Leible* Justizkonflikte im Europäischen Internationalen Insolvenzrecht und (k)ein Ende?, RIW 2006, 641; *Gottwald* (Hrsg.) Europäisches Insolvenzrecht – kollektiver Rechtsschutz, 2008; *Knof* Der Ordre-public-Vorbehalt nach Art. 26 EuInsVO – eine Allzweckwaffe gegen forum shopping im europäischen Insolvenzrecht?, ZInsO 2007, 629; *Laukemann* Der ordre public im europäischen Insolvenzverfahren, IPRAX 2012, 207; *Mankowski* Der ordre public im europäischen und im deutschen Internationalen Insolvenzrecht, KTS 2011, 185; *Paulus* Der EuGH und das moderne Insolvenzrecht, NZG 2006, 609; *Schwerdtferger/Schilling* Innerstaatlicher Rechtsschutz gegen die Eröffnung eines Hauptinsolvenzverfahrens nach Art. 3 Abs. 1 EuInsVO in Deutschland, DZWIR 2005, 370; *Spellenberg* in: *Stoll* [Hrsg.] Stellungnahmen, S. 183; *Vallender* Gefahren für den Insolvenzstandort Deutschland, NZI 2007, 129; *ders.* Aufgaben und Befugnisse des deutschen Insolvenzrichters in Verfahren nach der EuInsVO, KTS 2005, 283.

A. Normzweck

1 **Grenze der Anerkennung** ist nach Art. 33 der ordre public. Diese Grenze findet sich auch im sonstigen Anerkennungs- und Kollisionsrecht (vgl. etwa Art. 34 Nr. 1 EuGVO, Art. 6 EGBGB).

2 Man unterscheidet zwischen **verfahrensrechtlichem** und **materiell-rechtlichem** ordre public (ausf. zum ordre public im IIR *Spellenberg* in: *Stoll* [Hrsg.] Stellungnahmen, S. 183 [200]). Art. 33 spricht nur von der Anwendung des ordre public im Rahmen der Anerkennung ausländischer Entscheidungen. Gemeint ist aber auch der materiell-rechtliche ordre public (*Mohrbutter/Ringstmeier-Wenner* Kap. 20 Rn. 192). Ein ordre public-Verstoß ist also auch dann zu prüfen, wenn fremdes Insolvenzrecht nicht als anerkennungsrechtliche, sondern als kollisionsrechtliche Folge angewandt wird (die Abgrenzung ist ohnehin unklar, vgl. *Mohrbutter/Ringstmeier-Wenner* Kap. 20 Rn. 250).

Die Anwendung des ordre public soll die **absolute Ausnahme** sein (*EuGH* NZI 2010, 156 [157]). 3
Das gilt im gesamten Anerkennungs- und Kollisionsrecht; erforderlich ist ein **offensichtlicher Verstoß** (*Mankowski* KTS 2011, 185 [189]).

B. Voraussetzungen

I. Verstoß gegen die öffentliche Ordnung

Ein ordre-public-Verstoß liegt vor, wenn die in Rede stehende Wirkung des fremden Rechts im Inland zu einem Ergebnis führen würde, das mit der öffentlichen Ordnung, insbesondere **mit den Grundprinzipien oder den verfassungsmäßig garantierten Rechten und Freiheiten des Einzelnen unvereinbar** ist. An der öffentlichen Ordnung des Anerkennungsstaats ist die Rechtswirkung zu messen, die aufgrund des kollisionsrechtlichen Befehls oder als anerkennungsrechtliche Folge anzuwenden ist. Im Rahmen von Art. 33 ist die Rechtsprechung zu Art. 34 EuGVO heranzuziehen (*EuGH* NZI 2006, 360 [361] [*Eurofood*]; MüKo-InsO/*Reinhart* Art. 26 EuInsVO Rn. 6). Im deutschen IIR hat man immer wieder dann zum ordre public gegriffen, wenn das deutsche Recht ein vergleichbares Institut nicht kannte (vgl. etwa zur Restschuldbefreiung – mit unterschiedlichen Ergebnissen – *Aderhold* Auslandskonkurs im Inland, S. 297; *Gottwald/Arnold* Insolvenzrechtshandbuch, 1. Aufl., § 122 Rn. 40; dazu auch *Vallender* ZInsO 2009, 616 [619 f.]). Auf Ähnlichkeit mit deutschen Grundsätzen kommt es aber nicht an (vgl. *Mohrbutter/Ringstmeier-Wenner* Kap. 20 Rn. 193). Auch eine (aus Sicht des Anerkennungsstaats) unrichtige Rechtsanwendung durch das ausländische Gericht bedeutet keinen ordre public-Verstoß (MüKo-InsO/*Reinhart* Art. 26 EuInsVO a.F. Rn. 7). Ein Verstoß gegen die öffentliche Ordnung kommt nur in Betracht, wenn die Anerkennung der ausländischen Entscheidung oder die Anwendung der in Rede stehenden Rechtsfolge des ausländischen Rechts einen **nicht hinnehmbaren Verstoß** gegen einen **wesentlichen Rechtsgrundsatz** darstellen würde (*EuGH* NZI 2006, 360 [363] *Eurofood*, vgl. auch die Rechtsprechung des EuGH zu Art. 34 EuGVO, *EuGH* NJW 2006, 491; NJW 2007, 825; NJW 2008, 1721). 4

Art. 33 verlangt, dass der Verstoß gegen die Ordnung des Anerkennungsstaats **offensichtlich** sein 5
muss. Es muss sich um einen Verstoß handeln, der sich einem verständigen Anwender unmittelbar erschließt (*OLG Innsbruck* ZIP 2008, 1647 [1648]; *Duursma-Kepplinger/Duursma/Chalupsky* Art. 26 EuInsVO a.F. Rn. 7).

Der ordre public wird nur angewandt, wenn eine **hinreichend starke Inlandsbeziehung** besteht 6
(*Duursma-Kepplinger/Duursma/Chalupsky* Art. 26 EuInsVO a.F. Rn. 3; *Mohrbutter/Ringstmeier-Wenner* Kap. 20 Rn. 196; *Kemper* ZIP 2001, 1609 [1614]; teils anders MüKo-InsO/*Reinhart* Art. 26 EuInsVO a.F. Rn. 12, der im Rahmen des anerkennungsrechtlichen ordre public zu Unrecht auf das Merkmal des Inlandsbezugs verzichtet). Die Inlandsbeziehung wird nicht dadurch hergestellt, dass die Anerkennung im Inland erfolgt (*Spellenberg* in: *Stoll* [Hrsg.] Stellungnahmen, S. 183 [191]; vgl. auch FK-InsO/*Wenner/Schuster* § 343 Rdn. 24 ff.). Die deutsche Staatsangehörigkeit eines Beteiligten allein stellt i.d.R. keinen hinreichenden persönlichen Bezug zum Inland dar (*Mohrbutter/Ringstmeier-Wenner* Kap. 20 Rn. 196; anders *Kübler/Prütting/Bork-Kemper* InsO, Art. 26 EuInsVO Rn. 10; *dies.* ZIP 2001, 1609 [1614]). Ein hinreichender persönlicher Bezug ist hingegen der ständige Aufenthalt eines Verfahrensbeteiligten im Inland (*Mohrbutter/Ringstmeier-Wenner* Kap. 20 Rn. 196; *Kemper* ZIP 2001, 1609 [1614]). Haben die Beteiligten ihren ständigen Aufenthalt im Ausland, so stellt auch die Belegenheit eines Vermögensgegenstands im Inland nicht ohne Weiteres einen Inlandsbezug her (vgl. § 343 Rdn. 24; anders wohl *Kemper* ZIP 2001, 1609 [1614]). Der Verstoß gegen den ordre public muss zu dem Zeitpunkt vorliegen, zu dem der Verstoß geprüft wird (str., vgl. § 343 Rdn. 25, dafür z.B. *Kemper* ZIP 2001, 1609 [1614]).

II. Beispiele

Die Verletzung der Rechte der Verteidigung der Beteiligten oder Betroffenen eines Verfahrens können zum ordre public-Verstoß führen. Das gilt insbesondere für das Recht der Beteiligung (*Duursma-Kepplinger/Duursma/Chalupsky* Art. 26 EuInsVO a.F. Rn. 7; *Herchen* ZIP 2005, 1401 [1404]; und 7 das Recht auf rechtliches Gehör (*EuGH* NZI 2006, 360 [363] [*Eurofood*]; *Herchen* ZIP 2005, 1401 [1404]). Dies gilt auch dann, wenn – beispielsweise in Annexverfahren, für die die EuInsVO gilt – Verteidigungsrechte durch eine unzureichende Zustellung des verfahrenseinleitenden Schriftstücks nicht gewahrt werden können (*BGH* WM 2013, 45). Auch kann ein ordre public-Verstoß vorliegen, wenn der Schuldner vor Eröffnung des Verfahrens nicht gehört wird. Die Gläubiger des Schuldners müssen vor Eröffnung eines Verfahrens nicht gehört werden (MüKo-InsO/*Reinhart* Art. 26 EuInsVO a.F. Rn. 9; **a.A.** *High Court Dublin* ZIP 2004, 1223). Wird der Schuldner vor Erlass eiliger Sicherungsmaßnahmen nicht gehört, liegt kein ordre public-Verstoß vor (*OLG Innsbruck* ZIP 2008, 1647 [1650]; *Duursma-Kepplinger/Duursma/Chalupsky* Art. 26 EuInsVO a.F. Rn. 9). Auch die Tatsache, dass etwa eine englische Restschuldbefreiung deutlich schneller zu erreichen ist als eine hiesige, führt nicht zu einem ordre public-Verstoß (*BFH* 27.01.2016 NZI 2016, 929; vgl. *AGH Bayern* BeckRS 2011, 22607; *VG Leipzig* 13.09.2011 – 6 K 86/08; *Hergenröder* DZWIR 2009, 309 [320]).

8 Erlischt die Forderung eines Gläubigers wegen nicht rechtzeitiger Anmeldung, ist dies grds. hinzunehmen, der Gläubiger muss aber die Möglichkeit gehabt haben, die Forderung anzumelden (*Mohrbutter/Ringstmeier-Wenner* Kap. 20 Rn. 198). Gläubigerdiskriminierung kann zu einem ordre public-Verstoß führen, vom deutschen Recht abweichende Verteilungspläne führen aber nicht zu einem Verstoß (*Mohrbutter/Ringstmeier-Wenner* Kap. 20 Rn. 198). Der Verstoß gegen wesentliche Grundprinzipien kann einen Verstoß darstellen, die Begründung eines ordre public-Verstoßes unter Berufung auf Art. 14 GG kann problematisch sein (*Geimer* IZPR Rn. 3516).

9 Im Rahmen des ordre public **kann die Zuständigkeit des eröffnenden Gerichts nicht nachgeprüft werden** (*OLG Nürnberg* NJW 2012, 862; *OLG Celle* ZInsO 2013, 1002; *LAG Hessen* ZIP 2011, 683; *EuGH* BB 2010, 529; EUZW 2006, 337; *Cour d'appel Versailles* EWiR, Art. 3 EuInsVO 5/03, 1239; *OGH* NZI 2005, 465; *OLG Wien* NZI 2005, 56 [58 ff.] m. Anm. Paulus; MüKo-BGB/*Kindler* Art. 26 EuInsVO a.F. Rn. 12; *Paulus* Art. 26 EuInsVO Rn. 11; *Duursma-Kepplinger/Duursma/Chalupsky* Art. 16 EuInsVO a.F. Rn. 26; *Herchen* ZInsO 2004, 61 [65]; *Huber* ZZP 114 [2001], ZZP 133 [146]; *ders.* EuZW 2002, 490 [494 f.]; *Kübler/Prütting/Bork-Kemper* InsO, Art. 16 EuInsVO a.F. Rn. 6; *Mohrbutter/Ringstmeier-Wenner* Kap. 20 Rn. 181; **a.A.** *AG Nürnberg* »Brochier« ZIP 2007, 81 [82]; vgl. dazu *Knof* ZInsO 2007, 629; *Andres/Grund* NZI 2007, 137). Im Gegensatz zu Art. 35 EuGVO enthält die EuInsVO zwar diesbezüglich keine ausdrückliche Regelung, doch bestand bei den Beratungen Übereinstimmung, dass eine Überprüfung der Zuständigkeit durch die Gerichte anderer Mitgliedstaaten nicht zu erfolgen hat (Erläuternder Bericht Rn. 202). Eine **Überprüfung** des Eröffnungsbeschlusses ist **nur im Eröffnungsstaat** mit den dort vorgesehenen Rechtsbehelfen möglich (*OLG Nürnberg* NJW 2012, 862; *OLG Celle* ZInsO 2013, 1002; *OLG Wien* NZI 2005, 56 [59]; *Vallender* KTS 2005, 283 [316], kritisch zu den Erfolgsaussichten entsprechender Rechtsbehelfe *Kübler* FS Gerhardt, S. 527 [559 f.]). Insoweit sei auch auf die Neuregelung durch Art. 4, 5 EuInsVO verwiesen. Eine **Fehlentscheidung auch hinsichtlich der Zuständigkeit wird hingenommen**, gleichgültig ob sie auf einer unzutreffenden tatsächlichen Feststellung oder auf fehlerhafter Rechtsanwendung beruht (vgl. *OLG Nürnberg* NJW 2012, 862; *Kropholler* Europäisches Zivilprozessrecht, Art. 35 EuGVVO Rn. 1; *Knof* ZInsO 2007, 629 [634]). Das anerkennende Gericht hat lediglich zu prüfen, ob die Verfahrenseröffnung durch ein Gericht erfolgt ist, das für sich die internationale Zuständigkeit nach Art. 3 EuInsVO beansprucht (*Herchen* ZInsO 2004, 61 [65]; *Vallender* KTS 2005, 283 [299]; *Knof* ZInsO 2007, 629 [635]). Dies entspricht auch der **ständigen Rechtsprechung des EuGH**, nach der der in einem Mitgliedstaat erlassenen Entscheidung nicht unter Berufung auf die öffentliche Ordnung des Vollstreckungsstaats die Anerkennung oder Vollstreckung allein mit der Begründung versagt werden darf, dass das Gericht des Ursprungsstaats nicht zuständig gewesen sei (vgl. nur *EuGH* NJW 2000, 1853 ff.). Dies muss auch dann gelten, wenn die Annahme der Eröffnungszuständigkeit durch rechtsmissbräuchliches Verhalten des Schuldners, etwa durch einen simulierten Wohnsitz im Ausland, herbeigeführt wurde (*BGH* ZIP 2015, 2331, 2333; **a.A.** *BFH* NZI 2016, 929; *AG Göttingen* NZI 2013, 206; *LG Köln* NZI 2011, 957; MüKo-BGB/*Kindler* Art. 26 EuInsVO a.F. Rn. 12).

III. Prüfung von Amts wegen

Ob ein Verstoß gegen den ordre public vorliegt, ist (trotz des irreführenden Wortlauts des Art. 33 »jeder Mitgliedstaat kann sich weigern«) **von Amts wegen zu prüfen** (*Mohrbutter/Ringstmeier-Wenner* Kap. 20 Rn. 199; wohl auch *VG Leipzig* 13.09.2011 – 6 K 86/08; anders die wohl überwiegende Auffassung, vgl. *Duursma-Kepplinger/Duursma/Chalupsky* Art. 26 EuInsVO a.F. Rn. 2, 11; MüKo-BGB/*Kindler* Art. 26 EuInsVO a.F. Rn. 21). Im IIR kann der Schutz der Gläubigergemeinschaft nicht davon abhängen, ob sich ein Einzelner auf einen ordre public-Verstoß beruft (so auch MüKo-InsO/*Reinhart* Art. 26 EuInsVO a.F. Rn. 13). 10

C. Rechtsfolge

Während der Verstoß gegen den anerkennungsrechtlichen ordre public zur (ggf. teilweisen) Nichtanerkennung des Verfahrenseröffnungsakts führt, führt der Verstoß gegen den materiell-rechtlichen ordre public dazu, dass die in Rede stehende Rechtsfolge nicht angewandt wird (*BGH* NZI 2009, 859 [862]; vgl. auch § 343 Rdn. 28). Dem ausländischen Verfahrenseröffnungsakt die Anerkennung insgesamt zu versagen, sollte die Ausnahme bleiben. Häufig wird eine teilweise Nichtanerkennung ausreichen (Erläuternder Bericht Rn. 209; *Mohrbutter/Ringstmeier-Wenner* Kap. 20 Rn. 165). 11

D. Ordre public Vorbehalt Portugals

Portugal hat angekündigt, Art. 26 a.F. anwenden zu wollen, wenn örtliche Interessen bei der Umwandlung des Partikularverfahrens nicht ausreichend berücksichtigt werden (Erklärung Portugals zur Anwendung der Artt. 26, 37 der Verordnung (EG) Nr. 1346/2000 vom 29.05.2000 über Insolvenzverfahren, ABl. C 183/1). Ob diese Erklärung wirksam ist, ist zweifelhaft (*Kübler/Prütting/Bork-Kemper* InsO, Art. 26 EuInsVO a.F. Rn. 9). 12

Kapitel III Sekundärinsolvenzverfahren

Artikel 34 Verfahrenseröffnung

Ist durch ein Gericht eines Mitgliedstaats ein Hauptinsolvenzverfahren eröffnet worden, das in einem anderen Mitgliedstaat anerkannt worden ist, so kann ein nach Artikel 3 Absatz 2 zuständiges Gericht dieses anderen Mitgliedstaats nach Maßgabe der Vorschriften dieses Kapitels ein Sekundärinsolvenzverfahren eröffnen. War es für das Hauptinsolvenzverfahren erforderlich, dass der Schuldner insolvent ist, so wird die Insolvenz des Schuldners in dem Mitgliedstaat, in dem ein Sekundärinsolvenzverfahren eröffnet werden kann, nicht erneut geprüft. Die Wirkungen des Sekundärinsolvenzverfahrens sind auf das Vermögen beschränkt, das im Hoheitsgebiet des Mitgliedstaats belegen ist, in dem dieses Verfahren eröffnet wurde.

Übersicht	Rdn.			Rdn.
A. Normzweck	1	I.	Keine Notwendigkeit eines Liquidationsverfahrens	13
B. Voraussetzungen	4	II.	Sicherungsmaßnahmen	14
I. Internationale Zuständigkeit nach Art. 3 Abs. 2 EuInsVO	4	III.	Verwalter im Sekundärinsolvenzverfahren	15
II. Anerkennungsfähiges Hauptinsolvenzverfahren in einem anderen Mitgliedstaat	5	IV.	Allgemeine Wirkungen	16
III. Keine erneute Feststellung des Insolvenzgrunds	7	V.	Zuständigkeit für die Durchsetzung von Anfechtungsansprüchen	20
IV. Weitere Voraussetzungen	10	VI.	Wirkung der Eröffnung auf Masseverbindlichkeiten und Kosten des Verfahrens	21
C. Eröffnung des Sekundärverfahrens und dessen Wirkungen	13	VII.	Wirkungen des Sekundärinsolvenzverfahrens auf laufende Verträge	27

Art. 34 EuInsVO Verfahrenseröffnung

Literatur:
Adam/Poertzgen Überlegungen zum Europäischen Konzerninsolvenzrecht (Teil 1), ZInsO 2008, 281; *Adam/Poertzgen* Überlegungen zum Europäischen Konzerninsolvenzrecht (Teil 2), ZInsO 2008, 347; *Beck* Verteilungsfragen im Verhältnis zwischen Haupt- und Sekundärinsolvenzverfahren nach der EuInsVO, NZI 2007, 1; *Burguera/Camacho* Secondary proceedings: are cross-border insolvencies in the EU dealt with efficiently?, IILR 2013, 140; *Duursma-Kepplinger* Einfluss der Eröffnung eines Sekundärinsolvenzverfahrens auf die Befriedigung von zuvor begründeten Masseverbindlichkeiten, ZIP 2007, 752; *Holzer* Die Verbindung von Insolvenzverfahren, NZI 2007, 432; *Reinhart* Die Bedeutung der EuInsVO im Insolvenzeröffnungsverfahren – Besonderheiten paralleler Eröffnungsverfahren, NZI 2009, 201; *Siebert* Inländische Besteuerung des englischen Insolvenzschuldners oder des trust (ees) bei Verwertung von inländischem Vermögen? – Einschließlich Hinweisen zu österreichischen Insolvenzen mit Inlandsbezug, IstR 2007, 537; *Smid* Gegen den Strom – Eröffnet das deutsche Insolvenzgericht durch Bestellung eines vorläufigen Insolvenzverwalters ein Hauptinsolvenzverfahren?, NZI 2009, 150; *Vallender* Aufgaben und Befugnisse des deutschen Insolvenzrichters in Verfahren nach der EuInsVO, KTS 2005, 283; *Wenner* Ausländisches Sanierungsverfahren, Inlandsarrest und § 238 KO, KTS 1990, 429; *ders.* Die Reform der EuInsVO – Ein Verriss, ZIP 2017, 1137.

A. Normzweck

1 Artt. 34–52 EuInsVO bilden das III. Kapitel der Verordnung, es enthält materiell-rechtliche Vorschriften für die nach Art. 3 Abs. 2 EuInsVO zulässigen Sekundärinsolvenzverfahren.

2 Geschützt werden sollen nach den Vorstellungen des Verordnungsgebers durch die Sekundärinsolvenzverfahren lokale Gläubiger vor den Wirkungen ausländischen Insolvenzrechts: Die lex fori concursus des Hauptverfahrens wird verdrängt durch die lex fori concursus des Staates, in dem das Sekundärinsolvenzverfahren eröffnet worden ist. Dieser Schutzgedanke ist verfehlt (vgl. Vor §§ 335 ff. Rdn. 27 ff., EuInsVO Vor Art. 1 Rdn. 1; *Mohrbutter/Ringstmeier-Wenner* Kap. 20 Rn. 32–42). Sekundärinsolvenzverfahren können die ordnungsgemäße Verwertung der Insolvenzmasse ganz erheblich behindern (so schon *Wenner* KTS 1990, 429 [434]: »Elefant im Porzellanladen«). Für Gläubiger wird die Vorhersehbarkeit des anwendbaren Insolvenzstatuts erheblich erschwert. Eine insolvenzfeste Sicherung des Gläubigers wird hierdurch problematisch (*Wenner* ZIP 2017, 1137 [1138]). Die Praxis zeigt auch, dass parallele Verfahren zu signifikant hohen (Verfahrens-)Kosten führen, was i.d.R. ebenfalls nicht i.S.d. Gläubiger ist.

3 Der Verordnungsgeber hat die geäußerte Kritik bei der Neufassung der EuInsVO aufgegriffen und im Grundsatz erkannt, dass Sekundärinsolvenzverfahren eine effiziente Verwaltung der Insolvenzmasse auch behindern können (Erwägungsgrund Nr. 41). Allerdings hat er das Institut der Sekundärinsolvenzverfahren bedauerlicherweise nicht abgeschafft (krit. *Wenner* ZIP 2017, 1137 [1138]), sondern umfangreiche Regelungen ergänzt, mit denen Sekundärinsolvenzverfahren vermieden werden sollen (»Zusicherung«, Art. 36), jedenfalls aber die Zusammenarbeit zwischen den Verwaltern und Gerichten verbessert werden soll (»Zusammenarbeit«, Art. 41–44). Dass diese neuen Regelungen in der Praxis wirklich hilfreich sein werden, darf schon deshalb bezweifelt werden, da ihre Anwendung höchst kompliziert ist und eine Vielzahl von ungeklärten Folgefragen aufwirft.

B. Voraussetzungen

I. Internationale Zuständigkeit nach Art. 3 Abs. 2 EuInsVO

4 Zur Eröffnung eines Sekundärinsolvenzverfahrens ist nur das Gericht des Mitgliedstaats befugt, in dem der Schuldner eine **Niederlassung** hat (vgl. EuInsVO Art. 2 Rdn. 33 ff.). § 354 Abs. 2 InsO, der eine Eröffnung im Ausnahmefall auch bei Vorliegen (lediglich) inländischen Vermögens vorsieht, ist im Anwendungsbereich der EuInsVO nicht, auch nicht ergänzend, heranzuziehen; auch dann nicht, wenn der ausländische Insolvenzverwalter keine Anstrengungen unternimmt, das inländische Vermögen zu verwerten (*BGH* NZI 2011, 120).

II. Anerkennungsfähiges Hauptinsolvenzverfahren in einem anderen Mitgliedstaat

Weitere Voraussetzung für die Eröffnung eines Sekundärinsolvenzverfahrens ist, dass ein anderer Mitgliedstaat ein Hauptinsolvenzverfahren i.S.v. Art. 3 Abs. 1 EuInsVO eröffnet hat, welches nach Art. 19 EuInsVO anerkennungsfähig ist; ob der andere Mitgliedstaat das Hauptinsolvenzverfahren zu Recht oder zu Unrecht eröffnet hat, ist einerlei (s. EuInsVO Art. 19 Rdn. 8; *Vallender* KTS 2005, 283 [298 f.]). Insbesondere spielt keine Rolle, ob der andere Mitgliedstaat seine Zuständigkeit nach Art. 3 Abs. 1 EuInsVO zu Recht oder zu Unrecht angenommen hat (s. EuInsVO Art. 19 Rdn. 8). Meint also das inländische Insolvenzgericht, der wirtschaftliche Mittelpunkt des Schuldners liege in Wahrheit im Inland und nicht in dem Mitgliedstaat, in dem das Hauptinsolvenzverfahren eröffnet worden ist, kann dennoch im Inland kein Hauptinsolvenzverfahren eröffnet werden. Wohl aber kann das inländische Insolvenzgericht ein Sekundärinsolvenzverfahren eröffnen. Denn in diesem Fall kann angenommen werden, dass der Ort, an dem der Schuldner den Mittelpunkt seiner hauptsächlichen Interessen hat, ebenfalls eine Niederlassung i.S.v. Art. 3 Abs. 2 EuInsVO darstellt (*AG Düsseldorf* NZI 2004, 269; *AG Köln* NZI 2004, 152 [153]; MüKo-InsO/ *Reinhart* Art. 27 EuInsVO a.F. Rn. 9; **a.A.** *Kübler/Prütting/Bork-Kemper* InsO, Art. 102 EGInsO, § 3 Rn. 9 mit der Begründung, eine Niederlassung sei kein minus zum Mittelpunkt der hauptsächlichen Interessen, sondern ein aliud). Das **Prioritätsprinzip** entscheidet (vgl. EuInsVO Art. 3 Rdn. 28). Hat das zuerst angerufene Gericht noch nicht entschieden, wartet das als zweites angerufene Gericht ab (*Mohrbutter/Ringstmeier-Wenner* Kap. 20 Rn. 78).

In der Praxis ist es möglich, dass das **Sekundärinsolvenzverfahren** fast **das gesamte Vermögen des Schuldners einbezieht** und das im Ausland eröffnete Hauptverfahren wesentlich entwertet wird; dies ist hinzunehmen (vgl. *Sabel* NZI 2004, 127; *Paulus* FS Kreft, S. 476 f.).

III. Keine erneute Feststellung des Insolvenzgrunds

Nach dem im Rahmen der Neufassung der EuInsVO geänderten Satz 2 ist eine erneute Prüfung des Insolvenzgrunds entbehrlich, wenn eine solche Prüfung bereits für die Eröffnung des Hauptinsolvenzverfahrens erforderlich war. Dabei geht es dem Verordnungsgeber offenbar darum, eine Regelung für die Fälle zu finden, die insolvenznah sind, die Insolvenz des Schuldners aber nicht voraussetzen, mithin um vorinsolvenzliche Sanierungsverfahren zur Vermeidung einer Insolvenz. In solchen Fällen soll ein Sekundärinsolvenzverfahren nur zulässig sein, wenn ein Insolvenzgrund nach dem Recht des Sekundärverfahrensstaats vorliegt.

Wann ein Hauptinsolvenzverfahren eine »Insolvenz« voraussetzt, ist autonom zu bestimmen. Auf das Recht des Sekundärverfahrensstaats kommt es jedenfalls nicht an. Was darunter zu verstehen ist, dass der »*Schuldner insolvent ist*«, lässt die EuInsVO offen. Verfahren, die bereits eröffnet werden können, wenn lediglich finanzielle Schwierigkeiten bestehen genügen nicht (vgl. zur Abgrenzung die Empfehlung der Kommission für einen neuen Ansatz im Umgang mit unternehmerischem Scheitern und Unternehmensinsolvenzen vom 12.3.2014, dort Rn. 1). Mit Blick auf Sinn und Zweck des Sekundärverfahrens spricht viel dafür, die Vorschrift weit zu verstehen. Nur wenn das Gericht überhaupt keine Gründe prüfen muss, die über das bloße Vorliegen wirtschaftlicher Schwierigkeiten hinaus bestehen müssen, scheidet ein Sekundärverfahren aus. Dementsprechend genügt auch die drohende Zahlungsunfähigkeit nach der deutschen Insolvenzordnung, die deutlich über bloße wirtschaftliche Schwierigkeiten hinausgeht, um ein Sekundärverfahren im Ausland eröffnen zu können.

Kommt man zu dem Ergebnis, dass im Hauptinsolvenzverfahren eine Prüfung des Insolvenzgrunds grds. erfolgt, müssen und dürfen zur Eröffnung eines Sekundärinsolvenzverfahrens die **Insolvenzgründe nicht noch einmal gesondert festgestellt** werden (vgl. auch § 356 Abs. 3 InsO). Die Formulierung in Satz 2 darf nicht als Beweisregel in dem Sinne missverstanden werden, dass mit der Eröffnung eines Hauptinsolvenzverfahrens unwiderleglich vermutet wird, dass auch nach dem Recht des Staats des Sekundärinsolvenzverfahrens ein Insolvenzgrund gegeben ist. Vielmehr kommt es auf die Insolvenzgründe in dem Staat des Sekundärinsolvenzverfahrens überhaupt nicht an. Ein Sekundär-

Art. 34 EuInsVO Verfahrenseröffnung

insolvenzverfahren kann somit auch dann eröffnet werden, wenn in dem anerkennenden Staat die (bereits geprüften) Eröffnungsgründe des Hauptinsolvenzverfahrens unbekannt sind.

IV. Weitere Voraussetzungen

10 Die weiteren Voraussetzungen für die Eröffnung eines Insolvenzverfahrens nach dem Recht des Staats des Sekundärverfahrens müssen vorliegen. Nur der Insolvenzgrund wird unter den Voraussetzungen des Satz 2 nicht erneut geprüft.

11 Ob der Schuldner für die Eröffnung eines Sekundärinsolvenzverfahrens über sein Vermögen nach inländischem Recht **insolvenzfähig** sein muss, ist streitig (dafür MüKo-BGB/*Kindler* Art. 27 EuInsVO a.F. Rn. 20 m.w.N.). Dafür spricht, dass Art. 34 keine weiteren Ausnahmen vom nationalen Recht macht, als dass die Insolvenzgründe nicht noch einmal geprüft werden müssen. Jedenfalls kommt es nicht auf die Insolvenzfähigkeit der Niederlassung an (so aber *Paulus* Art. 27 EuInsVO a.F. Rn. 6), sondern auf die Insolvenzfähigkeit des Schuldners selbst (*Duursma-Kepplinger/Duursma/Chalupsky* Art. 27 EuInsVO a.F. Rn. 31).

12 Auch die Kosten müssen gedeckt sein, wenn die lex fori concursus secundarii das voraussetzt. So ist in Deutschland auch eine Abweisung eines Sekundärinsolvenzverfahrens mangels Masse denkbar (vgl. Art. 40 EuInsVO).

C. Eröffnung des Sekundärverfahrens und dessen Wirkungen

I. Keine Notwendigkeit eines Liquidationsverfahrens

13 Die Regelung des Art. 27 Satz 2 EuInsVO a.F., dass ein Sekundärinsolvenzverfahren nur als Liquidationsverfahren durchgeführt werden kann, hat der Verordnungsgeber im Rahmen der Neufassung der EuInsVO nicht übernommen. Es hat damit die Bedenken gegen die Altfassung aufgegriffen, denn ein derart beschränktes Liquidationsverfahren kann »Elefant im Porzellanladen« sein (*Wenner* KTS 1990, 429, 434).

II. Sicherungsmaßnahmen

14 Das nach der lex fori concursus für die Eröffnung eines Sekundärinsolvenzverfahrens zuständige Gericht ist auch berechtigt, vor der Eröffnung die nach diesem Recht möglichen Sicherungsmaßnahmen, auch von Amts wegen, anzuordnen (vgl. EuInsVO Art. 3 Rdn. 43). Bei der Entscheidung über vorläufige Sicherungsmaßnahmen sind einige Besonderheiten zu beachten (vgl. Rdn. 26).

III. Verwalter im Sekundärinsolvenzverfahren

15 Wer zum Verwalter des Sekundärinsolvenzverfahrens bestimmt werden kann, richtet sich nach dem Partikularrecht. Ein Verbot der Personalunion gibt es nicht (MüKo-InsO/*Reinhart* Art. 27 EuInsVO a.F. Rn. 30; **a.A.** *Duursma-Kepplinger/Duursma/Chalupsky* Art. 37 EuInsVO a.F. Rn. 83 f.; MüKo-BGB/*Kindler* Art. 27 EuInsVO a.F. Rn. 38; *Kübler/Prütting/Bork-Kemper* InsO, Art. 27 EuInsVO a.F. Rn. 12). Die Anordnung der **Eigenverwaltung** ist möglich (*AG Köln* NZI 2004, 151 [153 ff.]; *Vallender/Fuchs* ZIP 2004, 829 ff.; *Meyer-Löwy/Poertzgen* ZInsO 2004, 195 [197]; ausf. dazu *Adam/Poertzgen* ZInsO 2008, 347 [348 ff.]). Bei Anordnung der Eigenverwaltung fällt die Verwaltungs- und Verfügungsbefugnis dem Verwalter des Hauptinsolvenzverfahrens zu, wenn die lex fori concursus dies vorsieht (*AG Köln* ZIP 2004, 471 [474]; **a.A.** *Wimmer* 4. Aufl., Anh. I Rn. 91).

IV. Allgemeine Wirkungen

16 Die Wirkungen des Sekundärinsolvenzverfahrens beschränken sich auf das im Gebiet des anderen Mitgliedstaats belegene Vermögen des Schuldners (Art. 34 Satz 3, Art. 3 Abs. 2 Satz 2 EuInsVO). Maßgeblicher Zeitpunkt für die Abgrenzung der Vermögensmassen ist die Eröffnung des Sekundärinsolvenzverfahrens (*EuGH* »Nortel« ZIP 2015, 1299; vgl. auch *Reinhart* NZI 2009, 201 [206 f.]).

Dennoch kann das Sekundärinsolvenzverfahren – wie jedes Partikularverfahren – durchaus eine Reihe im Ausland zu beachtender Wirkungen haben (vgl. EuInsVO Art. 21 Rdn. 7).

Das Sekundärverfahren wird durch die Beendigung des Hauptinsolvenzverfahrens nicht zum Hauptinsolvenzverfahren (vgl. *Paulus* Art. 27 EuInsVO a.F. Rn. 9). Die Verwalter können aber in einer Verwaltervereinbarung (»protocol«) abweichende Regelungen, etwa zur weiteren Verwertung von Gegenständen des Hauptverfahrens durch den Sekundärverwalter, treffen (vgl. EuInsVO Art. 41 Rdn. 9 ff.). 17

Wird das Hauptinsolvenzverfahren beendet, führt dies nicht automatisch zur Beendigung des Sekundärinsolvenzverfahrens (vgl. dazu auch EuInsVO Art. 45 Rdn. 13 sowie Art. 48). Zwar wäre denkbar, dass sich die Beendigung auf das Sekundärverfahren auswirkt, etwa weil im Hauptinsolvenzverfahren der Insolvenzgrund entfallen ist. Verfehlt wäre es aber, die Eröffnung des Hauptinsolvenzverfahrens als »Insolvenzgrund« anzusehen und bei dessen Einstellung stets den Wegfall des Insolvenzgrunds anzunehmen (vgl. *Pannen/Herchen* Art. 27 EuInsVO a.F. Rn. 22). Wird etwa das Hauptinsolvenzverfahren beendet, weil dort die Verwertung abgeschlossen ist, bleibt es bei der Fortführung des Sekundärinsolvenzverfahrens. Auch hier ist den Verwaltern zu raten, Vereinbarungen darüber zu treffen, was etwa im Falle eines unerwarteten Überschusses im Sekundärverfahren geschehen soll (vgl. ansonsten hierzu und ebenso für den umgekehrten Fall, dass das Sekundärverfahren vor dem Hauptinsolvenzverfahren beendet wird Art. 49). 18

Ob Rechtsgeschäfte zwischen den verschiedenen Verwaltern zulässig sind, ist streitig (vgl. zu den »protocols« EuInsVO Art. 41 Rdn. 9 ff.). Die Frage stellt sich insbesondere dann, wenn eine »Übereignung« von Gegenständen aus einer Teilmasse in eine andere Masse in Rede steht (vgl. MüKo-BGB/*Kindler* Art. 27 EuInsVO a.F. Rn. 30). Im Interesse einer vernünftigen und miteinander abgestimmten Insolvenzabwicklung wird man Rechtsgeschäfte zwischen den Verwaltern und insbesondere auch Übertragungen von Gegenständen aus einer Teilmasse in eine andere für zulässig halten müssen. Dies entspricht auch dem Rechtsgedanken des Art. 41 EuInsVO. Ob es sich dabei um eine »Übereignung« im eigentlichen Sinne handelt, kann dahinstehen. Tatsächlich wird der eine Verwalter den anderen wohl eher ermächtigen, über den Gegenstand mit Wirkung für die Masse zu verfügen. 19

V. Zuständigkeit für die Durchsetzung von Anfechtungsansprüchen

Ist ein Sekundärinsolvenzverfahren eröffnet, stellt sich die Frage, wie die Anfechtungsansprüche der jeweiligen Verwalter zueinander abgegrenzt werden (vgl. dazu EuInsVO Art. 16 Rdn. 15). 20

VI. Wirkung der Eröffnung auf Masseverbindlichkeiten und Kosten des Verfahrens

Die Frage, wie sich die im **Haupt- zu den im Partikularinsolvenzverfahren begründeten Masseverbindlichkeiten** verhalten, ist nicht einfach zu beantworten (vgl. *Duursma-Kepplinger* ZIP 2007, 752; *Beck* NZI 2007, 1 [2]; *Ringstmeier/Homann* NZI 2004, 354 ff.; *Duursma-Kepplinger/Duursma/Chalupsky* Art. 27 EuInsVO a.F. Rn. 58 ff.; *Reinhart* Sanierungsverfahren im Internationalen Insolvenzrecht, S. 295 f.; *Klockenbrink* S. 160 ff.). Einigkeit besteht, dass zunächst die Masse haftet, deren Verwalter die Verbindlichkeit begründet hat: Bei einem Partikularinsolvenzverfahren haftet für die von dessen Verwalter begründeten Masseverbindlichkeiten somit lediglich das im Staat seiner Eröffnung belegene Vermögen; in einem Hauptinsolvenzverfahren haftet grds. das gesamte Vermögen des Schuldners für die in diesem Verfahren begründeten Masseverbindlichkeiten. 21

Schwierigkeiten treten jedoch dann auf, wenn – was nicht unüblich ist – erst eine gewisse Zeit nach **Eröffnung eines Hauptinsolvenzverfahrens ein Sekundärinsolvenzverfahren eröffnet** wird. Einigkeit besteht insoweit, als für Verbindlichkeiten, die im eröffneten Sekundärinsolvenzverfahren begründet werden, nur noch dessen Masse haftet und der Hauptinsolvenzverwalter nach Eröffnung des Sekundärinsolvenzverfahrens keine Handlungen mehr vornehmen kann, die die Masse des Sekundärinsolvenzverfahrens belasten (*Duursma-Kepplinger* ZIP 2007, 752 [754]; *Beck* NZI 2007, 1 22

[3]; *Duursma-Kepplinger/Duursma/Chalupsky* Art. 27 EuInsVO a.F. Rn. 58; MüKo-BGB/*Kindler* Art. 27 EuInsVO a.F. Rn. 29).

23 Umstritten ist aber, wie die Masseverbindlichkeiten zu behandeln sind, die zunächst im Hauptinsolvenzverfahren begründet waren und für die bis zur Eröffnung des Sekundärinsolvenzverfahren das gesamte Vermögen des Schuldners einzustehen hatte. Nach der überwiegenden Auffassung soll die Masse des Sekundärinsolvenzverfahrens unbeschränkt für die zuvor im Hauptinsolvenzverfahren begründeten Masseverbindlichkeiten haften, wobei teilweise vertreten wird, die Haftung auf den Ausfall zu beschränken (*Pannen/Herchen* Art. 27 EuInsVO a.F. Rn. 57). Begründet wird dies damit, der Insolvenzbeschlag des Hauptverfahrens ende nicht durch die Eröffnung eines Sekundärinsolvenzverfahrens, sondern werde lediglich durch den spezielleren Beschlag des Sekundärverfahrens überlagert. Im Übrigen würden ansonsten die Massegläubiger des Hauptinsolvenzverfahrens in ihrer Erwartung und in ihrem Vertrauen, auf die gesamte Haftungsmasse des Hauptinsolvenzverfahrens, also einschließlich der des (noch nicht eröffneten) Sekundärinsolvenzverfahrens, zugreifen zu können, enttäuscht. Demgegenüber wird teilweise die Auffassung vertreten, für die vom Hauptverwalter begründeten Masseverbindlichkeiten hafte nur das im Staat des Hauptverfahrens belegene Vermögen und das Vermögen in solchen Staaten, in denen kein Sekundärinsolvenzverfahren zulässig wäre (vgl. *Duursma-Kepplinger/Duursma/Chalupsky* Art. 27 EuInsVO a.F. Rn. 48). Andere wiederum wollen die Masseverbindlichkeiten nach dem Wert der später separierten Massen aufteilen; nur dann werde eine übermäßige Belastung des Sekundärinsolvenzverfahrens mit Verbindlichkeiten aus der Zeit vor der Eröffnung des Sekundärinsolvenzverfahrens verhindert (*Wimmer* 4. Aufl., Anh. I Rn. 96). Wieder andere bejahen zwar mit der überwiegenden Auffassung eine Haftung der Sekundärmasse im Außenverhältnis, wollen aber im Innenverhältnis zwischen Sekundärverwalter und Hauptverwalter eine Ausgleichspflicht schaffen, die sich aus Art. 41 EuInsVO ergeben soll (*Beck* NZI 2007, 1 [4]). Die Verwalter seien verpflichtet, ein Konzept für die endgültige interne Zuweisung der Masseverbindlichkeiten zu erarbeiten, wobei dies nicht dazu führen dürfe, dass die Sekundärverfahrenseröffnung eine nachträgliche Masseunzulänglichkeit zur Folge hätte (*Duursma-Kepplinger* ZIP 2007, 752 [756 ff.]).

24 Eine verbindliche Entscheidung über die Frage der Behandlung von Masseverbindlichkeiten in diesen Fällen steht noch aus; es lässt sich auch nicht sicher vorhersagen, wie solche Verbindlichkeiten behandelt werden. Im Rahmen einer solchen Entscheidung wäre in die Abwägung einzustellen, dass weder die Gläubiger des Hauptinsolvenzverfahrens noch dessen Verwalter darauf vertrauen dürfen, dass ihnen die Masse des Hauptverfahrens unbegrenzt zur Verfügung stehen wird. Sie müssen stets damit rechnen, dass ein Sekundärinsolvenzverfahren über das Vermögen des Schuldners in einem anderen Mitgliedstaat eröffnet wird. Andererseits darf die Verwaltung des Vermögens des Schuldners in einem Hauptinsolvenzverfahren auch nicht übermäßig erschwert werden: Wenn der Hauptinsolvenzverwalter nicht sicher sein kann, welche Massegegenstände ihm für die Erfüllung von Masseverbindlichkeiten (sicher) zur Verfügung stehen, wird er Verbindlichkeiten nur schwer begründen können; dies gilt insbesondere dann, wenn sich ein Großteil der Masse in einem anderen Mitgliedstaat befinden sollte. Die Fortführung des Unternehmens und seine Sanierung wären erheblich gefährdet. Auch ist den lokalen Gläubigern nicht geholfen, wenn der Hauptinsolvenzverwalter – um die Erfüllung »seiner« Masseverbindlichkeiten zu sichern – unmittelbar nach Eröffnung des Hauptinsolvenzverfahrens alle Vermögensgegenstände aus anderen Mitgliedstaaten in den Staat des Hauptinsolvenzverfahrens transferieren müsste. Vor allem aber muss eine Lösung praktikabel sein; die Ansichten, die die Masseverbindlichkeiten nach dem Wert der später separierten Masse aufteilen möchten, die für den Gläubiger i.d.R. weder erkennbar noch ermittelbar ist, oder die darauf abstellen, ob ein späteres Sekundärinsolvenzverfahren zulässig wäre, sind dies nicht. Es spricht daher im Ergebnis einiges dafür, die Sekundärmasse im Außenverhältnis für die vor Eröffnung des Sekundärinsolvenzverfahrens begründeten Masseverbindlichkeiten des Hauptinsolvenzverfahrens uneingeschränkt haften zu lassen (MüKo-BGB/*Kindler* Art. 27 EuInsVO a.F. Rn. 29; *Paulus* Art. 28 EuInsVO a.F. Rn. 7; *Ringstmeier/Homann* NZI 2004, 354 [358]). Auch wenn ein späterer Innenausgleich, vielleicht orientiert am Nutzen der Masseverbindlichkeiten, als Ergebnis durchaus wünschenswert wäre, fehlt es jedoch an einer gesetzlichen Grundlage für einen solchen Ausgleich (*Klo-*

ckenbrink S. 163); zudem würde eine solche Ausgleichspflicht die Gefahr der Masseunzulänglichkeit im Hauptinsolvenzverfahren erhöhen. Sie ist daher abzulehnen.

Vergleichbare Erwägungen gelten im Übrigen nicht nur für Masseverbindlichkeiten, sondern auch für die Kosten des Hauptinsolvenzverfahrens, die erheblich sein können. Auch hier liegt es nahe, das Sekundärinsolvenzverfahren für solche Kosten haften zu lassen, die aus der Zeit vor der Eröffnung des Sekundärinsolvenzverfahrens stammen. Dass sich derartige Fragen i.d.R. nur dann stellen, wenn die Masse des Hauptinsolvenzverfahrens nicht ausreicht, um die Kosten zu tragen, versteht sich von selbst. 25

Weitere Schwierigkeiten treten dann auf, wenn man in die Überlegung mit einbezieht, dass vor Eröffnung eines Sekundärinsolvenzverfahrens in dem betreffenden Mitgliedstaat Sicherungsmaßnahmen angeordnet werden können. Es stellt sich dann die Frage, ob die Sekundärmasse für die Verbindlichkeiten des Hauptverfahrens haftet, die nach Erlass dieser Sicherungsmaßnahmen, aber vor Eröffnung des Verfahrens, begründet werden. Hier wird man danach differenzieren müssen, ob die Sicherungsmaßnahmen den Hauptinsolvenzverwalter auch an der Begründung von Masseverbindlichkeiten, die das Vermögen in dem Staat der Sekundärinsolvenz betreffen, hindern. Ist dies der Fall, etwa wenn dort ein starker vorläufiger Insolvenzverwalter eingesetzt oder dem Hauptinsolvenzverwalter durch andere Maßnahmen die Verfügungsbefugnis über das dort belegene Vermögen entzogen wird, dürfte eine Haftung der Sekundärmasse für die danach begründeten Masseverbindlichkeiten des Hauptverfahrens nicht mehr in Betracht kommen (so auch *Reinhart* NZI 2009, 201 [207]). Ein Gericht, das Sicherungsmaßnahmen anordnet, wird daher stets darauf zu achten haben, ob die Sicherungsmaßnahmen einen wirksamen Schutz der lokalen Gläubiger vor der Begründung von Masseverbindlichkeiten durch den Hauptinsolvenzverwalter darstellen. Es ist zweifelhaft, ob die Anordnung eines bloßen Zustimmungsvorbehalts bereits ausreicht, um die Sekundärmasse vor der Haftung für Masseverbindlichkeiten des Hauptverfahrens zu schützen. 26

VII. Wirkungen des Sekundärinsolvenzverfahrens auf laufende Verträge

Ungeklärt ist auch, welche Auswirkungen die Eröffnung eines Sekundärinsolvenzverfahren auf laufende Verträge des Schuldners hat, mithin ob aus deutscher Sicht die §§ 103 ff. InsO Anwendung finden, und wenn ja, auf welche Verträge. Zudem kann sich die Frage stellen, welche Auswirkungen vergleichbare Regelungen nach dem Insolvenzrecht des Hauptinsolvenzverfahrens und darunter ggf. vor oder auch nach Eröffnung des Sekundärinsolvenzverfahrens ausgeübte Wahlrechte haben. Will man nicht alle Verträge von vorneherein dem Hauptinsolvenzverfahren zuordnen, oder das Schicksal eines Vertrags aufteilen, was wenig praktikabel erscheint, hat eine Zuordnung der Verträge des Schuldners zu Haupt- und Sekundärinsolvenz zu erfolgen. Nach welchen Kriterien dies geschehen soll, ist offen. Denkbar wäre eine Anknüpfung an die Niederlassung, in der der Vertrag tatsächlich geschlossen wurde (vgl. Art. 4 Abs. 2 Rom I-VO). Die bestehende Rechtsunsicherheit wird dazu führen, dass Haupt- und Sekundärinsolvenzverwalter bei der Fortführung bislang bestehender Vertragsverhältnisse sich nicht auf die dazu bestehenden Regelungen ihres Insolvenzrechts verlassen werden, sondern neue Vereinbarungen schließen müssen. Für die Verbindlichkeiten aus diesen Vereinbarungen gelten die Ausführungen zu den Masseverbindlichkeiten (Rdn. 21 ff.). 27

Artikel 35 Anwendbares Recht

Soweit diese Verordnung nichts anderes bestimmt, finden auf das Sekundärinsolvenzverfahren die Rechtsvorschriften des Mitgliedstaats Anwendung, in dessen Hoheitsgebiet das Sekundärinsolvenzverfahren eröffnet worden ist.

Übersicht

	Rdn.			Rdn.
A. Normzweck	1	B.	Im Einzelnen	2

Art. 36 EuInsVO   Vermeidung eines Sekundärinsolvenzverfahrens

Literatur:
Torz Gerichtsstände im internationalen Insolvenzrecht zur Eröffnung von Partikularinsolvenzverfahren, 2005; *Wenner* Ausländisches Sanierungsverfahren, Inlandsarrest und § 238 KO, KTS 1990, 429.

A. Normzweck

1 Art. 35 wiederholt unpräzise für Sekundärinsolvenzverfahren die bereits in Art. 7 EuInsVO für alle Insolvenzverfahren enthaltene kollisionsrechtliche Regel, nach der das Insolvenzrecht des Eröffnungsstaats gilt. Die Vorschrift ist unnötig.

B. Im Einzelnen

2 Anders als Art. 7 EuInsVO verweist Art. 35 dabei nicht nur auf das »Insolvenzrecht« des Eröffnungsstaats, sondern allgemein auf dessen »Rechtsvorschriften«. Das ist aber keine Verweisung auf das gesamte Recht des Mitgliedstaats (so aber *Paulus* Art. 28 EuInsVO a.F. Rn. 2), sondern lediglich ein weiteres Zeichen dafür, dass der Verordnungsgeber sich nicht hinreichend mit der Abgrenzung des Insolvenzstatuts von anderen Statuten beschäftigt hat. Soweit die EuInsVO Kollisionsrecht enthält, handelt es sich um **insolvenzrechtliche Verweisungsnormen**, verwiesen wird also auf das **Insolvenzrecht des Eröffnungsstaats**.

3 Die Anwendbarkeit der lex fori concursus gilt auch im Sekundärinsolvenzverfahren nicht uneingeschränkt. Soweit die EuInsVO Ausnahmen anordnet, die auch im Sekundärinsolvenzverfahren Anwendung finden, greift die lex fori concursus nicht ein (MüKo-BGB/*Kindler* Art. 28 EuInsVO a.F. Rn. 4 f.; str.). Allerdings ist in jedem Einzelfall zu prüfen, ob eine Ausnahmevorschrift überhaupt auf das Sekundärverfahren passt. So fehlt es etwa bei Art. 8 EuInsVO am Insolvenzbeschlag durch das Sekundärverfahren für die dort benannten Sachverhalte (vgl. ausf. MüKo-InsO/*Reinhart* Art. 28 EuInsVO a.F. Rn. 5 ff.; *Pannen/Herchen* Art. 28 EuInsVO a.F. Rn. 22 ff.).

4 Art. 35 gilt nicht für unabhängige Partikularinsolvenzverfahren, für diese gilt Art. 7 EuInsVO unmittelbar (MüKo-BGB/*Kindler* Art. 28 EuInsVO a.F. Rn. 673; *Duursma-Kepplinger/Duursma/Chalupsky* Art. 28 EuInsVO a.F. Rn. 20).

Artikel 36 Recht, zur Vermeidung eines Sekundärinsolvenzverfahrens eine Zusicherung zu geben

(1) Um die Eröffnung eines Sekundärinsolvenzverfahrens zu vermeiden, kann der Verwalter des Hauptinsolvenzverfahrens in Bezug auf das Vermögen, das in dem Mitgliedstaat, in dem ein Sekundärinsolvenzverfahren eröffnet werden könnte, belegen ist, eine einseitige Zusicherung (im Folgenden »Zusicherung«) des Inhalts geben, dass er bei der Verteilung dieses Vermögens oder des bei seiner Verwertung erzielten Erlöses die Verteilungs- und Vorzugsrechte nach nationalem Recht wahrt, die Gläubiger hätten, wenn ein Sekundärinsolvenzverfahren in diesem Mitgliedstaat eröffnet worden wäre. Die Zusicherung nennt die ihr zugrunde liegenden tatsächlichen Annahmen, insbesondere in Bezug auf den Wert der in dem betreffenden Mitgliedstaat belegenen Gegenstände der Masse und die Möglichkeiten ihrer Verwertung.

(2) Wurde eine Zusicherung im Einklang mit diesem Artikel gegeben, so gilt für die Verteilung des Erlöses aus der Verwertung von Gegenständen der Masse nach Absatz 1, für den Rang der Forderungen und für die Rechte der Gläubiger in Bezug auf Gegenstände der Masse nach Absatz 1 das Recht des Mitgliedstaats, in dem das Sekundärinsolvenzverfahren hätte eröffnet werden können. Maßgebender Zeitpunkt für die Feststellung, welche Gegenstände nach Absatz 1 betroffen sind, ist der Zeitpunkt der Abgabe der Zusicherung.

(3) Die Zusicherung erfolgt in der Amtssprache oder einer der Amtssprachen des Mitgliedstaats, in dem ein Sekundärinsolvenzverfahren hätte eröffnet werden können, oder – falls es in dem betreffenden Mitgliedstaat mehrere Amtssprachen gibt – in der Amtssprache oder einer Amtssprache des Ortes, an dem das Sekundärinsolvenzverfahren hätte eröffnet werden können.

(4) Die Zusicherung erfolgt in schriftlicher Form. Sie unterliegt den gegebenenfalls im Staat der Eröffnung des Hauptinsolvenzverfahrens geltenden Formerfordernissen und Zustimmungserfordernissen hinsichtlich der Verteilung.

(5) Die Zusicherung muss von den bekannten lokalen Gläubigern gebilligt werden. Die Regeln über die qualifizierte Mehrheit und über die Abstimmung, die für die Annahme von Sanierungsplänen gemäß dem Recht des Mitgliedstaats, in dem ein Sekundärinsolvenzverfahren hätte eröffnet werden können, gelten, gelten auch für die Billigung der Zusicherung. Die Gläubiger können über Fernkommunikationsmittel an der Abstimmung teilzunehmen, sofern das nationale Recht dies gestattet. Der Verwalter unterrichtet die bekannten lokalen Gläubiger über die Zusicherung, die Regeln und Verfahren für deren Billigung sowie die Billigung oder deren Ablehnung.

(6) Eine gemäß diesem Artikel gegebene und gebilligte Zusicherung ist für die Insolvenzmasse verbindlich. Wird ein Sekundärinsolvenzverfahren gemäß den Artikeln 37 und 38 eröffnet, so gibt der Verwalter des Hauptinsolvenzverfahrens Gegenstände der Masse, die er nach Abgabe der Zusicherung aus dem Hoheitsgebiet dieses Mitgliedstaats entfernt hat, oder – falls diese bereits verwertet wurden – ihren Erlös an den Verwalter des Sekundärinsolvenzverfahrens heraus.

(7) Hat der Verwalter eine Zusicherung gegeben, so benachrichtigt er die lokalen Gläubiger, bevor er Massegegenstände und Erlöse im Sinne des Absatzes 1 verteilt, über die beabsichtigte Verteilung. Entspricht diese Benachrichtigung nicht dem Inhalt der Zusicherung oder dem geltendem Recht, so kann jeder lokale Gläubiger diese Verteilung vor einem Gericht des Mitgliedstaats anfechten, in dem das Hauptinsolvenzverfahren eröffnet wurde, um eine Verteilung gemäß dem Inhalt der Zusicherung und dem geltendem Recht zu erreichen. In diesen Fällen findet keine Verteilung statt, bis das Gericht über die Anfechtung entschieden hat.

(8) Lokale Gläubiger können die Gerichte des Mitgliedstaats, in dem das Hauptinsolvenzverfahren eröffnet wurde, anrufen, um den Verwalter des Hauptinsolvenzverfahrens zu verpflichten, die Einhaltung des Inhalts der Zusicherung durch alle geeigneten Maßnahmen nach dem Recht des Staats, in dem das Hauptinsolvenzverfahren eröffnet wurde, sicherzustellen.

(9) Lokale Gläubiger können auch die Gerichte des Mitgliedstaats, in dem ein Sekundärinsolvenzverfahren eröffnet worden wäre, anrufen, damit das Gericht einstweilige Maßnahmen oder Sicherungsmaßnahmen trifft, um die Einhaltung des Inhalts der Zusicherung durch den Verwalter sicherzustellen.

(10) Der Verwalter haftet gegenüber den lokalen Gläubigern für jeden Schaden infolge der Nichterfüllung seiner Pflichten und Auflagen im Sinne dieses Artikels.

(11) Für die Zwecke dieses Artikels gilt eine Behörde, die in dem Mitgliedstaat, in dem ein Sekundärinsolvenzverfahren hätte eröffnet werden können, eingerichtet ist und die nach der Richtlinie 2008/94/EG des Europäischen Parlaments und des Rates[1] verpflichtet ist, die Befriedigung nicht erfüllter Ansprüche von Arbeitnehmern aus Arbeitsverträgen oder Arbeitsverhältnissen zu garantieren, als lokaler Gläubiger, sofern dies im nationalen Recht geregelt ist.

Übersicht

	Rdn.			Rdn.
A. Normzweck	1	III.	Möglichkeit einer weiteren Zusicherung?	20
B. Inhalt der Zusicherung (Abs. 1)	8	C.	Rechtsfolge der Zusicherung (Abs. 2)	21
I. Obligatorischer Inhalt der Zusicherung (Satz 1)	8	I.	Bindungswirkung (Satz 1)	21
II. Angaben der Annahmen (Satz 2)	14	II.	Maßgeblicher Zeitpunkt (Satz 2)	27
1. Umfang	14	D.	Sprache (Abs. 3)	28
2. Rechtsfolgen fehlerhafter Angaben	16			

---

[1] Richtlinie 2008/94/EG des Europäischen Parlaments und des Rates vom 22. Oktober 2008 über den Schutz der Arbeitnehmer bei Zahlungsunfähigkeit des Arbeitgebers (ABl. L 283 vom 28.10.2008, S. 36).

Art. 36 EuInsVO — Vermeidung eines Sekundärinsolvenzverfahrens

		Rdn.			Rdn.
E.	Form der Zusicherung, Zustimmungserfordernisse (Abs. 4)	29	H.	Besonderheiten bei der Verteilung (Abs. 7)	44
F.	Billigung der Zusicherung durch die lokalen Gläubiger (Abs. 5)	32	I.	Benachrichtigung der lokalen Gläubiger (Satz 1)	45
I.	Verweis auf bestimmte nationale Vorschriften	32	II.	Rechtsschutz (Satz 2, 3)	49
II.	Reichweite des Verweises auf das nationale Recht	33	I.	Rechtsschutz der lokalen Gläubiger (Abs. 8 bis 10)	53
III.	»Bekannte« lokale Gläubiger	36	I.	Rechtsschutz im Hauptinsolvenzverfahren (Abs. 8)	54
IV.	Zulässigkeit der Fernkommunikation	38	II.	Rechtsschutz im Staat des (vermiedenen) Sekundärverfahrens (Abs. 9)	60
V.	Unterrichtungspflicht des Hauptinsolvenzverwalters	39	J.	Haftung des Verwalters (Abs. 10)	63
G.	Eröffnung eines Sekundärverfahrens trotz Zusicherung (Abs. 6)	41	K.	Arbeitsagentur als lokaler Gläubiger (Abs. 11)	69

Literatur:
Brinkmann Grenzüberschreitende Sanierung und europäisches Insolvenzrecht, KTS 2014, 381; *Fritz* Die Neufassung der Europäischen Insolvenzverordnung: Erleichterung bei der Restrukturierung in grenzüberschreitenden Fällen? (Teil 2), DB 2015, 1945; *Mankowski* Zusicherungen zur Vermeidung von Sekundärinsolvenzen unter Art. 36 EuInsVO – Synthetische Sekundärverfahren, NZI 2015, 961; *Skauradszun* Die »tatsächlichen Annahmen« der Zusicherung nach Art. 36 Abs. 1 Satz 2 EuInsVO n.F., ZIP 2016, 1563; *Wenner* Die Reform der EuInsVO – Ein Verriss, ZIP 2017, 1137.

A. Normzweck

1 Im Rahmen der Neufassung der EuInsVO hat der Verordnungsgeber mit Art. 36 eine vollständig neue Regelung eingefügt, mit der er dem Hauptinsolvenzverwalter eine Möglichkeit an die Hand geben wollte, Sekundärinsolvenzverfahren durch eine sog. »**Zusicherung**« zu verhindern. In Folge der Zusicherung sollen die Gläubiger bei der Verteilung des Vermögens im Hauptinsolvenzverfahren im Hinblick auf ihre Verteilungs- und Vorzugsrechte so gestellt werden, als ob ein Sekundärinsolvenzverfahren durchgeführt worden wäre. Haben die lokalen Gläubiger im Staat des potentiellen Sekundärverfahrens die Zusicherung gebilligt, kann ein Sekundärinsolvenzverfahren nur noch unter engen Voraussetzungen eröffnet werden (vgl. die 30-Tages-Frist nach Art. 37 Abs. 2, und die Einschränkung nach Art. 38 Abs. 2 EuInsVO). In der Literatur wird dieses Rechtsinstitut als **synthetisches Sekundärverfahren** bezeichnet; tatsächlich ist die Bezeichnung irreführend, denn ein Sekundärinsolvenzverfahren findet ja gerade nicht statt, es wird lediglich in einzelnen Aspekten **rechnerisch nachgebildet**.

2 Die Vorschrift greift schon mit Blick auf ihren Regelungszweck in mehrfacher Hinsicht **zu kurz**. So greift sie lediglich auf der Verteilungsebene ein, also im Kern auf der Passivseite des Hauptinsolvenzverfahrens. Nur bei der Verteilung des Vermögens sollen Verteilungs- und Vorzugsrechte gewahrt werden. Ein Sekundärinsolvenzverfahren kann jedoch (auch) **erhebliche Auswirkungen auf die Aktivseite** haben, insbesondere dann, wenn dem Sekundärinsolvenzverwalter andere, oder stärkere Rechte, beispielsweise Anfechtungsrechte, zustehen würden als dem Hauptinsolvenzverwalter. Das synthetische Sekundärverfahren blendet diese Aspekte völlig aus. Sie werden allerdings im Rahmen des Art. 38 Abs. 2 EuInsVO Berücksichtigung finden müssen, wenn es darum geht, ob im Hinblick auf die allgemeinen Interessen der lokalen Gläubiger trotz Zusicherung ein Sekundärverfahren eröffnet werden kann.

3 Und auch die **Billigungsregeln** ebenso wie der **Rechtsschutz nach der EuInsVO** scheinen **unausgewogen**: Denn das Sekundärinsolvenzverfahren betrifft alle Gläubiger (Art. 45 EuInsVO). Die Regelungen zur Billigung (Abs. 5), zum Rechtsschutz (Abs. 8 und 9) und zur Haftung (Art. 10) jedoch nur die lokalen Gläubiger, also die Gläubiger solcher Forderungen, die einen engen Bezug zur Niederlassung des Schuldners in dem betroffenen Staat haben (vgl. Art. 2 Nr. 11 EuInsVO). Dies bedeutet jedoch nicht, dass auch die Zusicherung nur die lokalen Gläubiger betrifft (vgl. Rdn. 9).

Synthetische Insolvenzverfahren führen zu einer **Durchbrechung des Grundsatzes der Gläubiger-** 4
gleichbehandlung im Hauptinsolvenzverfahren. Der Verordnungsgeber rechtfertigt diesen Eingriff mit den Vorteilen, die die Vermeidung eines Sekundärinsolvenzverfahrens für alle Gläubiger haben kann. Auch soll den Gläubigern die Möglichkeit genommen werden, durch das Inaussichtstellen eines Antrags auf Eröffnung eines Sekundärinsolvenzverfahrens individuelle Vorteile im Hauptverfahren für sich in Anspruch zu nehmen. Dieses Ziel wird nicht erreicht, denn durch die Zusicherung geschieht letztlich genau das, was verhindert werden soll. Auch ist fraglich, ob die Regelung zumindest die Bevorzugung einzelner Gläubiger verhindert, denen ihr Recht auf Beantragung eines Sekundärinsolvenzverfahrens abgekauft wurde, ohne zugleich die anderen Gläubiger ebenso zu stellen (was voraussetzt, dass das nationale Recht eine solche Vereinbarung überhaupt erlaubt, wie offenbar in England); denn ob die Regelung in Art. 36 EuInsVO abschließend ist, lässt sich ihr nicht entnehmen (vgl. zum Komplex auch *Madaus* Vortrag »The EIR-Reform – Secondary Proceedings under the EIR 2017«, Neapel 2015).

Unsicherheit wird auch dadurch geschaffen, dass selbst eine bindende Zusicherung ein Sekundärin- 5
solvenzverfahren nicht sicher verhindert (vgl. Abs. 66 Satz 2, Art. 37 EuInsVO Abs. 2). Zudem ist für den Hauptinsolvenzverwalter **Eile geboten**: Eine Zusicherung kann die Eröffnung eines Sekundärinsolvenzverfahrens nur verhindern, wenn sie **vor dessen Eröffnung** abgegeben wurde (vgl. dazu EuInsVO Art. 38 Rdn. 4).

Auch lässt die Regelung, trotz ihres Umfangs, eine **Vielzahl von Fragen offen**, die im Laufe der Zeit 6
durch den EuGH geklärt werden müssen. Damit schafft sie eine **erhebliche Rechtsunsicherheit** für den Hauptinsolvenzverwalter, den eine persönliche Haftung trifft (Abs. 10). Zu Recht wird befürchtet, dass das Institut der synthetischen Sekundärverfahren so schwer handhabbar ist, dass es in der Praxis keine große Rolle spielen wird (*Brinkmann* KTS 2014, 381 [397]; *Fritz* DB 2015, 1945 [1950]; *Wenner* ZIP 2017, 1137 [1140]).

Angesichts der vielfältigen und richtigen Kritik an der Berechtigung von Sekundärinsolvenzverfah- 7
ren (vgl. dazu EuInsVO Art. 34 Rdn. 2 ff.) wäre es wünschenswert gewesen, Sekundärinsolvenzverfahren abzuschaffen. Der halbherzige Versuch des Verordnungsgebers, Sekundärverfahren durch die sog. Zusicherung einzuschränken, trägt der geäußerten Kritik nicht ausreichend Rechnung (vgl. *Wenner* ZIP 2017, 1137 [1141]).

B. Inhalt der Zusicherung (Abs. 1)

I. Obligatorischer Inhalt der Zusicherung (Satz 1)

Abs. 1 Satz 1 beschreibt zunächst **den Inhalt der Zusicherung**, den die EuInsVO **obligatorisch** vor- 8
gibt. Der Hauptinsolvenzverwalter ist nicht frei darin, wie er die Zusicherung im Sinne des Art. 36 EuInsVO ausgestaltet. Er kann, wenn er sich auf die Regelung berufen will, keine davon abweichenden Rechtsfolgen im Rahmen der Zusicherung vorsehen (anders offenbar MüKo-InsO/*Reinhart* VO (EG) 2015/848 Art. 36 Rn. 10, der eine gesonderte Ausgestaltung für bestimmte Gläubigergruppen für zulässig hält). Eine Zusicherung in diesem Sinne liegt nicht vor, wenn sie etwa bestimmte Ausnahmen für einzelne Gläubiger vorsieht, oder einzelnen Gläubigern Sonderrechte einräumt (a.A. MüKo-InsO/*Reinhart* VO (EG) 2015/848 Art. 36 Rn. 17).

Nach dem klaren Wortlaut des Abs. 1 (ebenso in Abs. 2, und anders als in den folgenden Absätzen) 9
gilt die **Zusicherung für alle Gläubiger**, nicht etwa nur für die lokalen Gläubiger (anders *Mankowski/Mankowski*, Art. 36 Rn. 14; ebenso wie hier MüKo-InsO/*Reinhart* VO (EG) 2015/848 Art. 36 Rn. 7). Zwar führt dies zu einem Widerspruch zu den Billigungs- und Rechtsschutzregelungen in Art. 36 (vgl. dazu Rdn. 3), ist aber gleichwohl konsequent, denn alles andere würde eine erhebliche Ungleichbehandlung der Gläubiger insgesamt, und eine unangemessene Bevorzugung lokaler Gläubiger mit sich bringen, die auch das Sekundärinsolvenzverfahren so nicht kennt; denn dort kann jeder Gläubiger seine Rechte geltend machen (vgl. Art. 45 EuInsVO).

10 Zudem gilt die Zusicherung für das **gesamte Vermögen**, das sich in dem betroffenen Mitgliedstaat befindet. Eine Beschränkung auf einzelne Vermögensgegenstände ist nicht zulässig.

11 Nach dem Wortlaut von Abs. 1 kann die Zusicherung nur der Hauptinsolvenzverwalter abgeben. Nach dem Verständnis der EuInsVO kann dies auch ein vorläufiger Hauptinsolvenzverwalter sein. Allerdings richtet sich dann nach der lex fori concursus, unter welchen Voraussetzungen ein vorläufiger Verwalter für die Masse bindende Erklärungen abgeben kann. In Deutschland kann nur der starke vorläufige Insolvenzverwalter für die Masse bindende Erklärungen abgeben. Eine Abgabe der Zusicherung unter der Bedingung, dass der vorläufige Verwalter auch endgültiger wird, ist nicht vorgesehen, und auch mit Sinn und Zweck der Vorschrift, anstelle des Sekundärverfahrens eine für die Masse (sicher) bindende Zusicherung treten zu lassen, nicht vereinbar. Die Abgabe der Zusicherung ist bedingungsfeindlich (anders MüKo-InsO/*Reinhart* VO (EG) 2015/848 Art. 36 Rn. 19).

12 Eine Abgabe der Zusicherung durch den **Schuldner in Eigenverwaltung** sieht die Vorschrift nicht vor. Dies spricht dafür, dass diesem ein solches Recht nicht zukommt, denn die Verordnung zählt ansonsten stets auf, wenn sich eine Vorschrift auch auf den Schuldner in Eigenverwaltung erstreckt (ebenso MüKo-InsO/*Reinhart* VO (EG) 2015/848 Art. 36 Rn. 18; **a.A.** *Wimmer/Bornemann/Lienau* Die Neufassung der EuInsVO Rn. 436; Braun/*Delzant* Art. 36 EuInsVO Rn. 5).

13 Abs. 1 ist eine Sachnorm. Sie erlaubt Zusicherungen selbst dann, wenn die lex fori concursus so etwas nicht vorsieht, oder Bevorzugungen einzelner Gläubigergruppen sogar verbietet.

II. Angaben der Annahmen (Satz 2)

1. Umfang

14 Nach Abs. 1 Satz 2 muss die Zusicherung die ihr zu Grunde liegenden Annahmen aufzählen, insbesondere in Bezug auf den Wert der in dem betroffenen Mitgliedstaat belegenen Gegenstände der Masse und die Möglichkeiten ihrer Verwertung. Die Regelung ist weit zu verstehen, denn die damit übermittelte Information ist die Entscheidungsgrundlage der lokalen Gläubiger für die Billigung der Zusicherung. Es soll eine **Informationsgrundlage** geschaffen werden, um eine Abwägung vornehmen zu können, ob ein Sekundärverfahren für die Gläubiger günstiger oder schlechter ist als die Zusicherung. Dementsprechend wird neben dem Wert der im Mitgliedstaat belegenen Gegenstände auch die Passivseite insgesamt von Bedeutung sein, ebenso wie der Umfang der Vorrechte nach den jeweiligen Insolvenzrechten und die Information, auf welche Gegenstände sich diese beziehen. Darüber hinaus mögen die Abwicklungskosten eines potentiellen Sekundärverfahrens von Bedeutung sein, und die dort sowie im Hauptverfahren erzielbare Quote. Man kann sich auch fragen, ob der Hauptinsolvenzverwalter die Aktivseite gänzlich ausblenden darf (vgl. dazu Rdn. 2), oder ob er auch darstellen müsste, welche Vorteile ein Sekundärverfahren im konkreten Fall haben kann.

15 Schon diese kurze Aufzählung zeigt, dass der die Zusicherung abgebende (ggf. vorläufige) Hauptinsolvenzverwalter in der Praxis, gerade zu Beginn eines Insolvenzverfahrens, den Anforderungen kaum genügen kann.

2. Rechtsfolgen fehlerhafter Angaben

16 Es stellt sich damit zugleich die Frage, was geschieht, wenn die **Darstellung objektiv fehlerhaft** war. Trotz des insoweit unklaren Wortlauts des Abs. 2 zur Rechtsfolge (»*Zusicherung im Einklang mit diesem Artikel*«) wird man im Interesse der Rechtssicherheit wohl davon ausgehen müssen, dass die Zusicherung auch dann wirksam bleibt, wenn den Anforderungen des Abs. 1 Satz 2 nicht ausreichend Rechnung getragen wurde, oder einzelne Angaben schlicht unrichtig sind, oder sich später beispielsweise herausstellt, dass andere Erlöse realisiert wurden, als zunächst angenommen.

17 Auch Gedanken dazu, dass eine Anfechtung durch den die Zusicherung abgebenden Verwalter in Betracht kommen soll, oder eine Anpassung wegen des Fehlens einer Geschäftsgrundlage erscheinen nicht zielführend, denn Voraussetzungen und Rechtsfolgen der Zusicherung sind autonom geregelt, und können nicht durch Regelungen der lex fori concursus in Frage gestellt werden.

Denkbar wäre allenfalls, dass die Gläubiger die Billigung angreifen können, die sie nach Abs. 5 erklärt haben. Das setzt aber wiederum voraus, dass das Recht des vermiedenen Sekundärinsolvenzverfahrens eine solche Möglichkeit vorsieht. Wenn das deutsche Recht insoweit anwendbar ist, kommt eine nachträgliche Anfechtung der Billigung nicht in Betracht. 18

Bleibt die Zusicherung aber wirksam, wird man wohl im Grundsatz eine **Haftung des Hauptinsolvenzverwalters** für die Fälle falscher Angaben annehmen müssen. Ob man in Abs. 10 insoweit eine Garantiehaftung für die Richtigkeit der Angaben hineinlesen kann, ist offen (vgl. Rdn. 64). Kann man dies nicht, wird sich die Frage stellen, wie der Gläubiger einen Schaden begründen kann. 19

III. Möglichkeit einer weiteren Zusicherung?

Ob der Hauptinsolvenzverwalter eine **zweite Zusicherung** mit abweichenden Angaben nach Satz 2 abgeben kann, nachdem die erste Zusicherung bindend geworden ist, ist fraglich. Dies kann dann von Relevanz sein, wenn er erkennt, dass die Angaben, die er zunächst gemacht hatte, nicht richtig waren (vgl. dazu Rdn. 15 ff.). Die EuInsVO enthält dazu keine Regelungen. Jedenfalls dann, wenn die Gläubiger die zweite Zusicherung nicht billigen, muss es bei der ersten Zusicherung und ihren Rechtsfolgen bleiben. Denn Regelungen dazu, dass sich der Hauptinsolvenzverwalter einseitig von der Zusicherung lossagen kann, sind in Art. 36 EuInsVO nicht enthalten und wären auch mit Sinn und Zweck der Regelung nicht vereinbar (ebenso *Mankowski/Mankowski* Art. 36 EuInsVO Rn. 27). 20

C. Rechtsfolge der Zusicherung (Abs. 2)

I. Bindungswirkung (Satz 1)

Abs. 2 Satz 1 regelt, dass für die **Verteilung des Erlöses aus der Verwertung von Gegenständen der Masse** nach Abs. 1, also solchen Gegenständen, die im betroffenen Mitgliedstaat belegen sind, und für die Rechte der Gläubiger in Bezug auf solche Gegenstände, das Recht des betroffenen Mitgliedstaats zur Anwendung kommt. Es handelt sich damit um eine Ausnahmeregelung zu Art. 7 Abs. 2 lit. i EuInsVO. Anstelle des Insolvenzrechts des Hauptinsolvenzverfahrens finden die Verteilungsregeln des Belegenheitsstaates Anwendung. 21

Die Formulierung in Satz 1 ist unscharf, gemeint ist nicht die bloße »Zusicherung«, sondern die abgegebene und gebilligte Zusicherung (vgl. Abs. 6 Satz 1). 22

Entgegen dem Wortlaut ist die Zusicherung auch dann bindend, wenn die Angaben zu den tatsächlichen Annahmen falsch waren (vgl. Rdn. 15 ff.). 23

Die Zusicherung bezieht sich auf Verteilungs- und Vorzugsrechte und betrifft damit **vor allem den Rang der Forderung bei der Verteilung**. Denn die EuInsVO enthält ohnehin schon zahlreiche Ausnahmen von den Regelungen lex fori concursus, die unabhängig von der Einleitung eines Sekundärverfahrens eingreifen. So werden beispielsweise aus- und absonderungsberechtigte Gläubiger bereits über Art. 8 geschützt. Ob man die Zusicherung darüber hinaus so verstehen muss, dass sie sich auch auf **Masseverbindlichkeiten** und beispielsweise Rechte der Vertragspartner des Schuldners bezieht, ist offen (dafür MüKo-InsO/*Reinhart* VO (EG) 2015/848 Art. 36 Rn. 10–14). Dagegen spricht, dass es sich dabei in aller Regel nicht um Rechte handelt, die unmittelbar die Verteilung des Vermögens oder einen Vorzug bei dieser Verteilung betreffen. 24

Auf die Rechtsnatur der Zusicherung und deren Einordnung in das nationale Recht kommt es letztlich nicht an, da sich ihre Rechtsfolgen unmittelbar aus der Verordnung ergeben. Ein Recht der betroffenen Gläubiger, gegen den Verwalter des Hauptinsolvenzverfahrens Klage aus der Zusicherung zu erheben, sieht die EuInsVO nicht vor. Vielmehr regelt sie im Interesse einer reibungslosen Verfahrensabwicklung die Rechtsfolgen der Zusicherung in Abs. 8, 9 und 10 abschließend. 25

Um die Zusicherung sachgerecht umzusetzen, muss der Hauptinsolvenzverwalter eine **Sondermasse** für die Erlöse bilden, die er aus der Verwertung der im betroffenen Mitgliedstaat belegenen Gegenstände erzielt hat. Diese Sondermasse unterliegt eigenständigen Verteilungsregeln, nämlich denen 26 nach dem Recht des Belegenheitsstaats. Die Masse des Hauptinsolvenzverfahrens im Übrigen ist nicht betroffen.

II. Maßgeblicher Zeitpunkt (Satz 2)

27 Nach Abs. 2 Satz 2 bezieht sich die Zusicherung auf die Gegenstände, die sich zum Zeitpunkt ihrer Abgabe im betroffenen Mitgliedstaat befanden. Im Hinblick auf den vom Verordnungsgeber beabsichtigten Schutz der Sekundärverfahrensgläubiger stellt dies gleich in zweierlei Hinsicht eine weitere Schwachstelle der Regelung dar. Denn der Verwalter des Hauptinsolvenzverfahrens kann zum einen bereits vor diesem Zeitpunkt Gegenstände aus dem Belegenheitsstaat entfernt haben, und damit den Umfang der Zusicherung beeinflussen. Zum anderen ist denkbar, dass auch nach diesem Zeitpunkt Vermögenswerte entstehen, die im betreffenden Mitgliedstaat belegen sind. Zumindest für letztere sollte die Zusicherung ebenfalls gelten. Will der Hauptinsolvenzverwalter eine hohe Annahmequote erreichen, wird er für Transparenz in Bezug auf die entfernten Gegenstände sorgen.

D. Sprache (Abs. 3)

28 Die Zusicherung hat in der (oder einer der) Amtssprache(n) des betroffenen Mitgliedstaats zu erfolgen. Dies gilt auch für die Angabe der tatsächlichen Annahmen nach Abs. 1 Satz 2.

E. Form der Zusicherung, Zustimmungserfordernisse (Abs. 4)

29 Abs. 4 Satz 1 sieht vor, dass die Zusicherung **schriftlich** zu erfolgen hat. Der Begriff ist autonom auszulegen. Was das im Einzelnen bedeutet, ist unklar, denn die Zustimmung ist eine einseitige Erklärung, die nicht den Gläubigern gegenüber abzugeben ist. Diese werden nach Abs. 5 Satz 4 lediglich über die (bereits abgegebene) Zusicherung unterrichtet. Die Zusicherung verbleibt damit letztlich bei den Akten des Hauptinsolvenzverwalters. Dass die Zusicherung gegenüber dem mit dem Antrag auf Eröffnung eines Sekundärverfahrens befassten Insolvenzgericht abgegeben werden muss (so MüKo-InsO/*Reinhart* VO (EG) 2015/848 Art. 36 Rn. 20), lässt sich der Vorschrift nicht entnehmen, zumal ein anhängiges Sekundärverfahren gerade keine Voraussetzung für eine Zusicherung ist.

30 Unklar ist die Regelung des Abs. 4 Satz 2: Danach sind **strengere Formerfordernisse und Zustimmungserfordernisse** der lex fori concursus des Hauptinsolvenzverfahrens hinsichtlich der Verteilung zu beachten. Das deutsche Insolvenzrecht enthält für die generelle Verteilung der Insolvenzmasse in der Tat spezifische Regelungen, mithin die Vorschriften der §§ 187 ff InsO. Ob Abs. 4 Satz 2 eine entsprechende Anwendung dieser Vorschriften anordnet, ist nicht sicher. Wären sie anwendbar, wäre zumindest eine öffentliche Bekanntmachung der Zusicherung im Hauptinsolvenzverfahren notwendig (§ 188 Satz 3 InsO). Auch stellt sich die Frage, ob die Zustimmung des Insolvenzgerichts zur Abgabe der Zusicherung notwendig ist, denn zumindest für bestimmte Verteilungsschritte, mithin die Schlussverteilung, sieht dies § 196 Abs. 2 InsO vor.

31 Man könnte auch erwägen, ob die Vorschriften der §§ 160 ff. InsO schon nach Abs. 4 Satz 2 Anwendung finden, wenn in einem deutschen Hauptinsolvenzverfahren eine Zusicherung abgegeben werden soll. Zwingend ist dies nicht, denn die §§ 160 ff. InsO befinden sich im zweiten Abschnitt des vierten Teils der Insolvenzordnung, und sind damit Regeln der Verwertung, und nicht der Verteilung. Art. 102c § 12 EGInsO sieht demgegenüber eine zwingende Befassung des Gläubigerausschusses bzw. der Gläubigerversammlung als Wirksamkeitsbedingung vor, wenn eine Zusicherung abgegeben werden soll, die von besonderer Bedeutung für das Insolvenzverfahren ist, was regelmäßig der Fall sein wird.

F. Billigung der Zusicherung durch die lokalen Gläubiger (Abs. 5)

I. Verweis auf bestimmte nationale Vorschriften

32 Die Zustimmung entfaltet nach Abs. 5 ihre Wirkung, wenn sie von den lokalen Gläubigern gebilligt wurde. Dabei verweist die Vorschrift auf die Regelungen zur qualifizierten Mehrheit und zur Abstim-

mung bei der Annahme von Sanierungsplänen im Insolvenzrecht des betroffenen Mitgliedstaats. Im deutschen Insolvenzrecht sind dies die **Regelungen zum Insolvenzplan**. Dementsprechend gelten die Mehrheitserfordernisse, die auch für die Annahme eines Insolvenzplans gelten, mithin § 244 Abs. 1 InsO. Fraglich ist die Reichweite des Verweises von Abs. 5.

II. Reichweite des Verweises auf das nationale Recht

So kann man sich zunächst fragen, ob Abs. 5 auf die Gruppenbildung nach deutschem Recht verweist. So versteht offenbar der deutsche Gesetzgeber die Regelung, vgl. Art. 102c § 17 EGInsO. Zwingend ist das nicht. Denn die Mehrheitserfordernisse der InsO (Kopf und Summenmehrheit, § 244 Abs. 1 InsO) könnte man auch auf alle einzubeziehenden Gläubiger beziehen, so dass eine Gruppenbildung entbehrlich wäre (ähnlich *Wimmer/Bornemann/Lienau* Die Neufassung der EuInsVO Rn. 441, der nur zwei Gruppen bilden will, mithin die nicht-nachrangigen und die nachrangigen Insolvenzgläubiger). 33

Darüber hinaus kann man sich fragen, ob auch das **Gericht zu involvieren** ist, wenn die Abstimmungsregelungen dies vorsehen, wie etwa die Bestätigung des Plans in § 248 Abs. 1 InsO (dagegen *Wimmer/Bornemann/Lienau* Die Neufassung der EuInsVO Rn. 445; Braun/*Delzant* Art. 36 EuInsVO Rn. 16). Wenn diese Vorschrift Anwendung fänden, stellt sich die weitergehende Frage, ob das auch für den Rechtsschutz gilt, § 253 InsO. 34

Dass die EuInsVO hier keine Regelungen enthält, bedeutet nicht, dass der nationale Gesetzgeber frei darin wäre, spezifisch für das Verfahren nach Abs. 5 eigene Regelungen aufzustellen. Denn die EuInsVO ist autonom auszulegen, und kann in ihrer Wirkungsweise nicht durch den nationalen Gesetzgeber ausgehebelt oder eingeschränkt werden. Dementsprechend sind Regelungen kritisch zu sehen, die spezifisch für das Verfahren nach Abs. 5 gelten sollen (vgl. dazu die Kommentierung von Artikel 102c §§ 17 ff EGInsO). 35

III. »Bekannte« lokale Gläubiger

Die Billigung muss durch die »bekannten« lokalen Gläubiger erfolgen. Auch der Begriff »bekannt« ist autonom auszulegen. Er muss sich auf alle lokalen Gläubiger beziehen, die dem Insolvenzschuldner bzw. dem Hauptinsolvenzverwalter bekannt sind. Darauf, ob der Gläubiger seine Forderung bereits angemeldet hat, kommt es nicht an. 36

Auch gibt es **keine zeitliche Einschränkung**. Auch wenn der Gläubiger erst nach der Zusicherung, aber vor deren Billigung »bekannt« wird, ist er bei der Billigung entscheidungsbefugt. 37

IV. Zulässigkeit der Fernkommunikation

Der Verweis auf die Zulässigkeit von Fernkommunikationsmitteln in Abs. 5 S. 2, wenn diese nach nationalem Recht zulässig sind, erscheint entbehrlich, da Satz 1 bereits auf die Regeln über die Abstimmung verweist. 38

V. Unterrichtungspflicht des Hauptinsolvenzverwalters

Abs. 5 Satz 3 weist es dem Verwalter des Hauptinsolvenzverfahrens zu, die betroffenen Gläubiger zu unterrichten, und zwar über die Zusicherung, die Regeln und das Verfahren für deren Billigung sowie die Billigung oder deren Ablehnung. Wie diese Unterrichtung zu geschehen hat, ist nicht geregelt. Denkbar wäre eine Anlehnung an die Regelungen, die das Insolvenzrecht des betroffenen Mitgliedstaats für die Unterrichtung der Gläubiger vorsieht. Andererseits kann man auch an das Recht des Hauptinsolvenzverfahrens anknüpfen. Ist deutsches Insolvenzrecht anwendbar, stellt sich die Frage, ob bereits eine öffentliche Bekanntmachung nach § 8 InsO ausreichen würde, um der Informationspflicht nachzukommen, oder ob die Gläubiger individuell unterrichtet werden müssen. 39

Schließlich wäre denkbar, auch die Regelung der Abs. 3 und 4 zu Form und Sprache entsprechend auf die Unterrichtungspflicht anzuwenden. 40

G. Eröffnung eines Sekundärverfahrens trotz Zusicherung (Abs. 6)

41 Abs. 6 Satz 1 stellt klar, dass nur die gebilligte Zusicherung Bindungswirkung für die Insolvenzmasse entfaltet. So ist auch die Regelung in Abs. 2 zu verstehen (vgl. Rdn. 21).

42 Abs. 6 Satz 2 behandelt den Fall, dass trotz Abgabe einer Zusicherung ein Sekundärinsolvenzverfahren eröffnet wurde, etwa, weil die Gläubiger es nicht gebilligt haben, oder ein Gericht zu dem Schluss gekommen ist, dass die Voraussetzungen von Art. 38 Abs. 2 EuInsVO vorliegen. In diesem Fall hat der Hauptinsolvenzverwalter Gegenstände der Masse, die er nach Abgabe der Zusicherung aus dem Mitgliedstaat entfernt hat, oder einen entsprechenden Erlös, an den Verwalter des Sekundärverfahrens herauszugeben. Es handelt sich letztlich um eine **Sicherungsregelung zu Gunsten des Sekundärverfahrens**.

43 Die Regelung in Satz 2 sollte unabhängig davon gelten, ob die Zusicherung verbindlich geworden ist, oder nicht.

H. Besonderheiten bei der Verteilung (Abs. 7)

44 Abs. 7 enthält zwei Regelungen: Zum einen muss der Verwalter, wenn er eine (gemeint ist: bindende) Zusicherung gegeben hat, die lokalen Gläubiger unterrichten, bevor er Massegegenstände oder Erlöse verteilt, für die die Zusicherung gilt (Satz 1). Zum anderen soll den lokalen Gläubigern Rechtsschutz für den Fall eingeräumt werden, dass die beabsichtigte Verteilung nicht der Zusicherung entspricht (Satz 2).

I. Benachrichtigung der lokalen Gläubiger (Satz 1)

45 Die Benachrichtigung der Gläubiger sorgt zwar für Transparenz, ist aber **nicht praktikabel**, denn Satz 1 erfasst nicht nur Verteilungen i.S. einer Abschlags- oder Schlussverteilung, sondern auch die Verteilung von Massegegenständen, also etwa die Herausgabe von Aussonderungsgut oder die Abrechnung von Absonderungsrechten, die auch zu Beginn oder im Laufe des Verfahrens erfolgen kann. In all diesen Fällen müssen die lokalen Gläubiger vorab unterrichtet werden, was den Verwaltungsaufwand gerade in größeren Verfahren enorm steigert. Hat der Hauptinsolvenzverwalter keine Sondermasse gebildet (vgl. dazu Rdn. 26), sondern die Vermögenswerte vermischt, entstehen weitere Schwierigkeiten: Denn dann erstreckt sich die Informationspflicht auch auf Verteilungen des sonstigen Vermögens (MüKo-InsO/*Reinhart* VO (EG) 2015/848 Art. 36 Rn. 33).

46 Die Vorschrift bezieht sich dem Wortlaut nach nicht nur auf die »bekannten« lokalen Gläubiger. Faktisch werden aber nur diese informiert werden können. Die Formulierung ist daher missglückt.

47 Abs. 7 regelt nicht, wie die Gläubiger zu benachrichtigen sind (**Form, Sprache**). Es liegt nahe, auch hier Abs. 3 entsprechend heranzuziehen. Denkbar wäre aber auch, das Insolvenzrecht des Hauptinsolvenzverfahrens zu befragen, in welcher Form Gläubiger dort über anstehende Verteilungen informiert werden. Eher fern liegt es, das Recht des betroffenen Mitgliedstaates heranzuziehen, in dem das Sekundärverfahren hätte eröffnet werden können (anders *Mankowski/Mankowski* Art. 36 Rn. 56), denn es geht ja um eine Verteilung im Hauptinsolvenzverfahren.

48 Eine **Sanktion** für den Fall, dass der Verwalter seiner Benachrichtigungspflicht nicht nachkommt, sieht Abs. 7 nicht vor. Hierfür gilt Abs. 10 (anders *Mankowski/Mankowski* Art. 36 Rn. 57, der die Sanktion entsprechend Art. 35 dem Recht des Niederlassungsstaats entnehmen will).

II. Rechtsschutz (Satz 2, 3)

49 Abs. 7 Satz 2 sieht ein **Anfechtungsrecht** für die lokalen Gläubiger vor, wenn die in der Benachrichtigung zum Ausdruck kommende Vorgehensweise des Verwalters nicht der Zusicherung entspricht. Der Rechtsschutz ist im Mitgliedstaat zu suchen, in dem das Hauptinsolvenzverfahren eröffnet wurde, was bedeutet, dass dieses Gericht das Recht des Landes zu prüfen haben wird, in dem das Sekundärinsolvenzverfahren vermieden wurde.

Wie der Rechtsschutz im Einzelnen ausgestaltet ist, lässt die EuInsVO offen, sondern überlässt dies 50
den einzelnen Mitgliedstaaten. Ausreichend wäre, wenn es den Rechtsschutz im Insolvenzverfahren
gibt, etwa im Rahmen des Verteilungsverfahrens. Gibt es solchen Rechtsschutz nicht, wären ggf. die
ordentlichen Gerichte anzurufen, und der Hauptinsolvenzverwalter auf Unterlassung in Anspruch
zu nehmen.

Jeder Rechtsschutz hat **Suspensiveffekt** (Satz 3). Die Verteilung findet nicht statt, bis ein Gericht 51
über die Anfechtung entschieden hat. Ob die Entscheidung rechtskräftig sein muss, lässt die
EuInsVO offen.

Bestimmte Anforderungen an den Rechtsschutz sieht die EuInsVO nicht vor. Ob das bedeutet, dass 52
jeder Rechtsschutz den Anforderungen der EuInsVO genügt, ist fraglich. Im Hinblick auf die Praktikabilität und den Beschleunigungsgedanken im Insolvenzverfahren generell wird man keine allzu
hohen Anforderungen an den Rechtsschutz stellen dürfen. So ist ein Instanzenzug jedenfalls europarechtlich nicht notwendig.

I. Rechtsschutz der lokalen Gläubiger (Abs. 8 bis 10)

Abs. 8 bis 10 sehen einen besonderen Rechtsschutz für die lokalen Gläubiger und eine Haftung des 53
Verwalters vor. Da nach der hier vertretenen Auffassung die Zusicherung einen weitergehenden Anwendungsbereich hat, und alle Gläubiger des Insolvenzschuldners erfasst (vgl. Rdn. 9), greift die Vorschrift zu kurz. Sie schließt einen entsprechenden Rechtsschutz der anderen, nicht lokalen Gläubiger
nach dem Recht des Hauptinsolvenzverfahrens, insbesondere eine Haftung für einen Schaden (vgl.
Mankowski/Mankowski Art 36 EuInsVO Rn. 70) damit nicht aus.

I. Rechtsschutz im Hauptinsolvenzverfahren (Abs. 8)

Abs. 8 dient der Sicherstellung der Zusicherung im Hauptinsolvenzverfahren. Danach können die 54
lokalen Gläubiger die Gerichte des Hauptinsolvenzverfahrens anrufen, um den Verwalter zu Maßnahmen zu verpflichten, die die Einhaltung der Zusicherung sicherstellen.

Die Regelung wird überlagert durch Abs. 9, der auch die Gerichte des Staats, in dem das Sekundär- 55
insolvenzverfahren vermieden wurde, berechtigt, einstweilige Maßnahmen oder Sicherungsmaßnahmen anzuordnen. Das Verhältnis zwischen den beiden Absätzen ist nicht klar. Jedenfalls haben die
Gläubiger die Wahl, welches Gericht sie anrufen.

Antragsberechtigt sind nur die lokalen Gläubiger. Die Vorschrift greift zu kurz, denn betroffen von 56
der Zusicherung sind alle Gläubiger (vgl. Rdn. 9, 53).

Fraglich ist, ob i.S. einer **Notwendigkeits- und Angemessenheitsprüfung** das Gericht des Hauptinsolvenzverfahrens zu prüfen hat, ob und welche Maßnahmen überhaupt notwendig sind, oder ob es 57
sich um eine gebundene Entscheidung handelt. Der Wortlaut von Abs. 8 gibt dafür nichts her, denn
es wird nur ein Recht der Gläubiger geregelt, nicht aber, an Hand welcher Maßstäbe die Gerichte zu
entscheiden haben. Verwiesen wird immerhin auf das Recht des Staats, in dem das Hauptinsolvenzverfahren eröffnet wurde. Nach diesem Recht muss die Maßnahme zulässig sein.

Denkbar ist also eine Einschaltung des Gerichts, das die Aufsicht über das Hauptinsolvenzverfahren 58
führt, und das ggf. im Wege der Aufsicht agieren kann. Möglich wäre aber auch, die ordentlichen
Gericht anzurufen.

Sachgerecht kann beispielsweise sein, wenn der Insolvenzverwalter verpflichtet wird, **die aus der Ver-** 59
wertung der hypothetischen Sekundärinsolvenzmasse eingezogenen Beträge zu separieren, hilfs-
weise den betroffenen Gläubigern Sicherheit zu leisten. So etwas mag insbesondere dann in
Betracht kommen, wenn in Rede steht, die eingezogenen Beträge für die Fortführung des Unternehmens zu nutzen, und die betroffenen Gläubigervorrechte dadurch gefährdet werden.

II. Rechtsschutz im Staat des (vermiedenen) Sekundärverfahrens (Abs. 9)

60 Die lokalen Gläubiger können aber auch Rechtsschutz in dem Staat suchen, in dem das Sekundärinsolvenzverfahren vermieden wurde. Dem Wortlaut nach darf es sich dabei nur um einstweilige Maßnahmen oder Sicherungsmaßnahmen handeln. Insoweit unterscheidet sich Abs. 9 von Abs. 8.

61 Auch hier stellt sich die Frage, ob eine Notwendigkeits- und Angemessenheitsprüfung stattfinden hat (vgl. Rdn. 57). Die EuInsVO gibt dafür nichts her.

62 Auch wenn die Gerichte des Staats des vermiedenen Sekundärinsolvenzverfahrens angerufen werden, bedeutet das nicht, dass diese das Recht dieses Staats anzuwenden hätten. Denn die Verteilung im Hauptinsolvenzverfahren und die Rechte des Hauptinsolvenzverwalters richten sich nach der lex fori concursus des Hauptinsolvenzverfahrens. Allerdings mag es sein, dass die Entscheidung der zuständigen Gerichte im Staat des Sekundärinsolvenzverfahrens leichter vollstreckbar ist.

J. Haftung des Verwalters (Abs. 10)

63 Abs. 10 sieht eine besondere **europarechtliche Haftungsnorm** des Hauptinsolvenzverwalters gegenüber den lokalen Gläubigern vor. Er steht neben den Haftungsnormen des Staats des Hauptinsolvenzverfahrens, und ergänzt diese im Sinne einer Mindesthaftung, schließt sie aber nicht aus.

64 Welche Voraussetzungen für die Haftung nach Abs. 10 gegeben sein müssen, lässt die Vorschrift offen. Fraglich ist, ob es sich um eine **verschuldensunabhängige Haftung**, mithin also um eine Art Garantiehaftung für den Inhalt der Zusicherung handelt (so *Mankowski/Mankowski* Art. 36 EuInsVO Rn. 68), oder ob ein **Verschulden erforderlich** ist.

65 Auch mit Blick auf die **Rechtsfolge** enthält die Regelung keine klare Regelung. Immerhin ist ein Schaden des lokalen Gläubigers notwendig. Dies bedeutet, dass der Gläubiger so gestellt werden muss, wie wenn der Hauptinsolvenzverwalter seine Pflichten und Auflagen erfüllt hätte.

66 Wie der **Schaden** geltend gemacht wird, regelt die Vorschrift nicht. Die Regelung schließt damit nicht aus, dass sich, wenn die lex fori concursus dies vorsieht, ein Sonderinsolvenzverwalter auf Abs. 10 stützt, wenn es sich um einen Gesamtschaden der lokalen Gläubiger handelt.

67 Die **internationale Zuständigkeit** regelt Abs. 10 nicht. Es spricht allerdings viel dafür, dass es sich bei einem Streit um die Haftung des Verwalters nach Abs. 10 um eine Annexsache i.S.d. Art. 6 EuInsVO handelt (ebenso Braun/*Delzant* Art. 36 EuInsVO Rn. 24).

68 Aus Abs. 10 ergibt sich kein Recht der Gläubiger, die Billigung der Zusicherung anzufechten. Insoweit bleibt es bei der Anwendung des Rechts, das für die Abstimmung anwendbar ist (Abs. 5, vgl. Rdn. 18).

K. Arbeitsagentur als lokaler Gläubiger (Abs. 11)

69 Nach Abs. 11 sind die jeweiligen Behörden, die die Befriedigung nicht erfüllter Ansprüche von Arbeitnehmern ebenfalls lokale Gläubiger, sofern das nationale Recht solche Behörden vorsieht. Dies betrifft in Deutschland die Arbeitsagentur und den PSVaG.

Artikel 37 Antragsrecht

(1) Die Eröffnung eines Sekundärinsolvenzverfahrens kann beantragt werden von
a) dem Verwalter des Hauptinsolvenzverfahrens,
b) jede andere Person oder Behörde, die nach dem Recht des Mitgliedstaats, in dessen Hoheitsgebiet die Eröffnung des Sekundärinsolvenzverfahrens beantragt wird, dazu befugt ist.

(2) Ist eine Zusicherung im Einklang mit Artikel 36 bindend geworden, so ist der Antrag auf Eröffnung eines Sekundärinsolvenzverfahrens innerhalb von 30 Tagen nach Erhalt der Mitteilung über die Billigung der Zusicherung zu stellen.

Antragsrecht **Art. 37 EuInsVO**

Übersicht

		Rdn.			Rdn.
A.	Normzweck	1	III.	Insolvenzgläubiger	7
B.	Antragsrechte (Abs. 1)	3	IV.	Schuldner	11
I.	Antragsrecht des Hauptverwalters (lit. a)	3	V.	Auslegung des Antrags	14
II.	Antragsrechte Dritter (lit. b)	6	C.	Fristgebundenheit des Antrags bei bindender Zusicherung (Abs. 2)	16

Literatur:
Dammann/Müller Eröffnung eines Sekundärinsolvenzverfahrens in Frankreich gem. Art. 29 lit. a auf Antrag eines »schwachen« deutschen Insolvenzverwalters, NZI 2011, 752; *Klockenbrink* Die Gläubigerstellung unter dem Einfluss der EuInsVO und des deutschen internationalen Insolvenzrechts, 2008; *Lüke* Das europäische internationale Insolvenzrecht, ZZP 111 [1998], 275; *Reinhart* Die Bedeutung der EuInsVO im Insolvenzeröffnungsverfahren – Besonderheiten paralleler Eröffnungsverfahren, NZI 2009, 201.

A. Normzweck

Art. 37 Abs. 1 legt fest, wer ein Sekundärinsolvenzverfahren beantragen kann. Er ersetzt die lokalen Regelungen zur Antragsbefugnis in den Mitgliedstaaten, nimmt aber gleichzeitig auf sie Bezug. Abs. 2 schränkt die Antragsbefugnis wieder ein: Wenn eine bindende Zusicherung abgegeben wurde, soll nach Ablauf von 30 Tagen nach entsprechender Mitteilung ein Antrag unzulässig sein. **1**

Die Antragsberechtigung für ein unabhängiges Partikularinsolvenzverfahren gem. Art. 3 Abs. 4 EuInsVO ergibt sich nicht aus Art. 37, sondern aus Art. 3 Abs. 4 EuInsVO selbst (vgl. EuInsVO Art. 3 Rdn. 33 ff.). **2**

B. Antragsrechte (Abs. 1)

I. Antragsrecht des Hauptverwalters (lit. a)

Abs. 1 lit. a verleiht dem **Verwalter des Hauptinsolvenzverfahrens originär ein Antragsrecht** (ebenso § 356 Abs. 2 InsO). Dem liegt die Vorstellung zugrunde, der ausländische Verwalter könne das Sekundärinsolvenzverfahren nutzen, um dingliche Sicherheiten in das Verfahren mit einzubeziehen oder um die Abwicklung von großen Insolvenzverfahren einfacher zu gestalten. **3**

Ob eine **Pflicht des Hauptinsolvenzverwalters** zur Stellung eines Antrags besteht, ergibt sich aus der lex fori concursus. Nach deutschem Recht könnte der Hauptinsolvenzverwalter verpflichtet sein, einen solchen Antrag zu stellen, wenn die Vorteile eines Sekundärinsolvenzverfahrens, etwa der einfachere Zugriff auf die im Ausland belegene Masse, die Erfassung des mit Sicherungsrechten belasteten Vermögens des Schuldners oder die örtliche Unterstützung, die Nachteile eines solchen Verfahrens, insbesondere die damit verbunden Kosten oder die Veränderung insbesondere auch des Anfechtungsstatuts (vgl. dazu EuInsVO Art. 16 Rdn. 15 ff.) überwiegen. **4**

Streitig ist, ob auch ein **vorläufiger Verwalter** im Hauptverfahren berechtigt ist, einen Antrag auf Eröffnung eines Sekundärinsolvenzverfahrens zu stellen. Nach dem Erläuternden Bericht (dort Rn. 226) soll sich die Antragsbefugnis des Abs. 1 lit. a auf den Hauptverwalter beschränken; dem vorläufigen Verwalter soll kein Antragsrecht zukommen (so auch die wohl überwiegende Auffassung MüKo-BGB/*Kindler* Art. 29 EuInsVO a.F. Rn. 4 m.w.N.; *Pannen/Herchen* Art. 29 EuInsVO a.F. Rn. 20), jedenfalls keines nach Art. 37 lit. a (*Duursma-Kepplinger/Duursma/Chalupsky* Art. 29 EuInsVO a.F. Rn. 9). Diese Einschränkung überzeugt angesichts der Regelung des Art. 52 EuInsVO nicht. Danach ist der vorläufige Verwalter berechtigt, Sicherungsmaßnahmen in anderen Mitgliedstaaten zu beantragen. Es besteht kein Grund, dem vorläufigen Verwalter nicht auch das Recht zur Beantragung eines Sekundärinsolvenzverfahrens zuzugestehen, das man auch als die stärkste Sicherungsmaßnahme nach nationalem Recht ansehen könnte (so auch *Reinhart* NZI 2009, 201 [205 f.]; *Dammann/Müller* NZI 2011, 752 zum dies bestätigenden Urteil des Handelsgerichts Nanterre vom 08.07.2011; ebenso für den starken vorläufigen Verwalter *Smid* Dt. IIR Art. 29 EuInsVO a.F. Rn. 5; auf den Vermögensbeschlag durch die Einsetzung des vorläufigen Verwalters abstellend MüKo-InsO/*Reinhart* Art. 29 EuInsVO a.F. Rn. 3). Dagegen wird eingewandt, dass **5** zu diesem Zeitpunkt noch gar nicht feststehe, ob es überhaupt zur Insolvenz des Schuldners komme, da diese Frage ja gerade im vorläufigen Verfahren geprüft werde. Dem kann man ohne Weiteres damit begegnen, dass der Staat, in dem das Sekundärinsolvenzverfahren beantragt wurde, selbst (zunächst nur) einen vorläufigen Verwalter einsetzt; auch wenn die Einsetzung eines vorläufigen Verwalters nach Art. 52 EuInsVO möglich wäre, kann die Möglichkeit der Beantragung des Sekundärinsolvenzverfahrens durch den vorläufigen Hauptinsolvenzverwalter die Abwicklung der Insolvenz beschleunigen, da etwa das Sekundärinsolvenzverfahren später zeitgleich mit dem Hauptinsolvenzverfahren eröffnet werden kann.

II. Antragsrechte Dritter (lit. b)

6 Gemäß **Abs. 1 lit. b** kann jede andere Person oder Stelle einen Antrag auf Eröffnung eines Sekundärinsolvenzverfahrens in einem Mitgliedstaat stellen, wenn das Recht dieses Staats dies vorsieht. Dabei verweist Abs. 1 lit. b generell auf sämtliche nationalen Antragsberechtigungen (so MüKo-BGB/*Kindler* Art. 29 EuInsVO a.F. Rn. 9) und nicht nur auf solche, die eine Befugnis ganz speziell für Sekundärinsolvenzverfahren vorsehen (etwa §§ 354 ff. InsO; so aber wohl *Paulus* Art. 29 EuInsVO a.F. Rn. 7).

III. Insolvenzgläubiger

7 Ein Dritter ist nach deutschem Recht antragsberechtigt, wenn ihm eine Forderung gegen den Schuldner zusteht und er ein rechtliches Interesse an der Eröffnung eines Insolvenzverfahrens glaubhaft macht (vgl. § 14 Abs. 1 InsO).

8 Dies gilt für alle Gläubiger, nicht nur für die lokalen Gläubiger des Schuldners. Insoweit besteht ein Missverhältnis zu den Regelungen des Art. 36, die teilweise nur die lokalen Gläubiger betreffen.

9 Ob der **Gläubiger** ein rechtliches Interesse an der Eröffnung eines Sekundärinsolvenzverfahrens darlegen und glaubhaft machen muss, ist streitig. Wohl überwiegend wird eine solche Einschränkung des Antragsrechts abgelehnt (vgl. MüKo-BGB/*Kindler* Art. 29 EuInsVO a.F. Rn. 7; *Smid* Dt. IIR Art. 29 EuInsVO a.F. Rn. 8). Andererseits entspricht es dem Grundgedanken der EuInsVO eher, das Erfordernis eines besonderen rechtlichen Interesses zu bejahen: Die EuInsVO geht vom Grundsatz der Universalität aus; ein Sekundärinsolvenzverfahren soll eine Ausnahme bleiben. Der Verweis in Abs. 1 lit. b auf das nationale Recht belegt überdies, dass der Verordnungsgeber nationale Beschränkungen nicht durch ein unbeschränktes Antragsrecht ersetzen wollte. Die Darlegung eines rechtlichen Interesses sollte daher gefordert werden (vgl. *Pannen/Herchen* Art. 29 EuInsVO a.F. Rn. 31 ff.).

10 Ein Gläubiger hat ein solches rechtliches Interesse an der Durchführung eines Sekundärinsolvenzverfahrens nicht schon deshalb, weil ihm eine Insolvenzforderung gegen den Schuldner zusteht. Vielmehr ist darüber hinaus zu verlangen, dass der Gläubiger darlegt, dass die Teilnahme am Hauptinsolvenzverfahren für ihn nicht möglich oder zumutbar ist. Erfährt der Gläubiger im Hauptinsolvenzverfahren Nachteile gegenüber einem inländischen Verfahren, etwa weil seine Forderung dort einen schlechteren Rang hat, ist ein rechtliches Interesse zu bejahen. Nimmt der Gläubiger bereits am Hauptinsolvenzverfahren teil und kann er nicht darlegen, dass ihm dort Nachteile drohen, spricht dies gegen sein Interesse an der Eröffnung eines Sekundärinsolvenzverfahrens (vgl. *Dawe* Der Sonderkonkurs des deutschen internationalen Insolvenzrechts, S. 161). Je länger ein Gläubiger mit seinem Antrag zuwartet, umso höhere Anforderungen sind an das rechtliche Interesse zu stellen.

IV. Schuldner

11 Streitig ist, ob auch der **Schuldner** selbst berechtigt ist, einen Antrag auf Eröffnung eines Sekundärinsolvenzverfahrens zu stellen (dafür AG *Köln* ZIP 2004, 471 [474]; *Kemper* ZIP 2001, 1609 [1613]; *Lüke* ZZP 111 [1998], 275 [302]; *Paulus* NZI 2001, 505 [514]; *Duursma-Kepplinger/Duursma/Chalupsky* Art. 29 EuInsVO a.F. Rn. 8). Die EuInsVO regelt die Frage der Antragsbefugnis des Schuldners nicht. Abs. 1 lit. b lässt sich aber auch nicht entnehmen, dass die Vorschrift nur auf bestimmte

Regelungen des nationalen Rechts verweist. Damit ist für die Antragsberechtigung des Schuldners aber noch nichts entschieden, denn die Regelung spricht nicht von Gläubigern, sondern von Personen, denen die Antragsberechtigung zukommt. Es kommt vielmehr darauf an, ob das Recht des Eröffnungsstaats Regelungen enthält, die den Schuldner daran hindern, nach Eröffnung des Hauptinsolvenzverfahrens einen Antrag auf Eröffnung eines Sekundärinsolvenzverfahrens in einem anderen Mitgliedstaat zu stellen. Es liegt nahe, einen solchen Antrag auf Eröffnung des Sekundärinsolvenzverfahrens aus Sicht des Hauptverfahrens mit einer Verfügung über Massegegenstände gleichzustellen (MüKo-BGB/*Kindler* Art. 29 EuInsVO a.F. Rn. 12; *Pannen/Herchen* Art. 29 EuInsVO a.F. Rn. 22); mit der Eröffnung des Sekundärinsolvenzverfahrens werden dem Hauptinsolvenzverfahren Massegegenstände entzogen. Zu solchen Verfügungen ist der Schuldner aber – i.d.R. – nach dem Recht des Eröffnungsstaats nicht mehr berechtigt. Einen Antrag auf Eröffnung eines Sekundärinsolvenzverfahrens kann er daher regelmäßig nicht stellen.

Dies gilt auch dann, wenn das Insolvenzverfahren in Eigenverwaltung über das Vermögen des Schuldners durchgeführt wird. Das Recht des Hauptinsolvenzverfahrens entscheidet, wer in solchen Fällen einen Antrag stellen kann, und wer diesem ggf. zustimmen muss. 12

Ob ein Schuldner mit einem (unzulässigen) Antrag auf Eröffnung eines Sekundärinsolvenzverfahrens seinen Insolvenzantragspflichten genügt, dürfte daher zweifelhaft sein (vgl. dazu auch EuInsVO Art. 7 Rdn. 24 ff.). 13

V. Auslegung des Antrags

Aus dem nationalen Recht des eröffnenden Staats ergibt sich auch, wie Anträge auszulegen sind. Nach deutschem Recht erfolgt eine interessengerechte Auslegung nach Sinn und Zweck des Antrags. Wird ausdrücklich ein Sekundärinsolvenzverfahren beantragt, ist darin i.d.R. nicht zugleich ein Antrag auf Eröffnung eines Hauptinsolvenzverfahrens zu sehen (so aber *AG Mönchengladbach* NZI 2004, 383), da ein Hauptinsolvenzverfahren wegen seiner universalen Wirkung völlig andere Rechtsfolgen hat (so auch MüKo-BGB/*Kindler* Art. 3 EuInsVO a.F. Rn. 11). Kommt ein Sekundärinsolvenzverfahren nicht in Betracht, ist allerdings denkbar, dass der Antrag als Antrag auf Eröffnung eines unabhängigen Partikularverfahrens ausgelegt werden kann (Art. 3 Abs. 4 EuInsVO; vgl. auch Art. 102c § 2 EGInsO). 14

Wird die Eröffnung eines Hauptinsolvenzverfahrens beantragt, ist ein solches aber bereits in einem anderen Mitgliedstaat eröffnet, der Antrag mithin unzulässig, kommt eine Auslegung als Antrag auf Eröffnung eines Sekundärinsolvenzverfahrens in Betracht (*AG München* NZI 2007, 358). 15

C. Fristgebundenheit des Antrags bei bindender Zusicherung (Abs. 2)

Nach Abs. 2 ist der Antrag innerhalb von 30 Tagen nach Erhalt der Mitteilung über die Billigung der Zusicherung zu stellen, wenn eine Zusicherung nach Art. 36 EuInsVO bindend geworden ist. Die Regelung wirft gleich mehrere Fragen auf: 16

So kann man sich zunächst fragen, ob Abs. 2 generell für Anträge aller Gläubiger gilt, oder nur die Rechte der lokalen Gläubiger einschränkt. Will man Art. 36 Abs. 1 so verstehen, dass die Zusicherung nur für lokale Gläubiger gilt (anders allerdings oben EuInsVO Art. 36 Rdn. 9), wäre von vornherein nicht ersichtlich, warum die Anträge der übrigen Gläubiger nach Fristablauf verfristet sein sollten. Aber auch nach der hiesigen Auffassung werden die übrigen Gläubiger nach Art. 36 Abs. 5 EuInsVO nicht befragt, ob sie die Zusicherung billigen. Man kann sich also fragen, ob den übrigen Gläubigern gleichwohl ein Antragsrecht trotz Billigung der Zusicherung verbleibt. Der Wortlaut von Abs. 2 spricht zunächst dagegen, wirft aber die Frage auf, ob für die übrigen Gläubiger überhaupt eine Frist läuft. Denn nach Art. 36 Abs. 5 werden nur die lokalen Gläubiger unterrichtet. Ob der Hauptinsolvenzverwalter den Fristlauf dadurch in Gang setzen kann, dass er alle Gläubiger unterrichtet, scheint offen.

17 Die Frist beginnt mit der Mitteilung über die Billigung der Zusicherung. Insoweit nimmt sie auf Art. 36 Abs. 5 Bezug, wonach der Verwalter die lokalen Gläubiger auch über die Billigung der Zusicherung unterrichtet. Damit kann es sich im Einzelfall um eine individuelle Frist handeln, die für den konkreten Antragsteller zu ermitteln ist. Ist die Unterrichtung durch öffentliche Bekanntmachung zulässig, kommt es auf die individuelle Kenntnis nicht an.

18 Nur wenn es sich bei dem Antragsteller um den Hauptinsolvenzverwalter handelt, ist auf seine Kenntnis abzustellen (unklar, und ggf. weiter *Mankowski/Mankowski* Art. 37 EuInsVO Rn. 42).

Artikel 38 Entscheidung zur Eröffnung eines Sekundärinsolvenzverfahrens

(1) Das mit einem Antrag auf Eröffnung eines Sekundärinsolvenzverfahrens befasste Gericht unterrichtet den Verwalter oder den Schuldner in Eigenverwaltung des Hauptinsolvenzverfahrens umgehend davon und gibt ihm Gelegenheit, sich zu dem Antrag zu äußern.

(2) Hat der Verwalter des Hauptinsolvenzverfahrens eine Zusicherung gemäß Artikel 36 gegeben, so eröffnet das in Absatz 1 dieses Artikels genannte Gericht auf Antrag des Verwalters kein Sekundärinsolvenzverfahren, wenn es der Überzeugung ist, dass die Zusicherung die allgemeinen Interessen der lokalen Gläubiger angemessen schützt.

(3) Wurde eine vorübergehende Aussetzung eines Einzelvollstreckungsverfahrens gewährt, um Verhandlungen zwischen dem Schuldner und seinen Gläubigern zu ermöglichen, so kann das Gericht auf Antrag des Verwalters oder des Schuldners in Eigenverwaltung die Eröffnung eines Sekundärinsolvenzverfahrens für einen Zeitraum von höchstens drei Monaten aussetzen, wenn geeignete Maßnahmen zum Schutz des Interesses der lokalen Gläubiger bestehen.

Das in Absatz 1 genannte Gericht kann Sicherungsmaßnahmen zum Schutz des Interesses der lokalen Gläubiger anordnen, indem es dem Verwalter oder Schuldner in Eigenverwaltung untersagt, Gegenstände der Masse, die in dem Mitgliedstaat belegen sind, in dem sich seine Niederlassung befindet, zu entfernen oder zu veräußern, es sei denn, dies erfolgt im Rahmen des gewöhnlichen Geschäftsbetriebs. Das Gericht kann ferner andere Maßnahmen zum Schutz des Interesses der lokalen Gläubiger während einer Aussetzung anordnen, es sei denn, dies ist mit den nationalen Vorschriften über Zivilverfahren unvereinbar.

Die Aussetzung der Eröffnung eines Sekundärinsolvenzverfahrens wird vom Gericht von Amts wegen oder auf Antrag eines Gläubigers widerrufen, wenn während der Aussetzung im Zuge der Verhandlungen gemäß Unterabsatz 1 eine Vereinbarung geschlossen wurde.

Die Aussetzung kann vom Gericht von Amts wegen oder auf Antrag eines Gläubigers widerrufen werden, wenn die Fortdauer der Aussetzung für die Rechte des Gläubigers nachteilig ist, insbesondere wenn die Verhandlungen zum Erliegen gekommen sind oder wenn offensichtlich geworden ist, dass sie wahrscheinlich nicht abgeschlossen werden, oder wenn der Verwalter oder der Schuldner in Eigenverwaltung gegen das Verbot der Veräußerung von Gegenständen der Masse oder ihres Entfernens aus dem Hoheitsgebiet des Mitgliedstaats, in dem sich seine Niederlassung befindet, verstoßen hat.

(4) Auf Antrag des Verwalters des Hauptinsolvenzverfahrens kann das Gericht nach Absatz 1 abweichend von der ursprünglich beantragten Art des Insolvenzverfahrens ein anderes in Anhang A aufgeführtes Insolvenzverfahren eröffnen, sofern die Voraussetzungen für die Eröffnung dieses anderen Verfahrens nach nationalem Recht erfüllt sind und dieses Verfahren im Hinblick auf die Interessen der lokalen Gläubiger und die Kohärenz zwischen Haupt- und Sekundärinsolvenzverfahren am geeignetsten ist. Artikel 34 Satz 2 findet Anwendung.

Übersicht

	Rdn.			Rdn.
A. Normzweck	1	C.	Eröffnung trotz Zusicherung (Abs. 2)	4
B. Unterrichtung und Anhörung (Abs. 1)	2			

	Rdn.		Rdn.
D. Aussetzung der Eröffnung eines Sekundärinsolvenzverfahrens (Abs. 3)	12	III. Widerruf der Aussetzung (Unterabsätze 3, 4)	21
I. Voraussetzungen einer Aussetzung (Unterabsatz 1)	13	E. Eröffnung einer anderen Art eines Insolvenzverfahrens (Abs. 4)	24
II. Anordnung von Sicherungsmaßnahmen (Unterabsatz 2)	18		

A. Normzweck

Art. 38 EuInsVO dient im Wesentlichen dazu, das Hauptverfahren zu stärken, und den dortigen Beteiligten mehr Rechte in Bezug auf das Sekundärinsolvenzverfahren einzuräumen. Abs. 1 regelt eine Anhörungspflicht, Abs. 2 die Konsequenzen einer bindenden Zusicherung nach Art. 36 EuInsVO. Abs. 3 sieht in bestimmten Fällen eine Aussetzung des Sekundärinsolvenzverfahrens vor. Abs. 4 gibt dem Hauptinsolvenzverwalter das Recht eine andere Art Sekundärinsolvenzverfahren zu beantragen. 1

B. Unterrichtung und Anhörung (Abs. 1)

Abs. 1 dient dazu, dem Hauptinsolvenzverwalter bzw. dem dortigen Schuldner in Eigenverwaltung vor einer Entscheidung über den Antrag auf Einleitung eines Sekundärinsolvenzverfahrens **rechtliches Gehör** zu gewähren. Wie rechtliches Gehör zu gewähren ist, regelt die EuInsVO nicht. Insoweit liegt es nahe, auf das Sekundärverfahrensrecht und die dortigen Verfahrensregeln über einen Fremdantrag abzustellen, wenn nicht der Hauptinsolvenzverwalter selbst den Antrag auf Eröffnung gestellt hat. Diesem Recht sind dann auch die Fristen zu entnehmen, ebenso wie die Konsequenzen einer unterlassenen Anhörung. Die Unterrichtung sollte der Hauptinsolvenzverwalter zum Anlass nehmen umgehend zu prüfen, ob er eine Zusicherung nach Art. 36 EuInsVO abgeben möchte. Denn eine solche Zusicherung entfaltet nach Eröffnung des Sekundärinsolvenzverfahrens keine Wirkung mehr (vgl. Rdn. 4). 2

Auch der **vorläufige Hauptinsolvenzverwalter** ist anzuhören (vgl. EuInsVO Art. 2 Rdn. 13). 3

C. Eröffnung trotz Zusicherung (Abs. 2)

Abs. 2 schränkt die Möglichkeiten des mit dem Sekundärantrag befassten Gerichts ein entsprechendes Verfahren zu eröffnen ein, sobald eine Zusicherung im Sinne des Art. 36 EuInsVO vorlegt. Voraussetzung ist zunächst ein **Antrag des Hauptinsolvenzverwalters**, kein Sekundärinsolvenzverfahren zu eröffnen. Zudem darf das Sekundärinsolvenzverfahren nicht bereits eröffnet sein. Eine Zusicherung nach Eröffnung des Sekundärinsolvenzverfahrens führt nicht zu dessen Einstellung. Dies wirft zugleich die Frage auf, ob hier der weite Eröffnungsbegriff des Art. 2 einschlägig ist, der auch die Anordnung der vorläufigen Insolvenzverwaltung erfasst (vgl. dazu EuInsVO Art. 2 Rdn. 15, EuInsVO Art. 1 Rdn. 4). Ist dies der Fall, wofür viel spricht, da die Verordnung einheitlich auszulegen ist, kann eine Zusicherung ein Sekundärinsolvenzverfahren in Deutschland nur dann verhindern, wenn noch kein vorläufiger Insolvenzverwalter eingesetzt wurde. 4

Ob Abs. 2 erst dann eingreift, wenn die Zusicherung bindend geworden ist, lässt der Wortlaut der Regelung offen. Allerdings spricht viel dafür, dass Abs. 2 nur die bindende Zusicherung meint, denn nur eine verbindliche Zusicherung kann nach den Vorstellungen des Verordnungsgebers die Interesse der lokalen Gläubiger überhaupt schützen (ebenso Braun/*Delzant* Art. 38 EuInsVO Rn. 11). 5

Liegt eine Zusicherung vor, steht aber die Billigung durch die lokalen Gläubiger noch aus, muss das Sekundärverfahrensgericht abwarten, bis die lokalen Gläubiger entschieden haben (MüKo-InsO/ *Reinhart* VO (EG) 2015/848 Art. 38 Rn. 8). In diesem Fall mag es über Sicherungsmaßnahmen nachdenken, die nicht zugleich die Eröffnung des Insolvenzverfahrens i.S.d. EuInsVO mit sich bringen und die Zusicherung vereiteln würden (vgl. EuInsVO Art. 34 Rdn. 14). 6

7 Ob die Zusicherung bindend ist, hat das angerufene Gericht selbst zu prüfen. Denn eine gerichtliche Überprüfung oder Bestätigung findet im Rahmen des Verfahrens über die Billigung nach Art. 36 EuInsVO möglicherweise nicht statt (vgl. EuInsVO Art. 36 Rdn. 34).

8 Liegt eine bindende Zusicherung vor, kann das Gericht trotzdem ein Sekundärinsolvenzverfahren eröffnen, wenn es zu dem Ergebnis kommt, dass die Zusicherung die allgemeinen Interessen der lokalen Gläubiger nicht angemessen schützt. Die Abwägung muss alle berechtigten Interessen berücksichtigen. Im Rahmen der Prüfung hat das Gericht insbesondere die Aktivseite zu berücksichtigen, also der Frage nachzugehen, ob dem Sekundärinsolvenzverwalter ggf. bessere oder stärkere Rechte zur Massegenerierung zur Verfügung stehen, als dem Hauptinsolvenzverwalter. Ist dies der Fall, mag trotz gebilligter Zusicherung ein Sekundärinsolvenzverfahren zu einem besseren Ergebnis für die Gläubiger führen.

9 Auch muss das Gericht den Minderheitenschutz berücksichtigen. Denn die »allgemeinen Interessen« der lokalen Gläubiger decken sich nicht immer mit den Interessen der Gläubigergesamtheit (vgl. auch MüKo-InsO/*Reinhart* VO (EG) 2015/848 Art. 38 Rn. 13).

10 Das Gericht kann mit der Prüfung dieser Fragen einen Gutachter beauftragen, wenn dies das dortige Insolvenzrecht vorsieht (vgl. Braun/*Delzant* Art. 38 EuInsVO Rn. 12). Angesichts der im Regelfall bestehenden Eilbedürftigkeit hat es darauf zu achten, zeitnah zu entscheiden.

11 Ob die Eröffnung nach Abs. 2 nur dann in Betracht kommt, wenn der antragstellende Gläubiger keine Möglichkeit hatte, sich an dem Verfahren zur Billigung der Zusicherung ausreichend zu beteiligen (so *Wimmer* juris-PR InsR 7/2015) ist fraglich. Denn Abs. 2 sieht das so nicht vor. Auch gerade die Interessen der überstimmten Gläubiger sind zu berücksichtigen. Zudem war der antragstellende Gläubiger in dem Fall, in dem er kein lokaler Gläubiger ist, überhaupt nicht an dem Billigungsverfahren beteiligt.

D. Aussetzung der Eröffnung eines Sekundärinsolvenzverfahrens (Abs. 3)

12 Abs. 3 regelt in vier Unterabsätzen, inwieweit das Gericht, das über die Eröffnung des Sekundärinsolvenzverfahrens entscheidet, die Eröffnung eines Sekundärinsolvenzverfahrens aussetzen kann. Gemeint ist, dass das Gericht erst nach Ablauf der Aussetzungsfrist über den Antrag entscheidet. Nach Unterabsatz 2 kann das Gericht in diesem Fall Sicherungsmaßnahmen anordnen. Die Unterabsätze 3 und 4 sehen vor, wann die Aussetzung zu widerrufen ist.

I. Voraussetzungen einer Aussetzung (Unterabsatz 1)

13 Nach Unterabs. 1 setzt eine Aussetzung voraus, dass eine vorübergehende Aussetzung der Einzelzwangsvollstreckung gewährt wurde, um Verhandlungen zwischen dem Gläubiger und dem Schuldner zu ermöglichen. Diese engen Voraussetzungen werden nur selten vorliegen: So scheidet eine Aussetzung nach dem Wortlaut von Unterabs. 1 bereits dann aus, wenn ein Hauptinsolvenzverfahren eröffnet wurde, denn in diesem Fall wird die Aussetzung der Einzelzwangsvollstreckung in aller Regel eine endgültige sein, aber keine vorübergehende. Auch gibt es dann keine Verhandlungen zwischen Schuldner und Gläubigern, sondern in aller Regel allenfalls zwischen Hauptinsolvenzverwalter und Gläubigern.

14 Auch ist fraglich, ob bei einem deutschen Hauptinsolvenzverfahren die Anordnung der vorläufigen Insolvenzverwaltung ausreichen würde, um die Voraussetzungen des Unterabs. 1 zu erfüllen: Denn die Aussetzung der Einzelzwangsvollstreckung ist dann zwar vorübergehend, aber sie dient nicht dazu, Verhandlungen zwischen Schuldner und Gläubigern zu ermöglichen, sondern wird ohne Bezug zu solchen Verhandlungen angeordnet.

15 Man kann sich also fragen, ob Unterabs. 1 »erst Recht« angewendet werden muss, wenn diese engen Voraussetzungen nicht vorliegen (in diese Richtung *Mankowski*/*Mankowski* Art. 38 EuInsVO Rn. 17). Dagegen spricht allerdings, dass Abs. 3 auch in Anbetracht der Widerrufsgründe (dazu sogleich) insgesamt das (enge) Ziel verfolgt, Sanierungsverhandlungen nicht zu gefährden. In diesem

Fall soll das (vermeintliche) Interesse der lokalen Gläubiger an einem Sekundärverfahren (zeitweilig) hinter das Interesse der Gläubigergesamtheit zurücktreten. Die Regel ist daher insgesamt missglückt: Es wäre sachgerecht gewesen, eine pauschale Aussetzungsmöglichkeit des angerufenen Gerichts vorzusehen.

Eine Aussetzung setzt einen entsprechenden Antrag voraus. Den Antrag können nur der Hauptinsolvenzverwalter oder der Schuldner in Eigenverwaltung stellen, nicht aber die Gläubiger, auch nicht die lokalen Gläubiger. 16

Die Aussetzung steht im Ermessen des Sekundärverfahrensgerichts. Es muss allerdings Schutzmaßnahmen zu Gunsten der lokalen Gläubiger geben. Mit diesen beschäftigt sich Unterabs. 2. 17

II. Anordnung von Sicherungsmaßnahmen (Unterabsatz 2)

Unterabs. 2 Satz 1 stellt bestimmte Sicherungsmaßnahmen dar, die das angerufene Gericht zum Schutz der Interessen der lokalen Gläubiger anordnen darf. So kann es anordnen, dass Gegenstände, die im Mitgliedstaat belegen sind, nicht entfernt oder veräußert werden dürfen, es sei denn, dies erfolge im Rahmen des normalen Geschäftsbetriebs. Nach Satz 2 kann es weitere Maßnahmen anordnen, es sei denn, dies sei mit den nationalen Vorschriften über Zivilverfahren unvereinbar. 18

Fraglich ist, was unter Veräußerung im Rahmen des normalen Geschäftsbetriebs zu verstehen ist: Mit Blick auf den Sinn und Zweck der Vorschrift kann dies nur eine Veräußerung sein, die die Sekundärverfahrensmasse grds. unberührt lässt, also der Rechte der lokalen Gläubiger nicht beeinträchtigt: Das aber wiederum setzt voraus, dass die Veräußerungserlöse im Staat des Sekundärinsolvenzverfahrens bleiben, und nicht in den Staat des Hauptinsolvenzverfahrens überführt werden. Auch im Übrigen ist die Regelung eng zu verstehen: Veräußerungen unter Marktpreisen dürften nicht unter die Vorschrift fallen. 19

Im Übrigen hat das Gericht ein weites europarechtliches Ermessen, das nur durch die nach nationalem Recht zulässigen Sicherungsmaßnahmen begrenzt wird. 20

III. Widerruf der Aussetzung (Unterabsätze 3, 4)

Nach den Unterabsätzen 3 und 4 erfolgt unter bestimmten Voraussetzungen ein Widerruf der Aussetzung. 21

Nach Unterabs. 3 ist dies der Fall, wenn die Verhandlungen zwischen Gläubigern und Schuldner zu einer Vereinbarung führen. Was dies bedeutet, lässt die EuInsVO offen: Letztlich kann nur eine solche Vereinbarung genügen, die die Aussetzung der Einzelzwangsvollstreckung, die Voraussetzung für die Anordnung der Aussetzung der Eröffnung des Sekundärverfahrens ist, entbehrlich werden lässt, also ein Erfolg der Sanierungsverhandlungen. Der Widerruf kann in diesem Fall von Amts wegen oder auf Antrag eines Gläubigers erfolgen. Letzteres überrascht etwas, denn die Gläubiger hatten keine Befugnis, einen Antrag nach Abs. 3 zu stellen; auch beschränkt sich die Vorschrift nicht auf die lokalen Gläubiger, sondern meint alle Gläubiger des Schuldners.

Unterabs. 4 regelt den gegenteiligen Fall, nämlich den Misserfolg der Sanierungsverhandlungen. Auch in diesem Fall kann die Aussetzung von Amts wegen oder auf Antrag eines Gläubigers widerrufen werden. 22

Zudem sanktioniert Unterabs. 4 Verstöße gegen die angeordneten Sicherungsmaßnahmen. Die Aufzählung ist nicht abschließend. Jeder Verstoß gegen angeordnete Sicherungsmaßnahmen sollte genügen, damit das Gericht den Widerruf der Aussetzung anordnen kann. 23

E. Eröffnung einer anderen Art eines Insolvenzverfahrens (Abs. 4)

Nach Abs. 4 kann der Verwalter des Hauptinsolvenzverfahrens beantragen, dass das Gericht ein anderes Insolvenzverfahren i.S.d. Anhangs A eröffnet, als beantragt wurde. Voraussetzung ist, dass die- 24 ses andere Verfahren nach nationalem Recht eröffnet werden kann. Die Entscheidung steht im Ermessen des Gerichts.

25 Nach dem Wortlaut können weder Gläubiger noch der Schuldner in Eigenverwaltung einen vergleichbaren Antrag stellen.

26 Ob der Antrag noch gestellt werden kann, wenn das Sekundärverfahren bereits eröffnet ist, richtet sich nach nationalem Recht. Wenn danach die Überleitung aus einer Verfahrensart in eine andere zulässig ist, sollte auch ein entsprechender Antrag zulässig sein.

Artikel 39 Gerichtliche Nachprüfung der Entscheidung zur Eröffnung des Sekundärinsolvenzverfahrens

Der Verwalter des Hauptinsolvenzverfahrens kann die Entscheidung zur Eröffnung eines Sekundärinsolvenzverfahrens bei dem Gericht des Mitgliedstaats, in dem das Sekundärinsolvenzverfahren eröffnet wurde, mit der Begründung anfechten, dass das Gericht den Voraussetzungen und Anforderungen des Artikels 38 nicht entsprochen hat.

Übersicht

	Rdn.		Rdn.
A. Normzweck	1	B. Mindestrechtsschutz	2

A. Normzweck

1 Art. 39 EuInsVO dient der Sicherstellung eines Mindestrechtsschutzes für den Hauptinsolvenzverwalter. Unabhängig von den Regeln des Sekundärinsolvenzverfahrensrechts kann dieser die Eröffnung des Sekundärinsolvenzverfahrens mit der Begründung anfechten, dass das Gericht Art. 38 EuInsVO nicht beachtet hat. Weitergehender Rechtsschutz kann nach dem nationalen Recht der lex fori concursus secondarii bestehen (Art. 35 EuInsVO).

B. Mindestrechtsschutz

2 Mit der Anfechtung nach Art. 39 EuInsVO kann nur gerügt werden, dass ein Gericht die Voraussetzungen und Anforderungen des Art 38 EuInsVO nicht eingehalten hat. Dies dürfte insbesondere den Fall betreffen, dass ein Gericht trotz Zusicherung des Hauptinsolvenzverwalters ein Sekundärinsolvenzverfahren eröffnet hat.

3 Antragsberechtigt ist nur der Hauptinsolvenzverwalter. Nach dem Wortlaut kann der Schuldner in Eigenverwaltung, oder gar ein Gläubiger nicht anfechten, allerdings kann das nationale Recht dies vorsehen (vgl. Rdn. 5).

4 Das weitere Verfahren regelt Art. 39 EuInsVO nicht. Weder ist eine Frist für die Anfechtung vorgesehen, noch regelt die Vorschrift, ob es einen Suspensiveffekt geben soll. Auch scheint dem Wortlaut nach ausreichend, wenn das Gericht, das das Verfahren eröffnet hat, seine Entscheidung selbst überprüft. Letztlich dürfte Art. 39 EuInsVO nur genüge getan sein, wenn effektiver Rechtsschutz besteht. Die Ausgestaltung kann das nationale Recht übernehmen (vgl. dazu Art. 102c EGInsO § 21).

5 Weiteren Rechtsschutz kann es über Art. 35 EuInsVO nach nationalem Recht geben. Dies gilt sowohl für die Fälle, die Art. 39 EuInsVO erfasst als auch für diejenigen, die nicht erfasst sind, wie etwa die Ablehnung des Antrags auf Eröffnung eines Sekundärinsolvenzverfahrens.

Artikel 40 Kostenvorschuss

Verlangt das Recht des Mitgliedstaats, in dem ein Sekundärinsolvenzverfahren beantragt wird, dass die Kosten des Verfahrens einschließlich der Auslagen ganz oder teilweise durch die Masse gedeckt sind, so kann das Gericht, bei dem ein solcher Antrag gestellt wird, vom Antragsteller einen Kostenvorschuss oder eine angemessene Sicherheitsleistung verlangen.

Übersicht	Rdn.			Rdn.
A. Normzweck	1	B.	Einzelheiten	2

Literatur:
Siehe Vor §§ 335 ff.

A. Normzweck

Art. 40 regelt, dass ein Mitgliedstaat, in dem ein Sekundärinsolvenzverfahren eröffnet werden kann, vom Antragsteller einen Kostenvorschuss oder eine Sicherheitsleistung wegen der Verfahrenskosten verlangen darf, wenn das Recht des Sekundärverfahrensstaats dies vorsieht. Damit sagt Art. 40 letztlich nur, dass auch hinsichtlich der Frage des Kostenvorschusses und der Sicherheitsleistung die lex fori concursus gilt. Das ist aber schon Art. 7 EuInsVO und Art. 35 EuInsVO zu entnehmen. Art. 40 ist deshalb wohl überflüssig (ebenso MüKo-InsO/*Reinhart* Art. 30 EuInsVO a.F. Rn. 1). Es handelt sich um eine Verweisungsnorm, sachrechtliche Regelungen enthält sie nicht. Der Verordnungsgeber wollte wohl zusätzlich regeln, dass die Mitgliedstaaten keine besonderen Regelungen für Sekundärinsolvenzverfahren vorsehen dürfen (Erläuternder Bericht Rn. 228). Das ist der Vorschrift aber nicht zu entnehmen.

B. Einzelheiten

Das über die Eröffnung eines Sekundärinsolvenzverfahrens entscheidende Gericht kann einen Kostenvorschuss oder eine Sicherheitsleistung vom Antragssteller (auch vom antragsstellenden Insolvenzverwalter des Hauptverfahrens) verlangen, wenn die lex fori concursus vorsieht, dass die Kosten des Verfahrens ganz oder teilweise durch die Masse gedeckt sind. Die nationale Regelung muss weiter vorsehen, dass ein Kostenvorschuss oder eine Sicherheitsleistung verlangt werden darf (*Kübler/Prütting/Bork-Kemper* InsO, Art. 30 EuInsVO a.F. Rn. 2). Art. 40 enthält keinen eigenen Regelungsgehalt (MüKo-InsO/*Reinhart* Art. 30 EuInsVO a.F. Rn. 3). Zwar besagt er, dass das Gericht einen Vorschuss oder eine Sicherheitsleistung verlangen kann, enthält aber auch insoweit keine eigene Regelung, räumt insbesondere keinen Ermessensspielraum ein (*Duursma-Kepplinger/Duursma/Chalupsky* Art. 30 EuInsVO a.F. Rn. 3; *Kübler/Prütting/Bork-Kemper* InsO, Art. 30 EuInsVO a.F. Rn. 4). Das nationale Recht entscheidet auch darüber, welche Folgen die Nichterbringung des Kostenvorschusses oder der Sicherheitsleistung hat. Ob der Verwalter des Hauptverfahrens einen Kostenvorschuss aus seiner Masse zur Einleitung eines Sekundärverfahrens leisten darf, richtet sich nach der lex fori concursus (vgl. *Reinhart* NZI 2009, 201 [207 f.]).

Sieht das nationale Recht eine Kostenvorschusspflicht oder eine Pflicht zur Stellung einer Sicherheit nicht vor, so bleibt es dabei. Als Verweisungsnorm ist Art. 40 keine Anspruchsgrundlage.

Artikel 41 Zusammenarbeit und Kommunikation der Verwalter

(1) Der Verwalter des Hauptinsolvenzverfahrens und der oder die in Sekundärinsolvenzverfahren über das Vermögen desselben Schuldners bestellten Verwalter arbeiten soweit zusammen, wie eine solche Zusammenarbeit mit den für das jeweilige Verfahren geltenden Vorschriften vereinbar ist. Die Zusammenarbeit kann in beliebiger Form, einschließlich durch den Abschluss von Vereinbarungen oder Verständigungen, erfolgen.

Art. 41 EuInsVO — Zusammenarbeit und Kommunikation der Verwalter

(2) Bei der Durchführung der Zusammenarbeit nach Absatz 1 obliegt es den Verwaltern,
a) einander so bald wie möglich alle Informationen mitzuteilen, die für das jeweilige andere Verfahren von Bedeutung sein können, insbesondere den Stand der Anmeldung und Prüfung der Forderungen sowie alle Maßnahmen zur Rettung oder Sanierung des Schuldners oder zur Beendigung des Insolvenzverfahrens, vorausgesetzt, es bestehen geeignete Vorkehrungen zum Schutz vertraulicher Informationen;
b) die Möglichkeit einer Sanierung des Schuldners zu prüfen und, falls eine solche Möglichkeit besteht, die Ausarbeitung und Umsetzung eines Sanierungsplans zu koordinieren;
c) die Verwertung oder Verwendung der Insolvenzmasse und die Verwaltung der Geschäfte des Schuldners zu koordinieren; der Verwalter eines Sekundärinsolvenzverfahrens gibt dem Verwalter des Hauptinsolvenzverfahrens frühzeitig Gelegenheit, Vorschläge für die Verwertung oder Verwendung der Masse des Sekundärinsolvenzverfahrens zu unterbreiten.

(3) Die Absätze 1 und 2 gelten sinngemäß für Fälle, in denen der Schuldner im Haupt- oder Sekundärinsolvenzverfahren oder in einem der Partikularverfahren über das Vermögen desselben Schuldners, das zur gleichen Zeit eröffnet ist, die Verfügungsgewalt über sein Vermögen behält.

Übersicht

	Rdn.		Rdn.
A. **Normzweck**	1	II. Grenzen der Informationspflicht	22
B. **Kooperationspflicht (Abs. 1)**	5	II. Koordination einer Sanierung (Abs. 2 lit. b)	26
I. Allgemeine Kooperationspflicht (Satz 1)	5	III. Koordination der Verwertung (Abs. 2 lit. c)	29
II. Formalisierte Zusammenarbeit (Satz 2)	9	D. **Erstreckung auf den Schuldner in Eigenverwaltung (Abs. 3)**	33
III. Kosten und Sprache	12	E. **Durchsetzung und Sanktionen**	34
C. **Einzelpflichten (Abs. 2)**	14		
I. Informationspflicht (Abs. 2 lit. a)	14		
1. Ausgestaltung der Informationspflicht	14		

Literatur:
Beck Verteilungsfragen im Verhältnis zwischen Haupt- und Sekundärinsolvenzverfahren nach der EuInsVO, NZI 2007, 1; *Busch/Remmert/Rüntz/Vallender* Kommunikation zwischen Gerichten in grenzüberschreitenden Insolvenzen, NZI 2010, 417; *Czaja* Umsetzung der Kooperationsvorgaben durch die Europäische Insolvenzverordnung im deutschen Insolvenzverfahren, 2009; *Ehricke* Die Zusammenarbeit der Insolvenzverwalter bei grenzüberschreitenden Insolvenzen nach der EuInsVO, WM 2005, 397; *ders.* Das Verhältnis des Hauptinsolvenzverwalters zum Sekundärinsolvenzverwalter bei grenzüberschreitenden Insolvenzen nach der EuInsVO, ZIP 2005, 1104; *ders.* Zur Kooperationspflicht von Insolvenzgerichten bei grenzüberschreitenden Insolvenzverfahren im Anwendungsbereich der EuInsVO, ZIP 2007, 2395; *Eidenmüller* Der nationale und der internationale Insolvenzverwaltungsvertrag, ZZP 114 [2001], 3; *Geroldinger* Verfahrenskoordination im Europäischen Insolvenzrecht – Die Abstimmung von Haupt- und Sekundärinsolvenzverfahren nach der EuInsVO, 2010; *Hrycaj* The Cooperation of Court Bodies of International Insolvency Proceedings, ILLR 2011, 7; *Mankowski* Anmerkung zu High Court of Justice London [2009] EWHC 206 (Ch), NZI 2009, 450; *Pogacar* Rechte und Pflichten des Hauptverwalters im Sekundärverfahren, NZI 2011, 46; *Vallender* Gerichtliche Kommunikation und Kooperation bei grenzüberschreitenden Insolvenzverfahren im Anwendungsbereich der EuInsVO – eine neue Herausforderung für Insolvenzgerichte, KTS 2008, 59; *ders.* Aufgaben und Befugnisse des deutschen Insolvenzrichters in Verfahren nach der EuInsVO, KTS 2005, 283.

A. Normzweck

1 In einem System paralleler Insolvenzverfahren, die nach eigenen Regeln ablaufen, hängt der Erfolg der Insolvenzverwaltung insgesamt oft wesentlich davon ab, dass das bzw. die **Sekundärinsolvenzverfahren in enger Koordination mit dem Hauptinsolvenzverwalter** abgewickelt werden. Es gilt, sämtliche Verfahren aufeinander abzustimmen und – soweit möglich – Alleingänge einzelner Verwalter zu vermeiden, um das Verwertungsergebnis zu optimieren und im Interesse der Gläubiger möglichst eine Sanierung des Unternehmens im Gesamten zu erreichen (vgl. *Ehricke* WM 2005, 397 [399]).

Eine Sanierung wird i.d.R. nur erfolgreich sein, wenn sie sowohl das Vermögen im Hauptinsolvenzverfahren als auch das Vermögen in den Sekundärinsolvenzverfahren umfasst.

Vielfach wird zu Recht darauf verwiesen, dass das Funktionieren der Informations- und vor allem der Kooperationspflichten entscheidende Bedeutung für den Erfolg der EuInsVO hat (*Paulus* Art. 31 EuInsVO a.F. Rn. 2a; *Ehricke* WM 2005, 397).

Die Neufassung des Art. 41 EuInsVO sieht nunmehr weitgehende Kooperationspflichten der Verwalter vor. Über eine allgemeine Kooperationspflicht nach Abs. 1 hinaus, sieht Abs. 2 bestimmte Regelbeispiele vor, und enthält insbesondere die Informationspflicht nach Art. 31 EuInsVO a.F. Abs. 3 erstreckt die Regelung auch auf den Schuldner in Eigenverwaltung. Die Vorschrift wird ergänzt durch die Kooperation der Gerichte untereinander in Art. 42 EuInsVO und einer Kooperationspflicht der Verwalter mit den Gerichten in Art. 43 EuInsVO. Eine Regelung, die einen Kostenersatz zwischen den Gerichten ausschließt, aber nichts dazu sagt, was zwischen den Verwaltern geschehen soll, findet sich in Art. 44 EuInsVO.

Materielle Wirkungen haben die Regelungen in Art. 41 nicht. Es bleibt daher bei den grundsätzlichen Verpflichtungen der jeweiligen Verwalter nach dem jeweils anwendbaren Recht. Auch fehlt ein Sanktionssystem. Im Falle der Nichtbeachtung durch einen Verwalter müssen die Verpflichtungen gerichtlich durchgesetzt werden, auch kann eine Haftung des nicht kooperierenden Verwalters drohen, wobei sich ein Schaden oftmals nur schwer darlegen lassen wird. Art. 41 ist damit trotz des begrüßenswerten Ansatzes ein stumpfes Schwert.

B. Kooperationspflicht (Abs. 1)

I. Allgemeine Kooperationspflicht (Satz 1)

Abs. 1 Satz 1 verpflichtet die Verwalter von Haupt- und Sekundärinsolvenzverfahren zur **Zusammenarbeit**. Diese Verpflichtung der Insolvenzverwalter ist weit zu verstehen. Geschuldet sind alle Maßnahmen, die erforderlich sind, um eine **Koordination der Insolvenzverfahren** zu erreichen. So haben sich die Verwalter insbesondere rasch darüber zu verständigen, welche Gegenstände zu den jeweiligen Massen gehören, um die Verfahrensabwicklung nicht unnötig zu erschweren. Auch die Hilfestellung bei der Beschaffung von Unterlagen, die über die bloße Informationspflicht nach Abs. 2 hinausgeht, kann zu den Pflichten eines Insolvenzverwalters gehören.

Materielle Wirkung hat die Kooperationspflicht nicht: So werden grundlegende Regeln des Sekundärinsolvenzstaats, etwa hinsichtlich des Rangs der angemeldeten Forderungen, nicht etwa zu Gunsten der Regeln des Hauptinsolvenzverfahrens verdrängt (vgl. *High Court of Justice Chancery Division Companies Court* IILR 2011, 398). Dementsprechend enthält die Vorschrift auch die Einschränkung, dass die Grenze der Kooperation die nationalen Verfahrensrechte sind.

Ein Weisungsrecht des Hauptinsolvenzverwalters ergibt sich auch nach dessen Neufassung nicht aus Art. 41 EuInsVO. Dies gilt auch dann, wenn die erteilte Weisung nach dem Recht des Sekundärverfahrens grundsätzlich befolgt werden könnte. Es bleibt bei den Verantwortlichkeiten des Sekundärverwalters nach Maßgabe des für ihn geltenden Rechts.

Abs. 1 Satz 1 gilt sowohl für eine Kooperation zwischen Haupt- und den jeweiligen Sekundärinsolvenzverwaltern als auch für eine Kooperation unter den Sekundärinsolvenzverwaltern. Auch auf die vorläufige Verwaltung ist Abs. 1 anwendbar.

II. Formalisierte Zusammenarbeit (Satz 2)

Nach Abs. 1 Satz 2 kann die Zusammenarbeit in jeder beliebigen Form stattfinden. Auch »Vereinbarungen« zwischen den Verwaltern oder »Verständigungen« können genutzt werden, wenn das nationale Insolvenzrecht sie zulässt.

Dies erfasst insbesondere die verbindlichen Verwaltervereinbarungen (sog. »protocols« oder Insolvenzverwaltungsverträge; vgl. zum Ganzen *Wittinghofer* Der nationale und internationale Insolvenzverwaltungsvertrag; *Eidenmüller* ZZP 114 [2001], 3; *Paulus* ZIP 1998, 977; vgl. auch *Vallender* KTS 2005, 283 [321 ff.]; zum Ganzen krit. *Ehricke* WM 2005, 397 [402 ff.]). Gegen solche »protocols« wurde vorgebracht, sie würden den Handlungsspielraum der Verwalter einengen und seien i.d.R. zu unflexibel, um schnelle Handlungen der Verwalter zu ermöglichen; akzeptabel seien allein unverbindliche Absprachen (so MüKo-BGB/*Kindler* Art. 31 EuInsVO a.F. Rn. 20; *Ehricke* WM 2005, 397 [402]). Dem ist entgegenzuhalten, dass den benannten Kritikpunkten im Rahmen der Aufstellung und Verhandlung eines »protocols« Rechnung getragen werden kann. Ein »protocol«, das die Zusammenarbeit zwischen den Verwaltern umfassend regelt, muss entsprechende Öffnungsklauseln vorsehen, um den Verwaltern in Eilsituationen den notwendigen Handlungsspielraum zu erhalten (krit. *Ehricke* WM 2005, 397 [402]). Dabei muss es sich nicht zwingend um Vereinbarungen handeln, die die gesamte Insolvenzabwicklung betreffen. Denkbar und sinnvoll sind auch Vereinbarungen zwischen den Verwaltern hinsichtlich einzelner Teile der Verwaltung, etwa hinsichtlich der grenzüberschreitenden Aufarbeitung von Sachverhalten oder der koordinierten Verwertung der Masse oder einzelner Massebestandteile.

10 Ob ein Verwalter **berechtigt** ist, ein »protocol« abzuschließen und welche Regelungen dort enthalten sein dürfen, regelt weiterhin die jeweilige lex fori concursus (vgl. dazu *Ehricke* WM 2005, 397 [402 f. m.w.N.]). Aus dieser können sich Beschränkungen ergeben, was etwa die Zustimmung des jeweiligen Insolvenzgerichts oder – wie in Deutschland – eine solche des Gläubigerausschusses oder der Gläubigerversammlung notwendig machen kann. Ob und wessen Zustimmung erforderlich ist, ist eine Frage des Einzelfalls (**a.A.** *Ehricke* WM 2005, 397 [403]).

11 Das auf die Verträge zwischen den Verwaltern anzuwendende Schuldrecht ergibt sich aus dem Internationalen Privatrecht des Gerichtsstaats. Es empfiehlt sich eine Rechtswahl.

III. Kosten und Sprache

12 In welcher **Sprache** die Kooperationspflicht zu erfüllen ist, regelt Art. 41 nicht. Bedeutung erlangt die Frage, wenn es darum geht, aus welcher Masse etwa Kosten eines Dolmetschers zu ersetzen sind. Ob man die Kosten insoweit stets dem auskunftserteilenden Verwalter auferlegen muss (so aber zur Informationspflicht MüKo-BGB/*Kindler* Art. 31 EuInsVO a.F. Rn. 16), erscheint fraglich. Dieser kann – jedenfalls zu Beginn der Zusammenarbeit – oft nicht einmal erkennen, ob eine Übersetzung notwendig ist. Es erscheint daher angemessen, dass der Insolvenzverwalter der Kooperationspflicht in der Amtssprache des Eröffnungsstaats nachkommen kann. Übersetzungskosten trägt dann die Masse des Verwalters, der eine Übersetzung anfertigen möchte.

13 Die Kosten, die dem Verwalter für die Durchführung der Kooperation entstehen, beispielsweise Anwalts- oder Beratungskosten, trägt dessen Masse.

C. Einzelpflichten (Abs. 2)

I. Informationspflicht (Abs. 2 lit. a)

1. Ausgestaltung der Informationspflicht

14 Die in **Abs. 2 lit. a** statuierte **Pflicht zur Unterrichtung** entspricht im Wesentlichen der Pflicht zur Zusammenarbeit in § 357 Abs. 1 InsO (vgl. zur Koordination und Kooperation der Verwalter, *Spahlinger* Sekundäre Insolvenzverfahren, S. 326 ff.). Insbesondere der Verwalter des Hauptinsolvenzverfahrens, dem im gesamten Verfahren eine Schlüsselstellung zukommt, ist auf Informationen aus den lokalen Verfahren angewiesen. Nur dann kann er seine Einwirkungsmöglichkeiten auf die lokalen Verfahren (vgl. etwa Art. 46, 47 EuInsVO) im Interesse der Gläubigergesamtheit sinnvoll nutzen.

15 Die Informationspflicht besteht aber nicht nur im Verhältnis **zwischen Hauptinsolvenzverwalter und Sekundärinsolvenzverwalter** (mehr zu den Rechten und Pflichten des Hauptverwalters im Sekundärverfahren: *Pogacar* NZI 2011, 46 ff.). Vielmehr ist schon dem Wortlaut zu entnehmen, dass sich auch die Verwalter der **Sekundärverfahren untereinander** unterrichten müssen (*Ehricke* WM

2005, 397 [398 f., 400 f.]; **a.A.** *Balz* ZIP 1996, 948 [954]; *Pannen/Pannen/Riedemann* Art. 31 a.F. EuInsVO Rn. 11; HambK-InsO/*Undritz* Art. 31 EuInsVO a.F. Rn. 11). Nur dann ist eine umfassende und erfolgreiche Insolvenzverwaltung gewährleistet. Es darf nicht übersehen werden, dass auch die Sekundärinsolvenzverfahren – trotz ihrer räumlich beschränkten Wirkung – das Vermögen eines einzigen Schuldners betreffen. Schon die ordnungsgemäße Verwertung des Vermögens kann es erforderlich machen, Informationen aus den anderen Verfahren zu erlangen. Eine Sanierung setzt dies sogar zwingend voraus. Darüber hinaus bestehen auch formale Notwendigkeiten: Etwa bei der Ausschüttung von Quoten muss der Verwalter wissen, ob ein Gläubiger bereits in einem anderen Verfahren etwas erhalten hat. Die Informationsbeschaffung »über« den Hauptinsolvenzverwalter (so aber *Paulus* EWS 2002, 497 [504]) ist daher unnötig, überdies umständlich und birgt das Risiko von Fehlern in sich.

Art. 41 gilt auch für **vorläufige Verwalter** (MüKo-InsO/*Reinhart* Art. 31 EuInsVO a.F. Rn. 5). 16

Der **Umfang der Informationspflicht** richtet sich nach dem Bedarf des anderen Verwalters. Mit Blick auf den Zweck der Vorschrift (Rdn. 1), spricht viel für eine möglichst umfassende Information der anderen Verwalter. Die Überlegungen, die Pflicht nur auf wesentliche Informationen zu beschränken, gehen fehl (so aber *Nerlich/Römermann* InsO, Art. 31 EuInsVO a.F. Rn. 8; *Staak* NZI 2004, 480 [481]). 17

Die Informationspflicht wird sich i.d.R. etwa auf folgende Punkte erstrecken, die teilweise in Abs. 2 lit. a benannt werden: Angaben zur Konkretisierung des jeweiligen Verfahrens (Gericht, Aktenzeichen etc.), die vom Verfahren erfasste Masse (Vermögensübersicht), die angemeldeten Forderungen, den Stand und das Ergebnis ihrer Prüfung und ggf. Anfechtungsmöglichkeiten, etwaige Gläubigervorrechte, geplante Sanierungsmaßnahmen, Vorschläge für die Verteilung der Masse, Eintritt der Masseunzulänglichkeit sowie der jeweilige Stand des Verfahrens (vgl. Erläuternder Bericht Rn. 230). Überdies wird der deutsche Verwalter die von ihm regelmäßig anzufertigenden Sachstandsberichte übermitteln müssen. Die Informationspflicht kann sich aber auch auf ganz konkrete Vorgänge beziehen: So wäre ein Verwalter zur Herausgabe solcher Informationen verpflichtet, die der andere Verwalter etwa für die Veräußerung eines Massegegenstands benötigt. 18

Eine Verpflichtung, die Informationen so aufzuarbeiten, wie sie der andere Verwalter benötigt, enthält Abs. 2 lit. a nicht. Eine solche Aufarbeitung ist nicht Aufgabe des auskunftsgebenden Verwalters. 19

Gemäß Abs. 2 lit. a sind die Informationen so bald wie möglich mitzuteilen. Eine Höchstfrist wird sich mit Blick auf die Besonderheiten eines jeden Falls nicht festlegen lassen (vgl. MüKo-BGB/*Kindler* Art. 31 EuInsVO a.F. Rn. 14). 20

Hinsichtlich **Sprache** und **Kosten** sei auf die obigen Ausführungen verwiesen (Rdn. 12 f.). 21

II. Grenzen der Informationspflicht

Die Weitergabe hat zu erfolgen, wenn geeignete Vorkehrungen zum Schutz vertraulicher Informationen bestehen. Den Verweis der alten Regelung auf die »Vorschriften über die Einschränkung der Weitergabe von Informationen«, die es zu beachten galt, hat der Verordnungsgeber in die Neufassung nicht übernommen. Dies ändert aber nichts daran, dass die Informationspflicht weiterhin durch die lex fori concursus des auskunftsgebenden Verwalters begrenzt wird. Denn die Informationspflicht ist ein Unterfall der Zusammenarbeit nach Abs. 1, für die dies ebenfalls gilt. 22

In einem vor einem deutschen Insolvenzgericht anhängigen Verfahren wird dies insbesondere das **BDSG** sein. Denkbar wären aber auch Beschränkungen durch andere Vorschriften, etwa über Berufs- oder Geschäftsgeheimnisse. Nach der Neuformulierung können auch vertragliche Beschränkungen erfasst sein. Im deutschen Recht dürfte es auf diese Frage für vorinsolvenzliche Vertraulichkeitsvereinbarungen nicht ankommen (vgl. zur (fehlenden) Bindung des Insolvenzverwalters an Geheimhaltungsvereinbarungen des Schuldners nach deutschem Recht *Wenner/Schuster* ZIP 2005, 2191). 23

24 Der Verwalter kann danach die Weitergabe von Informationen davon abhängig machen, dass sie im anderen Verfahren hinreichend geschützt sind. Insbesondere kann der auskunftsgebende Verwalter den Abschluss einer Vertraulichkeitsvereinbarung verlangen, die die Weitergabe an Dritte, etwa Gläubiger, beschränkt.

25 Zurückhaltung ist geboten, wenn ein Verwalter die Erteilung der Information mit dem Argument ablehnen möchte, dass die Information für den anfragenden Verwalter ohne Bedeutung ist. Eine Informationspflicht wird man nur dann ablehnen können, wenn offensichtlich ist, dass der andere Verwalter die Information nicht benötigt (vgl. MüKo-BGB/*Kindler* Art. 31 EuInsVO a.F. Rn. 21).

II. Koordination einer Sanierung (Abs. 2 lit. b)

26 Abs. 2 lit. b zählt als besondere Verpflichtung im Rahmen der Zusammenarbeit auf, dass die Verwalter die Möglichkeit einer Sanierung des Schuldners zu prüfen haben, und, falls eine solche Möglichkeit besteht, den Sanierungsplan und dessen Umsetzung koordinieren.

27 Die Vorschrift ist weit zu verstehen. Sie beschränkt sich nicht auf Insolvenzpläne i.S.d. deutschen Rechts oder vergleichbare Rechtsinstitute anderer Staaten. Jede Form der Sanierung ist zu koordinieren.

28 Wie auch die anderen Regelungen in Art. 41 EuInsVO hat die Vorschrift keine materiellen Auswirkungen. Die bloße Koordination von Sanierungsmaßnahmen ändert nichts daran, dass der jeweilige Verwalter sein nationales Recht beachten muss.

III. Koordination der Verwertung (Abs. 2 lit. c)

29 Nach **Abs. 2 lit. c 1. HS** sollen die Verwalter die Verwertung und Verwendung der Insolvenzmasse koordinieren. Die Vorschrift ist im Interesse der Gläubiger weit zu verstehen, findet ihre Grenze aber immer in der Beachtung der nationalen Insolvenzrechte. Eine Möglichkeit, deren Vorgaben im Interesse der Gläubigergesamtheit zu überwinden, sieht die EuInsVO nicht vor.

30 Nach **Abs. 2 lit. c 2. HS** muss der Verwalter in einem Sekundärinsolvenzverfahren dem Hauptinsolvenzverwalter Gelegenheit geben, Vorschläge für die Verwertung oder jede Art der Verwendung der Masse des Sekundärinsolvenzverfahrens zu unterbreiten.

31 Dies hat »frühzeitig« zu geschehen. Damit ist gemeint, dass der Sekundärinsolvenzverwalter den Hauptinsolvenzverwalter so rechtzeitig vor Verwertung der Masse im Sekundärinsolvenzverfahren über die geplanten Maßnahmen unterrichten muss, dass der Hauptinsolvenzverwalter eigene Vorschläge einbringen kann, die noch berücksichtigt werden können (*Ehricke* WM 2005, 397 [400]). Im deutschen Sekundärinsolvenzverfahren hat dies i.d.R. jedenfalls rechtzeitig vor dem Berichtstermin nach § 156 InsO zu geschehen (vgl. MüKo-BGB/*Kindler* Art. 31 EuInsVO a.F. Rn. 24).

32 Eine unmittelbare Verpflichtung des Sekundärinsolvenzverwalters, den Vorschlägen des Hauptinsolvenzverwalters zu folgen, sieht die EuInsVO nicht vor (*Ehricke* WM 2005, 397 [400]; *ders.* ZIP 2005, 1104 [1107]). Gleichwohl kann sich eine solche Pflicht aus Abs. 1 und der lex fori concursus ergeben, wenn der Vorschlag im Interesse der Gläubiger ist (vgl. auch Rdn. 34 ff.).

D. Erstreckung auf den Schuldner in Eigenverwaltung (Abs. 3)

33 Abs. 1 und 2 gelten »sinngemäß« auch für den Schuldner in Eigenverwaltung. In diesen Fällen sind also neben dem Schuldner in Eigenverwaltung auch etwaige aufsichtsführende Verwalter, etwa ein Sachwalter, nach Art. 41 verpflichtet.

E. Durchsetzung und Sanktionen

34 Grundsätzlich können die Pflicht zur Zusammenarbeit und die einzelnen Pflichten nach Abs. 2 **gerichtlich durchgesetzt** werden (*Vallender* KTS 2005, 283 [323 ff.]; vgl. zum Informationsanspruch MüKo-BGB/*Kindler* Art. 31 a.F. EuInsVO Rn. 10; anders zur Kooperationspflicht MüKo-BGB/

Kindler Art. 31 EuInsVO a.F. Rn. 21). Teilweise werden die Insolvenzverwalter allerdings wegen des damit verbundenen Zeitaufwands sowie der Kosten von einer gerichtlichen Inanspruchnahme absehen; teilweise sieht die EuInsVO Sonderregelungen für die Durchsetzung einzelner Pflichten vor, etwa Art. 46 EuInsVO.

Unmittelbare **Sanktionen** für pflichtwidriges Verhalten des Verwalters sieht Art. 41 nicht vor. Ob solche gemeinschaftsrechtlichen Sanktionen notwendig sind, darf überdies bezweifelt werden. Letztlich richtet sich nach der jeweiligen lex fori concursus, ob und unter welchen Voraussetzungen Gläubigern gegen einen Insolvenzverwalter, der seine Pflichten verletzt, Schadenersatzansprüche zustehen (MüKo-BGB/*Kindler* Art. 31 EuInsVO a.F. Rn. 31; *Ehricke* WM 2005, 397 [404f]; *ders.* ZIP 2005, 1104 [1112]). Denkbar sind überdies Sanktionen durch das jeweilige Insolvenzgericht im Rahmen der Aufsichtspflicht (*Ehricke* WM 2005, 397 [401]; vgl. in Deutschland *Jahntz* § 58 Rdn. 11 ff.). 35

Darüber hinaus ist auch nicht ausgeschlossen, dass neben den jeweiligen inländischen Gläubigern auch ein ausländischer Insolvenzverwalter berechtigt sein kann, den seiner Masse entstandenen Schaden gegen einen deutschen Insolvenzverwalter geltend zu machen (vgl. *Ehricke* WM 2005, 397 [401]). Der Beteiligtenbegriff des § 60 InsO ist weit auszulegen (vgl. *Jahntz* § 60 Rdn. 8 ff.). Ob der ausländische Insolvenzverwalter berechtigt ist, den (an sich seinen Gläubigern) entstandenen Schaden geltend zu machen (vgl. den Gedanken des § 96 InsO), richtet sich nach dem Recht des Staats, dessen Insolvenzverwalter handelt. 36

Artikel 42 Zusammenarbeit und Kommunikation der Gerichte

(1) Um die Koordinierung von Hauptinsolvenzverfahren, Partikularverfahren und Sekundärinsolvenzverfahren über das Vermögen desselben Schuldners zu erleichtern, arbeitet ein Gericht, das mit einem Antrag auf Eröffnung eines Insolvenzverfahrens befasst ist oder das ein solches Verfahren eröffnet hat, mit jedem anderen Gericht, das mit einem Antrag auf Eröffnung eines Insolvenzverfahrens befasst ist oder das ein solches Verfahren eröffnet hat, zusammen, soweit diese Zusammenarbeit mit den für jedes dieser Verfahren geltenden Vorschriften vereinbar ist. Die Gerichte können hierzu bei Bedarf eine unabhängige Person oder Stelle bestellen bzw. bestimmen, die auf ihre Weisungen hin tätig wird, sofern dies mit den für sie geltenden Vorschriften vereinbar ist.

(2) Bei der Durchführung der Zusammenarbeit nach Absatz 1 können die Gerichte oder eine von ihnen bestellte bzw. bestimmte und in ihrem Auftrag tätige Person oder Stelle im Sinne des Absatzes 1 direkt miteinander kommunizieren oder einander direkt um Informationen und Unterstützung ersuchen, vorausgesetzt, bei dieser Kommunikation werden die Verfahrensrechte der Verfahrensbeteiligten sowie die Vertraulichkeit der Informationen gewahrt.

(3) Die Zusammenarbeit im Sinne des Absatzes 1 kann auf jedem von dem Gericht als geeignet erachteten Weg erfolgen. Sie kann sich insbesondere beziehen auf
a) die Koordinierung bei der Bestellung von Verwaltern,
b) die Mitteilung von Informationen auf jedem von dem betreffenden Gericht als geeignet erachteten Weg,
c) die Koordinierung der Verwaltung und Überwachung des Vermögens und der Geschäfte des Schuldners,
d) die Koordinierung der Verhandlungen,
e) soweit erforderlich die Koordinierung der Zustimmung zu einer Verständigung der Verwalter.

Übersicht

		Rdn.			Rdn.
A.	Normzweck	1	II.	Delegation auf einen unabhängigen Dritten	6
B.	Zusammenarbeit der Gerichte und Delegationsmöglichkeit (Abs. 1)	3	C.	Kommunikation (Abs. 2)	9
I.	Zusammenarbeit	3	D.	Einzelfälle (Abs. 3)	14

Art. 42 EuInsVO Zusammenarbeit und Kommunikation der Gerichte

A. Normzweck

1 Art. 42 EuInsVO ist eine Neuerung. Unter Geltung der alten EuInsVO war nicht sicher, ob auch die verschiedenen **Insolvenzgerichte** kooperieren dürfen (Versuche einer Herleitung bei *Herchen* Übereinkommen, S. 148 f.; abl. dazu *Ehricke* WM 2005, 397 [401]; *ders.* ZIP 2007, 2395 [2400 f.]; ausf. auch *Vallender* FS Lüer, S. 497 ff.). Einigkeit bestand darüber, dass eine Kooperation zwischen den Gerichten häufig sinnvoll ist (*Duursma-Kepplinger/Duursma/Chalupsky* Art. 31 EuInsVO a.F. Rn. 6; *Ehricke* WM 2005, 397 [401]; *ders.* ZIP 2005, 1104 [1112]; diff. *ders.* ZIP 2007, 2395 [2397]; *Leible/Staudinger* KTS 2000, 533 [569]; MüKo-BGB/*Kindler* Art. 31 EuInsVO a.F. Rn. 8; MüKo-InsO/*Reinhart* a.F. Art. 31 EuInsVO Rn. 4; ausf. *Vallender* KTS 2008, 59; *ders.* KTS 2005, 283 [318 ff.]; dazu auch *Mankowski* NZI 2009, 451 f.; mit Praxisvorschlag zur Kooperation *Busch/Remmert/Rüntz/Vallender* NZI 2010, 417 ff.). Diese Erkenntnis vollzieht die EuInsVO nun in Art. 42 nach und sieht eine umfassende Pflicht zur Zusammenarbeit vor.

2 Ob die Vorschrift geeignet ist, die praktischen Hürden einer Zusammenarbeit (Sprachkenntnisse, Verständnis für das ausländische Rechtssystem etc.) zu überwinden, bleibt abzuwarten. In Einzelfällen kann es vor diesem Hintergrund sinnvoll sein, dass sich der deutsche Insolvenzrichter im Eröffnungsbeschluss die Kooperation mit ausländischen Insolvenzgerichten vorbehält, so dass diese nicht in die Zuständigkeit des Rechtspflegers fällt (vgl. *Vallender* KTS 2005, 283 [313]).

B. Zusammenarbeit der Gerichte und Delegationsmöglichkeit (Abs. 1)

I. Zusammenarbeit

3 Abs. 1 spricht alle Gerichte an, die mit dem Insolvenzverfahren befasst sind. Auch die Gerichte, die mit verschiedenen Sekundärverfahren befasst sind, haben zusammenzuarbeiten.

4 Dabei spielt keine Rolle, in welchem Verfahrensstadium sich das jeweilige Verfahren befindet. Auch über die Beendigung eines Verfahrens hinaus, mag es im Einzelfall eine Pflicht zur Zusammenarbeit geben, insbesondere wenn Vorgänge aus der Vergangenheit betroffen sind.

5 Dass die Zusammenarbeit mit den für das Verfahren geltenden Vorschriften vereinbar sein muss, bedeutet (nur), dass es sich nicht um eine materielle Regelung handelt. Unter Bezugnahme auf die Zusammenarbeit kann zwingendes nationales Recht nicht überwunden werden. Die jeweiligen Gerichte bleiben an nationales Recht gebunden. Das nationale Recht kann aber die europarechtlich angeordnete Zusammenarbeit der Gerichte nicht verhindern (anders MüKo-InsO/*Reinhart* VO (EG) 2015/848 Art. 42 Rn. 1).

II. Delegation auf einen unabhängigen Dritten

6 Nach Abs. 1 S. 2 können die Gerichte eine unabhängige Person oder Stelle bestellen bzw. bestimmen, die auf ihre Weisungen hin tätig wird, sofern dies mit den Vorschriften des bestellenden Gerichts vereinbar ist.

7 Die Stelle muss unabhängig sein. Das bedeutet nicht Unabhängigkeit von dem Gericht, denn das Gericht ist weisungsbefugt. Es bedeutet vielmehr unabhängig von den sonstigen Verfahrensbeteiligten (Verwalter, Gläubiger). Eine Delegation auf den Schuldner oder den Verwalter kommt damit grundsätzlich nicht in Betracht (anders *Mankowski/Mankowski* Art. 42 Rn. 8, der auf die Unabhängigkeit zum bestellenden Gericht abstellen will; ebenfalls anders MüKo-InsO/*Reinhart* VO (EG) 2015/848 Art. 42 Rn. 1, der darauf abstellen will, ob im Einzelfall ein Interessenkonflikt besteht).

8 Eine Delegation innerhalb des Gerichts, etwa auf eine speziell zuständige Stelle ist keine Delegation im Sinne von Abs. 2, sondern eine Regelung zur Geschäftsverteilung nach der lex fori concursus, die zu beachten ist.

C. Kommunikation (Abs. 2)

Abs. 2 ergänzt Abs. 1 dahingehend, dass die Gerichte bzw. der unabhängige Dritte direkt miteinander kommunizieren und sich um Informationen und Unterstützung bitten können. Die Vorschrift überwindet damit etwaige Kommunikationshindernisse, die das nationale Recht vorsieht. Die Kommunikation kann dabei auf allen denkbaren Wegen erfolgen, sei es schriftlich, per E-Mail oder telefonisch. 9

Einzige Einschränkung ist, dass die Verfahrensrechte der Verfahrensbeteiligten und die Vertraulichkeit der Kommunikation gewahrt werden müssen. Welche Verfahrensrechte dies sein können, ergibt sich aus der lex fori concursus. Denkbar ist, dass die Gerichte die Verfahrensbeteiligten anhören müssen, bevor sie kommunizieren. Auch gibt die lex fori concursus vor, welche Vertraulichkeitsvorschriften zu beachten sind. 10

Sieht das nationale Recht vor, dass das Insolvenzverfahren parteiöffentlich ist (vgl. für das deutsche Verfahren § 4 InsO i.V.m. § 299 Abs. 1 ZPO), stellt sich die Frage, ob dies die Möglichkeiten des Gerichts beschränkt. Hierzu wird zum deutschen Recht vertreten, dass § 299 ZPO auf die Amtshilfe keine Anwendung findet (MüKo-InsO/*Ganter/Lohmann* § 4 InsO Rn. 68). 11

Abs. 2 enthält keine Regelungen dazu, in welcher Sprache die Kommunikation zu erfolgen hat. In der Praxis wird dies eine große Hürde darstellen. Jedes Gericht wird dabei in seiner eigenen Amtssprache kommunizieren wollen (oder müssen, § 184 GVG). Die Anfertigung einer Übersetzung ist dann Sache des jeweils anderen Gerichts. 12

Zu den Kosten enthält Art. 44 EuInsVO eine Negativregelung, die besagt, dass die Gerichte einander die Kosten der Zusammenarbeit und Kommunikation nicht in Rechnung stellen. Im Übrigen gilt nationales Recht, und kann beispielsweise vorsehen, dass die Masse die Kosten trägt. 13

D. Einzelfälle (Abs. 3)

Abs. 3 zählt beispielhaft eine Reihe von Fallgruppen auf, auf die sich die Kommunikation beziehen kann. Die Aufzählung ist nicht abschließend. 14

Artikel 43 Zusammenarbeit und Kommunikation zwischen Verwaltern und Gerichten

(1) Um die Koordinierung von Hauptinsolvenzverfahren, Partikularverfahren und Sekundärinsolvenzverfahren über das Vermögen desselben Schuldners zu erleichtern,
a) arbeitet der Verwalter des Hauptinsolvenzverfahrens mit jedem Gericht, das mit einem Antrag auf Eröffnung eines Sekundärinsolvenzverfahrens befasst ist oder das ein solches Verfahren eröffnet hat, zusammen und kommuniziert mit diesem,
b) arbeitet der Verwalter eines Partikularverfahrens oder Sekundärinsolvenzverfahrens mit dem Gericht, das mit einem Antrag auf Eröffnung des Hauptinsolvenzverfahrens befasst ist oder das ein solches Verfahren eröffnet hat, zusammen und kommuniziert mit diesem, und
c) arbeitet der Verwalter eines Partikularverfahrens oder Sekundärinsolvenzverfahrens mit dem Gericht, das mit einem Antrag auf Eröffnung eines anderen Partikularverfahrens oder Sekundärinsolvenzverfahrens befasst ist oder das ein solches Verfahren eröffnet hat, zusammen und kommuniziert mit diesem,
soweit diese Zusammenarbeit und Kommunikation mit den für die einzelnen Verfahren geltenden Vorschriften vereinbar sind und keine Interessenkonflikte nach sich ziehen.

(2) Die Zusammenarbeit im Sinne des Absatzes 1 kann auf jedem geeigneten Weg, wie etwa in Artikel 42 Absatz 3 bestimmt, erfolgen.

Übersicht	Rdn.		Rdn.
A. Normzweck	1	C. Form der Zusammenarbeit (Abs. 2)	8
B. Zusammenarbeit (Abs. 1)	3		

Art. 44 EuInsVO Kosten der Zusammenarbeit und Kommunikation

A. Normzweck

1 Art. 43 ergänzt die Vorschriften Art. 41 (Zusammenarbeit der Verwalter untereinander) und Art. 42 (Zusammenarbeit der Gerichte) um eine Regelung zur Zusammenarbeit zwischen Verwaltern und Gerichten. Die Zusammenarbeit kann auf direktem Weg erfolgen. Ein »Umweg« über die jeweiligen Insolvenzgerichte ist nicht notwendig.

2 Dabei verpflichtet Art. 43 nur die jeweiligen Verwalter. Eine europarechtliche Kooperationspflicht der Gerichte gegenüber den Verwaltern gibt es nicht. Eine solche Pflicht kann sich allenfalls aus nationalem Recht ergeben, was aber nur selten der Fall sein wird.

B. Zusammenarbeit (Abs. 1)

3 Abs. 1 zählt in lit a bis lit. c die Fälle auf, in denen eine Pflicht des Verwalters besteht, mit anderen Gerichten zusammenzuarbeiten. Dabei besteht die Verpflichtung in den Fallgruppen lit. a (Kooperation des Hauptinsolvenzverwalters mit den Gerichten, bei denen ein Sekundärverfahren anhängig ist), lit. b (Kooperation des Partikular-/Sekundärinsolvenzverwalters mit dem Gericht des Hauptinsolvenzverfahrens) und lit. c (Kooperation des Partikular-/Sekundärinsolvenzverwalters mit den Gerichten, bei denen andere Partikular-/Sekundärverfahren anhängig sind) nur, soweit sie mit den nationalen Vorschriften vereinbar ist, und keine Interessenkonflikte nach sich ziehen. Insbesondere letzteres wird oftmals die Kooperation verhindern, denn die Interessen in den jeweiligen Verfahren müssen nicht gleichgerichtet sein.

4 Zusammenarbeit bedeutet nicht etwa, dass den ausländischen Gerichten Weisungspflichten gegenüber den jeweiligen Verwaltern zukommen würden. Die Vorschrift normiert lediglich eine Berücksichtigung der jeweiligen Wünsche des Gerichts durch den Verwalter im Rahmen des Möglichen.

5 Auch Art. 43 EuInsVO beantwortet die Frage nicht, in welcher Sprache die Zusammenarbeit zu erfolgen hat. Da es sich um eine einseitige Pflicht des Verwalters handelt, spricht aber manches dafür, dass dieser in der Gerichtssprache des Staats zu kommunizieren hat, mit dessen Gericht er zusammenarbeiten muss.

6 Auch über die Kosten der Zusammenarbeit schweigt sich Art. 43 EuInsVO aus. Mangels Rechtsgrundlage wird der Verwalter die Kosten nicht dem jeweils anderen Gericht in Rechnung stellen können, sondern muss sie aus der Masse zahlen. Umgekehrt ist nicht ausgeschlossen, ein Gericht dem Verwalter Kosten in Rechnung stellt, wenn die lex fori concursus dies vorsieht.

7 Den Schuldner in Eigenverwaltung adressiert Art. 43 EuInsVO anders als Art. 41 Abs. 3 EuInsVO nicht. Ob dies ein Redaktionsversehen ist (so *Mankowski/Mankowski* Art. 43 EuInsVO Rn. 4) ist fraglich. Möglicherweise wollte der Verordnungsgeber die Kooperationspflicht auch auf die Verwalter beschränken, und hielt eine Kooperationspflicht des Schuldners in Eigenverwaltung nicht für notwendig.

C. Form der Zusammenarbeit (Abs. 2)

8 Abs. 2 stellt klar, dass die Zusammenarbeit nicht förmlich sein muss, sondern die Beteiligten einen großen Spielraum haben, wie sie erfolgen kann.

Artikel 44 Kosten der Zusammenarbeit und Kommunikation

Die Anforderungen nach Artikel 42 und 43 dürfen nicht zur Folge haben, dass Gerichte einander die Kosten der Zusammenarbeit und Kommunikation in Rechnung stellen.

1 Die Art. 41, 42 und 43 EuInsVO enthalten keine Regelungen dazu, wer die Kosten der Zusammenarbeit trägt. Auch Art. 44 EuInsVO enthält insoweit keine Regelung. Es wird lediglich negativ abgegrenzt, dass die Gerichte einander die Kosten der Zusammenarbeit nicht in Rechnung stellen dürfen.

Dies schließt nicht aus, dass die Gerichte Kosten den Verwaltern auferlegen können, wenn sich dies aus der jeweiligen lex fori concursus ergibt.

Artikel 45 Ausübung von Gläubigerrechten

(1) Jeder Gläubiger kann seine Forderung im Hauptinsolvenzverfahren und in jedem Sekundärinsolvenzverfahren anmelden.

(2) Die Verwalter des Hauptinsolvenzverfahrens und der Sekundärinsolvenzverfahren melden in den anderen Verfahren die Forderungen an, die in dem Verfahren, für das sie bestellt sind, bereits angemeldet worden sind, soweit dies für die Gläubiger des letztgenannten Verfahrens zweckmäßig ist und vorbehaltlich des Rechts dieser Gläubiger, eine solche Anmeldung abzulehnen oder die Anmeldung ihrer Ansprüche zurückzunehmen, sofern das anwendbare Recht dies vorsieht.

(3) Der Verwalter eines Haupt- oder eines Sekundärinsolvenzverfahrens ist berechtigt, wie ein Gläubiger an einem anderen Insolvenzverfahren mitzuwirken, insbesondere indem er an einer Gläubigerversammlung teilnimmt.

Übersicht	Rdn.		Rdn.
A. Normzweck	1	C. Teilnahmerecht der Verwalter gem. Abs. 2	6
B. Teilnahmerecht der Gläubiger gem. Abs. 1	2	D. Ergänzende Rechte der Verwalter gem. Abs. 3	14

Literatur:
Beck Verteilungsfragen im Verhältnis zwischen Haupt- und Sekundärinsolvenzverfahren nach der EuInsVO, NZI 2007, 1; *Klockenbrink* Die Gläubigerstellung unter dem Einfluss der EuInsVO und des deutschen internationalen Insolvenzrechts, 2008.

A. Normzweck

Art. 45 soll gewährleisten, dass sich aus der Aufspaltung der Verfahren in ein Hauptinsolvenzverfahren und ggf. mehrere Sekundärinsolvenzverfahren keine Nachteile für die Gläubiger ergeben. Die Forderungen eines jeden Gläubigers können nach Abs. 1 dieser Vorschrift in jedem Verfahren angemeldet werden. Abs. 2 gibt den Insolvenzverwaltern das Recht, die Forderungen »ihrer Gläubiger« auch in den anderen Insolvenzverfahren über das Vermögen des Schuldners anzumelden. Dies soll sowohl die Einwirkungsmöglichkeiten des ausländischen Verwalters auf das inländische Verfahren stärken, als auch den häufig rechts- und sprachunkundigen ausländischen Gläubigern helfen, ihre Rechte in den Insolvenzverfahren in den anderen Mitgliedstaaten zu wahren. 1

B. Teilnahmerecht der Gläubiger gem. Abs. 1

Gemeinsam mit **Art. 53 EuInsVO** legt **Abs. 1** das Recht der Gläubiger fest, ihre Forderungen in jedem Verfahren, das über das Vermögen des Schuldners in einem der Mitgliedstaaten eröffnet wurde, anzumelden. Nationales Recht, das dem entgegensteht, wäre insoweit nicht beachtlich. Im Übrigen bleibt es aber dabei, dass sich die Voraussetzungen und die Modalitäten der Forderungsanmeldung nach nationalem Recht richten (*Kemper* ZIP 2001, 1609 [1619]; vgl. EuInsVO Art. 7 Rdn. 12). Ist dort etwa vorgesehen, dass eine Anmeldung erst nach Aufforderung durch das Gericht zulässig ist (vgl. § 173 Abs. 3 Satz 1 InsO), ist dies zu beachten. 2

Jeder Gläubiger kann dabei in jedem Insolvenzverfahren den vollen Nennbetrag seiner Forderung geltend machen; bei der Anmeldung muss er etwaige Quoten, die er in anderen Insolvenzverfahren bereits erhalten hat, nicht abziehen. Die in den einzelnen Verfahren erzielten Quoten werden allerdings bei der späteren Verteilung nach Art. 23 Abs. 2 angerechnet (vgl. i.E. EuInsVO Art. 23 Rdn. 16 ff.). 3

4 Eine Forderungsanmeldung im Ausland kann für den Gläubiger insbesondere vor dem Hintergrund des Art. 7 Abs. 2 lit. i EuInsVO, nach dem sich der Rang der Forderungen nach dem Recht des Staats der Verfahrenseröffnung bestimmt, von Interesse sein.

5 Ob Abs. 1 auch eine Regelung für Gläubiger enthält, die ihren Wohnsitz/Sitz in einem Drittstaat haben, wird unterschiedlich beantwortet (bejahend MüKo-InsO/*Reinhart* Art. 32 a.F. EuInsVO Rn. 7; verneinend MüKo-BGB/*Kindler* a.F. Art. 32 EuInsVO Rn. 4; *Kübler/Prütting/Bork-Kemper* InsO, Art. 32 EuInsVO a.F. Rn. 2; *dies.* ZIP 2001, 1609 [1619]). Art. 45 EuInsVO jedenfalls beschränkt sich ausdrücklich auf Gläubiger anderer Mitgliedstaaten. Ggf. entscheidet die lex fori concursus über die Teilnahmeberechtigung der Gläubiger mit Wohnsitz oder Sitz in einem Drittstaat.

C. Teilnahmerecht der Verwalter gem. Abs. 2

6 **Abs. 2** räumt sowohl dem Verwalter eines Haupt- als auch dem eines Sekundärinsolvenzverfahrens ein eigenständiges **Anmelderecht** in den jeweils anderen Verfahren ein (*Kemper* ZIP 2001, 1609 [1620]). Die EuInsVO ergänzt insofern das jeweilige nationale Recht (Erläuternder Bericht Rn. 236), indem es dem jeweiligen Verwalter gesetzliche Vertretungsmacht einräumt (*Wimmer* ZIP 1998, 982 [987]). Für die Einzelheiten der Anmeldung gilt nach Art. 7 EuInsVO das nationale Recht des Staats, in dem die Forderung angemeldet wird. In der Praxis ist die Anmeldung der Forderungen in parallelen Verfahren weithin üblich (vgl. *Mohrbutter/Ringstmeier-Wenner* Kap. 20 Rn. 131).

7 **Abs. 2 verpflichtet den Verwalter** zur Anmeldung, wenn dies für die Gläubiger in seinem Insolvenzverfahren zweckmäßig ist. Ist die Anmeldung zweckmäßig, dürfte sich eine entsprechende Verpflichtung jedenfalls auch aus deutschem Insolvenzrecht, so dies denn anwendbar ist, ergeben (*Mohrbutter/Ringstmeier-Wenner* Kap. 20 Rn. 131). Ob der Verwalter sämtliche Forderungen oder nur einzelne Forderungen anmeldet, entscheidet der Einzelfall. Aus dem Wortlaut von Abs. 2 lässt sich nicht folgern, dass der Verwalter nur berechtigt ist, sämtliche Forderungen anzumelden. Die Kosten der Anmeldung trägt die Masse (MüKo-InsO/*Reinhart* Art. 32 EuInsVO a.F. Rn. 12; anders *Pannen/Kühnle/Riedemann* NZI 2003, 72 [76]). Ob die Anmeldung **zweckmäßig** ist, entscheidet der Verwalter (*Kemper* ZIP 2001, 1609 [1620]). Entgegen einer Reihe von Literaturstimmen, enthält Abs. 2 für diese Prüfung keine Vorgaben. Insbesondere äußert sich Abs. 2 nicht zur Frage, ob die Forderungsanmeldung für alle Gläubiger oder für eine Gläubigergruppe zweckmäßig ist (so *Kübler/Prütting/Bork-Kemper* InsO, Art. 32 EuInsVO a.F. Rn. 5). Abs. 2 ist auch nicht zu entnehmen, dass sich die Zweckmäßigkeit anhand jeder einzelnen Forderung bemisst (so aber MüKo-BGB/*Kindler* Art. 32 EuInsVO a.F. Rn. 11). Vielmehr handelt der Verwalter im Pflichtenkorsett seiner lex fori concursus. Nach deutschem Recht sind an die Zweckmäßigkeit keine hohen Anforderungen zu stellen. Schon die Möglichkeit einer Einflussnahme im anderen Verfahren kann die Anmeldung rechtfertigen (im Ergebnis ebenso MüKo-InsO/*Reinhart* Art. 32 EuInsVO a.F. Rn. 9).

8 Forderungen, die der Insolvenzverwalter vorläufig oder endgültig bestritten hat, können ebenfalls angemeldet werden, wenn die Anmeldung zweckmäßig ist.

9 Das eigenständige Anmelderecht des Verwalters ist der **Entscheidungsbefugnis der Gläubiger untergeordnet**. Ob eine Anmeldung erfolgen soll und ob sie Bestand hat, muss letztlich von denjenigen entschieden werden, die auch die wirtschaftlichen Folgen der Anmeldung zu tragen haben (*Kemper* ZIP 2001, 1609 [1620]). Abs. 2 räumt deshalb den Gläubigern die Möglichkeit ein, eine Anmeldung abzulehnen oder eine bereits erfolgte Anmeldung zurückzunehmen. Allerdings wird das Recht zur Rücknahme den Gläubigern nur dann gewährt, wenn dies auch ansonsten nach dem jeweiligen nationalen Recht möglich ist. Die **Einzelheiten der Rücknahme** bestimmen sich ebenfalls nach diesem Recht. Für Deutschland bedeutet dies, dass eine Anmeldung bis zur Feststellung des Anspruchs zurückgenommen werden kann (Uhlenbruck/*Sinz* InsO, § 174 Rn. 49; *Jaeger/Weber* KO, § 139 Rn. 18).

10 Der Verwalter, in dessen Verfahren die Forderungen angemeldet wurden, hat grds. ein **eigenes Prüfungsrecht**. Er muss die jeweiligen Forderungen, auch wenn diese bereits im Insolvenzverfahren fest-

gestellt worden sein sollten, nicht ungeprüft zur Tabelle nehmen. Dies gilt auch vor dem Hintergrund der unterschiedlichen Rangregelungen in den Mitgliedstaaten. Eine Ausnahme kann jedoch für titulierte Forderungen bestehen, deren Titulierung gem. den Bestimmungen der EuGVO anerkannt wird (vgl. EuInsVO Art. 32 Rdn. 8). Ob diese Forderungen dann ohne weitere Prüfung zur Insolvenztabelle genommen werden, entscheidet die lex fori concursus des Staats, in dem die Anmeldung erfolgt.

Soweit der Verwalter Forderungen angemeldet hat, nimmt er die aus der Anmeldung folgenden Gläubigerrechte wahr (MüKo-InsO/*Reinhart* Art. 32 EuInsVO a.F. Rn. 14; *Beck* NZI 2007, 1 [5]). 11

Fraglich kann sein, ob dies auch das Recht des Verwalters umfasst, Forderungen, die er angemeldet 12 hat, gerichtlich durchzusetzen. Überwiegend wird Art. 45 EuInsVO eng verstanden und ein Recht zur streitigen Verfolgung abgelehnt (*Uhlenbruck/Lüer* InsO, Art. 32 EuInsVO a.F. Rn. 8; *Mankowski* NZI 2011, 729; wohl auch *Westpfahl/Goetker/Wilkens* Grenzüberschreitende Insolvenzen, Rn. 590; *Haß/Huber/Gruber/Heiderhoff/Heiderhoff* Art. 32 EuInsVO a.F. Rn. 3; *Nerlich/Römermann/Commandeur* Art. 32 EuInsVO a.F. Rn. 8; wohl **a.A.** *Pannen/Herchen* Art. 32 EuInsVO a.F. Rn. 41 ff.). Auch aus § 93 InsO oder einer analogen Anwendung von Art. 45 EuInsVO lässt sich eine solche Befugnis nicht herleiten (vgl. *KG Berlin* NZI 2011, 729). Etwas anderes kann sich aus der lex fori concursus selbst oder aus vertraglicher Ermächtigung ergeben (vgl. *Uhlenbruck/Lüer* InsO, Art. 32 EuInsVO a.F. Rn. 8; *Haß/Huber/Gruber/Heiderhoff/Heiderhoff* Art. 32 EuInsVO a.F. Rn. 3). Dies ist letztlich Ausfluss der Gläubigerautonomie. Dementsprechend bleibt der Gläubiger zur Durchsetzung seiner Forderungen berechtigt.

Eine etwaige im Hauptinsolvenzverfahren vor Abschluss des Sekundärinsolvenzverfahrens erteilte 13 Restschuldbefreiung hat wegen der Selbständigkeit der Insolvenzverfahren keinen Einfluss auf die im Sekundärverfahren angemeldete Forderung (*BGH* ZIP 2014, 2092; vgl. zur Unabhängigkeit der Verfahren auch Art. 48).

D. Ergänzende Rechte der Verwalter gem. Abs. 3

Nach **Abs. 3** ist der ausländische Verwalter berechtigt, an einem inländischen Verfahren »wie ein 14 Gläubiger« teilzunehmen, wobei die Einzelheiten durch das nationale Recht geregelt werden. Dieses Teilnahmerecht soll das häufige Fernbleiben ausländischer Gläubiger in einem inländischen Insolvenzverfahren kompensieren (vgl. Erläuternder Bericht Rn. 240).

Ob und in welchem Umfang der ausländische Verwalter ein **Stimmrecht** im inländischen Insolvenz- 15 verfahren hat, ist damit noch nicht gesagt. Mit Blick auf die Schwierigkeiten, die ein »automatisches« Stimmrecht des jeweiligen Verwalters mit sich bringen würde, spricht einiges dafür, ihm ein solches nicht einzuräumen (*Paulus* Art. 32 EuInsVO a.F. Rn. 17; MüKo-BGB/*Kindler* Art. 32 EuInsVO a.F. Rn. 17; Erläuternder Bericht Rn. 240; **a.A.** *Pannen/Herchen* Art. 32 EuInsVO a.F. Rn. 45 m.w.N.). Allerdings kann sich der ausländische Verwalter von den Gläubigern bevollmächtigen lassen, ihr Stimmrecht auszuüben, wenn die lex fori concursus des Staats, in dem das Stimmrecht ausgeübt werden soll, eine solche Möglichkeit vorsieht. Da die EuInsVO hierzu abschließende Regelungen enthält, ergibt sich eine solche Bevollmächtigung nicht »automatisch« aus § 341 Abs. 3 InsO.

Artikel 46 Aussetzung der Verwertung der Masse

(1) Das Gericht, welches das Sekundärinsolvenzverfahren eröffnet hat, setzt auf Antrag des Verwalters des Hauptinsolvenzverfahrens die Verwertung der Masse ganz oder teilweise aus. In diesem kann das Gericht jedoch vom Verwalter des Hauptinsolvenzverfahrens verlangen, alle angemessenen Maßnahmen zum Schutz der Interessen der Gläubiger des Sekundärinsolvenzverfahrens sowie einzelner Gruppen von Gläubigern zu ergreifen. Der Antrag des Verwalters des Hauptinsolvenzverfahrens kann nur abgelehnt werden, wenn die Aussetzung offensichtlich für die Gläubiger des Hauptinsolvenzverfahrens nicht von Interesse ist. Die Aussetzung der Verwertung der Masse

kann für höchstens drei Monate angeordnet werden. Sie kann für jeweils denselben Zeitraum verlängert oder erneuert werden.

(2) Das Gericht nach Absatz 1 hebt die Aussetzung der Verwertung der Masse in folgenden Fällen auf:
a) auf Antrag des Verwalters des Hauptinsolvenzverfahrens,
b) von Amts wegen, auf Antrag eines Gläubigers oder auf Antrag des Verwalters des Sekundärinsolvenzverfahrens, wenn sich herausstellt, dass diese Maßnahme insbesondere nicht mehr mit dem Interesse der Gläubiger des Haupt- oder des Sekundärinsolvenzverfahrens zu rechtfertigen ist.

Übersicht	Rdn.		Rdn.
A. Normzweck	1	C. Aufhebung der Aussetzung	11
B. Aussetzung der Verwertung	2		

Literatur:
Beck Verteilungsfragen im Verhältnis zwischen Haupt- und Sekundärinsolvenzverfahren nach der EuInsVO, NZI 2007, 1; *ders.* Verwertungsfragen im Verhältnis von Haupt- und Sekundärinsolvenzverfahren nach der EuInsVO, NZI 2006, 609; *Ehricke* Das Verhältnis des Hauptinsolvenzverwalters zum Sekundärinsolvenzverwalter bei grenzüberschreitenden Insolvenzen nach der EuInsVO, ZIP 2005, 1104; *Staak* Mögliche Probleme der Koordination von Haupt- und Sekundärinsolvenzverfahren nach der Europäischen Insolvenzverordnung (EuInsVO), NZI 2004, 480; *Vallender* Aufgaben und Befugnisse des deutschen Insolvenzrichters in Verfahren nach der EuInsVO, KTS 2005, 283.

A. Normzweck

1 Art. 46 ist Konsequenz des Vorrangs des Hauptinsolvenzverfahrens (vgl. Erwägungsgrund Nr. 21 Satz 3; *Ehricke* ZIP 2005, 1104 [1107]; *Vallender* KTS 2005, 283 [301]). Er regelt die Aussetzung von Verwertungsmaßnahmen in einem Sekundärinsolvenzverfahren; diese Aussetzung kann das Insolvenzgericht auf Antrag des Hauptinsolvenzverwalters unter bestimmten Voraussetzungen anordnen. Mit der Aussetzung der Verwertung im Sekundärinsolvenzverfahren kann die Zerschlagung von Vermögenswerten, die der Hauptinsolvenzverwalter im Rahmen einer Reorganisation oder Sanierung benötigt, verhindert werden (*Kübler/Prütting/Bork-Kemper* InsO, Art. 33 EuInsVO a.F. Rn. 1; *MüKo-InsO/Reinhart* Art. 33 EuInsVO a.F. Rn. 1; *Vallender* KTS 2005, 283 [301]). Es handelt sich um eine Sachnorm.

B. Aussetzung der Verwertung

2 Nach **Abs. 1** kann der Verwalter des Hauptinsolvenzverfahrens die **Aussetzung von Verwertungsmaßnahmen** im Sekundärinsolvenzverfahren beantragen. **Verwertung** i.S.d. Vorschrift ist einmal die **Veräußerung** des schuldnerischen Vermögens durch den Verwalter des Sekundärinsolvenzverfahrens. Sanierungsbemühungen des Verwalters des Hauptinsolvenzverfahrens können aber auch dann unterlaufen werden, wenn der Verwalter des Sekundärinsolvenzverfahrens den lokalen Betrieb des Schuldners stilllegt. Deshalb wird man auch solche **Stilllegungsmaßnahmen** nach Abs. 1 aussetzen können (*MüKo-InsO/Reinhart* Art. 33 EuInsVO a.F. Rn. 10). Die **Verwaltung des Vermögens** durch den Sekundärinsolvenzverwalter kann nicht ausgesetzt werden (*Ehricke* ZInsO 2004, 633 [634]; *Pannen/Herchen* Art. 33 EuInsVO a.F. Rn. 34).

3 Der Antrag ist bei dem Gericht zu stellen, das das Sekundärinsolvenzverfahren eröffnet hat. Wird der Antrag bei einem deutschen Gericht gestellt, muss das Gericht den Sekundärinsolvenzverwalter anhören. Gegen die Entscheidung eines deutschen Insolvenzgerichts kann mit der Rechtspflegererinnerung gem. § 11 Abs. 2 RPflG vorgegangen werden (**a.A.** *Pannen/Herchen* Art. 33 EuInsVO a.F. Rn. 34, der auf die Möglichkeit verweist, die Aufhebung zu beantragen). Eine rechtswidrige Entscheidung darf auch dann keinen Bestand haben, wenn das Gesetz eine Aufhebungsmöglichkeit vorsieht.

Ein Antrag ist auch zulässig, wenn das Sekundärinsolvenzverfahren zwar noch nicht eröffnet (i.S.d. 4 deutschen Rechts) ist, das dafür zuständige Gericht aber bereits eine Sicherungsmaßnahme, etwa die Einsetzung eines vorläufigen starken Verwalters angeordnet hat (vgl. zur Zuständigkeit des Gerichts EuInsVO Art. 3 Rn. 32; etwas anders *Vallender* KTS 2005, 283 [302 f.]).

Nach dem Wortlaut von Abs. 1 kann der Antrag **nur abgelehnt** werden, wenn die Aussetzung **offen-** 5 **sichtlich nicht im Interesse der Gläubiger** des Hauptinsolvenzverfahrens liegt. Demgegenüber sieht Abs. 2 vor, dass eine Aufhebung zu erfolgen hat, wenn die Maßnahme nicht (mehr) im Interesse der Gläubiger des Haupt- oder des Sekundärinsolvenzverfahrens liegt (vgl. dazu Rdn. 11 f.). Um ein sinnloses Hin- und Her von Anordnungs- und Aufhebungsentscheidung zu vermeiden, sind die letztgenannten Voraussetzungen bereits bei der Entscheidung über die Anordnung der Aussetzung zu berücksichtigen (anders offenbar *LG Leoben* NZI 2006, 663 m. Anm. *Sommer* ZInsO 2005, 1137; *OLG Graz* NZI 2006, 660 [661]; *LG Leoben* NZI 2005, 646). Ob sich die Interessen der Gläubiger im Haupt- und im Sekundärinsolvenzverfahren in der Praxis häufig unterscheiden, darf bezweifelt werden; immerhin haben sämtliche Gläubiger die Möglichkeit, ihre Forderungen in allen Verfahren anzumelden und damit i.d.R. ein gleichgerichtetes Interesse auf bestmögliche Befriedigung, wobei nicht ausgeschlossen ist, dass einzelne Mitgliedstaaten andere Interessen, etwa die der Arbeitnehmer, in der Vordergrund gestellt haben (vgl. MüKo-InsO/*Reinhart* Art. 33 EuInsVO a.F. Rn. 4). Tatsächlich wird es, wenn die Interessen gegenläufig sind, meist um unterschiedliche Ansichten in der Sache gehen, etwa zur Frage, ob eine Sanierung oder eher eine Zerschlagung des Unternehmens zum bestmöglichen Ergebnis führt. Das Insolvenzgericht wird daher stets, ggf. durch eine entsprechende Anhörung, die Motive der beteiligten Verwalter und die dahinter stehenden Interessen der Gläubiger kritisch zu würdigen haben.

Die Kriterien, anhand derer das Insolvenzgericht die Frage prüft, ob eine Aussetzungsentscheidung 6 offensichtlich nicht im Interesse der Gläubiger des Hauptinsolvenzverfahrens liegt, sind im Einzelnen streitig (vgl. MüKo-BGB/*Kindler* Art. 33 EuInsVO a.F. Rn. 7 ff.). In der Regel wird man darauf abzustellen haben, ob die Aussicht besteht, dass die Aussetzung die Befriedigungsaussichten der Gläubiger des Hauptinsolvenzverfahrens erhöht. Offensichtlich nicht in deren Interesse liegt die Aussetzung dann, wenn eine Erhöhung der Befriedigungsaussichten ausgeschlossen ist. Dies wird man nur ausnahmsweise annehmen können, vor allem dann, wenn der Hauptinsolvenzverwalter den Aussetzungsantrag rechtsmissbräuchlich stellt (MüKo-BGB/*Kindler* Art. 33 EuInsVO a.F. Rn. 9).

Das Gericht kann die Verwertung **ganz oder teilweise** aussetzten. Zulässig ist es daher auch, dem 7 Sekundärinsolvenzverwalter die Verwertung einzelner, genau bezeichneter Vermögensgegenstände zu untersagen (*Kübler/Prütting/Bork-Kemper* InsO, Art. 33 EuInsVO a.F. Rn. 4; *Vallender* KTS 2005, 283 [302]). Fraglich ist, ob auch die Anordnung einer anderen Verwertungsart eine teilweise Aussetzung darstellt (so MüKo-BGB/*Kindler* Art. 33 EuInsVO a.F. Rn. 11; *Ehricke* ZInsO 2004, 633 [635]). Dagegen spricht, dass Weisungsrechte des Hauptinsolvenzverwalters die Eigenständigkeit des Sekundärinsolvenzverwalters unterlaufen würden; derartige Weisungsrechte sieht das Konzept der EuInsVO, das von einer Kooperation der Verwalter ausgeht, nicht vor. Die Anordnung einer anderen Verwertungsart ist damit von Art. 46 nicht umfasst (*Ehricke* ZInsO 2004, 633 [635]; *Vallender* KTS 2005, 283 [302]).

Die **Dauer** der Aussetzung ist auf **drei Monate** limitiert; sie kann – trotz des insoweit unklaren Wort- 8 lauts – beliebig oft um diesen Zeitraum verlängert werden (Erläuternder Bericht Rn. 245; MüKo-BGB/*Kindler* Art. 33 EuInsVO a.F. Rn. 13).

Das Gericht kann vom Verwalter des Hauptinsolvenzverfahrens »**angemessene Maßnahmen zum** 9 **Schutz der Interessen der Gläubiger**« des Sekundärverfahrens verlangen. Dabei kommt es nicht darauf an, ob ein Gläubiger seine Forderung auch im Hauptinsolvenzverfahren angemeldet hat; die Sicherungen sind mit Blick auf die Gläubigergesamtheit anzuordnen (a.A. *Pannen/Herchen* Art. 33 EuInsVO a.F. Rn. 47). Zu berücksichtigen ist dies aber dann, wenn es um die Frage geht, ob einem Gläubiger tatsächlich ein Schaden entstanden ist.

10 Art. 102c § 16 EGInsO sieht ausdrücklich vor, dass dem absonderungsberechtigten Gläubiger Zinsen aus der Masse des Hauptinsolvenzverfahrens zu zahlen sind, wenn das inländische Verfahren auf Antrag des Verwalters des Hauptinsolvenzverfahrens ausgesetzt wird. Die angebliche »Durchführungsvorschrift« des Art. 102 § 16 EGInsO für Abs. 1 (so *Kübler/Prütting/Bork-Kemper* InsO, Art. 102 § 10 EGInsO Rn. 1) ist in Wahrheit eine Beschränkung des Antragsrechts des ausländischen Verwalters, die unwirksam sein dürfte, weil nationales Recht die Regelungen der EuInsVO nicht einschränken kann (*Mohrbutter/Ringstmeier-Wenner* Kap. 20 Rn. 146).

C. Aufhebung der Aussetzung

11 Gemäß Abs. 2 hat das Gericht die Aussetzung aufzuheben, wenn dies vom Verwalter des Hauptinsolvenzverfahrens gefordert wird oder – auch von Amts wegen – wenn sich herausstellt, dass die Maßnahme nicht (mehr) im Interesse der Gläubiger des Haupt- oder des Sekundärinsolvenzverfahrens liegt. Der Prüfungsmaßstab entspricht dem des Abs. 1 (anders *Pannen/Herchen* Art. 33 EuInsVO a.F. Rn. 55, der eine Aufhebung nur dann als zulässig ansieht, wenn kumulativ die Interessen der Sekundärverfahrensgläubiger und der Hauptverfahrensgläubiger weggefallen sind).

12 Insbesondere wird ein Wegfall der Interessen anzunehmen sein, wenn die vom Hauptinsolvenzverwalter beabsichtigten Sanierungsmaßnahmen gescheitert sind. Dann liegt die Aussetzung i.d.R. auch nicht mehr im Interesse der Gläubiger des Sekundärinsolvenzverfahrens.

Artikel 47 Recht des Verwalters, Sanierungspläne vorzuschlagen

(1) Kann nach dem Recht des Mitgliedstaats, in dem das Sekundärinsolvenzverfahren eröffnet worden ist, ein solches Verfahren ohne Liquidation durch einen Sanierungsplan, einen Vergleich oder eine andere vergleichbare Maßnahme beendet werden, so hat der Verwalter des Hauptinsolvenzverfahrens das Recht, eine solche Maßnahme im Einklang mit dem Verfahren des betreffenden Mitgliedstaats vorzuschlagen.

(2) Jede Beschränkung der Rechte der Gläubiger, wie zum Beispiel eine Stundung oder eine Schuldbefreiung, die sich aus einer im Sekundärinsolvenzverfahren vorgeschlagenen Maßnahme im Sinne des Absatzes 1 ergibt, darf ohne Zustimmung aller von ihr betroffenen Gläubiger keine Auswirkungen auf das nicht von diesem Verfahren erfasste Vermögen des Schuldners haben.

Übersicht

	Rdn.		Rdn.
A. Normzweck	1	C. Zustimmung der Gläubiger (Abs. 2)	5
B. Initiativrecht des Hauptinsolvenzverwalters (Abs. 1)	2		

Literatur:
Seidl/Paulick Sekundärinsolvenz und Sanierungsinsolvenzplan: Das Zustimmungserfordernis des Art. 34 Abs. 2 EuInsVO, ZInsO 2010, 125.

A. Normzweck

1 Art. 47 enthält Sachnormen zur Beendigung des Insolvenzverfahrens (*Kübler/Prütting/Bork-Kemper* InsO, Art. 34 EuInsVO Rn. 1). Die Vorschrift unterstreicht die Dominanz des Hauptinsolvenzverfahrens, geht am Bedarf der Praxis aber in weiten Teilen vorbei (vgl. die Kritik bei MüKo-InsO/ *Reinhart* Art. 34 EuInsVO Rn. 2–4), Unternehmenssanierungen werden durch die EuInsVO unnötig schwierig.

B. Initiativrecht des Hauptinsolvenzverwalters (Abs. 1)

2 Aus Abs. 1 ergibt sich, dass der Hauptinsolvenzverwalter das Recht hat, einen Vorschlag für eine andere verfahrensbeendende Maßnahme im Sekundärinsolvenzverfahren zu unterbreiten. Welche

Maßnahmen in Betracht kommen, richtet sich nach dem Recht des Sekundärinsolvenzverfahrens: in Deutschland kommt dem Hauptinsolvenzverwalter damit insbesondere ein **Planinitiativrecht** zu.

Ob man auch einem vorläufigen Hauptinsolvenzverwalter ein Vorschlagsrecht einräumt, hängt u.a. davon ab, ob man ein Sekundärinsolvenzverfahren vor Eröffnung des Hauptinsolvenzverfahrens überhaupt für zulässig hält (vgl. EuInsVO Art. 34 Rdn. 5 ff.). 3

Unberührt von Abs. 1 bleiben die im nationalen Recht geregelten Antragsrechte übriger Personen, etwa des Sekundärinsolvenzverwalters oder einzelner Gläubiger (Erläuternder Bericht Rn. 248). 4

C. Zustimmung der Gläubiger (Abs. 2)

Abs. 2 sieht vor, dass eine **Beschränkungen der Rechte der Gläubiger**, die sich aus einem Sanierungsplan, einem Vergleich oder einer vergleichbaren Maßnahme i.S.v. Abs. 1 ergeben, nur dann Auswirkungen auf das nicht von diesem Verfahren erfasste Vermögen des Schuldners hat, wenn **alle betroffenen Gläubiger der Maßnahme zustimmen**. Die Vorstellung des Verordnungsgebers, eine Beschränkung der Rechte der Gläubiger könne nur Auswirkungen auf das Vermögen des Sekundärverfahrens haben, geht fehl (MüKo-InsO/*Reinhart* Art. 34 EuInsVO a.F. Rn. 3, 10). Das Zustimmungserfordernis gem. Abs. 2 wird deshalb stets bestehen. Nach Abs. 2 beschränkt sich der Eingriff in Gläubigerrechte auf das Gebiet des Sekundärverfahrensstaats, wenn die Zustimmung der betroffenen Gläubiger fehlt. Art. 102c § 15 EGInsO bestimmt demgegenüber, dass der **Insolvenzplan nur bestätigt werden darf**, wenn alle betroffenen Gläubiger zugestimmt haben. Das ignoriert den Vorrang des Abs. 2. Art. 102c § 15 EGInsO ist wirkungslos (*Mohrbutter/Ringstmeier-Wenner* Kap. 20 Rn. 139). 5

Artikel 48 Auswirkungen der Beendigung eines Insolvenzverfahrens

(1) Unbeschadet des Artikels 49 steht die Beendigung eines Insolvenzverfahrens der Fortführung eines zu diesem Zeitpunkt noch anhängigen anderen Insolvenzverfahrens über das Vermögen desselben Schuldners nicht entgegen.

(2) Hätte ein Insolvenzverfahren über das Vermögen einer juristischen Person oder einer Gesellschaft in dem Mitgliedstaat, in dem diese Person oder Gesellschaft ihren Sitz hat, deren Auflösung zur Folge, so besteht die betreffende juristische Person oder Gesellschaft so lange fort, bis jedes andere Insolvenzverfahren über das Vermögen desselben Schuldners beendet ist oder von dem Verwalter in diesem bzw. den Verwaltern in diesen anderen Verfahren der Auflösung zugestimmt wurde.

Übersicht	Rdn.		Rdn.
A. Normzweck	1	C. Fortbestand der juristischen Person (Abs. 2)	6
B. Unabhängigkeit der Insolvenzverfahren (Abs. 1)	2		

A. Normzweck

Der im Rahmen der Neufassung der EuInsVO eingefügte Art. 48 EuInsVO beschäftigt sich mit der Frage, welche Auswirkungen die Beendigung nur eines von mehreren Insolvenzverfahren über das Vermögen des Schuldners hat und ordnet die Unabhängigkeit der Insolvenzverfahren voneinander an. 1

B. Unabhängigkeit der Insolvenzverfahren (Abs. 1)

Nach Abs. 1 können Haupt- und Sekundärinsolvenzverfahren unabhängig voneinander und in beliebiger Reihenfolge beendet werden. 2

3 Wird das Hauptinsolvenzverfahren vor dem Sekundärinsolvenzverfahren beendet, bleibt es bei der Regelung des Art. 49. Dann gelten die Vorschriften, die die lex fori concursus des Hauptinsolvenzverfahrens für den nachträglichen Anfall von Vermögen vorsehen. In der Regel wird es dort zu einer Nachtragsverteilung oder ggf. einer Ausschüttung an die Gesellschafter kommen.

4 Wird im umgekehrten Fall das Sekundärinsolvenzverfahren vor dem Hauptinsolvenzverfahren nach vermeintlich vollständiger Liquidation beendet und stellt sich danach heraus, dass es im Sekundärinsolvenzverfahren weiteres Vermögen gegeben hätte, so fällt dieses nicht ohne Weiteres in den Anwendungsbereich des Hauptverfahrens (so aber *Paulus* Art. 35 EuInsVO a.F. Rn. 5). Vielmehr ist dieses Vermögen mit Blick auf den Schutzzweck des Sekundärverfahrens nach dessen Regelungen für solche Situationen zu behandeln. Nach deutschem Recht wäre ggf. gem. § 203 InsO eine Nachtragsverteilung anzuordnen; nur wenn eine solche nicht angeordnet werden kann, fällt das Vermögen in das Hauptinsolvenzverfahren (dann abweichend von § 203 Abs. 3 InsO).

5 Diese Betrachtung gilt nicht, wenn Insolvenzanfechtungsrechte betroffen sind (vgl. dazu EuInsVO Art. 16 Rdn. 15 ff.).

C. Fortbestand der juristischen Person (Abs. 2)

6 Abs. 2 stellt klar, dass der Insolvenzschuldner, wenn er eine juristische Person ist, bis zum Ende des letzten Insolvenzverfahrens fortbesteht. Damit sichert Abs. 2 die Regelung des Abs. 1 dahingehend ab, dass die Fortführung eines Insolvenzverfahrens nicht durch die Auflösung des Schuldners behindert, oder unmöglich gemacht wird.

Artikel 49 Überschuss im Sekundärinsolvenzverfahren

Können bei der Verwertung der Masse des Sekundärinsolvenzverfahrens alle in diesem Verfahren festgestellten Forderungen befriedigt werden, so übergibt der in diesem Verfahren bestellte Verwalter den verbleibenden Überschuss unverzüglich dem Verwalter des Hauptinsolvenzverfahrens.

Literatur:
Beck Verteilungsfragen im Verhältnis zwischen Haupt- und Sekundärinsolvenzverfahren nach der EuInsVO, NZI 2007, 1; *Martius* Verteilungsregeln in der grenzüberschreitenden Insolvenz, 2004.

1 Art. 49 regelt den Fall, dass im Sekundärinsolvenzverfahren nach Verwertung und Verteilung der Masse an die Gläubiger ein Überschuss verbleibt. Die Vorschrift dürfte in der Praxis keine allzu große Bedeutung entfalten (*Beck* NZI 2001, 1 [6]). Sollte in einem Einzelfall die Masse eines Sekundärinsolvenzverfahrens so werthaltig sein, dass ein Überschuss in Frage kommt, dürften bereits während des Verfahrens die ausländischen Gläubiger ihre Forderungen in dem Sekundärinsolvenzverfahren anmelden. Darüber hinaus ist nach Art. 45 Abs. 2 EuInsVO der Verwalter des Hauptinsolvenzverfahrens verpflichtet, bei einer so großen Masse im Sekundärinsolvenzverfahren die Forderungen seines Verfahrens im ausländischen Verfahren anzumelden.

2 Verbleibt nach Verwertung der Masse, Abzug der Kosten, Begleichung der Masseverbindlichkeiten und Verteilung des Erlöses nach nationalem Recht, d.h. ggf. auch an die nachrangigen Gläubiger, ein **Überschuss** im Sekundärinsolvenzverfahren, so ist dieser nach **Art. 49** an den **Verwalter des Hauptinsolvenzverfahrens herauszugeben.**

3 Art. 49 verdrängt nationale Vorschriften, nach denen der Überschuss an den Schuldner herauszugeben wäre (§ 199 InsO). Zuvor sind jedoch die nationalen Regelungen zu beachten, die die Verteilung des Vermögens an nachrangige Gläubiger vorsehen. Erst wenn auch nach der Verteilung des Vermögens an diese ein Überschuss verbleibt, greift Art. 49 ein.

4 Wird das Sekundärinsolvenzverfahren eingestellt, etwa mangels Masse, kommt Art. 49 nicht zur Anwendung. In diesen Fällen greift aber der Vermögensbeschlag des Hauptinsolvenzverfahrens unmittelbar mit Beendigung des Sekundärinsolvenzverfahrens wieder ein.

Artikel 50 Nachträgliche Eröffnung des Hauptinsolvenzverfahrens

Wird ein Verfahren nach Artikel 3 Absatz 1 eröffnet, nachdem in einem anderen Mitgliedstaat ein Verfahren nach Artikel 3 Absatz 2 eröffnet worden ist, so gelten die Artikel 41, 45, 46, 47 und 49 für das zuerst eröffnete Insolvenzverfahren, soweit dies nach dem Stand dieses Verfahrens möglich ist.

Literatur:
Sabel Hauptsitz als Niederlassung im Sinne der EuInsVO?, NZI 2004, 126.

Wird zunächst ein unabhängiges Partikularverfahren über das Vermögen einer Niederlassung eröffnet und erst anschließend das Hauptinsolvenzverfahren, so wird das unabhängige Partikularverfahren zum Sekundärinsolvenzverfahren. Gemäß **Art.** 50 sind die benannten Regelungen über das Sekundärinsolvenzverfahren anzuwenden, soweit dies nach dem Stand des Verfahrens »möglich ist«. Neben Art. 50 ist auch die Regelung des Art. 51 EuInsVO zu berücksichtigen. 1

Eine Nichtanwendung der benannten Regelungen wird eher die Ausnahme sein, da die Regelungen über die Kooperation und die Abstimmung der Verfahren erhebliche Bedeutung für den Erfolg der Insolvenzverfahren haben (vgl. EuInsVO Art. 41 Rdn. 1 ff.). 2

Artikel 51 Umwandlung von Sekundärinsolvenzverfahren

(1) Auf Antrag des Verwalters des Hauptinsolvenzverfahrens kann das Gericht eines Mitgliedstaats, bei dem ein Sekundärinsolvenzverfahren eröffnet worden ist, die Umwandlung des Sekundärinsolvenzverfahrens in ein anderes der in Anhang A aufgeführten Insolvenzverfahren anordnen, sofern die Voraussetzungen nach nationalem Recht für die Eröffnung dieses anderen Verfahrens erfüllt sind und dieses Verfahren im Hinblick auf die Interessen der lokalen Gläubiger und die Kohärenz zwischen Haupt- und Sekundärinsolvenzverfahren am geeignetsten ist.

(2) Bei der Prüfung des Antrags nach Absatz 1 kann das Gericht Informationen von den Verwaltern beider Verfahren anfordern.

Übersicht

	Rdn.			Rdn.
A. Normzweck	1	B.	Im Einzelnen	3

Literatur:
Siehe Vor §§ 335 ff.

A. Normzweck

Art. 51 ergänzt die Regelung in Art. 38 Abs. 4 EuInsVO, die vor Eröffnung eines Sekundärinsolvenzverfahrens gilt. Sie gibt dem Hauptinsolvenzverwalter das Recht, auch nach Eröffnung die Umwandlung eines Sekundärinsolvenzverfahrens in ein anderes in Anlage A aufgeführtes Insolvenzverfahren anzuordnen. 1

Keine Bedeutung hat Art. 51 bei einem in Deutschland eröffneten Sekundärverfahren, da die InsO lediglich ein einheitliches Verfahren vorsieht. 2

B. Im Einzelnen

Nach Abs. 1 steht dem Verwalter des Hauptinsolvenzverfahrens das Antragsrecht zu, sofern die Voraussetzungen nach nationalem Recht für dieses andere Verfahren gegeben sind. Art. 51 stellt dem Verwalter frei, den Antrag zu stellen. Eine Verpflichtung kann sich aus der lex fori concursus des Staats ergeben, in dem das Hauptinsolvenzverfahren eröffnet worden ist. 3

Das Insolvenzgericht prüft, ob diese Umwandlung im Hinblick auf das **Interesse der lokalen Gläubiger** und die Kohärenz zwischen Haupt- und Sekundärinsolvenzverfahren am geeignetsten ist. Da- 4 bei wird es im Hinblick auf die Interessen der lokalen Gläubiger vor allem darauf ankommen, wie sich das andere Verfahren auf sie auswirkt.

5 Das zuständige **Gericht ist nicht befugt, eine Umwandlung von Amts wegen vorzunehmen**, auch wenn dies nach Auffassung des Insolvenzgerichts im Interesse der Gläubiger liegt.

6 Nach Abs. 2 kann das Gericht Informationen von den Verwaltern beider Verfahren anfordern, um den Antrag zu prüfen. Die Regelung erscheint überflüssig, da sich ein solches Recht bereits aus Art. 43 ergibt.

Artikel 52 Sicherungsmaßnahmen

Bestellt das nach Artikel 3 Absatz 1 zuständige Gericht eines Mitgliedstaats zur Sicherung des Schuldnervermögens einen vorläufigen Verwalter, so ist dieser berechtigt, zur Sicherung und Erhaltung des Schuldnervermögens, das sich in einem anderen Mitgliedstaat befindet, jede Maßnahme zu beantragen, die nach dem Recht des Mitgliedstaats für die Zeit zwischen dem Antrag auf Eröffnung eines Insolvenzverfahrens und dessen Eröffnung vorgesehen ist.

Übersicht

	Rdn.		Rdn.
A. Normzweck	1	III. Möglichkeit der Eröffnung eines Sekundärinsolvenzverfahrens	6
B. Im Einzelnen	4	C. Zuständigkeit und Prüfungsumfang	8
I. Antragsberechtigung	4	D. Aufhebung der Sicherungsmaßnahmen	10
II. Mitgliedstaat	5		

Literatur:
Siehe Vor §§ 335 ff.

A. Normzweck

1 Gerade eine zügige Sicherung der im Ausland belegenen Massebestandteile ist häufig vordringlich. Hat das Gericht, das gem. Art. 3 Abs. 1 EuInsVO für die Eröffnung des Hauptinsolvenzverfahrens zuständig ist, einen vorläufigen Insolvenzverwalter oder Sequester ernannt, so ist dieser nach **Art. 52 EuInsVO** befugt, zur Sicherung des in einem anderen Mitgliedstaat befindlichen Vermögens die nach dem Recht dieses Staats möglichen **vorläufigen Sicherungsmaßnahmen** zu beantragen. Auf Deutschland übertragen bedeutet dies, dass ein ausländischer vorläufiger Insolvenzverwalter hinsichtlich der in Deutschland belegenen Gegenstände der Insolvenzmasse die Anordnung von Sicherungsmaßnahmen gem. §§ 21, 22 InsO verlangen kann (*Mohrbutter/Ringstmeier-Wenner* Kap. 20 Rn. 119). Die Sicherungsmaßnahmen können auch der Vorbereitung eines Sekundärinsolvenzverfahrens in dem anderen Mitgliedstaat dienen (vgl. *Nerlich/Römermann/Commandeur* InsO, Art. 38 EuInsVO a.F. Rn. 2). Insbesondere ist die Bestellung eines vorläufigen Insolvenzverwalters eine Sicherungsmaßnahme (*Herchen* Übereinkommen, S. 157; *Mohrbutter/Ringstmeier-Wenner* Kap. 20 Rn. 120).

2 Art. 52 steht neben Art. 32 Abs. 1 Unterabs. 3 EuInsVO, demzufolge die anderen Mitgliedstaaten die Sicherungsmaßnahmen anzuerkennen haben, die nach dem Antrag auf Eröffnung eines Insolvenzverfahrens getroffen werden. Art. 52 ist ferner neben Art. 34 EuInsVO zu sehen, da in seiner richtigen Lesart auch der vorläufige Verwalter die Eröffnung eines Sekundärinsolvenzverfahrens beantragen kann (vgl. EuInsVO Art. 34 Rdn. 6).

3 Die Anordnung lokaler Sicherungsmaßnahmen kann zweckmäßig sein: Zum einen ist denkbar, dass es sinnvoll ist, strengere Sicherungsmaßnahmen in einem anderen Mitgliedstaat zu beantragen als im Hauptinsolvenzverfahren gelten. Vor allem aber ist die Durchsetzung lokaler Sicherungsmaßnahmen i.d.R. einfacher, als die Durchsetzung der Sicherungsmaßnahmen des ausländischen Hauptverfahrens (krit. hingegen *Reinhart* NZI 2009, 201 [204 f.]).

B. Im Einzelnen

I. Antragsberechtigung

Antragsberechtigt ist nach dem Wortlaut des Art. 52 der **vorläufige Verwalter** in einem Hauptinsolvenzverfahren. Das ist in zweifacher Hinsicht zu eng: Einmal muss auch der **Verwalter eines Partikularverfahrens** berechtigt sein, Sicherungsmaßnahmen in dem Mitgliedstaat zu verlangen, in den Gegenstände aus dem Partikularstaat verbracht worden sind (Argument aus Art. 21 Abs. 2 EuInsVO; vgl. *Mohrbutter/Ringstmeier-Wenner* Kap. 20 Rn. 122). Zum anderen sollte man nicht nur den vorläufigen Verwalter, sondern (erst Recht) auch den **endgültigen Verwalter** ermächtigen, die Gerichte des Belegenheitsstaats anzurufen, um dort die Masse mit den (vielleicht strengeren) Maßnahmen des Belegenheitsrechts zu sichern (vgl. *Mohrbutter/Ringstmeier-Wenner* Kap. 20 Rn. 121, 125).

II. Mitgliedstaat

Art. 52 kann naturgemäß nur die Antragsbefugnis vor Gerichten anderer **Mitgliedstaaten** regeln. Je nach lex fori concursus bleibt der vorläufige Verwalter aber verpflichtet, die Möglichkeiten gerichtlicher Inanspruchnahme in **Drittstaaten zu untersuchen und ggf. zu verfolgen**.

III. Möglichkeit der Eröffnung eines Sekundärinsolvenzverfahrens

Es ist umstritten, ob auf einen Antrag nach Art. 52 EuInsVO Sicherungsmaßnahmen nur dann angeordnet werden dürfen, wenn der Schuldner in dem betreffenden Staat eine **Niederlassung** hat (dafür MüKo-BGB/*Kindler* Art. 38 EuInsVO a.F. Rn. 8; Erläuternder Bericht Rn. 262; *Vallender* KTS 2005, 283 [305 f.]). Hinter diesem Streit steht die Frage, ob Art. 52 lediglich ein Sekundärinsolvenzverfahren vorbereiten soll, d.h. Sicherungsmaßnahmen nur zulässig sind, wenn die Voraussetzungen für die Eröffnung eines Sekundärinsolvenzverfahrens in dem betreffenden Staat vorliegen. Der Wortlaut von Art. 52 mag dafür sprechen, das Recht zur Beantragung von Sicherungsmaßnahmen auf den Kreis der Staaten zu beschränken, in denen die Eröffnung eines Sekundärverfahrens möglich ist (Erläuternder Bericht Rn. 262). Es spricht aber nichts dafür, die Unterstützung des vorläufigen Verwalters durch örtliche Sicherungsmaßnahmen in anderen Mitgliedstaaten gerade dort zu versagen, wo sie am dringendsten notwendig sind, weil dort ein Partikularverfahren nicht eröffnet werden kann. Es darf deshalb nicht gefordert werden, dass in dem unterstützenden Mitgliedstaat ein Sekundärinsolvenzverfahren hätte eröffnet werden dürfen (*Mohrbutter/Ringstmeier-Wenner* Kap. 20 Rn. 211; *Pannen/Herchen* Art. 38 EuInsVO a.F. Rn. 11; *Gottwald/Kolmann/Keller* HdbInsR, § 131 Rn. 83; **a.A.** die h.M., vgl. *Duursma-Kepplinger/Duursma/Chalupsky* Art. 38 EuInsVO a.F. Rn. 9; *Heiderhoff* Internationaler Rechtsverkehr, Art. 38 Abs. 2 a.F. EuInsVO; MüKo-BGB/*Kindler* Art. 38 EuInsVO a.F. Rn. 8; MüKo-InsO/*Reinhart* Art. 38 EuInsVO a.F. Rn. 8; *Uhlenbruck/Lüer* InsO, Art. 38 EuInsVO a.F. Rn. 4; *Vallender* KTS 2005, 283 [305 f.]).

Ob ein lokales Gericht **nach einem** Antrag auf Eröffnung eines Sekundärinsolvenzverfahrens Sicherungsmaßnahmen anordnen kann, richtet sich nicht nach Art. 52, sondern nach Art. 34 EuInsVO (vgl. EuInsVO Art. 34 Rdn. 14, 26 ff.).

C. Zuständigkeit und Prüfungsumfang

Für die Anordnung der Sicherungsmaßnahmen ist das Gericht zuständig, das für die Eröffnung eines Sekundärinsolvenzverfahrens zuständig wäre. In Deutschland liegt die ausschließliche **Zuständigkeit** zur Eröffnung eines Sekundärinsolvenzverfahrens bei dem Gericht, in dessen Bezirk der Schuldner eine Niederlassung betreibt; unterhält er keine Niederlassung im Inland, so bestimmt sich die Zuständigkeit nach Art. 102c § 1 Abs. 3 EGInsO.

Vor der Anordnung von Sicherungsmaßnahmen hat das Gericht sorgfältig zu prüfen, ob und welche Maßnahmen zweckmäßig sind, da mit ihnen unter Umständen weitreichende Folgen für den Schuldner verbunden sein können (MüKo-InsO/*Reinhart* Art. 38 EuInsVO a.F. Rn. 15). Im Interesse des

Verkehrsschutzes sind diese vorläufigen Sicherungsmaßnahmen entsprechend § 23 InsO öffentlich bekannt zu machen.

D. Aufhebung der Sicherungsmaßnahmen

10 Kommt es nicht zur Eröffnung eines Sekundärinsolvenzverfahrens, so kann das Gericht, das die vorläufigen Maßnahmen erlassen hat, diese nach Maßgabe des dort anwendbaren Rechts **aufheben**. Mit Blick auf die Bedeutung der Aufhebung darf das Gericht dies nur auf Veranlassung des vorläufigen Hauptinsolvenzverwalters tun, nicht aber von Amts wegen (*Vallender* KTS 2005, 283 [307]; unklar Erläuternder Bericht Rn. 262).

11 Dies gilt auch dann, wenn das Hauptinsolvenzverfahren zwischenzeitlich eröffnet worden ist. Es ist Sache des Hauptinsolvenzverwalters darüber zu entscheiden, ob er den Antrag nach Art. 52 zurücknehmen möchte oder nicht. Solange kein Sekundärinsolvenzverfahren beantragt worden ist, ist das lokale Gericht an die Rücknahme des Antrags gebunden und hat die Sicherungsmaßnahmen aufzuheben. Wurde ein Sekundärinsolvenzverfahren beantragt, richtet sich das weitere Schicksal der Sicherungsmaßnahmen nach der dortigen lex fori concursus.

12 Wird das Hauptinsolvenzverfahren jedoch nicht eröffnet, fällt die Berechtigung für die Sicherungsmaßnahmen weg. Das lokale Gericht hat diese von Amts wegen aufzuheben (vgl. *Pannen/Herchen* Art. 38 EuInsVO a.F. Rn. 40). Eine rückwirkende Aufhebung kommt nicht in Betracht.

Kapitel IV Unterrichtung der Gläubiger und Anmeldung ihrer Forderungen

Artikel 53 Recht auf Forderungsanmeldung

Jeder ausländische Gläubiger kann sich zur Anmeldung seiner Forderungen in dem Insolvenzverfahren aller Kommunikationsmittel bedienen, die nach dem Recht des Staats der Verfahrenseröffnung zulässig sind. Allein für die Anmeldung seiner Forderung ist die Vertretung durch einen Rechtsanwalt oder sonstigen Rechtsbeistand nicht zwingend.

Übersicht

	Rdn.			Rdn.
A. Normzweck	1	C.	Kein Anwaltszwang (Satz 2)	7
B. Recht auf Teilnahme am Verfahren (Satz 1)	3			

Literatur:
Corno EIR and Italian Rules Governing the Lodging, Verification and Admission of Claims. Theory and Italian Practice, IILR 2012, 197; i.Ü. siehe Vor §§ 335 ff.

A. Normzweck

1 Im Grundsatz regelt die lex fori concursus den Kreis der teilnahmeberechtigten Gläubiger sowie die Art und Weise der Teilnahme (*Kemper* ZIP 2001, 1609 [1619]). Die Verordnung macht hiervon Ausnahmen in Art. 45 Abs. 1 EuInsVO und Art. 53. Art. 53 enthält einen Mindeststandard (MüKo-InsO/*Reinhart* Art. 39 EuInsVO a.F. Rn. 2) für ausländische Gläubiger i.S.d. Art. 2 Nr. 12 EuInsVO. Während sich das in Art. 53 enthaltene Diskriminierungsverbot bereits aus dem EU-Vertrag ergeben dürfte (MüKo-InsO/*Reinhart* Art. 39 EuInsVO a.F. Rn. 4), ist wesentlich die Klarstellung, dass Steuerbehörden und Sozialversicherungsträger der Mitgliedstaaten ihre Forderungen in den Verfahren anderer Mitgliedstaaten anmelden dürfen, weil die Behandlung öffentlich-rechtlicher Forderungen im IIR nicht hinreichend geklärt ist (vgl. § 335 Rdn. 14).

2 Für die Teilnahmeberechtigung von Gläubigern, die ihren Sitz in Drittstaaten haben, bleibt es bei den Regelungen der lex fori concursus.

B. Recht auf Teilnahme am Verfahren (Satz 1)

In Satz 1 wird das Recht der in den Mitgliedstaaten domizilierten Gläubiger festgeschrieben, ihre Forderungen in jedem in der Gemeinschaft eröffneten Insolvenzverfahren anzumelden. Der Wortlaut der Überschrift, der lediglich auf die Anmeldung abstellt, dürfte allerdings zu kurz greifen. Den ausländischen Gläubigern wird ein **Recht auf Teilnahme am Verfahren und auf (grundsätzliche) Berücksichtigung bei der Verteilung** eingeräumt. Wiederum dürfte sich dieses Recht wegen des in der EU geltenden Diskriminierungsverbots auch ohne ergänzende Auslegung von Art. 53 ergeben. 3

Eine Reihe von Staaten berücksichtigen traditionell **öffentlich-rechtliche Forderungen anderer Staaten** nicht. Auch im deutschen autonomen IIR ist nicht hinreichend geklärt, wie öffentlich-rechtliche Forderungen zu behandeln sind (vgl. § 335 Rdn. 14). Art. 53 erwähnt deshalb ausdrücklich das Anmelderecht der Steuerbehörden und der Sozialversicherungsträger der Mitgliedstaaten. Das ist nicht abschließend (*Kübler/Prütting/Bork-Kemper* InsO, Art. 39 EuInsVO a.F. Rn. 6). Sämtliche öffentlich-rechtlichen Forderungen können angemeldet werden, wenn der Forderungsgläubiger seinen Sitz in einem anderen Mitgliedstaat hat. 4

Ob die öffentlich-rechtliche Forderung ein Vorrecht genießt, bestimmt die lex fori concursus. Dies bedeutet, dass die ausländischen Steuerbehörden, die in einem deutschen Insolvenzverfahren ihre Forderungen anmelden, kein Fiskusvorrecht für sich in Anspruch nehmen können, wenn (nur) ihr Heimatrecht ein solches einräumt. Von deutschen Vorrechten (vgl. § 55 Abs. 4 InsO) können ausländische Steuerbehörden jedoch grds. profitieren. Umgekehrt können die deutschen Steuerbehörden in dem Verfahren eines anderen Mitgliedstaats von einem etwa dort bestehenden Vorrecht profitieren, sich aber nicht auf Vorrechte nach deutschem Insolvenzrecht berufen. 5

Die Anmeldung durch den Gläubiger hat in der Form zu erfolgen, die nach der lex fori concursus zulässig ist. Ein generelles Schriftformerfordernis sieht die EuInsVO nicht mehr vor. 6

C. Kein Anwaltszwang (Satz 2)

Satz 2 stellt klar, dass ein etwaiger Anwaltszwang nach der lex fori concursus für die Forderungsanmeldung ausländischer Gläubiger nicht gilt. Eine Forderungsanmeldung wäre auch dann wirksam, wenn sie gegen entsprechende Regelungen verstößt. Sieht das anwendbare Recht für andere Rechtshandlungen als die bloße Anmeldung einen Anwaltszwang vor, etwa für einen Rechtsstreit über das Bestehen der Forderung, ist dieser beachtlich. 7

Artikel 54 Pflicht zur Unterrichtung der Gläubiger

(1) Sobald in einem Mitgliedstaat ein Insolvenzverfahren eröffnet wird, unterrichtet das zuständige Gericht dieses Staates oder der von diesem Gericht bestellte Verwalter unverzüglich alle bekannten ausländischen Gläubiger.

(2) Die Unterrichtung nach Absatz 1 erfolgt durch individuelle Übersendung eines Vermerks und gibt insbesondere an, welche Fristen einzuhalten sind, welches die Versäumnisfolgen sind, welche Stelle für die Entgegennahme der Anmeldungen zuständig ist und welche weiteren Maßnahmen vorgeschrieben sind. In dem Vermerk ist auch anzugeben, ob die bevorrechtigten oder dinglich gesicherten Gläubiger ihre Forderungen anmelden müssen. Dem Vermerk ist des Weiteren eine Kopie des Standardformulars für die Anmeldung von Forderungen gemäß Artikel 55 beizufügen oder es ist anzugeben, wo dieses Formular erhältlich ist.

(3) Die Unterrichtung nach den Absätzen 1 und 2 dieses Artikels erfolgt mithilfe eines Standardmitteilungsformulars, das gemäß Artikel 88 festgelegt wird. Das Formular wird im Europäischen Justizportal veröffentlicht und trägt die Überschrift »Mitteilung über ein Insolvenzverfahren« in sämtlichen Amtssprachen der Organe der Union. Es wird in der Amtssprache des Staates der Verfahrenseröffnung oder – falls es in dem betreffenden Mitgliedstaat mehrere Amtssprachen gibt – in

der Amtssprache oder einer der Amtssprachen des Ortes, an dem das Insolvenzverfahren eröffnet wurde, oder in einer anderen Sprache übermittelt, die dieser Staat gemäß Artikel 55 Absatz 5 zugelassen hat, wenn anzunehmen ist, dass diese Sprache für ausländische Gläubiger leichter zu verstehen ist.

(4) Bei Insolvenzverfahren bezüglich einer natürlichen Person, die keine selbständige gewerbliche oder freiberufliche Tätigkeit ausübt, ist die Verwendung des in diesem Artikel genannten Standardformulars nicht vorgeschrieben, sofern die Gläubiger nicht verpflichtet sind, ihre Forderungen anzumelden, damit diese im Verfahren berücksichtigt werden.

Übersicht	Rdn.		Rdn.
A. Normzweck	1	D. Standardformular und Ausnahme	
B. Unterrichtungspflicht (Abs. 1)	2	(Abs. 3, 4)	9
C. Mindestumfang der Unterrichtung (Abs. 2)	6	E. Sanktionen	12

Literatur:
Mankowski Neues zur grenzüberschreitenden Forderungsanmeldung unter der EuInsVO, NZI 2011, 887.

A. Normzweck

1 Art. 54 sieht zum Schutz der Gläubiger vor, dass das Gericht oder der Insolvenzverwalter bestimmte Informationen an die ausländischen Gläubiger übermitteln. Die Vorschriften über die Unterrichtung ausländischer Gläubiger sind von besonderer Bedeutung, da diese häufig die Sprache des Staats der Verfahrenseröffnung nicht beherrschen und mit dessen Recht nicht vertraut sind. Im Zuge der Neufassung der EuInsVO hat der Verordnungsgeber ein Standardformular eingeführt, mit dem die ausländischen Gläubiger zu unterrichten sind.

B. Unterrichtungspflicht (Abs. 1)

2 Die Unterrichtung hat durch das jeweilige Insolvenzgericht oder den vom Insolvenzgericht eingesetzten Insolvenzverwalter zu erfolgen. Wen die Pflicht in einem Mitgliedstaat trifft, richtet sich nach dem jeweiligen nationalen Recht. Schweigt dieses Recht müssen sowohl Insolvenzverwalter als auch das Gericht die Unterrichtung vornehmen (*Leible/Staudinger* KTS 2000, 533 [571]; a.A. A/G/R-*Fuchs* Art. 54 EuInsVO Rn. 4).

3 Die Unterrichtung hat unverzüglich, d.h. ohne schuldhaftes Zögern zu erfolgen (*Duursma-Kepplinger/Duursma/Chalupsky* Art. 40 EuInsVO a.F. Rn. 2); mithin muss sie so rechtzeitig erfolgen, dass die Gläubiger ihre Rechte wirkungsvoll wahrnehmen können.

4 Besondere Vorschriften für die Art und Weise der Übersendung der Mitteilung sieht die EuInsVO nicht vor. Sieht nationales Recht eine Zustellung vor, gelten die Vorschriften der EuZVO (MüKo-BGB/*Kindler* Art. 40 EuInsVO a.F. Rn. 6).

5 Die Unterrichtung hat individuell zu erfolgen. Die öffentliche Bekanntgabe reicht nicht aus (A/G/R-*Fuchs* Art. 54 EuInsVO Rn. 20).

C. Mindestumfang der Unterrichtung (Abs. 2)

6 Die ausländischen Gläubiger sind nach **Abs. 2 Satz 1** jedenfalls über die einzuhaltenden **Fristen und über Säumnisfolgen zu informieren**. Dabei handelt es sich um Mindestanforderungen, die an die Informationspflicht zu stellen sind. Darüber hinaus sind den Gläubigern alle Informationen mitzuteilen, die sie für die ordnungsgemäße Teilnahme am Verfahren benötigen.

7 Nach **Abs. 2 Satz 2** ist auch anzugeben, ob **dinglich gesicherte Gläubiger** ihre Forderungen anmelden müssen. Die Aufforderung nach § 28 Abs. 2 InsO an die gesicherten Gläubiger dürfte dieser Informationspflicht genügen.

Abs. 2 Satz 3 schreibt vor, dass das Standardformular für die Anmeldung von Forderungen i.S.d. 8
Art. 55 EuInsVO beizufügen ist, oder anzugeben ist, wo dieses Formular erhältlich ist. Der Verweis auf eine Internetseite dürfte genügen.

D. Standardformular und Ausnahme (Abs. 3, 4)

Der im Zuge der Neufassung eingefügte Abs. 3 sieht vor, dass die Information der ausländischen 9
Gläubiger mit Hilfe eines Standardformulars zu erfolgen hat, das gem. Art. 88 EuInsVO festgelegt wird. Diese Formulare werden von der Kommission per Durchführungsakt erstellt bzw. geändert. Das Formular kann unter https://e-justice.europa.eu/ abgerufen werden.

Es wird in der Sprache des Staats der Verfahrenseröffnung übersandt. Alternativ kann es in einer der 10
Sprachen übersandt werden, die der Mitgliedstaat für die Anmeldung von Forderungen zugelassen hat (Art. 55 Abs. 5 EuInsVO); letzteres allerdings nur dann, wenn anzunehmen ist, dass diese Sprache für den ausländischen Gläubiger leichter zu verstehen ist. Zulässig ist also auch die Versendung von Formularen in mehreren Sprachen, wenn der Mitgliedstaat entsprechende Sprachen zugelassen hat.

Bei Verbraucherinsolvenzverfahren ist die Verwendung des Formulars dann fakultativ, wenn die 11
Gläubiger in diesem Verfahren ihre Forderungen nicht anmelden müssen, damit sie im Verfahren berücksichtigt werden.

E. Sanktionen

Die EuInsVO regelt nicht – wie auch an anderen Stellen –, welche Rechtsfolge eine Verletzung von 12
Art. 54 hat. Informiert der Insolvenzverwalter nicht – oder nur ungenügend –, werden dem Gläubiger nach der lex fori concursus i.d.R. Schadensersatzansprüche gegen diesen zustehen (vgl. § 60 InsO). Verletzt das Gericht seine Pflicht, sind Staatshaftungsansprüche denkbar (MüKo-BGB/*Kindler* Art. 40 EuInsVO a.F. Rn. 7). Denkbar wäre darüber hinaus auch, dass sich der Insolvenzverwalter auf den Ablauf bestimmter Fristen unter dem Gesichtspunkt des Treu und Glaubens nicht berufen kann oder ein Gericht entsprechende Kosten, etwa für einen zweiten Prüfungstermin, nicht anfordern darf. War die Insolvenz in dem Mitgliedstaat gem. Art. 28 EuInsVO bekannt gemacht worden, dürfte i.d.R. ein Mitverschulden des Gläubigers anzunehmen sein (vgl. MüKo-InsO/*Reinhart* Art. 41 EuInsVO a.F. Rn. 14).

Artikel 55 Verfahren für die Forderungsanmeldung

(1) Ausländische Gläubiger können ihre Forderungen mithilfe des Standardformulars anmelden, das gemäß Artikel 88 festgelegt wird. Das Formular trägt die Überschrift »Forderungsanmeldung« in sämtlichen Amtssprachen der Organe der Union.

(2) Das Standardformular für die Forderungsanmeldung nach Absatz 1 enthält die folgenden Angaben:
a) Name, Postanschrift, E-Mail-Adresse sofern vorhanden, persönliche Kennnummer sofern vorhanden sowie Bankverbindung des ausländischen Gläubigers nach Absatz 1,
b) Forderungsbetrag unter Angabe der Hauptforderung und gegebenenfalls der Zinsen sowie Entstehungszeitpunkt der Forderung und – sofern davon abweichend – Fälligkeitsdatum,
c) umfasst die Forderung auch Zinsen, den Zinssatz unter Angabe, ob es sich um einen gesetzlichen oder vertraglich vereinbarten Zinssatz handelt, sowie den Zeitraum, für den die Zinsen gefordert werden, und den Betrag der kapitalisierten Zinsen,
d) falls Kosten für die Geltendmachung der Forderung vor Eröffnung des Verfahrens gefordert werden, Betrag und Aufschlüsselung dieser Kosten,
e) Art der Forderung,
f) ob ein Status als bevorrechtigter Gläubiger beansprucht wird und die Grundlage für einen solchen Anspruch,

Art. 55 EuInsVO   Verfahren für die Forderungsanmeldung

g) ob für die Forderung eine dingliche Sicherheit oder ein Eigentumsvorbehalt geltend gemacht wird und wenn ja, welche Vermögenswerte Gegenstand der Sicherheit sind, Zeitpunkt der Überlassung der Sicherheit und Registernummer, wenn die Sicherheit in ein Register eingetragen wurde, und

h) ob eine Aufrechnung beansprucht wird und wenn ja, die Beträge der zum Zeitpunkt der Eröffnung des Insolvenzverfahrens bestehenden gegenseitigen Forderungen, den Zeitpunkt ihres Entstehens und den geforderten Saldo nach Aufrechnung.

Der Forderungsanmeldung sind etwaige Belege in Kopie beizufügen.

(3) Das Standardformular für die Forderungsanmeldung enthält den Hinweis, dass die Bankverbindung und die persönliche Kennnummer des Gläubigers nach Absatz 2 Buchstabe a nicht zwingend anzugeben sind.

(4) Meldet ein Gläubiger seine Forderung auf anderem Wege als mithilfe des in Absatz 1 genannten Standardformulars an, so muss seine Anmeldung die in Absatz 2 genannten Angaben enthalten.

(5) Forderungen können in einer Amtssprache der Organe der Union angemeldet werden. Das Gericht, der Verwalter oder der Schuldner in Eigenverwaltung können vom Gläubiger eine Übersetzung in die Amtssprache des Staats der Verfahrenseröffnung oder – falls es in dem betreffenden Mitgliedstaat mehrere Amtssprachen gibt – in die Amtssprache oder in eine der Amtssprachen des Ortes, an dem das Insolvenzverfahren eröffnet wurde, oder in eine andere Sprache, die dieser Mitgliedstaat zugelassen hat, verlangen. Jeder Mitgliedstaat gibt an, ob er neben seiner oder seinen eigenen Amtssprachen andere Amtssprachen der Organe der Union für eine Forderungsanmeldung zulässt.

(6) Forderungen sind innerhalb der im Recht des Staats der Verfahrenseröffnung festgelegten Frist anzumelden. Bei ausländischen Gläubigern beträgt diese Frist mindestens 30 Tage nach Bekanntmachung der Eröffnung des Insolvenzverfahrens im Insolvenzregister des Staats der Verfahrenseröffnung. Stützt sich ein Mitgliedstaat auf Artikel 24 Absatz 4, so beträgt diese Frist mindestens 30 Tage ab Unterrichtung eines Gläubigers gemäß Artikel 54.

(7) Hat das Gericht, der Verwalter oder der Schuldner in Eigenverwaltung Zweifel an einer nach Maßgabe dieses Artikels angemeldeten Forderung, so gibt er dem Gläubiger Gelegenheit, zusätzliche Belege für das Bestehen und die Höhe der Forderung vorzulegen.

Übersicht	Rdn.		Rdn.
A. Normzweck	1	D. Sprache (Abs. 5)	11
B. Anmeldung mit Hilfe des Standardformulars (Abs. 1 bis 3)	3	E. Mindestfrist (Abs. 6)	14
		F. Abfrage zusätzlicher Belege bei Zweifeln	
C. Anmeldung auf anderem Wege (Abs. 4)	10	(Abs 7)	15

Literatur:
Siehe Vor §§ 335 ff.

A. Normzweck

1 Art. 55 enthält eine Sachnorm. Sie bestimmt, wie die Forderungsanmeldung von ausländischen Gläubigern vorzunehmen ist. Nationale Vorschriften werden insoweit verdrängt.

2 Im Zuge der Neufassung der EuInsVO wurde die Regelung grundlegend überarbeitet. Insbesondere sieht sie nunmehr vor, dass die Forderungen auf der Grundlage eines Standardformulars angemeldet werden können, aber nicht müssen (Abs. 1 bis 4), enthält Regelungen zu der zu verwendenden Sprache (Abs. 5), sieht bestimmte Mindestfristen für die Möglichkeit zur Anmeldung vor (Abs. 6) und enthält schließlich eine Sonderregel zur Anhörung des Gläubigers bei Zweifeln an der Forderung (Abs. 7).

B. Anmeldung mit Hilfe des Standardformulars (Abs. 1 bis 3)

Nach der grundlegenden Vorschrift des Art. 7 EuInsVO bestimmt das Recht des Eröffnungsstaats, wie die Anmeldung einer Forderung zu erfolgen hat (Art. 7 Abs. 2 lit. h EuInsVO). Für Forderungen von Gläubigern mit gewöhnlichem Aufenthalt, Wohnsitz oder Sitz in einem anderen Mitgliedstaat (Erläuternder Bericht Rn. 273) wird das Recht des Eröffnungsstaats jedoch insofern verdrängt, als es nicht mit den in **Art. 55** festgelegten Anforderungen übereinstimmt. Im Interesse dieser Gläubiger wird durch diese Vorschrift **abschließend festgelegt, wie die Forderungsanmeldung eines ausländischen Gläubigers beschaffen sein muss**. Sieht das Recht eines Mitgliedstaats darüber hinausgehende Anforderungen vor, so gelten diese für Gläubiger aus Drittstaaten und inländische Gläubiger. 3

Sieht das Recht eines Mitgliedstaats geringere Anforderungen vor, spricht viel dafür, dass es nach dem Sinn von Art. 55 ausreicht, wenn diese geringeren Anforderungen erfüllt sind (vgl. Erläuternder Bericht Rn. 273), wenngleich sich dies dem Wortlaut nicht entnehmen lässt. Da an den Inhalt der Forderungsanmeldung nach der Neufassung der EuInsVO hohe Anforderungen gestellt werden, die teilweise über die Anforderungen hinausgehen, die das deutsche Recht an die Wirksamkeit einer Forderungsanmeldung stellt, wird es sich empfehlen, wenn sich der Gläubiger an den Vorgaben des Art. 55 EuInsVO orientiert. 4

Die Rechtsfolgen fehlerhafter oder unvollständiger Anmeldungen regelt die lex fori concursus (vgl. Erwägungsgrund Nr. 64). 5

Die Anmeldung kann mit Hilfe eines Standardformulars erfolgen, das gem. Art. 88 EuInsVO von der Kommission festgelegt wird. Abs. 2 zählt die Angaben auf, die das Standardformular enthalten soll. Neben Selbstverständlichkeiten wie dem Namen (lit. a) und der Bankverbindung sowie dem Forderungsbetrag (lit. b), verlangt lit. c eine detaillierte Angabe zu den Zinsen und deren Rechtsgrundlage. Auch die Kosten sind nach lit. d im Einzelnen aufzuschlüsseln. 6

Angaben zu Art (lit. e) und Entstehungszeitpunkt (lit. b) der Forderungen schreibt § 174 Abs. 2 InsO ebenfalls vor; denn danach ist der Grund der Forderung anzugeben (vgl. hierzu *Kießner* § 174 Rdn. 15). Hier dürfte kein sachlicher Unterschied bestehen. Nach der Insolvenzordnung sind die Tatumstände anzugeben, die der Forderung zu Grunde liegen; es muss der Sachverhalt so substantiiert geschildert werden, dass der Verwalter und die übrigen Insolvenzgläubiger die Forderung überprüfen können (s. *Kießner* § 174 Rdn. 15; *Uhlenbruck/Sinz* InsO, § 174 Rn. 29; vgl. auch *Wenner/Schuster* BB 2006, 2649).

Wenn ein Vorrecht beansprucht wird, ist dies nach lit. f anzugeben. Die Verpflichtung zur Angabe, ob für die angemeldete Forderung dem Gläubiger ein Eigentumsvorbehalt oder eine Sicherungsübereignung eingeräumt wurde (lit. g), ergibt sich auch aus § 28 InsO. Da die Insolvenzordnung keine allgemeinen Vorrechte mehr kennt, erübrigen sich Angaben hierzu. 7

Nicht völlig klar scheint die Regelung in lit. h. Wer eine Aufrechnung beansprucht, soll dazu detaillierte Angaben machen. Die Vorschrift scheint nur dann einen Anwendungsbereich zu haben, wenn das nationale Recht eine Forderungsanmeldung trotz Aufrechnung vorsieht. Denn soweit die Aufrechnung greift, stehen dem Gläubiger keine Ansprüche mehr zu, die er zur Tabelle anmelden könnte. 8

Und schließlich sind der Anmeldung Belege in Kopie beizufügen. 9

C. Anmeldung auf anderem Wege (Abs. 4)

Die Verwendung des Standardformulars ist nicht zwingend. Nach Abs. 4 muss die Anmeldung die in Abs. 2 genannten Angaben gleichwohl enthalten. 10

D. Sprache (Abs. 5)

11 Nach Abs. 5 kann die Anmeldung in einer der Amtssprachen der Organe der Union erfolgen. Meldet der Gläubiger in einer anderen Sprache an als der Amtssprache des Verfahrensstaats, ist die Anmeldung gleichwohl wirksam. Der Verwalter kann eine Übersetzung (auf Kosten des Gläubigers) verlangen.

12 Fraglich ist, welche Rechtsfolge es hat, wenn der Gläubiger trotz Aufforderung durch den Insolvenzverwalter keine Übersetzung vorgelegt hat. Hierzu wird vertreten, es sei dann Sache des Insolvenzverwalters, sich auf Kosten des Gläubigers um eine Übersetzung zu bemühen (*Pannen/Riedemann* Art. 42 a.F. EuInsVO Rn. 9). Diese Auffassung überzeugt nicht. Zwar ist die Vorlage der Übersetzung für die Einhaltung etwaiger Anmeldefristen ohne Bedeutung (*Kemper* ZIP 2001, 1609 [1620]); es ist jedoch nicht Aufgabe des Insolvenzverwalters, die Voraussetzungen für eine Forderungsprüfung zu schaffen. Hierdurch würde sich ein einzelner Gläubiger Vorteile auf Kosten der Masse verschaffen. Solange der Gläubiger daher eine Übersetzung nicht vorgelegt hat, sollte er so behandelt werden, wie die lex fori concursus andere Gläubiger behandelt, die ihre Forderung nicht substantiieren.

13 Zudem kann der Mitgliedstaat neben seiner Amtssprache weitere Sprachen für die Anmeldung von Forderungen zulassen.

E. Mindestfrist (Abs. 6)

14 Abs. 6 sieht bestimmte Mindestfristen für die Forderungsanmeldungen ausländischer Gläubiger vor. Die Vorschrift ist für Deutschland ohne Bedeutung, da die InsO eine Ausschlussfrist für die Anmeldung von Forderungen nicht vorsieht.

F. Abfrage zusätzlicher Belege bei Zweifeln (Abs 7)

15 Wenn die Forderung vom Verwalter oder vom Schuldner in Eigenverwaltung bestritten werden soll, oder das Gericht, falls dieses für die Forderungsprüfung zuständig ist, Zweifel an der Forderung hat, so ist dem Gläubiger Gelegenheit zu geben, weitere Belege für das Bestehen und die Höhe der Forderung vorzulegen. Dies ist insbesondere dann von Relevanz, wenn, wie in Deutschland, ein Bestreiten der Forderung ohne Angaben von Gründen möglich ist.

Kapitel V Insolvenzverfahren über das Vermögen von Mitgliedern einer Unternehmensgruppe

Abschnitt 1 Zusammenarbeit und Kommunikation

Artikel 56 Zusammenarbeit und Kommunikation der Verwalter

(1) Bei Insolvenzverfahren über das Vermögen von zwei oder mehr Mitgliedern derselben Unternehmensgruppe arbeiten die Verwalter dieser Verfahren zusammen, soweit diese Zusammenarbeit die wirksame Abwicklung der Verfahren erleichtern kann, mit den für die einzelnen Verfahren geltenden Vorschriften vereinbar ist und keine Interessenkonflikte nach sich zieht. Diese Zusammenarbeit kann in beliebiger Form, einschließlich durch den Abschluss von Vereinbarungen oder Verständigungen, erfolgen.

(2) Bei der Durchführung der Zusammenarbeit nach Absatz 1 obliegt es den Verwaltern,
a) einander so bald wie möglich alle Informationen mitzuteilen, die für das jeweilige andere Verfahren von Bedeutung sein können, vorausgesetzt, es bestehen geeignete Vorkehrungen zum Schutz vertraulicher Informationen;

b) zu prüfen, ob Möglichkeiten einer Koordinierung der Verwaltung und Überwachung der Geschäfte der Gruppenmitglieder, über deren Vermögen ein Insolvenzverfahren eröffnet wurde, bestehen; falls eine solche Möglichkeit besteht, koordinieren sie die Verwaltung und Überwachung dieser Geschäfte;

c) zu prüfen, ob Möglichkeiten einer Sanierung von Gruppenmitgliedern, über deren Vermögen ein Insolvenzverfahren eröffnet wurde, bestehen und, falls eine solche Möglichkeit besteht, sich über den Vorschlag für einen koordinierten Sanierungsplan und dazu, wie er ausgehandelt werden soll, abzustimmen.

Für die Zwecke der Buchstaben b und c können alle oder einige der in Absatz 1 genannten Verwalter vereinbaren, einem Verwalter aus ihrer Mitte zusätzliche Befugnisse zu übertragen, wenn eine solche Vereinbarung nach den für die jeweiligen Verfahren geltenden Vorschriften zulässig ist. Sie können ferner vereinbaren, bestimmte Aufgaben unter sich aufzuteilen, wenn eine solche Aufteilung nach den für die jeweiligen Verfahren geltenden Vorschriften zulässig ist.

Übersicht	Rdn.		Rdn.
A. Normzweck	1	II. Einzelne Kooperationsmaßnahmen	
B. Im Einzelnen	3	(Abs. 2)	10
I. Pflicht zur Zusammenarbeit (Abs. 1)	3	1. Information (lit. a)	11
1. Anwendungsbereich	3	2. Koordination (lit. b)	12
2. Regelfall: Zusammenarbeit bei Erleichterung der Verfahrensabwicklung	6	3. Sanierung (lit. c)	13
		4. Übertragung von Befugnissen (UAbs. 2)	14
3. Ausnahmen	7	III. Durchsetzung und Sanktionen bei Verstößen	15
4. Sprache	9		

Literatur:

Brinkmans Auf dem Weg zu einem europäischen Konzerninsolvenzrecht – Zum Vorschlag der Kommission zur Änderung der EuInsVO, ZInsO 2013, 797; *Dirmeier* Der Konzern in der Insolvenz 2016; *Thole* Das neue Konzerninsolvenzrecht in Deutschland und Europa, KTS 2014, 351; *Vallender* Der deutsche Motor stockt, aber Europa drückt aufs Gas – Europäisches Konzerninsolvenzrecht vor der Verabschiedung, ZInsO 2015, 57

A. Normzweck

Die Art. 56 ff. enthalten Regelungen, deren Ziel es ist, die Abwicklung von Insolvenzverfahren grenzüberschreitend tätiger Unternehmensgruppen zu erleichtern. Der Verordnungsgeber hält dabei an dem bislang in der Verordnung enthaltenen Grundsatz der Einzelinsolvenz fest, so dass über die Mitglieder derselben Unternehmensgruppe grds. eigenständige (Haupt-)Insolvenzverfahren in dem Mitgliedstaat zu eröffnen sind, in dem der Mittelpunkt der hauptsächlichen Interessen des jeweiligen Gruppenmitglieds liegt (vgl. zur Zuständigkeit EuInsVO Art. 3 Rdn. 15 ff.). 1

Die EuInsVO unterstellt dabei, dass in den verschiedenen Verfahren unterschiedliche Personen als Verwalter bestellt werden. Zur Erleichterung der Abwicklung der Insolvenzverfahren normiert Art. 56 nunmehr Regelungen zur Zusammenarbeit und Kommunikation der Verwalter der Hauptverfahren. In ihrer Regelungstechnik erinnert die Regelung an die Vorschrift zur Kooperation und Kommunikation zwischen den Verwaltern des Haupt- und des Sekundärinsolvenzverfahrens (Art. 41). 2

B. Im Einzelnen

I. Pflicht zur Zusammenarbeit (Abs. 1)

Art. 56 regelt die Zusammenarbeit und Kommunikation bei Insolvenzverfahren von zwei oder mehr Mitgliedern derselben Unternehmensgruppe.

Art. 56 EuInsVO Zusammenarbeit und Kommunikation der Verwalter

1. Anwendungsbereich

3   Die Eröffnung des **Anwendungsbereichs** von Art. 56 setzt zunächst mehrere Hauptinsolvenzverfahren über das Vermögen von zwei oder mehr Mitgliedern einer Unternehmensgruppe voraus. Darunter versteht man nach der Legaldefinition in Art. 2 Nr. 13 ein Mutterunternehmen und alle seine Tochterunternehmen. Art. 2. Nr. 14 definiert das Mutterunternehmen als ein Unternehmen, das ein oder mehrere Tochterunternehmen entweder unmittelbar oder mittelbar kontrolliert (vgl. hierzu EuInsVO Art. 2 Rdn. 48 ff.).

4   Die Pflicht zur Zusammenarbeit besteht nach der Regelung dann, wenn Verfahren über das Vermögen verschiedener Mitglieder derselben Unternehmensgruppe in mehr als einem Mitgliedstaat eröffnet worden sind (Erwägungsgrund 62). Der Begriff Eröffnung ist weit zu verstehen, und autonom auszulegen. Gemeint ist nicht die Eröffnung i.S.d. Vorschriften der InsO, sondern jede Entscheidung, die ein Insolvenzverfahren i.S.d. EuInsVO einleitet, mithin also auch die Bestellung eines **vorläufigen Insolvenzverwalters** in einem deutschen Insolvenzverfahren (vgl. EuInsVO Art. 2 Rdn. 13). Demnach besteht auch für den vorläufigen Insolvenzverwalter im Rahmen des Eröffnungsverfahrens eine Pflicht zur Kooperation.

5   Die Anwendung der Regelung erfordert zudem mindestens zwei Verfahren in verschiedenen Mitgliedstaaten. Sofern dies der Fall ist, gelten nach dem Wortlaut der Regelungen der EuInsVO diese auch im **Verhältnis der jeweiligen nationalen Verfahren untereinander** (vgl. hierzu auch *Thole* KTS 2014, 351 [371]; *Vallender* ZInsO 2015, 57 [61]). Damit stellt sich auch die Frage nach dem Verhältnis der Regelungen der EuInsVO zu etwaigen **nationalen Kooperationsregelungen**. Nach Erwägungsgrund 61 soll die Verordnung die Mitgliedstaaten nicht daran hindern, nationale Bestimmungen zu erlassen, mit denen die Bestimmungen dieser Verordnung über die Zusammenarbeit, Kommunikation und Koordinierung im Zusammenhang mit Insolvenzverfahren über das Vermögen von Mitgliedern einer Unternehmensgruppe ergänzt werden, solange sich der Geltungsbereich der nationalen Vorschriften auf die nationale Rechtsordnung beschränkt, und ihre Anwendung nicht die Wirksamkeit der in der EuInsVO enthaltenen Vorschriften beeinträchtigt. Demnach könnten auch bei mehreren Insolvenzverfahren in demselben Mitgliedstaat die europäischen Reglungen durch etwaige nationale Kooperationsvorschriften noch ergänzt werden. Da Art. 56 Abs. 2 die Kooperationsmaßnahmen im Einzelnen ausführlich beschreibt, wird es primär auf die europäische Regelung ankommen.

2. Regelfall: Zusammenarbeit bei Erleichterung der Verfahrensabwicklung

6   Voraussetzung der Kooperation und Kommunikation ist zunächst, dass diese die wirksame Abwicklung der Verfahren erleichtern. Der Verordnungsgeber hat sich hier für eine sehr weite Formulierung entschieden, was zur Folge hat, dass diese Voraussetzung im Regelfall gegeben ist, da die Zusammenarbeit, insbesondere die Mitteilung von rechtsträgerübergreifenden Informationen, nahezu in sämtlichen Fällen zu einer Erleichterung der Verfahrensabwicklung führen kann (so auch *Braun/Tschentscher* Art. 56 EuInsVO Rn. 11).

3. Ausnahmen

7   Die Zusammenarbeit darf für die Verwalter jedoch mit **keinen Interessenkonflikten** verbunden sein. Darunter sind Fälle zu verstehen, in denen die Kooperation für eine der Insolvenzmassen mit Nachteilen verbunden wäre, und damit nicht im Interesse der Gläubigergesamtheit liegt. Dies ist beispielsweise vorstellbar, wenn es um die Weitergabe von Informationen geht, die den Verwalter eines anderen Verfahrens erst in die Lage versetzt, Ansprüche gegen den informationsgebenden Verwalter geltend zu machen (*Mankowski/Müller/J. Schmidt* Art. 56 EuInsVO Rn. 30). Unter Berücksichtigung des Normzwecks, eine weitgehende und effiziente Zusammenarbeit sicherzustellen, sind **hohe Anforderungen** an das Vorliegen eines Interessenkonflikts zu stellen (MüKO-InsO/*Reinhart* Art. 56 EuInsVO Rn. 2).

Eine Pflicht zur Kooperation besteht auch dann nicht, wenn die Zusammenarbeit nicht mit den in den einzelnen Verfahren geltenden Vorschriften vereinbar ist, mithin die Zusammenarbeit einen **Verstoß gegen nationales Recht** darstellen würde. Dabei steht im Interesse einer effizienten Zusammenarbeit nicht die Kooperationspflicht als solche unter dem Vorbehalt des nationalen Rechts, sondern lediglich die konkreten Kooperationsmaßnahmen und deren Art und Weise (so auch *Brünkmans* ZInsO 2013, 797 [800]). Demnach kann beispielsweise die Tatsache, dass es sich bei dem Insolvenzverfahren nur um ein parteiöffentliches Verfahren handelt, eine Kooperationspflicht bzw. Informationspflicht nicht ausschließen, da dies die Kooperationspflicht als solche in Frage stellen würde. Im Übrigen werden die Geheimhaltungsinteressen des Schuldners insoweit geschützt, als geeignete Maßnahmen zum Schutz vertraulicher Informationen bestehen müssen (Abs. 2 lit. a). Die Vereinbarkeit der Kooperation mit nationalem Recht kann daher ebenfalls lediglich im **Ausnahmefall** fraglich sein, wenn beispielsweise bestimmte Kooperationsmaßnahmen nach dem jeweiligen nationalen Recht der Zustimmung des Insolvenzgerichts oder der Zustimmung einer Behörde bedürfen (vgl. hierzu *Mankowski/Müller/J. Schmidt*, Art. 56 EuInsVO Rn. 29). 8

4. Sprache

In welcher Sprache die Zusammenarbeit und Kommunikation zwischen den Gerichten und Verwaltern zu erfolgen hat, wird in Art. 56 nicht geregelt. Bedeutung erlangt die Frage, wenn es darum geht, von wem etwaige Kosten für Übersetzungen oder für einen Dolmetscher zu tragen sind. Dabei sprechen die besseren Gründe dafür, dass die Kosten nicht vom auskunftserteilenden Verwalter zu tragen sind. Dieser kann – jedenfalls zu Beginn der Zusammenarbeit – oft nicht einmal erkennen, ob eine Übersetzung notwendig ist. Es erscheint daher angemessen, dass der Insolvenzverwalter der Kooperationspflicht in der Amtssprache seines Eröffnungsstaats nachkommen kann. Die Übersetzungskosten trägt dann die Masse des Verwalters, der eine Übersetzung anfertigen möchte. 9

II. Einzelne Kooperationsmaßnahmen (Abs. 2)

Sofern die in Abs. 1 genannten Voraussetzungen erfüllt sind, besteht eine Kooperationspflicht der Verwalter. Die Zusammenarbeit kann dabei grds. in beliebiger Form, einschließlich durch den Abschluss von Vereinbarungen oder Verständigungen, erfolgen (Abs. 1 Satz 2), mithin verbindliche Verwaltervereinbarungen (vgl. hierzu EuInsVO Art. 41 Rdn. 9). Abs. 2 konkretisiert diese Pflicht und enthält einen nicht abschließenden Katalog an Kooperationsmaßnahmen, welcher in seiner Ausgestaltung ebenfalls an die Kooperationspflicht der Verwalter im Verhältnis Haupt- und Sekundärinsolvenzverfahren angelehnt ist. 10

1. Information (lit. a)

Die Pflicht zur Zusammenarbeit der Verwalter besteht zunächst darin, einander so bald wie möglich alle Informationen mitzuteilen, die für das jeweilige Verfahren von Bedeutung sein können, vorausgesetzt, es bestehen geeignete Vorkehrungen zum Schutz vertraulicher Maßnahmen (Art. 56 Abs. 2 lit. a). Die Informationspflicht ist dabei als **Kardinalspflicht der Kooperation** anzusehen, da die Mitteilung der für das jeweilige Verfahren bedeutenden Informationen Grundlage jeder Zusammenarbeit und Voraussetzung weitergehender Kooperationsmaßnahmen ist. 11

2. Koordination (lit. b)

Darüber hinaus obliegt es den Verwaltern zu prüfen, ob Möglichkeiten einer Koordinierung der Verwaltung und Überwachung der Geschäfte der Gruppenmitglieder, über deren Vermögen ein Insolvenzverfahren eröffnet wurde, bestehen; falls eine solche Möglichkeit besteht, koordinieren sie die Verwaltung und Überwachung dieser Geschäfte (Art. 56 Abs. 2 lit. b). Diese Pflicht dürfte insbesondere dazu führen, dass die Verwalter zu prüfen haben, ob zur weiteren Koordination der Verfahren die Durchführung des in Art. 61 ff. geregelten Koordinationsverfahrens sinnvoll und ein **Antrag auf Eröffnung eines Gruppen-Koordinationsverfahrens** (Art. 61) zu stellen ist (*Mankowski/Müller/J.Schmidt* Art. 56 EuInsVO Rn. 37). 12

3. Sanierung (lit. c)

13 Schließlich obliegt es den Verwaltern zu prüfen, ob Möglichkeiten einer Sanierung von Gruppenmitgliedern, über deren Vermögen ein Insolvenzverfahren eröffnet wurde, bestehen und, falls eine solche Möglichkeit besteht, sich über den Vorschlag für einen **koordinierten Sanierungsplan** und dazu, wie dieser ausgehandelt werden soll, abzustimmen (Art. 56 Abs. 2 lit. c). Die Regelung soll sicherstellen, dass die rechtsträgerübergreifenden Belange in der Insolvenz von Gruppenmitgliedern beachtet werden, damit etwaige **Synergien im Rahmen der Sanierung** genutzt und auf diese Weise **bessere Sanierungserfolge** erzielt werden können.

4. Übertragung von Befugnissen (UAbs. 2)

14 Für die Zwecke der Buchstaben b) und c) können alle oder einige der in Absatz 1 genannten Verwalter vereinbaren, einem Verwalter aus ihrer Mitte zusätzliche Befugnisse zu übertragen, wenn eine solche Vereinbarung nach den für die jeweiligen Verfahren geltenden Vorschriften zulässig ist (Abs. 2 UAbs. 2). Dies gilt im Übrigen auch für die Aufteilung bestimmter Aufgaben untereinander. Die Übertragung von Befugnissen steht dabei ebenfalls unter dem **Vorbehalt der Zulässigkeit nach nationalem Recht**. Aus deutscher Sicht könnte die Übertragung von Befugnissen mit dem höchstpersönlichen Amt des Insolvenzverwalters kollidieren. Da der Insolvenzverwalter nach allgemeiner Ansicht jedoch grds. Vollmachten zur Durchführung von Einzelakten der Verwaltung und Verwertung erteilen kann, dürfte eine Übertragung von (bestimmten) Aufgaben bei delegationsfähigen Aufgaben möglich sein, während eine Aufgabenübertragung bei originären Kernaufgaben des Insolvenzverwalters, wie der Erfüllungswahl bzw. Forderungsprüfung ausscheidet (vgl. hierzu *Dirmeier* S. 230).

III. Durchsetzung und Sanktionen bei Verstößen

15 Art. 56 enthält selbst keine eigenständige Regelung zur Durchsetzung der Kooperationspflichten bzw. zu etwaigen Sanktionen.
Vor diesem Hintergrund stellt sich zunächst die Frage, ob eine Möglichkeit der Verwalter zur **gerichtlichen Durchsetzung der Kooperationspflicht** besteht. Dies ist mit Blick auf die verbindliche Ausgestaltung der Kooperationspflichten zu bejahen, wobei der Verordnungsgeber leider offen lässt, wo und nach welchem Recht dies zu erfolgen hat. Da die gerichtliche Durchsetzung der Kooperationspflicht nicht unter Art. 6 fällt, sind für die gerichtliche Durchsetzung die Vorschriften des Mitgliedstaats anwendbar, in dem der Verwalter um Auskunft ersucht werden soll.

16 Neben dieser Möglichkeit bestehen ggf. auch nationale Regelungen, die zu einer Erfüllung der Kooperationspflicht beitragen können. In einem deutschen Insolvenzverfahren lässt sich eine **Aufsichtspflicht des Insolvenzgerichts** aus einer (entsprechenden) Anwendung des § 58 InsO ableiten. Danach kann ein deutsches Insolvenzgericht sicherstellen, dass der Verwalter bei Vorliegen der Voraussetzungen seinen Pflichten nachkommt.

17 Zudem können etwaige Verstöße des Insolvenzverwalters gegen die Kooperationspflicht **Sanktionen nach der lex fori concursus** zur Folge haben. Die Haftung des deutschen Insolvenzverwalters ergibt sich dabei aus der (entsprechenden) Anwendung des § 60 InsO. Eine Haftung des Insolvenzverwalters dürfte dabei lediglich in Betracht kommen, wenn eine Verletzung der Pflichten zu Schäden der Gläubiger im eigenen Verfahren führt, während eine Haftung gegenüber Gläubigern ausländischer Verfahren mangels Anwendbarkeit des § 60 InsO ausscheiden dürfte (Braun/*Tschentscher* Art. 56 EuInsVO Rn. 22), da der Insolvenzverwalter primär im Interesse der Gläubiger des eigenen Verfahrens zu handeln hat.

Artikel 57 Zusammenarbeit und Kommunikation der Gerichte

(1) Bei Insolvenzverfahren über das Vermögen von zwei oder mehr Mitgliedern derselben Unternehmensgruppe arbeitet ein Gericht, das ein solches Verfahren eröffnet hat, mit Gerichten, die mit einem Antrag auf Eröffnung eines Insolvenzverfahrens über das Vermögen eines anderen Mitglieds derselben Unternehmensgruppe befasst sind oder die ein solches Verfahren eröffnet haben, zusam-

men, soweit diese Zusammenarbeit eine wirksame Verfahrensführung erleichtern kann, mit den für die einzelnen Verfahren geltenden Vorschriften vereinbar ist und keine Interessenkonflikte nach sich zieht. Die Gerichte können hierzu bei Bedarf eine unabhängige Person oder Stelle bestellen bzw. bestimmen, die auf ihre Weisungen hin tätig wird, sofern dies mit den für sie geltenden Vorschriften vereinbar ist.

(2) Bei der Durchführung der Zusammenarbeit nach Absatz 1 können die Gerichte oder eine von ihnen bestellte bzw. bestimmte und in ihrem Auftrag tätige Person oder Stelle im Sinne des Absatzes 1 direkt miteinander kommunizieren oder einander direkt um Informationen und Unterstützung ersuchen, vorausgesetzt, bei dieser Kommunikation werden die Verfahrensrechte der Verfahrensbeteiligten sowie die Vertraulichkeit der Informationen gewahrt.

(3) Die Zusammenarbeit im Sinne des Absatzes 1 kann auf jedem von dem Gericht als geeignet erachteten Weg erfolgen. Sie kann insbesondere Folgendes betreffen:
a) die Koordinierung bei der Bestellung von Verwaltern,
b) die Mitteilung von Informationen auf jedem von dem betreffenden Gericht als geeignet erachteten Weg,
c) die Koordinierung der Verwaltung und Überwachung der Insolvenzmasse und Geschäfte der Mitglieder der Unternehmensgruppe,
d) die Koordinierung der Verhandlungen,
e) soweit erforderlich die Koordinierung der Zustimmung zu einer Verständigung der Verwalter.

Übersicht	Rdn.		Rdn.
A. Normzweck	1	2. Mitteilung von Informationen (lit. b)	8
B. Im Einzelnen	2		
I. Pflicht zur Zusammenarbeit (Abs. 1)	2	3. Koordinierung der Verwaltung und Überwachung der Insolvenzmasse (lit. c)	9
II. Durchführung der Zusammenarbeit (Abs. 2)	5		
III. Einzelfälle (Abs. 3)	6	4. Koordinierung der Verhandlungen (lit. d)	10
1. Koordinierung bei der Bestellung von Verwaltern (lit. a)	7	5. Koordinierung der Zustimmung zu einer Verständigung (lit. e)	11

A. Normzweck

Art. 57 soll als Pendant zu Art. 56 die Zusammenarbeit und Kommunikation auf Ebene der Gerichte bei Insolvenzverfahren über das Vermögen von zwei oder mehr Mitgliedern derselben Unternehmensgruppe sicherstellen. Die Vorschrift ist der Regelung zur Zusammenarbeit der Gerichte im Rahmen von Haupt- und Sekundärinsolvenzverfahren (Art. 42) nachgebildet. Eine Kooperation auf Ebene der Gerichte wird sowohl im Verhältnis von Haupt- und Sekundärinsolvenzverfahren als auch im Verhältnis mehrerer Hauptinsolvenzverfahren nahezu einhellig als sinnvoll angesehen, so dass die Regelung grds. zu begrüßen ist (*Duursma-Kepplinger/Duursma/Chalupsky* Art. 31 EuInsVO a.F. Rn. 6; *Ehricke* WM 2005, 397 [401]; *ders.* ZIP 2005, 1104 [1112]; diff. *ders.* ZIP 2007, 2395 [2397]; *Leible/Staudinger* KTS 2000, 533 [569]; MüKo-BGB/*Kindler* Art. 31 EuInsVO a.F. Rn. 8; MüKo-InsO/*Reinhart* a.F. Art. 31 EuInsVO Rn. 4; ausf. *Vallender* KTS 2008, 59; *ders.* KTS 2005, 283 [318 ff.]).

B. Im Einzelnen

I. Pflicht zur Zusammenarbeit (Abs. 1)

Die Eröffnung des **Anwendungsbereichs** von Art. 57 setzt – wie bei Art. 56 – zunächst **mehrere** **2** **Hauptinsolvenzverfahren über das Vermögen von zwei oder mehr Mitgliedern einer Unternehmensgruppe** voraus. Dabei beginnt die Kooperationspflicht ab dem Zeitpunkt, ab dem bei einem Gericht ein Insolvenzverfahren eröffnet wurde, während in den anderen Verfahren lediglich erst Eröffnungsanträge gestellt worden sein können, die nicht als Eröffnung im Sinne der EuInsVO qualifiziert werden (vgl. zur Einordnung des deutschen vorläufigen Insolvenzverwalters allerdings EuInsVO Art. 2 Rdn. 13). Der Verordnungsgeber möchte durch diese Regelung, insbesondere mit Blick auf die Koordinierung bei der Bestellung der Verwalter eine frühzeitige Kooperation der Gerichte sicherstellen. Vor diesem Hintergrund wäre eine Kooperation bereits dann sinnvoll gewesen, wenn noch kein Verfahren eröffnet wurde, sondern lediglich in zwei Verfahren Eröffnungsanträge gestellt wurden, da eine Kooperation bereits in diesem Stadium zielführend sein kann.

3 Die Pflicht zur Kooperation besteht unter den **Voraussetzungen**, dass diese die wirksame Abwicklung der Verfahren erleichtern kann, mit den für die einzelnen Verfahren geltenden Vorschriften vereinbar ist und keine Interessenkonflikte nach sich zieht. Die Voraussetzungen der Kooperationspflicht entsprechen denjenigen auf Ebene der Verwalter, so dass auf die dortigen Ausführungen verwiesen werden kann (vgl. EuInsVO Art. 56 Rdn. 6 ff.). Auch hier ist festzuhalten, dass die Zusammenarbeit die Verfahrensabwicklung im Regelfall erleichtern wird und die Grenzen der Kooperationspflicht im Interesse einer effizienten Zusammenarbeit eng zu interpretieren sind.

4 Die Gerichte können im Rahmen der Zusammenarbeit eine **unabhängige Person oder Stelle** bestellen bzw. bestimmen, die auf ihre Weisungen hin tätig wird, sofern dies mit den jeweiligen nationalen Vorschriften vereinbar ist. Die Vorschrift entspricht dem Wortlaut nach der Vorschrift zur Zusammenarbeit zwischen den Gerichten des Haupt- und des Sekundärinsolvenzverfahrens (Art. 42 Abs. 1 Satz 2), sodass auf die dortigen Ausführungen Bezug genommen wird (vgl. EuInsVO Art. 42 Rdn. 6 ff.). Unabhängigkeit bedeutet auch hier nicht, dass die Person oder Stelle vom Gericht unabhängig ist, sondern dass eine in Bezug auf die Verfahrensbeteiligten (Verwalter, Gläubiger, Schuldner) neutrale Person oder Stelle diese Aufgabe wahrnimmt.

II. Durchführung der Zusammenarbeit (Abs. 2)

5 Absatz 2 regelt die Durchführung der Zusammenarbeit und sieht vor, dass die Gerichte oder eine von ihnen bestellte bzw. bestimmte und in ihrem Auftrag tätige Person oder Stelle direkt miteinander kommunizieren und um Informationen und Unterstützung bitten können, vorausgesetzt, bei dieser Kommunikation werden die Verfahrensrechte der Verfahrensbeteiligten sowie die Vertraulichkeit der Informationen gewahrt. Die Regelung entspricht Art. 42 Abs. 2, sodass die dortigen Ausführungen auch für die Zusammenarbeit der Gerichte bei mehreren Hauptverfahren von Gruppenmitgliedern gelten (vgl. EuInsVO Art. 42 Rdn. 9 ff.). Die Vorschrift überwindet etwaige im nationalen Recht bestehende Kommunikationshindernisse und ermöglicht eine schnelle und unkomplizierte Kontaktaufnahme der Gerichte auf allen denkbaren Wegen.

III. Einzelfälle (Abs. 3)

6 Abs. 3 ergänzt die Durchführung der Zusammenarbeit und stellt ebenfalls in Anlehnung an Art. 42 Abs. 3 beispielhaft verschiedene Themen dar, auf die sich die Zusammenarbeit erstrecken kann.

1. Koordinierung bei der Bestellung von Verwaltern (lit. a)

7 Abs. 3 lit. a) regelt zunächst die Koordinierung bei der Bestellung von Verwaltern. Dabei handelt es sich um den **zentralen Punkt der Kooperation auf Ebene der Gerichte**, da sich die Frage der Verwalterbestellung insbesondere in der Insolvenz von Unternehmensgruppen aufgrund der Berücksichtigung der rechtsträgerübergreifenden Beziehungen oft als Schicksalsfrage erweist. Die Gerichte haben im Rahmen der Zusammenarbeit im Einzelfall zu erörtern, ob in den verschiedenen Verfahren mehrere Verwalter zu bestellen sind, oder sich die Bestellung eines einheitlichen Insolvenzverwalters in allen oder mehreren Verfahren anbietet. Erwägungsgrund 50 sieht ausdrücklich vor, dass die Gerichte im Rahmen der Koordinierung dieselbe Person zum Verwalter für mehrere Insolvenzverfahren verschiedener Mitglieder einer Unternehmensgruppe bestellen können, vorausgesetzt, dies ist mit den für die jeweiligen Verfahren geltenden Vorschriften vereinbar. Die bereits zu Recht geforderte **Bestellung eines einheitlichen Insolvenzverwalters** erfährt damit eine gesetzliche Rechtsgrundlage.

2. Mitteilung von Informationen (lit. b)

Abs. 3 lit. b) ermöglicht die Mitteilung von Informationen auf jedem von dem betreffenden Gericht als geeignet erachteten Weg. Die gesetzliche Regelung überlässt die Art der Informationsmitteilung den Gerichten und ermöglicht daher eine Vielzahl von Kommunikationswegen. Hierbei stellt sich die Frage, in welcher Sprache die entsprechenden Informationen zu übermitteln sind. Es erscheint sinnvoll, dass das Auskunft erteilende Gericht seiner Pflicht grds. in der Amtssprache des Eröffnungsstaates nachkommen kann (Bsp.: § 184 GVG) und es Sache des auskunftsersuchenden Gerichts ist, eine Übersetzung anzufertigen. Wer die Kosten für die Übersetzung trägt, richtet sich dann nach dem jeweiligen nationalen Recht. 8

3. Koordinierung der Verwaltung und Überwachung der Insolvenzmasse (lit. c)

Gem. Abs. 3 lit. c) kann sich die Zusammenarbeit auch auf die Koordinierung der Verwaltung und Überwachung der Insolvenzmasse beziehen. Hier tritt die unterschiedliche Ausgestaltung der nationalen Insolvenzrechte zu Tage. Die Regelung wird aus deutscher Sicht lediglich einen **begrenzten Anwendungsbereich** haben, da die Verwaltung und Überwachung der Insolvenzmasse in einem deutschen Insolvenzverfahren gem. § 80 InsO grds. dem Insolvenzverwalter obliegt. 9

4. Koordinierung der Verhandlungen (lit. d)

Nach Abs. 3 lit d) kann sich die Zusammenarbeit zudem auf die Koordinierung von Verhandlungen erstrecken, wobei sich die Frage stellt, was unter dem Begriff »Verhandlungen« zu verstehen ist. Während der Wortlaut in der deutschen Fassung zunächst einen weiten Anwendungsbereich vermuten lässt, ergibt sich aus den Begriffen in der englischen (»conduct of hearings«) und französischen Fassung (»déroulement des audiences«), dass es hier möglicherweise um die Anhörung der Beteiligten im Rahmen des insolvenzgerichtlichen Verfahrens, etwa im Rahmen einer Gläubigerversammlung geht (vgl. auch *Mankowski/Müller/J. Schmidt* Art. 57 EuInsVO Rn. 23). 10

5. Koordinierung der Zustimmung zu einer Verständigung (lit. e)

Schließlich können die Gerichte auch miteinander in Kontakt treten, um eine Zustimmung der Verwalter zum Abschluss einer Verständigung i.S.v. Art. 56 Abs. 1 Satz 2 zu koordinieren. Hintergrund ist, dass die Zusammenarbeit mit den in den einzelnen Verfahren geltenden Vorschriften vereinbar sein muss und der Abschluss einer Vereinbarung bzw. Verständigung der Verwalter zum Teil der Genehmigung des Insolvenzgerichts bedarf (Erwägungsgrund 49). Aus deutscher Sicht unterliegt der Abschluss einer solchen Vereinbarung nicht der Zustimmung des Insolvenzgerichts; jedoch kann er als besonders bedeutsame Rechtshandlung die Zustimmung des Gläubigerausschusses (§ 160 InsO) oder der Gläubigerversammlung erfordern. 11

Artikel 58 Zusammenarbeit und Kommunikation zwischen Verwaltern und Gerichten

Ein Verwalter, der in einem Insolvenzverfahren über das Vermögen eines Mitglieds einer Unternehmensgruppe bestellt worden ist,
a) arbeitet mit jedem Gericht, das mit einem Antrag auf Eröffnung eines Insolvenzverfahrens über das Vermögen eines anderen Mitglieds derselben Unternehmensgruppe befasst ist oder das ein solches Verfahren eröffnet hat, zusammen und kommuniziert mit diesem und
b) kann dieses Gericht um Informationen zum Verfahren über das Vermögen des anderen Mitgliedes der Unternehmensgruppe oder um Unterstützung in dem Verfahren, für das er bestellt worden ist, ersuchen,

soweit eine solche Zusammenarbeit und Kommunikation die wirkungsvolle Verfahrensführung erleichtern können, keine Interessenkonflikte nach sich ziehen und mit den für die Verfahren geltenden Vorschriften vereinbar sind.

Art. 59 EuInsVO — Kosten der Zusammenarbeit und Kommunikation

Übersicht

	Rdn.		Rdn.
A. Normzweck	1	B. Im Einzelnen	2

A. Normzweck

1 Art. 58 ergänzt Art. 56 (Zusammenarbeit der Verwalter) und Art. 57 (Zusammenarbeit der Gerichte) und schafft die gesetzliche Grundlage für eine Zusammenarbeit zwischen den Gerichten und den Verwaltern. Die Vorschrift ermöglicht in Anlehnung an Art. 43 im Interesse einer schnellen und effizienten Kooperation eine **unmittelbare und direkte Zusammenarbeit von Insolvenzgerichten und Insolvenzverwaltern**, ohne dass diese die nationalen Gerichte zwangsläufig einbeziehen müssen.

B. Im Einzelnen

2 Art. 58 lit. a) normiert zunächst eine **Pflicht** der Verwalter zur Kooperation und Kommunikation mit jedem Gericht, das mit einem Antrag auf Eröffnung eines Insolvenzverfahrens über das Vermögen eines anderen Mitglieds derselben Unternehmensgruppe befasst ist oder das ein solches Verfahren eröffnet hat. Unter Zugrundelegung des Begriffs des Verwalters (Art. 2 Nr. 5) erstreckt sich die Kooperationspflicht auch auf den vorläufigen Insolvenzverwalter und den vorläufigen Sachwalter. Ferner gilt die Regelung auch für den Schuldner in Eigenverwaltung (Art. 76), so dass die vertretungsberechtigten Organe der zur Eigenverwaltung berechtigten Konzerngesellschaften – wie nach Art. 56 im Verhältnis der Verwalter zueinander – der Kooperationspflicht unterliegen.

3 Daneben verleiht Art. 58 lit. b) dem Verwalter das **Recht**, die beteiligten Gerichte um Informationen zum Verfahren über das Vermögen des anderen Mitglieds der Unternehmensgruppe oder um Unterstützung in dem Verfahren zu ersuchen, für das er bestellt worden ist. Diesem Recht folgt eine entsprechende **Pflicht** der beteiligten Gerichte, wobei die in lit. b) genannten Ausnahmen diese oftmals entfallen lassen dürften. Nach der gesetzlichen Konzeption hängen sowohl lit. a) als auch lit. b) davon ab, dass die Zusammenarbeit und Kommunikation die wirkungsvolle Verfahrensführung erleichtert, keine Interessenkonflikte nach sich zieht und mit den für die Verfahren geltenden Vorschriften vereinbar ist (vgl. hierzu Art. 56 Rdn. 6 ff.). Dieser Regelungsmechanismus spricht dafür, dass für die Gerichte, innerhalb der genannten Grenzen, eine **Pflicht zur Zurverfügungstellung von Informationen und Unterstützung** besteht (so auch *Mankowski/Müller/J. Schmidt* Art. 58 EuInsVO Rn. 8).

4 In welcher **Sprache** die Zusammenarbeit und Kommunikation zwischen den Gerichten und Verwaltern zu erfolgen hat, wird in Art. 58 nicht geregelt. Da die Gerichte nach den jeweiligen nationalen Rechten grds. in der Landessprache kommunizieren (Bsp. § 184 GVG), spricht einiges dafür, dass der Verwalter in der Gerichtssprache des Staates zu kommunizieren hat, mit welchem die Zusammenarbeit erfolgt. Darüber hinaus dürfte aufgrund der jeweiligen nationalen Vorschriften auch die Zurverfügungstellung von Informationen nur in der jeweils geltenden Gerichtssprache erfolgen. Dies erscheint auch sinnvoll, da in diesem Fall nicht sämtliche angeforderte Informationen im Voraus von dem die Informationen zur Verfügung stellenden Gericht übersetzt werden müssen, sondern der ersuchende Verwalter je nach Bedarf die überlassenen Dokumente auswerten und im Bedarfsfall übersetzen lassen kann.

Artikel 59 Kosten der Zusammenarbeit und Kommunikation bei Verfahren über das Vermögen von Mitgliedern einer Unternehmensgruppe

Die Kosten der Zusammenarbeit und Kommunikation nach den Artikeln 56 bis 60, die einem Verwalter oder einem Gericht entstehen, gelten als Kosten und Auslagen des Verfahrens, in dem sie angefallen sind.

Übersicht

	Rdn.		Rdn.
A. Normzweck	1	B. Im Einzelnen	2

A. Normzweck

Art. 59 soll Regelungen zu den Kosten bzgl. der Zusammenarbeit und Kommunikation zwischen den Verwaltern (Art. 56), zwischen den Gerichten (Art. 57), zwischen den Verwaltern und den Gerichten (Art. 58) und für die Ausübung der Befugnisse nach § 60 enthalten. Allerdings erscheint unklar, was der Verordnungsgeber mit der Vorschrift bezwecken wollte. Es spricht viel dafür, dass Ziel der Vorschrift die **Vermeidung von Kostenerstattungen** ist. 1

B. Im Einzelnen

Art. 59 sieht vor, dass die einem Verwalter oder einem Gericht entstehenden Kosten als Kosten und Auslagen des Verfahrens gelten, in dem sie angefallen sind. Was das bedeutet ist unklar. Denn eine europarechtliche Regelung dahingehend, dass in einem Verfahren verursachte (d.h. enstandene) Kosten auch in diesem Verfahren zu begleichen sind, macht keinen rechten Sinn. Denn welche Kosten in einem Verfahren Masseverbindlichkeiten sind, richtet sich nach der jeweiligen lex fori concursus. Vielmehr spricht viel dafür, dass die Regelung dahingehend zu verstehen ist, dass die in einem Verfahren entstandenen Kosten dort auch angefallen sind, mithin nicht von anderen Verfahren zu tragen sind. Das würde bedeuten, dass **im Rahmen der Zusammenarbeit und Kommunikation grds. keine Kostenerstattung** stattfindet. Vielmehr sind sämtliche Kosten und Auslagen, die beispielsweise dem Auskunft gewährenden Verwalter für den Versand von Unterlagen etc. anfallen auch diesem Verfahren zuzurechnen, und nicht von einem anderen Verwalter zu erstatten sind. 2

Dies gilt grds. auch für die Kosten, die einem Gericht entstehen. Sofern beispielsweise dem für ein deutsches Gruppenmitglied zuständigen Insolvenzgericht im Rahmen der Zusammenarbeit Kosten entstehen, sind diese ebenfalls – wenn die lex fori concursus eine solche Sichtweise erlaubt – als Kosten des hiesigen Insolvenzverfahrens anzusehen. Eine Kostenerstattung in anderen Verfahren kann das Gericht nicht verlangen. 3

Artikel 60 Rechte des Verwalters bei Verfahren über das Vermögen von Mitgliedern einer Unternehmensgruppe

(1) Der Verwalter eines über das Vermögen eines Mitglieds einer Unternehmensgruppe eröffneten Insolvenzverfahrens kann, soweit dies eine effektive Verfahrensführung erleichtern kann,
a) in jedem über das Vermögen eines anderen Mitglieds derselben Unternehmensgruppe eröffneten Verfahren gehört werden,
b) eine Aussetzung jeder Maßnahme im Zusammenhang mit der Verwertung der Masse in jedem Verfahren über das Vermögen eines anderen Mitglieds derselben Unternehmensgruppe beantragen, sofern
  i) für alle oder einige Mitglieder der Unternehmensgruppe, über deren Vermögen ein Insolvenzverfahren eröffnet worden ist, ein Sanierungsplan gemäß Artikel 56 Absatz 2 Buchstabe c vorgeschlagen wurde und hinreichende Aussicht auf Erfolg hat;
  ii) die Aussetzung notwendig ist, um die ordnungsgemäße Durchführung des Sanierungsplans sicherzustellen;
  iii) der Sanierungsplan den Gläubigern des Verfahrens, für das die Aussetzung beantragt wird, zugute käme und
  iv) weder das Insolvenzverfahren, für das der Verwalter gemäß Absatz 1 bestellt wurde, noch das Verfahren, für das die Aussetzung beantragt wird, einer Koordinierung gemäß Abschnitt 2 dieses Kapitels unterliegt;
c) die Eröffnung eines Gruppen-Koordinationsverfahrens gemäß Artikel 61 beantragen.

(2) Das Gericht, das das Verfahren nach Absatz 1 Buchstabe b eröffnet hat, setzt alle Maßnahmen im Zusammenhang mit der Verwertung der Masse in dem Verfahren ganz oder teilweise aus, wenn es sich überzeugt hat, dass die Voraussetzungen nach Absatz 1 Buchstabe b erfüllt sind.

Art. 60 EuInsVO Rechte des Verwalters

Vor Anordnung der Aussetzung hört das Gericht den Verwalter des Insolvenzverfahrens, für das die Aussetzung beantragt wird. Die Aussetzung kann für jeden Zeitraum bis zu drei Monaten angeordnet werden, den das Gericht für angemessen hält und der mit den für das Verfahren geltenden Vorschriften vereinbar ist.

Das Gericht, das die Aussetzung anordnet, kann verlangen, dass der Verwalter nach Absatz 1 alle geeigneten Maßnahmen nach nationalem Recht zum Schutz der Interessen der Gläubiger des Verfahrens ergreift.

Das Gericht kann die Dauer der Aussetzung um einen weiteren Zeitraum oder mehrere weitere Zeiträume verlängern, die es für angemessen hält und die mit den für das Verfahren geltenden Vorschriften vereinbar sind, sofern die in Absatz 1 Buchstabe b Ziffern ii bis iv genannten Voraussetzungen weiterhin erfüllt sind und die Gesamtdauer der Aussetzung (die anfängliche Dauer zuzüglich aller Verlängerungen) sechs Monate nicht überschreitet.

Übersicht

		Rdn.
A.	Normzweck	1
B.	Mitwirkungsrechte der Verwalter (Abs. 1)	2
I.	Anhörungsrecht (lit. a)	3
II.	Antrag auf Aussetzung der Verwertung (lit. b)	4
1.	Verwertung	5
2.	Vorliegen eines Sanierungsplans mit hinreichenden Erfolgsaussichten (i)	6
3.	Erforderlichkeit der Aussetzung (ii)	9
4.	Vorteilhaftigkeit des Sanierungsplans/Nachteilsausgleich (iii)	10
5.	Keine Koordinierung (iv)	12
III.	Antrag auf Eröffnung eines Gruppen-Koordinationsverfahrens (lit. c)	13
C.	Gerichtliches Verfahren bei einem Antrag auf Aussetzung der Verwertung (Abs. 2)	14

A. Normzweck

1 Art. 60 regelt bei Verfahren über das Vermögen von Mitgliedern einer Unternehmensgruppe die wechselseitigen Mitwirkungsrechte der Verwalter. Kernpunkt der Regelung ist das Recht, unter bestimmten Voraussetzungen die Aussetzung von Verwertungsmaßnahmen in einem Verfahren über das Vermögen eines anderen Gruppenmitglieds zu verlangen. Dies soll dazu dienen, Alleingänge einzelner Verwalter zu verhindern, und sicherzustellen, dass – wenn eine Sanierung insgesamt möglich ist – es nicht allein deshalb zur unnötigen Zerschlagung von Vermögenswerten kommt, weil unterschiedliche Verwalter bestellt worden sind.

B. Mitwirkungsrechte der Verwalter (Abs. 1)

2 Die Regelung sieht verschiedene Mitwirkungsrechte der Verwalter bei Verfahren über das Vermögen von Mitgliedern einer Unternehmensgruppe vor. **Gemeinsame Voraussetzung** der einzelnen Mitwirkungsrechte ist, dass diese – wie die Kooperationspflichten gem. Art. 56 ff. – die **effektive Verfahrensführung** erleichtern können (vgl. EuInsVO Art. 56 Rdn. 6).

I. Anhörungsrecht (lit. a)

3 Nach Abs. 1 lit. a) hat der Verwalter zunächst das Recht, in jedem Verfahren über ein Mitglied derselben Unternehmensgruppe gehört zu werden. Damit kann der Verwalter in den anderen Verfahren seine Ansichten erläutern, um die Beteiligten der anderen Verfahren von rechtsträgerübergreifenden Reorganisations- oder Sanierungsmaßnahmen zu überzeugen. Eine darüber hinausgehende Verpflichtung, die im Rahmen der Anhörung geäußerten Positionen auch zu berücksichtigen, sieht die EuInsVO nicht vor. Ebenso wenig eine Verpflichtung, andere Verwalter vor Durchführung bestimmter Maßnahmen anzuhören.

II. Antrag auf Aussetzung der Verwertung (lit. b)

Mehr Bedeutung hat die Regelung in Abs. 1 lit. b). Danach kann ein Verwalter unter bestimmten **Voraussetzungen** die **Aussetzung jeder Maßnahme** im Zusammenhang mit der Verwertung der Masse in jedem Verfahren über das Vermögen eines Gruppenmitglieds beantragen. Die Maßnahme kann sich dabei auf Teile der Masse oder die gesamte Masse beziehen. Die Voraussetzungen für die Anordnung der Aussetzung sind in Abs. 1 lit. b) i) bis iv) geregelt, und müssen kumulativ vorliegen. Regelungen zum Verfahren finden sich in Abs. 2.

1. Verwertung

Verwertung i.S.d. Vorschrift ist – wie im Rahmen von Art. 46 – zunächst die (Teil-) **Veräußerung** des schuldnerischen Vermögens durch den Verwalter eines anderen Gruppenmitglieds, also auch Verfügungen über das schuldnerische Vermögen. Sanierungsbemühungen im Konzernverbund können jedoch auch dann unterlaufen werden, wenn der Verwalter des Verfahrens über das Vermögen eines anderen Gruppenmitglieds den Betrieb dieses Mitglieds stilllegen möchte. Deshalb wird man – wie bei Art. 46 – auch **Stilllegungsmaßnahmen** bei Vorliegen der folgenden Voraussetzungen aussetzen können. Voraussetzung ist jedoch, dass der Sanierungsplan den Gläubigern des Verfahrens, für das die Aussetzung beantragt wird, auch zugutekommt (vgl. dazu auch Rdn. 10 f.).

2. Vorliegen eines Sanierungsplans mit hinreichenden Erfolgsaussichten (i)

Die Anordnung der Aussetzung erfordert zunächst, dass für alle oder einige Mitglieder der Unternehmensgruppe ein Sanierungsplan im Sinne von Art. 56 Abs. 2 lit. c) vorgeschlagen wurde und hinreichende Aussicht auf Erfolg hat (Abs. 1 lit. b) i)). Dahinter steht die Überlegung, dass eine Aussetzung als erheblicher Eingriff in das jeweilige Verfahren nur dann gerechtfertigt ist, wenn eine entsprechende Grundlage für eine koordinierte Sanierung der Gruppenmitglieder besteht. Dagegen wird die Aussetzung der Verwertung nicht in Betracht kommen, wenn die Verwalter die zwischen den Gesellschaften bestehenden Beziehungen im Rahmen der Zerschlagung oder Liquidation berücksichtigen möchten. Auch wenn es hier unter Umständen – man denke an die Ausproduktion bzw. koordinierte Verwertung – im Einzelfall durchaus sinnvoll sein kann, eine vorschnelle Verwertung in einem einzelnen Verfahren zu verhindern, spricht die gesetzliche Konzeption dafür, dass eine Aussetzung nur möglich ist, wenn eine **Sanierung oder Reorganisation angestrebt** wird.

Ausreichend ist, wenn ein solcher Sanierungsplan vorliegt. Der Sanierungsplan ist dabei nicht i.S. eines Insolvenzplans nach der InsO zu verstehen. Vielmehr handelt es sich um einen Referenzplan, der lediglich ein **fundiertes Konzept zur Sanierung** aller oder der beteiligten Gruppenmitglieder enthalten muss.

Der Sanierungsplan muss zudem **hinreichende Aussicht auf Erfolg** haben, was von dem Gericht zu beurteilen ist, bei dem die Aussetzung beantragt wurde. Hierunter ist – insbesondere mit Blick auf die Eilbedürftigkeit der Entscheidung – keine abschließende und vollumfängliche Prüfung zu verstehen. Vielmehr hat das Gericht in Form einer summarischen Prüfung zu beurteilen, ob mit dem vorgeschlagenen Plan eine erfolgreiche Sanierung oder Reorganisation überwiegend wahrscheinlich ist (a.A. Braun/*Tschentscher* Art. 60 EuInsVO Rn. 16, wonach lediglich die ernsthafte Möglichkeit des Sanierungserfolgs bestehen muss).

3. Erforderlichkeit der Aussetzung (ii)

Darüber hinaus kommt die Aussetzung von Verwertungsmaßnahmen nur in Betracht, wenn diese erforderlich ist, um die **ordnungsgemäße Durchführung des Sanierungsplans** sicherzustellen (Abs. 1 lit. b) ii)). Dies setzt beispielsweise voraus, dass ein konkreter Vermögensgegenstand des Gruppenmitglieds, in dessen Verfahren die Aussetzung der Verwertung beantragt wird, für die erfolgreiche Umsetzung der Sanierung benötigt wird. Demnach kann beispielsweise in Bezug auf einzelne Vermögensgegenstände eine Aussetzung der Verwertung gerechtfertigt sein, während in Bezug auf andere – nicht für die Sanierung erforderliche – Vermögensgegenstände keine Aussetzung der

Verwertung in Betracht kommt (vgl. hierzu auch *Mankowski/Müller/J. Schmidt* Art. 60 EuInsVO Rn. 13).

4. Vorteilhaftigkeit des Sanierungsplans/Nachteilsausgleich (iii)

10 Zudem muss der Sanierungsplan den Gläubigern des Verfahrens, für das die Aussetzung beantragt wird, auch zugutekommen (Abs. 1 lit. b) iii)). Trotz der rechtsträgerübergreifenden Sanierungsmöglichkeiten sollen in Gruppenkonstellationen die rechtsträgerspezifischen Belange in den einzelnen Verfahren ausreichend gewahrt werden. Nach dem Inhalt der Vorschrift muss der Sanierungsplan den Gläubigern dieses Verfahrens zugutekommen. Die Aussetzung muss demnach explizit mit Vorteilen, mithin mit einer **höheren Befriedigungsquote** für diese Gläubiger einhergehen. Eine Sanierung i.S. einer Fortführung des betroffenen Geschäftsbetriebs muss der Sanierungsplan hingegen nicht vorsehen.

11 Darüber hinaus stellt sich die Frage, ob man – diesem Gedanken folgend – nicht auch verlangen müsste, dass der Sanierungsplan (insoweit verbindlich) vorsieht, dass sämtliche Nachteile, die das betroffene Verfahren aus der Aussetzung erleidet, ersetzt werden müssen. Denn nur dann kann ein Gericht zum Zeitpunkt der Beantragung der Aussetzung verlässlich beurteilen, dass die Aussetzung nicht mit Nachteilen für das betroffene Verfahren und deren Gläubiger, die nicht identisch mit denjenigen der anderen Gruppenverfahren sein müssen, einhergeht. Je höher das Risiko ist, dass sich aus der Aussetzung Nachteile ergeben (wie etwa dann, wenn man auch die Aussetzung von Stilllegungsmaßnahmen für zulässig hält, vgl. dazu Rdn. 5), desto höher sind die Anforderungen, die das Gericht im Rahmen der Prüfung des **Nachteilsausgleichs** zu stellen hat.

5. Keine Koordinierung (iv)

12 Eine Aussetzung der Verwertung kommt schließlich auch nur dann in Betracht, wenn weder das Insolvenzverfahren, für das der Verwalter gem. Abs. 1 bestellt wurde, noch das Verfahren, in dem die Aussetzung beantragt wird, einer Koordinierung gem. Abschnitt 2 dieses Kapitels unterliegt (Abs. 1 lit. b) iv)). Die Regelung klärt das **Verhältnis zum Koordinierungsverfahren** dahingehend, dass dieses Vorrang hat. Eine Aussetzung der Verwertung scheidet demnach aus, wenn eines der Verfahren in das Koordinierungsverfahren einbezogen ist, da in diesem Fall dem Koordinator die Aufgabe zukommt, sowohl einen Gruppen-Koordinationsplan vorzuschlagen (Art. 72 Abs. 1 lit. b)) als auch die Aussetzung von Verfahren (Art. 72 Abs. 2 lit. e)) zu beantragen.

III. Antrag auf Eröffnung eines Gruppen-Koordinationsverfahrens (lit. c)

13 Abs. 1 lit. c) gestattet dem Verwalter, die Eröffnung eines Gruppen-Koordinationsverfahrens zu beantragen und verweist hinsichtlich der Einzelheiten auf Art. 61. Demnach hat jeder Verwalter über das Vermögen eines Gruppenmitglieds – unabhängig von dessen Größe oder Bedeutung im Rahmen des Konzernverbunds – das Recht, einen Antrag auf Durchführung eines Koordinationsverfahrens zu stellen.

C. Gerichtliches Verfahren bei einem Antrag auf Aussetzung der Verwertung (Abs. 2)

14 Die Entscheidung über die Aussetzung der Verwertung trifft das Gericht, in dessen Verfahren die Aussetzung der Verwertung beantragt wurde. Danach setzt das Gericht alle Maßnahmen im Zusammenhang mit der Verwertung ganz oder teilweise aus, wenn es sich überzeugt hat, dass die Voraussetzungen nach Absatz 1 lit. b) erfüllt sind. Entgegen der Vermutung, die der Wortlaut (»überzeugt«) nahe legen könnte, ist hier jedoch – insbesondere mit Blick auf die **Eilbedürftigkeit der Entscheidung** – keine vollumfängliche und abschließende Prüfung zu verstehen. Vielmehr dürfte es sich aufgrund der Eilbedürftigkeit der Entscheidung und mit Blick auf die dem Gericht zur Verfügung stehenden Informationen um eine summarische Prüfung aus ex-ante-Sicht handeln.

Wie sich aus dem Wortlaut ergibt, handelt es sich bei der von dem Gericht zu treffenden Entscheidung um **keine Ermessensentscheidung**. Vielmehr hat das Gericht bei Vorliegen der Voraussetzungen die Verwertung ganz oder teilweise auszusetzen. 15

Das Gericht hört vor der Anordnung der Aussetzung den Verwalter des Insolvenzverfahrens an, für dessen Vermögen die Aussetzung beantragt wird (Abs. 2 UAbs. 2). Die Regelung gewährleistet, dass der Verwalter seine Bedenken gegen eine etwaige Aussetzung vorbringen und das Gericht diese im Rahmen seiner Entscheidung sachgerecht berücksichtigen kann. Die Regelung gewährt allein **rechtliches Gehör**, so dass die Entscheidung über die Aussetzung der Verwertung bei Vorliegen der Voraussetzungen nach Abs. 1 lit. b) auch bei entgegenstehendem Willen des Verwalters angeordnet werden kann. 16

Zum Schutz der Gläubiger dieses Verfahrens kann das Gericht, das die Aussetzung anordnet, jedoch verlangen, dass der Verwalter, der die Aussetzung beantragt hat, alle geeigneten Maßnahmen nach nationalem Recht zum Schutz der Interessen der Gläubiger dieses Verfahrens ergreift (Abs. 2 UAbs. 3). Demnach kann das zuständige Gericht in einem deutschen Insolvenzverfahren beispielsweise von dem Verwalter, der die Aussetzung beantragt hat, **Sicherheitsleistungen** (§§ 108 ff. ZPO) verlangen (vgl. hierzu im Rahmen von Art. 46, *Mankowski/Müller/J. Schmidt* Art. 46 EuInsVO Rn. 16). 17

Die Dauer der Aussetzung kann zunächst für jeden **Zeitraum** bis zu drei Monaten angeordnet werden. Darüber hinaus kann das Gericht die Aussetzung um einen oder mehrere Zeiträume verlängern, die es für angemessen hält und die mit den für das Verfahren geltenden Vorschriften vereinbar sind, sofern die in Abs. 1 lit. b) genannten Voraussetzungen weiterhin erfüllt sind und die Gesamtdauer der Aussetzung sechs Monate nicht überschreitet (Abs. 2 UAbs. 4). Die **Verlängerung** hängt damit – im Gegensatz zur Anordnung – davon ab, dass diese mit den nationalen Bestimmungen dieses Verfahrens vereinbar ist, so dass die nationalen Rechte einer Verlängerung im Einzelfall entgegenstehen können. 18

Abschnitt 2 Koordinierung

Unterabschnitt 1 Verfahren

Artikel 61 Antrag auf Eröffnung eines Gruppen-Koordinationsverfahrens

(1) Ein Gruppen-Koordinationsverfahren kann von einem Verwalter, der in einem Insolvenzverfahren über das Vermögen eines Mitglieds der Gruppe bestellt worden ist, bei jedem Gericht, das für das Insolvenzverfahren eines Mitglieds der Gruppe zuständig ist, beantragt werden.

(2) Der Antrag nach Absatz 1 erfolgt gemäß dem für das Verfahren, in dem der Verwalter bestellt wurde, geltenden Recht.

(3) Dem Antrag nach Absatz 1 ist Folgendes beizufügen:
a) ein Vorschlag bezüglich der Person, die zum Gruppenkoordinator (im Folgenden: »Koordinator«) ernannt werden soll, Angaben zu ihrer Eignung nach Artikel 71, Angaben zu ihren Qualifikationen und ihre schriftliche Zustimmung zur Tätigkeit als Koordinator;
b) eine Darlegung der vorgeschlagenen Gruppen-Koordination, insbesondere der Gründe, weshalb die Voraussetzungen nach Artikel 63 Absatz 1 erfüllt sind;
c) eine Liste der für die Mitglieder der Gruppe bestellten Verwalter und gegebenenfalls die Gerichte und zuständigen Behörden, die in den Insolvenzverfahren über das Vermögen der Mitglieder der Gruppe betroffen sind;

d) eine Darstellung der geschätzten Kosten der vorgeschlagenen Gruppen-Koordination und eine Schätzung des von jedem Mitglied der Gruppe zu tragenden Anteils dieser Kosten.

Übersicht

		Rdn.				Rdn.
A.	Normzweck	1	C.	Anzuwendendes Recht (Abs. 2)		5
B.	Antragsberechtigung und zuständiges Gericht (Abs. 1)	3	D.	Erforderliche Unterlagen (Abs. 3)		6

Literatur:
Prager/Keller WM 2015, 805 [809[; *Schmidt* KTS, 2015, 19

A. Normzweck

1 Neben den in Abschnitt 1 geregelten Kooperationsvorschriften sieht Abschnitt 2 zudem ein Gruppen-Koordinationsverfahren vor. Ziel des Koordinationsverfahrens ist es, unabhängig von der Eigenständigkeit der einzelnen Insolvenzverfahren ein Instrument zur Verfügung zu stellen, mit dem die Verfahren, die an verschiedenen Gerichten geführt werden, koordiniert werden können, um eine Sanierung der Gruppe insgesamt zu ermöglichen. In seiner Ausgestaltung erinnert das Verfahren an das deutsche Konzerninsolvenzrecht und wurde diesem nachgebildet (*Prager/Keller* WM 2015, 805 [809[; *Schmidt* KTS, 2015, 19 [46].

2 Die Vorschriften zur Koordinierung sollen nach Erwägungsgrund 62 – ebenso wie die Kooperationsregelungen – nur insoweit Anwendung finden, als Verfahren über das Vermögen verschiedener Mitglieder derselben Unternehmensgruppe in mehr als einem Mitgliedstaat eröffnet worden sind (vgl. dazu und zum Verhältnis zu den nationalen Vorschriften EuInsVO Art. 56 Rdn. 4 ff.).

B. Antragsberechtigung und zuständiges Gericht (Abs. 1)

3 Das Gruppen-Koordinationsverfahren kann von jedem **Verwalter**, der in einem Insolvenzverfahren über das Vermögen eines Mitglieds einer Unternehmensgruppe bestellt worden ist, beantragt werden. Darüber hinaus ist gem. Art. 76 auch der **Schuldner in Eigenverwaltung** antragsberechtigt. Die Regelung ermöglicht somit jedem Verwalter bzw. jedem zur Eigenverwaltung berechtigten Schuldner unabhängig von der Größe oder Bedeutung dieses Gruppenmitglieds die Beantragung eines Koordinationsverfahrens. Dagegen sieht die Regelung **keine Antragsberechtigung der Gläubiger** vor.

4 Der Antrag auf Durchführung des Koordinationsverfahrens kann bei jedem Gericht, das für das Insolvenzverfahren eines Mitglieds der Gruppe zuständig ist, beantragt werden. Auch wenn der Wortlaut hier ungenau ist, lässt sich der gesetzlichen Konzeption entnehmen, dass lediglich Gerichte in Betracht kommen, bei denen bereits ein Insolvenzverfahren eröffnet wurde (so auch Braun/*Esser* Art. 61 EuInsVO Rn. 10). Nach der Regelung kommen grds. **sämtliche für die einzelnen Gruppenmitglieder zuständigen Gerichte** als potentielle Koordinationsgerichte in Betracht. Ob dies wirklich sinnvoll ist, erscheint fraglich. Im Fall der fehlenden Abstimmung zwischen den Verwaltern besteht die Gefahr, dass für die Durchführung des Koordinationsverfahrens das Gericht eines Gruppenmitglieds zuständig wird, das sich im Rahmen der Unternehmensgruppe als völlig unbedeutend erweist.

C. Anzuwendendes Recht (Abs. 2)

5 Der Antrag auf Eröffnung des Gruppen-Koordinationsverfahrens erfolgt nach Abs. 2 gem. dem für das Verfahren, in dem der Verwalter bestellt wurde, geltenden Recht. Auch wenn die Formulierung nicht völlig klar ist, bedeutet dies, dass der Verwalter, der den Antrag stellen will, bei dieser Handlung seine nationalen Rechtsvorschriften zu beachten hat. Aus der insoweit einschlägigen *lex fori concursus* kann sich ergeben, dass evtl. zusätzliche Voraussetzungen, wie beispielsweise eine **gerichtliche Genehmigung oder eine Zustimmung der Gläubiger**, zu beachten sind. In diesem Zusammenhang ist bei einem deutschen Insolvenzverfahren die Zustimmung des Gläubigerausschusses gem. § 160

InsO erforderlich (vgl. dazu auch Art. 102c EGInsO § 23 Abs. 1; ebenso *Mankowski/Müller/J. Schmidt* Art. 61 EuInsVO Rn. 27).

D. Erforderliche Unterlagen (Abs. 3)

Absatz 3 nennt schließlich die dem Antrag beizufügenden Unterlagen. Danach sind **umfassende Angaben** zur Person des Koordinators (lit. a), zur vorgeschlagenen Gruppen-Koordination (lit. b), zu den bestellten Verwaltern und zu den zuständigen Gerichten (lit. c) und zu den zu erwartenden Kosten der Koordination (lit. d) zu machen. 6

Mit Blick auf den Umfang der Angaben und den Umfang der beizufügenden Unterlagen drängt sich zunächst die Frage auf, auf welchem Wege der Insolvenzverwalter, der einen solchen Antrag stellen möchte, an die erforderlichen Informationen gelangt. Des Weiteren ist fraglich, wie der antragstellende Insolvenzverwalter zum Zeitpunkt der Antragstellung bereits ein Konzept für eine Gruppen-Koordination darlegen kann und die Kosten dafür einschätzen soll. Der Verordnungsgeber geht auch hier erkennbar davon aus, dass eine Koordination zwischen den Verwaltern bereits im Vorfeld entsprechend abgestimmt wurde, während die Beantragung eines Gruppen-Koordinationsverfahrens ohne vorherige Abstimmung mit Blick auf den Umfang der beizufügenden Unterlagen eher die Ausnahme sein dürfte. 7

Artikel 62 Prioritätsregel

Unbeschadet des Artikels 66 gilt Folgendes: Wird die Eröffnung eines Gruppen-Koordinationsverfahrens bei Gerichten verschiedener Mitgliedstaaten beantragt, so erklären sich die später angerufenen Gerichte zugunsten des zuerst angerufenen Gerichts für unzuständig.

Übersicht	Rdn.		Rdn.
A. Normzweck	1	C. Kritik	4
B. Prioritätsprinzip	2		

A. Normzweck

Art. 62 regelt den Fall, dass – im Rahmen einer nicht koordinierten Antragstellung – die Eröffnung eines Gruppen-Koordinationsverfahrens bei Gerichten verschiedener Mitgliedstaaten beantragt wird. Vorbehatlich einer Prorogation gem. Art. 66 soll das zuerst angerufene Gericht zuständig sein. An der Sinnhaftigkeit dieser Regelungen bestehen Zweifel (vgl. Rdn. 4 f.). 1

B. Prioritätsprinzip

Nach der Regelung kommt es für die Zuständigkeit auf den **Zeitpunkt des Antrags auf Eröffnung eines Koordinationsverfahrens** an. Ob der Antrag zulässig oder begründet sein muss, lässt die Regelung offen (dagegen Braun/*Esser* Art. 62 EuInsVO Rn. 4). Sieht man dies so, kann lediglich in dem Fall, in dem die Entscheidung über die Eröffnung des Koordinationsverfahrens gem. Art. 68 abgelehnt wird, ein zeitlich später gestellter Antrag maßgebend sein. Da die Gerichte in den anderen Mitgliedstaaten keine Kenntnis von etwaigen konkurrierenden Anträgen haben, dürfte es die Kooperationspflicht der Gerichte (Art. 57) gebieten, die Gerichte der anderen Mitgliedstaaten von der Antragstellung unverzüglich zu unterrichten. 2

Da die Regelung lediglich von der Antragstellung in verschiedenen Mitgliedstaaten spricht, stellt sich die Frage, was bei **konkurrierender Antragstellung in demselben Mitgliedstaat** gilt. Diesbezüglich ist zunächst zu beachten, dass die Regelung – wie sich aus Erwägungsgrund 62 ergibt – nur insoweit Anwendung findet, als Verfahren über das Vermögen verschiedener Mitglieder derselben Unternehmensgruppe in mehr als einem Mitgliedstaat eröffnet werden. In diesem Fall ergibt sich aus der Regelung nicht, auf welchen innerstaatlichen Antrag abzustellen ist (anders Braun/*Esser* Art. 62 EuInsVO Rn. 2, der hier ebenfalls auf das Prioritätsprinzip abstellen möchte). Hier liegt es an den 3

Gesetzgebern der jeweiligen Mitgliedstaaten, entsprechende Vorschriften zu schaffen. Solche ergänzenden Regelungen sind nach Erwägungsgrund 61 zulässig, da sich der Geltungsbereich einer solchen Regelung auf die nationalen Vorschriften beschränkt und die Anwendung dieser nationalen Vorschriften nicht die Wirksamkeit der in der Verordnung enthaltenen Vorschriften beeinträchtigt. Der Verordnungsgeber hätte diese **Lücke** durchaus vermeiden können, wenn er bei Eröffnung des Anwendungsbereichs des Gruppen-Koordinationsverfahrens stets – auch bei mehreren Anträgen innerhalb desselben Mitgliedstaates – den ersten Antrag für maßgebend erklärt hätte.

C. Kritik

4 Auch wenn mit dem Prioritätsprinzip eine klare Regelung zur Ermittlung des zuständigen Koordinationsgerichts geschaffen wurde, stellt sich die Frage, ob das Prioritätsprinzip tatsächlich stets zu sachgerechten Ergebnissen führt. Dies scheint gerade in den Fällen, in denen keine Koordinierung der Beteiligten im Vorfeld erfolgt, durchaus fraglich. Das **Prioritätsprinzip** kann bei unkoordinierter Antragstellung dazu führen, dass für die Durchführung des Koordinationsverfahrens das Gericht eines Gruppenmitglieds zuständig ist, das sich im Rahmen der Unternehmensgruppe als völlig unbedeutend erweist und das im Vorfeld der Insolvenz keine konzernleitenden Aufgaben wahrgenommen hat. Darüber hinaus besteht durch das Prioritätsprinzip auch die erhöhte Gefahr, dass der Gerichtsstand dieses Gruppenmitglieds – etwa aufgrund der geographischen und infrastrukturellen Voraussetzungen – sich als nicht sachgerecht für die Durchführung eines Koordinationsverfahrens erweist. Schließlich birgt das Prioritätsprinzip die nicht zu unterschätzende Gefahr eines **forum-shopping**. Auch wenn die Begründung des Gruppengerichtsstands nicht zur Anwendung der jeweiligen nationalen Rechtsvorschriften führt, ist zu beachten, dass die einzelnen Mitgliedstaaten aufgrund der damit einhergehenden wirtschaftlichen Folgen (wirtschaftliche Stärkung der eigenen Sanierungsbranche, Prestige, etc.) durchaus Interesse daran haben werden, dass das Gruppen-Koordinationsverfahren an den Gerichten des jeweiligen Mitgliedstaates geführt werden soll (zu den Nachteilen des Prioritätsprinzips vgl. *Dirmeier* Der Konzern in der Insolvenz, Diss. 2016, S. 180 f.; 253 f.).

5 Der Verordnungsgeber scheint diese Gefahr geringer einzuschätzen und setzt insbesondere darauf, dass zwischen den Beteiligten im Vorfeld der Beantragung eines Gruppen-Koordinationsverfahrens eine Abstimmung erfolgt. Darüber hinaus wirkt der Verordnungsgeber der Gefahr eines im Einzelfall nicht sachgerecht erscheinenden Gerichtsstands dadurch entgegen, dass eine etwaige Prorogation der Insolvenzverwalter (Art. 66) dem Prioritätsprinzip vorgeht. Demnach gilt das Prioritätsprinzip nicht, wenn sich zwei Drittel der Verwalter der Gruppenmitglieder bis zum Zeitpunkt der Eröffnung des Gruppengerichtstands für das Gericht eines anderen Mitgliedstaates entschieden haben (vgl. hierzu i.E. unter Art. 66).

Artikel 63 Mitteilung durch das befasste Gericht

(1) Das mit einem Antrag auf Eröffnung eines Gruppen-Koordinationsverfahrens befasste Gericht unterrichtet so bald als möglich die für die Mitglieder der Gruppe bestellten Verwalter, die im Antrag gemäß Artikel 61 Absatz 3 Buchstabe c angegeben sind, über den Antrag auf Eröffnung eines Gruppen-Koordinationsverfahrens und den vorgeschlagenen Koordinator, wenn es davon überzeugt ist, dass

a) die Eröffnung eines solchen Verfahrens die effektive Führung der Insolvenzverfahren über das Vermögen der verschiedenen Mitglieder der Gruppe erleichtern kann,

b) nicht zu erwarten ist, dass ein Gläubiger eines Mitglieds der Gruppe, das voraussichtlich am Verfahren teilnehmen wird, durch die Einbeziehung dieses Mitglieds in das Verfahren finanziell benachteiligt wird, und

c) der vorgeschlagene Koordinator die Anforderungen gemäß Artikel 71 erfüllt.

(2) In der Mitteilung nach Absatz 1 dieses Artikels sind die in Artikel 61 Absatz 3 Buchstaben a bis d genannten Bestandteile des Antrags aufzulisten.

(3) Die Mitteilung nach Absatz 1 ist eingeschrieben mit Rückschein aufzugeben.

(4) Das befasste Gericht gibt den beteiligten Verwaltern die Gelegenheit, sich zu äußern.

Übersicht

		Rdn.			Rdn.
A.	Normzweck	1	III.	Geeigneter Koordinator (lit. c)	5
B.	Gerichtliche Prüfung (Abs. 1)	2	C.	Einzelheiten der Mitteilung (Abs. 2, 3)	6
I.	Erleichterung der Verfahrensführung (lit. a)	3	D.	Rechtliches Gehör und dessen Bedeutung (Abs. 4)	8
II.	Keine finanzielle Benachteiligung (lit. b)	4			

A. Normzweck

Art. 63 regelt das weitere Verfahren nach Eingang eines Antrags auf Eröffnung eines Gruppen-Koordinationsverfahrens. Das damit befasste Gericht unterrichtet – sofern es zuständig ist – die beteiligten Verwalter, wenn es davon überzeugt ist, dass die in Absatz 1 genannten Voraussetzungen für die Eröffnung eines Gruppen-Koordinationsverfahrens erfüllt sind. Die Vorschrift dient primär dazu, die Verwalter sobald wie möglich von der Beantragung eines Gruppen-Koordinationsverfahrens und der Person des Koordinators zu unterrichten, damit diese über die Teilnahme am Gruppen-Koordinationsverfahren entscheiden und etwaige Einwände erheben können (Art. 64).

B. Gerichtliche Prüfung (Abs. 1)

Die Unterrichtung der Verwalter (Art. 2 Nr. 5) und der zur Eigenverwaltung berechtigte Schuldner (Art. 76) setzt voraus, dass das mit dem Antrag befasste Gericht davon überzeugt ist, dass die in Abs. 1 lit. a)–c) genannten Voraussetzungen erfüllt sind. Der Begriff der »gerichtlichen Überzeugung« findet sich sowohl in Art. 63 als auch – im Rahmen der endgültigen Eröffnungsentscheidung – in Art. 68. Dies spricht dafür, dass sich das Koordinationsgericht bereits vor der Unterrichtung – und nicht erst im Rahmen der Entscheidung – von dem Vorliegen der genannten Voraussetzungen zu überzeugen hat. Dies ist auch sachgerecht, da die Mitteilung für die Gruppenmitglieder bereits darauf schließen lässt, dass die Voraussetzungen des Koordinationsverfahrens erfüllt sind. Der Begriff der gerichtlichen Überzeugung erfordert mehr als eine überwiegende Wahrscheinlichkeit und stellt damit **hohe Anforderungen an die gerichtliche Prüfung** (dazu kritisch *Dirmeier* Der Konzern in der Insolvenz, S. 243). Das Gericht muss daher zum Zeitpunkt der Mitteilung von dem Vorliegen folgender Voraussetzungen überzeugt sein:

I. Erleichterung der Verfahrensführung (lit. a)

Die Eröffnung des Gruppen-Koordinationsverfahrens soll die effektive Führung der Insolvenzverfahren über das Vermögen der verschiedenen Mitglieder der Unternehmensgruppe erleichtern können (Abs. 1 lit. a). Diese sehr weite Formulierung findet sich bereits im Rahmen der Kooperationsvorschriften und dürfte leicht zu bejahen sein. Erforderlich ist, dass die Koordinierung aufgrund der Berücksichtigung der konzernrechtlichen Zusammenhänge eine **effizientere Verwaltung** als im Falle einer nicht stattfindenden Koordinierung ermöglicht. Dies ist ausnahmsweise dann nicht der Fall, wenn beispielsweise bereits zum Zeitpunkt der Antragstellung ersichtlich ist, dass **unüberbrückbare konzerninterne Interessenkonflikte** bestehen und eine Koordinierung die Abwicklung der Verfahren nicht erleichtern wird (Mankowski/Müller/*J. Schmidt* Art. 63 EuInsVO Rn. 7).

II. Keine finanzielle Benachteiligung (lit. b)

Nach Abs. 1 lit. b) darf zudem nicht zu erwarten sein, dass ein Gläubiger eines Gruppenmitglieds, das voraussichtlich am Verfahren teilnehmen wird, durch die Einbeziehung dieses Mitglieds finanziell benachteiligt wird. Der Wortlaut könnte zunächst vermuten lassen, dass es hier allein um die gezielte Benachteiligung einzelner Gläubiger geht. Erwägungsgrund 57 lässt sich jedoch entnehmen, dass sich das Gruppen-Koordinationsverfahren allgemein positiv für die Gläubiger auswirken soll. Die Regelung bezweckt somit auch, dass bei einem Gruppen-Koordinationsverfahren auf die Interessen der einzelnen Gruppenmitglieder zu achten ist und die Koordination zu keinen Nachteilen der Gläubiger einzelner Gruppenmitglieder führen darf. Dies schließt jedoch nicht aus, dass die Koordination im Interesse der Unternehmensgruppe ggfs. für einzelne Gruppenmitglieder nachteilige Maßnahmen enthält. Vielmehr erfordert die Regelung allein, dass diese **nachteiligen Maßnahmen** ggfs. in Form eines **Nachteilsausgleichs** kompensiert werden (Braun/*Esser* Art. 63 EuInsVO Rn. 14). Zulässig ist unter Zugrundelegung der Regelung auch, dass die Gläubiger einzelner Verfahren von der Gruppen-Koordination mehr profitieren als die Gläubiger eines anderen Verfahrens.

III. Geeigneter Koordinator (lit. c)

5 Nach Abs. 1 lit. c) muss das Gericht zudem davon überzeugt sein, dass der vorgeschlagene Koordinator die Anforderungen nach Art. 71 erfüllt.

C. Einzelheiten der Mitteilung (Abs. 2, 3)

6 Abs. 2 und 3 regeln den Inhalt und die Form der zu erfolgenden Mitteilung an die Verwalter. Die Mitteilung muss zunächst die im Antrag auf Eröffnung eines Gruppen-Koordinationsverfahrens genannten Bestandteile enthalten. Deren Übermittlung gewährleistet, dass die Verwalter die **notwendigen Informationen** – wie den Vorschlag zur Gruppen-Koordination – erhalten, um eine **fundierte Entscheidung** über die Teilnahme am Gruppen-Koordinationsverfahren treffen zu können.

7 Die Mitteilung ist nach Abs. 3 eingeschrieben mit Rückschein aufzugeben. Dies gewährleistet, dass den Verwaltern die Mitteilung zugeht und die 30 Tages-Frist zur Erhebung von Einwänden berechnet werden kann (Art. 64 Abs. 2). In welcher **Sprache** die Mitteilung zu erfolgen hat, wird in Art. 63 nicht geregelt. Auch hier wird man jedoch davon auszugehen haben, dass dies in der für das Koordinationsgericht geltenden Gerichtssprache erfolgt.

D. Rechtliches Gehör und dessen Bedeutung (Abs. 4)

8 Nach Abs. 4 hat das Gericht den Verwaltern die Möglichkeit zu geben, sich zu dem Antrag zu äußern. Dies kann sinnvollerweise erst nach Mitteilung durch das Gericht erfolgen, da die Verwalter erst darin die entsprechenden Informationen erhalten (**a.A.** wohl Mankowski/Müller/*J. Schmidt* Art. 63 EuInsVO Rn. 11, wonach Gelegenheit zur Äußerung vor Versendung der Mitteilung gegeben werden soll). Die Verwalter können daher beispielsweise zur dargelegten Gruppen-Koordination bzw. zur Person des vorgeschlagenen Koordinators Stellung nehmen. Auch dies hat in der für das Koordinationsgericht geltenden **Gerichtssprache** zu erfolgen. Anderenfalls müsste das Koordinationsgericht ggf. eine Vielzahl verschiedener Stellungnahmen übersetzen lassen. Für diese Sichtweise spricht auch, dass der Koordinator gem. Art. 73 Abs. 2 mit einem Gericht in der Amtssprache, die dieses Gericht verwendet, zu kommunizieren hat. Diese Regelung dürfte sich auf die von den Verwaltern abzugebenden Stellungnahmen übertragen lassen.

9 Was die Stellungnahme letztlich bewirken soll, bleibt unter Zugrundelegung der gesetzlichen Konzeption fraglich. Sofern der Verwalter eine Teilnahme am Gruppen-Koordinationsverfahren verhindern möchte, hat er innerhalb der 30-Tages-Frist den Einwand nach Art. 64 zu erheben. Selbst für den Fall, dass der Verwalter an der Gruppen-Koordination teilnehmen möchte, jedoch mit Blick auf die vorgeschlagene Gruppen-Koordination Veränderungsvorschläge oder Anregungen hat, erscheint die Regelung nicht zielführend. Der Verwalter läuft im Fall der isolierten Stellungnahme Gefahr, dass die 30-Tages-Frist verstreicht und das Verfahren – unabhängig von seinen Anmerkungen – in das Gruppen-Koordinationsverfahren einbezogen ist.

Artikel 64 Einwände von Verwaltern

(1) Ein für ein Mitglied einer Gruppe bestellter Verwalter kann Einwände erheben gegen
a) die Einbeziehung des Insolvenzverfahrens, für das er bestellt wurde, in ein Gruppen-Koordinationsverfahren oder
b) die als Koordinator vorgeschlagene Person.

(2) Einwände nach Absatz 1 dieses Artikels sind innerhalb von 30 Tagen nach Eingang der Mitteilung über den Antrag auf Eröffnung eines Gruppen-Koordinationsverfahrens durch den Verwalter gemäß Absatz 1 dieses Artikels bei dem Gericht nach Artikel 63 zu erheben.
Der Einwand kann mittels des nach Artikel 88 eingeführten Standardformulars erhoben werden.

(3) Vor der Entscheidung über eine Teilnahme bzw. Nichtteilnahme an der Koordination gemäß Absatz 1 Buchstabe a hat ein Verwalter die Genehmigungen, die gegebenenfalls nach dem Recht des Staats der Verfahrenseröffnung, für das er bestellt wurde, erforderlich sind, zu erwirken.

Übersicht	Rdn.		Rdn.
A. Normzweck	1	II. Einwand gegen die als Koordinator vorgeschlagene Person (lit. b)	4
B. Mögliche Einwände (Abs. 1)	2	C. Frist und Form (Abs. 2)	5
I. Einwand gegen die Einbeziehung in das Gruppen-Koordinationsverfahren (lit. a)	2	D. Genehmigungen (Abs. 3)	7

A. Normzweck

Das Gruppen-Koordinationsverfahren hat nach der gesetzlichen Konzeption zum Ziel, die Verwaltung in den Einzelinsolvenzverfahren über die Vermögen sämtlicher Gruppenmitglieder zu erleichtern. Der Verordnungsgeber hat sich in Bezug auf die einzelnen Gruppenmitglieder für die Freiwilligkeit des Gruppen-Koordinationsverfahrens entschieden. Die Insolvenzverwalter können i.S. eines »**Opt-Out**«-Modells Widerspruch gegen ihre Teilnahme am Gruppen-Koordinationsverfahren einlegen (Erwägungsgrund 56). Die widersprechenden Gruppenmitglieder werden nicht in das Gruppen-Koordinationsverfahren einbezogen (vgl. Art. 65). Das Recht zur Erhebung von Einwänden steht jedem für ein Gruppenmitglied bestellten **Verwalter** und dem zur Eigenverwaltung berechtigten Schuldner (Art. 76) zu. Die **Gläubiger haben kein Recht** zur Erhebung von Einwänden (Mankowski/Müller/*J. Schmidt* Art. 64 EuInsVO Rn. 8). 1

B. Mögliche Einwände (Abs. 1)

Nach Abs. 1 kommen zwei mögliche Einwände in Betracht.

I. Einwand gegen die Einbeziehung in das Gruppen-Koordinationsverfahren (lit. a)

Der Verwalter kann zunächst einen Einwand gegen die Einbeziehung des Insolvenzverfahrens, für das er bestellt wurde, in das Gruppen-Koordinationsverfahren erheben. Die Erhebung dieses Einwands führt gem. Art. 65 Abs. 1 (automatisch) dazu, dass dieses Verfahren nicht in das Gruppen-Koordinationsverfahren einbezogen wird (vgl. Art. 65). 2

Die Verwalter haben somit die Möglichkeit, die Teilnahme am Gruppen-Koordinationsverfahren allein durch die Erhebung des Einwands zu verhindern, ohne diese Entscheidung nach den Regelungen der Verordnung näher begründen zu müssen. Auch findet **keine gerichtliche Überprüfung** statt, ob ein Einwand inhaltlich berechtigt ist. Das Gericht ist an den erhobenen Einwand gebunden. Zu beachten ist jedoch, dass dem Insolvenzverwalter etwaige Sanktionen nach nationalem Recht drohen können, da die Nichtteilnahme an einer ggf. vorteilhaften Koordination einen Verstoß gegen die insolvenzspezifischen Pflichten des Insolvenzverwalters (§ 60 InsO) darstellen kann. Trotz dieser im Einzelfall drohenden Haftung nach der jeweiligen *lex fori concursus* führt die Art der gesetzlichen Ausgestaltung dazu, dass das Gelingen des Gruppen-Koordinationsverfahrens maßgeblich von der 3

Kooperationsbereitschaft der Verwalter abhängen wird. Ob sich dieses auf dem **Grundsatz der Freiwilligkeit** basierende Konzept in der Praxis bewähren wird, bleibt abzuwarten.

II. Einwand gegen die als Koordinator vorgeschlagene Person (lit. b)

4 Nach Abs. 1 lit. b) können die Verwalter auch einen Einwand gegen die als Koordinator vorgeschlagene Person erheben. Art. 67 sieht vor, dass das Gericht in diesem Fall davon absehen kann, diese Person zum Koordinator zu bestellen und den die Einwände erhebenden Verwalter dazu auffordern kann, einen neuen Antrag, der den Anforderungen des Art. 61 Abs. 3 entspricht, einzureichen. Die Regelung bezieht sich auf Fälle, in denen der Verwalter zwar an dem Gruppen-Koordinationsverfahren teilnehmen möchte, jedoch **Bedenken gegen die Person des vorgeschlagenen Koordinators** hat. Dies kann beispielsweise der Fall sein, wenn der Verwalter etwaige – ggf. vom Gericht nicht erkennbare – Anhaltspunkte für Interessenkonflikte hat oder er beispielsweise eine andere Person besser als Koordinator geeignet erachtet.

C. Frist und Form (Abs. 2)

5 Sowohl der Einwand nach Abs. 1 lit. a) als auch nach Abs. 1 lit. b) ist innerhalb einer Frist von 30 Tagen zu erheben. Die Frist beginnt in dem jeweiligen Verfahren nach Eingang der Mitteilung über den Antrag auf Eröffnung eines Gruppen-Koordinationsverfahrens beim Insolvenzverwalter, was zu unterschiedlichen Fristläufen in den einzelnen Verfahren führen kann. Der Einwand ist bei dem mit dem Antrag auf Eröffnung eines Gruppen-Koordinationsverfahrens befassten Gericht zu erheben. Eine Fristversäumnis führt dazu, dass das Verfahren des Gruppenmitglieds in das Gruppen-Koordinationsverfahren einbezogen ist. Die Möglichkeit eines nachträglichen »Opt-Out« gibt es nicht.

6 Die Vorschrift regelt nicht, in welcher **Sprache** der Einwand zu erheben ist. Da die Gerichte nach den jeweiligen nationalen Rechten grds. in der Landessprache kommunizieren (Bsp.: § 184 GVG), spricht einiges dafür, dass der Verwalter den Einwand in der **Gerichtssprache des Koordinationsgerichts** zu erheben hat. Für diese Sichtweise lässt sich auch die Regelung des Art. 73 Abs. 2 anführen. Danach hat auch der Koordinator mit einem Gericht in der Amtssprache, die dieses Gericht verwendet, zu kommunizieren, so dass auch im Rahmen von Art. 64 die Gerichtssprache des Koordinationsgerichts maßgebend sein dürfte. Art. 64 regelt keine besonderen Formerfordernisse für die Erhebung der Einwände. Zur Vereinfachung sieht die Verordnung gem. Art. 88 ein Standardformular zur Erhebung von Einwänden vor.

D. Genehmigungen (Abs. 3)

7 Nach Abs. 3 hat der Verwalter vor der Entscheidung über die Teilnahme bzw. Nichtteilnahme an der Koordination gem. Abs. 1 lit. a) – mithin nicht bei Einwänden gegen die Person des Koordinators – etwaige nach nationalem Recht erforderliche Genehmigungen einzuholen. Dabei kann nach der lex fori concursus zum Beispiel die Einholung der **Zustimmung des jeweiligen Insolvenzgerichts oder anderer Behörden** erforderlich sein. In einem deutschen Insolvenzverfahren hat der Insolvenzverwalter vor Erhebung des Einwandes die Zustimmung des Gläubigerausschusses bzw. der Gläubigerversammlung einzuholen, wenn die Nichtteilnahme am Koordinationsverfahren als besonders bedeutsame Rechtshandlung i.S.v. § 160 InsO einzuordnen ist (Art. 102c § 23 Abs. 2 Nr. 1 EGInsO). Mit Blick auf die 30-Tages-Frist ist hier besondere Eile geboten.

Artikel 65 Folgen eines Einwands gegen die Einbeziehung in ein Gruppen-Koordinationsverfahren

(1) Hat ein Verwalter gegen die Einbeziehung des Verfahrens, für das er bestellt wurde, in ein Gruppen-Koordinationsverfahren Einwand erhoben, so wird dieses Verfahren nicht in das Gruppen-Koordinationsverfahren einbezogen.

(2) Die Befugnisse des Gerichts gemäß Artikel 68 oder des Koordinators, die sich aus diesem Verfahren ergeben, haben keine Wirkung hinsichtlich des betreffenden Mitglieds und ziehen keine Kosten für dieses Mitglied nach sich.

Art. 65 regelt die Folgen des Einwands eines Verwalters gegen die Einbeziehung in das Gruppen-Koordinationsverfahren nach Art. 64. Der Einwand des Verwalters führt dazu, dass dieses Verfahren **automatisch** nicht in das Gruppen-Koordinationsverfahren einbezogen wird und unabhängig von den Wirkungen eines etwaigen Gruppen-Koordinationsverfahrens durchgeführt werden kann. Dies gilt auch dann, wenn die Einbeziehung des Gruppenmitglieds für eine Sanierung des Konzernverbunds erforderlich oder sinnvoll gewesen wäre. Es bleibt dann bei den Kooperationsvorschriften nach Art. 56 ff. 1

Abs. 2 hat eher klarstellende Funktion. Danach haben im Fall der Nichteinbeziehung die Befugnisse des Koordinationsgerichts oder des Koordinators keine Wirkungen hinsichtlich des betreffenden Mitglieds. Letzteres ergibt sich auch aus Art. 72 Abs. 4, wonach sich die Aufgaben und Rechte des Koordinators nicht auf Mitglieder der Gruppe erstrecken, die nicht am Gruppen-Koordinationsverfahren beteiligt sind (Mankowski/Müller/*J. Schmidt* Art. 65 EuInsVO Rn. 6). 2

Artikel 66 Wahl des Gerichts für ein Gruppen-Koordinationsverfahren

(1) Sind sich mindestens zwei Drittel aller Verwalter, die für Insolvenzverfahren über das Vermögen der Mitglieder der Gruppe bestellt wurden, darüber einig, dass ein zuständiges Gericht eines anderen Mitgliedstaats am besten für die Eröffnung eines Gruppen-Koordinationsverfahrens geeignet ist, so ist dieses Gericht ausschließlich zuständig.

(2) Die Wahl des Gerichts erfolgt als gemeinsame Vereinbarung in Schriftform oder wird schriftlich festgehalten. Sie kann bis zum Zeitpunkt der Eröffnung des Gruppen-Koordinationsverfahrens gemäß Artikel 68 erfolgen.

(3) Jedes andere als das gemäß Absatz 1 befasste Gericht erklärt sich zugunsten dieses Gerichts für unzuständig.

(4) Der Antrag auf Eröffnung eines Gruppen-Koordinationsverfahrens wird bei dem vereinbarten Gericht gemäß Artikel 61 eingereicht.

Übersicht	Rdn.		Rdn.
A. Normzweck	1	C. Form der Vereinbarung und zeitliche Grenze zum Abschluss der Vereinbarung (Abs. 2)	4
B. Wahl des Gerichts für ein Gruppen-Koordinationsverfahren (Abs. 1)	2	D. Ausschließliche Zuständigkeit (Abs. 3)	8
		E. Zuständiges Gericht (Abs. 4)	9

A. Normzweck

Art. 66 enthält eine Regelung zur **Wahl des Gerichts des Gruppen-Gerichtsstands** und geht dem in Art. 62 normierten Prioritätsprinzip vor. Die Verwalter können mit **qualifizierter Mehrheit** bestimmen, dass ein anderes als das zuerst angerufene Gericht Koordinationsgericht sein soll. Die Vorschrift trägt der Tatsache Rechnung, dass das Prioritätsprinzip zum Teil dazu führen kann, dass sich das zuerst angerufene Gericht aus verschiedenen Gründen nicht für die Durchführung des Gruppen-Koordinationsverfahrens als geeignet erweist. 1

B. Wahl des Gerichts für ein Gruppen-Koordinationsverfahren (Abs. 1)

Die Wahl des Gerichts für ein Gruppen-Koordinationsverfahren erfolgt dadurch, dass sich zwei Drittel aller Verwalter bzw. der zur Eigenverwaltung berechtigten Schuldner (Art. 76) darüber einig sind, dass ein zuständiges Gericht eines anderen Mitgliedstaats am besten für die Eröffnung eines Grup- 2 pen-Koordinationsverfahrens geeignet ist. Dieses andere **Gericht muss zuständig sein**. Demnach kommen für die Wahl des Gerichtsstands lediglich Gerichte eines anderen Mitgliedstaats in Betracht, in denen ein anderes Insolvenzverfahren über das Vermögen eines Gruppenmitglieds eröffnet wurde. Die Verwalter könnten sich demnach beispielsweise in Konstellationen, in denen über das Vermögen der konzernleitenden Gesellschaft noch kein Insolvenzverfahren eingeleitet wurde, nicht für einen Gerichtsstand am Sitz der Konzernmutter entscheiden.

3 Mit Blick auf die von den Verwaltern zu treffende Entscheidung stellt sich zudem die Frage, auf welchen Zeitpunkt sich das Mehrheitserfordernis bezieht, da sich die Verfahrensanzahl nach der Antragstellung – beispielsweise durch die Eröffnung eines weiteren Insolvenzverfahrens – ändern kann. Maßgebend ist hier der **Zeitpunkt der Eröffnungsentscheidung**, da der Antrag zu diesem Zeitpunkt noch zulässig sein muss (Mankowski/*Müller*/*J. Schmidt* Art. 66 EuInsVO Rn. 6; Braun/*Esser* Art. 66 EuInsVO Rn. 13). Würde man dagegen auf den Abschluss der Vereinbarung abstellen, bestünde die Gefahr, dass sich zunächst eine sehr kleine Anzahl der Verwalter auf einen entsprechenden Gerichtsstand einigen, der zum Zeitpunkt der Eröffnungsentscheidung keine Mehrheit mehr erzielen würde.

C. Form der Vereinbarung und zeitliche Grenze zum Abschluss der Vereinbarung (Abs. 2)

4 Die Wahl des Gerichts erfolgt als gemeinsame Vereinbarung in **Schriftform** oder wird schriftlich festgehalten. Die Auslegung dieser Begriffe bestimmt sich autonom, sodass in Bezug auf das Formerfordernis nicht auf die nationalen Regelungen abzustellen ist (Braun/*Esser*, Art. 66 Rn. 15).

5 Einen geeigneten Anknüpfungspunkt für die Auslegung bietet hier Art. 25 Abs. 1 S. 3 lit. a) Brüssel Ia-VO, wonach der Abschluss von Gerichtsstandsvereinbarungen schriftlich oder mündlich mit schriftlicher Bestätigung zu erfolgen hat (Braun/*Esser*, Art. 66 Rn. 15; Mankowski/*Müller*/*J. Schmidt* Art. 66 EuInsVO Rn. 11). Danach ist von einer schriftlichen Vereinbarung auszugehen, wenn die Parteien ihren Willen schriftlich kundgegeben haben. Dies kann auch in getrennten Schriftstücken erfolgen, sofern sich daraus eine inhaltliche Übereinstimmung der Erklärungen ergibt (*Musielak/Voit/Stadler* ZPO, 14. Aufl. 2017, Art. 25 EuGVVO Rn. 9).

6 Unter »schriftlich festgehalten« versteht man ebenfalls in Anlehnung an Art. 25 Abs. 1 Satz 3 lit. a), dass die Vereinbarung mündlich vereinbart wurde, eine der Parteien die Vereinbarung schriftlich bestätigt hat und gegen die zugegangene Bestätigung keine Einwendungen erhoben werden (*Musielak/Voit/Stadler* ZPO, 14. Aufl. 2017, Art. 25 EuGVVO Rn. 10).

7 Der Abschluss der Vereinbarung kann bis zur Eröffnung des Gruppen-Koordinationsverfahrens erfolgen (**zeitliche Grenze**). Danach scheidet eine Prorogation aus. Die ist auch sachgerecht, da in diesem Fall bereits ein Gericht entschieden hat, dass die Voraussetzungen für die Eröffnung des Gruppen-Koordinationsverfahrens bei diesem Gericht erfüllt sind. Im Übrigen ist eine Änderung des Koordinationsgerichts zu diesem Zeitpunkt auch nicht mehr sinnvoll.

D. Ausschließliche Zuständigkeit (Abs. 3)

8 Die wirksame Prorogation führt gem. Abs. 1 zu einer **ausschließlichen Zuständigkeit des ausgewählten Gerichts**.

E. Zuständiges Gericht (Abs. 4)

9 Der Antrag auf Eröffnung eines Gruppen-Koordinationsverfahrens wird bei dem vereinbarten Gericht eingereicht. Der Verweis auf Art. 61 stellt klar, dass die dort genannten Voraussetzungen zu beachten sind und dem Antrag insbesondere die in Abs. 3 genannten Informationen oder Unterlagen beizufügen sind. Dies zeigt, dass das auserwählte Gericht auch in dem Fall der Gerichtsstandsvereinbarung die Voraussetzungen des Art. 63 zu prüfen und im Anschluss die Verwalter der einzelnen Gruppenmitglieder zu unterrichten hat. Diese können sodann ihre Einwände unter Beachtung der Voraussetzungen des Art. 64 erheben.

Artikel 67 Folgen von Einwänden gegen den vorgeschlagenen Koordinator

Werden gegen die als Koordinator vorgeschlagene Person Einwände von einem Verwalter vorgebracht, der nicht gleichzeitig Einwände gegen die Einbeziehung des Mitglieds, für das er bestellt wurde, in das Gruppen-Koordinationsverfahren erhebt, kann das Gericht davon absehen, diese Person zu bestellen und den Einwände erhebenden Verwalter auffordern, einen den Anforderungen nach Artikel 61 Absatz 3 entsprechenden neuen Antrag einzureichen.

Übersicht	Rdn.		Rdn.
A. Normzweck	1	C. Entscheidung des Koordinations-	
B. Vorliegen eines Einwands gegen den vorgeschlagenen Koordinator	2	gerichts	3

A. Normzweck

Art. 67 regelt die Folgen von Einwänden gegen den vorgeschlagenen Koordinator. Die Regelung setzt voraus, dass der Verwalter nicht gleichzeitig Einwände gegen die Einbeziehung des Mitglieds in das Gruppen-Koordinationsverfahren erhoben hat, da in diesem Fall dieses Gruppenmitglied gar nicht Bestandteil der Gruppen-Koordination ist (Art. 65). 1

B. Vorliegen eines Einwands gegen den vorgeschlagenen Koordinator

Ausreichend ist das Vorliegen eines fristgerecht erhobenen Einwands gegen die Person des Koordinators. Anforderungen an den Inhalt des Einwands stellen weder Art. 64 noch Art. 67. Der Verwalter muss daher keine Begründung für den Einwand vorlegen; auch muss er keine Person benennen, die aus seiner Sicht besser als Koordinator geeignet wäre. 2

C. Entscheidung des Koordinationsgerichts

Liegt ein fristgerecht erhobener Einwand vor, »kann« das mit dem Antrag auf Eröffnung des Koordinationsverfahrens befasste Gericht davon absehen, die ursprünglich vorgeschlagene Person zum Koordinator zu bestellen und den die Einwände erhebenden Verwalter auffordern, einen den Anforderungen nach Art. 61 Abs. 3 entsprechenden neuen Antrag einzureichen. Bei der Entscheidung handelt es sich dem Wortlaut nach um eine Ermessensentscheidung, wobei Folgendes zu beachten ist: 3

Sofern sich der Einwand auf die in Art. 71 genannten Anforderungen bezieht und begründet ist, besteht grds. **kein Ermessen des Gerichts**. Vielmehr ergibt sich aus Art. 71, dass die dort genannten Anforderungen bzgl. des Koordinators zwingend zu erfüllen sind. Demnach hat das Gericht davon abzusehen, die ursprünglich vorgeschlagene Person zum Koordinator zu bestellen, wenn sich nachträglich aufgrund des Einwands herausstellt, dass diese Person nicht über die erforderliche Qualifikation verfügt (Art. 71 Abs. 1) oder die Tätigkeit nicht unabhängig von Interessenkonflikten ausüben kann (Art. 71 Abs. 2). Das Ermessen des Gerichts ist in diesen Fällen auf Null reduziert.

Ein **Ermessen des Gerichts** kommt nur dann in Betracht, wenn sich der Einwand nicht auf die in Art. 71 genannten Anforderungen bezieht. In diesem Fall hat das Gericht abzuwägen, ob es den Einwand für begründet erachtet und dieser einer Bestellung der vorgeschlagenen Person als Koordinator entgegensteht. Sofern dies nach Ansicht des Gerichts der Fall ist, kann das Gericht den Einwand erhebenden Verwalter dazu auffordern, einen Antrag nach Art. 61 Abs. 3 einzureichen. Trotz des Wortlauts (»kann«) handelt es sich in Bezug auf die Aufforderung nicht um eine Ermessensentscheidung. Sofern das Gericht davon absieht, den ursprünglich vorgeschlagenen Koordinator zu bestellen, ist davon auszugehen, dass es den Verwalter, der den Einwand erhoben hat, zur Einreichung eines neuen Antrags aufzufordern hat, da – wie sich u.a. aus Art. 63 und Art. 67 ergibt – das Gericht selbst kein »Auswahlrecht« hat, sondern der Koordinator von dem Verwalter im Rahmen des Antrags auf

Art. 68 EuInsVO Entscheidung zur Eröffnung eines Gruppen-Koordinationsverfahrens

Eröffnung eines Gruppen-Koordinationsverfahrens vorgeschlagen wird (Mankowski/Müller/*J. Schmid* Art. 67 EuInsVO Rn. 6).

4 Der Verwalter hat in diesem Fall somit einen neuen Antrag nach Art. 61 Abs. 3 einzureichen. Der Wortlaut scheint davon auszugehen, dass diesem Antrag sämtliche in Art. 61 Abs. 3 lit. a)–d) genannten Informationen (Vorschlag zur Gruppen-Koordination, Liste der Gruppenmitglieder, Darlegung der geschätzten Kosten) beizufügen sind. Dies erscheint nicht sachgerecht. Wenn der erhobene Einwand des Verwalters lediglich die Person des Koordinators betrifft, ist es ausreichend, dem Koordinationsgericht lediglich die in Art. 61 Abs. 3 lit. a) vorgesehenen Informationen (Vorschlag bzgl. der Person des Koordinators, Angaben zu ihrer Eignung und zu ihrer Qualifikation, und die schriftliche Zustimmung zur Tätigkeit als Koordinator) mitzuteilen. Versteht man die Verweisung auf Art. 61 Abs. 3 so, dass das Gruppen-Koordinationsverfahren erneut in Gang zu setzen ist (Mankowski/Müller/*J. Schmid* Art. 67 EuInsVO Rn. 6), wäre dies mit einem erheblichen Zeitaufwand verbunden.

Artikel 68 Entscheidung zur Eröffnung eines Gruppen-Koordinationsverfahrens

(1) Nach Ablauf der in Artikel 64 Absatz 2 genannten Frist kann das Gericht ein Gruppen-Koordinationsverfahren eröffnen, sofern es davon überzeugt ist, dass die Voraussetzungen nach Artikel 63 Absatz 1 erfüllt sind. In diesem Fall hat das Gericht:
a) einen Koordinator zu bestellen,
b) über den Entwurf der Koordination zu entscheiden und
c) über die Kostenschätzung und den Anteil, der von den Mitgliedern der Gruppe zu tragen ist, zu entscheiden.

(2) Die Entscheidung zur Eröffnung eines Gruppen-Koordinationsverfahrens wird den beteiligten Verwaltern und dem Koordinator mitgeteilt.

Übersicht

	Rdn.		Rdn.
A. Normzweck	1	II. Entscheidung über den Entwurf der Koordination (lit. b)	4
B. Entscheidung über die Eröffnung des Gruppen-Koordinationsverfahrens (Abs. 1 Satz 1)	2	III. Entscheidung über die Kostenschätzung (lit. c)	6
C. Inhalt der Entscheidung (Abs. 1 Satz 2)	3	D. Mitteilung der Entscheidung (Abs. 2)	7
I. Bestellung eines Koordinators (lit. a)	3	E. Rechtsmittel	8

A. Normzweck

1 Art. 68 regelt die Eröffnungsentscheidung. Die Vorschrift stellt sicher, dass das Gruppen-Koordinationsverfahren nur bei Erfüllung der in Art. 63 statuierten Voraussetzungen eröffnet wird und bestimmt den Inhalt der Eröffnungsentscheidung.

B. Entscheidung über die Eröffnung des Gruppen-Koordinationsverfahrens (Abs. 1 Satz 1)

2 Das Gericht kann über die Eröffnung des Gruppen-Koordinationsverfahrens entscheiden, sobald die Frist der Verwalter zu Erhebung von Einwänden verstrichen ist. Nach **Ablauf der Frist** kann das Gericht das Gruppen-Koordinationsverfahren eröffnen, sofern es davon überzeugt ist, dass die Voraussetzungen von Art. 63 Abs. 1 erfüllt sind. Dem Wortlaut könnte man entnehmen, dass es sich selbst bei Vorliegen dieser Voraussetzungen um eine Ermessensentscheidung des Koordinationsgerichts handelt. Weshalb dem Gericht in diesem Fall ein Ermessen eingeräumt wird, leuchtet allerdings nicht ein. Vielmehr ist davon auszugehen, dass das Gericht bei Vorliegen der Voraussetzungen das Gruppen-Koordinationsverfahren zu eröffnen hat und **kein Ermessen** besteht (Braun/*Esser* Art. 68 EuInsVO Rn. 2).

C. Inhalt der Entscheidung (Abs. 1 Satz 2)

I. Bestellung eines Koordinators (lit. a)

Das Gericht hat im Falle der Eröffnung des Gruppen-Koordinationsverfahrens zunächst einen Koordinator zu bestellen. Das bedeutet nicht, dass das Gericht über die Person des Koordinators frei bestimmen könnte. Vielmehr hat das Gericht die im Rahmen des Antrags auf Eröffnung eines Gruppen-Koordinationsverfahrens **vorgeschlagene Person** zu bestellen, sofern diese die Anforderungen gem. Art. 71 erfüllt und gegen diese Person innerhalb der Frist des Art. 64 Abs. 2 keine Einwände erhoben wurden. Da sich das Koordinationsgericht im Vorfeld der Mitteilung nach Art. 63 davon überzeugt hat, dass die Voraussetzungen nach Art. 63 Abs. 1 erfüllt sind, findet nach Ablauf der Frist grds. keine eigenständige gerichtliche Prüfung mehr statt. Vielmehr kommt eine abweichende Entscheidung des Koordinationsgerichts nur in Betracht, wenn sich im Anschluss an die Mitteilung neue Erkenntnisse etc. ergeben, die die Voraussetzungen nachträglich entfallen lassen würden. Anderenfalls ist das Gericht – auch im Interesse der bereits informierten Gruppenmitglieder – an seine ursprüngliche Entscheidung gebunden.

II. Entscheidung über den Entwurf der Koordination (lit. b)

Ferner hat das Gericht über den **Entwurf der Koordination** zu entscheiden. Auch diese Formulierung führt zu Unklarheiten. Die Formulierung legt den Schluss nahe, dass das Gericht den Entwurf möglicherweise abändern oder modifizieren kann. Diese Sichtweise steht jedoch der gesetzlichen Konzeption des Gruppen-Koordinationsverfahrens entgegen. Danach kommt ein Gruppen-Koordinationsverfahren nur bei einem Antrag eines Verwalters, im Rahmen dessen er gem. Art. 61 Abs. 3 lit. b) die vorgeschlagene Gruppen-Koordination darzulegen hat, in Betracht.

Das Koordinationsgericht hat im Rahmen der Eröffnungsentscheidung auf Grundlage dieses vorgeschlagenen Entwurfs das Gruppen-Koordinationsverfahren zu eröffnen oder die Eröffnung abzulehnen. Es besteht **kein Recht des Koordinationsgerichts zur Modifizierung des vorgeschlagenen Entwurfs** (Mankowski/Müller/*J. Schmidt* Art. 68 EuInsVO Rn. 17). Das Gericht wird daher insbesondere in Konstellationen, in denen einzelne Mitglieder Einwände gegen die Einbeziehung in das Gruppen-Koordinationsverfahren erhoben haben, zu prüfen haben, ob der Entwurf der Gruppen-Koordination auch ohne die Beteiligung dieser Mitglieder die Voraussetzungen des Art. 63 Abs. 1 erfüllt.

III. Entscheidung über die Kostenschätzung (lit. c)

Schließlich hat das Gericht im Rahmen der Eröffnungsentscheidung auch über die geschätzten Kosten und über die von den einzelnen Mitgliedern zu tragenden Kosten zu entscheiden. Das Gericht hat auch hier grds. die im Antrag dargelegte **Kostenschätzung und Kostenaufteilung** zu beachten. Eine Änderung des Verteilungsschlüssels kommt vor diesem Hintergrund nur dann in Betracht, wenn einzelne Gruppen-Mitglieder Einwände gegen die Einbeziehung in das Gruppen-Koordinationsverfahren erhoben haben und sich deshalb der Verteilungsschlüssel in Bezug auf die anderen Gruppenmitglieder ändert (Mankowski/Müller/*J. Schmidt* Art. 68 EuInsVO Rn. 21).

D. Mitteilung der Entscheidung (Abs. 2)

Das Gericht teilt die Entscheidung über die Eröffnung des Gruppen-Koordinationsverfahrens den beteiligten Verwaltern und dem Koordinator mit. In welcher **Sprache** dies zu erfolgen hat, lässt sich der Regelung nicht entnehmen. Auch hier wird man davon auszugehen haben, dass dies in der Gerichtssprache des Koordinationsgerichts zu erfolgen hat.

E. Rechtsmittel

Die Verordnung selbst sieht gegen die Entscheidung des Koordinationsgerichts keine Rechtsmittel vor. Daher ist auf die **lex fori concursus des Koordinationsgerichts** abzustellen. Sofern es sich bei dem zuständigen Koordinationsgericht um ein deutsches Gericht handelt, sehen weder die InsO noch das Gesetz zur Durchführung der Verordnung entsprechende Rechtsbehelfe vor. Dies führt insbesondere in den Fällen zu nicht hinnehmbaren Ergebnissen, in denen die Entscheidung über die Eröffnung des Gruppen-Koordinationsverfahrens abgelehnt wird. Während die Einlegung von Rechtsmitteln im Fall der Eröffnung nicht zwingend erforderlich erscheint – die Verwalter können der Einbeziehung nach Art. 64 widersprechen – erscheinen im Fall der Ablehnung der Eröffnungsentscheidung Rechtsbehelfe erforderlich. Der Verordnungsgeber hätte die mit der Anwendung des Rechts des Koordinationsgerichts einhergehenden Probleme durch eine entsprechende Regelung vermeiden können. Der nationale Gesetzgeber ist daher dazu aufgerufen, entsprechende Regelungen zu schaffen.

Artikel 69 Nachträgliches Opt-in durch Verwalter

(1) Im Einklang mit dem dafür geltenden nationalen Recht kann jeder Verwalter im Anschluss an die Entscheidung des Gerichts nach Artikel 68 die Einbeziehung des Verfahrens, für das er bestellt wurde, beantragen, wenn
a) ein Einwand gegen die Einbeziehung des Insolvenzverfahrens in das Gruppen-Koordinationsverfahren erhoben wurde oder
b) ein Insolvenzverfahren über das Vermögen eines Mitglieds der Gruppe eröffnet wurde, nachdem das Gericht ein Gruppen-Koordinationsverfahren eröffnet hat.

(2) Unbeschadet des Absatzes 4 kann der Koordinator einem solchen Antrag nach Anhörung der beteiligten Verwalter entsprechen, wenn
a) er davon überzeugt ist, dass unter Berücksichtigung des Stands, den das Gruppen-Koordinationsverfahren zum Zeitpunkt des Antrags erreicht hat, die Voraussetzungen gemäß Artikel 63 Absatz 1 Buchstaben a und b erfüllt sind, oder
b) alle beteiligten Verwalter gemäß den Bestimmungen ihres nationalen Rechts zustimmen.

(3) Der Koordinator unterrichtet das Gericht und die am Verfahren teilnehmenden Verwalter über seine Entscheidung gemäß Absatz 2 und über die Gründe, auf denen sie beruht.

(4) Jeder beteiligte Verwalter und jeder Verwalter, dessen Antrag auf Einbeziehung in das Gruppen-Koordinationsverfahren abgelehnt wurde, kann die in Absatz 2 genannte Entscheidung gemäß dem Verfahren anfechten, das nach dem Recht des Mitgliedstaats, in dem das Gruppen-Koordinationsverfahren eröffnet wurde, bestimmt ist.

Übersicht	Rdn.		Rdn.
A. Normzweck	1	III. Adressat, Form, Frist	7
B. Antrag auf nachträgliche Einbeziehung (Abs. 1)	2	C. Entscheidung des Koordinators (Abs. 2)	8
I. Einklang mit dem jeweiligen nationalen Recht	3	I. Anhörung der beteiligten Verwalter	9
II. Zulässigkeit der nachträglichen Einbeziehung	4	II. Voraussetzungen für die nachträgliche Einbeziehung	10
1. Früherer Einwand gegen die Teilnahme am Gruppen-Koordinationsverfahren (lit. a)	5	1. Vorliegen der Voraussetzungen nach Art. 63 lit. a) und b) (lit. a)	11
2. Verfahrenseröffnung nach Eröffnung des Gruppen-Koordinationsverfahrens (lit. b)	6	2. Zustimmung aller beteiligten Verwalter (lit. b)	12
		D. Unterrichtung des Gerichts und der Verwalter (Abs. 3)	13
		E. Rechtsmittel (Abs. 4)	14

A. Normzweck

1 Art. 69 ermöglicht es Gruppenmitgliedern, auch nach der Entscheidung des Koordinationsgerichts nach Art. 68 noch an dem Gruppen-Koordinationsverfahren teilzunehmen, sog. »**Opt-in**«. Mit

Blick darauf, dass das Gruppen-Koordinationsverfahren zu diesem Zeitpunkt bereits weit fortgeschritten sein kann, ist die nachträgliche Teilnahme der Gruppenmitglieder jedoch von bestimmten Voraussetzungen abhängig.

B. Antrag auf nachträgliche Einbeziehung (Abs. 1)

Nach Abs. 1 ist grds. **jeder Verwalter** (Art. 2 Nr. 5) und **jeder zur Eigenverwaltung berechtigte Schuldner** (Art. 76) im Anschluss an die Eröffnungsentscheidung zur Stellung eines Antrags auf nachträgliche Einbeziehung in das Gruppen-Koordinationsverfahren berechtigt. 2

I. Einklang mit dem jeweiligen nationalen Recht

Voraussetzung ist zunächst, dass ein solcher Antrag mit den Vorgaben der jeweiligen *lex fori concursus* des Antragstellers im Einklang steht. Demnach kann der Antrag ggf. von einer gerichtlichen oder behördlichen Genehmigung abhängig sein. Bei einem deutschen Insolvenzverfahren hat der Insolvenzverwalter gem. § 160 Abs. 1 InsO die Zustimmung des Gläubigerausschusses oder der Gläubigerversammlung einzuholen, da auch die nachträgliche Teilnahme am Gruppen-Koordinationsverfahren eine besonders bedeutsame Rechtshandlung ist (Art. 102c § 23 Abs. 2 Nr. 2 EGInsO). 3

II. Zulässigkeit der nachträglichen Einbeziehung

Die nachträgliche Einbeziehung in das Gruppen-Koordinationsverfahren ist in folgenden Konstellationen statthaft: 4

1. Früherer Einwand gegen die Teilnahme am Gruppen-Koordinationsverfahren (lit. a)

Die nachträgliche Einbeziehung eines Gruppenmitglieds ist nach Abs. 1 lit. a) zunächst in den Fällen statthaft, in denen der Verwalter oder der zur Eigenverwaltung berechtigte Schuldner einen **Einwand gegen die Teilnahme** am Gruppen-Koordinationsverfahren erhoben hatte (Art. 64 Abs. 1 lit. a). Die Regelung ermöglicht im Interesse der Sanierung der gesamten Unternehmensgruppe, dass die Verwalter ihre ursprüngliche Entscheidung revidieren und sich nachträglich für die Teilnahme am Gruppen-Koordinationsverfahren entscheiden können. 5

2. Verfahrenseröffnung nach Eröffnung des Gruppen-Koordinationsverfahrens (lit. b)

Nach Abs. 1 lit. b) ist ein nachträgliches Opt-in auch dann möglich, wenn das Insolvenzverfahren über das Vermögen eines Gruppenmitglieds nach der Eröffnung des Gruppen-Koordinationsverfahrens eröffnet wurde. Die Regelung trägt der Tatsache Rechnung, dass einzelne Gruppenmitglieder **zeitlich später in die Insolvenz** geraten können und stellt auch in diesen Fällen sicher, dass eine Teilnahme am Gruppen-Koordinationsverfahren möglich bleibt. 6

III. Adressat, Form, Frist

Die Vorschrift regelt nicht, **wo und in welcher Form und Frist** dieser einzureichen ist. 7

Die gesetzliche Konzeption – insbesondere Abs. 2, wonach der Koordinator über die Einbeziehung entscheidet – spricht jedoch dafür, dass der Antrag nicht beim Koordinationsgericht, sondern beim **Koordinator** zu stellen ist (Mankowski/Müller/*J. Schmidt* Art. 69 EuInsVO Rn. 11; Braun/*Esser* Art. 69 EuInsVO Rn. 11). Auch wenn die Regelung selbst **kein Formerfordernis** vorsieht, ist der Verwalter dazu angehalten, den Antrag entsprechend zu begründen, um den Koordinator von der Einbeziehung und dem Vorliegen der Voraussetzungen des Art. 63 Abs. 1 zu überzeugen. Da die Regelung **keine Frist** zur Einreichung des Antrags enthält, kann der Antrag grds. bis zum Abschluss des Gruppen-Koordinationsverfahrens gestellt werden. Eine späte Antragstellung kann allerdings dazu führen, dass aufgrund des fortgeschrittenen Stands des Gruppen-Koordinationsverfahrens die Voraussetzungen nach Abs. 2 lit. a) nicht mehr gegeben sind Mankowski/Müller/*J. Schmidt* Art. 69 EuInsVO Rn. 13 f.).

C. Entscheidung des Koordinators (Abs. 2)

8 Nach Abs. 2 trifft der Koordinator die Entscheidung über den Antrag auf nachträgliche Einbeziehung. Während also die Entscheidung über die Eröffnung des Gruppen-Koordinationsverfahrens dem Koordinationsgericht obliegt, legt der Verordnungsgeber die **Entscheidung über die nachträgliche Einbeziehung** in die Hände des Koordinators. Da auch dieser – wie ursprünglich das Koordinationsgericht – zum Teil die Voraussetzungen des Art. 63 zu prüfen hat, stellt sich die Frage, ob nicht auch das Koordinationsgericht über die nachträgliche Einbeziehung hätte entscheiden sollen (krit. *Dirmeier* Der Konzern in der Insolvenz, S. 246). Hintergrund der nunmehr getroffenen Regelung dürfte sein, dass der Verordnungsgeber den Koordinator mit fortgeschrittener Dauer des Gruppen-Koordinationsverfahrens für besser geeignet hält, um den Stand des Koordinationsverfahrens und die Auswirkungen der nachträglichen Einbeziehung von Gruppenmitgliedern beurteilen zu können.

I. Anhörung der beteiligten Verwalter

9 Der Koordinator hat vor der Entscheidung zunächst die Verwalter bzw. die zur Eigenverwaltung berechtigten Schuldner anzuhören, und diesen Gelegenheit zu geben, sich zu der nachträglichen Einbeziehung des Gruppenmitglieds zu äußern.

II. Voraussetzungen für die nachträgliche Einbeziehung

10 Der Koordinator kann dem Antrag stattgeben, wenn eine der in Abs. 2 genannten Voraussetzungen vorliegt. Dem Wortlaut könnte man entnehmen, dass es sich selbst bei Vorliegen dieser Voraussetzungen um eine Ermessensentscheidung des Koordinators handelt. Weshalb dem Koordinator in diesem Fall ein Ermessen zustehen soll, erschließt sich nicht. Vielmehr ist – wie im Rahmen der Entscheidung des Koordinationsgerichts gem. Art. 68 – davon auszugehen, dass der Koordinator bei Vorliegen der Voraussetzungen dem Antrag zu entsprechen hat und **kein Ermessen** besteht (Mankowski/Müller/*J. Schmidt* Art. 69 EuInsVO Rn. 18; Braun/*Esser* Art. 69 EuInsVO Rn. 22).

1. Vorliegen der Voraussetzungen nach Art. 63 lit. a) und b) (lit. a)

11 Abs. 2 lit. a) ermöglicht die nachträgliche Einbeziehung, wenn der Koordinator davon überzeugt ist, dass unter Berücksichtigung des Stands, den das Gruppen-Koordinationsverfahren zum Zeitpunkt des Antrags erreicht hat, die Voraussetzungen gemäß Art. 63 Abs. 1 lit. a) und b) erfüllt sind. »*Überzeugt sein*« bedeutet, dass der Koordinator fundiert prüfen muss (vgl. zum Prüfungsmaßstab EuInsVO Art. 63 Rdn. 2). Zum Zeitpunkt der Entscheidung muss die Einbeziehung des Gruppenmitglieds die wirksame Führung der Insolvenzverfahren über das Vermögen der Gruppenmitglieder – mithin sämtlicher am Koordinationsverfahren beteiligter Gruppenmitglieder – erleichtern können (Art. 63 Abs. 1 lit. a). Schließlich darf nicht zu erwarten sein, dass ein Gläubiger eines Mitglieds der Gruppe, das am Gruppen-Koordinationsverfahren beteiligt ist, durch die Einbeziehung des Mitglieds in das Verfahren benachteiligt wird (Art. 63 Abs. 1 lit. b).

2. Zustimmung aller beteiligten Verwalter (lit. b)

12 Die nachträgliche Einbeziehung eines Gruppenmitglieds ist alternativ auch dann möglich, wenn alle Verwalter zustimmen. In diesem Fall ist nicht zu prüfen, ob die Voraussetzungen des Art. 63 lit. a) und b) vorliegen. Die Verwalter haben dabei die nach nationalem Recht ggf. erforderlichen behördlichen oder gerichtlichen Genehmigungen einzuholen. Der Insolvenzverwalter eines deutschen Insolvenzverfahrens hat vor der Zustimmung die Zustimmung des Gläubigerausschuss oder der Gläubigerversammlung einzuholen (Art. 102c § 23 Abs. 2 Nr. 3 EGInsO).

D. Unterrichtung des Gerichts und der Verwalter (Abs. 3)

13 Der Koordinator unterrichtet das Gericht und die am Verfahren teilnehmenden Verwalter über seine Entscheidung gemäß Abs. 2 und über die Gründe, auf denen sie beruht. Auch wenn der Wortlaut insoweit nicht eindeutig ist, hat der Koordinator auch den antragstellenden Verwalter zu unterrich-

ten (Mankowski/Müller/*J. Schmidt* Art. 69 EuInsVO Rn. 29). Die Unterrichtung hat unabhängig davon zu erfolgen, ob dem Antrag entsprochen oder dieser abgelehnt wurde.

E. Rechtsmittel (Abs. 4)

Die Unterrichtung der Verwalter nach Abs. 3 steht im Zusammenhang mit der in Abs. 4 vorgesehenen Möglichkeit zur Anfechtung der Entscheidung des Koordinators. Nach Abs. 4 kann jeder beteiligte Verwalter und jeder Verwalter, dessen Antrag auf Einbeziehung in das Gruppen-Koordinationsverfahren abgelehnt wurde, die Entscheidung gem. dem Verfahren anfechten, das nach dem Recht des Mitgliedstaats, in dem das Gruppen-Koordinationsverfahren eröffnet wurde, bestimmt ist. Im Gegensatz zum antragstellenden Verwalter steht den Verwaltern der übrigen Gruppenmitglieder sowohl im Fall der Einbeziehung als auch im Fall der Ablehnung der Einbeziehung ein Anfechtungsrecht zu. 14

Das europäische Recht gibt also vor, dass eine **Anfechtungsmöglichkeit** eingeräumt werden soll, und verweist insoweit auf das nationale Recht. Da es sich bei der Entscheidung über die Einbeziehung um eine Entscheidung des Koordinators, und nicht des Koordinationsgerichts handelt, ist nicht selbstverständlich, dass dieses eine entsprechende Anfechtungsmöglichkeit vorsieht. In diesem Fall wird i.d.R. das Koordinationsgericht dazu berufen sein, über die Anfechtung zu entscheiden, möglicherweise im Wege der Aufsicht. Es wäre wünschenswert gewesen, wenn der deutsche Gesetzgeber das Verfahren näher geregelt hätte. 15

Artikel 70 Empfehlungen und Gruppen-Koordinationsplan

(1) Bei der Durchführung ihrer Insolvenzverfahren berücksichtigen die Verwalter die Empfehlungen des Koordinators und den Inhalt des in Artikel 72 Absatz 1 genannten Gruppen-Koordinationsplans.

(2) Ein Verwalter ist nicht verpflichtet, den Empfehlungen des Koordinators oder dem Gruppen-Koordinationsplan ganz oder teilweise Folge zu leisten.

Folgt er den Empfehlungen des Koordinators oder dem Gruppen-Koordinationsplan nicht, so informiert er die Personen oder Stellen, denen er nach seinem nationalem Recht Bericht erstatten muss, und den Koordinator über die Gründe dafür.

Übersicht	Rdn.		Rdn.
A. Normzweck	1	D. Informationspflicht bei Nichtfolgeleistung (UAbs. 2)	4
B. Berücksichtigung der Empfehlungen des Koordinationsplans (Abs. 1)	2	E. Sanktionen	6
C. Keine Pflicht zur Folgeleistung (Abs. 2)	3		

Literatur:
Prager/Keller WM 2015, 809; *Schmidt, J.* KTS 2015, 19; *Thole/Swierczok* ZIP 2013, 550; *Wenner* ZIP 2017, 1137.

A. Normzweck

Nachdem Art. 61 bis 68 Regelungen zur verfahrensrechtlichen Ausgestaltung des Gruppen-Koordinationsverfahren enthalten, regelt Art. 70 – neben Art. 72 –, die materiellen Auswirkungen des Gruppen-Koordinationsverfahrens. Prägend für die Gruppen-Koordinationsverfahren nach der EuInsVO ist dabei dessen **Unverbindlichkeit** sogar für die teilnehmenden Gruppenmitglieder. Die Verwalter müssen »Empfehlungen« des Koordinators lediglich »berücksichtigen«, sind aber nicht verpflichtet, den Empfehlungen Folge zu leisten. Es darf deshalb bezweifelt werden, ob hierdurch eine effiziente Koordination von Gruppeninsolvenzverfahren ermöglicht wird. 1

B. Berücksichtigung der Empfehlungen des Koordinationsplans (Abs. 1)

2 Nach Abs. 1 haben die Verwalter bei der Durchführung ihrer Insolvenzverfahren die Empfehlungen des Koordinators und den Inhalt des in Artikel 72 Absatz 1 genannten Gruppen-Koordinationsplans lediglich zu berücksichtigen. Demnach sind sämtliche Verwalter (Art. 2 Nr. 5) und die zur Eigenverwaltung berechtigten Schuldner (Art. 76) der Gruppenmitglieder, die am Gruppen-Koordinationsverfahren beteiligt sind, verpflichtet, diese Erwägungen in ihre Entscheidungsprozesse zumindest einzubeziehen.

C. Keine Pflicht zur Folgeleistung (Abs. 2)

3 Abs. 2 stellt klar, dass die Verwalter nicht verpflichtet sind, den Empfehlungen oder dem Gruppen-Koordinationsplan ganz oder teilweise Folge zu leisten. Der Verordnungsgeber setzt somit nicht nur im Rahmen der verfahrensrechtlichen Teilnahme, sondern auch im Rahmen der inhaltlichen Ausgestaltung des Koordinationsverfahrens auf den **Grundsatz der Freiwilligkeit**. Diese Entscheidung ist mit Blick auf die bereits vorgesehenen Schutzmechanismen und mit Blick auf das Ziel einer verlässlichen Umsetzung von konzernweiten Sanierungslösungen fragwürdig. Nachdem das Koordinationsgericht (Art. 63, 68) bzw. der Koordinator (Art. 69) sich bereits davon überzeugt haben müssen, dass nicht zu erwarten ist, dass die Gläubiger der beteiligten Gruppenmitglieder finanziell benachteiligt werden, hätte man durchaus vorsehen können, dass die Verwalter grds. verpflichtet sind, den Empfehlungen bzw. dem Gruppen-Koordinationsplan Folge zu leisten. Statt einer generellen Freiwilligkeit hätte man erwägen können, dass die Verwalter nur in den Fällen, in denen bei der Umsetzung der konkreten Empfehlung oder Maßnahme im Einzelfall Nachteile zu erwarten sind, das Recht haben, von den Empfehlungen oder dem Gruppen-Koordinationsplan abzuweichen (*Dirmeier* Der Konzern in der Insolvenz, 2016, S. 253). Es ist zweifelhaft, ob sich die nahezu vollständig unverbindliche Ausgestaltung des Koordinationsverfahrens als praxistauglich erweist (*J. Schmidt* KTS 2015, 19 [42]; *Prager/Keller* WM 2015, 809 [811]; *Thole/Swierczok* ZIP 2013, 550 [557]; *Wenner* ZIP 2017, 1137 [1141]).

D. Informationspflicht bei Nichtfolgeleistung (UAbs. 2)

4 Abs. 2 UAbs. 2 statuiert im Fall der Nichtbefolgung lediglich eine **Informationspflicht des Verwalters**. Folgt er den Empfehlungen des Koordinators oder dem Koordinationsplan nicht, so hat er den Personen oder Stellen, denen er nach seinem nationalen Recht Bericht erstatten muss, und den Koordinator über die Gründe dafür zu informieren. Die Pflicht besteht unter Berücksichtigung von Sinn und Zweck der Regelung auch dann, wenn er den Empfehlungen nur teilweise nicht Folge leistet. In einem deutschen Insolvenzverfahren wird der Verwalter – sofern vorhanden – den Gläubigerausschuss und ggf. das Insolvenzgericht zu informieren haben. Eine Information der Gläubigerversammlung sieht das nationale Recht nicht vor (anders Mankowski/Müller/*J. Schmidt* Art. 70 EuInsVO Rn. 16).

5 Neben etwaigen nationalen Personen oder Stellen hat der Insolvenzverwalter auch den Koordinator zu informieren. Zudem hat der Verwalter den in UAbs. 2 genannten Beteiligten die Gründe für die Nichtbefolgung mitzuteilen.

E. Sanktionen

6 Mangels Pflicht zur Folgeleistung enthält Art. 70 auch **keine Sanktionen**. Dennoch besteht im Fall der Nichtbefolgung die Gefahr einer etwaigen Haftung der Verwalter nach der jeweiligen *lex fori concursus*. In einem deutschen Insolvenzverfahren wird der Insolvenzverwalter im Fall der Nichtbefolgung sehr sorgfältig abzuwägen haben, welche Auswirkung die Nichtbefolgung für das eigene Verfahren hat. Führt die Nichtbefolgung zu einer Reduzierung der eigenen Verfahrensmasse, mithin zu einer Schlechterstellung der Gläubiger im eigenen Verfahren, so kann der Verwalter diesen nach § 60 InsO zum Schadensersatz verpflichtet sein (Braun/*Esser* Art. 70 EuInsVO Rn. 5). Eine Haftung gegenüber den Beteiligten der anderen Verfahren dürfte dagegen ausscheiden, da der Insolvenz-

verwalter nach § 60 InsO lediglich die Interessen der Gläubiger im eigenen Verfahren zu beachten hat. Sofern die Nichtbefolgung der Empfehlungen den Gläubigern des eigenen Verfahrens zugutekommt, kommt eine Haftung gegenüber den Beteiligten der anderen Gruppenmitglieder nicht in Betracht, auch wenn die Nichtbefolgung für diese Gruppenmitglieder bzw. deren Gläubiger nachteilig ist.

Unterabschnitt 2 Allgemeine Vorschriften

Artikel 71 Der Koordinator

(1) Der Koordinator muss eine Person sein, die nach dem Recht eines Mitgliedstaats geeignet ist, als Verwalter tätig zu werden.

(2) Der Koordinator darf keiner der Verwalter sein, die für ein Mitglied der Gruppe bestellt sind, und es darf kein Interessenkonflikt hinsichtlich der Mitglieder der Gruppe, ihrer Gläubiger und der für die Mitglieder der Gruppe bestellten Verwalter vorliegen.

Übersicht	Rdn.		Rdn.
A. Normzweck	1	C. Unabhängigkeit des Koordinators	
B. Persönliche Eignung des Koordinators (Abs. 1)	2	(Abs. 2)	4

A. Normzweck

Art. 71 bestimmt die Anforderungen an den Koordinator. Die Regelung soll gewährleisten, dass eine geeignete Person zum Verwalter bestellt wird und diese Person ihre Tätigkeit als Koordinator unabhängig von etwaigen Interessenkonflikten ausüben kann. 1

B. Persönliche Eignung des Koordinators (Abs. 1)

Nach Abs. 1 kann als Koordinator nur eine Person bestellt werden, die nach dem Recht eines Mitgliedstaats geeignet ist, als Verwalter tätig zu werden. Die vorgeschlagene Person muss damit nicht die Bestellungsvoraussetzungen nach der *lex fori concursus* des Koordinationsgerichts erfüllen (Braun/*Cülter* Art. 71 EuInsVO Rn. 6). Fraglich ist, ob sich die Eignung der vorgeschlagenen Person nach dem Recht eines Mitgliedstaates der EuInsVO oder nach dem Recht eines an der Koordinierung beteiligten Mitgliedstaates richtet. Der Wortlaut (»Recht eines Mitgliedstaates«) spricht insoweit für eine weite Auslegung. 2

Die Entscheidung des Koordinationsgerichts ist daher nach der gesetzlichen Konzeption grds. davon abhängig, ob die vorgeschlagene Person nach dem Recht **irgendeines** Mitgliedstaats geeignet ist (Mankowski/Müller/*J. Schmidt* Art. 71 EuInsVO Rn. 6). Vor diesem Hintergrund stellt sich die Frage, ob auch eine **juristische Person** – wie es sich beispielsweise aus § 80 Abs. 5 der österreichischen InsO ergibt – zum Koordinator bestellt werden kann. Während der Wortlaut der Regelung dies vermuten lässt, sprechen mit Blick auf die geregelten Unabhängigkeitserfordernisse und die normierten Aufgaben des Koordinators (Art. 72) die besseren Gründe dafür, dass lediglich natürliche Personen zum Koordinator bestellt werden können. Die Möglichkeit der Bestellung einer juristischen Person ließe die nicht kontrollierbare Weitergabe der Aufgabe innerhalb der Organisation zu und stünde im Widerspruch zu den statuierten – und teilweise höchstpersönlich wahrzunehmenden – Aufgaben des Koordinators (Vermittlung bei Streitigkeiten, Mitwirkung bei Gläubigerversammlungen), die von einer eigenverantwortlichen Aufgabenwahrnehmung auszugehen scheinen. Die besondere Stellung des Koordinators, insbesondere als Vermittler bzw. Mediator der an der Koordinierung beteiligten Mitglieder, spricht somit dafür, dass lediglich eine natürliche Person zum Koordinator bestellt werden kann. 3

Art. 71 EuInsVO   Der Koordinator

Die Prüfung der Bestellungsvoraussetzungen nach den Rechten sämtlicher Mitgliedstaaten wird dem Koordinationsgericht dadurch erleichtert, dass in dem Antrag auf Eröffnung des Gruppen-Koordinationsverfahrens Angaben zu dem vorgeschlagenen Koordinator und seiner Qualifikation und Eignung zu machen sind (Art. 61 Abs. 3 lit. a).

C. Unabhängigkeit des Koordinators (Abs. 2)

4 Neben der persönlichen Eignung muss der Koordinator zudem die in Abs. 2 geregelten Unabhängigkeitserfordernisse erfüllen. Als Koordinator kann zunächst nur eine Person bestellt werden, die nicht Verwalter eines – auch eines (bislang) nicht an der Gruppenkoordinierung beteiligten – Gruppenmitglieds ist. Die Bestellung des Koordinators außerhalb des Verwalterkreises soll dessen Akzeptanz erhöhen und gewährleisten, dass diese Person vor dem Hintergrund des »Verteilungskampfes« zwischen den einzelnen Insolvenzverfahren das Gruppeninteresse fördern kann (*Vallender* ZInsO 2015, 57 [62]). Ob die bei der Bestellung einer neutralen Person einhergehenden Vorteile überwiegen, ist jedoch fraglich. Die Bestellung einer neutralen Person hat zur Folge, dass sich eine weitere, bislang nicht mit dem Konzern vertraute Person in die Konzernzusammenhänge einarbeiten muss, was zu zeitlichen Verzögerungen führt. Dagegen wäre eine aus dem Kreis der bisherigen Verwalter stammende Person – beispielsweise der Verwalter der Konzernmutter – bereits mit den konzernrechtlichen Zusammenhängen vertraut gewesen. Im Übrigen wäre auch bei der Bestellung einer Person aus dem Verwalterkreis die Gefahr der Verfolgung spezifischer Eigeninteressen weitgehend ausgeschlossen, da der Koordinator aufgrund der freiwilligen Ausgestaltung des Koordinationsverfahrens auf die Mitwirkung der einzelnen Verwalter angewiesen ist und bereits aus diesem Grunde zur Neutralität »verpflichtet« ist (zu den Nachteilen in Bezug auf das nationale Recht, *Dirmeier* Der Konzern in der Insolvenz, S. 209).

5 Nach Abs. 2 ist zudem erforderlich, dass in Bezug auf die Person des Koordinators **kein Interessenkonflikt hinsichtlich der Mitglieder der Gruppe**, ihrer Gläubiger und der für die Mitglieder der Gruppe bestellten Verwalter vorliegt. Aufgrund der Bestellung einer neutralen Person sind etwaige Interessenkonflikte hinsichtlich der Mitglieder der Gruppe weitgehend ausgeschlossen. Im Übrigen ist die Vorschrift grds. weit zu verstehen. Denkbar ist in Bezug auf einen Interessenkonflikt hinsichtlich der Mitglieder der Gruppe beispielsweise, dass die zum Koordinator vorgeschlagene Person für ein Gruppenmitglied die Sanierungsberatung im Rahmen einer außergerichtlichen Sanierung bis zur Antragstellung intensiv betreut hat.

6 Darüber hinaus dürfen nach der Regelung auch **keine Interessenkonflikte in Bezug auf die Gläubiger und die für die Mitglieder der Gruppe bestellten Verwalter** vorliegen. Interessenkonflikte hinsichtlich der Gläubiger können beispielsweise bestehen, wenn die Sozietät, für die der vorgeschlagene Koordinator tätig ist, bereits einen Gläubiger im Rahmen eines Insolvenzverfahrens über das Vermögen eines Gruppenmitglieds vertritt, das in die Koordinierung miteinbezogen ist. Das Verbot von Interessenkollisionen hinsichtlich der für die Mitglieder bestellten Verwalter ist ebenfalls grds. weit zu interpretieren und führt beispielsweise nicht dazu, dass die Bestellung einer Person zum Koordinator in Situationen ausscheidet, in denen der Koordinator in derselben Sozietät wie ein bereits bestellter Verwalter beschäftigt ist (so aber Mankowski/Müller/*J. Schmidt* Art. 71 EuInsVO Rn. 17). Allein die Tätigkeit innerhalb derselben Sozietät birgt nicht die Gefahr von Interessenkonflikten. Vielmehr ist auch in diesen Fällen eine unabhängige Wahrnehmung der Aufgaben des Koordinators möglich. Dies zeigt sich auch darin, dass in deutschen Insolvenzverfahren auch im Rahmen der Sonderinsolvenzverwaltung Personen aus derselben Sozietät bestellt werden können. Dieses Vorgehen hat sich in der Praxis durchaus bewährt, so dass der Koordinator grds. derselben Sozietät wie ein für ein Gruppenmitglied bestellter Verwalter angehören kann.

7 In sämtlichen der genannten Fallgruppen sind schließlich noch etwaige **persönliche Näheverhältnisse** zu prüfen, so dass familiäre Beziehungen bzw. enge persönliche Kontakte der Bestellung aufgrund der Gefahr von Interessenkonflikten entgegenstehen können (Mankowski/Müller/*J. Schmidt* Art. 71 EuInsVO Rn. 13 ff.).

Artikel 72 Aufgaben und Rechte des Koordinators

(1) Der Koordinator
a) legt Empfehlungen für die koordinierte Durchführung der Insolvenzverfahren fest und stellt diese dar,
b) schlägt einen Gruppen-Koordinationsplan vor, der einen umfassenden Katalog geeigneter Maßnahmen für einen integrierten Ansatz zur Bewältigung der Insolvenz der Gruppenmitglieder festlegt, beschreibt und empfiehlt. Der Plan kann insbesondere Vorschläge enthalten zu
   i) den Maßnahmen, die zur Wiederherstellung der wirtschaftlichen Leistungsfähigkeit und der Solvenz der Gruppe oder einzelner Mitglieder zu ergreifen sind,
   ii) der Beilegung gruppeninterner Streitigkeiten in Bezug auf gruppeninterne Transaktionen und Anfechtungsklagen,
   iii) Vereinbarungen zwischen den Verwaltern der insolventen Gruppenmitglieder.

(2) Der Koordinator hat zudem das Recht
a) in jedem Insolvenzverfahren über das Vermögen eines Mitglieds der Unternehmensgruppe gehört zu werden und daran mitzuwirken, insbesondere durch Teilnahme an der Gläubigerversammlung,
b) bei allen Streitigkeiten zwischen zwei oder mehr Verwaltern von Gruppenmitgliedern zu vermitteln,
c) seinen Gruppen-Koordinationsplan den Personen oder Stellen vorzulegen und zu erläutern, denen er aufgrund der nationalen Rechtsvorschriften seines Landes Bericht erstatten muss,
d) von jedem Verwalter Informationen in Bezug auf jedes Gruppenmitglied anzufordern, wenn diese Informationen bei der Festlegung und Darstellung von Strategien und Maßnahmen zur Koordinierung der Verfahren von Nutzen sind oder sein könnten, und
e) eine Aussetzung von Verfahren über das Vermögen jedes Mitglieds der Gruppe für bis zu sechs Monate zu beantragen, sofern die Aussetzung notwendig ist, um die ordnungsgemäße Durchführung des Plans sicherzustellen, und den Gläubigern des Verfahrens, für das die Aussetzung beantragt wird, zugute käme, oder die Aufhebung jeder bestehenden Aussetzung zu beantragen. Ein derartiger Antrag ist bei dem Gericht zu stellen, das das Verfahren eröffnet hat, für das die Aussetzung beantragt wird.

(3) Der in Absatz 1 Buchstabe b genannte Plan darf keine Empfehlungen zur Konsolidierung von Verfahren oder Insolvenzmassen umfassen.

(4) Die in diesem Artikel festgelegten Aufgaben und Rechte des Koordinators erstrecken sich nicht auf Mitglieder der Gruppe, die nicht am Gruppen-Koordinationsverfahren beteiligt sind.

(5) Der Koordinator übt seine Pflichten unparteiisch und mit der gebotenen Sorgfalt aus.

(6) Wenn nach Ansicht des Koordinators die Wahrnehmung seiner Aufgaben zu einer – im Vergleich zu der in Artikel 61 Absatz 3 Buchstabe d genannten Kostenschätzung – erheblichen Kostensteigerung führen wird, und auf jeden Fall, wenn die Kosten die geschätzten Kosten um 10 % übersteigen, hat der Koordinator
a) unverzüglich die beteiligten Verwalter zu informieren und
b) die vorherige Zustimmung des Gerichts einzuholen, das das Gruppen-Koordinationsverfahren eröffnet hat.

Übersicht	Rdn.		Rdn.
A. Normzweck	1	C. Rechte des Koordinators (Abs. 2)	6
B. Aufgaben des Koordinators (Abs. 1)	2	I. Anhörungs- und Mitwirkungsrecht (lit. a))	7
I. Empfehlungen für die koordinierte Durchführung der Insolvenzverfahren (lit. a)	3	II. Recht zur Vermittlung (lit. b)	9
II. Vorschlag eines Gruppen-Koordinationsplans (lit. b)	4	III. Recht zur Vorlage und Erläuterung des Gruppen-Koordinationsplans (lit. c)	11

	Rdn.		Rdn.
IV. Recht zur Anforderung von Informationen (lit. d)	12	E. Keine Erstreckung der Aufgaben und Rechte auf nicht an der Koordination beteiligte Gruppenmitglieder (Abs. 4)	18
V. Recht zur Beantragung der Aussetzung der Verfahren (lit. e)	13	F. Unparteilichkeit und Sorgfaltspflicht des Koordinators (Abs. 5)	19
D. Verbot der Konsolidierung der Insolvenzmassen (Abs. 3)	17	G. Pflichten bei Kostensteigerung (Abs. 6)	24

A. Normzweck

1 Art. 72 enthält Vorgaben für Aufgaben (Abs. 1) und Rechte (Abs. 2) des Koordinators. Zugleich wird klargestellt, was der Koordinator nicht darf (Abs. 3 und 4), der Sorgfaltsmaßstab definiert (Abs. 5) und eine Regelung dazu vorgesehen, was geschieht, wenn sich herausstellt, dass die Kostenschätzung übertroffen wird (Abs. 6). Die Regelung hinsichtlich der Aufgaben und Rechte ist abschließend formuliert. Damit enthält die Vorschrift eine **erhebliche Begrenzung des Einflussbereiches des Koordinators**, und betont die **Freiwilligkeit des Verfahrens**, was zugleich Zweifel daran aufkommen lässt, ob das neue Rechtsinstitut geeignet ist, sein Ziel, eine verbesserte Abwicklung von Gruppeninsolvenzen, zu erreichen.

B. Aufgaben des Koordinators (Abs. 1)

2 Abs. 1 regelt zunächst die Aufgaben des Koordinators. Die detaillierte Regelung und der Wortlaut sprechen dafür, dass es sich hier um eine **abschließende Regelung** handelt und der Koordinator – auch im Interesse der beteiligten Gruppenmitglieder – keine darüber hinausgehenden Aufgaben wahrnehmen kann (a.A. Mankowski/Müller/*J. Schmidt* EuInsVO Art. 72 Rn. 30).

I. Empfehlungen für die koordinierte Durchführung der Insolvenzverfahren (lit. a)

3 Eine wesentliche Aufgabe des Koordinators besteht darin, die Empfehlungen für die koordinierte Durchführung der Insolvenzverfahren festzulegen und diese darzustellen. Die Regelung steht in engem Zusammenhang mit dem Vorschlag des Gruppen-Koordinationsplans (lit. b) und ermöglicht dem Koordinator insbesondere bei nicht im Plan enthaltenen Maßnahmen oder im Vorfeld zu einem Plan auf eine aufeinander abgestimmte Abwicklung der Verfahren hinzuwirken. Die (unverbindlichen) Empfehlungen können dabei sämtliche Maßnahmen im Zusammenhang mit der Durchführung der Insolvenzverfahren der an der Koordinierung beteiligten Gruppenmitglieder betreffen und sich beispielsweise auf die Veräußerung einzelner Geschäftsfelder oder auf die Fortführung bestimmter Verträge beziehen. Die Umsetzung dieser Empfehlungen in den einzelnen Verfahren hängt letztlich jedoch von der **Entscheidung der bestellten Verwalter** ab, da diese grds. **keine Verpflichtung** trifft, den Empfehlungen des Koordinators ganz oder teilweise Folge zu leisten (Art. 70 Abs. 2). Eine echte Einflussmöglichkeit des Koordinators besteht daher nicht.

II. Vorschlag eines Gruppen-Koordinationsplans (lit. b)

4 Die **Kernaufgabe des Koordinators** besteht darin, einen Gruppen-Koordinationsplan vorzuschlagen, der einen umfassenden Katalog geeigneter Maßnahmen für einen integrierten Ansatz zur Bewältigung der Insolvenz der Gruppenmitglieder festlegt, beschreibt und empfiehlt. Der Koordinationsplan stellt den **zentralen Koordinationsmechanismus** im Rahmen des Gruppen-Koordinationsverfahrens dar. Der Koordinationsplan ist mit dem aus den deutschen Reformregelungen bekannten Koordinationsplan (§ 269h InsO) vergleichbar. In der Literatur wird zum Teil vertreten, dass es sich letztlich um eine Art »kupierten Insolvenzplan« handele, bei dem es lediglich einen darstellenden und keinen gestaltenden Teil gebe (*Wimmer* DB 2013, 1343 [1349]). Dies erscheint durchaus fraglich. Vielmehr ist davon auszugehen, dass auch der Koordinationsplan – wie der Insolvenzplan – grds. einen gestaltenden Teil enthalten kann und – im Interesse einer substantiierten Darlegung des Sanierungskonzepts – auch enthalten sollte, wobei lediglich die Umsetzung des gestaltenden Teils nicht verbindlich ist. Der Koordinationsplan ist somit ein **Referenzplan zur Sanierung der Unterneh-**

mensgruppe, der zu seiner Verwirklichung der Umsetzung in den jeweiligen Einzelverfahren bedarf und von der Kooperationsbereitschaft der Verwalter der beteiligten Gruppenmitglieder abhängig ist (Art. 70 Abs. 2).

Lit. b) Satz 2 zählt mögliche Planinhalte auf. Die **Aufzählung** ist **nicht abschließend** (»*insbesondere*«). Danach kann der Plan u.a. Vorschläge zur Wiederherstellung der wirtschaftlichen Leistungsfähigkeit und der Solvenz der Gruppe oder einzelner Mitglieder, zur Beilegung von gruppeninternen Streitigkeiten und zu Vereinbarungen zwischen den Verwaltern der insolventen Gruppenmitglieder enthalten. In Bezug auf die Beilegung gruppeninterner Streitigkeiten wird insbesondere auch die Insolvenzanfechtung genannt. Konzerninterne Streitigkeiten, insbesondere um Eigentumsfragen, können die Sanierung nachhaltig behindern. Der Koordinator kann hierzu **Vorschläge** unterbreiten. Angesichts der Eilbedürftigkeit wird es sich hierbei oft zunächst um Interimslösungen handeln, die eine Handlungsfähigkeit herstellen (etwa eine Verwertungsvereinbarung). 5

C. Rechte des Koordinators (Abs. 2)

Abs. 2 regelt die Rechte des Koordinators. Diese stehen im Zusammenhang mit den in Abs. 1 genannten Aufgaben und sollen gewährleisten, dass der Koordinator diese ordnungsgemäß erfüllen kann. Die Formulierung ist dabei missglückt, denn sie regelt dem Wortlaut nach nur ein »Recht« des Koordinators, bestimmte Dinge zu fordern, aber keine Verpflichtung der Verwalter, den Anforderungen auch nachzukommen. Solche Pflichten ergeben sich mitunter aus anderen Vorschriften. 6

I. Anhörungs- und Mitwirkungsrecht (lit. a))

Nach lit. a) hat der Koordinator zunächst das Recht, in jedem Insolvenzverfahren über das Vermögen eines Mitglieds der Unternehmensgruppe gehört zu werden und daran mitzuwirken, insbesondere durch die Teilnahme an der Gläubigerversammlung. Das »**Recht gehört zu werden**« bedeutet, dass der Koordinator sich an die jeweiligen Insolvenzgerichte, Verwalter und sonstige Stellen bzw. Behörden, welche in den jeweiligen Verfahren als Verfahrensbeteiligte gelten, wenden kann. 7

Das »**Recht zur Mitwirkung**« erfasst insbesondere die Teilnahme an Gläubigerversammlungen. Der Insolvenzverwalter kann u.a. bei der Erstellung der Tagesordnung mitwirken und im Rahmen der Versammlung das vorgeschlagene Sanierungskonzept erläutern. Dagegen hat der Koordinator unter Zugrundelegung des Wortlauts kein Recht zur Einberufung einer Gläubigerversammlung. Darüber hinaus hat der Koordinator kein generelles Recht, an Gläubigerausschusssitzungen teilzunehmen (**a.A.** Mankowski/Müller/*J. Schmidt* Art. 72 EuInsVO Rn. 34). Allenfalls mag man dem Koordinator das Recht zubilligen, das Sanierungskonzept dem Gläubigerausschuss vorzustellen. 8

II. Recht zur Vermittlung (lit. b)

Darüber hinaus verleiht lit. b) dem Verwalter das Recht, bei allen Streitigkeiten zwischen zwei oder mehr Verwaltern von Gruppenmitgliedern zu vermitteln. Der Koordinator kann als **Mediator** einvernehmliche Lösungen vorschlagen und so zur Beilegung etwaiger sanierungsfeindlicher Streitigkeiten beitragen. Dies erscheint insbesondere sinnvoll, wenn etwaige Verhandlungen zwischen den Verwaltern ins Stocken geraten oder die Vorstellungen der jeweiligen Verwalter zur einvernehmlichen Erledigung von Streitigkeiten noch erheblich differieren. 9

Ob sich der Vorschrift darüber hinaus eine Verpflichtung der Verwalter ergibt, bei einer solchen Mediation mitzuwirken, ist fraglich. Dem Wortlaut lässt sich eine solche Pflicht nicht entnehmen. Die **Pflicht zur Mitwirkung** lässt sich jedoch möglicherweise aus Art. 74 Abs. 1 ableiten, wonach für die Verwalter die Pflicht besteht, mit dem Koordinator zusammenzuarbeiten. Die Pflicht zur Zusammenarbeit erfasst zumindest auch die Teilnahme an einer Mediation, während die endgültige Beilegung der Streitigkeit letztlich von der **Kooperationsbereitschaft der Verwalter** abhängig ist. 10

III. Recht zur Vorlage und Erläuterung des Gruppen-Koordinationsplans (lit. c)

11 Nach lit. c) ist der Koordinator berechtigt, den Gruppen-Koordinationsplan den Personen oder Stellen vorzulegen und zu erläutern, denen er aufgrund der nationalen Rechtsvorschriften seines Landes Bericht erstatten muss. Was der Verordnungsgeber mit dieser Regelung bezwecken wollte, erschließt sich nicht. Nach dem Wortlaut kann der Plan den Stellen bzw. Behörden vorgelegt werden, denen der Koordinator in »seinem Land« verpflichtet ist (so auch Braun/*Cülter* Art. 72 EuInsVO Rn. 21). Demnach hätte beispielsweise ein spanischer Koordinator den Plan etwaigen spanischen Stellen vorzulegen, obwohl möglicherweise überhaupt kein spanisches Gruppenmitglied im Rahmen der Koordinierung beteiligt ist. Dies macht keinen Sinn. Mit Blick auf die unklare Regelung wird zum Teil vertreten, dass der Koordinator den Gruppen-Koordinationsplan den Personen oder Stellen vorlegen oder erläutern kann, denen die für die einzelnen Gruppenmitglieder bestellten Verwalter nach ihrem jeweiligen nationalen Recht Bericht erstatten müssen (so Mankowski/Müller/*J. Schmidt* Art. 72 EuInsVO Rn. 38). Auch wenn diese Überlegung zum Teil in Widerspruch zu dem Wortlaut der Vorschrift steht, scheint dies die einzig sinnvolle Auslegung zu sein.

IV. Recht zur Anforderung von Informationen (lit. d)

12 Ferner steht dem Koordinator das Recht zu, von jedem Verwalter Informationen in Bezug auf jedes Gruppenmitglied anzufordern, wenn diese Informationen bei der Festlegung und Darstellung von Strategien und Maßnahmen zur Koordinierung der Verfahren von Nutzen sind oder sein könnten. Dieses Recht korrespondiert zum Teil mit der Pflicht der Verwalter zur Übermittlung sämtlicher Informationen, die für den Koordinator zur Wahrnehmung seiner Aufgaben von Belang sind (Art. 74 Abs. 2). Eine Pflicht zur Übermittlung der Informationen besteht demnach allerdings nur insoweit, als dies mit den jeweiligen nationalen Vorschriften vereinbar ist (s. EuInsVO Art. 74 Rdn. 4).

V. Recht zur Beantragung der Aussetzung der Verfahren (lit. e)

13 Schließlich hat der Koordinator das Recht, eine **Aussetzung von Verfahren** über das Vermögen jedes Mitglieds der Gruppe für bis zu sechs Monate oder die **Aufhebung einer bestehenden Aussetzung** beantragen. Ein derartiger Antrag ist bei dem Gericht zu stellen, welches das Verfahren eröffnet hat, für das die Aussetzung beantragt wird.

14 Voraussetzung für die **Aussetzung** ist, dass diese notwendig ist, um die ordnungsgemäße Durchführung des Plans sicherzustellen, und den Gläubigern des Verfahrens, für das die Aussetzung beantragt wird, zugutekäme (vgl. hierzu Art. 60 EuInsVO Rdn. 10).

15 Im Gegensatz zu der vergleichbaren Regelung in Art. 60 ist hier von der »Aussetzung des Verfahrens« und nicht von der »Aussetzung jeder Maßnahme im Zusammenhang mit der Verwertung« die Rede. Was der Verordnungsgeber mit dieser unterschiedlichen Formulierung bezwecken wollte, oder ob es sich ggf. um ein Redaktionsversehen handelt, ist unklar. Eine Aussetzung des Verfahrens dergestalt, dass die Wirkungen des Insolvenzverfahrens und die Befugnisse des Insolvenzverwalters ausgesetzt sind, macht jedoch keinen Sinn, und wäre mit Blick auf den Gesetzeszweck auch nicht erforderlich (Braun/*Cülter* Art. 72 EuInsVO Rn. 24). Die Regelung ist daher so zu verstehen, dass lediglich die Aussetzung von Verwertungsmaßnahmen oder vergleichbarer Maßnahmen, die einer Umsetzung des Gruppen-Koordinationsverfahrens entgegenstehen können, beantragt werden kann.

16 Die Regelung sieht – ebenfalls im Gegensatz zu Art. 60 Abs. 2 – weder ein **Anhörungsrecht** des beteiligten Verwalters noch entsprechende Schutzmaßnahmen zu Gunsten der Gläubiger dieses Verfahrens vor. Es ist jedoch nicht ersichtlich, weshalb diese Schutzmechanismen im Rahmen des Sanierungsplans Anwendung und im Rahmen des Koordinationsverfahrens keine Anwendung finden sollen. Es ist vielmehr davon auszugehen, dass es sich hier um ein **Redaktionsversehen** handelt und der Verwalter des Insolvenzverfahrens, für das die Aussetzung beantragt wird, entsprechend Art. 60 Abs. 2 UAbs. 2 anzuhören ist (so auch Braun/*Cülter* Art. 72 EuInsVO Rn. 26). Zudem kann das Gericht, das die Aussetzung anordnet, entsprechend Art. 60 Abs. 2 UAbs. 3 verlangen, dass der Ko-

ordinator geeignete **Maßnahmen zum Schutz der Interessen der Gläubiger** dieses Verfahrens ergreift.

D. Verbot der Konsolidierung der Insolvenzmassen (Abs. 3)

Abs. 3 enthält eine inhaltliche Einschränkung bzgl. des in Abs. 1 lit. b) genannten Plans und sieht vor, dass dieser **keine Empfehlungen zur Konsolidierung von Verfahren oder Insolvenzmassen** umfassen darf. Der Verordnungsgeber erteilt damit erfreulicherweise sowohl formellen (einheitliches Konzerninsolvenzverfahren) als auch materiellen Konsolidierungslösungen (Zusammenfassung der Insolvenzmassen und Verbindlichkeiten der Gesellschaften) eine klare Absage. Demnach ist auch im Rahmen des Koordinationsverfahrens die Eigenständigkeit der an der Koordinierung beteiligten Insolvenzverfahren und die rechtsträgerspezifische Zuordnung der Insolvenzmassen und Verbindlichkeiten gewährleistet (zu dem Lösungsmodell der Konsolidierung, *Paulus* ZIP 2005, 1948 [1953]; *Adam/Poertzgen* ZInsO 2008, 347 [349 ff.]; *Schmidt* KTS 2011, 161 [172 ff.]; *Grau* Konsolidierung der Rechtsträger einer Unternehmensgruppe; *Dirmeier* Der Konzern in der Insolvenz, S. 69 ff.). 17

E. Keine Erstreckung der Aufgaben und Rechte auf nicht an der Koordination beteiligte Gruppenmitglieder (Abs. 4)

Abs. 4 stellt – wie sich bereits zum Teil aus Art. 65 Abs. 2 entnehmen lässt – noch einmal klar, dass sich die in diesem Artikel festgelegten Aufgaben und Rechte des Koordinators nicht auf Mitglieder der Gruppe erstrecken, die nicht am Koordinationsverfahren beteiligt sind. 18

F. Unparteilichkeit und Sorgfaltspflicht des Koordinators (Abs. 5)

Abs. 5 regelt die Pflichten des Koordinators im Rahmen der Wahrnehmung seiner Aufgaben und Rechte. Danach übt der Koordinator seine Pflichten unparteiisch und mit der gebotenen Sorgfalt aus. **Unparteilichkeit** bedeutet, dass der Koordinator keines der einzelnen Insolvenzverfahren bevorzugen oder benachteiligen darf (Mankowski/Müller/*J. Schmidt* Art. 72 EuInsVO Rn. 61). 19

Darüber hinaus hat der Koordinator die Pflichten mit der gebotenen Sorgfalt, d.h. mit der **Sorgfalt eines ordnungsgemäß und gewissenhaft handelnden Insolvenzverwalters mit entsprechender Sachkunde** wahrzunehmen. Der Koordinator muss seine Aufgaben und Rechte daher mit der Sorgfalt und Fachkunde ausüben, die von einem Koordinator vernünftigerweise erwartet werden kann (Mankowski/Müller/*J. Schmidt* Art. 72 EuInsVO Rn. 62 f.). 20

Allerdings enthält die Regelung nichts zu den Rechtsfolgen bei etwaigen Verstößen. Während Art. 75 lit. b) eine Abberufung des Koordinators bei Nichterfüllung seiner Pflichten vorsieht, bleibt die Frage der Haftung des Koordinators unbeantwortet. 21

Die legislative Entschließung des Parlaments sah in Art. 42 noch eine Haftung des Koordinators vor (Legislative Entschließung des Europäischen Parlaments vom 5. Februar 2014 zu dem Vorschlag für eine Verordnung des Europäischen Parlaments und des Rates zur Änderung der Verordnung (EG) Nr. 1346/2000 des Rates über Insolvenzverfahren (COM(2012)0744 – C7-0413/2012 – 2012/0360(COD)). Danach sollte der »Koordinationsverwalter« gegenüber den Insolvenzmassen der am Gruppen-Koordinationsverfahren beteiligten Insolvenzverfahren für Schäden haften, die in zurechenbarer Weise auf die Verletzung dieser Pflichten zurückzuführen sind. 22

Diese Regelung wurde im Laufe des Gesetzgebungsverfahrens gestrichen, was dafür spricht, dass sich der Verordnungsgeber gegen eine Haftung nach der *lex fori* des Koordinationsgerichts entschieden hat. Dennoch wird in der Literatur eine solche Haftung zum Teil angenommen (Braun/*Cülter* Art. 72 EuInsVO Rn. 30). Eine solche dürfte jedoch nicht nur dem Willen des Verordnungsgebers entgegenstehen, sondern auch nicht praktikabel sein. Dies ergibt sich daraus, dass eine Vielzahl der nationalen Insolvenzstatuten – jedenfalls bislang – keine Haftung des »Koordinators« kennt und sich die nationalen Vorschriften und Erwägungen zur Haftung des »Insolvenzverwalters« auf die Person 23 des »Koordinators« aufgrund der unterschiedlichen Stellung und Funktion nicht übertragen lassen. Hätte der Verordnungsgeber eine solche Haftung tatsächlich gewollt, wäre die dafür vorgesehene Regelung im Laufe des Gesetzgebungsverfahrens nicht gestrichen worden. Somit besteht **keine Haftung des Koordinators gegenüber den am Gruppen-Koordinationsverfahren beteiligten Insolvenzmassen**. Dafür spricht schließlich auch, dass das Gruppen-Koordinationsverfahren auf dem Grundsatz der Freiwilligkeit basiert und der Koordinator deshalb ohnehin nur sehr begrenzt Einfluss auf die erfolgreiche Umsetzung der Gruppensanierung nehmen kann, mithin letztlich nicht ersichtlich ist, wie er durch sein Verhalten einen Schaden verursachen kann.

G. Pflichten bei Kostensteigerung (Abs. 6)

24 Abs. 6 regelt schließlich noch das weitere Verfahren im Fall einer unvorhergesehenen Kostensteigerung. Die Regelung sieht in den Fällen, in denen die Wahrnehmung der Aufgaben nach Ansicht des Koordinators im Vergleich zu der in Art. 61 Abs. 3 lit. d) genannten Kostenschätzung zu einer erheblichen Kostensteigerung führen wird und in den Fällen, in denen die Kosten die geschätzten Kosten um 10 % übersteigen, verschiedene Pflichten des Koordinators vor. Er hat unverzüglich die beteiligten Verwalter zu informieren (lit. a) und die vorherige Zustimmung des Gerichts einzuholen, das das Gruppen-Koordinationsverfahren eröffnet hat (lit. b). Bevor das Koordinationsgericht seine Entscheidung trifft, sollte es die beteiligten Verwalter anhören (Erwägungsgrund 59).

Artikel 73 Sprachen

(1) Der Koordinator kommuniziert mit dem Verwalter eines beteiligten Gruppenmitglieds in der mit dem Verwalter vereinbarten Sprache oder bei Fehlen einer entsprechenden Vereinbarung in der Amtssprache oder in einer der Amtssprachen der Organe der Union und des Gerichts, das das Verfahren für dieses Gruppenmitglied eröffnet hat.

(2) Der Koordinator kommuniziert mit einem Gericht in der Amtssprache, die dieses Gericht verwendet.

Übersicht	Rdn.		Rdn.
A. Normzweck	1	C. Kommunikation zwischen dem Koordinator und den Gerichten (Abs. 2)	4
B. Kommunikation zwischen den Verwaltern (Abs. 1)	2		

A. Normzweck

1 Die Vorschrift regelt im Rahmen des Gruppen-Koordinationsverfahrens die **Sprache der Kommunikation** zwischen dem Koordinator und den einzelnen Verwaltern und zwischen dem Koordinator und den einzelnen Insolvenzgerichten.

B. Kommunikation zwischen den Verwaltern (Abs. 1)

2 Nach Abs. 1 kommuniziert der Koordinator mit dem Verwalter bzw. dem zur Eigenverwaltung berechtigten Schuldner (Art. 76) eines beteiligten Gruppenmitglieds in der mit dem Verwalter vereinbarten Sprache oder bei Fehlen einer entsprechenden Vereinbarung in der Amtssprache oder in einer der Amtssprachen der Organe der Union und des Gerichts, das das Verfahren für dieses Gruppenmitglied eröffnet hat.

3 Die Regelung stellt demnach vorrangig auf die zwischen dem Koordinator und den Verwaltern jeweils vereinbarte Sprache ab. Auch hier gilt der Grundsatz der Freiwilligkeit. Sofern eine solche **Einigung** nicht zustande kommt, hat der Koordinator in der Amtssprache oder in einer der Amtssprachen der Organe der Union und des Gerichts, das das Verfahren für dieses Gruppenmitglied eröffnet hat, zu kommunizieren. Vor diesem Hintergrund bleibt zu hoffen, dass sich die Verwalter kooperativ zeigen und sich im Interesse einer wirksamen Kooperation mit dem Koordinator einigen. Anderen-

falls wäre der Koordinator gezwungen, mit den einzelnen Verwaltern in der jeweils für diese Verfahren geltenden Gerichtssprache zu kommunizieren, was bei großen Konzerninsolvenzen mit zahlreichen Mitgliedern in verschiedenen Ländern zu einem erheblichen Aufwand und zu erheblichen Kosten für Übersetzungen und Dolmetscher führen kann. Bei grenzüberschreitenden Insolvenzverfahren darf man von den bestellten Verwaltern erwarten, dass diese in englischer Sprache kommunizieren können; die Regelung hätte zur Vermeidung der Problematik vorsehen können, dass die Kommunikation zwischen dem Koordinator und den Verwaltern in englischer Sprache zu erfolgen hat (so *Dirmeier* Der Konzern in der Insolvenz, S. 250).

C. Kommunikation zwischen dem Koordinator und den Gerichten (Abs. 2)

Nach Abs. 2 hat der Koordinator mit den Gerichten der beteiligten Gruppenmitglieder in der Amtssprache zu kommunizieren, die dieses Gericht verwendet. Dies gilt auch für die Kommunikation zwischen dem Koordinator und dem Koordinationsgericht (Mankowski/Müller/*J. Schmidt* Art. 73 EuInsVO Rn. 18). Im Gegensatz zu Abs. 1 sieht Abs. 2 nicht vor, dass die Möglichkeit einer davon abweichenden Vereinbarung besteht (Braun/*Cülter* Art. 73 EuInsVO Rn. 4). Der Verwalter hat daher mit den Gerichten in der jeweiligen Gerichtssprache zu kommunizieren, wobei das Ausmaß der Kommunikation zwischen dem Koordinator und den Gerichten überschaubar sein dürfte. 4

Artikel 74 Zusammenarbeit zwischen den Verwaltern und dem Koordinator

(1) Die für die Mitglieder der Gruppe bestellten Verwalter und der Koordinator arbeiten soweit zusammen, wie diese Zusammenarbeit mit den für das betreffende Verfahren geltenden Vorschriften vereinbart ist.

(2) Insbesondere übermitteln die Verwalter jede Information, die für den Koordinator zur Wahrnehmung seiner Aufgaben von Belang ist.

Übersicht	Rdn.		Rdn.
A. Normzweck	1	C. Pflicht zur Übermittlung von relevanten	
B. Pflicht zur Zusammenarbeit (Abs. 1)	2	Informationen (Abs. 2)	4

A. Normzweck

Art. 74 regelt die Zusammenarbeit zwischen den Verwaltern und dem Koordinator im Gruppen-Koordinationsverfahren. Die Regelung soll die Berücksichtigung der Belange im Verhältnis zwischen dem Gruppen-Koordinationsverfahren und den Verfahren der beteiligten Gruppenmitglieder sicherstellen und die Übermittlung der für die Arbeit des Koordinators relevanten Informationen gewährleisten. 1

B. Pflicht zur Zusammenarbeit (Abs. 1)

Nach Abs. 1 arbeiten die für die Mitglieder der Gruppe bestellten Verwalter und der Koordinator zusammen. Auch wenn der Wortlaut unklar ist, erstreckt sich die Pflicht nur auf die Verwalter und die zur Eigenverwaltung berechtigten Gruppenmitglieder (Art. 76), die in das Gruppen-Koordinationsverfahren einbezogen sind (Mankowski/Müller/*J. Schmidt* Art. 74 EuInsVO Rn. 4; Braun/*Cülter* Art. 74 EuInsVO Rn. 6). 2

Die **Pflicht zur Kooperation** besteht sowohl für die **Verwalter** als auch für den **Koordinator**. Die Verwalter unterliegen der Kooperationspflicht jedoch lediglich insoweit, wie die Zusammenarbeit mit den für das betreffende Verfahren geltenden Vorschriften vereinbart ist. Dabei steht – wie im Rahmen von Art. 56 – im Interesse einer effizienten Zusammenarbeit nicht die Kooperationspflicht als solche unter dem Vorbehalt des nationalen Rechts, sondern lediglich die konkreten Kooperationsmaßnahmen und deren Art und Weise. 3

C. Pflicht zur Übermittlung von relevanten Informationen (Abs. 2)

4 Darüber hinaus besteht für die Verwalter und die zur Eigenverwaltung berechtigten Schuldner die **Pflicht zur Übermittlung von Informationen**, die für den Koordinator zur Wahrnehmung seiner Aufgaben von Belang sind. Die Regelung soll sicherstellen, dass der Koordinator die für seine Aufgabenerfüllung relevanten Informationen erhält und darauf basierend u.a. die Empfehlungen für die koordinierte Durchführung der Insolvenzverfahren festlegen (Art. 72 Abs. 1 lit. a) oder einen Gruppen-Koordinationsplan vorschlagen kann (Art. 72 Abs. 1 lit. b). In welcher Sprache die Übermittlung der Informationen zu erfolgen hat, wird in Abs. 2 nicht geregelt. Hier wird man jedoch auf die Erwägungen des Art. 73 zurückgreifen können. Sofern zwischen dem Koordinator und den jeweiligen Verwaltern keine Sprache vereinbart wurde, können die Verwalter die jeweiligen Informationen in der für das jeweilige Verfahren geltenden Gerichtssprache übermitteln.

5 Unklar bleibt nach der gesetzlichen Regelung auch, ob die Pflicht zur Übermittlung von Informationen vorbehaltslos ist oder auch diese Pflicht nur insoweit besteht, als die Übermittlung mit den für die betreffenden Verfahren geltenden Vorschriften vereinbar ist. Nach der gesetzlichen Ausgestaltung bezieht sich der Vorbehalt lediglich auf die in Abs. 1 geregelte Kooperation. Da die Pflicht zur Übermittlung von Informationen jedoch ein Regelbeispiel für die Kooperationspflicht ist, spricht viel dafür, dass auch die Übermittlung der relevanten Informationen nur insoweit erfolgen muss, als dies mit den jeweiligen Vorschriften vereinbar ist.

Artikel 75 Abberufung des Koordinators

Das Gericht ruft den Koordinator von Amts wegen oder auf Antrag des Verwalters eines beteiligten Gruppenmitglieds ab, wenn der Koordinator
a) zum Schaden der Gläubiger eines beteiligten Gruppenmitglieds handelt oder
b) nicht seinen Verpflichtungen nach diesem Kapitel nachkommt.

Übersicht	Rdn.		Rdn.
A. Normzweck	1	eines beteiligten Gruppenmitglieds (lit. a)	5
B. Abberufung des Koordinators	2	2. Verletzung der Pflichten des Koordinators (lit. b)	6
I. Antragsrecht	2	III. Entscheidung des Koordinationsgerichts	7
II. Abberufungsgründe	4		
1. Handeln zum Schaden der Gläubiger			

A. Normzweck

1 Art. 75 regelt die Abberufung des Koordinators. Diese kann von Amts wegen oder auf Antrag eines Verwalters erfolgen, wenn einer der genannten **Abberufungsgründe** vorliegt. Die Regelung stellt im Interesse des Gruppen-Koordinationsverfahrens und der daran beteiligten Mitglieder sicher, dass der Koordinator bei Nicht- bzw. Schlechterfüllung seiner Pflichten entlassen werden kann.

B. Abberufung des Koordinators

I. Antragsrecht

2 Die Entscheidung über die Abberufung obliegt dem **Koordinationsgericht**. Neben der **Abberufung von Amts** wegen kommt auch eine Abberufung auf **Antrag des Verwalters eines beteiligten Gruppenmitglieds bzw. eines zur Eigenverwaltung berechtigten Schuldners** (Art. 76) in Betracht. Kein Antragsrecht haben die einzelnen Gläubiger oder nationale Gerichte oder Behörden.

3 Die Vorschrift trifft keine Aussage dazu, in welcher **Form** der Antrag zu erfolgen hat. Der Verwalter bzw. der zur Eigenverwaltung berechtigte Schuldner hat den Antrag jedoch entsprechend zu begründen, damit die Voraussetzungen der Abberufung vom Koordinationsgericht geprüft werden können. Im Übrigen richten sich die sonstigen formalen Voraussetzungen mangels entsprechender Regelung

nach der *lex fori concursus* des Koordinationsgerichts (Braun/*Cülter* Art. 75 EuInsVO Rn. 11). Der Antrag ist daher auch in der **Gerichtssprache des Koordinationsgerichts** zu stellen und zu begründen.

II. Abberufungsgründe

Das Koordinationsgericht kann den Koordinator nur bei Vorliegen einer der genannten Gründe abberufen: 4

1. Handeln zum Schaden der Gläubiger eines beteiligten Gruppenmitglieds (lit. a)

Der Koordinator wird abberufen, wenn er zum Schaden der Gläubiger eines beteiligten Gruppenmitglieds handelt. Die Regelung verbietet dem Wortlaut nach nicht, dass die Gläubiger mehrerer Mitglieder oder aller Mitglieder gleichermaßen benachteiligt werden. Da sich das Gruppen-Koordinationsverfahren allgemein positiv für die Gläubiger auswirken soll (Erwägungsgrund 57), dürften auch solche Handlungen eine Verletzung der Pflichten des Koordinators – insbesondere der Sorgfaltspflicht gem. Art. 72 Abs. 5 – darstellen und eine Abberufung nach lit. b) rechtfertigen. 5

2. Verletzung der Pflichten des Koordinators (lit. b)

Nach lit. b) ist der Verwalter auch dann abzuberufen, wenn er seinen Verpflichtungen nach diesem Kapitel nicht nachkommt. Dies betrifft insbesondere die Pflicht: 6
- zur Vorlage von Empfehlungen für die koordinierte Durchführung der Insolvenzverfahren (Art. 72 Abs. 1 lit. a),
- zum Vorschlag eines Gruppen-Koordinationsplans (Art. 72 Abs. 1 lit. b),
- zur Unparteilichkeit und gebotenen Sorgfalt (Art. 72 Abs. 5),
- zur Information der Verwalter und zur Einholung der Zustimmung des Koordinationsgerichts bei erheblicher Kostensteigerung (Art. 72 Abs. 6),
- zur Zusammenarbeit mit den Verwaltern (Art. 74),
- zur Erstellung der Endabrechnung (Art. 77 Abs. 2).

III. Entscheidung des Koordinationsgerichts

Das Koordinationsgericht »ruft« bei Vorliegen einer der Abberufungsgründe den Koordinator ab und hat somit nach dem Wortlaut der Regelung keinen Ermessensspielraum. Mangels entsprechender Regelung bestimmen sich das Verfahren der Abberufung und die Rechtsmittel nach der *lex fori concursus* des Koordinationsgerichts. Demnach hat ein deutsches Insolvenzgericht den Koordinator vor der Entscheidung entsprechend § 59 Abs. 1 Satz 3 InsO anzuhören. Gegen die Entlassung kann der Koordinator entsprechend § 59 Abs. 2 InsO sofortige Beschwerde einlegen. Gegen die Ablehnung des Antrags steht dem antragstellenden Verwalter ebenfalls gem. § 59 Abs. 2 InsO die sofortige Beschwerde zu. 7

Die Regelung enthält keine Aussage dazu, wie nach der Abberufung des Koordinators zu verfahren ist. Nach dem gesetzlichen Regelungsmodell steht im Rahmen des Koordinationsverfahrens grds. dem Antragsteller das Recht zu, einen Koordinator vorzuschlagen (Art. 61 Abs. 3 lit. a). Auch bei Erhebung eines Einwands gegen die Person des Koordinators ergibt sich aus dem Regelungskonzept, dass das Koordinationsgericht lediglich über die Eignung des vorgeschlagenen Verwalters entscheiden, jedoch selbst keinen Verwalter bestimmen kann (Art. 63, 68). Ob dies auch bei einer Abberufung des Koordinators sinnvoll ist, ist fraglich. Dafür, dass das Koordinationsgericht im Fall der Abberufung des Koordinators einen eigenen Koordinator bestimmen kann, spricht, dass das Koordinationsverfahren so ohne zeitliche Verzögerung und ohne Abstimmung über die Person des Koordinators fortgesetzt werden könnte (so Mankowski/Müller/*J. Schmidt* Art. 75 EuInsVO Rn. 21). Gegen diese Sichtweise lässt sich jedoch anführen, dass die Gruppenmitglieder ihre Entscheidung zur Einbeziehung in das Gruppen-Koordinationsverfahren auch von der Person des Koordinators abhängig gemacht haben und unter Zugrundelegung der Verordnung die Möglichkeit eines nach- 8 träglichen Opt-Out bei Bestellung eines anderen Koordinators nicht vorgesehen ist. Vor diesem Hintergrund spricht mehr dafür, dass das Koordinationsgericht bei einer Abberufung von Amts wegen denjenigen Verwalter, der die Eröffnung des Koordinationsverfahrens beantragt hatte, auffordern muss, einen neuen Koordinator vorzuschlagen. Erfolgt die Abberufung auf Antrag eines Verwalters, sollte das Koordinationsgericht – entsprechend Art. 67 – den die Abberufung beantragenden Verwalter auffordern, einen den Anforderungen des Art. 61 Abs. 3 entsprechenden neuen Antrag einzureichen.

Artikel 76 Schuldner in Eigenverwaltung

Die gemäß diesem Kapitel für den Verwalter geltenden Bestimmungen gelten soweit einschlägig entsprechend für den Schuldner in Eigenverwaltung.

Übersicht	Rdn.		Rdn.
A. Normzweck	1	B. Entsprechend geltende Vorschriften	2

A. Normzweck

1 Art. 76 ordnet an, dass die gem. diesem Kapitel für den Verwalter geltenden Bestimmungen entsprechend für den Schuldner in Eigenverwaltung (Art. 2 Nr. 3) gelten.

B. Entsprechend geltende Vorschriften

2 Nach Art. 76 gelten die Regelungen dieses Kapitels (Art. 56–77) jedoch nur entsprechend, soweit diese für den Fall der Eigenverwaltung einschlägig sind. Demnach ist in Bezug auf die in Kapitel V enthaltenen Regelungen im Einzelnen zu klären, ob diese nach der gesetzlichen Konzeption im Fall der Eigenverwaltung anwendbar sind. Dies ist bei Art. 56, Art. 58, Art. 59, Art. 60, Art. 61, Art. 63, Art. 64, Art. 65, Art. 66, Art. 67, Art. 68 Abs. 2, Art. 69, Art. 70, Art. 71 Abs. 2, Art. 72 Abs. 1 lit. b), Satz 2 sublit. iii), Abs. 2 lit. b) u. d), Abs. 6 lit. a), Art. 73 Abs. 1, Art. 74, Art. 77 Abs. 2–5 der Fall (Mankowski/Müller/*J. Schmidt* Art. 76 EuInsVO Rn. 6).

Artikel 77 Kosten und Kostenaufteilung

(1) Die Vergütung des Koordinators muss angemessen und verhältnismäßig zu den wahrgenommenen Aufgaben sein sowie angemessene Aufwendungen berücksichtigen.

(2) Nach Erfüllung seiner Aufgaben legt der Koordinator die Endabrechnung der Kosten mit dem von jedem Mitglied zu tragenden Anteil vor und übermittelt diese Abrechnung jedem beteiligten Verwalter und dem Gericht, das das Koordinationsverfahren eröffnet hat.

(3) Legt keiner der Verwalter innerhalb von 30 Tagen nach Eingang der in Absatz 2 genannten Abrechnung Widerspruch ein, gelten die Kosten und der von jedem Mitglied zu tragende Anteil als gebilligt. Die Abrechnung wird dem Gericht, das das Koordinationsverfahren eröffnet hat, zur Bestätigung vorgelegt.

(4) Im Falle eines Widerspruchs entscheidet das Gericht, das das Gruppen-Koordinationsverfahren eröffnet hat, auf Antrag des Koordinators oder eines beteiligten Verwalters über die Kosten und den von jedem Mitglied zu tragenden Anteil im Einklang mit den Kriterien gemäß Absatz 1 dieses Artikels und unter Berücksichtigung der Kostenschätzung gemäß Artikel 68 Absatz 1 und gegebenenfalls Artikel 72 Absatz 6.

(5) Jeder beteiligte Verwalter kann die in Absatz 4 genannte Entscheidung gemäß dem Verfahren anfechten, das nach dem Recht des Mitgliedstaats, in dem das Gruppen-Koordinationsverfahren eröffnet wurde, vorgesehen ist.

Übersicht

		Rdn.			Rdn.
A.	Normzweck	1	D.	Kostenbilligung bei fehlendem Widerspruch (Abs. 3)	11
B.	Angemessene Vergütung des Koordinators (Abs. 1)	2	E.	Entscheidung des Koordinationsgerichts (Abs. 4)	12
C.	Endabrechnung des Koordinators (Abs. 2)	6	F.	Rechtsmittel (Abs. 5)	15

A. Normzweck

Art. 77 regelt die Vergütung des Koordinators und die Festlegung und Verteilung der Kosten des Koordinationsverfahrens. Die Vorschrift bezweckt eine angemessene Vergütung des Koordinators und soll zu einer sachgerechten Aufteilung der Kosten des Koordinationsverfahrens führen. Tatsächlich lässt die Vorschrift jedoch offen, wie und an Hand welcher Maßstäbe im Streitfall zu entscheiden ist. 1

B. Angemessene Vergütung des Koordinators (Abs. 1)

Nach Abs. 1 muss die Vergütung des Koordinators angemessen und verhältnismäßig zu den wahrgenommenen Aufgaben sein sowie angemessene Aufwendungen berücksichtigen. Was darunter letztlich zu verstehen ist, ergibt sich aus der Verordnung nicht. Ob die Vergütung **angemessen** ist, ist anhand des konkreten Einzelfalls zu beurteilen. Dabei sind u.a. die Größe und Struktur der Unternehmensgruppe, der Arbeitsaufwand und die Schwierigkeit der Tätigkeit des Koordinators und der Erfolg des Koordinationsverfahrens zu berücksichtigen (Mankowski/Müller/*J. Schmidt* Art. 77 EuInsVO Rn. 8). 2

Darüber hinaus muss die Vergütung des Koordinators auch **verhältnismäßig zu den wahrgenommenen Aufgaben** sein. Dabei ist nicht nur der **Arbeitsaufwand** in quantitativer Höhe entscheidend. Auch die Anforderungen und die **Schwierigkeit der Aufgaben** in qualitativer Hinsicht sind zu berücksichtigen. 3

Schließlich hat im Rahmen der Vergütung noch die Berücksichtigung **angemessener Aufwendungen** des Koordinators zu erfolgen. Darunter wird man – mangels Begriffserklärung – sämtliche Auslagen verstehen, die im Rahmen der Tätigkeitsausübung im konkreten Einzelfall erforderlich waren und in angemessenem Verhältnis zu dem Umfang der erbrachten Tätigkeit und dem Umfang des Koordinationsverfahrens standen. Die Aufwendungen umfassen beispielsweise Kosten für die Kommunikation, Dolmetscher, Übersetzungen und Reisekosten. Ob darüber hinaus die Beratung durch externe Dienstleister eine Auslage darstellt (so Mankowski/Müller/*J. Schmidt* Art. 77 EuInsVO Rn. 11 f.), erscheint zumindest fraglich und ist im Einzelfall zu prüfen. Denn wenn der Koordinator geeignet ist, müsste er im Rahmen seiner Bürostruktur grundsätzlich selbst in der Lage sein, sich ein entsprechendes Bild zu verschaffen. Allgemeine Bürokosten, wie etwa Mieten o.Ä., sind keine Aufwendungen i.S.d. Vorschrift. 4

Während Abs. 1 zwar die Rahmenbedingung zur Bestimmung der Vergütung des Koordinators vergibt, bleibt unklar, wie und auf welcher Grundlage die Vergütung im Einzelfall zu berechnen ist. Dabei stellt sich vorrangig die Frage, ob mangels konkreter Berechnungsgrundlagen auf die *lex fori concursus* des Koordinationsgerichts zurückgegriffen werden kann. Da anhand der vorgegebenen Kriterien eine konkrete Berechnung im Einzelfall kaum möglich ist, könnte man erwägen, dass sich innerhalb der vorgegebenen Rahmenbedingungen die Höhe der Vergütung nach dem Recht des Mitgliedstaats bemisst, in welchem das Gruppen-Koordinationsverfahren eröffnet wurde (Mankowski/Müller/*J. Schmidt* Art. 77 EuInsVO Rn. 14 f.). Bei einem deutschen Koordinationsverfahren würde dann bis zum Inkrafttreten des Gesetzes zur Erleichterung der Bewältigung von Konzerninsolvenzen die §§ 63–65 InsO und die InsVV entsprechend und nach Inkrafttreten des Gesetzes § 269f Abs. 3 i.V.m. § 63–65 InsO und die InsVV gelten (Mankowski/Müller/*J. Schmidt* Art. 77 EuInsVO Rn. 16). Allerdings würde eine solche Sichtweise dazu führen, dass die Vergütung des Koordinators davon abhängt, welches Koordinationsgericht zuständig ist, 5 und sich kein einheitlicher Maßstab für die Vergütung des Koordinators entwickeln kann. Ob das i.S.d. Verordnungsgebers war, ist fraglich. Jedenfalls bringt die Regelung eine große Rechtsunsicherheit mit sich.

C. Endabrechnung des Koordinators (Abs. 2)

6 Abs. 2 sieht vor, dass der Verwalter nach Erfüllung seiner Aufgaben eine Endabrechnung der Kosten mit dem von jedem Mitglied zu tragenden Anteil vorlegt und er diese Abrechnung jedem beteiligten Verwalter und dem Gericht, das das Koordinationsverfahren eröffnet hat, übermittelt.

7 In der **Endabrechnung** sind die im Rahmen der Koordinierung insgesamt entstandenen Kosten und die von den einzelnen Mitgliedern zu tragenden Anteile darzulegen. Auch hier lässt der Verordnungsgeber bedauerlicherweise offen, nach welchem Schlüssel eine Verteilung der Kosten zu erfolgen hat. Allein Erwägungsgrund 58 lässt sich entnehmen, dass der von jedem Gruppenmitglied zu tragende Anteil an diesen Kosten angemessen, verhältnismäßig und vertretbar sein muss. Dies spricht dagegen, die **Kostenaufteilung** nach Köpfen vorzunehmen. Vielmehr ist im Rahmen der Kostenverteilung die Bedeutung der einzelnen Mitglieder, der Umfang der Tätigkeit des Koordinators in Bezug auf die einzelnen Gruppenmitglieder und insbesondere der Erfolg für die einzelnen Mitglieder im Zusammenhang mit dem Gruppen-Koordinationsverfahren zu berücksichtigen (Mankowski/Müller/*J. Schmidt* Art. 77 EuInsVO Rn. 25). Demnach haben die Mitglieder, die von der Koordinierung am meisten profitieren, auch einen höheren Anteil der angefallenen Kosten zu tragen, wenngleich sich dies kaum messen lassen wird. Insgesamt hat sich der Koordinator neben den in Erwägungsgrund 58 genannten Kriterien insbesondere auch an der Kostenschätzung im Rahmen der Eröffnungsentscheidung (Art. 68 Abs. 1) und im Rahmen einer etwaigen Kostenerhöhung (Art. 72 Abs. 6) zu orientieren, da diese Aspekte im Falle eines Widerspruchs gegen die Endabrechnung bei der Entscheidung des Koordinationsgerichts zu berücksichtigen sind (Abs. 4).

8 Die Abrechnung ist jedem Verwalter eines beteiligten Gruppenmitglieds und dem Koordinationsgericht zu übermitteln. Mangels abweichender Regelung hierzu, hat dies gegenüber dem Koordinationsgericht in der Amtssprache des Koordinationsgerichts (Art. 73 Abs. 2) und gegenüber den Verwaltern der einzelnen Gruppenmitglieder – sofern keine Vereinbarung vorliegt – in der jeweiligen Amtssprache des Gerichts zu erfolgen, welches das Verfahren über das Vermögen dieses Gruppenmitglieds eröffnet hat (Art. 73 Abs. 1).

9 Der **Zeitpunkt der Endabrechnung** bestimmt sich danach, wann der Koordinator seine Aufgaben erfüllt hat. Dies ist i.d.R. dann der Fall, wenn der Koordinationsplan und die Empfehlungen in den jeweiligen Verfahren umgesetzt wurden und die Kosten, wozu auch die Vergütung gehört, konkret beziffert werden können (Mankowski/Müller/*J. Schmidt* Art. 77 EuInsVO Rn. 19).

10 Ob der Koordinator einen **Vorschuss** beantragen kann, lässt die Verordnung offen. Ob man insoweit die Regelungen der *lex fori concursus* des Koordinationsgerichts heranzuziehen hat, ist offen (vgl. Rdn. 3).

D. Kostenbilligung bei fehlendem Widerspruch (Abs. 3)

11 Nach Abs. 3 gelten die Kosten und der von jedem Mitglied zu tragende Kostenanteil als gebilligt, sofern keiner der Verwalter innerhalb von 30 Tagen nach Eingang der in Abs. 2 genannten Abrechnung Widerspruch gegen die Endabrechnung einlegt. Die **gesetzliche Fiktion** führt somit dazu, dass nach Verstreichen der Frist sowohl die Entscheidung über die Kosten der Koordinierung als auch über die Kostenaufteilung nicht mehr angreifbar ist. In diesem Fall wird dem Koordinationsgericht lediglich die Abrechnung zur Bestätigung vorgelegt (Abs. 3 Satz 2). Es erfolgt **keine Prüfung durch das Koordinationsgericht**. Da die Kosten von den einzelnen beteiligten Mitgliedern zu tragen sind und deren Verwalter die festgelegten Kosten und deren Verteilung gebilligt haben, steht dem Koordinationsgericht unter Berücksichtigung von Sinn und Zweck der Regelung kein Prüfungs- oder Be-

anstandungsrecht zu (Braun/*Cülter* Art. 77 EuInsVO Rn. 17; Mankowski/Müller/*J. Schmidt* Art. 77 EuInsVO Rn. 34).

E. Entscheidung des Koordinationsgerichts (Abs. 4)

Abs. 4 regelt das weitere Verfahren im Falle eines **Widerspruchs**. In diesem Fall hat das Koordinationsgericht auf Antrag des Koordinators oder eines beteiligten Verwalters über die Kosten und den von jedem Mitglied zu tragenden Anteil im Einklang mit den Kriterien gem. Abs. 1 dieses Artikels und unter Berücksichtigung der Kostenschätzung gem. Art. 68 Abs. 1 und ggf. Art. 72 Abs. 6 zu entscheiden. 12

Weshalb es bei der Einlegung eines Widerspruchs eines zusätzlichen Antrags des Koordinators oder eines beteiligten Verwalters für die Entscheidung des Koordinationsgerichts bedarf, erschließt sich nicht. Zudem ist aus der Regelung auch nicht ersichtlich, ob der Widerspruch beim Koordinator oder beim Koordinationsgericht einzulegen ist. Für ersteres spricht, dass die Endabrechnung vom Koordinator erstellt und an die Verwalter übermittelt wird. Für letzteres lässt sich anführen, dass das Koordinationsgericht im Fall des Widerspruchs über die Kosten entscheidet. Sinnvoll wird es sein, den Widerspruch sowohl an den Koordinator als auch an das Koordinationsgericht zu adressieren. Letzteres hat in der **Gerichtssprache des Koordinationsgerichts** zu erfolgen (Mankowski/Müller/*J. Schmidt* Art. 77 EuInsVO Rn. 30 f.). 13

Das Gericht hat im Rahmen seiner Entscheidung über die Kosten und den von jedem Mitglied zu tragenden Anteil im Einklang mit den Kriterien gem. Abs. 1 dieses Artikels und unter Berücksichtigung der Kostenschätzung gem. Art. 68 Abs. 1 und ggf. Art. 72 Abs. 6 zu befinden. Der Wortlaut legt nahe, dass das Gericht – selbst in dem Fall, in dem ein Mitglied seinen Widerspruch lediglich gegen die Kostenverteilung richtet – eine **Entscheidung sowohl über die Kosten als auch über deren Verteilung** zu treffen hat. Im Rahmen dieser Entscheidung hat es die in Abs. 1 geregelten Vergütungsmaßstäbe sowie die Kostenschätzungen gem. Art. 68 Abs. 1 lit. c) sowie gem. Art. 72 Abs. 6 zu berücksichtigen. Dem Wortlaut lässt sich entnehmen, dass das Gericht diese Kriterien bei seiner Entscheidung zu beachten hat, nicht jedoch daran gebunden ist. 14

F. Rechtsmittel (Abs. 5)

Nach Abs. 5 kann **jeder beteiligte Verwalter** die in Abs. 4 genannte Entscheidung gem. dem Verfahren anfechten, das nach dem Recht des Mitgliedstaats, in dem das Gruppen-Koordinationsverfahren eröffnet wurde, vorgesehen ist. Bei Zuständigkeit eines deutschen Koordinationsgerichts kann der Verwalter gegen die Entscheidung über die Kosten des Gruppen-Koordinationsverfahrens die sofortige Beschwerde einlegen. Die §§ 574 bis 577 ZPO gelten in diesem Fall entsprechend (vgl. Art. 102c § 24 EGInsO). 15

Nicht geregelt sind die **Rechtsmittel des Koordinators**, wenn das Gericht im Rahmen seiner Entscheidung von der vom Koordinator festgelegten Endabrechnung abweicht. Nach dem Wortlaut der Regelung steht lediglich den beteiligten Verwaltern ein Anfechtungsrecht zu. Dass dem Koordinator bei einer abweichenden Kostenfestsetzung kein Rechtsmittel zur Verfügung steht, ist jedoch nicht hinnehmbar. Vor diesem Hintergrund ist davon auszugehen, dass auch der Koordinator ein Anfechtungsrecht hat und beispielsweise im Rahmen eines deutschen Koordinationsverfahrens gegen die Entscheidung des Koordinationsgerichts sofortige Beschwerde einlegen kann. 16

Art. 78 EuInsVO Datenschutz

Kapitel VI Datenschutz

Artikel 78 Datenschutz

(1) Sofern keine Verarbeitungsvorgänge im Sinne des Artikels 3 Absatz 2 der Richtlinie 95/46/EG betroffen sind, finden die nationalen Vorschriften zur Umsetzung der Richtlinie 95/46/EG auf die nach Maßgabe dieser Verordnung in den Mitgliedstaaten durchgeführte Verarbeitung personenbezogener Daten Anwendung.

(2) Die Verordnung (EG) Nr. 45/2001 gilt für die Verarbeitung personenbezogener Daten, die von der Kommission nach Maßgabe der vorliegenden Verordnung durchgeführt wird.

Übersicht	Rdn.		Rdn.
A. Normzweck	1	B. Im Einzelnen	3

A. Normzweck

1 Art. 78 bis 83 enthalten umfassende Regelungen zum Datenschutz, die sich an die Kommission und die Mitgliedstaaten richten. Sie stehen in engem Zusammenhang mit den Vorschriften über die Einrichtung und Vernetzung von nationalen Insolvenzregistern.

2 Sie richten sich nicht an den Insolvenzverwalter oder die Insolvenzgerichte. Für diese gilt das jeweils anwendbare Datenschutzrecht, das von den Vorschriften der Art. 78 ff unberührt bleibt.

B. Im Einzelnen

3 Abs. 1 bezieht sich auf die nach Maßgabe der EuInsVO in den Mitgliedstaaten durchgeführte Verarbeitung personenbezogener Daten. Die Vorschrift bezieht sich damit auf die Verarbeitung personenbezogener Daten bei der Einrichtung und Unterhaltung der Insolvenzregister nach Art. 24 EuInsVO.

4 Die Begriffe Verarbeitung und personenbezogene Daten sind autonom auszulegen (vgl. dazu auch die Legaldefinitionen in der EG-Datenverarbeitungs-RL 95/46/EG).

5 Die Vorschrift richtet sich an die Mitgliedstaaten. Diese müssen die Insolvenzregister so einrichten und unterhalten, dass die Vorgaben des nationalen Rechts zur Umsetzung der Richtlinie 95/46/EG eingehalten werden. In Deutschland sind dies die Bestimmungen des Bundesdatenschutzgesetzes.

6 Abs. 2 richtet sich an die Kommission. Diese muss sich an die Vorgaben der Verordnung EG Nr. 45/2001 halten, mithin die Verordnung zum Schutz natürlicher Personen bei der Verarbeitung personenbezogener Daten durch die Organe und Einrichtung der Gemeinschaft zum freien Datenverkehr. Auch diese Regelung bezieht sich auf die Insolvenzregister, mithin die Verpflichtung der Kommission zur Einrichtung eines Systems zur Vernetzung von Insolvenzregistern nach Art. 25 EuInsVO.

Artikel 79 Aufgaben der Mitgliedstaaten hinsichtlich der Verarbeitung personenbezogener Daten in nationalen Insolvenzregistern

(1) Jeder Mitgliedstaat teilt der Kommission im Hinblick auf seine Bekanntmachung im Europäischen Justizportal den Namen der natürlichen oder juristischen Person, Behörde, Einrichtung oder jeder anderen Stelle mit, die nach den nationalen Rechtsvorschriften für die Ausübung der Aufgaben eines für die Verarbeitung Verantwortlichen gemäß Artikel 2 Buchstabe d der Richtlinie 95/46/EG benannt worden ist.

(2) Die Mitgliedstaaten stellen sicher, dass die technischen Maßnahmen zur Gewährleistung der Sicherheit der in ihren nationalen Insolvenzregistern nach Artikel 24 verarbeiteten personenbezogenen Daten durchgeführt werden.

(3) Es obliegt den Mitgliedstaaten, zu überprüfen, dass der gemäß Artikel 2 Buchstabe d der Richtlinie 95/46/EG benannte für die Verarbeitung Verantwortliche die Einhaltung der Grundsätze in Bezug auf die Qualität der Daten, insbesondere die Richtigkeit und die Aktualisierung der in nationalen Insolvenzregistern gespeicherten Daten sicherstellt.

(4) Es obliegt den Mitgliedstaaten gemäß der Richtlinie 95/46/EG, Daten zu erheben und in nationalen Datenbanken zu speichern und zu entscheiden, diese Daten im vernetzten Register, das über das Europäische Justizportal eingesehen werden kann, zugänglich zu machen.

(5) Als Teil der Information, die betroffene Personen erhalten, um ihre Rechte und insbesondere das Recht auf Löschung von Daten wahrnehmen zu können, teilen die Mitgliedstaaten betroffenen Personen mit, für welchen Zeitraum ihre in Insolvenzregistern gespeicherten personenbezogenen Daten zugänglich sind.

Art. 79 richtet sich (ausschließlich) an die Mitgliedstaaten und zählt einzelne Aufgaben der Mitgliedstaaten bei der Verarbeitung personenbezogener Daten in den nationalen Insolvenzregistern auf. Dabei wiederholt die Norm letztlich nur, was nach Art. 78 ohnehin gelten würde. 1

Etwaige weitergehende Pflichten nach Art. 78 bleiben unberührt. 2

Artikel 80 Aufgaben der Kommission im Zusammenhang mit der Verarbeitung personenbezogener Daten

(1) Die Kommission nimmt die Aufgaben des für die Verarbeitung Verantwortlichen gemäß Artikel 2 Buchstabe d der Verordnung (EG) Nr. 45/2001 im Einklang mit den diesbezüglich in diesem Artikel festgelegten Aufgaben wahr.

(2) Die Kommission legt die notwendigen Grundsätze fest und wendet die notwendigen technischen Lösungen an, um ihre Aufgaben im Aufgabenbereich des für die Verarbeitung Verantwortlichen zu erfüllen.

(3) Die Kommission setzt die technischen Maßnahmen um, die erforderlich sind, um die Sicherheit der personenbezogenen Daten bei der Übermittlung, insbesondere die Vertraulichkeit und Unversehrtheit bei der Übermittlung zum und vom Europäischen Justizportal, zu gewährleisten.

(4) Die Aufgaben der Mitgliedstaaten und anderer Stellen in Bezug auf den Inhalt und den Betrieb der von ihnen geführten, vernetzten nationalen Datenbanken bleiben von den Verpflichtungen der Kommission unberührt.

Ähnlich wie Art. 79 einzelne Aufgaben der Mitgliedstaaten im Zusammenhang mit dem Schutz personenbezogener Daten hervorhebt, spezifiziert Art. 80 einzelne Aufgaben der Kommission in diesem Zusammenhang. Die Aufgaben der Mitgliedsstaaten bleiben nach Abs. 4 unberührt. 1

Etwaige weitergehende Pflichten nach Art. 78 bleiben unberührt. 2

Artikel 81 Informationspflichten

Unbeschadet der anderen den betroffenen Personen nach Artikel 11 und 12 der Verordnung (EG) Nr. 45/2001 zu erteilenden Informationen informiert die Kommission die betroffenen Personen durch Bekanntmachung im Europäischen Justizportal über ihre Rolle bei der Datenverarbeitung und die Zwecke dieser Datenverarbeitung.

Art. 82 EuInsVO   Speicherung personenbezogener Daten

1 Neben Art. 80 richtet sich auch Art. 81 EuInsVO ausschließlich an die Kommission. Diese muss im Europäischen Justizportal über ihre Rolle bei der Datenverarbeitung nach Maßgabe der Verordnung informieren.

Artikel 82 Speicherung personenbezogener Daten

Für Informationen aus vernetzten nationalen Datenbanken gilt, dass keine personenbezogenen Daten von betroffenen Personen im Europäischen Justizportal gespeichert werden. Sämtliche derartige Daten werden in den von den Mitgliedstaaten oder anderen Stellen betriebenen nationalen Datenbanken gespeichert.

1 Art. 82 stellt klar, was sich ohnehin bereits aus Art. 25 EuInsVO ergibt. Das Europäische Justizportal soll lediglich als einheitlicher Zugangspunkt zu den nationalen Insolvenzregistern dienen. Personenbezogene Informationen werden dort nicht gespeichert. Die Insolvenzregister werden dezentral von den Mitgliedstaaten betrieben.

Artikel 83 Zugang zu personenbezogenen Daten über das Europäische Justizportal

Die in den nationalen Insolvenzregistern nach Artikel 24 gespeicherten personenbezogenen Daten sind solange über das Europäische Justizportal zugänglich, wie sie nach nationalem Recht zugänglich bleiben.

1 Art. 83 ist Konsequenz der dezentralen Speicherung und stellt klar, dass die in den Mitgliedstaaten gespeicherten personenbezogenen Daten nur so lange über das Europäische Justizportal zugänglich sind, wie sie auch in den Mitgliedstaaten nach nationalem Recht zugänglich bleiben.

2 Nach § 3 Abs. 1 Satz 1 der Insolvenz-Internet-Bekanntmachungsverordnung, die den Betrieb des deutschen Insolvenzregisters (www.insolvenzbekanntmachungen.de) regelt, werden die Daten spätestens sechs Monate nach der Aufhebung oder der Rechtskraft der Einstellung des Insolvenzverfahrens gelöscht.

Kapitel VII Übergangs- und Schlussbestimmungen

Artikel 84 Zeitlicher Geltungsbereich

(1) Diese Verordnung ist nur auf solche Insolvenzverfahren anzuwenden, die nach dem 26. Juni 2017 eröffnet worden sind. Für Rechtshandlungen des Schuldners vor diesem Datum gilt weiterhin das Recht, das für diese Rechtshandlungen anwendbar war, als sie vorgenommen wurden.

(2) Unbeschadet des Artikels 91 der vorliegenden Verordnung gilt die Verordnung (EG) Nr. 1346/2000 weiterhin für Verfahren, die in den Geltungsbereich jener Verordnung fallen und vor dem 26. Juni 2017 eröffnet wurden.

Übersicht

	Rdn.		Rdn.
A. Normzweck	1	B. Im Einzelnen	2

Literatur:
Braun Das neue tschechische Insolvenzrecht, ZInsO 2008, 355; *Giese/Krüger* Das neue Insolvenzrecht in der Tschechischen Republik – ein Überblick, NZI 2008, 12; *Heidenhain/Maysenhölder* Neuerungen im tschechischen Insolvenzrecht, WiRO 2012, 325.

A. Normzweck

Art. 84 regelt als **Übergangsvorschrift** den zeitlichen Anwendungsbereich der Neufassung der EuInsVO. Sie stellt zudem in Abs. 2 klar, dass die bisherige Fassung der EuInsVO (vgl. dazu die Vorauflage) für Altverfahren weiterhin Anwendung findet.

B. Im Einzelnen

Nach Abs. 1 ist die Neufassung der EuInsVO nur auf solche Insolvenzverfahren anzuwenden, die **nach dem 26.06.2017** eröffnet worden sind. Abs. 2 stellt klar, dass die alte Fassung der EuInsVO auf die **bis zum 26.06.2017** eröffneten Verfahren weiterhin Anwendung findet.

Die Regelung lässt damit offen, was mit Insolvenzverfahren geschehen soll, die **am 26.06.2017** eröffnet worden sind. Der Formulierung in Abs. 1 (»vor diesem Datum«) lässt sich allerdings entnehmen, dass für diese Verfahren auch die Neufassung gelten soll.

Fraglich ist, was gelten soll, wenn **mehrere Insolvenzverfahren über das Vermögen eines Schuldners** eröffnet worden sind, mithin also vor dem 26.06.2017 beispielsweise bereits ein Hauptinsolvenzverfahren anhängig war, und danach ein Sekundärverfahren eröffnet werden soll. Hier wären verschiedene Lösungen denkbar. Eine separate Beurteilung der Verfahren, die zur parallelen Anwendung sowohl der Altfassung als auch der Neufassung der EuInsVO führt (so *Mankowski/J. Schmidt* Art. 84 EuInsVO Rn. 8), erscheint jedoch nicht sinnvoll, zumal eine Reihe von Regelungen, die das Verhältnis zwischen Hauptinsolvenzverfahren und Sekundärinsolvenzverfahren betreffen, im Zuge der Neufassung der EuInsVO geändert worden sind und sich dann unnötige Konflikte zwischen den Verfahren ergeben könnten. Vorzugswürdig erscheint weiterhin, sich an dem Erläuternden Bericht zum EuIÜ (Rn. 303 ff.) zu orientieren und eine **strenge Grenze** zu ziehen: Die Neufassung der EuInsVO findet schon dann keine Anwendung, wenn über das Vermögen eines Schuldners vor Inkrafttreten der Verordnung bereits ein Insolvenzverfahren eröffnet worden ist, für das die alte Fassung gilt. Gleichgültig ist dabei, ob es sich um ein Haupt- oder ein Sekundärinsolvenzverfahren handelt. Nach diesem Verständnis unterfällt auch ein nach Inkrafttreten der Neufassung eröffnetes Hauptinsolvenzverfahren nicht den Bestimmungen der Neufassung, wenn vor diesem Zeitpunkt bereits ein Partikularverfahren eröffnet wurde.

Da es sich auch bei einem **vorläufigen Insolvenzverfahren** um ein Insolvenzverfahren i.S.d. EuInsVO handelt, reicht bereits die Einleitung eines solchen Verfahrens vor dem Stichtag aus, um die Altfassung der EuInsVO generell zur Anwendung zu bringen.

Eine vergleichbare Problematik stellt sich bei den **Gruppen-Koordinationsverfahren** nach Art. 69. Auch hier spricht viel dafür, die Regelungen nur dann anzuwenden, wenn **alle Insolvenzverfahren** über die Gesellschaften der Gruppe nach dem Stichtag eröffnet worden sind (anders *Mankowski/Schmidt* Art. 84 EuInsVO Rn. 9, die die neuen Regelungen dann zumindest auf den Teil der Insolvenzverfahren anwenden will, die nach dem Stichtag eröffnet worden sind).

Rechtshandlungen des Schuldners vor Inkrafttreten der Neufassung werden nach Abs. 1 Satz 2 weiterhin nach dem ursprünglich auf sie anwendbaren Recht beurteilt. Dies ist insbesondere für die Anfechtbarkeit von Rechtshandlungen von Bedeutung (vgl. Art. 16 EuInsVO). Da die Regelung des Art. 13 EuInsVO a.F. allerdings nahezu unverändert in Art. 16 EuInsVO übernommen wurde, dürfte es kaum einen Anwendungsbereich für diesen Vertrauensschutz geben.

Artikel 85 Verhältnis zu Übereinkünften

(1) Diese Verordnung ersetzt in ihrem sachlichen Anwendungsbereich hinsichtlich der Beziehungen der Mitgliedstaaten untereinander die zwischen zwei oder mehreren Mitgliedstaaten geschlossenen Übereinkünfte, insbesondere

Art. 85 EuInsVO Verhältnis zu Übereinkünften

a) das am 8. Juli 1899 in Paris unterzeichnete belgisch-französische Abkommen über die gerichtliche Zuständigkeit, die Anerkennung und die Vollstreckung von gerichtlichen Entscheidungen, Schiedssprüchen und öffentlichen Urkunden;
b) das am 16. Juli 1969 in Brüssel unterzeichnete belgisch-österreichische Abkommen über Konkurs, Ausgleich und Zahlungsaufschub (mit Zusatzprotokoll vom 13. Juni 1973);
c) das am 28. März 1925 in Brüssel unterzeichnete belgisch-niederländische Abkommen über die Zuständigkeit der Gerichte, den Konkurs sowie die Anerkennung und die Vollstreckung von gerichtlichen Entscheidungen, Schiedssprüchen und öffentlichen Urkunden;
d) den am 25. Mai 1979 in Wien unterzeichneten deutsch-österreichischen Vertrag auf dem Gebiet des Konkurs- und Vergleichs-(Ausgleichs-)rechts;
e) das am 27. Februar 1979 in Wien unterzeichnete französisch-österreichische Abkommen über die gerichtliche Zuständigkeit, die Anerkennung und die Vollstreckung von Entscheidungen auf dem Gebiet des Insolvenzrechts;
f) das am 3. Juni 1930 in Rom unterzeichnete französisch-italienische Abkommen über die Vollstreckung gerichtlicher Urteile in Zivil- und Handelssachen;
g) das am 12. Juli 1977 in Rom unterzeichnete italienisch-österreichische Abkommen über Konkurs und Ausgleich;
h) den am 30. August 1962 in Den Haag unterzeichneten deutsch-niederländischen Vertrag über die gegenseitige Anerkennung und Vollstreckung gerichtlicher Entscheidungen und anderer Schuldtitel in Zivil- und Handelssachen;
i) das am 2. Mai 1934 in Brüssel unterzeichnete britisch-belgische Abkommen zur gegenseitigen Vollstreckung gerichtlicher Entscheidungen in Zivil- und Handelssachen mit Protokoll;
j) das am 7. November 1993 in Kopenhagen zwischen Dänemark, Finnland, Norwegen, Schweden und Irland geschlossene Konkursübereinkommen;
k) das am 5. Juni 1990 in Istanbul unterzeichnete Europäische Übereinkommen über bestimmte internationale Aspekte des Konkurses;
l) das am 18. Juni 1959 in Athen unterzeichnete Abkommen zwischen der Föderativen Volksrepublik Jugoslawien und dem Königreich Griechenland über die gegenseitige Anerkennung und Vollstreckung gerichtlicher Entscheidungen;
m) das am 18. März 1960 in Belgrad unterzeichnete Abkommen zwischen der Föderativen Volksrepublik Jugoslawien und der Republik Österreich über die gegenseitige Anerkennung und die Vollstreckung von Schiedssprüchen und schiedsgerichtlichen Vergleichen in Handelssachen;
n) das am 3. Dezember 1960 in Rom unterzeichnete Abkommen zwischen der Föderativen Volksrepublik Jugoslawien und der Republik Italien über die gegenseitige justizielle Zusammenarbeit in Zivil- und Handelssachen;
o) das am 24. September 1971 in Belgrad unterzeichnete Abkommen zwischen der Sozialistischen Föderativen Republik Jugoslawien und dem Königreich Belgien über die justizielle Zusammenarbeit in Zivil- und Handelssachen;
p) das am 18. Mai 1971 in Paris unterzeichnete Abkommen zwischen den Regierungen Jugoslawiens und Frankreichs über die Anerkennung und Vollstreckung gerichtlicher Entscheidungen in Zivil- und Handelssachen;
q) das am 22. Oktober 1980 in Athen unterzeichnete Abkommen zwischen der Tschechoslowakischen Sozialistischen Republik und der Hellenischen Republik über die Rechtshilfe in Zivil- und Strafsachen, der zwischen der Tschechischen Republik und Griechenland noch in Kraft ist;
r) das am 23. April 1982 in Nikosia unterzeichnete Abkommen zwischen der Tschechoslowakischen Sozialistischen Republik und der Republik Zypern über die Rechtshilfe in Zivil- und Strafsachen, der zwischen der Tschechischen Republik und Zypern noch in Kraft ist;
s) den am 10. Mai 1984 in Paris unterzeichneten Vertrag zwischen der Regierung der Tschechoslowakischen Sozialistischen Republik und der Regierung der Französischen Republik über die Rechtshilfe und die Anerkennung und Vollstreckung gerichtlicher Entscheidungen in Zivil-, Familien- und Handelssachen, der zwischen der Tschechischen Republik und Frankreich noch in Kraft ist;

t) den am 6. Dezember 1985 in Prag unterzeichneten Vertrag zwischen der Tschechoslowakischen Sozialistischen Republik und der Republik Italien über die Rechtshilfe in Zivil- und Strafsachen, der zwischen der Tschechischen Republik und Italien noch in Kraft ist;
u) das am 11. November 1992 in Tallinn unterzeichnete Abkommen zwischen der Republik Lettland, der Republik Estland und der Republik Litauen über Rechtshilfe und Rechtsbeziehungen;
v) das am 27. November 1998 in Tallinn unterzeichnete Abkommen zwischen Estland und Polen über Rechtshilfe und Rechtsbeziehungen in Zivil-, Arbeits- und Strafsachen;
w) das am 26. Januar 1993 in Warschau unterzeichnete Abkommen zwischen der Republik Litauen und der Republik Polen über Rechtshilfe und Rechtsbeziehungen in Zivil-, Familien-, Arbeits- und Strafsachen;
x) das am 19. Oktober 1972 in Bukarest unterzeichnete Abkommen zwischen der Sozialistischen Republik Rumänien und der Hellenischen Republik über die Rechtshilfe in Zivil- und Strafsachen mit Protokoll;
y) das am 5. November 1974 in Paris unterzeichnete Abkommen zwischen der Sozialistischen Republik Rumänien und der Französischen Republik über die Rechtshilfe in Zivil- und Handelssachen;
z) das am 10. April 1976 in Athen unterzeichnete Abkommen zwischen der Volksrepublik Bulgarien und der Hellenischen Republik über die Rechtshilfe in Zivil- und Strafsachen;
aa) das am 29. April 1983 in Nikosia unterzeichnete Abkommen zwischen der Volksrepublik Bulgarien und der Republik Zypern über die Rechtshilfe in Zivil- und Strafsachen;
ab) das am 18. Januar 1989 in Sofia unterzeichnete Abkommen zwischen der Volksrepublik Bulgarien und der Regierung der Französischen Republik über die gegenseitige Rechtshilfe in Zivilsachen;
ac) den am 11. Juli 1994 in Bukarest unterzeichneten Vertrag zwischen Rumänien und der Tschechischen Republik über die Rechtshilfe in Zivilsachen;
ad) den am 15. Mai 1999 in Bukarest unterzeichneten Vertrag zwischen Rumänien und der Republik Polen über die Rechtshilfe und die Rechtsbeziehungen in Zivilsachen.

(2) Die in Absatz 1 aufgeführten Übereinkünfte behalten ihre Wirksamkeit hinsichtlich der Verfahren, die vor Inkrafttreten der Verordnung (EG) Nr. 1346/2000 eröffnet worden sind.

(3) Diese Verordnung gilt nicht
a) in einem Mitgliedstaat, soweit es in Konkurssachen mit den Verpflichtungen aus einer Übereinkunft unvereinbar ist, die dieser Mitgliedstaat mit einem oder mehreren Drittstaaten vor Inkrafttreten der Verordnung (EG) Nr. 1346/2000 geschlossen hat;
b) im Vereinigten Königreich Großbritannien und Nordirland, soweit es in Konkurssachen mit den Verpflichtungen aus Vereinbarungen, die im Rahmen des Commonwealth geschlossen wurden und die zum Zeitpunkt des Inkrafttretens dieser Verordnung wirksam sind, unvereinbar ist.

Literatur:
Siehe Vor §§ 335 ff.

Art. 85 regelt das Verhältnis zu Übereinkünften zwischen den Mitgliedstaaten oder zwischen einem Mitgliedstaat und Drittstaaten, die vergleichbare Materien betreffen. Für Deutschland zeigt die EuInsVO insbes. Auswirkungen auf den DöKV und das Istanbuler Übereinkommen. 1

Während die (partielle) Verdrängung des letztgenannten Übereinkommens für Deutschland keine Bedeutung hat, da dieses außer von Zypern noch von keinem Zeichnerstaat ratifiziert wurde, sind die Auswirkungen auf den DöKV von einigem Gewicht. Für diesen Bereich muss auch geklärt werden, wie die Formulierung »in ihrem sachlichen Anwendungsbereich« verstanden werden muss. Denkbar wäre ein Verständnis, nach dem der DöKV zumindest insofern noch herangezogen werden kann, als die EuInsVO zu dem fraglichen Sachverhalt keine Regelungen enthält. Dies hätte etwa Bedeutung für Fragen der Postsperre oder der Haft, die zwar in Art. 10 DöKV, nicht aber in der EuInsVO geregelt sind. Überzeugender ist jedoch eine vollständige Verdrängung des DöKV durch 2 die EuInsVO auch in den Bereichen, in denen der Konkursvertrag weiterreichende Regelungen enthalten sollte. Für ein solches Verständnis spricht auch Art. 59 des Wiener Übereinkommens vom 23.05.1969 über das Recht der Verträge (vgl. BGBl. II 1985 S. 926). Danach gilt ein Vertrag als beendet, wenn die Vertragsparteien später ein sich auf denselben Gegenstand beziehenden Vertrag schließen und aus dem späteren Vertrag hervorgeht oder anderweitig feststeht, dass die Vertragsparteien beabsichtigen, den Gegenstand durch den späteren Vertrag zu regeln. Bei den Beratungen zum EuIÜ gingen die Delegierten überwiegend von der Vorstellung aus, das EuIÜ werde die anderen bilateralen oder multilateralen Konkursübereinkommen insgesamt ablösen. Für ein solches Verständnis spricht auch, dass andernfalls die Rechtslage noch komplizierter würde, wenn ergänzend noch der DöKV herangezogen werden müsste. Was bei rein bilateralen Verhältnissen noch zu bewältigen ist, würde völlig unübersichtlich, wenn auch die Interessen eines dritten Mitgliedstaats involviert wären.

Artikel 86 Informationen zum Insolvenzrecht der Mitgliedstaaten und der Union

(1) Die Mitgliedstaaten übermitteln im Rahmen des durch die Entscheidung 2001/470/EG des Rates[1] geschaffenen Europäischen Justiziellen Netzes für Zivil- und Handelssachen eine kurze Beschreibung ihres nationalen Rechts und ihrer Verfahren zum Insolvenzrecht, insbesondere zu den in Artikel 7 Absatz 2 aufgeführten Aspekten, damit die betreffenden Informationen der Öffentlichkeit zur Verfügung gestellt werden können.

(2) Die in Absatz 1 genannten Informationen werden von den Mitgliedstaaten regelmäßig aktualisiert.

(3) Die Kommission macht Informationen bezüglich dieser Verordnung öffentlich verfügbar.

1 Abs. 1 enthält eine Vorgabe an die Mitgliedstaaten, dem Europäischen Justiziellen Netz für Zivil- und Handelssachen (EJN) eine kurze Beschreibung ihres nationalen Rechts und ihrer Verfahren zum Insolvenzrecht zur Verfügung zu stellen, und diese regelmäßig zu aktualisieren (Abs. 2). Nach Abs. 3 veröffentlicht die Kommission diese Informationen.

2 Der Zugang zu den Dokumenten erfolgt über das EJN unter https://e-justice.europa.eu, dort unter Arbeitshilfen für Gerichte und Juristen/Insolvenz.

Artikel 87 Einrichtung der Vernetzung der Register

Die Kommission erlässt Durchführungsrechtsakte zur Einrichtung der Vernetzung der Insolvenzregister gemäß Artikel 25. Diese Durchführungsrechtsakte werden gemäß dem in Artikel 89 Absatz 3 genannten Prüfverfahren erlassen.

1 Art. 87 ermächtigt die Kommission, die Einrichtung der Vernetzung der Insolvenzregister per Durchführungsrechtsakt vorzunehmen.

Artikel 88 Erstellung und spätere Änderung von Standardformularen

Die Kommission erlässt Durchführungsrechtsakte zur Erstellung und soweit erforderlich Änderung der in Artikel 27 Absatz 4, Artikel 54, Artikel 55 und Artikel 64 Absatz 2 genannten Formulare. Diese Durchführungsrechtsakte werden gemäß dem in Artikel 89 Absatz 2 genannten Beratungsverfahren erlassen.

---

1 Entscheidung 2001/470/EG des Rates vom 28. Mai 2001 über die Einrichtung eines Europäischen Justiziellen Netzes für Zivil- und Handelssachen (ABl. L 174 vom 27.6.2001, S. 25).

Art. 88 enthält eine Regelung für die Standardformulare nach Maßgabe der Neufassung der EuIns- 1
VO. Diese werden von der Kommission per Durchführungsrechtsakt erstellt, oder geändert.

Dies betrifft folgende Formulare: 2
– Standardformular für die Auskunftabfrage an Insolvenzregister (Art. 27 Abs. 4),
– Standardformular für die Unterrichtung von Gläubigern (Art. 54),
– Standardformular für die Forderungsanmeldung (Art. 55),
– Standardformular für die Einwände von Verwaltern betreffend Gruppen-Koordinationsverfahren (Art. 62 Abs. 2).

Artikel 89 Ausschussverfahren

(1) Die Kommission wird von einem Ausschuss unterstützt. Dieser Ausschuss ist ein Ausschuss im Sinne der Verordnung (EU) Nr. 182/2011.

(2) Wird auf diesen Absatz Bezug genommen, so gilt Artikel 4 der Verordnung (EU) Nr. 182/2011.

(3) Wird auf diesen Absatz Bezug genommen, so gilt Artikel 5 der Verordnung (EU) Nr. 182/2011.

Artikel 90 Überprüfungsklausel

(1) Die Kommission legt dem Europäischen Parlament, dem Rat und dem Europäischen Wirtschafts- und Sozialausschuss spätestens bis zum 27. Juni 2027 und danach alle fünf Jahre einen Bericht über die Anwendung dieser Verordnung vor. Der Bericht enthält gegebenenfalls einen Vorschlag zur Anpassung dieser Verordnung.

(2) Die Kommission legt dem Europäischen Parlament, dem Rat und dem Europäischen Wirtschafts- und Sozialausschuss spätestens bis zum 27. Juni 2022 einen Bericht über die Anwendung des Gruppen-Koordinationsverfahrens vor. Der Bericht enthält gegebenenfalls einen Vorschlag zur Anpassung dieser Verordnung.

(3) Die Kommission übermittelt dem Europäischen Parlament, dem Rat und dem Europäischen Wirtschafts- und Sozialausschuss spätestens bis zum 1. Januar 2016 eine Studie zu den grenzüberschreitenden Aspekten der Haftung von Geschäftsleitern und ihres Ausschlusses von einer Tätigkeit.

(4) Die Kommission übermittelt dem Europäischen Parlament, dem Rat und dem Europäischen Wirtschafts- und Sozialausschuss spätestens bis zum 27. Juni 2020 eine Studie zur Frage der Wahl des Gerichtsstands in missbräuchlicher Absicht.

Art. 90 enthält eine Überprüfungsklausel. Neben einer allgemeinen Überprüfungsklausel in Abs. 1 1
mit einer 10-Jahresfrist, enthalten die Abs. 2 bis 4 besondere Aufträge an die Kommission in Bezug auf bestimmte Bereiche, mithin die Anwendung des Gruppen-Koordinationsverfahrens (5-Jahresfrist) und dem Forum-Shopping (3-Jahresfrist).

Artikel 91 Aufhebung

Die Verordnung (EG) Nr. 1346/2000 wird aufgehoben.

Verweisungen auf die aufgehobene Verordnung gelten als Verweisungen auf die vorliegende Verordnung und sind nach der Entsprechungstabelle in Anhang D dieser Verordnung zu lesen.

Art. 91 regelt die Aufhebung der Altfassung der EuInsVO. Das bedeutet aber nicht, dass diese auf 1
Altverfahren keine Anwendung mehr fände (Art. 84 Abs. 2).

2 Für Verweisungen auf die alte EuInsVO enthält Anhang D nunmehr eine Entsprechungstabelle, an Hand derer die Verweise aufgelöst werden können.

Artikel 92 Inkrafttreten

Diese Verordnung tritt am zwanzigsten Tag nach ihrer Veröffentlichung im *Amtsblatt der Europäischen Union* in Kraft.

Sie gilt ab dem 26. Juni 2017 mit Ausnahme von
a) Artikel 86, der ab dem 26. Juni 2016 gilt,
b) Artikel 24 Absatz 1, der ab dem 26. Juni 2018 gilt und
c) Artikel 25, der ab dem 26. Juni 2019 gilt.

1 Art. 92 regelt das Inkrafttreten der EuInsVO. Für den zeitlichen Anwendungsbereich gilt vorrangig Art. 84. Bestimmte Vorschriften gelten bereits früher (Art. 86, Information zum Insolvenzrecht der Mitgliedstaaten), oder erst später (Insolvenzregister, Art. 24 und 25).

Anhang A Insolvenzverfahren im Sinne von Artikel 2 Nummer 4

BELGIQUE/BELGIË
- Het faillissement/La faillite,
- De gerechtelijke reorganisatie door een collectief akkoord/La réorganisation judiciaire par accord collectif,
- De gerechtelijke reorganisatie door een minnelijk akkoord/La réorganisation judiciaire par accord amiable,
- De gerechtelijke reorganisatie door overdracht onder gerechtelijk gezag/La réorganisation judiciaire par transfert sous autorité de justice,
- De collectieve schuldenregeling/Le règlement collectif de dettes,
- De vrijwillige vereffening/La liquidation volontaire,
- De gerechtelijke vereffening/La liquidation judiciaire,
- De voorlopige ontneming van beheer, bepaald in artikel 8 van de faillissementswet/Le dessaisissement provisoire, visé à l'article 8 de la loi sur les faillites,

БЪЛГАРИЯ
- Производство по несъстоятелност,

ČESKÁ REPUBLIKA
- Konkurs,
- Reorganizace,
- Oddlužení,

DEUTSCHLAND
- Das Konkursverfahren,
- das gerichtliche Vergleichsverfahren,
- das Gesamtvollstreckungsverfahren,
- das Insolvenzverfahren,

EESTI
- Pankrotimenetlus,
- Võlgade ümberkujundamise menetlus,

ÉIRE/IRELAND
- Compulsory winding-up by the court,
- Bankruptcy,
- The administration in bankruptcy of the estate of persons dying insolvent,
- Winding-up in bankruptcy of partnerships,
- Creditors' voluntary winding-up (with confirmation of a court),
- Arrangements under the control of the court which involve the vesting of all or part of the property of the debtor in the Official Assignee for realisation and distribution,
- Examinership,
- Debt Relief Notice,
- Debt Settlement Arrangement,
- Personal Insolvency Arrangement,

ΕΛΛΑΔΑ
- Η πτώχευση,
- Η ειδική εκκαθάριση εν λειτουργία,
- Σχέδιο αναδιοργάνωσης,
- Απλοποιημένη διαδικασία επί πτωχεύσεων μικρού αντικειμένου,
- Διαδικασία εξυγίανσης,

ESPAÑA
- Concurso,

- Procedimiento de homologación de acuerdos de refinanciación,
- Procedimiento de acuerdos extrajudiciales de pago,
- Procedimiento de negociación pública para la consecución de acuerdos de refinanciación colectivos, acuerdos de refinanciación homologados y propuestas anticipadas de convenio,

FRANCE
- Sauvegarde,
- Sauvegarde accélérée,
- Sauvegarde financière accélérée,
- Redressement judiciaire,
- Liquidation judiciaire,

HRVATSKA
- Stečajni postupak,

ITALIA
- Fallimento,
- Concordato preventivo,
- Liquidazione coatta amministrativa,
- Amministrazione straordinaria,
- Accordi di ristrutturazione,
- Procedure di composizione della crisi da sovraindebitamento del consumatore (accordo o piano),
- Liquidazione dei beni,

ΚΥΠΡΟΣ
- Υποχρεωτική εκκαθάριση από το Δικαστήριο,
- Εκούσια εκκαθάριση από μέλη,
- Εκούσια εκκαθάριση από πιστωτές
- Εκκαθάριση με την εποπτεία του Δικαστηρίου,
- Διάταγμα παραλαβής και πτώχευσης κατόπιν Δικαστικού Διατάγματος,
- Διαχείριση της περιουσίας προσώπων που απεβίωσαν αφερέγγυα,

LATVIJA
- Tiesiskās aizsardzības process,
- Juridiskās personas maksātnespējas process,
- Fiziskās personas maksātnespējas process,

LIETUVA
- Įmonės restruktūrizavimo byla,
- Įmonės bankroto byla,
- Įmonės bankroto procesas ne teismo tvarka,
- Fizinio asmens bankroto procesas,

LUXEMBOURG
- Faillite,
- Gestion contrôlée,
- Concordat préventif de faillite (par abandon d'actif),
- Régime spécial de liquidation du notariat,
- Procédure de règlement collectif des dettes dans le cadre du surendettement,

MAGYARORSZÁG
- Csődeljárás,
- Felszámolási eljárás

MALTA
- Xoljiment,
- Amministrazzjoni,

- Stralċ volontarju mill-membri jew mill-kredituri,
- Stralċ mill-Qorti,
- Falliment f'każ ta' kummerċjant,
- Proċedura biex kumpanija tirkupra,

NEDERLAND
- Het faillissement,
- De surséance van betaling,
- De schuldsaneringsregeling natuurlijke personen,

ÖSTERREICH
- Das Konkursverfahren (Insolvenzverfahren),
- Das Sanierungsverfahren ohne Eigenverwaltung (Insolvenzverfahren),
- Das Sanierungsverfahren mit Eigenverwaltung (Insolvenzverfahren),
- Das Schuldenregulierungsverfahren,
- Das Abschöpfungsverfahren,
- Das Ausgleichsverfahren,

POLSKA
- Upadłość,
- Postępowanie o zatwierdzenie układu,
- Przyspieszone postępowanie układowe,
- Postępowanie układowe,
- Postępowanie sanacyjne,

PORTUGAL
- Processo de insolvência,
- Processo especial de revitalização

ROMÂNIA
- Procedura insolvenței,
- Reorganizarea judiciară,
- Procedura falimentului,
- Concordatul preventiv,

SLOVENIJA
- Postopek preventivnega prestrukturiranja,
- Postopek prisilne poravnave,
- Postopek poenostavljene prisilne poravnave,
- Stečajni postopek: stečajni postopek nad pravno osebo, postopek osebnega stečaja in postopek stečaja zapuščine,

SLOVENSKO
- Konkurzné konanie,
- Reštrukturalizačné konanie,
- Oddlženie,

SUOMI/FINLAND
- Konkurssi/konkurs,
- Yrityssaneeraus/företagssanering,
- Yksityishenkilön velkajärjestely/skuldsanering för privatpersoner,

SVERIGE
- Konkurs,
- Företagsrekonstruktion,
- Skuldsanering

UNITED KINGDOM
- Winding-up by or subject to the supervision of the court,
- Creditors' voluntary winding-up (with confirmation by the court),
- Administration, including appointments made by filing prescribed documents with the court,
- Voluntary arrangements under insolvency legislation,

Bankruptcy or sequestration.

Anhang B Verwalter im Sinne von Artikel 2 Nummer 5

BELGIQUE/BELGIË
– De curator/Le curateur,
– De gedelegeerd rechter/Le juge-délégué,
– De gerechtsmandataris/Le mandataire de justice,
– De schuldbemiddelaar/Le médiateur de dettes,
– De vereffenaar/Le liquidateur,
– De voorlopige bewindvoerder/L'administrateur provisoire,

БЪЛГАРИЯ
– Назначен предварително временен синдик,
– Временен синдик,
– (Постоянен) синдик,
– Служебен синдик,

ČESCKÁ REPUBLIKA
– Insolvenční správce,
– Předběžný insolvenční správce,
– Oddělený insolvenční správce,
– Zvláštní insolvenční správce,
– Zástupce insolvenčního správce,

DEUTSCHLAND
– Konkursverwalter,
– Vergleichsverwalter,
– Sachwalter (nach der Vergleichsordnung),
– Verwalter,
– Insolvenzverwalter,
– Sachwalter (nach der Insolvenzordnung),
– Treuhänder,
– Vorläufiger Insolvenzverwalter,
– Vorläufiger Sachwalter,

EESTI
– Pankrotihaldur,
– Ajutine pankrotihaldur,
– Usaldusisik,

ÉIRE/IRELAND
– Liquidator,
– Official Assignee,
– Trustee in bankruptcy,
– Provisional Liquidator,
– Examiner,
– Personal Insolvency Practitioner,
– Insolvency Service,

ΕΛΛΑΔΑ
– Ο σύνδικος,
– Ο εισηγητής,
– Η επιτροπή των πιστωτών,
– Ο ειδικός εκκαθαριστής,

ESPAÑA
– Administrador concursal,

– Mediador concursal,

FRANCE
– Mandataire judiciaire,
– Liquidateur,
– Administrateur judiciaire,
– Commissaire à l'exécution du plan,

HRVATSKA
– Stečajni upravitelj,
– Privremeni stečajni upravitelj,
– Stečajni povjerenik,
– Povjerenik,

ITALIA
– Curatore,
– Commissario giudiziale,
– Commissario straordinario,
– Commissario liquidatore,
– Liquidatore giudiziale,
– Professionista nominato dal Tribunale,
– Organismo di composizione della crisi nella procedura di composizione della crisi da sovraindebitamento del consumatore,
– Liquidatore,

ΚΥΠΡΟΣ
– Εκκαθαριστής και Προσωρινός Εκκαθαριστής,
– Επίσημος Παραλήπτης,
– Διαχειριστής της Πτώχευσης,

LATVIJA
– Maksātnespējas procesa administrators,

LIETUVA
– Bankroto administratorius,
– Restruktūrizavimo administratorius,

LUXEMBOURG
– Le curateur,
– Le commissaire,
– Le liquidateur,
– Le conseil de gérance de la section d'assainissement du notariat,
– Le liquidateur dans le cadre du surendettement,

MAGYARORSZÁG
– Vagyonfelügyelő,
– Felszámoló,

MALTA
– Amministratur Proviżorju,
– Riċevitur Uffiċjali,
– Stralċjarju,
– Manager Speċjali,
– Kuraturi f'każ ta' proċeduri ta' falliment,
– Kontrolur Speċjali,

NEDERLAND
– De curator in het faillissement,

– De bewindvoerder in de surséance van betaling,
– De bewindvoerder in de schuldsaneringsregeling natuurlijke personen,

ÖSTERREICH
– Masseverwalter,
– Sanierungsverwalter,
– Ausgleichsverwalter,
– Besonderer Verwalter,
– Einstweiliger Verwalter,
– Sachwalter,
– Treuhänder,
– Insolvenzgericht,
– Konkursgericht,

POLSKA
– Syndyk,
– Nadzorca sądowy,
– Zarządca,
– Nadzorca układu,
– Tymczasowy nadzorca sądowy,
– Tymczasowy zarządca,
– Zarządca przymusowy,

PORTUGAL
– Administrador da insolvência,
– Administrador judicial provisório,

ROMÂNIA
– Practician în insolvenţă,
– Administrator concordatar,
– Administrator judiciar,
– Lichidator judiciar,

SLOVENIJA
– Upravitelj,

SLOVENSKO
– Predbežný správca,
– Správca,

SUOMI/FINLAND
– Pesänhoitaja/boförvaltare,
– Selvittäjä/utredare,

SVERIGE
– Förvaltare,
– Rekonstruktör,

UNITED KINGDOM
– Liquidator,
– Supervisor of a voluntary arrangement,
– Administrator,
– Official Receiver,
– Trustee,
– Provisional Liquidator,
– Interim Receiver,
– Judicial factor.«

Anhang C Aufgehobene Verordnung mit Liste ihrer nachfolgenden Änderungen

Verordnung (EG) Nr. 1346/2000 des Rates
(ABl. L 160 vom 30.6.2000, S. 1)

Verordnung (EG) Nr. 603/2005 des Rates
(ABl. L 100 vom 20.4.2005, S. 1)

Verordnung (EG) Nr. 694/2006 des Rates
(ABl. L 121 vom 6.5.2006, S. 1)

Verordnung (EG) Nr. 1791/2006 des Rates
(ABl. L 363 vom 20.12.2006, S. 1)

Verordnung (EG) Nr. 681/2007 des Rates
(ABl. L 159 vom 20.6.2007, S. 1)

Verordnung (EG) Nr. 788/2008 des Rates
(ABl. L 213 vom 8.8.2008, S. 1)

Durchführungsverordnung (EU) Nr. 210/2010 des Rates
(ABl. L 65 vom 13.3.2010, S. 1)

Durchführungsverordnung (EU) Nr. 583/2011 des Rates
(ABl. L 160 vom 18.6.2011, S. 52)

Verordnung (EU) Nr. 517/2013 des Rates
(ABl. L 158 vom 10.6.2013, S. 1)

Durchführungsverordnung (EU) Nr. 663/2014 des Rates
(ABl. L 179 vom 19.6.2014, S. 4)

Akte über die Bedingungen des Beitritts der Tschechischen Republik, der Republik Estland, der Republik Zypern, der Republik Lettland, der Republik Litauen, der Republik Ungarn, der Republik Malta, der Republik Polen, der Republik Slowenien und der Slowakischen Republik und die Anpassungen der die Europäische Union begründenden Verträge

(ABl. L 236 vom 23.9.2003, S. 33)

Anhang D Entsprechungstabelle

Verordnung (EG) Nr. 1346/2000	In dieser Verordnung wird Folgendes festgelegt:
Artikel 1	Artikel 1
Artikel 2 Eingangsteil	Artikel 2 Eingangsteil
Artikel 2 Buchstabe a	Artikel 2 Nummer 4
Artikel 2 Buchstabe b	Artikel 2 Nummer 5
Artikel 2 Buchstabe c	–
Artikel 2 Buchstabe d	Artikel 2 Nummer 6
Artikel 2 Buchstabe e	Artikel 2 Nummer 7
Artikel 2 Buchstabe f	Artikel 2 Nummer 8
Artikel 2 Buchstabe g Eingangsteil	Artikel 2 Nummer 9 Eingangsteil
Artikel 2 Buchstabe g erster Gedankenstrich	Artikel 2 Nummer 9 Ziffer vii
Artikel 2 Buchstabe g zweiter Gedankenstrich	Artikel 2 Nummer 9 Ziffer iv
Artikel 2 Buchstabe g dritter Gedankenstrich	Artikel 2 Nummer 9 Ziffer viii
Artikel 2 Buchstabe h	Artikel 2 Nummer 10
–	Artikel 2 Nummern 1 bis 3 und 11 bis 13
–	Artikel 2 Nummer 9 Ziffern i bis iii, v, vi
Artikel 3	Artikel 3
–	Artikel 4
–	Artikel 5
–	Artikel 6
Artikel 4	Artikel 7
Artikel 5	Artikel 8
Artikel 6	Artikel 9
Artikel 7	Artikel 10
Artikel 8	Artikel 11 Absatz 1
–	Artikel 11 Absatz 2
Artikel 9	Artikel 12
Artikel 10	Artikel 13 Absatz 1
–	Artikel 13 Absatz 2
Artikel 11	Artikel 14
Artikel 12	Artikel 15
Artikel 13 Absatz 1	Artikel 16 Buchstabe a

Verordnung (EG) Nr. 1346/2000	In dieser Verordnung wird Folgendes festgelegt:
Artikel 13 Absatz 2	Artikel 16 Buchstabe b
Artikel 14 Gedankenstrich 1	Artikel 17 Buchstabe a
Artikel 14 Gedankenstrich 2	Artikel 17 Buchstabe b
Artikel 14 Gedankenstrich 3	Artikel 17 Buchstabe c
Artikel 15	Artikel 18
Artikel 16	Artikel 19
Artikel 17	Artikel 20
Artikel 18	Artikel 21
Artikel 19	Artikel 22
Artikel 20	Artikel 23
–	Artikel 24
–	Artikel 25
–	Artikel 26
–	Artikel 27
Artikel 21 Absatz 1	Artikel 28 Absatz 2
Artikel 21 Absatz 2	Artikel 28 Absatz 1
Artikel 22	Artikel 29
Artikel 23	Artikel 30
Artikel 24	Artikel 31
Artikel 25	Artikel 32
Artikel 26	Artikel 33
Artikel 27	Artikel 34
Artikel 28	Artikel 35
–	Artikel 36
Artikel 29	Artikel 37 Absatz 1
–	Artikel 37 Absatz 2
–	Artikel 38
–	Artikel 39
Artikel 30	Artikel 40
Artikel 31	Artikel 41
–	Artikel 42
–	Artikel 43
–	Artikel 44

Verordnung (EG) Nr. 1346/2000	In dieser Verordnung wird Folgendes festgelegt:
Artikel 32	Artikel 45
Artikel 33	Artikel 46
Artikel 34 Absatz 1	Artikel 47 Absatz 1
Artikel 34 Absatz 2	Artikel 47 Absatz 2
Artikel 34 Absatz 3	–
–	Artikel 48
Artikel 35	Artikel 49
Artikel 36	Artikel 50
Artikel 37	Artikel 51
Artikel 38	Artikel 52
Artikel 39	Artikel 53
Artikel 40	Artikel 54
Artikel 41	Artikel 55
Artikel 42	–
–	Artikel 56
–	Artikel 57
–	Artikel 58
–	Artikel 59
–	Artikel 60
–	Artikel 61
–	Artikel 62
–	Artikel 63
–	Artikel 64
–	Artikel 65
–	Artikel 66
–	Artikel 67
–	Artikel 68
–	Artikel 69
–	Artikel 70
–	Artikel 71
–	Artikel 72
–	Artikel 73
–	Artikel 74

Verordnung (EG) Nr. 1346/2000	In dieser Verordnung wird Folgendes festgelegt:
–	Artikel 75
–	Artikel 76
–	Artikel 77
–	Artikel 78
–	Artikel 79
–	Artikel 80
–	Artikel 81
–	Artikel 82
–	Artikel 83
Artikel 43	Artikel 84 Absatz 1
–	Artikel 84 Absatz 2
Artikel 44	Artikel 85
–	Artikel 86
Artikel 45	–
–	Artikel 87
–	Artikel 88
–	Artikel 89
Artikel 46	Artikel 90 Absatz 1
–	Artikel 90 Absätze 2 bis 4
–	Artikel 91
Artikel 47	Artikel 92
Anhang A	Anhang A
Anhang B	–
Anhang C	Anhang B
–	Anhang C
–	Anhang D

EGInsO Art. 102c Durchführung der Verordnung (EU) 2015/848 über Insolvenzverfahren

Vorbemerkungen

Das wesentliche Ziel der EuInsVO besteht darin, Insolvenzverfahren eine gemeinschaftsweite Wirkung zu verleihen und Normen anzubieten, die Kollisionen zwischen den einzelstaatlichen Rechtsordnungen verhindern und mögliche Kompetenzkonflikte zwischen Gerichten verschiedener Vertragsstaaten lösen helfen (so bereits zum EuIÜ *Funke* InVo 1996, 170 f.; vgl. auch die Erwägungsgründe zur EuInsVO). Dieses Ziel lässt sich jedoch nur erreichen, wenn die in den einzelnen Mitgliedstaaten eröffneten Insolvenzverfahren möglichst weitgehend aufeinander abgestimmt werden. Dies setzt voraus, dass die einzelnen Mitgliedstaaten Rücksicht auf die Verfahren in den anderen Staaten nehmen und inländische Entscheidungen stets mit Blick auf mögliche Auswirkungen in den anderen Mitgliedstaaten getroffen werden. Nur wenn diese Maxime weitgehend beherzigt wird, kann es gelingen, die EuInsVO als wirksames Instrument zur Abwicklung grenzüberschreitender Insolvenzverfahren zu nutzen. Die von den einzelnen Mitgliedstaaten erwartete Rücksichtnahme sollte dabei deutlich über das hinausgehen, was im anglo-amerikanischen Rechtskreis unter dem Schlagwort comity gewährt wird.

Im Gegensatz zu einer Richtlinie bedarf eine Verordnung keiner Umsetzung im innerstaatlichen Recht. Sie gilt nach Art. 288 Abs. 2 AEUV allgemein und unmittelbar in jedem Mitgliedstaat (vgl. zum Folgenden *Wimmer* FS Kirchhof, S. 521 ff.). Der deutsche Gesetzgeber hatte mit den Regelungen in Art. 102 EGInsO versucht, gewisse Einpassungen vorzunehmen, die die allgemein gehaltenen Regelungen der EuInsVO im deutschen Recht konkretisieren. Das war ihm nicht durchweg gelungen. Der Gesetzgeber hat mehrfach den Anwendungsvorrang der EuInsVO nicht berücksichtigt (vgl. etwa *BGH* ZIP 2008, 1338 zu Art. 4 Abs. 2 EGInsO; vgl. auch das Bestätigungserfordernis in Art. 102 § 9 EGInsO, hierzu s. 8. Aufl. Art. 102 § 9 EGInsO Rn. 4 f. und die Verzinsungspflicht in Art. 102 EGInsO § 10, hierzu s. 8. Aufl. Art. 102 § 10 EGInsO Rn. 3 ff.). Insoweit sei auf die Kommentierung in der Vorauflage zu Art. 102 EGInsO verwiesen. Die dortigen Vorschriften finden weiterhin Anwendung, soweit die Altfassung der EuInsVO zur Anwendung kommt.

Mit Blick auf die Neufassung der EuInsVO 2017 hat der deutsche Gesetzgeber in Art. 102c EGInsO Bestimmungen vorgesehen, die sich an den Regelungen des Art. 102 EGInsO orientieren, aber die Änderungen der Neufassung berücksichtigen. Auch hier gilt, dass der deutsche Gesetzgeber an mehreren Stellen den Anwendungsvorrang der EuInsVO nicht berücksichtigt hat, und ihm mitunter auch die Gesetzgebungskompetenz für einzelne Vorschriften fehlt.

Teil 1 Allgemeine Bestimmungen

§ 1 Örtliche Zuständigkeit

(1) Kommt in einem Insolvenzverfahren den deutschen Gerichten nach Artikel 3 Absatz 1 der Verordnung (EU) Nr. 2015/848 des Europäischen Parlaments und des Rates vom 20. Mai 2015 über Insolvenzverfahren (ABl. Nr. L 141 vom 5.6.2015, S. 19; L 349 vom 21.12.2016, S. 6), die zuletzt durch die Verordnung (EU) 2017/253 (ABl. L 57 vom 3.3.2017, S. 19) geändert worden ist) die internationale Zuständigkeit zu, ohne dass nach § 3 der Insolvenzordnung ein inländischer Gerichtsstand begründet wäre, so ist das Insolvenzgericht ausschließlich zuständig, in dessen Bezirk der Schuldner den Mittelpunkt seiner hauptsächlichen Interessen hat.

Art. 102c EGInsO § 1   Örtliche Zuständigkeit

(2) Besteht eine Zuständigkeit der deutschen Gerichte nach Artikel 3 Abs. 2 der Verordnung (EU) Nr. 2015/848, so ist das Insolvenzgericht ausschließlich örtlich zuständig, in dessen Bezirk die Niederlassung des Schuldners liegt. § 3 Abs. 2 der Insolvenzordnung gilt entsprechend.

(3) Unbeschadet der Zuständigkeit nach diesem Artikel ist für Entscheidungen oder sonstige Maßnahmen nach der Verordnung (EU) Nr. 2015/848 jedes Insolvenzgericht örtlich zuständig, in dessen Bezirk sich Vermögen des Schuldners befindet. Zur sachdienlichen Förderung oder schnelleren Erledigung von Verfahren nach der Verordnung (EU) Nr. 2015/848 werden die Landesregierungen ermächtigt, diese Verfahren durch Rechtsverordnung für die Bezirke mehrerer Insolvenzgerichte einem von diesen zuzuweisen. Die Landesregierungen können die Ermächtigung auf die Landesjustizverwaltungen übertragen.

Übersicht

	Rdn.		Rdn.
A. Normzweck	1	3. Anwendungsfälle	4
B. Im Einzelnen	2	II. Zu Absatz 2	6
I. Zu Absatz 1	2	III. Zu Absatz 3	8
1. Zuständigkeitslücke	2	1. Auffangzuständigkeit	8
2. Mittelpunkt der hauptsächlichen Interessen	3	2. Konzentrationsermächtigung	9

A. Normzweck

1 § 1 entspricht – bis auf kleinere sprachliche Anpassungen – der Regelung des Art. 102 § 1 EGInsO. Mit Abs. 1 soll dem eher seltenen Fall Rechnung getragen werden, dass den deutschen Gerichten zwar die internationale Zuständigkeit zukommt, gleichwohl über § 3 InsO kein inländischer Gerichtsstand begründet ist. Mit Abs. 2 soll die Frage beantwortet werden, wie sich die örtliche Zuständigkeit in einem Partikularinsolvenzverfahren bestimmt, wenn neben einer inländischen Niederlassung noch an weiteren Orten im Inland schuldnerisches Vermögen belegen ist. Abs. 3 regelt schließlich die örtliche Zuständigkeit in den Fällen, in denen im Inland kein Insolvenzverfahren eröffnet wird. Daneben sieht Abs. 3 Satz 2 eine Konzentrationsermächtigung für die Länder vor.

B. Im Einzelnen

I. Zu Absatz 1

1. Zuständigkeitslücke

2 Durch Abs. 1 wird festgelegt, welchen deutschen Gerichten in einem der EuInsVO unterfallenden Hauptinsolvenzverfahren die örtliche Zuständigkeit zukommt, wenn über die Zuweisung der internationalen Zuständigkeit die deutschen Gerichte in ihrer Gesamtheit zur Entscheidung berufen sind, aber nach den allgemeinen Vorschriften kein deutsches Gericht örtlich zuständig wäre (BT-Drucks. 15/16, S. 14; *Pannen/Riedemann* NZI 2004, 301 f.). Auf eine solche denkbare **Zuständigkeitslücke** hatte bereits *Trunk* hingewiesen, der allerdings eine Angleichung von § 3 Abs. 1 InsO an Art. 3 Abs. 1 EuIÜ gefordert hatte (in: *Stoll* [Hrsg.] Vorschläge, S. 232 [235]; ebenso *Eidenmüller* IPRax 2001, 2 [9]).

2. Mittelpunkt der hauptsächlichen Interessen

3 Die internationale Zuständigkeit wird nach Art. 3 Abs. 1 EuInsVO den Gerichten des Mitgliedstaats zugewiesen, in dessen Gebiet der Schuldner den **Mittelpunkt seiner hauptsächlichen Interessen** hat. Über den allgemeinen kollisionsrechtlichen Grundsatz der größten Sachnähe wird damit versucht, die internationale Zuständigkeit des Staats zu begründen, in dem sich aller Voraussicht nach die Masse des schuldnerischen Vermögens und der Großteil der Gläubiger befinden (vgl. dazu EuInsVO Art. 3 Rdn. 6 ff.).

3. Anwendungsfälle

Da die EuInsVO keine **Vorschriften über die örtliche Zuständigkeit** enthält, bestimmt sich diese nach der lex fori concursus; in Deutschland also nach § 3 InsO und über § 4 InsO nach den §§ 12–17 ZPO (s. *Schmerbach* § 3 Rdn. 2). Ist der Schuldner unternehmerisch tätig, so ist ausschließlich das Insolvenzgericht zuständig, in dessen Bezirk der **Mittelpunkt einer selbstständigen wirtschaftlichen Tätigkeit** des Schuldners liegt, andernfalls das Insolvenzgericht in dessen Bezirk der Schuldner seinen allgemeinen Gerichtsstand hat (s. *Schmerbach* § 3 Rdn. 2). Vor diesem Hintergrund wird der Anwendungsbereich von Abs. 1 dann eröffnet, wenn es Fälle gibt, die zwar unter den Mittelpunkt der hauptsächlichen Interessen subsumiert werden könnten, gleichwohl von den deutschen Vorschriften über die örtliche Zuständigkeit nicht abgedeckt wären. So ist etwa als **Beispielsfall** an einen Arbeitnehmer zu denken, der in Deutschland wohnt und dort angestellt ist, aber in den Niederlanden noch nebenberuflich eine selbstständige Tätigkeit ausübt. Hier könnte man nach Art. 3 Abs. 1 dazu kommen, dass die internationale Zuständigkeit der deutschen Gerichte begründet ist, wenn man die Vermutungsregelung bei einer Nebentätigkeit nicht eingreifen lässt. Da § 3 Abs. 1 InsO jedoch auf den Mittelpunkt einer selbstständigen wirtschaftlichen Tätigkeit abstellt und eine selbstständige Nebentätigkeit zumindest dann zuständigkeitsbegründend sein kann, wenn ihr mehr als eine nur nebensächliche Bedeutung zukommt (vgl. *KG* ZInsO 2000, 44 [46]), könnte eine eindeutige Zuordnung der örtlichen Zuständigkeit Schwierigkeiten bereiten. In einem solchen Fall würde Abs. 1 wie die EuInsVO den Mittelpunkt der hauptsächlichen Interessen für maßgebend erklären, so dass am Wohnsitz des Schuldners – in dem genannten Beispielsfall also in Deutschland – eine Zuständigkeit begründet wäre (vgl. *Wimmer* FS Kirchhof, S. 522 f.). Für die Interpretation, was unter Mittelpunkt der hauptsächlichen Interessen zu verstehen ist, wäre dann auf die EuInsVO zurückzugreifen (*Kübler/Prütting/Bork-Kemper* InsO, Art. 102 EGInsO § 1 Rn. 5; zu der Frage, ob die Vorschrift für die Lösung der Zuständigkeitsproblematik bei konzernrechtlichen Verflechtungen herangezogen werden kann vgl. *Smid* Dt. IIR § 1 Abs. 1 Art. 102 EGInsO Rn. 3).

Die örtliche Zuständigkeit für Annexklagen ergibt sich nun aus § 6.

II. Zu Absatz 2

Neben einem Hauptinsolvenzverfahren mit universaler Wirkung sind nach der EuInsVO auch Partikularverfahren zulässig, die nur das im Eröffnungsstaat belegene Vermögen erfassen. Nach Art. 3 Abs. 2 EuInsVO kann ein solches Partikularverfahren nur eröffnet werden, wenn der Schuldner in dem betreffenden Mitgliedstaat eine Niederlassung unterhält. Da somit das Kriterium der **Niederlassung** wesentlich für die Begründung der internationalen Zuständigkeit ist, soll es **auch für die örtliche Zuständigkeit herangezogen** werden (BT-Drucks. 15/16, S. 14; so bereits *Trunk* in: *Stoll* [Hrsg.] Vorschläge, S. 232 [237]; vgl. auch *Eidenmüller* IPRax 2001, 2 [9]). Übt der Schuldner etwa an einem anderen Ort noch eine selbstständige wirtschaftliche Tätigkeit aus, so könnte dort kein Partikularinsolvenzverfahren eröffnet werden, selbst wenn an diesem Ort Grundstücke des Schuldners belegen wären. Unterhält der Schuldner **mehrere Niederlassungen im Inland**, zwischen denen eine bestimmte Rangfolge besteht, so könnte ein Partikularinsolvenzverfahren nur am Ort der Hauptniederlassung eröffnet werden (vgl. *Schmerbach* § 3 Rdn. 7; BT-Drucks. 12/2443, S. 110). Ist eine eindeutige Hierarchie nicht erkennbar, so wird durch die Verweisung in **Abs. 2 Satz 2** klargestellt, dass nach § 3 Abs. 2 InsO das Gericht am Ort der Niederlassung maßgebend sein soll, bei dem zuerst ein Insolvenzverfahren beantragt wurde. Für die **Bestimmung des Niederlassungsbegriffs** kann auf die Definition in Art. 2 Nr. 10 EuInsVO abgestellt werden, so dass jeder Tätigkeitsort zuständigkeitsbegründend wirkt, an dem der Schuldner einer wirtschaftlichen Aktivität von nicht vorübergehender Art nachgeht, die den Einsatz von Personal und Vermögenswerten voraussetzt.

Sowohl die **Zuständigkeit** nach Abs. 1 als auch die nach Abs. 2 ist **ausschließlich**, so dass eine Gerichtsstandsvereinbarung nach § 40 Abs. 2 Nr. 2 ZPO unzulässig wäre (*Kübler/Prütting/Bork-Kemper* InsO, Art. 102 EGInsO § 1 Rn. 7, 9; HK-InsO/*Stephan* Art. 102 § 1 EGInsO Rn. 7).

III. Zu Absatz 3

1. Auffangzuständigkeit

8 Unterstützungsleistungen für ein ausländisches Insolvenzverfahren sind nicht nur dann erforderlich, wenn im Inland ein Partikularinsolvenzverfahren anhängig ist. Die EuInsVO sieht auch sonst in zahlreichen Vorschriften **Mitwirkungshandlungen von inländische Insolvenzgerichten** vor. Zu den **Entscheidungen** gehören die förmlichen Beschlüsse oder Urteile des zuständigen Gerichts, während zu den **sonstigen Maßnahmen** Verfahrenshandlungen, wie beispielsweise die Beantragung einer Eintragung, zu rechnen sind (*Kübler/Prütting/Bork-Kemper* InsO, Art. 102 EGInsO § 1 Rn. 13). Darüber hinaus kommen aber zahlreiche in der EuInsVO nicht benannte Unterstützungsleistungen in Betracht, wie etwa das Zuliefern von Dokumenten oder Auskünfte über den Belegenheitsort von Bestandteilen der Insolvenzmasse (vgl. auch § 384 Abs. 2 InsO). Angesichts der durch die EuInsVO vorausgesetzten vertrauensvollen Zusammenarbeit der Mitgliedstaaten sind solche Unterstützungsleistungen nicht nur dann zu erbringen, wenn der universale Insolvenzbeschlag eines ausländischen Hauptinsolvenzverfahrens gefördert werden soll, sondern in Übereinstimmung mit dem Rechtsgedanken des Art. 20 Abs. 2 EuInsVO hat dies **auch zu Gunsten von Partikularinsolvenzverfahren** zu gelten. Für die genannten Unterstützungsleistungen ist jedes Insolvenzgericht **örtlich zuständig**, in dessen Bezirk Vermögen des Schuldners belegen ist. Zur näheren Lokalisierung des Belegenheitsorts kann auf die **Grundsätze von Art. 2 Nr. 10 EuInsVO** zurückgegriffen werden.

2. Konzentrationsermächtigung

9 Nach **Abs. 3 Satz 2** können die Länder zur sachdienlichen Förderung oder schnelleren Erledigung der Verfahren nach der EuInsVO die Zuständigkeit für die Bezirke mehrerer Insolvenzgerichte einem von diesen zuweisen. Zur Ausfüllung der Begriffe »sachdienlichen Förderung oder schnelleren Erledigung« kann auf die Erläuterungen zu § 2 Abs. 2 InsO verwiesen werden. Die **Konzentration** soll bewirken, dass die Richter und Rechtspfleger an den Insolvenzgerichten **besondere Erfahrung und Sachkunde** auf diesem Gebiet erwerben und damit auch den erhöhten Anforderungen an die Abwicklung grenzüberschreitender Insolvenzverfahren gewachsen sind (vgl. zu § 2 Abs. 2 InsO *Schmerbach* § 2 Rdn. 9). Denkbar sind jedoch auch Fälle, in denen im Inland kein Vermögen des Schuldners belegen ist, gleichwohl das ausländische Insolvenzgericht auf eine inländische Mitwirkungshandlung angewiesen ist. Für diesen Fall wäre es wünschenswert, wenn sich die Länder auf die Auffangzuständigkeit eines Insolvenzgerichts verständigen könnten.

§ 2 Vermeidung von Kompetenzkonflikten

(1) Hat das Gericht eines anderen Mitgliedstaats der Europäischen Union ein Hauptinsolvenzverfahren eröffnet, so ist, solange dieses Insolvenzverfahren anhängig ist, ein bei einem deutschen Insolvenzgericht gestellter Antrag auf Eröffnung eines solchen Verfahrens über das zur Insolvenzmasse gehörende Vermögen unzulässig. Ein entgegen Satz 1 eröffnetes Verfahren ist nach Maßgabe der Artikel 34 bis 52 der Verordnung (EU) 2015/848 als Sekundärinsolvenzverfahren fortzuführen, wenn eine Zuständigkeit der deutschen Gerichte nach Artikel 3 Absatz 2 der Verordnung (EU) 2015/848 besteht; liegen die Voraussetzungen für eine Fortführung nicht vor, ist es einzustellen.

(2) Hat das Gericht eines Mitgliedstaats der Europäischen Union die Eröffnung des Insolvenzverfahrens abgelehnt, weil nach Artikel 3 Abs. 1 der Verordnung (EU) 2015/848 die deutschen Gerichte zuständig seien, so darf ein deutsches Insolvenzgericht die Eröffnung des Insolvenzverfahrens nicht mit der Begründung ablehnen, dass die Gerichte des anderen Mitgliedstaats zuständig seien.

Übersicht	Rdn.		Rdn.
A. Normzweck	1	1. Eröffnung eines Hauptinsolvenzverfahrens (Satz 1)	2
B. Im Einzelnen	2		
I. Zu Absatz 1	2	2. Fortführung des Verfahrens als	

	Rdn.		Rdn.
Sekundärinsolvenzverfahren bzw. Einstellung des Verfahrens (Satz 2)	6	II. Zu Absatz 2	7

A. Normzweck

§ 3 zielt darauf ab, Kompetenzkonflikte mit den Insolvenzgerichten anderer Staaten möglichst zu verhindern (zur Entstehung von Kompetenzkonflikten *Schmittmann/Hesselmann* ZInsO 2008, 957 [962 ff.]). Die Norm hat zum einen Bedeutung, wenn in einem anderen Mitgliedstaat bereits ein Hauptinsolvenzverfahren eröffnet ist. Dann gibt Abs. 1 Antwort auf die Frage, wie ein im Inland gestellter Antrag auf Eröffnung eines Hauptinsolvenzverfahrens zu behandeln ist oder was mit einem irrtümlich eröffneten Hauptinsolvenzverfahren geschehen soll. In Abs. 2 wird das Problem des negativen Kompetenzkonflikts zwischen den Gerichten unterschiedlicher Mitgliedstaaten geregelt. Die Vorschrift präzisiert damit für Deutschland den der Verordnung zugrunde liegenden Grundsatz des gemeinschaftlichen Vertrauens. 1

B. Im Einzelnen

I. Zu Absatz 1

1. Eröffnung eines Hauptinsolvenzverfahrens (Satz 1)

Nach der Konzeption der EuInsVO hat jeder in der Gemeinschaft ansässige Schuldner nur einen Mittelpunkt seiner Interessen, so dass in der Gemeinschaft auch nur ein Hauptinsolvenzverfahren möglich ist (vgl. dazu Art. 3 EuInsVO Rdn. 27 ff.). Wird nun in Deutschland ein Antrag auf Eröffnung eines Hauptinsolvenzverfahrens gestellt, obwohl in einem anderen Mitgliedstaat bereits ein solch universales Verfahren eröffnet wurde, so ist dieser Antrag nach Abs. 1 Satz 1 als unzulässig abzuweisen (vgl. aber zur Auslegung eines solchen Antrags Art. 37 EuInsVO Rdn. 14). Dies setzt aber voraus, dass das deutsche Gericht Kenntnis von dem ausländischen Hauptinsolvenzverfahren hat. Als Ausfluss von § 3 Abs. 1 wird man insofern auch eine gewisse **Ermittlungspflicht** des Insolvenzgerichts zu bejahen haben, wenn konkrete Anhaltspunkte vorliegen, dass der Mittelpunkt der hauptsächlichen Interessen des Schuldners in einem anderen Staat belegen ist (vgl. dazu auch Art. 4 EuInsVO). Eine Recherche im Internet kann hier bereits häufig für Klarheit sorgen. Obwohl die Prüfung der Zulässigkeit von Amts wegen erfolgt (vgl. zu der »negativen« Zulässigkeitsvoraussetzung eines nicht andernorts anhängigen Hauptinsolvenzverfahrens *Kübler/Prütting/Bork-Kemper* InsO, Art. 102 EGInsO § 3 Rn. 4; *AG Mönchengladbach* ZIP 2004, 1064 f.), sollte die Prüfungspflicht des Insolvenzgerichts insoweit nicht überspannt werden. 2

Der im Inland gestellte Eröffnungsantrag ist nach Abs. 1 Satz 1 nur unzulässig, wenn in einem anderen Mitgliedstaat der EU ein nach Art. 19 EuInsVO **anzuerkennendes Hauptinsolvenzverfahren** eröffnet wurde. Da einem Partikularinsolvenzverfahren kein universaler Insolvenzbeschlag zukommt, hätte die Eröffnung eines solchen Verfahrens keine Auswirkungen auf den inländischen Antrag (unklar insofern *Smid* Dt. IIR Art. 102 § 3 EGInsO Rn. 3). 3

Liegt lediglich ein Insolvenzantrag im Ausland vor, ist § 2 nicht einschlägig (*AG Köln* NZI 2009, 133 [135]). Die Anordnung von Sicherungsmaßnahmen, die einen Vermögensbeschlag zur Folge haben, kann jedoch als Eröffnung i.S.v. § 2 zu verstehen sein (vgl. dazu Art. 3 EuInsVO Rdn. 28). 4

Die Vorschrift spricht alle Mitgliedstaaten der EU an, obwohl die EuInsVO gegenüber **Dänemark** nicht anwendbar ist. Insofern könnte man erwägen, bei einem dänischen Hauptinsolvenzverfahren eine teleologische Reduktion der Norm zu erwägen, doch wäre dies nicht überzeugend, da die in § 2 statuierte Rechtslage auch dem autonomen IIR entspricht. 5

2. Fortführung des Verfahrens als Sekundärinsolvenzverfahren bzw. Einstellung des Verfahrens (Satz 2)

6 Wird im Inland ein Hauptinsolvenzverfahren eröffnet, obwohl bereits im Ausland eines anhängig ist, so ist dieses nach Abs. 1 Satz 2 als Sekundärinsolvenzverfahren fortzusetzen, wenn eine entsprechende Zuständigkeit deutscher Gerichte besteht. Der Gesetzgeber hat insoweit die Kritik an Art. 102 § 4 EGInsO aufgegriffen (MüKo-InsO/*Reinhart* Art. 102 § 4 EGInsO Rn. 2 f.; *ders.* NZI 2009, 73 [78 f.]; *Uhlenbruck/Lüer* InsO, Art. 102 EGInsO, § 3 Rn. 5; ähnlich auch: *Schmittmann/Hesselmann* ZInsO 2008, 957 [965]; i.E. ebenso *Fehrenbach* IPRax 2009, 51 [54 f.]), der eine ausnahmslose Einstellung des Verfahrens von Amts wegen vorsah. Eine solche Konstellation dürfte nicht ganz unwahrscheinlich sein, da es wohl häufiger vorkommen wird, dass ein ausländischer Eröffnungsbeschluss nicht hinreichend zur Kenntnis genommen wird oder beide Anträge zeitgleich gestellt werden.

II. Zu Absatz 2

7 Hat ein ausländisches Insolvenzgericht seine Zuständigkeit verneint, weil die deutschen Gerichte zuständig seien, so bestimmt Abs. 2 zur Vermeidung eines negativen Kompetenzkonflikts, dass ein deutsches Gericht seine internationale Zuständigkeit nicht mit der Begründung ablehnen kann, das zunächst befasste Gericht sei zuständig. Andernfalls bestünde die Gefahr, dass die Interessen des Antragstellers in einem **nicht auflösbaren Zuständigkeitskonflikt** zerrieben werden, eine Situation, wie sie gerade bei einem Insolvenzverfahren völlig unerträglich wäre. Zutreffend weist *Kemper* darauf hin, dass nur ein solches Verständnis mit der grundlegenden Ausrichtung der EuInsVO vereinbar ist, die internationale Zuständigkeit der Überprüfung durch ausländische Gerichte zu entziehen (*Kübler/Prütting/Bork-Kemper* InsO, Art. 102 EGInsO § 3 Rn. 12).

8 Allerdings besteht keine Bindungswirkung an die ausländische Entscheidung in dem Sinne, dass damit verbindlich die internationale Zuständigkeit der deutschen Gerichte festgestellt wäre. Vielmehr bleibt es einem deutschen Insolvenzgericht unbenommen, seine Zuständigkeit mit der Begründung abzulehnen, die **Gerichte eines dritten Mitgliedstaats** seien zur Entscheidung berufen (BT-Drucks. 15/16, S. 15; *Kübler/Prütting/Bork-Kemper* InsO, Art. 102 EGInsO § 3 Rn. 13; HK-InsO/*Stephan* Art. 102 § 3 EGInsO Rn. 8; K. Schmidt/*Brinkmann* InsO, Art. 102 EGInsO § 4 Rn. 2).

§ 3 Einstellung des Insolvenzverfahrens zugunsten eines anderen Mitgliedstaats

(1) Vor der Einstellung eines bereits eröffneten Insolvenzverfahrens nach § 2 Absatz 1 Satz 2 soll das Insolvenzgericht den Insolvenzverwalter, den Gläubigerausschuss, wenn ein solcher bestellt ist, und den Schuldner hören. Wird das Insolvenzverfahren eingestellt, so ist jeder Insolvenzgläubiger beschwerdebefugt.

(2) Wirkungen des Insolvenzverfahrens, die vor dessen Einstellung bereits eingetreten und nicht auf die Dauer dieses Verfahrens beschränkt sind, bleiben auch dann bestehen, wenn sie Wirkungen eines in einem anderen Mitgliedstaat der Europäischen Union eröffneten Insolvenzverfahrens widersprechen, die sich nach der Verordnung Verordnung (EU) 2015/848 auf die Bundesrepublik Deutschland erstrecken. Dies gilt auch für Rechtshandlungen, die während des eingestellten Verfahrens vom Insolvenzverwalter oder ihm gegenüber in Ausübung seines Amtes vorgenommen worden sind.

(3) Vor der Einstellung nach § 2 Absatz 1 Satz 2 hat das Insolvenzgericht das Gericht des anderen Mitgliedstaats der Europäischen Union, bei dem das Verfahren anhängig ist, und den Insolvenzverwalter, der in dem anderen Mitgliedstaat bestellt wurde, über die bevorstehende Einstellung zu unterrichten. Dabei soll angegeben werden, wie die Eröffnung des einzustellenden Verfahrens bekannt gemacht wurde, in welchen öffentlichen Büchern und Registern die Eröffnung eingetragen und wer Insolvenzverwalter ist. In dem Einstellungsbeschluss ist das Gericht des anderen Mit-

gliedstaats zu bezeichnen, zu dessen Gunsten das Verfahren eingestellt wird. Diesem Gericht ist eine Ausfertigung des Einstellungsbeschlusses zu übersenden. § 215 Abs. 2 der Insolvenzordnung ist nicht anzuwenden.

Übersicht

	Rdn.			Rdn.
A. Normzweck	1	III. Zu Absatz 3		9
B. Im Einzelnen	2	1. Wirkung des ausländischen Insolvenzbeschlags		9
I. Zu Absatz 1	2			
1. Einstellung mit Wirkung für die Zukunft	2	2. Unterrichtungspflichten		10
2. Beschwerdebefugnis	4	3. Abwicklungsaufgaben des inländischen Insolvenzverwalters		13
II. Zu Absatz 2	6			

A. Normzweck

§ 3 regelt wie zu verfahren ist, wenn entgegen Art. 3 Abs. 3 EuInsVO, Art. 102c § 2 Abs. 1 EGInsO 1 dennoch im Inland ein Hauptinsolvenzverfahren eröffnet wurde und das Verfahren eingestellt werden muss. Der Gesetzgeber hat dabei versucht, über § 3 die Interessen der inländischen Gläubiger, die des ausländischen Gerichts und der Personen, die mit dem inländischen Insolvenzverwalter bereits kontrahiert haben, zu berücksichtigen.

B. Im Einzelnen

I. Zu Absatz 1

1. Einstellung mit Wirkung für die Zukunft

Wurde entgegen Art. 3 Abs. 1 EuInsVO im Inland ein zweites Hauptinsolvenzverfahren eröffnet – 2 dies ist etwa vorstellbar, wenn das inländische Insolvenzgericht irrtümlich eine Zweigniederlassung als Hauptniederlassung gewertet hat oder aber das zuerst eröffnende ausländische Gericht rechtsirrig die Hauptniederlassung in seinem Hoheitsgebiet lokalisiert hat –, und kann es (was selten sein wird) mangels Zuständigkeit nicht als Sekundärinsolvenzverfahren fortgeführt werden, so ist es nach § 2 Abs. 1 zu Gunsten der Gerichte des Mitgliedstaats einzustellen, denen die internationale Zuständigkeit für ein Hauptinsolvenzverfahren zukommt. Da die EuInsVO keine Antwort auf die Frage gibt, wie ein Insolvenzverfahren zu beenden ist, das entgegen Art. 3 EuInsVO eröffnet wurde, soll der **nationale Gesetzgeber berechtigt sein, diese Regelungslücke zu schließen** (so *Wimmer* 4. Aufl.). Die dem deutschen Insolvenzrecht geläufige Figur der Verfahrenseinstellung soll dabei deutlich machen, dass die Wirkungen des Verfahrens **nur für die Zukunft beendet** werden (vgl. aber zur Vereinbarkeit mit der EuInsVO Rdn. 8).

Der **Einstellungsbeschluss ist nach § 215 Abs. 1 InsO**, der entsprechende Anwendung findet, **öf-** 3 **fentlich bekannt zu machen** (*Wimmer* FS Kirchhof, S. 526; *Kübler/Prütting/Bork-Kemper* InsO, Art. 102 EGInsO § 4 Rn. 6; *Pannen/Riedemann* NZI 2004, 301 f.). Trotz der Besonderheit einer Einstellung können wie bei § 3 DöKVAG die meisten Vorschriften des dritten Abschnitts des fünften Teils der InsO entsprechend angewendet werden. Da die Gläubiger nach Abs. 1 Satz 2 beschwerdebefugt sind, ist ihnen der Einstellungsbeschluss nach § 4 InsO i.V.m. § 329 Abs. 3 ZPO auch gesondert zuzustellen. Da die Einstellung die Rechte der Gläubiger und die Rechtsstellung des Insolvenzverwalters nachhaltig berührt, ist ihnen nach Abs. 1 Satz 1 rechtliches Gehör zu gewähren. Dies gilt auch für den Gläubigerausschuss.

2. Beschwerdebefugnis

Durch die Einstellung des inländischen Verfahrens wird insbesondere in die Rechtssphäre der lo- 4 kalen Gläubiger eingegriffen. Ihnen wird die Möglichkeit genommen, an einem inländischen Hauptinsolvenzverfahren teilzunehmen. Darüber hinaus ist eine Anwendung des Abs. 1 Satz 2 auch denkbar, wenn das deutsche Gericht im Insolvenzeröffnungsverfahren statt der Hauptverfahrenszuständigkeit nur die Partikularverfahrenszuständigkeit für sich in Anspruch nimmt (vgl. *Reinhart* NZI 2009, 73 [78]).

5 Abs. 1 Satz 2 spezifiziert dabei das Rechtsmittel nicht näher, sondern bestimmt lediglich, dass die Insolvenzgläubiger »beschwerdebefugt« sind. *Kemper* erkennt hierin eine Lücke, die im Wege einer analogen Auslegung von § 216 InsO geschlossen werden könne (*Kübler/Prütting/Bork-Kemper* InsO, Art. 102 EGInsO § 4 Rn. 9). Eine solche Lücke ist jedoch nicht gegeben, da es nach der ZPO-Reform 2001 als Erstbeschwerde grds. nur die **sofortige Beschwerde** nach den §§ 567 ff. ZPO gibt (vgl. *Baumbach/Lauterbach/Albers/Hartmann* Grundz. § 567 ZPO Rn. 1).

II. Zu Absatz 2

6 Nach der Vorstellung des Gesetzgebers soll eine Einstellung nach § 3 grds. nur Wirkungen für die Zukunft entfalten. Jede andere Entscheidung wäre mit schwerwiegenden Eingriffen in die Rechtssicherheit verbunden (vgl. *Wimmer* 4. Aufl.). Abs. 2 **differenziert hinsichtlich der Wirkungen des Insolvenzverfahrens** danach, ob diese Wirkungen auf die Dauer des Verfahrens beschränkt sind oder auch nach Beendigung des Verfahrens noch Rechtsfolgen zeigen. Für Letztere ordnet Abs. 2 an, dass die Wirkungen auch dann bestehen bleiben, wenn sie den Wirkungen eines Hauptinsolvenzverfahrens aus einem anderen Mitgliedstaat widersprechen, sofern sie bereits vor Einstellung des Verfahrens eingetreten waren. Mit Einstellung des inländischen Verfahrens erstrecken sich die Wirkungen des ausländischen Hauptinsolvenzverfahrens uneingeschränkt auf Deutschland, so dass es zu gewissen **Friktionen** mit den fortbestehenden Wirkungen des eingestellten deutschen Verfahrens kommen kann. Dieser Konflikt wird durch Abs. 2 in der Weise aufgelöst, dass die fortbestehenden Wirkungen des deutschen Verfahrens vorgehen und insofern die Wirkungen des Hauptinsolvenzverfahrens verdrängen. **Abs. 2 Satz 2** erwähnt ausdrücklich die **Rechtshandlungen des Insolvenzverwalters**. Dies soll etwa für Handlungen gelten, die der Insolvenzverwalter aufgrund seiner Verwaltungs- und Verfügungsbefugnis vorgenommen hat, insbesondere für die Wahl der Erfüllung nach § 103 InsO, die Kündigung von Mietverträgen nach § 109 InsO oder aber die Veräußerung von Massebestandteilen. Zu den nicht auf die Dauer des Verfahrens beschränkten Wirkungen, die ohne ein Tätigwerden des Verwalters eintreten, sollen etwa das Erlöschen von Aufträgen nach § 115 InsO, von Geschäftsbesorgungsverträgen nach § 116 InsO und von Vollmachten nach § 117 InsO zählen (*Kübler/Prütting/Bork-Kemper* InsO, Art. 102 EGInsO § 4 Rn. 12).

7 Demgegenüber sind auf die **Dauer des Verfahrens** etwa folgende Wirkungen des deutschen Insolvenzverfahrens **beschränkt**, die deshalb mit der Einstellung automatisch enden sollen: Vollstreckungsverbote, Verjährungshemmung, Prozessunterbrechung oder verfahrensrechtliche Anordnungen des Insolvenzgerichts (*Kübler/Prütting/Bork-Kemper* InsO, Art. 102 EGInsO § 4 Rn. 11).

8 Ob diese Vorstellung des Gesetzgebers und § 3 mit EG-Recht vereinbar ist, ist allerdings zweifelhaft. Der Bundesgerichtshof hat entschieden, dass § 3 jedenfalls dann keine Anwendung findet, wenn das zweite Insolvenzverfahren im Inland nicht rechtsirrig, sondern in Kenntnis des ersten Hauptinsolvenzverfahrens eröffnet worden ist (*BGH* ZIP 2008, 1338 [1341]; grds. zust. *Fehrenbach* IPRax 2009, 51 [53 ff]; krit. dazu *Eckardt* ZZP 2009, 345 [351 f]). Dies ergebe sich aus dem Anwendungsvorrang des EG-Rechts (Art. 24 Abs. 1 GG). Tatsächlich kann die Eröffnung eines zweiten Hauptinsolvenzverfahrens in Deutschland überhaupt keine Wirkungen entfalten, die denen des ersten Hauptinsolvenzverfahrens zuwiderlaufen (so auch im Ergebnis *BGH* ZIP 2008, 1338 [1341]; krit. *Eckardt* ZZP 2009, 345 [352 ff.]). Eine Einstellung nach § 2 hat allenfalls formale Bedeutung, kann aber keine materiell-rechtlichen Wirkungen entfalten. Dies muss unabhängig davon gelten, ob das zweite Hauptinsolvenzverfahren versehentlich oder »sehenden Auges« eingeleitet worden war (ähnlich auch *Fehrenbach* IPRax 2009, 51 [54]).

III. Zu Absatz 3

1. Wirkung des ausländischen Insolvenzbeschlags

Nach der (allerdings wohl EG-rechtswidrigen) Vorstellung des Gesetzgebers werden die Wirkungen des ausländischen Hauptinsolvenzverfahrens durch ein zweites Hauptinsolvenzverfahren im Inland weitgehend verdrängt. Erst mit Einstellung des deutschen Verfahrens unterfalle das im Inland belegene schuldnerische Vermögen dem Insolvenzbeschlag des ausländischen Hauptinsolvenzverfahrens (so *Wimmer* 4. Aufl.). Abs. 3 soll einen möglichst **nahtlosen Übergang** gewährleisten und verhindern, dass der Schuldner nach Einstellung des inländischen Verfahrens wieder die Verfügungsbefugnis über die im Inland belegenen Gegenstände der Insolvenzmasse erhält (vgl. BT-Drucks. 15/16, S. 15). 9

2. Unterrichtungspflichten

Dafür werden eingehende **Unterrichtungspflichten des deutschen Gerichts** vorgesehen. Das Gericht des ausländischen Hauptinsolvenzverfahrens und ggf. auch der dortige Insolvenzverwalter soll dadurch in die Lage versetzt werden, alle Maßnahmen zu ergreifen, die nach der EuInsVO und nach der lex fori concursus zur Sicherung der Masse erforderlich sind. Durch die Information über die im Inland erfolgte Bekanntmachung kann das Gericht nun seinerseits über den Verwalter eine Veröffentlichung nach Art. 28 Abs. 1 EuInsVO einleiten. Durch die Angabe der Bücher und Register, in die das inländische Insolvenzverfahren eingetragen wurde, enthält das ausländische Gericht alle Angaben, die notwendig sind, ebenfalls eine Eintragung seines Verfahrens zu bewirken. Über die Mitteilung des Insolvenzverwalters wird dem ausländischen Verwalter die Möglichkeit eröffnet, sich unmittelbar mit dem Verwalter des eingestellten Verfahrens ins Benehmen zu setzen, um die notwendigen Informationen für die Sicherung der in Deutschland belegenen Massebestandteile zu erhalten. 10

Zwischen der Unterrichtung des ausländischen Gerichts und dem Erlass des Einstellungsbeschlusses muss dem Insolvenzgericht des ausländischen Hauptverfahrens und dem ausländischen Verwalter noch **genügend Zeit bleiben**, um die geschilderten **Sicherungsmaßnahmen ergreifen zu können**. Die Publizität des ausländischen Verfahrens wird noch dadurch erhöht, dass in analoger Anwendung der §§ 217 ff. InsO der Einstellungsbeschluss, in dem das ausländische Gericht bezeichnet wird, bekannt zu machen und in die öffentlichen Register einzutragen ist. 11

Diese Unterrichtungen erfolgen durch **formlose Mitteilung** in deutscher Sprache. Eine förmliche Zustellung ist insofern weder vorgesehen noch rechtlich geboten (vgl. *Kübler/Prütting/Bork-Kemper* InsO, Art. 102 EGInsO § 4 Rn. 22 f.). Durch die Übersendung einer Ausfertigung des Einstellungsbeschlusses erhält das Gericht zusätzlich alle Informationen, wie etwa die Anschrift des Insolvenzverwalters, die es für sein weiteres Vorgehen benötigt. 12

3. Abwicklungsaufgaben des inländischen Insolvenzverwalters

Abs. 3 Satz 4 soll nach Auffassung des Gesetzgebers sicherstellen, dass nach Einstellung des deutschen Verfahrens der Schuldner nicht gem. **§ 215 Abs. 2 InsO** das Recht erhält, über die im Inland belegene Masse frei zu verfügen. Damit soll erreicht werden, dass die Gläubiger nicht im Wege der Zwangsvollstreckung auf diese Gegenstände zugreifen können. Dem inländischen Insolvenzverwalter obliege es deshalb, bis zum Tätigwerden des Verwalters des Hauptinsolvenzverfahrens weiterhin für eine Sicherung der inländischen Masse zu sorgen. Überdies soll der **Insolvenzverwalter** in entsprechender Anwendung von § 209 InsO vor Einstellung des Insolvenzverfahrens die **Massegläubiger befriedigen** (so *Wimmer* 4. Aufl.). 13

Ob es solcher Abwicklungsaufgaben überhaupt bedarf und ob sie zulässig sind, ist höchst zweifelhaft. Tatsächlich erstreckte sich der Geltungsanspruch des ersten Hauptinsolvenzverfahrens auch auf das im Gebiet des zweiten Hauptinsolvenzverfahrens belegene Vermögen. Die Eröffnung eines zweiten Hauptinsolvenzverfahrens kann daher keine Rechtswirkungen haben, die denen des ersten Hauptinsolvenzverfahrens entgegenstehen (s. Rdn. 8). Dementsprechend besteht auch kein Bedarf für 14

Abwicklungsaufgaben des inländischen Verwalters. Vielmehr richtet sich grds. nach der lex fori concursus, wie weiter zu verfahren ist (*BGH* ZIP 2008, 1338 [1342]). Der Verwalter des zweiten Hauptinsolvenzverfahrens (»**Scheinverwalter**«) soll sich aber mit der Vollstreckungserinnerung gegen die Zwangsvollstreckung wegen vermeintlicher Masseverbindlichkeiten wehren können (*BGH* ZIP 2008, 1338 [1342]).

§ 4 Rechtsmittel nach Artikel 5 der Verordnung (EU) 2015/848

Unbeschadet des § 21 Absatz 1 Satz 2 und des § 34 der Insolvenzordnung steht dem Schuldner und jedem Gläubiger gegen die Entscheidung über die Eröffnung des Hauptinsolvenzverfahrens nach Art. 3 Absatz 1 der Verordnung (EU) 2015/848 die sofortige Beschwerde zu, wenn nach Artikel 5 Absatz 1 der Verordnung (EU) 2015/848 das Fehlen der internationalen Zuständigkeit für die Eröffnung eines Hauptinsolvenzverfahrens gerügt werden soll. Die §§ 574 bis 577 der Zivilprozessordnung gelten entsprechend.

Übersicht	Rdn.		Rdn.
A. Normzweck	1	B. Im Einzelnen	2

A. Normzweck

1 Art. 5 Abs. 1 EuInsVO garantiert Schuldner und Gläubigern, dass die Entscheidung zur Eröffnung des Hauptinsolvenzverfahrens vor einem Gericht mit der Begründung angefochten werden kann, das Gericht sei international nicht zuständig. § 4 setzt diese Vorgabe ins deutsche Recht um und konkretisiert sie.

B. Im Einzelnen

2 Satz 1 **erweitert** zunächst die Aktivlegitimation für den Rechtsschutz gegen die Eröffnungsentscheidung eines deutschen Insolvenzgerichts oder die Anordnung von Sicherungsmaßnahmen. Während nach der InsO dem Gläubiger keine Rechtsmittel zustehen, räumt Satz 1 (auch) dem Gläubiger das Recht zur sofortigen Beschwerde ein. Die noch im Referentenentwurf vorgesehene Beschwerdebefugnis des (ausländischen) Hauptinsolvenzverwalters wurde nicht umgesetzt, was bedauerlich ist, denn dieser hätte im Interesse der Gesamtgläubiger ein erhebliches rechtliches Interesse an einer Überprüfung der Eröffnungsentscheidung gehabt.

3 Zugleich **beschränkt** die Vorschrift aber den Prüfungsumfang der Gerichte in solchen Fällen. Diese dürfen bei einer sofortigen Beschwerde des Gläubigers nur die internationale Zuständigkeit des Gerichts überprüfen.

4 Soweit die Vorschrift auch dem Schuldner ein Recht zur sofortigen Beschwerde einräumt, ist die Regelung überflüssig. Denn dem Schuldner steht ein solches Rechts bereits nach den Regelungen der InsO zu (§§ 21 Abs. 1 S. 2 InsO, 34 Abs. 2 InsO). Diese Rechte des Schuldners werden durch § 4 nicht eingeschränkt.

5 Satz 2 eröffnet die Möglichkeit der Rechtsbeschwerde zum Bundesgerichtshof (§ 574 Abs. 1 Nr. 1 InsO).

§ 5 Zusätzliche Angaben im Eröffnungsantrag des Schuldners

Bestehen Anhaltspunkte dafür, dass auch die internationale Zuständigkeit eines anderen Mitgliedstaats der Europäischen Union für die Eröffnung eines Hauptinsolvenzverfahrens nach Artikel 3 Absatz 1 der Verordnung (EU) 2015/848 begründet sein könnte, so soll der Eröffnungsantrag des Schuldners auch folgende Angaben enthalten:
1. seit wann der Sitz, die Hauptniederlassung oder der gewöhnliche Aufenthalt an dem im Antrag genannten Ort besteht,

2. Tatsachen, aus denen sich ergibt, dass der Schuldner gewöhnlich der Verwaltung seiner Interessen in der Bundesrepublik Deutschland nachgeht,
3. in welchen anderen Mitgliedstaaten sich Gläubiger oder wesentliche Teile des Vermögens befinden oder wesentliche Teile der Tätigkeit ausgeübt werden und
4. ob bereits in einem anderen Mitgliedstaat ein Eröffnungsantrag gestellt oder ein Hauptinsolvenzverfahren eröffnet wurde.

Satz 1 findet keine Anwendung auf die im Verbraucherinsolvenzverfahren nach § 305 Absatz 1 der Insolvenzordnung zu stellenden Anträge.

Übersicht	Rdn.		Rdn.
A. Normzweck	1	B. Im Einzelnen	2

A. Normzweck

Die Regelung in § 5 ist neu und findet in den Regelungen des Art. 102 EGInsO kein Vorbild. Sie 1 dient dazu, die Entscheidungsfindung des Gerichts nach Art. 4 Abs. 1 EuInsVO zu unterstützen (vgl. zum Prüfungsumfang und zur Amtsermittlungspflicht die dortige Kommentierung).

B. Im Einzelnen

§ 4 ist eine »Soll«-Vorschrift, nach der der Eröffnungsantrag in Fällen, in denen auch die internatio- 2 nale Zuständigkeit eines anderen Mitgliedstaats begründet sein könnte, zusätzliche Angaben enthalten soll. Diese Angaben sollen dem deutschen Insolvenzgericht ermöglichen, die internationale Zuständigkeit zu prüfen.

Rechtsfolgen für den Fall des Fehlens der benannten Angaben sieht die Regelung – ebenso wie die 3 InsO – nicht vor. Es finden damit die Grundsätze Anwendung, die auch für das Fehlen sonstiger Angaben im Eigenantrag gelten. In aller Regel führt das Fehlen von Angaben daher nicht zur Unzulässigkeit des Antrags (vgl. *Uhlenbruck/Wegener* InsO, § 13 Rn. 133 ff.).

Die Aufzählung ist nicht abschließend und entbindet das Gericht insbesondere nicht davon, sich ein 4 vollständiges Bild zu verschaffen, das eine sachgerechte Prüfung der internationalen Zuständigkeit ermöglicht (vgl. Art. 4 EuInsVO Rdn. 3 ff.). Auch die Einsetzung eines Gutachters ist zulässig.

§ 6 Örtliche Zuständigkeit für Annexklagen

(1) Kommt den deutschen Gerichten infolge der Eröffnung eines Insolvenzverfahrens die Zuständigkeit für Klagen nach Artikel 6 Absatz 1 der Verordnung (EU) 2015/848 zu, ohne dass sich aus anderen Vorschriften eine örtliche Zuständigkeit ergibt, so wird der Gerichtsstand durch den Sitz des Insolvenzgerichts bestimmt.

(2) Für Klagen nach Artikel 6 Absatz 1 der Verordnung (EU) 2015/848, die nach Artikel 6 Absatz 2 der Verordnung in Zusammenhang mit einer anderen zivil- oder handelsrechtlichen Klage gegen denselben Beklagten stehen, ist auch das Gericht örtlich zuständig, das für die andere zivil- oder handelsrechtliche Klage zuständig ist.

Übersicht	Rdn.		Rdn.
A. Normzweck	1	C. Örtliche Zuständigkeit für Klagen im Zusammenhang mit einer Annexklage nach Art. 6 Abs. 2 EuInsVO (Abs. 2)	4
B. Örtliche Zuständigkeit für Annexklagen im Sinne von Art. 6 Abs. 1 EuInsVO (Abs. 1)	2		

Art. 102c EGInsO § 7 Öffentliche Bekanntmachung

A. Normzweck

1 Art. 6 EuInsVO weist den Gerichten des Eröffnungsstaats die internationale Zuständigkeit für Annexverfahren zu, d.h. für solche Verfahren, die unmittelbar aus dem Insolvenzverfahren hervorgehen und in einem engen Zusammenhang damit stehen (vgl. zur schwierigen Abgrenzung Art. 6 EuInsVO Rdn. 5 ff.). Die örtliche Zuständigkeit regelt Art. 6 EuInsVO jedoch nicht, sie ergibt sich aus § 6.

B. Örtliche Zuständigkeit für Annexklagen im Sinne von Art. 6 Abs. 1 EuInsVO (Abs. 1)

2 Abs. 1 regelt die örtliche Zuständigkeit für Annexklagen i.S.v. Art. 6 Abs. 1 EuInsVO. Kommt den deutschen Gerichten nach dieser Vorschrift die internationale Zuständigkeit zu, sind die Gerichte am Sitz des Insolvenzgerichts örtlich zuständig, es sei denn, aus einer anderen Vorschrift ergäbe sich bereits eine (andere) örtliche Zuständigkeit. Die Regelung entspricht damit der bisherigen Rechtsprechung des BGH, der in Ermangelung einer besonderen Zuständigkeit die Regelung des § 19a ZPO entsprechend herangezogen hatte.

3 Für die sachliche und funktionelle Zuständigkeit bleibt es bei den allgemeinen Regelungen (vgl. die Begr. zum Gesetzesentwurf, BT-Drs. 18/10823, S. 21).

C. Örtliche Zuständigkeit für Klagen im Zusammenhang mit einer Annexklage nach Art. 6 Abs. 2 EuInsVO (Abs. 2)

4 Die Regelung in Abs. 2 betrifft den Fall, dass eine andere Klage mit einer Annexklage in einem engen Zusammenhang steht. In diesem Fall ist nach Abs. 2 das Gericht der Annexklage für beide Klagen örtlich zuständig. Abs. 2 schließt damit die Lücke, die sich daraus ergibt, dass Art. 6 Abs. 2 EuInsVO keine Bestimmung zur örtlichen Zuständigkeit trifft, die Regelung allerdings nur Sinn macht, wenn ein Gericht für beide im Sachzusammenhang stehende Klagen örtlich zuständig ist.

§ 7 Öffentliche Bekanntmachung

(1) Der Antrag auf öffentliche Bekanntmachung nach Artikel 28 Abs. 1 der Verordnung (EU) 2015/848 ist an das nach § 1 Absatz 2 zuständige Gericht zu richten.

(2) Der Antrag auf öffentliche Bekanntmachung nach Artikel 28 Absatz 2 der Verordnung (EU) 2015/848 ist an das Insolvenzgericht zu richten, in dessen Bezirk sich der wesentliche Teil des Vermögens des Schuldners befindet. Hat der Schuldner in der Bundesrepublik Deutschland kein Vermögen, so kann der Antrag bei jedem Insolvenzgericht gestellt werden.

(3) Das Gericht kann eine Übersetzung des Antrags verlangen, die von einer hierzu in einem der Mitgliedstaaten der Europäischen Union befugten Person zu beglaubigen ist. § 9 Absatz 1 und 2 und § 30 Absatz 1 der Insolvenzordnung gelten entsprechend. Ist die Eröffnung des Insolvenzverfahrens bekannt gemacht worden, so ist dessen Beendigung in gleicher Weise von Amts wegen bekannt zu machen.

(4) Geht der Antrag nach Absatz 1 bei einem unzuständigen Gericht ein, so leitet dieses den Antrag unverzüglich an das zuständige Gericht weiter und unterrichtet den Antragsteller hierüber.

Übersicht	Rdn.		Rdn.
A. Normzweck	1	5. Pflichten des Gerichts und Kosten	6
B. Im Einzelnen	2	II. Zu Absatz 2	8
I. Zu Absatz 1	2	1. Optionale Bekanntmachung	8
1. Bedeutung der zusätzlichen Bekanntmachung	2	2. Zum Verfahren	9
		III. Zu Absatz 3	11
2. Die bekanntzumachenden Tatsachen	3	1. Übersetzung	11
3. Mitwirkung des Gerichts	4	2. Form der Veröffentlichung	12
4. Vorteile einer Einschaltung des Gerichts	5	IV. Zu Absatz 4	14

A. Normzweck

Im Interesse der Sicherheit des Wirtschaftsverkehrs sieht Art. 28 Abs. 1 EuInsVO vor, dass auf Antrag des ausländischen Insolvenzverwalters der wesentliche Inhalt des Eröffnungsbeschlusses in den anderen Mitgliedstaaten, in denen sich eine Niederlassung des Schuldners befindet, bekannt zu machen ist. Wie die Veröffentlichung zu erfolgen hat, bestimmt sich nach der lex fori concursus. Abs. 1 legt fest, wo der Antrag zu stellen ist. Nach Art. 28 Abs. 2 EuInsVO kann die Bekanntmachung auf Antrag auch in anderen Staaten veröffentlicht werden. Insoweit regelt Abs. 2, wo der Antrag zu stellen ist. Abs. 3 legt fest, welche zusätzlichen Anforderungen das inländische Insolvenzgericht verlangen kann. Zudem sieht die Regelung vor, dass auch die Beendigung des ausländischen Verfahrens öffentlich bekannt zu machen ist. Abs. 4 weist alle Gerichte an, dort eingehende Anträge an das zuständige Gericht weiterzuleiten.

B. Im Einzelnen

I. Zu Absatz 1

1. Bedeutung der zusätzlichen Bekanntmachung

Die öffentliche Bekanntmachung nach Art. 28 EuInsVO ist weder für die Anerkennung des ausländischen Insolvenzverfahrens noch für die Ausübung der Befugnisse des ausländischen Verwalters von Bedeutung (vgl. Art. 28 EuInsVO Rdn. 1).

2. Die bekanntzumachenden Tatsachen

Abs. 1 schreibt – anders als die frühere Regelung in Art. 102 § 5 EGInsO – nicht mehr vor, welche Tatsachen öffentlich bekanntzumachen sind. Damit ist der gesamte Eröffnungsbeschluss bekanntzumachen. Von erheblicher Bedeutung für den Rechtsverkehr ist auch die von Art. 28 Abs. 1 Satz 2 EuInsVO geforderte Angabe, ob es sich bei dem betreffenden Verfahren um ein Haupt- oder Partikularverfahren handelt. Diese müsste sich ohnehin aus dem Eröffnungsbeschluss ergeben (vgl. Art. 4 EuInsVO). Wird nach der lex fori concursus zwischen dem Eröffnungsbeschluss und dem Beschluss über die Bestellung des Insolvenzverwalters unterschieden, so ist auch diese Bestellungsentscheidung auf Antrag zu veröffentlichen.

3. Mitwirkung des Gerichts

Da die EuInsVO keine Angaben enthält, an wen der ausländische Verwalter seinen Antrag zu richten hat, kann der nationale Gesetzgeber diese Lücke ausfüllen. Es wäre nicht opportun, wenn das ausländische Insolvenzgericht oder der ausländische Insolvenzverwalter sich in Deutschland unmittelbar an den Bundesanzeiger wenden könnten, um eine Bekanntmachung selbst zu veranlassen. Denn es wäre dessen Mitarbeitern kaum zumutbar, einen ausländischen Eröffnungsbeschluss zu überprüfen. Abs. 1 sieht deshalb vor, dass sich der ausländische Insolvenzverwalter an das **nach § 1 Abs. 2 zuständige Gericht** zu wenden hat. Dementsprechend ist das Insolvenzgericht am Sitz der Niederlassung zuständig.

4. Vorteile einer Einschaltung des Gerichts

Durch die Einschaltung der Insolvenzgerichte ist zu erwarten, dass sich dort im Laufe der Zeit **hinreichender Sachverstand** über grenzüberschreitende Insolvenzverfahren bildet, so dass diese ohne Schwierigkeiten die Voraussetzungen einer Veröffentlichung im Inland überprüfen können (BT-Drucks. 15/16, S. 15; *Smid* Dt. IIR Art. 102 § 5 EGInsO Rn. 3). Machen die Länder von der Konzentrationsermächtigung nach § 1 Abs. 3 Gebrauch, dürfte dieser Effekt noch verstärkt eintreten.

5. Pflichten des Gerichts und Kosten

Das im Inland ersuchte Gericht hat, bevor es die Veröffentlichung veranlasst, zu prüfen, ob ein anzuerkennendes ausländisches Insolvenzverfahren vorliegt (ebenso *Kübler/Prütting/Bork-Kemper*

InsO, Art. 102 EGInsO § 5, Rn. 3; a.A. wohl *Trunk* in: *Stoll* [Hrsg.] Vorschläge, S. 242). Nur wenn ein anzuerkennendes ausländisches Verfahren vorliegt sind die inländischen Gerichte nach der EuInsVO zur Mitwirkung verpflichtet und kann der ausländische Verwalter im Inland überhaupt Befugnisse ausüben. Im Rahmen dieser Prüfung kann das Gericht den in Art. 22 EuInsVO geregelten Nachweis der Verwalterstellung verlangen (*Kübler/Prütting/Bork-Kemper* InsO, Art. 102 EGInsO § 5 Rn. 3).

7 Für das Tätigwerden des Insolvenzgerichts nach § 7 fallen **keine Gerichtsgebühren** an, da von der Schaffung eines besonderen Gebührentatbestands Abstand genommen wurde, um die Inländergleichbehandlung möglichst zu gewährleisten. Durch eine Änderung des GKG im Rahmen des Gesetzes zur Neuregelung des IIR wurde vorgesehen, dass Schuldner der Kosten für die öffentliche Bekanntmachung der Antragsteller, also der ausländische Insolvenzverwalter ist (BT-Drucks. 15/16, S. 26). Die Veröffentlichungskosten sind in dem ausländischen Verfahren nach Art. 30 EuInsVO als Masseverbindlichkeiten zu behandeln.

II. Zu Absatz 2

1. Optionale Bekanntmachung

8 Abs. 2 betrifft den Fall, dass keine Niederlassung im Inland besteht, es mithin nach Art. 28 Abs. 2 EuInsVO im Ermessen des Verwalters bzw. des Schuldners in Eigenverwaltung steht, ob eine Bekanntmachung veranlasst werden soll.

2. Zum Verfahren

9 Wird die Bekanntmachung beantragt, unterscheidet sich das weitere Verfahren kaum von der Bekanntmachung nach Abs. 1, so dass insbesondere zum Umfang und Inhalt auf die dortigen Ausführungen verwiesen werden kann.

10 Zuständig ist das Insolvenzgericht, in dessen Bezirk sich wesentliches Vermögen des Schuldners befindet. Befindet sich im Inland kein Vermögen, wird aber trotzdem eine Bekanntmachung angestrebt, kann der Antrag bei jedem Insolvenzgericht gestellt werden.

III. Zu Absatz 3

1. Übersetzung

11 Zur Erleichterung für das Gericht sieht Abs. 3 Satz 1 vor, dass entsprechend Art. 22 Satz 2 EuInsVO eine Übersetzung verlangt werden kann, die von einer in **einem Mitgliedstaat befugten Person** zu beglaubigen ist. Obwohl die EuInsVO eine solche Übersetzung für den Antrag auf öffentliche Bekanntmachung nicht vorsieht, dürfte ein solches Erfordernis noch mit der EuInsVO zu vereinbaren sein (*Duursma-Kepplinger/Duursma/Chalupsky* Art. 21 EuInsVO a.F. Rn. 8). Zur näheren Bestimmung, welches Verfahren bei der Übersetzung zu beachten ist, können die Erläuterungen zu Art. 55 Abs. 2 EuGVO herangezogen werden.

2. Form der Veröffentlichung

12 Durch die Verweisung auf § 9 Abs. 1 und 2 sowie § 30 InsO in Abs. 3 Satz 2 wird sichergestellt, dass die ausländische Entscheidung **wie ein inländischer Eröffnungsbeschluss** bekannt gemacht wird. Soll nach Art. 28 Abs. 1 EuInsVO auch die Entscheidung über die Bestellung des ausländischen Verwalters bekannt gemacht werden, so wird dies ebenfalls durch die Verweisung auf § 9 InsO abgedeckt. Hält es der Insolvenzverwalter für geboten, **weitere oder zusätzliche Veröffentlichungen** etwa in einer Tageszeitung im Inland vorzunehmen, so ist ihm dies unbenommen (*Trunk* in: *Stoll* [Hrsg.] Vorschläge, S. 241; *Kübler/Prütting/Bork-Kemper* InsO, Art. 102 EGInsO § 5 Rn. 6); allerdings ist das Insolvenzgericht nicht verpflichtet, ihn dabei zu unterstützen.

Nach Abs. 3 Satz 3 hat das Gericht die **Beendigung des Insolvenzverfahrens** in gleicher Weise im Inland bekannt zu machen, wenn die Eröffnung des Insolvenzverfahrens bekannt gemacht worden war, und zwar von Amts wegen. 13

IV. Zu Absatz 4

Abs. 4 weist alle deutschen Gerichte an, einen Antrag, für den sie nicht zuständig sind, unverzüglich 14
an das zuständige Gericht weiterzuleiten.

§ 8 Eintragung in öffentliche Bücher und Register

(1) Der Antrag auf Eintragung nach Artikel 29 Absatz 1 der Verordnung (EU) 2015/848 (ist an das nach § 1 Absatz 2 zuständige Gericht zu richten. Er soll mit dem Antrag nach Artikel 28 Absatz 1 der Verordnung (EU) 2015/848 verbunden werden. Das Gericht ersucht die registerführende Stelle um Eintragung. § 32 Absatz 2 Satz 2 der Insolvenzordnung findet keine Anwendung.

(2) Der Antrag auf Eintragung nach Artikel 29 Absatz 2 der Verordnung (EU) 2015/848 ist an das nach § 7 Absatz 2 zuständige Gericht zu richten. Er soll mit dem Antrag nach Artikel 28 Absatz 2 der Verordnung (EU) 2015/848 verbunden werden.

(3) Die Form und der Inhalt der Eintragung richten sich nach deutschem Recht. Kennt das Recht des Mitgliedstaats der Europäischen Union, in dem das Insolvenzverfahren eröffnet worden ist, Eintragungen, die dem deutschen Recht unbekannt sind, so hat das Insolvenzgericht eine Eintragung zu wählen, die der des Mitgliedstaats der Verfahrenseröffnung am nächsten kommt.

(4) § 7 Absatz 4 gilt entsprechend.

Übersicht

	Rdn.		Rdn.
A. Normzweck	1	3. Keine eigene Prüfungskompetenz .	7
B. Im Einzelnen	2	II. Zu Absatz 2	8
I. Zu Absatz 1	2	III. Zu Absatz 3	9
1. Einschaltung des inländischen		1. Form des Antrags	9
Insolvenzgerichts	2	2. Inhalt der Eintragung	10
2. Einschlägige Register	5	IV. Zu Absatz 4	12

A. Normzweck

Art. 29 Abs. 1 EuInsVO sieht vor, dass die Eröffnung eines ausländischen Hauptinsolvenzverfahrens 1
in die Register der anderen Mitgliedstaaten einzutragen ist, wenn sich dort eine Niederlassung befindlich und die Eintragung gesetzlich vorgeschrieben ist. Nach Art. 29 Abs. 2 EuInsVO kann die Eintragung darüber hinaus beantragt werden, sofern das Recht des Registerstaats eine solche Eintragung zulässt. Form und Inhalt der Eintragung richten sich dabei nach dem Recht des Registerstaats. Nicht geregelt wird durch die EuInsVO, an wen sich der ausländische Verwalter in dem anderen Mitgliedstaat zu wenden hat und wie die Eintragung von dieser Stelle zu bewirken ist. Diese Lücke schließen Abs. 1 und Abs. 2. In Abs. 3 wird geregelt, wie mit Eintragungen zu verfahren ist, die zwar nach der lex fori concursus vorgeschrieben, jedoch dem deutschen Recht unbekannt sind. Abs. 4 behandelt die Frage, wie ein Antrag, der bei einem unzuständigen Gericht gestellt wurde, zu behandeln ist.

B. Im Einzelnen

I. Zu Absatz 1

1. Einschaltung des inländischen Insolvenzgerichts

Wie die öffentliche Bekanntmachung ist auch die **Eintragung** in die in Art. 29 Abs. 1 EuInsVO genannten Register für die **Anerkennung** des ausländischen Verfahrens **ohne Bedeutung** (vgl. Erläu- 2 ternder Bericht Rn. 182). Im Gegensatz zur öffentlichen Bekanntmachung, deren Wirkungen, von dem Sonderfall des Art. 31 Abs. 2 EuInsVO abgesehen, bereits mit der Veröffentlichung im Eröffnungsstaat eintreten, kommt der Eintragung in die in Art. 29 Abs. 1 EuInsVO genannten Register im **Interesse des Verkehrsschutzes** eine erhebliche Bedeutung zu, etwa mit Blick auf die §§ 892, 893 BGB (vgl. *Wimmer-Amend* § 81 Rdn. 31 ff.). Es ist deshalb im Interesse des Rechtsverkehrs zwingend geboten, dass der Insolvenzvermerk möglichst umgehend eingetragen wird. Eine Eintragung von Amts wegen sieht die EuInsVO dennoch nicht als Regelfall vor; vielmehr hat der ausländische Insolvenzverwalter die Initiative zu ergreifen.

3 Die Verordnung schweigt dazu, wie der Antrag im Inland verfahrensmäßig zu behandeln ist, sondern verweist auf die lex fori concursus. Mit der automatischen Anerkennung eines Hauptinsolvenzverfahrens entfaltet dieses Verfahren nach Art. 20 Abs. 1 EuInsVO in allen Mitgliedstaaten die gleichen Wirkungen, die ihm im Eröffnungsstaat zukommen. Ebenso wird der Verwalter mit den gleichen Befugnissen ausgestattet, die ihm das Recht seines Heimatstaats verleiht (vgl. Art. 21 Abs. 1 EuInsVO). Dieser Konzeption der Verordnung würde es am ehesten entsprechen, wenn auch der ausländische Insolvenzverwalter entsprechend § 32 Abs. 2 Satz 2 InsO die Eintragung des Insolvenzvermerks beim Grundbuchamt beantragen könnte. Demgegenüber hat sich Abs. 1 für eine **Einschaltung des inländischen Insolvenzgerichts entschieden**, das seinerseits die registerführende Stelle um Eintragung ersucht. Dieses Verfahren hat den Vorteil, dass die Grundbuchämter und die anderen registerführenden Stellen nicht mit der Prüfung belastet werden, ob die Voraussetzungen der Anerkennung der ausländischen Verfahren gegeben sind und welche Auswirkungen diese Verfahren ggf. auf die Verfügungsbefugnis des Schuldners haben (so bereits RegE InsO BT-Drucks. 12/2443, S. 242; BT-Drucks. 15/16, S. 16; *Wimmer* 4. Aufl., Anh. I nach § 358 Rn. 65; *Duursma-Kepplinger/Duursma/Chalupsky* Art. 22 EuInsVO Rn. 11 f.). Deshalb wird durch § 8 Abs. 1 Satz 4 die Befugnis eines inländischen Insolvenzverwalters, beim Grundbuchamt die Eintragung zu veranlassen, für den ausländischen Verwalter ausgeschlossen (vgl. etwa *OLG Düsseldorf* Beschl. v. 02.03.2012 – 3 Wx 329/11). Dies bedeutet allerdings nicht, dass das Insolvenzgericht über den in Abs. 1 hinaus geregelten Fall dafür zuständig wäre, insolvenzrechtliche Vorfragen einer Eintragung zu prüfen (vgl. zum Antrag auf Löschung einer Grundschuld *AG Duisburg* NZI 2010, 199).

4 Welches **Insolvenzgericht im Einzelfall zuständig** ist, bestimmt sich nach § 1 Abs. 2, also danach, in welchem Bezirk die Niederlassung belegen ist.

2. Einschlägige Register

5 Neben der Eintragung in das Grundbuch sind als weitere wichtige Eintragungen die nach § 31 InsO zu nennen. Die Eintragung in das **Handels-, Genossenschafts-, Partnerschafts- oder Vereinsregister** erfolgt bereits nach nationalem Recht in einem Verfahren, das dem von § 8 im Wesentlichen entspricht. Auch nach § 31 InsO übermittelt die Geschäftsstelle des Insolvenzgerichts dem Registergericht eine Beschlussausfertigung (vgl. *Schmerbach* § 31 Rdn. 1). Zwar wäre es beim **Handelsregister** eher zu vertreten gewesen, die Prüfungskompetenz diesem Gericht zuzuweisen, da das Registergericht eine solche Prüfung bereits nach geltendem Recht durchführt, doch spricht auch hier für die Einschaltung des Insolvenzgerichts, dass dort die größere Sachkunde für die Beurteilung grenzüberschreitender Insolvenzsachverhalte vorhanden ist. Ein solches Verfahren bietet für den ausländischen Insolvenzverwalter den weiteren Vorteil, dass er sich im Inland an eine einzige Stelle wenden kann, die alle Registereintragungen veranlasst, und somit widersprechende Entscheidungen über die Eintragung vermieden werden.

6 Nach Art. 29 Abs. 1 EuInsVO ist die Eröffnung eines Hauptinsolvenzverfahrens in das Grundbuch, das Handelsregister und **alle sonstigen öffentlichen Register** einzutragen. Wenngleich dieser Wortlaut etwas über das Ziel hinausschießt, da eine Eintragung in alle Register, also auch in Register, die zu dem Insolvenzverfahren in keinerlei Bezug stehen, nicht sinnvoll wäre, ist eine solche Eintragung vorzunehmen. Die bisherige Regelung, nach der eine Eintragung nur in solche Register erfolgen soll, in die nach der lex fori concursus ebenfalls eingetragen wird, ist nicht in die Neufassung übernommen worden.

3. Keine eigene Prüfungskompetenz

Eine eigene Prüfungskompetenz hinsichtlich der Voraussetzungen nach Abs. 1 hat das um die Eintragung ersuchte Registergericht nicht (*OLG Dresden* ZIP 2010, 2108). 7

II. Zu Absatz 2

Soweit über Absatz 1 eine Eintragung auf den Antrag des Verwalters oder des Schuldners in Eigenverwaltung nach Art. 29 Abs. 2 EuInsVO erfolgen soll, ist dieser Antrag an das nach § 7 Abs. 2 zuständige Insolvenzgericht zu richten. 8

III. Zu Absatz 3

1. Form des Antrags

Form und Inhalt einer Eintragung nach Art. 29 EuInsVO richten sich nach dem Recht des Registerstaats. Sie hat nach ähnlichen Bedingungen zu erfolgen wie bei einem inländischen Verfahren (Erläuternder Bericht Rn. 182). Abs. 2 Satz 1 überträgt dies in das innerstaatliche Recht. In welcher **Form der Eintragungsantrag** zu stellen ist, bestimmt sich nach den maßgebenden Registerordnungen. Für die Eintragung des Insolvenzvermerks in das Grundbuch bedeutet dies, dass nach § 29 GBO der Nachweis durch öffentliche oder öffentlich beglaubigte Urkunden zu führen ist. Da die Eintragung durch das Insolvenzgericht veranlasst wird, gelten die Vorschriften, die das Ersuchen einer Behörde regeln. Dabei ist es unerheblich, dass das Insolvenzgericht nur als zwischengeschaltete Stelle fungiert (*Kübler/Prütting/Bork-Kemper* InsO, Art. 102 EGInsO § 6 Rn. 2, 7 f.). Für die einzelnen Eintragungen sind somit folgende Vorschriften maßgebend: für das Grundbuch §§ 38, 29 Abs. 3 GBO; für das Handelsregister §§ 32, 34 Abs. 5 HGB; für das Vereinsregister § 75 BGB; für das Genossenschaftsregister § 102 GenG; für das Schiffsregister §§ 45, 37 Abs. 3 SchiffRegO; für Luftfahrzeuge §§ 18, 86 Abs. 1 LuftfzG (s. *Schmerbach* § 31 Rdn. 2 f.; *Kübler/Prütting/Bork-Kemper* InsO, Art. 102 EGInsO § 6 Rn. 8). 9

2. Inhalt der Eintragung

Auch der **Inhalt der Eintragung** hat sich nach dem Recht des Registerstaats zu richten. Dies ist geboten, da in den einzelnen Mitgliedstaaten erheblich abweichende Grundbuch- bzw. Registersysteme bestehen. Kennt das ausländische Recht Eintragungen, die im Inland unbekannt sind, so hat das ersuchende **Insolvenzgericht** die registerführende Stelle zu veranlassen, das dem deutschen Recht unbekannte ausländische Mittel durch ein entsprechendes inländisches **zu substituieren** (s. Art. 22 EuInsVO Rdn. 5; *Hanisch* ZIP 1992, 1125 [1127]). 10

Wird die **Eintragung abgelehnt**, was nach dem eben Ausgeführten wohl nur selten der Fall sein wird, so hat das inländische Insolvenzgericht unverzüglich den ausländischen Verwalter zu informieren. Dem Verwalter sind dabei auch die Gründe mitzuteilen, die einer Eintragung im Inland entgegenstehen. Sind bei dem Antrag des ausländischen Verwalters nur leichte formale Fehler feststellbar, so sollte im Interesse einer vertrauensvollen Zusammenarbeit der Antrag nicht abgewiesen werden, sondern dem Insolvenzverwalter ist Gelegenheit zu geben, seinen **Antrag** insofern **nachzubessern**. Ist das Grundstück, bei dem ein Insolvenzvermerk eingetragen werden soll, nicht in einer dem § 28 GBO entsprechenden Weise gekennzeichnet, so hat sich das Grundbuchamt unverzüglich an das ersuchende Insolvenzgericht zu wenden, das seinerseits den ausländischen Verwalter unterrichtet (vgl. zu der insofern vergleichbaren Rechtslage nach dem DöKV *Arnold* DöKV, S. 62). Weigert sich das inländische Insolvenzgericht, die Eintragung zu veranlassen, so steht dem ausländischen Insolvenzverwalter nach § 9 die **sofortige Beschwerde** zu, da die Ablehnung erhebliche Bedeutung für die Sicherung der Insolvenzmasse haben kann. 11

IV. Zu Absatz 4

12 Dem Interesse einer vertrauensvollen Zusammenarbeit entspricht es, dass der bei einem unzuständigen Gericht gestellte Antrag auf öffentliche Bekanntmachung oder auf Registereintragung nicht als unzulässig abgewiesen wird, sondern das Gericht verpflichtet ist, diesen an das zuständige Gericht **unverzüglich** weiterzuleiten. Da es um eine zügige Sicherung der im Inland belegenen Gegenstände der Insolvenzmasse geht, ist »unverzüglich« besonders zu betonen. Über die Weiterleitung ist der ausländische Insolvenzverwalter zu unterrichten, damit er weiß, an welche Stelle er sich künftig wenden kann.

§ 9 Rechtsmittel gegen eine Entscheidung nach § 7 oder § 8

Gegen die Entscheidung des Insolvenzgerichts nach § 7 oder § 8 findet die sofortige Beschwerde statt. Die §§ 574 bis 577 der Zivilprozessordnung gelten entsprechend.

Übersicht

	Rdn.			Rdn.
A. Normzweck	1	II.	Zulässigkeit der Rechtsbeschwerde	5
B. Im Einzelnen	2	III.	Sonstige Rechtsmittel	6
I. Sofortige Beschwerde	2			

A. Normzweck

1 Angesichts der Bedeutung, die die öffentliche Bekanntmachung und die Eintragung in die maßgebenden Register für die Sicherung der Insolvenzmasse haben kann, eröffnet § 9 die sofortige Beschwerde gegen Entscheidungen des Insolvenzgerichts nach den §§ 7 und 8.

B. Im Einzelnen

I. Sofortige Beschwerde

2 Für die sofortige Beschwerde nach § 9 gelten die §§ 567 ff. ZPO, so dass auf die **Ausführungen zu § 6 InsO** weitgehend verwiesen werden kann. Nach § 569 Abs. 1 ZPO ist die sofortige Beschwerde binnen einer Notfrist von zwei Wochen einzulegen, wobei die Notfrist mit der Zustellung der Entscheidung zu laufen beginnt. Da die Zustellung in einem anderen Mitgliedstaat der EU zu erfolgen hat, finden auf sie die Vorschriften des EuZVO Anwendung (vgl. *Kübler/Prütting/Bork-Kemper* InsO, Art. 102 EGInsO § 7 Rn. 3).

3 § 9 bestimmt nicht ausdrücklich, wem eine **Beschwerdeberechtigung** zukommt. Im Rahmen der in der InsO vorgesehenen Beschwerdemöglichkeiten wird dies normalerweise ausdrücklich angeordnet. Nicht beschwerdeberechtigt ist jedenfalls derjenige, der an dem Verfahren nicht beteiligt ist (vgl. *Schmerbach* § 6 Rdn. 13). Zunächst ist der **ausländische Insolvenzverwalter** beschwerdeberechtigt, der einen Antrag auf Veröffentlichung oder auf Eintragung in die Register gestellt hat. Dabei ist jedoch nicht nur an den Insolvenzverwalter im eigentlichen Sinne zu denken, sondern auch an andere Personen und Stellen, die in Art. 2 Nr. 5 EuInsVO im Anhang B der Verordnung aufgeführt sind. Fraglich könnte sein, ob auch der **Schuldner** beschwerdebefugt ist, da durch die zusätzliche Veröffentlichung oder Eintragung im Inland in seine Rechte eingegriffen wird. Dies ist jedoch **abzulehnen**. Beim Schuldner ist insofern kein Rechtsschutzinteresse anzuerkennen, da der eigentliche Eingriff in seine Rechtssphäre durch die Eröffnung des ausländischen Insolvenzverfahrens erfolgt. Ihm stehen deshalb lediglich die Rechtsbehelfe nach der lex fori concursus gegen die Eröffnungsentscheidung oder ggf. gegen die Handlungen des Insolvenzverwalters zu (a.A. *K. Schmidt/Brinkmann* InsO, Art. 102 EGInsO § 7 Rn. 4).

4 Weiter setzt die Zulässigkeit der sofortigen Beschwerde voraus, dass der Beschluss des Insolvenzgerichts eine **Beschwer** enthält und der Insolvenzverwalter mit seinem Rechtsmittel gerade die Beseitigung dieser Beschwer anstrebt (vgl. allgemein zur Beschwer *Baumbach/Lauterbach/Albers/Hart-*

mann Grundz. § 511 Rn. 14 ff.). Die Entscheidung des Insolvenzgerichts muss dem Insolvenzverwalter etwas versagt haben, was er beantragt hat (vgl. nur *BGH* NJW 1984, 371). Danach ist eine Beschwer gegeben, wenn der Antrag auf Veröffentlichung oder Eintragung in die Register entweder vollständig oder teilweise abgelehnt wird.

II. Zulässigkeit der Rechtsbeschwerde

Durch die Verweisung in Satz 2 auf die §§ 574 bis 577 ZPO wird gegen die Entscheidung über die sofortige Beschwerde die Rechtsbeschwerde eröffnet. 5

III. Sonstige Rechtsmittel

Nach der Gesetzesbegründung zu Art. 102 EGInsO soll der ausländische Insolvenzverwalter neben der sofortigen Beschwerde auch die Rechtsmittel einlegen können, die für das jeweilige Eintragungsverfahren besonders vorgesehen sind. Als Beispiel werden insofern die §§ 71 ff. GBO genannt (BT-Drucks. 15/16, S. 16). Eine solche Beschwerde wird jedoch nur dann Erfolg haben, wenn das eintragende Gericht rechtsfehlerhaft gehandelt hat, was angesichts der beschränkten Prüfungskompetenz nur selten der Fall sein wird (vgl. *OLG Dresden* ZIP 2010, 2108). 6

§ 10 Vollstreckung aus der Eröffnungsentscheidung

Ist der Verwalter eines Hauptinsolvenzverfahrens nach dem Recht des Mitgliedstaats der Europäischen Union, in dem das Insolvenzverfahren eröffnet worden ist, befugt, auf Grund der Entscheidung über die Verfahrenseröffnung die Herausgabe der Sachen, die sich im Gewahrsam des Schuldners befinden, im Wege der Zwangsvollstreckung durchzusetzen, so gilt für die Vollstreckung in der Bundesrepublik Deutschland Artikel 32 Absatz 1 Unterabsatz 1 der Verordnung (EU) Nr. 2015/848. Für die Verwertung von Gegenständen der Insolvenzmasse im Wege der Zwangsvollstreckung gilt Satz 1 entsprechend.

Übersicht	Rdn.		Rdn.
A. Normzweck	1	II. Verwertung von Massegegenständen im Wege der Zwangsvollstreckung	5
B. Im Einzelnen	2		
I. Vollstreckungsmaßnahmen gegen den Schuldner	2		

A. Normzweck

§ 8 bestimmt, wie ein ausländischer Eröffnungsbeschluss, der nach der lex fori concursus dem Insolvenzverwalter ermöglicht, im Wege der Zwangsvollstreckung Gegenstände der Insolvenzmasse vom Schuldner herauszuverlangen, im Inland für vollstreckbar erklärt wird. Weiter wird festgelegt, wie dem Verwalter die Verwertung von Gegenständen der Insolvenzmasse im Wege der Zwangsvollstreckung im Inland ermöglicht werden kann. Die Norm dürfte **lediglich klarstellende Bedeutung** haben. 1

B. Im Einzelnen

I. Vollstreckungsmaßnahmen gegen den Schuldner

Nach der lex fori concursus entscheidet sich, ob der ausländische Verwalter verpflichtet ist, alle Gegenstände der Insolvenzmasse in Besitz zu nehmen. Kommt dem Verwalter diese Aufgabe zu, so verleiht ihm Art. 21 Abs. 1 EuInsVO das Recht, in allen anderen Mitgliedstaaten die Befugnisse auszuüben, die ihm sein Heimatrecht gewährt. Allerdings hat er nach Art. 21 Abs. 3 EuInsVO bei der Verwertung von Massegegenständen das Recht des Belegenheitsstaats zu beachten. Die Ausübung von Zwangsmitteln ist ihm dabei untersagt. Will der ausländische Verwalter zwangsweise auf Gegenstände zugreifen, so hat dies nach dem Recht des Belegenheitsorts zu erfolgen. Im Ergebnis 2 besteht Einigkeit darüber, dass der Verwalter eines ausländischen Insolvenzverfahrens im Inland die Vollstreckbarkeitserklärung des ausländischen Eröffnungsbeschlusses beantragen kann, wenn der Beschluss nach dem Recht des Erlassstaats einen Titel darstellt. Ob sich dies aus Art. 32 Abs. 1 Unterabs. 1 EuInsVO ergibt, ist nicht klar (vgl. Art. 32 EuInsVO Rdn. 6). Im Ergebnis jedenfalls – einerlei ob über Art. 32 EuInsVO oder nicht – gelten die Regeln der EuGVO (vgl. *Wimmer* FS Kirchhof, S. 530; *Kübler/Prütting/Bork-Kemper* InsO, Art. 102 EGInsO § 8 Rn. 3).

3 Wenn § 10 nur die Entscheidung über die Eröffnung eines **ausländischen Hauptinsolvenzverfahrens** erwähnt, ändert dies nichts daran, dass auch bei Bedarf der Beschluss über die Eröffnung eines **Partikularverfahrens** für vollstreckbar zu erklären ist (so im Falle von Art. 21 Abs. 2 Satz 1 EuInsVO).

4 § 10 beschäftigt sich nicht mit der wichtigen Frage, ob der ausländische Eröffnungsbeschluss auch dann **Herausgabetitel** sein kann, wenn in ihm die herauszugebenden **Vermögensgegenstände nicht bezeichnet** sind (dazu Art. 20 EuInsVO Rdn. 6; *Mohrbutter/Ringstmeier-Wenner* § 20 Rn. 91, 215).

II. Verwertung von Massegegenständen im Wege der Zwangsvollstreckung

5 Gewährt die lex fori concursus dem ausländischen Insolvenzverwalter entsprechend § 165 InsO das Recht, Bestandteile der Masse im Wege der Zwangsvollstreckung zu verwerten, so ist auch für solche Vollstreckungsmaßnahmen erforderlich, dass die ausländische Eröffnungsentscheidung im Inland für vollstreckbar erklärt wird (*Trunk* in: *Stoll* [Hrsg.] Vorschläge, S. 232 [247]). Nach dem oben Ausgeführten dürfte sich auch ohne eine ausdrückliche Anordnung in Abs. 1 Satz 2 bereits unmittelbar aus Art. 32 EuInsVO die Zulässigkeit des vereinfachten Exequaturverfahrens über die EuGVO ergeben. Mit Satz 2 werden insofern letzte Zweifel ausgeräumt.

Teil 2 Sekundärinsolvenzverfahren

Abschnitt 1 Hauptinsolvenzverfahren in der Bundesrepublik Deutschland

§ 11 Voraussetzungen für die Abgabe der Zusicherung

(1) Soll in einem in der Bundesrepublik Deutschland anhängigen Insolvenzverfahren eine Zusicherung nach Art. 36 der Verordnung (EU) 2015/848 abgegeben werden, hat der Insolvenzverwalter zuvor die Zustimmung des Gläubigerausschusses oder des vorläufigen Gläubigerausschusses nach § 21 Absatz 2 Satz 1 Nummer 1a der Insolvenzordnung einzuholen, sofern ein solcher bestellt ist.

(2) Hat das Insolvenzgericht die Eigenverwaltung angeordnet, gilt Absatz 1 entsprechend.

Übersicht	Rdn.		Rdn.
A. Normzweck	1	I. Zu Absatz 1	2
B. Im Einzelnen	2	II. Zu Absatz 2	4

A. Normzweck

1 Art. 36 EuInsVO gibt dem Hauptinsolvenzverwalter die Möglichkeit, durch die Abgabe einer sog. »Zusicherung«, die von den lokalen Gläubigern gebilligt werden muss, die Eröffnung eines Sekundärinsolvenzverfahrens zu verhindern. Die §§ 11 bis 14 sehen bestimmte Konkretisierungen für den Fall vor, dass das Hauptinsolvenzverfahren in der Bundesrepublik Deutschland eröffnet worden ist. § 11 sieht in Anlehnung an § 187 Abs. 3 Satz 2 InsO vor, dass vor Abgabe der Zusicherung durch einen deutschen Hauptinsolvenzverwalters die Zustimmung des Gläubigerausschusses ein-

zuholen ist. Von den noch im Gesetzgebungsverfahren angestellten Überlegungen, dass die Zusicherung unwirksam sein soll, wenn sie ohne Zustimmung des Gläubigerausschusses erfolgt, hat der Gesetzgeber zu Recht Abstand genommen.

B. Im Einzelnen
I. Zu Absatz 1

Nach Abs. 1 ist die Zustimmung des Gläubigerausschusses stets einzuholen, und zwar unabhängig davon, ob sie für das Verfahren von besonderer Bedeutung ist. Es spielt also keine Rolle, welche wirtschaftlichen Auswirkungen die Zusicherung für die Gesamtgläubigerschaft hat, mithin welchen Wert die Gegenstände haben, die nach dem dann einschlägigen lokalen Recht in anderer Weise verteilt werden sollen als nach dem Recht des Hauptinsolvenzverfahrens, und welchen Nachteil die Gesamtgläubigerschaft hierdurch erleidet. 2

Der Wortlaut der Regelung lässt allerdings offen, was geschehen soll, wenn gar kein Gläubigerausschuss, auch kein vorläufiger, eingesetzt ist. Folgt man dem Gedanken des Gesetzgebers, dass es sich letztlich um eine Regelung in Anlehnung an das Verteilungsverfahren handelt, kann der Verwalter in diesem Fall allein entscheiden. Die Zustimmung der Gläubigerversammlung ist nicht notwendig (so noch BT-Drs. 18/10823, S. 32; anders BT-Drs. 18/12154, S. 31). In der Tat besteht gerade bei der Abgabe der Zusicherung nach Art. 36 EuInsVO ein besonderes Eilbedürfnis, da sie nur dann ein Sekundärinsolvenzverfahren verhindert, wenn sie auch tatsächlich vor dessen Eröffnung abgegeben wurde (vgl. Art. 38 Rdn. 4). 3

II. Zu Absatz 2

Abs. 2 sieht vor, dass die Zustimmung des Gläubigerausschusses auch dann eingeholt werden soll, wenn es sich um ein Hauptinsolvenzverfahren in Eigenverwaltung handelt. Die Regelung geht jedenfalls dann ins Leere, wenn – wofür der Wortlaut des Art. 36 EuInsVO spricht – die Zusicherung im Sinne der EuInsVO vom Schuldner in Eigenverwaltung überhaupt nicht abgegeben werden kann (vgl. dazu Art. 36 EuInsVO Rdn. 12). 4

§ 12 Öffentliche Bekanntmachung der Zusicherung

Der Insolvenzverwalter hat die öffentliche Bekanntmachung der Zusicherung sowie den Termin und das Verfahren zu deren Billigung zu veranlassen. Den bekannten lokalen Gläubigern ist die Zusicherung durch den Insolvenzverwalter besonders zuzustellen; § 8 Absatz 3 Satz 2 und 3 der Insolvenzordnung gilt entsprechend.

Übersicht	Rdn.		Rdn.
A. Normzweck	1	B. Im Einzelnen	2

A. Normzweck

§ 12 regelt den Inhalt der öffentlichen Bekanntmachung der Zusicherung. 1

B. Im Einzelnen

Nach Art. 36 Abs. 5 Satz 3 EuInsVO hat der Hauptinsolvenzverwalter die betroffenen Gläubiger insbesondere über die Zusicherung und die Regeln und das Verfahren über deren Billigung zu unterrichten. Nachdem die EuInsVO offen lässt, wie die Unterrichtung zu erfolgen hat, konkretisiert § 12, wie die Zustellung in einem deutschen Hauptinsolvenzverfahren zu erfolgen hat, und zwar in zweierlei Hinsicht: Einmal müssen Zusicherung, Termin und Verfahren (in Deutschland) öffentlich bekannt gemacht werden. Die Zusicherung muss darüber hinaus den bekannten lokalen Gläubigern besonders zugestellt werden. 2

3 Ob der deutsche Hauptinsolvenzverwalter damit seinen Verpflichtungen nach der EuInsVO nachkommt, ist allerdings offen. Denn wenn man Art. 36 Abs. 5 Satz 3 EuInsVO so versteht, dass es auf die Regelungen, die das Insolvenzrecht des betroffenen Mitgliedstaats für die Unterrichtung von Gläubigern vorsieht, ankommt, genügt die öffentliche Bekanntmachung in Deutschland (und nicht in dem betroffenen Mitgliedstaat) möglicherweise nicht. Der Hauptinsolvenzverwalter wird also über die Vorgaben von Abs. 2 hinaus zu prüfen haben, ob er weitere Kommunikationswege nutzen muss, um die Zusicherung bekannt zu machen. Zudem wird er zu prüfen haben, in welcher Sprache die Bekanntmachung zu erfolgen hat (vgl. Art. 36 EuInsVO Rdn. 40).

§ 13 Benachrichtigung über die beabsichtigte Verteilung

Für die Benachrichtigung nach Artikel 36 Absatz 7 Satz 1 der Verordnung (EU) 2015/848 gilt § 12 Satz 2 entsprechend.

1 Nach Art. 36 Abs. 7 Satz 1 EuInsVO sind die lokalen Gläubiger zu unterrichten, bevor der Hauptinsolvenzverwalter Massegegenstände oder Erlöse verteilt, für die die Zusicherung gilt. Die EuInsVO lässt dabei offen, wie die Gläubiger zu unterrichten sind. Insoweit versucht § 13, dem deutschen Hauptinsolvenzverwalter eine entsprechende Vorgabe zu machen. Danach ist die Benachrichtigung den lokalen Gläubigern besonders zuzustellen.

2 Die Vorschrift ist letztlich wenig praktikabel (vgl. dazu auch Art. 36 EuInsVO Rdn. 45), denn sie betrifft beispielsweise auch die Herausgabe von Aussonderungsgut, oder die Abrechnung von Absonderungsrechten, die während des laufenden Insolvenzverfahrens in einer Vielzahl von Einzelfällen erfolgen kann. Der Gesetzgeber hätte zumindest darüber nachdenken können, die öffentliche Zustellung als ausreichend anzusehen.

3 Kommt man zu dem Ergebnis, dass die EuInsVO dem Hauptinsolvenzverwalter weitergehende Pflichten auferlegt, etwa im Hinblick auf die zu beachtende Form oder Sprache (vgl. dazu Art. 36 EuInsVO Rdn. 47), entbindet § 13 den Hauptinsolvenzverwalter nicht von der Beachtung dieser weitergehenden Vorgaben.

§ 14 Haftung des Insolvenzverwalters bei einer Zusicherung

Für die Haftung des Insolvenzverwalters nach Artikel 36 Absatz 10 der Verordnung (EU) 2015/848 in einem in der Bundesrepublik Deutschland anhängigen Insolvenzverfahren gilt § 92 der Insolvenzordnung entsprechend.

Übersicht

	Rdn.			Rdn.
A. Normzweck	1	B.	Im Einzelnen	2

A. Normzweck

1 Nach Art. 36 Abs. 10 haftet der Verwalter gegenüber den lokalen Gläubigern für jeden Schaden infolge der Nichterfüllung seiner Pflichten und Aufgaben i.S.d. Art. 36 EuInsVO. Dabei handelt es sich um eine europarechtliche Haftungsnorm, die nicht durch nationales Recht eingeschränkt werden kann. Allenfalls wären Erweiterungen der Haftung denkbar, die der deutsche Gesetzgeber jedoch nicht vorgesehen hat. § 14 versucht nun, die Haftung des Hauptinsolvenzverwalters näher auszugestalten:

B. Im Einzelnen

2 Nach den Vorstellungen des Gesetzgebers soll § 92 InsO auf die Haftung anwendbar sein. Dieser Hinweis geht fehl. Nach § 92 InsO kann ein gemeinschaftlicher Schaden der Gläubiger während des laufenden Insolvenzverfahrens nur vom Insolvenzverwalter bzw. von einem neu bestellten Insol-

venzverwalter (oder einem Sonderinsolvenzverwalter) geltend gemacht werden, nicht aber vom Gläubiger selbst. Art. 36 Abs. 10 EuInsVO ist jedoch eine Schutzvorschrift zu Gunsten der lokalen Gläubiger und kann nicht durch nationales Recht eingeschränkt werden. Selbst wenn also durch eine Pflichtverletzung ein Gesamtschaden der (lokalen) Gläubiger eingetreten wäre, muss es dabei bleiben, dass die Gläubiger den Anspruch nach Art. 36 Abs. 10 EuInsVO selbst geltend machen dürfen, aber auch müssen. Ein Insolvenzverwalter bzw. ein Sonderinsolvenzverwalter ist entgegen § 14 hierzu nicht befugt. Die Regelung versucht, Art. 36 Abs. 10 EuInsVO einzuschränken, und dürfte unwirksam sein.

Abschnitt 2 Hauptinsolvenzverfahren in einem anderen Mitgliedstaat der Europäischen Union

§ 15 Insolvenzplan

Sieht ein Insolvenzplan in einem in der Bundesrepublik Deutschland eröffneten Sekundärinsolvenzverfahren eine Stundung, einen Erlass oder sonstige Einschränkungen der Rechte der Gläubiger vor, so darf er vom Insolvenzgericht nur bestätigt werden, wenn alle betroffenen Gläubiger dem Plan zugestimmt haben. Satz 1 gilt nicht für Planregelungen, mit denen in Absonderungsrechte eingegriffen wird.

Übersicht	Rdn.		Rdn.
A. Normzweck	1	I. Anwendungsbereich	2
B. Im Einzelnen	2	II. Auswirkungen der Vorschrift	7

A. Normzweck

Nach Art. 47 Abs. 2 EuInsVO hat eine Stundung oder eine Schuldbefreiung in einem Sekundärinsolvenzverfahren nur dann Auswirkungen auf das nicht von diesem Verfahren betroffene Vermögen, wenn alle betroffenen Gläubiger zugestimmt haben. Diese Rechtsfolge könnte zu Schwierigkeiten führen, wenn sie auf das Insolvenzplanverfahren übertragen wird. Nach § 254 Abs. 1 InsO entfaltet ein Insolvenzplan mit Rechtskraft seiner Bestätigung eine rechtsgestaltende Wirkung gegenüber allen Beteiligten. Diese Schwierigkeiten sollen durch § 15 vermieden werden. § 15 weicht aber von Art. 47 Abs. 2 EuInsVO ab, wenn bestimmt wird, dass ein Insolvenzplan nur **bestätigt** werden darf, wenn die Zustimmung aller betroffenen Gläubiger vorliegt. Das widerspricht dem Anwendungsvorrang der EuInsVO. Gegen die Wirksamkeit von § 15 bestehen schwerwiegende Bedenken (*Braun/Delzant* InsO, § 355 Rn. 20f; *Mohrbutter/Ringstmeier-Wenner* § 20 Rn. 139). 1

B. Im Einzelnen

I. Anwendungsbereich

§ 15 gilt für den Insolvenzplan im Sekundärinsolvenzverfahren. § 15 ist nicht auf einen Plan im Hauptinsolvenzverfahren anwendbar (ebenso *Kübler/Prütting/Bork-Kemper* InsO, Art. 102 EGInsO § 9 Rn. 1). 2

Bei einem unabhängigen Partikularverfahren beansprucht die Vorschrift schon ihrem Wortlaut nach keine Geltung. 3

Art. 47 Abs. 2 EuInsVO liegt die Überlegung zugrunde, dass eine Forderungsreduktion in einem Insolvenzplan massiv in die Rechte der Gläubiger eingreift. Solche Eingriffe sind den Gläubigern jedoch nur dann zumutbar, wenn das gesamte Vermögen des Schuldners weltweit in einem oder mehreren Insolvenzverfahren erfasst und ggf. verwertet wurde. Da nach der Gesetzesbegründung über § 15 erreicht werden soll, dass Art. 47 Abs. 2 EuInsVO entsprechend den Grundsätzen von § 355 4

Abs. 2 InsO in das deutsche Recht eingepasst wird, sollte – wenn man § 15 für wirksam hält – auch die Interpretation dieser Norm bei der Auslegung von § 15 zu Grunde gelegt werden. Wird die Zustimmung aller Gläubiger im Partikularinsolvenzverfahren gefordert, so dürften Pläne, in denen Eingriffe in die Forderungen vorgesehen sind, kaum zu Stande kommen. Entgegen § 246 InsO wird man auch eine Zustimmung nachrangiger Insolvenzgläubiger zu fordern haben. Eine solch rigide Regelung ist jedoch dann nicht sinnvoll, wenn in **aufeinander abgestimmten Insolvenzplänen sowohl im Haupt- als auch im Sekundärinsolvenzverfahren** eine Sanierung des Unternehmensträgers versucht werden soll (vgl. § 355 Rdn. 8). Findet das Kriterium der Einstimmigkeit darin seine Berechtigung, dass den Gläubigern ein Eingriff in ihre Forderungen nur zugemutet werden kann, wenn zuvor das schuldnerische Vermögen insgesamt in einem Insolvenzverfahren erfasst wurde, so spricht viel dafür, § 15 bei einem Sekundärinsolvenzverfahren dann nicht anzuwenden, wenn ein einheitlicher Insolvenzplan als »Masterplan« besondere Bestimmungen für die Sekundärinsolvenzverfahren vorsieht, die dort lediglich umgesetzt werden (vgl. *Braun/Delzant* InsO, § 355 Rn. 17). Trotz der formalen Aufteilung in mehrere Verfahren liegt dann eher die Situation vor, dass ein einheitliches Hauptinsolvenzverfahren lediglich in mehrere Untermassen unterteilt wurde. Für diese Sekundärinsolvenzverfahren ist eine strikte Regelung wie § 15 nicht geboten, so dass es insofern bei der Anwendung von Art. 47 Abs. 2 EuInsVO bleibt.

5 Darüber hinaus ist jedoch noch eine weitere Einschränkung von § 15 geboten. Nach Art. 47 Abs. 2 EuInsVO können in einem Insolvenzplan, der lediglich das im Mitgliedstaat der Verfahrenseröffnung belegene Vermögen erfasst, ablehnende Gläubiger majorisiert werden. Dem muss bei der Auslegung von § 15 ebenfalls Rechnung getragen werden, so dass die Vorschrift jedenfalls in diesen Fällen durch die Regelungen der EuInsVO verdrängt wird (*Braun/Delzant* InsO, § 355 Rn. 19 f.; ebenso BT-Drs. 18/12154, S. 32).

6 Schließlich gilt die Regelungen nach Satz 2 nicht für Planregelungen, mit denen in Absonderungsrechte eingegriffen wird. Diese können nach der Vorstellung des Gesetzgebers Gegenstand von Planregelungen und -eingriffen sein.

II. Auswirkungen der Vorschrift

7 § 15 hat nach dem oben Ausgeführten somit allenfalls Bedeutung für nicht abgestimmte Insolvenzpläne in Sekundärinsolvenzverfahren, wenn auch das in anderen Mitgliedstaaten belegene Vermögen erfasst werden soll. Treffen diese Voraussetzungen zu, so sind bei der Anwendung im deutschen Recht nicht nur die Wirkungen auf das im Ausland belegene Vermögen limitiert, vielmehr kann ein solcher Plan – soweit man § 15 überhaupt als wirksam ansieht – nur bestätigt werden, wenn alle Gläubiger, deren Forderungen betroffen sind, zugestimmt haben. Die §§ 244 ff. InsO kommen somit nicht zur Anwendung. Ein solcher Plan dürfte damit regelmäßig scheitern.

§ 16 Aussetzung der Verwertung

Wird auf Antrag des Verwalters des Hauptinsolvenzverfahrens nach Artikel 46 der Verordnung (EG) Nr. 2015/848 in einem in der Bundesrepublik Deutschland eröffneten Sekundärinsolvenzverfahren die Verwertung eines Gegenstandes ausgesetzt, an dem ein Absonderungsrecht besteht, so sind dem Gläubiger laufend die geschuldeten Zinsen aus der Insolvenzmasse zu zahlen.

Übersicht	Rdn.		Rdn.
A. Normzweck	1	1. Zinszahlung als Mindestschutz	3
B. Im Einzelnen	2	2. Absonderungsanspruch	4
I. Regelungsgegenstand von Art. 46 EuInsVO	2	3. Zinsanspruch	5
II. Sicherungsmaßnahmen	3	4. Belastete Masse	7

A. Normzweck

Wird in einem inländischen Sekundärinsolvenzverfahren nach Art. 46 EuInsVO die Verwertung ausgesetzt, so können die davon betroffenen absonderungsberechtigten Gläubiger nach § 16 als Mindestschutz entsprechend § 169 InsO die geschuldeten Zinsen verlangen. § 16 soll angeblich eine Durchführungsvorschrift für Art. 56 Abs. 1 EuInsVO sein (*Kübler/Prütting/Bork-Kemper* InsO, Art. 102 § 10 EGInsO Rn. 1; K. Schmidt/*Brinkmann* InsO, Art. 102 EGInsO § 10 Rn. 1). § 16 beschränkt aber in Wahrheit das Antragsrecht des ausländischen Verwalters. Ob die Vorschrift wirksam ist, ist mit Blick auf den Vorrang der EuInsVO deshalb zweifelhaft (*Mohrbutter/Ringstmeier-Wenner* § 20 Rn. 146).

B. Im Einzelnen

I. Regelungsgegenstand von Art. 46 EuInsVO

Nach Art. 46 EuInsVO kann der Verwalter des Hauptinsolvenzverfahrens beim Insolvenzgericht des Sekundärinsolvenzverfahrens beantragen, dass die Verwertung in diesem Verfahren ganz oder teilweise ausgesetzt wird. Das Gericht des Sekundärinsolvenzverfahrens kann zum Schutz der Gläubiger dieses Verfahrens »alle angemessenen Maßnahmen« anordnen.

II. Sicherungsmaßnahmen

1. Zinszahlung als Mindestschutz

Nach dem Wortlaut von Art. 46 Abs. 1 EuInsVO **steht dem Gericht das Recht zu**, vom Hauptinsolvenzverwalter angemessene Sicherungsmaßnahmen zu verlangen. Die Anordnung solcher Maßnahmen steht im pflichtgemäßen Ermessen des Gerichts. Sind von der Aussetzung der Verwertung jedoch absonderungsberechtigte Gläubiger betroffen, will § 16 vorschreiben, dass diese Gläubiger einen Anspruch auf Zinszahlung haben. Da § 16 nur einen Mindestschutz gewähren will (vgl. zu Art. 102 § 10 BT-Drucks. 15/16, S. 17), kann das Gericht des Sekundärinsolvenzverfahrens nach Art. 46 Abs. 1 EuInsVO weitere Sicherungsmaßnahmen fordern. Der Erläuternde Bericht zum EuIÜ erwähnt in diesem Zusammenhang etwa eine angemessene Sicherheitsleistung, die vom Verwalter des Hauptverfahrens gefordert werden könne. Dies kann etwa auch über ein Aval erfolgen.

2. Absonderungsanspruch

Die Aussetzung der Verwertung muss einen **Gegenstand** betreffen, **an dem ein Absonderungsrecht besteht**. Obwohl die Vorschrift in Analogie zu § 169 InsO konzipiert wurde, muss es sich nicht wie bei § 166 InsO um eine bewegliche Sache handeln. Vielmehr ist hier der weite Gegenstandsbegriff des Europäischen Insolvenzrechts angesprochen, so dass alle beweglichen und unbeweglichen Sachen, Forderungen und Rechte abgedeckt sind.

3. Zinsanspruch

Als Sicherungsmaßnahme sind die geschuldeten Zinsen aus der Insolvenzmasse zu zahlen. Die **Höhe der Zinsen** bestimmt sich entweder danach, was zwischen Gläubiger und Schuldner vertraglich vereinbart wurde oder es sind die gesetzlichen Verzugszinsen zu leisten (vgl. dazu *Wegener* § 169 Rdn. 5). Die **Zinszahlungen sind laufend zu entrichten**. Zur Konkretisierung, in welchem Zeitabstand die Zinszahlungen zu erfolgen haben, wird man die Auslegung zu § 169 InsO heranziehen können. Überwiegend wird insofern, wenn keine abweichenden Vereinbarungen vorliegen, wohl eine **monatliche Zahlungsweise** befürwortet (HK-InsO/*Stephan* Art. 102 EGInsO § 10 Rn. 7; *Kübler/Prütting/Bork-Kemper* InsO, Art. 102 EGInsO § 10 Rn. 5). Die **Zahlungspflicht beginnt** mit **Erlass des Beschlusses**, mit dem die Aussetzung der Verwertung angeordnet wird. Sie **endet** in dem Augenblick, in dem die **Verwertung wieder zulässig** ist oder in dem sie faktisch vollzogen wird. Im Rahmen der zweiten Variante wird teilweise darauf abgestellt, wann die Gläubiger den Verwertungserlös erhalten (so etwa HK-InsO/*Stephan* Art. 102 EGInsO § 10 Rn. 8; *Kübler/Prütting/Bork-Kemper* InsO, Art. 102 EGInsO § 10 Rn. 6).

6 Die Auskehrung des Erlöses ist jedoch irrelevant. Ist der Insolvenzverwalter befugt, den mit dem Absonderungsrecht belasteten Gegenstand zu veräußern, so liegt in einer verspäteten Auszahlung eine Pflichtverletzung im Sekundärinsolvenzverfahren vor, die nicht zu Lasten der Gläubiger des Hauptverfahrens gehen darf. Ist der absonderungsberechtigte Gläubiger selbst zur Verwertung befugt, so kann es auch nicht die Gläubiger des Hauptverfahrens belasten, wenn er den Verwertungserlös verspätet erhält.

4. Belastete Masse

7 Die geschuldeten Zinsen sind **aus der Insolvenzmasse** zu zahlen. Aus dem Wortlaut erschließt sich nicht eindeutig, **welche Masse** hier angesprochen wird. Da § 16 überwiegend das Sekundärinsolvenzverfahren behandelt, ließe sich vertreten, die Zinsen seien aus der Masse dieses Verfahrens zu bestreiten (so etwa *Paulus* Art. 33 EuInsVO a.F. Rn. 16). Da der Antrag auf Aussetzung der Verwertung jedoch eine Verwaltungshandlung des ausländischen Verwalters ist, müssen die aus diesem Antrag erwachsenden Kosten zu Lasten des ausländischen Verfahrens gehen (ebenso *Kübler/Prütting/Bork-Kemper* InsO, Art. 33 a.F. EuInsVO Rn. 14; HK-InsO/*Stephan* Art. 102 EGInsO § 10 Rn. 5 m.w.N.; *Liersch* NZI 2003, 302 [310]). Andernfalls käme es zu dem ungewünschten Ergebnis, dass die gesicherten Gläubiger des Sekundärinsolvenzverfahrens eine Verzögerung der Verwertung in Kauf nehmen müssten und darüber hinaus noch die Kosten für ihre eigene Sicherheitsleistung aufzubringen hätten.

§ 17 Abstimmung über die Zusicherung

(1) Der Verwalter des Hauptinsolvenzverfahrens führt die Abstimmung über die Zusicherung nach Artikel 36 der Verordnung (EU) 2015/848 durch. Die §§ 222, 243, 244 Absatz 1 und 2 sowie die §§ 245 und 246 der Insolvenzordnung gelten entsprechend.

(2) Im Rahmen der Unterrichtung nach Artikel 36 Absatz 5 Satz 4 der Verordnung (EU) 2015/848 informiert der Verwalter des Hauptinsolvenzverfahrens die lokalen Gläubiger, welche Fernkommunikationsmittel bei der Abstimmung zulässig sind und welche Gruppen für die Abstimmung gebildet wurden. Er hat ferner darauf hinzuweisen, dass diese Gläubiger bei der Anmeldung ihrer Forderungen Urkunden beifügen sollen, aus denen sich ergibt, dass sie lokale Gläubiger im Sinne von Artikel 2 Nummer 11 der Verordnung (EU) 2015/848 sind.

Übersicht	Rdn.		Rdn.
A. Normzweck	1	I. Zu Absatz 1	2
B. Im Einzelnen	2	II. Zu Absatz 2	6

A. Normzweck

1 Nach Art. 35 Abs. 5 EuInsVO muss die Zusicherung von den bekannten lokalen Gläubigern gebilligt werden. Dafür verweist die EuInsVO auf die Regeln über die qualifizierte Mehrheit und die Abstimmung, die für die Annahme von Sanierungsplänen gemäß dem Recht des Mitgliedstaats gelten, in dem ein Sekundärinsolvenzverfahren vermieden werden soll. Was dieser Verweis im Einzelnen bedeutet, lässt die EuInsVO zwar offen. Das bedeutet jedoch nicht, dass der nationale Gesetzgeber das Verfahren für die Billigung frei ausgestalten kann. Dementsprechend ist die Regelung des § 17 kritisch zu sehen.

B. Im Einzelnen

I. Zu Absatz 1

Abs. 1 Satz 1 sieht zunächst vor, dass nicht das Insolvenzgericht, sondern der Hauptinsolvenzverwalter die Abstimmung durchführen soll. Damit weicht § 17 von der Grundkonzeption der §§ 235 ff. InsO, auf die die EuInsVO Bezug nimmt, ab. Zur Begründung wird darauf verwiesen, dass zu dem Zeitpunkt, zu dem über die Zusicherung abgestimmt werden soll, noch kein Insolvenzgericht in Deutschland mit dem Verfahren befasst ist, und eine solche Befassung zu Zusatzaufwand und Kosten führe (vgl. BT-Drs. 18/10823, S. 22). Dies überzeugt wenig: Wenn die EuInsVO auf die Regelungen über die Abstimmung bei der Annahme von Sanierungsplänen verweist, nimmt sie nicht nur auf Teilbereiche des nationalen Rechts Bezug, sondern weist – wenn das nationale Recht dies so vorsieht – den Insolvenzgerichten die Aufgabe zu, die Abstimmung über die Zusicherung im Rahmen einer Versammlung der lokalen Gläubiger durchzuführen. Das hat der nationale Gesetzgeber hinzunehmen, und für eine entsprechende Ausstattung der Gerichte zu sorgen, damit diese ihre Aufgabe wahrnehmen können. Abs. 1 Satz 1 schafft insoweit Unsicherheit, da offen ist, ob eine vom Hauptinsolvenzverwalter durchgeführte Abstimmung überhaupt den Anforderungen der EuInsVO genügt. 2

Nachdem der Gesetzesentwurf der Bundesregierung noch in Einzelfällen eine gerichtliche Überprüfung vorgesehen hatte, enthält Abs. 1 Satz 2 keinen Verweis mehr auf die entsprechenden Vorschriften. Eine gerichtliche Bestätigung der Billigung der Zusicherung entsprechend § 248 InsO findet damit nach den Vorstellungen des deutschen Gesetzgebers ebenso wenig statt wie ein Rechtsmittel gegen die Billigung (§ 253 InsO). Auch dies ist kritisch zu sehen, denn eine solche Ausnahme sieht die EuInsVO in ihrem generellen Verweis auf die jeweiligen Abstimmungsregeln des nationalen Rechts nicht vor. Auch ist nicht erkennbar, dass die Gerichte nicht in der Lage wären, in streitigen Fällen eine zeitnahe Entscheidung zu treffen (so aber wohl die Gesetzesbegründung). Die Ausgestaltung der Rechtsmittel im Rahmen des § 253 InsO trägt der Eilbedürftigkeit ohnehin bereits Rechnung. 3

Abs. 1 Satz 2 verweist abschließend auf die Vorschriften, die nach der Vorstellung des deutschen Gesetzgebers Anwendung finden sollen. Insbesondere wird dabei auf die Gruppenbildung nach § 222 InsO und die Abstimmung in Gruppen, §§ 243 und 244 InsO, Bezug genommen. Wie eine Gruppenbildung dabei zu erfolgen hat, lässt die Regelung offen. Eine Unterteilung der Insolvenzgläubiger in Untergruppen wird regelmäßig nicht notwendig sein. Auch der Gesetzgeber geht davon aus, dass es i.d.R. nur eine Abstimmungsgruppe geben wird (vgl. BT-Drucks. 18/10823, S. 34). 4

Vorzugswürdig wäre es gewesen, den Verweis des europäischen Gesetzgebers auf die Vorschriften der §§ 235 ff. InsO hinzunehmen, und keine Modifikationen vorzunehmen, die die Wirksamkeit der nach Maßgabe dieser Bestimmung erteilten Billigungen in Frage stellen. 5

II. Zu Absatz 2

Abs. 2 konkretisiert die Unterrichtungspflichten des Hauptinsolvenzverwalters nach Art. 36 Abs. 4 Satz 4 EuInsVO. Abs. 2 Satz 1 enthält insoweit keine über die Regelungen der EuInsVO hinausgehenden Verpflichtungen des Hauptinsolvenzverwalters. 6

Abs. 2 Satz 2 soll dem Hauptinsolvenzverwalter die Prüfung erleichtern, welche Gläubiger lokale Gläubiger i.S.d. EuInsVO sind. Ohnehin werden die lokalen Gläubiger selbst ein Interesse daran haben, ihre entsprechende Stellung im Verfahren nachzuweisen. 7

§ 18 Stimmrecht bei der Abstimmung über die Zusicherung

(1) Der Inhaber einer zur Teilnahme an der Abstimmung über die Zusicherung angemeldeten Forderung gilt vorbehaltlich des Satzes 2 auch dann als stimmberechtigt, wenn der Verwalter des Hauptinsolvenzverfahrens oder ein anderer lokaler Gläubiger bestreitet, dass die Forderung besteht oder dass es sich um die Forderung eines lokalen Gläubigers handelt. Hängt das Abstimmungsergebnis von Stimmen ab, die auf bestrittene Forderungen entfallen, kann der Verwalter oder der bestreitende lokale Gläubiger bei dem nach § 1 Absatz 2 zuständigen Gericht eine Entscheidung über das Stimmrecht erwirken, das durch die bestrittenen Forderungen oder eines Teils davon gewährt wird; § 77 Absatz 2 Satz 2 der Insolvenzordnung gilt entsprechend. Die Sätze 1 und 2 gelten auch für aufschiebend bedingte Forderungen. § 237 Absatz 1 Satz 2 der Insolvenzordnung gilt entsprechend.

(2) Im Rahmen des Verfahrens über eine Zusicherung gilt die Bundesagentur für Arbeit als lokaler Gläubiger nach Artikel 36 Absatz 11 der Verordnung (EU) 2015/848.

Übersicht

	Rdn.			Rdn.
A. Normzweck	1	I. Zu Absatz 1		2
B. Im Einzelnen	2	II. Zu Absatz 2		4

A. Normzweck

1 § 18 konkretisiert – ähnlich wie § 17 – das Abstimmungsverfahren über die Billigung der Zusicherung, wenn das Hauptinsolvenzverfahren im Ausland eröffnet worden ist.

B. Im Einzelnen

I. Zu Absatz 1

2 Abs. 1 Satz 1 modifiziert die Abstimmungsregeln der InsO dahingehend, dass zunächst auch dann ein Stimmrecht besteht, wenn die Forderung des abstimmenden Gläubigers bestritten ist. Nach Abs. 1 Satz 2 entscheidet das Insolvenzgericht nur dann über das Stimmrecht, wenn das Abstimmungsergebnis davon abhängt, und der Hauptinsolvenzverwalter oder der bestreitende lokale Gläubiger dies beantragt. Nach Abs. 1 Satz 3 gilt dies auch für aufschiebend bedingte Forderungen.

3 In Abs. 1 Satz 4 wird klargestellt, dass absonderungsberechtigte Gläubiger nur dann zur Abstimmung berechtigt sind, wenn ihnen der Schuldner auch persönlich haftet (vgl. § 237 Abs. 1 Satz 2 InsO). Die Vorschrift erscheint an sich überflüssig, da die genannten Vorschriften über den Verweis von Art. 36 Abs. 5 EuInsVO ohnehin zur Anwendung gelangen würden.

II. Zu Absatz 2

4 Abs. 2 greift die in Art. 36 Abs. 10 EuInsVO geschaffene Möglichkeit auf, dass das nationale Recht vorsehen kann, dass eine Sicherungseinrichtung für Ansprüche der Arbeitnehmer als lokaler Gläubiger gilt, und ordnet dies für die Bundesagentur für Arbeit an.

§ 19 Unterrichtung über das Ergebnis der Abstimmung

Für die Unterrichtung nach Artikel 36 Absatz 5 Satz 4 der Verordnung (EU) 848/2015 gilt § 12 Satz 2 entsprechend.

1 Art. 36 Abs. 5 Satz 4 EuInsVO sieht vor, dass die bekannten lokalen Gläubiger über die Billigung der Zusicherung oder deren Ablehnung zu unterrichten sind. Diese Pflicht trifft den Hauptinsolvenzverwalter, so dass naheliegt, dass für die Ausgestaltung der Unterrichtungspflicht die lex fori concursus des Hauptinsolvenzverfahrens zur Anwendung gelangt. Dementsprechend dürfte der Verweis in § 19 regelmäßig ins Leere gehen, denn das deutsche Insolvenzrecht findet insoweit gar keine An-

wendung. Unabhängig davon wird man der Regelung der EuInsVO wohl ohnehin entnehmen können, dass die lokalen Gläubiger individuell zu unterrichten sind.

§ 20 Rechtsbehelfe gegen Entscheidungen über die Eröffnung eines Sekundärinsolvenzverfahrens

(1) Wird unter Hinweis auf die Zusicherung die Eröffnung eines Sekundärinsolvenzverfahrens nach Artikel 38 Absatz 2 der Verordnung (EU) 2015/848 abgelehnt, so steht dem Antragsteller die sofortige Beschwerde zu. Die §§ 574 bis 577 der Zivilprozessordnung gelten entsprechend.

(2) Wird in der Bundesrepublik Deutschland ein Sekundärinsolvenzverfahren eröffnet, ist der Rechtsbehelf nach Artikel 39 der Verordnung (EU) 2015/848 als sofortige Beschwerde zu behandeln. Die §§ 574 bis 577 der Zivilprozessordnung gelten entsprechend.

Übersicht	Rdn.		Rdn.
A. Normzweck	1	I. Zu Absatz 1	2
B. Im Einzelnen	2	II. Zu Absatz 2	2

A. Normzweck

§ 20 regelt den Rechtsschutz im Zusammenhang mit der Entscheidung über die Eröffnung eines Sekundärinsolvenzverfahrens. Abs. 1 erfasst den Fall, dass die Eröffnung eines Sekundärverfahrens unter Hinweis auf die Zusicherung abgelehnt wird. Abs. 2 den gegenteiligen Fall, mithin die Eröffnung eines Sekundärverfahrens trotz Zusicherung. 1

B. Im Einzelnen

I. Zu Absatz 1

Abs. 1 Satz 1 erscheint überflüssig. Denn § 34 InsO sieht bereits vor, dass dem Antragsteller die sofortige Beschwerde zusteht, wenn der Antrag auf Eröffnung des Insolvenzverfahrens abgelehnt wurde, und zwar unabhängig von der Begründung der Ablehnungsentscheidung. § 34 InsO gilt auch für den Antrag auf Eröffnung eines Sekundärinsolvenzverfahrens. Die Rechtsbeschwerde ist zulässig, wenn sie vom Beschwerdegericht zugelassen wird (Satz 2). 2

II. Zu Absatz 2

Art. 39 EuInsVO sieht im Wege der Statuierung eines Mindestrechtsschutzes vor, dass dem Hauptinsolvenzverwalter ein Rechtsmittel gegen die Eröffnung eines Sekundärinsolvenzverfahrens zusteht. Dies gilt insbesondere für den Fall, in dem das Sekundärinsolvenzverfahren trotz Zusicherung eröffnet wird. § 20 Abs. 2 stellt klar, dass das einschlägige Rechtsmittel in diesem Fall die sofortige Beschwerde ist.

Abschnitt 3 Maßnahmen zur Einhaltung einer Zusicherung

§ 21 Rechtsbehelfe und Anträge nach Artikel 36 der Verordnung (EU) 2015/848

(1) Für Entscheidungen über Anträge nach Artikel 36 Absatz 7 Satz 2 oder Absatz 8 der Verordnung (EU) 2015/848 ist das Insolvenzgericht ausschließlich örtlich zuständig, bei dem das Hauptinsolvenzverfahren anhängig ist. Der Antrag nach Artikel 36 Absatz 7 Satz 2 der Verordnung (EU) 2015/848 muss binnen einer Notfrist von zwei Wochen bei dem Insolvenzgericht gestellt werden. Die Notfrist beginnt mit der Zustellung der Benachrichtigung über die beabsichtigte Verteilung.

(2) Für die Entscheidung über Anträge nach Artikel 36 Absatz 9 der Verordnung (EU) 2015/848 ist das Gericht nach § 1 Absatz 2 zuständig.

(3) Unbeschadet des § 58 Absatz 2 Satz 3 der Insolvenzordnung entscheidet das Gericht durch unanfechtbaren Beschluss.

Übersicht	Rdn.		Rdn.
A. Normzweck	1	II. Zu Absatz 2	5
B. Im Einzelnen	2	III. Zu Absatz 3	6
I. Zu Absatz 1	2		

A. Normzweck

1 § 21 greift die in Art. 36 Abs. 7 bis 9 EuInsVO enthaltenen Mechanismen zur Absicherung der Zusicherung auf. Danach stehen den lokalen Gläubigern bestimmte Rechtsmittel und Möglichkeiten zur Verfügung, um die Einhaltung der Zusicherung durch den Hauptinsolvenzverwalter sicherzustellen.

B. Im Einzelnen

I. Zu Absatz 1

2 Abs. 1 betrifft den Fall, in dem in Deutschland ein Hauptinsolvenzverfahren eröffnet worden ist, und der hiesige Hauptinsolvenzverwalter eine wirksame und gebilligte Zusicherung abgegeben hat. In diesem Fall sehen Art. 37 Abs. 7 Satz 2 EuInsVO (Anfechtung bei einer im Widerspruch zur Zusicherung stehenden beabsichtigten Verteilung) und dessen Abs. 8 (Sicherungsmaßnahmen zur Einhaltung der Zusicherung) die Möglichkeit der lokalen Gläubiger vor, die Gerichte des Mitgliedstaats anzurufen, in dem das Hauptinsolvenzverfahren eröffnet wurde. Insoweit überlässt die EuInsVO den Mitgliedstaaten die Ausgestaltung des Rechtsschutzes. Abs. 1 Satz 1 sieht angesichts der weiten Formulierung der EuInsVO eine ausschließliche Zuständigkeit des Insolvenzgerichts vor, bei dem das Hauptinsolvenzverfahren anhängig ist. Die ordentlichen Gerichte sind nicht zuständig, auch nicht im Wege des einstweiligen Rechtsschutzes.

3 Geht es um Rügen im Hinblick auf die beabsichtigte Verteilung von Vermögen im Hauptinsolvenzverfahren, sehen Abs. 1 Satz 2 und 3 eine kurze Notfrist von zwei Wochen vor, innerhalb derer der Gläubiger die Rüge bei Gericht erheben muss. Die Frist beginnt mit der Zustellung der Benachrichtigung über die beabsichtigte Verteilung. Dabei lässt die Regelung allerdings offen, auf welchen Zeitpunkt abzustellen ist, wenn gem. §§ 13, 12 Satz 2 sowohl öffentlich zugestellt wurde, als auch individuell.

4 Die weitere Ausgestaltung des Verfahrens lässt Abs. 1 offen. Das hiesige Insolvenzgericht kann bspw. im Rahmen seiner Aufsichtspflichten tätig werden (§ 58 InsO). Darüber hinaus kann es – ähnlich wie in § 21 InsO – Sicherungsmaßnahmen anordnen.

II. Zu Absatz 2

5 Abs. 2 betrifft den Fall, dass ein ausländischer Hauptinsolvenzverwalter eine Zusicherung abgegeben hat, und dadurch in Deutschland die Eröffnung eines Sekundärinsolvenzverfahrens verhindert wurde. In diesem Fall können nach Maßgabe der EuInsVO die lokalen Gläubiger die hiesigen Gerichte anrufen, um einstweilige Maßnahmen oder Sicherungsmaßnahmen zu erlassen, um die Einhaltung der Zusicherung sicherzustellen. In diesem Fall ist das Gericht ausschließlich örtlich zuständig, in dessen Bezirk sich die Niederlassung des Insolvenzschuldners befindet (§ 1 Abs. 2).

III. Zu Absatz 3

Abs. 3 sieht vor, dass die Gerichte Sicherungsmaßnahmen i.S.d. Art. 36 Abs. 7 bis 9 EuInsVO durch unanfechtbaren Beschluss erlassen. Dabei steht dem Insolvenzgericht in Bezug auf die Art der Maßnahme – ähnlich wie in § 21 InsO – ein weites Ermessen zu. Insbesondere kann es anordnen, dass der Insolvenzverwalter bestimmte Beträge separieren muss, oder den Gläubigern Sicherheit leistet (vgl. dazu auch BT-Drucks. 18/10823, S. 37). 6

Der deutsche Gesetzgeber geht darüber hinaus angesichts des Verweises auf § 58 InsO undifferenziert davon aus, dass dem Insolvenzgericht auch die Rechte zustehen, die die Insolvenzordnung für die Aufsicht über den Insolvenzverwalter vorsieht. Im Falle des Abs. 1 ist dies richtig, da es um ein deutsches Hauptinsolvenzverfahren geht. Geht es jedoch um ein ausländisches Hauptinsolvenzverfahren, dürfte § 58 InsO nicht einschlägig sein. 7

Teil 3 Insolvenzverfahren über das Vermögen von Mitgliedern einer Unternehmensgruppe

§ 22 Eingeschränkte Anwendbarkeit des § 56b und der §§ 269a bis 269i der Insolvenzordnung

(1) Gehören Unternehmen einer Unternehmensgruppe im Sinne von § 3e der Insolvenzordnung auch einer Unternehmensgruppe im Sinne von Artikel 2 Nummer 13 der Verordnung (EU) 2015/848 an,
1. findet § 269a der Insolvenzordnung keine Anwendung, soweit Artikel 56 der Verordnung (EU) 2015/848 anzuwenden ist,
2. finden § 56b Absatz 1 und § 269b der Insolvenzordnung keine Anwendung, soweit Artikel 57 der Verordnung (EU) 2015/848 anzuwenden ist.

(2) Gehören Unternehmen einer Unternehmensgruppe im Sinne von § 3e der Insolvenzordnung auch einer Unternehmensgruppe im Sinne von Artikel 2 Nummer 13 der Verordnung (EU) 2015/848 an, ist die Einleitung eines Koordinationsverfahrens nach den §§ 269d bis 269i der Insolvenzordnung ausgeschlossen, wenn die Durchführung des Koordinationsverfahrens die Wirksamkeit eines Gruppen-Koordinationsverfahrens nach den Artikeln 61 bis 77 der Verordnung (EU) 2015/848 beeinträchtigen würde.

Übersicht	Rdn.		Rdn.
A. Normzweck	1	I. Zu Absatz 1	2
B. Im Einzelnen	2	III. Zu Absatz 2	3

A. Normzweck

Die Vorschrift klärt das Verhältnis der nationalen zu den europäischen Regelungen in Bezug auf Insolvenzverfahren über das Vermögen von Mitgliedern einer Unternehmensgruppe. Da sowohl die nationalen Regelungen als auch die europäischen Regelungen Vorschriften zur Kooperation der Verfahrensbeteiligten und zur Durchführung eines Koordinationsverfahrens bzw. Gruppen-Koordinationsverfahrens vorsehen, enthält die Regelung eine Klarstellung. 1

B. Im Einzelnen

I. Zu Absatz 1

Abs. 1 regelt zunächst das Verhältnis der Kommunikations- und Kooperationspflichten. Danach finden sowohl § 269a InsO (Zusammenarbeit der Insolvenzverwalter) als auch § 269b (Zusammenarbeit der Gerichte) keine Anwendung, soweit Art. 56 (Zusammenarbeit und Kommunikation 2

Art. 102c EGInsO § 23 Beteiligung der Gläubiger

der Verwalter) bzw. Art. 57 (Zusammenarbeit und Kommunikation der Gerichte) EuInsVO anzuwenden sind. Die Anwendung von Art. 56 bzw. 57 EuInsVO setzt voraus, dass Verfahren über das Vermögen verschiedener Mitglieder in mehr als einem Mitgliedstaat eröffnet worden sind (Erwägungsgrund 62 der Verordnung). Sofern dies der Fall ist, stellt die Regelung klar, dass auch im Verhältnis der jeweiligen nationalen Verfahren untereinander die Kooperationsregelungen der Verordnung gelten (so bereits *Thole* KTS 2014, 351 [371]).

III. Zu Absatz 2

3 Abs. 2 klärt darüber hinaus das Verhältnis des Koordinationsverfahrens (§§ 269d–269i InsO) zum Gruppen-Koordinationsverfahren (Art. 61–77 EuInsVO). Auch diesbezüglich akzeptiert die Regelung den Vorrang der verordnungsrechtlichen Bestimmungen. Danach ist die Einleitung eines nationalen Koordinationsverfahrens ausgeschlossen, sofern Unternehmen einer Unternehmensgruppe i.S.v. § 3e der Insolvenzordnung auch einer Unternehmensgruppe i.S.v. Art. 2 Nr. 13 der Verordnung (EU) 2015/848 angehören und die Durchführung des Koordinationsverfahrens die Wirksamkeit eines Gruppen-Koordinationsverfahrens nach den Art. 61–77 der Verordnung (EU) 2015/848 beeinträchtigen würde. Dies lässt sich u.a. auch Erwägungsgrund 61 der Verordnung entnehmen. Der Wortlaut (»beeinträchtigen würde«) und die Begründung der Beschlussempfehlung sprechen dafür, dass die Durchführung eines nationalen Koordinationsverfahrens auch die Wirksamkeit eines ggf. später eingeleiteten Gruppen-Koordinationsverfahrens nicht beeinträchtigen darf (BT-Drucks. 18/12154, S. 34). Vor diesem Hintergrund dürfte die ergänzende Durchführung eines nationalen Koordinationsverfahrens eine seltene Ausnahme sein. Lediglich in den Fällen, in denen sich eine Vielzahl von nationalen Mitgliedern einer Unternehmensgruppe in der Insolvenz befindet, könnte im Einzelfall eine Unterstützung oder Ergänzung des verordnungsrechtlichen Gruppen-Koordinationsverfahrens durch ein nationales Koordinationsverfahren sinnvoll sein.

§ 23 Beteiligung der Gläubiger

(1) Beabsichtigt der Verwalter, die Einleitung eines Gruppen-Koordinationsverfahrens nach Artikel 61 Absatz 1 der Verordnung (EU) 2015/848 zu beantragen, und ist die Durchführung eines solchen Verfahrens von besonderer Bedeutung für das Insolvenzverfahren, hat er die Zustimmung nach den §§ 160 und 161 der Insolvenzordnung einzuholen. Dem Gläubigerausschuss sind die in Artikel 61 Absatz 3 der Verordnung (EU) 2015/848 genannten Unterlagen vorzulegen.

(2) Absatz 1 gilt entsprechend
1. für die Erklärung eines Einwands nach Artikel 64 Absatz 1 Buchstabe a der Verordnung (EU) 2015/848 gegen die Einbeziehung des Verfahrens in das Gruppen-Koordinationsverfahren,
2. für den Antrag auf Einbeziehung des Verfahrens in ein bereits eröffnetes Gruppen-Koordinationsverfahren nach Artikel 69 Absatz 1 der Verordnung (EU) 2015/848 sowie
3. für die Zustimmungserklärung zu einem entsprechenden Antrag eines Verwalters, der in einem Verfahren über das Vermögen eines anderen gruppenangehörigen Unternehmens bestellt wurde (Artikel 69 Absatz 2 Buchstabe b der Verordnung (EU) 2015/848).

1 § 23 ergänzt die Regelungen der §§ 160, 161 InsO klarstellend dahingehend, dass bei bestimmten Handlungen des Insolvenzverwalters nach der EuInsVO im Zusammenhang mit den dortigen Regelungen über Insolvenzverfahren über das Vermögen von Mitgliedern einer Unternehmensgruppe die Zustimmung des Gläubigerausschusses erforderlich ist, wenn die jeweiligen Maßnahmen von besonderer Bedeutung für das Insolvenzverfahren ist. Notwendig erscheint die Regelung nicht. Denn die Generalklausel des § 160 Abs. 1 InsO fände in diesen Fällen ohnehin Anwendung.

2 Abs. 1 Satz 2 gibt dem Insolvenzverwalter darüber hinaus auf, dass er dem Gläubigerausschuss i.S. einer Mindestinformation die in Art. 61 Abs. 3 EuInsVO genannten Unterlagen zur Verfügung zu stellen hat. Die Regelung entbindet den Insolvenzverwalter jedoch nicht davon, den Gläubigerausschuss umfassend über die geplanten Maßnahmen und deren Auswirkungen auf das Insolvenzverfah-

ren zu informieren, so dass die Unterrichtungspflichten auch deutlich über die Mindestvorgabe hinausgehen können.

§ 24 Aussetzung der Verwertung

§ 16 gilt entsprechend bei der Aussetzung
1. der Verwertung auf Antrag des Verwalters eines anderen gruppenangehörigen Unternehmens nach Artikel 60 Absatz 1 Buchstabe b der Verordnung (EU) 2015/848 und
2. des Verfahrens auf Antrag des Koordinators nach Artikel 72 Absatz 2 Buchstabe e der Verordnung (EU) 2015/848.

Die Vorschrift regelt die entsprechende Anwendung von Art. 102c § 16 in Konzernkonstellationen. Wird auf Antrag des Verwalters eines anderen gruppenangehörigen Unternehmens (Art. 60 Abs. 1 lit. b) EuInsVO) oder des Koordinators (Art. 72 Abs. 2 lit. e) EuInsVO) die Verwertung ausgesetzt, haben die Gläubiger, die von einer Aussetzung betroffen sind, Ansprüche gegen die Insolvenzmasse auf Zahlung der laufend geschuldeten Zinsen. Hinsichtlich der Einzelheiten wird auf die Kommentierung zu Art. 102c § 16 verwiesen. 1

§ 25 Rechtsbehelf gegen die Entscheidung nach Artikel 69 Absatz 2 der Verordnung (EU) 2015/848

Gegen die Entscheidung des Koordinators nach Artikel 69 Absatz 2 der Verordnung (EU) 2015/848 ist die Erinnerung statthaft. § 573 der Zivilprozessordnung gilt entsprechend.

§ 25 regelt den statthaften Rechtsbehelf bei Entscheidungen des Koordinators über ein nachträgliches Opt-In im Rahmen des Gruppen-Koordinationsverfahrens. Nach Art. 69 Abs. 4 EuInsVO kann jeder beteiligte Verwalter und jeder Verwalter, dessen Antrag auf Einbeziehung in das Gruppen-Koordinationsverfahren abgelehnt wurde, die Entscheidung des Koordinators gem. dem Verfahren anfechten, das nach dem Recht des Mitgliedstaats, in dem das Gruppen-Koordinationsverfahren eröffnet wurde, bestimmt ist. 1

Das europäische Recht gibt also vor, dass eine Anfechtungsmöglichkeit eingeräumt werden soll, und verweist hinsichtlich des statthaften Rechtsbehelfs auf das nationale Recht. § 25 sieht als statthaften Rechtsbehelf die Erinnerung vor und regelt die entsprechende Anwendung von § 573 ZPO. Danach kann gegen die Entscheidung des Koordinators binnen einer Notfrist von zwei Wochen die Entscheidung des (Koordinations-)Gerichts beantragt werden (§ 573 Abs. 1 Satz 1 ZPO). Hinsichtlich der Form gilt § 573 Abs. 1 Satz 2 ZPO. 2

Gegen die Entscheidung des (Koordinations-)Gerichts über die Erinnerung findet gem. § 573 Abs. 2 ZPO die sofortige Beschwerde statt. Gegen die Entscheidung des Beschwerdegerichts ist gem. § 574 Abs. 1 Nr. 2 ZPO die Rechtsbeschwerde zulässig, wenn das Beschwerdegericht dies im Beschluss zugelassen hat (BT-Drucks. 18/12154, S. 34). 3

§ 26 Rechtsmittel gegen die Kostenentscheidung nach Artikel 77 Absatz 4 der Verordnung (EU) 2015/848

Gegen die Entscheidung über die Kosten des Gruppen-Koordinationsverfahrens nach Artikel 77 Absatz 4 der Verordnung (EU) 2015/848 ist die sofortige Beschwerde statthaft. Die §§ 574 bis 577 der Zivilprozessordnung gelten entsprechend.

Nach Art. 77 Abs. 4 EuInsVO entscheidet das Gericht, das das Gruppen-Koordinationsverfahren eröffnet hat, über die Kostentragung, wenn es zu einem Widerspruch kommt. Nach § 26 kann die Entscheidung des Gerichts mit der sofortigen Beschwerde angegriffen werden. Beschwerdeberechtigt ist jeder beteiligte Verwalter (Art. 77 Abs. 5 EuInsVO). 1

Insolvenzrechtliche Vergütungsordnung (InsVV)

vom 19. August 1998 (BGBl. I S. 2205 und Ergänzung) zuletzt geändert durch Art. 3 des Gesetzes zur Erleichterung der Konzerninsolvenzen vom 13. April 2017 (BGBl. I S. 866; Inkrafttreten 21. April 2018)

Vorbemerkungen vor § 1 InsVV

Übersicht	Rdn.
A. Begründungen des Verordnungsgebers	1
I. Begründung zur insolvenzrechtlichen Vergütungsverordnung	1
II. Begründung des Verordnungsgebers zur Verordnung zur Änderung der insolvenzrechtlichen Vergütungsverordnung vom 04.10.2004	2
III. Begründung des Verordnungsgebers zur 2. Verordnung zur Änderung der insolvenzrechtlichen Vergütungsverordnung vom 21.12.2006	3
B. Grundlagen und Ziele des Vergütungsrechts	4
C. Der Geltungsbereich der InsVV gegenüber der VergVO	14
D. Struktur der InsVV	15
E. Sonderfälle	23
I. Vergütung des Sonderverwalters	23
II. Vergütungsvereinbarungen	28
III. Vergütungsvereinbarung/Vergütungsregelungen im Insolvenzplan	33
F. Fälligkeit und Verjährung des Vergütungsanspruchs	38
I. Fälligkeit	38
II. Verjährung	44
G. Vergütungsansprüche bei Masseunzulänglichkeit	48
H. Vergütungsansprüche im nicht eröffneten Verfahren	51
I. Ausfall bei Masseunzulänglichkeit	51
II. Erstattung von Auslagen aus der Staatskasse	52
III. Erstattungsanspruch in Stundungsverfahren	53

Literatur:
Deutschbein Ist der Streit um die Vergütung des vorläufiger Sachwalters ein Stolperstein für die vorläufige Eigenverwaltung?, ZInsO 2015, 1957 ff.; *Eickmann* Neuregelungen im Insolvenz-Vergütungsrecht, NZI 2005, 205; *Flöth* Der vorläufige Sachwalter – Pilot, Co-Pilot oder fünftes Rad am Wagen?, ZInsO 2014, 465; *Frege* Der Sonderinsolvenzverwalter, 2. Aufl. 2012; *Ganter* Paradigmenwechsel bei der Insolvenzverwaltervergütung?, ZIP 2014, 2323; *Gortan* Kürzung der Mindestvergütung im Verbraucherinsolvenzverfahren nach § 3 Abs. 2 lit. e InsVV, NZI 2016, 339; *Graeber* Die Inanspruchnahme durch arbeitsrechtliche Fragen als Zuschlagsgrund nach § 3 Abs. 1d InsVV, InsbürO 2006, 377; *ders.* Auswirkungen der Übertragungen der Zustellungen auf den Insolvenzverwalter nach § 8 Abs. 3 InsO auf die Vergütung und den Auslagenersatz des Insolvenzverwalters, ZInsO 2007, 82; *ders.* Auswirkungen der Übertragungen der Zustellungen auf den Insolvenzverwalter nach § 8 Abs. 3 InsO auf die Vergütung und den Auslagenersatz des Insolvenzverwalters in Neuverfahren, ZInsO 2007, 204; *ders.* Vergütung des Insolvenzverwalters für die Überwachung des Insolvenzplanes nach § 6 Abs. 2 InsVV, InsbürO 2005, 339; *ders.* Die Auswirkungen der Umsatzsteuererhöhung zum 01.01.2007 auf bereits festgesetzte Vergütungen und insbesondere auf Vergütungen in Altverfahren, ZInsO 2007, 21; *ders.* Der neue § 11 InsVV: Seine Auswirkungen auf vorläufige Insolvenzverwalter, Insolvenzverwalter und Insolvenzgerichte, ZInsO 2007, 133; *ders.* Vergütungsrecht in der Insolvenzpraxis: Vergütung des Sonderinsolvenzverwalters- zukünftig pro bono?, ZInsO 2008, 847; *ders.* Ermittlung des Überschusses einer Unternehmensfortführung inklusive Sowieso-Kosten bzw. Auslaufverbindlichkeiten, InsBürO 2009, 30; *ders.* Vergütungsbestimmung durch Vereinbarungen zwischen einem Insolvenzverwalter und den weiteren Beteiligten eines Insolvenzverfahrens. Einvernehmliche Vergütungsbemessung insbesondere durch Insolvenzpläne, ZIP 2013, 916; *ders.* Rückzahlung und Verzinsung zu viel entnommener Verwaltervergütung, NZI 2014, 147; *ders.* Gläubigerausschuss und Insolvenzverwalterbüro, Zur angemessenen Distanz und Zusammenarbeit aus richterlicher Sicht, InsBürO 2014, 101; *ders.* Reform der Verbraucherinsolvenz und Restschuldbefreiungsverfahren – Teil 8, InsBürO 2014, 3; *Graeber/Graeber* Vergütungsrecht in der Insolvenzpraxis: Der Vergütungsanspruch des vorläufigen Insolvenzverwalters bei Nicht-Eröffnung des Insolvenzverfahrens, InsBürO 2009, 354; *dies.* Vergütungsrecht in der Insolvenzpraxis: Das Festsetzungsverfahren über den Vergütungsanspruch des vorläufigen Insolvenzverwalters bei Nicht-Eröffnung des Insolvenzverfahrens, InsBürO 2010, 62; *dies.* Zur Zulässigkeit der Beauftragung externer Schlussrech-

nungsprüfer durch Insolvenzgericht, NZI 2014, 298; *dies.* Vergütungsrecht in der Insolvenzpraxis: Die Vergleichsrechnung bei mehreren masseerhöhenden Zuschlagsgründen, InsbürO 2012, 292; *dies.* Vergütungsrecht in der Insolvenzpraxis: Die Vergütung des vorläufigen Sachwalters, InsbürO 2013, 6; *dies.* Der Abbruch der vorläufigen Eigenverwaltung als vergütungsrechtliches Problem, ZInsO 2015, 891; *Gundlach/Schirrmeister* Der Vergütungsanspruch des beamteten Gläubigerausschussmitglieds, ZInsO 2008, 896; *Haarmeyer* Der (vergütungsrechtliche) Normalfall der Insolvenz ist die Abwesenheit jedweder Normalität, oder »Wenn du entdeckst, dass du ein totes Pferd reitest, steig ab.«, ZInsO 2014, 1237; *ders.* Die »neue« Vergütung des vorläufigen Verwalters, ZInsO 2007, 73; *Haarmeyer/Mock* Insolvenzrechtliche Vergütung und Inflation, ZInsO 2014, 573; *Haarmeyer/Mock*, Insolvenzrechtliche Vergütung (InsVV) 5. Aufl. 2014; *Hafemeister* BGH fordert nutzerfreundliche Gestaltung der Suchmaske für Insolvenzbekanntmachungen im Internet – Anmerkung zum Beschluss des BGH vom 10.10.2013 – IX ZB 229/11, ZInsO 2014, 88; *Heyn* Vergütungsanträge nach der InsVV, 2007; *Keller* Vergütung und Kosten im Insolvenzverfahren, 4. Aufl. 2016; *ders.* Berechnungsformeln zur Vergütung des Insolvenzverwalters, NZI 2005, 23; *ders.* Verjährung des Vergütungsanspruchs des Insolvenzverwalters, NZI 2007, 378; *Küpper/Heinze* Die Verfassungswidrigkeit der Abänderungsbefugnis nach § 11 Abs. 2 Satz 2 InsVV, ZInsO 2007, 231; *Lissner* InsVV-quo vadis?, InsbürO 2016, 364; *Looff* Die Vergütung des Sonderinsolvenzverwalters, DZWIR 2009, 14; *Maus* Aufrechnung des Finanzamtes mit Insolvenzforderungen gegen den Vorsteuervergütungsanspruch der Masse aus der Rechnung des vorläufigen Insolvenzverwalters, ZInsO 2005, 538; *Mock* Gläubigerautonomie und Vergütungsvereinbarungen, KTS 2012, 59; *Münchener Kommentar* zur Insolvenzordnung, Bd. 1: §§ 1–79, Insolvenzrechtliche Vergütungsverordnung (InsVV), 2. Aufl. 2007, 3. Aufl. 2013; *Onusseit* Aufrechnung des Finanzamts in der Insolvenz, ZInsO 2005, 638; *Rauschenbusch* Zur Zuschlagsberechnung bei einer Betriebsfortführung, ZInsO 2011, 1730; *Reck* Das Ende der Sowieso-Kosten?, ZInsO 2009, 72; *ders.* Geldtransit, durchlaufende Posten und Kostenerstattungen und die Teilungsmasse, ZInsO 2011, 567; *Reck/Köster/Wathling* Eineinhalb Jahre neues Verbraucherinsolvenzrecht – Ein Zwischenstand, ZVI 2016, 1; *Rüffert* Verjährung der Vergütung des vorläufigen Verwalters, ZInsO 2009, 757; *Riewe* Festsetzung der Vergütung des vorläufigen Insolvenzverwalters bei fehlender Eröffnung des Insolvenzverfahrens, NZI 2010, 131; *Schmerbach* Grundsätze der Rechnungslegung für die beim Insolvenzgericht Göttingen tätigen vorläufigen Verwalter, ZInsO 2000, 637; *Schur* Die Vergütung des vorläufigen Sachwalters – Regelvergütung, Berechnungsgrundlage, Zuschläge, ZIP 2014, 757; *Smid* Berechnungsgrundlage zur Ermittlung der Vergütung des vorläufigen Insolvenzverwalters, ZInsO 2013, 321; *Stapper/Häußner* Reform der Mindestvergütung des vorläufigen Insolvenzverwalters?, ZInsO 2014, 2349; *Stephan* Anmerkung zu BGH Beschluss vom 15.11.2012 – IX ZB 130/10, Rpfleger 2013, 167; *ders.* Neues Vergütungsrecht im reformierten Privatinsolvenzrecht, Verbraucherinsolvenz aktuell 2015, S. 1; *Uhlenbruck* Ablehnung einer Entscheidung über die Kosten des vorläufigen Insolvenzverwalters – Ein Fall der Rechtsschutzverweigerung?, NZI 2010, 161; *Vogt* Die neue Vergütung im Verbraucherinsolvenzverfahren und der »Dauerbrenner« Zustellkosten, ZVI 2016, 9; *Wischemeyer* Auswirkungen einer Betriebsfortführung im eröffneten Insolvenzverfahren auf die Vergütung des Insolvenzverwalters, NZI 2005, 535.

A. Begründungen des Verordnungsgebers

I. Begründung zur insolvenzrechtlichen Vergütungsverordnung

1. Gesetzliche Grundlage

1 *Nach § 65 der Insolvenzordnung vom 5. Oktober 1994 (BGBl. I S. 2866) ist das Bundesministerium der Justiz ermächtigt, die Vergütung und die Erstattung der Auslagen des Insolvenzverwalters näher zu regeln. In anderen Vorschriften der Insolvenzordnung wird diese Ermächtigung durch entsprechende Verweisungen auf die Vergütung und die Erstattung der Auslagen des vorläufigen Insolvenzverwalters (§ 21 Abs. 2 Nr. 1 InsO), des Sachwalters (§ 274 Abs. 1 InsO), des Treuhänders im vereinfachten Insolvenzverfahren (§ 313 Abs. 1 InsO), des Treuhänders während der Laufzeit der Abtretungserklärung (§ 293 Abs. 2 InsO) und der Mitglieder des Gläubigerausschusses (§ 73 Abs. 2 InsO) erstreckt.*

Im Zusammenhang mit den genannten Bestimmungen enthält die Insolvenzordnung wichtige Vorgaben für den Inhalt der künftigen Vergütungsvorschriften. Insbesondere ist in § 63 InsO festgelegt, dass der Regelsatz der Vergütung des Insolvenzverwalters nach dem Wert der Insolvenzmasse zur Zeit der Beendigung des Verfahrens zu berechnen ist und dass dem Umfang und der Schwierigkeit der Geschäftsführung des Verwalters durch Abweichungen vom Regelsatz Rechnung getragen werden muss. Dies soll nach den bereits genannten Vorschriften der Insolvenzordnung entsprechend für den vorläufigen Insolvenzverwalter, den Sachwalter und den Treuhänder im vereinfachten Insolvenzverfahren gelten. Für die Bemessung der Vergütungen des Treuhänders während der Laufzeit der Abtretungserklärung und der Mitglieder des Gläubigerausschusses werden in § 293 Abs. 1 InsO und in § 73 Abs. 1 InsO der Umfang der Tätigkeit und der Zeitaufwand als maßgebliche Kriterien genannt. Die Vergütung soll wie bisher vom Gericht festgesetzt werden (vgl. § 64 für den Insolvenzverwalter; die Vorschrift gilt entsprechend für die übrigen genannten Personen).

2. Vorarbeiten für das neue Vergütungsrecht

Vorarbeiten für das neue Vergütungsrecht hat bereits die Kommission für Insolvenzrecht in ihrem Zweiten Bericht, der 1986 veröffentlicht wurde, geleistet (Leitsätze 3.4.1 bis 3.4.11). Sie hat die Struktur einer neuen Vergütungsregelung entwickelt, die auf das künftige einheitliche Insolvenzverfahren zugeschnitten ist und Mängel des geltenden Vergütungsrechts vermeidet. Von Vorschlägen zur Höhe der künftigen Vergütungssätze hat die Kommission abgesehen.

Weiter hat das Bundesministerium der Justiz im Jahre 1993 ein Gutachten von Professor Eickmann (Berlin) zur Ausgestaltung des künftigen Vergütungsrechts auf der Grundlage des Regierungsentwurfs der Insolvenzordnung eingeholt. In diesem Gutachten werden die Probleme der gegenwärtigen Vergütungspraxis ausführlich dargestellt und detaillierte Vorschläge für angemessene Lösungen im Rahmen der Vorgaben des Regierungsentwurfs unterbreitet.

Der hierauf aufbauende Entwurf einer insolvenzrechtlichen Vergütungsverordnung mit Begründung wurde erstmals 1994 und danach 1998 in einer überarbeiteten Fassung den Landesjustizverwaltungen, dem Bundesgerichtshof und den an der Insolvenzrechtsreform beteiligten Verbänden mit der Bitte um Stellungnahme übersandt.

3. Ziele der Neuregelung des Vergütungsrechts

Die wichtigste Aufgabe der neuen Vergütungsverordnung ist es, im Rahmen der geschilderten gesetzlichen Vorgaben Maßstäbe für die Bemessung der Höhe der jeweils geschuldeten Vergütung nach den Prinzipien der Angemessenheit und Vertretbarkeit festzulegen. Dabei ist einerseits zu berücksichtigen, dass die besonderen Probleme einer Insolvenzsituation regelmäßig den Einsatz besonders qualifizierter Personen erfordern und dass von solchen Personen nur dann die Übernahme einer Funktion im Insolvenzverfahren erwartet werden kann, wenn eine Vergütung in Aussicht steht, die der Schwierigkeit der Tätigkeit und dem häufig großen Haftungsrisiko entspricht. Andererseits muss sich die Belastung der Insolvenzmasse mit Vergütungsansprüchen in Grenzen halten, damit die Verfahren durchführbar bleiben und die Befriedigungsaussichten der Gläubiger nicht unzumutbar gemindert werden.

Bei der Bestimmung der Maßstäbe für die Höhe der Vergütungen orientiert sich die neue Vergütungsverordnung an der bisherigen Praxis zur Auslegung der geltenden Vergütungsverordnung (Verordnung über die Vergütung des Konkursverwalters, des Vergleichsverwalters, der Mitglieder des Gläubigerausschusses und der Mitglieder des Gläubigerbeirats in der im Bundesgesetzblatt Teil III, Gliederungsnummer 311-6, veröffentlichten bereinigten Fassung, zuletzt geändert durch Verordnung vom 11. Juni 1979, BGBl. I S. 637). Jedoch wird dafür gesorgt, dass die Vergütungen bei außergewöhnlich großen Insolvenzmassen nicht in unangemessene Höhen steigen; wie spektakuläre Einzelfälle vor einiger Zeit gezeigt haben, führt das geltende Vergütungsrecht in diesem Bereich nicht immer zu befriedigenden Ergebnissen. Allgemein muss bei der Übertragung von Lösungen des geltenden Vergütungsrechts in die neue Verordnung die geänderte Struktur des künftigen Insolvenzverfahrens berücksichtigt werden. Insbesondere entfällt mit dem einheitlichen Insolvenzverfahren die bisherige Unterscheidung zwischen der Vergütung des Konkursverwalters und der des Vergleichsverwalters; Vorbild für die neuen Vergütungsregelungen für Insolvenzverwalter sind in erster Linie die bisher für den Konkursverwalter geltenden Vorschriften. Da im künftigen Insolvenzverfahren die Gläubiger auf der Grundlage eines Berichts des Insolvenzverwalters darüber entscheiden sollen, ob die Liquidation des insolventen Unternehmens, die Sanierung des Schuldners oder die übertragende Sanierung ihren Interessen am besten dient, ist bei der Festlegung der Vergütungsvorschriften darauf zu achten, dass keine dieser Möglichkeiten von vornherein vergütungsmäßig favorisiert wird.

Bei der Ausgestaltung des neuen Vergütungsrechts ist ein weiteres Ziel, Schwierigkeiten zu vermeiden, die sich in der Praxis bei der Auslegung der geltenden Vergütungsvorschriften ergeben haben. Veraltete Vorschriften sind der heutigen Rechtswirklichkeit anzupassen, unklare Regelungen zu präzisieren, Lücken der gegenwärtigen Regelung zu schließen.

4. Wesentlicher Inhalt der neuen Vergütungsverordnung

Für den Aufbau der neuen Verordnung erscheint es sinnvoll, in einem Ersten Abschnitt die Vergütung des Insolvenzverwalters vollständig zu regeln (einschließlich des Auslagenersatzes und der Entnahme von Vorschüssen). Für die übrigen Vergütungsberechtigten kann in den folgenden Abschnitten dann weitgehend auf diese Regelung Bezug genommen werden.

Berechnungsgrundlage für die Vergütung des Insolvenzverwalters ist grds. der Wert der Insolvenzmasse, auf die sich die Schlussrechnung des Verwalters bezieht (vgl. § 1 Abs. 1 der geltenden Vergütungsverordnung für die Vergütung des Konkursverwalters). Keine Entsprechung in der Verordnung hat die Berechnung der Vergütung nach dem Wert des Aktivvermögens zu Beginn des Verfahrens, wie sie bisher für die Vergütung des Vergleichsverwalters vorgesehen ist (§ 8 Abs. 1 der geltenden Vergütungsverordnung). Bei einer Beendigung des Verfahrens vor der Schlussverteilung ist die Vergütung nach dem Schätzwert der Masse zur Zeit der Beendigung des Verfahrens zu berechnen.

Massegegenstände, die mit Pfandrechten oder anderen Absonderungsrechten belastet sind, sollen abweichend vom geltenden Recht insoweit berücksichtigt werden, als die mit Absonderungsrechten belasteten Gegenstände durch den Verwalter verwertet werden. Da nach Schätzungen 4/5 der im Unternehmen vorgefundenen Gegenstände mit Aus- und Absonderungsrechten belastet sind, muss sichergestellt sein, dass durch die Einbeziehung von Vermögensgegenständen in die Berechnungsgrundlage, die für die Zahlung der Vergütung nicht zur Verfügung stehen, die Masse nicht vollständig durch die Verwaltervergütung absorbiert wird. Deshalb soll der Teil der Vergütung, der auf die mit Absonderungsrechten belasteten Gegenstände entfällt, limitiert werden. Der Mehrbetrag der Vergütung, der durch die Einbeziehung dieser Gegenstände entsteht, darf die Hälfte des nach § 171 Abs. 1 InsO, § 10 Abs. 1 Nr. 1a ZVG anfallenden Kostenbeitrags nicht übersteigen. Mit dieser grundlegenden Änderung bei der Bestimmung der Berechnungsgrundlage soll der unterschiedlichen Aufgabenstellung von Konkursverwalter und Insolvenzverwalter Rechnung getragen werden. Während unter der Konkursordnung die Verwertung des mit einem Absonderungsrecht belasteten Gegenstandes regelmäßig durch den gesicherten Gläubiger erfolgte, steht nach § 166 InsO das Verwertungsrecht hinsichtlich der beweglichen Sachen, an denen Sicherheiten bestellt wurden, dem Insolvenzverwalter zu. Künftig wird somit die Verwertung durch den Insolvenzverwalter den gesetzlichen Regelfall bilden. Werden allerdings die mit Absonderungsrechten belasteten Gegenstände nicht durch den Insolvenzverwalter verwertet, so werden diese auch nicht in die Berechnungsgrundlage einbezogen und wirken sich deshalb auch nicht vergütungserhöhend aus. Hat der Insolvenzverwalter zwar insofern keine Verwertungshandlungen vorgenommen, hat er aber dennoch einen erheblichen Teil seiner Tätigkeit auf die Absonderungsrechte verwandt, so muss ihm ein Zuschlag gem. § 3 Abs. 1 Buchstabe a InsVV gewährt werden.

Bei der Festsetzung der Regelsätze in § 2 wurde von der bisherigen Praxis zur Höhe der Konkursverwaltervergütung ausgegangen. Die zusätzlichen Aufgaben, die das neue Insolvenzrecht dem Insolvenzverwalter überträgt, wurden ebenso berücksichtigt wie die Auswirkungen der sonstigen Neuregelungen. Abweichend vom bisherigen Vergütungsrecht wurden die Regelsätze deutlich angehoben. Gleichzeitig wurde die Degression verstärkt, um exorbitant hohe Vergütungen, die vom Arbeitsaufwand, von der Leistung und von der Verantwortung des Insolvenzverwalters nicht mehr zu rechtfertigen sind, auszuschließen. Um trotz dieser stärkeren Degression besondere Leistungen bei großen Insolvenzmassen angemessen berücksichtigen zu können, ist in § 3 bei der Regelung der Zu- und Abschläge zum Regelsatz eine neue Regelung eingefügt worden, die einen besonderen Zuschlag im Fall der Mehrung einer ohnehin großen Insolvenzmasse erlaubt (Abs. 1 Buchstabe c). Die Bearbeitung schwieriger arbeitsrechtlicher Fragen und die Ausarbeitung eines Insolvenzplans sind weitere Umstände, die einen in der bisherigen Vergütungsverordnung nicht vorgesehenen Zuschlag rechtfertigen (§ 3 Abs. 1 Buchstabe d, e). Als neue Gründe für einen Abschlag vom Regelsatz werden die Tätigkeit eines vorläufigen Insolvenzverwalters und die vorzeitige Beendigung der Verwaltertätigkeit genannt (§ 3 Abs. 2 Buchstabe a, c).

In den §§ 4 und 5 werden Zweifelsfragen des geltenden Vergütungsrechts geklärt, indem die allgemeinen Geschäftskosten deutlicher als bisher von den besonderen, als Auslagen zu erstattenden Ausgaben abgegrenzt werden und indem außerdem der Fall geregelt wird, dass der Insolvenzverwalter als Anwalt, Wirtschaftsprüfer oder Steuerberater besondere Sachkunde zugunsten der Insolvenzmasse einsetzt. In § 7 wird die veraltete Umsatzsteuerregelung des § 4 Abs. 5 der geltenden Vergütungsverordnung durch die Bestimmung ersetzt, dass der Insolvenzverwalter zusätzlich zur Vergütung und zur Auslagenerstattung einen Betrag in Höhe der von ihm geschuldeten Umsatzsteuer beanspruchen kann.

In § 8 der Verordnung wird im Anschluss an § 64 der Insolvenzordnung das Verfahren zur Festsetzung von Vergütung und Auslagen näher geregelt. Hervorzuheben ist, dass nach Abs. 3 der neuen Vorschrift zur Vereinfachung der Abrechnung anstelle der tatsächlich entstandenen Ausgaben ein Auslagenpauschsatz verlangt werden kann.

Im Zweiten Abschnitt der Verordnung werden die Besonderheiten der Vergütungen des vorläufigen Insolvenzverwalters, des Sachwalters und des Treuhänders im vereinfachten Insolvenzverfahren geregelt.

Die Bestimmungen zur Vergütung des vorläufigen Insolvenzverwalters in § 11 schließen eine bisher vorhandene Regelungslücke. Im Anschluss an die bisherige Gerichtspraxis zur Sequestervergütung soll der vorläufige Insolvenzverwalter einen angemessenen Bruchteil der Vergütung des Insolvenzverwalters erhalten. Allerdings wird zur Vermeidung unangemessen hoher Vergütungen ausdrücklich festgelegt, dass bei kurzer Dauer der vorläufigen Verwaltung ein Zurückbleiben hinter dem Regelsatz gerechtfertigt ist. In Abs. 2 wird in Ergänzung des § 22 Abs. 1 Nr. 3 InsO bestimmt, dass der vorläufige Insolvenzverwalter gesondert als Sachverständiger vergütet wird, soweit das Gericht ihn beauftragt hat zu prüfen, ob ein Eröffnungsgrund vorliegt und welche Aussichten für eine Fortführung des Unternehmens des Schuldners bestehen.

Die Vergütung des Sachwalters, der im Falle der Eigenverwaltung den Schuldner beaufsichtigt, wird in § 12 in Anlehnung an die bisherigen Vorschriften über die Vergütung des Vergleichsverwalters geregelt (vgl. die §§ 8 und 12 der geltenden Vergütungsverordnung), wobei jedoch dem größeren Aufgabenbereich des Sachwalters Rechnung getragen wird. Regelmäßig erhält der Sachwalter 60 % der für den Insolvenzverwalter bestimmten Vergütung.

Als völlig neue Regelung war in die Verordnung die Vergütung für den anstelle des Insolvenzverwalters im vereinfachten Verbraucherinsolvenzverfahren tätigen Treuhänders (vgl. die §§ 311–314 InsO) aufzunehmen. Die Neuregelung ist eine notwendige Ergänzung des ersten Entwurfes der Insolvenzrechtlichen Vergütungsverordnung, nachdem das Verbraucherinsolvenzverfahren und sonstige Kleinverfahren im Ergebnis der Beratungen des Regierungsentwurfes der Insolvenzordnung im Rechtsausschuss des Deutschen Bundestages als neuer neunter Teil in die Insolvenzordnung eingestellt wurde.

Ausschlaggebend für die Bemessung der Treuhändervergütung sind sowohl der geringere Arbeitsaufwand im vereinfachten Verfahren als auch ein dem Verfahrensziel der Verbraucherentschuldung entsprechender Kostenumfang.

Ebenfalls ohne Vorbild im geltenden Recht ist der Dritte Abschnitt über die Vergütung des Treuhänders, der während der siebenjährigen »Wohlverhaltensperiode« vor der Erteilung der Restschuldbefreiung tätig werden soll (vgl. die §§ 292 und 293 InsO). Berechnungsgrundlage für die Vergütung ist nach § 14 der Verordnung der Gesamtwert der Beträge, die beim Treuhänder eingehen und von ihm an die Gläubiger zu verteilen sind. Von diesem Gesamtwert soll der Treuhänder bestimmte Bruchteile erhalten, die wie bei den Regelsätzen für die Vergütung des Insolvenzverwalters degressiv gestaffelt sind. Die zusätzliche Vergütung, die der Treuhänder im Falle einer Überwachung des Schuldners erhalten soll, ist gem. § 15 grds. nach dem damit verbundenen Zeitaufwand zu bestimmen. Die Vorschriften der Verordnung über die Vergütung des Treuhänders schließen nicht aus, dass dieser im Einzelfall bereit ist, sein Amt unentgeltlich auszuüben.

Im Vierten Abschnitt der Verordnung wird die Vergütung der Mitglieder des Gläubigerausschusses dahin bestimmt, dass im Regelfall ein in etwa der gegenwärtigen Praxis entsprechender Stundensatz festzusetzen ist. Die Bestimmung soll ebenso wie bisher § 13 Abs. 1 der geltenden Vergütungsverordnung flexibel gehandhabt werden; jedoch sollen auch in diesem Bereich übermäßig hohe Vergütungen vermieden werden.

5. Kosten und Preise

a) Kosten der öffentlichen Haushalte

Die Haushalte des Bundes, der Länder, Gemeinden und Gemeindeverbände werden durch die Verordnung keine zusätzliche Belastung erfahren. Mit der Verordnung soll die gegenwärtige Vergütungspraxis, die sich erheblich vom Wortlaut der geltenden Vergütungsverordnung entfernt hat, wieder mit dem geschriebenen Vergütungsrecht in Einklang gebracht werden. Insgesamt sollen die Vergütungen nicht erhöht werden. Ganz im Gegenteil strebt die vorliegende Verordnung an, durch eine stärkere Degression exorbitant hohe Vergütungen bei außergewöhnlich großen Insolvenzmassen zu verhindern. Teilweise wird von den interessierten Kreisen die Befürchtung geäußert, die in der Verordnung festgelegten Regelsätze würden im Vergleich zur gegenwärtigen Vergütungspraxis zu erheblichen Gebühreneinbußen der Insolvenzverwalter führen.

Da die Insolvenzordnung die bisherige Aufteilung in Konkurs- und Vergleichsverfahren aufhebt und sie in einem einheitlichen Verfahren zusammenführt, entfällt auch die im geltenden Vergütungsrecht vorgesehene Unterscheidung zwischen der Vergütung des Konkursverwalters und der des Vergleichsverwalters. Insgesamt kann somit eher von einer kostendämpfenden Wirkung der Vergütungsverordnung ausgegangen werden.

b) Sonstige Kosten

Der Großteil der bisherigen Konkurs- und Vergleichsverwalter stammte aus der Anwaltschaft. Unter der Insolvenzordnung wird wohl auch die Mehrzahl der Insolvenzverwalter dieser Berufsgruppe angehören. Allerdings ist zu erwarten, dass durch die besondere Betonung des Sanierungsgedankens insbesondere durch den Insolvenzplan auch Wirtschaftsprüfer oder verwandte Berufsgruppen in diesem Bereich tätig sein werden. Auswirkungen auf die Kosten, die etwa bei Wirtschaftsunternehmen entstehen können, sind hierdurch nicht zu erwarten. Durch die Beseitigung von Zweifelsfragen des geltenden Rechts ist insofern eher mit einer Entlastung zu rechnen.

c) Preise

Da durch die Verordnung die bisherige Vergütungspraxis gesetzlich fixiert werden soll, sind Auswirkungen auf das Preisniveau, insbesondere das Verbraucherpreisniveau, nicht zu erwarten.

II. Begründung des Verordnungsgebers zur Verordnung zur Änderung der insolvenzrechtlichen Vergütungsverordnung vom 04.10.2004

A. Allgemeines

1. Wesentlicher Inhalt der BGH-Entscheidungen

2 *In zwei Beschlüssen vom 15. Januar 2004 hat der Bundesgerichtshof entschieden, dass die Mindestvergütung in massearmen Regelinsolvenzverfahren (zur Zeit 500 Euro; im Folgenden IN-Verfahren) und in massearmen Verbraucherinsolvenzverfahren (zur Zeit 250 Euro; im Folgenden IK-Verfahren) nicht auskömmlich und als unverhältnismäßiger Eingriff in die Berufsfreiheit verfassungswidrig sei. Der Verordnungsgeber habe bis zum 1. Oktober 2004 eine verfassungsgemäße Neuregelung zu schaffen. Der BGH geht zunächst davon aus, durch die Vorschriften der InsVV werde in die Berufsfreiheit eingegriffen. Nach § 63 Abs. 1 InsO habe der Verwalter einen Anspruch auf eine seiner Qualifikation und Tätigkeit angemessene Vergütung. Durch die Mindestvergütung von 500 Euro im Regelinsolvenzverfahren*

und 250 Euro im vereinfachten Insolvenzverfahren werde jedoch sein Bearbeitungsaufwand nicht angemessen entgolten.

Nach Einschätzung des BGH ist es rechtlich nicht geboten, für jeden konkreten Einzelfall eine ausreichende Vergütung vorzusehen, vielmehr könne auch eine Querfinanzierung mit massehaltigen Verfahren berücksichtigt werden. In der Praxis komme diesem Gedanken jedoch kaum noch Bedeutung zu, da die massearmen Verfahren nunmehr die überwiegende Zahl der Gesamtverfahren darstellen. Bei einzelnen Insolvenzgerichten würden 70 % der Verfahren nur über eine Stundung der Verfahrenskosten finanziert werden können. Deshalb müsse ein wirtschaftlicher Ausgleich bereits innerhalb der massearmen Verfahren erfolgen. Vereinzelt wurden von Insolvenzgerichten versucht, durch Befragung der Insolvenzverwalter den tatsächlichen Kostenaufwand für die Abwicklung eines Verfahrens zu ermitteln. Dabei wurde eine Kostenbelastung in Regelinsolvenzverfahren von 1.400 Euro bis zu 2.400 Euro je Verfahren genannt. Das Amtsgericht Hamburg hat daraufhin eine Pauschalvergütung von 800 Euro in Verbraucherinsolvenz- und 1.200 Euro in Regelinsolvenzverfahren festgesetzt.

Der BGH räumt jedoch ein, dass diese Selbsteinschätzung der Verwalter nur bedingt geeignet ist, den tatsächlichen Aufwand zu ermitteln. Zumindest als Groborientierung könne diese Selbsteinschätzung herangezogen werden, so dass der BGH für ein durchschnittliches massearmes Verfahren von einem Aufwand von mindestens 20 Stunden ausgeht, von denen 2/3 durch einen Mitarbeiter und 1/3 vom Insolvenzverwalter selbst erbracht werden. Zur Bestimmung einer Stundenvergütung zieht der BGH dann die Zwangsverwalterverordnung heran, die einen Mindeststundensatz für einen qualifizierten Mitarbeiter in Höhe von 35 Euro und für den Zwangsverwalter einen Betrag von 95 Euro vorsieht. Legt man diese Annahme zugrunde, so kommt der BGH zu einer Vergütung von ca. 1.100 Euro für ein durchschnittliches massearmes Verfahren. Angesichts der Unsicherheit über die Ausgestaltung einer angemessenen Mindestvergütung in massearmen Verfahren sind nach Ansicht des BGH die Regelungen zur Mindestvergütung erst seit dem 1. Januar 2004 verfassungswidrig.

2. Konzept der Verordnung

Die Feststellung der tatsächlichen Belastung der Insolvenzverwalter in masselosen Verfahren ist mit erheblichen Unsicherheiten behaftet. Diesbezügliche Erkenntnisse erlauben zwei rechtstatsächliche Untersuchungen zum zeitlichen Aufwand von Insolvenzverwaltern/Treuhändern in masselosen Verfahren (Prof. Dr. Christoph Hommerich) respektive zur Kostensituation in masselosen Regel- und Verbraucherinsolvenzverfahren (Institut für freie Berufe, IFB), die anlässlich der gebotenen Änderung der InsVV in Auftrag gegeben wurden und denen schriftliche Befragungen der Insolvenzverwalter zugrunde liegen. Eine umfassende Zeitbudgetuntersuchung konnte nicht durchgeführt werden, da die Novellierung der Mindestvergütung nach den Vorgaben des BGH bis Ende September 2004 abgeschlossen sein muss. Insofern konnte lediglich eine Erhebung aufgrund von Selbsteinschätzungen der Insolvenzverwalter vorgenommen werden, die den zeitlichen Aufwand bei masselosen Insolvenzverfahren ermitteln soll. Die Untersuchung von Prof. Hommerich hat dabei den Tätigkeitsaufwand in dem letzten bearbeiteten masselosen Insolvenzverfahren ermittelt, da davon ausgegangen werden konnte, dass sich die befragten Insolvenzverwalter an dieses Verfahren besonders gut erinnern. Im Übrigen hat es die zuletzt genannte Studie vermieden, die Tätigkeit der Insolvenzverwalter in kleinste Schritte aufzuteilen und in der Befragung hierzu Angaben zu erheben, da ein solches Vorgehen leicht zu einer Scheingenauigkeit führt und häufig Angaben zu Tätigkeiten provoziert, über deren zeitlichen Aufwand keine genauen Vorstellungen bestehen.

Zur Festlegung der Mindestvergütung stehen zwei unterschiedliche Lösungsansätze zur Verfügung. So kann versucht werden, den regeltypischen Normalfall eines massearmen Verfahrens zu umreißen und Zuschläge nur in den in § 3 Abs. 1 InsVV aufgeführten Fällen vorzusehen. Eine solche Vergütung schwebt wohl dem BGH in den zitierten Entscheidungen vor. Problematisch ist dabei jedoch bereits die Bestimmung des Normalfalls. So liegen zur Zahl der Gläubiger erheblich divergierende Angaben vor. Während der BGH ausgehend von den Selbstauskünften der Insolvenzverwalter für das Regelinsolvenzverfahren 20 Gläubiger annimmt, weist die Untersuchung von Hommerich eine hohe Streubreite auf. In masselosen IN-Verfahren lag die Zahl der Gläubiger bei dieser Untersuchung zwischen 7 und 80.

Während 24 % der Befragten eine Gläubigerzahl von bis zu 20 nannten, lag bei 42 % die durchschnittliche Zahl der Gläubiger zwischen 21 und 30. Entsprechende Ergebnisse waren auch bei den masselosen IK-Verfahren anzutreffen, wo die Gläubigerzahl zwischen 3 und 42 betrug. Während von 44 % der Büros nicht mehr als 10 Gläubiger je Verfahren genannt wurden, waren es bei 16 % durchschnittlich mehr als 15 Gläubiger. In IN-Verfahren liegt nach dieser Untersuchung sowohl das getrimmte Mittel (nur der Wertbereich zwischen 5 % und 95 %) als auch der Median bei 29 Gläubiger. In IK-Verfahren beträgt das getrimmte Mittel 13 und der Median 12 Gläubiger. Die Untersuchung des IFB nennt lediglich die durchschnittliche Zahl der Gläubiger, die in IN-Verfahren 34,6 und in IK-Verfahren 16,2 beträgt.

Angesichts dieser Unsicherheit hinsichtlich der Zahl der Gläubiger empfiehlt es sich, bei der Beschreibung des regeltypischen Normalfalls von einer geringeren Gläubigerzahl auszugehen, Erhöhungen jedoch entsprechend der Zahl der Gläubiger vorzusehen. In einem Insolvenzverfahren mit sehr geringer Masse ist der Verwalter durch die Sicherung, Verwaltung und Verwertung der insolvenzbefangenen Gegenstände allenfalls geringfügig belastet. Der BGH geht davon aus, die Tätigkeit des Verwalters bestehe in einem solchen Verfahren insbesondere in einem Gespräch mit dem Schuldner, Sichtung und Auswertung der übergebenen Unterlagen, Vorbereitung und Durchführung von Berichts- und Prüfungsterminen einschließlich der Erstellung der erforderlichen Verzeichnisse und Berichte sowie im Schriftverkehr mit den Gläubigern und der Überprüfung der Forderungsanmeldungen. Die Aufzählung beleuchtet, dass nach Einschätzung des BGH die Belastung der Verwalter in den Verfahren deutlich von der Zahl der Gläubiger beeinflusst wird. Besonders eindrucksvoll wird diese Korrelation durch die Untersuchung des IFB belegt. In IN-Verfahren mit bis zu 20 Gläubigern beträgt der zeitliche Aufwand des Verwalters 648 und der des Sachbearbeiters 885 Minuten und steigt in Verfahren mit 41 und mehr Gläubigern auf 2.700 beim Verwalter und 2.385 beim Sachbearbeiter an. Dieser extreme Anstieg bei den zuletzt genannten Verfahren dürfte allerdings zumindest teilweise darauf zurückzuführen sein, dass hier Verfahren mit extrem hohen Gläubigerzahlen eingeflossen sind, die das Gesamtbild etwas verzerren. Es bleibt jedoch festzuhalten, dass die Gläubigerzahl generell geeignet ist, ein Differenzierungskriterium für die Höhe der Vergütung zu bieten, das in etwa den Aufwand der Verwalter in den Verfahren abbildet.

Die Festlegung einer Mindestvergütung ist allgemein und nicht etwa nur in den Stundungsfällen geboten. In den Verfahren mit geringer Masse legt die Mindestvergütung fest, wie werthaltig die Insolvenzmasse sein muss, damit die Kosten gedeckt sind und somit ein Insolvenzverfahren überhaupt eröffnet werden kann. Allerdings ist sicherzustellen, dass die Höhe der Mindestvergütung in masselosen Verfahren nicht zu Friktionen mit der Vergütung in Verfahren mit geringer Masse führt. So geht der BGH in seiner Entscheidung davon aus, im Allgemeinen werde eine Masse von 3.000 Euro zur Kostendeckung als erforderlich angesehen. Dem Verwalter würde dann eine Vergütung von 1.200 Euro zustehen. Bei der in dem Verordnungsentwurf vorgesehenen, nach Gläubigersätzen gestaffelten Mindestvergütung würde damit noch die Vergütung in einem Verfahren mit 15 Gläubigern abgedeckt. Bei einem Verfahren mit 26–30 Gläubigern würde die Mindestvergütung nach dem vorgesehenen Staffelsatz 1.600 Euro betragen, so dass künftig ein solches Verfahren bei einer Masse von lediglich 3.000 Euro nur noch eröffnet werden könnte, wenn entweder ein Massekostenvorschuss geleistet wird oder die Kosten gestundet werden.

Die gegenwärtig stark differierende Mindestvergütung in Regel- und Verbraucherinsolvenzverfahren ist nach ganz überwiegender Auffassung in Rechtsprechung und Schrifttum so nicht mehr gerechtfertigt. Eine Vergütung in IN-Verfahren, die doppelt so hoch ist wie die in IK-Verfahren, gibt ein unzutreffendes Bild von der Arbeitsbelastung der Verwalter in diesen beiden Verfahrensarten. Da die Vergütung jedoch vom Ansatz her dem Aufwand entsprechen sollte, den der Verwalter in dem jeweiligen Verfahren zu betreiben hat, müssen die beiden Mindestvergütungen angenähert werden. Nach den vorliegenden Untersuchungen ist davon auszugehen, dass die Gläubigerzahl in einem Regelinsolvenzverfahren höher als in einem Verbraucherinsolvenzverfahren ist. In IN-Verfahren beträgt die durchschnittliche Gläubigerzahl 29 (Hommerich) rsp. 34 (IFB) und in IK-Verfahren 12 (Hommerich) rsp. 16 (IFB). Deshalb soll bei einem IN-Verfahren die Mindestvergütung bei bis zu 10 Gläubigern 1.000 Euro und im Verbraucherinsolvenzverfahren bei bis zu 5 Gläubigern 600 Euro betragen.

Stellt man eine Relation zwischen den Kosten für die Bearbeitung masseloser Verfahren her, ergibt sich bei der Untersuchung Hommerich ein Verhältnis von 1.800 Euro (IN-Verfahren berechnet nach dem Median) zu 1.100 Euro (IK-Verfahren ebenfalls nach Median berechnet). Die Untersuchung des IFB weist für das Jahr 2003 durchschnittliche Verfahrenskosten von 2998,66 Euro (IN-Verfahren) zu 1651,03 Euro (IK-Verfahren) auf. Beide Relationen entsprechen in etwa dem in dem Verordnungsentwurf gewählten Verhältnis der Grundvergütung in IN-Verfahren von 1.000 Euro zu der Grundvergütung in IK-Verfahren von 600 Euro. Die maßvolle Differenzierung zwischen den beiden Verfahrensarten ist gerechtfertigt, da das Verbraucherinsolvenzverfahren häufig durch eine Schuldnerberatungsstelle vorbereitet wird (Ordnung der Belege, Ermittlung von Vermögen und Verbindlichkeiten, Ausfüllen der Vordrucke) und es zudem in geeigneten Fällen schriftlich abgewickelt werden kann, so dass eine Teilnahme an der Gläubigerversammlung entfällt. Bei über 30 (IN-Verfahren) rsp. 15 Gläubigern (IK-Verfahren) ist für beide Verfahrensarten eine Degression vorgesehen, da bei einer höheren Gläubigerzahl gewisse Rationalisierungseffekte einsetzen.

Die Untersuchung von Prof. Hommerich zeigt zudem, dass mit dem Spezialisierungsgrad des Büros zumindest der Sachbearbeitungsaufwand unterhalb des Aufwands in nicht spezialisierten Büros liegt. Es wäre deshalb wünschenswert, wenn bei der Bestellung der Verwalter durch die Gerichte eine Spezialisierung für Kleinverfahren gefördert werden könnte. Auch der BGH weist in seiner Entscheidung zur Mindestvergütung im Regelinsolvenzverfahren darauf hin, es sei eine möglichst kostengünstige Verfahrensweise unter Ausnutzung effizienter und rationaler Büroabläufe zugrunde zu legen. Werde zur Abwicklung der Kleininsolvenzen ein unangemessener Aufwand betrieben, so könne dieser bei der Festsetzung der Vergütung keine Berücksichtigung finden.

Eine Befristung der in dem Entwurf vorgeschlagenen Vorschriften scheidet aus, weil die Regelungen als Dauerregelungen angelegt sind und sie zudem die InsVV ändern, die ihrerseits eine Dauerregelung darstellt.

Der Entwurf hat keine erkennbaren gleichstellungspolitischen Auswirkungen. Grundsätzlich sind Frauen und Männer von den Vorschriften des Entwurfs in gleicher Weise betroffen.

Das Bundesministerium der Justiz wird die Handhabung der Vorschriften des Entwurfs in der Praxis beobachten, um auftretenden Missständen zügig abhelfen zu können. Außerdem werden die Länder gebeten, ihrerseits auf Unzulänglichkeiten der InsVV hinzuweisen.

3. Auswirkungen der Verordnung auf die Einnahmen und Ausgaben der öffentlichen Haushalte, Kosten für die Wirtschaftsunternehmen und Auswirkungen auf das Preisniveau

a) Auswirkungen auf die Justizhaushalte von Bund und Ländern

Werden in einem Regel- oder Verbraucherinsolvenzverfahren die Kosten gestundet, so hat die Staatskasse zunächst auch für die Vergütung des Insolvenzverwalters rsp. Treuhänders aufzukommen. Erzielt der Schuldner während des Insolvenzverfahrens Einkommen, das über der Pfändungsfreigrenze liegt, so wird dies zunächst zur Deckung der gestundeten Verfahrenskosten verwendet. Können durch den Neuerwerb während des Verfahrens die Verfahrenskosten nicht bedient werden, so erstreckt sich die Stundung gemäß § 4a Abs. 1 InsO bis zur Erteilung der Restschuldbefreiung. Ist der Schuldner auch dann nicht in der Lage, die gestundeten Beträge in einer Einmalzahlung zu begleichen, so können ihm nach § 4b Abs. 1 InsO Ratenzahlungen von bis zu 48 Monatsraten auferlegt werden. Erst danach steht fest, dass die Staatskasse endgültig für die gestundeten Beträge aufzukommen hat. Vor diesem Hintergrund ist nur schwer abschätzbar, wie hoch die tatsächliche Belastung der Justizhaushalte der Länder durch die Erhöhung der Mindestvergütung ausfallen wird. Eine weitere Schwierigkeit besteht darin, dass die Differenz zwischen der durch die Verordnung angepassten Vergütung und der bisherigen Mindestvergütung nicht einfach mit der Zahl der Stundungsfälle multipliziert werden kann, da eine solche Berechnung ausblendet, dass bereits in der Vergangenheit zahlreiche Gerichte eine deutlich höhere Min-

destvergütung als die in der InsVV ausgewiesene festsetzen. Von einigen Gerichten wurden in masselosen Regelinsolvenzverfahren Vergütungen von bis zu 3.000 Euro gewährt. Insofern hätte die Änderung der InsVV in Einzelfällen sogar einen kostendämpfenden Effekt.

Zur Prognostizierung der Kosten wird im Verbraucherinsolvenzverfahren von 40.000 Verfahren ausgegangen, wobei nach Schätzungen in 90 % eine Stundung der Verfahrenskosten erfolgt. Zur weiteren Berechnung wird ein durchschnittliches Verbraucherinsolvenzverfahren von 14 Gläubigern zugrunde gelegt. Die Mindestvergütung beträgt heute in einem solchen Verfahren 250 Euro. Es ist jedoch davon auszugehen, dass in 20 % der Fälle bereits in der Vergangenheit eine höhere Vergütung gewährt wurde. Nach den bisherigen Erfahrungen zur Prozesskostenhilfe, wie sie auch dem Kostenrechtsmodernisierungsgesetz 2004 zugrunde gelegt wurden, können von der Staatskasse etwa 15 % der gestundeten Kosten wieder eingezogen werden. Mangels anderer Anhaltspunkte wird dieser Wert auch auf die Stundungsverfahren übertragen. Die Gesamtkosten für die Mindestvergütung würden unter Zugrundelegung dieser Annahmen somit heute ca. 9,2 Mio. Euro betragen. Nach der Anhebung durch die vorliegende Rechtsverordnung würde die Vergütung in einem durchschnittlichen massearmen Verfahren 900 Euro und damit insgesamt 32,4 Mio. Euro betragen. Davon wären die Rückflüsse in Höhe von 15 % abzuziehen, so dass sich das Erhöhungsvolumen auf ca. 18 Mio. Euro belaufen würde.

Bei den Regelinsolvenzverfahren wird von 30.000 Verfahren ausgegangen, wobei eine durchschnittliche Gläubigerzahl von 30 zugrunde gelegt wird. Während nach heutigem Recht die Mindestvergütung in einem solchen Verfahren 500 Euro beträgt, würde sie künftig auf 1.600 Euro ansteigen. Weiter wird davon ausgegangen, dass in 80 % der Verfahren, also bei 24.000 Verfahren, eine Stundung der Verfahrenskosten gewährt wird und dass die Rückflussquote ebenfalls 15 % beträgt. Wie beim Verbraucherinsolvenzverfahren wird auch hier die Prämisse zugrunde gelegt, dass in 20 % der Fälle bereits heute eine höhere Vergütung gewährt wird. Geht man von diesen Annahmen aus, so betragen die heutigen Gesamtkosten für die Mindestvergütung 13,1 Mio. Euro und steigen bei einem durchschnittlichen massearmen Verfahren mit 30 Gläubigern auf 32,6 Mio. Euro an. Das Erhöhungsvolumen für die Mindestvergütung in den IN-Verfahren mit Stundung würde sich somit auf ca. 19,5 Mio. Euro belaufen.

Möglicherweise wird sich nach Inkrafttreten des Gesetzes zur Änderung der Insolvenzordnung, des Kreditwesengesetzes und anderer Gesetze eine gewisse Entlastung für die öffentliche Hand einstellen, da nach diesem Gesetz deutlich mehr Verfahren als bisher dem Verbraucherinsolvenzverfahren zugewiesen werden sollen. Zudem sieht der entsprechende Gesetzentwurf vor, dass die oberste Landesbehörde oder eine von ihr bestellte Stelle in Stundungsfällen Vereinbarungen mit einzelnen Verwaltern abschließen kann, in denen eine von der InsVV abweichende Vergütung festgesetzt wird. Solche Vereinbarungen sind sinnvoll, da nach der Untersuchung von Prof. Hommerich 12 % der befragten Insolvenzverwalter ihre Bruttokosten je Arbeitsstunde einschließlich eines kalkulatorischen Gewinns in einer Spannbreite von 34 bis 49 Euro und weitere 26 % in einer von 50 bis 99 Euro angeben. Daraus kann geschlossen werden, dass einzelne Büros, die wohl insbesondere auf Kleinverfahren spezialisiert sind, die Verfahren teilweise deutlich unter den bei der Festsetzung der Mindestvergütung kalkulierten 95 Euro je Arbeitsstunde abwickeln können. Für die Sachbearbeiter ist ein vergleichbarer Befund feststellbar, da dort 21 % der Befragten die Kosten pro Arbeitsstunde mit bis zu 24 Euro veranschlagt haben, während bei dem vorliegenden Verordnungsentwurf 35 Euro zugrunde gelegt wurden.

Mit der Begrenzung der Höhe des Pauschsatzes dürfte eine gewisse Kostenentlastung verbunden sein, ohne dass diese sich quantifizieren ließe. Die Erhöhung der Vergütung für den Treuhänder im Restschuldbefreiungsverfahren hat nur Bedeutung, sofern tatsächlich Gelder eingehen und diese zu verteilen sind. Die Vergütung ist aus diesen Geldern zu entnehmen und belastet nicht die Justizhaushalte. Die Änderungen zu §§ 15 und 17 InsVV betreffen die öffentlichen Haushalte lediglich wie jeden anderen Gläubiger. Da die Überwachungsaufgabe des Treuhänders nach § 292 Abs. 2 InsO von einem Beschluss der Gläubigerversammlung abhängig ist, haben es die Gläubiger ohnehin in der Hand, diese zusätzlichen Kosten zu vermeiden. Die höhere Vergütung für die Mitglieder des Gläubigerausschusses sind Kosten des Insolvenzverfahrens, die sich letztlich zulasten der ungesicherten Gläubiger auswirken. Ob und in welcher Höhe die öffentlichen Haushalte als Gläubiger in Insolvenzverfahren hiervon betroffen sein werden, lässt sich auch nicht ansatzweise quantifizieren.

b) Kosten für die Wirtschaftsunternehmen

Nach der bisherigen Praxis wird ein Insolvenzverfahren mit geringer Masse noch eröffnet, wenn in etwa Vermögenswerte in Höhe von 3.000 Euro vorliegen. Der Verwalter erhält dann eine Vergütung nach § 2 Abs. 1 InsVV in Höhe von 1.200 Euro. Wird künftig die Mindestvergütung angehoben, so kann ein Insolvenzverfahren mit mehr als 31 Gläubigern – von der Möglichkeit der Stundung einmal abgesehen – nur eröffnet werden, wenn eine Masse von 4.250 Euro vorliegt. Ab 36 Gläubiger könnte ein Verfahren nur bei einer Masse von 4.500 Euro eröffnet werden. Auswirkungen auf die Quoten der Insolvenzgläubiger sind jedoch nicht messbar, da bei diesen geringen Massen häufig Masseunzulänglichkeit eintreten wird, so dass die Insolvenzgläubiger ohnehin leer ausgehen. Für die Anhebung der Stundensatzvergütung für den Treuhänder, der mit einer Überwachung des Schuldners beauftragt wurde, gelten die Ausführungen unter a) entsprechend. Die Anhebung der Vergütung für die Mitglieder des Gläubigerausschusses wird ebenfalls keine messbaren Auswirkungen auf die Quoten haben, die Unternehmen als Gläubiger in Insolvenzverfahren erlangen können.

Die Anhebung der Mindestvergütung für den Treuhänder in der Wohlverhaltensperiode hat zur Folge, dass in einem durchschnittlichen Verfahren mit bis zu 15 Gläubigern die jährliche Vergütung künftig 200 Euro betragen wird, sofern der Verwalter tatsächlich eine Verteilung an die Gläubiger vornimmt. Eine messbare Auswirkung auf die Beträge, die die Gläubiger im Laufe der Wohlverhaltensperiode erhalten, ist hierdurch nicht zu erwarten.

c) Auswirkungen auf das Preisniveau:

Nachteilige Auswirkungen der Verordnung auf das Preisniveau, insbesondere auf das Niveau der Verbraucherpreise, sind angesichts der maßvollen Erhöhung, die teilweise bereits von den Gerichten vorweggenommen wurde, nicht zu erwarten.

B. Zu den einzelnen Vorschriften

Zu Artikel 1

Zu Nummer 1

Nach den Ausführungen des BGH zur Mindestvergütung im Regelinsolvenzverfahren ist bei einem regeltypischen Normalfall eine Mindestvergütung von ca. 1.100 Euro geboten. Dabei geht der BGH wohl von 20 Gläubigern aus. Hinsichtlich der Gläubigerzahl besteht auch nach Vorlage der beiden Untersuchungen noch eine gewisse Unsicherheit. Das IFB gibt lediglich an, die durchschnittliche Zahl der Gläubiger in masselosen Insolvenzverfahren habe im Jahre 2003 in IN-Verfahren 34,6 und in IK-Verfahren 16,2 betragen. Nach den Ermittlungen von Prof. Hommerich ist die Spreizung der Gläubigerzahl in IN-Verfahren sehr erheblich. Nach seiner Untersuchung waren in IN-Verfahren zwischen 7 und 80 Gläubiger anzutreffen. Sowohl nach dem 5 % getrimmten Mittel als auch nach dem Median ist von einer Gläubigerzahl von 29 auszugehen. Dabei ist unter dem »5 % getrimmten Mittel« ein Wert zu verstehen, bei dem die 5 % der niedrigsten sowie die 5 % der höchsten Gläubigerangaben unberücksichtigt bleiben. Über diese Mittelwertberechnung können Ausreißer herausgefiltert werden. Demgegenüber beschreibt der Median den Punkt auf der Skala, unterhalb oder oberhalb dessen jeweils die Hälfte aller angegebenen Gläubigerzahlen liegt. Vor diesem Hintergrund wurde bei den Berechnungen in dem Verordnungsentwurf von einer durchschnittlichen Gläubigerzahl in IN-Verfahren von 30 ausgegangen.

Von ganz entscheidender Bedeutung für die Höhe der Vergütung ist der Tätigkeitsaufwand, den der Verwalter bzw. seine Hilfspersonen in masselosen IN-Verfahren zu betreiben haben. Die beiden Untersuchungen weisen hier die gravierendsten Unterschiede auf. Während das IFB von einem Zeitaufwand von 18,42 Stunden für den Insolvenzverwalter und 18,32 Stunden für den Sachbearbeiter ausgeht, liegt nach Prof. Hommerich das 5 % getrimmte Mittel im letzten abgeschlossenen masselosen IN-Verfahren bei 680 Minuten und der Median bei 585 Minuten für den Verwalter. Das arithmetische Mittel beträgt demgegenüber 721 Minuten. Da somit der Median geringer als das arithmetische Mittel ausfällt, liegt eine so genannte »linksschiefe Verteilung« vor, bei der wenige Fälle den Durchschnitt ins-

gesamt anheben. Insofern wäre es gerechtfertigt, bei der weiteren Berechnung den Median zugrunde zu legen. Da jedoch die Differenz zu der Untersuchung des IFB so gravierend ist, soll bei der weiteren Vergütungsberechnung das 5 % getrimmte Mittel herangezogen werden, so dass die 5 % der niedrigsten sowie die 5 % der höchsten Tätigkeitsangaben unberücksichtigt bleiben. Somit werden für die Berechnung des getrimmten Mittels insgesamt 90 % der Fälle herangezogen. Der eklatante Unterschied beider Untersuchungen in diesem Bereich lässt sich vielleicht darauf zurückführen, dass es methodisch bedenklich ist, im Rahmen einer solchen Befragung kleinschrittige Zuordnungen des Tätigkeitsaufwandes zu detaillierten Tätigkeitsbereichen erheben zu wollen, da eine solche Zuordnung, soweit sie lediglich aus der Erinnerung heraus vorgenommen wird, zu einer Scheingenauigkeit führt. Im Übrigen könnte sie den Befragten veranlassen, Angaben zu Tätigkeiten zu machen, zu denen er keine konkreten Erinnerungen mehr hat. Der durchschnittliche Aufwand von Sachbearbeiterinnen/Sachbearbeiter lag nach beiden Untersuchungen bei ca. 18 Stunden (nach Hommerich 5 % getrimmtes Mittel bei 1.089 min.), so dass dieser Wert zugrunde gelegt werden kann.

In beiden Untersuchungen wurden die Insolvenzverwalter nach den Kosten pro Arbeitsstunde beim Verwalter selbst und bei den Sachbearbeitern befragt. Während die Untersuchung des IFB keine Informationen darüber enthält, welche Kosten hierbei herangezogen werden, ergibt sich aus der Untersuchung von Prof. Hommerich, dass die Bruttolohnkosten, die (anteiligen) Gemeinkosten und auch der kalkulatorische Gewinn der Verwalter mit berücksichtigt wurden. Nach beiden Untersuchungen liegen die Kosten je Arbeitsstunde für den Verwalter bei etwa 125 Euro (Hommerich 5 % getrimmtes Mittel: 125 Euro; Median: 118 Euro). Bemerkenswert ist zunächst, die erhebliche Spreizung, die die Angaben zu den Kosten je Arbeitsstunde aufweisen. Sie reichen von 34 bis zu 300 Euro. Nach der Untersuchung von Prof. Hommerich lag der Median unterhalb der mittleren Kosten, d. h. die Kosten lagen in der Mehrzahl des Büros unterhalb der durchschnittlichen Kosten. Insofern wäre es gerechtfertigt, den Median zugrunde zu legen. Ein Stundensatz zwischen 118 und 125 Euro mag in einem durchschnittlichen massehaltigen Regelinsolvenzverfahren, in dem der Insolvenzverwalter ggf. auch ein Unternehmen fortführen muss, durchaus angebracht sein. Anders verhält es sich jedoch bei der Erledigung masseloser Kleinverfahren, in denen die Anforderungen, die an den Verwalter gestellt werden, deutlich hinter denen in einer üblichen Unternehmensinsolvenz zurück bleiben. In diesen Fällen entspricht das Anforderungsprofil, das an den Verwalter anzulegen ist, eher dem eines Zwangsverwalters. Insofern ist es, wie dies auch schon der BGH in seiner Entscheidung vom 15. Januar 2004 angeregt hat, gerechtfertigt, die Zwangsverwalterverordnung vom 19. Dezember 2003 (BGBl. I S. 2804) heranzuziehen, und die Stundensätzen des § 19 Abs. 1 ZwVwV (35 bis 95 Euro) auf die masselose Regelinsolvenz zu übertragen.

Die durchschnittlichen Kosten je Arbeitsstunde für Sachbearbeiter lagen nach der Untersuchung des IFB bei 38,43 Euro, während nach Prof. Hommerich das 5 % getrimmte Mittel 43 Euro und der Median 40 Euro beträgt. Auch für die durchschnittlichen Kosten pro Arbeitsstunde des Sachbearbeiters gilt das für den Insolvenzverwalter ausgeführte entsprechend, so dass auch insofern der Stundensatz aus § 19 ZwVwV in Höhe von 35 Euro zugrunde zu legen ist. Geht man unter Zugrundelegung dieser Werte von einem Tätigkeitsaufwand des Verwalters von 11 Stunden und des Sachbearbeiters von 18 Stunden aus, so betragen die Kosten 1.675 Euro. Nach dem Vergütungskonzept, wie es nun § 2 Abs. 2 InsVV-E zugrunde liegt, ergibt sich demgegenüber eine Vergütung von 1.600 Euro. Dies zeigt, dass beide Berechnungsmethoden zu nahezu gleichen Ergebnissen führen.

Es bietet sich daher an, eine anhand der Zahl der Gläubiger gestaffelte Vergütung vorzusehen. Bei einem Regelinsolvenzverfahren mit einer unterdurchschnittlichen Gläubigerzahl wird deshalb eine Mindestvergütung von 1.000 Euro festgelegt. Da die Zahl der anmeldenden Gläubiger einen ungefähren Maßstab für die Belastung des Verwalters im Verfahren bildet, soll je 5 weitere Gläubiger sich die Vergütung um 150 Euro erhöhen. Bei 26 bis 30 Gläubigern wird eine Mindestvergütung von 1.600 Euro erreicht, und damit ein Wert erzielt, wie er nach der Untersuchung von Prof. Hommerich dem Tätigkeitsaufwand bei einem durchschnittlichen masselosen Verfahren entspricht.

Nach den Ausführungen des Bundesgerichtshofs muss nicht in jedem einzelnen Verfahren eine auskömmliche Vergütung gewährt werden, vielmehr genügt es, wenn ein wirtschaftlicher Ausgleich innerhalb der in massearmen Verfahren anfallenden Vergütungen erzielt werden kann. Über das Korrektiv der Anzahl der beteiligten Gläubiger wird gewährleistet, dass auch Insolvenzverwalter, die überwiegend mit Kleininsolvenzen befasst sind, eine auskömmliche Vergütung erzielen können. Im Interesse der Verfahrensökonomie verzichtet der Entwurf darauf, durch unbestimmte Rechtsbegriffe, wie etwa Umfang und Schwierigkeit der Tätigkeit, die Festsetzung der Mindestvergütung mit weiteren Imponderabilien zu belasten. Vor dem Hintergrund, dass eine auskömmliche Mindestvergütung bereits aus dem Durchschnitt der masselosen Verfahren zu erzielen sein muss, wird auch darauf verzichtet, ein Abweichen von der Mindestvergütung in besonders einfach gelagerten Sachverhalten zu ermöglichen. Da bei einer größeren Gläubigerzahl mit gewissen Rationalisierungseffekten gerechnet werden kann, sieht der Entwurf ab 31 Gläubiger eine Degression der Erhöhung auf 100 Euro je 5 Gläubiger vor.

Es dürfte auf die unterschiedlichen Stundensätze zurückzuführen sein, wenn die Mindestvergütung nach § 2 Abs. 2 InsVV-E etwas hinter den in den Gutachten als Modellrechnungen ausgewiesenen Vergütungen zurück bleibt. Ergänzend ist noch darauf hinzuweisen, dass mit dem Inkrafttreten des Gesetzes zur Änderung der Insolvenzordnung, des Kreditwesengesetzes und anderer Gesetze der Bearbeitungsaufwand für die Verfahren natürlicher Personen deutlich reduziert werden, auch um den Verwalter bzw.

Treuhänder eine im Vergleich zu ihrem Aufwand ausreichende Vergütung zu gewährleisten. So soll künftig die Trennlinie zwischen Regel- und Verbraucherinsolvenzverfahren danach getroffen werden, ob zum schuldnerischen Vermögen noch ein werbendes Unternehmen gehört oder nicht. Nach geltendem Recht unterfällt der überwiegende Teil ehemaliger Kleinunternehmer dem Anwendungsbereich des Regelinsolvenzverfahrens selbst dann, wenn keine verwertbare Masse vorhanden ist. Die Verfahrenserleichterungen des Verbraucherinsolvenzverfahrens können in diesen Verfahren nicht in Anspruch genommen werden. Durch das genannte Gesetz soll dies künftig geändert werden, so dass in masselosen Verfahren aller ehemals Selbstständigen die Erleichterungen des vereinfachten Verfahrens genutzt werden können.

Bislang mussten Schuldner nur in IK-Verfahren eine vollständige Vermögensübersicht vorlegen. Ehemals Selbstständige, die nicht den Verbraucherinsolvenzverfahren zugerechnet wurden, konnten bislang ein Verfahren mit dem Ziel der Restschuldbefreiung beantragen, ohne geordnete Unterlagen vorlegen zu müssen. In diesen Fällen musste der Verwalter die Vermögensverhältnisse ermitteln. Wie die vorliegenden rechtstatsächlichen Untersuchungen zeigen, ist der zeitliche Aufwand von Insolvenzverwaltern in IN-Verfahren bei den Eingangstätigkeiten deutlich höher als der, den ein Treuhänder betreiben muss. Künftig erhält der Verwalter auch in IN-Verfahren mit der Eröffnung des Verfahrens geordnete und vollständige Unterlagen des Schuldners. Eine weitere Erleichterung für den Verwalter/Treuhänder wird der Ausschluss der nachträglichen Forderungsanmeldung im vereinfachten Insolvenzverfahren bringen. Mit dieser Regelung könnten künftig masselose Insolvenzverfahren zügig durchgeführt und abgeschlossen werden. Einen erheblichen zeitlichen Aufwand bei der Abwicklung des Insolvenzverfahrens nimmt die Wahrnehmung von Terminen in Anspruch. Nach der Untersuchung von Prof. Hommerich beträgt das 5 % getrimmte Mittel für Termine (einschließlich An- und Abfahrt) 149 min. In Einzelfällen war ein Zeitaufwand von bis zu 900 min. festzustellen. Insofern besteht hier erhebliches Rationalisierungspotenzial. Gerade in masselosen Verfahren bietet es sich deshalb an, an Stelle des Termins das Verfahren schriftlich durchzuführen. Der o.a. Gesetzentwurf sieht daher in § 5 Abs. 2 InsO-E vor, dass das Verfahren oder einzelne seiner Teile schriftlich durchgeführt werden können, wenn die Vermögenswerte des Schuldners überschaubar und die Zahl der Gläubiger oder die Höhe der Verbindlichkeit gering sind. Angesichts der erheblichen Belastung der Gerichte durch masselose Insolvenzverfahren werden die Gerichte von dieser Möglichkeit voraussichtlich erheblich Gebrauch machen.

Zu Nummer 2

Nach zwischenzeitlich gefestigter Rechtsprechung ist davon auszugehen, dass der Pauschsatz des § 8 Abs. 3 Halbsatz 1 InsVV im ersten Jahr 15 % und danach jährlich 10 % der gesetzlichen Vergütung beträgt. Um keine falschen Anreize zu setzen, ein Insolvenzverfahren nicht zügig abzuschließen, sieht der Entwurf vor, dass der Pauschbetrag auf 30 % der gesetzlichen Vergütung limitiert wird. Sollten bei einem länger andauernden Verfahren einmal höhere Auslagen anfallen, so ist es dem Insolvenzverwalter unbenommen, diese durch einen Einzelnachweis geltend zu machen. Die Höchstgrenze von 250

Euro je angefangenem Monat ist insofern nicht ausreichend, da sie lediglich verhindern soll, dass sich in einem massereichen Verfahren die Pauschale zu weit von den tatsächlich entstandenen Auslagen entfernt.

Zu Nummer 3

Bisher war unklar, inwiefern dem Insolvenzverwalter in den Fällen ein Anspruch auf einen Vorschuss gegen die Staatskasse zusteht, in denen die Verfahrenskosten gestundet wurden. Da es auch in den Stundungsfällen dem Verwalter nicht zugemutet werden kann, über einen längeren Zeitraum ohne Entgelt tätig zu werden oder Auslagen aus der eigenen Tasche zu finanzieren, wird durch eine Änderung in § 63 Abs. 2 InsO in der Fassung des Gesetzentwurfs zur Änderung der Insolvenzordnung, des Kreditwesengesetzes und anderer Gesetze klargestellt, dass der Anspruch gegen die Staatskasse auch einen etwaigen Vorschuss abdeckt. Das Gericht hat nach § 9 Satz 3 InsVV-E einen Vorschuss zu bewilligen, wenn das Verfahren länger als ein halbes Jahr dauert oder hohe Auslagen anfallen. Für das von § 9 Satz 1 InsVV erfasste Risiko der Masseunzulänglichkeit war keine Regelung erforderlich, da mit der Staatskasse dem Insolvenzverwalter ein solventer Anspruchsverpflichteter zur Verfügung steht.

Zu Nummer 4

Die Bestimmung über die Vergütung des vorläufigen Insolvenzverwalters in § 11 Abs. 1 Satz 2 InsVV ist teilweise auf heftige Kritik gestoßen. So wird etwa ausgeführt, die InsVV habe die Ausgestaltung der Berechnungsgrundlage der Rechtsprechung und Literatur überlassen. Es wäre deshalb wünschenswert, wenn eine präzisere Berechnungsgrundlage für die Vergütung des vorläufigen Insolvenzverwalters geschaffen werden könnte (vgl. etwa FK-InsO/Lorenz 3. Aufl., Anhang IV § 11 InsVV Rn. 7).

In der Literatur werden im Wesentlichen drei Berechnungsmethoden vertreten. So sollen etwa die Schwierigkeiten bei der Tätigkeit des vorläufigen Insolvenzverwalters bereits bei der Festlegung der fiktiven Verwaltervergütung berücksichtigt werden, an der sich dann die Vergütung des vorläufigen Insolvenzverwalters zu orientieren habe. Andere Stimmen wollen die Besonderheiten nur bei der Höhe des für den vorläufigen Insolvenzverwalter maßgeblichen Prozentsatzes berücksichtigen. Eine vermittelnde Lösung will demgegenüber darauf abstellen, ob die vergütungsrelevanten Besonderheiten sowohl das Eröffnungsverfahren als auch das Insolvenzverfahren insgesamt prägen. Der BGH hat sich in seiner Entscheidung vom 18. Dezember 2003 (IX ZB 50/03) der zweiten Auffassung angeschlossen. Nach dieser Ansicht sind die Schwierigkeit und die Bedeutung der vorläufigen Insolvenzverwaltung aus sich heraus zu bewerten, so dass sich der für die Vergütung des vorläufigen Insolvenzverwalters maßgeblicher Prozentsatz der Staffelvergütung nach § 2 Abs. 1 InsO jeweils anhand der Verhältnisse des konkreten Einzelfalls bemisst. Die Änderung von § 11 Abs. 1 Satz 2 soll lediglich diese Rechtsprechung des BGH auch in der InsVV nachvollziehen. Dabei braucht nicht entschieden zu werden, inwiefern die Figur der fiktiven Insolvenzverwaltervergütung für die Bestimmung der Vergütung des vorläufigen Insolvenzverwalters überhaupt noch von Bedeutung ist.

Bei der Beendigung der Tätigkeit des vorläufigen Insolvenzverwalters gibt es noch keine Teilungsmasse, die als Berechnungsgrundlage herangezogen werden könnte. Deshalb wird zu Ermittlung der Staffelvergütung das Vermögen herangezogen, auf das sich seine Tätigkeit zum Zeitpunkt der Beendigung des Eröffnungsverfahrens erstreckt. Mit dieser neutralen Tätigkeitsbeschreibung des vorläufigen Insolvenzverwalters wird vermieden, dass bereits zu Beginn der Vergütungsberechnung die Differenzierung zwischen Verwaltern mit und ohne Verfügungsbefugnis eine zentrale Bedeutung erhält. Mit dem BGH ist nämlich davon auszugehen, dass nicht die rein formale Rechtsposition »starker« oder »schwacher« Verwalter maßgebend ist, sondern die Höhe der Vergütung davon abhängt, inwiefern sich diese Rechtsmacht tatsächlich in der Tätigkeit des Verwalters widerspiegelt. Ob sich die Tätigkeit des vorläufigen Insolvenzverwalters auch auf Gegenstände bezieht, die mit Aus- und Absonderungsrechten belastet sind, kann im Einzelfall anhand der Kriterien ermittelt werden, die vom BGH in seinem Beschluss vom 14. Dezember 2000 (IX ZB 105/00) entwickelt wurden. Maßgebender Zeitpunkt für die Entscheidung der Frage, auf welche Gegenstände sich die Tätigkeit des vorläufigen Verwalters erstreckt, ist die Beendigung des Eröffnungsverfahrens.

Zu Nummer 5

Auch die Mindestvergütung des Treuhänders im vereinfachten Verfahren wurde vom BGH als verfassungswidrig eingestuft. Nach der Einschätzung des BGH bestehen zwischen Regelinsolvenzverfahren und Verbraucherinsolvenzverfahren nur geringfügige Unterschiede, so dass das gegenwärtige Verhältnis der Vergütung für den Insolvenzverwalter einerseits und dem Treuhänder andererseits nicht zu rechtfertigen sei. Diese Einschätzung des BGH wird durch die vorliegenden rechtstatsächlichen Untersuchungen allerdings nicht gestützt. Nach der Untersuchung des IFB betragen die Kosten eines IK-Verfahrens lediglich 55 % der Kosten eines IN-Verfahrens und nach Prof. Hommerich betragen die Kosten eines IK-Verfahrens nur 61 % der Kosten eines IN-Verfahrens. Insofern ist die dem Verordnungsentwurf zugrunde liegende Differenzierung zwischen beiden Verfahrensarten durchaus gerechtfertigt. Zieht man den Tätigkeitsaufwand in masselosen IK-Verfahren heran, so liegt das Ergebnis beider Untersuchungen nicht so weit auseinander wie bei den IN-Verfahren. Nach der Untersuchung Hommerich betrug der Tätigkeitsaufwand bei IN-Verfahren lediglich 60 % des Wertes, der in der IFB-Untersuchung ermittelt wurde. Bei den IK-Verfahren beträgt diese Relation 73 %. In der IFB-Untersuchung wird der Zeitaufwand für den Verwalter mit 9,63 Stunden und für den Sachbearbeiter mit 12,56 Stunden angegeben, ohne dass genannt würde, welche Daten diesem arithmetischen Mittel zugrunde gelegt wurden. Nach der Untersuchung von Prof. Hommerich zeigt sich eine eklatante Spreizung bei dem Tätigkeitsaufwand der Verwalter, da hier die geringste Belastung mit 6 min. und die Höchste mit 1440 min. angegeben wurde. Um das Ergebnis nicht durch die genannten Extremwerte zu verfälschen, ist es deshalb gerechtfertigt, das 5 % getrimmte Mittel heranzuziehen, so dass sich für den Verwalter ein Tätigkeitsaufwand von 411 min. ergibt. Bei dem Tätigkeitsaufwand der Sachbearbeiter liegen die Minimum- und Maximumwerte noch weiter auseinander. Die kürzeste Belastung für den Sachbearbeiter betrug hier 5 min., während als anderes Extrem 2400 min. genannt wurden. Insofern wird auch bei den Sachbearbeitern das 5 % getrimmte Mittel herangezogen, das von Prof. Hommerich mit 559 min. angegeben wird. Legt man somit den Tätigkeitsaufwand in masselosem Verfahren für den Verwalter mit 7 Stunden und für den Sachbearbeiter mit 9 Stunden fest, so ergibt sich bei Zugrundelegung der Stundensätze aus § 19 ZwVwV eine Vergütung von 980 Euro. Die aus beiden Untersuchungen ermittelte durchschnittliche Gläubigerzahl wurde mit 14 angenommen, so dass sich nach der gestaffelten Vergütung nach § 13 Abs. 1 Satz 2 InsVV-E eine Vergütung von 900 Euro ergibt. Beide Berechnungsmethoden führen somit auch in diesem Fall zu einem annähernd gleichen Ergebnis.

Die in § 13 Abs. 1 Satz 2 2. Halbsatz InsVV vorgesehene Möglichkeit, die Mindestvergütung im Einzelfall abzusenken, wird beseitigt. Sie hatte in der praktischen Handhabung ohnehin keine Bedeutung, und widerspricht zudem der Zielsetzung, aus dem Durchschnitt der massearmen Verbraucherinsolvenzverfahren eine auskömmliche Vergütung zu erwirtschaften. Da hinsichtlich der Tätigkeiten des Verwalters, die wesentlich durch die Zahl der Gläubiger beeinflusst werden, zwischen Regel- und Verbraucherinsolvenzverfahren keine gravierenden Unterschiede bestehen, sind die Erhöhungsfaktoren wie im Regelinsolvenzverfahren ausgestaltet. Dies gilt auch für die Degression des Erhöhungsfaktors bei mehr als 15 Gläubigern.

Zu Nummer 6

Damit der Treuhänder in der Wohlverhaltensperiode die Mindestvergütung von 100 Euro erhält, müsste nach der Staffelvergütung von § 14 Abs. 2 InsVV durch die Abtretung der pfändbaren Bezüge ein Betrag von 2.000 Euro beim Treuhänder eingehen. In vielen Fällen wird jedoch nicht einmal dieser Betrag erreicht, so dass der Treuhänder unter Umständen gezwungen ist, für eine jährliche Mindestvergütung von 100 Euro die eingehenden Beträge an mehrere Gläubiger zu verteilen. Eine auskömmliche Vergütung für den Treuhänder ist in diesen Fällen nur zu erzielen, wenn die Mindestvergütung in Abhängigkeit von der Gläubigerzahl, an die die eingegangenen Beträge zu verteilen sind, aufgestockt wird.

Zu Nummer 7 und 9

Mit der Zwangsverwalterverordnung vom 19. Dezember 2003 (BGBl. I S. 2804) – ebenso wie mit Artikel 2 des zeitgleich entstandenen Kostenrechtsmodernisierungsgesetzes vom 5. Mai 2004 (BGBl. I S. 718; 776) – wurden neue Anhaltspunkte gegeben, welche Stundensätze in Abhängigkeit von der Qualifikation des zu Vergütenden angemessen sind. Insofern wird ein Vergütungsrahmen von mindestens 35 und höchstens 95 Euro eröffnet. Aus diesem Vergütungsrahmen wird für einen Treuhänder, der mit der Überwachung des Schuldners beauftragt ist, eine Vergütung von 35 Euro vorgesehen. Im Vergleich zum geltenden Recht bedeutet dies mehr als eine Verdoppelung der Vergütung. Ein darüber hinausgehender Betrag wäre nicht angemessen, da die Überwachung des Schuldners nicht als hochqualifizierte Tätigkeit eingeordnet werden kann. Etwas anderes gilt jedoch für die Mitglieder des Gläubigerausschusses. Durch § 67 Abs. 3 InsO wird gewährleistet, dass auch hochqualifizierte und sachverständige Nichtgläubiger dem Ausschuss angehören können. In diesem Zusammenhang werden etwa Wirtschaftsprüfer, Rechtsanwälte, vereidigte Buchprüfer, Steuerberater oder Hochschullehrer genannt. Für diesen Personenkreis muss ein höherer Vergütungsrahmen eröffnet werden.

Zu Nummer 8

Ebenso wie bei dem Insolvenzverwalter (vgl. Nummer 3) ist es beim Treuhänder nach § 293 InsO umstritten, ob ihm ein Anspruch auf einen Vorschuss zusteht, wenn die Kosten während der Wohlverhaltensperiode gestundet wurden. Ein Teil der Gerichte gewährt dem Treuhänder bereits de lege lata einen Vorschuss. Die Länder, die sich zu diesem Problem geäußert haben, vertreten überwiegend die Auffassung, es könne dem Treuhänder nicht zugemutet werden, seine Vergütung erst nach Ablauf der Wohlverhaltensperiode zu erhalten. Sofern Zweifel bestehen sollten, inwiefern sich ein Anspruch auf einen Vorschuss bereits aus dem geltenden Recht ergibt, wird eine diesbezügliche Klarstellung angeregt. Wie auch in den Fällen der Vorschussentnahme wird die Höhe doppelt begrenzt. Einmal kann der Treuhänder nur einen Vorschuss in Höhe des bereits Verdienten verlangen, zum andern – und dies versteht sich in den Stundungsfällen von selbst – kann ihm vom Gericht höchstens die Mindestvergütung zugebilligt werden.

Zu Nummer 10

Nach den Entscheidungen des BGH zur Mindestvergütung des Insolvenzverwalters rsp. Treuhänders sind die entsprechenden Vorschriften der InsVV ab dem 1. Januar 2004 verfassungswidrig. Auf Verfahren, die nach dem 31. Dezember 2003 eröffnet wurden, sind somit die neuen Mindestvergütungen anzuwenden. Für den Treuhänder in der Wohlverhaltensperiode hat dies zur Konsequenz, dass für Tätigkeiten, die er nach Inkrafttreten dieser Verordnung entfaltet, die neuen Vergütungssätze maßgebend sind.

III. Begründung des Verordnungsgebers zur 2. Verordnung zur Änderung der insolvenzrechtlichen Vergütungsverordnung vom 21.12.2006

A. Allgemeiner Teil

1. Regelungsbedürfnis

3   In jüngerer Zeit ist eine erhebliche Unsicherheit entstanden, wie die Vergütung des vorläufigen Insolvenzverwalters zu berechnen ist.

Mit der Verordnung zur Änderung der insolvenzrechtlichen Vergütungsverordnung vom 4. Oktober 2004 (BGBl. I S. 2569) wurde unter anderem auch § 11 InsVV mit dem Ziel novelliert, die Berechnungsgrundlage nicht mehr allein Rechtsprechung und Literatur zu überlassen, sondern der Praxis deutlichere Anhaltspunkte für die Festsetzung der Vergütung des vorläufigen Insolvenzverfahrens zu geben.

Dies ist offenbar nicht hinreichend gelungen. Bei der Novellierung von § 11 InsVV wurde mit der überwiegenden Auffassung in Rechtsprechung und Literatur davon ausgegangen, der vorläufige Insolvenzverwalter habe im Verhältnis zum Insolvenzverwalter einen eigenständigen Vergütungsanspruch unabhängig davon, ob Personenidentität besteht. Dies hat zur Folge, dass dieser eigenständige Vergütungsanspruch nach § 11 InsVV aufgrund einer eigenen Berechnungsgrundlage zu ermitteln ist. Zur Bestimmung dieser Berechnungsgrundlage soll in Übereinstimmung mit der früheren Rechtsprechung des Bundesgerichtshofs das Vermögen herangezogen werden, auf das sich seine Tätigkeit während der Laufzeit des Eröffnungsverfahrens bezieht. Dies wird noch einmal durch eine ausdrückliche Klarstellung in § 11 InsVV verdeutlicht.

Die Änderung von § 11 InsVV wird auf § 21 Abs. 2 Nr. 1 i.V.m. § 65 InsO gestützt, wobei die entsprechende Anwendung der letztgenannten Vorschrift als Ermächtigungsgrundlage auch die Anordnung einer besonderen Berechnungsgrundlage für die Vergütung des vorläufigen Verwalters abdeckt

2. Auswirkungen der Verordnung auf die Einnahmen und Ausgaben der öffentlichen Haushalte, Kosten der Wirtschaftsunternehmen und Auswirkungen auf das Preisniveau

a) Auswirkungen auf die Justizhaushalte von Bund und Ländern

Obwohl die Anordnung einer vorläufigen Insolvenzverwaltung als Sicherungsmaßnahme in den Fällen keinen Sinn macht, in denen der Schuldner nicht einmal die Verfahrenskosten aufbringen kann, ist nicht auszuschließen, dass von einzelnen Gerichten eine solche Maßnahme angeordnet wird. Da bei einer Stundung der Verfahrenskosten nach § 4a InsO zunächst die Staatskasse auch für die Vergütung des vorläufigen Insolvenzverwalters aufzukommen hätte, könnten insofern auch Kosten auf die Justizhaushalte der Länder zukommen, die sich allerdings nicht quantifizieren lassen.

Dabei ist auch zu berücksichtigen, dass die Restschuldbefreiung in völlig masselosen Fällen grundlegend neu geregelt werden soll und dabei geprüft wird, ob nicht insgesamt auf eine Stundung der Verfahrenskosten verzichtet werden kann. Weiter wird die Klarstellung in § 11 InsVV zu einer Entlastung der Gerichte führen, da unnötige gerichtliche Auseinandersetzungen vermieden werden. In jüngster Zeit zeigte sich, dass zwischen den einzelnen Insolvenzgerichten erhebliche Meinungsunterschiede darüber bestehen, wie Vermögensgegenstände, an denen Aus- oder Absonderungsrechte bestehen, bei der Vergütung des vorläufigen Insolvenzverwalters berücksichtigt werden. Hätte diese Rechtsunsicherheit weiter bestanden, so wäre einerseits ein völlig uneinheitliches Vergütungsgefüge entstanden, andererseits hätten zahlreiche Verwalter bei einer unzureichenden Vergütung Rechtsmittel eingelegt.

Im Übrigen wird die öffentliche Hand durch die Klarstellung wie jeder andere Gläubiger im Insolvenzverfahren betroffen. Führt die Änderung von § 11 InsVV zu einer maßvollen Vergütungserhöhung, so ist diese aus der Insolvenzmasse aufzubringen und schmälert damit die Quote für die Insolvenzgläubiger.

Werden andererseits von den vorläufigen Insolvenzverwaltern wie bisher Sanierungschancen wahrgenommen, so wirkt sich dies insgesamt positiv auf die Wirtschaft aus und minimiert die volkswirtschaftlichen Verluste durch Insolvenzen. Im Übrigen kann, wenn die sanierten Unternehmen wieder erfolgreich am Markt operieren, mit höheren Steuereinnahmen gerechnet werden.

b) Kosten für die Wirtschaftsunternehmen

Die Unternehmen sind durch die in einzelnen Fällen denkbare geringere Insolvenzmasse ebenso betroffen wie die öffentliche Hand. Andererseits können diese möglichen Einbußen durch den Erhalt gewachsener Geschäftsbeziehungen kompensiert werden. Eine Quantifizierung ist insofern nicht möglich.

c) Preiswirkungen

Da die Verordnung lediglich den Rechtszustand wieder herstellt, wie er bis etwa Ende 2005 bestanden hat, sind insofern keine Auswirkungen zu erwarten. Sollte es dennoch zu geringfügigen Einzelpreiserhöhungen (für die Dienstleistungen der vorläufigen Insolvenzverwalter) kommen, so dürfte dies aufgrund ihrer geringen Gewichtung jedoch nicht ausreichen, um messbare Effekte auf das allgemeine Preis- bzw. Verbraucherpreisniveau zu induzieren.

vor § 1 InsVV Vorbemerkungen

B. Besonderer Teil

Zu Artikel 1

Zu Nummer 1

Da im Zeitpunkt des Abschlusses der vorläufigen Insolvenzverwaltung eine Teilungsmasse nicht vorhanden ist, wird als Berechnungsgrundlage das Vermögen herangezogen, auf das sich die Tätigkeit des vorläufigen Insolvenzverwalters während des Eröffnungsverfahrens bezieht.

Damit wird dreierlei klargestellt: Zum einen, dass die Berechnungsgrundlage abweichend von § 1 Satz 1 InsVV unter Berücksichtigung der Eigenheiten der vorläufigen Insolvenzverwaltung zu ermitteln ist. Zum anderen, dass das Vermögen, das in § 11 Abs. 1 Satz 2 angesprochen wird, nicht zu einem bestimmten Stichtag ermittelt werden kann, sondern insofern das gesamte Vermögen heranzuziehen ist, auf das sich die Verwaltungstätigkeit während der Dauer der vorläufigen Insolvenzverwaltung bezieht. Betrifft die vorläufige Verwaltung ein Unternehmen, so ist leicht einsichtig, dass der Vermögensbestand Schwankungen unterworfen ist. Erfolgen etwa Notverkäufe oder muss der vorläufige Insolvenzverwalter Herausgabeansprüche erfüllen oder Lieferantenrechnungen begleichen, um eine Weiterbelieferung sicherzustellen, so muss sich dies auch bei der Ermittlung der Berechnungsgrundlage niederschlagen; insofern könnte von einem dynamischen Vermögen gesprochen werden. Drittens soll durch die Klarstellung verdeutlicht werden, dass der Vermögensbegriff, der § 11 Abs. 1 Satz 2 InsVV zugrunde liegt, der »klassische« Vermögensbegriff ist, wie er in der Rechtswissenschaft seit vielen Jahren verwendet wird. Insofern wird unter Vermögen die Gesamtheit der einer Person zustehenden Güter und Rechte von wirtschaftlichem Wert verstanden. Hierzu zählen insbesondere das Eigentum an Grundstücken und beweglichen Sachen, Forderungen und sonstige Rechte, wie etwa Patente oder Urheberrechte, die einen Geldwert besitzen. Bei diesem Vermögensbegriff ist es weitgehend unstreitig, dass die Verbindlichkeiten nicht zum Vermögen zu rechnen sind, so dass sie auch nicht den Rechten gegenübergestellt und wertmäßig von ihnen abgezogen werden können. Insofern ließe sich auch von der Maßgeblichkeit des Aktivvermögens sprechen.

Gerade bei einem sich ändernden Bestand von Vermögensgegenständen ist es geboten, festzulegen, welcher Zeitpunkt für die Wertermittlung maßgebend ist. Nach § 11 Abs. 1 Satz 3 InsVV-E soll dies die Eröffnung des Insolvenzverfahrens oder eine sonstige Beendigung der vorläufigen Verwaltung sein oder der Zeitpunkt, zu dem der einzelne Gegenstand nicht mehr der vorläufigen Verwaltung unterliegt, etwa weil er vom Verwalter veräußert wurde.

Weder aus dem Wortlaut, noch aus Sinn und Zweck oder aus der Entstehungsgeschichte der InsVV lässt sich ein allgemeiner Grundsatz dergestalt ableiten, dass die Vergütung des vorläufigen Insolvenzverwalters nicht die des Insolvenzverwalters übersteigen dürfe. Eine solche einengende Interpretation würde zudem der Lebenswirklichkeit nicht gerecht. Erinnert sei in diesem Zusammenhang lediglich an den Fall, dass eine übertragende Sanierung sich abzeichnet, der vorläufige Insolvenzverwalter die Durchführung einer due diligence veranlasst, die ersten sondierenden Gespräche mit Übernahmeinteressenten führt und die einschlägigen Verträge bereits formuliert werden. Nach Verfahrenseröffnung wird somit lediglich die Übertragung vollzogen und der Kaufpreis an die Gläubiger verteilt. Wie dieses Beispiel zeigt, sind somit vielfältige Fallkonstellationen denkbar, in denen der vorläufige Insolvenzverwalter durch einen erheblichen Einsatz die Weichenstellung für das Verfahren vornimmt und nach Verfahrenseröffnung lediglich noch die Ausführung des bereits im Eröffnungsverfahren Konzipierten zu erfolgen hat.

In der gegenwärtigen Diskussion besonders umstritten ist die Berücksichtigung von Gegenständen, die der Schuldner in Besitz hat, die jedoch bei Verfahrenseröffnung mit Aus- oder Absonderungsrechten belastet sind. Nach dem oben zum Vermögensbegriff Ausgeführten erschließt sich unschwer, dass insofern keine Saldierung zu erfolgen hat, so dass quasi nur ein Überschuss, der sich bei einem möglichen Verkauf ergeben würde, berücksichtigt werden kann. Vielmehr ist der Vermögensgegenstand als solcher ohne die auf ihm ruhenden Belastungen zu taxieren. Dabei versteht es sich von selbst, dass die Bewertung nicht losgelöst von dem wirtschaftlichen Wert des Vermögensgegenstandes erfolgen kann. Insofern ist immer zu berücksichtigen, dass das vorläufige Insolvenzverfahren lediglich dazu dient, das Insolvenzverfahren vorzubereiten und deshalb eine Verfahrensgestaltung zu wählen ist, die möglichst zu einer optimalen Gläubigerbefriedigung führt. Vor diesem Hintergrund müssen somit bei der Bewertung der für die Berechnungsgrundlage maßgebenden Vermögensgegenstände allgemein anerkannte Bewertungsgrundsätze herangezogen werden, wie sie etwa in den §§ 252 ff. des Handelsgesetzbuchs ihren Niederschlag gefunden haben. Völlig unrealistische Bewertungsansätze, wie sie teilweise in der Praxis vorgekommen sein sollen, würden das gesamte Vergütungssystem der vorläufigen Insolvenzverwaltung desavouieren.

Um die Masse nicht durch die Vergütungsansprüche des vorläufigen Insolvenzverwalters unverhältnismäßig zu belasten, ist neben realistischen Bewertungsansätzen auch eine erhebliche Befassung des vorläufigen Insolvenzverwalters mit den Gegenständen erforderlich, an denen mit Verfahrenseröffnung Aus- oder Absonderungsrechte bestehen. Insofern wird an die in der Praxis gebräuchliche Differenzierung zwischen einer lediglich »nennenswerten« und einer »erheblichen« Befassung mit den mit Aus- oder Absonderungsrechten behafteten Vermögenswerten des Schuldners angeknüpft. Die genannten Gegenstände werden somit nur dann in die Berechnungsgrundlage einbezogen, wenn der vorläufige Insolvenzverwalter sich in erheblichem Umfang mit ihnen befasst hat. Berechtigte Vergütungsinteressen werden hierdurch nicht berührt, da bei einer lediglich »nennenswerten« Befassung häufig nur Routinetätigkeiten vorliegen werden, die keine besondere Vergütung erfordern.

Nur wenn die Schwelle zu einer »erheblichen« Befassung überschritten ist, ist es gerechtfertigt, die jeweiligen Vermögensgegenstände ungeschmälert bei der Ermittlung der Berechnungsgrundlage einzustellen. Insofern wird den Gerichten eine Möglichkeit geboten, den Aufwand des vorläufigen Insolvenzverwalters in Relation zu der zu gewährenden Vergütung zu setzen. Zudem ist daran zu erinnern, dass die Vergütung nach § 11 InsVV lediglich in der Regel 25 % der Vergütung im eröffneten Verfahren betragen soll, und somit eine unangemessene Vergütungshöhe durch eine Reduzierung dieses Prozentsatzes verhindert werden kann.

Wie bereits ausgeführt, besteht der Zweck der vorläufigen Insolvenzverwaltung darin, ein Insolvenzverfahren vorzubereiten. Angesichts dieses Verfahrenszwecks können bei der Berechnungsgrundlage für die Vergütung des vorläufigen Insolvenzverwalters keine Gegenstände berücksichtigt werden, bei denen aufgrund der Rechtsbeziehung des Schuldners zu diesen Gegenständen von vornherein klar ist, dass sie nicht zur Masse des späteren Insolvenzverfahrens gehören werden. Insofern werden nach § 11 Abs. 1 Satz 4 InsVV-E Gegenstände, die der Schuldner lediglich aufgrund eines Besitzüberlassungsvertrages in Besitz hat, nicht zur Ermittlung der Berechnungsgrundlage herangezogen. Zu den Besitzüberlassungsverträgen sind zunächst die Gebrauchsüberlassungsverträge (also insbesondere Miete, Pacht und Leihe) zu rechnen. Daneben werden aber auch noch die Verträge erfasst, die etwa wie die Verwahrung kein Recht zum Gebrauch gewähren. Zieht man als Unterscheidungskriterium heran, ob aufgrund der Rechtsbeziehung des Schuldners zu dem betreffenden Gegenstand offensichtlich ist, dass er nicht zur Insolvenzmasse gehören wird, so könnte bei den Leasinggegenständen je nach dem zugrundeliegenden Vertragsverhältnis eine differenzierende Betrachtungsweise geboten sein. So ließe sich etwa beim Finanzierungsleasing mit Kaufoption eine Einbeziehung in die Berechnungsgrundlage mit guten Gründen vertreten.

Zur Verdeutlichung von Absatz 1 Satz 5 sei etwa der Fall angeführt, dass der Schuldner in sehr guter Lage Büroräume angemietet hat, deren Wert mehrere Millionen Euro betragen. Es wäre durch nichts zu rechtfertigen, diese Immobilie in die Berechnungsgrundlage für die Vergütung des vorläufigen Insolvenzverwalters einzubeziehen.

Von erheblicher Bedeutung in der Praxis ist das Problem, dass die Festsetzung der Vergütung des vorläufigen Insolvenzverwalters, sofern sie unmittelbar nach Verfahrenseröffnung geltend gemacht wird, lediglich anhand von Schätzwerten der der vorläufigen Verwaltung unterliegenden Vermögensgegenstände erfolgen kann. Dies hat in der Vergangenheit – wie bereits erwähnt – zu teilweise völlig unrealistischen Berechnungsgrundlagen geführt. Insofern sollen Vermögensgegenstände bei der Berechnungsgrundlage mit einem Schätzwert eingestellt worden sein, der von dem nach Verfahrenseröffnung ermittelten Wert erheblich abwich. Zahlreiche etablierte Insolvenzverwalter haben vor diesem Hintergrund ihre Abrechnungen deshalb so ausgestaltet, dass sie ihre Vergütung als vorläufige Insolvenzverwal-

ter erst dann geltend machen, wenn tatsächlich belastbare Werte vorliegen. Dieser Praxis wird mit dem neuen Absatz 2 Rechnung getragen. Erfolgt die Abrechnung der vorläufigen Insolvenzverwaltung, bevor die Werte nach Verfahrenseröffnung verifiziert werden konnten, so ist der vormalige vorläufige Insolvenzverwalter verpflichtet, das Insolvenzgericht auf eine erhebliche Abweichung des tatsächlichen Werts der mit Aus- und Absonderungsrechten belasteten Gegenstände von dem der Vergütungsabrechnung zugrunde liegenden Schätzwert hinzuweisen. Um die Vergütung für den vorläufigen Insolvenzverwalter im Rahmen der Berechnung der Vergütung für den Insolvenzverwalter anpassen zu können, ist der Verwalter gehalten, seiner Hinweispflicht bis zur Vorlage der Schlussrechnung nachzukommen. In den seltenen Fällen, in denen der vorläufige nicht mit dem endgültigen Verwalter übereinstimmt, läuft die Hinweispflicht leer. Allerdings kann das Insolvenzgericht künftig auch ohne einen Hinweis die Vergütung von Amts wegen nach Absatz 2 anpassen.

Eine erhebliche Wertdifferenz soll nach dem Verordnungsentwurf bei einer Abweichung von 20 % vorliegen, bezogen auf die Gesamtheit der Gegenstände, die in die Berechnungsgrundlage eingeflossen sind. Da in einem solchen Fall die Vergütung unter Zugrundelegung völlig unrealistischer Werte erfolgt ist, wird dem Insolvenzgericht die Möglichkeit eröffnet, den Beschluss über die Vergütung des vorläufigen Insolvenzverwalters anzupassen. Diese Anpassungsmöglichkeit ist auch in den Fällen gegeben, in denen der Verwalter die Werte zu seinen Ungunsten zu niedrig festgesetzt hat. Andernfalls würden gerade die Verwalter benachteiligt, die die Gegenstände nach einer sehr vorsichtigen Wertermittlung taxiert haben.

Um die Vergütungsentscheidung nicht über eine zu lange Zeit in der Schwebe zu halten, kann die Anpassung lediglich bis zur Rechtskraft der Entscheidung über die Vergütung des endgültigen Insolvenzverwalters erfolgen.

Zu Nummer 2

Da zahlreiche Abrechnungen über vorläufige Insolvenzverwaltungen noch anhängig sind, sieht die Übergangsvorschrift des § 19 Abs. 2 InsVV-E vor, dass das neue Recht auf alle Verfahren Anwendung findet, deren Abrechnung noch nicht rechtskräftig abgeschlossen ist.

B. Grundlagen und Ziele des Vergütungsrechts

4   In § 63 Abs. 1 Satz 1 InsO hat der Verordnungsgeber die gesetzliche Grundlage geschaffen, nach der der Insolvenzverwalter einen **Anspruch auf eine angemessene Vergütung** seiner Tätigkeit und auf Erstattung der ihm entstandenen **Auslagen** besitzt. Des Weiteren ist in **§ 63 Abs. 1 Satz 2 InsO** festgelegt, dass als **Berechnungsgrundlage** für die Vergütung der **Wert der Insolvenzmasse** zur Zeit der Verfahrensbeendigung anzusetzen ist. Danach entspricht die **Insolvenzmasse** als **Berechnungsgrundlage** dem Vermögen, welches dem Schuldner bei Verfahrenseröffnung gehört **und** welches er während des Verfahrens hinzu erwirbt. **§ 63 Abs. 1 Satz 3 InsO** normiert ergänzend den **wirtschaftlichen Umfang** der vom Insolvenzverwalter zu beanspruchenden Vergütung. Es gilt hier der **Grundsatz**, dass die **Entlohnung** für die Tätigkeit des Insolvenzverwalters **nicht pauschal**, sondern auf den **Einzelfall** bezogen unter Berücksichtigung des **Umfangs** und der **Schwierigkeiten** der Verwaltertätigkeit zu berechnen ist. Gleichzeitig ergibt sich allerdings auch aus § 63 Satz 3 InsO, dass grds. in **Normalfällen** eine gesetzlich festgelegte Vergütung (**Regelsatz**) zu bezahlen ist und **Abweichungen** im Rahmen des Umfangs und der Schwierigkeit der Verwaltertätigkeit nur durch **Anpassungen des Regelsatzes** zu berücksichtigen sind. Der Verordnungsgeber hat es in der von ihm erlassenen InsVV **versäumt**, neben der Festlegung der Regelgebühr den **Umfang** eines »**Normalverfahrens**« zu definieren, sodass in diesem Bereich ein Streitpunkt vorprogrammiert wurde (vgl. BK-InsO/*Blersch* InsVV, Vorbem. Rn. 3). In § 63 Abs. 2 InsO wurde festgelegt, dass bei der Stundung der Verfahrenskosten nach § 4a InsO dem Insolvenzverwalter für seine Vergütung und seine Auslagen ein Anspruch gegen die Staatskasse zusteht, soweit die Insolvenzmasse dafür nicht ausreicht.

5   Mit dem »Gesetz zur Verkürzung des Restschuldbefreiungsverfahrens und zur Stärkung der Gläubigerrechte« vom 15.07.2013 (BGBl. I S. 2379) wurde § 63 Abs. 3 InsO eingeführt. Damit sollten die bisherigen Regelungen des § 11 Abs. 1 Satz 1 InsVV mit Gesetzesrang ausgestattet werden. Die

Norm stellt nunmehr die Anspruchsgrundlage für die Vergütung des vorläufigen Insolvenzverwalters dar.

Neben der Festlegung des grds. Vergütungsanspruchs des Insolvenzverwalters in § 63 InsO hat § 64 InsO die **verfahrensrechtliche** Durchsetzung des Anspruches geregelt. 6

§ 64 Abs. 1 InsO legt fest, dass sowohl die Vergütung als auch die zu erstattenden Auslagen durch **Beschluss** des Insolvenzgerichts festgesetzt werden. Dies setzt voraus, dass der Insolvenzverwalter die Festsetzung seiner Vergütung beantragt. Der **Antrag** ist zwar grds. formlos möglich, doch sollte er **schriftlich** gestellt werden, damit die beanspruchte Vergütung nachvollziehbar ermittelt werden kann. Darüber hinaus ist gem. **§ 64 Abs. 3 InsO** der Festsetzungsbeschluss **rechtsmittelfähig**, sodass auch aus diesem Grunde heraus ein schriftlich begründeter Antrag dem Insolvenzgericht einzureichen ist, um dem Beschwerdegericht die Möglichkeit der vollständigen Überprüfung zu geben (s. *Schmitt* § 64 Rdn. 5 ff.). 7

In **§ 64 Abs. 2 InsO** wurde die **öffentliche Bekanntmachung** des Festsetzungsbeschlusses entsprechend § 9 InsO festgelegt. Des Weiteren ist der Beschluss dem Verwalter, dem Schuldner und, sofern ein Gläubigerausschuss bestellt ist, den Mitgliedern des Ausschusses besonders zuzustellen. Die festgesetzten **Beträge** sind **nicht** zu veröffentlichen. Die öffentliche Bekanntmachung wirkt nur dann als Zustellung, wenn die bekannt gemachte Entscheidung richtig bezeichnet ist (*BGH* ZInsO 2012, 49). Bei fehlerhafter öffentlicher Bekanntmachung beginnt die Beschwerdefrist für einen Beteiligten – ohne individuelle Zustellung – auch nicht fünf Monate nach dem Erlass der Entscheidung (*BGH* ZInsO 2012, 49). 8

Bereits in **§ 64 Abs. 3 InsO**, also außerhalb der InsVV, legt der Verordnungsgeber fest, dass der Festsetzungsbeschluss entsprechend **§ 6 InsO** durch die **sofortige Beschwerde** angegriffen werden kann (i.E. zum Rechtsbehelfsverfahren s. *Schmitt* § 64 InsO Rdn. 18 ff.; *Schmerbach* § 6 InsO Rdn. 1 ff.; *Keller* Vergütung, Rn. 510 ff.; BK-InsO/*Blersch* InsVV, § 8 Rn. 46 f.). 9

Zur Einlegung der sofortigen **Beschwerde berechtigt** ist, entsprechend den Regelungen des § 64 Abs. 3 InsO, der **Insolvenzverwalter**, der **Schuldner** sowie jeder **Insolvenzgläubiger**, soweit er nach allgemeinen verfahrensrechtlichen Grundsätzen durch die Vergütungsfestsetzung **beschwert** wurde (vgl. BK-InsO/*Blersch* InsVV, Vorbem. Rn. 19; *OLG Stuttgart* ZInsO 2000, 158; sowie die Besprechung von *Förster* ZInsO 2000, 381). Die **Beschwer** muss sich nach § 64 Abs. 3 Satz 2 InsO i.V.m. § 567 Abs. 2 Satz 2 ZPO auf mindestens **EUR 200,00** belaufen. 10

Die noch früher in § 7 InsO geregelte Rechtsbeschwerde ist ersatzlos durch das »Gesetz zur Änderung von § 522 ZPO vom 21.10.2011, BGBl. I S. 2082« weggefallen. Eine Rechtsbeschwerde ist allerdings unter den Voraussetzungen des § 574 ZPO zulässig (s. hierzu ausf. *Schmerbach* § 7 InsO Rdn. 6 ff.). 11

In **§ 65 InsO** enthält die Insolvenzordnung **die gesetzliche Ermächtigungsgrundlage** zum Erlass der insolvenzrechtlichen Vergütungsverordnung vom 19.08.1998 (vgl. hierzu die Begründung zur insolvenzrechtlichen Vergütungsverordnung, abgedruckt unter Rdn. 1). 12

Aufgrund von Entscheidungen des Bundesgerichtshofes im Jahre 2012 bzw. 2013 (*BGH* NZI 2013, 29; NZI 2013, 183; ZInsO 2013, 815; ZIP 2013, 30), dass das angeblich in § 63 Abs. 1 Satz 2 InsO enthaltene Überschussprinzip in § 11 Abs. 1 Satz 4 InsVV (a.F.) von der Ermächtigungsgrundlage in § 65 InsO (a.F.) nicht gedeckt und damit nicht wirksam sei, hat der Gesetzgeber in der Folge durch Einfügung eines § 63 Abs. 3 InsO im Rahmen des Gesetzes zur Verkürzung des Restschuldbefreiungsverfahrens und zur Stärkung der Gläubigerrechte (BT-Drucks. 17/1353, BGBl. I 2013, Nr. 38, S. 2379) den Vergütungsanspruch des vorläufigen Insolvenzverwalters festgelegt. Das Gesetz ist diesbezüglich am 19.07.2013 in Kraft getreten. Im Einzelnen wird zum Hintergrund der vorgenannten Entscheidungen des Bundesgerichtshofes sowie zu der Gesetzesänderung auf die Ausführungen unter § 11 InsVV Rdn. 11 ff. verwiesen. 13

C. Der Geltungsbereich der InsVV gegenüber der VergVO

14 Die insolvenzrechtliche Vergütungsverordnung (InsVV), die am 01.01.1999 in Kraft getreten ist, hat die Verordnung über die Vergütung des Konkursverwalters, des Vergleichsverwalters, der Mitglieder des Gläubigerausschuss und der Mitglieder des Gläubigerbeirats vom 25.05.1960 (VergVO) nicht aufgehoben, sondern **beide Verordnungen** gelten **parallel** weiter. Dies ergibt sich zwingend daraus, dass im Rahmen der Insolvenzordnung durch **Übergangsregelungen** (§ 103 EG InsO; § 19 InsVV) festgelegt wurde, dass die bis zum Inkrafttreten der Insolvenzordnung unter der Konkursordnung erfassten Verfahren unter deren gesetzlicher Regelung fortzuführen sind. Folglich hat die Geltung der VergVO parallel zur Fortgeltung der Konkursordnung zu erfolgen. Da die InsVV in wesentlichen Elementen auf die VergVO zurückgeführt werden kann, dürften sich für auftretende Fragen **Wechselwirkungen** hinsichtlich **einzelner Lösungsansätze** ergeben.

D. Struktur der InsVV

15 Der Verordnungsgeber hat im ersten Abschnitt (§§ 1–9 InsVV) umfassend die Vergütung des Insolvenzverwalters geregelt. Die Regelungen in den §§ 1–9 InsVV stellen die **Grundlage** für die **Vergütung** des Insolvenzverwalters im eröffneten **Regelinsolvenzverfahren** dar. Die Vergütungsregelungen und insbesondere die daraus resultierende Vergütungshöhe ermöglichen es, **permanent** während des laufenden Insolvenzverfahrens, die **Berechnung der anfallenden Vergütung** vorzunehmen, was insbesondere dann wesentlich ist, wenn die Frage der **Masseunzulänglichkeit** des § 207 InsO im Raum steht. Denn gem. § 207 InsO ist ein Insolvenzverfahren mangels Masse sofort einzustellen, wenn die **Verfahrenskosten** nicht mehr gedeckt sind.

16 Die Darstellung der Vergütung des Insolvenzverwalters stellt auch darüber hinaus die **Basis** der Berechnung der Vergütung der weiteren Vergütungsberechtigten dar.

17 Der Verordnungsgeber hat im **zweiten Abschnitt** (§§ 10–13 InsVV) bei der Regelung der Ansprüche der neben dem Insolvenzverwalter Anspruchsberechtigten (vorläufiger Insolvenzverwalter, Sachwalter und Treuhänder im vereinfachten Insolvenzverfahren) weitestgehend darauf **verzichtet**, eigene Vergütungsregelungen zu treffen, sondern nur bezogen auf den zu regelnden **Einzelfall** wiederum die Grundlage geschaffen und hinsichtlich der Ausgestaltung auf die **§§ 1–9 InsVV** verwiesen.

Demzufolge werden in den **§§ 10–13 InsVV** die Vergütung des **vorläufigen Insolvenzverwalters und** des **Sachwalters** normiert. Die Ausgestaltung der im zweiten Abschnitt der Verordnung geregelten Ansprüche erfolgt somit durch die in **§ 10 InsVV festgelegte Verweisung** auf die Regelungen für den Insolvenzverwalter im ersten Abschnitt.

18 Dieser Bereich der **Regelung** stellt einen wesentlichen Fortschritt gegenüber der »alten« VergVO dar, da durch den Verordnungsgeber **erstmalig** der Anspruch des **vorläufigen Insolvenzverwalters** bzw. des **Gutachters** nach der Entscheidung über den Eröffnungsantrag normiert wurde. Die VergVO sah keine entsprechende Regelung vor, sodass durch Rspr. und Literatur zwar einerseits ein Anspruch grds. entwickelt werden konnte, jedoch andererseits Inhalt und Umfang des Anspruchs für den Sequester, dessen Tätigkeit zumindest vergleichbar mit der des vorläufigen Insolvenzverwalters ist, heftig umstritten war (vgl. *Eickmann* VergVO, S. 155 ff. m.w.N.).

19 Über diesen weitreichenden Aspekt hinaus entfaltet die Regelung der Vergütung für den vorläufigen Insolvenzverwalter auch Wirkung in das **materielle** Insolvenzrecht hinein. Das Insolvenzgericht hat bei einem gestellten Insolvenzantrag **bei der Frage über die Eröffnung** zu entscheiden, ob die **Kosten des Verfahrens** gedeckt sind. Für den Fall der vorgesehenen Abweisung des Insolvenzantrages muss daher vom Insolvenzgericht der ggf. zu fordernde bzw. vom Antragsteller zu leistende **Vorschuss** benannt werden können. In all diesen Fällen kommt es mithin darauf an, in welcher Höhe tatsächlich Kosten anfallen. Hierzu beauftragt regelmäßig das Insolvenzgericht den **vorläufigen Insolvenzverwalter** ggf. i.V.m. der Bestellung als **Sachverständigen** damit, (für das Gericht) festzustellen, ob

die zu erwartende Insolvenzmasse ausreicht, die im eröffneten **Insolvenzverfahren entstehenden Kosten zu decken.**

Unter Berücksichtigung des § 54 InsO sind diese »**Verfahrenskosten**« aus den zu ermittelnden **Gerichtskosten** und der **Vergütung** und den **Auslagen** des **vorläufigen Insolvenzverwalters**, des Insolvenzverwalters usw. zu berechnen. Diese Berechnung kann nunmehr – zumindest annähernd – fundiert auf Grund der Neuregelungen in den §§ 10–13 InsVV vorgenommen werden (vgl. BK-InsO/*Blersch* InsVV, Vorbem. Rn. 27 ff.). 20

Im **dritten Abschnitt** der Verordnung, der die Vergütungsansprüche des **Treuhänders im Restschuldbefreiungsverfahren** in den §§ 14–16 InsVV enthält, wird auf den Vergütungsanspruch des Insolvenzverwalters nicht verwiesen, da dessen gesetzliche Grundlagen von denen des Insolvenzverwalters abweichen. § 293 InsO normiert für den Treuhänder einen von den Regelungen des Insolvenzverwalters **unabhängigen Vergütungsanspruch**, der gesondert gestaltet ist und gesondert berechnet wird. 21

Da die Tätigkeit und auch die Haftung der **Mitglieder des Gläubigerausschusses** von der des Insolvenzverwalters völlig abweicht, wurde in § 73 InsO der Vergütungsanspruch für die Mitglieder des (vorläufigen) Gläubigerausschusses **gesondert normiert**. Im **vierten Abschnitt**, §§ 17, 18 der Verordnung ist eine **eigenständige Regelung** der Vergütung für die Mitglieder des (vorläufigen) Gläubigerausschusses vorgenommen worden, die **nicht** auf das System der Berechnung der Vergütung für den Insolvenzverwalter verweist. Der in § 73 InsO enthaltene Verweis auf die §§ 64 und 65 InsO gilt daher nur im **formellen** Bereich (s.a. Begr. des Verordnungsgebers vorstehend Rdn. 1). 22

E. Sonderfälle

I. Vergütung des Sonderverwalters

Ein **Sonderinsolvenzverwalter** (ausführliche Darstellung bei *Frege* Der Sonderinsolvenzverwalter Rn. 166 ff. und Rn. 421 ff. ausf. zum Vergütungsanspruch) ist in Ausnahmefällen vom Insolvenzgericht dann zu bestellen, wenn der Insolvenzverwalter wegen tatsächlicher oder rechtlicher Verhinderungen nicht in der Lage ist, einzelne Aufgaben zu erfüllen (vgl. *Nerlich/Römermann-Delhaes* InsO, § 56 Rn. 18 ff.). Denkbar ist dabei der Fall, dass der Insolvenzverwalter auf Grund des Selbstkontrahierungsverbots gem. § 181 BGB von einzelnen Handlungen ausgeschlossen ist (z.B. eine Person ist in zwei unabhängigen Verfahren Insolvenzverwalter und es sind wechselseitig Ansprüche in den jeweiligen Insolvenzverfahren geltend zu machen). Der dann für den Insolvenzverwalter tätige **Sonderverwalter** entspricht in seiner Funktion dem des **Ergänzungspflegers** gem. § 1909 BGB (*Uhlenbruck/Mock* InsO, § 63 Rn. 12 f.; a.A. *BGH* ZInsO 2008, 733 m.w.N.). § 77 **des Regierungsentwurfs** einer Insolvenzordnung sollte die Bestellung eines Sonderinsolvenzverwalters ausdrücklich regeln. Der Gesetzgeber sah zwar vor, durch Verweisung auf die §§ 56–66 InsO dem **Sonderinsolvenzverwalter** eine ähnlich gelagerte Stellung wie dem **Insolvenzverwalter** zuzuweisen. Da insoweit auch die §§ 63–65 InsO umfasst worden wären, wäre eine Vergütung unter Berücksichtigung der Regelungen für den Insolvenzverwalter an sich als angemessen anzusehen. Doch enthielt der ursprüngliche Entwurf der insolvenzrechtlichen Vergütungsverordnung aus dem Jahre 1994 in § 12 eine **gesonderte Regelung** für den **Sonderinsolvenzverwalter**. Dabei sollte das Insolvenzgericht unter Berücksichtigung des Umfangs und der Dauer seiner Tätigkeit die Vergütung bestimmen. In der Folge wurde aber § 77 des Regierungsentwurfs auf Vorschlag des Rechtsausschusses ersatzlos gestrichen. Der Rechtsausschuss ging davon aus, dass auf der Basis der bisherigen Vergütungspraxis in Zusammenhang mit der Konkursordnung die Bestellung eines Sonderinsolvenzverwalters ohne ausdrückliche gesetzliche Regelung möglich sei. Die **bisherige** Praxis der Vergütung des Sonderverwalters, die **nach der Vorstellung des Verordnungsgebers weiter angewendet** werden soll, orientierte sich unter Berücksichtigung der vom Sonderverwalter ausgeübten Tätigkeit sowohl am »Wert der Berechnungsgrundlage« aber auch an der BRAGO (heute RVG). So ist bei dem in der **Literatur** vielfach erörterten **Beispielsfall**, dass ein Sonderinsolvenzverwalter eventuelle Schadensersatzansprüche gegenüber dem amtierenden Insolvenzverwalter zu prüfen hat, eine Vergütung unter Berücksichti- 23 gung der im Raum stehenden Ersatzansprüche als Gegenstandswert für die Berechnung der Vergütung – gem. §§ 2 Abs. 2, 13 RVG i.V.m. Nr. 2400–2401 VV RVG – herangezogen worden (vgl. *Eickmann/Prasser* in: Kübler/Prütting InsVV, vor § 1 Rn. 67). Die von *Haarmeyer* (*Haarmeyer/ Wutzke/Förster* 4. Aufl. § 1 InsVV, Rn. 102) und von *Blersch* (BK-InsO, InsVV, Vorbem. Rn. 42 ff.) vorgebrachte **Kritik** hierzu, wonach eine Vergütung im Geltungsbereich der InsO unter entsprechender Anwendung der InsVV zu erfolgen habe, ist **nur teilweise berechtigt**. Die **Vergütung** ist hier orientiert an der **tatsächlich** ausgeübten Tätigkeit zu bemessen und es ist diejenige Vergütungsregelung anzuwenden, die üblicher Weise bei der im **konkreten Verfahren** vorgenommenen Tätigkeit eines Rechtsanwaltes oder sonstigen Berufsträger wie Steuerberater oder Wirtschaftsprüfer zur Anwendung kommt (*Loof* DZWIR 2009, 14). Wird ein Rechtsanwalt als Sonderinsolvenzverwalter tätig und liegen die Aufgaben, die er zu erfüllen hat, in dem Spektrum der Tätigkeit, die üblicherweise von einem **Rechtsanwalt** ausgeführt wird, wie insbesondere die Geltendmachung von Forderungen gegen den Insolvenzverwalter oder Anmeldung von Insolvenzforderungen, wenn der Insolvenzverwalter verhindert ist, so ist die Vergütung unter Berücksichtigung des **RVG** zu bemessen (*LG Krefeld* ZInsO 2006, 32; *Dahl* ZInsO 2004, 1014; *Lücke* ZIP 2004, 1693). Dies ist in diesem Bereich insbesondere deshalb angemessen, da die Anwendung der insolvenzrechtlichen Vergütungsregelungen zu unangemessen hohen Honoraransprüchen des Sonderinsolvenzverwalters im Verhältnis zur Tätigkeit eines Insolvenzverwalters führen würden (*Haarmeyer/Mock* InsVV, § 1 Rn. 110). Die InsVV regelt die Vergütung für eine i.d.R. auf längere Zeit angesetzte Tätigkeit eines Insolvenzverwalters, wobei demgegenüber die Tätigkeit eines **Sonderinsolvenzverwalters** als Rechtsanwalt zur Geltendmachung von Forderungen oder auch zur Anmeldung von Insolvenzforderungen nur **punktuell** und dementsprechend auch nur **auf kürzere Zeit** bezogen ist. Die Unangemessenheit der Anwendung der InsVV für die Tätigkeit des Rechtsanwalts im »klassischen« Tätigkeitsbereich zeigt das Beispiel, bei dem ein Sonderinsolvenzverwalter »lediglich« eine Schadensersatzforderung gegenüber dem Insolvenzverwalter im Klagewege in Höhe von EUR 50.000,00 geltend macht. Bei einem Gegenstandswert von EUR 50.000,00 wären bei Anwendung der InsVV eine Regelgebühr in Höhe von EUR 16.250,00 und bei Anwendung von Nr. 2400 RVG EUR 1.359,80 dem Sonderinsolvenzverwalter als Vergütung zu bezahlen.

24 Ist der Sonderinsolvenzverwalter allerdings in einem typisch **insolvenzrechtlichen Bereich** tätig, so ist die Anwendung der Vorschriften der InsVV sachgerecht. Dies gilt beispielsweise, wenn im Rahmen eines Insolvenzverfahrens dem Sonderinsolvenzverwalter die insolvenzrechtliche Verwaltung einer **Sondermasse** übertragen wird, um damit die Interessenkollision des Insolvenzverwalters zu vermeiden. Hier bietet es sich an, auf der Basis der Regelung der Vergütung für den Insolvenzverwalter die Vergütung des Sonderinsolvenzverwalters zu berechnen (BK-InsO/*Blersch* InsVV, Vorbem. Rn. 42; *Haarmeyer/Mock* InsVV, § 1 Rn. 110). Hierzu zählt auch der Bereich, in dem der Sonderinsolvenzverwalter beauftragt wird, die Tätigkeit des Insolvenzverwalters bzw. die Abwicklung des Insolvenzverfahrens im Einzelnen zu prüfen und ggf. sich ergebende (Schadensersatz-)Forderungen gegenüber dem Insolvenzverwalter festzustellen und ggf. auch im Klagewege durchzusetzen. Dies kann sich beispielsweise auch dann ergeben, wenn ein Schlussrechnungsprüfer erhebliche Beanstandungen vorbringt und das Insolvenzgericht eine Klärung dadurch herbeiführt, dass es einen Sonderinsolvenzverwalter mit den vorgenannten Prüfungsaufgaben betraut. Auf der Basis der vom Sonderinsolvenzverwalter verwalteten oder überprüften Insolvenzmasse ist dann die Vergütung entsprechend der InsVV festzusetzen. Dabei sind dem Sonderinsolvenzverwalter auch Zuschläge entsprechend § 3 InsVV zuzubilligen, sofern die Tätigkeit des Sonderinsolvenzverwalters erhebliche Belastungen umfasst, die den Rahmen der üblichen Tätigkeiten beachtlich überschreiten (*LG Braunschweig* ZInsO 2012, 506; bei der vorgenannten Entscheidung lag ein Sachverhalt zugrunde, bei dem der Sonderinsolvenzverwalter beauftragt wurde, Erstattungsansprüche der Masse gegen den Insolvenzverwalter zu prüfen und ggf. durchzusetzen. Dabei wurde ergänzend der Sonderinsolvenzverwalter beauftragt, auf der Basis der von einem Schlussrechnungsprüfer beanstandeten Vorgängen, zu prüfen, inwieweit berechtigterweise Gelder entnommen wurden, Zahlungen an mit dem Insolvenzverwalter verbundenen Unternehmen gerechtfertigt waren, inwieweit eine defizitäre Betriebsfortführung angemessen

war und die Handlungen des Insolvenzverwalters im Zusammenhang mit der Verwertung des Vermögens sowie die angefallenen Handlingkosten vertretbar waren).

Der **BGH** hat in seiner Entscheidung vom 29.05.2008 (ZInsO 2008, 733; krit. hierzu *Looff* DZWIR 2009, 14) seine Leitlinien gezogen, an denen sich wohl **zukünftig** die Vergütungsfestsetzungen zu orientieren haben. Der Bundesgerichtshof hat nochmals ausdrücklich klargestellt, dass die Vergütung des Sonderinsolvenzverwalters ausschließlich durch das Insolvenzgericht festgesetzt wird. Im Weiteren hat sich der Bundesgerichtshof der in der Literatur (beispielsweise *Haarmeyer/Wutzke/Förster* InsVV, 4. Aufl., § 1 Rn. 39; BK-InsO/*Blersch* InsVV, Vorbemerkungen Rn. 41 ff.) vertretenen Auffassung angeschlossen, wonach die Vergütung des Sonderinsolvenzverwalters **ausschließlich in entsprechender Anwendung der Vorschriften über die Vergütung des Insolvenzverwalters festzusetzen ist** (s.a. Rdn. 26). Dabei will der Bundesgerichtshof einem im Verhältnis zum Insolvenzverwalter geringeren Umfang der Tätigkeit dadurch Rechnung tragen, dass eine angemessene Quote der Regelvergütung bspw. durch Vornahme eines Abschlages festgesetzt wird (*BGH* 29.05.2008 ZInsO 2008, 733). Entgegen der hier vertretenen Auffassung (so auch *LG Krefeld* ZInsO 2006, 32; *Dahl* ZInsO 2004, 1014), wonach in demjenigen Fall, in dem der Sonderinsolvenzverwalter als Rechtsanwalt tätig wird und die Aufgaben, die er zu erfüllen hat, in dem Spektrum der Tätigkeit, die üblicherweise von einem Rechtsanwalt ausgeführt wird, liegt, wie insbesondere die Geltendmachung von Forderungen gegen Insolvenzverwalter oder Anmeldung von Insolvenzforderungen das Gebührenrecht der Rechtsanwälte (RVG) anzusetzen ist, ist nach Auffassung des Bundesgerichtshofes die Vergütung auch auf der Grundlage der InsVV zu bemessen. Allerdings begrenzt der Bundesgerichtshof die Vergütung dann auch auf der Basis der InsVV orientiert an dem Vergütungsanspruch eines Rechtsanwalts nach dem RVG. Insoweit ist die Abweichung der Auffassung des Bundesgerichtshofes zu der hier vertretenen Auffassung nicht sehr gravierend, da im Ergebnis die Vergütungshöhe auf der Basis des **RVG** sich errechnet. Entscheidender Maßstab ist die nach § 5 InsVV vorzunehmende **Abgrenzung**, inwieweit die Tätigkeit des Sonderinsolvenzverwalters gem. § 5 InsVV einem Insolvenzverwalter gesondert zu vergüten wäre, da ein **nicht** anwaltlicher (Sonder-) Insolvenzverwalter in angemessener Weise die Aufgabe einem Rechtsanwalt übertragen hätte (*BGH* 29.05.2008 ZInsO 2008, 733; *Graeber* ZInsO 2008, 847). In einer Entscheidung hat der **BGH** (ZInsO 2010, 399) ausdrücklich festgehalten, dass in denjenigen Fällen, in denen der Sonderinsolvenzverwalter lediglich die Aufgabe hat, **einzelne Ansprüche** zu prüfen, zur Tabelle anzumelden oder anderweitig rechtlich durchzusetzen, seine Tätigkeit kaum mehr mit der eines Insolvenzverwalters vergleichbar ist. In diesen Fällen kann nach Auffassung des *BGH*, ebenso wie in der hier vertretenen Auffassung die Vergütung – auch bei Zugrundelegung der InsVV – nicht höher festgesetzt werden als nach § 5 InsVV der Insolvenzverwalter für diese Tätigkeit fordern könnte, wenn er als Rechtsanwalt, Steuerberater oder Wirtschaftsprüfer zu vergüten gewesen wäre. Dementsprechend ist auch nach Auffassung des *BGH* in den vorgenannten Beispielsfällen die Vergütung nach den Vorschriften des **RVG** oder den **sonstigen besonderen Vergütungsregeln** der genannten Berufsgruppe zu bemessen. *Graeber* (ZInsO 2008, 847) weist zu Recht daraufhin, dass bei der Tätigkeit des Sonderinsolvenzverwalters als Rechtsanwalt bei der Prüfung, Anmeldung und eventuell Forderungsfeststellungsklage nunmehr entsprechend der Situation in der Feststellungsklage nach einem Bestreiten der Forderung, nicht der nominelle Wert der Forderung maßgeblich sein dürfte, sondern nur derjenige Betrag, der bei der Verteilung der Insolvenzmasse für die Forderung zu erwarten ist, § 182 InsO. Im Ergebnis würde dies allerdings auch bedeuten, dass die Berechnung der RVG-Gebühren nicht auf den Betrag der Forderung, sondern im Falle einer geringen Masse bzw. einer Nullquote lediglich auf der Basis des Mindestgegenstandswertes nach § 13 RVG von EUR 300,00 erfolgen würde und dementsprechend nur eine Gebühr von EUR 25,00 sich ergäbe. Es stellt sich in diesem Falle zu Recht die Frage, ob für derartige Tätigkeiten, die sicherlich zur ordnungsgemäßen Abwicklung von Insolvenzverfahren durch einen Sonderinsolvenzverwalter auszuführen sind, noch kompetente »Sonderinsolvenzverwalter« gefunden werden können, da eine angemessene Vergütung nicht gewährleistet ist (*Graeber* ZInsO 2008, 847).

Hier kann nur die »nominale« Forderungshöhe zu einer angemessenen Vergütung führen.

26 Auch in einer weiteren Entscheidung hat der *BGH* (Beschl. v. 26.03.2015 – IX ZB 62/13, ZIP 2015, 1034) festgehalten, dass die Vergütung des Sonderinsolvenzverwalters regelmäßig in entsprechender Anwendung der Vorschriften der InsVV festzusetzen ist. Wird dem Sonderinsolvenzverwalter allerdings nur eine einzelne Aufgabe übertragen und könnte diese Gegenstand der Beauftragung eines Rechtsanwalts sein, ist die Höhe der Vergütung jedoch durch den Vergütungsanspruch eines Rechtsanwalts nach dem RVG begrenzt. Ist ein solcher Insolvenzverwalter, der als Rechtsanwalt zugelassen ist, für eine Tätigkeit bestellt, die ein nicht als Rechtsanwalt zugelassener Verwalter angemessener Weise einem Rechtsanwalt übertragen hätte, bemisst sich seine Vergütung unmittelbar nach dem RVG (*BGH* Beschl. v. 26.03.2015 – IX ZB 62/13, ZIP 2015, 1034). Wird dem Sonderinsolvenzverwalter lediglich eine einzelne Aufgabe übertragen, ist sein Vergütungsanspruch analog § 5 InsVV richtigerweise auf das zu begrenzen, was der Insolvenzverwalter selbst für seine Tätigkeit als Rechtsanwalt, Steuerberater oder Wirtschaftsprüfer erhalten hätte.

27 Gegen Entscheidungen des Rechtspflegers, die Tätigkeiten des Sonderinsolvenzverwalters betreffen, ist nicht das Rechtsmittel der sofortigen Beschwerde, sondern nur die sofortige Erinnerung gem. § 11 Abs. 2 RPflG statthaft. Eine Deckelung der Gebühr gem. § 49 RVG für anwaltliche Tätigkeiten des Sonderinsolvenzverwalters zur Durchsetzung von Schadenersatzansprüchen scheidet aus, wenn mangels Bewilligung von Prozesskostenhilfe keine Beiordnung erfolgt ist (*AG Göttingen* Beschl. v. 20.01.2014 – 74 IN 13/01, ZIP 2014, 1401).

II. Vergütungsvereinbarungen

28 Das Verfahren der **gerichtlichen Festsetzung** von **Vergütung** und **Auslagen** des Insolvenzverwalters soll dessen **Unabhängigkeit** gegenüber den am Insolvenzverfahren Beteiligten gewährleisten. Gerade § 56 Abs. 1 InsO bringt den Grundsatz der Unabhängigkeit des Insolvenzverwalters von den Verfahrensbeteiligten zum Ausdruck. Auch im Geltungsbereich der früheren Konkursordnung war der Grundsatz der Unabhängigkeit des Konkursverwalters beherrschend. Aus diesem Grunde heraus wurden **Vergütungsvereinbarungen** zwischen dem Konkursverwalter und Verfahrensbeteiligten grds. gem. § 134 BGB als **nichtig angesehen**. Lediglich Vergütungsvereinbarungen des Konkursverwalters, die nicht seinen gesetzlich beschriebenen Pflichtenkreis und einen Zeitraum nach Abschluss des Verfahrens betrafen, wurden als wirksam anerkannt. Als zulässig angesehen wurden – damals – auch Vereinbarungen betreffend die **Tätigkeit** des Insolvenzverwalters als **Rechtsanwalt** in Zusammenhang mit den Gebühren nach der BRAGO, soweit die Grenzen der §§ 49b BRAO und 3 Abs. 5 BRAGO eingehalten wurden.

29 Auch wenn während der Entwicklung der InsVV Überlegungen seitens des Verordnungsgebers angestellt wurden, Vergütungsvereinbarungen zuzulassen, ist nach dem Erlass der InsVV weiterhin von einer **Unzulässigkeit von Vereinbarungen** zwischen dem **Insolvenzverwalter** und **Dritten** hinsichtlich der festzusetzenden **Vergütung** auszugehen (BK-InsO/*Blersch* InsVV, Vorbem. Rn. 47). Durch das **Verbot der Vergütungsvereinbarungen** wird und bleibt die **Unabhängigkeit** des Insolvenzverwalters entsprechend § 56 Abs. 1 InsO gewährleistet. Der Insolvenzverwalter wird dadurch auch aus einer Wettbewerbssituation herausgehalten, die ihn ggf. zwingen würde, einerseits ein Insolvenzverfahren »preiswert« abzuwickeln, um andererseits versucht zu sein, im Rahmen der Abwicklung zusätzliche eigene Einnahmen zu generieren. Des Weiteren entstünde auch das Risiko, worauf *Blersch* zutreffend hinweist, dass Insolvenzverfahren aus **Kostengründen** nur noch **oberflächlich** abgewickelt werden würden (vgl. hierzu BK-InsO/*Blersch* InsVV, Vorbem. Rn. 47).

30 Das *BVerfG* hat in seiner Entscheidung vom 03.08.2004 (ZIP 2004, 1649) ausdrücklich den **Vorrang der Eignung** des Insolvenzverwalters bei der Auswahl durch das Gericht bestätigt. Dementsprechend sind **Vergütungsvereinbarungen**, die die Unabhängigkeit des zur Auswahl des Verwalters bestellten Insolvenzrichters gem. § 56 InsO beeinträchtigen und gleichzeitig zur Abwendung des Prinzips der Auswahl des geeigneten Verwalters, hin zum Auswahlkriterium der »Vergütungsvereinbarung« führen, **abzulehnen**.

Aktuell wird i.V.m. der Reform des Insolvenzrechts durch das Gesetz zur weiteren Erleichterung der Sanierung von Unternehmen vom 07.12.2011 (ESUG; BGBl. I S. 2582) mit verstärkter Beteiligung der Gläubiger in Insolvenzverfahren in Erwägung gezogen, in Zusammenhang mit den **Insolvenzplanverfahren** und den dort beteiligten Insolvenzverwaltern bzw. Sachwaltern Vergütungsvereinbarungen zuzulassen (so ausdrücklich *Mock* KTS 2012, 59 ff.). Der Gesetzgeber hat allerdings im Rahmen des ESUG hierüber keinerlei Regelungen eingeführt, sodass eine gesetzliche Absicherung der Zulässigkeit von Vergütungsvereinbarungen nicht vorliegt, worauf auch *Mock* (KTS 2012, 59 ff.) ausdrücklich hinweist. Da der Gesetzgeber keine entsprechenden Regelungen hinsichtlich möglicher **Vergütungsvereinbarungen** vorgesehen hat, ist davon auszugehen, dass diese **nach wie vor nicht zulässig sind.** Vergütungsvereinbarungen bergen das **erhebliche Risiko,** dass im Vorfeld von »vorbereiteten« Insolvenzplanverfahren durch Verhandlungen über die Vergütungshöhe, insbesondere für den Sachwalter bei vorgesehener Eigenverwaltung eine Beeinflussung herbeigeführt wird oder zumindest nicht ausgeschlossen werden kann. Jedenfalls würde im Ergebnis auf die Unabhängigkeit des vom Gericht – wenn auch mit erhöhter Gläubigerbeteiligung – zu bestellenden Insolvenzverwalters oder Sachwalters Einfluss genommen werden können. Dem ist durch die Ablehnung von Vergütungsvereinbarungen entgegenzuwirken. Der Gesetzgeber wollte mit dem ESUG zwar die Beteiligung der Gläubiger und deren Einflussmöglichkeit im Verfahren und bei der Auswahl des Verwalters stärken, allerdings **nicht** die **Unabhängigkeit** des Insolvenzverwalters bzw. des Sachwalters beeinträchtigen (lassen). 31

Vertretbar ist allerdings, was auch der Praxis entsprechen dürfte, dass im Insolvenzplanverfahren im Rahmen der **Kalkulation der Verfahrenskosten** die »voraussichtliche« Sachwalter- bzw. Verwaltervergütung angesetzt wird. Stimmen die Gläubiger mit entsprechender Mehrheit diesem Insolvenzplan zu, kann diese »kalkulierte« Vergütungshöhe für das die Vergütung festsetzende Insolvenzgericht ein **zu beachtender Anhaltspunkt** sein, doch wird das Insolvenzgericht im Rahmen der Festsetzung der Vergütung **nicht** damit **gebunden** (a.A. *Graeber* ZIP 2013, 916; vermittelnd *Stephan/Riedel* Einl. Rn. 32, die zum einen von einer Überprüfung durch das Insolvenzgericht der im Plan festgelegten Vergütung ausgehen, wenn auch nur einer der Beteiligten dem Insolvenzplan widersprochen hat und zum anderen die Reduzierung einer unangemessen hohen Vergütung, die im Insolvenzplan festgelegt wurde, durch das Insolvenzgericht zulassen). 32

III. Vergütungsvereinbarung/Vergütungsregelungen im Insolvenzplan

Im Zusammenhang mit der Reform des Insolvenzrechts durch das Gesetz zur weiteren Erleichterung der Sanierung von Unternehmen vom 07.12.2011 (ESUG; BGBl. I S. 2582), in dem eine verstärkte Beteiligung der Gläubiger in Insolvenzverfahren geregelt wurde, wird teilweise in Erwägung gezogen, in Zusammenhang mit den **Insolvenzplanverfahren** und den dort beteiligten Insolvenzverwaltern bzw. Sachwaltern **Vergütungsvereinbarungen** zuzulassen (so ausdrücklich *Mock* KTS 2012, 59 ff.). Der Gesetzgeber hat allerdings im Rahmen der Einführung des ESUG hierüber **keinerlei** Regelungen eingeführt, sodass eine **gesetzliche Absicherung** der Zulässigkeit von Vergütungsvereinbarungen **nicht** vorliegt, worauf auch *Mock* (KTS 2012, 59 ff.) ausdrücklich hinweist. Da der Gesetzgeber keine entsprechenden Regelungen hinsichtlich möglicher **Vergütungsvereinbarungen** vorgesehen hat, ist davon auszugehen, dass diese **nach wie vor nicht zulässig sind** (*Keller* Vergütung, Rn. 79; a.A. *Graeber* ZIP 2013, 916). Vergütungsvereinbarungen bergen das **erhebliche Risiko,** dass im Vorfeld von »vorbereiteten« Insolvenzplanverfahren durch »Verhandlungen« über die Vergütungshöhe, insbesondere für den Sachwalter bei vorgesehener Eigenverwaltung eine Beeinflussung herbeigeführt wird oder zumindest nicht ausgeschlossen werden kann (*Ganter* NZI 2016, 377, 384 f.; *Holzer* NZI 2013, 1049; *Keller* ZIP 2014, 2014). Jedenfalls würde im Ergebnis auf die Unabhängigkeit des vom Gericht – wenn auch mit erhöhter Gläubigerbeteiligung – zu bestellenden Insolvenzverwalters oder Sachwalters Einfluss genommen werden können. Dem ist durch die Ablehnung von Vergütungsvereinbarungen entgegenzuwirken (a.A. *Graeber* ZIP 2013, 916). Der Gesetzgeber wollte mit dem ESUG zwar die Beteiligung der Gläubiger sowie deren Einflussmöglichkeit im Verfahren und bei der Auswahl des Insolvenzverwalters bzw. Sachwalters stärken, allerdings **nicht die Unabhängigkeit** des Insolvenzverwalters bzw. des Sachwalters beeinträchtigen (lassen). 33

Der Meinungsstand stellt sich im Einzelnen wie folgt dar:

34 **Teilweise wird vertreten**, dass die Festlegung der Verwaltervergütung in einem Insolvenzplan zulässig sei (*LG München I* ZIP 2013, 2273; *LG Heilbronn* ZInsO 2015, 910; *Haarmeyer* ZInsO 2013, 967; *Reinhardt* ZInsO 2015, 943; *Hingerl* ZIP 2015, 159; *Haarmeyer/Mock* InsVV, Vorbem. Rn. 83 f.).

Als **eingeschränkt zulässig** wird die Regelung der Vergütung des Insolvenzverwalters/Sachwalters im Insolvenzplan dann angesehen, wenn **alle** Beteiligten **zugestimmt** und den Insolvenzplan **einstimmig** angenommen haben (*LG Münster* Beschl. v. 01.10.2015 – 5 T 556/15; *Graeber* ZIP 2013, 916).

Eine **weitere Meinung** hält die Regelung dann für zulässig, wenn der Plan vom Insolvenzverwalter selbst eingereicht wurde, da insoweit eine Selbstbeschränkung des Verwalters vorläge (*AG Hannover* ZIP 2015, 2385).

Darüber hinaus wird **teilweise auch vertreten**, dass nicht nur die Regelung der Vergütung im Insolvenzplan, sondern die vorherige gerichtliche Festsetzung der Vergütung in der im Insolvenzplan geregelten Höhe als **Bedingung** der gerichtlichen Bestätigung des Insolvenzplans zulässig sei (*LG München I* ZIP 2013, 2273; *Haarmeyer/Mock* InsVV, § 6 Rn. 15; **a.A.** *LG Mainz* ZIP 2016, 587, n.r.).

Insgesamt wird zur Begründung der Zulässigkeit der Vergütungsregelung im Insolvenzplan die im Rahmen des ESUG vorgenommene Änderung des § 217 InsO herangezogen, nach dem nunmehr auch »Regelungen zur Verfahrensabwicklung« getroffen werden können. Die Befürworter der Zulässigkeit einer bindenden Regelung im Insolvenzplan sind der Auffassung, dass durch die Änderung des § 217 InsO rechtliche und wirtschaftliche Hindernisse für die Sanierung beseitigt werden sollten. Nach Auffassung des *AG Hannover* (ZInsO 2015, 2385) läge ein solches Hindernis dann vor, wenn die Vergütung des Insolvenzverwalters/Sachwalters erst nach der Bestätigung des Plans durch das Insolvenzgericht festgesetzt werde. Weiterhin wird die Zulässigkeit einer derartigen Vergütungsregelung auf die (angebliche) Notwendigkeit einer konkreten und bindenden Festlegung der Vergütung im Insolvenzplanverfahren gestützt, um die wirtschaftlichen Folgen des Insolvenzplanes (Quote) für die Gläubiger bestimmen zu können. Darüber hinaus würde eine bindende Regelung im Insolvenzplan zu einer Entlastung der die Festsetzung vorzunehmenden Gerichte und dadurch auch zu einer Beschleunigung der Verfahren führen (*Hingerl* ZIP 2015, 159).

35 **Richtiger Auffassung** nach ist eine das **Insolvenzgericht bindende Festlegung der Vergütung** des Insolvenzverwalters bzw. des Sachwalters im **Insolvenzplan nicht möglich.**

Die **Vergütung** des Insolvenzverwalters bzw. des Sachwalters in einem Insolvenzplan kann **nicht bindend** geregelt und die Festsetzung einer **bestimmten Vergütung** durch das Insolvenzgericht **nicht zur Bedingung** für die gerichtliche Bestätigung des Insolvenzplans gemacht werden (*BGH* NZI 2017, 260, *LG Mainz* ZIP 2016, 587; *Madaus/Heßel* ZIP 2013, 2088; *Madaus* ZIP 2016, 1141; *Ganter* NZI 2016, 377, 385). Derartige **Vereinbarungen** über die Vergütung zwischen den Beteiligten sind **nichtig**. Daraus folgt, dass Vereinbarungen über die Vergütung des Insolvenzverwalters als Inhalt eines Insolvenzplanes in keiner Weise bindend für das die Vergütung festsetzende Gericht sein können (*BGH* NZI 2017, 260). Dabei ist das Insolvenzgericht auch bei seiner Entscheidung, ob und inwieweit die Bestätigung eines Insolvenzplanes zu versagen ist, **nicht an eine frühere im Rahmen der Vorprüfung** des Insolvenzplanes getroffene Entscheidung gebunden (*BGH* NZI 2017, 260). § 231 InsO regelt gerade nicht, dass das Insolvenzgericht bei der Entscheidung über die Bestätigung eines Planes gem. § 250 InsO an das Ergebnis früherer Vorprüfungen gebunden sein soll. Sinn und Zweck der Vorprüfung gem. § 231 InsO ist es nicht, eine Selbstbindung des Gerichts herbeizuführen, sondern das Gericht hat durchgängig zu prüfen, ob Versagungsgründe gem. § 250 InsO vorliegen (*BGH* NZI 2017, 260; MüKo-InsO/*Breuer* § 231 Rn. 1). Die Auffassung, wonach das Insolvenzgericht an das Ergebnis seiner Vorprüfung gebunden sein soll oder zumindest eine weitere Überprüfung unterbleiben könne (bspw. *Uhlenbruck/Lüer/Streit* InsO, § 250 Rn. 9 ff.; HambK-InsO/*Thies* § 250 Rn. 4) ist **abzulehnen**, da sie dem Sinn und Zweck der Vorprüfung widerspricht (*BGH* NZI 2017, 260).

Die Zulässigkeit einer für das Insolvenzgericht bindenden Festlegung der Verwaltervergütung im Insolvenzplan – unabhängig davon ob der Plan einstimmig angenommen wurde – **verstößt** gegen die in den §§ 64, 65 InsO, §§ 1 ff. InsVV dem Insolvenzgericht zugewiesene Aufgabe die Vergütungs- und Auslagentatbestände anzuwenden und die Vergütung bzw. die Auslagen festzusetzen (*BGH* NZI 2017, 260; s. hierzu auch *Madaus* ZIP 2016, 1141). **Diese Vorschriften** sind **nicht plandisponibel**, so dass § 217 Satz 1 InsO nicht anwendbar ist. Unter den Begriff »**Verfahrensabwicklung**« des § 217 Satz 1 InsO fällt die Festlegung der Verwaltervergütung **gerade nicht** (*Schöttler* NZI 2104, 852). Darüber hinaus kann der Insolvenzplan nur die Planbeteiligten, nämlich Gläubiger, Schuldner und Gesellschafter wirksam binden. Zulässig ist es zwar, dass der Insolvenzverwalter bzw. der Sachwalter der Planregelung ausdrücklich **zustimmt bzw. bindend darauf verzichtet**, eine höhere als im Plan festgelegte Vergütung zu fordern, allerdings kann durch einen Insolvenzplan bzw. dessen Regelungen das **Insolvenzgericht** an die Festlegungen des Plans im **Bereich der Vergütung nicht gebunden werden**, da die Vergütungsregelungen der §§ 63, 65 InsO sowie der InsVV **planfest** sind (*BGH* NZI 2017, 260; *Madaus* ZIP 2016, 1141). Mit der Festlegung des Gesetzgebers in § 64 InsO, nach der die Festsetzung der Vergütung durch das Insolvenzgericht zu erfolgen hat, folgt der Gesetzgeber den bisher in der Konkursordnung und der Vergleichsordnung geltenden Regelungen (*BGH* NZI 2017, 260, BT-Drucks. 12/2443, S. 130; *Madaus* ZIP 2016, 1141). Es ist auch nicht davon auszugehen, dass die Gerichte durch bindende Festlegungen der Vergütung im Insolvenzplan entlastet werden würden. Denn auch nach Auffassung derjenigen, die eine bindende Regelung zulassen, hat **formell** die Festsetzung der Vergütung durch das **Insolvenzgericht** zu erfolgen. Daraus ergibt sich zwangsläufig auch in diesen Fällen eine **Beschwerdemöglichkeit** derjenigen, die sich mit den im Insolvenzplan getroffenen Vergütungsregelungen nicht einverstanden erklären bzw. erklärt haben (s. hierzu *Smid* ZInsO 2014, 877). Ein wesentliches Argument für die Ablehnung der Zulässigkeit einer bindenden Vergütungsregelung im Insolvenzplan ist auch, dass dadurch sichergestellt ist, dass der Insolvenzverwalter bzw. der Sachwalter keine – **der gerichtlichen Kontrolle entzogenen** – »Vergütungsvereinbarungen« treffen kann. Dadurch wird die Unabhängigkeit des Verwalters gewährleistet gegenüber ggf. in einem Insolvenzplanverfahren von den die überwiegende Mehrheit darstellenden Gläubigergruppen entweder zur **Billigung eines reduzierten Vergütungsanspruches** gedrängt zu werden oder durch die **Zubilligung einer besonders hohen Vergütung** ggf. veranlasst zu werden, »**Gegenleistungen**« an diese Gläubigergruppen zu erbringen oder zumindest in Aussicht zu stellen. Denkbare Konstellationen sind vielfältig und insbesondere bei einem Planverfahren besteht ein weitergehender Handlungsspielraum mit geringerer Kontrolle als in einem Regelverfahren (*BGH* NZI 2017, 260; s. hierzu *Holzer* NZI 2014, 1049; *Ganter* NZI 2016, 377).

Aus den vorgenannten Gründen ist daher eine das **Insolvenzgericht bindende Festlegung der Vergütung** des Sachwalters bzw. Insolvenzverwalters im Rahmen eines Insolvenzplanes **nicht zulässig**.

Gleichermaßen besteht auch **keine sachliche Notwendigkeit**, eine **Bedingung** im Insolvenzplan **zuzulassen**, wonach eine gerichtliche Genehmigung des Insolvenzplanes nur bei vorheriger Festsetzung der Vergütung des Verwalters in bestimmter Höhe erfolgen könne (*BGH* NZI 2017, 260, *LG Mainz* ZIP 2016, 587). Der Insolvenzverwalter kann nämlich im Vorhinein im Zusammenhang mit der Einreichung des Insolvenzplanes sich gegenüber den Beteiligten dahingehend binden, eine bestimmte Vergütungshöhe im Rahmen seines Vergütungsantrages nicht zu überschreiten. Dadurch steht für die Gläubiger die **Mindestquote** fest; sollte das Gericht eine geringere Vergütung als im Plan vorgesehen festsetzen, kommt dies den Insolvenzgläubigern zu Gute (*Laroche/Pruslowski/Schöttler/Vallender* ZIP 2014, 2153). 36

Der **Bundesgerichtshof** hat in der vorstehend mehrfach zitierten Entscheidung im Zusammenhang mit der Ablehnung der bindenden Festlegung von Vergütungsregelungen im Insolvenzplan (*BGH* NZI 2017, 260) allerdings **keine Entscheidung** darüber getroffen, **ob** und **inwieweit** in einem Insolvenzplan zwar keine bindenden Festlegungen für das Insolvenzgericht, allerdings **Darlegungen** und **Berechnungen** hinsichtlich der von den Gläubigern als solche akzeptierten Berechnungsgrundlage sowie auch möglicher Zuschläge bzw. Abschläge im Insolvenzplan ausgeführt werden können. Derartige Darstellungen im Insolvenzplan – die auch für das die Vergütung festsetzende **Insolvenzge-** 37 richt wertvolle **Hinweise** enthalten können – sind als **zulässig** und auch als für die Annahme eines Planes **förderlich** anzusehen. Es ist nämlich dringend geboten, den über die Annahme des Plans abstimmenden Gläubigern den »wirtschaftlichen Rahmen« des Insolvenzplanes und der für sie daraus resultierenden wirtschaftlichen Folgen darzustellen. Bei der Abstimmung über den Insolvenzplan wollen die Gläubiger regelmäßig wissen, welche Quote sie zu erwarten haben. Die Quotenermittlung ist jedoch im Rahmen des Insolvenzplanes erheblich davon abhängig, welche Massekosten, d.h. die Vergütung des (vorläufigen) Insolvenzverwalters bzw. Sachwalters massemindernd zu bedienen sind bzw. vermutlich zu bedienen sein werden. Daher muss es als **zulässig** angesehen werden, das **wirtschaftliche Ergebnis** auch unter Berücksichtigung der zu **erwartenden Vergütungen** bzw. der von den Gläubigern durch Planannahme **als angemessen anzusehenden Vergütungen** in einem Insolvenzplan darzustellen. Gleichzeitig wird dem die Vergütung festsetzenden **Insolvenzgericht** durch die Annahme eines Planes durch die Gläubiger, der Darstellungen bzw. Ausführungen sowohl hinsichtlich der Berechnungsgrundlage wie auch der im Raum stehenden Zuschläge bzw. Abschläge enthält, zumindest der von den **Gläubigern akzeptierte wirtschaftliche Rahmen** vermittelt. Es ist sicherlich **sinnvoll**, den Gläubigern, die über den Plan zu entscheiden haben, die Ermittlung der (voraussichtlichen) Berechnungsgrundlage, der daraus resultierenden **Regelvergütung** sowie auch die im Raum stehenden **Zuschläge** bzw. **Abschläge** nach den Regelungen der InsVV ausführlich und für die Gläubiger nachvollziehbar darzustellen. Im Rahmen der **Kalkulation der Verfahrenskosten** kann die »voraussichtliche« Sachwalter- bzw. Insolvenzverwaltervergütung angesetzt werden. Stimmen die Gläubiger mit der gesetzlich vorgesehenen Mehrheit diesem Insolvenzplan zu, kann diese »**kalkulierte**« **Vergütungshöhe** für das die Vergütung festsetzende Insolvenzgericht ein – erheblicher – **zu beachtender Anhaltspunkt** sein, doch wird das Insolvenzgericht im Rahmen der Festsetzung der Vergütung **nicht** damit **gebunden** (s.a. *Madaus* ZIP 2016, 1141; **a.A.** *Graeber* ZIP 2013, 916; vermittelnd *Stephan/Riedl* Einl. Rn. 32, die zum einen von einer Überprüfung durch das Insolvenzgericht der im Plan festgelegten Vergütung ausgehen, wenn auch nur einer der Beteiligen dem Insolvenzplan widersprochen hat; und zum anderen die Reduzierung einer unangemessen hohen Vergütung, die im Insolvenzplan festgelegt wurde, durch das Insolvenzgericht zulassen). Die **hier vertretene Auffassung** führt auch zu **keinen besonderen Schwierigkeiten** bei der **Quotenbestimmung** (a.A. *Buchalik/Stahlschmidt* ZInsO 2014, 1144). Die **Berechnung der Mindestquoten** für die Insolvenzgläubiger ist dann unproblematisch, wenn der Insolvenzverwalter bzw. Sachwalter bereits zum Erörterungs- und Abstimmungstermin seine **Vergütungsanträge dem Gericht** vorlegt oder sich hinsichtlich der **Vergütungshöhe** vorab gegenüber den Verfahrensbeteiligten **bindet**. Da das Insolvenzgericht keine höhere als die beantragte Vergütung festsetzen darf (§ 308 ZPO, § 4 InsO), sondern allenfalls eine geringere Vergütung zubilligen kann, erleiden **die Gläubiger keinerlei Nachteile** (s. hierzu *Madaus* ZIP 2016, 1141). Soweit der Insolvenzverwalter den Insolvenzplan selbst erarbeitet und eingereicht hat, d.h. die Berechnung der Vergütung und Auslagen des Insolvenzverwalters selbst mit aufgenommen hat, ist er im Rahmen der Grenzen des § 242 BGB auch daran gehindert, eine deutlich höhere Vergütung zu beantragen (*BGH* ZIP 2007, 784; *Madaus* ZIP 2016, 1141).

Daher ist die Aufnahme von Darstellungen der **Berechnungsgrundlage**, der ermittelten Vergütung sowie auch der **Zuschläge** und **Abschläge ohne eine Bindung** des Insolvenzgerichts ein praktikabler Weg den Interessen aller Beteiligten, nämlich der Gläubiger, des Schuldners wie auch des Insolvenzverwalters bzw. Sachwalters gerecht zu werden.

F. Fälligkeit und Verjährung des Vergütungsanspruchs

I. Fälligkeit

38 § 63 Satz 1 InsO regelt ausdrücklich, dass **allein** schon mit dem **Tätigwerden** bzw. mit dem **Anfallen** des Aufwandes der **Anspruch** auf **Vergütung** und **Auslagen** entsteht (vgl. *Eickmann/Prasser* in: Kübler/Prütting InsVV, vor § 1 Rn. 4; *BGH* ZIP 1992, 120). Die in § 64 Abs. 1 InsO vorgesehene **Festsetzung** hat demgegenüber rein **deklaratorischen Charakter** (vgl. *Kuhn/Uhlenbruck* KO, § 85 Rn. 1; *Keller* Vergütung, Rn. 53). Darüber hinaus ist die **Festsetzung** durch das Gericht als Voraussetzung dafür anzusehen, dass der Insolvenzverwalter **berechtigt** ist, die festgesetzte **Vergütung** und die Aus-

lagen aus der von ihm verwalteten Insolvenzmasse **zu entnehmen** (vgl. BK-InsO/*Blersch* InsVV, Vorbem. Rn. 48). Unabhängig davon tritt die **Fälligkeit** der Vergütung im **Normalfall** erst mit **Verfahrensbeendigung** ein, weil auch erst zu diesem Zeitpunkt der **Insolvenzverwalter** seine (gesamte) Tätigkeit erfüllt hat bzw. **beim vorläufigen Insolvenzverwalter** im Normalfall mit der **gerichtlichen Entscheidung** über den Eröffnungsantrag. Im **Verlaufe des Insolvenzverfahrens** steht dem Insolvenzverwalter dementsprechend allenfalls ein **Anspruch** gem. § 9 InsVV auf einen **Vorschuss** zu.

Als weitere Beendigungsmöglichkeiten kommen die Entlassung des Insolvenzverwalters, dessen Tod oder der Abschluss eines gesondert zu vergütenden Tätigkeitsabschnitts in Betracht. 39

Die Tätigkeit des **vorläufigen Insolvenzverwalters** kann durch Verfahrenseröffnung, Ablehnung der Eröffnung, Verfahrensaufhebung, Entlassung des vorläufigen Insolvenzverwalters und dessen Tod beendet werden (MüKo-InsO/*Stephan* Anh. zu § 65, § 11 InsVV Rn. 76). Im Normalfall wird dementsprechend die Vergütung des vorläufigen Insolvenzverwalters mit der Entscheidung des Gerichts über den Eröffnungsantrag fällig. 40

Für den **Sachwalter** lösen die Beendigungstatbestände 41
– Beendigung des Verfahrens gem. § 200 InsO,
– Aufhebung der Eigenverwaltung gem. § 273 InsO,
– Einstellung des Verfahrens gem. §§ 207, 212, 213 InsO sowie
– Entlassung des Sachwalters bzw. dessen Tod
die Fälligkeit des Vergütungsanspruchs aus (MüKo-InsO/*Nowak* 2. Aufl., Anh. zu § 65, § 13 InsVV Rn. 3).

Fälligkeit ist beim **Treuhänder nach § 293 InsO** folglich bei rechtskräftiger Versagung der Restschuldbefreiung gem. §§ 296, 297, 298 und § 299 InsO, Erteilung der Restschuldbefreiung, § 300 InsO, Entlassung des Treuhänders, Tod des Treuhänders oder des Schuldners sowie Befriedigung aller Gläubiger anzunehmen, da in diesen Fällen die Tätigkeit des Treuhänders endet (vgl. MüKo-InsO/*Stephan* Anh. zu § 65, § 14 InsVV Rn. 8). 42

Die Fälligkeit wird nicht dadurch beseitigt, dass der entsprechende Vergütungsantrag nicht nachvollziehbar dargelegt wird (*LG Göttingen* ZInsO 2001, 317). Vergütungen nach der InsVV stellen Tätigkeitsvergütungen dar, so dass sie mit Erledigung der zu vergütenden Tätigkeit entstehen und mit tatsächlicher Beendigung der Tätigkeit fällig werden (vgl. MüKo-InsO/*Nowak* 2. Aufl., § 63 Rn. 7, Anh. zu § 65, § 8 InsVV Rn. 3; BK-InsO/*Blersch* InsVV, § 8 Rn. 7). Der Vergütungsanspruch entsteht daher unabhängig von der Festsetzung der Vergütung und wird vom Insolvenzgericht durch den Festsetzungsbeschluss unter Berücksichtigung der dem Insolvenzgericht verbliebenen Beurteilungsspielräume nur konkretisiert (BK-InsO/*Blersch* InsVV, § 8 Rn. 7). 43

II. Verjährung

Die **festgesetzten Ansprüche** des (vorläufigen) Insolvenzverwalters unterliegen der **dreißigjährigen Verjährungsfrist**, wie titulierte Ansprüche gem. **§ 197 Abs. 1 Nr. 3 BGB**. 44

Die **nicht festgesetzten** Vergütungsansprüche des **Insolvenzverwalters** unterliegen nach der Schuldrechtsreform der verkürzten regelmäßigen Verjährungsfrist von drei Jahren gem. § 195 n.F. BGB. Diese Verjährung beginnt nach § 199 Abs. 1 n.F. BGB mit dem Schluss des Jahres, indem der Vergütungsanspruch entstanden ist und der Gläubiger von den, den Anspruch begründenden Umständen und der Person des Vergütungsschuldners Kenntnis erlangt hat oder ohne grobe Fahrlässigkeit erlangen musste. Der Anspruch des Insolvenzverwalters, der an sich eine Tätigkeitsvergütung darstellt, entsteht i.S.d. § 199 Abs. 1 BGB mit seiner Durchsetzbarkeit, die regelmäßig mit Beendigung der vergütungspflichtigen Tätigkeit bzw. der Möglichkeit der Stellung eines Vergütungsantrages entsteht (vgl. BK-InsO/*Blersch* InsVV, § 8 Rn. 52). Gemäß §§ 204, 209 BGB, § 17 Abs. 3 Satz 1 KostO, § 2 Abs. 3 Satz 2 JVEG tritt durch die gerichtliche Geltendmachung eines Anspruchs grundsätzlich die **Hemmung der Verjährung** ein. Eine gesetzliche Regelung für insolvenzrechtliche Vergütungsansprüche ist allerdings **nicht** gegeben. Eine entsprechende Regelung muss daher in 45

Rechtsanalogie zu den vorgenannten Regelungen gefunden werden (*BGH* NZI 2007, 397 m.w.N.). Der Insolvenzverwalter hat lediglich mit der Stellung seines Vergütungsantrages Einfluss auf den Gang, nämlich den Beginn des Festsetzungsverfahrens. Einfluss darauf, in welcher Bearbeitungszeit das Insolvenzgericht den Vergütungsantrag erledigt, hat er demgegenüber nicht. Er ist somit in einer gleichen Rechtsposition eines Klägers, der einen Anspruch vor einem Prozessgericht geltend macht. Folglich hemmt der Festsetzungsantrag in analoger Anwendung von § 204 Abs. 1 BGB die Verjährung des Vergütungsanspruchs des Insolvenzverwalters (*BGH* NZI 2007, 397; *Keller* NZI 2007, 378).

46 Für diejenigen Ansprüche des Insolvenzverwalters, die er auf Grund besonderer Anwalts-, Steuerberater- oder Wirtschaftsprüfertätigkeiten gem. § 5 InsVV neben seiner Vergütung als Insolvenzverwalter verlangen kann, ist ebenfalls die kurze Verjährung gem. § 195 BGB einschlägig. Dabei ist darauf hinzuweisen, dass für diese Ansprüche auf Grund berufsspezifischer Sonderregeln andere Fälligkeitszeitpunkte gegeben sind (vgl. z.B. § 8 RVG oder § 7 StBGebV), sodass die Verjährungsfristen ggf. zu einem anderen Zeitpunkt beginnen.

47 Zur Frage der Verjährung der **nicht festgesetzten Ansprüche** des **vorläufigen Verwalters** wird auf die ausführliche Darstellung bei § 11 InsVV Rdn. 6 ff. verwiesen.

G. Vergütungsansprüche bei Masseunzulänglichkeit

48 Durch die Regelungen des § 209 Abs. 1 Nr. 1 InsO wird sichergestellt, dass die **Verfahrenskosten** durchgängig **vorrangig** vor allen anderen Ansprüchen zu bedienen sind. Die Regelung des § 209 Abs. 1 Nr. 1 InsO umfasst unter Berücksichtigung des § 54 Nr. 2 InsO auch die **Vergütungs- und Auslagenerstattungsansprüche** des **vorläufigen Insolvenzverwalters**, des **Sachwalters** sowie auch der **Mitglieder des Gläubigerausschusses**, wobei eine eventuell eintretende Zäsur durch eine Masseunzulänglichkeit nicht zu berücksichtigen ist. Bei Einstellung des Insolvenzverfahrens zu einem späteren Zeitpunkt **mangels Masse** nach § 207 Abs. 3 InsO bzw. Eintritt der **Masseunzulänglichkeit** erfolgt eine Begleichung entsprechend den Grundsätzen des § 209 Abs. 1 Nr. 1 InsO vorrangig aus dem vorhandenen Barvermögen (vgl. BK-InsO/*Blersch* InsVV, § 11 Rn. 73).

49 Eine **weitere Verbesserung** der Absicherung der Vergütungsansprüche hat die ab 01.12.2001 neu eingeführte Möglichkeit der **Kostenstundung gem. § 4a InsO** erbracht. Mit dieser Neuregelung wurde natürlichen Personen als Insolvenzschuldnern die Möglichkeit eingeräumt, hinsichtlich der **Kosten des gesamten Insolvenzverfahrens**, einschließlich der Restschuldbefreiung, eine **Kostenstundung** zu erlangen, sodass auf Grund dieser **Verfahrenskostendeckung** eine Eröffnung des Insolvenzverfahrens möglich wurde. Im Falle der Gewährung der **Kostenstundung durch das Insolvenzgericht** wird über § 63 Abs. 2 InsO, welcher über die entsprechenden Verweisungen in den Vergütungsvorschriften für die weiteren Verfahrensbeteiligten seine Wirkung entfaltet, bewirkt, dass der entsprechende **Verfahrensbeteiligte** einen **Sekundäranspruch gegen die Staatskasse** auf Zahlung der festgesetzten Vergütung und Auslagen besitzt. Dieser Sekundäranspruch tritt selbstverständlich erst dann ein, wenn das realisierte Schuldnervermögen die Vergütungsansprüche und Auslagen nicht decken kann. Der Anspruch gegenüber der Staatskasse auf Vergütung und Auslagen ist auch nicht auf die Mindestvergütung gem. § 2 Abs. 2 InsVV begrenzt. Eine derartig einschränkende Auslegung des § 63 Abs. 2 InsO ergibt sich weder aus der Vorschrift selbst noch ist diese vom Gesetzeszweck her geboten. Eine Verfahrenskostenstundung entsprechend § 4a InsO wurde deshalb vom Gesetzgeber eingeführt, um auch völlig mittellosen natürlichen Personen den Weg zu eröffnen, im Rahmen eines geordneten Insolvenzverfahrens eine Restschuldbefreiung zu erlangen. Ohne eine entsprechende Verfahrenskostenstundung wäre eine Eröffnung des Insolvenzverfahrens nicht möglich, da eine Abweisung mangels Masse gem. § 26 Abs. 1 InsO zu erfolgen hätte. Der Gesetzgeber hat zur Erreichung dieses Zieles die Verfahrenskostenstundung eingeführt. Dem entspricht der **Anspruch** des Insolvenzverwalters auf eine **angemessene Vergütung**. Der Insolvenzverwalter hat daher auch in Stundungsverfahren einen Anspruch auf die vollständige – angemessene – Vergütung gegenüber der Staatskasse (i.E. *LG Erfurt* ZInsO 2012, 947; *LG Aurich* ZInsO 2012, 802).

Die an den Insolvenzverwalter zu zahlenden Vergütungen und Auslagen stellen nach einer vorgenommenen Ergänzung des Gerichtskostengesetzes gerichtliche Auslagen nach KV Nr. 1918 im Insolvenzverfahren dar. Dies bedeutet, dass diese Kosten wiederum dem Schuldner zum Soll gestellt werden können. Für den Fall, dass zunächst die Verfahrenskosten gem. § 4a InsO gestundet werden und nach Eröffnung des Verfahrens sowie Bestellung des Verwalters die Stundung später wieder aufgehoben wird und die Masse nicht ausreicht, um die vom Insolvenzverwalter bis zur Aufhebung verdiente Vergütung und seine Auslagen abzudecken, ist eine gesetzliche Regelung nicht vorhanden. Diese Regelungslücke ist durch **analoge Anwendung des § 63 Abs. 2 InsO** zu schließen (*BGH* ZInsO 2008, 111). In Folge der analogen Anwendung des § 63 Abs. 2 InsO haftet die **Staatskasse** gegenüber dem Insolvenzverwalter auf seine Vergütung und Auslagen.

Nach Auffassung des Bundesgerichtshofs (*BGH* ZInsO 2008, 111) ist die Vorschrift des § 63 Abs. 2 InsO sogar unmittelbar dann anwendbar, wenn die Vergütung des Insolvenzverwalters festgesetzt wird, **bevor** über die Aufhebung der Stundung entschieden wird. Für den Fall, dass das Insolvenzverfahren nicht eröffnet wird, trägt der vorläufige Insolvenzverwalter das Risiko mit seiner Vergütung auszufallen. Hierzu wird im Einzelnen auf die Ausführungen in Rdn. 51 ff. verwiesen.

In seiner Entscheidung vom 08.05.2014 (– IX ZB 31/13, ZIP 2014, 1251) hat der *BGH* sich erneut mit der Frage der **Subsidiärhaftung der Staatskasse** für die Vergütung des Insolvenzverwalters bei Aufhebung der Verfahrenskostenstundung beschäftigt. Er vertritt hierbei die Auffassung, dass die Staatskasse »zeitlich« nur anteilig aufzukommen hat und zwar nur bis zu dem Zeitpunkt, zu dem der Insolvenzverwalter (oder Treuhänder) von der Aufhebung der Kostenstundung Kenntnis erlangt. Zwar erfolgt die Verfahrenskostenstundung gem. § 4a InsO jeweils für den gesamten Verfahrensabschnitt, allerdings kann sich der Insolvenzverwalter, nachdem er von der **Aufhebung der Kostenstundung Kenntnis erlangt** hat, richtigerweise nicht mehr auf **schützenswertes Vertrauen in die Verfahrenskostenstundung** berufen. Die Situation ist ab diesem Zeitpunkt nicht mehr anders, als wenn ihm das Amt neu übertragen worden wäre, ohne dass Verfahrenskostenstundung bewilligt worden war.

H. Vergütungsansprüche im nicht eröffneten Verfahren

I. Ausfall bei Masseunzulänglichkeit

Keine gesetzliche oder vergütungsrechtliche Regelung haben die Vergütungsansprüche des **vorläufigen Insolvenzverwalters**, die auf Grund nicht ausreichender Vermögensmasse **nicht gedeckt** sind, im Rahmen der Einführung der InsO bzw. der InsVV erfahren. Es stellte sich hier bei Einführung der InsO die **Streitfrage**, ebenso wie im Geltungsbereich der Konkursordnung, ob für diese Vergütungsansprüche neben dem Insolvenzschuldner (vgl. *Kübler/Prütting/Bork-Eickmann* InsVV, vor § 1 Rn. 54 ff.) nicht auch die **Staatskasse** haftet. In der **Begründung zur InsVV** (s. § 11 InsVV Rdn. 1) ging der Verordnungsgeber davon aus, dass eine **Einstandspflicht** der Staatskasse **nicht besteht**. Diese Auffassung hat der Verordnungsgeber zumindest bei Einführung der Stundungsregelung im Jahre 2001 gem. §§ 4aff. InsO in der Form durchbrochen, dass er in Teilbereichen eine Erstattung der Vergütung und Auslagen durch die Staatskasse geschaffen hat. Der Gesetzgeber hat allerdings auch zeitgleich mit Einführung der Stundungsregelung § 23 Abs. 1 Satz 2 GKG dahingehend ergänzt, dass der **Antragsteller** Schuldner der in dem Eröffnungsverfahren entstandenen **Auslagen** und **im Übrigen der Insolvenzschuldner** Schuldner der Gebühren und Auslagen ist. Es wurde im Hinblick auf die in allen ab 01.12.2001 eröffneten Verfahren mögliche Stundung der Verfahrenskosten gem. § 4a InsO, auf Grund des daraus sich ergebenden Vergütungsanspruchs der Verfahrensbeteiligten gegen die *Staatskasse* mit Nr. 1918 im Kostenverzeichnis als Anlage zum GKG, ein neuer Auslagentatbestand geschaffen. Damit wurde auch **klargestellt**, dass für solche Auslagen **ausschließlich der Schuldner des Insolvenzverfahrens** gegenüber der insoweit vorlagepflichtigen **Staatskasse** haften soll. Hiermit will der Gesetzgeber klarstellen, dass **in allen anderen**, dort **nicht ausdrücklich erfassten Fällen**, eine Primär- oder Sekundärhaftung der Staatskasse ausgeschlossen sein soll (BK-InsO/*Blersch* InsVV, Vorbem. Rn. 37). Der *BGH* hat mit seiner Entscheidung vom 22.01.2004 (ZInsO 2004, 336) diese **Begründung übernommen** und eine **Ausfallhaftung** der **Staatskasse** gegenüber dem vorläufigen Insolvenzverwalter **abgelehnt**. Bereits im Jahre 2001 hat das *LG Fulda* (NZI 2002, 61) eine Erstattungspflicht der Vergütung des vorläufigen Verwalters bei unzureichender Masse durch die Staatskasse abgelehnt. Der vorläufige Insolvenzverwalter, der im Falle der Abweisung der Insolvenzeröffnung mangels Masse mit seinem Vergütungsanspruch ausfällt, wird damit **allein** auf die **Haftung des Schuldners** verwiesen. Der *BGH* (22.01.2004 ZInsO 2004, 336) hält dieses Ergebnis für **hinnehmbar**, da der Insolvenzverwalter im Rahmen seiner Tätigkeit eine **Mischkalkulation** aus der Summe seiner Vergütungen vorzunehmen habe und bei einem Vergütungsausfall daher die Grenzen zur Verfassungswidrigkeit nicht überschritten werden, wenn auch ein Eingriff in das Grundrecht des Art. 12 Abs. 1 Satz GG vorliegt. Dies begründet der *BGH* (22.01.2004 ZInsO 2004, 336) auch damit, dass es verschiedene **gesetzliche Möglichkeiten der Risikominimierung** gäbe. So ist das Insolvenzgericht verpflichtet, bei **erkennbarer Masseunzulänglichkeit** von der Anordnung der vorläufigen Insolvenzverwaltung von vornherein abzusehen und stattdessen lediglich einen Gutachtenauftrag zu erteilen. Eine **Risikominimierung** tritt auch dadurch ein, dass der vorläufige Insolvenzverwalter **vor der Aufhebung** seiner Bestellung gem. § 25 Abs. 2 Satz 1 InsO aus dem von ihm verwalteten Vermögen, die entstandenen Kosten zu berichtigen hat, was auch beinhaltet, die Vergütung und die Auslagen aus dem verwalteten Vermögen zu entnehmen. Ergänzend weist der *BGH* (22.01.2004 ZInsO 2004, 336) daraufhin, dass ggf. ein **Amtshaftungsanspruch** dann in Betracht kommt, wenn das Insolvenzgericht durch Anordnung der vorläufigen Insolvenzverwaltung trotz erkennbarer Masseunzulänglichkeit einen Ausfall des vorläufigen Insolvenzverwalters verursacht hat.

II. Erstattung von Auslagen aus der Staatskasse

52 Nicht geklärt ist allerdings die Frage, zu der auch der *BGH* (22.01.2004 ZInsO 2004, 336) keine klarstellenden Ausführungen gemacht hat, ob ausnahmsweise eine **Haftung des Staates** für die **Auslagen** des **vorläufigen Insolvenzverwalters** in Frage kommt, wenn diesem gem. § 21 Abs. 2 Nr. 1 i.V.m. § 8 Abs. 3 InsO die **Zustellungen** übertragen wurden, die ansonsten dem Insolvenzgericht obliegen und dem Begriff der »**erstattungsfähigen Auslagen**« nach dem Kostenverzeichnis dem GKG unterfallen. In diesem Bereich ist auf **jeden Fall von einer Ausfallhaftung der Staatskasse** auszugehen. Das **Insolvenzgericht überträgt** dem vorläufigen Insolvenzverwalter durch die Beauftragung mit der Zustellung einen **hoheitlichen Auftrag** im überwiegend **öffentlichen Interesse**. Aus dem **allgemeinem Rechtsgrundsatz** des Art. 12 GG, unter Berücksichtigung der §§ 1835, 1836 BGB bzw. §§ 675, 612, 632 BGB entsprechend, ergibt sich eine **Verpflichtung der Staatskasse** zumindest die Kosten der Zustellungen als Auslagen zu erstatten. Das *BVerfG* hat bereits 1980 (NJW 1980, 2179) in Zusammenhang mit der Vergütung von Rechtsanwälten im Bereich der Vormunds- und Pflegetätigkeiten entschieden, dass die Staatskasse bei nicht ausreichendem Mündelvermögen die Vergütungen, aber auch die **Auslagen** zu tragen hat. Auf der Grundlage dieser Entscheidung ist dem **vorläufigen Insolvenzverwalter** ein **subsidiärer Anspruch** auf Zahlung zumindest seiner **Auslagen**, soweit er hoheitliche Aufgaben ausgeführt hat, gegenüber der Staatskasse zuzubilligen (BK-InsO/*Blersch* InsVV, Vorbem. Rn. 39). Dieser Anspruch wird auch nicht dadurch entkräftet, dass, worauf auch der *BGH* (22.01.2004 ZInsO 2004, 336) hinweist, der vorläufige Insolvenzverwalter regelmäßig als Gutachter bestellt wird und insoweit für seine Tätigkeit aus der Staatskasse gem. JVEG (früher ZSEG) entlohnt wird. Die Regelungen des JVEG sehen **keine Erstattung** der dem vorläufigen Insolvenzverwalter durch die Zustellungen entstandenen **Auslagen** vor, sodass es zumindest in diesem Bereich bei einer **Ausfallhaftung der Staatskasse** verbleibt (BK-InsO/*Blersch* InsVV, Vorbem. Rn. 39).

III. Erstattungsanspruch in Stundungsverfahren

53 Der vorläufige Insolvenzverwalter hat allerdings dann einen **Erstattungsanspruch gegen** die **Staatskasse** hinsichtlich seiner Vergütung und Auslagen in masselosen Verfahren, wenn dem Insolvenzschuldner gem. § 4a InsO die Verfahrenskosten **gestundet** wurden.

Durch den im Jahre 2001 eingeführten § 63 Abs. 2 InsO wird geregelt, dass im Falle der **Stundung** 54
der Verfahrenskosten gem. dem **neu** geschaffenen § **4a InsO** dem **Insolvenzverwalter** auch für seine
Vergütung und seine Auslagen ein Anspruch gegen die Staatskasse zusteht, **soweit** die Insolvenzmasse
dafür nicht ausreicht. Diese Regelung ist der **Ausgleich** dafür, dass bei **angeordneter Stundung der
Verfahrenskosten** das Verfahren dennoch durchgeführt wird und der Verwalter das Risiko ansonsten
tragen würde, keine Vergütung zu erhalten, wenn die Masse »arm« bliebe. **Ergänzend** hierzu hat der
Verordnungsgeber in dem **InsOÄndG 2001** die Frage abschließend geklärt, dass die dem **vorläufigen
Insolvenzverwalter** aus der Staatskasse **erstatteten Beträge** gegen den **Schuldner zum Soll** gestellt
werden können. Dies erfolgt durch eine Ergänzung der Anlage 1 zum GKG in der Form, dass ein
neuer Auslagentatbestand Nr. 9018 aufgenommen wurde, der festlegt, dass die an den vorläufigen
Insolvenzverwalter zu zahlenden Beträge als Auslagen des Verfahrens festgestellt werden. Somit trägt
die **Staatskasse** – für den Fall der Übernahme der Vergütung und Auslagen des vorläufigen Insolvenzverwalters – das **Ausfallrisiko** gegenüber dem Schuldner.

Erster Abschnitt Vergütung des Insolvenzverwalters

§ 1 Berechnungsgrundlage

(1) ¹Die Vergütung des Insolvenzverwalters wird nach dem Wert der Insolvenzmasse berechnet,
auf die sich die Schlussrechnung bezieht. ²Wird das Verfahren nach Bestätigung eines Insolvenzplans aufgehoben oder durch Einstellung vorzeitig beendet, so ist die Vergütung nach dem Schätzwert der Masse zur Zeit der Beendigung des Verfahrens zu berechnen.

(2) Die maßgebliche Masse ist im Einzelnen wie folgt zu bestimmen:
1. ¹Massegegenstände, die mit Absonderungsrechten belastet sind, werden berücksichtigt, wenn
   sie durch den Verwalter verwertet werden. ²Der Mehrbetrag der Vergütung, der auf diese Gegenstände entfällt, darf jedoch 50 vom Hundert des Betrages nicht übersteigen, der für die Kosten ihrer Feststellung in die Masse geflossen ist. ³Im übrigen werden die mit Absonderungsrechten belasteten Gegenstände nur insoweit berücksichtigt, als aus ihnen der Masse ein Überschuss
   zusteht.
2. Werden Aus- und Absonderungsrechte abgefunden, so wird die aus der Masse hierfür gewährte
   Leistung vom Sachwert der Gegenstände abgezogen, auf die sich diese Rechte erstreckten.
3. Steht einer Forderung eine Gegenforderung gegenüber, so wird lediglich der Überschuss berücksichtigt, der sich bei einer Verrechnung ergibt.
4. ¹Die Kosten des Insolvenzverfahrens und die sonstigen Masseverbindlichkeiten werden nicht
   abgesetzt. ²Es gelten jedoch folgende Ausnahmen:
   a) Beträge, die der Verwalter nach § 5 als Vergütung für den Einsatz besonderer Sachkunde er-
      hält, werden abgezogen.
   b) Wird das Unternehmen des Schuldners fortgeführt, so ist nur der Überschuss zu berücksich-
      tigen, der sich nach Abzug der Ausgaben von den Einnahmen ergibt.
5. Ein Vorschuss, der von einer anderen Person als dem Schuldner zur Durchführung des Verfahrens geleistet worden ist, und ein Zuschuss, den ein Dritter zur Erfüllung eines Insolvenzplans
   geleistet hat, bleiben außer Betracht.

Übersicht	Rdn.		Rdn.
A. Begründung zur insolvenzrechtlichen Vergütungsverordnung	1	III. Vorzeitige Beendigung des Amtes	13
B. Allgemeines	2	D. Berechnung der Masse (§ 1 Abs. 2 InsVV)	15
C. Insolvenzmasse als Berechnungsgrundlage (§ 1 Abs. 1 InsVV)	4	I. Zweck der Regelung	15
I. Schlussrechnung als Bezugspunkt	4	II. Verwertung von Absonderungsgut (§ 1 Abs. 2 Nr. 1 InsVV)	17
II. Vorzeitige Verfahrensbeendigung	10		

§ 1 InsVV Berechnungsgrundlage

	Rdn.		Rdn.
III. Abfindung von Aus- und Absonderungsrechten (§ 1 Abs. 2 Nr. 2 InsVV)	36	VII. Zu erwartende Einnahmen	50
IV. Aufrechenbare Forderungen (§ 1 Abs. 2 Nr. 3 InsVV)	37	VIII. Von der Berechnungsgrundlage abzusetzende Beträge	59
V. Berücksichtigung von Masseverbindlichkeiten (§ 1 Abs. 2 Nr. 4 InsVV)	38	1. Im vorläufigen Verfahren begründete Ausgaben	59
VI. Vorschüsse, Zuschüsse (§ 1 Abs. 2 Nr. 5 InsVV)	49	2. Unechte Einnahmen	60

Literatur:
Endres Zinsabschlagsteuern und Insolvenzrechnungslegung, ZInsO 2011, 258; *Lissner* Die vorzeitige Beendigung des Verwalteramts – Auswirkungen auf den Vergütungsanspruch, ZInsO 2016, 953; *Rechel* Die Nachfolge in der Insolvenzverwaltung, ZInsO 2012, 1641; *Reck* Geldtransit, durchlaufende Posten und Kostenerstattungen und die Teilungsmasse, ZInsO 2011, 567. Siehe auch Vor § 1 InsVV.

A. Begründung zur insolvenzrechtlichen Vergütungsverordnung

1 *Die Festlegung der Berechnungsgrundlage in § 1 entspricht, wie schon in der Allgemeinen Begründung ausgeführt wurde, weitgehend der bisher für den Konkursverwalter geltenden Regelung. Dabei konkretisiert Abs. 1 die allgemeine Formulierung in § 63 InsO, nach der »der Wert der Insolvenzmasse zur Zeit der Beendigung des Insolvenzverfahrens« für die Berechnung des Regelsatzes der Vergütung maßgeblich ist. Satz 1 regelt im Anschluss an § 1 Abs. 1 der geltenden Vergütungsverordnung den Fall, dass das Insolvenzverfahren bis zur Schlussverteilung durchgeführt wird; Ausgangspunkt für die Berechnung der Vergütung ist in diesem Fall der in der Schlussrechnung festgestellte Wert der Masse. Schwerer feststellbar ist der Massewert, wenn das Verfahren vorzeitig beendet oder nach der Bestätigung eines Insolvenzplans aufgehoben wird; in diesen Fällen ist nach Satz 2 der Wert der Masse zur Zeit der Beendigung des Verfahrens zu schätzen. Anhaltspunkte können die in § 153 InsO und für den Fall eines Insolvenzplans die in § 229 InsO vorgesehenen Vermögensübersichten geben.*

Nicht übernommen worden ist die Sonderregelung in § 1 Abs. 2 der bisherigen Vergütungsverordnung, nach der für die Berechnung der Gesamtbetrag der Konkursforderungen maßgeblich ist, wenn dieser geringer ist als der Wert der Masse. Ein Masseüberschuss ist häufig auf eine besondere Leistung des Verwalters zurückzuführen; schon deshalb sollte er bei der Festsetzung der Vergütung nicht außer Betracht bleiben. Außerdem ist in § 199 Satz 2 der InsO vorgesehen, dass es bei juristischen Personen und Gesellschaften ohne Rechtspersönlichkeit künftig Aufgabe des Verwalters sein wird, einen Masseüberschuss an die am Schuldner beteiligten Personen zu verteilen (vgl. die Begründung zu § 74 InsO, Bundestags-Drucksache 12/2443, S. 130).

Abs. 2 der neuen Vorschrift enthält Einzelregelungen zur Bestimmung der Masse, die für die Berechnung der Vergütung maßgeblich ist. Sie entsprechen bis auf Abs. 2 Nr. 1 weitgehend § 2 der bisherigen Vergütungsverordnung.

Bereits in der allgemeinen Begründung wurde erläutert, dass bei der Ermittlung der Berechnungsgrundlage auch die mit Absonderungsrechten belasteten Gegenstände einzubeziehen sind. Damit soll der unterschiedlichen Aufgabenstellung von Insolvenzverwalter und Konkursverwalter Rechnung getragen werden. Auch vom systematischen Ansatz ist es überzeugender, bei der Bestimmung der Berechnungsgrundlage die Gegenstände einzubeziehen, auf die sich die Tätigkeit des Insolvenzverwalters erstreckt. Allerdings muss dabei berücksichtigt werden, dass bei diesem Ansatz Werte in die Berechnungsgrundlage einbezogen werden, die letztlich nicht für die Bezahlung der Vergütung zur Verfügung stehen. Es sind deshalb mehrere Einschränkungen erforderlich. Zunächst werden die mit Absonderungsrechten belasteten Gegenstände nur insoweit berücksichtigt, als sie auch vom Insolvenzverwalter verwertet wurden. Werden etwa in einem Insolvenzplanverfahren lediglich die Forderungen der gesicherten Gläubiger gekürzt, so werden die mit Absonderungsrechten belasteten Gegenstände auch nicht bei der Berechnungsgrundlage berücksichtigt. Um zu verhindern, dass die freie Masse weitgehend durch die Vergütung aufgezehrt wird, wird der Teil der Vergütung, der sich durch die Einbeziehung der mit Absonderungsrech-

ten belasteten Gegenstände ergibt, insofern limitiert, als er nicht die Hälfte des nach § 171 Abs. 1 InsO oder nach § 10 Abs. 1 Nr. 1a ZVG anfallenden Kostenbeitrags für die Feststellung der Sicherheit übersteigen darf. Bei der Berechnung der Vergütung ist somit ein Vergleich anzustellen, wie hoch die Vergütung bei Einbeziehung und bei Ausschluss der belasteten Massegegenstände ist. Die Differenz ergibt den Mehrbetrag der Vergütung, der dann auf die Hälfte des Kostenbeitrags nach § 171 Abs. 1 InsO bzw. § 10 Abs. 1 Nr. 1a ZVG limitiert wird. Bei der Bestimmung der Obergrenze wurde nur die Hälfte des Kostenbeitrags für die Feststellung herangezogen, da dieser Beitrag der gesicherten Gläubiger auch das Ziel hat, die Masse im Interesse der einfachen Insolvenzgläubiger anzureichern.

Nicht übernommen worden ist § 2 Nr. 3 Abs. 2 der bisherigen Vergütungsverordnung: Es dürfte selbstverständlich sein, dass von der Masse verauslagte Kosten, die später wieder eingehen, die Berechnungsgrundlage nicht vergrößern können.

B. Allgemeines

§ 63 Abs. 1 Satz 2 InsO definiert den **Grundsatz der Vergütung** des Insolvenzverwalters in der Form, dass der **Regelsatz** der Vergütung nach dem **Wert der Insolvenzmasse** zur Zeit der **Beendigung des Insolvenzverfahrens** berechnet wird. Dementsprechend enthält § 1 InsVV die Darstellung der an der Insolvenzmasse orientierten **Berechnungsgrundlage**, auf deren Basis dann in der Folge gem. § 2 InsVV die **Regelvergütung** des Insolvenzverwalters ermittelt wird. § 1 InsVV nimmt Bezug auf § 63 Abs. 2 Satz 2 InsO, um dann in seinem Abs. 2 die **Methode** der **Berechnung** der zu Grunde zu legenden **Masse** unter Berücksichtigung der Insolvenzmasse bei Abschluss des Verfahrens darzulegen. § 1 Abs. 2 InsVV definiert im Einzelnen die vorzunehmenden **Korrekturen** an der zum Zeitpunkt der Beendigung des Verfahrens sich ergebenden Masse. Dabei sind die Regelungen des Abs. 2 **abschließend** und lassen **keinen Ermessensspielraum** zu (vgl. BK-InsO/*Blersch* InsVV, § 1 Rn. 1; ausf. *Haarmeyer/Wutzke/Förster* 4. Aufl. InsVV, § 1 Rn. 5 f.).

Die Definition der Berechnungsgrundlage gem. § 1 InsVV ist **entsprechend anwendbar** auf die Berechnung der **Vergütung des vorläufigen Insolvenzverwalters** – allerdings unter Berücksichtigung der besonderen Regelungen in § 11 Abs. 1 InsVV – sowie des **Sachwalters** im Rahmen der insolvenzrechtlichen Eigenverwaltung auf Grund der in § 10 InsVV vorgenommenen **Verweisung**.

C. Insolvenzmasse als Berechnungsgrundlage (§ 1 Abs. 1 InsVV)

I. Schlussrechnung als Bezugspunkt

§ 63 Satz 2 InsO als »**Anspruchsgrundlage**« normiert, dass die Vergütung des Insolvenzverwalters nach dem **Wert der Insolvenzmasse zur Zeit der Beendigung des Insolvenzverfahrens** berechnet wird. Der auf dieser Norm beruhende § 1 Abs. 1 Satz 1 bestimmt folgerichtig, dass die Vergütung nach dem Wert der Insolvenzmasse berechnet wird, auf die sich die Schlussrechnung bezieht (Istmasse). Die Schlussrechnung (§ 66 InsO) stellt nämlich die **Summe** aller vom Insolvenzverwalter erzielten **Einnahmen** bzw. **Verwertungserlöse** dar und bestimmt somit die zu Grunde zu legende Vermögensmasse. Mit dieser Festlegung wird wiederum § 35 InsO Rechnung getragen, der den Begriff der **Insolvenzmasse** als das vom Insolvenzverfahren erfasste **gesamte Vermögen**, das dem Schuldner zur **Eröffnung des Verfahrens** gehörte und das er **während des Verfahrens** erlangte, definiert. Einzubeziehen in diese Insolvenzmasse sind allerdings **auch die nach** der Schlussrechnungslegung bzw. Abhaltung des Schlusstermins bis zur endgültigen Aufhebung des Verfahrens **der Masse noch zufließenden weiteren Beträge** (*BGH* Beschl. v. 25.02.2015 – IX ZB 9/13; *LG Magedeburg* ZIP 2004, 1915). Insbesondere handelt es sich dabei um ggf. anfallende **Zinsen** und **Steuererstattungsbeträge**, insbesondere die **Vorsteuererstattung** auf die Insolvenzverwaltervergütung (*BGH* ZInsO 2007, 1347; ZIP 2006, 486; *LG Frankfurt/O.* ZInsO 2002, 1028). Dies ergibt sich daraus, dass Grundlage für die Berechnung der Vergütung des Insolvenzverwalters – von Nachtragsverteilungen abgesehen – der Wert der Insolvenzmasse bei Beendigung des Verfahrens ist (*BGH* NZI 2004, 30; NZI 2006, 165). Allerdings sind Einnahmen der Masse, die noch nicht feststehen, nicht als Grundlage der Vergütungsfestsetzung des Verwalters heranzuziehen. Der Verwalter ist nicht berechtigt, bei Erstellung der (vorläufigen) Schlussrechnung als Massezuflüsse Positionen aufzunehmen, deren Eingang **nicht sicher** feststeht. Erst wenn der Zufluss feststeht, kann dieser der Festsetzung der Vergütung zugrunde gelegt werden (*BGH* NZI 2006, 165). Der Verwalter kann dann in dieser Situation, sobald ein über die bisherige Schlussrechnung hinausgehender Massezufluss feststeht, seinen Antrag auf Festsetzung der Vergütung ergänzen oder bei bereits erfolgter Festsetzung einen Antrag auf ergänzende Festsetzung stellen. Dem steht auch die formelle und materielle Rechtskraft einer bereits erfolgten Festsetzung nicht entgegen, weil die zwischenzeitlich eingetretene Masseanreicherung eine **neue Tatsache** darstellt. Es ist nicht geboten, dass der Insolvenzverwalter die Ergänzung seines Vergütungsfestsetzungsantrages bei der ersten Antragstellung vorbehält (vgl. *BGH* NZI 2006, 165).

Ebenso sind Massezuflüsse zwischen dem Vollzug der Schlussverteilung und der Beendigung des Insolvenzverfahrens bei der Berechnungsgrundlage der Vergütung des Insolvenzverwalters zumindest dann zu berücksichtigen, wenn sie bei bereits erfolgter Festsetzung der Vergütung noch nicht in Ansatz gebracht werden konnten (*BGH* Beschl. v. 06.04.2017 – IX ZB 3/16).

Einzubeziehen ist auch der **Wert der Praxis eines Freiberuflers** in die Berechnungsgrundlage, sofern der Insolvenzverwalter diese Praxis im Rahmen des Verfahrens »verwaltet« hat. Denn der Wert der Praxis unterlag dann der Verwaltung des Insolvenzverwalters und war somit auch in die Insolvenzmasse eingeflossen (BK-InsO/*Blersch* InsVV, § 1 Rn. 5; *BGH* ZVI 2005, 388). Des Weiteren sind Forderungen, die bei Verfahrensbeendigung noch nicht realisiert wurden, in die Berechnungsgrundlage einzubeziehen, sofern deren Realisierung wahrscheinlich ist. Entscheidend ist, ob die Einziehung der Forderung bei Fortdauer des Verfahrens aussichtsreich wäre (*AG Göttingen* ZInsO 2005, 871). Zur Berechnungsgrundlage zählt auch ein erlangter Auszahlungsanspruch des Schuldners gegen eine Bank, der daher rührt, dass infolge einer Namensverwechslung irrtümlich eine Überweisung auf ein Konto des Schuldners erbracht wurde (*BGH* 05.03.2015 – IX ZR 164/14, ZIP 2015, 738). Durch die erhöhte Vergütung mindert sich der Bereicherungsanspruch gegen die Insolvenzmasse in Höhe der durch die Zahlung zum Nachteil der Masse verursachten Kosten. Gleiches gilt, wenn eine rechtsgrundlose Zahlung auf ein vom Insolvenzverwalter eingerichtetes Insolvenzsonderkonto erbracht wird, aus dem die Masse berechtigt ist (*BGH* Beschl. v. 09.06.2016 – IX ZB 27/15, NZI 2016, 751). Missverhältnisse sind ggf. durch einen Abschlag nach § 3 Abs. 2 InsVV auszugleichen. Allerdings würde die Begrenzung auf diese Masse der Tätigkeit des Insolvenzverwalters, der auch Gegenstände, die im **Eigentum Dritter** (z.B. Vorbehaltseigentum) stehen oder mit **Rechten Dritter** belastet sind (z.B. Sicherungseigentum), zu »verwalten« hat, hinsichtlich der Berechnung der Vergütung **nicht** gerecht werden. Dementsprechend wird in § 1 Abs. 1 Nr. 1 InsVV und auch in § 3 Abs. 1 lit. a) InsVV insoweit eine Erweiterung der zu berücksichtigenden Vermögenswerte vorgenommen bzw. die Aus- und Absonderungsrechte zumindest teilweise bei der Vergütungsberechnung mitberücksichtigt (vgl. BK-InsO/*Blersch* InsVV, § 1 Rn. 5).

5 Das Insolvenzgericht ist bei der Festsetzung der Vergütung an die eingereichte **Schlussrechnung** gebunden, soweit sie der ordnungsgemäßen Rechnungslegung entspricht. Sollte das Gericht auf Unstimmigkeiten stoßen, so kann es zur Berechnung der Vergütung keine Anpassung der Schlussrechnung vornehmen, sondern der Verwalter ist anzuhalten, die Schlussrechnung ggf. zu überarbeiten (vgl. *Haarmeyer/Mock* InsVV, § 1 Rn. 46). Dementsprechend ist auch das Insolvenzgericht nicht berechtigt eine »eigene« Schlussrechnung als Grundlage für die Vergütung zu setzen (s. hierzu *BGH* ZInsO 2005, 806). Das Gericht hat bei der **Prüfung** der vom Insolvenzverwalter eingereichten Schlussrechnung insbesondere darauf zu achten, dass die Schlussrechnung einen rechnerisch richtigen und vollständigen Überblick über die Verwertung und Verwaltung der Masse enthält. Das Insolvenzgericht hat dabei die Bewertungen in der Insolvenz-Eröffnungsbilanz mit den tatsächlich erzielten Erlösen zu vergleichen. Das Gericht darf allerdings *nicht* die Zweckmäßigkeit des Handelns des Insolvenzverwalters prüfen, sondern kann nur Gesetzesverstöße und daraus folgende Pflichtverletzungen prüfen bzw. beanstanden (vgl. hierzu *LG Stendal* ZInsO 1999, 183; *Haarmeyer/Mock* InsVV, § 1 Rn. 46). Sollten sich im Rahmen der Überprüfung der Schlussrechnung Beanstandungen bzw. Unrichtigkeiten ergeben, so ist das Insolvenzgericht verpflichtet, den Verwalter auf diese Bedenken

entsprechend § 139 ZPO hinzuweisen und ihm die Möglichkeit zu geben, die Schlussrechnung zu berichtigen (vgl. hierzu *BGH* ZInsO 2005, 757). Das Insolvenzgericht ist nicht berechtigt, von Amts wegen hier weitergehende Ermittlungen anzustellen.

Da bis zum Schlusstermin Einwendungen der Gläubiger und auch des Gemeinschuldners gegen die Schlussrechnung erhoben werden können und in der Folge ggf. eine Entscheidung des Gerichts über die erhobenen Einwendungen zu erfolgen hat, steht erst nach dem vorgenannten Zeitpunkt der Inhalt der Schlussrechnung und damit die Höhe der Grundlage der Berechnungsmasse gem. § 1 Abs. 1 InsVV fest. Eine Entscheidung über den Vergütungsantrag kann daher erst zu diesem Zeitpunkt erfolgen (vgl. *Haarmeyer/Wutzke/Förster* 4. Aufl. InsVV, § 1 Rn. 43 f.). 6

Massezuflüsse zwischen Schlusstermin und Schlussverteilung, die nicht sicher zu erwarten waren, stellen neue Tatsachen dar, die zu einer ergänzenden Vergütungsfestsetzung führen können. Kommt es zwischen dem Schlusstermin und dem Vollzug der Schlussverteilung zu weiteren noch nicht berücksichtigten Einnahmen, kann daher ein ergänzender Vergütungsantrag gestellt werden (*BGH* NZI 2014, 238; *Haarmeyer/Mock* InsVV, § 1 Rn. 42). Die Entscheidung füllt eine Rechtsprechungslücke für eine in der Praxis sehr häufig auftretende Sachverhaltskonstellation und ist zu begrüßen (so auch *Zimmer* EWiR 2014, 183). 7

Werden erst nach Verfahrensaufhebung Massezuflüsse realisiert ist eine Nachtragsverteilung nach § 203 InsO vorzunehmen. Die dafür zu beanspruchende Vergütung wird nach § 6 Abs. 1 InsVV auf der Basis der eigenständigen Berechnungsgrundlage bestimmt (*Haarmeyer/Mock* InsVV, § 6 Rn. 1 ff.). 8

Noch nicht ausdrücklich entschieden ist der Fall, dass Massezuflüsse zwischen Schlussverteilung und Verfahrensaufhebung erfolgen. Da bereits schon eine Verteilung stattgefunden hat, käme nunmehr sprachlich gesehen eine Nachtragsverteilung in Betracht (so *Zimmer* EWiR 2014, 183). Allerdings ist bis zur Aufhebung des Verfahrens noch die Annahme einer einheitlichen Berechnungsgrundlage zu fordern, sodass die Nachtragsverteilung und die gesonderte Vergütungsfestsetzung nach § 6 Abs. 1 InsVV nur dann anzuwenden ist, wenn das Verfahren an sich aufgehoben ist. 9

II. Vorzeitige Verfahrensbeendigung

In der InsO sind verschiedene Fallkonstellationen geregelt, bei deren Vorliegen das Insolvenzverfahren nicht bis zur vollständigen Verwertung des Vermögens bzw. Verteilung der Erlöse durchgeführt wird, sondern stattdessen das Verfahren **vorzeitig beendet** wird. Dies ist der Fall bei einer **Einstellung mangels Masse** (§ 207 InsO), einer **Einstellung wegen Wegfall des Eröffnungsgrundes** (§ 212 InsO) und bei **Einstellung mit Zustimmung aller Gläubiger** gem. § 213 InsO. Weiterhin ist dabei auch an die **Beendigung** des Verfahrens durch einen bestätigten, rechtskräftigen **Insolvenzplan** gem. § 258 i.V.m. § 248 InsO zu denken. Zur Berechnung der Vergütung kann in all diesen Fällen auf eine **Schlussrechnung** entsprechend § 66 InsO **nicht zurückgegriffen** werden. Nach § 1 Abs. 1 Satz 2 InsVV ist in diesem Falle die Vergütung nach dem **Schätzwert der Masse** zur Zeit der Beendigung des Verfahrens zu berechnen, womit wiederum eine Verbindung zu § 63 InsO hergestellt wird. Die vorzunehmende **Schätzung** hat auf der Basis **nachvollziehbarer** und **objektiver** Grundlagen zu erfolgen (vgl. *Haarmeyer/Mock* InsVV, § 1 Rn. 12; *Keller* Vergütung, Rn. 169 ff. mit ausführlicher Darstellung verschiedener Fallkonstellationen). Zur Durchführung der Schätzung und als **nachvollziehbare Anhaltspunkte** kann dabei auf die **Vermögensübersicht** oder die **Eröffnungsbilanz** nach den §§ 153, 155 InsO zurückgegriffen werden. Auch das **Sachverständigengutachten** oder der **Bericht des vorläufigen Insolvenzverwalters** können hinreichende **Anhaltspunkte** ergeben. Jedenfalls müssen auch die noch nicht verwerteten Massegegenstände in die Berechnungsgrundlage einbezogen werden. Dies bedeutet auch, dass bei noch nicht verwerteten und mit Absonderungsrechten belasteten Gegenständen die nach Abzug des Absonderungsrechts verbleibende »freie Spitze« mit in Ansatz zu bringen ist. Hier ist unter Berücksichtigung der »Schätzwerte« sowohl des Gegenstandes als auch der Absonderungsrechte der der Masse hinzuzurechnende Betrag zu ermitteln (*BGH* NZI 2007, 397; *Keller* NZI 2007, 378). Weiterhin sind bei der Bestimmung eines fiktiven Verwertungs- 10 ergebnisses, welches ohne die vorzeitige Beendigung erzielt worden wäre, nicht nur Verbindlichkeiten gegenüber dem antragstellenden Gläubiger, sondern gegenüber **allen Gläubigern** zu berücksichtigen (*BGH* ZInsO 2009, 888).

11 Im Falle der vorzeitigen Beendigung des Insolvenzverfahrens mit Zustimmung aller Insolvenzgläubiger gem. § 213 InsO ist keine weitere Verwertung der Insolvenzmasse durch den Insolvenzverwalter mehr vorzunehmen. Daraus ergibt sich, dass die **Berechnungsgrundlage** grds. gem. § 1 Abs. 1 Satz 2 InsVV **zu schätzen** ist. **Einzubeziehen** in die Berechnungsgrundlage sind dabei auch alle **Ansprüche der Insolvenzmasse** gegenüber den Gesellschaftern, insbesondere auf Einzahlung der Stammeinlage gem. § 19 GmbHG oder auf Rückzahlung kapitalersetzender Darlehen. Dies allerdings nur in dem Umfang, wie es zur Bedienung aller Verbindlichkeiten erforderlich ist, wozu allerdings auch die Verfahrenskosten, die Masseverbindlichkeiten und im Ergebnis die Insolvenzforderungen gehören (*BGH* NZI 2012, 315 m. Anm. *Keller*). Bei nicht konkret einschätzbaren Realisierungsmöglichkeiten von Forderungen in der Zukunft ist ein Ansatz von 50 % des Nennwertes für die Berechnungsgrundlage vertretbar (*BGH* ZInsO 2012, 1236).

12 Als **Berechnungsgrundlage** im Bereich der Beendigung des Insolvenzverfahrens nach Bestätigung eines **Insolvenzplanes** ist vorrangig auf die **Vermögensübersicht gem. § 229 Satz 1 InsO** zurückzugreifen. Diese Vermögensübersicht stellt die für den Fall der Annahme des Planes zu Grunde zu legenden Vermögenswerte dar, sodass sie als **taugliche Grundlage** für die Berechnung der Vergütung anzusehen ist (ausf. *Haarmeyer* ZInsO 2000, 241; *Hess* InVo 2000, 113; BK-InsO/*Blersch* InsVV, § 1 Rn. 7). Dies insbesondere auch deshalb, da in der Vermögensübersicht der **tatsächliche Wert** der einzelnen Gegenstände angesetzt wird (vgl. *BGH* BGHZ 119, 201, 204). Die Angemessenheit der Vermögensübersichten ergibt sich auch daraus, dass je nach Gestaltung des Insolvenzplanes als **Liquidationsplan** bzw. als **Fortführungs(Sanierungs-) Plan** die jeweils entsprechenden **Liquidations- bzw. Fortführungswerte** angesetzt werden (*Kübler/Prütting/Bork-Eickmann/Prasser* InsVV, § 1 Rn. 12 f.). Denn entscheidend für die **Ermittlung der Berechnungsgrundlage** für die Vergütung des Insolvenzverwalters ist die Bewertung des Vermögens, je nach der **Zielrichtung der Verwertungsart** entweder zu **Fortführungswerten** oder zu **Zerschlagungswerten**. Beide Wertansätze sind durch lebensnahe Schätzungen oder Sachverständigengutachten prüfbar und können dementsprechend auf der Basis der von den Gläubigerin gewählten Abwicklungsart zu Grunde gelegt werden (ausf. hierzu *Hess* InVo 2000, 113; *Haarmeyer* ZInsO 2000, 241 ff.; *LG Traunstein* ZInsO 2000, 510 m. Anm. *Haarmeyer*). Für den Fall eines Insolvenzplanes, der eine **Unternehmensfortführung** vorsieht, sind die auf den **Zeitpunkt der rechtskräftigen Bestätigung** (*LG Berlin* NZI 2005, 338 f.) des Insolvenzplanes bezogenen **Fortführungswerte** der einzelnen Vermögensgegenstände zur Bildung der Berechnungsgrundlage heranzuziehen. Als Fortführungswerte sind die Wiederbeschaffungszeitwerte anzusetzen, also diejenigen Werte, die aufgewendet werden müssten, um die vorhandenen Gegenstände zu ersetzen (*Kübler/Prütting/Bork-Eickmann/Prasser* InsVV, § 1 Rn. 15; *LG Traunstein* ZInsO 2000, 510). Da es sich bei den anzusetzenden Gegenständen um diejenigen Gegenstände handelt, die nach der »Wiederbeschaffung« beurteilt werden, werden im Rahmen der Schätzung von § 1 Abs. 1 Satz 2 InsVV nur solche Gegenstände zu berücksichtigen sein, die überhaupt auf dem Markt gehandelt werden und als solche beschaffungsfähig sind. Dementsprechend ist beispielsweise das »Know-How« eines Betriebes oder der Firmenwert nicht anzusetzen (*Kübler/Prütting/Bork-Eickmann/Prasser* InsVV, § 1 Rn. 15). Soweit es sich um einen **Liquidationsplan** handelt, ist ausschließlich von den Liquidationswerten auszugehen. Im Falle einer »**übertragenden Sanierung**« ist als Wert der Betrag anzusetzen, den der Erwerber in die Insolvenzmasse bezahlt. Soweit in einem Insolvenzplan vorgesehen ist, dass die Gläubiger aus den zukünftigen Gewinnen bedient werden, so ist ausschließlich von den Fortführungswerten auszugehen, da denklogisch eine Fortführung des Unternehmens vorausgesetzt wird. Keinesfalls sind aber nur die bis zur Einstellung bzw. Aufhebung des Verfahrens vom Insolvenzverwalter realisierten Erlöse zu Grunde zulegen. Die **Vergütung** des Verwalters berechnet sich auf der **Basis aller Vermögenswerte**, die im Rahmen der Betriebsfortführung seiner Verwaltung unterlegen haben, also **auch** diejenigen, die in die **Masse eingeflossen**, aber **vor** Beendigung wieder aus der Masse **ausgeschieden** sind (vgl. BK-InsO/*Blersch* InsVV, § 1 Rn. 7).

III. Vorzeitige Beendigung des Amtes

Endet das Amt des Insolvenzverwalters vor Beendigung des Insolvenzverfahrens wird seitens des Insolvenzgerichts ein neuer Verwalter bestellt. In diesem Falle ist als **Berechnungswert gesondert** für **jeden Insolvenzverwalter** die seiner Verwaltung unterliegende Insolvenzmasse als Grundlage der **Vergütungsberechnung** anzusehen (*BGH* Beschl. v. 11.06.2015 – IX ZB 18/13, DZWIR 2015, 526; *BGH* NJW-RR 2006, 336; MüKo-InsO/*Riedel* Anh. zu § 65, § 1 InsVV Rn. 7). Hierzu hat derjenige **Verwalter**, der einen Vergütungsanspruch geltend machen will, die **für seinen Zeitraum bezogene Rechnungslegung** zu erarbeiten (*Haarmeyer/Mock* InsVV, § 1 Rn. 108). Die Festsetzung der Vergütung ist auf den **Stichtag der Beendigung des Amtes** des jeweiligen ausgeschiedenen Insolvenzverwalters vorzunehmen, die sich dann auch auf den **Teil der Masse** bezieht, auf den sich **seine Tätigkeit** erstreckt hat (*BGH* NJW-RR 2006, Heft 5, 336; *Haarmeyer/Mock* InsVV, § 1 Rn. 108; *OLG Brandenburg* NZI 2002, 41; hierzu auch *Rechel* ZInsO 2012, 1641). Dies ergibt sich daraus, dass mit der Insolvenzmasse, auf welche sich die Schlussrechnung bezieht und die für die Vergütung des Insolvenzverwalters gem. § 1 Abs. 1 InsVV maßgeblich ist, nur diejenige Insolvenzmasse gemeint sein kann, die im Zeitpunkt der Schlussrechnung vorhanden ist. Wird nun der Insolvenzverwalter vor Beendigung des Verfahrens abgelöst, so hat er für diesen Zeitpunkt »seine« Schlussrechnung zu legen. Der abgelöste Insolvenzverwalter wäre nicht in der Lage, sich auf einen für ihn in keiner Weise absehbaren Zeitpunkt der (tatsächlichen) Verfahrensbeendigung beziehen. Auch ist es nicht Aufgabe des Insolvenzgerichts, den Wert der Insolvenzmasse zu diesem nicht feststehenden Zeitpunkt zu schätzen und den Schätzwert bei der Vergütungsfestsetzung zugrunde zu legen (*BGH* NJW-RR 2006, 336). Die Gegenmeinung, nach der die voraussichtliche, vom Insolvenzgericht zu schätzende Teilungsmasse bei **Verfahrensbeendigung** zugrunde zu legen sei (vgl. *LG Bamberg* ZInsO 2005, 477 m.w.N.), ist unzutreffend. Es kann nicht Aufgabe des Insolvenzgerichts sein, den hypothetischen Wert der Masse zu diesem ungewissen Zeitpunkt zu schätzen und den Schätzwert einer Vergütungsfestsetzung zugrunde zu legen. Konsequenterweise bildet die Berechnungsgrundlage daher bei mehreren Verwaltern oder für den Fall des vorzeitigen Endes stets nur die individuelle Masse, die der Verfügung bis zur Beendigung der Tätigkeit unterlag (*Lissner* ZInsO 2016, 953 [955]). Berücksichtigt werden kann bei jedem einzelnen Insolvenzverwalter nur dasjenige, das während seiner Tätigkeit und zum Zeitpunkt der Beendigung der zu vergütenden Tätigkeit zu dem gesicherten und verwalteten Vermögen gehört hat. Stichtag für die Vergütungsfestsetzung ist der Zeitpunkt der Beendigung des jeweiligen Amtes (*Uhlenbruck/Mock* InsO, § 63 Rn. 45). Sollten dem Stichtag der Masse noch Beträge zufließen, die der Tätigkeit des bereits ausgeschiedenen Insolvenzverwalters zuzurechnen sind, so sind diese ebenfalls mit zu berücksichtigen (*Kübler/Prütting/Bork-Eickmann/Prasser* InsVV, vor § 1 Rn. 70). Hierzu muss aber der ausgeschiedene Insolvenzverwalter ausschließlich, d.h. alleine diesen weiteren Massezufluss »verursacht« haben. Es reicht nicht aus, dass der ausgeschiedene Insolvenzverwalter den späteren Massezufluss nur in die Wege geleitet hat, der Zufluss dann erst durch die Tätigkeit seines Nachfolgers herbeigeführt worden ist (vgl. *BGH* NJW-RR 2006, 336). Beispielsweise ist dem ausgeschiedenen Verwalter dann ein Massezufluss zuzurechnen, wenn er erfolgreich einen Anfechtungsrechtsstreit geführt hat und der Anfechtungsgegner lediglich nach dem Verwalterwechsel bezahlt (*Keller* DZWIR 2005, 292). Beruht ein späterer Zufluss, nach dem Ausscheiden des Erstverwalters auf Bemühungen sowohl des Erstverwalters als auch dessen Nachfolger, so kann der Zufluss lediglich bei der Berechnungsgrundlage für die Vergütung des Zweitinsolvenzverwalters berücksichtigt werden. Ein **Pflichtteilsanspruch**, zu dessen Verfolgung der Schuldner den Insolvenzverwalter ermächtigt hat, **erhöht** bereits die Berechnungsgrundlage für dessen Vergütung, auch wenn der Anspruch noch nicht durch Vertrag anerkannt oder rechtskräftig geworden ist (*BGH* Beschl. v. 11.06.2015 – IX ZB 18/13, ZInsO 2015, 1636, ZInsO 2015, 526). Ein Ansatz sowohl in der Berechnungsgrundlage für den ersten Insolvenzverwalter wie auch in der Berechnungsgrundlage für dessen Nachfolger ist aufgrund der doppelten Belastung der Masse mit einer Insolvenzverwaltervergütung nicht zulässig. Es ist auch nicht zulässig, die unterschiedlichen Tätigkeitsbeiträge beider Insolvenzverwalter durch Aufteilung des Zuflusses in die jeweilige Berechnungsgrundlage einfließen zu lassen. Dies verbietet sich dadurch, dass ein zur Masse zu rechnender Wert nur vollständig oder gar nicht, jedoch nicht anteilig als Berechnungsgrundlage dienen kann. Dabei

13

würden auch erhebliche Abgrenzungsprobleme entstehen. Da es allerdings auch nicht gerechtfertigt erscheint, den abgelösten Insolvenzverwalter aufgrund seiner Tätigkeit, die ggf. auch zu dem Massezufluss beigetragen hat, nicht zu vergüten, ist dem ausgeschiedenen Verwalter ein Zuschlag gem. § 3 InsVV zuzubilligen (vgl. i.E. *BGH* NJW-RR 2006, 336). Da regelmäßig im Zeitpunkt der Vergütungsfestsetzung für den Erstverwalter der (spätere) Massezufluss noch nicht feststeht und auch der Anteil der Tätigkeit des Erstverwalters an dem ggf. späteren Massezufluss nicht festgestellt werden kann, kann dieser spätere Massezufluss in die Berechnungsgrundlage nicht einbezogen werden. Der erste Insolvenzverwalter kann jedoch dann einen weiteren Antrag auf ergänzende Feststellung seiner Vergütung stellen, wenn der Massezufluss feststeht. Die formelle und materielle Rechtskraft der ersten Vergütungsfestsetzung steht dem nicht entgegen, weil die zwischenzeitlich eingetretene – auf den Bemühungen des Erstverwalters – beruhende Masseanreicherung eine neue Tatsache darstellt.

14 Im Übrigen wird bei der Festsetzung der Vergütung eines Verwalters, dessen Amt vorzeitig beendet wird, ein Abschlag gem. § 3 Abs. 2 lit. c InsVV zu berücksichtigen sein (vgl. hierzu § 3 InsVV Rdn. 67 ff.).

D. Berechnung der Masse (§ 1 Abs. 2 InsVV)

I. Zweck der Regelung

15 § 1 Abs. 2 InsVV bezweckt, dass die sich aus der gem. § 66 Abs. 1 InsO vorzulegenden **Schlussrechnung** ergebenden Werte (§ 1 Abs. 1 Satz 1 bzw. die geschätzte Insolvenzmasse [§ 1 Abs. 1 Satz 2]) – allgemein formuliert – um Beträge **verringert** werden, die den Insolvenzgläubigern **keinerlei Vorteile** erbracht oder sich auf den Bestand der Insolvenzmasse im Ergebnis **nicht ausgewirkt** haben. Beispielsweise soll die Insolvenzmasse um **durchlaufende Posten** bereinigt werden oder der Fall Berücksichtigung finden, dass ein Insolvenzgläubiger gegen eine Forderung der Insolvenzmasse **aufrechnet** (vgl. *Keller* Vergütung, Rn. 180). Dabei sind die in Abs. 2 enumerativ aufgeführten Positionen abschließend, sodass darüber hinausgehende Abzugsposten unzulässig sind. Folglich hat in der vergütungsrechtlichen Rechnungslegung des Insolvenzverwalters eine Aufführung der Einzelpositionen zu erfolgen und diese sind im Einzelnen auszuweisen, sowie in der Folge von der berechneten bzw. geschätzten Insolvenzmasse in Abzug zu bringen (*Haarmeyer/Mock* InsVV, § 1 Rn. 53).

16 Des Weiteren werden unter ausdrücklich festgelegten Begrenzungen **Massegegenstände**, die mit **Absonderungsrechten** belastet sind, berücksichtigt, wenn sie durch den **Verwalter** verwertet werden. Die im Bereich der Konkursordnung geltende VergVO sah grds. eine Berücksichtigung der mit Aus- und Absonderungsrechten belasteten Gegenstände **nicht** vor. Die **Neuregelung** bringt insoweit eine für den **Insolvenzverwalter angemessene Erhöhung** der **Tätigkeitsvergütung**, sodass die im Rahmen der VergVO entwickelten »künstlichen« Modelle zur Entlohnung des Insolvenzverwalters für die arbeitsintensive Erledigung der Absonderungsrechte (»Kölner Modell«, *OLG Köln* KTS 1977, 56; »Mannheimer Modell«, *AG Mannheim* ZIP 1984, 207) hinfällig sind.

II. Verwertung von Absonderungsgut (§ 1 Abs. 2 Nr. 1 InsVV)

17 Mit der Regelung in § 1 **Abs. 2 Nr. 1 InsVV** wird unter Berücksichtigung der **erweiterten Aufgabenstellung** des Insolvenzverwalters, nachdem ihm gem. §§ 159, 165, 166 InsO das **Verwertungsrecht** auch bei mit Fremdrechten belasteten beweglichen und unbeweglichen Gegenständen zugebilligt wird, Rechnung getragen. Dementsprechend werden Massegegenstände in die Berechnungsgrundlage mit einbezogen, die mit **Absonderungsrechten** belastet sind. Berücksichtigt werden allerdings nur Absonderungsrechte entsprechend §§ 49–51 InsO. **Nicht** erfasst von § 1 Abs. 2 Nr. 1 InsVV sind alle Gegenstände, die **Aussonderungsrechten** gem. §§ 47 f. InsO unterliegen (vgl. BK-InsO/*Blersch* InsVV, § 1 Rn. 8).

Dabei legt § 1 Abs. 2 Nr. 1 Satz 3 InsVV den **Grundsatz** fest, wonach Absonderungsgut **nur** soweit berücksichtigt wird, als aus ihm der Masse ein **Überschuss** zusteht (vgl. *Kübler/Prütting/Bork-Eickmann* InsVV, § 1 Rn. 19).

§ 1 Abs. 2 Nr. 1 InsVV setzt die **Verwertung** des Absonderungsgutes **durch den Verwalter** voraus. Hierzu wird ein **aktives Tätigwerden** des Verwalters in Bezug auf diese **Massegegenstände** vorausgesetzt (vgl. BK-InsO/*Blersch* InsVV, § 1 Rn. 9). Die Art und Weise der vom Verwalter durchgeführten Verwertungshandlung ist unerheblich. § 1 Abs. 2 Nr. 1 InsVV umfasst dabei auch ein sämtlichen Insolvenzforderungen nachrangiges Absonderungsrecht, sofern der entsprechende Gegenstand durch den Insolvenzverwalter verwertet worden ist. Dabei erhöht der der Masse zustehende Betrag (aus der Verwertung) in vollem Umfange die Bemessungsgrundlage für die Vergütung des Insolvenzverwalters und der an den Absonderungsberechtigten auszukehrende Betrag ist allerdings bei beweglichen Wirtschaftsgütern (§ 171 InsO) nur mit höchstens **2 %** des Erlösanteils zu berücksichtigen (vgl. *BGH* ZInsO 2006, 254).

18

Eine **Begrenzung des Feststellungskostenbeitrages** auf lediglich 2 % (50 % des Feststellungskostenbeitrages gem. § 171 InsO) ist bei **Immobilien nicht vorzunehmen**. Eine Vorschrift entsprechend § 171 InsO, wonach bei Verwertung von unbeweglichen Wirtschaftsgütern durch den Insolvenzverwalter die Absonderungsberechtigten Feststellungs- und/oder Verwertungskostenbeiträge zu zahlen hätten, ist nicht vorhanden. Folglich beruhen die in diesem Fall in einem Verfahren erzielten Feststellungs- und Verwertungskostenbeiträge der Absonderungsberechtigten ausschließlich auf einer **(freiwilligen) Vereinbarung** zwischen dem Drittrechtsinhaber und dem Insolvenzverwalter. Erreicht der Insolvenzverwalter durch geschicktes Verhandeln einen höheren Feststellungskostenbeitrag des Absonderungsberechtigten als 4 %, so ist diese durch den Insolvenzverwalter herbeigeführte beachtliche Massemehrung dadurch vergütungserhöhend zu »belohnen«, als die Kappungsgrenze dann bei **50 % des vereinbarten Feststellungskostenbeitrages** anzusetzen ist. Dies entspricht der der InsVV innewohnenden Zielrichtung, wonach eine durch den Insolvenzverwalter herbeigeführte Massemehrung bzw. ein besonderer Aufwand des Insolvenzverwalters gesondert vergütet werden soll.

19

Im Bereich der **unbeweglichen Gegenstände** sind die Einleitung der **Insolvenzverwalterversteigerung** gem. §§ 172 ff. ZVG oder ggf. der **Beitritt** zu einem bereits laufenden **Zwangsversteigerungsverfahren** als Verwertungshandlungen anzusehen. Umfasst ist auch die **Veräußerung** eines Grundstücks durch den Insolvenzverwalter ggf. in Absprache mit dem Grundpfandgläubiger.

Allerdings findet der Wert eines mit Grundpfandrechten belasteten, vom Insolvenzverwalter freihändig veräußerten Grundstücks nur dann Berücksichtigung im Rahmen der Berechnungsgrundlage, wenn entweder ein Übererlös erzielt wurde oder ein Kostenbeitrag zur Masse geflossen ist (*BGH* Beschl. v. 09.06.2016 – IX ZB 17/15, ZIP 2016, 1299). Für eine Vergleichsrechnung analog § 1 Abs. 2 Nr. 1 InsVV bietet sich eine Aufteilung des Massekostenbeitrags in Höhe seines Nettobetrages im Verhältnis 4:5 an. Dieses Verhältnis entspricht den gesetzlich vorgesehenen Pauschalbeträgen bei den Mobilien in § 171 InsO: Feststellungskostenbeitrag (4 %) – Verwertungskostenbeitrag (5 %). Allerdings kommt ein Zuschlag nach § 3 Abs. 1 lit. a. für die Tätigkeit des Verwalters in Betracht ungeachtet eines Massezuflusses (*BGH* Beschl. v. 09.06.2016 – IX ZB 17/15, ZIP 2016, 1299).

20

Bei **beweglichen Gegenständen**, wobei das Verwertungsrecht hier grds. gem. §§ 165 ff. InsO dem Verwalter zusteht, kommt regelmäßig die **freihändige Verwertung** in Betracht. Für die Ermittlung der Berechnungsgrundlage sind dabei **alle Bruttoerlöse einschließlich Umsatzsteuer** der vom Verwalter verwerteten Gegenstände zu berücksichtigen.

21

Zunächst ist unter Einbeziehung **aller Vermögenswerte** einschließlich derjenigen, die mit Absonderungsrechten belastet sind die Berechnungsgrundlage festzustellen. Danach ist auf der **Basis** des vorstehend dargestellten **Wertes** die **Regelvergütung** des Insolvenzverwalters nach § **2 InsVV** zu ermitteln. Da § 1 Abs. 2 Nr. 1 Satz 2 eine **Kappungsgrenze** darstellt, muss eine zusätzliche **Vergleichsberechnung** durchgeführt werden. Es ist hierzu weiter die **Vergütung** zu errechnen, die sich aus der im gesamten Insolvenzverfahren erzielten Insolvenzmasse gem. § 1 Abs. 1, Abs. 2 Nr. 2–5 InsVV **unter Ausschluss des Wertes** des vom Verwalter verwerteten **Absonderungsgutes** ergeben **würde**. Dabei ist bei dem nunmehr **nicht** zu berücksichtigenden Wert des vom Verwalter verwerteten Absonderungsgutes lediglich der **Nettowert ohne Umsatzsteuer** und **ohne Feststellungs-**

22

§ 1 InsVV Berechnungsgrundlage

kostenanteile anzusetzen (vgl. *Kübler/Prütting/Bork-Eickmann* InsVV, § 1 Rn. 21 f.). Denn die **Umsatzsteuer** und die **Feststellungskostenanteile** stehen der Masse nämlich **immer** zu – **unabhängig** von der Verwertung durch den Verwalter (s. hierzu aber die Ausführungen unter Rdn. 27 f.). **Beide** errechneten **Vergütungsbeträge** sind **gegenüberzustellen**, wobei die sich daraus ergebende **Vergütungsdifferenz** den **Mehrbetrag** i.S.d. § 1 Abs. 2 Nr. 1 Satz 2 InsVV darstellt. In der Folge hat eine Gegenüberstellung zu erfolgen von einerseits dem vorstehend festgestellten **Vergütungsmehrbetrag** und andererseits dem **Feststellungskostenbeitrag**, welchen der Verwalter nach § 171 Abs. 1 InsO bzw. § 10 Abs. 1 Nr. 1a ZVG für die **von ihm verwerteten** Absonderungsgegenstände erzielt hat. Bei der **Berechnung** des **Feststellungskostenbeitrags** sind allerdings nur diejenigen Beträge zu berücksichtigen, die der Verwalter für **von ihm verwertete Gegenstände** erhalten hat und **nicht** für Gegenstände, die er beispielsweise einem Gläubiger nach § 173 InsO zur Verwertung überlassen hat (vgl. BK-InsO/*Blersch* InsVV, § 1 Rn. 10). Demgegenüber sind allerdings diejenigen **Feststellungskostenbeiträge** zu berücksichtigen, die der Insolvenzverwalter mit einem Gläubiger **vereinbart hat**. Dabei ist jedoch zu fordern, dass die zwischen dem Gläubiger und dem Insolvenzverwalter getroffene Vereinbarung die vereinbarten Massebeiträge ausdrücklich als **Feststellungskostenbeiträge** bezeichnet (vgl. BK-InsO/*Blersch* InsVV, § 1 Rn. 10).

23 Die dem Insolvenzgericht darzulegende Vergleichsrechnung im Rahmen des Vergütungsantrages setzt auch voraus, dass aus der Schlussrechnung des Insolvenzverwalters sowohl der jeweilige Kostenbeitrag, der zur Insolvenzmasse geflossen ist, als auch der Wert der jeweils verwerteten Massegegenstände ersichtlich ist. § 1 Abs. 2 Nr. 1 Satz 2 InsVV begrenzt nun den errechneten **Vergütungsmehrbetrag** auf die **Hälfte** des **Feststellungskostenbeitrages**. **Bis zur Hälfte** des Feststellungskostenbeitrages **erhöht** sich die **Vergütung** des Verwalters für die Verwertung der Absonderungsgüter.

24 Es ergibt sich somit folgende Vorgehensweise:
   – Feststellung der Insolvenzmasse einschließlich des gesamten Bruttoerlöses aus der Verwertung. Hieraus ist die Regelvergütung gem. § 2 InsVV zu ermitteln.
   – Feststellung der Insolvenzmasse **abzüglich** des an den absonderungsberechtigten Gläubiger abgeführten Erlöses. Die ermittelte Insolvenzmasse enthält allerdings die Kostenbeiträge und die vereinnahmte Umsatzsteuer. Hieraus ist die Regelvergütung gem. § 2 InsVV zu ermitteln.
   – Aus beiden Regelvergütungen ist die Differenz zu ermitteln.
   – Feststellung des Feststellungskostenbeitrages aus dem Bruttoerlös der Verwertung. Dieser Betrag ist zu halbieren.
   – Die Vergütungsdifferenz ist begrenzt auf die Hälfte des Feststellungskostenbeitrages.

25 Der auf diese Weise festgestellte Betrag stellt i.S.d. § 1 Abs. 2 Nr. 1 InsVV die **Mehrvergütung** dar. Die Mehrvergütung ist der weiteren Vergütung des Insolvenzverwalters hinzuzuaddieren. Die sonstige Vergütung errechnet sich aus der **nicht erhöhten** Insolvenzmasse. Die Mehrvergütung ist als Bestandteil der Regelvergütung anzusetzen, sodass die Zuschläge und Abschläge gem. § 3 Abs. 1 und Abs. 2 InsVV auf die Regelvergütung unter Hinzurechnung des Vergütungsmehrbetrages zu ermitteln ist (*BGH* ZIP 2006, 1204).

26 ▶ **Beispiel:**
Der Insolvenzverwalter verwertete im Rahmen des Verfahrens einen sicherungsübereigneten beweglichen Gegenstand in Höhe von EUR 580.000,00 (brutto). Die enthaltene Mehrwertsteuer beläuft sich auf EUR 92.605,00 (gerundet). Die Insolvenzmasse beträgt gem. Schlussrechnung ohne Berücksichtigung der Absonderungsrechte und ohne Feststellungskostenbeitrag aus der Verwertung EUR 150.000,00. Unter Berücksichtigung des vereinnahmten Feststellungskostenbeitrags in Höhe von EUR 23.200,00 (4 % aus EUR 580 000,00) ergibt sich folgende Berechnung der Vergütung:

1. Regelvergütung gem. § 2 InsVV aus der gesamten Masse *inklusive Absonderungsgut*
EUR 730.000,00
(EUR 580.000,00 + EUR 150.000,00) beträgt   EUR 42.350,00

2. Insolvenzmasse *ohne Absonderungsgut*	EUR	150.000,00
zzgl. Umsatzsteuer (Verwertungsgut)	EUR	92.605,00
zzgl. Feststellungskostenbeitrag (4 % aus EUR 580.000,00)	EUR	23.200,00
Insgesamt	EUR	265.805,00
Regelvergütung hieraus	EUR	30.724,00 (gerundet)
Der *Vergütungsmehrbetrag* errechnet sich wie folgt:		
3. Vergütung inklusive Absonderungsrechte	EUR	42.350,00
abzgl. Vergütung ohne Absonderungsrechte	– EUR	30.724,00
ergibt Vergütungsmehrbetrag	EUR	11.626,00
4. Die Kappungsgrenze ergibt sich aus 50 % von EUR 23.200,00 somit	EUR	11.600,00
5. Vergütungsmehrbetrag beträgt	EUR	11.626,00
der allerdings begrenzt ist durch die Kappungsgrenze in Höhe von EUR 11.600,00.		
6. Die Gesamtvergütung errechnet sich:		
Vergütung ohne Absonderungsrechte	EUR	30.724,00
Vergütungsmehrbetrag (begrenzt durch Kappungsgrenze siehe Nr. 5.)	EUR	11.600,00
Gesamtvergütung	EUR	42.324,00 (netto)

Mit seiner Entscheidung vom 10.10.2013 hat der *BGH* (ZInsO 2013, 2288) es als völlig selbstverständlich erachtet, dass bei der **Berechnungsgrundlage ohne Absonderungsgut** der zur Masse **vereinnahmte Feststellungskostenbeitrag** entgegen dem vorstehenden Beispiel nicht berücksichtigt werden darf. Die Entscheidung ist kritisch zu sehen (so auch *Keller* NZI 2013, 1067). Der *BGH* verweist zum einen auf seine frühere, bisher nicht veröffentlichte Rechtsprechung im Beschluss vom 23.10.2008 (– IX ZB 157/05). Dort stellt er fälschlicherweise dar, dass im Schrifttum kein Streit darüber bestehe, dass bei der Ermittlung der sog. kleinen Berechnungsgrundlage für die Vergleichsberechnung der Feststellungskostenbeitrag unberücksichtigt bleiben muss. Als Beleg für die These, dass im Schrifttum angeblich kein Streit darüber bestehe, ob die vom BGH vertretene Auffassung falsch sei, wird u.a. die hier vorliegende Kommentarstelle zitiert. Das oben stehende Beispiel (Rdn. 26) sowie die Kommentierung von *Kübler/Prütting/Bork-Eickmann/Prasser* § 1 InsVV Rn. 23 und HambK-InsO/*Büttner* Anh. zu § 65 InsO, § 1 InsVV Rn. 13 vertreten die Auffassung des **BGH** jedoch gerade **nicht**. Die anderen vom BGH zitierten Kommentare (MüKo-InsO/*Nowak* 2. Aufl., Anh. zu § 65, § 1 InsVV, Rn. 12; *Keller* Rn. 70) beschreiben die Berechnung zu allgemein, als dass hieraus eine Auffassung dazu, ob die Feststellungskostenbeiträge bei der Berechnungsgrundlage ohne Absonderungsgut mit einzubeziehen sind, herausgelesen werden kann. Insoweit bestehen entgegen den Ausführungen des BGH im Schrifttum doch unterschiedliche Auffassungen zu diesem Thema. 27

Nach Auffassung des *BGH* (ZInsO 2013, 2288) habe der Verwalter lediglich ein Wahlrecht, ob er die um den Feststellungskostenbeitrag erhöhte Berechnungsgrundlage oder die Sondervergütung nach § 1 Abs. 2 Nr. 1 Satz 2 InsVV in Anspruch nimmt. Der BGH sieht zu Unrecht die Gefahr einer Doppelvergütung, wenn der zur Masse vereinnahmte Kostenbetrag bei der Rechtsgrundlage berücksichtigt würde. 28

Nach Ansicht des *BGH* (Beschl. v. 23.10.2008 – IX ZB 157/05) scheide eine kumulative Berücksichtigung des Feststellungskostenbeitrags aus, da ansonsten die Bemühungen des Verwalters um die Feststellung von Absonderungsrechten doppelt vergütet würden. Da angeblich kein Streit im Schrifttum über diese Frage besteht, geht der BGH auch nicht weiter auf eine Begründung seiner Auffas- 29 sung ein. In seiner Entscheidung (NZI 2013, 1067) lehnt der *BGH* die Gewährung der Sondervergütung nach § 1 Abs. 2 Nr. 1 Satz 2 InsVV neben der Regelvergütung nach § 2 Abs. 1 InsVV die anhand der um die Feststellungskostenbeiträge erhöhten Berechnungsgrundlage bestimmt wurde, mit der Begründung ab, dass es zu einer Doppelvergütung käme, die zumindest in der ersten Degressionsstufe und bei den höheren Stufen je nach Höhe der gewährten Zuschläge, die Deckelung des § 1 Abs. 2 Nr. 1 Satz 2 InsVV zunichtemachen würde. Die Anmerkung von **Keller** zu der Entscheidung des *BGH* (NZI 2013, 1067) verdeutlicht anhand eines Rechenbeispiels, dass die Annahme des **BGH**, wonach eine Gefahr der Doppelvergütung bestehe **unzutreffend** ist. Er kommt dabei zu dem Ergebnis, dass die Gefahr einer Doppelvergütung lediglich bei sehr geringer Insolvenzmasse und demgegenüber hohem Feststellungskostenbeitrag bestehe. Unabhängig davon soll die Deckelung der Sondervergütung nach § 1 Abs. 2 Nr. 1 InsVV auf die Hälfte des Feststellungskostenbeitrages nur dazu dienen, dass die Sondervergütung nicht zu hoch wird. Der Feststellungskostenbeitrag dient insoweit lediglich der Begrenzung der Sondervergütung. Eine **Doppelvergütung** kann darin **nicht** gesehen werden. Insbesondere beschäftigt sich der BGH nicht mit der Frage, wie vorzugehen ist, wenn die Sondervergütung nach § 1 Abs. 1 Nr. 1 InsVV nicht so hoch ist, dass eine Kappung anhand des hälftigen Feststellungskostenbeitrags vorzunehmen ist.

30 Insgesamt ist daher die Einbeziehung der Feststellungskostenbeiträge bei der Vergleichsberechnung zu befürworten, da die Feststellungskostenbeiträge Bestandteil der Insolvenzmasse geworden sind.

31 **Absonderungsgegenstände** werden **darüber hinaus** bei der Feststellung der Berechnungsgrundlage ausschließlich dann und nur soweit **berücksichtigt**, als sich aus ihrer Verwertung ein **Überschuss** ergibt, § 1 Abs. 2 Nr. 1 Satz 3 InsVV, ungeachtet ob der Gegenstand vom Verwalter oder einem Dritten verwertet wird (vgl. BK-InsO/*Blersch* InsVV, § 1 Rn. 12).

32 Ein **Sonderfall** ist dann anzunehmen, wenn der Verwalter **sowohl** einen **Feststellungskostenbeitrag** als auch einen **Überschuss** erzielt, da dann der Absonderungsgegenstand einschließlich des erzielten Überschusses mit seinem **vollen Wert** anzusetzen ist. Eine Begrenzung auf die 50 %ige Kappungsgrenze ist hier **nicht** begründet, da neben dem vom Verwalter erzielten Feststellungskostenbeitrag der Überschuss gerade zu einer **Masseerhöhung** geführt hat. Die vom Verordnungsgeber vorgesehene **Begrenzung** auf 50 % der erzielten Feststellungskostenbeiträge **entfällt**, da durch eine **tatsächliche Masseerhöhung** Mittel für eine **Vergütungserhöhung** zugeflossen sind (vgl. BK-InsO/*Blersch* InsVV, § 1 Rn. 12; *Haarmeyer/Wutzke/Förster* § 1 Rn. 61; *BGH* ZInsO 2006, 254). Gleichermaßen ist der Fall zu beurteilen, wenn ein allen Insolvenzforderungen nachrangiges Absonderungsrecht verwertet wird (*BGH* ZInsO 2006, 254). Im Falle der Verwertung eines Absonderungsgegenstandes ohne Erzielung eines Feststellungskostenbeitrages, aber Realisierung eines Verwertungsüberschusses, ist dieser Überschuss im Rahmen von § 1 Abs. 2 Nr. 1 Satz 3 InsVV zu berücksichtigen, da die Verwertungsüberschüsse, gleichgültig ob sie vom Gläubiger oder vom Verwalter erzielt werden, immer in Ansatz zu bringen sind (vgl. BK-InsO/*Blersch* InsVV, § 1 Rn. 12). Geht der Verwalter irrtümlich davon aus, dass ein Gegenstand **nicht** mit einem Absonderungsrecht belastet ist und verwertet diesen Gegenstand, so ist der dabei erzielte Erlös in vollem Umfange als Berechnungsgrundlage für die Vergütung anzusetzen, da der in diesem Fall nämlich entstehende **Ersatzabsonderungsanspruch** gem. § 48 InsO analog eine Masseverbindlichkeit gem. § 55 Abs. 1 Nr. 1, 3 InsO darstellt, die gem. § 1 Abs. 2 Nr. 4 InsVV bei der Berechnungsgrundlage für die Vergütung **nicht** abzusetzen ist (vgl. BK-InsO/*Blersch* InsVV, § 1 Rn. 13).

33 Gegenstände, die dem gesetzlichen **Vermieterpfandrecht** unterliegen, sind bei der Berechnungsgrundlage zu berücksichtigen, wenn entweder der Verwalter die Gegenstände **selbst verwertet** oder die Verwertung einen **Überschuss** erbringt. § 1 Abs. 2 Nr. 1 InsVV findet somit in vollem Umfange auch auf die dem **Vermieterpfandrecht** unterliegenden **Gegenstände Anwendung** (*LG Münster* ZInsO 2007, 594 m. Anm. *Prasser*; BK-InsO/*Blersch* InsVV, § 1 Rn. 13; a.A. *Haarmeyer/Mock* § 1 Rn. 76).

34 *Mit seinem Beschl. v. 14.07.2016 (– IX ZB 31/14, NZI 2016, 824)* hat der *BGH* entschieden, dass bei der Berechnungsgrundlage für die Vergütung des Insolvenzverwalters bei der Durchführung

einer »stillen Zwangsverwaltung« nur der Überschuss zu berücksichtigen ist, der hierbei zugunsten der Masse erzielt worden ist. Bei der Vergütungsfestsetzung ist somit nur der zugunsten der Masse erzielte Überschuss in Fortführung des Rechtsgedankens der §§ 1 Abs. 2 Nr. 1 Satz 3, Abs. 2 Nr. 4 Satz 2 lit. b InsVV zu berücksichtigen (*Mock* EWiR 2016, 635). Der *BGH* (14.07.2016 – IX ZB 31/14, NZI 2016, 824) hält es für zulässig, eine Vergütungsvereinbarung für die kalte Zwangsverwaltung zu vereinbaren, die sich allerdings auf einen **Kostenbeitrag** des Grundpfandgläubigers für die Insolvenzmasse beschränken muss. Sie darf gerade **nicht** so gestaltet sein, dass der Insolvenzverwalter als Person eine Vergütung unmittelbar von dem Grundpfandgläubiger erhält. Eine Vereinbarung mit dem Insolvenzverwalter als Person wäre wegen eines Verstoßes gegen § 45 Abs. 1 Nr. 1 BRAO bzw. wegen der damit verbundenen Insolvenzzweckwidrigkeit nichtig (*Mock* EWiR 2016, 635 f.).

Für den Fall, dass die Berechnungsgrundlage nicht entsprechend größer geworden ist, ist im Rahmen der Vergütungsfestsetzung für die Durchführung der stillen Zwangsverwaltung ein Zuschlag zu gewähren, für den der Umfang des zusätzlichen Arbeitsaufwandes maßgebend ist. Als geeigneter Anhaltspunkt für die Bemessung der Höhe des Zuschlags wird hierbei die Regelung des § 18 ZwVwV in Betracht gezogen (*BGH* Beschl. v. 14.07.2016 – IX ZB 31/14, NZI 2016, 824). 35

III. Abfindung von Aus- und Absonderungsrechten (§ 1 Abs. 2 Nr. 2 InsVV)

In **§ 1 Abs. 2 Nr. 2 InsVV** wird der Fall geregelt, in dem der Verwalter den **Aus- und Absonderungsberechtigten** durch **Zahlung eines Abgeltungsbetrages** zu einem **Verzicht** auf die Geltendmachung seines Rechtes veranlasst. Der der Belastung unterliegende Gegenstand verbleibt somit in der Masse und der Berechtigte verzichtet auf abgesonderte bzw. vorzugsweise Befriedigung aus dem Verwertungserlös. Da der betreffende Gegenstand mit **vollem Wert** in der Masse verbleibt und gleichzeitig allerdings die Masse um den **Abgeltungsbetrag** verringert worden ist, fließt nach § 1 Abs. 2 Nr. 2 InsVV der Wert des frei gewordenen Gegenstandes nicht in vollem Umfange in die Vergütungsberechnung ein. Die **Regelung** sieht vor, dass von dem fiktiv festzustellenden **Sachwert** des Gegenstandes die vom Verwalter bezahlte **Abfindung** in **Abzug** zu bringen ist. Der dann **verbleibende Wert** erhöht entsprechend die **Insolvenzmasse**. Bei der **Berechnung** zu Grunde zu legen ist dabei der **(fiktive) Sachwert** des Gegenstandes und **nicht** der spätere ggf. geringere **Veräußerungserlös** (vgl. *Kübler/Prütting/Bork-Eickmann* InsVV, § 1 Rn. 39). Der angesetzte Wert ist vom Insolvenzverwalter mit **nachvollziehbaren Kriterien** zu schätzen, wobei insbesondere ein Sachverständigengutachten einen sicheren Nachweis darstellt. **Unerheblich** bei der anzustellenden fiktiven Berechnung ist der später vom Insolvenzverwalter erzielte **Verwertungserlös**. Insbesondere erfolgt **keine Berücksichtigung** eines ggf. **geringeren** Verwertungserlöses, da der Verordnungsgeber hier die **besondere Tätigkeit** des Insolvenzverwalters, die in dem Aushandeln des Abfindungsbetrages zu sehen ist, gesondert vergüten wollte (vgl. Begr. des Verordnungsgebers zu § 1 InsVV, s. Rdn. 1). Neben der Berücksichtigung des Überschusses gem. § 1 Abs. 2 Nr. 2 InsVV kommt dann eine **zusätzliche Vergütung** gem. § 1 Abs. 2 Nr. 1 InsVV in Betracht, wenn der Insolvenzverwalter nach der Abfindung den betreffenden Gegenstand verwertet. Zwar ist die Belastung des Massegegenstandes, die § 1 Abs. 2 Nr. 1 InsVV vorsieht, nicht mehr vorhanden, doch sollte der Verwalter in diesem Fall **nicht schlechter** gestellt werden, als derjenige Verwalter, der den **belasteten Gegenstand** erst verwertet und im Anschluss daran den Erlös an den Absonderungsberechtigten auskehrt (vgl. BK-InsO/*Blersch* InsVV, § 1 Rn. 14; a.A. *Haarmeyer/Mock* InsVV, § 1 Rn. 81; *Kübler/Prütting/Bork-Eickmann* InsVV, § 1 Rn. 42; *Keller* Vergütung, Rn. 208). 36

IV. Aufrechenbare Forderungen (§ 1 Abs. 2 Nr. 3 InsVV)

Die Regelung in **§ 1 Abs. 2 Nr. 3 InsVV** entspricht sinngemäß der früheren Regelung in § 2 Nr. 4 VergVO, wonach bei der Durchsetzung einer Forderung durch den Insolvenzverwalter die durch **Aufrechnung** mit einer Gegenforderung teilweise zum Erlöschen gebracht wird, ausschließlich der erzielte **Überschuss** bei der Berechnungsgrundlage angesetzt werden darf. Es soll sich dementsprechend nur der **tatsächlich zugeflossene Teil** vergütungserhöhend auswirken. Der Ansatz lediglich 37 lich des **Überschusses** und nicht der gesamten Forderung erfolgt allerdings **nur** bei Aufrechnungslagen entsprechend den §§ 94–96 InsO (*BGH* ZInsO 2010, 447; *Haarmeyer/Mock* InsVV, § 1 Rn. 82; BK-InsO/*Blersch* InsVV, § 1 Rn. 15). Insoweit ist die **Aufrechnung** seitens eines Gläubigers mit **Masseschuldansprüchen** nicht der Fallkonstellation des § 1 Abs. 2 Nr. 3 InsVV zuzuordnen, da gerade nach § 1 Abs. 2 Nr. 4 InsVV **Masseverbindlichkeiten** in Zusammenhang mit der Vergütungsberechnung **nicht** zu berücksichtigen (d.h. nicht abzuziehen) sind (vgl. BK-InsO/*Blersch* InsVV, § 1 Rn. 15; *Kübler/Prütting/Bork-Eickmann* InsVV, § 1 Rn. 43). Gleichermaßen unterliegen die im Laufe des Insolvenzverfahrens **außerhalb** der jeweiligen **Voranmeldezeiträume** bezahlten Umsatzsteuern und erhaltenen Vorsteuererstattungen nicht dem Regelungsbereich des § 1 Abs. 2 Nr. 3 InsVV (vgl. BK-InsO/*Blersch* InsVV, § 1 Rn. 15; *Haarmeyer/Mock* InsVV, § 1 Rn. 83; *LG Frankfurt/O.* ZInsO 2001, 23 m. Anm. *Haarmeyer*).

V. Berücksichtigung von Masseverbindlichkeiten (§ 1 Abs. 2 Nr. 4 InsVV)

38 In § 11 Abs. 2 Nr. 4 InsVV wird – wie bereits in § 2 Nr. 3, 5 VergVO – festgelegt, dass sowohl die **Masseverbindlichkeiten** gem. §§ 55, 123 Abs. 2 InsO wie auch die **Kosten des Insolvenzverfahrens** gem. § 54 InsO bei der Ermittlung der Berechnungsgrundlage **nicht** in Abzug gebracht werden. Von diesem Grundsatz wurden allerdings vom Verordnungsgeber **zwei Ausnahmen** vorgesehen, die auch bereits bei der bisherigen Rechtslage zu berücksichtigen waren.

39 Als Erstes eliminiert **§ 1 Abs. 2 Nr. 4 lit. a InsVV** diejenigen Beträge, die der Verwalter nach § 5 InsVV als Vergütung für den **Einsatz besonderer Sachkunde** erhält. Insbesondere sind dies Tätigkeiten, die dem Insolvenzverwalter als Rechtsanwalt, Wirtschaftsprüfer oder Steuerberater **persönlich** aus der Insolvenzmasse im Verlaufe des Verfahrens gesondert vergütet werden. Dieser Vergütungsbetrag wird bei der Berechnung der Masse in **Abzug** gebracht. Ausschließlich der **Nettobetrag** ist dann zu berücksichtigen, wenn die Insolvenzmasse vorsteuerabzugsberechtigt ist (vgl. *Kübler/Prütting/Bork-Eickmann/Prasser* InsVV, § 1 Rn. 46; *Haarmeyer/Mock* InsVV, § 1 Rn. 88). Richtigerweise weist *Blersch* (BK-InsO, InsVV § 1 Rn. 18) darauf hin, dass Grund für den Abzug nicht der Umstand ist, dass der Verwalter für diese Tätigkeit bereits vorab vergütet worden ist, sondern die Tatsache, dass die Insolvenzmasse bereits auf Grund der Vergütungszahlungen an den Verwalter reduziert wurde, sodass der entsprechende Betrag nicht nochmals als Berechnungsgrundlage einzubeziehen ist. Folgerichtig wird auch dann **kein Abzug** vorgenommen, wenn der Insolvenzverwalter zwar eine Sondervergütung erhalten hat, aber der Vergütungsbetrag beispielsweise von einem unterlegenen Prozessgegner **zu erstatten** ist (vgl. BK-InsO/*Blersch* InsVV, § 1 Rn. 18). Die Regelung dient auch der Transparenz und der Integrität des Insolvenzverwalters.

Die Berechnungsgrundlage ist auch nicht um diejenigen Vergütungen zu vermindern, die **nicht** an den Insolvenzverwalter **persönlich**, sondern an **Personen- oder Kapitalgesellschaften** bezahlt werden, an denen der Verwalter lediglich **beteiligt** ist (vgl. *Kübler/Prütting/Bork-Eickmann* InsVV, § 1 Rn. 47; *Haarmeyer/Mock* InsVV, § 1 Rn. 87; *LG Leipzig* NZI 2002, 665). Schon der Wortlaut des § 1 Abs. 2 Nr. 4 lit a InsVV verbietet eine Ausweitung auf entsprechende Gesellschaften. Darüber hinaus fließt dem Verwalter bei einer entsprechenden Beteiligung nicht der Gesamtbetrag der Vergütung, sondern allenfalls der sich aus der wirtschaftlichen Beteiligung – bezogen auf den jeweiligen Einzelfall – ergebende Ertrag (vgl. BK-InsO/*Blersch* InsVV, § 1 Rn. 18).

40 Die Vorschrift ist verfassungskonform, auch wenn die Entnahme einer bestimmten Vergütung nach § 5 InsVV in Folge der gestaffelten Berechnung des Regelsatzes nach § 2 Abs. 1 InsVV in unterschiedlichem Ausmaß auf die Verwaltervergütung durchschlägt, je nach Umfang der Masse und in welchem Umfang Zu- oder Abschläge festgesetzt werden. Diese Folge ist aufgrund der zulässigen degressiven Ausgestaltung der Vergütung in § 2 Abs. 1 InsVV hinzunehmen (*BGH* DZWIR 2012, 86). § 1 Abs. 2 Nr. 4 Satz 2 lit. a InsVV beinhaltet auch keinen Verfassungsverstoß dadurch, dass ein Abzug nur für Beträge erfolgt, die der Verwalter nach § 5 InsVV **selbst** erhalten hat. Die Beschränkung lediglich des Abzugs der dem Verwalter unmittelbar zugeflossenen Beträge, wobei ein *Abzug derjenigen Beträge, die der Verwalter* **mittelbar** *über Dritte – beispielsweise über eine Sozietät (*BGH *ZIP 2007, 1958) erhalten hat – unberücksichtigt bleibt*, dient insbesondere einer **praktikablen**

Handhabung der Bestimmung. Die Berücksichtigung auch mittelbar zufließender Vergütungen würde zu massiven Abgrenzungsproblemen führen (*BGH* DZWIR 2012,86).

Entgegen der Auffassung (vgl. *Haarmeyer/Wutzke/Förster* 4. Aufl. InsVV, § 1 Rn. 85; *Kübler/Prütting/Bork-Eickmann/Prasser* InsVV, § 1 Rn. 46), dass Auslagen nicht abzuziehen sind, fordert der Wortlaut der Vorschrift mit dem Begriff »**Beträgen**« dies, sodass die **gesamte Sondervergütung** gem. § 5 InsVV **zuzüglich aller Auslagen** in Abzug zu bringen ist (so nun auch *Haarmeyer/Mock* InsVV, § 1 Rn. 89; vgl. BK-InsO/*Blersch* InsVV, § 1 Rn. 19). Nach der Rspr. des BGH sollen mit dem (vorläufigen) Insolvenzverwalter verbundene Unternehmen erst nach Anzeige durch den Insolvenzverwalter beim Insolvenzgericht beauftragt werden (*BGH* ZInsO 2012, 1125; *Haarmeyer/Reck* ZInsO 2011, 1147 ff.). 41

Eine generelle Anzeige gegenüber dem Insolvenzgericht, dass mit verbundenen Unternehmen zusammengearbeitet wird, wird demgegenüber als ausreichend anzusehen sein. Ebenso erübrigt sich eine Anzeigepflicht, wenn dem Insolvenzgericht aus anderen Verfahren bekannt ist, dass verbundene Unternehmen beauftragt werden.

§ 1 Abs. 2 Nr. 4 lit b InsVV stellt eine weitere Ausnahme dar. Diese Regelung sieht vor, dass im Falle der **Fortführung des Unternehmens** durch den Insolvenzverwalter nur der **Überschuss** aus dieser Tätigkeit zu berücksichtigen ist, der sich nach Abzug der Ausgaben von den Einnahmen ergibt. Damit führt der Verordnungsgeber ein **erfolgsorientiertes Merkmal** bei der Vergütung ein, was grds. in der InsVV nicht vorgesehen ist. Derjenige Verwalter, der auf Grund besonderer Fähigkeiten im Rahmen der Betriebsfortführung einen Überschuss erzielt, soll neben der in § 3 InsVV vorgesehenen rein tätigkeitsbezogenen Erhöhung **zusätzlich** durch **Hinzurechnung des Überschusses** bei der Berechnungsgrundlage eine **weitergehende Vergütung** erhalten (vgl. *Haarmeyer/Mock* InsVV, § 1 Rn. 90 ff.; BK-InsO/*Blersch* InsVV, § 1 Rn. 20). Ein **Fortführungsverlust**, also höhere Ausgaben als Einnahmen, soll demgegenüber die Berechnungsgrundlage und damit die Vergütung nicht reduzieren. Gleichzeitig wird mit dieser Regelung allerdings auch verhindert, dass **lediglich** die Einnahmen entsprechend der Grundregel des § 1 Abs. 2 Nr. 4 InsVV berücksichtigt werden und die zur Betriebsfortführung erforderlichen Ausgaben (Masseschulden) in der Berechnung keinen Eingang finden (vgl. BK-InsO/*Blersch* InsVV, § 1 Rn. 20). Dazu wurde festgelegt, dass nur der sich nach Abzug der Ausgaben von den Einnahmen ergebende **Überschuss** Berücksichtigung findet. Da der Insolvenzverwalter diesen Überschuss nachvollziehbar darlegen muss, ist es erforderlich, über den gesamten Zeitraum der Betriebsfortführung, im Rechnungswesen die durch die Betriebsfortführung vorgenommenen Ausgaben abgegrenzt zu erfassen und sie wiederum von den Einnahmen abzusetzen (vgl. *Haarmeyer/Mock* InsVV, § 1 Rn. 93). Im Zusammenhang mit der Frage, welche **Ausgaben** (Masseschulden) bei der Ermittlung des Überschusses im Rahmen der Betriebsfortführung in Abzug zu bringen sind, wurde zunächst insbesondere in der Literatur (*Kübler/Prütting/Bork-Eickmann/Prasser* InsVV, § 1 Rn. 51; *Haarmeyer/Wutzke/Förster* 4. Aufl. InsVV, § 1 Rn. 88) und auch in der Vergütungspraxis Ausgaben, die als sog. »**Sowieso-Kosten**« angefallen sind, nicht in Abzug gebracht. Zur Begründung war darauf zu verweisen, dass bei der Fortführung des Unternehmens dem Insolvenzverwalter bei der Berechnung seiner Vergütung nicht durch Abzug von Kosten Nachteile entstehen sollen, wenn und soweit Kosten auch ohne eine Betriebsfortführung im Falle der Einstellung des Geschäftsbetriebes angefallen wären. Dementsprechend wird die Auffassung vertreten, dass nur diejenigen Masseschulden in Abzug zu bringen sind, die der Insolvenzverwalter bei der Unternehmensfortführung als Masseverbindlichkeiten begründet. Diejenigen Masseverbindlichkeiten, die **unabhängig** von der **Unternehmensfortführung** als sog. Auslaufverbindlichkeiten (»Sowieso-Kosten«) entstehen, sollten demgegenüber nicht abgesetzt werden. Insbesondere sollten die sog. **Kündigungsfristlöhne**, d.h. die Lohnsumme, die bis zum Auslauf der Kündigungsfristen der Arbeitnehmer anfallen, nicht in Abzug gebracht werden, da diese Lohnkosten ungeachtet der Betriebsfortführung als Masseverbindlichkeiten zu bedienen gewesen wären. Demgegenüber wird teilweise in der Literatur (MüKo-InsO/*Nowak* 2. Aufl. § 1 InsVV Rn. 19) die Meinung vertreten, dass **alle Ausgaben**, welche im Zusammenhang mit der Betriebsfortführung als Masseverbindlichkeiten entstehen, bei der Bestimmung des Fortführungsüberschusses gem. § 1 Abs. 2 Nr. 4 lit. b) InsVV zu be- 42 rücksichtigen sind. Hierzu gehören dann insbesondere die Kündigungsfristlöhne gem. § 55 Abs. 1 Nr. 2 InsO. Der **Bundesgerichtshof** (ZInsO 2011, 1615; NZI 2009, 49 m. Anm. *Prasser*; krit. *Keller* DZWIR 2009, 231) hat sich nunmehr der **letztgenannten Auffassung** ausdrücklich angeschlossen. Der *BGH* führt aus, dass »bei der Fortführung des Unternehmens des Schuldners bei der Masse gem. § 1 Abs. 2 Nr. 4 lit. b) InsVV nur der Überschuss zu berücksichtigen ist, der sich nach Abzug der Ausgaben von den Einnahmen ergibt. Nach dem Wortlaut der Vorschrift kann es keinem Zweifel unterliegen, dass die Kündigungsfristlöhne als Ausgaben i.S.d. Bestimmung zu berücksichtigen sind, **wenn** der Verwalter die zu vergütende Arbeitskraft der Arbeitnehmer des Unternehmens für die **Fortführung des Unternehmens** in Anspruch genommen hat.« Zur Begründung weist der Bundesgerichtshof insbesondere darauf hin, dass im Falle des Nichtansatzes der »Sowieso-Kosten« ggf. eine **Doppelberücksichtigung** zu Gunsten des Verwalters eintreten könne, da der Nichtansatz zum einen den Überschuss aus der Fortführung erhöht und zum anderen, dass die Löhne, die während der Kündigungsfristen zu bezahlen sind, die weitere Teilungsmasse (ohne Betriebsfortführung) nicht belasten, obwohl es zu einem Abfluss aus der Masse kommt. Demgegenüber wird im Falle der Betriebseinstellung und der Freistellung der Arbeitnehmer kein Fortführungsüberschuss erwirtschaftet, sodass die Kündigungsfristlöhne nur einmal in der Berechnungsgrundlage berücksichtigt werden können. Nach Auffassung des *BGH* ist auch bei der Unternehmensfortführung der Grundsatz zu beachten, dass der Insolvenzverwalter für seine Bemühungen nicht doppelt honoriert werden kann (*BGH* NZI 2009, 49; NZI 2007, 341; s. hierzu auch *Reck* ZInsO 2009, 72; *Graeber* InsBürO 2009, 30). In dieser klarstellenden Entscheidung des BGH, dass alle Masseverbindlichkeiten i.S.d. § 55 InsO die durch die Unternehmensfortführung erstmalig entstehen oder die dadurch gekennzeichnet sind, dass der Verwalter die in der Masseverbindlichkeit verkörperte Leistung für die Unternehmensfortführung in Anspruch nimmt, sind nunmehr klare **Abgrenzungskriterien** für den den Geschäftsbetrieb fortführenden Insolvenzverwalter vorgegeben.

43 **Nicht** unter die Ausnahmeregel des § 1 Abs. 2 Nr. 4 lit. b) InsVV fallen die **Masseverbindlichkeiten,** welche **nicht** durch den **Insolvenzverwalter** begründet wurden oder welche nicht in Zusammenhang mit einer Leistungserbringung für eine **Unternehmensfortführung** im eröffneten Insolvenzverfahren stehen. Insbesondere sind die Auslaufverbindlichkeiten aus Kündigungsfristlöhnen für Arbeitnehmer, welche durch den Insolvenzverwalter **nicht im Rahmen der Unternehmensfortführung beschäftigt** wurden, nicht zu berücksichtigen. Gleichermaßen braucht sich der Insolvenzverwalter auch diejenigen Masseverbindlichkeiten nicht anrechnen zu lassen, die aus **Miete** und **Pacht** für Objekte entstehen, die nicht für die Betriebsfortführung benötigt werden. Dementsprechend muss der Insolvenzverwalter im Rahmen der Berechnung des Überschusses **klar** und **abgrenzbar** die Kosten darstellen, die für die **Unternehmensfortführung** entstanden sind und hat eine Abgrenzung gegenüber denjenigen Kosten, vor allem im Lohn- und Mietbereich, darzustellen, die nicht im Zusammenhang mit der Betriebsfortführung entstanden sind. Insbesondere sind dann **klare Abgrenzungen** vorzunehmen, wenn beispielsweise ein Arbeitnehmer im Rahmen der Kündigungsfrist nur für einen begrenzten Zeitraum für die Betriebsfortführung beschäftigt wurde und im Übrigen (beispielsweise) freigestellt wurde. Hier ist nur der Lohn für den Zeitraum der Inanspruchnahme für die Betriebsfortführung in Abzug zu bringen. Der infolge der **Freistellung** zu zahlende **Differenzlohn** ist nicht in der Überschussrechnung zu berücksichtigen. Gleichermaßen verhält es sich im Bereich der **Miet- und Pachtverhältnisse.**

44 In seinen Entscheidungen vom 07.10.2010 und 27.09.2012 (*BGH* 07.10.2010 – IX ZB 115/08, ZInsO 2010, 2409; 27.09.2012 – IX ZB 243/11, ZInsO 2013, 840) hat der BGH festgelegt, dass auch eine sog. Ausproduktion oder Auslaufproduktion eine Unternehmensfortführung i.S.d. § 1 Abs. 2 Nr. 4 Satz 2 lit b InsVV darstellt, sodass die vorgenannten Grundsätze entsprechend gelten.

45 Die **Entscheidung des Bundesgerichtshofs** (*BGH* ZInsO 2011, 1615) führt durch die Berücksichtigung aller im Rahmen der Betriebsfortführung entstehenden Masseverbindlichkeiten in der Folge zu einer **Verringerung des Überschusses** und damit zwangsläufig zu einer **Reduzierung der Vergütung** des den *Geschäftsbetrieb* fortführenden Insolvenzverwalters. Ein Ausgleich erfolgt allerdings durch den regelmäßig festzusetzenden **Zuschlag gem. § 3 Abs. 1 lit. b) InsVV.** Dabei ist im Einzelnen da-

rauf hinzuweisen, dass die Fortführung des Geschäftsbetriebes nur dann zu einem Zuschlag führt, wenn der Fortführungsüberschuss **nicht bereits selbst eine angemessene Vergütungserhöhung bewirkt hat**, was in einer Vergleichsberechnung darzustellen ist (*BGH* ZInsO 2011, 1615; 2009, 55; 2008, 1262; 2008, 266; s. hierzu auch § 3 InsVV Rdn. 29). Hinsichtlich der Erarbeitung und Darstellung der vom *BGH* geforderten Vergleichsrechnung wird i.E. auf die Ausführungen bei § 3 InsVV Rdn. 29 verwiesen.

Der Bundesgerichtshof weist in einer früheren Entscheidung (*BGH* ZVI 2005, 388) zu Recht darauf hin, dass die Regelung des § 1 Abs. 2 Nr. 4 Satz 2 lit. b) InsVV erst ab dem Zeitpunkt der **tatsächlichen** Unternehmensfortführung wirkt und es auf den Zeitpunkt der Beschlussfassung der Gläubigerversammlung nach § 157 Satz 1 InsO nicht ankommt.

Die vom Insolvenzverwalter zur Ermittlung der **Berechnungsgrundlage** zu erstellende gesonderte Einnahmen-/Ausgabenrechnung ist auf den **Zeitpunkt** der Beendigung seiner Tätigkeit bzw. der Beendigung des Insolvenzverfahrens abzustellen. **46**

Bei den in Ansatz zu bringenden Verbindlichkeiten, die die Masse belasteten, kommt es bei einer Verfahrensbeendigung durch die Annahme eines **Insolvenzplanes** nicht darauf an, ob diese Verbindlichkeiten bereits erfüllt sind. Auch Geschäftsvorgänge, die noch nicht zu einer Inrechnungstellung geführt haben, müssen in der Einnahmen-/Ausgabenrechnung erfasst werden (*BGH* ZIP 2004, 784). Soweit bei Abschluss des Insolvenzverfahrens durch Annahme des Insolvenzplanes Unsicherheiten hinsichtlich der Höhe der Ausgaben bestehen, beispielsweise weil noch keine Rechnung vorliegt, ist der Insolvenzverwalter gehalten, bei dem Geschäftspartner Informationen einzuholen oder – nachvollziehbar – die Höhe der Ausgaben (bzw. Verbindlichkeiten) zu schätzen (*BGH* ZInsO 2011, 1615). § 1 Abs. 2 Nr. 4 Satz 2 lit. b) InsVV kann allerdings nicht dahingehend ausgelegt werden, dass in diese Einnahmen-/Ausgabenrechnung auch solche Ausgaben eingestellt werden müssen, deren Vornahme der Insolvenzverwalter während der Unternehmensfortführung pflichtwidrig unterlassen hat. Zwar kann es als eine Pflichtwidrigkeit des Insolvenzverwalters gesehen werden, wenn er notwendige Ausgaben, die er bei ordnungsgemäßer Ausübung des Verwalteramtes hätte tätigen müssen, vermeidet, um die Verminderung des Überschusses aus der Unternehmensfortführung zu vermeiden. Doch ist eine **Pflichtverletzung** allerdings dann **nicht** anzunehmen, wenn insbesondere in einem Planverfahren der Insolvenzverwalter kostenträchtige Ausgaben zurückstellt, solange die Sanierung der Schuldnerin über den Insolvenzplan nicht gesichert ist (*BGH* ZIP 2004, 784). **47**

Auch ein **Arbeitseinkommen** des Schuldners, das der Insolvenzverwalter für dessen Arbeitsleistung bezahlt, ist in **Abzug** zu bringen, da es nicht als Unterhalt gem. § 100 InsO anzusehen ist (*BGH* ZIP 2006, 1307). Im Rahmen der Überschussberechnung bei der Fortführung eines Unternehmens des Schuldners ist als Ausgabe auch die **Einkommenssteuer** in Abzug zu bringen, die durch die Fortführung des Unternehmens als Masseverbindlichkeit entsteht (*BGH* Beschl. v. 18.12.2014 – IX ZB 5/13, ZIP 2015, 230).

Die **Vergütung des Verwalters hingegen** ist **nicht als Ausgabe bei der Fortführung** zu betrachten, weil dessen Tätigkeit auch von anderen Merkmalen geprägt ist und die Kosten nicht durch oder für die Fortführung entstanden oder eingesetzt wurden, sondern als Reflex dieser Tätigkeit entstehen (*Haarmeyer/Mock* InsVV, § 1 Rn. 97; *LG Leipzig* ZInsO 2013, 684).

Einnahmen aus dem Abverkauf von Lagerbeständen, die vor Insolvenzeintritt produziert oder angeschafft wurden, zählen ebenso wie der Einzug von Forderungen, die vor Insolvenzeintritt begründet wurden, **nicht** zu den Einnahmen, die **kausal** durch die Betriebsfortführung verursacht wurden. Sie sind folglich **nicht** als Einnahmen der Betriebsfortführung im Rahmen der Einnahmen- und Ausgabenrechnung zu berücksichtigen (so auch *Haarmeyer/Mock* InsVV, § 1 Rn. 95). Das hat insbesondere Bedeutung bei der Berechnungsgrundlage einer Betriebsfortführung, die zu einem Verlust geführt hat. Der sich aus der Ausgaben- und Einnahmenrechnung ergebende **Überschuss** ist zur Insolvenzmasse **hinzuzurechnen**. Sollte der Insolvenzverwalter im Rahmen der Betriebsfortführung **keinen Überschuss** erzielen, so gilt der in § 1 Abs. 2 Nr. 4 Satz 1 InsVV niedergelegte **Grundsatz**, dass weder die Ausgaben noch ein entstandener Verlust von der Berechnungsgrundlage in Abzug zu **48**

§ 1 InsVV   Berechnungsgrundlage

bringen sind (vgl. *Haarmeyer/Mock* InsVV, § 1 Rn. 97). Eine besondere Berücksichtigung der Unternehmensfortführung erfährt der Verwalter im Rahmen der Vergütung unabhängig von der Erwirtschaftung eines Überschusses gem. **§ 3 Abs. 1 lit. b) InsVV**, da hier ein **Zuschlag** normiert ist.

VI. Vorschüsse, Zuschüsse (§ 1 Abs. 2 Nr. 5 InsVV)

49 Gem. **§ 1 Abs. 2 Nr. 5 InsVV** sind bei der Ermittlung der Berechnungsgrundlage diejenigen **Vorschüsse** in Abzug zu bringen, die **Dritte** zur Durchführung des Verfahrens geleistet haben. Des Weiteren sind außer Acht zu lassen diejenigen Beträge, die ein **Dritter** zur Erfüllung eines **Insolvenzplans** geleistet hat. Die **Begründung** hierzu ergibt sich bereits daraus, dass dieser **Zuschuss** nicht Bestandteil der Insolvenzmasse gem. § 1 Abs. 1 InsVV wird. Mit eingerechnet wird allerdings ein **Vorschuss**, den der **Schuldner** selbst erbracht hat. Aber auch der Zuschuss eines Dritten zur Abdeckung der Verfahrenskosten, der insbesondere von Gläubigern geleistet wird, die ein besonderes Interesse an der Verfahrenseröffnung besitzen, ist hinzuzurechnen, da regelmäßig der Dritte auf die Rückzahlung des erbrachten Vorschusses verzichtet (vgl. BK-InsO/*Blersch* InsVV, § 1 Rn. 21).

VII. Zu erwartende Einnahmen

50 Nach Ansicht des *BGH* (ZIP 2006, 468 m. Anm. *Prasser* ZIP 2008, 81 f.; ZInsO 2010, 1503) können **weitere Einnahmen** bei der Bemessungsgrundlage der Verwaltervergütung in Ansatz gebracht werden, wenn sie bei Erstellung der Schlussrechnung bis zur Verfahrensaufhebung **mit Sicherheit** zu erwarten sind. Wie bereits unter Rdn. 4 ausgeführt, zählen hierzu insbesondere die noch anfallenden Zinsen, Steuererstattungsansprüche aus Umsatzsteuererklärungen, Kapitalertragsteuer und Solidaritätszuschlag.

51 Eine nicht zu unterschätzende **erhöhende Auswirkung** hat der der Masse zustehende **Vorsteuererstattungsanspruch** aus der Insolvenzverwaltervergütung. Dieser kann bereits bei dem mit der Schlussrechnung eingereichten Vergütungsantrag prognostisch für mehrere aneinander gekettete Zirkelberechnungen **rekursiv** berechnet werden. Mit dieser Berechnung und Hinzurechnung der jeweiligen Vorsteuererstattungsansprüche erhöht sich die Berechnungsgrundlage und in der Folge die Vergütung. Dies kann zum einen durch die Vergütungsmodule der jeweiligen **Insolvenzverwaltersoftware** berechnet werden oder zum anderen durch eine **Exceltabelle**. Bei der Excelberechnung ist die nach der ersten Berechnung entstandene Umsatzsteuer der zunächst nach den Vorgaben des § 1 InsVV ermittelten **Berechnungsgrundlage** hinzuzurechnen. Auf Basis dieser »neuen« Berechnungsgrundlage werden ebenfalls wieder die Vergütung, die Auslagen und die Umsatzsteuer berechnet. Der Differenzbetrag der nunmehr errechneten Umsatzsteuer zu der vorher errechneten Umsatzsteuer wird erneut in die Berechnungsgrundlage der zweiten Berechnung einbezogen. Dieser Vorgang kann mehrmals wiederholt werden. Erfahrungsgemäß liegen die Differenzbeträge, die der Berechnungsgrundlage hinzugerechnet werden können, spätestens bei der 7. Berechnung unter 1 Ct.

52 ▶ Zur Verdeutlichung der Rekursionsberechnung folgendes Beispiel:

Berechnungsmasse in EUR	Regelvergütung in EUR	19 % Umsatzsteuer in EUR	Schon berücksichtigte Umsatzsteuer in EUR	Differenzbetrag in EUR
20.000,00	8.000,00	1.520,00		
21.520,00	8.608,00	1.635,52	1.520,00	115,52
21.635,42	8.654,21	1.644,30	1.635,52	8,78
21.644,30	8.657,72	1.644,97	1.644,30	0,60
21.644,97	8.657,99	1.645,02	1.644,97	0,05
21.645,02	8.658,01	1.645,02	1.645,02	0,00

Unter Einbeziehung der rekursiven Vorsteuererstattung in die Berechnungsgrundlage ist die Nettovergütung bei dem Beispiel von EUR 8.000,00 auf EUR 8.658,01, mithin um EUR 658,01 gestiegen.

Ohne Rekursionsberechnung der Vorsteuererstattung beträgt die Nettovergütung nur EUR 8.608,00, also EUR 50,01 weniger.

In seiner Entscheidung vom 26.02.2015 lehnt der *BGH* (– IX ZB 9/13, ZIP 2015, 696) die hier dargestellte rekursiv berechnete Vorsteuererstattung als Teil der Berechnungsgrundlage ab. 53

Der Bundesgerichtshof gewährt nur die Berücksichtigung der Vorsteuererstattung in der Höhe, »die sich aus der ohne Vorsteuererstattung berechneten Vergütung ergibt«. Nach Auffassung des BGH (ebenso *Keller* Vergütung und Kosten im Insolvenzverfahren, 3. Aufl., Rn. 66; MüKo-InsO/*Riedel* 3. Aufl., § 8 InsVV Rn. 25), könne nur die »**erste**« **Vorsteuererstattung** in die **Berechnungsgrundlage einbezogen werden**. Eine (weitere) Vorsteuererstattung stelle dagegen einen nachträglichen Massezufluss dar. Dieser sei grds. erneut bei der Berechnungsgrundlage zu berücksichtigen und führt zu einer weiteren Erhöhung der Vergütung. Der BGH argumentiert damit, dass im Voraus solche möglichen späteren Erstattungen nicht in die Berechnungsgrundlage der Insolvenzverwalter einbezogen werden könnten, weil nicht sicher sei, dass sie tatsächlich erfolgen würden.

Diese Zweifel können **nicht** nachvollzogen werden. Dies soll anhand des vorgenannten **Beispiels** erläutert werden:

Ausgehend von einer Berechnungsgrundlage in Höhe von EUR 20.000,00 errechnet sich im vorgenannten Beispiel eine Regelvergütung in Höhe von EUR 8.000,00. Lässt man der Einfachheit halber zur Verdeutlichung des Vorgangs Auslagen etc. weg, errechnet sich die Vergütung des Insolvenzverwalters bei netto EUR 8.000,00 und der ersten Vorsteuererstattung in Höhe von EUR 1.520,00 nach Ansicht des BGH aufgrund einer Berechnungsmasse von EUR 20.000,00 + EUR 1.520,00, mithin EUR 21.520,00. Die Regelvergütung hieraus beträgt EUR 8.608,00. Hierauf entsteht dann bereits schon eine (»weitere«) Umsatzsteuer in Höhe von EUR 1.635,52. Diesen Betrag kann der Insolvenzverwalter bei der Umsatzsteuererklärung als Vorsteuererstattung für die Masse geltend machen. Damit entsteht eine Diskrepanz innerhalb des Vergütungsantrages. Bei der Darstellung der Berechnungsgrundlage wird ein Betrag in Höhe von EUR 1.520,00 als zukünftige Vorsteuererstattung angesetzt, obwohl bereits klar ist, dass tatsächlich ein Erstattungsbetrag in Höhe von EUR 1.635,52 entstehen wird (sofern keine anderen Punkte dagegen sprechen, dass die gezahlte Umsatzsteuer vollständig »gezogen« werden kann, wie z.B. dann, wenn im gleichen Veranlagungszeitraum Umsatzsteuer abzuführen ist). Dies wäre aber auch schon bei der vom BGH als möglich angesehenen Einbeziehung des Vorsteuerabzugs in der ersten Stufe zu berücksichtigen. Mit *Zimmer* (EWiR 2015, 353) ist daher festzuhalten, dass das durch **Iteration gewonnene Ergebnis** das einzig richtige ist. Dann – und nur dann – stimmt der im Vergütungsantrag gem. § 7 InsVV angegebene Umsatzsteuerbetrag, der später nach §§ 15, 16 UStG, § 35 Abs. 1 InsO erfolgende Massezufluss aus Erstattung eines Vorsteuerüberhangs und der im Rahmen des § 1 Abs. 1 InsVV zu berücksichtigende Wert dieses Massezuflusses überein (so auch *Zimmer* EWiR 2015, 353).

Die vom BGH vertretene Auffassung führt hingegen dazu, dass der nach § 7 InsVV im Vergütungsantrag angegebene Umsatzsteuerbetrag bereits schon höher ist, als der im Rahmen des § 1 Abs. 1 InsVV bei der Ermittlung der Berechnungsgrundlage angeführte Betrag aus Vorsteuererstattung. In zahlreichen Insolvenzverfahren wurde bereits die rekursiv errechnete Vorsteuererstattung im Rahmen der Berechnung der Vergütung herangezogen und exakt dieser Betrag wurde auch durch die Finanzverwaltung im Rahmen der Umsatzsteuererstattung der Masse erstattet. Andere Begrenzungen des Vorsteuererstattungsanspruchs, wie etwa die Zwangssaldierung gem. § 16 Abs. 2 UStG oder anteilige Vorsteuerabzüge, weil eine Abgrenzung zwischen **Betriebs-/Privatvermögen, steuerbaren/nicht steuerbaren bzw. steuerpflichtigen/nicht steuerpflichtigen Umsätzen** vorzunehmen ist oder es kann nur ein Teil der Vergütung realisiert werden, weil das vorhandene Guthaben im Insol-

§ 1 InsVV Berechnungsgrundlage

venzverfahren nicht ausreicht, um die Vergütung vollständig entnehmen zu können, können nach der Vorgehensweise des BGH **nicht** berücksichtigt werden.

Das *AG Friedberg* (Beschl. v. 07.07.2015 – 60 IN 202/10, NZI 2015, 908) verneint in diesem Zusammenhang die vom BGH (ZIP 2015, 696) vertretene Auffassung, dass bei Vorsteuererstattungen ab der zweiten Stufe eine weitere Vergütung beantragt werden könne. Es handele sich um einen nachträglichen Massezufluss, so dass eine Zweitfestsetzung dann ausscheidet, der bei der Erstfestsetzung der Vergütung bereits sicher zu erwarten war. Das AG Friedberg sieht den Insolvenzverwalter mit seinem zweiten Vergütungsantrag insoweit als präkludiert an.

Keller (Anm. zu *AG Friedberg* Beschl. v. 07.07.2015 – 60 IN 202/10, NZI 2015, 908, NZI 2015, 909) hebt hierzu hervor, dass der BGH diese Präklusion im Zusammenhang mit den Massezuflüssen durch Vorsteuererstattungen bislang nicht annimmt.

Graeber (Anm. zu *BGH* Beschl. v. 26.02.2015 – IX ZB 9/13, NZI 2015, 388, NZI 2015, 389) sieht statt der Annahme einer Präklusion, die Verpflichtung der Insolvenzgerichte erneute Vergütungsfestsetzungsanträge entgegenzunehmen, da sich mit jeder Neufestsetzung der Wert in der Insolvenzmasse und damit der für die Befriedigung der Gläubiger zur Verfügung stehende Betrag erhöht. *Graeber* **verneint** die Möglichkeit des Insolvenzgerichts den Insolvenzverwalter aufzufordern, von erneuten Vergütungsfestsetzungen Abstand zu nehmen.

Bei konsequenter Befolgung der – abzulehnenden – Auffassung des *BGH* (Beschl. v. 26.02.2015 – IX ZB 9/13, NZI 2015, 388) würde einer Verzögerung des Verfahrensabschlusses aufgrund mehrerer Vergütungsanträge und Vergütungsfestsetzungen sowie mehrfachen Bekanntmachungen der Festsetzungsbeschlüsse Vorschub geleistet (so auch *Graeber* Anm. zu *BGH* Beschl. v. 26.02.2015 – IX ZB 9/13, NZI 2015, 388, NZI 2015, 389). Bei **Insolvenzverfahren** über das Vermögen **natürlicher Personen** ist bei der Berechnung des Vorsteuererstattungsanspruchs zu berücksichtigen, dass es Verwertungserlöse aus **betrieblichen** Vermögenswerten, die der Umsatzsteuer unterliegen, und Verwertungserlösen aus **privatem** Vermögen geben wird. Die Vorsteuer kann dann nur anteilig – quotal – vereinnahmt werden. In der vorstehend dargestellten Rekursionsberechnung kann dann jeweils nur der quotale Anteil der Umsatzsteuer der vorstehenden Berechnungsgrundlage der nächsten Berechnungsgrundlage hinzugerechnet werden.

54 Das FG Köln will hingegen die erforderliche Aufteilung der Vorsteuern für Leistungsbezüge, die einer wirtschaftlichen und einer nichtwirtschaftlichen Tätigkeit des Schuldners dienen, nach der Quote der betrieblichen Insolvenzforderungen an den Gesamtverbindlichkeiten ausrichten. Die Entscheidung ist nicht rechtskräftig. Beim *BFH* ist unter dem Az. XI R 28/14 ein Verfahren anhängig, das sich mit der Frage beschäftigen soll, ob die Aufteilung nach dem Verhältnis der Vermögensanteile oder nach dem Verhältnis der unternehmerischen Verbindlichkeiten zu den Gesamtverbindlichkeiten vorzunehmen ist (*FG Köln* 09.05.2014 – 4 K 2584/13, ZIP 2014, 1796).

55 Die Entscheidungen des *BGH* (25.10.2007 – IX ZB 147/06, ZInsO 2007, 1347 und 01.07.2010 – IX ZB 66/09, ZInsO 2010, 1503 sowie 10.02.2011 – IX ZB 210/09, ZInsO 2011, 791), dass die prognostizierte Vorsteuererstattung in der Berechnungsgrundlage berücksichtigt werden kann, wird lediglich vom **LG Schwerin** (27.02.2009 – 5 T 280/07, ZInsO 2009, 2311) **kritisch** gesehen.

56 Die **Kritik** bezieht sich darauf, dass der berechnete Steuerbetrag sich aus der ermittelten Verwaltervergütung, die wiederum die vorhandene Masse zur Berechnungsgrundlage hat, ergebe. Der Masse werde der Steuerbetrag also zunächst entnommen und nachher wieder zugeführt. Durch diesen Vorgang werde aber die ursprüngliche Masse nicht erhöht. Diese Auffassung sieht in der Vorgehensweise lediglich eine Verauslagung der Steuerbeträge. Dem ist jedoch **nicht zuzustimmen,** da bei den **sonstigen Vorsteuererstattungen** auch unproblematisch von **Einnahmen** ausgegangen wird (vgl. auch Rdn. 60).

57 Als weiterer Kritikpunkt an dieser Berücksichtigung des errechneten Steuerbetrages wird ausgeführt, dass sich rechnerisch »eine Kette ohne Ende« ergäbe. Wie zuvor unter Rdn. 52 dargestellt, ist die

Kette jedoch insoweit endlich, als die nach der siebten Berechnung entstehenden Beträge derart gering sind, dass sie zu vernachlässigen sind.

Die Auffassung des *LG Schwerin* (ZInsO 2009, 2311) berücksichtigt **nicht**, dass auch im Wege einer fortgeschriebenen Schlussrechnung am Ende des Verfahrens eine »neue« Berechnungsgrundlage ermittelt werden kann bzw. könnte (*Kübler/Prütting/Bork-Eickmann/Prasser* § 1 InsVV Rn. 8a). Im Übrigen ergibt sich dies auch aus § 6 Abs. 1 InsVV. Danach sind die nach Einreichung der Schlussrechnung erzielten oder noch zu erzielenden Einnahmen bei der Berechnung der Teilungsmasse, die der Vergütungsfestsetzung des Insolvenzverwalters zugrunde zu legen ist, zu berücksichtigen. Die Auffassung des **BGH** (25.10.2007 – IX ZB 147/06, ZInsO 2007, 1347 und 01.07.2010 – IX ZB 66/09, ZInsO 2010, 1503 sowie 10.02.2011 – IX ZB 210/09, ZInsO 2011, 791) ist insoweit nur **konsequent**, da für eine Nachtragsverteilung der Verwalter keine gesonderte Vergütung erhält, wenn die Nachtragsverteilung vorhersehbar war und schon bei der Festsetzung der Vergütung für das Insolvenzverfahren berücksichtigt wurde (vgl. *Kübler/Prütting/Bork-Eickmann/Prasser* § 1 InsVV Rn. 8a). 58

VIII. Von der Berechnungsgrundlage abzusetzende Beträge

1. Im vorläufigen Verfahren begründete Ausgaben

Sofern der Insolvenzverwalter im Eröffnungsverfahren als sog. schwacher vorläufiger Insolvenzverwalter (§ 22 Abs. 2 InsO) bestellt und lediglich mit einem Zustimmungsvorbehalt ausgestattet war, ist Folgendes zu berücksichtigen: 59
Aufgrund der zeitlichen Gegebenheiten kommt es häufig vor, dass im vorläufigen Insolvenzverfahren Leistungen in Anspruch genommen, jedoch erst nach Insolvenzeröffnung bezahlt wurden bzw. bezahlt werden können. Grund hierfür ist häufig, dass die Rechnungsstellung noch nicht im vorläufigen Insolvenzverfahren erfolgt, sondern erst zu Beginn des eröffneten Verfahrens. Die zugrunde liegende Verbindlichkeit stellt jedoch, wenn der vorläufige Insolvenzverwalter ein sog. »schwacher« war, **keine Masseverbindlichkeit** dar, sodass § 1 Abs. 2 Nr. 4 InsVV nicht einschlägig ist. Diese Ausgaben sind im eröffneten Verfahren buchhalterisch von den sonstigen Ausgaben abzugrenzen und von der Berechnungsgrundlage abzuziehen. Die erst im eröffneten Verfahren bezahlten, aber im vorläufigen Insolvenzverfahren begründeten Verbindlichkeiten würden bei »rechtzeitiger« Bezahlung den in das eröffnete Verfahren übernommenen Geldbestand reduzieren. Bei einer anderen Beurteilung wäre es dem vorläufigen Insolvenzverwalter/Insolvenzverwalter möglich, die Berechnungsgrundlage durch den Zeitpunkt der Ausgabe zu beeinflussen.

2. Unechte Einnahmen

In der Rechtsprechung (*LG Münster* Beschl. v. 27.04.2012 – 5 T 159/11, InsbürO 2012, 399; *LG Aachen* ZInsO 2013, 683) und Literatur (*Endres* ZInsO 2011, 258 ff.; *Reck* ZInsO 2011, 567 ff.) wird die Meinung vertreten, dass vom Verwalter **irrtümlich überwiesene Beträge** oder **Erstattungsbeträge zuvor verauslagter Kosten** oder **Erstattungen auf nicht verbrauchte Vorauszahlungen** nicht in die Berechnungsgrundlage einfließen dürften. Es lägen sog. »**unechte Einnahmen**« vor. Rückerstattungen aus zuvor beglichenen Masseverbindlichkeiten seien nicht als Einnahmen, sondern als Minderung der Ausgaben auf dem die Berechnungsgrundlage nicht erhöhenden Ausgabekonto zu buchen (*LG Münster* InsbürO 2012, 399; *Haarmeyer/Mock* InsVV, § 1 Rn. 46). Bei einer Einbindung der rückfließenden Einnahmen in die Berechnungsgrundlage wird die Gefahr gesehen, dass der Insolvenzverwalter es selbst in der Hand hätte, durch entsprechende Vereinbarungen über die Höhe der Vorauszahlungen mit Dienstleistern (z.B. Energielieferanten, Telekommunikationsunternehmen, Versicherungen) die Berechnungsgrundlage für seine Vergütung in nicht mehr zu kontrollierender Weise zu erhöhen. Dabei wird jedoch **verkannt,** dass der Insolvenzverwalter selten Einfluss auf die Höhe der Vorauszahlungen hat. Die Energielieferanten verlangen für eine Weiterbelieferung von diesen vorgegebene Abschläge, Versicherungen verlangen den Jahresbeitrag, eine halbjährliche, vierteljährliche oder gar monatliche Zahlweise ist nur gegen Aufpreis zu erlangen und Telekommunikationsanbieter stellen ebenfalls von ihnen festgelegte Vorauszahlungen in Rechnung. Entsprechendes 60 gilt auch für die vom Insolvenzgericht geforderten Vorschüsse auf Gerichtskosten bzw. in Gerichtsprozessen von der Masse zu zahlenden Gerichtskosten. Eine **Einflussnahme** des Insolvenzverwalters auf die Höhe ist somit nicht gegeben.

61 Die **Annahme** einer Steuerungsmöglichkeit des Insolvenzverwalters hinsichtlich der von den Gemeinden geforderten Abgaben, z.B. Grundsteuer, **ist lebensfremd**. Vorauszahlungen der Insolvenzmasse aufgrund von Umsatzsteuervoranmeldungen oder andere Steuern unterliegen ebenfalls nicht dem Einflussbereich des Insolvenzverwalters.

62 **Anders beurteilt** werden kann allenfalls diejenige Situation, in der der Insolvenzverwalter aufgrund von **Büroversehen** Beträge auf ein »falsches« Anderkonto angefordert hat. Hier ist der im »falschen Verfahren« vereinnahmte Betrag **berechnungsgrundlageneutral** zu werten (so auch *Haarmeyer/Mock* InsVV, § 1 Rn. 46).

63 In allen anderen Fällen gilt, dass vom **Grundsatz** her eine Verrechnung von Einnahmen und Ausgaben über den in § 1 Abs. 2 InsVV geregelten Ausnahmen hinaus nicht vorgesehen ist. § 1 Abs. 2 InsVV ist insoweit abschließend.

64 Die Auffassung, dass »unechte Einnahmen« von der Berechnungsgrundlage abzuziehen seien, ist demnach **abzulehnen** (so *auch LG Frankfurt/O.* Beschl. v. 14.11.2000 – 6 (a) T 370/00, JurionRS 2000, 31208, *Förster* ZInsO 2000, 553 f.).

65 Soweit das *LG Frankfurt/M.* in seinem Beschluss vom 29.01.2014 (ZInsO 2014, 458) erwägt, **§ 39 Abs. 2 GKG**, der eine **Streitwertobergrenze** von EUR 30 Mio. vorsieht, auch bei der Vergütung des Insolvenzverwalters anzuwenden sei, ist dieser Gedanke mit Blick auf § 2 InsVV **abzulehnen**. Würde die Streitwertobergrenze von EUR 30 Mio. auch für die Berechnungsgrundlage zur Ermittlung der Vergütung des Insolvenzverwalters greifen, würde § 2 Abs. 1 Nr. 6 und Nr. 7 InsVV nie eingreifen. Daraus ergibt sich zwangsläufig, dass der Verordnungsgeber gerade keine Grenze gem. § 39 Abs. 2 GKG einführen wollte.

66 Eine Anwendbarkeit von **§ 39 Abs. 2 GKG** im Bereich des Rechts der Vergütung des Insolvenzverwalters ist daher **abzulehnen**.

67 Im Übrigen ist ein Gleichlauf der für die Gerichtskosten und der Verwaltervergütung maßgeblichen Werte anzunehmen (*LG Duisburg* Beschl. v. 15.11.2016 – 7 T 27/16, ZInsO 2016, 2452). Etwas **anderes** gilt **nur**, wenn in den gesetzlichen Bestimmungen eine Sonderregelung getroffen wird, z.B. in § 58 Abs. 1 Satz 2 GKG oder § 58 Abs. 2 GKG.

§ 2 Regelsätze

(1) Der Insolvenzverwalter erhält in der Regel

1. von den ersten	25.000 Euro der Insolvenzmasse	40 vom Hundert,
2. von dem Mehrbetrag bis zu	50.000 Euro	25 vom Hundert,
3. von dem Mehrbetrag bis zu	250.000 Euro	7 vom Hundert,
4. von dem Mehrbetrag bis zu	500.000 Euro	3 vom Hundert,
5. von dem Mehrbetrag bis zu	25.000.000 Euro	2 vom Hundert,
6. von dem Mehrbetrag bis zu	50.000.000 Euro	1 vom Hundert,
7. von dem darüber hinausgehenden Betrag		0,5 vom Hundert.

(2) ¹Haben in dem Verfahren nicht mehr als zehn Gläubiger ihre Forderungen angemeldet, so soll die Vergütung in der Regel mindestens Euro 1.000 betragen. ²Von elf bis zu 30 Gläubigern erhöht sich die Vergütung für je angefangene fünf Gläubiger um Euro 150. ³Ab 31 Gläubiger erhöht sich die Vergütung je angefangene fünf Gläubiger um Euro 100.

(§ 2 Abs. 2 a.F.: *Die Vergütung soll in der Regel mindestens Euro 500 betragen.*)

Übersicht	Rdn.		Rdn.
A. Begründung zur insolvenzrechtlichen Vergütungsordnung	1	I. § 2 Abs. 2 a.F. InsVV (Altfälle vor 01.01.2004)	31
B. Allgemeines	2	II. § 2 Abs. 2 n.F. InsVV (Neuregelung ab 01.01.2004)	33
C. Berechnung der Regelvergütung (§ 2 Abs. 1 InsVV)	20	III. Begrenzung des Vergütungsanspruchs in Stundungsverfahren	49
D. Mindestvergütung (§ 2 Abs. 2 InsVV)	31		

Literatur:
Graeber Passt die Insolvenzrechtliche Vergütungsverordnung (noch) zur Insolvenzordnung?, NZI 2013, 574; *Graeber/Graeber* Zur Zulässigkeit der Beauftragung externer Schlussrechnungsprüfer durch Insolvenzgerichte, NZI 2014, 298; *Henkel* Vergütungswildwuchs und Verwalter-Bashing, ZInsO 2016, 2330. Siehe auch Vor § 1 InsVV.

A. Begründung zur insolvenzrechtlichen Vergütungsordnung

Abs. 1 übernimmt aus § 3 Abs. 1 der geltenden Vergütungsverordnung das System der wertabhängig gestaffelten und degressiv gestalteten Regelsätze für die Vergütung des Insolvenzverwalters. Die Wertgrenzen und die Höhe der Vomhundertsätze weichen allerdings erheblich vom Wortlaut der geltenden Verordnung ab. Die bisherige erste Wertgrenze von 10.000 DM ist entfallen; auf der anderen Seite sind im oberen Bereich zwei neue Wertgrenzen – von 50 und von 100 Mio. DM hinzugekommen. Die Verordnung sieht danach im Gegensatz zum geltenden Recht sieben Wertstufen vor. Damit soll im oberen Bereich eine stärkere Differenzierung ermöglicht und der Verwalter angemessen an der von ihm be- und erwirtschafteten Teilungsmasse beteiligt werden. Im Bereich bis zu 50 Mio. DM wird gleichzeitig sichergestellt, dass für die Insolvenzverwalter im Vergleich zur gegenwärtigen Vergütungspraxis (Regelvergütung in Höhe der vierfachen Staffelvergütung) keine Verschlechterung eintritt. Lediglich bei sehr hohen Teilungsmassen über 50 Mio. DM greift eine stärkere Degression als nach dem bisher geltenden Recht. 1

Bei der Festsetzung der Höhe der einzelnen Regelsätze war davon auszugehen, dass die im Wortlaut der bisherigen Verordnung vorgesehenen Sätze keine angemessene Vergütung mehr gewährleisten. Diese Sätze sind zuletzt durch die Änderungsverordnung vom 19. Juni 1972 (BGBl. I S. 1260) angepasst worden. Sie berücksichtigen weder die allgemeine Kostensteigerung seit dieser Zeit noch die Erweiterung des Aufgabenkreises des Insolvenzverwalters insbesondere auf dem Gebiet des Arbeitsrechts; auch die zunehmende Verbreitung von Sicherungsvereinbarungen, insbesondere des Eigentumsvorbehalts, der Sicherungsübereignung und der Sicherungsabtretung einschließlich ihrer Verlängerungs- und Erweiterungsformen, und die dadurch bedingte Schmälerung der unbelasteten Insolvenzmassen lassen die bisherigen Sätze seit langem als unangemessen erscheinen.

Für die Höhe der neuen Regelsätze waren weiter folgende Gesichtspunkte zu berücksichtigen:

– *Die Insolvenzordnung überträgt dem Insolvenzverwalter eine Reihe von neuen Aufgaben. Er soll die Gläubiger im Berichtstermin sachkundig beraten, wenn sie zwischen Liquidation, Sanierung des Schuldners und übertragender Sanierung wählen (§§ 156 f. InsO). Die Verwertung der »besitzlosen Mobiliarsicherheiten« ist in Zukunft Sache des Verwalters (§ 166 InsO). Die persönliche Haftung der Gesellschafter eines insolventen Unternehmens ist neuerdings vom Insolvenzverwalter geltend zu machen (§ 93 InsO).*
– *Auf der anderen Seite tragen zahlreiche Regelungen der Insolvenzordnung zur Vergrößerung der Insolvenzmasse bei, insbesondere die Kostenbeiträge der gesicherten Gläubiger (§§ 170 f. InsO), die Verschärfung des Anfechtungsrechts (§§ 122 ff. InsO) und die soeben erwähnte Zuweisung von gesellschaftsrechtlichen Ansprüchen an die Masse.*
– *Zusätzlich zur Vergütung und zur Erstattung der Auslagen soll in Zukunft die vom Insolvenzverwalter geschuldete Umsatzsteuer in voller Höhe erstattet werden (§ 7 der Verordnung).*

Die Höhe der in die Verordnung aufgenommenen Regelsätze ist in Abwägung aller dieser Gesichtspunkte festgelegt worden. Die neuen Regelsätze sollen in Zukunft maßgeblich sein, ohne dass schon für ein Nor-

§ 2 InsVV   Regelsätze

malverfahren Multiplikatoren angewandt oder Zuschläge gewährt werden. Nur bei Besonderheiten des einzelnen Verfahrens sind die in § 3 geregelten Zu- und Abschläge vorzunehmen.

Die Begründung des Verordnungsgebers zur Verordnung zur Änderung der insolvenzrechtlichen Vergütungsverordnung vom 04.10.2004, die insbesondere eine Neufassung des § 2 Abs. 2 InsVV beinhaltet, ist vor § 1 InsVV Rdn. 2 abgedruckt.

B. Allgemeines

2   § 2 InsVV definiert die **Regeln**, nach denen ausgehend von der gem. § 1 InsVV ermittelten Berechnungsgrundlage die **Vergütung** zu **errechnen** ist. In der Norm wird eine **Vergütungshöhe** für ein sog. **Normalverfahren** festgelegt, wobei § 3 InsVV vorsieht, diese Regelvergütung bei **Besonderheiten** des jeweiligen Verfahrens bei der Vergütung durch **Zu- und Abschläge** anzupassen. Die dargestellten **Regelsätze** stellen keinen durchgängigen Prozentsatz der in Ansatz zu bringenden Masse dar, sondern nehmen mit **fortschreitender** Teilungsmasse in **sieben Stufen** von **40 %** ausgehend auf **0,5 %** ab. Wie der Verordnungsgeber in seiner Begründung darlegt, sollen die eingeführten **sieben Berechnungsstufen** eine ausgeprägtere **Differenzierung** der Vergütungshöhen bei großen Massen ermöglichen (vgl. Begr. des Verordnungsgebers zu § 1 InsVV). Der Verordnungsgeber wollte bei sehr hohen Teilungsmassen **Vergütungen ausschließen**, die als **unangemessen hoch** empfunden würden (vgl. *Kübler/Prütting/Bork-Eickmann* InsVV, § 2 Rn. 1). Der Verordnungsgeber ist wohl von einigen durch in der Presse bekannt gewordene Fälle, die außergewöhnlich hohe Vergütungen beinhaltet haben, veranlasst worden, in m.E. **unangemessener Weise** sich gegenüber der bisherigen in der Rspr. sich entwickelten Vergütungshöhe **restriktiv** zu verhalten. Hier kommen darüber hinaus eher **subjektive** »**Angemessenheitserwägungen**« (vgl. BK-InsO/*Blersch* InsVV, § 2 Rn. 5) zum Ausdruck, statt einer methodengerechten Grundkonzeption einer Tätigkeitsvergütung. Es ist nicht ersichtlich, dass die Erwirtschaftung der jeweiligen Mehrbeträge innerhalb der Teilungsmasse einen geringeren Arbeits- oder Kostenaufwand erfordert als für den jeweiligen vorherigen Wertteil, dennoch wird durch den **degressiven Aufbau** immer mehr Arbeit immer geringer bezahlt. Es wird auch **völlig verkannt**, dass von den Insolvenzverwaltern i.d.R. eine **Großzahl** von (Klein-) Verfahren mit **geringen** Vergütungshöhen abgewickelt werden, die teilweise **nicht kostendeckend** sind. Die »**Unterdeckung**« kann nur dadurch ausgeglichen werden, dass in einzelnen Fällen besonders hohe Vergütungen erwirtschaftet werden, um im **Schnitt angemessene Einkünfte** zu erzielen, wie Art. 12 GG es vorsieht. In diesem Zusammenhang ist umso mehr zu berücksichtigen, dass i.d.R. die im Insolvenzbereich tätigen Verwalter überwiegend diese Tätigkeit ausüben und auf die angemessenen Vergütungen angewiesen sind, um den notwendigen »**Verwaltungsapparat**« vorhalten zu können.

3   Unter **Verkennung dieser Situation** hat der Verordnungsgeber in seiner Begründung die Auffassung vertreten, dass eine »**Verschlechterung**« gegenüber der bisherigen Vergütungspraxis **nicht** eingetreten sei (vgl. Begr. zur insolvenzrechtlichen Vergütungsverordnung zu § 1 bei § 1 InsVV Rdn. 1). Zwar hat sich der Verordnungsgeber an der bisherigen Vergütungspraxis, wonach in sog. Normalverfahren ein vierfacher Regelsatz nach § 3 Abs. 1 VergVO gewährt wurde, orientiert, jedoch ergeben sich durch die eingeführten Staffelsätze bei sehr kleinen und auch sehr großen Massen **erhebliche Verschlechterungen** gegenüber der bisherigen in der Rspr. entwickelten Vergütungspraxis (vgl. BK-InsO/*Blersch* InsVV, § 2 Rn. 1). Insbesondere im Bereich der neuen Bundesländer, in denen regelmäßig der fünffache Regelsatz nach der VergVO gewährt wurde, ist noch eine wesentlich größere Verschlechterung eingetreten (vgl. *Haarmeyer/Wutzke/Förster* 4. Aufl. InsVV, § 2 Rn. 3). *Blersch* (BK-InsO, InsVV § 2 Rn. 1, 3) stellt die **erheblichen Abweichungen** durch ausführliche Tabellen dar und weist auch die doch **prägnante Verschlechterung** der Vergütungssituation nach.

4   Die vom Verordnungsgeber eingeführte wesentliche Verschlechterung ist insbesondere deshalb nicht nachvollziehbar, da im Rahmen der **Neugestaltung** der InsO dem **Insolvenzverwalter** gleichzeitig eine **Erweiterung des Aufgabenbereiches** gegenüber demjenigen des früheren Konkursverwalters »verordnet« wurde. Zum Beispiel hat der Insolvenzverwalter nunmehr selbst die Tabelle zu führen. Darüber hinaus wurde ihm vorrangig die Verwertung von in seinem Besitz befindlichen Gegenständen, die mit Absonderungsrechten belastet sind, zugewiesen. Des Weiteren hat er zusätzlich gem.

§ 93 InsO die persönliche Haftung der Gesellschafter einer Personengesellschaft auch für die Gläubiger geltend zu machen. Außerdem hat der Insolvenzverwalter nach § 156 InsO die Gläubiger im **Berichtstermin** nicht nur über die Unternehmenssituation zu informieren, sondern nach einer **umfassenden Prüfung** die Gläubiger auch dahingehend zu **beraten** und **Empfehlungen** auszusprechen, inwieweit eine **Liquidation, Sanierung** oder die Aufstellung eines **Insolvenzplans** in Betracht kommen kann (vgl. BK-InsO/*Blersch* InsVV, § 2 Rn. 5). Dabei ist der Verordnungsgeber davon ausgegangen, dass die nunmehr definierten Regelsätze für Normalverfahren maßgeblich sind, ohne dass weitergehende Multiplikatoren oder Zuschläge zu gewähren wären (vgl. Begr. zur insolvenzrechtlichen Vergütungsverordnung zu § 1, abgedruckt unter Rdn. 1). Da allerdings die **Vergütungsstufen** bezogen auf das Normalverfahren unter Berücksichtigung der dem Insolvenzverwalter obliegenden Aufgaben als **kaum angemessenen** angesehen werden können, bleibt abzuwarten, inwieweit in der Praxis bereits im Bereich der Regelvergütung **Zuschläge** vorgenommen werden, um eine **angemessene Vergütung** zu gewähren (s. auch *Graeber* NZI 2013, 574).

Die Regelung des § 2 InsVV ist auf Grund der in § 10 InsVV vorgenommenen Verweisung auch 5 entsprechend anwendbar auf die Vergütung des **vorläufigen Insolvenzverwalters** gem. § 11 InsVV sowie des **Sachwalters** gem. § 12 InsVV.

Nunmehr – 13 Jahre nach Einführung der InsVV im Jahr 1999 – ist eine zusätzliche **inflations-** 6 **bedingte Entwertung** der Regelvergütung um ca. **24 %** zu konstatieren, da der Verbraucherpreisindex von 1999 von 90,3 auf 114,8 im April 2013 **angestiegen** ist (Index-Basis 2005 = 100, Statistisches Bundesamt, Verbraucherpreisindex für Deutschland, Stand April 2013).

Hinzu kommt, dass die im Jahr 1999 eingeführten **Regelsätze** sich an dem **Lohnniveau von 1989** 7 orientierten, sodass bei Inkrafttreten der InsVV zum 01.01.1999 die eingestellten Werte bereits seit zehn Jahren überholt waren. Dies rührt daher, dass der Verordnungsgeber auf die unveränderten Vergütungssätze der VergVO, die aus dem Jahre 1989 stammen, zurückgegriffen hat (s.a. *Kübler/ Prütting/Bork-Stoffler* InsVV, § 3 Rn. 29). Der damals geltende Preisindex für die Lebenshaltung für einen 4-Personen-Haushalt von Arbeitnehmern und Angestellten mit mittleren Einkommen ist in diesem Zeitraum bereits von 83,2 auf 104,7, mithin um rd. 25 % gestiegen.

Gänzlich unberücksichtigt bleibt bei der Heranziehung der Vergütungssätze der VergVO, dass auch 8 die Anforderungen an die Darstellung der Schlussberichte und der Tätigkeitsumfang der Insolvenzverwalter mit der Einführung der InsO eklatant gegenüber denen in Konkursverfahren gestiegen sind (*Graeber/Graeber* NZI 2014, 298).

Außerdem hat die **Umstellung von DM auf EUR** zum 01.01.2002 durch das gerundete Umtausch- 9 verhältnis von 2:1 statt von 1,95583:1 eine weitere nicht unbeachtliche **Reduzierung** der Vergütung insbesondere in den höheren Degressionsstufen herbeigeführt (*Kübler/Prütting/Bork-Stoffler* InsVV, § 2, Rn. 30; *Keller* 3. Aufl., Rn. 14).

Bis zur Umstellung von DM auf EUR im gerundeten Tauschverhältnis betrug die Regelvergütung 10 nach § 2 Abs. 1 InsVV noch:

	DM	EUR	EUR	Summe EUR
40 % von	50.000,00	25.564,59	10.225,84	10.225,84
25 % von	50.0000,00	25.564,59	6.391,15	16.616,99
7 % von	400.000,00	204.516,75	14.316,17	30.933,16
3 % von	500.000,00	255.645,94	7.669,38	38.602,54
2 % von	49.000.000,00	25.053.302,18	501.066,04	539.668,58
1 % von	50.000.000,00	25.564.594,06	255.645,94	795.314,52
0,5 % von	100.000.000,00	51.129.188,12	255.645,94	1.050.960,46

§ 2 InsVV Regelsätze

11 Nach dem gerundeten Tauschverhältnis beträgt die Regelvergütung nach § 2 InsVV nunmehr:

	EUR	EUR	Summe EUR	Differenz EUR
40 % von	25.000,00	10.000,00	10.000,00	– 225,84
25 % von	25.000,00	6.250,00	16.250,00	– 366,99
7 % von	200.000,00	14.000,00	30.250,00	– 683,16
3 % von	250.000,00	7.500,00	37.750,00	– 852,54
2 % von	24.500.000,00	490.000,00	527.750,00	– 11.918,58
1 % von	25.000.000,00	250.000,00	777.750,00	– 17.564,52
0,5 % von	50.000.000,00	250.000,00	1.027.750,00	– 23.210,46

12 Mit Blick auf die Feststellungen des *Bundesverfassungsgerichts* (ZIP 1989, 382) sowie die in der Folge standardisierte Erhöhung der Regelvergütung der VergVO durch die Rechtsprechung (z.B. *LG Darmstadt* 29.04.1991 – 5 T 68/81) auf das Vierfache, ist nunmehr auch die Vergütung des (vorläufigen) Insolvenzverwalters ebenfalls durch **Anpassung der Vergütungssätze** in § 2 Abs. 1 InsVV **verfassungskonform** zu gestalten.

13 Solange der Verordnungsgeber seine Aufgabe, die **Regelsätze anzupassen**, nicht erfüllt, ist die Rechtsprechung gehalten, durch verfassungskonforme Auslegung der InsVV eine **verfassungsgemäße Vergütung** festzusetzen (*Kübler/Prütting/Bork-Stoffler* InsVV, § 2 Rn. 43; **a.A.** *Graeber* NZI 2013, 574; *Haarmeyer/Mock* ZInsO 2014, 573; *LG Heilbronn* ZInsO 2013, 1810).

14 In Betracht kommt hierzu die **Gewährung** eines – angemessenen – prozentualen **Zuschlages** nach § 3 Abs. 1 InsVV.

15 Vorzugswürdiger und **sachgerechter** erscheint, dass bereits der Regelvergütungssatz um **20 % angehoben** wird, da damit die Vergütung an der Stelle angepasst wird, an der sie änderungsbedürftig ist. In der Folge wirkt sich die so gestaltete Anpassung als Bestandteil der Regelvergütung auch auf die übrigen Zu- und Abschläge nach § 3 InsVV aus, was nur konsequent ist (*Kübler/Prütting/Bork-Stoffler* InsVV, § 2 Rn. 44).

16 Der *BGH* (Beschl. v. 04.12.2014 – IX ZB 60/13, ZInsO 2015, 110) hat hierzu zwischenzeitlich entschieden, dass die Festsetzung der Vergütung des Insolvenzverwalters nach den Regelsätzen trotz der Geldentwertung seit dem Inkrafttreten der insolvenzrechtlichen Vergütungsverordnung im Jahre 1999 **derzeit noch nicht** den Anspruch des Verwalters auf eine seiner Qualifikation und seiner Tätigkeit angemessene Vergütung verletzt. Nach Ansicht des Gerichts könne ein Inflationsausgleich nicht gewährt werden, weil derzeit nicht festgeselt werden könne, dass für die dem Verwalter nach Maßgabe der Regelsätze des § 2 Abs. 1 InsVV zustehende Vergütung insgesamt nicht einen seiner Qualifikation und seiner Tätigkeit angemessenen Umfang erreicht. Die inflationsbedingte Geldentwertung seit dem Jahre 1999 führe nicht dazu, dass die Vergütung nach den Regelsätzen des § 2 Abs. 1 InsVV unangemessen niedrig wäre.

17 Nachdem der BGH einen Inflationsausgleich **derzeit** ablehnt, bedurfte es in diesem Zusammenhang keiner Entscheidung, ob er durch eine Erhöhung der Regelsätze gem. § 2 InsVV oder durch Gewährung eines Zuschlages gem. § 3 Abs. 1 InsVV vorzunehmen wäre. Gegen einen Ausgleich gem. § 3 Abs. 1 InsVV spräche, dass ein Zuschlag lediglich für tätigkeitsbezogene Erschwernisse im konkreten Verfahren gewährt werden kann (so auch *LG Heilbronn* ZInsO 2013, 1810, 1811; *Haarmeyer/Mock* InsVV, § 8 Rn. 78).

18 Im Übrigen wird damit argumentiert, dass es Aufgabe des Gesetzgebers sei, einen solchen Zuschlagstatbestand zu schaffen (*LG Heilbronn* ZInsO 2013, 1810, 1811).

Haarmeyer/Mock weisen in diesem Zusammenhang darauf hin, dass die Insolvenzmasse als Berechnungsgrundlage schließlich ebenfalls der Inflation unterliege und sich damit in gleichem Maße verändere, wie die nach einem Prozentsatz derselben zu bemessende Vergütung (*Haarmeyer/Mock* InsVV, § 2 Rn. 9 und § 3 Rn. 78; *dies.* ZInsO 2014, 574 ff.). Auch wenn *Graeber/Graeber* (InsVV, § 2 Rn. 82 f. und § 3 Rn. 225 f.) grds. die Bedenken hinsichtlich der inflationsbedingten Entwertung der Regelvergütung im Grundsatz teilen, so lehnen sie eine Anpassung der Regelsätze durch **Rechtsfortbildung der Insolvenzgerichte** gleichwohl für den **jetzigen Zeitpunkt** mit der Begründung ab, dass die seit dem Jahre 1999 erfolgte Änderung des wirtschaftlichen Umfeldes noch nicht groß genug sei. Zusätzlich zieht der BGH in seiner Entscheidung in Zweifel, ob die Entwicklung der Verbraucherpreise geeignet ist, das Ausmaß der inflationsbedingten Geldentwertung im Hinblick auf die Entwertung der Vergütung des Insolvenzverwalters zu bestimmen. Der Insolvenzverwalter übe eine unternehmerische Tätigkeit aus. Welcher Teil seiner Vergütung ihm letztlich als Gewinn verbleibe, hänge wesentlich von den bei seiner Tätigkeit anfallenden Kosten ab. Diese gingen nicht zwingend mit der Entwicklung der Verbraucherpreise einher. Insoweit fehle es an einer Messbarkeit der Geldentwertung in Bezug auf die Vergütung des Insolvenzverwalters.

Auch *Menn* und *Lissner* (ZInsO 2016, 1618 [1621]) sprechen sich dafür aus, dass vor allem die Regelsätze hochgesetzt werden müssen, damit diese wieder eine angemessene Vergütung sicherstellen. Allerdings besteht nach Ansicht von *Henkel* (ZInsO 2016, 2330) derzeit die Gefahr, dass sich die Gerichte zum Ersatz-Gesetzgeber aufschwingen und in eine rechtspolitische Diskussion abschweifen (vgl. hierzu § 3 Rdn. 5).

Demgegenüber ist § 2 InsVV bei der Vergütungsberechnung für den **Treuhänder** (bei Verfahren, die vor dem 01.07.2014 beantragt werden) **im vereinfachten Insolvenzverfahren** (§ 13 Abs. 2 InsVV) oder im **Restschuldbefreiungsverfahren** (§ 14 ff. InsVV) sowie für die Mitglieder des **Gläubigerausschusses** (§ 17 InsVV) **nicht** anwendbar, da hierfür die vorgenannten Vorschriften abweichende Regelungen enthalten. 19

C. Berechnung der Regelvergütung (§ 2 Abs. 1 InsVV)

Nach der Ermittlung der Berechnungsgrundlage gem. § 1 InsVV wird die **Regelvergütung** nach § 2 Abs. 1 InsVV nach dem Wert der zu Grunde zu legenden Masse auf den in der gesetzlichen Regelung vorgesehenen **Wertstufen** errechnet. Dabei ist die Höhe der Regelvergütung in jedem konkreten Fall besonders zu errechnen. Je nach Höhe der maßgeblichen Masse nach § 1 InsVV werden auf den jeweiligen Wertstufen entsprechende Teilvergütungen berechnet. Die einzelne Teilvergütung wird wiederum errechnet aus der Differenz zwischen den einzelnen Wertstufen, also aus dem jeweiligen Mehrbetrag bis die nächste Wertstufe erreicht ist. Alle Teilvergütungen werden zusammenaddiert und ergeben die Gesamtvergütung. 20

▶ **Berechnungsbeispiel** 21

Bei einer **Teilungsmasse** von EUR 650.000,00 ergibt sich folgende Vergütung:			
Masse bis	Mehrbetrag	Satz	Teilvergütung
25.000,00 EUR	25.000,00 EUR	40 %	10.000,00 EUR
50.000,00 EUR	25.000,00 EUR	25 %	6.250,00 EUR
250.000,00 EUR	200.000,00 EUR	7 %	14.000,00 EUR
500.000,00 EUR	250.000,00 EUR	3 %	7.500,00 EUR
650.000,00 EUR	150.000,00 EUR	2 %	3.000,00 EUR
Gesamtvergütung	40.750,00 EUR		

22 In gleicher Art und Weise ist für den Fall der **alternativen Vergütungsberechnung** gem. § 1 Abs. 2 InsVV eine Berechnung des Wertes der mit Absonderungsrechten belasteten Massegegenstände vorzunehmen. Die sich aus beiden Vergütungen berechnete Differenz ist dann den der Masse zugeflossenen Feststellungskostenbeiträgen gegenüber zu stellen, sodass die **Kappungsgrenze** berücksichtigt werden kann (BK-InsO/*Blersch* InsVV, § 2 Rn. 10).

23 Der mit der Verordnung zur Änderung der insolvenzrechtlichen Vergütungsverordnung vom 04.10.2004 neu gefasste Absatz 2 des § 2 InsVV erfordert darüber hinaus eine weitere **alternative Kontrollberechnung** für alle Insolvenzverfahren, die **ab dem 01.01.2004 eröffnet** wurden. Die neu geschaffene Regelung der Mindestvergütung beginnt bei mindestens EUR 1.000,00 und **erhöht sich nach der Anzahl der** am Verfahren **teilnehmenden Gläubiger stufenweise**. Dies wurde vom Verordnungsgeber auf Grund zweier Beschlüsse des *BGH* vom 15.01.2004 (*BGH* NZI 2004, 224 und NZI 2004, 196) eingeführt. Der *BGH* hat in seinen beiden vorgenannten Beschlüssen entschieden, dass die Mindestvergütung in **massearmen Regelinsolvenzverfahren** (EUR 500,00) und in **massearmen Verbraucherinsolvenzverfahren** (EUR 250,00) als **verfassungswidrig** angesehen wird, da die Beträge nicht auskömmlich und deshalb als unverhältnismäßiger Eingriff in die Berufsfreiheit anzusehen sind. Der BGH hat dem Verordnungsgeber aufgegeben, bis spätestens 01.10.2004 eine verfassungsgemäße Neuregelung zu schaffen (*BGH* NZI 2004, 196; NZI 2004, 224). Die vom Verordnungsgeber neu geschaffene **Regelung der Mindestvergütung gilt** allerdings nicht nur für Verfahren, bei denen gem. § 4a InsO die Kosten gestundet sind, sondern **für sämtliche Regelinsolvenzverfahren**. Mit der Festlegung einer **Mindestvergütung** bei bis zu **zehn Gläubigern** in Höhe von **EUR 1.000,00** sowie einer **Steigerung** dieser Mindestvergütung orientiert an der Anzahl der am Verfahren teilnehmenden Gläubiger, gebietet es sich dementsprechend eine **Vergleichsrechnung** anzustellen hinsichtlich der Vergütung nach § 2 Abs. 1 InsVV. Bei Verfahren mit einer **hohen Gläubigerzahl** ist eine Berechnung der Vergütung gem. § 2 Abs. 2 InsVV **ggf. günstiger**. Eine Doppelberechnung und Gegenüberstellung der Vergütung ist insbesondere bei Verfahren mit einer **hohen Gläubigerzahl** und verhältnismäßig **geringer Insolvenzmasse** geboten. Wie *Blersch* (BK-InsO, InsVV § 2 Rn. 10a) zu Recht darlegt ergibt sich beispielsweise bei einer **Masse von EUR 1.000.000,00** eine **Regelvergütung** gem. § 2 Abs. 1 InsVV in Höhe von **EUR 47.750,00**. Nehmen am Verfahren allerdings **10.000 Gläubiger** mit Forderungsanmeldungen teil, so errechnet sich gem. § 2 Abs. 2 InsVV eine **Mindestvergütung** in Höhe von **EUR 201.000,00**. Sind dagegen bei der vorgenannten Insolvenzmasse nur **500 Gläubiger** am Verfahren beteiligt, beträgt die Mindestvergütung nach Abs. 2 nur **EUR 11.000,00**, sodass die Regelvergütung nach Abs. 1 in Höhe von EUR 47.750,00 höher ist.

24 Der Grund für den Verordnungsgeber, das bisher einheitliche wertbezogene Vergütungssystem der InsVV für alle Regelinsolvenzverfahren im Rahmen der Mindestvergütung zu durchbrechen und eine ausschließlich an der Zahl der am Verfahren teilnehmenden Insolvenzgläubiger ausgerichtete Vergütung festzusetzen, ist nicht ersichtlich, da nach den vorgenannten Entscheidungen des *BGH* lediglich eine Anpassung der Mindestvergütung bezogen auf masselose Stundungsverfahren gem. § 4a InsO geboten war (vgl. hierzu BK-InsO/*Blersch* InsVV, § 2 Rn. 10a).

25 Wie bereits die Überschrift des § 2 InsVV »**Regelvergütung**« angibt, erhält der Insolvenzverwalter diese sich aus der Staffel gem. § 2 Abs. 1 InsVV ergebende Vergütung als **Regelvergütung**. Damit soll zum Ausdruck gebracht werden, dass diese Vergütung ein sog. **Normalverfahren** oder **durchschnittliches Insolvenzverfahren** vergütet. Der Verordnungsgeber hat allerdings weder den Insolvenzverwaltern noch den die Festsetzung der Vergütung vornehmenden Gerichten **Merkmale** definiert, die ein **Normalverfahren** ausmachen und dementsprechend mit der Regelvergütung entlohnt werden sollen (vgl. BK-InsO/*Blersch* InsVV, § 2 Rn. 11; *Haarmeyer/Mock* InsVV, § 2 Rn. 3). Zur **Definition** eines **Normalverfahrens** ist auf die in der InsO geregelten **insolvenzspezifischen Pflichten** des Verwalters, die er in jedem Verfahren grds. zu erfüllen hat, abzustellen. Gleichzeitig ist auch zu berücksichtigen, welchen **Aufwand** der Insolvenzverwalter zur Abwicklung des Verfahrens betreiben muss. Es können dabei allerdings nicht einzelne Kriterien wie beispielsweise die Anzahl der Gläubiger oder die reine Verfahrensdauer zur Typisierung eines Durchschnittsverfahrens herangezogen werden. Die **Beurteilung** kann nur durch eine **Gesamtschau** unter Berücksichtigung einer **Vielzahl**

von **Kriterien** vorgenommen werden (*BGH* ZInsO 2005, 85; 2004, 265 ff.). Beispielsweise können wenige Gläubiger, bei denen schwierige Rechtsverhältnisse im Bereich der Sicherungsrechte zu bearbeiten sind, einen erheblichen Bearbeitungsaufwand darstellen und demgegenüber bei einer Großzahl von Gläubigern mit einfach gelagerten Forderungsverhältnissen ein wesentlich geringerer Arbeitsaufwand entstehen. Ebenso lässt sich nicht allein aus der Dauer des Verfahrens erschließen, ob es sich hier um ein umfangreiches oder einfach gelagertes Verfahren handelt, insbesondere auch deshalb, da der Insolvenzverwalter erheblichen Einfluss auf die Dauer des Verfahrens sowohl in positiver wie auch negativer Hinsicht haben kann. Folgerichtig ist ein **Maßstab** für die Beurteilung eines **Regelverfahrens** bzw. eines hiervon abweichenden Verfahrens nur unter Berücksichtigung sowohl **qualitativer** als auch **quantitativer Kriterien** sachgerecht (vgl. *Haarmeyer/Wutzke/Förster* InsVV, 4. Aufl., § 2 Rn. 9 ff., 22 ff.). Unter Berücksichtigung dieser qualitativen und quantitativen Elemente haben sich die nachfolgend dargestellten Kriterien zur Beurteilung entwickelt (vgl. hierzu *Haarmeyer/Wutzke/Förster* InsVV, 4. Aufl., § 2 Rn. 11 ff.; BK-InsO/*Blersch* InsVV, § 2 Rn. 11; *Keller* Vergütung, Rn. 243; teilw. abw. *Kübler/Prütting/Bork-Eickmann/Prasser* InsVV, § 3 Rn. 22 ff.; MüKo-InsO/*Nowak* 2. Aufl. Anh. zu § 65, § 2 InsVV Rn. 3; **a.A.** *Haarmeyer/Mock* InsVV, § 3 Rn. 1, die der Anwendung der Faustregeltabellen sogar inzwischen eine »fatale Rolle« zuschreiben wollen. Sie vertreten die Auffassung, dass es bei der Festsetzung der Zuschläge nicht nur auf die Tätigkeit, sondern auch auf die Berechnungsgrundlage ankomme).

Die Tatbestände eines (gesetzlich nicht normierten) Normalfalls oder einer Erhöhung können aber nicht in dem Sinne variieren, dass ein anerkannter Erhöhungstatbestand langsam zum Normalfall wird. Dies wäre nur dann denkbar, wenn die Vergütung entsprechend mitwachsen würde (*Keller* NZI 2016, 753). Da sich die Vergütung unverändert auf dem Niveau des Jahres 1999 befindet, kann auch nur das Normalverfahren aus der Sicht dieses Jahres beurteilt werden. 26

Quantitative Kriterien:

- Umsatz bis zu EUR 1.500.000,00
- Verfahrensdauer bis zu zwei Jahren (alleine die längere Verfahrensdauer stellt allerdings kein Zuschlagskriterium dar, sondern lediglich gegebenenfalls daraus resultierende zusätzliche Tätigkeiten wie beispielsweise häufige Zwischenberichte)
- Bis zu 20 Arbeitnehmer
- Nur eine Betriebsstätte
- Forderungsanmeldung von bis zu 50 Gläubigern
- Bearbeitung von bis zu 100 Debitoren
- Bis zu 300 Buchungsvorgänge in der Insolvenzbuchhaltung
- Keine Auslandsberührung
- Ordnungsgemäße Buchhaltung des Schuldners
- Keine Ausarbeitung eines Insolvenzplans durch den Insolvenzverwalter
- Ohne Haus- und Grundstücksverwaltung
- Ohne Betriebsfortführung
- Ohne Übertragung des Zustellwesens
- Ein zuvor bestellter vorläufiger Insolvenzverwalter
- Rechtliche Prüfung und Bearbeitung von Massegegenständen, die mit Aus- und Absonderungsrechten belastet sind in einem Umfang von **höchstens 30 %** der **Aktivmasse** (a.A. die h.M. die von 30 % der **Schulden**masse ausgeht [vgl. *Kübler/Prütting/Bork-Eickmann/Prasser* InsVV, § 3 Rn. 22; *Haarmeyer/Wutzke/Förster* InsVV, 4. Aufl., § 3 Rn. 25; BK-InsO/*Blersch* InsO, § 2 Rn. 11]; a.A. *Haarmeyer/Mock* InsVV, § 3 Rn. 16, die eine Bewertung anhand eines prozentualen Anteils ablehnen, so auch *BGH* ZInsO 2006, 1160).

Entgegen der h.M. ist als »**Grenzwert**« **30 %** der **Aktivmasse** (**nicht** Schuldenmasse) anzunehmen. Dies ergibt sich schon daraus, dass die **Vergütung** des Verwalters sich grds. an dem vorhandenen – freien – **Aktivvermögen** orientiert und nicht an der »Schuldenmasse«. Wenn nun der Insolvenzverwalter sich mit der Bearbeitung von mit Aus- und Absonderungsrechten belasteten Gegenständen 27 beschäftigt hat, so erfolgt eine **Berücksichtigung dieser ggf. aufwändigen Tätigkeit lediglich** durch Zubilligung eines auf den **hälftigen Feststellungskostenbeitrag** begrenzten Mehrbetrages bei der Verwertung von mit Absonderungsrechten belasteten Gegenständen (§ 1 Abs. 2 Nr. 1 InsVV). Darüber hinaus erhöht sich die Vergütung nur bei Gewährung eines Zuschlags gem. § 3 Abs. 1 lit. a) InsVV. Dementsprechend ist bei der Beurteilung der Kriterien eines »**Regelverfahrens**« eine **Abgrenzung** zu den zuschlagserhöhenden Tätigkeiten vorzunehmen. Ein Abstellen in diesem Zusammenhang auf das Verhältnis der Aus- und Absonderungsrechte zu den Schuldenmasse geht an dieser Zielsetzung vorbei, da **die Höhe der Schuldenmasse »rein zufällig« und auch unabhängig vom Verhältnis des Aktivvermögens zu den mit Aus- und Absonderungsrechten belasteten Gegenständen ist**. So kann z.B. die **Schuldenmasse** durch Sozialplan, Pensionsverpflichtungen, Grundstücksaltlasten usw., also durch außergewöhnliche Umstände **erhöht** sein, sodass das **Verhältnis** der **Aus- und Absonderungsrechte** zu der **Schuldenmasse** ggf. **ausschließlich** wegen der **besonderen** Umstände **nicht** den Wert von 30 % überschreitet. Die **Tätigkeit** des Insolvenzverwalters hat jedoch bzgl. der mit **Aus- und Absonderungsrechten belasteten Gegenstände den identischen Umfang**, wenn die vorgenannten **schuldenerhöhenden Faktoren** gerade nicht gegeben wären und dadurch das **Verhältnis der Aus- und Absonderungsrechte zur Schuldenmasse 30 % überschreitet**. Im ersten Fall wäre **kein Abweichen vom Regelverfahren** gegeben, aber im **zweiten Fall** wäre dies – zuschlagsbegründend – zu **bejahen**, obwohl der **Tätigkeitsumfang identisch** wäre. Da grds. aber der **Tätigkeitsumfang** des Verwalters zur Beurteilung eines Regelverfahrens heranzuziehen ist, kann das Verhältnis der **Schuldenmasse** zu den Aus- und Absonderungsrechten gerade **nicht berücksichtigt** werden. **Entscheidend** ist daher das Verhältnis vom **Wert des Aktivvermögens** zum **Wert der mit Aus- und Absonderungsrechten belasteten Gegenstände**. Daher ist ein Verhältnis von bis zu 30 % der mit Drittrechten belasteten Gegenstände zum Aktivvermögen im **Regelverfahren** als Höchstwert anzusetzen.

28 Ergänzend sind zu den vorstehend dargestellten quantitativen Kriterien weitere **qualitative Kriterien** (vgl. *Haarmeyer/Wutzke/Förster* InsVV, 4. Aufl., § 2 Rn. 10 ff.; a.A. *Haarmeyer/Mock* InsVV, § 3 Rn. 1 u. 3, die diese Auffassung zwischenzeitlich ablehnen) zu nennen:
– Inbesitznahme und Sicherung der Masse
– Aufbau des Masseverzeichnisses und der Vermögensübersicht
– Aufbau der Buchhaltung
– Prüfung der Fortführungsmöglichkeiten
– Prüfung von Anfechtungsrechten
– Vertragsabwicklung/Kündigung
– Prüfung der Anfechtungsrechte
– Entscheidung über Aufnahme von Rechtsstreitigkeiten
– Erstellung des Gläubigerverzeichnisses
– Prüfung der angemeldeten Forderungen
– Führung der Tabelle/Prüfung der Tabelleneintragungen
– Prüfung von Aus- und Absonderungsrechten
– Masseverwertung, Befriedigung der Massegläubiger, Quotenausschüttung.

29 Die vorstehend aufgezählten einzelnen **Kriterien** sind allerdings als **nicht abschließend** und vor allem **nicht** als feststehender Umfang anzusehen. Insbesondere deshalb nicht, da im bereits dargestellten **Wechselspiel** der **qualitativen** und **quantitativen** Kriterien ein Abweichen innerhalb eines gewissen Rahmens weder eine Erhöhung noch eine Minderung der Regelvergütung bedingen. Es sind im Einzelnen **alle** im Verfahren festzustellenden **Kriterien** und die sich dabei ergebenden **Wechselwirkungen** gegenüberzustellen und abzuwägen (vgl. BK-InsO/*Blersch* InsVV, § 2 Rn. 11). Bei Abweichungen von den aufgezählten Kriterien ist des Weiteren zu untersuchen, in wieweit sich daraus **beachtliche Veränderungen** hinsichtlich des Bearbeitungsaufwandes zur Abwicklung des Verfahrens für den Insolvenzverwalter ergeben haben. Grds. dürfte im Bereich der **quantitativen Kriterien** eine Abweichung **von 20 %** sowohl als **Minder-** als auch als **Mehraufwand** zu keiner Veränderung der Regelvergütung führen (vgl. *Haarmeyer/Wutzke/Förster* InsVV, 4. Aufl., § 2 Rn. 36; BK-InsO/ *Blersch* InsVV, § 2 Rn. 11). Ergänzend ist auch im Rahmen einer derartigen Abweichung immer

festzustellen, inwieweit sich diese im Bereich des **Bearbeitungsaufwandes** beim Insolvenzverwalter ausgewirkt hat (*BGH* ZInsO 2004, 265 ff.). Das die Vergütung festsetzende Gericht hat eine **Gesamtwürdigung** aller Elemente und Kriterien vorzunehmen (*BGH* NZI 2003, 603). Folglich sollte der Insolvenzverwalter im Rahmen seines Vergütungsantrages gem. § 8 InsVV im Einzelnen die erwähnten Kriterien darstellen und die Auswirkungen eventueller Abweichungen hiervon im Bereich des Bearbeitungsaufwandes erläutern. Insbesondere ist dies für den Fall einer **erhöhenden** Abweichung zu empfehlen.

Bewegt sich die Tätigkeit des Insolvenzverwalters **im Rahmen der qualitativen und auch quantitativen Kriterien,** so liegt ein **Regelverfahren i.S.d.** § **2 Abs. 1 InsVV** vor. Sobald feststeht, dass es sich um ein **Regelverfahren** handelt, ergibt sich gleichzeitig für den Insolvenzverwalter ein **verfassungsrechtlicher Anspruch** auf gerichtliche **Festsetzung der Regelvergütung,** die wiederum die in § 2 Abs. 1 InsVV festgelegten Vergütungssätze beinhaltet (vgl. *Haarmeyer/Wutzke/Förster* InsVV, 4. Aufl., § 2 Rn. 30). **Weicht** dagegen das Verfahren in Umfang und Art vom **Normalverfahren** ab, so ist eine **Anpassung** der Vergütung durch Zu- und Abschläge gem. § **3 InsVV** vorzunehmen (MüKo-InsO/*Nowak* 2. Aufl., Anh. zu § 65, § 2 InsVV Rn. 3; **a.A.** *Haarmeyer/Wutzke/Förster* InsVV, 4. Aufl., § 2 Rn. 43, die bereits im Bereich des § 2 InsVV, eine Anpassung der Regelvergütung unter Berücksichtigung des konkreten Verfahrens vornehmen und im Bereich des § 3 InsVV, nur darüber hinausgehende Besonderheiten berücksichtigen wollen). Der **Gegenmeinung** ist **entgegenzuhalten,** dass die Höhe der Regelvergütung gem. § 2 InsVV nicht durch die Art und den Umfang des konkreten Einzelverfahrens beeinflusst werden kann (MüKo-InsO/*Nowak* 2. Aufl., Anh. zu § 65, § 2 InsVV Rn. 3). Wie sich bereits aus der Begründung des Verordnungsgebers (MüKo-InsO/*Nowak* 2. Aufl., Anh. zu § 65, § 2 InsVV Rn. 1) ergibt, sollen die neu geschaffenen Regelsätze maßgeblich sein, **ohne** dass im Bereich eines Normalverfahrens **Multiplikatoren** oder **Zuschläge** vorzunehmen sind. **Nur** sofern im einzelnen **konkreten** Verfahren Besonderheiten vorliegen, sind die in § 3 InsVV geregelten **Zu- und Abschläge** zu berücksichtigen. Daher kann der **Gegenmeinung** (*Haarmeyer/Wutzke/Förster* InsVV, 4. Aufl., § 2 Rn. 43) **nicht gefolgt** werden, denn diese könnte dazu führen, dass ggf. die Regelvergütung des § 2 InsVV erhöht wird und darüber hinaus durch entsprechende Zuschläge gem. § 3 InsVV dieselbe Tätigkeit zweifach entlohnt werden würde. Sowohl die Systematik der §§ 2, 3 InsVV als auch der Wortlaut der Vorschriften widerspricht einer derartigen Vorgehensweise. Es ist daher zunächst immer ausgehend von der **Regelvergütung** des § 2 InsVV die Staffelvergütung festzustellen und sodann unter Berücksichtigung der **Kriterien des** § **3 InsVV** eine **angemessene** Vergütung für das **konkrete Insolvenzverfahren** zu ermitteln. 30

D. Mindestvergütung (§ 2 Abs. 2 InsVV)

I. § 2 Abs. 2 a.F. InsVV (Altfälle vor 01.01.2004)

Bei Einführung der InsVV wurde eine **Mindestvergütung** des Insolvenzverwalters in Regelverfahren gem. § 2 Abs. 2 InsVV in Höhe von **EUR 500,00** vorgesehen. Diese Vorschrift war zunächst nach Inkrafttreten als relativ unbedeutend anzusehen, da eine Eröffnung von sog. **masselosen Insolvenzverfahren** auf Grund der fehlenden Kostendeckung gem. § 26 Abs. 1 Satz 1 InsO nicht möglich war. Mit **Einführung der Kostenstundung gem.** § **4a InsO** zum 01.12.2001 wurde die Eröffnung von **masselosen Verfahren** gem. § 26 Abs. 1 Satz 2 InsO möglich. In Folge der Stundungsregelung gem. § **4a InsO stieg die Anzahl der Insolvenzverfahren** von Verbrauchern und anderen natürlichen Personen **massiv** an. Bei einem **wesentlichen Anteil der Insolvenzverfahren** erhielten die jeweiligen Insolvenzverwalter bzw. Treuhänder lediglich die **Mindestvergütung** gem. § 2 Abs. 2 a.F. InsVV in Höhe von EUR 500,00 bzw. bei Treuhändern gem. § 13 Abs. 1 Satz 2 a.F. InsVV in Höhe von EUR 250,00 nach der Verordnungslage als Vergütung. Überwiegend wurde in Literatur und Rechtsprechung in der Folge die **Unangemessenheit** der Mindestvergütung bejaht und es wurden die unterschiedlichsten Lösungswege entwickelt. 31

In Folge von Rechtsbeschwerden gegen ablehnende Entscheidungen hat dann der *BGH* mit seinem Beschluss vom 15.01.2004 (ZIP 2004, 417 ff.) für den Insolvenzverwalter in Regelinsolvenzverfahren entschieden, dass die **Mindestvergütungsregelung** des § 2 Abs. 2 a.F. InsVV zumindest für die 32 ab dem 01.01.2004 eröffneten Insolvenzverfahren als **verfassungswidrig** anzusehen ist. Darüber hinaus wurde der Verordnungsgeber angehalten bis **spätestens 01.10.2004** eine **verfassungskonforme Regelung** einzuführen, die für alle Verfahren **ab dem 01.01.2004** wirksam zu sein hat.

Wegen der Entwicklungen im Bereich der Mindestvergütung in Verfahren, die vor dem 01.01.2004 eröffnet wurden, die zur Verordnungsänderung führten, ist auf die Ausführungen in *Lorenz/Klanke* InsVV, § 2 Rn. 28 ff. zu verweisen.

II. § 2 Abs. 2 n.F. InsVV (Neuregelung ab 01.01.2004)

33 Die **Regelung der Mindestvergütung** gem. § 2 Abs. 2 InsVV gilt, ungeachtet der Problematik der angemessenen Vergütung für vor dem 01.01.2004 eröffnete Verfahren, für **alle Insolvenzverfahren**, die **ab** dem vorgenannten Zeitpunkt eröffnet worden sind (*BGH* ZInsO 2007, 88; ZInsO 2006, 1206). Der Anwendungsbereich des § 2 Abs. 2 InsVV erstreckt sich sowohl auf die Insolvenz der natürlichen Person als auch auf die Unternehmensinsolvenz. Im Rahmen der Insolvenz einer natürlichen Person findet die Mindestvergütungsregelung unmittelbar Anwendung, in einem Regelinsolvenzverfahren, sofern dies über das Vermögen einer natürlichen Person eröffnet worden und eine Kostenstundung nach §§ 4a ff. InsO gewährt worden ist. Im Ergebnis ist es allerdings auch unerheblich, ob Kostenstundung gewährt wurde, da die Mindestvergütung in jedem Fall eingreift ungeachtet der Regelvergütung des § 2 Abs. 1 InsVV, wobei sie dann allerdings unter dem Vorbehalt der (tatsächlich) vorhandenen Masse steht. Die Regelung des § 2 Abs. 2 InsVV ergreift auch die Unternehmensinsolvenz. Auch bei Unternehmensinsolvenzen ist die Mindestvergütung dann maßgebend, wenn sie höher ist als die Vergütung des § 2 Abs. 1 InsVV. Bei oberflächlicher Betrachtung scheint die Mindestvergütung im Rahmen einer Unternehmensinsolvenz unwesentlich zu sein, da grundsätzlich eine ausreichende Insolvenzmasse vorhanden sein muss, um das Insolvenzverfahren zu eröffnen. Allerdings ist auch bei Vorhandensein einer **geringen Insolvenzmasse** und demgegenüber einer **hohen Zahl von Gläubigern** es möglich, dass im Rahmen der Unternehmensinsolvenz die Mindestvergütung des § 2 Abs. 2 InsVV einen höheren Betrag als die Regelvergütung des § 2 Abs. 1 InsVV ergibt.

34 Die Vorschrift geht von einem **Mindestbetrag** von **EUR 1.000,00** aus, sofern in dem Insolvenzverfahren nicht mehr als **zehn** Gläubiger ihre Forderungen **angemeldet** haben. Entscheidend ist allein die Anzahl der anmeldenden Gläubiger nach Köpfen. Der *BGH* hat dies in seiner Entscheidung vom 16.12.2010 (ZIP 2011, 132) bestätigt. Mit der **typisierenden Regelungsweise** unter Verwendung der Anzahl der anmeldenden Gläubiger hat sich der Verordnungsgeber für ein Kriterium entschieden, dass den tatsächlichen Arbeitsaufwand des Insolvenzverwalters nur annähernd wiedergibt, dafür aber dem Insolvenzgericht eine einfache und sichere Handhabung ermöglicht (*BGH* ZIP 2011, 132).

Bei Anmeldung von **mehreren Forderungen** durch eine **Gebietskörperschaft** ist auch lediglich von **einem** Gläubiger auszugehen, auch wenn die Ansprüche auf unterschiedlichen Rechtsverhältnissen beruhen und von verschiedenen Organisationseinheiten des Gläubigers »Gebietskörperschaft« bearbeitet wurden (*BGH* ZIP 2011, 132). Dies gilt nach Auffassung des *BGH* auch dann, wenn im konkreten Fall für den Insolvenzverwalter ein ähnlicher Arbeitsaufwand entsteht, wie bei der Forderungsanmeldung durch unterschiedliche Gläubiger (*BGH* ZInsO 2011, 1251; **a.A.** *Graf-Schlicker/ Kalkmann* InsO, § 2 InsVV Rn. 19).

Auf das Ergebnis der Forderungsprüfung oder die Anzahl der Gläubiger im Schlussverzeichnis kommt es nicht an (*Keller* Vergütung, Rn. 424; MüKo InsO/*Riedel* § 2 InsVV Rn. 13; **a.A.** *AG Potsdam* ZIP 2004, 673, das ausschließlich auf die Anzahl der unstreitigen Forderungen welche im Schlussverzeichnis geführt sind, abstellen möchte).

35 *Haarmeyer/Wutzke/Förster* (InsVV, 4. Aufl., § 13 Rn. 11) sind der Auffassung, dass allein die bei Ende der Verwalter- bzw. Treuhändertätigkeit noch vorliegenden Forderungsanmeldungen ausschlaggebend seien. Zurückgenommene oder fälschliche Anmeldungen sollen außer Betracht bleiben. *Graeber/Graeber* (InsVV-online, Stand Mai 2014, § 2 Rn. 30 f.) plädieren dafür, dass auch An-

meldungen zu berücksichtigen sind, die später von den Anmeldenden zurückgenommen werden, nicht jedoch **offensichtliche Fehlanmeldungen**, so auch *LG Dessau-Roßlau* (NZI 2014, 475). Zuzustimmen ist dem LG Dessau-Roßlau dahingehend, dass kein Bedürfnis bestehe falsch anmeldende Gläubiger bei der Berechnung der **Mindestvergütung** mitzuzählen. Sollte es wegen einer **massiven Häufung** von Anmeldungen, die später wieder zurückgenommen werden, zu einer deutlichen Mehrbelastung des Insolvenzverwalters kommen, so kann in diesem Ausnahmefall das Ziel einer angemessenen Vergütung durch einen Zuschlag erreicht werden (so auch *Stephan* Anm. zu der Entscheidung des *LG Dessau-Roßlau* NZI 2014, 475, NZI 2014, 477 f.).

Bei Forderungsanmeldungen von **elf bis 30** Gläubigern wird die Vergütung für **je »angefangene« fünf Gläubiger** um EUR 150,00 **erhöht. Ab** dem **31.** Gläubiger erhöht sich die Vergütung je »angefangene« fünf Gläubiger um **EUR 100,00**. Mit der etwas unglücklichen Formulierung »je angefangene fünf Gläubiger« will der Verordnungsgeber zum Ausdruck bringen, dass der jeweilige Erhöhungsbetrag für bis zu weitere fünf Gläubiger gilt. Wird diese Schwelle, wenn auch nur um einen Gläubiger überschritten, erhöht sich die Mindestvergütung um wiederum EUR 150,00. 36

Melden in dem Insolvenzverfahren 31 oder mehr Gläubiger ihre Forderungen an, so beträgt die Erhöhung der Vergütung jeweils nur noch EUR 100,00. Daraus ergibt sich die Berechnung der jeweiligen Mindestvergütung unter Berücksichtigung der Anzahl der Gläubiger wie folgt: 37

Anzahl der Gläubiger	Höhe der Mindestvergütung
0–10	1.000,00 EUR
11–15	1.150,00 EUR
16–20	1.300,00 EUR
21–25	1.450,00 EUR
25–30	1.600,00 EUR
31–35	1.700,00 EUR
36–40	1.800,00 EUR
41–45	1.900,00 EUR
46–50	2.000,00 EUR
Je 5 weitere Gläubiger	100,00 EUR

Die Regelung kennt **keine Deckelung**. Dementsprechend würde beispielsweise ein Insolvenzverwalter in einem massel osen IN-Verfahren bei bis zu 100 angemeldeten Forderungen eine Mindestvergütung in Höhe von EUR 3.000,00 gegenüber EUR 500,00 nach der bisherigen Regelung erhalten. Bei Verfahren von etwa 10.000 Gläubigern (ungeachtet der Masse) errechnet sich nach § 2 Abs. 2 InsVV eine Vergütung von EUR 201.000,00, worauf *Blersch* (ZIP 2004, 2311) zu Recht hinweist (vgl. hierzu auch *Keller* NZI 2005, 23 m. Beispielen und ausf. Berechnungsformeln zur Mindestvergütung). Es ist anzunehmen, dass der Verordnungsgeber, der die Neuregelung an Stundensätzen und durchschnittlichen Gläubigerzahlen in masselosen Regelinsolvenzverfahren orientiert hat (vgl. *Wimmer* ZInsO 2004, 1006), derartige Fallkonstellationen und mögliche Kostenbelastungen der öffentlichen Hand in keiner Weise berücksichtigt hat (vgl. *Heyrath* ZInsO 2004, 1132). Wie bereits dargelegt, ist die Mindestvergütung des § 2 Abs. 2 InsVV bei jeder Verfahrensart, sodass in jedem Falle eine Vergleichsberechnung zwischen der Mindestvergütung und der Regelvergütung nach § 2 Abs. 1 InsVV geboten ist (umfassend *Keller* NZI 2005, 23). Zur Vergleichsberechnung ist im jeweils konkreten Insolvenzverfahren zunächst die Regelvergütung gem. § 2 Abs. 1 InsVV zu errechnen. Dann ist die Mindestvergütung unter Berücksichtigung der Zahl der Gläubiger zu ermitteln. Die beiden ermittelten Vergütungswerte sind gegenüberzustellen. Die Vergleichsberechnung erfolgt aus- 38

§ 2 InsVV Regelsätze

schließlich zwischen der Regelvergütung und der Mindestvergütung als gesetzliche Vergütung nach § 2 InsVV, wobei Erhöhungsfaktoren des § 3 Abs. 1 InsVV zunächst unbeachtet bleiben. Dies ergibt sich daraus, dass die Möglichkeit der Erhöhung der Vergütung in beiden Fällen gegeben ist. Lediglich bei dem Erhöhungskriterium der Gläubigeranzahl ist zu differenzieren. Die Regelvergütung gem. § 2 Abs. 1 InsVV ist bei einer Überschreitung einer Gläubigerzahl von 100 zuschlagsbegründet, da insoweit der Umfang eines Normalverfahrens überschritten wird. Bei der Berechnung der Mindestvergütung ist die Zahl der beteiligten Gläubiger dagegen schon mitberücksichtigt. Dementsprechend sind dann beide Werte gegenüberzustellen und der jeweils höhere Wert ist dem Vergütungsantrag zugrunde zu legen. Dabei ist zu beachten, dass der dann ermittelte Vergütungsbetrag unter Berücksichtigung des § 3 Abs. 1 InsVV bei beiden Vergütungsberechnungsarten erhöht werden kann.

39 Aus den Beispielsfällen ergibt sich auch, dass die **Regelung** einen erheblichen **Systembruch** darstellt, da nach der bisherigen Regelung zunächst ein **wertbezogener** Regelsatz, ausgehend von § 63 Abs. 1 Satz 2 InsO, berechnet wurde. Entsprechend § 63 Abs. 1 Satz 3 InsO wurde in der Folge, unter Berücksichtigung der **konkreten verfahrensbezogenen Umständen des Einzelfalles** durch **Zu- und Abschläge** gem. § 3 InsVV, die tatsächlich angemessene Vergütung berechnet. Die **Neuregelung** mit den Zuschlagskriterien orientiert sich ausschließlich an der **Anzahl der anmeldenden Gläubiger**. Damit wird der Ansatz am Wert der Insolvenzmasse vernachlässigt (BK-InsO/*Blersch* InsVV, § 2 Rn. 14a; *ders.* ZIP 2004, 2311). Wie bereits oben unter Rdn. 22 dargestellt, kann die auf Grund der Ermächtigungsgrundlage in § 63 Abs. 1 Satz 2 InsO vorgesehene **wertorientierte Vergütung** gem. § 2 Abs. 1 InsVV infolge der neu geschaffenen Regelung der Mindestvergütung gem. § 2 Abs. 2 InsVV durch eine ausreichend hohe Gläubigerzahl in vollem Umfange verdrängt werden. Es scheint daher fraglich, ob diese Mindestvergütungsregelung unter Berücksichtigung derartiger Fallkonstellationen mit hohen Gläubigerzahlen von der Ermächtigungsgrundlage des § 63 Abs. 1 Satz 2 InsO noch gedeckt ist (vgl. hierzu BK-InsO/*Blersch* InsVV, § 2 Rn. 14a).

40 Da das vom Verordnungsgeber eingeführte **Kriterium der Gläubigerzahl** als zu **starr** anzusehen ist und allenfalls auf gleich gelagerte Massensachverhalte bezogen werden kann, musste der Gesetzgeber – auch um der Ermächtigungsgrundlage in § 63 Abs. 1 InsO wieder »näher zu kommen« ein **Korrektiv** zur Anpassung der an der Gläubigerzahl orientierten Vergütung einführen. Der Verordnungsgeber hat dies noch unmittelbar vor Inkrafttreten der Verordnung dadurch herbeigeführt, dass er in die Vorschrift den Zusatz »... in der Regel **mindestens** ...« eingefügt hat. Damit stellt auch § 2 Abs. 2 InsVV eine **Regelvergütung** dar, die orientiert am Umfang des Verfahrens ausschließlich für den **Normalfall** unter Berücksichtigung der Anzahl der angemeldeten Gläubiger ihre Wirkung entfaltet. Bei **Abweichungen von einem Normalfall** ist eine **Anpassung** – ebenso wie in § 2 Abs. 1 InsVV – orientiert an den tatsächlichen Gegebenheiten des jeweiligen Verfahrens unter Berücksichtigung des § 3 InsVV vorzunehmen (vgl. *Blersch* ZIP 2004, 2311; BK-InsO/*Blersch* InsVV, § 2 Rn. 14a). Ein **Normalverfahren** dürfte bei Vorliegen folgender Faktoren regelmäßig gegeben sein (vgl. hierzu BK-InsO/*Blersch* InsVV, § 2 Rn. 14a):
– kooperativer und auskunftsbereiter Schuldner;
– geordnete (Geschäfts-)Unterlagen in kleinerem Umfange;
– bei Selbstständigen und Freiberuflern ist eine geordnete und problemlose Abwicklung zu fordern, wobei insbesondere Bestellungen von Waren, Bearbeitung von Eingangs- und Ausgangsrechnungen, Arbeitnehmerfragen, Erstellung von Steuererklärungen usw. **ausschließlich** durch den **Schuldner** erfolgen;
– Verbindlichkeiten bis zu allenfalls EUR 200.000,00;
– Verfahrensdauer nicht über drei Monate sofern die Verzögerungen nicht durch Verhalten des Insolvenzverwalters gegeben sind.

41 Die von *Blersch* (BK-InsO, InsVV § 2 Rn. 14a) vertretene Begrenzung auch der Gläubigerzahl auf 30 ist zur Beurteilung eines Normalverfahrens nicht heranzuziehen. Dies ergibt sich daraus, dass die Vergütungserhöhung schon orientiert ist an der Anzahl der anmeldenden Gläubiger, sodass dieses

Kriterium nicht berücksichtigungsfähig ist, da es ansonsten zu einer Doppelberücksichtigung und einer eventuellen Erhöhung führen würde (*Graeber* ZInsO 2004, 1010).

Liegen **Abweichungen** von den vorstehend skizzierten Kriterien in beachtenswerter Weise vor, so ist eine **Anpassung** nach den Grundsätzen, die in **§ 3 InsVV** dargestellt sind, durch angemessene **Zu- und Abschläge** vorzunehmen (BK-InsO/*Blersch* InsVV, § 2 Rn. 14a). Damit wird auch die Möglichkeit geschaffen, die Vergütung den **tatsächlichen Gegebenheiten des Insolvenzverfahrens** anzupassen und dabei insbesondere den **konkreten Arbeitsaufwand** des Insolvenzverwalters angemessen zu berücksichtigen. **Mit einzubeziehen** sind sowohl die in § 3 InsVV ausdrücklich dargestellten **Regelbeispiele**, wie auch die ggf. **nicht geregelten Merkmale der Tätigkeit des Insolvenzverwalters**, wobei hier eine **Gesamtbeurteilung** des Umfangs der Tätigkeit des Insolvenzverwalters und seines **gesamten Aufwandes** zur Abwicklung des Verfahrens zu erfolgen hat. Zur Festsetzung der im konkreten Verfahren tatsächlich **angemessenen Vergütung** kann dem jeweiligen Insolvenzverwalter nur angeraten werden, in seinem Vergütungsantrag **sämtliche Merkmale und Umstände ausführlich** darzulegen und ggf. nachzuweisen, die zu einem zusätzlichen vom Normalverfahren **abweichenden Tätigkeitsumfang** geführt haben. 42

Ausgehend von den vorstehend skizzierten Faktoren eines Normalverfahrens unter Berücksichtigung etwa einer durchschnittlichen Gläubigerzahl von 30 ergibt sich daraus eine Mindestregelvergütung von EUR 1.600,00, sofern keine Anpassungen gem. § 3 InsVV vorzunehmen sind. Unter Berücksichtigung dieser Regelmindestvergütung bleibt die Neufassung des § 2 Abs. 2 InsVV unter dem vom Arbeitskreis der Insolvenzverwalter Deutschland e.V. ermittelten Kostenaufwand in Höhe von EUR 3.000,00 und auch dem vom Bundesministerium der Justiz festgestellten Volumen in Höhe von EUR 1.800,00 bzw. EUR 2.200,00. Durch dieses Zurückbleiben unter den ermittelten Kosten einschließlich des Gewinnzuschlags läuft der Verordnungsgeber **Gefahr**, dass wiederum die Regelungen von den die Vergütung festsetzenden Gerichten als **verfassungswidrig** angesehen werden (so bereits *AG Potsdam* ZIP 2005, 363; vgl. *AG Hamburg* ZInsO 2005, 256 zur Verfassungswidrigkeit des § 13 Abs. 1 Satz 3 f. InsVV; *Keller* NZI 2005, 23 [28]). Eine **Verfassungswidrigkeit** der Neufassung des § 2 Abs. 2 InsVV ist unter Berücksichtigung der getroffenen Feststellungen, insbesondere aber auch **unter Berücksichtigung der Vorgaben des *BGH*** im Beschluss vom 15.01.2004 (NZI 2004, 196) **nicht** gegeben. Der BGH fordert unter Berücksichtigung der Stundensätze, die in der zum 01.01.2004 in Kraft getretenen Zwangsverwalterverordnung vom 19.12.2003 (BGBl. I 2003 S. 2804) und unter Berücksichtigung der in der Rechtsprechung der Untergerichte entwickelten Berechnungsmodelle eine Vergütung von mindestens EUR 1.300,00 in einem durchschnittlichen Verfahren, worauf auch *Keller* (NZI 2005, 29; ZIP 2004, 633 [644]) verweist. Bei Ansatz eines **durchschnittlichen Verfahrens** (siehe oben) wird eine Vergütung von **EUR 1.600,00** erreicht, die den **Vorgaben des BGH**, bei durchschnittlich bis zu 20 Gläubigern eine Vergütung von EUR 1.300,00 zu gewähren, **gerecht** wird. Dementsprechend ist von einer **Verfassungsgemäßheit** des **§ 2 Abs. 2 InsVV** unter Berücksichtigung der Vorgaben des BGH gerade noch auszugehen (vgl. hierzu *Wimmer* ZInsO 2004, 1006; *LG Göttingen* InVo 2005, 99, das für sog. Altfälle die Neufassung des § 2 Abs. 2 InsVV, als Auslegungsregel annimmt und dementsprechend von einer Verfassungsgemäßheit dieser Vorschrift ausgeht). 43

Im Interesse einer angemessenen Vergütung auch im Bereich von masselosen Verfahren ist allerdings zu gewährleisten, dass **jegliche Abweichungen** von einem Normalverfahren – ungeachtet der Anzahl der anmeldenden Gläubiger – unter Anwendung des § 3 InsVV angemessen **großzügige Zuschläge** dem Verwalter zugebilligt werden. Dabei ist daran zu denken, dass **ein Gläubiger** eine **Vielzahl verschiedenster Forderungen** anmeldet, wie beispielsweise Kreditinstitute oder auch Finanzbehörden (vgl. BK-InsO/*Blersch* InsVV, § 2 Rn. 14a). Sofern diese Forderungsanmeldungen einen **zusätzlichen Aufwand** erfordern, insbesondere dann, wenn die Forderungen durch **Grundpfandrechte oder sonstige Sicherungsrechte** abgesichert werden, ist ungeachtet einer eventuell geringen Anzahl von anmeldenden Gläubigern der **abweichende Arbeitsanfall** durch Vornahme von entsprechenden Zuschlägen gem. § 3 InsVV zu berücksichtigen. Abschläge gem. § 3 Abs. 2 InsVV scheiden aufgrund des Charakters als Mindestvergütung aus bzw. sind auf besonders gelagerte Ausnahmefälle be- 44 grenzt (vgl. *BGH* ZInsO 2006, 811). Nach *AG Köln* (Beschl. v. 04.01.2017 – 72 IN 310/16, ZInsO 2017, 516) ist ein derartiger Ausnahmefall dann gegeben, wenn das Amt des vorläufigen Insolvenzverwalters nach einer Dauer von nur 17 Tagen aufgrund der Erledigungserklärung der antragstellenden Gläubigerin geendet hat und weder besondere Maßnahmen zur Sicherung noch sonstige verwaltende oder gestaltende Tätigkeiten bezüglich des Schuldnervermögens durch den vorläufigen Insolvenzverwalter ausgeübt worden sind. Die Mindestvergütung eines Insolvenzverwalters im Verbraucherinsolvenzverfahren kann nach Maßgabe des § 3 Abs. 2 lit. e InsVV gekürzt werden (*LG Köln* Beschl. v. 10.12.2015 – 10 T 517/15). Mit Blick auf die Entscheidung des *BGH* (ZInsO 2006, 811), in dem ein Abschlag auf die Mindestvergütung nur auf besonders gelagerte Ausnahmefälle begrenzt sein soll, ist hiervon restriktiv Gebrauch zu machen.

45 Wird die Mindestvergütung des § 2 Abs. 2 InsVV über § 3 Abs. 1 InsVV erhöht, ist die dann »erhöhte Mindestvergütung« auch die **Regelvergütung** i.S.d. § 8 Abs. 3 InsVV (vgl. hierzu *AG Potsdam* ZInsO 2006, 1252; **a.A.** *AG Köln* NZI 2006, 47).

46 **Problematisch** erscheint der Weg des Verordnungsgebers zu sein, ab dem 31. Gläubiger die Erhöhungsbeträge **degressiv** auszugestalten. Zu Recht wird darauf hingewiesen, dass auch die Forderungsanmeldung des 31. Gläubigers gleichermaßen ordnungsgemäß und sorgfältig zu bearbeiten ist, wie die 19. Anmeldung (vgl. BK-InsO/*Blersch* InsVV, § 2 Rn. 14a). Andererseits ist aber auch die Auffassung nicht zutreffend, dass mit steigender Gläubigerzahl sich der Arbeitsaufwand überproportional erhöht (so aber BK-InsO/*Blersch* InsVV, § 2 Rn. 14a). Der »Grundaufwand« für ein masseloses Verfahren fällt zunächst ungeachtet der jeweiligen Gläubigerzahl an. Es ist dürfte daher **vertretbar** sein, davon auszugehen, dass ab einer bestimmten größeren Gläubigerzahl (hier 31) durch bestimmte **Organisationsformen** und **Rationalisierungsmaßnahmen** im Durchschnitt **kostengünstiger** gearbeitet werden kann. Die **Degressionsregelung** ab dem 31. Gläubiger könnte daher auch unter der vom Verordnungsgeber zur Begründung herangezogenen Mischfinanzierung noch **verfassungsrechtlich zulässig** sein.

47 Die Neuregelung des § 2 Abs. 2 InsVV wird jedenfalls in Rechtsprechung und Literatur als äußerst problematisch sowie teilweise auch als verfassungswidrig angesehen (s. hierzu unter anderem *Blersch* ZIP 2004, 2311, der sich kritisch mit der Verfassungsmäßigkeit der Neuregelung auseinandersetzt).

48 Der *BGH* hat demgegenüber in seiner Entscheidung vom 13.03.2008 (DZWIR 2008, 302) ausführlich seine Auffassung dargelegt, dass die Regelung des § 2 Abs. 2 InsVV der Verordnungsermächtigung in § 65 InsO i.V.m. § 63 InsO entspricht und auch nicht gegen Art. 12 Abs. 1 GG verstößt (ebenso *Keller* NZI 2005, 23; *Wimmer* ZInsO 2004, 1006; **a.A.** *Blersch* ZIP 2004, 2311). Der BGH geht davon aus, dass nicht für jedes Verfahren, wohl aber für den Durchschnitt der Verfahren insgesamt eine auskömmliche Vergütung zu erzielen sein muss. Zur Erreichung dieses Zieles ist nach Auffassung des BGH der Verordnungsgeber berechtigt in typisierender Weise nach dem bestehenden Bearbeitungsaufwand die Vergütung zu staffeln. Als sachliches Abgrenzungskriterium ist dabei nach Auffassung des BGH die Zahl der Gläubiger, die Forderungen zur Tabelle angemeldet haben, geeignet.

III. Begrenzung des Vergütungsanspruchs in Stundungsverfahren

49 Maßgeblich für die Höhe des Vergütungsanspruchs ist entsprechend der gesetzlichen Vorgabe immer die an der **Berechnungsgrundlage** orientierte **Vergütung**.

50 Die Tatsache, dass die Insolvenzmasse nicht ausreicht, um die nach §§ 1, 2, 3 InsVV berechnete Vergütung zu begleichen, führt in Insolvenzverfahren, bei denen die **Verfahrenskosten gem. § 4a InsO gestundet** sind, **nicht** dazu, dass die Vergütungsansprüche des Insolvenzverwalters auf die **Mindestvergütung** des § 2 Abs. 2 InsVV **beschränkt sind** (*LG Gera* ZIP 2012, 2076; *LG Erfurt* ZInsO 2012, 947; *LG Aurich* ZInsO 2012, 802).

51 Die Auffassung des **LG Braunschweig** (ZInsO 2010, 237) und des **BGH** (NZI 2013, 305), die in Insolvenzverfahren mit Verfahrenskostenstundung, bei denen die Masse nicht für die vollständige

Deckung der Regelvergütung nach § 2 Abs. 1 InsVV ausreicht, dem Insolvenzverwalter **nur** die **Mindestvergütung** nach § 2 Abs. 1 InsVV zugesteht, ist **abzulehnen**. Das *LG Braunschweig* (ZInsO 2010, 237) und der *BGH* (NZI 2013, 305) argumentieren dahingehend, dass der Schutz des § 63 Abs. 2 InsO nur dazu dienen soll, das Risiko des Insolvenzverwalters in masselosen Insolvenzverfahren mit Stundung leer auszugehen, zu beseitigen. Dieser Schutz dürfe aber nicht dazu »missbraucht« werden, den Insolvenzverwalter besser zu stellen, als in masselosen Insolvenzverfahren ohne Stundung. Diese Auffassung verkennt, dass die Vergütung zunächst auf der Basis der **Berechnungsgrundlage** nach § 1 InsVV zu ermitteln ist. **Lediglich** in den Fällen, in denen die so berechnete Vergütung nicht die Mindestvergütung erreicht, ist die Mindestvergütung festzusetzen. Dies ist der **einzige** vom Gesetzgeber ins Auge gefasste **Zweck** der Regelung der Mindestvergütung. Die **Mindestvergütung** steht in **keiner rechtlichen Verbindung** zur Gewährung der **Verfahrenskostenstundung**. Diese regelt lediglich, wer gegenüber dem Verwalter für die Deckung seiner Vergütungsansprüche einzustehen hat. Zu der Höhe der Vergütung bzw. deren Begrenzung sagt die Gewährung der Kostenstundung nichts. Ergibt sich bei der Errechnung der verfahrensangemessenen Vergütung gem. §§ 1–3 InsVV, dass diese aus der Masse nicht vollständig bedient werden kann, ist bei gewährter Verfahrenskostenstundung der fehlende Betrag aus der Staatkasse zu erbringen.

Die (restliche) **Vergütung** ist auch in den wenigen Fällen, in denen die Stundungsbewilligung erst kurz vor Abschluss des Verfahrens erfolgte, aus der **Staatskasse** zu leisten (*LG Erfurt* ZInsO 2012, 947). 52

§ 3 Zu- und Abschläge

(1) Eine den Regelsatz übersteigende Vergütung ist insbesondere festzusetzen, wenn
a) die Bearbeitung von Aus- und Absonderungsrechten einen erheblichen Teil der Tätigkeit des Insolvenzverwalters ausgemacht hat, ohne dass ein entsprechender Mehrbetrag nach § 1 Absatz 2 Nr. 1 angefallen ist,
b) der Verwalter das Unternehmen fortgeführt oder Häuser verwaltet hat und die Masse nicht entsprechend größer geworden ist,
c) die Masse groß war und die Regelvergütung wegen der Degression der Regelsätze keine angemessene Gegenleistung dafür darstellt, dass der Verwalter mit erheblichem Arbeitsaufwand die Masse vermehrt oder zusätzliche Masse festgestellt hat,
d) arbeitsrechtliche Fragen zum Beispiel in Bezug auf das Insolvenzgeld, den Kündigungsschutz oder einen Sozialplan den Verwalter erheblich in Anspruch genommen haben oder
e) der Verwalter einen Insolvenzplan ausgearbeitet hat.

(2) Ein Zurückbleiben hinter dem Regelsatz ist insbesondere gerechtfertigt, wenn
a) ein vorläufiger Insolvenzverwalter im Verfahren tätig war,
b) die Masse bereits zu einem wesentlichen Teil verwertet war, als der Verwalter das Amt übernahm,
c) das Insolvenzverfahren vorzeitig beendet wird oder das Amt des Verwalters vorzeitig endet,
d) die Masse groß war und die Geschäftsführung geringe Anforderungen an den Verwalter stellte oder
e) die Vermögensverhältnisse des Schuldners überschaubar sind und die Zahl der Gläubiger oder die Höhe der Verbindlichkeiten gering ist.

»*Absatz 2 i.d.F. ab 21.04.2018 lautet:*

(2) Ein Zurückbleiben hinter dem Regelsatz ist insbesondere gerechtfertigt, wenn
a) ein vorläufiger Insolvenzverwalter im Verfahren tätig war,
b) die Masse bereits zu einem wesentlichen Teil verwertet war, als der Verwalter das Amt übernahm,
c) das Insolvenzverfahren vorzeitig beendet wird oder das Amt des Verwalters vorzeitig endet,
d) die Masse groß war und die Geschäftsführung geringe Anforderungen an den Verwalter stellte,

e) die Vermögensverhältnisse des Schuldners überschaubar sind und die Zahl der Gläubiger oder die Höhe der Verbindlichkeiten gering ist oder

f) der Schuldner in ein Koordinationsverfahren einbezogen ist, in dem ein Verfahrenskoordinator nach § 269e der Insolvenzordnung bestellt worden ist.«

Übersicht

		Rdn.			Rdn.
A.	Begründung zur insolvenzrechtlichen Vergütungsordnung	1	D.	Abschläge von der Regelvergütung (§ 3 Abs. 2 InsVV)	57
B.	Allgemeines	2	I.	Tätigkeit eines vorläufigen Insolvenzverwalters (§ 3 Abs. 2 lit. a) InsVV)	58
C.	Zuschläge zur Regelvergütung (§ 3 Abs. 1 InsVV)	15	II.	Fortgeschrittene Masseverwertung (§ 3 Abs. 2 lit. b) InsVV)	64
I.	Bearbeitung von Aus- und Absonderungsrechten (§ 3 Abs. 1 lit. a) InsVV)	15	III.	Vorzeitige Verfahrens-/Amtsbeendigung (§ 3 Abs. 2 lit. c) InsVV)	67
II.	Unternehmensfortführung und Hausverwaltung (§ 3 Abs. 1 lit. b) InsVV)	27	IV.	Große Masse/geringer Aufwand (§ 3 Abs. 2 lit. d) InsVV)	72
III.	Degressionsausgleich (§ 3 Abs. 1 lit. c) InsVV)	35	V.	Überschaubare Vermögensverhältnisse § 3 Abs. 2 lit. e) InsVV	74
IV.	Bearbeitung arbeitsrechtlicher Sachverhalte (§ 3 Abs. 1 lit. d) InsVV)	44	VI.	Weitere Abschlagskriterien	77
V.	Ausarbeitung eines Insolvenzplanes (§ 3 Abs. 1 lit. e) InsVV)	47	E.	Berechnung der Vergütung/Prüfungsreihenfolge	80
VI.	Weitere Erhöhungstatbestände	51	F.	Tabellen: Zuschläge/Abschläge/Gerichtsentscheidungen	84

Literatur:
Ganter Nochmals: Die Delegation der Ermittlung von Anfechtungsansprüchen – Erwiderung auf Laubereau, ZInsO 2016, 496, 677; *Gortan* Kürzung der Mindestvergütung im Verbraucherinsolvenzverfahren nach § 3 Abs. 2 lit. e InsVV, NZI 2016, 339; *Graeber* Reform der Verbraucherinsolvenz und Restschuldbefreiungsverfahren – Teil 8, InsBürO 2014, 3; *Graeber/Graeber* Vergütungsrecht in der Insolvenzpraxis: Die Vergleichsberechnung bei mehreren masseerhöhenden Zuschlagsgründen, InsBürO 2012, 292; *Haarmeyer, H.* Gläubigerinformationssysteme – Ausdruck professioneller Verfahrensgestaltung oder erstattungsfähige Kosten?, InsBürO 2016, 97; *Henkel* Vergütungswildwuchs und Verwalter-Bashing, ZInsO 2016, 2330; *Heyer* Das Insolvenzstatistikgesetz in der Praxis, NZI 2012, 945; *Kahlert* Fiktive Masseverbindlichkeiten im Insolvenzverfahren: Wie funktioniert § 55 Abs. 4 InsO?, ZIP 2011, 401; *Keller* Vergütung und Kosten im Insolvenzverfahren, 4. Aufl. 2016; *ders.* Der Degressionsausgleich bei der Vergütung des Insolvenzverwalters, NZI 2013, 19; *Laubereau* Die Delegation der Ermittlung von Anfechtungsansprüchen – Auswirkung auf die Verwaltervergütung, ZInsO 2016, 496. Siehe auch Vor § 1 InsVV.

A. Begründung zur insolvenzrechtlichen Vergütungsordnung

1 *Als Korrektiv zu den starren, ausschließlich auf den Wert der Masse bezogenen Regelsätzen in § 2 sind wie im bisherigen Vergütungsrecht konkret tätigkeitsbezogene Zu- und Abschläge erforderlich. § 3 der Verordnung schließt an § 63 InsO an, wonach »dem Umfang und der Schwierigkeit der Geschäftsführung des Verwalters« durch Abweichungen vom Regelsatz Rechnung zu tragen ist. Bei der Berechnung der Zu- und Abschläge sind zukünftig aber nicht pauschal Multiplikatoren zu verwenden; maßgebendes Bemessungskriterium sollte der tatsächlich gestiegene oder geminderte Arbeitsaufwand des Insolvenzverwalters sein.*

Die Kriterien für diese Abweichungen sind im Wesentlichen aus § 4 Abs. 2 und 3 der bisherigen Vergütungsverordnung übernommen. Durch Änderungen und Ergänzungen werden der modifizierte Aufgabenbereich des künftigen Insolvenzverwalters und – in § 3 Abs. 1 Buchstabe c – die stärkere Degression der Regelsätze berücksichtigt. Wie im bisherigen Recht wird durch das Wort »insbesondere« gewährleistet, dass auch nicht geregelte Faktoren, die Einfluss auf den Umfang und die Schwierigkeit der Geschäftsführung des Verwalters haben, die Höhe der Vergütung beeinflussen können. So können beispielsweise die derzeit noch im Beitrittsgebiet vorhandenen Besonderheiten einen Zuschlag begründen (Restitutionsansprüche, die sich wertmindernd auf die Insolvenzmasse auswirken; unklare Rechtsver-

hältnisse an Grundstücken mit verfahrensverzögernder Wirkung usw.). Muss der Insolvenzverwalter einen erheblichen Teil seiner Arbeitskraft auf die Bearbeitung von Aus- und Absonderungsrechten verwenden, ohne dass der Wert dieser belasteten Gegenstände in die Berechnungsgrundlage einfließen würden, so ist auch dies nach Abs. 1 Buchstabe a vergütungserhöhend zu berücksichtigen.

Hervorzuheben sind die neu in die Verordnung aufgenommenen Kriterien, die das Gericht bei der Vergütungsfestsetzung zu berücksichtigen hat. Für eine Überschreitung der Regelsätze sind dies in Abs. 1:
- *der bereits in der allgemeinen Begründung erläuterte Fall, dass der Insolvenzverwalter eine ohnehin große Insolvenzmasse durch erheblichen Arbeitseinsatz weiter vergrößert hat (Buchstabe c); hier soll der Zuschlag die für diesen Fall nicht angemessene Degression der Regelsätze ausgleichen;*
- *Erschwernisse bei der Berücksichtigung von Arbeitnehmerinteressen im Insolvenzverfahren (Buchstabe d); außer den in der Vorschrift genannten Beispielen des Insolvenzgelds, des Kündigungsschutzes und des Sozialplans lassen sich weiter besondere Probleme im Zusammenhang mit der Insolvenzsicherung der Betriebsrenten oder schwierige Verhandlungen über eine Herabsetzung des Arbeitslohns oder über eine Änderung oder vorzeitige Beendigung von Betriebsvereinbarungen (vgl. dazu § 120 InsO) anführen;*
- *die Vorlage eines Insolvenzplans durch den Verwalter nach § 218 InsO.*

Als neues Kriterium für eine regelsatzunterschreitende Vergütung wird der Fall genannt, dass ein vorläufiger Insolvenzverwalter im Verfahren tätig war (Abs. 2 Buchstabe a). Durch die Tätigkeit eines vorläufigen Insolvenzverwalters können dem Insolvenzverwalter erhebliche Arbeiten erspart werden. Auch das Kriterium einer vorzeitigen Beendigung der Verwaltertätigkeit (Abs. 2 Buchstabe c) – etwa durch Amtsenthebung oder durch Tod des Verwalters – wird in der bisherigen Verordnung nicht ausdrücklich aufgeführt. Die Kriterien für eine Minderung der Regelsatzvergütung sind auch hier nicht abschließend geregelt. So kann beispielsweise im Einzelfall auch die Entlastung des Insolvenzverwalters durch zusätzliche Hilfskräfte (auf der Grundlage von Dienst- und Werkverträgen, vgl. § 4 Abs. 1 Satz 2) einen Abschlag rechtfertigen.

B. Allgemeines

Die Regelungen des **§ 3 InsVV** stehen in unmittelbarer Verbindung mit **§ 63 Satz 3 InsO**, wonach dem **Umfang** und der **Schwierigkeit** der Geschäftsführung des Verwalters durch **Abweichungen vom Regelsatz**, welcher in § 2 InsVV geregelt ist, **Rechnung zu tragen** ist (vgl. *Haarmeyer/Mock* InsVV, § 3 Rn. 1 ff.; BK-InsO/*Blersch* InsVV, § 3 Rn. 1). Des Weiteren wird mit dieser Vorschrift den Vorgaben des vom *BVerfG* (ZIP 1989, 382 ff.) aufgestellten **verfassungsrechtlichen Gebotes** Folge geleistet, nämlich dem Insolvenzverwalter eine auf den **Einzelfall** bezogene **angemessene Vergütung** zu gewähren. Da § 2 InsVV ein starres Prinzip der Regelvergütung bezogen auf die Insolvenzmasse darstellt, wird die gem. § 63 Satz 3 InsO durchzuführende **einzelfallbezogene Anpassung** durch die Regelungen des **§ 3 InsVV** vorgenommen. Es wird damit die Möglichkeit geschaffen, im Rahmen eines flexiblen Systems von Regelbeispielen die Vergütung den **tatsächlichen Gegebenheiten** eines Insolvenzverfahrens anzupassen und dabei insbesondere den **konkreten Arbeitsaufwand** des Insolvenzverwalters **angemessen** zu vergüten. Da die Insolvenzverwaltung regelmäßig von Angehörigen der **freien Berufe** (Rechtsanwälte, Steuerberater, Wirtschaftsprüfer) ausgeführt wird, stellt das System der Zu- und Abschläge gem. § 3 InsVV gleichzeitig die **Gewährleistung** einer **aufwandsbezogenen Vergütung** dar. Dies ist im Bereich der freien Berufe schon auf Grund der Ausflüsse des Art. 12 GG zwingend geboten, da das **Vergütungsrecht** die an sich für Freiberufler übliche freie Vereinbarung von Entgelten gerade **nicht zulässt** (vgl. BK-InsO/*Blersch* InsVV, § 3 Rn. 1). 2

Es wird ein **objektiviertes System** von Voraussetzungen für **Zu- und Abschläge** normiert. Damit wird eine **flexible Möglichkeit** der Vergütungsfestsetzung für die Gerichte geschaffen, bei denen die individuellen und tätigkeitsbezogenen **qualitativen** und **quantitativen Merkmale** berücksichtigt werden. Der Verordnungsgeber bringt ausdrücklich durch die Verwendung des Begriffes »insbesondere« zum Ausdruck, dass die von ihm im Einzelnen genannten Merkmale, die zu einer Erhöhung bzw. Verminderung der Vergütung führen können, lediglich **Regelbeispiele** sind. Dadurch wird gewährleistet, dass die Gerichte im Einzelnen nicht geregelte Merkmale der Tätigkeit des Insolvenzverwalters zu 3 berücksichtigen haben, sofern und soweit sie sich im Bereich des Umfanges und auch der Schwierigkeit bei der Tätigkeit des Insolvenzverwalters ausgewirkt haben (*Haarmeyer/Wutzke/Förster* InsVV, 4. Aufl., § 3 Rn. 2; **a.A.** inzwischen *Haarmeyer/Mock*, InsVV, § 3 Rn. 1, die – **entgegen** der Intention des Verordnungsgebers und ohne sachlich nachvollziehbare Begründung – **nur noch** bei erheblichen Abweichungen zum Regelfall einen Zuschlag anerkennen wollen. Zusätzlich soll Voraussetzung für einen Zuschlag sein, dass »bei Nichtfestsetzung ein Missverhältnis entstünde, das eine Beschränkung auf die einfache Regelvergütung als unzumutbar erscheinen lassen würde«). Dies ergibt sich unmittelbar auch bereits aus der Begründung des Verordnungsgebers zu § 3 InsVV, die ausdrücklich auf den **nicht abschließenden Charakter** der Regelbeispiele hinweist und insbesondere auch nicht geregelte Beispiele, die zu Zuschlägen führen können, aufführt. **Grundgedanke des Systems** des § 3 InsVV ist es, den tatsächlich gestiegenen oder geminderten **Arbeitsaufwand** des Insolvenzverwalters zur Bemessung der Vergütung heranzuziehen, was § 63 Satz 3 InsO gebietet.

4 § 3 InsVV stellt somit die »**Schlüsselnorm**« (vgl. *Haarmeyer/Wutzke/Förster* InsVV, § 3 Rn. 1) der InsVV dar. Sie ist Ausfluss des Verfassungsgebotes einer tätigkeitsbezogenen, angemessenen Vergütung. Daher ist die Auffassung von *Haarmeyer/Mock* (InsVV, § 3 Rn. 7), dass der »*einfache Staffelsatz die angemessene Vergütung*« *sei*, nicht nach*vollziehbar*. Sie sind mithin zu Unrecht der Meinung, dass die Regelvergütung eine Art »Sockel- oder Grundvergütung« darstelle. Die von *Haarmeyer/Mock* (InsVV, § 3 Rn. 7) vertretene »Interpretation« des § 3 InsVV widerspricht offensichtlich dem der Regelung vom Verordnungsgeber zugewiesenen Sinn und Zweck, nämlich ein Korrektiv zu den starren ausschließlich auf den Wert der Masse bezogenen Regelsätzen in § 2 InsVV darzustellen (amtl. Begr. zu § 3 InsVV s. Rdn. 1). Das Gewicht von § 3 InsVV wird noch dadurch erhöht, dass er über § **10 InsVV** entsprechend **anwendbar** auf die Bemessung der Vergütung des **vorläufigen Insolvenzverwalters** (§ 11 InsVV) sowie auch des **Sachwalters** (§ 12 InsVV) ist. § 3 InsVV wirkt sich daher durchgängig im Bereich der Unternehmensinsolvenzen auf sämtliche Fälle der Vergütung des Verwalters/Sachwalters aus.

Nicht gefolgt werden kann auch der Auffassung von *Haarmeyer/Mock* (InsVV § 3 Rn. 35 ff.), wonach grds. zu unterscheiden sei im Rahmen der Bemessung der angemessenen Vergütung bzw. bei den Ansätzen von Zuschlägen, dass es typisierende Tätigkeiten und Aufgaben des Insolvenzverwalters bei Insolvenzverfahren mit jeweils bestimmter Insolvenzmasse gäbe und insoweit Zuschläge nicht angemessen sein sollen. *Haarmeyer/Mock* (InsVV, § 3 Rn. 35 ff.) unterscheiden dabei jeweils Insolvenzmassen in der Größenordnung bis EUR 50.000,00 bzw. EUR 50.000,00 bis EUR 500.000,00 und von mehr als EUR 500.000,00. In den jeweiligen Größenordnungsklassen sollen dann bestimmte typisierende Tätigkeiten und Aufgaben des Insolvenzverwalters als dem Regelfall zugewiesen werden, ungeachtet dessen, ob sie in § 3 Abs. 1 InsVV als zuschlagsbegründend definiert sind. Diese Auffassung wird von *Haarmeyer/Mock* (InsVV, § 2 Rn. 6) noch dadurch untermauert, dass sich das Anforderungsprofil an den (vorläufigen) Insolvenzverwalter seit der Einführung der InsO bzw. der InsVV im Jahre 1999 zwar erheblich dahingehend gewandelt habe, dass der Verwalter weitergehende Aufgaben zu übernehmen habe, diese aber mit der Regelvergütung (§ 2 InsVV) abgegolten seien. Richtig ist, dass der (vorläufige) Verwal*ter weitere erhebliche* zusätzliche Aufgaben übernehmen musste bzw. *ihm* von dem Gesetzgeber aufgebürdet wurden. Allerdings hat der **Verordnungsgeber es versäumt**, die Regelungen der InsVV, d.h. bei den Ansätzen der Staffelvergütung nach § 2 wie auch *bei* der Gestaltung der Zuschläge gem. § 3 Abs. 1 InsVV eine den erheblich gesteigerten Anforderungen entsprechende Vergütung bzw. ein angemessenes Vergütungssystem zu gestalten. Dies übersehen *Haarmeyer/Mock* (InsVV, § 2 Rn. 6, § 3 Rn. 7 ff.) und möchten ein der Größe der Insolvenzmasse jeweils zugeordnetes »Regelverfahren« definieren, und damit in Verbindung stehende und in diesem »Regelverfahren« enthaltende Tätigkeiten des Verwalters, die an sich auch gem. § 3 Abs. 1 InsVV **Zuschlagstatbestände** darstellen gerade **nicht** durch **Zuschläge** vergüten. Es wird einem »professionellen« Insolvenzverwalter als solches unterstellt, dass aufgrund seines personell und sachlich ausgestatteten Verwalterbüros derartige Tätigkeiten – angeblich – keine zusätzlichen (finanziellen) »Belastungen« verursachen. Dabei wird übersehen, dass gerade das Büro eines professionellen Insolvenzverwalters zum einen zur Herbeiführung des professionellen Büros erhebliche Mittel einsetzen musste und zur Aufrechterhaltung bzw. Vorhaltung der personellen bzw.

sachlichen Mittel regelmäßig und dauerhaft massive Kosten entstehen. Nur weil ein (vorläufiger) Insolvenzverwalter ein Verfahren »**professionell**« abwickeln bzw. die Einzeltätigkeiten gut organisiert leisten kann, darf dies aber nicht dazu führen, dass gerade er dann für diese besonders gute Tätigkeit keine Zuschläge erhält. Umgekehrt würde die Auffassung von *Haarmeyer/Mock* bedeuten, dass ein »unprofessionell*er*« Insolvenzverwalter *sich* einen Zuschlag »verdienen« würde, da er ja die Tätigkeit nicht routinemäßig und gut organisiert durchführen kann.

Haarmeyer/Mock (InsVV, § 3 Rn. 55) **übersehen** bspw. im Zusammenhang mit der gesteigerten Aufgabenbelastung durch die veränderten steuerlichen Rahmenbedingungen (insbesondere bei der Umsatzsteuer), dass bei der Verfahrensabwicklung mehrere umsatzsteuerliche Berechnungen, Meldungen usw. *durch* den Verwalter zu bearbeiten bzw. zu erstellen sind. Die von *Haarmeyer/Mock* (InsVV, § 3 Rn. 55) angeführte Begründung zur Verneinung eines Zuschlags in diesem Bereich, die dahingeht, dass beispielsweise ein Steuerberater auch bei derartigen Vorgängen keine höhere Vergütung verlangen könne, verkennt, dass ein Steuerberater, wenn er bspw. zusätzliche Buchungen vornehmen muss oder mehrere Umsatzsteuererklärungen für einen Mandanten erstellt, er für jede Buchung und für jede **einzelne Umsatzsteuererklärung** eine jeweils **gesonderte Vergütung** erhält (s. § 24 Abs. 1 Ziff. 7, 8 StBVV). Warum diese (zusätzlichen) Tätigkeiten bei dem Insolvenzverwalter keinen Zuschlag begründen sollen, erschließt sich aus den Ausführungen von *Haarmeyer/Mock* nicht. Mithin kann auch einem Insolvenzverwalter aufgrund der gesteigerten steuerlichen Anforderungen im Bereich der Umsatzsteuer nicht grds. der Zuschlag verweigert werden, sondern ist aufgrund des höheren Arbeitsaufwandes diesem gerade zuzubilligen.

Insgesamt ist festzuhalten, dass den massiv gesteigerten Anforderungen im Rahmen einer Verfahrensabwicklung und der Erweiterung des Aufgabengebietes eines (vorläufigen) Verwalters durch **angemessene Zuschläge**, wie gesetzlich vorgesehen, eine der Tätigkeit entsprechende Vergütung zuzubilligen ist. Nur dadurch, dass (vorläufige) Insolvenzverwalter die Tätigkeiten und Aufgaben in professioneller Weise abwickeln, **rechtfertigt sich keine Reduzierung** bzw. **Ablehnung von Zuschlägen**.

In diesem Zusammenhang ist festzustellen, dass vermehrt – **unberechtigt** – das Argument verwendet wird, dass durch die zunehmende Professionalisierung der Verwalterkanzleien eine Erleichterung bei der Bewältigung von komplexen Aufgaben eintrete. Es werden sogar solche an sich schwierigen Aufgaben zu Routineaufgaben erklärt, da sich die Verwalterkanzleien darauf einrichten konnten und diese zwischenzeitlich standardisiert und professionell erledigen. Dass mit diesem Argument das sog. – jedoch nicht gesetzlich normierte – Normalverfahren eine Vielzahl von zusätzlichen, früher zuschlagsauslösenden Aufgaben umfassen soll, ist bedenklich und nicht nachvollziehbar, solange die Regelsätze **nicht hochgesetzt** werden. *Keller* (§ 2 Rn. 58) geht deshalb auch zu Recht davon aus, dass der Begriff des Normalverfahrens (derzeit) **statisch ist** und an den Gegebenheiten bei Einführung der InsVV im Jahre 1999 zu beurteilen ist.

5

Der Verordnungsgeber hat, wie bereits erwähnt, das »alte« System der Multiplikatoren aufgegeben und durch ein Zuschlagsystem eine einzelfallgerechte Bewertung herbeigeführt, wodurch gleichzeitig auch eine weitestgehend einheitliche Vergütungspraxis bei den Insolvenzgerichten herbeigeführt werden kann (vgl. *Kübler/Prütting/Bork-Eickmann/Prasser* InsVV, § 3 Rn. 9 ff.). Gerade ein einheitliches und dementsprechend durch- und überschaubares System wurde in der bisherigen Vergütungspraxis vermisst (vgl. *Kuhn/Uhlenbruck* KO, § 85 Rn. 1).

6

Allerdings führt die vom **BGH** (NZI 2012, 981; NZI 2003, 603) vertretene Auffassung, wonach letztlich eine **Gesamtwürdigung** als ausreichend angesehen wird, dazu, dass das im Rahmen des Gesetzgebungsverfahrens der InsO und damit auch der Gestaltung der InsVV entwickelte **durch- und überschaubare System**, das insbesondere auch durch die Fortführung und Weiterentwicklung der Vergütungsübersichten stabilisiert werden sollte, **erschwert** wird. Die vom *BGH* (NZI 2012, 981; NZI 2003, 603) als ausreichend angesehene **Gesamtbewertung** des Verfahrens führte in der Praxis dazu, dass die die Vergütung festsetzenden **Gerichte** sich immer mehr auf eine (**subjektive**) Gesamt-

7

§ 3 InsVV   Zu- und Abschläge

bewertung zurückziehen (vgl. i.E. Rdn. 14), was eine **objektive Überprüfbarkeit** und **Vergleichbarkeit** erschwert, wenn nicht gar **verhindert** (ebenso *Keller* NZI 2013, 19 ff.).

8 **Voraussetzung** für ein nachvollziehbares Zuschlagssystem, welches sich aus § 3 InsVV ergibt bzw. entwickeln kann, ist allerdings die Bestimmung eines sog. »**Normalverfahrens**«, für das die Vergütung gem. § 2 InsVV festzusetzen ist (vgl. *Haarmeyer/Wutzke/Förster* InsVV, 4. Aufl., § 3 Rn. 8; bei *Haarmeyer/Mock* InsVV, § 3 Rn. 1 f. werden – nunmehr entgegen der Vorauflage – zumindest für die Vergütung des Insolvenzverwalters die Kriterien eines »Normalverfahrens« verworfen. Bei den Kommentierungen zu der Vergütung des Treuhänders im vereinfachten Insolvenzverfahren sowie des Insolvenzverwalters im Verbraucherinsolvenzverfahren in § 13 InsVV und des Treuhänders nach § 293 InsO in § 14 InsVV finden sich allerdings noch die Kriterien des »Normalfalls«). Die Kriterien eines »Normalverfahrens« werden ausführlich bei § 2 InsVV Rdn. 25 ff. dargestellt.

9 Bei Vorliegen von Abweichungen des in § 2 vorausgesetzten »Normalverfahrens« im Bereich der quantitativen und/oder qualitativen Kriterien greift § 3 InsVV ein.

10 **Der Verordnungsgeber** hat in § 3 Abs. 1 InsVV **zwingend** festgelegt, dass bei Vorliegen **vergütungserhöhender** Merkmale eine den **Regelsatz übersteigende Vergütung** vom Gericht **festzusetzen ist** (vgl. BK-InsO/*Blersch* InsVV, § 3 Rn. 3; *Haarmeyer/Wutzke/Förster* InsVV, 4. Aufl., § 3 Rn. 5; **a.A.** *Haarmeyer/Mock* InsVV, § 3 Rn. 6; *Kübler/Prütting/Bork-Eickmann/Prasser* InsVV, § 3 Rn. 16; *Keller* Vergütung, Rn. 263). Diese Auslegung ergibt sich **zwingend** aus der Verwendung des Begriffes »ist ... festzusetzen«. Die Formulierung »insbesondere« soll lediglich festlegen, dass die Aufzählung nicht abschließend ist, sondern **beispielhaft**. Die Vergütung ist immer unter Berücksichtigung der tatsächlich verwirklichten quantitativen und qualitativen Merkmale festzusetzen. Eine vorausschauende abschließende Darstellung aller Faktoren, die zu einer Erhöhung führen können, ist ausgeschlossen, sodass auch nach dem Willen des Verordnungsgebers eine Vielzahl von Fällen denkbar ist, die gleichermaßen – wie die Regelbeispiele – zu einem zu berücksichtigenden Mehraufwand des Verwalters führen und sich dementsprechend vergütungserhöhend auswirken sollen.

11 Allerdings ist eine Bemessung des Zuschlages nach **Zeitaufwand** dem **System** des § 63 Abs. 1 Satz 3 InsO i.V.m. § 3 InsVV **fremd**. Eine sich daraus ggf. ergebende nichtauskömmliche Vergütung ist vom Insolvenzverwalter im Hinblick auf den Grundsatz der **Querfinanzierung** hinzunehmen (*BGH* ZInsO 2009, 1511 m. Anm. *Haarmeyer*).

12 In § 3 Abs. 2 InsVV hat der Verordnungsgeber – entgegen der zwingenden Regelung des Abs. 1 – eine **Minderung der Vergütung** selbst im Falle des tatsächlichen Vorliegens der dort genannten Regelbeispiele **nicht verpflichtend** festgelegt. Dem Gericht wurde lediglich auferlegt, **zu prüfen**, ob bei Vorliegen derartiger Umstände ein Zurückbleiben hinter dem Regelsatz »**gerechtfertigt**« ist (vgl. *Haarmeyer/Mock* InsVV, § 3 Rn. 7; *Keller* Vergütung, Rn. 263; wohl **a.A.** *Kübler/Prütting/Bork-Eickmann/Prasser* InsVV, § 3 Rn. 45).

13 Insgesamt hat das die Vergütung festsetzende Gericht nach Auffassung des *BGH* (NZI 2003, 603) nicht jeden Tatbestand isoliert zu betrachten, sondern kann im Rahmen einer »**Gesamtbetrachtung**« die Erhöhungstatbestände und die Minderungstatbestände gegeneinander abwägen. Der *BGH* will sich hier wohl gegen die sich in der Praxis eingebürgerten Faustregeltabellen und formalen Erhöhungsfaktoren wenden und will anscheinend dem Gericht einen weiten Ermessensspielraum bei der Beurteilung und Abwägung der einzelnen Kriterien einräumen (*Keller* NZI 2004, 465 [474]). Dem *BGH* ist insoweit zuzustimmen, dass er grundsätzlich auf die tatsächliche Arbeitsbelastung des Insolvenzverwalters abstellt. **Andererseits** ist aber zu berücksichtigen, dass das die Vergütung festsetzende Gericht – ungeachtet seines Ermessensspielraums – orientiert an dem **konkreten Verfahren** eine Vergütungsfestsetzung vorzunehmen hat, die orientiert an den **einzelnen** in Frage kommenden **Erhöhungs- und Minderungstatbeständen** in vollem Umfange nachprüfbar sein muss. Darüber hinaus sind die von dem *BGH* kritisierten Faustregeltabellen und Übersichten dazu **geeignet**, die **Vergleichbarkeit** der Vergütungsfestsetzungen an den verschiedenen Gerichten herbeizuführen und insbesondere eine **Objektivierbarkeit** der Erhöhungs- und Abschlagsgrundsätze zu unterstützen (vgl. auch *Keller* Vergütung, Rn. 247, 267 f.).

In zwei neueren Entscheidungen hat der **BGH** (NZI 2012, 981; ZInsO 2013, 1104) erneut seine frühere Auffassung (NZI 2003, 603) zur Gewährung von Erhöhungs- und Kürzungsfaktoren im Rahmen einer sog. **Gesamtschau** untermauert. Mit der vom BGH als ausreichend angesehenen Gesamtwürdigung ziehen sich bereits jetzt viele die Vergütung festsetzende Gerichte darauf zurück, eine undifferenzierte Erhöhung oder insbesondere Kürzung der Vergütung vorzunehmen, **ohne auf die einzelnen Zuschlags- und Abschlagstatbestände** einzugehen und unterlassen eine differenzierte Abwägung. Dabei wird allerdings verkannt, dass erst nach einer differenzierten Bewertung der **einzelnen Tatbestände** diese auch gegeneinander abgewogen werden können. Nur so kann eine insgesamt angemessene Vergütung bestimmt werden (*Keller* NZI 2013, 19 ff.). Zu Recht führt *Keller* aus, dass eine differenzierte Einzelbetrachtung die **Objektivität** der Vergütungsbestimmung und die Integrität aller Verfahrensbeteiligten fördert. Nach der Entscheidung des *BGH* (NZI 2012, 981) ist tatsächlich zu **befürchten,** dass die Fortführung und Weiterentwicklung der Vergütungsübersichten unmöglich wird, da sich die die Vergütung festsetzenden Gerichte nicht ohne Not auf differenzierte Einzelzuschläge bzw. Einzelabschläge festlegen lassen werden. Damit verkommt die Gewährung von Zuschlägen und Vornahme von Abschlägen zu einer **subjektiven Einschätzung** der die Vergütung festsetzenden Organe. Die **objektive Überprüfbarkeit** durch die Beschwerdeinstanzen wird dadurch praktisch **unmöglich.** Dementsprechend fordert das *LG Osnabrück* (Beschl. v. 08.10.2015 – 8 T 504/15, ZInsO 2015, 2242), zu Recht, dass **vor** einer würdigenden **Gesamtschau** zunächst eine Einzelbeurteilung der Zu- und Abschläge vorzunehmen ist, auch wenn nicht für jeden Tatbestand zwingend ein Zu- oder Abschlag festgesetzt werden muss.

Diese Vorgehensweise ist geeignet, sich ausreichend mit den **Darlegungen des Antragstellers auseinander zu setzen** und führt ggf. dazu die Akzeptanz einer anderen Einordnung zu erhöhen. Erst dann ist der Gesamtzuschlag in einer Gesamtschau unter Berücksichtigung von Überschneidungen und einer auf das Ganze bezogenen Angemessenheitsbeurteilung zu bilden.

Darüber hinaus wird die Möglichkeit, die Entscheidungen einzelner Gerichte gegenüberzustellen und **zur Beurteilung** heranzuziehen, erschwert, wenn nicht gar verhindert.

Bei der vorzunehmenden **Gesamtschau** ist auch zu berücksichtigen, dass den (vorl.) Insolvenzverwaltern seit Einführung der InsVV im Jahr 1999 in großem Umfang zusätzliche Aufgaben übertragen wurden, was im Rahmen der Gesamtschau zuschlagsbegründend wertend zu berücksichtigen ist (vgl. i.E. Rdn. 51). So sind die Aufgaben z.B. hinsichtlich der steuerlichen Angelegenheiten insbesondere durch das EHUG (Gesetz über elektronische Handelsregister und Genossenschaftsregister sowie das Unternehmensregister) erweitert worden. Die Änderung der Rechtsprechung des Bundesfinanzhofs und die Regelungen des § 55 Abs. 4 InsO haben ebenfalls zu einer erheblichen Steigerung der Anforderungen an den Insolvenzverwalter geführt. Inzwischen sind pro Verfahren bis zu drei Steuernummern zu beachten. Dies führt zwangsläufig zu einem erheblich größeren buchhalterischen Aufwand, insbesondere zu mehreren Buchungskreisen. Darüber hinaus ist eine größere Anzahl von Umsatzsteuererklärungen i.V.m. Umsatzsteuerkorrekturen zu bearbeiten und dem Finanzamt vorzulegen. 14

Auch das **Insolvenzstatistikgesetz** hat zum 01.01.2013 neue, weitere Aufgaben des Verwalters eingeführt.

C. Zuschläge zur Regelvergütung (§ 3 Abs. 1 InsVV)

I. Bearbeitung von Aus- und Absonderungsrechten (§ 3 Abs. 1 lit. a) InsVV)

Mit dieser Regelung in der InsVV wird der Verordnungsgeber dem in der Insolvenzabwicklung regelmäßig anfallenden Umstand gerecht, dass in großem Umfange **Aus- und Absonderungsrechte** vom Insolvenzverwalter in rechtlicher und tatsächlicher Hinsicht zu bearbeiten sind, somit einen **erheblichen Arbeitsaufwand** darstellen. Durch die Aus- und Absonderung der Gegenstände und somit grds. auch dem Entzug des Wertes aus der Berechnungsgrundlage musste neben der Regelung über die Kostenbeiträge des § 171 InsO bzw. § 10 Abs. 1 Nr. 1a ZVG eine den zusätzlichen Arbeitsanfall berücksichtigende **Vergütungserhöhung** vorgesehen werden. Die **Absonderungsrechte** fließen zwar **vergütungserhöhend** durch die **Kostenbeiträge** (§ 171 InsO) bzw. unter den Voraussetzungen 15 des § 1 Abs. 2 Nr. 1 oder Nr. 2 InsVV in die Ermittlung der Vergütung ein, doch würde häufig der **tatsächliche Arbeitsaufwand** für die Bearbeitung von Aus- und Absonderungsrechten nicht angemessen abgegolten werden. Mit **§ 3 Abs. 1 lit. a) InsVV** werden die den Regelfall **übersteigenden Bearbeitungsfälle** vergütungsrelevant berücksichtigt.

16 **Grundvoraussetzung** für eine Erhöhung der Regelvergütung ist die **Bearbeitung** von **Aus- und Absonderungsrechten** durch den Insolvenzverwalter. Es hat somit eine **tatsächliche Bearbeitung** der Aus- und Absonderungsrechte in **rechtlicher** oder **abwicklungstechnischer Hinsicht** zu geschehen. Dabei ist an die Prüfung von komplizierten Gestaltungen von Eigentumsvorbehalten, Sicherungsabsprachen, Vergleichsregelungen mit Gläubigern, insbesondere auch im Bereich der weiteren Verarbeitung von vorhandenen Beständen oder an die rechtliche Prüfung von schwierigen Belastungssituationen bei Grundstücken zu denken (vgl. BK-InsO/*Blersch* InsVV, § 3 Rn. 7; *Haarmeyer/Mock* InsVV, § 3 Rn. 15). Es handelt sich dabei ausschließlich um die **Bearbeitung der Aus- und Absonderungsrechte** nicht dagegen um die Verwertung (vgl. *Haarmeyer/Mock* InsVV, § 3 Rn. 15). Dies ergibt sich schon aus der **Einschränkung** durch den **Ausschluss** der Anwendung des **Regelbeispiels** bei Vorliegen eines entsprechenden Mehrbetrages nach **§ 1 Abs. 2 Nr. 1 InsVV**. Es wird auf den Begriff »**Mehrbetrag**«, der ausschließlich eine **Vergütungserhöhung** darstellt, nicht aber eine Erhöhung der Insolvenzmasse abgestellt (vgl. BK-InsO/*Blersch* InsVV, § 3 Rn. 9). Beispielsweise ergibt sich im Falle einer Verwertung des Absonderungsgegenstandes durch den Gläubiger gerade keine Vergütungserhöhung nach § 1 Abs. 2 Nr. 1 InsVV, sodass grds. das Regelbeispiel eingreifen kann. Daher ist die **Verwertung** durch den Insolvenzverwalter in diesem Zusammenhange grds. **nicht notwendig**.

17 **Weitere Voraussetzung** für das Eingreifen des Regelbeispiels ist es, dass die Bearbeitung der Aus- und Absonderungsrechte einen **erheblichen Teil der Tätigkeit** des Insolvenzverwalters ausgemacht hat. Dementsprechend ist eine Prüfung dahingehend vorzunehmen, inwieweit der Umfang der Bearbeitungstätigkeit vom Normalverfahren abweicht.

18 Zur **Abgrenzung** zwischen dem Umfang der Tätigkeit eines Insolvenzverwalters in Zusammenhang mit der Bearbeitung von Aus- und Absonderungsrechten, die noch als **Bestandteil eines Regelverfahrens** anzusehen sind und zu dem Umfang der Bearbeitung, der sich **zuschlagserhöhend** auswirkt, wurde insbesondere in der Literatur (*Keller* Vergütung Rn. 264 ff.; *Haameyer/Mock* InsVV, § 3 Rn. 12; *Kübler/Prütting/Bork-Eickmann* InsVV, § 3 Rn. 15; nunmehr abgeschwächt *Kübler/Prütting/Bork-Eickmann/Prasser* InsVV, § 3 Rn. 27 ff.) im Wesentlichen auf den (prozentualen) **Anteil der Fremdrechte an der Aktivmasse** (teilweise Schuldenmasse) abgestellt. Richtigerweise erfolgte die **Abgrenzung** dahingehend, ob das in Frage stehende Verfahren noch einem **Regelverfahren**, bei dem der Anteil der Fremdrechte an der Aktivmasse 30 % nicht übersteigt (s. hierzu auch Rdn. 16) zuzuordnen ist. Bei einer **wesentlichen Überschreitung** des Umfanges von 30 % der Drittrechte, wobei von einer nicht vergütungsrelevanten Überschreitung von etwa 10 % auszugehen ist, war somit bei einem Umfang von **mehr als 40 %** das Vorliegen des **Regelbeispiels** anzunehmen. Der *BGH* (ZInsO 2006, 254; ZIP 2003, 1757) ist allerdings einer derartigen – »faustregelartigen« – Abgrenzung nach den vorgenannten Kriterien entgegengetreten und der Auffassung, dass der **Zuschlag** nur dann gerechtfertigt sei, wenn die **Bearbeitung** der Aus- und Absonderungsrechte einen über das **normale Maß** hinausgehenden Umfang erfordert habe, wobei der Verwalter den tatsächlich erhöhten **Arbeitsaufwand** in seinem Vergütungsantrag **konkret darzulegen** habe (s.a. *Pape* ZInsO 2004, 318; *Keller* NZI 2004, 465).

19 Dieser **Auffassung** des Bundesgerichtshofes ist in seiner Ausgestaltung **nicht zu folgen**. Zwar ist dem Bundesgerichtshof zuzugeben, dass das Regelbeispiel nur eingreift, wenn ein über das Normalmaß hinausgehender Arbeitsaufwand des Insolvenzverwalters erforderlich war. Doch kann der zuschlagsbegründende Umfang allerdings einerseits **quantitativ** (hoher Anteil der Drittrechte an der Aktivmasse und rechtlich relativ unkompliziert) oder andererseits **qualitativ** (geringerer Anteil der Drittrechte, aber erhebliche rechtliche und/oder tatsächliche Problemkonstellationen) anfallen. Sowohl bei Vorliegen **quantitativer** als auch bei Vorliegen **qualitativer** Merkmale, die einen über das Maß eines Regelverfahrens hinausgehenden Arbeitsaufwand erfordern, sind die Voraussetzungen des Re-

gelbeispiels als gegeben anzusehen (*Kübler/Prütting/Bork-Eickmann/Prasser* InsVV, § 3 Rn. 29; *Keller* Vergütung Rn. 267).

Bei **Überschreiten** des einem Regelverfahren zuzuordnenden Umfangs von **30 %** der Drittrechte an der Aktivmasse ist grds. allein aufgrund der **Quantität** vom Eingreifen des Regelbeispiels auszugehen. Die Bearbeitung eines derart großen Anteils an Drittrechten beansprucht üblicherweise schon vom Umfang her einen erheblichen Teil der Arbeitsleistung eines Insolvenzverwalters (*Keller* Vergütung Rn. 267; **a.A.** *Haarmeyer/Mock* InsVV, § 3 Rn. 16). 20

Das Vorliegen **rechtlich** und/oder **tatsächlich** schwieriger **Problemfälle,** deren Bearbeitung erhebliche Zeit des Insolvenzverwalters in Anspruch nehmen, um eine Klärung herbeizuführen, erfüllt unter dem Gesichtspunkt der **Qualität** den Tatbestand dieses Regelbeispiels (*Kübler/Prütting/Bork-Eickmann/Prasser* InsVV, § 3 Rn. 29). 21

Der Insolvenzverwalter hat im Rahmen seines Vergütungsantrages sowohl in qualitativer wie in quantitativer Hinsicht im Einzelnen darzulegen, inwieweit die von ihm vorgenommene Bearbeitung der Aus- und Absonderungsrechte einen über das **normale Maß** hinausgehenden Umfang erfordert hat (*BGH* ZInsO 2006, 254; ZIP 2003, 1757). 22

Wesentliches Merkmal ist in diesem Zusammenhang auch, dass die Tätigkeit des **Insolvenzverwalters** selbst sich auf die Bearbeitung der Aus- und Absonderungsrechte erstreckt. Bei einer **Übertragung** dieser Tätigkeit auf einen **Dritten** ist im Einzelnen zu prüfen, inwieweit der **tatsächliche Arbeitsanfall** des Insolvenzverwalters eine Erhöhung noch rechtfertigt (vgl. *Haarmeyer/Wutzke/Förster* InsVV, 4. Aufl., § 3 Rn. 14). Grundsätzlich ist der Insolvenzverwalter berechtigt, die Prüfung von Standardfragen im Bereich der Aus- und Absonderungsrechte an Dritte, insbesondere Rechtsanwälte, zu delegieren, da es sich hier nicht um eine Regelaufgabe handelt. In diesem Fall ist allerdings ein Zuschlag nicht zu gewähren oder gar zu prüfen, ob ein Abschlag vorzunehmen ist, da sich der Verwalter von einer Regelaufgabe des Normalfalls zu Lasten der Masse entlastet hat (vgl. *Haarmeyer/Wutzke/Förster* InsVV, 4. Aufl., § 3 Rn. 14). Ein Erhöhungstatbestand ist auch dann nicht dem Insolvenzverwalter zu gewähren, wenn er als Rechtsanwalt-Insolvenzverwalter die Tätigkeit nach § 5 InsVV gegenüber der Masse abgerechnet hat. 23

Die Gewährung eines Zuschlags auf die Regelvergütung ist dann **ausgeschlossen**, wenn ein **entsprechender Mehrbetrag** nach **§ 1 Abs. 2 Nr. 1 InsVV** angefallen ist. Wie bereits erwähnt, bezieht sich der Begriff »**Mehrbetrag**« ausschließlich auf die **Vergütung** und nicht auf die Insolvenzmasse. Eine **Erhöhung der Insolvenzmasse** und damit auch der Vergütung allein durch die Kostenbeiträge gem. § 171 InsO bzw. § 10 Abs. 1 Nr. 1a ZVG **schließt** dementsprechend das **Regelbeispiel nicht** aus, da sich **unmittelbar** nur die **Insolvenzmasse** und lediglich in der Folge die Vergütung erhöht (vgl. BK-InsO/*Blersch* InsVV, § 3 Rn. 9). Die **Gegenmeinung** (vgl. *Haarmeyer/Wutzke/Förster* InsVV, 4. Aufl., § 3 Rn. 13), wonach auch im Falle der Erhöhung der Berechnungsgrundlage in Zusammenhang mit der Bearbeitung von Aus- und Absonderungsrechten die Anwendung des Regelbeispiels ausgeschlossen sein soll, dürfte schon auf Grund des ausdrücklichen Verweises im Regelbeispiel auf § 1 Abs. 2 Nr. 1 InsVV nicht zutreffend sein. 24

Problematisch stellen sich die **Fälle** dar, bei denen sowohl fremdbelastete Gegenstände vorliegen, die gem. § 1 Abs. 2 Nr. 1 InsVV Berücksichtigung gefunden haben, als auch fremdbelastete Gegenstände, die nicht zu berücksichtigen waren. Zu einer sachgerechten Lösung dürfte der Weg führen, die gem. § 1 Abs. 2 Nr. 1 InsVV berücksichtigten Gegenstände mit ihrem Wert aus der Gesamtberechnung herauszunehmen und bzgl. des Werts der zu berücksichtigenden fremdbelasteten Gegenstände zu prüfen, inwieweit der Umfang eine Erhöhung der Vergütung unter Berücksichtigung des tatsächlichen Aufwandes des Insolvenzverwalters gerechtfertigt ist, also eine Überschreitung des Regelverfahrens vorliegt. Liegt ein entsprechender **Erhöhungsfall** vor, so ist die zu erhöhende Regelvergütung um den bereits nach § 1 Abs. 2 Nr. 1 InsVV hinzugerechneten Betrag zu **vermindern** und von dem verbleibenden Vergütungsbetrag der **Zuschlag** zu berechnen (vgl. BK-InsO/*Blersch* InsVV, § 3 Rn. 9). 25

26 Die **Höhe des Zuschlages**, der gem. § 3 Abs. 1 lit. a) InsVV zu gewähren ist, kann **nicht** als **starre Größe** genannt werden, sondern ist nach dem **Umfang** der Bearbeitungstätigkeit zu bestimmen. Hierbei ist auch als wesentlicher Faktor zu berücksichtigen, in welchem Wertverhältnis die Insolvenzmasse zu dem Wert der Aus- und Absonderungsrechte steht, insbesondere ist nach Auffassung des *BGH* (ZInsO 2004, 790) die dem Insolvenzverwalter in diesem Bereich obliegende Aufgabe bei wertender Betrachtung aller Umstände des jeweiligen Einzelfalles in rechtlicher oder abwicklungstechnischer Hinsicht zu prüfen, ob eine **über das normale Maß hinausgehende Bearbeitung** erforderlich war. Entsprechend ist der Zuschlag zu bemessen. Als **Ausgangswert** für einen Zuschlag bei Vorliegen des **Regelbeispiels** sind 25 % anzunehmen. Von diesem Prozentsatz ausgehend ist unter Berücksichtigung des Schwierigkeitsgrades und des Umfangs der zu bearbeitenden Aus- und Absonderungsrechte der Zuschlag zu bestimmen, sodass auch eine Erhöhung bis zu **150 % der Regelvergütung** denkbar ist (vgl. die tabellarischen Darstellungen in Rdn. 49, sowie bei *Kübler/Prütting/Bork-Eickmann/Prasser* InsVV, § 3 Rn. 44; BK-InsO/*Blersch* InsVV, § 3 Rn. 10; *Keller* Vergütung Rn. 335). In **besonders schwierigen** und **arbeitsintensiv gelagerten** Fällen kann nur durch einen Zuschlag, der die Regelgebühr als Betrag übersteigt, eine dem Arbeitsaufwand angemessene Vergütung erreicht werden. Da die Rechtsprechung des *BGH* (vgl. ZInsO 2006, 254) die ausschließliche Inbezugnahme auf feste Prozentsätze als Kriterium abgelehnt hat, ist der Verwalter gehalten, im Rahmen einer umfassenden Darstellung die besonderen, zusätzlichen Tätigkeiten anzugeben. Die Zahl der Sicherungsgläubiger sowie auch der Gesamtwert des Sicherungsgutes kann dabei selbstverständlich ein Anhaltspunkt für den Umfang der vom Verwalter erbrachten Tätigkeiten bieten. Vom Verwalter ist konkret und nachvollziehbar gegenüber dem festsetzenden Gericht darzulegen, woraus sich ein angemessenes Verhältnis zwischen seiner tatsächlich erbrachten Mehrarbeit und des von ihm geforderten Zuschlags ergibt (*Haarmeyer/Wutzke/Förster* InsVV, 4. Aufl., § 3 Rn. 15).

II. Unternehmensfortführung und Hausverwaltung (§ 3 Abs. 1 lit. b) InsVV)

27 Dem **Insolvenzverwalter ist auch für den Fall ein Zuschlag** zuzubilligen, in dem er das **Unternehmen fortführt** oder **Häuser verwaltet**. Der Insolvenzverwalter hat gem. § 158 InsO die Verpflichtung – zumindest bis zum Berichtstermin – das Unternehmen des Schuldners fortzuführen. In dieser Vorschrift kommt der in der InsO verankerte Gedanke der Erhaltung bzw. Sanierung des Unternehmens zum Ausdruck. Diese **Unternehmensfortführung** stellt regelmäßig einen **erheblichen Arbeitsaufwand** des Insolvenzverwalters – verbunden mit beachtlichen Haftungsrisiken – dar. Bei der Ermittlung der Berechnungsgrundlage gem. § 1 InsVV wird lediglich der sich aus der Betriebsfortführung ergebende **Überschuss** hinzugerechnet. Dies stellt **keinen adäquaten Ausgleich** für die vom Verwalter übernommenen Tätigkeiten und Risiken dar. Dementsprechend wollte hier der Verordnungsgeber durch die Regelung des **Zuschlags** einen weiteren Ausgleich schaffen (vgl. *Haarmeyer/Mock* InsVV, § 3 Rn. 16 f.; BK-InsO/*Blersch* InsVV, § 3 Rn. 11).

28 Die vom Verordnungsgeber neben der Betriebsfortführung erwähnte Hausverwaltung stellt genau betrachtet lediglich einen Unterfall der Aufrechterhaltung des Geschäftsbetriebes dar. Wenn der Schuldner vor dem Insolvenzverfahren Einnahmen aus Vermietung und Verpachtung erzielt hat, so ist dies als **Bestandteil des Geschäftsbetriebes** anzusehen. Der Begriff der Hausverwaltung ist allerdings weit auszulegen und umfasst die **Bewirtschaftung** der im schuldnerischen Vermögen befindlichen **Immobilien**. Daher sind neben der Erzielung von Einkünften aus Vermietung und Verpachtung die **Erhaltungsmaßnahmen** und **sonstigen Betreuungsmaßnahmen** mit einbezogen (vgl. BK-InsO/*Blersch* InsVV, § 3 Rn. 11; *Haarmeyer/Wutzke/Förster* InsVV, 4. Aufl., § 3 Rn. 20 f.). Gerade bei Insolvenzabwicklungen mit erheblichem Immobilienvermögen führt der Verwalter in Absprache mit den Grundpfandgläubigern praktisch eine Art »Zwangsverwaltung« durch, in dem er die Objekte bewirtschaftet und die Mietzinsen vereinnahmt sowie diese auch an die Grundpfandgläubiger wiederum ausschüttet. Oftmals führt dies zu keiner wesentlichen Erhöhung der Insolvenzmasse, mit Ausnahme der von den Grundpfandgläubigern gebilligten Masseanteile. Um auch diesen **umfangreichen** und **arbeitsintensiven Tätigkeiten** des Insolvenzverwalters gerecht zu werden, wird hier ein **Zuschlag** dem Grunde nach gewährt.

Aber auch in diesem Regelbeispiel ist zur Ermittlung eines Zuschlages eine Relation herzustellen zwischen dem **tatsächlichen Aufwand** des Insolvenzverwalters zu der **vergütungsrelevanten** Masse bzw. der Vergütung ohne einen entsprechenden Zuschlag. Dies hat der Verordnungsgeber durch Schaffung der **Voraussetzung**, dass die **Masse** durch die Betriebsfortführung oder Hausverwaltung **nicht entsprechend größer** geworden ist, zum Ausdruck gebracht. Dementsprechend ist zunächst zu prüfen, ob auf Grund der Betriebsfortführung oder der Hausverwaltung überhaupt ein Überschuss erzielt wurde, der der Berechnungsgrundlage zugeflossen ist und dementsprechend zu einer Vergütungserhöhung geführt hat. In diesem Zusammenhang ist ausdrücklich auf die Entscheidung des Bundesgerichtshofs (*BGH* NZI 2009, 49 m. Anm. *Prasser*; s.a. die Ausführungen bei § 1 InsVV Rdn. 41 ff.) hinzuweisen, wonach bei der Berechnung der Verwaltervergütung im Zusammenhang mit der **Unternehmensfortführung** und der Berechnung des **Überschusses** gem. § 1 Abs. 2 Nr. 4 lit. b) InsVV alle im Zusammenhang mit der Betriebsfortführung anfallenden Masseschulden in Abzug zu bringen sind. Dieser nunmehr vom *BGH* festgelegte vollständige Abzug aller Masseverbindlichkeiten, insbesondere auch der sog. »**Sowieso-Kosten**« (Kündigungsfristlöhne) führt zwangsläufig zu einer Verringerung des Überschusses und damit auch der Berechnungsgrundlage, was zur Folge hat, dass eine Erhöhung der Vergütung durch die Betriebsfortführung in diesem Bereich eingeschränkt wurde und somit der hier zu behandelnde Zuschlagstatbestand noch relevanter wird. Führt die Hausverwaltung bzw. die Betriebsfortführung zu einer Erhöhung in der Berechnungsgrundlage und damit der Vergütung, schließt das Regelbeispiel allerdings den Zuschlag nicht grds. aus, sondern nur dann, wenn die Masseerhöhung die **Vergütung** unter Berücksichtigung des Arbeitsumfangs des Insolvenzverwalters »**entsprechend**« erhöht hat (vgl. BK-InsO/*Blersch* InsVV, § 3 Rn. 12). Dabei ist von einer »entsprechend« größeren Masse dann auszugehen, wenn die Erhöhung der Vergütung, die sich aus der Massemehrung ergibt, ungefähr den Betrag erreicht, der dem Verwalter bei unveränderter Masse über einen Zuschlag zustünde. Der Insolvenzverwalter, der durch die Betriebsfortführung eine Anreicherung der Masse bewirkt, soll vergütungsmäßig nicht schlechter gestellt werden, als wenn die Masse nicht angereichert worden wäre. Das Insolvenzgericht **hat** folglich immer dann einen **Zuschlag** zu gewähren, wenn die sich aus der Massemehrung ergebende Erhöhung der Vergütung niedriger ist, als der Betrag, der über den Zuschlag ohne Massemehrung verdient worden wäre. Der zu gewährende Zuschlag soll in etwa die bestehende Differenz ausgleichen. Höher darf der Zuschlag allerdings auch nicht sein, andernfalls würde der Insolvenzverwalter für seine Bemühungen um die Betriebsfortführung doppelt honoriert werden, was zu vermeiden ist (*BGH* ZIP 2011, 1373; NZI 2009, 49; NZI 2008, 239; NZI 2007, 341). 29

Somit ist eine **Vergleichsrechnung** durchzuführen. Hierzu ist der Wert, um den sich die Berechnungsgrundlage durch die Unternehmensfortführung vergrößert hat und die dadurch bedingte Zunahme der Regelvergütung mit der Höhe der Vergütung zu vergleichen, die ohne Massemehrung über den dann zu gewährenden Zuschlag erreicht würde (*BGH* ZInsO 2011, 1422; ZInsO 2009, 55; ZInsO 2008, 1262; ZInsO 2007, 436). Mithin ist unter Berücksichtigung **aller Umstände** auch in diesem Bereich eine **Abwägung** und **Wertung** durchzuführen, ob die durch den erzielten Überschuss entstehende Vergütungserhöhung ausreicht, um die Haftungsrisiken und die Tätigkeiten des Insolvenzverwalters im Rahmen der Betriebsfortführung bzw. Hausverwaltung abzudecken (vgl. *Haarmeyer/Wutzke/Förster* InsVV, 4. Aufl., § 3 Rn. 17; BK-InsO/*Blersch* InsVV, § 3 Rn. 12; *Kübler/Prütting/Bork-Eickmann/Prasser* InsVV, § 3 Rn. 34, 38). Es ist folglich, wenn für die Betriebsfortführung ein Zuschlag gewährt werden soll, eine Vergleichsrechnung vorzunehmen. Auf der Basis dieser Vergleichsrechnung ist der für das Verfahren zutreffende Prozentsatz für die Zuschlagsgewährung zu ermitteln. Da **andere Zuschlagsfaktoren** (außer der Betriebsfortführung) auf der bereits um den Überschuss einer Betriebsfortführung erhöhten Berechnungsgrundlage bemessen werden, sind diese **nicht** in die Vergleichsrechnung mit einzubeziehen. Mithin hat die Vergleichsrechnung außerhalb der anderen Zuschlagsfaktoren gesondert zu erfolgen. Soweit durch den die Berechnungsgrundlage bzw. Regelvergütung erhöhten Überschuss aus der Betriebsfortführung keine angemessene Erhöhung der Vergütung des Verwalters unter Berücksichtigung seines Aufwandes im Rahmen der Betriebsfortführung sich ergibt, ist der für das Verfahren angemessene Zuschlag zu ermitteln (ohne Berücksichtigung, d.h. Erhöhung der Berechnungsgrundlage durch den Über- 30 schuss). Von dem dann rechnerisch ermittelten Zuschlag (Betrag) ist der durch den Fortführungsüberschuss sich ergebende Vergütungsbetrag (Differenzbetrag zwischen Vergütung mit und ohne Fortführungsüberschuss) in Abzug zu bringen. Der verbleibende Zuschlagsbetrag stellt dann den dem (vorläufigen) Verwalter zuzubilligenden Zuschlag dar. Der **BGH** hat allerdings zuletzt (ZInsO 2011, 1422) ausdrücklich zugelassen, dass ein **besonderer Erfolg** des Insolvenzverwalters bei der Fortführung des Unternehmens in **angemessenem Umfange** auch bei der Festlegung des Zuschlages berücksichtigt werden kann, sofern der erzielte Überschuss gerade auf den besonderen Einsatz des Verwalters zurückzuführen ist. In diesem Falle darf ein Zuschlag gewährt werden bis zu einer Betrags- bzw. prozentualen Höhe, die ohne eingetretene Erhöhung der Berechnungsgrundlage zuzubilligen wäre (*BGH* ZInsO 2011, 1423). Dies bedeutet, dass der Entscheidung (*BGH* ZInsO 2011, 1423) des Bundesgerichtshofs bei besonders intensiver Tätigkeit des (vorläufigen) Insolvenzverwalters allein aus diesem Grunde heraus ein angemessener Zuschlag zugebilligt werden kann, ohne die Vergütungserhöhung, die durch ein positives Fortführungsergebnis bereits erreicht wird, zu berücksichtigen. Ausführlich und mit konstruktiven Berechnungsbeispielen erarbeitet auch *Rauschenbusch* (ZInsO 2011, 1730) wie sich die Vergleichsberechnung im Einzelnen darstellen lässt.

31 Hat die Betriebsfortführung durch den Insolvenzverwalter zu einer Mehrung der Masse und damit zu einer höheren Regelvergütung des Verwalters geführt, so ist nach der Rechtsprechung des *BGH* (ZInsO 2011, 1422; ZInsO 2009, 55; ZInsO 2008, 1262; ZInsO 2007, 436) der Wert, um den sich die Masse durch die Unternehmensfortführung vergrößert hat, und die dadurch bedingte **Zunahme** der Regelvergütung mit der Höhe der Vergütung zu **vergleichen**, die ohne die Massemehrung über den dann allein zu gewährenden Zuschlag erreicht würde.

Beträgt der erzielte Überschuss beispielsweise EUR 50.000,00, ist, um den auf Basis der erhöhten Berechnungsgrundlage noch zu berücksichtigenden Zuschlag zu ermitteln, folgende Berechnung vorzunehmen:

Berechnungsgrundlage ohne Fortführungsüberschuss	EUR 420.000,00	
Regelvergütung hieraus		EUR 35.350,00
Berechnungsgrundlage mit Fortführungsüberschuss	EUR 470.000,00	
Regelvergütung hieraus		EUR 36.850,00
Mehrvergütung durch Fortführungsüberschuss		EUR 1.500,00
Angemessener Zuschlag für die Betriebsfortführung auf Regelvergütung ohne Fortführungsüberschuss 50 %		EUR 17.675,00
Durch Zuschlag unter Berücksichtigung des Fortführungsüberschusses auszugleichende Differenz		EUR 16.175,00
Entspricht Zuschlag auf EUR 36.850,00 in Höhe von		rd. 43 %

Für die mit der Fortführung verbundene Mehrarbeit ist mithin im konkreten Verfahren ein zusätzlicher Zuschlag in Höhe von 43 % angemessen.

32 Zur Beurteilung der Höhe des Zuschlages sind insbesondere die **Dauer** der Unternehmensfortführung/Hausverwaltung, das **Volumen** des Unternehmens/Hausverwaltung und insbesondere auch die vom Verwalter übernommenen **Haftungsrisiken**, sowie die **zusätzliche Arbeitsbelastung**, heranzuziehen (s. *LG Göttingen* InVo 2002, 330, das einen Zuschlag von 50 % bis 75 % bei Betriebsfortführung mit 37 Arbeitnehmern und einer Dauer von sechs Monaten als angemessen ansieht). Hier ist von einem **Mindestzuschlag** von 25 % auszugehen, wobei bei der Fortführung von Großunternehmen oder der Abwicklung von Immobiliengesellschaften mit einem großen Bestand, die ggf. zu **mehrjährigen Betriebsfortführungen** führen, von einem Zuschlag bis zu **150 %** auszugehen ist (vgl. *Kübler/Prütting/Bork-Eickmann/Prasser* InsVV, § 3 Rn. 44; BK-InsO/*Blersch* InsVV, § 3 Rn. 12). Der Mindestzuschlag von **25 %** dürfte bereits bei einer **kurzen Betriebsfortführung** von bis zu drei Monaten und **wenigen Arbeitnehmern** angemessen sein, insbesondere unter Berücksichtigung

der regelmäßig insolvenzbedingten schwierigen Situation im Bereich der Arbeitnehmerschaft, aber auch der Kunden sowie der Lieferanten. Gegenüber der normalen Geschäftstätigkeit sind regelmäßig **zusätzliche arbeitsintensive Maßnahmen** für den Insolvenzverwalter erforderlich. Insbesondere im Bereich der Betriebsfortführung ist bei der Zuschlagsberechnung zu berücksichtigen, dass der Insolvenzverwalter bis zum Berichtstermin verpflichtet ist, den Geschäftsbetrieb fortzuführen und darüber hinaus bei insolventen Unternehmen regelmäßig keine Überschüsse in beachtlicher Größe erwirtschaftet werden, sodass eine – angemessene – Vergütungserhöhung im Raume steht, die dem persönlichen Einsatz und Risiko des mit der Betriebsfortführung betrauten Verwalters angemessen ist. Darüber hinaus ist regelmäßig eine Betriebsfortführung im eröffneten Verfahren geboten, ohne Berücksichtigung eines Einnahmeüberschusses, um grundsätzlich die Möglichkeit einer (übertragenden) Sanierung zu erhalten oder zu verbessern.

Setzt allerdings der (vorläufige) Insolvenzverwalter im Rahmen der Betriebsfortführung einen sog. **Interimsmanager** ein, der zu Lasten der Masse bezahlt wird, ist es ggf. gerechtfertigt, den an sich für die Betriebsfortführung zuzubilligenden Zuschlag zu kürzen oder ihn je nach Umfang der Entlastung des (vorläufigen) Insolvenzverwalters ganz zu versagen (*BGH* ZInsO 2010, 730). Dies hängt im Einzelnen von der jeweiligen Situation im Unternehmen des Schuldners ab. Sind beispielsweise einzelne Führungskräfte im schuldnerischen Unternehmen nicht mehr vorhanden, die zur ordnungsgemäßen Aufrechterhaltung des Geschäftsbetriebes erforderlich sind, so stellt die Einsetzung eines Interimsmanagers oder die Einstellung von leitenden Mitarbeitern sicherlich keinen Grund zur Versagung oder Reduzierung des Zuschlages dar. Entscheidend ist ausschließlich die Entlastung des Insolvenzverwalters im Rahmen der Betriebsfortführung. **Allein** die Einstellung bzw. Beauftragung von (zusätzlichem) leitendem Personal rechtfertigt nicht die Reduzierung der Vergütung des Insolvenzverwalters. Mit dem so ermittelten **Zuschlag** für die Mehrbelastung der **Betriebsfortführung** ist insbesondere die operative Führung des Geschäftsbetriebes abgegolten. Ggf. kommen **weitere Zuschlagsansätze** in Betracht, die die Besonderheiten des einzelnen Unternehmens und der durchgeführten Betriebsfortführung berücksichtigen. Überschneidungen werden dann im Rahmen der Gesamtabwägung zu berücksichtigen sein. **Abzulehnen** ist hingegen die Auffassung von *Haarmeyer/ Mock* (*Haarmeyer/Mock* InsVV, § 3 Rn. 22), die jedwede Besonderheit als »notwendigen Bestandteil jeder Unternehmensfortführung« ansieht. Die pauschalierte Betrachtung einer Betriebsfortführung, die eine Ausproduktion genauso behandeln will, wie eine Betriebsfortführung mit mehreren Betriebsstätten (auch im Ausland), mit der Übernahme der Arbeitgeberfunktion für zahlreiche Arbeitnehmer, einer ungeordneten Buchführung, einer mangelhaften Lohn- und Personalbuchhaltung wird den in der Praxis erheblich abweichenden Fallgestaltungen und zusätzlichen Tätigkeiten des (vorläufigen) Insolvenzverwalters offensichtlich nicht gerecht. 33

Gleichermaßen ist die Situation für die Insolvenzverwalter im Bereich der **Hausverwaltung** bzw. **Immobilienbewirtschaftung** zu sehen. Da die Abwicklung der Hausverwaltung sich stark der Tätigkeit des Zwangsverwalters annähert, kann in diesem Bereich der Zuschlag an der Vergütung des Zwangsverwalters nach § 152a ZVG unter Verweis auf die Zwangsverwaltervergütungsverordnung orientiert werden (BK-InsO/*Blersch* InsVV, § 3 Rn. 12; *Haarmeyer/Wutzke/Förster* InsVV, 4. Aufl., § 3 Rn. 20). Regelmäßig ist ein angemessener **Zuschlag** dann zu gewähren, wenn der Insolvenzverwalter die Instandsetzung einer Immobilie durchführt, um die Veräußerungsmöglichkeiten zu verbessern. Zuschlagserhöhend sind auch Verhandlungen mit den Grundpfandrechtsgläubigern zur Durchführung einer freihändigen Verwertung einer Immobilie anzusehen. Gleichermaßen führen intensive Prüfungen der Grundstücksbelastungen bzw. der Valutierung von Grundpfandrechten sowie auch Fragen der Rückgewähransprüche oder der Löschungsansprüche bei Eigentümerrechten zu Zuschlägen (*Keller* Vergütung, Rn. 275). 34

III. Degressionsausgleich (§ 3 Abs. 1 lit. c) InsVV)

Der Verordnungsgeber hat mit dem in § 3 Abs. 1 lit. c) InsVV normierten **Zuschlag** einen **Ausgleich** dafür schaffen wollen, dass er die Regelvergütung bei großen vergütungsrelevanten Massen **extrem degressiv** gestaltet hat. Grund der **überdurchschnittlichen Degression** waren Aufsehen erregende 35

Sonderfälle, die zu außergewöhnlich hohen Vergütungen geführt haben, ohne dass diesen eine entsprechende Gegenleistung des Verwalters gegenüber stand. Der Verordnungsgeber ging bei der degressiven Gestaltung offensichtlich davon aus, dass der Arbeitsaufwand nicht parallel zu der Massevergrößerung steigt, sodass nach seiner Vorstellung in diesen Fällen einer immer größeren Masse ein immer geringerer Arbeitsaufwand gegenüber steht. Allerdings sind auch Fälle denkbar, in denen der Verwalter eine **große Masse** schafft, die auf einer **besonders arbeitsintensiven Insolvenzabwicklung** beruht, auf Grund der eingeführten Degression **keine adäquate Vergütung** dem – besonders tüchtigen – Insolvenzverwalter zugeflossen wäre. Dies hätte zur **Verfassungswidrigkeit der eingeführten Degression** geführt, da der bereits erwähnte Grundsatz der angemessenen Vergütung missachtet worden wäre (vgl. BK-InsO/*Blersch* InsVV, § 3 Rn. 14). Durch die Einführung der Zuschlagsregelung in diesem Bereich wird gewährleistet, dass im Ergebnis eine dem Arbeitsaufwand und den Haftungsrisiken entsprechende Vergütung vom Gericht festgesetzt werden kann.

36 Da allerdings auch die Möglichkeit besteht, eine große Masse **ohne** besonders arbeitsintensive Tätigkeit, z.B. durch Übernahme eines vorhandenen großen Barvermögens zu schaffen, hat der Verordnungsgeber in **§ 3 Abs. 2 lit. d) InsVV** praktisch als **Gegenpol** zu dem Zuschlag in diesen Fällen einen **Abschlag** vorgesehen.

37 Der Zuschlag ist von dem festsetzenden Gericht dann zu gewähren, wenn eine **große Masse** vorhanden ist. Den Begriff der »großen Masse« hat der Verordnungsgeber **nicht geregelt**. Da allerdings diese Zuschlagsregelung als Korrelat zur Degression zu sehen ist, ergibt sich der Grenzwert zur großen Masse dort, wo sich die Degression der Regelvergütung erheblich auswirkt. Eine massive Reduzierung des Prozentsatzes erfolgt von der zweiten zur dritten Stufe (von 25 % auf 7 %) und dann nochmals von der dritten zur vierten Wertstufe (von 7 % auf 3 %). Auf Grund des massiven Sprungs von 25 % auf 7 % im Bereich des **Grenzwertes von EUR 250.000,00** ist ab dieser Summe von einer **großen Masse** auszugehen. Dies insbesondere auch deshalb, da nach den statistischen Erhebungen für das bisherige Vergütungsrecht eine durchschnittliche Masse von EUR 175.000,00 anzunehmen war. Der Betrag von EUR 250.000,00 stellt insoweit eine überdurchschnittliche und damit auch eine große Masse unter diesem Gesichtspunkt dar (vgl. BK-InsO/*Blersch* InsVV, § 3 Rn. 15; *Haarmeyer/Wutzke/Förster* InsVV, 4. Aufl., § 3 Rn. 26; *Kübler/Prütting/Bork-Eickmann/Prasser* InsVV, § 3 Rn. 36). In einer Entscheidung vom 08.11.2012 hat der *BGH* (NZI 2012, 981) nunmehr bestätigt, dass eine große Masse grds. jenseits einer Berechnungsgrundlage von EUR 250.000,00 gegeben ist.

38 Neben der Voraussetzung des Vorhandenseins einer großen Masse ist es für die Gewährung des Zuschlages erforderlich, dass der Verwalter einen **erheblichen Arbeitsaufwand** zur Schaffung der großen Masse betrieben hat. Dies ist beispielsweise nicht der Fall, wenn er die große Masse bereits als Barvermögen übernommen hat. Die zusätzliche intensive Tätigkeit hat daher der Insolvenzverwalter gegenüber dem Gericht ausführlich und substantiiert darzulegen (vgl. BK-InsO/*Blersch* InsVV, § 3 Rn. 16). Diese zusätzlichen Tätigkeiten sind wiederum in das Verhältnis zu der daraus resultierenden erhöhten (großen) Masse zu setzen (vgl. BK-InsO/*Blersch* InsVV, § 3 Rn. 16). Als **Beispielsfälle** für einen entsprechenden Zuschlag ist das **Auffinden größerer Vermögensteile im Ausland** oder die Massemehrung durch **Klärung schwieriger Probleme**, die zu beachtlichen – realisierten – Forderungen führen, zu erwähnen.

39 Soweit ein tatsächlich nachgewiesener **Mehraufwand** im Verhältnis zu einer großen Masse feststeht, stellt sich die Frage der **Höhe des Zuschlages**.

Es wird hierzu die Auffassung (vgl. *Kübler/Prütting/Bork-Eickmann/Prasser* InsVV, § 3 Rn. 36; MüKo-InsO/*Nowak* 2. Aufl. Anh. zu § 65, § 3 InsVV Rn. 9; *Haarmeyer/Wutzke/Förster* InsVV, 4. Aufl., § 3 Rn. 27) vertreten, die Mehrbeträge, die den Betrag von EUR 250.000,00 übersteigen nach der jeweils vorangehenden Stufe zu berechnen. Zur Begründung (vgl. MüKo-InsO/*Nowak* 2. Aufl., Anh. zu § 65, § 3 InsVV Rn. 9) wird ausgeführt, dass nach Auffassung des Verordnungsgebers die Degression nicht beseitigt, sondern lediglich gemildert werden soll. In dem Bereich oberhalb von EUR 25.000.000,00 ist nach Auffassung von *Haarmeyer/Wutzke/Förster* (InsVV, 4. Aufl., § 3 Rn. 27) unter Berücksichtigung des erheblichen Mehraufwandes die gesamte Vergütung im

Rahmen einer Staffelung unter Ausschluss der letzten beiden Degressionsstufen mit durchgehend 2 % zu berechnen, da nur auf diese Weise die, auf spezifische Konstellationen zugeschnittene, Doppeldegression ausgeglichen werden könne. Den Zuschlag jeweils nach dem Mehrbetrag der vorangehenden Stufe ebenso wie einen Zuschlag oberhalb einer Masse von EUR 25.000.000,00 durchgehend mit 2 % zu berechnen, erscheint zu starr, da sie dem Grundgedanken des § 3 InsVV nicht gerecht werden, nämlich eine Vergütungserhöhung unter Berücksichtigung des konkreten Mehraufwandes gegenüber dem Regelfall zu gewähren.

Folglich ist auch in diesem Fall eine **einzelfallbezogene** Angemessenheitsprüfung durchzuführen. 40 Dabei sind **sämtliche Faktoren** und **Merkmale** zu berücksichtigen, insbesondere der tatsächliche zusätzliche **Arbeitsaufwand**, das eingesetzte **besondere Geschick**, die **besonderen Fähigkeiten** des Insolvenzverwalters sowie insgesamt die **zusätzliche Belastung** und hierzu ist die daraus vom Insolvenzverwalter herbeigeführte **zusätzliche Masse** ins Verhältnis zu setzen. Unter Berücksichtigung all dieser Kriterien ist ein angemessener Zuschlag zu ermitteln. Der Vorschlag von *Blersch* (BK-InsO, InsVV § 3 Rn. 18) geht in die richtige Richtung. Es soll dabei die sog. kritische (d.h. die besonders aufwändig realisierte) Masse, zur unproblematischen Masse ins Verhältnis gesetzt werden und der durch die Degression verminderte Mehrbetrag der auf den problematischen Masseanteil entfallenden Vergütung, in etwa entsprechend der Vergütung für den unproblematischen Masseanteil, erhöht werden (vgl. hierzu i.E. die Beispiele bei BK-InsO/*Blersch* BK-InsO, InsVV § 3 Rn. 18). Jedenfalls ist eine **starre Regelung** mit einem festen Prozentsatz, der sich an bestimmten Merkmalen orientiert, hier **nicht anwendbar**, da eine Gesamtschau aller Merkmale vorzunehmen ist.

Mit seinem Beschluss vom 08.11.2012 (NZI 2012, 981) hat sich der **BGH** erstmals ausdrücklich mit 41 dem **Degressionsausgleich** und seiner Umsetzung beschäftigt. In Übereinstimmung mit der überwiegenden Literaturmeinung vertritt der BGH die Ansicht, dass die Gewährung des Degressionsausgleichs ab einer Insolvenzmasse von **EUR 250.000,00** in Betracht kommt. Der **BGH** lehnt allerdings die in der Literatur (MüKo-InsO/*Nowak* 2. Aufl., § 3 InsVV Rn. 9) vertretene Lösung, ab einer Berechnungsgrundlage von EUR 250.000,00 statt der in der Degressionstabelle des § 2 Abs. 1 InsVV angeordneten Prozentsätze den jeweils nächst höheren Prozentsatz zu verwenden, ab. Ebenso verwirft er die in der Literatur (so noch *Haarmeyer/Wutzke/Förster* InsVV, 3. Aufl., § 3 Rn. 25 aber ausdrücklich aufgegeben in der 4. Aufl., § 3 Rn. 24) diskutierte Methode, ab einer Berechnungsgrundlage über EUR 250.000,00 die Regelvergütung des Mehrbetrages mit dem Durchschnittsprozentsatz von 11,2 % zu berechnen.

Der *BGH* (NZI 2012, 981) führt aus, dass allein auf den Wert der Insolvenzmasse, auf die sich die Schlussrechnung bezieht (vgl. § 1 Abs. 1 Satz 1 InsVV), abzustellen sei. Er geht davon aus, dass der Verordnungsgeber Fälle im Auge hatte, in denen der Verwalter eine ohnehin große Masse gemehrt habe (vgl. Begr. des Verordnungsgebers Anhang IV B zu § 3), räumt aber ein, dass ein Wertungswiderspruch auftritt, wenn ein Verwalter mit geringer Anfangsmasse keinen Degressionsausgleich verlangen könnte, ein Verwalter mit gleich großer Endmasse bei hoher Anfangsmasse dagegen schon. Der BGH hält jedoch die »ungerechten« Auswirkungen in der Praxis für sehr gering, da der Verwalter, der eine geringe Anfangsmasse zu einer hohen Endmasse steigere, regelmäßig einen **höheren Arbeitsaufwand** haben würde, der durch **andere Zuschläge** bereits zu einer höheren Vergütung führe. Er räumt jedoch auch ein, dass bei gleichem Arbeitsaufwand das Ergebnis unverständlich wäre und kommt zu dem Schluss, dass für die Beurteilung, ob die Voraussetzungen für einen Degressionsausgleich gegeben sind, allein auf die am Ende des Verfahrens ermittelte Berechnungsgrundlage abzustellen ist.

Bedauerlicherweise schränkt der **BGH** die Anwendung des Regelbeispiels des § 3 Abs. 1 lit. c) InsVV insoweit wieder ein, als er voraussetzt, dass die fragliche Massemehrung, für die oberhalb einer Berechnungsgrundlage von EUR 250.000,00 ein Degressionsausgleich in Betracht kommt, vom Verwalter mit **erheblichem Arbeitsaufwand** erzielt worden sein muss, sodass **regelmäßig weitere Zuschlagstatbestände** erfüllt sein dürften. Wenn aber bereits schon sich überschneidende Zuschlagstatbestände vorlägen, könnten sie nicht isoliert voneinander festgesetzt werden (*BGH* NZI 2006, 464). Demnach wäre nach der – unzutreffenden – Auffassung des BGH bei den Voraussetzun-

§ 3 InsVV Zu- und Abschläge

gen des § 3 Abs. 1 lit. c) InsVV kein gesonderter Zuschlag festzusetzen, sondern lediglich bei Vorliegen des Regelbeispiels dieser Gesichtspunkt in die **Gesamtschau** mit einzubeziehen.

Mit *Keller* (NZI 2013, 19 ff.) ist dabei zu **befürchten**, dass sich diese Vergütungsbestimmung unter Berufung auf die vom BGH geforderte **Gesamtbetrachtung** zunehmend zu einem Akt **undifferenzierter** und allgemeiner, bedauerlicherweise auch **subjektiver** Abwägung unter Berufung auf eine **vermeintliche Angemessenheit** entwickelt.

Dadurch, dass der Erhöhungstatbestand des Degressionsausgleichs lediglich im Rahmen der Gesamtschau berücksichtigt werden soll, verliert er seine systematische Sonderstellung innerhalb der Zuschlags- und Abschlagstatbestände nach § 3 InsVV. Es besteht die Befürchtung, dass der Zweck des § 3 Abs. 1 lit. c) InsVV, eine unangemessene Vergütung wegen der abflachenden Degression auszugleichen bei der Vermischung mit anderen Erhöhungstatbeständen seine Wirkung verliert, da er faktisch voll in sonstigen Tatbeständen aufgeht (*Keller* NZI 2013, 19 [20]).

Begrüßenswert ist daher die Entscheidung des BGH **einzig deshalb,** weil sie nunmehr – zumindest – die in der Literatur überwiegend vertretene Ansicht, dass eine große Insolvenzmasse bei einem Wert von EUR 250.000,00 beginnt, bestätigt.

42 **Dennoch gilt** – entgegen der Auffassung des Bundesgerichtshofes – auch für dieses Regelbeispiel, dass bei Vorliegen der Voraussetzungen eines in § 3 Abs. 1 InsVV genannten Regelbeispiels aufgrund der klaren Verordnungsvorgabe **kein Ermessen** des Gerichtes im Hinblick auf die Erteilung eines Zuschlags besteht. § 3 Abs. 1 InsVV formuliert eindeutig, wenn die Voraussetzungen vorliegen, »**ist** (...) **festzusetzen**« (s.a. Rdn. 9; BK-InsO/*Blersch* InsVV, Stand 2010, § 3 Rn. 3; *Haarmeyer/Wutzke/Förster* InsVV, 4. Aufl., § 3 Rn. 5; HK-InsO/*Keller* § 3 InsVV Rn. 2; *Kübler/Prütting/Bork-Eickmann/Prasser* InsO, 2. Aufl., § 3 Rn. 16; *Keller* Vergütung, Rn. 213; vgl. auch *BVerfG* ZIP 1989, 382 [383] zur VergVO).

Demnach ist im Vergütungsantrag eine **ausführliche Darstellung der Höhe des Zuschlags** empfehlenswert. Hierzu bietet sich eine Gegenüberstellung der Regelvergütung nach § 2 InsVV und der unter Rdn. 38 ff. beschriebenen angepassten Vergütung, bei der bei den Mehrbeträgen, die den Betrag von EUR 250.000,00 übersteigen, der Prozentsatz der jeweils vorangegangenen Stufe angesetzt wird, an.

43 ▶ Zur Verdeutlichung des Differenzbetrages sollten die beiden Beträge hergeleitet werden. Dazu folgendes Beispiel bei einer Berechnungsgrundlagen von EUR 550.000,00:

Die Regelvergütung berechnet sich ohne Degressionsausgleich nach § 2 Abs. 1 InsVV wie folgt:

Berechnungsgrundlage	EUR 550.000,00		
40 % aus	EUR 25.000,00	= EUR	10.000,00
25 % aus weiteren	EUR 25.000,00	= EUR	6.250,00
7 % aus weiteren	EUR 200.000,00	= EUR	14.000,00
3 % aus weiteren	EUR 250.000,00	= EUR	7.500,00
2 % aus weiteren	EUR 50.000,00	= EUR	1.000,00
Summe		EUR	38.750,00

Die Vergütung mit Degressionsausgleich bei den Beträgen über EUR 250.000,00 berechnet sich folgendermaßen:

Berechnungsgrundlage	EUR 550.000,00		
40 % aus	EUR 25.000,00	= EUR	10.000,00
25 % aus weiteren	EUR 25.000,00	= EUR	6.250,00
7 % aus weiteren	EUR 200.000,00	= EUR	14.000,00
7 % aus weiteren	EUR 250.000,00	= EUR	17.500,00
3 % aus weiteren	EUR 50.000,00	= EUR	1.500,00
Summe		EUR	49.250,00

Die Differenz der beiden dargestellten Regelvergütungen beträgt EUR 10.500,00, was 27,10 % entspricht. Der Degressionsausgleich ist in dem Beispielsfall demnach mit der Gewährung eines Zuschlages von rd. 27,10 % vorzunehmen.

Nach Ansicht des *BGH* (Beschl. v. 08.11.2012 – IX ZB 139/10) wäre der Degressionsausgleich allerdings nicht durch die vorstehende Anpassung der Regelsätze, sondern **nur** im Rahmen der **Gesamtschau** zu berücksichtigen. Um den **Grad** der Berücksichtigung aber auch im Rahmen der Gesamtschau **nachvollziehbar** zu machen, empfiehlt sich die deutliche Darstellung des auszugleichenden Differenzbetrages.

IV. Bearbeitung arbeitsrechtlicher Sachverhalte (§ 3 Abs. 1 lit. d) InsVV)

§ 3 Abs. 1 lit. d) InsVV gewährt dem Insolvenzverwalter einen **Zuschlag**, wenn **arbeitsrechtliche** 44
Fragen beispielsweise in Bezug auf das **Insolvenzgeld**, den **Kündigungsschutz** oder einen **Sozialplan** zu erheblicher Inanspruchnahme geführt haben. Auch im bisherigen Vergütungsrecht wurde dem Verwalter eine Vergütungserhöhung zugebilligt, wenn in größerem Umfange arbeitsrechtliche Fragen zu bearbeiten waren. Die in der Verordnung genannten Bereiche, sind nicht abschließend benannt, sondern nur **beispielhaft** aufgeführt. Dabei ist zu berücksichtigen, dass durch die vielfältigen gesetzlichen Regelungen im Bereich des Arbeitsrechtes dem Insolvenzverwalter als »**Arbeitgeber**« im Rahmen der Abwicklung eines Insolvenzverfahrens gesetzliche Pflichten, die er zu erfüllen hat, auferlegt sind. Dieser **arbeitsrechtliche Bereich** stellt zwischenzeitlich einen Großteil der vom Insolvenzverwalter zu erbringenden Tätigkeiten im Rahmen einer Unternehmensabwicklung dar. Er hat gleichermaßen wie der ursprüngliche Unternehmensträger die Vorschriften des **Kündigungsschutzgesetzes**, des **Arbeitsförderungsgesetzes** sowie insbesondere auch der **betrieblichen Altersversorgung** zu erfüllen. In diesem Bereich haben sich erhebliche **arbeitsintensive Pflichten** des Insolvenzverwalters entwickelt, die regelmäßig qualifizierte Mitarbeiter des Verwalters erfordern und dementsprechend sich als **kostenintensiv** darstellen. Hinzu kommen gerade im Bereich der Insolvenz durch das Insolvenzgeld und besondere Kündigungsvorschriften noch zusätzliche **insolvenzspezifische** Arbeiten. Daher wurde bereits bei der Definition des »Normalverfahrens« das Vorhandensein von weniger als 20 Arbeitnehmern als ausreichend angenommen, sodass bei **Überschreiten** dieser Anzahl grds. ein **Zuschlag** zu gewähren ist (vgl. BK-InsO/*Blersch* InsVV, § 3 Rn. 19).

Der **Grenzwert von 20 Arbeitnehmern** ergibt sich auch daraus, dass gem. §§ 111 ff. BetrVG regel- 45
mäßig ab dieser Arbeitnehmerzahl bei Vorhandensein eines Betriebsrates Verhandlungen über einen Sozialplan (Zuschläge von 10 % bis 50 %) geboten sind. Folglich ist grds. die Verhandlung über einen **Sozialplan** als **zuschlagsbegründend** anzusehen (vgl. *BGH* ZIP 2004, 518; *Haarmeyer/Mock* InsVV, § 3 Rn. 49; *Keller* Vergütung Rn. 287; *Kübler/Prütting/Bork-Eickmann/Prasser* InsVV, § 3 Rn. 14). Der Zuschlag ist allerdings auch wiederum nur dann zu gewähren, wenn der Insolvenzverwalter mit den arbeitsrechtlichen Fragen und Problemstellungen befasst ist und er sie nicht einem entsprechend spezialisierten Berater überträgt, der wiederum aus der Masse vergütet wird (vgl. BK-InsO/*Blersch* InsVV, § 3 Rn. 19). Insoweit ist auch hier zu prüfen, inwieweit durch das Vorhandensein einer **größeren Anzahl** von Arbeitnehmern und besonderen **arbeitsrechtlichen** Fragestellungen der Insolvenzverwalter **zusätzlich** gegenüber einem Regelverfahren in Anspruch genommen worden ist. Als regelmäßig zuschlagsbegründende Tätigkeiten anzusehen sind die **Kündigung von Betriebsvereinbarungen** nach §§ 120 ff. InsO, die Insolvenzsicherung von Renten oder umfangreiche Verhandlungen zur **Herabsetzung des Arbeitslohns** bzw. zur **Änderung der Arbeitsbedingungen** (Zuschläge von 10 % bis 25 %). Gleichermaßen zuschlagsbegründend sind die Durchführung von **Arbeitsbeschaffungsmaßnahmen** (vgl. hierzu *LG Neubrandenburg* ZInsO 2003, 25) und auch die Durchführung von **Kurzarbeit** mit entsprechenden Verhandlungen mit Arbeitsagenturen, Personalverwaltung und Betriebsrat einschließlich der Abwicklung dieser Kurzarbeitgeldanträge (Zuschläge von 5 % bis 20 %) sowie auch die Durchführung von **Massenentlassungen** (Zuschläge von 10 % bis 25 %) mit entsprechenden Meldungen an die Arbeitsbehörden usw. In den vorgenannten Bereichen ist grundsätzlich ein Zuschlag dann zu gewähren, wenn die Tätigkeit für mehr als 20 Beschäftigte bezogen auf einen Zeitraum von mehr als drei Monaten durchgeführt wurde. Allerdings ist auch bei einer kürze-

ren Zeit und einer geringeren Anzahl von Arbeitnehmern ein Zuschlag dann begründet, wenn der Insolvenzverwalter die umfangreiche über das normale Maß hinausgehende Arbeitsbelastung darlegt und nachweist.

46 Im Bereich der Bearbeitung der **Insolvenzgeldanträge** (Zuschläge von 10 % bis 25 %; *LG Traunstein* ZInsO 2004, 1098 geht von einem Zuschlag von 10 % aus) ist bei Überschreiten der Arbeitnehmerzahl von 20 ein Zuschlag zu gewähren, der dann wiederum noch entsprechend zu erhöhen ist, wenn der Insolvenzverwalter die Lohnbescheinigungen mangels ordnungsgemäßer Lohnbuchhaltung selbst erstellen oder zumindest (zusätzlich) aufbereiten muss (vgl. *BGH* ZInsO 2006, 817). Als zuschlagsbegründend sind auch die Schaffung und Betreuung von »**Beschäftigungs- oder Qualifizierungsgesellschaften**« (Zuschläge von 10 % bis 25 %) seitens des Insolvenzverwalters anzusehen. Auch die Bearbeitung der Unterlagen für den Pensionssicherungsverein ist als zuschlagsbegründend dann zu betrachten, wenn die Arbeitnehmerzahl 20 überschritten wird. Diese zusätzliche Tätigkeit ist dann durch entsprechende Zuschläge zu vergüten. Denkbar sind je nach **Arbeitnehmeranzahl** und Vorhandensein **umfangreicher arbeitsrechtlicher Problemstellungen** Zuschläge bis zu **100 %** (vgl. MüKo-InsO/*Nowak* 2. Aufl., Anh. zu § 65, § 3 InsVV Rn. 10; BK-InsO/*Blersch* InsVV, § 3 Rn. 20; ausf. Darstellung bei *Graeber* InsbürO 2006, 377).

V. Ausarbeitung eines Insolvenzplanes (§ 3 Abs. 1 lit. e) InsVV)

47 Der neu in die InsO aufgenommene Grundsatz der **Sanierung** und **Betriebsfortführung** hat seinen Ausfluss in der Ausgestaltung des »**Insolvenzplanverfahrens**« gem. §§ 217 ff. InsO gefunden. Der Insolvenzverwalter kann im Rahmen des Insolvenzverfahrens aus **eigenem Recht** oder nach entsprechender **Beauftragung** durch die **Gläubigerversammlung** (§ 218 InsO) einen Insolvenzplan erstellen bzw. das Planverfahren durchführen. Die **Ausarbeitung des Insolvenzplanes** rechtfertigt nach dem Regelbeispiel einen angemessenen **Zuschlag**. Dabei geht das Regelbeispiel ausschließlich von der **Erstellung des Insolvenzplanes** aus, sodass die Annahme des Insolvenzplanes keine Voraussetzung für den Zuschlag ist (vgl. BK-InsO/*Blersch* InsVV, § 3 Rn. 22). Die **Durchführung des Insolvenzplanverfahrens** wird nicht vorausgesetzt, da hierfür eine **gesonderte Vergütung** außerhalb des Zuschlagssystems erfolgt (vgl. § 6 Abs. 2 InsVV).

48 Im Rahmen dieses Regelbeispiels ist **einzelfallbezogen** – unter Berücksichtigung der **Art** und **Weise** sowie des **Umfangs** des **Insolvenzplanes** und der damit in Verbindung stehenden zusätzlichen Tätigkeiten des Insolvenzverwalters – der Zuschlag zu ermitteln. Dabei sind als **wesentliche Faktoren** zum einen der **Umfang** des Insolvenzplans, zum anderen aber auch die **Anzahl der Gläubiger**, die **Problemstellungen** bei der Gruppenbildung sowie **zusätzliche gestaltende Elemente** wie beispielsweise Aufnahme einer Übertragung eines GmbH-Geschäftsanteils, Durchführung von Kapitalherabsetzung und Kapitalerhöhung oder Ausgestaltung als langfristig ausgerichteter Sanierungsplan, usw. mit zu berücksichtigen. Des Weiteren ist der Umfang der ggf. im Rahmen der Erstellung des Insolvenzplans durchgeführten Verhandlungen mit einzelnen Gläubigergruppen, wie beispielsweise Banken, Arbeitnehmervertretern, absonderungsberechtigten Gläubigern usw. mit einzubeziehen. Unter Berücksichtigung sämtlicher Kriterien ist ein Mehraufwand zu ermitteln und mit einem entsprechenden Zuschlag zu vergüten. Hier ist von einem **Mindestzuschlag von 20 %** bis zu einem **Mehrfachen des Regelsatzes** auszugehen, insbesondere bei Vorhandensein einer relativ geringen Masse im Verhältnis zu einem umfangreichen Insolvenzplan (vgl. *Haarmeyer/Wutzke/Förster* InsVV, 4. Aufl., § 3 Rn. 34; *Keller* Vergütung, Rn. 335: 50 % bis 100 %).

49 Die **Aufhebung des Insolvenzverfahrens** auf Grund der Annahme des Insolvenzplanes (§§ 248, 258 InsO) bewirkt **keinen Abschlag** gem. § 3 Abs. 2 lit. c) InsVV, da die Beendigung des Insolvenzverfahrens durch einen Insolvenzplan gerade **keine vorzeitige Verfahrensbeendigung** darstellt, sondern eine in § 1 InsO ausdrücklich vorgesehene Form der Beendigung des Insolvenzverfahrens ist. Die teilweise noch verbreitete Abneigung von Insolvenzverwaltern gegen die vom Verordnungsgeber der InsO vorgesehene Sanierungsmöglichkeit durch einen Insolvenzplan sollte seitens der die Vergütung festsetzenden Gerichte durch einen **beachtlichen Zuschlag** abgebaut werden, da auch diese

Maßnahme dem sicherlich positiven **Sanierungsansatz** zusätzliche Unterstützung zu Teil werden lässt (vgl. BK-InsO/*Blersch* InsVV, § 3 Rn. 23).

Nach Ansicht des *AG Hannover* (Beschl. v. 30.08.2016 – 905 IN 864/12-9, ZInsO 2016, 2107) ist für die Prüfung und Stellungnahme zu einem vom Schuldner vorgelegten Insolvenzplan kein Zuschlag zu gewähren. Es ist der Auffassung, dass dadurch, dass es zu den gesetzlichen Pflichten des Insolvenzverwalters nach § 232 Abs. 1 Nr. 3 InsO gehöre, zu einem vom Schuldner vorgelegten Insolvenzplan eine sachbezogene Stellungnahme abzugeben, kein Zuschlag gerechtfertigt sei. Es untermauert seine Auffassung damit, dass nach § 3 Abs. 1 lit. e) InsVV ansonsten in jedem Planverfahren ein Zuschlag anfallen würde, obwohl der Gesetzgeber nur für den Fall der Planausarbeitung und Planvorlage durch den Insolvenzverwalter die Zuschlagsfähigkeit anerkannt hat. Dieser Ansicht folgt auch *Haarmeyer* in seiner Anmerkung in ZInsO 2016, 2108. Dem ist jedoch entgegenzuhalten, dass, auch wenn kein Regelerhöhungstatbestand vorliegt, je nach Umfang der diesbezüglichen Tätigkeit der Mehraufwand mit einem Zuschlag zu honorieren ist. 50

VI. Weitere Erhöhungstatbestände

Wie bereits dargestellt wurde, sind die **Regelbeispiele** des § 3 Abs. 1 InsVV **nicht abschließend**, sondern spiegeln lediglich beispielhaft die Wertvorstellungen des Verordnungsgebers wieder. Dementsprechend sind **Zuschläge** auch bei nicht die Regelbeispiele ausfüllenden **Umständen** seitens der Gerichte zu gewähren, wobei wiederum die **Regelbeispiele das Maß** des Verhältnisses zwischen Umfang der Tätigkeit und der Vergütung darstellen (vgl. *Haarmeyer/Wutzke/Förster* InsVV, 4. Aufl., § 3 Rn. 39 ff.; *Haarmeyer/Mock* InsVV, § 3 Rn. 53 ff.). Dabei ist auf den jeweiligen Einzelfall abzustellen, inwieweit auf Grund besonderer über den in § 2 InsVV normierten Regelfall hinausgehende **zusätzliche Umstände** vorhanden sind, die zu einem **beachtlichen Mehraufwand** des Insolvenzverwalters geführt haben und durch die Regelvergütung nicht abgegolten sind. Hierbei ist zu berücksichtigen, dass nicht jede Abweichung vom Regelfall bereits einen Zu- oder Abschlag rechtfertigt (*LG Konstanz* Beschl. v. 17.08.2016 – A 62 T 96/16, ZInsO 2016, 1828). Selbstverständlich führt nicht jede Abweichung von einem nur gedachten, aber nicht gesetzlich unterlegten abstrakten Normalfall dazu, dass ein Zu- oder Abschlag gerechtfertigt ist (so auch *AG Freiburg i. Breisgau* Beschl. v. 18.08.2016 – 8 IN 144/06, ZInsO 2016, 2270). Abschläge von der Mindestregelvergütung sind nicht ausnahmslos ausgeschlossen. Nach *AG Köln* (Beschl. v. 04.01.2017 – 72 IN 310/16, ZInsO 2017, 516) ist ein derartiger Ausnahmefall dann gegeben, wenn das Amt des vorläufigen Insolvenzverwalters nach einer Dauer von nur 17 Tagen aufgrund der Erledigungserklärung der anstragstellenden Gläubigerin geendet hat und weder besondere Maßnahmen zur Sicherung noch sonstige verwaltende oder gestaltende Tätigkeit bezüglich des Schuldnervermögens durch den vorläufigen Insolvenzverwalter ausgeübt worden sind. Es wird hierzu im Einzelnen auf die unter Rdn. 84 dargestellte Zusammenstellung der Zuschläge und auch der Abschläge verwiesen (eine umfassende Übersicht findet sich auch bei *Haarmeyer/Wutzke/Förster* InsVV, 4. Aufl., § 3 Rn. 40 ff. u. 77 ff.; *Haarmeyer/Mock* InsVV, § 3 Rn. 86 ff.). *Haarmeyer/Mock* (InsVV, § 3 Rn. 56 ff.) lehnen – zu Unrecht – zwischenzeitlich zahlreiche von der h.M. in Literatur und Rechtsprechung **seit langem anerkannte Zuschlagstatbestände** häufig mit dem (Schein-)Argument ab, dass die jeweils zugrunde liegende »Besonderheit« zwischenzeitlich »Normalität« sei, d.h. keine Besonderheit mehr darstelle, die einen Zuschlag rechtfertige. Dabei werden als »Pseudoargument« Ausdrücke verwendet wie: »meistens«, »Routine«, »faktisch in jedem Verfahren«, »fast jedem«, »normales Erscheinungsbild«, »heute« »Realität« usw. Damit gehen *Haarmeyer/Mock* entgegen der eigenen Kundgabe (InsVV, § 3 Rn. 1 f.; s. hierzu auch die Ausführungen bei Rdn. 6) selbst von einem eigenen definierten »Regelfall« aus, wollen diesen aber mit Kriterien versehen, welche allerdings schon der Verordnungsgeber in § 3 Abs. 1 InsVV ausdrücklich als zuschlagsbegründende Umstände festgelegt hat. Nach dieser – **unrichtigen** – Auffassung würden wesentliche in § 3 Abs. 1 InsVV geregelte Zuschlagstatbestände im Ergebnis – entgegen der Intention des Verordnungsgebers – nicht mehr zu Vergütungszuschlägen führen. Allerdings ist *Haarmeyer/Mock* insoweit Recht zu geben, als sich der bei Einführung der InsO und der InsVV angenommene Normalfall weiterentwickelt hat. Auch haben sich die Verwalterbüros auf die speziellen Anforderungen ausgerichtet und für die diversen Bereiche spezialisierte Fachabtei- 51 lungen eingerichtet. Die zwischenzeitlich als »Normalfall« anzusehenden **gesteigerten Anforderungen** in den Insolvenzverfahren haben sich jedoch **nicht** im Rahmen der Regelvergütung durch eine entsprechende Anpassung ausgewirkt, so dass bei bleibender Staffelvergütung nach § 2 InsVV hinsichtlich der von der Grundvergütung abgegoltenen Tätigkeiten das früher geltende »Normalverfahren« in Ansatz zu bringen ist. *Haarmeyer/Mock* verknüpfen bereits die gestiegenen Anforderungen in den heutigen Insolvenzverfahren mit der von ihnen geforderten erhöhten Staffelvergütung. Der regelmäßig gestiegene Mehraufwand kann bei gleichbleibender Regelvergütung selbstverständlich nicht als von ihr abgegolten angesehen werden, so dass die in § 3 Abs. 1 InsVV vorgesehenen Zuschläge verordnungskonform zu gewähren sind. Unter Berücksichtigung des jeweiligen Einzelfalles sind insbesondere als Zuschlagskriterien anzusehen:

– Überschreitung einer **Dauer** von zwei Jahren begründen je weiteres Jahr einen Zuschlag von **10 %, sofern** keine zögerliche Bearbeitung durch den Insolvenzverwalter gegeben ist, wobei allein die Dauer des Insolvenzverfahrens den Zuschlag nicht rechtfertigt. Entscheidend sind besondere Gründe, wie z.B. schwierige Rechtsfragen, Altlastenproblematik oder die Führung von Rechtsstreitigkeiten, die die lange Dauer des Verfahrens beeinflusst haben (vgl. *LG Göttingen* ZInsO 2006, 930; *Haarmeyer/Wutzke/Förster* InsVV, 4. Aufl., § 3 Rn. 58; siehe hierzu auch *BGH* ZInsO 2010, 1949; NZI 2008, 544);
– Fehlen einer ordnungsgemäßen oder vollständigen **Buchhaltung** rechtfertigt einen Zuschlag von bis zu **25 %** (zuschlagserhöhend insbesondere die Aufarbeitung der schuldnerischen Buchhaltung; ggf. Erhöhung bei Insolvenzverwalterwechsel für den Insolvenzverwalternachfolger, sofern der entlassene Insolvenzverwalter keine Schlussrechnung gelegt hat);
– Mehrere **Betriebsstätten** oder **Auslandsbetriebsstätten** oder **Auslandsvermögen** rechtfertigen einen Zuschlag von bis zu **30 %** (besonders zuschlagserhöhend ist bei Auslandsberührung die Anwendung ausländischen Rechts, Einsatz besonderer Sprach- und Rechtskenntnisse des Insolvenzverwalters);
– Übersteigen der **Gläubigerzahl** von 100 rechtfertigt einen Zuschlag von **10 %** je weiterer 100 Insolvenzgläubiger;
– Hohe Anzahl von **Drittschuldnern** im Bereich der Beitreibung von Außenständen rechtfertigen einen Zuschlag von **10 %** je 100 Drittschuldner;
– Eine große Anzahl von **Rechtsstreitigkeiten**, insbesondere Aktiv-/Beitreibungsprozesse, von einem Insolvenzverwalter, der kein Rechtsanwalt ist und keine Übertragung auf einen Rechtsanwalt erfolgt, rechtfertigen einen Zuschlag von **10 %** je 100 Rechtsstreitigkeiten/Mahnverfahren;
– Fordert das Gericht oder der Gläubigerausschuss über das übliche Maß hinaus mehrfach die Vorlage von **Verwalterberichten** oder **Rechnungslegungen**, insbesondere bei komplexen Sach- oder Rechtsfragen ist ein Zuschlag von bis zu **25 %** gerechtfertigt;
– **Übertragung des Zustellwesens** gem. § 8 Abs. 3 InsO. Hier kann auf die Ausführungen bei § 4 InsVV Rdn. 19 und § 8 InsVV Rdn. 30 verwiesen werden.
– Befinden sich im Insolvenzvermögen in größerem Umfange **Grundstücke mit Altlasten** und wird dadurch ein Mehraufwand des Insolvenzverwalters erforderlich ist ein Zuschlag von bis zu **50 %** angemessen (zuschlagserhöhend ist insbesondere die Klärung rechtlicher Fragen der Umwelthaftung der Insolvenzmasse und die Einholung spezieller Gutachten und Bodenuntersuchungen und ggf. die Beseitigung der Altlasten);
– Treten bei der **Verwertung** von Massegegenständen, insbesondere Grundstücken erhebliche Schwierigkeiten auf oder hat der Insolvenzverwalter zusätzlich erhebliche Tätigkeiten zur Verwertung vorzunehmen, rechtfertigt dies einen Zuschlag von bis zu **75 %** bei beweglichen Gegenständen und bis zu **125 %** bei Grundstücken;
– Stellt sich die **Inbesitznahme** oder die **Verwaltung** der Insolvenzmasse als überdurchschnittlich schwer dar, z.B. kontraproduktiver Schuldner, sind Zuschläge von **10–25 %** gerechtfertigt;
– Ein **unkooperativer** oder **flüchtiger Schuldner** rechtfertigt Zuschläge von bis zu **50 %**;
– Prüfung von **Anfechtungsfragen** in überdurchschnittlichem Umfang rechtfertigen Zuschläge bis zu **50 %** (insbesondere sind vergütungserhöhend die besonderen rechtlichen Schwierigkeiten

der Anfechtungslage oder die hohe Anzahl von Anfechtungsfällen, wobei hier ein Grenzwert von 10 Anfechtungsfällen anzunehmen ist – das *LG Konstanz* [Beschl. v. 17.08.2016 – A 62 T 96/16, ZInsO 2016, 8128] sieht die Ermittlung und Durchsetzung von Anfechtungsansprüchen auch bei Vorliegen von 11 Fällen als von der Regelvergütung abgegolten an). Der *BGH* (NZI 2012, 372; ZInsO 2013, 2180) hat auch für den Erhöhungstatbestand »Anfechtungsfragen« – ähnlich wie bei der Zuschlagsberechnung im Rahmen einer Betriebsfortführung (s. Rdn. 30) – zum Ausdruck gebracht, dass gleichermaßen eine Vergleichsrechnung dahingehend durchzuführen ist, inwieweit bereits durch die Realisierung von Anfechtungsansprüchen eine Masseerhöhung bzw. damit eine Vergütungserhöhung eingetreten ist und eine dahingehende Berücksichtigung bei der Zuschlagsbemessung zu erfolgen hat. Hinsichtlich der Ermittlung des Zuschlags bzw. der Darstellung der Vergleichsrechnung in diesem Bereich kann auf *Graeber/Graeber* NZI 2012, 355 verwiesen werden. Auch *Laubereau* (ZInsO 2016, 496) und *Ganter* (ZInsO 2016, 677) haben sich ausgiebig mit der Frage beschäftigt, inwieweit die Delegation der Ermittlung von Anfechtungsansprüchen Auswirkungen auf die Verwaltervergütung hat. Sie beleuchten umfassend, inwieweit sich Tätigkeiten im Zusammenhang mit Anfechtungsansprüchen im Rahmen der Zuschläge auswirken bzw. inwieweit Delegationen zu einem Abzug oder einem Abschlag führen. Auch die Frage, wo die Grenze der Regelaufgabe zur Sonderaufgabe verlaufen soll, wird umfassend erläutert.

- Beinhalten **Forderungsanmeldungen** überdurchschnittliche Problemstellungen sind Zuschläge bis zu **15 %** angemessen;
- Befinden sich in der Insolvenzmasse gesellschaftsrechtliche Beteiligungen, so ist eine Vergütungserhöhung angemessen, wenn in diesem Zusammenhang Ansprüche geltend zu machen sind. Gleichermaßen gilt dies für konzernrechtliche Verflechtungen, soweit die Bearbeitung den Insolvenzverwalter stärker als allgemein üblich in Anspruch genommen hat; daher ist der gestiegene Arbeitsaufwand zu beurteilen. Ein Zuschlag von **25–100 %** ist je nach Schwierigkeit und Umfang der gesellschaftsrechtlichen Fragen angemessen;
- Ein Zuschlag ist dem Verwalter zuzubilligen bei Verhandlung und/oder Durchführung einer übertragenden Sanierung. Je nach Umfang der Tätigkeit ist ein Zuschlag **bis zu 100 %** angemessen, je nach Fallgestaltung, insbesondere wenn der Verwalter im Rahmen der übertragenden Sanierung Betriebsteile stilllegen musste, einen Sozialplan erstellte, eine Beschäftigungs-Qualifizierungsgesellschaft gründen musste usw. (vgl. *Keller* Vergütung Rn. 307);
- Bei der Durchführung einer **Bauinsolvenz** sind grundsätzlich Zuschläge bei der Bearbeitung besonderer Rechtsfragen begründet. Denkbar ist dabei die Fertigstellung begonnener Bauvorhaben, Fragen der Bauabzugssteuer, Fragen der Erfüllungswahl nicht erfüllter Werkverträge (§ 103 i.V.m. § 105 InsO). In diesem Bereich dürften Zuschläge von **10–50 %** angemessen sein.

Zur **Höhe** der jeweiligen **Zuschläge** werden in Literatur und Rspr. **unterschiedliche** auch weit **voneinander abweichende Auffassungen** vertreten, wobei allerdings **einhellig** auf die **Beurteilung des Einzelfalls** unter Berücksichtigung der **quantitativen** und **qualitativen** Merkmale abgestellt wird (vgl. MüKo-InsO/*Nowak* Anh. zu § 65, § 3 InsVV Rn. 12 ff.; *Kübler/Prütting/Bork-Eickmann/Prasser* InsVV, § 3 Rn. 22; BK-InsO/*Blersch* InsVV, § 3 Rn. 24; *Haarmeyer/Wutzke/Förster* InsVV, 4. Aufl., § 3 Rn. 39 ff.; *Keller* Vergütung, Rn. 243). 52

Mit dem als Reformstufe 3 geplanten Gesetz zur Erleichterung zur Bewältigung von **Konzerninsolvenzen** ist die Einfügung einer Vorschrift in der InsO, die eigentlich in der InsVV anzusiedeln wäre mit einem § 269g InsO vorgesehen. Die Tätigkeit des neu einzuführenden **Koordinationsverwalters** (§ 269e InsO) soll durch einen Zuschlag zu der Regelvergütung, die er als Insolvenzverwalter in dem Verfahren über das Vermögen des gruppenangehörigen Schuldners zu beanspruchen hat, abgegolten werden. Nach dem System der InsVV sollen Umfang und Schwierigkeiten der Koordinationsaufgabe sowie die Höhe des durch die Koordination erzielten Mehrwertes berücksichtigt werden. Die Vergütung des Koordinationsverwalters soll anteilig aus den Insolvenzmassen der gruppenangehörigen Schuldner berichtigt werden. Das Verhältnis des Wertes der einzelnen Massen zueinander soll hierbei maßgebend sein.

53 Bei der Bemessung der einzelnen Zuschläge bzw. im Rahmen der Gesamtschau ist insbesondere zu berücksichtigen, dass die **Aufgaben** des Insolvenzverwalters seit Einführung der InsVV **insgesamt deutlich** zugenommen haben. Durch die erheblich erweiterten Aufgaben bei der Bearbeitung der steuerlichen Angelegenheiten des insolventen Unternehmens nach dem EHUG (Gesetz über elektronische Handelsregister und Genossenschaftsregister sowie das Unternehmensregister) wurden dem Insolvenzverwalter zusätzliche Tätigkeiten aufgebürdet.

Gemäß dem neu eingeführten **§ 55 Abs. 4 InsO** (ausf. zu der Problematik der Abgrenzung von Insolvenzforderungen zu Masseverbindlichkeiten s. *Bornemann* § 55 InsO Rdn. 63 ff. m.w.N.; *Kahlert* ZIP 2011, 401) und den **Entscheidungen des Bundesfinanzhofes** (z.B. BFHE 224, 24) zur Einordnung der **Umsatzsteuerforderungen** muss der Insolvenzverwalter inzwischen erheblich **umfangreichere Dokumentationen** im Bereich der Umsatzsteuer, Umsatzsteuervoranmeldungen und Umsatzsteuererklärungen erarbeiten und leisten. Es werden mehrere Umsatzsteuernummern für das in Insolvenz befindliche Unternehmen bzw. die Insolvenzmasse erteilt und in den jeweiligen zugeordneten Bereichen sind zusätzliche Buchhaltungskreise zu erarbeiten und zu installieren. Es bedarf durchgehend zusätzlicher Kontrollarbeiten, Berichtigungen usw. Die Entscheidungen des BFH überlagern bzw. ergänzen teilweise die Vorschrift des § 55 Abs. 4 InsO dahingehend, dass zusätzliche Umsatzsteuerkorrekturen bzw. Umbuchungen in Masseverbindlichkeiten vorzunehmen sind. Die Gesamtstruktur des insolvenzrechtlichen Umsatzsteuerrechts ist selbst für Umsatzsteuerfachleute kaum mehr durchschaubar und strukturierbar. Dadurch entstehen dem Insolvenzverwalter zusätzliche **umfangreichere Tätigkeitsbereiche**, weitergehende **Haftungsrisiken**, die zu erheblichen (wirtschaftlichen) **Mehrbelastungen** des Insolvenzverwalters bzw. seines Büros führen.

Diese einschneidenden zusätzlichen bilanziellen, buchhalterischen und steuerlichen **Zusatzbelastungen** des Insolvenzverwalters sind im Rahmen eines Zuschlages oder zumindest im Rahmen der Gesamtschau der Zuschläge **vergütungserhöhend** in Ansatz zu bringen.

54 Durch das am 01.01.2013 in Kraft getretene neue **Insolvenzstatistikgesetz** (InsStatG vom 07.12.2011, BGBl. I S. 2589) wurde die bisher den Insolvenzgerichten zugeordnete Aufgabe, statistische Meldungen durchzuführen, weitestgehend auf die Treuhänder, Insolvenz- und Sachverwalter übertragen. Gleichzeitig wurden Umfang und Inhalt der zu meldenden Daten wesentlich ausgeweitet.

Mit der Insolvenzstatistik werden Daten über die wirtschaftlichen Folgen von Insolvenzen erhoben.

Für das einzelne Verfahren bedeutet dies, dass neben den allgemeinen Stammdaten, dem Datum des Eröffnungsbeschlusses und der Ansprechpartner, in den für Regelinsolvenzverfahren vorgesehenen RB-Bögen folgende Informationen zusammenzustellen sind:
- Umsatzsteuernummer,
- Registergericht,
- Beendigung,
- Absonderungsrechte und Insolvenzforderungen
- Bundesagentur für Arbeit
- Finanzamt
- Sozialversicherungsträger,
- Verteilung an Insolvenzgläubiger und Abschlagszahlungen,
- Vorfinanzierung Insolvenzgeld,
- Betriebsfortführung,
- Sanierungserfolg,
- Eigenverwaltung,
- Restschuldbefreiung.

Dies sind nur allgemeine Merkmalsbeschreibungen. Sie werden durch die entsprechenden Fragebögen oder technischen Datensatzbeschreibungen noch weiter spezifiziert.

Bei der Angabe der »Höhe der quotenberechtigten Insolvenzforderungen und Höhe des zur Verteilung an die Insolvenzgläubiger verfügbaren Betrags, bei öffentlich-rechtlichen Insolvenzgläubigern zusätzlich deren jeweiliger Anteil« sind folgende Angaben differenziert darzustellen:
– Summe der befriedigten Absonderungsrechte,
– Summe der Forderungen der Finanzämter,
– Summe der Forderungen der Bundesagentur für Arbeit,
– Summe der Forderungen der Sozialversicherungsträger,
– Der zur Verteilung an die Insolvenzgläubiger verfügbare Betrag
– die Beträge an die Finanzämter
– die Beträge an die Bundesagentur für Arbeit
– die Beträge an die Sozialversicherungsträger,
– die Anzahl der Abschlagszahlungen,
– die Höhe der Abschlagszahlungen.

Die **Erhebung dieser Formulardaten** ist z.T. mit einem erheblichen Aufwand und einer zusätzlichen Arbeitsbelastung verbunden.

Die **Ermittlung** und **Übermittlung** der umfangreichen **Daten** führen zu einer höheren Belastung in **zeitlicher** und **personeller Hinsicht**. Zusätzlich sind erhebliche Investitionen erforderlich, um die eingesetzten Fachsysteme anzupassen und neu auszurichten (vgl. *Heyer* NZI 2012, 945).

Überwiegend ist es von Seiten der Gerichte unerwünscht, dass die statistischen Meldungen in Papierform erfolgen. Folglich ist als Voraussetzung für die digitale Dateneinlieferung die Anschaffung und das Vorhalten einer geeigneten Insolvenzsoftware durch den Verwalter und auf dessen – nicht umlagefähigen – Kosten erforderlich.

Im Rahmen des Gesetzes haben fünf verschiedene Meldungen auf den entsprechenden Meldebögen zu erfolgen. Die Datenübermittlung zu Destatis (dem Internetangebot des Statistischen Bundesamtes) erfolgt i.d.R. mit Java-Programmen. Da eine Java-Installation ein extrem großes Sicherheitsrisiko in sich birgt, sind die hierdurch ggf. entstehenden großen Lücken in der Sicherheitsarchitektur auf Kosten des Verwalterbüros entsprechend zu beheben.

Die Ermittlung der durchaus umfangreichen Daten ist dann in die Software einzupflegen.

Hervorzuheben ist, dass viele Daten nur mit **expliziten Fachkenntnissen** – insbesondere die der Buchhaltung – recherchiert werden können.

Durch die Änderungen im Insolvenzstatistikgesetz haben die Gerichte die Angaben vor Weiterleitung an die Statistikämter lediglich auf Vollständigkeit zu prüfen, was zu einer **Reduzierung der Arbeitsbelastung der Mitarbeiter** und damit verbunden zu **Einsparungen von Personalkosten** bei den **Gerichten** führen wird (so die Begr. RegE: VI. Gesetzesfolgen; Nachhaltigkeitsaspekte; Bürokratiekosten; BT-Drucks. 17/5712–4.05.2011).

Die den **Staatshaushalt entlastende Abwälzung** dieser Tätigkeit auf die Verwalterkanzleien kann dort nicht »gratis« im Rahmen der ohnehin schon längst anzupassenden Regelvergütung (z.B. Inflationsausgleich etc.) mit abgegolten sein.

Im Rahmen der **Gesamtschau** ist insoweit der hier entfaltete Mehraufwand mit einem **Zuschlag**, oder zumindest erhöhend zu berücksichtigen.

Viele Insolvenzverwalter stellen inzwischen den am Verfahren beteiligten Gläubigern über ein **elektronisches, passwortgeschütztes Informationssystem** (GIS) aktuelle Verfahrensstände zur Verfügung. Mit der Verbreitung von Informationen an Verfahrensbeteiligte erfüllt der Insolvenzverwalter keine ihn selbst im Rahmen des Insolvenzverfahrens treffende Aufgabe (*LG Dresden* DZWIR 2011, 131). Sachstandsanfragen der Gläubiger muss der Insolvenzverwalter nicht beantworten (HambK-InsO/*Kuleisa* § 80 Rn. 17; *LG Hannover* ZInsO 2013, 311). Gem. § 79 InsO ist er nur der Gläubigerversammlung bzw. nach § 69 InsO einem Gläubigerausschuss zur Erteilung von Auskünften und Informationen verpflichtet (HambK-InsO/*Kuleisa* § 80 Rn. 17). Somit liegt in der Bereitstellung und der Pflege des Gläubigerinformationssystems (GIS) **keine** Regel- bzw. Kernaufgabe des Verwalters. Dennoch ist der Service, den der Insolvenzverwalter dadurch erbringt, zeitgemäß, da er durch diese Maßnahmen die Informationsbeschaffung für die Gläubiger durch das Internet ermöglicht. Gleichzeitig führt die Bereitstellung und Pflege des Gläubigerinformationssystems (GIS) zu einer Arbeitserleichterung der Gerichte, da die Anträge der Gläubiger auf Akteneinsicht minimiert werden (*Zimmer* in: Kraemer/Vallender/Vogelsang, Fach 2, Kap. 24 Rn. 77). Das *LG Dresden* (Beschl. v. 05.05.2010 – 5 T 182/10) hat sich dafür ausgesprochen, die Kosten, die entstehen, als Masseverbindlichkeiten direkt aus der Masse begleichen zu können. Bei *Haarmeyer/Wutzke/Förster* InsVV, 4. Aufl., § 4 Rn. 9 wird noch vertreten, dass die Aufwendungen für ein elektronisches Gläubigerinformationssystem als besondere Kosten im Rahmen der Auslagen nach § 4 InsVV erstattungsfähig sind; nach *Haarmeyer/Mock* InsVV, § 4 Rn. 88 soll dies nur gelten, sofern die Kosten dem jeweiligen Verfahren nach Art und Umfang zuzuordnen sind, im Übrigen fallen allgemeine Informationssysteme unter die allgemeinen Kosten gem. § 4 Abs. 1 Satz 1 und 2 und können nicht als Auslagen nach Abs. 2 geltend gemacht werden (so auch *Haarmeyer* InsbürO 2016, 97). Das *LG Hannover* (ZInsO 2013, 311) sieht die Deckung der Kosten aus der Masse nur dann als möglich an, wenn alle Gläubiger zugestimmt haben. Fehlt die Zustimmung **aller Gläubiger** können nach dieser Auffassung die Kosten für das GIS-System nicht als Masseverbindlichkeit anerkannt werden.

Richtigerweise ist die Installation eines GIS-Systems zumindest im Rahmen der **Gesamtschau der Vergütung positiv wertend zu berücksichtigen.**

56 Nunmehr hat sich auch der BGH (Beschl. v. 14.07.2016 – IX ZB 62/15, ZInsO 2016, 1647) mit dieser Frage beschäftigt. Er ist der Auffassung, dass die Kosten für ein Gläubigerinformationssystem auch dann nicht zusätzlich zur Vergütung des Verwalters aus der Masse aufzubringen sind, wenn sie einem einzelnen Verfahren zuordenbar sind (vgl. hierzu auch Anm. *Haarmeyer* ZInsO 2016, 1650).

Obwohl die Lebenshaltungskosten nach dem Verbraucherpreisindex des Statistischen Bundesamtes von Anfang 1999 bis April 2013 um 24 % gestiegen sind, wurde die **Verwaltervergütung** seit Inkrafttreten der insolvenzrechtlichen Vergütungsverordnung (1999) **nicht angepasst**. Die fehlende Anpassung der Verwaltervergütung aufgrund der Steigerung der Lebenshaltungskosten und die gestiegenen grundsätzlichen Aufgaben eines Insolvenzverwalters sind im Rahmen einer Erhöhung der Regelvergütung gem. § 2 Abs. 1 InsVV vorzunehmen. Siehe hierzu § 2 InsVV Rdn. 19.

D. Abschläge von der Regelvergütung (§ 3 Abs. 2 InsVV)

57 **Entgegen der Regelung in Abs. 1**, wonach bei Vorliegen der Voraussetzungen für einen Zuschlag ein Anspruch des Verwalters auf entsprechende Festsetzung besteht, sieht **Abs. 2 keine Verpflichtung** des Gerichts vor, hinter dem Regelsatz zurückzubleiben. Der Verordnungsgeber bringt lediglich zum Ausdruck, dass bei Vorliegen entsprechender Kriterien ein Abschlag **gerechtfertigt** ist. Damit wird das **Insolvenzgericht** nur angehalten, **zu überprüfen**, ob der Umfang der Tätigkeit des Verwalters im Insolvenzverfahren derart geringer als in einem Normalverfahren war, sodass die Zubilligung einer Regelvergütung als nicht angemessen erscheint. Dabei ist zu berücksichtigen, dass ein Anlass zur Überprüfung überhaupt erst dann entsteht, wenn das **Missverhältnis** die bereits dargestellte **Toleranzgrenze von 20 % noch weiter unterschreitet** (BK-InsO/*Blersch* InsVV, § 3 Rn. 25). Nur wenn ein weitergehendes Missverhältnis zwischen der vom Verwalter tatsächlich ausgeübten Tätigkeit und der einer Regelvergütung angemessenen Tätigkeit vorhanden ist, kommt ein Abschlag in Betracht. Dieser Maßstab ist bei der Auslegung der Regelbeispiele wie aber auch aller sonstigen Abschlagskriterien zu berücksichtigen.

I. Tätigkeit eines vorläufigen Insolvenzverwalters (§ 3 Abs. 2 lit. a) InsVV)

58 Der Wortlaut dieses Regelbeispiels lässt an sich den Schluss zu, dass bereits in jedem Falle der Bestellung eines **vorläufigen Insolvenzverwalters** ein Abschlag vorzunehmen ist. Dies entspricht allerdings nicht dem bereits vorstehend dargestellten Maß des Missverhältnisses und auch nicht dem Grundgedanken des § 3 InsVV. Richtigerweise ist das Regelbeispiel dahingehend auszulegen, dass ein Abschlag **nur** dann in Erwägung zu ziehen ist, wenn der Umfang der Tätigkeit des vorläufigen Insolvenzverwalters sich derart im eröffneten Insolvenzverfahren ausgewirkt hat, dass in diesem Bereich eine **vom Regelverfahren wesentlich abweichende Minderbelastung zu verzeichnen** ist (*Haarmeyer/ Mock* InsVV, § 3 Rn. 111; BK-InsO/*Blersch* InsVV, § 3 Rn. 26; *Keller* Vergütung Rn. 336). Wesentlich ist allerdings auch, dass der vorläufige Insolvenzverwalter für die von ihm erbrachte Tätigkeit (d.h. für seine »Vorarbeiten«) angemessen entlohnt worden ist (so *BGH* ZInsO 2006, 642). Die vom *BGH* in der vorgenannten Entscheidung (ZInsO 2006, 642) allerdings vorgenommene Erweiterung des Kürzungstatbestandes, wonach eine Kürzung schon angemessen ist, wenn der vorläufige Verwalter durch seine Tätigkeit dem Verwalter im eröffneten Verfahren Vorarbeiten zur Verwertung der Insolvenzmasse erspart, ist **unzutreffend**. In dem vom BGH zu entscheidenden Fall war die Insolvenzverwalterin zuvor bereits als vorläufige Insolvenzverwalterin und als Sachverständige im vorläufigen Verfahren tätig. Im Rahmen dieser Tätigkeit erstattete sie ein Gutachten zur Massekostendeckung einschließlich Bewertung des schuldnerischen Vermögens. Im Rahmen des eröffneten Verfahrens griff die Insolvenzverwalterin dann auf ihr Gutachten im vorläufigen Verfahren zurück. Der BGH war der Auffassung, dass bereits diese »Vorarbeiten« die Tätigkeit der (späteren) Insolvenzverwalterin erheblich erleichterte. Die Auffassung des BGH ist deshalb abzulehnen, da der Insolvenzverwalter regelmäßig im eröffneten Verfahren auf die Feststellungen und auch Bewertungen des im vorläufigen Verfahren erstellten Sachverständigengutachtens zurückgreift. Regelmäßig sind auch vorläufiger Insolvenzverwalter, Sachverständiger und Insolvenzverwalter personenidentisch. Dementsprechend würde die weite Auslegung durch den BGH den Kürzungstatbestand zur Regel machen (vgl. *Keller* Vergütung, Rn. 338). Dies entspricht nicht dem Sinn des Kürzungstatbestandes, der nur **ausnahmsweise** Reduzierungen der Regelvergütung vornehmen soll. Darüber hinaus werden auch die Aufgaben des Sachverständigen von denen des vorläufigen Insolvenzverwalters nicht konsequent getrennt. Gerade bei dem sog. **schwachen vorläufigen Insolvenzverwalter** ist die Sachverständigentätigkeit nicht Bestandteil der vorläufigen Insolvenzverwaltung (§ 22 Abs. 1 Nr. 3 InsO ist hier nicht anwendbar). Die Sachverständigentätigkeit ist in diesem Falle gesondert zu vergüten. Folglich kann diese Sachverständigentätigkeit, die gerade nicht Bestandteil der Tätigkeit des vorläufigen Insolvenzverwalters ist, nicht zur Begründung des Kürzungstatbestandes gem. § 3 Abs. 2 lit. a) InsVV herangezogen werden. Der *BGH* hat in seiner Entscheidung vom 18.06.2009 (ZInsO 2009, 1367) zwischenzeitlich klargestellt, dass eine analoge Anwendung des Regelfalls des § 3 Abs. 2 lit. a) InsVV auf den isoliert bestellten Sachverständigen nicht zulässig ist. Dies ergibt sich nach Auffassung des BGH alleine schon daraus, dass keine planwidrige Regelungslücke vorliegt, da der Verordnungsgeber ausdrücklich nur den Regelfall eines Abschlages für die Tätigkeit eines vorläufigen Insolvenzverwalters vorgesehen hat. Bei einem **Sachverständigen,** der nach Stundensätzen gem. dem Justizvergütungs- und Entschädigungsgesetz, also nach völlig anderen Grundsätzen vergütet wird, kann nicht angenommen werden, dass dessen Berücksichtigung vom Verordnungsgeber planwidrig unterlassen wurde (vgl. hierzu auch die zust. Anm. von *Prasser* EWiR 2010, 65). Diese Entscheidung des BGH hat allerdings auch Auswirkungen auf Verfahren, in denen der Sachverständige gleichzeitig als vorläufiger Insolvenzverwalter tätig wird. Denn auch dann sind die Tätigkeiten des Sachverständigen, die von den typischen Tätigkeiten des vorläufigen Verwalters abzugrenzen sind, für die Bemessung der Vergütung des endgültigen Insolvenzverwalters nicht durch einen Abschlag zu berücksichtigen (*Prasser* EWiR 2010, 65).

Mithin ist unter dem Maßstab des Regelverfahrens und unter Berücksichtigung aller Umstände zu prüfen, ob die Tätigkeit des vorläufigen Insolvenzverwalters den Umfang des abzuwickelnden Insolvenzverfahrens **derart reduziert** hat, dass der **Maßstab des Regelverfahrens nicht mehr erreicht wird**. 59

Nicht zu Abschlägen führen Kriterien, die bei dem Insolvenzverwalter zu einem **Zuschlag** geführt hätten, diese erhöhungsbegründenden Maßnahmen allerdings bereits vom vorläufigen Insolvenzverwalter durchgeführt wurden. Insoweit hat der Insolvenzverwalter sich lediglich den Zuschlag nicht »verdient«, sondern – richtigerweise – der vorläufige Insolvenzverwalter. Ein Abschlag ist allein aus diesem Grunde, wenn im Übrigen der Umfang eines Regelverfahrens eingehalten wurde, nicht begründet (BK-InsO/*Blersch* InsVV, § 3 Rn. 26). 60

Der *BGH* hat sich in seiner Entscheidung vom 10.10.2013 (ZIP 2013, 2164) mit der Frage beschäftigt, inwieweit eine im Nachhinein als **zu hoch anzusehende Vergütung des vorläufigen Insolvenzverwalters** Auswirkungen auf die Höhe der Vergütung des Insolvenzverwalters haben kann. **Richtigerweise** lehnt der BGH einen **Zusammenhang** zwischen den beiden Phasen eines Insolvenzverfahrens im Hinblick auf die Vergütung der jeweiligen Ämter ab. Somit kann die Höhe der Vergütung des vorläufigen Insolvenzverwalters keine einschränkende Auswirkung auf die Höhe der Vergütung des Insolvenzverwalters haben.

61 Da das eröffnete **Insolvenzverfahren** immer bestimmte **Kerntätigkeiten** des Insolvenzverwalters vorsieht, die weitestgehend die Kriterien eines **Regelverfahrens** erfüllen, können die für den **vorläufigen Insolvenzverwalter** vergütungserhöhenden Maßnahmen **nur** in geringem Umfange zu **Abschlägen** bei der Vergütung des Insolvenzverwalters führen (BK-InsO/*Blersch* InsVV, § 3 Rn. 26; *Haarmeyer/Wutzke/Förster* InsVV, 4. Aufl., § 3 Rn. 81).

62 Die Auffassung und Praxis einzelner Gerichte, dass bereits die Bestellung eines vorläufigen Insolvenzverwalters ausreicht, um »**reflexartig**« einen Abschlag von 10 % vorzunehmen, ist jedenfalls **abzulehnen**.

63 Grds. dürfte bei Vorliegen des **Regelbeispiels** allenfalls ein Abschlag von **10 % bis 25 %** angemessen sein.

II. Fortgeschrittene Masseverwertung (§ 3 Abs. 2 lit. b) InsVV)

64 Dieses Regelbeispiel hat ein bereits im Geltungsbereich der VergVO angenommenes Abschlagskriterium, nämlich die bereits vor **Amtsübernahme durchgeführte wesentliche Verwertung der Masse**, übernommen. Da der **vorläufige** Insolvenzverwalter nach der InsO grds. zur Verwertung **nicht** berechtigt ist, kommt die Anwendung dieses Regelbeispiels regelmäßig nur bei Bestellung eines **Folgeverwalters** in Betracht (BK-InsO/*Blersch* InsVV, § 3 Rdn. 38; *Haarmeyer/Mock* InsVV, § 3 Rn. 114).

65 Der Abschlag kann darüber hinaus nur in Betracht gezogen werden, wenn ein wesentlicher Teil der Masse bereits bei Übernahme des Amtes verwertet war. Nach einhelliger Auffassung ist ein **Verwertungsanteil von mindestens 50 %** als wesentlich anzusetzen (BK-InsO/*Blersch* InsVV, § 3 Rn. 28; *Haarmeyer/Wutzke/Förster* InsVV, 4. Aufl., § 3 Rn. 76; *Kübler/Prütting/Bork-Eickmann/Prasser* InsVV, § 3 Rn. 50). Da **vergütungsrelevant** nur ein **Überschreiten** der Schwankungsbreite von **20 %** ist, ergibt sich somit insgesamt ein **Verwertungsanteil von 70 %**.

66 Ungeachtet des tatsächlichen Verwertungsanteils ist entsprechend dem Grundgedanken des § 3 InsVV eine **Abwägung** der Minderbelastung im Verhältnis zum Regelverfahren **vorzunehmen**. Denn es sind auch Fälle denkbar, bei denen bereits ein wesentlicher vergütungsrelevanter Masseanteil verwertet ist und dennoch bzgl. des verbleibenden Verwertungsanteils in großem Umfange mit erheblichem Arbeitsaufwand eine Verwertung durchzuführen ist. In diesem Falle ist ein Abschlag auf Grund des fehlenden Missverhältnisses nicht gerechtfertigt (BK-InsO/*Blersch* InsVV, § 3 Rn. 28). Grds. kommt bei diesem Regelbeispiel ein Abschlag von 5 % bis 15 % in Betracht.

III. Vorzeitige Verfahrens-/Amtsbeendigung (§ 3 Abs. 2 lit. c) InsVV)

67 **§ 3 Abs. 2 lit. c) InsVV** führt das bereits in § 4 Abs. 3 lit. c) VergVO enthaltene Abschlagskriterium **vorzeitiger Verfahrensbeendigung** fort und wird ergänzt mit dem Begriff der **vorzeitigen Beendigung** des **Verwalteramtes** (BK-InsO/*Blersch* InsVV, § 3 Rn. 29). Formell ist das **Abschlagskriterium** dann erfüllt, wenn das Amt mit Aufhebung des Eröffnungsbeschlusses im Beschwerdewege endet (vgl. § 34 InsO) oder der Insolvenzverwalter gem. § 59 InsO entlassen wird sowie in den regelmäßigen Fällen der vorzeitigen Verfahrensbeendigung. Die Aufhebung des Insolvenzverfahrens nach § 258 InsO i.V.m. § 248 InsO stellt **keine** vorzeitige Verfahrensbeendigung i.S. dieser Vorschrift dar (BK-InsO/*Blersch* InsVV, § 3 Rn. 29; *Kübler/Prütting/Bork-Eickmann/Prasser* InsVV, § 3 Rn. 52; *Haarmeyer/Mock* InsVV, § 3 Rn. 115). Zur Beantwortung der Frage, ob ein **Abschlag** bei

vorzeitiger Beendigung vorzunehmen ist, muss wiederum eine **Vergleichsbetrachtung** zwischen **dem Umfang eines Regelverfahrens** und der **tatsächlich** vom Insolvenzverwalter **erbrachten Leistung** vorgenommen werden. Die Regelvergütung nach § 2 InsVV ist bei einem Verwalter dessen Amt vorzeitig geendet hat, regelmäßig gem. § 3 Abs. 2 lit. c) InsVV zu reduzieren. Bei **mehreren hintereinander bestellten Verwaltern** ist die Vergütung des vorzeitig ausscheidenden Verwalters (beispielsweise bei Abwahl im Berichtstermin) entsprechend dem Prozentsatz zu berechnen, der sich aus dem Verhältnis der von ihm geleisteten Arbeit und der voraussichtlich noch zu leistenden Arbeit ergibt (vgl. *BGH* ZInsO 2005, 85). Folglich ist der **Abschlag**, der vorzunehmen ist, umso höher, je weniger von der vom Insolvenzverwalter geschuldeten Leistung bereits erbracht ist. Ausgehend von dem dann bestimmten angemessenen Anteil der Regelvergütung für den vorzeitig ausgeschiedenen Insolvenzverwalter ist die Vergütung in der Weise weiter zu berechnen, dass nunmehr **besondere Umstände**, welche die Tätigkeit erleichtert oder erschwert haben, unmittelbar gem. § 3 InsVV den Bruchteil der Regelvergütung erhöhen oder vermindern (*BGH* ZInsO 2005, 85). Zu berücksichtigen sind hierzu sämtliche tatsächlich vom Insolvenzverwalter vorgenommenen Tätigkeiten, die insbesondere in der **Anfangsphase** eines Insolvenzverfahrens auf Grund der Abwicklungssystematik der InsO **arbeitsintensiv** sind. Bereits in den **ersten Monaten** eines Insolvenzverfahrens werden regelmäßig die **Kerntätigkeiten** eines Insolvenzverwalters (Massefeststellung, Einleitung von Verwertungsmaßnahmen, Versendung des Eröffnungsbeschlusses, Bearbeitung der Forderungsanmeldungen i.V.m. Erstellung der Forderungstabelle, Ausarbeitung des Berichts für die erste Gläubigerversammlung usw.) ausgeführt. Dementsprechend liegt ein Schwerpunkt der Tätigkeit des Insolvenzverwalters mit erheblichem Arbeitsaufwand in diesem Anfangsbereich eines Insolvenzverfahrens. Es kann daher eine Unterteilung dahingehend vorgenommen werden, dass der Verfahrensabschnitt bis zum **Berichtstermin** mit **50 %**, die Prüfung der angemeldeten Forderung einschließlich Wahrnehmung des **Prüfungstermins** mit **20 %** und die verbleibenden Verwertungshandlungen einschließlich **Verfahrensabwicklung** mit **30 %** eingeschätzt werden (teilweise abw. BK-InsO/*Blersch* InsVV, § 3 Rn. 30). Diese prozentuale Aufteilung der Verfahrensabschnitte kann allerdings nicht starr gesehen werden, sondern sie sind jeweils auch – einzelfallbezogen – unter Berücksichtigung der vom Verwalter gegebenenfalls darzulegenden Tätigkeiten in das Verhältnis zum Umfang eines Regelverfahrens zu setzen, sodass danach der ggf. vorzunehmende Abschlag zu berechnen ist.

Neben der arbeitsintensiven Anfangszeit (vgl. Rdn. 67) stellt auch die Phase des Verfahrensabschlusses ein intensives und aufwändiges Procedere dar. Hier ist der **Schlussbericht** zu erstellen, es ist die **Tabelle** zu bereinigen, ggf. muss sich nochmals mit den Gläubigern über den Bestand oder Nichtbestand der Forderungen und das Prüfungsergebnis auseinandergesetzt werden etc. (*Lissner* ZInsO 2016, 953 [957]). Im Rahmen des zu ermittelnden Abschlags ist insoweit auch zu berücksichtigen, dass die Schlussrechnung und die Schlussverhandlungen noch nicht erfolgen. Es ist daher bei dem Grad der Minderung der Verwaltervergütung der erreichte Stand der im Verfahren zu erbringenden Tätigkeit und die voraussichtlich noch zu leistende Arbeit zu berücksichtigen. 68

Bei einer **vorzeitigen Beendigung** des Verfahrens auf Grund vorliegender **Massearmut** ist ein Vergütungsabschlag grds. **nicht** vorzunehmen. Dies ergibt sich schon daraus, dass bei massearmen Verfahren regelmäßig die Masse kaum ausreicht, um überhaupt eine angemessene Vergütung des Insolvenzverwalters zu gewährleisten (BK-InsO/*Blersch* InsVV, § 3 Rn. 31; *Haarmeyer/Mock* InsVV, § 3 Rn. 116). 69

Bei **vorzeitiger Verfahrens- oder Amtsbeendigung** ist die **Berechnungsgrundlage** grds. durch eine **Schätzung** zum Zeitpunkt der jeweiligen Beendigung des Amtes bzw. des Verfahrens zu ermitteln (*Haarmeyer/Wutzke/Förster* InsVV, 4. Aufl., § 3 Rn. 83). 70

Die **Pflichtverletzung** oder die **Ungeeignetheit** eines Insolvenzverwalters, die zu seiner vorzeitigen Entlassung führen, rechtfertigen per se **keinen Vergütungsabschlag** (BK-InsO/*Blersch* InsVV, § 3 Rn. 31). Die Bemessung der Vergütung orientiert sich **nicht** an den Fähigkeiten des Verwalters, sondern ausschließlich an dem **tatsächlich erbrachten** bzw. **ersparten Arbeitsaufwand**, der ins Verhältnis zum Umfang des Regelverfahrens zu setzen ist. Gleichermaßen ist auch gegenüber dem vorzeitig entlassenen Verwalter vorzugehen. Die vom entlassenen Verwalter verursachten Schäden sind im Rah- 71 men der **Haftung** des Insolvenzverwalters auf Schadenersatz entsprechend §§ 60, 61 InsO durch den **nachfolgenden Insolvenzverwalter** oder durch einen **Sonderinsolvenzverwalter** geltend zu machen (BK-InsO/*Blersch* InsVV, § 3 Rn. 31). Anders ist allerdings dann zu entscheiden, wenn der Insolvenzverwalter seine Bestellung in **strafbarer Weise** erschleicht, da ihm in diesem Falle kein Anspruch auf Vergütung als Insolvenzverwalter zusteht (*BGH* ZInsO 2004, 669). Dies gilt grundsätzlich bei besonders schwerwiegenden schuldhaften Pflichtverletzungen in Form von strafbaren Handlungen zu Lasten der Masse (z.B. Unterschlagungen); in diesen Fällen ist von einer Verwirkung des Vergütungsanspruchs auszugehen (*Kübler/Prütting/Bork-Eickmann/Prasser* InsVV, vor § 1 Rn. 20).

Der **Bereich der Abschläge** dürfte sich bei diesem Regelbeispiel zwischen **10 %** und **40 %** bewegen.

IV. Große Masse/geringer Aufwand (§ 3 Abs. 2 lit. d) InsVV)

72 § 3 Abs. 2 lit. d) InsVV stellt das Korrelat zur Zuschlagsregelung in § 3 Abs. 1 lit. c) InsVV dar. Dies entspricht der bisherigen Abschlagsregelung gem. § 4 Abs. 3 lit. d) der VergVO. Nach den Vorstellungen des Verordnungsgebers soll bei der Festsetzung der Vergütung ein Abschlag dann vorgenommen werden, wenn zwar eine verhältnismäßig große Masse vorhanden ist, der Insolvenzverwalter hierfür allerdings in erheblichem Maße von seinem Tätigkeitsumfang her unter dem Maßstab eines Regelverfahrens geblieben ist.

73 Dementsprechend ist zunächst festzustellen, inwieweit tatsächlich eine »**große Masse**« vorliegt. Diese ist wie bereits im Bereich der Zuschläge dargelegt (s. Rdn. 35 ff.) bei einem Massebetrag in Höhe von etwa **EUR 250.000,00** anzunehmen (BK-InsO/*Blersch* InsVV, § 3 Rn. 33; *Kübler/Prütting/Bork-Eickmann/Prasser* InsVV, § 3 Rn. 53; a.A. *Haarmeyer/Mock* InsVV, § 3 Rn. 118, die von einer Größenordnung von EUR 400.000,00 bis EUR 500.000,00 ausgehen). Der *BGH* (ZIP 2006, 858) hält einen Abschlag auch dann für zulässig, wenn auch die Teilungsmasse »klein« (also unter EUR 250.000,00 liegt) ist. Es fehle zwar damit eine Voraussetzung des Regeltatbestandes, doch seien die einzelnen Abschlagstatbestände lediglich beispielhaft, sodass auch weitere Umstände, die für die Bewertung der Vergütung Bedeutung gewinnen können, zu berücksichtigen seien. Diese Auffassung ist **abzulehnen**, da das Regelbeispiel das Vorhandensein einer **großen Masse** voraussetzt und dem Verwalter eine Kürzung nur dann zugemutet wird, wenn er trotz eingeschränktem Tätigkeitsumfang aufgrund der vorhandenen hohen Teilungsmasse noch eine angemessene Vergütung erhält (*Kübler/Prütting/Bork-Eickmann/Prasser* InsVV, § 3 Rn. 53b). Würde man der – unrichtigen – Auffassung des *BGH* (ZIP 2006, 858) folgen, wäre ein Abschlag bei jedem unter dem Maß eines Regelverfahrens liegenden Verfahren möglich, was der Verordnungsgeber gerade **nicht** wollte. Allein das Vorliegen einer »großen Masse« rechtfertigt allerdings noch nicht die Annahme eines Abschlages, sondern es muss in einem **vergütungserheblichen** – großen – **Umfang eine Minderbelastung** des Insolvenzverwalters vorgelegen haben. Dies umso mehr, als der Verordnungsgeber bereits bei der Berechnung der Regelvergütung nach § 2 Abs. 1 InsVV eine **extreme Degression** vorgesehen hat. Da insoweit die Degression nochmals verstärkt werden würde, muss die **Minderbelastung außergewöhnlich groß** gewesen sein, um einen Abschlag zu rechtfertigen (BK-InsO/*Blersch* InsVV, § 3 Rn. 33). Somit kommen **nur** Konstellationen in Betracht, bei denen der Insolvenzverwalter ein **großes Barvermögen** übernommen hat und weder ein aktives Unternehmen noch Personal vorhanden war oder sonstige wesentliche Abwicklungstätigkeiten vorzunehmen waren (BK-InsO/*Blersch* InsVV, § 3 Rn. 33). Der dann zu berechnende Maßstab hat sich an den im Regelverfahren üblicherweise auszuführenden Tätigkeiten im Verhältnis zu den vom Verwalter im konkreten Insolvenzverfahren ersparten Handlungen zu orientieren. Es ist wiederum eine **Gesamtbetrachtung** vorzunehmen, sodass durch eine konkrete, überdurchschnittlich arbeitsintensive Tätigkeit des Insolvenzverwalters ggf. das Fehlen auszuführender Maßnahmen ausgeglichen werden kann. Bei Vorliegen des Regelbeispiels ist allgemein von **Abschlägen bis zu 30 %** auszugehen.

V. Überschaubare Vermögensverhältnisse § 3 Abs. 2 lit. e) InsVV

74 Mit dem Gesetz zur Verkürzung des Restschuldbefreiungsverfahrens und zur Stärkung der Gläubigerrechte vom 18.07.2013 (BGBl. I S. 2379) wurde ein weiterer Abschlagstatbestand in § 3 Abs. 2

lit. e) InsVV eingefügt. Danach ist ein **Abschlag** vorgesehen, wenn die **Vermögensverhältnisse** des Schuldners **überschaubar** sind und die **Zahl der Gläubiger** oder die **Höhe der Verbindlichkeiten gering** ist. Diese Kriterien entsprechen denen des § 304 Abs. 2 InsO und des § 5 Abs. 2 InsO n.F.

Durch diese Regelung soll ermöglicht werden, dass die geringen Anforderungen für den Verwalter durch einen Abschlag bei der Vergütung berücksichtigt werden können (so die Begr. des Gesetzesentwurfs vom 31.10.2012 – BT-Drucks. 17/11268). Die Begründung der Änderung des § 5 Abs. 2 InsO zeigt jedoch deutlich, dass **keine Beschränkung auf die Verbraucherinsolvenzverfahren** vom Gesetzgeber vorgesehen ist, da sie von Verbraucherinsolvenzverfahren und Regelverfahren, in denen die Vermögensverhältnisse des Schuldners überschaubar und die Zahl der Gläubiger oder die Höhe der Verbindlichkeiten gering sind, gleichermaßen ausgeht. Die Begründung spricht sich eindeutig dafür aus, keine feste Grenze festzulegen und eine flexible, auf den Einzelfall abgestimmte Entscheidung vorzuziehen ist.

Das Ausmaß der Anwendung des Regelbeispiels wird sich in der Praxis noch zeigen müssen. Allerdings ist bereits durch die gleiche Wortwahl für die Anordnung des schriftlichen Verfahrens in § 5 Abs. 2 InsO zu befürchten, dass bei der Anwendung des Regelbeispiels **unreflektiert** auf die Entscheidung über die Durchführung des schriftlichen Verfahrens zurückgegriffen wird (so bereits jetzt die Empfehlung von *Graeber* InsBürO 2014, 3). Bereits die bisherige Praxis der Anordnung von schriftlichen Verfahren zeigt jedoch, dass die Tatsache, dass das Verfahren schriftlich geführt werden kann, keineswegs gleichbedeutend damit ist, dass die Vermögensverhältnisse des Schuldners überschaubar sind und die Zahl der Gläubiger oder die Höhe der Verbindlichkeiten gering ist. Insofern ist die gleiche Formulierung in beiden Normen (§ 5 Abs. 2 InsO und § 3 Abs. 2 lit. e) InsVV) als unglücklich zu bezeichnen.

Jedoch sollte auf alle Fälle **vermieden** werden, dass die Anwendung des § 3 Abs. 2 lit. e) InsVV dazu führt, dass der Insolvenzverwalter in Verbraucherinsolvenzverfahren hinsichtlich der Vergütung **schlechter gestellt** wird, als der **bisherige Treuhänder**, da die Änderungen der InsO ab dem 01.07.2014 das Aufgabengebiet des Insolvenzverwalters in Verbraucherinsolvenzverfahren im Gegensatz zu denen des Treuhänders des bisherigen Insolvenzverfahrens erweitert hat. Die gestiegenen Aufgabenpflichten und auch Haftungsrisiken müssen bei der Vergütungsfindung adäquat berücksichtigt werden.

Zur Vermeidung einer Schlechterstellung des künftigen Insolvenzverwalters in Verbraucherinsolvenzverfahren gegenüber dem bisherigen Treuhänder nach § 313 InsO empfiehlt *Graeber* (InsBürO 2014, 3 ff.) zu Vergleichszwecken zunächst die Vergütung eines Treuhänders in einem vereinfachten Insolvenzverfahren nach den bisherigen Regeln zu ermitteln.

Sollte sich eine Schlechterstellung ergeben, ist von der Vornahme des Abschlags abzusehen.

Dennoch hält der *BGH* (Beschl. v. 22.09.2016 – IX ZB 82/15) es für rechtlich nicht zu beanstanden, wenn die Vergütung des Insolvenzverwalters in einem Verfahren über das Vermögen einer natürlichen Person gem. § 3 Abs. 2 lit. e) InsVV herabgesetzt wird, wenn lediglich 4 Gläubiger Forderungen angemeldet haben und der Schuldner lediglich regelmäßiges Einkommen aus abhängiger Beschäftigung oder Arbeitslosengeld bezogen hat.

Auch das *LG Frankenthal* (Beschl. v. 26.08.2015 – 1 T 215/15, ZInsO 2016, 772) hält ein Zurückbleiben der Vergütung hinter dem Regelsatz insbesondere dann gerechtfertigt, wenn lediglich 5 Gläubiger beteiligt sind. Auch hier wird angeführt, dass die nach § 305 Satz 1 Nr. 3 InsO erforderlichen Unterlagen durch eine Schuldnerberatung erstellt wurden und dass der Schuldner lediglich über eine Einnahmequelle aus nichtselbstständiger Tätigkeit verfügte.

Wie das Zurückbleiben der Vergütung im Einzelfall zu berechnen ist, bestimmt § 3 Abs. 2 InsVV nicht, so dass sich das *LG Frankenthal* damit »behilft«, dass es eine pauschale Kürzung des Prozentwertes des Regelsatzes auf 25 % anstelle von 40 % vornimmt.

§ 3 InsVV   Zu- und Abschläge

Die pauschale Vorgehensweise, bei geringer Gläubigeranzahl die Vergütung herabzusetzen, ist nicht angebracht. *Henning* (Insbüro 2017, 29) empfiehlt daher, dass der Insolvenzverwalter im Rahmen des Vergütungsantrags seinen tatsächlichen Bearbeitungsaufwand und vor allem auch aufgetretene Mehraufwände deutlich mitteilt.

Insbesondere ist hierbei durch die Gerichte zu bedenken, dass durch die Änderung der InsO ab dem 01.07.2014 **keine** Schlechterstellung hinsichtlich der Vergütung vorgesehen ist.

Ergänzend ist auf den Aufsatz von *Gortan* Kürzung der Mindestvergütung im Verbraucherinsolvenzverfahren nach § 3 Abs. 2 lit. e InsVV, NZI 2016, 339 zu verweisen.

VI. Weitere Abschlagskriterien

77 Gleichermaßen wie bei der **Zuschlagsregelung** gem. § 3 Abs. 1 InsVV stellt auch § 3 Abs. 2 InsVV **keine abschließende Aufzählung** von Regelbeispielen dar, sondern es kommen Abschläge auch dann in Betracht, wenn unter Berücksichtigung des Maßes der Regelbeispiele eine Entlastung des Insolvenzverwalters gegenüber dem Umfang der Tätigkeit im Regelverfahren vorliegt. Es ist dementsprechend unter Berücksichtigung **sämtlicher Umstände** des konkreten Insolvenzverfahrens zu prüfen, inwieweit eine wesentliche außerhalb der Schwankungsbreite von **20 %** liegende Abweichung vorliegt, die einen Abschlag rechtfertigt. In Betracht kommen dabei Verfahren mit nur sehr **wenigen** und **unproblematischen Forderungen** oder Verfahren, bei denen **keine** oder **nur geringe Verwertungshandlungen** oder **sonstige Maßnahmen** zur Schaffung der Insolvenzmasse erforderlich sind (BK-InsO/*Blersch* InsVV, § 3 Rdn. 49). Allein das Vorliegen einer **kurzen Verfahrensdauer** rechtfertigt noch keinen Abschlag, da diese auf einer besonders intensiven Arbeitsleistung eines Insolvenzverwalters beruhen kann, die mit einem Abschlag nicht zu bestrafen ist.

78 Eine Minderung der Regelvergütung ist auch dann vorzunehmen, wenn der **Insolvenzverwalter** einen von ihm zu erbringenden **Arbeitsaufwand auf Dritte überträgt**, der wiederum von der **Masse vergütet wird**. Gem. **§ 8 Abs. 2 InsVV** hat der Verwalter in seinem Vergütungsfestsetzungsantrag im Einzelnen anzugeben, welche **Dienst-** oder **Werkverträge** für von ihm auszuführende Arbeiten während des Insolvenzverfahrens von ihm abgeschlossen worden sind. **§ 4 Abs. 1 Satz 2 InsVV** billigt dem Insolvenzverwalter grds. das Recht des Abschlusses entsprechender Verträge zu und berechtigt ihn auch, die Vergütung aus der Masse zu bezahlen. Fraglich ist nur, **inwieweit** der Verwalter durch **Verlagerung** bestimmter Tätigkeitsbereiche auf Dritte eine Minderbelastung bei sich – bezogen auf den Umfang eines Regelverfahrens – herbeigeführt hat. Dementsprechend ist auch in diesem Bereich im Rahmen einer Gesamtbetrachtung ein Abgleich dahingehend vorzunehmen, ob der Insolvenzverwalter **alle** ein Regelverfahren umfassenden Tätigkeiten selbst ausgeübt hat und er lediglich Aufgaben, die ihm einen **Zuschlag** erbracht hätten, auf Dritte übertragen hat (vgl. hierzu § 4 InsVV Rdn. 8 ff., sowie Ausführungen zur Abgrenzung von Regelaufgaben und Sonderaufgaben des Insolvenzverwalters bei *Haarmeyer/Förster* ZInsO 2001, 887). In diesem Falle ist ein Abschlag nicht gerechtfertigt, da der Umfang des Regelverfahrens eingehalten wurde. Wurden demgegenüber **Pflichtaufgaben**, die mit der Regelvergütung abgegolten werden, auf Dritte zu Lasten der Masse übertragen, ist bei einem außergewöhnlich großen Umfang der Entlastung ein Abschlag bis **zu 15 %** gerechtfertigt (*BGH* ZInsO 2004, 1348; ZInsO 2005, 1159; BK-InsO/*Blersch* InsVV, § 3 Rn. 34; *Haarmeyer/Wutzke/Förster* InsVV, 4. Aufl., § 3 Rn. 86 ff. m. ausf. Darstellung).

79 Insbesondere ist bei der Übertragung der **Erstellung der Jahresabschlüsse** bzw. der Steuererklärungen auf einen **Steuerberater** keine Entlastung des Insolvenzverwalters gegeben, die geeignet ist, den Umfang des Regelverfahrens zu unterschreiten. Bevor eine Delegation möglich ist, sind zunächst zahlreiche Vor- und Aufbereitungshandlungen durch den Verwalter erforderlich (s. hierzu i.E. § 4 InsVV Rdn. 11).

E. Berechnung der Vergütung/Prüfungsreihenfolge

Bei der Berechnung der Vergütung bzw. Prüfung des Vergütungsfestsetzungsantrages durch das Insolvenzgericht ist von folgender Vorgehensweise auszugehen (vgl. BK-InsO/*Blersch* InsVV, § 3 Rn. 36): **80**

- Feststellung der **Insolvenzmasse** entsprechend § 1 Abs. 1 InsVV auf Grund der vorliegenden Schlussrechnung bzw. in den sonstigen Fällen auf Grund einer Schätzung,
- Nach § 1 Abs. 2 InsVV ist unter Berücksichtigung der Alternativberechnung gem. § 1 Abs. 2 Nr. 1 InsVV die **Berechnungsgrundlage** zu ermitteln,
- Ermittlung der **Regelvergütung** gem. § 2 InsVV,
- **Differenzberechnung** hinsichtlich der Mehrvergütung nach § 1 Abs. 2 Nr. 1 InsVV und des hälftigen Feststellungskostenbeitrags gem. § 171 Abs. 1 InsO, § 10 Abs. 1 Nr. 1a ZVG für das vom Verwalter verwertete Absonderungsgut,
- Ermittlung der **Kappungsgrenze** und damit des zulässigen Mehrbetrags der Regelvergütung (50% der Feststellungskostenbeiträge),
- Berechnung der endgültigen **Regelvergütung** unter Berücksichtigung der Staffelung des § 2 InsVV sowie des zulässigen Mehrbetrages gem. § 1 Abs. 2 Nr. 1 InsVV,
- **Gegenüberstellung** der Kriterien eines **Regelverfahrens** mit den Merkmalen des **konkreten Insolvenzverfahrens**,
- Festlegung der **Abweichungen** vom Normalverfahren und Festlegung der konkreten **Zu- und Abschläge** gem. § 3 InsVV,
- **Berechnung** der endgültigen Vergütung,
- **Kontrollberechnung** durch Ermittlung der Mindestvergütung gem. § 2 Abs. 2 InsVV unter Berücksichtigung der Gläubigerzahl.

Die einzelnen **Zu- und Abschläge** gem. § 3 InsVV sind ausschließlich auf der Basis der Regelvergütung zu berechnen. Dementsprechend sind die Zu- und Abschläge **vor Berechnung** der endgültigen Vergütung **zu saldieren** und der dann verbleibende **gesamte Zu- oder Abschlag** (Prozentsatz) sodann der Regelvergütung hinzuzurechnen bzw. von ihr in Abzug zu bringen (BK-InsO/*Blersch* InsVV, § 3 Rn. 37). Die vom *BGH* (ZIP 2003, 1757) dargestellte Vereinfachung, die es dem die Vergütung festsetzenden Insolvenzgericht ermöglichen soll, im Rahmen einer Gesamtschau ohne jeden Zuschlags- bzw. Abschlagstatbestand einzeln auszuweisen oder im Einzelnen zu bewerten, ist nicht zutreffend. Wie bereits unter Rdn. 13 ausgeführt, ist **konkret** unter Berücksichtigung der Vorgaben des § 3 InsVV der jeweilige **Zuschlag** bzw. **Abschlag** zu **benennen** und zu **bewerten**. Die **Vergütungsregelungen** werden in diesem Bereich völlig **verwässert**, wenn, wie es der BGH wohl meint, das Insolvenzgericht eine **Gesamtschau** der Tätigkeit des Insolvenzverwalters vornimmt und dabei ggf. gleichwertig gegenüberstehende Zuschläge und Abschläge ohne nähere Erwähnung als sich ausgleichend ansieht und dabei eine Auseinandersetzung mit den einzelnen Zuschlags- bzw. Abschlagskriterien vermeidet. **Ziel der Vergütungsregelungen** der InsVV ist es demgegenüber allerdings, eine **objektivierte Betrachtung** und insbesondere auch eine **Vergleichbarkeit der Vergütungsfestsetzung** herbeizuführen (vgl. auch BK-InsO/*Blersch* InsVV, § 3 Rn. 37). Nur wenn vom Insolvenzgericht konkret jeder einzelne, das jeweilige Verfahren betreffende Erhöhungstatbestand und Abschlagstatbestand geprüft und am Ende eine Entscheidung darüber getroffen wird, ist auch eine Überprüfung durch ein Beschwerdegericht möglich. **81**

Aus der **Konzeption des § 3 InsVV**, in Form von Regelbeispielen und damit einem **offenen System** der **Gewährung von Zu- und Abschlägen** auf Grund einer konkret anzustellenden **Gegenüberstellung** des Arbeitsaufwandes im konkreten Verfahren gegenüber einem Regelverfahren, ergibt sich zwangsläufig die Verpflichtung des Insolvenzverwalters zur **Darlegung der konkreten Umstände** des jeweiligen **Insolvenzverfahrens**. Da insbesondere im Bereich der Gewährung von Zuschlägen dem Insolvenzgericht keinerlei Ermessen, sondern allenfalls ein begrenzter, rechtlich voll überprüfbarer **Beurteilungsspielraum** (BK-InsO/*Blersch* InsVV, § 3 Rn. 3; *Haarmeyer/Wutzke/Förster* InsVV, 4. Aufl., § 3 Rn. 1) zusteht, sind **sämtliche Kriterien** zur Beurteilung der Abweichung **82**

§ 3 InsVV   Zu- und Abschläge

von dem Umfang eines Regelverfahrens detailliert bereits in der Schlussrechnung und dann wiederum im Festsetzungsantrag vom Insolvenzverwalter darzulegen. Insbesondere zur **Erzielung der Zuschläge** empfiehlt es sich bereits bei der Erstellung der **Schlussrechnung sämtliche vergütungserhöhenden Kriterien** – ausführlich und nachvollziehbar sowie insbesondere auch die für die Insolvenzmasse gezogenen Vorteile, sofern vorhanden – zu beschreiben. Parallel hierzu sind im Rahmen des **Vergütungsantrages** unter Hinweis auf die Ausführungen in der Schlussrechnung die **Abweichungen vom Regelverfahren** darzulegen und der konkrete Zu- bzw. Abschlag bezogen auf die vergütungsändernden Merkmale zu berechnen, wobei ausführlich die Mehr- oder Minderbelastung im Verhältnis zur »Normalbelastung« eines Regelverfahrens zu erläutern ist. Beim Zusammentreffen mehrerer Zuschlagstatbestände, die i.V.m. masseerhöhenden Tätigkeiten des Insolvenzverwalters stehen (z.B. Prüfung von Aus- und Absonderungsrechten, Betriebsfortführung usw.) ist für jeden dieser Zuschlagstatbestände einzeln eine Vergleichsrechnung vorzunehmen (so auch *Graeber/Graeber* InsBüro 2012, 292 ff.). Auf der Grundlage einer ausführlichen und konkreten Darlegung kann dann wiederum das Insolvenzgericht den Vergütungsfestsetzungsantrag nachvollziehen und auch darauf aufbauend die Festsetzung vornehmen. Im eventuell durchzuführenden **Beschwerdeverfahren** ist dann auch eine vollständige Überprüfung der Festsetzung möglich (BK-InsO/*Blersch* InsVV, § 3 Rn. 38).

83 Der Aufbau des Systems der Zu- und Abschläge durch die Darstellung einzelner Regelbeispiele, wobei daneben jeweils bezogen auf den konkreten Einzelfall eine Bewertung der Abweichung vom Regelverfahren vorzunehmen ist, verbietet an sich eine »**Faustregeltabelle**« anzuwenden. Gleichwohl sind bei der Abwicklung von Insolvenzverfahren regelmäßig ähnlich gelagerte Konstellationen denkbar. Insoweit kann eine »Faustregeltabelle« zumindest als Anhaltspunkt für vorzunehmende Zu- oder Abschläge oder auch als »Abgleichmöglichkeit« bei der Erstellung der Schlussrechnung bzw. des Vergütungsantrages durch den Insolvenzverwalter dienen. Dementsprechend wird eine **Zusammenstellung** von Zu- und Abschlägen zur Regelvergütung als »Faustregeltabelle« nachfolgend dargestellt (MüKo-InsO/*Nowak* 2. Aufl., Anh. zu § 65, § 3 InsVV; *Keller* Vergütung, Rn. 262; *Kübler/Prütting/Bork-Eickmann/Prasser* InsVV, § 3 Rn. 44, 54). Des Weiteren wird nach der »Faustregeltabelle« eine **Zusammenstellung wesentlicher gerichtlicher Entscheidungen** in Bezug auf von Gerichten gewährten Zuschlägen bzw. vorgenommenen Abschlägen abgedruckt (s. Rdn. 84).

F. Tabellen: Zuschläge/Abschläge/Gerichtsentscheidungen

84	Zuschläge	
	Erhöhungstatbestand	Erhöhung des Regelsatzes in %
A.	**Gesetzliche Erhöhungstatbestände**	
I.	**Aus- und Absonderungsrechte in großem Umfang**	
1.	Keine wesentlichen Rechtsprobleme (z.B. Sicherungseigentum, Eigentumsvorbehalt u.Ä.)	25%–50%
2.	Schwierigere Rechtsprobleme (z.B. verlängerter Eigentumsvorbehalt, mehrere Rohstofflieferanten mit Verarbeitungsklauseln u.Ä.)	50%–75%
3.	Rechtlich und/oder tatsächlich besonders schwierige und ggf. unübersichtliche Verhältnisse (z.B. großes Warenlager mit vielen Lieferanten, Sicherungspool, u.Ä.)	75%–150%
II.	**Betriebsfortführung**	
1.	Unternehmen mit bis zu 20 Mitarbeitern	
a)	Fortführung bis 3 Monate	25%

b)	Fortführung bis 1 Jahr	50%
c)	Fortführung über ein Jahr für jedes angefangene Jahr	10%
2.	Mittleres Unternehmen mit bis zu 150 Mitarbeitern	
a)	Fortführung bis 3 Monate	50%
b)	Fortführung bis 1 Jahr	75%
c)	Fortführung über ein Jahr für jedes angefangene Jahr	15%
3.	Großes Unternehmen mit über 150 Mitarbeitern	
a)	Fortführung bis 3 Monate	75%
b)	Fortführung bis 1 Jahr	100%
c)	Fortführung über ein Jahr für jedes angefangene Jahr	20%
III.	**Hausverwaltung**	
1.	Verwaltungstätigkeit	
a)	bei 10 bis zu 20 Mieter/Wohnungseigentumseinheiten	25%
b)	bei über 20 Mieter/Wohnungseigentumseinheiten	1% je Mieter/WE
2.	Zusätzliche Tätigkeiten (z.B. Sanierung, Modernisierung, Umbau, größere Reparaturen)	10%–50%
IV.	**Degression**	ab einer Masse von mehr als EUR 250.000,00 nach Gesamtschau aller Merkmale
V.	**Arbeits- und sozialrechtliche Fragen in besonderem Umfang ab 20 Arbeitnehmer**	
	(Insolvenzgeld, Kündigungsschutz, Masseentlassungsanzeige, Sozialplan, Betriebsrenten, Betriebsvereinbarungen, Kurzarbeitergeldforderungen, Vorruhestandsregelungen, u.Ä.)	25% bis zu 100%
VI.	**Insolvenzplan**	20% bis zu 300%
B.	**Sonstige Erhöhungstatbestände**	
I.	**Verfahrensdauer**	
	ab 2 Jahre für jedes weitere angefangene Jahr	10%
II.	**Hohe Gläubigerzahl**	
	ab 100 Gläubiger je 100 Insolvenzgläubiger mehr	10%
III.	**Beizutreibende Außenstände**	
	Für je 100 Schuldner	10%
IV.	**Unvollständige/unzureichende Buchhaltung**	bis zu 25%
V.	**Vielzahl von Rechtsstreitigkeiten**	
1.	Für 100 bis zu 200 Zivilprozesse/Mahnverfahren	15%
2.	Für je 100 weitere Zivilprozesse/Mahnverfahren	10%

VI. Verwalterberichte in besonderem Umfang	bis zu 25%
VII. Vermögen im Ausland	bis zu 30%
VIII. Altlasten nach Aufwand des Verwalters	bis zu 50%
IX. Verwertungsprobleme	
1. bewegliche Gegenstände	bis zu 75%
2. Grundstücke	bis zu 125%
X. Weitere Erhöhungstatbestände	
1. Erschwerte Inbesitznahme und Verwaltung (z.B. mehrere Betriebsstätten, Inbesitznahme im Wege der Zwangsvollstreckung, Anordnung von Arresten, Übertragung der Zustellungen u.Ä.)	bis zu 30%
2. Erschwerte Masseaufnahmen (z.B. Bewertungsgutachten, Verzeichnisse und Listen über den Lagebestand, die Inventur und die Anlagen älter als ein Jahr)	bis zu 10%
3. Unkooperativer/flüchtiger Schuldner	bis zu 25%
4. Anfechtungen in größerem Umfang oder unter besonderen Schwierigkeiten (z.B. aufwendige Sachverhaltsermittlungen, komplexe Vertragsgestaltungen, schwierige Rechtsfragen u.Ä.)	bis zu 50%
5. Forderungsanmeldungen mit besonderen Problemstellungen (z.B. umfangreiche Korrespondenz zu einzelnen Anmeldungen u.Ä.)	bis zu 15%

Abschläge

Minderungstatbestand	Minderung des Regelsatzes in %
I. Gesetzliche Minderungstatbestände	
1. Vorläufiger Verwalter	10% bis zu 25%
2. Fortgeschrittene Masseverwertung (ca. 70%)	5% bis zu 15%
3. Vorzeitige Beendigung des Verfahrens oder des Amtes	10% bis zu 40%
4. Große Masse/geringe Anforderungen	bis zu 30%
5. Überschaubare Vermögensverhältnisse/geringe Zahl der Gläubiger/geringe Höhe der Verbindlichkeiten	
II. Sonstige Minderungstatbestände	
1. Hilfskräfte	bis zu 15%
2. Unterschreitung des Normalverfahrens um mindestens 20%	bis zu 25%

Zusammenstellung wesentlicher zu- und abschlagsrelevanter Gerichtsentscheidungen sowohl betreffend den **Insolvenzverwalter** als auch betreffend den **vorläufigen Insolvenzverwalter**. 85

Bereich	Maßnahmen	Zuschlag (+) Abschlag (–)	Fundstelle
Arbeitnehmerangelegenheiten	Bearbeitung arbeitsrechtlicher Sachverhalte (Sozialplanverhandlungen, Insolvenzgeldvorfinanzierungen) ab einer Anzahl von 20 AN	nur Gesamtschau	BGH ZInsO 2007, 1272; BGH NZI 2008, 33; BGH ZInsO 2004, 265
	Bearbeitung InsO-Geld für 120 AN, Vorbereitung Kündigungen	(+) 25	AG Chemnitz ZIP 2001, 1473
	Insolvenzgeldvorfinanzierung/138 AN	(+) 25	LG Traunstein ZIP 2004, 1657
	Insolvenzgeldvorfinanzierung/Auseinandersetzung mit Sozialversicherungsträgern	(+) 2,53	LG Traunstein ZInsO 2004, 1198
	umfangreiche Vorfinanzierungsplanung	(+) 10	LG Bielefeld ZInsO 2004, 1250
	11 AN	(+) 1	AG Regensburg ZInsO 2000, 344
	50 AN und 150 Gläubiger	(+) 25	AG Bonn ZInsO 2000, 55
	500 AN	(+) 12,5	LG Braunschweig ZInsO 2001, 552
	Vorfinanzierung InsOGeld	(+) 5	BGH ZInsO 2001, 165
	Beschäftigungs- und Qualifizierungsmaßnahmen	(+) 10–15 (+) 25	BGH ZInsO 2004, 265 AG Bielefeld ZInsO 2000, 350
	Fehlende Personalbuchhaltung	(+) 10	LG Potsdam ZInsO 2005, 588
	Massenentlassungen		BGH ZInsO 2004, 265
		(+) 10	AG Lüneburg, 23.07.2009 – 46 IN 285/02
	Erhebliche Reduzierung der Belegschaft im Rahmen eines Sozialplans, den damit einhergehenden Verhandlungen mit dem Betriebsrat und einzelnen betroffenen Arbeit-	(+) 25	AG Freiburg i. Breisgau, Beschl. v. 18.08.2016 – 8 IN 144/96,

Bereich	Maßnahmen	Zuschlag (+) Abschlag (−)	Fundstelle
	nehmern, Differenzlohnabrechnung, Bearbeitung von Insolvenzgeld, Durchführung von Massenentlassungen, Nebenzuschlag Bauinsolvenz		ZInsO 2016, 2270
Anfechtungsansprüche	weniger als 10 Anfechtungsansprüche	(+) 10 (+) 6	AG Potsdam ZIP 2006, 296 LG Dresden ZIP 2005, 1745
	Durchsetzung von Anfechtungsansprüchen	Vergleichsrechnung erforderlich	BGH ZInsO 2012, 753
Anfechtungsansprüche, ohne Einschaltung eines Rechtsanwaltes	mehr als 10 anfechtbare Rechtshandlungen	(+) 10	LG Potsdam ZInsO 2005, 588
Auslandsberührung	erschwerte Verwaltung	(+) 6,257	LG Braunschweig ZInsO 2001, 552
Aus- und Absonderungsrechte	kein erheblicher Teil der Tätigkeit des vorläufigen Verwalters	(−) 3,8	LG Traunstein ZInsO 2004, 1198
	umfangreiche Prüfung	(+) 5	LG Bamberg ZIP 2005, 671
	Prüfung unterschiedlicher Eigentumsvorbehalte, Abwehr von Sicherungsrechten, Verwertung von Gegenständen mit Absonderungsrechten ohne entsprechende Massemehrung sowie die Auseinandersetzung mit 11 Leasinggesellschaften hinsichtlich 44 Geräten	(+) 30	AG Freiburg i. Breisgau, Beschl. v. 18.08.2016 − 8 IN 144/96, ZInsO 2016, 2270
Betriebsfortführung	kleines Unternehmen 2 AN/Sicherung von Anfechtungsansprüchen/ Zustimmungsvorbehalt	(+) 10	AG Dresden ZIP 2005, 88
	Wiederaufnahme und Fortführung eines bereits stillgelegten Unternehmens/erhebliche Sanierungsanstrengung/arbeitsrechtliche Fallgestaltungen	(+) 125	LG Bielefeld ZInsO 2004, 1250
	mittleres Unternehmen § 267 HGB		
	2 Wochen unkooperativer Schuldner	(+) 15	BGH ZInsO 2001, 165

Bereich	Maßnahmen	Zuschlag (+) Abschlag (−)	Fundstelle
	2 Wochen umfassende Ermittlungen, unkooperativer Schuldner in Haft/Mängel der kaufmännischen Buchführungs- und Bilanzpflicht	(+) 25	LG Bonn ZInsO 2002, 1030
	8 Wochen/4,2 Mio. Umsatz/zahlreiche Verhandlungen geführt	(+) 7,6	LG Traunstein ZInsO 2004, 1198
	10 Wochen/persönliche Haftung/ Sanierungsbemühungen	(+) 15	AG Regensburg ZInsO 2000, 344
	2 Monate	(+) 5	LG Berlin ZInsO 2001, 608
	2 Monate	(+) 50	AG Bielefeld ZInsO 2000, 350
	2 Monate/138 AN	(+) 65	LG Traunstein ZIP 2004, 1657
	2,5 Monate/50 AN	(+) 50	AG Siegen ZIP 2002, 2054
	2, 5 Monate/120 AN/2 Betriebsstätten	(+) 100	AG Chemnitz ZIP 2001, 1473
	3 Monate/86 AN	(+) 50	LG Neubrandenburg ZInsO 2003, 27
	6 Monate/37 AN	(+) 50–75	LG Göttingen InVo 2002, 330
	7 Monate/120 AN	(+) 80	LG Traunstein ZInsO 2000, 510
	desolate Verwaltungsstruktur/fehlendes kaufmännisches Personal	(+) 75	LG Bielefeld ZInsO 2004, 1250
	Bildung eines Lieferantenpools/ großer Umsatz/große Zahl von Schuldnern und Gläubigern	(+) 25	LG Bielefeld ZInsO 2004, 1250
	intakte Verwaltungsstruktur (Finanzwesen, Vertrieb)	(−) 20	LG Traunstein ZInsO 2000, 510
	Zurückbleiben der Erhöhung der Vergütung durch Massemehrung aufgrund Fortführung des Unternehmens hinter den Betrag, der dem Verwalter bei unveränderter Masse als Zuschlag gebühren würde	Vergleichsberechnung	BGH NZI 2007, 341

§ 3 InsVV Zu- und Abschläge

Bereich	Maßnahmen	Zuschlag (+) Abschlag (−)	Fundstelle
	12 Filialen und ein Produktionsstandort (Zuschlag über den Zuschlag über die Betriebsfortführung hinaus)	(+) 20	LG Neubrandenburg ZInsO 2003, 27
		(+) 50	LG München NZI 2013, 696
	Über 68 Monate	(+) 100	AG Lüneburg, 23.07.2009 – 46 IN 285/02
	Mehrere Betriebsstätten	(+) 25	AG Lüneburg, 23.07.2009 – 46 IN 285/02
	Bauinsolvenz, Fortführungsdauer 9 Monate, zum Beginn 180 Mitarbeiter mit abnehmender Mitarbeiterzahl	(+) 130	AG Freiburg i. Breisgau, 18.08.2016 – 8 IN 144/06, ZInsO 2016, 2270
Buchhaltung	unvollständige Buchhaltung auch Personalbuchhaltung	(+) 50	BGH NZI 2004, 665
	Mangelhafte Buchhaltung in der Bauinsolvenz, die sich auf alle Bereiche der Tätigkeit des Insolvenzverwalters auswirkt (beispielsweise die Erstellung und Prüfung von Schlussrechnungen, Prüfung von Honorarabrechnungen der Architekten und sonstigen Baubeteiligten, Gestaltung und Abwicklung von Avalen, Forderungseinzug im Rahmen der Fortführung, Abgrenzung zwischen den Gesellschaften, Trennung von Fremdeigentum und Vermögen der Schuldnerin, Auseinandersetzungen der ARGEN)	(+50)	AG Freiburg i. Breisgau, Beschl. v. 18.08.2016 – 8 IN 144/96, ZInsO 2016, 2270
Forderungsanmeldung nach Abhalten des Schlusstermins	Forderungsanmeldung nach Abhalten des Schlusstermins	(+) 15	AG Bamberg ZInsO 2004, 965
geringfügige Tätigkeit	keine Inbesitznahme/wenig Aufwand	(−) 10	AG Düsseldorf ZInsO 2001, 122
große Gläubigerzahl	Gläubigerzahl über 100	(+) 10 je weitere 100 Gläubiger	BGH ZInsO 2006, 642

Bereich	Maßnahmen	Zuschlag (+) Abschlag (−)	Fundstelle
	Gläubigerzahl über 100	(+) 10	AG Lüneburg, 23.07.2009 – 46 IN 285/02
		(+) 6,25	LG Göttingen NZI 2002, 116
	Anzahl: 600	(+) 12,5	LG Braunschweig ZInsO 2001, 552
	Anzahl: 320	(+) 25	AG Bielefeld ZInsO 2000, 350
	Anzahl: 223	(+) 5	AG Göttingen ZInsO 2001, 616
	Anzahl 414	(+) 20	AG Freiburg im Breisgau, Beschl. v. 18.08.2016 – 8 IN 144/96, ZInsO 2016, 2270
große Masse	mehr als 50 Mio. DM	(+) 50	LG Braunschweig ZInsO 2001, 552
	mehr als 500.000 DM	(+) 10	LG Traunstein ZInsO 2000, 510
	mehr als 250.000 EUR	in Gesamtschau zu berücksichtigen	BGH NZI 2012 981
Immobilienverwaltung	werthaltige Immobilie	(+) 10	LG Neubrandenburg ZInsO 2003, 27
	keine Verwaltung, da gemietete Betriebsimmobilie	(−) 30	LG Bielefeld ZInsO 2004, 1250
InsO-Geld Vorfinanzierung	zusätzliche Sanierungsbemühung/ Auffanggesellschaft	(+) 5	LG Neubrandenburg ZInsO 2003, 27
	Insolvenzgeldvorfinanzierung	(+) 5	BGH ZInsO 2001, 165
	Insolvenzgeldvorfinanzierung	(+) 5	BGH InVo 2005, 135
kalte Zwangsverwaltung	kalte Zwangsverwaltung	nur Gesamtschau	LG Heilbronn 04.04.2012 – 1 T 89/12
konzernrechtliche Verflechtungen	Abwicklungsprobleme	(+) 6,257	LG Braunschweig ZInsO 2001, 552

§ 3 InsVV   Zu- und Abschläge

Bereich	Maßnahmen	Zuschlag (+) Abschlag (–)	Fundstelle
	gesellschaftsrechtliche Verflechtungen	nur Gesamtschau	LG Heilbronn ZInsO 2011, 352
	Schwierige Abgrenzung unterschiedlicher Rechts- und Gesellschaftskreise	(+10)	AG Freiburg i. Breisgau, Beschl. v. 18.08.2016 – 8 IN 144/96, ZInsO 2016, 2270
kurze Dauer des Verfahrens	Dauer: 5 Tage	(–) 10	OLG Celle InVo 2002, 317; OLG Köln ZInsO 2002, 873
	Dauer: 2,5 Wochen geringe Tätigkeiten	(–) 15	LG Göttingen ZInsO 2003, 25
	2 Monate/keine erhebliche Abweichung	0	OLG Celle ZInsO 2001, 948
Liquidation von Leasingverträgen	mehrere Leasingverträge	(+) 5	LG Neubrandenburg ZInsO 2003, 27
Medienpräsenz des Insolvenzverwalters	verfahrensbezogene Öffentlichkeitsarbeit	(+) 25	LG Frankfurt/Oder 22.01.2010 – 19 T 214/09, RKR Klein, n.v.
obstruierender Schuldner	Auskunftsverweigerung/Haft/acht Wochen	(+) 35	LG Mönchengladbach ZInsO 2001, 750
	Verschweigen von Vermögen durch den Insolvenzschuldner	nur Gesamtschau	BGH NZI 2009, 57
	Fehlende Mitwirkungspflicht, dadurch nicht unerhebliche Mehrbelastung des Insolvenzverwalters	nur Gesamtschau	BGH ZInsO 2008, 266
	Umfassende Ermittlung, unkooperativer Schuldner in Haft	(+) 25	LG Bonn ZInsO 2002, 1030
	Falschinformation/Verweigerung jeglicher Mitwirkung durch den Schuldner	(+) 25	LG Passau ZInsO 2010, 158
Poolvereinbarung	Sicherheitsabgrenzungsvertrag	(+) 50	LG Braunschweig ZInsO 2001, 552
Sanierung	Sanierungsbemühungen sind erfolgsunabhängig zuschlagsauslösend	nur Gesamtschau	BGH 28.09.2006 ZInsO 2007, 439

Bereich	Maßnahmen	Zuschlag (+) Abschlag (–)	Fundstelle
	Umfangreiche Sanierungsbemühungen	(+) 100	LG Chemnitz 18.07.2008 – 3 T 21/07
	intensive Bemühungen um übertragende Sanierung	(+) 20	AG Siegen ZIP 2002, 2054
	intensive Bemühungen um übertragende Sanierung	(+) 25	LG Braunschweig ZInsO 2001, 552
	Bemühungen	(+) 5	LG Berlin ZInsO 2001, 608
	intensive Bemühungen um übertragende Sanierung	(+) 5	BGH ZInsO 2001, 165
	Bemühungen um einen Interessenten	(+) 1,27	LG Traunstein ZInsO 2004, 1198
	unattraktives Unternehmen/hoher Zeitaufwand	(+) 20	LG Bielefeld ZInsO 2004, 1250
	Bemühungen	(+) 25	AG Bielefeld ZInsO 2000, 350
	Sanierungsbemühung/Auffanggesellschaft	(+) 5	LG Neubrandenburg ZInsO 2003, 27
	Verhandlungen mit Gläubigerbanken	(+) 5	BGH InVo 2005, 135
	Verhandlungen und Interessentensuche	(+) 10	LG Traunstein ZIP 2004, 1657
	umfangreiche Interessentensuche Verhandlungen	(+) 5	AG Regensburg ZInsO 2000, 344
		(+) 70	LG München I NZI 2013, 696
	Veräußerungsverhandlungen	(+) 25	AG Lüneburg, 23.07.2009 – 46 IN 285/02
	Übertragende Sanierung mit rechtlichen Schwierigkeiten, besonderen Haftungskriterien und Kaufvertragsverhandlungen mit insgesamt 10 ernsthaften Interessenten	(+) 75	AG Freiburg i. Breisgau, Beschl. v. 18.08.2016 – 8 IN 144/96, ZInsO 2016, 2270

§ 3 InsVV Zu- und Abschläge

Bereich	Maßnahmen	Zuschlag (+) Abschlag (−)	Fundstelle
schwierige Rechtsfragen	Notwendige Behandlung schwieriger Rechtsfragen	nur Gesamtschau	LG Dresden 01.09.2005 – 5 T 1186/02
Sozialplan	Vorverhandlungen	(+) 25	AG Bielefeld ZInsO 2000, 350
starker vorläufiger Verwalter	Pauschaler Prozentsatz	(+) 25	LG Bonn ZInsO 2002, 1030
	kein genereller Zuschlag, erforderlich ist konkrete Mehrbelastung		BGH ZIP 2003, 2081
	kein genereller Zuschlag, erforderlich ist konkrete Mehrbelastung		BGH ZInsO 2003, 791
umfangreiche Geschäftsunterlagen	besonders umfangreiche Geschäftsunterlagen	nur Gesamtschau	BGH NZI 2009, 57
Verkauf von Waren	besonderer Zeit- und Verwaltungsaufwand	(+) 5	LG Bamberg ZIP 2005, 671
Vertragsprüfung	und Abwicklung von Kaufverträgen	(+) 5	BGH InVo 2005, 135
Verwaltungs- und Verfügungsbefugnis		(+) 5	LG Göttingen ZInsO 2000, 46
Zustellungen	Personalaufwand für Zustellungen ab der 1. Zustellung	2,70 EUR pro Zustellung	BGH ZIP 2013, 833
	Personalaufwand (über 200 Zustellungen)	umzurechnen	BGH ZInsO 2012, 753
	Zustellungen bei Verfahren mit mehr als 100 Gläubigern		LG München ZInsO 2002, 275;
	große Anzahl von Zustellungen/ desolates Rechnungswesen	(+) 10	LG Bonn ZInsO 2002, 1030
Zustimmungsvorbehalt	wenn dadurch Arbeits- und Verwaltungsaufwand	(+) 10	OLG Dresden ZIP 2002, 1366
	kein genereller Zuschlag, nur wenn dadurch Arbeits- und Verwaltungsaufwand		BGH ZIP 2003, 1612
zweite Betriebsstätte		(+) 62,5	LG Braunschweig ZInsO 2001, 552

§ 4 Geschäftskosten. Haftpflichtversicherung

(1) ¹Mit der Vergütung sind die allgemeinen Geschäftskosten abgegolten. ²Zu den allgemeinen Geschäftskosten gehört der Büroaufwand des Insolvenzverwalters einschließlich der Gehälter seiner Angestellten, auch soweit diese anlässlich des Insolvenzverfahrens eingestellt worden sind. ³Unberührt bleibt das Recht des Verwalters, zur Erledigung besonderer Aufgaben im Rahmen der Verwaltung für die Masse Dienst- oder Werkverträge abzuschließen und die angemessene Vergütung aus der Masse zu zahlen.

(2) Besondere Kosten, die dem Verwalter im Einzelfall, zum Beispiel durch Reisen, tatsächlich entstehen, sind als Auslagen zu erstatten.

(3) ¹Mit der Vergütung sind auch die Kosten einer Haftpflichtversicherung abgegolten. ²Ist die Verwaltung jedoch mit einem besonderen Haftungsrisiko verbunden, so sind die Kosten einer angemessenen zusätzlichen Versicherung als Auslagen zu erstatten.

Übersicht

	Rdn.			Rdn.
A.	Begründung zur insolvenzrechtlichen Vergütungsordnung 1		I. Allgemeine Geschäftskosten	4
B.	Allgemeines 2		II. Inanspruchnahme von Fremdleistungen	8
C.	Allgemeine Geschäftskosten und die Inanspruchnahme von Fremdleistungen (Abs. 1) 4		D. Auslagen (Abs. 2)	17
			E. Zusätzliche Haftpflichtversicherung (Abs. 3)	28

A. Begründung zur insolvenzrechtlichen Vergütungsordnung

Die Vorschrift schließt an § 5 der geltenden Vergütungsverordnung an. Jedoch wird in einer wichtigen Frage bewusst von diesem Vorbild abgewichen: 1

Mit der Vergütung des Insolvenzverwalters sind die Gehälter aller seiner Angestellten abgegolten, auch soweit diese für besondere Aufgaben im Rahmen eines bestimmten Insolvenzverfahrens eingestellt worden sind (Abs. 1 Satz 2). Eine Erstattung solcher Gehälter als Auslagen, wie sie § 5 Abs. 2 der geltenden Vergütungsverordnung erlaubt, soll nicht mehr möglich sein. Allerdings soll nicht ausgeschlossen werden, dass der Verwalter, der für die Durchführung eines besonders umfangreichen Insolvenzverfahrens zusätzliche Hilfskräfte benötigt, für die Insolvenzmasse entsprechende Dienst- oder Werkverträge abschließt (Abs. 1 Satz 3 der neuen Vorschrift). Auf diese Weise ist die Vergütung von Hilfskräften klarer als bisher geregelt.

Die neue Regelung hat für den Insolvenzverwalter den Vorteil, dass er das Arbeitsentgelt für die Hilfskräfte laufend aus der Masse entnehmen kann. Das Gericht wird von der Aufgabe entlastet, bei der Festsetzung der Auslagenerstattung zu prüfen, ob das Einstellen zusätzlicher Angestellter beim Insolvenzverwalter den Umständen nach angemessen war; es wird auf die Aufgabe beschränkt, die Angemessenheit der gezahlten Vergütung festzustellen. Im übrigen hat das Gericht bei der Festsetzung der Zu- und Abschläge zur Regelvergütung zu prüfen, inwieweit die Tätigkeit des Verwalters durch den Abschluss von Dienst- oder Werkverträgen für die Insolvenzmasse vereinfacht worden ist (vgl. die Erläuterung zu § 8 Abs. 2 der Verordnung). Die Prüfung der wirtschaftlichen Zweckmäßigkeit des Abschlusses zusätzlicher Dienst- oder Werkverträge wird auf die Gläubiger verlagert, in erster Linie auf den Gläubigerausschuss, der nach § 69 InsO den Insolvenzverwalter bei seiner Geschäftsführung zu unterstützen und zu überwachen hat und daher für diese Aufgabe am besten geeignet ist.

Wie bisher sind die besonderen Kosten, die für das einzelne Insolvenzverfahren über den Rahmen der allgemeinen Geschäftskosten hinaus entstehen (Reisekosten, weiter zum Beispiel Portokosten), als Auslagen zu erstatten (Abs. 2).

Für die Kosten von Haftpflichtversicherungen enthält Abs. 3 Satz 1 den Grundsatz, dass sie mit der Vergütung als abgegolten gelten (ebenso § 5 Abs. 1 Satz 4 der geltenden Vergütungsverordnung). Schon für das heutige Recht hat sich jedoch die Auffassung durchgesetzt, dass bei Insolvenzverfahren, deren

§ 4 InsVV Geschäftskosten. Haftpflichtversicherung

Risiken die eines Durchschnittsverfahrens übersteigen, die Kosten einer entsprechenden zusätzlichen Haftpflichtversicherung als Auslagen erstattungsfähig sind. Dies wird in § 4 Abs. 3 Satz 2 der Verordnung ausdrücklich festgelegt. Dabei ist zu berücksichtigen, dass durch die verstärkte Gläubigerautonomie bei wichtigen Verwertungsentscheidungen im Insolvenzverfahren das Haftungsrisiko des Verwalters verringert wird.

B. Allgemeines

2 Der Verordnungsgeber hat in § 4 InsVV klarstellende Regelungen in Zusammenhang mit den **Geschäftskosten** und der zu erstattenden Aufwendungen für **Auslagen, Beschäftigungsverhältnisse** und **Haftpflichtversicherung** getroffen. Insbesondere in Zusammenhang mit der Einstellung von Mitarbeitern bezogen auf ein **konkretes** Insolvenzverfahren weicht der Verordnungsgeber bewusst von der bisherigen Regelung des § 5 Abs. 2 VergVO ab und schließt insbesondere auf Grund der schwierigen Abgrenzung eine Erstattung in diesem Bereich grds. aus (*Haarmeyer/Mock* InsVV, § 4 Rn. 1; BK-InsO/*Blersch* InsVV, § 4 Rn. 3). Gleichzeitig sollte allerdings dem Insolvenzverwalter nicht das Recht genommen werden, für ein konkretes Insolvenzverfahren **Dienst-** bzw. **Werkverträge** zum Abschluss zu bringen und die Vergütung dann bei entsprechender Angemessenheit unmittelbar aus der Masse als Masseverbindlichkeit gem. § 55 Abs. 1 Nr. InsO zu bezahlen. Gegenüber der bisherigen Rechtslage ist auch eine **gerichtliche Zweckmäßigkeits-** bzw. **Angemessenheitsprüfung** in Zusammenhang mit der Beschäftigung von Hilfskräften oder Dienstleistern **nicht mehr geboten** (*v*gl. BK-InsO/*Blersch* InsVV, § 4 Rn. 4). **Derartige Aufwendungen** in Zusammenhang mit der Abwicklung von Insolvenzverfahren erlangen demgegenüber nur noch Berücksichtigung bei der Ermittlung der angemessenen Vergütung in Zusammenhang mit der Frage eines **Vergütungsabschlages** gem. § 3 Abs. 2 InsVV, inwieweit der Insolvenzverwalter durch Übertragung von Aufgaben auf Dritte eine vergütungsrelevante Entlastung erreicht hat (s. Begr. des Verordnungsgebers zu § 4 InsVV, vorstehend Rdn. 1; *Haarmeyer/Mock* § 4 Rn. 1).

3 Durch die in § 10 InsVV vorgenommene **Verweisung** auf die Vergütungsregelungen des Insolvenzverwalters – für den vorläufigen Insolvenzverwalter gem. § 11 InsVV, den Sachwalter bei der Eigenverwaltung gem. § 12 InsVV sowie für den Treuhänder im vereinfachten Insolvenzverfahren (nach § 313 InsO) gem. § 13 InsVV – ist **§ 4 InsVV** in diesen Bereichen grds. entsprechend **anwendbar** (vgl. hierzu i.E. BK-InsO/*Blersch* InsVV, § 4 Rn. 5; *Kübler/Prütting/Bork-Stoffler* InsVV, § 14 Rn. 3).

C. Allgemeine Geschäftskosten und die Inanspruchnahme von Fremdleistungen (Abs. 1)

I. Allgemeine Geschäftskosten

4 Der Verordnungsgeber bestimmt in § 4 Abs. 1 Satz 1 InsVV, dass mit der Vergütung die **allgemeinen Geschäftskosten** des Insolvenzverwalters **mit abgegolten** sind. Als **allgemeine Geschäftskosten** sind diejenigen Kosten anzusehen, die beim Verwalter **ohne Bezug** auf ein **bestimmtes Verfahren** anfallen und die dementsprechend auch entstanden wären, wenn der Insolvenzverwalter das konkrete Insolvenzverfahren nicht abgewickelt hätte (*Kübler/Prütting/Bork-Stoffler* InsVV, § 4 Rn. 6; *Haarmeyer/Mock* InsVV, § 4 Rn 5 ff.). Daraus ergibt sich allerdings dann auch, dass die vom Gericht festzusetzende Vergütung unter Berücksichtigung der als laufende Kosten beim Insolvenzverwalter anfallenden Bürokosten so zu bemessen ist, dass sie unter Einbeziehung der von den Insolvenzgerichten geforderten **hohen Einsatzbereitschaft** und der Übernahme sowohl der **Verantwortung** als auch des damit in Verbindung stehenden **Haftungsrisikos** ein **angemessenes Entgelt** darstellt. Dabei ist zu beachten, dass bei regelmäßig tätigen Insolvenzverwaltern durchgängig **hochqualifiziertes Personal** »vorgehalten« wird, was zu einer durchschnittlichen **Kostenbelastung** von mindestens 70 % im Verhältnis zum Umsatz führt (ausf. hierzu BK-InsO/*Blersch* InsVV, § 4 Rn. 6 f.; *Haarmeyer/Wutzke/Förster* InsVV, 4. Aufl., § 4 Rn. 4, m.w.N.). Die bei verschiedenen Insolvenzgerichten nicht selten anzutreffende restriktive Handhabung der Vergütung verkennt des Öfteren diese doch erhebliche Kostenstruktur eines Insolvenzverwalterbüros im Gegensatz zu einer forensisch tätigen Anwaltskanzlei, die regelmäßig kein zusätzliches qualifiziertes Personal benötigt. Die Insolvenzgerichte sollten bei

der Bemessung der angemessenen Vergütung den durch die **professionelle Struktur** einer Verwalterkanzlei und den damit anfallenden **Kostenblock** berücksichtigen, da die Gerichte wiederum bei der Auswahl eines Insolvenzverwalters als ein ganz wesentliches Kriterium die **Qualifikations-** und **Organisationsstruktur** heranziehen und dementsprechend auch fordern.

Der Verordnungsgeber **definiert** in § 4 Abs. 1 Satz 2 InsVV den Inhalt des Begriffs der **allgemeinen** **Geschäftskosten**. Eine Abgrenzung gegenüber den **besonderen Kosten** des Abs. 2 kann in der Form erfolgen, dass die allgemeinen Geschäftskosten diejenigen Kosten sind, die von einem **konkreten Insolvenzverfahren unabhängig** regelmäßig anfallen (*Haarmeyer/Mock* InsVV, § 4 Rn. 5 f.; *Keller* Vergütung, Rn. 441; BK-InsO/*Blersch* InsVV, § 4 Rn. 8). Zu den **allgemeinen Geschäftskosten** gehören insbesondere die Kosten der **Unterhaltung des eigenen Büros** wie beispielsweise **Miete, Heizkosten** aber auch **die Anschaffungs- und laufenden Kosten** für die gesamte **Betriebs- und Geschäftsausstattung**, weiterhin sämtliche das Büro betreffende **Versicherungen, Kosten der Versorgung** und der **Kommunikation** und auch sämtliche **Finanzierungskosten**. Die **besonderen Kosten** gem. Abs. 2 werden durch den unmittelbaren Bezug der Aufwendungen zu einem **konkreten Insolvenzverfahren** bestimmt.

Zu den **allgemeinen Kosten** des Abs. 1 Satz 1 gehören aber auch solche Aufwendungen, die der Insolvenzverwalter anlässlich eines konkreten Insolvenzverfahrens entstehen lässt, aber **allgemein sein Verwalterbüro** betreffen. Dabei ist beispielsweise an eine spezielle **Insolvenzverwaltungssoftware** zu denken, die anlässlich eines ggf. größeren Insolvenzverfahrens angeschafft wird, aber unabhängig davon vom Insolvenzverwalterbüro weiterhin genutzt wird (vgl. auch BK-InsO/*Blersch* InsVV, § 4 Rn. 8). Auch eine teilweise Umlegung auf das konkrete Insolvenzverfahren ist nicht zulässig.

Mit umfasst von dem Begriff des »**Büroaufwandes**« sind auch die Gehälter der Mitarbeiter des Insolvenzverwalters. Der **Aufwand für eigenes Personal** ist grds. **nicht erstattungsfähig**. Dies gilt auch dann, wenn der Insolvenzverwalter anlässlich eines **konkreten Insolvenzverfahrens zusätzliches Personal** anstellt (MüKo-InsO/*Nowak* Anh. zu § 65, § 4 InsVV Rn. 5 f.). Neben den Gehältern für Angestellte erfasst der Normzweck auch Vergütungen für freie Mitarbeiter oder ähnlich gelagerte Vertragsverhältnisse, die zum Insolvenzverwalter oder seiner Sozietät entstehen oder anlässlich eines Insolvenzverfahrens abgeschlossen werden. Durch diese Neuregelung wird die Kontrolltätigkeit des Insolvenzgerichtes wesentlich erleichtert, da **grundsätzlich** vom Verwalter persönlich die Mitarbeiter zu entlohnen sind und nur gem. § 8 Abs. 2 InsVV vom Verwalter bei seinem Vergütungsantrag detailliert darzulegen ist, welche **Dienst- oder Werkverträge** er für besondere Aufgaben im Rahmen der Insolvenzverwaltung, d.h. zu **Lasten der Insolvenzmasse**, abgeschlossen hat. Wie *Blersch* (BK-InsO, InsVV § 4 Rn. 8) zu Recht ausführt, dürften die vorgesehenen Zuschläge für den Fall, dass der Insolvenzverwalter eigenes Personal zur Erbringung besonderer Leistungen verwendet, nicht dem Trend entgegenwirken, dass Insolvenzverwalter zunehmend zu Lasten der Masse Leistungen »fremd vergeben«, da das Vorhalten von hochspezialisiertem Personal erhebliche Kosten verursacht, demgegenüber die »Auslagerung« allenfalls die Nichtgewährung von Zuschlägen zur Folge hat. Dementsprechend sollten die Insolvenzgerichte bei der Beurteilung und Festsetzung von Vergütungen, die vom **Verwalter** und **seinen** hochqualifizierten Mitarbeitern erbrachten umfassenden Leistungen im Rahmen eines Insolvenzverfahrens auch unter dem Blickwinkel honorieren, dass die Masse **nicht** anderweitig **zusätzlich** mit erheblichen Beträgen **belastet** worden ist.

II. Inanspruchnahme von Fremdleistungen

Die Regelung des § 4 InsVV gibt dem Insolvenzverwalter jedoch die Berechtigung für die Durchführung eines beispielsweise besonders schwierigen oder umfangreichen Insolvenzverfahrens **zusätzliche Hilfskräfte zu Lasten der Masse** direkt zu verpflichten und entsprechende **Dienst- oder Werkverträge** abzuschließen (MüKo-InsO/*Nowak* 2. Aufl., Anh. zu § 65, § 4 InsVV Rn. 6; BK-InsO/*Blersch* InsVV, § 4 Rn. 9). Zulässig ist auch der Abschluss von entsprechenden **Dienst- oder Werkverträgen** mit **juristischen Personen**, an der auch der **Insolvenzverwalter** beteiligt sein kann (vgl. *BGH* ZIP 1991, 324). Da allerdings bei derartigen Konstellationen grds. die Frage der Interessenkollision im Raum steht, ist dem Insolvenzverwalter dringend anzuraten, vor Abschluss von entsprechenden Verträgen eine **Mitteilung** gegenüber dem **Insolvenzgericht** hierüber zu machen (MüKo-InsO/*Nowak* Anh. zu § 65, § 4 InsVV Rn. 6).

9 Durch die gesetzliche Regelung ist auch eine Beschäftigung von **Mitarbeitern des Insolvenzverwalters** durch Abschluss von Verträgen unmittelbar mit der Insolvenzmasse nicht ausgeschlossen, allerdings nur dann, wenn der Insolvenzverwalter den **konkreten Tätigkeitsbereich** dieses Mitarbeiters **nachvollziehbar festlegt** und zum anderen das Insolvenzverfahren als solches eine entsprechende Beschäftigung überhaupt erfordert (z.B. Größe des Insolvenzverfahrens, Betriebsfortführung, spezielle Branche usw.). Dabei sind diejenigen Bereiche klar abzugrenzen, die dem Insolvenzverwalter – auf Grund seiner Funktion – **persönlich** übertragene **Aufgaben** darstellen und die auch mit der entsprechenden Vergütung abgegolten werden. Der **Einsatz von Hilfskräften** durch den Verwalter ist insbesondere aber dann **gerechtfertigt**, wenn der Verwalter auf Grund **der Größe des Verfahrens** gezwungen ist, Regelaufgaben zu delegieren oder Hilfskräfte wegen besonderer Sachkunde einzustellen. Es ist daher **nicht zwingend**, dass der Verwalter die gesamte Verwaltung **persönlich** oder mit **Kräften seines Büros** durchführt. Davon **ausgenommen** sind nur **höchstpersönlich wahrzunehmende** Aufgaben, wie die Teilnahme an Gläubigerversammlungen, die Abgabe vorgesehener Erklärungen, die Erstellung der Verzeichnisse und der Schlussrechnung, die Anfechtung von Rechtshandlungen sowie die Gestaltung unerledigter Rechtsgeschäfte und die Aufnahme von Prozessen (vgl. *LG Stendal* ZIP 2000, 982). Eine »**Entleerung**« der Tätigkeit des Insolvenzverwalters durch **Delegation** mit entsprechenden die Masse belastenden unmittelbaren Verträgen will der Verordnungsgeber allerdings nicht, sondern er möchte ein derartiges Verhalten der Insolvenzverwalter einschränken bzw. vermeiden, dass die Masse zusätzlich belastet wird. Da das Insolvenzgericht die vom Insolvenzverwalter persönlich oder von seinem Büro ausgeführten Tätigkeiten bei der Vergütungsfestsetzung zu beurteilen bzw. die »ausgelagerten« Tätigkeitsbereiche abzugrenzen hat, bedarf es der **Darlegung** aller hier in Frage kommenden **Rechtsverhältnisse** und **Kostenbelastungen** der Masse gem. § 8 Abs. 2 InsVV.

10 Die vom Insolvenzverwalter durch Abschluss gesonderter **Dienst- oder Werkverträge** herbeigeführten Belastungen der Masse stellen gem. **§ 55 Abs. 1 Nr. 1 InsO Masseverbindlichkeiten** dar. Der Insolvenzverwalter kann, **ohne ein besonderes Prüfungsverfahren** durch das Insolvenzgericht, die Entgelte aus der Masse entnehmen. Sind die vereinbarten Vergütungen oder Gehälter **unangemessen** hoch, d.h. nicht marktgerecht, macht sich der **Insolvenzverwalter schadensersatzpflichtig** und muss der Masse die über die übliche Vergütung hinausgehenden Beträge wieder erstatten. Das **Insolvenzgericht** ist allerdings **nicht** berechtigt im Rahmen der Prüfung der Schlussrechnung oder der Überwachung der Tätigkeit des Insolvenzverwalters diesen **aufzufordern**, die nach Auffassung des Insolvenzgerichts bezahlte **überhöhte Vergütung** an einen Dienstleistungserbringer, d.h. den die angemessene Vergütung übersteigenden Betrag, **zurückzuerstatten**. Dies ergibt sich daraus, dass das Insolvenzgericht **nicht berechtigt ist**, **Zweckmäßigkeitserwägungen** bei der Tätigkeit des Insolvenzverwalters in Zusammenhang mit der Inanspruchnahme von Fremdleistungen anzustellen. Das Insolvenzgericht ist **ausschließlich** auf die **Rechtsaufsicht** über die Tätigkeit des Verwalters beschränkt (vgl. *Jahntz* § 58 Rdn. 5 ff.). Der Verwalter unterliegt ausschließlich der **Kontrolle eines Gläubigerausschusses** bzw. **der Gläubigerversammlung**, die im Rahmen der Erörterung der Schlussrechnung im Schlusstermin gem. § 197 InsO festgestellte überhöhte Vergütungszahlungen beanstanden kann. Der Insolvenzverwalter macht sich dementsprechend allenfalls schadensersatzpflichtig wegen Verletzung seiner Pflicht zur möglichst kostengünstigen Verfahrensabwicklung. Diese **Schadensersatzansprüche** können dann allerdings lediglich von einem vom Insolvenzgericht bestellten **neuen** Insolvenzverwalter (**Sonderinsolvenzverwalter**) geltend gemacht werden (BK-InsO/*Blersch* InsVV, § 4 Rn. 19). Sofern das Insolvenzgericht nach seiner Auffassung überhöhte Vergütungszahlungen im Rahmen der Prüfung der Schlussrechnung oder auf sonstige Art festgestellt hat, so kann es allenfalls den Gläubigerausschuss informieren bzw. eine Gläubigerversammlung einberufen und so die Gläubiger informieren. Des Weiteren ist das Insolvenzgericht auch berechtigt, einen **Sonderinsolvenzverwalter** zu bestellen, der gerade die Aufgabe hat, ggf. überhöhte Vergütungszahlungen zu prüfen und ggf. aus der Prüfung sich ergebende Ersatzansprüche durchzusetzen (BK-InsO/*Blersch* InsVV, § 4 Rn. 20). Darüber hinaus kommt auch eine **Entlassung des Verwalters** durch das Insolvenzgericht in Betracht, wenn ein wichtiger Grund gegeben ist.

Die **Delegation** von **Aufgaben** durch den Insolvenzverwalter hat je nach Fallkonstellation Auswirkungen auf die Höhe der Vergütung des Insolvenzverwalters (vgl. auch § 8 Abs. 2 InsVV). Dabei ist entscheidendes **Kriterium**, inwieweit der Insolvenzverwalter von ihm auszuführende **Regelaufgaben** delegiert hat oder ob es sich um die Delegation von **besonderen Aufgaben** handelt, die gem. § 3 InsVV **Zuschläge** rechtfertigen (vgl. BK-InsO/*Blersch* InsVV, § 4 Rn. 16 f.; MüKo-InsO/*Nowak* 2. Aufl., Anh. zu § 65, § 4 InsVV Rn. 9). Zur Abgrenzung der Regelaufgaben von den besonderen Aufgaben gem. § 4 Abs. 1 Satz 3 InsVV ist auf die qualitativen und quantitativen Merkmale eines sog. Normal- oder Regelverfahrens abzustellen. Hierzu kann im Einzelnen auf die Darstellung bei § 2 InsVV Rdn. 25 ff. verwiesen werden. Überträgt der Insolvenzverwalter die Erfüllung von **Regelaufgaben**, die im Umfang der Regelvergütung gem. § 2 InsVV enthalten ist, auf Dritte, so ist die Vergütung des Verwalters **angemessen zu reduzieren**. Die Formulierung des § 4 Abs. 1 Satz 3 InsVV, wonach das **Recht des Verwalters** unberührt bleibt, zur Erledigung **besonderer** Aufgaben zu Lasten der Masse Werk- oder Dienstverträge abzuschließen, will aber kein mittelbares Verbot zum Ausdruck bringen, dass der Verwalter nicht berechtigt ist, Regelaufgaben auf Dritte zu übertragen. Die sich aus der Regelung ergebende **Einschränkung** ist **ausschließlich auf das Vergütungsrecht bzw. auf die Höhe der festzusetzenden Insolvenzverwaltervergütung** zu beziehen (vgl. BK-InsO/*Blersch* InsVV, § 4 Rn. 16). Der Insolvenzverwalter ist auf Grund der in der Insolvenzordnung vorgegebenen Rechtstellung frei nach **seinem freien Ermessen** die Verfahrensabwicklung vorzunehmen. Dies ergibt sich aus der Regelung des § 58 Abs. 1 InsO, wonach die Tätigkeit des Insolvenzverwalters ausschließlich der Rechtsaufsicht des Insolvenzgerichts unterliegt und das Gericht nicht die Zweckmäßigkeit des Insolvenzverwalterhandelns nachprüfen kann (vgl. *Jahntz* § 58 Rdn. 5 ff.). Dementsprechend ist der Insolvenzverwalter in der Art der Verfahrensabwicklung grundsätzlich frei. Es liegt in seinem freien Ermessen, in welchem Umfange er Fremdleistungen Dritter in Anspruch nimmt oder auf die eigene Büroorganisation zurückgreift. Wenn dies auch im Einzelfall zur massiven Belastung der Masse mit Kosten führen kann, ist das Insolvenzgericht nicht berechtigt, weder eine Angemessenheits- noch eine Erforderlichkeitsprüfung durchzuführen (BK-InsO/*Blersch* InsVV, § 4 Rn. 16). In diesem Bereich unterliegt der Verwalter ausschließlich der **Kontrolle eines Gläubigerausschusses** bzw. der Gläubigerversammlung, insbesondere bei Erörterung seiner Schlussrechnung im Schlusstermin gem. § 197 InsO. Der Gläubigerversammlung bzw. den Gläubigern steht es zu, Einwendungen gegen die Schlussrechnung, sowohl im Bereich der Zweckmäßigkeit, wie auch der Angemessenheit der Inanspruchnahme von Leistungen Dritter vorzubringen. Das **Insolvenzgericht** ist lediglich **befugt**, sofern der Verwalter weitgehende Regelaufgaben auf Dritte delegiert hat, erhebliche **Vergütungsabschläge** gem. § 3 Abs. 2 InsVV soweit vorzunehmen, dass lediglich noch ein unverzichtbarer **Vergütungsanteil** verbleibt, der dem Insolvenzverwalter auf Grund der nicht delegierbaren höchstpersönlichen Tätigkeiten auf jeden Fall zustehen muss. Es ist allerdings **kein pauschaler Abschlag** vorzunehmen, sondern unter Berücksichtigung des Umfangs der delegierten Tätigkeit und der Höhe des hierfür bezahlten Entgelts zu Lasten der Masse ein **wirtschaftlich angemessener Bruchteil** zu ermitteln (vgl. MüKo-InsO/*Nowak* 2. Aufl., Anh. zu § 65, § 4 InsVV Rn. 9; BK-InsO/*Blersch* InsVV, § 4 Rn. 16 f.). **Delegiert** demgegenüber der Insolvenzverwalter **Tätigkeiten**, die gem. § 3 Abs. 1 InsVV einen **Zuschlag rechtfertigen**, so **entfällt** lediglich der Zuschlag. Dabei ist ebenfalls, wie bei der Berechnung des Abschlags im Rahmen der Übertragung von Regeltätigkeiten unter Berücksichtigung der Tätigkeit und der Höhe des hierfür bezahlten Entgelts ggf. auch **nur ein Bruchteil des Zuschlages in Abzug zu bringen**, sodass dennoch zumindest teilweise ein Zuschlag noch gewährt werden kann. Entscheidend ist auch hier die Angemessenheit der Vergütung für die vom Insolvenzverwalter erbrachten Tätigkeiten in Relation zu den »ausgelagerten« Tätigkeiten. Bei **zuschlagsauslösenden** Tätigkeiten, die übertragen wurden, ist auf jeden Fall eine **Minderung** der Regelvergütung **nicht** vorzunehmen (*Kübler/Prütting/Bork-Stoffler* InsVV, § 4 Rn. 108). 11

Hat der Insolvenzverwalter eine **Regelaufgabe delegiert,** ist nach Auffassung des *BGH* (ZInsO 2013, 152; ZInsO 2013, 2285; ZInsO 2015, 110) die Vergütung um den zu Unrecht aus der Masse entnommenen **Betrag zu kürzen.** Da die Insolvenzmasse **bei Vorsteuerabzugsberechtigung** nur mit dem Nettobetrag der entsprechenden Rechnungen belastet wird, ist lediglich der **Nettobetrag** von der Nettovergütung des Insolvenzverwalters abzuziehen. 12

13 Die **Auffassung** des BGH berücksichtigt allerdings **nicht**, dass selbst bei einer Delegation der Regelaufgabe sich der Aufwand des Insolvenzverwalters **nicht auf Null reduziert**. Da eine vollständige Kürzung der Vergütung um den Betrag, der an den Delegierten geflossen ist, dazu führt, dass die Resttätigkeit des Verwalters unvergütet bleibt, ist diese Auffassung dadurch abzumildern, dass lediglich ein **Bruchteil** der an den Delegierten geflossenen Vergütung von der Vergütung des Insolvenzverwalters abgezogen wird. Die Vorarbeit und die Prüfung des Vorganges, um die richtungsweisende Entscheidung zu treffen, dass die Aufgabe delegiert wird, **verbleibt immer beim Insolvenzverwalter**.

14 Insbesondere sind, bevor ein Steuerberater mit der Jahresabschlusserstellung/Steuererklärungen beauftragt werden kann, zunächst **zahlreiche Vor- und Aufbereitungshandlungen** erforderlich, da die insolvenzrechtliche Rechnungslegung ausschließlich das Ergebnis aus den Bruttoeinnahmen und -ausgaben ist.

15 Um einen handelsrechtlichen (Bilanz und Gewinn- und Verlustrechnung) sowie einen steuerrechtlichen Jahresabschluss und die Erstellung der ertragsbezogenen Steuererklärungen (Körperschaft- und Gewerbesteuererklärung) vorzubereiten, ist die Insolvenzbuchhaltung gesondert aufzubereiten:
– zusammengefasste Einnahme- und Ausgabebuchungen auf Einzelpositionen aufteilen,
– die Einnahmen und Ausgaben auf bilanzielle oder ergebniswirksame Auswirkung prüfen,
– bei ergebniswirksamen Einnahmen und Ausgaben auf den Nettorechnungsbetrag und der Umsatzsteuer zu differenzieren,
– Überprüfung der Forderungsaußenstände auf ihre Werthaltigkeit,
– Überprüfung der Verbindlichkeiten aufgrund Anmeldung bzw. Änderungen zur Insolvenztabelle,
– Aufnahme der nicht bezahlten Masseverbindlichkeiten,
– Ermittlung von Rückstellungen für Gerichtskosten und Verwaltervergütungen, Vergütung an die Mitglieder des Gläubigerausschusses,
– Abgleich des von dem Insolvenzschuldner bilanziell ausgewiesenen Sachanlagevermögens mit der Sachaufnahme durch den Verwalter (Bereinigung des bilanziellen Anlagevermögens).

16 ▶ Im Rahmen der Verwaltertätigkeiten haben sich die Bereiche, in denen Tätigkeiten ganz oder teilweise übertragen werden, abgrenzbar entwickelt.

– Im Bereich der **Buchhaltung und Bilanzierung** ist dem Insolvenzverwalter grds. – mit Ausnahme einfachst gelagerter Fälle – die Auslagerung der Buchhaltung und der Bilanzierung des Unternehmens des Schuldners zu Lasten der Masse zuzubilligen. Waren diese Tätigkeitsbereiche in dem Unternehmen auf ein Drittunternehmen übertragen, so kann der Insolvenzverwalter dies mit Kostenbelastung der Masse fortführen (*BGH* NZI 2004, 577; *Kübler/Prütting/Bork-Stoffler* InsVV, § 4 Rn. 31, 45 ff.; *Bork* ZIP 2009, 1747 [1750 f.]).
Die **Buchhaltung** wird gerade bei kleinen und mittleren Unternehmen inzwischen »außer Haus« in Auftrag gegeben, was dazu führt, dass in vielen Fällen die Datenverarbeitung mittels besonderer Programme, wie z.B. über das Rechenzentrum der DATEV, abgewickelt wird. Die Buchhaltungsdaten sind i.d.R. nicht übertragbar, sei es durch das fehlende Einverständnis des Vorberaters, fehlende Schnittstelle zur Datenübertragung usw. Vom Verwalter nun die eigenhändige Erledigung der Buchführung zu verlangen, würde zu einer **unvertretbar kostenträchtigen** Umstellung und Neuanlage der Buchführung führen. Dies würde (so *Kübler/Prütting/Bork-Stoffler* InsVV, § 4 Rn. 56) unter der Voraussetzung, dass es überhaupt praktisch machbar ist, einen geradezu grotesken Arbeitsaufwand voraussetzen.
Sofern die Tätigkeit noch im Unternehmen mit entsprechend ausgebildetem Personal durchgeführt wurde und dieses Personal steht für den Zeitraum der Insolvenzverwaltung weiter zur Verfügung, so können diese Dienstverträge zu Lasten der Masse fortgeführt werden. Sofern keine der beiden vorgenannten Konstellationen möglich ist oder gar die Buchhaltung sich absolut ungeordnet darstellt, so ist es dem Insolvenzverwalter überlassen, ob er die Bearbeitung auf Dritte überträgt oder ob er dies mit eigenem Personal, dann allerdings vergütungserhöhend, selbst durchführt.
– Gleichermaßen ist die Bearbeitung von **Steuerangelegenheiten**, insbesondere die Erstellung von Steuererklärungen zu beurteilen. Lediglich einfache Steuerfragen sind vom Insolvenzver-

walter selbst zu klären. Weitergehende Bearbeitungen sind entweder vom Verwalter **vergütungserhöhend** selbst auszuführen oder können **ohne Belastung** der Regelvergütung auf Dritte übertragen werden (vgl. MüKo-InsO/*Nowak* 2. Aufl., Anh. zu § 65, § 4 InsVV Rn. 10, 11; *Kübler/Prütting/Bork-Stoffler* InsVV, § 4 Rn. 49 ff.; *Bork* ZIP 2009, 1747 [1751]). Im Bereich der **Umsatzsteuer** wird zu Unrecht teilweise angenommen, dass die Erstellung von Umsatzsteuervoranmeldungen einen Teil der allgemeinen Kompetenz des Normalverwalters darstellt. Dies geht sicherlich aufgrund der Komplexität des Umsatzsteuerrechts zu weit (so auch *Kübler/Prütting/Bork-Stoffler* InsVV, § 4 Rn. 52). Allenfalls **einfachst gelagerte** Umsatzsteuervoranmeldungen dürften als Regeltätigkeiten einzuordnen sein (*Bork* ZIP 2009, 1747 [1751]). Ein einfachst gelagerter Fall, liegt nach Auffassung von *Bork* (ZIP 2009, 1747 [1751]) vor, wenn weder eine Betriebsfortführung, noch eine Immobilienverwaltung, noch ein internationaler Bezug gegeben ist und es sich um maximal 20 Buchungsvorgänge handelt. Im Übrigen hat sich das Umsatzsteuerrecht aufgrund zahlreicher Entscheidungen und Neuregelungen erheblich verkompliziert (s. hierzu auch die Ausführungen unter § 3 Rdn. 53):

– § 55 Abs. 4 InsO – Gesetzesänderung zum 01.01.2011, vgl. hierzu auch vorl. Vfg. Zur Anwendung durch *OFD Münster/Rheinland* ZInsO 2011, 1942 ff.;
– *BFH* v. 09.12.2010 – V R 22/10, ZInsO 2011, 823: Umsatzsteuer aus Altforderungen als Masseverbindlichkeit;
– BMF-Schreiben v. 09.12.2011, ZInsO 2012, 25 ff.
– *BFH* v. 02.11.2010 – VII R 6/10, ZInsO 2011, 823: Vorsteuerabzug aus Rechnung des vorl. Verwalters;
– *BFH* v. 09.02.2011 – XI R 35/09, ZInsO 2011, 1217: § 15a UStG als Masseverbindlichkeit;
– *BFH* v. 28.07.2011 – V R 28/09, ZInsO 2011, 1904: Verwertungskosten als Leistungsaustausch;
– *BFH* v. 24.08.2011 – V R 53/09, ZInsO 2012, 228: Forderungsanmeldung durch FA-Beendigung Organschaft;
– BFH v. 24.11.2011 – V R 13/11, ZInsO 2012, 185: Geltung von Beschränkungen der Insolvenzaufrechnung sowie der Insolvenzanfechtung für eine Steuerberechnung gem. §§ 16 ff. UStG;
– *BFH* v. 08.09.2011 – V R 38/10, ZInsO 2012, 190: USt. als Masseschuld durch Leistungen des Schuldners?;
– *BFH* v. 25.07.2012 – VII R 29/11, Umsatzsteuer auf Zahlungseingänge von Anfechtungen aus Lieferungen und Leistungen;
– *BFH* v. 24.10.2013 – V R 31/12, Sollbesteuerung und Steuerberichtigung;
– *BFH* v. 24.09.2014 – V R 48/13, Umsatzberichtigung wegen Uneinbringlichkeit aus Rechtsgründen.
– **In masselosen oder massearmen Stundungsverfahren** ist der Insolvenzverwalter/Treuhänder ungeachtet der »wirtschaftlichen« Situation des Verfahrens verpflichtet, die **steuerlichen Vorgaben** zu erfüllen. Fällt nun in diesem Bereich ein besonderer Aufwand an oder setzt er besondere Kenntnisse, die über den mit jeder Steuererklärung verbundenen Aufwand hinausgehen an, oder ist die Erfüllung der Verpflichtung aufgrund einer Anordnung nach § 34 Abs. 3 AO geboten, so ist der Verwalter berechtigt, einen externen Steuerberater zu beauftragen und den Aufwand als **gesonderte Auslage** gegen die Staatskasse geltend zu machen (*Haarmeyer/Mock* InsVV, § 4 Rn. 90). Gleichermaßen ist der Verwalter berechtigt im Falle – gebotener – Fremdbeauftragung der Erstellung **gesetzlich erforderlicher Bescheinigungen** als Auslagen geltend zu machen, wenn beispielsweise keine ordnungsgemäße Grundlage für die Erstellung vorhanden ist oder besondere Kenntnisse bzw. ein zusätzlicher, über das Normalmaß hinausgehender Aufwand mit der Erstellung verbunden ist (*AG Dresden* ZIP 2006, 1686). Der Insolvenzverwalter hat grundsätzlich einen **Anspruch gegen die Staatskasse** auf Erstattung von Kosten als Auslagen, die er **zur Erfüllung hoheitlicher Pflichten oder solcher Aufgaben** aufgewandt hat, die aus der Stellung des Insolvenzverwalters selbst erwachsen wie beispielsweise seiner Arbeitgeberfunktion (*AG Dresden* ZIP 2006, 1686). Zwar sind die in diesem Zusam-

menhang vom Insolvenzverwalter als Auslagen geltend gemachten Kosten als Masseverbindlichkeiten nach § 55 InsO anzusehen, sodass sie an sich nicht Auslagen i.S.d. § 8 InsVV darstellen und eine Festsetzung grundsätzlich ausscheidet. Der *BGH* (ZIP 2004, 1717) billigt allerdings dem Insolvenzverwalter in masselosen Insolvenzverfahren, das nur aufgrund der Kostenstundung eröffnet worden ist, einen entsprechenden **Anspruch** auf die nach **§ 4 Abs. 2 InsVV** besonders zu erstattenden Auslagen für **Steuerberatungskosten** zu, sofern der Insolvenzverwalter mit der Finanzverwaltung über eine anderweitige Klärung der Steuererklärungspflicht und -festsetzung verhandelt hat und in der Folge die Verpflichtung gem. § 34 Abs. 3 AO von der Finanzverwaltung aufrecht erhalten wurde. Richtigerweise ist dieser Grundsatz auch auf die **Kosten der Lohnbuchhaltung** und auf weitere Aufwendungen des Verwalters anzuwenden, soweit diese in der Erfüllung **hoheitlicher Pflichten** entstanden sind (*AG Dresden* ZIP 2006, 1686). Auf diese Auslagen kann nach § 9 InsVV auch ein **Vorschuss** geltend gemacht werden.

– Die **Beitreibung von Forderungen** im Rahmen der Insolvenzverwaltung hat der Insolvenzverwalter im Rahmen des üblichen Maßes ohne entsprechende Vergütungserhöhung selbst durchzuführen. Nach Ansicht des *BGH* (Beschl. v. 04.12.2014 – IX ZB 60/13, ZInsO 2015, 110) gehört zum unstreitigen Forderungseinzug auch das gerichtliche Verfahren zur Erwirkung eines Mahn- und Vollstreckungsbescheides (so auch *Graeber/Graeber* InsVV, § 4 Rn. 38). Dass zwei Zahlungsaufforderungen ohne Erfolg bleiben, führe noch nicht dazu, dass mit besonderen Schwierigkeiten bei der weiteren Durchsetzung der Forderung zu rechnen sei. Es könne davon ausgegangen werden, dass der Drittschuldner lediglich zahlungsunwillig oder zahlungsunfähig war. Überträgt der Insolvenzverwalter diese Tätigkeiten auf Dritte, so ist ein Abschlag vorzunehmen. Ist allerdings die Anzahl oder die Schwierigkeit der beizutreibenden Forderungen über das übliche Maß hinausgehend, so hat der Insolvenzverwalter bei eigener Bearbeitung einen Anspruch auf einen Zuschlag oder er kann ohne Verminderung seiner Vergütung die Tätigkeit auf Dritte oder ggf. auf seine eigene Anwaltssozietät übertragen (eventuell Minderung der Berechnungsgrundlage gem. § 1 Abs. 2 Nr. 4a InsVV). Bei durchschnittlicher Schwierigkeit der Forderungsangelegenheiten dürfte bei einer **Schuldnerzahl von 100** die Grenze zu ziehen sein (**a.A.** MüKo-InsO/*Nowak* 2. Aufl., Anh. zu § 65, § 4 InsVV Rn. 13 mit einem »Grenzwert« von 200 Fällen).

– Einfach gelagerte **Maßnahmen der Mahnung und Zwangsvollstreckung** rechtfertigen nicht die Inanspruchnahme anwaltlicher Hilfe (*BGH* Beschl. v. 04.12.2014 – IX ZB 60/13, ZInsO 2015, 110). Die Antragstellung weise mit Blick auf den nach § 703c Abs. 2 ZPO maßgebenden strengen Formblattzwang regelmäßig auf keine besonderen Schwierigkeiten hin. Nachdem sogar von einer geschäftlich unerfahrenen Partei erwartet wird, dass sie die Formulare im allgemeinen ohne anwaltliche Hilfe auszufüllen vermag (*BGH* Beschl. v. 11.02.2010 – IX ZB 175/07, ZInsO 2010, 478 – zum Thema Prozesskostenhilfe) kann dies erst Recht von einem Insolvenzverwalter, auch wenn er kein Rechtsanwalt ist, erwartet werden, da Geschäftskundigkeit vorausgesetzt wird (§ 56 Abs. 1 Satz 2 InsO).

– Die Ermittlung der **maßgeblichen Pfändungsfreibeträge** bei einer Forderungsvollstreckung ist jedem Verwalter schon mit Blick auf § 36 Abs. 4 Satz 2 InsO geläufig (*BGH* Beschl. v. 04.12.2014 – IX ZB 60/13, ZInsO 2015, 110 m.w.N.).

– Die nicht selten vorkommende **Immobilienverwaltung** im Rahmen eines Insolvenzverfahrens als sog. **kalte Zwangsverwaltung** rechtfertigt dann ohne Verminderung der Vergütung eine Übertragung auf Dritte, wenn der Umfang der zu verwaltenden Wohnungen sich auf **mehr als 20** beläuft. Verwaltet der Insolvenzverwalter die Wohnungen selbst, ergibt sich bereits in § 3 Abs. 1 lit. b) InsVV ein Anspruch auf einen Zuschlag.

– Die **Verwertung von Wirtschaftsgütern des Insolvenzschuldners** stellt an sich eine originäre Tätigkeit des Insolvenzverwalters dar. Folglich gehört die Verwertung zu den Regelaufgaben des Insolvenzverwalters (*BGH* ZIP 2005, 36). Allerdings sind in der Praxis in großem Umfange Ausnahmen zuzulassen. Mit zu berücksichtigen ist dabei, dass der Insolvenzverwalter i.d.R. selbst keinen direkten Zugang zum Markt von Immobilien, aber auch von Gebrauchtmaschinen oder Maschinenparks hat. Eine Ausnahme ist immer dann anzunehmen, wenn der Insolvenzverwalter die Verwertung nicht oder nur unzureichend bzw. mit wesentlich geringerem Erfolg bewerkstelligen kann. So wird es sich insbesondere dann verhalten, wenn Kunstgegenstände oder sonstige Objekte verwertet werden müssen, für die ein besonderer Markt besteht, oder wenn die Verwertung im Ausland oder mit Auslandsbezug erfolgen muss (*BGH* ZIP 2007, 2323; *Graeber* InsbürO 2009, 67). Eine **Ausnahme** von der Regelaufgabe ist auch dann anzunehmen, wenn der Insolvenzverwalter einen speziell zur Verwertung ausgerüsteten gewerblichen Verwerter einschaltet und dadurch deutlich bessere Erlösaussichten bestehen (*BGH* ZIP 2007, 2323). Gründe hierfür sind auch das überlegene Fachwissen des Verwerters, seine Vertrautheit mit dem Markt, bessere Geschäftsbeziehungen oder das Vorhandensein eines auf diese Aufgabe spezialisierten und eingearbeiteten Mitarbeiterstabes. Folglich ist dem Insolvenzverwalter zuzubilligen **ohne Verminderung seiner Regelvergütung**, die Verwertungstätigkeit auf Makler insbesondere aber auch auf Auktionatoren zu verlagern, mit Ausnahme der Verfahren mit wenigen oder einfach zu verwertenden Wirtschaftsgütern (*Kübler/Prütting/Bork-Stoffler* InsVV, § 4 Rn. 60; MüKo-InsO/*Nowak* 2. Aufl., Anh. zu § 65, § 4 Rn. 14). Die Einholung von Bewertungsgutachten für Mobilien und Immobilien, technische Fachgutachten oder betriebswirtschaftliche Gutachten in Zusammenhang mit der Sanierungsfähigkeit eines Unternehmens kann die Regelvergütung des Insolvenzverwalters nicht mindern, da diese Tätigkeiten nicht zum Regelinhalt eines Insolvenzverfahrens gehören. Setzt der Insolvenzverwalter seine eigene besondere Sachkunde ein, so kann er eine **gesonderte Vergütung** gem. § 5 InsVV geltend machen. Dabei ist anzumerken, dass der Insolvenzverwalter auch bei Einschaltung von professionellen Verwertern, regelmäßig die Verkaufsverhandlungen mit führt und im Ergebnis die Kaufverträge entwirft bzw. verantwortlich abschließt. Darin dürfte auch die dem Insolvenzverwalter obliegende »**Regeltätigkeit**« im Bereich der Verwertung liegen, nämlich die Bearbeitung des Verkaufs und des Einzugs des Verkaufserlöses, wobei das Auffinden von potenziellen Interessenten – auch – durch Dritte erfolgen kann. – Die **Archivierung von Geschäftsunterlagen** kann der Insolvenzverwalter ohne Verminderung der Regelvergütung auf Drittunternehmen übertragen. Der Insolvenzverwalter hat im Rahmen seiner Tätigkeit die gesetzlichen Aufbewahrungspflichten zu erfüllen. Es bietet sich daher an, im Rahmen des laufenden Insolvenzverfahrens die Geschäftsunterlagen sicherzustellen und zu archivieren. Insbesondere bei größeren Unternehmen dürfte die Archivierung Kapazitäten erreichen, die von dem Insolvenzverwalter im Rahmen seiner eigenen Tätigkeit nicht erfüllt werden können. Dementsprechend können diese **Archivierungstätigkeiten** (ggf. i.V.m. der späteren Entsorgung des Aktenmaterials) zu **Lasten der Masse auf Dienstleister** übertragen werden.

– Im Zusammenhang mit **Anfechtungsansprüchen** stellt sich ebenfalls vermehrt die Frage, inwieweit eine Regelaufgabe bzw. eine Sonderaufgabe vorliegt und wie sich Delegationen in diesem Zusammenhang auswirken. Wegen der Einzelheiten kann hierbei insbesondere auf § 3 InsVV Rdn. 51 verwiesen werden.

D. Auslagen (Abs. 2)

Gem. § 4 Abs. 2 InsVV sind **besondere Kosten**, insbesondere **Reisekosten, Auslagen**, die dem Verwalter zu **erstatten** sind. Diese **besonderen Kosten** sind zu § 4 Abs. 1 Satz 1 InsVV abzugrenzen, wobei der **konkrete Bezug** zu einem Insolvenzverfahren die Abgrenzung darstellt. Im **Fall des § 4 Abs. 1 Satz 1 InsVV** obliegen die Kosten ausschließlich dem Verwalter und sind **nicht** erstattungsfähig. Dagegen wird im **Fall des § 4 Abs. 1 Satz 3 InsVV** die **Insolvenzmasse unmittelbar verpflichtet** und die zu bezahlenden Vergütungen stellen **Masseverbindlichkeiten** gem. § 55 Abs. 1 Nr. 1 InsO dar. § 4 Abs. 2 InsVV erfasst demgegenüber die im Rahmen der Abwicklung des Insolvenzverfahrens dem **Verwalter persönlich entstandenen Auslagen**, wie beispielsweise durch Buchung eines Fluges. Diese persönlich entstandenen Auslagen sind **erstattungsfähig**. Das Insolvenzgericht ist nicht berechtigt, die **Zweckmäßigkeit** der angefallenen Auslagen, insbesondere auch bei Reisen zu prüfen (BK-InsO/*Blersch* InsVV, § 4 Rn. 24). Jedoch ist in **§ 63 Satz 1 InsO** ausdrücklich die Erstattung **angemessener Auslagen** normiert, sodass das Insolvenzgericht die **Angemessenheit** grds. zu

17

prüfen hat (*Haarmeyer/Mock* InsVV, § 4 Rn. 93). Der Prüfungsumfang erstreckt sich dabei nur auf **offensichtlich** unangemessene Auslagen. Insoweit ist sicherlich da eine Grenze zu ziehen, wo die Angemessenheit des den angefallenen Auslagen zu Grunde liegenden Vorganges in Bezug auf das konkrete Insolvenzverfahren überschritten wird. Als Maßstab kann hierzu auf die Kriterien der §§ 670, 678 BGB zurückgegriffen werden, die kraft gesetzlicher Verweisung in nahezu allen Fällen einer Vermögensverwaltung im Drittinteresse gelten (*Haarmeyer/Mock* InsVV, § 4 Rn. 93). Beispielsweise bei Flugreisen oder Hotelkosten dürfte ein Bezug auf die Üblichkeit in der jeweiligen Branche des Insolvenzunternehmens als Maßstab sachgerecht sein (vgl. auch MüKo-InsO/*Nowak* 2. Aufl., Anh. zu § 65, § 4 InsVV Rn. 16; *Haarmeyer/Mock* InsVV, § 4 Rn. 95). Bei Einsatz eines eigenen **Kraftfahrzeuges** sind entweder die eigenen Vorhaltekosten des Insolvenzverwalters oder die »üblichen« Mietwagenkosten zu erstatten. Hinsichtlich der Höhe des Ansatzes der Fahrzeugvorhaltekosten ist auf die allgemeinen anerkannten Listen der Kraftfahrzeugorganisationen, wie insbesondere des ADAC oder der DEKRA zurückzugreifen (*Haarmeyer/Mock* InsVV, § 4 Rn. 98). **Übernachtungs- und Verpflegungskosten** sind gegen Vorlage entsprechender Einzelbelege dem Verwalter zu erstatten. Der Insolvenzverwalter hat Anspruch auf Erstattung der tatsächlich angefallenen Kosten. Ein Rückgriff auf allgemeine Regelungen ist in diesem Zusammenhang, wie beispielsweise im Steuerrecht oder § 13 RVG (VV 7003–7006) nicht zulässig.

18 Die in § 8 Abs. 3 InsO vorgenommene Regelung, wonach dem Insolvenzverwalter vom Insolvenzgericht der Auftrag erteilt werden kann, sämtliche im Verfahren notwendige **Zustellungen** an die Beteiligten vorzunehmen, hat einen weiteren wichtigen Bereich der Auslagenerstattung ergeben. Grundsätzlich obliegt die notwendige Zustellung von Entscheidungen des Insolvenzgerichts ausschließlich dem Insolvenzgericht. Da allerdings der Insolvenzverwalter regelmäßig, im Gegensatz zum Insolvenzgericht, über die exakten Daten der Beteiligten verfügt, bietet es sich an, dem Insolvenzverwalter die Zustellung nach § 8 Abs. 3 InsO zu übertragen. Diese vom Insolvenzverwalter zu übernehmende Aufgabe (eine Rechtsmittelmöglichkeit des Insolvenzverwalters gegen die Übertragung der Zustellungen besteht nicht) wird nicht von den Pflichttätigkeiten des Insolvenzverwalters in einem Regelverfahren umfasst. Der Insolvenzverwalter hat daher grundsätzlich bei der Festsetzung von Vergütung und Auslagen unter – besonderer – Berücksichtigung dieser gesonderten Tätigkeit, durch die dem Insolvenzverwalter regelmäßig erhebliche Auslagen für Porto- und Kopierkosten und ggf. Personalaufwand entstehen, einen Erstattungsanspruch. Bei dem »Ausgleich« für die dem Insolvenzverwalter zusätzlich entstandenen Kosten ist allerdings zwischen den **vor dem 01.01.2004** und den **danach** eröffneten **Verfahren** zu unterscheiden.

19 In den **vor dem 01.01.2004** eröffneten Verfahren können die Auslagen für Porto- und Kopierkosten nur im Wege des **Einzelnachweises** oder im Rahmen der Pauschale gem. § 8 Abs. 3 InsVV geltend gemacht werden (*BGH* ZInsO 2007, 86).

20 Bei den **nach dem 31.12.2003** eröffneten Insolvenzverfahren ist dagegen dem Insolvenzverwalter die Möglichkeit eingeräumt, die ihm aus der Zustellungsauflage entstandenen besonderen Kosten **neben** der Auslagenpauschale nach § 8 Abs. 3 InsVV geltend zu machen. Die **Begründung** hierzu ergibt sich daraus, dass in den Neuverfahren ein Zuschlag nach § 3 Abs. 1 InsVV keinen Einfluss auf die Höhe der Auslagenpauschale gem. § 8 Abs. 3 InsVV (mehr) hat. Folglich können die besonderen Kosten der Zustellung nunmehr unschwer von den normalen Auslagen des Insolvenzverwalters abgegrenzt werden. Im Vergütungsantrag können bereits die bis zur Aufhebung des Insolvenzverfahrens noch durchzuführenden Zustellungen, wie die Zustellung des Beschlusses über den Schlusstermin und der Verfahrensaufhebung, berücksichtigt werden.

21 Mit Beschluss vom 08.03.2012 (ZIP 2012, 682, s.a. ZIP 2006, 1403) war der **BGH** noch der Ansicht, dass die Personalkosten, die im Zusammenhang mit der Übertragung des Zustellungswesens gem. § 8 Abs. 3 InsO erst ab einem Umfang von 100 Zustellungen relevant genug sind, um sie als Auslagen zu erstatten.

22 **Diese Auffassung** hat der **BGH** mit Beschluss vom 21.03.2013 (ZIP 2013, 833) nunmehr **richtigerweise aufgegeben.** Die primär den Gerichten obliegende Aufgabe der Zustellung kann durch Be-

schluss auf den Insolvenzverwalter übertragen werden. Die Übertragung des Zustellwesens ist gem. § 8 Abs. 3 InsO möglich. Dem Insolvenzverwalter sind jedoch hierfür **neben** der **Auslagenpauschale** nach § 8 Abs. 3 InsVV die **Kosten der Zustellungen** in vollem Umfang zu erstatten. Dies betrifft zum einen die **Sachkosten** mit rd. EUR 1,63 je Zustellung, so der *BGH* (21.03.2013 ZIP 2013, 833), zum anderen sind auch nach neuester BGH-Rechtsprechung (21.03.2013 ZIP 2013, 833) die **Personalkosten** der Zustellung gesondert zu erstatten.

Eine Umrechnung in einen angemessenen Zuschlag ist nunmehr nicht mehr geboten (*BGH* ZIP 2013, 833). Ebenfalls ist eine **Mindestanzahl** von Zustellungen **nicht** mehr **erforderlich**. 23

Der BGH hält hierbei als Zustellungsauslagen für **Personalkosten** einen Betrag in Höhe von **EUR 2,70 pro Zustellung** für angemessen (*BGH* 08.03.2012 ZIP 2012, 682). An anderer Stelle (Beschl. v. 19.01.2012 WM 2012, 331) hält er einen Gesamtbetrag von EUR 2,80 für die Sach- und Personalkosten für nicht unangemessen. 24

Mit seiner Entscheidung vom 11.06.2015 (– IX ZB 50/14, DZWIR 2015, 533) hat der BGH entschieden, dass die personellen Mehrkosten durch die Erstattung eines Betrages in Höhe von **EUR 1,80 je Zustellung** gedeckt sein können (vgl. i.E. § 8 InsVV Rdn. 27).

Der Ersatz der Zustellungskosten, bestehend aus **Sach- und Personalkosten**, erfolgt somit nunmehr außerhalb der Zuschlagstatbestände nach § 3 Abs. 1 InsVV in Form eines **pauschalen Geldbetrages** für die **Sach- und Personalkosten**. Ein Betrag von **EUR 4,50 pro Zustellung** dürfte unter Berücksichtigung der vorstehend aufgeführten BGH-Entscheidungen insgesamt für Sach- und Personalkosten angemessen sein. *Schmerbach* (InsBürO 2013, 493 [495]) sieht den Mindestbetrag pro Zustellung bei wenigstens EUR 3,70. Auch *Riedel* (MüKo-InsO Anh. zu § 65 InsO, § 3 Rn. 15) sieht den Personalaufwand bei diesem Betrag. Er regt zusätzlich an, zur Ermittlung des angemessenen Betrages sich an den Preisen zu orientieren, die externe Dienstleister für derartige Leistungen fordern. 25

Nicht eingeschränkt wird dadurch der in Frage kommende **Zuschlag** wegen einer besonders **hohen Gläubigerzahl**. Durch diesen werden nämlich nicht die Kosten der Zustellungen, sondern der im Rahmen der Forderungsprüfung und Tabellenerstellung entfaltete Mehraufwand berücksichtigt (so auch *Keller* EWiR 2013, 383). Hier wird nach wie vor eine Mindestzahl von etwa 100 Gläubigern zu fordern sein. 26

Der Verordnungsgeber hat statt der Geltendmachung der einzelnen tatsächlich angefallenen Auslagen in § **8 Abs. 3 InsVV** zugelassen, dass der Insolvenzverwalter **Pauschalsätze** ohne Nachweise berechnen kann (vgl. hierzu i.E. die Ausführungen zur Auslagenpauschale bei § 8 InsVV Rdn. 28 ff.). 27

E. Zusätzliche Haftpflichtversicherung (Abs. 3)

§ **4 Abs. 3 Satz 1** InsVV bestätigt den schon nach § 5 Abs. 1 Satz 4 VergVO geltenden Grundsatz, wonach mit der Vergütung die Kosten einer **allgemeinen Haftpflichtversicherung** abgegolten sind. In § **4 Abs. 3 Satz 2 InsVV** wird allerdings normiert, dass die Kosten einer **zusätzlichen Haftpflichtversicherung**, sofern das **konkret** bezogene Insolvenzverfahren ein **besonderes Haftungsrisiko** in sich trägt, **zu erstatten** sind. Dementsprechend können gesonderte Zusatzversicherungen dann abgeschlossen werden, wenn erkennbar ist, dass das konkrete Insolvenzverfahren Risiken beinhaltet, die das **Risikomaß eines »normalen« Insolvenzverfahrens überschreiten**. Dabei ist entgegen der amtlichen Begründung (s. Rdn. 1) nicht auf ein durchschnittliches Insolvenzverfahren abzustellen, sondern auf die **durchschnittlichen Risiken** eines Insolvenzverfahrens. Ein durchschnittliches Insolvenzverfahren stellt lediglich das Maß des Umfangs des Verfahrens dar, sagt allerdings nichts über die Höhe der Risiken aus. Auch ein kleines Insolvenzverfahren kann überdurchschnittliche Risiken in sich tragen, die dann auch für den Insolvenzverwalter die zusätzliche Gefahr beinhalten, dass nur eine geringe Masse mit einer entsprechend geringen Vergütung gegeben ist (vgl. auch MüKo-InsO/*Nowak* 2. Aufl., Anh. zu § 65, § 4 InsVV Rn. 18). **Ein besonderes Risiko i.S.d. § 4 Abs. 3 InsVV** ist immer dann gegeben, wenn in einem Insolvenzverfahren ein Haftungsrisiko des Verwalters vorhanden ist, das über diejenige Deckung hinausgeht, die mit der allgemeinen Berufshaftpflichtversicherung des Verwalters abgedeckt 28 ist. Die Versicherungssumme beträgt bei anwaltlichen Insolvenzverwaltern mindestens EUR 250.000,00. Bei professionellen Insolvenzverwaltern, die größere Insolvenzverfahren regelmäßig bearbeiten, ist eine Versicherungssumme der allgemeinen Vermögensschadenshaftpflichtversicherung nicht unter EUR 1.000.000,00 anzunehmen (vgl. BK-InsO/*Blersch* InsVV, § 4 Rn. 36). Die Prämien für diese allgemeinen Vermögensschadenshaftpflichtversicherungen sind vom Verwalter als allgemeine Geschäftskosten aus seiner jeweiligen Verwaltervergütung zu bezahlen. Bei darüber hinausgehenden Haftungsrisiken sind dem Verwalter die Kosten einer **angemessenen zusätzlichen Versicherung** aus der Masse zu erstatten. Es ist allerdings dabei darauf zu achten, dass die Kosten der Erhöhung als angemessen anzusehen sind, was regelmäßig dadurch geschieht, dass die vorhandene Berufshaftpflichtversicherung lediglich mit den bezogen auf das konkrete Verfahren erhöhten Risiken, aufgestockt wird (BK-InsO/*Blersch* InsVV, § 4 Rn. 37). Zur Feststellung der Erhöhungssumme ist nicht jedes zusätzlich erkennbare Risiko nominal abzudecken, sondern es ist eine Einschätzung des bezogen auf das konkrete Verfahren bestehende zusätzliche Risiko unter Wahrscheinlichkeitsgesichtspunkten zu beurteilen, da auch bei ungünstigstem Verlauf eines Verfahrens nicht jedes im Vorhinein erkennbares Risiko sich auch tatsächlich verwirklicht. Im Interesse der Verfahrensbeteiligten ist dabei eine großzügige Bewertung vorzunehmen, insbesondere, da der Insolvenzverwalter auf der Grundlage seiner Prüfung der Vermögens- und Rechtsverhältnisse die Risikowahrscheinlichkeit weitestgehend beurteilen kann. Im Einzelnen kann ergänzend auf den Aufsatz von *Heyrath*, Vermögensschadenshaftpflichtversicherung für Insolvenzverwalter (ZInsO 2002, 1023) verwiesen werden. **Überdurchschnittliche Risiken** ergeben sich insbesondere bei **Betriebsfortführungen** bei der Beurteilung **gesellschaftsrechtlicher Verhältnisse**, insbesondere auch bei **Konzernstrukturen** (vgl. hierzu BK-InsO/*Blersch* InsVV, § 4 Rn. 34 ff.). Der Abschluss einer besonderen Haftpflichtversicherung nach § 4 Abs. 3 Satz 2 InsVV kann nach *LG Gießen* (ZInsO 2012, 755) auch dann gerechtfertigt sein, wenn **keine auskunftsbereite und auskunftsfähige Geschäftsleitung** vorhanden ist, die den Insolvenzverwalter mit ausreichenden Informationen versorgt. Auch die Verwaltung und Verwertung von **gewerblichen Schutzrechten** wie auch die Verwaltung und Verwertung von größerem **Grundvermögen** bergen regelmäßig besondere Risiken. Insbesondere im **Grundstücksbereich** ist hier die Frage der »**Altlasten**« zu erwähnen (vgl. BK-InsO/*Blersch* InsVV, § 4 Rn. 35). Soweit die vorgenannten Voraussetzungen gegeben sind, sind dem Verwalter die Prämien für die zum Abschluss gebrachte Zusatzversicherung als **Auslagen** zu erstatten. Der Insolvenzverwalter ist dabei nicht gezwungen, diese (Versicherungs-)Auslagen gegen Einzelnachweise sich erstatten zu lassen, sondern kann diese auch im Rahmen der Auslagenpauschale nach § 8 Abs. 3 InsVV geltend machen.

29 Der Insolvenzverwalter kann bei entsprechend hohen Versicherungsprämien gem. § 9 InsVV einen **Auslagenvorschuss** beantragen. Hierzu ist die Vorlage entweder einer **Prämienrechnung** oder ein **Angebot eines Versicherungsunternehmens** gegenüber dem Insolvenzgericht zum Nachweis vorzulegen. Durch die Geltendmachung eines Auslagenvorschusses bezogen auf die konkrete Versicherungsprämie verliert der Insolvenzverwalter nicht sein Wahlrecht nach § 8 Abs. 3 InsVV, d.h. er kann im Rahmen der Verfahrensbeendigung ungeachtet der Geltendmachung der konkreten Versicherungsprämie die Auslagenpauschale nach § 8 Abs. 3 InsVV berechnen (**a.A.** Leonhard/Smid/Zeuner-Amberger InsVV, § 4 Rn. 46; *Haarmeyer/Mock* InsVV, § 4 Rn. 101) Die Kosten der Haftpflichtversicherung sind als **besondere Auslagen** neben der Auslagenpauschale des § 8 Abs. 3 InsVV erstattungsfähig). Würden die Kosten der zusätzlichen Haftpflichtversicherung in der Auslagenpauschale nach § 8 Abs. 3 InsVV inkludiert sein, würde dies insbesondere im vorläufigen Insolvenzverfahren oft bedeuten, dass in der Auslagenpauschale, die in den meisten Fällen EUR 500,00 bzw. EUR 750,00 beträgt, obwohl die Beträge für die Höherversicherung der Haftpflichtversicherung oft bei mehreren Tausend-EURO liegen. Im eröffneten Verfahren hätte dies zur Folge, dass der Verwalter, wenn er nicht die Auslagenpauschale nach § 8 Abs. 3 InsVV von der Versicherungsprämie aufzehren lassen möchte, gehalten wäre, jede einzelne Auslage zu dokumentieren und abzurechnen. Dies würde nicht nur auf Seiten des Verwalters zu einem immensen Aufwand führen, sondern auch auf Seiten des Gerichts, das die Erstattungsfähigkeit der einzelnen Auslagen zu prüfen hätte. Da es sich bei den Fällen, in denen es eine Aufstockung der Haftpflichtversicherung gibt, um »große« Insolvenzverfahren handelt, wäre gerade in diesen Fällen der Sinn und Zweck der Auslagenpauschale, die Vereinfachung, ausgehebelt.

Die Entnahme der Versicherungsprämie aus der Masse ist nur im Rahmen eines Auslagenvorschusses gem. § 9 InsVV möglich, sodass ein vorangegangener Vorschussantrag und die Einwilligung des Insolvenzgerichts erforderlich sind. Eine Ausnahme kann nur dann dem Verwalter zugebilligt werden, wenn »**Gefahr in Verzug**« ist, d.h. der Stand des Insolvenzverfahrens gebietet im Interesse einer ordnungsgemäßen Verwaltung und auch der Absicherung des Insolvenzverwalters den **sofortigen** Abschluss eines Versicherungsvertrages. In diesem Falle ist allerdings umgehend das Insolvenzgericht zu informieren und ein entsprechender Antrag zur Genehmigung beim Insolvenzgericht einzuholen (vgl. BK-InsO/*Blersch* InsVV, § 4 Rn. 42 f.).

Die zusätzliche Haftpflichtversicherung bzw. die daraus resultierende Prämie stellt **keine Masseverbindlichkeit** gem. § 55 InsO dar, sondern, wie bereits ausgeführt, Auslagen, die dem Insolvenzverwalter aus der Masse zu erstatten sind. Demgegenüber stellen sonstige Sachversicherungen, die sich auf Massegegenstände beziehen und deren Schutz bezwecken und zu deren Abschluss der Insolvenzverwalter bei Vorliegen entsprechender Voraussetzungen angehalten ist, Masseverbindlichkeiten gem. § 55 Abs. 1 Nr. 1 InsO dar. Zum Abschluss dieser Versicherungen hat der Insolvenzverwalter keine Einwilligung des Insolvenzgerichts einzuholen. 30

§ 5 Einsatz besonderer Sachkunde

(1) Ist der Insolvenzverwalter als Rechtsanwalt zugelassen, so kann er für Tätigkeiten, die ein nicht als Rechtsanwalt zugelassener Verwalter angemessenerweise einem Rechtsanwalt übertragen hätte, nach Maßgabe der Bundesgebührenordnung für Rechtsanwälte Gebühren und Auslagen gesondert aus der Insolvenzmasse entnehmen.

(2) Ist der Verwalter Wirtschaftsprüfer oder Steuerberater oder besitzt er eine andere besondere Qualifikation, so gilt Absatz 1 entsprechend.

Übersicht	Rdn.			Rdn.
A. Begründung zur insolvenzrechtlichen Vergütungsverordnung	1	C.	Rechtsanwalt als Insolvenzverwalter (Abs. 1)	7
B. Allgemeines	2	D.	Weitere Berufsgruppen (Abs. 2)	21

A. Begründung zur insolvenzrechtlichen Vergütungsverordnung

Schon die geltende Vergütungsverordnung geht in § 2 Nr. 3 Satz 2 davon aus, dass der Verwalter, der für die Insolvenzmasse als Rechtsanwalt tätig wird, zusätzlich zu seiner Vergütung als Insolvenzverwalter Rechtsanwaltsgebühren aus der Insolvenzmasse erhält. § 5 Abs. 1 der Verordnung regelt dies ausdrücklich und legt als Kriterium für die Abgrenzung der gesondert zu vergütenden Tätigkeit fest, dass es bei einem nicht als Rechtsanwalt zugelassenen Verwalter sachgerecht gewesen wäre, mit dieser Tätigkeit einen Anwalt zu beauftragen. Es wird also nicht nur die Vertretung in einem Prozess erfasst, bei dem Anwaltszwang besteht, sondern auch andere Arten anwaltlicher Tätigkeit. Das entspricht der allgemeinen Auffassung zum geltenden Recht. Tätigkeiten, die in den Kernbereich der von der Insolvenzordnung festgelegten Aufgaben des Verwalters gehören, können nicht als Einsatz besonderer Sachkunde zusätzlich vergütet werden; zu diesen Tätigkeiten gehört beispielsweise die Ausarbeitung eines Insolvenzplans (vgl. auch § 3 Abs. 1 Buchstabe e der Verordnung). 1

Abs. 2 überträgt die für den Rechtsanwalt entwickelten Grundsätze auf andere Qualifikationen, insbesondere die des Wirtschaftsprüfers oder des Steuerberaters. Es wäre nicht gerechtfertigt, dem Rechtsanwalt den Einsatz seiner Sachkunde im Insolvenzverfahren besonders zu vergüten, dies dem Wirtschaftsprüfer aber zu versagen. Die vorgesehene entsprechende Anwendung bedeutet im Einzelnen, dass ein Insolvenzverwalter, der Wirtschaftsprüfer ist, für den Einsatz dieser besonderen Sachkunde im Insolvenzverfahren unter der Voraussetzung, dass ein anderer Insolvenzverwalter sachgerechterweise einen Wirtschaftsprüfer eingeschaltet hätte, eine gesonderte Vergütung für die Wirtschaftsprüfertätigkeit aus der Insolvenzmasse entnehmen kann.

§ 5 InsVV Einsatz besonderer Sachkunde

Wie im bisherigen Recht vermindern die Beträge, die der Insolvenzmasse für den Einsatz besonderer Sachkunde entnommen worden sind, die Berechnungsgrundlage für die Vergütung des Insolvenzverwalters (§ 1 Abs. 2 Nr. 4 Buchstabe a im Anschluss an die bereits genannte Vorschrift des § 2 Nr. 3 Satz 2 der geltenden Vergütungsverordnung).

B. Allgemeines

2 In § 5 Abs. 1 InsVV wird geregelt, dass einem Insolvenzverwalter, der als **Rechtsanwalt** zugelassen ist, ein zusätzlicher Vergütungsanspruch zusteht, sofern er seine **besondere Sachkunde** als Rechtsanwalt der Masse zur Verfügung stellt. Nach Abs. 2 gilt dies auch bei **besonderen Qualifikationen** als **Wirtschaftsprüfer** oder **Steuerberater** oder einer ähnlichen **speziellen Sachkunde**.

3 **Entsprechend der Regelung des § 56 InsO** kann das Insolvenzgericht jede für den Einzelfall geeignete insbesondere geschäftskundige Person als Verwalter bestellen, **ohne** dass eine entsprechende Zusatzqualifikation als Rechtsanwalt, Wirtschaftsprüfer oder Steuerberater zu fordern ist. Wenn nun der bestellte Insolvenzverwalter über eine derartige besondere Qualifikation verfügt und er seine **Spezialkenntnisse** gleichermaßen der **Masse zur Verfügung stellt**, die ein nicht zu dieser Berufsgruppe gehörender Insolvenzverwalter einem Dritten übertragen würde, so ist er wie dieser – **zusätzlich** – zu **vergüten**. Auch bei einer Übertragung dieser Spezialtätigkeit müsste die Masse gem. **§ 55 Abs. 1 Nr. 1 InsO** die angemessene Vergütung an den Dritten entrichten (vgl. hierzu BK-InsO/*Blersch* InsVV, § 5 Rn. 2). Die Vorschrift sieht allerdings ausdrücklich vor, dass **nur** dann Rechtsanwaltskosten oder Kosten der besonderen Berufsqualifikation erstattet werden können, wenn die Tätigkeit in **angemessener Weise** dem speziell qualifizierten Dritten übertragen worden wäre. Die Abgrenzung kann nach der Rspr. des BGH in Zusammenhang mit der Zusatzvergütung eines Rechtsanwaltes, der als Liquidator tätig ist, beurteilt werden (vgl. *BGH* ZIP 1998, 1793; MüKo-InsO/*Nowak* 2. Aufl., Anh. zu § 65, § 4 InsVV Rn. 1). Dementsprechend ist die **Abgrenzung** dahingehend vorzunehmen, dass der als Insolvenzverwalter tätige Rechtsanwalt oder der sonstige »besonders Qualifizierte« für die jeweils in Frage stehende **Aufgabe**, die eine **geschäftserfahrene** Person üblicherweise **ohne fremden Beistand** erledigt hätte, **kein** über die Vergütung hinausgehendes **Honorar** verlangen kann (vgl. *BGH* ZIP 1998, 1793 [1795]; NZI 2005, 103). Es ist daher der Maßstab eines geschäftskundigen erfahrenen »Insolvenzverwalters« anzulegen und zu fragen, inwieweit er bei entsprechend schwierigen Fallkonstellationen einen besonders Qualifizierten, wie insbesondere Rechtsanwalt, Steuerberater oder Wirtschaftsprüfer, beauftragen oder die Aufgabe selbst in Person lösen würde.

4 Der für die konkrete Tätigkeit zu zahlende Vergütungsbetrag unterliegt nicht der Festsetzung durch das Insolvenzgericht, sondern ist als **Masseverbindlichkeit** gem. **§ 55 Abs. 1 Nr. 1 InsO** (*Kübler/Prütting/Bork-Stoffler* InsVV, § 5 Rn. 8; a.A. BK-InsO/*Blersch* InsVV, § 5 Rn. 4: Verfahrenskosten gem. § 54 Nr. 2 InsO) direkt aus der Masse zu bezahlen. Die Entnahme bedarf **nicht** der Zustimmung des Insolvenzgerichts.

Nach der Rechtsprechung des BGH sollen verbundene Unternehmen erst nach Anzeige durch den Insolvenzverwalter beim Insolvenzgericht beauftragt werden (*BGH* ZInsO 2012, 1125; *Haarmeyer/Reck* ZInsO 2011, 1147 ff.).

5 Entsprechend **§ 58 InsO** hat das **Insolvenzgericht** jedoch grds. die **Aufsichtspflicht** gegenüber dem Insolvenzverwalter. Insoweit kann das Insolvenzgericht auch überprüfen, ob der Insolvenzverwalter Zusatzvergütungen für besondere Sachkunde der Masse in Rechnung gestellt hat und inwieweit diese sich im Rahmen der Vorgaben des § 5 InsVV, insbesondere hinsichtlich der Angemessenheit (»angemessenerweise«), hält (vgl. *OLG Köln* KTS 1977, 56; MüKo-InsO/*Riedel* Anh. zu § 65, § 5 InsVV Rn. 8; *Haarmeyer/Mock* InsVV, § 5 Rn. 48 ff.). Sind das Insolvenzgericht und der Insolvenzverwalter hinsichtlich der **Berechtigung der Entnahme** unterschiedlicher Auffassung, so kann das Insolvenzgericht kraft eigener Kompetenz **nicht** die Rückforderung des in Frage stehenden Betrages an die Masse fordern (*Haarmeyer/Mock* InsVV, § 5 Rn. 48 ff.; BK-InsO/*Blersch* InsVV, § 5 Rn. 19). Das Insolvenzgericht kann lediglich fordern, dass der strittige Entnahmebetrag bis zur Entscheidung im Zivilrechtswege hinterlegt wird. Zur **Rückforderung des Anspruchs** hat das Insolvenzgericht einen **Sonderverwal-**

ter zu bestellen, der den nach Auffassung des Gerichts bestehenden Rückzahlungsanspruch ggf. im Klagewege geltend macht (*Haarmeyer/Mock* InsVV, § 5 Rn. 50; BK-InsO/*Blersch* InsVV, § 5 Rdn. 19). Das Insolvenzgericht ist allerdings nicht gehindert, bei Feststellung eines **zu Unrecht entnommenen Vergütungsbetrages** gem. § 5 Abs. 1 InsVV in Höhe dieses Betrages einen **Abschlag** nach § 3 Abs. 2 InsVV von der vom Verwalter zur Festsetzung beantragten Vergütung vorzunehmen (vgl. *BGH* ZIP 2005, 36; *Haarmeyer/Mock* InsVV, § 5 Rn. 51). Der Verwalter ist dann wiederum gehalten, im Wege der **sofortigen Beschwerde** über die Berechtigung der Kürzung der Vergütung eine gerichtliche Klärung herbeizuführen (BK-InsO/*Blersch* InsVV, § 5 Rn. 21).

Neben der Überwachungspflicht des § 58 InsO hat das **Insolvenzgericht** im Rahmen des Festsetzungsverfahrens eine **Prüfungspflicht**, inwieweit der Insolvenzverwalter gem. § 8 Abs. 2 InsVV die Masse ordnungsgemäß berechnet hat. Mithin hat das Insolvenzgericht auch zu prüfen, ob der Insolvenzverwalter gem. § 1 Abs. 2 Nr. 4a InsVV die Absetzung der entsprechenden Vergütungsbeträge vorgenommen hat. Bei Beanstandungen kann das Insolvenzgericht wie vorstehend beschrieben gegen den Insolvenzverwalter vorgehen. 6

C. Rechtsanwalt als Insolvenzverwalter (Abs. 1)

Der Rechtsanwalt, der als Insolvenzverwalter tätig ist, kann bei Inanspruchnahme seiner besonderen Fachkunde eine gesonderte Vergütung erhalten. Die **Abgrenzung** ist dahingehend vorzunehmen, ob ein Insolvenzverwalter ohne juristische Ausbildung die zu beurteilende Fragestellung ohne besondere Schwierigkeiten und ohne Eingehung eines besonderen Haftungsrisikos erledigen könnte oder ob er auf Grund der **Schwierigkeit** und **Komplexität** der Frage einen Rechtsanwalt einschalten würde (*BGH* NZI 1998, 77 und zuletzt *BGH* NZI 2005, 104). Insoweit unterliegt die Beurteilung einer hypothetischen Betrachtung aus der Sicht eines **durchschnittlichen Insolvenzverwalters** mit den üblicherweise einem Insolvenzverwalter zuzuordnenden Fähigkeiten (vgl. BK-InsO/*Blersch* InsVV, § 5 Rn. 5, 8). Nicht entscheidend ist es allerdings, ob es sich um eine gerichtliche oder außergerichtliche Angelegenheit handelt. Denn neben der gerichtlichen Tätigkeit, die üblicherweise einem Anwalt übertragen wird, gibt es im Rahmen der Insolvenzabwicklung erhebliche juristische Fragestellungen und Aufgaben, die auch ein geschäftskundiger Insolvenzverwalter ohne juristische Vorbildung einem Rechtsanwalt sofort übertragen würde. 7

Regelmäßig erhält ein Insolvenzverwalter, der zugleich Rechtsanwalt ist, alle für **Zivilrechtsstreitigkeiten** nach dem **RVG** festzusetzenden Rechtsanwaltskosten gesondert vergütet, wenn entweder in dem anhängigen Rechtsstreit Anwaltszwang besteht oder ein Insolvenzverwalter, der nicht Rechtsanwalt ist, in »angemessenerweise« einen Rechtsanwalt beauftragt hätte (vgl. *BGH* NZI 2005, 103; *LAG* Köln NZA-RR 2006, 539; MüKo-InsO/*Riedel* Anh. zu § 65, § 5 InsVV Rn. 2 m.w.N.). Dabei sind dem Insolvenzverwalter, entsprechend dem RVG, die Rechtsanwaltsgebühren zuzubilligen, die er erhalten würde, wenn er diesen Prozess in eigener Angelegenheit führen würde. Die Erstattungsfähigkeit ist allerdings nicht auf den Zivilrechtsstreit beschränkt, sondern gilt auch für **sämtliche Streitigkeiten** vor den **Arbeits-, Verwaltungs-, Finanz-** und **Patentgerichten** (vgl. MüKo-InsO/*Nowak* 2. Aufl., Anh. zu § 65, InsVV, § 5 Rn. 5 m.w.N.; *Kübler/Prütting/Bork-Stoffler* InsVV, § 5 Rn. 4, 5 ff.; § 4 Rn. 72, 76 ff.): 8

– Im **zivilprozessualen Bereich** kann der Insolvenzverwalter als Rechtsanwalt eine sog. **Vergleichsgebühr** (Nr. 1000 VV RVG) bei Vorliegen der allgemeinen prozessualen Voraussetzungen fordern (vgl. MüKo-InsO/*Nowak* 2. Aufl., Anh. zu § 65, § 6 InsVV Rn. 12; *Haarmeyer/Mock* InsVV, § 5 Rn. 39). 9

– Eine **Verkehrsanwaltsgebühr** kann der Insolvenzverwalter als Rechtsanwalt **nicht** fordern, da Personenidentität zwischen Partei und Übermittler besteht, sodass Nr. 3400 ff. VV RVG schon begrifflich nicht anwendbar ist (vgl. BK-InsO/*Blersch* InsVV, § 5 Rn. 11; *Haarmeyer/Mock* InsVV, § 5 Rn. 40). 10

– Eine **Hebegebühr** gem. Nr. 1009 VV RVG kann der Insolvenzverwalter als Anwalt **nicht** berechnen, da die Verwaltung von Geldmitteln eine typische Insolvenzverwaltertätigkeit ist (vgl. MüKo-InsO/*Nowak* 2. Aufl., Anh. zu § 65, § 6 InsVV Rn. 13). 11

§ 5 InsVV Einsatz besonderer Sachkunde

12 – Bei **Zwangsvollstreckungsmaßnahmen** stehen dem Insolvenzverwalter grds. **gesonderte** Vergütungsansprüche zu, wobei allerdings eine **Einschränkung** dahingehend vorzunehmen ist, dass dies für **einfach** durchzuführende Vollstreckungsmaßnahmen nicht gilt (vgl. BGH Beschl. v. 04.12.2014 – IX ZB 60/13, ZInsO 2015, 110; *Kübler/Prütting/Bork-Stoffler* InsVV, § 4 Rn. 85; MüKo-InsO/*Nowak* 2. Aufl., Anh. zu § 65, § 5 InsVV Rn. 6; **a.A.** BK-InsO/*Blersch* InsVV, § 5 Rn. 12). Für einen durchschnittlichen Insolvenzverwalter ohne entsprechende juristische Vorbildung ist zu fordern, dass er einfache Vollstreckungsmaßnahmen selbst einleiten bzw. durchführen lassen kann (Vollstreckungsauftrag an Gerichtsvollzieher für Sachpfändung, Antrag auf Abgabe der eidesstattlichen Versicherung gem. § 807 ZPO oder Pfändung von Arbeitseinkommen).

13 – Bei **schwierigen Vollstreckungskonstellationen** wie z.B. im Bereich der Pfändung von speziellen Vermögensrechten, von Hypothekenforderungen oder von Grundpfandrechten sowie Anträge auf Eintragung von Zwangssicherungshypotheken steht dem Insolvenzverwalter zweifelsohne eine gesonderte Vergütung entsprechend dem RVG zu (vgl. hierzu auch MüKo-InsO/*Nowak* 2. Aufl., Anh. zu § 65, § 5 InsVV Rn. 6).

14 – Bei **Zwangsversteigerungen** ist grds. von komplizierteren Fallgestaltungen auszugehen, sodass in diesem Bereich regelmäßig dem Insolvenzverwalter ein gesonderter Vergütungsanspruch zusteht. Derartige Spezialkenntnisse sind von einem Insolvenzverwalter, der nicht Rechtsanwalt ist, nicht zu fordern (vgl. *Kübler/Prütting/Bork-Stoffler* InsVV, § 4 Rn. 86; BK-InsO/*Blersch* InsVV, § 5 Rn. 12; MüKo-InsO/*Nowak* 2. Aufl., Anh. zu § 65, § 5 InsVV Rn. 7; kritisch MüKo-InsO/*Riedel* Anh. zu § 65, § 5 InsVV Rn. 5 f.).

15 – Dem Insolvenzverwalter als Rechtsanwalt sind auch gesonderte Vergütungen im Bereich der **Verhandlungen** und der **Erarbeitung** von komplizierteren **Vertragsgestaltungen** zuzubilligen. Dies ist insbesondere bei **schwierigen Verträgen** im Bereich des **Gesellschaftsrechts**, bei **Unternehmensveräußerungen** oder bei **Erbauseinandersetzungen** oder im **Grundstücksrecht** anzunehmen (vgl. *Kübler/Prütting/Bork-Stoffler* InsVV, § 4 Rn. 79; MüKo-InsO/*Nowak* 2. Aufl., Anh. zu § 65, § 5 InsVV Rn. 8). Gleiches gilt für die Bearbeitungen komplizierter Mietrechtsgestaltungen, insbesondere auch der Erarbeitung von neuen Mietverträgen oder der Gestaltung komplizierter Mietaufhebungsverträge (*BGH* NZI 2005, 105).

16 – Ein Insolvenzverwalter, der zugleich **Notar** ist, darf **keine Beurkundungen** vornehmen (vgl. §§ 3, 6, 7 Beurkundungsgesetz), sodass vorgenommene Beurkundungen nichtig sind. Dementsprechend kann eine gesonderte Vergütung für derartige Beurkundungstätigkeiten nicht gefordert werden (vgl. MüKo-InsO/*Nowak* 2. Aufl., Anh. zu § 65, § 5 InsVV Rn. 8). Ungeachtet dessen kann der Notar selbstverständlich eine gesonderte Vergütung für den **Entwurf** schwieriger Verträge, z.B. von Grundstückskaufverträgen – beispielsweise bei der Verwertung eines Betriebsgrundstücks – bei **schwierigen** Konstellationen fordern. Dieser Anspruch steht auch einem Rechtsanwalt, der nicht Notar ist, zu (vgl. MüKo-InsO/*Nowak* 2. Aufl., Anh. zu § 65, § 6 InsVV Rn. 10). Allerdings begründet nicht schon die im Rahmen der Abwicklung des Insolvenzverfahrens notwendige **Anbahnung** und der **Abschluss von Grundstückskaufverträgen** einen Anspruch auf das Anwaltshonorar, da die Verwertung von Immobilien eine Kernaufgabe des Insolvenzverwalters ist. Bei Grundstücksveräußerung liegt aber sicherlich dann eine besondere Schwierigkeit vor, die ein Anwaltshonorar gesondert begründet, wenn statt eines Grundstücks ein Erbbaurecht verkauft wird, da hierzu die Zustimmung des Grundstückseigentümers einzuholen ist und darüber hinaus der Eintritt in den schuldrechtlichen Erbbaurechtsvertrag geregelt werden muss (*BGH* NZI 2005, 104).

17 – Im Bereich der **Steuerangelegenheiten** kann ein Rechtsanwalt, der über besonderes steuerliches Fachwissen (z.B. Fachanwalt für Steuerrecht) verfügt, für die Bearbeitung von schwierigen steuerlichen Fragen eine gesonderte Vergütung in Ansatz bringen.

18 – Gleiches gilt auch im Bereich des gewerblichen **Urheberrechts**, **Marken-** oder **Patentrechts**. Dies erfasst sowohl Handlungen im Bereich der Vermarktung von Marken und Patenten bzw. dem Abschluss von Lizenzverträgen, als auch im Bereich der Abwehr von Schutzrechtsverletzungen usw. (BK-InsO/*Blersch* InsVV, § 5 Rn. 15).

- Auch im **arbeitsrechtlichen Bereich** ist insbesondere bei Verhandlungen zum Abschluss eines Interessenausgleichs und eines Sozialplanes besonderes Fachwissen erforderlich, was zu einer gesonderten anwaltlichen Vergütung führt. 19
- **Öffentliches Bau- und Umweltrecht** ist auch, insbesondere bei schwierigen Fallkonstellationen, als Sonderwissen einzustufen, was eine gesonderte Vergütung als angemessen ansehen lässt. 20

D. Weitere Berufsgruppen (Abs. 2)

Nach der Regelung des § 5 Abs. 2 InsVV gelten die für Rechtsanwälte dargestellten **Grundsätze** gleichermaßen für **Wirtschaftsprüfer, Steuerberater** oder sonstige **besonders qualifizierte Personen**, die als Insolvenzverwalter tätig sind. Dementsprechend können Insolvenzverwalter, die in einem Spezialgebiet über besondere Sachkunde verfügen, die üblicherweise von einem durchschnittlichen Insolvenzverwalter nicht gefordert werden kann, für die Zurverfügungstellung dieser Sachkunde gegenüber der Insolvenzmasse eine gesonderte Vergütung in Rechnung stellen. Die **Abgrenzung** ist auch hier in der Form vorzunehmen, dass zu beurteilen ist, ob ein **durchschnittlicher Insolvenzverwalter** – ohne die besondere Sachkunde – die zu bearbeitende Angelegenheit einem besonders qualifizierten Dritten übertragen hätte. Ist dies der Fall kann die Vergütung in Ansatz gebracht werden. Die **gesonderte Vergütung** ist vorrangig der für die **spezielle Berufsgruppe geltenden Vergütungsregelung** zu entnehmen. Dabei ist insbesondere auch auf die **Steuerberatergebührenverordnung** oder die **Gebührenordnung für Wirtschaftsprüfer** zu verweisen. Sofern **keine berufsspezifische Vergütungsregelung** vorhanden ist, kann der Insolvenzverwalter eine **üblicherweise** in dieser Berufsgruppe anzusetzende Vergütung in Rechnung stellen. Beispielsweise kann ein Immobilienfachwirt der als Insolvenzverwalter im Rahmen der Abwicklung einer Bauträgerinsolvenz über einen längeren Zeitraum die Objekte als Hausverwalter betreut oder ein Insolvenzverwalter, der Unternehmensberater ist und in Zusammenhang mit Sanierungsvorbereitungen entsprechende Rentabilitätsberechnungen durchführt oder Konzepte ausarbeitet, dann die marktübliche Hausverwaltervergütung bzw. ein übliches Beraterhonorar gem. § 5 InsVV beanspruchen (vgl. BK-InsO/*Blersch* InsVV, § 5 Rn. 25). Eine Gewährung von Zuschlägen gem. § 3 Abs. 1 InsVV ist dagegen abzulehnen, da diese dem Normzweck des § 5 InsVV widersprechen würde, der gerade die **übliche Vergütung** für die besondere Sachkunde in Ansatz gebracht haben will (a.A. BK-InsO/*Blersch* InsVV, § 5 Rn. 25). Von dem Insolvenzverwalter, der einer Berufsgruppe angehört, für die keine besondere Vergütungsregelung gilt, ist allerdings zu fordern, dass er die **Berechnung** der gesonderten Vergütung **nachvollziehbar** darlegt, ggf. mit Hinweisen auf die **Marktüblichkeit** und auf eventuelle **Nachprüfungsmöglichkeiten**, sodass dem Insolvenzgericht im Rahmen dessen Prüfungspflicht die Möglichkeit der tatsächlichen Kontrolle auch gegeben ist. 21

§ 6 Nachtragsverteilung. Überwachung der Erfüllung eines Insolvenzplans

(1) ¹Für eine Nachtragsverteilung erhält der Insolvenzverwalter eine gesonderte Vergütung, die unter Berücksichtigung des Werts der nachträglich verteilten Insolvenzmasse nach billigem Ermessen festzusetzen ist. ²Satz 1 gilt nicht, wenn die Nachtragsverteilung voraussehbar war und schon bei der Festsetzung der Vergütung für das Insolvenzverfahren berücksichtigt worden ist.

(2) ¹Die Überwachung der Erfüllung eines Insolvenzplans nach den §§ 260–269 der Insolvenzordnung wird gesondert vergütet. ²Die Vergütung ist unter Berücksichtigung des Umfangs der Tätigkeit nach billigem Ermessen festzusetzen.

Übersicht	Rdn.		Rdn.
A. Begründung zur insolvenzrechtlichen Vergütungsverordnung	1	D. Überwachung und Erfüllung eines Insolvenzplans (§ 6 Abs. 2 InsVV)	16
B. Allgemeines	2	I. Vergütungsanspruch	16
C. Nachtragsverteilung (§ 6 Abs. 1 InsVV)	5	II. Durchsetzung des Vergütungsanspruchs	23

§ 6 InsVV Nachtragsverteilung. Überwachung der Erfüllung eines Insolvenzplans

A. Begründung zur insolvenzrechtlichen Vergütungsverordnung

1 *Abs. 1 betrifft den Fall, dass nach der Aufhebung oder Einstellung des Insolvenzverfahrens eine Nachtragsverteilung stattfindet (§§ 203, 211 Abs. 3 InsO). Im Anschluss an § 4 Abs. 4 der geltenden Vergütungsverordnung wird festgelegt, dass die Vergütung des Insolvenzverwalters in diesem Fall vom Gericht nach billigem Ermessen festgesetzt wird. Zur Konkretisierung wird zum einen hinzugefügt, dass bei der Vergütungsfestsetzung der Wert der nachträglich verteilten Insolvenzmasse zu berücksichtigen ist (Satz 1), und zum anderen, dass eine Vergütung entfällt, wenn die Nachtragsverteilung schon bei der Festsetzung der Vergütung für das Insolvenzverfahren berücksichtigt worden ist.*

Abs. 2 betrifft eine andere Tätigkeit des Insolvenzverwalters nach der Aufhebung des Insolvenzverfahrens, nämlich die Überwachung der Erfüllung eines Insolvenzplans. Auch diese Tätigkeit soll nach billigem Ermessen vergütet werden, wobei der Umfang der Tätigkeit zu berücksichtigen ist. Vergütungserhöhend wird sich beispielsweise auswirken, wenn im Insolvenzplan bestimmte Geschäfte an die Zustimmung des Verwalters gebunden werden (§ 263 InsO) oder ein Kreditrahmen vorgesehen ist (§ 264 InsO).

B. Allgemeines

2 § 6 InsVV normiert einen **eigenständigen Vergütungsanspruch** des Insolvenzverwalters für die Durchführung einer **Nachtragsverteilung** gem. den §§ 203, 206, 211 Abs. 3 InsO und für die **Überwachung der Erfüllung eines Insolvenzplans** gem. §§ 260–269 InsO.

3 Die Regelungen des **§ 6 Abs. 1 InsVV** stellen nunmehr gegenüber dem früheren § 4 Abs. 4 VergVO klar, dass der Insolvenzverwalter für die **Nachtragsverteilung** grds. einen Anspruch auf Vergütung besitzt und normiert auch gleichzeitig dessen Höhe. Es wird lediglich ein **Ausschluss** dieses Anspruchs für den Fall vorgesehen, dass die Nachtragsverteilung bereits bei Beendigung des Insolvenzverfahrens **vorhersehbar** war **und** bei der Festsetzung der Vergütung des Insolvenzverwalters die Nachtragsverteilung bereits in die **Berechnung eingeflossen** ist (vgl. amtliche Begr. des Verordnungsgebers unter Rdn. 1). Der Verordnungsgeber macht bedauerlicher Weise keine Ausführungen zu seinen Vorstellungen in Zusammenhang mit dem Begriff der »Vorhersehbarkeit«.

4 § 6 Abs. 2 InsVV gibt dem Insolvenzverwalter, der einen **Insolvenzplan** gem. §§ 260–269 InsO **überwacht** einen **gesonderten Vergütungsanspruch**. In dem nach altem Recht vergleichbar gelagerten Fall der Überwachung der Erfüllung eines Zwangsvergleiches war ein Vergütungsanspruch des überwachenden Konkursverwalters in der VergVO nicht geregelt, sodass der Verwalter ggf. gezwungen war, im Zivilprozessweg seinen Vergütungsanspruch gem. §§ 675, 612 Abs. 2 BGB geltend zu machen (vgl. *Eickmann* VergVO, vor § 1 Rn. 39, 44, 47, 52, 55 m.w.N.). Durch die neu geschaffene Vorschrift wird insoweit im Interesse des Insolvenzverwalters Klarheit geschaffen. Zu Recht weist *Eickmann* (in: Kübler/Prütting/Bork InsVV, § 6 Rn. 2) darauf hin, dass sich die unterschiedliche Behandlung **zwingend** aus der Stellung des Insolvenzverwalters im Bereich der Planüberwachung ergibt, da sein **Amt** gem. § 261 Abs. 1 Satz 2 InsO für den Zeitraum der Planüberwachung insoweit **fortbesteht**.

C. Nachtragsverteilung (§ 6 Abs. 1 InsVV)

5 Dem Insolvenzverwalter steht nach dieser Vorschrift grds. ein **Anspruch auf Vergütung für die Durchführung der Nachtragsverteilung** zu. Der Anspruch entsteht dann, wenn vom Insolvenzgericht die formale Anordnung einer Nachtragsverteilung und deren Vollzug gem. §§ 203–206 InsO bzw. gem. § 211 Abs. 3 InsO im Falle einer vorzeitigen Einstellung des Verfahrens gegeben ist. Die Anordnung einer Nachtragsverteilung erfolgt dann, wenn nach Abhaltung des Schlusstermins einbehaltene Beträge frei werden oder aus der Insolvenzmasse ausbezahlte Beträge an diese zurückerstattet werden oder wenn bisher nicht bekannte Gegenstände noch zur Insolvenzmasse ermittelt werden können.

Der Verordnungsgeber lässt gem. § 6 Abs. 1 Satz 2 den **Vergütungsanspruch nur dann entfallen**, 6
wenn die Nachtragsverteilung **vorhersehbar** war **und** bei der **Festsetzung** der Vergütung für das Insolvenzverfahren **berücksichtigt** worden ist. Da die Frage der **Vorhersehbarkeit** als erstes Ausschlussmerkmal neben das weitere Ausschlussmerkmal, nämlich die Berücksichtigung bei der Festsetzung der Verwaltervergütung, gestellt ist, kann sich der **Zeitpunkt** der **Vorhersehbarkeit** nur auf den **Zeitpunkt** der **Festsetzung** der Vergütung des Insolvenzverwalters beziehen (MüKo-InsO/*Riedel* Anh. zu § 65, § 6 InsVV Rn. 7; wohl a.A. MüKo-InsO/*Nowak* 2. Aufl., Anh. zu § 65, § 6 InsVV Rn. 3). Es stellt sich somit die Frage, ob der Insolvenzverwalter bei der Beantragung bzw. bei der Festsetzung seiner Vergütung vorhersehen konnte, dass eine Nachtragsverteilung durchzuführen sein wird. **Ausreichend** für die Vorhersehbarkeit ist **nicht**, dass eine Nachtragsverteilung lediglich **möglich** oder **wahrscheinlich** ist. Allein die Tatsache, dass beispielsweise hinterlegte Beträge bei Abschluss des Insolvenzverfahrens noch vorhanden sind, die dann später zur Insolvenzmasse fließen, begründet noch nicht die Vorhersehbarkeit, da gerade der Zufluss zur Masse nicht gesichert ist (vgl. hierzu *Kübler/ Prütting/Bork-Eickmann* InsVV, § 6 Rn. 3). Auch die Tatsache, dass die hinterlegten Beträge in die Berechnungsgrundlage der Vergütung für die Durchführung des Insolvenzverfahrens eingeflossen sind, ergibt noch nicht die Vorhersehbarkeit der späteren Nachtragsverteilung, da diese Beträge auch mit berücksichtigt worden wären, wenn der Zufluss an die Masse aus den hinterlegten Beträgen nicht erfolgen würde (vgl. *Kübler/Prütting/Bork-Eickmann* InsVV, § 6 Rn. 3). Bei nachträglich ermittelten Massegegenständen wird man die Vorhersehbarkeit regelmäßig ausschließen können, da anderenfalls anzunehmen wäre, dass der Insolvenzverwalter – pflichtwidrig – einen Massegegenstand im bereits abgeschlossenen Insolvenzverfahren nicht verwertet hat. An der Vorhersehbarkeit fehlt es auch dann, wenn die Durchführung und der Vollzug der Nachtragsverteilung durch einen neu bestellten Insolvenzverwalter vorgenommen wird, da seine Tätigkeit schon nach allgemeinen Gebührengrundsätzen auf jeden Fall vergütet werden muss (*Haarmeyer/Mock* InsVV, § 6 Rn. 5).

Der Anspruch auf die Zusatzvergütung entfällt auch nur dann, wenn die **vorhersehbare** Nachtrags- 7
verteilung bereits bei der **Festsetzung** (besser: Berechnung) der Vergütung des Insolvenzverwalters für die Durchführung des Insolvenzverfahrens **berücksichtigt** worden ist. Dies ist nur dann anzunehmen, wenn die Vergütung des Insolvenzverwalters **ausdrücklich** unter Bezugnahme auf die noch durchzuführende Nachtragsverteilung mit einem **Zuschlag** gem. § 3 Abs. 1 InsVV erhöht worden ist (vgl. *Kübler/Prütting/Bork-Eickmann* InsVV, § 6 Rn. 3; MüKo-InsO/*Nowak* 2. Aufl., Anh. zu § 65, § 6 InsVV Rn. 4).

Grds. ist davon auszugehen, dass der **Ausschluss** des Vergütungsanspruchs gem. Abs. 1 Satz 2 **nur** 8
dann gegeben ist, wenn dem Insolvenzverwalter im Rahmen seiner Vergütung für die Durchführung des Insolvenzverfahrens im Rahmen des Festsetzungsbeschlusses **ein Zuschlag** gem. § 3 Abs. 1 InsVV zugebilligt wurde oder dass durch entsprechende **Ausführungen des Gerichts** von der Vornahme eines **Abschlags abgesehen** wurde, da noch eine Nachtragsverteilung zu erwarten war. Denn nur in diesem Fall war die Nachtragsverteilung einerseits **vorhersehbar** und andererseits **auch** bei der Festsetzung der Vergütung bereits **berücksichtigt**.

Die Höhe der Vergütung setzt das Gericht gem. Abs. 1 Satz 1 nach **billigem Ermessen** fest. Der Ver- 9
ordnungsgeber weist ausdrücklich daraufhin, dass bei der Ausübung dieses Ermessens der **Wert der nachträglich verteilten Insolvenzmasse** zu berücksichtigen ist (vgl. auch die Begr. des Verordnungsgebers Rdn. 1). Da der Verordnungsgeber festlegt, dass dieser Wert nur »zu berücksichtigen ist«, bedeutet dies im Umkehrschluss, dass auch **weitere Umstände**, in die Berechnung mit einzufließen haben. Dabei ist insbesondere an die in **§ 3 InsVV** zur Berechnung von **Zu- und Abschlägen** genannten Kriterien, wie besondere Schwierigkeiten, Umfang der anfallenden Arbeit und auch die Haftungsrisiken zu denken (vgl. MüKo-InsO/*Nowak* 2. Aufl., Anh. zu § 65, § 6 InsVV Rn. 5). Das **billige Ermessen des Gerichts** hat **allen** im Rahmen der Nachtragsverteilung anfallenden **Umständen** Rechnung zu tragen.

Entsprechend der Systematik der InsVV ist die Vergütung ausgehend von der **Staffelvergütung des** 10
§ 2 InsVV zu berechnen, wobei der Wert der nachträglich verteilten Insolvenzmasse die **Berechnungsgrundlage** darstellt (vgl. *BGH* NZI 2010, 259; ZIP 2006, 2131; *Kübler/Prütting/Bork-Eick-*

mann InsVV, § 6 Rn. 4 ff., MüKo-InsO/*Stephan* Anh. zu § 65, § 6 InsVV Rn. 8; **a.A.** *Haarmeyer/ Mock* InsVV, § 6 Rn. 9). Der von *Haarmeyer/Mock* (InsVV, § 6 Rn. 9) vertretenen Auffassung, wonach die Vergütung auch nach Zeitaufwand oder pauschal berechnet werden kann, ist nicht zu folgen. Die Systematik der InsVV geht bei der Berechnungsgrundlage gem. § 1 InsVV grds. von dem Wert des Aktivvermögens aus und berechnet gem. § 2 InsVV eine Regelvergütung, die gem. § 3 InsVV mit Zu- und Abschlägen unter Berücksichtigung des konkreten Verfahrens versehen wird. Mit der von *Haarmeyer/Mock* (InsVV, § 6 Rn. 9) vorgeschlagenen Vorgehensweise würde die Systematik der InsVV verlassen, **ohne** dass hierfür eine sachgerechte Begründung vorhanden ist. Denn die Systematik der InsVV liefert auch bei der Berechnung der Vergütung des Insolvenzverwalters im Rahmen der Nachtragsverteilung ein **Regelwerk**, welches zu **angemessenen Vergütungen** führt.

11 Ausgehend vom **Wert** der zur Nachtragsverteilung gelangten **Masse** und der Annahme, dass die Nachtragsverteilung **keine weiteren Besonderheiten** ausweist, dürfte eine Vergütung in Höhe **von 35 %** der Regelvergütung des § 2 InsVV angemessen sein (**a.A.** *Kübler/Prütting/Bork-Eickmann* InsVV, § 6 Rn. 6, der von 25 % ausgeht; MüKo-InsO/*Nowak* 2. Aufl., mit einem Satz von 50 %). Eine solche »**Regelnachtragsverteilung**« dürfte dann gegeben sein, wenn lediglich zur Masse zurückgeflossene hinterlegte Geldbeträge verteilt werden, die Verteilung an nicht mehr als 100 Gläubiger erfolgt oder eine Abwicklung innerhalb von sechs Monaten möglich ist (*Kübler/Prütting/Bork-Eickmann* InsVV, § 6 Rn. 6; **a.A.** *BGH* ZIP 2006, 2131: »Vergütung auf den jeweiligen Einzelfall bezogen festsetzen«; *Stephan/Riedel* § 6 Rn. 7). Dem *BGH* (ZIP 2006, 2131) ist entgegenzuhalten, dass selbstverständlich auch bei einer Nachtragsverteilung ein »Regelfall« beschreibbar ist, dem wiederum ein bestimmter Bruchteil der Regelvergütung des § 2 InsVV »zuzuordnen« ist. Auch wenn Nachtragsverteilungen völlig unterschiedlich sind, so ist die Interessenlage bei der Abwicklung eines Insolvenzverfahrens, aber auch bei der Bemessung der Vergütung des vorläufigen Insolvenzverwalters regelmäßig völlig unterschiedlich und dennoch wird als »Maßstab« eine Regelvergütung mit der Festlegung bestimmter qualitativer und quantitativer Kriterien auch vom BGH zugebilligt. Gleichermaßen können die Kriterien einer »Regelnachtragsverteilung« beschrieben werden und bei Abweichungen hiervon – bezogen selbstverständlich auf den konkreten Fall – durch Zu- und Abschläge entsprechend § 3 InsVV angemessen berücksichtigt werden. Dementsprechend ist je nach **Umfang** und **Schwierigkeit** der **Nachtragsverteilung**, wobei auch die **Dauer** zu berücksichtigen ist, eine Bewertung der Zu- und Abschläge unter Anwendung des § 3 InsVV vorzunehmen. Die Bandbreite der Vergütung bewegt sich dabei zwischen **25 %** und **150 %** der Regelvergütung des § 2 InsVV (vgl. MüKo-InsO/*Nowak* 2. Aufl., Anh. zu § 65, § 6 InsVV Rn. 5).

12 Im Einzelnen kann von folgenden Zuschlägen ausgegangen werden:
   – bei einer **Dauer** von mehr als sechs Monaten bis zu einem Jahr ist von einem Zuschlag von 10 %, bei einer Dauer bis zwei Jahre von 20 % und eine darüber hinausgehende Dauer mit 30 % zu vergüten;
   – bei einem Überschreiten der **Gläubigerzahl**, an die die Verteilung vorgenommen wird, von mehr als 100 bis 200 dürfte ein Zuschlag von 10 % und für je weitere 100 Gläubiger ein weiterer Zuschlag von jeweils 5 % angemessen sein;
   – nimmt der Insolvenzverwalter im Rahmen der Nachtragsverteilung **Verwertungshandlungen** vor, so dürfte bei Grundstücken ein Zuschlag von bis zu 25 % und bei beweglichen Sachen von bis zu 20 % zuzubilligen sein;
   – macht der Insolvenzverwalter im Rahmen der Nachtragsverteilung bzw. zur Erlangung der zur Erteilung vorgesehenen Mittel **Bereicherungs-, Anfechtungs- oder sonstige Ansprüche** geltend, so ist bei Durchführung von Rechtsstreitigkeiten ein Zuschlag von bis zu 40 % und ohne Rechtsstreit bis zu 25 % angemessen (ungeachtet dessen kann der Insolvenzverwalter bei Vorliegen entsprechender Voraussetzungen gem. § 5 zusätzlich hierzu noch die Anwaltsgebühren geltend machen);
   – Sind im Rahmen der Nachtragsverteilung **Einwendungen** von Gläubigern zu bearbeiten dürfte ein Zuschlag von 5 % zuzubilligen sein (vgl. i.E. *Kübler/Prütting/Bork-Eickmann* InsVV, § 6 Rn. 7).

§ 6 Abs. 1 InsVV regelt lediglich den Vergütungsanspruch, nicht allerdings den Anspruch auf **Auslagen**. Dieser ist entsprechend § 4 Abs. 2 InsVV gegeben, soweit die **Auslagen** im Rahmen der Nachtragsverteilung verursacht worden sind. Der Insolvenzverwalter kann auch im Rahmen der Nachtragsverteilung von der Möglichkeit der Pauschalierung des § 8 Abs. 3 InsVV Gebrauch machen, ohne dass eine Anrechnung auf die zuvor festgesetzten Pauschalen für den Insolvenzverwalter erfolgt (vgl. *Haarmeyer/Mock* InsVV, § 6 Rn. 12). 13

Gleichermaßen ergibt sich der **Umsatzsteuererstattungsanspruch** entsprechend § 7 InsVV; die **Festsetzung** der gesonderten Vergütung erfolgt gem. § 8 InsVV, sodass jeweils auf die dortigen Ausführungen verwiesen werden kann. 14

Bei der Bestimmung der gesonderten Vergütung des **Treuhänders** (§ 13 InsVV) für die **Nachtragsverteilung** sind im Rahmen des billigen Ermessens gem. § 6 InsVV die Staffelsätze nach § 2 InsVV heranzuziehen und **nicht** der geringere Regelsatz des § **13 Abs. 1 Satz 1 InsVV** (vgl. *LG Offenburg* NZI 2005, 172). Der Vergütungsansatz gem. § 6 InsVV gebietet sich bei einer Nachtragsverteilung durch den **Treuhänder**, da der Umfang der Tätigkeit des Treuhänders bei einer Nachtragsverteilung dem Umfang der Tätigkeit eines Insolvenzverwalters im Rahmen einer Nachtragsverteilung entspricht. Folglich ist die Vergütung bei dem Insolvenzverwalter und dem Treuhänder in gleicher Höhe zu bemessen. 15

D. Überwachung und Erfüllung eines Insolvenzplans (§ 6 Abs. 2 InsVV)

I. Vergütungsanspruch

§ 6 Abs. 2 InsVV begründet einen Anspruch auf die **gesonderte Vergütung** des Insolvenzverwalters für die **Überwachung der Erfüllung des Insolvenzplanes** entsprechend den Regelungen der §§ 260 ff. InsO. Zwar sieht § 258 InsO vor, dass nach entsprechender Bestätigung eines Insolvenzplanes das Verfahren aufgehoben wird, dennoch kann der Insolvenzplan festlegen, dass dessen Erfüllung entsprechend § 260 Abs. 1 InsO überwacht wird. Die **Überwachung** wird gem. § 261 Abs. 1 Satz 1 InsO durch den **Insolvenzverwalter** durchgeführt. § 261 Abs. 1 Satz 2 InsO regelt, dass in diesem Fall das **Amt** des Insolvenzverwalters, aber auch das der Mitglieder des Gläubigerausschusses **fortbesteht**. Da somit **nach Beendigung** des Insolvenzverfahrens der Insolvenzverwalter **zusätzliche Tätigkeiten** auszuführen hat, normiert § 6 Abs. 2 InsO hierfür eine **gesonderte Vergütung**. 16

§ 6 Abs. 2 Satz 2 InsVV sieht vor, dass die Vergütung unter Berücksichtigung des **Umfangs** der Tätigkeit nach **billigem Ermessen** festzusetzen ist. 17

Der **Tätigkeitsbereich** des Insolvenzverwalters im Rahmen der Planüberwachung wird von § 260 Abs. 2 und 3 InsO sowie § 261 Abs. 2 Satz 2 InsO umschrieben. Der Insolvenzverwalter hat insbesondere die **Erfüllung der Ansprüche** zu überwachen und, soweit der Insolvenzplan dies vorsieht, gem. § 260 Abs. 3 InsO ferner die Überwachung auch dahingehend zu erstrecken, dass die Ansprüche seitens einer **Übernahmegesellschaft** erfüllt werden. Gem. § 261 Abs. 2 InsO besteht eine **Berichtspflicht** und gem. § 262 InsO eine **Prüfungs- und Anzeigepflicht**. Zusätzlich kann gem. § 263 InsO dem Insolvenzverwalter ein **Zustimmungsvorbehalt** für bestimmte Rechtsgeschäfte übertragen werden, sowie die **Überwachung bestimmter Kreditgeschäfte** gem. § 264 InsO. 18

Unter Berücksichtigung der vorgenannten vom Insolvenzverwalter auszuführenden Tätigkeiten, die je nach Lage des Einzelfalles ganz oder teilweise vorliegen, hat das Insolvenzgericht die Vergütung nach billigem Ermessen zu berechnen. Der Verordnungsgeber hat in seiner Begründung als Beispiel für **vergütungserhöhende Faktoren** die Bindung einzelner Geschäfte an die Zustimmung des Verwalters gem. § 263 InsO oder die Eröffnung des Kreditrahmens gem. § 264 InsO genannt. 19

Auch im Bereich der Überwachung eines Insolvenzplanes bietet sich die Berechnung der Vergütung unter der **Systematik der §§ 1–3 InsVV** an. Dementsprechend sollte Berechnungsgrundlage die im **Insolvenzplan dargestellte Vermögensmasse** sein. Als Berechnungsgrundlage ist vorrangig auf die **Vermögensübersicht gem. § 229 Satz 1 InsO** zurückzugreifen. Diese Vermögensübersicht stellt die für den Fall der Annahme des Planes zu Grunde zu legenden Vermögenswerte dar, sodass sie 20 als taugliche Grundlage für die Berechnung der Vergütung anzusehen ist (ausf. *Haarmeyer* ZInsO 2000, 241; *Hess* InVo 2000, 113). Dies insbesondere auch deshalb, da in der Vermögensübersicht der **tatsächliche Wert** der einzelnen Gegenstände angesetzt wird (vgl. *BGH* BGHZ 119, 201, 204). Die **Angemessenheit** der Vermögensübersichten als Grundlage ergibt sich auch daraus, dass je nach Gestaltung des Insolvenzplanes als **Liquidationsplan** bzw. als **Fortführungs(Sanierungs-)Plan** die jeweils entsprechenden **Liquidations-** bzw. **Fortführungswerte** angesetzt werden (s. § 1 InsVV Rdn. 12). Ausgehend von der Staffelvergütung gem. § 2 InsVV ist ein **angemessener Bruchteil** für ein »Normalverfahren«, welches es zu überwachen gilt, festzusetzen. Da insbesondere die Überwachung der Erfüllung der Gläubigeransprüche vorzunehmen ist, sollte ein **Normalverfahren** dahingehend definiert werden, dass nicht mehr als **100 Gläubiger** vorhanden sind und **keine weiteren Zusatzverpflichtungen** gem. §§ 263, 264 InsO seitens des Verwalters bestehen. Bei einem derartigen »**Normalfall**« ist von **50 %** der Verwaltervergütung gem. **§ 2 InsVV** auszugehen. Der von *Eickmann* (in: Kübler/Prütting InsVV, § 6 Rn. 12) vorgeschlagene Satz von **30 %** der Verwaltervergütung gem. § 2 InsVV erscheint als **zu niedrig**, da die Einsetzung des Insolvenzverwalters als »Planüberwacher« mit erheblichen Prüfungs- und Kontrollaufgaben verbunden ist. Werden dem Insolvenzverwalter im Rahmen des Insolvenzplanes **weitere Verpflichtungen** gem. §§ 263, 264 InsO oder gem. § 259 Abs. 3 InsO auferlegt, so sind auf den Durchschnittssatz von 50 % **Zuschläge** je nach Umfang in der Größenordnung von **5 %** bis **25 %** vorzunehmen (vgl. *Kübler/Prütting/Bork-Eickmann* InsVV, § 6 Rn. 12).

21 Bei **wesentlichem Unterschreiten** der Kriterien eines Normalverfahrens sind **Abschläge** vom Durchschnittssatz von 50 % in angemessenem Umfange anzusetzen.

22 Bei besonderen Fallgestaltungen dürfte gem. § 6 Abs. 1 InsVV auch der Ansatz einer angemessenen **Zeitvergütung** zulässig sein, zumindest schließt § 6 Abs. 1 InsVV dies nicht aus (vgl. *Graeber* InsbürO 2005, 341; *Haarmeyer/Mock* InsVV, § 6 Rn. 17).

II. Durchsetzung des Vergütungsanspruchs

23 Der Verordnungsgeber hat es versäumt, im Bereich der Vergütung des »Planüberwachers« eine **Sicherstellung der Vergütung** vorzusehen. Die **Festsetzung** der Vergütung für die Planüberwachung kann naturgemäß erst **nach der Überwachung** vorgenommen werden, sodass eine **einseitige Risikoverlagerung** für die Erfüllung der Vergütungszahlung auf den Insolvenzverwalter gegeben ist (vgl. *Haarmeyer/Mock* InsVV, § 6 Rn. 14 ff.; BK-InsO/*Blersch* InsVV, § 6 Rn. 26 ff.). Da der Insolvenzschuldner oder die Übernahmegesellschaft die Vergütung schuldet, trägt der Insolvenzverwalter das Risiko, dass das Unternehmen während der Planphase erneut insolvent wird oder jedenfalls nicht über ausreichende Mittel am Ende der Planphase verfügt. Um hier dem Insolvenzverwalter das **Risiko des Ausfalls** zu minimieren, muss entsprechend **§ 9 InsVV** dem Insolvenzverwalter das Recht zugebilligt werden, sich **Teilvergütungen** festsetzen zu lassen (vgl. MüKo-InsO/*Nowak* 2. Aufl., Anh. zu § 65, § 6 InsVV Rn. 6). Dabei ist zu berücksichtigen, dass sowohl hinsichtlich der **Teilvergütungen** als auch hinsichtlich der Festsetzung der **endgültigen Vergütung** die Festsetzungsbeschlüsse ausdrücklich **gegen den Zahlungspflichtigen** entsprechend § 269 InsO, nämlich den **Schuldner** oder die **Übernahmegesellschaft** erfolgen (vgl. *Kübler/Prütting/Bork-Eickmann* InsVV, § 6 Rn. 9).

24 Die teilweise in der Literatur dargestellten Wege wie beispielsweise die entsprechende Anwendung von § 292 Abs. 2 Satz 2 InsO, wonach die Vergütung in den Insolvenzplan aufgenommen und hinterlegt wird (*Haarmeyer/Mock* InsVV, § 6 Rn. 15) oder die Berichtigung als Masseanspruch gem. § 258 Abs. 2 InsO vor Aufhebung des Insolvenzverfahrens (BK-InsO/*Blersch* InsVV, § 6 Rn. 28), sind nicht sachgerecht, da insbesondere bei Bestätigung des Plans, d.h. am Anfang der Überwachungsphase die Höhe der Vermögensmasse und der Umfang der vom Verwalter tatsächlich zu erbringenden Überwachungsleistungen nicht feststeht (vgl. MüKo-InsO/*Nowak* 2. Aufl., Anh. zu § 65, § 6 InsVV Rn. 6). Die Festsetzung der angemessenen Vergütung kann nur während der Überwachungsphase durch Teilvergütungen bzw. an deren Ende mit der endgültigen Vergütung tatsäch-

lich entsprechend der Verordnungsregelung unter Berücksichtigung des Umfangs der Tätigkeit nach billigem Ermessen festgesetzt werden.

Ergänzend wird hinsichtlich der Problematik von Vergütungsvereinbarungen auf die Ausführungen vor § 1 InsVV Rdn. 31 ff. verwiesen. 25

§ 7 Umsatzsteuer

Zusätzlich zur Vergütung und zur Erstattung der Auslagen wird ein Betrag in Höhe der vom Insolvenzverwalter zu zahlenden Umsatzsteuer festgesetzt.

Übersicht	Rdn.		Rdn.
A. Begründung zur insolvenzrechtlichen Vergütungsverordnung 1		B. Allgemeines 2	

A. Begründung zur insolvenzrechtlichen Vergütungsverordnung

In Zukunft soll dem Insolvenzverwalter die Umsatzsteuer voll erstattet werden, die er auf die Vergütung und die Auslagen zu zahlen hat. Die bisherige Regelung in § 4 Abs. 5 der Vergütungsverordnung, die einen Umsatzsteuerausgleich in Höhe der Hälfte des Betrages vorsieht, der sich aus der Anwendung des allgemeinen Steuersatzes ergibt, hat ihre Grundlage verloren, seit der Insolvenzverwalter allgemein dem Regelsteuersatz unterliegt. Mit der Erstattung des vollen Umsatzsteuersatzes wird der Insolvenzverwalter vergleichbaren Berufen, zum Beispiel dem Rechtsanwalt (§ 25 Abs. 2 BRAGO), gleichgestellt. 1

B. Allgemeines

In der **Regelung** des § 7 InsVV bestimmt der Verordnungsgeber ausdrücklich, dass der Insolvenzverwalter **zu seiner Vergütung** und den zu erstattenden **Auslagen** den **vollen** Betrag, der von ihm abzuführenden **Umsatzsteuer** erhält. 2

Die **Insolvenzmasse** selbst wiederum ist nach den allgemeinen Grundsätzen **vorsteuerabzugsberechtigt** (vgl. *Haarmeyer/Mock* InsVV, § 7 Rn. 6). Zur **Problematik** der Durchführung des Vorsteuerabzuges und der Aufrechnungsmöglichkeiten der Finanzbehörden in der Insolvenz vgl. i.E. die Darstellungen von *Onusseit* (ZInsO 2005, 638) und *Maus* (ZInsO 2005, 583). Zur Durchführung des Vorsteuerabzuges zu Gunsten der Insolvenzmasse hat der Insolvenzverwalter gegenüber der Insolvenzmasse entsprechend den gesetzlichen Vorschriften eine Rechnung zu erteilen (§ 14 UStG). Die Rechnung ist an den Insolvenzschuldner zu adressieren und hat jeweils bezogen auf die Vergütung und die Auslagen einen entfallenden Umsatzsteuerbetrag gesondert auszuweisen. 3

Gleichermaßen hat die Insolvenzmasse dem Insolvenzverwalter die **Umsatzsteuer** auf die festgesetzten **Auslagen** zu erstatten, wobei sich dies auch auf die Auslagenpauschale gem. § 8 Abs. 3 InsVV bezieht. 4

Gem. dem Wortlaut des § 7 InsVV ist die **Umsatzsteuer** neben der Vergütung und der Auslagen **festzusetzen**, sodass auch ein entsprechender **Antrag** seitens des Insolvenzverwalters zu fordern ist. Daher sollte der Insolvenzverwalter bei seinem **Antrag** jeweils die Umsatzsteuer **gesondert** ausweisen (vgl. BK-InsO/*Blersch* InsVV, § 7 Rn. 5). Grundsätzlich ist der bei Beendigung der Verwaltertätigkeit geltende gesetzliche Umsatzsteuersatz (derzeit 19 %) in Ansatz zu bringen (*AG Potsdam* ZInsO 2006, 1263; *Graeber* ZInsO 2007, 21). Entscheidend ist dabei nicht der Zeitpunkt der Einreichung der Schlussrechnung oder des Antrags auf die Vergütung oder der Vergütungsfestsetzung durch das Insolvenzgericht, sondern ausschließlich die **tatsächliche Beendigung** der Insolvenzverwaltertätigkeit. Die durch die Umsatzsteuererhöhung per 01.01.2007 sich ggf. ergebende Problematik ist dahingehend zu lösen, dass der Insolvenzverwalter, sofern er vor dem 01.01.2007 seine Schlussrechnung gelegt oder die Festsetzung seiner Vergütung beantragt hat und das Verfahren dann erst nach dem 31.12.2006 aufgehoben oder die Schlussverteilung durchgeführt wurde, einen **ergänzenden Ver-** 5 gütungsantrag in Bezug auf die entstandene **Umsatzsteuerdifferenz** stellen muss. Dies ist auch deshalb geboten, da ansonsten der Insolvenzverwalter den erhöhten Umsatzsteuerbetrag abführen muss, ohne aus der Masse den entsprechenden Umsatzsteuersatz erhalten zu haben. Die **vor** dem **01.01.2007** noch zu dem reduzierten Umsatzsteuersatz von 16 % vereinnahmten Vorschüsse sind in der (Schluss-)Abrechnung nach Festsetzung und Entnahme der Vergütung insoweit zu berücksichtigen, dass der bereits im Rahmen der Vorschusszahlungen enthaltene Umsatzsteueranteil von dem auf die festgesetzte Gesamtvergütung entfallenden Umsatzsteuerbetrag abzusetzen ist und der dann im Ergebnis verbleibende Betrag an das Finanzamt abgeführt werden muss (BK-InsO/*Blersch* InsVV, § 7 Rn. 5). Das **Insolvenzgericht** muss die bezogen auf die Vergütung und die Auslagen jeweils entfallende **Umsatzsteuer gesondert ausweisen** (*Haarmeyer/Mock* InsVV, § 7 Rn. 5).

6 Der Insolvenzverwalter hat über die sich aus dem Festsetzungsbeschluss ergebende Vergütung und Auslagen nebst **gesondertem Umsatzsteuerausweis** dem Insolvenzschuldner eine **Rechnung** entsprechend § 14 UStG zu erstellen. Auf der Basis dieser Rechnung ist wiederum der Insolvenzschuldner zum **Vorsteuerabzug** berechtigt.

7 Da der Insolvenzverwalter verpflichtet ist, die Insolvenzmasse vollständig zu realisieren, ist er auch verpflichtet, die Vorsteuer auf Grund der an ihn gezahlten Vergütung und Auslagen zur Insolvenzmasse zu ziehen. Aus Praktikabilitätsgründen sollte die Vorsteuer bereits vor Ausschüttung der Quote zur Insolvenzmasse gezogen werden, um eine nachfolgende Nachtragsverteilung zu vermeiden (vgl. BK-InsO/*Blersch* InsVV, § 7 Rn. 11; vgl. hierzu auch *LG Frankfurt/O.* m. Anm. *Keller* EWiR 2003, 885).

8 Aufgrund der Verweisung in § 10 InsVV ist die Vorschrift des § 7 InsVV entsprechend auch für die Vergütung des vorläufigen Insolvenzverwalters (§ 11 InsVV), des Sachwalters bei der insolvenzrechtlichen Eigenverwaltung (§ 12 InsVV) sowie des Treuhänders im vereinfachten Insolvenzverfahren (§ 13 InsVV) soweit diese umsatzsteuerpflichtig sind, anzuwenden. § 7 InsVV ist gleichermaßen über die Verweisung des § 18 Abs. 2 InsVV für die Vergütung von Gläubigerausschussmitgliedern soweit diese umsatzsteuerpflichtig sind, anwendbar.

§ 8 Festsetzung von Vergütung und Auslagen

(1) ¹Die Vergütung und die Auslagen werden auf Antrag des Insolvenzverwalters vom Insolvenzgericht festgesetzt. ²Die Festsetzung erfolgt für Vergütung und Auslagen gesondert. ³Der Antrag soll gestellt werden, wenn die Schlussrechnung an das Gericht gesandt wird.

(2) In dem Antrag ist näher darzulegen, wie die nach § 1 Absatz 2 maßgebliche Insolvenzmasse berechnet worden ist und welche Dienst- oder Werkverträge für besondere Aufgaben im Rahmen der Insolvenzverwaltung abgeschlossen worden sind (§ 4 Absatz 1 Satz 3).

(3) ¹Der Verwalter kann nach seiner Wahl anstelle der tatsächlich entstandenen Auslagen einen Pauschsatz fordern, der im ersten Jahr 15 vom Hundert, danach 10 vom Hundert der Regelvergütung, höchstens jedoch 250 Euro je angefangenen Monat der Dauer der Tätigkeit des Verwalters beträgt. ²Der Pauschsatz darf 30 vom Hundert der Regelvergütung nicht übersteigen.

Übersicht

		Rdn.
A.	Begründung des Verordnungsgebers	1
B.	Allgemeines	2
C.	Festsetzungsverfahren	5
I.	Antrag	5
II.	Rechtliches Gehör	13
III.	Entscheidung über den Vergütungsantrag	19
IV.	Bekanntmachung	25
D.	Auslagenpauschale	28
E.	Rechtsmittel	44
F.	Rechtskraft	60
G.	Entnahmerecht/Berücksichtigung von Gegenforderungen/Verwirkung	63
H.	Verjährung	68
I.	Muster: Vergütungsantrag unter Berücksichtigung von befriedigten Absonderungsrechten und Zuschlägen (angelehnt an *Heyn* Vergütungsanträge nach der InsVV, 2012)	71

Literatur:
Graeber Rückzahlung und Verzinsung zu viel entnommener Verwaltervergütung, NZI 2014, 147; *Hafemeister* BGH fordert nutzerfreundliche Gestaltung der Suchmaske für Insolvenzbekanntmachungen im Internet, ZInsO 2014, 447; *Keller* Anmerkung zum Beschluss des BGH vom 21.3.2013, Az. IX ZB 209/10 – Zur Vergütung des Insolvenzverwalters, dem das Zustellungswesen übertragen ist, EWiR 2013, 383; *Schmerbach* Übertragung des Zustellungswesens an den Insolvenzverwalter oder Treuhänder – Ersatz des Sach- und Personalaufwandes, InsbürO 2013, 493. Siehe auch vor § 1 InsVV.

A. Begründung des Verordnungsgebers

Schon aus § 63 Abs. 1 InsO ergibt sich, dass die Vergütung und die zu erstattenden Auslagen vom Gericht festgesetzt werden. Ergänzend wird in § 8 Abs. 1 der Verordnung insbesondere festgelegt, dass die Festsetzung auf Antrag des Verwalters erfolgt und dass Vergütung und Auslagen gesondert festgesetzt werden. Die Regelung entspricht § 6 Abs. 1 und 2 der geltenden Vergütungsverordnung. 1

Auch § 8 Abs. 2 schließt in wesentlichen Teilen an das geltende Recht an (§ 6 Abs. 3 und 4 der geltenden Vergütungsverordnung): Zur Erleichterung der Prüfung des Antrags und der Festsetzung der Vergütung hat der Verwalter näher darzulegen, wie er die maßgebliche Masse berechnet hat – zum Beispiel, welche Beträge der Verwalter als Vergütung für den Einsatz besonderer Sachkunde entnommen hat (§ 1 Abs. 2 Nr. 4 Buchstabe a der Verordnung) – und weshalb der Abschluss von Dienst- oder Werkverträgen zur Erledigung von Aufgaben aus seinem Tätigkeitsbereich die Geschäftsführung nicht erleichtert hat (§ 3 Abs. 2d).

Für die Auslagenerstattung sieht § 8 Abs. 3 der Verordnung die Möglichkeit einer Pauschalierung vor, um die aufwendige Vorlage und Prüfung von Einzelbelegen zu ersparen. Der Satz von 15% der gesetzlichen Vergütung ist der entsprechenden Regelung in § 26 Satz 2 BRAGO entnommen; die zusätzliche Höchstgrenze von 500 DM je angefangenen Monat der Tätigkeit des Verwalters ist erforderlich, um bei größeren Insolvenzmassen zu vermeiden, dass sich die Höhe der Pauschale weit von den tatsächlich entstandenen Auslagen entfernt. Allerdings zeigen die Erfahrungen der Justizpraxis, dass die Auslagen nur im ersten Jahr der Verwaltung entsprechend hoch sind und später deutlich abnehmen. Aus diesem Grund wird eine Auslagenpauschale in Höhe von 15% nur im ersten Jahr gewährt und anschließend eine Absenkung auf 10% vorgesehen.

Zur Änderung des § 8 Abs. 3 InsVV durch die Verordnung zur Änderung der insolvenzrechtlichen Vergütungsverordnung vom 04.10.2004 siehe die Begründung des Verordnungsgebers abgedruckt bei vor § 1 InsVV Rdn. 2 (insbes. unter B zu Art. 1 zu Nr. 2).

B. Allgemeines

In § 8 InsVV wird das **Verfahren für die Festsetzung der Vergütung** des **Insolvenzverwalters**, aber auch der weiteren Funktionsträger, nämlich des **vorläufigen Insolvenzverwalters** (§ 11 InsVV), des **Sonderinsolvenzverwalters** (vgl. *Kübler/Prütting/Bork-Eickmann* InsVV, § 8 Rn. 2), des **Sachwalters** (§ 12 InsVV), des **Treuhänders** (§ 13 InsVV; vgl. allerdings § 16 Abs. 1 InsVV für den Treuhänder gem. §§ 286 ff. InsO) und der **Mitglieder des Gläubigerausschusses** geregelt. § 8 InsVV erfasst jedoch nicht die Vergütung des Insolvenzverwalters für Tätigkeiten **außerhalb** seines insolvenzrechtlichen Pflichtenkreises, wie z.B. Rechtsanwalts- oder Steuerberaterhonorare (vgl. *Kübler/Prütting/Bork-Eickmann* InsVV, § 8 Rn. 1; MüKo-InsO/*Nowak* Anh. zu § 65, § 8 InsVV Rn. 2). 2

§ 8 InsVV beruht bereits auf der Grundnorm des § 64 InsO, die festlegt, dass die **Vergütung** und die zu **erstattenden Auslagen** des Insolvenzverwalters vom Insolvenzgericht durch **Beschluss** festzusetzen sind. **Ergänzend** regelt § 64 Abs. 2 InsO die Bekanntgabe des Festsetzungsbeschlusses. In § 64 Abs. 3 InsO wird unter Verweis auf § 567 Abs. 2 der ZPO die Zulassung eines Rechtsmittels (§§ 6, 7 InsO) normiert. 3

In **Abs. 1** wird ausdrücklich festgelegt, dass die Vergütung und die Auslagen nur auf **Antrag** festgesetzt werden. In **Abs. 2** wird der **Mindestinhalt** der Antragsbegründung normiert. Aus Verein- 4 fachungsgründen wurde in § 8 Abs. 3 InsVV die Regelung zur Erstattung der Auslagen des Insolvenzverwalters nach § 4 Abs. 2, 3 InsVV um eine **Auslagenpauschale** erweitert.

C. Festsetzungsverfahren

I. Antrag

5 Die **Festsetzung** der Vergütung und Auslagen setzt einen **Antrag** gem. § 8 Abs. 1 Satz 1 InsVV voraus. Entsprechend den **allgemeinen Grundsätzen** des Kosten- und Gebührenrechts muss bereits bei Antragstellung die Vergütung **fällig** sein. Vergütungen nach der InsVV stellen **Tätigkeitsvergütungen** dar, sodass sie mit **Erledigung** der zu vergütenden Tätigkeit entstehen und mit **tatsächlicher Beendigung** der Tätigkeit **fällig** werden (vgl. MüKo-InsO/*Nowak* 2. Aufl., Anh. zu § 65, § 8 InsVV Rn. 3 und § 63 InsO Rn. 7; BK-InsO/*Blersch* InsVV, § 8 Rn. 7). Der Vergütungsanspruch **entsteht** daher **unabhängig** von der Festsetzung der Vergütung und wird vom Insolvenzgericht durch den **Festsetzungsbeschluss** unter Berücksichtigung der dem Insolvenzgericht verbliebenen Beurteilungsspielräume nur **konkretisiert** (BK-InsO/*Blersch* InsVV, § 8 Rn. 7). Darüber hinaus stellt der Festsetzungsbeschluss die **Berechtigung** des Insolvenzverwalters zur **Entnahme** der festgesetzten Vergütung aus der Insolvenzmasse dar (*BGH* ZIP 2006, 36).

6 **Fällig** ist der Anspruch auf die Vergütung und die Auslagen erst dann, wenn die Tätigkeit im Insolvenzverfahren **insgesamt beendet** oder eine **gesondert** zu vergütende Tätigkeit vom Insolvenzverwalter **erledigt** ist (vgl. *Kübler/Prütting/Bork-Eickmann/Prasser* InsVV, vor § 1 Rn. 4). Mithin ist die Fälligkeit dann anzunehmen, wenn das **Verfahren beendet** ist, der Insolvenzverwalter **entlassen** wurde, **verstirbt** oder der Insolvenzverwalter eine **besonders zu vergütende Tätigkeit** erledigt hat (z.B. Überwachung eines Insolvenzplanes oder Durchführung einer Nachtragsverteilung). Zu den von dem Insolvenzverwalter zu erledigenden Aufgaben gehört nach § 66 Abs. 1 InsO die bei Beendigung seines Amtes gegenüber der Gläubigerversammlung vorzunehmende Rechnungslegung. Auch bei vorzeitiger Beendigung des Amtes schuldet der Insolvenzverwalter eine derartige Rechnungslegung (vgl. *BGH* NZI 2006, 165). Kommt es nicht zu einer Verfahrenseröffnung, weil beispielsweise der Antrag abgewiesen worden ist, hat der vorläufige Verwalter gegenüber dem Insolvenzgericht Rechnung zu legen (*BGH* NZI 2007, 389). Gleichermaßen hat der endgültige Verwalter Rechnung zu legen, sofern das Verfahren zunächst zwar eröffnet später allerdings aufgrund von Rechtsmitteln die Eröffnung wieder aufgehoben worden ist (*BGH* NZI 2007, 389).

7 Der zur Festsetzung unabdingbare, vorzugsweise **schriftliche Antrag** soll im zeitlichen Zusammenhang mit der **Schlussrechnung** gestellt werden (vgl. § 8 Abs. 1 Satz 3 InsVV). Durch den zeitlichen Zusammenhang mit der Einreichung der Schlussrechnung soll gewährleistet werden, dass dem Insolvenzgericht die zur Prüfung des Vergütungsantrages erforderlichen Informationen und Unterlagen vorliegen. Bei der Vergütung des **vorläufigen Insolvenzverwalters** ist insoweit auf dessen Bericht oder Gutachten, die regelmäßig mit einem Vermögensstatus versehen sind, zurückzugreifen.

8 Da gem. § 8 Abs. 1 Satz 2 InsVV eine **gesonderte Festsetzung** sowohl der **Vergütung** als auch der **Auslagen** erfolgt, hat der Antragsteller jeweils einen **konkreten Betrag** anzugeben (vgl. *Haarmeyer/Mock* InsVV, § 8 Rn. 13; *Kübler/Prütting/Bork-Eickmann/Prasser* InsVV, § 8 Rn. 4). **Nicht zulässig** ist ein Antrag, der die Höhe der Vergütung oder der Auslagen in das Ermessen des Gerichts stellt (vgl. *Kübler/Prütting/Bork-Eickmann* InsVV, § 8 Rn. 4).

9 In **der Begründung des Antrags** muss in nachvollziehbarer Form der **konkrete Betrag** aus der Regelvergütung des § 2 InsVV hergeleitet werden. Bei Abweichungen von der Regelvergütung sind die Zu- und Abschläge gem. § 3 InsVV darzulegen. Grds. sind auch **Zuschläge** im Einzelnen zu **begründen** ggf. unter Verweisung auf konkrete Ausführungen in der Schlussrechnung. Darüber hinaus muss die **Berechnungsgrundlage** gem. § 1 InsVV **konkret** und **nachvollziehbar** berechnet werden, sodass sowohl das Insolvenzgericht als auch die Verfahrensbeteiligten eine Überprüfung vornehmen können (MüKo-InsO/*Nowak* 2. Aufl., Anh. zu § 65, § 8 InsVV Rn. 4). In den Ausführungen sollen **konkrete Tätigkeiten** und **Vorgänge**, die die Berechnungsgrundlage beeinflussen oder i.V.m. Zu- oder Abschlägen stehen, ausführlich dargelegt werden. Lediglich **die Addition einzelner Zuschlags-**

tatbestände genügt nicht, sondern es muss im Rahmen einer **Gesamtdarstellung** bzw. **Gesamtwürdigung** nachvollziehbar die geltend gemachte Gesamtvergütung durch Beschreibung der einzelnen Tatbestände mit den tatsächlich ausgeführten Tätigkeiten, des Aufwandes sowohl in qualitativer wie auch in quantitativer Hinsicht nachvollziehbar begründet werden (vgl. *BGH* ZInsO 2006, 642, 643). Dies ist auch im Hinblick auf das **Rechtsmittelverfahren** dringend zu empfehlen. Durch ausdrückliche Darlegungen zwingt der Antragsteller das Insolvenzgericht sich mit konkreten Vorgängen auseinanderzusetzen und eigene Abweichungen wiederum ausführlich zu begründen (BK-InsO/*Blersch* InsVV, § 8 Rn. 14).

Da das Insolvenzgericht im Rahmen des **§ 8 Abs. 2 InsVV** auch verpflichtet ist, zu prüfen, inwieweit 10 der Insolvenzverwalter die Masse ordnungsgemäß berechnet hat, sind detailliert diejenigen **Beträge** anzugeben, die er für den **Einsatz besonderer Sachkunde** der Masse **entnommen** hat (vgl. MüKo-InsO/*Nowak* 2. Aufl., Anh. zu § 65, § 8 InsVV Rn. 4). In diesem Zusammenhang ist darauf hinzuweisen, dass das **Insolvenzgericht** im Rahmen der Prüfung des Vergütungsantrages **nicht** berechtigt ist, die **Zweckmäßigkeit** des Verwalterhandelns in Zusammenhang mit dem Einsatz besonderer Sachkunde zu überprüfen. Das Gericht ist lediglich berechtigt, hier die **Vollständigkeit** und die **rechnerische Richtigkeit** zu überprüfen. Die Frage der **Zweckmäßigkeit, Wirtschaftlichkeit und Angemessenheit** des einzelnen Verwalterhandelns, insbesondere für die Inanspruchnahme besonderer Sachkunde, haben ausschließlich der **Gläubigerausschuss** oder der **einzelne Gläubiger** zu klären. Darüber hinaus können zivilprozessuale Schadensersatz- bzw. Feststellungsklagen entweder durch einen Insolvenzgläubiger oder einen neuen Insolvenzverwalter gem. § 92 InsO erhoben werden (vgl. MüKo-InsO/*Nowak* 2. Aufl., Anh. zu § 65, § 8 InsVV Rn. 7).

Gem. § 8 Abs. 2 2. HS InsVV hat der Verwalter **detailliert** anzugeben, welche **Dienst- oder Werk-** 11 **verträge** er bei der Insolvenzverwaltung zur Erledigung besonderer Aufgaben zum Abschluss gebracht hat. Diese Regelung ist **Voraussetzung** dafür, dass das Insolvenzgericht beurteilen kann, inwieweit ein Abschlag oder ein verringerter Zuschlag gem. § 3 InsVV angemessen ist. Der Verwalter hat den Inhalt und die Art des Dienst- bzw. Werkvertrages sowie auch den Vertragspartner anzugeben und auch die Höhe der bezahlten Entgelte zu nennen.

Auf Grund § 8 Abs. 1 Satz 2 InsVV sind die **Vergütungen** und die **Auslagen gesondert** zu berechnen. 12 Die **Auslagen** sind dabei detailliert darzustellen und durch Vorlage entsprechender **Belege** nachzuweisen sowie ggf. gesondert zu begründen, wenn deren Berechtigung nicht offensichtlich ist. Da neben Vergütung und Auslagen auch die **Umsatzsteuer** festzusetzen ist, ist diese ebenfalls zu **berechnen** und **darzulegen**.

Da die Festsetzung einen Antrag voraussetzt, liegt in der lediglich gewährten, nicht beantragten, Festsetzung eines Vorschusses unter gleichzeitiger Zurückweisung des weitergehenden Antrags eine mit der sofortigen Beschwerde angreifbare Ablehnung mit der Vergütungsfestsetzung, sofern der (vorläufige) Verwalter die Festsetzung seiner Vergütung beantragt hat (*BGH* Beschl. v. 14.07.2016 – IX ZB 23/14, ZInsO 2016, 1645). Der BGH führt in seiner Entscheidung in diesem Zusammenhang aus, dass eine **Teilentscheidung** über einen Vergütungsfestsetzungsantrag **nur dann zulässig** ist, wenn diese einen tatsächlich und rechtlich selbständigen Teil des Vergütungsfestsetzungsverfahrens betrifft. Das ist allerdings regelmäßig zu verneinen. Eine Teilentscheidung über eine unselbständige rechtliche Vorfrage ist demgegenüber unzulässig (*BGH* Beschl. v. 14.07.2016 – IX ZB 23/14, ZInsO 2016, 1645).

II. Rechtliches Gehör

Rechtliches Gehör ist nach überwiegender Auffassung in der Literatur den Verfahrensbeteiligten **vor** 13 **Festsetzung** der Vergütung **nicht** zu gewähren (vgl. BK-InsO/*Blersch* InsVV, § 8 Rn. 23; *Kübler/ Prütting/Bork-Eickmann* InsVV, § 8 Rn. 8; **a.A.** MüKo-InsO/*Nowak* 2. Aufl., Anh. zu § 65, § 8 InsVV Rn. 5 m.w.N.). Die Gewährung rechtlichen Gehörs durch Übersendung des Antrages gegenüber allen Gläubigern ist praktisch und technisch nicht durchführbar, gleichermaßen ist eine öffentliche Bekanntmachung des Vergütungsantrages schon aus Kostengründen abzulehnen (vgl. *Kübler/*

§ 8 InsVV Festsetzung von Vergütung und Auslagen

Prütting/Bork-Eickmann InsVV, § 8 Rn. 7). Dennoch ist zumindest dem **Schuldner** nach Ansicht des BGH vor der Festsetzung der Vergütung des vorläufigen Insolvenzverwalters Gelegenheit zu geben, zu dem Vergütungsantrag Stellung zu nehmen (*BGH* DZWIR 2012, 523; ZInsO 2010, 397). Allerdings ist eine unterbliebene Anhörung des Schuldners nach Auffassung des BGH kein Anlass dazu, die Notfrist für die Einlegung der sofortigen Beschwerde erst mit Zustellung an den Schuldner beginnen zu lassen. Es verbleibt auch in dem Fall der **unterbliebenen Anhörung** des Schuldners dabei, dass der **Beginn der Notfrist** zur Einlegung der sofortigen Beschwerde durch die **öffentliche Bekanntmachung** in Gang gesetzt wird. Auch ohne Anhörung habe der Schuldner Anlass, die Insolvenzveröffentlichung im Internet zu verfolgen.

14 Nach *BGH* (NZI 2014, 77) kann die **fehlende Angabe des Vornamens** des Schuldners dazu führen, dass die Veröffentlichung keine Wirkung entfaltet, weil die notwendige Unterscheidungskraft nicht gewahrt ist. Zusätzlich kann einem Gläubiger entsprechend den Vorschriften über die Wiedereinsetzung in den vorigen Stand Wiedereinsetzung in die Frist zur Einlegung der Beschwerde gewährt werden, wenn der Gläubiger glaubhaft macht, dass er aufgrund der unzureichenden Erläuterungen auf der Suchmaske des länderübergreifenden Justizportals nicht bemerkt hat, dass er den Vornamen des Schuldners nicht eingeben darf, um vollständige Suchergebnisse zu erhalten.

15 Bei verbreiteten Nachnamen kann dies dazu führen, dass eine Flut von Veröffentlichungen angezeigt wird. Mit *Hafemeister* (ZInso 2014, 447) ist daher eine **nutzerfreundlichere** Gestaltung der Suchmaske für Insolvenzbekanntmachungen im Internet zu fordern. Mit Blick auf die weitreichenden Folgen die sich an eine Veröffentlichung, fehlende Veröffentlichung oder falsche Veröffentlichung anknüpfen können, ist dringend eine Verbesserung der Suchmaske zu fordern. Bereits bei Fehlen eines Leerzeichens, insbesondere bei Unternehmensbezeichnungen (z.B. A+B Gesellschaft für ... mbH oder die Eingabe von A + B Gesellschaft für ... mbH) werden bereits je nach Eingabe des Veröffentlichungstextes unterschiedliche bzw. keine Ergebnisse angezeigt. Oftmals wird auch durch die Angabe nur des Aktenzeichens oder bei kombinierter Angabe des Aktenzeichens und des Schuldnernamens die Veröffentlichungen nicht angezeigt.

16 Nachdem an die Veröffentlichung auf dem Internetportal www.insolvenzbekanntmachungen.de weitreichende Folgen geknüpft werden, ist eine **Überarbeitung der Suchmaske** dringend voranzutreiben.

17 Eine **Anhörung des Gläubigerausschusses** ist schon deshalb **nicht geboten**, da weder der Ausschuss noch dessen einzelne Mitglieder ein Beschwerderecht besitzen (vgl. § 64 Abs. 3 Satz 1 InsO). Die in § 64 Abs. 2 InsO vorgeschriebene **öffentliche Bekanntmachung** und **Zustellung** des **Festsetzungsbeschlusses** entspricht den verfassungsrechtlichen **Mindestanforderungen**, die auch unter **Praktikabilitäts-** und **Kostengründen** zu beurteilen sind. Die Verfahrensbeteiligten sind nach Bekanntmachung bzw. Zustellung in die Lage versetzt, ihre – gegenteiligen – Auffassungen darzulegen und entsprechende **Rechtsmittel** einzulegen.

18 Die von *Nowak* (MüKo-InsO, 2. Aufl. Anh. zu § 65 InsO, § 8 InsVV Rn. 5) vorgeschlagene Vorgehensweise zu Art und Weise der Gewährung rechtlichen Gehörs vor der Festsetzung der Vergütung ist deshalb **abzulehnen**, da sie zum einen **nicht praktikabel** ist und zum anderen **Kosten** verursacht, die u.U. außer Verhältnis zur Insolvenzmasse stehen. Darüber hinaus wird dort vorgeschlagen, **je nach Umfang und Art des Verfahrens, unterschiedliche** Formen der Information der Verfahrensbeteiligten vorzunehmen. **Rechtssicherheit** wird dadurch für die Verfahrensbeteiligten **nicht** geschaffen.

III. Entscheidung über den Vergütungsantrag

19 Die **Entscheidung** zur Festsetzung von Vergütung und Auslagen ergeht gem. § 64 Abs. 1 InsO i.V.m. § 8 Abs. 1 InsVV als **Beschluss**. Im **Beschlusstenor** sind die jeweiligen Beträge für die Vergütung und die Auslagen sowie die auf die Vergütung und Auslagen zu erstattende Umsatzsteuer **getrennt** auszuweisen.

Für die Entscheidung ist grds. der **Rechtspfleger** gem. § 18 RPflG zuständig, soweit sich nicht der 20
Richter gem. § 18 Abs. 2 RPflG das Insolvenzverfahren ganz oder zum Teil zur eigenen Bearbeitung
vorbehalten hat. Gleichermaßen ist auch für die Entscheidung über den Vergütungsantrag des ehemaligen vorläufigen Insolvenzverwalters nach Eröffnung des Insolvenzverfahrens der Rechtspfleger
zuständig. Insoweit stellt § 18 Abs. 1 RPflG lediglich eine zeitliche Grenze fest, bis zu der der Insolvenzrichter zuständig ist (vgl. BK-InsO/*Blersch* InsVV, § 8 Rn. 25).

Sofern sich die Vergütung auf Tätigkeiten im Bereich der **Planüberwachung** gem. § 6 Abs. 2 InsVV 21
bezieht, besteht eine Besonderheit dahingehend, dass die Vergütung nicht aus einer vom Insolvenzverwalter verwalteten Masse entnommen werden kann. Vielmehr ist in diesem Falle die Zahlungsverpflichtung gem. § 269 InsO von einem **Dritten** zu erfüllen, sodass der Festsetzungsbeschluss als
Vollstreckungstitel – gegen den Insolvenzverwalter oder die Übernahmegesellschaft – zu gestalten ist
(vgl. zur Formulierung *Kübler/Prütting/Bork-Eickmann* InsVV, § 8 Rn. 9 f.).

Nach Eingang des **Antrages** auf Festsetzung der Vergütung hat das Insolvenzgericht **zügig** über den 22
Insolvenzantrag zu entscheiden. Dies ergibt sich schon daraus, dass bereits bei **mittelgroßen Insolvenzverfahren** die Verwaltervergütungen **nicht unerhebliche Beträge** darstellen, die zur Finanzierung der laufenden Kosten benötigt werden. Bei **erheblichen Verzögerungen** bei der Bearbeitung
der Entscheidung über den Vergütungsantrag wäre der Insolvenzverwalter gezwungen, die laufenden
Kosten seines Verwalterbüros **vorzufinanzieren**. Eine denkbare **Verzinsungspflicht** im Interesse des
antragstellenden Insolvenzverwalters hat der *BGH* in seiner Entscheidung von 04.12.2003 (ZIP
2004, 574) **abgelehnt** (vgl. auch *OLG Zweibrücken* NZI 2002, 434). Nach Auffassung des BGH lässt
sich eine Verzinsungspflicht aus keinerlei analoger Anwendung einer Vorschrift, auch nicht aus dem
Gleichheitsgrundsatz oder aus dem Grundrecht auf freie Berufsausübung herleiten. Eine Verzinsungspflicht aus Verzugsschaden kommt auch nicht in Betracht, da zwischen dem Insolvenzverwalter, dem Insolvenzgericht und dem Insolvenzschuldner, als Schuldner der Vergütung, kein Schuldverhältnis i.S.d. bürgerlichen Rechts besteht (*OLG Zweibrücken* NZI 2002, 434). **Zutreffend** hat
der *BGH* (ZIP 2004, 574) allerdings darauf hingewiesen, dass der Insolvenzverwalter seine Vorfinanzierungsbelastungen durch die **Beantragung entsprechender Vorschüsse** erheblich begrenzen kann.
Da allerdings die Vergütung des Insolvenzverwalters eine Tätigkeitsvergütung darstellt, hat nach Auffassung des *BGH* (ZIP 2004, 574) das Insolvenzgericht die Verfügungsfestsetzung mit der **gebotenen
Beschleunigung** vorzunehmen, da andernfalls bei schuldhafter Verzögerung oder Versagung eines
angemessenen Vergütungsvorschusses ein **Schadensersatzanspruch wegen Amtspflichtverletzung**
gem. § 839 BGB i.V.m. Art. 34 GG in Betracht kommt. Diese Ausführungen des BGH sind
ohne Einschränkung auf sämtliche Tätigkeitsvergütungen, die in der InsVV geregelt sind, insbesondere auch auf die des vorläufigen Insolvenzverwalters, anwendbar.

Der **Festsetzungsbeschluss** ist zu **begründen**. Ohne Begründung wäre der Beschluss im Rechtsmit- 23
telverfahren nicht überprüfbar, dementsprechend muss auch die Begründung Bestandteil des
Festsetzungsbeschlusses sein (vgl. MüKo-InsO/*Nowak* 2. Aufl., § 64 InsO Rn. 7 f.). Die teilweise
vertretene Auffassung, dass auch ein gesonderter Aktenvermerk als Begründung ausreicht (vgl.
Kübler/Prütting/Bork-Eickmann InsVV, § 8 Rn. 14) genügt nicht diesen Anforderungen (vgl. BK-InsO/*Blersch* InsVV, § 8 Rn. 30).

Der **Inhalt der Begründung** muss sich mit dem Vergütungsantrag und dem zu Grunde liegenden 24
Sachverhalt auseinandersetzen und eine entsprechende **rechtliche Würdigung** vornehmen. Die
bloße Darstellung des Gesetzestextes oder die Wiederholung von Leerformeln genügt hierzu nicht.
Zulässig ist allerdings die Bezugnahme auf eine ausführliche Begründung des Antrags (vgl. MüKo-InsO/*Nowak* § 64 InsO Rn. 7 f.).

IV. Bekanntmachung

Aus § **64 Abs. 2 InsO** ergibt sich, dass der Beschluss **öffentlich bekannt** zu machen und dem Ver- 25
walter, dem Schuldner und, wenn ein Gläubigerausschuss bestellt ist, den Mitgliedern des Ausschusses besonders zuzustellen ist. Zustellungen können gem. § 8 InsO erfolgen.

26 Die **öffentliche Bekanntmachung** erfolgt nach § 9 InsO durch Veröffentlichung in den amtlichen Bekanntmachungsblättern des Gerichts, wobei der Schuldner **exakt** anzugeben ist. Dabei ist darauf hinzuweisen, dass nach § 9 Abs. 3 InsO die öffentliche Bekanntmachung zum Nachweis der Zustellung an **alle Beteiligten** ausreicht. Damit beginnt der Lauf der **Rechtsmittelfristen** für den betroffenen Personenkreis bereits mit Bekanntmachung, unabhängig der Zustellung gegenüber Verwalter, Schuldner und Gläubigerausschussmitglieder. Der vorgenannte Personenkreis kann sich daher hinsichtlich des Laufs der Rechtsmittelfristen nicht auf die Einzelzustellung verlassen, da ausschließlich die öffentliche Bekanntmachung entscheidend ist (vgl. § 9 Abs. 1 Satz 3 InsO). Der Lauf der Beschwerdefrist beginnt mit der öffentlichen Bekanntmachung auch dann, wenn die gesetzlich vorgeschriebene Rechtsbehelfsbelehrung fehlt oder fehlerhaft ist (*BGH* Beschl. v. 24.03.2016 – IX ZB 67/14, ZInsO 2016, 867). In diesen Fällen kann jedoch eine Wiedereinsetzung in den vorigen Stand begründet sein.

Die **öffentliche Bekanntmachung** wirkt nur dann als Zustellung, wenn die bekannt gemachte Entscheidung richtig bezeichnet ist (*BGH* ZInsO 2012, 49). Bei fehlerhafter öffentlicher Bekanntmachung beginnt die Beschwerdefrist für einen Beteiligten – ohne individuelle Zustellung – auch nicht fünf Monate nach dem Erlass der Entscheidung (*BGH* ZInsO 2012, 49). Im Übrigen wird auf die Ausführungen unter Rdn. 52 ff. verwiesen.

27 Gem. § 64 Abs. 2 Satz 2 InsO sind die im Vergütungsbeschluss festgesetzten Vergütungs- und Auslagenbeträge **nicht** zu veröffentlichen, sondern in der Bekanntmachung der Hinweis aufzunehmen, dass der vollständige Beschluss in der Geschäftsstelle des Insolvenzgerichts eingesehen werden kann.

D. Auslagenpauschale

28 In § 8 Abs. 3 InsVV wurde als Neuerung eingeführt, dass der Insolvenzverwalter (aber auch der vorläufige Insolvenzverwalter, der Sachwalter oder Treuhänder im vereinfachten Insolvenzverfahren) die **Auslagen** in Form einer **Pauschale** geltend machen kann.

29 Wählt der Insolvenzverwalter nicht die Einzelberechnung der Auslagen, so ist er berechtigt eine Pauschale in Ansatz zu bringen. Diese hat er im Einzelnen zu berechnen und auch darzulegen. Das **Insolvenzgericht** hat bei der Prüfung des Auslagenpauschalsatzes **keinen Ermessensspielraum** bzgl. der Höhe des Pauschalsatzes. Es unterliegt daher auch nicht der gerichtlichen Prüfung, ob die Auslagen im Vergleich zur Tätigkeitsdauer angemessen sind (vgl. *LG Chemnitz* ZIP 2000, 710; ausf. hierzu *Graeber* NZI 2014, 147).

30 Bei der Berechnung der Pauschalen hat der Verordnungsgeber, um überhöhte Beträge zu vermeiden, eine **Kappungsgrenze** von EUR 250,00 je angefangenem Monat der Gesamtverfahrensdauer festgelegt. Mit der Verordnung zur Änderung der insolvenzrechtlichen Vergütungsverordnung vom 04.10.2004 hat der Verordnungsgeber eine weitere **absolute Begrenzung** für alle ab dem 01.01.2004 eröffneten Verfahren (§ 19 n.F. InsVV) auf **30 %** der **Regelvergütung** eingeführt (zur Verfassungswidrigkeit der Regelung für zwischen dem 01.01.2004 und 07.10.2004 eröffneten Verfahren s. BK-InsO/*Blersch* InsVV, § 19 Rn. 2; s.a. § 19 InsVV Rdn. 4). Für Verfahren, die vor dem 01.01.2004 eröffnet worden sind, ist diese Obergrenze nicht gegeben. In Zusammenhang mit der Neuregelung ist darauf hinzuweisen, dass nach der **bisherigen** Regelung ein Pauschsatz in Höhe von 15 % für das erste Jahr und in Höhe von 10 % für die Folgejahre aus der **gesetzlichen Vergütung** des Verwalters errechnet wurde und somit neben der Regelvergütung nach § 2 InsVV etwaige Zu- bzw. Abschläge gem. § 3 InsVV zu berücksichtigen waren. Die Neuregelung entsprechend der Änderungsverordnung vom 04.10.2004 lässt dagegen die Berechnung der Pauschale **nur** noch aus der **Regelvergütung** gem. § 2 InsVV zu, sodass insoweit eventuelle **Zu- oder Abschläge** gem. § 3 InsVV **nicht** einbezogen werden. Unter der »Regelvergütung« in diesem Zusammenhang ist die bei Vorliegen von Absonderungsrechten und sonstigen Besonderheiten gem. § 1 InsVV ermittelte Vergütung als »Gesamtregelvergütung« zu verstehen (*AG Potsdam* ZInsO 2006, 1262). Dementsprechend wird bei Vergütungen mit Zuschlag eine Reduzierung der Pauschale herbeigeführt, bei Vergütungen mit Abschlägen durch

die Berechnung der Pauschale aus der Regelvergütung ist allerdings eine Erhöhung der Pauschale gegeben (BK-InsO/*Blersch* InsVV, § 8 Rn. 41).

Der **BGH** hat sich nunmehr in seiner Entscheidung vom 25.10.2012 (NZI 2013, 37 ff.) mit der Frage der **Verfassungsmäßigkeit** der durch die Änderungsverordnung vom 04.10.2004 für ab dem 01.01.2004 eröffneten Insolvenzverfahren eingeführte **Begrenzung der Auslagenpauschale** beschäftigt. Er kommt dabei zu dem Ergebnis, dass die Änderungen **nicht** gegen das verfassungsrechtliche **Rückwirkungsverbot** verstoßen. Der BGH erteilt in dem vorgenannten Beschluss der Auffassung, dass die am 07.10.2004 eingeführte Begrenzung des Auslagenpauschsatzes gem. § 8 Abs. 3 Satz 2 InsVV auch für Insolvenzverfahren gilt, die ab dem 01.01.2004 eröffnet wurden, als Fall echter Rückwirkung und damit als verfassungswidrig wegen Verstoßes gegen das Rechtsstaatsprinzip aus Art. 20 GG anzusehen sei (BK-InsO/*Blersch* InsVV, § 19 Rz. 2, § 19 Rdn. 4) eine klare Absage. Stattdessen sieht der BGH bezogen auf den pauschalierten und gedeckelten Auslagenersatz eine **unechte** und damit **zulässige Rückwirkung.** Es liege eine unechte Rückwirkung vor, da die Norm nicht auf in der Vergangenheit liegende und bereits abgeschlossene Sachverhalte und Rechtsbeziehungen einwirke (echte Rückwirkung), sondern sich auf gegenwärtige, noch nicht abgeschlossene Sachverhalte und Rechtsbeziehungen für die Zukunft beziehe. Eine nachträgliche Entwertung der Rechtsposition sei dann verfassungsrechtlich grds. zulässig, es sei denn, die vom Gesetzgeber angeordnete unechte Rückwirkung ist zur Erreichung des Gesetzeszweckes nicht geeignet oder erforderlich oder die Bestandsinteressen der Betroffenen überwiegen die Veränderungsgründe des Gesetzgebers (BVerfGE 30, 392 [402 f.]; BVerfGE 95, 64 [86]; BVerfGE 101, 239 [263]; BVerfGE 103, 392 [403]; BVerfGE 109, 96 [122]). Er begründet seine Auffassung damit, dass sich die Auslagenpauschale nach der Dauer des Verfahrens bemesse und es sich insoweit um einen an der Dauer des Verfahrens ausgerichteten einheitlichen Anspruch handele. Gegenstand der Neuregelung seien damit nicht isoliert die vor der Neuregelung getätigten Auslagen, sondern die einheitlich für das gesamte Verfahren festzusetzenden Auslagen, sodass kein in der Vergangenheit liegender, bereits abgeschlossener Sachverhalt betroffen sei. Es liege lediglich ein zwar in der Vergangenheit **begonnener,** aber eben **noch nicht abgeschlossener,** mithin andauernder Sachverhalt vor. Damit seien lediglich die verfassungsrechtlichen Anforderungen für Regelungen mit **unechter Rückwirkung** zu berücksichtigen und diese sind nach Auffassung des BGH erfüllt.

Ebenso unproblematisch beurteilt der *BGH* (NZI 2013, 37 ff.) die teilweise nachträgliche Begrenzung, da die Inanspruchnahme der Auslagenpauschale dem Verwalter und dem Insolvenzgericht nur die aufwändige Vorlage und Prüfung von Einzelbelegen ersparen soll. Trotz der teils nachträglich eingeführten Deckelung auf 30 % sei gewährleistet, dass der Insolvenzverwalter einen unbeschränkten Anspruch auf Erstattung sämtlicher Auslagen, die ihm bei seiner Tätigkeit tatsächlich entstanden sind, behält. Es bleibe ihm auch nach der Begrenzung der Auslagenpauschale durch die am 07.10.2004 in Kraft getretene Neuregelung unbenommen, die entstandenen Auslagen durch Einzelnachweis geltend zu machen, wenn die in der Höhe begrenzte Pauschale die tatsächlichen Auslagen nicht decke. Das mögliche Vertrauen des Insolvenzverwalters auf ein Fortbestehen der vor dem 07.10.2004 geltenden Regelung, die die Pauschale nur auf den Monatsbetrag von EUR 250,00 begrenzte, nicht aber auf dem Gesamtbetrag von 30 % der Regelvergütung, verdiene deshalb nur geringen Schutz. *Keller* (Anm. zu *BGH* NZI 2013, 37, NZI 2013, 38) überzeugt die Begründung des BGH, soweit die Verfahren nach dem 01.01.2004 eröffnet sind, aber am 07.10.2004 noch nicht beendet waren. Bei Verfahren, die nach dem 01.01.2004 eröffnet und vor dem 07.10.2004 beendet waren, liegt demgegenüber eine **unzulässige, echte Rückwirkung** vor.

Für **nach dem 01.01.2004** eröffnete Verfahren ist anzumerken, dass der *BGH* (NZI 2007, 244; NZI 2007, 166) neben der pauschalierten Auslagenerstattung ausdrücklich zusätzlich die Erstattung von **Zustellungsauslagen** gewährt. Damit sind die **Sachkosten** zusätzlich erstattungsfähig. In seiner Entscheidung vom 08.03.2012 stellte der *BGH* (NZI 2012, 372 m. Anm. *Keller*) klar, dass eine Erhöhung der **Vergütung,** nicht der Auslagen, bei mehr als 100 Zustellungen durch Gewährung eines Zuschlags möglich sei. Dieses **Erfordernis der Mindestanzahl** hat der *BGH* in seiner Entscheidung vom 21.03.2013 (ZIP 2013, 833) **aufgegeben** (s. i.E. Rdn. 31).

§ 8 InsVV Festsetzung von Vergütung und Auslagen

34 Stehen dem Insolvenzverwalter lediglich die **Mindestregelvergütungen** zu, so ergeben sich die Pauschalen nach den Regelmindestbeträgen gem. § 2 Abs. 2 Satz 1–3 und nach § 13 Abs. 1 Satz 3–5 (vgl. *BGH* ZIP 2006, 1403). Nach der Neuregelung des § 8 Abs. 3 mit der dadurch durchgeführten Verringerung hatte der *BGH* (ZInsO 2007, 202) dem Insolvenzverwalter im Bereich der von ihm gem. § 8 Abs. 3 InsO übertragbaren Zustellaufgaben die damit in Zusammenhang stehenden **Sachkosten** (nicht Personalkosten) als gesonderte **Auslagen** zugebilligt, die er von der Masse erstattet verlangen kann. Die durch die Zustellung entstehenden **Personalkosten** waren nach Auffassung des *BGH* (ZIP 2006, 1403) nicht als Auslagen zu erstatten, können allerdings einen Zuschlag rechtfertigen, wobei der BGH hier von einer Zuschlagsberechtigung ab einer Zustellungsanzahl von 100 ausging mit einer entsprechenden Steigerung je nach Anzahl der durchzuführenden Zustellungen.

35 Im Beschluss vom 08.03.2012 (ZIP 2012, 682, s.a. ZIP 2006, 1403) war der *BGH* noch der Ansicht, dass die Personalkosten, die im Zusammenhang mit der Übertragung des Zustellungswesens gem. § 8 Abs. 3 InsO erst ab einem Umfang von 100 Zustellungen relevant genug sind, um die Auslagen zu erstatten.

36 Diese Auffassung hat der ***BGH*** mit Beschluss vom 21.03.2013 (ZIP 2013, 833) nunmehr **richtigerweise aufgegeben**. Denn diese primär den Gerichten obliegende Aufgabe kann zwar durch Beschluss gem. § 8 Abs. 3 InsO auf den Insolvenzverwalter übertragen werden, jedoch sind dem Insolvenzverwalter hierfür **neben** der Auslagenpauschale nach § 8 Abs. 3 InsVV die Kosten der Zustellungen in vollem Umfang (ungeachtet der Anzahl) zu erstatten. Dies betrifft zum einen die **Sachkosten** mit rd. EUR 1,63 je Zustellung, so der *BGH* (21.03.2013 ZIP 2013, 833). Zum anderen sind auch nach neuester *BGH*-Rechtsprechung (21.03.2013 ZIP 2013, 833; 11.06.2015, ZIP 2013, 533) die **Personalkosten** der Zustellung gesondert als Auslagen zu gewähren.

37 Eine Umrechnung in einen angemessenen **Zuschlag** ist nunmehr **nicht** mehr geboten (*BGH* ZIP 2013, 833). Ebenfalls ist eine Mindestanzahl von Zustellungen nicht mehr erforderlich.

38 Der BGH hält hierbei als Zustellungsauslagen für **Personalkosten** einen Betrag in Höhe von EUR 2,70 pro Zustellung für angemessen (*BGH* 08.03.2012 ZIP 2012, 682). Hiervon ausgehend errechnen sich die Zustellungsauslagen für Sachkosten mit EUR 1,63 (*BGH* 21.03.2013 ZIP 2013, 833) und den vorstehend genannten Personalkosten in Höhe von EUR 2,70 mit insgesamt EUR 4,43.

An anderer Stelle (*BGH* 19.01.2012 WM 2012, 331) hält er einen Gesamtbetrag von EUR 2,80 für die Sach- und Personalkosten für ausreichend. *Schmerbach* (InsbürO 2013, 493 [495]) sieht den Mindestbetrag bei wenigstens EUR 3,70.

39 Der Ersatz der Zustellungskosten bestehend aus Sach- und Personalkosten, erfolgt somit nunmehr außerhalb der Zuschlagstatbestände nach § 3 Abs. 1 InsVV in Form eines **pauschalen Geldbetrages** für die **Sach- und Personalkosten**. Mit seiner Entscheidung vom 11.06.2015 (– IX ZB 50/14, DZWIR 2015, 533) hat der *BGH* zwischenzeitlich entschieden, dass die im Rahmen des übertragenen Zustellungswesens entstehenden **personellen Mehrkosten** durch die Erstattung eines Betrags von **EUR 1,80 je Zustellung** gedeckt sein können. In dem vom *BGH* zu entscheidenden Fall (DZWIR 2015, 533) war die Höhe der mit **EUR 1,50** pro Zustellung geltend gemachten Sachkosten nicht streitig, so dass sich die Entscheidung des BGH auf diese gerade nicht erstreckte.

Es werden Pauschalen für die **Sachkosten** in Höhe von EUR 0,90 bis EUR 1,50 vertreten. *Vogt* (ZVI 2016, 9) nennt eine Spanne von EUR 1,00 bis EUR 1,50 und empfiehlt vor diesem Hintergrund statt einer Pauschale für die Sachkosten eine konkrete Berechnung vorzunehmen. Bei zahlreichen Zustellungen ist diese Vorgehensweise zu raten, da vielfach die Gerichte lediglich die Portokosten in Höhe von EUR 0,90 sehen und die weiteren Kosten für die Umschläge, für das Papier und den Druckertoner völlig außer Acht lassen, obwohl vier doppelseitige Schreiben beigefügt werden müssen.

40 **Nicht eingeschränkt** wird dadurch der in Frage kommende **Zuschlag** wegen einer besonders hohen Gläubigerzahl. Durch diesen werden nämlich nicht die Kosten der Zustellungen, sondern der im Rahmen der Forderungsprüfung und Tabellenerstellung entfaltete Mehraufwand berücksichtigt

(so auch *Keller* EWiR 2013, 383). Hier wird nach wie vor eine Mindestzahl von Gläubigern von etwa 100 Gläubigern zu fordern sein.

§ 8 Abs. 3 InsVV billigt dem Insolvenzverwalter eine Pauschale von 15 % der **Regelvergütung** (Neuregelung) bzw. der **gesetzlichen** Vergütung (Altfälle) im ersten Jahr des Insolvenzverfahrens und für **jedes weitere Folgejahr** 10 % der vorgenannten Berechnungsgrundlagen zu. Dabei kann die Auslagenpauschale vom Insolvenzverwalter für **jedes angefangene** Folgejahr in Höhe von 10 % der Berechnungsgrundlage gefordert werden (*BGH* ZInsO 2004, 964; *LG Magdeburg* ZIP 2004, 728). Gleichermaßen gilt auch hier die bereits oben dargestellte monatliche Höchstgrenze von EUR 250,00 für **jeden angefangenen** Monat der Verfahrensdauer. Die **Verfahrensdauer** ist in diesem Zusammenhang **nicht formell** zu sehen, sondern der Auslagenpauschsatz nach § 8 Abs. 3 InsVV kann **nur solange** gefordert werden, wie der Insolvenzverwalter insolvenzrechtlich notwendige Tätigkeiten erbracht hat (vgl. *BGH* NZI 2006, 232; ZInsO 2004, 964). Der **Grundsatz der beschleunigten Verfahrensabwicklung** (*BGH* ZInsO 2003, 726) gebietet es, dem Insolvenzverwalter lediglich einen Auslagenpauschalbetrag **bis zu dem Zeitpunkt** zuzubilligen, in dem das Insolvenzverfahren **abschlussreif** ist (*BGH* ZInsO 2004, 964). In seiner neuesten Entscheidung hierzu hat der *BGH* (NZI 2008, 545) zum Ausdruck gebracht, dass § 8 Abs. 3 InsVV restriktiv anzuwenden sei, denn das Ziel der Auslagenpauschale sei es nicht, den Vergütungsanspruch des Insolvenzverwalters auf mittelbare Weise zu erhöhen. Soweit das Amtsgericht Zeiträume verminderten Aufwands des Insolvenzverwalters feststelle, so müsse nach Auffassung des *BGH* (NZI 2008, 545) für diese betreffenden Zeitspannen die Auslagenpauschale zumindest gekürzt werden. Diese Auffassung des BGH ist **abzulehnen**, da das Gebot zur Kürzung der Auslagenpauschale unangemessen in das vom Gesetzgeber vorgesehene System der Pauschalierung der Auslagen eingreift. Im Rahmen der Abwicklung eines Insolvenzverfahrens sind Zeiträume mit sehr hohem Aufwand und Zeiträume mit verhältnismäßig geringem Aufwand für den Insolvenzverwalter gegeben. Folglich entstehen in diesen verschiedenen Zeiträumen hohe und auch niedrige **tatsächliche Auslagen**. Wenn aber der Sinn der Pauschalierungsregelung, worauf der BGH auch ausdrücklich hinweist, darin liegt, sowohl dem Insolvenzverwalter wie auch dem Gericht die aufwändige Vorlage und Prüfung von Einzelbelegen zu ersparen, ist es unzulässig, die Pauschale für Zeiträume mit geringem Aufwand für den Insolvenzverwalter zu kürzen. Denn die Pauschale soll gerade die während des **gesamten** Insolvenzverfahrens **durchschnittlich** entstehenden tatsächlichen Auslagen abdecken. Darüber hinaus ist es für das Insolvenzgericht praktisch nicht möglich, die Phasen geringen Aufwands und die Phasen erheblichen Aufwandes sowie auch den Zeitpunkt der Abschlussreife des Verfahrens konkret zu ermitteln. Darüber hinaus sind auch Perioden vorhanden, in denen zwar Verzögerungen auftreten, diese allerdings nicht dem Verwalter zuzurechnen sind. Hier sind insbesondere langwierige Rechtsstreitigkeiten, der Lauf von Gewährleistungsfristen usw. zu nennen. In diesen Zeiträumen fallen zwangsläufig insolvenzrechtlich notwendige Tätigkeiten an wie beispielsweise die Abgabe von Steuererklärungen, die Erstellung von Jahresabschlüssen, Gläubigerinformationen und insbesondere auch das Erstellen von Zwischenberichten an das Insolvenzgericht.

Der **monatliche Höchstbetrag** der Auslagenpauschale ist **nicht für einzelne Abschnitte** zu berechnen, sondern ausschließlich anhand der **Gesamtdauer** des Verfahrens zu ermitteln, d.h. für die Zeit von der Eröffnung bis zur Einreichung der Schlussrechnung (*BGH* ZIP 2004, 1716; BK-InsO/*Blersch* InsVV, § 8 Rn. 42). Es ist somit nicht der Höchstbetrag nach Monatspauschalen für das **erste Jahr** in Höhe von EUR 3.000,00 dem prozentual errechneten Pauschalbetrag, sondern der Gesamtbetrag der Monatspauschalen bezogen auf die Gesamtlaufdauer des Verfahrens dem Gesamtbetrag der prozentual errechneten Pauschale gegenüberzustellen (BK-InsO/*Blersch* InsVV, § 8 Rn. 43, 44). Bei einer Verfahrensdauer von z.B. 40 Monaten ergibt sich somit als Höchstbetrag für die Pauschale EUR 10.000,00 auch wenn für einzelne Zeitabschnitte ein monatlicher Pauschalbetrag von EUR 250,00 überschritten werden sollte. Entscheidend ist die gesamte Verfahrensdauer unter Berücksichtigung der Kappungsgrenze von EUR 250,00 monatlich und ggf. der neu eingeführten Obergrenze von 30 % der Regelvergütung. Zur Berechnung der Anzahl der Monate ist auf die §§ 187 ff. BGB zurückzugreifen (vgl. *OLG Zweibrücken* InVo 2001, 200).

43 **Abschnittsweise** ist allerdings die Pauschale dann zu berechnen, wenn **unterschiedliche Verfahrenssituationen** abgrenzbar vorhanden sind. Dies ist insbesondere der Fall zwischen vorläufiger Insolvenzverwaltung und Abwicklung des Insolvenzverfahrens und ggf. noch sich anschließender Planüberwachung (vgl. das Beispiel bei *Kübler/Prütting/Bork-Eickmann/Prasser* InsVV, § 8 Rn. 33).

E. Rechtsmittel

44 **§ 64 Abs. 3 Satz 1 InsO gewährt dem Insolvenzverwalter, dem** Schuldner und jedem Insolvenzgläubiger den Rechtsbehelf der **sofortigen Beschwerde** gem. § 6 Abs. 1 InsO. Mit seiner Entscheidung vom 20.12.2012 hat der **BGH** (– IX ZB 19/10, ZIP 2013, 226) die **Beschwerdebefugnis auch einem Dritten**, der für den Fall (partieller) Masseunzulänglichkeit sich gegenüber der Masse verpflichtet hat, für Kosten des Insolvenzverfahrens (anteilig) einzustehen, **erweitert**. Damit anerkennt der BGH, dass über den Wortlaut des § 64 Abs. 3 Satz 1 InsO hinaus **anderen Personen** die Beschwerdeberechtigung zuerkannt werden kann, wenn diese durch eine fehlerhafte Festsetzung der Vergütung in ihren Rechten unmittelbar beeinträchtigt werden.

45 Nach *BGH* (ZIP 2014, 587) ist den **Gesellschaftern** der Insolvenzschuldnerin folgerichtig eine Beschwerdebefugnis gegen die Festsetzung der Vergütung des Insolvenzverwalters zuzugestehen, wenn die Höhe der Festsetzung ihr Recht auf eine **Teilhabe an einem Überschuss** beeinträchtigen kann. Nach *BGH* (ZIP 2014, 587) ist den **Gesellschaftern** der Insolvenzschuldnerin folgerichtig eine Beschwerdebefugnis gegen die Festsetzung der Vergütung des Insolvenzverwalters zuzugestehen, wenn die Höhe der Festsetzung ihr Recht auf eine **Teilhabe an einem Überschuss** beeinträchtigen kann. Dem Insolvenzverwalter hat der *BGH* (Beschl. v. 27.09.2012 – IX ZB 276/11, ZIP 2012, 2018) zur Abwehr unberechtigter Vergütungsforderungen die Beschwerdebefugnis bei der Festsetzung der Vergütung des vorläufigen Insolvenzverwalters oder eines früheren abgewählten oder entlassenen Insolvenzverwalters oder eines Sonder-Insolvenzverwalters zuerkannt.

Umgekehrt kann auch einem Sonder-Insolvenzverwalter eine Beschwerdebefugnis zustehen, wenn er beispielsweise. Schadenersatzansprüche zugunsten der Masse gegen den Insolvenzverwalter geltend machen soll (*BGH* Beschl. v. 06.11.2014 – IX ZB 90/12, NZI 2015, 46).

46 Die sofortige Beschwerde kann auch dann eingelegt werden, wenn der Rechtspfleger entschieden hat, § 11 RPflG. **Voraussetzung** zur Einlegung der sofortigen Beschwerde ist allerdings, dass der Einlegende **beschwert** ist (vgl. *Kübler/Prütting/Bork-Eickmann/Prasser* InsVV, § 8 Rn. 20). Beispielsweise ist das dann nicht der Fall, wenn die Insolvenzgläubiger in voller Höhe befriedigt werden. Eine Beschwer ist erst dann gegeben, wenn die Befriedigungsmöglichkeit des Rechtsmittelführers durch die angegriffene Vergütungsentscheidung **tatsächlich** beeinträchtigt wird (vgl. BK-InsO/*Blersch* InsVV, § 8 Rn. 47). **Massegläubiger** sind in einem Verfahren, welches nicht mit Massearmut beendet wird, grds. nicht beschwert, wogegen in massearmen Verfahren, auf Grund der in § 209 InsO geregelten Rangfolge, eine Beschwer anzunehmen ist (vgl. *BGH* Beschl. v. 20.12.2012 – IX ZB 19/10; *Kübler/Prütting/Bork-Eickmann/Prasser* InsVV, § 8 Rn. 19). **Nachrangige Insolvenzgläubiger** gem. § 39 InsO sind dann **nicht beschwert**, wenn sie selbst bei der Festsetzung der Mindestvergütung keine Quote erhalten würden oder wenn sie gem. § 174 Abs. 3 InsO an Verteilungen nicht teilnehmen. In sog. **Stundungsverfahren** gem. § 4a InsO, in denen keine ausreichende verfahrenskostendeckende Masse vorhanden ist, ist ein Insolvenzgläubiger regelmäßig beschwert und kann gegen die Festsetzung die sofortige Beschwerde einlegen. Dies ergibt sich daraus, dass die abgetretenen, pfändbaren Bezüge an die Gläubiger dann verteilt werden, sobald die nach § 4a InsO gestundeten Verfahrenskosten (einschließlich der Vergütung des Insolvenzverwalters bzw. Treuhänders) gedeckt sind, sodass jeder Betrag, um den die Vergütung unangemessen hoch festgesetzt worden ist, dem Insolvenzgläubiger ausgekehrt wird. Eine fehlerhafte – überhöhte – Festsetzung der Vergütung führt daher regelmäßig zu einem Nachteil des Gläubigers (vgl. *BGH* ZInsO 2006, 256; *Kübler/Prütting/Bork-Eickmann/Prasser* InsVV, § 8 Rn. 21a).

47 Die **sofortige Beschwerde** ist gem. § 64 Abs. 3 Satz 2 InsO i.V.m. § 567 Abs. 2 ZPO bei einer **Beschwer** von mindestens EUR 200,00 zulässig. Zur Berechnung der Beschwer ist entscheidend, in welchem Umfang sich der Rechtsmittelführer durch die Einlegung des Rechtsmittels wirtschaftlich verbessert (vgl. MüKo-InsO/*Nowak* § 64 Rn. 13 f.). Somit ist bei einer beantragten Verringerung der Vergütung die bei tatsächlicher Vornahme der Reduzierung dann auf den Beschwerdeführer entfallende Quote (d.h. die Differenz der Quotenbeträge) entscheidend.

Zu beachten ist hier, dass die Frist zur Einlegung der sofortigen Beschwerde bereits **zwei Tage nach der öffentlichen Bekanntmachung im Internet** und nicht erst mit einer späteren (eventuell) persönlichen Zustellung beginnt (*BGH* ZIP 2013, 2425; DZWIR 2012, 523; WM 2011, 2374; ZInsO 2009, 2414). 48

Dies gilt auch für den Fall, dass der Schuldner nicht angehört wurde und auch für die Insolvenzgläubiger (*BGH* DZWIR 2012, 523). Lediglich die unrichtige Bezeichnung des Schuldners bei der öffentlichen Bekanntmachung im Internet kann dazu führen, dass die Frist zur Einlegung der sofortigen Beschwerde nicht in Gang gesetzt wird (*BGH* ZInsO 2012, 49). Die fehlende Angabe des Vornamens des Schuldners in der öffentlichen Bekanntmachung führt gem. *BGH* (NZI 2014, 77) ebenfalls zu einer unrichtigen öffentlichen Bekanntmachung im Internet, mit der Folge, dass die Frist zur Einlegung der sofortigen Beschwerde nicht in Gang gesetzt wird (s.a. Rdn. 13). 49

Haarmeyer fordert in seiner Anmerkung zu *LG Aurich* (Beschl. v. 29.10.2013 – 4 T 206/10, ZInsO 2013, 2388; ZInsO 2013, 2399), dass auch **den Gläubigern** als Beschwerdeberechtigten im Festsetzungsverfahren rechtliches Gehör gewährt werden müsse. Dieser Gehörsanspruch ergäbe sich in Ermangelung einer gesetzlichen Regelung für die in ihren materiellen Rechten Betroffenen unmittelbar aus Art. 103 Abs. 1 GG (m. Verweis auf u.a. *BVerfG* NJW 1995, 2096). Er folgert daraus, dass ein Insolvenzgläubiger, der nicht angehört wurde, auch nicht mit einer Festsetzung der Vergütung rechnen musste, sodass die Rechtsmittelfrist durch eine öffentliche Bekanntmachung nicht zu laufen beginne (so auch K. Schmidt/*Vuia* InsO, § 64 Rn. 21). 50

Dieses Erfordernis **der Zustellung** des oft viele Seiten umfassenden Vergütungsantrages an eine Großzahl von Insolvenzgläubigern ist **weder praktikabel noch hinsichtlich** der Kostenseite vertretbar (so auch *Kübler/Prütting/Bork-Stoffler* InsO, § 64 Rn. 5 f.). Insoweit ist es auch weiter als **ausreichend** anzusehen, dass die Insolvenzgläubiger auf die öffentliche Bekanntmachung der Vergütungsfestsetzung verwiesen werden. 51

Hingegen ist bei der öffentlichen Bekanntmachung im Internet nach *BGH* (ZInsO 2012, 49) für die Ingangsetzung der Frist zur Einlegung der sofortigen Beschwerde, **die richtige Bezeichnung des Schuldners** zu fordern, mit der Folge, dass eine unrichtige Bezeichnung des Schuldners in der öffentlichen Bekanntmachung im Internet die Frist zur Einlegung der sofortigen Beschwerde **nicht** in Gang setzt. 52

Ebenfalls hält der *BGH* (ZInsO 2012, 49, so auch *LG Aurich* ZInsO 2013, 2388) es für erforderlich, dass die Vergütungsart in der öffentlichen Bekanntmachung richtig bezeichnet wird, um die Frist zur Einlegung der sofortigen Beschwerde in Gang zu setzen. 53

Hierzu wird angeführt, dass sich für beschwerdeberechtigte Gläubiger als »nicht im Insolvenzrecht versierte Gläubiger« nicht aufdrängen [muss], das angesichts des noch laufenden Insolvenzverfahrens nicht die Vergütung **des Insolvenzverwalters** festgesetzt worden sein konnte, sondern dass die Bekanntmachung die Vergütung des **vorläufigen Insolvenzverwalters** betreffen musste«. In dem zu beurteilenden Fall war die Vergütung des vorläufigen Insolvenzverwalters festgesetzt worden, allerdings in der »Veröffentlichung lediglich die« Vergütung des Insolvenzverwalters benannt worden. Daraus wurde geschlossen, dass die Insolvenzgläubiger ihr Beschwerderecht deshalb nicht genutzt hätten, da sie nicht richtig über die festgesetzte Vergütungsart informiert worden seien. 54

Allerdings ist es wenig nachvollziehbar, dass ein Gläubiger, den **die Vergütung des Insolvenzverwalters** so wenig interessiert, dass er sich aufgrund der Wahrnehmung der öffentlichen Bekanntmachung der Festsetzung derselben, nicht veranlasst sieht den Vergütungsbeschluss einzusehen, an der Vergütung des **vorläufigen Insolvenzverwalters** so starkes Interesse hat, dass er diesbezüglich 55 selbstverständlich eine Einsichtnahme vorgenommen hätte, wenn er nur gewusst hätte, dass die Vergütung des vorläufigen Insolvenzverwalters betroffen ist.

56 Insoweit ist es als ausreichend anzusehen, dass die Vergütungsfestsetzung an sich veröffentlicht wird. Sollte im Einzelfall das Wort »**vorläufige**« in der **Veröffentlichung fehlen**, kann nicht davon ausgegangen werden, dass sich das Interesse des Gläubigers an der Höhe der Vergütungsfestsetzung nur auf die Vergütung des vorläufigen Insolvenzverwalters beschränkt. Lebensnah betrachtet interessiert sich der Gläubiger für alle Vergütungsfestsetzungen in dem **konkreten Verfahren**.

57 Infolge der Rechtsprechung des *BGH* (ZInsO 2012, 49) ist dem Insolvenzverwalter bzw. insbesondere dem vorläufigen Insolvenzverwalter **dringend zu raten**, hinsichtlich der ihre Vergütung betreffenden Vergütungsbeschlüsse **im Internet zu kontrollieren, ob die Veröffentlichung richtig war**. Falls Zweifel an der Richtigkeit der Veröffentlichung bestehen, sollte das Insolvenzgericht dringend um Korrektur der Veröffentlichung gebeten werden. Dies ist insbesondere vor dem Hintergrund, dass das *AG Aurich* (ZInsO 2013, 2388 [2389]) auch bei einem langen Zeitraum zwischen Veröffentlichung und Eingang der sofortigen Beschwerde **keinen Vertrauenstatbestand** als gegeben ansah empfehlenswert. Eine deutliche Senkung der Vergütung kann zu massiven Rückzahlungsverpflichtungen mit Zinsen führen. Die **sofortige Beschwerde** ist gem. § 64 Abs. 3 Satz 2 InsO i.V.m. § 567 Abs. 2 ZPO bei einer **Beschwer** von mindestens EUR 200,00 zulässig. Zur Berechnung der Beschwer ist entscheidend, in welchem Umfang sich der Rechtsmittelführer durch die Einlegung des Rechtsmittels wirtschaftlich verbessert (vgl. MüKo-InsO/*Nowak* 2. Aufl., § 64 Rn. 13 f.). Somit ist bei einer beantragten Verringerung der Vergütung die bei tatsächlicher Vornahme der Reduzierung dann auf den Beschwerdeführer entfallende Quote (d.h. die Differenz der Quotenbeträge) entscheidend.

58 Die früher in § 7 InsO geregelte Rechtsbeschwerde ist ersatzlos durch das »Gesetz zur Änderung von § 522 ZPO vom 21.10.2011, BGBl. I S. 2082« weggefallen. Eine Rechtsbeschwerde ist allerdings unter den Voraussetzungen des § 574 ZPO zulässig (s. hierzu ausf. *Schmerbach* § 7 InsO).

59 Mit Beschluss vom 06.02.2014 hat der *BGH* (– IX ZB 113/12) entschieden, dass eine unterbliebene Zulassung der Rechtsbeschwerde nicht durch einen Ergänzungsbeschluss nachgeholt werden kann. Nach Ansicht des BGH kann eine Berichtigung des Beschlusses nach § 319 ZPO allerdings dann erfolgen, wenn die Zulassung der Rechtsbeschwerde zwar beschlossen, aber nur versehentlich nicht in dem Beschluss ausgesprochen war. Dass die Zulassung der Rechtsbeschwerde beschlossen und nur versehentlich in dem Beschluss nicht ausgesprochen war, muss sich dann aber aus dem Zusammenhang des Beschlusses selbst oder mindestens aus den Vorgängen bei seinem Erlass oder seiner Verkündung ergeben, so der BGH. Nur dann läge eine offenbare Unrichtigkeit vor.

F. Rechtskraft

60 **Die Rechtskraft des Festsetzungsbeschlusses tritt formell ein, wenn die Rechtsbehelfsfristen abgelaufen** sind oder die den Rechtszug abschließende Entscheidung wirksam geworden ist, § 6 Abs. 3 InsO (vgl. BK-InsO/*Blersch* InsVV, § 8 Rn. 51). Der Vergütungs- und Auslagenfestsetzungsbeschluss ist entsprechend den Grundsätzen für das Kostenfestsetzungsverfahren gem. §§ 103 ff. ZPO der **materiellen Rechtskraft fähig**, wobei allerdings diese sich nur auf die jeweiligen Einzelpositionen, auf denen die Vergütungsberechnung beruht, erstreckt. Dementsprechend kann der Insolvenzverwalter **nicht** beantragte oder **nicht** berücksichtigte oder **nachträglich** ihm bekannt gewordene Einzelumstände, die ggf. zu Zuschlägen gem. § 3 Abs. 1 InsVV führen, auch **nach** Rechtskraft geltend machen und eine **Änderung** der bereits formell **rechtskräftigen Entscheidung** herbeiführen (vgl. BK-InsO/*Blersch* InsVV, § 8 Rn. 51). Entscheidend ist allerdings, dass die »nachträglich« vorgetragenen Einzelumstände nicht bereits Gegenstand des Festsetzungsverfahrens waren und in der Festsetzungsentscheidung bereits berücksichtigt wurden (*LG Magdeburg* ZInsO 2004, 674; BK-InsO/*Blersch* InsVV, § 8 Rn. 51).

61 Nach Auffassung des *BGH* (ZIP 2010, 1403) entfaltet die Festsetzung der Verwaltervergütung im Insolvenzverfahren **materielle Rechtskraft** für den Vergütungsanspruch als solchen und seinen Um-

fang; die Berechnungsgrundlage und der Vergütungssatz einschließlich der hierbei bejahten oder verneinten Zu- oder Abschläge nehmen lediglich als Vorfragen an der Rechtskraft nicht teil. Nach Auffassung des *BGH* (ZIP 2010, 1403) ist es allerdings möglich, bei **nachträglichem Massezufluss** in einer **Zweitfestsetzung** bisher gewährte Zuschläge zu modifizieren (*BGH* ZIP 2010, 1403). Das Zweitverfahren über die Festsetzung der Verwaltervergütung kann allerdings nur auf Umstände gestützt werden, die **nicht** bereits im **Erstverfahren** geltend gemacht worden sind oder hätten geltend gemacht werden können.

In der durch die zweite Verordnung zur Änderung der Insolvenzrechtlichen Vergütungsverordnung vom 31.12.2006 vorgenommenen Änderung des § 11 Abs. 2 InsVV hat der Verordnungsgeber eine teilweise Durchbrechung der Rechtskraft als zulässig erklärt. Das Insolvenzgericht ist berechtigt, bis zur Rechtskraft der Entscheidung über die Vergütung des Insolvenzverwalters bei einer abweichenden Wertdifferenz von mehr als 20 % der Berechnungsgrundlage der Vergütung des **vorläufigen Insolvenzverwalters** die Vergütung des vorläufigen Insolvenzverwalters nachträglich zu ändern, d.h. der nach Abwicklung des Verfahrens sich errechnende Berechnungsgrundlage anzupassen (s. hierzu i.E. § 11 InsVV Rdn. 107 ff.). 62

G. Entnahmerecht/Berücksichtigung von Gegenforderungen/Verwirkung

Der **Festsetzungsbeschluss** berechtigt den Insolvenzverwalter die festgesetzten Beträge aus der **Masse** zu entnehmen. Die **Entnahme** ist auch bereits **vor Rechtskraft** des Beschlusses zulässig, wobei der Verwalter dann allerdings bei späterer Änderung der Festsetzungsentscheidung zur Rückzahlung verpflichtet ist. Entsprechend § 717 Abs. 2 ZPO schuldet in diesem Fall der Insolvenzverwalter Prozesszinsen gem. § 291 BGB (vgl. *BGH* ZInsO 2006, 26; *Kübler/Prütting/Bork-Eickmann/Prasser* InsVV, § 8 Rn. 29). 63

Der **rechtskräftige** Festsetzungsbeschluss stellt einen **Vollstreckungstitel** für den Verwalter dar, sodass er in die Lage versetzt ist, in das Schuldnervermögen zu vollstrecken. **Gegenforderungen** seitens des Schuldners bzw. der Insolvenzmasse wie beispielsweise **Schadensersatz** wegen fehlerhafter Abwicklung des Verfahrens, stehen zwar dem Vergütungsanspruch grds. aufrechenbar gegenüber, doch ist die Zwangsvollstreckung lediglich durch eine **Vollstreckungsgegenklage** gem. § 767 ZPO abzuwenden. Eine **Präklusion** von Einwendungen, die bereits vor dem Festsetzungsverfahren entstanden sind, findet gem. § 767 Abs. 2 ZPO **nicht** statt (vgl. *BGH* ZInsO 2006, 26; *Haarmeyer/Mock* InsVV, § 8 Rn. 51). Dies ist damit zu begründen, dass die Schlechtleistungen, d.h. die Schadenersatzforderungen und damit auch die Aufrechnung im Festsetzungsverfahren nicht berücksichtigt werden können. Derartige Ansprüche gegenüber dem Insolvenzverwalter sind als Gesamtschaden von einem **Sonderverwalter** bzw. einem **neu zu bestellenden Insolvenzverwalter** im Rahmen einer Zivilprozessklage im ordentlichen Rechtsweg geltend zu machen (vgl. BK-InsO/*Blersch* InsVV, § 8 Rn. 55). 64

Dementsprechend ist das Insolvenzgericht auch nicht berechtigt, den nach der InsVV festzusetzenden Vergütungsbetrag im Rahmen des Festsetzungsverfahrens um die »angeblichen Schadensersatzansprüche der Gläubiger« zu kürzen. Gleichermaßen kann die gesetzliche Vorgehensweise der Geltendmachung eines Gesamtschadens durch einen (Sonder-)Verwalter nicht durch den Verwirkungseinwand umgangen werden (so aber *OLG Karlsruhe* ZIP 2000, 2035 f.). 65

Ausnahmsweise ist bei **strafbaren Handlungen** des Insolvenzverwalters die Verwirkung des Vergütungsanspruches denkbar. In Betracht kommt die Verwirkung des Vergütungsanspruches dann, wenn der Insolvenzverwalter die mit diesem Amt verbundene besondere Vertrauensstellung missbraucht und schwerwiegende Zweifel an seiner beruflichen Zuverlässigkeit und Redlichkeit begründet werden, die für die Verfahrensbeteiligten nicht tragbar sind (vgl. *BGH* ZIP 2004, 1214 m.w.N.). Gegeben dürfte dies immer dann sein, wenn der Insolvenzverwalter – ungeachtet einer eventuellen strafrechtlichen Verurteilung – die objektiven Tatbestände einer »Untreue« begründen (vgl. *LG Schwerin* ZInsO 2008, 856). Eine Verwirkung ist dann anzunehmen, wenn der vom Insolvenzverwalter zu vertretende Verstoß gegen seine Vermögensbetreuungspflichten derart schwerwiegend ist, dass 66 die durch Art. 12 GG geschützte Berufsfreiheit und die in Art. 14 GG festgeschriebene Eigentumsgarantie zurückzutreten haben. In diesem Falle ist von einer Verwirkung sowohl des Vergütungsanspruchs als auch des Anspruchs auf Auslagenerstattung auszugehen. Aufgrund des Strafcharakters der Verwirkung ist eine Differenzierung zwischen Vergütung und Auslagen nicht geboten (*LG Schwerin* ZInsO 2008, 856).

Das *LG Deggendorf* (Beschl. v. 24.07.2013 – 13 T 57/13) hat in diesem Zusammenhang entschieden, dass ein Insolvenzverwalter seinen Vergütungsanspruch verwirkt, wenn er über **mehrere Jahre ungenehmigte Entnahmen** aus verschiedenen Insolvenzmassen tätigt und damit seine Befugnis, über fremdes Vermögen verfügen zu können im Eigeninteresse missbraucht.

67 Ebenso kann ein Insolvenzverwalter seinen Vergütungsanspruch verwirken, wenn er bei seiner Bestellung verschweigt, dass er in einer Vielzahl früherer Insolvenzverfahren als Verwalter an sich selbst und an von ihm beherrschte Gesellschaften grob pflichtwidrig Darlehen aus den dortigen Massen ausgereicht hat (*BGH* Beschl. v. 14.07.2016 – IX ZB 52/15, ZInsO 2016, 1656 im Anschluss an *BGH* ZIP 2011, 1526).

H. Verjährung

68 Die **festgesetzten Ansprüche** des (vorläufigen) Insolvenzverwalters unterliegen der **dreißigjährigen Verjährungsfrist**, wie titulierte Ansprüche gem. § 197 Abs. 1 Nr. 3 BGB.

69 Die **nicht** festgesetzten Vergütungsansprüche des **Insolvenzverwalters** unterliegen nach der Schuldrechtsreform der verkürzten regelmäßigen Verjährungsfrist von drei Jahren gem. § 195 n.F. BGB. Diese Verjährung beginnt nach § 199 Abs. 1 n.F. BGB mit dem Schluss des Jahres, indem der Vergütungsanspruch entstanden ist und der Gläubiger von den, den Anspruch begründenden Umständen und der Person des Vergütungsschuldners Kenntnis erlangt hat oder ohne grobe Fahrlässigkeit erlangen musste. Der Anspruch des Insolvenzverwalters, der an sich eine Tätigkeitsvergütung darstellt, entsteht i.S.d. § 199 Abs. 1 BGB mit seiner Durchsetzbarkeit, die regelmäßig mit Beendigung der vergütungspflichtigen Tätigkeit bzw. der Möglichkeit der Stellung eines Vergütungsantrages entsteht (vgl. BK-InsO/*Blersch* InsVV, § 8 Rn. 52). Gemäß §§ 204, 209 BGB, § 17 Abs. 3 Satz 1 KostO, § 2 Abs. 3 Satz 2 JVEG tritt durch die gerichtliche Geltendmachung eines Anspruchs grundsätzlich die **Hemmung der Verjährung** ein. Eine gesetzliche Regelung für insolvenzrechtliche Vergütungsansprüche ist allerdings **nicht** gegeben. Eine entsprechende Regelung muss daher in **Rechtsanalogie** zu den vorgenannten Regelungen gefunden werden (*BGH* NZI 2007, 397 m.w.N.). Der Insolvenzverwalter hat lediglich mit der Stellung seines Vergütungsantrages Einfluss auf den Gang, nämlich den Beginn des Festsetzungsverfahrens. Einfluss darauf, in welcher Bearbeitungszeit das Insolvenzgericht den Vergütungsantrag erledigt, hat er demgegenüber nicht. Er ist dementsprechend in einer gleichen Rechtsposition eines Klägers, der einen Anspruch vor einem Prozessgericht geltend macht. Folglich hemmt der Festsetzungsantrag in analoger Anwendung von § 204 Abs. 1 BGB die Verjährung des Vergütungsanspruchs des Insolvenzverwalters (*BGH* NZI 2007, 397 m.w.N.; *Keller* NZI 2007, 378).

Zur Frage der Verjährung der Ansprüche des **vorläufigen Insolvenzverwalters** wird auf die Ausführung bei § 11 InsVV Rdn. 6 ff. verwiesen.

70 Für diejenigen Ansprüche des Insolvenzverwalters, die er auf Grund besonderer Anwalts-, Steuerberater- oder Wirtschaftsprüfertätigkeiten neben seiner Vergütung als Insolvenzverwalter gem. § 5 InsVV verlangen kann, ist ebenfalls die kurze Verjährung gem. § 195 BGB einschlägig. Dabei ist darauf hinzuweisen, dass für diese Ansprüche auf Grund berufsspezifischer Sonderregeln andere Fälligkeitszeitpunkte gegeben sind (vgl. z.B. § 8 RVG oder § 7 StBGebV), sodass die Verjährungsfristen ggf. zu einem anderen Zeitpunkt beginnen.

I. Muster: Vergütungsantrag unter Berücksichtigung von befriedigten Absonderungsrechten und Zuschlägen (angelehnt an *Heyn* Vergütungsanträge nach der InsVV, 2012)

Ort/Datum

Amtsgericht ...

– Insolvenzgericht –

...

...

Insolvenzverfahren über das Vermögen

der Firma ... mit dem Sitz in ... /des Herrn ... /der Frau ...

Geschäftszeichen: ... IN ... / ...

Vergütungsantrag für das eröffnete Verfahren

Sehr geehrte Damen und Herren,

sehr geehrte Frau Rechtspflegerin ... /sehr geehrter Herr Rechtspfleger ...

in obigem Insolvenzverfahren stelle ich hiermit entsprechend §§ 63 ff. InsO i.V.m. den insolvenzrechtlichen Vorschriften der InsVV folgenden Vergütungsantrag:

1. Berechnungsgrundlage

Wie aus Ziff. ... des Schlussberichtes und der Schlussrechnung ersichtlich wird, ist eine Gesamtsumme der Einnahmen in Höhe von

... €

zu verzeichnen. Die Zusammensetzung dieser Teilungsmasse ergibt sich im Einzelnen aus dem Schlussbericht und der Schlussrechnung, auf die ausdrücklich verwiesen wird.

Von diesem Betrag sind Abzüge gem. § 1 Abs. 2 InsVV wie folgt vorzunehmen:

Nr. 1:

Es bestanden Absonderungsrechte Dritter an einigen Gegenständen des schuldnerischen Vermögens. Diese wurden im Schlussbericht auf S. ... näher erläutert. Der Unterzeichner hat die Verwertung der Gegenstände durchgeführt, die Kaufpreiserlöse in Höhe von insgesamt ... € brutto vereinbart und an den jeweiligen Absonderungsgläubiger abzüglich der Kostenbeiträge und der gesetzlichen Mehrwertsteuer gem. §§ 170, 171 InsO abgeführt.

Auch wurden pfändbare Einkommensanteile vereinbart und aufgrund einer vorliegenden Abtretung entsprechend der Regelung in § 114 Abs. 1 InsO für die Dauer von zwei Jahren ab Insolvenzeröffnung an den Absonderungsgläubiger abzüglich der Kostenbeiträge ausgezahlt.

Durch diese Verwertungstätigkeiten sind die Bruttoerlöse von der vorgenannten Berechnungsgrundlage nicht in Abzug zu bringen. Die Beschränkung des sich dadurch ergebenden Mehrbetrages der Vergütung gem. § 1 Abs. 2 Nr. 1 InsVV wird nachfolgend berücksichtigt werden.

Gesamtsumme der mit Absonderungsrechten belasteten Einnahmen: ... €

Abzug: 0 €

Nr. 2:

Bei dem Pkw ... mit dem amtlichen Kennzeichen ... handelte es sich um ein Leasingfahrzeug. Der Unterzeichner hat dieses bei der Leasinggesellschaft durch Zahlung einer Summe in Höhe von ... € abgelöst und somit den Eigentumsübergang auf die Insolvenzmasse bewirkt. Das Fahrzeug wurde im Anschluss daran für ... € verkauft. Der erzielte Kaufpreis ist in der Gesamtsumme der Einnahmen berücksichtigt. Der gezahlte Ablösebetrag ist gem. § 1 Abs. 2 Nr. 2 InsVV von dieser Einnahmensumme abzuziehen.

Abzug: ... €

Alternativ:

Aus- und Absonderungsrechte wurden nicht ausgelöst. Es wurden daher auch keinerlei Ablösebeträge aus der Insolvenzmasse geleistet. Ein Abzug von der Berechnungsgrundlage ist daher nicht vorzunehmen.

Abzug: ... €

Nr. 3:

Verrechnungen von Drittschuldnern wurden nicht vorgenommen. Daher ist auch keine diesbezügliche Kürzung gem. § 1 Abs. 2 Nr. 3 InsVV vorzunehmen.

Abzug: 0 €

Alternative:

Ausweislich der Vermögensübersicht gem. § 153 InsO gab es ... (Anzahl) Drittschuldner, denen eine Aufrechnungsmöglichkeit gem. §§ 94, 95 InsO zustand. Von dem Recht zur Aufrechnung wurde im Laufe des Verfahrens Gebrauch gemacht. Die bestehenden Forderungen gegen diese Drittschuldner i.H.v. ... € wurden mit Gegenforderungen i.H.v. ... € verrechnet. Damit hat sich lediglich ein Überschuss i.H.v. ... € ergeben.

Weitere Ausführungen Alternative 1:

Die Forderungsbeträge zugunsten der Insolvenzmasse sind über das Sachkonto Nr. ... vollumfänglich eingebucht worden, weil die Insolvenzmasse sie indirekt realisiert hat. Die Insolvenzmasse ist durch die Verrechnung zumindest nicht mit ihrem Anspruch ausgefallen. Der Gesamtbetrag der Gegenforderungen muss aber entsprechend der Regelung in § 1 Abs. 2 Nr. 3 InsVV in Abzug gebracht werden, weil lediglich der Überschuss, der der Insolvenzmasse tatsächlich zugeflossen ist, berücksichtigt werden darf.

Abzug: ... €

Weitere Ausführungen Alternative 2:

Auf dem Sachkonto Nr. ... sind sowieso nur die der Insolvenzmasse tatsächlich zugeflossenen Beträge, also der verbleibende Überschuss nach erfolgter Aufrechnung, gebucht worden, so dass in der obigen Gesamtsumme der Einnahmen keine Erlöse enthalten sind, die nunmehr nach § 1 Abs. 2 Nr. 3 InsVV in Abzug zu bringen wären.

Abzug: 0 €

Nr. 4a:

Der Unterzeichner hat die Sozietät ... mit ... beauftragt und Honorare in einer Gesamthöhe von ... € an diese gezahlt. Wegen der Einzelheiten wird auf die Ausführungen hierzu im Schlussbericht auf S. .... verwiesen. Diese Beträge sind aber nicht i.S.d. § 5 i.V.m. § 1 Abs. 2 Nr. 4a InsVV von der Berechnungsgrundlage in Abzug zu bringen, weil das Honorar dem Unterzeichner nicht in Gänze, sondern nur anteilig als Sozius zugeflossen ist. Die Vorschrift des § 1 Abs. 2 Nr. 4a InsVV soll die doppelte Vergütung des Insolvenzverwalters vermeiden. Dies ist vorliegend nicht gegeben, weil keine Honorare i.S.d. § 5 InsVV allein an den Unterzeichner gezahlt wurden. Die Offenlegung des Verteilungsschlüssels der Sozietät ist nicht zumutbar (*BGH* Beschl. v. 05.07.2007 – IX ZB 305/04, ZInsO 2007, 813; *LG Leipzig* Beschl. v. 07.02.2000 – 14 T 7832/99, ZInsO 2001, 615 f.).

Abzug: 0 €

Alternative:

Der Unterzeichner hat für den Einsatz besonderer Rechtskunde gem. § 5 InsVV Beträge in einer Gesamthöhe von ... € aus der Insolvenzmasse entnommen. Wegen der Einzelheiten hierzu wird auf die Ausführungen im Schlussbericht auf S. ... verwiesen. Diese Beträge sind von der obigen Berechnungsgrundlage entsprechend § 1 Abs. 2 Nr. 4a InsVV in Abzug zu bringen.

Abzug: ... €

Nr. 4b:

Eine Betriebsfortführung hat nicht stattgefunden. Abzüge nach § 1 Abs. 2 Nr. 4b InsVV sind daher nicht vorzunehmen.

Abzug: 0 €

Alternative:

Der schuldnerische Betrieb wurde bis zum ... fortgeführt. In der Anlage ist daher eine gesonderte Einnahmen- und Ausgabenübersicht beigefügt, aus der die Kosten der Betriebsfortführung, die von der Berechnungsgrundlage gem. § 1 Abs. 2 Nr. 4b InsVV abzuziehen sind, gesondert ersichtlich werden. In der Literatur wird die Meinung vertreten, dass aufoktroyierte Ausgaben, die der Verwalter also nicht durch eigenes Handeln verursacht, nicht unter die Vorschrift des § 1 Abs. 2 Nr. 4b InsVV fallen. Der BGH hat insoweit jedoch entschieden, dass diese Ausgaben immer dann in Abzug zu bringen sind, wenn damit Leistungen beglichen wurden, die der Betriebsfortführung gedient haben (BGH: Zahlungen an den Schuldner für Mitarbeit, Beschl. v. 04.05.2006 – IX ZB 202/05, ZInsO 2006, 703 f.; BGH: Kündigungsfristlöhne sind abzuziehen, Beschl. v. 16.10.2008 – IX ZB 179/07, ZInsO 2008, 1262 f.; BGH: zur Bestimmung der betriebsnotwendigen Ausgaben, Beschl. v. 21.07.2011 – IX ZB 148/10, ZInsO 2011, 1615). Diese Ausgaben wurden im vorliegenden Verfahren entsprechend bei der Ermittlung des Überschusses berücksichtigt. Die Summe der aus der Anlage ersichtlichen Ausgaben ist daher von der obigen Berechnungsgrundlage in Abzug zu bringen.

Abzug: ... €

> **Hinweis:**
> Wenn eine Betriebsfortführung stattgefunden hat, dann kann auch ggf. ein Zuschlag auf die Regelvergütung beantragt werden, wenn die Vergütungserhöhung durch den erzielten Überschuss nicht ausreichend ist.

Nr. 5:

Ein Verfahrenskostenvorschuss wurde von dritter Seite nicht geleistet. Ein Abzug muss daher nicht erfolgen.

Abzug: 0 €

Alternative:

Von ... wurde ein Verfahrenskostenvorschuss i.H.v. ... € gezahlt. Dieser ist entsprechend der Regelung in § 1 Abs. 2 Nr. 5 InsVV von der obigen Berechnungsgrundlage abzuziehen.

Abzug: ... €

Aufgrund vorstehender Ausführungen ergibt sich folgende Berechnungsgrundlage:

Gesamtsumme der Einnahmen gem. Schlussbericht	... €
Gesamtsumme der Abzüge gem. vorstehenden Ausführungen	... €
verbleibende Berechnungsgrundlage	... €

2. Beauftragung so genannter »Externer«

Gem. der Entscheidung des *BGH* (Beschl. vom 11.11.2004 – IX ZB 48/04, ZInsO 2004, 1348 ff.) und entsprechend § 8 Abs. 2 InsVV hat der Insolvenzverwalter im Rahmen seines Vergütungsfestsetzungsantrages anzugeben, ob, welche und aus welchem Grund er Fachleute i.S.d. § 4 Abs. 1 Satz 3 InsVV zu Lasten der Insolvenzmasse beauftragt und in welcher Höhe er entsprechendes Entgelt entnommen hat. Das Gericht ist berechtigt und verpflichtet, zu überprüfen, ob die Beauftragung Externer gerechtfertigt war.

Es wird in Erfüllung dieser Angabepflicht mitgeteilt, dass Dritte i.S.d. Vorschrift gem. § 4 Abs. 1 Satz 3 InsVV beauftragt wurden. Hierbei handelt es sich um ... (*z.B. den Steuerberater, der die Bilanzen für das schuldnerische Unternehmen erstellt hat, die Firma ..., die die Entsorgung der Betriebsräumlichkeiten vorgenommen hat, die Firma ..., die mit der Akteneinlagerung sämtlicher betrieblichen Unterlagen beauftragt wurde, ... etc.*). Im Einzelnen wird hierzu auf die Ausführungen im Schlussbericht verwiesen. Insgesamt wurde hierfür ein Betrag in Höhe von ... € aus der Insolvenzmasse aufgewandt.

Da es sich jedoch in allen Fällen um nicht verwaltertypische Aufgaben gehandelt hat, ist ein Abzug von der Berechnungsgrundlage nicht vorzunehmen.

Abzug: 0 €

> **Hinweis:**
> Ggf. kann man im Schlussbericht einen tabellarischen Überblick über alle geleisteten Zahlungen an Dritte geben. Darin sollte der jeweilige Namen des Dritten, seine erfüllte Aufgabe und das gezahlte Honorar genannt werden. Dann kann man an dieser Stelle im Vergütungsantrag lediglich darauf verweisen.

Alternative:

Es wird in Erfüllung dieser Angabepflicht mitgeteilt, dass im vorliegenden Verfahren keine externen Dritten gem. § 4 Abs. 1 Satz 3 InsVV beauftragt wurden.

Abzug: 0 €

3. Regelvergütung bei Vorliegen von Absonderungsrechten

Aufgrund der vorgenannten Berechnungsgrundlage ergeben sich folgende Berechnungen:

a. Berechnung auf Basis ohne Absonderungsrechte, aber inkl. Feststellungskosten-, Verwertungskostenbeitrag und USt.:

Gesamtsumme Einnahmen:		... €
abzüglich Auszahlung an Gläubiger		... €
Verbleibende Differenz		... €
40 % von	25.000 €	10.000 €
25 % von	25.000 €	6.250 €
7 % von	... €	... €
	... €	... €

b. Berechnung auf Basis mit Absonderungsrechten: ... €

40 % von	25.000 €	10.000 €
25 % von	25.000 €	6.250 €
7 % von	... €	... €
	... €	... €

Achtung:

Hier muss darauf geachtet werden, dass die Bruttokaufpreiserlöse im Hinblick auf die Absonderungsrechte nur einmal eingerechnet werden, also die Verwertungskostenbeiträge und die MwSt. nicht doppelt enthalten sind.

Der Feststellungskostenbeitrag für die abgefundenen Absonderungsrechte in Höhe von insgesamt ... € (*Gesamtsumme der mit Absonderungsrechten belasteten Einnahmen*) errechnet sich wie folgt:

4 % von ... € =	... €
50 % hiervon =	... €

Die Differenz zwischen den beiden vorgenannten Vergütungen errechnet sich wie folgt:

Vergütung zu b.	... €
./. Vergütung zu a.	... €
Differenz	... €

Die Mehrvergütung ist zu beschränken auf den vorgenannten errechneten 50 %-igen Feststellungskostenbeitrag:

Vergütung auf Basis ohne Absonderungsrechte in Höhe von	... €
Erhöhung 50 % des Feststellungskostenbeitrages	... €
Gesamtregelvergütung	... €

Dieser Betrag soll zur Festsetzung beantragt werden.

> **Hinweis:**
>
> Sollte die sich ergebende Vergütung unter 1.000 € liegen, wäre die Mindestvergütung gem. § 2 Abs. 2 InsVV zur Festsetzung zu beantragen.

4. Zuschläge

Im vorliegenden Verfahren hat der Unterzeichner Tätigkeiten verrichtet, die von einem Normalfall abweichen und daher die Festsetzung von Zuschlägen rechtfertigen. Die Tätigkeiten werden nachfolgend im Einzelnen dargelegt:

Praxistipp:

Um einen Antrag auf Festsetzung eines Zuschlages plausibel zu formulieren, sollten die Zuschläge einzeln aufgeführt und jeweils Antworten auf folgende Fragen gegeben werden: Welche Tätigkeit wurde mit welchem Aufwand unter welchen Umständen wie lange ausgeführt? Kriterien des Normalfalls berücksichtigen: s. § 2 InsVV Rdn. 24 f.

a. Betriebsfortführung (§ 3 Abs. 1b InsVV)

Der schuldnerische Betrieb ist seit Insolvenzeröffnung bis ... fortgeführt worden. Bei der Schuldnerin handelt es sich um einen Betrieb mit ... Arbeitnehmern und einem Jahresumsatz von ... €. Damit waren täglich eine Vielzahl von betrieblichen Entscheidungen zu treffen und die Finanzierbarkeit zu überwachen, um die Befriedigung der begründeten Masseverbindlichkeiten zu gewährleisten.

> **Hinweis:**
> Erste Gespräche mit den Banken, den Aus- und Absonderungsgläubigern, Lieferanten und Arbeitnehmern werden i.d.R. bereits während der vorläufigen Verwaltung geführt, um alle Beteiligten für die Betriebsfortführung zu gewinnen. Soweit weitere Gespräche auch im eröffneten Verfahren geführt wurden, kann man das vorstehend erwähnen. Grundsätzlich ist es wichtig, die Tätigkeit speziell auf den Einzelfall ein bisschen zu umschreiben.

Die Betriebsfortführung hat zu einer Massemehrung geführt, von der die Gläubiger jetzt partizipieren. Sie ist jedoch immer mit einem Haftungspotential für den Unterzeichner verbunden, das neben dem Mehraufwand für die tatsächliche Durchführung bei der Ermittlung einer angemessenen Vergütung ebenfalls Berücksichtigung finden muss. Es wird daher ein gesonderter Zuschlag beantragt. Nach der einschlägigen Rechtsprechung ist ein solcher zu gewähren, wenn die Arbeitskraft des Verwalters in erheblichem Umfang in Anspruch genommen wurde und keine entsprechende Massemehrung erfolgt ist (vgl. zuletzt *BGH* Beschl. v. 12.05.2011 – IX ZB 143/08, ZInsO 2011, 1422; Beschl. v. 07.10.2010 – IX ZB 115/08, ZInsO 2010, 2409 f.; Beschl. v. 13.11.2008 – IX ZB 141/07, ZInsO 2009, 55 f.; Beschl. v. 22.02.2007 – IX ZB 106/06, ZInsO 2007, 436 f.). Eine Massemehrung kann eintreten, wenn aus der Betriebsfortführung ein Überschuss in die Berechnungsgrundlage einfließt. Dabei ist nicht die Gesamtsumme der Einnahmen zu berücksichtigen, sondern nur die um die Ausgaben gekürzten Einnahmen (*BGH* Beschl. v. 09.06.2011 – IX ZB 47/10, JurionRS 2011, 19391; Beschl. v. 21.07.2011 – IX ZB 148/10, ZInsO 2011, 1615; Beschl. 16.10.2008 – IX ZB 179/07, ZInsO 2008, 1262 f.; Beschl. v. 26.04.2007 – IX ZB 160/06, ZInsO 2007, 766 ff.).

Der erzielte Überschuss wurde vorstehend bereits unter Ziff. . . . ermittelt und beträgt . . . €. Dieser ist in der Berechnungsgrundlage berücksichtigt. Um die dadurch eingetretene Vergütungserhöhung zu ermitteln, ist folgende Berechnung vorzunehmen:

Berechnungsgrundlage wie oben ermittelt	. . . €
abzgl. Überschuss Betriebsfortführung	. . . €
verbleibende Berechnungsgrundlage	. . . €

Nach der Staffelvergütung des § 2 Abs. 1 InsVV ergibt sich damit folgende Vergütung ohne Berücksichtigung des Überschusses aus der Betriebsfortführung:

40 % von	25.000 €	10.000 €
25 % von	25.000 €	6.250 €
7 % von	. . . €	. . . €
	. . . €	. . . €

Nunmehr ist ein Vergleich zwischen den Vergütungen mit und ohne Überschuss möglich:

Vergütung unter Einrechnung des Überschusses gem. Ziff. 3	. . . €
./. Vergütung ohne Überschuss wie vorstehend	. . . €
ermittelte Vergütungserhöhung	. . . €

Durch den erzielten Überschuss aus der Betriebsfortführung ist damit in dem Regel-Vergütungssatz eine Vergütungserhöhung von . . . € eingetreten.

Für die vorliegend durchgeführte Betriebsfortführung wäre in Anbetracht der Größe des Unternehmens, der Komplexität der Aufgabe und der Dauer der Betriebsfortführung ein Zuschlag in Höhe von . . . % gerechtfertigt, wenn kein Überschuss eingetreten wäre.

> **Hinweis:**
> Hier sollte zunächst ein Prozentsatz angegeben werden, der insgesamt ohne die eingetretene Vergütungserhöhung als angemessen angesehen wird, damit ein Gesamtüberblick über die begehrte Vergütungserhöhung – bestehend aus Massemehrung durch Überschuss und Zuschlag – ermöglicht wird.

Ein solcher Zuschlag würde auf Basis der zuvor ermittelten Regelvergütung ohne Überschuss in der Berechnungsgrundlage folgenden Betrag ergeben:

... % aus ... € = ... €

> **Hinweis:**
> Hier setzt man nur den %-Satz des begehrten Zuschlages ein und errechnet ihn aus der Regelvergütung, die sich aus der Berechnungsgrundlage ohne Überschuss ergibt. Dann erhält man den Betrag des Zuschlages, den man beantragen würde, wenn überhaupt kein Überschuss eingetreten wäre.

Dieser Vergütungsbetrag wird zur Abgeltung der Tätigkeit und des Haftungspotentials für die Betriebsfortführung als angemessen angesehen. Rein informatorisch sei darauf hingewiesen, dass dieser Betrag umgerechnet auf die ... (*Anzahl der Wochen oder Monate*) andauernde Betriebsfortführung eine Vergütung von ... € pro Woche darstellt.

Diese Höhe des Zuschlages ist nunmehr mit der Mehrvergütung zu vergleichen, die sich durch die Einrechnung des Überschusses in die Berechnungsgrundlage ergibt (*BGH* Beschl. v. 12.05.2011 – IX ZB 143/08, ZInsO 2011, 1422 ff.; Beschl. v. 07.10.2010 – IX ZB 115/08, ZInsO 2010, 2409 f.; Beschl. v. 24.01.2008 – IX ZB 120/07, ZInsO 2008, 266 f.):

Vergütungserhöhung = ... €
Zuschlagsbetrag = ... €
Differenz = ... €

Die zuvor errechnete Vergütungserhöhung aufgrund des Überschusses i.H.v. ... € liegt unter diesem Zuschlagsbetrag. Eine den Regelsatz übersteigende Vergütung ist nach der Rechtsprechung (u.a. *BGH* Beschl. v. 07.10.2010 – IX ZB 115/08, ZInsO 2010, 2409 f.; Beschl. v. 12.05.2011 – IX ZB 143/08, ZInsO 2011, 1422) dann festzusetzen, wenn zwar eine Betriebsfortführung stattgefunden hat, aber die Masse nicht entsprechend größer geworden ist. Von einer »entsprechend« größeren Masse ist auszugehen, wenn die Erhöhung der Vergütung, die sich aus der Massemehrung ergibt, ungefähr den Betrag erreicht, der dem Verwalter bei unveränderter Masse über einen Zuschlag (§ 3 Abs. 1 Buchst. b 1. Alt. InsVV) zustände. Dies ist vorstehend ermittelt worden. Der Differenzbetrag von ... € ist daher noch entsprechend der zuvor zitierten Rechtsprechung als Zuschlag zusätzlich festzusetzen (u.a. *BGH* Beschl. v. 12.05.2011 – IX ZB 143/03, ZInsO 2011, 1422 ff.). Dies macht einen Prozentsatz von ... % aus. Die Gegenrechnung belegt dies:

... % aus ... € = ... €

> **Hinweis:**
> Hier muss man nun den Prozentsatz ermitteln, der aus der erhöhten Regelvergütung auf Basis der Berechnungsgrundlage mit Überschuss den Differenzbetrag ergibt, den man begehrt, um an den oben genannten angemessenen Gesamtbetrag zu kommen. Denn: Alle Zuschläge werden letztlich von der erhöhten Berechnungsgrundlage berechnet (*BGH* Beschl. v. 12.05.2011

> – IX ZB 143/08, ZInsO 2011, 1422 f.). Die andere obige Berechnung dient nur einer vergleichenden Betrachtung.

Es wird daher ein Zuschlag in Höhe von diesen ... % zur Festsetzung beantragt.

Es wird der Vollständigkeit halber darauf hingewiesen, dass die vorstehende Vergleichsberechnung nach der BGH-Rechtsprechung ausschließlich bezüglich des Zuschlages für die Betriebsfortführung durchzuführen ist. Andere Zuschläge – wie sie nachfolgend beantragt werden – werden hierbei nicht einbezogen (*BGH* Beschl. v. 12.05.2011 – IX ZB 143/08, ZInsO 2011, 1422 ff.).

b. Hohe Arbeitnehmeranzahl

Wie bereits zuvor ausgeführt wurde, waren ... Arbeitnehmer im schuldnerischen Unternehmen beschäftigt. Für alle diese Arbeitnehmer wurden Insolvenzgeldbescheinigungen erstellt und tlw. zusätzlich noch Arbeitsbescheinigungen ausgefüllt. Die Rechtsprechung hat einen Zuschlag ab einer Arbeitnehmeranzahl von 20 bestätigt (u.a. *LG Braunschweig* Beschl. v. 29.01.2001 – 8 T 947/00 [588], ZInsO 2001, 552 ff.). Daher wird vorliegend ein Zuschlag von ... % zur Festsetzung begehrt (*Lorenz/Klanke* InsVV, 2. Aufl., § 3 Rn. 29 ff. u. Anh. II; *Haarmeyer/Wutzke/Förster* InsVV, 4. Aufl., § 3 Rn. 78, S. 169).

c. Hohe Gläubigeranzahl

In dem Verfahren haben ... Gläubiger Forderungen zur Insolvenztabelle angemeldet. Ab einer Gläubigeranzahl von 100 gewährt die Rechtsprechung (u.a. *LG Braunschweig* Beschl. v. 29.01.2001 – 8 T 947/00 [588], ZInsO 2001, 552 ff.) einen Zuschlag für die mit der höheren Anzahl von Gläubigern verbundene Mehrarbeit. Es sind nicht nur mehr Anmeldungen zu bearbeiten gewesen, sondern auch Anfragen von Gläubigern über den Sachstand zu beantworten. Außerdem führt auch die Verteilung zu Mehrarbeit, je höher die Gläubigeranzahl ist. Hierfür ist mindestens die Festsetzung eines Zuschlages von ... % gerechtfertigt (*Graeber* Vergütung in Insolvenzverfahren von A–Z, Gläubigeranzahl, Rn. 220; s. *Lorenz/Klanke* InsVV, 2. Aufl., § 3 Rn. 11 ff. u. Anh. II; *Haarmeyer/Wutzke/Förster* InsVV, 4. Aufl., § 11 Rn. 65 i.V.m. § 3 Rn. 78, S. 174).

d. Betriebsveräußerung

Wie die erstellten Sachstandsberichte und auch der Schlussbericht zeigen, konnte das schuldnerische Unternehmen am ... zu einem Kaufpreis in Höhe von ... € veräußert werden. Diesem Verkauf sind erhebliche Vorarbeiten vorausgegangen. So wurde mit ... Kaufinteressenten verhandelt, das hierfür notwendige Zahlenmaterial musste vorbereitet werden. Der Betriebsrat wurde in die Verhandlungen mit eingebunden und auch die Finanzierungsgespräche des Käufers bei seiner Bank wurden mit begleitet. Bis zum Vertragsabschluss hat der Unterzeichner viel Zeit und Mühe investiert, die gesondert zu vergüten ist. Es wird ein Zuschlag in Höhe von ... % beantragt (*Graeber* Vergütung in Insolvenzverfahren von A–Z, Sanierung, Rn. 384; *Lorenz/Klanke* InsVV, 2. Aufl., Anh. II S. 245; *Haarmeyer/Wutzke/Förster* InsVV, 4. Aufl., § 3 Rn. 54, 71, 78, S. 172).

e. Verfahrensdauer

Das Insolvenzverfahren ist am ... eröffnet worden und dauert daher bereits ... Jahre an. In der Literatur wird bei den Kriterien eines Normalverfahrens eine Verfahrensdauer von bis zu zwei Jahren genannt. Das hiesige Verfahren konnte nach zwei Jahren aber nicht abgeschlossen werden, weil ... (*nähere Ausführungen – reine Zeitdauer reicht nicht*). Die längere Verfahrensdauer hat zu einem Mehraufwand geführt. Es musste nämlich ... (*den Mehraufwand genau schildern*). Für diese Mehrarbeit ist nach der Rechtsprechung (*BGH* Beschl. v. 12.05.2011 – IX ZB 143/08, ZInsO 2011, 1422 f.; Beschl. 07.10.2010 – IX ZB 115/08, ZInsO 2010, 2409 f.; Beschl. v. 06.05.2010 – IX ZB 123/09, ZInsO 2010, 1504; Beschl. v. 16.09.2010 – IX ZB 154/09,

JurionRS 2010, 24831) ein Zuschlag gerechtfertigt. Dieser wird i.H.v. .... % zur Festsetzung beantragt.

Achtung:

Die zuvor zitierte Rechtsprechung lehnt einen Zuschlag ausdrücklich ab, wenn keine weitere Tätigkeit abweichend vom Normalverfahren erbracht worden ist. Man sollte also genau prüfen, ob äußere Umstände für die lange Verfahrensdauer verantwortlich sind und zu einer Mehrbelastung geführt haben. Interne Gründe, wie verzögerte Bearbeitung wg. hoher Arbeitsbelastung, lösen den Zuschlag nicht aus. Auch die Erledigung der Routinearbeiten, wie die Buchhaltung und die Fertigung der Sachstandsberichte reichen für die Begründung eines solchen Zuschlages nicht aus.

f. ...

> **Hinweis:**
>
> Es sind viele weitere Zuschläge, z.B. die Immobilienverwaltung, der Degressionsausgleich, die Bearbeitung der Aus- und Absonderungsrechte, die Geltendmachung von Anfechtungsansprüchen etc. denkbar.

Rein vorsorglich sei darauf hingewiesen, dass mit den vorgenannten Zuschlägen nur Tätigkeiten des Unterzeichners zusätzlich vergütet werden sollen, für die bislang noch keine Vergütung aus der Insolvenzmasse, insbesondere nicht nach dem RVG, geflossen ist. Hierzu wird auf die unter vorstehender Ziff. 1. (4a) gemachten Erläuterungen verwiesen.

Praxistipp:

Vor der Beauftragung bzw. Honorierung Dritter oder Entnahme von Honorar für eigene Sachkunde sollte zukünftig errechnet werden, ob ein Zuschlag auf die Verwaltervergütung ggf. zu einer höheren Vergütung führen könnte. Dann wäre die direkte Begleichung nach §§ 4, 5 InsVV ggf. nicht vorzunehmen.

> **Hinweis zum Einsatz eigener Mitarbeiter:**
>
> Nach einer Entscheidung des *BGH* Beschl. v. 13.07.2006 – IX ZB 198/05, ZInsO 2006, 817 f., kann der Insolvenzverwalter nicht die Erstattung von Kosten durch Tätigkeiten seiner Mitarbeiter, z.B. die Erstellung von Lohn- und Gehaltsabrechnungen verlangen, weil diese Kosten unter den Begriff der allgemeinen Geschäftskosten nach § 4 Abs. 1 Satz 1 InsVV fallen. Der Insolvenzverwalter ist aber berechtigt, Aufgaben gem. § 4 Abs. 1 Satz 3 InsVV zu delegieren und die entstehenden Kosten aus der Insolvenzmasse zu bezahlen. Dies ist für die Aufarbeitung der Buchhaltung und die Erstellung von Lohn- und Gehaltsabrechnungen nach obigem Beschluss entschieden. Die Erstattungsfähigkeit erfordert hierfür aber einen Vertrag mit Dritten – Steuerberater oder Mitarbeiter. Ein Zuschlag kann der Verwalter in diesen Fällen auch nicht geltend machen. Daher sollte man bei der Beantragung von Zuschlägen darauf achten, ob es sich um delegationsfähige Aufgaben handelt. Hierbei wiederum muss man aufpassen, dass man nicht verwaltertypische Aufgaben delegiert oder als delegationsfähig aufführt. Denn die Erledigung einer verwaltertypischen Aufgabe durch einen Dritten führt zu einem Abschlag.

5. Abschläge

Abschläge nach § 3 Abs. 2 InsVV sind vorliegend nicht vorzunehmen. Zwar war der Unterzeichner als vorläufiger Insolvenzverwalter tätig. Er hat in dieser Funktion aber weder Verwertungshandlungen i.S.d. § 3 Abs. 2b InsVV vorgenommen, noch bei der Festsetzung seiner Vergütung Zuschläge für Tätigkeiten erhalten, die einem Insolvenzverwalter im eröffneten Verfahren obliegen. Die Masse und die Anforderungen im vorliegenden Verfahren lagen nicht unter den in der Literatur vertretenen Kriterien eines Normalverfahrens. Gründe für etwaige Abschläge sind daher nicht ersichtlich.

> **Hinweis:**
> Insoweit sind die Kriterien eines Normalverfahrens einmal zu prüfen. Siehe hierzu § 2 InsVV Rdn. 24 f.

Alternative 1:

Im vorliegenden Verfahren ist der Tatbestand des § 3 Abs. 2b InsVV erfüllt. Der Unterzeichner war als vorläufiger Insolvenzverwalter tätig und hat in dieser Funktion bereits ... ausgeführt (Tätigkeit näher umschreiben). Weil diese Tätigkeit dem Grunde nach dem Verwalter im eröffneten Verfahren obliegt und dadurch eine Arbeitserleichterung für den Unterzeichner eingetreten ist, wird entsprechend der gesetzlichen Regelung ein Abschlag auf die Regelvergütung vorgenommen. Dieser wird mit ... % für angemessen gehalten.

Alternative 2:

Die in der Literatur und Rechtsprechung vertretenen Kriterien eines Normalverfahrens werden vorliegend nicht vollständig erfüllt. So handelt es sich vorliegend lediglich um einen Insolvenzschuldner mit ... (Umsatz von bis zu ... €, lediglich ... Gläubigern, keinen ausstehenden Forderungen gegen Dritte etc.). Es ist daher ein Abschlag gerechtfertigt, der mit ... % in Ansatz gebracht wird.

6. Vergütungsberechnung

Der zugrunde zu legende Vergütungssatz ergibt sich nach den vorstehenden Ausführungen wie folgt:

Grundvergütung	100 %
Zuschläge in %	... %
Abschlag	... %
Gesamt-Prozentsatz	... %

Es ergibt sich folgende Berechnung:

... % von ... (*Regelvergütung nach Ziff. 3*) = ... €.

Hinzuzurechnen ist der Zuschlag für die Übertragung des Zustellungswesens gem. vorstehender Ziffer ..., so dass sich die Vergütung insgesamt wie folgt berechnet:

Vergütung aufgrund vorstehender Prozentsätze	... €
Zuschlag für Zustellungswesen (Festbetrag)	... €
Gesamtvergütung	... €

7. Auslagen

Nach § 8 Abs. 3 InsVV kann der Insolvenzverwalter bei der Abrechnung der Auslagen zwischen den tatsächlich entstandenen Auslagen und einer Pauschale wählen. Im vorliegenden Verfahren soll die Pauschale abgerechnet werden. Insoweit erhält der Insolvenzverwalter gem. § 8 Abs. 3 InsVV einen Pauschalsatz für die ihm entstandenen Auslagen, der im ersten Jahr 15 % und in den Folgejahren jeweils 10 % der **Regelvergütung** beträgt (*BGH* Beschl. v. 22.07.2004 – IX ZB 222/03, ZInsO 2004, 908 f.). Hierbei sind allerdings die Höchstgrenzen von 250 € je angefangenen Monat der Dauer der Tätigkeit des Insolvenzverwalters und von 30 % der Regelvergütung nach § 2 InsVV zu beachten.

Insolvenzverwalter-Regelvergütung gem. Ziff. 3.:
Auslagen für das 1. Jahr: ... bis zum ... (*ab Tag der Eröffnung*)
15 % von ... €   ... €
Auslagen für das 2. Jahr: ... bis zum ...
10 % von ... €   ... €
Auslagen für das 3. Jahr: ab ...
5 % von ... €   ... €
Gesamtsumme   ... €

Die Höchstgrenze von 30 % der Regelvergütung wurde vorstehend bereits berücksichtigt, indem für das 3. Jahr lediglich noch ein Prozentsatz von 5 % in Ansatz gebracht wurde. Es ist somit nur noch die erste Höchstgrenze zu prüfen:

... Monate Laufzeit × 250 € =   ... €

Diese Höchstgrenze wird nicht überschritten, so dass eine Kürzung nicht vorzunehmen ist.

Alternativ:

Der vorgenannte Auslagenbetrag überschreitet die erste Höchstgrenze und ist damit auf den Betrag von ...€ zu kürzen.

Die Auslagenpauschale ist nicht zu beschränken auf die begrenzten Monate der Tätigkeit. Hierzu wird verwiesen auf die Entscheidung des *BGH* v. 23.07.2004 (– IX ZB 257/03, ZInsO 2004, 964 f.). Danach ist die Auslagenpauschale in voller Höhe bereits für ein begonnenes Jahr der Tätigkeit in Ansatz zu bringen. Die Begrenzung des Auslagenbetrages erfolgt über die beiden Höchstgrenzen.

> **Hinweis:**
>
> Bis zu welchem Zeitpunkt Auslagen berechnet werden dürfen, hängt von verschiedenen Faktoren ab. Ein verzögerter Verfahrensabschluss rechtfertigt z.B. keine Auslagen bis zum Verfahrensabschluss. Grundsätzlich aber gilt, dass Auslagen bis zur Verfahrensbeendigung, sogar noch für den Zeitraum nach dem Schlusstermin, beantragt werden können. Siehe hierzu in die aufgeführten Entscheidungen im Rechtsprechungsreport.
>
> Bei Verfahren, die vor dem 01.01.2004 eröffnet wurden, kann die Auslagenpauschale im Übrigen von der Regelvergütung zzgl. möglicher Zuschläge (auch inkl. des Zuschlages für das Zustellungswesen) berechnet werden.

8. Zustellungskosten

Da das Gericht die Zustellungen hätte vornehmen müssen, wenn die Zustellungsaufgabe nicht an den Insolvenzverwalter übertragen worden wäre, sind die entstandenen Kosten für die Durchführung des Zustellungswesens gesondert zu erstatten und dürfen nach der Entscheidung des *BGH* (Beschl. v. 21.12.2006 – IX ZB 129/05, ZInsO 2007, 202 ff.) auch ausdrücklich neben der Auslagenpauschale des § 8 Abs. 3 InsVV zusätzlich berechnet werden. Diese Entscheidung betrifft alle Verfahren, die ab dem 01.01.2004 eröffnet wurden.

Eine Pauschale von 4,50 € pro Zustellung ist angemessen, die die Papier- und Kopierkosten sowie das Porto abdeckt.

> **Hinweise:**
>
> Die meisten Gerichte haben nach der Rechtsprechung des BGH vom 21.12.2006 Pauschalbeträge festgelegt, die sie pro Zustellung erstatten. Die Pauschale kann je nach Gericht variieren.

Wenn keine Pauschale festgelegt ist, kann man die tatsächlichen Zustellungskosten einzeln auflisten.

Es wird beantragt, die Erstattung eines Betrages von ... € pro Zustellung zu bewilligen. Im vorliegenden Verfahren ergibt sich damit folgender Gesamtbetrag:

Anschreiben an ... Gläubiger	
wg. **Aufforderung zur Anmeldung**	
gem. Zustellungsnachweis vom ... à ... € =	... €
Anschreiben an ... Drittschuldner	
wg. **Zahlungsaufforderung**	
gem. Zustellungsnachweis vom ... à ... € =	... €
Anschreiben an ... Gläubiger	
wg. **nachträglichem Prüfungstermin**	
gem. Zustellungsnachweis vom ... à ... € =	... €
Darüber hinaus werden für die Zustellung des Beschlusses	
über den noch anzuberaumenden Schlusstermin an	
die Gläubiger folgende weitere Kosten entstehen:	
Anschreiben an ... Gläubiger	
wg. **Schlusstermin**	
gem. noch zu erbringenden Zustellungsnachweis	
... à ... € =	... €
Gesamtsumme	... €

9. Umsatzsteuer

Gem. § 7 InsVV ist auf die Insolvenzverwaltervergütung und die Auslagen die gesetzliche Umsatzsteuer festzusetzen.

10. Zusammenfassung

Zusammenfassend ergibt sich folgende Berechnung zur Festsetzung:

Insolvenzverwaltervergütung gem. Ziff. 6	... €
Auslagen gem. Ziff. 7	... €
Zustellungskosten gem. Ziff. 8	... €
Zwischensumme	... €
19 % USt.	... €
Gesamtsumme	... €

Auf den festzusetzenden Betrag ist der bereits erhaltene Vorschuss in Höhe von ... € brutto anzurechnen.

Alternative:

*Ein Vorschuss auf die Verwaltervergütung wurde bisher **nicht** beantragt und entnommen. Eine Anrechnung hat daher nicht zu erfolgen.*

11. Abwicklungskosten

Gemäß § 63 InsO soll eine insgesamt angemessene Vergütung festgesetzt werden. Die vorherigen Ausführungen legen einen solchen Anspruch detailliert dar und führen zu einer Gesamtvergütung in Höhe von ... €. In der Literatur wird tlw. die Auffassung vertreten, dass ein gutes Ergebnis in der Abwicklung eines Insolvenzverfahrens vorliegt, wenn die Abwicklungskosten, also die vom Insolvenzverwalter begründeten Masseverbindlichkeiten, nicht mehr als 30 % der freien Insolvenzmasse betragen.

Ausweislich der Schlussrechnung sind Masseverbindlichkeiten in Höhe von insgesamt ... € begründet und beglichen worden. Hierzu wird auf die einzelnen, in der Schlussrechnung aufgeführten Sachkontenblätter mit ihren jeweiligen Ausgabenbuchungen und die Ausführungen unter vorstehender Ziffer 2. verwiesen. Es handelt sich in Höhe von ... € um Ausgaben für abgeschlossene Verträge mit Dritten, die auch ohne Betriebsfortführung angefallen wären. Dagegen rühren diese Kosten in Höhe von ... € aus der Betriebsfortführung. Sie sind außer Betracht zu lassen, da gem. § 1 Abs. 2 Nr. 4b) InsVV lediglich der Überschuss aus der Betriebsfortführung in der obigen Berechnungsgrundlage berücksichtigt wurde.

Diese Ausgaben für Dritte in Höhe von ..... € machen einen Prozentsatz von ... % der freien Insolvenzmasse aus. Als freie Masse wird insoweit ein Betrag i.H.v. ... € berücksichtigt. Der prozentuale Anteil liegt damit unter der 30 %-Grenze und verdeutlicht, dass der Unterzeichner seine ihm obliegenden Aufgaben mit großer Sorgfalt erfüllt hat.

Alternative:

Diese Ausgaben für Dritte in Höhe von ... € machen einen Prozentsatz von ... % der freien Insolvenzmasse aus. Als freie Masse wird insoweit ein Betrag i.H.v. ... € berücksichtigt. Der prozentuale Anteil liegt zwar über der 30 %-Grenze, resultiert aber daraus, dass .... Der Unterzeichner hat seine ihm obliegenden Aufgaben daher trotzdem mit großer Sorgfalt erfüllt.

Der zuvor ermittelte Vergütungsanspruch ist damit auch bei dieser Betrachtungsweise angemessen i.S.d. Vorschrift des § 63 InsO.

Ich bitte, dem Vergütungsantrag zu entsprechen und eine entsprechende Festsetzung vorzunehmen. Gleichzeitig wird um Ermächtigung gebeten, den Betrag aus der Insolvenzmasse entnehmen zu dürfen.

Mit freundlichen Grüßen

...

Insolvenzverwalter

Anlagen:

(ggf. Einnahmen- und Ausgabenübersicht wg. Kosten der Betriebsfortführung)

> **Hinweis zur Vorsteuererstattung:**
>
> Grds. gilt, dass eine Vorsteuererstattung aus der festzusetzenden Verwaltervergütung in die Berechnungsgrundlage einfließen kann und damit die Vergütung erhöhen würde (u.a. *BGH* Beschl. v. 01.07.2010 – IX ZB 66/09, ZInsO 2010, 1503 f.). Die Einrechnung ist aber nur dann möglich, wenn der Vorsteuerbetrag auch tatsächlich in die Insolvenzmasse fließt. Sollte der Schuldner daher vorsteuerabzugsberechtigt sein und es tatsächlich zu einem Zahlungsfluss kommen, kann der obige Antrag um die Vorsteuererstattung ergänzt werden.
>
> Ggf. kann man diese Erhöhung der Berechnungsgrundlage auch später zusammen mit dem Antrag auf Berücksichtigung weiterer sonstiger Einnahmen verbinden.

§ 9 Vorschuss

¹Der Insolvenzverwalter kann aus der Insolvenzmasse einen Vorschuss auf die Vergütung und die Auslagen entnehmen, wenn das Insolvenzgericht zustimmt. ²Die Zustimmung soll erteilt werden, wenn das Insolvenzverfahren länger als sechs Monate dauert oder wenn besonders hohe Auslagen erforderlich werden. ³Sind die Kosten des Verfahrens nach § 4a der Insolvenzordnung gestundet, so bewilligt das Gericht einen Vorschuss, sofern die Voraussetzungen nach Satz 2 gegeben sind.

Übersicht

		Rdn.			Rdn.
A.	Begründung zur Insolvenzrechtlichen Vergütungsverordnung	1	II.	Berechtigtes Interesse	11
B.	Allgemeines	2	D.	Zustimmung des Gerichts	17
C.	Anspruchsvoraussetzungen	8	E.	Entnahmerecht	18
I.	Antrag	8	F.	Bekanntmachung und Rechtsmittel	20

Literatur:
Graeber Rückzahlung und Verzinsung zuviel entnommener Verwaltervergütung, NZI 2014, 147. Siehe auch vor § 1 InsVV.

A. Begründung zur Insolvenzrechtlichen Vergütungsverordnung

1 *Wie in § 7 der geltenden Vergütungsverordnung wird vorgesehen, dass der Insolvenzverwalter mit Zustimmung des Gerichts der Insolvenzmasse Vorschüsse entnehmen darf. Auch die Kriterien für die Erteilung der Zustimmung sind aus dem geltenden Recht übernommen. Sie werden allerdings dahin präzisiert, dass die Zustimmung erteilt werden soll, wenn das Verfahren länger als 6 Monate dauert oder besonders hohe Auslagen anfallen. Abweichend von der geltenden Vergütungspraxis, die regelmäßig eine »ungewöhnlich lange« Verfahrensdauer i.S.v. § 7 der geltenden Vergütungsverordnung erst nach einem Jahr annahm, soll nach § 9 das Gericht einen Vorschuss bereits nach 6 Monaten genehmigen. Insbesondere Berufsanfängern ist es nicht zumutbar, länger als ein halbes Jahr auf ihre Vergütung zu warten und dabei noch die Auslagen aus eigenen Mitteln aufzubringen. Durch die Absenkung der Verfahrensdauer, ab der ein Vorschuss regelmäßig zu genehmigen ist, wird auch die Gefahr reduziert, dass der Insolvenzverwalter mit seinem Vergütungsanspruch in einem massearmen Verfahren ausfällt. Sollte sich jedoch bereits früher herausstellen, dass es zweifelhaft ist, ob der Verwalter seinen Vergütungsanspruch realisieren kann, so hat das Gericht in Übereinstimmung mit der Rspr. des BGH die Zustimmung zur Entnahme eines Vorschusses zu erteilen (vgl. BGH BGHZ 116, 233 [241 f.]).*

Zur Begründung des Verordnungsgebers zur Verordnung zur Änderung der insolvenzrechtlichen Vergütungsverordnung vom 04.10.2004, die auch die Ergänzung des § 9 InsVV durch Satz 3 beinhaltet, s. vor § 1 InsVV Rdn. 2 (insbes. unter B zu Art. 1 zu Nr. 3).

B. Allgemeines

2 Die insolvenzrechtlichen Vergütungsregelungen (vgl. z.B. § 63 Satz 2 InsO; § 8 Abs. 1 Satz 3 InsVV) gehen von der **Fälligkeit** der jeweiligen Vergütung **nach Abschluss der Tätigkeit** aus. Da andererseits das gesamte Vergütungsrecht dem Grundsatz unterliegt, dass die Vergütung **angemessen** sein muss, ist es dem Insolvenzverwalter grds. **nicht zumutbar**, bzgl. der Vergütung seiner Leistungen bis zu deren Fälligkeit, d.h. bis zum Ende seiner Tätigkeit **zuzuwarten** (vgl. *Kübler/Prütting/Bork-Eickmann/Prasser* InsVV, § 9 Rn. 1). Dabei ist insbesondere zu berücksichtigen, dass ein professionelles Insolvenzverwalterbüro normalerweise eine größere Anzahl von Mitarbeitern vorhält, was zu regelmäßigen Kostenbelastungen und Betriebsausgaben führt, wobei darüber hinaus noch zu beachten ist, dass Insolvenzverfahren häufig über mehrere Jahre abgewickelt werden. Ein derartiger **Vorfinanzierungsaufwand**, wobei der Insolvenzverwalter außerdem in den Fällen der §§ 207, 208 InsO das Risiko trägt, ggf. keine angemessene Vergütung zu erhalten, ist **nicht zumutbar**. Um dieser **Interessenlage** gerecht zu werden, hat der Verordnungsgeber in § 9 InsVV normiert, dass der Insolvenzverwalter aus der Insolvenzmasse mit Zustimmung des Insolvenzgerichts einen **Vorschuss auf seine**

Vergütung und die Auslagen entnehmen kann. Dabei ist als **Grundsatz** anzunehmen, dass der Verwalter einen Vorschuss in der **Größenordnung** zu beanspruchen hat, der seiner **bisher erbrachten Verwalterleistung** – bezogen auf den Zeitpunkt der Antragstellung – entspricht (vgl. *Kübler/Prütting/Bork-Eickmann/Prasser* InsVV, § 9 Rn. 10).

Der Verordnungsgeber hat mit Verordnung zur Änderung der insolvenzrechtlichen Vergütungsverordnung vom 04.10.2004 (BGBl. I S. 2569) eindeutig klargestellt, dass dem Verwalter ein Anspruch auf Vorschuss auch in allen ab dem 01.01.2004 eröffneten **masselosen Insolvenzverfahren mit Kostenstundung gem. § 4a InsO** zusteht. Der Verordnungsgeber sah sich veranlasst, diese Klarstellung einzufügen, da einzelne Insolvenzgerichte dem Verwalter keinen Vorschuss gegen die Staatskasse in den Stundungsfällen zugebilligt hatten. Da es aber auch in den Stundungsfällen dem Verwalter nicht zugemutet werden kann, über einen längeren Zeitraum ohne Entgelt tätig zu werden oder Auslagen aus der eigenen Tasche zu finanzieren, wurde § 9 Satz 3 InsVV angefügt, sodass auch in diesen Fällen, der Verwalter unter den Voraussetzungen des Satzes 2 einen Anspruch auf Vorschuss erlangt (vgl. die Begr. des Verordnungsgebers, abgedr. in Rdn. 1).

Die Regelung des § 9 InsVV ist über § 10 InsVV **entsprechend anwendbar** auf die Vergütung des **vorläufigen Insolvenzverwalters**, insbesondere bei länger andauernden vorläufigen Insolvenzverfahren, des **Sachwalters** bei der insolvenzrechtlichen **Eigenverwaltung** sowie des **Treuhänders im vereinfachten Insolvenzverfahren** nach den §§ 311 ff. InsO (vgl. BK-InsO/*Blersch* InsVV, § 9 Rn. 4). Da **§ 16 Abs. 2 InsVV** eine eigene Vorschussregelung für den **Treuhänder im Rahmen der Restschuldbefreiung** enthält, ist **§ 9 InsVV** in diesem Bereich **nicht** einschlägig. 3

Als **Berechnungsgrundlage** gem. §§ 1, 2 InsVV für den Ansatz der **Vorschusshöhe** ist die zum jeweiligen Bewilligungszeitpunkt tatsächlich vorhandene oder als wahrscheinlich anzusehende Teilungsmasse heranzuziehen (vgl. *Kübler/Prütting/Bork-Eickmann/Prasser* InsVV, § 9 Rn. 11). Der Antragsteller muss hierzu entsprechend § 1 Abs. 1 Satz 2 InsVV die zum Ende des Verfahrens als wahrscheinlich verfügbare Insolvenzmasse schätzen. Dabei sind die bereits zum Antragszeitpunkt gegebenen oder als wahrscheinlich erkennbaren Abzugsposten gem. § 1 Abs. 2 InsVV zu berücksichtigen. Hinsichtlich der **Vergütungshöhe** kann der Antragsteller bei der Berechnung der Vergütung die zum Zeitpunkt der Antragstellung bereits gegebenen oder zumindest als wahrscheinlich erkennbaren Voraussetzungen für Zu- und Abschläge gem. § 3 InsVV in Ansatz bringen (*BGH* ZIP 2002, 2223; BK-InsO/*Blersch* InsVV, § 9 Rn. 8). Insbesondere bei dem **Risiko eines massearmen Verfahrens** ist dem Insolvenzverwalter **großzügig** unter Berücksichtigung der bereits von ihm erbrachten Verwaltertätigkeiten, ein **Vorschuss** zuzubilligen, um das Risiko eines Ausfalles zu minimieren (vgl. BK-InsO/*Blersch* InsVV, § 9 Rn. 2). 4

Auch in **Planüberwachungsverfahren** kann in entsprechender Anwendung des § 9 InsVV ein **Vorschuss** auf die Vergütung gem. § 6 Abs. 2 InsVV beansprucht werden. Dem planüberwachenden Insolvenzverwalter ist es grds. nicht zuzumuten, in einem Zeitraum von bis zu drei Jahren (§ 268 Abs. 1 InsO) ohne Vergütung tätig zu sein und die Auslagen zu bevorschussen (vgl. MüKo-InsO/*Nowak* 2. Aufl., Anh. zu § 65, § 9 InsVV Rn. 16). Auf die Vergütung und die Auslagen sind daher angemessene Vorschüsse zu gewähren, die allerdings – entsprechend auch dem späteren Vergütungsantrag – **gegen den Zahlungspflichtigen** gem. § 269 InsO vollstreckbar festzusetzen sind (vgl. *Kübler/Prütting/Bork-Eickmann/Prasser* InsVV, § 9 Rn. 2). 5

Auslagen kann der Insolvenzverwalter, soweit sie bereits angefallen sind, oder aber demnächst anfallen und bereits hinreichend bestimmbar sind, im **Vorschusswege** geltend machen (vgl. *Kübler/Prütting/Bork-Eickmann/Prasser* InsVV, § 9 Rn. 4 f.). 6

Neben der Vergütung und der Auslagen, die im Vorschusswege gewährt werden, ist auch die darauf entfallende **Umsatzsteuer** festzusetzen (vgl. *Kübler/Prütting/Bork-Eickmann/Prasser* InsVV, § 9 Rn. 17). 7

C. Anspruchsvoraussetzungen

I. Antrag

8 Der Insolvenzverwalter hat **vor der Entnahme die Zustimmung** des Insolvenzgerichts einzuholen und dementsprechend einen **Antrag** zu stellen (vgl. MüKo-InsO/*Stephan* Anh. zu § 65, § 9 InsVV Rn. 20; *Kübler/Prütting/Bork-Eickmann/Prasser* InsVV, § 9 Rn. 15; *Keller* NZI 2004, 465). Der **Antrag** und dessen **Erfordernisse** entsprechen im Wesentlichen denen des späteren **Vergütungsantrags** (einschränkend hinsichtlich des Inhalts des Antrages *Haarmeyer/Mock* InsVV, § 9 Rn. 7; BK-InsO/*Blersch* InsVV, § 9 Rn. 5). Der Inhalt der Antragsschrift muss dem Insolvenzgericht ermöglichen die Berechnung nachzuvollziehen. Weiterhin muss der **Antrag** hinsichtlich der **Vergütung**, der **Auslagen** und der **Umsatzsteuer** der **Höhe nach bestimmt** sein und die einzelnen **Beträge gesondert** ausweisen. Darüber hinaus ist der **Festsetzungsantrag zu begründen**, wobei der Umfang der Begründung dem Gericht eine **sachgerechte Prüfung** ermöglichen muss. Zu berücksichtigen ist, dass in diesem Stadium des Verfahrens dem Insolvenzgericht noch keine umfangreichen Unterlagen, wie beispielsweise bei Beendigung des Verfahrens in der Form der Schlussrechnung, vorliegen (vgl. MüKo-InsO/*Stephan* Anh. zu § 65, § 9 InsVV Rn. 20). Dementsprechend muss der Antrag in seiner **Begründung** Ausführungen hinsichtlich der bei der Berechnung der Vorschusshöhe zu Grunde liegenden **Berechnungsgrundlage** gem. § 1 InsVV sowie zu der daraus resultierenden **Vergütung** gem. § 2 InsVV enthalten, wobei allerdings auch bereits **Zu- und Abschläge** gem. § 3 InsVV Berücksichtigung finden können. Als Berechnungsgrundlage kann auf die gesamte **erwartete, also auch zukünftige, Masse** zurückgegriffen werden (*BGH* ZInsO 2002, 1133 m. Anm. *Haarmeyer*; BK-InsO/*Blersch* InsVV, § 9 Rn. 7; *Haarmeyer/Mock* InsVV, § 9 Rn. 9). Es sind die bis zum Zeitpunkt der Antragstellung erkennbaren Umstände der zu erwartenden Berechnungsgrundlage gem. § 1 InsVV, insbesondere auch die bereits **angefallenen** bzw. **zu erwartenden Korrekturpositionen gem. § 1 Abs. 2 InsVV** zu berücksichtigen und in dem Vorschussantrag darzulegen. Ausgehend von dieser Berechnungsgrundlage ist dann die Regelvergütung gem. § 2 InsVV zu berechnen und bereits verwirklichte oder zu erwartende Zu- und Abschlagspositionen gem. § 3 InsVV zu beschreiben, sodass in der Folge die **insgesamt für das Verfahren zu erwartende Vergütung** – ausgehend vom derzeitigen Kenntnisstand – berechnet werden kann (vgl. hierzu *LG Göttingen* InVo 2002, 330; *BGH* ZInsO 2002, 1133). Ausgehend von dieser zu erwartenden Gesamtvergütung hat der Insolvenzverwalter die bereits von ihm im Rahmen der Abwicklung des Verfahrens erbrachten (Teil-) Leistungen darzulegen und im Verhältnis zu der insgesamt vorzunehmenden Tätigkeit den Anteil des Vorschusses an der zu erwartenden Gesamtvergütung zu beschreiben (*Haarmeyer/Mock* InsVV, § 9 Rn. 10 f.; BK-InsO/*Blersch* InsVV, § 9 Rn. 9; *BGH* ZInsO 2002, 1133; *LG Göttingen* InVo 2002, 330). Grundsätzlich soll das bis zur Antragstellung auf Zustimmung zur Entnahme eines Vorschusses vom Verwalter erbracht worden ist, »abgegolten« werden (vgl. *BGH* ZInsO 2004, 268 ff.; *Haarmeyer/Mock* InsVV, § 9 Rn. 10, 19). Die **Höhe des Vorschusses** ist bei Vorhandensein entsprechender Gründe auch nicht durch die Regelvergütung des § 2 InsVV begrenzt, so dass eine **Überschreitung** der Staffelvergütung des § 2 InsVV uneingeschränkt zulässig ist (*BGH* ZInsO 2004, 268). Hierzu ist allerdings ausführlich und nachvollziehbar vom Antragsteller gegenüber dem Insolvenzgericht darzulegen, dass die **endgültige Vergütung** sich auf einen über den Regelsatz hinausgehenden Vergütungsbetrag belaufen wird. Gerade in Fällen der **drohenden Massearmut** hat das Insolvenzgericht im Rahmen der Vorschussgewährung die berechtigten Interessen des Insolvenzverwalters dahingehend zu sichern, dass bis zur Höhe der Gesamtvergütung ein Vorschuss gewährt werden kann (vgl. hierzu *BGH* ZInsO 2004, 268). Zum Inhalt des Antrags kann ergänzend auf die Ausführungen bei § 8 InsVV Rdn. 5 ff. verwiesen werden.

9 Nach der **Entlassung des Insolvenzverwalters** erlischt dessen Anspruch auf Zahlung eines Vorschusses für die in der Vergangenheit erbrachten Leistungen. Dies ergibt sich bereits aus dem Wortlaut des § 9 InsVV, wonach eine Entnahme eines Vorschusses durch den Verwalter immer nur dann in Betracht kommen kann, wenn dieser noch im Amt ist (vgl. *OLG Zweibrücken* ZInsO 2002, 68; ausf. hierzu *Graeber* NZI 2014, 147; vgl. hierzu auch § 8 InsVV Rdn. 63).

Den Verfahrensbeteiligten ist **kein rechtliches Gehör** zu dem Vorschussantrag zu gewähren. Die Zu- 10
stimmungserklärung ist nämlich keine Vergütungsfestsetzung, sondern eine insolvenzrechtliche
Maßnahme gem. § 58 InsO (*BGH* ZIP 2002, 2223; **a.A.** *Keller* NZI 2004, 465).

II. Berechtigtes Interesse

Weitere Voraussetzung ist das Vorliegen eines »**berechtigten Interesses**« des Insolvenzverwalters an 11
einer Vorschussgewährung. Der Gesetzestext vermutet ein berechtigtes Interesse bei zwei Anwendungsfällen, nämlich dem Ablauf von **sechs Monaten** oder dem Anfall **besonders hoher Auslagen**.
Diese Kriterien sind allerdings nur als »Beispiele« für das Vorhandensein eines »**berechtigen Interesses**« zu werten (vgl. *Haarmeyer/Mock* InsVV, § 9 Rn. 12 f.; BK-InsO/*Blersch* InsVV, § 9 Rn. 10).

Der Verordnungsgeber geht davon aus, dass eine Vorfinanzierung der Tätigkeit des Insolvenzverwal- 12
ters über einen Zeitraum von mehr als **sechs Monaten** grds. nicht zumutbar ist (*BGH* ZIP 2002,
2223). Dabei ist zu berücksichtigen, dass insbesondere bei der Abwicklung von großen Insolvenzverfahren und durch die damit verbundenen erheblichen Geschäftskosten und Betriebsausgaben eine
immense Belastung des Verwalterbüros entsteht.

Ein Vorschuss ist auch dann zu gewähren, wenn **besonders hohe Auslagen** den Insolvenzverwalter 13
persönlich mit erheblichen Kosten belasten. Das ist beispielsweise der Fall, wenn in größerem Umfange Aufwendungen anfallen, z.B. für Zustellungen, die gem. § 8 Abs. 3 InsO dem Verwalter übertragen wurden. Als **Grenzwert** ist hier ein Betrag von **EUR 500,00** anzunehmen (vgl. BK-InsO/
Blersch InsVV, § 9 Rn. 15). Bereits aus der Formulierung des § 9 Satz 2 InsVV »... oder wenn besonders hohe Auslagen **erforderlich werden**.« ergibt sich, dass die Auslagen nicht bereits entstanden
sein müssen, d.h. vom Insolvenzverwalter bezahlt wurden. Der Anspruch auf den Vorschuss besteht
bereits dann, wenn der Anfall der Auslagen **unmittelbar** bevorsteht, sodass der konkrete Anlass und
in etwa auch der Umfang dargelegt werden können (vgl. BK-InsO/*Blersch* InsVV, § 9 Rn. 13). Sind
die Auslagen bereits vom Verwalter beglichen worden, so hat er bei der Antragstellung entsprechende
Nachweise zu erbringen. Durch die Beantragung eines Vorschusses für Auslagen ist das Wahlrecht
des Verwalters gem. § 8 Abs. 3 InsVV bei Beendigung des Verfahrens bzw. bei Beantragung der endgültigen Vergütung nicht beeinträchtigt. Auch für den Fall der Geltendmachung eines **Auslagenvorschusses** auf der Grundlage von **einzelnen Nachweisen** kann der Insolvenzverwalter bei seinem
abschließenden Vergütungsantrag die **Auslagenpauschale** gem. § 8 Abs. 3 InsVV geltend machen,
sofern nicht der Auslagenvorschuss auf Grund von Einzelnachweisen höher als die (spätere) Pauschale ist (BK-InsO/*Blersch* InsVV, § 9 Rn. 14). Dem Insolvenzverwalter steht in **masselosen Stundungsverfahren** gem. § 4a InsO gegenüber der Staatskasse ein Anspruch auf Erstattung der den Umständen nach angemessenen Kosten für die Beauftragung eines **Steuerberaters** zur Erstellung von
Steuererklärungen als **Auslagen** zu (*BGH* ZIP 2004, 1717). Auf diesen Erstattungsanspruch kann
der Insolvenzverwalter einen Vorschuss verlangen, wenn die allgemeinen Voraussetzungen des § 9
InsVV gegeben sind (*BGH* ZIP 2004, 1717).

Neben diesen vom Verordnungsgeber exakt definierten berechtigten Interessen, ist auch das **Siche-** 14
rungsinteresse des Insolvenzverwalters anzuerkennen, wenn beispielsweise eine **spätere Masseamut**
nach § 207 InsO oder eine **Masseunzulänglichkeit** nach § 208 InsO droht. In diesen Fällen geht der
vorleistende Insolvenzverwalter in besonderem Maße das Risiko ein, hinsichtlich seiner Vergütung
leer auszugehen, sodass die rechtzeitige Erlangung von Vorschüssen sein Ausfallrisiko ausschalten
oder wenigstens verringern soll (*BGH* ZIP 2000, 2223; BGHZ 1116, 233, 241 f.). Darüber hinaus
besteht ein **berechtigtes Interesse**, wenn der Verwalter in **beachtlichem Umfange** tätig geworden ist
(vgl. BK-InsO/*Blersch* InsVV, § 9 Rn. 10).

Bei Vorliegen eines **berechtigten Interesses** ist der Insolvenzverwalter **nicht** an die sechsmonatige 15
Mindestfrist gebunden. Er kann bereits zuvor bei Vorliegen entsprechender Umstände, die er in seiner Begründung darzulegen hat, einen Vorschuss beantragen (vgl. MüKo-InsO/*Riedel* Anh. zu § 65,
§ 9 InsVV Rn. 12). Bei einer Verfahrensdauer von sechs Monaten oder mehr bedarf es **keiner** nähe-

ren **Begründung** hinsichtlich des berechtigten Interesses, da dieses vom Verordnungsgeber als gegeben vermutet wird.

16 Die **Höhe des Vorschusses** orientiert sich unter Berücksichtigung der vom Insolvenzverwalter darzulegenden Berechnungsgrundlage an der bisherigen Tätigkeit des Insolvenzverwalters aber auch an der zu erwartenden endgültigen Vergütung zum Ende des Verfahrens. In Verfahren, die bereits **Kriterien für Zu- oder Abschläge** gem. § 3 InsVV zum Zeitpunkt der Antragstellung erkennen lassen, ist somit die Beantragung eines Vorschusses ggf. über die Regelvergütung gem. § 2 InsVV hinaus zulässig. **Voraussetzung** hierfür ist allerdings, dass bereits mit der **erforderlichen Sicherheit** sowohl die Berechnungsgrundlage, als auch insbesondere die zu erwartenden Zuschläge dargelegt und auch nachgewiesen werden können (vgl. BGH ZIP 2002, 2223; *LG Göttingen* InVo 2002, 330 mit Zuschlägen bei Betriebsfortführung und übertragender Sanierung; BK-InsO/*Blersch* InsVV, § 9 Rn. 8).

D. Zustimmung des Gerichts

17 Das **Insolvenzgericht** hat bei der Prüfung der Frage, ob ein Vorschuss zu gewähren ist, ein **pflichtgemäßes billiges Ermessen** auszuüben. § 9 InsVV gewährt zwar von der gesetzlichen Regelung her keinen Anspruch auf einen Vorschuss, doch hat das Insolvenzgericht das **berechtigte Interesse** des Insolvenzverwalters einen Vorschuss zu erhalten unter dem verfassungsrechtlichen Gebot einer angemessenen Vergütung, das auch eine zeitliche Komponente hat, zu berücksichtigen (vgl. BK-InsO/*Blersch* InsVV, § 9 Rn. 17). Folglich hat das **Insolvenzgericht** die **Verpflichtung** den Vorschuss dann zu gewähren, wenn die **Voraussetzungen des § 9 Satz 2 InsVV** vorliegen (*BGH* ZIP 2002, 2223) oder der Verwalter ein **berechtigtes Interesse nachvollziehbar** darlegt (*AG Göttingen* ZIP 2001, 1824). Die **Zustimmung** kann **nur** dann **verweigert** werden, wenn die Abwicklungstätigkeit des Verwalters mangelhaft war oder die Höhe des beantragten Vorschusses **außer Verhältnis** zum Verfahrensstand steht (vgl. BK-InsO/*Blersch* InsVV, § 9 Rn. 17; *AG Göttingen* ZIP 2001, 1824).

E. Entnahmerecht

18 Liegt die **Zustimmung** durch das Insolvenzgericht vor, so ist der Insolvenzverwalter **berechtigt**, den zugebilligten Vorschussbetrag **aus der Masse zu entnehmen**, § 9 Satz 1 InsVV.

Da die Auszahlung des Vorschusses gegenüber der Insolvenzmasse Tilgungswirkung hat, erlischt die latent bestehende Masseverbindlichkeit gem. § 54 Nr. 2 InsO in Höhe des Vorschussbetrages. Mithin ist der Insolvenzverwalter bei eventuellem späteren Eintritt einer Masseunzulänglichkeit nach § 208 InsO oder einer Massearmut gem. § 207 InsO **nicht** verpflichtet, den erhaltenen Betrag zurückzuzahlen (vgl. *Haarmeyer/Mock* InsVV, § 9 Rn. 22), auch dann nicht, wenn die vorhandene Masse nach Eintritt der Masselosigkeit und der Einstellung des Verfahrens nicht ausreicht, um die Auslagen zu berichtigen (*LG Göttingen* Beschl. v. 08.04.2014 – 10 T 16/14, ZIP 2014, 1943).

19 Für den Fall, dass die entnommenen Vorschussbeträge den bei Abschluss festgesetzten Vergütungsbetrag übersteigen, ist der Insolvenzverwalter allerdings zur **Rückzahlung** des Mehrbetrages nach bereicherungsrechtlichen Grundsätzen verpflichtet (vgl. *BGH* ZIP 2002, 2223; BK-InsO/*Blersch* InsVV, § 9 Rn. 24).

F. Bekanntmachung und Rechtsmittel

20 Die **Zustimmungserklärung** des Insolvenzgerichts ist **nicht öffentlich bekannt** zu machen, sondern lediglich dem Insolvenzverwalter mitzuteilen. Dies ergibt sich daraus, dass die Zustimmung **keine Vergütungsfestsetzung** i.S.d. § 64 Abs. 1 InsO darstellt, denn die Entscheidung im Bereich des Vorschusses beinhaltet lediglich eine **vorläufige** Regelung (vgl. *BGH* ZIP 2002, 2223; BK-InsO/*Blersch* InsVV, § 9 Rn. 25). Die Zustimmungserklärung ist als eine **rein insolvenzrechtliche Erlaubnis** gerade **keine Vergütungsentscheidung**. In der Folge ist weder gegen die Zustimmungserteilung noch gegen ihre Versagung ein **Rechtsmittel** gem. § 64 Abs. 3 InsO gegeben; auch eine entsprechende Anwendung des § 64 Abs. 3 InsO ist nicht geboten (vgl. *BGH* ZIP 2002, 2223; BK-InsO/*Blersch*

InsVV, § 9 Rn. 26 ff.; *LG Göttingen* ZInsO 2001, 846 f.; *Foltis* ZInsO 2001, 842 f.). Die teilweise vertretene Auffassung, wonach die Beteiligten bei einer Zustimmung des Gerichts keine Rechtsbehelfe, dem Insolvenzverwalter allerdings bei einer ablehnenden Entscheidung die sofortige Beschwerde zustehen soll (vgl. *Keller* Vergütung, Rn. 537 ff.) ist als widersprüchlich und nicht konsequent abzulehnen. Die Zustimmung des § 9 InsVV ist auch deshalb als reine insolvenzrechtliche Erlaubnis anzusehen, da sie formell nicht bekannt gemacht wird (vgl. BK-InsO/*Blersch* InsVV, § 9 Rn. 26). Eine **eingeschränkte Überprüfungsmöglichkeit** steht dem Insolvenzverwalter im Falle der Verweigerung oder eingeschränkten Gewährung eines Vorschusses zu, wenn – wie in den meisten Fällen – der **Rechtspfleger** über den Vorschussantrag entschieden hat, da in diesen Fällen gem. § 11 Abs. 1, Abs. 2 RPflG die befristete Erinnerung eingelegt werden kann (*BGH* ZIP 2002, 2223; BK-InsO/*Blersch* InsVV, § 9 Rn. 29a). Hat allerdings der **Insolvenzrichter** das Verfahren im eröffneten Verfahren gem. § 18 Abs. 2 RPflG an sich gezogen und entscheidet er in diesem Zusammenhang auch über den Vorschussantrag, so ist die Entscheidung des Insolvenzrichters **unanfechtbar**. Der Insolvenzverwalter kann allenfalls mit einer **Rüge zum rechtlichen Gehör** nach § 321a ZPO den Antrag zur erneuten Überprüfung durch den Richter stellen (*Haarmeyer/Mock* InsVV, § 9 Rn. 28).

Stimmt das Insolvenzgericht schuldhaft amtspflichtwidrig der Entnahme eines Vorschusses aus der Masse nicht zu, stellt der nichtbewilligte Vorschuss allerdings keinen Schaden im Rechtssinne dar (*BGH* 16.10.2014 – IX ZR 190/13, ZIP 2014, 2299). Der Verwalter kann allenfalls Ersatz des **Verzögerungsschadens** verlangen, der jedoch erst nach der endgültigen Festsetzung seiner Vergütung und der Feststellung des Ausfalls verlangt werden kann (*BGH* 16.10.2014 – IX ZR 190/13, ZIP 2014, 2299). Von einer **schuldhaften Amtspflichtverletzung** kann bei der Entscheidung des Insolvenzgerichts, der Entnahme eines Vorschusses aus der Masse nicht zuzustimmen, nur dann ausgegangen werden, wenn sie **objektiv unvertretbar war**).

Zweiter Abschnitt Vergütung des vorläufigen Insolvenzverwalters, des Sachwalters und des Insolvenzverwalters im Verbraucherinsolvenzverfahren

§ 10 Grundsatz

Für die Vergütung des vorläufigen Insolvenzverwalters, des Sachwalters und des Insolvenzverwalters im Verbraucherinsolvenzverfahren gelten die Vorschriften des Ersten Abschnitts entsprechend, soweit in den §§ 11–13 nichts anderes bestimmt ist.

Übersicht	Rdn.		Rdn.
A. Begründung zur insolvenzrechtlichen Vergütungsverordnung 1		B. Allgemeines 2	

A. Begründung zur insolvenzrechtlichen Vergütungsverordnung

Da die Tätigkeiten des vorläufigen Insolvenzverwalters, des Sachwalters und des Treuhänders im vereinfachten Verfahren in vieler Hinsicht mit der Tätigkeit des Insolvenzverwalters vergleichbar sind, können für die Struktur, Berechnung und Festsetzung der Vergütung dieser Personen in weitem Umfang die entsprechenden Vorschriften zur Vergütung des Insolvenzverwalters gelten. Die erforderlichen Sonderregelungen sind Gegenstand der weiteren Vorschriften dieses Abschnitts. Allgemein gilt für alle von § 10 erfassten Personen, dass ihr Tätigkeitsbereich im Vergleich zu dem des Insolvenzverwalters eingeschränkt ist. Dem geringeren Umfang ihrer Tätigkeit entsprechend ist auch ihre Vergütung niedriger zu bemessen. 1

§ 11 InsVV Vergütung des vorläufigen Insolvenzverwalters

B. Allgemeines

2   § 10 InsVV, der nur in Zusammenhang mit den §§ 11–13 InsVV gesehen werden kann, stellt klar, dass für die im zweiten Abschnitt der InsVV geregelten Vergütungsfälle grundsätzlich die **Regelungen des ersten Abschnitts entsprechend anwendbar** sind (*Kübler/Prütting/Bork-Eickman* InsVV, § 1 Rn. 1; MüKo-InsO/*Riedel* Anh. zu § 65, § 10 InsVV Rn. 1). Dabei weist die Norm ausdrücklich darauf hin, dass die entsprechende Anwendung allerdings nur insoweit gilt, als in den §§ 11–13 InsVV nichts anderes bestimmt ist. Soweit bezogen auf die jeweilige Tätigkeit Abweichungen von dem Umfang der Tätigkeit des Insolvenzverwalters gegeben sind, enthalten die §§ 11–13 InsVV ergänzende Sonderregelungen.

§ 11 Vergütung des vorläufigen Insolvenzverwalters

(1) ¹Für die Berechnung der Vergütung des vorläufigen Insolvenzverwalters ist das Vermögen zugrunde zu legen, auf das sich seine Tätigkeit während des Eröffnungsverfahrens erstreckt. ²Vermögensgegenstände, an denen bei Verfahrenseröffnung Aus- oder Absonderungsrechte bestehen, werden dem Vermögen nach Satz 1 hinzugerechnet, sofern sich der vorläufige Insolvenzverwalter in erheblichem Umfang mit ihnen befasst. ³Sie bleiben unberücksichtigt, sofern der Schuldner die Gegenstände lediglich auf Grund eines Besitzüberlassungsvertrages in Besitz hat.

(2) Wird die Festsetzung der Vergütung beantragt, bevor die von Absatz 1 Satz 1 erfassten Gegenstände veräußert wurden, ist das Insolvenzgericht spätestens mit Vorlage der Schlussrechnung auf eine Abweichung des tatsächlichen Werts von dem der Vergütung zugrunde liegenden Wert hinzuweisen, sofern die Wertdifferenz 20 vom Hundert bezogen auf die Gesamtheit dieser Gegenstände übersteigt.

(3) Art, Dauer und der Umfang der Tätigkeit des vorläufigen Insolvenzverwalters sind bei der Festsetzung der Vergütung zu berücksichtigen.

(4) Hat das Insolvenzgericht den vorläufigen Insolvenzverwalter als Sachverständigen beauftragt zu prüfen, ob ein Eröffnungsgrund vorliegt und welche Aussichten für eine Fortführung des Unternehmens des Schuldners bestehen, so erhält er gesondert eine Vergütung nach dem Justizvergütungs- und -entschädigungsgesetz.

§ 63 InsO Vergütung des Insolvenzverwalters

...

(3) ¹Die Tätigkeit des vorläufigen Insolvenzverwalters wird gesondert vergütet. ²Er erhält in der Regel 25 Prozent der Vergütung des Insolvenzverwalters bezogen auf das Vermögen, auf das sich seine Tätigkeit während des Eröffnungsverfahrens erstreckt. ³Maßgebend für die Wertermittlung ist der Zeitpunkt der Beendigung der vorläufigen Verwaltung oder der Zeitpunkt, ab dem der Gegenstand nicht mehr der vorläufigen Verwaltung unterliegt. ⁴Beträgt die Differenz des tatsächlichen Werts der Berechnungsgrundlage der Vergütung zu dem der Vergütung zugrunde gelegten Wert mehr als 20 Prozent, so kann das Gericht den Beschluss über die Vergütung des vorläufigen Insolvenzverwalters bis zur Rechtskraft der Entscheidung über die Vergütung des Insolvenzverwalters ändern.

Übersicht

		Rdn.			Rdn.
A.	Begründung zur insolvenzrechtlichen Vergütungsverordnung	1	II.	Vergütungshöhe	43
				1. Fiktive Verwaltervergütung	43
B.	Allgemeines	2		2. Regelbruchteil	44
C.	Berechnung der Vergütung des vorläufigen Insolvenzverwalters (§ 63 Abs. 3 InsO; § 11 Abs. 1, 3 InsVV)	10		3. Zuschläge und Abschläge	48
				4. Mindestvergütung	73
			D.	Besondere Sachkunde, Auslagen und Umsatzsteuer	75
I.	Berechnungsgrundlage (§ 11 Abs. 1 InsVV i.V.m. §§ 10, 1 InsVV)	27	E.	Festsetzungsverfahren	79

	Rdn.			Rdn.
F.	Nachträgliche Änderung der Festsetzung (§ 63 Abs. 3 Satz 4 InsO i.V.m. § 11 Abs. 2 InsVV) 95		1.	Rechtslage vor Inkrafttreten des 2. KostRMoG (vor 01.08.2013) 114
G.	Schuldner der Vergütung/Ausfallhaftung der Staatskasse 108		2.	Rechtslage nach Inkrafttreten des 2. KostRMoG (ab 01.08.2013) 116
I.	Eröffnetes Verfahren 108		3.	Aufwendungsersatz 121
II.	Nicht eröffnetes Verfahren 109	III.	Festsetzungsverfahren 124
III.	Erstattungsanspruch in Stundungsverfahren 111	I.	Muster eines Vergütungsantrags vorläufige Verwaltung mit Betriebsfortführung (angelehnt an *Heyn* Vergütungsanträge nach der InsVV, 2012) 125
H.	Vergütung des vorläufigen Insolvenzverwalters als Sachverständiger (§ 11 Abs. 4 InsVV) 113			
I.	Grundlagen der Vergütung 113	J.	Muster eines Antrags auf Festsetzung der Entschädigung des insolvenzrechtlichen Sachverständigen nach JVEG 126
II.	Vergütungshöhe 114			

Literatur:

Graeber Zur Vergütungsbestimmung des vorläufigen Insolvenzverwalters bei Nichtberücksichtigung des § 11 Abs. 1 Satz 4 InsVV in Erwiderung zu Hentrich InsbürO 2013, 128 ff., InsbürO 2013, 169; *ders*. Zum Umgang mit Aus- und Absonderungsgegenständen in der Berechnungsgrundlage eines vorläufigen Insolvenzverwalters in Verfahren vor dem 19.7.2013, NZI 2013, 836; *Hentrich* Vergütungsbestimmung des vorläufigen Insolvenzverwalters bei Nichtberücksichtigung des § 11 Abs. 1 Satz 4 InsVV, InsbürO 2013, 128; *Heyn* Checkliste für die bei Betriebsfortführung im Insolvenzbüro auszuführenden Arbeiten, InsbürO 2005, 184; *dies.* Sachbearbeitende Tätigkeiten in der Insolvenzverwaltung, ZInsO 2006, 980; *Kalkmann* Anmerkung zum Urteil des BGH vom 15.11.2012, Az. IX ZB 130/10 – Zur Vergütung des vorläufigen Insolvenzverwalters, EWiR 2013, 125; *Krösch* Die Vergütung des Sachverständigen im Insolvenzverfahren nach der Novellierung des Justizvergütungs- und Entschädigungsgesetzes (JVEG), ZInsO 2013, 1562; *Prasser* Die Berücksichtigung von Aus- und Absonderungsrechten bei der Vergütung des vorläufigen Insolvenzverwalters nach altem und neuem Recht, InsbürO 2017, 14; *Rechberger/Thurner* Aus- und Absonderungsgegenstände in der Berechnungsgrundlage eines vorläufigen Insolvenzverwalters nach der neuesten Rechtsprechung des Bundesgerichtshofs, ZInsO, 2013, 808; *Schmerbach* Reform der Verbraucherinsolvenz- und Restschuldbefreiungs- verfahren – Teil 1, InsbürO 2013, 255; *ders*. Gesetz zur Verkürzung des Restschuldbefreiungsverfahrens und zur Stärkung der Gläubigerrechte verabschiedet – Ende gut, alles gut?, NZI 2013, 566; *Smid* Berechnungsgrundlage zur Ermittlung der Vergütung des vorläufigen Insolvenzverwalters, ZInsO 2013, 321; *Straßburg* Entschädigung für die Tätigkeit eines isolierten Sachverständigen im Insolvenzverfahren – OLG Karlsruhe, Beschl. v. 16.09.2015 – 15 W 57/15, ZInsO 2016, 355, ZInsO 2016, 318); *Zimmer* Probleme des Vergütungsrechts (bei Nicht-Eröffnung des Insolvenzverfahrens) vor und nach ESUG – Plädoyer für das Eröffnungsverfahren als notwendige Vorstufe eines Insolvenzverfahrens im Sinne einer Vorgesellschaft, ZInsO 2012, 1658. Siehe auch vor § 1 InsVV.

A. Begründung zur insolvenzrechtlichen Vergütungsverordnung

Wie dies der bisherigen Praxis entspricht, soll die Vergütung des vorläufigen Insolvenzverwalters gesondert festgesetzt werden, auch wenn der vorläufige Insolvenzverwalter und der bei der Eröffnung des Insolvenzverfahrens bestellte Insolvenzverwalter personenidentisch sind (Abs. 1 Satz 1). Die in § 22 InsO vorgesehenen Aufgaben des vorläufigen Insolvenzverwalters, insbesondere die Sicherung und Erhaltung der Insolvenzmasse und die vorläufige Fortführung des insolventen Unternehmens, entsprechen dem ersten Teil der Tätigkeit des Insolvenzverwalters. Die dafür festzusetzende Vergütung soll demzufolge einen Bruchteil der Vergütung des Insolvenzverwalters ausmachen (Abs. 1 Satz 2). Die Sequester erhalten derzeit für die Inbesitznahme, Sicherung und zeitweilige Verwaltung des Vermögens des Schuldners häufig um die 25% der Konkursverwaltervergütung. Neben der Dauer und dem Umfang ist insbesondere die Art der Tätigkeit des vorläufigen Insolvenzverwalters von Bedeutung. In der Höhe der Vergütung sollte sich auch widerspiegeln, dass zwischen einem vorläufigen Insolvenzverwalter mit Verwaltungs- und Verfügungsbefugnis und einem solchen ohne diese Kompetenz unterschieden werden muss. Erster ist für die Fortführung des Geschäfts verantwortlich und trägt insgesamt ein deutlich höheres Haftungsrisiko. Dies muss sich auch vergütungserhöhend auswirken. 1

§ 11 InsVV   Vergütung des vorläufigen Insolvenzverwalters

Bei der Berechnung der Vergütung sind die Zu- und Abschläge nach § 3 der Verordnung zu berücksichtigen. Welche von ihnen gerechtfertigt sind, ist nach der konkreten Tätigkeit des vorläufigen Insolvenzverwalters zu bestimmen, nicht nach der des späteren Insolvenzverwalters.

Der vorläufige Insolvenzverwalter wird zusätzlich zu seiner Vergütung als Sachverständiger entschädigt, wenn das Gericht ihn nach § 22 Abs. 1 Nr. 3 InsO mit der Prüfung des Eröffnungsgrunds und den Aussichten für eine Fortführung des Unternehmens des Schuldners beauftragt hat (§ 11 Abs. 2 der Verordnung). Damit wird in Anlehnung an eine bisherige Gerichtspraxis sichergestellt, dass zumindest dieser Teil der Tätigkeit des vorläufigen Insolvenzverwalters auch dann vergütet wird, wenn das Verfahren mangels Masse nicht eröffnet wird. Ein antragstellender Gläubiger soll für die Vergütung des vorläufigen Insolvenzverwalters nicht einstehen müssen, ebenso wenig der Fiskus (vgl. die Begr. zu Artikel 27 Nr. 8 des Entwurfs des Einführungsgesetz zur Insolvenzordnung, Bundestags-Drucksache 12/3803, S. 72, und die Gegenäußerung der Bundesregierung zur Stellungnahme des Bundesrates zum Entwurf der Insolvenzordnung, Bundestags-Drucksache 12/2443, S. 262, bei Nummer 3).

Die Begründung des Verordnungsgebers zur Verordnung zur Änderung der insolvenzrechtlichen Vergütungsverordnung vom 04.10.2004, die insbesondere auch die Neufassung des § 11 Abs. 1 Satz 2 InsVV beinhaltete, ist vor § 1 InsVV Rdn. 2 abgedruckt.

Die Begründung des Verordnungsgebers zur 2. Verordnung zur Änderung der insolvenzrechtlichen Vergütungsverordnung vom 21.12.2006, die insbesondere wiederum eine Überarbeitung und Neufassung des § 11 InsVV beinhaltete, ist vor § 1 InsVV Rdn. 3 abgedruckt.

B. Allgemeines

2   Mit den Regelungen **des § 11 InsVV** und § 63 InsO hat der Gesetz- und Verordnungsgeber einen **eigenständigen Vergütungsanspruch** des **vorläufigen Insolvenzverwalters** begründet. Damit hat der Verordnungsgeber die frühere Praxis der Zubilligung einer Vergütung für einen im Konkurseröffnungsverfahren tätigen Sequester, wobei für diesen in der VergVO keine Regelung enthalten war, übernommen (vgl. Begr. zur insolvenzrechtlichen Vergütungsverordnung). § 63 Abs. 3 InsO und § 11 InsVV stellen darüber hinaus klar, dass der vorläufige Insolvenzverwalter und der Insolvenzverwalter jeweils **eigenständige Vergütungsansprüche** besitzen, ungeachtet einer eventuellen Personenidentität (*BGH* ZInsO 2001, 165). Da der Verordnungsgeber davon ausgegangen ist, dass die Tätigkeit eines vorläufigen Insolvenzverwalters nur **Teilbereiche** der Tätigkeit eines Insolvenzverwalters umfasst, wobei er auf die einzelnen Ausprägungen und Risiken, die je nach Umfang der übertragenen Funktionen variieren, nicht eingegangen ist, wird festgelegt, dass der vorläufige Insolvenzverwalter einen **Bruchteil der Vergütung des Insolvenzverwalters** erhält. Durch diese pauschale Regelung wird zwar einerseits gewährleistet, dass keine starren Vergütungssätze zu beachten sind, sondern tatsächlich die **angemessene** Vergütung festgesetzt wird, andererseits wurde damit jedoch einem **Interpretationsstreit** Tür und Tor geöffnet. Durch die Verweisung in § 10 InsVV ist klar, dass der Verordnungsgeber auch bezogen auf die Vergütung des vorläufigen Insolvenzverwalters von dem System der Berechnung einer Regelvergütung für ein durchschnittliches vorläufiges Insolvenzverfahren ausgegangen ist, wonach die Regelvergütung für einen vorläufigen Insolvenzverwalter einen **Bruchteil der Vergütung des Insolvenzverwalters** darstellt. Gleichzeitig ergibt sich allerdings aus der **Verweisung**, dass auch für den vorläufigen Insolvenzverwalter das **offene System der Abweichung** von der Regelvergütung durch **Zu- und Abschläge** gem. **§ 3 InsVV** ebenfalls einschlägig ist (vgl. BK-InsO/*Blersch* InsVV, § 11 Rn. 4). Mit der **Änderung** der InsVV durch die Änderungsverordnung vom 04.10.2004 legte der Verordnungsgeber durch die **Fassung des § 11 Abs. 1 Satz 2 InsVV** fest, dass der vorläufige Insolvenzverwalter als **Regelvergütung** 25 % der Vergütung nach § 2 Abs. 1 InsVV, also der **Regelvergütung eines Insolvenzverwalters**, erhält. Dies galt für sämtliche Verfahren, die ab dem 01.01.2004 eröffnet worden sind.

3   Für die **Verfahren**, die **vor** diesem Zeitpunkt eröffnet worden sind (**Altfälle**) war umstritten, ob der Bruchteil der Vergütung für den vorläufigen Insolvenzverwalter aus der Regelvergütung des § 2 Abs. 1 InsVV oder aus einer fiktiven Vergütung eines Insolvenzverwalters orientiert an einzelnen

Merkmalen des vorläufigen Verfahrens berechnet werden soll. In der **2. Auflage** wurde bereits die vom Verordnungsgeber gewählte Berechnungsmethode als zutreffend vertreten. Der *BGH* hat sich in seiner Entscheidung vom 18.12.2003 (ZIP 2000, 518) der hier vertretenen Auffassung, ausdrücklich angeschlossen. Er hat bestätigt, dass der **angemessene Bruchteil des § 11 Abs. 1 Satz 2 a.F. InsVV stets** aus der nicht nach § 3 Abs. 1 InsVV erhöhten **Normalvergütung** des endgültigen Insolvenzverwalters nach § 2 Abs. 1 InsVV zu bestimmen ist. **Alle** den jeweiligen Einzelfall des vorläufigen Verfahrens prägenden **Erhöhungs- und Abschlagskriterien** sind **ausschließlich** bei der Festlegung des **angemessenen Bruchteils** zu berücksichtigen (*BGH* ZIP 2000, 518; ZInsO 2013, 840). Die **Fassung** vom 04.10.2004 des § 11 Abs. 1 Satz 2 InsVV **übernahm** das von dem BGH in der vorstehend genannten Entscheidung festgelegte **Berechnungsmodell**. Der Verordnungsgeber hat in der Folge durch die **zweite Verordnung zur Änderung der insolvenzrechtlichen Vergütungsverordnung vom 21.12.2006** (BGBl. I 2006 S. 3389) eine weitere Klarstellung hinsichtlich der Berechnungsgrundlage vorgenommen (abgedr. vor § 1 InsVV Rdn. 3). Es wurde insbesondere geregelt, wann der **Zeitpunkt** der **Wertermittlung** gegeben ist und es wurde geregelt, inwieweit Vermögensgegenstände in die Berechnungsgrundlage einbezogen werden, die im **eröffneten Insolvenzverfahren** mit **Aus- und Absonderungsrechten** belastet sind. Durch diese im Jahre 2006 vorgenommenen Neuregelungen wurde § 11 InsVV vom Verordnungsgeber umfassender formuliert. Abs. 4 des § 11 InsVV legt fest, dass in jedem Falle die Bestellung des vorläufigen Insolvenzverwalters zum insolvenzrechtlichen **Sachverständigen** zu einer gesonderten Vergütung nach dem **JVEG** führt, die ungeachtet der Vergütung des vorläufigen Insolvenzverwalters nach § 11 Abs. 1 InsVV zu bezahlen ist.

Die mit Wirkung ab 19.07.2013 geltende neu eingeführte Regelung in § **63 Abs. 3 InsO** (s. hierzu Rdn. 12 ff.), die den bisherigen § 11 Abs. 1 Satz 1 InsVV mit Gesetzesrang ausstattet, stellt nunmehr die **Anspruchsgrundlage** für die Vergütung des vorläufigen Insolvenzverwalters dar. Diese Ansprüche entstehen gleichermaßen wie diejenigen des Insolvenzverwalters mit dem Tätigwerden (s. hierzu i.E. vor § 1 InsVV Rdn. 38). Daher wird der **Anspruch** nicht erst mit der Festsetzung durch das Gericht begründet, sondern die gerichtliche Festsetzung konkretisiert den Anspruch und gibt gleichzeitig die Erlaubnis zur Entnahme. 4

Die **Fälligkeit** des Anspruchs ergibt sich nach den allgemeinen Regelungen des Kostenrechts, sodass der Anspruch des vorläufigen Insolvenzverwalters auf seine Vergütung und den Auslagenersatz dann fällig wird, wenn er seine Tätigkeit **beendet hat** (vgl. MüKo-InsO/*Stephan* Anh. zu § 65, § 11 InsVV Rn. 76; *LG Göttingen* ZInsO 2001, 317). Als **Beendigungstatbestände** sind die Verfahrenseröffnung, die Ablehnung der Eröffnung, die Verfahrensaufhebung, die Entlassung des vorläufigen Insolvenzverwalters und dessen Tod anzunehmen (vgl. MüKo-InsO/*Stephan* Anh. zu § 65, § 11 InsVV Rn. 76). 5

Für die **Verjährung** des Anspruchs des vorläufigen Insolvenzverwalters auf seine Vergütung gelten grundsätzlich die Vorschriften der §§ 195 ff. BGB. **Rechtskräftig festgesetzte** Vergütungsansprüche unterliegen der **30jährigen** Verjährung gem. § 197 Abs. 1 Nr. 3 BGB. 6

Nicht festgesetzte Ansprüche verjähren gem. § 195 BGB in **drei Jahren** (*BGH* NZI 2007, 539). Mit der Einreichung des Festsetzungsantrages bei dem Insolvenzgericht wird die Verjährung gehemmt (*BGH* NZI 2007, 539). **Verjährungsbeginn** ist gem. § 199 Abs. 1 Nr. 1 BGB das Ende des Jahres, in dem der Anspruch auf Vergütung entstanden ist. Beim vorläufigen Insolvenzverwalter ist dies der Zeitpunkt der Erledigung seiner Tätigkeit, also der Zeitpunkt der Aufhebung der vorläufigen Insolvenzverwaltung bzw. der Eröffnung des Insolvenzverfahrens (*BGH* ZInsO 2007, 539). Mithin beginnt der Lauf der Verjährung gem. § 199 Abs. 1 BGB mit dem Ende des Jahres in dem der Zeitpunkt der Erledigung der Tätigkeit des vorläufigen Insolvenzverwalters liegt. Der Vergütungsanspruch eines vorläufigen Insolvenzverwalters ist daher nach dem **Ende des dritten Kalenderjahres** nach der Eröffnung des Insolvenzverfahrens oder einer sonstigen Beendigung seiner Tätigkeit verjährt, wenn nicht eine Hemmung der Verjährung eingetreten ist, was grundsätzlich dann der Fall ist, wenn ein Vergütungsantrag innerhalb dieses Zeitrahmens beim Insolvenzgericht eingereicht worden ist.

Bislang wurde überwiegend in der Rechtsprechung der Untergerichte (*LG Gießen* ZIP 2009, 2398; *LG Hannover* ZInsO 2009, 2355; *LG Karlsruhe* ZInsO 2009, 2358) und in der Literatur (*Graeber/Graeber* ZInsO 2010, 465) die Auffassung vertreten, dass die Verjährungsfrist des Vergütungsanspruchs zum Ende des Jahres, in dem die Insolvenzeröffnung erfolgte, **ohne Hemmung** zu laufen beginne. Dies führt dann zum Ergebnis, dass der Vergütungsanspruch des vorläufigen Insolvenzverwalters je nach Dauer des eröffneten Verfahrens vor Abschluss des Verfahrens verjähren kann. Dieser Auffassung ist **nicht zuzustimmen**, da sie im Ergebnis den (vorläufigen) Insolvenzverwalter ggf. zwingt, lediglich um den Eintritt der Verjährung zu vermeiden, einen Vergütungsantrag zu stellen.

7   Zwar ergibt sich die **Hemmung** der Verjährung nicht unmittelbar aus den Regelungen des (neu gefassten) § 11 Abs. 2 InsVV zur nachträglichen Änderung der Vergütungsfestsetzung (so aber *Rüffert* ZInsO 2009, 757). Nach dieser Auffassung kenne der vorläufige Insolvenzverwalter erst ab dem Zeitpunkt der vollständigen Verwertung aller Vermögensgegenstände, die Grundlage der Berechnung der Vergütung war, die – konkrete – Berechnungsgrundlage für seinen Vergütungsanspruch, so dass auch erst dann ein »endgültiger« Vergütungsantrag gestellt werden könne (*Rüffert* ZInsO 2009, 757). Daher beginne die dreijährige Verjährungsfrist gem. § 199 Abs. 1 Nr. 2 BGB ab diesem Zeitpunkt. Diese **Auffassung übersieht**, dass die Auslegung des § 11 Abs. 2 InsVV als Vorschrift zur Änderung der allgemeinen Verjährungsregeln innerhalb des bürgerlichen Gesetzbuches oder gar zur Schaffung eines Hemmungstatbestandes schon daran scheitert, dass die Verjährungsvorschriften des bürgerlichen Gesetzbuches gesetzliche Regelungen darstellen. Diese in einem formellen Gesetz geregelten Verjährungsvorschriften können nicht durch eine Verordnung wie die InsVV geändert werden, wenn dies nicht ausdrücklich in der gesetzlichen Verordnungsermächtigung geregelt wurde. Die Verordnungsermächtigung (§ 65 InsO) lässt einen Eingriff in die Verjährungsregeln gerade nicht zu bzw. sieht dies nicht vor (*LG Karlsruhe* ZInsO 2009, 2358 m. Anm. *Haarmeyer*).

8   Allerdings tritt eine **Hemmung der Verjährung** des Vergütungsanspruchs des vorläufigen Insolvenzverwalters in Anwendung eines **allgemeinen Rechtsgedankens**, der unter anderem in § 8 Abs. 2 Satz 1 RVG dargestellt ist, ein (*BGH* Beschl. v. 22.09.2010 ZInsO 2010, 2103; s. hierzu auch *LG Heilbronn* ZInsO 2009, 2356; HK-InsO/*Eickmann* § 63 Rn. 3; *Keller* DZWIR 2011, 39; *Blersch* EWIR 2011, 25; *Vallender* NJW 2011, 1491; *Kübler/Prütting/Bork-Prasser/Stoffler* § 11 InsVV Rn. 11, die § 8 Abs. 2 Satz 1 RVG analog anwenden und dadurch zu einer Hemmung der Verjährung kommen).

Der Ansatz einer derartigen Hemmungsregel ergibt sich schon aus rein praktischen Erwägungen, da vielfach der Verwalter im eröffneten Verfahren seinen Antrag auf Festsetzung der Vergütung als vorläufiger Insolvenzverwalter erst zusammen mit seinem Antrag auf Festsetzung der Vergütung als Insolvenzverwalter zum Abschluss des Verfahrens bei Gericht einreicht. Damit wird eine **Vereinfachung der Verfahrensabwicklung** in Verbindung mit der Festsetzung der Vergütungen herbeigeführt (*BGH* Beschl. v. 22.09.2010 ZInsO 2010, 2103). Dies wäre dann nicht mehr möglich, wenn der vorläufige Insolvenzverwalter gezwungen wäre, lediglich zur Vermeidung des Verjährungseintritts seinen Vergütungsanspruch zu einem wesentlich früheren Zeitpunkt geltend zu machen.

Darüber hinaus ergibt sich auch aus der Neuregelung des § **11 Abs. 2 Satz 2 InsVV**, wonach eine Änderung der ursprünglich festgesetzten Vergütung des vorläufigen Insolvenzverwalters vom Insolvenzgericht bei Abschluss des Verfahrens vorgenommen werden kann, wenn die Bemessungsgrundlage der Vergütung des vorläufigen Insolvenzverwalters um mehr als 20 % von den ursprünglich angesetzten Werten abweicht. Insbesondere in dem Fall, dass die Bemessungsgrundlagen für die Vergütung des vorläufigen Insolvenzverwalters zu einer Erhöhung der Vergütung führen würde, wäre diese ggf. ausgeschlossen, wenn der Anspruch auf die Vergütungserhöhung durch Ablauf der dreijährigen Regelverjährung gem. §§ 195, 199 BGB verjährt wäre. Insoweit würde die Abänderbarkeit ins Leere laufen. Daraus ergibt sich, dass der Verordnungsgeber bei der Neufassung des § 11 Abs. 2 Satz 2 InsVV davon ausgegangen ist, dass der Eintritt der Verjährung gehemmt ist oder der Verordnungsgeber hat die Möglichkeit der Verjährung nicht in seine Überlegungen mit einbezogen. Nach Auffassung des *BGH* (Beschl. v. 22.09.2010 ZInsO 2010, 2103) ist diese Regelungslücke im Wege der Rechtsfortbildung zu schließen. Dies erfolgt in der Form, dass durchgängig der Anspruch des vorläufigen Insolvenzverwalters auf seine Vergütung bis zum Abschluss des Insolvenzverfahrens gehemmt ist (*BGH* Beschl. v. 22.09.2010 ZInsO 2010, 2013 m.w.N.).

Da § 10 InsVV insgesamt auf den ersten Abschnitt der InsVV verweist und in § 11 InsVV kein entsprechender Ausschluss enthalten ist, gilt für den vorläufigen Insolvenzverwalter die Regelung des § 9 InsVV ebenfalls, sodass er berechtigt ist – bei Vorliegen der Voraussetzungen – **Vorschüsse** zu fordern. Dies ist auch angemessen, da der Verordnungsgeber dann von der Berechtigung zur Entnahme von Vorschüssen bei Insolvenzverwaltern und damit auch beim vorläufigen Insolvenzverwalter ausgeht, wenn ein **berechtigtes Interesse** gegeben ist. Unter Berücksichtigung des in § 9 InsVV geforderten »**berechtigten Interesses**« ist jeweils zu prüfen, inwieweit dies im Rahmen der vorläufigen Insolvenzverwaltung für den vorläufigen Insolvenzverwalter gegeben ist. Zu denken ist dabei an eine **besonders lange Dauer** der vorläufigen Insolvenzverwaltung oder an den **Anfall hoher Auslagen**. Ein »berechtigtes Interesse« ist aber auf jeden Fall dann einem vorläufigen Insolvenzverwalter zuzubilligen, wenn die wirtschaftliche Situation der von ihm verwalteten Masse ein **erhöhtes Risiko bzgl.** eines **Ausfalls** mit der Begleichung der Vergütungsansprüche erkennen lässt. Gerade im vorläufigen Verfahren ist das Risiko einer plötzlichen Massearmut besonders gegeben, da weitere Verfahrensabläufe oder rechtliche Situationen (z.B. Rechte Dritter an Massegegenständen) nicht überschaubar sind. Hierzu kann im Einzelnen auf die Ausführungen zu den Vorschussregelungen geltend für den endgültigen Insolvenzverwalter bei § 9 InsVV Rdn. 3 ff. verwiesen werden.

9

C. Berechnung der Vergütung des vorläufigen Insolvenzverwalters (§ 63 Abs. 3 InsO; § 11 Abs. 1, 3 InsVV)

Der Verordnungsgeber hatte in § 11 Abs. 1 Satz 2 InsVV in der bis zur Änderung vom 04.10.2004 geltenden Fassung lediglich normiert, dass die Vergütung des vorläufigen Insolvenzverwalters **i.d.R. einen angemessenen Bruchteil der Vergütung des Insolvenzverwalters** nicht überschreiten soll. Er hatte damit die bereits im Bereich der Sequestervergütung strittige Frage, auf welcher Basis diese Vergütung zu berechnen ist bzw. wie hoch die »fiktive Verwaltervergütung«, deren Bruchteil dann festzusetzen ist, sich berechnet, nicht geregelt. In der Begründung des Verordnungsgebers (s. Rdn. 1) wurde auf die **bisherige Sequestervergütung**, die regelmäßig 25 % der Konkursverwaltervergütung ausmacht, hingewiesen und dargelegt, dass die Tätigkeit des vorläufigen Insolvenzverwalters i.d.R. lediglich einen Teil der Arbeit des Insolvenzverwalters darstellt. Es wurde damit die Figur eines »fiktiven Insolvenzverwalters« geschaffen, dessen Vergütung zu berechnen ist, wobei hiervon dann der angemessene Bruchteil für den vorläufigen Insolvenzverwalter zu errechnen ist. Dabei hatte der Verordnungsgeber allerdings übersehen, dass die **Tätigkeiten** des **vorläufigen Insolvenzverwalters** und des **Insolvenzverwalters** sich schon nach der Intention des Verordnungsgebers regelmäßig in vielen Teilen **unterscheiden**. Gerade durch die Schaffung des **eigenständigen Vergütungsanspruchs** des vorläufigen Insolvenzverwalters und der damit zum Ausdruck gebrachten **Abgrenzung der beiden Tätigkeitsbereiche** wäre die Bestimmung einer **eigenen Berechnungsgrundlage** für die Vergütung des vorläufigen Insolvenzverwalters klarer gewesen und hätte auch zu vorausberechenbareren Vergütungsfestsetzungen geführt. Im Ergebnis hatte der Verordnungsgeber die Schaffung der Berechnungsgrundlagen der Rspr. und Literatur überlassen. Die vielfältigen unterschiedlichen Entscheidungen im Bereich der Vergütung des vorläufigen Insolvenzverwalters zeigen, dass die Regelung des § 11 Abs. 1 Satz 2 a.F. InsVV mehr als verunglückt zu bezeichnen war. **Der Beschluss des BGH** vom 14.12.2000 (ZInsO 2001, 165 ff.; bestätigt in *BGH* ZIP 2004, 1555) hat glücklicherweise dann zumindest im Bereich der Berechnungsgrundlage und teilweise auch im Bereich der Zu- und Abschläge einige **Klarheit** und **Rechtssicherheit** geschaffen.

10

In einer **weiteren wegweisenden Entscheidung** hat der *BGH* (ZIP 2003, 1759) entschieden, dass **Erhöhungstatbestände** bei der Bestimmung der »fiktiven« Insolvenzverwaltervergütung **nicht** zu berücksichtigen sind. Die **Einbeziehung** von **Erschwernissen** oder **Erleichterungen** des späteren Insolvenzverfahrens in die Vergütung des vorläufigen Insolvenzverwalters würden, worauf der BGH zu Recht hinweist, im Einzelfall zu unangemessenen Ergebnissen führen. Die **Schwierigkeit** und auch die **Bedeutung** der vorläufigen Insolvenzverwaltung ist bei der Festsetzung des **angemessenen**

11

§ 11 InsVV   Vergütung des vorläufigen Insolvenzverwalters

Bruchteils gem. § 11 Abs. 1 Satz 2 a.F. InsVV aus der nicht nach § 3 Abs. 1 InsVV erhöhten Normalvergütung des endgültigen Insolvenzverwalters gem. § 2 Abs. 1 InsVV zu bestimmen (*BGH* ZInsO 2006, 257; ZInsO 2013, 84).

12 Mit der Änderung der Verordnung zur InsVV vom 04.10.2004 hat der Verordnungsgeber durch die Neufassung des § 11 Abs. 2 Satz 2 InsVV im Ergebnis diese Entscheidung des BGH übernommen und festgelegt, dass der vorläufige Insolvenzverwalter **in der Regel 25 % der Vergütung gem. § 2 Abs. 1 InsVV** (Regelvergütung des Insolvenzverwalters) bezogen auf das Vermögen, auf das sich seine Tätigkeit während des Eröffnungsverfahrens erstreckt, erhält. Aus der Begründung des Verordnungsgebers ergibt sich die klare Absicht des Verordnungsgebers, hier die Rechtsprechung des BGH zu übernehmen.

13 Die weitere Änderung des § 11 InsVV durch die 2. Verordnung zur Änderung der Insolvenzrechtlichen Vergütungsverordnung vom 21.12.2006 (BGBl. I S. 3389, Begr. abgedruckt in *Lorenz/ Klanke* InsVV, Anh. VI.) war aufgrund der Kritik an der Entscheidung des *BGH* (NZI 2006, 515) geboten. Zum einen wurde durch den Verordnungsgeber klargestellt, dass bei der Bewertung vom »**klassischen**« **Vermögensbegriff** auszugehen ist und insoweit unter Vermögen die Gesamtheit der einer Person zustehenden Güter und Rechte von wirtschaftlichem Wert verstanden wird. Die Neuregelung stellt auch klar, dass in die Berechnungsgrundlage diejenigen Gegenstände einzubeziehen sind, die noch während des vorläufigen Verfahrens aus dem verwalteten Vermögen ausscheiden (hierzu auch *Graeber* ZInsO 2007, 133). Der wesentlichste Teil der Neufassung dürfte in § 11 Abs. 1 Satz 3 zu sehen sein, nämlich mit der Klarstellung gegenüber der neueren Rechtsprechung des *BGH* (NZI 2006, 515), nämlich diejenigen Vermögensgegenstände, an denen bei Verfahrenseröffnung **Aus- und Absonderungsrechte** bestehen, in die Berechnungsgrundlage einzubeziehen, sofern sich der vorläufige Insolvenzverwalter in **erheblichem** Umfange mit ihnen befasst hat (s. hierzu auch die Begr. des Verordnungsgebers, abgedruckt vor § 1 InsVV Rdn. 3). Mit aufgenommen in die Änderung hat der Verordnungsgeber auch in Abs. 2 eine partielle Durchbrechung der Rechtskraft hinsichtlich der Vergütung des vorläufigen Insolvenzverwalters bis zur rechtskräftigen Festsetzung der Vergütung des Verwalters im eröffneten Verfahren.

14 Wiederum aufgrund von Entscheidungen des BGH im Jahre 2012 bzw. 2013 (*BGH* NZI 2013, 29; NZI 2013, 183; ZInsO 2013, 815; ZIP 2013, 30), die die bisherige Rechtslage bei der Ermittlung der Berechnungsgrundlage für die Vergütung des vorläufigen Insolvenzverwalters in Einzelbereichen massiv veränderte, sah sich der Gesetzgeber/Verordnungsgeber gezwungen, im Gesetz zur Verkürzung des Restschuldbefreiungsverfahrens und zur Stärkung der Gläubigerrechte (BT-Drucks. 17/13535) eine Änderung des § 11 InsVV i.V.m. Änderungen der §§ 63 und 65 InsO vorzunehmen. Darüber hinaus wurde in der **Beschlussempfehlung** des Rechtsausschusses (BT-Drucks. 17/13535, abgedruckt in *Lorenz/Klanke* InsVV, Anh. VII.) klar Stellung bezogen, wie der Gesetzgeber die in den Entscheidungen des BGH zum Ausdruck gekommene Rechtsauffassung beurteilt, nämlich **ablehnt**.

15 Im Einzelnen hat der **BGH** in seinen Beschlüssen vom 15.11.2012 zum einen entschieden, dass die Werte von Gegenständen, die mit **Aussonderungsrechten** belastet sind, in die Berechnungsgrundlage nicht einberechnet werden (*BGH* NZI 2013, 29 m. Anm. *Graeber*). Zum anderen hat der *BGH* (NZI 2013, 183 m. Anm. *Keller* NZI 2013, 240) entschieden, dass die Werte von Gegenständen, die mit **Absonderungsrechten** belastet sind, **nur** soweit berücksichtigt werden dürfen, als der Gegenstand **nicht wertausschöpfend** belastet ist. In beiden Entscheidungen hat der Bundesgerichtshof dargelegt, dass nach seiner Auffassung die Regelungen des § 11 Abs. 1 Satz 4 InsVV a.F. nicht das nach seiner Auffassung in § 63 Abs. 1 Ziff. 2 InsO – angeblich – enthaltene Überschussprinzip, nach dem dingliche Belastungen im Rahmen der Wertermittlung nicht zu berücksichtigen seien, beachtet werde. Daher sei nach Auffassung des Bundesgerichtshofs die von diesem (angeblich) bestehenden Überschussprinzip abweichende Regelung in § 11 Abs. 1 Satz 4 InsVV (a.F.) von der Ermächtigungsgrundlage in § 65 InsO nicht gedeckt und damit nicht wirksam.

Damit setzte sich der *BGH* in **Gegensatz zu seiner früheren Auffassung** (ZInsO 2006, 337). In dieser 16
Entscheidung vom 14.12.2005 (ZInsO 2006, 337) führte der *BGH* nämlich unter anderem Folgendes aus:

»Auch sonst wird der vorläufige Verwalter oft nicht ermitteln können, welche der Gegenstände, die er in der »Ist-Masse« antrifft, nun dem Schuldner gehören und welche nicht. Er muss ihnen jedoch dieselbe Fürsorge angedeihen lassen. Die Verwaltung eines aussonderungsfähigen, weil vom Schuldner nur gemieteten oder gepachteten Grundstücks mag den vorläufigen Insolvenzverwalter weniger belasten, als wenn das Grundstück der abgesonderten Befriedigung durch einen Grundpfandgläubiger unterläge (BGHZ 146, 165 [175]). Dies wirkt sich jedoch allenfalls im Umfang aus. Wesensmäßig macht es keinen Unterschied, ob der vorläufige Insolvenzverwalter ein dem Schuldner gehörendes unbelastetes, ein belastetes oder ein fremdes Grundstück verwaltet. Dies ändert sich erst nach Insolvenzeröffnung.

Davon abgesehen würde eine Trennung von Aus- und Absonderungsrechten das Vergütungsverfahren in diesem frühen Stadium der Insolvenz praktisch erheblich erschweren (BGHZ 146, 165 [175]). Etwaige Aus- oder Absonderungsstreitigkeiten sind erst nach Insolvenzeröffnung auszutragen. Ihr Ergebnis kann nicht abgewartet werden, wenn der vorläufige Insolvenzverwalter die Festsetzung seiner Vergütung begehrt. Die vorläufige Insolvenzverwaltung ist aus sich heraus zu bewerten (*BGH* Beschl. v. 18.12.2003 – IX ZB 50/03, NZI 2004, 251 [252]; v. 29.04.2004 – IX ZB 225/03, NZI 2004, 444 [445]), so dass es für die Bemessung der dafür festzusetzenden Vergütung nicht auf die Umstände ankommen kann, die sich nach Beendigung des Eröffnungsverfahrens ergeben haben (*BGH* 18.12.2003 – IX ZB 50/03, NZI 2004, 251 [252]; *Graeber* Die Vergütung des vorläufigen Insolvenzverwalters gemäß § 11 InsVV, 2003, S. 63 f.), insbesondere darf es für die Vergütung des vorläufigen Insolvenzverwalters keine Rolle spielen, ob für einen von ihm verwalteten Gegenstand später, nach Insolvenzeröffnung, ein Verwertungserlös in die Masse gelangt (BGHZ 146, 165 [174 f.]).«

Damit erkannte der BGH in dieser vorgenannten – früheren – Entscheidung, was tatsächlich sich 17
auch in der **Praxis** genauso darstellt, dass für den vorläufigen Verwalter erhebliche Probleme bestehen, **Aussonderungsansprüche** bzw. **Fremdrechte** überhaupt in diesem Stadium des Verfahrens festzustellen bzw. zu erkennen. Oftmals geben erst nach Insolvenzeröffnung Berechtigte Hinweise an den Insolvenzverwalter, dass sie Rechte, ggf. Eigentumsrechte, an bestimmten Gegenständen geltend machen. Grundsätzlich hat der vorläufige Insolvenzverwalter entsprechend § **1006 Abs. 1 Satz 1 BGB** zu unterstellen, dass alle Gegenstände, die sich im Besitz des (späteren) Insolvenzschuldners befinden, in dessen Eigentum stehen und damit seinem Vermögen zuzuordnen sind (*Rechberger/Thurner* ZInsO 2013, 808). Eine Ausnahme machen der bisherige § 11 Abs. 1 InsVV a.F. wie auch der neu gefasste § 11 Abs. 1 InsVV n.F. nur dahingehend, dass Gegenstände, die mit Aussonderungsrechten belastet sind, nicht einbezogen werden, sofern der Schuldner die Gegenstände lediglich aufgrund eines **Besitzüberlassungsvertrages** in Besitz hat. Daher nimmt der bisherige § 11 Abs. 1 Satz 4 InsVV a.F. und der neu gefasste § 11 Abs. 1 InsVV n.F. nämlich eine **Zurechnung in die Berechnungsgrundlage** konkret vor und rekuriert die Hinzurechnung nicht aus feststehender bzw. geprüfter Zuordnung eines Gegenstandes in das Vermögen des (späteren) Insolvenzschuldners, sondern aufgrund des **Rechts des vorläufigen Insolvenzverwalters** zur **Inbesitznahme** des dem Schuldner im Besitz befindlichen – also »vermutlich« – ihm gehörigen Vermögens (*Rechberger/Thurner* ZInsO 2013, 808). Und genau auch da unterscheidet sich die Tätigkeit des vorläufigen Insolvenzverwalters von der des (endgültigen) Insolvenzverwalters. Der vorläufige Insolvenzverwalter hat nämlich entsprechend seinem Auftrag nicht zu verwerten, sondern das Vermögen des (späteren) Schuldners in Besitz zu nehmen, zu sichern und ordnungsgemäß zu verwalten. Der spätere Insolvenzverwalter hat dagegen die Vermögensgegenstände die vorhanden sind, rechtlich den Berechtigten, Schuldner bzw. Aus- und Absonderungsberechtigten, zuzuordnen und entsprechend den Regelungen der InsO zu verwerten. Wie der *BGH* selbst in seiner oben zitierten Entscheidung (ZInsO 2006, 337) ausführt, macht es für den **vorläufigen Insolvenzverwalter** keinen Unterschied, ob er ein dem Schuldner gehörendes unbelastetes, ein belastetes oder ein fremdes Grundstück verwaltet. Dies än-

dert sich erst **nach Insolvenzeröffnung.** Dementsprechend ist grds. der vorläufige Insolvenzverwalter gehalten, **alle Vermögensgegenstände,** die er vorfindet, zu verwalten, ungeachtet der Rechtszuordnung. Folglich hat der Verordnungsgeber bzw. der Gesetzgeber geregelt, dass der vorläufige Insolvenzverwalter eine Vergütung erhält bezogen auf »**das Vermögen auf das sich seine Tätigkeit während des Eröffnungsverfahrens erstreckt**« (§ 63 Abs. 3 InsO, § 11 Abs. 1 Satz 1 InsVV bzw. § 11 Abs. 1 Satz 2 InsVV a.F.). Daher ist der **Auffassung des *BGH*** in seinen zuletzt getroffenen Entscheidungen (NZI 2013, 29, ZInsO 2013, 30), wonach Gegenstände, die mit **Aussonderungsrechten** belastet sind, uneingeschränkt nicht zur Berechnungsgrundlage heranzuziehen seien, **abzulehnen.** Sie widersprechen der klaren Konzeption des Gesetzgebers (so die Ausführungen des Rechtsausschusses in BT-Drucks. 17/13535 v. 15.05.2013). Darüber hinaus verkennt der BGH mit seinen neueren Entscheidungen die Realität des Verlaufs eines vorläufigen Insolvenzverfahrens und der tatsächlichen Tätigkeit des vorläufigen Insolvenzverwalters. Zudem widersprechen sie auch der eigenen vom *BGH* ursprünglich vertretenen Auffassung (ZInsO 2006, 337).

18   Auch ist der Hinweis des ***BGH*** in den Entscheidungen, in denen er die Einbeziehung von mit Aussonderungsrechten belasteten Gegenständen in die Berechnungsgrundlage ablehnt, wonach ein Ausgleich für die Tätigkeit des vorläufigen Insolvenzverwalters dadurch zu erfolgen habe, dass **Zuschläge** zu der Vergütung zu gewähren seien, zum einen **unpraktikabel** und zum anderen **realitätsfern.** Wie *Hentrich* (InsbürO 2013, 128) mit klaren Rechenbeispielen darstellt, müssten bei den meisten Verfahrensverläufen im vorläufigen Insolvenzverfahren, **Zuschläge** in Größenordnungen von teilweise **über 500 %** gewährt werden, um die Vergütung des vorläufigen Insolvenzverwalters in etwa so gestalten zu können, wie sie sich bei Einbeziehung der mit Aussonderungsrechten belasteten Gegenständen ergeben würde. Es ist **realitätsfern** anzunehmen, dass die Insolvenzgerichte bisher völlig außerhalb der aktuell zu gewährenden Zuschläge (Faustregel-Tabellen) allein zum Ausgleich der mit Aussonderungsrechten belasteten Gegenständen in Verbindung stehender erheblicher Tätigkeit Zuschläge von mehreren 100 % gewähren würden (*Hentrich* InsbürO 2013, 128). Daher ist der **Auffassung des *BGH*** (NZI 2013, 29) eine **klare Absage** zu erteilen (ebenso *Smid* ZInsO 2013, 321; *Kalkmann* EWIR 2013, 125; *Graeber* InsbürO 2013, 169; *Schmerbach* InsbürO 2013, 255).

Es ist daher festzuhalten, dass bei der Ermittlung der Vergütung des vorläufigen Insolvenzverwalters für Verfahren, die **vor** Inkrafttreten des »neuen« § 63 Abs. 3 InsO eingeleitet wurden, entsprechend dem Wortlaut des bisherigen § 11 Abs. 1 InsVV a.F. Vermögensgegenstände, die der **Aussonderung** unterliegen in die **Berechnungsgrundlage einzubeziehen** sind, soweit die sonstigen Voraussetzungen gegeben sind.

19   Der BGH hat bei Gegenständen, die mit **Absonderungsrechten** belastet sind, zwar erklärt, dass diese in die Berechnungsgrundlage einzubeziehen sind, allerdings **nur, soweit** der »**unbelastete Teil**« sich wertmäßig darstelle (*BGH* NZI 2013, 183; ZInsO 2013, 815). Der BGH geht in den vorgenannten Entscheidungen davon aus, dass nur der unbelastete Teil einzubeziehen sei, der belastete Teil sei dagegen vollständig ausgeschlossen. Nach der vom Bundesgerichtshof angegriffenen Rechtslage gem. § 11 Abs. 1 Satz 4 InsVV a.F. war ein Gegenstand, der mit Absonderungsrechten belastet war, in **vollem Umfange** in die Berechnungsgrundlage einzubeziehen, wenn sich der vorläufige Insolvenzverwalter mit ihnen in **erheblichem Umfange** befasst hat. Es sollte insoweit der **erheblich gestiegene Arbeitsaufwand** des vorläufigen Insolvenzverwalters vergütet werden (*BGH* ZInsO 2006, 811). Der ***BGH*** (NZI 2013, 183) kam nun zu der **Erkenntnis**, seine bisherige Rechtsauffassung dahingehend abzuändern, dass diese Gegenstände – ungeachtet der freien Masseanteile – nicht, auch nicht bei erheblicher Befassung, in die Berechnungsgrundlage einzubeziehen seien (*BGH* NZI 2013, 189). Dabei ist anzumerken, dass der **unbelastete Teil** selbstverständlich ungeachtet einer erheblichen Befassung – da »frei« – in die Berechnungsgrundlage einzubeziehen ist, so dass dieser Teil der Entscheidung des BGH sicherlich keine neuen Erkenntnisse beinhaltet. Der *BGH* (NZI 2013, 189) kam zu der Auffassung, dass es bei der Ermittlung der Vergütung des vorläufigen Insolvenzverwalters und des endgültigen Insolvenzverwalters ein einheitlich geltendes »Überschussprinzip« gäbe. Dies sei aus § 1 Abs. 2 Nr. 1 Satz 3 *InsVV* herzuleiten, da eine Zurechnung in die Berechnungsgrundlage bei dem endgültigen Insolvenzverwalter nur in Höhe des Überschusses erfolge und dies gleicherma-

ßen auch bei dem vorläufigen Insolvenzverwalter vorzunehmen sei. Darüber hinaus sei zu beachten, dass gem. § 1 Abs. 2 Nr. 1 Satz 1 InsVV bei dem endgültigen Insolvenzverwalter eine Berücksichtigung von mit Absonderungsrechten belasteten Gegenständen in der Berechnungsgrundlage nur dann erfolge, wenn sie vom Verwalter auch **verwertet** werden. Der *BGH* (NZI 2013, 189) kam aufgrund der vorgenannten Regelungen zu der Erkenntnis, dass § 11 Abs. 1 Satz 4 InsVV a.F., gegen die Ermächtigungsgrundlage des § 65 InsO verstoße und aus diesem Grunde heraus unwirksam sei. Die Begründung des Bundesgerichtshofes geht dahin, dass in § 63 Abs. 1 Satz 2 InsO sich ein vom Gesetzgeber vorgegebenes »Überschussprinzip« ergäbe, das dazu führe, dass bei der Wertermittlung der Berechnungsgrundlage, Belastungen eines Massegegenstandes, die zu Absonderungsrechten Dritter führen, von dem Wert des Vermögensgegenstandes in Abzug zu bringen seien. Dieses in § 63 Abs. 1 Satz 2 InsO angeblich enthaltene »Überschussprinzip« sei auch für einen vorläufigen Insolvenzverwalter vollumfänglich in Ansatz zu bringen. Der *BGH* (NZI 2013, 189) will die »erhebliche« Tätigkeit des vorläufigen Insolvenzverwalters bezogen auf mit Absonderungsrechten belasteten Gegenständen ausschließlich über einen **Zuschlag** gem. § 3 Abs. 1 lit. a) InsVV berücksichtigen.

Diese Rechtsauffassung des BGH ist **vollumfänglich abzulehnen**, da ein Überschussprinzip in § 63 Abs. 1 Satz 2 InsO (a.F.) nicht enthalten ist und dadurch das Vorhandensein einer Ermächtigungsgrundlage in § 65 InsO nicht bestritten werden kann. Darüber hinaus würde die Auffassung des *BGH* (NZI 2013, 189) dazu führen, dass für die Beurteilung und Ermittlung der Berechnungsgrundlage der Vergütung des vorläufigen Insolvenzverwalters im Wesentlichen die erst im **eröffneten Verfahren** getroffenen Feststellungen und Wertungen maßgeblich sind. Damit widerspricht der *BGH* seiner eigenen Auffassung, die er in seiner Entscheidung vom 14.12.2005 (ZInsO 2006, 337) ausdrückte, wonach die Vergütung des vorläufigen Insolvenzverwalters aus dem vorläufigen Verfahren heraus, ohne Berücksichtigung der Wertungen im eröffneten Verfahren zu ermitteln ist (s.a. Rdn. 15). Des Weiteren ist zu berücksichtigen, dass der vorläufige Insolvenzverwalter sämtliche »vorhandenen« Vermögensgegenstände – **ungeachtet der rechtlichen Zuordnung** – in Besitz zu nehmen, zu verwalten, für eine ordnungsgemäße Versicherung Sorge zu tragen und Schutzmaßnahmen zu treffen hat. Er hat diese Maßnahmen bezogen auf **alle Gegenstände** vorzunehmen, **ohne** möglicherweise erkennen zu können, ob diese Vermögensgegenstände sich im Eigentum des Schuldners befinden oder mit Absonderungsrechten belastet sind. Derartige Rechte stellen sich oft erst im eröffneten Verfahren heraus oder können erst im eröffneten Verfahren abschließend geprüft werden. Würde er sich nicht »ordnungsgemäß« um sämtliche Gegenstände »kümmern«, geht er erhebliche Haftungsrisiken ein. Sofern sich der vorläufige Insolvenzverwalter in erheblichem Umfange mit derartigen Vermögenswerten befasst, erhebliche Tätigkeiten entwickelt und hierfür keine angemessene Vergütung, die nur bei Einbeziehung in die Berechnungsgrundlage möglich ist, erhalten würde, wäre ein Verstoß gegen den **Grundsatz einer angemessenen Entlohnung**, der verfassungsrechtlich geschützt ist, gegeben (vgl. *BVerfG* Beschl. v. 30.03.1993 – I BvR 1045, 89). Der **Gesetzgeber** hat nunmehr im Rahmen der Ergänzung des § 63 Abs. 3 InsO n.F. mit der Übernahme der bisherigen Regelung (§ 11 Abs. 1. Satz 4 InsVV a.F.) der Vergütung des vorläufigen Insolvenzverwalters klar zum **Ausdruck** gebracht (s. Begr. des Rechtsausschusses BT-Drucks. 17/13535 – 15.05.2013), dass das vom BGH festgestellte – angeblich bestehende – **Überschussprinzip** im Rahmen des § 63 Abs. 1 Satz 2 InsO für die Vergütung des vorläufigen Insolvenzverwalters **weder aus Wortlaut, Sinn und Zweck,** noch der **Entstehungsgeschichte** heraus zu entnehmen ist.

In der Begründung der Beschlussempfehlung des Rechtsausschusses (BT-Drucks. 17/13535, S. 43 ff.) weist der Rechtsausschuss explizit darauf hin, dass die **Auffassung des BGH nicht** der **gesetzlichen Konzeption** und der auf ihr beruhenden **Verordnungsregelungen** entspricht (BT-Drucks. 17/13535, S. 43). Es wird ausdrücklich ausgeführt, dass der vorläufige Insolvenzverwalter für seine Tätigkeit eine angemessene Entlohnung zu erhalten habe und aufgrund der **fehlenden Strukturgleichheit** der Tätigkeit des vorläufigen und des endgültigen Insolvenzverwalters die Vergütung des vorläufigen Insolvenzverwalters gesondert zu betrachten und aus sich heraus zu bewerten ist (BT-Drucks. 17/13535). **Richtigerweise** wird darauf hingewiesen, dass zur Ermittlung der Vergütung zwischen den unterschiedlichen Schwerpunkten der jeweiligen Tätigkeit eines vorläufigen und eines endgültigen Insolvenzverwalters zu unterscheiden ist. Der **vorläufige Insolvenzverwalter** sichert die »Ist-Masse« und der **endgültige Verwalter** verwertet die »**Soll-Masse**«. Daher wird auch von dem **Rechtsausschuss** des Bundestages (BT-Drucks. 17/13535) ausdrücklich dargelegt, dass der von dem *BGH* (NZI 2013, 29 m. Anm. *Graeber* NZI 2013, 183, m. Anm. *Keller* NZI 2013, 240) vertretenen Auffassung, zum Ausgleich des Wegfalls der Einbeziehung in die Berechnungsgrundlage seien **Zuschläge** zu gewähren, eine **klare Absage** zu erteilen ist.

22 Lediglich aus Gründen der **Rechtssicherheit** und aus den vorgenannten Gründen wurde die Regelung über die Vergütung des vorläufigen Insolvenzverwalters, die in § 11 Abs. 1 Satz 1 bis Satz 3, Abs. 2 InsVV bislang geregelt war, in § 63 Abs. 3 InsO eingeführt und § 11 InsVV folgerichtig angepasst. Darüber hinaus wird die **Ermächtigung** zum Erlass einer Verordnung in § 65 InsO n.F. auf den vorläufigen Insolvenzverwalter (konkret) erweitert. Damit sollen mögliche Bedenken ausgeräumt werden (s. hierzu i.E. *Schmerbach* NZI 2013, 566; *Smid* ZInsO 2013, 321 ff.). Eine inhaltliche Änderung der Rechtslage ist damit nicht verbunden. Es ist lediglich eine auf Grund der *BGH*-Entscheidungen (NZI 2013, 183; ZInsO 2013, 515) notwendig gewordene Klarstellung des gesetzgeberischen Willens.

Daher ist ebenso wie bei der Beurteilung der Berechnungsgrundlage im Zusammenhang mit den mit Aussonderungsrechten belasteten Gegenständen die Auffassung des *BGH* (NZI 2013, 29), wonach mit Absonderungsrechten belastete Gegenstände in Höhe der Belastung nicht einzubeziehen seien (*BGH* NZI 2013, 183; ZInsO 2013, 515), eindeutig abzulehnen. Wie vorstehend dargelegt, ergibt sich aus § 63 Abs. 1 Satz 2 InsO **kein Überschussprinzip** im Zusammenhang mit der Ermittlung der Vergütung des vorläufigen Insolvenzverwalters (BT-Drucks. 17/13535, Empfehlung des Rechtsausschusses S. 44). § 65 InsO a.F. stellte eine ausreichende Ermächtigungsgrundlage für die Regelungen in § 11 InsVV dar und somit hat die Einfügung des § 63 Abs. 3 InsO und die Ergänzung in § 65 InsO lediglich klarstellenden Charakter, der zur Rechtssicherheit führt (BT-Drucks. 17/13535, Empfehlung des Rechtsausschusses, S. 44).

23 Mit der Einfügung des § 63 Abs. 3 InsO in die Insolvenzordnung hat der Gesetzgeber die bisherige Regelung des § 11 Abs. 1 Satz 1 bis 3 und Abs. 2 InsVV a.F. in die Insolvenzordnung »übertragen«. Folglich wurde § 11 InsVV entsprechend angepasst, d.h. sinngemäß die vorgenannten Regelungen, die in § 63 Abs. 3 InsO n.F. verschoben wurden, entfernt. Daher kann nur im Rahmen einer **Gesamtschau der Vorschriften** eine ordnungsgemäße Beurteilung und Bewertung der Vergütung des vorläufigen Insolvenzverwalters vorgenommen werden.

24 Wie ausdrücklich von dem Rechtsausschuss des Bundestages (BT-Drucks. 17/13535) ausgeführt, wollte der **Gesetzgeber** mit seinen Neuregelungen **klarstellen,** dass die bisherige Regelung der Vergütung des vorläufigen Insolvenzverwalters insbesondere im Zusammenhang mit der Einbeziehung von Gegenständen, die mit Aus- und Absonderungsrechten belastet sind, soweit der vorläufige Insolvenzverwalter sich erheblich mit ihnen befasst ausdrücklich **bestätigen.** Der Auffassung des *BGH* (NZI 2013, 29; NZI 2013, 183) wurde eine **klare Absage** erteilt. Die **Entscheidungen** des *BGH* (ZInsO 2013, 515; NZI 2013, 183) **sind außerhalb der an dem Verfahren Beteiligten nicht anzuwenden** (ebenso *Graeber* InsbürO 2013, 169; *Schmerbach* InsbürO 2013, 255). Aufgrund dieser ausdrücklichen Klarstellung des Gesetzgebers ist davon auszugehen, dass die **bislang geltende Rechtslage hinsichtlich der Ermittlung der Berechnungsgrundlage der Vergütung des vorläufigen Insolvenzverwalters unverändert fortbesteht**. In Folge der Klarstellung des Gesetzgebers ist weiter festzustellen, dass Verfahren, die **vor Inkrafttreten der Einfügung in § 63 Abs. 3 InsO bzw. der Änderungen in § 11 InsVV** eingeleitet wurden, gleichermaßen zu beurteilen sind, wie nach Inkrafttreten der vorgenannten Änderungen (so auch *Graeber* NZI 2013, 836). Eine andere Beurteilung würde auch zu einer absoluten **Ungleichbehandlung der Vergütung** vorläufiger Insolvenzverwalter für Verfahren, die vor und die nach Inkrafttreten des § 63 Abs. 3 InsO eingeleitet wurden, allein dadurch führen, dass der BGH in einigen Beschlüssen Auffassungen vertreten hat, die seiner früheren Einschätzung im Zusammenhang mit der Einbeziehung der Aus- und Absonderungsrechte in die Berechnungsgrundlage der Vergütung des vorläufigen Insolvenzverwalters widerspricht (s. *BGH* ZInsO 2006, 337). Denn die Änderung des § 11 InsVV im Jahre 2006 erfolgte gerade unter Berücksichtigung der Rechtsprechung des BGH. Insoweit hat der BGH in seiner damaligen Entscheidung

keinen Zweifel an der Ermächtigungsgrundlage in diesem Zusammenhang geäußert. Daher konnten und können die vorläufigen Insolvenzverwalter, die in Verfahren tätig sind, die vor Inkrafttreten der Neuregelung des § 63 Abs. 3 InsO n.F. bereits beauftragt waren, sich auf einen »**Vertrauensschutz**« hinsichtlich dieser Rechtslage berufen. Die Beschlüsse des *BGH* (NZI 2013, 29; NZI 2013, 183; ZInsO 2013, 815; ZIP 2013, 30) sind im Übrigen für andere Verfahren **nicht bindend** (so auch *Graeber* InsbürO 2013, 169). Der Gesetz-/Verordnungsgeber beabsichtigte die Änderungen in Zusammenhang mit der Vergütung des vorläufigen Insolvenzverwalters unmittelbar nach Verabschiedung des Gesetzes zum 19.07.2013 in Kraft zu setzen, entgegen den sonstigen Regelungen des Gesetzes zur Verkürzung des Restschuldbefreiungsverfahrens und zur Stärkung der Gläubigerrechte, die überwiegend zum 01.07.2014 Inkrafttreten. Mit Blick auf die Entscheidungen des BGH, die bereits ausführlich erörtert wurden, wollte der Gesetz-/Verordnungsgeber eine zügige gesetzliche Klarstellung des gesetzgeberischen Willens umsetzen. Im Rahmen dieses Umsetzungsverfahrens bzw. der gesetzlichen Ausgestaltung des Inkrafttretens sind allerdings Unklarheiten aufgetreten, die als **Redaktionsversehen** einzustufen sind. In Art. 6 des Gesetzes zur Verkürzung des Restschuldbefreiungsverfahrens und zur Stärkung der Gläubigerrechte wurde wiederum ein Art. 103h als Überleitungsvorschrift in das EGInsO eingebracht, wonach § 63 Abs. 3 und § 65 n.F. der Insolvenzordnung grds. ab Verfahren, die ab dem 19.07.2013 beantragt wurden, anzuwenden sind.

Allerdings hat der Gesetzgeber in Art. 9 des Gesetzes zur Verkürzung des Restschuldbefreiungsverfahrens und zur Stärkung der Gläubigerechte es verabsäumt festzuhalten, dass Art. 6 Nr. 2., nämlich die Einfügung des Art. 103h in das Einführungsgesetz zur Insolvenzordnung ebenfalls unmittelbar nach Inkrafttreten des Gesetzes, d.h. mit Wirkung zum 19.07.2013 in Kraft tritt. Damit ergibt sich – formell gedacht –, dass Art. 103h des Einführungsgesetzes zur Insolvenzordnung erst am 01.07.2014 in Kraft tritt und insoweit wiederum »rückwirkend« die §§ 63 Abs. 3 und 65 n.F. der Insolvenzordnung ab dem 19.07.2013 Inkrafttreten bzw. erst dann für Verfahren, die ab dem 19.07.2013 beantragt werden, angewendet werden können. Praktisch gesehen könnten dann in der Zeit bis zum 01.07.2014 für die vorgenannten Verfahren gar keine Anträge wirksam gestellt werden. Allerdings ist dies als ein **Redaktionsversehen** des Gesetzgebers einzustufen. Aus den Formulierungen der einzelnen Gesetze sowie insbesondere auch der Begründung des Rechtsausschusses ergibt sich eindeutig, dass der Gesetzgeber klarstellen wollte, dass die bisherige – und vom BGH zu Unrecht angegriffene – Rechtslage unverändert und ohne Einschränkung fortgelten soll. Aufgrund dieser Bestätigung des Gesetzgebers hinsichtlich der in § 11 Abs. 1 Satz 4 InsVV a.F. gegebenen Rechtslage und der Neufassung des § 11 Abs. 1 Satz 2 InsVV n.F., ist es sachgerecht und angemessen, die bisherigen Regelungen – ungeachtet der Problematik des Inkrafttretens der Neuregelungen – durchgängig auf Verfahren, die vor dem 19.07.2013 wie auch für Verfahren, die ab dem 19.07.2013 beantragt wurden, anzuwenden (so auch *Graeber* NZI 2013, 836; *Schmerbach* InsbürO 2013, 255).

Sollte ein Insolvenzgericht allerdings der Auffassung des BGH folgen und Verfahren, die vor Inkrafttreten des »neuen« § 63 Abs. 3 InsO bereits eingeleitet wurden, vertreten wollen, ist ein **Ausgleich der Mindervergütung durch entsprechende Zuschläge** in vergleichbarer Höhe vorzunehmen (s. hierzu *Hentrich* InsbürO 2013, 128). Diese Auffassung ist nur die konsequente Anwendung der Entscheidung des *BGH* vom 15.11.2012 (NZI 2013, 29). Dort wird bereits ausgeführt, dass die Herabsetzung der Berechnungsgrundlage durch einen Zuschlag kompensiert werden kann, der dazu führt, dass die Vergütung je nach Fall durchaus so hoch festgesetzt werden kann, dass sich die absolute Höhe der Vergütung nicht oder kaum verändert. Ein solcher Zuschlag kann bzw. muss durchaus **untypische Höhen** in solchen Verfahren erreichen, in denen Sicherungsgut den ganz wesentlichen Teil des schuldnerischen Vermögens ausmacht (vgl. auch die Anm. von *Stoffler* NZI 2016, 888 f.). *Stoffler* führt in der vorgenannten Anmerkung richtigerweise aus, dass eine nur eindimensionale Anwendung der Rechtsprechung des BGH bezogen auf die Berechnungsgrundlage in solchen Verfahren i.d.R. zu einer **nicht verfassungsgemäßen** Vergütungshöhe führen würde. Insoweit ist zur Ermittlung einer verfassungsgemäßen Vergütung daher ein harmonischer Zweiklang zu finden zwischen der Reduzierung der Berechnungsgrundlage bezüglich der mit Aus- und Absonderungsrechten behafteten Gegenstände einerseits und einer angemessenen Kompensation durch einen Zuschlag gem. §§ 10, 3 Abs. 1 lit. a) InsVV andererseits (so auch *Stoffler* NZI 2016, 888 f.).

Daher ist für Verfahren vor Inkrafttreten des § 63 Abs. 3 InsO eine Gleichbehandlung im Rahmen der Ermittlung der Vergütung unter Berücksichtigung der Einbeziehung von Gegenständen, die mit Aus- und Absonderungsrechten belastet sind und der vorläufige Insolvenzverwalter sich erheblich mit ihnen befasst hat, angemessen und sachgerecht.

Seitens der (vorläufigen) Insolvenzverwalter, die vor Inkrafttreten des § 63 Abs. 3 InsO bestellt wurden, ist im Rahmen der Stellung von Vergütungsanträgen bezogen auf die Vergütung des vorläufigen Insolvenzverwalters anzuraten, den Vergütungsantrag in dem Bereich der Einbeziehung von Aus- und Absonderungsrechten, soweit sie sich erheblich damit befasst haben, auf die ausdrücklichen Feststellungen des Rechtsausschusses im Rahmen der Einfügung des § 63 Abs. 3InsO zu stützen (*Schmerbach* InsbürO 2013, 255). Im Übrigen ist bei Vergütungsbeschlüssen, die dennoch die Rechtsprechung des BGH zu diesem Thema anwenden, die Überprüfung in der **Rechtsmittelinstanz** erwägenswert.

In den nachfolgenden Kommentierungen (Rdn. 27 ff.) im Zusammenhang mit der Berechnung der Vergütung des vorläufigen Insolvenzverwalters, soweit Gegenstände zu berücksichtigen sind, die mit Aus- bzw. Absonderungsrechten belastet sind, wird davon ausgegangen, dass insoweit die oben genannten Entscheidungen des *BGH* (NZI 2013, 29; NZI 2013, 183; ZInsO 2013, 630; ZInsO 2013, 515) **keine Auswirkungen** auf die sonstigen, nicht entschiedenen Verfahren haben und daher nicht allgemein **zu berücksichtigen** sind (ebenso *Graeber* InsbürO 2013, 169; *Schmerbach* InsbürO 2013, 255).

Da der Gesetzgeber durch die Einfügung des § 63 Abs. 3 InsO und der Schaffung einer Ermächtigungsgrundlage für die Vergütung des vorläufigen Insolvenzverwalters in § 65 InsO manifestierte (so auch *Keller* NZI 2014, 833), die **bisherige Rechtslage, die in § 11 InsVV** geregelt war, fortführen zu wollen, hat sich an der **praktischen Berechnung** der Vergütung des vorläufigen Insolvenzverwalters keine Änderung ergeben. Daher kann auf die **bislang erarbeiteten Grundsätze der Berechnung der Vergütung des vorläufigen Insolvenzverwalters** soweit Gegenstände betroffen sind, die mit Aus- und Absonderungsrechten belastet sind, zurückgegriffen werden (a.A. *LG Frankfurt/M.* Beschl. v. 03.07.2014 – 2-09 T 271/14, NZI 2014, 882).

25 Die Auffassung des *BGH* (Beschl. v. 14.07.2016 – IX ZB 46/14, ZInsO 2016, 1653), dass in Insolvenzverfahren, die vor dem 19.07.2013 beantragt worden sind, für die Vergütung des vorläufigen Insolvenzverwalters das bis dahin geltende alte Recht in der Ausprägung der Rechtsprechung durch den *BGH* (NZI 2013, 29; NZI 2013, 183; ZInsO 2013, 815; ZIP 2013, 30) anzuwenden ist, ist aus den vorstehend dargelegten Erwägungen abzulehnen. Es bleibt bei dem Ergebnis, dass die Vergütung des vorläufigen Insolvenzverwalters in Verfahren, die vor dem 19.07.2013 beantragt wurden, genauso zu berechnen ist, wie in den »Neuverfahren« (so auch *Prasser* InsbürO 2017, 14).

26 Nachfolgende Gegenüberstellung der Änderungen des § 11 InsVV und des § 63 InsO verdeutlicht die Phasen der Gesetzesänderungen:

Gegenüberstellung der Änderungen des § 11 InsVV

bis 18.07.2013	ab 19.07.2013
(1) Die Tätigkeit des vorläufigen Insolvenzverwalters wird besonders vergütet. Er erhält in der Regel 25 vom Hundert der Vergütung nach § 2 Abs. 1 bezogen auf das Vermögen, auf das sich seine Tätigkeit während des Eröffnungsverfahrens erstreckt. Maßgebend für die Wertermittlung ist der Zeitpunkt der Beendigung der vorläufigen Verwaltung oder der Zeitpunkt, ab dem der Gegenstand nicht mehr der vorläufigen Verwaltung unterliegt. Vermögensgegenstände, an denen bei Verfahrenseröffnung Aus- oder	(1) Für die Berechnung der Vergütung des vorläufigen Insolvenzverwalters ist das Vermögen zugrunde zu legen, auf das sich seine Tätigkeit während des Eröffnungsverfahrens erstreckt. Vermögensgegenstände, an denen bei Verfahrenseröffnung Aus- oder Absonderungsrechte bestehen, werden dem Vermögen nach Satz 1 hinzugerechnet, sofern sich der vorläufige Insolvenzverwalter in erheblichem Umfang mit ihnen befasst. Sie bleiben unberücksichtigt, sofern der

Absonderungsrechte bestehen, werden dem Vermögen nach Satz 2 hinzugerechnet, sofern sich der vorläufige Insolvenzverwalter in erheblichem Umfang mit ihnen befasst. Eine Berücksichtigung erfolgt nicht, sofern der Schuldner die Gegenstände lediglich aufgrund eines Besitzüberlassungsvertrages in Besitz hat.

(2) Wird die Festsetzung der Vergütung beantragt, bevor die von Absatz 1 Satz 2 erfassten Gegenstände veräußert wurden, ist das Insolvenzgericht spätestens mit Vorlage der Schlussrechnung auf eine Abweichung des tatsächlichen Werts von dem der Vergütung zugrunde liegenden Wert hinzuweisen, sofern die Wertdifferenz 20 vom Hundert bezogen auf die Gesamtheit dieser Gegenstände übersteigt.

Bei einer solchen Wertdifferenz kann das Gericht den Beschluss bis zur Rechtskraft der Entscheidung über die Vergütung des Insolvenzverwalters ändern.

(3) Art, Dauer und der Umfang der Tätigkeit des vorläufigen Insolvenzverwalters sind bei der Festsetzung der Vergütung zu berücksichtigen.

(4) Hat das Insolvenzgericht den vorläufigen Insolvenzverwalter als Sachverständigen beauftragt zu prüfen, ob ein Eröffnungsgrund vorliegt und welche Aussichten für eine Fortführung des Unternehmens des Schuldners bestehen, so erhält er gesondert eine Vergütung nach dem Justizvergütungs- und -entschädigungsgesetz.

Schuldner die Gegenstände lediglich auf Grund eines Besitzüberlassungsvertrages in Besitz hat.

(2) Wird die Festsetzung der Vergütung beantragt, bevor die von Absatz 1 Satz 1 erfassten Gegenstände veräußert wurden, ist das Insolvenzgericht spätestens mit Vorlage der Schlussrechnung auf eine Abweichung des tatsächlichen Werts von dem der Vergütung zugrunde liegenden Wert hinzuweisen, sofern die Wertdifferenz 20 vom Hundert bezogen auf die Gesamtheit dieser Gegenstände übersteigt.

(3) Art, Dauer und der Umfang der Tätigkeit des vorläufigen Insolvenzverwalters sind bei der Festsetzung der Vergütung zu berücksichtigen.

(4) Hat das Insolvenzgericht den vorläufigen Insolvenzverwalter als Sachverständigen beauftragt zu prüfen, ob ein Eröffnungsgrund vorliegt und welche Aussichten für eine Fortführung des Unternehmens des Schuldners bestehen, so erhält er gesondert eine Vergütung nach dem Justizvergütungs- und -entschädigungsgesetz.

Gegenüberstellung der Änderungen des § 63 InsO

bis 18.07.2013

(1) Der Insolvenzverwalter hat Anspruch auf Vergütung für seine Geschäftsführung und auf Erstattung angemessener Auslagen. Der Regelsatz der Vergütung wird nach dem Wert der Insolvenzmasse zur Zeit der Beendigung des Insolvenzverfahrens berechnet. Dem Umfang und der Schwierigkeit der Geschäftsführung des Verwalters wird durch Abweichungen vom Regelsatz Rechnung getragen.

(2) Sind die Kosten des Verfahrens nach § 4a gestundet, steht dem Insolvenzverwalter für seine Vergütung und seine Auslagen ein Anspruch gegen die Staatskasse zu, soweit die Insolvenzmasse dafür nicht ausreicht.

ab 19.07.2013

(1) Der Insolvenzverwalter hat Anspruch auf Vergütung für seine Geschäftsführung und auf Erstattung angemessener Auslagen. Der Regelsatz der Vergütung wird nach dem Wert der Insolvenzmasse zur Zeit der Beendigung des Insolvenzverfahrens berechnet. Dem Umfang und der Schwierigkeit der Geschäftsführung des Verwalters wird durch Abweichungen vom Regelsatz Rechnung getragen.

(2) Sind die Kosten des Verfahrens nach § 4a gestundet, steht dem Insolvenzverwalter für seine Vergütung und seine Auslagen ein Anspruch gegen die Staatskasse zu, soweit die Insolvenzmasse dafür nicht ausreicht.

(3) Die Tätigkeit des vorläufigen Insolvenzverwalters wird gesondert vergütet. Er erhält in der

Regel 25 Prozent der Vergütung des Insolvenzverwalters bezogen auf das Vermögen, auf das sich seine Tätigkeit während des Eröffnungsverfahrens erstreckt. Maßgebend für die Wertermittlung ist der Zeitpunkt der Beendigung der vorläufigen Verwaltung oder der Zeitpunkt, ab dem der Gegenstand nicht mehr der vorläufigen Verwaltung unterliegt. Beträgt die Differenz des tatsächlichen Werts der Berechnungsgrundlage der Vergütung zu dem der Vergütung zugrunde gelegten Wert mehr als 20 Prozent, so kann das Gericht den Beschluss über die Vergütung des vorläufigen Insolvenzverwalters bis zur Rechtskraft der Entscheidung über die Vergütung des Insolvenzverwalters ändern.

I. Berechnungsgrundlage (§ 11 Abs. 1 InsVV i.V.m. §§ 10, 1 InsVV)

27 Entsprechend der Regelung des § 63 Abs. 3 InsO beträgt die Vergütung des vorläufigen Insolvenzverwalters 25 % **der Regelvergütung** des Insolvenzverwalters. Die **Regelvergütung** des Insolvenzverwalters ergibt sich daher aus der **Staffelvergütung** des § 2 InsVV, die wiederum auf der Basis der Berechnungsgrundlage des § 1 InsVV ermittelt wird. Da bei **Beendigung der Tätigkeit** des vorläufigen Insolvenzverwalters eine **Schlussrechnung** gem. § 66 InsO **nicht** erstellt wird und folglich auch eine Teilungsmasse nicht vorhanden ist, ist die **Berechnungsgrundlage** des § 1 InsVV im Bereich des vorläufigen Insolvenzverwalters anderweitig zu ermitteln. **Grundlage der Ermittlung der Vergütung** des vorläufigen Insolvenzverwalters ist das vom vorläufigen Insolvenzverwalter **gesicherte** und **verwaltete Vermögen** zum Zeitpunkt der **Beendigung** seiner Tätigkeit oder der Zeitpunkt, ab dem der Gegenstand nicht mehr der vorläufigen Verwaltung unterliegt (vgl. *OLG Köln* NZI 2000, 585; *OLG Zweibrücken* ZIP 2000, 1386; *OLG Jena* NZI 2000, 533; MüKo-InsO/*Stephan* Anh. zu § 65, § 11 InsVV Rn. 28). Nach der Begründung des Verordnungsgebers zur Änderung zum 21.12.2006 ist bei der Bewertung vom »**klassischen**« **Vermögensbegriff** auszugehen. Ausgehend von diesem Vermögensbegriff wird damit die Gesamtheit der einer Person zustehenden Güter und Rechte vom wirtschaftlichen Wert verstanden (MüKo-InsO/*Stephan* Anh. nach § 65, § 11 InsVV Rn. 28). Insbesondere ist in diesem Bereich das Eigentum an Grundstücken und beweglichen Gegenständen, Forderungen (vgl. hierzu *BGH* NZI 2005, 557: Es sind sämtliche Forderungen des Schuldners gegen Dritte ungeachtet einer entfalteten Tätigkeit des vorläufigen Insolvenzverwalters einzubeziehen, soweit Rechte Dritter nicht ersichtlich sind.) und sonstige Rechte, wie etwa Urheberrechte oder Patente zu nennen. Der Verordnungsgeber geht ausdrücklich von der Maßgeblichkeit des Aktivvermögens aus, sodass Verbindlichkeiten nicht zu berücksichtigen sind. Es kann daher **nicht starr** auf die »Schlussrechnung« des vorläufigen Insolvenzverwalters bei Beendigung seiner Tätigkeit abgestellt werden, da das Tätigkeitsbild des Verwalters im eröffneten Verfahren sich erheblich von dem des vorläufigen Insolvenzverwalters unterscheidet. Die **Schlussrechnung im eröffneten Insolvenzverfahren** beinhaltet die **tatsächlich** verwalteten Vermögensgegenstände, auf die sich dann auch die Vergütung des (endgültigen) Verwalters bezieht. Darüber hinaus steht bei **Abschluss** eines **Insolvenzverfahrens** fest, welche Gegenstände ausgesondert, welche Abfindungsbeträge an Absonderungsberechtigte bezahlt wurden und welche Erlösanteile zur Befriedigung der absonderungsberechtigten Gläubiger aufzuwenden waren. Auch die Kostenbeiträge der am Verfahren beteiligten Sonderrechtsgläubiger sind genau feststellbar. Dementsprechend kann aus der ordnungsgemäßen **Schlussrechnung des Insolvenzverwalters exakt** die vorhandene Insolvenzmasse gem. § 35 InsO als Grundlage für die Vergütungsberechnung ermittelt werden (BK-InsO/*Blersch* InsVV, § 11 Rn. 7). **Demgegenüber** besitzt und verwaltet **der vorläufige Insolvenzverwalter** eine **völlig anders zusammengesetzte Vermögensmasse** als diejenige des § 35 InsO. Der vorläufige Insolvenzverwalter

erhält keine Kostenbeiträge gem. § 171 InsO und es gibt regelmäßig keinen Neuerwerb wie im eröffneten Verfahren. Demgegenüber hat der vorläufige Verwalter Gegenstände im Besitz, die unter Umständen nicht im Eigentum des Schuldners stehen oder mit Rechten Dritter belastet sind. Darüber hinaus sind im vorläufigen Verfahren insbesondere die Rechte Dritter an einzelnen Gegenständen der Vermögensmasse nicht abschließend geklärt, wohingegen bei Abschluss des Insolvenzverfahrens, d.h. bei der Schlussrechnungslegung die endgültige Insolvenzmasse feststeht. Dementsprechend ist insbesondere § 1 **Abs. 2 InsVV nur in eingeschränktem Umfange** auf die Vergütung des vorläufigen Insolvenzverwalters anwendbar und bedarf der Anpassung in der Anwendung aus dem Blickwinkel der **besonderen Verfahrenssituation** im vorläufigen Insolvenzverfahren (vgl. hierzu i.E. BK-InsO/*Blersch* InsVV, § 11 Rn. 10 ff.). Ausgehend von dieser abweichenden Situation des vorläufigen Verwalters von der des endgültigen Verwalters ist die **Berechnungsgrundlage** für die Vergütung des vorläufigen Insolvenzverwalters das **tatsächlich bearbeitete** und bis zum Zeitpunkt der Verfahrenseröffnung **verwaltete Aktivvermögen** (vgl. hierzu BK-InsO/*Blersch* InsVV, § 11 Rn. 19). In der Neufassung des § 11 Abs. 1 Satz 3 InsVV wurde vom Verordnungsgeber klargestellt, dass sich die Berechnungsgrundlage für die Vergütung auf das **gesamte während des Verlaufs** der vorläufigen Insolvenzverwaltung **vorhandene Schuldnervermögen** erstreckt. Damit werden auch diejenigen **Gegenstände einbezogen**, die während des Eröffnungsverfahrens der vorläufigen Insolvenzverwaltung unterlagen, auch wenn sie bei **Abschluss** der vorläufigen Insolvenzverwaltertätigkeit **nicht mehr** vorhanden waren, wie beispielsweise im Falle der Veräußerung durch den Schuldner mit Zustimmung des vorläufigen Verwalters oder im Falle einer Herausgabe an (spätere) Aussonderungsberechtigte (vgl. MüKo-InsO/*Stephan* Anh. zu § 65, § 11 InsVV Rn. 28; *Graeber* ZInsO 2007, 133). In diesen Fällen ist aber eine Doppelberücksichtigung dadurch zu vermeiden, dass ggf. entweder nur der angefallene Veräußerungserlös oder der veräußerte Gegenstand in Ansatz gebracht werden.

Bestandteil der zu Grunde zu legenden Vermögensmasse und damit in die Berechnungsgrundlage einzurechnen sind **auch** diejenigen Gegenstände, die mit **Aus- und Absonderungsrechten** belastet sind, unter der Voraussetzung, dass der vorläufige Insolvenzverwalter bezogen auf die jeweils belasteten Gegenstände zumindest eine **erhebliche Verwaltungstätigkeit** entfaltet hat. Bis zur Änderung der InsVV vom 21.12.2006 wurde überwiegend davon ausgegangen, dass eine Einbeziehung von Gegenständen, die mit Aus- und Absonderungsbelastet sind, dann vorzunehmen ist, wenn der vorläufige Insolvenzverwalter zumindest »nennenswerte« Verwaltungstätigkeit entwickelt hat (vgl. zur Rechtslage bis zur Änderung vom 21.12.2006: *BGH* ZInsO 2001, 165 [168]; MüKo-InsO/*Stephan* Anh. zu § 65, § 11 InsVV Rn. 10; **a.A.** *AG Krefeld* ZInsO 2001, 506 m. abl. Anm. *Förster* ZInsO 2001, 507). Der *BGH* hat mit Beschluss vom 14.12.2005 (ZIP 2006, 621) seine ursprüngliche Rechtsprechung aufgegeben und festgelegt, dass nunmehr für die Berechnung der Vergütung des vorläufigen Insolvenzverwalters ausschließlich **unbelastete** Vermögensgegenstände oder lediglich ein Überschuss aus dem Sachwert abzüglich Belastungen in Ansatz zu bringen seien. Eine eventuelle »Mehrarbeit« des vorläufigen Insolvenzverwalters aufgrund vorhandener Vermögensgegenstände, die mit Aus- und Absonderungsrechten belastet sind, sei nur noch mit Zuschlägen zu vergüten (*BGH* ZIP 2006, 621). Diese Auffassung des BGH, die zu völlig unangemessen niedrigen Vergütungsfestsetzungen bei Vorhandensein wesentlicher Vermögenswerte, die mit Aus- und Absonderungsrechten belastet sind, führt, hat der Verordnungsgeber die bereits erwähnte Änderung der Vergütungsverordnung vom 21.12.2006 vorgenommen und klargestellt, dass grundsätzlich alle Vermögenswerte mit in die Berechnungsgrundlage einzufließen haben, sofern mit denjenigen Gegenständen, die mit Aus- und Absonderungsrechten belastet sind, der vorläufige Insolvenzverwalter zumindest sich »**erheblich**« befasst hat. Ausgenommen wurden lediglich diejenigen Gegenstände, die der Schuldner aufgrund eines Besitzüberlassungsvertrages in Besitz hat. Mithin muss sich die **Tätigkeit** des vorläufigen Insolvenzverwalters auch auf die mit **Aus- und Absonderungsrechten belasteten Gegenstände erstreckt haben**. Ein **Mindestumfang** der vom vorläufigen Insolvenzverwalter zu erbringenden »**erheblichen Verwaltungstätigkeit**« (BK-InsO/*Blersch* InsVV, § 11 Rn. 25; *Haarmeyer/Mock* InsVV, § 11 Rn. 75) ist in einer Inanspruchnahme des vorläufigen Insolvenzverwalters durch diese Vermögensgegenstände bzw. Rechte, die über das gewöhnliche Maß hinausgeht (BK-InsO/*Blersch* InsVV, § 11 Rn. 25), zu sehen. Entscheidend ist dabei der über das gewöhnliche

28

Maß hinausgehende tatsächlich gestiegene Arbeitsaufwand des vorläufigen Insolvenzverwalters. Bei der Beurteilung ist nicht auf formale Kriterien wie beispielsweise den Anteil der Fremdrechte am verwalteten Vermögen oder an der Anzahl der Sicherungsgläubiger abzustellen, doch können diese Kennzahlen Hinweise für einen erhöhten Arbeitsaufwand des vorläufigen Insolvenzverwalters darstellen (*BGH* ZIP 2006, 2134). Die bis zur Änderung vom 21.12.2006 geltenden Maßstäbe einer bloß nennenswerten Befassung genügen nicht mehr, sodass eine bloße Inbesitznahme einzelner Vermögensgegenstände oder Prüfung der an diesen Gegenständen bestehenden Rechte für eine **erhebliche** Befassung nicht mehr ausreichend (BK-InsO/*Blersch* InsVV, § 11 Rn. 26) ist. Hinzukommen müssen über den einfachen Normalfall hinausgehende weitere Aktivitäten des vorläufigen Insolvenzverwalters zur Aufklärung der besonderen Aus- und Absonderungsrechte oder umfangreiche bzw. schwierige Recherchen diesbezüglich. Soweit der vorläufige Insolvenzverwalter sich mit den Vermögensgegenständen, die mit Aus- und Absonderungsrechten belastet sind, lediglich in **nennenswerter** Weise beschäftigt, sind solche Tätigkeiten allenfalls noch im Rahmen von Zuschlägen berücksichtigungsfähig (*Haarmeyer/Wutzke/Förster* InsVV, 4. Aufl., § 11 Rn. 53; **a.A.** *BGH* NZI 2007, 33 m. abl. Anm. *Prasser*; s. i.E. zum Streitstand Rdn. 63 f.). Diese Gegenstände werden allerdings in die zu Grunde zu legende Berechnungsgrundlage nicht mehr einbezogen.

29 Dementsprechend kommt es bei der Beurteilung welche Vermögensgegenstände, die der vorläufige Insolvenzverwalter »verwaltet« hat, in die Berechnungsgrundlage einbezogen werden – soweit sie mit Drittrechten belastet sind – darauf an, inwieweit die Tätigkeit des vorläufigen Insolvenzverwalters bezogen auf diese Gegenstände als »**erheblich**« zu bewerten ist. Da nach der Rechtslage vor der Änderung der InsVV zum 21.12.2006 bereits in größerem Umfange in Literatur und Rechtsprechung Abgrenzungskriterien zur »**erheblichen**« Befassung und zur »**nennenswerten**« Befassung entwickelt wurden und mit diesen bei der »**erheblichen**« Befassung Zuschläge zur Vergütung begründet wurden, kann grundsätzlich auf diese Kriterien zurückgegriffen werden (vgl. hierzu *BGH* ZInsO 2005, 1159; 2003, 790; 2006, 1739; ZIP 2006, 2134; *LG Wuppertal* ZInsO 2006, 205; *LG München I* ZIP 2006, 197; *Haarmeyer/Förster* ZInsO 2001, 215).

30 Daher kann in den einzelnen **Tätigkeitsfeldern** des vorläufigen Insolvenzverwalters folgender **Mindestumfang** als **erhebliche** Tätigkeit angesehen werden:

Im Bereich der **Immobilien** ist die grundbuchmäßige Erfassung und Mitteilung der Grundbuchdaten an das Insolvenzgericht lediglich als nennenswerte Tätigkeit anzusehen (*BGH* ZIP 2006, 1403; NZI 2007, 40). Es ist allerdings von einer **Erheblichkeit** dann auszugehen, wenn der **Immobilienbesitz aufwändig ermittelt** werden muss; der Insolvenzverwalter mit dem Eigentümer oder Vermieter **intensive Verhandlungen** über die weitere Nutzung der Immobilie führen muss (*LG Bamberg* ZInsO 2005, 477). Eine erhebliche Befassung ist auch dann anzunehmen, wenn größerer Immobilienbesitz in **räumlich größeren Distanzen** gegeben ist oder wenn der vorläufige Insolvenzverwalter die Immobilie (weiterhin) **vermietet** oder **verpachtet** und die **Mietzinsen einzieht** (*Haarmeyer* ZInsO 2007, 73). Als **erheblich** können auch **intensive Sicherungsmaßnahmen,** ein großer Bestand an Mietverträgen, Maßnahmen im Umweltbereich (*LG Cottbus* ZInsO 2009, 2114 mit weiteren Beispielen erheblicher Befassung) des vorläufigen Insolvenzverwalters angesehen werden. In Betracht kommt auch die Sicherung einsturzgefährdeter Gebäude oder zusätzliche Einbruchssicherungsmaßnahmen, beispielsweise durch Einbau einer Alarmanlage oder die Beauftragung eines Wachdienstes. **Verhandlungen** mit dem Eigentümer einer Immobilie, die vom Unternehmen des Schuldners genutzt wird, über die **Fortführung eines Nutzungsverhältnisses** oder insbesondere über eine weitergehende **unentgeltliche Überlassung** im Rahmen der **kapitalersetzenden Nutzungsüberlassung** sind als erheblich anzusehen (*BGH* ZInsO 2006, 929).

31 Hinsichtlich der **beweglichen Gegenstände** hat der vorläufige Insolvenzverwalter über die Herstellung eines mittelbaren oder unmittelbaren Besitzes oder die reine Erfassung des Debitorenbestandes oder lediglich die Prüfung eventueller Fremdrechte hinaus für die Erfüllung des Kriteriums Erheblichkeit weitere Maßnahmen zu ergreifen. Die Grenzen zur **Erheblichkeit** dürften dann erreicht sein, wenn der vorläufige Insolvenzverwalter mit entsprechender Ermächtigung des Gerichts mit **Fremdrechten belastete Forderungen einzieht** oder durch **gerichtliche Maßnahmen** den (späteren) Zufluss

an die Insolvenzmasse sicherstellt (BK-InsO/*Blersch* InsVV, § 11 Rn. 26). Die Erheblichkeitsgrenze dürfte auch dann überschritten sein, wenn hinsichtlich der Sicherstellung oder Inbesitznahme von Forderungen oder Gegenständen umfangreiche **Ermittlungen** im **Ausland** erforderlich sind oder ein sicherungsübereignetes Warenlager gegen **Übergriffe des Vermieters** oder auch des **Sicherungseigentümers** zu schützen ist (BK-InsO/*Blersch* InsVV, § 11 Rn. 26). Ist der vorläufige Insolvenzverwalter gezwungen, **umfangreiche** und **zeitintensive Verhandlungen** mit Sicherungsgläubigern zu führen, um Regelungen über die **Verwendung** oder **Verwertung des Sicherungsgutes** herbeizuführen. In Betracht kommen als erhebliche Befassung auch Verhandlungen mit Lieferanten über die Verwendung im Warenlager befindlichen Aussonderungsgutes, Einholung von **Zustimmungen** der Lieferanten, Vereinbarungen über **Zahlungsmodalitäten**, Erfassung und **Bewertung des Lagers** (*Kübler/Prütting/Bork-Eickmann/Prasser/Stoffler* § 11 InsVV Rn. 47), **Inventarisierung**. Kann der vorläufige Verwalter den über das normale Maß hinausgehenden Arbeitsaufwand darlegen, ist ebenfalls von einer **Erheblichkeit** auszugehen (ausführlich *LG Cottbus* ZInsO 2009, 2114).

In all diesen Fällen sind, sofern der vorläufige Insolvenzverwalter das über das normale Maß hinausgehende **erhebliche Tätigwerden** darlegen und nachweisen kann, die entsprechenden Vermögenswerte in die Berechnungsgrundlage einzubeziehen. Soweit der vorläufige Insolvenzverwalter bezogen auf mit Aus- und Absonderungsrechten belastete Gegenstände Tätigkeit entfaltet, die allerdings nicht die Grenze zur Erheblichkeit überschreitet, insbesondere bei Inbesitznahme, Sicherstellung, Überprüfung des Versicherungsschutzes, ist eine sog. »Basissicherung« vorgenommen, so ist regelmäßig von einer lediglich nennenswerten Tätigkeit auszugehen, die den Ausschluss dieser Gegenstände in die Berechnungsgrundlage zur Folge hat. Allerdings ist diese »**nennenswerte Tätigkeit**« unter Berücksichtigung des verfassungsrechtlichen Gebotes einer angemessenen Vergütung durch einen **Vergütungszuschlag** auf den Regelbruchteil nach §§ 10, 3 Abs. 3 InsVV **grundsätzlich zu vergüten** (*Haarmeyer* ZInsO 2007, 75; *Graeber* ZInsO 2007, 135). Der Vergütungszuschlag darf aber **keine Mehrvergütung** darstellen, die über den Vergütungsmehrbetrag, der bei Einbeziehung des entsprechenden Gegenstandes in die Berechnungsgrundlage entstanden wäre, hinausgeht. Dementsprechend muss bei der Bemessung des Zuschlags eine **Vergleichsrechnung** angestellt werden (*Graeber* ZInsO 2007, 135). 32

Der Verordnungsgeber hat allerdings in der Neuregelung vom 21.12.2006 um Auswüchsen der Berechnungsgrundlage in der Vergangenheit, insbesondere durch Einbeziehung gemieteter Grundstücke und sonstiger Gegenstände entgegenzuwirken, § 11 Abs. 1 um Satz 5 erweitert, der eine Einbeziehung von Vermögensgegenständen in die Berechnungsgrundlage ausschließt, soweit der Schuldner diese Gegenstände ausschließlich aufgrund eines **Besitzüberlassungsvertrages** in Besitz hat. Die Begründung zur 2. ÄndVO InsVV (ZInsO 2007, 29) verweist hierzu insbesondere auf alle Gebrauchsüberlassungsverträge, wie insbesondere Pacht, Miete und Leihe. Nach Auffassung des Verordnungsgebers sollen hierunter auch die reinen **Verwahrungsverträge** fallen (2. ÄndVO zur InsVV, abgedr. vor § 1 InsVV Rdn. 3). Allgemein dürften unter den Begriff des Besitzüberlassungsvertrages diejenigen Rechtsbeziehungen zu subsumieren sein, bei denen ihrer Natur nach bezogen auf den entsprechenden Gegenstand es offensichtlich ist, dass dieser Gegenstand nicht zu einer zukünftigen Insolvenzmasse in einem eröffneten Verfahren gehören wird (BK-InsO/*Blersch* InsVV, § 11 Rn. 27). Insbesondere bei **Leasingverträgen** dürften sich Abgrenzungsschwierigkeiten ergeben, die allerdings danach zu lösen sind, inwieweit aufgrund der Vertragsgestaltung es zukünftig dem Schuldner ermöglicht sein soll, den Erwerb des geleasten Gegenstandes zu erreichen. Insbesondere in den Fällen, in denen dem Schuldner eine **Kaufoption** eingeräumt wird oder die Leasingraten wirtschaftlich zur **Finanzierung des Kaufpreises** dienen ist dies gegeben. In diesem Fall unterliegt der Gegenstand nicht einem die Einbeziehung ausschließenden Besitzüberlassungsvertrag. Auch im Falle einer **eigenkapitalersetzenden Nutzungsüberlassung** ist eine Einbeziehung, sofern eine erhebliche Befassung gegeben ist, in die Berechnungsgrundlage vorzunehmen, da das Institut der eigenkapitalersetzenden Nutzungsüberlassung gerade dazu ausgelegt ist, dass **wirtschaftlich** die Immobilie oder der Gegenstand der zukünftigen Insolvenzmasse zur Verfügung stehen soll, sodass der Gegenstand auch wirtschaftlich dem Vermögen des Insolvenzschuldners zuzurechnen ist (*Graeber* ZInsO 2007, 133; BK-InsO/*Blersch* InsVV, § 11 Rn. 27; **a.A.** *Vill* FS Fischer S. 547). 33

34 Einzubeziehen in die Berechnungsgrundlage sind alle – nicht mit Rechten Dritter belastete – **Forderungen** des Schuldners gegen Dritte ungeachtet einer Tätigkeit des vorläufigen Insolvenzverwalters (*BGH* NZI 2005, 557).

35 In die Berechnungsgrundlage gem. § 1 InsVV fließt auch die **Firma** und damit der **Firmenwert** ein. Die Firma ist gem. § 23 HGB mit dem Handelsgeschäft übertragbar und ist somit Massebestand in der Insolvenz. Da sie auch im Rahmen der Abwicklung des Insolvenzverfahrens verwertbar ist, ist der Firmenwert bei der »Ist-Masse« zu berücksichtigen (vgl. hierzu *BGH* ZIP 2004, 1555). **Nicht** in die Berechnungsgrundlage **einbezogen** werden soll der Wert der Gegenstände, die **vor** Antragstellung »abhandengekommen« sind. Dies soll auch dann gelten, wenn der vorläufige Verwalter diesbezüglich die Kriminalpolizei informiert und den Geschäftsführer zum weiteren Verbleib der Waren befragt hat (*AG Hamburg* ZInsO 2002, 221). Wenn auch die »abhanden gekommenen« Gegenstände sich nicht in der Verwaltung des vorläufigen Verwalters befanden und dementsprechend nicht zu berücksichtigen sind, besitzt doch der Schuldner und damit die Insolvenzmasse gegenüber den ggf. nicht bekannten »Entwendern« **Ansprüche ggf. aus Eigentumsrecht oder auf Schadenersatz**, sodass der »Wert« als solches vom Verwalter durch entsprechende Maßnahmen bearbeitet worden ist. Dementsprechend sind auch diese **Werte** mit einzubeziehen.

36 Nach Auffassung des BGH sind **künftige Ansprüche** zur Masseanreicherung, wie beispielsweise Ansprüche aus **Insolvenzanfechtung** oder auf **Rückgewähr kapitalersetzender Leistungen** nicht zu berücksichtigen (*BGH* ZInsO 2009, 495; ZIP 2010, 2107; ZIP 2004, 1653; NZI 2006, 581; **a.A.** *Blersch* Vergütungsrolle rückwärts contra legem!, ZIP 2006, 598). Der BGH begründet dies damit, dass diese Ansprüche erst **nach Verfahrenseröffnung** entstehen und damit zum Zeitpunkt der vorläufigen Insolvenzverwaltung noch nicht Bestandteil des Schuldnervermögens seien. Außerdem stehe bei der Beendigung des Eröffnungsverfahrens noch nicht fest, ob die betreffenden Ansprüche tatsächlich bestehen und in welcher Höhe. Daher könne das Insolvenzgericht, das den Vergütungsfestsetzungsantrag prüft, diese Ansprüche nicht feststellen (*BGH* ZInsO 2009, 495; ZIP 2010, 2107; ZIP 2004, 1653; NZI 2006, 581). Dem ist **entgegenzuhalten**, dass der Anfechtungsanspruch bereits mit Verwirklichung des Anfechtungstatbestandes entsteht und lediglich durch die Eröffnung des Insolvenzverfahrens aufschiebend bedingt ist (*Kübler/Prütting/Bork-Paulus* InsO, § 143 Rn. 6). Darüber hinaus ist zu berücksichtigen, dass der Anfechtungsanspruch oftmals gerade den einzigen werthaltigen Massegegenstand darstellt. Das Argument des BGH, dass dem vorläufigen Insolvenzverwalter ein Zuschlag zustehe, ist nicht durchgreifend, da gerade in den Fällen, in denen – außer dem Anfechtungsanspruch – keine Masse vorhanden ist, dem vorläufigen Verwalter lediglich die **Mindestvergütung** verbliebe. Die **Einbeziehung des Anfechtungsanspruchs** in die Berechnungsgrundlage ist auch dadurch **begründet**, dass oftmals gerade durch eigene Unterrichtungen der verschiedenen Gläubiger über den Insolvenzantrag er die Anfechtungsvoraussetzungen in einem später eröffneten Verfahren selbst geschaffen und daher zur Entstehung dieses Anspruchs wesentlich beigetragen hat (*Haarmeyer/Mock* InsVV, § 11 Rn. 84; BK-InsO/*Blersch* InsVV, § 11 Rn. 31; *Kübler/Prütting/Bork-Eickmann/Prasser/Stoffler* InsVV, § 11 Rn. 35 f.).

37 Auch die Ansprüche auf Rückzahlung **eigenkapitalersetzender Darlehen** (§§ 32a, 32b GmbHG a.F.; § 135 InsO n.F.) sind entgegen der Auffassung des *BGH* (ZIP 2010, 2107) in die Berechnungsgrundlage **einzubeziehen**. Zwar ist dem BGH zuzugeben, dass die Durchsetzbarkeit des Anspruchs an die Eröffnung der Insolvenz geknüpft ist, doch ändert dies nichts daran, dass der Anspruch auch bereits im vorläufigen Insolvenzverfahren Teil des Vermögens der Gesellschaft und damit auch aktivierungsfähig ist. Dies ist schon damit zu begründen, dass der Schutz des Eigenkapitals der Gesellschaft auch auf die §§ **30, 31 GmbHG** gestützt werden kann, die gerade nicht die Eröffnung eines Insolvenzverfahrens als Voraussetzung haben (*Haarmeyer/Mock* InsVV, § 11 Rn. 82; *Kübler/Prütting/Bork-Eickmann/Prasser/Stoffler* InsVV, § 11 Rn. 37; BK-InsO/*Blersch* InsVV, § 11 Rn. 31; *AG Göttingen* ZIP 2007, 37).

38 Der *BGH* (ZIP 2010, 2107) hat allerdings in Zusammenhang mit den **Ansprüchen** gegenüber dem Geschäftsführer aus § **64 GmbHG** ausdrücklich entschieden, dass diese Ansprüche **in die Berechnungsgrundlage für die Vergütung des vorläufigen Insolvenzverwalters einzubeziehen sind**. Nach

Auffassung des BGH greifen die Ansprüche gem. § 64 GmbHG auch im Falle der Nichteröffnung des Insolvenzverfahrens, sodass die Entstehung des Anspruches nicht von der Eröffnung des Insolvenzverfahrens oder der Abweisung mangels Masse abhängt, sondern ausschließlich von dem Vorliegen der materiell-rechtlichen Voraussetzungen.

Soweit der **Auffassung** gefolgt wird, dass Anfechtungsansprüche und Ansprüche i.V.m. Kapitalersatz **nicht** in die Berechnungsgrundlage einzubeziehen seien, ist in diesen Fällen **zumindest** ein **Zuschlag** gem. § 3 Abs. 1 InsVV zu gewähren, da der vorläufige Insolvenzverwalter sich in Zusammenhang mit den Ansprüchen aus Insolvenzanfechtung und auf Rückgewähr kapitalersetzender Darlehen ggf. umfangreich im vorläufigen Verfahren bereits befasst hat und möglicherweise die Eröffnung des Insolvenzverfahrens gerade auf Grund dieser erheblichen Tätigkeit erfolgen kann (*BGH* NZI 2006, 581, NZI 2006, 167; *LG Darmstadt* NZI 2009, 809). 39

Eine entsprechende Anwendung des § 1 Abs. 2 Nr. 1 InsVV ist bei dem vorläufigen Insolvenzverwalter **nicht** angemessen. Die Beschränkung auf zum einen lediglich mit Absonderungsrechten belastete Gegenstände und zum anderen nur auf einen Erhöhungsbetrag von 50 % der Feststellungskosten ist bezogen auf die Tätigkeit des vorläufigen Insolvenzverwalters nicht angemessen. § 1 Abs. 2 Nr. 1 InsVV bezieht sich nur auf die **typische Tätigkeit** des (endgültigen) Insolvenzverwalters, der im Wesentlichen hinsichtlich dieser Gegenstände **Verwertungsaufgaben** hat. Der **vorläufige Insolvenzverwalter** hat demgegenüber in diesem Bereich vollumfänglich **Sicherungs-** und damit auch **Verwaltungstätigkeiten** auszuüben, wobei davon auch die mit **Aussonderungsrechten** belasteten Gegenstände umfasst werden. 40

Die in die Berechnungsgrundlage einzubeziehenden Massegegenstände sind nach ihren **Verkehrswerten** (Bruttowerte inkl. USt) und **nicht** zu **Bilanzwerten** anzusetzen (*OLG Jena* ZIP 2000, 1839). Sofern bezogen auf einzelne Gegenstände für den Fall der **Zerschlagung** bzw. den Fall der **Fortführung** unterschiedliche Werte gegeben sind, hat der vorläufige Insolvenzverwalter in seinem Vergütungsantrag eine entsprechende Einschätzung, d.h. eine **Zukunftsprognose**, abzugeben, wobei **nachvollziehbare Anhaltspunkte** darzulegen sind (vgl. *OLG Zweibrücken* ZIP 2000, 1306; BK-InsO/*Blersch* InsVV, § 11 Rn. 31; *Haarmeyer/Mock* InsVV, § 11 Rn. 93 ff.). Setzt der vorläufige Insolvenzverwalter bei seinem Vergütungsantrag höhere Beträge an als diejenigen, die er in seinem Gutachten zur Insolvenzeröffnung festgestellt hat, so hat er dies im Einzelnen substantiiert darzulegen, denn bei der Bemessung der Vergütung des vorläufigen Insolvenzverwalters kann grundsätzlich nicht auf Umstände abgestellt werden, die sich nach Beendigung des Eröffnungsverfahrens ergeben haben. Die Tätigkeit des vorläufigen Insolvenzverwalters ist aus sich heraus selbst zu bewerten (*BGH* NZI 2007, 106). **Forderungen** des Schuldners gegen Dritte sind mit ihrem **voraussichtlichen Realisierungswert** und nicht mit dem Nominalbetrag in Ansatz zu bringen (*BGH* ZInsO 2010, 730; *LG Heilbronn* ZIP 2002, 719; *Keller* Vergütung Rn. 597). Auch **Forderungen,** denen eine **Gegenforderung** gegenübersteht, sind bei der Berechnung der Vergütung des vorläufigen Insolvenzverwalters zu berücksichtigen. Eine entsprechende Anwendung des § 1 Abs. 2 Nr. 3 InsVV, nachdem bei der Bestimmung der Insolvenzmasse lediglich der Überschuss berücksichtigt wird, der sich bei einer Verrechnung ergibt, scheidet regelmäßig aus, weil der vorläufige Insolvenzverwalter (anders als der endgültige Insolvenzverwalter) lediglich mit der Ermittlung, Erfassung und Sicherung des Forderungsbestandes befasst ist (vgl. *BGH* ZInsO 2001, 165; *LG Cottbus* ZInsO 2009, 2114). **Lebensversicherungen** sind mit ihrem **Rückkaufswert** anzusetzen (*LG Dresden* ZIP 2002, 1303). Insbesondere im Fall der **Rücknahme** des **Eigenantrages** kann auf die in Zusammenhang mit dem Antrag vom Schuldner gemachten Angaben zur Vornahme einer Schätzung zurückgegriffen werden (*LG Mannheim* ZIP 2001, 1600). Denkbar ist auch, im Falle der Rücknahme oder Erledigung des Eröffnungsantrages die **Verbindlichkeiten des Insolvenzschuldners** heranzuziehen, da in dieser Höhe ein Vermögen des Schuldners vorgelegen haben dürfte (*LG Berlin* ZIP 2003, 1512; *AG Göttingen* NZI 2002, 612). Die sich ggf. nach Stellung des Vergütungsantrages ergebenden Wertveränderungen (z.B. Eingang eines Sachverständigengutachtens) sind bis zur Rechtskraft des Festsetzungsbeschlusses zu berücksichtigen. Es kommt allerdings eine **Heraufsetzung** der Vergütung nur in Betracht, wenn dies 41 vom vorläufigen Insolvenzverwalter auch ergänzend **beantragt** wird (vgl. MüKo-InsO/*Nowak* 2. Aufl., Anh. zu § 65, § 11 InsVV Rn. 6).

42 Bei der Ermittlung der Berechnungsgrundlage gem. § 1 InsVV sind auch die Anrechnungsregeln des § 1 Abs. 2 InsVV grds. anzuwenden, soweit diese die Besonderheiten der Ermittlung der Berechnungsgrundlage für den vorläufigen Insolvenzverwalter berücksichtigen. Allerdings kann § 1 Abs. 2 Nr. 1 InsVV nicht zur Anwendung kommen kann, da es begrifflich im Eröffnungsverfahren noch keine Aus- oder Absonderungsrechte geben kann, sodass dem vorläufigen Insolvenzverwalter regelmäßig die Möglichkeit fehlt, die Voraussetzungen des § 1 Abs. 2 Nr. 1 InsVV zu erfüllen (s. Rdn. 40; BK-InsO/*Blersch* InsVV, § 11 Rn. 12).

II. Vergütungshöhe

1. Fiktive Verwaltervergütung

43 Auf Grund des Verweises in § 10 InsVV ergibt sich aus der Systematik der InsVV, dass der vorläufige Insolvenzverwalter entsprechend §§ 2, 3 InsVV eine »**Regelvergütung**« erhält, die mit **Zu- und Abschlägen** versehen werden kann, sofern die Voraussetzungen hierfür gegeben sind. In der nach Änderungsverordnung vom 04.10.2004 geltenden Fassung (abgedr. in *Lorenz/Klanke* InsVV, Anh. V.) bzw. der Regelung des § 63 Abs. 3 InsO, der am 19.07.2013 (BGBl. I 2013, S. 2379) in Kraft getreten ist (s. hierzu die Beschlussempfehlung des Rechtsausschusses abgedr. in *Lorenz/Klanke* InsVV Anh. VII.) erhält der vorläufige Insolvenzverwalter 25 % der Regelvergütung nach § 2 InsVV. Die Regelvergütung des vorläufigen Insolvenzverwalters beträgt gem. § 63 Abs. 3 InsO 25 % der Vergütung des Insolvenzverwalters gem. § 2 Abs. 1 InsVV. Folglich wird die fiktive Verwaltervergütung ausschließlich aus der Regelvergütung gem. § 2 Abs. 1 InsVV berechnet, allerdings auf der besonderen Berechnungsgrundlage des § 63 Abs. 3 InsO und des § 11 Abs. 1 InsVV (BK-InsO/ *Blersch* InsVV, § 11 Rn. 36). Die **Schwierigkeit und Bedeutung** der vorläufigen Insolvenzverwaltung sind dann ausschließlich aus dem Verfahren selbst heraus zu bewerten, sodass eine **Berücksichtigung** immer nur bei der **Festlegung des Bruchteils** der Vergütung zu erfolgen hat (*BGH* ZIP 2004, 518). Die Erschwernisse oder Erleichterungen des jeweiligen Verfahrens fließen nicht in die »fiktive« Verwaltervergütung ein, was nach der Rechtslage bis zur Neufassung vom 04.10.2004 des § 11 Abs. 1 Satz 2 InsVV umstritten war und durch die Neufassung eindeutig geklärt worden ist (vgl. *BGH* ZIP 2004, 518 m.w.N. zum Meinungsstand bezogen auf die alte Fassung des § 11 Abs. 1 Satz 2 InsVV).

2. Regelbruchteil

44 § 11 Abs. 1 Satz 3 InsVV bestimmte, sowohl in der »alten« Fassung als auch in der Neuregelung, dass bei der Festsetzung, d.h. bei der Berechnung des **Bruchteils Art, Dauer und Umfang der Tätigkeit** des vorläufigen Insolvenzverwalters zu berücksichtigen sind. In § 11 Abs. 1 Satz 2 InsVV, in der Fassung vor dem 04.10.2004 wurde noch bestimmt, dass der vorläufige Insolvenzverwalter **in der Regel** einen angemessenen Bruchteil der Vergütung des Insolvenzverwalters erhält. § 11 Abs. 1 Satz 2 InsVV a.F. bzw. nunmehr seit 19.07.2013 § 63 Abs. 3 InsO n.F. (BGBl. 2013, S. 2379, s. hierzu auch BT-Drucks. 17/13535 abgedr. in *Lorenz/Klanke* InsVV, Anh. VII.) legen fest, dass der vorläufige Insolvenzverwalter **in der Regel** 25 % der Vergütung gem. § 2 Abs. 1 InsVV bezogen auf das Vermögen, auf das sich seine Tätigkeit erstreckte, als Vergütung erhält. Da die Neufassung mit der Festlegung eines Regelbruchteils von 25 %, eine Übernahme der zwischenzeitlich gefestigten Rechtsprechung des BGH mit einem »Regelbruchteil« von 25 % darstellt, ist insgesamt für beide Anwendungsbereiche (Altfälle bzw. Neufälle) von einem »**Regelbruchteil**« **von 25 %** auszugehen. Der Verordnungsgeber hat aber weder im Bereich der ursprünglichen Regelung des § 11 InsVV noch im nunmehr neu eingeführten § 63 Abs. 3 InsO festgelegt, wie ein **sog. Regelfall** zu definieren ist. Da § 11 Abs. 1 Satz 2 InsVV a.F. bzw. § 63 Abs. 3 InsO ausdrücklich auf die Regelvergütung des § 2 Abs. 1 InsVV verweisen, kann insoweit auch auf die dortige Beschreibung des »Regelfalles« eines Insolvenzverfahrens zur Bestimmung eines **Normalfalles** eines vorläufigen Insolvenzverfahrens zurück-

gegriffen werden (vgl. die Darstellung bei § 2 InsVV Rdn. 25 ff.; *Kübler/Prütting/Bork-/Prasser/ Stoffler* InsVV, § 11 Rn. 58).

Der **Regelfall** eines vorläufigen Insolvenzverfahrens lässt sich wie folgt beschreiben: 45
– Anordnung der vorläufigen Insolvenzverwaltung **ohne Zustimmungsvorbehalt** gem. § 22 Abs. 2 InsO (**a.A.** BK-InsO/*Blersch* InsVV, § 11 Rn. 38, der von der vorläufigen Insolvenzverwaltung mit Zustimmungsvorbehalt gem. § 21 Abs. 2 Nr. 2, 2. Alt. InsO ausgeht),
– **eine** Betriebsstätte;
– **keine** Betriebsfortführung (*BGH* ZIP 2010, 1909);
– **keine** Aktivitäten im Bereich Sanierung/übertragende Sanierung (*BGH* ZIP 2010, 1909);
– **bis zu 20** Arbeitnehmer;
– ausschließlich Sicherung und Verwaltung des Schuldnervermögens, das die Inbesitznahme, die Inventarisierung sowie auch die Bewertung der Vermögensgegenstände beinhaltet;
– Erfassung und Sicherung des Forderungsbestandes mit **bis zu 100 Debitoren**;
– Feststellung der Vermögenssituation des Schuldners, wobei dies ohne besondere Problemlagen erfolgt, insbesondere liegen **geordnete Geschäftsunterlagen** vor und der Schuldner ist **kooperativ**;
– Feststellung nur der Verfahrenskostendeckung gem. §§ 26, 54 InsO, **unter Ausschluss** der Prüfung von Fortführungs- und Sanierungschancen sowie auch des Vorliegens eines Insolvenzgrundes;
– **bis zu 100** Gläubiger;
– Verfahrensdauer überschreitet einen Zeitraum von vier bis sechs Wochen nicht.
– Jahresumsatz **nicht über 1,5 Mio. EUR**.

Erfüllt das vorläufige Insolvenzverfahren die vorstehend **skizzierten Kriterien**, so ist davon auszuge- 46 hen, dass der vorläufige Insolvenzverwalter eine **Regelvergütung von 25 % der Verwaltervergütung** auf der Basis der Regelvergütung des § 2 Abs. 1 InsVV sowohl im Geltungsbereich der Neufassung wie auch der bisherigen Regelung erhält. Nach Auffassung des *BGH* ist dabei **keine strikte Trennung** zwischen einem sog. »**starken**« Insolvenzverwalter (§ 22 Abs. 1 InsO) oder einem »**schwachen**« vorläufigen Insolvenzverwalter (§ 22 Abs. 2 InsO) vorzunehmen, was in verschiedenen Entscheidungen bestätigt wurde (vgl. *BGH* ZIP 2003, 1759; NZI 2003, 547; ZIP 2003, 1612). Diese Auffassungen wurden auch bereits vom *OLG Braunschweig* (NZI 2000, 231) und auch vom *OLG Celle* (NZI 2001, 653) vertreten. **Abweichungen** von dem oben genannten **Normalfall** sind entsprechend § 3 InsVV durch die Vornahme von Zu- und Abschlägen angemessen zu berücksichtigen. Allein die Bestellung **zum starken vorläufigen Insolvenzverwalter** rechtfertigt **nicht** generell einen Vergütungszuschlag. Zwar hat der **starke vorläufige Insolvenzverwalter** größere **Handlungsbefugnis** und **ein höheres Haftungsrisiko**, doch hat dies für sich gesehen keine unmittelbare vergütungsrechtliche Konsequenz (*BGH* NZI 2003, 547). Die Zuerkennung eines **höheren** Anteils als der Regelfall von 25 % ist nur dann gerechtfertigt, wenn sich die **Rechtsposition** des vorläufigen Insolvenzverwalters auch in der **konkreten Tätigkeit** verwirklicht hat (*BGH* NZI 2003, 547). Allerdings ist dem vorläufigen Insolvenzverwalter, sei er nun »starker« oder »schwacher« vorläufiger Verwalter, dann ein **Zuschlag** gem. § 3 Abs. 1 InsVV zuzubilligen, wenn sich in der konkreten Tätigkeit und insbesondere in der konkreten Ausgestaltung des Verfahrens eine **spürbar höhere Inanspruchnahme** gegenüber dem Leitbild des Regelfalles ergibt (*BGH* ZIP 2003, 1260). Entscheidend ist dabei, ungeachtet der bloßen Rechtsstellung, die tatsächliche Inanspruchnahme des vorläufigen Insolvenzverwalters, insbesondere die von ihm **konkret ausgeübte Tätigkeit und deren Umfang**.

Auch die, über die konkrete Ermächtigung durch das Insolvenzgericht hinaus, vom vorläufigen In- 47 solvenzverwalter erbrachten Tätigkeiten sind zu vergüten. Von der Vergütungspflicht sind lediglich solche Tätigkeiten des vorläufigen Insolvenzverwalters nicht erfasst, die von den ihm übertragenen Aufgaben und Befugnissen **ausdrücklich** ausgenommen oder die **insolvenzzweckwidrig** sind (*BGH* NZI 2005, 627).

3. Zuschläge und Abschläge

48 Ein **Zuschlag** ist immer dann begründet, wenn die konkrete Ausgestaltung der Funktion des vorläufigen Insolvenzverwalters sich auch in seiner Tätigkeit unmittelbar niedergeschlagen hat.

Ergänzend zu den nachfolgend dargestellten Zuschlagsbereichen wird auf die in § 3 InsVV Rdn. 85 dargestellte **Zusammenstellung** der zwischenzeitlich von der Rechtsprechung zugebilligten Zuschläge verwiesen.

49 So ist beispielsweise ein **Zuschlag von 10 %** bei einem schwachen vorläufigen Insolvenzverwalter **mit Zustimmungsvorbehalt** gerechtfertigt, wenn der vorläufige Insolvenzverwalter auch tatsächlich in Zusammenhang mit dem **Zustimmungsvorbehalt** tätig geworden ist, d.h. hinsichtlich von Verfügungen des Schuldners Zustimmungsfragen zu erörtern waren (*BGH* ZIP 2003, 1612). Gleichermaßen ist ein **Zuschlag** in Höhe von jeweils **10 %** für den vorläufigen Insolvenzverwalter angemessen, wenn ihm die Verwaltung der **Bankkonten** übertragen wurde oder er ausschließlich zur **Einziehung von Forderungen** berechtigt ist und gleichzeitig dies dem Schuldner untersagt wurde. Dies gilt allerdings **nur** dann, wenn der vorläufige Insolvenzverwalter auch **tatsächlich** über die Bankkonten verfügte und darüber hinaus ein Anderkonto einrichtete sowie die Forderungen gegenüber den Debitoren geltend gemacht hat.

50 Ein wesentliches Kriterium für einen **Zuschlag** stellt auch die **Betriebsfortführung** dar. Sie ist ein **Regelerhöhungstatbestand** gem. § 3 Abs. 1 lit. b) InVV, sodass regelmäßig bei einer Betriebsfortführung durch den vorläufigen Insolvenzverwalter von einer **zuschlagserhöhenden Abweichung** zu einem »Regel-vorläufigen-Verfahren« auszugehen ist (*BGH* ZIP 2006, 1204). Der dem vorläufigen Verwalter zuzubilligende Zuschlag entspricht in seinem Prozentsatz demjenigen, der auch einem Verwalter in einem eröffneten Verfahren zuzubilligen wäre (*BGH* ZIP 2004, 2448; *LG Potsdam* ZInsO 2005, 588). Dabei orientiert sich die Höhe des Zuschlages an **Art** und **Umfang**, insbesondere auch an der **Dauer** der **Betriebsfortführung** (vgl. *OLG Köln* ZInsO 2002, 873). Das *LG Neubrandenburg* (ZInsO 2003, 26) hält bei einer Dauer der Betriebsfortführung von **drei Monaten** und etwa **80 Arbeitnehmern** einen **Zuschlag** von bis zu **50 %** für gerechtfertigt (s.a. *LG Cottbus* ZInsO 2009, 2114, das einen Zuschlag von 25 % für gerechtfertigt hält bei einer Fortführung von sieben Wochen und 96 Arbeitnehmern). Bei der Beurteilung des Zuschlags im Rahmen der **Betriebsfortführung** ist zunächst von der tatsächlichen Inanspruchnahme des vorläufigen Insolvenzverwalters und dem erhöhten Tätigkeitsumfang auszugehen. Zu berücksichtigen ist in diesem Zusammenhang, dass in einer Vielzahl von (vorläufigen) Verfahren – insbesondere wenn eine »**Auffanglösung**« im Raume steht – der Hauptaufwand des vorläufigen Insolvenzverwalters in der Aufrechterhaltung des Geschäftsbetriebes und insbesondere in der Anfangsphase seiner Tätigkeit liegt (*LG Dresden* ZIP 2005, 1745). Auch der *BGH* (ZIP 2004, 2448) hat ausdrücklich anerkannt, dass die **Erschwernisse**, die auf eine Betriebsfortführung zurückzuführen sind, sich bei dem vorläufigen Insolvenzverwalter nicht von denjenigen des Verwalters im eröffneten Verfahren unterscheiden. Der *BGH* (ZIP 2004, 2448) weist zu Recht daraufhin, dass der vorläufige Insolvenzverwalter sogar mit besonderen Erschwernissen zu »kämpfen« hat, da er oftmals in einer wirtschaftlich noch völlig ungeklärten Situation tätig wird und die wesentlichen Grundlagen für die Fortführung des Geschäftsbetriebes erst schaffen muss. Zutreffend wird vom *BGH* (ZIP 2004, 2448) auch erkannt, dass die besonderen Schwerpunkte der Tätigkeit des vorläufigen Insolvenzverwalters und der außerordentliche Aufwand in **Verhandlungen mit den Lieferanten** hinsichtlich der Wiederaufnahme der Lieferungen sowie auch in den **Verhandlungen mit den Kreditinstituten** wegen der Zurverfügungstellung weiterer Liquidität liegt und dies ihn im Besonderen in Anspruch nimmt. Aufgrund der ungeklärten wirtschaftlichen Situation ist auch das **Haftungsrisiko** des vorläufigen Insolvenzverwalters i.d.R. sogar höher als das des Verwalters im eröffneten Verfahren im Rahmen einer Betriebsfortführung, da der Letztgenannte regelmäßig dann eher überschaubare wirtschaftliche Verhältnisse vorfindet (*BGH* ZIP 2004, 2448).

Als **wesentliche Tätigkeiten** des vorläufigen Insolvenzverwalters im Rahmen der Betriebsfortführung, die dann wiederum sich als **zuschlagserhöhend** in ihrer Gesamtbeurteilung darstellen, sind im Einzelnen folgende zu benennen (*Kübler/Prütting/Bork-Prasser/Stoffler* § 11 InsVV Rn. 77): 51
- **Kundenbereich**
  - Kontaktaufnahme und Abstimmung der weiteren Lieferungen,
  - Änderung der Bankverbindung bei Kunden (Anderkonto),
  - Abstimmung der Lieferkonditionen/Preise.
- **Lieferantenbereich**
  - Kontaktaufnahme mit Lieferanten,
  - Abstimmung der Liefer-/Zahlungsbedingungen,
  - Preisverhandlungen/Veränderung der Zahlungsziele,
  - Absicherung der Lieferanten/Zusagenklärung.
- **Unternehmensinterner Bereich**
  - Ermittlung der wesentlichen Dauerschuldverhältnisse (Energieversorgung, Wartungsverträge, Telekommunikation usw.),
  - Verhandlungen bzw. Bestätigung der Weiterbelieferung,
  - Feststellung der zum Zeitpunkt der Bestellung bestehenden Verbindlichkeiten/Abgrenzung auf den Stichtag der Anordnung der vorläufigen Verwaltung,
  - Einrichtung der Zahlungssysteme/Anderkonto/Information der Vertragspartner über neue Bankverbindung,
  - Erarbeitung und Einrichtung der Buchhaltung.
- **Sicherungsgläubiger**
  - Abklärung der Weiterbelieferung durch Eigentumsvorbehaltslieferanten/Verhandlung über Ablösebeträge,
  - Verhandlungen mit Kreditgebern/Freigabe von Sicherheiten/»unechter Massekredit«.

Der **BGH** (ZIP 2007, 784; ZIP 2007, 826; ZIP 2011, 1373) fordert ebenso wie bei der Berechnung 52 des Zuschlages für die Betriebsfortführung (s. hierzu ergänzend § 1 InsVV Rdn. 42 f.; § 3 InsVV Rdn. 29 ff.) im eröffneten Verfahren für die Zuschlagsberechnung im vorläufigen Insolvenzverfahren eine **Vergleichsrechnung** unter Einbeziehung des Ergebnisses der Betriebsfortführung. Bei der Beurteilung des **Zuschlags** im Rahmen der Betriebsfortführung ist zu prüfen, ob durch die Betriebsfortführung keine oder nur eine solche Massemehrung stattgefunden hat, die dem Tätigkeitsaufwand des vorläufigen Insolvenzverwalters nicht entspricht, sodass sich der Aufwand für die Betriebsfortführung in der Regelvergütung nicht angemessen auswirkt (*BGH* ZInsO 2004, 265; *Gräber* Die Vergütung des vorläufigen Insolvenzverwalters § 11 InsVV, S. 73). Der Insolvenzverwalter hat in seinem Vergütungsantrag die Einnahmen und Ausgaben bezogen auf den Zeitraum der Betriebsfortführung im vorläufigen Verfahren und das wirtschaftliche Ergebnis der Betriebsfortführung darzustellen (*BGH* ZInsO 2011, 1519). Im Rahmen dieser Einnahmen-Ausgaben-Rechnung sind sämtliche Einnahmen und Ausgaben der Betriebsfortführung während des vorläufigen Insolvenzverfahrens zu berücksichtigen. Einzuberechnen sind auch alle Positionen, die sich erst nach Abschluss des vorläufigen Verfahrens realisieren (beispielsweise Zahlung von Fortführungskosten im eröffneten Verfahren für den Zeitraum des vorläufigen Insolvenzverfahrens). Nicht einzubeziehen sind Vermögenswerte, die im Rahmen einer übertragenden Sanierung nach der Betriebsfortführung der Masse zufließen (*BGH* ZIP 2011, 1373). Soweit der vorläufige Insolvenzverwalter durch die Betriebsfortführung eine erhöhte Berechnungsgrundlage (Überschuss) erzielt hat und sich dadurch bereits eine Erhöhung seiner Vergütung ergibt, ist der für die Betriebsfortführung gem. § 3 Abs. 1 lit. b InsVV zu gewährende Zuschlag entsprechend zu kürzen (*BGH* ZIP 2007, 826). Dies resultiert aus der Regelung des § 3 Abs. 1 lit. b InsVV, wonach eine den Regelsatz übersteigende Vergütung festzusetzen ist, wenn der Verwalter das Unternehmen fortgeführt hat und die Masse **nicht entsprechend größer** geworden ist. Daher sind beide Tatbestandsmerkmale kumulativ zu fordern. Es ist erst dann von einer »entsprechend« größeren Masse auszugehen, wenn die Erhöhung der Vergütung, die sich aus der Massemehrung ergibt, in etwa den Betrag erreicht, der dem Verwalter bei nicht erhöhter Masse über einen Zuschlag gem. § 3 Abs. 1 lit. b. InsVV zuzubilligen wäre. Richtigerweise darf der vorläufige Insolvenzverwalter, der durch die Betriebsfortführung eine Erhöhung der Masse bewirkt, vergütungsmäßig nicht schlechter gestellt werden, als wenn die Masse durch die Betriebsfortführung nicht angereichert worden wäre. Entspricht die durch die Massemehrung erhöhte Vergütung nicht dem Betrag, der mittels eines Zuschlages ohne Massemehrung für die Betriebsfortführung verdient worden wäre, hat das Insolvenzgericht einen entsprechenden **Zuschlag**, der die **Differenz in etwa ausgleicht**, zuzubilligen (*BGH* ZIP 2007, 826).

53 Der *BGH* hat allerdings zuletzt (ZInsO 2011, 1422) ausdrücklich zugelassen, dass ein besonderer Erfolg des Insolvenzverwalters bei der Fortführung des Unternehmens in **angemessenem Umfange** auch bei der Festlegung des Zuschlages berücksichtigt werden kann, sofern der erzielte Überschuss gerade auf den besonderen Einsatz des Verwalters zurückzuführen ist. In diesem Falle dürfe dann allerdings die Höhe nicht den tätigkeitsbezogenen – angemessenen – Zuschlag überschreiten, der ohne eingetretene Erhöhung der Berechnungsgrundlage zuzubilligen wäre (*BGH* ZInsO 2011, 1423).

54 *Rauschenbusch* (ZInsO 2011, 1730) stellt in einer Anmerkung zu der Entscheidung des *BGH* (ZInsO 2011, 1422) ausführlich und konstruktiv dar, in welcher Art und Weise die Vergleichsberechnung erarbeitet werden kann und unterstreicht dies mit entsprechenden Beispielsrechnungen.

55 **Entscheidend** für die Zubilligung eines Zuschlags im Rahmen einer Betriebsfortführung ist es nicht, ob der vorläufige Insolvenzverwalter lediglich mit Zustimmungsvorbehalt ausgestattet oder als »starker« vorläufiger Insolvenzverwalter bestellt war. Es ist **immer** dann ein **Zuschlag** für die Betriebsfortführung – ungeachtet der vom Insolvenzgericht angeordneten rechtlichen Ausgestaltung des vorläufigen Insolvenzverwalters – zu gewähren, wenn in der Eröffnungsphase der Betrieb des Schuldners fortgeführt worden ist und sich für die Tätigkeit des vorläufigen Insolvenzverwalters dadurch **erhebliche Erschwernisse** ergeben haben (*BGH* ZIP 2006, 1008). Setzt allerdings der vorläufige Insolvenzverwalter im Rahmen der Betriebsfortführung einen sog. Interimsmanager ein, der zu Lasten der Masse bezahlt wird, ist es dann gerechtfertigt, den an sich für die Betriebsfortführung zuzubilligenden Zuschlag zu kürzen oder ihn je nach Umfang der Entlastung des vorläufigen Insolvenzverwalters ganz zu versagen, sofern dadurch der Tätigkeitsumfang des Insolvenzverwalters reduziert wird (*BGH* ZInsO 2010, 730). Davon ist aber dann nicht auszugehen, wenn beispielsweise bei dem Insolvenzschuldner Führungskräfte fehlen, die für die Fortführung erforderlich sind. Im Einzelnen wird hinsichtlich der zwischenzeitlich von der Rechtsprechung zugebilligten Zuschläge im Bereich der Betriebsfortführung auf die unter Rdn. 71 dargestellte **Zusammenstellung** und auf die Darstellung bei § 3 InsVV Rdn. 27 ff. verwiesen.

56 In Abweichung zu der Darstellung unter Rdn. 35 ist bei der Vergleichsberechnung des Zuschlags für die Vergütung des vorläufigen Verwalters bei dem Vergleich mit der »Mehrvergütung« durch den Fortführungsüberschuss zu beachten, dass die Regelsätze des vorläufigen Insolvenzverwalters in Höhe von 25 % der Regelvergütung in Ansatz gebracht werden. Die folgende Berechnung soll dies beispielhaft erläutern:

Ausgehend von einer Berechnungsgrundlage ohne Fortführungsüberschuss in Höhe von EUR 200.000,00 und einem Fortführungsüberschuss in Höhe von EUR 400.000,00, mithin einer Berechnungsgrundlage mit Fortführungsüberschuss in Höhe von EUR 600.000,00 ergibt sich folgende Vergleichsberechnung:

Berechnungsgrundlage ohne

Fortführungsüberschuss	EUR 200.000,00	
Regelvergütung hieraus	EUR 26.750,00	
Regelsatz 25 %		EUR 6.687,50

Berechnungsgrundlage mit

Fortführungsüberschuss	EUR 600.000,00
Regelvergütung hieraus	EUR 39.750,00

Regelsatz 25 %	EUR 9.937,50
»Mehrvergütung« durch Fortführungsüberschuss	EUR 3.250,00
Angemessener Zuschlag für die Betriebsfortführung auf Regelvergütung ohne Fortführungsüberschuss 50 %	EUR 13.375,00
Bereits durch Überschuss ermittelte Mehrvergütung	EUR 3.250,00
Durch Zuschlag unter Berücksichtigung des Fortführungsüberschusses auszugleichende Differenz	EUR 10.125,00
Entspricht Zuschlag auf EUR 39.750,00	rd. 25 %

Für das vorstehende Beispiel ist auf die Berechnungsgrundlage mit Fortführungsüberschuss ein Zuschlag von 25 % anzusetzen, wenn ein Zuschlag von 50 % auf die Regelvergütung ohne Fortführungsüberschuss als angemessen anzusehen wäre.

Ein wesentlicher Bereich, in dem die konkrete Tätigkeit des vorläufigen Insolvenzverwalters gesondert zu vergüten ist, ist in **Sanierungsbemühungen** zu sehen. So hat beispielsweise das *LG Bielefeld* (ZInsO 2004, 1250) einen **Zuschlag von 20 %** bei intensiven Sanierungsbemühungen des vorläufigen Verwalters bei einem unattraktiven Unternehmen mit einem hohen Zeitaufwand zugebilligt (s.a. *LG Cottbus* ZInsO 2009, 2114, das einen Zuschlag von 25 % für angemessen hält). Zu Recht wird in der Literatur (*Kübler/Prütting/Bork-Prasser/Stoffler* § 11 InsVV Rn. 95) darauf hingewiesen, dass eine klare Abgrenzung zwischen Bemühungen um eine Sanierung und deren Umsetzung, sei es durch einen Insolvenzplan oder sei es durch eine übertragende Sanierung, kaum vorgenommen werden kann. Daher ist es auch für die Bemessung eines Zuschlages unbeachtlich, ob im Rahmen dieser **Sanierungsbemühungen** ein »schwacher« vorläufiger Insolvenzverwalter mit Zustimmungsvorbehalt, der an sich zu Verwertungshandlungen im Rahmen auch einer Sanierung nicht befugt ist, tätig wird. Zu **vorbereitenden Maßnahmen** hinsichtlich einer durchzuführenden Sanierung, die regelmäßig erst im eröffneten Verfahren erfolgt, ist er sicherlich berechtigt und ggf. unter Berücksichtigung der Masseerhaltung sogar verpflichtet (*Kübler/Prütting/Bork-Prasser/Stoffler* § 11 InsVV Rn. 95). Wie bereits im Rahmen der Erörterung eines Zuschlages zur Betriebsfortführung (s. Rdn. 50 ff.) ausgeführt, sind gerade die **Tätigkeiten des vorläufigen Insolvenzverwalters** wesentlich und entscheidend für eine – wie auch immer geartete – **Sanierung** im Insolvenzverfahren. Deshalb sind – ungeachtet der rechtlichen »Ausstattung« des vorläufigen Insolvenzverwalters (»stark« oder »schwach«) von diesem Sanierungsbemühungen anzustrengen und diese wiederum sind vom Insolvenzgericht durch einen Zuschlag angemessen zu honorieren. Diese – vorbereitenden – Tätigkeiten des vorläufigen Insolvenzverwalters beinhalten regelmäßig folgende Maßnahmen (s. hierzu *Kübler/Prütting/Bork-Prasser/Stoffler* § 11 InsVV Rn. 97):

– Gestaltung eines Investorenprozesses,
– Bestimmung des Interessentenkreises,
– Einschaltung eines M&A-Unternehmens,
– Gestaltung der Verhandlungen/Möglichkeiten der Einsichtnahme in die Geschäftsunterlagen durch die Interessenten/Vertraulichkeitsvereinbarungen/Due-Diligence-Prüfung,
– Durchführung des gesamten Interessenten-/Investorenprozesses,
– regelmäßige Abstimmung mit M&A-Beratern sowie der Geschäftsleitung,
– Bearbeitung, Prüfung und Gestaltung rechtlicher und steuerlicher Fragestellungen/Problembereiche,
– Bearbeitung und Prüfung von Gewährleistungsfragen/Überleitung wesentlicher Dauerschuldverhältnisse/Prüfung von Gestaltungen betreffend § 613a BGB,

- soweit geboten und erforderlich Einbeziehung von Lieferanten und Kunden in den Übertragungsvorgang,
- sofern geboten bzw. erforderlich Erarbeitung eines Insolvenzplanes/Abstimmung mit Insolvenzgericht bzw. Gläubiger und Gesellschafter (soweit betroffen).

58 Diese **umfangreichen Bemühungen** eines vorläufigen Insolvenzverwalters zur vorbereitenden Gestaltung einer Sanierung, die regelmäßig erst im eröffneten Insolvenzverfahren durchgeführt wird oder im negativen Falle auch scheitert, sind bei der Bemessung der Vergütung und damit der **Zubilligung eines Zuschlages** zu berücksichtigen (*BGH* ZIP 2008, 618). Soweit die Sanierungsbemühungen sowohl die Tätigkeit des vorläufigen Insolvenzverwalters als auch des Verwalters im eröffneten Verfahren betreffen, ist eine angemessene Abgrenzung vorzunehmen, wobei dann wiederum der Insolvenzverwalter im Rahmen seines Vergütungsantrages die **Abgrenzungskriterien** darzulegen hat, sodass eine Doppelvergütung bei der Festsetzung für beide Verfahrensabschnitte ausgeschlossen ist (*Kübler/Prütting/Bork-Prasser/Stoffler* § 11 InsVV Rn. 98). Es ist darauf hinzuweisen, dass die Bemessung des Zuschlages nicht daran orientiert werden kann, ob die Sanierungsbemühungen während des vorläufigen Verfahrens im eröffneten Verfahren dann tatsächlich zu einem Erfolg geführt haben, da die Vergütung bzw. die Zuschläge gem. § 3 InsVV grds. tätigkeitsbezogen sind (*BGH* ZInsO 2007, 439).

Soweit allerdings die Belastung der Tätigkeit im Sanierungsbereich des vorläufigen Insolvenzverwalters durch Einschaltung eines Interimsmanagers oder Sanierers zu Lasten der Masse erheblich reduziert wird, kann der an sich für die Sanierungsbemühungen zuzubilligende **Zuschlag** vom Insolvenzgericht **gekürzt** oder gar vollständig versagt werden (*BGH* ZInsO 2010, 731).

59 Neben den Bemühungen des vorläufigen Insolvenzverwalters im Bereich der Betriebsfortführung und ggf. auch der Vorbereitung einer übertragenden Sanierung fallen in größerem Umfange **Arbeitnehmerangelegenheiten**, wie insbesondere die Bearbeitung von **Insolvenzgeld** bzw. die **Insolvenzgeldvorfinanzierung** an. Das *LG Bielefeld* (ZInsO 2004, 1250) hat in Zusammenhang mit einer umfangreichen **Vorfinanzierung von Insolvenzgeld** einen **Zuschlag von 10 %** für angemessen angesehen. Das *LG Cottbus* (ZInsO 2009, 2114) hält einen **Zuschlag** von 25 % bei 96 Arbeitnehmern für angemessen. Nach Auffassung des *BGH* (ZInsO 2008, 1265) ist ein Vergütungszuschlag grundsätzlich nur bei der Vorfinanzierung von Insolvenzgeld bei Betrieben mit **mehr als 20 Arbeitnehmern** gerechtfertigt. Dieser Festlegung auf »mehr als 20 Arbeitnehmern« ist nicht zuzustimmen (ebenso *Kübler/Prütting/Bork-Prasser/Stoffler* InsVV, § 11 Rn. 92 f.). Der BGH scheint bei dieser Festlegung auf mehr als 20 Arbeitnehmer zu verkennen, dass unabhängig von der Anzahl der Arbeitnehmer in erheblichem Umfange Tätigkeiten zur Vorfinanzierung von Insolvenzgeld anfallen. Im Rahmen der Gestaltung einer **Insolvenzgeldvorfinanzierung** liegt die Tätigkeit des vorläufigen Insolvenzverwalters nicht nur darin, einzelne Formulare auszufüllen, sondern es sind umfangreiche Überprüfungstätigkeiten und Abstimmungen mit dem Finanzierungsinstitut und auch der Bundesagentur für Arbeit vorzunehmen. Neben der Ermittlung und Erfassung aller Mitarbeiterdaten, bedarf es der Prüfung für welche Mitarbeiter eine Vorfinanzierung durchgeführt werden soll und inwieweit die Gehälter einen insolvenzgeldfähigen Teil beinhalten, da das Insolvenzgeld in der Höhe begrenzt ist. Darüber hinaus ist die Gesamtsumme des insgesamt vorzufinanzierenden Insolvenzgeldes zu ermitteln und eine Abstimmung zwischen dem Finanzierungsinstitut und der Agentur für Arbeit herzustellen. Weiterhin sind die Abtretungsverträge mit den Arbeitnehmern und der finanzierenden Bank vorzubereiten; bei der Agentur für Arbeit ist die entsprechende Zustimmung einzuholen. Ergänzend sind wiederum die Insolvenzgeldanträge, ohne die eine Vorfinanzierung nicht möglich ist, vorzubereiten und von den Arbeitnehmern unterschreiben zu lassen. Erst nach Durchführung dieser Vorbereitungstätigkeit ist eine Auszahlung der Gehälter an die Arbeitnehmer möglich. Dabei ist zu berücksichtigen, dass regelmäßig bei der Bestellung des vorläufigen Insolvenzverwalters und Aufnahme dessen Tätigkeit die Arbeitnehmer über rückständige Gehälter und Löhne verfügen und grds. zur Weiterarbeit im Rahmen einer Betriebsfortführung – ohne »Gehaltszahlungen« – nicht bereit sind. Sowohl die Arbeitswilligkeit als auch die Arbeitsmoral kann nur durch eine kurzfristige Durchführung der Insolvenzgeldvorfinanzierung und Auszahlung an die Arbeitnehmer erhalten bzw.

gesteigert werden. Zu erwähnen ist auch, dass in vielfältigen Fällen, der vorläufige Insolvenzverwalter im Rahmen der Vorfinanzierung nicht unmittelbar auf die **Lohnbuchhaltung** des Insolvenzschuldners zugreifen kann, da diese oftmals nicht geordnet oder nicht aktuell ist und deshalb für die Abwicklung der Vorfinanzierung nicht oder nur eingeschränkt verwendet werden kann. In diesen Fällen ist die **Personalbuchhaltung** durch den vorläufigen Insolvenzverwalter **zu überarbeiten** bzw. zu aktualisieren.

Ein weiteres wesentliches Kriterium für die Beurteilung, ob in dem jeweiligen Verfahren Zuschläge oder Abschläge vorzunehmen sind, ist die **Verfahrensdauer**. Sofern der Normalfall von **vier bis sechs Wochen** erheblich unterschritten wird, ist ein **Abschlag** auf den Regelsatz von 25 % vorzunehmen. Das *OLG Celle* (ZInsO 2001, 1003) hält einen **Abschlag von 15 %** bei einer lediglich **fünftägigen Verfahrensdauer** und das *LG Göttingen* (ZInsO 2003, 25) einen **Abschlag von 10 %** bei lediglich einer Dauer von **2,5 Wochen** und in diesem Zusammenhang lediglich geringfügiger Tätigkeit des vorläufigen Insolvenzverwalters für angemessen. Entscheidend ist aber im Ergebnis nicht nur die Verfahrensdauer bzw. ob lediglich eine kurze Zeit der Bestellung als vorläufiger Insolvenzverwalter gegeben war, sondern die konkreten Verfahrensumstände. Es ist insbesondere zu prüfen, auf welchen Ursachen die vom Regelfall abweichende kurze oder längere Verfahrensdauer beruht. **Entscheidend** ist dabei, ob die zu prüfende Verfahrensdauer auf der Tätigkeit des Insolvenzverwalters beruht, da dies für die Vergütung allein ausschlaggebend ist (vgl. BK-InsO/*Blersch* InsVV, § 11 Rdn. 64). 60

Auch stellt die **Einziehung von Außenständen** einen **Erhöhungstatbestand** dar. Der vorläufige Insolvenzverwalter ist grds. nicht zur Verwertung und damit zum Einzug von Forderungen berechtigt. Nur im Falle einer entsprechenden Ermächtigung durch das Insolvenzgericht gem. § 21 InsO kann er persönlich den Forderungseinzug vornehmen. Allein aus diesem Grunde heraus ergibt sich bereits, dass der **Einzug von Forderungen mit gerichtlicher Ermächtigung** eine Abweichung vom Regelfall einer vorläufigen Insolvenzverwaltung darstellt. Liegt aufgrund dieser Ermächtigung eine erhebliche Mehrbelastung des vorläufigen Insolvenzverwalters vor, ist diesem ein **Zuschlag** zuzubilligen, der sich in einer Größenordnung von 5 % bis 10 % darstellt (*LG Potsdam* ZIP 2005, 914; *Haarmeyer/Wutzke/Förster* InsVV, 4. Aufl., § 3 Rn. 78; a.A. *Haarmeyer/Mock* InsVV, § 11 Rn. 132). Es ist regelmäßig dann von einer Mehrbelastung auszugehen, wenn eine größere Anzahl von Debitoren zu bearbeiten ist oder in rechtlich bzw. tatsächlich schwierigen Fällen das Inkasso durch den vorläufigen Insolvenzverwalter betrieben wird. Beispielsweise dürfte dies bei Bauinsolvenzen oder Insolvenzen von Krankenhäusern und Pflegeheimen der Fall sein, da in diesem Zusammenhang von rechtlich komplizierten Vorgängen auszugehen ist (*Kübler/Prütting/Bork-Prasser/Stoffler* § 11 InsVV Rn. 89). 61

Insgesamt entscheidend für die Zubilligung von Zuschlägen bzw. die Vornahme von Abschlägen, ist der **Umfang** der Tätigkeit des vorläufigen Insolvenzverwalters unter Berücksichtigung der **Kriterien des Regelfalles**. So verursacht sicherlich ein **obstruierender Schuldner** einen höheren Tätigkeitsumfang des vorläufigen Verwalters als ein **kooperativer Schuldner**, sodass das *LG Mönchengladbach* (ZInsO 2001, 750) einen **Zuschlag von 10 %** für angemessenen erachtet hat. **Erhöhungsfaktoren** stellen im Bereich der Betriebsfortführung und Vorbereitung der Sanierung beispielsweise eine **Bildung eines Lieferantenpools** bei einem erheblichen Umsatz und **einer großen Zahl von Debitoren und Kreditoren** dar, sodass hier das *LG Bielefeld* (ZInsO 2004, 1250) einen Zuschlag von 75 % als angemessen angesehen hat. 62

Im Zusammenhang mit der Bearbeitung und Prüfung von **Aus- und Absonderungsrechten** ist ergänzend darauf hinzuweisen, dass Vermögensgegenstände, die mit Aus- und Absonderungsrechten belastet sind, nicht in die Berechnungsgrundlage einbezogen werden, wenn der vorläufige Insolvenzverwalter **keine erhebliche Tätigkeit** bezogen auf diese Gegenstände entfaltet hat, für eine **nennenswerte Tätigkeit** in diesem Bereich aber ein **Zuschlag** gewährt werden kann. Der *BGH* (NZI 2008, 33 m. abl. Anm. *Prasser*) ist demgegenüber allerdings der Auffassung, dass eine Vergütungserhöhung nur bei erheblicher Befassung mit Aus- und Absonderungsrechten zu gewähren sei. Der BGH begründet dies damit, dass der Verordnungsgeber mit der 2. Verordnung zur Änderung der InsVV lediglich den Rechtszustand nach der alten Rechtsprechung des *BGH* (NZI 2006, 284; NZI 2006, 63

515) wiederhergestellt habe, wonach Vermögensgegenstände, die mit Aus- und Absonderungsrechten belastet sind in die Berechnungsgrundlage bei erheblicher Befassung mit einzubeziehen sind. Der Verordnungsgeber habe keine »Mehrvergütung« bei Befassung mit Aus- und Absonderungsrechten unterhalb der Schwelle der erheblichen Befassung dem vorläufigen Insolvenzverwalter zubilligen wollen und verweist insoweit auf die Begründung zur 2. Verordnung zur Änderung der InsVV (BGBl. I 2006 S. 3398; Begr. hierzu abgedruckt vor § 1 InsVV Rdn. 3). Der *BGH* (NZI 2006, 284; NZI 2006, 515) geht davon aus, dass **unterhalb der Schwelle** der Erheblichkeit i.d.R. nur **Routinetätigkeiten** vom vorläufigen Insolvenzverwalter vorzunehmen seien.

64 Dieser **Auffassung** des BGH ist ausdrücklich zu **widersprechen**. Zunächst ist darauf hinzuweisen, dass die ursprüngliche Entwurfsbegründung der 2. Verordnung zur Änderung der InsVV (abgedruckt in *Keller* Vergütung, Anh. V, S. 469) Ausführungen dazu enthält, dass bei nicht erheblicher Befassung des vorläufigen Insolvenzverwalters mit entsprechenden Gegenständen zwar diese Gegenstände nicht in die Berechnungsgrundlage einbezogen werden, die Tätigkeit des Verwalters allerdings über die Gewährung eines Zuschlages angemessen abgegolten werden kann. Die Endfassung der Begründung zur 2. Verordnung zur Änderung der InsVV (abgedruckt vor § 1 InsVV Rdn. 3) erfährt inhaltlich eine Änderung zum ersten Entwurf der Begründung, durch die dort nunmehr verwandte Formulierung, dass die lediglich nennenswerte Befassung **häufig** nur Routinetätigkeiten enthält, die keine besondere Vergütung erfordern. Damit enthält die Begründung zwar keine Ausführungen mehr hinsichtlich eines Zuschlags für die nennenswerte Befassung, allerdings lässt sich aus der Formulierung eindeutig schließen, dass sich der **Ausschluss eines Zuschlags nur** auf **Routinetätigkeiten** bezieht. Dementsprechend ist die Grenze bei der Frage, ob es bei der Befassung des vorläufigen Insolvenzverwalters mit Gegenständen, die mit Aus- und Absonderungsrechten belastet sind, zu einem **Vergütungszuschlag** kommt, danach zu ziehen, ob die Tätigkeit lediglich eine **Routinetätigkeit** darstellt oder ob sie von Art und Umfang her sich als **intensiver** und damit als nennenswert darstellt. Jedenfalls gibt es zwischen lediglich Routinetätigkeiten und Befassung in erheblichem Umfange, einen Bereich, der nicht grundsätzlich als »**unvergütet**« einzustufen ist. Dem BGH ist zwar zuzugeben, dass die Inbesitznahme und die Inventarisierung der Vermögensgegenstände, die Prüfung der Eigentumsverhältnisse und ggf. auch des Versicherungsschutzes sowie die Prüfung der Frage, inwieweit Fremdrechte an den jeweiligen Gegenständen bestehen, regelmäßig als Routine angesehen werden kann (*BGH* NZI 2006, 515; NZI 2007, 40). Erfordern diese Tätigkeiten jedoch einen **darüber hinausgehenden Zeit- und Arbeitsaufwand** und stellen keine bloßen Routinetätigkeiten dar, so sind sie dennoch als »erhebliche« Tätigkeiten anzusehen, die zwar nicht in die Berechnungsgrundlage einfließen, allerdings angemessen mit einem Zuschlag zu vergüten sind (*Haarmeyer* ZInsO 2007, 73; *Graeber* ZInsO 2007, 133; *Haarmeyer/Wutzke/Förster* InsVV, 4. Aufl., § 11 Rn. 53, 67). Ein **Zuschlag** ist deshalb für eine **nennenswerte** Tätigkeit dann zu gewähren, wenn die **Art und Weise** und der **Umfang der Arbeit** des vorläufigen Insolvenzverwalters bezogen auf derartig belastete Gegenstände über das übliche Maß der Erfassung und Sicherstellung von Gegenständen hinausgegangen ist und insbesondere ein erhebliches Volumen mit Drittrechten belasteter Gegenstände im vorläufigen Verfahren »zu verwalten« war. Die Auffassung des BGH ist daher **unzutreffend** und wird auch dem Grundsatz einer angemessenen Vergütung für die von dem vorläufigen Insolvenzverwalter erbrachten Tätigkeiten nicht gerecht. Eine zuschlagsbegründende nennenswerte Tätigkeit liegt beispielsweise dann vor, wenn »die Verwaltung von mit Fremdrechten oder mit Grundpfandrechten belasteten beweglichen Sicherungsgütern bzw. Grundstücken einen größeren Teil der Arbeitskraft des vorläufigen Insolvenzverwalters bindet«, was der *BGH* (NZI 2006, 515) als eine **erhebliche** Befassung ansieht. Auch die **Vermietung von beweglichem Anlage- oder Umlaufvermögen** ist als erhebliche Befassung mit den drittrechtsbelasteten Vermögensgegenständen dann anzusehen, wenn sie in einem **erheblichen Umfange** erfolgen, wie beispielsweise bei **Leasingunternehmen** (*Prasser* Anm. zu *BGH* NZI 2008, 35). Auch der Abschluss von Vereinbarungen mit Lieferanten durch den vorläufigen Insolvenzverwalter, um den Geschäftsbetrieb mit dem Drittrechten belasteten **Warenlager** fortzuführen, stellt sicherlich eine Aufgabe dar, die mehr als eine reine Routinetätigkeit anzusehen ist und dementsprechend **zuschlagsbegründend** sich darstellt (vgl. hierzu auch *AG Göttingen* NZI 2006, 644). Auch die Bearbeitung eines **größeren Forderungsbestandes**,

der mit Drittrechten belastet ist, stellt eine zuschlagsbegründende nennenswerte Tätigkeit dar, wenn der vorläufige Insolvenzverwalter die Forderung nicht nur aufnimmt, sondern sie auf ihre Werthaltigkeit prüft und bereits im vorläufigen Verfahren die Drittschuldner zur Zahlung auffordert (*Kübler/ Prütting/Bork-Eickmann/Prasser* InsVV, § 11 Rn. 41). Um hier die **zuschlagsbegründende Tätigkeit** und insbesondere deren außergewöhnliches Maß und Umfang gegenüber dem Insolvenzgericht zu dokumentieren, ist dem vorläufigen Insolvenzverwalter anzuraten, im Rahmen seines Antrages **umfassend und ausführlich** seine **konkreten Tätigkeiten** bezogen auf die jeweiligen mit Drittrechten belasteten Vermögensgegenstände darzulegen. Die durch den Zuschlag entstehende **Mehrvergütung** ist allerdings, um unberechtigte Vergütungsvorteile zu vermeiden, durch eine **Vergleichsberechnung** zu begrenzen. Der Vergütungszuschlag für eine lediglich **nennenswerte** Tätigkeit bezogen auf mit Drittrechten belastete Gegenstände darf nicht höher sein als der Vergütungsmehrbetrag im Falle der Einbeziehung dieser Gegenstände in die Berechnungsgrundlage (BK-InsO/*Blersch* InsVV, § 11 Rn. 46).

Ein **Zuschlag** ist auch in Zusammenhang mit Gegenständen, die einer **kapitalersetzenden Nutzungsüberlassung** unterfallen und entgegen der hier vertretenen Auffassung nicht in die Berechnungsgrundlage einbezogen werden (vgl. i.E. *BGH* ZIP 2006, 1739), zu gewähren. 65

Der Gesetzgeber hat mit der zum 01.01.2011 in Kraft getretenen Neuregelung des **§ 55 Abs. 4 InsO** mit der Bevorzugung des Fiskus bei Steuerforderungen im Rahmen des vorläufigen Insolvenzverfahrens gleichzeitig dem vorläufigen Insolvenzverwalter, der den Geschäftsbetrieb fortführt, **zusätzliche Buchhaltungsaufgaben** auferlegt. Nur mit zusätzlichen umfangreichen Buchhaltungsmaßnahmen und einem ggf. erweiterten Kontenrahmen kann der vorläufige Insolvenzverwalter den erweiterten steuerlichen Pflichten und den zusätzlich entstehenden Masseverbindlichkeiten im eröffneten Verfahren gerecht werden. Darüber hinaus wurden durch die **Entscheidung des *BFH*** (ZIP 2011, 782) weitere steuerrechtliche Haftungsverpflichtungen des (vorläufigen) Insolvenzverwalters geschaffen, da wiederum Umsatzsteueranteile an realisierten Forderungen aus Lieferungen und Leistungen, die aus dem Zeitraum vor Anordnung des vorläufigen Verfahrens resultieren, sich ggf. in Masseverbindlichkeiten »umwandeln«. 66

Diese sowohl durch den Gesetzgeber, wie auch durch den Bundesfinanzhof geschaffenen **weiteren Pflichten** des vorläufigen Insolvenzverwalters und die daraus resultierenden Haftungsrisiken verursachen umfangreiche – zusätzliche – Buchhaltungsmaßnahmen für die ein **angemessener Zuschlag** zu gewähren ist. 67

Zusammenfassend können folgende Erhöhungs- bzw. Abzugsfaktoren genannt werden: 68

Erhöhungsfaktoren: 69
- Sanierungsbemühungen/Vorbereitung einer übertragenden Sanierung,
- Betriebsfortführung, ggf. Abwicklung des Bestellwesens für Insolvenzunternehmen über Verwalterbüro,
- Verhandeln und Erarbeiten eines Sozialplans,
- Forderungseinzug in erheblichem Umfang (mehr als 150 Schuldner),
- Vorfinanzierung von Insolvenzgeld,
- Verwertungsmaßnahmen/Veräußerung von Betriebsvermögen,
- hohe Gläubigerzahl (Überschreiten des Normalfalles von bis zu 100 Gläubiger um mehr als 50 %),
- erschwerte Verwaltung gegenüber dem Normalfall (unkooperativer/flüchtiger Schuldner; mehrere Betriebsstätten; Auslandsvermögen; unvollständige Buchhaltung usw.),
- ungewöhnlich lange Dauer des vorläufigen Verfahrens über zwei Monate hinaus, allerdings nur bei sachlichen Gründen für die lange Dauer,
- Hausverwaltung in größerem Umfange (mehr als 10 Wohneinheiten).

Abzugsfaktoren: 70
- ungewöhnlich kurze Dauer des Verfahrens (weniger als 10 Tage),
- vorzeitige Beendigung des Verfahrens ohne Bericht/Gutachten des vorläufigen Verwalters (z.B. Antragsrücknahme),

– nur wenige Gläubiger (weniger als 30),
– keine Arbeitnehmer oder Geschäftsbetrieb bereits eingestellt.

71 Die zwischenzeitlich in der **Rechtsprechung** zugebilligten **Zu- und Abschläge** können aus der unter § 3 InsVV Rdn. 85 dargestellten **Zusammenstellung** entnommen werden, wobei diese keinen Anspruch auf Vollständigkeit erhebt. **Erläuternd** ist hinsichtlich der in der Liste dargestellten Entscheidungen verschiedener Gerichte darauf hinzuweisen, dass bei der Berechnung des Bruchteils bzw. der Zu- und Abschläge vor Inkrafttreten der Neufassung des § 11 InsVV im Jahre 2004 unterschiedliche Berechnungsmethoden angewandt wurden, was dazu führte, dass vielfach Entscheidungen hinsichtlich der Zu- und Abschläge **nicht vergleichbar** waren. Beispielsweise wurden bei der »fiktiven« Verwaltervergütung bereits Zuschläge gem. § 3 InsVV vorgenommen und dann in der Folge lediglich ein Bruchteil von 25 % der bereits (**erhöhten**) »fiktiven« Vergütung angesetzt. Demgegenüber gingen andere Gerichte von einer Regelvergütung gem. § 2 Abs. 1 InsVV aus und nahmen eine erhebliche **Erhöhung des Bruchteils** bei Vorliegen der entsprechenden Zuschlagsgründe vor. Auf Grund dessen entstanden auch erhebliche Missverständnisse in der Beurteilung einzelner Entscheidungen, insbesondere hinsichtlich der jeweils vom Gericht zugebilligten Bruchteile und Zuschläge. Gerade bei der Berechnungsmethode, die in die »fiktive« Verwaltervergütung bereits erhebliche Zuschläge einberechnet hatte, ergaben sich dann bei dem Bruchteil – oberflächlich gesehen – wesentlich geringere Prozentsätze, als bei der Berechnungsmethode, die in die »fiktive« Verwaltervergütung keine Zuschläge einfließen ließ, sondern von der Regelvergütung des § 2 Abs. 1 InsVV ausging. Dementsprechend waren die Prozentsätze bzw. Bruchteile nicht unmittelbar vergleichbar. Darüber hinaus waren auch einzelne Entscheidungen nicht eindeutig hinsichtlich der tatsächlich zugebilligten Zuschläge bzw. vorgenommenen Abschläge, da teilweise von Zuschlägen bzw. Abschlägen in »Prozent« aber auch in »Prozent-**Punkten**« gesprochen wurde. Die unter § 3 InsVV Rdn. 85 dargestellte Zusammenstellung wesentlicher Entscheidungen versucht, die durch verschiedene Berechnungsmethoden zunächst unterschiedlich erscheinenden Entscheidungen hinsichtlich ihrer Inhalte und insbesondere ihrer Zuschläge sowie auch der Abschläge so umzurechnen, dass sie vergleichbar werden. Dementsprechend sind alle Zuschläge und alle Abschläge in »**Prozent-Punkten**« dargestellt. Die in der Tabelle dargestellten Zuschläge und Abschläge sind dementsprechend unmittelbar als »Prozentpunkte« vergleichbar und somit auf den »Regelbruchteil« von 25 % unmittelbar hinzuzuaddieren bzw. davon in Abzug zu bringen.

72 Hinsichtlich der Zuschläge/Abschläge/Gerichtsentscheidungen s. § 3 InsVV Rdn. 85.

4. Mindestvergütung

73 Der **vorläufige Insolvenzverwalter** hat auch für den Fall, dass im Rahmen des vorläufigen Insolvenzverfahrens der Wert der im Rahmen des Eröffnungsverfahrens **verwalteten Masse EUR 0,0** beträgt, Anspruch auf eine **angemessene Vergütung**. Bei einer Masse »ohne Wert« ist eine Staffelvergütung nach § 2 Abs. 1 InsVV nicht möglich. Er hat dementsprechend gem. § 2 Abs. 2 InsVV Anspruch auf den dort festgelegten Mindestvergütungssatz. Dieser beträgt **EUR 1.000,00**. Von diesem Mindestbetrag ist kein Bruchteil in Höhe von 25 % gem. § 11 Abs. 1 Satz 2 InsVV zu ermitteln. Dies ergibt sich daraus, dass die Regelung in § 11 Abs. 1 InsVV sich systematisch nur auf die Staffelvergütung des § 2 Abs. 1 InsVV bezieht und auf die Mindestvergütung des § 2 Abs. 2 InsVV nicht anzuwenden ist (vgl. *LG Gera* ZIP 2004, 2199; *Haarmeyer/Wutzke/Förster* InsVV, 4. Aufl., § 2 Rn. 75). Der Verweis in § 10 InsVV bedeutet, dass die Regelungen über die Vergütung des Insolvenzverwalters auch für den vorläufigen Verwalter gelten und die in § 11 Abs. 1 InsVV normierte **Ausnahme** mit Ansatz des Bruchteils sich nur auf die die Mindestvergütung **übersteigende** Vergütung beziehen kann. Dies ergibt sich auch daraus, dass der vorläufige Verwalter ebenso wie der endgültige Verwalter einen Anspruch auf eine seiner Qualifikation und Tätigkeit entsprechende **angemessene Vergütung** hat. Dies wäre sicherlich bei einer Mindestvergütung von lediglich EUR 250,00 bei Ansatz des Regelbruchteils von 25 % gem. § 11 Abs. 1 InsVV als nicht angemessene Vergütung anzusehen.

Dies gilt auch nach der Änderung des § 11 InsVV durch das »Gesetz zur Verkürzung des Restschuldbefreiungsverfahrens und zur Stärkung der Gläubigerrechte« vom 19.07.2013. Auch wenn die Regelung des § 11 Abs. 1 Satz 2 InsVV a.F. ersatzlos entfallen ist und in § 63 Abs. 3 Satz 2 InsO »verschoben« wurde, ist keine Beschneidung der Mindestvergütung durch den Gesetzgeber beabsichtigt worden. Es liegt mithin lediglich ein redaktionelles Versehen vor. Die Mindestvergütung für den vorläufigen Insolvenzverwalter beträgt weiterhin grds. **EUR 1.000,00** (*Stapper/Häußner* ZInsO 2014, 2349; so auch *Kübler/Prütting/Bork-Prasser/Stoffler* § 11 InsVV Rn. 114; *Haarmeyer/Mock* InsVV, § 11 Rn. 143).

Dem vorläufigen Insolvenzverwalter steht auch ein **Erhöhungsbetrag** gem. § 2 Abs. 2 InsVV zu. Folglich ist auch die **Anzahl der Gläubiger** bei der Berechnung der Vergütung gem. § 2 Abs. 2 InsVV zu berücksichtigen (BK-InsO/*Blersch* InsVV, § 11 Rn. 47; *Haarmeyer/Mock* InsVV, § 2 Rn. 143; *BGH* ZInsO 2006, 811). Allerdings kann es naturgemäß nicht auf »anmeldende Gläubiger« ankommen, da es Forderungsanmeldungen im Eröffnungsverfahren nicht gibt, sondern es ist abzustellen auf die **Zahl der Gläubiger**, die nach den Schuldnerunterlagen Forderungen gegen den Schuldner besitzen und die auch der vorläufige Insolvenzverwalter im Rahmen seiner Tätigkeit ermittelt hat (BK-InsO/*Blersch* InsVV, § 11 Rn. 47; *BGH* ZIP 2010, 487; ZInsO 2006, 811; *LG Bielefeld* ZInsO 2006, 541). Diese Anzahl der Gläubiger dürfte am ehesten der Gesamtzahl der Gläubiger entsprechen, die im eröffneten Verfahren Forderungen anmelden (*BGH* ZInsO 2010, 487). Eine konkrete Befassung mit den jeweiligen Forderungen braucht der vorläufige Insolvenzverwalter nicht darzulegen bzw. nachzuweisen. Soweit im vorläufigen Insolvenzverfahren Forderungen von Arbeitnehmern im Raum stehen, und diese Beträge über Insolvenzgeld abgegolten und damit die Forderungen auf die Bundesagentur für Arbeit übergehen, sind solche Arbeitnehmer zu einem Gläubiger zusammenzufassen. Soweit Arbeitnehmer Forderungen besitzen, die nicht vom Insolvenzgeld umfasst werden, bleiben diese hingegen auch im eröffneten Verfahren als Gläubiger zur Anmeldung ihrer Forderungen berechtigt und sind daher bei der Berechnung der Mindestvergütung jeweils gesondert zu berücksichtigen (*BGH* ZIP 2010, 487; ZInsO 2006, 811). Da der Arbeitsaufwand des vorläufigen Insolvenzverwalters bei masselosen Verfahren im Rahmen der Mindestvergütung vergütet werden soll, kommen bei entsprechender Gläubigerzahl zu der Mindestvergütung von EUR 1.000,00 auch die gläubigeranzahlabhängigen Erhöhungsbeträge gem. § 2 Abs. 2 InsVV hinzu. Auch die Gläubigeranzahl abhängigen Erhöhungsbeträge unterliegen **nicht** der Bruchteilsregelung des § 11 Abs. 1 Satz 2 InsVV (BK-InsO/*Blersch* InsVV, § 11 Rdn. 71).

Zu- und Abschläge gem. § 3 InsVV kommen bei der Mindestvergütung nach § 2 Abs. 2 InsVV in besonders gelagerten **Fällen** mit erhöhter Arbeitsbelastung in Betracht (vgl. § 2 InsVV Rdn. 42; *Keller* Vergütung Rn. 625; a.A. *AG Potsdam* ZInsO 2008, 314).

D. Besondere Sachkunde, Auslagen und Umsatzsteuer

Auch im **Rahmen des vorläufigen Insolvenzverfahrens** ist bei Inanspruchnahme der **besonderen Sachkunde** des vorläufigen Insolvenzverwalters ebenfalls eine **gesonderte Vergütung** entsprechend § 5 InsVV über die Verweisung des § 10 InsVV zuzubilligen. Die **Abgrenzung** ist – ebenso wie bei dem Insolvenzverwalter – dahingehend vorzunehmen, ob ein nicht mit der besonderen Sachkunde ausgestatteter vorläufiger Insolvenzverwalter die Bearbeitung eines anstehenden Problembereiches einem **Rechtsanwalt, Steuerberater** oder **Wirtschaftsprüfer** übertragen hätte (vgl. hierzu die Darstellung bei § 5 InsVV Rdn. 3). Eine **Festsetzung** dieser gesonderten Vergütung durch das Insolvenzgericht hat **nicht** zu erfolgen. Der »starke« vorläufige Insolvenzverwalter kann, da er Verwaltungsbefugnis besitzt, diese **Beträge entnehmen**. Ein »schwacher« vorläufiger Insolvenzverwalter ist zur **Entnahme nicht berechtigt**. Daher hat das Insolvenzgericht hier seine **Befugnisse** zu **erweitern** und hinsichtlich des **Entnahmerechts** eine gesonderte Ermächtigung auszusprechen (vgl. MüKo-InsO/*Nowak* 2. Aufl. Anh. zu § 65, § 11 InsVV Rn. 24).

Die **Auslagen** des vorläufigen Insolvenzverwalters sind auf Grund der Verweisung in § 10 InsVV entsprechend § 4 InsVV zu beantragen und vom Insolvenzgericht gem. § 8 InsVV festzusetzen. Siehe i.E. § 4 InsVV Rdn. 17 ff. und § 8 InsVV Rdn. 5 ff.

77 Die **Auslagenpauschale** des § 8 Abs. 3 InsVV kann auch vom vorläufigen Insolvenzverwalter geltend gemacht werden. Für alle ab 01.01.2004 eröffneten Verfahren ist auf die Neufassung des § 8 Abs. 3 InsVV durch die Änderungsverordnung vom 04.10.2004 auch für den vorläufigen Insolvenzverwalter bei der Berechnung der Auslagenpauschale hinzuweisen. Die Neuregelung des § 8 Abs. 3 InsVV legt eine **Obergrenze** auf **30 % der Regelvergütung** des vorläufigen Insolvenzverwalters fest. Da die Regelvergütung des vorläufigen Insolvenzverwalters gem. § 11 Abs. 1 Satz 2 InsVV 25 % der Regelvergütung des Insolvenzverwalters gem. § 2 Abs. 1 InsVV beträgt, ist die absolute Obergrenze für den vorläufigen Insolvenzverwalter bei **7,5 % der Regelvergütung** gem. § 2 Abs. 1 InsVV auf der Grundlage des während des Eröffnungsverfahrens verwalteten Vermögens zu sehen (vgl. BK-InsO/ *Blersch* InsVV, § 11 Rn. 54; *BGH* ZIP 2006, 2228).

78 Die **Umsatzsteuer** ist durch den Verweis gem. § 10 InsVV nach § 7 InsVV analog ebenfalls dem vorläufigen Insolvenzverwalter zuzuerkennen und entsprechend festzusetzen. Insoweit wird auf die Darstellung zu § 7 InsVV verwiesen.

E. Festsetzungsverfahren

79 Der Anspruch des vorläufigen Insolvenzverwalters auf seine Vergütung entsteht mit der Erbringung seiner Dienstleistung und wird mit Erledigung der zu vergütenden Tätigkeit fällig. Der **Anspruch** wird somit mit Beendigung der vorläufigen Verwaltung **fällig** (*LG Göttingen* NZI 2001, 219).

80 Ebenso wie bei dem endgültigen Insolvenzverwalter werden die Vergütungen und die Auslagen nicht von Amts wegen festgesetzt, sondern setzen einen **Antrag** voraus. Der Antrag ist schriftlich zu stellen und muss hinsichtlich der Vergütung und der zu erstattenden Auslagen einen **bestimmten Euro-Betrag** enthalten. Über § 4 InsO gilt der zivilprozessuale Grundsatz der **Antragsbestimmtheit** gem. § 253 Abs. 2 Nr. 2 ZPO auch hier. Darüber hinaus ist zur Feststellung einer ggf. zu ermittelnden Beschwer gem. § 64 Abs. 3 InsO ein bestimmter Antrag erforderlich.

81 Der vorläufige Insolvenzverwalter kann im Rahmen seines Antrages die Festsetzung der Höhe der Vergütung nicht in das Ermessen des Gerichts stellen.

Der Vergütungsantrag ist darüber hinaus zu **begründen** (s.*Schmitt* § 64 Rdn. 6). Aus der Begründung muss der konkret geltend gemachte Betrag nachvollziehbar werden und soweit der vorläufige Insolvenzverwalter Abweichungen vom Regelsatz gem. § 3 InsVV geltend macht, sind die jeweiligen Zu- und Abschläge im Einzelnen darzulegen. Ebenso ist die für die Regelvergütung zu berechnende **Berechnungsgrundlage** gem. § 1 InsVV nachvollziehbar darzulegen. Im Zusammenhang mit der Erstattung der **Auslagen** muss sich aus dem Antrag ergeben, inwieweit der vorläufige Insolvenzverwalter entweder tatsächlich entstandene Auslagen oder den Pauschalsatz nach § 8 Abs. 3 InsVV geltend macht.

82 Für die Festsetzung der Vergütung ist im Falle der Eröffnung des Insolvenzverfahrens der **Rechtspfleger funktionell zuständig**, soweit der Insolvenzrichter gem. § 18 Abs. 2 RPflG sich das Verfahren nicht vorbehalten hat (vgl. *BGH* Beschl. v. 22.09.2010 – IX ZB 195/09, ZIP 2010, 2160; *OLG Zweibrücken* NZI 2000, 314; *OLG Köln* ZIP 2000, 1993; *Haarmeyer/Mock* InsVV § 8 Rn. 29; **a.A.** *Stephan/Riedel* § 11 InsVV Rn. 66; nur der Insolvenzrichter).

§ 18 Abs. 1 Nr. 1 RPflG, wonach der Richter »bis zur Entscheidung über den Insolvenzantrag zuständig« ist, normiert keine sachliche, sondern vielmehr eine zeitliche Abgrenzung. Dies hat u.a. zur Folge, dass der Rechtspfleger zuständig ist für Geschäfte, die zeitlich nach der Entscheidung über den Insolvenzantrag anfallen (so auch *AG Hamburg* Beschl. v. 20.10.2014 – 67g IN 260/14, ZInsO 2015, 1467).

Wird das Insolvenzverfahren **nicht** eröffnet, ist der für das gesamte Eröffnungsverfahren zuständige **Insolvenzrichter** auch für die Festsetzung der Vergütung des vorläufigen Insolvenzverwalters **zuständig**.

Der **Gegenmeinung**, die den Insolvenzrichter **in jedem Fall** – also sowohl bei Eröffnung als auch Nichteröffnung – als funktionell zuständig für die Festsetzung der Vergütung des vorläufigen Verwalters ansieht *(AG Göttingen* NZI 1999, 469; *AG Köln* NZI 2000, 143; *LG Rostock* ZInsO 2001, 96; *Keller* Vergütung Rn. 647; *Stephan/Riedel* § 11 InsVV, Rn. 66) ist **nicht** zu folgen. Die Insolvenzeröffnung stellt eine **Zäsur** dar und der Rechtspfleger wird für das gesamte Verfahren und für alle dann noch zu treffenden Entscheidungen zuständig, soweit sich nicht der Richter das Verfahren vorbehält *(BGH* Beschl. v. 22.09.2010 – IX ZB 159/09; BK-InsO/*Blersch* InsVV, § 11 Rn. 56; *LG Frankfurt* ZInsO 1999, 542; *OLG Zweibrücken* NZI 2000, 314).

Der **BGH** (NZI 2010, 28; zust. *LG Gießen* ZInsO 2011, 304; *LG Duisburg* ZIP 2010, 1360) hat die Auffassung vertreten, dass in den Fällen, in denen das **Insolvenzverfahren nicht eröffnet** wurde, die Vergütung des vorläufigen Insolvenzverwalters **nicht** vom Insolvenzgericht nach §§ 63, 64 InsO, §§ 8, 10, 11 InsVV festgesetzt werden kann. Der BGH ist der Meinung, dass in diesem Falle der vorläufige Insolvenzverwalter wegen seines Vergütungsanspruchs auf den **ordentlichen Rechtsweg** zu verweisen sei. Die Entscheidung kommt zu diesem Schluss mit der Begründung, dass der (frühere) vorläufige Insolvenzverwalter in diesen Fällen den materiellrechtlichen Anspruch nicht aus der InsO, sondern aufgrund der §§ 1835, 1836, 1915, 1987, 2221 BGB, aus Regelungen des Bürgerlichen Gesetzbuches zum Vormundschaftsrechts, Pflegerechts, aus der Nachlassverwaltung und der Testamentsvollstreckung herleite. Daraus sei dann die Konsequenz zu ziehen, dass für die Durchsetzung dieses Vergütungsanspruches nicht das Insolvenzgericht, sondern das **Zivilgericht** zuständig sei. Der BGH ist darüber hinaus der Auffassung, dass die Vergütung nur aufgrund einer **entsprechenden Kostengrundentscheidung** gegen den Schuldner festgesetzt werden könne. Eine derartige Entscheidung zu Gunsten des vorläufigen Insolvenzverwalters könne jedoch nicht das Insolvenzgericht erlassen, weil es hierfür keine gesetzliche Grundlage gäbe. 83

Diese Auffassung und Argumentation des BGH ist **nicht überzeugend** und ist deshalb **zu Recht** auf erhebliche **Kritik** gestoßen (vgl. hierzu *AG Duisburg* ZInsO 2010, 973; *Uhlenbruck* NZI 2010, 161 ff.; *Riewe* NZI 2010, 131 ff.; *Mitlehner* EWiR 2010, 195). **Richtigerweise** ist davon auszugehen, dass für die Festsetzung der Vergütung und der zu erstattenden Auslagen des vorläufigen Insolvenzverwalters gegen den Schuldner nach Grund und Höhe das **Insolvenzgericht** auch dann zuständig ist, wenn es nicht zur Eröffnung des Insolvenzverfahrens kommt *(AG Duisburg* ZInsO 2010, 973; *Uhlenbruck* NZI 2010, 161 ff.; *Riewe* NZI 2010, 131 ff.; *Mitlehner* EWiR 2010, 195). Ausgangspunkt des Vergütungsanspruchs und der Festsetzung der Vergütung des vorläufigen Insolvenzverwalters ist die gesetzliche Regelung in § 21 Abs. 2 Nr. 1 InsO mit Verweisung auf § 64 InsO. Ausweislich dieser Vorschriften setzt das **Insolvenzgericht** die Vergütung und die zu erstattenden Auslagen des vorläufigen Insolvenzverwalters durch **Beschluss** fest. Die gesetzliche Regelung nimmt keine Unterscheidung zwischen dem später eröffneten und dem nicht eröffneten Verfahren vor. Die Bestimmung des § 21 Abs. 2 Nr. 1 InsO geht zurück auf die bereits in der Konkursordnung (§ 106 KO) geschaffene Rechtsfigur des konkursrechtlichen Sequesters. Es war in diesem Zusammenhang unstreitig, dass der Sequester Anspruch auf eine Vergütung hat, die vom Konkursgericht gem. § 85 Abs. 1 KO analog festgesetzt wurde – ungeachtet dessen, ob das Konkursverfahren eröffnet wurde oder nicht (vgl. *Kuhn/Uhlenbruck* KO, 11. Aufl., § 106 Rn. 6a, 20, 20d). 84

Der Gesetzgeber wollte mit der Regelung des § 21 Abs. 2 Nr. 1 InsO an dieser unter der Konkursordnung geltenden Rechtslage, nämlich dass das Konkursgericht die Vergütung des Sequesters ungeachtet der Eröffnung des Konkursverfahrens festsetzt, nichts ändern. **Der vorläufige Insolvenzverwalter** kann auch im Falle der **Nichteröffnung** des Insolvenzverfahrens seinen Vergütungsanspruch aus § 21 Abs. 2 Nr. 1, §§ 63, 64 InsO herleiten, sodass von einer Regelungslücke, wie der BGH annimmt, nicht auszugehen ist (vgl. *Mitlehner* EWiR 2010, 195; *Uhlenbruck/Vallender* InsO, § 22 Rn. 237 m.w.N.). Aus den vorstehend genannten gesetzlichen Vorschriften der InsO ergibt sich kein Anhaltspunkt, dass die entsprechende Anwendung der §§ 63, 64 InsO im Falle der Nichteröffnung des Verfahrens nicht erfolgen soll. Auch der BGH hat in der oben genannten Entscheidung hierzu keinerlei Ausführungen gemacht. Darüber hinaus lässt sich aus § 25 Abs. 2 InsO schließen, dass gerade auch für den Fall der Nichteröffnung des Verfahrens die Regelungen der §§ 21 Abs. 2 85

§ 11 InsVV Vergütung des vorläufigen Insolvenzverwalters

Nr. 1, 63, 64 InsO greifen sollen, da ansonsten die Regelung des § 25 Abs. 2 InsO für den Fall der Rücknahme oder Erledigung des Insolvenzantrags überflüssig wäre (vgl. *Mitlehner* EWiR 2010, 195), denn § 25 Abs. 2 InsO erfasst auch in diesen Fällen den Ausgleich der Vergütung des vorläufigen Verwalters (vgl. hierzu *Uhlenbruck* NZI 2010, 161).

86 Darüber hinaus wird die Entscheidung des *BGH* (NZI 2010,28) nicht der Rechtsprechung des **BVerfG** hinsichtlich der Sicherstellung des Vergütungsanspruchs des (vorläufigen) Insolvenzverwalters gerecht (*BVerfG* NJW 1972, 1891; *Uhlenbruck* NZI 2010, 161). Der (vorläufige) Insolvenzverwalter wird im öffentlichen Interesse aufgrund der Beauftragung durch das Insolvenzgericht tätig. Folglich muss unter Berücksichtigung des Art. 12 Abs. 3 GG eine **angemessene Entschädigung** für seine Tätigkeit **gewährleistet** werden (*BVerfG* NJW 1980, 2179). Diesem Grundsatz dient auch die Regelung des § 25 Abs. 2 InsO, die gerade sicherstellen soll, dass der vorläufige Insolvenzverwalter aus der von ihm sichergestellten Masse eine Deckung seiner Vergütung erhält. Würde man der Entscheidung des BGH folgen, wäre auch im Falle, dass der vorläufige Insolvenzverwalter im Besitz einer ausreichenden Masse zur Deckung seines Vergütungsanspruches ist, er auf den Zivilrechtsweg verwiesen und müsste entgegen der Regelung des § 25 Abs. 2 InsO diese Vermögenswerte an den Schuldner herausgeben. Es ist offensichtlich, dass dies vom Gesetzgeber nicht gewollt ist (vgl. hierzu *BGH* ZIP 2004, 571).

87 **Richtigerweise** ist daher auch im Falle der **Nichteröffnung des Insolvenzverfahrens** das **Insolvenzgericht** für die Festsetzung der Vergütung des vorläufigen Insolvenzverwalters **zuständig**. Sollten die Insolvenzgerichte unter Hinweis auf die Entscheidung des *BGH* (ZIP 2004, 571) die Festsetzung der Vergütung zurückweisen und den vorläufigen Insolvenzverwalter an das Zivilgericht verweisen, kann dem vorläufigen Insolvenzverwalter nur dringend angeraten werden, beim Insolvenzgericht zumindest eine **Entscheidung** entsprechend § 25 Abs. 2 InsO herbeizuführen, die den (früheren) vorläufigen Insolvenzverwalter in die Lage versetzt, einen der Vergütung angemessenen Teil des von ihm gesicherten Vermögens des Insolvenzschuldners zurückzuhalten (s. hierzu *Graeber/Graeber* InsbürO 2009, 354 mit einem Formulierungsvorschlag für einen Beschluss analog § 25 Abs. 2 InsO). Darüber hinaus sollte der (frühere) vorläufige Insolvenzverwalter gegenüber dem Insolvenzschuldner sein **Zurückbehaltungsrecht** an dem von ihm gesicherten **Barvermögen** des Insolvenzschuldners, d.h. den Kassenbestand und das auf dem Anderkonto vorhandenen Guthaben geltend machen. Soweit das zurückbehaltene Vermögen ausreicht die Vergütung des vorläufigen Insolvenzverwalters abzudecken, kann der vorläufige Insolvenzverwalter darauf verzichten, eine Klage zu erheben und abwarten, ob der (frühere) Insolvenzschuldner wiederum ihn verklagt, das zurückbehaltene Vermögen herauszugeben. In einem derartigen Klageverfahren des Insolvenzschuldners kann der (frühere) vorläufige Insolvenzverwalter seinen Vergütungsanspruch der Herausgabeforderung entgegensetzen (s. hierzu auch ausf. *Graeber/Graeber* InsbürO 2009, 354, InsbürO 2010, 62). Im Übrigen ist der (frühere) vorläufige Insolvenzverwalter gezwungen gegen den (früheren) Insolvenzschuldner bei dem zuständigen Zivilgericht **Klage** auf **Zahlung** des nach den Vorschriften der InsVV berechneten Vergütungs- und Auslagenbetrages zu erheben. Dies stellt selbstverständlich ein erhebliches zusätzliches **Kostenrisiko** des (früheren) vorläufigen Insolvenzverwalters dar, da nur in wenigen Fällen anzunehmen ist, dass der bereits sich im vorläufigen Verfahren befundene (frühere) Insolvenzschuldner bereit ist, den geltend gemachten Betrag zu bezahlen. Dem vorläufigen Insolvenzverwalter ist daher dringend anzuraten, zu versuchen, vor Erhebung einer Klage, eine Einigung mit dem (früheren) Insolvenzschuldner herbeizuführen. Darüber hinaus ist zu beachten, dass regelmäßig die Zivilrichter keine weitergehenden Kenntnisse über das System der Vergütung nach der InsVV besitzen und damit im Klageverfahren erheblicher Argumentationsaufwand entstehen wird (s. hierzu *Graeber/Graeber* InsbürO 2010, 62).

88 Der **Gesetzgeber** hat sich dieser Problematik in dem **Gesetz zur weiteren Erleichterung der Sanierung von Unternehmen** (ESUG, vom 07.12.2011 BGBl. I S. 2582), das am 01.03.2012 in Kraft getreten ist, durch Einfügung eines **§ 26a InsO** angenommen. Die neu eingeführte Vorschrift regelt nunmehr das Festsetzungsverfahren für die Vergütung des vorläufigen Insolvenzverwalters soweit das Insolvenzverfahren nicht eröffnet wird. **§ 26a Abs. 1 InsO** bestimmt, dass das **Insolvenzgericht**

die Vergütung und die zu erstattenden Auslagen des vorläufigen Insolvenzverwalters festsetzt, sofern das Insolvenzverfahren nicht eröffnet wird.

Wie sich aus der Begründung des Gesetzgebers (BT-Drucks. 17/5712) ausdrücklich ergibt, will der **Gesetzgeber** mit der Neuregelung **klarstellen**, dass auch bei Nichteröffnung des Insolvenzverfahrens das **Insolvenzgericht** für die Festsetzung der Vergütung sowie der Auslagen des vorläufigen Insolvenzverwalters zuständig ist. Dabei spielt es auch keine Rolle, ob die Verfügungsbefugnis über das Vermögen des Schuldners auf den vorläufigen Insolvenzverwalter übergegangen ist. 89

Der Gesetzgeber weist in seiner **Begründung** (BT-Drucks. 17/5712) ausdrücklich darauf hin, dass die Rechtsprechung des BGH, wonach der vorläufige Verwalter seine Ansprüche gegen den Schuldner vor den allgemeinen Zivilgerichten geltend machen müsse, in der Literatur vielfach kritisiert werde und es bei den Untergerichten abweichende Entscheidungen gibt (BT-Drucks. 17/5712). Durch die Neuregelung will der Gesetzgeber auch die vom BGH bisher vermisste **gesetzliche Grundlage** für eine Vergütungsentscheidung im Insolvenzverfahren schaffen und die vom BGH angenommene Gesetzeslücke schließen (BT-Drucks. 17/5712). Mit der **Entscheidung des Insolvenzgerichts** über den Vergütungsantrag des vorläufigen Insolvenzverwalters erhält der vorläufige Insolvenzverwalter einen Beschluss des Insolvenzgerichts, der einem **vorläufig vollstreckbaren Titel i.S.d. § 794 Abs. 1 Nr. 3 ZPO gleichsteht**. 90

Im Einzelnen wird auf die Ausführungen bei *Schmerbach* § 26a Rdn. 1 ff. verwiesen.

Problematisch sind hierbei allerdings noch die Fälle, in denen eine vorläufige Verwaltung **vor dem 01.03.2012** angeordnet wurde, aber aufgrund von Rücknahme- oder Erledigungserklärung bzw. Antragsabweisung nach dem Stichtag ohne Eröffnung beendet wurden. Für diese Verfahren hat der **BGH** (ZInsO 2012, 800) nunmehr **toleriert**, dass eine wider seine vorherige Rechtsprechung (ZInsO 2008, 151; ZInsO 2010, 107; ZInsO 2012, 802) vorgenommene Kostengrundentscheidung des Insolvenzgerichts, dem Schuldner die Kosten aufzuerlegen, wirksam ist. Das Insolvenzgericht habe »nach den gemäß § 4 InsO entsprechend anwendbaren Normen der ZPO von Amts wegen darüber zu befinden, wer die Kosten des Eröffnungsverfahrens zu tragen hat. Zu den Kosten des Verfahrens gehört die Vergütung des vorläufigen Verwalters zwar nicht. Bezieht das Insolvenzgericht sie gleichwohl in seine Entscheidung ein, überschreitet es seine materiell-rechtlichen Befugnisse, begibt sich aber nicht in einen Bereich, der eindeutig und unstreitig ganz außerhalb seiner Zuständigkeit läge« (*BGH* ZInsO 2012, 800). 91

Für vor dem 01.03.2012 beantragte Verfahren, die aber erst nach dem Stichtag ohne Eröffnung beendet wurden, ist insoweit »Ruhe eingetreten« (*Zimmer* ZInsO 2012, 1660).

Die **Verfahrensbeteiligten** müssen nach überwiegender Auffassung in der Literatur **vor** der Festsetzung der Vergütung **nicht gehört** werden Der ***BGH*** (DZWIR 2012, 523; ZInsO 2010, 397) dagegen erwartet, dass dem Schuldner vor der Festsetzung der Vergütung des vorläufigen Insolvenzverwalters zumindest im Fall der Abweisung mangels Masse **Gelegenheit** zu geben ist, zu dem Vergütungsantrag **Stellung** zu nehmen. Eine unterbliebene Anhörung des Schuldners hat allerdings nach Auffassung des BGH keine Auswirkung auf den Beginn der Rechtsmittelfrist (hierzu kann auf die Ausführungen bei § 8 InsVV Rdn. 13 ff. verwiesen werden). Über den Festsetzungsantrag erfolgt die Entscheidung durch **Beschluss** gem. § 64 Abs. 1 InsO, in dem die Vergütung des vorläufigen Insolvenzverwalters, die ihm zu ersetzenden Auslagen und die jeweils zu erstattende Umsatzsteuer gesondert ausgewiesen werden (§ 8 Abs. 2 Satz 2 InsVV). 92

Der **Beschluss** ist dem vorläufigen Insolvenzverwalter und dem Schuldner besonders **zuzustellen**. Darüber hinaus ist der **Beschluss** auch gem. § 64 Abs. 2 Satz 1 InsO **öffentlich bekannt zu machen**. Zu beachten ist hierbei, dass bereits die **öffentliche Bekanntmachung** die **Frist** zur Einlegung der sofortigen Beschwerde in Gang setzt (vgl. hierzu i.E. die Ausführungen bei § 8 InsVV Rdn. 12, 25). Die Veröffentlichung hat allerdings gem. § 64 Abs. 2 Satz 2 InsO die festgesetzten Beträge nicht zu enthalten, sondern es ist in der öffentlichen Bekanntmachung lediglich darauf hinzuweisen, dass der vollständige Beschluss auf der Geschäftsstelle von den Beteiligten eingesehen werden kann. Im Einzelnen und ergänzend kann auf die Ausführungen bei § 8 InsVV Rdn. 8 ff. verwiesen werden.

93 Gegen die Festsetzung der Vergütung steht dem vorläufigen Insolvenzverwalter, dem Schuldner und jedem Gläubiger gem. § 64 Abs. 3 InsO die **sofortige Beschwerde** zu. Hierfür sind dann wiederum die Bestimmungen des § 6 InsO einschlägig.

Die sofortige Beschwerde setzt eine **Beschwer** des Beschwerdeberechtigten voraus, die gem. § 64 Abs. 3 Satz 2 InsO i.V.m. § 567 Abs. 2 ZPO einen Wert des Beschwerdegegenstandes von mehr als **EUR 200,00** darstellt. Der Wert der Beschwer errechnet sich aus dem Differenzbetrag zwischen dem in der Beschwerde verlangten und dem aus dem Festsetzungsbeschluss sich ergebenden Betrag.

94 Bei einer Entscheidung durch den **Rechtspfleger** ist nicht die Erinnerung, sondern sogleich die sofortige Beschwerde gem. § 11 Abs. 1 RPflG gegeben, soweit der Beschwerdewert von EUR 200,00 erreicht wird. Ist der Beschwerdewert darunter liegend, kann der Rechtspfleger der Erinnerung abhelfen. Im Übrigen entscheidet der Richter des Insolvenzgerichts (§ 11 Abs. 2 RPflG). Eine **Abhilfebefugnis** des Insolvenzrichters ist gem. § 572 Abs. 1 Satz 1 ZPO im Fall einer zulässig eingelegten sofortigen Beschwerde gegeben; im Übrigen entscheidet das Beschwerdegericht.

F. Nachträgliche Änderung der Festsetzung (§ 63 Abs. 3 Satz 4 InsO i.V.m. § 11 Abs. 2 InsVV)

95 Der Verordnungsgeber hatte mit der zweiten Verordnung zur Änderung der Insolvenzrechtlichen Vergütungsverordnung (s. *Lorenz/Klanke* InsVV, Anh. VI.) einen neuen Absatz 2 in § 11 InsVV eingefügt. Der Gesetzgeber bzw. Verordnungsgeber hat im Rahmen des Gesetzes zur Verkürzung des Restschuldbefreiungsverfahrens und zur Stärkung der Gläubigerrechte (BT-Drucks. 17/13535) die Änderungsbefugnis, die bislang in § 11 Abs. 2 InsVV a.F. geregelt war, inhaltsgleich in § 63 Abs. 3 InsO n.F. übertragen. Eine inhaltliche Änderung hat dies allerdings nicht herbeigeführt. Grund für diese Änderungsbefugnis war nach Auffassung des Verordnungsgebers (Begr. zur 2. ÄndVO InsVV s. *Lorenz/Klanke* InsVV, Anh. VI.), dass in der Vergangenheit in die Berechnungsgrundlagen für die Vergütung des vorläufigen Insolvenzverwalters unrealistische Schätzwerte eingestellt worden seien, die im eröffneten Insolvenzverfahren nicht einmal annähernd erreicht worden seien. Dadurch waren den vorläufigen Insolvenzverwaltern teilweise überhöhte Vergütungen zugesprochen worden. Der Verordnungsgeber will somit mit dem neu eingefügten Absatz 2 des § 11 InsVV eine Möglichkeit schaffen, **nachträglich** an der Vergütung des vorläufigen Insolvenzverwalters, orientiert an den tatsächlich erzielten Werten, eine Änderung vorzunehmen. Es wurde zu diesem Zweck in Absatz 2 des § 11 InsVV eine **Hinweispflicht** des Insolvenzverwalters im eröffneten Insolvenzverfahren spätestens mit Vorlage der Schlussrechnung festgelegt. Der Insolvenzverwalter ist im Rahmen der Hinweispflicht angehalten, sofern eine **Wertdifferenz von 20 %** der Gesamtheit der im Rahmen der Vergütung des vorläufigen Insolvenzverwalters in die Berechnungsgrundlage eingeflossenen Gegenstände eintritt, das Insolvenzgericht zu informieren. Die Verpflichtung zum Hinweis auf die Wertdifferenz von 20 % gilt sowohl bei einem **Unterschreiten** wie auch bei einem **Überschreiten** des Wertes.

96 Mit dem Begriff der »**Gesamtheit der Gegenstände**« sind alle diejenigen Gegenstände gemeint, die in die Berechnungsgrundlage zur Festsetzung der Vergütung des vorläufigen Insolvenzverwalters einbezogen waren (BK-InsO/*Blersch* InsVV, § 11 Rn. 63). Die **Hinweispflicht** besteht somit immer dann, wenn bei denjenigen Gegenständen, die in der Berechnungsgrundlage zur Vergütung des vorläufigen Insolvenzverwalters herangezogen wurden, eine Wertveränderung eingetreten ist und in der **Gesamtheit** dieser Gegenstände eine Wertdifferenz von 20 % über- oder unterschritten wird. Dem vorläufigen Insolvenzverwalter ist daher anzuraten, in die Berechnungsgrundlage zur Vergütung des vorläufigen Insolvenzverwalters **alle** erkennbaren Vermögensgegenstände – und sei es auch nur mit einem Erinnerungswert von € 1,00 – in der Berechnungsgrundlage aufzuführen, sodass im Falle der erreichten Auffüllung dieser möglicherweise im vorläufigen Verfahren nur vage erkennbaren Vermögenswerte die Möglichkeit geschaffen wird, eventuell anderweitig eingetretene Vermögensminderungen zu kompensieren. Denn nur diejenigen Gegenstände, die in der Berechnungsgrundlage

zur Vergütung des vorläufigen Verwalters – ungeachtet des Wertes – genannt sind, können bei der späteren Berechnung einer eventuellen Wertdifferenz herangezogen werden.

Dementsprechend ist vom Insolvenzverwalter im Rahmen der Schlussrechnung festzustellen, welche Vermögenswerte, die er in seiner Schlussrechnung aufführt, in die Berechnungsgrundlage für die Vergütung des vorläufigen Insolvenzverwalters einbezogen und welche Verwertungserlöse im eröffneten Verfahren dann genau für diese Gegenstände erzielt wurden. Die jeweiligen Wertdifferenzen dieser einzelnen Vermögensgegenstände sind zu addieren und dem Wert der Berechnungsgrundlagen für die Vergütung des vorläufigen Insolvenzverwalters gegenüberzustellen. Bei Unter- oder Überschreiten der Wertdifferenz von mehr als 20 % besteht die Hinweispflicht im Rahmen des Schlussberichtes des Insolvenzverwalters (BK-InsO/*Blersch* InsVV, § 11 Rn. 64). Bei der Ermittlung der Werte der Gesamtheit der Gegenstände sowohl im vorläufigen Verfahren wie auch im eröffneten Verfahren müssen die mit **Aus- und Absonderungsrechten** belasteten Gegenstände mit einbezogen werden, da diese Gegenstände ggf. nach § 11 Abs. 1 Satz 4 InsVV in der Berechnungsgrundlage zur Vergütung des vorläufigen Insolvenzverwalters enthalten sind (*Kübler/Prütting/Bork-Prasser/Stoffler* § 11 InsVV Rn. 125; BK-InsO/*Blersch* InsVV, § 11 Rn. 64; **a.A.** *Haarmeyer/Wutzke/Förster* InsVV, 4. Aufl., § 11 Rn. 52). 97

Der Verordnungsgeber hat im Rahmen der Regelung der Hinweispflicht und insbesondere bei Berechnung der Wertdifferenz beachtliche **Problembereiche** nicht geregelt, die unter Berücksichtigung einer angemessenen Vergütung des vorläufigen Insolvenzverwalters und insbesondere unter Berücksichtigung seiner Tätigkeit, des Wertes des von ihm verwalteten Vermögens während des vorläufigen Insolvenzverfahrens und insbesondere auch seines Haftungsrisikos entsprechend zu lösen sind. Eine Hinweispflicht ist jedenfalls dann ausgeschlossen, wenn der **vorläufige Insolvenzverwalter nicht** mit dem endgültigen **Insolvenzverwalter identisch** ist (Begr. zur 2. ÄndVO abgedruckt vor § 1 InsVV Rdn. 3) oder wenn im eröffneten Insolvenzverfahren ein **Verwalterwechsel** stattfindet (*Küpper/Heinze* ZInsO 2007, 231; Begr. zur 2. ÄndVO InsVV, abgedruckt vor § 1 InsVV Rdn. 3). Dieser Ausschluss ist zwingend geboten, da ansonsten bei Eintritt einer Wertdifferenz von mehr als 20 % nicht lösbare Differenzen zwischen vorläufigem Insolvenzverwalter und dem – nicht identischen – späteren, die Schlussrechnung erstellenden Insolvenzverwalter hinsichtlich der Art und Weise der Abwicklung des Insolvenzverfahrens, insbesondere der Verwertung vorhandener Vermögensgegenstände, des Eintritts veränderter Umstände usw. vorprogrammiert wären. 98

Denkbar ist auch der Fall, dass im Rahmen des eröffneten Verfahrens Gegenstände, die mit Aus- oder Absonderungsrechten belastet sind, vom **Verwalter nicht selbst verwertet** werden. Dies ist insbesondere bei Aussonderungsgut der Fall. Diese Situation tritt auch ein, wenn der Insolvenzverwalter die mit Fremdrechten belasteten Gegenstände aus dem **Insolvenzbeschlag freigibt** oder sie dem Gläubiger zur Verwertung überlässt oder insbesondere im Bereich der Immobilien der Gläubiger die Immobilie im Wege der **Zwangsversteigerung** verwertet. In all diesen Fällen muss der Insolvenzverwalter von dem verwertenden Gläubiger die erzielten Erlöse erfragen. Bei erheblichen Abweichungen von dem ursprünglichen Wertansatz durch den vorläufigen Insolvenzverwalter sind ggf. weitere Nachforschungen anzustellen und der Hintergrund des Werteverfalls festzustellen. Bei Immobilien, die zwangsversteigert werden, ist der im Zwangsversteigerungsverfahren ermittelte **Verkehrswert** den Wertansätzen im vorläufigen Verfahren gegenüberzustellen. Das Gebot im Versteigerungsverfahren kann hier nicht maßgeblich sein. Gleichermaßen ist bei offensichtlicher »**Schlechtverwertung**« durch den Gläubiger, wie beispielsweise **Verschleuderung**, die nachgewiesen werden kann, der ursprüngliche Wertansatz des vorläufigen Insolvenzverwalters anzusetzen. 99

Sofern der freigegebene Gegenstand sich noch im Schuldnervermögen befindet und bei **Verfahrensbeendigung noch nicht verwertet** ist, bleibt es ebenfalls bei dem **ursprünglichen Wertansatz** im vorläufigen Verfahren. Derartige Vorgänge können nicht zum Nachteil des vorläufigen Verwalters gereichen. 100

Sobald eine entsprechende **Wertdifferenz** eingetreten ist, wird entsprechend § 63 Abs. 3 Satz 4 InsO (§ 11 Abs. 2 InsVV a.F.) eine Abänderungsbefugnis des Insolvenzgerichts relevant. Das Insolvenz- 101 gericht ist dann berechtigt, den Beschluss über die Festsetzung der Vergütung des vorläufigen Insolvenzverwalters zu ändern. Nach dem **Sinn und Zweck** der Verordnungsvorschrift kann das Insolvenzgericht aber **nicht den gesamten Beschluss** ändern, sondern seiner Änderungsbefugnis unterliegt ausschließlich die **Berechnungsgrundlage** der ursprünglich festgesetzten Vergütung des vorläufigen Insolvenzverwalters (*Haarmeyer/Wutzke/Förster* InsVV, 4. Aufl., § 11 Rn. 52; BK-InsO/*Blersch* InsVV, § 11 Rn. 66). *Haarmeyer/Mock (*InsVV, § 11, Rn. 92) sind demgegenüber – **zu Unrecht** – der Auffassung, dass auch ggf. darauf beruhende Zuschläge, insbesondere, wenn diese in einem unmittelbaren Bezug zur Höhe der Berechnungsgrundlage stehen, veränderbar seien. Sie sehen die gesamte Festsetzung unter dem Änderungsvorbehalt. Dem ist **nicht** zuzustimmen. Richtigerweise kann ein **Zuschlag nur** dann einem Änderungsvorbehalt unterliegen, wenn er sich unter besonderer Berücksichtigung der Berechnungsgrundlage errechnet, wie beispielsweise der Zuschlag für die Betriebsfortführung mit der gebotenen Vergleichsrechnung. Das Insolvenzgericht kann daher nur die Vergütung insoweit ändern, als sie sich aus der Veränderung der **Berechnungsgrundlage** ergibt. Die Änderungsbefugnis reicht jedoch nur soweit, als sich die Veränderung der Berechnungsgrundlage aus **abweichenden Werten** bei der Realisierung der Vermögenswerte im Gegensatz zu den im Vergütungsantrag/-beschluss prognostizierten Werten und angesetzten Werten ergibt. Der Weg zur generellen Anpassung der Berechnungsgrundlagen aufgrund zwischenzeitlich ergangener Rechtsprechung (z.B. hinsichtlich der Einbeziehung von Absonderungsrechten oder dem Abzug von Ausgaben der Betriebsfortführung) wird hierbei selbstverständlich **nicht eröffnet**. Die diesbezüglichen Vergütungsfestsetzungen sind rechtskräftig und unterliegen **nicht** der Änderungsbefugnis. Es kommt nur ein Vergleich der Werte in Betracht, die zum einen bei der Beantragung zur Festsetzung der Vergütung des vorläufigen Insolvenzverwalters als Berechnungsgrundlage angesetzt wurden und zum anderen diejenigen Werte, die sich bei Abschluss des Insolvenzverfahrens (also bei der Schlussrechnungslegung) als die tatsächlich realisierten Werte darstellen. Der Verordnungsgeber hat in seiner Begründung zur zweiten Verordnung zur Änderung der insolvenzrechtlichen Vergütungsverordnung vom 21.12.2006 unter B Art. 1 Ziff. 1 zu Nr. 1 dies ausdrücklich am Ende ausgeführt. **Sinn und Zweck** der **Anpassungsmöglichkeit** ist es, die vom vorläufigen Insolvenzverwalter ggf. »falsch geschätzten« Werte zu Ende des Verfahrens im Rahmen der Schlussrechnung durch die Anpassung der Berechnungsgrundlage an die tatsächlich realisierten Werte zu korrigieren, wenn eine Differenz in der Gesamtheit von mehr als 20 % vorliegt (s. hierzu die Begr. des Verordnungsgebers zur zweiten Verordnung zur Änderung der insolvenzrechtlichen Vergütungsverordnung vom 21.12.2006, abgedruckt bei *Lorenz/Klanke* 3. Aufl. 2016, Anh. VI).

Eine – nachträgliche – Anpassung oder Abänderung der Vergütung des vorläufigen Insolvenzverwalters, die auf anderen Grundlagen beruht (Zuschläge, Einbeziehung von Aus- oder Absonderungsrechten in Verbindung mit Änderung der Rechtslage bzw. der Beurteilung durch Entscheidungen des BGH usw.), ist **nicht zulässig**, da dies dem Sinn und Zweck der nunmehr in § 63 Abs. 3 getroffenen »Anpassungsregel« widersprechen würde.

Das Insolvenzgericht kann im Übrigen **keine Änderung im Bereich der Zu- oder Abschläge** vornehmen. Die Abänderungsbefugnis tritt allerdings unabhängig von der Erfüllung der Hinweispflicht durch den Insolvenzverwalter bei Überschreiten der Wertdifferenz ein und kann von Amts wegen ausgeübt werden (Begr. zur 2. ÄndVO InsVV, abgedruckt vor § 1 InsVV Rdn. 3; *Haarmeyer/Mock* InsVV, § 11 Rn. 91). Eine **Verpflichtung** des Insolvenzgerichts diese Änderungsbefugnis in Anspruch zu nehmen **besteht** allerdings **nicht**, sondern liegt ausschließlich in dessen **pflichtgemäßen Ermessen**. Klarstellend ist darauf hinzuweisen, dass die Abänderungsbefugnis nicht nur zu Ungunsten des vorläufigen Insolvenzverwalters, sondern auch und gerade **zu Gunsten des vorläufigen Insolvenzverwalters** besteht (Begr. zur 2. ÄndVO abgedruckt vor § 1 InsVV Rdn. 3).

102 Eine **Änderungsbefugnis** des Insolvenzgerichts ist allerdings immer dann **ausgeschlossen,** wenn einzelne Positionen, die im Vergütungsantrag des vorläufigen Insolvenzverwalters angesetzt wurden, im Rahmen der Schlussrechnung nicht mehr zuordenbar sind. Dies kann sich beispielsweise im Bereich der Verwertungserlöse für **Roh-, Hilfs- und Betriebsstoffe** oder für **Halbfertig- oder Fertigprodukte** im Rahmen einer Betriebsfortführung ergeben (*Kübler/Prütting/Bork-Prasser/Stoffler* § 11 InsVV

Rn. 128). Regelmäßig ist von einem entsprechenden **Verbrauch** auszugehen. Eine Wertkorrektur kann dann nicht vorgenommen werden.

Da nach § 63 Abs. 3 Satz 4 InsO bzw. § 11 Abs. 1 Satz 3 InsVV der objektive Wert des Vermögens zum **Zeitpunkt der Beendigung der Tätigkeit der vorläufigen Insolvenzverwaltung** entscheidend ist, kann auf eine Wertveränderungen nicht abgestellt werden, soweit die hierzu führenden Umstände nach Beendigung des Eröffnungsverfahrens entstanden sind (*BGH* ZInsO 2011, 1128). Grund für die Einführung des § 11 Abs. 2 InsVV bzw. jetzt § 63 Abs. 3 Satz 4 InsO mit der späteren Anpassung der Vergütung ist, dass für den Fall, in dem der vorläufige Insolvenzverwalter seine Vergütung zeitnah nach Eröffnung des Verfahrens beruhend auf Schätzwerten ermittelt, und im Verlaufe des Verfahrens diese Einschätzung mehr als 20 % von den tatsächlichen Werten abweicht. Diese Voraussetzung ist allerdings dann nicht gegeben, wenn der (vorläufige) Insolvenzverwalter die Vermögensgegenstände mit einem **gutachterlich** ermittelten **Verkehrswert** als Grundlage für die Vergütung einstellt (*Kübler/Prütting/Bork-Prasser/Stoffler* § 11 InsVV Rn. 129). Der *BGH* (ZInsO 2011, 1128; ZIP 2010, 1504) hat regelmäßig **unterschieden** zwischen dem **Stichtag**, an dem der Wert des Schuldnervermögens nach dem jeweiligen Zustand bzw. seiner Qualität und den den Wert maßgeblich bestimmenden Umständen ermittelt wird und den **Erkenntnisquellen**, die diese Bewertung stützen. Auf der Basis dieser Erkenntnisquellen hat die Vergütungsentscheidung des Insolvenzgerichts zu erfolgen. Sofern im **Nachhinein** eine Wertminderung aufgrund verschlechterter Marktbedingungen oder beeinträchtigter Qualität des Produkts bzw. des Vermögenswertes eintritt, kann eine **Neubewertung nicht erfolgen**. Eine **Änderungsbefugnis** des Insolvenzgerichts ist mithin in denjenigen Fällen **ausgeschlossen** – ungeachtet des Eintritts der Wertdifferenz von mehr als 20 % – in denen der Verwalter beispielsweise durch **Sachverständigengutachten** darlegen kann, dass die seinerzeit von ihm getroffene Prognose aus der ex ante Betrachtung heraus zutreffend und sachgerecht gewesen ist und die Differenz auf unvorhersehbaren nachträglichen Entwicklungen beruht (*Haarmeyer/Mock* InsVV, § 11 Rn. 91). Dies dürfte dann der Fall sein, wenn beispielsweise zum Zeitpunkt der Beendigung des vorläufigen Insolvenzverfahrens ein **Aktiendepot** einen bestimmten Wert hatte, der durch nicht vom vorläufigen bzw. endgültigen Verwalter beeinflussbare Umstände (unmittelbar) nach Insolvenzeröffnung an erheblichem Wert verlor. Die vom Verwalter nicht beeinflussbaren massiven **Währungsveränderungen** oder **Veränderungen bei Immobilienwerten**, die z.B. **durch** Planungsänderungen der Planungsbehörden eintreten, schließen die Änderungsbefugnis aus. Auch ein Forderungsausfall durch beispielsweise eine eintretende Insolvenz des Drittschuldners während eines längerwierigen Prozesses kann nicht zur Änderungsbefugnis führen, wenn zum Zeitpunkt der Beendigung der vorläufigen Verwaltertätigkeit die Wertberichtigung der Forderung objektiv nicht geboten war. Ein **Ausschluss der Änderungsbefugnis** ist immer dann anzunehmen, wenn spätestens zum Zeitpunkt der Insolvenzeröffnung nach **objektiven Kriterien** bei der zu diesem Zeitpunkt eintretenden Beendigung der Tätigkeit des vorläufigen Insolvenzverwalters der von ihm angesetzte Wert als angemessen bzw. vertretbar anzusehen ist. Denn der vorläufige Insolvenzverwalter ist für die Verwaltung der in **seiner Vermögensmasse** befindlichen Vermögenswerte **angemessen** zu vergüten. Folglich sind auch die in dem Zeitraum bis zur Beendigung der Tätigkeit des vorläufigen Insolvenzverwalters (Eröffnung des Insolvenzverfahrens) tatsächlich vorhandenen Werte der Vergütung zu Grunde zu legen. Wenn erst **nach** Insolvenzeröffnung – objektiv betrachtet – eine Veränderung, d.h. Reduzierung des Vermögenswertes eintritt und an sich zur Überschreitung der 20 %-Grenze führen würde, so führt dies dennoch nicht zur Änderungsbefugnis der Vergütung durch das Insolvenzgericht. Der vorläufige Verwalter hat nämlich bis zur Beendigung seiner Tätigkeit Vermögen verwaltet, das den zum damaligen Zeitpunkt (Eröffnung des Insolvenzverfahrens) tatsächlich angesetzten Wert besessen hat. Denn umgekehrt würde der vorläufige Insolvenzverwalter auch auf diesen Wert des Gegenstandes zum Zeitpunkt seiner Tätigkeit bei Verlust oder Beschädigung des Gegenstandes im Verlauf des vorläufigen Verfahrens haften, sofern durch ihn ein Haftungstatbestand erfüllt wäre. Folglich sind bei der im Ermessen des Insolvenzgerichts liegenden Inanspruchnahme der Änderungsbefugnis bei der Ermessensausübung alle Aspekte des vorläufigen Verfahrens und der Grundlagen der Wertansätze im vorläufigen Verfahren bzw. der Wertänderungen im eröffneten Verfahren zu berücksichtigen. Dabei ist insbesondere in das Ermessen mit einzubeziehen, ob der vorläufige Insolvenzverwalter bei den von ihm angebrachten Wertansätzen im vorläufigen Verfahren von **sachgerechten Erwägungen** ausgegangen ist und die massiven Wertveränderungen **nach** Eröffnung des Insolvenzverfahrens in keiner Weise von ihm haben berücksichtigt werden können. Das Insolvenzgericht muss im Rahmen des Ermessens berücksichtigen, dass der Regelungsgehalt des § 63 Abs. 3 Satz InsO (§ 11 Abs. 2 InsVV a.F.) die Vermeidung von Missbrauch und nicht jedoch die Sanktionierung **nicht vorhersehbarer Veränderungen** oder normaler **Prognoserisiken** ist.

104 Die Regelung des § 11 Abs. 2 InsVV a.F. stelle auch insoweit ein **Problem** dar, als es eine **Durchbrechung der Rechtskraft** des Festsetzungsbeschlusses nach Ablauf der Rechtsmittelfristen gem. § 4 InsO i.V.m. § 322 Abs. 1 ZPO beinhaltete. Eine solche **Rechtskraftdurchbrechung** dürfte durch eine einfache Verordnung nicht normiert werden, denn sie war durch die **Ermächtigungsgrundlage** in § 65 InsO nicht gedeckt (*Graeber* ZInsO 2007, 133; *Küpper/Heinze* ZInsO 2007, 231; das *AG Leipzig* DZWIR 2008, 39 hält § 11 Abs. 2 InsVV, ebenfalls für verfassungswidrig). Die Regelung verstieß damit gegen den Grundsatz des Vorrangs des Gesetzes. Die Rechtskraft des Vergütungsbeschlusses wird durch § 4 InsO i.V.m. § 322 ZPO geschützt. Die bis 18.07.2013 geltende Regelung des § 11 Abs. 2 InsVV a.F. als unterrangige Verordnung unterlief hier das höherrangige Gesetz (§ 322 ZPO; vgl. *Küpper/Heinze* ZInsO 2007, 231 ff.; s.a. § 19 InsVV Rdn. 7). Die Regelung des § 11 Abs. 2 InsVV a.F. dürfte daher als **verfassungswidrig** anzusehen gewesen sein.

105 Vor dem Hintergrund der vorstehend dargestellten Problematik, dass die bisherige Regelung in § 11 Abs. 2 InsVV a.F. in einer unterrangigen Verordnung als verfassungswidrig anzusehen sein könnte, hat nunmehr der Gesetzgeber reagiert. Er hat im Rahmen der durch das Gesetz zur Verkündung des Restschutzbefreiungsverfahrens und Stärkung der Gläubigerrechte (BGBl. 2013, Teil 1 Nr. 38, S. 2379) enthaltenen Neuregelungen dafür gesorgt, dass die in Frage stehende Regelung aus der InsVV in die InsO mit § 63 Abs. 3 Satz 4 InsO übertragen wurde. Damit ist die **Rechtskraftdurchbrechung** nicht mehr durch eine einfache Verordnung, sondern durch ein **Gesetz,** dass dem Grundsatz des Vorrangs des Gesetzes entspricht, geregelt.

106 Verfahrensrechtlich ist es sinnvoll, einen sich ggf. ergebenden Abzugsbetrag mit der Vergütung des endgültigen Verwalters als faktischen Abschlag zu »verrechnen« bzw. einen Mehrerlös als einen Zuschlag auf die Vergütung des endgültigen Verwalters gesondert auszuweisen und festzusetzen (*Haarmeyer/Wutzke/Förster* InsVV, 4. Aufl., § 11 Rn. 96).

107 Die »alten« Regelungen des § 11 Abs. 2 InsVV a.F. finden auf alle **Altverfahren Anwendung**, in denen am 29.12.2006 eine vorläufige Verwaltervergütung noch nicht **rechtskräftig** festgesetzt worden ist und die Festsetzung der endgültigen Vergütung noch aussteht (*BGH* NZI 2010, 300; NZI 2009, 54). Seit dem 19.07.2013 gilt die Regelung des § 63 Abs. 3 Satz 4 InsO.

G. Schuldner der Vergütung/Ausfallhaftung der Staatskasse

I. Eröffnetes Verfahren

108 Im Falle der **Eröffnung des Insolvenzverfahrens** stellen die Vergütung, die Auslagen und die darauf entfallende Umsatzsteuer gem. § 54 Nr. 2 InsO **Massekosten** dar. Bei Einstellung des Insolvenzverfahrens zu einem späteren Zeitpunkt **mangels Masse** nach § 207 Abs. 3 InsO bzw. Eintritt der **Masseunzulänglichkeit** erfolgt eine Begleichung entsprechend den Grundsätzen des § 209 Abs. 1 Nr. 1 InsO vorrangig aus dem vorhandenen Barvermögen (vgl. BK-InsO/*Blersch* InsVV, § 11 Rn. 73).

II. Nicht eröffnetes Verfahren

109 **Keine gesetzliche oder vergütungsrechtliche Regelung** haben die Vergütungsansprüche des **vorläufigen Insolvenzverwalters**, die auf Grund nicht ausreichender Vermögensmasse **nicht gedeckt** sind, im Rahmen der Einführung der InsO bzw. der InsVV erfahren. Es stellte sich hier bei Einführung der InsO die **Streitfrage**, ebenso wie im Geltungsbereich der Konkursordnung, ob für diese Vergütungsansprüche neben dem Insolvenzschuldner (vgl. *Kübler/Prütting/Bork-Eickmann* InsVV, vor § 1

Rn. 54 ff.) nicht auch die **Staatskasse** haftet. In der **Begründung zur InsVV** (abgedruckt bei § 11 InsVV Rdn. 1) ging der Verordnungsgeber davon aus, dass eine **Einstandspflicht** der Staatskasse **nicht besteht**. Diese Auffassung hat der Verordnungsgeber zumindest bei Einführung der Stundungsregelung im Jahre 2001 gem. §§ 4aff. InsO in der Form durchbrochen, dass er in Teilbereichen eine Erstattung der Vergütung und Auslagen durch die Staatskasse (s. hierzu vor § 1 InsVV Rdn. 49) geschaffen hat. Der Gesetzgeber hat allerdings auch zeitgleich mit Einführung der Stundungsregelung § 23 Abs. 1 Satz 2 GKG dahingehend ergänzt, dass der **Antragsteller** Schuldner der in dem Eröffnungsverfahren entstandenen **Auslagen** und **im Übrigen der Insolvenzschuldner** Schuldner der Gebühren und Auslagen ist. Es wurde im Hinblick auf die, in allen ab 01.12.2001 eröffneten Verfahren mögliche Stundung der Verfahrenskosten gem. § 4a InsO, auf Grund des daraus sich ergebenden Vergütungsanspruchs der Verfahrensbeteiligten gegen die Staatskasse mit Nr. 1918 im Kostenverzeichnis als Anlage zum GKG, ein neuer Auslagentatbestand geschaffen. Damit wurde auch **klargestellt**, dass für solche Auslagen **ausschließlich der Schuldner des Insolvenzverfahrens** gegenüber der insoweit vorlagepflichtigen **Staatskasse** haften soll. Hiermit will der Gesetzgeber klarstellen, dass **in allen anderen**, dort **nicht ausdrücklich erfassten Fällen**, eine Primär- oder Sekundärhaftung der Staatskasse ausgeschlossen sein soll (BK-InsO/*Blersch* InsVV, Vorbem. Rn. 37). Der *BGH* hat mit seiner Entscheidung vom 22.01.2004 (ZInsO 2004, 336) diese **Begründung übernommen** und eine **Ausfallhaftung** der **Staatskasse** gegenüber dem vorläufigen Insolvenzverwalter **abgelehnt**. Bereits im Jahre 2001 hat das *LG Fulda* (NZI 2002, 61) eine Erstattungspflicht der Vergütung des vorläufigen Verwalters bei unzureichender Masse durch die Staatskasse abgelehnt. Der vorläufige Insolvenzverwalter, der im Falle der Abweisung der Insolvenzeröffnung mangels Masse mit seinem Vergütungsanspruch ausfällt, wird damit **allein** auf die **Haftung des Schuldners** verwiesen. Der *BGH* (ZInsO 2004, 336) hält dieses Ergebnis für **hinnehmbar**, da der Insolvenzverwalter im Rahmen seiner Tätigkeit eine **Mischkalkulation** aus der Summe seiner Vergütungen vorzunehmen habe und bei einem Vergütungsausfall daher die Grenzen zur Verfassungswidrigkeit nicht überschritten werden, wenn auch ein Eingriff in das Grundrecht des Art. 12 Abs. 1 Satz GG vorliegt. Dies begründet der *BGH* (ZInsO 2004, 336) auch damit, dass es verschiedene **gesetzliche Möglichkeiten der Risikominimierung** gäbe. So ist das Insolvenzgericht verpflichtet, bei **erkennbarer Masseunzulänglichkeit** von der Anordnung der vorläufigen Insolvenzverwaltung von vornherein abzusehen und stattdessen lediglich einen Gutachtenauftrag zu erteilen. Eine **Risikominimierung** tritt auch dadurch ein, dass der vorläufige Insolvenzverwalter **vor der Aufhebung** seiner Bestellung gem. § 25 Abs. 2 Satz 1 InsO aus dem von ihm verwalteten Vermögen, die entstandenen Kosten zu berichtigen hat, was auch beinhaltet, die Vergütung und die Auslagen aus dem verwalteten Vermögen zu entnehmen. Ergänzend weist der *BGH* (ZInsO 2004, 336) darauf hin, dass ggf. ein **Amtshaftungsanspruch** dann in Betracht kommt, wenn das Insolvenzgericht durch Anordnung der vorläufigen Insolvenzverwaltung trotz erkennbarer Masseunzulänglichkeit einen Ausfall des vorläufigen Insolvenzverwalters verursacht hat.

Nicht geklärt ist allerdings die Frage, zu der auch der *BGH* (ZInsO 2004, 336) keine klarstellenden Ausführungen gemacht hat, ob ausnahmsweise eine **Haftung des Staates** für die **Auslagen** des **vorläufigen Insolvenzverwalters** in Frage kommt, wenn diesem gem. § 21 Abs. 2 Nr. 1 i.V.m. § 8 Abs. 3 InsO die **Zustellungen** übertragen wurden, die ansonsten dem Insolvenzgericht obliegen und dem Begriff der »erstattungsfähigen Auslagen« nach dem Kostenverzeichnis dem GKG unterfallen. In diesem Bereich ist auf **jeden Fall von einer Ausfallhaftung der Staatskasse** auszugehen. Das **Insolvenzgericht** überträgt dem vorläufigen Insolvenzverwalter durch die Beauftragung mit der Zustellung einen **hoheitlichen Auftrag** im überwiegend **öffentlichen Interesse**. Aus dem **allgemeinem Rechtsgrundsatz** des Art. 12 GG, unter Berücksichtigung der §§ 1835, 1836 BGB bzw. §§ 675, 612, 632 BGB entsprechend, ergibt sich eine **Verpflichtung der Staatskasse** zumindest die Kosten der Zustellungen als Auslagen zu erstatten. Das *BVerfG* hat bereits 1980 (NJW 1980, 2179) in Zusammenhang mit der Vergütung von Rechtsanwälten im Bereich der Vormunds- und Pflegertätigkeiten entschieden, dass die Staatskasse bei nicht ausreichendem Mündelvermögen die Vergütungen, aber auch die **Auslagen** zu tragen hat. Auf der Grundlage dieser Entscheidung ist dem **vorläufigen Insolvenzverwalter** ein **subsidiärer Anspruch** auf Zahlung zumindest seiner **Auslagen**, soweit er ho-

110

heitliche Aufgaben ausgeführt hat, gegenüber der Staatskasse zuzubilligen (BK-InsO/*Blersch* InsVV, Vorbem. Rn. 39). Dieser Anspruch wird auch nicht dadurch entkräftet, dass, worauf auch der *BGH* (ZInsO 2004, 336) hinweist, der vorläufige Insolvenzverwalter regelmäßig als Gutachter bestellt wird und insoweit für seine Tätigkeit aus der Staatskasse gem. JVEG (früher ZSEG) entlohnt wird. Die Regelungen des **JVEG** sehen **keine Erstattung** der dem vorläufigen Insolvenzverwalter durch die Zustellungen entstandenen **Auslagen** vor, sodass es zumindest in diesem Bereich bei einer **Ausfallhaftung der Staatskasse** verbleibt (BK-InsO/*Blersch* InsVV, Vorbem. Rn. 39).

III. Erstattungsanspruch in Stundungsverfahren

111 Der vorläufige Insolvenzverwalter hat allerdings dann einen **Erstattungsanspruch gegen** die **Staatskasse** hinsichtlich seiner Vergütung und Auslagen in masselosen Verfahren, wenn dem Insolvenzschuldner gem. § 4a InsO die Verfahrenskosten **gestundet** wurden.

112 Durch den im Jahre 2001 eingeführten **§ 63 Abs. 2 InsO** wird geregelt, dass im Falle der **Stundung** der Verfahrenskosten gem. dem **neu** geschaffenen **§ 4a InsO** dem **Insolvenzverwalter** auch für seine Vergütung und seine Auslagen ein Anspruch gegen die Staatskasse zusteht, **soweit** die Insolvenzmasse dafür nicht ausreicht. Diese Regelung ist der **Ausgleich** dafür, dass bei **angeordneter Stundung der Verfahrenskosten** das Verfahren dennoch durchgeführt wird und der Verwalter das Risiko ansonsten tragen würde, keine Vergütung zu erhalten, wenn die Masse »arm« bliebe. **Ergänzend** hierzu hat der Verordnungsgeber in dem **InsOÄndG 2001** die Frage abschließend geklärt, dass die dem **vorläufigen Insolvenzverwalter** aus der Staatskasse **erstatteten Beträge** gegen den **Schuldner zum Soll** gestellt werden können. Dies erfolgt durch eine Ergänzung der Anlage 1 zum GKG in der Form, dass ein neuer Auslagentatbestand Nr. 9018 aufgenommen wurde, der festlegt, dass die an den vorläufigen Insolvenzverwalter zu zahlenden Beträge als Auslagen des Verfahrens festgestellt werden. Somit trägt die **Staatskasse** – für den Fall der Übernahme der Vergütung und Auslagen des vorläufigen Insolvenzverwalters – das **Ausfallrisiko** gegenüber dem Schuldner.

H. Vergütung des vorläufigen Insolvenzverwalters als Sachverständiger (§ 11 Abs. 4 InsVV)

I. Grundlagen der Vergütung

113 § 22 Abs. 2 Nr. 3 InsO sieht vor, dass ein »**starker**« **vorläufiger Insolvenzverwalter** mit Verfügungsbefugnis ergänzend als **Sachverständiger** zur Prüfung der Frage bestellt wird, ob das Vermögen des Schuldners die Kosten des Verfahrens decken wird. Er kann zusätzlich auch als Sachverständiger bestellt werden, dem die Prüfung der Frage obliegt, ob beim Schuldner ein Eröffnungsgrund vorliegt und welche Aussichten für eine Fortführung des Schuldnerunternehmens bestehen. Im Rahmen des **Amtsermittlungsgrundsatzes** der §§ 5, 20, 21 Abs. 1 InsO ist weiterhin dem Insolvenzgericht die Möglichkeit gegeben, einen **Sachverständigen** zu bestellen, der insoweit Feststellungen für das Gericht trifft. Folglich kann es auch – bei der Bestellung eines »**schwachen**« vorläufigen Insolvenzverwalters – diesen **ergänzend** zum **Sachverständigen** mit der Prüfung bestimmter Fragen in Zusammenhang mit der Situation des Insolvenzschuldners beauftragen (vgl. BK-InsO/*Blersch* InsVV, § 11 Rn. 77). Nach den Regelungen des **JVEG** erhält der jeweilige gerichtlich bestellte Sachverständige für seine Tätigkeit eine Vergütung. In **§ 11 Abs. 4 InsVV** hat der Verordnungsgeber **klargestellt**, dass der vorläufige Insolvenzverwalter, der **auch** zum Sachverständigen bestellt wurde, **neben** seiner **Vergütung** als vorläufiger Insolvenzverwalter eine Vergütung nach dem JVEG erhält (vgl. Begr. des Verordnungsgebers zu § 11 InsVV, Rdn. 1).

II. Vergütungshöhe

1. Rechtslage vor Inkrafttreten des 2. KostRMoG (vor 01.08.2013)

114 Das Honorar des Sachverständigen bestimmt sich nach § 9 JVEG. In § 9 Abs. 1 JVEG ist eine Einteilung der Sachverständigenleistungen in 10 Honorargruppen sowie drei zusätzliche medizinische Honorargruppen vorgesehen. Die Ansätze des Stundenhonorars innerhalb der jeweiligen Honorargruppen bewegen sich zwischen EUR 50,00 und EUR 95,00. In Anlage 1 zum JVEG findet die

Zuordnung der einzelnen Sachverständigenleistungen zu der jeweiligen Honorargruppe statt. In der Anlage 1 ist allerdings ein **insolvenzrechtlicher Sachverständiger nicht** vorgesehen. Im Rahmen des Gesetzgebungsverfahrens wurde dann § 9 JVEG durch die Einfügung eines Absatzes 2 ergänzt, wonach das Honorar des **Sachverständigen** (allerdings nur) im Fall des **§ 22 Abs. 1 Satz 2 Nr. 3 InsO** abweichend von den vorgenommenen Eingruppierungen für jede Stunde EUR 65,00 beträgt. Dass dies ein **Stundenhonorar** ist, das der **Ausbildung und Tätigkeit** eines insolvenzrechtlichen Sachverständigen **nicht gerecht** wird, ist offensichtlich. Die damit vorgenommene Einordnung lediglich in die Honorargruppe 4 des § 9 Abs. 1 JVEG drückt auch die **Geringschätzung** des insolvenzrechtlichen Sachverständigen durch den Gesetzgeber aus (vgl. BK-InsO/*Blersch* InsVV, § 11 Rn. 79 f.). Der **fehlende Sachverstand** des Gesetzgebers kommt auch dadurch zum Ausdruck, dass in § 9 Abs. 2 JVEG lediglich auf einen Sachverständigen gem. § 22 Abs. 1 Satz 2 Nr. 3 InsO, d.h. einen sog. starken vorläufigen Insolvenzverwalter abgestellt wurde. In der Praxis wird allerdings ein **starker vorläufiger Verwalter** regelmäßig **nicht** zum **Sachverständigen** bestellt; lediglich der schwache vorläufige Insolvenzverwalter, ggf. mit einem Zustimmungsvorbehalt »verstärkt«, wird zusätzlich zum insolvenzrechtlichen Sachverständigen bestellt. Ein sog. starker vorläufiger Insolvenzverwalter hat bereits gem. § 22 Abs. 1 Nr. 3 InsO die Aussichten für eine Fortführung des Schuldnerunternehmens zu prüfen, sodass eine gesonderte Bestellung zum Sachverständigen grundsätzlich nicht geboten ist. Auffallend ist auch, dass ein Sachverständiger, der **außerhalb** eines **Insolvenzverfahrens** bestellt wurde, um eine Bewertung eines Schuldnerunternehmens vorzunehmen, nach der Honorargruppe 10 eine Vergütung von EUR 95,00 erhält (vgl. *Ley* ZIP 2004, 1392). Die Vorgehensweise des Gesetzgebers ist in keiner Weise nachvollziehbar. Auf Grund der eindeutigen Regelung des § 9 Abs. 2 JVEG erhält der Sachverständige, der gleichzeitig als **starker vorläufiger Insolvenzverwalter** bestellt wurde, eine **gesonderte Vergütung** für seine Tätigkeit in Höhe von (lediglich) EUR 65,00 pro Stunde.

Da ein **isoliert** im Insolvenzantragsverfahren ernannter Sachverständiger, ebenso wie ein Sachverständiger mit gleichzeitiger Bestellung zum schwachen vorläufigen Insolvenzverwalter gerade in § 9 Abs. 2 JVEG **nicht genannt** ist, ist die Festlegung der Vergütung für diesen Sachverständigen auf **EUR 65,00** pro Stunde **nicht** einschlägig. Eine **analoge Anwendung** des § 9 Abs. 2 JVEG auf den isoliert bestellten Sachverständigen bzw. den schwachen vorläufigen Insolvenzverwalter mit Bestellung zum Sachverständigen **scheidet aus**, da es schon an einer Regelungslücke fehlt (*Stephan/Riedel* § 11 InsVV Rn. 95; *OLG Bamberg* NZI 2005, 503; *AG Göttingen* NZI 2004, 676; **a.A.** *Kübler/Prütting/Bork-Prasser/Stoffler* InsVV, § 11 Rn. 154; vgl. hierzu auch *BVerfG* ZIP 2006, 86). Allerdings ist die Rechtsprechung hierzu sehr uneinheitlich. Einige Obergerichte gehen davon aus, dass auf den **isolierten** Sachverständigen die Regelung des § 9 Abs. 2 JVEG nicht anwendbar ist und diesem eine Vergütung nach der Honorargruppe 7 in Höhe von **EUR 80,00** pro Stunde zusteht (*OLG München* ZIP 2005, 1329; *OLG Koblenz* ZInsO 2006, 31; *OLG Frankfurt/M.* ZIP 2006, 676). Demgegenüber wird allerdings die Regelung des § 9 Abs. 2 JVEG mit einem Stundensatz von EUR 65,00 auf den vorläufigen Insolvenzverwalter mit Zustimmungsvorbehalt seitens anderer Obergerichte analog angewandt (*OLG Frankfurt/M.* ZInsO 2005, 1042; *OLG Koblenz* ZInsO 2006, 31; *OLG München* NZI 2005, 501). Das *BVerfG* (ZIP 2006, 86) hat eine gegen die Entscheidung des *OLG Frankfurt/M.* (ZInsO 2005, 1042) eingelegte Verfassungsbeschwerde nicht zur Entscheidung angenommen, wobei allerdings zur Begründung angeführt wurde, dass im Falle einer gleichzeitigen Bestellung des Sachverständigen zum vorläufigen – schwachen – Insolvenzverwalter die Sachverständigenvergütung nicht isoliert betrachtet werden dürfe, sondern wegen der zwangsläufig sich ergebenden Tätigkeitsüberschneidung nur einheitlich betrachtet werden könne. Das BVerfG hat darauf hingewiesen, dass ein Stundensatz in Höhe von EUR 65,00 **verfassungsrechtlich** unbedenklich sei, weil dem Sachverständigen neben dieser Vergütung die tätigkeitsorientierte Vergütung des vorläufigen Insolvenzverwalters noch zusteht. Dem ist in dieser Form nicht zuzustimmen, denn **§ 9 Abs. 1 Satz 3 JVEG** stellt eine **Auffangregelung** für alle Fälle dar, in denen die Leistungen des Sachverständigen auf einem Sachgebiet erbracht werden, das **keiner Honorargruppe** zugeordnet werden kann (vgl. BK-InsO/*Blersch* InsVV, § 11 Rn. 83). Orientiert man sich an der Tätigkeit des insolvenzrechtlichen Sachverständigen bezogen auf die geregelten Honorargruppen in Anlage 1 zu § 9 Abs. 1

115

JVEG können die Bereiche von Immobilien (Honorargruppe 6: EUR 75,00), Datenverarbeitung bei Prüfung der Organisation der Buchhaltung, Warenwirtschaft, Kommunikation etc. (Honorargruppe 8: EUR 85,00), Bewertung von Maschinen und Anlagen (Honorargruppe 6: EUR 75,00), Miet- und Pachtverhältnisse (Honorargruppe 5: EUR 70,00) und die Unternehmensbewertung (Honorargruppe 10: EUR 95,00) zur Beurteilung einbezogen werden (vgl. BK-InsO/*Blersch* InsVV, § 11 Rn. 84). Aus der Gesamtheit dieser Sachgebiete ergibt sich dann für einen insolvenzrechtlichen Sachverständigen, sei es mit Zustimmungsvorbehalt oder in isolierter Form, ein **durchschnittlicher Stundenvergütungssatz von EUR 80,00** (*AG Hamburg* ZInsO 2010, 734; vgl. *Ley* ZIP 2004, 1392; *LG Aschaffenburg* ZIP 2005, 226; *OLG München* ZIP 2005, 1329; vgl. aber auch zum vorläufigen Insolvenzverwalter mit Zustimmungsvorbehalt: *OLG München* NZI 2005, 501, das lediglich § 9 Abs. 2 JVEG [EUR 65,00] annimmt.).

2. Rechtslage nach Inkrafttreten des 2. KostRMoG (ab 01.08.2013)

116 Der Gesetzgeber hat mit dem 2. Gesetz zur Modernisierung des Kostenrechts, das zum 01.08.2013 in Kraft getreten ist, neben Änderungen im GKG und RVG auch eine Anpassung des Gesetzes über die Vergütung von Sachverständigen, Dolmetscherinnen, Dolmetschern, Übersetzerinnen und Übersetzern sowie die Entschädigung von ehrenamtlichen Richterinnen, ehrenamtlichen Richtern, Zeuginnen, Zeugen und Dritten (JVEG) vorgenommen (2. KostRMoG v. 29.07.2013 BGBl. I, S. 2586). Die Novellierung des JVEG sollte die dort geregelten Honorare der wirtschaftlichen Entwicklung anpassen (Begr. des Gesetzgebers zum Entwurf 2. KostRMoG, BR-Drucks. 517/12). Vorausgegangen war eine Untersuchung, die das Bundesministerium der Justiz bei *Prof. Dr. Christoph Hommerich*, der eine Überprüfung der **Stundensätze** von Sachverständigen im **außergerichtlichen Bereich** vornahm, in Auftrag gegeben hatte. Die Ergebnisse von *Prof. Hommerich* flossen insoweit in die geänderten Stundensätze für die einzelnen Sachgebiete gem. Anlage 1 zu § 9 JVEG n.F. ein. Die Gesetzesänderung brachte im Wesentlichen eine Erhöhung in den einzelnen Honorarstufen des § 9 Abs. 1 JVEG n.F. Des Weiteren wurde die Tabelle der gelisteten Sachgebiete in der Anlage 1 erweitert.

117 Die für den Sachverständigen in Insolvenzverfahren relevanten gesetzlichen Änderungen sind in der Erhöhung der jeweiligen Vergütungssätze zu sehen. Zum einen wurden die ursprünglich in zehn Honorarstufen gem. § 9 Abs. 1 JVEG a.F. vorgesehenen Stundensätze von EUR 50,00 bis EUR 95,00 um jeweils EUR 15,00 erhöht. Weiterhin hat der Gesetzgeber zusätzliche Honorarstufen auf insgesamt 13 Honorarstufen eingeführt. Daraus resultiert, dass die höchste Honorarstufe 13 nunmehr ein Stundenhonorar von EUR 125,00 vorsieht.

118 Bedauerlicherweise hat der Gesetzgeber ebenso wie in der ursprünglichen Fassung des JVEG auch im Rahmen der Änderung keine eigene Honorargruppe für den Sachverständigen in Insolvenzsachen festgelegt. Der Gesetzgeber geht nach wie vor davon aus, dass es sich bei der Tätigkeit eines Sachverständigen in Insolvenzangelegenheiten um eine Tätigkeit und Leistung eigener Art handelt, die ausschließlich in Insolvenzverfahren erbracht werde und daher einem bestimmten Sachgebiet i.S.d. § 9 Abs. 1 JVEG nicht zugeordnet werden kann. Es wurde daher in der alten Fassung des JVEG eine Sonderregelung lediglich für den starken vorläufigen Insolvenzverwalter, der vom Insolvenzgericht darüber hinaus beauftragt wurde, als Sachverständiger zu prüfen, ob ein Eröffnungsgrund vorliegt und welche Aussichten für eine Fortführung des Unternehmens vorliegen (§ 22 Abs. 1 Satz 2 Nr. 3, 2. HS InsO), in § 9 Abs. 2 JVEG a.F. getroffen.

119 Die Neuregelung in § 9 Abs. 2 JVEG n.F. enthält allerdings nunmehr eine Klarstellung, dass diese Regelung auch für den sog. **schwachen vorläufigen Insolvenzverwalter** gelten soll. Daraus ergibt sich, dass die Höhe des dem vorläufigen Insolvenzverwalter (in jeder rechtlichen Ausgestaltung) für seine Sachverständigentätigkeit zu zahlende Vergütung auf **EUR 80,00 pro Stunde** festgelegt ist.

120 Eine gesonderte Regelung für den **sog. isolierten Sachverständigen** im Insolvenzverfahren war weder in der bisherigen Fassung noch ist dies in der Neufassung vorgesehen. Nach herrschender Meinung war auch § 9 Abs. 2 JVEG a.F. auf den isolierten Sachverständigen nicht anzuwenden, sondern aus-

schließlich § 9 Abs. 1 Satz 3 und 4 JVEG a.F. (s. vorstehend Rdn. 118). Somit war die Tätigkeit des gerichtlich beauftragen Sachverständigen nach billigem Ermessen gem. § 9 Abs. 1 Satz 3 JVEG unter Berücksichtigung der in diesem Bereich allgemein erzielbaren Stundensätze einer Honorarstufe zuzuordnen. Auch die gesetzliche Neufassung hat hieran nichts geändert, sodass die Vergütung des isolierten Sachverständigen in Insolvenzangelegenheiten nach billigem Ermessen durch das Gericht festzulegen ist. **Erfreulicherweise** hat der **Gesetzgeber** allerdings in der Gesetzesbegründung (Entwurf 2. KostRMoG, BR-Drucks. 517/12) auf die unterschiedlichen Rechtsauffassungen einzelner Gerichte hingewiesen und **ausdrücklich dargelegt**, dass im Rahmen der Einordnung nach billigem Ermessen gem. § 9 Abs. 1 JVEG n.F. eine Zuordnung in das Sachgebiet angemessen ist, das in der neugestalteten Sachgebietsliste unter Nr. 6 dargestellt ist. In der neuen Sachgebietsliste ist unter Nr. 6 ausdrücklich der Begriff »Betriebswirtschaft« benannt. Ausgehend von dieser Begründung des Gesetzgebers ist unter Heranziehung der Anlage 1 zu § 9 JVEG n.F.i.V.m. **Nr. 6.1** (Unternehmensbewertungen) die Honorargruppe 11 einschlägig. Daraus ergibt sich für den **isolierten Sachverständigen** ein Honorar in Höhe von **EUR 115,00** pro Stunde (*Krösch* ZInsO 2013, 1562). Dieser Stundensatz ist richtigerweise als für den isoliert tätigen Sachverständigen in Insolvenzangelegenheiten als ein regelmäßig **angemessener Vergütungssatz** anzusehen.

Demgegenüber vertrat das LG Heidelberg die Auffassung, dass eine Festsetzung des Stundensatzes an der jeweiligen Fragestellung im konkreten Verfahren zu orientieren sei. Nur bei Vorliegen von betriebswirtschaftlichen Prüfungen – wie insbesondere der Unternehmensbewertung – sei ein Stundensatz von EUR 115,00 angemessen. Im Übrigen sei »nur« ein durchschnittlicher Stundensatz von 95,00 EUR angemessen (*LG Heidelberg* 12.11.2014 – 4 T 6/14). Mit Beschluss vom 16.09.2015 (ZInsO 2016, 355) hat nunmehr das *OLG Karlsruhe* richtigerweise für die Vergütung des »isolierten Sachverständigen« entschieden, dass **in der Regel** und unabhängig davon, ob ein **laufender** oder **eingestellter Geschäftsbetrieb** vorhanden ist, ein Stundensatz in Höhe von **EUR 115,00 angemessen ist** und damit die unzutreffende Auffassung des LG Heidelberg korrigiert. Diese Auffassung vertritt auch das *AG Göttingen* (Beschl. v. 25.07.2016 – 71 IN 21/16 NOM, ZIP 2016, 1792). *Straßburg* (ZInsO 2016, 318) vermutet, dass der Satz von **EUR 115,00** zu einem bundesweiten Regelsatz führen wird, was zu einer Rechtssicherheit für die Sachverständigen und die Insolvenzgerichte führen wird. **Lesenswert** zu dieser Thematik ist ebenfalls die Anmerkung zur Entscheidung des *OLG Karlsruhe* Beschl. v. 16.09.2015 – 15 W 57/15, EWiR 2016, 279. *Zimmer* befürwortet wenigstens im Fall einer Betriebsfortführung einen Stundensatz von EUR 115,00.

Das *OLG Zweibrücken* (Beschl. v. 11.08.2016 – 6 W 45/16, NZI 2017, 47) folgt dieser Linie und sieht für einen Stundensatz des isolierten Sachverständigen unterhalb von EUR 95,00 keinen Raum. In der Entscheidung konnte dahinstehen, ob dem Sachverständigen ein höherer Stundensatz zuzugestehen gewesen wäre, da sich der Antrag mit EUR 95,00/Stunde begnügte.

Das *LG Frankenthal* (Beschl. v. 09.06.2016 – 1 T 91/15, ZInsO 2016, 1388) hingegen ist der Auffassung, dass es für den isolierten Sachverständigen keinen allgemein gemittelten Stundensatz für alle denkbaren Fälle geben kann. Es sei eine nach den Umständen des jeweiligen Einzelfalls angemessene Vergütung zu ermitteln. Dem ist nicht zu folgen, da der Verordnungsgeber gerade für den isolierten Sachverständigen die Honorargruppe Nr. 6.1 angewendet haben will.

In einem Kleinstverfahren (eingestellter Geschäftsbetrieb, auf Sozialleistungen angewiesener Schuldner) hält das *LG Frankfurt* einen Stundensatz von EUR 75,00 nicht für unangemessen (ZInsO 2016, 1388). Diese Auffassung ist **abzulehnen**, da sie sowohl für das Insolvenzgericht als auch für den Sachverständigen zu unnötigen Rechtsunsicherheiten führt, die der Verordnungsgeber gerade ausschließen wollte. Für die Eingruppierung des Sachverständigen in eine Honorargruppe kommt es nur auf den dem **Sachverständigen erteilten Auftrag** an, **nicht aber auf das Ergebnis** seines Gutachtens (so auch *OLG Zweibrücken* Beschl. v. 11.08.2016 – 6 W 45/16, NZI 2017, 47).

3. Aufwendungsersatz

121 Der Sachverständige hat neben seinem Stundenhonorar Anspruch auf **Erstattung** der ihm in Zusammenhang mit seiner Sachverständigentätigkeit entstandenen **Aufwendungen**. Hierzu zählt insbesondere der **Fahrtkostenersatz** nach § 5 JVEG. Erstattet werden sowohl Benutzung der öffentlichen Verkehrsmittel bis zu einem Betrag einer Fahrkarte der 1. Klasse der Deutschen Bahn. Nach § 5 Abs. 2 Nr. 2 JVEG wird bei Benutzung eines eigenen Kraftfahrzeuges ein Kilometergeld in Höhe von EUR 0,30 pro Kilometer zuzüglich der baren Auslagen, wie beispielsweise Parkentgelte erstattet. Hinsichtlich der weiteren Ansprüche auf Ersatz von Aufwendungen wird im Einzelnen auf § 7 JVEG verwiesen. Insbesondere werden ersetzt Aufwendungen für **Ablichtungen** bzw. **Farbkopien** aus Akten sowie auch die Kosten für die **elektronische Datenübertragung**, wobei pro Datei ein Ersatz von EUR 2,50 gewährt wird. Nach § 12 JVEG werden besondere Aufwendungen ersetzt, die über die üblichen Kosten eines Büros hinausgehen. Denkbar sind hierbei, die **Kosten** die durch Hinzuziehung **externer Gutachter** entstehen, um das Gutachten vorbereiten zu können. Dem Sachverständigen werden im Falle der Bestellung solcher Hilfskräfte nach § 12 Abs. 2 JVEG seine Gemeinkosten in Form einer Pauschale in Höhe von 15 % der Aufwendungen gewährt. Nach § 12 Abs. 1 Nr. 3 JVEG wird eine **Aufwandspauschale** für die schriftliche Ausarbeitung des Gutachtens in Höhe von EUR 0,75 pro 1000 Anschlägen zugebilligt. Nach § 12 Abs. 1 JVEG erfolgt auch eine Erstattung der Umsatzsteuer.

122 **Vereinbarungen über das Sachverständigenhonorar**, was grundsätzlich gem. §§ 13, 14 JVEG möglich ist, ist im Bereich des insolvenzrechtlichen Sachverständigen **nicht zulässig**, da § 13 JVEG für diesen Bereich nicht einschlägig ist. Dies ist nur im Falle eines Parteiverfahrens möglich.

123 Der Sachverständige hat einen Anspruch auf **Vorschuss** gem. § 3 JVEG, wenn ihm erhebliche Aufwendungen, insbesondere Fahrtkosten in Zusammenhang mit der Bearbeitung seines Auftrages entstanden sind bzw. entstehen werden oder wenn die zu erwartende Vergütung für bereits erbrachte Teilleistungen einen Betrag von EUR 2.000,00 übersteigt (BK-InsO/*Blersch* InsVV, § 11 Rn. 65).

III. Festsetzungsverfahren

124 Der Sachverständige muss gem. § 2 Abs. 1 JVEG innerhalb einer **Frist von drei Monaten** nach Eingang des Gutachtens bei Gericht die **Vergütung geltend** machen. Eine **gerichtliche Festsetzung** der Vergütung ist gem. § 4 JVEG, die auch die Verjährung hemmt, möglich. Auch **von Amts wegen** ist eine **Festsetzung** der Vergütung durch Beschluss möglich, wenn das Gericht dies zur Klärung eines Vergütungsproblems bzw. zur Vereinheitlichung der Vergütungspraxis für angemessen hält (s. § 4 Abs. 1 JVEG). **Zuständig** für die Festsetzung ist nach § 4 Abs. 1 Nr. 1 JVEG im Bereich des insolvenzrechtlichen Sachverständigen das **Insolvenzgericht**. Funktionell ist für die Festsetzung zuständig nach § 18 Abs. 1 RPflG entweder der **Richter** oder der **Rechtspfleger**, je nach Verfahrensstadium. Hinsichtlich der vom Sachverständigen zur Verfügung stehenden **Rechtsmittel** wird im Einzelnen auf § 4 Abs. 1 JVEG verwiesen. Das Rechtsmittelsystem der §§ 6, 7 InsO ist in diesem Bereich nicht anwendbar. Zur **Beschwerde** berechtigt sind der Vergütungsgläubiger, also der Sachverständige und die Staatskasse. Es muss allerdings eine **Mindestbeschwer** in Höhe von EUR 200,00 vorliegen. Bei grundsätzlicher Bedeutung der Vergütungsangelegenheit kann das festsetzende Gericht die Beschwerde zulassen (vgl. i.E. zu dem Rechtsmittelverfahren im Bereich des § 4 Abs. 1 JVEG: BK-InsO/*Blersch* InsVV, § 11 Rn. 88).

I. Muster eines Vergütungsantrags vorläufige Verwaltung mit Betriebsfortführung (angelehnt an *Heyn* Vergütungsanträge nach der InsVV, 2012)

125 Nachfolgend wird ein Muster eines Antrages auf Festsetzung der Vergütung eines vorläufigen Insolvenzverwalters dargestellt (ohne formale Berücksichtigung der Änderungen aufgrund der Schaffung der Anspruchsgrundlage in § 63 Abs. 2 InsO und Anpassung des § 11 InsVV durch das Gesetz zur Verkürzung des *Restschuldbefreiungsverfahrens und zur Stärkung der Gläubigerrechte*, BGBl. I 2013, S. 2379):

...

Ort/Datum

Amtsgericht ...

– Insolvenzgericht –

...

...

Insolvenzeröffnungsverfahren über das Vermögen der

Firma ... mit dem Sitz in ... /des Herrn ... /der Frau ...

Geschäftszeichen: ... IN ... / ...

Vergütungsantrag für die vorläufige Verwaltung

Sehr geehrte Frau Richterin ... /sehr geehrter Herr Richter ...,

in dem Insolvenzverfahren über das Vermögen der obigen Gesellschaft war ich in der Zeit vom ... bis zum ... als vorläufiger Verwalter im Eröffnungsverfahren tätig. Entsprechend beantrage ich unter Berücksichtigung der Rechtsprechung in Vergütungsfragen und der Kommentierungen zur InsVV die Festsetzung meiner Vergütung für die insgesamt ... *Wochen/Monate* dauernde Tätigkeit.

Mit dem beantragten Vergütungssatz von insgesamt ... % ist gewährleistet, dass die Vergütung für meine und die Tätigkeit meiner Mitarbeiter dem entfalteten Abwicklungsaufwand entspricht und mithin angemessen i.S.d. § 63 Abs. 1 InsO ist.

1. Berechnungsgrundlage

Entsprechend § 63 Abs. 3 InsO ist als Berechnungsgrundlage für die Vergütung des vorläufigen Verwalters der Wert des Vermögens zugrunde zu legen, auf den sich die Tätigkeit des vorläufigen Insolvenzverwalters **während der Dauer des Eröffnungsverfahrens** erstreckt hat. Hierbei spricht man von der sogenannten **Ist-Masse** = das in Besitz zu nehmende oder sonst für die Masse zu reklamierende verwertbare Vermögen.

Gegenstände, die mit Aus- und Absonderungsrechten belastet sind, fließen hierbei nach §§ 63, 11 Abs. 2 Satz 4 InsVV nur dann in die Berechnungsgrundlage mit ein, wenn der vorläufige Insolvenzverwalters sich in erheblichem Umfang mit ihnen befasst hat.

Um eine diesbezüglich überhöhte Vergütung zu vermeiden, regelt § 11 Abs. 3 InsVV, dass Art, Dauer und der Umfang der Tätigkeit des vorläufigen Insolvenzverwalters bei der Festsetzung der Vergütung zu berücksichtigen sind. Hierauf wird nachfolgend näher eingegangen werden.

Liegt nur eine nennenswerte Tätigkeit hinsichtlich von Gegenständen vor, die mit Aus- und Absonderungsrechten belastet sind, bleibt der Wert des Vermögensgegenstandes, auf den sich die Tätigkeit bezog, in der Berechnungsgrundlage unberücksichtigt. Es ist aber zum Ausgleich der diesbezüglich geleisteten Arbeit die Gewährung eines Zuschlages nach § 3 InsVV möglich.

Um der Regelung in § 11 Abs. 3 InsVV gerecht zu werden und ggf. einen Zuschlag für nur nennenswerte Tätigkeiten näher begründen zu können, werden nachfolgend Vergleichsberechnungen vorgenommen, die zum einen von der Berechnungsgrundlage ohne Aus- und Absonderungsrechte und zum anderen von einer Berechnungsgrundlage mit solchen Rechten – hierbei unterschieden zwischen erheblicher und nennenswerter Tätigkeit – ausgehen. Auf diese Weise wird die sich ergebende Vergütungsdifferenz ersichtlich.

Das Vorliegen einer erheblichen oder nennenswerten Tätigkeit in Bezug auf mit Drittrechten belastete Gegenstände wird nachfolgend jeweils angegeben.

Die in Ansatz gebrachten Werte – mit Ausnahme der mit Aussonderungsrechten belasteten Vermögenswerte – ergeben sich im Übrigen auch aus der Vermögensübersicht *im Bericht zur ersten Gläubigerversammlung/aus meinem Gutachten vom* ....

Hierbei handelt es sich um teilweise um Schätzwerte, da die Verwertung des Vermögens noch nicht abgeschlossen ist. Auch dies wird nachstehend jeweils gesondert aufgeführt. Die Mitteilung einer möglichen Abweichung bei einem späteren Verkauf entsprechend § 11 Abs. 2 InsVV ist vorgemerkt und wird gesondert erfolgen.

Da eine Betriebsfortführung während der gesamten Dauer der vorläufigen Verwaltung durchgeführt wurde, werden nachfolgend jeweils **Fortführungswerte** zugrunde gelegt.

Folgende Vermögenspositionen sind im vorliegenden Verfahren zu berücksichtigen:

> Hinweise:
>
> Die **Erheblichkeit** ist nur dann zu erläutern, wenn es um Gegenstände geht, die mit Rechten Dritter belastet sind.
> Bei der nachfolgenden Darstellung ist stets Antwort auf folgende Fragen zu geben:
> – Welcher Gegenstand wurde wie bewertet?
> – In welcher Form wurde die Sicherung des Gegenstandes vorgenommen?
> – Welche Tätigkeit ist im Hinblick auf ein etwaiges Aus- oder Absonderungsrecht erfolgt?
>
> Bei der Bewertung darauf achten:
> – Verkehrswert ist entscheidend!
> – Die Ermittlung des konkreten Wertes muss für das Insolvenzgericht nachvollziehbar begründet werden.
> – Ist der Verkehrswert »Null«, was z.B. im Falle der Unverkäuflichkeit vorkommen kann, dann kann ein Prozentsatz des Buchwertes in Ansatz gebracht werden. Dies geschieht vor dem Hintergrund, dass ansonsten die Sicherung und Prüfung dieses Gegenstandes gar nicht in die Bewertung einfließen würde. Regelfall: 50 %. Hier ist aber eine individuelle Entscheidung im Hinblick auf den tatsächlichen Aufwand der Tätigkeit notwendig.
>
> Die nachfolgende Aufstellung ist im Übrigen selbstverständlich nicht abschließend. Es werden nur beispielhaft ein Teil der gängigsten Werte aufgeführt.
>
> Wichtig ist allerdings die Darstellung der tatsächlich entfalteten Tätigkeit in Bezug auf ein Aus- oder Absonderungsrecht, um ggf. eine Berücksichtigung bei der Vergütungsberechnung zu bewirken.

a. Grundstück

Ausweislich des Berichtes zur ersten Gläubigerversammlung (S. ...) ist die Schuldnerin Eigentümerin verschiedener Grundstücke. Es wurde Einsicht in die Grundbücher genommen und der Gebäudezustand festgestellt. Die Grundstücke wurden vom Unterzeichner besichtigt, in Besitz genommen und die für die Gebäude erforderlichen Versicherungsverträge vom Unterzeichner insgesamt überprüft. Hierzu wurde Kontakt mit der Versicherungsgesellschaft aufgenommen und abgeklärt, welche Beitragsrückstände bestehen und wie sich der Sachstand im Hinblick auf den jeweiligen Versicherungsschutz darstellt.

Gleichzeitig wurde Kontakt mit den Grundpfandrechtsgläubigern aufgenommen und eine Vereinbarung getroffen, dass diese die rückständigen Prämien ausgleichen und der Unterzeichner im eröffneten Verfahren zunächst einen freihändigen Verkauf versuchen werde.

Nach Mitteilung der Grundpfandrechtsgläubiger betragen die Valutastände der Grundpfandrechte insgesamt ... €.

Laufende Kosten für die Erhaltung und Bewirtschaftung der Grundstücke und Gebäude (Wasser-, Gas-, Stromkosten etc.) sind nach entsprechender Prüfung und Einholung der Einzelermächtigung durch das Insolvenzgericht (*BGH* Beschl. v. 18.07.2002 – IX ZR 195/01, ZInsO 2002, 819 ff.; Beschl. v. 07.05.2009 – IX ZR 61/08, ZInsO 2009, 1102) aus der vorläufigen Insolvenzmasse gezahlt worden.

Durch Gespräche mit Maklern (Sachverständigen) wurde der jeweilige Verkehrswert der Grundstücke ermittelt. Die Einzelwerte sind in der *Vermögensübersicht im Bericht zur ersten Gläubigerversammlung* ausgewiesen, aus der sich ein Gesamtwert von ... € ergibt.

Im Sinne der Rechtsprechung des *BGH* (Beschl. v. 14.12.2005 – IX ZB 256/04, ZInsO 2006, 337 f.; Beschl. v. 13.07.2006 – IX ZB 104/05, ZInsO 2006, 811 ff.) soll es sich bei den vorgenannten Tätigkeiten nicht mehr um Erhebliche handeln.

Schätzwert gesamt: ... €

Realisierungswert: 0 €

Rechte Dritter: ... €

Erheblichkeit: ja/nein

Hinweis 1:
Steht das Grundstück im Eigentum eines Gesellschafters kann die Prüfung der **eigenkapitalersetzenden Nutzungsüberlassung** ggf., gerade bei einer Betriebsfortführung, zu einer erheblichen Tätigkeit führen und der Grundstückswert damit in die Berechnungsgrundlage fließen (*BGH* Beschl. v. 27.07.2006 – IX ZB 243/05, ZInsO 2006, 929 f.).

Hinweis 2:
Der Wert von Gegenständen, die der Schuldner aus **Gebrauchsüberlassungsverträgen** im Besitz hat, z.B. von angemieteten Räumlichkeiten, fließt nach der neuen Regelung in § 11 Abs. 1 Satz 3 InsVV nicht mehr in die Berechnungsgrundlage mit ein.

---

b. Maschinelle Anlagen, Betriebs- und Geschäftsausstattung

Hinweise für die Buchstaben b. bis d.:
Hier ist ein etwaig in Auftrag gegebenes Sachverständigengutachten einzubeziehen:
Sind die Werte darin identisch mit den Beträgen in der Vermögensübersicht? Gesamtsumme vergleichen als Indiz für Abweichung.
– Sind ggf. noch Aussonderungsrechte gesondert zu berücksichtigen?
– Ist die konkrete Wertefindung nachvollziehbar?

Ausweislich der Bilanz ... ist ein Buchwert von ... € für die Maschinen und die Betriebs- und Geschäftsausstattung gegeben. Es wurde allerdings ein Sachverständiger mit der Bewertung des gesicherten Anlagevermögens beauftragt. Das von ihm erstellte Gutachten kommt bei der Bewertung unter Fortführungsgesichtspunkten auf einen Gesamtwert von ... €, so dass dieser höhere Wert in die Berechnungsgrundlage einzufließen hat.

Die Positionen in dem Gutachten wurden mit dem Anlagenverzeichnis des letzten vorliegenden Jahresabschlusses aus dem Jahre ... verglichen, um festzustellen, ob und welche Vermögensgegenstände im schuldnerischen Betrieb fehlten. Hierbei handelte es sich um .... Der Geschäftsführer konnte jedoch die ordnungsgemäßen Verkaufsunterlagen vom ... vorlegen und den Zahlungseingang der Kaufpreise nachweisen.

Die vorhandenen Gegenstände wurden im Übrigen gesichtet und im Rahmen der Betriebsfortführung sichergestellt, dass eine weitere Nutzung erfolgen kann.

Die bestehenden Aus- und Absonderungsrechte an den Maschinen und der Betriebs- und Geschäftsausstattung wurden überprüft und die Gläubiger über die Inbesitznahme informiert. Die jeweiligen Verträge wurden rechtlich geprüft, um dann in Folge mit diesen Gläubigern jeweils eine Vereinbarung über die zu zahlenden Entgelte für die weitere Nutzung der Gegenstände während der Betriebsfortführung im Eröffnungsverfahren zu treffen und auf diese Weise die Fortführung sicherzustellen. Die insoweit entfalteten Tätigkeiten sind nicht nur nennenswert, sondern erheblich i.S.d. Rechtsprechung.

Schätzwert: ... €

Realisierungswert: ... €

Rechte Dritter: ... €

Erheblichkeit: ja/nein

c. Fahrzeuge

Sämtliche Fahrzeuge wurden vom Unterzeichner gesichtet und die Original-Fahrzeugbriefe verschlossen. Die Nutzung eines Fahrzeuges wurde zum Zwecke der Betriebsfortführung auf einige wenige Mitarbeiter beschränkt. Hierfür wurde mit der Versicherungsgesellschaft Kontakt aufgenommen, um sicherzustellen, dass Versicherungsschutz besteht. Die laufenden Prämien seit der Anordnung der vorläufigen Verwaltung wurden ausgeglichen. Die Einzelermächtigung lag insoweit vor (*BGH* Beschl. v. 18.07.2002 – IX ZR 195/01, ZInsO 2002, 819 ff.; Beschl. v. 07.05.2009 – IX ZR 61/08, ZInsO 2009, 1102). Die anderen Fahrzeuge wurden bereits stillgelegt und die Schlüssel entsprechend in Gewahrsam genommen.

Die Tätigkeit ist als *nennenswert/erheblich* einzustufen, weil ... .

Aus der letzten Bilanz ergibt sich ein Buchwert für die im Eigentum der Schuldnerin stehenden Fahrzeuge in Höhe von ... €. Ausweislich des Sachverständigengutachtens vom ... beträgt der Verkehrswert nach Fortführungsaspekten jedoch ... €. Dieser höhere Betrag fließt daher in die Berechnungsgrundlage mit ein.

Die Fahrzeuge ... waren an die ... Bank sicherungsübereignet. Damit war ein Wert in Höhe von ... € mit Rechten Dritter belastet.

Schätzwert: ... €

Realisierungswert: ... €

Rechte Dritter: ... €

Erheblichkeit: ja/nein

Darüber hinaus befand sich ein **Leasingfahrzeug** der Marke ..., amtliches Kennzeichen: ..., im Besitz der Schuldnerin. Das Fahrzeug wurde sichergestellt und Kontakt mit der Leasinggeberin aufgenommen. Nach Feststellung der Eigentumsverhältnisse und der Prüfung, ob bei einer Ablösung und einem späteren Verkauf ggf. ein Mehrerlös hätte erzielt werden können, wurde das Fahrzeug nach Insolvenzeröffnung am ... an die Leasinggesellschaft herausgegeben. Der Wert des Fahrzeuges betrug zum Zeitpunkt der Insolvenzeröffnung ca. ... €. Diese Summe ist in der vergleichenden Berechnungsgrundlage ebenfalls zu berücksichtigen (*LG Bamberg* Beschl. v. 09.02.2005 – 3 T 128/04, ZInsO 2005, 477). Der Wert wurde aufgrund des Aussonderungsrechtes in der Vermögensübersicht nicht aufgeführt, der Unterzeichner hat aber eine sichernde und mithin nennenswerte Tätigkeit in Bezug auf dieses Fahrzeug erbracht.

Der einfließende Gesamtwert der Fahrzeuge beträgt damit ... €.

Schätzwert: ... €

Realisierungswert: ... €

Rechte Dritter: ... €

Erheblichkeit: nein

d. Warenbestand/halbfertige Erzeugnisse

Der Warenbestand wies zum ... laut Buchhaltung einen Gesamtwert von ... € aus. Am Tag der Anordnung der vorläufigen Verwaltung und auch am Eröffnungstag wurde jeweils eine Inventur durchgeführt. Der Unterzeichner hat einen Warenbestand im Werte von ... € übernommen. Da die Produktion weiterlief und die vorhandene Ware hierfür teilweise genutzt und auch neue Ware bestellt wurde, unterlag der Warenbestand täglichen Veränderungen.

Auch die halbfertigen Erzeugnisse, die am Tag der Anordnung der vorläufigen Verwaltung ausweislich der ... per ... im Gesamtwert von ... € vorhanden waren, haben sich täglich verändert.

Mit den Lieferanten wurde Kontakt aufgenommen, um die bestehenden Eigentumsvorbehaltsrechte an dem vorgefundenen Warenbestand und den halbfertigen Erzeugnissen zu klären. Es konnte eine Einigung hinsichtlich der Ablösung der Aus- bzw. Absonderungsrechte getroffen werden, die schriftlich fixiert wurde. Danach wurde sichergestellt, dass der Warenbestand im Geschäftsbetrieb der Schuldnerin verbleiben konnte und letztlich lediglich ein Prozentsatz in Höhe von ... der jeweils ausstehenden Verbindlichkeit gegenüber den Lieferanten beglichen werden muss.

Diese Vereinbarung sicherte die Betriebsfortführung und ersparte den Lieferanten umfangreiche Darlegungen der Eigentumsvorbehaltsrechte und der ggf. begründeten Ersatzabsonderungsrechte. Gleichzeitig ergab sich ein finanzieller Vorteil für die Insolvenzmasse, weil nur ... % der ausstehenden Verbindlichkeiten als Aus- und Absonderungsrechte auszugleichen waren bzw. sind.

Außerdem wurden die Unsicherheiten bei den Lieferanten aufgrund der Anordnung eines vorläufigen Insolvenzverfahrens behoben und der weitere Wareneinkauf während der vorläufigen Verwaltung dadurch gesichert.

Diesbezüglich handelt es sich um eine erhebliche Tätigkeit, da die Prüfung der Wirksamkeit der Eigentumsvorbehaltsrechte und die jeweiligen Gespräche mit den Lieferanten umfangreich und zeitaufwendig waren.

Ob es sich um eine nennenswerte oder erhebliche Tätigkeit handelt, ist letztlich im vorliegenden Fall aber auch nicht entscheidend. Aufgrund der Betriebsfortführung hat die Verwendung des Warenbestandes zu Forderungen gegen Dritte geführt, die nachfolgend noch im Rahmen der Überschussermittlung aus der Betriebsfortführung Berücksichtigung finden. Eine doppelte Berücksichtigung scheidet aus. Der während der Betriebsfortführung neu aufgebaute Warenbestand und die Herstellung neuer halbfertiger Erzeugnisse war jeweils mit Kosten (*z. B. Materialeinkauf, Löhnen etc.*) verbunden, so dass die Werte des am Tag der Insolvenzeröffnung vorhandenen Bestandes ebenfalls in der Einnahmen- und Ausgabenrechnung zu berücksichtigen sind. An dieser Stelle sollen daher keine Werte in die Berechnungsgrundlage einfließen.

Einzurechnender Wert: 0 €

An dieser Stelle sei bereits darauf hingewiesen, dass hier eine Abweichung der Wertdifferenz gem. § 11 Abs. 2 InsVV später nicht relevant sein kann, da der Warenbestand und die halbfertigen

Erzeugnisse bei einer Betriebsfortführung – wie zuvor ausgeführt – ständigen Schwankungen unterliegen. Bei einer späteren Veräußerung des Warenbestandes und der halbfertigen Erzeugnisse wird es sich nicht mehr um denselben Bestand handeln, der dieser Berechnung hier im Vergütungsantrag zugrunde gelegt wurde. Daher ist ein späterer Vergleich der Werte ausgeschlossen.

> **Hinweis:**
>
> Bei einer Betriebsfortführung unterliegt der Warenbestand während der vorläufigen Verwaltung einem ständigen Wechsel. Sowohl am Tag der Anordnung der vorläufigen Verwaltung als auch am Eröffnungstag sollte daher eine Inventur vorgenommen werden (s. »Schritt 11: Inventur durchführen lassen«, *Heyn* InsbürO 2005, 184; Schritt 32 *Heyn* ZInsO 2006, 980 ff.; *ders.* Arbeitshilfen für Insolvenzsachbearbeiter, 2. Aufl. 2010, Rn. 50, Schritt 16). Siehe wegen der Berücksichtigung der Werte in das Muster 2a »Einnahmen- und Ausgabenrechnung mit Überschussermittlung« und in die dort gegebenen Hinweise.
>
> Bei eingestellten Geschäftsbetrieben kann man den Wert des Warenbestandes einem möglichen Sachverständigengutachten entnehmen. Dieser Wert ist dann entscheidend, sofern nicht vor Eröffnung des Verfahrens schon ein Teilverkauf stattgefunden hat (s. nachfolgend unter Gliederungspunkt »g. Kassenbestand, Guthaben bei Kreditinstituten« dieses Musters).

e. Finanzanlagen

Die Werthaltigkeit der Finanzanlagen (Genossenschaftsanteile, Depots etc.) wurde vom Unterzeichner überprüft und Kontakt mit den entsprechenden Banken bzw. Genossenschaften aufgenommen, um ggf. bereits eine Auszahlung zu bewirken. Die Banken erklärten allerdings die beabsichtigte Aufrechnung mit Gegenansprüchen. Diese wurden geprüft und entsprechende Stellungnahmen abgegeben. In der Vermögensübersicht sind die Finanzanlagen mit ihrem jeweiligen Wert per ... und dem Recht zur Aufrechnung als Absonderungsrecht dargestellt. Sie betragen insgesamt ... €. Zur Abgeltung der vorgenannten Tätigkeit ist dieser Wert in die vergleichende Berechnungsgrundlage mit aufzunehmen.

Die diesbezügliche Tätigkeit kann als nennenswert angesehen werden.

Schätzwert: ... €

Realisierungswert: ... €

Rechte Dritter: ... €

Erheblichkeit: ja/nein

f. Forderungen aus Lieferung und Leistung (Altforderungen)

> **Hinweis zum Verkehrswert:**
>
> Auch hier gilt der Grundsatz, dass der Verkehrswert entscheidend ist (s. in den Rechtsprechungsreport zum Stichwort »Forderungseinzug« beim Gliederungspunkt »Vorläufige Verwaltung«). Wenn aufgeführte Forderungen im Debitorenverzeichnis der Schuldnerin allerdings nach Überprüfung mit Null bewertet werden müssen, weil die Verjährung bereits eingetreten ist oder es aus anderen Gründen an einer Durchsetzbarkeit fehlt, dann muss diese Tätigkeit aber trotzdem vergütet werden und somit ein Wert in die Berechnungsgrundlage einfließen. In dem Fall sind die »Null-Forderungen« daher je nach Aufwand mit einem Teil des Nennbetrages zu berücksichtigen.
>
> Im Übrigen gilt: Soweit keine Rechte Dritter an den Forderungen bestehen, fließt der Wert auch ohne Tätigkeit des Verwalters in die Berechnungsgrundlage (vgl. *BGH* Beschl. v. 26.04.2007 – IX ZB 160/06, ZInsO 2007, 766 f. Rn. 5).

> **Hinweis bei Betriebsfortführung:**
> Bei einer Betriebsfortführung ist eine Überschussrechnung zu fertigen, in der die Ausgaben von den Einnahmen in Abzug zu bringen sind und nur der Überschuss in die Berechnungsgrundlage einfließen darf (zuletzt *BGH* 09.06.2011 – IX ZB 47/10, Jurion RS 2011, 19391). Unter diesem Gliederungspunkt sind daher nur die Altforderungen zu berücksichtigen, die bereits vor Anordnung der vorl. Verwaltung entstanden waren. Die später durch den Verwalter begründeten Forderungen sind unter dem Gliederungspunkt g. zu erläutern.

In dem in der Bilanz angegebenen Buchwert von ... € stecken Forderungen, die nach näherer Überprüfung der vorhandenen Unterlagen als uneinbringlich bewertet werden mussten. So war bei einem Teil der Forderungen bereits Verjährung eingetreten. Verjährungsunterbrechende Maßnahmen konnten nicht festgestellt werden. Ein weiterer Teil der Forderungen wurde als gerichtlich nicht durchsetzbar eingestuft, weil die Schuldnerin keine entsprechenden schriftlichen Aufträge oder Lieferscheine vorlegen konnte. Prozesse auf Basis der lediglich vorliegenden Rechnungen zu führen, stellt ein zu großes Kostenrisiko für die Insolvenzmasse dar. Demnach konnte lediglich ein Teilbetrag in Höhe von ... € als werthaltig ermittelt und in der Vermögensübersicht berücksichtigt werden. Hiervon wurde bis heute ein Betrag in Höhe von ... € bereits eingezogen.

Ausdrücklich sei darauf hingewiesen, dass es sich bei diesen Forderungen lediglich um die Altforderungen des schuldnerischen Unternehmens, also diejenigen handelt, die bereits vor der Anordnung der vorl. Verwaltung begründet waren.

Schätzwert ausstehender werthaltiger Forderungen: ... €

Realisierungswert: ... €

Rechte Dritter: ... €

Erheblichkeit: ja/nein

Außergerichtliche Beitreibungsversuche wurden aber selbstverständlich in Abstimmung mit der ... Bank, die eine rechtswirksame Globalzession besitzt, bezüglich aller Forderungen unverzüglich nach Anordnung der vorläufigen Verwaltung eingeleitet, da die Gegenseite z.B. die Einrede der Verjährung zu erheben hat.

Um die Tätigkeit im Hinblick auf die Gesamtforderungen zu vergüten, die einen erheblichen Aufwand verursacht hat, wird von der Gesamtsumme der in der Vermögensübersicht nicht berücksichtigten Forderungen in Höhe von ... € ein Prozentsatz von 30 % ihres Nennwertes in der Berechnungsgrundlage zusätzlich zu der Gesamtsumme der werthaltigen Forderungen berücksichtigt. Dies ergibt einen zusätzlichen Forderungswert von ... €.

anteiliger Wert ausgebuchter Forderungen: ... €

Rechte Dritter: ... €

Erheblichkeit: ja/nein

Gegenforderungen wurden nicht geltend gemacht und sind damit nicht in Abzug zu bringen.

Alternative:

Es wurden zwar Gegenforderungen von Drittschuldnern geltend gemacht. Diese sind aber vorstehend bei der Ermittlung der werthaltigen Forderungen bereits berücksichtigt worden.

g. Überschussermittlung

Im vorliegenden Fall wurde eine Betriebsfortführung durchgeführt. Insoweit ist eine Überschussermittlung durchzuführen (*BGH* Beschl. v. 21.07.2011 – IX ZB 148/10, ZInsO 2011, 1615;

Beschl. v. 09.06.2011 – IX ZB 47/10, JurionRS 2011, 19391; Beschl. v. 16.10.2008 – IX ZB 179/07, ZInsO 2008, 1262 f.; Beschl. v. 22.02.2007 – IX ZB 106/06, ZInsO 2007, 436 ff.). Zu diesem Zweck wird in der **Anlage** zu diesem Vergütungsantrag eine Einnahmen- und Ausgabenrechnung überreicht, aus der sich der Überschuss von ... € ergibt, der in der Berechnungsgrundlage zu berücksichtigen ist. Auf die Angaben in dieser Anlage wird ausdrücklich verwiesen. Es sei darüber hinaus der Hinweis erlaubt, dass bei der Ermittlung des Überschusses lediglich diejenigen Forderungen aufgeführt wurden, die nach Anordnung der vorläufigen Verwaltung begründet wurden, so dass keine Doppelberücksichtigung im Verhältnis zu vorstehendem Gliederungspunkt f. erfolgt. Rechte Dritter bestehen nicht.

Überschuss: ... €

h. Kassenbestand, Guthaben bei Kreditinstituten

In der Kasse des schuldnerischen Unternehmens war am Tag der Eröffnung ein Betrag von ... € vorhanden.

Die Guthaben auf den Geschäftskonten der Schuldnerin und dem eingerichteten Anderkonto betrugen am Eröffnungstag insgesamt ... €.

Rechte Dritter bestanden an diesen Vermögenswerten nicht.

Diese Werte können jedoch nicht vollständig in die Berechnungsgrundlage einfließen, weil die insoweit vorhandenen Guthaben u.a. aus dem Einzug der Altforderungen und den Forderungen aus der Betriebsfortführung herrühren. Es sind daher nur diejenigen Beträge zu berücksichtigen, die in den obigen Positionen noch nicht berücksichtigt wurden, wie z.B. Zinseinnahmen auf dem Anderkonto, Steuererstattungen etc. Für einen Überblick werden in der **Anlage** die entsprechenden Sachkontenblätter ... (*am besten die Nummern aufführen*) beigefügt. Addiert man die Einzelbeträge dieser unterschiedlichen Einnahmen, ergibt sich ein Betrag von ... €, der zusätzlich in der Berechnungsgrundlage zu berücksichtigen ist.

Sonstige Einnahmen: ... €
Rechte Dritter: 0 €

> **Hinweis:**
>
> Sofern ein Vermögensgegenstand schon während der vorläufigen Verwaltung verkauft und der Kaufpreis vor Eröffnung vereinnahmt wurde, ist dieser Wert in dem Guthaben auf dem Anderkonto enthalten. In dem Fall muss man aufpassen, ob man den Sachwert bei den obigen Gliederungspunkten oder ggf. hier als Einnahme verbucht.
>
> Wichtig ist auch: Der Großteil des Guthabens wird i.d.R. aus dem Forderungseinzug bestehen und diese Beträge sind bereits unter f. und g. berücksichtigt.
>
> Im Übrigen sind unzählige sonstige Vermögenswerte denkbar, die ggf. über diese Position »Kontoguthaben« oder als noch realisierbare Werte unter einem eigenen Gliederungspunkt erläutert werden können.

i. Anfechtungsansprüche

> **Hinweis:**
>
> Anfechtungsansprüche oder Ersatzansprüche nach dem früheren § 32b GmbHG – heute §§ 135, 143 Abs. 3 InsO – fließen nach der Rechtsprechung des BGH in die Berechnungsgrundlage nicht mit ein (*BGH* Beschl. v. 29.04.2004 – IX ZB 225/03, ZInsO 2004, 672 f.; Beschl. v. 18.12.2008 – IX ZB 46/08, ZInsO 2009, 495 ff.; Beschl. v. 11.03.2010 – IX ZB

122/08, ZInsO 2010, 730 f.; Beschl. v. 07.07.2011 – IX ZB 223/08, JurionRS 2011, 20444), weil solche Ansprüche grds. erst im eröffneten Verfahren geltend zu machen sind. Es ist aber nicht ausgeschlossen, eine ggf. schon im vorläufigen Verfahren umfangreiche Tätigkeit, z.B. Ermittlung und Sicherstellung von Unterlagen, über einen Zuschlag zu vergüten (*BGH* Beschl. v. 14.12.2005 – IX ZB 268/04, ZInsO 2006, 143). Hier ist allerdings Vorsicht geboten. Die darauf bezogenen Tätigkeiten dürfen dann nicht im Vergütungsantrag für die Sachverständigenvergütung berücksichtigt werden, sondern müssen deutlich getrennt als vom vorläufigen Verwalter geleistet dargestellt werden.

Mit einem erheblichen Aufwand ist es schon im Eröffnungsverfahren gelungen, den Zeitraum des Eintritts der materiellen Insolvenz auf das *1. Quartal* ... festzulegen und sodann den danach erfolgten Geldverkehr auf anfechtungs- und haftungsrechtliche Tatbestände zu überprüfen. Schon in diesem Zuge haben sich Anhaltspunkte für anfechtbare Rechtshandlungen in erheblichem Umfang ergeben. Die daraus resultierenden Ansprüche dürften sich auf eine Größenordnung von ... € belaufen. Sie sind jedoch im Rahmen der Berechnungsgrundlage nicht zu berücksichtigen, da sie nicht Teil des Ist-Vermögens (*BGH* Beschl. v. 29.04.2004 – IX ZB 225/03, ZInsO 2004, 672 f.; Beschl. v. 11.03.2010 – IX ZB 122/08, ZInsO 2010, 730 f.) sind. Auf die Tätigkeiten wird daher im Rahmen der Ausführungen zu den Erhöhungstatbeständen einzugehen sein.

j. Haftungsansprüche nach § 64 GmbHG

Wie sich aus dem Bericht zur ersten Gläubigerversammlung auf Seite ... ergibt, konnten Ansprüche nach § 64 Satz 1 und 2 GmbHG gegen den Geschäftsführer ... in einer Höhe von ... € ermittelt werden. Diese Ansprüche entstehen nicht erst mit Insolvenzeröffnung, sondern im Zeitpunkt der Vornahme der verbotenen Zahlung. Sie gehören daher zum schuldnerischen Vermögen und sind somit in der Berechnungsgrundlage mit ihrem Verkehrswert zum Zeitpunkt der Beendigung der vorläufigen Verwaltung zu berücksichtigen (*BGH* Beschl. v. 23.09.2010 – IX ZB 204/09, ZInsO 2010, 2101 f.; Beschl. v. 17.03.2011 – IX ZB 145/10, ZInsO 2011, 839 f.). Der Verkehrswert beträgt ausweislich den Ausführungen im Bericht zur ersten Gläubigerversammlung und der insoweit übermittelten Vermögensübersicht nach § 153 InsO ... €. (*Alternativ: Der geltend gemachte Anspruch ist zwischenzeitlich realisiert worden und i.H.v. ... € am ... auf dem Anderkonto eingegangen. Dieser Wert stellt damit den Verkehrswert des Schadensersatzanspruches dar und wird entsprechend in die Berechnungsgrundlage aufgenommen.*)

Zwischenergebnis:

Nach Addition der vorgenannten Einzelwerte ergibt sich folgendes verwaltetes Aktivvermögen:

Gesamtwert Aktivvermögen:	... €
Rechte Dritter hieran:	... €
davon Werte mit erheblicher Tätigkeit	... €
davon Werte mit nennenswerter Tätigkeit	... €
Gesamtwert Aktivvermögen ohne Rechte Dritter:	... €

Die Rechte Dritter und die damit verbundene erhebliche Tätigkeit ergeben sich aus den Ausführungen zu den Buchstaben ...

> **Hinweis:**
>
> Sollte es sich in den einzelnen Bereichen teilweise um Schätzwerte und teilweise um Realisierungswerte handeln, so sollte vorstehend unter dem jeweiligen Gliederungspunkt eine eindeutige Trennung und Bezeichnung der jeweiligen Gegenstände vorgenommen werden, z.B. Maschinen a und b verkauft mit Wert c und Maschinen x und y geschätzt mit Wert z,

> damit später klar ist, auf welche Gegenstände sich die Mitteilung über eine Wertdifferenz beziehen muss und der Vergütungsantrag damit nachvollziehbar bleibt.

Weitere Abzüge, die sich ggf. aus der Anwendung des § 1 Abs. 2 InsVV, insbes. Nr. 3 und 4 ergeben, sind zusätzlich zu den vorstehenden Ausführungen nicht vorzunehmen.

2. Regelvergütung/Berechnungswert

Nach der Staffelvergütung des § 2 Abs. 1 InsVV ergibt sich auf Basis des Aktivvermögens **ohne** Aus- und Absonderungsrechte folgender Berechnungswert:

Aktivvermögen: ... €

40 % von	25.000 €	10.000 €
25 % von	25.000 €	6.250 €
7 % von	... €	... €
	... €	... €

Nach der Staffelvergütung des § 2 Abs. 1 InsVV ergibt sich auf Basis des Aktivvermögens **inkl.** Aus- und Absonderungsrechte und **erheblicher** Tätigkeit folgender Berechnungswert:

Aktivvermögen: ... €

40 % von	25.000 €	10.000 €
25 % von	25.000 €	6.250 €
7 % von	200.000 €	14.000 €
3 % von	... €	... €
	... €	... €

Nach der Staffelvergütung des § 2 Abs. 1 InsVV ergibt sich auf Basis des Aktivvermögens **inkl. aller** Aus- und Absonderungsrechte (auch mit nur nennenswerter Tätigkeit) folgender Berechnungswert:

Aktivvermögen: ... €

40 % von	25.000 €	10.000 €
25 % von	25.000 €	6.250 €
7 % von	200.000 €	14.000 €
3 % von	... €	... €
	... €	... €

3. Vergütungssatz für die vorläufige Verwaltung

Die normale Grundvergütung für die Tätigkeit des vorläufigen Insolvenzverwalters beträgt nach § 11 Abs. 1 InsVV i.d.R. 25 % des Berechnungswertes nach Ziff. 2.

Auf Basis der drei vorgenannten Berechnungswerte gem. Ziffer 2. errechnen sich folgende Vergütungsbeträge:

Berechnungswert inkl. Rechte Dritter mit Erheblichkeit:

25 % von ... € = ... €
Berechnungswert ohne Rechte Dritter:
25 % von ... € = ... €
Differenz ... €

Mit dem Betrag von ... € (*Vergütung bei Berechnung ohne Rechte Dritter*) wäre nur der durchschnittliche Arbeitsaufwand im Hinblick auf die freien Vermögenswerte abgegolten. Die Tätigkeit im Hinblick auf die mit Aus- und Absonderungsrechten belasteten Gegenstände ist hierbei unberücksichtigt geblieben.

Für die erhebliche Tätigkeit im Hinblick auf die Aus- und Absonderungsrechte in Höhe eines Gesamtwertes von ... € erhält der Unterzeichner nach vorstehender Berechnung daher eine Mehrvergütung von ... €.

Hinsichtlich der nur nennenswerten Tätigkeit ergibt sich Folgendes:

Berechnungswert inkl. aller Rechte Dritter: 25 % von ... € =   ... €
./. Berechnungswert ohne Rechte Dritter: 25 % von ... € =   ... €
Zwischensumme   ... €
./. vorstehender Differenzbetrag wg. erheblicher Tätigkeit   ... €
Differenz   ... €

Hierauf wird im Rahmen der Zuschläge nachfolgend näher eingegangen werden.

Mit der Vergütung von 25 % ist jedoch nur der **durchschnittliche Aufwand** in einem **durchschnittlichen Unternehmens-Insolvenzverfahren angemessen** abgegolten, der sich nach der insoweit gefestigten Rechtsprechung (*OLG Celle* Beschl. v. 17.09.2001 – 2 W 53/01, ZInsO 2001, 948 ff.; *BGH* Beschl. v. 24.07.2003 – IX ZB 607/02, ZInsO 2003, 790 f.; *LG Mönchengladbach* Beschl. v. 05.07.2001 – 5 T 109/01, ZInsO 2001, 750 f.) qualitativ und quantitativ wie folgt darstellt:

Qualitative Merkmale:

– Inbesitznahme und Verwaltung des schuldnerischen Vermögens
– Vorbereitung entsprechender Vermögensverzeichnisse: Inventarisierung und Bewertung
– Sicherung des Vermögens vor Gefährdung
– Entscheidung über die Aufnahme von Rechtsstreitigkeiten
– Durchsetzung von Auskunftspflichten gegenüber dem Schuldner
– Prüfung der Massekostendeckung.

Quantitative Merkmale:

– Umsatz des Unternehmens bis zu 1,5 Mio. €,
– Dauer der vorläufigen Verwaltung zwischen 8 und 10 Wochen,
– weniger als 20 Arbeitnehmer,
– eine Betriebsstätte,
– Forderungen gegen bis zu 100 Schuldnern.

Dabei bilden die v.g. Faktoren nur einen Rahmen, der erst dann vergütungsrechtlich relevant wird, wenn die Überschreitung der Rahmendaten mit einer erheblichen Mehrarbeit verbunden ist, da allein das zahlenmäßige Überschreiten bestimmter Erfahrungswerte und Eckdaten vergütungsrechtlich neutral ist (so ausdrücklich zuletzt BGH Beschl. v. 17.07.2003 – IX ZB 10/03, ZInsO 2003, 748 f.; Beschl. v. 24.07.2003 – IX ZB 607/02, ZInsO 2003, 790 f.: »Zuschläge bestimmen sich nicht nach Anteilen, Prozentsätzen usw., sondern danach, ob bei wertender Betrachtung die Umstände des jeweiligen Einzelfalls in rechtlicher und abwicklungstechnischer Hinsicht eine über das normale Maß hinausgehende Bearbeitung erfordert haben.«).

Eine direkte oder eine mittelbare Bezugnahme auf die fiktive Vergütung eines endgültigen Insolvenzverwalters scheidet spätestens seit der Änderung von § 11 Abs. 1 InsVV aus. Aber auch zuvor war durch die Rechtsprechung bestimmt worden, dass die Vergütung des vorläufigen Insolvenzverwalters aus sich heraus zu begründen und entsprechend festzusetzen ist (BGH Beschl. v. 04.11.2004 – IX ZB 52/04, ZInsO 2004, 909 f.; Beschl. v. 18.12.2003 – IX ZB 50/03, ZInsO 2004, 265 ff.). Dies kann, so der BGH (ZInsO 2004, 265 f.) durchweg dadurch geschehen, dass der für die Vergütung des vorläufigen Insolvenzverwalters maßgebliche Prozentsatz entsprechend den Verhältnissen des konkreten Einzelfalls verändert wird.

Da das ... Verfahren, wie dem Insolvenzgericht aus den verschiedenen Berichten bereits bekannt ist, bzgl. der Anforderungen an das Tätigsein des vorläufigen Insolvenzverwalters sowie seiner Mitarbeiter ... (hier ggf. einfügen: hohe/außerordentlich hohe/extrem ungewöhnliche) Anforderungen gestellt hat, die sich in vielfältiger Hinsicht von einem durchschnittlichen Insolvenzverfahren unterschieden haben, ist die Regelvergütung angemessen zu erhöhen.

4. Zuschläge

Zusätzlich zum Regel-Vergütungssatz gem. Ziff. 3. werden folgende Zuschläge zur Festsetzung beantragt und bei der Bemessung auf die Rechtsprechung verwiesen (u.a. BGH Beschl. v. 24.07.2003 – IX ZB 607/02, ZInsO 2003, 790 f.; Beschl. v. 25.10.2007 – IX ZB 55/06, ZInsO 2007, 1272 f.; Beschl. v. 11.05.2006 – IX ZB 249/04, ZInsO 2006, 642 ff.), wonach die Umstände des Einzelfalls jeweils entscheidend sind.

a. Bearbeitung der Aus- und Absonderungsrechte mit nennenswerter Tätigkeit

An dieser Stelle wird ein Zuschlag für die nennenswerten Tätigkeiten im Hinblick auf die mit Aus- und Absonderungsrechten belasteten Vermögenswerte beantragt. Hierzu wird auf die Ausführungen unter vorstehender Ziff. 1. und die Berechnung zu Ziff. 3. verwiesen.

Wie die Vergleichsberechnungen zeigen, hätte sich eine um ca. ... € höhere Vergütung ergeben, wenn die mit Rechten Dritter belasteten Vermögenswerte, hinsichtlich derer der Unterzeichner nennenswerte Tätigkeiten ausgeübt hat, in die Berechnungsgrundlage mit eingeflossen wären.

Um sich diesem letztgenannten Betrag annähern zu können, wäre ein Zuschlag von mehr als ... % erforderlich (... % auf ... € = ... €). Um die Tätigkeit adäquat, aber i.S.d. Gesetzes moderat, zu vergüten, wird die Festsetzung eines Zuschlages von ... % beantragt.

> **Hinweis:**
> Der Prozentsatz des Zuschlages ist auf den Berechnungswert nach Ziff. 2. zu berechnen und nicht auf den Bruchteil von 25 % oder auf den Differenzbetrag.
> Rechenbeispiel:
> Regelvergütung nach Ziff. 2. ohne Rechte Dritter: €
> 25 % für die vorläufige Verwaltertätigkeit: €
> Differenz zur höheren Berechnungsgrundlage: €
> Zum Ausgleich erforderlich: %
> Kontrolle: 19,75 % von 44.560 € = 8.800,60 €
>
> Aber Achtung:
>
> Prozentsatz nicht zu hoch ansetzen, da auch schon nach der früheren Rechtsprechung vor der Gesetzesänderung zum 21.12.2006 Abschläge erforderlich waren, wenn die Mehrvergütung durch die Berücksichtigung der Aus- und Absonderungsrechte nicht mehr im Verhältnis zur tatsächlichen Tätigkeit stand (*BGH* Beschl. v. 14.12.2001 – IX ZB 105/00, ZInsO 2001, 165).

b. Betriebsfortführung

Der schuldnerische Betrieb ist seit Insolvenzeröffnung bis ... fortgeführt worden. Bei der Schuldnerin handelt es sich um einen Betrieb mit ... Arbeitnehmern und einem Jahresumsatz von ... €. Es wurden intensive Gespräche mit den Hauptgläubigerbanken, den Aus- und Absonderungsgläubigern, Lieferanten und ... geführt, da mit allen Beteiligten zur Sicherstellung der Fortführung des Geschäftsbetriebes Vereinbarungen notwendig waren. (*Hier ausführlich die Tätigkeiten im Rahmen der Fortführung schildern*) Außerdem fand am ... eine Betriebsversammlung statt, um den Arbeitnehmern die Situation zu erläutern und sie für die Mitarbeit an einer möglichen Sanierung des Unternehmens zu motivieren. Es wurden auch bereits erste Verhandlungen mit möglichen Investoren geführt. Die Betriebsfortführung erforderte wegen des täglichen Wareneinkaufs und der Produktionsvorgänge eine regelmäßige Abstimmung mit dem Geschäftsführer und war sehr zeitintensiv. Auch war die Finanzierbarkeit zu überwachen, um die Befriedigung der begründeten Masseverbindlichkeiten zu gewährleisten.

Die Betriebsfortführung hat zu einer Massemehrung geführt, von der die Gläubiger partizipieren. Sie ist jedoch auch immer mit einem Haftungspotential für den Unterzeichner verbunden, das neben dem Mehraufwand für die tatsächliche Durchführung bei der Ermittlung einer angemessenen Vergütung ebenfalls Berücksichtigung finden muss. Es wird daher ein gesonderter Zuschlag beantragt. Nach der einschlägigen Rechtsprechung ist ein solcher zu gewähren, wenn die Arbeitskraft des Verwalters in erheblichem Umfang in Anspruch genommen wurde und keine entsprechende Massemehrung erfolgt ist (vgl. zuletzt *BGH* Beschl. v. 12.05.2011 – IX ZB 143/08, ZInsO 2011, 1422; Beschl. v. 07.10.2010 – IX ZB 115/08, ZInsO 2010, 2409 f.; Beschl. v. 13.11.2008 – IX ZB 141/07, ZInsO 2009, 55 f.; Beschl. v. 22.02.2007 – IX ZB 106/06, ZInsO 2007, 436 f.). Eine Massemehrung kann eintreten, wenn aus der Betriebsfortführung ein Überschuss in die Berechnungsgrundlage einfließt. Dabei ist nicht die Gesamtsumme der Einnahmen zu berücksichtigen, sondern nur die um die Ausgaben gekürzten Einnahmen (*BGH* Beschl. v. 09.06.2011 – IX ZB 47/10, JurionRS 2011, 19391; Beschl. v. 21.07.2011 – IX ZB 148/10, ZInsO 2011, 1615; Beschl. 16.10.2008 – IX ZB 179/07, ZInsO 2008, 1262 f.; Beschl. v. 26.04.2007 – IX ZB 160/06, ZInsO 2007, 766 ff.).

Der erzielte Überschuss wurde vorstehend bereits unter Ziff. ... ermittelt und beträgt ... €. Dieser ist in der Berechnungsgrundlage berücksichtigt. Um die dadurch eingetretene Vergütungserhöhung zu ermitteln, ist folgende Berechnung vorzunehmen:

Berechnungsgrundlage inkl. Aus- und Absonderungsrechte mit erheblicher Tätigkeit	... €
abzgl. Überschuss Betriebsfortführung	... €
verbleibende Berechnungsgrundlage	... €

Nach der Staffelvergütung des § 2 Abs. 1 InsVV ergibt sich damit folgende Vergütung ohne Berücksichtigung des Überschusses aus der Betriebsfortführung:

40 % von	25.000 €	10.000 €
25 % von	25.000 €	6.250 €
7 % von	... €	... €
	... €	... €
25 % hiervon als Vergütungssatz ergeben =	... €	

Nunmehr ist ein Vergleich zwischen den Vergütungen mit und ohne Überschuss möglich:

Vergütung unter Einrechnung des Überschuss gem.

vorstehender Ziffer ...	... €
./. Vergütung ohne Überschuss wie vorstehend	... €
ermittelte Vergütungserhöhung	... €

Durch den erzielten Überschuss aus der Betriebsfortführung ist damit in dem Regel-Vergütungssatz eine Vergütungserhöhung von ... € eingetreten.

Für die vorliegend durchgeführte Betriebsfortführung wäre in Anbetracht der Größe des Unternehmens, der Komplexität der Aufgabe und der Dauer der Betriebsfortführung ein Zuschlag in Höhe von ... % gerechtfertigt, wenn kein Überschuss eingetreten wäre. Dieser ist auch nicht aufgrund der Tatsache, dass es sich um ein vorläufiges Verfahren handelt, zu kürzen. Die Tätigkeit des vorläufigen Verwalters unterscheidet sich bei der Fortführung nicht von der des endgültigen Verwalters, sodass ihm in diesen Fällen in Übereinstimmung mit der Rechtsprechung des BGH auch ein gleicher Zuschlag zusteht (*BGH* Beschl. v. 14.12.2001 – IX ZB 105/00, ZInsO 2001, 165; Beschl. v. 04.11.2004 – IX ZB 52/04, ZInsO 2004, 1350 f.).

> **Hinweis:**
> Hier sollte zunächst ein Prozentsatz angegeben werden, der insgesamt ohne die eingetretene Vergütungserhöhung als angemessen angesehen wird, damit ein Gesamtüberblick über die begehrte Vergütungserhöhung – bestehend aus Massemehrung durch Überschuss und Zuschlag – ermöglicht wird.

Ein solcher Zuschlag würde auf Basis der zuvor ermittelten Regelvergütung ohne Überschuss in der Berechnungsgrundlage aber inkl. Aus- und Absonderungsrechten mit erheblicher Tätigkeit folgenden Betrag ergeben:

$$\dots \% \text{ aus} \dots € = \dots €$$

> **Hinweis:**
> Hier setzt man nur den %-Satz des begehrten Zuschlages ein und errechnet ihn aus der Regelvergütung, die sich aus der Berechnungsgrundlage ohne Überschuss ergibt. Die Werte der Aus- und Absonderungsrechte mit erheblicher Tätigkeit sind jedoch zu berücksichtigen. Dann erhält man den Betrag des Zuschlages, den man beantragen würde, wenn überhaupt kein Überschuss eingetreten wäre.

Dieser Vergütungsbetrag wird zur Abgeltung der Tätigkeit und des Haftungspotentials für die Betriebsfortführung als angemessen angesehen. Rein informatorisch sei darauf hingewiesen, dass dieser Betrag umgerechnet auf die ... (*Anzahl der Wochen oder Monate*) andauernde Betriebsfortführung eine Vergütung von ... € pro Woche darstellt.

Diese Höhe des Zuschlages ist nunmehr mit der Mehrvergütung zu vergleichen, die sich durch die Einrechnung des Überschusses in die Berechnungsgrundlage ergibt (BGH Beschl. v. 12.05.2011 – IX ZB 143/08, ZInsO 2011, 1422 ff.; Beschl. v. 07.10.2010 – IX ZB 115/08, ZInsO 2010, 2409 f.; Beschl. v. 24.01.2008 – IX ZB 120/07, ZInsO 2008, 266 f.):

Vergütungserhöhung =	... €
Zuschlagsbetrag =	... €
Differenz =	... €

Die zuvor errechnete Vergütungserhöhung aufgrund des Überschusses i.H.v. ... € liegt unter diesem Zuschlagsbetrag. Eine den Regelsatz übersteigende Vergütung ist nach der Rechtsprechung (u.a. *BGH* Beschl. v. 07.10.2010 – IX ZB 115/08, ZInsO 2010, 2409 f.; Beschl. v. 12.05.2011 – IX ZB 143/08, ZInsO 2011, 1422) dann festzusetzen, wenn zwar eine Betriebsfortführung stattgefunden hat, aber die Masse nicht entsprechend größer geworden ist. Von einer »entsprechend« größeren Masse ist auszugehen, wenn die Erhöhung der Vergütung, die sich aus der Massemehrung ergibt, ungefähr den Betrag erreicht, der dem Verwalter bei unveränderter Masse über einen Zuschlag (§ 3 Abs. 1 Buchst. b 1. Alt. InsVV) zustände. Dies ist vorstehend ermittelt worden. Der Differenzbetrag von ... € ist daher noch entsprechend der zuvor zitierten Rechtsprechung als Zuschlag zusätzlich festzusetzen (u.a. *BGH* Beschl. v. 12.05.2011 – IX ZB 143/08, ZInsO 2011, 1422 ff.). Dies macht einen Prozentsatz von ... % aus. Die Gegenrechnung belegt dies:

$$\dots \% \text{ aus} \dots € = \dots €$$

> **Hinweis:**
>
> Hier muss man nun den Prozentsatz ermitteln, der aus der erhöhten Regelvergütung auf Basis der Berechnungsgrundlage mit Überschuss den Differenzbetrag ergibt, den man begehrt, um an den oben genannten angemessenen Gesamtbetrag zu kommen. Denn: Alle Zuschläge werden letztlich von der erhöhten Berechnungsgrundlage mit Überschuss berechnet (*BGH* Beschl. v. 12.05.2011 – IX ZB 143/08, ZInsO 2011, 1422 f.). Die andere obige Berechnung dient nur einer vergleichenden Betrachtung.

Es wird daher ein Zuschlag in Höhe von diesen ... % zur Festsetzung beantragt.

Es wird der Vollständigkeit halber darauf hingewiesen, dass die vorstehende Vergleichsberechnung nach der BGH-Rechtsprechung ausschließlich bezüglich des Zuschlages für die Betriebsfortführung durchzuführen ist. Andere Zuschläge – wie sie nachfolgend beantragt werden – werden hierbei nicht einbezogen (*BGH* Beschl. v. 12.05.2011 – IX ZB 143/08, ZInsO 2011, 1422 ff.

c. Gläubigeranzahl

> **Hinweis zu den Zuschlägen der Buchstaben c. bis e.:**
>
> Bei den nachfolgenden Zuschlägen sind unterschiedliche Prozentsätze, die in der Rechtsprechung entwickelt und in den Kommentierungen aufgeführt sind, in Ansatz zu bringen. Die Höhe ist individuell der Art und dem Umfang der Tätigkeit und in Anbetracht der höheren Berechnungsgrundlage inkl. Aus- und Absonderungsrechten anzupassen (s. *Lorenz/Klanke* InsVV, 2. Aufl., § 3 Rn. 11 ff. u. Anh. II; *Haarmeyer/Wutzke/Förster* InsVV, 4. Aufl., § 3 InsVV Rn. 78). Dabei ist wegen der ggf. höheren Berechnungsgrundlage (inkl. Aus- und Absonderungsrechte mit erheblicher Tätigkeit) von den Zuschlägen ein eher vorsichtiger Gebrauch zu machen, vor allem dann, wenn die zugrunde liegende Tätigkeit sich nicht auf die gesamte Berechnungsgrundlage und damit auf die mit Fremdrechten belegten Vermögenswerte bezieht, wie z.B. beim Zuschlag für die Insolvenzgeldvorfinanzierung.

Bereits während der vorläufigen Verwaltung haben sich mehr als ca. ... (> *100*) Gläubiger gemeldet. Mit einer Vielzahl von Gläubigern wurden daher schon Gespräche über die Abwicklung eines Insolvenzverfahrens im allgemeinen geführt, da viele Gläubiger diesbezüglich keinerlei Kenntnisse haben und anfragten, wie sie sich zu verhalten haben. Eine derart hohe Gläubigeranzahl und der damit verbundene Arbeitsaufwand hat mehrere Mitarbeiter des Verwalters über einige Wochen immer wieder zeitlich erheblich in Anspruch genommen und rechtfertigt einen Zuschlag von ... % (*Lorenz/Klanke* InsVV, 2. Aufl., § 11 Rn. 45, § 3 Rn. 35 u. Anh. II, S. 240 u. 244; *Haarmeyer/Wutzke/Förster* InsVV, 4. Aufl., § 11 Rn. 65 i.V.m. § 3 Rn. 78, S. 174).

d. Insolvenzgeldvorfinanzierung

Der für die Vorfinanzierung des Insolvenzgeldes zu tätigende Aufwand wird grds. als zuschlagsfähig anerkannt (vgl. *BGH* Beschl. v. 22.02.2007 – IX ZB 120/06, ZInsO 2007, 438 f.). Die Fortführung des Geschäftsbetriebes konnte nur durch eine Insolvenzgeldvorfinanzierung gewährleistet werden. Hierfür waren zunächst Gespräche mit den Arbeitnehmern, der Bank und der Arbeitsagentur erforderlich. Im Anschluss daran wurden Abtretungsvereinbarungen mit den Arbeitnehmern und Verträge mit der finanzierenden Bank erstellt. Außerdem musste die schriftliche Zustimmung der Arbeitsagentur eingeholt werden. Angesichts einer Arbeitnehmeranzahl von ... ist für diese Tätigkeit ein Zuschlag von ... % gerechtfertigt (*Lorenz/Klanke* InsVV, 2. Aufl., § 11 Rn. 38, 45 u. Anh. II; *Haarmeyer/Wutzke/Förster* InsVV, 4. Aufl., § 11 Rn. 65 i.V.m. § 3 Rn. 78, S. 177).

> **Hinweis:**
> Die Rechtsprechung sieht einen Zuschlag i.d.R. erst ab 20 Arbeitnehmern vor. Der Arbeitsaufwand für die Erstellung eines Fortführungskonzeptes, das für die Zustimmung der Arbeitsagentur erforderlich ist, und für die Gespräche mit der Arbeitsagentur und der Bank ist jedoch identisch, unabhängig davon, ob es sich um 3, 25 oder 100 Arbeitnehmer handelt. Ggf. sollte man auf diesen Umstand hinweisen und trotzdem einen Prozentsatz beantragen, wenn auch in geringerer Höhe als bei den anerkannten 20 Arbeitnehmern, weil insoweit die Erstellung der Abtretungserklärungen weniger Aufwand verursacht.

e. Mehrere Betriebsstätten

Das schuldnerische Unternehmen setzt sich aus ... Filialen zusammen. Die Kontrolle und Sicherung dieser Filialen während der Betriebsfortführung stellte einen erheblichen Mehraufwand dar. So musste der Unterzeichner die Vermögenswerte nicht nur an einem Standort sichern, sondern alle Filialen entsprechend abfahren. Während der Betriebsfortführung war es darüber hinaus notwendig, die Filialen in regelmäßigen Abständen von ... Tagen zu besuchen. Hierdurch wurde sichergestellt, dass die festgestellten Vermögenswerte im Unternehmen erhalten blieben und die Produktion reibungslos verlief. Gleichzeitig behielt der Unterzeichner hierdurch die notwendigen Einblicke in die laufende Buchhaltung und damit in die erzielten Umsätze etc.

Für die mit der Tätigkeit verbundene Mehrarbeit wird ein gesonderter Zuschlag von ... % zur Festsetzung beantragt (*LG Braunschweig* Beschl. v. 29.01.2001 – 8 T 947/00 [588], ZInsO 2001 552 ff.; *OLG Celle* Beschl. v. 17.09.2001 – 2 W 53/01, ZInsO 2001, 948 ff.; *LG Neubrandenburg* Beschl. v. 26.11.2002 – 4 T 257/02, ZInsO 2003, 26 ff.; *LG Lübeck* Beschl. v. 23.05.2005 – 7 T 173/03, JurionRS 2005, 35723; s. *Lorenz/Klanke* InsVV, 2. Aufl., § 11 Rn. 45, § 3 Rn. 35 u. Anh. II S. 247; *Haarmeyer/Wutzke/Förster* InsVV, 4. Aufl., § 11 Rn. 65 i.V.m. § 3 Rn. 78, S. 172).

f. Anfechtungs- und Haftungsansprüche

Wie bereits oben ausgeführt, sind bereits während der vorläufigen Verwaltung Tätigkeiten verrichtet worden, um mögliche Anfechtungs- und Haftungsansprüche im eröffneten Verfahren geltend machen zu können. So wurden ... (*z.B. die Unterlagen von ... gesichert. Dies war mit Schwierigkeiten verbunden, weil ...*). Ohne diese Sicherungstätigkeit wäre die Realisierung der Anfechtungs- und Haftungsansprüche im eröffneten Verfahren vereitelt worden. Es wird daher ein Zuschlag von ... % beantragt (vgl. *BGH* Beschl. v. 14.12.2005 – IX ZB 268/04, ZInsO 2006, 143 ff.; *Lorenz/Klanke* InsVV, 2. Aufl., § 11 Rn. 24 u. Anh. II; *Haarmeyer/Wutzke/Förster* InsVV, 4. Aufl., § 3 Rn. 44, 78, S. 168).

> **Hinweis:**
> Es muss sich um eine Sicherungstätigkeit handeln. Die reine Prüfung der Anfechtungstatbestände gehört zu den Aufgaben des Sachverständigen und wird über die dortige Abrechnung vergütet.
>
> Soweit entsprechende Werte vorher in die Berechnungsgrundlage eingerechnet wurden, scheidet ein zusätzlicher Zuschlag natürlich aus.

g. Verfahrensdauer

In der Literatur und Rechtsprechung wird als normale Verfahrensdauer für eine vorläufige Verwaltung ein Zeitraum von acht bis zehn Wochen angesehen. Das vorliegende Verfahren dauerte mehr als ... Wochen. Grund hierfür war ... (*ausführlich schildern, einschließlich der konkreten Mehrarbeiten*). Diesbezüglich wird auch auf die ausführlichen Erläuterungen im Bericht zur ersten Gläubigerversammlung (S. ...) verwiesen. Um die mit der längeren Verfahrensdauer verursachte Mehrarbeit zu vergüten, wird ein Zuschlag von ... % beantragt (vgl. *BGH* Beschl. v. 06.05.2010 – IX ZB 123/09, ZInsO 2010, 1504; Beschl. v. 16.09.2010 – IX ZB 154/09, JurionRS 2010, 24831; Beschl. v. 12.05.2011 – IX ZB 143/08, ZInsO 2011, 1422 f.; *Lorenz/Klanke* InsVV, 2. Aufl., § 11 Rn. 39 u. Anh. II; *Haarmeyer/Wutzke/Förster* InsVV, 4. Aufl., § 3 Rn. 58, 78, S. 172).

> **Hinweis:**
> Hier sind maßgebliche Gründe für die längere Verfahrensdauer zu nennen. In manchen Büros mag der tatsächliche Grund häufig die Vielzahl der Verfahren sein. Sie bewirkt, dass die notwendigen Gutachten nicht rechtzeitig erstellt werden können und somit eine Verfahrensverzögerung eintritt. Dies ist jedenfalls keine Basis für diesen Zuschlag.

h. Zustimmungsvorbehalt

Mit dem Beschluss vom ... wurde gleichzeitig mit der vorläufigen Verwaltung ein Zustimmungsvorbehalt gem. § 21 Abs. 2 Nr. 2 InsO angeordnet. Danach war jede Verfügung des Schuldners über Vermögensgegenstände nur noch mit Zustimmung des Unterzeichners möglich. Im vorliegenden Fall hat dieser Zustimmungsvorbehalt einen erheblichen Zeitaufwand dadurch verursacht, dass ... (*ausführlich erläutern*). Es wurden ...

Für diesen Mehraufwand wird ein Zuschlag in Höhe von 10 % beantragt.

> **Hinweis:**
> Seit dem Beschluss des *BGH* v. 17.07.2003 (– IX ZB 10/03, ZInsO 2003, 748 f.) ist der Zuschlag von 10 % für den angeordneten Zustimmungsvorbehalt nicht mehr generell nur für die Anordnung an sich zu gewähren, sondern erst dann, wenn der vorläufige Insolvenzverwalter konkret darlegt und begründet, welche Tätigkeiten er vollbracht hat und welcher Mehraufwand hierdurch entstanden ist (vgl. *BGH* Beschl. v. 14.12.2005 – IX ZB 268/04, ZInsO 2006, 143 f.; Beschl. v. 13.04.2006 – IX ZB 158/05, ZInsO 2006, 595).

Insgesamt errechnen sich damit Zuschläge in Höhe von ... %.

5. Abschläge

Da die Berechnungsgrundlage für die Regelvergütung keine Werte der mit Aus- und Absonderungsrechten belasteten Gegenstände mehr enthält, hinsichtlich derer nur eine nennenswerte Tätigkeit ausgeübt wurde, sondern diese lediglich noch über einen möglichen Zuschlag vergütet wird, ist ein Abschlag im Zusammenhang mit den Aus- und Absonderungsrechten lediglich noch hinsichtlich der erheblichen Tätigkeit und der sich dadurch ergebenden Mehrvergütung i.S.d. Vorschrift des § 11 Abs. 3 InsVV zu prüfen. Danach sind Art, Dauer und Umfang der Tätigkeit des vorläufigen Insolvenzverwalters bei der Festsetzung der Vergütung zu berücksichtigen.

Die einzelnen Tätigkeiten des Unterzeichners ergeben sich aus den bisherigen Berichten sowie der Schilderung unter vorstehender Ziff. 1. Wie unter Ziff. 3. ausgeführt wird, erhält der Unterzeichner für die erhebliche Tätigkeit im Hinblick auf die mit Aus- und Absonderungsrechten belasteten Vermögenswerte eine Mehrvergütung von ... €. Diese ist angemessen i.S.d. vorgenannten Vorschrift und des § 63 InsO. Eine Kürzung des Regel-Vergütungssatzes von 25 % ist nicht geboten.

Alternative:

Da Art, Dauer und Umfang der Tätigkeiten des Unterzeichners nicht so erheblich waren, als dass sie die Festsetzung einer solchen Mehrvergütung rechtfertigen, wird ein Abschlag von ... % auf den Re-

gel-Vergütungssatz von 25 % als angemessen angesehen. Dieser mindert die Mehrvergütung um ... €
auf ... €, und zwar wie folgt:

Berechnungswert inkl. Rechte Dritter mit Erheblichkeit:

... % (verminderter Vergütungssatz, z.B. 20 %)
von ... € =   ... €
Berechnungswert ohne Rechte Dritter:
... % (verminderter Vergütungssatz, z.B. 20 %)
von ... € =   ... €
Differenz   ... €

Mehrvergütung gem. Ziff. 3.   ... €
./. vorstehende Mehrvergütung   ... €
Minderungsbetrag   ... €

Weitere Abschläge gem. § 3 Abs. 2 InsVV sind nicht ersichtlich.

> **Hinweis:**
>
> In § 11 Abs. 1 InsVV ist für den Regelfall ein Vergütungssatz von 25 % geregelt. Dieser ist damit aber nicht abschließend festgelegt, sondern unter den Gesichtspunkten des § 11 Abs. 3 InsVV ggf. zu korrigieren. Gerade, wenn die Mehrvergütung nicht mehr in einem adäquaten Verhältnis zur Tätigkeit steht, sollte hier ein Abschlag mit eingerechnet werden.
>
> Siehe auch *BGH* Beschl. v. 23.03.2006 – IX ZB 20/05, ZInsO 2006, 539 f.: Abschlag wg. geringer Anforderungen.

6. Vergütungsberechnung

Der zugrunde zu legende Vergütungssatz ergibt sich nach den vorstehenden Ausführungen wie folgt:

Grundvergütung   25 %
Zuschläge gesamt   ... %
Abschlag   ... %
Gesamt-Prozentsatz   ... %

Es ergibt sich folgende Berechnung:

Vergütung (... %) nach dem Berechnungswert in Höhe von ... € (auf Basis der Berechnungsgrundlage inkl. Rechte Dritter mit erheblicher Tätigkeit)

... % von ... = ... €.

7. Auslagen

Nach § 8 Abs. 3 InsVV erhält der Insolvenzverwalter einen Pauschalsatz für die ihm entstandenen Auslagen, der im ersten Jahr 15 % und in den Folgejahren jeweils 10 % der **Regelvergütung** beträgt (*BGH* Beschl. v. 22.07.2004 – IX ZB 222/03, ZInsO 2004, 908 f.). Hierbei sind allerdings die Höchstgrenzen von 250 € je angefangenen Monat der Dauer der Tätigkeit des Insolvenzverwalters und von 30 % der Regelvergütung nach § 2 InsVV zu beachten. Diese Regelung gilt über § 10 InsVV auch für den vorläufigen Insolvenzverwalter. Nach einer Entscheidung des *BGH* (Beschl. v. 06.04.2006 – IX ZB 109/05, ZInsO 2006, 1206 f.) ist dabei die Regelvergütung nach § 11 InsVV und nicht die Regelvergütung des § 2 InsVV zugrunde zu legen. Im Einzelnen ergibt sich für das vorliegende Verfahren folgende Berechnung:

Regelvergütung gem. Ziff. 3.: ... €

Auslagen für den Zeitraum vom ... bis ...

15 % von ... €   ... €

Die erste Höchstgrenze errechnet sich wie folgt:

1. Höchstgrenze: ... Monate Laufzeit × 250 € =   ... €

Diese Höchstgrenze wird nicht überschritten, so dass auch keine Kürzung vorzunehmen ist.

Alternativ:

Der vorgenannte Auslagenbetrag überschreitet die erste Höchstgrenze und ist damit auf den Betrag von ... € zu kürzen.

Die zweite Höchstgrenze von 30 % der Regelvergütung führt zu keiner Kürzung, da lediglich 15 % für ein Jahr in Ansatz gebracht wurden.

Die Auslagenpauschale ist nicht zu beschränken auf die begrenzten Monate der Tätigkeit. Hierzu wird verwiesen auf die Entscheidung des *BGH* vom 23.07.2004 (– IX ZB 257/03, ZInsO 2004, 964 f.). Danach ist die Auslagenpauschale in voller Höhe bereits für ein begonnenes Jahr der Tätigkeit in Ansatz zu bringen. Die Begrenzung des Auslagenbetrages erfolgt über die beiden Höchstgrenzen.

> **Hinweis:**
>
> Eine Kürzung der Auslagenpauschale wegen des vorläufigen Verfahrens braucht nicht zu erfolgen. Die Pauschale steht auch dem vorläufigen Insolvenzverwalter in voller Höhe – wie vorstehend berechnet – zu.

8. Zustellungskosten

Mit der Anordnung der vorläufigen Verwaltung ist dem Unterzeichner gleichzeitig das Zustellungswesen gem. § 8 Abs. 3 InsO übertragen worden. Diese Aufgabe hat der Unterzeichner erfüllt und einen entsprechenden Zustellungsnachweis am ... gegenüber dem Insolvenzgericht erbracht. Die Drittschuldner mussten ermittelt und Anschreiben an jeden einzelnen gefertigt werden. Die hierfür entstandenen Sachkosten dürfen nach der Entscheidung des *BGH* (Beschl. v. 21.12.2006 – IX ZB 129/05, ZInsO 2007, 202 ff.) auch ausdrücklich neben der Auslagenpauschale des § 8 Abs. 3 InsVV zusätzlich berechnet werden.

Das dortige Gericht hat eine Pauschale von ... € pro Zustellung festgelegt, die die Papier- und Kopierkosten sowie das Porto abdecken soll.

> **Hinweise:**
>
> Die meisten Gerichte haben nach der Rechtsprechung des *BGH* v. 21.12.2006 Pauschalbeträge festgelegt, die sie pro Zustellung erstatten. Die Pauschale kann je nach Gericht zwischen € 3,70 und € 4,50 variieren.
>
> Wenn keine Pauschale festgelegt ist, kann man die tatsächlichen Zustellungskosten einzeln auflisten. Ergänzend wird auf die Ausführungen unter § 4 InsVV Rdn. 19 ff. verwiesen.

Im vorliegenden Verfahren sind dementsprechend folgende Kosten für die Zustellungen entstanden:

Anschreiben an ... Drittschuldner

gem. Zustellungsnachweis vom ... à ... € = ... €

9. Umsatzsteuer

Gem. § 7 InsVV wird um Festsetzung der entsprechenden Umsatzsteuer auf die Verwaltervergütung und die Auslagen gebeten.

10. Zusammenfassung

Insgesamt ergibt sich nach den obigen Ausführungen folgende Gesamtberechnung:

Verwaltervergütung gem. Ziff. 6.	... €
Auslagenpauschale gem. Ziff. 7.	... €
Zustellungskosten gem. Ziff. 8.	... €
Zwischensumme netto	... €
19 % USt.	... €
Gesamtsumme	... €

Es wird beantragt, die Vergütung insgesamt entsprechend festzusetzen und dem Verwalter zu gestatten, den Betrag der Masse entnehmen zu dürfen.

Mit freundlichen Grüßen

...

vorläufiger Insolvenzverwalter

Hinweis zur möglichen Änderung des Festsetzungsbeschlusses:

Die Neufassung des § 11 Abs. 2 InsVV sieht nunmehr vor, dass der Insolvenzverwalter dem Insolvenzgericht nach Verwertung sämtlicher Gegenstände eine möglicherweise eingetretene Wertdifferenz von 20 % zwischen Schätzwert und Realisierungswert mitteilt, damit ein etwaiger Vergütungsfestsetzungsbeschluss abgeändert werden kann.

Hinweis zur Verjährung:

Die Verjährung des Vergütungsanspruches für die vorläufige Verwaltung wird bis zum Abschluss des eröffneten Insolvenzverfahrens gehemmt (*BGH* Beschl. v. 22.09.2010 – IX ZB 195/09, ZInsO 2010, 2103 ff.; Beschl. v. 23.09.2010 – IX ZB 20/09, JurionRS 2010, 25126). Der Festsetzungsantrag kann daher auch gleichzeitig mit dem Vergütungsantrag für das eröffnete Verfahren gestellt werden.

Hinweis zur Vorsteuererstattung:

Grds. gilt, dass eine Vorsteuererstattung aus der festzusetzenden Verwaltervergütung in die Berechnungsgrundlage einfließen kann und damit die Vergütung erhöhen würde (u.a. *BGH* Beschl. v. 01.07.2010 – IX ZB 66/09, ZInsO 2010, 1503 f.). Eine Einrechnung ist aber nur dann möglich, wenn der Vorsteuerbetrag auch tatsächlich in die Insolvenzmasse fließt.

Durch die Änderung der Rechtsprechung des BFH ist eine Einrechnung nun auch für die vorläufige Verwaltung möglich, denn die Finanzverwaltungen dürfen nicht mehr mit dem Vorsteuererstattungsanspruch des Schuldners aus der Bezahlung der Vergütung des vorläufigen Insolvenzverwalters aufrechnen (*BFH* Urt. v. 02.11.2010 – VII R 6/10, ZInsO 2011, 283 ff.).

J. Muster eines Antrags auf Festsetzung der Entschädigung des insolvenzrechtlichen Sachverständigen nach JVEG

Nachfolgend wird ein Muster eines Antrages auf Festsetzung der Entschädigung des insolvenzrechtlichen Sachverständigen (übernommen von BK-InsO/*Blersch* Gruppe 4 Muster zu § 22 InsO) dargestellt:

126

Amtsgericht
– Insolvenzgericht –

Az: ... IN .../...

In dem Insolvenzantragsverfahren über das Vermögen der/des ... (Insolvenzschuldner/in)

nehme ich Bezug auf den Beschluss vom ... (Datum) und darf meine Vergütung als Sachverständiger wie folgt abrechnen:

(alternativ bei einem formellen Festsetzungsantrag als Grundlage einer rechtsmittelfähigen Entscheidung:)

beantrage ich Festsetzung meiner Vergütung als Sachverständiger nach § 4 JVEG gem. nachfolgender Abrechnung:

I. Zeitaufwand für die Sachverständigentätigkeit gemäß nachstehender Auflistung

Datum	Tätigkeitsbeschreibung	SB	Std.-Satz in €	Zeit in h/min	Betrag in €
Zwischensumme 1					0,00

II. Fahrtkostenersatz gemäß § 5 JVEG

1. Auslagen für öffentliche Verkehrsmittel gem. beigefügten Belegen   0,00 €
   (Ersetzt werden Aufwendungen für öffentliche Verkehrsmittel bis zur Höhe der Kosten einer Bahnfahrkarte der 1. Wagenklasse einschließlich Auslagen für Reservierung und Gepäckbeförderung, § 5 Abs. 1 JVEG).
2. Kilometergeld nach § 5 Abs. 2 Nr. 2 JVEG   0,00 €
   (Fahrten in der Zeit vom .... bis ... in Zusammenhang mit der Sachverständigentätigkeit; ggf. gem. beizufügender Auflistung)
   (Anzahl) Kilometer zu 0,30 € pro Kilometer
3. Parkentgelte   0,00 €
4. höhere Fahrtkosten im Einzelfall nach § 5 Abs. 3 JVEG   0,00 €
   gem. beigefügten Erläuterungen und Belegen
   Zwischensumme 2   0,00 €

III. Aufwandsentschädigung

1. Tagegeld   0,00 €
   Nach § 6 Abs. 1 JVEG wird für die Sachverständigentätigkeit an folgenden Tagen

§ 11 InsVV Vergütung des vorläufigen Insolvenzverwalters

    Tagegeld gem. § 4 Abs. 5 Satz 1 Nr. 5 Satz 2 EStG geltend gemacht:
(bei Anwesenheit von mindestens 8 Stunden, aber weniger als 14 Stunden: Tagegeld 6 €; bei Abwesenheit von mindestens 14 Stunden; aber weniger als 24 Stunden: Tagegeld 12 €; bei Abwesenheit von 24 Stunden: Tagegeld 24 € bei Tätigkeiten außerhalb der Gemeinde, in der sich die Wohnung bzw. der Tätigkeitsmittelpunkt des Sachverständigen befindet)

2. Übernachtungsgeld gem. beigefügten Belegen   0,00 €
(Die Zahlung des Übernachtungsgeldes richtet sich nach den Bestimmungen des Bundesreisekostengesetzes, vgl. § 6 Abs. 2 JVEG).

Zwischensumme 3   **0,00 €**

IV. Sonstige Aufwendungen nach § 7 JVEG

1. Sonstige bare Auslagen gem. beigefügten Belegen   0,00 €
(Hierunter fallen alle Auslagen, die nicht von den §§ 5, 6 und 12 JVEG erfasst sind, also Kosten für notwendige Begleitpersonen und etwaige Vertretung bzw. Hinzuziehung dritter Personen).

2. Ablichtungen Gerichtsakte/Verfahrensakten
(Anzahl der gefertigten Kopien) × ... €   0,00 €
(Es werden nach § 7 Abs. 2 JVEG für die ersten 50 Seiten bei Ablichtungen 0,50 € pro Seite und für jede weitere Seite 0,15 € berechnet, soweit sie zur Erstattung des Gutachtens notwendig waren; Farbkopien werden unabhängig von den Seitenzahlen mit 2,00 € pro Seite ersetzt).

3. Datenübertragung gem. § 7 Abs. 3 JVEG
(Anzahl der übertragenen Dateien) × 2,50 €   0,00 €

Zwischensumme 4   **0,00 €**

V. Besondere Aufwendungen nach § 12 JVEG

1. Besondere Aufwendungen bei Vorbereitung und Erstattung des Gutachtens gem. beigefügten Belegen   0,00 €
(Hierunter fallen insbesondere die im Rahmen der Gutachtenerstellung hinzugezogenen weiteren Personen mit Spezialwissen, wie etwa Personen zur Bewertung gewerblicher Schutzrechte oder Sondermaschinen sowie Unternehmen zur Inventarisierung und Aufbereitung des Vermögensbestandes bzw. Unternehmen zur Erbringung von Dienstleistungen im EDV-Bereich, um Zugriff auf die Schuldnerdaten zu bekommen etc. Zu beachten ist hierbei, dass für diese Hilfskräfte bzw. Hilfspersonen nach § 12 Abs. 2 ein Zuschlag von 15 % auf die an diese Hilfskräfte zu zahlende Vergütung zu gestanden wird, um die mit der Heranziehung der Hilfskräfte beim Sachverständigen entstehenden Gemeinkosten abzudecken.)

2. Lichtbilder gem. § 12 Abs. 1 Nr. 1 JVEG   0,00 €
(Anzahl der Lichtbilder) × ... €
(Lichtbilder oder Farbausdrucke für die Erstattung des Gutachtens werden für den ersten Ausdruck mit 2,00 € und für jeden weiteren Ausdruck mit 0,50 € abgegolten).

3. Schreibaufwendungen gem. § 12 Abs. 1 Nr. 2 JV EG   0,00 €
(Anzahl der Anschläge für das Gutachten)/1 000 × 0,75 €
(Gewährt werden für je angefangene 1 000 Anschläge 0,75 €. Ist die Zahl der Anschläge nur schwer zu ermitteln, ist sie zu schätzen).

Zwischensumme 5   **0,00 €**
Gesamtvergütung   **0,00 €**
(Zwischensumme 1 bis Zwischensumme 5)
19 % Umsatzsteuer (§ 12 Abs. 1 Nr. 4 JVEG) 0,00 €
Gesamtbetrag   **0,00 €**

Begründung: *(Aufgrund der Beschränkung der Regelung der Sachverständigenvergütung auf Sachverständige, die gleichzeitig als starke vorläufige Insolvenzverwalter bestellt wurden, sind je nach Rechtsstellung des Sachverständigen unterschiedliche Begründungen erforderlich. Die nicht zutreffenden Begründungsteile sind daher jeweils zu entfernen.)*

Begründung 1: *(Sachverständiger und vorläufiger Insolvenzverwalter bei gleichzeitiger Anordnung eines allgemeinen Vergütungsverbots, starker vorläufiger Insolvenzverwalter)*

Der Sachverständige wurde mit Beschluss vom ... durch das Insolvenzgericht zum vorläufigen Insolvenzverwalter bestellt. Gleichzeitig hat das Gericht nach § 21 Abs. 2 Nr. 2 1 Hs. InsO dem Schuldner ein allgemeines Verfügungsverbot auferlegt. Nach § 22 Abs. 1 Nr. 3 InsO wurde der Unterzeichner zusätzlich beauftragt, als Sachverständiger zu prüfen, ob bei dem Insolvenzschuldner ein Eröffnungsgrund vorliegt und welche Aussichten für eine Erhaltung bzw. Fortführung des Schuldnerunternehmens bestehen.

Nach § 9 Abs. 2 JVEG beträgt das Stundenhonorar des Sachverständigen in diesem Fall 65 EUR. Dieser Stundensatz wurde daher der vorstehenden Abrechnung zugrunde gelegt.

Des Weiteren ergeben sich zugunsten des Unterzeichners die jeweils im Einzelnen abgerechneten Aufwendungsersatzansprüche, die durch entsprechende Belege nachgewiesen sind. Die Auszahlung wird auf das aus dem Briefbogen des Sachverständigen ersichtliche Konto erbeten.

Mit freundlichen Grüßen

...

Rechtsanwalt

als Sachverständiger

Begründung 2: *(Isolierte Bestellung als insolvenzrechtlicher Sachverständiger oder Ernennung als Sachverständiger bei gleichzeitiger Bestellung zum vorläufigen Insolvenzverwalter nebst Verhängung eines allgemeinen Zustimmungsvorbehalts, schwacher vorläufiger Insolvenzverwalter – die Höhe des Stundensatzes für den isolierten Sachverständigen bzw. den Sachverständigen mit gleichzeitiger Bestellung zum vorläufigen schwachen Insolvenzverwalter ist umstritten; im Einzelnen wird auf die Ausführungen und die Darstellung des Streitstandes in Rdn. 115 verwiesen.)*

Der Unterzeichner wurde mit dem o.g. Beschluss nach § 5, § 21 Abs. 2 InsO bzw. § 5 Abs. 1 Satz 2 InsO, § 4 InsO i.V.m. §§ 420 ff. ZPO beauftragt zu überprüfen, ob bei dem vorgenannten Insolvenzschuldner ein Insolvenzgrund vorliegt, in diesem Fall die Kosten eines zu eröffnenden Insolvenzverfahrens gedeckt sind und welche Aussichten ggf. für die Fortführung des Schuldnerunternehmens bestehen. Außerdem wurde der Sachverständige um kurzfristige Stellungnahme gebeten, welche ergänzenden Sicherungsmaßnahmen erforderlich erscheinen.

(ergänzend bei schwacher vorläufiger Insolvenzverwaltung:)

Parallel dazu hat das Gericht am ... die vorläufige Insolvenzverwaltung des Schuldnervermögens angeordnet und den Unterzeichner zum vorläufigen Insolvenzverwalter bestellt. Daneben wurde als Verfügungsbeschränkung ein sog. allgemeiner Zustimmungsvorbehalt verhängt, so dass sich die Rechtsstellung des gleichzeitig bestellten Sachverständigen nach § 5, § 21 Abs. 1, § 22 Abs. 2 InsO bestimmt.

Die zuvor dargelegte Rechtsstellung des Sachverständigen ist von § 9 Abs. 2 JVEG nicht erfasst, da dort ausdrücklich und abschließend nur der Sachverständige genannt ist, der nach § 22 Abs. 1 Nr. 3 InsO gleichzeitig als starker vorläufiger Insolvenzverwalter mit Verwaltungs- und Verfügungsbefugnis fungiert.

Auch eine analoge Anwendung des § 9 Abs. 2 JVEG auf den vorliegenden Fall scheidet aus, da die Voraussetzungen für eine solche Analogie nicht vorliegen.

Zwar kann noch unterstellt werden, dass die Rechtsstellung des Unterzeichners als insolvenzrechtlicher Sachverständiger im vorliegenden Verfahren mit der eines Sachverständigen nach § 22 Abs. 1 Nr. 3 InsO vergleichbar ist, jedoch fehlt es an der weiter erforderlichen Analogievoraussetzung einer dem Gesetzgeber bewussten oder unbewussten Regelungslücke. Der Gesetzgeber hat bei Erlass des JVEG zumindest am Ende des Gesetzgebungsverfahrens das Erfordernis einer ausdrücklichen Regelung für die Vergütung des insolvenzrechtlichen Sachverständigen erkannt und noch unmittelbar vor Erlass des JVEG auf Veranlassung des Rechtsausschusses des Deutschen Bundestages § 9 JVEG um den jetzigen Absatz 2 ergänzt, um nach der ausdrücklichen Begründung des Rechtsausschusses Abrechnungsschwierigkeiten bei der Sachverständigenvergütung zu vermeiden; vgl. BT-Drs. 15/2487, S. 139 f. Es ist also nicht ersichtlich, dass der Gesetzgeber große Teilbereiche der Sachverständigenvergütung der Entwicklung und Festlegung durch die Rechtsprechung überlassen wollte. Eine bewusste Regelungslücke scheidet daher aus.

Dem Gesetzgeber war weiter bei Erlass des JVEG bekannt, dass jährlich in mehreren zehntausend Fällen insolvenzrechtliche Sachverständige mit unterschiedlicher Rechtsstellung (isolierter Sachverständiger i.V.m. schwacher oder starker vorläufiger Insolvenzverwaltung) bestellt werden. Dabei kann dem Gesetzgeber auch nicht entgangen sein, dass in der weitaus überwiegenden Zahl der Fälle neben der Bestellung eines Sachverständigen allenfalls die Anordnung einer schwachen vorläufigen Insolvenzverwaltung durch die Insolvenzgerichte erfolgt. Ein starker vorläufiger Insolvenzverwalter wird dagegen lediglich im Ausnahmefall bestellt.

Im Übrigen wurde der Gesetzgeber noch während des Gesetzgebungsverfahrens in der gebotenen Dringlichkeit auf das Erfordernis einer gesetzlichen Regelung für diese überwiegende Mehrzahl der Fälle hingewiesen; so durch *Schmerbach* ZInsO 2003, 884.

Unterlässt der Gesetzgeber unter diesen Umständen eine umfassende Regelung, kann jedenfalls nicht von einer versehentlichen oder unbewussten Regelungslücke ausgegangen werden. Eine analoge Anwendung des § 9 Abs. 2 JVEG auf den vorliegenden Fall scheidet daher aus; so auch *Ley* ZIP 2004, 1391, und *Schmerbach* InsbürO 2004, 82 ff., der eine Analogie zumindest für den isoliert bestellten Sachverständigen ablehnt.

Eine analoge Anwendung des § 9 Abs. 2 JVEG ist schließlich auch deshalb ausgeschlossen, weil das Gesetz für nicht ausdrücklich geregelte Fallkonstellationen in § 9 Abs. 1 Satz 3 JVEG eine Auffangregelung enthält. Wird danach die Leistung des Sachverständigen wie hier auf einem Sachgebiet erbracht, das keiner in Anlage 1 zu § 9 JVEG genannten Honorargruppe zuzuordnen ist, muss die Leistung unter Berücksichtigung der allgemein für Leistungen dieser Art außergerichtlich und außerbehördlich vereinbarten Stundensätze einer Honorargruppe nach billigem Ermessen zugeordnet werden. Weiter heißt es in § 9 Abs. 1 Satz 4 JVEG für den Fall, dass die Leistung des Sachverständigen auf mehreren Sachgebieten aus Anlage 1 zu § 9 JVEG erbracht wird und diese Sachgebiete verschiedenen Honorargruppen zugeordnet werden, dass sich dann das Honorar einheitlich für die gesamte erforderliche Zeit der Tätigkeit nach der höchsten dieser Honorargruppen richtet.

Im vorliegenden Fall lagen die Schwerpunkte der Sachverständigentätigkeit auf folgenden Bereichen:

. . . .

(Hier folgt eine stichwortartige Darstellung der Schwerpunkte der Sachverständigentätigkeit unter Berücksichtigung der nachstehend beispielhaft aufgelisteten und herangezogenen Sachgebiete. In vertretbarem Umfang kann auch Bezug genommen werden auf das parallel überreichte Sachverständigengutachten. Dabei ist aber auch zu bedenken, dass der Inhalt der Tätigkeit in einem eventuellen Beschwerdeverfahren vom Beschwerdegericht isoliert aus dem Festsetzungsantrag heraus zu beurteilen ist und sich deshalb eine ausführliche Darstellung empfiehlt.)

Diese vorstehend beschriebenen Tätigkeitsschwerpunkte des Sachverständigen können folgenden Sachgebieten aus Anlage 1 zu § 9 JVEG zugeordnet werden:
- Bewertung von Immobilien (Honorargruppe 6: 90,00 EUR/Std.)
- Datenverarbeitung bei Prüfung Organisation Buchhaltung und Warenwirtschaft sowie Personalverwaltung und Kommunikation (Honorargruppe 8: 100,00 EUR/Std.)
- Bewertung von Maschinen und Anlagen (Honorargruppe 6: 90,00 EUR/Std.)
- Miet- und Pachtverhältnisse (Honorargruppe 5: 85,00 EUR/Std.)
- Unternehmensbewertung (Honorargruppe 10: 115,00 EUR/Std.)

Unter Berücksichtigung der dargelegten tatsächlichen Schwerpunkte der Sachverständigentätigkeit wäre nach der zuvor dargestellten Regelung des § 9 Abs. 1 Satz 4 JVEG zunächst eine Einordnung in die höchste Honorargruppe Nr. 10 vorzunehmen. Es wird gem. § 9 Abs. 1 Satz 4 2. Hs. JVEG unter Abwägung aller Einzelumstände sowie der betroffenen unterschiedlichen Sachgebiete eine Einordnung der Tätigkeit des Sachverständigen in die Honorargruppe Nr. 11 zu einem Stundenhonorar in Höhe von EUR 115,00 im vorliegenden Fall als angemessen/untere Grenze angesehen. Dieses Stundenhonorar wurde der Abrechnung oben unter I. zugrunde gelegt (vgl. in diesem Zusammenhang Ley ZIP 2004, 1392, der nur in besonders einfachen Fällen eine Einordnung der Sachverständigentätigkeit unterhalb der Honorargruppe 7 [80,00 EUR] für vertretbar hält; ebenso Schmerbach InsbürO 2004, 85, der ebenfalls bei Berührung der zuvor aufgelisteten Sachgebiete aus Anlage 1 zu § 9 JVEG eine Eingruppierung über der Honorargruppe 4 befürwortet).

(Es gibt verschiedene Methoden, eine Eingruppierung der Sachverständigentätigkeit in die Honorargruppe 5 bis 10 zu ermitteln. Liegt der Schwerpunkt bei laufenden Unternehmen eindeutig auf der Unternehmensbewertung insbesondere zur Prüfung der Erlösaussichten bzw. späteren Kostendeckung im Falle einer auch nur teilweisen Sanierung, so kann auf die Honorargruppe 10 Bezug genommen werden. Handelt es sich dagegen um ein bereits eingestelltes Klein- bzw. Einzelunternehmen liegt der Schwerpunkt der Tätigkeit eher in der Honorargruppe 6. Lediglich in ganz einfachen Fällen, z.B. natürliche Personen ohne Erwerbstätigkeit und Besonderheiten, d.h. insbesondere ohne Immobilieneigentum, ist eine Eingruppierung der Sachverständigentätigkeit in Honorargruppe 4 oder 5 gerechtfertigt. Entscheidend wird es daher auf die Umstände des Einzelfalls und die vom Sachverständigen unterbreiteten Darlegungen ankommen. Letztendlich ist in diesem Zusammenhang der letzte Halbsatz des § 9 Abs. 1 Satz 4 JVEG zu beachten, mit dem wiederum auf Satz 3 Bezug genommen wird, d.h., eine Eingruppierung des Sachverständigen soll nach billigem Ermessen erfolgen, wenn ansonsten mit Rücksicht auf den Schwerpunkt der Leistung ein unbilliges Ergebnis herbeigeführt würde. Über diese Klausel sind höchst subjektive Angemessenheitserwägungen wieder Tür und Tor geöffnet. Ihre Anwendbarkeit sollte auf Fälle beschränkt bleiben, in denen zwar die einfache Bewertung eines Kleinstunternehmens erforderlich und damit eigentlich die höchste Honorargruppe 10 für die Tätigkeit des Sachverständigen einschlägig ist, der Tätigkeitsschwerpunkt aber auf wesentlich geringer dotierten Sachgebieten lag. In Betracht kommt schließlich auch die Bildung eines Durchschnitts aus allen für die Tätigkeit des Sachverständigen im Einzelfall einschlägigen Honorargruppen.)

Die neben der Stundenvergütung zu erstattenden Aufwendungen wurden unter Beifügung entsprechender Belege ebenfalls oben unter II. bis V. abgerechnet. Es wird also um entsprechende (ggf. Festsetzung und) Auszahlung auf das im Briefbogen angegebene Konto des Sachverständigen gebeten.

Mit freundlichen Grüßen

...

Rechtsanwalt als Sachverständiger

§ 12 Vergütung des Sachwalters

(1) Der Sachwalter erhält in der Regel 60 vom Hundert der für den Insolvenzverwalter bestimmten Vergütung.

(2) Eine den Regelsatz übersteigende Vergütung ist insbesondere festzusetzen, wenn das Insolvenzgericht gemäß § 277 Absatz 1 der Insolvenzordnung angeordnet hat, dass bestimmte Rechtsgeschäfte des Schuldners nur mit Zustimmung des Sachwalters wirksam sind.

(3) § 8 Absatz 3 gilt mit der Maßgabe, dass an die Stelle des Betrags von 250 Euro der Betrag von 125 Euro tritt.

Übersicht

		Rdn.
A.	Begründung zur insolvenzrechtlichen Vergütungsverordnung	1
B.	Allgemeines	2
C.	Anspruch auf Vergütung und Auslagen	3
I.	Anspruchsgrundlage	3
II.	Fälligkeit	4
III.	Vorschüsse	5
D.	Berechnungsgrundlage	6
E.	Regelvergütung	9
F.	Zu- und Abschläge bei der Regelvergütung	13
I.	Zuschläge	13
II.	Abschläge	16
G.	Besondere Sachkunde, Auslagen und Umsatzsteuer	19
I.	Besondere Sachkunde	19
II.	Auslagen	20
III.	Umsatzsteuer	22
H.	Festsetzung	23
I.	Ausfallhaftung der Staatskasse	24
J.	Die Vergütung des vorläufigen Sachwalters	25
I.	Allgemeines	25
II.	Regelvergütung	31
III.	Berechnungsgrundlage	37
IV.	Abänderungsbefugnis nach § 11 Abs. 2 InsVV analog	43
V.	Zu- und Abschläge	45
VI.	Mindestvergütung, Auslagen, Umsatzsteuer, Festsetzungsverfahren	60
VII.	Vergütung beim Wechsel von der Eigenverwaltung in die Regelinsolvenz im Eröffnungsverfahren	63

Literatur:
Buchalik/Schröder Kriterien zur Festsetzung angemessener Vergütungen in der Eigenverwaltung – zugleich Anm. zum Beschluss des LG Duisburg vom 14.09.2016 im Verfahren 7 T 24/16 und 7 T 26/16, ZInsO 2106, 2103, ZInsO 2016, 2231; *Flöther* Der vorläufige Sachwalter – Pilot, Co-Pilot oder fünftes Rad am Wagen?, ZInsO 2014, 465; *Graeber* Die Vergütungsbemessung beim vorläufigen Sachwalter nach den Grundsätzen des BGH, DZWIR 2016, 514; *Graeber/Graeber* Vergütungsrecht in der Insolvenzpraxis. Die Vergütung des vorläufigen Sachwalters, InsbürO 2013, 6; *Haarmeyer* Die (neue) Vergütung des Sachwalters, InsbürO 2016, 440; *Keller* Die Vergütung des vorläufigen Sachwalters, NZI 2016, 211; *ders.* Die Vergütung des vorläufigen Insolvenzverwalters nach den Vorstellungen des BGH, NZI 2016, 753; *Schur* Die Vergütung des vorläufigen Sachwalters – Regelvergütung, Berechnungsgrundlage, Zuschläge, ZIP 2014, 757; *Zimmer* Probleme des Vergütungsrechts (bei Nicht-Eröffnung des Insolvenzverfahrens) vor und nach ESUG – Plädoyer für das Eröffnungsverfahren als notwendige Vorstufe eines Insolvenzverfahrens im Sinne einer Vorgesellschaft, ZInsO 2012, 1658. Siehe auch vor § 1 InsVV.

A. Begründung zur insolvenzrechtlichen Vergütungsverordnung

1 *Die Rechtsstellung des Sachwalters, der den Schuldner bei der Eigenverwaltung überwacht (vgl. die §§ 270–285 InsO), ist nach dem Modell des Vergleichsverwalters ausgestaltet. Daher kann in § 12 Abs. 1 der Verordnung für die Vergütung des Sachwalters grds. an die bisher für den Vergleichsverwalter getroffene Regelung angeknüpft werden, nach der i.d.R. die Hälfte der für den Konkursverwalter vorgesehenen Vergütung festzusetzen ist (§ 9 der geltenden Vergütungsverordnung). Jedoch soll dem im Verhältnis zum Vergleichsverwalter größeren Aufgabenbereich des Sachwalters dadurch Rechnung getragen werden, dass er 60% der Insolvenzverwaltervergütung erhält. Wenn das Gericht gem. § 277 Abs. 1 InsO besondere Mitwirkungspflichten des Sachwalters angeordnet hat, sind diese mit einem besonderen Zuschlag zum Regelsatz zu vergüten (§ 12 Abs. 2 der Verordnung). Die Auslagenpauschale nach § 8 Abs. 3 der Verordnung ist für den Sachwalter um die Hälfte gemindert worden (§ 12 Abs. 3).*

B. Allgemeines

Die Ansprüche des Sachwalters, der im Fall der Eigenverwaltung durch den Schuldner (§§ 270–285 InsO) eingesetzt wird, auf **Vergütung und Auslagen** werden in **§ 12 InsVV** geregelt. Die Position des Sachwalters wurde vom Verordnungsgeber i.V.m. dem neu geschaffenen Institut der insolvenzrechtlichen Eigenverwaltung eingeführt. Der Sachwalter hat gegenüber dem Insolvenzverwalter eine wesentlich weniger umfassende Tätigkeit, so dass die Vergütung gesondert zu regeln ist. Im Wesentlichen hat der Sachwalter gem. §§ 274, 283 Abs. 3 InsO Prüfungspflichten, gem. § 274 InsO Überwachungsaufgaben und weitere Leistungen, beispielsweise Insolvenzanfechtung, Überwachung der Planerfüllung, Tätigkeiten im Bereich von Zustimmungsvorbehalten usw. zu erbringen, wobei ihm je nach Fallgestaltung ein erhebliches Haftungsrisiko zugewiesen wird (s. die ausf. Beschreibung der Tätigkeit des Sachwalters bei *Foltis* 9. Aufl., § 270c InsO Rn. 6 ff. und die ausführliche Behandlung der Frage der Kriterien zur Festsetzung angemessener Vergütung in der Eigenverwaltung findet sich bei *Buchalik/Schröder* ZInsO 2016, 2231).

2

C. Anspruch auf Vergütung und Auslagen

I. Anspruchsgrundlage

Die **Grundlagen der Ansprüche des Sachwalters auf Vergütung und Auslagen** entsprechen denjenigen der Ansprüche des Insolvenzverwalters. Insbesondere sind auf Grund der **Verweisung des § 10 InsVV** die **allgemeinen Regeln** für die Vergütung des Insolvenzverwalters auf den Sachwalter anwendbar. Folglich ist auch die Vergütung des Sachwalters eine **Tätigkeitsvergütung** und kein Erfolgshonorar (*Haarmeyer/Wutzke/Förster* InsVV, 4. Aufl., § 10 Rn. 2). Ebenso entsteht der Anspruch nicht erst mit der gerichtlichen Festsetzung, sondern diese konkretisiert lediglich den Anspruch in seiner Höhe (vgl. i.E. vor § 1 InsVV Rdn. 38).

3

II. Fälligkeit

Der **Anspruch** auf Vergütung und Auslagen wird **fällig** mit **Abschluss** der **entsprechenden Tätigkeit**. Dies ergibt sich aus den allgemeinen Regelungen des Kosten- und Vergütungsrechts. Eine **Fälligkeit** ist dementsprechend bei **Beendigung** des Verfahrens gem. § 200 InsO, **Aufhebung** der Eigenverwaltung gem. § 273 InsO, einer **Einstellung** des Verfahrens gem. §§ 207, 212, 213 InsO sowie bei **Entlassung** des Sachwalters bzw. bei dessen **Tode** anzunehmen (s. vor § 1 InsVV Rdn. 38 ff.).

4

III. Vorschüsse

Durch den Verweis gem. § 10 InsVV ist die **Vorschussregelung** des **§ 9 InsVV** auch auf den Sachwalter anwendbar. Genauso wenig wie der Insolvenzverwalter nicht zur Vorfinanzierung verpflichtet ist, wird dies nicht vom Sachwalter gefordert. Folglich kann gem. § 9 InsVV der Sachwalter beim Insolvenzgericht **beantragen**, dass dieses die **Zustimmung** erteilt, gegenüber dem zu überwachenden Schuldner einen **Vorschuss** zu fordern. Da der Sachwalter die Insolvenzmasse nicht selbst verwaltet, besteht **kein Entnahmerecht**. Liegt eine Zustimmung des Insolvenzgerichts zur Vorschusszahlung vor und weigert sich der Insolvenzschuldner die Vorschussleistung zu erbringen, so hat – auf Antrag des Sachwalters – das **Insolvenzgericht** entsprechend § 8 den **Anspruch gegen den Insolvenzschuldner festzusetzen** (vgl. MüKo-InsO/*Stephan* Anh. zu § 65, § 12 InsVV Rn. 17). Der Anspruch auf Zahlung eines Vorschusses stellt einen Massekostenanspruch gem. § 54 Abs. 2 InsO dar. Da nach allgemeinen Grundsätzen der Vorschuss in etwa dem **bisherigen Tätigkeitsumfang** des Sachwalters entsprechen soll, kann der Vorschuss die **Regelvergütung**, **Zuschläge** zur Regelvergütung sowie bereits entstandene und darüber hinaus zu erwartende **Auslagen** einschließlich der **Umsatzsteuer** umfassen. Wie bereits in den Ausführungen zu § 9 InsVV (s. § 9 InsVV Rdn. 18) dargelegt, stellt auch hier der Vorschuss eine **Teilvergütung** dar, sodass insoweit der Sachwalter in Höhe des bezahlten Betrages **befriedigt** ist und bei späterer Masseunzulänglichkeit **keine Rückzahlungsverpflichtung** besteht. Lediglich in dem Fall, in dem der **Vorschuss höher** als die am Ende der Tätigkeit **festgesetzte Sachwaltervergütung** ist, besteht nach bereicherungsrechtlichen Grundsätzen eine **Rückzahlungs-**

5

verpflichtung seitens des Sachwalters. Im Einzelnen kann insoweit auf § 9 InsVV Rdn. 19 verwiesen werden.

D. Berechnungsgrundlage

6 Die der Bemessung der Vergütung zu Grunde zu legende **Berechnungsgrundlage** ist grds. nach § 1 InsVV über die Verweisung gem. § 10 InsVV zu ermitteln. Gem. § 281 Abs. 3 InsO ist der in Eigenverwaltung befindliche **Schuldner** zur Erstellung einer **Schlussrechnung** gem. § 281 Abs. 3 Satz 2 InsO i.V.m. § 66 InsO verpflichtet. Aus dieser wird gem. **§ 1 InsVV** analog die Berechnungsgrundlage ermittelt, sodass ergänzend auf die dortige Darstellung (s. § 1 InsVV Rdn. 12) verwiesen werden kann. **Endet die Tätigkeit des Sachwalters vorzeitig** oder wird das Verfahren **vorzeitig beendet**, so ist Berechnungsgrundlage die zum **Zeitpunkt der Beendigung** vorhandene **Vermögensmasse**, soweit sich die Tätigkeit des Sachwalters darauf bezogen hat (*Haarmeyer/Wutzke/Förster* InsVV, 4. Aufl., § 1 Rn. 7; MüKo-InsO/*Stephan* Anh. zu § 65, § 12 InsVV Rn. 7). Da in diesen Fällen eine **Schlussrechnung nicht** vorliegt, erfolgt die Wertbemessung gem. § 1 Abs. 1 Satz 2 InsVV durch **Schätzung** (vgl. hierzu § 1 InsVV Rdn. 13). Die gem. **§ 1 Abs. 2 InsVV** vorzunehmenden **Absetzungen** sind bei Erstellung der Berechnungsgrundlage mit zu berücksichtigen. **Nicht** anwendbar ist jedoch **§ 1 Abs. 2 Nr. 1 InsVV**, da die Verwertung durch den Schuldner selbst erfolgt und insoweit Feststellungskostenbeiträge nicht anfallen (vgl. § 282 Abs. 1 Satz 2 InsO). Allerdings werden gem. § 282 Abs. 1 Satz 3 InsO die Verwertungskosten und die Umsatzsteuerbeträge hinzugerechnet (vgl. *Kübler/Prütting/Bork-Eickmann/Prasser* InsVV, § 12 Rn. 4). Bei der Frage, welche Werte für die Ermittlung der Berechnungsgrundlage heranzuziehen sind, gilt auch hier, dass bei unterschiedlich hohen Fortführungswerten und Liquidationswerten die Fortführungswerte dann anzusetzen sind, wenn der Geschäftsbetrieb über den Stichtag der Verfahrenseröffnung hinaus fortgeführt wird. Etwas anderes gilt nur, wenn bereits im Zeitpunkt der Verfahrenseröffnung absehbar ist, dass eine baldige Stilllegung des Geschäftsbetriebs ohne übertragende Sanierung wahrscheinlich ist (*LG Duisburg* Beschl. v. 14.09.2016 – 7 T 24/16, ZInsO 2016, 2101, wobei es sich hierbei um allgemeine Grundsätze bei der Berechnungsgrundlage im Rahmen der InsVV handelt).

7 Hervorzuheben ist bei der Berechnungsgrundlage für die Vergütung des Sachwalters, dass **Forderungen gegen verbundene Unternehmen** in die Berechnungsgrundlage einzubeziehen sind, obwohl sie nicht im Schlussgutachten aufgeführt werden. Dies gilt insbesondere dann, wenn die Forderungen zum Zeitpunkt der vorläufigen Sachwalterschaft bzw. der Sachwalterschaft existent waren und dem (vorläufigen) Sachwalter auch bekannt waren (*LG Duisburg* Beschl. v. 14.09.2016 – 7 T 24/16, ZInsO 2106, 2101).

8 Auch **Anfechtungsansprüche** sind bei der Berechnungsgrundlage des Sachwalters mit zu berücksichtigen (*LG Duisburg* Beschl. v. 14.09.2016 – 7 T 24/16, ZInsO 2016, 2101).

E. Regelvergütung

9 § 12 Abs. 1 InsVV geht davon aus, dass der Sachwalter i.d.R. einen **Bruchteil** der Vergütung des Insolvenzverwalters in Höhe von **60 %** erhält. Der Verordnungsgeber hat den Umfang eines **Normalverfahrens** – ebenso wenig wie bei der Vergütung für den Insolvenzverwalter – nicht umschrieben. Über die Verweisung des § 10 InsVV sind insoweit zur Beurteilung eines **Normalverfahrens** die §§ 2 und 3 InsVV heranzuziehen. Unter Berücksichtigung der in der Kommentierung zu § 2 (s. § 2 InsVV Rdn. 25 ff.) dargestellten **Grundsätze** zur Beurteilung eines **Normalverfahrens** können folgende **Kriterien** für den Bereich des Sachwalters zu Grunde gelegt werden (vgl. hierzu BK-InsO/*Blersch* InsVV, § 12 Rn. 16):

– Umsatz bis zu EUR 1,5 Mio.,
– Verfahrensdauer bis zu zwei Jahren,
– bis 20 Arbeitnehmer,
– nur eine Betriebsstätte,
– bis 100 Gläubiger,
– bis 100 Debitoren,

– bis zu 300 Vorgänge in der Insolvenzbuchhaltung des Schuldners,
– rechtliche Prüfung von Sonderrechten an Massegegenständen mit einem Wert von höchstens 30 % – 50 % des **Aktivvermögens** und Überwachung der Verwertung durch den Schuldner entsprechend § 282 InsO.

Blersch (BK-InsO, InsVV, § 12 Rn. 16) geht in diesem Bereich demgegenüber von maximal 50 % der **Schuldenmasse** aus. Der Ansatz der Schuldenmasse hinsichtlich des Umfangs der Prüfung von Sonderrechten an Massegegenständen ist allerdings als nicht zutreffend anzusehen. Entscheidend ist der Umfang der mit Aus- und Absonderungsrechten belasteten Gegenstände im Verhältnis zu der insgesamt vorhandenen Aktivmasse. Da die Vergütungsbemessung grds. das – freie – Aktivvermögen zu Grunde legt, sollte der Umfang des Regelverfahrens bzw. ggf. auch der Umfang eines Zuschlags am Anteil der mit Sonderrechten belasteten Gegenstände an der Aktivmasse des Schuldners orientiert werden und nicht am Verhältnis der Sonderrechte zur Schuldenmasse. Insoweit wird ergänzend auf die Ausführungen bei § 2 InsVV Rdn. 27 verwiesen.

Soweit sich die Tätigkeit des Sachwalters auf ein **Schuldnerunternehmen** in der vorgenannten **Größenordnung** bezieht, hat er **Anspruch** auf die **Regelvergütung** entsprechend § 12 Abs. 1 InsVV. Die Fortführung des Geschäftsbetriebs liegt grds. bereits in der Natur einer Eigenerwaltung/Sachwaltung (*AG Dortmund* Beschl. v. 05.12.2016 – 259 IN 13/14, ZInsO 2016, 2499; *LG Duisburg* Beschl. v. 14.09.2016 – 7 T 24/16, ZInsO 2106, 2101). Ermöglicht der Schuldner die Überwachung und Kontrolle jederzeit und bereitet die Unterlagen vollständig auf, so kommt ein Zuschlag für die Begleitung der Fortführung des Betriebes im Regelfall nicht in Betracht (*LG Duisburg* Beschl. v. 14.09.2016 – 7 T 24/16).

Ein Zuschlag für die Tätigkeiten, die sich im Rahmen einer Begleitung der Betriebsfortführung ergeben, ist jedoch **nicht** grds. **ausgeschlossen** (*AG Dortmund* Beschl. v. 05.12.2016 – 259 IN 13/14, ZInsO 2016, 2499). **Weicht** nämlich der Umfang oder der Schwierigkeitsgrad des **konkreten** Verfahrens von dem vorgenannten Rahmen ab, ist unter Berücksichtigung der Erhöhungs- und Minderungskriterien des **§ 3 InsVV** die **angemessene Vergütung** zu ermitteln. Auch wenn die Betriebsfortführung grds. durch die Regelvergütung abgegolten ist, gilt auch hier für den Fall, dass ein Zuschlag in Betracht kommt, dieser mit der durch den Überschuss erreichten Vergütungserhöhung verglichen werden muss (vgl. hierzu § 3 InsVV Rdn. 31). Die Massemehrung durch den Überschuss wirkt sich auf die Höhe des Zuschlags aus (*AG Dortmund* Beschl. v. 05.12.2016 – 259 IN 13/14, ZInsO 2016, 2499).

Zuschlagsbegründend ist auch bspw. zu berücksichtigen, wenn der Geschäftsbetrieb in drei verschiedene Geschäftsbereiche untergliedert war und die jeweiligen Bereiche gesondert fortgeführt wurden (*AG Dortmund* Beschl. v. 05.12.2016 – 259 IN 13/14, ZInsO 2016, 2499).

F. Zu- und Abschläge bei der Regelvergütung

I. Zuschläge

Da auch im Bereich der Tätigkeit eines **Sachwalters** grds. die entsprechend dem **Umfang** und dem **Schwierigkeitsgrad** der Tätigkeit **angemessene Vergütung** festzusetzen ist, sind auch bei Vorliegen des den Umfang eines Regelverfahrens **übersteigenden** Kriterien **Zuschläge** zuzubilligen. Hierzu nennt der Verordnungsgeber in § 12 Abs. 2 InsVV ein speziell auf die Tätigkeit des Sachwalters bezogenes **Erhöhungskriterium**. Die Regelvergütung ist danach immer dann mit einem **Zuschlag** zu versehen, wenn das Insolvenzgericht gem. **§ 277 Abs. 1 InsO** gegenüber dem Schuldner **sog. Zustimmungsvorbehalte** angeordnet hat. In diesem Fall hat der Sachwalter **zusätzliche Prüfungs- und Überwachungstätigkeiten** vorzunehmen, die folglich angemessen zu vergüten sind. Neben diesem vom Verordnungsgeber selbst genannten Erhöhungskriterium sind über § 10 InsVV die **weiteren Erhöhungskriterien des § 3 InsVV** zu berücksichtigen, sodass ergänzend auf die dortige Darstellung verwiesen werden kann. **Zuschläge** zur Regelvergütung sind daher immer dann zu gewähren, wenn der **Umfang der Tätigkeiten**, die **Mitwirkungspflichten** oder das **Haftungsrisiko** über den Rahmen eines sog. **Normalverfahrens** hinausgehen und den Sachwalter entsprechend in überdurchschnittlichem Umfang in Anspruch nehmen (ausf. hierzu BK-InsO/*Blersch* InsVV, § 12 Rn. 24 ff.). Als besondere **spezifische Kriterien** sind dabei die gem. **§ 284 Abs. 1 InsO** vorgesehene Bearbeitung eines **Insolvenzplans**, die **Überwachung** der **Planerfüllung** gem. **§ 284 Abs. 2 InsO**, die **Kassenführung** gem. **§ 275 Abs. 2 InsO** sowie die **Mitwirkungs- und Zustimmungsfälle** der §§ 276, 279, 281, 282 Abs. 2, 283 Abs. 2 bzw. 284 Abs. 1 Satz 2 InsO zu erwähnen, wobei allerdings **überdurchschnittliche rechtliche** oder **tatsächliche Schwierigkeiten** oder ein überdurchschnittlicher Umfang erforderlich sind (vgl. *Kübler/Prütting/Bork-Eickmann* InsVV, § 12 Rn. 7).

14 Die **Höhe des Zuschlags** ist gleichermaßen wie bei der Vergütung des Insolvenzverwalters unter Berücksichtigung der erbrachten **Tätigkeit** und des **Haftungsrisikos** zu entlohnen. Dabei ist jeweils der **konkrete Umfang** der Tätigkeit des Sachwalters zu berücksichtigen. Entspricht der Umfang der Tätigkeit derjenigen eines Insolvenzverwalters, so hat der Sachwalter einen Anspruch auf einen **Zuschlag in gleicher Höhe wie der Insolvenzverwalter**. Dies ist z.B. der Fall, wenn der Insolvenzverwalter einen **Insolvenzplan** erarbeitet oder die Erfüllung des Insolvenzplanes überwacht. Hier sind dem Sachwalter durch Zuschläge Beträge zuzubilligen, die der Insolvenzverwalter gem. § 6 Abs. 2 InsVV zu beanspruchen hätte (*Kübler/Prütting/Bork-Eickmann* InsVV, § 12 Rn. 8).

15 Im Bereich der **Anordnungen** nach **§ 277 InsO** dürften unter Berücksichtigung des Umfangs der Zustimmungsvorbehalte **Zuschläge** von **10 % bis 40 %** zuzubilligen sein (vgl. hierzu *Haarmeyer/Wutzke/Förster* InsVV, 4. Aufl., § 12 Rn. 9; a.A. *Kübler/Prütting/Bork-Eickmann* InsVV, § 12 Rn. 8 mit Zuschlägen von lediglich bis zu 10 %). Auch die Übernahme der **Kassenführung** erfordert eine umfangreiche zusätzliche Tätigkeit und erhöht darüber hinaus das Haftungsrisiko, sodass hier **10 % bis 20 %** als Zuschlag zu gewähren sind. Im Übrigen dürften bei den **einzelnen Mitwirkungs- und Zustimmungsfällen** jeweils Zuschläge in Höhe von **5 %–10 %** angemessen sein (vgl. *Kübler/Prütting/Bork-Eickmann* InsVV, § 12 Rn. 8).

II. Abschläge

16 **Abschläge** können dann vorgenommen werden, wenn der **Umfang** der Tätigkeit oder das **Haftungsrisiko** für den Sachwalter sich als **wesentlich geringer** als in einem **Normalverfahren** darstellt. Aus der Besonderheit des Verfahrens ergeben sich **spezielle Abschlagskriterien**. Ein Abschlag ist angebracht, wenn **keine** oder nur sehr **wenige Mitwirkungs- oder Zustimmungsfälle** vorliegen oder die **Überwachungstätigkeit** nicht umfangreich war, da der Betätigungsbereich des Schuldners klein war (vgl. *Kübler/Prütting/Bork-Eickmann* InsVV, § 12 Rn. 10). Darüber hinaus können auch hier zur Beurteilung eventueller Minderungsgründe über § 10 InsVV die Regelungen des § 3 Abs. 2 InsVV entsprechend angewendet werden. Die Anwendung von § 3 Abs. 2 lit. a) InsVV ist dann angebracht, wenn vor Anordnung der insolvenzrechtlichen Eigenverwaltung ein **vorläufiger Insolvenzverwalter** tätig war und ggf. eine während der anschließenden Eigenverwaltung geplante Sanierung des Unternehmens umfassend vorbereitet hat (BK-InsO/*Blersch* InsVV, § 12 Rn. 31; *Kübler/Prütting/Bork-Eickmann* InsVV, § 12 Rn. 15). Denkbar sind in diesem Bereich auch tatsächliche Feststellungen des vorläufigen Insolvenzverwalters zum Vorliegen von Anfechtungstatbeständen oder zur persönlichen Haftung von Gesellschaftern (*Kübler/Prütting/Bork-Eickmann* InsVV, § 12 Rn. 15). Entscheidendes Kriterium für einen Abschlag ist – allgemein formuliert –, ob der Sachwalter durch die Tätigkeit des vorläufigen Insolvenzverwalters bei der Ausübung seines Amtes erheblich entlastet wurde.

Wenn bereits die Verwertung des Vermögens durch den Schuldner sehr weit fortgeschritten ist, reduziert sich auch der Tätigkeitsumfang des Sachwalters, sodass ein Abschlag gem. § 3 Abs. 2 lit. b) InsVV als gerechtfertigt anzusehen ist (BK-InsO/*Blersch* InsVV, § 12 Rn. 31).

17 Auch bei **vorzeitiger Beendigung** der Sachwaltertätigkeit ist ein **Abschlag** je nach Verfahrensstand angemessen (hierzu kann auf § 3 InsVV Rdn. 67 ff. verwiesen werden).

18 § 3 Abs. 2 lit. d) InsVV wird dann zu einem Abschlag führen, wenn die vom Schuldner verwaltete Masse groß gewesen ist und die **Überwachung** durch den Sachwalter nur einen geringen Umfang

erreicht hat (BK-InsO/*Blersch* InsVV, § 12 Rn. 33). Hinsichtlich der weiteren Minderungskriterien i.E. kann auf § 3 InsVV Rdn. 57 verwiesen werden.

Nach Ermittlung der einzelnen Abschlagskriterien im konkreten Verfahren ist die Vergütung des Sachwalters angemessen zu mindern. Dabei bezieht sich die Minderung auf die Regelsätze und nicht auf einzelne dem Sachwalter zustehende Zuschläge, sodass **Zu- und Abschläge** zu **saldieren** sind (vgl. MüKo-InsO/*Nowak* 2. Aufl., Anh. zu § 65, § 12 InsVV Rn. 10).

G. Besondere Sachkunde, Auslagen und Umsatzsteuer

I. Besondere Sachkunde

Ebenso wie bei der Tätigkeit des Insolvenzverwalters ist es auch beim **Sachwalter** möglich, dass dieser seine **besondere Sachkunde** als **Rechtsanwalt, Wirtschaftsprüfer** oder **Steuerberater** zu Gunsten der Insolvenzmasse einsetzt. Insbesondere im Bereich der §§ 274 Abs. 2, 269 Abs. 3, 280 und 284 Abs. 1 InsO können dem Sachwalter auf Grund der besonderen Sachkunde einzelne Tätigkeiten übertragen werden (vgl. BK-InsO/*Blersch* InsVV, § 12 Rn. 37; s.a. § 5 InsVV Rdn. 3 ff.). Soweit der **Sachwalter** hier **gesondert tätig** war, kann er gem. § 5 InsVV über die Verweisung des § 10 InsVV seine angemessenen **Honorare** gegenüber der Insolvenzmasse bzw. dem Schuldner geltend machen. Grds. (außer in den Fällen des § 275 Abs. 2 InsO) besteht allerdings für den Sachwalter **kein Entnahmerecht**, da der Schuldner in Eigenverwaltung sein Vermögen selbst verwaltet. Verweigert der Schuldner die Zahlung der entsprechenden Honorare, so sind diese als **Massekosten** gegen den **Schuldner festzusetzen** (vgl. MüKo-InsO/*Nowak* 2. Aufl., Anh. zu § 65, § 12 InsVV Rn. 11). 19

II. Auslagen

Für den Sachwalter gilt die Vorschrift über die **Auslagen** gem. § 4 InsVV über die Verweisung des § 10 InsVV entsprechend. Insoweit kann auf die Darstellung bei § 4 InsVV Rdn. 17 ff. verwiesen werden. Dem Sachwalter ist es über die Verweisung gem. § 10 InsVV auch freigestellt, hinsichtlich seiner Auslagenerstattung auf die **Pauschalierungsmöglichkeit** gem. **§ 8 Abs. 3 InsVV** zurückzugreifen. Gleichermaßen wie für den Insolvenzverwalter beträgt die Pauschale für den Sachwalter 15 % der »Vergütung« für das erste Jahr seiner Tätigkeit und für den darauf folgenden restlichen Verfahrenszeitraum 10 % der »Vergütung« pro Jahr. Nach § 8 Abs. 3 InsVV ist die Auslagenpauschale auf **30 % der Regelvergütung** begrenzt. 20

Der Prozentsatz (15 % bzw. 10 %) orientiert sich ausschließlich an der **Regelvergütung des Sachwalters**. Folglich werden eventuelle Zu- oder Abschläge gem. § 3 InsVV **nicht** einbezogen. Sowohl für die Altfälle als auch für die ab dem 01.01.2004 eröffneten Verfahren gilt allerdings die **Begrenzung** der Pauschale auf **EUR 125,00** pro angefangenen Monat der Dauer der Tätigkeit des Sachwalters. Der Sachwalter erhält somit monatlich höchstens den hälftigen Betrag desjenigen des Insolvenzverwalters in Höhe von EUR 250,00. Wie bereits bei § 8 InsVV Rdn. 42 ausgeführt, ist bezüglich der Feststellung des Höchstbetrages der monatlichen Auslagenpauschale der **gesamte Verfahrenszeitraum** einheitlich zu betrachten. Bei der Ansicht des *BGH* (Beschl. v. 21.07.2016 – IX ZB 70/14, ZInsO 2016, 1637; Beschl. v. 22.09.2016 – IX ZB 71/14, ZIP 2016, 1981) und des *LG Duisburg* (Beschl. v. 14.09.2016 – 7 T 24/16) bei der es eine einheitliche Vergütung für den vorläufigen Sachwalter als auch für den Sachwalter gemeinsam gibt, ist bei der Festsetzung der Auslagenpauschale der **gesamte Verfahrenszeitraum** der **vorläufigen** Sachwaltung und der **Sachwaltung** zu berücksichtigen. Es ist nicht auf eine Jahrespauschale abzustellen, sondern für die gesamte Verfahrensdauer der Höchstbetrag der Auslagenpauschale zu errechnen und den prozentualen Auslagenpauschalen aus § 8 Abs. 3 InsVV gegenüberzustellen. Darüber hinaus gilt die absolute Begrenzung des § 8 Abs. 3 InsVV auf 30 % der Regelvergütung (somit 60 % der Vergütungssätze gem. § 2 InsVV) für alle ab dem 01.01.2004 eröffneten Verfahren. 21

III. Umsatzsteuer

22 Dem Sachwalter ist gem. § 7 InsVV i.V.m. § 10 InsVV die **Umsatzsteuer** auf die **Vergütung** und die **Auslagen** zu erstatten.

H. Festsetzung

23 Für die **Festsetzung** der Sachwaltervergütung ist **§ 8 InsVV** über § 10 InsVV entsprechend anwendbar. Folglich hat der Sachwalter die **Festsetzung** der **Vergütung**, der **Auslagen** und der **Umsatzsteuer** beim Insolvenzgericht zu **beantragen**. Sie stellen gem. **§ 54 Nr. 2 InsO Massekosten** dar (vgl. § 274 Abs. 1 InsO) und sind gegenüber dem **Schuldner vollstreckbar** festzusetzen, da dem Sachwalter außer in den Fällen des § 275 Abs. 2 InsO mangels Verfügungsbefugnis das Entnahmerecht fehlt (vgl. *Kübler/Prütting/Bork-Eickmann* InsVV, § 12 Rn. 13). Als zweckmäßige Formulierung ist die folgende anzusehen:

> »... wird die vom Schuldner als Massekosten gem. § 54 Nr. 2 InsO an den Sachwalter zu zahlende Vergütung nebst Auslagen auf EUR ... festgesetzt«. Zum Zwecke der Zwangsvollstreckung kann der Beschluss auch gegen den Schuldner vollstreckbar ausgefertigt werden (*Kübler/Prütting/Bork-Eickmann* InsVV, § 12 Rn. 13).

Im Einzelnen kann ergänzend auf die Darstellung zum Festsetzungsverfahren bei § 8 InsVV Rdn. 5 ff. verwiesen werden.

I. Ausfallhaftung der Staatskasse

24 Ein subsidiärer Vergütungs- und Auslagenersatzanspruch wird nach § 63 Abs. 2 InsO über die Verweisung des § 274 Abs. 1 InsO auf die §§ 56–60 und §§ 62–66 InsO auch dem Sachwalter gegen die **Staatskasse** zugebilligt, sofern dem Schuldner die Verfahrenskosten gem. § 4a InsO gestundet wurden. Gleichzeitig kann durch die neu eingeführte Nr. 9018 der Anlage 1 zum Gerichtskostengesetz der dem Sachwalter erstattete Betrag gegenüber dem Schuldner zum Soll gestellt werden. Im Einzelnen ist zu verweisen auf die Ausführungen vor § 1 InsVV Rdn. 49.

J. Die Vergütung des vorläufigen Sachwalters

I. Allgemeines

25 Durch das Gesetz zur weiteren Erleichterung der Sanierung von Unternehmen (ESUG; BGBl. I 2011, S. 2582 ff.) wurde in § 270a Abs. 1 Satz 2 und § 207b Abs. 2 Satz 1 InsO das **Amt eines vorläufigen Sachwalters** eingeführt (ausf. zu den Aufgaben des vorläufigen Sachwalters *Foltis* § 270a Rdn. 23 ff.).

26 Eine ausdrückliche **Bestimmung**, wie die Vergütung des vorläufigen Sachwalters berechnet wird, hat der Gesetzgeber allerdings **nicht getroffen**. Selbstverständlich steht ihm dennoch eine **angemessene Vergütung** zu.

27 Indem § 270a Abs. 1 Satz 2 InsO auf § 274 Abs. 1 InsO und dieser auf die §§ 63 bis 65 InsO verweist, liegt eine ausreichende **Anspruchsgrundlage** für die Vergütungsfestsetzung durch die Insolvenzgerichte vor.

28 Der **Gesetzgeber** hat es jedoch offensichtlich »**übersehen**«, die Vergütung des vorläufigen Sachwalters einer besonderen Regelung in der InsVV zuzuführen (*AG Köln* NZI 2013, 97). Insofern besteht eine **planwidrige Regelungslücke** (*AG Göttingen* ZInsO 2012, 2413 ff.). Der *BGH* meint hierzu, dass der Gesetzgeber bewusst keine gesonderte Vergütungsregelung für den vorläufigen Sachwalter getroffen habe (*BGH* Beschl. v. 21.07.2016 – IX ZB 70/14, ZInsO 2016, 1637; Beschl. v. 22.09.2016 – IX ZB 71/14, ZIP 2016, 1981). Dem ist zwar nicht zuzustimmen, jedoch ist festzuhalten, dass mangels eindeutiger Regelung eine **kontroverse Diskussion** in Rechtsprechung und Literatur entfacht ist.

Die Diskussion betrifft die **Berechnungsgrundlage, den** Bruchteil der Regelvergütung des § 2 Abs. 1 InsO, der dem vorläufigen Sachwalter zuzubilligen ist sowie die Tatbestände, die als vergütungserhöhend oder -kürzend i.S.d. § 3 anzuerkennen seien und was das vergütungsrechtliche »Normalverfahren« einer vorläufigen Sachwaltung ist (*Keller* NZI 2016, 753). Der *BGH* (ZInsO 2016, 1981) geht sogar so weit, vergütungsrechtlich beide Verfahrensphasen in gewisser Weise als »Einheit« anzusehen, weshalb eine eigenständige Vergütungsregelung bzw. ein eigenständiger Vergütungsanspruch wie z.B. bei dem vorläufigen Insolvenzverwalter für den vorläufigen Sachwalter unnötig sei.

Es ist unstreitig, dass ein **berechtigtes Interesse an der gerichtlichen Festsetzung** der Vergütung des vorläufigen Sachwalters besteht (*AG Göttingen* ZInsO 2012, 2413 [2412]; *AG Köln* NZI 2013, 97; *Graeber/Graeber* InsBürO 2013, 6 ff.) und ergibt sich aus der Verweisungskette der §§ 270a Abs. 1 Satz 2, 274 Abs. 1, 63–65 InsO. **Einigkeit** besteht auch darüber, dass die entsprechende Regelung für die Vergütung des vorläufigen Sachwalters im **2. Abschnitt der InsVV** (§§ 10–13) zu suchen ist (*Zimmer* ZInsO 2012, 1658 [1661]; *AG Köln* NZI 2013, 97; *AG Göttingen* ZInsO 2012, 2413 [2414]).

Hingegen ist die **Höhe der (Regel-)Vergütung** des vorläufigen Sachwalters **umstritten**. Im Ergebnis ist bei der Festsetzung der Vergütung des vorläufigen Sachwalters von einem **Regelbruchteil von 25 % der Regelsätze** nach §§ 2 InsVV auszugehen (*Zimmer* ZInsO 2012, 1658).

II. Regelvergütung

Die **Höhe der Regelvergütung** des vorläufigen Sachwalters ist gesetzlich nicht geregelt und in Literatur und Rechtsprechung umstritten (vgl. auch *Schur* ZIP 2014, 757; *Flöther* ZInsO 2014, 465).

Im Wesentlichen stehen sich fünf Meinungen gegenüber:

1. **60 % der Regelvergütung nach § 2 Abs. 1 InsVV (§ 12 InsVV analog)**

Das *AG Göttingen* (ZInsO 2012, 2413 ff.) ist der Ansicht, dass die Vergütung des vorläufigen Sachwalters nach **§ 12 InsVV analog** zu bestimmen sei, da eine analoge Anwendung des § 11 InsVV mangels Vergleichbarkeit der Ämter des vorläufigen Insolvenzverwalters und des vorläufigen Sachwalters ausscheide.

Nach dieser Auffassung (*AG Göttingen* ZInsO 2012, 2413 [2415]) sei der Umfang der Tätigkeit des vorläufigen Sachwalters der des Sachwalters im Wesentlichen gleich:

Sowohl der Sachwalter als auch der vorläufige Sachwalter kontrollieren und überwachen den Schuldner. Beim vorläufigen Sachwalter komme beim Schutzschirmverfahren gem. § 270b Abs. 4 Satz 2 InsO noch die Kontrolle der Zahlungsunfähigkeit hinzu. Der Aufgabenkreis sei – anders als beim Vergleich vorläufiger Verwalter/Treuhänder – nicht eingeschränkt, sondern insoweit erweitert (*AG Göttingen* ZInsO 2012, 2413 [2415]).

Daraus folgt für das AG Göttingen, dass grds. ein einheitlicher Vergütungssatz anzuwenden sei, der **60 %** beträgt (so auch *AG Postdam* Beschl. v. 08.01.2015 – 35 IN 748/12, ZInsO 2015, 975; *AG Hamburg* ZIP 2014, 237; *Budnik* NZI 2014, 247). **Abweichungen** im Umfang der Tätigkeit sei durch **Zu- und Abschläge** gem. § 3 InsVV Rechnung zu tragen (*AG Göttingen* ZInsO 2012, 2413 [2415]).

Zu berücksichtigen sei regelmäßig durch einen **Abschlag**, dass das Eröffnungsverfahren **kürzer** dauert als das eröffnete Verfahren. Andererseits rechtfertige der **erweiterte Aufgabenkreis** im Schutzschirmverfahren durch § 270b Abs. 2 Satz 2 InsO einen **Zuschlag**.

Einen Vergütungssatz in Höhe von 60 % sieht das *AG Hamburg* (ZIP 2014, 237) jedenfalls dann auch für gerechtfertigt an, wenn das Verfahren nach Eröffnung zeitnah durch einen Insolvenzplan abgeschlossen werden soll. Auch das *AG Hamburg* (ZIP 2014, 237) betont, dass **individuellen Besonderheiten** des Verfahrens durch die Gewährung von Zu- und Abschlägen Rechnung zu tragen ist,

§ 12 InsVV   Vergütung des Sachwalters

wobei es hervorhebt, dass Zuschläge nur ausnahmsweise in Betracht kämen. Den Vergütungssatz von 60 % sieht das *AG Hamburg* (ZIP 2014, 237 [239]) insbesondere deshalb als gerechtfertigt an, da im Schutzschirmverfahren der Insolvenzplan quasi bei Eröffnung des Verfahrens in einer prüf- und zustellungsfähigen Form vorliegen müsse.

33 **2. 15 % der Regelvergütung nach § 2 Abs. 1 InsVV**

In Betracht gezogen wird auch eine **Kombination** aus **analoger Anwendung von § 11 Abs. 1 Satz 2 InsVV a.F. bzw. § 63 Abs. 3 Satz 2 InsO (seit 19.07.2013) und § 12 Abs. 1 InsVV** (*LG Freiburg* Beschl. v. 30.10.2015 – 3 T 194/15, ZInsO 2016, 186; *AG Münster*, Beschl. v. 18.01.2016 – 74 IN 65/14, ZInsO 2016, 719; *AG Ludwigshafen* Beschl. v. 22.07.2015 – 3b IN 414/14 Lu, ZInsO 2015, 1639; *LG Dessau-Roßlau* Beschl. v. 29.01.2015 – 8 T 94/14, ZInsO 2015, 1234; *AG Essen* Beschl. v. 09.07.2015 – 163 IN 170/14, ZIP 2015, 1796; *AG Essen* Beschl. v. 03.11.2014 – 166 IN 155/13; *AG Köln* NZI 2013; *LG Bonn* Beschl. v. 11.10.2013 – 6 T 184/13, ZIP 2014, 694; *Graeber/Graeber*, InsbürO 2013, 6 ff.; A/G/R-*Ringstmeier* § 270a InsO Rn. 9; *Graf-Schlicker/ Graf-Schlicker* InsO, 4. Aufl., § 270 Rn. 11; *Mock* ZInsO 2014, 67; *LG Bonn* ZInsO 2013, 2341; *Haarmeyer* ZInsO 2013, 2343; *Haarmeyer/Mock* InsVV, § 12 Rn. 21). Die Regelvergütung eines vorläufigen Sachwalters würde demnach einen Bruchteil von 25 % der auf 60 % geminderten Regelvergütung, mithin **15 % der Regelvergütung** nach § 2 Abs. 1 InsVV betragen. *Schur* (ZIP 2014, 757) hält die Kombination unterschiedlicher Vorschriften für problematisch, da durch diese Art Dreisatzrechnung die Proportionalität der Verhältnisse vorausgesetzt wird. Richtigerweise existiert jedoch kein Verhältnis der Vergütung von vorläufigem und endgültigem Sachwalter. Die Unterschiede zwischen der Tätigkeit des vorläufigen und endgültigen Sachwalters sind weniger klar, als im Verhältnis zwischen vorläufigem und endgültigem Insolvenzverwalter (*Schur* ZIP 2014, 757 [760]).

34 **3. 25 % der Regelvergütung nach § 2 Abs. 1 InsVV**

Letztlich überzeugt die Auffassung, die den Regelbruchteil für den vorläufigen Sachwalter nach § 11 InsVV a.F. bzw. § 63 Abs. 3 Satz 2 InsO (seit 19.07.2013) berechnet (*Zimmer* ZInsO 2012, 1658 ff.; *Pape* ZInsO 2013, 2129; Graf-*Schlicker/Kalkmann* InsO, § 11 InsVV Rn. 8; *Hofmann* in *Kübler* Handbuch: Restrukturierung in der Insolvenz, Eigenverwaltung und Insolvenzplan, § 6 Rn. 81; *Prasser* EWiR 2015, 191). Als **Regelbruchteil** für die Vergütung des vorläufigen Sachwalters ist daher **25 %** der Regelvergütung nach § 2 Abs. 1 InsVV anzusetzen; so auch *AG Köln* Beschl. v. 25.01.2017 – 73 IN 411/16, ZInsO 2017, 514; *BGH* Beschl. v. 22.09.2016 – IX ZB 71/14, ZInsO 2016, 1981; Beschl. v. 21.07.2016 – IX ZB 70/14, ZInsO 2016, 1637, *AG Wuppertal* Beschl. v. 26.05.2014 – 145 IN 751/13, ZIP 2015, 541.

Da die InsVV für das Eröffnungsverfahren nur einen **vorläufigen Insolvenzverwalter** kennt und **weder** für den vorläufigen Treuhänder **noch** für den vorläufigen Sachwalter eine eigene Vergütungsregelung aufgenommen wurde, findet § 11 InsVV nunmehr i.V.m. § 63 Abs. 3 Satz 2 InsO uneingeschränkt Anwendung, unabhängig davon, welche Art von Verwalter für das sich anschließende eröffnete Verfahren gewählt wird (so auch *Graf-Schlicker/Kalkmann* InsO, § 11 InsVV Rn. 8).

Die **Aufgaben** bestimmen sich für alle drei vorläufigen Ämter nach den §§ 21 ff. bzw. §§ 274, 275 InsO. Annähernd gleiche Tätigkeiten gebieten die Anwendung gleicher Regelvergütungen.

§ 11 InsVV i.V.m. § 63 Abs. 3 Satz 2 InsO stellt die einzige und somit **zentrale Vorschrift** für **vorläufige Maßnahmen** nach §§ 21 ff. InsO dar, sodass auch für den vorläufigen Sachwalter bei der Festsetzung seiner Vergütung von einem Regelbuchteil von **25 % auf die Regelsätze** des § 2 InsVV auszugehen ist (so auch *Zimmer* ZInsO 2012, 1658 ff.).

35 **4. 85 % der Regelvergütung nach § 2 Abs. 1 InsVV einheitlich für den vorläufigen Sachwalter und den Sachwalter**

Demgegenüber hat der ***BGH*** in seiner Entscheidung v. 21.07.2016 (Beschl. v. 21.07.2016 – IX ZB 70/14) zwar grds. einen Bruchteil von **25 % der Regelvergütung** als angemessene Vergütung des vorläufigen Sachwalters, wie auch hier vertreten (s. vorstehend Rdn. 34), anerkannt, allerdings hat der BGH in dieser Entscheidung die – unzutreffende Auffassung vertreten – dass der vorläufige Sachwalter anders als der vorläufige Insolvenzverwalter (§ 11 InsVV) **keinen eigenständigen Vergütungsanspruch besitze.** Der BGH meint, dass der Gesetzgeber **bewusst keine gesonderte Vergütungsregelung für den vorläufigen Sachwalter getroffen habe** (wiederholt in *BGH* Beschl. v. 22.09.2016 ZIP 2016, 1981), so dass die Vergütung des vorläufigen Sachwalters und des Sachwalters einheitlich zu sehen und festzusetzen sei. Aus dieser Schlussfolgerung ergäbe sich dann die Konsequenz, dass für den vorläufigen Sachwalter im Rahmen der Festsetzung der Vergütung für den Sachwalter diesem ein Zuschlag zu gewähren sei. Dieser **Zuschlag** wird mit **25 %** der Regelvergütung gem. § 2 InsVV angenommen. Der »Prozentsatz« entspricht auch der **hier vertretenen Auffassung**, wonach die **Regelvergütung des vorläufigen Sachwalters 25 %** der Regelvergütung gem. § 2 InsVV entsprechend den Regelungen für den vorläufigen Insolvenzverwalter angemessen ist. Der Annahme eines Bruchteils von 25 % der Regelvergütung gem. § 2 InsVV kann daher **wirtschaftlich gesehen zugestimmt werden.**

Abzulehnen ist allerdings die **Auffassung des *BGH*** (Beschl. v. 21.07.2016 – IX ZB 70/14), wonach der vorläufige Sachwalter **keinen eigenständigen Anspruch** besitze (so auch *Keller* NZI 2016, 753). Es ist ohne Weiteres möglich, aus der Verweisungskette von §§ 270a Abs. 1 Satz 2, 274 Abs. 1, 63 InsO einen Vergütungsanspruch anzuerkennen (*Keller* NZI 2016, 753). *Keller* (NZI 2016, 753 [754]) hält die Verneinung eines eigenen Vergütungsanspruchs richtigerweise für »innovativ bis verwegen«. Die Schlussfolgerung des BGH, dass der vorläufige Sachwalter regelmäßig auch zum späteren Sachwalter bestimmt werde, greift nicht. Gleichermaßen werden regelmäßig vorläufige Insolvenzverwalter im eröffneten Verfahren zum endgültigen Insolvenzverwalter bestellt. Eine Abweichung hiervon ist eine äußerst seltene Ausnahme. Trotzdem hat der vorläufige Insolvenzverwalter einen **eigenen Vergütungsanspruch!** Der BGH berücksichtigt bei seiner Auffassung **ungenügend**, dass etwa das Eröffnungsverfahren ohne Insolvenzeröffnung mit Eigenverwaltung enden kann oder als gewöhnliches Insolvenzverfahren eröffnet werden kann (*Keller* NZI 2016, 753). Da es aber für den vorläufigen Insolvenzverwalter gem. § 63 InsO i.V.m. § 11 InsVV eine eigenständige Anspruchsgrundlage gibt, obwohl regelmäßig eine Identität des vorläufigen Insolvenzverwalters mit dem Insolvenzverwalter besteht, **geht dieses Argument des BGH** ins Leere. Auch im Rahmen der Eigenverwaltung gibt es unterschiedliche Verfahrensabschnitte, nämlich **vor** und **nach** Verfahrenseröffnung. Die Tätigkeiten sind auch nicht gleichartig zu sehen, ebenso wenig, wie bei dem vorläufigen Insolvenzverwalter und dem endgültigen Insolvenzverwalter. Es ist ebenfalls nicht erkennbar, dass der Gesetzgeber eine abweichende Regelung gegenüber dem vorläufigen Insolvenzverwalter treffen wollte. Aus den Materialien und Unterlagen ist dies nicht ersichtlich. Es ist eher anzunehmen, dass der Gesetzgeber davon ausging, dass das **Vergütungssystem** mit Trennung der Vergütungsansprüche für die unterschiedlichen Funktionen vor und nach Insolvenzeröffnung bestehen bleibt. Auch das Argument des BGH hinsichtlich der »einheitlichen« Berechnungsgrundlage greift nicht, da diese offensichtlich **nicht einheitlich** ist (so auch *Keller* NZI 2016, 753). Eine solche Verbindung widerspricht der grundsätzlichen **Trennung von Eröffnungsverfahren und eröffneten Verfahren**, die auch bei Eigenverwaltung gilt. Die Berechnungsgrundlage für den vorläufigen Sachwalter kann erheblich von derjenigen des Sachwalters abweichen und ist **gesondert zu ermitteln** ebenso wie der jeweils gesonderte Vergütungsanspruch. Es ist auch **nicht nachvollziehbar**, dass der vorläufige Sachwalter hinsichtlich seiner Vergütung, auch wenn er als Sachwalter im eröffneten Verfahren bestellt werden sollte, lediglich mit einem **Vorschuss** auf die Sachwaltervergütung für seine Tätigkeit als vorläufiger Sachwalter zufrieden sein soll, wovon der BGH in den vorgenannten Entscheidungen ausgeht. Dies **entspricht nicht der Gesamtkonzeption** der Vergütungsregelungen der InsO bzw. der InsVV. Immerhin billigt der *BGH* (Beschl. v. 21.07.2016 – IX ZB 70/14) dem (vorläufigen) Sachwalter zu, dass er **unmittelbar nach Eröffnung** des Verfahrens einen Vorschuss bezogen auf seine Tätigkeit als vorläufiger Sachwalter gem. § 9 InsVV erhalten kann, **ohne** dass es auf einen Zeitablauf von sechs Monaten ankommt.

Gegen die Auffassung des *BGH* (Beschl. v. 21.07.2016 – IX ZB 70/14, ZInsO 2016, 1637, Beschl. v. 22.09.2016 – IX ZB 71/14, ZIP 2016, 1981), dass eine einheitliche Verbindung der Verfahrensphasen – vorläufige Sachwaltung und Sachwaltung – vorlägen, spricht auch das Argument des *BGH* in seiner Entscheidung vom 22.09.2016 (– IX ZB 71/14, ZInsO 2016, 1981 Rn. 73). Dort wird explizit ausgeführt, dass bestimmte Aufgaben erst im eröffneten Verfahren anfallen. Als Beispiel werden genannt: Die Führung der Insolvenztabelle (§ 270c Satz 2 InsO), Fragen der Erfüllungswahl nach Eröffnung des Insolvenzverfahrens (§ 279 InsO) und die Geltendmachung von Ansprüchen, die erst nach der Eröffnung des Verfahrens entstehen (§ 280 InsO). Sind also die nach der InsO übertragbaren (vgl. Rdn. 47) Aufgaben verschieden, so kann auch das Wort »einheitlich« nicht zutreffend sein.

5. Kein Regel-Prozentsatz

Vereinzelt wird vertreten, dass eine generelle Betrachtung nicht möglich sei, sondern vom Gericht jeweils eine Einzelfallentscheidung getroffen werden soll (HambK-InsO/*Büttner* § 12 InsVV Rn. 3a). Auch wenn diese Einzelfallfestsetzung nach freiem Ermessen des Gerichts möglicherweise zu sachgerechten Ergebnissen führen kann, ist diese Auffassung aus Gründen der Rechtssicherheit abzulehnen (so auch *AG Hamburg* Beschl. v. 20.12.2013 – 67g IN 419/12; abl. auch *AG Essen* Beschl. v. 03.11.2014 – 166 IN 155/13, ZInsO 2015, 598). Zum Streitstand vergleiche die Ausführungen von *Marc Deutschbein* ZInsO 2015, 1957.

Unterschieden im Umfang und im Aufgabenbereich ist durch den **Ansatz von Zu- und Abschlägen** gem. §§ 10, 3 InsVV Rechnung zu tragen (so auch *BGH* Beschl. v. 22.09.2016 – 9 ZB 71/14, ZIP 2106, 1981; *AG Münster* Beschl. v. 18.01.2016 – 74 IN 65/14, ZInsO 2016, 719). Nach *BGH* (ZInsO 2016, 1637) und *LG Duisburg* (ZInsO 2016, 2101) ist es dabei ohne Bedeutung, ob die zuschlagsbegründende Tätigkeit in der Zeit der vorläufigen Sachwaltung oder im eröffneten Verfahren erbracht wurde. Dasselbe soll gelten, wenn sie teils im vorläufigen Verfahren, teils nach dem »eröffneten« erbracht worden ist.

36 Das *AG Hamburg* hat in seiner Entscheidung vom 20.12.2013 (ZInsO 2014, 569) nachfolgend dargestellte **Regelaufgaben** des **vorläufigen Sachwalters** zusammengestellt:
- Der vorläufige Sachwalter hat zu **Beginn seiner Tätigkeit** die **Kosten** einer vorläufigen Insolvenzverwaltung den addierten Kosten der vorläufigen Eigenverwaltung und der vorläufigen Sachwaltung gegenüberzustellen. Das Ergebnis ist dem vorläufigen Gläubigerausschuss vorzulegen, der sofern die Kosten der vorläufigen Insolvenzverwaltung prognostisch geringer sind, von seinem Recht aus § 270b Abs. 4 Nr. 2 InsO Gebrauch machen kann.
- **Überwachung des Zahlungsverkehrs** des Schuldners (§ 275 InsO). Besonderes Augenmerk ist darauf zu richten, dass der Schuldner keine Altverbindlichkeiten befriedigt.
- Überprüfung der **Liquiditätsplanung** des Schuldners.
- Der vorläufige Sachwalter hat zu überprüfen, ob die **Absicherung** insolvenzfest erfolgt, wenn der Schuldner die aufgrund insolvenzrechtlicher (Einzel-)Ermächtigung (§ 270b Abs. 3 InsO) begründeten **Masseverbindlichkeiten** über ein Treuhandkonto absichert.
- Aufgrund des **Verbots der Schlechterstellung** (§ 245 Abs. 1 Nr. 1 InsO) ist der vorläufige Sachwalter außerdem im Regelfall verpflichtet, die erforderliche **Vergleichsrechnung transparent** und plausibel aufzustellen. Hierzu gehört notwendigerweise die präzise Auslotung von möglichen **Anfechtungs- und Haftungsansprüchen** sowie von etwaigen Möglichkeiten einer übertragenden **Sanierung**. Infolge des engen Zeitrahmens, insbesondere im Schutzschirmverfahren (vgl. §§ 270b Abs. 1, 235 Abs. 2, 231, 232 InsO) müssen diese Tätigkeiten vor Eröffnung erfolgt sein.

III. Berechnungsgrundlage

37 Auf eine gesonderte gesetzliche Bestimmung **der Berechnungsgrundlage** für die Vergütung des vorläufigen Sachwalters kann ebenfalls **nicht zurückgegriffen** werden.

38 Als Anknüpfungspunkt für die Berechnung der Vergütung auch des vorläufigen Sachwalters ist das Vermögen heranzuziehen, auf das sich seine Tätigkeit erstreckt hat (*AG Köln* NZI 2013, 97; *AG Göttingen* ZInsO 2012, 2413; MüKo-InsO/*Stephan* § 12 InsVV Rn. 25; *AG Hamburg* ZIP 2014, 237). Dies entspricht der Formulierung des § 11 Abs. 1 Satz 2 InsVV a.F. bzw. § 63 Abs. 3 Satz 2 InsO

(seit 19.07.2013). Demgegenüber hält der **BGH** (Beschl. v. 21.07.2016 – IX ZB 70/14) die Ermittlung einer **einheitlichen Berechnungsgrundlage** sowohl für die Vergütung des vorläufigen Sachwalters wie auch des Sachwalters im eröffneten Verfahrens für sachgerechter. Zuzustimmen ist dem *BGH* (Beschl. v. 21.07.2016 – IX ZB 70/14) allerdings in dem Punkt, dass bei einer einheitlichen Berechnungsgrundlage sowohl für den vorläufigen wie auch für den »endgültigen« Sachwalter eine einheitliche Beurteilung hinsichtlich der in die Berechnungsgrundlage einzubeziehenden Aus- und Absonderungsrechte sich auf die Gesamtvergütung, d.h. auch auf den Zuschlag in Höhe von 25 % für den vorläufigen Sachwalter (Rdn. 35) auswirkt.

Hinsichtlich der Wertbestimmung kann auf das zum Eröffnungszeitpunkt vorhandene Vermögen zurückgegriffen werden. Dies ist regelmäßig in dem Verzeichnis gem. § 151 InsO, das entsprechend § 154 InsO eine Woche vor dem Berichtstermin dem Insolvenzgericht – wenn auch vom Schuldner – vorzulegen ist, zurückgegriffen werden (*Zimmer* ZInsO 2012, 1658). 39

Die analoge Anwendung von § 11 Abs. 1 Satz 4 u. 5 InsVV a.F./§ 11 Abs. 1 Satz 2 InsVV (seit 19.07.2013) ist allerdings umstritten. *Graeber/Graeber* (InsBürO 2013, 6 ff.) sind der Auffassung, dass die mit **Aus- und Absonderungsrechten** belasteten Vermögensgegenstände des Schuldners »naturgemäß« **außer Betracht** zu lassen seien, da eine Berücksichtigung nur bei einer Befassung in erheblichem Umfang infrage komme. Angesichts des eingeschränkten Aufgabenbereichs könne eine für die Einbeziehung der mit Drittrechten belasteten Gegenstände geforderte erhebliche Befassung per se nicht vorliegen. 40

Streng genommen befasst sich der vorläufige Sachwalter tatsächlich überhaupt nicht mit **Aus- und Absonderungsrechten**, da dies Aufgabe des eigenverwaltenden Schuldners ist (*Zimmer* ZInsO 2012, 1658 [1662]). Im Gegensatz zum vorläufigen Insolvenzverwalter nimmt der vorläufige Sachwalter keine Sicherungs- bzw. vorläufige Maßnahmen vor, sondern hat nur Kontrollfunktion. 41

Allerdings macht es die **Aufgabe** des vorläufigen Sachwalters **unumgänglich**, die **Kontrolle** auch auf den Umgang des Schuldners mit **Vermögenswerten**, die bei Verfahrenseröffnung der Aus- und Absonderung unterliegen, zu erstrecken (*Zimmer* ZInsO 2012, 1658 [1662]). Erreicht diese Tätigkeit die **Erheblichkeitsschwelle** ist eine analoge Anwendung **des § 11 Abs. 1 Satz 2 InsVV** zu befürworten (so auch *AG Münster* ZInsO 2016, 719). Eine erhebliche Befassung mit den mit Aus- und Absonderungsrechten belasteten Vermögenswerten beim vorläufigen Sachwalter a priori zu verneinen, wäre zu einfach und methodisch letztlich auch falsch (*Keller* NZI 2016, 211). 42

IV. Abänderungsbefugnis nach § 11 Abs. 2 InsVV analog

Eine Änderungsbefugnis nach § 11 Abs. 2 InsVV a.F./§ 63 Abs. 3 Satz 3 InsO (seit 19.07.2013) soll nach Auffassung von *Graeber/Graeber* (InsBürO 2013, 6 ff.) möglich sein. 43

Dem ist nicht zuzustimmen. Die Möglichkeit einer nachträglichen Abänderungsbefugnis wurde eingeführt, um eine Auszehrung der Insolvenzmasse durch unangemessen hohe Vergütungen auf der Grundlage unrealistischer Schätzwerte zu vermeiden (s. hierzu § 11 InsVV Rdn. 107). Hat sich der vorläufige Insolvenzverwalter mithin bei seinen Prognosen um mehr als 20 % bezogen auf die Gesamtheit der bei der Berechnungsgrundlage berücksichtigten Vermögenswerte »verschätzt«, kann dies korrigiert werden.

Diese Situation ist allerdings auf den vorläufigen Sachwalter/Sachwalter **nicht übertragbar**, da der Schuldner selbst die Verwertung vornimmt und der vorläufige Sachwalter keinen Einfluss in diesem Zusammenhange besitzt. Ansonsten würde »kaufmännisches Missgeschick des Schuldners für den vorläufigen Sachwalter pönalisiert« (*Zimmer* ZInsO 2012, 1658 [1663]) werden. 44

V. Zu- und Abschläge

Abweichungen von einem Normalverfahren sind entsprechend dem System der InsVV durch den Ansatz von **Zu- und Abschlägen** angemessen zu berücksichtigen (so auch *BGH* Beschl. v. 22.09.2016 – 9 ZB 71/14, ZIP 2106, 1981; *AG Münster* Beschl. v. 18.01.2016 – 74 IN 65/14, ZInsO 2015, 719; 45

LG-Dessau-Roßlau Beschl. v. 29.01.2015 – 8 T 94/14, ZInsO 2015, 1234; *AG Wuppertal* Beschl. v. 26.05.2014 – 145 IN 751/13, ZIP 2015, 541; *AG Essen* Beschl. v. 09.07.2015 – 163 IN 170/14, ZIP 2015, 1796).

46 Zuzuerkennende **Zuschläge** erhöhen den Regelbruchteil um den Vomhundertsatz, der als Zuschlag gewährt wird (*BGH* Beschl. v. 21.07.2016 – IX ZB 70/14). Nach dem **System des BGH** (Beschl. v. 21.07.2016 – IX ZB 70/14) mit einer einheitlichen Vergütung für den vorläufigen Sachwalter und den Sachwalter sind die Zuschläge gleichermaßen zu bewerten, **unabhängig** davon, ob sie der vorläufige oder der endgültige Sachwalter »erarbeitet« hat (so nun auch *LG Duisburg* Beschl. v. 14.09.2016 – 7 T 24/16). Bei der Gewährung von Zuschlägen nach § 3 Abs. 1 InsVV führt die Auffassung des BGH, die eine einheitliche Vergütungsfestsetzung für den vorläufigen Sachwalter und den Sachwalter vorsieht, zu Problemen. Es kann keineswegs behauptet werden, dass die Zuschläge, die der Sachwalter im eröffneten Verfahren erarbeitet hat, auch für den vorläufigen Sachwalter zu einer zusätzlichen Belastung geführt haben. Selbstverständlich sind die Zuschläge für die einzelnen Verfahrensphasen auf diese beschränkt zu beurteilen. Für die vorläufige Sachwaltung wirken sich ihre konkreten Erschwernisse aus. Zuschläge für die Sachwaltung im eröffneten Verfahren sind für die konkreten Erschwernisse dieses Verfahrensabschnitts zu gewähren (so auch *Keller* NZI 2016, 753). Orientierungspunkt ist immer der **tatsächliche Aufwand** und die **Mehrbelastung** in der konkreten Verfahrensphase.

47 Kriterien für ein sog. **Normalverfahren** müssen sich noch weiter entwickeln, allerdings kann auf die für den vorläufigen Insolvenzverwalter entwickelten Grundsätze zurückgegriffen werden. Insbesondere finden die Regelbeispiele des § 3 InsVV Anwendung, soweit die Situationen vergleichbar sind. Zu vergüten sind alle Tätigkeiten, die dem vorläufigen Sachwalter vom Gesetz selbst oder vom Insolvenzgericht bzw. den Verfahrensbeteiligten in gesetzlich wirksamer Weise übertragen worden sind (*BGH* Beschl. v. 21.07.2016 – IX ZB 70/14; Beschl. v. 22.09.2016 – IX ZB 71/14, ZInsO 2016, 2077). Für Tätigkeiten, die der vorläufige Sachwalter außerhalb seines eigentlichen Aufgabenbereiches, quasi überobligatorisch, erbringt, kann er keine Vergütung und damit auch keine Zuschlagsgewährung erwarten (*LG Freiburg* Beschl. v. 30.10.2015 – 3 T 194/15, ZInsO 2016, 186). Der *BGH* (Beschl. v. 22.09.2016 – IX ZB 71/14, ZInsO 2016, 1981) betont hierzu, dass die InsO nicht vorsehe, dass der vorläufige Sachwalter weitere Aufgaben aus eigener Kompetenz an sich ziehen kann oder dass ihm über das Gesetz hinaus weitere Aufgaben übertragen werden könnten. Ein Abschlag beispielsweise dahingehend, dass ein vorläufiger Sachwalter pauschal einen geringeren Arbeitsaufwand habe als ein vorläufiger Insolvenzverwalter ist grds. nicht begründet. Dies ergibt sich bereits daraus, dass der vorläufige Sachwalter sich in gleichem Umfang in das ihm übertragene Verfahren einzuarbeiten hat, wie ein vorläufiger Insolvenzverwalter (*Zimmer*, ZInsO 2012, 1658 ff.).

48 Hingegen wird die **Begleitung einer Unternehmensfortführung** des Schuldners durch einen vorläufigen Sachwalter diesen in ähnlichem Umfang zusätzlich belasten, wie einen sog. schwachen, vorläufigen Insolvenzverwalter. Die Vergütung des vorläufigen Sachwalters ebenso wie die des endgültigen Sachwalters ist gem. § 3 Abs. 1 lit. b. InsVV bei einer Unternehmensfortführung regelmäßig durch einen Zuschlag zu erhöhen, wenn die Masse **nicht entsprechend größer geworden** ist (*BGH* Beschl. v. 21.07.2016 – IX ZB 70/14; Beschl. v. 22.09.2016 – IX ZB 71/14, ZIP 2016, 1981; zust. *Körner/Rendels* EWiR 2016, 763; *Keller* NZI 2016, 753 hält hingegen die Ausführungen des BGH hierzu für zu restriktiv und realitätsfern). Zwar betreiben weder der vorläufige Insolvenzverwalter noch der vorläufige Sachwalter selbst die Unternehmensfortführung, allerdings begleiten sie diese **überwachend und unterstützend**. Da aber die Begleitung der Unternehmensfortführung ähnlich aufwändig sein kann, wie die Unternehmensfortführung selbst, ist ein **Zuschlag** zu gewähren (*BGH* Beschl. v. 21.07.2016 – IX ZB 70/14; *BGH* ZIP 2006, 1008; ZInsO 2008, 1265). Der BGH ist **allerdings** der Auffassung, dass ein Zuschlag dann **noch nicht** zu gewähren sei, wenn der Schuldner in einem **durchschnittlichen Verfahren** die Überwachung und Kontrolle jederzeit ermöglicht, die Unterlagen und Daten aufbereitet und vollständig zur Verfügung stellt bzw. jederzeit Auskunft gibt (*BGH* Beschl. v. 21.07.2016 – IX ZB 70/14).

Diese »Einschätzung« ist seitens des BGH **zu kurz gegriffen**. Denn der Eigenverwalter ist grds. verpflichtet, ordnungsgemäße Unterlagen zu erstellen, diese dem vorläufigen Sachwalter zur Einsichtnahme und Prüfung vorzulegen und Auskünfte zu erteilen. Erfolgt das durch den eigenverwaltenden Schuldner nicht, dürfte die Aufhebung der Eigenverwaltung im Raum stehen. Dann ist allerdings auch die vorläufige Sachwaltung beendet. Daher ist allein **entscheidendes Kriterium für einen Zuschlag**, in welchem Umfang Überprüfungs- und Überwachungstätigkeiten erforderlich sind und von dem vorläufgen Sachwalter vorgenommen werden. Das kann beispielsweise auch bei einem kleineren Unternehmen mit einem **komplexen** Geschäftszweck und internationalen Geschäftsverbindungen einen erheblichen Umfang, der einen Zuschlag rechtfertigt, erreichen, auch wenn der eigenverwaltende Schuldner die erforderlichen Unterlagen und Informationen ordnungsgemäß zur Verfügung stellt. Die **Frage des Zuschlages** und dessen Höhe hat sich daher **ausschließlich an dem Umfang der Tätigkeit und ggf. der Komplexität der Überwachungshandlungen** zu orientieren. Auf die Auskunftsfreudigkeit und Bereitwilligkeit Unterlagen zur Verfügung zu stellen seitens des eigenverwaltenden Schuldners kann es vom Grundsatz her nicht ankommen, mit Ausnahme, es handelt sich um einen nicht »auskunftsbereiten« eigenverwaltenden Schuldner. In diesem Falle kommt ergänzend ein **weiterer Zuschlag** für die dann zusätzlich anfallende Tätigkeit des vorläufigen Sachwalters in Betracht. Insbesondere ist grds. dem vorläufigen Sachwalter ein **Zuschlag** zuzubilligen, wenn er im Rahmen eines **Schutzschirmverfahrens** gem. § 270b Abs. 2 Satz 2 InsO tätig ist. Dies deshalb, da sein Aufgabenkreis gem. § 270b Abs. 4 Satz 2 InsO dahingehend erweitert ist, dass der vorläufige Sachwalter die **Kontrolle der Zahlungsunfähigkeit** vorzunehmen hat.

Jedenfalls ist auch im Zusammenhang mit der Ermittlung des **Zuschlages** für die Begleitung einer **Unternehmensfortführung** eine **Vergleichsrechnung** dahingehend anzustellen, ob und inwieweit durch die Betriebsfortführung die Berechnungsgrundlage sich erhöht hat. Nur wenn die Erhöhung der Vergütung durch Massemehrung aufgrund Fortführung des Unternehmens hinter dem Betrag zurückbleibt, der dem »vorläufigen« Sachwalter bei unveränderter Masse als Zuschlag gebühren würde, ist ihm ein diese Differenz ausgleichender Zuschlag zu gewähren (*BGH* Beschl. v. 21.07.2016 – IX ZB 70/14; s. hierzu auch die Anmerkungen mit Beispielsrechnung bei § 3 Rdn. 34 ff.). Die **Höhe des Zuschlags ohne Massemehrung** ist daran zu orientieren, in welchem Umfang ein **Mehraufwand** entstanden ist auch unter Berücksichtigung des Verhältnisses zur Regelvergütung des endgültigen Sachwalters in zeitlicher Hinsicht (*BGH* Beschl. v. 21.07.2016 – IX ZB 70/14). Zur Bemessung des Zuschlages ist es allerdings **unerheblich**, in welcher **Höhe ein Umsatz** im Zeitraum der Unternehmensfortführung erwirtschaftet wurde (*BGH* Beschl. v. 21.07.2016 – IX ZB 70/14). Bei der Höhe des Zuschlags ist jedoch zu beachten, dass die Überwachungstätigkeit **Bestandteil der Regeltätigkeit** ist (*BGH* Beschl. v. 21.07.2016 – IX ZB 70/14). 49

Der Auffassung von *Graeber/Graeber* (InsbürO 2013, 6 ff.), wonach der Zuschlag gem. § 3 Abs. 1 lit. b. InsVV (**Unternehmensfortführung**) **geringer** anzusetzen sei, als im Falle einer vorläufigen Verwaltung ist **nicht zuzustimmen**, denn dem vorläufigen Sachwalter obliegt gleichermaßen wie dem vorläufigen Insolvenzverwalter insbesondere die **Kontrolle** dieser Vorgänge, so dass eine Arbeitserleichterung nicht ersichtlich und ein Zuschlag in vergleichbarer Höhe gerechtfertigt ist. 50

Ebenfalls ist **die Auffassung des *LG Bonn*** (ZInsO 2013, 2341) **abzulehnen**, wonach ein Zuschlag bei einer Betriebsfortführung in der Eigenverwaltung **regelmäßig komplett ausgeschlossen** sei, da die Eigenverwaltung mit Sachwalterbetreuung schon aufgrund ihrer Zweckbestimmung eine Betriebsfortführung voraussetze, so dass die hierauf bezogene Aufsichts- und Kontrollfunktion bereits mit der Regelvergütung abgegolten sein soll (so auch *LG Dessau-Roßlau* Beschl. v. 29.01.2015 – 8 T 94/14, ZInsO 2015, 1234). **Diese Auffassung** ist bereits deshalb **abzulehnen**, da es keine gesetzliche Regelvergütung des vorläufigen Sachwalters gibt. Daher kann nicht die Rede davon sein, dass bestimmte Aufgaben bereits mit der Regelvergütung abgegolten sein können. Darüber hinaus ist diese Auffassung des *LG Bonn* (ZInsO 2013, 2341) schon deshalb nicht haltbar, da das LG Bonn als »Regelvergütung« eines vorläufigen Sachwalters lediglich 25 % der Vergütung eines Sachwalters in Höhe von 60 %, mithin insgesamt lediglich 15 % eines Insolvenzverwalters (§ 2 InsVV) ansetzt. Es ist offensichtlich, dass dies in keiner Weise eine angemessene Vergütung für den vorläufigen Sachwalter 51

§ 12 InsVV Vergütung des Sachwalters

darstellen kann. Wie der **BGH** (Beschl. v. 21.07.2016 – IX ZB 70/14) zu Recht ausführt, rechtfertigt eine Betriebsfortführung **regelmäßig einen Zuschlag** (so auch *AG Essen* ZIP 2015, 796).

52 **Zuschlagsbegründend** ist auch die Ermächtigung des Insolvenzgerichts an den eigenverwaltenden Schuldner **Masseverbindlichkeiten** zu Lasten der späteren Insolvenzmasse zu begründen, wenn dies **nur mit Zustimmung des Sachwalters zulässig** sein soll. Es sind in diesem Zusammenhang zwar auch lediglich Kontroll- und Überwachungsfunktionen auszuüben, doch liegt diese **Tätigkeit gerade nicht im Bereich der Regelaufgaben** (*BGH* Beschl. v. 21.07.2016 – IX ZB 70/14).

53 Im Zusammenhang mit seinen Bemühungen zur Umsetzung einer **übertragenden Sanierung** steht dem vorläufigen Sachwalter grds. auch ein **Zuschlag** zu. Er hat zwar nicht die Aufgabe in eigener Zuständigkeit die Möglichkeiten übertragender Sanierungen zu analysieren, doch hat er die von der Eigenverwaltung entwickelten **Modelle der Unternehmensfortführung** sowohl hinsichtlich der **Durchführbarkeit** wie auch hinsichtlich **der wirtschaftlichen Auswirkungen** bei den Gläubigern zu überprüfen (*BGH* Beschl. v. 21.07.2016 – IX ZB 70/14). Es gehört zu den Tätigkeiten des vorläufigen Sachwalters, sofern eine Betriebsfortführung im Rahmen einer übertragenden Sanierung im Raum steht, nicht nur die von dem eigenverwaltenden Schuldner entwickelten Konzepte im Nachhinein zu prüfen, sondern den **gesamten Sanierungs- und Betriebsfortführungsprozess** hinsichtlich der verschiedenen Modelle und Konzepte **beratend zu begleiten**. Dabei hat er jeweils bei den verschiedenen **Entwicklungsstufen** bereits richtungsweisend seine Meinungsbildung und ggf. Zustimmungs- oder Ablehnungseinstellung darzulegen, so dass der eigenverwaltende Schuldner entsprechende Anpassungen oder Umgestaltungen vornehmen kann (*BGH* Beschl. v. 21.07.2016 – IX ZB 70/14). **Zu Recht weist der BGH** darauf hin, dass diese **Überwachungsarbeit** nicht nachlaufend wahrgenommen werden kann, sondern **während des gesamten Verfahrens** sich begleitend darstellt und dementsprechend mit einem **Zuschlag** in angemessener Höhe unter Berücksichtigung der Mehrbelastung zu vergüten ist, was von *Körner und Rendels* (Anm. zum Beschl. des *BGH* v. 22.09.2016 – IX ZB 71/14, ZInsO 2016, 2077, EWiR 2016, 763) begrüßt wird. Soweit der *BGH* ausführt, der vorläufige Sachwalter dürfe nicht anstelle der Eigenverwaltung den Sanierungsprozess lenken, wirft *Keller* (NZI 2016, 753) zu Recht folgende Fragen auf: Was soll der vorläufige Sachwalter aber tun, wenn der bereits angestoßene Prozess ins Stocken gerät, etwa Gesellschafter des Unternehmens sich quer stellen? Darf er mit ihnen nicht sprechen, sie nicht zum Einlenken bewegen? Einen aktiven und präventiv den Schuldner kontrollierenden (vorläufigen) Sachwalter verlangt der *BGH* (Beschl. v. 22.09.2016 – IX ZB 71/14, ZInsO 2016, 1981) dennoch (*Körner/Rendels*, EWiR 2016, 763).

Gleichermaßen ist ein **Zuschlag** nicht nur im Rahmen einer übertragenden Sanierung zu gewähren, sondern bei **jedweder Sanierungskonstellation**, die sich im Rahmen der vom eigenverwaltenden Schuldner entwickelten Konzepte widerspiegelt. Diese Sanierungskonzepte hat der vorläufige Sachwalter – ebenso wie der Sachwalter – im Einzelnen beratend und prüfend in seine Tätigkeit mit einzubeziehen. Diese Aufgaben rechtfertigen regelmäßig einen **angemessenen Zuschlag** (*BGH* Beschl. v. 21.07.2016 – IX ZB 70/14).

54 **Zuschlagsbegründend** stellt sich auch das Vorhandensein und die erforderliche Zusammenarbeit bzw. Abstimmung mit einem **(vorläufigen) Gläubigerausschuss** dar (*BGH* Beschl. v. 21.07.2016 – IX ZB 70/14; *AG Wuppertal* Beschl. v. 26.05.2014 – 145 IN 751/13, ZIP 2015, 796). Ein **Zuschlag** ist schon deshalb **begründet**, da ein vorläufiger Gläubigerausschuss nach § 22a InsO **nicht** in allen Eigenverwaltungsverfahren bestellt werden muss. Folglich liegt bei einem bestellten vorläufigen Gläubigerausschuss grds. ein **Mehraufwand** bei dem vorläufigen Sachwalter vor, der einen **zuschlagsbegründenden Tatbestand** darstellt (*BGH* Beschl. v. 21.07.2016 – IX ZB 70/14). Zu berücksichtigen sind bei der Bemessung des Zuschlags allerdings ggf. durch den vorläufigen Gläubigerausschuss eintretende **Entlastungsmomente** bei dem vorläufigen Sachwalter (*BGH* Beschl. v. 21.07.2016 – IX ZB 70/14).

55 Sofern der **vorläufige Sachwalter** gem. § 275 Abs. 2 InsO den **Zahlungsverkehr** dahingehend übernimmt, dass alle eingehenden Gelder an ihn gehen und Zahlungen nur von ihm geleistet werden, ist ein Zuschlag zu gewähren (*BGH* Beschl. v. 21.07.2016 – IX ZB 70/14).

Ein **Abschlag** ist **nicht gerechtfertigt,** wenn der eigenverwaltende Schuldner entweder einen Insolvenzspezialisten in die Geschäftsführung mit aufnimmt oder diesen mit besonderen Handlungsvollmachten ausstattet, auch wenn er für den vorläufigen Sachwalter eine Arbeitserleichterung erbringen könnte. Der **Gesetzgeber** selbst setzt **für die Gewährung der Eigenverwaltung** eine **insolvenzrechtliche Expertise** des Schuldners voraus. Eine Geschäftsführung mit insolvenzrechtlichem Wissen, unabhängig davon, ob dies bei der Geschäftsleitung selbst vorhanden ist oder durch einen Berater beschafft wird, ist für die Vergütungsbemessung unerheblich (*BGH* Beschl. v. 21.07.2016 – IX ZB 70/14; Kübler/Prütting/Bork-*Prasser* InsO 2015, § 12 InsVV Rn 31).

Als zuschlagsbegründend sind ebenfalls beispielsweise eine **intensive Abstimmung mit dem Gläubigerausschuss** oder **eine Vielzahl von Gläubigern** (*AG Wuppertal* Beschl. v. 26.05.2014 – 145 IN 751/13, ZIP 2015, 541) zu nennen. 56

Für die **Mitwirkung an einer Insolvenzgeldvorfinanzierung** kann ebenfalls ein Zuschlag in Betracht kommen (*BGH* NZI 2016, 796; *Keller* NZI 2016, 753; a.A. *AG Essen* Beschl. v. 09.07.2015 – 163 IN 170/14, ZIP 2015, 796; Beschl. v. 27.03.2015 – 163 IN 170/14, NZI 2015, 575; *LG Dessau-Roßlau* Beschl. v. 29.01.2015 – 8 T 94/14, NZI 2015, 570; *AG Ludwigshafen/Rhein* Beschl. v. 22.07.2015 – 3 B IN 414/14 Lu, ZInsO 2015, 1639). 57

Eine hohe Zahl von Mitarbeitern in Unternehmen kann einen Zuschlag rechtfertigen, wenn damit ein ungewöhnlicher, über das Übliche hinausgehender Arbeitsaufwand in der Überwachungstätigkeit verbunden ist (*BGH* Beschl. v. 22.09.2016 – IX ZB 71/14, ZIP 2016, 1981). Ggf. sind Überschneidungen mit dem Zuschlagstatbestand der Unternehmensfortführung zu berücksichtigen. 58

Zusammengefasst benennen die Entscheidungen des *BGH* (Beschl. v. 21.07.2016 – IX ZB 70/14, ZInsO 2016, 1637 und 22.09.2016 – IX ZB 71/14, ZIP 2016, 1981) folgende Tatbestände, die einen Zuschlag rechtfertigen können: 59
– Begleitung einer Unternehmensfortführung im Eröffnungsverfahren durch Überwachung der Geschäftsführung inklusive Kontrolle der laufenden Bestellungen,
– hohe Zahl von Mitarbeitern des fortgeführten Unternehmens,
– eine Zusammenarbeit mit einem eingesetzten (vorläufigen) Gläubigerausschusses,
– Übernahme des Zahlungsverkehrs,
– Überwachung der Vorfinanzierung der Löhne und Gehälter,
– begleitende Bemühungen zu einer übertragenden Sanierung des Insolvenzschuldners.

VI. Mindestvergütung, Auslagen, Umsatzsteuer, Festsetzungsverfahren

In diesem Bereich sind die für den vorläufigen Insolvenzverwalter geltenden Regelungen über § 10 InsVV entsprechend anwendbar, sodass auf die dortigen Ausführungen (s. § 11 InsVV Rdn. 73, 75 ff., 79 ff.) verwiesen werden kann. Die Auffassung des *BGH* (Beschl. v. 21.07.2016 – IX ZB 70/14, ZInsO 2016, 1637; Beschl. v. 22.09.2016 – IX ZB 71/14, ZIP 2016, 1981), dass dem vorläufigen Sachwalter kein selbständiger Vergütungsanspruch zustehe und in der Folge die Vergütung erst am Ende des Verfahrens gemeinsam mit der des Sachwalters festgesetzt wird, führt dazu, dass evtl. der Anspruch auf einen pauschalierten Auslagenersatz durch den Auslagenersatzanspruch des Sachwalters des eröffneten Insolvenzverfahrens konsumiert wird (*Graeber* DZWIR 2016, 514). Allerdings ist es bei der Auffassung des *BGH* (Beschl. v. 21.07.2016 – IX ZB 70/14, ZInsO 2016, 1637; Beschl. v. 22.09.2016 – IX ZB 71/14, ZIP 2016, 1981) so, dass der Regelsatz für den **vorläufigen Sachwalter und den Sachwalter gemeinsam** bei 85 % liegt, so dass sich hierauf auch die Begrenzung auf 30 % der Regelvergütung bezieht. 60

§ 54 Nr. 2 InsO gilt gem. § 270a Abs. 1 Satz 2 InsO nach § 274 Abs. 1 InsO ebenfalls entsprechend, sodass die Vergütung des vorläufigen Sachwalters nach Verfahrenseröffnung zu den **Verfahrenskosten** gehört. 61

Für den Fall der **Nicht-Eröffnung** des Verfahrens ist darauf hinzuweisen, dass § 270a Abs. 1 Satz 2 InsO zwar auf § 274 Abs. 1 InsO verweist, der in der Folge auf die §§ 63–65 InsO verweist, aber 62 gerade nicht auf § 26a InsO. Dies würde bedeuten, dass im Falle der Nichteröffnung des Insolvenzverfahrens eine gerichtliche Festsetzung der Vergütung des vorläufigen Sachwalters durch das Insolvenzgericht nicht erfolgen könne. Hier ist eine **analoge Anwendung des § 26a InsO** auch auf die Festsetzung der Vergütung des vorläufigen Sachwalters vorzunehmen (*BGH* ZInsO 2016, 1637; *Zimmer* ZInsO 2012, 1658).

Wird entgegen der üblichen Verfahrensweise der **vorläufige Sachwalter** im eröffneten Verfahren **nicht** zum **endgültigen Sachwalter** bestellt, hat der vorläufige Sachwalter für seine Tätigkeit und seinen Tätigkeitszeitraum einen Anspruch auf eine angemessene, d.h. **anteilige Vergütung** in Höhe von grds. **25 % der Regelvergütung gem. § 2 InsVV**. Dies dürfte sich auch aus der Entscheidung des *BGH* (Beschl. v. 21.07.2016 – IX ZB 70/14) ergeben, der im Rahmen einer Gesamtvergütung des vorläufigen Sachwalters und des endgültigen Sachwalters dem vorläufigen Sachwalter einen Zuschlag von 25 %-Punkten der Regelvergütung zubilligen möchte. Denn im Umkehrschluss bedeutet das, dass für den Fall der Nichtbestellung des vorläufigen Sachwalters zum Sachwalter die angemessene Vergütung des vorläufigen Sachwalters 25 % der Regelvergütung gem. § 2 InsVV beträgt, wobei dann unter Berücksichtigung der tatsächlichen Tätigkeit und ggf. einem Mehr- oder Minderaufwand angemessene Zuschläge bzw. Abschläge anzusetzen sind.

VII. Vergütung beim Wechsel von der Eigenverwaltung in die Regelinsolvenz im Eröffnungsverfahren

63 Der vorläufiger Sachwalter hat selbstverständlich im Falle eines vorzeitigen Abbruchs der vorläufigen Eigenverwaltung einen eigenständigen Vergütungsanspruch (so auch *AG Ludwigshafen/Rhein* Beschl. v. 22.07.2015 – 3b IN 414/14 Lu, ZInsO 2015, 1639). **Beide Vergütungsansprüche** (Vergütung als vorläufiger Insolvenzverwalter und die Vergütung als vorläufiger Sachwalter) stehen **nebeneinander** (so auch *Graeber/Graeber* ZInsO 2015, 891). Mehr- oder Minderaufwand ist angemessen in den Phasen der vorläufigen Sachwaltung bzw. der vorläufigen Insolvenzverwaltung zu berücksichtigen. Auch bei Personenidentität des vorläufigen Sachwalters und des vorläufigen Insolvenzverwalters ist keine andere Bewertung vorzunehmen (so auch *AG Ludwigshafen/Rhein* Beschl. v. 22.07.2015 – 3b IN 414/14 Lu, ZInsO 2015, 1639). Bei der Ermittlung der Regelvergütung für die einzelnen Abschnitte spielt die Dauer der Tätigkeit keine Rolle (*Graeber/Graeber* ZInsO 2015, 891). Den Besonderheiten des Verfahrens ist durch die Gewährung von Zu- und Abschlägen Rechnung zu tragen. Allein eine kürzere zeitliche Dauer rechtfertigt nicht pauschal einen Abschlag i.S.d. § 3 Abs. 2 InsVV (*Graeber/Graeber* ZInsO 2015, 891).

§ 13 Vergütung des Insolvenzverwalters im Verbraucherinsolvenzverfahren

Werden in einem Verfahren nach dem Neunten Teil der Insolvenzordnung die Unterlagen nach § 305 Absatz 1 Nummer 3 der Insolvenzordnung von einer geeigneten Person oder Stelle erstellt, ermäßigt sich die Vergütung nach § 2 Absatz 2 Satz 1 auf 800 Euro.

Übersicht

		Rdn.			Rdn.
A.	Begründung des Verordnungsgebers	1	D.	Zuschläge/Abschläge	11
B.	Allgemeines	2	I.	Zuschläge	11
C.	Regelvergütung	4	II.	Abschläge	12
I.	Regelvergütung in Verfahren, die ab dem 01.07.2014 beantragt wurden	4	E.	Mindestvergütung	13

A. Begründung des Verordnungsgebers

1 *Im Verbraucherinsolvenzverfahren geht dem vereinfachten Insolvenzverfahren nach §§ 311–314 InsO der Versuch einer außergerichtlichen Schuldenbereinigung und das Verfahren über den Schuldenbereinigungsplan voraus. Dementsprechend ist das Insolvenzverfahren zum Zeitpunkt seiner Eröffnung weitestgehend aufbereitet – das Vermögensverzeichnis, das Gläubigerverzeichnis und das Forderungsver-*

zeichnis liegen bereits vor. Anstelle des dadurch entbehrlich gewordenen Berichtstermins wird nur der Prüfungstermin durchgeführt. Daneben können Rechtshandlungen nur von den Insolvenzgläubigern angefochten werden. Von der Verwertung der Insolvenzmasse kann ganz oder teilweise abgesehen und das Verfahren oder einzelne seiner Teile schriftlich durchgeführt werden; ausgeschlossen sind die Bestimmungen über den Insolvenzplan und über die Eigenverwaltung durch den Schuldner. Die Verwertung von Gegenständen, an denen Pfandrechte oder andere Absonderungsrechte bestehen, obliegt den Gläubigern.

Der Aufgabenkreis des anstelle des Insolvenzverwalters in diesem Verfahren tätigen Treuhänders ist dadurch erheblich reduziert und rechtfertigt regelmäßig eine auf 15 v.H. des Wertes der Insolvenzmasse geminderte Vergütung.

Ziel der Bestimmung über die Mindestvergütung des Treuhänders in Abs. 1 Satz 2 ist, dass das Verbraucherinsolvenzverfahren, in dem regelmäßig verwertungsfähige Masse nicht in nennenswertem Umfang vorhanden sein wird, nicht durch zu hohe und starre Vergütungssätze belastet bzw. undurchführbar wird.

Für die Vergütung des Treuhänders gelten nach § 10 die Vorschriften des ersten Abschnitts entsprechend. Jedoch sind aus den zuvor genannten Gründen der Verfahrensvereinfachung nach Abs. 2 die Regelungen der §§ 2 und 3 nicht anzuwenden. Allerdings muss auch im Rahmen des § 13 bei atypischen Sachverhalten die Möglichkeit bestehen, von der Regelsatzvergütung abzuweichen. Dies ist etwa bei einer vorzeitigen Verfahrensbeendigung der Fall.

Zur Begründung des Verordnungsgebers zur Verordnung zur Änderung der insolvenzrechtlichen Vergütungsverordnung vom 04.10.2004, die insbesondere eine Neufassung des § 13 Abs. 1 Satz 3 InsVV beinhaltet, s. *Lorenz* vor § 1 InsVV Rdn. 2.

B. Allgemeines

§ 13 InsVV a.F. normierte den Vergütungsanspruch des **Treuhänders im vereinfachten Insolvenzverfahren** (§§ 311–314 InsO), der seine Grundlage in § 13 Abs. 1 Satz 3 InsVV und in § 63 InsO hat. Dieser gilt nur noch für Verfahren, die bis zum 30.06.2014 beantragt wurden, da die Vorschrift des § 313 InsO a.F. durch das Gesetz zur Verkürzung des Restschuldbefreiungsverfahrens und zur Stärkung der Gläubigerrechte vom 15.07.2013 (BGBl. I S. 2379) ersatzlos gestrichen wurde, da sich die Erwartungen, die mit der Bestellung eines Treuhänders mit eingeschränkten Befugnissen verbunden war, nicht erfüllt hatten (*Kübler/Prütting/Bork-Stoffler* InsVV, § 13 Rn. 1). Das bedeutet, dass in den ab dem 01.07.2014 beantragten Insolvenzverfahren kein Treuhänder mehr bestellt wird, sondern wie im Regelinsolvenzverfahren ein **Insolvenzverwalter**, für dessen Vergütung grds. (Rdn. 5 ff.) der 1. Abschnitt der InsVV gilt (mit der Begrenzung der Mindestvergütung nach § 13 InsVV n.F.). 2

Für die Vergütung des bis zum 30.06.2014 bestellten Treuhänders gilt weiterhin § 13 InsVV a.F. Hierzu gelten die in *Lorenz/Klanke* InsVV 3. Aufl. 2107, § 13 gemachten Ausführungen, s.a. FK-InsO 8. Auflage. Für Verfahren, die ab dem 01.07.2014 beantragt wurden, ist auf die Ausführung Rdn. 4 ff. zu verweisen. 3

C. Regelvergütung

I. Regelvergütung in Verfahren, die ab dem 01.07.2014 beantragt wurden

Durch das Gesetz zur Verkürzung des Restschuldbefreiungsverfahrens und zur Stärkung der Gläubigerrechte vom 15.07.2013 (BGBl. I S. 2379) ist in den ab dem 01.07.2014 beantragten Verfahren das Amt des Treuhänders abgeschafft. Für den dann zu bestellenden Insolvenzverwalter gilt hinsichtlich dessen Vergütung das Gleiche wie für Insolvenzverwalter im Regelverfahren. Demnach bemisst sich die Vergütung des (Verbraucher-)Insolvenzverwalters grds. nach den §§ 1–9 InsVV, wobei § 3 **Abs. 2 lit. e)** InsVV besondere Bedeutung zukommt (s. § 3 Rdn. 74). 4

§ 13 InsVV Vergütung des Insolvenzverwalters im Verbraucherinsolvenzverfahren

5 § 13 Abs. 2 InsVV wird durch die Gesetzesänderung dahingehend geändert, dass sich die Mindestvergütung nach § 3 Abs. 2 Satz 1 InsVV von EUR 1.000,00 auf EUR 800,00 ermäßigt, wenn die Unterlagen nach § 305 Abs. 1 Satz 3 InsO von einer geeigneten Person oder Stelle erstellt wurden.

Die Begründung des Gesetzesentwurfes spricht allerdings von einer Reduzierung der **Mindestregelvergütung** auf EUR 800,00, so dass die **Regelvergütung** lediglich EUR 800,00 betragen würde (*Reck/Köster/Wathling* ZVI 2016, 1 [5]; BT-Drucks. 17/11268, S. 37).

Haarmeyer/Mock (InsVV, § 13, Rn. 25) sehen hierin sogar einen **Rechtsfolgenverweis**. Dies hätte zur Folge, dass es nicht mehr darauf ankäme, ob in dem Insolvenzverfahren höchstens 10 Gläubiger ihre Forderungen angemeldet hätten. Nach *Haarmeyer/Mock* hätte dies zur Folge, dass die Vergütung auf EUR 800,00 **gedeckelt** wäre, unabhängig davon, wie viele Gläubiger sich angemeldet haben.

Diese **Auffassung** ist jedoch abzulehnen, da § 13 InsVV sich nur auf die Reduzierung der Vergütung gem. § 2 Abs. 2 **Satz** 1 InsVV bezieht. Bei einer Gläubigeranzahl von mindestens 11 Gläubigern verbleibt es bei der Erhöhung nach § 2 Abs. 2 **Satz** 2 InsVV (so auch *Reck/Köster/Wathling* ZVI 2016, 1 [5]).

6 Der Gesetzgeber geht hierbei offensichtlich davon aus, dass die Tatsache, dass die Unterlagen von einer geeigneten Person oder Stelle erstellt worden sind, zu einer Arbeitserleichterung für den Insolvenzverwalter führt. Diese Verknüpfung kann in der Praxis so nicht uneingeschränkt festgestellt werden. Außerdem ist nicht geklärt, wer in diesem Zusammenhang eine geeignete Person oder Stelle darstellt. Rund eineinhalb Jahre nach Einführung der Norm stellen *Reck/Köster/Wathling* (ZVI 2016, 1 [5]) fest, dass in der Praxis ein **geringerer Aufwand beim Insolvenzverwalter nicht dadurch eintritt, dass** die Unterlagen durch eine **geeignete Person oder Stelle** erstellt wurden. Eine Reduzierung der Vergütung durch einen geringeren Zeitaufwand ist **nicht allein schon dadurch gerechtfertigt**, dass die Erstellung der Unterlagen gem. § 305 Abs. 1 Nr. 3 InsO durch eine geeignete Person oder Stelle vorgenommen wurde.

Richtigerweise stellen *Reck/Köster/Wathling* (ZVI 2016, 1 [5]) fest, dass – auch wenn der Schuldner bereits in entsprechenden Formularen Auskunft zu seinen Vermögensverhältnissen und Verbindlichkeiten erteilt hat –, es **Aufgabe des Verwalters bleibt**, die Angaben des Schuldners durchzugehen und zu überprüfen. Oftmals werden auch bei der Vorbereitung der Unterlagen durch eine geeignete Stelle Vermögenswerte vergessen oder deren Relevanz falsch eingeschätzt oder die aktuellen Einkommensverhältnisse verändern sich häufig.

7 Um das Vorliegen einer nach § 13 InsVV n.F. reduzierten Mindestvergütung frühzeitig zu klären, empfiehlt *Graeber* (InsBürO 2014, 3; *ders.* InsBürO, 2105, 1) richtigerweise, schon zu Beginn eines (Verbraucher-)Insolvenzverfahrens eine entsprechende schriftliche Erklärung des Insolvenzschuldners einzuholen. *Reck/Köster/Wathling* (ZVI 2016, 1 [5]) raten zu Recht von dieser Variante ab. Sie sehen zudem die Gefahr, dass es einen »**negativen Anschein**« vermitteln könnte, wenn der Insolvenzverwalter sich vom Schuldner die Voraussetzungen für eine höhere Vergütung bestätigen lassen muss.

8 Mangels gesetzlicher Regelung ist jedoch davon auszugehen, dass die Insolvenzgerichte entsprechende Anfragen zunächst unterlassen werden (*Graeber* InsBürO 2014, 3). Insoweit ist den Verwaltern zu raten, derartige schriftliche Antworten des Insolvenzschuldners einzuholen und dem Vergütungsantrag beizufügen.

9 In der Praxis hat sich als praktikabel und auch zeitsparend erwiesen, dass die örtlichen Schuldnerberatungsstellen eine Erklärung abgeben, wenn sie die Verzeichnisse erstellt haben (*Reck/Köster/Wathling* ZVI 2016, 1 [5]). Dies ist auch für den Fall, dass die Schuldnerberatung **nicht die Verzeichnisse erstellt** hat, anzuraten. Für den Fall, dass die Unterlagen zwar von einer entsprechenden Stelle erstellt wurden, jedoch dadurch **kein geringerer Aufwand** vorlag, ist dem Verwalter zu empfehlen, zur Klärung dieser Frage bei erkennbar unsortierten und unvollständigen Listen, eine gerichtliche Entscheidung herbeizuführen (so auch *Reck/Köster/Wathling* ZVI 2016, 1 [5]). *Stephan* (Verbraucherinsolvenz aktuell 2015, 1), befürwortet eine **Aufnahme der Frage**, ob die Unterlagen gem. § 305 Abs. 1

Nr. 3 InsO von einer geeigneten Stelle oder Person erstellt worden sind, **in das amtliche Formular**. Dem ist zuzustimmen, da eine Aufnahme der Frage in das amtliche Formular gem. § 305 Abs. 4 InsO diese Frage tatsächlich von Anfang an für alle Beteiligten unproblematisch klären würde.

Inzwischen ist eine Entscheidung des *LG Stuttgart* (Beschl. v. 10.12.2015 – 10 T 517/15, ZInsO 2016, 470) in diesem Zusammenhang ergangen. Das *LG Stuttgart* ist hier zu Recht der Auffassung, dass ein Erstellen von Unterlagen durch eine geeignete Person voraussetzt, dass diese Person die Unterlagen des § 305 Abs. 1 Nr. 3 InsO aufgrund der Angaben des Schuldners entweder selbst ausfüllt oder zumindest eine **Mitverantwortung übernimmt**, indem sie den Fragenkatalog der Formulare **zusammen** mit den Schuldner durchgeht. Ebenso ist dem LG Stuttgart zuzustimmen, wenn es ausführt, dass, wenn der Schuldner die Unterlagen zumindest teilweise selbst und ohne Hilfe einer geeigneten Person ausfüllt, die erhöhte **Richtigkeits- und Vollständigkeitsgewähr** nicht gegeben ist, die es rechtfertigen würde, von einem »Erstellen« durch eine geeignete Person auszugehen. 10

D. Zuschläge/Abschläge

I. Zuschläge

Nachdem aufgrund des Gesetzes zur Verkürzung des Restschuldbefreiungsverfahrens und zur Stärkung der Gläubigerrechte vom 15.07.2013 (BGBl. I S. 2379) für den Insolvenzverwalter im Verbraucherinsolvenzverfahren die §§ 1 bis 9 InsVV gelten, gelten bezüglich der Zuschläge die Ausführungen bei § 3 InsVV Rdn. 1 bis Rdn. 55. 11

II. Abschläge

Bezüglich der Abschläge gelten folglich die Ausführungen unter § 3 Rdn. 57 ff. mit der Besonderheit, dass insbesondere § 3 Abs. 2 lit. e) in Betracht kommt (vgl. hierzu § 3 InsVV Rdn. 74). 12

E. Mindestvergütung

In den ab 01.07.2014 beantragten Insolvenzverfahren bemisst sich auch in den IK-Verbraucherinsolvenzverfahren die Vergütung der (Verbraucher-) Insolvenzverwalter nach den Staffelsätzen des § 2 InsO. 13

Demnach gilt in Verbraucherinsolvenzverfahren die Mindestvergütungsregelung des § 2 Abs. 2 InsVV, wobei der dortige Basisbetrag von € 1.000,00 entsprechend § 13 InsVV n.F. auf € 800,00 reduziert wird, wenn die Unterlagen nach § 305 Abs. 1 Nr. 3 InsO von einer geeigneten Person oder Stelle erstellt wurden. (vgl. i.E. Rdn. 4 ff.).

Dritter Abschnitt Vergütung des Treuhänders nach § 293 der Insolvenzordnung

Vorbemerkungen
zum Treuhänder im Restschuldbefreiungsverfahren (§§ 14–16 InsVV)

Die Vergütung des Treuhänders im Restschuldbefreiungsverfahren (§ 286 ff. InsO) ist in einem eigenen, dritten Abschnitt der InsVV (§§ 14–16) geregelt. Die Gestaltung eines eigenen Abschnitts für die Vergütung des Treuhänders ist damit begründet, dass nach der Auffassung des Verordnungsgebers das Amt des Treuhänders im geltenden Recht kein Gegenstück hat (vgl. Begr. des Verordnungsgebers, zu § 14 ff. abgedruckt bei vor § 1 InsVV Rdn. 1). Darüber hinaus lässt sich die Tätigkeit des Treuhänders mit der Tätigkeit der Verfahrensbeteiligten, deren Vergütung im ersten und zweiten Abschnitt geregelt ist, nicht vergleichen (BK-InsO/*Blersch* InsVV, § 13 Rn. 1). Die Anspruchsgrundlage der Vergütung des Treuhänders ergibt sich daher auch nicht aus § 63 InsO, sondern folgerichtig aus § 293 Abs. 1 Satz 1 InsO. 1

2 § 14 InsVV stellt die Grundnorm des dritten Abschnitts dar, der im Einzelnen die Vergütung des im Rahmen der Restschuldbefreiung tätigen Treuhänders regelt. Der Gesetzgeber stellt als Rahmen für die Vergütung in § 293 Abs. 1 Satz 2 InsO den Zeitaufwand und den Umfang der Tätigkeit auf. Allerdings geht die Vorschrift des § 14 InsVV in seiner Ausgestaltung gerade nicht auf den Zeitaufwand und auch nicht auf den Umfang der Tätigkeit ein, sondern orientiert sich lediglich an den eingegangenen Geldbeträgen mit einem gestaffelten Prozentsatz. Auch wenn der Verordnungsgeber in seiner Begründung darauf hinweist, dass die gesetzliche Vorgabe des § 293 Abs. 1 Satz 2 InsO dahingehend »konkretisiert« wurde, dass von der Summe der beim Treuhänder eingehenden Beträge auszugehen ist (vgl. Begr. des Verordnungsgebers, zu § 14 ff. bei § 14 InsVV Rdn. 1), stellt sich die Frage, ob die Vorschrift sich noch im Rahmen der Ermächtigungsnorm bewegt.

3 Der Ansatz des Verordnungsgebers, sich bei der Vergütung für den Treuhänder an der Vergütungsregelung für den Zwangsverwalter im Zwangsverwaltungsverfahren entsprechend §§ 146 ff. ZVG zu orientieren, kann grundsätzlich als sachgerecht angesehen werden. Der Verordnungsgeber übernimmt auch die in § 24 der Verordnung über die Geschäftsführung und die Vergütung des Zwangsverwalters vom 16.02.1970 vorgesehene degressive Staffelvergütung. Allerdings wurden in § 14 InsVV die dort genannten Wertstufen sowie Prozentsätze nicht eingearbeitet, sondern der Verordnungsgeber setzte wesentlich geringere Vergütungssätze an. Der Verordnungsgeber ist im Rahmen der Verordnung zur Änderung der insolvenzrechtlichen Vergütungsverordnung vom 06.10.2004 der Kritik nur teilweise gerecht geworden. Er hat lediglich im Bereich der Mindestvergütung eine Verbesserung dahingehend eingeführt, dass er die Mindestvergütung für je fünf an der Verteilung teilnehmenden Gläubiger um 50 Euro erhöht hat.

4 § 15 InsVV regelt die an den **Treuhänder** zu zahlende **zusätzliche Vergütung**, die er **neben** derjenigen des § 14 InsVV erhält, sofern er mit der **Überwachung der Obliegenheiten des Schuldners gem. § 292 Abs. 2 Satz 1 InsO beauftragt wurde. Voraussetzung** hierfür ist allerdings, dass der Treuhänder gem. § 292 Abs. 2 Satz 3 InsO zur Überwachung verpflichtet ist (s. *Grote/Lackmann* § 292 Rdn. 29). In diesem Fall erhält der Treuhänder **eine zusätzliche Vergütung** in Form eines **Stundenhonorars**. In **Abs. 1 Satz 2** wird normiert, dass der **Stundensatz regelmäßig EUR 35,00** je Stunde beträgt. In der **bis zum 04.10.2004** geltenden Fassung des § 14 Abs. 1 Satz 2 InsVV wurde lediglich **ein Stundensatz von EUR 15,00** je Stunde festgelegt, wobei sich dieser Stundensatz an der damaligen Regelung zur Entschädigung von Zeugen gem. § 2 Abs. 2 Satz 1 ZSEG, welches zwischenzeitlich nicht mehr in Kraft ist, orientiert. Dieser **Stundensatz** war auch, wenn man von einer geringst möglichen Überwachungstätigkeit ausgegangen ist, unter Berücksichtigung der üblicherweise vorliegenden Qualifikation des Treuhänders als völlig **unangemessen** und auch **lebensfremd** anzusehen (BK-InsO/*Blersch* InsVV, § 15 Rn. 6). In der Verordnung zur Änderung der InsVV vom 04.10.2004 wurde nach der neu gefassten Zwangsverwalterverordnung vom 19.10.2003 und des Kostenrechtsmodernisierungsgesetzes vom 05.05.2004, der **Regelstundensatz auf EUR 35,00 erhöht**. In der Begründung zur Verordnung zur Änderung der InsVV führt der Verordnungsgeber aus, dass durch die im Jahre 2003 in Kraft getretene Zwangsverwalterverordnung und das im Mai 2004 in Kraft getretene Kostenrechtsmodernisierungsgesetz neue Anhaltspunkte gefunden wurden, welche Stundensätze in Abhängigkeit von der jeweiligen Qualifikation des Vergütenden angemessen sind. Es wurde dabei ein **Vergütungsrahmen** von mindestens EUR 35,00 und höchstens EUR 95,00 geschaffen, wobei für einen **Treuhänder**, der mit der Überwachung des Schuldners beauftragt ist, eine Vergütung von **EUR 35,00** als **durchschnittlich angemessen** anzusehen sei. Die eingetretene mehr als Verdoppelung der Vergütung sei nunmehr angemessen, da die Überwachung des Schuldners keine hoch qualifizierte Tätigkeit darstelle. In **Absatz 2** wird zusätzlich noch ein **Höchstbetrag** der Vergütung für **das gesamte Verfahren** dahingehend festgelegt, dass dieser den Gesamtbetrag der Vergütung nach § 14 InsVV nicht überschreiten darf. Diese gesetzlich vorgesehene **Begrenzung der Vergütung** wirkt sich insoweit für den Treuhänder **nachteilig** aus, da auch bei Erhöhung des Stundensatzes durch den Verordnungsgeber in den meisten Restschuldbefreiungsverfahren, insbesondere im Falle der Kostenstundung regelmäßig lediglich die **Mindestvergütung** für den Treuhänder nach § 14 Abs. 3 InsVV anfällt und dementsprechend die zusätzliche Vergütung für die Überwachung **massiv begrenzt** ist. Daraus folgt, dass die im Raum stehende Vergütung für die Überwachungstätigkeit einen Überwachungsumfang von **allenfalls drei bis vier Stunden jährlich** zulässt (vgl. BK-InsO/ *Blersch* InsVV, § 15 Rn. 6). Es ist allerdings unter Berücksichtigung der Gläubigerautonomie in Abs. 2 Satz 2 zugelassen, dass die **Gläubigerversammlung** eine **abweichende Regelung** treffen kann.

§ 16 InsVV stellt eine eigenständige Regelung hinsichtlich der Festsetzung der Vergütung und Auslagen des Treuhänders im Restschuldbefreiungsverfahren dar. Der Verordnungsgeber (vgl. Begr. des Verordnungsgebers, B zu § 16, bei § 16 InsVV Rdn. 1) wollte das Festsetzungsverfahren vereinfachen, insbesondere sollte das Gericht nur einmal mit der Festsetzung der Vergütung und Auslagen befasst werden, nämlich bei Beendigung der Tätigkeit. Daher werden sowohl in verfahrensrechtlicher als auch in materiellrechtlicher Hinsicht die für den Insolvenzverwalter in den §§ 4–9 InsVV formulierten Regelungen in § 16 InsVV zusammengefasst. Aus Vereinfachungsgründen wird in § 16 Abs. 2 InsVV abweichend von § 9 Satz 2 InsVV eine eigenständige Vorschussregelung geschaffen. 5

§ 14 Grundsatz

(1) Die Vergütung des Treuhänders nach § 293 der Insolvenzordnung wird nach der Summe der Beträge berechnet, die auf Grund der Abtretungserklärung des Schuldners (§ 287 Absatz 2 der Insolvenzordnung) oder auf andere Weise zur Befriedigung der Gläubiger des Schuldners beim Treuhänder eingehen.

(2) Der Treuhänder erhält
1. von den ersten 25.000 Euro 5 vom Hundert,
2. von dem Mehrbetrag bis 50.000 Euro 3 vom Hundert,
3. von dem darüber hinausgehenden Betrag 1 vom Hundert.

(3) ¹Die Vergütung beträgt mindestens 100 Euro für jedes Jahr der Tätigkeit des Treuhänders. ²Hat er die durch Abtretung eingehenden Beträge an mehr als fünf Gläubiger verteilt, so erhöht sich diese Vergütung je fünf Gläubiger um 50 Euro.

Übersicht	Rdn.		Rdn.
A. Begründung zur insolvenzrechtlichen Vergütungsverordnung	1	C. Berechnungsgrundlage	5
B. Grundlagen der Vergütung und des Auslagenersatzes	2	D. Vergütungshöhe	6
		I. Vergütung	6
I. Anspruchsgrundlage	2	II. Mindestvergütung	8
II. Fälligkeit	3	E. Erstattungsanspruch gegen Staatskasse	11
III. Vorschüsse	4	F. Festsetzungsverfahren/Vorschüsse	15

Literatur
Zimmer Erhöhung der Treuhändervergütung nach § 14 Abs. 3 S. 2 InsVV, InsbürO 2016, 143

A. Begründung zur insolvenzrechtlichen Vergütungsverordnung

Die Vergütung des Treuhänders hat – wie dessen Amt im Verfahren, das zur Restschuldbefreiung führt – im geltenden Recht kein Gegenstück. Die Höhe der Vergütung kann sich daher auch nicht unmittelbar an der Vergütung vergleichbarer Personen- oder Berufsgruppen orientieren. 1

Die gesetzliche Vorgabe in § 293 Abs. 1 Satz 2 InsO, nach der die Höhe der Vergütung des Treuhänders dem Zeitaufwand und dem Umfang der Tätigkeit Rechnung tragen muss, wird in § 14 Abs. 1 der Verordnung dahin konkretisiert, dass für die Vergütung von der Summe der Beträge auszugehen ist, die beim Treuhänder eingehen. Von dieser Summe erhält der Treuhänder nach Abs. 2 einen bestimmten Bruchteil. Wie bei der Vergütung des Insolvenzverwalters ist eine degressive Staffelung vorgesehen. Vorbild für diese Staffelsatzregelung ist allerdings in erster Linie die Vergütung des Zwangsverwalters im Zwangsverwaltungsverfahren nach den §§ 146 ff. des Gesetzes über die Zwangsversteigerung und die Zwangsverwaltung. Die Tätigkeit des Zwangsverwalters ist insofern mit der des Treuhänders vergleich-

§ 14 InsVV Grundsatz

bar, als auch der Zwangsverwalter Gelder (regelmäßig: Mietzinsleistungen) einzuziehen und nach einem bestimmten Schlüssel (dem Teilungsplan) an die Gläubiger zu verteilen hat. Für seine Vergütung sind in § 24 der Verordnung über die Geschäftsführung und die Vergütung des Zwangsverwalters vom 16. Februar 1970 (BGBl. I S. 185) ebenfalls degressiv gestaffelte Vomhundertsätze vorgesehen. Aus der Höhe der in der Verordnung festgelegten Sätze und aus deren Anwendung in der Praxis ergeben sich Anhaltspunkte für die angemessene Höhe der Vergütung des Treuhänders: Nach dem Wortlaut der Verordnung erhält der Zwangsverwalter jährlich von den ersten 1000 DM des eingezogenen Betrages 9 v.H. und von den darüber hinausgehenden Beträgen bis 2000 DM 8 v.H., bis 3000 DM 7 v.H. und über 3000 DM 6 v.H. Berücksichtigt man einerseits, dass diese Sätze von der Praxis als unzureichend empfunden werden – häufig wird der dreifache Satz für ein Normalverfahren bewilligt –, andererseits, dass die Tätigkeit des Zwangsverwalters regelmäßig schwieriger, umfangreicher und verantwortungsvoller ist als die des Treuhänders, so erscheint ein Bruchteil von 5 v.H. der eingehenden Beträge als Ausgangssatz für die Vergütung des Treuhänders angemessen. Für die Fälle, in denen außergewöhnlich hohe Summen eingehen, werden niedrigere Vomhundertsätze vorgesehen. Zur Vereinfachung der Regelung wird die Staffelung der Vomhundertsätze auf die Beträge bezogen, die während der Gesamtdauer der Tätigkeit des Treuhänders eingehen, also auf sieben Jahre, wenn es nicht zu einem vorzeitigen Abbruch der »Wohlverhaltensperiode« kommt.

Der Treuhänder kann nicht dazu verpflichtet werden, seine Tätigkeit unentgeltlich auszuüben. Er hat daher, auch wenn keine Beträge bei ihm eingehen, Anspruch auf eine jährliche Mindestvergütung. Zahlt der Schuldner diese Mindestvergütung trotz mehrfacher Aufforderung nicht ein, so wird die Restschuldbefreiung auf Antrag des Treuhänders versagt (§ 298 InsO). Um möglichst zu vermeiden, dass die Restschuldbefreiung an diesem Punkt scheitert, wird die Mindestvergütung in § 14 Abs. 3 der Verordnung auf den geringen Betrag von 200 DM pro Jahr festgesetzt.

Zu den Änderungen der InsVV im Bereich des § 14 vgl. die Begründung des Verordnungsgebers zur »Verordnung zur Änderung der insolvenzrechtlichen Vergütungsverordnung« vom 06.10.2004 vor § 1 InsVV Rdn. 2 unter »B., Zu Nr. 6«.

B. Grundlagen der Vergütung und des Auslagenersatzes

I. Anspruchsgrundlage

2   Auch die **Ansprüche des Treuhänders entstehen** gleichermaßen wie diejenigen des Insolvenzverwalters mit dem **Tätigwerden**. Dementsprechend entsteht der Anspruch nicht erst mit der Festsetzung durch das Gericht, sondern diese konkretisiert lediglich den Anspruch in seiner Höhe (s. vor § 1 InsVV Rdn. 38 und § 8 InsVV Rdn. 5 f.).

Die Festsetzung erfolgt gem. § 16 InsVV, sodass auf die dortigen Ausführungen verwiesen werden kann.

II. Fälligkeit

3   Der Anspruch auf Vergütung und Auslagen wird fällig mit **Abschluss** der **Tätigkeit**. Dies ergibt sich aus den allgemeinen Regelungen des Kosten- und Vergütungsrechts, wie z.B. in § 8 RVG geregelt. **Fälligkeit** ist dementsprechend bei **rechtskräftiger Versagung** der Restschuldbefreiung gem. §§ 296, 297, 298 und § 299 InsO, **Erteilung der Restschuldbefreiung**, § 300 InsO, **Entlassung des Treuhänders, Tod** des Treuhänders oder des Schuldners sowie **Befriedigung aller Gläubiger** anzunehmen, da in diesen Fällen die Tätigkeit des Treuhänders endet (vgl. MüKo-InsO/*Nowak* 2. Aufl., Anh. zu § 65, § 14 InsVV Rn. 4). Ergänzend kann auf vor § 1 InsVV Rdn. 38 und § 8 InsVV Rdn. 6 verwiesen werden.

III. Vorschüsse

4   Da der Insolvenzverwalter nicht zur Vorfinanzierung der Masse verpflichtet ist, wird dies gleichermaßen nicht vom Treuhänder gefordert. Der Verordnungsgeber hat daher in § 16 Abs. 2 InsVV gere-

gelt, dass der Treuhänder einen Vorschuss geltend machen kann. Der **Vorschuss** kann sich auf die **Vergütung**, auf bereits entstandene und demnächst zu erwartende **Auslagen** sowie die **Umsatzsteuer** erstrecken. I.E. wird auf § 16 Abs. 2 InsVV sowie dessen Kommentierung (s. § 16 InsVV Rdn. 24 ff.) verwiesen.

C. Berechnungsgrundlage

Die **Vergütung des Treuhänders** errechnet sich – in Abweichung von § 1 InsVV – aus der **Summe** 5
aller **eingegangenen Beträge** während des gesamten **Restschuldbefreiungsverfahrens**. Einzubeziehen sind dabei die auf Grund der Abtretungserklärung gem. § 287 Abs. 2 InsO, gem. § 295 Abs. 1 Nr. 2, 4 und gem. § 295 Abs. 2 InsO bei dem Treuhänder **eingehenden Beträge** sowie alle **Leistungen Dritter**, die an den Treuhänder erbracht werden (vgl. *Kübler/Prütting/Bork-Stoffler* InsVV, § 14 Rn. 4 f.). Ihren Niederschlag in der Berechnungsgrundlage finden insbesondere die gem. § 295 Abs. 1 Nr. 2 InsO zu erfolgenden Zuflüsse i.V.m. einer Erbschaft oder einer entsprechenden Zahlung sowie auch Zuflüsse gem. § 295 Abs. 2 InsO, die auf Grund einer selbstständigen oder freiberuflichen Tätigkeit vorgenommen werden (vgl. auch BK-InsO/*Blersch* InsVV, § 14 Rn. 12 f.). Nicht zu berücksichtigen sind die Zahlungen des Schuldners gem. § 298 Abs. 1 InsO auf die **Mindestvergütung** (vgl. MüKo-InsO/*Stephan* Anh. zu § 65, § 14 InsVV Rn. 8) oder Beiträge Dritter, die ausschließlich zur Deckung des Restschuldbefreiungsverfahrens geleistet werden (*Haarmeyer/Mock* InsVV, § 14 Rn. 13). Beträge, die der Treuhänder gem. § 292 Abs. 1 Satz 3 InsO nach dem vierten und fünften Jahr der Wohlverhaltensperiode zu erstatten hat, werden bei der Berechnungsgrundlage **nicht** in Abzug gebracht. Dies ergibt sich eindeutig daraus, dass § 14 Abs. 1 InsVV alle die beim Treuhänder **eingehenden** Beträge für die Bemessung der Berechnungsgrundlage zu Grunde legt (BK-InsO/*Blersch* InsVV, § 14 Rn. 17).

D. Vergütungshöhe

I. Vergütung

Die **Vergütung** des Treuhänders errechnet sich aus den in Abs. 2 festgelegten gestaffelten **Prozent-** 6
sätzen bezogen auf die **Berechnungsgrundlage**. Die Berechnung erfolgt dabei auf verschiedenen Stufen der Vergütung, die in Prozentsätzen nach der Höhe der Berechnungsgrundlage gestaffelt sind. Ähnlich wie bei **§ 2 Abs. 1 InsVV** werden auf den jeweiligen **Wertstufen** jeweils **Teilvergütungen** zugesprochen, entsprechend dem Umfang der maßgeblichen Berechnungsgrundlage gem. § 14 Abs. 1 InsVV. Die **Teilvergütungen** wiederum werden allerdings nur aus den jeweiligen **Differenzbeträgen** zwischen den einzelnen Wertstufen errechnet und sodann die jeweiligen Teilvergütungen zusammengerechnet (vgl. das Berechnungsbeispiel bei BK-InsO/*Blersch* InsVV, § 14 Rn. 21).

Aus der **Staffelung** und den **abnehmenden Prozentsätzen** ergibt sich die **starke Degression** der Ver- 7
gütung des Treuhänders in der Wohlverhaltensphase. Wie *Blersch* (BK-InsO, InsVV, § 14 Rn. 17) zu Recht ausführt, ist die Treuhändervergütung in der vom Verordnungsgeber vorgesehenen geringen Höhe in keiner Weise gerechtfertigt, insbesondere unter Berücksichtigung der extremen Degression. Eine **Gesamtvergütung** für eine **sechsjährige Tätigkeit** in der Wohlverhaltensperiode bei einer Berechnungsgrundlage von z.B. vereinnahmten 120.000,00 Euro in Höhe von lediglich 2.700,00 Euro ist völlig **unangemessen**. Dabei ist zu berücksichtigen, dass eine vereinnahmte Gesamtsumme von 120.000,00 Euro innerhalb von sechs Jahren, im Rahmen der Wohlverhaltensperiode, ein absolut außergewöhnlicher und sicherlich seltener Fall ist, sodass i.d.R. die Vergütung des Treuhänders noch sehr viel niedriger liegen wird, wenn nicht gar überwiegend im Bereich der Mindestvergütung. Mit einer derart **unangemessen niedrigen Vergütung** des Treuhänders in der Wohlverhaltensperiode wird sicherlich **nicht** das **Ziel des Gesetzgebers** erreicht, den Treuhänder in besonderem Maße zu veranlassen, die auf ihn übergegangenen Ansprüche aktiv zu verfolgen bzw. den Schuldner entsprechend zu überwachen. Eine Deckung der Kosten des Treuhänders wäre hierdurch nicht zu erreichen. Mit der daraus errechneten **Vergütung** ist die **gesamte Tätigkeit** im Rahmen des § 292 Abs. 1 InsO abgedeckt. Entgegen der in § 293 Abs. 1 Satz 2 InsO vorgesehenen Einbeziehung des Zeitaufwandes und des Umfangs der Tätigkeit bei der Vergütungsbemessung ist nach dem eindeutigen Wortlaut

§ 14 InsVV Grundsatz

des § 14 Abs. 2 InsVV, der auch von der Formulierung her **keine Zuschläge** zulässt, gerade die Berücksichtigung derartiger Umstände ausgeschlossen. Dem Verordnungsgeber ist zwar zuzubilligen, dass er mit der getroffenen Regelung die aus seiner Sicht notwendige Überschaubarkeit und Berechenbarkeit der Vergütung für die Wohlverhaltensperiode, um die Dispositionsbefugnis aller Beteiligten schon beim Beginn der Tätigkeit des Treuhänders zu realisieren, erreicht hat. Denn die Vergütung nach § 14 InsVV stellt eine rein betragsmäßig definierte Vergütung dar, die sich allein aus der Summe der vereinnahmten Beträge errechnet ungeachtet der Anzahl der Gläubiger oder sonstiger verfahrensspezifischer (zusätzlicher) Tätigkeiten. Damit lässt sich nach Auffassung des Verordnungsgebers zu Beginn der Wohlverhaltensperiode für die Verfahrensbeteiligten – ungeachtet eventueller Erbschaften oder sonstiger Sonderzahlungen – die regelmäßig zu erwartende Vergütung und damit die Kosten des Verfahrens errechnen. Diese Regelung steht dabei im krassen Widerspruch zur Vorgabe des § 293 i.V.m. § 63 InsO, welcher insbesondere die Vergütung auch nach dem Zeitaufwand und dem Umfang der entfalteten Tätigkeit bei der Vergütungsberechnung berücksichtigt haben will. Schon aus diesem **Widerspruch gegen die zwingenden gesetzlichen Regelungen** rechtfertigt sich im Einzelfall, dass unter Berücksichtigung der **höherrangigen Rechtsregelung** in § 293 Abs. 1 Satz 2 InsO bei **erheblichem Abweichen** der Tätigkeit des Treuhänders eine Erhöhung der Vergütung vorgenommen wird, denn auch der Treuhänder nach § 293 InsO hat einen verfassungsrechtlich verankerten Anspruch auf eine seiner Tätigkeit entsprechenden Vergütung (*Haarmeyer/Mock* InsVV, § 14 Rn. 10; BK-InsO/*Blersch* InsVV, § 14 Rn. 22; *Kübler/Prütting/Bork-Stoffler* InsVV, § 14 Rn. 8). Eine Erhöhung der Vergütung ist beispielsweise dann angezeigt, wenn der Treuhänder an ihn abgetretene Forderungen im Klagewege oder durch Zwangsvollstreckung oder auf sonstige Weise durchsetzen muss (*Haarmeyer/Wutzke/Förster* InsVV, 4. Aufl., § 14 Rn. 7). Unter Berücksichtigung des erhöhten Tätigkeitsumfanges und des erheblichen Abweichens von der üblicherweise anfallenden Tätigkeit des Treuhänders hat eine Anpassung der Vergütung durch einen prozentualen Zuschlag auf die Gesamtvergütung zu erfolgen (vgl. hierzu auch *Kübler/Prütting/Bork-Stoffler* InsVV, § 14 Rn. 7, der insoweit auch auf eine entsprechende Regelung der Zwangsverwalterverordnung verweist, die bei einem Missverhältnis zwischen der Tätigkeit des Verwalters und der Regelvergütung eine entsprechend höhere Vergütung zulässt).

II. Mindestvergütung

8 Die **Mindestvergütung** normiert Abs. 3 mit **EUR 100,00** pro angefangenem Jahr.

Bei eingegangenen Beträgen von weniger als **EUR 12.000,00** – bezogen auf eine **sechsjährige** Tätigkeitsdauer – erhält der Treuhänder die **Mindestvergütung**. Anspruch auf die Mindestvergütung hat der Treuhänder auch dann, wenn **keine Beträge** eingehen (vgl. BK-InsO/*Blersch* InsVV, § 14 Rn. 25; *Kübler/Prütting/Bork-Stoffler* InsVV, § 14 Rn. 10). Der Verordnungsgeber meint zwar, dass aus der Formulierung »... jedes Jahr seiner Tätigkeit ...« in § 14 Abs. 3 InsVV der Schluss zu ziehen sei, dass die Mindestvergütung dann nicht anfalle, wenn in einem Jahr der Wohlverhaltensperiode keine Beträge eingehen und dementsprechend auch nicht an die Gläubiger verteilt werden müssen. **Diese Auffassung** geht grundsätzlich an der **Realität vorbei** und lässt erkennen, dass der Verordnungsgeber insoweit die **wahre Tätigkeit eines Treuhänders** in der Wohlverhaltensphase **nicht** kennt. Die **tatsächlichen Aufgaben** des Treuhänders in der Wohlverhaltensphase bestehen **nicht** lediglich in der **Vereinnahmung von Beträgen** und deren **Verteilung** jeweils zum Ende eines Jahres, sondern bestehen in **Überwachungspflichten** gegenüber dem Schuldner, in Kontrolltätigkeiten gegenüber dem Drittschuldner (z.B. Arbeitgeber des Schuldners) sowie auch **Berichts- und Rechnungslegungspflichten** gegenüber dem Insolvenzgericht. Diese Tätigkeitspflichten fallen **unabhängig** von der Vereinnahmung pfändbarer Beträge an (vgl. BK-InsO/*Blersch* InsVV, § 14 Rn. 25). Der Verordnungsgeber weist in seiner Begründung zur InsVV selbst darauf hin, dass der Treuhänder nicht dazu verpflichtet werden kann, seine Tätigkeit unentgeltlich auszuüben. Dementsprechend ergibt sich aus der Begründung zur Verordnung selbst, dass auch für die Jahre, in denen keine Beträge vereinnahmt bzw. an die Gläubiger verteilt worden sind, eine Mindestvergütung zu zahlen ist.

In Folge der Entscheidungen des *BGH* vom 15.01.2004 (ZInsO 2004, 257 ff.) zu der Verfassungs- 9
widrigkeit der Mindestvergütung in masselosen Stundungsverfahren hat der Verordnungsgeber mit
der Verordnung zur Änderung der insolvenzrechtlichen Vergütungsverordnung vom 04.10.2004
eine **Erhöhung** der jährlichen Mindestvergütung festgelegt. Diese Erhöhung der jährlichen Mindestvergütung richtet sich nach der **Anzahl** der an der jährlichen Verteilung **teilnehmenden** Gläubiger
(§ 14 Abs. 3 Satz 2 InsVV). Der neu eingefügte **Satz 2** des Absatzes 3 bestimmt, dass im Falle einer
Verteilung eingehender Beträge an mehr als fünf Gläubiger sich die Vergütung des Treuhänders für je
fünf Gläubiger um jeweils **50 Euro** erhöht. Da der Verordnungsgeber sich an den jeweils durch Abre-
tung eingehenden Beträgen und an der darauf beruhenden Verteilung orientiert, tritt diese Erhöhung
jährlich ein (vgl. BK-InsO/*Blersch* InsVV, § 14 Rn. 25a). Aus diesem Grunde wird die Erhöhung
auch nur dann wirksam, wenn der Treuhänder eine **Verteilung** an mehr als fünf Gläubiger (mindestens sechs Gläubiger) vorgenommen hat. Dies bedeutet, dass bei einer Verteilung an bis zu sechs
Gläubiger und mehr eine Erhöhung der Mindestvergütung eintritt (BK-InsO/*Blersch* InsVV, § 14
Rn. 25a). Der Erhöhungstatbestand des § 14 Abs. 3 Satz 2 InsVV findet nicht nur Anwendung,
wenn Satz 1 Platz greifen würde, sondern nach der Neuregelung des § 14 Abs. 3 Satz 2 InsVV
soll die neu geregelte Mindestvergütung dem Treuhänder **immer** als **Mindestbetrag** zur Verfügung
stehen (*BGH* ZInsO 2010, 207; siehe auch Begr. des Verordnungsgebers zu Art. 6, abgedruckt vor
§ 1 InsVV Rdn. 7 unter »B. zu Nr. 6«). Aus diesem Grunde ist für die gesamte Dauer der Tätigkeit
des Treuhänders zum einen die Mindestvergütung nach § 14 Abs. 3 InsVV und zum anderen die
Regelvergütung nach § 14 Abs. 1 und 2 InsVV zu ermitteln. **Die höhere Vergütung ist zu bewilligen**
(*BGH* ZInsO 2011, 247). Dies gilt auch dann, wenn im Einzelfall bei einer hohen Zahl von Gläubigern sich auch bei einer beachtlichen »Masse« eine deutlich höhere Mindestvergütung als die Regelvergütung ergibt. Der Verordnungsgeber wollte auf diesem Wege eine auskömmliche Vergütung gewährleisten (*BGH* ZInsO 2011, 247).

Die Änderungsverordnung vom 04.10.2004 hat in ihrer Übergangsregelung in § 19 InsVV nicht ein- 10
deutig geregelt, auf welche Verfahren die Regelung über die erhöhte Mindestgebühr in § 14 Abs. 3
Satz 2 InsVV anzuwenden ist. Nach der Formulierung des § 19 der Änderungsverordnung vom
04.10.2004 sind die neuen Vorschriften auf **alle Insolvenzverfahren anzuwenden, die ab dem
01.01.2004 eröffnet** wurden. Da § 14 InsVV aber **keine** Vergütungsansprüche in **Insolvenzverfahren** nach den eindeutigen Regelungen der InsO regelt, sondern **ausschließlich** das Restschuldbefreiungsverfahren gem. §§ 286 ff. InsO, kann § 19 der Änderungsverordnung vom 04.10.2004 in diesem Bereich **keine** Rückwirkung anordnen, sodass die neu eingeführte **Erhöhungsvorschrift** für
Treuhänder in der Wohlverhaltensphase für **alle – auch laufende – Verfahren** nach dem Inkrafttreten
der Änderungsverordnung am 07.10.2004 gilt (*BGH* ZInsO 2011, 2470; *LG Lüneburg*, ZInsO
2010, 207; *LG Memmingen*, ZInsO 2009, 302; BK-InsO/*Blersch* InsVV, § 14 Rn. 25a; a.A. *LG
Augsburg* ZInsO 2010, 351). Gem. § 298 Abs. 1 InsO kann der Treuhänder einen Antrag auf Versagung der Restschuldbefreiung stellen, wenn die Mindestvergütung nicht gedeckt ist und er im vorausgegangenen Geschäftsjahr bereits keine Mindestvergütung erhalten hat (vgl. MüKo-InsO/*Nowak* 2. Aufl., Anh. zu § 65, § 14 InsVV Rn. 9). Das Geschäftsjahr beginnt mit der Übernahme
des Amtes durch den Treuhänder (vgl. *Kübler/Prütting/Bork-Stoffler* InsVV, § 14 Rn. 9).

E. Erstattungsanspruch gegen Staatskasse

Das **Risiko** der Versagung der Restschuldbefreiung wegen fehlender Deckung der Mindestvergütung 11
wird dem Schuldner durch die Einführung der **Stundungsregelung** gem. §§ 4a – d InsO entsprechend dem InsOÄndG 2001 genommen.

Der Gesetzgeber hat für alle nach dem 01.12.2001 angekündigten Restschuldbefreiungsverfahren 12
die Möglichkeit eingeräumt, dass das Insolvenzgericht dem Insolvenzschuldner nach § 4a InsO
die entstehenden Kosten stundet. Dadurch erfahren die Ansprüche des Treuhänders hinsichtlich seiner Vergütung gem. § 14 InsVV eine erhebliche Absicherung. Darüber hinaus wird für den Insolvenzschuldner vermieden, dass ihm mangels ausreichender finanzieller Mittel zur Zahlung der Mindestvergütung die Restschuldbefreiung versagt wird. Mit Einführung des § 4a InsO im Jahre 2001

wurde in § 293 Abs. 2 InsO ein Verweis auf § 63 Abs. 2 InsO eingefügt, sodass dem Treuhänder in der Wohlverhaltensphase ein nachrangiger Anspruch gegenüber der Staatskasse hinsichtlich seiner Vergütung und Auslagen zugebilligt wurde. Durch die Neueinführung des Auslagentatbestands Nr. 9018 KostVerz 1 zum GKG können die von der Staatskasse an den Treuhänder bezahlten Beträge gegen den Schuldner zum Soll gestellt werden.

13 Gemäß § 298 Abs. 1 Satz 2 InsO ist im Falle der Verfahrenskostenstundung gem. § 4a InsO eine Versagung der Restschuldbefreiung wegen fehlender Abdeckung der Mindestvergütung für den Treuhänder ausgeschlossen.

14 Aus § 299 InsO ergibt sich, dass die Tätigkeit des Treuhänders sofort endet, wenn die Restschuldbefreiung gem. § 298 InsO versagt wird, sodass der Treuhänder nicht mehr verpflichtet ist, weiter zu arbeiten, ohne dass die bisherige erarbeitete Mindestvergütung sichergestellt ist.

F. Festsetzungsverfahren/Vorschüsse

15 Der Treuhänder kann auf seine Vergütung aus den eingehenden Beträgen jährlich Vorschüsse gem. § 16 Abs. 2 InsVV entnehmen, die jedoch entsprechend § 16 Abs. 2 Satz 2 InsVV die Mindestvergütung nicht überschreiten dürfen. Das **Festsetzungsverfahren** ist in § 16 InsVV gesondert geregelt, sodass § 8 InsVV nicht anzuwenden ist.

§ 15 Überwachung der Obliegenheiten des Schuldners

(1) ¹Hat der Treuhänder die Aufgabe, die Erfüllung der Obliegenheiten des Schuldners zu überwachen (§ 292 Absatz 2 der Insolvenzordnung), so erhält er eine zusätzliche Vergütung. ²Diese beträgt regelmäßig 35 Euro je Stunde.

(2) ¹Der Gesamtbetrag der zusätzlichen Vergütung darf den Gesamtbetrag der Vergütung nach § 14 nicht überschreiten. ²Die Gläubigerversammlung kann eine abweichende Regelung treffen.

Übersicht

	Rdn.		Rdn.
A. Begründung zur insolvenzrechtlichen Vergütungsverordnung	1	II. Vergütungshöhe	4
B. Allgemeines	2	III. Vergütungsgarantie	5
C. Vergütungsanspruch	3	D. Vorschuss (§ 292 Abs. 2 Satz 3 InsO)	8
I. Voraussetzungen des Vergütungsanspruchs	3	E. Festsetzungsverfahren	9

A. Begründung zur insolvenzrechtlichen Vergütungsverordnung

1 *Wenn dem Treuhänder auch die Überwachung des Schuldners übertragen worden ist, hat er dafür eine zusätzliche Vergütung zu erhalten (vgl. die Begründung zu den §§ 241 und 242 EInsO, Bundestags-Drucksache 12/2443, S. 191). Maßstab ist nach § 15 Abs. 1 der Verordnung der erforderliche Zeitaufwand. Der vorgesehene Regelsatz von 25 DM je Stunde kann den Umständen des Einzelfalls angepasst werden.*

Um zu verhindern, dass die Vergütung für die Überwachung des Schuldners in eine Höhe steigt, die von den Gläubigern nicht vorausgesehen werden kann, wird in Abs. 2 eine Höchstgrenze normiert, die auf den Gesamtbetrag der nach § 14 geschuldeten Vergütung bezogen ist. Die Gläubigerversammlung, die dem Treuhänder die Überwachungsaufgabe überträgt (vgl. § 292 Abs. 2 InsO), kann die Höchstgrenze abweichend festlegen.

Zu den Änderungen der InsVV im Bereich des § 15 vgl. die Begründung des Verordnungsgebers zur »Verordnung zur Änderung der insolvenzrechtlichen Vergütungsverordnung« vom 04.10.2004 s. vor § 1 InsVV Rdn. 2 unter »B. Zu Nr. 7 und 9«.

B. Allgemeines

Die Vorschrift regelt die an den Treuhänder zu zahlende **zusätzliche Vergütung**, die er **neben** derjenigen des § 14 InsVV erhält, sofern er mit der **Überwachung der Obliegenheiten des Schuldners gem. § 292 Abs. 2 Satz 1 InsO beauftragt wurde. Voraussetzung** hierfür ist allerdings, dass der Treuhänder gem. § 292 Abs. 2 Satz 3 InsO zur Überwachung verpflichtet ist (s. *Grothe/Lackmann* § 292 Rdn. 28). In diesem Fall erhält der Treuhänder **eine zusätzliche Vergütung** in Form eines **Stundenhonorars**. In **Abs. 1 Satz 2** wird normiert, dass der **Stundensatz regelmäßig EUR 35,00** je Stunde beträgt. In der **bis zum 04.10.2004** geltenden Fassung des § 14 Abs. 1 Satz 2 InsVV wurde lediglich **ein Stundensatz von EUR 15,00** je Stunde festgelegt, wobei sich dieser Stundensatz an der damaligen Regelung zur Entschädigung von Zeugen gem. § 2 Abs. 2 Satz 1 ZSEG, welches zwischenzeitlich nicht mehr in Kraft ist, orientiert. Dieser **Stundensatz** war auch, wenn man von einer geringst möglichen Überwachungstätigkeit ausgegangen ist, unter Berücksichtigung der üblicherweise vorliegenden Qualifikation des Treuhänders als völlig **unangemessen** und auch **lebensfremd** anzusehen (BK-InsO/*Blersch* InsVV, § 15 Rn. 6). In der Verordnung zur Änderung der InsVV vom 04.10.2004 (abgedruckt vor § 1 InsVV Rdn. 2) wurde nach der neu gefassten Zwangsverwalterverordnung vom 19.10.2003 und des Kostenrechtsmodernisierungsgesetzes vom 05.05.2004, der **Regelstundensatz auf EUR 35,00 erhöht.** In der Begründung zur Verordnung zur Änderung der InsVV vom 04.10.2004 (s. vor § 1 InsVV Rdn. 2 zu Nr. 7 und 9) führt der Verordnungsgeber aus, dass durch die im Jahre 2003 in Kraft getretene Zwangsverwalterverordnung und das im Mai 2004 in Kraft getretene Kostenrechtsmodernisierungsgesetz neue Anhaltspunkte gefunden wurden, welche Stundensätze in Abhängigkeit von der jeweiligen Qualifikation des Vergütenden angemessen sind. Es wurde dabei ein **Vergütungsrahmen** von mindestens EUR 35,00 und höchstens EUR 95,00 geschaffen, wobei für einen **Treuhänder,** der mit der Überwachung des Schuldners beauftragt ist, eine Vergütung von **EUR 35,00** als **durchschnittlich angemessen** anzusehen sei. Die eingetretene mehr als Verdoppelung der Vergütung sei nunmehr angemessen, da die Überwachung des Schuldners keine hochqualifizierte Tätigkeit darstelle. In **Abs. 2** wird zusätzlich noch ein **Höchstbetrag** der Vergütung für **das gesamte Verfahren** dahingehend festgelegt, dass dieser den Gesamtbetrag der Vergütung nach § 14 InsVV nicht überschreiten darf. Diese gesetzlich vorgesehene **Begrenzung der Vergütung** wirkt sich insoweit für den Treuhänder **nachteilig** aus, da auch bei Erhöhung des Stundensatzes durch den Verordnungsgeber in den meisten Restschuldbefreiungsverfahren, insbesondere im Falle der Kostenstundung regelmäßig lediglich die **Mindestvergütung** für den Treuhänder nach § 14 Abs. 3 InsVV anfällt und dementsprechend die zusätzliche Vergütung für die Überwachung **massiv begrenzt ist**. Daraus folgt, dass die im Raum stehende Vergütung für die Überwachungstätigkeit einen Überwachungsumfang von **allenfalls drei bis vier Stunden jährlich** zulässt (vgl. BK-InsO/*Blersch* InsVV, § 15 Rn. 6). Es ist allerdings unter Berücksichtigung der Gläubigerautonomie in Abs. 2 Satz 2 zugelassen, dass die **Gläubigerversammlung** eine **abweichende Regelung** treffen kann.

C. Vergütungsanspruch

I. Voraussetzungen des Vergütungsanspruchs

Voraussetzung für den Anspruch auf **Zusatzvergütung** ist die Beschlussfassung der **Gläubigerversammlung** dahingehend, dass dem **Treuhänder** die Aufgabe die **Obliegenheiten des Schuldners** zu überwachen, entsprechend § 292 Abs. 1 Satz 1 InsO übertragen wird. Die Übertragung der Überwachungsaufgabe erfordert somit einen **Beschluss** der Gläubigerversammlung in dem Schlusstermin, in dem nach § 289 InsO über den Antrag des Schuldners auf Restschuldbefreiung zu entscheiden ist (s. *Grote/Lackmann* § 292 Rdn. 28). Die grundsätzliche Überwachungsverpflichtung des Treuhänders ist damit bis zur Beendigung des Restschuldbefreiungsverfahrens (§§ 299, 300 InsO) festgelegt. Er hat damit auch grds. einen **Vergütungsanspruch** gem. § 15 InsVV. Die **Verpflichtung zur Überwachung** besteht allerdings gem. § 292 Abs. 2 Satz 3 InsO nur **unter der Voraussetzung,** dass die **zusätzliche Vergütung** des § 15 InsVV **gedeckt** ist oder **vorgeschossen** wird. Der Gesetzestext ist dahingehend zu verstehen, dass der Gesamtbetrag der Zusatzvergütung für

§ 15 InsVV   Überwachung der Obliegenheiten des Schuldners

die **ganze Überwachungszeit** gedeckt bzw. vorgeschossen sein muss. Abweichende Vereinbarungen zwischen dem Treuhänder und den Gläubigern sind dabei zulässig, sodass ggf. nur für bestimmte Zeiträume Vorschüsse gefordert werden können. Eine Deckung der Überwachungsvergütung ist auch durch die Stundung der Kosten des Restschuldbefreiungsverfahrens gem. § 4a InsO gegeben. Durch die Verweisung in § 293 Abs. 2 InsO auf § 63 Abs. 2 InsO steht dem Überwachungstreuhänder sowohl hinsichtlich seiner Vergütung gem. § 15 InsVV als auch hinsichtlich seiner Auslagen ein **Anspruch gegen die Staatskasse** zu (vgl. hierzu § 14 InsVV Rdn. 11 ff.). Sobald die vorhandenen/ eingehenden Mittel die Vergütung nicht mehr decken oder der Vorschuss verbraucht ist, ist der Treuhänder berechtigt, seine Überwachungstätigkeit einzustellen (vgl. MüKo-InsO/*Stephan* Anh. zu § 65, § 15 InsVV Rn. 12; BK-InsO/*Blersch* InsVV, § 15 Rn. 7).

II. Vergütungshöhe

4   Da die **Überwachungstätigkeit** je nach Verfahrensverlauf (z.B. nichtkooperativer Schuldner) einen **erheblichen Umfang** erreichen kann und die dadurch zu zahlende **Vergütung** sich massemindernd auswirkt, hatte der Verordnungsgeber ursprünglich festgelegt, dass der **Stundensatz regelmäßig – nur – EUR 15,00** je Stunde beträgt. Wie bereits oben (s. Rdn. 2) ausgeführt wurde der Stundensatz auf **EUR 35,00** durch die Änderungen der InsVV mit Verordnung vom 04.10.2004 **erhöht**. Dabei hat sich der Verordnungsgeber von der Vorstellung leiten lassen, dass die Überwachungstätigkeit im Interesse der zu vermeidenden Masseminderung regelmäßig keine hohen Kosten verursachen darf, umso mehr als in den Stundungsfällen des § 4a InsO die Staatskasse eintritt. Der **Stundensatz** kann allerdings vom Insolvenzgericht je nach Lage des Einzelfalls höher oder niedriger festgesetzt werden. Die Festsetzung der Höhe des Stundensatzes erfolgt gem. § 16 Abs. 1 InsVV (s. i.E. § 16 InsVV Rdn. 6) bei der Ankündigung der Restschuldbefreiung. Darüber hinaus ist in **§ 15 Abs. 2 InsVV** eine **Höchstgrenze** vorgesehen, die sich an der Vergütung des Treuhänders für das Restschuldbefreiungsverfahren orientiert. Diese **Kappungsgrenze** kann auf Grund der in Zusammenhang mit der Gläubigerautonomie zugelassenen abweichenden Regelung durch die Gläubigerversammlung gem. § 15 Abs. 2 Satz 2 InsVV durchbrochen werden (s. nachfolgend Rdn. 6).

III. Vergütungsgarantie

5   Da der Treuhänder die Überwachungstätigkeit nur bei gesicherter Vergütung (§ 292 Abs. 2 Satz 3 InsO) ausführen muss, ist der konkrete Betrag im Vorhinein zu ermitteln.

6   Sofern in der Gläubigerversammlung keine **abweichende Festlegung** – ggf. mit Zustimmung des Treuhänders – hinsichtlich des **Betrages** getroffen worden ist, der gem. § 292 Abs. 2 Satz 3 InsO gedeckt oder vorgeschossen werden muss, ist auf die **gesamte Überwachungszeit** abzustellen (MüKo-InsO/*Nowak* Anh. zu § 65, § 15 InsVV Rn. 3; einschränkend *Kübler/Prütting/Bork-Stoffler* InsVV, § 15 Rn. 7; *Haarmeyer/Mock* InsVV, § 15 Rn. 9). Da die Höhe des **Gesamtbetrages** zum Zeitpunkt der Ankündigung der Restschuldbefreiung nicht feststeht, gleichzeitig eine Deckung oder Vorschussleistung gegeben sein muss, ist diese **zu berechnen**. Dabei ist zunächst die **Höchstgrenze** gem. § 15 Abs. 2 InsVV dadurch zu ermitteln, dass die während des vereinfachten Insolvenzverfahrens angefallenen pfändbaren Beträge des Schuldners festzustellen sind und diese auf die zu erwartende Dauer des Restschuldbefreiungsverfahrens **hochgerechnet** werden. Die daraus und aus der zu erwartenden Gläubigeranzahl (§ 14 Abs. 3 Satz 2 InsVV gibt Erhöhungsmöglichkeit) ermittelte – voraussichtliche – **Vergütung des § 14 InsVV** für den Treuhänder stellt dann die **Deckelung** der **Zusatzvergütung** gem. § 15 Abs. 2 InsVV dar. Dieser Betrag ist entweder durch Separierung vorhandener Vermögenswerte zu sichern oder der Gesamtbetrag der zu erwartenden – geschätzten – Vergütung wird von den Gläubigern vorgeschossen (vgl. *Haarmeyer/Mock* InsVV, § 15 Rn. 9). Die Schätzung kann auf der Basis des gem. § 16 Abs. 1 Satz 1 InsVV festgelegten Stundensatzes und des zu erwartenden Zeitumfangs bezogen auf die gesamte Laufzeit des Restschuldbefreiungsverfahrens überschlägig erfolgen. Die **Gläubigerversammlung** ist allerdings gem. § 15 Abs. 2 Satz 2 InsVV berechtigt, eine **abweichende Regelung**, die sowohl eine **Minderung** als auch eine **Erhöhung** enthalten kann, zu treffen. Der von der Gläubigerversammlung festgesetzte Gesamtbetrag ist dann

entweder aus der vorhandenen Masse zu decken oder durch Vorschuss seitens der Gläubiger zur Verfügung zu stellen. Denkbar ist auch, dass die Gläubigerversammlung den Treuhänder völlig von der Kappungsgrenze freistellt (vgl. *Kübler/Prütting/Bork-Stoffler* InsVV, § 15 Rn. 5). Legt die Gläubigerversammlung allerdings einen **Höchstbetrag** fest bzw. bestimmt einen **Vorschuss** auf die Zusatzvergütung, der nicht die **Mindestvergütung** erreicht, so besteht **keine Überwachungspflicht** (vgl. MüKo-InsO/*Nowak* 2. Aufl., Anh. zu § 65, § 15 InsVV Rn. 4). In diesem Fall stellt auch die Ablehnung der Überwachung **keine Pflichtverletzung** dar, sodass auch das Insolvenzgericht keine Maßnahmen gem. § 58 i.V.m. § 292 Abs. 3 InsO vornehmen kann (vgl. *Haarmeyer/Mock* InsVV, § 15 Rn. 9).

Regelmäßig wird nur eine **Erhöhung** in Betracht kommen, da gerade bei Schuldnern, die über **kein oder nur geringes Arbeitseinkommen** auf Grund vorhandener Arbeitslosigkeit verfügen, unter Berücksichtigung des § 295 Abs. 1 Nr. 1 InsO ein **gesteigerter Überwachungsbedarf** gegeben ist. Die gebotene – sicherlich zeit- und dadurch kostenintensive – Überwachungstätigkeit könnte jedoch wegen der **gesetzlichen Kappungsgrenze – ohne Erhöhungsbeschluss** – an sich nicht vergütet werden (vgl. *Kübler/Prütting/Bork-Stoffler* InsVV, § 15 Rn. 4). 7

D. Vorschuss (§ 292 Abs. 2 Satz 3 InsO)

Gemäß § 292 Abs. 2 Satz 3 InsO besteht eine Verpflichtung des Treuhänders zur Ausführung der Überwachungstätigkeit nur dann, wenn die zusätzliche Vergütung gedeckt ist oder vorgeschossen wird. Sollten ausreichende Mittel nicht vorhanden sein, so ist der Treuhänder berechtigt, **von den Gläubigern einen Vorschuss** anzufordern (s. auch Rdn. 5). Der Treuhänder hat nachvollziehbar darzulegen, dass eine Deckung seines Vergütungsanspruchs gem. § 15 InsVV nicht gegeben ist (vgl. *Kübler/Prütting/Bork-Stoffler* InsVV, § 15 Rn. 7) und hat hierzu den voraussichtlich anfallenden Zeitaufwand zu schätzen und unter Berücksichtigung des Stundensatzes (s. Rdn. 5) zu errechnen. Die Gläubiger haften für die Zahlung des Vorschusses gem. § 427 BGB als Gesamtschuldner, so dass der Treuhänder nach eigenem Ermessen alle oder auch einzelne Gläubiger in Anspruch nehmen kann (vgl. *Kübler/Prütting/Bork-Stoffler* InsVV, § 15 Rn. 6). 8

E. Festsetzungsverfahren

Die Höhe des Stundensatzes wird vom Insolvenzgericht gem. § 16 Abs. 1 Satz 1 InsVV entgegen der sonstigen Regelungen in der InsVV **nicht** am Ende der Tätigkeit, sondern zu **Beginn des Restschuldbefreiungsverfahrens** mit der Ankündigung der Restschuldbefreiung festgesetzt (s. § 16 InsVV Rdn. 7). 9

Die Festsetzung der endgültigen Vergütung erfolgt gem. § 16 InsVV, sodass auf die dortige Kommentierung (s. § 16 InsVV Rdn. 7 ff.) zu verweisen ist. Die **Festsetzung des Stundensatzes** bereits im **Schlusstermin** des vorangegangenen Insolvenzverfahrens vorzunehmen, birgt die **Gefahr**, dass der Überwachungstreuhänder ggf. seine Tätigkeit ausübt, **ohne** dass **sichergestellt** ist, dass er auch in voller Höhe am Ende des Verfahrens vergütet wird. Dies resultiert daraus, dass die endgültige Vergütung des Treuhänders gem. § 14 InsVV erst am Ende der Wohlverhaltensperiode bzw. bei Beendigung seines Amtes durch das Gericht festgesetzt wird, weil erst zu diesem Zeitpunkt ermittelt werden kann, welche Zahlungen tatsächlich während der gesamten Verfahrensdauer vom Treuhänder vereinnahmt wurden. Erst dann lässt sich die Kappungsgrenze des § 15 InsVV hinsichtlich der Zusatzvergütung ermitteln. Da sich im Verlaufe der Wohlverhaltensphase die ursprünglich prognostizierten wirtschaftlichen Verhältnisse bzw. die erwarteten Einnahmen dramatisch nach unten verändern können, würde dies im Ergebnis bedeuten, dass die Kappungsgrenze die ursprünglich dem Überwachungstreuhänder zugedachte angemessene Vergütung nicht mehr zulässt. Dementsprechend kann nur **angeraten** werden, dass die **Gläubigerversammlung** abweichend von § 15 Abs. 2 Satz 1 InsVV einen Beschluss dahingehend fasst, dass die **Kappungsgrenze nicht einzuhalten** ist (vgl. *Kübler/Prütting/Bork-Stoffler* InsVV, § 15 Rn. 5; BK-InsO/*Blersch* InsVV, § 15 Rn. 13). Eine Beschlussfassung der Gläubigerversammlung, dass die Kappungsgrenze nicht einzuhalten ist, stellt für die beteiligten Gläubiger kein besonders großes Risiko dar. Zu Beginn des Restschuldbefreiungsverfahrens sind die Einkommens-, Vermögens- und auch Lebensverhältnisse des Schuldners und die damit in Verbindung stehenden und erforderlichen Überwachungstätigkeiten bekannt. Allerdings dürfte den beteiligten Gläubigern anzuraten sein, in der Gläubigerversammlung eine Obergrenze der Vergütung festzulegen, wobei dann allerdings wiederum je nach Lebensweise und Tätigkeit des Schuldners diese Obergrenze bei zeitintensiver Überwachungstätigkeit nach einer verhältnismäßig kurzen Zeit innerhalb der Wohlverhaltensperiode ggf. schon erreicht ist und der Treuhänder entweder seine Überwachungstätigkeit verringert oder gar einstellen muss.

Der Beschluss der Gläubigerversammlung bleibt bis zum Ablauf der Wohlverhaltensperiode bzw. des Restschuldbefreiungsverfahrens vollumfänglich wirksam, da § 200 InsO bestimmt, dass keine Beschlüsse der Gläubigerversammlung nach dem Schlusstermin bzw. der Aufhebung des Insolvenzverfahrens mehr gefasst werden können (vgl. BK-InsO/*Blersch* InsVV, § 15 Rn. 14).

§ 16 Festsetzung der Vergütung. Vorschüsse

(1) ¹Die Höhe des Stundensatzes der Vergütung des Treuhänders, der die Erfüllung der Obliegenheiten des Schuldners überwacht, wird vom Insolvenzgericht bei der Ankündigung der Restschuldbefreiung festgesetzt. ²Im übrigen werden die Vergütung und die zu erstattenden Auslagen auf Antrag des Treuhänders bei der Beendigung seines Amtes festgesetzt. ³Auslagen sind einzeln anzuführen und zu belegen. Soweit Umsatzsteuer anfällt, gilt § 7 entsprechend.

(2) ¹Der Treuhänder kann aus den eingehenden Beträgen Vorschüsse auf seine Vergütung entnehmen. ²Diese dürfen den von ihm bereits verdienten Teil der Vergütung und die Mindestvergütung seiner Tätigkeit nicht überschreiten. ³Sind die Kosten des Verfahrens nach § 4a der Insolvenzordnung gestundet, so kann das Gericht Vorschüsse bewilligen, auf die Satz 2 entsprechende Anwendung findet.

Übersicht

		Rdn.			Rdn.
A.	Begründung des Verordnungsgebers	1	I.	Festsetzung der Treuhändervergütung gem. § 14 InsVV und der Auslagen	10
B.	Allgemeines	2	II.	Festsetzung der Vergütung des Treuhänders gemäß § 15 InsVV und der Auslagen	16
C.	Festsetzung des Stundensatzes (§ 16 Abs. 1 Satz 1, 2 InsVV)	6	III.	Entnahme/Rückzahlung	22
D.	Festsetzung der Treuhändervergütungen und der Auslagen (§ 16 Abs. 1 Satz 2–4 InsVV)	10	E.	Vorschüsse (§ 16 Abs. 2 InsVV)	24
			F.	Rechtsmittel	27

A. Begründung des Verordnungsgebers

1 *Zusätzlich zu der in den §§ 14 und 15 geregelten Vergütung kann der Treuhänder den Ersatz angemessener Auslagen (vgl. § 293 Abs. 1 Satz 1 InsO) und gegebenenfalls die Erstattung der auf die Vergütung und die Auslagen entfallenden Umsatzsteuer verlangen. Das Gericht soll grds. nur einmal mit der Festsetzung dieser Beträge befasst werden, nämlich bei der Beendigung der Tätigkeit des Treuhänders. Wenn der Treuhänder allerdings mit der Überwachung des Schuldners beauftragt ist, soll die Höhe des Stundensatzes bereits bei der Ankündigung der Restschuldbefreiung festgelegt werden, damit für alle Beteiligten Klarheit besteht, welche Aufwendungen durch die Überwachung verursacht werden (Abs. 1 Satz 1, 2). Beispielsweise sollte der Treuhänder schon während seiner Tätigkeit in der Lage sein festzustellen, ob die Höchstgrenze der Überwachungsvergütung nach § 14 Abs. 2 InsVV erreicht ist, um die Überwachungstätigkeit rechtzeitig entsprechend einschränken zu können.*

Die für den Insolvenzverwalter vorgesehene Auslagenpauschale ist auf den Treuhänder nicht anwendbar (Abs. 1 Satz 3). Bei seinem begrenzten Aufgabenbereich ist es ihm zumutbar, die entstehenden Auslagen einzeln zu belegen.

Zur Verfahrensvereinfachung wird dem Treuhänder in Abs. 2 gestattet, Vorschüsse aus den bei ihm eingehenden Beträgen zu entnehmen, ohne dass eine Zustimmung des Gerichts erforderlich wäre. Gegen Missbräuche schützen einerseits die in der Vorschrift vorgesehene Begrenzung des Entnahmerechts auf die Vergütung für die vergangene Zeit und auf die Mindestvergütung sowie die bereits entstandenen Auslagen, andererseits die Aufsicht des Gerichts über den Treuhänder (vgl. § 292 Abs. 3 Satz 2 i.V.m. den §§ 58, 59 InsO).

Zu den Änderungen der InsVV im Bereich des § 16 durch die Verordnung zur Änderung der insolvenzrechtlichen Vergütungsverordnung vom 04.10.2004 vgl. die Begründung des Verordnungsgebers vor § 1 InsVV Rdn. 2 unter »B. Zu Nr. 8«.

B. Allgemeines

Das Festsetzungsverfahren der Vergütung des Treuhänders ist in § 16 InsVV **gesondert geregelt**, so dass § 8 InsVV nicht anzuwenden ist. Die für den Insolvenzverwalter in §§ 4–9 InsVV formulierten Regelungen wurden für den Treuhänder im Restschuldbefreiungsverfahren in § 16 InsVV sowohl in verfahrensrechtlicher als auch in materiellrechtlicher Hinsicht zusammengefasst.

Darüber hinaus ist bei der Anwendung der Vorschrift die Vergütungsnorm des § 293 InsO, mit der in Abs. 2 vorgenommenen Verweisung auf § 64 InsO einzubeziehen. Daher erfolgt gem. § 64 Abs. 1 InsO die Festsetzung im Beschlusswege durch das Insolvenzgericht.

Die Norm erfasst den Stundensatz gem. § 15 InsVV, die Vergütungen der §§ 14, 15 InsVV, die Auslagen und die jeweils darauf entfallende Umsatzsteuer. Auch hier ist der vergütungsrechtliche Grundsatz, dass die Vergütung am Ende des jeweiligen Verfahrens festgesetzt wird, eingehalten. Dieser Grundsatz erfährt allerdings eine Ausnahme, indem in § 16 Abs. 1 Satz 1 InsVV festgelegt wird, dass der Stundensatz vorab festgesetzt wird, nämlich bei der Ankündigung der Restschuldbefreiung.

Ggf. vom Treuhänder gesondert geltend gemachte Rechtsanwaltshonorare oder ähnliche Vergütungen unterliegen nicht dem Verfahren des § 16 InsVV.

C. Festsetzung des Stundensatzes (§ 16 Abs. 1 Satz 1, 2 InsVV)

Der Treuhänder, dem die Überwachung der Erfüllung der Obliegenheiten des Schuldners nach §§ 292 Abs. 2, 295 InsO übertragen worden ist, erhält eine zusätzliche Vergütung nach § 15 Abs. 1 Satz 1 InsVV. Diese bemisst sich nach dem Zeitaufwand und wird im Regelfall mit **EUR 35,00 pro Stunde** vergütet (vgl. zu den Grundlagen des Stundensatzes § 15 InsVV Rdn. 4). Das Insolvenzgericht kann allerdings diesen Stundensatz bei Vorliegen vergütungsrechtlicher Besonderheiten angemessen erhöhen (vgl. Begründung des Verordnungsgebers, B. zu § 15 bei § 15 InsVV Rdn. 1). Eine Erhöhung ist beispielsweise bei der Überwachung eines selbstständig tätigen Schuldners (§ 295 Abs. 2 InsO) geboten, da hier die Überwachung anspruchsvoller ist als bei der Überwachung von abhängig Tätigen (*Kübler/Prütting/Bork-Stoffler* InsVV, § 15 Rn. 3). Bei einem **Selbstständigen** oder **Freiberufler** ist gegenüber einem Arbeitnehmer nach § 295 Abs. 2 InsO ein, den der Zahlungspflicht unterliegender angemessener Betrag zu bestimmen und darüber hinaus sind auch die laufenden Zahlungen zu kontrollieren. Als zusätzlicher Aufwand fällt die Analyse der betriebswirtschaftlichen Struktur des Freiberuflers bzw. des Selbstständigen an, um eine Festlegung der angemessenen monatlichen Zahlungspflichten vornehmen zu können (vgl. hierzu auch BK-InsO/*Blersch* InsVV, § 15 Rn. 2). Der mit der Überwachung in diesem Fall entstehende Tätigkeitsumfang und Zeitaufwand des Überwachungstreuhänders übersteigt bei weitem die übliche Überwachungstätigkeit und ist dementsprechend bei der Festsetzung des Stundensatzes angemessen zu berücksichtigen. Der Verordnungsgeber lässt auch durch die Formulierung »... regelmäßig EUR 35,00 je Stunde ...« eine angemessene »Anpassung« zu, die gerade in dem vorgenannten Beispielsfall, der Überwachung der Tätigkeit eines Freiberuflers bzw. Selbstständigen zu einer angemessenen Erhöhung führt. Eine **Verminderung** des Stundensatzes von EUR 35,00, welcher ein an sich schon niedriger Stundensatz ist, kommt unter Berücksichtigung des Grundsatzes einer angemessenen Vergütung **nicht** in Betracht (vgl. BK-InsO/*Blersch* InsVV, § 16 Rn. 6).

7 Die **Festsetzung des Stundensatzes** erfolgt gem. § 64 Abs. 1 i.V.m. § 293 Abs. 2 InsO sowie gem. § 16 Abs. 1 Satz 1 InsVV durch das Insolvenzgericht. Grundsätzlich trifft die Entscheidung der Rechtspfleger, sofern sich nicht der Insolvenzrichter gem. § 18 Abs. 2 RPflG die Entscheidung im laufenden Insolvenzverfahren vorbehalten hat (vgl. BK-InsO/*Blersch* InsVV, § 16 Rn. 7). Der Beschluss, der den Stundensatz festlegt, ergeht von Amts wegen, sobald durch die Gläubigerversammlung ein **Beschluss** gem. § 292 Abs. 2 InsO gefasst worden ist. Die Beschlussfassung erfolgt im Schlusstermin des vorangegangenen Insolvenzverfahrens, in welchem auch gem. §§ 289 Abs. 1 Satz 2, 291 InsO seitens des Insolvenzgerichts über die Ankündigung der Restschuldbefreiung und über die weitere Vorgehensweise entschieden wird. Der Verordnungsgeber hat diesen Zeitpunkt für die Festsetzung des Stundensatzes gem. § 16 Abs. 1 Satz 1 InsVV deshalb festgelegt, um dadurch den am Verfahren Beteiligten einen **Überblick** über die zu erwartenden **Kosten** hinsichtlich der Überwachungstätigkeit zu ermöglichen. Darüber hinaus ist gleichzeitig auch dem Treuhänder im Laufe des Restschuldbefreiungsverfahrens die Möglichkeit gegeben, zu prüfen, ob die von ihm zu beachtende »Höchstgrenze« der besonderen Vergütung gem. § 15 Abs. 2 InsVV erreicht wird. Denn in diesem Falle kann er dann seine Überwachungstätigkeit einstellen. Die **Festsetzung des Stundensatzes** bereits im **Schlusstermin** des vorangegangenen Insolvenzverfahrens vorzunehmen, birgt die **Gefahr**, dass der Überwachungstreuhänder ggf. seine Tätigkeit ausübt, **ohne dass sichergestellt** ist, dass er auch in voller Höhe am Ende des Verfahrens vergütet wird. Dies resultiert daraus, dass die endgültige Vergütung des Treuhänders gem. § 14 InsVV erst am Ende der Wohlverhaltensperiode bzw. bei Beendigung seines Amtes durch das Gericht festgesetzt wird, weil erst zu diesem Zeitpunkt ermittelt werden kann, welche Zahlungen tatsächlich während der gesamten Verfahrensdauer vom Treuhänder vereinnahmt wurden. Erst dann lässt sich die Kappungsgrenze des § 15 InsVV hinsichtlich der Zusatzvergütung ermitteln. Da sich im Verlaufe der Wohlverhaltensphase die ursprünglich prognostizierten wirtschaftlichen Verhältnisse bzw. die erwarteten Einnahmen dramatisch nach unten verändern können, würde dies im Ergebnis bedeuten, dass die Kappungsgrenze die ursprünglich dem Überwachungstreuhänder zugedachte angemessene Vergütung nicht mehr zulässt. Dementsprechend kann nur **angeraten** werden, dass die **Gläubigerversammlung** abweichend von § 15 Abs. 2 Satz 1 InsVV einen Beschluss dahingehend fasst, dass die **Kappungsgrenze nicht einzuhalten** ist (vgl. *Kübler/Prütting/Bork-Stoffler* InsVV, § 15 Rn. 5; BK-InsO/*Blersch* InsVV, § 15 Rn. 13). Eine Beschlussfassung der Gläubigerversammlung, dass die Kappungsgrenze nicht einzuhalten ist, stellt für die beteiligten Gläubiger kein besonders großes Risiko dar. Zu **Beginn des Restschuldbefreiungsverfahrens** sind die Einkommens-, Vermögens- und auch Lebensverhältnisse des Schuldners und die damit in Verbindung stehenden und erforderlichen Überwachungstätigkeiten bekannt. Allerdings dürfte den beteiligten Gläubigern anzuraten sein, in der Gläubigerversammlung eine Obergrenze der Vergütung festzulegen, wobei dann allerdings wiederum je nach Lebensweise und Tätigkeit des Schuldners diese Obergrenze bei zeitintensiver Überwachungstätigkeit nach einer verhältnismäßig kurzen Zeit innerhalb der Wohlverhaltensperiode ggf. schon erreicht ist und der Treuhänder entweder seine Überwachungstätigkeit verringert oder gar einstellen muss.

8 Der Beschluss der Gläubigerversammlung bleibt bis zum Ablauf der Wohlverhaltensperiode bzw. des Restschuldbefreiungsverfahrens vollumfänglich wirksam, da § 200 InsO bestimmt, dass keine Beschlüsse der Gläubigerversammlung nach dem Schlusstermin bzw. der Aufhebung des Insolvenzverfahrens mehr gefasst werden können (vgl. BK-InsO/*Blersch* InsVV, § 15 Rn. 14).

9 Der Festsetzungsbeschluss gem. § 64 Abs. 1 i.V.m. § 293 Abs. 2 InsO ist wegen der in § 64 Abs. 3 InsO zulässigen sofortigen Beschwerde zu begründen (vgl. BK-InsO/*Blersch* InsVV, § 16 Rn. 11; s.a. § 8 InsVV Rdn. 44 ff.). Der Beschluss ist gem. § 64 Abs. 2 InsO bekannt zu machen. Bezüglich der Rechtskraft des Festsetzungsbeschlusses und der Verjährung des Anspruches kann auf die Ausführungen bei § 8 InsVV Rdn. 60 ff. verwiesen werden.

D. Festsetzung der Treuhändervergütungen und der Auslagen (§ 16 Abs. 1 Satz 2–4 InsVV)

I. Festsetzung der Treuhändervergütung gem. § 14 InsVV und der Auslagen

Die Vergütung des Treuhänders nach § 14 InsVV wird vom Insolvenzgericht nur **auf Antrag festgesetzt**. Ebenso wie bei der Vergütung des Insolvenzverwalters erfolgt die Festsetzung der Vergütung des Treuhänders im vereinfachten Insolvenzverfahren gem. § 14 InsVV und ggf. § 15 InsVV bei Beendigung des Amtes. Als Beendigungszeitpunkte sind die rechtskräftige Versagung der Rechtschuldbefreiung gem. §§ 296, 297, 298 und 299 InsO; die vorzeitige Beendigung des Verfahrens durch Tod des Schuldners oder die vollständige Befriedigung aller Gläubiger, der Tod oder die Entlassung des Treuhänders, der Abschluss des Verfahrens durch rechtskräftige Erteilung oder Versagung der Restschuldbefreiung gem. § 300 InsO anzusehen. Nach § 292 Abs. 3 Satz 1 InsO besteht die Verpflichtung des Treuhänders dem Insolvenzgericht bei Beendigung des Amtes Rechnung zu legen, so dass dem Gericht die für die Berechnung der Insolvenzmasse und damit der Vergütung gem. § 14 InsVV erforderlichen Unterlagen zur Verfügung stehen (vgl. MüKo-InsO/*Nowak* 2. Aufl., Anh. zu § 65, § 16 InsVV Rn. 3). 10

Im **Antrag** hat der Treuhänder einen **bestimmten Betrag** als Vergütung schriftlich geltend zu machen. Darüber hinaus ist die Festsetzung der Auslagen zu beantragen. Die Vergütung und die Auslagen sind getrennt darzustellen. Im Einzelnen kann hierzu auf die Ausführungen bei § 8 InsVV Rdn. 5 ff. verwiesen werden. Des Weiteren ist gem. § 16 Abs. 1 Satz 4 InsVV die Festsetzung der Umsatzsteuer auf die Vergütung und auf die Auslagen (vgl. die Ausführungen zu § 7 InsVV) zu beantragen, § 7 InsVV analog. 11

Der **Antrag** ist im Einzelnen **zu begründen**, so dass die Vergütungsberechnung vom Insolvenzgericht nachvollzogen bzw. überprüft werden kann. Insbesondere ist die Berechnungsgrundlage gem. § 14 Abs. 1 InsVV auf der Basis der gem. § 292 Abs. 3 Satz 1 InsO vorzulegenden Schlussrechnung darzulegen. In der Folge ist die Vergütung zu ermitteln. Die Auslagen sind gem. § 16 Abs. 1 Satz 3 InsVV einzeln aufzuführen und zu belegen. Der **Anfall** und die Höhe der **Auslagen** bedürfen einer Begründung, sofern sich aus deren Inhalt die Begründung nicht ohne weiteres erschließt (vgl. MüKo-InsO/*Nowak* 2. Aufl., Anh. zu § 65, § 16 InsVV Rn. 4). Eine **Pauschalregelung** entsprechend § 8 Abs. 3 InsVV hat der Verordnungsgeber nicht vorgesehen, da er davon ausgegangen ist, dass sich der Umfang der Auslagen in einem geringen Rahmen hält. 12

Ergänzend ist darauf hinzuweisen, dass auf Grund der von § 9 InsVV abweichenden Regelung (§ 16 Abs. 3 InsVV), wonach der Treuhänder Vorschüsse ohne Zustimmung des Gerichts (s. Rdn. 24 ff.) entnehmen darf, die entnommenen Vorschüsse in dem Vergütungsantrag sowie in der Schlussrechnung im Einzelnen darzulegen sind. 13

Die **Festsetzung** erfolgt durch das Insolvenzgericht, wobei der Rechtspfleger funktional zuständig ist, sofern sich nicht der Richter dies gem. § 18 Abs. 2 RPflG vorbehalten hat. 14

Das **Insolvenzgericht** entscheidet gem. §§ 293 Abs. 2, 64 Abs. 1 InsO über die **endgültige Vergütung** und die **Auslagen** durch Beschluss. Der Beschluss ist zu begründen, da gem. § 64 Abs. 3 InsO die Möglichkeit der sofortigen Beschwerde gegeben ist. Nach § 64 Abs. 2 InsO ist der Vergütungsbeschluss bekannt zu machen. Bezüglich der Rechtskraft des Vergütungsbeschlusses und der Verjährung des Anspruches gelten die bei § 8 InsVV Rdn. 60 ff., 68 ff. dargestellten Grundsätze, so dass insoweit verwiesen werden kann. 15

II. Festsetzung der Vergütung des Treuhänders gemäß § 15 InsVV und der Auslagen

Die – zusätzliche – Vergütung des Treuhänders nach § 15 InsVV wird gem. § 16 Abs. 1 Satz 2–4 InsVV festgesetzt. Der Beschluss erfolgt durch das Insolvenzgericht unter Berücksichtigung der Grundsätze des § 18 RPflG. 16

Auch die **zusätzliche Vergütung** des § 15 InsVV wird mit Beendigung des Amtes fällig (s. § 8 InsVV Rdn. 5 f.), so dass zu diesem Zeitpunkt der Antrag zu stellen ist. Aus **Praktikabilitätsgründen** sollte 17 der Antrag mit dem Antrag auf Vergütung nach § 14 InsVV verbunden werden, insbesondere unter Berücksichtigung des § 15 Abs. 2 InsVV, damit das Insolvenzgericht prüfen kann, inwieweit die Vergütungsbegrenzung eingehalten wurde (vgl. BK-InsO/*Blersch* InsVV, § 16 Rn. 21).

18 Der **Antrag** hat einen **bestimmten Betrag** für **Vergütung** und **Auslagen** bzw. **Umsatzsteuer** zu enthalten. Ausgehend von dem vom Insolvenzgericht mit der Ankündigung der Restschuldbefreiung festgesetzten **Stundensatz** ist im Einzelnen detailliert darzulegen, mit welchem Zeitaufwand die Überwachungstätigkeit verbunden war. Der Treuhänder hat im Einzelnen einen nachvollziehbaren Stundennachweis vorzulegen, so dass der Umfang der ausgeübten Überwachungstätigkeit umfassend überprüft werden kann. Es ist daher zu empfehlen, laufende Stundenaufzeichnungen zu führen. Pauschalierungen oder Schätzungen sind auf Grund der eindeutigen Regelung der Vorschrift nicht zulässig (vgl. BK-InsO/*Blersch* InsVV, § 16 Rn. 23).

19 Auch im Bereich des § 15 InsVV sind wegen der Regelung des § 16 Abs. 1 Satz 3 InsVV die Auslagen im Einzelnen aufzulisten und ggf. zu erläutern. Darüber hinaus ist sowohl auf die Vergütung als auch auf die Auslagen bezogen die Umsatzsteuer getrennt zu berechnen.

20 Wie bereits bei der Vergütung nach § 14 InsVV muss auch im Bereich der Vergütung des § 15 InsVV wegen der Möglichkeit der Vorschussentnahme ohne Zustimmung des Gerichts (s. Rdn. 24 ff.) detailliert dargelegt werden, in welchem Umfange Vorschüsse entnommen worden sind.

21 Bezüglich der Festsetzung durch Beschluss, der erforderlichen Begründung und der Rechtskraft sowie der Bekanntmachung des Beschlusses kann auf die bei § 8 InsVV Rdn. 5 ff. dargelegten Grundsätze verwiesen werden.

III. Entnahme/Rückzahlung

22 Der **Festsetzungsbeschluss** gibt dem Treuhänder die **Berechtigung**, die festgesetzten Beträge zu **entnehmen**. Soweit der Treuhänder bereits vor Rechtskraft des Beschlusses Entnahmen vornimmt und sich im Rechtsbehelfsverfahren eine Verminderung ergibt, so ist er zur Rückzahlung verpflichtet. Gleichermaßen ist er zur Rückzahlung nach bereicherungsrechtlichen Grundsätzen verpflichtet, sofern – berechtigte – Vorschüsse die endgültig festgesetzten Beträge in ihrer Summe überschreiten.

23 Eine **Aufrechnung** mit Schadensersatzansprüchen ist im Festsetzungsverfahren **nicht zulässig**. Hier ist ausschließlich die Vergütung zu beurteilen, da **Schadensersatzansprüche** in einem **Klageverfahren** geltend zu machen sind. Nach der Festsetzung ist allerdings die Vollstreckungsgegenklage gem. § 767 ZPO auch nach Rechtskraft zulässig. Dies ergibt sich daraus, dass eine Präklusion der Schadensersatzansprüche gem. § 767 Abs. 2 ZPO nicht gegeben ist, denn diese konnten im Festsetzungsverfahren nicht geprüft werden (s. ergänzend hierzu die Ausführungen bei § 8 InsVV Rdn. 64 ff.).

E. Vorschüsse (§ 16 Abs. 2 InsVV)

24 § 16 Abs. 2 InsVV enthält **eine eigenständige Regelung** bzgl. der **Entnahme von Vorschüssen**. Daraus ergibt sich, dass § 9 InsVV nicht anwendbar ist. Aus Vereinfachungsgründen hat der Verordnungsgeber vorgesehen, dass der Treuhänder im Restschuldbefreiungsverfahren **ohne Zustimmung des Insolvenzgerichts** Vorschüsse auf seine Vergütung entweder aus den bei ihm nach § 287 Abs. 2, § 291 Abs. 2 InsO eingegangenen Beträgen oder den Sicherstellungen nach § 292 Abs. 2 Satz 3 InsO entnehmen kann (BK-InsO/*Blersch* InsVV, § 16 Rn. 26). Das umfänglich **begrenzte Entnahmerecht** und auch die Aufsicht des **Insolvenzgerichts** gem. §§ 58 und 59 InsO schützen gegen **Missbrauch**. Die Höhe der Vorschüsse wird gem. § 16 Abs. 2 Satz 2 InsVV auf den Betrag, der dem vom Treuhänder bereits verdienten Teil der Vergütung entspricht und darüber hinaus durch die Höhe der Mindestvergütung seiner Tätigkeit begrenzt. Der Wortlaut des § 16 Abs. 2 InsVV sieht ein **Entnahmerecht für Auslagen** an sich nicht vor. Doch geht die Begründung des Verordnungsgebers davon aus, dass der Treuhänder auch Vorschüsse auf ihm bereits entstandene Auslagen entnehmen kann. Dementsprechend ist die **Vorschussregelung** – nach allgemeinen Grundsätzen – sowohl auf die **Auslagen** als auch auf die anfallende **Umsatzsteuer** zu erstrecken (vgl. MüKo-InsO/*Nowak* 2. Aufl.,

Anh. zu § 65, § 16 InsVV Rn. 6 f.; *Kübler/Prütting/Bork-Stoffler* InsVV, § 16 Rn. 11; **a.A.** hinsichtlich der Auslagen MüKo-InsO/*Stephan* Anh. zu § 65, § 16 InsVV Rn. 17).

Da § 16 Abs. 2 Satz 2 InsVV die Vorschussentnahme ohne Zustimmung des Gerichts der Höhe nach begrenzt, um einem Missbrauch vorzubeugen, ist davon auszugehen, dass **höhere Vorschüsse** mit **ausdrücklicher Zustimmung** des Gerichts **beantragt** werden können (vgl. BK-InsO/*Blersch* InsVV, § 16 Rn. 29; MüKo-InsO/*Stephan* Anh. zu § 65, § 16 InsVV Rn. 15; unklar *Haarmeyer/ Mock* § 16 Rn. 9: »Pflichtverletzung bei echtem Vorschuss«; *Kübler/Prütting/Bork-Stoffler* InsVV, § 16 Rn. 10). Diese Interpretation der Norm entspricht dem **allgemeinen Grundsatz** des Gebühren- und Vergütungsrechts, dass zum Zeitpunkt des Antrags auf Zustimmung in etwa das zu vergüten ist, was der bisherigen »**Verwaltertätigkeit**« entspricht. Dementsprechend können gem. § 16 Abs. 2 Satz 2 InsVV **ohne Zustimmung** des Insolvenzgerichts jeweils Vorschüsse bis zur Höhe der Mindestvergütung, wobei hier von einer jährlichen Entnahme auszugehen ist, entnommen werden. Darüber **hinausgehende** Beträge können auf Antrag **nach Zustimmung des Insolvenzgerichts** entnommen werden, sofern die Masse hierfür vorhanden ist (vgl. MüKo-InsO/*Nowak* 2. Aufl., Anh. zu § 65, § 16 InsVV Rn. 15). 25

Bei sog. **masselosen Verfahren** in der Wohlverhaltensperiode ist die Entnahme von **Vorschüssen** naturgemäß ausgeschlossen, da keine Zuflüsse beim Treuhänder zu verzeichnen sind. Gemäß § 63 Abs. 2 InsO steht im Falle der Stundung der Verfahrenskosten gem. § 4a InsO dem Treuhänder für seine Vergütung und seine Auslagen ein Anspruch gegenüber der Staatskasse auf Grund der Verweisung in § 293 Abs. 2 zu. Nach der bisherigen Vorschrift des § 16 Abs. 1 Satz 2 InsVV, wonach erst bei Beendigung des Amtes die Vergütung festgesetzt wird, konnte der Sekundäranspruch gegenüber der Staatskasse bis zu diesem Zeitpunkt nicht geltend gemacht werden. Da keine Masse für Vorschüsse in diesen Fällen vorhanden und der Sekundäranspruch gegenüber der Staatskasse noch nicht fällig war, hätte somit der Treuhänder in der Wohlverhaltensphase über den gesamten Zeitraum seine Vergütung der Staatskasse »gestundet«, da die Staatskasse es grundsätzlich ablehnte, Vorschüsse zu gewähren. Sie verwies auf die Fälligkeit des Sekundäranspruches erst nach Festsetzung der Vergütung. Diese Auffassung des Fiskus ist **nicht vertretbar**, da schon nach den **Verfassungsgrundsätzen** einer **angemessenen Vergütung** eine zeitnahe Bezahlung des Treuhänders geboten war. Dem Treuhänder war es nicht zuzumuten, seine Tätigkeit über einen längeren Zeitraum im Interesse des Fiskus kostenlos zur Verfügung zustellen, sodass in Literatur und auch Rechtsprechung sich die Auffassung durchgesetzt hat, dass auch hinsichtlich des Sekundäranspruches gegenüber der Staatskasse ein **Vorschussanspruch auf die Mindestvergütung** zuzubilligen war (vgl. *Uhlenbruck/Vallender* § 294 Rn. 23; *LG Essen* ZInsO 2003, 989; *LG Köln* NZI 2004, 597; s.a. *Grote/Lackmann* § 293 Rdn. 28). Der Verordnungsgeber hat dann der sich durchsetzenden Auffassung in seiner Verordnung zur Änderung der insolvenzrechtlichen Vergütungsverordnung vom 04.10.2004 Rechnung getragen und § 16 Abs. 2 Satz 3 InsVV eingefügt, wonach **in allen der Kostenstundung** unterliegenden Verfahren gem. § 4a InsO das Gericht **Vorschüsse** entsprechend den Regelungen des § 16 InsVV wie in »massehaltigen« Verfahren bewilligen kann. Damit unterliegt aber auch der Anspruch gegenüber der Staatskasse den Begrenzungen des § 16 Abs. 2 Satz 2 InsVV, wonach der Vorschussbetrag den bereits verdienten Teil der Vergütung und die Mindestvergütung nicht überschreiten darf. Die Bewilligungsentscheidung des Gerichts stellt **keine echte Vergütungsentscheidung** (vgl. § 9 InsVV Rdn. 20) dar. Daraus folgt, dass seitens des Treuhänders **kein Anspruch** auf die Vorschussbewilligung besteht. Darüber hinaus ist auch ein **Rechtsmittel** gegen eine ablehnende Entscheidung **nicht gegeben**, sofern nicht der Rechtspfleger entschieden hat und somit eine befristete Erinnerung eingelegt werden kann. Wie bereits in § 14 InsVV Rdn. 10 dargelegt, **erfasst der neu eingeführte Satz 3 des § 16 Abs. 2 InsVV alle**, auch **laufende Verfahren** ab dem 07.10.2004 (vgl. BK-InsO/*Blersch* InsVV, § 16 Rn. 30). 26

F. Rechtsmittel

Auf Grund der in § 293 Abs. 2 InsO enthaltenen Verweisung auf § 64 Abs. 3 InsO ist gegen **sämtliche Entscheidungen** des Insolvenzgerichts nach § 16 Abs. 1 InsVV das Rechtsmittel der **sofortigen** 27

Beschwerde entsprechend § 6 InsO zulässig (vgl. hierzu § 8 InsVV Rdn. 44 ff.). Unter Berücksichtigung des § 64 Abs. 3 InsO sind der **Treuhänder** (anstelle des Insolvenzverwalters) und der Schuldner, denen der Beschluss gem. § 64 Abs. 2 InsO bekannt zu machen ist, sowie alle **Insolvenzgläubiger** aus dem rechtskräftigen Schlussverzeichnis des Insolvenzverfahrens (§ 292 Abs. 1 InsO), beschwerdeberechtigt. **Voraussetzung** ist allerdings auch hier, dass der jeweils **Betroffene** beschwert ist und die **Mindestbeschwer** gem. § 567 Abs. 2 ZPO i.V.m. § 64 Abs. 3 InsO i.H.v. EUR 200,00 erreicht wird (vgl. BK-InsO/*Blersch* InsVV, § 16 Rn. 33). Zur Berechnung der Beschwer des Verfahrensbeteiligten s. § 8 InsVV Rdn. 44 f.

Vierter Abschnitt Vergütung der Mitglieder des Gläubigerausschusses

§ 17 Berechnung der Vergütung

(1) ¹Die Vergütung der Mitglieder des Gläubigerausschusses beträgt regelmäßig zwischen 35 und 95 Euro je Stunde. ²Bei der Festsetzung des Stundensatzes ist insbesondere der Umfang der Tätigkeit zu berücksichtigen.

(2) ¹Die Vergütung der Mitglieder des vorläufigen Gläubigerausschusses für die Erfüllung der ihm nach § 56a und § 270 Absatz 3 der Insolvenzordnung zugewiesenen Aufgaben beträgt einmalig 300 Euro. ²Nach der Bestellung eines vorläufigen Insolvenzverwalters oder eines vorläufigen Sachwalters richtet sich die weitere Vergütung nach Absatz 1.

Übersicht	Rdn.		Rdn.
A. Begründung des Verordnungsgebers	1	F. Vorläufiger Gläubigerausschuss (§ 17 Abs. 2 InsVV)	19
B. Allgemeines	2	G. Festsetzungsverfahren	22
C. Regelmäßige Zeitvergütung (§ 17 Satz 1 InsVV)	6	H. Ausfallhaftung der Staatskasse	32
D. Abweichungen vom Regelsatz (§ 17 Satz 2 InsVV)	10	I. Vorschüsse	33
E. Ausschluss des Vergütungsanspruchs	16	J. Nichteröffnung des Verfahrens	34

Literatur:
Graeber Gläubigerausschuss und Insolvenzverwalterbüro, InsbürO 2014, 101; *Zimmer* Probleme des Vergütungsrechts (bei Nicht-Eröffnung des Insolvenzverfahrens) vor und nach ESUG – Plädoyer für das Eröffnungsverfahren als notwendige Vorstufe eines Insolvenzverfahrens im Sinne einer Vorgesellschaft, ZInsO 2012, 1658. Siehe auch vor § 1 InsVV.

A. Begründung des Verordnungsgebers

1 *Die bisherige Regelung zur Vergütung der Mitglieder des Gläubigerausschusses im Konkursverfahren bestimmt den erforderlichen Zeitaufwand als »im allgemeinen« maßgebend für die Vergütung (§ 13 Abs. 1 Satz 2 der geltenden Vergütungsverordnung).*

Die neue Regelung übernimmt dieses Bemessungskriterium. Der bisherige Regelsatz wird in der Praxis regelmäßig weit überschritten. Die Erhöhung der Regelsätze, wie sie § 17 Satz 1 der Verordnung vorsieht, ist aber vor allem mit dem erweiterten Aufgabenkreis der Mitglieder des Gläubigerausschusses im Insolvenzverfahren und mit der allgemeinen Preisentwicklung zu begründen. Abweichungen von diesem Satz sind möglich, damit im Einzelfall eine Vergütung festgesetzt werden kann, die dem Zeitaufwand und dem Umfang der Tätigkeit Rechnung trägt (§ 17 Satz 2 der Verordnung, vgl. auch § 73 Abs. 1 Satz 2 InsO). Zu berücksichtigen sind insbesondere die Schwierigkeit des jeweiligen Verfahrens und die Intensität der Mitwirkung des einzelnen Mitglieds des Gläubigerausschusses. So kann etwa bei einer starken zeitlichen Beanspruchung ein erhöhter Stundensatz gerechtfertigt sein. In besonders gelagerten Einzelfällen kann auch eine Vergütung, die nicht auf den Zeitaufwand bezogen ist, angemessen sein. Um dem Gericht die hierfür erforderliche Flexibilität zu ermöglichen, wird ein Rahmen für die

Bestimmung des Stundensatzes zwischen 50 und 100 DM eröffnet, der auch Raum für die Berücksichtigung der jeweiligen Qualifikation des Mitglieds des Gläubigerausschusses gibt. In jedem Fall sollte aber beachtet werden, dass die Tätigkeit im Gläubigerausschuss regelmäßig der Durchsetzung der Interessen der Gläubiger dient und dass es insofern zumutbar ist, wenn die Gläubiger für diese Tätigkeit nur eine bescheidene Vergütung erhalten.

Zu den Änderungen der InsVV im Bereich des § 17 durch die Verordnung zur Änderung der insolvenzrechtlichen Vergütungsverordnung vom 04.10.2004 vgl. die Begr. des Verordnungsgebers abgedruckt vor § 1 InsVV Rdn. 2 unter »B, Zu Nr. 9«.

B. Allgemeines

Die **Vergütung der Mitglieder des Gläubigerausschusses** wird in einem **eigenen – vierten –** **Abschnitt** der InsVV geregelt. Dies beruht darauf, dass in **§ 73 InsO** ein **eigenständiger Vergütungsanspruch** des einzelnen Ausschussmitglieds normiert ist. Der Verordnungsgeber hat unter Berücksichtigung der **allgemeinen Preisentwicklung** und der **Erweiterung** des Aufgabenkreises für die Mitglieder des Gläubigerausschusses die **Regelstundensätze auf regelmäßig EUR 35,00 bis EUR 95,00 angesetzt** (vgl. die Begr. des Verordnungsgebers). Gleichzeitig wurde vorgesehen, dass dieser Regelstundensatz dem **tatsächlichen Aufwand** in **quantitativer** und **qualitativer** Hinsicht angepasst wird (vgl. MüKo-InsO/*Nowak* 2. Aufl., Anh. zu § 65, § 17 InsVV Rn. 2). In Betracht kommen beispielsweise **Pauschalvergütungen** (*AG Gummersbach* ZIP 1986, 659) oder eine **Orientierung der Vergütung an der Verwaltervergütung** (vgl. *Haarmeyer/Wutzke/Förster* InsVV, § 17 Rn. 26; *Kübler/Prütting/Bork-Eickmann* InsVV, § 17 Rn. 10 f.), wobei hier Sätze von 1 % bis 5 % in Erwägung gezogen werden (vgl. *Haarmeyer/Wutzke/Förster* InsVV, § 17 Rn. 26; *Kübler/Prütting/Bork-Eickmann* InsVV, § 17 Rn. 11, abl. *AG Duisburg* NZI 2003, 502, das sich an der Aufsichtsratsvergütung orientiert; *AG Aurich* ZInsO 2013, 631, das an der Vergütung des [vorläufigen] Insolvenzverwalters orientierte Vergütungen – insbesondere Prozentsätze – ablehnt). Grds. ist aber die **individuell erbrachte Tätigkeit** eines Ausschussmitglieds **angemessen** zu vergüten. Dabei sind als Kriterien der **Umfang der Tätigkeit**, die **Zeit**, die **Intensität der Mitwirkung**, die übernommene **Verantwortung** und das **Haftungsrisiko** sowie auch die **Schwierigkeit des einzelnen Verfahrens** mit einzubeziehen. Hinzu kommen noch eine **besondere Sachkunde** und die **Qualifikation des Ausschussmitglieds**. Zu berücksichtigen ist auch, dass **kompetente Ausschussmitglieder** nur gewonnen werden können, wenn eine **angemessene Vergütung** für eine qualifizierte und engagierte Arbeit zugebilligt werden kann. Die Vergütung sollte darüber hinaus berücksichtigen, dass die Mitarbeit im Gläubigerausschuss nicht nur die Vertretung der eigenen Interessen des Gläubigers beinhaltet, sondern eine zusätzliche Leistung, die dem allgemeinen Interesse der Gläubigerschaft dient, und auf Grund des Engagements und der Qualifikation der Ausschussmitglieder eine erfolgreiche Insolvenzabwicklung erst ermöglicht wird. Daher ist die Vergütung regelmäßig an der Honorierung einer ähnlich gelagerten Tätigkeit außerhalb eines Gläubigerausschusses zu orientieren. Hinsichtlich Fälligkeit und Verjährung der Ansprüche kann auf die allgemeinen Grundsätze (s. § 8 InsVV Rdn. 6, 68 ff.) verwiesen werden.

In **§ 18 InsVV** wird der in § 73 Abs. 1 InsO bereits normierte Anspruch des Gläubigerausschussmitglieds auf Erstattung der angemessenen Auslagen konkretisiert. Darüber hinaus regelt § 18 Abs. 2 InsVV die bisher strittige Frage dahingehend, dass dem Gläubigerausschussmitglied auch die anfallende Umsatzsteuer zu erstatten ist und insoweit § 7 InsVV entsprechend gilt.

Nicht vorgesehen ist die Festsetzung eines **Pauschalbetrages**, entgegen der Regelung für den Insolvenzverwalter in § 8 Abs. 3 InsVV (vgl. Begr. des Verordnungsgebers, B. zu § 17., abgedr. Rdn. 1).

Durch den Verweis in § 73 Abs. 2 InsO ist bezüglich der Bekanntgabe der Festsetzungsentscheidung und der Rechtsbehelfe § 64 InsO entsprechend anwendbar. Auf Grund des ausdrücklichen Wortlauts des § 54 Nr. 2 InsO sind die Auslagen und die darauf entfallende Umsatzsteuer als **Massekosten** einzustufen.

C. Regelmäßige Zeitvergütung (§ 17 Satz 1 InsVV)

6 Nach § 17 Abs. 1 Satz 1 InsVV orientiert sich die Vergütung der Mitglieder des Gläubigerausschusses grds. an dem **Zeitaufwand**. Dabei erhält aber jedes Ausschussmitglied eine **individuell** berechnete Vergütung (vgl. *Kübler/Prütting/Bork-Eickmann* InsVV, § 17 Rn. 11). Die Berechnung der Vergütung nach dem Zeitaufwand ist somit die regelmäßige Vorgehensweise, soweit das Verfahren keine über ein sog. Normalverfahren im besonderen Maße hinausgehende Besonderheiten aufweist (vgl. *Kübler/Prütting/Bork-Eickmann* InsVV, § 17 Rn. 3).

7 § 17 Abs. 1 InsVV ließ zunächst einen **Rahmenstundensatz** von EUR 25,00 bis EUR 50,00 je Stunde zu. Dieser Betrag wurde allgemein als **zu niedrig** angesetzt angesehen, sodass der Verordnungsgeber mit der Verordnung zur Änderung der insolvenzrechtlichen Vergütungsverordnung vom 04.10.2004 eine **Erhöhung** des Rahmenstundensatzes zwischen **EUR 35,00 und EUR 95,00** festgesetzt hat. Aus der Begründung zur Verordnung zur Änderung der insolvenzrechtlichen Vergütungsverordnung vom 04.10.2004 ergibt sich, dass durch die geänderte Zwangsverwalterverordnung vom 19.12.2003 (BGBl. I 2004 S. 2804) – ebenso wie mit Artikel 2 des zeitgleich entstandenen Kostenrechtsmodernisierungsgesetzes vom 05.04.2004 (BGBl. I 2004 S. 718, 776) – neue Anhaltspunkte gegeben wurden, welche Stundensätze in Abhängigkeit von der Qualifikation des zu Vergütenden angemessen sind. Der **Verordnungsgeber** weist in seiner **Begründung** daraufhin, dass durch § 67 Abs. 3 InsO gewährleistet wird, dass auch **hochqualifizierte** und **sachverständige Nichtgläubiger** dem Ausschuss angehören können, wie insbesondere **Wirtschaftsprüfer, Rechtsanwälte, Steuerberater** oder auch **Hochschullehrer**. Für diesen Personenkreis musste ein **höherer Vergütungsrahmen** geschaffen werden. Dementsprechend wurde dann der höhere Stundensatz zwischen **EUR 35,00 und EUR 95,00** vorgegeben. Der geänderte Rahmenstundensatz gilt für alle Insolvenzverfahren, die ab dem 01.01.2004 eröffnet wurden, was sich aus § 19 InsVV ergibt. Nach den allgemeinen Regeln des Gebührenrechts ergibt sich somit, falls keine Besonderheiten im Verfahren vorliegen, ein **Mittelwert** von EUR 37,50 je Stunde (für Altverfahren) und EUR 65,00 je Stunde, für alle ab dem 01.01.2004 eröffneten Verfahren. Als **Normalfall** ist ein Verfahren dann zu bezeichnen, wenn der **Insolvenzverwalter** die **Regelvergütung** des § 2 InsVV erhält (vgl. *Haarmeyer/Mock* InsVV, § 17 Rn. 27; vgl. auch Rdn. 10 ff.). Dieses Kriterium ist deshalb angemessen, da sich die Beanspruchung des jeweiligen Ausschussmitglieds und auch der Umfang sowie der Inhalt seiner Tätigkeit an dem konkreten Insolvenzverfahren orientiert. Es ist grds. ein **Gleichlauf der Tätigkeiten** des **Insolvenzverwalters** als auch des jeweiligen **Gläubigerausschussmitgliedes** anzunehmen. **Ausnahmen** sind hiervon allerdings möglich, wie z.B. dass das Insolvenzverfahren für den **Verwalter** ein **Normalverfahren** darstellt, aber einzelne **Ausschussmitglieder** eine **überdurchschnittliche Inanspruchnahme**, z.B. bei der Überwachung des Verwalters bzw. bei der Geschäftsführung gem. § 69 InsO oder überdurchschnittliche Haftungsrisiken gem. § 71 InsO, verzeichnen müssen. Das Ausschussmitglied, das hier zu seinen Gunsten eine Abweichung geltend machen will, die zu einer Erhöhung des Stundensatzes führt, muss im Einzelnen die von ihm ausgeübten Tätigkeiten sowie die übernommenen Haftungsrisiken substantiiert darlegen und u.U. glaubhaft machen (vgl. BK-InsO/*Blersch* InsVV, § 17 Rn. 8).

8 Soweit sich allerdings der Umfang der Tätigkeit sowie die Inanspruchnahme des Ausschussmitglieds innerhalb eines durchschnittlichen Verfahrens bewegt, ist der *Mittelwert* von EUR 37,50 bzw. EUR 65,00 angemessen. Die einzelnen Ausschussmitglieder können unter Berücksichtigung ihrer individuellen Inanspruchnahme und ihres Tätigkeitsumfanges mit **unterschiedlichen Stundensätzen** vergütet werden (vgl. *Kübler/Prütting/Bork-Eickmann* InsVV, § 17 Rn. 1; *Haarmeyer/Mock* InsVV, § 17 Rn. 11, 25).

9 Da sich die Vergütung weitestgehend, insbesondere nach der Neuregelung, am **Zeitumfang** orientiert, ist jedem Ausschussmitglied dringendst anzuraten, den bei ihm tatsächlich entstandenen **Zeitaufwand** festzuhalten, sodass der spätere Vergütungsantrag entsprechend begründet werden kann (vgl. BK-InsO/*Blersch* InsVV, § 17 Rn. 9). Soweit auf Grund der Intensität der Tätigkeit oder Nachlässigkeit eine **Zeiterfassung nicht möglich** war oder vorgenommen wurde, kann das Insolvenzgericht eine **Pauschale** festsetzen oder an der Tätigkeit der übrigen Ausschussmitglieder orientiert

die **Vergütung schätzen** (vgl. BK-InsO/*Blersch* InsVV, § 17 Rn. 9; vgl. auch *AG Duisburg* NZI 2004, 326, das auch den Zeitaufwand eines Gläubigerausschussmitgliedes schätzt).

D. Abweichungen vom Regelsatz (§ 17 Satz 2 InsVV)

Der Verordnungsgeber geht in seiner Begründung selbst davon aus, dass vom Rahmen des Stundensatzes abgewichen werden kann, um der Tätigkeit des einzelnen Ausschussmitgliedes gerecht zu werden (§ 17 Satz 2 InsVV). Zu berücksichtigen sind dabei insbesondere die **Schwierigkeit des Verfahrens** aber auch der **individuelle Umfang** der Mitarbeit des einzelnen Ausschussmitgliedes. Ebenso wie bei der Beurteilung der Zu- und Abschläge der Vergütung des Insolvenzverwalters ist ebenfalls bei dem jeweiligen Ausschussmitglied auf die **besonderen Umstände** des Einzelfalles, aus denen sich **Abweichungen vom Normalfall** ergeben, abzustellen. Berücksichtigung kann auch eine **besondere Sachkunde** des Ausschussmitgliedes finden, da dieses im Interesse aller Gläubiger von dem betreffenden Ausschussmitglied eingebracht wird.

10

Als **objektive** oder **subjektive Kriterien** kommen folgende Umstände in Betracht (vgl. die beispielhafte Auflistung bei *Haarmeyer/Mock* InsVV, § 17 Rn. 28 und MüKo-InsO/*Nowak* 2. Aufl., Anh. zu § 65, § 17 InsVV Rn. 5):
– Unternehmensfortführung,
– Haus- und Grundstücksverwaltung,
– hohe Gläubigerzahl,
– Prüfung mehrerer Rechnungslegungen,
– Auslandsbezüge tatsächlicher oder rechtlicher Art,
– besondere tatsächliche und rechtliche Probleme,
– besondere Haftungsrisiken,
– besondere Tätigkeiten wie z.B. Kassenprüfung,
– besondere berufliche Stellung, Sachkunde und Qualifikation des Mitglieds.

Ist eines oder mehrere dieser Kriterien erfüllt, ist – entsprechend der Vergütung des Insolvenzverwalters – ein auf die Person oder die Tätigkeit bezogen **angemessener Stundensatz** durch sachgerechte **Zuschläge** zu ermitteln. Dabei sind unter Berücksichtigung auch der **beruflichen Qualifikation** Stundensätze von **bis zu EUR 300,00** als **angemessen** anzusehen (vgl. BK-InsO/*Blersch* InsVV, § 17 Rn. 14; *Haarmeyer/Mock* InsVV, § 17 Rn. 29; **a.A.** MüKo-InsO/*Nowak* 2. Aufl., Anh. zu § 65, § 17 InsVV Rn. 6 mit Zuschlägen von »nur« 5 % – 50 %). Dieser Auffassung hat sich auch das *AG Bremen* (Beschl. v. 15.12.2015 – 40 IN 588/05 L, ZInsO 2016, 1276) angeschlossen und die Auffassung vertreten, dass aufgrund der besonderen Qualifikation als Rechtsanwalt und des konkreten Umfangs der Tätigkeit als Gläubigerausschussmitglied die Festsetzung eines Stundensatzes von EUR 300,00 als gerechtfertigt anzusehen ist. Für die einzelnen Ausschussmitglieder können jeweils unterschiedliche Stundensätze als angemessen ermittelt werden, da die jeweils anfallenden Kriterien **individuell** zu berücksichtigen sind. Das *AG Duisburg* hat in seinem Beschluss vom 13.01.2004 (– 62 IN 167/02, NZI 2004, 326) in unzutreffender Weise einen Stundensatz von lediglich EUR 50,00 für ein Insolvenzverfahren mit **herausragender wirtschaftlicher Bedeutung** (Babcock) als angemessen angesehen, wobei bei der zu diesem Zeitpunkt geltenden alten Fassung des § 18 InsVV noch ein Rahmenstundensatz von EUR 25,00 bis EUR 50,00 geltendes Recht war. Es hat den von den Antragstellern geforderten Stundensatz von EUR 100,00 als zu hoch abgelehnt, mit der Begründung, dass es bei der Bemessung des Stundensatzes nicht nur die in § 73 Abs. 1 Satz 2 InsO genannten Faktoren, nämlich Umfang der Tätigkeit, Schwierigkeit des jeweiligen Verfahrens und die Intensität der Mitwirkung des einzelnen Ausschussmitgliedes zu berücksichtigen habe, sondern es sei auch zu beachten, dass die Tätigkeit im Ausschuss die Möglichkeit gibt, maßgeblichen Einfluss auf die Insolvenzverwaltung zu nehmen und sie damit unmittelbar der Durchsetzung der Interessen der Gläubiger dient. Das AG Duisburg hielt es dementsprechend für durchaus zumutbar, wenn Ausschussmitglieder für diese Tätigkeit nur eine **bescheidene** Vergütung erhalten. Auch das *LG Köln* (Beschl. v. 13.02.2015 – 13 T 196/14, ZIP 2015, 1450) ist bei der Gewährung von Stun-

11

densätzen, die oberhalb des Regelvergütungsrahmens liegen äußerst restriktiv. Ein **Überschreiten des Höchststundensatzes von inzwischen EUR 95,00** für die Vergütung der Mitglieder des Gläubigerausschusses könne nur bei **außerordentlichem Umfang** oder bei **außerordentlichen Schwierigkeiten** im Verfahren sowie bei **besonderer Tätigkeit, besonderen Haftungsrisiken, besonderen Leistungen** oder **Qualifikationen** des Gläubigerausschussmitglieds bewilligt werden. In seiner Begründung bezieht sich das LG Köln auf die vorgenannte Entscheidung des *AG Duisburg* (Beschl. v. 13.01.2004 – 62 IN 127/07, NZI 2004, 326) und zitiert dessen Argumente, dass »selbst bei Insolvenzverfahren mit herausragender wirtschaftlicher Bedeutung« einem Ausschussmitglied zuzumuten sei, für seine Tätigkeit nur eine bescheidene Vergütung zu beziehen.

Diese Auffassungen sind **abzulehnen** (so auch *Blersch* Anm. zu *LG Köln* Beschl. v. 13.02.2015 – 13 T 196/14, ZIP 2015, 1451), denn sie übersehen völlig, dass, wie der Verordnungsgeber in seiner Begründung zur Verordnung zur Änderung der insolvenzrechtlichen Vergütungsverordnung vom 04.10.2004 ausführt, gem. § 67 Abs. 3 InsO gewährleistet sein soll, dass auch **hochqualifizierte** und **sachverständige Nichtgläubiger** dem Ausschuss angehören können. Darüber hinaus ist die Mitgliedschaft im Gläubigerausschuss kein Ehrenamt, das zu entschädigen ist, sondern eine anspruchsvolle und hochqualifizierte Tätigkeit, die einer ordnungsgemäßen und erfolgreichen Durchführung des Insolvenzverfahrens dienen soll. Dementsprechend ist gerade bei Verfahren mit **herausragender wirtschaftlicher Bedeutung** und bei **besonderer Schwierigkeit** der Tätigkeit des einzelnen Gläubigermitgliedes eine angemessene – hohe – Vergütung zuzubilligen.

Blersch (ZIP 2015, 1451) sieht zu Recht in der restriktiven Vergütungsfestsetzung die Gefahr, dass sich potenziell geeignete und wünschenswerte Kandidaten schwerer bzw. kaum mehr für das Amt des Gläubigerausschussmitglieds gewinnen lassen.

12 Zulässig ist auch ein **Unterschreiten des Regelstundensatzrahmens**, wobei allerdings dies nur **ausnahmsweise** als angemessen angesehen werden kann, da sich die Rahmenbeträge schon an der untersten Grenze bewegen. Als Ausgangspunkt kann auch hier die Beurteilung der Vergütung des Insolvenzverwalters herangezogen werden. Abschläge können daher bei den Ausschussmitgliedern allenfalls erwogen werden, wenn auch beim Insolvenzverwalter Abschläge vorgenommen werden.

> Als **stundensatzmindernde Kriterien** kommen beispielhaft in Betracht (vgl. *Haarmeyer/Mock* InsVV, § 17 Rn. 30; MüKo-InsO/*Nowak* Anh. zu § 65, § 17 InsVV Rn. 7):
> – Unterdurchschnittliches Insolvenzverfahren,
> – vorzeitige Verfahrensbeendigung,
> – fortgeschrittene Masseverwertung (ca. 50 %),
> – kein besonderes Fachwissen,
> – fehlende berufliche oder fachliche Qualifikation oder Sachkunde,
> – »Mittragen« der Entscheidungen des Verwalters ohne eigene Aktivitäten.

13 Als **unterste Grenze** der Vergütung nach Vornahme von Abschlägen dürfte in etwa die **Hälfte** der »Regelvergütung« in Höhe von EUR 18,75 (Altfälle) und EUR 32,50 für Verfahren, die ab dem 01.01.2004 eröffnet worden sind, anzusehen sein (vgl. *Haarmeyer/Mock* InsVV, § 17 Rn. 31). Beträge unterhalb dieser Grenze sind, ungeachtet einer auch geringfügigen Mitarbeit des Gläubigerausschussmitgliedes als nicht mehr angemessene Vergütung anzusehen (vgl. auch BK-InsO/*Blersch* InsVV, § 17 Rn. 15).

14 Wenn auch der Verordnungsgeber in § 73 Abs. 1 InsO bzw. § 17 InsVV die regelmäßige **Vergütung** an Stundensätzen orientiert vorgesehen hat, ist jedoch die Bemessung der Vergütung nach **anderen Kriterien** nicht ausgeschlossen (vgl. BK-InsO/*Blersch* InsVV, § 17 Rn. 16). Der Verordnungsgeber geht in seiner Begründung selbst davon aus, dass in **besonders gelagerten Einzelfällen** eine Vergütung, die nicht auf den Zeitaufwand bezogen ist, angemessen sein kann. Denkbar ist dabei, wie auch bereits im bisherigen Recht, der Ansatz einer **Vergütungspauschale** oder die **Bemessung nach einem Bruchteil der Verwaltervergütung** (vgl. *Zimmer* ZIP 2013, 1309; BK-InsO/*Blersch* InsVV, § 17 Rn. 16; abl. *AG Duisburg* ZIP 2003, 1400). Da allerdings der Verordnungsgeber vor-

rangig den Zeitaufwand als Maßstab angesehen hat, sollte nur in **Ausnahmefällen** von dieser Vorgabe abgewichen werden. Dies ist regelmäßig nur dann der Fall, wenn auf der Grundlage des Zeitumfangs den **besonderen Verfahrensumständen** nicht Rechnung getragen werden kann, insbesondere bei einer **äußerst schwierigen** oder **intensiven Tätigkeit** des Ausschussmitglieds (vgl. BK-InsO/*Blersch* InsVV, § 17 Rn. 16). Gerade in den Fällen, bei denen das Ausschussmitglied insbesondere durch seine Mitarbeit teilweise in den Tätigkeitsbereich des Insolvenzverwalters »einbricht«, bietet es sich an, die ggf. aufwändige und Haftungsrisiken beinhaltende Tätigkeit in Form eines **Bruchteils der Verwaltervergütung** angemessen zu entlohnen. In der Praxis wurden hierbei Bruchteile von 1 % – 5 % der Verwaltervergütung bereits zugebilligt (vgl. *Kübler/Prütting/Bork-Eickmann* InsVV, § 17 Rn. 11; abl. *AG Duisburg* ZIP 2003, 1400).

Darüber hinaus ist auch denkbar, dass das Insolvenzgericht eine angemessene Vergütung durch **Festsetzung eines Pauschalbetrages** gegenüber einer reinen Zeiterfassung als sachgerechter ansieht. In Betracht kommt diese Vorgehensweise auch bei einer **fehlenden Zeiterfassung** des Ausschussmitgliedes. In **einfachen** Verfahren ist eine Pauschale zwischen EUR 250,00 und EUR 2.500,00 adäquat. Insbesondere in masselosen (Verbraucher-)Insolvenzverfahren kann dem Mitglied des Gläubigerausschusses anstelle einer Vergütung nach Stundensätzen eine – niedrigere – **Pauschalvergütung** zugebilligt werden, die sich an der Höhe der (Treuhänder-)Verwaltervergütung orientiert (*BGH* NZI 2009, 845). Gerade in masselosen Verbraucherinsolvenzverfahren wird der Ansatz von Stundenhonoraren häufig eine unangemessen hohe Vergütung zu Lasten der Staatskasse (§§ 73 Abs. 2, 63 Abs. 2 InsO) und des Schuldners (§§ 4a, Abs. 3, 4b, 4c InsO) herbeiführen. Steht der nachgewiesene Zeitaufwand in einem **klaren Missverhältnis** zu der objektiven Bedeutung des Verfahrens und ist er auch nicht durch die Teilnahme an den vom Insolvenzgericht bestimmten Terminen verursacht, greifen beide in § 73 Abs. 1 Satz 2 InsO genannten Kriterien (Zeitaufwand und Umfang der Tätigkeit) nicht als Ansatz für die Bemessung der Vergütung (*BGH* NZI 2009, 845). In derartigen (Ausnahme-)Fällen kann von einer Vergütung nach Zeitaufwand vollständig Abstand genommen werden und lediglich eine Pauschalvergütung festgesetzt werden, welche die Vergütung des Treuhänders **nicht** übersteigt (a.A. *Ferslev* EWiR 2010, 255). Bei **langjährigen** und auch **schwierigen** Verfahren, bei denen die Ausschussmitglieder zu erheblicher Mitarbeit veranlasst worden sind, ist eine Pauschale von bis zu EUR 25.000,00 auch noch als angemessen zu beurteilen (vgl. BK-InsO/ *Blersch* InsVV, § 17 Rn. 17; **a.A.** *Haarmeyer/Mock* InsVV, § 17 Rn. 22, 32 m.w.N., die darin eine unzulässige gerichtliche Vergütungsvereinbarung sehen – eine angemessene Vergütung könne auch über eine Erhöhung der Stundensätze erreicht werden).

E. Ausschluss des Vergütungsanspruchs

Aus § 1 Abs. 2 Nr. 4 lit. a) InsVV kann der in der InsVV verankerte **allgemeine Rechtsgedanke** hergeleitet werden, dass **Doppelhonorare**, die zu Lasten der Insolvenzmasse zu bezahlen wären, **unzulässig** sind. Folglich ist Mitgliedern von Gläubigergremien, die auf Grund **berufsspezifischer** Sachverhalte »auch« für die Ausschusstätigkeit von ihrem **Dienstherrn** oder **Auftraggeber** entlohnt werden, grds. **kein Anspruch** auf eine Vergütung gem. § 17 InsVV zuzubilligen (vgl. *Haarmeyer/Mock* InsVV, § 17 Rn. 35). Soweit allerdings der Dienstherr oder Auftraggeber die Ausschusstätigkeit nicht oder teilweise nicht vergütet, ist eine angemessene Entlohnung für den betreffenden Teil zulässig (vgl. *OLG Köln* ZIP 1988, 992, 993). Daher ist der jeweils in Frage stehende Vergütungsanspruch differenziert zu beurteilen.

Nach Auffassung des *BGH* (ZIP 1994, 40) können **Behörden** grds. **nicht Mitglieder** eines Gläubigerausschusses werden, da es ihnen an der erforderlichen personalen Rechtsfähigkeit fehlt. Allerdings ist es zulässig, dass ein Angehöriger der Behörde persönlich, d.h. als **Privatperson**, Mitglied eines Gläubigerausschusses wird, soweit eine Nebentätigkeitsgenehmigung vorliegt. In dieser Funktion ist dann der Angehörige der Behörde gleichermaßen zu behandeln wie alle übrigen Ausschussmitglieder (**a.A.** *Kübler/Prütting/Bork-Eickmann* InsVV, vor § 17 Rn. 7). Ihm steht dementsprechend ein Anspruch auf eine **angemessene Vergütung** zu (ausf. hierzu *Gundlach/Schirrmeister* ZInsO 2008. 896 ff.). Unerheblich ist dabei, ob im **Innenverhältnis** zwischen dem Ausschussmitglied und seinem Dienstherrn

§ 17 InsVV   Berechnung der Vergütung

eine Abführungspflicht der Vergütung besteht (vgl. *AG Elmshorn* ZIP 1982, 981). Der **Ersatz für Zeitversäumnis entfällt** allerdings dann für das Ausschussmitglied, wenn er von seinem Dienstherrn – **ohne Nacharbeitspflicht** – gerade für diese Tätigkeit freigestellt wird. Soweit er jedoch seine Dienste in vollem Umfange erbringen muss oder für die Ausschusstätigkeit Urlaub bzw. Freizeit aufwenden muss, besteht grds. der **Vergütungsanspruch** gem. § 17 (vgl. *Haarmeyer/Mock* InsVV, § 17 Rn. 37; BK-InsO/*Blersch* InsVV, § 17 Rn. 10).

18   **Keinen Anspruch** auf Vergütung besitzen solche Ausschussmitglieder, die als **Vertreter bestimmter Gläubiger** (z.B. im Rahmen ihrer Berufsausübung als Rechtsanwalt, Wirtschaftsprüfer, Steuerberater) tätig sind (vgl. BK-InsO/*Blersch* InsVV, § 17 Rn. 11). Hier besteht das die Entlohnung auslösende **Rechtsverhältnis** zwischen dem **Ausschussmitglied** und seinem **Auftraggeber**. Allerdings kann wiederum dem **Auftraggeber** ein Vergütungsanspruch gegenüber der Masse gem. § 17 InsVV zustehen, soweit es sich nicht um eine öffentlich-rechtliche Institution handelt (vgl. *Kübler/Prütting/Bork-Eickmann* InsVV, vor § 17 Rn. 8 f.; BK-InsO/*Blersch* InsVV, § 17 Rn. 11). Darüber hinaus besitzen alle anderen **Unternehmen** oder **teilrechtsfähigen Organisationen** sowie auch die sog. **institutionellen Gläubiger** (wie der Pensionssicherungsverein, die Gewerkschaften oder Sozialversicherungsträger) grds. einen Anspruch auf eine angemessene Vergütung, soweit ein »**festangestellter**« Vertreter im Gremium tätig ist (vgl. *Haarmeyer/Mock* InsVV, § 17 Rn. 37; BK-InsO/*Blersch* InsVV, § 17 Rn. 11). Soweit »**festangestellte**« **Mitarbeiter** dieser Institutionen oder Organisationen als **Privatpersonen** im Ausschuss tätig sind und hierfür von ihrem Arbeitgeber entlohnt werden, haben sie **keinen eigenen** Anspruch auf Vergütung, da insoweit der Grundsatz der Doppelvergütung durchbrochen wäre (vgl. *Haarmeyer/Mock* InsVV, § 17 Rn. 37). Gleichermaßen ist die Situation vergütungsrechtlich zu beurteilen, wenn das Ausschussmitglied von der Organisation oder Institution als **Selbstständiger** gesondert beauftragt worden ist und entsprechend entlohnt wird (vgl. MüKo-InsO/*Nowak* 2. Aufl., Anh. zu § 65, § 17 InsVV Rn. 11).

F. Vorläufiger Gläubigerausschuss (§ 17 Abs. 2 InsVV)

19   Das **Gesetz zur weiteren Erleichterung der Sanierung von Unternehmen (ESUG,** vom 07.12.2011 BGBl. I S. 2582; ausf. zum »ESUG« *Wimmer* Das neue Insolvenzrecht nach der ESUG-Reform, 2012) sieht die **Schwerpunkte** der Erleichterung der Sanierung von Unternehmen in einem stärkeren Einfluss der Gläubiger auf die Auswahl des Insolvenzverwalters und im Ausbau bzw. Straffung des Insolvenzplanverfahrens sowie in der Vereinfachung des Zugangs zur Eigenverwaltung (Begr. des Gesetzgebers BT-Drucks. 17/5712). Unter anderem wird gem. dem neu eingefügten § **22a InsO** ein **vorläufiger Gläubigerausschuss** ab einer definierten Größenordnung des Insolvenzschuldners vom Insolvenzgericht bestellt (ausf. hierzu *Schmerbach* §§ 22a Rdn. 1 ff.). Dieser vorläufige Gläubigerausschuss soll gem. dem neu eingefügten § **56a InsO** von dem Insolvenzgericht **vor der Bestellung** eines Verwalters angehört werden. Nach der Ergänzung des § 21 Abs. 2 InsO gelten die §§ 67 Abs. 2 sowie die §§ 69 bis 73 InsO entsprechend. Ausgehend von § **73 InsO** haben dann wiederum die **Mitglieder des vorläufigen Gläubigerausschusses** Anspruch auf **Vergütung** für ihre Tätigkeit und auf Erstattung angemessener **Auslagen**. Dieser Anspruch wird inhaltlich durch die Ergänzung der InsVV in § 17 Abs. 2 konkretisiert.

20   Um eine **Auszehrung der Masse zu verhindern,** hat der Gesetzgeber (BT-Drucks. 17/5712) die zu entrichtende Vergütung für die Mitglieder des vorläufigen Gläubigerausschusses auf **EUR 300,00 begrenzt**, soweit seine Tätigkeit sich auf die Erfüllung der Aufgaben nach § 56a InsO (s. hierzu *Jahntz* § 56a Rdn. 9 ff.) und § 270 Abs. 3 InsO (s. hierzu *Foltis* § 270 Rdn. 92 ff.) beschränkt. Der Gesetzgeber geht davon aus, dass im Schnitt eine allenfalls **dreistündige Tätigkeit** für die vorgenannten Aufgaben nach dem bislang in § 17 InsVV vorgesehenen regelmäßigen Höchststundensatz von EUR 95,00 erforderlich ist. Darüber hinaus ist nach Auffassung des Gesetzgebers die **Begrenzung** auch deswegen **gerechtfertigt**, da die Gläubigervertreter als Mitglieder im vorläufigen Gläubigerausschuss die Anhörungsrechte im Zusammenhang mit der Entscheidung über die Auswahl des vorläufigen Insolvenzverwalters und des vorläufigen Sachwalters sowie die Anordnung der Eigenverwaltung auch im eigenen Interesse wahrnehmen.

Demgegenüber soll die **Vergütung** für **weitere** – regelmäßig arbeitsintensivere – **Aufgaben**, die nach der Bestellung eines vorläufigen Insolvenzverwalters bzw. vorläufigen Sachwalters anfallen, sich nach den **allgemeinen Regeln** über die Vergütung der Mitglieder des Gläubigerausschusses gem. des bereits geltenden § 17 **Abs. 1 InsVV** richten. 21

G. Festsetzungsverfahren

Entsprechend dem Verfahren zur **Festsetzung** der Insolvenzverwaltervergütung hat auch **jedes Ausschussmitglied** einen eigenen **Antrag** auf Festsetzung schriftlich bei Gericht einzureichen und einen **bestimmten Betrag** geltend zu machen. Der Antrag ist erst dann zulässig, wenn die Vergütung **fällig** ist (s. § 8 InsVV Rdn. 6). Weiterhin ist der **Antrag** im Einzelnen zu **begründen**, damit das Insolvenzgericht in der Lage ist, den beanspruchten Vergütungsbetrag der Höhe und dem Grunde nach nachzuvollziehen. Insbesondere sind **Zeitaufzeichnungen** vorzulegen, aus denen sich im Einzelnen der **Zeitumfang** und die jeweils erbrachte **Tätigkeit** ergeben (vgl. *Haarmeyer/Mock* InsVV, § 17 Rn. 21 m.w.N.). Einzubeziehen in den Zeitaufwand ist dabei nicht nur die konkrete Ausschusstätigkeit, sondern **jede Tätigkeit**, die dazu bestimmt war, die Aufgabe als Ausschussmitglied sachgerecht wahrzunehmen (vgl. *Haarmeyer/Mock* InsVV, § 17 Rn. 21 m.w.N.). Zu erwähnen sind in diesem Zusammenhang insbesondere alle Zeiten der An- und Abfahrten, des Aktenstudiums, Vorbereitung, Telefonate und ggf. auch Literaturstudium sowie Einholung von Informationen z.B. bei anderen Unternehmen. 22

In der Praxis werden häufig die Insolvenzverwalter, insbesondere von den »nicht-professionellen« und insoweit unbedarften Mitgliedern des Gläubigerausschusses ersucht, bei der Ausformulierung und Begründung der Vergütungsanträge der einzelnen Gläubigerausschussmitglieder zu helfen oder den Antrag gar für diese zu übernehmen (*Graeber* InsbürO 2014, 101). 23

Graeber (Insbüro 2014, 101 [102]) sieht zu Recht hierin ein nicht unerhebliches Risiko hinsichtlich der vom Insolvenzverwalter zu fordernden Unabhängigkeit von den sonstigen Verfahrensbeteiligten, zu denen auch der Gläubigerausschuss gehört. Auch das *LG Aurich* (ZInsO 2013, 631) sieht die Unterstützung durch den Insolvenzverwalter bei der Beantragung der Festsetzung der Vergütung der Mitglieder des Gläubigerausschusses in deren Auftrag eine Unvereinbarkeit mit dem Amt eines Insolvenzverwalters. Ein dennoch auf Ersuchen der Mitglieder gestellter Antrag ist nach Auffassung des *LG Aurich* (ZInsO 2013, 631) zwar wirksam gestellt, kann aber haftungsrechtliche Konsequenzen für den Insolvenzverwalter nach sich ziehen. 24

Sollte ein Ausschussmitglied über kein ausreichendes Nachweismaterial verfügen, so ist das Insolvenzgericht berechtigt, eine **Schätzung der Vergütung** vorzunehmen, insbesondere unter Berücksichtigung der vorliegenden Unterlagen anderer Ausschussmitglieder oder entsprechend den Angaben des Insolvenzverwalters (vgl. *Haarmeyer/Mock* InsVV, § 17 Rn. 21). 25

Beantragt das Ausschussmitglied einen **höheren Betrag** als den Regelstundensatz, so ist dies im Einzelnen **detailliert** zu begründen. 26

Die **Festsetzung der Vergütung** erfolgt gem. §§ 73 Abs. 2, 64 InsO durch das **Insolvenzgericht**. Einer vorherigen **Anhörung der Gläubigerversammlung** bedarf es – entgegen § 91 KO für das alte Recht – nicht (BK-InsO/*Blersch* InsVV, § 18 Rn. 12; *Kübler/Prütting/Bork-Eickmann* InsVV, § 17 Rn. 15 für eine fakultative Anhörung der Gläubigerversammlung, die die Entscheidung hierüber dem Insolvenzgericht freistellt; *Haarmeyer/Mock* InsVV, § 17 Rn. 20; **a.A.** MüKo-InsO/*Nowak* 2. Aufl., Anh. zu § 65, § 18 InsVV Rn. 14). Nach Auffassung des *LG Göttingen* (ZInsO 2005, 48) sei vor der Festsetzung der Vergütung die Gläubigerversammlung mit dem Antrag zu befassen. Regelmäßig sei dazu Gelegenheit spätestens im Schlusstermin zu geben (so auch MüKo-InsO/*Stephan* Anh. zu § 65, § 17 InsVV Rn. 36). Dieser Auffassung ist **nicht** zu folgen, da der Gesetzgeber in § 73 InsO die frühere Regelung in § 91 Abs. 1 Satz 2 KO, wonach die Festsetzung der Auslagen und der Vergütung »nach Anhörung der Gläubigerversammlung« erfolgte, gerade **nicht** übernommen hat (vgl. *Uhlenbruck* InsO, § 73 Rn. 17). Zu dem Festsetzungsantrag ist allerdings der Schuld- 27

§ 17 InsVV Berechnung der Vergütung

ner zu hören (weitergehend MüKo-InsO/*Nowak* 2. Aufl. Anh. zu § 65, § 17 InsVV Rdn. 14, wonach auch der Verwalter und der Gläubigerausschuss zu hören sein sollen).

28 Das **Insolvenzgericht** entscheidet über den Antrag des einzelnen Ausschussmitglieds durch **Beschluss**, wobei dieser das Rubrum, den Tenor und die Entscheidungsgründe zu enthalten hat. Ebenso wie bei dem Vergütungsbeschluss über die Insolvenzverwaltervergütung ist **gesondert** die festgesetzte **Vergütung**, die hierauf entfallende **Umsatzsteuer**, die **Auslagen** und die hierauf entfallende **Umsatzsteuer** darzustellen.

29 Der **Festsetzungsbeschluss** ist im Einzelnen zu **begründen** (vgl. hierzu § 8 InsVV Rdn. 9). Die Begründung ist schon deshalb erforderlich, da gegen den Festsetzungsbeschluss die Möglichkeit eines **Rechtsmittels** gegeben ist.

30 Der Beschluss ist nach den in § 9 InsO festgelegten Grundsätzen **öffentlich bekannt zu machen** und an den **Antragsteller** (Ausschussmitglied) und an den **Schuldner** allerdings nicht an den Insolvenzverwalter zuzustellen. Dies ergibt sich daraus, dass nach § 73 Abs. 2 InsO eine entsprechende Anwendung des § 64 Abs. 2 InsO erfolgt und dort der »Verwalter« durch das antragstellende »Ausschussmitglied« zu ersetzen ist (vgl. BK-InsO/*Blersch* InsVV, § 18 Rn. 12), denn § 64 Abs. 2 InsO gilt **unmittelbar** nur für den Verwalter.

Bei der **öffentlichen Bekanntmachung** sind die festgesetzten **Beträge nicht** zu veröffentlichen, es ist lediglich darauf hinzuweisen, dass der vollständige Beschluss bei der Geschäftsstelle des Insolvenzgerichts eingesehen werden kann (§ 73 Abs. 2 i.V.m. § 64 Abs. 2 Satz 2 InsO). Durch den Verweis auf § 64 InsO ergibt sich gem. dessen Abs. 3 der Rechtsbehelf der **sofortigen Beschwerde**. **Berechtigt** zur Einlegung der Beschwerde ist das betroffene **Ausschussmitglied**, der **Schuldner** und jeder **Insolvenzgläubiger** gem. § 73 Abs. 2 InsO i.V.m. § 64 Abs. 3 InsO. Der **Insolvenzverwalter** ist **nicht beschwerdeberechtigt**, da, wie bereits oben dargelegt, durch die Verweisung des § 73 Abs. 2 auf § 64 Abs. 2 InsO dort der »Verwalter« durch das »Ausschussmitglied« zu ersetzen ist. Darüber hinaus ist auch der Insolvenzverwalter durch die Vergütungsfestsetzung gegenüber den Ausschussmitgliedern **nicht beschwert** (vgl. BK-InsO/*Blersch* InsVV, § 18 Rn. 13; a.A. *Kübler/Prütting/Bork-Eickmann* InsVV, § 17 Rn. 17; MüKo-InsO/*Nowak* 2. Aufl., § 73 Rn. 17, Anh. zu § 65, § 17 InsVV Rn. 19).

31 Die sofortige Beschwerde ist nur bei Erreichen der **Beschwerdesumme** in Höhe von EUR 200,00 gem. § 64 Abs. 3 Satz 2 i.V.m. § 567 Abs. 2 ZPO zulässig. Hinsichtlich der Berechnung des Wertes der Beschwer, insbesondere wenn ein Insolvenzgläubiger Beschwerde einlegt, wird auf die Ausführungen bei § 8 InsVV Rdn. 44 verwiesen.

H. Ausfallhaftung der Staatskasse

32 Ein **subsidiärer Vergütungs- und Auslagenersatzanspruch** gegen die Staatskasse wird nach § 63 Abs. 2 InsO über die Verweisung des § 73 Abs. 2 InsO auch den **Mitgliedern des Gläubigerausschusses** zugebilligt, sofern dem Schuldner die Verfahrenskosten gem. **§ 4a des InsO gestundet** sind. Im Einzelnen ist auf die Ausführungen vor § 1 InsVV Rdn. 49 zu verweisen.

I. Vorschüsse

33 Eine ausdrückliche Regelung hat der Verordnungsgeber nicht getroffen. Dennoch entspricht die Gewährung von **Vorschüssen** für Ausschussmitglieder dem allgemeinen **verfassungsrechtlichen Grundsatz**, dass keine Pflicht besteht, die durch die Tätigkeit entstehenden Kosten und Auslagen über einen längeren Zeitraum vorzufinanzieren. Folglich ist den Ausschussmitgliedern ein **angemessener Vorschuss** auf ihre **Vergütung** und ihre bereits **entstandenen Auslagen** zuzubilligen, wobei hinsichtlich der Vorgehensweise – mit Ausnahme des Entnahmerechts – **§ 9 InsVV entsprechend** anwendbar ist (vgl. *Keller* Vergütung, Rn. 794; BK-InsO/*Blersch* InsVV, § 18 Rn. 9; *Haarmeyer/Mock* InsVV, § 17 Rn. 3; MüKo-InsO/*Nowak* 2. Aufl., § 73 Rn. 12, Anh. zu § 65, § 17 InsVV Rn. 12; **a.A.** hinsichtlich der Auslagen MüKo-InsO/*Stephan* Anh. zu § 65, § 18 InsVV Rn. 8). Als **angemes-**

sener **Vorschuss** sind dabei die unter Berücksichtigung des **Regelstundensatzes** und etwaiger **Zuschläge** bereits geleisteten Tätigkeitszeiten zzgl. bisher entstandener **Auslagen** anzusehen (vgl. MüKo-InsO/*Stephan* Anh. zu § 65, § 17 InsVV Rn. 29). Da der Vorschuss als **Teilvergütung** anzusehen ist, bestehen für das den Vorschuss beantragende Ausschussmitglied **Nachweispflichten**, insbesondere sind im Einzelnen die bereits angefallenen Tätigkeitszeiten sowie die Auslagen darzulegen und ggf. zu begründen. Entsprechend § 9 InsVV bedarf der Vorschuss der **Zustimmung des Insolvenzgerichts** (*Keller* Vergütung, Rn. 794), einer Anhörung der Gläubigerversammlung allerdings **nicht**, da die Zustimmung lediglich eine insolvenzrechtliche Erlaubnis und keine Vergütungsfestsetzung ist (s. § 9 InsVV Rdn. 20; BK-InsO/*Blersch* InsVV, § 18 Rn. 9; **a.A.** MüKo-InsO/*Nowak* 2. Aufl., Anh. zu § 65, § 17 InsVV Rn. 12). Der vom Insolvenzgericht im Rahmen des Vorschusses angesetzte Stundensatz ist **nicht** bindend für die endgültige Vergütungsfestsetzung (vgl. MüKo-InsO/*Stephan* Anh. zu § 65, § 17 InsVV Rn. 8). Der Vorschuss soll aber nicht die voraussichtliche Endvergütung überschreiten.

Ein **Vorschuss** auf die Vergütung für die Teilnahme am (vor)vorläufigen Gläubigerausschuss ist ebenfalls möglich (*AG Konstanz* Beschl. v. 11.08.2015 – 40 IN 408/14, NZI 2015, 959). Hierbei ist jedoch zu beachten, dass die Ausschüsse vor und nach Eröffnung des Verfahrens von den Mitgliedern zu trennen und nicht identisch sind (*Haarmeyer/Mock* InsVV, § 17 Rn. 10 ff.) und folglich auch unterschiedlich abzurechnen ist.

J. Nichteröffnung des Verfahrens

An die Fälle der **Nichteröffnung des Verfahrens** hat der Gesetzgeber offensichtlich an dieser Stelle **nicht** gedacht, da in § 21 Abs. 2 Satz 1 Nr. 1a InsO ein **Verweis** auf § 26a InsO **fehlt**. Dem Gesetzgeber ist insoweit dringend anzuraten, über die Einführung einer Verweisung nachzudenken (so auch *Zimmer* ZInsO 2012, 1658 [1664]). Aufgrund dieser Rechtslage ist eine Festsetzung der Vergütung eines Mitgliedes des vorläufigen Gläubigerausschusses durch das Insolvenzgericht im Falle der Nichteröffnung des Verfahrens nicht möglich. *Zimmer* (ZInsO 2012, 1658) weist zu Recht darauf hin, dass dem Mitglied des vorläufigen Gläubigerausschusses anders als dem vorläufigen Insolvenzverwalter bzw. Sachwalter kein Vermögensgegenstand zur Verfügung steht, an dem er ein Zurückbehaltungsrecht geltend machen könnte. *Zimmer* (ZInsO 2012, 1658) liefert einen nachvollziehbaren Lösungsansatz, indem er das Insolvenzeröffnungsverfahren als notwendige Vorstufe ansieht, ähnlich einer Vorgesellschaft.

34

§ 18 Auslagen. Umsatzsteuer

(1) Auslagen sind einzeln anzuführen und zu belegen.
(2) Soweit Umsatzsteuer anfällt, gilt § 7 entsprechend.

Übersicht	Rdn.		Rdn.
A. Begründung zur insolvenzrechtlichen Vergütungsverordnung	1	D. Umsatzsteuer (§ 18 Abs. 2 InsVV)	9
B. Allgemeines	2	E. Festsetzungsverfahren	10
C. Auslagenersatz (§ 18 Abs. 1 InsVV)	5	F. Vorschüsse	11

A. Begründung zur insolvenzrechtlichen Vergütungsverordnung

Eine Auslagenpauschale, wie sie für den Insolvenzverwalter vorgesehen ist, eignet sich für die Mitglieder des Gläubigerausschusses wegen ihrer ganz unterschiedlichen Beanspruchung nicht (Abs. 1).

1

Durch die Vorschrift über die Erstattung der Umsatzsteuer in Abs. 2 wird eine Zweifelsfrage des geltenden Rechts entschieden.

§ 18 InsVV Auslagen. Umsatzsteuer

B. Allgemeines

2 In § 18 InsVV wird der in § 73 Abs. 1 InsO bereits normierte Anspruch des Gläubigerausschussmitglieds auf Erstattung der angemessenen **Auslagen** konkretisiert. Darüber hinaus regelt Abs. 2 die bisher strittige Frage dahingehend, dass dem Gläubigerausschussmitglied auch die anfallende Umsatzsteuer zu erstatten ist und insoweit § 7 InsVV entsprechend gilt.

3 § 18 InsVV ist gleichermaßen auf das Mitglied eines vorläufigen Gläubigerausschusses (§ 22a InsO) anwendbar.

4 **Nicht** vorgesehen ist die **Festsetzung eines Pauschalbetrages**, entgegen der Regelung für den Insolvenzverwalter in § 8 Abs. 3 InsVV (vgl. amtliche Begr. zur InsVV, vorstehend Rdn. 1).

Durch den Verweis in § 73 Abs. 2 InsO ist bzgl. der **Bekanntgabe** der Festsetzungsentscheidung und der **Rechtsbehelfe** § 64 InsO entsprechend anwendbar. Auf Grund des ausdrücklichen Wortlauts des § 54 Nr. 2 InsO sind die **Auslagen** und die darauf entfallende **Umsatzsteuer** als **Massekosten** einzustufen.

C. Auslagenersatz (§ 18 Abs. 1 InsVV)

5 Dem einzelnen **Mitglied des Gläubigerausschusses** ist gem. § 73 Abs. 1 Satz 1 InsO neben seiner Vergütung ein Anspruch auf Erstattung **angemessener Auslagen** zugebilligt worden. Durch die eigenständige Regelung wurde auch eine entsprechende Anwendung des **§ 8 Abs. 3 InsVV** mit der Möglichkeit einer **Pauschalisierung** des Auslagenersatzes **ausgeschlossen**. Der Verordnungsgeber geht davon aus, dass lediglich die **angemessenen Auslagen** zu erstatten sind. Als **angemessen** sind diejenigen Auslagen anzusehen, die aus der Sicht des Ausschussmitglieds zum Zeitpunkt des Entstehens der Auslagen als **erforderlich** zu beurteilen waren (vgl. BK-InsO/*Blersch* InsVV, § 18 Rn. 4; *Haarmeyer/ Mock* InsVV, § 18 Rn. 2). Dementsprechend ist maßgeblich, ob nach **objektiven** Kriterien das Mitglied des Gläubigerausschusses zum **Zeitpunkt des Anfalls** der Auslagen den verursachten Aufwand als **zur Erfüllung seiner Aufgaben erforderlich** halten durfte (*Haarmeyer/Mock* InsVV, § 18 Rdn. 2; MüKo-InsO/*Stephan* Anh. zu § 65, § 18 InsVV Rn. 4). Es sind daher nicht alle angefallenen Auslagen zu ersetzen. Zur Beurteilung der Erforderlichkeit der jeweiligen Auslagen ist eine Anlehnung an die für den Insolvenzverwalter geltenden Grundsätze hinsichtlich der Erstattung seiner Auslagen möglich (vgl. BK-InsO/*Blersch* InsVV, § 18 Rn. 4).

6 Konkret zu erstatten sind vor allem **Reisespesen**, insbesondere **Fahrtkosten** (vgl. hierzu *LG Göttingen* ZInsO 2005, 48, das Fahrtkosten nach den Sätzen der Steuerverwaltung als angemessen ansieht) zur Teilnahme an den Ausschusssitzungen, **Telefon- und Telefaxkosten**, Aufwand für **Büro- und Schreibmaterial** sowie auch **für Kopien** (*Haarmeyer/Wutzke/Förster* InsVV, § 18 Rdn. 4; BK-InsO/ *Blersch* InsVV, § 18 Rn. 4). Dagegen ist ein **allgemeiner Büroaufwand**, der dem Ausschussmitglied durch seine Tätigkeit entsteht, **nicht erstattungsfähig** (*Kübler/Prütting/Bork-Eickmann* InsVV, § 18 Rn. 2). Allerdings sind Kosten für **Schreibkräfte** dann erstattungsfähig, wenn sie bezogen auf eine **konkrete** Tätigkeit, z.B. Erledigung von Korrespondenz, Erstellung von Stellungnahmen erforderlich waren (vgl. MüKo-InsO/*Nowak* 2. Aufl., Anh. zu § 65, § 18 InsVV Rn. 9).

7 Auch wenn der Verordnungsgeber nicht konkret geregelt hat, dass Gläubigerausschussmitglieder eine Erstattung der Prämien für eine gesondert abgeschlossene **Haftpflichtversicherung** beanspruchen können (anders als beim Insolvenzverwalter gem. § 4 Abs. 3 InsVV), ist dies zu **bejahen**. Gerade durch die in der InsO neu geregelte weitergehende Gläubigerautonomie und die Erweiterung des Tätigkeitsumfangs des Gläubigerausschusses wurde das **Haftungsrisiko** entscheidend erhöht. Auch aus diesem Grunde heraus ist der Abschluss einer Haftpflichtversicherung für Ausschussmitglieder notwendig und auch dringend geboten. Es sind daher die Kosten einer **Haftpflichtversicherung**, die die **besonderen Haftungsrisiken** eines **konkreten** Insolvenzverfahrens abdeckt, gesondert als Auslagen erstattungsfähig (vgl. MüKo-InsO/*Nowak* 2. Aufl., Anh. zu § 65, § 18 InsVV Rn. 6; BK-InsO/*Blersch* InsVV, § 18 Rn. 7). Selbstverständlich ist dem Mitglied des (vorläufigen) Gläubigerausschusses analog § 9 InsVV ein Anspruch auf einen Vorschuss für die Prämie der Vermögens-

schadenshaftpflichtversicherung zuzugestehen. Das Recht, einen Vorschuss geltend zu machen, sollte auch dann bereits bestehen, wenn die Prämie noch nicht entrichtet ist (so auch *AG Hannover* Beschl. v. 30.08.2016 – 908 IN 460/16, ZIP 2016, 2035). In **dringenden Fällen** ist der **Insolvenzverwalter** berechtigt, mit **Zustimmung des Insolvenzgerichts**, zur Herbeiführung eines **vorläufigen** Versicherungsdeckungsschutzes für die Gläubigerausschussmitglieder gem. § 55 Abs. 1 Nr. 1 InsO eine entsprechende Masseverbindlichkeit einzugehen (vgl. BK-InsO/*Blersch* InsVV, § 18 Rn. 7). Bei besonderer Eilbedürftigkeit ist auch eine nachträgliche Einholung der Zustimmung des Insolvenzgerichts möglich (vgl. BK-InsO/*Blersch* InsVV, § 18 Rn. 7).

Das jeweilige Ausschussmitglied hat im Rahmen seines **Antrages** auf Festsetzung der Auslagen die angefallenen Auslagen im Einzelnen darzulegen und entsprechende **Belege** beizufügen. Ggf. sind Ausführungen zur **Erforderlichkeit** der jeweiligen Auslagen zu machen, soweit sich dies nicht bereits aus den Belegen unmittelbar ergibt. **Pauschalierungen** sind auf Grund der eindeutigen gesetzlichen Regelung **nicht** möglich. **Zulässig** dürfte es allerdings sein, im Bereich der Telefax-, Telefon- und Portokosten einen **angemessenen Pauschalbetrag** geltend zu machen (vgl. BK-InsO/*Blersch* InsVV, § 18 Rn. 5). 8

D. Umsatzsteuer (§ 18 Abs. 2 InsVV)

Nach § 18 Abs. 2 InsVV hat das Insolvenzgericht soweit **Umsatzsteuer** anfällt diese **gesondert festzusetzen** (*Haarmeyer/Mock* InsVV, § 18 Rn. 6). Auf Grund des ausdrücklichen Verweises ist § 7 InsVV auch für das Gläubigerausschussmitglied **anwendbar**. Die Umsatzsteuer ist allerdings nur dann vom Insolvenzgericht festzusetzen, wenn das Gläubigerausschussmitglied **umsatzsteuerpflichtig** ist bzw. die auf seine Vergütung entfallende Umsatzsteuer tatsächlich auch abzuführen hat. Das Ausschussmitglied hat dies im Einzelnen darzulegen und ggf. Nachzuweisen (vgl. BK-InsO/*Blersch* InsVV, § 18 Rn. 8). Die Tätigkeit als Mitglied eines Gläubigerausschusses unterliegt grundsätzlich der Umsatzsteuer, wenn kein gesetzlicher Befreiungstatbestand vorliegt (vgl. die ausf. Entscheidung des *AG Duisburg* ZInsO 2004, 1047 m.w.N.). Insbesondere wird ausgeführt, dass für die Tätigkeit als Mitglied eines Gläubigerausschusses (sowohl Vergütung als auch Auslagenerstattung) grundsätzlich eine **Umsatzsteuerpflicht**, sofern kein gesetzlicher Befreiungstatbestand vorliegt, besteht. Dies wird richtiger Weise entsprechend den Regelungen für Mitglieder eines Aufsichtsrates hergeleitet. Im Rahmen einer Aufsichtsratstätigkeit ist allgemein anerkannt, dass bei der entgeltlichen Wahrnehmung dieses Amtes eine selbstständige nachhaltige berufliche Tätigkeit zur Erzielung von Einnahmen und damit eine unternehmerische Tätigkeit i.S.d. Umsatzsteuerrechts gegeben ist. Da dies sogar für Einnahmen gilt, die ein Angestellter der Gesellschaft als Arbeitnehmervertreter im Aufsichtsrat erzielt (vgl. BFHE 106, 389; BFHE 182, 384), können für Mitglieder eines Gläubigerausschusses keine anderen Grundsätze gelten. Die Tätigkeit der Gläubigerausschussmitglieder ist auf eine gewisse Dauer angelegt und beinhaltet eine selbstständige rechtliche Stellung gegenüber dem schuldnerischen Unternehmen und auch den Gläubigern mit einer eigenen gesetzlichen Aufgabe, nämlich den Insolvenzverwalter oder den eigenverwaltenden Schuldner bei der Geschäftsführung zu überwachen (§§ 69, 270 Abs. 2 Satz 2 InsO), sodass eine Gleichbehandlung mit der Tätigkeit des Aufsichtsratsmitgliedes geboten ist (vgl. *AG Duisburg* ZInsO 2004, 1047). Dementsprechend ist davon auszugehen, dass grundsätzlich eine Umsatzsteuerpflicht für die Tätigkeit eines Gläubigerausschussmitgliedes besteht, insbesondere bei Freiberuflern oder Selbstständigen (BK-InsO/*Blersch* InsVV, § 18 Rn. 8). Bei abhängig tätigen Ausschussmitgliedern wurde bislang die Auffassung vertreten, dass eine Vermutung gegen eine Umsatzsteuerpflicht besteht und somit ein konkreter Nachweis zu fordern sei (vgl. BK-InsO/*Blersch* InsVV, § 18 Rn. 8; *Haarmeyer/Mock* InsVV, § 18 Rn. 6). 9

E. Festsetzungsverfahren

Zum Festsetzungsverfahren kann i.E. auf § 17 InsVV Rdn. 22 ff. verwiesen werden. Die Festsetzung der Auslagen und der Umsatzsteuer erfolgt gleichermaßen wie die Festsetzung der Vergütung. Insbesondere ist der **Festsetzungsbeschluss** auch in diesem Bereich gem. § 64 Abs. 2 InsO bekannt zu machen. Ebenso stehen dem betroffenen **Ausschussmitglied**, dem **Schuldner** und auch jedem In- 10

§ 19 InsVV Übergangsregelung

solvenzgläubiger das Recht der **sofortigen Beschwerde** gem. §§ 73 Abs. 2, 64 Abs. 3 Satz 2 InsO i.V.m. § 567 Abs. 2 ZPO zu. Wie bereits oben (s. § 17 InsVV Rdn. 30) dargelegt, steht dem **Insolvenzverwalter** keine Beschwerdebefugnis zu (**a.A.** *Uhlenbruck/Knof* InsO, § 74 Rn. 19). § 17 Abs. 2 InsVV enthält allerdings einen redaktionellen Fehler des Verordnungsgebers. Der ursprüngliche Entwurf des **ESUG** beinhaltete, dass die nunmehr in § 56a Abs. 1 und 2 InsO getroffenen Regelungen als Absätze 2 und 3 dem § 56 InsO angefügt werden (s. RegE ESUG, BT-Drucks. 17/5712, S. 8). Im Rahmen des Gesetzgebungsverfahrens wurden allerdings die beiden vorgenannten Absätze dann in einen neu geschaffenen § 56a InsO aufgenommen. Seitens des Verordnungsgebers wurde es allerdings versäumt, den Verweis in § 17 Abs. 2 InsVV n.F. entsprechend anzupassen. Es ist allerdings anzunehmen, dass die Regelung des § 17 Abs. 2 InsVV n.F. die Vergütung der Mitglieder des vorläufigen Gläubigerausschusses gem. § 56a Abs. 1 InsO regeln soll.

F. Vorschüsse

11 Auch im Bereich der Auslagen ist grds. von der Möglichkeit der Gewährung von Vorschüssen auszugehen. I.E. kann hierzu auf die Ausführungen bei § 17 InsVV Rdn. 33 verwiesen werden.

Fünfter Abschnitt Übergangs- und Schlußvorschriften

§ 19 Übergangsregelung

(1) Auf Insolvenzverfahren, die vor dem 1. Januar 2004 eröffnet wurden, sind die Vorschriften dieser Verordnung in ihrer bis zum Inkrafttreten der Verordnung vom 4. Oktober 2004 (BGBl. I S. 2569) am 7. Oktober 2004 geltenden Fassung weiter anzuwenden.

(2) Auf Vergütungen aus vorläufigen Insolvenzverwaltungen, die zum 29. Dezember 2006 bereits rechtskräftig abgerechnet sind, sind die bis zum Inkrafttreten der Zweiten Verordnung zur Änderung der Insolvenzrechtlichen Vergütungsverordnung vom 21. Dezember 2006 (BGBl. I S. 3389) geltenden Vorschriften anzuwenden.

(3) Auf Insolvenzverfahren, die vor dem 1. März 2012 beantragt worden sind, sind die Vorschriften dieser Verordnung in ihrer bis zum Inkrafttreten des Gesetzes vom 7. Dezember 2011 (BGBl. I S. 2582) am 1. März 2012 geltenden Fassung weiter anzuwenden.

(4) Auf Insolvenzverfahren, die vor dem 1. Juli 2014 beantragt worden sind, sind die Vorschriften dieser Verordnung in ihrer bis zum Inkrafttreten des Gesetzes vom 15. Juli 2013 (BGBl. I S. 2379) am 1. Juli 2014 geltenden Fassung weiter anzuwenden.

Übersicht	Rdn.			Rdn.
A. Begründung zur insolvenzrechtlichen Vergütungsverordnung	1	E.	Gesetz zur weiteren Erleichterung der Sanierung von Unternehmen (ESUG) vom 07.12.2011	8
B. Allgemeines	2			
C. Verordnung zur Änderung der InsVV vom 04.10.2004	3	F.	Gesetz zur Verkürzung des Restschuldbefreiungsverfahrens und zur Stärkung der Gläubigerrechte	9
D. 2. Verordnung zur Änderung der InsVV vom 21.12.2006	6			

Literatur:
Amery Missglücktes Übergangsrecht – Regelungswidersprüche im Vergütungsrecht des vorläufigen Insolvenzverwalters, ZIP 2016, 2208; *Prasser* Die Berücksichtigung von Aus- und Absonderungsrechten bei der Vergütung des vorläufigen Insolvenzverwalters nach altem und neuem Recht, InsbürO 2017, 14.

A. Begründung zur insolvenzrechtlichen Vergütungsverordnung

Die neue Verordnung soll nur auf Tätigkeiten in den Verfahren nach der neuen Insolvenzordnung Anwendung finden. Soweit nach der Übergangsvorschrift des Artikels 103 des Einführungsgesetzes zur Insolvenzordnung auch nach dem Inkrafttreten der Reform noch Konkursverfahren, Vergleichsverfahren und Gesamtvollstreckungsverfahren (einschließlich der diesen Verfahren vorgeschalteten Sequestration) durchgeführt werden, bleibt die bisher geltende Vergütungsverordnung maßgebend. 1

B. Allgemeines

Die InsVV soll nur auf Tätigkeiten in den Verfahren nach der neuen Insolvenzordnung ab 01.01.1999 Anwendung finden (Begr. des Verordnungsgebers, vorstehend Rdn. 1). Soweit nach der Übergangsvorschrift des Art. 103 EG InsO auch nach dem 01.01.1999 noch Konkursverfahren, Vergleichsverfahren und Gesamtvollstreckungsverfahren einschließlich eventuell vorgelagerten vorläufigen Verfahren durchgeführt werden, gilt ausschließlich die bislang geltende Vergütungsverordnung. Folglich ist davon auszugehen, dass die VergVO noch über einen längeren Zeitraum hinaus für die Vergütungsfestsetzung anwendbar bleibt. Es ist allerdings denkbar, dass auf Grund der ab 01.01.1999 erfolgten praktischen Anwendung der InsVV und daraus sich ggf. entwickelnder Grundsätze diese auch Auswirkungen auf die Interpretation der VergVO haben können (vgl. BK-InsO/*Blersch* InsVV, § 19 Rn. 1). Da der Verordnungsgeber der InsVV, die sich durch Rspr. und Literatur fortentwickelte Auslegung der VergVO mit einbezogen hat, dürfte es angemessen sein, auch sich neu ergebende Interpretationen aus der Anwendung der InsVV zur Auslegung der VergVO heranzuziehen (vgl. BK-InsO/*Blersch* InsVV, § 19 Rn. 1). 2

C. Verordnung zur Änderung der InsVV vom 04.10.2004

Der Verordnungsgeber hat mit der Verordnung zur Änderung der InsVV vom 04.10.2004 (s. vor § 1 InsVV Rdn. 2) den Vorgaben des *BGH* (ZIP 2004, 417 f.) folgend eine erhöhte Mindestvergütung orientiert an Gläubigerzahlen eingeführt. Der Verordnungsgeber hat dies allerdings nicht nur im Bereich der massellosen Kostenstundungsverfahren vorgenommen, sondern in § 2 Abs. 2 InsVV und in § 13 Abs. 1 Satz 3 InsVV die »neuen« Mindestvergütungsregelungen für alle **Regel-** bzw. **Verbraucherinsolvenzverfahren** eingeführt. Der Verordnungsgeber hat in diesem Zusammenhange festgelegt, dass, entsprechend den Vorgaben des *BGH* (ZIP 2004, 417 f.) die Neuregelungen lediglich für Verfahren ab dem 01.01.2004 gelten sollen und die bisherigen Regelungen für alle davor eröffneten Verfahren weiter gelten. Dies würde grds. zu einer erheblichen **Zersplitterung** des Vergütungsrechts in diesem Bereich in Zeiträume vor bzw. nach dem Stichtag führen. Nach der hier vertretenen Auffassung ist eine **Anwendung der Neuregelungen** hinsichtlich der **Mindestvergütung** für den gesamten Zeitraum **ab dem 01.12.2001** anzunehmen, um zu einer verfassungskonformen Vergütungsregelung auch für den Zeitraum vor dem 01.01.2004 zu kommen. Eine **Zersplitterung** wird damit **vermieden**. 3

Die am 07.10.2004 in Kraft getretene Übergangsregelung stellt allerdings für den **Zeitraum vom 01.01.2004 bis 06.10.2004** eine **echte Rückwirkung** für Verfahren her, die in diesem Zeitraum eröffnet wurden. Dies ist zulässig, soweit **Vergünstigungen** bzw. **Verbesserungen** für die Verfahrensbeteiligten gegeben sind. Bei den erhöhten Mindestvergütungen ist dies unzweifelhaft der Fall. Gleichermaßen gilt dies für den Fall der Erhöhung des Stundensatzes für Treuhänder sowie auch der Gläubigerausschussmitglieder. 4

Demgegenüber enthalten die **Neuregelungen in** § 8 InsVV mit der Einführung der **Obergrenze** der Auslagenpauschale auf 30% der Regelvergütung, die auch auf § 11 InsVV durchschlägt, **Verschlechterungen**. Die Begrenzung der Auslagenpauschale nach § 8 Abs. 3 InsVV hat eine erhebliche einschränkende Wirkung. Die Übergangsregel des § 19 InsVV stellt insoweit in diesem Zusammenhang eine **echte Rückwirkung** eines belastenden Gesetzes, was grds. unzulässig ist, dar (vgl. *BVerfG* NJW 1998, 1574). Auch **Rechtsverordnungen** sind von diesem **Rückwirkungsverbot** umfasst (vgl. BVerfGE 45, 142). Eine vom BVerfG vorgesehene zulässige Ausnahme von diesem Rückwirkungs- 5 verbot ist nicht ersichtlich. Das Vertrauen des Rechtsanwenders auf die geltende Rechtslage für Sachverhalte, die in der Vergangenheit liegen, ist grds. geschützt. Eine Ausnahme wäre denkbar, wenn mit der Rückwirkung des Gesetzes, der Rechtsanwender rechnen musste oder die Rechtslage derart unklar bzw. verworren war, dass eine Klarstellung geboten war. Dies ist hier ebenso wenig der Fall, wie das Vorhandensein zwingender Gründe des Gemeinwohls, die das Gebot der Rechtssicherheit überwiegen oder dem jeweils Betroffenen kein oder nur ein geringfügiger Nachteil entsteht (vgl. *BVerfG* NJW 1962, 291). Da bei den für den Rechtsanwender nachteiligen Regelungen der §§ 8 bzw. 11 InsVV die vorgenannten **Ausnahmetatbestände nicht** gegeben sind, wäre allenfalls eine unechte Rückwirkung zulässig gewesen, sodass eine Anwendung der Neuregelung sich einerseits auf alle, also auch alle bereits eröffneten laufenden Verfahren nur für die Zukunft möglich gewesen wäre (vgl. BK-InsO/*Blersch* InsVV, § 19 Rn. 2). Die **Änderungsverordnung** vom 04.10.2004 ist dementsprechend bezogen **auf § 8 InsVV** für den Zeitraum **vom 01.01.2004 bis 07.10.2004** hinsichtlich der eröffneten Verfahren als **verfassungswidrig** anzusehen. In diesem Zeitraum gelten für die eröffneten Verfahren die bisherigen Regelungen des § 8 InsVV, sodass die Obergrenze für die Auslagenpauschale gem. § 8 Abs. 3 n.F. InsVV nicht anzuwenden ist. Der *BGH* hat in seiner Entscheidung vom 25.10.2012 (NZI 2013, 37 m. Anm. *Keller*) inzwischen zur Frage der Verfassungsmäßigkeit der Rückwirkung auf Verfahren, die ab dem 01.01.2004 eröffnet wurden, aber am 07.10.2004 noch andauerten, Stellung genommen (i.E. s. § 8 InsVV Rdn. 31). Für Verfahren, die nach dem 01.01.2004 eröffnet und vor dem 07.10.2004 bereits beendet waren, verbleibt es bei der Verfassungswidrigkeit (vgl. auch *Keller* Anm. zu *BGH* Beschl. v. 25.10.2012 – IX ZB 242/11, NZI 2013, 38).

D. 2. Verordnung zur Änderung der InsVV vom 21.12.2006

6 Die Insolvenzrechtliche Vergütungsverordnung wurde mit der zweiten Verordnung zur Änderung der Insolvenzrechtlichen Vergütungsverordnung vom 21.12.2006 § 11 InsVV hinsichtlich der Berechnungsgrundlage der Vergütung des vorläufigen Insolvenzverwalters konkretisiert und darüber hinaus eine Abänderungsbefugnis des Insolvenzgerichts bei erheblichen Wertabweichungen (20 %) im eröffneten Verfahren vorgesehen. Der Verordnungsgeber hat als Abgrenzungsmerkmal der Anwendung der Neuregelung gegenüber der Altregelung, insbesondere hinsichtlich der nunmehr eingeführten Abänderungsbefugnis über § 19 Abs. 2 InsVV als Kriterium die »rechtskräftige Abrechnung der vorläufigen Verwaltervergütung« festgelegt. Der Begriff der »Abrechnung« ist der InsVV völlig fremd, darüber hinaus kann eine »Abrechnung« nicht in Rechtskraft erwachsen. Rechtskräftig können nach der InsVV lediglich Beschlüsse des Insolvenzgerichts werden, nicht allerdings eine »Abrechnung«, die üblicherweise auch nur vom Insolvenzverwalter bzw. vorläufigen Insolvenzverwalter erstellt wird. Diese verunglückte Formulierung des Verordnungsgebers ist wohl dahingehend auszulegen, dass der Neuregelung alle Beschlüsse zur Festsetzung der Vergütung des vorläufigen Insolvenzverwalters anzuwenden ist, die nicht bis zu dem vom Verordnungsgeber vorgesehenen Stichtag (29.12.2006) **rechtskräftig** geworden sind (*BGH* NZI 2010, 300; NZI 2009, 54). Folglich sind noch solche Festsetzungsbeschlüsse abänderbar, die zwar vor dem 29.12.2006 dem Insolvenzgericht eingereicht wurden sich aber noch ganz oder teilweise in der **Beschwerdeinstanz** befinden und dementsprechend noch nicht rechtskräftig sind. Gleichermaßen sind auch diejenigen Vergütungsanträge der vorläufigen Insolvenzverwalter auf Festsetzung ihrer Vergütung, die nach der radikalen Veränderung der Rechtsprechung des Bundesgerichtshofes, die faktisch zu erheblichen Reduzierungen der Vergütungshöhe führte, aber bei den Insolvenzgerichten zum »Ruhen« gebracht wurden, abänderbar. Da über diese Anträge noch nicht bis zum Inkrafttreten der zweiten Änderungsverordnung entschieden war, unterliegen diese Anträge der Neuregelung.

7 Problematisch ist bei der zweiten Verordnung zur Änderung der Insolvenzrechtlichen Vergütungsverordnung aus dem Jahre 2006 die Frage, ob sie nicht gegen den verfassungsrechtlichen Grundsatz des Vorrangs des Gesetzes verstößt. Dies deshalb, da der durch den Rechtspfleger ergangene Vergütungsfestsetzungsbeschluss oder ggf. der durch das Instanzgericht abgeänderte Vergütungsbeschluss in seiner Rechtskraft durch § 4 InsO i.V.m. § 322 ZPO geschützt wird. Die InsVV als unterrangige Norm unterläuft hier die höherrangige Norm (§ 322 ZPO), was als rechtswidrig anzusehen ist (*Küpper/Heinze* ZInsO 2007, 231 ff.). Die Anwendung einer untergeordneten Norm, die eine höherran-

gige Norm durchbricht, ist rechtswidrig und darf nicht angewendet werden. Aufgrund dessen, dass die Neuregelung des § 11 Abs. 2 InsVV mit der dort vorgesehenen Abänderungsmöglichkeit und »Durchbrechung der Rechtskraft« einen Eingriff in die in § 322 ZPO geschützte Rechtsposition darstellt, bedarf es eines Parlamentsgesetzes, da die vorhandene Ermächtigungsnorm des § 65 InsO nicht ausreicht (*Küpper/Heinze* ZInsO 2007, 231 ff.)

E. Gesetz zur weiteren Erleichterung der Sanierung von Unternehmen (ESUG) vom 07.12.2011

Das **Gesetz zur weiteren Erleichterung der Sanierung von Unternehmen** (ESUG) vom 07.12.2011 hat u.a. § 17 Abs. 2 InsVV eingefügt. Mit dieser Regelung soll **die Vergütung der Mitglieder des vorläufigen Gläubigerausschusses** gem. § 56a Abs. 1 InsO (der Verordnungstext in § 17 Abs. 2 InsVV verweist auf § 56 Abs. 2 InsO, was einen Redaktionsfehler darstellt; s. hierzu § 17 InsVV Rdn. 19) und gem. § 270 Abs. 3 InsO geregelt werden. Es wurde eine **beschränkte Vergütung in Höhe von EUR 300,00** festgelegt. Im Einzelnen wird bezüglich § 17 Abs. 2 InsVV auf § 17 InsVV Rdn. 19 verwiesen. Die in § 17 Abs. 2 InsVV durch Verweis auf »§ 56 Abs. 2 InsO« bzw. richtigerweise § 56a Abs. 1 InsO und § 270 Abs. 3 InsO genannten Aufgaben des vorläufigen Gläubigerausschusses wurden erst durch das ESUG vom 07.12.2011 (BGBl. I S. 2582) in der Insolvenzordnung verankert und ist folglich gem. Art. 103g EGInsO nur für Insolvenzverfahren anwendbar, für die ab dem 01.03.2012 Insolvenzanträge gestellt wurden.

F. Gesetz zur Verkürzung des Restschuldbefreiungsverfahrens und zur Stärkung der Gläubigerrechte

Durch das Gesetz zur Verkürzung des Restschuldbefreiungsverfahrens und zur Stärkung der Gläubigerrechte wurde in § 19 Abs. 4 InsVV festgelegt, dass die Vorschriften der InsVV auf Insolvenzverfahren, die vor dem 01.07.2014 beantragt worden sind, in ihrer bis zum Inkrafttreten des Gesetzes vom 15.07.2013 (BGBl. I S. 2379) am 01.07.2014 geltenden Fassung weiter anzuwenden seien.

Der Gesetz-/Verordnungsgeber strebte bereits mit Inkrafttreten des Gesetzes zur Verkürzung des Restschuldbefreiungsverfahrens und zur Stärkung der Gläubigerrechte vom 15.07.2013 (BGBl. I S. 2379) eine zügige gesetzliche Klarstellung des gesetzgeberischen Willens gegenüber den Entscheidungen des *BGH* (NZI 2013, 29; NZI 2013, 183; ZInsO 2013, 815; ZIP 2013, 30) an. Der Gesetz-/Verordnungsgeber wollte klarstellen, dass die von dem BGH mit den vorgenannten Entscheidungen angegriffene Rechtslage dem gesetzgeberischen Willen entsprach und nach wie vor entspricht. Zu diesem Zwecke wurden § 63 Abs. 3 und § 65 InsO sowie § 11 InsVV geändert. Die Änderungen sollten nach dem gesetzgeberischen Willen bereits mit Inkrafttreten des Gesetzes zur Verkürzung des Restschuldbefreiungsverfahrens und zur Stärkung der Gläubigerrechte am 19.07.2013 in Kraft treten, entgegen des Inkrafttretens der sonstigen Regelungen in dem vorgenannten Gesetz mit Wirkung zum 01.07.2014. In Art. 6 des vorgenannten Gesetzes wurde zur Änderung des Einführungsgesetzes zur Insolvenzordnung ein Art. 103h eingefügt, wonach § 63 Abs. 3 und § 65 InsO in der ab dem 19.07.2013 geltenden Fassung auf Insolvenzverfahren, die ab dem 19.07.2013 beantragt worden sind, anzuwenden seien. Allerdings wurde in Art. 9 des Gesetzes zur Verkürzung des Restschuldbefreiungsverfahrens und zur Stärkung der Gläubigerrechte verabsäumt, in der Aufzählung der Artikel, die bereits mit Inkrafttreten des Gesetzes (19.07.2013) in Kraft treten sollen, den oben genannten Art. 6 aufzuzählen. Zwar wurde in der Aufzählung der bereits am 19.07.2013 in Kraft tretenden Gesetze Art. 1 Nr. 12, der die Änderung des § 63 InsO zum Inhalt hat, aufgeführt. Auch wurde Art. 5 Nr. 3, mit der Änderung des § 11 InsVV, genannt. Allerdings wurde die entsprechende Überleitungsvorschrift, Art. 6 Nr. 2 **nicht** angeführt. Zwar dürfte aufgrund des Versäumnisses, Art. 6 nicht zu nennen, möglicherweise ein Inkrafttreten der Änderungen mit Wirkung zum 19.07.2013 formell betrachtet fraglich sein, da das Gesetz selbst erst zum 01.07.2014 in Kraft tritt. Weiterhin dürften formell gesehen die Änderungen in §§ 63 Abs. 3 und 65 InsO sowie § 11 InsVV erst zum 01.07.2014 mit Wirkung zum 19.07.2013 in Kraft treten. Das Versäumnis des Gesetz-/Verordnungsgebers dürfte jedoch als ein **Redaktionsversehen** anzusehen sein. Infolge der inhaltlichen Klarstellung des gesetzgeberischen Willens, durch die vorgesehenen Änderungen mit auch entsprechender Angabe des Inkrafttretensdatums ist festzuhalten, dass für Verfahren, die vor Inkrafttreten der Änderungen in § 63 InsO bzw. § 11 InsVV eingeleitet wurden, die gleichen Maßstäbe anzusetzen sind, wie nach Inkrafttreten der vorgenannten Änderungen (so auch NZI 2013, 836). Damit wird dem gesetzgeberischen Willen entsprochen.

11 Hinsichtlich der Auswirkungen der Einbeziehung von Aus- und Absonderungsrechten in die Berechnungsgrundlage und der damit verbundenen Änderungen in § 63 Abs. 3 InsO in der ab dem 19.07.2013 geltenden Fassung wurde eine frühere Anwendbarkeit festgelegt und zwar bereits ab Inkrafttreten, mithin am 19.07.2013. Die Bestimmung hierüber befindet sich in Art. 103h des Einführungsgesetzes zur Insolvenzordnung vom 05.10.1994 (BGBl. I S. 2911) das durch Art. 9 des Gesetzes vom 13.02.2013 (BGBl. I S. 174) und zuletzt durch Art. 6 des Gesetzes vom 15.07.2013 (BGBl. I S. 2379) geändert worden ist.

12 Diese Überleitungsregelung war außerhalb der InsVV festzuschreiben, da eine Regelung (§ 63 Abs. 3 InsO) in die InsO eingeführt wurde.

13 Auch in Art. 9 des Gesetzes über die Verkürzung des Restschuldbefreiungsverfahrens und zur Stärkung der Gläubigerrechte ist ausdrücklich ausgeführt, dass die Änderungen in § 11 InsVV und § 63 InsO einen Tag nach der Verkündung des Gesetzes mithin am 19.07.2013 in Kraft treten.

14 Aufgrund von Redaktionsversehen ergeben sich Ungereimtheiten im Übergangsrecht (vgl. hierzu i.E. *Amery* ZIP 2016, 2208; *Prasser* InsbürO 2017, 14).

§ 20 Inkrafttreten

Diese Verordnung tritt am 1. Januar 1999 in Kraft.

Anhang I Arbeitnehmererfindungen in der Insolvenz

§ 27 ArbnErfG n.F. (Fassung 2009) Insolvenzverfahren[1]

Wird nach Inanspruchnahme der Diensterfindung das Insolvenzverfahren über das Vermögen des Arbeitgebers eröffnet, so gilt Folgendes:
1. Veräußert der Insolvenzverwalter die Diensterfindung mit dem Geschäftsbetrieb, so tritt der Erwerber für die Zeit von der Eröffnung des Insolvenzverfahrens an in die Vergütungspflicht des Arbeitgebers ein.
2. Verwertet der Insolvenzverwalter die Diensterfindung im Unternehmen des Schuldners, so hat er dem Arbeitnehmer eine angemessene Vergütung für die Verwertung aus der Insolvenzmasse zu zahlen.
3. In allen anderen Fällen hat der Insolvenzverwalter dem Arbeitnehmer die Diensterfindung sowie darauf bezogene Schutzrechtspositionen spätestens nach Ablauf eines Jahres nach Eröffnung des Insolvenzverfahrens anzubieten; im Übrigen gilt § 16 entsprechend. Nimmt der Arbeitnehmer das Angebot innerhalb von zwei Monaten nach dessen Zugang nicht an, kann der Insolvenzverwalter die Erfindung ohne Geschäftsbetrieb veräußern oder das Recht aufgeben. Im Fall der Veräußerung kann der Insolvenzverwalter mit dem Erwerber vereinbaren, dass sich dieser verpflichtet, dem Arbeitnehmer die Vergütung nach § 9 zu zahlen. Wird eine solche Vereinbarung nicht getroffen, hat der Insolvenzverwalter die Vergütung aus dem Veräußerungserlös zu zahlen.
4. Im Übrigen kann der Arbeitnehmer seine Vergütungsansprüche nach den §§ 9 bis 12 nur als Insolvenzgläubiger geltend machen.

§ 27 ArbnErfG a.F. (Fassung 1999)[2] – Insolvenzverfahren

Wird nach unbeschränkter Inanspruchnahme der Diensterfindung das Insolvenzverfahren über das Vermögen des Arbeitgebers eröffnet, so gilt folgendes:
1. Veräußert der Insolvenzverwalter die Diensterfindung mit dem Geschäftsbetrieb, so tritt der Erwerber für die Zeit von der Eröffnung des Insolvenzverfahrens an in die Vergütungspflicht des Arbeitgebers (§ 9) ein.
2. Veräußert der Insolvenzverwalter die Diensterfindung ohne den Geschäftsbetrieb, so hat der Arbeitnehmer ein Vorkaufsrecht. Übt der Arbeitnehmer das Vorkaufsrecht aus, so kann er mit seinen Ansprüchen auf Vergütung für die unbeschränkte Inanspruchnahme der Diensterfindung gegen die Kaufpreisforderung aufrechnen. Für den Fall, dass der Arbeitnehmer das Vorkaufsrecht nicht ausübt, kann der Insolvenzverwalter mit dem Erwerber vereinbaren, dass sich dieser verpflichtet, dem Arbeitnehmer eine angemessene Vergütung (§ 9) für die weitere Verwertung der Diensterfindung zu zahlen. Wird eine solche Vereinbarung nicht getroffen, so erhält der Arbeitnehmer eine angemessene Abfindung aus dem Veräußerungserlös.
3. Verwertet der Insolvenzverwalter die Diensterfindung im Unternehmen des Schuldners, so hat er dem Arbeitnehmer eine angemessene Vergütung für die Verwertung aus der Insolvenzmasse zu zahlen.
4. Will der Insolvenzverwalter die Diensterfindung weder im Unternehmen des Schuldners verwerten noch veräußern, so gilt § 16 Abs. 1 und 2 entsprechend. Verlangt der Arbeitnehmer die Übertragung der Erfindung, so kann er mit seinen Ansprüchen auf Vergütung für die unbe-

---

1 § 27 ArbnErfG in der durch Art. 7 Nr. 15 des am 01.10.2009 in Kraft getretenen Patentrechtsmodernisierungsgesetzes vom 31.07.2009 (BGBl. I S. 2521) geänderten Fassung.
2 § 27 ArbnErfG in der früheren, durch Art. 56 EGInsO geänderten Fassung, die nach Art. 110 Abs. 1 EGInsO am 01.01.1999 in Kraft getreten war. Diese frühere Fassung gilt nach § 43 Abs. 3 ArbnErfG n.F. noch für Erfindungen, die vor dem 1. Oktober 2009 gemeldet wurden (s. hier Rdn. 2).

Anh. I Arbeitnehmererfindungen in der Insolvenz (§ 27 ArbnErfG)

schränkte Inanspruchnahme der Diensterfindung gegen den Anspruch auf Erstattung der Kosten der Übertragung aufrechnen.

5. Im Übrigen kann der Arbeitnehmer seine Vergütungsansprüche nur als Insolvenzgläubiger geltend machen.

Übersicht

	Rdn.
A. Einführung	1
I. Bedeutung des Gesetzes über Arbeitnehmererfindungen (ArbnErfG)	1
II. Die Rechtsbeziehungen zwischen Arbeitgeber und Arbeitnehmererfinder nach dem ArbnErfG	4
1. Gesetzliches Schuldverhältnis	4
2. Persönlicher Anwendungsbereich des ArbnErfG	7
3. Sachlicher Anwendungsbereich des ArbnErfG	13
a) Erfindungen, technische Verbesserungsvorschläge	13
b) Sonstige schöpferische Leistungen des Arbeitnehmers	26
4. Meldung und Inanspruchnahme der Diensterfindung	30
5. Vergütungsanspruch des Arbeitnehmers	35
6. Auswirkung einer Beendigung des Arbeitsverhältnisses (§ 26 ArbnErfG)	45
7. Rechtsstreitigkeiten	47
B. Die insolvenzrechtliche Sonderregelung des § 27 ArbnErfG	49
I. Früheres Recht (§ 27 ArbnErfG Fassung 1999)	49
II. Reform des § 27 ArbnErfG durch die ArbnErfG-Novelle 2009	51
III. Zeitlicher, sachlicher und räumlicher Geltungsbereich des § 27 ArbnErfG (Fassungen 1999 und 2009)	54
C. Regelungsgegenstände des § 27 ArbnErfG a.F. (Fassung 1999)	60
I. Veräußerung der Diensterfindung durch den Insolvenzverwalter	61
1. Veräußerung ohne Geschäftsbetrieb – Vorkaufsrecht des Arbeitnehmers (§ 27 Nr. 2 ArbnErfG a.F.)	62
2. Veräußerung mit Geschäftsbetrieb – Eintritt des Erwerbers in die Vergütungspflicht (§ 27 Nr. 1 ArbnErfG a.F.)	92
II. Verwertung der Diensterfindung durch den Insolvenzverwalter im Unternehmen (§ 27 Nr. 3 ArbnErfG a.F.)	100
III. Nicht verwertete Diensterfindungen – Übertragungsanspruch des Arbeitnehmers (§ 27 Nr. 4 ArbnErfG a.F.)	108
IV. Der Arbeitnehmererfinder als Insolvenzgläubiger für Vergütungsansprüche aus der Zeit vor Insolvenzeröffnung (§ 27 Nr. 5 ArbnErfG a.F.)	120
D. Regelungsgegenstände des § 27 ArbnErfG n.F. (Fassung 2009)	127
I. Veräußerung der Diensterfindung mit Geschäftsbetrieb durch den Insolvenzverwalter (§ 27 Nr. 1 ArbnErfG n.F.)	129
II. Verwertung der Diensterfindung durch den Insolvenzverwalter im Unternehmen (§ 27 Nr. 2 ArbnErfG n.F.)	133
III. Anbietungspflicht in den anderen Fällen (§ 27 Nr. 3 ArbnErfG n.F.)	137
1. Rechtscharakter als Auffangtatbestand (Satz 1)	139
2. Angebotsannahme durch den Arbeitnehmer bzw. deren Unterbleiben (Satz 2)	148
3. Anzustrebende Vereinbarung der Vergütungspflicht mit dem Rechtserwerber (Sätze 3 und 4)	152
IV. Der Arbeitnehmererfinder als Insolvenzgläubiger (§ 27 Nr. 4 ArbnErfG n.F.)	157
E. Sonstige Ansprüche des Arbeitnehmers	158

Literatur:
Bartenbach Patentlizenz- und Know-how-Vertrag, 7. Aufl. 2013; *Bartenbach, A.* Arbeitnehmererfindungen im Konzern, 3. Aufl. 2015; *Bartenbach/Volz* Arbeitnehmererfindervergütung, Kommentar zu den Amtlichen Richtlinien für die Vergütung von Arbeitnehmererfindungen, 4. Aufl. 2017 (zit.: KommRL); *dies.* Arbeitnehmererfindergesetz, Kommentar zum Gesetz über Arbeitnehmererfindungen, 5. Aufl. 2012 (zit.: KommArbnErfG); *dies.* Arbeitnehmererfindungen – Praxisleitfaden mit Mustertexten, 6. Aufl. 2014;; *Busse/Keukenschrijver* Patentgesetz, 8. Aufl. 2016; *Gärtner/Simon* Reform des Arbeitnehmererfinderrechts – Chancen und Risiken, BB 2011, 1909; *Gaul/Bartenbach* EGR, Entscheidungssammlung Arbeitnehmererfindungsrecht, 2. Aufl. 1998 (Loseblattsammlung); *Kunzmann* Anmerkung zu LG Düsseldorf vom 10.8.2010 – Veräußerung einer Arbeitnehmererfindung in der Insolvenz, NZI 2012, 631; *Hofmann* Das Anwartschaftsrecht des Arbeitgebers vor Inanspruchnahme einer Diensterfindung in der Insolvenz, GRUR-RR 2013, 233; *Mulch* Arbeitnehmererfindungsrechte in der Insolvenz, IPRB 2010, 232; *Oster* Arbeitnehmererfindungen beim Betriebsübergang in der Insolvenz, GRUR 2012, 467; *Paul* Arbeitnehmererfindungsrechte in der Insolvenz des Arbeitgebers, ZInsO 2009, 139;

Richardi/Wlotzke (Hrsg.), Münchener Handbuch zum Arbeitsrecht, Bd. 1 f., 3. Aufl. 2009; *Reimer/Schade/ Schippel* ArbEG – Gesetz über Arbeitnehmererfindungen und deren Vergütungsrichtlinien, Kommentar, 8. Aufl. 2007 (zit.: ArbEG); *Schaub* Arbeitsrechts-Handbuch, 16. Aufl. 2015; *Schulte* Patentgesetz mit Europäischem Patentübereinkommen, Kommentar, 14. Aufl. 2011; *Trimborn* Aktuelle Entwicklungen im Arbeitnehmererfindungsrecht ab 2010, Mitt.Pat. 2012, 70; *Volmer/Gaul* Arbeitnehmererfindungsgesetz, Kommentar, 2. Aufl. 1983; *Wiedemann, Markus* Lizenzen und Lizenzverträge in der Insolvenz, 2006; *Wiedemann, Maximilian* Die Vergütung des Arbeitnehmererfinders in der Insolvenz des Arbeitgebers (§ 27 ArbnErfG), 2016.

A. Einführung

I. Bedeutung des Gesetzes über Arbeitnehmererfindungen (ArbnErfG)

Auf Erfindungen von Arbeitnehmern gehen rund 90 % aller im Inland eingereichten Patentanmeldungen zurück. Dem trägt das **Gesetz über Arbeitnehmererfindungen** (ArbnErfG) Rechnung. Das Gesetz soll den Interessenkonflikt zwischen Arbeitsrecht und Patentrecht lösen, der sich daraus ergibt, dass im Arbeitsverhältnis geschaffene Arbeitsergebnisse dem Arbeitgeber zustehen, während nach dem Erfinderprinzip Erfindungsrechte in der Person des Erfinders (Arbeitnehmers) entstehen (vgl. § 6 Satz 1 PatG; Art. 60 Abs. 1 Satz 1 EPÜ). Zur Lösung dieses Interessenwiderstreits geht das ArbnErfG zwar von dem Erfinderprinzip aus; dem Arbeitgeber wird jedoch ein Zugriffsrecht auf solche Erfindungen zugestanden (Inanspruchnahmerecht), die während der Dauer des Arbeitsverhältnisses aus der dem Arbeitnehmer obliegenden Tätigkeit entstehen oder maßgeblich auf Erfahrungen oder Arbeiten des Betriebes beruhen (§ 4 Abs. 2 ArbnErfG, sog. Diensterfindungen). Als Ausgleich für die Überlassung der (vermögenswerten) Erfindungsrechte erhält der Erfinder einen Anspruch auf angemessene Vergütung (§ 9 ArbnErfG; vgl. zur Verfassungsgemäßheit *BVerfG* 24.04.1998 NJW 1998, 3704 [3705] – Induktionsschutz von Fernmeldekabeln). 1

Mit dem ArbnErfG verfolgt der Gesetzgeber das Ziel, das Gebiet der Arbeitnehmererfindungen möglichst **umfassend und abschließend** zu regeln (vgl. Amtl. Begr. BT-Drucks. II/1648 S. 14 = BlPMZ 1957, 225; zur Zielsetzung s.a. *BVerfG* 24.04.1998 NJW 1998, 3704 [3705] – Induktionsschutz von Fernmeldekabeln; *BGH* 02.06.1987 GRUR 1987, 900 [901] – Entwässerungsanlage). Hieraus erklärt es sich, dass schon die Ursprungsfassung des ArbnErfG eine Sonderregelung über die Stellung des Erfinders im Konkurs des Arbeitgebers enthielt (§ 27 ArbnErfG Fassung 1957). Insofern war es folgerichtig, dass der Gesetzgeber bei der Insolvenzrechtsreform zwar ein einheitliches Insolvenzrecht im Rahmen der InsO geschaffen, zugleich durch Art. 56 EGInsO den Standort für diese insolvenzrechtliche Sonderregelung im ArbnErfG beibehalten und den Inhalt dieser Norm den Zielen der Insolvenzrechtsreform angepasst hat (s. dazu u.a. *Bartenbach/Volz* GRUR Beilage I 4/2008, S. 1 [5]). Bei **Insolvenz des Arbeitnehmererfinders** ist § 27 ArbnErfG nicht einschlägig; das Gesetz kennt hier keine Sonderregelungen (s. *Bartenbach/Volz* ArbnErfG, § 27 n.F. Rn. 10). 2

Durch das Gesetz zur Vereinfachung und Modernisierung des Patentrechts – sog. Patentrechtsmodernisierungsgesetz – ist am 01.10.2009 die **ArbnErfG-Novelle 2009** in Kraft getreten (s. dazu u.a. *Bartenbach/Volz* GRUR 2009, 997 ff.; *Paul* ZInsO 2009, 1839 ff.; *Gärtner/Simon* BB 2011, 1909 ff.). In diesem Rahmen erfolgte auch eine Neufassung des § 27 ArbnErfG (s. Rdn. 51 f.). Nach dem **Übergangsrecht des § 43 Abs. 3 ArbnErfG** gelten die Änderungen durch die ArbnErfG-Novelle 2009 für alle Erfindungen, die seit dem 01.10.2009 nach § 5 ArbnErfG gemeldet bzw. nach § 18 ArbnErfG mitgeteilt werden (vgl. auch *BGH* 12.04.2011 GRUR 2011, 733 [734] Rn. 10 – Initialidee; 14.02.2017 Mitt.Pat. 2017, 183 – Lichtschutzfolie). Für die zuvor gemeldeten Alt-Erfindungen verbleibt es beim früheren Recht, und zwar auch soweit die Regelungstatbestände erst in die Zukunft, d.h. in die Zeit seit 01.10.2009, fallen (s. *Bartenbach/Volz* KommArbnErfG, § 43 Rn. 15 ff.; s.a. Rdn. 54 f.).

Das ArbnErfG ist nach h.M. ein dem **Arbeitsrecht zuzuordnendes Schutzgesetz** zugunsten des Arbeitnehmererfinders (*Schiedsst.* 26.01.1988 BlPMZ 1988, 349 [352]; *Bartenbach/Volz* GRUR 2009, 220 [223]). Daraus folgen zugleich **Einschränkungen in der Vertragsfreiheit**: Vor Meldung einer Diensterfindung dürfen die Vorschriften des ArbnErfG nicht zu Ungunsten des Arbeitnehmererfinders abgedungen werden (§ 22 Satz 1 ArbnErfG); hiergegen verstoßende Vereinbarungen sind nach 3

§ 134 BGB nichtig (allg. Ansicht, z.B. *Schiedsst.* 26.06.1968 BlPMZ 1969, 23 [26]). Eine nach Meldung der Erfindung getroffene, vom Gesetz zu Ungunsten des Erfinders abweichende Vereinbarung unterliegt der Unbilligkeitsprüfung nach § 23 ArbnErfG (s. hierzu *Volz* FS K. Bartenbach, S. 199 ff.). Die Bestimmungen der §§ 22, 23 ArbnErfG stellen zwingendes Recht dar. Auch die insolvenzrechtliche Sonderregelung des § **27 ArbnErfG** a.F./n.F. ist diesem **zwingenden Recht** zuzurechnen. Soweit § 27 ArbnErfG keine unmittelbaren Regelungsspielräume einräumt (vgl. etwa Rdn. 107), kann davon – auch nach Erfindungsmeldung – nicht im Vereinbarungswege abgewichen werden (s. *Bartenbach/Volz* KommArbnErfG, § 27 n.F. Rn. 5). Bei nach § 27 ArbnErfG zugelassenen Vereinbarungen sind stets die Schranken des § 23 ArbnErfG zu beachten (s. Rdn. 43).

II. Die Rechtsbeziehungen zwischen Arbeitgeber und Arbeitnehmererfinder nach dem ArbnErfG

1. Gesetzliches Schuldverhältnis

4   Mit **Fertigstellung der Arbeitnehmererfindung** während der Dauer des Arbeitsverhältnisses (vgl. § 4 Abs. 2 ArbnErfG) entsteht ein **gesetzliches Schuldverhältnis** nach dem ArbnErfG, und zwar ausschließlich zwischen Arbeitgeber und Arbeitnehmer (*Bartenbach/Volz* KommArbnErfG, § 1 Rn. 160). Werden Pflichten aus dem ArbnErfG verletzt, können diese eine **Schadensersatzpflicht** aus § 280 Abs. 1 BGB auslösen (s. hierzu *Bartenbach/Volz* Praxisleitfaden, Rn. 28). Daneben kommt bei Missachtung erfinderrechtlicher Pflichten durch den Insolvenzverwalter dessen Haftung nach § 60 InsO in Betracht (vgl. auch *LG Düsseldorf* 10.08.2010 – 4a O 132/09, NZI 2012, 627 [631] – Hochgeschwindigkeitslaborgeräte).

5   Aus dem gesetzlichen Schuldverhältnis folgt, dass die Rechte und Pflichten aus dem ArbnErfG **keine dingliche Belastung der Erfindung** darstellen. Sie gehen insbesondere bei Übertragung der Erfindungsrechte durch den Arbeitgeber (Insolvenzverwalter) auf einen Dritten nicht auf den Rechtserwerber über (*Amtl. Begr.* BT-Drucks. II/1648 S. 16 = BlPMZ 1957, 226; vgl. ferner *Schiedsst.* vom 26.01.1981 BlPMZ 1982, 56; *Bartenbach/Volz* KommArbnErfG, § 7 n.F. Rn. 24). Der Rechtserwerber übernimmt die Erfindungsrechte unbelastet von Pflichten aus dem ArbnErfG (*Schiedsst.* 19.12.1991 GRUR 1992, 847 [848] – Geschäftsaktivitäten-Veräußerung). Von diesem Grundsatz machen allerdings § 27 Nrn. 1 und 2 ArbnErfG a.F. bzw. § 27 Nrn. 1 und 3 ArbnErfG n.F. gewisse Ausnahmen (s. Rdn. 77 ff., 92 ff., 152 ff.).

6   Von der Frage der dinglichen Belastung der Erfindungsrechte zu trennen ist die Rechtsfolge bei einem **Betriebsübergang** (§ 613a BGB). Nach h.M. erfasst die Rechtsfolge des § 613a BGB auch die Rechte und Pflichten aus dem ArbnErfG (*LG Düsseldorf* 13.04.2010 Mitt.Pat. 2010, 541 [544] – Beschichtung von Solarabsorbern; *Schiedsst.* 12.05.1987/26.01.1988 BlPMZ 1988, 349 [350 f.]; *Schaub* FS Bartenbach, S. 229, 241; *Kunzmann* NZI 2012, 631 [632]; *Oster* GRUR 2012, 467 [468 f.]; i.E. streitig, s. die Nachw. bei *Bartenbach/Volz* KommArbnErfG, § 1 Rn. 114 ff.). Da § 613a BGB auch bei einem Betriebsübergang in der Insolvenz grds. anwendbar ist (vgl. *Mues* vor § 113 InsO Rdn. 50 ff.), können die erfinderrechtlichen Auswirkungen auch hier relevant werden. (s.a. Rdn. 92 ff.).

2. Persönlicher Anwendungsbereich des ArbnErfG

7   Das ArbnErfG gilt nur für Erfindungen und technische Verbesserungsvorschläge von **Arbeitnehmern**. Leiharbeitnehmer kommen nach § 11 Abs. 7 AÜG bei Insolvenz des Entleihers in den Genuss des § 27 ArbnErfG (s. dazu *Bartenbach/Volz* Praxisleitfaden, Rn. 57). Die Arbeitnehmereigenschaft bestimmt sich nach den allgemeinen arbeitsrechtlichen Grundsätzen (ganz h.M.: *BGH* 24.10.1989 GRUR 1990, 193 – Autokindersitz; *Reimer/Schade/Schippel/Rother* ArbEG, § 1 Rn. 2; zum Arbeitnehmerbegriff vgl. hier *Mues* Anh. zu § 113 InsO Rdn. 37 ff.). Demzufolge unterliegen die Erfindungen von **Organmitgliedern** – etwa Geschäftsführern einer GmbH bzw. Vorstandsmitgliedern einer AG – ebenso wenig dem ArbnErfG (*BGH* 10.05.1988 GRUR 1988, 762 [763] – Windform, 26.09.2006 GRUR 2007, 52 – Rollenantriebseinheit II; 22.02.2011 GRUR 2011, 509 [510] Rn. 15 – Schweißheizung) wie die von persönlich haftenden Gesellschaftern (vgl. *BGH* 30.10.1990 GRUR

1991, 127 [129] – Objektträger; ausf. zu Organmitgliedern A. *Bartenbach/Fock* GRUR 2005, 384 ff.; *Zimmermann* FS Schilling S. 415; *Trimborn* Erfindungen von Organmitgliedern, 1998), von Pensionären (*OLG Düsseldorf* 26.05.1961 BlPMZ 1962, 193; *Schiedsst*. 19.03.2009 – Arb.Erf. 24/06, n.v.), von freien Handelsvertretern oder freien Mitarbeitern (*Gaul* RdA 1982, 268 [275 f.]).

Ist mit Personen, denen kein Arbeitnehmerstatus zukommt, für deren Erfindungen die **Anwendbarkeit des ArbnErfG vereinbart**, ist dies im Rahmen der Vertragsfreiheit grds. möglich (*LG Düsseldorf* 08.08.2002 Mitt.Pat. 2002, 234 f. – Freigabeanspruch). Eine solche Vereinbarung erstreckt sich allerdings nur auf die materiellen Bestimmungen des ArbnErfG; nicht erfasst sind dagegen die insolvenzrechtlichen Sonderbestimmungen des § 27 ArbnErfG.

Ist ein Arbeitnehmer in **mehreren Arbeitsverhältnissen** (Doppelarbeitsverhältnis) tätig, entscheidet sich die Zuordnung einer hierbei fertig gestellten Erfindung nach der sog. Sphärentheorie, also danach, in welcher Eigenschaft bzw. auf welcher Grundlage der Erfinder diese technische Neuerung entwickelt hat (A. *Bartenbach* Arbeitnehmererfindungen im Konzern, Rn. 171 ff.; zust. *Schiedsst*. 05.07.1991 GRUR 1992, 499 [501] – Einheitliches Arbeitsverhältnis; vgl. auch *BAG* 10.07.1980 GmbH-Rundschau 1981, 113 [114]; einschränkend *BGH* 24.10.1989 GRUR 1990, 193 [194] – Autokindersitz).

Wird eine Erfindung von mehreren **Miterfindern** gemeinsam entwickelt, besteht zwischen diesen im Regelfall eine Bruchteilsgemeinschaft i.S.d. §§ 741 ff. BGB (s. *BGH* 18.03.2003 GRUR 2003, 702 [704] – Gehäusekonstruktion; 12.03.2009 GRUR 2009, 657 [659] – Blendschutzbehang; *Hellebrand* FS K. Bartenbach, S. 141, 143 ff.; *Sefzig* GRUR 1995, 302 ff.; vgl. auch *von der Groeben* GRUR 2014, 11 ff.). Das gesetzliche Schuldverhältnis nach dem ArbnErfG (s. Rdn. 4) wird zwischen jedem einzelnen Miterfinder und seinem Arbeitgeber begründet. Dementsprechend ist auch die insolvenzrechtliche Sonderregelung des § 27 ArbnErfG im Verhältnis zu jedem einzelnen (Arbeitnehmer-)Miterfinder zu beachten. Miterfinder ist derjenige, der einen **schöpferischen Beitrag** zu der gemeinschaftlichen Erfindung geleistet hat (*BGH* 17.10.2000 GRUR 2001, 226 [227] – Rollenantriebseinheit I; 16.09.2002 GRUR 2004, 50, 51 – Verkranzungsverfahren; 17.05.2011 GRUR 2011, 903 [904 f.] Rn. 14, 23, 24 – Atemgasdrucksteuerung). Das Ausmaß der schöpferischen Mitarbeit schlägt sich in der Höhe des **Miterfinderanteils** nieder (vgl. hierzu *BGH* 20.02.1979 GRUR 1979, 540 [542] – Biedermeiermanschetten; 22.11.2011 GRUR 2012, 380 [381 f.] Rn. 26 ff. – Ramipril II; s. im Übrigen *Bartenbach/Volz* KommArbnErfG, § 12 Rn. 30 ff.). Nur wenn keine eindeutige Gewichtung möglich ist, kann gem. § 743 BGB von gleichen Anteilen ausgegangen werden.

Auch der **Arbeitgeberbegriff** bestimmt sich nach arbeitsrechtlichen Kriterien; dies richtet sich danach, wer Gläubiger der Arbeitsleistung ist (vgl. *Volmer* GRUR 1978, 393 ff.).

Durch die **Eröffnung des Insolvenzverfahrens** wird – wie sich im Umkehrschluss aus § 113 InsO ergibt – der Fortbestand des Arbeitsverhältnisses nicht berührt. Nach § 108 Abs. 1 InsO bleibt das Arbeitsverhältnis mit Wirkung für die Insolvenzmasse bestehen (*BAG* 19.10.2004 ZIP 2005, 457 [458]). Der **Insolvenzverwalter** wird nicht Rechtsnachfolger des Arbeitgebers, sondern ist lediglich an dessen Stelle nach Maßgabe der InsO verwaltungs- und verfügungsbefugt über das zur Insolvenzmasse gehörende Vermögen (vgl. §§ 27, 56 ff., 80 InsO). Soweit § 27 ArbnErfG keine Sonderregelungen trifft, unterliegt der Insolvenzverwalter auch in Bezug auf Arbeitnehmererfindungen den allgemeinen Vorgaben der InsO. Beispielsweise kann er frühere unentgeltliche Verfügungen des Arbeitgebers (Schuldners) über eine Diensterfindung gem. §§ 134, 143 InsO anfechten (vgl. *OLG Karlsruhe* 26.09.2012 Mitt.Pat. 2013, 91 f. – Formatkreissäge). Zudem übt er die Arbeitgeberfunktionen aus und ist für die Dauer des Insolvenzverfahrens »Arbeitgeber kraft Amtes« (*GemS OBG* 27.09.2010 NZA 2011, 534 [535] Rn. 18; s. i.E. *Wimmer-Amend* § 80 Rdn. 39). Davon geht auch die Regelung des § 27 ArbnErfG aus.

3. Sachlicher Anwendungsbereich des ArbnErfG

a) Erfindungen, technische Verbesserungsvorschläge

13 Ausweislich §§ 1–3 ArbnErfG unterliegen dem Gesetz nur **technische Neuerungen**, also patent- und gebrauchsmusterfähige Erfindungen (§ 2 ArbnErfG) sowie technische Verbesserungsvorschläge als sonstige technische Neuerungen, die nicht patent- oder gebrauchsmusterfähig sind (§§ 3, 20 ArbnErfG).

14 Die **Patent- oder Gebrauchsmusterfähigkeit** bestimmt sich nach dem Patentgesetz bzw. dem Gebrauchsmustergesetz. Für europäische Patente tritt an die Stelle des PatG das Europäische Patentübereinkommen (EPÜ).

15 Da es nach § 2 ArbnErfG auf die bloße **Fähigkeit** zum Patent- oder Gebrauchsmusterschutz ankommt, werden die Rechte und Pflichten aus dem ArbnErfG nicht erst durch eine Schutzrechtserteilung begründet. Vielmehr knüpft das Gesetz schon an die einer Erfindung von vornherein anhaftende Eigenschaft (»Fähigkeit«) an, dass hierfür ein Schutzrecht erteilt werden kann (*BGH* 28.02.1962 GRUR 1963, 135 [136] – Cromegal; *Windisch* GRUR 1985, 829 [835]; *Schiedsst.* 04.06.1993 GRUR 1994, 615 [619] – Anspruchsentstehung).

16 Dementsprechend gilt das ArbnErfG auch bei **Zweifeln an der Schutzfähigkeit** (vgl. *BGH* 02.06.1987 GRUR 1987, 900 [902] – Entwässerungsanlage). Daher gelten die Rechte und Pflichten aus § 27 ArbnErfG für jede Diensterfindung auch dann, wenn das hierauf bezogene Schutzrechtserteilungsverfahren noch nicht abgeschlossen ist (vgl. auch *BGH* 18.05.2010 Mitt.Pat. 2010, 443 [445 f.] – Steuervorrichtung). Insoweit stellt § 27 ArbnErfG folgerichtig nur auf die Diensterfindung und nicht auf hierauf erteilte Schutzrechte ab.

17 Bei den Erfindungen von Arbeitnehmern unterscheidet das Gesetz zwischen Diensterfindungen und freien Erfindungen:

18 **Diensterfindungen** (gebundene Erfindungen) sind solche Erfindungen, die während der Dauer des Arbeitsverhältnisses gemacht worden sind und die entweder aus der dem Arbeitnehmer im Betrieb obliegenden Tätigkeit entstanden sind (§ 4 Abs. 2 Nr. 1 ArbnErfG – sog. Aufgaben- bzw. Obliegenheitserfindung) oder maßgeblich auf Erfahrungen oder Arbeiten des Betriebes beruhen (§ 4 Abs. 2 Nr. 2 ArbnErfG – sog. Erfahrungserfindung).

19 »**Während der Dauer des Arbeitsverhältnisses**« gemacht ist jede Erfindung, deren Entstehung in den Zeitraum zwischen dem rechtlichen Beginn und dem rechtlichen Ende eines Arbeitsverhältnisses fällt (vgl. etwa *OLG Thüringen* 07.12.2011 Mitt.Pat. 2012, 364 [365] – Allwettertrittschicht). Dabei spielt es keine Rolle, ob die Erfindung während der Arbeitszeit oder außerhalb entwickelt worden ist, so dass auch Erfindungen während des Urlaubs, der Freizeit oder einer Freistellung Diensterfindungen sein können (vgl. *BGH* 18.05.1971 GRUR 1971, 407 – Schlussurlaub; *Schiedsst.* 01.10.1987 BlPMZ 1988, 221).

20 »**Gemacht**« ist eine Diensterfindung dann, wenn sie **fertig gestellt** ist, d.h. wenn die ihr zugrunde liegende Lehre technisch ausführbar ist, wenn also der Durchschnittsfachmann nach den Angaben des Erfinders mit Erfolg arbeiten kann (*BGH* 10.11.1970 GRUR 1971, 210 [212] – Wildverbissverhinderung; *OLG Thüringen* 07.12.2011 Mitt.Pat. 2012, 364 [365] – Allwettertrittschicht). Unterlässt es ein Arbeitnehmer wegen der sich abzeichnenden Insolvenz seines Arbeitgebers pflichtwidrig, Überlegungen hinsichtlich einer ihm aufgetragenen technischen Verbesserung anzustellen, und erfindet er eine solche Verbesserung alsbald nach seinem Ausscheiden aus dem Arbeitsverhältnis, kann er verpflichtet sein, dem früheren Arbeitgeber ein auf die Erfindung von ihm selbst angemeldetes Schutzrecht zu übertragen (vgl. *BGH* 21.10.1980 GRUR 1981, 128 [129] – Flaschengreifer).

21 Ob eine **Aufgabenerfindung** (§ 4 Abs. 2 Nr. 1 ArbnErfG) vorliegt, bestimmt sich nach den arbeitsvertraglichen Pflichten des Arbeitnehmers, also nach dem ihm tatsächlich zugewiesenen Arbeits- und Pflichtenkreis (*Reimer/Schade/Schippel/Rother* ArbEG, § 4 Rn. 8). Insbesondere bei Mitarbeitern im Forschungs- und Entwicklungsbereich sowie in der Konstruktion ist von einer solchen be-

trieblichen Aufgabenstellung regelmäßig auszugehen, auch ohne dass es eines speziellen Auftrages des Arbeitgebers bedarf (*Bartenbach/Volz* KommArbnErfG, § 4 Rn. 22 ff., 26).

Demgegenüber handelt es sich um eine **Erfahrungserfindung** (§ 4 Abs. 2 Nr. 2 ArbnErfG), wenn der innerbetriebliche Stand der Technik in erheblichem Maße zur Erfindung beigetragen hat. Dies wird i.d.R. dann zu bejahen sein, wenn die Erfindung in den Arbeitsbereich des Unternehmens fällt und betriebliches Erfahrungsgut seinen Niederschlag findet (vgl. etwa *Schiedsst.* 01.10.1937 BlPMZ 1988, 221 [222]). 22

Liegt keine Diensterfindung vor, handelt es sich um eine **freie Erfindung** (§ 4 Abs. 3 ArbnErfG). Diese unterliegt nicht dem Zugriffsrecht des Arbeitgebers (Insolvenzverwalters). Insoweit ist der Arbeitnehmererfinder lediglich zur Mitteilung nach § 18 ArbnErfG verpflichtet, damit der Arbeitgeber (Insolvenzverwalter) überprüfen kann, ob es sich tatsächlich um eine freie Erfindung handelt. Will der Arbeitnehmer eine freie Erfindung während des bestehenden Arbeitsverhältnisses nutzen und fällt die Erfindung in den (vorhandenen oder vorbereiteten) Arbeitsbereich des Unternehmens, muss er gem. § 19 ArbnErfG dem Arbeitgeber (Insolvenzverwalter) zuvor mindestens ein nicht ausschließliches Nutzungsrecht zu angemessenen Bedingungen anbieten (einfacher Lizenzvertrag). Freie Erfindungen fallen nicht in den Anwendungsbereich des § 27 ArbnErfG (s. Rdn. 56). Soweit der Arbeitgeber sie nach § 19 ArbnErfG übernommen hat, fallen sie als pfändbares Vermögen nach §§ 35, 36 InsO in die Insolvenzmasse (wie hier *Zeising* Mitt.Pat. 2001, 60 [65]; *Reimer/Schade/Schippel/Rother* ArbEG, § 27 Rn. 2). 23

Technische Verbesserungsvorschläge sind nach § 3 ArbnErfG sonstige, d.h. nicht patent- oder gebrauchsmusterfähige technische Neuerungen. Diese stehen dem Arbeitgeber als Arbeitsergebnis von vornherein zu, ohne dass es einer förmlichen Inanspruchnahme bedarf (*BGH* 09.01.1964 GRUR 1964, 449 [452] – Drehstromwicklung; *Schiedsst.* 27.08.1980 EGR Nr. 8 zu § 20 und 05.11.1986 BlPMZ 1987, 209). Ihre Behandlung bestimmt sich nach Tarifvertrag (Ausnahme) oder Betriebsvereinbarung (Regelfall). Technische Verbesserungsvorschläge fallen zwar in die **Insolvenzmasse** (im Ergebnis unstreitig, vgl. *Bartenbach/Volz* KommArbnErfG, § 27 n.F. Rn. 22; wie hier *Wiedemann, M.* Rn. 611; *Zeising* Mitt.Pat. 2001, 60 [65]); sie unterliegen jedoch nicht dem Anwendungsbereich des § 27 ArbnErfG (s. Rdn. 56). Sie kann der Insolvenzverwalter uneingeschränkt verwerten (§ 80 InsO). Für die Vergütung (Prämierung) verwerteter **einfacher Verbesserungsvorschläge** ist die kollektivrechtliche Regelung maßgeblich (vgl. § 20 Abs. 2 ArbnErfG; *Bartenbach/Volz* Praxisleitfaden, Rn. 359 ff.); fehlt eine solche und ist auch individualvertraglich nichts geregelt, kann ausnahmsweise eine Vergütung bei einer über die geschuldete Arbeitsleistung hinausgehenden, für den Arbeitgeber wirtschaftlich wertvollen Sonderleistung geschuldet sein (vgl. *BAG* 28.04.1981 AP Nr. 1 zu § 87 BetrVG -Vorschlagswesen). Eine Sondervorschrift enthält § 20 Abs. 1 ArbnErfG hinsichtlich des Vergütungsanspruchs für sog. **qualifizierte technische Verbesserungsvorschläge**, die dem Arbeitgeber eine ähnliche Vorzugsstellung gewähren wie ein gewerbliches Schutzrecht (s. i.E. dazu *Bartenbach/Volz* KommArbnErfG, § 20 Rn. 11 ff.). Soweit vergütungspflichtige Verbesserungsvorschläge nach Eröffnung des Insolvenzverfahrens verwertet werden, sind Vergütungsansprüche Masseverbindlichkeiten (§ 55 Abs. 1 Nr. 1 InsO); für Vergütungsansprüche aus der Zeit davor ist der Arbeitnehmer Insolvenzgläubiger (s. Rdn. 158). Vergütungen für Verbesserungsvorschläge sollen zudem insolvenzgeldfähig sein (vgl. *Schwab* NZI 1999, 257 [259]; vgl. allgemein hier *Mues* Anh. zu § 113 InsO Rdn. 121 ff.). 24

Neben den **Lizenzrechten** bei freien Arbeitnehmererfindungen (s. Rdn. 23), kennt das ArbnErfG weitere **nichtausschließliche Rechte zur Erfindungsbenutzung**, und zwar bei Freigabe der Diensterfindung zur Schutzrechtsanmeldung im Ausland (§ 14 Abs. 3 ArbnErfG) und bei Aufgabe einer Schutzrechtsposition (§ 16 Abs. 3 ArbnErfG). Alle diese Nutzungsrechte entsprechen inhaltlich einer einfachen Lizenz (*BGH* 23.04.1974 GRUR 1974, 463 [464] – Anlagengeschäft); sie sind betriebsgebunden und können nicht auf Dritte – auch nicht mittels Unterlizenzen – übertragen werden (vgl. i.E. *Bartenbach/Volz* KommArbnErfG, § 16 Rn. 79 ff.; *Jestaedt* Patentrecht, 2. Aufl. 2008, Rn. 404). Derartige vom Arbeitgeber oder Insolvenzverwalter erwirkte Benutzungsrechte fallen zwar in die Insolvenzmasse (allg. Ansicht, z.B. *Reimer/Schade/Schippel/Rother* ArbEG, § 27 Rn. 3). 25

Der Insolvenzverwalter kann sie folglich gem. § 80 Abs. 1 InsO im Unternehmen des Schuldners innerbetrieblich einsetzen bzw. weiter verwerten, jedoch wegen der Betriebsgebundenheit nur gemeinsam mit dem Geschäftsbetrieb veräußern (*Zeising* Mitt.Pat. 2001, 60 [65]; *Wiedemann, M.* Rn. 648 ff., Rn. 655; s.a. § 12 PatG und dazu *BGH* 10.09.2009 GRUR 2010, 47 f. Rn. 11 ff. – Füllstoff). §§ 103 ff. InsO finden auf diese gesetzlichen Benutzungsrechte keine Anwendung (s. allgemein zu Lizenzverträgen *Bartenbach* Patentlizenz- und Know-how-Verträge, Rn. 607 ff.). Für die insolvenzrechtliche Einordnung der Vergütungsansprüche kommt es auch hier auf den Zeitpunkt der tatsächlichen Verwertung an (s. Rdn. 158 f.).

b) Sonstige schöpferische Leistungen des Arbeitnehmers

26 Sonstige im Arbeitsverhältnis geschaffene schöpferische Leistungen eines Arbeitnehmers, die nicht technischer Natur bzw. nicht patent- oder gebrauchsmusterfähig sind, fallen nicht in den sachlichen Anwendungsbereich des ArbnErfG; auch eine analoge Anwendung scheidet nach ganz h.M. aus. Das betrifft nicht zuletzt § 27 ArbnErfG, so dass die Sondervorschrift nicht auf andere schöpferische Leistungen ausgedehnt werden kann.

27 Dementsprechend findet das ArbnErfG keine Anwendung auf **urheberschutzfähige Leistungen, insbesondere Computerprogramme**; deren Zuordnung und Vergütung richtet sich nach § 43 UrhG bzw. – für urheberschutzfähige Computerprogramme – nach § 69b UrhG (vgl. *BAG* 12.03.1997 NZA 1997, 765 [766] – Schaufensterdekoration; *BGH* 24.10.2000 GRUR 2001, 155 ff. – Wetterführungspläne I m. Anm. *Grunert* Mitt.Pat. 2001, 234 ff.; 23.10.2001 GRUR 2002, 149 ff. – Wetterführungspläne II). Auch eine analoge Anwendung des § 27 ArbnErfG scheidet aus (wie hier u.a. *Wiedemann, M.* Rn. 643 ff.).

28 Für im Arbeitsverhältnis geschaffene **Designs** gilt das ArbnErfG ebenfalls nicht; diese sind gem. § 7 Abs. 2 DesignG von vornherein dem Arbeitgeber als Arbeitsergebnis zugeordnet, sofern sie von einem Arbeitnehmer in Ausübung seiner Aufgaben oder nach den Weisungen seines Arbeitgebers entworfen worden sind (vgl. *Bartenbach/Volz* KommArbnErfG, § 1 Rn. 5). § 27 ArbnErfG ist nicht analog anwendbar.

29 Gleiches gilt für **Marken**, die im Arbeitsverhältnis entwickelt werden. Sie fallen nicht unter das ArbnErfG und gehören als Arbeitsergebnis dem Arbeitgeber (s. allgemein *Buchner* GRUR 1985, 1 ff.; vgl. etwa *BAG* 30.04.1965 GRUR 1966, 88 [90] – Abdampfverwertung; zur Verwertbarkeit der Marke in der Insolvenz vgl. *Steinbeck* NZG 1999, 133 [139 f.]).

4. Meldung und Inanspruchnahme der Diensterfindung

30 Sobald der Arbeitnehmer eine Diensterfindung fertig gestellt hat (dazu s. Rdn. 20), ist er gem. § 5 ArbnErfG verpflichtet, sie unverzüglich **seinem Arbeitgeber gesondert zu melden**. Seit dem 01.10.2009 reicht hierfür die **Textform** (§ 126b BGB) aus, also etwa mittels Telefax oder elektronischer Medien (z.B. per E-Mail; s. dazu *Bartenbach/Volz* Praxisleitfaden, Rn. 109 f.). Der Arbeitnehmer hat kenntlich zu machen, dass es sich um eine Erfindungsmeldung handelt (s. dazu *BGH* 17.01.1995 Mitt.Pat. 1996, 16 – Gummielastische Masse I). Die Meldepflicht besteht für jeden Miterfinder, wobei die Miterfinder die Meldung gemeinsam abgeben können (§ 5 Abs. 1 Satz 2 ArbnErfG). Nach Eröffnung des Insolvenzverfahrens ist der Insolvenzverwalter Adressat der Erfindungsmeldung (s. Rdn. 12).

31 Die Erfindungsmeldung setzt die gesetzlichen Frist für die **Inanspruchnahme der Diensterfindung** in Gang. Seit der **ArbnErfG-Novelle 2009** (s. Rdn. 2) hat der Arbeitgeber die **Wahl zwischen** (formloser oder stillschweigender) **Inanspruchnahme und ausdrücklicher Freigabe** der Diensterfindung innerhalb von vier Monaten ab Erfindungsmeldung (§ 6 ArbnErfG n.F.). Durch die Inanspruchnahme gehen alle vermögenswerten Rechte an der Diensterfindung auf den Arbeitgeber über (§ 7 Abs. 1 ArbnErfG). Allein der Arbeitgeber kann nunmehr die Diensterfindung verwerten und hierüber frei verfügen (vgl. *BVerfG* 24.04.1998 NJW 1998, 3704 [3705] – Induktionsschutz von Fernmeldekabeln). Im Gegensatz dazu erwirbt der Arbeitgeber im Falle einer Freigabe keinerlei Rechte an der

Diensterfindung (vgl. § 8 Satz 2 ArbnErfG). Dank der gesetzlichen **Inanspruchnahmefiktion** (§ 6 Abs. 2 ArbnErfG n.F.) haben sich die früheren Kontroversen über Freiwerden oder Überleitung der Diensterfindung mittels konkludenter Inanspruchnahme bzw. Vereinbarung weitestgehend erledigt (s. zum früheren Recht u.a. *BGH* 04.04.2006 GRUR 2006, 754 ff. – Haftetikett u. 12.04.2011 GRUR 2011, 733 ff. – Initialidee; 14.02.2017 Mitt.Pat. 2017, 183 – Lichtschutzfolie). Ist bei Eröffnung des Insolvenzverfahrens die Frist noch nicht abgelaufen, hat nunmehr der Insolvenzverwalter das Recht zur Inanspruchnahme oder zur Freigabe (im Ergebnis wohl unstreitig, vgl. *Wiedemann, M.* Rn. 658 ff. m.w.N.; s.a. Rdn. 12 u. Rdn. 58); Gleiches gilt für die nach Eröffnung vom Arbeitnehmererfinder gemeldeten Diensterfindungen. Hat der Schuldner vor Insolvenzeröffnung auf eine **Inanspruchnahme** der Diensterfindung und damit auf den Erwerb der Erfindungsrechte **verzichtet**, berechtigt das nach Auffassung des *OLG Karlsruhe* (26.09.2012 Mitt.Pat. 2013, 91 [92 f.] – Formatkreissäge, allerdings zu §§ 6, 7 ArbEG a.F.) mangels Anwartschaftsrechts nicht zu einer Anfechtung nach §§ 134, 143 InsO (krit. *Hofmann* GRUR-RR 2013, 233 ff.).

Für **Alt-Erfindungen**, also für die vor dem 01.10.2009 gemeldeten Diensterfindungen, verbleibt es beim früheren Recht (§ 43 Abs. 3 ArbnErfG, s. Rdn. 2, 54 f.): Unterblieb eine form- und fristgerechte Inanspruchnahme innerhalb der viermonatigen Frist ab Erfindungsmeldung (§ 6 Abs. 2 Satz 2 ArbnErfG a.F.), wurde die Diensterfindung gem. § 8 Abs. 1 Nr. 3 ArbnErfG frei. Durch die unbeschränkte Inanspruchnahme gingen kraft Gesetzes gem. § 7 Abs. 1 ArbnErfG a.F. alle (vermögenswerten) Rechte an der Diensterfindung auf den Arbeitgeber über. Die Rechtswirkungen der früheren unbeschränkten Inanspruchnahme entsprechen denen der heutigen Inanspruchnahme. Die für Alt-Erfindungen auch mögliche bloß beschränkte Inanspruchnahme (§ 43 Abs. 3 ArbnErfG i.V.m. § 6, 7 Abs. 2 ArbnErfG a.F.) vermittelte dem Arbeitgeber dagegen nur ein einfaches, nicht ausschließliches und betriebsgebundenes Benutzungsrecht (s. Rdn. 25). 32

Mit Zugang der Erfindungsmeldung ist der Arbeitgeber nach § 13 Abs. 1 ArbnErfG verpflichtet, die Diensterfindung unverzüglich **im Inland zur Erteilung eines Schutzrechts anzumelden**. Dies gilt auch bei Zweifeln über die Schutzfähigkeit, da nur im Erteilungsverfahren diese Zweifel geklärt werden können (*BGH* 02.06.1987 GRUR 1987, 900 [910] – Entwässerungsanlage; s. Rdn. 16). Im Regelfall ist eine Patentanmeldung vorzunehmen, es sei denn, dass aus Gründen der wirtschaftlichen Verwertbarkeit ein Gebrauchsmusterschutz zweckdienlich erscheint (vgl. dazu *Schiedsst.* 08.02.1991 GRUR 1991, 753 [755] – Spindeltrieb; vgl. auch *BGH* 18.09.2007 GRUR 2007, 150 [153] Rn. 23 – selbststabilisierendes Kniegelenk). Auch diese Pflicht trifft nach Verfahrenseröffnung den Insolvenzverwalter (s. Rdn. 12). Ist die Diensterfindung vor Verfahrenseröffnung vom Arbeitgeber (unbeschränkt) in Anspruch genommen worden und will der Insolvenzverwalter eine **Schutzrechtsanmeldung nicht weiterführen**, muss er das Verfahren nach § 27 Nr. 4 ArbnErfG a.F. bzw. § 27 Nr. 3 ArbnErfG n.F. beachten (s. Rdn. 108 ff. bzw. Rdn. 137 ff.). Hat allerdings der Insolvenzverwalter nach Verfahrenseröffnung die (unbeschränkte) Inanspruchnahme erklärt, ist – anstelle des § 27 Nr. 4 ArbnErfG a.F. – grds. § 16 ArbnErfG zu beachten (s. Rdn. 58, 108, 138). Eine Ausnahme von der Anmeldepflicht besteht im Fall der Zustimmung des Arbeitnehmers zur Nichtanmeldung (§ 13 Abs. 2 Nr. 2 ArbnErfG) und dann, wenn es berechtigte Belange des Betriebs (Unternehmens) erfordern, eine vom Arbeitnehmer gemeldete Diensterfindung nicht bekannt werden zu lassen (Betriebsgeheimnis; § 13 Abs. 2 Nr. 3 ArbnErfG). Will der Arbeitgeber die Diensterfindung als ein solches **Betriebsgeheimnis**, behandeln, gilt § 17 ArbnErfG. Hiernach muss der Arbeitgeber die Schutzfähigkeit der Diensterfindung gegenüber dem Arbeitnehmer anerkennen (§ 17 Abs. 1 ArbnErfG) oder – bei Zweifeln an der Schutzfähigkeit – die Schiedsstelle anrufen (§ 17 Abs. 2 ArbnErfG; vgl. *BGH* 29.09.1987 GRUR 1988, 123 – Vinylpolymerisate). 33

Nach (unbeschränkter) Inanspruchnahme (§§ 6, 7 ArbnErfG n.F. bzw. §§ 6, 7 Abs. 1 ArbnErfG a.F.) ist der Arbeitgeber (Insolvenzverwalter) auch zur Vornahme von **Auslandsschutzrechtsanmeldungen** befugt (§ 14 Abs. 1 ArbnErfG). Will er für einzelne Auslandsstaaten kein Schutzrecht erwerben, muss er insoweit die Erfindungsrechte dem Arbeitnehmer freigeben, kann sich aber zugleich ein nicht ausschließliches, vergütungspflichtiges Nutzungsrecht in diesen Staaten vorbehalten (§ 14 Abs. 3 ArbnErfG). Der Arbeitgeber – bzw. an seiner Stelle der Insolvenzverwalter (s. Rdn. 12) – 34

Anh. I Arbeitnehmererfindungen in der Insolvenz (§ 27 ArbnErfG)

muss von sich aus aktiv werden (*BGH* 31.01.1978 GRUR 1978, 430 [434] – Absorberstabantrieb I). Eine vergleichbare Pflicht ergibt sich für den Arbeitgeber aus § 16 ArbnErfG im Falle der **Aufgabe von Schutzrechtspositionen**: Will er vor Erfüllung des Vergütungsanspruchs eine Schutzrechtsanmeldung bzw. ein erteiltes Schutzrecht nicht weiter verfolgen bzw. nicht aufrechterhalten, so ist die Rechtsposition zuvor dem Arbeitnehmer anzubieten. Diese Pflichten treffen auch den Insolvenzverwalter; dabei treten für solche Schutzrechtpositionen, die vor Eröffnung (unbeschränkt) in Anspruch genommene Diensterfindungen betreffen, an die Stelle des § 16 ArbnErfG die Regelungen des § 27 Nr. 3 ArbnErfG n.F. bzw. des § 27 Nr. 4 ArbnErfG a.F. (s. dazu Rdn. 100 ff., 108 ff.).

5. Vergütungsanspruch des Arbeitnehmers

35 Als Ausgleich für die Zuordnung von Erfindungsrechten an den Arbeitgeber gewährt § 9 ArbnErfG dem Arbeitnehmer einen **Anspruch auf angemessene Vergütung**. Damit soll ein gerechter Ausgleich zwischen den betrieblichen Interessen des Arbeitgebers und dem Vergütungsinteresse des Arbeitnehmerfinders hergestellt werden (*BGH* 13.11.1997 GRUR 1998, 689 [692] – Copolyester II). Die Vergütungsansprüche unterliegen den allgemeinen Vorschriften zur **Verjährung** (s. dazu *BGH* 26.11.2013 Mitt.Pat. 2014, 182 [183] Rn. 15 ff. – Profilstrangpressverfahren; *Bartenbach/Volz* KommArbnErfG, § 9 Rn. 39 ff.); unabhängig davon gelten auch die Grundsätze der **Verwirkung** (s. *Bartenbach/Volz* KommArbnErfG, § 9 Rn. 46 ff.).

36 Für die **Bemessung der Vergütung** sind gem. § 9 Abs. 2 ArbnErfG insbesondere die wirtschaftliche Verwertbarkeit der Diensterfindung, die Aufgaben und Stellung des Arbeitnehmers im Betrieb sowie der Anteil des Betriebs an dem Zustandekommen der Diensterfindung maßgebend. Zur Konkretisierung des Vergütungsanspruchs ist auf die nach § 11 ArbnErfG durch den (früheren) Bundesminister für Arbeit und Sozialordnung erlassenen **Amtlichen Vergütungsrichtlinien** vom 20.07.1959 zurückzugreifen (vgl. dazu i.E. *Bartenbach/Volz* KommRL; *Reimer/Schade/Schippel/Himmelmann* ArbEG, Anh. zu § 11). Diese stellen keine Rechtsnormen im formellen oder materiellen Sinne dar (*BVerfG* 24.04.1998 NJW 1998, 3704 [3706] – Induktionsschutz von Fernmeldekabeln). Für die Vergütungsbemessung geben die Richtlinien zwei Faktoren vor, und zwar den Erfindungswert (RL Nrn. 3 bis 29) und den Anteilsfaktor (RL Nrn. 30 bis 38). Die Vergütung bestimmt sich nach der **Formel**: Vergütung = Erfindungswert × Anteilsfaktor (RL Nr. 39). Bei Miterfinderschaft kommt als dritter Faktor der Miterfinderanteil (s. Rdn. 10) hinzu. **Erfindungswert** ist der Preis, den der Arbeitgeber unternehmensbezogen für die Überlassung der Erfindungsrechte einem freien Erfinder auf dem Markt zahlen würde (vgl. u.a. *BGH* 13.11.1997 GRUR 1998, 689 [691] – Copolyester II; 13.11.1997 GRUR 1998, 684 [687] – Spulkopf; 16.04.2002 GRUR 2002, 801 [802] – Abgestuftes Getriebe; 29.04.2003 GRUR 2003, 789 – Abwasserbehandlung; s.a. *BGH* 06.02.2012 Mitt.Pat. 2012, 285 [286 f.] Rn. 14 ff. – Antimykotischer Nagellack I). Vorrang genießt dabei die Berechnungsmethode der **Lizenzanalogie** (RL Nr. 6 bis 11; st. neuere Rspr., s. *BGH* 06.02.2012 Mitt.Pat. 2012, 285 [287] Rn. 18 – Antimykotischer Nagellack I m.w.N.), bei der in Anlehnung an den freien Lizenzverkehr der Erfindungswert mittels der angemessenen Lizenzgebühr für die Eigennutzung der Erfindung ermittelt wird (vgl. dazu i.E. *Bartenbach/Volz* KommRL, Erläuterungen zu RL Nrn. 3 und 6 ff.). Der **Anteilsfaktor** spiegelt – vergütungsmindernd – den Anteil des Unternehmens am Zustandekommen der Diensterfindung wieder; er liegt regelmäßig zwischen 10 und 25 %.

37 Nach dem **allgemeinen Vergütungsgrundsatz** soll der Arbeitnehmererfinder an **allen** wirtschaftlichen (geldwerten) **Vorteilen** beteiligt werden, die seinem Arbeitgeber aufgrund der Diensterfindung (**kausal**) zufließen (*BGH* 13.11.1997 GRUR 1998, 689 [691] – Copolyester II; 13.11.1997 GRUR 1998, 684 [687] – Spulkopf; 16.04.2002 GRUR 2002, 801 [802] – Abgestuftes Getriebe; 17.11.2009 GRUR 2010, 223 [225 f.] Rn. 20, 31 – Türinnenverstärkung; vgl. auch zu § 42 Nr. 4 ArbnErfG *BGH* 05.03.2013 Mitt.Pat 2013, 26 Rn. 16 – Genveränderungen). Nach der höchstrichterlichen Rechtsprechung kommt es letztlich auch bei der Vergütungsbemessung darauf an, welche *Gegenleistung* »vernünftige (Lizenz-) Parteien« für die Überlassung der Diensterfindung vereinbart hätten, wenn es sich bei der Diensterfindung um eine dem Arbeitgeber zur ausschließlichen Nutzung

überlassene freie Erfindung gehandelt hätte (*BGH* 17.11.2009 GRUR 2010, 223 [224] Rn. 13 – Türinnenverstärkung; 16.04.2002 GRUR 2002, 801 [802] – Abgestuftes Getriebe und 20.04.2003 GRUR 2003, 789 – Abwasserbehandlung).

Der Vergütungsanspruch besteht **nur im Verhältnis zum Arbeitgeber** und nur bezogen auf die wirtschaftlichen Vorteile des Arbeitgebers; er ist also betriebsbezogen zu bestimmen (*BGH* 13.11.1997 GRUR 1998, 689 [695] – Copolyester II). Im Falle der **Insolvenz** trifft § 27 ArbnErfG Fassungen 2009 und 1999 zur Vergütung insoweit allerdings Sonderregelungen, als es um die Veräußerung solcher Diensterfindungen geht, die vor Eröffnung des Insolvenzverfahrens (unbeschränkt) in Anspruch genommen worden sind (s. Rdn. 49 ff., 58, 60 ff., 127 ff., 158 f.). 38

Der Vergütungsanspruch entsteht im Falle einer (unbeschränkten) Inanspruchnahme zwar **dem Grunde nach** bereits mit Zugang der Inanspruchnahmeerklärung; er wird jedoch im Regelfall erst durch die wirtschaftlichen Verwertungshandlungen konkretisiert (vgl. etwa *BGH* 17.11.2009 GRUR 2010, 223 [225] Rn. 23 f. – Türinnenverstärkung; vgl. zu Nutzungen vor Inanspruchnahme: *BGH* 20.04.2003 GRUR 2003, 789 [791] – Abwasserbehandlung). Im Fall einer fortlaufenden innerbetrieblichen Erfindungsverwertung ist die Vergütung grds. nachschüssig im folgenden Kalenderjahr fällig und abzurechnen (vgl. *BGH* 26.11.2013 Mitt.Pat. 2014, 182 [183] Rn. 15, 17 – Profilstrangpressverfahren; Einzelheiten bei *Bartenbach/Volz* KommArbnErfG, § 9 Rn. 55 f.). 39

Der Vergütungsanspruch bei (unbeschränkter) Inanspruchnahme besteht i.S. einer **vorläufigen Vergütung** auch dann, wenn noch kein Schutzrecht (rechtsbeständig) erteilt ist (s. Rdn. 15); der Arbeitgeber kann hier – orientiert an den Erteilungschancen – die Höhe der endgültigen Vergütung um einen **Risikoabschlag** kürzen. Die Höhe des Risikoabschlags beträgt für den Regelfall 50 % der endgültigen Vergütung (s. dazu ausf. *Bartenbach/Volz* KommArbnErfG, § 12 Rn. 57 ff.). Wird ein Schutzrecht (rechtsbeständig) erteilt, ist der einbehaltene Risikoabschlag grds. **nachzuzahlen** (*Schiedsst.* 04.02.1993 GRUR 1994, 611 [614] – Regelkreisanordnung). Insolvenzrechtlich teilen die Nachzahlungsansprüche das Schicksal des zugrunde liegenden Anspruchs (s. dazu Rdn. 120 f.). Wird das Schutzrecht rechtsbeständig versagt, endet der Vergütungsanspruch für die zukünftigen Nutzungen; dagegen verbleibt dem Arbeitnehmer der Anspruch auf die (um den Risikoabschlag geminderte) vorläufige Vergütung für die Vergangenheit (*BGH* 30.03.1971 GRUR 1971, 475 [477] – Gleichrichter und *BGH* 02.06.1987 GRUR 1987, 900 [902] – Entwässerungsanlage). 40

Die **Regelung der Vergütung** soll gem. § 12 Abs. 1 ArbnErfG in angemessener Frist nach Inanspruchnahme der Diensterfindung durch Vereinbarung zwischen Arbeitgeber und Arbeitnehmer erfolgen. Kommt eine derartige Vereinbarung nicht zustande, hat der Arbeitgeber die Vergütung durch eine begründete Erklärung an den Arbeitnehmer festzusetzen und entsprechend der Festsetzung zu zahlen. Der Arbeitgeber muss nach der höchstrichterlichen Rspr. spätestens mit Ablauf von drei Monaten nach Aufnahme der Benutzung die Vergütung vorläufig regeln (grundlegend hierzu *BGH* 28.06.1962 GRUR 1963, 135 [137] – Cromegal; seitdem st. Rspr., u.a. *BGH* 02.06.1987 GRUR 1987, 900 [902] – Entwässerungsanlage). Der Arbeitnehmer kann einer Festsetzung gem. § 12 Abs. 4 ArbnErfG innerhalb von zwei Monaten durch Erklärung widersprechen; andernfalls wird die Festsetzung für beide Arbeitsvertragsparteien verbindlich. Widerspricht der Arbeitnehmer, ist der Arbeitgeber (Insolvenzverwalter) gleichwohl verpflichtet, die Vergütung in der festgesetzten Höhe als »Mindestvergütung« zu zahlen (*BGH* 13.11.1997 GRUR 1998, 689 [695] – Copolyester II). Hat der Arbeitgeber vor Eröffnung für die von ihm (unbeschränkt) in Anspruch genommene Diensterfindung eine Vergütungsregelung getroffen, bindet diese grds. auch den Insolvenzverwalter für seine Verwertungshandlungen (s. Rdn. 107) und den Betriebsnachfolger (s. Rdn. 96), nicht jedoch den bloßen Erfindungserwerber (s. Rdn. 79, 86). Ansonsten treffen die aus § 12 ArbnErfG folgenden Arbeitgeberrechte und -pflichten den Insolvenzverwalter (s. Rdn. 12), allerdings mit den sich aus § 27 ArbnErfG ergebenden Besonderheiten. 41

Eine verbindliche Vergütungsvereinbarung bzw. Vergütungsfestsetzung kann unter den Voraussetzungen des § 12 Abs. 6 ArbnErfG eine **Anpassung** erfahren, wenn sich die maßgeblichen Umstände nachträglich wesentlich ändern (vgl. *BGH* 17.04.1973 GRUR 1973, 649 [651] – Absperrventil; s. 42

i.E. *Bartenbach/Volz* KommArbnErfG, § 12 Rn. 95 ff.). Die Anpassung kann auch vom Insolvenzverwalter geltend gemacht werden (s. Rdn. 107). Allein die Eröffnung des Insolvenzverfahrens ist noch kein Anpassungsgrund. Anlass zur Anpassung können jedoch wesentliche wirtschaftliche Veränderungen sein, wie z.B. veränderte Marktverhältnisse und Gewinnsituationen für die erfindungsgemäßen Produkte (vgl. dazu *Bartenbach/Volz* KommArbnErfG § 12 Rn. 131 ff.; s.a. Rdn. 96, 107).

Eine **Rückforderung** zuviel gezahlter Erfindervergütung ist durch § 12 Abs. 6 Satz 2 ArbnErfG ausgeschlossen, wobei allerdings die Schiedsstelle eine Verrechnung mit zukünftigen Vergütungsansprüchen des Arbeitnehmers für dieselbe Diensterfindung zulässt (vgl. die Nachw. bei *Bartenbach/Volz* KommArbnErfG, § 12 Rn. 161; i.E. aber streitig).

43 Eine besondere Wirksamkeitsschranke für Vergütungsregelungen enthält **§ 23 ArbnErfG**. Hiernach ist eine Vergütungsregelung **unwirksam**, soweit sie (von Anfang an) in erheblichem Maße **unbillig** ist, d.h. die gesetzlich geschuldete Vergütung in erheblichem Maße unterschritten wird (vgl. dazu *BGH* 04.10.1988 BlPMZ 1989, 135 [136] – Vinylchlorid; 06.02.2012 Mitt.Pat. 2012, 285 [287 f.] Rn. 27 ff. – Antimykotischer Nagellack I; *Volz* FS K. Bartenbach, S. 199 ff.). Auch der Arbeitgeber kann eine Unbilligkeit nach § 23 ArbnErfG geltend machen. Bei Berufung auf die einer Vergütungsregelung von Anfang an innewohnende Unbilligkeit müssen beide Arbeitsvertragsparteien die Ausschlussfrist des § 23 Abs. 2 ArbnErfG (»spätestens bis zum Ablauf von sechs Monaten nach Beendigung des Arbeitsverhältnisses«) ebenso beachten wie die Formvorgaben (d.h. Textform bzw. – bei vor dem 01.10.2009 gemeldeten Diensterfindungen – Schriftform). Die Regelung des § 23 ArbnErfG ist auch für den Insolvenzverwalter relevant, insbesondere wenn ihn Vergütungsregelungen im Falle des § 27 Nr. 3 ArbnErfG a.F. bzw. § 27 Nr. 2 ArbnErfG n.F. treffen (s. Rdn. 107, 136; zum Arbeitnehmer s. Rdn. 121). Eine erhebliche Unbilligkeit liegt dann vor, wenn sich bei einem Vergleich der vertraglichen Regelung mit dem gesetzlichen Vergütungsanspruch ein erhebliches Missverhältnis ergibt. Im Regelfall führt eine Unterschreitung des nach dem ArbnErfG i.V.m. den Vergütungsrichtlinien dem Arbeitnehmer geschuldeten Vergütungsbetrages ab 50 % zu einer erheblichen Unbilligkeit (*BGH* 12.06.2012 MDR 2012, 875 [Rn. 8] – Antimykotischer Nagellack II); umgekehrt kann sich der Arbeitgeber (Insolvenzverwalter) im Regelfall dann auf eine Unbilligkeit berufen, wenn die von ihm zu entrichtende Vergütung mehr als das Doppelte des gesetzlich Geschuldeten erreicht (*Schiedsst.* 09.10.2007 in *Bartenbach* Aktuelle Probleme des Gewerbl. Rechtsschutzes, 2008, S. 351 ff.). Allerdings senkt sich die Erheblichkeitsschwelle mit Ansteigen der Vergütungsbeträge, so dass dann der absolute Unterschiedsbetrag in den Vordergrund tritt (*BGH* 04.10.1988 GRUR 1990, 271 – Vinylchlorid).

44 Zur Vorbereitung und Durchsetzung seiner Vergütungsansprüche erkennt die Rspr. dem Arbeitnehmererfinder einen weitreichenden **Auskunfts- bzw. Rechnungslegungsanspruch** zu (ausf. *OLG Düsseldorf* 24.10.2013 – I-2 U 63/12, Rn. 114 ff. – Kunststoffbeutel [Rechtsprechungsdatenbank NRW www.justiz.nrw.de.nrwe = Mitt.Pat. 2014, 95 LS]; *Bartenbach/Volz* KommArbnErfG, § 12 Rn. 162 ff.). Der aus § 242 BGB hergeleitete Anspruch soll dem Arbeitnehmererfinder die Auskünfte vermitteln, die er benötigt, um den Umfang und die Höhe der ihm zustehenden Erfindervergütung berechnen zu können (vgl. *BGH* 17.05.1994 GRUR 1994, 898 [900] – Copolyester I; 06.02.2012 Mitt.Pat. 2012, 285 [288] Rn. 27 – Antimykotischer Nagellack I). Wird die Erfindung im Unternehmen des Schuldners verwertet, richtet sich der Auskunftsanspruch auf die Angaben, derer der Arbeitnehmer bedarf, um zu ermitteln, welche Gegenleistung einem gedachten Lizenzgeber zustehen würde, also in erster Linie auf die Umsatzerlöse (s. allg. *BGH* 16.04.2002 GRUR 2002, 801 [803] – Abgestuftes Getriebe; 17.11.2009 GRUR 2010, 223 [224 ff.] – Türinnenverstärkung, m. Bespr. *Volz* GRUR 2010, 865 ff.). Der Umfang der mitzuteilenden Angaben wird insbesondere durch die **Erforderlichkeit und die Zumutbarkeit** sowie das Geheimhaltungsinteresse des Arbeitgebers begrenzt (vgl. dazu *BGH* 17.05.1994 GRUR 1994, 898 [900] – Copolyester I; 13.11.1997 GRUR 1998, 689 [692] – Copolyester II; 17.11.2009 GRUR 2010, 223, Rn. 14 – Türinnenverstärkung; ausf. hierzu *Kunzmann* FS K. Bartenbach, S. 175 ff.; *Volz* GRUR 2010, 865 ff.). Der Insolvenzverwalter ist auf Grund des Eintritts in die Arbeitgeberfunktion (s. Rdn. 12) jedenfalls insoweit

zur Auskunft und Rechnungslegung verpflichtet, als seine Verwertungshandlungen betroffen sind, seien es die vergütungspflichtige Veräußerung der Erfindung (§ 27 Nr. 1 und 3 ArbnErfG n.F. bzw. § 27 Nr. 1 und 2 Satz 4 ArbnErfG a.F.) oder die Verwertungshandlungen i.S.v. § 27 Nr. 2 ArbnErfG n.F. bzw. § 27 Nr. 3 ArbnErfG a.F. Andererseits kann auch er sich grds. auf die für den Arbeitgeber geltenden Schranken (s. dazu *Volz* GRUR 2010, 865 [866 ff.]) berufen.

6. Auswirkung einer Beendigung des Arbeitsverhältnisses (§ 26 ArbnErfG)

§ 26 ArbnErfG bestimmt ausdrücklich, dass die Rechte und Pflichten aus diesem Gesetz durch die Auflösung des Arbeitsverhältnisses nicht berührt werden. Diese Vorschrift stellt klar, dass die Rechtsbeziehungen zwischen den Arbeitsvertragsparteien in Bezug auf die während der Dauer des Arbeitsverhältnisses gemachten Arbeitnehmererfindungen über das rechtliche Ende des Arbeitsverhältnisses hinaus fortbestehen, d.h. insoweit treffen die **Rechte und Pflichten aus dem ArbnErfG auch den ausgeschiedenen Arbeitnehmer**. Einschränkungen normiert das ArbnErfG nur in §§ 19, 23 Abs. 2 und § 37 Abs. 2 Nr. 3. Die fortbestehenden Pflichten treffen auch den Insolvenzverwalter, gleich, ob das Arbeitsverhältnis bereits vor Eröffnung endete oder dieses erst im Zusammenhang mit der Insolvenz aufgelöst worden ist. Insbesondere gelten die Sonderregelungen des § 27 ArbnErfG über § 26 ArbnErfG uneingeschränkt auch zugunsten des ausgeschiedenen Arbeitnehmers. 45

Handelt es sich bei dem Schuldner (Arbeitgeber) um eine natürliche Person, kann die Fortdauer der Rechte und Pflichten aus dem ArbnErfG im Falle der **Erteilung der Restschuldbefreiung** (vgl. §§ 286 ff. InsO) eine Einschränkung erfahren. In diesem Fall wird er auch von den erfinderrechtlichen Verbindlichkeiten gegenüber seinen früheren Arbeitnehmern als Insolvenzgläubiger befreit (vgl. §§ 286, 301 InsO). 46

7. Rechtsstreitigkeiten

Im Interesse einer gütlichen Beilegung von Meinungsverschiedenheiten hat der Gesetzgeber ein besonderes **Schiedsstellenverfahren** vorgesehen. Hierzu ist die Schiedsstelle nach dem Gesetz über Arbeitnehmererfindungen beim Deutschen Patent- und Markenamt in München errichtet. Die Schiedsstelle ist in allen Streitfällen zwischen Arbeitgeber und Arbeitnehmer aufgrund des ArbnErfG zuständig (§ 28 Satz 1 ArbnErfG). Während eines bestehenden Arbeitsverhältnisses ist die Vorschaltung des Schiedsstellenverfahrens vor einer gerichtlichen Klage zwingend vorgeschrieben (vgl. § 37 Abs. 1 ArbnErfG). Ist der Arbeitnehmer ausgeschieden, bedarf es der Anrufung nicht mehr (§ 37 Abs. 2 Nr. 3 ArbnErfG). Da der **Insolvenzverwalter** mit Verfahrenseröffnung an die Stelle des Schuldners tritt (s. Rdn. 12), ist auch er verpflichtet bzw. berechtigt, die Schiedsstelle anzurufen; ebenso ist er in seiner Funktion Beteiligter eines vom Arbeitnehmer anhängig gemachten Schiedsstellenverfahrens (zum Erfindungserwerber s. Rdn. 84; zum Feststellungsverfahren s. Rdn. 123). Der Insolvenzverwalter ist damit im Schiedsstellenverfahren uneingeschränkt beteiligtenfähig (*Schiedsst.* 09.02.2010 in *Bartenbach* Aktuelle Probleme des Gewerblichen Rechtsschutzes, 2011, S. 468 [471]). Ist ein Schiedsstellenverfahren bei Verfahrenseröffnung anhängig, wird es nach § 240 ZPO unterbrochen (*Schiedsst.* 21.01.2004 in *Bartenbach* Aktuelle Probleme des Gewerblichen Rechtsschutzes, 2004, S. 399 f.). Das Verfahren kann jedoch fortgesetzt werden, wenn eine Seite es nach Maßgabe des § 86 InsO aufnimmt (*Schiedsst.* 21.01.2004 in *Bartenbach* Aktuelle Probleme des Gewerblichen Rechtsschutzes, 2004, S. 399 f.). Ein von der Schiedsstelle gemachter **Einigungsvorschlag** wird verbindlich, wenn keiner der Beteiligten ihm binnen Monatsfrist gegenüber der Schiedsstelle widerspricht (vgl. § 34 ArbnErfG). Dann entfaltet der Einigungsvorschlag privatrechtliche Rechtsbindungen zwischen den Parteien in gleicher Weise wie sonstige vertragliche Absprachen (*BVerfG* 24.04.1998 NJW 1998, 3704 [3705] – Induktionsschutz von Fernmeldekabeln). Das gilt auch uneingeschränkt für den Insolvenzverwalter. 47

Für alle Rechtsstreitigkeiten über Erfindungen eines Arbeitnehmers sind gem. § 39 Abs. 1 ArbnErfG die **für Patentstreitsachen zuständigen Gerichte** (§ 143 PatG) ohne Rücksicht auf den Streitwert ausschließlich (funktional) zuständig, mithin also die Patentstreitkammern der Landgerichte. Eine sachliche Zuständigkeit der Arbeitsgerichte besteht nach § 39 Abs. 2 ArbnErfG für 48

Rechtsstreitigkeiten, die ausschließlich Ansprüche auf Leistung einer festgestellten oder festgesetzten Vergütung für eine Erfindung zum Gegenstand haben (vgl. § 2 Abs. 2 lit. a ArbGG; *BAG* 31.05.2016 NZA-RR 2016, 548). Die prozessualen Vorgaben der §§ 37 ff. ArbnErfG gelten grds. auch im Insolvenzverfahren (zum Rechtserwerber nach § 27 Nr. 2 Satz 3 ArbnErfG a.F. bzw. § 27 Nr. 3 Satz 3 ArbnErfG n.F. s. Rdn. 86; zum Feststellungsverfahren s. Rdn. 122).

B. Die insolvenzrechtliche Sonderregelung des § 27 ArbnErfG

I. Früheres Recht (§ 27 ArbnErfG Fassung 1999)

49 § 27 ArbnErfG in der Ursprungsfassung von 1957 durch Zeitablauf weitgehend überholt, da die Vorschrift nur noch für die vor dem 01.01.1999 beantragten Konkurs-, Vergleichs- und Gesamtvollstreckungsverfahren sowie für Anschlusskonkursverfahren mit vorausgehendem Vergleichsantrag vor dem 01.01.1999 relevant war (Art. 103 EGInsO).

50 Im Zusammenhang mit der **Insolvenzrechtsreform** hat der Gesetzgeber mit Art. 56 EGInsO die Bestimmung des § 27 ArbnErfG erstmals grundlegend geändert, um einem wesentlichen Ziel der Insolvenzrechtsreform Rechnung zu tragen, nämlich der Beseitigung der allgemeinen Konkursvorrechte. Die Neuregelung sollte dabei die Rechte des Arbeitnehmers verbessern sowie weiterhin die Besonderheiten des Arbeitnehmererfindungsrechts berücksichtigen (*Amtl. Begr.* BT-Drucks. 12/3803 S. 99; zu den Reformplänen s.a. *Kelbel* GRUR 1987, 218 ff.).

II. Reform des § 27 ArbnErfG durch die ArbnErfG-Novelle 2009

51 Im Rahmen der ArbnErfG-Novelle 2009 (s. Rdn. 2) ist auch § 27 ArbnErfG geändert worden (vgl. *Bartenbach/Volz* GRUR 2009, 997 [1004 ff.]; *Paul* ZInsO 2009, 1839 [1840 ff.]; *Mulch* IPRB 2010, 232 ff.). Mit dieser Neuregelung sollen die Bestimmungen über Rechte an einer Arbeitnehmererfindung in der Insolvenz vereinfacht und gestrafft werden.

52 Nach der **Amtlichen Begründung** des Entwurfs (BR-Drucks. 757/08 S. 53 = BlPMZ 2009, 307 [324]) ist Nr. 1 des bisherigen § 27 ArbnErfG (Veräußerung der Diensterfindung mit dem Geschäftsbetrieb) unverändert. Die neue Nr. 2 (Verwertung der Diensterfindung im Unternehmen des Schuldners) entspricht der Nr. 3 des § 27 ArbnErfG a.F. Die neue Nr. 3 soll alle anderen Fälle umfassen und als Auffangtatbestand die bisherigen Regelungen in Nr. 2 des § 27 ArbnErfG a.F. (Veräußerung der Diensterfindung ohne den Geschäftsbetrieb) und § 27 Nr. 4 ArbnErfG a.F. (weder Verwertung noch Veräußerung der Diensterfindung) verbinden. In all diesen Fällen hat der Insolvenzverwalter dem Arbeitnehmer die Diensterfindung nunmehr zur Übernahme anzubieten. Diese Anbietungspflicht löst nach dem Willen des Gesetzgebers das bisherige Vorkaufsrecht des Arbeitnehmers ab, das sich in der Praxis als langwierig und schwerfällig erwiesen hat (Amtl. Begründung BR-Drucks. 757/08 S. 53 = BlPMZ 2009, 307 [324]). Der neue § 27 Nr. 4 ArbnErfG soll – wie bisher § 27 Nr. 5 ArbnErfG a.F. – klarstellen, dass im Übrigen der Arbeitnehmer Vergütungsansprüche nach den §§ 9 bis 12 ArbnErfG als Insolvenzgläubiger geltend zu machen hat. Bei dem nicht abdingbaren (s. Rdn. 3) § 27 ArbnErfG handelt es sich im Grundsatz um eine insolvenzrechtliche **Privilegierung des Arbeitnehmererfinders**. Während die Nummern 2 und 4 des § 27 ArbnErfG n.F. im Ergebnis lediglich Klarstellungen enthalten, die aus gesetzessystematischen Gründen sinnvoll sind, werden dem Arbeitnehmererfinder durch Nummern 1 und 3 Sonderrechte zugebilligt, die weder das ArbnErfG für sonstige Erfindungen noch das Insolvenzrecht für andere schöpferische Arbeitnehmerleistungen (s. Rdn. 26 ff.) kennt. Dementsprechend sind diese Sonderbestimmungen in § 27 ArbnErfG Fassung 2009/1999 im Grundsatz **eng auszulegen**.

53 Im **Überblick** unterscheiden sich die **Fassungen 1999 und 2009** des § 27 ArbnErfG wie folgt:
– § 27 **Nr. 1** ArbnErfG a.F. (s. Rdn. 92 ff.) entspricht § 27 Nr. 1 ArbnErfG n.F. (s. Rdn. 129 ff., zur Streitfrage des Übergangs des Arbeitsverhältnisses s. Rdn. 130).
– § 27 **Nr. 2** ArbnErfG a.F. (s. Rdn. 62 ff.) ist entfallen und durch den Auffangtatbestand des § 27 Nr. 3 ArbnErfG n.F. ersetzt (s. Rdn. 137 ff.).

- § 27 **Nr. 3** ArbnErfG a.F. (s. Rdn. 100 ff.) entspricht § 27 Nr. 2 ArbnErfG n.F. (s. Rdn. 133 ff., zum Konkurrenzverhältnis zu Nr. 1 s. Rdn. 134 und zu Nr. 3 s. Rdn. 135).
- § 27 **Nr. 4** ArbnErfG a.F. (s. Rdn. 108 ff.) ist ebenfalls entfallen und durch den Auffangtatbestand des § 27 Nr. 3 ArbnErfG n.F. ersetzt (s. Rdn. 137 ff.).
- § 27 **Nr. 5** ArbnErfG a.F. (s. Rdn. 120 ff.) entspricht inhaltlich § 27 Nr. 4 ArbnErfG n.F. (s. Rdn. 157).

III. Zeitlicher, sachlicher und räumlicher Geltungsbereich des § 27 ArbnErfG (Fassungen 1999 und 2009)

Der am 01.10.2009 in Kraft getretene § 27 ArbnErfG gilt für alle Diensterfindungen, die seit Inkrafttreten der ArbnErfG-Novelle 2009 (s. Rdn. 2), also seit dem 01.10.2009 gem. § 5 ArbnErfG gemeldet worden sind. Für die zuvor gemeldeten Diensterfindungen verbleibt es gem. § 43 Abs. 3 ArbnErfG bei § 27 ArbnErfG a.F. (s. Rdn. 2). 54

Die Anwendung des § 27 ArbnErfG ist insbesondere nicht davon abhängig, wann das Insolvenzverfahren eröffnet worden ist (s. aber Rdn. 58). Nach dem **Übergangsrecht** des § 43 Abs. 3 ArbnErfG ist allein der Zugang der (ordnungsgemäßen) Erfindungsmeldung beim Arbeitgeber (Schuldner) ab dem 01.10.2009 entscheidend (s. *Bartenbach/Volz* KommArbnErfG, § 43 Rn. 15 ff.). 55

Zum sachlichen Anwendungsbereich besteht kein Unterschied: Sowohl § 27 ArbnErfG a.F. als auch § 27 ArbnErfG **erfassen nur Diensterfindungen**, also weder freie Erfindungen (§ 4 Abs. 3 ArbnErfG; s. Rdn. 23) noch technische Verbesserungsvorschläge (§§ 3, 20 ArbnErfG; s. Rdn. 24). Hierauf können die Sonderregelungen des § 27 ArbnErfG auch nicht analog angewandt werden (so aber tendenziell *Schwab* NZI 1999, 257 [259]). Für die Anwendung des § 27 ArbnErfG n.F./a.F. kommt es nicht darauf an, ob die Diensterfindung schon zur Erteilung eines Schutzrechts angemeldet, ob das Erteilungsverfahren noch anhängig oder ob ein Schutzrecht bereits erteilt ist. 56

§ 27 ArbnErfG n.F./a.F. erfassen gleichermaßen nicht nur die Gesamtheit aller Rechte an der Diensterfindung, sondern gelten – ggf. gesondert – für jede hierauf bezogene Schutzrechtsposition. In der Unternehmenspraxis ist die Situation häufig, dass für eine Diensterfindung im Inland in verschiedenen Auslandsstaaten **mehrere parallele Schutzrechtspositionen** bestehen. Entscheidend ist die Art der Verwertung durch den Insolvenzverwalter. Insoweit können sich – bezogen auf eine einzelne Diensterfindung – unterschiedliche Ansprüche des Arbeitnehmererfinders aus § 27 ArbnErfG je nach Verwertungsart der Schutzrechtspositionen ergeben. Als Beispiel sei genannt, dass das Inlandsschutzrecht – unter Übergang des Arbeitsverhältnisses – zusammen mit den wesentlichen Betriebsteilen veräußert wird (§ 27 Nr. 1 ArbnErfG n.F./a.F.), daneben bestimmte Auslandsschutzrechte vom Insolvenzverwalter in Form der Lizenzvergabe zunächst weiter genutzt werden (§ 27 Nr. 2 ArbnErfG bzw. § 27 Nr. 3 ArbnErfG a.F.) und andere Auslandsschutzrechte gesondert an einen Dritten übertragen (§ 27 Nr. 3 ArbnErfG bzw. § 27 Nr. 2 ArbnErfG a.F.) und schließlich die verbleibenden Auslandschutzrechte fallen gelassen werden sollen (§ 27 Nr. 3 ArbnErfG bzw. § 27 Nr. 4 ArbnErfG a.F.). 57

Voraussetzung ist nach dem Einleitungssatz des § 27 ArbnErfG n.F./a.F. in jedem Fall, dass eine (un-)beschränkte) **Inanspruchnahme** der Diensterfindung **vor Eröffnung des Insolvenzverfahrens** erfolgt ist. Vor Eröffnungsbeschluss (§ 27 InsO) muss also die Inanspruchnahme nach § 6 ArbnErfG durch ausdrückliche Erklärung oder fiktiv durch Ablauf der Viermonatsfrist erklärt bzw. – bei Alt-Erfindungen – dem Arbeitnehmer die schriftliche Inanspruchnahmeerklärung des Arbeitgebers zugegangen sein (§ 6 Abs. 2 ArbnErfG a.F., s. Rdn. 32). Mithin trägt § 27 ArbnErfG dem Umstand Rechnung, dass alle bei Verfahrenseröffnung (unbeschränkt) in Anspruch genommenen Diensterfindungen in das Vermögen des Schuldners übergegangen sind (§ 7 Abs. 1 ArbnErfG n.F./a.F.) und damit in die Insolvenzmasse fallen (§ 35 InsO). Die vom vorläufigen Insolvenzverwalter kraft Übergangs der Verfügungsbefugnis (vgl. § 21 Abs. 2, § 22 Abs. 1 InsO) erklärte Inanspruchnahme steht u.E. der des Arbeitgebers gleich (*Bartenbach/Volz* KommArbnErfG, § 27 n.F. Rn. 43). Der Inanspruchnahme gleichgestellt werden muss ferner jede **sonstige Form der Überleitung** der Erfindungs- 58 rechte vor Insolvenzeröffnung. Einzubeziehen sind auch Diensterfindungen, die der Arbeitgeber unter Übernahme des Arbeitnehmererfinders gem. § 613a BGB im Rahmen eines Betriebsübergangs erworben hat, nicht dagegen fremde Arbeitnehmererfindungen, die der Arbeitgeber von sonstigen Dritten gekauft hat (*Mulch* IPRB 2010, 232 f.).

59 Auf Grund der einleitenden Gesetzesvorgabe kommt § 27 ArbnErfG n.F./a.F. nicht zur Anwendung, wenn die Diensterfindung auf Grund **Freigabe** (§ 6 Abs. 2, § 8 ArbnErfG) bzw. – bei Alterfindungen – mangels fristgerechter Inanspruchnahmeerklärung nach § 8 ArbnErfG a.F. frei geworden ist. Für eine **vom Insolvenzverwalter** nach Eröffnung des Insolvenzverfahrens (unbeschränkt) **in Anspruch genommene** Diensterfindung gilt § 27 ArbnErfG n.F./a.F. ebenfalls nicht, auch nicht für das Vorkaufsrecht aus § 27 Nr. 2 ArbnErfG a.F. (zu § 27 ArbnErfG a.F.: *Reimer/Schade/Schippel/Rother* ArbEG, § 27 Rn. 13; *Paul* KTS 2005, 445 [455 f.]; *Wiedemann, M.* Rn. 641 f.; zur Kritik s. *Bartenbach/Volz* KommArbnErfG, § 27 n.F. Rn. 198); diesbezügliche Vergütungsansprüche sind Masseverbindlichkeiten (s. Rn. 157); bei beabsichtigter Schutzrechtsaufgabe gilt § 16 ArbnErfG (s. Rdn. 108). Da § 27 ArbnErfG n.F./a.F. die Verfahrenseröffnung voraussetzt, ist der Anwendungsbereich im Stadium zwischen Antrag und Eröffnung noch nicht gegeben, selbst wenn bereits ein vorläufiger Insolvenzverwalter bestellt worden ist (§ 21 Abs. 2, § 22 InsO). Diese Auffassung wird u.a. bestätigt durch die strikt auf die Eröffnung des Insolvenzverfahrens abstellende Jahresfrist in § 27 Nr. 3 Satz 1 ArbnErfG. Eine Inanspruchnahme durch den Insolvenzverwalter liegt u.E. auch dann vor, wenn die Inanspruchnahmefiktion nach § 6 Abs. 2 ArbnErfG zeitlich erst nach Eröffnung des Insolvenzverfahrens wirksam wird, also die Vier-Monatsfrist erst nach Eröffnung abgelaufen ist, obschon die Diensterfindung dem Arbeitgeber bereits vor Eröffnung gemeldet worden ist.

C. Regelungsgegenstände des § 27 ArbnErfG a.F. (Fassung 1999)

60 § 27 ArbnErfG a.F. gilt **für alle vor dem 01.10.2009 gemeldeten Diensterfindungen** fort (§ 43 Abs. 3 ArbnErfG n.F., s. Rdn. 54 f.). Damit bleibt § 27 ArbnErfG a.F. im Insolvenzfall derzeit weiterhin relevant.

Der Regelungsumfang beschränkt sich – neben der Beibehaltung des **Vorkaufsrechts** für den Arbeitnehmererfinder gem. § 27 Abs. 1 ArbnErfG a.F. (Nr. 2 Satz 1) – auf insolvenzrechtliche Sonderregelungen zur **Vergütung** von Diensterfindungen (Nrn. 1, 2 Satz 3 und 4, Nrn. 3 und 5) sowie auf die **Anbietungspflicht** des Insolvenzverwalters bei Nichtverwertung (Nr. 4). Daraus wird zugleich deutlich, dass sich die rechtliche Behandlung der Arbeitnehmererfindung auch **im Insolvenzfall** grds. nach den allgemeinen Regeln des ArbnErfG bestimmen soll (s. dazu Rdn. 4 ff.). Welche Auswirkungen dies für die Frage hat, inwieweit für fortwirkende Verträge zwischen Arbeitgeber und Arbeitnehmer über Arbeitnehmererfindungen ein **Wahlrecht** des Insolvenzverwalters nach § 103 InsO zu Geltung kommen kann, ist offen (zum Bereich der Lizenzverträge s. *Zeising* Mitt.Pat. 2001, 240 ff.); ein Wahlrecht erscheint angesichts der gesetzlichen Vorgaben in § 12 ArbnErfG und der spezialgesetzlich in § 27 ArbnErfG geregelten vergütungsrechtlichen Folgen jedenfalls insoweit zweifelhaft, als es um fortwirkende Vergütungsvereinbarungen über vor Eröffnung (unbeschränkt) in Anspruch genommene Diensterfindungen geht (s. Rdn. 107). Die Fassung des § 27 ArbnErfG a.F. kann nicht als geglückt angesehen werden. Insgesamt wirft die Vorschrift – auch im Zusammenwirken mit der InsO – nicht unerhebliche Zweifelsfragen und Umsetzungsprobleme auf. Dies betrifft insbesondere § 27 Nr. 2 ArbnErfG a.F., gilt aber auch für § 27 Nr. 4 ArbnErfG a.F. sowie für verfahrensrechtliche Fragen. Insoweit ist die erfolgte Überarbeitung anlässlich der ArbnErfG-Novelle 2009 zu begrüßen (s. Rdn. 50).

I. Veräußerung der Diensterfindung durch den Insolvenzverwalter

61 Die Unternehmenspraxis ist üblicherweise auf eine laufende Verwertung des Gegenstandes einer Diensterfindung ausgerichtet, sei es durch Eigennutzung im Unternehmen oder durch Lizenzvergabe. Demgegenüber tritt im Insolvenzverfahren häufig die Verwertung der Diensterfindung bzw. der darauf erworbenen Schutzrechtspositionen durch **Rechtsveräußerung** in den Vordergrund. Da-

bei unterscheidet § 27 ArbnErfG a.F. danach, ob eine Diensterfindung ohne oder mit Geschäftsbetrieb veräußert wird.

1. Veräußerung ohne Geschäftsbetrieb – Vorkaufsrecht des Arbeitnehmers (§ 27 Nr. 2 ArbnErfG a.F.)

Veräußert der Insolvenzverwalter die Diensterfindung ohne den Geschäftsbetrieb, gesteht das Gesetz dem Arbeitnehmererfinder bei vor dem 01.10.2009 gemeldeten Erfindungen (s. Rdn. 54 f.) ein Vorkaufsrecht zu (Satz 1). 62

Das Vorkaufsrecht nach § 27 Nr. 2 ArbnErfG a.F. setzt voraus, dass die **unbeschränkte Inanspruchnahme** (§§ 6, 7 ArbnErfG a.F.) **vor Eröffnung des Insolvenzverfahrens** (§ 27 InsO) bereits erfolgt ist (s. Rdn. 58). Auch Veräußerungen des Arbeitgebers (ggf. auch des vorläufigen Insolvenzverwalters) vor Verfahrenseröffnung werden nicht erfasst (*Schiedsst.* 02.04.1996 Arb.Erf. 95/94 n.v. – zu § 27 ArbnErfG Fassung 1957).

Mit dem Vorkaufsrecht belastet sind nur die nach § 7 Abs. 1 ArbnErfG a.F. übergegangenen **Diensterfindungen** (s. Rdn. 18, 56), nicht dagegen die vom Arbeitgeber per Rechtsübertragung übernommenen freien (§ 4 Abs. 3 ArbnErfG) oder frei gewordenen (§ 8 ArbnErfG a.F.) Arbeitnehmererfindungen. Eine Veräußerung der Diensterfindung liegt auch dann vor, wenn nicht alle, sondern nur **einzelne** auf die Diensterfindung bezogene **Schutzrechtspositionen** veräußert werden sollen, z.B. einzelne Auslandspatente (s. Rdn. 57). 63

Veräußerung ist jedes auf Übertragung der Diensterfindung (bzw. einzelner Schutzrechtspositionen) gerichtete Verpflichtungsgeschäft des Insolvenzverwalters (zust. *LG Düsseldorf* 10.08.2010 – 4a O 132/09, NZI 2012, 627 [629 f.] – Hochgeschwindigkeitslaborgeräte). Erfasst wird insbesondere der Rechtskauf (§ 453 Abs. 1 i.V.m. §§ 433 ff. BGB). Geht man von der Anwendbarkeit der §§ 463 ff. BGB für gesetzliche Vorkaufsrechte aus (s. Rdn. 67), muss auch hier grds. ein Kaufvertrag vorliegen, so dass das Vorkaufsrecht z.B. in Fällen der Einbringung der Erfindungsrechte in eine Gesellschaft, der unentgeltlichen Übertragung oder des Tausches nicht einschlägig wird (vgl. allg. *Palandt/Weidenkaff* BGB, § 463 Rn. 5 m.w.N.), obschon es sich auch in diesen Fällen um eine Rechtsübertragung i.S.d. § 15 Abs. 1 PatG handelt. Klassischer Anwendungsbereich des § 27 Nr. 2 ArbnErfG a.F. sind damit insbesondere alle Fälle des freihändigen Verkaufs durch den Insolvenzverwalter, insoweit abweichend von der für schuldrechtliche Vorkaufsrechte geltenden Regelung des § 471 BGB. Unzweifelhaft keine Veräußerung stellt die Lizenzvergabe durch den Insolvenzverwalter dar; dies gilt selbst dann, wenn einem Dritten eine ausschließliche Lizenz unter Verzicht auf eigene Verwertungsrechte für das Schuldnerunternehmen eingeräumt wird (vgl. die Differenzierung in § 15 Abs. 1 PatG – Rechtsübertragung – gegenüber § 15 Abs. 2 PatG – Lizenzeinräumung). Für die Abgrenzung ist die Rechtsinhaberschaft an der Schutzrechtsposition entscheidend (vgl. *Bartenbach* Lizenz- und Know-how-Vertrag, Rn. 86 ff.; *BGH* 20.05.2008 Mitt.Pat. 2008, 407 [409] Rn. 35 – Tintenpatrone). 64

Der Begriff des **Geschäftsbetriebes** ist nicht identisch mit dem im ArbnErfG regelmäßig verwendeten Begriff des Betriebes, der letztlich für das Unternehmen des Arbeitgebers steht. Vorausgesetzt wird eine technisch-organisatorische Einheit von sächlichen Mitteln (Maschinen, Werkzeuge usw.) unter Einschluss von Rechtspositionen (Schutzrechte, Marken, Know-how usw.). Ausreichend kann also auch ein Betriebsteil sein (s. Rdn. 93). 65

Eine **Veräußerung ohne Geschäftsbetrieb** liegt stets vor, wenn eine Diensterfindung (Schutzrechtsposition, s. Rdn. 57) isoliert veräußert wird (Einzelverkauf). Werden dagegen Betriebsteile oder sonstige Vermögenswerte mitveräußert, ist für die Feststellung, ob eine Veräußerung mit oder ohne Geschäftsbetrieb erfolgt, eine **wirtschaftliche Betrachtungsweise** erforderlich (vgl. *Schiedsst.* 12.05.1982 BlPMZ 1982, 305 f. – zu § 27 ArbnErfG Fassung 1957; s.a. *LG Düsseldorf* 10.08.2010 – 4a O 132/09, NZI 2012, 627 [629 f.] – Hochgeschwindigkeitslaborgeräte). Dies ergibt sich aus dem Normzweck, dem Arbeitnehmererfinder die Möglichkeit einzuräumen, seine Erfindung wieder selbst zu verwerten, da bei Einzelveräußerungen Diensterfindungen nicht selten erheblich unter ih- 66 rem Wert verkauft werden (vgl. *Amtl. Begr.* BT-Drucks. II/1648 S. 41 zu § 27 ArbnErfG Fassung 1957). Entscheidend ist darauf abzustellen, was im Einzelnen veräußert wird und welche Bedeutung die mitveräußerten Teile im Hinblick auf das Gesamtunternehmen einerseits und die Diensterfindung andererseits haben (*Schiedsst.* 12.05.1982 BlPMZ 1982, 306 – zu § 27 ArbnErfG Fassung 1957). Eine Veräußerung ohne Geschäftsbetrieb liegt insbesondere dann vor, wenn der Insolvenzverwalter nicht (zugleich) das gesamte Unternehmen oder wenn er nur solche Betriebsteile mit veräußert, in denen die Diensterfindung bislang nicht eingesetzt worden ist bzw. – bei unterbliebener Verwertung – bei denen sie nicht ausgewertet werden kann und soll (vgl. zu § 27 Abs. 1 Fassung 1957: *OLG Düsseldorf* GRUR 1971, 418 [419] – Energiezuführungen; s. im Übrigen *Bartenbach/Volz* KommArbnErfG, § 27 n.F. Rn. 49 f. und § 27 a.F. Rn. 68 f.; s.a. Rdn. 93).

67 Bei Veräußerung der Diensterfindung bzw. hierauf bezogener Schutzrechtspositionen finden auf das gesetzliche **Vorkaufsrecht** – mit Ausnahme des § 471 BGB – die für das schuldrechtliche Vorkaufsrecht geltenden **Regelungen der §§ 463 ff. BGB** Anwendung (vgl. *OLG Düsseldorf* 23.10.1970 GRUR 1971, 218 [219] – Energiezuführungen zu § 27 ArbnErfG Fassung 1957; *Zeising* Mitt.Pat. 2001, 60 [66]; *Reimer/Schade/Schippel/Rother* ArbEG, § 27 Rn. 7). Damit hat der Insolvenzverwalter insbesondere Folgendes zu beachten: Das gesetzliche Vorkaufsrecht des Arbeitnehmererfinders entsteht mit **rechtsgültigem Abschluss** des Kaufvertrages (§§ 433, 463 BGB). Abweichend von § 471 BGB ist der Insolvenzverwalter gem. § 469 Abs. 1 BGB verpflichtet, dem Arbeitnehmererfinder den mit dem Dritten geschlossenen Vertrag unverzüglich mitzuteilen, d.h. er muss ihn über den Inhalt des Kaufvertrages und die Person des (Vor-) Käufers unterrichten. Soweit sich nicht schon unmittelbar aus § 469 BGB die Verpflichtung ergibt, einen schriftlichen Kaufvertrag dem Arbeitnehmererfinder vorzulegen, erscheint die **Vorlage des Kaufvertrages** vor dem Hintergrund des von der Rechtsprechung anerkannten Auskunfts- und Rechnungslegungsanspruchs (s. dazu Rdn. 44) sinnvoll; damit werden zugleich Meinungsverschiedenheiten über die ausreichende Erfüllung der Mitteilungspflicht vermieden. Diese Information hat der Insolvenzverwalter **unverzüglich**, d.h. ohne schuldhaftes Zögern (vgl. § 121 Abs. 1 Satz 1 BGB) zu vermitteln.

68 Das Vorkaufsrecht kann **nicht an Bedingungen** geknüpft werden; beispielsweise wäre es rechtsunwirksam, wenn der Insolvenzverwalter die Ausübung des Vorkaufsrechts von einem Verzicht des Arbeitnehmers auf schon entstandene Vergütungsansprüche abhängig macht.

69 Der Arbeitnehmererfinder muss das **Vorkaufsrecht** gegenüber dem Insolvenzverwalter **fristgerecht ausüben**, d.h. bis zum Ablauf einer Woche nach Empfang der (richtigen und vollständigen) Mitteilung (§ 469 Abs. 2 Satz 1 BGB). Folglich muss die Ausübungserklärung binnen Wochenfrist dem Insolvenzverwalter zugehen; die Erklärung ist auch **formlos** möglich (§ 464 Abs. 1 Satz 2 BGB).

70 Durch die **Ausübung des Vorkaufsrechts** kommt der Kauf über die Erfindungsrechte nunmehr zwischen dem Arbeitnehmererfinder und der Insolvenzmasse zustande, und zwar zu den gleichen Bedingungen, die mit dem Dritten vereinbart worden sind (§ 464 Abs. 2 BGB). Insoweit hat der Arbeitnehmererfinder auch keinen Anspruch auf günstigere Vertragsbedingungen, von der gesetzlichen Aufrechnungsmöglichkeit nach § 27 Nr. 2 Satz 2 ArbnErfG a.F. abgesehen. Eine etwaige Vergütungsübernahmevereinbarung mit dem Rechtserwerber (§ 27 Nr. 2 Satz 3 ArbnErfG a.F.) entfaltet keine Wirkung.

71 Hat der Insolvenzverwalter **unter Verstoß gegen § 27 Nr. 2 ArbnErfG a.F.** die Erfindungsrechte bereits auf einen Dritten **übertragen** (§§ 413, 398 BGB), bleibt diese Abtretung wirksam und kann nicht rückabgewickelt werden (*Schiedsst.* 19.05.2005 in *Bartenbach* Aktuelle Probleme des Gewerbl. Rechtsschutzes, 2005, S. 748 ff. i. Anschl. an *Bartenbach/Volz* KommArbnErfG, § 27 a.F. Rn. 78). Insoweit gilt auch hier der Grundsatz, dass die Rechte und Pflichten aus dem ArbnErfG keine dingliche Belastung der Diensterfindung darstellen (s. Rdn. 5), das Vorkaufsrecht also eine rein schuldrechtliche Wirkung hat (*Busse/Keukenschrijver* PatG, 6. Aufl. 2003, § 27 ArbnErfG Rn. 7). Ansprüche des Arbeitnehmererfinders gegenüber dem Rechtserwerber bestehen nicht; er kann aber Ansprüche nach §§ 275, 280, 283, 284 BGB i.V.m. § 55 Abs. 1 Nr. 1 InsO gegenüber der Insolvenzmasse geltend machen (ebenso *Zeising* Mitt.Pat. 2001, 60 [67] zum früheren Schuldrecht;

vgl. hier allg. zu § 55 Abs. 1 Nr. 1 InsO *Bornemann* § 55); daneben haftet ggf. der Insolvenzverwalter nach § 60 InsO (*Bartenbach/Volz* KommArbnErfG, § 27 a.F. Rn. 78; s.a. *LG Düsseldorf* 10.08.2010 – 4a O 132/09, NZI 2012, 627 [631] – Hochgeschwindigkeitslaborgeräte). Hat der Insolvenzverwalter unter Nichtbeachtung des Vorkaufsrechts des Arbeitnehmererfinders mit dem Rechtserwerber die Übernahme einer Vergütungspflicht durch diesen vereinbart (vgl. § 27 Nr 2 Satz 1 ArbnErfG a.F.; s. Rdn. 77), kann der Arbeitnehmererfinder die sich hieraus ergebenden Ansprüche geltend machen. Schließlich bleibt ihm noch die Möglichkeit, eine angemessene Abfindung aus dem Veräußerungserlös i.S.v. § 27 Nr. 2 Satz 5 ArbnErfG a.F. zu verlangen.

Am Zustandekommen einer Diensterfindung sind häufig **mehrere Arbeitnehmererfinder (Miterfinder)** beteiligt (zum Begriff s. Rdn. 10). In diesen Fällen steht jedem von ihnen das gesetzliche Vorkaufsrecht des § 27 Nr. 2 ArbnErfG a.F. zu. Jedem gegenüber hat der Insolvenzverwalter seine Mitteilungspflicht nach § 469 Abs. 1 BGB zu erfüllen. Allerdings können die Miterfinder gem. § 472 Satz 1 BGB das **Vorkaufsrecht nur im Ganzen ausüben**, also nur eine Übertragung der gesamten veräußerten Schutzrechtsposition verlangen. Will ein Arbeitnehmererfinder von dem Vorkaufsrecht keinen Gebrauch machen, kann er diese Rechtsposition nicht auf einen Dritten übertragen (vgl. auch § 473 BGB); übt er sein Vorkaufsrecht nicht aus, sind die übrigen Miterfinder kraft Gesetzes berechtigt, das Vorkaufsrecht im Ganzen auszuüben (§ 472 Satz 2 BGB). Die nach Ausübung des Vorkaufsrechts den Miterfindern abgetretenen Rechte stehen diesen grds. in Form der Bruchteilsgemeinschaft (§§ 741 ff. BGB) zu (vgl. im Übrigen *Bartenbach/Volz* KommArbnErfG, § 27 a.F. Rn. 80). 72

Hat der Arbeitnehmer das Vorkaufsrecht ausgeübt, kann er kraft Gesetzes mit seinen Ansprüchen auf Arbeitnehmererfindervergütung gegen die Kaufpreisforderung **aufrechnen** (§ 27 Nr. 2 Satz 2 ArbnErfG a.F.). Durch diese spezialgesetzlich eingeräumte Aufrechnungsmöglichkeit, die die Rechtsstellung des Arbeitnehmererfinders stärken soll, werden die allgemeinen Einschränkungen der Aufrechnung im Insolvenzverfahren (vgl. §§ 95 f. InsO) ausgeschlossen. 73

Aufgerechnet werden kann nur mit **rückständigen Vergütungsansprüchen** (vgl. Amtl. Begr. BT-Drucks. 12/3803 S. 99), also nur mit solchen Ansprüchen, die zum Zeitpunkt des Wirksamwerdens des Rechtskaufs (§ 463 BGB) bereits fällig, aber noch nicht erfüllt sind. Aus dem Gesetzeswortlaut folgt, dass sich die aufrechenbaren Vergütungsansprüche auf die konkret veräußerte Diensterfindung beziehen müssen (wie hier *Zeising* Mitt.Pat. 2001, 60 [67]; *Wiedemann, M.* Rn. 632). Die Aufrechnungsmöglichkeit besteht unstreitig für Vergütungsansprüche, die aus Nutzungshandlungen aus der **Zeit nach Eröffnung des Insolvenzverfahrens** resultieren (vgl. § 27 Nr. 3 ArbnErfG a.F., s. dazu Rdn. 100 ff.). Sie erfasst aber – abweichend von § 38 InsO – auch Vergütungsansprüche, die auf die **Zeit vor Eröffnung des Insolvenzverfahrens** zurückgehen (*Bartenbach/Volz* KommArbnErfG, § 27 a.F. Rn. 84; ebenso *Wiedemann, M.* Rn. 635 f.; *Busse/Keukenschrijver*, PatG, 6. Aufl. 2003, § 27 ArbnErfG Rn. 9; *Reimer/Schade/Schippel/Rother* ArbEG, § 27 Rn. 8), so dass der Arbeitnehmer insoweit nicht auf § 27 Nr. 5 ArbnErfG a.F. verwiesen werden kann (so aber *Zeising* Mitt.Pat. 2001, 60 [67]; vgl. auch *Kelbel* GRUR 1987, 218 [221]). Soweit es frühere Vergütungsansprüche betrifft, ist offen, ob der Erfinder nur mit solchen Ansprüchen aufrechnen kann, die er zuvor als Insolvenzgläubiger nach § 174 InsO angemeldet hat und die weder vom Insolvenzverwalter noch von einem anderen Insolvenzgläubiger bestritten worden sind (vgl. § 179 InsO; dazu s. Rdn. 121); dies ist – angesichts der untrennbar mit der InsO verbundenen Rechtsnatur des § 27 ArbnErfG und einer ansonsten über die bezweckte Billigkeit hinausgehenden Besserstellung – zu bejahen. Dagegen lässt das ArbnErfG die Aufrechnung ungeachtet der Einschränkungen in § 96 InsO zu (s. Rdn. 73). 74

Für die **Aufrechnung** selbst gelten im Übrigen die allgemeinen Regeln der §§ 387 ff. BGB. Die Aufrechnung ist demzufolge bedingungsfrei gegenüber der Insolvenzmasse (Insolvenzverwalter) zu erklären (§ 388 BGB). Sie ist formlos möglich. Bei mehreren Arbeitnehmererfindern kann der einzelne nur mit seinem eigenen Vergütungsanspruch aufrechnen, nicht dagegen mit denen der übrigen Miterfinder (vgl. § 422 Abs. 2 BGB). 75

76 Macht der Arbeitnehmererfinder bzw. machen alle Arbeitnehmermiterfinder von dem **Vorkaufsrecht keinen Gebrauch**, gilt Folgendes: Der Insolvenzverwalter kann nunmehr unbelastet durch das gesetzliche Vorkaufsrecht frei über die Diensterfindung verfügen. Da die Rechte und Pflichten aus dem ArbnErfG keine dingliche Belastung der Diensterfindung darstellen, gehen die Vergütungsansprüche der Arbeitnehmererfinder nicht automatisch als Verpflichtung auf den Rechtserwerber über (vgl. Rdn. 5).

77 Im Rahmen der Vertragsfreiheit kann allerdings ein Rechtserwerber diese Pflichten übernehmen. § 27 Nr. 2 Satz 3 ArbnErfG a.F. sieht vor, dass der Insolvenzverwalter **mit dem Erwerber** der Diensterfindung (bzw. diesbezüglicher Schutzrechtspositionen) – auf freiwilliger Basis – die **Übernahme zukünftiger Vergütungspflichten zugunsten des Arbeitnehmererfinders vereinbaren** kann. Die Bedeutung dieser Regelung liegt darin, dass die Vereinbarung ohne Zustimmung des Arbeitnehmererfinders möglich ist und an die Stelle seines Vergütungsanspruchs aus dem Verkauf die Chance auf weitere Vergütung durch den Rechtserwerber tritt. Ohne gesetzliche Regelung hätte eine derartige Vereinbarung der Genehmigung des Arbeitnehmers bedurft (§ 415 BGB). Die gesetzliche Regelung lässt zu, dass der Arbeitnehmererfinder bereits im Vorfeld eines Verkaufs gegenüber dem Insolvenzverwalter auf das Vorkaufsrecht aus § 27 Nr. 2 Satz 1 ArbnErfG a.F. verzichtet. Die Vereinbarung bedarf keiner bestimmten **Form**.

78 Bei der **inhaltlichen Gestaltung der Vereinbarung** haben Insolvenzverwalter und Erwerber die Mindestvorgaben des ArbnErfG zu beachten. Für den Vertragsinhalt lässt es das Gesetz ausreichen, wenn zwischen Insolvenzverwalter und Rechtserwerber vereinbart wird, dass Letzterer dem Arbeitnehmer eine angemessene Vergütung i.S.d. § 9 ArbnErfG für die weitere Verwertung der Diensterfindung zu zahlen hat. Einer genauen Konkretisierung des Vergütungsanspruchs unter Bezeichnung der einzelnen Bemessungsfaktoren bedarf es nicht. Jedoch darf die Vergütung für die weitere Verwertung weder bedingt, noch zeitlich begrenzt noch auf bestimmte Verwertungshandlungen verkürzt werden.

79 Werden in der Vereinbarung **nähere Regelungen zu Art und Höhe der Vergütung** getroffen, müssen diese dem Maßstab der **Angemessenheit** i.S.d. § 9 ArbnErfG entsprechen (s. Rdn. 35 ff.). Da sich die Vergütungsabrede nur auf die »weitere Verwertung« bezieht, bleibt – abweichend von § 9 Abs. 2 ArbnErfG – die bloße Verwertbarkeit der Diensterfindung (vgl. RL Nrn. 20 ff.) außer Ansatz. Der Begriff der weiteren Verwertung ist weit zu verstehen. Maßstab für den Erfindungswert sind insbesondere Art und Umfang der Verwertungshandlungen des Rechtserwerbers. Angemessen ist der Erfindungswert dann, wenn der Rechtserwerber die Verwertung der Diensterfindung so vergütet, als sei es eine originäre Diensterfindung aus seinem Unternehmen. Für die Bemessung des Anteilsfaktors (RL Nrn. 30 ff.) ist dagegen auf die konkrete Erfindungsgeschichte im Unternehmen des Schuldners abzustellen; Gleiches gilt für einen etwaigen Miterfinderanteil. Sind mit dem Arbeitnehmererfinder bereits verbindliche Vergütungsregelungen vom Schuldner bzw. Insolvenzverwalter getroffen worden (Vergütungsvereinbarung, Vergütungsfestsetzung i.S.d. § 12 Abs. 1, 3 ArbnErfG), binden diese den Erfindungserwerber nicht (vgl. im Übrigen *Bartenbach/Volz* KommArbnErfG, § 27 a.F. Rn. 93 ff.).

80 Der Klammerhinweis in § 27 Nr. 2 Satz 3 ArbnErfG a.F. und die ansonsten von § 27 Nr. 1 ArbnErfG a.F. abweichende Fassung sprechen dafür, dass **Regelungsgegenstand nur die materiellen Vergütungsansprüche** aus § 9 ArbnErfG sein können, nicht jedoch die sonstigen Regeln des ArbnErfG, wie etwa die §§ 12–16, 24 ArbnErfG. Das erscheint wenig interessengerecht, zumal die allgemeinen Grundsätze zur Fälligkeit (vgl. §§ 271, 274 BGB) kaum den wechselseitigen Bedürfnissen genügen dürften. Es läge deshalb nahe, die Vorschrift dahin auszulegen, dass die übernommene Vergütungspflicht insgesamt angemessen sein muss, also nicht nur der Art und Höhe nach, sondern auch bzgl. des Verfahrens zur Konkretisierung, der Fälligkeit der Vergütungsanpassung und der auf die Vergütung ausstrahlenden Pflichten aus §§ 14, 16, 24 ArbnErfG. Angesichts der Gesetzesfassung erscheint ein so weitgehendes Verständnis aber zweifelhaft. Damit dürfte für den Insolvenzverwalter auch keine Möglichkeit bestehen, dem Rechtserwerber vertraglich das Recht zur einseitigen Vergütungsfestsetzung (§ 12 Abs. 3 ArbnErfG) zu übertragen. Ob man die Vor-

schrift so auslegen kann, dass dem Erwerber kraft Gesetzes ein Recht zur Leistungsbestimmung (§ 315 BGB) eingeräumt wird, ist zumindest offen.

Als nach dem ArbnErfG zugelassene Vereinbarung über eine Diensterfindung unterliegt sie der **Billigkeitskontrolle des § 23 ArbnErfG** (a.A. *Busse/Keukenschrijver* PatG, 6. Aufl. 2003, § 27 ArbnErfG Rn. 10 und § 27 ArbnErfG n.F. Rn. 11). Ist der Arbeitnehmer bereits zuvor ausgeschieden, greift § 23 ArbnErfG allerdings wegen der Ausschlussfrist des Abs. 2 nicht mehr. Zweifelhaft ist die Rechtslage dann, wenn die Vereinbarung zwar nicht die Schwelle der Unbilligkeit erreicht, aber die vereinbarte **Vergütung** gleichwohl **nicht angemessen** ist. Da hier der Arbeitnehmer an der Vereinbarung weder zu beteiligen ist, noch ein Widerspruchsrecht hat, wird u.E. nach der Gesetzessystematik die Rechtsfolge des § 27 Nr. 2 Satz 4 ArbnErfG a.F. bei fehlender Angemessenheit nicht ausgelöst; dies bedeutet: Bleibt die vereinbarte Vergütung hinter der angemessenen Abfindung aus dem Veräußerungserlös zurück, besteht noch ein (ggf. zu reduzierender) Anspruch auf angemessene Abfindung aus dem Veräußerungserlös (*Busse/Keukenschrijver* PatG, § 27 ArbnErfG Rn. 13). Ist dieser (ergänzende) Anspruch nicht durchsetzbar, hat der Arbeitnehmer ggf. einen ergänzenden Schadensersatzanspruch gegenüber dem Insolvenzverwalter (§ 60 InsO). Beschränkt sich die Vereinbarung lediglich auf die Begründung einer Pflicht zur Zahlung einer angemessenen Vergütung für die weitere Verwertung (s. Rdn. 77), stellen sich diese Probleme allerdings nicht. 81

Angesichts der »Kann-Vorschrift« besteht **kein Anspruch des Arbeitnehmererfinders** gegenüber dem Insolvenzverwalter oder dem Rechtserwerber auf Abschluss einer solchen Übernahme von Vergütungspflichten (wie hier *Zeising* Mitt.Pat. 2001, 60 [67]; *Reimer/Schade/Schippel/Rother* ArbEG, § 27 Rn. 9). Der Abschluss einer solchen Vereinbarung kann aus Sicht des Insolvenzverwalters zweckmäßig sein, um die Insolvenzmasse von dem Abfindungsanspruch des Arbeitnehmers nach § 27 Abs. 2 Nr. 4 ArbnErfG a.F. zu entlasten. Hier ist allerdings eine wirtschaftliche Betrachtung geboten, da der Rechtserwerber u.U. angesichts zukünftiger Vergütungspflichten auf eine erhebliche Reduzierung des Kaufpreises bestehen wird. 82

Da der Abschluss der Vereinbarung mit einem Dritten aufgrund der nicht recht geglückten Gesetzesfassung (zur Kritik s. *Bartenbach/Volz* KommArbnErfG, § 27 a.F. Rn. 89 f.) davon abhängt, ob der Arbeitnehmer sein Vorkaufsrecht ausübt, kann es im Einzelfall **zweckmäßig** sein, **den Arbeitnehmererfinder in die Vertragsverhandlungen einzubeziehen**, auch wenn der Erfinder darauf keinen Rechtsanspruch hat. 83

Die **Rechtswirkungen der Vereinbarung** sind zunächst allgemein davon abhängig, dass der Arbeitnehmer von seinem Vorkaufsrecht keinen Gebrauch macht. Macht er davon Gebrauch, geht die Vereinbarung ins Leere (zur Miterfinderschaft s. Rdn. 72). Übt der Arbeitnehmer dagegen sein Vorkaufsrecht nicht aus, ist zu differenzieren: 84

Im **Verhältnis zur Insolvenzmasse** folgt aus § 27 Nr. 2 Satz 4 ArbnErfG a.F., dass der Arbeitnehmer auf Grund der Vereinbarung keinen (zusätzlichen) Vergütungsanspruch auf Beteiligung am Kaufpreiserlös gem. § 9 ArbnErfG i.V.m. RL Nr. 16 oder auf Abfindung hat (zur Ausnahme s. Rdn. 81; zu Vergütungsansprüchen aus der Zeit vor Erfindungsübertragung s. Rdn. 120 ff.). Die Insolvenzmasse wird insoweit durch die Vergütungspflicht des Rechtserwerbers für zukünftige Verwertungshandlungen entlastet. 85

Im **Verhältnis zum Rechtserwerber** handelt es sich um einen **echten Vertrag zu Gunsten Dritter** i.S.d. § 328 BGB (wohl allg. A., z.B. *Busse/Keukenschrijver* PatG, 6. Aufl. 2003, § 27 ArbnErfG Rn. 10; *Zeising* Mitt.Pat. 2001, 60 [67]; *Wiedemann, M.* Rn. 637). Die **Rechtsbeziehungen zwischen Arbeitnehmer und Rechtserwerber** beruhen auf diesem privatrechtlichen Vertrag und stellen sich wie folgt dar: Der Arbeitnehmer erhält einen unmittelbaren Anspruch auf Erfüllung gegenüber dem Rechtserwerber. Er nimmt nunmehr am wirtschaftlichen Risiko der Verwertung der Diensterfindung durch den Rechtserwerber teil. Als Hilfsanspruch zu seinem Vergütungsanspruch wird man dem Arbeitnehmer einen Auskunfts- und Rechnungslegungsanspruch gegenüber dem Rechtserwerber zugestehen müssen (s. dazu Rdn. 44). Dem Rechtserwerber räumt das Gesetz nicht die Möglichkeit einer einseitigen Festsetzung nach § 12 Abs. 3 ArbnErfG ein; auch ein einseitiges Leistungs- 86

Anh. I — Arbeitnehmererfindungen in der Insolvenz (§ 27 ArbnErfG)

bestimmungsrecht i.S.d. § 315 BGB erscheint unsicher (s. Rdn. 80 f.). Andererseits besteht u.E. keine Bindung an frühere Vergütungsregelungen (s.a. Rdn. 79). Zahlt der Rechtserwerber nicht oder hält der Arbeitnehmer die Zahlungen für unangemessen, kann er nach allgemeinen zivilrechtlichen Grundsätzen auf Erfüllung klagen. Nach der hier vertretenen Auffassung gelten insoweit die verfahrensrechtlichen Sonderbestimmungen des ArbnErfG über das Schiedsstellenverfahren nach §§ 28 ff. ArbnErfG nicht, da es an einem Streitfall zwischen den Arbeitsvertragsparteien fehlt (*Busse/Keukenschrijver* PatG, 6. Aufl. 2003, § 27 ArbnErfG Rn. 10). Angesichts der weiten Fassung des § 39 ArbnErfG ist für das gerichtliche Verfahren die Zuständigkeit der Patentstreitkammern nach § 143 PatG (s. Rdn. 48) gegeben, ohne dass es eines nach § 37 ArbnErfG vorgeschalteten Schiedsstellenverfahrens bedarf (vgl. auch § 37 Abs. 2 Nrn. 1, 3 u. § 38 ArbnErfG). Im Interesse des Rechtsfriedens ist es empfehlenswert, wenn sich Arbeitnehmer und Rechtserwerber im Zusammenhang mit der Vereinbarung oder im Anschluss daran über die Kriterien der Vergütungsbemessung verständigen. Ein gesetzlicher Anpassungsanspruch des Arbeitnehmers aus § 12 Abs. 6 ArbnErfG gegenüber dem Rechtserwerber besteht nicht (s. Rdn. 80). Ein solcher kann sich nur aus dem allgemeinen Anpassungsanspruch aus § 313 BGB ergeben, es sei denn, Rechtserwerber und Arbeitnehmer hätten § 12 ArbnErfG vertraglich einbezogen.

87 Eine zwischen Insolvenzverwalter und Rechtserwerber zu treffende Vereinbarung könnte sich – ausgerichtet am Gesetzestext des § 27 Nr. 2 Satz 3 ArbnErfG a.F. – auf eine Globalvereinbarung beschränken (s. Rdn. 78) und etwa folgenden **Inhalt** haben:

»*Der Erwerber verpflichtet sich, für seine weitere inner- und außerbetriebliche Verwertung der unbeschränkt in Anspruch genommenen Diensterfindung ... (Bezeichnung) – einschließlich der hierauf erteilten Schutzrechtspositionen, insbesondere des deutschen Patents Nr. ... – dem/den Erfinder(n) ... eine angemessene Vergütung i.S.d. § 9 ArbnErfG i.V.m. den Richtlinien für die Vergütung von Arbeitnehmererfindungen im privaten Dienst in der jeweils gültigen Fassung zu zahlen. Die Vergütung bemisst sich nach dem Erfindungswert für die Verwertungshandlungen des Rechtserwerbers[nach dem Miterfinderanteil] und dem Anteilsfaktor. Der Anteilsfaktor beträgt gemäß der zwischen dem Schuldner und dem/den Erfinder(n) getroffenen Vereinbarung vom ... %. Der Erfinderanteil beträgt 100 %/Der Miterfinderanteil für ... beträgt ... %, für ... %. Der Erfindungswert für die weitere Verwertung wird zwischen Erwerber und Erfinder(n) geregelt werden.*

Durch die Vereinbarung erhält/erhalten der/die Erfinder einen eigenen unmittelbaren Anspruch gegen den Erwerber (§ 328 BGB). Die Vertragsparteien behalten sich allerdings klarstellend das Recht vor, die übrigen in diesem Vertrag getroffenen Vereinbarungen auch ohne Zustimmung des/der Erfinder(s) zu ändern.«

88 Trifft der Insolvenzverwalter **keine Vereinbarung mit dem Rechtserwerber**, bestimmen sich die Rechtsfolgen nach § 27 Nr. 2 Satz 4 ArbnErfG a.F. Danach hat der Arbeitnehmer einen Anspruch auf angemessene Abfindung aus dem Veräußerungserlös. Eine Vereinbarung fehlt – aufgrund der Bezugnahme in § 27 Nr. 2 Satz 4 auf Satz 3 ArbnErfG a.F. – auch dann, wenn zwar eine Regelung zur Vergütungspflicht des Rechtserwerbers getroffen wird, diese aber nicht den Mindestansprüchen des § 27 Nr. 2 Satz 3 ArbnErfG a.F. entspricht oder nach § 23 ArbnErfG (s. Rdn. 81) nichtig ist. Etwas anderes gilt dann, wenn der Arbeitnehmererfinder der getroffenen Vereinbarung ausdrücklich unter Bezugnahme auf § 27 Nr. 2 Satz 3 ArbnErfG a.F. oder konkludent zustimmt bzw. die Beteiligten – etwa in Anwendung der Grundsätze des § 23 ArbnErfG – nachträglich eine inhaltliche Korrektur der Vereinbarung treffen. Zum Ergänzungsanspruch s. Rdn. 81.

89 Da der Arbeitnehmererfinder über § 9 ArbnErfG i.V.m. RL Nr. 16 ohnehin einen Anspruch auf angemessene Beteiligung am Kaufpreiserlös hat, liegt die **Bedeutung des § 27 Nr. 2 Satz 4 ArbnErfG a.F.** darin, dass der Arbeitnehmererfinder mit seinem Abfindungsanspruch nicht auf die Insolvenzmasse verwiesen wird, sondern einen unmittelbaren insolvenzrechtlichen Beteiligungsanspruch am Kaufpreiserlös erhält; damit fließt nur der nach Abzug der Abfindung verbleibende Kaufpreisanteil der Insolvenzmasse zu. Insoweit hatte sich der Gesetzgeber zur sog. insolvenzrechtlichen Lösung entschieden und den Arbeitnehmer einem absonderungsberechtigten Gläubiger gleichgestellt (s.a. Rdn. 50; vgl. *Kelbel* GRUR 1987, 218 [219]; zust. *Wiedemann, M.* Rn. 637 Fn. 512).

Der Anspruch ist (ausschließlich) gerichtet auf eine angemessene Abfindung aus dem **Veräußerungs-** 90 **erlös**. Veräußerungserlös sind die vereinbarten und tatsächlich gezahlten Gegenleistungen des Rechtserwerbers für die Übertragung der Erfindungsrechte (§ 433 Abs. 2 BGB). Erstreckt sich der Kaufvertrag auch auf andere Rechtspositionen, ist der auf die Diensterfindung entfallende Anteil zu bestimmen (vgl. allgemein *Schiedsst.* 19.12.1991 GRUR 1992, 847 [848 f.] – Geschäftsaktivitätenveräußerung und 26.02.1993 GRUR 1996, 49 [51 f.] – Gießereimaschinen).

Die Höhe der **Abfindung** – ein ansonsten im ArbnErfG nicht verwendeter Begriff – richtet sich nach 91 den allgemeinen Kriterien zur Bestimmung der angemessenen Vergütung bei Verkauf der Erfindung. Der **Erfindungswert** bemisst sich nach **RL Nr. 16** (so wohl auch *Reimer/Schade/Schippel/Rother* ArbEG, § 27 Rn. 10). Dies bedeutet, dass der erzielte Bruttoverkaufserlös zunächst um die (nicht abschließend) in RL Nr. 16 Abs. 1 Satz 3 aufgeführten Kostenfaktoren zu mindern ist, also insbesondere um Umsatzsteuer, anteilige Entwicklungskosten nach Fertigstellung der Erfindung sowie um anteilige Schutzrechts- und Vertragskosten (vgl. dazu *Bartenbach/Volz* KommRL, RL Nr. 16 Rn. 20 ff.). Wird begleitendes Know-how mit veräußert, ist auch dieses nach RL Nr. 16 Abs. 2 (anteilig) in Ansatz zu bringen. Der danach verbleibende Nettoertrag wird üblicherweise mit einem **Umrechnungsfaktor von 40 %** multipliziert und ergibt dann den Erfindungswert (vgl. u.a. *Schiedsst.* 19.09.1995 Mitt.Pat. 1996, 176 [177] – Patentverkauf). Der Anteilsfaktor (RL Nr. 30 ff.) ist auch hier zu berücksichtigen (allg. A., z.B. *Reimer/Schade/Schippel/Rother* ArbEG, § 27 Rn. 10).

2. Veräußerung mit Geschäftsbetrieb – Eintritt des Erwerbers in die Vergütungspflicht (§ 27 Nr. 1 ArbnErfG a.F.)

Veräußert der Insolvenzverwalter die vor Insolvenzeröffnung unbeschränkt in Anspruch genommene 92 Diensterfindung (s. Rdn. 62 ff.) mit dem Geschäftsbetrieb, so tritt der Erwerber gem. § 27 Nr. 1 ArbnErfG a.F. rückwirkend – für die Zeit von der Eröffnung des Insolvenzverfahrens an – in die Vergütungspflicht des Arbeitgebers (Schuldners) aus § 9 ArbnErfG ein (gesetzlicher Schuldeintritt).

Die Regelung des § 27 Nr. 1 ArbnErfG a.F. hat der Gesetzgeber im Rahmen der ArbnErfG-Novelle 93 2009 beibehalten (s. Rdn. 50). Sie setzt einmal eine Veräußerung der Diensterfindung **mit Geschäftsbetrieb** (zum Begriff s. Rdn. 65) voraus. Durch den untrennbaren Zusammenhang zwischen § 27 Nr. 1 (Veräußerung mit Geschäftsbetrieb) und § 27 Nr. 2 ArbnErfG a.F. (Veräußerung ohne Geschäftsbetrieb, s. Rdn. 62 ff.) folgt, dass in wechselseitiger Abgrenzung bei Fehlen der tatbestandlichen Voraussetzungen des § 27 Nr. 1 grds. die Regelung des § 27 Nr. 2 ArbnErfG a.F. einschlägig ist – und umgekehrt (zur Problematik des nicht mit übergehenden Arbeitsverhältnisses s. Rdn. 95; s.a. *LG Düsseldorf* 10.08.2010 – 4a O 132/09, NZI 2012, 627 [630] – Hochgeschwindigkeitslaborgeräte m. zust. Anm. *Kunzmann* NZI 2012, 631 [632]). Eine Veräußerung mit Geschäftsbetrieb liegt einmal dann vor, wenn das gesamte Unternehmen des Schuldners (mit-) veräußert wird. Gleiches gilt, wenn alle Betriebsteile, die für die Verwertung der Erfindung maßgeblich sind, mit veräußert werden bzw. – bei nicht oder noch nicht verwerteten Erfindungen – solche Betriebsteile, in denen die Erfindung ausgewertet werden soll bzw. ausgewertet werden kann (*Schiedsst.* 24.02.2005 Arb.Erf. 085/03 – Datenbank; *OLG Düsseldorf* 23.10.1970 GRUR 1971, 218 [219] – Energiezuführungen zu § 27 ArbnErfG Fassung 1957, *LG Düsseldorf* 10.08.2010 – 4a O 132/09, NZI 2012, 627 [629 f.] – Hochgeschwindigkeitslaborgeräte; vgl. i.E. *Reimer/Schade/Schippel/Rother* ArbEG, § 27 Rn. 5, 7; *Bartenbach/Volz* KommArbnErfG § 27 ArbnErfG n.F. Rn. 48 ff.). Angesichts der engen Verbindung mit § 613a BGB (s. nachfolgend Rdn. 94) liegt eine Erfindungsveräußerung mit Geschäftsbetrieb regelmäßig auch dann vor, wenn arbeitsrechtlich ein Betriebsübergang bzw. Betriebsteilübergang gegeben ist. Dementsprechend zieht die Praxis zur näheren Kennzeichnung die zu § 613a BGB entwickelten Grundsätze zum Begriff des Betriebsübergangs heran (exemplarisch *LG Düsseldorf* 10.08.2010 – 4a O 132/09, NZI 2012, 627 [629 f.] – Hochgeschwindigkeitslaborgeräte m. zust. Anm. *Kunzmann* NZI 2012, 631 f. u. Parallelentscheidung *LG Düsseldorf* 10.08.2010 – 4a O 67/09, Düsseldorfer Entscheidungen Nr. 1497 [abrufbar unter www.duesseldorfer-archiv.de];

Mulch IPRB 2010, 232 [233]). Ein Betriebsübergang ist gegeben, wenn ein neuer Rechtsträger die übernommene wirtschaftliche Einheit unter Wahrung ihrer Identität fortführt (s.a. *BAG* 24.05.2005 NZA 2006, 31; 26.07.2007 ZIP 2008, 428 [429]; 21.05.2008 DB 2009, 291 f. jeweils m.w.N.; HWK/*Willemsen* § 613a BGB Rn. 11 f.; *Schaub* FS Bartenbach S. 229 ff.; vgl. auch *EuGH* 26.05.2005 ZIP 2005, 1377 u. 15.12.2005 NZA 2006, 29). Auch wenn wesentliche Betriebsmittel übertragen werden, kann ein Betriebsübergang (nur) dann angenommen werden, wenn der Bereich, dem diese Betriebsmittel zugeordnet waren, bereits beim Schuldner eine organisatorisch abgrenzbare Einheit gewesen ist (*BAG* 27.10.2005 DB 2006, 454; *LG Düsseldorf* 10.08.2010 – 4a O 132/09, NZI 2012, 627 [629 f.]. – Hochgeschwindigkeitslaborgeräte u. Parallelentscheidung *LG Düsseldorf* 10.08.2010 – 4a O 67/09, Düsseldorfer Entscheidungen Nr. 1497 [abrufbar unter www.duesseldorfer-archiv.de]). Einer Veräußerung mit Geschäftsbetrieb steht eine vorherige Einstellung der Produktion durch den Insolvenzverwalter nicht entgegen, sondern nur die endgültige Betriebsstilllegung (*LG Düsseldorf* 10.08.2010 NZI 2012, 627 [630 f.] – Hochgeschwindigkeitslaborgeräte). Zur Abgrenzung s. im Übrigen Rdn. 66.

94 Der Gesetzeswortlaut lässt nicht zweifelsfrei erkennen, ob der Eintritt des Rechtserwerbers in die Vergütungspflicht nur unter den Voraussetzungen des § 613a BGB erfolgt, d.h. zugleich einen **Übergang des Arbeitsverhältnisses des Arbeitnehmererfinders** auf den Rechtserwerber als neuen Arbeitgeber voraussetzt. Die Amtl. Begründung zu § 27 ArbnErfG a.F. nimmt zwar Bezug auf die Vorschrift des § 613a BGB, ihr ist jedoch nicht zu entnehmen, dass der Gesetzgeber den Eintritt des Erwerbers in das Arbeitsverhältnis mit dem Arbeitnehmererfinder zur zwingenden Voraussetzung für die Anwendung des § 27 Nr. 1 ArbnErfG a.F. machen wollte (*Amtl. Begr.* BT-Drucks. 12/3803 S. 99 r. Sp.). Auch der Wortlaut des § 27 Nr. 1 ArbnErfG a. F bietet hierfür keine hinreichenden Anhaltspunkte. (a.A.: 8. Aufl. Rn. 94; *Bartenbach/Volz* KommArbnErfG, § 27 a.F. Rn. 61 f.; *Wiedemann, M.* Rn. 118; wie hier: *LG Düsseldorf* 10.08.2010 – 4a O 132/09, NZI 2012, 627 [629 f.] – Hochgeschwindigkeitslaborgeräte; *Kunzmann* NZI 2012, 631 f., *Oster* GRUR 2012, 467, 470; ferner *Zeising* Mitt.Pat. 2001, 60 [66]; *Wiedemann M.* Rn. 626 ff.; *Busse/Keukenschrijver* PatG, 6. Aufl. 2003, § 27 ArbnErfG Rn. 3; wohl auch *Reimer/Schade/Schippel/Rother* ArbEG, § 27 Rn. 5).

95 Den Arbeitnehmererfindern, deren **Arbeitsverhältnisse nicht** auf den Rechtserwerber **übergehen**, stehen lediglich die aus § 27 Nr. 1 ArbnErfG a.F. folgenden Vergütungsansprüche gegen den Erwerber zu (*Zeising* Mitt.Pat. 2001, 60 [66]; *Wiedemann, M.* Rn. 626 ff.; *Reimer/Schade/Schippel/Rother* ArbEG, § 27 Rn. 5; s. Rdn. 96). Im Falle des Übergangs des Arbeitsverhältnisses tritt der Erwerber gem. § 613a BGB auch in die über die Vergütungspflicht hinausgehenden erfinderrechtlichen Rechte und Pflichten ein, da § 613a BGB nicht von § 27 Nr. 1 ArbnErfG a.F. verdrängt wird, sondern daneben anwendbar bleibt (*Kunzmann* NZI 2012, 631 [632]; *Oster* GRUR 2012, 467 [469 f.]).

96 Ist § 27 Nr. 1 ArbnErfG a.F. einschlägig, hat dies kraft Gesetzes zur Folge, dass der **Erwerber in die Vergütungspflicht des Arbeitgebers eintritt**. Der Umfang der Vergütungspflicht bestimmt sich nach § 9 ArbnErfG i.V.m. den Vergütungsrichtlinien. Getroffene Vergütungsvereinbarungen bzw. -festsetzungen (§ 12 Abs. 1 und 3 ArbnErfG) wirken auch gegenüber dem Erwerber (ebenso *Zeising* Mitt.Pat. 2001, 60 [66]; *Busse/Keukenschrijver* PatG, § 27 ArbnErfG. Rn. 4). Ihn trifft ggf. eine Anpassungspflicht nach § 12 Abs. 6 ArbnErfG, etwa, wenn mit der Übernahme des Unternehmens des Schuldners neue Verwertungsformen bzw. zusätzliche Verwertungen verbunden sind (vgl. *Bartenbach/Volz* KommArbnErfG, § 27 n.F. Rn. 57). Ein zusätzlicher Anspruch auf Vergütung für den Verkauf der Erfindungsrechte durch den Insolvenzverwalter entsteht nicht (*Busse/Keukenschrijver* PatG, § 27 ArbnErfG n.F. Rn. 4).

97 Die Vergütungspflicht umfasst (rückwirkend) den **Zeitraum ab der Eröffnung des Insolvenzverfahrens** (vgl. § 27 InsO). Sie betrifft alle Vergütungsansprüche für Verwertungshandlungen des Insolvenzverwalters aus dem Zeitraum zwischen Eröffnung des Insolvenzverfahrens und Veräußerung der Diensterfindung und trägt damit zur Entlastung der Masse bei (s. i.E. *Bartenbach/Volz* KommArbnErfG, § 27 n.F. Rn. 55 ff.). Für rückständige Vergütungsansprüche aus der Zeit vor Eröff-

nungsbeschluss haftet der Rechtserwerber dagegen nicht (vgl. auch § 27 Nr. 5 ArbnErfG a.F., dazu s. Rdn. 120 ff.).

Die **unklare Gesetzesvorschrift** wirft mehr Fragen auf, als Antworten gegeben werden. So ist nur mit Blick auf eine Entlastung der Insolvenzmasse nachvollziehbar, dass der Rechtserwerber für Nutzungshandlungen des Insolvenzverwalters vor Übernahme der Diensterfindung haften soll und nicht erst ab Betriebsübergang. Zudem ist problematisch, dass sich der Wortlaut der Regelung auf die Vergütungspflichten beschränkt und keine Aussage über ein Fortwirken der sonstigen Rechte und Pflichten aus dem ArbnErfG enthält, obschon der Geschäftsbetrieb mit übergeht. Soweit die Voraussetzungen des § 613a BGB vorliegen, bestehen nach h.M. auch die sonstigen Rechte und Pflichten aus dem ArbnErfG unverändert fort (Einzelheiten aber str., vgl. *Bartenbach/Volz* KommArbnErfG, § 1 Rn. 118 ff.). Will man vertreten, dass § 613a BGB bei Betriebsübergang im Insolvenzverfahren erfinderrechtlich nicht zur Anwendung kommt, wäre der Arbeitnehmer bzgl. seiner weitergehenden Ansprüche aus dem ArbnErfG (§§ 13–16, 23, 24 ArbnErfG) und der verfahrensrechtlichen Durchsetzung seiner Rechte (§§ 28 ff., §§ 37 ff. ArbnErfG) schlechter gestellt, als bei Betriebsübergang außerhalb der Insolvenz; dies wäre ein Ergebnis, das nicht gewollt sein kann. Es wird vermieden, wenn man zutreffend davon ausgeht, dass § 613a BGB ergänzend auch neben § 27 Nr. 1 ArbnErfG a.F. gilt (*Kunzmann* NZI 2012, 631 [632]; *Oster* GRUR 2012, 467, 469 f.; **a.A.** *Trimborn* Mitt.Fat. 2012, 70 [73], wonach § 613a BGB durch § 27 Nr. 1 ArbnErfG verdrängt wird). 98

Aufgrund der Zweifelsfragen empfiehlt es sich in der Praxis, im Falle der Veräußerung mit Geschäftsbetrieb – unter Beachtung der Unbilligkeitsschranke des § 23 ArbnErfG – eine **freiwillige Vereinbarung mit dem Arbeitnehmererfinder** über die zukünftige erfinderrechtliche Behandlung seiner Diensterfindung anzustreben. 99

II. Verwertung der Diensterfindung durch den Insolvenzverwalter im Unternehmen (§ 27 Nr. 3 ArbnErfG a.F.)

Verwertet der Insolvenzverwalter die gem. §§ 6, 7 ArbnErfG a.F. unbeschränkt in Anspruch genommene Diensterfindung (dazu s. Rdn. 32 ff.) im Unternehmen des Schuldners, so hat er dem Arbeitnehmererfinder hierfür eine angemessene Vergütung aus der Insolvenzmasse zu zahlen (§ 27 Nr. 3 ArbnErfG). Daran hält die Neufassung des § 27 Nr. 2 ArbnErfG unverändert fest (s. Rdn. 50, 133 ff.), so dass die nachfolgenden Feststellungen in gleicher Weise für § 27 Nr. 2 ArbnErfG 2009 gelten (zur Sondersituation der Veräußerung der Diensterfindung s. Rdn. 135). Ausweislich des Eingangssatzes des § 27 ArbnErfG n.F./a.F. ist nicht die Situation erfasst, dass (erst) der Insolvenzverwalter die Diensterfindung unbeschränkt in Anspruch genommen hat (s. Rdn. 58, abw. wohl *Reimer/Schade/Schippel/Rother* ArbEG, § 27 Rn. 11). 100

Nach der hier vertretenen Ansicht wird durch § 27 Nr. 3 ArbnErfG a.F. erfinderrechtlich kein neuer Vergütungsanspruch begründet (zu den Folgen s. Rdn. 103, 107). Insolvenzrechtlich ist vielmehr Konsequenz, dass diese Vergütungsansprüche kraft der Sonderregelung des ArbnErfG uneingeschränkt **Masseverbindlichkeiten** darstellen (vgl. dazu §§ 55, 61 InsO; vgl. zu § 59 KO a.F. *Schiedsst.* 26.02.1993 GRUR 1996, 49 [52 ff.] – Gießereimaschinen und 19.09.1995 Mitt.Pat. 1996, 176 [177] – Patentverkauf). Der Arbeitnehmer hat damit die Rechtsstellung eines Massegläubigers (vgl. dazu §§ 53, 209 InsO); eine Anmeldung der Forderungen zur Tabelle ist weder zulässig noch erforderlich (s.a. FK-InsO/*Bornemann* § 53). Das gilt in gleicher Weise für die seit 01.10.2009 gemeldeten Diensterfindungen nach § 27 Nr. 2 ArbnErfG n.F. (*Bartenbach/Volz* KommArbnErfG, § 27 n.F. Rn. 101 f.).

§ 27 Nr. 3 ArbnErfG a.F. (§ 27 Nr. 2 ArbnErfG n.F.) verwendet den Begriff des »**Unternehmens**« anstelle des sonst im ArbnErfG üblichen Begriff des »Betriebes«; ein inhaltlicher Unterschied besteht allerdings nicht (vgl. *Bartenbach/Volz* KommArbnErfG, § 27 n.F. Rn. 111). 101

§ 27 Nr. 3 ArbnErfG a.F. betrifft ebenso wie § 27 Nr. 2 ArbnErfG n.F. nur Verwertungen durch den **Insolvenzverwalter**. Stellt man auf den Begriff des Insolvenzverwalters im eigentlichen Sinne ab, sind darunter nur Verwertungshandlungen in der Zeit ab Eröffnung des Insolvenzverfahrens (vgl. 102

§ 27 InsO) zu verstehen; nach Normzweck und im Einklang mit § 55 Abs. 2 InsO erfasst § 27 Nr. 3 ArbnErfG a.F. auch vorangegangene Verwertungshandlungen des vorläufigen Insolvenzverwalters kraft übergegangener Verfügungsbefugnis (vgl. § 21 Abs. 2, § 22 Abs. 1 InsO; im Ergebnis wie hier *Reimer/Schade/Schippel/Rother* ArbEG, § 27 Rn. 11; vgl. auch *Paul* ZInsO 2009, 139 [1842]).

103 Art und Höhe der Vergütung bestimmen sich nach den allgemeinen Grundsätzen der §§ 9, 12 ArbnErfG (*Busse/Keukenschrijver* PatG, § 27 ArbnErfG n.F. Rn. 5; dazu s. Rdn. 35 ff.). Ausweislich des Gesetzeswortlauts ist hier allerdings nur die tatsächliche Verwertung des Erfindungsgegenstandes erfasst. Damit entfällt eine Vergütung für eine bloße (die Insolvenzmasse nicht bereichernde) **Verwertbarkeit** der Erfindung (ebenso *Busse/Keukenschrijver* PatG, § 27 ArbnErfG n.F. Rn. 5; *Zeising* Mitt.Pat. 2001, 60 [68]), also insbesondere unter dem Aspekt des Vorratspatents (RL Nr. 21). Der **Begriff der tatsächlichen Verwertung** ist – ebenso wie der Verwertungsbegriff in § 27 Nr. 2 Satz 3 ArbnErfG a.F. (s. Rdn. 79) – weit zu verstehen (*Bartenbach/Volz* KommArbnErfG, § 27 n.F. Rn. 106). Folglich fallen darunter insbesondere Verwertungen im Unternehmen oder Lizenzvergaben (RL Nrn. 14, 15) bzw. Austauschverträge (RL Nr. 17).

104 Demgegenüber ist der – auch in § 27 Nr. 2 ArbnErfG n.F. übernommene – Begriff der »**Verwertung im Unternehmen**« erfinderrechtlich unscharf. Erfasst sind nicht nur die innerbetrieblichen Nutzungshandlungen, sondern ebenso die außerbetriebliche Verwertung mittels Lizenzvergabe (*Bartenbach/Volz* KommArbnErfG, § 27 n.F. Rn. 106 ff.).

105 Auch der **Verkauf von Erfindungsrechten** (RL Nr. 16) stellt eine Form der tatsächlichen Verwertung dar; in diesen Fällen ergeben sich die vergütungsrechtlichen Folgen zunächst aus § 27 Nrn. 1 und 2 ArbnErfG a.F., die als spezialgesetzliche Regelungen vorgehen. Der Wortlaut des § 27 Nr. 1 ArbnErfG a.F., wonach der Erwerber ab Eröffnung des Insolvenzverfahrens in die Vergütungspflichten eintritt (s. Rdn. 96 ff.), ferner die Ausrichtung auf die »Verwertung im Unternehmen« sowie die systematische Stellung der Vorschriften zeigen, dass § 27 Nr. 3 ArbnErfG nicht als lex specialis gegenüber § 27 Nrn. 1 und 2 ArbnErfG a.F. zu verstehen ist, sondern umgekehrt: Nummern 1 und 2 des § 27 ArbnErfG a.F. gehen der Nummer 3 vor, so dass – ebenso wie nach § 27 Nr. 2 ArbnErfG n.F. (s. Rdn. 134) – **kein (zusätzlicher) Vergütungsanspruch** aus dem Erfindungsverkauf (RL Nr. 16) besteht. Nur soweit § 27 Nrn. 1 bzw. 2 ArbnErfG a.F. nicht einschlägig ist, verbleibt es bei der Regelung des § 27 Nr. 3 ArbnErfG a.F., etwa für die Verwertungen des vorläufigen Insolvenzverwalters im Falle der Nr. 1, der vor Erfindungsverkauf liegenden Verwertungen im Falle der Nr. 2. Insoweit unterscheidet sich die Rechtsfolgen nach § 27 Nr. 3 ArbnErfG a.F. von denen aus § 27 Nr. 2 ArbnErfG n.F. (s. Rdn. 135 f.).

106 § 27 Nr. 3 ArbnErfG a.F. erfasst auch die Fälle, in denen die Diensterfindung bzw. darauf bezogene Schutzrechtspositionen **nicht kaufweise auf Dritte übertragen** werden, etwa bei Einbringung in eine Gesellschaft, bei Tausch oder bei (teilweise) unentgeltlicher Abtretung.

107 Besteht noch keine die (zukünftige) Verwertung umfassende Vergütungsregelung, so hat der Insolvenzverwalter eine solche im Verfahren nach § 12 ArbnErfG zu treffen. Hat der Arbeitgeber bereits eine **Vergütungsregelung** über eine laufende Vergütung zukünftiger Verwertungshandlungen nach § 12 ArbnErfG getroffen (s. Rdn. 41), so bindet diese nach der hier vertretenen Auffassung auch den Insolvenzverwalter, es sei denn, die Vergütungsregelung ist nach § 23 ArbnErfG unwirksam (s. Rdn. 43) oder § 27 ArbnErfG a.F. lässt eine Abweichung zu (vgl. etwa § 27 Nr. 2 ArbnErfG). Das Wahlrecht aus § 103 InsO ist angesichts der Sonderregelung des § 27 Nr. 3 ArbnErfG a.F. nicht einschlägig; dies wird auch durch § 27 Nr. 4 ArbnErfG a.F. bestätigt: Danach hat der Insolvenzverwalter nur die Wahl zwischen Veräußerung, Verwertung und Übertragung bzw. Aufgabe. Davon zu trennen ist die Frage, ob ein Anspruch auf **Anpassung** nach § 12 Abs. 6 ArbnErfG besteht (s. Rdn. 42). Hierzu ist anerkannt, dass wesentliche wirtschaftliche Veränderungen, die einen konkreten Bezug zur Diensterfindung haben, einen Anpassungsanspruch begründen können (s. dazu ausf. *Bartenbach/Volz* KommArbnErfG, § 12 Rn. 131). Hat der Arbeitgeber (Schuldner) mit dem Arbeitnehmer eine abschließende **Pauschalabfindung** getroffen, wonach zukünftige Verwertungshandlungen nicht mehr zu vergüten sind, hat die hier vertretene Auffassung zur Konsequenz, dass diese ver-

gütungsbefreiend auch gegenüber der Insolvenzmasse wirkt, sofern nicht die Voraussetzungen des § 12 Abs. 6 bzw. § 23 ArbnErfG vorliegen. Damit wird der Erfinder in der Insolvenz seines Arbeitgebers nicht anders (besser) gestellt als ohne dieses Ereignis.

III. Nicht verwertete Diensterfindungen – Übertragungsanspruch des Arbeitnehmers (§ 27 Nr. 4 ArbnErfG a.F.)

Will der Insolvenzverwalter die gem. §§ 6, 7 Abs. 1 ArbnErfG a.F. unbeschränkt in Anspruch genommene Diensterfindung (s. Rdn. 32) weder im Unternehmen des Schuldners verwerten (vgl. § 27 Nr. 3 ArbnErfG a.F.) noch veräußern (vgl. § 27 Nrn. 1 und 2 ArbnErfG a.F.), so gilt § 16 Abs. 1 und 2 ArbnErfG entsprechend (§ 27 Nr. 4 Satz 1 ArbnErfG a.F.). Erfasst sind von § 27 Nr. 3 ArbnErfG a.F. nur noch die vor dem 01.10.2009 gemeldeten **Alt-Erfindungen**. Für die seit dem 01.10.2009 gemeldeten Diensterfindungen ist diese Vorschrift in der generellen Anbietungspflicht nach § 27 Nr. 3 ArbnErfG n.F. aufgegangen (vgl. § 43 Abs. 3 ArbnErfG, s. Rdn. 50). Gemäß § 27 Nr. 4 ArbnErfG a.F. wird der Insolvenzverwalter im Falle der Entscheidung, die Diensterfindung (bzw. darauf bezogene Schutzrechtspositionen – s. Rdn. 57) nicht zu verwerten, verpflichtet, dem Arbeitnehmererfinder diese zur Übernahme anzubieten. Beachtet er diese Verpflichtung nicht, so kann er sich dem Arbeitnehmererfinder gegenüber schadensersatzpflichtig machen. 108

Da § 27 ArbnErfG a.F. nicht bei unbeschränkter **Inanspruchnahme** der Diensterfindung **nach Verfahrenseröffnung** gilt (s. Rdn. 58), hat der Insolvenzverwalter bei beabsichtigter Aufgabe einer darauf bezogenen Schutzrechtsposition zwingend das Verfahren nach § 16 ArbnErfG einzuhalten, d.h. eine Schutzrechtsposition auf Grund der vom Insolvenzverwalter nach §§ 6, 7 Abs. 1 ArbnErfG a.F. unbeschränkt in Anspruch genommenen Diensterfindung ist vor beabsichtigter Aufgabe dem Arbeitnehmer zur Übernahme anzubieten. Nichts anderes gilt unter § 27 ArbnErfG n.F.

Streitig ist, ob die Anbietungspflicht nach § 27 Nr. 4 ArbnErfG a.F. das **Bestehen einer Schutzrechtsposition** voraussetzt und deshalb der Insolvenzverwalter ggf. zu einer vorherigen Schutzrechtsanmeldung im Inland gezwungen ist. Auch wenn § 27 ArbnErfG a.F. in Nr. 4 – ebenso wie in den anderen Regelungen – nur auf die »Diensterfindung« abstellt (s. Rdn. 57), ist dies zu bejahen; dafür sprechen insbesondere der Verweis auf die (entsprechende) Geltung von § 16 Abs. 1 und 2 ArbnErfG, die in § 27 Nr. 4 Satz 2 ArbnErfG a.F. angesprochenen Kosten der Rechtsübertragung und die Anmeldepflicht des Arbeitgebers nach § 13 ArbnErfG (*Bartenbach/Volz* KommArbnErfG, § 27 a.F. Rn. 125; **a.A.** wohl *Reimer/Schade/Schippel/Rother* ArbEG, § 27 Rn. 12; zu § 27 Nr. 3 ArbnErfG n.F. s. aber Rdn. 138). Soweit es sich um eine im Verfahren nach § 17 ArbnErfG anerkannte **betriebsgeheime Erfindung** handelt, wird diese erfasst (ebenso *Zeising* Mitt.Pat. 2001, 60 [68]; *Busse/Keukenschrijver* PatG, 6. Aufl. 2003, § 27 ArbnErfG Rn. 13; *Reimer/Schade/Schippel/Rother* ArbEG, § 27 Rn. 12). 109

In der Praxis ist die Situation häufig, dass für eine Diensterfindung parallele Inlands- und Auslandsrechte begründet sind. Bestehen **mehrere Schutzrechtspositionen**, so muss für jede einzelne Schutzrechtsposition geprüft werden, ob diese verwertet werden soll oder nicht; soweit dann von einer Veräußerung bzw. Verwertung einzelner Schutzrechtspositionen abgesehen wird, ist bzgl. dieser das Verfahren nach § 27 Nr. 4 ArbnErfG a.F. i.V.m. § 16 Abs. 1, 2 ArbnErfG zu beachten (s. Rdn. 57). Im Falle **mehrerer Arbeitnehmererfinder** sind die Verpflichtungen aus § 27 Nr. 4 ArbnErfG a.F. jedem einzelnen gegenüber zu beachten (s.a. *Bartenbach/Volz* KommArbnErfG, § 16 Rn. 93 ff.). 110

Ob der Insolvenzverwalter die Diensterfindung bzw. einzelne Schutzrechtspositionen verwerten bzw. veräußern will, liegt in seiner alleinigen Entscheidungsgewalt (*Busse/Keukenschrijver* PatG, 6. Aufl. 2003, § 27 ArbnErfG Rn. 13) und steht damit in seinem **pflichtgemäßen Ermessen** (wie hier *Zeising* Mitt.Pat. 2001, 60 [68]). Der Arbeitnehmer hat kein Mitspracherecht; erst recht kann er nicht verlangen, dass der Insolvenzverwalter eine Verwertung zu Gunsten der Rückübertragung an ihn unterlässt. Das Gesetz gibt deshalb bewusst keinen **Zeitpunkt** an, bis wann der Insolvenzverwalter seine Entscheidung über die Verwendung der Diensterfindung getroffen haben muss. So ist es möglich, 111

Anh. I Arbeitnehmererfindungen in der Insolvenz (§ 27 ArbnErfG)

dass der Entschluss des Insolvenzverwalters erst im Anschluss an seine (nach § 27 Nr. 3 ArbnErfG a.F. zu vergütende) Verwertung im Schuldnerunternehmen erfolgt. Im Hinblick auf die mit der Aufrechterhaltung von Schutzrechtspositionen verbundenen Kosten liegt es aber im wohlverstandenen Interesse der Insolvenzmasse, hierüber zeitgerecht zu entscheiden. Der Übernahmeanspruch des Arbeitnehmers besteht analog § 16 Abs. 1 ArbnErfG erst dann, wenn der Insolvenzverwalter seine Entscheidung getroffen hat.

112 Der Insolvenzverwalter muss dem Arbeitnehmererfinder die **Entscheidung**, die Diensterfindung weder verwerten noch veräußern zu wollen, **mitteilen** (*Busse/Keukenschrijver* PatG, 6. Aufl. 2003, § 27 ArbnErfG Rn. 13) und ist verpflichtet, ihm auf dessen Verlangen und Kosten das Recht zu übertragen sowie die zur Wahrung des Rechts erforderlichen Unterlagen auszuhändigen. Insoweit gelten die allgemeinen Grundsätze zu § 16 Abs. 1 ArbnErfG auch hier (vgl. dazu allg. *Reimer/Schade/Schippel/Trimborn* ArbEG, § 16 Rn. 7 ff.). Diese Pflicht besteht auch gegenüber dem **ausgeschiedenen Arbeitnehmer** (§ 26 ArbnErfG, s. Rdn. 45). Eine Verletzung dieser Mitteilungs- und Anbietungspflicht kann Schadensersatzansprüche begründen (vgl. auch § 60 InsO).

113 **Rechtsfolge der Mitteilung** des Insolvenzverwalters über die beabsichtigte Nichtverwertung ist die Auslösung einer **Frist von drei Monaten**, binnen der der Arbeitnehmer die Übertragung der betroffenen Schutzrechtspositionen verlangen muss (vgl. § 16 Abs. 2 ArbnErfG). Erklärt sich der Arbeitnehmer nicht innerhalb dieser Frist, ist der Insolvenzverwalter berechtigt, die Schutzrechtspositionen aufzugeben.

114 Der Arbeitnehmer ist berechtigt, diese dreimonatige **Frist voll auszuschöpfen** (vgl. allg. *Schiedsst.* 23.04.1990 BlPMZ 1992, 197 – Jahresgebührenquotelung). Der Insolvenzverwalter kann die Frist weder einseitig verkürzen noch Druck auf den Arbeitnehmer ausüben, sich vorzeitig zu erklären. Innerhalb der Drei-Monats-Frist muss der Insolvenzverwalter jede Verfügung unterlassen, die das Übernahmerecht des Arbeitnehmers einschränkt oder gar vereitelt.

115 Das **Verlangen** des Arbeitnehmers auf Rechtsübertragung ist **formlos** möglich. Allerdings ist es **bedingungsfeindlich**, d.h. der Arbeitnehmererfinder kann keine über § 16 Abs. 1 und 2 ArbnErfG hinausgehenden Rechte beanspruchen. So wäre beispielsweise die Erklärung, das Recht übernehmen zu wollen, ohne dafür die Kosten der Rechtsübertragung tragen zu müssen, nicht zulässig.

116 Die Rechtsübertragung der Erfindungsrechte aus der Insolvenzmasse auf den Arbeitnehmererfinder vollzieht sich nicht automatisch. Vielmehr bedarf es hierzu einer entsprechenden **Abtretung der Rechte** (§§ 413, 398 BGB). Diese ist formlos möglich (*Reimer/Schade/Schippel/Rother* ArbEG, § 27 Rn. 12). Bei Auslandsschutzrechten sind dagegen ggf. besondere Übertragungsformalien auf Grund der jeweiligen nationalen Schutzrechtsordnungen zu beachten (z.B. Beurkundungen, Registrierungen, assignments). Vom Zeitpunkt der Übertragung an wird der Arbeitnehmer Rechtsnachfolger des Schuldners.

117 Die **Kosten der Rechtsübertragung** hat der Arbeitnehmer zu tragen. Hierzu gehören insbesondere die Kosten des Übertragungsvertrages sowie Beglaubigungs-, Beurkundungs- oder Umschreibungskosten bei den Erteilungsbehörden. Eine Erstattung der bis zum Zugang der Annahmeerklärung des Arbeitnehmererfinders angefallenen Verfahrenskosten (patentamtliche Gebühren, Erteilungskosten usw.) kann nach der hier vertretenen Auffassung nicht verlangt werden (vgl. *Bartenbach/Volz* KommArbnErfG, § 16 Rn. 55; a.A. *Schiedsst.* 07.02.1985 BlPMZ 1986, 74 und 23.04.1990 BlPMZ 1992, 197 – Jahresgebührenquotelung; vgl. auch *Reimer/Schade/Schippel/Trimborn* ArbEG, § 16 Rn. 16).

118 Aus Billigkeitsgründen ist es dem Arbeitnehmer nach § 27 Nr. 4 Satz 2 ArbnErfG a.F. gestattet, gegenüber den von ihm zu tragenden Kosten **mit rückständigen Vergütungsansprüchen aufzurechnen**. Das ArbnErfG lässt die Aufrechnung ungeachtet der Einschränkungen in § 96 InsO zu. Auch hier gilt, dass der Aufrechnungsanspruch nur die noch nicht erfüllten Vergütungsansprüche für die zu übertragende Diensterfindung betrifft (*Busse/Keukenschrijver* PatG, 6. Aufl. 2003, § 27 ArbnErfG Rn. 13). Die Aufrechnungsmöglichkeit, die auch hier Vergütungen aus der Zeit vor Eröffnung des

Insolvenzverfahrens erfasst (*Reimer/Schade/Schippel/Rother* ArbEG, § 27 Rn. 12), bestimmt sich nach den gleichen Grundsätzen wie nach § 27 Nr. 2 Satz 2 ArbnErfG 1999 (vgl. Rdn. 73 ff.).

Die ausdrückliche Beschränkung des § 27 Nr. 4 Satz 1 ArbnErfG a.F. auf die Regelung des § 16 Abs. 1 und 2 ArbnErfG verdeutlicht, dass der Insolvenzverwalter hier nicht die Möglichkeit hat, sich zugleich mit der Mitteilung der Nichtverwertungsabsicht ein sog. **einfaches Benutzungsrecht** i.S.d. § 16 Abs. 3 ArbnErfG vorzubehalten (wie hier *Zeising* Mitt.Pat. 2001, 60 [68]; *Busse/Keukenschrijver* PatG, 6. Aufl. 2003, § 27 ArbnErfG Rn. 13; *Reimer/Schade/Schippel/Rother* ArbEG, § 27 Rn. 12). Dies entspricht dem allgemeinen gesetzgeberischen Anliegen, dem Arbeitnehmererfinder im Falle einer Nichtverwertung möglichst umfassende Rechte an seiner Diensterfindung zuzugestehen. Selbstverständlich können Arbeitnehmererfinder und Insolvenzverwalter ein derartiges Benutzungsrecht vereinbaren (§ 22 Satz 2 ArbnErfG).

IV. Der Arbeitnehmererfinder als Insolvenzgläubiger für Vergütungsansprüche aus der Zeit vor Insolvenzeröffnung (§ 27 Nr. 5 ArbnErfG a.F.).

§ 27 Nr. 5 ArbnErfG a.F. bezieht sich für die vor dem 01.10.2009 gemeldeten Alt-Erfindungen (vgl. § 42 Abs. 3 ArbnErfG, s. Rdn. 52) gem. dem Eingangssatz des § 27 ArbnErfG (s. Rdn. 56 f.) nur auf Vergütungsansprüche für die vor Eröffnung des Insolvenzverfahrens gem. §§ 6, 7 Abs. 1 ArbnErfG a.F. unbeschränkt in Anspruch genommenen Diensterfindungen (s. Rdn. 125). Für die sonstigen Ansprüche (s. Rdn. 158 ff.) gelten insolvenzrechtlich die allgemeinen Vorgaben. § 27 Nr. 4 ArbnErfG n.F. entspricht unverändert § 27 Nr. 5 ArbnErfG a.F., so dass die nachfolgenden Darstellungen auch für die seit dem 01.10.2009 gemeldeten Diensterfindungen gelten (s. dazu i.E. *Bartenbach/Volz* KommArbnErfG. § 27 n.F. Rn. 189 ff.). § 27 Nr. 5 ArbnErfG a.F. (§ 27 Nr. 4 ArbnErfG n.F.) macht deutlich, dass der Arbeitnehmer nur in den Fällen des § 27 Nrn. 1–4 ArbnErfG a.F. (§ 27 Nrn. 1 – 3 ArbnErfG n.F.) eine insolvenzrechtliche Sonderstellung genießt. Im Übrigen verbleibt es hinsichtlich seiner Vergütungsansprüche bei der üblichen Stellung als Insolvenzgläubiger (ebenso *Schwab* NZI 1999, 257 [259]).

Entsprechend der Zielsetzung der seinerzeitigen Insolvenzrechtsreform, Konkursvorrechte zu beseitigen, hat der Arbeitnehmererfinder für die vor Eröffnung des Insolvenzverfahrens (§ 27 InsO) begründeten Vergütungsansprüche grds. die **Stellung eines Insolvenzgläubigers** (vgl. §§ 38, 39 InsO). Demzufolge bedarf es der Anmeldung der Forderungen beim Insolvenzverwalter (§§ 174 ff. InsO).

Wird eine Forderung des Arbeitnehmers vom Insolvenzverwalter oder einem anderen Insolvenzgläubiger bestritten, so muss der Arbeitnehmer Klage auf Feststellung gegen den Bestreitenden erheben (vgl. § 179 InsO). Da es sich dabei nicht um eine reine Zahlungs-, sondern um eine Feststellungsklage (in den Grenzen des § 181 InsO) handelt, kann es nahe liegen, die Patentstreitkammern auf Grund der spezialgesetzlichen Vorgabe des § 39 Abs. 1 ArbnErfG (s. Rdn. 48) entsprechend § 135 InsO als funktionell ausschließlich zuständig anzusehen; dies wäre zwar angesichts der Schwierigkeit der Rechtsmaterie sachgerecht, bedeutet allerdings eine Abweichung von § 180 Abs. 1 InsO. Ob solches von § 185 InsO gedeckt wird, ist – soweit ersichtlich – gerichtlich noch nicht geklärt.

Letzteres gilt auch für die Frage, inwieweit im Feststellungsverfahren bei Streit zwischen Arbeitnehmer (Insolvenzgläubiger) und Insolvenzverwalter die vorherige Anrufung der Schiedsstelle (§§ 28 ff. ArbnErfG) gem. § 37 ArbnErfG erforderlich ist, wenn kein Ausnahmefall i.S.d. § 37 Abs. 2 ArbnErfG gegeben ist. Die Notwendigkeit eines vorgeschalteten Schiedsstellenverfahrens im insolvenzrechtlichen Feststellungsverfahren erscheint kaum sachgerecht (offen gelassen bei *Schiedsst.* Beschluss 12.02.2003 in *Bartenbach* Aktuelle Probleme des Gewerblichen Rechtsschutzes, 2003, S. 282, 288; anders im Klageverfahren nach § 184 InsO); dies folgt u.E. aus § 185 InsO: Soweit § 185 Satz 1 InsO für die Klage die Durchführung eines Vorverfahrens fordert (s. *Kießner* § 135 InsO Rdn. 2), setzt dies eine Entscheidungskompetenz der »Verwaltungsbehörde« voraus, die der Schiedsstelle nach § 28 Satz 2, § 34 Abs. 2, 3 ArbnErfG aber gerade nicht zukommt.

Selbst bei bestrittenen Forderungen ist mit deren Anmeldung nach Maßgabe des § 77 Abs. 2 InsO das Stimmrecht in der Gläubigerversammlung denkbar; bei unbestrittenen Forderungen sind die Arbeitnehmererfinder mit Anmeldung ihrer erfinderrechtlichen Ansprüche stimmberechtigt (§ 77 Abs. 1 InsO). Die Verjährung der Ansprüche wird nach § 209 Abs. 2 Nr. 2 BGB unterbrochen. Die Insolvenzgläubiger nehmen an der späteren Verteilung der Insolvenzmasse nach den Regeln der §§ 187 ff. InsO teil; bei den vom Insolvenzverwalter oder einem Insolvenzschuldner bestrittenen Forderungen bedarf es des Feststellungsverfahrens (vgl. § 189 InsO). Die Verfolgung der Restforderungen im Falle einer Aufhebung bzw. Einstellung des Insolvenzverfahrens bestimmt sich nach §§ 201 f. InsO; zur Restschuldbefreiung s. Rdn. 46.

125 Als Vergütungsansprüche aus der Zeit vor Verfahrenseröffnung werden von § 27 Nr. 5 ArbnErfG a.F./§ 27 Nr. 4 ArbnErfG n.F. i.V.m. § 38 InsO **alle Vergütungsansprüche für die früheren Nutzungshandlungen** des Schuldners **vor Eröffnung** des Insolvenzverfahrens erfasst, soweit diese eine unbeschränkt in Anspruch genommene Alt-Erfindung oder eine gem. § 6 ArbnErfG n.F. in Anspruch genommene Diensterfindung betreffen (s. Rdn. 56 f.) und noch nicht erfüllt sind (*Bartenbach/Volz* KommArbnErfG, § 27 n.F. Rn. 190; vgl. *Schiedsst.* Beschluss 12.02.2003 in *Bartenbach* Aktuelle Probleme des Gewerblichen Rechtsschutzes, 2003, S. 282, 288).

126 Gemäß § 41 Abs. 1 InsO gelten mit der Eröffnung des Insolvenzverfahrens auch nicht fällige Forderungen als **fällig**. Der bei Schutzrechtserteilung nachzuzahlende Risikoabschlag (s. Rdn. 44) folgt dem Schicksal des zugrunde liegenden Anspruchs, so dass Nachzahlungsansprüche für Verwertungen bis zur Eröffnung auch dann § 27 Nr. 5 ArbnErfG a.F./§ 27 Nr. 4 n.F. unterfallen, wenn das Schutzrecht erst während des Insolvenzverfahrens erteilt wird. Der Anwendungsbereich der Vorschrift erfasst auch sonstige rückständige Vergütungsansprüche aus der Zeit vor Verfahrenseröffnung, etwa auf Grund Unwirksamkeit der bisherigen Vergütungsregelung (§ 23 ArbnErfG) oder Nachforderung wegen veränderter Verhältnisse (§ 12 Abs. 6 ArbnErfG). Soweit nach hier vertretener Auffassung Vergütungsansprüche den Regelungen der Nrn. 1 bis 4 des § 27 ArbnErfG a.F. unterliegen, sind diese – abweichend von § 38 InsO – jedoch nicht erfasst; das betrifft namentlich die Aufrechnungsmöglichkeiten nach § 27 Nr. 2 Satz 2 (s. Rdn. 74) und Nr. 4 Satz 2 ArbnErfG a.F. (s. Rdn. 118).

D. Regelungsgegenstände des § 27 ArbnErfG n.F. (Fassung 2009)

127 Der durch die ArbnErfG-Novelle 2009 (s. Rdn. 2) neu gefasste § 27 ArbnErfG gilt **für alle seit dem 01.10.2009 gemeldeten Diensterfindungen** (vgl. § 43 Abs. 3 ArbnErfG n.F., s. Rdn. 2, 54 f.), soweit diese vom Schuldner vor Eröffnung des Insolvenzverfahrens in Anspruch genommen worden sind (s. Rdn. 58). Durch die Neufassung 2009 ist das in seiner praktischen Handhabung zu schwerfällige Vorkaufsrecht entfallen und § 27 Nr. 3 als **neuer Auffangtatbestand** geschaffen worden (s. Rdn. 50). Gerade durch diesen neuen Auffangtatbestand des § 27 Nr. 3 ArbnErfG n.F., der an die Stelle der Nrn. 2 und 4 des § 27 ArbnErfG a.F. getreten ist (s. Rdn. 137), **weicht die Neuregelung des § 27 ArbnErfG n.F. vom früheren Recht ab** (s. den Überblick in Rdn. 52).

128 Weitgehend unverändert beschränkt sich auch § 27 ArbnErfG n.F. im Regelungsumfang auf Sonderregelungen zur **Vergütung** von Diensterfindungen (Nrn. 1, 2, 3 Satz 3 und Nr. 4) sowie auf die **Anbietungspflicht** des Insolvenzverwalters, nunmehr in den Fällen, in denen die Diensterfindung weder im Schuldnerunternehmen verwertet noch zusammen mit dem Geschäftsbetrieb veräußert wird (Nr. 3 Satz 1 und 2). Daraus wird unverändert deutlich, dass sich auch **im Insolvenzfall** die sonstige rechtliche Behandlung der Arbeitnehmererfindung grds. nach den allgemeinen Regeln des **ArbnErfG** bestimmen soll (s. dazu Rdn. 4 ff., 60).

I. Veräußerung der Diensterfindung mit Geschäftsbetrieb durch den Insolvenzverwalter (§ 27 Nr. 1 ArbnErfG n.F.)

129 Die Regelung in § 27 Nr. 1 ArbnErfG n.F. ist **inhaltlich unverändert** (vgl. Amtl. Begr. BR-Drucks. 757/08 S. 53 = BlPMZ 2009, 307 [324]). Insoweit kann zum Eintritt des Rechtserwerbers in die Vergütungspflicht bei Erfindungsveräußerung (zum Begriff s. Rdn. 64) mit Geschäftsbetrieb

(zum Begriff s. Rdn. 65) auf die obige Darstellung zu § 27 Nr. 1 ArbnErfG a.F. verwiesen werden (s. Rdn. 92 ff.).

Auch nach der Neufassung des § 27 ist an der zu § 27 Nr. 1 ArbnErfG a.F. vertretenen (s. Rdn. 94) Auffassung festzuhalten, wonach der Eintritt in die Vergütungspflicht nicht von dem **Übergang des Arbeitsverhältnisses des Erfinders** abhängt (*Kunzmann* NZI 2012, 631 [632]; *Oster* GRUR 2012, 467 [470]; a.A. *Wiedemann*, M. S. 124 f.; *Paul* ZInsO 2009, 1839 [1841]). Hierfür spricht zusätzlich, dass Nr. 3 des § 27 ArbnErfG als Auffangtatbestand konzipiert ist (s. Rdn. 139). Er sieht in den Fällen, in denen das Arbeitsverhältnis nicht mit übergeht, nicht mehr unmittelbar eine angemessene Abfindung aus dem Veräußerungserlös vor (*Bartenbach/Volz* KommArbnErfG, § 27 ArbnErfG n.F. Rn. 51 f.). 130

Losgelöst von der Streitfrage des Erfordernisses eines **Betriebsübergangs i.S.v. § 613a BGB** folgt aus dem Gesetzeswortlaut, dass § 27 Nr. 1 ArbnErfG n.F. den Beginn der Vergütungspflicht des Betriebserwerbers auf den Zeitpunkt der Insolvenzeröffnung vorverlagert (ebenso *Busse/Keukenschrijver* PatG, § 27 ArbnErfG Rn. 4). Geht das Arbeitsverhältnis auf den Rechtserwerber über, verbleibt es gem. § 613a Abs. 1 Satz 1 BGB bei den sonstigen Rechten und Pflichten aus dem ArbnErfG (§§ 13–16, 23, 24) und bei den verfahrensrechtlichen Möglichkeiten (§§ 28 ff., §§ 37 ff. ArbnErfG). Insoweit war mit der Neufassung des § 27 Nr. 1 ArbnErfG keine Verschlechterung der Rechtsstellung des Arbeitnehmers beabsichtigt. § 613a BGB bleibt folglich neben § 27 Nr. 1 ArbnErfG n.F. anwendbar (*Kunzmann* NZI 2012, 631 [632]; *Oster* GRUR 2012, 467 [470]). 131

Gemäß § 26 ArbnErfG begründet die Vorschrift zwangsläufig auch einen Vergütungsanspruch von **ausgeschiedenen Arbeitnehmern** gegenüber dem Erwerber der Diensterfindung (s. Rdn. 45). 132

II. Verwertung der Diensterfindung durch den Insolvenzverwalter im Unternehmen (§ 27 Nr. 2 ArbnErfG n.F.)

Die Regelung des § 27 Nr. 2 ArbnErfG n.F. zur Verwertung der Diensterfindung im Schuldnerunternehmen **entspricht § 27 Nr. 3 ArbnErfG a.F.** (vgl. Amtl. Begr. BR-Drucks. 757/08 S. 53 = BlPMZ 2009, 307 [324]). Unverändert nicht erfasst sind solche Erfindungen, die erst der Insolvenzverwalter in Anspruch genommen hat (s. dazu Rdn. 100). Die Vergütungsansprüche sind – auch ausweislich des Wortlauts – unverändert Masseverbindlichkeiten (allg. A., z.B. *Paul* ZInsO 2009, 1839 [1842]; *Busse/Keukenschrijver* PatG, § 27 ArbnErfG Rn. 5). 133

Klärungsbedürftig erscheint auf Grund der Neukonzeption des § 27 ArbnErfG das Konkurrenzverhältnis des § 27 Nr. 2 zur § 27 Nrn. 1 und 3 ArbnErfG n.F.: Der Wortlaut des § 27 Nr. 1 ArbnErfG n.F., wonach der Betriebs- und Erfindungserwerber ab Eröffnung des Insolvenzverfahrens in die Vergütungspflichten eintritt (s. Rdn. 129 ff.), sowie die systematische Stellung der Vorschriften zeigen, dass § 27 Nr. 2 ArbnErfG nach der Neufassung nicht als lex specialis gegenüber § 27 Nr. 1 ArbnErfG n.F. zu verstehen ist, sondern – umgekehrt – Nummer 1 der Nummer 2 vorgeht (unklar *Paul* ZInsO 2009, 1839 [1842]). Daraus folgt u.E., dass **kein zusätzlicher Vergütungsanspruch nach § 27 Nr. 2 ArbnErfG** n.F. i.V.m. § 9 ArbnErfG/RL Nr. 16 besteht, soweit der Rechtserwerber des Geschäftsbetriebes in die Vergütungspflicht aus vorangegangenen Verwertungen des Insolvenzverwalters eintritt (im Erg. ebenso *Busse/Keukenschrijver* PatG, § 27 ArbnErfG Rn. 4; s.a. Rdn. 105). 134

Nach der hier vertretenen Auffassung geht Nummer 3 der Nummer 2 des § 27 ArbnErfG n.F. insoweit vor, als es um die **Veräußerung der Diensterfindung und darauf bezogener Schutzrechtspositionen** geht. Zwar ist Nummer 2 gesetzestechnisch vorangestellt und auch der Verkauf einer Erfindung ist eine tatsächliche Verwertung. Aus der (unscharfen) Begrenzung des § 27 Nr. 2 ArbnErfG n.F. auf die »Verwertung im Unternehmen« (s. Rdn. 105), ferner aus der Konzeption der Nummer 3 des § 27 als Auffangtatbestand, der die früheren Regelungen des § 27 Nr. 2 und 4 ArbnErfG a.F. ersetzt hat (s. Rdn. 139), sowie aus der Zielrichtung des neuen § 27 Nr. 3 ArbnErfG folgt u.E., dass diese Vorschrift im Fall der Veräußerung von Erfindungsrechten als spezielle Vorschrift Vorrang hat. Dies bedeutet (s. *Bartenbach/Volz* KommArbnErfG, § 27 n.F. Rn. 108): Will der Insolvenzverwalter die Diensterfindung bzw. darauf bezogene Schutzrechtspositionen ohne Geschäftsbetrieb ver- 135 äußern, ist er nach hiesiger Auffassung zuvor zur Anbietung nach § 27 Nr. 3 Satz 1 und 2 ArbnErfG n.F. verpflichtet (s. dazu Rdn. 139 ff.) und muss die Vorgaben zu den Zahlungspflichten nach § 27 Nr. 3 Satz 3 und 4 ArbnErfG n.F. vorrangig beachten (s. dazu Rdn. 152 ff.). Das gilt allerdings – mangels Übergangs der Rechtsinhaberschaft – nicht im Falle der Vergabe einer (ausschließlichen) Lizenz.

136 Im Übrigen kann angesichts der **inhaltlichen Entsprechung mit § 27 Nr. 3 ArbnErfG a.F.** weitgehend auf die obige Darstellung verwiesen werden (s. Rdn. 100 ff.).

III. Anbietungspflicht in den anderen Fällen (§ 27 Nr. 3 ArbnErfG n.F.)

137 Die neue Nr. 3 beinhaltet die **grundlegende Änderung** des § 27 ArbnErfG durch die ArbnErfG-Novelle 2009 (s. dazu *Bartenbach/Volz* GRUR 2009, 997 [1004 ff.]; *Paul* ZInsO 2009, 1839 [1842 f.]). Unter Verzicht auf das bisherige Vorkaufsrecht (s. Rdn. 62 ff.) werden die Regelungstatbestände des § 27 Nrn. 2 und 4 ArbnErfG a.F. im Interesse einer Vereinfachung und praktikablen Handhabung zu einer **vorrangigen Anbietungspflicht** zugunsten des Arbeitnehmererfinders zusammengeführt (s. Rdn. 50). Allerdings entfaltet die neue Vorschrift – ebenso wie § 27 Nr. 4 a.F. – **nur schuldrechtliche Wirkungen**, so dass ein Verstoß des Insolvenzverwalters im Außenverhältnis nicht zur Nichtigkeit von Verfügungen führt, sondern (nur) Schadensersatzansprüche des Arbeitnehmererfinders begründet (*Paul* ZInsO 2009, 1839 [1842]; s.a. Rdn. 71).

138 Der **Anwendungsbereich** der neuen Vorschrift betrifft alle vom Schuldner in Anspruch genommenen Diensterfindungen, die seit dem 01.10.2009 gemeldet worden sind (s. Rdn. 54 f.). Sie gilt nicht im Fall der Inanspruchnahme durch den Insolvenzverwalter (s. Rdn. 33, 108). Im Unterschied zum bisherigen Recht (s. Rdn. 109) setzt die Neufassung bereits nach ihrem Wortlaut (»Diensterfindung sowie darauf bezogene Schutzrechtspositionen«) **keine vorangehende Schutzrechtsanmeldung** voraus (im Erg. ebenso *Busse/Keukenschrijver* PatG, § 27 ArbnErfG Rn. 6; s. aber Rdn. 109, 140). Sie betrifft ebenfalls betriebsgeheime Erfindungen i.S.v. § 17 ArbnErfG (*Busse/Keukenschrijver* PatG, § 27 ArbnErfG Rn. 9; s.a. Rdn. 109). Die Vorschrift gilt auch bei ausgeschiedenen Arbeitnehmern (§ 26 ArbnErfG, s. Rdn. 45). Bei **mehreren Schutzrechtspositionen** ist jede erfasst (s. Rdn. 110). Im Falle **mehrerer Arbeitnehmererfinder** ist § 27 Nr. 3 ArbnErfG n.F. jedem einzelnen Miterfinder gegenüber zu beachten, d.h. das Angebot hat – ebenso wie in den Fällen des § 16 ArbnErfG (s. dazu *Bartenbach/Volz* KommArbnErfG, § 16 Rn. 93 ff.) – gegenüber jedem Arbeitnehmer-Miterfinder zu erfolgen (s.a. Rdn. 10, 110). Ein vorangehender **vertraglicher Verzicht** des Arbeitnehmers auf ein Angebot gegenüber dem Insolvenzverwalter ist zulässig (ebenso *Busse/Keukenschrijver* PatG, § 27 ArbnErfG Rn. 11).

1. Rechtscharakter als Auffangtatbestand (Satz 1)

139 Die grundlegende Änderung des § 27 durch die ArbnErfG-Novelle 2009 (s. dazu Rdn. 2) liegt in dem **Wegfall** des **praxisuntauglichen Vorkaufsrechts** bei Veräußerung der Diensterfindung ohne Geschäftsbetrieb (§ 27 Nr. 2 a.F.; vgl. Rdn. 52). Das Vorkaufsrecht ist durch die **Anbietungspflicht** in Nr. 3 Satz 1 und 2 ersetzt. Auch hier hat die Anbietungspflicht den Zweck, dem – ggf. ausgeschiedenen (§ 26 ArbnErfG) – Arbeitnehmer die Übernahme seiner Erfindung und damit eine (zusätzliche) Verwertungschance zu eröffnen. Zugleich regelt Nr. 3 die bisherige Anbietungspflicht aus § 27 Nr. 4 a.F. mit. Damit verbindet Nr. 3 die früheren Regelungen zur Veräußerung ohne Geschäftsbetrieb (§ 27 Nr. 2 ArbnErfG a.F.) sowie zur Fallsituation, dass die Diensterfindung weder verwertet noch veräußert wird (§ 27 Nr. 4 ArbnErfG a.F.), und zwar – so die Vorstellung des Gesetzgebers – als »Auffangtatbestand« (so ausdrückl. Amtl. Begr. BR-Drucks. 757/08 S. 53 = BlPMZ 2009, 307 [324]). Die Verweisung auf § 16 ArbnErfG ist **Rechtsfolgenverweisung**, so dass die Anbietungspflicht selbst bei voll erfülltem Vergütungsanspruch (Pauschalabfindung) oder eines früheren Verzichts auf eine Anbietung nach § 16 ArbnErfG besteht (*Bartenbach/Volz* KommArbnErfG, § 27 n.F. Rn. 140). Wie § 27 Nr. 4 ArbnErfG a.F. betrifft die Anbietungspflicht nach Nummer 3 nur das Innenverhältnis der Arbeitsvertragsparteien; **verletzt** der Insolvenzverwalter seine Pflichten aus § 27 Nr. 3 ArbnErfG, etwa bei vorheriger Veräußerung der Diensterfindung, hat das keine Un-

wirksamkeit von Verfügungen im Verhältnis zu Dritten zur Folge, löst aber **Schadensersatzpflichten** gegenüber dem Arbeitnehmer aus (§§ 280, 823 Abs. 2 BGB, ggf. § 60 InsO).

§ 27 Nr. 3 ArbNErfG 2009 betrifft im Wesentlichen folgende **Fallgestaltungen** (*Bartenbach/Volz* GRUR 2009, 997 [1004 f.] u. *dies.* KommArbnErfG, § 27 n.F. Rn. 125): 140

- Der Insolvenzverwalter beabsichtigt eine Veräußerung aller vermögenswerten Rechte an einer Diensterfindung (vgl. § 7 Abs. 1 ArbNErfG n.F.) oder einzelner darauf bezogener Schutzrechtspositionen, und zwar jeweils ohne gleichzeitige (Mit-)Veräußerung des Geschäftsbetriebs.
- Bei der Veräußerung der Diensterfindung mit Geschäftsbetrieb durch den Insolvenzverwalter (§ 27 Nr. 1 ArbNErfG n.F.) sind einzelne Schutzrechtspositionen nicht mitübertragen worden.
- Der Insolvenzverwalter will die Diensterfindung bzw. einzelne Schutzrechtspositionen weder an Dritte veräußern noch sonst wie verwerten (Vorratsschutzrechte, unbenutzte Schutzrechtsanmeldungen usw.).
- Die Diensterfindung wurde zwar zunächst i.S.d. § 27 Nr. 2 ArbNErfG n.F. verwertet; deren Verwertung wird aber innerhalb der Jahresfrist des § 27 Nr. 3 ArbNErfG n.F. eingestellt.

Offen bleibt u.E. die Behandlung von Diensterfindungen, die im Schuldnerunternehmen über die Jahresfrist hinaus verwertet werden: Hier liegt es nahe, bei späterer Einstellung der Verwertung § 27 Nr. 3 ArbNErfG n.F. analog anzuwenden; ansonsten käme eine Schutzrechtsaufgabe nach § 16 ArbNErfG in Betracht (*Bartenbach/Volz* GRUR 2009, 997 [1005]). Davon abgesehen dürfte angesichts des Auffangcharakters der Vorschrift kein Raum für eine eigenständige Anwendung des § 16 ArbNErfG verbleiben, auch nicht für den Fall eines beabsichtigten Fallenlassens der Schutzrechtsposition zur Einsparung von patentamtlichen Gebühren (im Ergebnis **a.A.** zu § 27 Nr. 4 ArbNErfG a.F. *Schiedsst.* 09.02.2010 in *Bartenbach* Aktuelle Probleme des Gewerblichen Rechtsschutzes, 2011, S. 468 ff.).

Die obigen Entscheidungen zum »Schicksal« der Diensterfindung bzw. diesbezüglicher Schutzrechtspositionen trifft der Insolvenzverwalter; sie liegen in dessen **pflichtgemäßem Ermessen**, ggf. unter Beachtung von Beschlüssen der Gläubiger bzw. des Insolvenzplanes. Insoweit gilt das im Falle des § 27 Nr. 4 ArbNErfG a.F. Gesagte auch hier entsprechend (s. Rdn. 111). 141

Das Gesetz gesteht dem Insolvenzverwalter gezielt eine **Überlegungsfrist von einem Jahr** gerechnet ab Eröffnung des Insolvenzverfahrens (§§ 11 ff. InsO) zu, um den vorrangigen Sanierungsbelangen ausreichend Rechnung zu tragen und den Insolvenzverwalter bei seinen Verkaufsbemühungen im Hinblick auf eine übertragende Sanierung nicht unter Zeitdruck zu setzen (vgl. Amtl. Begr. BR-Drucks. 757/08 S. 53 = BlPMZ 2009, 307 [324]). Solange das Insolvenzverfahren noch nicht abgeschlossen ist, hat der Insolvenzverwalter seine Entscheidungsfindung an den Zielen des Insolvenzverfahrens zu orientieren. Er kann – muss aber nicht – diese Frist voll ausschöpfen, ohne sich gegenüber dem Arbeitnehmer rechtfertigen zu müssen (siehe *Bartenbach/Volz* KommArbnErfG, § 27 n.F. Rn. 132 f.). Eine Fristverlängerung ist nur im Einvernehmen mit dem/den Arbeitnehmererfinder(n) möglich (§ 22 Satz 2 ArbNErfG). 142

Während der Überlegungsfrist – ebenso wie während der Zwei-Monats-Frist des § 27 Nr. 3 Satz 2 ArbNErfG n.F. (s. Rdn. 148) – ist der Insolvenzverwalter verpflichtet, die Diensterfindung und alle hierauf bezogenen **Schutzrechtspositionen aufrecht zu erhalten** (s. *Bartenbach/Volz* KommArbnErfG, § 27 n.F. Rn. 134). Soweit noch keine Schutzrechtsanmeldung erfolgt ist, muss er die Arbeitgeberpflichten aus §§ 13, 14, 24 Abs. 1 ArbNErfG erfüllen. Ansonsten macht er sich dem Arbeitnehmererfinder gegenüber **schadensersatzpflichtig** (§§ 280, 823 Abs. 2 BGB, ggf. § 60 InsO). 143

Will der Insolvenzverwalter die Diensterfindung bzw. darauf bezogene Schutzrechtspositionen – gleich aus welchen Gründen – innerhalb der Jahresfrist ganz oder teilweise nicht weiter aufrecht erhalten und erfolgt auch keine Veräußerung, so kann er die Rechte nicht von sich aus aufgeben bzw. fallen lassen. Vielmehr muss er die Diensterfindung und die betreffenden Schutzrechtspositionen dem Arbeitnehmer nach § 27 Nr. 3 Satz 1 HS 2 ArbNErfG n.F. im Verfahren entsprechend § 16 ArbNErfG **anbieten**. Nach Ablauf der Jahresfrist ist er zu dem Angebot gesetzlich verpflichtet (»spä- 144 testens«), und zwar insgesamt, d.h. hinsichtlich der **Diensterfindung** sowie **aller darauf bezogenen Schutzrechtspositionen**, soweit sich solche noch im Schuldnervermögen befinden. Da es sich bei der Bezugnahme auf § 16 ArbnErfG lediglich um eine Rechtsfolgenverweisung handelt, besteht diese Pflicht u.E. hier selbst dann, wenn der Arbeitnehmer zuvor bereits voll nach §§ 9, 12 Abs. 6 ArbnErfG vergütet worden ist oder auf seine Rechte aus § 16 ArbnErfG wirksam verzichtet hat (*Bartenbach/Volz* KommArbnErfG, § 27 n.F. Rn. 139 ff.).

145 Der Insolvenzverwalter muss **von sich aus** – ohne dass es einer Aufforderung des Arbeitnehmererfinders bedarf – aktiv werden, d.h. dem Arbeitnehmer **mitteilen**, dass er diesem die Übertragung der Diensterfindung bzw. hierauf bezogener Schutzrechtspositionen anbietet. Dies ist formlos möglich, sollte aber wegen der Beweispflicht zumindest in Textform erfolgen (*Bartenbach/Volz* KommArbnErfG, § 27 n.F. Rn. 141). Einen bestimmten Wortlaut schreibt das Gesetz für die Mitteilung nicht vor. Aus der Erklärung muss aber für den Arbeitnehmer erkennbar sein (Empfängerhorizont!), dass der Insolvenzverwalter ihm die Übertragung der (zu kennzeichnenden) Diensterfindung und der (näher bezeichneten) Schutzrechtspositionen anbietet. Im Übrigen gelten kraft Gesetzes die gleichen Grundsätze wie zu § 16 Abs. 1 ArbnErfG.

146 Die Anbietung hat nach der hier vertretenen Auffassung **unentgeltlich** zu erfolgen (*Bartenbach/Volz* KommArbnErfG, § 27 n.F. Rn. 142; a.A. *Paul* ZInsO 2009, 1839 [1842] m.H.a. die Amtl. Begr. BR-Drucks. 757/08 S. 53: gegen angemessenen Kaufpreis; *Mulch* IPRB 2010, 232 [235]). Zwar hatte das frühere Vorkaufsrecht des § 27 Nr. 2 ArbnErfG a.F. einen entgeltlich Erwerb durch den Erfinder und damit eine Bereicherung der Insolvenzmasse zur Folge. Richtig ist auch, dass eine unentgeltliche Übertragung zu Lasten anderer Gläubiger geht und der Insolvenzverwalter im Allgemeinen die bestmögliche Verwertung von Erfindungen anzustreben hat. Es mag auch sein, dass die Amtliche Begründung möglicherweise missverständlich ist, wenn sie lediglich von einem Auffangtatbestand spricht, der die bisherigen Regelungen in § 27 Nrn. 2 und 4 a.F. verbindet und durch die Begründung einer unmittelbaren Anbietungspflicht den Interessen von Insolvenzverwalter und Arbeitnehmer besser Rechnung trägt. Jedoch kann aus der Amtlichen Begründung nicht gefolgert werden, der Insolvenzverwalter habe die Erfindung zum Kauf anzubieten. Das Gegenteil ist u.E. der Fall: Die Amtliche Begründung spricht vielmehr nur von Anbietungspflicht und verweist zudem auf den bisherigen § 27 Nr. 4 ArbnErfG a.F., der unstreitig nur die (unentgeltliche) Anbietungspflicht entsprechend § 16 erfasst hat. Soweit das Gesetz eine entgeltliche Anbietung meint, wird dies im ArbnErfG ausdrücklich klargestellt, wie der Vergleich zu § 19 Abs. 1 ArbnErfG zeigt (»zu angemessenen Bedingungen anzubieten«). Das muss erst recht für ein Kaufangebot gelten. Ebenso wenig kann der Arbeitnehmer ein Entgelt für ein vorbehaltenes Nutzungsrecht verlangen. Aus dem Wortlaut, aus dem Gesetzesverweis auf § 16 (anstatt auf § 19) ArbnErfG und aus der Amtlichen Begründung folgt, dass der Insolvenzverwalter kraft Gesetzes nicht berechtigt ist, vom Arbeitnehmererfinder für die Übertragung der Erfindung ein Entgelt zu verlangen. Im Übrigen verkennt die Gegenansicht den Rechtscharakter des § 27 ArbnErfG als gezielte Privilegierung des Arbeitnehmererfinders (s. Rdn. 52) und als Auffangtatbestand (s. Rdn. 140). Damit stellt sich auch nicht die Frage, inwieweit der Arbeitnehmer mit seinen Vergütungsansprüchen aufrechnen kann (s. dazu *Paul* ZInsO 2009, 1839 [1843]). Davon zu trennen ist Pflicht des Arbeitnehmers zur Kostentragung (s. Rdn. 150).

147 Ob sich der Insolvenzverwalter ein **Nutzungsrecht** für das Schuldnerunternehmen entsprechend § 16 Abs. 3 ArbnErfG **vorbehalten** kann, erscheint nach dem Normzweck zwar untunlich, ist aber angesichts der Verweisung auf § 16 ArbnErfG und der Entstehungsgeschichte u.E. nicht ausgeschlossen (s. *Bartenbach/Volz* KommArbnErfG, § 27 n.F. Rn. 143; a.A. wohl *Busse/Keukenschrijver* PatG, § 27 ArbnErfG Rn. 9). Bestehende Lizenzrechte Dritter genießen Sukzessionsschutz nach § 15 Abs. 3 PatG.

2. Angebotsannahme durch den Arbeitnehmer bzw. deren Unterbleiben (Satz 2)

148 Der Arbeitnehmer muss seine **Entscheidung**, ob er die angebotenen Erfindungsrechte (Schutzrechtspositionen) übernimmt, **binnen zwei Monaten** nach Zugang der Mitteilung des Insolvenzverwalters

treffen und die Annahme erklären (§ 27 Abs. 3 Satz 2 ArbnErfG n.F.). Die – gegenüber § 16 Abs. 2 ArbnErfG um einen Monat verkürzte – Frist soll dem Insolvenzverwalter möglichst zeitnah Rechtssicherheit über das zu verwertende oder verwertbare Schuldnervermögen geben (s. Amtl. Begr. BR-Drucks. 757/08 S. 53 = BlPMZ 2009, 307 [324]). Innerhalb dieser Frist muss der Insolvenzverwalter den Bestand der angebotenen Erfindungs-/Schutzrechte sichern; auch insoweit gilt das zu § 27 Nr. 4 Satz 1 ArbnErfG a.F. Gesagte entsprechend (s. Rdn. 114). Die Annahmeerklärung muss dem Insolvenzverwalter innerhalb der zwei Monate zugehen. Die Annahme kann formlos erklärt werden, wobei sich zu Beweiszwecken auch hier zumindest Textform empfiehlt.

Die Annahme ist **bedingungsfeindlich**. Es sollte allerdings beim Angebot mehrerer (in-/ausländischer) Schutzrechtspositionen zulässig sein, die Annahme auf einzelne Schutzrechtspositionen zu beschränken (*Bartenbach/Volz* KommArbnErfG, § 27 n.F. Rn. 151). 149

Der Rechtsübergang auf den Arbeitnehmer vollzieht sich nach der hier vertretenen Auffassung nicht automatisch, sondern bedarf – ebenso wie nach § 16 ArbnErfG – einer (formlos möglichen) **Abtretung** der Rechte gem. §§ 413, 398 ff. BGB (s. *Bartenbach/Volz* KommArbnErfG, § 27 n.F. Rn. 152). Insoweit begründet die Annahme des Arbeitnehmers dessen schuldrechtlichen Übertragungsanspruch (*Busse/Keukenschrijver* PatG, § 27 ArbnErfG Rn. 9). Die Rechtsübertragung erfolgt nach § 27 Nr. 3 Satz 1 HS 2 i.V.m. § 16 Abs. 1 ArbnErfG **auf Kosten** des Arbeitnehmers (*Paul* ZInsO 2009, 1839 [1842], s. Rdn. 117), ohne dass u.E. eine Aufrechnung mit noch nicht erfüllten Vergütungsansprüchen für die konkrete Diensterfindung möglich ist (*Bartenbach/Volz* GRUR 2009, 997 [1006]). 150

Unterbleibt eine (fristgerechte) Annahme des (ordnungsgemäßen) Angebots des Insolvenzverwalters, so kann dieser die angebotene Diensterfindung und/oder diesbezügliche Schutzrechtspositionen insgesamt oder einzeln ohne Geschäftsbetrieb veräußern oder insgesamt oder einzeln aufgeben, also fallen lassen (§ 27 Nr. 3 Satz 2 ArbnErfG n.F.). 151

3. Anzustrebende Vereinbarung der Vergütungspflicht mit dem Rechtserwerber (Sätze 3 und 4)

Im Falle eines **ergebnislosen Angebots an den/die Arbeitnehmererfinder** nach § 27 Nr. 3 Satz 2 ArbnErfG n.F. kann der Insolvenzverwalter mit dem Erwerber vereinbaren, dass sich Letzterer zur Zahlung der Vergütung an den/die Arbeitnehmer nach § 9 ArbnErfG verpflichtet. Der Zusammenhang der Sätze 3 und 4 der Nr. 2 macht deutlich, dass der Gesetzgeber den Vergütungsanspruch gegen den Erwerber als (zusätzlichen) Vorteil für den Erfinder ansieht. 152

Die Vorschrift ist dem früheren **§ 27 Nr. 2 Satz 3 ArbnErfG a.F. nachgebildet**, so dass die dortigen Erläuterungen weitgehend herangezogen werden können (s. Rdn. 77 ff.; s.a. *Bartenbach/Volz* GRUR 2009, 997 [1006]). Der Insolvenzverwalter wird durch die Vorschrift angehalten, im Interesse des/der Arbeitnehmererfinder(s) auf die Übernahme einer vertraglichen Vergütungspflicht durch den Rechtserwerber im Kaufvertrag hinzuwirken, ohne jedoch zum Abschluss einer solchen Eintrittspflicht des Erwerbers – auch mit Blick auf seine allgemeine Aufgabe zur marktgerechten und vermögensorientierten Abwicklung – gezwungen zu sein (vgl. *Busse/Keukenschrijver* PatG, § 27 ArbnErfG Rn. 11; s. *Bartenbach/Volz* KommArbnErfG, § 27 n.F. Rn. 164; s.a. Rdn. 77, 82). 153

Das Gesetz macht keine zwingenden Vorgaben für den Insolvenzverwalter, und zwar weder zur Form (s. Rdn. 77), noch zum Vertragsinhalt mit dem Rechtserwerber noch zum Umfang der Vergütungspflicht. **Gegenstand der Vereinbarung** ist die Zahlung der gesetzlichen Vergütung des Arbeitnehmers nach § 9 ArbnErfG, nicht aber die sonstigen Bestimmungen des ArbnErfG (s. Rdn. 77 ff.). Auch wenn die Vereinbarung als Schuldbeitritt oder interne Schuldübernahme das Innenverhältnis zwischen Insolvenzmasse und Erwerber betrifft, kann sie sich ihrem **Rechtscharakter** nach als echter Vertrag zu Gunsten des Arbeitnehmers (§ 328 BGB) darstellen (s. Rdn. 86; ebenso *Busse/Keukenschrijver* PatG, § 27 ArbnErfG Rn. 11; s. im Übrigen *Bartenbach/Volz* KommArbnErfG, § 27 n.F. Rn. 168 f.). Im Unterschied zu § 27 Nr. 2 Satz 3 a.F. ist die Regelung allerdings nicht auf die Vergütung »für die weitere Verwertung der Diensterfindung« beschränkt. Daraus folgt nach der hier vertretenen Auffassung, dass letztlich – im Unterschied zu § 27 Nr. 2 Satz 3 ArbnErfG 154 a.F. (s. Rdn. 78) – auch bezüglich des zeitlichen Umfangs der Vergütungspflicht des Erwerbers weitgehende Vertragsfreiheit besteht (s. i.E. *Bartenbach/Volz* KommArbnErfG, § 27 n.F. Rn. 171 f.).

155 **Vertragspartner** sind ausschließlich der Insolvenzverwalter (als amtliches Organ) und der/die Erwerber der Diensterfindung oder aller bzw. einzelner darauf bezogener Schutzrechtspositionen, nicht jedoch zwangsläufig der Arbeitnehmererfinder. Die **Einbindung des Arbeitnehmers** in die Vereinbarung ist möglich und im Interesse des Rechtsfriedens sinnvoll, aber nicht zwingend, da das Gesetz keine Mitspracherechte vorsieht (s. Rdn. 83). Ebenso wenig besteht die gesetzliche Vorgabe zur Vereinbarung eines Schuldnerwechsels bzw. einer befreienden Schuldübernahme, welches der Mitwirkung des Arbeitnehmers bedürfte (vgl. § 415 BGB).

156 Bei **Fehlen einer Vergütungsvereinbarung mit dem Erfindungserwerber** oder bei deren **Unwirksamkeit** – etwa aufgrund der u.E. auch hier geltenden Unbilligkeitsschranke nach § 23 ArbnErfG (s. dazu *Bartenbach/Volz* KommArbnErfG, § 27 n.F. Rn. 173 und hier Rdn. 83; a.A. *Busse/Keukenschrijver* PatG, § 27 ArbnErfG Rn. 11) – hat der Insolvenzverwalter die Vergütung aus dem Veräußerungserlös zu zahlen (§ 27 Nr. 3 Satz 4 ArbnErfG n.F.). Die Regelung entspricht ausweislich der Amtlichen Begründung – trotz unterschiedlicher Fassung – im Wesentlichen § 27 Nr. 2 Satz 4 ArbnErfG a.F. (in BR-Drucks. 757/08 S. 53 = BlPMZ 2009, 307 [324]), so dass auf die obigen Erläuterungen verwiesen werden kann (s. Rdn. 88 ff.). Es geht dabei nicht um rückständige Vergütungsforderungen aus Verwertungen des insolventen Arbeitgebers, sondern um Verwertungshandlungen des Insolvenzverwalters, die Masseverbindlichkeiten (vgl. §§ 55, 61 InsO) begründen würden, also zumindest vorrangig um Vergütungsansprüche aus der Veräußerung der Diensterfindung bzw. der Schutzrechtspositionen nach § 9 ArbnErfG i.V.m. Vergütungsrichtlinie Nr. 16 (*Bartenbach/Volz* KommArbnErfG, § 27 n.F. Rn. 182; im Ergebnis wohl auch *Paul* ZInsO 2009, 1839 [1843]; s.a. Rdn. 90 f.; *Busse/Keukenschrijver* PatG, § 27 ArbnErfG Rn. 12).

IV. Der Arbeitnehmererfinder als Insolvenzgläubiger (§ 27 Nr. 4 ArbnErfG n.F.)

157 § 27 Nr. 4 ArbnErfG n.F. stellt – wie bisher § 27 Nr. 5 ArbnErfG a.F. – klar, dass der Arbeitnehmererfinder im Übrigen Vergütungsansprüche nach den §§ 9 bis 12 ArbnErfG als Insolvenzgläubiger geltend machen kann (Amtl. Begr. BR-Drucks. 757/08 S. 53 = BlPMZ 2009, 307 [324]). Insoweit wird auf die obigen Erläuterungen verwiesen (s. Rdn. 120 ff.).

E. Sonstige Ansprüche des Arbeitnehmers

158 Der Gesetzgeber hat bewusst davon abgesehen, **sonstige Vergütungsansprüche** einzubeziehen, insbesondere solche für die Verwertung eines technischen Verbesserungsvorschlages (§ 20 ArbnErfG). Wie der Gesetzgeber hervorgehoben hat, folgt für solche Vergütungsansprüche, die jeweils erst durch tatsächliche Benutzung oder Verwertung begründet werden, schon aus allgemeinen insolvenzrechtlichen Grundsätzen, dass sie entweder **Insolvenzforderungen** (§§ 38, 174, 187 InsO) darstellen, soweit die Nutzung oder Verwertung schon vor Verfahrenseröffnung erfolgte, oder **Masseforderungen** (§ 55 Abs. 1 Nr. 1, §§ 61, 209 InsO) sind, soweit Nutzungs- oder Verwertungshandlungen vom Insolvenzverwalter nach Eröffnung vorgenommen werden (*Amtl. Begr.* BT-Drucks. 12/3803, S. 99 r. Sp.). Diese am Verwertungszeitpunkt vor bzw. nach Eröffnungsbeschluss orientierte Betrachtung muss u.E. für entsprechende Vergütungsansprüche aufgrund vorbehaltener Benutzungsrechte nach § 14 Abs. 3, § 16 Abs. 3 ArbnErfG gelten; folglich begründen Verwertungshandlungen des Insolvenzverwalters auch dann Masseverbindlichkeiten, wenn die betreffende Diensterfindung bereits vor Insolvenzeröffnung (unbeschränkt) in Anspruch genommen worden ist (zur Insolvenzbefangenheit s. Rdn. 25). Vergütungsansprüche für freie Erfindungen (vgl. § 19 ArbnErfG; dazu s. Rdn. 23, 25) unterliegen ebenfalls den allgemeinen insolvenzrechtlichen Bestimmungen. Für nicht auf Geld ausgerichtete Vermögensansprüche von Insolvenzgläubigern findet gem. § 45 InsO eine Umrechnung statt; Gleiches gilt bei Forderungen, deren Geldbeträge unbestimmt ist (Einzelheiten s. bei *Bornemann* § 45); dies kann auch für sonstige Ansprüche der Arbeitnehmererfinder aus dem ArbnErfG für den Zeitraum vor Verfahrenseröffnung Bedeutung haben.

Ist eine Diensterfindung erst durch den **Insolvenzverwalter** nach §§ 6, 7 Abs. 1 ArbnErfG a.F. bzw. §§ 6, 7 Abs. 1 ArbnErfG n.F. (unbeschränkt) **in Anspruch genommen** worden, ist § 27 ArbnErfG a.F. bzw. § 27 ArbnErfG n.F. ebenfalls nicht einschlägig (s. Rdn. 58). Nach allgemeinem Insolvenzrecht sind die daraus entstehenden Vergütungsansprüche des Arbeitnehmers voll aus der Insolvenzmasse gem. § 55 Abs. 1 Nr. 1 InsO zu erfüllen (*Amtl. Begr.* BT-Drucks. 12/3803, S. 99 r. Sp.; *Bartenbach/Volz* KommArbnErfG, § 27 n.F. Rn. 197 f.; s.a. *Zeising* GRUR 2001, 60 [67] und *Paul* KTS 2005, 445 [455 f.]). Die Stellung als Massegläubiger hat der Arbeitnehmer auch bei Verkauf dieser Diensterfindung (*Reimer/Schade/Schippel/Rother* ArbEG, § 27 Rn. 13). Ein Vorkaufsrecht analog § 27 Nr. 2 ArbnErfG a.F. hat der Arbeitnehmer aber nicht (vgl. Rdn. 58). **159**

Die **sonstigen wechselseitigen Rechte und Pflichten aus dem ArbnErfG** bestehen im Übrigen grds. unverändert fort. Folglich ist der Arbeitnehmererfinder beispielsweise verpflichtet, eine Diensterfindung dem Insolvenzverwalter zu melden, unabhängig davon, ob er diese bereits vor oder erst nach Eröffnung des Insolvenzverfahrens fertig gestellt hat. Den Insolvenzverwalter trifft dann die Pflicht, über die Frage der Inanspruchnahme zu entscheiden. Entsprechendes gilt auf Grund seines Eintritts in die Arbeitgeberfunktion (s. Rdn. 12) für die sonstigen Rechte und Pflichten aus dem ArbnErfG (s. Rdn. 30 ff.). **160**

Inwieweit Vergütungsansprüche aus dem ArbnErfG in das **Insolvenzgeld** nach § 183 Abs. 1 SGB III einfließen können, ist – soweit ersichtlich – höchstrichterlich noch nicht entschieden. Das wird im Schrifttum jedenfalls für Vergütungsansprüche bei Verbesserungsvorschlägen bejaht (*Busse/Keukenschrijver* PatG, § 27 ArbnErfG Rn. 14 im Anschluss an *Schwab* NZI 1999, 257 [259]; zust. *Reimer/Schade/Schippel/Rother* ArbEG, § 27 Rn. 12). Sieht man Vergütungen für Erfindungen und Verbesserungsvorschläge allgemein als Arbeitsentgelt i.S.d. § 14 SGB IV an (vgl. u.a. *BSG* 26.03.1998 NZA-RR 1988, 510 [511]; *BAG* 09.07.1985 BB 1986, 1228), würde das eine Einbeziehung von Vergütungsansprüchen in das Insolvenzgeld rechtfertigen. Voraussetzung ist dann, dass diese Vergütungsansprüche trotz Fälligkeit bei Insolvenzeröffnung bzw. bei Abweisung der Eröffnung mangels Masse noch nicht erfüllt sind; weitere Voraussetzung wäre u.E., dass sich diese Ansprüche auf Verwertungshandlungen aus den diesem Zeitpunkt vorausgehenden drei Monate des Arbeitsverhältnisses beziehen (vgl. allg. zum Begriff des Arbeitsentgelts nach § 183 SGB III *Mues* Anh. zu § 113 Rdn. 6 ff.). **161**

Anhang II Gesetz zur Verbesserung der betrieblichen Altersversorgung (Betriebsrentengesetz – BetrAVG)

vom 19. Dezember 1974 (BGBl. I S. 3610)

geändert durch das Gesetz zur Umsetzung der EU-Mobilitäts-Richtlinie vom 21.12.1015 (BGBl. I S. 2553), zuletzt geändert durch Art. 1 des Gesetzes vom 14.08.2017 (BGBl. I S. 3214)

– Auszug –

Erster Teil Arbeitsrechtliche Vorschriften

Vierter Abschnitt Insolvenzsicherung

§ 7 BetrAVG Umfang des Versicherungsschutzes

(1) [1]Versorgungsempfänger, deren Ansprüche aus einer unmittelbaren Versorgungszusage des Arbeitgebers nicht erfüllt werden, weil über das Vermögen des Arbeitgebers oder über seinen Nachlass das Insolvenzverfahren eröffnet worden ist, und ihre Hinterbliebenen haben gegen den Träger der Insolvenzsicherung einen Anspruch in Höhe der Leistung, die der Arbeitgeber auf Grund der Versorgungszusage zu erbringen hätte, wenn das Insolvenzverfahren nicht eröffnet worden wäre. [2]Satz 1 gilt entsprechend, wenn

1. Leistungen aus einer Direktversicherung aufgrund der in § 1b Abs. 2 Satz 3 genannten Tatbestände nicht gezahlt werden und der Arbeitgeber seiner Verpflichtung nach § 1b Abs. 2 Satz 3 wegen der Eröffnung des Insolvenzverfahrens nicht nachkommt,
2. eine Unterstützungskasse oder ein Pensionsfonds die nach ihrer Versorgungsregelung vorgesehene Versorgung nicht erbringt, weil über das Vermögen oder den Nachlass eines Arbeitgebers, der der Unterstützungskasse oder dem Pensionsfonds Zuwendungen leistet (Trägerunternehmen), das Insolvenzverfahren eröffnet worden ist.

[3]§ 14 des Versicherungsvertragsgesetzes findet entsprechende Anwendung. [4]Der Eröffnung des Insolvenzverfahrens stehen bei der Anwendung der Sätze 1 bis 3 gleich

1. die Abweisung des Antrags auf Eröffnung des Insolvenzverfahrens mangels Masse,
2. der außergerichtliche Vergleich (Stundungs-, Quoten- oder Liquidationsvergleich) des Arbeitgebers mit seinen Gläubigern zur Abwendung eines Insolvenzverfahrens, wenn ihm der Träger der Insolvenzsicherung zustimmt,
3. die vollständige Beendigung der Betriebstätigkeit im Geltungsbereich dieses Gesetzes, wenn ein Antrag auf Eröffnung des Insolvenzverfahrens nicht gestellt worden ist und ein Insolvenzverfahren offensichtlich mangels Masse nicht in Betracht kommt.

(1a) [1]Der Anspruch gegen den Träger der Insolvenzsicherung entsteht mit dem Beginn des Kalendermonats, der auf den Eintritt des Sicherungsfalles folgt. [2]Der Anspruch endet mit Ablauf des Sterbemonats des Begünstigten, soweit in der Versorgungszusage des Arbeitgebers nicht etwas anderes bestimmt ist. [3]In den Fällen des Absatzes 1 Satz 1 und 4 Nr. 1 und 3 umfasst der Anspruch auch rückständige Versorgungsleistungen, soweit diese bis zu zwölf Monaten vor Entstehen der Leistungspflicht des Trägers der Insolvenzsicherung entstanden sind.

(2) [1]Personen, die bei Eröffnung des Insolvenzverfahrens oder bei Eintritt der nach Absatz 1 Satz 4 gleichstehenden Voraussetzungen (Sicherungsfall) eine nach § 1b unverfallbare Versorgungsanwartschaft haben, und ihre Hinterbliebenen haben bei Eintritt des Versorgungsfalls einen Anspruch gegen den Träger der Insolvenzsicherung, wenn die Anwartschaft beruht

1. auf einer unmittelbaren Versorgungszusage des Arbeitgebers oder
2. auf einer Direktversicherung und der Arbeitnehmer hinsichtlich der Leistungen des Versicherers widerruflich bezugsberechtigt ist oder die Leistungen auf Grund der in § 1b Abs. 2 Satz 3 genannten Tatbestände nicht gezahlt werden und der Arbeitgeber seiner Verpflichtung aus § 1b Abs. 2 Satz 3 wegen der Eröffnung des Insolvenzverfahrens nicht nachkommt.

²Satz 1 gilt entsprechend für Personen, die zum Kreis der Begünstigten einer Unterstützungskasse oder eines Pensionsfonds gehören, wenn der Sicherungsfall bei einem Trägerunternehmen eingetreten ist. ³Die Höhe des Anspruchs richtet sich nach der Höhe der Leistungen nach § 2 Absatz 1 und 2 Satz 2, bei Unterstützungskassen nach dem Teil der nach der Versorgungsregelung vorgesehenen Versorgung, der dem Verhältnis der Dauer der Betriebszugehörigkeit zu der Zeit vom Beginn der Betriebszugehörigkeit bis zum Erreichen der in der Versorgungsregelung vorgesehenen festen Altersgrenze entspricht, es sei denn, § 2 Abs. 5 ist anwendbar. ⁴Für die Berechnung der Höhe des Anspruchs nach Satz 3 wird die Betriebszugehörigkeit bis zum Eintritt des Sicherungsfalles berücksichtigt. ⁵Bei Pensionsfonds mit Leistungszusagen gelten für die Höhe des Anspruches die Bestimmungen für unmittelbare Versorgungszusagen entsprechend, bei Beitragszusagen mit Mindestleistung gilt für die Höhe des Anspruches § 2 Abs. 6. Bei der Berechnung der Höhe des Anspruchs sind Veränderungen der Versorgungsregelung und der Bemessungsgrundlagen, die nach dem Eintritt des Sicherungsfalles eintreten, nicht zu berücksichtigen; § 2a Absatz 2 findet keine Anwendung.

(3) ¹Ein Anspruch auf laufende Leistungen gegen den Träger der Insolvenzsicherung beträgt im Monat höchstens das Dreifache der im Zeitpunkt der ersten Fälligkeit maßgebenden monatlichen Bezugsgröße gemäß § 18 des Vierten Buches Sozialgesetzbuch. ²Satz 1 gilt entsprechend bei einem Anspruch auf Kapitalleistungen mit der Maßgabe, dass zehn vom Hundert der Leistung als Jahresbetrag einer laufenden Leistung anzusetzen sind.

(4) ¹Ein Anspruch auf Leistungen gegen den Träger der Insolvenzsicherung vermindert sich in dem Umfange in dem der Arbeitgeber oder sonstige Träger der Versorgung die Leistungen der betrieblichen Altersversorgung erbringt. ²Wird im Insolvenzverfahren ein Insolvenzplan bestätigt, vermindert sich der Anspruch auf Leistungen gegen den Träger der Insolvenzsicherung insoweit, als nach dem Insolvenzplan der Arbeitgeber oder sonstige Träger der Versorgung einen Teil der Leistungen selbst zu erbringen hat. ³Sieht der Insolvenzplan vor, dass der Arbeitgeber oder sonstige Träger der Versorgung die Leistungen der betrieblichen Altersversorgung von einem bestimmten Zeitpunkt an selbst zu erbringen hat, entfällt der Anspruch auf Leistungen gegen den Träger der Insolvenzsicherung von diesem Zeitpunkt an. ⁴Die Sätze 2 und 3 sind für den außergerichtlichen Vergleich nach Abs. 1 Satz 4 Nr. 2 entsprechend anzuwenden. ⁵Im Insolvenzplan soll vorgesehen werden, dass bei einer nachhaltigen Besserung der wirtschaftlichen Lage des Arbeitgebers die vom Träger der Insolvenzsicherung zu erbringenden Leistungen ganz oder zum Teil vom Arbeitgeber oder sonstigen Träger der Versorgung wieder übernommen werden.

(5) ¹Ein Anspruch gegen den Träger der Insolvenzsicherung besteht nicht, soweit nach den Umständen des Falles die Annahme gerechtfertigt ist, dass es der alleinige oder überwiegende Zweck der Versorgungszusage oder ihrer Verbesserung oder der für die Direktversicherung in § 1b Abs. 2 oder 3 genannten Tatbestände gewesen ist, den Träger der Insolvenzsicherung in Anspruch zu nehmen. ²Diese Annahme ist insbesondere dann gerechtfertigt, wenn bei Erteilung oder Verbesserung der Versorgungszusage wegen der wirtschaftlichen Lage des Arbeitgebers zu erwarten war, dass die Zusage nicht erfüllt werde. ³Ein Anspruch auf Leistungen gegen den Träger der Insolvenzsicherung besteht bei Zusagen und Verbesserungen von Zusagen, die in den beiden letzten Jahren vor dem Eintritt des Sicherungsfalls erfolgt sind, nur
1. für ab dem 1. Januar 2002 gegebene Zusagen, soweit bei Entgeltumwandlung Beträge von bis zu 4 vom Hundert der Beitragsbemessungsgrenze in der allgemeinen Rentenversicherung für eine betriebliche Altersversorgung verwendet werden oder
2. für im Rahmen von Übertragungen gegebene Zusagen, soweit der Übertragungswert die Beitragsbemessungsgrenze in der allgemeinen Rentenversicherung nicht übersteigt.

(6) Ist der Sicherungsfall durch kriegerische Ereignisse, innere Unruhen, Naturkatastrophen oder Kernenergie verursacht worden, so kann der Träger der Insolvenzsicherung mit Zustimmung der Bundesanstalt für Finanzdienstleistungsaufsicht die Leistungen nach billigem Ermessen abweichend von den Absätzen 1 bis 5 festsetzen.

§ 8 BetrAVG Übertragung der Leistungspflicht und Abfindung

(1) Ein Anspruch gegen den Träger der Insolvenzsicherung auf Leistungen nach § 7 besteht nicht, wenn eine Pensionskasse oder ein Unternehmen der Lebensversicherung sich dem Träger der Insolvenzsicherung gegenüber verpflichtet, diese Leistungen zu erbringen, und die nach § 7 Berechtigten ein unmittelbares Recht erwerben, die Leistungen zu fordern.

(1a) ¹Der Träger der Insolvenzsicherung hat die gegen ihn gerichteten Ansprüche auf den Pensionsfonds, dessen Trägerunternehmen die Eintrittspflicht nach § 7 ausgelöst hat, i.S.v. Abs. 1 zu übertragen, wenn die Bundesanstalt für Finanzdienstleistungsaufsicht hierzu die Genehmigung erteilt. ²Die Genehmigung kann nur erteilt werden, wenn durch Auflagen der Bundesanstalt für Finanzdienstleistungsaufsicht die dauernde Erfüllbarkeit der Leistungen aus dem Pensionsplan sichergestellt werden kann. ³Die Genehmigung der Bundesanstalt für Finanzdienstleistungsaufsicht kann der Pensionsfonds nur innerhalb von drei Monaten nach Eintritt des Sicherungsfalles beantragen.

(2) ¹Der Träger der Insolvenzsicherung kann eine Anwartschaft ohne Zustimmung des Arbeitnehmers abfinden, wenn der Monatsbetrag der aus der Anwartschaft resultierenden laufenden Leistung bei Erreichen der vorgesehenen Altersgrenze 1 vom Hundert, bei Kapitalleistungen zwölf Zehntel der monatlichen Bezugsgröße nach § 18 des Vierten Buches Sozialgesetzbuch nicht übersteigen würde oder wenn dem Arbeitnehmer die Beiträge zur gesetzlichen Rentenversicherung erstattet worden sind. ²Dies gilt entsprechend für die Abfindung einer laufenden Leistung. ³Die Abfindung ist darüber hinaus möglich, wenn sie an ein Unternehmen der Lebensversicherung gezahlt wird, bei dem der Versorgungsberechtigte im Rahmen einer Direktversicherung versichert ist. ⁴§ 2 Abs. 2 Satz 4 bis 6 und § 3 Abs. 5 gelten entsprechend.

§ 9 BetrAVG Mitteilungspflicht; Forderungs- und Vermögensübergang

(1) ¹Der Träger der Insolvenzsicherung teilt dem Berechtigten die ihm nach § 7 oder § 8 zustehenden Ansprüche oder Anwartschaften schriftlich mit. ²Unterbleibt die Mitteilung, so ist der Anspruch oder die Anwartschaft spätestens ein Jahr nach dem Sicherungsfall bei dem Träger der Insolvenzsicherung anzumelden; erfolgt die Anmeldung später, so beginnen die Leistungen frühestens mit dem Ersten des Monats der Anmeldung, es sei denn, dass der Berechtigte an der rechtzeitigen Anmeldung ohne sein Verschulden verhindert war.

(2) ¹Ansprüche oder Anwartschaften des Berechtigten gegen den Arbeitgeber auf Leistungen der betrieblichen Altersversorgung, die den Anspruch gegen den Träger der Insolvenzsicherung begründen, gehen im Falle eines Insolvenzverfahrens mit dessen Eröffnung, in den übrigen Sicherungsfällen dann auf den Träger der Insolvenzsicherung über, wenn dieser nach Abs. 1 Satz 1 dem Berechtigten die ihm zustehenden Ansprüche oder Anwartschaften mitteilt. ²Der Übergang kann nicht zum Nachteil des Berechtigten geltend gemacht werden. ³Die mit der Eröffnung des Insolvenzverfahrens übergegangenen Anwartschaften werden im Insolvenzverfahren als unbedingte Forderungen nach § 45 der Insolvenzordnung geltend gemacht.

(3) ¹Ist der Träger der Insolvenzsicherung zu Leistungen verpflichtet, die ohne den Eintritt des Sicherungsfalles eine Unterstützungskasse erbringen würde, geht deren Vermögen einschließlich der Verbindlichkeiten auf ihn über; die Haftung für die Verbindlichkeiten beschränkt sich auf das übergegangene Vermögen. ²Wenn die übergegangenen Vermögenswerte den Barwert der Ansprüche und Anwartschaften gegen den Träger der Insolvenzsicherung übersteigen, hat dieser den übersteigenden Teil entsprechend der Satzung der Unterstützungskasse zu verwenden. ³Bei einer Unterstützungskasse mit mehreren Trägerunternehmen hat der Träger der Insolvenzsicherung

einen Anspruch gegen die Unterstützungskasse auf einen Betrag, der dem Teil des Vermögens der Kasse entspricht, der auf das Unternehmen entfällt, bei dem der Sicherungsfall eingetreten ist. [4]Die Sätze 1 bis 3 gelten nicht, wenn der Sicherungsfall auf den in § 7 Abs. 1 Satz 4 Nr. 2 genannten Gründen beruht; es sei denn, dass das Trägerunternehmen seine Betriebstätigkeit nach Eintritt des Sicherungsfalls nicht fortsetzt und aufgelöst wird (Liquidationsvergleich).

(3a) Abs. 3 findet entsprechende Anwendung auf einen Pensionsfonds, wenn die Bundesanstalt für Finanzdienstleistungsaufsicht die Genehmigung für die Übertragung der Leistungspflicht durch den Träger der Insolvenzsicherung nach § 8 Abs. 1a nicht erteilt.

(4) [1]In einem Insolvenzplan, der die Fortführung des Unternehmens oder eines Betriebes vorsieht, kann für den Träger der Insolvenzsicherung eine besondere Gruppe gebildet werden. [2]Sofern im Insolvenzplan nichts anderes vorgesehen ist, kann der Träger der Insolvenzsicherung, wenn innerhalb von drei Jahren nach der Aufhebung des Insolvenzverfahrens ein Antrag auf Eröffnung eines neuen Insolvenzverfahrens über das Vermögen des Arbeitgebers gestellt wird, in diesem Verfahren als Insolvenzgläubiger Erstattung der von ihm erbrachten Leistungen verlangen.

(5) Dem Träger der Insolvenzsicherung steht gegen den Beschluss, durch den das Insolvenzverfahren eröffnet wird, die sofortige Beschwerde zu.

§ 10 BetrAVG Beitragspflicht und Beitragsbemessung

(1) Die Mittel für die Durchführung der Insolvenzsicherung werden auf Grund öffentlich-rechtlicher Verpflichtung durch Beiträge aller Arbeitgeber aufgebracht, die Leistungen der betrieblichen Altersversorgung unmittelbar zugesagt haben oder eine betriebliche Altersversorgung über eine Unterstützungskasse, eine Direktversicherung der in § 7 Abs. 1 Satz 2 und Absatz 2 Satz 1 Nr. 2 bezeichneten Art oder einen Pensionsfonds durchführen.

(2) [1]Die Beiträge müssen den Barwert der im laufenden Kalenderjahr entstehenden Ansprüche auf Leistungen der Insolvenzsicherung decken zuzüglich eines Betrages für die aufgrund eingetretener Insolvenzen zu sichernden Anwartschaften, der sich aus dem Unterschied der Barwerte dieser Anwartschaften am Ende des Kalenderjahres und am Ende des Vorjahres bemisst. [2]Der Rechnungszinsfuß bei der Berechnung des Barwerts der Ansprüche auf Leistungen der Insolvenzsicherung bestimmt sich nach § 235 Nummer 4 des Versicherungsaufsichtsgesetzes; soweit keine Übertragung nach § 8 Abs. 1 stattfindet, ist der Rechnungszinsfuß bei der Berechnung des Barwerts der Anwartschaften um ein Drittel höher. [3]Darüber hinaus müssen die Beiträge die im gleichen Zeitraum entstehenden Verwaltungskosten und sonstigen Kosten, die mit der Gewährung der Leistungen zusammenhängen, und die Zuführung zu einem von der Bundesanstalt für Finanzdienstleistungsaufsicht festgesetzten Ausgleichsfonds decken; § 193 des Versicherungsaufsichtsgesetzes bleibt unberührt. Auf die am Ende des Kalenderjahres fälligen Beiträge können Vorschüsse erhoben werden. [4]In Jahren, in denen sich außergewöhnlich hohe Beiträge ergeben würden, kann zu deren Ermäßigung der Ausgleichsfonds in einem von der Bundesanstalt für Finanzdienstleistungsaufsicht zu genehmigenden Umfang herangezogen werden; außerdem können die nach den Sätzen 1 bis 3 erforderlichen Beiträge auf das laufende und die bis zu vier folgenden Kalenderjahre verteilt werden.

(3) Die nach Absatz 2 erforderlichen Beiträge werden auf die Arbeitgeber nach Maßgabe der nachfolgenden Beträge umgelegt, soweit sie sich auf die laufenden Versorgungsleistungen und die nach § 1b unverfallbaren Versorgungsanwartschaften beziehen (Beitragsbemessungsgrundlage); diese Beträge sind festzustellen auf den Schluß des Wirtschaftsjahrs des Arbeitgebers, das im abgelaufenen Kalenderjahr geendet hat:
1. Bei Arbeitgebern, die Leistungen der betrieblichen Altersversorgung unmittelbar zugesagt haben, ist Beitragsbemessungsgrundlage der Teilwert der Pensionsverpflichtung (§ 6a Abs. 3 des Einkommensteuergesetzes).
2. Bei Arbeitgebern, die eine betriebliche Altersversorgung über eine Direktversicherung mit widerruflichem Bezugsrecht durchführen, ist Beitragsbemessungsgrundlage das geschäftsplan-

mäßige Deckungskapital oder, soweit die Berechnung des Deckungskapitals nicht zum Geschäftsplan gehört, die Deckungsrückstellung. Für Versicherungen, bei denen der Versicherungsfall bereits eingetreten ist, und für Versicherungsanwartschaften, für die ein unwiderrufliches Bezugsrecht eingeräumt ist, ist das Deckungskapital oder die Deckungsrückstellung nur insoweit zu berücksichtigen, als die Versicherungen abgetreten oder beliehen sind.
3. Bei Arbeitgebern, die eine betriebliche Altersversorgung über eine Unterstützungskasse durchführen, ist Beitragsbemessungsgrundlage das Deckungskapital für die laufenden Leistungen (§ 4d Abs. 1 Nr. 1 Buchstabe a des Einkommensteuergesetzes) zuzüglich des Zwanzigfachen der nach § 4d Abs. 1 Nr. 1 Buchstabe b Satz 1 des Einkommensteuergesetzes errechneten jährlichen Zuwendungen für Leistungsanwärter im Sinne von § 4d Abs. 1 Nr. 1 Buchstabe b Satz 2 des Einkommensteuergesetzes.
4. Bei Arbeitgebern, soweit sie betriebliche Altersversorgung über einen Pensionsfonds durchführen, ist Beitragsbemessungsgrundlage 20 vom Hundert des entsprechend Nummer 1 ermittelten Betrages.

(4) [1]Aus den Beitragsbescheiden des Trägers der Insolvenzsicherung findet die Zwangsvollstreckung in entsprechender Anwendung der Vorschriften der Zivilprozeßordnung statt. [2]Die vollstreckbare Ausfertigung erteilt der Träger der Insolvenzsicherung.

§ 10a BetrAVG Säumniszuschläge; Zinsen; Verjährung

(1) Für Beiträge, die wegen Verstoßes des Arbeitgebers gegen die Meldepflicht erst nach Fälligkeit erhoben werden, kann der Träger der Insolvenzsicherung für jeden angefangenen Monat vom Zeitpunkt der Fälligkeit an einen Säumniszuschlag in Höhe von bis zu eins vom Hundert der nacherhobenen Beiträge erheben.

(2) [1]Für festgesetzte Beiträge und Vorschüsse, die der Arbeitgeber nach Fälligkeit zahlt, erhebt der Träger der Insolvenzsicherung für jeden Monat Verzugszinsen in Höhe von 0,5 vom Hundert der rückständigen Beiträge. [2]Angefangene Monate bleiben außer Ansatz.

(3) [1]Vom Träger der Insolvenzsicherung zu erstattende Beiträge werden vom Tage der Fälligkeit oder bei Feststellung des Erstattungsanspruchs durch gerichtliche Entscheidung vom Tage der Rechtshängigkeit an für jeden Monat mit 0,5 vom Hundert verzinst. [2]Angefangene Monate bleiben außer Ansatz.

(4) [1]Ansprüche auf Zahlung der Beiträge zur Insolvenzsicherung gemäß § 10 sowie Erstattungsansprüche nach Zahlung nicht geschuldeter Beiträge zur Insolvenzsicherung verjähren in sechs Jahren. [2]Die Verjährungsfrist beginnt mit Ablauf des Kalenderjahres, in dem die Beitragspflicht entstanden oder der Erstattungsanspruch fällig geworden ist. [3]Auf die Verjährung sind die Vorschriften des Bürgerlichen Gesetzbuchs anzuwenden.

§ 11 BetrAVG Melde-, Auskunfts- und Mitteilungspflichten

(1) [1]Der Arbeitgeber hat dem Träger der Insolvenzsicherung eine betriebliche Altersversorgung nach § 1b Abs. 1 bis 4 für seine Arbeitnehmer innerhalb von 3 Monaten nach Erteilung der unmittelbaren Versorgungszusage, dem Abschluss einer Direktversicherung oder der Errichtung einer Unterstützungskasse oder eines Pensionsfonds mitzuteilen. [2]Der Arbeitgeber, der sonstige Träger der Versorgung, der Insolvenzverwalter und die nach § 7 Berechtigten sind verpflichtet, dem Träger der Insolvenzsicherung alle Auskünfte zu erteilen, die zur Durchführung der Vorschriften dieses Abschnitts erforderlich sind, sowie Unterlagen vorzulegen, aus denen die erforderlichen Angaben ersichtlich sind.

(2) [1]Ein beitragspflichtiger Arbeitgeber hat dem Träger der Insolvenzsicherung spätestens bis zum 30. September eines jeden Kalenderjahres die Höhe des nach § 10 Abs. 3 für die Bemessung des Beitrages maßgebenden Betrages bei unmittelbaren Versorgungszusagen und Pensionsfonds auf Grund eines versicherungsmathematischen Gutachtens, bei Direktversicherungen auf Grund einer

Bescheinigung des Versicherers und bei Unterstützungskassen auf Grund einer nachprüfbaren Berechnung mitzuteilen. ²Der Arbeitgeber hat die in Satz 1 bezeichneten Unterlagen mindestens 6 Jahre aufzubewahren.

(3) ¹Der Insolvenzverwalter hat dem Träger der Insolvenzsicherung die Eröffnung des Insolvenzverfahrens, Namen und Anschriften der Versorgungsempfänger und die Höhe ihrer Versorgung nach § 7 unverzüglich mitzuteilen. ²Er hat zugleich Namen und Anschriften der Personen, die bei Eröffnung des Insolvenzverfahrens eine nach § 1 unverfallbare Versorgungsanwartschaft haben, sowie die Höhe ihrer Anwartschaft nach § 7 mitzuteilen.

(4) Der Arbeitgeber, der sonstige Träger der Versorgung und die nach § 7 Berechtigten sind verpflichtet, dem Insolvenzverwalter Auskünfte über alle Tatsachen zu erteilen, auf die sich die Mitteilungspflicht nach Absatz 3 bezieht.

(5) In den Fällen, in denen ein Insolvenzverfahren nicht eröffnet wird (§ 7 Abs. 1 Satz 4) oder nach § 207 der Insolvenzordnung eingestellt worden ist, sind die Pflichten des Insolvenzverwalters nach Absatz 3 vom Arbeitgeber oder dem sonstigen Träger der Versorgung zu erfüllen.

(6) Kammern und andere Zusammenschlüsse von Unternehmern oder anderen selbstständigen Berufstätigen, die als Körperschaften des öffentlichen Rechts errichtet sind, ferner Verbände und andere Zusammenschlüsse, denen Unternehmer oder andere selbständige Berufstätige kraft Gesetzes angehören oder anzugehören haben, haben den Träger der Insolvenzsicherung bei der Ermittlung der nach § 10 beitragspflichtigen Arbeitgeber zu unterstützen.

(7) Die nach den Absätzen 1 bis 3 und 5 zu Mitteilungen und Auskünften und die nach Absatz 6 zur Unterstützung Verpflichteten haben die vom Träger der Insolvenzsicherung vorgesehenen Vordrucke zu verwenden.

(8) ¹Zur Sicherung der vollständigen Erfassung der nach § 10 beitragspflichtigen Arbeitgeber können die Finanzämter dem Träger der Insolvenzsicherung mitteilen, welche Arbeitgeber für die Beitragspflicht in Betracht kommen. ²Die Bundesregierung wird ermächtigt, durch Rechtsverordnung mit Zustimmung des Bundesrates das Nähere zu bestimmen und Einzelheiten des Verfahrens zu regeln.

§ 12 BetrAVG Ordnungswidrigkeiten

(1) Ordnungswidrig handelt, wer vorsätzlich oder fahrlässig
1. entgegen § 11 Abs. 1 Satz 1, Abs. 2 Satz 1, Abs. 3 oder Abs. 5 eine Mitteilung nicht, nicht richtig, nicht vollständig oder nicht rechtzeitig vornimmt,
2. entgegen § 11 Abs. 1 Satz 2 oder Abs. 4 eine Auskunft nicht, nicht richtig, nicht vollständig oder nicht rechtzeitig erteilt oder
3. entgegen § 11 Abs. 1 Satz 2 Unterlagen nicht, nicht richtig, nicht vollständig oder nicht rechtzeitig vorlegt oder entgegen § 11 Abs. 2 Satz 2 Unterlagen nicht aufbewahrt.

(2) Die Ordnungswidrigkeit kann mit einer Geldbuße bis zu zweitausendfünfhundert Euro geahndet werden.

(3) Verwaltungsbehörde im Sinne des § 36 Abs. 1 Nr. 1 des Gesetzes über Ordnungswidrigkeiten ist die Bundesanstalt für Finanzdienstleistungsaufsicht.

§ 13 BetrAVG Zuständigkeit des Arbeitsgerichts

(aufgehoben)

§ 14 BetrAVG Träger der Insolvenzsicherung

(1) ¹Träger der Insolvenzsicherung ist der Pensions-Sicherungs-Verein Versicherungsverein auf Gegenseitigkeit. ²Er ist zugleich Träger der Insolvenzsicherung von Versorgungszusagen Luxem-

burger Unternehmen nach Maßgabe des Abkommens vom 22. September 2000 zwischen der Bundesrepublik Deutschland und dem Großherzogtum Luxemburg über Zusammenarbeit im Bereich der Insolvenzsicherung betrieblicher Altersversorgung.

(2) ¹Der Pensions-Sicherungs-Verein auf Gegenseitigkeit unterliegt der Aufsicht durch die Bundesanstalt für Finanzdienstleistungsaufsicht. ²Soweit dieses Gesetz nichts anderes bestimmt, gelten für ihn die Vorschriften für kleine Versicherungsunternehmen nach den §§ 212 bis 216 des Versicherungsaufsichtsgesetzes und die aufgrund des § 217 des Versicherungsaufsichtsgesetzes erlassenen Rechtsverordnungen entsprechend. ³Die folgenden Vorschriften gelten mit folgenden Maßgaben:
1. § 212 Absatz 2 Nummer 1 des Versicherungsaufsichtsgesetzes gilt mit der Maßgabe, dass § 30 des Versicherungsaufsichtsgesetzes Anwendung findet;
2. § 212 Absatz 3 Nummer 6 des Versicherungsaufsichtsgesetzes gilt ohne Maßgabe; § 212 Absatz 3 Nummer 7, 10 und 12 des Versicherungsaufsichtsgesetzes gilt mit der Maßgabe, dass die dort genannten Vorschriften auch auf die interne Revision Anwendung finden; § 212 Absatz 3 Nummer 13 des Versicherungsaufsichtsgesetzes gilt mit der Maßgabe, dass die Bundesanstalt für Finanzdienstleistungsaufsicht bei Vorliegen der gesetzlichen Tatbestandsmerkmale die Erlaubnis zum Geschäftsbetrieb widerrufen kann;
3. § 214 Absatz 1 des Versicherungsaufsichtsgesetzes gilt mit der Maßgabe, dass grundsätzlich die Hälfte des Ausgleichsfonds den Eigenmitteln zugerechnet werden kann. Auf Antrag des Pensions-Sicherungs-Vereins auf Gegenseitigkeit kann die Bundesanstalt für Finanzdienstleistungsaufsicht im Fall einer Inanspruchnahme des Ausgleichsfonds nach § 10 Absatz 2 Satz 5 festsetzen, dass der Ausgleichsfonds vorübergehend zu einem hierüber hinausgehenden Anteil den Eigenmitteln zugerechnet werden kann; § 214 Absatz 1 Satz 2 des Versicherungsaufsichtsgesetzes findet keine Anwendung;
4. der Umfang des Sicherungsvermögens muss mindestens der Summe aus den Bilanzwerten der in § 125 Absatz 2 des Versicherungsaufsichtsgesetzes genannten Beträge und dem nicht den Eigenmitteln zuzurechnenden Teil des Ausgleichsfonds entsprechen;
5. § 134 Absatz 3 Satz 2 des Versicherungsaufsichtsgesetzes gilt mit der Maßgabe, dass die Aufsichtsbehörde die Frist für Maßnahmen des Pensions-Sicherungs-Vereins um einen angemessenen Zeitraum verlängern kann; § 134 Absatz 6 Satz 1 des Versicherungsaufsichtsgesetzes ist entsprechend anzuwenden;
6. § 135 Absatz 2 Satz 2 des Versicherungsaufsichtsgesetzes gilt mit der Maßgabe, dass die Aufsichtsbehörde die genannte Frist um einen angemessenen Zeitraum verlängern kann.

(3) ¹Der Bundesminister für Arbeit und Sozialordnung weist durch Rechtsverordnung mit Zustimmung des Bundesrates die Stellung des Trägers der Insolvenzsicherung der Kreditanstalt für Wiederaufbau zu, bei der ein Fonds zur Insolvenzsicherung der betrieblichen Altersversorgung gebildet wird, wenn
1. bis zum 31. Dezember 1974 nicht nachgewiesen worden ist, daß der in Absatz 1 genannte Träger die Erlaubnis der Aufsichtsbehörde zum Geschäftsbetrieb erhalten hat,
2. der in Absatz 1 genannte Träger aufgelöst worden ist oder
3. die Aufsichtsbehörde den Geschäftsbetrieb des in Absatz 1 genannten Trägers untersagt oder die Erlaubnis zum Geschäftsbetrieb widerruft.

²In den Fällen der Nummern 2 und 3 geht das Vermögen des in Absatz 1 genannten Trägers einschließlich der Verbindlichkeiten auf die Kreditanstalt für Wiederaufbau über, die es dem Fonds zur Insolvenzsicherung der betrieblichen Altersversorgung zuweist.

(4) ¹Wird die Insolvenzsicherung von der Kreditanstalt für Wiederaufbau durchgeführt, gelten die Vorschriften dieses Abschnittes mit folgenden Abweichungen:
1. In § 7 Abs. 6 entfällt die Zustimmung der Bundesanstalt für Finanzdienstleistungsaufsicht.
2. ¹§ 10 Abs. 2 findet keine Anwendung. ²Die von der Kreditanstalt für Wiederaufbau zu erhebenden Beiträge müssen den Bedarf für die laufenden Leistungen der Insolvenzsicherung im laufenden Kalenderjahr und die im gleichen Zeitraum entstehenden Verwaltungskosten und

sonstigen Kosten, die mit der Gewährung der Leistungen zusammenhängen, decken. ³Bei einer Zuweisung nach Absatz 2 Nr. 1 beträgt der Beitrag für die ersten 3 Jahre mindestens 0,1 vom Hundert der Beitragsbemessungsgrundlage gemäß § 10 Abs. 3; der nicht benötigte Teil dieses Beitragsaufkommens wird einer Betriebsmittelreserve zugeführt. ⁴Bei einer Zuweisung nach Absatz 2 Nr. 2 oder 3 wird in den ersten 3 Jahren zu dem Beitrag nach Nummer 2 Satz 2 ein Zuschlag von 0,08 vom Hundert der Beitragsbemessungsgrundlage gemäß § 10 Abs. 3 zur Bildung einer Betriebsmittelreserve erhoben. ⁵Auf die Beiträge können Vorschüsse erhoben werden.

3. ¹In § 12 Abs. 3 tritt an die Stelle der Bundesanstalt für Finanzdienstleistungsaufsicht die Kreditanstalt für Wiederaufbau.

²Die Kreditanstalt für Wiederaufbau verwaltet den Fonds im eigenen Namen. ³Für Verbindlichkeiten des Fonds haftet sie nur mit dem Vermögen des Fonds. ⁴Dieser haftet nicht für die sonstigen Verbindlichkeiten der Bank. ⁵§ 11 Abs. 1 Satz 1 des Gesetzes über die Kreditanstalt für Wiederaufbau in der Fassung der Bekanntmachung vom 23. Juni 1969 (BGBl. I S. 573), das zuletzt durch Art. 14 des Gesetzes vom 21. Juni 2002 (BGBl. I S. 2010) geändert worden ist, ist in der jeweils geltenden Fassung auch für den Fonds anzuwenden.

§ 15 BetrAVG Verschwiegenheitspflicht

¹Personen, die bei dem Träger der Insolvenzsicherung beschäftigt oder für ihn tätig sind, dürfen fremde Geheimnisse, insbesondere Betriebs- oder Geschäftsgeheimnisse, nicht unbefugt offenbaren oder verwerten. ²Sie sind nach dem Gesetz über die förmliche Verpflichtung nichtbeamteter Personen vom 2. März 1974 (BGBl. I S. 469, 547) von der Bundesanstalt für Finanzdienstleistungsaufsicht auf die gewissenhafte Erfüllung ihrer Obliegenheiten zu verpflichten.

Dritter Teil Übergangs- und Schlussvorschriften

§ 30 BetrAVG [Anspruch gegen den Träger der Insolvenzsicherung]

¹Ein Anspruch gegen den Träger der Insolvenzsicherung nach § 7 besteht nur, wenn der Sicherungsfall nach dem Inkrafttreten der §§ 7 bis 15 eingetreten ist; er kann erstmals nach dem Ablauf von sechs Monaten nach diesem Zeitpunkt geltend gemacht werden. ²Die Beitragspflicht des Arbeitgebers beginnt mit dem Inkrafttreten der §§ 7 bis 15.

§ 30b BetrAVG [Übergangsvorschrift zu § 4]

§ 4 Abs. 3 gilt nur für Zusagen, die nach dem 31. Dezember 2004 erteilt wurden.

§ 30f BetrAVG (i.d.F. ab 01.01.2018) [Übergangsvorschrift zu § 1b]

(1) ¹Wenn Leistungen der betrieblichen Altersversorgung vor dem 1. Januar 2001 zugesagt worden sind, ist § 1b Abs. 1 mit der Maßgabe anzuwenden, dass die Anwartschaft erhalten bleibt, wenn das Arbeitsverhältnis vor Eintritt des Versorgungsfalles, jedoch nach Vollendung des 35. Lebensjahres endet und die Versorgungszusage zu diesem Zeitpunkt
1. mindestens zehn Jahre oder
2. bei mindestens zwölfjähriger Betriebszugehörigkeit mindestens drei Jahre
bestanden hat; in diesen Fällen bleibt die Anwartschaft auch erhalten, wenn die Zusage ab dem 1. Januar 2001 fünf Jahre bestanden hat und bei Beendigung des Arbeitsverhältnisses das 30. Lebensjahr vollendet ist. ²§ 1b Abs. 5 findet für Anwartschaften aus diesen Zusagen keine Anwendung.

(2) Wenn Leistungen der betrieblichen Altersversorgung vor dem 1. Januar 2009 und nach dem 31. Dezember 2000 zugesagt worden sind, ist § 1b Abs. 1 Satz 1 mit der Maßgabe anzuwenden,

dass die Anwartschaft erhalten bleibt, wenn das Arbeitsverhältnis vor Eintritt des Versorgungsfalls, jedoch nach Vollendung des 30. Lebensjahres endet und die Versorgungszusage zu diesem Zeitpunkt fünf Jahre bestanden hat; in diesen Fällen bleibt die Anwartschaft auch erhalten, wenn die Zusage ab dem 1. Januar 2009 fünf Jahre bestanden hat und bei Beendigung des Arbeitsverhältnisses das 25. Lebensjahr vollendet ist.

(3) Wenn Leistungen der betrieblichen Altersversorgung vor dem 1. Januar 2018 und nach dem 31. Dezember 2008 zugesagt worden sind, ist § 1b Absatz 1 Satz 1 mit der Maßgabe anzuwenden, dass die Anwartschaft erhalten bleibt, wenn das Arbeitsverhältnis vor Eintritt des Versorgungsfalls, jedoch nach Vollendung des 25. Lebensjahres endet und die Versorgungszusage zu diesem Zeitpunkt fünf Jahre bestanden hat; in diesen Fällen bleibt die Anwartschaft auch erhalten, wenn die Zusage ab dem 1. Januar 2018 drei Jahre bestanden hat und bei Beendigung des Arbeitsverhältnisses das 21. Lebensjahr vollendet ist.

§ 30i BetrAVG Insolvenzsicherung

(1) [1]Der Barwert der bis zum 31. Dezember 2005 aufgrund eingetretener Insolvenzen zu sichernden Anwartschaften wird einmalig auf die beitragspflichtigen Arbeitgeber entsprechend § 10 Abs. 3 umgelegt und vom Träger der Insolvenzsicherung nach Maßgabe der Beträge zum Schluss der Wirtschaftsjahres, das im Jahr 2004 geendet hat, erhoben. [2]Der Rechnungszinsfuß bei der Berechnung des Barwerts beträgt 3,67 vom Hundert.

(2) [1]Der Betrag ist in 15 gleichen Raten fällig. [2]Die erste Rate wird am 31. März 2007 fällig, die weiteren zum 31. März der folgenden Kalenderjahre. [3]Bei vorfälliger Zahlung erfolgt eine Diskontierung der einzelnen Jahresraten mit dem zum Zeitpunkt der Zahlung um ein Drittel erhöhten Rechnungszinsfuß nach der nach § 235 Nummer 4 des Versicherungsaufsichtsgesetzes erlassenen Rechtsverordnung, wobei nur volle Monate berücksichtigt werden.

(3) Der abgezinste Gesamtbetrag ist gemäß Absatz 2 am 31. März 2007 fällig, wenn die sich ergebende Jahresrate nicht höher als 50 Euro ist.

(4) Insolvenzbedingte Zahlungsausfälle von ausstehenden Raten werden im Jahr der Insolvenz in die erforderlichen jährlichen Beiträge gemäß § 10 Abs. 2 eingerechnet.

§ 31 BetrAVG [Anwendung auf Sicherungsfälle]

Auf Sicherungsfälle, die vor dem 1. Januar 1999 eingetreten sind, ist dieses Gesetz in der bis zu diesem Zeitpunkt geltenden Fassung anzuwenden.

Übersicht		Rdn.			Rdn.
A.	Vorbemerkung	1	I.	Allgemeines	59
B.	Allgemeines	7	II.	Sonderfälle	66
C.	**Sicherungsfälle**	14	III.	Höhe der gesicherten Anwartschaft	69
I.	Insolvenz des Arbeitgebers	16	IV.	Vorzeitiges Altersruhegeld	89
II.	Ablehnung der Eröffnung des Insolvenzverfahrens mangels Masse	22	V.	Höhe bei Direktversicherung und Pensionskasse	94
III.	Außergerichtlicher Vergleich	24	F.	**Haftungsausschlüsse**	99
IV.	Vollständige Beendigung der Betriebstätigkeit	30	I.	Höchstbegrenzung	99
			II.	Abfindung	101
V.	Wirtschaftliche Notlage des Arbeitgebers	36	III.	Anspruchsminderung	105
			IV.	Versicherungsmissbrauch	108
D.	**Gesicherte Ansprüche**	39	V.	Widerruf der Versorgungszusage	125
I.	Allgemeines	39	VI.	Übertragung der Leistungspflicht	126
II.	Zeitliche Abgrenzung	45	G.	**Anspruchs- und Vermögensübergang**	
III.	Sonderfälle	49		**(§ 9 BetrAVG)**	131
IV.	Gesicherte Versorgungsleistungen	54	I.	Anspruchsübergang	131
E.	**Gesicherte Anwartschaften**	59			

	Rdn.		Rdn.
II. Vermögensübergang bei Unterstützungs- kassen und Pensionsfonds	141	III. Mitteilungspflicht	145
		H. Beitrags- und Mitwirkungspflichten	146

Literatur:
Ahrend/Förster/Rößler Steuerrecht der betrieblichen Altersversorgung, Loseblattausgabe, 2 Bände; *Andresen/ Förster/Rößler/Rühmann* Arbeitsrecht der betrieblichen Altersversorgung, Loseblattausgabe, 2 Bände; *Blomeyer/ Rolfs/Otto* BetrAVG, 4. Aufl. 2006; *Griebeling/Griebeling* Betriebliche Altersversorgung, Handbuch zum Arbeitsrecht (HzA), Loseblattausgabe; *Höfer* BetrAVG, Loseblattausgabe, 2 Bände, Bd. 1; *ders.* Das neue Betriebsrentenrecht, 2002.

A. Vorbemerkung

1 Das Betriebsrentengesetz hat in seiner durch das Rentenreformgesetz 1999 und die Insolvenzordnung entstandenen Gestalt eine Phase der (weiteren) Umgestaltung durchlaufen. Das Altersvermögensgesetz (AVmG) hat neben den sozial- und steuerrechtlichen Regelungen auch das Betriebsrentengesetz stark verändert, teils im Gefolge politischer Grundentscheidungen zur Zukunftssicherung der Altersversorgung schlechthin, teils auch »bei Gelegenheit« dieser Anpassungen. Es ging darum, rechtliche Entwicklungen auch auf anderen Gebieten anzupassen und im Betriebsrentenrecht umzusetzen, um angesichts der demographischen Entwicklung und der damit verbundenen Sicherung der gesetzlichen Systeme verstärkt eine zusätzliche, kapitalgedeckte Altersversorgung zu eröffnen. Die Reduzierung des umlagefinanzierten gesetzlichen Rentenniveaus soll kompensiert werden. Da Versorgungsrecht aber immer in gewisser Weise »Generationenrecht« ist, lassen sich erwünschte Lösungen kaum je ad hoc herbeiführen. Es bedarf – meist langer – Übergänge der Anpassung, gesetzestechnisch formuliert: Es sind Übergangsfristen für das neue und Auslauffristen für das alte Recht nötig. Für den Insolvenzschutz schreibt § 31 BetrAVG vor, dass auf Sicherungsfälle, die vor dem 01.01.1999 eingetreten sind, die bis zu diesem Zeitpunkt geltende Gesetzesfassung anzuwenden ist. De facto gilt jedoch ein Wirrwarr unterschiedlicher Inkrafttretensbestimmungen. Derjenige, der eine Lösung im Einzelfall sucht, muss sich zunächst der Mühe unterziehen, die im konkreten Fall maßgebliche Fassung zu suchen. Nachdem zwischenzeitlich ein Großteil der bis zum 31.12.1998 eingetreten Insolvenzfälle abgewickelt sind, wird auf die Darstellung des alten Rechtszustands in der 3. Auflage verwiesen. Durch das Alterseinkünftegesetz (AltEinkG) wurde ab 01.01.2005 u.a. der Versicherungsmissbrauch neu geregelt und die Eintrittspflicht des Pensions-Sicherungs-Vereins bei der Entgeltumwandlung begrenzt. Das Gesetz zur Förderung der zusätzlichen Altersvorsorge und zur Änderung des Dritten Buches Sozialgesetzbuch sieht mit Wirkung ab **01.01.2009** vor, dass Anwartschaften auf Leistungen aus der betrieblichen Altersversorgung nach § 1b Abs. 1 Satz 1 BetrAVG bereits dann unverfallbar bleiben, wenn das Arbeitsverhältnis nach Vollendung des 25. Lebensjahres statt wie bisher des 30. Lebensjahres endet und die Versorgungszusage zu diesem Zeitpunkt mindestens fünf Jahre bestanden hat. Darauf verweist ebenfalls die ab 01.01.2009 in Kraft getretene Übergangsvorschrift des § 30f Abs. 2 BetrAVG.

2 Auf Grund der Risiken der demographischen Entwicklung für die gesetzliche Rentenversicherung hat der Gesetzgeber mit dem RV-Altersgrenzenanpassungsgesetz vom 20.04.2007 (BGBl. I S. 554) die Altersgrenze für die Regelaltersrente von 65 auf 67 Lebensjahre angehoben. Die Anhebung erfolgt stufenweise, die Altersgrenze von 67 Jahren wird ab den Jahrgängen 1964 erreicht.

3 Mit dem Gesetz zur Verbesserung der Rahmenbedingungen für die Absicherung flexibler Alterszeitregelungen und zur Änderung anderer Gesetze wurde der Insolvenzschutz für rückständige Versorgungsleistungen auf zwölf Monate statt wie bisher sechs Monate erweitert, § 7 Abs. 1a Satz 3 BetrAVG.

4 Nach Anlage I Kapitel VIII Sachgebiet A Abschn. III Nr. 16 Buchst. a) und b) des Einigungsvertrages trat das BetrAVG am 01.01.1992 in den neuen Bundesländern in Kraft. Die §§ 1 bis 18 BetrAVG finden danach auf Zusagen über Leistungen der betrieblichen Altersversorgung Anwendung, die nach dem 31.12.1991 erteilt wurden. Insolvenzschutz besteht daher nur für diejenigen Versorgungs-

zusagen, die nach dem 31.12.1991 erteilt wurden (*BAG* 29.01.2008 EzA § 7 BetrAVG Nr. 73). Dies setzt eine neue Verpflichtung voraus, die bloße Erfüllung einer bestehenden Rechtspflicht reicht nicht aus (*BAG* 24.03.1998 EzA § 16 BetrAVG Nr. 36; 19.01.2010 EzA § 7 BetrAVG Nr. 75).

Durch das Gesetz zur Umsetzung der EU-Mobilitäts-Richtlinie vom 21.12.2015 treten mit Wirkung ab 01.01.2018 Änderungen in Kraft, welche die Mobilität von Arbeitnehmern innerhalb der EU-Mitgliedstaaten verbessern sollen. U.a. werden die Unverfallbarkeitsfristen von fünf auf drei Jahre und das Mindestalter von 25 auf 21 Jahre reduziert. Dies wird sich auch auf die Insolvenzsicherung der betrieblichen Altersversorgung auswirken, da sich die Zahl der Bezugsberechtigten künftig erweitern wird.

Der sachliche Anwendungsbereich des BetrAVG und damit der gesetzliche Insolvenzschutz nach § 7 BetrAVG erfasst nur Arbeitnehmer oder die in § 17 Abs. 1 Satz 2 BetrAVG genannten Personen, denen aus Anlass ihrer Tätigkeit für ein Unternehmen eine Versorgungszusage erteilt wurde. Geschäftsführende Mehrheitsgesellschafter, denen eine Versorgung zugesagt wurde, unterfallen nicht dem BetrAVG und damit auch nicht dem Insolvenzschutz. Erfolgt während der Dauer des Beschäftigungsverhältnisses ein Wechsel vom Arbeitnehmerstatus zum Geschäftsführer oder hin zum Arbeitnehmer, kann der Insolvenzschutz nur den Rentenanteil erfassen, der auf die Zeiten entfällt, die der Versorgungsempfänger wie ein Arbeitnehmer verbracht hat (*BAG* 20.09.2016 – 3 AZR 77/15, JurionRS 2016, 28543 = NZI 2017, 7). Ist ein Arbeitnehmer zugleich Gesellschafter der Kapitalgesellschaft, zu der das Arbeitsverhältnis besteht, ist die Versorgungszusage nur dann »aus Anlass« des Arbeitsverhältnisses erteilt, wenn zwischen ihr und dem Arbeitsverhältnis ein ursächlicher Zusammenhang besteht. Aus anderen Gründen erteilte Zusagen werden durch das BetrAVG nicht geschützt. Soweit deshalb die Beteiligung an der Gesellschaft für die Versorgungszusage entscheidend ist und es sich um Unternehmerlohn handelt, besteht kein Insolvenzschutz (*BAG* 19.01.2010 – 3 AZR 660/09, EzA § 7 BetrAVG Nr. 75). Erforderlich ist eine Kausalitätsprüfung, die alle Umstände des Einzelfalls berücksichtigt. Ein Indiz ist für einen Zusammenhang mit der Gesellschafterstellung ist, wenn nur die Gesellschafter eine Versorgungszusage erhalten haben oder die Versorgung auch bei anderen Arbeitskräften wirtschaftlich vernünftig und üblich wäre. Allein die Festsetzung von Beiträgen noch deren Zahlung durch das Unternehmen führen dabei zu einer betrieblichen Altersversorgung und einer Insolvenzsicherung (*BAG* 11.11.2014 – 3 AZR 404/13, EzA § 17 BetrAVG Nr. 14).

B. Allgemeines

Die gesetzliche Insolvenzsicherung (§§ 7 bis 15 BetrAVG) ist das wichtigste Mittel, Arbeitnehmer und Rentner vor dem Verlust ihrer betrieblichen Altersversorgung zu schützen. Die Versorgungsberechtigten werden vor der Zahlungsunfähigkeit des Arbeitgebers geschützt. Sie erhalten von Gesetzes wegen eine im Vergleich zu anderen Gläubigern bevorzugte Stellung und sind, vergleichbar mit Haftpflichtgeschädigten im Straßenverkehr, gegen die Insolvenz des Versorgungsschuldners pflichtversichert. Versicherungsnehmer ist der Arbeitgeber.

Tritt einer der Sicherungsfälle des § 7 BetrAVG ein, so findet ein Schuldner- und Gläubigerwechsel statt (§§ 7 Abs. 1 Satz 1, 9 Abs. 2 BetrAVG). Der **Pensions-Sicherungs-Verein Versicherungsverein auf Gegenseitigkeit** (im Folgenden **PSV**) wird als Träger der Insolvenzsicherung Schuldner der Versorgungsansprüche, und er wird zugleich Gläubiger der Ansprüche gegen den ursprünglichen Versorgungsschuldner. Sein alleiniger Zweck ist die Gewährleistung der betrieblichen Altersversorgung für den Fall der Insolvenz des Arbeitgebers. Dabei muss er zusehen, ob und welche Forderungen er noch gegen den Altschuldner realisieren kann. Seit 2002 sichert der PSV auch die betriebliche Altersversorgung im Großherzogtum Luxemburg für den Fall der Insolvenz eines luxemburgischen Unternehmens (Abkommen zwischen der BRD und dem Großherzogtum Luxemburg vom 22.09.2002 BGBl. II 2001 S. 1258).

Der PSV ist ein Versicherungsverein auf Gegenseitigkeit (§ 14 Abs. 1 BetrAVG, § 21 Abs. 2 VAG, § 53 Abs. 1 VAG). Er untersteht der Versicherungsaufsicht. Für diejenigen Arbeitgeber, die Leistungen der betrieblichen Altersversorgung im Wege der Direktzusage, über eine Unterstützungskasse, als Direktversicherung oder einen Pensionsfonds zugesagt haben (§ 10 Abs. 1 BetrAVG), besteht eine Zwangsmitgliedschaft. Diese Arbeitgeber sind verpflichtet, dem PSV die zur Versicherung nötigen Angaben zu machen und Beiträge zu zahlen (§§ 10, 11, 12 BetrAVG). Die Beitragszahlung des Arbeitgebers ist aber im Verhältnis zum Versorgungsberechtigten keine Voraussetzung für die Einstandspflicht des PSV. Die Einstandspflicht ist selbstständig zu prüfen. Der PSV muss auch dann eintreten, wenn ein Sicherungsfall eingetreten ist und, aus welchen Gründen auch immer, Beiträge nicht gezahlt worden sind (*BAG* 22.09.1987 EzA § 1 BetrAVG Ablösung Nr. 1).

10 Der PSV hat ca. 94.000 Mitgliedsunternehmen. Im Jahr 2006 wurde das Rentenwertumlageverfahren in ein Kapitaldeckungsverfahren umgestellt. Unter Insolvenzschutz stehen ca. 4,1 Mio. Betriebsrentner und 6,8 Mio. Versorgungsberechtigte mit unverfallbarer Anwartschaft (Stand 01.01.2016). Der Kapitalwert der unter Insolvenzschutz stehenden Versorgungsverpflichtungen beläuft sich dabei auf ca. 327 Mrd. €. 8.477 im Jahr 2015 gemeldete Versorgungsberechtigte haben ca. 474 Mio. € erhalten, dies entspricht einer monatlichen Durchschnittsrente von 281 €. Die Abwicklung der Rentenzahlungen an die Versorgungsberechtigten erfolgt durch ein Konsortium von Lebensversicherungsunternehmen unter Geschäftsführung der Allianz Lebensversicherungs-AG.

11 Beim PSV sind nur die Risiken versichert, für die nach der Definition des § 1 BetrAVG Leistungen der betrieblichen Altersversorgung gewährt werden, also der Absicherung der biologischen Risiken **Alter, Invalidität** oder **Tod** (§ 1 Abs. 1 Satz 1 BetrAVG). Andere betriebliche Sozialleistungen, auch solche mit Versorgungscharakter, sind nicht versichert. Der PSV hat also nicht einzutreten für Abfindungen und Beihilfen in Fällen der Arbeitslosigkeit, bei Krankheit oder bei Anpassungsleistungen wegen Umstrukturierungen (*BAG* 16.03.2010 – 3 AZR 594/09, EzA § 1 BetrAVG Nr. 93). Im Übrigen ist der Begriff der Versorgung weit auszulegen und umfasst alle Leistungen, welche den Lebensstandard des Arbeitnehmers oder seiner Hinterbliebenen verbessern sollen und der Versorgungszweck die Leistung und Regelung prägt (*BAG* 25.06.2013 – 3 AZR 219/11, EzA § 2 BetrAVG Nr. 35). Unerheblich ist daher die Art der Leistung (Rente, Kapital, Sachbezug) und in welcher Weise die Leistung erbracht wird (monatlich, jährlich, vom Arbeitgeber oder einem Dritten). Bei der Beurteilung ist vielmehr maßgeblich darauf abzustellen, welches Ereignis die Versorgung auslöst, nicht jedoch darauf, aus welchem Grund die Zusage erteilt wurde. Es ist nicht Voraussetzung für betriebliche Altersversorgung, dass damit Betriebstreue belohnt wird. Sachleistungen und Nutzungsrechte, soweit es sich definitionsgemäß um Leistungen der betrieblichen Altersversorgung handelt, muss der PSV durch entsprechende finanzielle Leistungen abgelten.

12 Durch das Einführungsgesetz zur Insolvenzordnung vom 05.10.1994 (BGBl. I 1994 S. 2911, 2947) und das Rentenreformgesetz 1999 vom 22.12.1997 (BGBl. I 1997 S. 2998, 3025) ist die Insolvenzsicherung in der betrieblichen Altersversorgung in wichtigen Teilen geändert worden. Erhalten geblieben ist die Systematik der Insolvenzsicherung, d.h. geschützt sind nur **Direktzusagen, Unterstützungszusagen, Pensionsfondszusagen** – und **Teile der Direktversicherung**, § 7 Abs. 1 Satz 1 und Satz 2 BetrAVG. Jedoch sind eine Reihe neuer Regeln geschaffen worden, die durch eine Anpassung an die Insolvenzordnung bedingt sind. Ferner hat der Gesetzgeber teils die bisherige Rspr. des BAG kodifiziert und sowohl auf der Beitrags- wie auf der Leistungsseite Entwicklungen in der betrieblichen Praxis aufgenommen.

13 Da die Insolvenzordnung am 01.01.1999 in Kraft getreten ist, und im Übrigen (§ 30b BetrAVG) Übergangsregeln geschaffen worden sind, werden die bisherigen Regeln noch für eine gewisse Zeit neben den neuen Vorschriften Anwendung finden (z.B. soweit noch Konkurse oder gerichtliche Vergleiche nach bisherigem Recht abzuwickeln sind). Hinsichtlich der Darstellung dieses Rechtszustands wird auf die 3. Auflage mit der enthaltenen Doppelkommentierung verwiesen. Für Sicherungsfälle nach Inkrafttreten des Altersvermögensgesetzes gilt § 31 BetrAVG, d.h. nur Sicherungsfälle ab 01.01.1999 werden von der aktuellen Gesetzesfassung erfasst.

C. Sicherungsfälle

Die Eintrittspflicht des PSV besteht nur in den vom Gesetz ausdrücklich festgelegten vier Sicherungsfällen. Es sind dies (§ 7 Abs. 1 Satz 1, Satz 4 Nr. 1–3 BetrAVG): 14
- die Eröffnung des Insolvenzverfahrens,
- die Abweisung des Antrags auf Eröffnung des Insolvenzverfahrens mangels Masse,
- der außergerichtliche Vergleich (Stundungs-, Quoten- oder Liquidationsvergleich) des Arbeitgebers mit seinen Gläubigern, wenn ihm der Träger der Insolvenzsicherung zustimmt,
- die vollständige Beendigung der Betriebstätigkeit im Geltungsbereich dieses Gesetzes, wenn ein Antrag auf Eröffnung des Insolvenzverfahrens nicht gestellt worden ist und ein Insolvenzverfahren offensichtlich mangels Masse nicht in Betracht kommt.

Maßgeblich ist immer die Insolvenz des Arbeitgebers, nicht der des Versorgungsträgers. Wird die betriebliche Altersversorgung über eine Unterstützungskasse oder einen Pensionsfonds durchgeführt, so tritt der Sicherungsfall dann ein, wenn das Trägerunternehmen insolvent wird, § 7 Abs. 1 Satz 4 Nr. 2 BetrAVG. Das gilt selbst dann, wenn die Kasse noch über hinreichende Mittel verfügt, um sämtliche Versorgungsansprüche befriedigen zu können (*BAG* 12.02.1991 EzA § 9 BetrAVG Nr. 4). 15

I. Insolvenz des Arbeitgebers

Voraussetzung ist die Eröffnung des Insolvenzverfahrens über das Vermögen des Arbeitgebers oder seinen Nachlass, § 7 Abs. 1 Satz 1 BetrAVG. Es gelten die Vorschriften der Insolvenzordnung. Maßgebend ist der Tag, der sich aus dem gerichtlichen Eröffnungsbeschluss ergibt (vgl. § 27 InsO). 16

Insolvenzfähig sind natürliche und juristische Personen und der nicht rechtsfähige Verein. Das Insolvenzverfahren kann auch über das Vermögen einer Gesellschaft ohne eigene Rechtspersönlichkeit eröffnet werden (OHG, KG, Partnerschaftsgesellschaft, Gesellschaft Bürgerlichen Rechts, Partenreederei, Europäische wirtschaftliche Interessenvereinigung), ferner über einen Nachlass, das Gesamtgut einer fortgesetzten Gütergemeinschaft oder über das Gesamtgut einer Gütergemeinschaft, das von den Ehegatten gemeinschaftlich verwaltet wird (§ 11 InsO). 17

Sachliche Voraussetzung für die Insolvenzeröffnung ist die Zahlungsunfähigkeit des Schuldners, also »das auf dem Mangel an Zahlungsmitteln beruhende dauernde Unvermögen, die sofort zu erfüllenden Geldschulden im Wesentlichen erfüllen zu können« (*RG* RGZ 100, 65; *BGH* 10.01.1985 ZIP 1985, 363 = NJW 1985, 1785). Nach § 17 InsO ist Zahlungsunfähigkeit insbes. dann gegeben, wenn eine Zahlungseinstellung erfolgt ist. 18

Bei Kapitalgesellschaften ist ein weiterer Insolvenzgrund die Überschuldung (§ 19 InsO). 19

Formelle Voraussetzungen für die Eröffnung des Insolvenzverfahrens ist ein Eröffnungsantrag (§ 13 InsO). Er kann vom Arbeitgeber selbst, aber auch von den Arbeitnehmern oder anderen Gläubigern gestellt werden. 20

Der mit der Eröffnung des Insolvenzverfahrens eingetretene Sicherungsfall bleibt auch dann bestehen, wenn später das Verfahren wegen Unzulänglichkeit der Masse eingestellt wird (*BAG* 12.02.1992 EzA § 613a BGB Nr. 97). 21

II. Ablehnung der Eröffnung des Insolvenzverfahrens mangels Masse

Gem. § 26 InsO kann der Antrag auf Eröffnung des Insolvenzverfahrens abgewiesen werden, wenn nach dem Ermessen des Gerichts eine den Kosten des Verfahrens entsprechende Insolvenzmasse nicht vorhanden ist. Damit wird der Insolvenzfall gesichert, in dem jedenfalls faktisch eine Befriedigung der Gläubiger ausgeschlossen ist. 22

Zeitpunkt dieses Sicherungsfalls (§ 7 Abs. 1 Satz 4 Nr. 1 BetrAVG) ist der Zeitpunkt der Verkündung des Beschlusses nach § 26 InsO, vgl. auch § 3 Abs. 3 Allgemeine Versicherungsbedingungen für die Insolvenzsicherung der betrieblichen Altersversorgung (AIB) des PSV. 23

III. Außergerichtlicher Vergleich

24 Der außergerichtliche Vergleich dient entweder der **Sanierung oder der Liquidierung** des Schuldners (§ 7 Abs. 1 Satz 4 Nr. 2 BetrAVG). Er setzt voraus, dass alle Gläubiger, also auch die Versorgungsgläubiger, die keine volle Befriedigung erhalten, dem Vergleich zustimmen. Es müssen also jeweils Einzelverträge geschlossen werden. Zum Sicherungsfall wird der außergerichtliche Vergleich nur, wenn der **PSV dem außergerichtlichen Vergleich zustimmt**. Zur Erteilung der Zustimmung ist der PSV nicht verpflichtet. Er wird seine Entscheidung davon abhängig machen, ob die geplante Sanierung aussichtsreich und geeignet ist, eine Insolvenz zu vermeiden, die dann ggf. zu einer höheren Einstandspflicht führt.

25 Weiterer Eröffnungsgrund ist nach § 18 Abs. 1 InsO schon die **drohende Zahlungsunfähigkeit** des Schuldners, sofern der Schuldner selbst die Eröffnung des Insolvenzverfahrens beantragt, in der betrieblichen Altersversorgung also der Arbeitgeber. Hier reicht der Eröffnungsantrag eines Gläubigers also nicht aus. Drohende Zahlungsunfähigkeit liegt nach § 18 Abs. 2 InsO dann vor, wenn der Schuldner voraussichtlich nicht in der Lage sein wird, die bestehenden Zahlungsverpflichtungen bei Fälligkeit zu erfüllen. Mit dem Sicherungsfall außergerichtlicher Vergleich wird dem Schuldner eingeräumt, sich mit seinen Gläubigern zu vergleichen, um das Insolvenzverfahren abzuwenden. Sachgerecht ist es daher, von dem Erfordernis der vorherigen Zahlungseinstellung abzusehen. Im Übrigen verhindert die notwendige Zustimmung des PSV zum außergerichtlichen Vergleich Missbrauchsmöglichkeiten und die Aussicht auf ein erfolgreich durchgeführtes außergerichtliches Vergleichsverfahren wird günstiger, wenn schon vor tatsächlicher Zahlungseinstellung der Sicherungsfall versucht wird. Allerdings ist der PSV kein Versicherer der Wirtschaft, es ist nicht seine Aufgabe, Schuldner zu entlasten, damit dieser andere Gläubiger befriedigen kann. Daher haben weder versorgungspflichtige Arbeitgeber noch die versorgungsberechtigten Arbeitnehmer gegen den PSV einen Anspruch auf Zustimmung.

26 Der Vergleich kann zu einem Teilerlass der bestehenden Forderungen mit dem Ziel der Fortführung des Unternehmens führen (**Erlass- oder Quotenvergleich**) oder das Ziel haben, das Unternehmen zu liquidieren (**Liquidationsvergleich**). In beiden Fällen wird ein Teil der Versorgungsverbindlichkeiten nicht erfüllt. Der Versorgungsberechtigte wird in diesem Umfang, also soweit der Schuldner nicht selbst leisten muss, durch den PSV gesichert.

27 Sicherungsbedarf besteht auch im Falle des **Stundungsvergleichs**, der lediglich die Fälligkeit der Forderungen hinausschiebt. Schon der Aufschub bedeutet Nichterfüllung i.S.d. § 7 Abs. 1 Satz 1 BetrAVG.

28 Zeitpunkt des Sicherungsfalls ist nach dem Wortlaut des Gesetzes der außergerichtliche Vergleich. Danach müsste der Tag maßgeblich sein, an dem der Vergleich durch die Annahme des Versorgungsberechtigten, evtl. sogar erst des letzten Gläubigers zustande kommt. Dies könnte zu unerträglichen Verzögerungen, aber auch zu Ausfällen bei den Rentnern führen. Im Interesse der Rechtssicherheit hat daher der PSV in seinen allgemeinen Versicherungsbedingungen (§ 3 Abs. 3 AIB) den Zeitpunkt als Insolvenzstichtag anerkannt, an dem der Arbeitgeber seine Zahlungsunfähigkeit allen seinen Gläubigern bekannt gibt. Das BAG hat diese für die Rentner regelmäßig günstigere Regelung gebilligt (*BAG* 14.12.1993 EzA § 7 BetrAVG Nr. 47).

29 Darüber hinaus hat das BAG im Interesse der Rechtssicherheit Absprachen zwischen dem insolventen Arbeitgeber und dem PSV über den Zeitpunkt des Sicherungsfalls gebilligt und den Beteiligten insoweit einen Ermessensspielraum eingeräumt. Es erscheint sinnvoll, wenn sich Arbeitgeber und PSV über den Zeitpunkt des Sicherungsfalls verständigen. Die Gefahr einer willkürlichen Bestimmung erscheint gering, weil dem Arbeitgeber daran gelegen sein wird, den Vergleich zügig umzusetzen, während der PSV ein Interesse daran haben muss, nicht durch Verzögerungen und eine mutmaßliche weitere Verschuldung des Arbeitgebers mit höheren Einstandskosten herangezogen zu werden (*BAG* 14.12.1993 EzA § 7 BetrAVG Nr. 47).

IV. Vollständige Beendigung der Betriebstätigkeit

Der Sicherungsfall der vollständigen Betriebsbeendigung bei offensichtlicher Masseunzulänglichkeit (§ 7 Abs. 1 Satz 4 Nr. 3 BetrAVG) ist wörtlich dem § 183 Abs. 1 Satz 1 Nr. 3 SGB III nachgebildet, der für diesen Fall Anspruch auf Insolvenzgeldausfallgeld vorsieht. Beiden Vorschriften liegt erkennbar der gleiche Gedanke zugrunde: Rentner sollen Insolvenzschutz und aktive Arbeitnehmer Insolvenzgeld erhalten, wenn der Arbeitgeber zahlungsunfähig ist und seine Betriebstätigkeit beendet; außerdem muss ein Insolvenzantrag sinnlos erscheinen, weil offensichtlich keine Masse vorhanden ist, die eine Eröffnung des Insolvenzverfahrens rechtfertigen würde (BT-Drucks. 7/1750 zu § 141b Abs. 3 AFG; *Hilger* ZIP 1981, 460). 30

Das Merkmal der **Zahlungsunfähigkeit** des Arbeitgebers ist zwar im Gesetz nicht ausdrücklich genannt, aber hier Voraussetzung für den Eintritt der Insolvenzsicherung. Zudem verlangt das Gesetz, dass – bei kostendeckender Masse – ein Insolvenzantrag hätte gestellt werden können; also muss ein Insolvenzgrund, also Zahlungsunfähigkeit (Zahlungseinstellung) oder bei Kapitalgesellschaften Überschuldung, vorliegen. 31

Das Gesetz verlangt ferner, dass ein Insolvenzverfahren **offensichtlich mangels Masse** nicht in Betracht kommt und die Betriebstätigkeit im Geltungsbereich des Betriebsrentengesetzes vollständig eingestellt ist. 32

Diese beiden Merkmale stehen zueinander in einem Zusammenhang; beide müssen vorliegen, soll der Insolvenzschutz eingreifen. Das bedeutet aber nicht, dass schon bei Beendigung der Betriebstätigkeit Masseunzulänglichkeit gegeben sein müsste; beide Merkmale müssen im Betriebsrentenrecht nicht in einer bestimmten Reihenfolge erfüllt werden (anders im Sozialrecht: *BSG* 17.07.1979 SozR 4100 § 141b AFG Nr. 11). Im Betriebsrentenrecht soll bei vollständiger Betriebseinstellung nur ein unbegründeter und sinnloser Insolvenzantrag vermieden werden. Wird ein Betrieb weitergeführt, gilt zunächst die Vermutung, dass ein Fall von Masseunzulänglichkeit nicht vorliegt, also ein Insolvenzantrag möglich ist. Erst mit der tatsächlichen Ablehnung eines Insolvenzantrags tritt der Sicherungsfall ein (Satz 4 Nr. 1). Es kann mithin nicht entscheidend sein, ob die Betriebseinstellung vor oder nach dem Eintritt der Masseunzulänglichkeit stattfindet (*BAG* 20.11.1984 EzA § 7 BetrAVG Nr. 15; vgl. auch *BAG* 09.12.1997 ZIP 1998, 1156). 33

Umstritten ist, wann die Masseunzulänglichkeit offensichtlich ist. Das BAG hat dazu ausgeführt, die Betriebsrentner könnten weder die zu erwartenden Kosten eines Konkursverfahrens noch den Wert der vorhandenen Deckungsmittel zuverlässig beurteilen; es könne aber auch nicht allein das äußere Erscheinungsbild ausreichen. Deshalb müsse der PSV sofort eingeschaltet und als Auffangstation für die Interessen der Versorgungsberechtigten tätig werden (*BAG* 11.09.1980 EzA § 7 BetrAVG Nr. 7). 34

Dieser Auslegung ist zuzustimmen. Das Merkmal der Offensichtlichkeit gewinnt so einen vernünftigen Sinn: Der sich aus äußeren Tatsachen ergebende Eindruck genügt, um den PSV einzuschalten. Der Sicherungsfall der vollständigen Beendigung der Betriebstätigkeit ist zwar nicht von der Zustimmung des PSV abhängig dem PSV ist aber ein Beurteilungsspielraum eröffnet. Dieser Spielraum ermöglicht es ihm, anhand der ihm bekannten Umstände zu entscheiden, ob er den Insolvenzantrag stellt oder ob er zur Vermeidung womöglich sinnloser Kosten davon absieht. Der PSV übernimmt dadurch mit der Anzeige der Zahlungseinstellung die Verantwortung für das weitere Verfahren (*BAG* 20.11.1984 EzA § 7 BetrAVG Nr. 15). 35

V. Wirtschaftliche Notlage des Arbeitgebers

Entfallen ist der Sicherungsfall der wirtschaftlichen Notlage (§ 7 Abs. 1 Satz 3 Nr. 5, Satz 4 BetrAVG a.F.). Dies ist vor allem auf Betreiben des PSV geschehen, der den Gesetzgeber davon überzeugt hat, dass dieser Sicherungsfall zahlenmäßig nicht ins Gewicht fällt. In den Gesetzesberatungen wurde angenommen, die auf der Rspr. des BAG beruhenden Anforderungen (vorherige Einschaltung des PSV, Erstreiten eines rechtskräftigen Urteils, einstweilige Sicherung der Versorgungsberechtig- 36 ten) hätten den Tatbestand »überfordert« (Begr. RegE BT-Drucks. 12/3803, S. 110 f.; *Blomeyer* NZA 1998, 911 [915]).

37 Das Bundesarbeitsgericht hat die Frage, ob ggf. auch ohne Eingreifen des gesetzlichen Insolvenzschutzes ein Versorgungswiderruf wegen wirtschaftlicher Notlage statthaft bleibe, zunächst offen gelassen (*BAG* 24.04.2001 EzA § 7 BetrAVG Nr. 64). Es hat nun ausdrücklich klargestellt, dass seit der Streichung des Sicherungsfalls der wirtschaftlichen Notlage (§ 7 Abs. 1 Satz 3 Nr. 5 BetrAVG a.F.) durch § 91 EGInsO das von der Rechtsprechung aus den Grundsätzen über den Wegfall der Geschäftsgrundlage entwickelte Recht zum Widerruf insolvenzgeschützter betrieblicher Versorgungsrechte wegen wirtschaftlicher Notlage nicht mehr besteht (*BAG* 17.06.2003 EzA § 7 BetrAVG Nr. 69; 31.07.2007 – 3 AZR 373/06, EzA § 7 BetrAVG Nr. 72).

38 Allerdings begründen die allgemeinen (steuerunschädlichen) Widerrufsvorbehalte kein eigenständiges Widerrufsrecht, sie haben nur deklaratorische Wirkung (st. Rspr. z.B. *BAG* 08.07.1972 EzA § 242 BGB Ruhegeld Nr. 15).

D. Gesicherte Ansprüche

I. Allgemeines

39 § 7 Abs. 1 Satz 1 BetrAVG sichert die Rechte der **Versorgungsempfänger**, also derjenigen, die einen Anspruch auf Leistungen der betrieblichen Altersversorgung haben und Versorgungsleistungen beziehen. Gesichert sind Ansprüche auf laufende Leistungen und auf Zahlung eines Kapitalbetrags aus einer Versorgungszusage, also nicht auf Leistungen, bei denen es sich nicht definitionsgemäß um Leistungen der betrieblichen Altersversorgung handelt (§ 1 Abs. 1 BetrAVG). Sachleistungen und Nutzungsrechte muss der PSV durch entsprechende finanzielle Leistungen abgelten. Versorgungsempfänger i.S.d. Insolvenzsicherung sind die Arbeitnehmer, die im Zeitpunkt des Sicherungsfalls alle Voraussetzungen für den Bezug der Versorgungsleistung erfüllt haben. Sie genießen bei Insolvenz ihres Schuldners Versicherungsschutz nach Maßgabe des § 7 Abs. 1 BetrAVG (*BAG* 26.01.1999 EzA § 7 BetrAVG Nr. 59). Entscheidend ist jedoch nicht die Fälligkeit der Versorgungsleistung oder der tatsächliche Zahlungsbeginn. Maßgeblicher Zeitpunkt ist vielmehr der Bestand der Versorgungsberechtigung, also wann aus der Anwartschaft das Vollrecht entstanden ist. Die Eintrittspflicht des PSV umfasst damit auch die bereits vor Eintritt des Sicherungsfalls entstandenen Ansprüche (dazu ausf. Begründung *BAG* 20.09.2016 – 3 AZR 411/15, ZIP 2017, 246 Rn 18).

40 § 7 Abs. 2 BetrAVG sichert darüber hinaus die nach § 1b BetrAVG **unverfallbaren Versorgungsanwartschaften**. Durch den ausdrücklichen Verweis des Gesetzgebers auf § 1b BetrAVG wird klargestellt, dass nur solche Anwartschaften dem Insolvenzschutz unterliegen, die der **gesetzlichen Unverfallbarkeit** unterliegen. Nicht dem Insolvenzschutz unterliegen daher solche Anwartschaften, bei denen die Unverfallbarkeit auf einer Vereinbarung mit dem Arbeitgeber beruht. Somit ist der Insolvenzschutz für Versorgungsempfänger und Versorgungsanwärter unterschiedlich ausgestaltet. Abgesehen von Fällen des Versicherungsmissbrauchs i.S.d. § 7 Abs. 5 BetrAVG kommt es bei den Versorgungsempfängern ohne Einschränkung auf die getroffene Versorgungsvereinbarung an. Dagegen verlangt § 7 BetrAVG für den Insolvenzschutz der Versorgungsanwärter, dass deren Versorgungsanwartschaft nach den Vorschriften des Betriebsrentengesetzes unverfallbar ist. Eine lediglich vertragliche Unverfallbarkeit reicht nicht aus (*BAG* 22.02.2000 EzA § 1 BetrAVG Nr. 72). § 7 Abs. 2 BetrAVG beschränkt die Insolvenzsicherung auf den gesetzlichen Mindestschutz unverfallbarer Versorgungsanwartschaften und enthält keine Öffnungsklausel für günstigere Versorgungsvereinbarungen (*BAG* 14.12.1999 EzA § 7 BetrAVG Nr. 63).

41 Voraussetzung für den Eintritt der Insolvenzsicherung ist stets, dass der Versorgungsanspruch nicht erfüllt wird, weil der **Arbeitgeber insolvent** ist. Die Insolvenz muss Ursache der Nichterfüllung sein. Die Haftung des PSV ist demnach eine subsidiäre. Sie tritt nicht ein oder vermindert sich in dem Umfang, in dem der Arbeitgeber oder sonstige Versorgungsträger Leistungen erbringt oder – auch nach Eintritt des Sicherungsfalls – zu erbringen hat (§ 7 Abs. 4 Satz 1 BetrAVG).

Gem. § 7 Abs. 1 Satz 2 Nr. 2 BetrAVG muss der PSV einen Versorgungsempfänger auch dann 42
schützen, wenn der insolvent gewordene Arbeitgeber von der durch das AVmG erstmals zugelassenen
Durchführungsform der betrieblichen Altersversorgung Gebrauch gemacht hat, die eine Versorgung
über einen **Pensionsfonds** vorsieht (§ 1 Abs. 2 Nr. 2 BetrAVG i.V.m. § 112 VAG). Diese Insolvenz-
sicherungspflicht ist unabhängig davon, ob dem Arbeitnehmer eine **Leistungszusage** erteilt wurde
oder eine sog. **Beitragszusage mit oder ohne Mindestleistung** (§ 1 Abs. 2 Nr. 2 BetrAVG und § 112
Abs. 1 Satz 4 VAG).

Die Anwartschaft auf Versorgung aus einem Pensionsfonds, d.h. einer rechtsfähigen Versorgungsein- 43
richtung, die auf ihre Leistungen einen Rechtsanspruch gewährt (§ 112 VAG), ist der Anwartschaft
auf eine Unterstützungskassenleistung gleichgestellt, wird also wie diese unverfallbar und insolvenzgeschützt (§ 7 Abs. 2 Satz 2 BetrAVG). Insofern unterscheidet sich der Insolvenzschutz bei Pensionsfonds von dem bei Pensionskassen und Lebensversicherungen. Lebensversicherungen und Pensionskassen werden durch die Ansprüche des Arbeitnehmers bei Insolvenz des Arbeitgebers nicht
in ihrem Bestand gefährdet. Bei der Direktversicherung, soweit ein unwiderrufliches Bezugsrecht
besteht und die Ansprüche nicht abgetreten, verpfändet oder beliehen sind sowie bei der Pensionskasse besteht daher keine Insolvenzsicherung durch den PSV. Bei Pensionsfonds, deren Kapitalanlage eventuell lukrativer aber auch risikoreicher ist, hat der Gesetzgeber den Insolvenzschutz trotz
der Kapitaldeckung für nötig gehalten. Die Anlagemöglichkeiten des Pensionsfonds bleiben trotz einschränkender Bestimmungen letztlich doch den Risiken des Kapitalmarkts ausgesetzt.

Die Insolvenzsicherung deckt den vom Pensionsfonds geschuldeten Versorgungsanspruch desjeni- 44
gen, der bereits Versorgungsempfänger ist. Beim Versorgungsanwärter ist nur ein Teilanspruch versichert, und zwar, wenn eine Leistungszusage erteilt war, ein Anspruch nach § 2 Abs. 1 i.V.m.
Abs. 3a BetrAVG, d.h. es wird zeitanteilig quotiert; bei Beitragszusagen – auch mit Mindestleistun-
gen – werden die Beiträge und die Erträge aus den Beiträgen zusammengerechnet (§ 7 Abs. 2 Satz 5
BetrAVG).

II. Zeitliche Abgrenzung

Der PSV hat zunächst die Ansprüche zu sichern, die nach dem Eintritt des Sicherungsfalls fällig wer- 45
den. Vom Versicherungsschutz umfasst sind auch rückständige Versorgungsleistungen, soweit diese
bis zu 12 Monate vor der Leistungspflicht des PSV entstanden sind, § 7 Abs. 1a Satz 3 BetrAVG.
Diese zeitliche Beschränkung bezieht sich aber nur auf laufende Rentenleistungen und nicht auf Kapitalleistungen (*BAG* 20.09.2016 – 3 AZR 411/15, ZIP 2017, 246 Rn. 32 ff.). Dies bedeutet, dass
der PSV auch für diejenigen Kapitalleistungen einzustehen hat, die mehr als 12 Monate vor dem Sicherungsfall bereits entstanden waren, auch wenn sie zum Zeitpunkt des Sicherungsfalls noch nicht
fällig waren. Im Gegensatz zu Versorgungsempfängern von laufenden Rentenleistungen werden also
durch § 7 Abs. 1 Satz 3 BetrAVG Versorgungsempfänger von Kapitalleistungen ohne zeitliche Beschränkung abgesichert. Allerdings muss der Versorgungsempfänger in diesem Fall den Kausalzusammenhang zwischen der Nichtleistung im Zeitpunkt der Zahlungspflicht und dem später eingetreten Sicherungsfall darlegen und ggf. nachweisen, z.B. bereits bestehende Zahlungsunfähigkeit.

Es kommt für die Sicherung rückständiger Forderungen dabei nicht auf den Zeitpunkt an, zu dem 46
die Forderungen fällig werden. Maßgebend ist allein der **Zeitpunkt, zu dem sie entstanden sind.**

§ 7 Abs. 1a BetrAVG bestimmt, dass der Anspruch gegen den PSV mit dem Beginn des Kalender- 47
monats entsteht, der auf den Eintritt des Sicherungsfalls folgt (Abs. 1a Satz 1). Der Anspruch endet
(erlischt) mit dem Ablauf des Sterbemonats des Begünstigten; allerdings ist der PSV an eine etwaige
hiervon abweichende Versorgungszusage gebunden (Abs. 1a Satz 2).

Ausdrücklich wird auch bestimmt, dass in den Sicherungsfällen der Eröffnung des Insolvenzverfah- 48
rens, der Abweisung des Antrags auf Eröffnung des Insolvenzverfahrens mangels Masse und der vollständigen Beendigung der Betriebstätigkeit bei offensichtlicher Masselosigkeit rückständige Versorgungsleistungen bis zur Dauer von zwölf Monaten insolvenzgesichert, also vom PSV zu erfüllen sind
(§ 7 Abs. 1a Satz 3). Der Sicherungsfall des außergerichtlichen Vergleichs ist hiervon ausgenommen;

der Gesetzgeber ist davon ausgegangen, dass der Versorgungsschuldner diese Rückstände noch aufzubringen in der Lage ist oder ggf. im Vergleich eine Lösung gefunden wird, die die Rentner als Gläubiger der Versorgungsansprüche befriedigt. Daher ist in diesem Fall auf den Zeitpunkt der Zustimmung des PSV zum außergerichtlichen Vergleich abzustellen.

III. Sonderfälle

49 Einen Meinungsstreit hat die Frage ausgelöst, ob Insolvenzschutz auch dann besteht, wenn der Arbeitgeber als Versicherungsnehmer mit seinen **Prämienzahlungen in Rückstand** geraten ist und er selbst den Versorgungsberechtigten wegen seiner Insolvenz nicht sicherstellen kann (§ 7 Abs. 2 Satz 3 BetrAVG).

50 Das BAG hat darauf hingewiesen, dass der Insolvenzschutz nur bei Vorliegen der gesetzlichen Voraussetzungen eintrete und vom Gesetzgeber bewusst nicht auf alle Fälle von Versorgungsschäden erstreckt worden sei; vor allem müsse aber eine **rechtliche Kongruenz von Beitragspflicht des Arbeitgebers und Eintrittspflicht des PSV** bestehen. Daran fehle es für einen Schadenersatzanspruch des Arbeitnehmers infolge vertragswidriger Nichtzahlung der Prämien durch den Arbeitgeber (*BAG* 17.11.1992 EzA § 7 BetrAVG Nr. 45).

51 Die Auffassung des BAG verdient angesichts der bestehenden Gesetzeslage den Vorzug. Es führte zu einem Systembruch, eine Insolvenzsicherung ohne entsprechende Versicherungspflicht des Arbeitgebers anzuerkennen. Das Ergebnis mag nicht befriedigend erscheinen. Das Problem muss aber der Gesetzgeber lösen, etwa indem er, dem Vorschlag *Blomeyers* folgend, die unbezahlte Direktversicherung der Direktzusage gleichstellt und der Versicherungspflicht unterwirft. Dann müsste aber auch ein Instrumentarium geschaffen werden, das die Information des PSV sicherstellt und die Beitragsbemessung regelt.

52 Das Problem ist durch die Novelle des Betriebsrentengesetzes nicht ausdrücklich gelöst worden, jedenfalls nicht i.S.d. von der Literatur geforderten Lösung. Im Gesetzesentwurf war noch ein Schutz der Arbeitnehmer von einer Beschädigung der Versicherung infolge von Prämienrückständen vorgesehen gewesen (**§ 1 Abs. 2 Satz 3 mit § 7 Abs. 1a Satz 3 des Entwurfs**). *Blomeyer* ist zuzustimmen, dass das Schutzbedürfnis der Arbeitnehmer hier nicht geringer ist als in den Fällen der Beleihung oder Verpfändung des Bezugsrechts des Arbeitnehmers, für die gem. § 7 Abs. 1 Satz 2 und Abs. 2 Satz 1 Nr. 2 BetrAVG a.F. Versicherungsschutz besteht (NZA 1998, 911 [915]).

53 Unklar bleibt, was aus dem Schweigen des Gesetzgebers zu schließen ist: Ablehnung der Einführung des Insolvenzschutzes für diesen Sonderfall oder bloßes Offenhalten des Problems (so *Blomeyer* NZA 1998, 911 [915]). Entgegen *Blomeyer* (*Blomeyer/Otto* BetrAVG, § 7 Rn. 186) dürfte allerdings das BAG überfordert sein, hier im Wege der Rechtsfortbildung eine Lösung zu schaffen, die sinnvollerweise auch die Beitragsseite und damit die Aufbringung der Kosten für dieses bisher nicht versicherte Risiko berücksichtigen müsste. Für Streitigkeiten betreffend die Beitragsverpflichtung der zur Insolvenzversicherung verpflichteten Arbeitgeber sind nicht die Arbeitsgerichte, sondern, da der PSV insoweit hoheitliche Befugnisse ausübt, die Verwaltungsgerichte zuständig. Eine rechtswegübergreifende Lösung kann nur der Gesetzgeber schaffen.

IV. Gesicherte Versorgungsleistungen

54 Insolvenzgeschützt sind laufende Versorgungsleistungen, soweit sie auf einer **unmittelbaren Versorgungszusage** (Direktzusage), einer **Direktversicherung**, einer **Unterstützungskasse** oder einem **Pensionsfonds** beruhen (§ 7 Abs. 1 Satz 1 und 2 BetrAVG). Soweit dem Versorgungsempfänger ein Rechtsanspruch gegen einen rechtlich selbstständigen Versorgungsträger zusteht (Direktversicherung mit unwiderruflichem Bezugsrecht, sofern die Ansprüche nicht abgetreten, verpfändet oder beliehen sind und Pensionskasse), besteht ein Anspruch auf Insolvenzsicherung nicht. Diese unmittelbaren Ansprüche gegen den Versorgungsträger werden durch die Insolvenz des Arbeitgebers grds. nicht beeinträchtigt.

Laufende Leistungen aus Direktversicherungen unterliegen dem Insolvenzschutz jedoch dann, wenn 55
dem Arbeitnehmer lediglich ein **widerrufliches Bezugsrecht** eingeräumt ist oder wenn der Arbeitgeber die Rechte aus einem unwiderruflichen Bezugsrecht **beliehen** oder **abgetreten** hat (§ 7 Abs. 1 Satz 2, Abs. 2 Satz 2 Nr. 2 BetrAVG). In diesem Umfang ist der Arbeitgeber gegenüber dem PSV beitragspflichtig (§ 10 Abs. 3 Nr. 2 BetrAVG) und in diesem Umfang besteht auch Insolvenzschutz. Denn das Versorgungsrecht erleidet in Gestalt des Bezugsrechts Einbußen, wenn es dem Arbeitgeber infolge der Insolvenz nicht möglich ist, den Versorgungsanspruch wiederherzustellen.

Der durch das AVmG eingeführte Pensionsfonds unterliegt der Insolvenzsicherung, da die Durchführung 56
mittels Leistungszusage oder Beitragszusage mit Minderleistung möglich ist und damit die Altersversorgung von der wirtschaftlichen Lage des Arbeitgebers abhängt. Anders als bei Pensionskassen ist aber nicht der Arbeitnehmer Versicherungsnehmer.

Pensionskassen unterliegen der Insolvenzsicherung nach § 7 BetrAVG nicht. Das hat seinen Grund 57
darin, dass der Versorgungsanspruch gegen die Kasse von der Insolvenz des Arbeitgebers unabhängig ist, die Kasse ihrerseits der Versicherungsaufsicht untersteht und der Arbeitnehmer selbst Versicherungsnehmer ist. Eine Beleihung oder Abtretung des Bezugsrechts durch den Arbeitgeber ist ausgeschlossen.

Dagegen ist die **Unterstützungskassenversorgung**, obwohl rechtlich selbstständiger Versorgungsträger, 58
in den gesetzlichen Insolvenzschutz einbezogen, weil die Unterstützungskasse trotz rechtlicher Selbstständigkeit vom Arbeitgeber abhängig ist. Daher ist auch die Insolvenz des Arbeitgebers (Trägerunternehmens) und nicht die Insolvenz der Kasse das den Sicherungsfall auslösende Ereignis (§ 7 Abs. 1 Satz 2, Abs. 2 Satz 2 BetrAVG).

E. Gesicherte Anwartschaften

I. Allgemeines

Gem. § 7 Abs. 2 BetrAVG sind Anwartschaften auf Leistungen der betrieblichen Altersversorgung 59
gegen die Insolvenz des Arbeitgebers ebenfalls gesichert, **soweit sie nach den Regeln des § 1b BetrAVG unverfallbar** sind. Zu den gesetzlich unverfallbaren Versorgungsanwartschaften zählen auch die Anwartschaften, die nach der vorgesetzlichen Rspr. als unverfallbar anzusehen waren (*BAG* 20.01.1987 EzA § 7 BetrAVG Nr. 23).

Ungesichert bleiben demnach die Anwartschaften, die den Voraussetzungen des § 1b Abs. 1 60
BetrAVG nicht genügen. Der Insolvenzschutz kann nicht durch eine **vertragliche Zusage der Unverfallbarkeit** herbeigeführt werden. Werden jedoch beim insolvent gewordenen Arbeitgeber Vordienstzeiten angerechnet, die von einer Versorgungszusage begleitet werden, und schließt das Arbeitsverhältnis mit dem neuen Arbeitgeber ohne Unterbrechung an das Arbeitsverhältnis bei dem früheren Arbeitgeber an, so wird im Blick auf den Insolvenzschutz nur der Versorgungsschuldner gewechselt. Die Vordienstzeit ist dann beim insolvent gewordenen Arbeitgeber zu berücksichtigen, d.h. der dort verbrachten Dienstzeit und Zusagedauer hinzuzurechnen (*BAG* 03.08.1978 EzA § 7 BetrAVG Nr. 1; 26.09.1989 EzA § 7 BetrAVG Nr. 31).

Maßgeblicher Zeitpunkt für die Sicherungspflicht von Anwartschaften ist der **Zeitpunkt des Sicherungsfalls**. 61
Tritt die Unverfallbarkeit später ein, etwa im Laufe eines Insolvenzverfahrens, so tritt der Insolvenzschutz nicht ein. Die Unverfallbarkeit hilft dann dem Arbeitnehmer nicht mehr. Er muss seine Rechte (selbst) als (einfacher) Insolvenzgläubiger wahrnehmen.

Der Zeitpunkt des **Eintritts des Sicherungsfalls** ist also von erheblicher Bedeutung. Dieser Zeit- 62
punkt ist **nach Insolvenzrecht** (ab 01.01.1999):
– bei Eröffnung des Insolvenzverfahrens Tag und Stunde der Eröffnung, die im Eröffnungsbeschluss angegeben werden müssen (§ 27 Abs. 2 InsO);
– bei Abweisung des Insolvenzantrags mangels Masse (§ 26 Abs. 1 Satz 1 InsO) das Datum des Beschlusses, der dem Schuldner und dem antragstellenden Gläubiger förmlich zuzustellen ist, da bei-

den gem. § 34 Abs. 1 InsO das Rechtsmittel der sofortigen (fristgebundenen) Beschwerde zusteht;
– beim außergerichtlichen Vergleich (Stundungs-, Quoten- oder Liquidationsvergleich) der Zeitpunkt, der sich aus der Zustimmungserklärung des PSV ergibt (§ 3 Abs. 3 AIB);
– bei vollständiger Beendigung der Betriebstätigkeit der Tag, an dem die (materiell-rechtlichen) Voraussetzungen für die Eintrittspflicht sämtlich erfüllt sind. Ein später eröffnetes oder mangels Masse abgelehntes Insolvenzverfahren ändert nichts an dem bereits vorher eingetretenen Sicherungsfall (*BAG* 09.12.1997 EzA § 7 BetrAVG Nr. 55).

63 Die Leistungspflicht beginnt einheitlich am 1. Tage des folgenden Kalendermonats (§ 7 Abs. 1a BetrAVG).

64 Aufgrund der Neugestaltung der Regeln über die gesetzliche Unverfallbarkeit sind die Unverfallbarkeitsfristen halbiert worden. Die neue, kurze Unverfallbarkeitsfrist gilt aber erst für diejenigen Versorgungszusagen, die nach dem 01.01.2001 erteilt worden sind, § 30f Abs. 1 BetrAVG. Dies bedeutet, dass für ältere Versorgungszusagen zunächst die bisherigen Fristen weiterhin anzuwenden sind. Allerdings sieht § 30f Satz 1 HS 2 BetrAVG vor, das auch solche Anwartschaften erhalten bleiben und damit dem Insolvenzschutz unterliegen, die aus einer Versorgungszusage resultieren, die am 01.01.2001 schon fünf Jahre bestanden hat. Damit sind von der Neuregelung auch »Altzusagen« umfasst, diese sind mit dem 01.01.2006 unverfallbar. Bedeutsam ist die Regelung des § 30f Abs. 1 Satz 2 BetrAVG. Sie besagt unter Verweis auf § 1b Abs. 5 BetrAVG, dass die Übergangs- und Zeitkollisionenregelung des Satzes 1 HS 2 auf Anwartschaften bei Entgeltumwandlung keine Anwendung findet. Denn Anwartschaften, die auf Entgeltumwandlung beruhen, unterliegen der sofortigen Unverfallbarkeit, für sie gelten die Unverfallbarkeitsfristen nicht (vgl. i.E. *Griebeling/Griebeling* Betriebliche Altersversorgung, Rn. 317 ff.).

65 Mit Wirkung zum **01.01.2018** werden die Unverfallbarkeitsfristen und die Altersgrenze verkürzt, wobei die künftigen §§ 30f Abs. 3, 30g BetrAVG Übergangsregelungen vorsehen.

II. Sonderfälle

66 Für den Fall der **Betriebsveräußerung im gerichtlichen Insolvenzverfahren** (§ 613a BGB) gelten Besonderheiten. Der PSV haftet in diesen Fällen für die Ansprüche der Arbeitnehmer, die vor dem Sicherungsfall bei dem insolvent gewordenen Arbeitgeber mit einer unverfallbaren Anwartschaft ausgeschieden waren.

67 Der PSV haftet ferner für die unverfallbaren Anwartschaften derjenigen Arbeitnehmer, die im Betrieb geblieben sind, allerdings nur soweit, als die Anwartschaft beim insolvent gewordenen Betriebsveräußerer erdient worden ist. Das bedeutet, dass der PSV in der bis zur Eröffnung des Insolvenzverfahrens zeitanteilig berechneten Höhe haftet. Für die später beim Betriebserwerber erdienten Teile haftet der Betriebserwerber selbst nach § 613a BGB. Diese für das Konkurs- und gerichtliche Vergleichsverfahren entwickelten Grundsätze gelten auch im Insolvenzverfahren, sind aber auf den Sicherungsfall der Ablehnung eines Antrags auf Eröffnung des Insolvenzverfahrens mangels hinreichender Masse nicht anzuwenden. In diesem Fall gilt § 613a BGB uneingeschränkt (*BAG* 17.01.1980 EzA § 16 BetrAVG Nr. 8 m. Anm. *Schulin*; 04.07.1989 EzA § 613a BGB Nr. 87; 20.11.1984 EzA § 613a BGB Nr. 41).

68 Ob der PSV für die Insolvenz einer **konzernabhängigen Gesellschaft** eintreten muss, hängt davon ab, ob ein Beherrschungs- oder Gewinnabführungsvertrag besteht oder – ohne eine solche Vereinbarung – inwieweit das herrschende Unternehmen die Geschäfte des beherrschten Unternehmens dauernd und umfassend geführt hat (vollständiger Nachweis der Rspr. in: *BAG* 16.03.1993 EzA § 7 BetrAVG Nr. 46 zu B II 2a der Gründe).

III. Höhe der gesicherten Anwartschaft

Bei der Berechnung der Versorgung aus einer insolvenzgeschützten unverfallbaren Versorgungs- 69
anwartschaft wird der Berechtigte so gestellt, als wäre er zum Zeitpunkt des Sicherungsfalls aus dem Arbeitsverhältnis ausgeschieden. Die Höhe der Leistung wird nach § 2 BetrAVG berechnet, auch wenn die Versorgungszusage eine günstigere Berechnungsmethode vorgesehen hatte (§ 7 Abs. 2 Satz 3 BetrAVG). Der **gesetzliche Insolvenzschutz** gewährleistet also nur den unabdingbaren **Mindeststandard** und beschränkt die Insolvenzsicherung auf den gesetzlichen Mindestschutz unverfallbarer Versorgungsanwartschaften. Dabei sind Vereinbarungen zwischen den Parteien des Arbeitsverhältnisses nur insoweit zu berücksichtigen, als sie den Berechnungsgrundsätzen des § 7 BetrAVG nicht widersprechen und nicht über sie hinausgehen (*BAG* 14.12.1999 EzA § 7 BetrAVG Nr. 63).

Das bedeutet: Die Betriebszugehörigkeit wird nur bis zum Eintritt des Sicherungsfalls berücksichtigt 70
(§ 7 Abs. 2 Satz 4 BetrAVG). Abzustellen ist auf die Verhältnisse im Zeitpunkt des Sicherungsfalls, nicht im Zeitpunkt des Versorgungsfalls. Veränderungen nach Eintritt des Sicherungsfalls bleiben außer Betracht (§ 7 Abs. 2 Satz 3 i.V.m. § 2 Abs. 5 BetrAVG). Ggf. sind die Bemessungsgrundlagen z.Z. des Sicherungsfalls auf den Zeitpunkt des Versorgungsfalls hochzurechnen (*BAG* 12.03.1991 EzA § 7 BetrAVG Nr. 41). Auch der sog. Zeitfaktor kann nicht durch eine vertragliche Abrede über die Anrechnung früherer Beschäftigungszeiten zu Lasten des PSV erhöht werden. Wird ein Arbeitsverhältnis beendet, ist nach dem BetrAVG bei einer späteren Wiedereinstellung die frühere Betriebszugehörigkeit grundsätzlich nicht anzurechnen (*BAG* 25.04.2006 NZA 2007, 408). Eine vereinbarte Anrechnung früherer Betriebszugehörigkeit spielt demnach für den gesetzlichen Insolvenzschutz keine Rolle. Entsprechendes gilt für sog. Nachdienstvereinbarungen, durch die der Arbeitgeber sich verpflichtet, auch nach Beendigung des Arbeitsverhältnisses die betriebliche Altersversorgung zu bedienen. Solche Vereinbarungen verpflichten zwar den Arbeitgeber, grundsätzlich aber nicht den PSV (*BAG* 30.05.2006 NZA 2007, 288).

Zunächst ist also festzustellen, welche fiktive Versorgung der Berechtigte ohne den Sicherungsfall 71
erreicht hätte. Die fiktive Leistung ist nach den Verhältnissen zur Zeit des Sicherungsfalls zu ermitteln, es bleiben also die Änderungen der Bemessungsgrundlagen insoweit unberücksichtigt (Änderung der Versorgungsordnung, Änderungen des Gehalts, Steigerung der Dienstzeit). Auch eine aus der gesetzlichen Rentenversicherung zu berücksichtigende Altersrente ist auf die feste Altersgrenze hochzurechnen. Dabei setzt § 2 Abs. 5 Satz 2 BetrAVG die Errechnung einer fiktiven Sozialversicherungsrente voraus. Nicht abzustellen ist auf die zum Zeitpunkt des Ausscheidens oder – im Rahmen der Insolvenzordnung – bei Eintritt des Sicherungsfalls erworbene Rentenanwartschaft. Für die Berechnung der fiktiven Sozialversicherungsrente ist vielmehr das im Zeitpunkt des Eintritts des Sicherungsfalls geltende Sozialversicherungsrecht anzuwenden (*BAG* 21.03.2006 EzA § 2 BetrAVG Nr. 24; 24.10.2006 NZA 2007, 1392). Andere anrechenbare Leistungen, die sich nach dem Sicherungsfall dynamisch weiterentwickeln, sind hochzurechnen. Die fiktive Leistung ist dann zeitanteilig und bei vorzeitigem Bezug ggf. versicherungsmathematisch zu kürzen. Der PSV ist insoweit an die Zusage des Arbeitgebers gebunden, auch was die vorzeitige Altersleistung angeht (*BAG* 20.04.1982 EzA § 6 BetrAVG Nr. 5).

Hat der PSV eine **volldynamische Rentenzusage** zu sichern, so gilt das auch, wenn der Versorgungs- 72
berechtigte aufgrund einer unverfallbaren Anwartschaft nur eine Teilrente erhält. Der PSV hat auch insoweit die Versorgungszusage so hinzunehmen, wie sie ist. Die Dynamik der laufenden Leistung ist keine Bemessungsgrundlage, die nach der Vorschrift des entsprechend anzuwendenden § 2 Abs. 5 BetrAVG auf den Zeitpunkt des Sicherungsfalls festzuschreiben wäre. Diese Dynamik bestimmt nicht die Rentenhöhe im Zeitpunkt des Versorgungsfalls, sondern bindet die Höhe der künftigen Rente an eigene Faktoren, z.B. die Lohnentwicklung.

Dieser Fall ist von der Anpassungsprüfung nach § 16 BetrAVG zu unterscheiden. **Eine Prüfungs-** 73
und Anpassungspflicht nach § 16 BetrAVG trifft den PSV nicht, weil die tatsächliche Rentenanpassung auch von der wirtschaftlichen Lage des Unternehmens abhängt, auf die es aber nach Eintritt

eines Sicherungsfalles wegen Insolvenz des Arbeitgebers nicht mehr ankommen kann (st. Rspr., vgl. *BAG* 08.06.1999 – 3 AZR 113/98).

74 In diesem Zusammenhang kann ein Urteil des *BAG* v. 22.11.1994 zu Missverständnissen führen. Ein Rentner, dem eine Versorgung nach der **Leistungsordnung des Essener Verbands** zustand, verlangte die Anpassung seiner Rente entsprechend den Änderungen dieser Leistungsordnung, die vom Verbandsvorstand regelmäßig vorzunehmen sind. Das BAG hat die Klage unter Hinweis auf § 2 Abs. 5 BetrAVG a.F. abgewiesen, obwohl schon die Versorgungszusage die regelmäßige Anpassung der Rente vorsah und lediglich der Umfang der Anpassung durch gesonderte Verbandsentscheidungen zu bestimmen war. Der Ruhegeldsenat hat damit seine frühere Rspr. aufgegeben (*BAG* 22.11.1994 EzA § 7 BetrAVG Nr. 50). Danach ist die Veränderungssperre nicht auf die Zeit zwischen Insolvenzeröffnung und den Eintritt des Versorgungsfalles beschränkt, sondern auch für die Zeit nach Eintritt des Versorgungsfalles.

75 Das BAG hat seine Rechtsprechung zwischenzeitlich wiederholt bestätigt (*BAG* 26.01.1999 EzA § 7 BetrAVG Nr. 59; 04.04.2000 EzA § 7 BetrAVG Nr. 65; 04.04.2000 – 3 AZR 494/98, FA 2000, 225). Nur bei Versorgungsempfängern zum Zeitpunkt des Sicherungsfalles kommt es nach § 7 Abs. 1 BetrAVG ohne Einschränkung auf die getroffene Ruhegeldvereinbarung an. Die Versorgungsempfänger genießen nach dem Betriebsrentengesetz einen weitergehenden Insolvenzschutz als die Versorgungsanwärter. Für den Versorgungsanwärter gelten die Berechnungssätze des § 7 Abs. 2 BetrAVG, die nicht zur Disposition der Vertrags-, Betriebs- oder Tarifpartner stehen. Nach § 7 Abs. 2 Satz 3 HS 1 BetrAVG richtet sich der Umfang der Insolvenzsicherung nach der Höhe der Leistungen gem. § 2 Abs. 1 und Abs. 2 Satz 2 BetrAVG. In § 7 Abs. 2 Satz 3 BetrAVG ist die entsprechende Anwendung der Veränderungssperre des § 2 Abs. 5 BetrAVG vorgeschrieben. § 7 Abs. 2 Satz 4 BetrAVG bestimmt, dass bei der ratierlichen Kürzung die bis zum Eintritt des Sicherungsfalles zurückgelegte Beschäftigungszeit als erreichte Betriebszugehörigkeit anzusetzen ist. Diese Vorschriften beschränken also die Insolvenzsicherung auf den gesetzlichen Mindestschutz unverfallbarer Versorgungsanwartschaften. Die Versorgungsvereinbarungen sind nur insoweit zu beachten, als sie den Berechnungssätzen des § 7 Abs. 2 BetrAVG nicht widersprechen und nicht über sie hinausgehen. Eine Öffnungsklausel für günstigere Versorgungsvereinbarungen fehlt in § 7 Abs. 2 BetrAVG, so dass der begrenzte Insolvenzschutz von Versorgungsanwärtern dem Willen des Gesetzgebers entspricht (*BAG* 20.06.2000 – 3 AZR 872/98).

76 Dieser Begründung des BAG mag noch zu folgen sein, soweit es sich um Anpassungen handelt, über die jeweils gesondert zu entscheiden ist – obwohl auch dies eine Bemessungsgrundlage ist, die sich nicht nachträglich ändert, sondern schon Gegenstand der Zusage war. Sollte sich die Aussage des BAG auch auf echte volldynamische Zusagen beziehen, die von vornherein eine Anpassung nach festgelegten Parametern vorsieht, so ist sie abzulehnen. Das Einfrieren der Bemessungsgrundlagen auf den Zeitpunkt des Sicherungsfalls in § 7 Abs. 2 BetrAVG kann nicht dazu führen, dass der Zusageinhalt in der Insolvenz des Arbeitgebers eingeschränkt wird. Die exakte Ermittlung des Anwartschaftswerts z.Z. der Insolvenz ist kein überragendes Prinzip der gesetzlichen Insolvenzsicherung. Der PSV muss hinnehmen, was die Zusage ihm vorgibt (*BAG* 22.11.1994 EzA § 7 BetrAVG Nr. 50; 03.08.1978 EzA § 7 BetrAVG Nr. 1).

77 Dennoch zur Klarstellung: Ist bei vorzeitigem Ausscheiden des Arbeitnehmers aus dem Arbeitsverhältnis zum Zeitpunkt des Sicherungsfalles der Arbeitnehmer bereits Versorgungsempfänger, hat der PSV den Versorgungsanspruch nach den arbeitsvertraglichen Grundlagen anzupassen (*BAG* 08.06.1999 EzA § 7 BetrAVG Nr. 60).

78 Auch in einem anderen Zusammenhang ist das BAG von dem Stichtagsprinzip des § 7 Abs. 2 BetrAVG abgewichen: Bei wirtschaftlichen Schwierigkeiten des Arbeitgebers kann es dazu kommen, dass die zugesagten Versorgungsleistungen abgesenkt werden, um zur Stabilisierung des Unternehmens beizutragen. Schon dann kann ein Sicherungsfall eintreten. Tritt aber kein Sicherungsfall ein, etwa weil von den Kürzungen nur Steigerungen betroffen sind, und führt die Absenkung der Versorgungslast gleichwohl nicht zur Sanierung, sondern tritt der Sicherungsfall später dennoch

ein, **so erfasst der Insolvenzschutz die Leistungen, die nach der früheren (besseren und dann verschlechterten) Versorgungsordnung zu erbringen waren.** Das Sanierungsopfer der Arbeitnehmer war dann vergebens. Basis der Berechnung ist der Stichtag der – absenkenden – Neuregelung, nicht der Stichtag des Insolvenzfalls (*BAG* 22.09.1987 EzA § 1 BetrAVG Ablösung Nr. 1; 21.01.1992 EzA § 1 BetrAVG Ablösung Nr. 8).

Durch § 1 Abs. 2 Nr. 3 BetrAVG ist klargestellt, dass die **Umwandlung künftiger Entgeltansprüche** in eine wertgleiche Anwartschaft auf Versorgungsleistungen eine Form der betrieblichen Altersversorgung darstellt. § 1a BetrAVG regelt Fälle, in denen dem Arbeitnehmer das Recht zusteht, vom Arbeitgeber eine betriebliche Altersversorgung zu verlangen, § 1b Abs. 5 BetrAVG regelt die weitere Sicherung dieser Versorgungsansprüche. Danach wird eine Anwartschaft aufgrund einer Entgeltumwandlung **sofort unverfallbar**, während vom Arbeitgeber finanzierte Anwartschaften erst dann unverfallbar werden, wenn die zeitlichen Voraussetzungen des § 1b Abs. 1 Satz 1 BetrAVG erfüllt sind. Das hat Auswirkung auf den Insolvenzschutz, da gem. § 7 Abs. 2 Satz 1 BetrAVG kraft Gesetz unverfallbare Anwartschaften insolvenzgeschützt sind. Daher unterfallen Anwartschaften aufgrund Entgeltumwandlung schon vom ersten Tag an ohne Rücksicht auf eine entsprechende Zusage des Arbeitgebers dem Insolvenzschutz. Für ab dem 01.01.2002 erteilte Zusagen und Verbesserungen von Zusagen umfasst der Insolvenzschutz aber nur geleistete Beträge von bis zu 4% der Beitragsbemessungsgrenze in der gesetzlichen Rentenversicherung, § 7 Abs. 5 Satz 3 Nr. 1 BetrAVG (vgl. Rdn. 122). Denn nach § 1a Abs. 1 Satz 1 BetrAVG hat der Arbeitnehmer auch nur Anspruch auf eine Altersversorgung in dieser Höhe. 79

Bei einem Vergleich, durch den das Unternehmen nicht liquidiert wird (**Fortsetzungsvergleich**), übernimmt der Insolvenzschutz nur den erlassenen Teil. Dieser Teil der Anwartschaft wird auf den Insolvenzstichtag festgeschrieben. Soweit dagegen die Forderungen nicht erlassen werden, entwickelt sich die Anwartschaft gegenüber dem Arbeitgeber weiter. Die Versorgungszusage gilt fort. Der Arbeitgeber schuldet den Teil der Versorgung, der sich bis zum Versorgungsfall entwickelt hat, z.B. den nicht erlassenen Anteil der nach dem Endgehalt zu berechnenden Versorgung (*BAG* 15.01.1991 EzA § 7 BetrAVG Nr. 39). 80

Diese nach früherem Recht geltende Regelung gilt grds. auch nach der Novelle des Betriebsrentengesetzes über den 01.01.1999 hinaus fort. Die Leistungsverpflichtung des PSV ist aber in § 7 Abs. 4 Satz 2–5 BetrAVG an das Insolvenzrecht angepasst worden; zugleich ist ein Wiederaufleben der vollen Verbindlichkeit des Arbeitgebers bei einer nachhaltigen Besserung seiner wirtschaftlichen Lage vorgesehen worden. 81

Gemäß §§ 217 ff. InsO kann u.a. die Haftung des Schuldners nach der Beendigung des Insolvenzverfahrens in einem Insolvenzplan geregelt werden. Das Insolvenzverfahren dient auch dem Ziel, einem angeschlagenen Unternehmen die Fortführung zu ermöglichen. Hieran anknüpfend bestimmt § 7 Abs. 4 Satz 2 und 3 BetrAVG, dass, wenn ein Insolvenzplan durch das Insolvenzgericht bestätigt wird (§§ 235–253 InsO), sich der Anspruch gegen den PSV insoweit vermindert, als nach dem Insolvenzplan der Arbeitgeber oder Versorgungsträger einen Teil der Leistungen selbst zu erbringen hat. Die gleiche Regelung gilt für den Sicherungsfall des außergerichtlichen Vergleichs (§ 7 Abs. 4 Satz 4 BetrAVG). Der Insolvenzplan soll vorsehen, dass bei einer nachhaltigen Besserung der wirtschaftlichen Lage des Arbeitgebers die Leistungen des PSV reduziert werden oder ganz entfallen (§ 7 Abs. 4 Satz 5 BetrAVG). 82

Laufende Leistungen aus **Direktversicherungen** unterliegen dem Insolvenzschutz, wenn dem Arbeitnehmer lediglich ein widerrufliches Bezugsrecht eingeräumt ist oder wenn der Arbeitgeber die Rechte aus einem unwiderruflichen Bezugsrecht beliehen oder abgetreten hat (§ 7 Abs. 1 Satz 2 Nr. 1 BetrAVG). 83

Davon zu unterscheiden ist die Frage bei der Direktversicherung, wem die Rechte aus dem **Versicherungsvertrag** zur Durchführung einer betrieblichen Altersversorgung **in der Insolvenz** zustehen, d.h. ob diese der Masse zustehen oder der Arbeitnehmer ein Aussonderungsrecht nach § 47 InsO hat. 84

85 Zu unterscheiden ist dabei zwischen dem Rechtsverhältnis des Arbeitgebers zu seinem Arbeitnehmer (Versorgungsverhältnis) einerseits und dem Rechtsverhältnis des Arbeitgebers zum Versorgungsträger (Deckungsverhältnis). Was der Arbeitgeber im Deckungsverhältnis kann, weicht möglicherweise von dem ab, was er im Versorgungsverhältnis darf. In der Insolvenz des Arbeitgebers hat die Unterscheidung zur Folge, dass der Insolvenzverwalter die Rechte des Arbeitgebers gegenüber dem Versorgungsträger ausüben kann, ohne dass dadurch Aussonderungsrechte nach § 47 InsO entstehen (zur Direktversicherung *BAG* 15.06.2010 – 3 AZR 334/06, ZIP 2010, 1915; zur Unterstützungskasse *BAG* 29.09.2010 – 3 AZR 107/08, ZIP 2011, 347).

86 Das Rechtsverhältnis des Arbeitgebers zum Versicherer richtet sich dabei allein nach dem Versicherungsvertrag. Ausschlaggebend ist danach die versicherungsrechtliche Lage. Allein danach richtet sich, in welcher Weise der Arbeitgeber noch in der Lage ist, rechtswirksam auf die Versicherung zuzugreifen, und ob diese Rechte noch zu seinem Vermögen gehören, in das der Insolvenzverwalter nach § 80 InsO bei Insolvenzeröffnung eintritt (*BAG* 31.07.2007 – 3 AZR 446/05, DB 2008, 939). Hat der Arbeitgeber als Versicherungsnehmer dem Arbeitgeber als Versichertem lediglich ein **widerrufliches Bezugsrecht** im Versicherungsfall eingeräumt, kann er die bezugsberechtigte Person ersetzen. In der Insolvenz fallen die Rechte aus der Lebensversicherung deshalb in das Vermögen des Arbeitgebers und gehören zur Insolvenzmasse. Da die Eröffnung des Insolvenzverfahrens zunächst nur zur Folge hat, dass die gegenseitigen Ansprüche auf Leistungen ihre Durchsetzbarkeit verlieren, muss der Insolvenzverwalter den Vertrag beenden und den Rückkaufwert der Versicherung zur Masse ziehen. Räumt der Arbeitgeber dagegen dem Arbeitnehmer als Versichertem ein **unwiderrufliches Bezugsrecht** ein, stehen die Rechte aus dem Versicherungsvertrag von vornherein dem Arbeitnehmer zu. Mit der Unwiderruflichkeit erhält das Bezugsrecht dingliche Wirkung. Insolvenzrechtlich hat dies zur Folge, dass die Rechte aus dem Versicherungsvertrag von diesem Zeitpunkt an nicht mehr zum Vermögen des Arbeitgebers und damit auch nicht mehr zur Insolvenzmasse gehören. Dem Arbeitnehmer steht deshalb ein Aussonderungsrecht zu (*BAG* 26.06.1990 EzA § 43 KO Nr. 1). Bei einem »**eingeschränkt unwiderruflichen Bezugsrecht**« bleibt das Widerrufsrecht ebenso erhalten. Liegen die Voraussetzungen des Widerrufsvorbehalt vor, kann das Bezugsrecht vom Insolvenzverwalter widerrufen werden mit der Folge, dass der Rückkaufwert der Masse zusteht (*BAG* 18.09.2012 – 3 AZR 176/10, ZIP 2012, 2269; 17.01.2012 – 3 AZR 776/09, und – 3 AZR 10/10, NZA-RR 2013, 86). Infolgedessen sind die Versicherungsbedingungen entsprechend den betriebsrentenrechtlichen Rechtsgrundsätzen auszulegen, wobei neben dem Zweck der Versicherung auch die Interessen der versicherten Beschäftigten zu berücksichtigen sind (vgl. zum Ganzen *BAG* 15.06.2010 – 3 AZR 334/06, ZIP 2010, 1915). Verweist der Versicherungsvertrag auf die betriebsrentenrechtlichen Regelungen zur **gesetzlichen Unverfallbarkeit**, führt dies dazu, dass bei Eintritt der Unverfallbarkeit das Bezugsrecht unwiderruflich wird (*BAG* 15.06.2010 – 3 AZR 31/07, ZIP 2010, 2260). Zu beachten ist, dass die vorgenannten Grundsätze auch dann gelten, wenn der Direktversicherung eine Entgeltumwandlung zugrunde liegt, für welche die Neuregelung über die sofortige gesetzliche Unverfallbarkeit noch nicht anwendbar ist, weil die Versorgungszusage vor dem 01.01.2001 erteilt wurde, § 1b Abs. 5, § 30f Abs. 1 Satz 2 i.V.m. Satz 1 BetrAVG (*BAG* 18.09.2012 – 3 AZR 176/10, ZIP 2012, 2269 Rn. 17).

87 **Pensionskassen** unterliegen der Insolvenzsicherung nach § 7 BetrAVG nicht. Der Versorgungsanspruch gegen die Kasse ist von der Insolvenz des Arbeitgebers unabhängig und die Kasse untersteht ihrerseits der Versicherungsaufsicht.

88 Dagegen ist **die Unterstützungskassenversorgung** in den gesetzlichen Insolvenzschutz einbezogen, weil die Unterstützungskasse trotz rechtlicher Selbstständigkeit vom Arbeitgeber abhängig ist; hier ist auch die Insolvenz des Arbeitgebers und nicht die Insolvenz der Kasse das den Sicherungsfall auslösende Ereignis. Entsprechendes gilt für den **Pensionsfond** (§ 7 Abs. 1 Satz 2 Nr. 2 BetrAVG).

IV. Vorzeitiges Altersruhegeld

89 Einem Arbeitnehmer, der die Altersrente aus der gesetzlichen Rentenversicherung vor Vollendung des 65.bzw. 67. Lebensjahres als Vollrente in Anspruch nimmt, sind auf sein Verlangen nach Erfül-

lung der Wartezeit und sonstiger Leistungsvoraussetzungen gem. § 6 BetrAVG auch die zugesagten Leistungen der betrieblichen Altersversorgung zu gewähren (vgl. i.E. *Griebeling/Griebeling* Betriebliche Altersversorgung, Rn. 494 ff.). Diese Leistungen unterliegen als »**Versorgungsfall kraft Gesetz**« dem Insolvenzschutz durch den PSV. § 6 BetrAVG regelt den Anspruch auf das vorgezogene betriebliche Altersruhegeld jedoch nur dem Grunde nach. **Die Höhe des vorzeitigen Altersruhegelds** und damit der Umfang des Insolvenzschutzes ist ungeregelt geblieben.

Weil der Arbeitnehmer die Altersleistung früher als zugesagt verlangen kann, erbringt er nicht die für die volle Leistung vorausgesetzte volle **Betriebstreue**. Außerdem wird der Arbeitnehmer die Leistung voraussichtlich länger beziehen. Mithin muss sich der Arbeitnehmer gefallen lassen, dass er nicht die volle Leistung erhält. 90

Enthält die Versorgungsordnung keine Regelung, darf die erreichbare Vollrente nach den Regeln des § 2 Abs. 1 BetrAVG gekürzt werden, d.h. **die Rente kann nach dem Verhältnis von tatsächlicher Betriebszugehörigkeit zu möglicher voller Betriebszugehörigkeit quotiert werden**. Der Arbeitnehmer kann, sofern Gegenteiliges nicht deutlich in der Versorgungsordnung zum Ausdruck gekommen ist, nicht darauf vertrauen, er werde so behandelt, als habe er seine volle Betriebstreue schon im Zeitpunkt des vorzeitigen Ausscheidens erbracht (*BAG* 01.06.1978 EzA § 6 BetrAVG Nr. 1; 11.09.1980 EzA § 6 BetrAVG Nr. 4). Damit wird die fehlende Betriebstreue berücksichtigt. 91

Von der fehlenden Betriebstreue zu unterscheiden ist die Frage, ob und ggf. in welcher Weise der Arbeitgeber und im Sicherungsfall der PSV zusätzlich die (statistisch) **längere Laufzeit** der Betriebsrente ausgleichen darf. Die Rechtsprechung gestattete es, die durch einen längeren Rentenbezug entstehenden zusätzlichen Kosten durch eine zusätzliche Kürzung auszugleichen, wobei es jedoch Sache der Versorgungsordnung ist, die Regeln für die Berechnung aufzustellen. Die Kürzung muss angemessen bzw. billigenswert sein. Einen **versicherungsmathematischen Abschlag** von 0,5% pro Monat des vorzeitigen Bezugs hat das BAG als nicht unbillig angesehen, eine Kürzung von 1,07 % für jeden Monat der vorgezogenen Inanspruchnahme jedoch für unverhältnismäßig erachtet (*BAG* 20.04.1982 EzA § 6 BetrAVG Nr. 5; 28.05.2002 – 3 AZR 358/01, FA 2002, 388). Anders als bei der zeitanteiligen Kürzung, die auch ohne entsprechende Regelung im Versorgungswerk zulässig ist, darf eine zusätzliche Kürzung wegen der längeren Rentenlaufzeit nur vorgenommen werden, wenn dies im Versorgungswerk vorgesehen ist. Dennoch wirkte sich die fehlende Dienstzeit zweifach anspruchsmindern aus: Zunächst war die Betriebsrente zu ermitteln, die dem Arbeitnehmer zugestanden hätte, wenn er bis zum Versorgungsfall betriebstreu geblieben wäre. Entsprechend § 2 Abs. 1 BetrAVG wurde die erreichbare Vollrente auf den Zeitpunkt der vorgezogenen Inanspruchnahme gekürzt oder die bei Vorliegen einer entsprechenden betrieblichen Regelung die bis zum Erreichen der vorgezogenen Altersgrenze erdienten Anteile berücksichtigt. Die so ermittelte Betriebsrente war dann nach § 6 BetrAVG im Verhältnis der tatsächlich erreichten zu der erreichbaren Betriebsrente zu kürzen (*BAG* 13.01.1990 EzA § 6 BetrAVG Nr. 13). 92

Das BAG hat seine Rechtsprechung inzwischen konkretisiert. Bei der Berechnung der vorgezogen in Anspruch genommenen Betriebsrente des vorzeitig ausgeschiedenen Arbeitnehmers darf **die fehlende Betriebstreue** zwischen vorgezogenem Ruhestand nicht zweifach mindernd berücksichtigt werden. Zunächst ist die bis zum Erreichen der festen Altersgrenze erdienbare Vollrente im Hinblick auf das vorzeitige Ausscheiden wegen der fehlenden Betriebstreue nach § 2 BetrAVG zu kürzen, falls die Versorgungsordnung keine andere Berechnungsweise vorsieht. Der so ermittelte Besitzstand kann ein zweites Mal wegen des früheren und damit i.d.R. verbundenen längeren Rentenbezugs gekürzt werden, wenn die Versorgungsordnung einen versicherungsmathematischen Abschlag vorsieht. Fehlt eine solche Bestimmung, kann eine weitere Kürzung dennoch in der Weise erfolgen, dass die fehlende Betriebstreue zwischen vorgezogener Inanspruchnahme und fester Altersgrenze zusätzlich mindernd berücksichtigt wird, sog. **unechter oder untechnischer versicherungsmathematischer Abschlag** (*BAG* 23.01.2001 EzA § 6 BetrAVG Nr. 23; 24.07.2001 EzA § 6 BetrAVG Nr. 25). Bei Versorgungszusagen, die keinen versicherungsmathematischen Abschlag vorsehen, wird also die Höhe der vorgezogenen Betriebsrente wie bisher durch doppelte zeitratierliche Kürzung ermittelt. Diese zeitratierliche Kürzung ist allerdings nicht Teil der (ebenfalls zeitratierlichen) Kürzung entsprechend 93

§ 2 Abs. 1 BetrAVG, sondern Ersatz für den versicherungsmathematischen Abschlag. Damit wirkt sich die modifizierte Rechtsprechung nur bei denjenigen Versorgungszusagen aus, die bereits einen versicherungsmathematischen Abschlag vorsehen. Neben der zeitratierlichen Kürzung nach § 2 BetrAVG und des versicherungsmathematischen Abschlags ist bei diesen auch kein sachlicher Grund ersichtlich, nochmals einen weiteren, quasi dritten Abschlag zuzulassen.

V. Höhe bei Direktversicherung und Pensionskasse

94 Ähnlich wie bei der zeitanteiligen Anwartschaftsberechnung (§ 2 Abs. 1 BetrAVG), führt die Quotierung der Anwartschaft bei der Direktzusage und der Unterstützungskassenversorgung zu einer Streckung des Werts der Anwartschaft. Der Betrag kann höher oder niedriger ausfallen als der im Zeitpunkt des Ausscheidens tatsächlich erdiente Wert (vgl. *Griebeling/Griebeling* HzA, G 10, Teilbereich 1 Rn. 556 ff.).

95 Wird nun die Versorgung über eine Direktversicherung oder eine Pensionskasse abgewickelt, richtet sich also der Rechtsanspruch des Versorgungsberechtigten gegen den rechtlich (und wirtschaftlich) selbstständigen Versorgungsträger, so ist dieser infolge der Regelungen im **Deckungsverhältnis** nur verpflichtet, dem Versorgungsberechtigten dasjenige zu erhalten, was nach dem Versicherungsvertrag geschuldet wird. Deswegen enthält das Gesetz in § 2 Abs. 2 und 3 BetrAVG für diese beiden Durchführungsformen Sonderbestimmungen.

96 § 2 Abs. 2 Satz 1 BetrAVG bestimmt, dass sich ein Anspruch auf einen **überschießenden Betrag**, der sich nach der Quotierung nach § 2 Abs. 1 BetrVG ergibt, gegen den Arbeitgeber richtet. Dem Arbeitgeber wird aber durch § 2 Abs. 2 Satz 2 BetrVG ein Wahlrecht eingeräumt. Die nach dem Versicherungsvertrag geschuldete Leistung ist zu erbringen, wenn:
– spätestens nach drei Monaten seit dem Ausscheiden des Arbeitnehmers das Bezugsrecht unwiderruflich ist und eine Abtretung oder Beleihung des Rechts aus dem Versicherungsvertrag durch den Arbeitgeber und Beitragsrückstände nicht vorhanden sind,
– vom Beginn der Versicherung, frühestens jedoch vom Beginn der Betriebszugehörigkeit an, nach dem Versicherungsvertrag die Überschussanteile nur zur Verbesserung der Versicherungsleistung zu verwenden sind und
– der ausgeschiedene Arbeitnehmer nach dem Versicherungsvertrag das Recht zur Fortsetzung der Versicherung mit eigenen Beiträgen hat. Nach § 7 Abs. 2 Satz 3 BetrAVG wird für den **Insolvenzschutz** bestimmt, dass sich die Höhe des Anspruchs gegen den PSV nach § 2 Abs. 1, Abs. 2 Satz 2 und Abs. 5 BetrAVG richtet. Anders als der Arbeitgeber hat der PSV aber kein Wahlrecht. Der PSV hat ausschließlich die Leistung zu sichern, die der Versicherer nach den Regeln des Versicherungsvertrags zu erbringen hätte. Er hat nur für den Sollwert einzustehen. Das Quotierungsprinzip gilt insoweit nicht.

97 Nach § 7 Abs. 2 Satz 3 BetrAVG wird für den Insolvenzschutz bestimmt, dass sich die Höhe des Anspruchs gegen den PSV nach § 2 Abs. 1, Abs. 2 Satz 2 und Abs. 5 BetrAVG richtet. Anders als der Arbeitgeber hat der PSV kein Wahlrecht. Der PSV hat ausschließlich die Leistung zu sichern, die der Versicherer nach den Regeln des Versicherungsvertrags zu erbringen hätte. Er hat dabei für den Sollwert einzustehen, das Quotierungsprinzip gilt insoweit nicht.

98 Für **Pensionsfonds** gilt nach § 2 Abs. 3a BetrAVG die zeitanteilige Anwartschaftsberechnung nach Abs. 1 mit der Maßgabe, dass sich der Teilanspruch gegen den Arbeitgeber richtet, soweit er über die vom Pensionsfonds auf der Grundlage der nach dem Pensionsplan i.S.d. § 112 Abs. 1 i.V.m. § 113 Abs. 2 Nr. 5 VAG berechnete Deckungsrückstellung hinausgeht.

F. Haftungsausschlüsse

I. Höchstbegrenzung

99 Die Ansprüche gegen den Träger der Insolvenzsicherung sind der Höhe nach begrenzt. Gemäß § 7 Abs. 3 Satz 1 BetrAVG beträgt der Anspruch auf laufende Leistungen im Monat höchstens das Drei-

fache der monatlichen Bezugsgröße nach § 18 SGB IV (gesetzliche Rentenversicherung), für das Jahr 2017 in den alten Bundesländern damit € 8.925,00 und in den neuen Bundesländern € 7.980,00 monatlich. Versorgungsberechtigte, die höhere Ansprüche haben, hat der Gesetzgeber nicht mehr als schutzbedürftig angesehen. Maßgeblich ist jedoch die Bezugsgröße im Zeitpunkt der **ersten Fälligkeit der** Betriebsrente. Der Höchstbetrag der Betriebsrente ist also festgeschrieben, er nimmt (auch anteilsmäßig) an der normalerweise steigenden Bezugsgröße in der Folgezeit nicht teil.

Wird eine Kapitalleistung als Altersversorgung geschuldet, ist der Anspruch gegen den PSV gem. § 7 Abs. 3 Satz 2 BetrAVG auf 10 v.H. der Leistung als Jahresbetrag einer (entsprechenden) laufenden Leistung begrenzt. Es ist also vom Jahresbetrag der Bezugsgröße nach § 18 SGB IV auszugehen und dieser Jahresbetrag auf 10 Jahre hochzurechnen. Für 2017 beträgt demnach die Höchstgrenze der durch den PSV gesicherten Kapitalleistung € 1.071.000 (West) bzw. € 957.760 (Ost). 100

II. Abfindung

Die Abfindungsregeln des § 3 BetrAVG sind sowohl durch das Rentenreformgesetz 1999 als auch durch das Altersvermögensgesetz geändert und erneut komplizierter geworden. 101

Abfindung bedeutet nach seinem ursprünglichen Wortsinn die **einvernehmliche** (vertragliche) **Ersetzung eines Anspruchs auf laufende Leistungen durch Zahlung eines Kapitalbetrags**. Die laufende Zahlung wird durch eine Einmalzahlung abgelöst. Schon im Rentenreformgesetz 1999 wurde über das grds. Abfindungsverbot hinaus eine Abfindung des Teils der Anwartschaft zugelassen, der während eines Insolvenzverfahrens erdient wurde (§ 3 Abs. 4 BetrAVG). Bis zur Insolvenzeröffnung erworbene Anwartschaften sind dabei reine Insolvenzforderungen, die zur Tabelle angemeldet werden müssen. Für gesetzlich unverfallbare Anwartschaften einer Direktzusage tritt der PSV ein. Besteht das Arbeitsverhältnis nach Insolvenzeröffnung mit Wirkung für die Insolvenzmasse fort, entstehen nach der Eröffnung weitere Anwartschaften zu Lasten der Masse. Kommt es während des Insolvenzverfahrens zu einem Betriebsübergang, haftet der Betriebserwerber hinsichtlich der übergegangenen Arbeitnehmer nicht nur für die Anwartschaften, die in der Zeit nach dem Betriebsübergang entstehen, sondern auch für die Anwartschaften, die vom Zeitpunkt der Eröffnung des Insolvenzverfahrens bis zum Zeitpunkt des Betriebsübergangs entstanden sind. Damit hat der Insolvenzverwalter für die erst während des Insolvenzverfahrens erworbenen Anwartschaften derjenigen einzustehen, die nicht am Betriebsübergang teilnehmen, z.B. weil sie vor dem Betriebsübergang ausgeschieden sind, vom Betriebsübergang nicht erfasst werden oder nach § 613a Abs. 6 BGB widersprochen haben. **Diese Anwartschaften kann der Insolvenzverwalter unter den Voraussetzungen des § 3 Abs. 4 BetrAVG abfinden.** Diese Abfindungsmöglichkeit nach § 3 Abs. 4 BetrAVG ist dabei nicht auf Anwartschaften »geringen Umfangs« i.S.v. § 3 Abs. 2 BetrAVG beschränkt (*BAG* 22.12.2009 – 3 AZR 814/07, ZIP 2010, 897). Demnach ist die Abfindungsmöglichkeit nach § 3 Abs. 4 BetrAVG unabhängig von der Höhe des während des Insolvenzverfahrens erdienten Teils der Anwartschaft. 102

Im vorliegenden Zusammenhang ist (weitergehend) § 8 Abs. 2 BetrAVG von Bedeutung: Dem PSV als Träger der Insolvenzsicherung steht ein im Vergleich zum Versorgungsschuldner erweitertes (**einseitiges**) Abfindungsrecht zu: Der PSV darf gegen den Willen des Arbeitnehmers abfinden, wenn der Monatsbetrag der aus der Anwartschaft resultierenden laufenden Leistung bei Erreichen der Altersgrenze 1 v.H. der monatlichen Bezugsgröße nach § 18 SGB IV und bei Kapitalleistungen zwölf Zehntel der monatlichen Bezugsgröße nicht überschritten werden. Eine einseitige Abfindung ist auch zulässig, wenn dem Arbeitnehmer die Beiträge zur gesetzlichen Rentenversicherung erstattet worden sind. Entsprechendes gilt für die Abfindung laufender Leistungen, also der Versorgungsfall bereits eingetreten ist, sofern die Höchstgrenzen des § 8 Abs. 2 Satz 1 BetrAVG nicht überschritten werden. 103

Der PSV darf ferner (**einseitig**) Versorgungsanwartschaften abfinden, wenn sie an ein Unternehmen der Lebensversicherung gezahlt wird, bei dem der Versorgungsberechtigte im Rahmen einer Direkt- 104 versicherung versichert ist. Besteht das Arbeitsverhältnis nach Insolvenzeröffnung fort, entstehen nach der Eröffnung weitere Anwartschaften zu Lasten der Masse. Diese können – unabhängig von ihrer Höhe – vom Verwalter durch eine Kapitalleistung abgefunden werden, wenn die Betriebstätigkeit vollständig eingestellt und das Unternehmen liquidiert wird, § 3 Abs. 4 BetrAVG (*BAG* 22.12.2009 – 3 AZR 814/07, EzA § 3 BetrAVG Nr. 12).

III. Anspruchsminderung

105 Gemäß § 7 Abs. 4 BetrAVG vermindert sich ein Anspruch gegen den PSV, soweit der Arbeitgeber oder sonstige Versorgungsträger die Leistungen erbringt oder soweit er sie in den Sicherungsfällen des gerichtlichen Vergleichsverfahrens oder des außergerichtlichen Vergleichs nach Eintritt des Sicherungsfalls zu erbringen hat.

106 Hier wird die **subsidiäre Einstandspflicht** des Trägers der Insolvenzsicherung deutlich. Schon erbrachte und damit nach § 362 BGB erloschene Verbindlichkeiten und nach den Modalitäten des Sicherungsfalls vom Arbeitgeber weiterhin zu erbringende Leistungen hat konsequenterweise nicht der PSV zu erbringen. Dies gilt auch für den Fall, dass die Leistungen durch eine Rückdeckungsversicherung erbracht werden (*BAG* 28.09.1981 AP BetrAVG § 7 Nr. 12).

107 § 7 Abs. 4 BetrAVG spricht nur von Leistungen des Arbeitgebers oder sonstigen Trägers der Versorgung. Hieraus ist zu schließen, dass Leistungen **Dritter** nicht betroffen sind. Dritter kann auch derjenige sein, der – aus Schuldbeitritten oder aus akzessorischen Sicherungsrechten – die Versorgung selbst schuldet. Denn dessen Leistungspflicht geht gem. § 9 Abs. 2 BetrAVG auf den PSV über und der PSV erwirkt seinerseits kraft Gesetzes den Anspruch des Versorgungsberechtigten gegen den Versorgungsschuldner. Es findet somit ein kompletter Gläubiger- und Schuldneraustausch statt.

IV. Versicherungsmissbrauch

108 § 7 Abs. 5 BetrAVG beschreibt Fälle des Versicherungsmissbrauchs. Der PSV ist nicht einstandspflichtig, wenn es der alleinige oder überwiegende Zweck der Versorgungszusage oder ihrer Verbesserung, der Beleihung oder der Abtretung war, den Versicherungsschutz in Anspruch zu nehmen (Satz 1). Der Missbrauchszweck wird bei schlechter wirtschaftlicher Lage des Arbeitgebers widerlegbar (Satz 2), bei entsprechenden Verfügungen in den letzten zwei Jahren vor der Insolvenz unwiderlegbar (Satz 3) vermutet. Die Vorschrift gilt auch für Rentenanpassungen nach § 16 BetrAVG (*BAG* 26.04.1994 EzA § 16 BetrAVG Nr. 27).

109 Ein **Haftungsausschluss** des PSV setzt zunächst voraus, dass die betreffende Maßnahme zu einer Haftungserweiterung führen würde. Das Gesetz nennt in **§ 7 Abs. 5 Satz 1 BetrAVG** die (missbräuchliche) Erteilung einer Versorgungszusage, wobei der Begriff Versorgungszusage hier wie sonst auch jede Begründungsform und jede Durchführungsform erfasst. Weiter nennt das Gesetz die Verbesserung der Zusage. Darunter sind die Änderungen des Zusageinhalts zu verstehen, die den Versorgungsberechtigten besser stellen, also entweder die Leistung erhöhen oder die Leistungsbedingungen oder die Aufnahmevoraussetzungen für den Versorgungsberechtigten günstiger gestalten (*BAG* 24.06.1986 EzA § 7 BetrAVG Nr. 20).

110 Auch die Anhebung der schon laufenden Leistungen stellt eine Verbesserung dar (*BAG* 29.11.1988 EzA § 7 BetrAVG Nr. 27).

111 Der Zusageerteilung und der Zusageverbesserung sind die Beleihung und die Abtretung eines Anspruchs aus einer Direktversicherung gleichgestellt. Der Gesetzgeber hat das in § 7 Abs. 5 Satz 1 BetrAVG durch Verweis auf § 16 Abs. 2 Satz 3 BetrAVG dargestellt. In diesen Fällen ist die Interessenlage aber eine andere als bei der Erteilung oder Verbesserung von Versorgungszusagen. Hier geht es nicht um eine Haftungserweiterung für den PSV zugunsten des Versorgungsberechtigten, jedenfalls nicht unmittelbar, sondern um eine wirtschaftliche Nutzung des beim Versicherer gebildeten *Deckungskapitals*. Diese Möglichkeit kommt dem Arbeitgeber als Versicherungsnehmer zugute. Typischerweise lässt sich dieses Ziel nur erreichen, wenn – unter Missbrauchsgesichtspunkten – Arbeit-

geber und Arbeitnehmer einvernehmlich zusammengewirkt haben: Da eine Eintrittspflicht des PSV nur in Betracht kommt, wenn die Versorgungsanwartschaft unverfallbar war und entweder das Bezugsrecht des Arbeitnehmers ein widerrufliches war oder ein unwiderrufliches, das aber durch Beleihung oder Abtretung in seinem Wert geschmälert war, muss beim unwiderruflichen Bezugsrecht der Arbeitnehmer seine Zustimmung zur Beleihung oder Abtretung erteilt haben. Nur dann kann es zu einer wirtschaftlichen Verwertung des Versorgungsrechts durch den Arbeitgeber kommen (*BAG* 26.06.1990 EzA § 1 BetrAVG Nr. 59).

Ist das Bezugsrecht des Versorgungsberechtigten widerruflich, so kann der Arbeitgeber zwar ohne Mitwirkung des Versorgungsberechtigten über das Deckungskapital verfügen, aber der Versorgungsberechtigte hat dann ohnehin kein gesichertes Versorgungsrecht, d.h. der PSV hat im Insolvenzfall ohnehin für die volle Leistung einzustehen. Beim unwiderruflichen Bezugsrecht kann der Fall problematisch werden, dass der Arbeitnehmer dem Arbeitgeber vorweg gestattet, über das Deckungskapital zu seinen Gunsten zu verfügen. 112

§ 7 Abs. 5 Satz 1 BetrAVG schließt die Einstandspflicht des PSV aus, soweit nach den Umständen des Falles die Annahme gerechtfertigt ist, dass es der alleinige Zweck (der Maßnahme) gewesen ist, den Träger der Insolvenzsicherung in Anspruch zu nehmen. Beruft sich der PSV auf diesen Haftungsausschluss, muss er die **Missbrauchsabsicht** beweisen. Regelmäßig wird ein kollusives Zusammenwirken von Arbeitgeber und Arbeitnehmer zu fordern sein. Es stellt sich die Frage, warum ein Arbeitgeber seine wirtschaftliche Lage durch höhere oder neu eingegangene Versorgungsverpflichtungen im Blick auf den Insolvenzschutz zusätzlich belasten sollte, erwartete er nicht von den Arbeitnehmern oder von der Betriebsvertretung Entgegenkommen an anderer Stelle. Bei Zusagen an Nichtarbeitnehmer (§ 17 Abs. 1 Satz 2 BetrAVG) kann die Interessenlage aber durchaus anders zu beurteilen sein. 113

Der für den PSV nur schwer zu führende Beweis einer Missbrauchsabsicht wird durch die **Missbrauchsvermutung** des **§ 7 Abs. 5 Satz 2 BetrAVG** erleichtert. Nach dieser Vorschrift ist die Missbrauchsannahme insbesondere dann gerechtfertigt, wenn bei der Erteilung oder Verbesserung der Zusage wegen der wirtschaftlichen Lage des Arbeitgebers nicht zu erwarten war, dass die Zusage erfüllt werden könnte. 114

Diese Missbrauchsvermutung ist widerlegbar. Sie bewirkt eine Beweiserleichterung für den PSV: Er braucht nur nachzuweisen, dass bei der Erteilung oder Verbesserung der Zusage die Erfüllung nicht zu erwarten war, weil zu diesem Zeitpunkt die wirtschaftliche Lage des Arbeitgebers bereits schlecht war. Dem Versorgungsberechtigten bleibt es aber dennoch unbenommen, die Vermutung des Versicherungsmissbrauchs zu entkräften (*BAG* 19.02.2002 EzA § 7 BetrAVG Nr. 66; 29.11.1988 EzA § 7 BetrAVG Nr. 27). 115

Der Wortlaut des Satzes 2 (»Diese Annahme . . .«) nimmt auf den Missbrauchstatbestand des Satzes 1 Bezug (anders Satz 3) und zeigt damit den Zweck der Norm: Ein Missbrauch wird vermutet, aber auch bei schlechter wirtschaftlicher Lage des Unternehmens nicht festgeschrieben. Die anhand der objektiven Verhältnisse begründete Vermutung des § 7 Abs. 5 Satz 2 BetrAVG kann durch den Nachweis entkräftet werden, dass die subjektiven Voraussetzungen des § 7 Abs. 5 Satz 1 BetrAVG nicht vorliegen. Ein Arbeitnehmer verliert den Insolvenzschutz für die ihm erteilte Zusage nur dann, wenn er an der missbräuchlichen Maßnahme des Arbeitgebers beteiligt war. Er muss den missbilligten Zweck zumindest erkennen können. Dies ist dann der Fall, wenn sich für ihn die Erkenntnis aufdrängen muss, dass wegen der wirtschaftlichen Lage des Arbeitgebers ernsthaft damit zu rechnen ist, dass die Zusage nicht erfüllt wird (*BAG* 19.02.2002 EzA § 7 BetrAVG Nr. 66; 17.10.1995 EzA § 7 BetrAVG Nr. 52). 116

Die Vorschrift des § 7 Abs. 5 Satz 2 BetrAVG nennt im Unterschied zu Satz 1 nicht die Fälle der Abtretung und Beleihung von Ansprüchen aus einer Direktversicherung. Eine analoge Anwendung scheitert an der unterschiedlichen Interessenlage: Während die Erteilung und Verbesserung von Zusagen die Rechtsposition des Arbeitnehmers günstig beeinflusst, wirkt sich die Beleihung allein und 117 nachhaltig zu seinen Lasten aus (*BAG* 19.01.2010 – 3 AZR 660/09, ZIP 2010, 1663). Die Vorschrift findet also insoweit keine Anwendung (*BAG* 26.06.1990 EzA § 1 BetrAVG Nr. 59).

118 Diese Auslegung erscheint sachgerecht. Für die Annahme eines Missbrauchs bestehen angesichts der unterschiedlichen Interessenlage zur Versorgungsverbesserung kaum je typische tatsächliche Grundlagen, die den Schluss rechtfertigen, Versorgungsrechte würden vom Arbeitgeber beliehen, um den Insolvenzschutz in Anspruch zu nehmen (ebenso *Höfer* BetrAVG, § 7 Rn. 2956).

119 Schließlich enthält § 7 Abs. 5 Satz 3 BetrAVG einen **absoluten Haftungsausschluss** für Versorgungszusagen und Verbesserungen in den beiden letzten Jahren vor dem Eintritt des Sicherungsfalls. Diese Regelung, gleichgültig, ob sie als objektiver Haftungsausschluss oder als unwiderlegbare Vermutung verstanden wird, schließt eine Eintrittspflicht des PSV selbst dann aus, wenn es dem Versorgungsberechtigten gelingt, den Nachweis zu führen, dass eine Missbrauchsabsicht nicht vorlag (*BAG* 26.04.1994 EzA § 16 BetrAVG Nr. 27).

120 Das Gesetz geht davon aus, dass regelmäßig und typischerweise die wirtschaftliche Lage des Arbeitgebers in den beiden letzten Jahren vor dem Insolvenzfall bereits so geschwächt ist, dass eine Versorgungsverbesserung und selbst eine Rentenanpassung nach § 16 BetrAVG nicht mehr gerechtfertigt ist. Die zeitliche Nähe zum Insolvenzfall macht – ähnlich wie in dem vor dem 01.01.1999 geltenden Recht die §§ 31 Nr. 2, 32 Nr. 1 KO und § 28 VglO – den Insolvenzschutz für die Verbesserung hinfällig (*Otto* EWiR § 7 BetrAVG 2/89 S. 319).

121 Die gegenteilige Ansicht von *Höfer* (BetrAVG, § 7 Rn. 2963) ist abzulehnen. Der Hinweis auf die Rspr. des BAG, nach der bei automatischen Verbesserungen nach Maßgabe der Versorgungszusage der Zeitpunkt der Zusage und nicht der Zeitpunkt des Wirksamwerdens der Verbesserung maßgebend ist, überzeugt nicht. Auch § 7 Abs. 5 Satz 3 BetrAVG regelt einen Missbrauchsfall, allerdings mit der rigorosen Wirkung des Haftungsausschlusses des Trägers der Insolvenzsicherung. Es ist nicht einsichtig, welchen Bezug eine etwa vor Jahrzehnten erteilte Versorgungszusage zu einem Versicherungsmissbrauch im Zusammenhang mit einer Verbesserung kurz vor der Insolvenz des Arbeitgebers haben sollte. Die dann noch entstehende Versorgungsverbesserung und damit zugleich die Erhöhung des Umfangs der Eintrittspflicht des PSV kann schon deshalb nicht mehr als Missbrauchsfall durchschlagen, weil sie bereits in der – unverdächtigen – Zusage vorgesehen war.

122 Die unwiderlegbare Missbrauchsvermutung nach § 7 Abs. 5 Satz 3 BetrAVG gilt aber nicht für Entgeltumwandlungszusagen, wenn die Beiträge nur bis zu 4 v.H. der Beitragsbemessungsgrenze der gesetzlichen Rentenversicherung betragen (Nr. 1). Entgeltumwandlungszusagen bis zu 4 v.H. unterfallen demgegenüber dem sofortigen Insolvenzschutz. Die Missbrauchsvermutung findet auch bei Versorgungszusagen im Rahmen von Übertragungen keine Anwendung, die in den letzten beiden Jahren vor dem Sicherungsfall erfolgt sind (§ 7 Abs. 5 Satz 3 Nr. 2). Voraussetzung ist aber auch hier, dass der Übertragungswert die Beitragsbemessungsgrenze in der gesetzlichen Rentenversicherung zum Zeitpunkt der Übertragung nicht übersteigt. Zutreffend weist *Höfer* in diesem Zusammenhang darauf hin, dass der Begriff der »Übertragung« im weitesten Sinne von § 4 BetrAVG zu verstehen ist, also auch so genannte »Übernahmen« gem. § 4 Abs. 2 Nr. 1 BetrAVG durch einen neuen Arbeitgeber mitumfasst (*Höfer* BetrAVG, § 7 Rn. 4573.4).

123 Erfüllt die Versorgungszusage den Missbrauchstatbestand nach § 7 Abs. 1 Satz 1 und 2, entfällt der Anspruch gegen den PSV vollständig. Stellt sich die Verbesserung einer Versorgungszusage als missbräuchlich dar, muss der PSV die Versorgung nur in dem Umfang sichern wie sie sich ohne die Verbesserung darstellt.

124 Gemäß § 7 Abs. 6 BetrAVG können bei außergewöhnlichen **Katastrophenfällen** zwischen PSV und der Bundesanstalt für Finanzdienstleistungsaufsicht Regelungen vereinbart werden, die von den Bestimmungen des Betriebsrentengesetzes abweichen.

V. Widerruf der Versorgungszusage

Grobe Pflichtverletzungen, die ein Arbeitnehmer begangen hat, können den Arbeitgeber bzw. den Insolvenzverwalter zum Widerruf der Versorgungszusage berechtigen. Voraussetzung ist jedoch, dass der Arbeitnehmer seine Pflichten in grober Weise verletzt und dem Arbeitgeber hierdurch einen existenzgefährdenden, insbesondere durch Ersatzleistungen nicht wiedergutzumachenden schweren Schaden zugefügt hat. Hat der Arbeitnehmer die wirtschaftliche Grundlage seines Arbeitgebers gefährdet und somit durch sein eigenes Verhalten die Gefahr heraufbeschworen, dass seine Betriebsrente nicht gezahlt werden kann, kann er nicht verlangen dass sein Rentenanspruch dennoch erfüllt werden wird (*BAG* 12.11.2013 – 3 AZR 274/12, EzA § 1 BetrAVG Rechtsmissbrauch Nr. 7). 125

VI. Übertragung der Leistungspflicht

§ 8 Abs. 1 BetrAVG regelt die Fälle, dass eine Pensionskasse oder ein Unternehmen der Lebensversicherung die Leistungen des gesetzlichen Insolvenzschutzes vom PSV übernimmt und, beim Pensionsfonds, die Genehmigung der Aufsichtsbehörde erteilt ist, § 8 Abs. 1a BetrAVG. 126

Der PSV kann ohne Zustimmung des Arbeitnehmers Versorgungsrechte abfinden, wenn Altersrenten 1 % der monatlichen Bezugsgröße und Kapitalleistungen 12/10 der monatlichen Bezugsgrenze nicht übersteigen werden (§ 8 Abs. 2 BetrAVG). 127

Das Gleiche gilt in den Fällen, in denen nach § 3 Abs. 1 Satz 3 BetrAVG der Arbeitgeber die Anwartschaft mit Zustimmung des Arbeitnehmers abfinden darf; der PSV kann dies auch ohne dessen Zustimmung (§ 8 Abs. 2 Satz 1 BetrAVG) 128

Schließlich kann der PSV den Arbeitnehmer abfinden, ohne an die in § 3 Abs. 1 BetrAVG genannten Beträge gebunden zu sein; Voraussetzung dafür ist aber, dass er die Abfindung an einen Lebensversicherer zahlt, bei dem der Versorgungsberechtigte auf Grund einer Direktversicherung versichert ist (§ 8 Abs. 2 Satz 3 BetrAVG). 129

Insoweit handelt es sich nicht um eine Abfindung im eigentlichen Sinn; die Versorgung wird mit den dem Arbeitnehmer zustehenden Mitteln bei einem der genannten rechtsfähigen Versorgungsträger fortgeführt. Die für Direktversicherungen geltenden Berechnungs- und Abfindungsvorschriften gelten auch für den PSV (§ 8 Abs. 2 Satz 3 und §§ 2 Abs. 2 Sätze 4–6, 3 Abs. 5 BetrAVG). 130

G. Anspruchs- und Vermögensübergang (§ 9 BetrAVG)

I. Anspruchsübergang

Tritt ein Insolvenzfall ein und sind die Voraussetzungen für den Eintritt der gesetzlichen Insolvenzsicherung erfüllt, so erhalten die Versorgungsberechtigten gegen den PSV einen Anspruch auf die Leistung, die der Arbeitgeber aufgrund der Versorgungszusage zu erbringen hätte, wäre die Insolvenz nicht eingetreten (§ 7 Abs. 1 Satz 1 BetrAVG). Die Versorgungsgläubiger erhalten also in Gestalt des PSV einen neuen Versorgungsschuldner. Zugleich verlieren die Versorgungsgläubiger ihren alten Versorgungsschuldner. Gemäß § 9 Abs. 2 BetrAVG wird der PSV im Verhältnis zum Arbeitgeber neuer Versorgungsgläubiger. Es findet also von Gesetzes wegen ein kompletter **Forderungsaustausch** statt. 131

Der Forderungsübergang findet mit der Eröffnung des Insolvenzverfahrens statt. In den anderen Sicherungsfällen ist das Datum der Mitteilung maßgebend, die der PSV den Versorgungsberechtigten machen muss. Der PSV muss den Versorgungsberechtigten mitteilen, welche Ansprüche ihnen zustehen (§ 9 Abs. 1 BetrAVG). 132

Der Forderungsübergang erfasst alle Ansprüche des Arbeitnehmers gegen den Arbeitgeber. Er schafft eine endgültige Rechtszuweisung. Für den **gerichtlichen und außergerichtlichen Vergleich** mit dem Ziel der Fortsetzung des Unternehmens (**Fortsetzungsvergleich**) bedeutet dies, dass die Eintrittspflicht des PSV **nicht** endet und die Versorgungsschuld des Arbeitgebers nicht wieder auflebt, 133 wenn das Unternehmen saniert wird und seine wirtschaftliche Lage die Erfüllung der Versorgungsansprüche wieder zuließe (*BAG* 12.04.1983 EzA § 9 BetrAVG Nr. 1).

134 Als neuer Gläubiger der Versorgungsansprüche der Arbeitnehmer nimmt der PSV am Insolvenzverfahren über das Vermögen des Arbeitgebers teil. Die Rangstellung der Ansprüche bleibt unverändert.

135 Im Insolvenzplan kann für den Fall der Fortführung des Unternehmens ein volles oder teilweises **Wiederaufleben der Versorgungsverbindlichkeiten des Insolvenzschuldners** vorgesehen werden (§ 7 Abs. 4 Sätze 2–5 BetrAVG). Diese Regeln werden in § 9 BetrAVG für den Fortsetzungsvergleich ergänzt: Sieht der Insolvenzplan die Fortführung des Unternehmens vor, so kann für den PSV eine »besondere Gruppe« gebildet werden. § 222 InsO sieht vor, dass bei der Festlegung der Rechte der Beteiligten im Insolvenzplan Gruppen zu bilden sind, soweit Gläubiger unterschiedliche Rechtsstellungen haben. Auch die Arbeitnehmer sollen nach § 222 Abs. 3 InsO eine besondere Gruppe bilden.

136 Davon unabhängig kann der PSV, soweit er mit auf ihn übergegangenen Forderungen im Insolvenzverfahren ausfällt und der Insolvenzplan nichts anderes vorsieht, »Erstattung der von ihm erbrachten Leistungen« verlangen, wenn der Sanierungsversuch scheitert und binnen drei Jahren nach Aufhebung des Insolvenzverfahrens »ein Antrag auf Eröffnung eines neuen Insolvenzverfahrens« gestellt wird, § 9 Abs. 4 BetrAVG. Er kann die Erstattung als »Insolvenzgläubiger« verlangen, was wohl nur bedeuten kann, dass die Forderung ungeachtet einer anderen Regelung im Insolvenzplan wieder auflebt. Unter den »erbrachten Leistungen« werden wohl die Zahlungen zu verstehen sein, die der PSV an Versorgungsberechtigte aus Anlass der bisherigen Insolvenz des Arbeitgebers geleistet hat.

137 Unklar bleibt, was gilt, wenn die neue Insolvenz des Arbeitgebers zur Ablehnung des neuen Insolvenzverfahrens mangels Masse führt (§ 26 InsO). Eine solche Konstellation wird nicht sehr wahrscheinlich, aber trotz des ausgefeilten Sanierungsverfahrens nicht auszuschließen sein (vgl. die Vorschriften zur Überwachung der im Insolvenzplan vorgesehenen Regelungen, §§ 260 ff. InsO). Der PSV wird in einem solchen Fall seine Verluste abschreiben müssen. Mit der Aufhebung des Insolvenzverfahrens erhält der Schuldner das Recht zurück, über die Insolvenzmasse frei zu verfügen (§ 259 Abs. 1 Satz 2 InsO).

138 Führt das Insolvenzverfahren zur Abwicklung der Vermögensmasse des Gemeinschuldners, so entstehen allerdings **sofort zu berichtigende Kapitalansprüche**. Nur so lässt sich das Insolvenzverfahren überhaupt zum Abschluss bringen. Das führt nach st. Rspr. des BAG dazu, dass Ansprüche auf laufende Leistungen nach versicherungsmathematischen Grundsätzen in einen Kapitalbetrag umzurechnen, zu kapitalisieren sind. Das Gleiche gilt für die auf den PSV übergegangenen Rechte aus Anwartschaften, die ebenfalls noch nicht fällig sind (zuletzt *BAG* 07.11.1989 EzA § 9 BetrAVG Nr. 2).

139 Der Gesetzgeber hat in § 9 Abs. 2 Satz 3 BetrAVG angeordnet, dass die mit der Eröffnung des Insolvenzverfahrens auf den PSV übergegangenen Anwartschaften, die ja noch keine sofortigen Zahlungspflichten auslösen, im Insolvenzverfahren als unbedingte Forderungen nach § 45 InsO geltend zu machen sind. Das heißt, dass diese (bedingten) Forderungen mit dem Wert geltend zu machen sind, den sie zur Zeit der Eröffnung des Insolvenzverfahrens haben. Der Wert soll nach § 45 InsO geschätzt werden; er lässt sich versicherungsmathematisch zuverlässig bestimmen.

140 Zu den auf den PSV übergehenden Rechten zählen auch **akzessorische Sicherungsrechte**, z.B. Pfandrechte oder Ansprüche aus Bürgschaften sowie Forderungen gegen Dritte aus einem Schuldbeitritt oder – in den Grenzen des Nachhaftungsbegrenzungsgesetzes – gegen ausgeschiedene oder zurückgetretene Gesellschafter und Einzelunternehmer (*BAG* 12.12.1989 EzA § 9 BetrAVG Nr. 3; *BGH* 13.05.1993 ZIP 1993, 903).

II. Vermögensübergang bei Unterstützungskassen und Pensionsfonds

141 § 9 Abs. 3 BetrAVG ordnet einen **gesetzlichen Vermögensübergang** auf den PSV an, wenn der Träger einer Unterstützungskasse insolvent wird und der PSV deswegen (§ 7 Abs. 1 Satz 2 Nr. 2, Abs. 2 Satz 2 BetrAVG) eintreten muss. Der Vermögensübergang findet aber nur statt, wenn das Un-

ternehmen beendet wird (§ 9 Abs. 3 Satz 4 BetrAVG). Andernfalls muss das Kassenvermögen weiter zur Verfügung stehen, um die fortbestehenden Versorgungsverpflichtungen erfüllen zu können. Das ist in Satz 3 ausdrücklich klargestellt. In § 9 Abs. 3a BetrAVG ist die Regelung auf die Versorgung durch Pensionsfonds ausgedehnt worden, wenn die zuständige Aufsichtsbehörde, d.h. die Bundesanstalt für Finanzdienstleistungsaufsicht, die Genehmigung für die Übertragung der Leistungspflicht auf das Trägerunternehmen des Pensionsfonds nach § 8 Abs. 1a BetrAVG nicht erteilt. Muss der PSV in diesem Fall die Versorgungsleistung erbringen, findet ein Vermögensübergang wie bei der Unterstützungskasse statt (§ 9 Abs. 3a i.V.m. Abs. 3 BetrAVG).

Da Sicherungsfall die Insolvenz des Trägerunternehmens ist, geht das Vermögen der Kasse auch 142 dann auf den PSV über, wenn die Kasse – noch – leistungsfähig ist. Eine konkrete Leistungsgefährdung bleibt auf jeden Fall bestehen, sei es, dass entweder der Arbeitgeber oder der Insolvenzverwalter Zugriff auf das Kassenvermögen nimmt.

Da trotz des Übergangs des Kassenvermögens auch die Ansprüche der Versicherungsberechtigten 143 auf den PSV übergehen, muss ein Ausgleich gefunden werden. Der Betrag, der aus dem Kassenvermögen erzielt wird, muss von den nach § 9 Abs. 2 BetrAVG übergegangenen Ansprüchen abgesetzt werden. Andernfalls könnte der PSV im Insolvenzverfahren gegen den Arbeitgeber Ansprüche geltend machen, für die er in Höhe des übergegangenen Kassenvermögens bereits abgesichert ist (*BAG* 06.10.1992 EzA § 9 BetrAVG Nr. 6). Der Gesetzgeber hat daher in § 9 Abs. 3 Satz 4 BetrAVG klargestellt, dass ein Übergang des Kassenvermögens auf den PSV nur stattfindet, wenn es im Sicherungsfall des außergerichtlichen Vergleichs (§ 7 Abs. 1 Satz 4 Nr. 2 BetrAVG) zu einer Unternehmensliquidation kommt. Wird das Unternehmen fortgeführt, so muss sinnvollerweise auch die Kasse fortbestehen, über die der Arbeitgeber die Versorgung abwickelt.

Besondere Schwierigkeiten können beim Übergang des Kassenvermögens dann auftreten, wenn eine 144 Unterstützungskasse mehrere Trägerunternehmen hat und nur eines der Trägerunternehmen insolvent wird. Der PSV hat dann gegen die Kasse einen Anspruch auf Zahlung des Betrags, der dem Teil des Vermögens entspricht, der auf das insolvent gewordene Trägerunternehmen entfällt. Die Höhe der den einzelnen Trägerunternehmen zuzuordnenden Vermögensanteile richtet sich zunächst nach den getroffenen Vereinbarungen, und, sofern solche Vereinbarungen fehlen, nach der Höhe des Dotierungsanspruchs der Kasse gegen das insolvent gewordene Trägerunternehmen (*BAG* 22.10.1991 EzA § 9 BetrAVG Nr. 5). Das ist in § 9 Abs. 3 Satz 3 BetrAVG festgeschrieben.

III. Mitteilungspflicht

Nach § 9 Abs. 1 Satz 1 BetrAVG ist der PSV verpflichtet, dem Berechtigten die ihm nach § 7 oder 145 § 8 BetrAVG zustehenden Ansprüche oder Anwartschaften schriftlich mitzuteilen. Umfasst sind der Grund und die Höhe der Ansprüche. Auf Grund des Verweises auf § 8 BetrAVG muss der PSV auch darüber informieren, wenn die Versorgungsverpflichtung von einem Versicherungsunternehmen übernommen ist (*BAG* 28.06.2011 EzA § 9 BetrAVG Nr. 9). Bei der Mitteilung des PSV handelt es sich nicht um ein Schuldversprechen oder Schuldanerkenntnis i.S.v. §§ 780, 781 BGB, sondern um eine Wissenserklärung ohne Bindungswillen, aus der keine Ansprüche hergeleitet werden können (*BAG* 29.09.2010 – 3 AZR 546/08, DB 2011, 247). Unterbleibt die Mitteilung, ist der Anspruch oder die Anwartschaft spätestens ein Jahr nach dem Sicherungsfall von dem Berechtigten beim PSV anzumelden, § 9 Abs. 1 Satz 2 BetrAVG. Erfolgt die Anmeldung später beginnen die Leistungen frühestens mit dem Ersten des Monats der Anmeldung, es sei denn, der Berechtigte war an der rechtzeitigen Anmeldung ohne sein Verschulden gehindert.

H. Beitrags- und Mitwirkungspflichten

Gemäß § 10 BetrAVG werden die Mittel zur Durchführung der Insolvenzsicherung aufgrund öffent- 146 lich-rechtlicher Verpflichtung durch Beiträge aller Arbeitgeber aufgebracht, die Leistungen der betrieblichen Altersversorgung gewähren. Die Beitragspflicht reicht soweit wie der Insolvenzschutz, erfasst also nicht die Versorgung über eine Pensionskasse oder eine Direktversicherung mit unwiderruflichen und nicht beliehenen Bezugsrechten. Es handelt sich um eine Pflichtversicherung, die auf der Beitragsseite als öffentlich-rechtliche Verpflichtung ausgestaltet ist. Der PSV ist ein beliehener Unternehmer, der vollstreckungsfähige Bescheide erlässt. Für Rechtsstreitigkeiten in diesem Bereich ist der Rechtsweg zu den Verwaltungsgerichten eröffnet.

147 Das Gesetz enthält Vorschriften über das notwendige Gesamtbeitragsaufkommen (§ 10 Abs. 2 BetrAVG) und über die Beitragsbemessungsgrundlagen (§ 10 Abs. 3 BetrAVG). Nach § 11 BetrAVG bestehen umfangreiche Mitteilungs- und Mitwirkungspflichten der versicherten Arbeitgeber. In gesetzlichen Insolvenzverfahren treffen entsprechende Pflichten den Insolvenzverwalter.

148 Die Pflichten der Arbeitgeber sind durch § 12 BetrAVG sanktioniert. Verstöße werden als Ordnungswidrigkeiten mit Geldbußen bis zu 2.500 € geahndet.

149 Die dem PSV gemeldeten Daten stehen unter Geheimhaltungsschutz (§ 15 BetrAVG, §§ 11, 203 Abs. 2 Satz 1 Nr. 2, 204 StGB).

Anhang III Gesetz über die Insolvenzstatistik (Insolvenzstatistikgesetz – InsStatG)[1]

vom 7. Dezember .2011 (BGBl. I S. 2582)

§ 1 Insolvenzstatistik

Für wirtschaftspolitische Planungsentscheidungen werden über Insolvenzverfahren monatliche und jährliche Erhebungen als Bundesstatistik durchgeführt.

§ 2 Erhebungsmerkmale

Die Erhebungen erfassen folgende Erhebungsmerkmale:
1. bei Eröffnung des Insolvenzverfahrens oder dessen Abweisung mangels Masse:
   a) Art des Verfahrens und des internationalen Bezugs,
   b) Antragsteller,
   c) Art des Rechtsträgers oder der Vermögensmasse (Schuldner); bei Unternehmen zusätzlich Rechtsform, Geschäftszweig, Jahr der Gründung, Zahl der betroffenen Arbeitnehmer und die Eintragung in das Handels-, Genossenschafts-, Vereins- oder Partnerschaftsregister,
   d) Eröffnungsgrund,
   e) Anordnung oder Ablehnung der Eigenverwaltung,
   f) voraussichtliche Summe der Forderungen;
2. bei Annahme eines Schuldenbereinigungsplans, bei Eröffnung eines Verbraucherinsolvenzverfahrens oder bei der Abweisung des Antrags auf Eröffnung eines solchen Verfahrens mangels Masse:
   a) Summe der Forderungen,
   b) geschätzte Summe der zu erbringenden Leistungen;
3. bei Einstellung oder Aufhebung des Insolvenzverfahrens:
   a) Art der erfolgten Beendigung des Verfahrens,
   b) Höhe der befriedigten Absonderungsrechte,
   c) Höhe der quotenberechtigten Insolvenzforderungen und Höhe des zur Verteilung an die Insolvenzgläubiger verfügbaren Betrags, bei öffentlich-rechtlichen Insolvenzgläubigern zusätzlich deren jeweiliger Anteil,
   d) Angaben zur Betriebsfortführung, zum Sanierungserfolg und zur Eigenverwaltung,
   e) Angaben über die Vorfinanzierung von Arbeitsentgelt im Rahmen der Gewährung von Insolvenzgeld,
   f) Datum der Einreichung des Schlussberichts bei Gericht,
   g) Angaben über Abschlagsverteilungen,
   h) Datum der Beendigung des Verfahrens;
4. bei Restschuldbefreiung:
   a) Ankündigung der Restschuldbefreiung,
   b) Entscheidung über die Restschuldbefreiung,
   c) bei Versagung der Restschuldbefreiung die Gründe für die Versagung,
   d) Widerruf der erteilten Restschuldbefreiung,
   e) sonstige Beendigung des Verfahrens.

---

[1] Das Gesetz tritt am 1. Januar 2013 in Kraft.

§ 3 Hilfsmerkmale

Hilfsmerkmale der Erhebungen sind:
1. Datum der Verfahrenshandlungen nach § 2,
2. Name oder Firma und Anschrift oder Mittelpunkt der selbständigen wirtschaftlichen Tätigkeit des Schuldners,
3. bei Unternehmen die Umsatzsteuernummer,
4. Name, Nummer und Aktenzeichen des Amtsgerichts,
5. Name und Anschrift des Insolvenzverwalters, Sachwalters oder des Treuhänders,
6. Name, Rufnummern und E-Mail-Adressen der für eventuelle Rückfragen zur Verfügung stehenden Personen,
7. bei Schuldnern, die im Handels-, Genossenschafts-, Vereins- oder Partnerschaftsregister eingetragen sind, die Art und der Ort des Registers und die Nummer der Eintragung.

§ 4 Auskunftspflicht und Erteilung der Auskunft; Verordnungsermächtigung

(1) Für die Erhebung besteht Auskunftspflicht. Die Angaben zu § 3 Nummer 6 sind freiwillig. Auskunftspflichtig sind
1. bezüglich der Angaben nach § 2 Nummer 1 und 2 sowie § 3 Nummer 1, 2, 4, 5 und 7 die zuständigen Amtsgerichte,
2. bezüglich der Angaben nach § 2 Nummer 3 und 4 und § 3 Nummer 1 bis 5 und 7 die zuständigen Insolvenzverwalter, Sachwalter oder Treuhänder.

(2) Die Angaben werden aus den vorhandenen Unterlagen mitgeteilt. Die Angaben nach Absatz 1 Nummer 1 werden monatlich, die Angaben nach Absatz 1 Nummer 2 jährlich erfasst.

(3) Die Angaben sind innerhalb der folgenden Fristen zu übermitteln:
1. die Angaben der Amtsgerichte innerhalb von zwei Wochen nach Ablauf des Kalendermonats, in dem die jeweilige gerichtliche Entscheidung erlassen wurde,
2. die Angaben der Insolvenzverwalter, Sachwalter oder Treuhänder mit Ausnahme der Angaben zu § 2 Nummer 4 Buchstabe b bis d innerhalb von vier Wochen nach Ablauf des Kalenderjahres, in dem die Einstellung oder Aufhebung des Insolvenzverfahrens erfolgte,
3. die Angaben der Insolvenzverwalter oder Treuhänder zu § 2 Nummer 4 Buchstabe b, c und e innerhalb von vier Wochen nach Ablauf des sechsten dem Eröffnungsjahr folgenden Jahres, ergeht die Entscheidung vorher, innerhalb von vier Wochen nach Rechtskraft der Entscheidung,
4. die Angaben der Insolvenzverwalter oder Treuhänder zu § 2 Nummer 4 Buchstabe d innerhalb von vier Wochen nach Ablauf des siebten dem Eröffnungsjahr folgenden Jahres, ergeht die Entscheidung vorher, innerhalb von vier Wochen nach Rechtskraft der Entscheidung.

(4) Die zuständigen Amtsgerichte übermitteln den nach Absatz 1 Nummer 2 auskunftspflichtigen Insolvenzverwaltern, Sachwaltern oder Treuhändern die erforderlichen Erhebungsunterlagen.

(5) Die Insolvenzverwalter, Sachwalter oder Treuhänder übermitteln die zu erteilenden Angaben über die zuständigen Amtsgerichte, welche die Vollzähligkeit prüfen, den statistischen Ämtern. Es ist zulässig, dass die Insolvenzverwalter, Sachwalter oder Treuhänder die Angaben direkt an die statistischen Ämter melden. In diesem Fall sollen die Daten nach bundeseinheitlichen Vorgaben des Statistischen Bundesamtes elektronisch übermittelt werden. Für die Vollzähligkeitsprüfung erfolgt in diesem Fall eine Mitteilung an die zuständigen Amtsgerichte.

(6) Die Landesregierungen werden ermächtigt, durch Rechtsverordnung nähere Bestimmungen über die Form der Angaben zu treffen, die den zuständigen Amtsgerichten von Insolvenzverwaltern, Sachwaltern und Treuhändern zu übermitteln sind. Dabei können sie auch Vorgaben für die Datenformate der elektronischen Einreichung machen. Die Landesregierungen können die Ermächtigung durch Rechtsverordnung auf die Landesjustizverwaltungen übertragen.

§ 5 Veröffentlichung und Übermittlung

(1) Die statistischen Ämter dürfen Ergebnisse veröffentlichen, auch wenn Tabellenfelder nur einen einzigen Fall ausweisen, sofern diese Tabellenfelder keine Angaben zur Summe der Forderungen und zur Zahl der betroffenen Arbeitnehmer enthalten.

(2) Für die Verwendung gegenüber den gesetzgebenden Körperschaften und für Zwecke der Planung, jedoch nicht für die Regelung von Einzelfällen, dürfen Tabellen mit statistischen Ergebnissen, auch wenn Tabellenfelder nur einen einzigen Fall ausweisen, vom Statistischen Bundesamt und den statistischen Ämtern der Länder an die fachlich zuständigen obersten Bundes- und Landesbehörden übermittelt werden.

§ 6 Übergangsregelung

(1) Die Insolvenzverwalter, Sachwalter und Treuhänder sind nach § 4 Absatz 1 auskunftspflichtig bezüglich der Angaben, die sich auf Insolvenzverfahren beziehen, die nach dem 31. Dezember 2008 eröffnet wurden.

(2) Erfolgte die Einstellung oder Aufhebung des Insolvenzverfahrens oder die Ankündigung der Restschuldbefreiung nach dem 1. Januar 2009, aber vor dem Inkrafttreten dieses Gesetzes, sind die Angaben innerhalb von vier Monaten nach Inkrafttreten dieses Gesetzes zu übermitteln.

Stichwortverzeichnis

Die Bedeutung der Verweisungen hinter dem Stichwort:
vor § 1 48 = Vorbemerkung vor § 1 InsO Randnummer 48
§ 116 25 = § 116 InsO Randnummer. 25
Anh. n. § 15a 1 = Anhang nach § 15a Randnummer 1
Anh. zu § 113 237 = Anhang zu § 113 Randnummer 237
Anh. n. § 173 = Anhang nach § 173 Randnummer 2
Art. 15 EuInsVO 8 = EuInsVO Artikel 15 Randnummer 8
Art. 102c § 4 EGInsO 4 = EGInsO Art. 102c § 4 Randnummer 4
§ 3 InsVV 54 = InsVV § 3 Randnummer 54
ArbnErfG 50 = Anhang I § 27 ArbnErfG Randnummer 50
BetrAVG 55 = Anhang II Betriebsrentengesetz Randnummer 55

A

Abbuchungsaufträge § 116 31
Abdingbarkeit § 108 48
– dingliche Absicherungen von Vertragsstrafen § 119 9
– unwirksamer Vereinbarungen § 103 119
Abfindung § 108 47; **Anh. zu § 113** 284
– Anspruch nach § 1a KSchG **Anh. zu § 113** 308
– aus Auflösungsurteil **Anh. zu § 113** 301
– tarifvertragliche **Anh. zu § 113** 313
Abfindungsanspruch § 113 119; § 118 9
– Anteilsinhaber § 225a 41
Abgeltungssteuer § 155 770
– auf Kapitalerträge § 149 12
Abgesonderte Befriedigung § 190 2
– aus unbeweglichen Gegenständen § 49 1
Ablehnung § 4 31
– Antragsrecht § 4 37
– Besorgnis der Befangenheit § 4 35
– Einzelfälle § 4 41
– Rechtsbehelfe § 4 51
– rechtsmissbräuchliche § 4 50
– Verfahren § 4 46
– Zuständigkeit zur Entscheidung § 4 51
Ablehnung der Beiordnung eines Rechtsanwaltes
– Beschwerdemöglichkeiten des Schuldners § 4d 12
– Rechtsmittel § 4d 3
Ablehnung der Prozessaufnahme § 86 21
Ablehnung der Stundung
– Beschwerdemöglichkeiten des Schuldners § 4d 6
– Rechtsmittel § 4d 3
Ablehnungserklärung
– Folgen § 85 54
– Form § 85 50
– Freigabe des Massegegenstandes § 85 51
– im Verfahren einer jur. Person oder Gesellschaft ohne Rechtspersönlichkeit § 85 56
– Kosten § 85 58
– Nachlassinsolvenzverfahren § 85 55
– Übergang der Prozessführungsbefugnis § 85 54
Ablehnungsgesuch § 4 52
– unzulässiges § 4 51

Abschläge § 3 InsVV 2
Abschlagsverteilung § 187 9; § 188 4; § 190 12; § 191 3; § 206 7
– bei bestrittener Forderung § 189 9
– Berücksichtigung bestrittener Forderungen § 189 3
– Bestimmung des Bruchteils § 195 3
– nachträgliche Berücksichtigung § 192 1
– Festsetzung des Bruchteils § 195 1
– Wirksamwerden der Bruchteilsbestimmung § 195 7
Abschreibungen, Änderungen durch BilMoG § 155 142
Abschriften § 306 31
Absonderung § 174 42
– Absonderungsberechtigte § 49 27
– Ausfallprinzip § 52 1
– Auskunftsanspruch § 51 40
– Befriedigungsreihenfolge bei freihändiger Verwertung § 49 36
– Befriedigungsreihenfolge bei Schiffen, Schiffsbauwerken, Luftfahrzeugen § 49 39
– Befriedigungsreihenfolge in der Zwangsversteigerung § 49 28
– Begriff **vor § 49** 1
– Berechnung des Forderungsausfalls § 52 13
– Bruchteile § 49 9
– Doppelabtretung, Behandlung der – § 51 53
– echte Zwangsverwaltung und Einkommensteuer § 49 53
– Eigentumsvorbehalt verlängert § 51 29
– Enthaftung des Zubehörs § 49 17
– Freigabeverpflichtung für belastete und unverwertbare Gegenstände § 49 68
– freihändiger Verkauf im Regelinsolvenzverfahren § 49 55
– freihändiger Verkauf in der Verbraucherinsolvenz § 49 67
– freihändiger Verkauf und Einkommensteuer auf stille Reserven § 49 64
– freihändiger Verkauf und Ermittlungspflicht § 49 56

4085

Stichwortverzeichnis

- freihändiger Verkauf und Lästigkeitsprämie § 49 57
- freihändiger Verkauf und Nebenkostenvorauszahlung § 49 59
- freihändiger Verkauf und Umsatzsteuer auf Masseanteil § 49 61
- freihändiger Verkauf und Vorsteuerberichtigung § 49 60
- Gegenstand der ~ § 49 4
- Globalzession § 51 56
- Grundpfandrechtserstreckung auf Bestandteile § 49 11
- Grundpfandrechtserstreckung auf Zubehör § 49 14
- Grundstücke und grundstücksgleiche Rechte § 49 5
- kalte Zwangsverwaltung § 49 25
- kalte Zwangsverwaltung und Umsatzsteuer § 49 62
- keine dingliche Surrogation am Verkaufserlös aus freihändiger Grundbesitzverwertung § 49 37
- keine ~ am Erlösüberschuss bei vorbehaltsloser Aufhebung der Zwangsverwaltung § 49 50
- keine ~ bei Zahlungen privater Krankenversicherungen § 51 52
- keine ~ bei § 16 Nr. 6 VOB/B § 51 51
- Miet- und Pachtforderungen § 49 21
- Pfandgläubiger § 50
- Pfändungspfandrecht § 50 31
- Prozesskostenhilfe § 52 1
- Rückgewährsanspruch § 51 50
- Rückgewinnungshilfe § 50 33
- Schiffe, Schiffsbauwerke, Luftfahrzeuge § 49 7
- Sicherungsübereignung § 51 4
- Singularzession § 51 46
- Systematik vor § 49 4
- Tilgungsbestimmung bei Erlösauskehr § 52 17
- Übersicherung anfängliche § 51 15
- Übersicherung nachträgliche § 51 13
- Umsatzsteuerhaftung bei Zession § 51 74
- Unzulässigkeit sonstiger Zwangsvollstreckung § 49 44
- versicherungsrechtlicher Deckungsanspruch § 51 109
- Verteilungsabwehrklage § 52 24
- Vertragspfand § 50 5
- Verwertung bei § 51 Nr. 1 InsO § 51 72
- Verwertungshemmung § 51 79
- Verwertungsvereinbarung § 49 38
- Zurückbehaltungsrecht § 51 80

Absonderungsberechtigte Gläubiger § 190 1; § 213 10; § 217 63
- Rechtsstellung § 238 2

Absonderungsberechtigte, Ausfall der ~ § 52

Absonderungsberechtigter § 155 311

Absonderungsgut § 172 3; vor § 1 InsVV 1, 10, 22, 28
- Nutzungsrecht § 172 7
- Nutzungsrecht, des Verwalters § 172 3
- Verwertung § 1 InsVV 17
- Verwertung, durch Gläubiger § 173 1

Absonderungsrecht
- des Gläubigers § 167 5

Absonderungsrechte § 129 46; § 190 2; § 292 16; § 301 48; vor § 1 InsVV 10
- Anfechtbarkeit § 51 107
- Anteil des Schuldners § 84 30
- Ausfall § 292 18
- Berechnungsbeispiel vor § 1 InsVV 28
- Berechnungsregeln vor § 1 InsVV 21
- des Fiskus § 51 100
- Doppelberücksichtigung § 292 17
- Eigentumsvorbehalt § 166 6
- Einzelerörterung § 238 4
- Frachtführerpfandrecht § 50 73
- Geltendmachung § 49 43
- Kollisionsfälle § 50 22
- Leasinggegenstände § 166 6
- Nachweis § 292 18
- Nachweis des Ausfalls § 52 20
- Pfändungen im Wege der Zwangsvollstreckung § 166 6
- Pfändungspfandrechte § 166 6
- Sicherungseigentum § 166 6
- Teilung einer erst während des Insolvenzverfahrens eingegangenen Gemeinschaft § 84 28, 30
- Umfang der Einzelerörterung § 238 7
- unanfechtbare § 130 10
- Vermieterpfandrecht § 50 51; § 166 6
- Verteilungsschlüssel § 292 17
- Vertragspfandrechte § 166 6
- Verwertung unbeweglicher Gegenstände § 165
- Verwirkung § 52 30
- Verzicht auf ~ § 52 26
- Vorteilsausgleichung § 52 18
- weitere ~ § 51 108
- Werkunternehmerpfandrecht § 50 70

Absonderungsstreit § 86 11

Abstimmung über die Zusicherung Art. 102c § 17 EGInsO
- Stimmberechtigte Art. 102c § 18 EGInsO
- Unterrichtung über das Ergebnis Art. 102c § 19 EGInsO

Abstimmungserklärung, Bindungswirkung § 242 10

Abstimmungstermin § 235 1, 21
- Beteiligte § 241 11
- gesonderter § 241
- Ladung der Beteiligten § 235 28
- öffentliche Bekanntmachung § 235 33

Abstimmungsverfahren
- erforderliche Mehrheiten § 244 1

Abtretung § 103 103; § 294 46

Abtretungserklärung § 287 136; § 300 42
- Laufzeit § 300 1

Stichwortverzeichnis

- pfändbare Forderungen auf Arbeitseinkommen § 287 145
- prozessuale Theorie § 287 132

Abtretungsschutz § 287 179
Abweisung der Insolvenzeröffnung § 155 392
Abweisung mangels Masse
- Akteneinsicht § 26 107
- Amtsermittlungen § 26 75
- Aufbewahrung der Geschäftsunterlagen § 26 108
- Aufhebung von Sicherungsmaßnahmen § 26 92
- Behandlung von Vorschussleistungen § 26 42
- Bekanntmachung § 26 98
- Beschluss § 26 90
- erneuter Antrag auf Insolvenzeröffnung § 26 135
- Fußballvereine § 26 132
- Gläubigerkalkül § 26 39
- Grundvoraussetzung § 26 9
- Insolvenzgeld § 26 133
- internationales Insolvenzrecht § 26 152
- juristische Personen § 26 122
- Kosten des Verfahrens § 26 10, 26
- Kostentragungspflicht § 26 93
- Krankenkassen § 26 124
- Masse realisieren § 26 27
- Mitteilungen § 26 101
- öffentliche Bekanntmachung § 26 7
- Prognose des Gerichts § 26 25
- rechtliches Gehör § 26 84
- Rechtsbehelfe § 26 105
- Rechtsfolgen § 26 5, 109
- Rückgriffsanspruch § 26 139
- Schuldnerverzeichnis § 26 110
- Stundung § 26 44
- Vergütungsanspruch des vorläufigen Insolvenzverwalters § 26 97
- Vermögen des Schuldners § 26 15
- Vorschuss § 26 34
- Vorschussanforderung § 26 41, 82
- Vorschusspflichtige § 26 35
- Vorschusszahlung § 26 139
- Zeitraum § 26 27

Abweisungsbeschluss mangels Masse
- Grundbucheintragung § 32 2
- Mitteilung § 31 5

Abweisungsquote bei Unternehmensinsolvenzen § 26 3
Abwicklungs-Eröffnungsbilanz § 155 198
- Aktivseite § 155 221
- Allgemeine Grundsätze § 155 215
- Bewertung der Aktiv- und Passivposten § 155 224
- Passivseite § 155 223

Abwicklungs-Gewinn- und Verlustrechnung § 155 232
Abwicklungsjahresabschlüsse § 155 228
Abwicklungskosten, notwendige § 207 8
Abzutretende Forderungen § 287 148
- Abtretungsfrist für Altfälle § 287 265
- Abtretungsschutz § 287 258
- Anhörung der verfahrensbeteiligten Insolvenzgläubiger § 287 275
- Arbeitnehmer-Sparzulage § 287 162
- Arbeitseinkommen § 287 153
- Arbeitsförderung § 287 249
- Ausbildungsförderung § 287 248
- beschränkt und bedingt pfändbare Forderungen § 287 185
- Dauer der Abtretung für Altfälle § 287 264
- Dienst- und Versorgungsbezüge der Beamten § 287 159
- Einkünfte arbeitnehmerähnlicher Personen § 287 174, 175
- Einkünfte aus unselbständiger Tätigkeit § 287 157
- Entschädigungen wegen Gesundheitsschäden § 287 251
- Erziehungsgeld § 287 255
- Hinweispflicht auf vorherige Abtretungen oder Verpfändungen für Altfälle § 287 271
- Karenzzahlungen § 287 170
- Kindergeld § 287 162, 256
- Leistungen der gesetzlichen Rentenversicherung § 287 253
- Leistungen für behinderte Menschen § 287 250
- Lohn- oder Einkommensteuererstattungen § 287 160
- Sozialhilfe § 287 257
- Trinkgelder § 287 162
- Unwirksamkeit vereinbarter Abtretungsverbote § 287 273
- Versorgungsrenten § 287 171

Akkreditiv § 103 46
Akteneinsicht § 4 56
- Amtshilfe § 4 87
- Beendetes Verfahren § 4 74
- Eröffnetes Verfahren § 4 68
- Eröffnungsverfahren § 4 63
- Gläubigerausschuss/Gläubigerversammlung § 4 109
- Kosten § 4 98
- rechtliches Gehör des Schuldners § 4 97
- rechtliches Interesse § 4 66
- Rechtsbehelfe § 4 99
- Sachverständiger/(vorläufiger) Verwalter § 4 102
- technischer Ablauf § 4 91
- Zuständigkeit § 4 99

Aktivierungsgebot, für entgeltlich erworbenen Firmenwert § 155 98
Aktivierungsverbot § 155 91
Aktivierungswahlrecht § 155 91
- Änderungen durch BilMoG § 155 89

Aktivmasse § 148 2
Aktivprozess § 24 33; § 196 7
- Anhängigkeit § 85 11
- Parteistellung des Schuldners § 85 12
- Rechtshängigkeit § 85 10

Stichwortverzeichnis

- Unterbrechung durch Bestellung eines vorläufigen Insolvenzverwalters § 85 7
- Unterbrechung durch Eröffnung des Insolvenzverfahrens § 85 2

Altersruhegeld, vorgezogenes § 125 23
Altersteilzeitarbeitsverhältnisse Anh. zu § 113 329
- Arten **Anh. zu § 113** 330
- Insolvenzgeld **Anh. zu § 113** 352
- Insolvenzsicherung des Wertkontos **Anh. zu § 113** 338
- Kündigungsmöglichkeiten in der Insolvenz **Anh. zu § 113** 333
- Vergütungsansprüche als Insolvenz- oder Masseforderung **Anh. zu § 113** 334

Altfallregelung § 290 282
Altlasten § 55 24
Altmasseverbindlichkeiten § 208 19; § 209 13, 48; § 210 5
Amtsermittlungsgrundsatz
- Anforderungen an Insolvenzrichter und Insolvenzrechtspfleger § 5 6
- Bedeutung § 5 2
- internationale Zuständigkeit § 335 10

Amtsermittlungspflicht § 14 6; § 59 6; § 290 265
Amtshaftungsanspruch § 58 20
Anderkonto § 22 44; § 149 3
Änderung der Vermögensverhältnisse nach Vertragsschluss § 112 13
Änderung der Zahlungsart § 110 7
Änderungskündigung vor § 113 25; § 113 1
Anfechtbarkeit
- von Rechtshandlungen des Schuldners § 270a 11

Anfechtung § 280 17, 22
- Ausschluss der ~ § 22 144
- Deckung durch mittelbare Zuwendungen, Anweisung zur ~ § 130 16
- der Hauptpfändung § 131 36
- Internationales Insolvenzrecht **Art. 16 EuInsVO**
- Internationales Insolvenzrecht § 339
- nach §§ 119 ff., 142 BGB § 129 12
- Nichtigkeit § 129 13
- Scheingewinne § 134 32
- Umfang des Erstattungsanspruchs § 143 81
- unerlaubte Handlung § 129 13
- wegen inkongruenter Deckung § 131

Anfechtungsansprüche § 211 20
Anfechtungsbefugnis § 280 17
Anfechtungsfrist
- Berechnung bei mehreren Anträgen § 13 107

Anfechtungsgegner
- Handlungen des Stellvertreters § 130 60
- Kenntnis der drohenden Zahlungsunfähigkeit § 130 45
- Kenntnis der Zahlungsunfähigkeit § 130 39
- Kenntnis des Insolvenzeröffnungsantrages § 130 56
- Minderjähriger § 130 64
- Zurechnung der Kenntnis § 130 60
- Zurechnung der Kenntnis, bearbeitender Anwalt § 130 67
- Zurechnung der Kenntnis, bei der GmbH & Co. KG § 130 62
- Zurechnung der Kenntnis, bei juristischen Personen § 130 62
- Zurechnung der Kenntnis, bei Personengesellschaften § 130 62
- Zurechnung der Kenntnis, Beweislast § 130 72
- Zurechnung der Kenntnis, Gerichtsvollzieher § 130 66
- Zurechnung der Kenntnis, Insolvenzverwalter § 130 65
- Zurechnung der Kenntnis, Kassierer einer Großbank § 130 67

Anfechtungsklage § 200 11; § 207 36
- internationale Zuständigkeit § 339 13

Anfechtungsmöglichkeiten, bei inkongruenter Deckung § 131 1
Anfechtungsrecht § 22 31; § 143 49
- des vorläufigen Insolvenzverwalters § 22 141
- Eigenverwaltung § 143 49
- Verbraucherinsolvenzverfahren § 143 49

Anfechtungszeitpunkt bei mittelbaren Zuwendungen § 140 9
Anfechtungszeitraum
- bei mehreren Eröffnungsanträgen § 139 4

Anfechtung von Rechtshandlungen des Schuldners § 280 17, 18
- im Schutzschirmverfahren § 280 22
- nach Anordnung der Eigenverwaltung § 280 21
- vor Anordnung der Eigenverwaltung § 280 20

Anhörung § 10 1; § 296 69; § 300 43
- Anhörungsberechtigte § 10 14
- Anhörungspflichten § 10 4
- des Schuldners § 5 13
- Durchführung der ~ § 20 22
- Folgen der unterlassenen ~ des Schuldners § 10 20
- mündliche § 10 6
- mündliche Anhörung § 10 5
- Recht des Schuldners auf ~ § 10 2
- schriftliche § 10 7
- unterbliebene § 10 8

Anhörungsrecht des Schuldners § 20 6
Ankündigung der Restschuldbefreiung § 296 85; § 297 22
Anlagevermögen § 155 82, 136
Anmeldeverfahren § 292 15
Anmeldung § 302 37
- Absonderungsrechte § 174 11
- Anmeldefrist § 174 2; § 177 1
- Ausschlussfrist § 174 2; § 177 1
- elektronische Datenübertragung § 174 13
- Eröffnungsverfahren § 174 4
- Euro § 174 16
- Feststellungsverfahren § 174 9
- Geldforderungen § 174 10
- Geschäftsunterlagen § 174 20

Stichwortverzeichnis

– getilgte Forderung § 87 11
– Inhalt und Form § 174 12
– Insolvenzforderungen § 87 11
– Mindestinhalt § 174 25
– Niederlegungsfrist § 177 6
– Sicherungsrecht § 87 11
– Steuerverbindlichkeiten § 174 9
– Streitverfahren § 174 20
– Urkunden § 174 17
– Verbindlichkeit aus einer vorsätzlich begangenen unerlaubten Handlung § 302 37
– von Forderungen § 174 12
– Wirkung § 174 60
– Zahlungsklagen § 174 8
– Zurückweisung § 174 49
Anmeldung von Forderungen § 174 12
– Steuerschuld § 87 13
– Vorauszahlungsschulden § 87 13
– Wirkung § 87 13
Annahme von Mietzinsvorauszahlungen § 110 8
Annexklagen
– örtliche Zuständigkeit Art. 102c § 6 EGInsO
Anordnung vorläufiger Maßnahmen
– vorläufiger Gläubigerausschuss § 21 261
Anordnungsbeschluss, einer Durchsuchung § 20 31
Anpassungsregelungen § 309 28
Ansatzvorschriften § 155 77
– Anlagevermögen § 155 82
– Bilanzierungsverbot § 155 88
– BilMoG § 155 78
– Haftungsverhältnisse § 155 115
– Rechnungsabgrenzungsposten § 155 109
– Rückstellungen § 155 99
– Sonderposten mit Rücklageanteil § 155 87
Anschrift, ladungsfähige § 14 19
Anspruch
– auf Ersatz und Nutzungen § 144 6
– auf Gegenleistung § 144 9
– auf rechtliches Gehör § 10 1
Ansprüche des Anfechtungsgegners
– auf Ersatz und Nutzungen § 144 6
– auf Gegenleistung als Schuldverhältnis § 144 9
– Gegenleistung § 144 5
– steuerliche und bilanzrechtliche Folgen § 144 11
– Wiederaufleben der Forderung § 144 2
Anspruchsgrundlage für Vergütung, Treuhänder im Restschuldbefreiungsverfahren § 14 InsVV 2
Anspruchsinhaber § 143 49
Anstellungsverhältnisse der Vorstandsmitglieder § 108 30
Anstellungsverträge von GmbH-Geschäftsführern § 108 31
Antrag
– auf Betriebsveräußerung § 163 4
– auf Eröffnung des Insolvenzverfahrens § 286 109; § 311 1
Antrag auf Restschuldbefreiung § 305 27
– Anforderungen an Verzeichnisse § 305 31

– Inhalt § 305 28
– Rücknahme § 305 29
Antrag zur Begründung eines Gruppen-Gerichtsstands § 13a 1
– Angaben § 13a 2 ff.
– Angaben über gemeinsame Interessen § 13a 14 ff.
– Angaben über Verfahren gruppenangehöriger Unternehmen § 13a 23
– Angaben zu Fortführung und Sanierung der Gruppe oder in Teilen § 13a 18
– Angaben zu gruppenangehörigen beaufsichtigten Finanzinstituten § 13a 20
– beizufügende Unterlagen § 13a 25 ff.
– Folgen bei fehlenden Unterlagen § 13a 30
– Pflichtangaben § 13a 5 ff.
Antragsberechtigte § 15 3
Antragsfristen § 15a 27
Antragsobliegenheit
– natürliche Personen § 15a 7
Antragspflicht
– Altgläubiger § 15a 40
– Amtsunfähigkeit § 15a 50
– Antragsfristen § 15a 27
– Antragspflichtige § 15a 13
– Antragsrücknahme § 15a 18
– Außenhaftung § 15a 38
– Aussetzung bei hochwasserbedingter Insolvenz § 15a 60
– Beginn § 15a 23
– Beginn des Laufes der Antragsfristen § 15a 32
– bei Führungslosigkeit § 15a 2, 20, 57
– bei Gesellschaften ohne Rechtspersönlichkeit § 15a 1
– bei juristischen Personen § 15a 1
– Beobachtungspflicht § 15a 31
– Beschwerderecht der Antragsverpflichteten § 15a 22
– Eigenverwaltung § 15a 18
– Ende § 15a 23
– Entfallen der – § 15a 35
– ESUG § 15a 4
– faktischer Geschäftsführer § 15a 17
– faktischer Vorstand § 15a 17
– Fälle § 15 56; § 15a 8
– fehlerhaft bestelltes Organ § 15a 17
– Geschäftsführer § 15a 50
– Innenhaftung § 15a 37
– Insolvenzverwalter § 15a 49
– internationales Insolvenzrecht § 15a 54
– keine – § 15a 24
– MoMiG § 15a 8
– Neugläubiger § 15a 41
– persönliche Haftung § 15a 39
– Pflicht zur Eigenprüfung § 19 45
– SCE § 15a 58
– SE § 15a 58
– strafrechtliche Sanktionen § 15a 45
– strafrechtliche Vorschriften § 15a 3

4089

Stichwortverzeichnis

- Streitfall § 15a 26
- Unterhaltsmangelfälle § 13 12
- Vereins- und Stiftungsvorstände § 15a 5, 52
- Verletzung § 15 17
- zivilrechtliche Haftung § 15a 36

Antragsrecht
- Antragsberechtigte § 15 3
- bei Bestellung eines Betreuers § 15 8
- Folgen einer Amtsniederlegung/Abberufung § 15 25
- gelöschte Gesellschaft § 15 44
- Gesellschaften ohne Rechtspersönlichkeit § 15 1
- Glaubhaftmachung § 15 45
- in Sonderfällen § 14 39
- internationales Insolvenzrecht § 15 58
- juristische Personen § 15 1
- Rücknahme durch neuen oder anderen Geschäftsführer § 15 31
- Überprüfung § 15 10
- Vorgesellschaft § 15 42
- Vorgründungsgesellschaft § 15 41
- zur Antragstellung bevollmächtigen § 15 48

Antragsrechte des Insolvenzverwalters § 80 35
Antragsrücknahme § 15 54; § 305 73
- Aufforderung
- – Beschwerdemöglichkeit § 305 63
- Gläubigerantrag § 305 70

Antragsunterlagen
- Inhalt § 305 59
- Prüfungskompetenz § 305 58
- unvollständige § 305 57
- Vollständigkeit § 305 59

Anwartschaften
- gesicherte, der betr. Altersversorgung BetrAVG 59

Anweisung, Begriff § 130 16
Anzeigepflicht § 13 10; § 15a 12
- des Insolvenzverwalters § 262
- Haftungsrisiken § 262 10
- Rechtsfolgen § 262 4
- Voraussetzungen § 262 5
- Zweck § 262 2

Arbeitnehmer
- soziale Belange § 122 19

Arbeitnehmererfindungen
- ArbnErfG ArbnErfG 1

Arbeitnehmerklage § 127
Arbeitseinkommen § 196 8
Arbeitsentgelt
- Abfindung aus Auflösungsurteil Anh. zu § 113 301
- Abfindungen Anh. zu § 113 26, 284
- Abfindungsanspruch Anh. zu § 113 308
- Anspruch auf Nachteilsausgleich Anh. zu § 113 296
- Ansprüche als Masseverbindlichkeiten Anh. zu § 113 267
- Ansprüche aus der Zeit nach Eröffnung des Insolvenzverfahrens Anh. zu § 113 264
- Ansprüche aus der Zeit vor Insolvenzeröffnung Anh. zu § 113 3
- außergerichtliche Geltendmachung der Ansprüche Anh. zu § 113 279
- Auslösung Anh. zu § 113 15
- Begriff Anh. zu § 113 7, 283
- bei fehlerhaften Leiharbeitsverhältnissen Anh. zu § 113 28
- Beiträge des Arbeitgebers Anh. zu § 113 20
- Fahrgeld Anh. zu § 113 16
- gerichtliche Geltendmachung der Ansprüche Anh. zu § 113 282
- Gratifikation, Urlaubsgeld, Weihnachtsgeld Anh. zu § 113 19
- Lohn und Gehalt Anh. zu § 113 10
- Mehrarbeitsvergütung Anh. zu § 113 154
- Nebenforderungen Anh. zu § 113 31
- Prämien Anh. zu § 113 12
- Provisionen Anh. zu § 113 18
- Schadenersatzansprüche Anh. zu § 113 27
- Sozialplanabfindung Anh. zu § 113 287
- Tantiemen Anh. zu § 113 18
- Überstundenvergütung Anh. zu § 113 13
- Wegzeitgeld Anh. zu § 113 17
- Zulagen Anh. zu § 113 11

Arbeitsvertrag
- Internationales Insolvenzrecht § 337; Art. 13 EuInsVO

Arbeitszeitkonten Anh. zu § 113 153
ArbnErfG
- Anbietungspflicht zugunsten des Arbeitnehmererfinders ArbnErfG 137
- Angebotsannahme oder Unterbleiben ArbnErfG 148
- Ansprüche des Arbeitnehmererfinders ArbnErfG 158
- Arbeitnehmererfinder als Insolvenzgläubiger ArbnErfG 120, 157
- Beendigung des Arbeitsverhältnisses ArbnErfG 45
- Erteilung der Restschuldbefreiung ArbnErfG 46
- gesetzliches Schuldverhältnis ArbnErfG 4
- Globalvereinbarung ArbnErfG 87
- insolvenzrechtliche Sonderregelung ArbnErfG 49
- Meldung und Inanspruchnahme der Diensterfindung ArbnErfG 30
- Neuregelung ArbnErfG 51
- persönlicher Anwendungsbereich ArbnErfG 7
- Rechtsbeziehungen zwischen Arbeitgeber und Arbeitnehmererfinder ArbnErfG 4
- Rechtsstreitigkeiten ArbnErfG 47
- Reform des § 27 durch Art. 56 EGInsO ArbnErfG 50
- Regelungsgegenstand § 27 ArbnErfG n.F. ArbnErfG 127
- Regelungsumfang ArbnErfG 60
- sachlicher Anwendungsbereich ArbnErfG 13
- Schiedsstelle ArbnErfG 47

Stichwortverzeichnis

- schöpferische Leistungen des Arbeitnehmers **ArbnErfG** 26
- Übertragungsanspruch des Arbeitnehmers **ArbnErfG** 108
- Veräußerung der Diensterfindung durch Insolvenzverwalter **ArbnErfG** 61
- Veräußerung der Diensterfindung mit Geschäftsbetrieb durch Insolvenzverwalter **ArbnErfG** 129
- Veräußerung der Diensterfindung, Vorkaufsrecht **ArbnErfG** 139
- Vereinbarung der Vergütungspflicht mit Rechtserwerber **ArbnErfG** 152
- Vergütungsanspruch des Arbeitnehmers **ArbnErfG** 35
- Vergütungspflicht des Erwerbers **ArbnErfG** 92
- Verjährung des Vergütungsanspruchs des Arbeitnehmers **ArbnErfG** 35
- Verwertung der Diensterfindung durch Insolvenzverwalter **ArbnErfG** 100
- Verwertung der Diensterfindung durch Insolvenzverwalter im Unternehmen **ArbnErfG** 133
- Vorkaufsrecht des Arbeitnehmers **ArbnErfG** 62
- zeitlicher, sachlicher und räumlicher Geltungsbereich **ArbnErfG** 54

Artikel 102 EGInsO
- vor Art. 102c § 1 EGInsO 1

Auffüllen nicht vollvalutierter Sicherheiten § 131 29

Aufgaben des Verfahrenskoordinators
- Abstimmung der Einzelverfahren § 269f 3
- bei Zurückhaltung von Informationen § 269f 23
- Formen der Zusammenarbeit § 269f 24
- Koordination im Eröffnungsverfahren § 269f 4
- Koordination im Interesse der Gläubiger § 269f 13
- Koordination mit Koordinationsplan § 269f 11
- Koordination ohne Koordinationsplan § 269f 6
- Pflicht zur Zusammenarbeit § 269f 15

Aufgaben und Rechtsstellung des Verfahrenskoordinators
- Unterstützung durch Insolvenzverwalter § 269f 2
- wesentliche § 269f 1

Aufhebung der Stundung
- Beschwerdemöglichkeiten des Schuldners § 4d 10
- Rechtsmittel § 4d 3

Aufhebung des Eröffnungsbeschlusses § 34 58

Aufhebung des Insolvenzplanverfahrens
- Vollstreckungsschutz § 259a

Aufhebung des Insolvenzverfahrens § 258
- öffentliche Bekanntmachung § 258 20
- Tätigkeit des Verwalters vor ~ § 258 15
- Verantwortlichkeit des Verwalters § 258 22
- Wirkungen des Aufhebungsbeschlusses § 259 1

Aufhebung von Rechten
- Aufrechnungslage § 143 11
- erlassene Forderung § 143 11
- Forderungstilgung § 143 11

Aufhebungsbeschluss § 200 3
- Benachrichtigungen § 200 6
- Haftung des Verwalters § 258 22
- öffentliche Bekanntmachung § 200 4
- Rechtsfolgen der Verfahrensaufhebung § 200 3
- Wirkungen § 259 1

Auflassungsvormerkung § 106 1, 2; § 165 3

Auflösung von Gesellschaften § 118
- Notgeschäftsführung § 118 5
- Voraussetzung § 118 3

Auflösung, juristische Person, nichtrechtsfähiger Verein, Gesellschaft ohne Rechtspersönlichkeit § 30 39

Auflösungsverlust § 155 1333

Auflösungsverluste wesentlich beteiligter Gesellschafter § 155 1292
- Auflösungsverluste bei Darlehen § 155 1305
- gem. § 17 Abs. 4 EStG, Haftungsschulden nach § 69 AO § 155 1341
- persönlicher Geltungsbereich § 155 1292
- Voraussetzungen des § 17 Abs. 1–4 EStG § 155 1294

Aufnahme des unterbrochenen Prozesses § 86
- Anerkenntnis des Anspruchs § 86 24
- Bewilligung der Löschung einer Hypothek § 86 7
- Feststellung des Eigentums § 86 7
- in der Rechtsmittelinstanz anhängiger Rechtsstreit § 86 13
- Internationales Insolvenzrecht § 352 8; Art. 18 EuInsVO 11
- Kosten § 86 25

Aufrechenbare Forderungen § 1 InsVV 37

Aufrechnung § 96 19; § 103 102; § 140 10; § 155 313; § 209 52; § 294 69, 74
- Aufrechnungserklärung § 94 28
- Aufrechnungslage § 294 75
- Ausschluss § 94 18
- Ausschluss der ~ § 95 7
- Begründung der Aufrechnungslage § 130 29
- bei ausländischen Insolvenzverfahren § 94 33
- bei Steuerforderungen § 94 8
- durch den Insolvenzverwalter § 94 4
- Einschränkung des Aufrechnungsverbots § 96 23
- Eintritt der Aufrechnungslage § 95
- Entstehen der Forderung des Schuldners nach Verfahrenseröffnung § 96 5
- Erwerb der Möglichkeit durch anfechtbare Rechtshandlung § 96 18
- Fälligkeit der Forderung des Aufrechnenden § 94 14
- Gleichartigkeit der Forderungen § 94 11
- Hauptforderung § 294 75
- Internationales Insolvenzrecht § 338 6
- Massegläubiger § 96 22
- nachrangige Insolvenzforderungen § 94 30
- Sozialrecht § 94 8
- Umsatzsteuererstattungsansprüche § 94 8

Stichwortverzeichnis

- Unzulässigkeit § 96
- Unzulässigkeit der Aufrechnung von Gläubigern § 96 8
- währungsverschiedene Forderungen § 95 8
- Wirkung § 94 32
- Zulässigkeit der ~ § 95 3
- Zurückbehaltungsrecht § 130 29

Aufrechnungsbefugnis § 109 41; § 294 67
Aufrechnungserklärung § 94 28
Aufrechnungsklauseln § 104 119
Aufrechnungslage
- Aufhebung der Hypothek § 143 11
- bei Verfahrenseröffnung bestehende § 94 2
- Erhaltung einer ~ § 94
- Hinterlegung § 143 12
- Verzicht auf eine Hypothek § 143 11
- vor Verfahrenseröffnung § 96 3
- Voraussetzungen der Aufrechnung § 94 5

Aufrechnungsverbot § 94 21; § 110 18; § 129 14; § 210 22
Aufschiebend bedingte Forderungen
- Berücksichtigung § 191 1
- Feststellung § 191 1

Aufsicht
- Aufsichtpflicht des Insolvenzgerichts § 58 1
- Insolvenzgericht über Insolvenzverwalter § 58 1

Aufsichtsbehörde, Antragsrecht § 15 14
Aufsichtsräte Anh. n. § 15a 14
Aufstellung der Insolvenzbilanz § 155 73
Auftrag
- Auswirkungen der Insolvenzeröffnung § 115 2
- Begriff § 115 3
- Rechtsfolgen der Insolvenzeröffnung § 115 7
- unentgeltliche Treuhandverhältnisse § 115 4
- vorläufiger Verwalter § 115 7
- Auswirkungen der Insolvenzeröffnung § 115 2

Aufwendungen § 143 29
Aufwendungsersatz § 310 5
Aufwendungsersatzanspruch § 115 13
- Abdingbarkeit § 115 20
- Absonderungsansprüche § 115 19
- des Erben § 323 1
- Ersatzanspruch des Beauftragten § 115 17
- Zurückbehaltungsrecht § 115 13
- Zurückbehaltungsrechte § 115 19

Aufzeichnung der Massegegenstände § 151 4
- Einzelerfassungsgebot § 151 5
- Vollständigkeitsgebot § 151 5

Aus- und Absonderungsberechtigte § 14 111
Aus- und Absonderungsgüter
- Nutzungsbefugnis § 21 327
- Verwertungsstopp § 21 327

Aus- und Absonderungsrechte § 21 153, 326; § 60 11
- Abfindung von ~ § 1 InsVV 36
- Anspruch des vorläufigen Insolvenzverwalters auf Kostenbeitrag § 21 369
- Ausgleich Wertverlust § 21 362
- Ausgleichsansprüche des Gläubigers § 21 358
- Bedeutung der ~ § 21 338
- Bekanntgabe der Entscheidung § 21 351
- Betriebsfortführung § 21 336
- betroffene Gegenstände § 21 340
- Forderungseinzugsrecht § 21 356
- Inhalt der Entscheidung § 21 347
- Nutzungsrecht § 21 355
- Pauschalermächtigungen § 21 334
- Rang als Masseforderung § 21 368
- rechtliches Gehör § 21 346
- Rechtsfolgen § 21 352
- Rechtsfolgen bei Verstößen § 21 370
- Verteilung des Erlöses § 21 361
- Verwertungs- und Einziehungsverbot § 21 353
- Voraussetzung einer Anordnung § 21 332

Ausbeute von Bodenschätzen § 108 10
Ausbildungsverhältnisse § 108 27
Auseinandersetzung einer Gesellschaft oder Gemeinschaft § 84
- Anwendungsfälle § 84 4
- BGB-Gesellschaft § 84 18
- Bruchteilsgemeinschaft § 84 10
- eheliche Gütergemeinschaft § 84 15
- Erbengemeinschaft § 84 14
- Europäische Wirtschaftliche Interessenvereinigung § 84 27
- Inhalt und Zweck der Regelung § 84 1
- Partnerschaftsgesellschaft § 84 26
- Personenhandelsgesellschaften § 84 21
- Stille Gesellschaft § 84 24
- vertragliche Beschränkungen der Auseinandersetzung § 84 31
- Wohnungseigentümergemeinschaft § 84 16

Außergerichtliche Schuldenbereinigung, Fiktion des Scheiterns § 305a 1, 3
Außergerichtlicher Einigungsversuch § 305a 2
Außergerichtliches Rechtsbehelfsverfahren § 155 488
Außerordentliche Kündigung vor § 113 34
Ausfallforderungen § 256 3
Ausfallprinzip des § 52 InsO § 52 8
Auskunfts- und Mitwirkungspflicht
- des Schuldners § 20 1
- Durchsetzung der ~ § 20 23
- Folgen der ~ § 20 17
- Inhalt § 20 8
- schriftliche Auskunftserteilung § 20 22

Auskunfts- und Mitwirkungspflichten des Schuldners
- aktive § 97 1
- allgemeine § 97 29
- Aufwendungsersatzanspruch § 97 30
- Auskunftsberechtigte § 97 19
- Auskunftspflichtige § 97 22
- Auslandsvollmacht § 97 32
- Behinderungsverbot § 97 3
- bei Eigenverwaltung § 97 6

Stichwortverzeichnis

- Bereitschaftspflicht § 97 35
- besondere § 97 33
- Form der Auskunftserteilung § 97 13
- Gegenstand und Inhalt der Auskunft § 97 9
- Geltungsbereich § 97 5
- im Eigenverwaltungsverfahren § 97 34
- im Verbraucherinsolvenzverfahren § 97 7
- Offenbarung strafbarer Handlungen § 97 15
- Unterlassungspflichten § 97 40

Auskunfts- und Mitwirkungspflichten, Verletzung von – § 5 16

Auskunftserteilung § 295 145

Auskunftspflicht § 290 128
- Auskunftspflichtige § 97 22
- Durchsetzung § 167 9
- internationales Insolvenzrecht § 20 71
- Kosten des Insolvenzverwalters § 167 10
- Kostenerstattung § 97 28
- strafrechtliches Verwendungsverbot § 97 15
- über Auslandsvermögen § 97 10
- über strafbare Handlung § 97 15

Auskunftspflicht juristischer Personen § 101 1
- Angestellte und frühere Angestellte des Schuldners § 101 14
- ausgeschiedene organschaftliche Vertreter § 101 12
- bei Führungslosigkeit § 101 15
- faktische Organe § 101 9
- Geltungsbereich § 101 4
- Kapitalgesellschaften § 101 6
- Kostentragungspflicht bei Pflichtverletzungen § 101 18
- Personengesellschaften § 101 7

Auskunftspflichten des Insolvenzverwalters
- Ende der Auskunftspflicht § 80 34
- gegenüber Aus- und Absonderungsberechtigten § 80 31
- gegenüber dem Schuldner § 80 32
- gegenüber Gläubigern § 80 30
- vertragliche § 80 33

Auskunftsrecht
- Geltendmachung des Gläubigers § 167 2

Auslagen § 311 9; § 4 InsVV 17
- Erstattung aus der Staatskasse vor § 1 InsVV 52
- nach § 63 GKG § 311 9

Auslagenpauschale § 8 InsVV 28
- Entnahmerecht § 8 InsVV 63
- Rechtsmittel § 8 InsVV 44

Auslagenvorschuss § 14 9

Ausländisches Insolvenzrecht
- Antrag des Verwalters auf Aussetzung der Verwertung § 355 10
- Informationen zum – Art. 86 EuInsVO

Ausländisches Insolvenzverfahren § 343
- Anerkennung § 343 6; Art. 19 EuInsVO
- Folgen der Anerkennung § 343 38; Art. 19 EuInsVO 2
- Grundbuch § 346
- Informationspflicht des Verwalters Art. 41 EuInsVO 14
- Insolvenzverwaltungsverträge § 357 4
- Kooperationspflicht der Verwalter § 356 2; § 357 2
- Nachweis der Verwalterbestellung § 347; Art. 22 EuInsVO
- öffentliche Bekanntmachung Art. 28 EuInsVO
- Planinitiativrecht des Verwalters § 357 8
- Sicherungsmaßnahmen § 343 39
- sonstige Entscheidungen § 343 42
- Teilanerkennung § 343 34
- Teilnahmerecht des Verwalters § 357 6
- Vollstreckbarkeit § 343 35
- Vorschlagsrecht des Verwalters Art. 41 EuInsVO 30

Auslandsberührung § 143 78

Auslandsvermögen des Schuldners § 22 198; § 26 22

Ausschluss der Anfechtung, Internationales Insolvenzrecht § 339; Art. 16 EuInsVO

Ausschluss des Rechtserwerbs
- bedingter Rechtserwerb § 91 15
- betagte Rechte § 91 19
- Devisengenehmigung § 91 34
- Einziehung § 91 44
- Ersitzung § 91 37
- Erwerb kraft Gesetzes § 91 35
- Fruchterwerb § 91 38
- Genehmigung durch Dritten § 91 31
- gesetzliche Pfandrechte § 91 29
- Grundpfandrechte § 91 24
- Gutglaubensschutz § 91 46
- hoheitliche Maßnahmen § 91 42
- künftige Rechte § 91 21
- Rechtsfolgen § 91 45
- Verbindung, Vermischung, Verarbeitung § 91 35
- verfrühte Pfändung § 91 43
- Vertragspfandrechte § 91 28
- Zeitmoment § 91 13
- Zurückbehaltungsrechte § 91 30
- Zwangsvollstreckung § 91 42

Ausschlussfrist § 188 19; § 189 14

Ausschussverfahren Art. 89 EuInsVO

Ausschüttungen § 188 7; § 194 3

Aussetzung der Verwertung Art. 102c § 16 EGInsO; Art. 102c § 24 EGInsO
- Absonderungsanspruch Art. 102c § 16 EGInsO 4
- Sicherungsmaßnahmen Art. 102c § 16 EGInsO 3
- Zinsanspruch Art. 102c § 16 EGInsO 5
- Zinszahlungsanspruch Art. 102c § 16 EGInsO 3

Aussetzung der Vollziehung § 155 488
- Aktivrechtsstreite des Schuldners § 155 493
- gerichtliche Verfahren § 155 494

4093

Stichwortverzeichnis

– Unterbrechung des Einspruchsverfahrens § 155 489
Aussetzung des Verfahrens § 14 55
Aussonderung § 106 1; § 174 42
– Aufgabe des Aussonderungsrechts § 47 94
– Auskunftspflicht des Verwalters § 47 79
– Aussonderungsobjekte § 47 6
– Aussonderungssperre nach MoMiG § 47 10
– Ausübungssperre § 47 25
– Baugeld § 47 55
– Begriff § 47 3
– Direktversicherung § 47 39
– einfacher Eigentumsvorbehalt § 47 19
– Factoring § 47 35
– Gewährleistungsbürgschaft § 47 75
– haftungsrechtliche Zuordnung § 47 75
– im Eigenverwaltungs- und Schutzschirmverfahren § 47 104
– Insolvenzanfechtung § 47 68
– keine Räumungs- und Wiederherstellungsverpflichtung § 47 85
– Mietkauf § 47 12
– Nutzungsüberlassung eigenkapitalersetzend § 47 10
– Pensionsrückstellungen § 47 38
– Prüfungspflicht des Verwalters § 47 78
– Prüfungszeitraum § 47 78
– Rückdeckungsversicherung § 47 43
– Rückgabe von Teilleistungen § 47 93
– Sicherungseigentum bei Insolvenz des Sicherungsnehmers § 47 30
– Software und Lizenzen § 47 70
– Übertragung Eigentumsvorbehalt zu Sicherungszwecken § 47 28
– Umfang der Herausgabepflicht § 47 81
– Unterstützungskassen § 47 44
– Verbot der Selbsthilfe § 47 77
– verdeckte Sacheinlage § 47 11
– Vereitelung § 48 4
– Verträge für fremde Rechnung § 47 61
– Voraussetzungen § 47 5
– vorläufiger Insolvenzverwalter § 47 100
Aussonderungsansprüche § 110 10
Aussonderungsberechtigte Gläubiger § 217 61
Aussonderungsberechtigter § 155 309
Aussonderungsfähige Rechte
– Alleineigentum § 47 9
– Anerkennung § 47 80
– begrenzt dingliche Rechte § 47 60
– Besitz § 47 69
– dingliches Vorkaufsrecht § 47 60
– eigennützige Treuhand § 47 51
– Erbschaftsanspruch § 47 67
– fingierte Treuhand § 47 54
– Miteigentum § 47 13
– Nießbrauch § 47 60
– schuldrechtliche Ansprüche § 47 72
– uneigennützige Treuhand § 47 46

– Wahlrecht § 47 76
Aussonderungsgläubiger
– Rückgabe von Teilleistungen § 47 93
Aussonderungsgut, Nutzungsrecht des Verwalters § 172 3
Aussonderungskosten § 47 89
Aussonderungsobjekt § 47 6
Aussonderungsrechte § 130 9
Aussonderungsrechtsstreit
– anwendbares Recht § 47 99
– Beweislast § 47 98
– Gerichtsstand § 47 97
Aussonderungsstreit § 86 6
Auswahl des Insolvenzverwalters
– Beteiligung der Gläubiger § 56a 5
Auswechseln/Nachschieben einer Forderung § 14 48
Auszahlungen, an Insolvenzgläubiger § 188 1
Auszubildende, Eigenkündigung des – § 113 8
Automatenaufstellungsvertrag § 108 10

B
Bankgeheimnis § 5 21; § 149 14
– Sachverständiger § 5 27
– Urkunden § 5 28
Bankrotttatbestände Anh. n. § 15a 64
Banküberweisungen § 82 27; § 129 24
– in der Insolvenz des Überweisenden § 82 28
– in der Insolvenz des Überweisungsempfängers § 82 32
Bankvertrag § 103 10
Bargeschäfte § 130 32, 35; § 142 1
– Arbeitsentgelt § 142 23
– Besicherung eines Kredits § 142 9
– Beweislast § 142 35
– Dreimonatszeitraum § 142 29
– Drittzahlungen § 142 32
– echtes Factoring § 142 6
– Einzelfälle § 142 13
– Existenzminimum § 142 36
– Gleichwertigkeit § 142 6
– Konzern § 142 32
– Leistung von Bargeld § 142 6
– Leistungsaustausch § 142 4
– Lohnsteuer § 142 5
– Parteivereinbarung § 142 6
– Sanierungsversuch § 142 8
– Sozialversicherungsbeiträge § 142 5
– Übergangsvorschrift § 142 3
– unechter Massekredit § 142 9
– unlautere § 142 18
– unmittelbarer Zusammenhang § 142 12
– Vermögensverschiebung § 142 11
– Verrechnungen im Kontokorrent § 142 17
– Vertrag zugunsten Dritter § 142 6
Basler Eigenkapitalakkord § 104 19
Bauabzugssteuer § 155 1376
Baubetreuungsverträge § 103 47

Stichwortverzeichnis

Baufinanzierungen vor § 286 4
Bauhandwerkersicherung § 17 9
Bauhandwerkersicherungshypothek § 106 5
Bauherrengesellschaft § 106 11
Baukostenzuschuss § 110 9
Bauträgervertrag § 103 12
Bauvertrag § 103 11
Bedingung, Zeitpunkt § 140 16
Bedingung/Befristung § 14 50
Beeinträchtigte Gläubigerbefriedigung § 303 17
Beendigung des Insolvenzverfahrens § 155 1163
Beendigungskündigung § 113 1
Befreiungserklärung § 5 21
Befriedigung
– Befriedigungsaussichten der Neugläubiger § 302 14
– die nicht zu der Zeit zu beanspruchen war § 131 21
– durch Zwangsvollstreckung § 131 36
– nicht zu beanspruchende § 131 7
– Rückführung des debitorischen Saldos § 131 9
– Sicherung § 130 14
Befriedigung der Massegläubiger § 209
– Altmasseverbindlichkeiten § 209 48
– Aufrechnung § 209 52
– Dauerschuldverhältnisse § 209 31
– gegenseitige Verträge § 209 25
– Inanspruchnahme der Gegenleistung § 209 39
– Neumasseverbindlichkeiten § 209 16
– Rangordnung der Masseverbindlichkeiten § 209 4
– Rückforderungen § 209 50
– teilbare Leistungen § 209 46
Befristung, Zeitpunkt § 140 16
Begründung von Rechten § 143 5
– Belastungen von Rechten § 143 5
– Schuldbegründung § 143 5
– Übertragung von Rechten § 143 6
– Vormerkung § 143 5
Behelfsheim § 108 19
Beiräte Anh. n. § 15a 14
Bekanntmachung § 290 289; § 297 22; § 300a 26
– Beschlussausfertigung § 23 36
– des Eröffnungsbeschlusses ausländische Leistende § 82 23
Bekanntmachung der Verfügungsbeschränkungen
– Anwendungsbereich § 23 4
– Beschlussausfertigung § 23 36
– Beschlussverkündung § 23 18
– Eintragung der – § 23 37
– gerichtliche Durchsuchungsanordnung § 23 33
– Inhalt des Beschlusses § 23 10
– internationales Insolvenzrecht § 23 40; § 345; § 345; Art. 29 EuInsVO
– nichtverkündete Beschlüsse § 23 19
– öffentliche Bekanntmachung § 23 25
– Rechtsbehelf § 23 35
– Übermittlung an das Registergericht § 23 36
– Veröffentlichung § 23 24

– Vollstreckungsklausel § 20 31; § 23 33
– Vollstreckungstitel § 23 32
– weitere Zustellungen und Mitteilungen § 23 28
– Wirksamwerden des Beschlusses § 23 18
– Wirkungen des Beschlusses § 23 31
Bekanntmachung des Eröffnungsbeschlusses § 30
– Gutglaubenschutz § 82 14
– internationales Insolvenzrecht Art. 28 EuInsVO
– Leistung an Buchberechtigte § 82 22
– Zeitpunkt des guten Glaubens § 82 15
Belegarztvertrag § 108 16, 17
Beratungshilfe § 13 257
– Berechtigungsschein zur – § 13 259
– Rechtsbehelfe § 13 260
– Verbraucherinsolvenzverfahren **vor** § 304 14
Bereicherung § 143 35
Bereicherungsansprüche § 82 26
Bergwerkpachtverhältnisse § 108 16, 17
Berichtigung des Insolvenzplans
– Beschluss § 248a 8
– Bevollmächtigung des Insolvenzverwalters § 248a 7
– Erweiterung der Prüfungskompetenz § 248a 3
– ESUG § 248a 1
– fakultative Anhörung § 248a 4
– gerichtliche Bestätigung § 248a
– Prüfungsgegenstand § 248a 6
– Prüfungsumfang § 248a 7
– sofortige Beschwerde § 248a 9
– Zulässigkeit § 248a 2
Berichtigungsantrag, Zweiwochenfrist § 6 80, 89
Berichtspflicht, des Insolvenzverwalters § 261 9
Berichtstermin § 29 2; § 156 1
– Anhörungsrechte § 156 17
– Berichtpflicht § 156 7
– Beschlussgegenstände § 156 22
– Einberufung § 156 3
– einstweilige Einstellung der Zwangsvollstreckung § 165 17
– Entscheidung über den Fortgang des Verfahrens § 157 1
– Insolvenzplan § 157 1
– Ladung der Beteiligungsberechtigten § 156 18
– Maßnahmen vor der Entscheidung § 158 1
– Tagesordnung § 156 3
– Teilstilllegungen § 158 2
– Verlauf § 156 5
– Zustimmung des Gläubigerausschusses vor Stilllegung § 158 2
Berufsausbildungsverhältnis § 113 17
Beschlagnahme § 21 385; § 80 68; § 165 8
– hoheitliche § 148 29
Beschluss
– Bekanntgabe § 5 63
– Vollstreckungstitel § 23 32
– Wirksamwerden § 5 63

Stichwortverzeichnis

Beschlussverfahren zum Kündigungsschutz
– Änderung der Sachlage § 127 6
– Antrag § 126 8
– Beteiligte § 126 7
– Beteiligung der Arbeitnehmer § 127 3
– Betriebsratsanhörung § 126 17
– Beurteilungszeitpunkt § 127 5
– Bindungswirkung § 127 4
– Darlegungs- und Beweislast § 128 9
– einstweilige Verfügung § 126 12
– Kosten § 126 14
– Mitbestimmung § 126 20
– Rechtsmittel § 126 13
– Umfang der gerichtlichen Überprüfung § 126 10
– Verfahren § 126 5
– Voraussetzungen § 126 2
– Wirkungen § 128 8
– Zustimmung gem. § 99 BetrVG § 126 19

Beschränkt und bedingt pfändbare Forderungen
– bei Selbständigen § 287 187
– Berechnung des Nettoeinkommens § 287 203
– Berufsunfähigkeitsrenten § 287 194
– Billigkeitsentscheidung § 287 195
– Einkünfte Selbständiger § 287 224
– Existenzminimum § 287 208
– Grundfreibetrag § 287 215
– Mehrbedarfe § 287 212
– Pfändungsgrenzen § 287 198
– Pfändungsschutz § 287 225
– Regelbedarf § 287 211
– Sozialplanabfindungen § 287 222
– Sterbegeldversicherung § 287 196
– Treugelder § 287 188
– Unterhaltsberechtigte § 287 199
– Vollstreckungsschutzantrag § 287 224

Beschwer § 6 14
– Befriedigung des antragstellenden Gläubigers § 34 41
– bei Eigenantrag § 34 33
– des Rechtsmittelführers § 34 24
– Eröffnung aufgrund Gläubigerantrags § 34 40
– fehlende formelle ~ § 34 27
– formelle § 34 24
– formelle ~ § 34 38
– Komplementär-GmbH, selbständige Antragstellung § 34 39
– materielle § 34 24
– natürliche Person § 34 33
– Zulässigkeit § 34 27

Beschwerde § 306 38
– Aufhebung des Eröffnungsbeschlusses § 34 58
– Aussetzung des Vollzugs der angefochtenen Entscheidung § 34 53
– Begründetheit § 34 44
– Beschwerdebefugnis, fehlende § 58 18
– Beschwerdeberechtigung § 6 12, 26
– Beschwerdegericht eröffnet Insolvenzverfahren § 34 56

– Gegenstandswert § 253 38
– Internationales Insolvenzrecht § 7 93
– Rechtsschutzinteresse § 6 17
– sofortige § 214 12
– Statthaftigkeit § 6 30
– Verfahrensablauf § 34 53
– Wirkungen § 34 53
– Wirkungen der Aufhebung der Eröffnung § 34 63

Beschwerdeberechtigte § 34 15
Beschwerdefähige Entscheidungen § 6 23
Beschwerdemöglichkeit
– außerhalb der InsO § 6 82
– bei abgewiesenem Antrag § 34 7
– Bestellung eines Insolvenzverwalters § 6 34
– Entscheidung § 6 9
– Eröffnung des Verfahrens § 34 7
– gegen Entscheidungen über Ablehnungsgesuche § 6 11
– gegen Entscheidungen über Akteneinsicht § 6 11
– gegen Entscheidungen über Kosten § 6 11
– gegen Entscheidungen über Ordnungsmittel § 6 11
– greifbare Gesetzwidrigkeit § 6 90
– internationales Insolvenzrecht Art. 102c § 9 EGInsO
– Verbraucherinsolvenzverfahren § 34 12
– vorbereitende Tätigkeit § 6 9

Beschwerderecht
– absonderungsberechtigte Gläubiger § 216 3
– bei Einstellung wegen Masseunzulänglichkeit § 216 5
– der Staatskasse § 4d 14
– Insolvenzverwalter § 216 4
– internationales Insolvenzrecht § 34 71
– Massegläubiger § 216 2
– Schuldner § 216 6

Beschwerdeverfahren § 5 61
Besicherung
– fremder Verbindlichkeiten § 134 18

Besitz an Miet- oder Pachtsache § 109 5
Besitzschutzansprüche § 148 16
Besitzüberlassungsvertrag § 21 161
Besondere Rechtshandlung
– Unterrichtung des Schuldners § 161 1
– Zustimmung § 160 1

Besondere Verjährungsfrist
– Beginn § 259b 2
– Geltungsbereich § 259b 3
– Hemmung § 259b 5
– Maßgeblichkeit § 259b 4
– Zweck § 259b 1

Besonderer Zustimmungsvorbehalt, Sicherungsmaßnahmen § 21 377
Besonderes Verfügungsverbot, Sicherungsmaßnahmen § 21 377
Bestehende Vertragsverhältnisse § 22 28

Stichwortverzeichnis

Bestellung des Insolvenzverwalters
– Abwahlrecht § 56a 48
– Anforderungsprofil § 56a 21
– Anhörung des vorl. Gläubigerausschusses § 56a 13
– Begründungspflicht bei Ablehnung § 56a 44
– Benennung einer konkreten Person durch vorl. Gläubigerausschuss § 56a 37
– Beratung des Schuldners vor Antragstellung § 56 31
– Beschluss des vorl. Gläubigerausschusses § 56a 18
– Bindungswirkung der Vorgaben des vorl. Gläubigerausschusses § 56a 36
– ESUG § 56 29
– Gläubigerbeteiligung § 56a
– Inhalt des Beschlusses des vorl. Gläubigerausschusses § 56a 20
– Initiativrecht § 56 30
– Rechtsfolgen der Abwahl § 56a 55
– Rechtsmittel bei abweichender gerichtlicher Entscheidung § 56a 47
– Stellungnahme des vorl. Gläubigerausschusses § 56a 16
– Voraussetzungen der Abwahl § 56a 50
– Vorschlag durch Gläubiger § 56 29
– Vorschlag durch Schuldner § 56 29
– Vorschlag zur Person durch vorl. Gläubigerausschuss § 56a 28
Bestellung des Sachwalters § 56a 11
Bestellung des vorläufigen Sachwalters § 56a 11
Bestellung eines Grundpfandrechts § 106 2
Bestellung eines Gruppeninsolvenzverwalters
– Abstimmung der Gerichte § 56b 36
– Abstimmungspflicht der Gerichte § 56b 14
– Abstimmungspflicht nur bei Gruppeninsolvenz § 56b 18
– Abwägung der Gerichte § 56b 28
– Eignung und Unabhängigkeit § 56b 37
– funktionale Zuständigkeit im Abstimmungsverfahren § 56b 71
– Gläubigerinteressen § 56b 24
– konzerninterne Interessenkollision § 56b 41
– nur einer Person § 56b 25
– Sonderinsolvenzverwalter § 56b 46
– Vorschlag des vorl. Gläubigerausschusses § 56b 67
Bestellung eines vorläufigen Gläubigerausschusses, s.a. Vorläufiger Gläubigerausschuss
– Antragsberechtigte § 22a 5
– Benennungspflicht § 22a 62
– Einsetzungsbremse § 22a 6
– Entscheidungen des Insolvenzgerichts § 22a 7, 66
– fakultativer Kann-Ausschuss § 22a 32
– fakultativer Soll-Ausschuss § 22a 22
– informeller § 22a 4
– Kann-Ausschuss § 22a 4
– Muss-Ausschuss § 22a 4
– obligatorischer Ausschuss § 22a 11
– Soll-Ausschuss § 22a 4

– Voraussetzungen § 22a 2
Bestellungsurkunde § 56 35
– Ausfertigung § 56 35
– Gutglaubensschutz § 56 35
Besteuerung des Schuldners, nach dem Insolvenzeröffnungsjahr § 155 737
Besteuerungsgrundlagen
– gesonderte Feststellung § 155 479
– gesonderte und einheitliche Feststellung § 155 484
Besteuerungsverfahren
– Rechte und Pflichten des Insolvenzverwalters § 155 1109
– Wirkungen des Insolvenzverfahrens auf ~ § 155 454
Beteiligte
– Gleichbehandlung der ~ § 225a
Beteiligte, Gleichbehandlung der ~ § 226
Betreute § 286 88
Betreuung vor § 286 9; § 304 5
Betriebliche Altersversorgung § 47 37; Anh. zu § 113 32
– Abfindungsregeln BetrAVG 101
– Anspruchsminderung BetrAVG 105
– Anspruchsübergang BetrAVG 131
– außergerichtliche Vergleich BetrAVG 24
– Beitrags- und Mitwirkungspflichten BetrAVG 146
– Beitragszusage mit oder ohne Mindestleistung BetrAVG 42
– Betriebsveräußerung BetrAVG 66
– Direktversicherung BetrAVG 54
– Direktzusage BetrAVG 54
– gesicherte Ansprüche BetrAVG 39
– Haftungsausschlüsse BetrAVG 99
– Höhe der Leistung BetrAVG 69
– internationales Insolvenzrecht § 337 10
– konzernabhängige Gesellschaft BetrAVG 68
– Leistungszusage BetrAVG 42
– Mitteilungspflicht des PSV BetrAVG 145
– Pensions-Sicherungs-Verein Versicherungsverein auf Gegenseitigkeit BetrAVG 8
– Pensionskasse BetrAVG 57
– Prüfungs- und Anpassungspflicht BetrAVG 73
– Sicherungsfall der wirtschaftlichen Notlage BetrAVG 36
– Übertragung der Leistungspflicht BetrAVG 126
– Unterstützungskasse BetrAVG 54
– unverfallbare Versorgungsanwartschaft BetrAVG 59
– unverfallbare Versorgungsanwartschaften BetrAVG 40
– versicherungsmathematischer Abschlag BetrAVG 92
– Versicherungsmissbrauch BetrAVG 108
– Versorgungsempfänger BetrAVG 39
– vorzeitiges Altersruhegeld BetrAVG 89
– Zahlungsunfähigkeit des Arbeitgebers BetrAVG 31

Stichwortverzeichnis

Betriebsänderung § 121 2; § 126 3
– Anrufung der Einigungsstelle § 122 39
– Antrag auf Zustimmung zur Durchführung § 122 28
– Beratungspflicht des Insolvenzverwalters § 122 11
– Drei-Wochen-Frist § 122 13
– Durchführungsrecht § 122 20
– einstweilige Verfügung des Betriebsrats auf Unterlassung § 122 35
– einstweiliges Verfügungsverfahren § 122 33
– gerichtliche Zustimmung zur Durchführung § 122 16
– Interessenausgleich § 122 10; § 125 2
– Legaldefinition § 122 7
– Mitwirkungs- und Mitbestimmungsrechte § 122 1
– Unterrichtung des Betriebsrats § 122 10
Betriebsaufspaltung § 155 745
Betriebsbedingte Kündigung vor § 113 8
– dringende betriebliche Erfordernisse vor § 113 9
– Sozialauswahl vor § 113 14
Betriebserwerber
– Umfang der Haftung vor § 113 86
Betriebsrat
– Beteiligung bei Betriebsstilllegung § 158 6
– Beteiligungsrecht § 126 17
– Mitwirkungs- und Mitbestimmungsrecht § 80 36
– Restmandat § 122 4
Betriebsstilllegung § 122 4
– Begriff § 22 81
– ordentliche Kündigung § 113 41
– Stilllegungsentscheidung § 22 85
– Zustimmungspflicht des Insolvenzgerichts § 22 83
Betriebsübergang
– Anwendbarkeit des § 613a BGB vor § 113 50
– Haftung des Betriebserwerbers vor § 113 50
– Klarenberg-Entscheidung vor § 113 66
– tatbestandliche Voraussetzungen vor § 113 61
– Teilbetriebsübergang vor § 113 65
– Verlagerung eines Betriebes oder Betriebsteils vor § 113 65
– Widerspruch des Arbeitnehmers vor § 113 81
Betriebsveräußerung § 22 86, 93, 99; § 128 1
– Antrag auf - § 163 4
– unter Wert § 163
Betriebsvereinbarung § 120 1
– Anpassung bei Störung der Geschäftsgrundlage § 120 16
– außerordentliche Kündigung § 120 14
– belastende § 120 9
– Beratungsgebot § 120 7
– Beschränkung der Kündigungsmöglichkeiten § 120 3
– freiwillige § 120 2
– in mitbestimmungspflichtigen Angelegenheiten § 120 3
– Kündigung der - § 129 15

– Kündigung von - § 120
– Nachwirkung § 120 4
– Regelungsabreden § 120 6
– über betriebliche Altersversorgung § 120 5
Bewährungsauflagen § 302 123
Bewegliche Sachen
– Begriff § 166 4
– Nutzungsrecht des Verwalters § 172 2
Beweisaufnahme
– Durchführung des Termins § 5 38
– Rechtshilfe § 5 40
– Umfang § 5 36
Beweislast § 130 72; § 132 12; § 133 94
– bei inkonkruenter Deckung § 131 42
– des Insolvenzverwalters § 133 87
– für tatsächliche Aufwendungen § 171 10
– Registergeschäfte § 140 12
– stille Gesellschaft § 136 14
Beweislastumkehr § 290 266; § 296 14
Beweismittel § 5 12
– Gläubiger § 5 18
– Schuldner § 5 13
– Zeugen § 5 19
Bewertungsvereinfachung, Änderung durch BilMoG § 155 149
Bewertungsvorschriften § 155 126
– Allgemeine Grundsätze § 155 126
– Änderungen durch BilMoG § 155 131
– Bilanzposten Anlagevermögen § 155 136
– Bilanzposten Rentenverpflichtungen § 155 169
– Bilanzposten Umlaufvermögen § 155 147
– Bilanzposten Verbindlichkeiten § 155 154
Bezüge aus einem Dienstverhältnis Anh. zu § 113 314
– abzutretende Forderungen § 287 148
– Aufrechnung durch Insolvenzgläubiger Anh. zu § 113 326
– Aufrechnung im Insolvenzverfahren Anh. zu § 113 324
– Aufrechnung nach Beendigung des Insolvenzverfahrens Anh. zu § 113 325
– Begriffsdefinition Anh. zu § 113 320
– betroffene Bezüge § 81 43
– Rechtsbehelf gegen Zwangsvollstreckung Anh. zu § 113 328
– Verfügung im Wege der Zwangsvollstreckung Anh. zu § 113 327
– Verfügungen vor Verfahrenseröffnung Anh. zu § 113 317
– Verfügungsverbot § 81 43
– Wirksamkeit von Vorausverfügungen Anh. zu § 113 317
– Zwei-Jahres-Zeitraum Anh. zu § 113 323
Bezugsrecht
– unwiderrufliches § 134 27
– widerrufliches § 134 28
BGB-Gesellschaft § 174 33

Stichwortverzeichnis

Bilanz § 155 40
– Fristen für die Aufstellung § 155 256
Bilanzierungsverbot § 155 88
Blankozession § 287 127
Bodenschätze § 108 10
Bruchteil, Festsetzung des ~ § 195 2
Bruchteilsgemeinschaft
– Beteiligung der Schuldner § 84 4
Bruttoerlös § 171 9
Buchhaltungsausdrucke § 116 33
– entgeltliche Treuhandverträge § 116 36
– Handakten § 116 34
Bundesagentur für Arbeit § 55 61
Bundesanstalt für Finanzdienstleistungsaufsicht § 13 10
Bürge § 43 1
– Ausgleich unter mithaftenden Schuldnern § 44 7
Bürgschaft § 103 48; vor § 286 11
– Anwendbarkeit von § 93 InsO § 93 7
– Auflösungsverluste § 155 1323
– Drittaufwand § 155 1329
– risikobehaftete § 155 1324
– Rückgriffs- und Ausgleichsansprüche § 155 1328
– Zeitpunkt der Übernahme § 155 1330
Büroaufwand § 4 InsVV 5, 7

C

Cash Settlement § 104 40
Cash-Pool-Forderungen § 17 43
Chance of Control-Vertragsklauseln § 225a 40
Cherry picking § 104 3
Close-out Netting § 104 2
COMI § 3 57

D

Dänemark vor § 286 24
Darlehen § 302 126
– Finanzplandarlehn § 155 1306
– Hingabe in der Krise § 155 1306
– krisenbestimmtes § 155 1306
Darlehen ohne Zinsvereinbarung § 103 49
Darlehensgewährung § 143 13
– zinslose oder zinsgünstige § 155 1363
Darlehensverträge § 103 13
Daten
– fehlende § 60 17
– manipulierte § 60 17
Datenschutz
– Aufgaben der Kommission bei der Verarbeitung personenbezogener Daten in nationalen Insolvenzregistern Art. 80 EuInsVO
– Aufgaben der Mitgliedstaaten bei der Verarbeitung personenbezogener Daten in nationalen Insolvenzregistern Art. 79 EuInsVO
– Informationspflichten der Kommission Art. 81 EuInsVO 1
– internationales Insolvenzrecht Art. 78 EuInsVO 1
– Speicherung personenbezogener Daten Art. 82 EuInsVO
– Zugang zu personenbezogenen Daten über das Europäische Justizportal Art. 83 EuInsVO
Dauerschuldverhältnisse § 209 31
– Kündigung von ~ § 22 55
DDR vor § 286 2
Deckung durch mittelbare Zuwendungen § 130 15
Deckungsanfechtung § 130 6
Delegation von Aufgaben § 4 InsVV 11
Delisting § 56 23
Depotgeschäfte § 103 50
Depotvertrag § 116 56
Dept-Equity-Swap § 217 95; § 225a 3, 5
Dereliktion § 129 89
Derivate § 104 73
– des Sachwalters § 280 17
Devisengeschäfte § 104 72
Dienst- oder Werkverträge § 4 InsVV 10
Dienstbezüge § 287 149
Dienstnehmer, Kündigungsrecht des ~ § 113 1
Dienstverhältnis
– Begriffsdefinition Anh. zu § 113 319
– dreimonatige Höchstfrist für die Kündigung § 113 12
– Kündigung § 113
– von Organen § 113 14
Dienstverträge § 103 14; § 105 13; § 108 26, 46
Differenzgeschäfte § 104 37
Differenzhaftung
– des Einlegers gegenüber dem Schuldner § 254 20
Dingliches Vorkaufsrecht § 106 12
Direktversicherung BetrAVG 55
– Aussonderung § 47 39
– Insolvenzschutz BetrAVG 83
DiskE 2010 § 57 15
Domaine-Verträge § 103 15
Doppelanmeldung, der Insolvenzforderung § 174 41
Doppeltreuhand § 47 59; § 51 68
– Insolvenzanfechtung § 51 71
Drei-Wochen-Frist § 3 33
– Interessenausgleich § 122 16
Drittdarlehen
– Geltendmachung des Rückzahlungsanspruchs § 44a 35
– gesellschafterbesicherte § 44a 4
Drittwiderspruchsklage § 143 70; § 146 13; § 294 26
Drohende Zahlungsunfähigkeit § 18 1; § 320 19
– Anhaltspunkte § 18 31
– Antrag bei einer Gesellschaft ohne Rechtspersönlichkeit § 18 32
– Antrag bei einer juristischen Person § 18 32
– Antragstellung der Aufsichtsbehörde bei ~ § 18 1
– bestehende Zahlungspflichten § 18 12
– Eigenantrag wegen ~ § 18 7
– Ermittlung der ~ § 320 20

4099

Stichwortverzeichnis

- ESUG § 18 5
- internationales Insolvenzrecht § 18 50
- Legaldefinition § 18 11
- Überschneidungen zwischen §§ 18 und 19 InsO § 18 7

Durchgriffskondiktion § 82 31
Durchschriften § 14 14
Durchsetzung der Pflichten des Schuldners § 98 1
- eidesstattliche Versicherung § 98 5
- Geltungsbereich § 98 2
- Gründe der Anordnung von Vorführung oder Haft § 98 18
- Haft § 98 15
- zwangsweise Vorführung § 98 15

Durchsuchung § 21 385
- Anordnungsbeschluss § 20 31
- bei Angestellten des Schuldners § 20 43
- bei früheren Angestellten des Schuldners § 20 43
- beteiligte Dritte § 20 36

E

Ehegatte und Lebenspartner des Schuldners § 138 5
Eheschließung § 129 89
Eidesstattliche Versicherung § 153 8; § 290 58
- Anordnung § 98 5
- Bedeutung § 98 5
- Erforderlichkeit § 98 7
- Inhalt § 98 8
- Rechtsmittel § 98 13
- Zuständigkeit § 98 11
- § 807 ZPO § 24 53

Eigenantrag § 4 65
- einer natürlichen Person § 20 25

Eigenkapitalersatz
- Internationales Insolvenzrecht Art. 7 EuInsVO 30

Eigenkapitalersatzrecht
- Änderungen durch MoMiG § 155 1318

Eigenkapitalersatzrecht, Änderungen durch MoMiG § 135 2
- anfechtbare Besicherungen § 135 30
- anfechtbare Rechtshandlungen § 135 38
- Anfechtbarkeit § 135 28
- Anwendungsbereich § 135 11
- Befriedigungshandlungen § 135 33
- betroffene Gesellschaften § 135 11
- erfasster Personenkreis § 135 14
- Finanzierungsverantwortung § 135 8
- Gesellschafter als Darlehensgeber § 135 16
- Kapitalausstattung § 135 6
- Kleinstbeteiligungsprivileg § 135 19
- Nutzungsüberlassung § 135 43
- Passivierungspflicht § 135 52
- Rechtsfolgen § 135 56
- Überschuldungsstatus § 135 52
- umfasste Darlehen und Leistungen § 135 21
- Vollstreckungshandlungen § 135 36
- zeitlicher Anwendungsbereich § 135 5

Eigentümergrundschuld
- Löschungsanspruch § 165 15

Eigentumsübergang, Rechte bei ~ § 111 9
Eigentumsvorbehalt § 107 1
- Abschlagszahlung auf Forderung aus Verarbeitung von Vorbehaltsware § 51 38
- Ausübungssperre in der Insolvenz des Vorbehaltskäufers § 47 25
- Begründung § 47 20
- einfacher § 47 19
- erweitert mit Kontokorrentvorbehalt § 51 44
- erweitert mit Konzernvorbehalt § 51 45
- erweiterter § 107 8
- in der Insolvenz des Vorbehaltsverkäufers § 47 27
- Käufer-Insolvenz § 107 1
- Käuferinsolvenz § 107 17
- Kollisionsfälle § 51 30
- Leasingverträge § 107 6
- Mietkaufverträge § 107 6
- nachgeschalteter § 107 8
- Nutzungsentschädigung § 107 33
- Rechtskauf § 107 5
- Rücktrittserklärung § 107 18
- Rücktrittssperre § 107 19
- Schenkung § 107 4
- Streckengeschäfte § 107 12, 22
- Tauschverträge § 107 4
- Untergang § 47 24
- Unternehmenskauf § 107 5
- Verkäufer-Insolvenz § 107 1, 4
- verlängert mit Verarbeitungsklausel § 51 29
- verlängert mit Veräußerungsermächtigung § 51 31
- verlängert und Auskunftsanspruch § 51 40
- verlängerter § 107 8
- verlängerter ~ im Insolvenzeröffnungsverfahren § 51 36
- Voraussetzungen § 107 4
- weitergeleiteter § 107 8
- Werklieferungsverträge § 107 4
- Wertminderung der Ware § 107 35
- ~ und Veräußerungs-/Verarbeitungsverbot § 51 37

Eigentumsvorbehalt
- Internationales Insolvenzrecht Art. 10 EuInsVO

Eigenverwaltung
- Abberufung von Mitgliedern der Geschäftsführung § 276a 10
- Ablehnung des Antrags § 272 1
- Ablehnung des Schuldnerantrags § 270 66
- absonderungsberechtigte Gläubiger § 282 5
- Amtsermittlungsberechtigung § 270 68
- Anfechtungseinrede § 280 11
- Anfechtungswiderklage § 280 11
- Anordnung § 272 5
- Anordnung der Aufhebung § 272 33
- Anordnung der Zustimmungsbedürftigkeit des Sachwalters § 277 1

Stichwortverzeichnis

- Anordnung des Insolvenzgerichts § 271 11
- Anordnung Sonderinsolvenzverwaltung § 270 19
- Anordnung von Sicherungsmaßnahmen § 270 18
- Anordnungen § 270a 19
- Anordnungsbefugnisse des Gerichts § 270c 12
- Anordnungsbeschluss § 270 31; § 272 5
- Anordnungsvoraussetzungen vor § 270 9; § 270 6, 49
- Anordnungswirkungen § 270 20
- Antrag § 271 4
- Antrag der Gläubigerversammlung § 271 3
- Antrag des Schuldners § 270a 15
- Antrag eines absonderungsberechtigten Gläubigers auf Sachwalterzustimmung § 277 14
- Anträge des Schuldners § 270a 35
- Antragsablehnung § 270 111
- Antragskompetenz zur Antragsaufhebung § 272 17
- Antragsrücknahme § 270 58, 62
- Antragstellung § 271 9
- Antragstellung bei drohender Zahlungsunfähigkeit § 270a 36
- Antragsunterstützung durch vorläufigen Gläubigerausschuss § 270 107
- Anwendbarkeit der allgemeinen Vorschriften § 270 35
- Anzeige der Masseunzulänglichkeit § 285
- Aufhebung § 273 4
- Aufhebung der Anordnung § 272
- Aufhebung der Anordnung, Gegenstand der Antragsprüfung § 272 23
- Aufhebung des Eigenverwaltungsvorverfahrens § 270a 33
- Aufhebung, durch Schuldnerantrag § 272 30
- Aufhebungsantrag § 272 6
- Aufhebungsantrag der Gläubigerversammlung § 272 10
- Aufhebungsbeschluss § 272 9
- Aufhebungsermessen des Gerichts § 272 7
- Aufhebungsfolge, Rechtsmittel § 272 35
- Aufhebungsverfahren außerhalb Gläubigersammlung § 272 20
- Aufhebungsvoraussetzungen § 272 5
- Aufsicht des Insolvenzgerichts § 276a 14
- Aufteilung der Verwaltungs- und Verwertungshandlungen § 270c 12
- Auswahl und Bestellung des vorläufigen Sachwalters § 270a 20
- Befriedigung der Insolvenzgläubiger § 283
- Befugnisaufteilung § 270a 22
- Befugnisaufteilung, Einzelheiten § 270a 30
- bei gruppenangehörigen Schuldnern § 270d 1
- Berichtspflicht des Schuldners § 281 22
- Beschluss der Gläubigerversammlung § 271 4
- Bestandssicherheit § 272 3
- Bestellung des Sachwalters § 271 6
- Bestellung eines Sachwalters § 270 89
- bestimmtes Vermögen § 270 19

- Beteiligung des vorläufigen Gläubigerausschusses § 270 92
- Darlegungslast des Schuldners § 270 68
- Dauer des Entnahmerechts § 278 12
- drohende Verfahrensverzögerung § 270 70
- Eigenverwaltungsfähigkeit § 270 16
- Eigenverwaltungsregeln § 270 9
- Eigenverwaltungsvorverfahren § 270 63; § 270a 1, 3; § 271 3
- Eigenverwaltunsgvorverfahren § 270 13
- Eingehen von Verbindlichkeiten § 275 9
- Entnahmerecht für bescheidene Lebensführung § 278 5
- Eröffnungsverfahren § 270a
- Erstellungspflicht der Verzeichnisse § 281 10
- ESUG § 270 2, 3, 38; § 271 1; § 272 2
- fehlende Voraussetzungen § 270a 41
- Feststellungskostenpauschale § 282 6
- Feststellungsksoten § 282 15
- Feststellungsprozess § 283 4
- Forderungsanmeldung § 270 32; § 270c 34
- Gefährdungsprüfung § 270 72
- Gesellschaft ohne Rechtspersönlichkeit § 276a 7
- gesellschaftsrechtliche Auswirkungen § 276a 2
- gesellschaftsrechtliche Bindungen des Schuldnerorgans § 270 10
- Gläubigerautonomie vor § 270 4
- Gläubigerverzeichnis § 281 13
- Gläubigerzustimmung § 270 65
- Grenzen § 270 8
- Grundbuch § 270c 38
- Haftung des Sachwalters § 280 15
- Hinweispflicht des Gerichts § 270a 42
- im eröffneten Insolvenzverfahren § 270c 30
- Insolvenzplan § 284 4
- internationales Insolvenzrecht vor § 270 15
- juristische Person § 276a 7
- Kontrolle § 270 66
- Konzernbindung § 272 19
- Konzerninsolvenzrecht vor § 270 15
- Kosten der Verwertung § 282 16
- Mehrheitsregelung § 271 4
- Missbrauchsgefahrenprüfung § 270 77
- Mitwirkung der Überwachungsorgane § 276a
- Mitwirkung des Gläubigerausschusses § 276 1
- Mitwirkungsregelungen § 279 2
- Nachforschungspflicht des Gerichts § 270 68
- nachteilige Veränderung des Schuldnervermögens § 270 102
- Nachteilszuführung § 276a 13
- nachträgliche Anordnung § 271 8
- Neubestellung von Mitgliedern der Geschäftsführung § 276a 10
- Niederlegung der Verzeichnisse § 281 16
- öffentliche Bekanntmachung § 271 11; § 273 1
- Pflicht zum Einvernehmen mit dem Sachwalter § 279 9
- Pre-Packaging § 284 4

4101

Stichwortverzeichnis

- Prüfungs- und Erklärungspflicht des Sachwalters § 281 17
- Rechnungslegungspflicht § 281 25
- Rechnungslegungspflichten des Sachwalters § 281 28
- Rechnungslegungspflichten des Schuldners § 281 26
- Rechtsanwendung **vor** § 270 7
- Rechtshandlungen von besonderer Bedeutung § 276 2
- Rechtsmittelfrist der sofortigen Beschwerde § 273 3
- Rechtsstellung des vorläufigen Sachwalters § 270a 22
- Rechtstellung des Sachwalters § 274 1
- Rechtstellung des Sachwalters zum Schuldner § 280 13
- Reformzweck § 270 66
- Regelungslücke § 270c 31
- Registerfreiheit § 270c 38
- Rücknahme des Antrags § 270a 34
- Sachwalter § 270 8; § 270c 6
- Sachwalterbefugnisse § 280 5
- Sachwalterbestellung § 270 110; § 271 13; § 280 4
- Sanktionsmöglichkeiten für unberechtigte Entnahme § 278 15
- Schuldner als Handelnder § 279 6
- Schuldnerantrag § 270 50
- Schuldnerfehlverhalten § 270c 21
- Schutzschirmverfahren § 17 57; § 270a 9; § 271 3
- Sicherungsmaßnahmen § 270 21
- Sinn und Zweck § 282 19
- Sondersachwalterbestellung § 270c 8
- Stellung des Sachwalters im Verteilungsverfahren § 283 7
- Stellung des Schuldners im Feststellungsverfahren § 283 2
- Stellung des vorläufigen Gläubigerausschusses § 271 7
- Stellungnahmepflicht des Sachwalters § 281 24
- Steuerrecht § 270 11
- Überschreitung der Entnahmegrenze durch den Schuldner § 278 3
- Übertragung der Verwertung § 282 4
- Überwachungsorgane § 276a 8
- Unklarheitenlast § 270 68
- Unterhalt des Schuldners § 278 1
- Unterhalt persönlich haftender Gesellschafter § 278 16
- unterhaltsberechtigter Personenkreis § 278 11
- Unterrichtung der Gläubiger § 281 1
- Unterrichtung der Gläubiger, Adressat der Pflichten § 281 5
- Unterrichtung der Gläubiger, bei nachträglicher Anordnung § 281 7

- Unterrichtung der Gläubiger, Beschränkung § 281 6
- Unterrichtung der Gläubiger, Pflichten des Sachwalters § 281 20
- Unterrichtungspflichten vor dem Berichtstermin § 281 9
- Unterstützungspflicht § 97 6
- Vereinfachung des Zugangs § 270 3
- Verfügungen des Schuldners über Gegenstände der Insolvenzmasse § 81 7
- Vergütung des Sachwalters § 280 16
- Vergütung des vorläufigen Sachwalters § 270a 32
- Vermögensübersicht § 281 14
- Verteilungsverfahren § 283 5
- Verwaltungs- und Verfügungsbefugnis § 280 1
- Verwertung von Sicherungsgut § 282
- Verwertungsrecht des Schuldners im Einvernehmen mit Sachwalter § 282 17
- Verwertungsrecht § 282 1
- Verwertungsrecht des Schuldners § 282 14
- Voraussetzungen § 270 1; § 270c 1; § 276a 1
- vorläufige Untersagung der Rechtshandlung § 276 12
- Widerklage § 280 10
- Wirksamkeit der Schuldnerhandlung § 276 13
- Wirksamkeitserfordernis § 279 13
- Wirkung § 270 8
- Ziel **vor** § 270 2
- Zustimmung der Gläubigerversammlung § 276 11
- Zustimmung des Gläubigerausschusses § 276 9
- Zustimmung des Sachwalters § 276a 12
- Zustimmung des Schuldners § 271 10
- Zweck **vor** § 270 2

Eigenverwaltung bei gruppenangehörigen Schuldnern § 270d 1
- Antrag auf Eröffnung eines Koordinationsverfahrens § 270d 11
- Antrag auf Gruppengerichtsstand § 270d 7
- Antrag auf Verweisung an den Gruppengerichtsstand § 270d 10
- Dauer der Kooperationspflichten § 270d 6
- Kooperationspflichten § 270d 2
- Kooperationspflichten des Sachwalters § 270d 3
- Kooperationspflichten gegenüber Verfahrenskoordinator § 270d 4
- Vorlage, Stellungnahme, Umsetzung eines Koordinationsplans § 270d 12

Eigenverwaltungsantrag
- nicht offensichtlich aussichtsloser § 270a 17

Eigenverwaltungsvorverfahren vor § 270 1; § 274 3
- Rechtsstellung des Schuldners § 274 4

Eigenverwertung nach Ablauf der Frist gem. § 173 Abs. 2 § 173 1

Eigenverwaltung
- Bestellung des Sachwalters § 270c
- Vorbereitung einer Sanierung, *siehe Vorbereitung einer Sanierung*

Stichwortverzeichnis

Einigungsstelle § 121 1
– Anrufung § 122 39
Einkommen, Begriff des ~s in der Insolvenz § 155 657
Einkommensteuer § 155 640
– bei abgesonderter Befriedigung § 155 726
– echte Zwangsverwaltung § 49 53
– Ermittlung des zu versteuernden Einkommens § 155 642
– Erstattungen § 155 684
– freihändiger Verkauf § 49 64
– kalte Zwangsverwaltung § 49 65
– Teilabzugsverbot § 155 772
– Teileinkünfteverfahren § 155 770
– Vorauszahlungen § 155 689
– Zusammenveranlagung § 155 711
Einlagenrückgewähr § 136 10
Einleitung eines Sekundärinsolvenzverfahrens
– Aussetzung der Eröffnung Art. 38 EuInsVO 12
– Entscheidung zur Eröffnung Art. 38 EuInsVO 5
– Eröffnung trotz Zusicherung Art. 38 EuInsVO 4
– rechtliches Gehör Art. 38 EuInsVO 2
– Überleitung in andere Verfahrensart Art. 38 EuInsVO 24
Einrede § 129 17
– der Anfechtung § 146 17
Einsichtsrecht in Gutachten § 4 58
Einstellung des Insolvenzverfahrens § 211 28; § 214 1
– auf Antrag des Schuldners § 212 7; § 213 4
– Beschwerdebefugnis Art. 102c § 3 EGInsO 4
– Einstellungsbeschluss § 211 28
– mangels Masse § 216 1
– nach Ablauf der Anmeldefrist § 213 5
– öffentliche Bekanntmachung § 215 1
– Vorabinformation über das Wirksamwerden § 215 4
– Wirkungen Art. 102c § 3 EGInsO 6
– Wirkungen der ~ § 215 7
– zugunsten eines anderen Mitgliedstaats Art. 102c § 3 EGInsO
– zur Massesicherung § 306 21
Einstellungsbeschluss § 212 12
– Rechtsmittel gegen ~ § 212 13
Eintragung
– der Wirkungen § 178 20
– in die Tabelle § 178 20
– Rücknahme der Anmeldung § 178 24
Eintragung der Insolvenzeröffnung in öffentliche Register Art. 102c § 8 EGInsO
– Ablehnung Art. 102c § 8 EGInsO 11
– einschlägige Register Art. 102c § 8 EGInsO 5
– Form des Antrags Art. 102c § 8 EGInsO 9
– Inhalt der Eintragung Art. 102c § 8 EGInsO 10
– Prüfungskompetenz Art. 102c § 8 EGInsO 7
Einwendungen
– Berechtigte § 194 4
– Frist § 194 10

– gegen Verteilungsverzeichnis § 194 1
– Stattgeben § 194 16
– Zurückweisung § 194 13
Einwilligungsvorbehalt § 304 5
Einzelsteuern, Behandlung im Verfahren nach der InsO § 155 640
Einzelzwangsvollstreckung § 208 24
Einziehungsstopp § 21 347
Einzugsermächtigungslastschriften, Insolvenzfestigkeit von ~ § 36 48
Einzugsermächtigungsverfahren
– Genehmigungstheorie § 82 39
– Widerspruchsrecht des Insolvenzverwalters § 82 38
– Zahlungsverlauf § 82 37
Emissionszertifikate § 104 69
Endurteil § 179 18
Energiegroßhandel § 104 46
Energiegroßhandelsprodukte
– Börsenhandel § 104 47
– EFET-Rahmenverträge § 104 47
Energielieferungsverträge § 103 16; § 105 12; § 309 21
Entgeltansprüche
– Geltendmachung nach der Insolvenzeröffnung Anh. zu § 113 279
Entgeltlichkeit, Begriff § 133 90
Enthaftung
– der Masse § 109 18
– des Zubehörs § 159 18
Enthaftungserklärung § 109 16
Entlassung
– Sachwalter § 59 4
– Treuhänder § 59 4
– vorläufiger Insolvenzverwalter § 59 4
Entlassung des Insolvenzverwalters § 59
– auf Antrag der Gläubigerversammlung § 59 2
– auf Antrag des Gläubigerausschusses § 59 2
– auf eigenen Antrag § 59 2, 14
– auf Verdacht § 59 11
– Entlassungsentscheidung § 59 16
– Gewährung rechtlichen Gehörs § 59 16
– Rechtsmittel § 59 19
– von Amts wegen § 59 2
– Vorliegen eines wichtigen Grundes § 59 7
– wegen mangelnder Eignung § 59 8
Entmündigung § 304 5
Entscheidung über den Fortgang des Verfahrens
– Berichtstermin § 157 1
– Beschlussfähigkeit der Gläubigerversammlung § 157 7
– Delegation auf Gläubigerausschuss § 157 9
– fehlende Beschlussfassung § 157 11
Entschuldung mitteloser Personen, Entwurf eines Gesetzes zu ~ vor § 4 12
Entsiegelung § 150 5
Entstehungsgeschicht des § 104 InsO § 104 23
Enumerationsprinzip § 6 1

4103

Stichwortverzeichnis

Erbausschlagung
- Rechtsfolge § 83 13

Erbbaurechtsverträge § 103 51

Erbenhaftung § 316 2
- unbeschränkte ~ für Nachlassverbindlichkeiten § 316 4

Erbfall
- herauszugebender Vermögenserwerb § 295 86
- Wertberechnung § 295 104

Erbfolge § 145 3

Erbschaft § 83 3; § 129 88; § 292 13
- Anfallprinzip § 83 3
- Erbausschlagung § 83 12
- fortgesetzte Gütergemeinschaft § 83 18
- Pflichtteilsansprüche § 83 16
- Recht zur Annahme § 83 5
- Recht zur Ausschlagung § 83 5
- Restschuldbefreiungsverfahren § 83 14
- Testamentsvollstreckung § 83 11
- Trennung der Vermögensmassen § 83 8
- Vorerbschaft § 83 20

Erbschaftsteuer § 155 1399; § 325 8

Erbteil
- Auseinandersetzungsbeschränkungen § 84 14

Erfüllung fremder Verbindlichkeiten § 134 17

Erfüllungsablehnung § 103 2, 5, 92, 106
- Abdingbarkeit § 103 119
- Folgen § 103 113
- Kündigung eines Bauvertrages § 103 112
- Verjährung § 103 121

Erfüllungsverlangen § 103 84

Erfüllungswahl § 103 1
- Ablehnung der Erfüllung § 103 101
- Aufrechnung § 103 102
- betroffene Verträge § 103 7
- Erfüllung des Mietvertrages § 103 97
- konkludente § 103 85
- Nichtausübung des Wahlrechts § 103 117
- Rechtsfolgen § 103 93
- Teilbarkeit § 103 4
- Vertragsstrafen § 103 98
- Verwertung § 103 99
- Verzugsfolgen § 103 98
- vorläufiger Insolvenzverwalter § 103 6

Erfüllungswahlrecht § 103 2

Ergebnisplan § 229 14

Erinnerung § 6 93; § 294 48
- Abhilfe § 6 112
- außerhalb der InsO § 6 120
- einstweilige Anordnungen § 89 61
- Entscheidung § 6 120
- Entscheidungen des Gerichtsvollziehers § 6 138
- Entscheidungen des Urkundsbeamten der Geschäftsstelle § 6 137
- Erinnerungsverfahren § 89 62
- Frist § 6 100; § 89 62
- Gebühr § 6 115
- Gewährung des Stimmrechts § 6 117
- nach § 573 Abs. 1 ZPO § 202 12
- Rechtsbehelf § 6 94
- Richterentscheidung § 6 114
- sofortige § 6 111
- Zulässigkeitsvoraussetzungen § 6 94
- Zuständigkeit § 89 55

Erklärungen des Insolvenzverwalters zur selbstständigen Tätigkeit des Schuldners § 35 29
- Adressat § 35 42
- anwendbare Vorschriften § 35 40
- Anwendungsbereich der Regelung § 35 31
- Form § 35 42
- Rechtsfolgen § 35 43
- Rechtsnatur § 35 38
- Wirksamwerden § 35 42
- Zeitpunkt § 35 41

Erlass des Verlustanteils § 136 11

Erlass und Bekanntgabe von Steuerverwaltungsakten § 155 513
- Abrechnungsbescheid § 155 518
- Bekanntgabe von Feststellungsbescheiden bei einer Personengesellschaft § 155 527
- Inhalts- und Bekanntgabeadressat § 155 528
- Insolvenzverwalter als Adressat § 155 520
- Verbraucherinsolvenzverfahren § 155 528
- Vollmachten § 155 520

Erlassvereinbarungen vor § 304 24

Erledigung § 13 261
- Beschwerdeverfahren § 13 263
- einseitige Erledigungserklärung § 13 267
- Entscheidung durch Beschluss § 13 280
- Kriterien für die Kostenentscheidung § 13 284
- rechtliches Gehör § 13 278
- Rechtsbehelfe § 13 300
- Rechtsmittelinstanz § 13 271
- Schuldner § 13 278
- teilweise Erledigung § 13 288
- verfahrensmäßiger Ablauf § 13 271
- Wert § 13 281
- zeitliche Grenzen § 13 273

Erlös, Verteilung des ~es § 171 1

Erlösanteile der Masse § 171 7

Erlösauskehrung § 171 14

Erlöschen von Geschäftsbesorgungsverträgen § 116

Erlöschen von Vollmachten § 117

Erlöschenstheorie § 103 3

Erlöse
- Benachrichtigung über die Verteilung Art. 102c § 13 EGInsO 1

Erlösverteilung § 168 14

Eröffnung des Insolvenzverfahrens
- Ablauf vor § 11 4
- Abweisung mangels Masse § 26 10
- Angestellte § 101
- Anordnung der Eigenverwaltung § 27 33
- Anordnung einer Postsperre § 99
- Anordnung vorläufiger Maßnahmen § 21
- auf Antrag des Finanzamtes § 155 261

4104

Stichwortverzeichnis

- Auflösung juristische Person, nichtrechtsfähiger Verein, Gesellschaft ohne Rechtspersönlichkeit § 30 39
- Auskunfts- und Mitwirkungspflichten des Schuldners § 97
- Ausschluss sonstigen Rechtserwerbs § 91
- Auswirkungen eines ausländischen Insolvenzverfahrens § 27 64
- Bestellung eines Sonderinsolvenzverwalters § 27 31
- Durchsetzung der Pflichten des Schuldners § 98
- Einschränkung eines Grundrechts § 102
- erforderliche Angaben § 27 35
- Erlöschen von Aufträgen § 115
- Ernennung eines Insolvenzverwalters § 27 27
- Eröffnungsgrund § 27 6
- Formalien § 27 1
- Gesamtschaden § 92
- Glaubhaftmachung der Forderung § 27 9
- Gläubigerantrag § 27 9
- Grundbucheintrag § 32
- im Ausland belegenes Vermögen § 27 57
- Insolvenzgeld § 30 44
- nach der InsO begründete Steuerforderungen § 155 398
- Nachlassinsolvenz § 27 21
- organschaftliche Vertreter § 101
- persönliche Haftung der Gesellschafter § 93
- rechtliches Gehör des Schuldners § 27 23
- Rechtsbehelfe § 30 45
- Rechtsmittel gegen Ablehnung § 34
- trotz fehlender Masse § 26 51
- Unterhalt aus der Insolvenzmasse § 100
- Unternehmensinsolvenz § 27 5
- Verbraucherinsolvenz § 27 18
- Verzögerung § 27 14
- Voraussetzungen **vor** § 11 8; § 27 4
- Zulässigkeitsvoraussetzungen § 27 5

Eröffnung des Sekundärinsolvenzverfahrens
- gerichtliche Nachprüfung der Entscheidung Art. 39 EuInsVO

Eröffnungsantrag
- Abweisung mangels Masse § 13 63
- Antragsberechtigte § 13 10
- Antragsgrundsatz § 13 8
- Antragspflicht § 13 12
- Antragsrecht § 13 9
- ergänzende Angaben § 13 22
- erneute Antragstellung § 13 78
- Folge von Verstößen § 13 54
- Folgen der Rücknahme § 13 69
- Forderungsverzeichnis § 13 26
- Formularzwang § 13 14
- Gläubiger-Kalkül § 13 81
- Gläubigerverzeichnis § 13 26
- Hauptprüfung § 13 5
- Kosten im Insolvenzeröffnungsverfahren § 13 180
- Kostenfreiheit § 13 182
- Kostenschuldner § 13 183
- Kostenvorschuss § 13 181
- Mehrere Anträge § 13 98
- Mitteilungspflichten § 13 112
- Rücknahme § 13 59
- Rücknahmeberechtigung § 13 66
- Rücknahmeerklärung § 13 68
- Rücknahmefiktion § 13 79
- Schriftformzwang § 13 13, 14
- Schuldner-Kalkül § 13 87
- Sonderregelungen § 13 11
- Umfang der Kostentragungspflicht § 13 196
- Verfahren des Gerichts § 13 47
- Versicherung der Richtigkeit und Vollständigkeit der Angaben § 13 45
- Vorprüfung § 13 2
- Vorschusspflicht § 13 95
- Zulässigkeitsvoraussetzungen § 13 3
- zusätzliche Angaben im ~ bei internationaler Zuständigkeit Art. 102c § 5 EGInsO 2

Eröffnungsbeschluss § 27 2
- Bekanntmachung § 30
- Bekanntmachung und Zustellung § 30 1
- besondere Zustellung § 30 23
- Bestellung des Insolvenzverwalters § 30 33
- Bewirkung und Existentwerden des ~ § 30 6
- Heilung bei mangelhaftem ~ § 30 12
- Hinweis auf Restschuldbefreiung § 30 28
- Inhalt § 27 26, 55
- internationales Insolvenzrecht § 30 47
- Mängel § 27 62; § 30 12
- Mitteilung an Registerbehörden § 31 2
- Mitteilungen § 30 30
- öffentliche Bekanntmachung § 30 17
- öffentliche Bekanntmachung bei Bestellung eines Sonderinsolvenzverwalters § 30 18
- Sonderinsolvenzen § 30 34
- Terminbestimmungen § 29
- Übermittlung an Registergericht § 31 1
- Übersendung § 31 2
- unwirksamer § 30 6
- Wirksamwerden § 27 62; § 30 7
- Zeitpunkt der Bekanntmachung § 30 11
- Zuständigkeit von Richter und Rechtspfleger § 30 3
- Zustellung bei Insolvenz einer Krankenkasse § 30 23

Eröffnungsgrund
- drohende Zahlungsunfähigkeit § 16 5
- Überschuldung § 16 4; § 19 1
- Wegfall des ~ § 212 1
- Zahlungsunfähigkeit § 16 7

Eröffnungsverfahren
- Bestellung eines vorläufigen Gläubigerausschusses § 21 259

Erörterungstermin § 235 1
- Ablauf § 235 17
- Inhalt § 235 16

4105

Stichwortverzeichnis

- Ladung der Beteiligten § 235 28
- öffentliche Bekanntmachung § 235 33
- Zweck § 235 11

Erreichbarkeit des Schuldners
- gerichtliche Anordnung § 97 35

Ersatzabsonderung
- analog § 48 InsO § 48 26
- analog § 170 InsO § 48 28

Ersatzanschaffungen des Verwalters § 172 8

Ersatzaussonderung
- Abtretung der ausstehenden Gegenleistung § 48 16
- Entgeltlichkeit der Veräußerung § 48 9
- fehlende Berechtigung zur Veräußerung § 48 11
- Herausgabe der erbrachten Gegenleistung § 48 17
- Höhe des Anspruchs § 48 21
- Inhalt des Ersatzaussonderungsanspruchs § 48 14
- keine bei Vermietung des Sicherungsguts § 48 7
- Unterscheidbarkeit im Bankenkontokorrent § 48 17, 19
- Vereitelung eines Aussonderungsanspruchs § 48 4
- Voraussetzungen § 48 3
- vorläufiger Insolvenzverwalter § 48 24
- Vorliegen einer Veräußerung § 48 7
- Wirksamkeit der Veräußerung § 48 10
- zweite Ersatzaussonderung § 48 15

Ersatzaussonderungsansprüche § 130 9

Ersatzrückgewähr
- Umfang des Anspruchs § 137 8
- Voraussetzungen § 137 7
- Zahlung auf den Scheck § 137 10

Ersetzung der Zustimmung § 295 12; § 302 12

Erteilung der Restschuldbefreiung § 294 38

Erwerbsobliegenheit § 295 46
- Altersteilzeit § 295 54
- andere Erwerbstätigkeit § 295 57
- angemessene Erwerbstätigkeit § 295 25
- Arbeitssuche § 295 67
- Aufhebungsvertrag § 295 51
- Bemühungen bei Beschäftigungslosigkeit § 295 62
- Eigenkündigung § 295 52
- herauszugebender Vermögenserwerb im Erbfall § 295 86
- Kinderbetreuung § 295 68, 82
- Kündigung § 295 48
- Mehrarbeit § 295 54
- Nichtablehnung zumutbarer Tätigkeit § 295 70
- selbständige Tätigkeit § 295 168
- Teilzeitbeschäftigung § 295 31, 61
- Vermutung § 295 57
- zumutbare Beschäftigung § 295 59
- zumutbare Tätigkeit § 295 72
- Zumutbarkeitsregelung § 295 77

Erwerbsobliegenheit des Schuldners
- Anforderung an nicht selbständige Erwerbstätigkeit § 287b 13
- Anforderung an selbständige Erwerbstätigkeit § 287b 15
- Ende § 287b 8
- Konsequenz der Verletzung § 287b 3
- kostenrechtliche § 287b 6
- persönlicher Anwendungsbereich § 287b 10
- Rechtsfolgen bei Verletzung § 287b 23
- Restschuldbefreiungsverfahren § 287b 1
- sachlicher Anwendungsbereich § 287b 4
- Zahlungstermin § 287b 21
- zeitlicher Anwendungsbereich § 287b 7

Erwerbstätigkeit
- Angemessenheit der – § 295 25

ESUG vor § 1 60, 74, 106; § 21 103; § 217 81, 135
- Berichtigung des Insolvenzplans § 248a 1
- Eigenverwaltungsvorverfahren § 270a 1
- Insolvenzplanverfahren § 2 26
- Minderheitenschutz § 251 6
- Schutzschirmverfahren **vor** § 304 10

EuInsVO
- Anerkennung und Vollstreckbarkeit gerichtlicher Entscheidungen Art. 32 EuInsVO
- Anerkennung von Entscheidungen zur Durchführung und Beendigung des Insolvenzverfahrens Art. 32 EuInsVO 2
- Anerkennung von Insolvenzverfahren Art. 19 EuInsVO
- Anfechtung durch den Sekundärinsolvenzverwalter Art. 16 EuInsVO 15
- Anrechnung von Quoten aus Parallelverfahren Art. 23 EuInsVO 16
- anwendbares Recht Art. 7 EuInsVO 3
- Arbeitsverhältnis Art. 13 EuInsVO
- Arbeitnehmer Art. 13 EuInsVO
- Aufrechnung Art. 9 EuInsVO 6
- Befugnisse des Hauptinsolvenzverwalters Art. 21 EuInsVO 2
- Befugnisse des Partikularinsolvenzverwalters Art. 21 EuInsVO 7
- Belegenheit von Vermögensgegenständen Art. 2 EuInsVO 16
- COMI Art. 3 EuInsVO 1
- COMI, juristische Person Art. 3 EuInsVO 10
- COMI, konzernrechtliche Verflechtungen Art. 3 EuInsVO 15
- COMI, natürliche Person Art. 3 EuInsVO 18
- COMI, Zeitpunkt Art. 3 EuInsVO 23, 37
- Eigentumsvorbehalt Art. 10 EuInsVO
- Eigenverwaltung Art. 76 EuInsVO
- Einstellung des Insolvenzverfahrens zugunsten eines anderen Mitgliedstaats Art. 102c § 3 EGInsO
- Eintragung der Insolvenzeröffnung im öffentlichen Register Art. 29 EuInsVO
- Eintragung der Insolvenzeröffnung in öffentliche Register Art. 102c § 8 EGInsO
- Existenzvernichtungs- und Durchgriffshaftung Art. 7 EuInsVO 32

Stichwortverzeichnis

- Finanzmarkt Art. 12 EuInsVO 4
- Forderungsanmeldung Art. 53 EuInsVO 1
- Gemeinschaftspatente Art. 15 EuInsVO
- Gemeinschaftsmarken Art. 15 EuInsVO
- Gericht Art. 2 EuInsVO 10
- gläubigerbenachteiligende Handlung Art. 16 EuInsVO 2
- Hauptinsolvenzverfahren Art. 3 EuInsVO 1
- Herausgabeanspruch des Insolvenzverwalters Art. 23 EuInsVO 4
- Historie vor Art. 1 EuInsVO 4
- Insolvenzanfechtung Art. 16 EuInsVO
- Insolvenzplan Art. 102c § 15 EGInsO
- Insolvenzverfahren Art. 2 EuInsVO 7
- Insolvenzverschleppungshaftung Art. 7 EuInsVO 28
- Kapitalaufbringung und Kapitalerhaltung Art. 7 EuInsVO 30
- Kollisionsnormen Art. 4 EuInsVO 1; Art. 7 EuInsVO 1
- Kompetenzkonflikte Art. 102c § 2 EGInsO
- Kosten der öffentlichen Bekanntmachung Art. 30 EuInsVO
- Leistung an den Schuldner Art. 31 EuInsVO
- Luftfahrzeuge Art. 14 EuInsVO
- Nachweis der Verwalterbestellung Art. 22 EuInsVO
- Niederlassung, Begriff Art. 2 EuInsVO 33
- öffentliche Bekanntmachung der Zusicherung Art. 102c § 12 EGInsO 2
- öffentliche Bekanntmachung des Insolvenzverfahrens Art. 102c § 7 EGInsO
- öffentliche Bekanntmachung des Insolvenzverfahrens Art. 28 EuInsVO
- öffentliche Ordnung Art. 33 EuInsVO
- ordre public Art. 19 EuInsVO 10
- örtliche Zuständigkeit Art. 102c § 1 EGInsO; Art. 102c § 22 EGInsO
- örtliche Zuständigkeit bei Annexklagen Art. 102c § 6 EGInsO
- Partikularinsolvenzverfahren Art. 3 EuInsVO 30
- Partikularinsolvenzverfahren, Gläubiger Art. 3 EuInsVO 41
- Partikularinsolvenzverfahren, Verwalter Art. 3 EuInsVO 42
- persönlicher Anwendungsbereich Art. 1 EuInsVO 9
- Pflicht zur Unterrichtung der Gläubiger Art. 54 EuInsVO
- Prioritätsprinzip Art. 3 EuInsVO 27
- Qualifikation Art. 7 EuInsVO 17
- Qualifikation, Abgrenzung Gesellschafts- und Insolvenzstatut Art. 7 EuInsVO 19
- Qualifikation, Existenzvernichtungs- und Durchgriffshaftung Art. 7 EuInsVO 32
- Qualifikation, Insolvenzantragspflichten Art. 7 EuInsVO 24
- Qualifikation, Insolvenzverschleppungshaftung Art. 7 EuInsVO 28
- räumlicher Anwendungsbereich Art. 1 EuInsVO 13
- Recht des Belegenheitsortes Art. 21 EuInsVO 8
- Rechtsmittel nach Art. 5 Art. 102c § 4 EGInsO
- Rechtsmittel nach Art. 5 der Verordnung (EU) 2015/848 Art. 102c § 4 EGInsO 2
- Schiffe Art. 14 EuInsVO
- Schutz des Drittwerbers Art. 17 EuInsVO
- Sekundärinsolvenzverfahren, Antragsrechte Dritter Art. 37 EuInsVO 6
- Sekundärinsolvenzverfahren, anwendbares Recht Art. 35 EuInsVO
- Sekundärinsolvenzverfahren, Aussetzung der Verwertung Art. 102c § 16 EGInsO
- Sekundärinsolvenzverfahren, Ausübung von Gläubigerrechten Art. 45 EuInsVO; Art. 46 EuInsVO
- Sekundärinsolvenzverfahren, Eröffnung Art. 34 EuInsVO 4
- Sekundärinsolvenzverfahren, Eröffnungsvoraussetzungen Art. 34 EuInsVO 4
- Sekundärinsolvenzverfahren, internationale Zuständigkeit Art. 3 EuInsVO 31
- Sekundärinsolvenzverfahren, Kooperations- und Unterrichtungspflichten Art. 41 EuInsVO
- Sekundärinsolvenzverfahren, Kostenvorschuss Art. 40 EuInsVO
- Sekundärinsolvenzverfahren, nachträgliche Eröffnung des Hauptverfahrens Art. 50 EuInsVO
- Sekundärinsolvenzverfahren, Überschuss im - Art. 49 EuInsVO
- Sekundärinsolvenzverfahren, verfahrensbeendende Maßnahmen Art. 47 EuInsVO
- Sekundärinsolvenzverfahren, Verwalter Art. 34 EuInsVO 15
- Sekundärinsolvenzverfahren, Wirkung auf Masseverbindlichkeiten Art. 34 EuInsVO 21
- Sekundärinsolvenzverfahren, Wirkungen Art. 34 EuInsVO 16
- Sicherungsmaßnahmen Art. 3 EuInsVO 43; Art. 52 EuInsVO
- Sicherungsmaßnahmen, Sekundärinsolvenzverfahren Art. 3 EuInsVO 43
- sofortige Beschwerde gegen Entscheidungen des Insolvenzgerichts Art. 102c § 9 EGInsO
- unabhängige Partikularinsolvenzverfahren Art. 3 EuInsVO 33
- unabhängiges Partikularinsolvenzverfahren, Eröffnungsvoraussetzungen Art. 3 EuInsVO 39
- unabhängiges Partikularinsolvenzverfahren, Gläubigerantrag Art. 3 EuInsVO 35
- unbhängiges Partikularverfahren, Umwandlung Art. 51 EuInsVO
- Verhältnis zu Übereinkünften Art. 85 EuInsVO
- Verträge über unbewegliche Gegenstände Art. 11 EuInsVO
- Verwalter Art. 2 EuInsVO 8

Stichwortverzeichnis

- vis attracttiva concursus **Art. 7 EuInsVO** 34
- Vollstreckbarkeit ausländischer Entscheidungen **Art. 32 EuInsVO** 10
- Vollstreckbarkeit der Eröffnungsentscheidung **Art. 20 EuInsVO** 6; **Art. 32 EuInsVO** 12; **Art. 102c § 10 EGInsO**
- Wirkung der Anerkennung von Insolvenzverfahren **Art. 20 EuInsVO**
- Wirkungen der Verfahrenseröffnung auf eintragungspflichtige Rechte **Art. 14 EuInsVO**
- Wirkungen des Insolvenzverfahrens auf anhängige Rechtsstreitigkeiten **Art. 18 EuInsVO**
- Zahlungs- und Abwicklungssystem **Art. 12 EuInsVO** 3
- zeitlicher Geltungsbereich **Art. 84 EuInsVO**
- Zeitpunkt der Verfahrenseröffnung **Art. 2 EuInsVO** 14
- Zuständigkeitskonflikte **Art. 3 EuInsVO** 44

EuInsVO 2017
- Inkrafttreten **Art. 92 EuInsVO**

Europäische Marktinfrastrukturverordnung – EMIR § 104 22

Europäisches Verbraucherrecht § 304 6

European Market Infrastructure Regulation – EMIR § 104 10

EWIV § 93 27
- persönliche Inanspruchnahme ihrer einzelnen Mitglieder § 93 27

Existenzminimum § 287 208

Existenzvernichtender Eingriff Anh. n. § 15a 4

F

Factoring § 96 16
- echtes § 47 35
- unechtes § 51 67

Factoringverträge § 103 52

Faktischer Geschäftsführer § 15 18

Fehlende Vertragserfüllung § 103 66

Fernsprechteilnehmerverhältnisse § 105 13

Feststellung
- der Masse § 22 36

Feststellung der Forderung
- bestrittene Forderungen § 178 2
- Eintragung in die Tabelle § 178 5
- Schuldurkunden § 178 15
- Voraussetzungen § 178 1
- Wechsel § 178 15
- Widerspruch eines Beteiligten § 178 4

Feststellungsantrag, Antragsvoraussetzungen § 122 7

Feststellungsbescheid § 185 3
- nach § 251 Abs. 3 AO § 87 26

Feststellungsklage § 143 70; § 180 5; § 182 11; § 189
- besondere Zuständigkeit für zivilrechtliche Ansprüche § 185 1
- gegen Schuldner § 184 5
- Mindestgebühren § 182 2
- negative § 184 17
- sachliche Zuständigkeit § 182 8
- Streitwert § 182 1
- Tätigkeiten des Insolvenzgerichts § 202 9
- Vorverfahren § 185 2
- wegen vorsätzlich begangener unerlaubter Handlung § 184 15

Feststellungskosten § 171 9

Feststellungsrechtsstreit § 181 5; § 188 8

Feststellungsurteil
- Berichtigung der Tabelle § 183 5
- Wirkungen des ~ § 183 1

Feststellungsverfahren § 174 27; § 179 2; § 180 6; § 185 2
- Kostenerstattung § 183 8
- Parteien des Feststellungsverfahrens § 179 11
- Rang einer Forderung § 181 4
- streitige Forderung § 179 4
- Titulierte Forderungen § 179 18
- Umfang der Feststellung § 181 1
- Voraussetzung § 179 5
- Widerspruch im Feststellungsverfahren § 174 33
- Zuständigkeit § 180 1

Fiktion des Scheiterns, Vollstreckungsversuch § 305a 4

Finanzamt als Insolvenzgläubiger § 155 289

Finanzdienstleister § 3 15

Finanzierungs-Leasing-Verträge § 108 14

Finanzleistung § 104
- Anteile an Investmentvermögen § 104 67
- Aufhebung der Leistungspflichten § 104 82
- Begriff § 104 50
- Beispielkatalog § 104 55
- charakteristische § 104 54
- Derivate § 104 73, 74
- Edelmetalllieferung § 104 56
- Emissionszertifikate § 104 69
- Erfüllungsfrist § 104 51
- Erfüllungszeit § 104 51
- Finanzinstrumente § 104 61
- Finanzsicherheiten § 104 78
- Geldmarktinstrumente § 104 66
- Lieferung von Finanzinstrumenten § 104 58
- Markt- und Börsenpreis § 104 52
- Nichterfüllungsforderung § 104 82
- Optionen und andere Rechte § 104 75
- Rahmenvertrag § 104 93
- Swaps, Optionen, andere Derivate § 104 68
- Typenkombinationen § 104 81
- vergleichbare Rechte § 104 70
- Wertpapiere § 104 62

Finanzleistungsgeschäfte § 104 36

Finanzmarktgeschäfte § 104 48
- Begriff der Finanzleistung § 104 49

Finanzmarktrichtlinie – MiFiD II § 104 61

Finanzmarktstabilisierungsgesetz § 16 4; § 18 47; § 19 2; § 212 6

Finanzplan § 229 15

Stichwortverzeichnis

Finanzsicherheiten § 21 391; § 81 45; § 104 37, 78
Finanzsicherheitenrichtlinienumsetzungsgesetz § 104 29
Firmenwert, Aktivierungsgebot § 155 98
Fiskusabsonderung
– absonderungsfähige Abgaben § 51 102
– Entstehung des Absonderungsrechts § 51 103
– Kollisionsfälle § 51 101
– Verwertung § 51 105
Fiskusprivileg § 155 845; § 270 14
Fixgeschäfte § 104
Forderungen
– Abtretung künftiger ~ § 140 6
– Änderungen der Forderungsanmeldung § 177 33
– Anmeldefrist § 174 2
– Anmeldung § 174 1
– Ansprüche aus Versicherungsverträgen § 166 14
– aufgedeckte Forderungsabtretung § 166 12
– auflösend bedingte § 95 5
– aus vorsätzlich begangener, unerlaubter Handlung, Beseitigung eines Widerspruchs des Schuldners § 175 23
– aus vorsätzlich begangener, unerlaubter Handlung, Möglichkeit des Widerspruchs § 175 19
– Ausfallforderung § 178 10
– Bestreiten § 176 9
– Bestreiten als Eigenverwalter § 176 20
– Bestreiten des Schuldners § 176 16
– Bestreiten einer verspätet angemeldeten § 256 10
– der Insolvenzgläubiger § 87
– des Schuldners, Entstehung nach Verfahrenseröffnung § 96 5
– endgültige Feststellung § 256 11
– erheblicher Rückstand § 255 2
– Erwerb nach Verfahrenseröffnung von anderem Gläubiger § 96 12
– Fälligkeit § 17 12; § 94 14
– festgestellte § 29 7
– Forderungsanmeldung § 174 4
– gegen das freie Vermögen des Schuldners § 96 21
– Gegenseitigkeit der ~ § 94 6
– Gleichartigkeit der ~ § 94 11
– Hinfälligkeit § 255 29
– Insolvenzgläubiger § 174 7
– Insolvenzordnung für Insolvenzgläubiger § 174 8
– Mahnung § 255 22
– Nachfristsetzung § 255 22
– nachträgliche Anmeldung § 177 1
– nachträgliche Anmeldung, besonderer Prüfungstermin § 177 8
– nachträgliche Anmeldung, Kosten § 177 29
– nachträgliche Anmeldung, Prüfung § 177 2
– nachträgliche Anmeldung, Prüfung im Prüfungstermin § 177 4
– nachträgliche Anmeldung, Prüfung im schriftlichen Verfahren § 177 13
– Pfändung künftiger ~ § 140 6
– Prüfung nachrangiger § 177 25

– Prüfungstermin § 176
– Rechtsnachfolge § 177 41
– Rückgewähranspruch § 256 17
– Rückkaufswerte § 166 14
– Rücknahme § 177 38
– streitige § 17 10; § 29 7; § 179 1; § 181 1; § 256 3
– streitige Rechtsnachfolge § 177 44
– ungerechtfertigte Zahlung § 256 15
– Verfahrenseröffnung § 174 4
– Verpfändung künftiger ~ § 140 6
– Vertagung § 176 21
– Voraussetzung und Wirkungen der Feststellung § 178
– vorläufiges Bestreiten § 176 21
– währungsverschiedene § 95 8
– Wechsel des Forderungsinhabers § 177 41
– Widerspruch gegen ~ § 189 2
– Wiederaufleben der ~ § 255 7
– Wirkungen des Bestreiten § 176 13
Forderungsanmeldung § 192 4
– Anmeldefrist § 28 6
– Aufforderung der Drittschuldner an Verwalter zu leisten § 28 16
– Datenfernübertragung § 174 65
– Gläubiger § 28 3
– Inhalt und Form § 28 4
– internationales Insolvenzrecht § 28 17; Art. 53 EuInsVO 1
– Mindestanforderungen § 174 62
– Regelungszweck § 28 10
– Schadensersatzverpflichtung § 28 13
– Sicherungsrechte § 28 11
– Stimmrecht § 174 60
– Verjährung § 174 62
– Verjährungseintritt § 174 62
– Wirkung § 174 60
– zur Tabelle § 302 95
– Zweck § 28 2
Forderungsaufstellung § 305 51
– Auskunftspflicht § 305 54
– Vertragsunterlagen § 305 53
– Vollstreckungstitel § 305 53
Forderungsausfall, Berechnung des ~ § 52 13
Forderungseinzug § 22 52
Forderungserlass § 302 24
– nach § 76 SGB IV § 304 48
Forderungskauf § 308 16
Forderungsprüfungstermin
– Qualifizierung der Forderung § 174 33
– Widerspruch im Feststellungsverfahren § 174 33
Forderungsübergang, gestaltende Gerichtsentscheidung § 287 137
Forderungsverzeichnis § 305 37; § 307 7
– Änderung § 307 20
– Ergänzung § 307 19
– Inhalt § 13 28
– unvollständiges § 308 18

4109

Stichwortverzeichnis

Forderungsverzicht § 155 1350
– durch einen Gesellschafter oder eine dem Gesellschafter nahe stehende Person § 155 1359
Forderungszuständigkeit § 103 45
Formalaufbau von Bilanzen sowie GuV-Rechnung § 155 68
Formularzwang § 13 57; § 14 12
Fortbestehen des Gruppengerichtsstands
– Antragsrücknahme § 3b 5
– Aufhebung des Verfahrens § 3b 16
– bei Beendigung des eröffneten Verfahrens Einstellung des Verfahrens § 3b 10
– Erledigungserklärung § 3b 9
– Insolvenzantragsverfahren, Beendigung im vorl. Verfahren § 3b 3 ff.
– laufende und zukünftige Gruppen-Folgeverfahren § 3b 8
Fortführungsfälle § 61 13
Fortführungsplan § 220 25
– Benachteiligungsverbot Dritter § 230 10
– finanzwirtschaftliche Maßnahmen § 220 76
– finanzwirtschaftliche Verhältnisse § 220 50
– Haftung des Verwalters bei Scheitern § 220 78
– Inhalte eines Sanierungskonzepts § 220 34
– leistungswirtschaftliche Maßnahmen § 220 77
– leistungswirtschaftliche Verhältnisse § 220 52
– Mitarbeiterstatus § 220 51
– Sanierungsmaßnahmen § 220 75
– Unternehmensanalyse § 220 62
– Unternehmensbeschreibung § 220 39
– Unternehmensperspektive § 220 73
– Verpflichtungserklärung eines Dritten § 230 14
– zusätzlich erforderliche Maßnahmen § 220 53
– Zustimmungserklärung der haftenden Gesellschafter § 230 5
– Zustimmungserklärung des Schuldners § 230 3
Fortführungsprognose § 19 35
– Dokumentation § 19 43
– Fortführungswille § 19 37
– Liquiditätsplanung § 19 39
– Prognoserechnung § 19 40
– Unsicherheiten bei ~ § 19 14
Fortführungstätigkeiten § 22 70
– Abschluss von Veräußerungsverträgen § 22 75
– Bestandserfassung § 22 71
– Fortführung der Produktion § 22 73
– Sicherung Weiterbelieferung § 22 72
Fortführungsvereinbarungen § 103 17
Fortführungswert § 151 17
– Rekonstruktionswert § 151 18
– Verzicht auf die Aufzeichnung § 151 27
Fortgesetzte Gütergemeinschaft, persönliche Haftung des überlebenden Ehegatten § 93 4
Forum-Shopping
– Überprüfungsklausel Art. 90 EuInsVO 1
Frachtführerpfandrecht § 50 73
Frachtverträge § 103 18
Franchiseverträge § 103 19; § 112 5

Frankreich vor § 286 22
Freies Nachforderungsrecht § 286 3
Freigabe aus der Insolvenzmasse § 35 71
– Altlasten § 165 34
– Anwendungsfälle § 35 77
– bei Altlasten § 35 77
– beim Mietverhältnis des Schuldners § 35 77
– echte § 35 73; § 171 18
– erkaufte § 35 76
– Erklärung § 35 80
– modifizierte § 35 75
– unechte § 35 72
– Widerruf § 35 80
Freigabe des Geschäftsbetriebes § 11 17
Freigabe des Miet-/Pachtgegenstandes § 109 11
Fremdwährungskonten § 116 45
Fristbeginn
– Insolvenzanfechtung § 139 2
– mehrere Eröffnungsanträge § 139 4
Fristberechnung § 292 13
Fristen § 197 32
– Anmeldung von Forderungen § 29 15
– Berechnung § 29 12
– Berichtstermin § 29 13
– einzelne ~ § 29 13
– Folgen von Verstößen § 29 18
– Fristüberschreitung § 29 16
– Gläubigerversammlungen § 29 17
Führungslosigkeit § 15 49; § 15a 2, 20
– Glaubhaftmachung § 15 53
– internationales Insolvenzrecht § 15 61
Fusionskontrolle Anh. n. § 173 1
– Auswirkungen für die übertragende Sanierung Anh. n. § 173 36
– Begriff des Zusammenschlusses Anh. n. § 173 17
– beteiligte Unternehmen Anh. n. § 173 10
– Definition des relevanten Marktes Anh. n. § 173 19
– failing division defence Anh. n. § 173 31
– Failing-company-defence-Doktrin Anh. n. § 173 25
– Pflichten des Insolvenzverwalters bei der Erwerberauswahl Anh. n. § 173 37
– Pflichten des Insolvenzverwalters im Anmeldeverfahren Anh. n. § 173 41
– Sanierungsfusion in der deutschen ~ Anh. n. § 173 32
– Sanierungsfusion in der europäischen ~ Anh. n. § 173 23
– Unternehmensbegriff Anh. n. § 173 9

G
GAVI § 149 15
Gebrauchsüberlassung § 143 13
Geeignete Stelle § 305 21
– gerichtliche Vertretung § 305 76
Gegenleistung § 144 4
– Begriff § 134 12

Stichwortverzeichnis

– nach Anzeige der Masseunzulänglichkeit § 209 39
Gegenstandswert § 6 79
Gegenvorstellung § 6 90
Geldbußen § 302 123
Geldmarktinstrumente § 104 66
Geldstrafen § 295 164; § 302 121
Gemeinnützigkeit eines Vereins oder einer Stiftung, Auswirkungen der Insolvenzeröffnung auf die steuerliche – § 155 1379
Gemeinschaftskonto
– auseinanderzusetzende Bruchteilsgemeinschaft § 84 12
– Oder-Konto § 84 13
– Und-Konto § 84 12, 13
Genehmigung des Insolvenzverwalters
– einseitiges Rechtsgeschäft § 81 30
– für Schuldnerhandlungen § 81 4
– rückwirkende § 81 28
Genehmigungsbedürftige Geschäfte, Abhängigkeit von der Zustimmung eines Dritten § 140 11
Genossenschaft § 15 12; § 108 30
– Insolvenz der – § 207 50; § 213 24
Gerichtskosten § 13 204
– Antrag des Schuldners § 310 9
– Auslagen § 310 11
– Auslagenvorschuss § 310 11
– Eröffnungsverfahren § 310 9
– Gläubigeranträge § 310 10
– Rechtsbehelfe § 13 224
Gesamtgläubiger § 174 42
Gesamtgut
– alleinige Verwaltung durch Schuldner § 37 4
– fortgesetzte Gütergemeinschaft § 37 10
– gemeinschaftliche Verwaltung durch Ehegatten § 37 9
– Güterstand der Eigentums- und Vermögensgemeinschaft § 37 13
– keine Verwaltungsbefugnis des Schuldners § 37 8
– Lebenspartnerschaft § 37 12
– Verwaltungsbefugnis über das eheliche – § 333 1
Gesamtgut einer Gütergemeinschaft
– Massezugehörigkeit § 84 15
Gesamtgutsinsolvenz § 332
– Ablehnung der fortgesetzten Gütergemeinschaft § 332 52
– Anfall einer Erbschaft oder eines Vermächtnisses § 332 61
– Anwendung der Regelungen des Nachlassinsolvenzverfahrens § 332 34
– bei fortgesetzter Gütergemeinschaft § 332 4
– Eröffnung des Insolvenzverfahrens über das Vermögen des überlebenden Ehegatten § 332 57
– Eröffnungsgründe § 332 44
– Gläubiger § 332 46
– Gläubigerkreis § 332 5
– Gütergemeinschaft § 332 9
– Haftung bei fortgesetzter Gütergemeinschaft § 332 18

– Haftung der anteilsberechtigten Abkömmlinge § 332 62
– Haftung der Ehegatten im Rahmen der Gütergemeinschaft § 332 12
– Haftungsbeschränkung zugunsten des überlebenden Ehegatten § 332 32
– Insolvenzmasse § 332 39
– Insolvenzverfahren über das Vermögen eines gemeinschaftlichen Abkömmlings § 332 60
– Insolvenzverfahren über den Nachlass des verstorbenen Ehegatten § 332 59
– nach Auseinandersetzung der Gütergemeinschaft § 332 56
– örtliche Zuständigkeit des Insolvenzgerichts § 332 3
– Schuldner § 332 37
– Vermögenszuordnung § 332 8
– Wechsel der Gläubigerstellung § 332 30
Gesamtgutsinsolvenzverfahren
– Anhörung des Schuldners § 333 14
– Antragsberechtigte § 333 16
– Eröffnungsgrund § 333 3
– Geltendmachung der persönlichen Haftung § 334 6
– Insolvenzgläubiger § 333 22
– Insolvenzgrund § 333 25
– Insolvenzmasse § 333 24
– persönliche Haftung der Ehegatten oder Lebenspartner § 334
– Schuldner § 333 12
– Schuldnerpflichten § 333 15
– Vereinbarung eines Insolvenzplans § 334 13
– Wirkung der Verfahrenseröffnung § 333 29
– Zulässigkeit eines – nach Beendigung der Gütergemeinschaft § 333 30
– zuständiges Insolvenzgericht § 333 5
Gesamthandsberechtigungen
– Beteiligung der Schuldner § 84 4
Gesamtrechtsnachfolge § 145 3
Gesamtschaden
– Abgrenzung zum Individualschaden § 92 19
– Ansprüche aus der Zeit nach Verfahrenseröffnung § 92 11
– Ansprüche aus der Zeit vor Verfahrenseröffnung § 92 14
– Aufrechnung § 92 40
– Begriff § 92 14
– bei Insolvenzverschleppung § 92 21
– Definition § 92 17
– Eigenverwaltung § 92 7
– Ermächtigungswirkung § 92 36
– Freigabe § 92 39
– Gutglaubenschutz § 92 42
– Haftung des Insolvenzverwalters § 92 28
– Insolvenzgläubiger § 92 16
– Interessenkonflikte § 92 5
– Leistung an den Nichtberechtigten § 92 42
– Quotenschaden § 92 18

4111

Stichwortverzeichnis

- rechtliche Regelung § 92 3
- Rechtsfolgen § 92 33
- Schädigung von Massegläubigern § 92 26
- Sperrwirkung § 92 34
- Tatbestandsvoraussetzungen § 92 9
- tatsächliche Problematik § 92 2
- vereinfachtes Insolvenzverfahren § 92 7

Gesamtschuldner § 43 1; § 188 12

Gesamtschuldnerische Haftung
- unechtes Gesamtschuldverhältnis § 43 7

Gesamtstrafenbildung § 290 53

Gesamtgut
- Insolvenzverfahren über das gemeinschaftlich verwaltete – einer Gütergemeinschaft § 333

Geschäftsähnliche Handlungen und Realakte § 129 33
- Anzeige einer Abtretung § 129 33
- Verarbeitung § 129 33
- Verbindung § 129 33
- Vermischung § 129 33

Geschäftsbesorgungsverträge § 108 27; § 116 7
- Abdingbarkeit § 116 77
- Abrechnungsvereinbarung § 116 11
- bankmäßige § 116 42
- Bankverträge § 116 9
- Baubetreuungsverträge § 116 10
- Dienstverträge mit Aufsichtsratsmitgliedern § 116 8
- entgeltliche Treuhandverträge § 116 23
- Factoringvertrag § 116 13
- Girovertrag § 116 9
- Handelsvertreterverträge § 116 18
- Inkassoverträge § 116 14
- Kautionsversicherung § 116 15
- Kommissionsverträge § 116 16
- Maklerverträge § 116 17
- Mandatsverträge § 116 19
- Notarverträge § 116 20
- Rechtsfolgen der Insolvenzeröffnung § 116 30
- Sanierungstreuhand § 116 24
- Schuldner als Auftraggeber § 116 4
- Steuerberaterverträge § 116 22
- Treuhandverhältnisse § 116 36
- Unterstützungskasse § 116 25
- Vermögensverwaltungsverträge § 116 26
- Vertragshändlerverträge § 116 27
- Vertriebsvereinbarungen § 116 28

Geschäftsbücher § 154 4; § 159 15

Geschäftsführer
- Amtsniederlegung § 101 2
- faktischer § 15 18

Geschäftsführerhaftung
- bei Kreditbetrug Anh. n. § 15a 61
- nach § 26 Abs. 3 InsO Anh. n. § 15a 58
- nach § 64 GmbHG § 270a 11
- Nichtabführung von Arbeitnehmeranteilen Anh. n. § 15a 62
- sittenwidrige Schädigung eines Gläubigers Anh. n. § 15a 65
- Steuerschulden Anh. n. § 15a 59
- unrichtige öffentliche Mitteilungen Anh. n. § 15a 63
- wegen Täuschung Anh. n. § 15a 60

Geschäftsführerhaftung aus § 64 GmbHG
- Abzug von Vermögenswerten Anh. n. § 15a 4
- Anspruchsberechtigte Anh. n. § 15a 35
- Anspruchsvoraussetzungen Anh. n. § 15a 15
- Anwendungsbereich Anh. n. § 15a 5
- Ausschluss durch Gesellschafterbeschluss Anh. n. § 15a 33
- Ausschluss durch Vergleich Anh. n. § 15a 33
- Ausschluss durch Verzicht Anh. n. § 15a 33
- Eröffnung des Insolvenzverfahrens Anh. n. § 15a 31
- Ersatz von Zahlungen Anh. n. § 15a 3
- Ersatzpflicht der Geschäftsführer gegenüber der Gesellschaft Anh. n. § 15a 6
- gegenüber Gesellschaftsgläubigern Anh. n. § 15a 50
- Inhalt des Anspruchs Anh. n. § 15a 32
- Insolvenzantragspflicht Anh. n. § 15a 2, 9
- Insolvenzantragspflicht der Gesellschafter Anh. n. § 15a 13
- masselose Insolvenz Anh. n. § 15a 31
- mehrere Geschäftsführer Anh. n. § 15a 10
- MoMiG Anh. n. § 15a 1
- pflichtwidrige, verspätete oder fehlende Insolvenzantragstellung Anh. n. § 15a 57
- Verjährung Anh. n. § 15a 34
- Verletzung der Masseerhaltungspflicht Anh. n. § 15a 7
- Verschulden Anh. n. § 15a 30
- weitere Haftungstatbestände Anh. n. § 15a 51
- Zahlungsverbot Anh. n. § 15a 7

Geschäftsführerhaftung nach § 64 GmbHG
- Unanfechtbarkeit § 270b 7

Geschäftsführerhaftung, Anwendbarkeit von § 93 InsO § 93 7

Geschäftskosten § 4 InsVV 2
- allgemeine § 4 InsVV 4
- Insolvenzverwaltungssoftware § 4 InsVV 6

Geschäftsunterlagen § 200 15

Gesellschaft ohne Rechtspersönlichkeit § 3 9

Gesellschafterdarlehen § 44a 4
- Kleinbeteiligtenprivileg § 39 45
- MoMiG § 135 2
- Sanierungsprivileg § 39 91

Gesellschafterhaftung Anh. n. § 15a 66
- akzessorische Außenhaftung § 93 18
- ausgeschiedene Gesellschafter § 93 14
- Doppelinsolvenz § 93 49
- Eigenverwaltung § 93 4
- Einwand des Rechtsmissbrauchs § 93 46
- Europäische Wirtschaftliche Interessenvereinigung § 93 10

- Forderungshöhe § 93 54
- Geltendmachung § 93 53
- Gesamtschuld § 93 48
- Gesellschaft des bürgerlichen Rechts § 93 9
- Gesellschaftsverbindlichkeiten § 93 28
- Haftungsbeschränkungen § 93 24
- Inhalt und Umfang der Haftung § 93 45
- Insolvenzplanverfahren § 93 52
- juristische Personen § 93 12
- KGaA § 93 10
- Kommanditgesellschaft § 93 8
- Kommanditgesellschaft auf Aktien § 93 2
- Masseverbindlichkeiten § 93 29
- offene Handelsgesellschaft § 93 8
- Partenreederei § 93 10
- Partnerschaftsgesellschaft § 93 10
- Personengesellschaft § 93 2
- Rechtsfolgen § 93 31
- Rechtsstreit § 93 55
- Rückgriff bei Mitgesellschaftern § 93 46
- Titelumschreibung § 93 57
- Verein § 93 13
- vereinfachte Insolvenzverfahren § 93 4
- Vor-GmbH § 93 11
- Zweck der Regelung in § 93 InsO § 93 2

Gesellschaftsanteil
- Aufgaben der Liquidatoren § 84 22
- Auseinandersetzung einer GbR § 84 19
- Insolvenzbeschlag § 84 18
- Massenzugehörigkeit § 84 17
- OHG § 84 21
- Verteilung § 84 23

Gesellschaftsrechtlich nahestehende Personen
- Aufsichtsorgan § 138 12
- dienstvertragliche Verbindung § 138 16
- gesellschaftsrechtliche Verbindung § 138 16
- Informationsmöglichkeit § 138 18
- persönlich haftende Gesellschafter § 138 12
- Vertretungsorgan § 138 12

Gesellschaftsverträge § 103 53

Gesellschaftsvertragliche Fortsetzungsklauseln § 118 9

Gesetz über die Insolvenzstatistik
- InsStatG BetrAVGI

Gesetz zur Verbesserung der Rechtssicherheit § 14 153

Gesetz zur Verkürzung des Restschuldbefreiungsverfahrens und zur Stärkung der Gläubigerrechte vor § 270 1; § 270 4, 15, 111

Gesetzliche Schuldenbereinigung § 286 40
- Mehrheitskonsens § 286 40

Gewährleistungsfristen § 196 5

Gewerbesteuer § 155 806

Gewerbesteuermessbescheide § 155 482

Gewerbeuntersagung § 24 57

Gewerbliche Schuldenregulierer § 305 24

Gewerbliche Schutzrechte § 159 16

GIS, elektronisches, passwortgeschütztes Informationssystem § 3 InsVV 55

Glaubhaftmachung § 296 14, 56; § 303 36

Glaubhaftmachung der Forderung
- Finanzämter, Sozialversicherungsträger § 14 189

Gläubiger § 5 18
- Berücksichtigung des Nachrangs § 266
- Erstattungspflicht des – § 171 15
- Kenntnis von Benachteiligung § 131 41
- Kostenbeteiligung der – § 171 3
- Mitwirkungsrechte § 21 96; § 213 2
- nachrangige § 225 1; § 266 4
- nicht nachrangige § 224 1
- privilegierte § 266 1

Gläubigeranfechtung, außerhalb des Insolvenzverfahrens § 129 11

Gläubigerantrag § 4 66; § 14 25, 101; § 306 34
- Art und Weise § 14 245
- Bestehen der Forderung § 14 115
- Entbehrlichkeit § 14 243
- erneuter während laufendem Verfahren § 14 149
- eröffnetes Antragsverfahren § 13 119
- Funktionen der Anhörung § 14 251
- Gegenglaubhaftmachung § 14 176, 181, 196, 206
- Gegenglaubhaftmachung, nicht rechtskräftig § 14 205
- Gegenglaubhaftmachung, rechtskräftig durch Urteil titulierte Forderung § 14 200
- Gegenglaubhaftmachung, titulierte Forderung § 14 205
- Glaubhaftmachung der Forderung, der nicht titulierten – § 14 196
- Glaubhaftmachung, Eröffnungsgrund § 14 210
- Höhe der Forderung § 14 120
- konkludenter § 14 242
- laufendes Antragsverfahren § 13 117
- laufendes Verfahren § 13 117
- Missbrauchsfälle § 14 123
- Mittel der Glaubhaftmachung § 14 177
- nachrangige Gläubiger § 14 144
- Ratenzahlungen § 14 132
- rechtliches Interesse, Aus- und Absonderungsberechtigte § 14 111
- rechtliches Interesse, einfachere Vollstreckungsmöglichkeit § 14 107
- rechtliches Interesse, Partikularinsolvenzverfahren § 14 113, 264
- rechtliches Interesse, Teilzahlungen § 14 110
- Schriftformzwang § 13 17
- Versäumnisurteil/Vollstreckungsbescheid § 14 207
- Vollstreckungsgegenklage gegen notarielle Urkunde § 14 209
- Voraussetzungen für die Wirksamkeit § 14 150
- Vorbehaltsurteil § 14 208
- Wohlverhaltensperiode § 13 124
- Zulässigkeitsvoraussetzungen § 14 1
- Zulassung § 14 242

Stichwortverzeichnis

Gläubigerausschuss § 60 20
- Bestimmung des Bruchteils § 195 3
- Gruppen-Gläubigerausschuss **vor** § 269d 7
- Mitzeichnung des ~ § 149 13
- Zustimmung des ~ vor Verteilung der Masse § 187 4
- Zustimmungserfordernis bei besonders bedeutsamen Rechtshandlungen § 160

Gläubigerautonomie § 57 1

Gläubigerbefriedigung § 287 7
- Neugläubiger § 287 8

Gläubigerbenachteiligung § 211 22
- Ausschluss des Vorsatzes § 133 61
- Aussonderungsanspruch § 129 63
- Befriedigung eines Absonderungsberechtigten § 129 63
- Befriedigung von Altgläubigern § 129 49
- Beweislast § 129 80; § 133 87
- durch unmittelbar nachteilige Rechtshandlungen § 132
- Einzelfälle § 133 58
- Entfall der Benachteiligung § 129 63
- Erschwerung der Zugriffsmöglichkeit § 129 45
- Fallgruppen § 129 49
- Gesamtheit der Insolvenzgläubiger § 129 46
- Gewährung eines Darlehens § 129 73
- gleichwertige Gegenleistung § 129 76
- handelnde Personen § 129 35
- inkongruente Deckung § 131 19
- Kauf zu überhöhtem Preis § 129 73
- kausaler Zusammenhang § 129 70
- Kenntnis des Anfechtungsgegners § 133 62 ff.
- kongruente Deckung § 133 48
- konkruente Deckung § 130
- maßgebender Zeitpunkt § 129 79
- Masseforderungen § 129 62
- mittelbare Benachteiligung § 129 76
- Nachlassinsolvenzverfahren § 322 3
- Rechtshandlungen, die sich auf fremdes Vermögen beziehen § 129 77
- Rückzahlung eines Kredits § 129 63
- schuldnerfremde Gegenstände § 129 49
- Sicherheitenbestellung § 133 58
- Sicherungspool § 129 63
- Übertragung des Teilnahmerechtes an einer Bundesliga § 129 49
- Umschuldung § 129 61, 69
- unentgeltliche Leistung des Schuldners § 134
- unentgeltliche Verfügung § 133 58
- unmittelbar § 129 73
- unpfändbare Gegenstände § 129 49
- Veräußerung unter Wert § 129 73
- Vermehrung der Passivmasse § 129 45
- Verminderung der Aktivmasse § 129 45
- Verrechnung einer Altforderung § 129 76
- vorsätzliche § 133
- vorsätzliche ~ des Schuldners § 133 33

Gläubigerbeteiligung
- bei Bestellung des Insolvenzverwalters § 21 103

Gläubigerrechte, Beschränkung § 300 66

Gläubigerschutz vor Verzögerung der Verwertung § 169

Gläubigerversammlung § 60 20; § 197 1; § 292 28
- Antrag auf Eigenverwaltung § 271 3
- Antrag auf Sachwalterzustimmung § 277 3
- Antragsgegenstände § 277 5
- Auslagen § 292 29
- Auswahl der Person § 292 28
- Berichtstermin § 156 1
- Beschlussfähigkeit § 157 7
- beschlussunfähige § 162 9
- Einberufung der ~ § 162 7
- Systematik § 292 28
- Veräußerung des Unternehmens § 162 4
- Wahlrecht nach § 57 Satz 1 § 57 1
- Zustimmung bei Insidergeschäft § 162 2

Gläubigerverzeichnis § 152 2; § 305 38; § 307 7
- Angaben zur Gläubigerstruktur § 13 37
- Aufrechnung und Höhe der Masseverbindlichkeiten § 152 16
- fakultative Angaben bei laufendem Geschäftsbetrieb § 13 30
- Gläubigerkategorien § 152 9
- Inhalt § 13 28
- zwingende Angaben über Gläubigerstruktur § 13 40

Gleichbehandlungsgebot
- Missachtung § 251 16

Gleichbehandlungsgrundsatz § 226 1
- Abweichung vom ~ § 226 8
- Abweichung vom ~, Betroffener § 226 9
- Abweichung vom ~, Rechtsfolgen § 226 15
- Regelungszweck § 226 10
- unzulässige Abkommen § 226 11

Gleichgestellte Verbindlichkeiten § 302 121

Gliederungsvorschriften § 155 180

Globalsicherheit, revolvierend
- anfängliche Übersicherung § 51 15
- nachträgliche Übersicherung § 51 13

Globalzession
- Abtretungsverbot § 51 58
- Deckungsobergrenze § 51 57
- Freigabeklausel § 51 57
- Insolvenzeröffnungsverfahren § 51 64
- Kollisionsfälle § 51 60
- Konvaleszenz bei Freigabe § 51 62
- Konvaleszenz, Einschränkung § 51 63
- Umsatzsteuerhaftung § 51 74

Going-Concern-Wert § 225a 4

Graeber § 19 InsVV 10

Gratifikationen § 108 47; § 134 20; Anh. zu § 113 160

Großbritannien vor § 286 22
- Discharge **vor** § 286 22
- interim order **vor** § 286 22

Stichwortverzeichnis

Grund- und Erfüllungsgeschäft § 129 42
Grundbucheintragung der Eröffnung des Insolvenzverfahrens § 32 2
- Antragstellung § 32 17
- bei Insolvenz eines Nacherben § 32 2
- Berechtigung zur Antragstellung § 32 13
- Grundbuchsperre § 32 31
- internationales Insolvenzrecht § 32 43
- Kosten § 32 23
- Löschung der Eintragung § 32 34
- Notwendigkeit der ~ § 32 11
- Sicherungsmaßnahmen § 32 28
- Wirkungen der Eintragung § 32 24

Grundbuchsperre § 32 31
- Eintragung des Insolvenzvermerks § 81 37

Grunderwerbsteuer § 155 1074
Grundrechtsbeschränkung
- Bedeutung § 102 2
- Verhältnismäßigkeit § 102 2
- Zitiergebot § 102 1

Grundsatz der Verhältnismäßigkeit § 20 28
Grundsätze ordnungsgemäßer Buchführung (GoB) § 155 50
- Bewertungsstetigkeit § 155 60
- Bilanzidentität § 155 59
- Going-Concern-Prinzip § 155 62
- Prinzip der Einzelbewertung § 155 64
- Stichtagsprinzip § 155 55
- Vollständigkeitsprinzip § 155 56

Grundsteuer § 155 1099
Grundstück
- Auflassungsvormerkung § 165 3
- Freigabe aus der Masse § 165 34

Grundstückskaufverträge § 103 55
Grundstücksverkaufsangebot § 106 8
Grundstückszubehör
- Verwertung § 165 33

Gründung einer Aktiengesellschaft § 103 54
Gruppen-Gerichtsstand § 3a
- Antrag zur Begründung § 13a 1
- Antragsberechtigung
  - – Unternehmensgruppe Teilgruppe § 3a 11 ff.
- Antragstellung § 3a 10
- Bestellung eines Gruppeninsolvenzverwalters § 56b 3
- Entscheidung über ~ § 3a 32
- Fortbestehen § 3b 1, s.a. Fortbestehen des Gruppengerichtsstands
- gemeinsames Gläubigerinteresse § 3a 22 ff.
- Koordinierungsverfahren vor § 269d 3
- Prioritätsprinzip bei Antragstellung § 3a 19 ff.
- Rechtsmittel § 3a 33
- Schuldnerantrag § 3a 24 ff.
- Verweisung an den ~ § 3d 2
- Verweisung an den ~ bei Eigenantrag § 3d 4
- Verweisung an den ~ bei Fremdantrag § 3d 13
- Verweisung an den ~ bei mehreren Anträgen § 3d 15
- Verweisung an den ~ Zeitpunkt § 3d 14
- Verweisung an den ~, Antragsberechtigung § 3d 17
- Verweisung an den ~, Entlassung des Insolvenzverwalters § 3d 22
- Verweisung an den ~, Voraussetzungen § 3d 3
- Verweisungsbeschluss § 3d 20
- Voraussetzungen § 3a 5 ff.
- zulässiger Antrag auf Eröffnung des Insolvenzverfahrens § 3a 6 ff.
- Zuständigkeit für Gruppen-Folgeverfahren § 3a 30 ff.; § 3c 1
- Zuständigkeitsregelung § 3a 3 ff.

Gruppen-Gläubigerausschuss
- Anhörung der gruppenangehörigen Gläubigerausschüsse § 269c 11
- Antrag auf Einsetzung § 269c 4
- Aufgaben § 269c 35
- Begrenzung der Mitglieder § 269c 15
- Beschlussfassung § 269c 59
- Besetzungsvorschläge § 269c 14, 24
- Bestellung eines Mitglieds § 269c 21
- Bestellung eines weiteren Gläubigerausschusses § 269c 32
- Billigung des Koordinationsplans vor § 269d 7
- Entlassen eines Mitglieds § 269c 46
- Ermessen des Gerichts § 269c 9
- Haftung der Mitglieder § 269c 51
- Kooperationspflicht der Gläubiger § 269c 42
- Koordinationsverfahren § 269c 39
- Vergütung der Tätigkeit § 269c 64
- Vertreter der Arbeitnehmer § 269c 27
- Wegfall eines Gläubigerausschusses oder Mitglieds im Gläubigerausschuss § 269c 33
- Zusammenarbeit der Gläubigerausschüsse § 269c 1
- Zusammensetzung durch Beschlussverfahren § 269c 31
- Zuständigkeit für die Einsetzung § 269c 7

Gruppen-Koordinationsverfahren
- Abberufung des Koordinators Art. 75 EuInsVO 1
- Antrag auf Eröffnung Art. 61 EuInsVO
- Aufgaben des Koordinators Art. 72 EuInsVO 2
- Berücksichtigung des Koordinationsplans Art. 70 EuInsVO 2
- Eignung des Koordinators Art. 71 EuInsVO 2
- Einwände gegen den Koordinator Art. 67 EuInsVO
- Einwirken von Verwaltern Art. 64 EuInsVO
- Endabrechnung des Koordinators Art. 77 EuInsVO 6
- Entscheidungsbefugnis nachträglicher Einbeziehung Art. 69 EuInsVO 8
- Eröffnungsentscheidung Art. 68 EuInsVO 2
- Folgen eines Einwands Art. 65 EuInsVO
- gerichtliche Prüfung der Voraussetzung Art. 63 EuInsVO 2

4115

Stichwortverzeichnis

- Grundsatz der Freiwilligkeit Art. 70 EuInsVO 3
- Haftung des Koordinators Art. 72 EuInsVO 23
- Informationspflicht bei Nichtbefolgung der Empfehlungen Art. 70 EuInsVO 4
- Inhalt der Eröffnungsentscheidung Art. 68 EuInsVO 3
- keine Konsolidierung der Insolvenzmassen Art. 72 EuInsVO 17
- Kommunikation zwischen den Verwaltern Art. 73 EuInsVO 2
- Kommunikation zwischen Koordinator und Gerichten Art. 73 EuInsVO 4
- Kommunikationssprachevereinbarung Art. 73 EuInsVO 1
- Koordinator, Bestellungsvoraussetzungen Art. 71 EuInsVO 3
- Koordinator, Unabhängigkeit des – Art. 71 EuInsVO 4
- Kostenbilligung bei fehlendem Widerspruch Art. 77 EuInsVO 11
- Mitteilung der Eröffnungsentscheidung Art. 68 EuInsVO 7
- nachträgliche Einbeziehung Art. 69 EuInsVO 2
- Opt-in Art. 69 EuInsVO 1
- Opt-Out-Modell Art. 64 EuInsVO 1
- Pflichtverletzungen des Koordinators Art. 75 EuInsVO 6
- Prioritätsregel Art. 62 EuInsVO
- Rechte des Koordinators Art. 72 EuInsVO 6
- rechtliches Gehör Art. 63 EuInsVO 8
- Rechtsmittel gegen Eröffnungsentscheidung Art. 68 EuInsVO 8
- Rechtsmittel gegen Kostenentscheidung Art. 102c § 26 EGInsO 1
- Rechtsmittel gegen nachträgliche Einbeziehung Art. 69 EuInsVO 14
- Sanktionen bei Nichtbefolgung der Empfehlungen Art. 70 EuInsVO 6
- Sorgfaltspflichten des Koordinators Art. 72 EuInsVO 20
- Übermittlung relevanter Informationen Art. 74 EuInsVO 4
- Überprüfungsklausel Art. 90 EuInsVO 1
- Unparteilichkeit des Koordinators Art. 72 EuInsVO 19
- Unterrichtung nachträglicher Einbeziehung Art. 69 EuInsVO 13
- Verfahren bei Kostensteigerung Art. 72 EuInsVO 24
- Verfahren nach Eingang des Eröffnungsantrags Art. 63 EuInsVO 1
- Vergütung des Koordinators Art. 77 EuInsVO 2
- Voraussetzungen nachträglicher Einbeziehung Art. 69 EuInsVO 10
- Wahl des Gerichts Art. 66 EuInsVO
- Widerspruch gegen Endabrechnung Art. 77 EuInsVO 12
- Zulässigkeit nachträglicher Einbeziehung Art. 69 EuInsVO 4
- Zusammenarbeit zwischen Verwaltern und Koordinator Art. 74 EuInsVO 1

Gruppeninsolvenz
- Bestellung eines Gruppeninsolvenzverwalters § 56b 18

Gruppenkoordinationsverfahren
- Beteiligung der Gläubiger Art. 102c § 23 EGInsO
- Rechtsbehelf gegen Entscheidung des Koordinators Art. 102c § 25 EGInsO 1

Gutachten § 22 169; § 311 7

Gütergemeinschaft § 174 42
- Ablehnung der Fortsetzung § 83 19
- Auseinandersetzung § 37 7
- fortgesetzte Gütergemeinschaft § 37 10
- Fortsetzung nach Tod § 83 18
- Gesamtgut § 37 3
- Insolvenzmasse § 333 24
- Insolvenzverfahren über das gemeinschaftlich verwaltete Gesamtgut § 333
- persönliche Haftung § 334 1
- Schuldner § 333 12
- Sondergut § 37 6
- Vorbehaltsgut § 37 6

Güterrechtsverträge § 134 22

Güterstand der Eigentums- und Vermögensgemeinschaft § 37 13

Gutglaubensschutz
- bei beweglichen Sachen § 81 31
- bei grenzüberschreitender Insolvenz § 81 34
- bei Leistungen an den Schuldner § 82 1
- dingliche Rechte an Grundstück § 81 36
- Eigenverwaltung § 82 2
- eingetragene Schiffe § 81 39
- Fehlen relativer Verfügungsbeschränkungen § 81 36
- gutgläubiger Dritter § 81 25
- gutgläubiger Erwerb § 91 46
- Insolvenzverfahren § 81 32
- Leistung an Buchberechtigten § 81 33
- Leistungen an den Schuldner § 82 14
- Luftfahrzeuge § 81 40
- öffentlicher Glaube § 81 36
- Rückgewähr der Gegenleistung § 81 41
- Schiffe § 81 38
- Schiffsbauwerke § 81 38
- Tilgungsleistungen § 81 33
- und Insolvenzanfertigung § 91 49
- vereinfachte Insolvenzverfahren § 82 2
- Verfügung eines Dritten § 81 24

Gutgläubiger Erwerb § 24 8

H

Haft § 21 395; § 295 32

Stichwortverzeichnis

Haftbefehl
- Anhörung des Schuldner § 98 24
- Aufhebung § 98 36
- Außervollzugsetzung § 20 29
- Aussetzung des ~ § 20 28
- gegen den Schuldner § 20 30
- Haftanordnung § 98 31
- Rechtsmittel § 98 35
- Verhältnismäßigkeit § 98 3
- Verhältnismäßigkeitsgrundsatz § 98 25

Haftpflichtversicherung
- angemessene Deckungssumme § 60 40
- Aufversicherung § 60 41
- Haftungsausschlüsse § 60 42
- Risikoausschlussklauseln § 60 42

Haftung § 61 4; § 188 21
- auf Teilbeträge beschränkte Mithaftung § 43 16
- aus Bürgschaft § 43 8
- aus Gesamtschuld § 43 7
- bei unentgeltlicher Leistung § 143 32
- des Betriebserwerbers **vor** § 113 50
- des Insolvenzrichters § 22 122
- des Insolvenzverwalters § 60
- des Insolvenzverwalters bei einer Zusicherung Art. 102c § 14 EGInsO 1
- des Sachwalters § 60 5; § 274 26; § 277 13
- des Schuldners § 227
- des Verwalters bei falscher oder unvollständiger Auskunft § 167 11
- des vorläufigen Insolvenzverwalters § 24 37; § 60 5
- Haftungsumfang des Betriebserwerbers **vor** § 113 86
- mehrerer Personen nach Verfahrenseröffnung § 43 19
- mehrerer Personen vor Verfahrenseröffnung § 43 17
- nach Kenntnis § 143 36
- Patronatserklärung § 43 9
- Sachmithaftung § 43 10
- Umfang § 21 125
- Verjährung der ~ § 62 1
- von Gesellschaftern oder Geschäftsführern § 155 1233
- von Gesellschaftern oder Geschäftsführern, einer Personengesellschaft § 155 1233
- von Gesellschaftern oder Geschäftsführern, Haftung für Lohnsteuer § 155 1267
- von Gesellschaftern oder Geschäftsführern, Haftungszeitraum § 155 1260
- von Gesellschaftern oder Geschäftsführern, Quotenermittlung § 155 1262
- von Gesellschaftern oder Geschäftsführern, Umfang § 155 1261
- von Gesellschaftern oder Geschäftsführern, von Kapitalgesellschaften § 155 1237
- von Gesellschaftern oder Geschäftsführern, Voraussetzung der Haftung nach § 69 AO § 155 1243
- vorläufiger Insolvenzverwalter § 21 129

Haftung des Insolvenzverwalters § 60 1; § 155 1142
- Anspruchsumfang § 60 39
- bei Amtspflichtverletzung § 60 6
- bei Dauerschuldverhältnissen § 61 4
- bei Überwachung der Planerfüllung § 60 5
- deliktische § 60 26
- deliktsrechtliche § 60 4
- Einzelschäden § 60 6
- für Dritte § 60 29
- für eigene Mitarbeiter § 60 30
- für externe Dritte § 60 31
- für Personal des Schuldners § 60 32
- für Prozesskosten § 60 19
- gegenüber dem Schuldner § 60 8
- gegenüber Insolvenzgläubigern § 60 10
- gegenüber Massegläubiger § 61
- gegenüber Massegläubigern § 60 12
- gegenüber Nichtbeteiligten § 60 15
- gegenüber Vermieter § 60 14
- Geltendmachung des Anspruchs § 60 34, 37
- Gesamtschaden § 60 6, 34
- Haftpflichtversicherung § 60 40
- Haftung nach Insolvenzrecht § 155 1153
- Haftung nach Steuerrecht § 155 1143
- Haftungserleichterung § 60 33
- Haftungsumfang gegenüber Massegläubiger § 61 8
- Hinterlegungsstelle § 60 12
- Individualschaden § 60 35
- Konzerninsolvenzfälle § 60 18
- Mitverschulden des Geschädigten § 60 39
- neben weiteren Schädigern § 60 28
- quasivertragliche Haftung § 60 22
- schuldrechtliche § 60 4
- Sorgfaltsanforderungen § 60 3
- Staatshaftung § 60 40
- steuerrechtliche § 60 27
- Unternehmensfortführung § 60 1
- Verschulden § 60 16
- Verschuldenshaftung § 61 10
- vertragliche § 60 25
- Voraussetzungen der ~ gegenüber Massegläubiger § 61 4
- Zwangsvergleichsbürge § 60 13

Haftung des Treuhänders
- fehlerhafte Überwachung § 292 53
- für die Verwaltung § 292 48
- im Restschuldbefreiungsverfahren § 292 45
- Verschuldensmaßstab § 292 51

Haftung des Unternehmers gem. § 25d UStG § 155 1072

Haftung des Vorstands gem. § 92 AktG
- Verstoß gegen das Zahlungsverbot **Anh. n.** § 15a 69

4117

Stichwortverzeichnis

Haftung organschaftlicher Vertreter gem. § 130a HGB **Anh. n.** § 15a 72
Haftungsausschluss für einfache Fahrlässigkeit § 21 135
Haftungsbeschränkung Minderjähriger § 286 88
Haftungsfunktion des Vermögens § 286 75
Haftungsschuldner
– Aufsichtsräte und Beiräte **Anh. n.** § 15a 14
– faktischer Geschäftsführer **Anh. n.** § 15a 12
– Geschäftsführer **Anh. n.** § 15a 9
– Gesellschafter **Anh. n.** § 15a 13
– Liquidatoren **Anh. n.** § 15a 11
Haftungsverwirklichung § 286 76
– im Restschuldbefreiungsverfahren § 295 2
Haftungszugriff § 295 98
Halteprämien § 108 47
Handelnde Personen, Rechtsvorgänger des Schuldners § 129 36
Handels- und steuerrechtliche Rechnungslegung, internationales Insolvenzrecht § 155 1400
Handelsrechtliche Buchführungsverpflichtung § 155 21
– Änderungen durch BilMoG § 155 29
Handelsrechtliche und steuerrechtliche Buchführungsverpflichtung § 155 1
– Allgemeines § 155 1
– Befreiung von den Buchführungs- und Bilanzierungspflichten § 155 5
– Geschäftsjahr § 155 10
– neuer Musskaufmann § 155 8
– Rumpfwirtschaftsjahr § 155 13
Handelsrechtlicher Jahresabschluss, Erstellung, Prüfung, Offenlegung § 155 40
Handelsvertreter § 47 65
Handelsvertreterverhältnisse § 108 29
Handelsvertreterverträge § 103 56
Handlungsgehilfen des HGB § 108 27
Hauptinsolvenzverwalter
– Gläubigerbenachrichtigung über die Verteilung Art. 102c § 13 EGInsO 1
Hauptprüfungsverfahren
– Ergebnis § 13 7
– quasi-streitiges Parteiverfahren § 13 6
Hausgeldansprüche
– keine Haftung des Erwerbers § 49 37
Haushaltsbegleitgesetz 2011 **vor** § 1 71; § 14 2; § 55 1
Häusliche Gemeinschaft § 138 10
Heilung § 14 58
Herausgabevollstreckung § 58 22
Hinterlegung § 143 12
– Auswahl der Hinterlegungsstelle § 149 4
– der Mietkaution § 110 10
– von Geld und Wertgegenständen § 149 1, 3
– zurückbehaltener Beträge § 198 2
Hinterlegungsstelle
– Auswahl § 149 1

Hinweispflicht auf Restschuldbefreiung § 20 51
– Anwendungsbereich § 20 53
– Folgen eines Verstoßes § 20 65
– Inhalt des gerichtlichen Hinweises § 20 62
– Nachweis des Zugangs § 20 64
– Regelungszweck § 20 52
Hinweispflicht des Insolvenzgerichts § 302 60
Hoheitliche Beschlagnahme § 148 29

I
Illiquidität § 17 37
Immaterielle Vermögensgegenstände, Aktivierungswahlrecht § 155 89
Immobilie
– freihändige Verwertung § 165 28
Immobilienleasingverträge § 110 6
Inanspruchnahme von Fremdleistungen § 4 InsVV 8
Inbesitznahme der Insolvenzmasse § 22 39; § 148 1
Information der Verfahrensbeteiligten § 22 37
Informations- und Einsichtsrechte absonderungsberechtigter Gläubiger § 167 1
Initial Marging § 104 19
Inkassounternehmen § 308 19
Inkongruente Deckung § 130 30; § 131 36
Inkongruenz, Beurteilung der ~ § 131 4
Inkrafttreten der Insolvenzordnung § 359 1
– Übergangsregelungen § 359 5
Insidergeschäft § 162 3
– Prüfung durch das Insolvenzgericht § 162 9
Insolvenz
– des Leasinggebers § 108 15
– Geltung des KSchG in der ~ **vor** § 113 5
Insolvenzanfechtung § 13 82
– Abgrenzung zu rechtsähnlichen Tatbeständen § 129 11
– Abtretbarkeit des Anfechtungsanspruchs § 129 90
– Änderungen § 129 93
– anfechtbare Rechtshandlungen § 129 38; § 130 13
– Anfechtbarkeit des Vorerwerbs § 145 16
– Anfechtung gegen Rechtsnachfolger § 145
– Anfechtungsanspruch als Masseschuld § 129 92
– Anfechtungszeitraum § 132 10
– Ansprüche des Anfechtungsgegners § 144
– Ausdehnung der Anfechtbarkeit auf Gesamtrechtsnachfolger § 145 1
– Auskunftspflicht des Anfechtungsgegners § 143 55
– Ausschluss bei Margensicherheit § 130 38
– Ausschluss der ~ § 129 85; § 133 93
– Bargeschäft § 142
– Befriedigung die nicht in der Art zu beanspruchen war § 131 15
– bei Aufrechnung § 130 29
– bei steuerlicher Organschaft § 131 14
– Berechnung des Anfechtungszeitraums § 139
– besondere ~ § 130 2

Stichwortverzeichnis

- Deckung durch mittelbare Zuwendungen § 130 15
- Deckung durch mittelbare Zuwendungen, Lastschrift § 130 23
- Deckung durch mittelbare Zuwendungen, Schuldübernahme § 130 27
- Deckung durch mittelbare Zuwendungen, Vertrag zugunsten Dritter § 130 26
- dingliche Theorie § 129 4
- dogmatische Einordnung § 129 3
- Doppelinsolvenz von Gesellschaft und Gesellschafter § 129 44
- einer Vollstreckungshandlung § 129 16
- Einschränkung des Anfechtungsrechts § 129 83
- entgeltlicher Verträge mit nahestehenden Personen § 133 89
- Existenzminimum § 142 36
- Fristbeginn § 139 2
- Geltendmachung von Aufwendungen § 143 29
- geschäftsähnliche Handlungen und Realakte § 129 33
- Gläubigerbenachteiligung § 129 45
- Grund- und Erfüllungsgeschäft § 129 42
- haftungsrechtliche Theorie § 129 5
- handelnde Personen § 129 35
- Handlungen des Rechtsvorgängers des Schuldners § 129 36
- Handlungen des vorläufigen Insolvenzverwalters § 129 37
- inkongruente Deckung § 133 42
- Insolvenzgläubiger § 130 6
- Kenntnis des Anfechtungsgegners § 130 39
- kongruente Deckung § 130 1; § 133 48
- mittelbare Zuwendungen § 129 40
- Möglichkeiten nach §§ 129 ff. § 140 1
- nahestehende Personen § 138
- Prozesshandlungen § 129 32; § 143 15
- Prozessuales § 145 26
- Rechtsfolgen bei ungerechtfertigter Bereicherung § 143
- Rechtsfolgen der - § 143 1
- Rechtshandlungen, eines Vertreters § 129 39
- Rechtshandlungen, nach Verfahrenseröffnung § 147
- Rechtsnatur § 129 3
- schuldrechtliche Theorie § 129 6
- Sicherheiten § 130 34
- Teilanfechtung § 129 43
- Überblick § 129 17
- unentgeltliche Leistung des Schuldners § 134
- unmittelbar nachteilige Rechtshandlungen § 132
- Unterlassungen § 129 34
- Unternehmensveräußerung § 129 31
- Verjährung des Anfechtungsanspruchs § 146
- Verträge zugunsten Dritter § 134 25
- vollstreckbare Schuldtitel § 141
- Voraussetzung einer Anfechtbarkeit nach § 145 Abs. 2 § 145 22
- vorsätzliche Benachteiligung § 133
- Wechsel- und Scheckzahlungen § 137
- Ziel der - § 129 1

Insolvenzantrag § 304 50
- Hilfsantrag § 304 54
- spezifischer § 304 51
- unzulässiger § 304 53

Insolvenzantragspflicht Anh. n. § 15a 9
- bei Überschuldung Anh. n. § 15a 72
- bei Zahlungsunfähigkeit Anh. n. § 15a 72
- organschaftlicher Vertreter Anh. n. § 15a 72

Insolvenzantragspflichten, MoMiG § 26 7

Insolvenzbedingte auflösende Bedingungen § 109 42

Insolvenzbedingte Sonderkündigung § 109 12

Insolvenzbeschlag § 203 2

Insolvenzereignis Anh. zu § 113 90
- Beendigung der Betriebstätigkeit Anh. zu § 113 98
- Eröffnung des Insolvenzverfahrens Anh. zu § 113 92
- Eröffnung des Insolvenzverfahrens, Abweisung mangels Masse Anh. zu § 113 96

Insolvenzeröffnung
- Abweisung der - § 155 392
- Eintragung in öffentliche Register Art. 102c § 8 EGInsO

Insolvenzeröffnungsverfahren
- Privilegierung von Steuerschulden § 55 1

Insolvenzfähigkeit
- Aktiengesellschaften § 11 8
- ausländische Gesellschaft § 11 56
- Beginn § 11 39
- Beginn, bei Gesellschaften ohne Rechtspersönlichkeit § 11 46
- Beginn, bei juristischen Personen § 11 40
- Beginn, bei natürlichen Personen § 11 39
- bergrechtliche Gewerkschaften § 11 15
- BGB-Gesellschaft § 11 20
- Bruchteilsgemeinschaft § 11 22
- eingetragene Vereine § 11 12
- Ende § 11 39
- Ende, bei Gesellschaften ohne Rechtspersönlichkeit § 11 46
- Ende, bei juristischen Personen § 11 40
- Ende, bei natürlichen Personen § 11 39
- Europäische Wirtschaftliche Interessenvereinigung § 11 26
- faktische Gesellschaft § 11 28
- fehlerhafte Gesellschaft § 11 29
- Genossenschaften § 11 11
- GmbH § 11 10
- juristischer Personen des öffentlichen Rechts § 12 2, 8
- juristischer Personen des öffentlichen Rechts, Krankenkassen § 12 9
- KG § 11 19
- Kommanditgesellschaften auf Aktien § 11 9

4119

Stichwortverzeichnis

- Krankenkassen § 11 16
- natürliche Person § 11 6
- nicht rechtsfähiger Vereine § 11 13
- OHG § 11 18
- Partenreederei § 11 25
- Partnergesellschaft § 11 24
- Scheingesellschaften § 11 30
- Stiftungen § 11 14
- überschuldeter Staaten § 12 1

Insolvenzfeststellungsbescheid
- Abzinsung § 87 27
- Adressat § 87 30
- Ausschluss § 87 19
- Bestandskraft § 87 31
- Einspruch § 87 32
- Forderungsidentität § 87 28
- Inhalt § 87 26
- Schriftform § 87 29
- Verwaltungsakt § 87 29
- Wirkung § 87 31

Insolvenzforderungen § 87
- Abwendung der Zwangsvollstreckung § 87 6
- Abzinsung unverzinslicher Forderungen § 41 12
- Abzinsung, Hoffmannsche Methode § 41 14
- anmeldefähige Forderungen § 174 33
- Anmeldefrist § 87 12; § 174 2
- Anmeldung § 87 9
- Anmeldung zur Tabelle § 87 4
- Ansprüche aus gegenseitigen Verträgen § 38 32
- Ansprüche nach öffentlichem Recht § 38 26
- auf die Bundesagentur für Arbeit übergegangene Entgeltansprüche § 55 61
- auflösend bedingte § 38 29
- Aufrechnung § 41 17
- aufschiebend bedingte § 38 29
- aus unerlaubter Handlung § 87 5
- Aus- und Absonderungsrechte § 174 11
- Beitreibung § 87 6
- Berechnung des Zwischenzinses § 41 14
- Berücksichtigung bestrittener § 189 1
- bestrittene § 178 2
- bevorrechtigte Forderungen § 38 42
- Doppelanmeldung § 174 41
- Eintragung in die Tabelle § 178 5
- Erbengemeinschaft § 174 42
- Ergänzungen der Anmeldung § 174 23
- Fehler der Anmeldung § 174 23
- Feststellung § 87 14
- Fiskalforderungen § 87 18
- Fiskalforderungen, Besonderheiten § 87 24
- Forderungsanmeldung § 174 4
- Gesamtgläubigern § 174 42
- Haftung mehrerer Personen § 43
- höchstpersönliche Ansprüche § 87 5
- in ausländischer Währung § 45 1
- in einer Rechnungseinheit § 45 1
- *Inhalt und Form* § 174 12
- Insolvenzgläubiger § 174 7
- Insolvenzquote § 38 1
- Kapitalisierung wiederkehrender Leistungen § 46 1
- Masseverbindlichkeiten § 174 11
- Mietzins § 108 38
- mit unbestimmtem Geldbetrag § 45 6
- nachrangige § 174 52
- Nettomasse § 38 1
- nicht anmeldefähige Forderungen § 174 42
- nicht auf Geld gerichtete § 45 5
- nicht fällige § 38 29; § 41 1
- noch nicht fällige Steuerforderungen § 41 8
- Rangunterschiede § 39 2
- rechtshängige § 87 19
- Rechtsinhaber der Forderung § 174 38
- Rentenansprüche § 38 25
- Schätzung § 45 1
- Schuldenmassestreit § 87 3
- Sicherstellung § 87 6
- Sondermassen § 38 43
- Sonderregelungen § 38 28
- Stammrechte § 38 27
- streitige Forderungen § 179 1
- titulierte § 87 21
- Umrechnung § 45 1
- unverzinsliche § 41 1
- Vereinbarung über den Nachrang § 39 98
- Verfahrenseröffnung § 174 4
- Verfolgung § 87 7
- verjährte § 38 29
- Vermögensanspruch § 38 13
- verzinsliche § 41 1, 3, 10, 16
- vorläufiges Insolvenzverfahren § 87 8
- Widerspruch eines Beteiligten § 178 4

Insolvenzfreie Schuldverhältnisse § 103 59

Insolvenzfreies Vermögen § 155 296

Insolvenzgeld § 26 133; § 30 44
- Anrechnung anderen Einkommens **Anh. zu** § 113 208
- Anspruchsvoraussetzungen **Anh. zu** § 113 37
- Antragsverfahren **Anh. zu** § 113 220
- Antragsverfahren, Nachfrist **Anh. zu** § 113 222
- Arbeitnehmererfinder **ArbnErfG** 161
- Erben als Anspruchsberechtigte **Anh. zu** § 113 53
- gesetzliche Regelung **Anh. zu** § 113 1
- Insolvenzfälle mit Auslandsbezug **Anh. zu** § 113 107
- Mitwirkungspflicht des Insolvenzverwalters **Anh. zu** § 113 233
- Nichtberücksichtigung von Arbeitsentgeltansprüchen auf den Insolvenzgeldzeitraum **Anh. zu** § 113 185
- Pfändung von Ansprüchen auf Arbeitsentgelt **Anh. zu** § 113 190
- Übertragung auf Dritte **Anh. zu** § 113 187
- Verfahren der Gewährung **Anh. zu** § 113 219
- Vorfinanzierung § 22 106
- Wahlrecht des Arbeitnehmers **Anh. zu** § 113 238

Stichwortverzeichnis

– Wegfall des Anspruchs auf Arbeitsentgelt durch Aufrechnung **Anh. zu § 113** 201
– Wegfall des Anspruchs auf Arbeitsentgelt durch Erfüllung **Anh. zu § 113** 199
– Wegfall des Anspruchs wegen tariflicher Verfallklausel **Anh. zu § 113** 203
– Wegfall durch Anfechtung **Anh. zu § 113** 193
– Wegfall durch rückwirkende Entscheidungen **Anh. zu § 113** 213
– zeitliche Zuordnung der Arbeitsentgeltansprüche zum Insolvenzgeldzeitraum **Anh. zu § 113** 123
– Zeitraum **Anh. zu § 113** 109

Insolvenzgerichte § 303 38
– Aufsicht des – § 58
– Aufsichtsmaßnahmen § 58 10
– Ausübung des Aufsichtsrechts § 58 5
– Bestimmung zusätzlicher § 2 16
– Dauer der Überwachungspflichten § 58 4
– Durchsetzung der Insolvenzverwalterpflichten § 58 11
– örtliche Zuständigkeit § 3 1
– Suprakonzentration § 2 18
– Übersicht der zuständigen Gerichte § 2 70
– Überwachung, der Insolvenzplanerfüllung § 58 3
– Überwachung, des Sachwalters § 58 3
– Überwachung, des Treuhänders § 58 3
– Überwachung, des vorl. Insolvenzverwalters § 58 3
– Überwachungspflichten § 58 1
– Zusammenarbeit und Kommunikation **Art. 57 EuInsVO**

Insolvenzgläubiger
– Abgrenzung § 38 9
– Abschlagsverteilung § 187 12
– absonderungsberechtigte § 190 1
– absonderungsberechtigte Gläubiger § 38 5, 12
– Anfechtung § 130 6
– Anmeldung der Forderung § 174 1
– anspruchsbegründender Sachverhalt § 38 10
– Aufhebung des Insolvenzverfahrens **vor** § 174 2
– aussonderungsberechtigte Gläubiger § 38 6
– Befriedigung der – **vor** § 174 1; § 187 1
– Befriedigung der –, durch Abschlagsverteilung § 187 9
– Befriedigung der –, im Wege der Nachtragsverteilung § 187 17
– Befriedigung der –, nach Prüfungstermin § 187 2
– Begriff § 38 1
– Deckung für Baugläubiger § 130 11
– Fiskus § 38 11
– Forderungsanmeldung § 87 9; **vor** § 174 1
– Gesellschafter § 38 36
– Haftungsdurchgriff § 38 1
– Kosten der Teilnahme am Verfahren § 39 21
– Masseunzulänglichkeit **vor** § 174 2
– nachrangige § 174 54
– Neugläubiger § 38 7
– Rechte nach Verfahrensaufhebung § 201 1

– Schlussverteilung **vor** § 174 1
– Stimmliste § 239 1
– Stimmrecht § 174 1
– Stimmrecht absonderungsberechtigter – § 237 9
– Stimmrecht nachrangiger § 237 7
– Stimmrecht nicht nachrangiger – § 237 4
– Stimmrecht, absonderungsberechtigter – § 238 1
– verspätet angemeldete § 192 3
– Verteilung der Insolvenzmasse **vor** § 174 2
– Verzicht, auf das Absonderungsrecht § 190 6
– vorläufiger Insolvenzverwalter § 130 11
– Zustimmung aller – zur Einstellung des Verfahrens § 213 8

Insolvenzkostenhilfe vor § 4 1
Insolvenzmasse
– Abgrenzung vom insolvenzfreien Vermögen § 35 2
– Abgrenzung zu Rechtspositionen Dritter § 35 3
– als Berechnungsgrundlage § 1 InsVV 4
– Aufhebung der Aussetzung der Verwertung und Verteilung § 233 15
– Aussetzung der Verwertung und Verteilung § 233 10
– Begriff § 35 1
– Beschlagwirkungen § 35 5
– besondere Vermögensmassen § 35 8
– bewegliches Vermögen des Schuldners § 36 4
– echte Freigabe § 35 73
– erkaufte Freigabe § 35 76
– Erklärung der Freigabe § 35 80
– finanzsektorspezifische Besonderheiten § 35 24
– Freigabe § 35 71
– Freigabe aus – § 165 3
– freigegebenes Vermögen § 35 22
– haftungsrechtliche Zuweisung § 35 6
– Haftungstrennung § 35 6
– Haftungszugriff § 38 1
– höchstpersönliche Rechte § 35 18
– im Ausland belegenes Vermögen des Schuldners § 35 13
– Inbesitznahme § 148 1
– Insolvenzbeschlag § 35 4
– insolvenzfreies Vermögen § 35 17
– insolvenzfreies Vermögen bei Handelsgesellschaften und juristischen Personen § 35 23
– Istmasse § 35 5
– masszugehöriges Vermögen § 35 14
– modifizierte Freigabe § 35 75
– Neuerwerb § 35 25
– Pfändungsschutzbestimmungen § 36 6
– rechtliche Zuordnung § 35 6
– Sollmasse § 35 5
– Sondermassen § 35 8
– Streit über Massezugehörigkeit § 35 83
– Umfang § 35 10
– Umfang der Insolvenzmasse, andere Vermögensrechte § 36 54
– Umfang des Insolvenzbeschlages § 36 1

4121

Stichwortverzeichnis

- Umfang des Insolvenzbeschlages, andere Forderungen § 36 49
- Umfang des Insolvenzbeschlages, andere Vermögensrechte § 36 11
- Umfang des Insolvenzbeschlages, Anwendbarkeit der §§ 850 ff. ZPO in Altverfahren § 36 59
- Umfang des Insolvenzbeschlages, Anwendbarkeit der §§ 850 ff. ZPO § 36 11
- Umfang des Insolvenzbeschlages, Arbeitseinkommen § 36 11
- Umfang des Insolvenzbeschlages, Ausnahmen § 36 66
- Umfang des Insolvenzbeschlages, bei landwirtschaftlichem Betrieb § 36 68
- Umfang des Insolvenzbeschlages, beim Betrieb einer Apotheke § 36 68
- Umfang des Insolvenzbeschlages, Forderungen § 36 11
- Umfang des Insolvenzbeschlages, Gesamtgut § 37 1
- Umfang des Insolvenzbeschlages, Geschäftsbücher § 36 67
- Umfang des Insolvenzbeschlages, Hausrat § 36 69
- Umfang des Insolvenzbeschlages, Insolvenzgericht § 36 70
- Umfang des Insolvenzbeschlages, körperliche Gegenstände § 36 8
- Umfang des Insolvenzbeschlages, Nichtvermögensrechte § 36 55
- Umfang des Insolvenzbeschlages, Schutz des Existenzminimums des Schuldners § 36 62
- Umfang des Insolvenzbeschlages, Sondergut § 37 2
- Umfang des Insolvenzbeschlages, Sozialleistungen § 36 27
- Umfang des Insolvenzbeschlages, Verzicht auf Schutzbestimmungen § 36 65
- Umfang des Insolvenzbeschlages, Vorbehaltsgut § 37 2
- Umfang des Insolvenzbeschlages, Zuständigkeit § 36 70
- Umfang des Insolvenzbeschlages, Zuständigkeit in Altverfahren § 36 74
- Umfang des Insolvenzbeschlags § 36 4
- unbewegliches Vermögen des Schuldners § 36 4
- unechte Freigabe § 35 72
- unpfändbares Vermögen § 35 22
- Vermögen des Schuldners § 35 14
- Verwertung § 159 1
- Verwertung unbeweglicher Gegenstände § 233 20
- Verwertung und Verteilung § 233 1
- Zwangsversteigerung von Schiffen und Luftfahrzeugen § 233 23

Insolvenzordnung
- Aufbau der - § 1 16

Insolvenzplan § 174 58; § 284 1
- Abgrenzungskriterien bei Gruppenbildung § 222 21
- Ablauf der Abstimmung § 244 1
- Ablauf der Abstimmung in Gruppen § 243 4
- absonderungsberechtigte Gläubiger § 217 63; § 223 1
- Abstimmung in Gruppen § 243 4
- Abstimmung über die Zusicherung Art. 102c § 17 EGInsO
- Abstimmungstermin § 235 1, 21
- Abweisung des Versagungsantrags § 251 27
- allgemeine Wirkungen § 254
- Änderung § 240 1
- Änderung, Grenze der Nachbesserung § 240 5
- Änderung, sachenrechtlicher Verhältnisse § 228
- angemessene Beteiligung § 245 25
- Anhörung des Betriebsrats § 248 8
- Anhörungspflichten § 248 8
- Anlagen zum - § 230
- Annahme durch nachrangige Insolvenzgläubiger § 246 1
- Annahme mehrerer Pläne § 244 32
- Ansprüche von Gläubigern gegen Drittsicherungsgeber § 254 11
- Anteilsinhaber § 244 29
- Anteilsrechte § 254a 6
- Antrag auf Minderheitenschutz § 251 6
- Arbeitnehmergruppe § 222 33
- Aufhebung der Überwachung § 268 1
- Aufhebung des Insolvenzverfahrens § 258
- Aufrechnung § 254 3
- Auftrag der Gläubigerversammlung § 284 6
- Ausarbeitung § 284 5
- Ausarbeitung, durch den Sachwalter § 284 10
- Ausarbeitung, durch den Schuldner § 284 13
- Aussetzung von Verwertung und Verteilung § 233
- aussonderungsberechtigte Gläubiger § 217 61
- Beachtlichkeit des Widerspruchs § 251 14
- Beauftragter § 284 8
- Beauftragung durch Beschluss § 284 9
- Bedeutung des Planinitiativrechts des Schuldners § 218 15
- bedingter § 249 1
- bei Masseunzulänglichkeit, s. Insolvenzplan bei Masseunzulänglichkeit § 210a
- Bekanntgabe des Beschlusses § 252 1
- Bekanntmachung, der Überwachung § 267 1
- Bekanntmachung, des Erörterungstermins § 235 26
- Bekanntmachungspflicht § 267 2
- Berücksichtigung des Nachrangs § 266
- Beschwerdeberechtigung § 253 1
- Beschwerdefrist § 253 28
- besonderer Verkündungstermin § 252 4
- Bestätigungsfrist § 249 6
- Bestreiten einer verspätet angemeldeten Forderung § 256 10
- Beteiligte § 217 61; § 221 3; § 234 4
- betriebswirtschaftliche Instrumentarien § 217 20
- Beurteilung fehlender Erfolgsaussicht § 231 20

Stichwortverzeichnis

- Bewertung der Sacheinlage § 254 20
- Bindungswirkung § 251 2
- Bindungswirkung für alle Beteiligten § 254b 1
- darstellender Teil § 220 1, 36
- Deregulierung § 217 18
- Differenzierungskriterien bei Gruppenbildung § 222 22
- Druckmittel § 227 13
- Eigenverwaltung § 217 132
- Eingriff in die Gesellschafterstellung § 227 13
- Eingriff in Rechte absonderungsberechtigter Gläubiger § 223 6
- erforderliche Kapitalmaßnahmen § 225a 11
- Erfüllung § 268 2
- Ergebnis- und Finanzplan § 229 1
- Ergebnisplan § 229 14
- erheblicher Rückstand § 255 14
- Erörterungs- und Abstimmungstermin § 236 2
- Erörterungstermin § 235 1
- ESUG § 217 83
- Finanzplan § 229 15
- Forderungsbewertung § 225a 19
- Forderungserlass § 255 8
- Forderungsprüfungstermin § 236 7
- Fortführungsplan § 217 78
- Frist zur Abgabe der Stellungnahme § 232 17
- Gefährdung § 165 17
- Geltendmachung der Überbewertung von Forderungen § 254 19
- Generalwiderspruch § 251 13
- gerichtliche Bestätigung § 248 1
- gerichtliche Bestätigung einer Planberichtigung § 248a
- Gesamtgläubigerschaft § 244 19
- Gesamthandsgläubiger § 244 20
- Gesetz zur Verkürzung des Restschuldbefreiungsverfahrens und zur Stärkung der Gläubigerrechte § 217 111
- gesonderter Abstimmungstermin § 241
- gestaltender Teil § 221 1
- Gestaltung der Ansprüche nicht nachrangiger Gläubiger § 224 2
- Gestaltungsmöglichkeiten § 217 5; § 221 7
- Gleichbehandlung der Beteiligten § 226
- Gruppenbildung § 222 2; § 226 4
- Haftung des Schuldners § 227
- Haftung Dritter für Steuerverbindlichkeiten § 254 13
- Hinweis auf und Versand des bestätigten Plans § 252 8
- Inferentenrisiko § 254 24
- Informationspflichten § 252 8
- Inhalt § 217 16
- inhaltliche Anforderungen § 220 7
- inhaltliche Erfordernisse § 229 7
- Initiativrecht § 218 1
- Initiativrecht des Schuldners § 218 6
- Kleingläubigergruppe § 222 35
- konkurrierende Pläne § 235 43
- Kontrollumfang § 231 4
- Kosten der Überwachung § 269
- Kostenersatz § 218 22
- Kreditrahmen § 264
- Ladung der Beteiligten § 235 28
- Leistungen Dritter § 249 2
- Leistungsklage § 245 42
- Liquidationsplan § 217 72
- Massegläubiger § 217 66
- Minderheitenschutz § 251
- Mitgliedschaftsrechte § 254a 6
- Monatsfrist des gesonderten Abstimmungstermins § 241 5
- Nachbesserungsrecht des Planvorlegenden § 231 9
- Nachfrist § 255 17
- Nachfrist zur Mängelbeseitigung § 231 18
- Nachrang von Dauerschuldverhältnissen § 265
- Nachrang von Neugläubigern § 265
- nachrangige Gläubiger § 217 65
- nicht nachrangige Gläubiger § 217 64
- Niederlegung § 234 1
- Nießbraucher § 244 28
- Obstruktionsverbot § 245
- Offensichtlichkeit der Zurückweisung § 231 21
- Pfandgläubiger § 244 27
- Pflichtgruppen § 222 10
- Planberichtigungsrecht § 221 12
- Planinitiativrecht § 218 27
- Planinitiativrecht des Schuldners § 231 38
- Plantypen § 217 71
- Planvorlage durch den Insolvenzverwalter § 218 27
- Planvorlagezeitpunkt § 218 12
- Poolverwalter § 244 21
- Prüfungsgegenstand § 248 3
- Prüfungstermin § 236 1
- Prüfungsumfang § 248 7
- PSVaG § 244 22
- Realisierung § 217 55
- Recht zur Änderung § 240 3
- Rechte an Gegenständen § 254a 3
- Rechte der Anteilsinhaber § 225a
- Rechte der nachrangigen Insolvenzgläubiger § 225
- Rechte, der Absonderungsberechtigten § 223
- Rechte, der Insolvenzgläubiger § 224
- Rechtskraftwirkung des Bestätigungsbeschlusses § 253 33
- Rechtsmittel § 253
- Rechtsnatur § 217 39
- richterliche Mitwirkung § 217 50
- Sachenrecht § 228 1; § 233 20
- Sachgerechtigkeit der Gruppenbildung § 231 16
- salvatorische Klauseln § 245 41; § 247 11; § 251 28
- Sanierungsmaßnahmen § 220 75

Stichwortverzeichnis

- schriftliche Abstimmung § 242 1
- Schuldner § 217 67
- Sekundärinsolvenzverfahren **Art. 102c § 15** EGInsO 1
- sonstige Wirkungen § 254a
- Stellung des Pensions-Sicherungs-Vereins § 222 44
- Stellungnahmen zum - § 232 1
- Steuerrecht § 217 116
- Stimmliste § 239
- Stimmrecht der absonderungsberechtigten Gläubiger § 238
- Stimmrecht der Anteilsinhaber § **238a**
- Stimmrecht der Insolvenzgläubiger § 237 3
- Stimmrechtsausschluss § 253 3
- Strukturierung § 219 1
- Summenmehrheit § 244 30
- Tatbestandsvoraussetzungen eines Verstoßes gegen Minderheitenschutzgebot § 251 4
- Teilgläubigerschaft § 244 18
- Übersendung der Stimmzettel für schriftliche Abstimmung § 242 7
- Übertragungsplan § 217 73
- Überwachung der Planerfüllung § 260 3; § 284 14
- Umfang des Einsichtsrechts § 234 4
- umwandelnder § 217 83
- Unbegründetheit des Widerspruchs § 247 4
- und Konzerninsolvenzrecht § 217 99
- Unternehmensanalyse § 220 62
- Verbraucherinsolvenz § 308 1
- Vereinfachung des Abstimmungsverfahrens § 246 10
- Verfahrensfehler § 250 1
- verfahrensleitender § 217 81
- Verfahrensverschleppung § 231 1
- Vergleichsrechnung § 229 17
- Vergütung des Insolvenzverwalters im - § 217 135
- verkürzte Verjährung § 254b 4
- Verlesung § 235 20
- Vermögensübersicht § 229 1, 7
- Veröffentlichung des Inhalts § 252 11
- Verpflichtungserklärungen § 254a 8
- Versagung § 251
- Versagung des Stimmrechts § 237 21
- Versagungsgründe § 250 5, 11
- verspätete schriftliche Stimmabgabe § 242 9
- Verteilung § 217 70
- Verteilungsverzeichnis § 188 23
- Verwertung § 217 70
- Verwertung unbeweglicher Gegenstände § 233 20
- Vollstreckung aus dem Plan § 257 1
- Vollstreckungsschutz § 254b 4
- Vollstreckungsverfahren § 257 13
- Vorlage § 218 1
- Vorlage, im Schlusstermin § 197 31
- Vorlagefristen § 218 53
- weitergehende Informationspflicht § 235 37
- Widerspruch des Schuldners § 247 3
- Widerspruch gegen die Planbestätigung § 251 12
- Wiederaufleben von Forderungen § 257 20
- Wirkungen des bestätigten § 254 2
- wirtschaftspolitische Gesichtspunkte § 217 28
- Zeitpunkt der Beauftragung § 284 7
- Zeitpunkt der Niederlegung § 234 3
- Zeitrahmen der schriftlichen Abstimmung § 242 8
- Zielsetzung § 217 4
- Zuleitung zur Stellungnahme § 232 10
- Zurückweisung § 231
- Zurückweisung von Amts wegen § 231 41
- Zurückweisungspflicht § 231 4
- Zustimmung der Anteilsinhaber § **246a**
- Zustimmung des Schuldners § 247 1
- Zustimmung nachrangiger Insolvenzgläubiger § 246
- zustimmungsbedürftige Geschäfte § 263 2
- Zustimmungsvorbehalt der Gläubiger § 225a 9
- Zwei-Wochen-Frist § 231 36
- zweiter Abstimmungstermin § 241 8
- zwingende Einholung der Stellungnahmen zum - § 232 4

Insolvenzplan bei Masseunzulänglichkeit § **210a**
- Abstimmung über den Plan § 210a 9
- Gestaltungsspielräume § 210a 10
- Gruppenbildung § 210a 5
- Regelungsinhalt § 210a 3

Insolvenzplanverfahren § **4a 45; § 217 1**
- besondere Verjährungsfrist § 259b
- Debt-Equity-Swap § 254 21
- Europarechtskonformität § 225a 32
- für Verbraucher § 309 54
- Legitimation des Eingriffs in die Gesellschafterrechte § 225a 28
- Nachtragsverteilung nach Aufhebung § 259 8
- Obstruktionsverbot § 245 6
- Sanierung durch Umwandlung § 225a 38
- Schuldnerschutz § 227 5
- Vollstreckungsschutz auf Antrag des Schuldners § 259a 3
- Widerspruch des Schuldners § 227 6

Insolvenzquote § **182 5**
Insolvenzrechnungslegung, Reform § **155 258**
Insolvenzrecht
- Bedeutung § 1 6
- Entwicklung bis zum ESUG **vor** § **1 64**
- Entwicklung seit Inkrafttreten der InsO **vor** § **1 48**
- Geschichte der Reformbestrebungen **vor** § **1 4**
- Reformbedarf **vor** § **1 12**
- Stellung § 1 1
- Umsetzung der Reformziele **vor** § **1 37**
- Ziele § 1 10
- Zielsetzungen der Reform **vor** § **1 23**

Insolvenzrechtliche Probleme der Personengesellschaften § **155 1217**
Insolvenzrechtlicher Schadenersatz § **106 5**

Stichwortverzeichnis

Insolvenzrechtsfähigkeit § 11 1
Insolvenzrechtspfleger, Anforderungen an § 5 9
Insolvenzregister
– Aufgaben der Mitgliedstaaten bei der Verarbeitung personenbezogener Daten **Art. 79 EuInsVO**
– Einrichtung der Vernetzung **Art. 87 EuInsVO**
– Verarbeitung personenbezogener Daten **Art. 78 EuInsVO** 3
Insolvenzreife, Feststellung Zeitpunkt des Eintritts § 26 75
Insolvenzrichter
– Haftung des – § 22 122
Insolvenzstatistikgesetz § 3 InsVV 14, 54; **Anh. 3**
Insolvenzstraftat § 300 61; § 303 13
– Katalogstraftat § 290 38
– maßgeblicher Zeitpunkt § 297 4
– Mindeststrafe § 297 14
– rechtskräftige Verurteilung § 290 43; § 297 13
– Tilgungsfrist § 290 50
– Versagung der Restschuldbefreiung § 297 4, 8, 11
– Versagungsverfahren § 297 17
– Verurteilung wegen – § 297 1
Insolvenzunfähigkeit § 11 32
– BGB-Innengesellschaft § 11 33
– Erbengemeinschaft § 11 37
– Fehlen § 11 54
– Heilung § 11 54
– juristischer Personen des öffentlichen Rechts § 12 2
– juristischer Personen des öffentlichen Rechts, Bund und Länder § 12 1
– juristischer Personen des öffentlichen Rechts, Kirchen § 12 10
– Konzern § 11 38
– stille Gesellschaft § 11 34
– unselbstständige Stiftungen § 11 36
– Verschmelzung und Umwandlung § 11 52
– Wegfall § 11 53
– Wohnungseigentümergemeinschaft § 11 35
Insolvenzverfahren
– Aufhebung § 290 240, 276
– Aufhebung des – durch Beschluss § 200 1
– Aufhebungsbeschluss § 258 4
– Beendigung des Verfahrens § 212 1
– Einstellung, mangels Masse § 207
– Einstellung, mit Zustimmung der Gläubiger § 213 1
– Einstellung, nach Anzeige der Masseunzulänglichkeit § 211
– Einstellung, vor Ablauf der Anmeldefrist § 213 14
– Einstellung, wegen Wegfalls des Eröffnungsgrundes § 212 1
– Eintritt der Aufrechnungslage § 95
– Eröffnungsgründe **vor** § 11 3; § 16 1
– Forderungsprüfungsverfahren § 211 33
– für überschuldete Staaten § 12 1
– Kosten des – § 209 6

– öffentliche Bekanntmachung der Einstellung § 215 1
– Rückgabe der Geschäftsunterlagen § 200 15
– Rückkehr ins reguläre – § 208 27
– Schlussrechnung § 258 4
– überlange § 300 80
– Verfahren bei der Einstellung des – § 214 3
– Verfahrensaufhebung mangels Masse § 207 1
– Wegfalls des Eröffnungsgrundes § 214 1
– Wirkungen der Aufhebung der Eröffnung § 34 63
– Wirkungen der Eröffnung § 30 35
– Zulässigkeitsvoraussetzungen **vor** § 11 2
– Zustimmung der Gläubiger § 214 1
Insolvenzvermerk
– Eintragung in Register für Schiffe und Luftfahrzeuge § 33
– Löschung § 200 6
Insolvenzverursachungshaftung Anh. n. § 15a 36
Insolvenzverwalter § 59
– Abwahl § 57 7
– Adressat für Zeugnisansprüche von Arbeitnehmern § 80 36
– als Arbeitgeber § 80 39
– als Freiberufler oder Gewerbetreibender § 155 1169
– Amtshaftungsansprüche § 56 40
– Antrag auf Prozesskostenhilfe § 80 57
– Anzeigepflicht bei Planüberwachung § 262
– Aufgaben und Befugnisse bei Planüberwachung § 261 1
– Aufnahme in die Vorauswahlliste § 56 7
– ausländischer – **Art. 21 EuInsVO** 1
– Auswahl § 56 3
– Auswahl, im Einzelfall § 56 26
– Auszahlungen an Insolvenzgläubiger § 188 1
– Beachtung von Lasten § 80 36
– Berichtspflicht § 156 7; § 261 9; § 262 1
– Berufsrecht § 56 9, 40
– Beschränkungen der Massegegenstände § 80 36
– Bestellung § 56 1, 26
– Bestellung eines Gruppeninsolvenzverwalters § 56b 3
– Bestellung, Gläubigerbeteiligung § 56a
– Bestellungsentscheidung § 56 34
– Beweislast § 132 12
– Beweislast bei unentgeltlicher Leistung § 134 37
– Beweislast für entgeltlichen Vertrag § 133 94
– Delisting § 56 23
– Einzelinteressenkonflikte § 56 59
– Erklärung zur selbstständigen Tätigkeit des Schuldners § 35 29
– Ermächtigung zur Führung von Rechtsstreitigkeiten § 80 55
– Ernennung des gewählten – § 57 24
– Fachanwalt für Insolvenzrecht § 56 6
– fachliche Qualifikation § 56 15
– Fähigkeit § 56 19

4125

Stichwortverzeichnis

- Finanzplanung bei Begründung von Masseverbindlichkeiten § 209 17
- Folgekonfliktfall § 56 40
- Freigabe der Prozessführung § 80 56
- Geeignetheit für den Einzelfall § 56 6
- Geschäftskunde § 56 12
- Gläubigerbeteiligung bei Bestellung § 21 103
- Haftung § 155 1142; § 188 21
- Haftung bei einer Zusicherung Art. 102c § 14 EGInsO 1
- Haftung bei Scheitern des Insolvenzplans § 220 78
- Haftung des starken vorläufigen ~ § 61 3
- Haftung des ~ § 60
- Haftungsrisiken § 49 55
- handelsrechtliche Buchführungsverpflichtung § 155 21
- im Prozess § 80 44
- insolvenzzweckwidriges Verhalten § 80 38
- Interessenkollision § 56 49; § 57 13
- Mandatskollisionsfall § 56 40
- Mandatskollisionssachverhalt § 56 41
- mehrere ~ § 56 32
- Missbrauch der Vertretungsmacht § 164 4
- Nebenintervention § 80 52
- Negativerklärung zur selbstständigen Tätigkeit des Schuldners § 35 39
- Negativerklärung, zu selbstständiger Tätigkeit des Schuldners § 36 24
- Neuwahl § 57 10
- Niederlegung des Amtes § 59 14
- persönliche Qualifikation § 56 5, 12
- Pflichten § 61 1
- Pflichten, nach Anzeige der Masseunzulänglichkeit § 211 4
- Planberichtigung § 248a 1
- Rechte in der Überwachungsphase des Plans § 261 6
- Rechte und Pflichten im Besteuerungsverfahren § 155 1109
- Rechtskrafterstreckung von Urteilen § 80 53
- Rechtsstellung im Verfahren § 80 45
- Schadensersatzansprüche § 56 39
- starker vorläufiger ~ § 61 15
- steuerrechtliche Buchführungsverpflichtung § 155 33
- Tätigkeit vor Aufhebung des Insolvenzverfahrens § 258 15
- Titelumschreibung § 80 54
- umsatzsteuerliche Stellung § 155 1133
- Unabhängigkeit § 56 9; § 57 9
- Unterbrechung von Verfahren § 80 44
- Unternehmensinsolvenz § 56 15
- Vergleichsbefugnis § 92 3
- Vergütung § 155 1137
- Vergütung im Verbraucherinsolvenzverfahren § 13 InsVV 4
- Verlust der Prozessführungsbefugnis § 259 26
- Versagung der Bestellung des ~ § 57 13
- Verteilung der Insolvenzmasse § 187 3
- Verwalterbestellung bei Schuldnern derselben Unternehmensgruppe § 56b 1
- Verwaltungs- und Verfügungsrecht § 80 10
- Vorauswahlverfahren § 56 20
- vorläufiger ~ § 56 2; § 57 6
- Wahl und Gestaltungsrechte § 119 3
- Wahlrecht des ~ § 103
- Wirksamkeit der Handlungen des ~ § 164
- Wirkung des Verwaltungs- und Verfügungsrechts § 80 10
- wirtschaftliche Unabhängigkeit § 56 11
- Zeugenvernehmung § 80 51
- Zusammenarbeit bei Konzerninsolvenz § 269a 1
- Zusammenarbeit und Kommunikation Art. 56 EuInsVO
- Zusammenarbeit und Kommunikation zwischen Verwaltern und Gerichten Art. 58 EuInsVO
- Zustellungen § 80 48
- Zwangsvollstreckung aus Urteilen § 80 54

Insolvenzverwalter im Prozess
- Gerichtsstand § 80 47

Insolvenzzweck § 286 7

Insolvenzgläubiger
- Forderungen der ~ § 87

Insolvenzplan
- Internationales Insolvenzrecht § 355

Insolvenzverfahren
- Kosten des ~ § 54

Institut der Restschuldbefreiung § 286 3

Interessenausgleich § 121 1; § 122 6
- Änderung der Sachlage § 125 30
- Drei-Monats-Frist § 122 24
- nach § 125 InsO § 122 24
- namentliche Bezeichnung der zu kündigenden Arbeitnehmer § 125 4
- notwendiger Inhalt § 125 4
- Schriftform § 125 6
- und Kündigungsschutz § 125
- Voraussetzungen § 125 2
- Zustandekommen § 125 3

Interessenkollision bei personenidentischer vorl. Sachwaltung § 280 24

Internationale Zuständigkeit, Überblick § 3 55

Internationales Insolvenzrecht vor § 1 63; § 6 140; § 104 132
- Anerkennung des ausländischen Insolvenzverfahrens § 343
- Anmeldung und Feststellung der Forderung § 335 15
- Arbeitsverhältnis § 337
- Aufgaben vor § 335 1
- Aufrechnung § 338
- Auskunftsanspruch § 342 3
- ausländische Gläubiger § 341 3
- ausländisches Insolvenzverfahren § 343
- Auslandsvollmacht vor § 335 34

4126

Stichwortverzeichnis

- Auslegung **vor § 335** 5
- Bedeutung **vor § 335** 3
- Befugnisse des Insolvenzverwalters **§ 335** 17
- Begrenzung des Stimmrechts des Verwalters **§ 341** 11
- Berechnung der Quote **§ 342** 11
- betriebliche Altersversorgung **§ 337** 10
- Betriebsverfassungsrecht **§ 337** 9
- Datenschutz **Art. 78 EuInsVO** 1
- dingliche Rechte **§ 336** 5; **§ 351**
- EuInsVO **vor Art. 1 EuInsVO** 1
- Gläubiger **§ 335** 13
- Gläubigergleichbehandlung **§ 341** 1
- Grundbuch **§ 346**
- grundlegende Prinzipien **vor § 335** 14
- Gutglaubensvorschriften **§ 349** 4
- Insolvenzanfechtung **§ 339** 1
- Insolvenzmasse **§ 335** 12
- Insolvenzverwaltungsverträge **§ 357** 4
- Insolvenzplan **§ 355**
- internationale Zuständigkeit **§ 335** 8
- Leistung an den Schuldner **§ 350**
- lex fori concursus **§ 335** 1
- Luftfahrzeuge **§ 336** 9
- Masseverbindlichkeiten **§ 356** 4
- Mehrfachanmeldung von Forderungen **§ 341** 4
- multilaterale Insolvenzübereinkommen **vor § 335** 42
- Nachweis der Verwalterbestellung **§ 347**
- Netting-Vereinbarungen **§ 340** 10
- Neuregelung **vor § 335** 2
- öffentliche Bekanntmachung des ausländischen Insolvenzverfahrens **§ 345**
- ordre public **§ 343** 22
- organisierte Märkte **§ 340** 4
- Partikularverfahren **vor § 335** 25; **§ 342** 2; **vor § 354** 1; **§ 354**
- Pensionsgeschäfte **§ 340** 8
- protocols **§ 357** 4
- Qualifikation **vor § 335** 8; **§ 335** 4
- Qualifikation, Abgrenzung Gesellschafts- und Insolvenzstatut **Art. 7 EuInsVO** 19
- Qualifikation, Existenzvernichtungs- und Durchgriffshaftung **Art. 7 EuInsVO** 32
- Qualifikation, Insolvenzantragspflichten **Art. 7 EuInsVO** 24
- Qualifikation, Insolvenzverschleppungshaftung **Art. 7 EuInsVO** 28
- Qualifikation, Kapitalaufbringung und Kapitalerhaltung **Art. 7 EuInsVO** 30
- Rechtsnatur **vor § 335** 7
- Restschuldbefreiung **§ 355**
- Schiffe **§ 336** 9
- Sekundärinsolvenzverfahren **§ 356**
- Sicherungsmaßnahmen **§ 344**
- sofortige Beschwerde gegen öffentliche Bekanntmachung **Art. 102c § 9 EGInsO** 2
- Stellung des Schuldners **§ 335** 20
- Stimmrechtsabgabe **§ 341** 10
- Terminologie **vor § 335** 22
- Territorialverfahren **vor § 335** 23
- Überschuss bei der Schlussverteilung **§ 358**
- unbewegliche Gegenstände **§ 336** 4
- Unterbrechung und Aufnahme eines Rechtsstreits **§ 352**
- Verarbeitung personenbezogener Daten **Art. 78 EuInsVO** 3
- Verfügung über Wertpapiere **§ 340** 7
- Verfügungen über unbewegliche Gegenstände **§ 349**
- Verfügungsmacht des Schuldners **§ 349** 1
- vis attractiva concursus **§ 335** 23
- Vollstreckbarkeit, ausländischer Entscheidungen **§ 353**
- Vollstreckbarkeit, der Eröffnungsentscheidung **§ 353** 3
- Zahlungs-, Wertpapierliefer- und -abrechnungssysteme **§ 340** 15
- Zusammenarbeit der Insolvenzverwalter **§ 357**
- zuständiges Insolvenzgericht für Unterstützungshandlungen **§ 348**
- Zuständigkeit von Anfechtungsklagen **§ 339** 13

Interne Rechnungslegungspflicht § 152 1
- Vollständigkeitsgebot **§ 152** 3

Internet-Domaine § 159 16
Inventar § 155 49
Investitionszulage § 155 1092
Investmentvermögen § 104 67
IsolierterVorrechtsstreit § 302 73

J

Jagdpacht § 112 5
Jagdpachtverhältnisse § 109 22
Jagdpachtverträge § 108 16
Jahressondervergütungen Anh. zu § 113 160
Jahressonderzahlungen Anh. zu § 113 162
Juristische Personen
- Insolvenz von - **§ 101** 1

K

Kapitalerhöhung § 103 54
Kapitalersetzende Darlehen § 264 18
Kapitalersetzende Nutzungsüberlassung, Aussonderung § 47 10
Kapitalersetzende Nutzungsverhältnisse § 108 25
Kapitalersetzendes Darlehen, Internationales Insolvenzrecht Art. 7 EuInsVO 30
Kapitalerträge, Abgeltungssteuer § 149 12
Kapitalgesellschaftsrecht § 304 18
Karenzentschädigungsanspruch § 113 114
Kauf- und Tauschverträge § 103 20
Käuferinsolvenz
- Rechtsfolgen **§ 107** 28

Kaufvertrag § 103 71; **§ 105** 13
Kenntnis des Anfechtungsgegners, Treuhänder § 130 69

4127

Stichwortverzeichnis

Klage
- auf Erteilung der Vollstreckungsklausel § 202 4
- auf Rückgewähr § 143 60
- gegen die Erteilung der Vollstreckungsklausel § 202 5
- mit Prozesskostenhilfeantrag § 146 16

Klageänderung § 143 71
Klageantrag § 143 70
Klageerhebung, Nachweis der ~ § 189 12
Klageerhebungsfrist § 113 122
Klageform § 143 70
Kleinstbeteiligungsprivileg § 135 12
Kleinverfahren § 22 161
Kollisionsfälle
- AGB-Pfandrecht und Pfändungspfandrecht § 50 23
- bestehende Raumsicherungsübereignung und Zubehörhaftung Grundpfandrecht § 51 21
- Globalzession und verl. Eigentumsvorbehalt § 51 60
- nachträgliche Sicherungsübereignung und Grundstückszubehör § 51 20
- Prioritätsgrundsatz § 50 22
- Sicherungsübereignung mit Einbringung, Vermieterpfandrecht § 51 23
- Sicherungsübereignung nach Einbringung, Vermieterpfandrecht § 51 24
- Sicherungsübereignung vor Einbringung, Vermieterpfandrecht § 51 22
- Sicherungsübereignung, Eigentumsvorbehalt § 51 19
- Sicherungsübereignung, Vermieterpfandrecht und Eigentumsvorbehalt § 51 25
- unechtes Factoring und verlängerter Eigentumsvorbehalt § 51 67
- Verarbeitungsklausel und (anderer) Eigentumsvorbehalt § 51 30
- verlängerter Eigentumsvorbehalt und Abwehrklausel § 51 33
- verlängerter Eigentumsvorbehalt und Factoring § 51 35
- verlängerter Eigentumsvorbehalt und Globalzession § 51 34
- Vermieterpfandrecht, Absonderungsrechte des Fiskus § 50 60
- Vermieterpfandrecht, Pfändung § 50 59
- Vermieterpfandrecht, Raumsicherungsübereignung Warenlager § 50 57
- Vermieterpfandrecht, Sicherungsübereignung § 50 58
- Vorrang der Fiskusabsonderung § 51 101

Kollusives Zusammenwirken § 164 5
Kommission § 47 62
- Einkaufskommission § 47 63
- Verkaufskommission § 47 64

Kommissionsgeschäfte § 103 57
Kommissionsvertrag § 103 21
Konditionsansprüche § 254 15

Kongruente Deckung § 130 28
- Vorsatz der Gläubigerbenachteiligung § 133 48

Kongruenzvereinbarung § 130 37
Konsumentenverhalten vor § 286 2
Konten von Minderjährigen § 116 53
Kontensicherung § 22 44
Kontensperre § 21 380
- gegen einen Dritten § 20 39

Kontokorrent § 103 61; § 116 44; § 130 32
Kontokorrentvorbehalt § 51 44
Kontopfändungsschutz § 36 33
- Basispfändungsschutz § 36 35
- für Einkünfte von Selbstständigen § 36 38
- Pfändungsschutzkonto § 36 33

Konzern
- Definition vor § 269a 12
- Erscheinungsformen vor § 269a 11
- Legaldefinition § 3e 1

Konzernabschlüsse, Aufstellung in der Insolvenz § 155 252
Konzerninsolvenz § 56 33
- Abweichungen vom Koordinationsplan § 269i 1
- Ansteckungseffekte vor § 269a 17
- Antrag zur Begründung eines Gruppen-Gerichtsstands § 13a 1, s.a. *Antrag zur Begründung eines Gruppen-Gerichtsstands*
- Aufgaben und Rechtsstellung des Verfahrenskoordinators § 269f 1
- Aufhebung des Verfahrens § 3b 16
- Auseinanderfallen von Eigentum und Besitz § 282 20
- Ausrichtung des Konzerninsolvenzrechts vor § 269a 1
- Aussetzung der Verwertung Art. 102c § 24 EGInsO
- Auswirkungen der Verfahrenseröffnung auf Unternehmensverträge vor § 269a 23
- Bestellung des Verfahrenskoordinators § 269e 1
- eigenverwaltender Schuldner § 272 19
- Eigenverwaltung bei gruppenangehörigen Schuldnern § 270d 1
- Eröffnung des Insolvenzverfahrens § 269d 6
- Eröffnungsantrag § 269d 6
- faktische Kooperationssachwaltung § 274 14
- Feststellung des Stellenwertes der einzelnen Unternehmen § 269c 18
- Fortbestehen des Gruppen-Gerichtsstands § 3b 1
- Gesetz zur Erleichterung zur Bewältigung von Konzerninsolvenzen § 3 InsVV 52
- Gläubigerschutz § 280 25
- GmbH & Co. KG § 269d 5
- Grundsatz der bewahrten Selbständigkeit § 274 24
- Gruppen-Folgeverfahren § 3a 30
- Gruppengerichtsstand § 3a 1
- gruppeninterne Anfechtungsansprüche vor § 269a 29
- Kommunikations- und Kooperationspflichten Art. 102c § 22 EGInsO 1

Stichwortverzeichnis

- Koordinationsgericht vor § 269d 7; § 269d 1
- Koordinationsplan § 269h 1
- Koordinationsverfahren vor § 269d 1; Art. 102c § 22 EGInsO 1
- Lösungskonzepte zur Bewältigung vor § 269a 31 ff.
- öffentliche Hand als Muttergesellschaft § 3e 10
- Sachwalter als faktischer Konzernsachwalter § 283 11
- Sachwalter mit Anordnung der Eigenverwaltung § 283 10
- schadensbegründende Pflichtwidrigkeitshandlungen des Sachwalters § 274 39
- Sondersachwaltung § 280 25
- Unternehmensgruppe § 3e 1
- Vergütung des Verfahrenskoordinators § 269g 1
- Verwalterbestellung bei Schuldnern derselben Unternehmensgruppe § 56b 1
- Verwaltungs- und Verfügungsmacht § 272 19
- Verweisung an den Gruppen-Gerichtsstand § 3d 1, 2
- Vorteile abgestimmter Verfahrensführung § 269a 2
- Zusammenarbeit der Gerichte § 269b 1
- Zusammenarbeit der Gläubigerausschüsse § 269c 1
- Zusammenarbeit der Insolvenzverwalter § 269a 1
- Zuständigkeit für Gruppen-Folgeverfahren § 3c 1

Konzerninsolvenzfälle § 60 18
Konzerninsolvenzrecht § 217 99
- Ausrichtung vor § 269a 1, 16
- Konsolidierung des Vermögens § 270b 61
- Problemstellungen § 270a 43
- Ursachen der Konzernbildung vor § 269a 3
- Wettbewerbsordnung vor § 269a 2

Konzerninsolvenzverfahren § 3 7
Konzernrecht
- Definition vor § 269a 15

Konzernvorbehalt § 51 45; § 107 8
Konzernzuständigkeit
- mit Auslandsbezug § 2 62

Koordinationsgericht
- konkrete Person § 269d 11
- Legaldefinition § 269d 10
- Zuständigkeit § 269d 1

Koordinationsplan
- Abweichungen vom ~ § 269i 1
- als Initiative der Insolvenzverwalter § 269h 12
- Anfechtungsansprüche § 269h 59
- Anforderungen an ~ § 269h 13
- Aufnahme der Unternehmensverträge § 269h 52
- Behebbarkeit von Mängeln § 269h 25
- bei Eigenverwaltung § 269h 16
- Beilegung gruppeninterner Streitigkeiten § 269h 56
- belastbares Zahlenwerk § 269h 50

- Berichtstermin § 269i 9
- Beweiserleichterungen bei Anfechtungen § 269h 60
- Bindungswirkung § 269i 1
- Einbindung Gruppen-Gläubigerausschuss § 269h 3
- Erläuterung des ~ durch Insolvenzverwalter § 269i 4
- Erläuterung des ~ durch Verfahrenskoordinator § 269i 2
- Erläuterung des ~ im Eigenverwaltungsverfahren § 269i 5
- fehlende Bindungswirkung vor § 269d 6
- finanzwirtschaftliche Sanierung § 269h 45
- Frist zur Mangelbehebung § 269h 26
- gerichtliche Bestätigung § 269i 11
- Haftung bei Bruch vertraglicher Vereinbarungen § 269h 77
- Haftungsansprüche § 269h 58
- Inhalt § 269h 2, 27
- Inhalt vertraglicher Vereinbarungen zwischen Insolvenzverwaltern § 269h 70
- Krisenstadium § 269h 39
- Krisenursachen § 269h 39
- leistungswirtschaftliche Sanierung § 269h 47
- Leitbild des sanierten Unternehmens § 269h 43
- Mitwirkung der Gläubiger § 269h 68
- Planinitiativrecht § 269h 14
- Prüfungskompetenz des Gerichts § 269h 24
- Prüfungspflicht des Gerichts § 269h 19
- Rahmenplan § 269h 5
- Rechtsfolgen bei Bruch vertraglicher Vereinbarungen § 269h 75
- Rechtsnatur § 269h 4, 11
- Sanierungsfähigkeit § 269h 40
- Sanierungskonzept § 269h 30
- Sanierungskoordinationsplan § 269h 2
- sofortige Beschwerde bei Ablehnung § 269h 80
- Stakeholderanalyse § 269h 53
- Stellungnahmen und Bewertung § 269i 6
- Umfang § 269h 28
- Unternehmensanalyse § 269h 35
- Unternehmensanalyse, externe § 269h 37
- Unternehmensanalyse, interne § 269h 38
- Verfahren bei Abweichen vom ~ § 269i 7
- Verfahrenskoordinator § 269h 14
- Verpflichtung zur Umsetzung § 269i 10
- vertragliche Vereinbarungen zwischen Insolvenzverwaltern § 269h 62
- Vorbereitung § 269h 1
- Vorbereitung der Liquidation § 269h 55
- Wahlrecht des Insolvenzverwalters § 269h 57
- Wirkung § 269h 7; § 269i 12
- Ziele § 269h 29
- Zielvorgabe durch Gläubigerversammlung § 269i 10
- Zulässigkeit vertraglicher Vereinbarungen zwischen Insolvenzverwaltern § 269h 66

Stichwortverzeichnis

- Zurückweisung durch Gericht § 269h 23
- Zustandekommen § 269h 3
- Zustimmungserfordernis des Gruppen-Gläubigerausschusses § 269h 17
- Zwang vertraglicher Vereinbarungen zwischen Insolvenzverwaltern § 269h 69

Koordinationsverfahren
- Antrag auf Einleitung § 269d 12
- Antragsbefugnis § 269d 13, 17
- Antragsbefugnis des Gläubigerausschusses § 269d 19
- Bestellung des Verfahrenskoordinators § 269e 1
- Bestimmung des Koordinationsgerichts § 269d 1
- Entscheidung über den Antrag auf Einleitung § 269d 15
- Gesellschaft ohne Rechtspersönlichkeit § 269d 5
- Gründe für ein besonderes Verfahren vor § 269d 1
- Gruppen-Folgeverfahren § 269d 10
- Gruppen-Gerichtsstand vor § 269d 3
- Gruppen-Gläubigerausschuss vor § 269d 7
- gruppeninterner Leistungsaustausch vor § 269d 3
- Inhalt des Antrags auf Einleitung § 269d 14
- Koordinationsgericht vor § 269d 1
- Koordinationsplan vor § 269d 2, 6
- Schuldner § 269d 4
- Verfahrenskoordinator vor § 269d 6
- Voraussetzungen § 269d 3, 7

Körperschaftsteuer § 155 754; § 199 6

Körperschaftsteuerliches Organschaftsverhältnis § 155 745

Kosten § 20 46; § 303 46
- der Zusammenarbeit Art. 59 EuInsVO
- für die Verwertung der Masse § 171 7
- Widerrufsverfahren § 303 46

Kosten des Anfechtungsstreites § 143 74

Kosten des Insolvenzverfahrens § 54
- Beschwerdegebühren § 54 17
- Gerichtskosten § 54 2, 4
- Gerichtskosten im eröffneten Verfahren § 54 12
- Gerichtskosten im Eröffnungsverfahren § 54 7
- nicht zu den Masseverbindlichkeiten gehörende Gerichtskosten § 54 15
- Prüfungsgebühr § 54 16
- Restschuldbefreiungsverfahren § 54 21
- Vergütungen und Auslagen des vorläufigen Insolvenzverwalters, des Insolvenzverwalters und der Mitglieder des Gläubigerausschusses § 54 23

Kostenauslösende Maßnahmen § 13 83

Kostenbeitrag § 171 2
- Berechnung § 171 2

Kostenbeschwerden § 6 85

Kostenbeteiligung der Gläubiger § 171 3

Kostenerstattungsanspruch § 305 72
- des Antragstellers § 163 9

Kostenstundung § 290 28
- Aufhebung der ~ § 296 7

Kostenstundungsverfahren § 295 14
- Aufhebung der Kostenstundung § 295 15

Kostentragungspflicht
- bei Pflichtverletzungen § 101 18
- des unterlegenen Insolvenzgläubigers § 183 9

Kostenvorschuss § 5 34; § 14 9; § 311 6
- Gerichtsbeschluss zur Höhe des ~ § 311 16
- Haftung des Antragstellers § 5 35
- Kostenschätzung § 311 13
- Rechtsfigur des ~ § 311 10

Kraftfahrzeugsteuer § 155 1083

Krankenversicherung, private § 103 41

Kredit § 290 73

Krediteröffnungsverträge § 103 62

Kreditkarten vor § 286 2

Kreditrahmen § 266 1
- Besicherung der Rahmenkredite § 264 8
- Bestellung von Sicherheiten § 264 10
- einbezogene Kredite § 264 5
- Formerfordernis § 264 13
- Gläubigerprivilegierung § 264 6
- Höchstbetrag § 264 11
- Höhe § 264 12
- Kreditrückzahlungsforderung § 264 14
- Prüfung des Insolvenzverwalters § 264 14
- Schutz des Kreditgebers § 265 2
- Verzugszinsen § 264 17
- Voraussetzungen § 264 3
- Vorrang der Rahmenkredite § 264 7

Kriminalinsolvenz § 56 33

Kündigung
- befristetes Arbeitsverhältnis § 113 27
- Beweislast § 125 7
- des Ausbildungsverhältnisses § 113 21
- eines Abgeordneten § 113 83
- eines Dienstverhältnisses § 113
- Mutterschutz, Eltern- und Pflegezeit § 113 71
- nachvertragliches Wettbewerbsverbot § 113 105
- ordentliche bei Betriebsstilllegung § 113 41
- ordentliche bei Stilllegung einer Betriebsabteilung § 113 49
- Rechtsfolgen der ~ § 113 87
- Schadenersatz, gem. § 113 Satz 3 InsO § 113 87
- Schadenersatz, gem. § 628 Abs. 2 BGB § 113 99
- Schutz schwerbehinderter Arbeitnehmer § 113 60
- Veräußerungskündigung mit Erwerberkonzept § 128 3
- von Betriebsvereinbarungen § 120
- vor Überlassung der Mietgegenstände § 112 3

Kündigungsausschluss
- einzelvertraglicher § 113 28
- tariflicher § 113 29

Kündigungserklärung des Verwalters § 109 10

Kündigungsrecht des Arbeitnehmers § 113 3

Kündigungsschutz § 125 1
- Auszubildender § 113 85
- des vertragstreuen Mieters § 111 11
- präventives Beschlussverfahren § 126 1

Kündigungsschutzgesetz
- Anwendungsbereich § 128 6

4130

Stichwortverzeichnis

– Geltung in der Insolvenz **vor § 113** 5
Kündigungsschutzklage, Aussetzung § 127 7
Kündigungsschutzprozess § 127 1
Kündigungssperre
– des § 112 InsO **§ 112** 1, 14
– Leasingverträge **§ 112** 4
– Rechtsfolgen **§ 112** 9
– Verschlechterung der Vermögensverhältnisse **§ 112** 12
– Voraussetzungen **§ 112** 2

L
Ladung
– förmliche **§ 5** 20
– formlose **§ 5** 20
Ladungsfähige Anschrift § 14 19
Lagebericht § 155 237
Lästigkeitsprämien § 49 57
Lastschrift § 130 23
Lastschrift und Einzugsverfahren
– Besonderheiten im – **§ 82** 34
– Einzugsermächtigungsverfahren **§ 82** 37
– Insolvenz des Lastschriftberechtigten **§ 82** 35
– Insolvenz des Lastschriftschuldners **§ 82** 36
Lastschriftverfahren § 129 62
Lastschriftwiderruf § 22 130
– Folgen **§ 112** 11
– in der Insolvenz natürlicher Personen **§ 112** 11
Laufzeit der Abtretungserklärung § 294 9; **§ 295** 8; **§ 296** 11
– Beginn **§ 292** 4
Leasing
– Aussonderung **§ 47** 32
– Zeitraum für Vertragserfüllungserklärung **§ 47** 33
Leasingverträge § 103 22; **§ 107** 6; **§ 108** 12, 42
– drittfinanzierte **§ 110** 3
– mit Kaufoptionen **§ 108** 15
Lebenspartnerschaft § 40 5
Lebensversicherung § 103 41; **§ 134** 26
– gemischte **§ 134** 29
Lebensversicherungsverträge § 103 23
– Gehaltsumwandlung **§ 103** 105
– widerrufliche Bezugsberechtigungen **§ 103** 104
Leistung einer mangelhaften Sache § 103 77
Leistung eines Vorschusses § 26 144
Leistungen an den Schuldner § 82
– Abtretung **§ 82** 10
– Banküberweisungen **§ 82** 27
– Bereicherungsanspruch **§ 82** 31
– Beweislast **§ 82** 18
– Genehmigung durch den Verwalter **§ 82** 8
– Gutglaubensschutz des Leistenden **§ 82** 14
– Leistung an Dritten **§ 82** 10
– Leistungsverpflichtung des Drittschuldners **§ 82** 24
– maßgeblicher Zeitpunkt **§ 82** 12
– nach Eröffnung des Insolvenzverfahrens **§ 82** 5
– Nachlassinsolvenzverfahren **§ 82** 15

– Rechtsfolgen **§ 82** 24
– Tilgungsbestimmung **§ 82** 31
– Zugriff des Insolvenzverwalters **§ 82** 25
– zur Erfüllung einer Verbindlichkeit **§ 82** 4
– Zurechnung des guten Glaubens **§ 82** 16
Leistungsklage § 143 70; **§ 245** 42
Leistungsverweigerungsrecht § 146 17
– Geschäftsführer **Anh. n. § 15a** 47
Leistungsverzug § 103 67
Liefergeschäfte § 104 58
Liquidation, doppelte § 199 4
Liquidationsbesteuerung § 155 752
Liquidationsgesellschaft § 11 42
Liquidationsgesichtspunkte § 151 15
– Liquidationsgeschwindigkeit **§ 151** 15
– Liquidationsintensität **§ 151** 15
– Wertberichtigungen **§ 151** 16
Liquidationsnetting § 104 2
– Bank- und wirtschaftliche Bedeutung **§ 104** 19
– bankaufsichtsrechtliche Konsequenzen **§ 104** 20
– Marktrisikosteuerungsfähigkeit des Vertragsgegners **§ 104** 5
– privatautonome Gestaltungsspielräume **§ 104** 18
– Zulässigkeit **§ 104** 4
Liquidationsplan § 220 11
Liquiditätsplan § 18 22; **§ 229** 15
– bei drohender Masseunzulänglichkeit **§ 208** 10
Liquiditätsplanung § 22 68
Liquiditätssicherung § 22 69
Lizenz- und Leasingverträge § 105 13
Lizenzverträge § 103 24
Lohnsteuer § 155 783
– Arbeitslosengeld **§ 155** 802
– Gewerbesteuer **§ 155** 806
– Insolvenzausfallgeld **§ 155** 802
– Insolvenzverfahren, des Arbeitgebers **§ 155** 791
– Insolvenzverfahren, des Arbeitnehmers **§ 155** 784
Lohnsteueranteil Anh. zu § 113 36
Löschung juristischer Personen § 207 48
Löschungsvormerkung § 106 2
Lösungsklauseln
– differenzierte **§ 119** 10
– Erlöschen von Fix- und Finanzierungsdienstleistungen **§ 119** 10
– insolvenzabhängige **§ 119** 5
– insolvenzunabhängige **§ 119** 8
– Zulässigkeit **§ 119** 4

M
Mahnbescheid § 146 10
Maklerverträge § 103 25
Markenregiste
– Eintragung eines Insolvenzvermerks **§ 32** 42
Marktpreisvolatilitäten § 104 6
Maßnahmen vor der Entscheidung, Berichtstermin § 158 1
Masse
– Bewertung der – **§ 151** 15

4131

Stichwortverzeichnis

– Freigabe aus der – § 22 58
Masseansprüche, Berichtigung § 206 1
Massearmes Verfahren § 20 4
Massearmut
– Anhörung der Beteiligten § 207 19
– Definition § 207 6
– Gläubigerversammlung § 207 19
– Neumasseschulden § 208 19
Masseerhaltungspflicht Anh. n. § 15a 7
Masseforderungen
– Vollstreckung des Finanzamtes § 155 602
Massegegenstände
– Benachrichtigung über die Verteilung **Art. 102c** § 13 EGInsO 1
Massegläubiger § 53 1; § 155 291; § 174 42; § 213 13; § 217 66; § 294 30
– Aufrechnungsbefugnis § 96 22
– Ausschluss von Verteilung § 206
– Befriedigung der § 209 1
– Voraussetzungen für Ausschluss bei Verteilung § 206 2
Massekostenarmut § 207 37
Massekostendeckung § 26 1
Masselose Verfahren, Verfahrenskostenvorschuss § 14 29
Massemehrung § 22 50
Masseminderung
– erhebliche § 61 12
Massenentlassung vor § 113 39
– Massenentlassungsanzeige § 125 33
Masseschutzerwägungen § 104 11
Masseunzulängliches Insolvenzverfahren
– Einstellung mangels Masse § 289 7
– Mindestanforderungen § 289 6
– Restschuldbefreiung § 289 1
– Voraussetzungen der Restschuldbefreiung § 289 8
Masseunzulänglichkeit § 155 606; § 292 15
– Anzeige der – § 208 2
– Anzeige der – des Verwalters § 208 13
– Anzeigepflicht des Sachwalters § 285 1
– Beginn des Vollstreckungsverbots § 210 3
– Bekanntmachung der Anzeige der – § 208 15
– Definition § 208 4
– drohende § 208 5
– Fortsetzung des Verfahrens § 207 5
– Insolvenzplan bei § 210a
– Nachtragsverteilung § 211 17
– Pflichten des Insolvenzverwalters § 211 4
– Restschuldbefreiung § 210 13; § 211 30
– Teilungsmasse § 155 619
– und Sozialplan § 210 21
– Verfahrenskostenstundung § 208 2
– Vergütung **vor** § 1 InsVV 48
– Verwertung des Schuldnervermögens § 208 1
– Vollstreckungsverbot nach Anzeige der – § 210 1
– vorbeugende Anzeige § 208 12

Masseverbindlichkeiten § 22 29; § 53 1; § 55 43; § 174 62
– Altersteilzeitvertrag § 55 43
– Altmasseverbindlichkeiten § 209 13
– Arten § 53 10
– aus Altlasten § 55 24
– aus der Verwertung von Sicherheiten durch Sicherungsgläubiger § 55 27
– aus gegenseitigen Verträgen § 55 35
– Bedürfnis für Vollstreckungsschutz § 90 1
– bei Dienst- und Arbeitsverträgen § 55 42
– bei Haupt und Sekundärinsolvenzverfahren § 356 4; **Art. 34 EuInsVO** 21
– bei Miet- und Pachtverhältnissen § 55 39
– Berücksichtigung § 1 InsVV 38
– Dauerschuldverhältnisse § 209 31
– Fortführung eines Unternehmens während des Eröffnungsverfahrens § 90 5
– gegenseitige Verträge § 209 25
– Geltendmachung § 53 14
– Gläubigergleichbehandlung § 53 6
– Haftung, des Insolvenzverwalters § 53 17
– Haftung, des vorläufigen Insolvenzverwalters § 55 60
– Haftung, für – § 61 1
– Haftung, nach Beendigung des Insolvenzverfahrens § 53 19
– im Insolvenzverfahren des persönlich haftenden Gesellschafters § 53 13
– Kauf unter Eigentumsvorbehalt § 55 38
– Kosten des Insolvenzverfahrens § 54 1
– Nachlassinsolvenzverfahren § 53 11
– Neumasseverbindlichkeiten § 209 12
– nicht oktroyierte Masseforderungen § 90 2
– Nichterfüllung § 61 4
– oktroyierte Masseforderungen § 90 2
– Rangfolge § 53 5
– Rangordnung § 209 4
– Sicherstellung streitiger – § 211 16
– sonstige – § 55 1; § 208 6
– Sozialplan § 208 8
– Steuerforderungen § 55 13, 48
– übergegangene Ansprüche in Altverfahren § 55 62
– unechte § 22 125
– Vollstreckung § 53 14; § 90 5
– Vollstreckungsschutz nach den allgemeinen Vorschriften § 90 2
– vom starken vorläufigen Insolvenzverwalter begründete § 55 46
– vorläufiger Insolvenzverwalter § 90 5
– wegen ungerechtfertigter Bereicherung der Masse § 55 45
Masseverzeichnis
– Form § 151 14
– Rechtsmittel § 151 29
– Sanktionen bei Unterlassung § 151 30
– Unterlassen der Aufzeichnung § 151 26
Miet- und Pachtverhältnisse § 105 13; § 108

Stichwortverzeichnis

Miet- und Pachtverträge § 103 26
Mietkaufvertrag § 103 27
Mietkaution, Aussonderung § 47 53
Mietverhältnisse § 108 10
– partiarische § 108 11
Mietverträge
– über bewegliche Gegenstände § 103 90
– über bewegliche Sachen § 103 82
Mietzins § 108 38
Minderheitenschutz
– Erweiterung § 251 6
– Glaubhaftmachung der Schlechterstellung § 251 21
Minderjährige § 286 88; § 302 24
Mindestvergütung
– des Treuhänders § 303 13
Mischmietverhältnisse § 109 16
Missbrauchstatbestand § 290 14
Mitarbeitspflicht § 290 151
Miteigentum
– Bestimmung bei Vermischung § 47 14
– Pool § 47 15
Miteigentümer des Mietgegenstandes § 111 3
Miteigentumsanteil
– Veräußerung durch Insolvenzverwalter § 84 11
Mitgliedschaftsrechte § 104 63
Mitschuldner § 96 14
Mitteilung an Registerbehörden, Internationales Insolvenzrecht § 31 11
Mitteilung der Veräußerungsabsicht
– günstigere Verwertungsmöglichkeiten § 168 1
– Haftung § 168 12
– Hinweisrecht des Gläubigers § 168 5
– Mitteilungspflicht des Verwalters § 168 2
– Nachteilsausgleich § 168 12
– Selbsteintritt des Gläubigers § 168 8
Mittelbare Benachteiligung § 132 9
Mittelbare Zuwendung § 129 41; § 143 10
– Begriff § 129 40
Mitwirkungspflicht § 290 143
– Berechtigte § 97 8
– Gläubigerausschuss § 97 8
– Gläubigerversammlung § 97 8
– Insolvenzgericht § 97 8
– Insolvenzverwalter § 97 8
– Schuldner § 97 1
– Zweck § 97 1
MoMiG vor § 1 64; § 10 3, 15; § 15 1, 5, 49; § 15a 1; § 17 11; § 19 1, 29; § 39 45; § 44a 4, 14; § 110 11
– Kostentragungspflicht bei Pflichtverletzungen § 101 10
Motivationsrabatt § 292 22
– Auszahlung § 292 22
– Einkommensprüfung § 292 24
– Normzweck § 292 22
– Raten § 292 25
– Rechtsanwaltskosten § 292 24

– Umfang § 292 22
– Verfahrenskosten § 292 23
– Vergleichsbetrag § 292 25
Mündliche Verhandlung § 5 57
Mutterschutz § 113 71

N
Nachbesicherungsansprüche § 130 34
– Wohnungseigentum § 106 24
Nacherben
– Schutz gegen Verfügungen des Insolvenzverwalters § 83 21
– Schutz, gegen Verfügungen des Vorerben § 83 20
Nachhaftung § 301 58; § 302 1
– des Schuldners § 201 5
Nachkündigung § 113 34
Nachlassforderungen, Aufrechnung minderberechtigter Insolvenzforderungen gegen ~ § 327 13
Nachlassinsolvenz vor § 315 8
– anfechtbare Rechtshandlungen des Erben § 322
– Anfechtungsprozess § 328 3
– Anfechtungsrecht § 328 4
– Ansprüche des Erben § 326
– Antragspflicht § 317 26
– Antragsrecht, bei Vor- und Nacherbschaft § 317 8
– Antragsrecht, der Nachlassgläubiger § 317 20
– Antragsrecht, des Erben § 317 3
– Antragsrecht, des Nachlassverwalters § 317 15
– Antragsrecht, des Testamentsvollstreckers § 317 18
– Aufwendungen des Erben § 324 4
– Ausschlagung der Erbschaft § 317 5
– Ausschluss der Legalzession § 326 8
– Beerdigungskosten § 324 12
– Begriffsbestimmung vor § 315 14
– bei Gütergemeinschaft § 331 19
– Bestimmung des Umfangs des Nachlasses vor § 315 22
– Doppelinsolvenz § 331 4
– drohende Zahlungsunfähigkeit § 320 19
– Einschränkung des Ausschlusses der Legalzession § 326 2
– Eintragung von Zwangs- und Arresthypotheken § 321 2
– Erbengemeinschaft § 324 11
– Erbenhaftung § 328 8
– Erbenhaftung nach Beendigung des ~verfahrens § 331 15
– Erblasser vor § 315 17
– Erbschaftskauf § 330 1
– Ersatzansprüche gegen den Erben § 328 6
– Erschöpfungseinrede des Schuldners § 331 18
– Fristbeginn § 319 3
– Gesamtinsolvenz § 331 5
– Gesamtinsolvenz des Erben § 331 4
– gesetzlich erworbene Pfandrechte § 321 6
– gleichzeitige Insolvenz des Erben § 331
– Grundzüge vor § 315 7

Stichwortverzeichnis

- Haftung des Erben bei Einstellung des -verfahrens § 331 17
- Haftungsbeschränkung bei Doppelinsolvenz § 331 7
- Haftungsverteilung vor § 315 37
- Insolvenzmasse § 320 26
- Kosten der Todeserklärung § 324 15
- Lebenspartnerschaft § 331 22; § 333 32
- Masseverbindlichkeiten § 324 1
- Nachlass vor § 315 18
- Nachlassspaltung vor § 315 20
- nachrangige Verbindlichkeiten § 327
- Nachtragsverteilung § 331 16
- örtliche Zuständigkeit § 315 1
- Pfändung § 321 2
- Rangverhältnis bei Massearmut § 324 24
- Schuldner vor § 315 29
- Schutz der Altgläubiger § 328 2
- Singularsukzession vor § 315 20
- Universalsukzession vor § 315 9
- Verbindlichkeiten aus vorgenommenen Rechtsgeschäften § 324 17
- Verweisungsantrag § 315 3
- Vor- und Nacherbschaft § 329 1
- Vorpfändung § 321 7
- Zulässigkeit der Eröffnung des Insolvenzverfahrens § 316 1
- Zurückbehaltungsrecht des Erben § 323 1
- zurückgewährte Gegenstände § 328
- Zuständigkeit § 315 1
- Zwangsverwaltung § 321 2
- Zwangsvollstreckung § 321 2
- Zwangsvollstreckung, nach Erbfall § 321

Nachlassinsolvenzverfahren § 11 39; § 14 26; § 246 4
- Antragsfrist § 319 2
- Antragsrecht bei Gesamtgut § 318
- Antragsrecht der vormals Ausgeschlossenen § 317 22
- Einmanngesellschafter § 316 13
- Erbengemeinschaft § 316 6
- Ermittlung der Zahlungsunfähigkeit § 320 8
- Eröffnungsgründe § 320 4
- Gläubigerbenachteiligung § 322 3
- Insolvenz des Erben § 317 14
- Lebenspartnerschaft § 318 6
- Schuldnereigenschaft des Erben § 320 3
- Sonderfälle § 317 23
- Teilung des Nachlasses § 316 5
- Verschollenheitsgesetz § 316 8
- Versterben des Schuldners nach Insolvenzantragstellung § 315 8
- Verwaltunsgbefugnis § 318 2
- Vorbehaltsgut § 318 4
- Zeitpunkt der Eröffnung § 316 7

Nachlassverbindlichkeiten
- Abgrenzung zwischen Nachlass- und Eigenschulden des Erben § 325 9

- Anmeldungs- und Prüfungspflicht § 327 2
- aus Auflagen § 327 7
- aus Vermächtnissen § 327 6
- Beerdigungskosten § 325 8
- Begriff § 325 3
- Erbersatzansprüche § 325 8
- Erbfallschulden § 325 6
- Erblasserschulden § 325 4
- Erbrechtsgleichstellungsgesetz § 327 10
- gegenüber Pflichtteilsberechtigten § 327 3
- Gleichstellung § 327 8
- Nachlasserbenschulden § 325 7
- Pflichtteilsrechte § 325 8
- Pflichtteilsvermächtnisse § 327 11
- Rangfolge § 327 1
- Rentenversprechen § 325 5
- Unterhaltsansprüche § 325 5, 8
- Versorgungsausgleich § 325 5
- Vorausvermächtnisse § 325 8

Nachrang von Neugläubigern
- Zweck § 265 1

Nachrangige Insolvenzforderungen
- Geldstrafen, Geldbußen, Ordnungsgelder, Zwangsgelder § 39 23
- Insolvenzplanverfahren § 39 102
- internationales Insolvenzrecht § 39 97
- Kosten § 39 101
- Kosten der Teilnahme am Insolvenzverfahren § 39 21
- Nachlassinsolvenzverfahren § 39 102
- unentgeltliche Leistungen des Schuldners § 39 26
- Vollstreckungsbeschränkung § 39 102
- Zinsansprüche auf Forderungen § 39 16
- Zinsen § 39 101

Nachrangige Insolvenzgläubiger § 217 65
- Begriffsbestimmung § 225 1
- Geltendmachung der Forderungen § 39 7
- Gruppen § 39 12
- Rechte der ~ § 225
- Stellung eines Insolvenzantrags § 39 9
- Stellung im Verfahren § 39 6, 8

Nachschussberechnung, vollstreckbare § 153 1

Nachteilsausgleich Anh. zu § 113 296

Nachträgliche Anmeldung § 302 41

Nachtragsverteilung § 3 19; § 187 17; § 190 17; § 191 7; § 196 4; § 197 21; § 200 8; § 206 9; § 207 39; § 211 13; § 301 64
- Anordnung der ~ § 203 21
- Auslandsvermögen § 203 14
- bei Massearmut § 203 31
- Bekanntmachung § 204 2
- frei gewordener Beträge § 203 9
- Genossenschaft § 196 20; § 203 37
- Kosten § 203 27
- nachträglich ermittelter Massegegenstände § 203 13
- öffentliche Bekanntmachung der ~ § 205 4
- Rechtskraft § 203 24

Stichwortverzeichnis

– Rechtsmittel § 204 1
– Schlussverzeichnis als Grundlage der § 205 3
– sofortige Beschwerde § 204 1
– Vergütung des Insolvenzverwalters § 205 9
– Versicherungsverein a.G. § 203 37
– Versicherungsverein auf Gegenseitigkeit § 196 21
– Vollzug der § 205 1
– Voraussetzungen § 203 3
– vorbehaltene § 197 28
– zurückbehaltener Beträge § 203 1
– zurückfließende Beträge § 203 11
Nachvertragliches Wettbewerbsverbot § 113 105
Nahestehende Personen § 138 4
– Ehegatte und Lebenspartner des Schuldners § 138 5
– gesellschaftsrechtlich § 138 11
– häusliche Gemeinschaft § 138 10
– sonstige § 138 19
– Verwandte § 138 8
Naturalobligation § 254 17
Natürliche Personen § 56 8; § 286 83
Nebenforderungen § 155 1102
Nebenintervention § 143 72
Negativatteste § 4 89
Negativerklärung
– Rechtsnatur § 35 38
Nettonichterfüllungsforderung
– Bedeutung § 104 14
– Beispiel § 104 13
Netzstationen § 108 10
Neuerwerb § 196 8; § 294 20, 28
– bei natürlichen Personen § 35 25, 81
– durch nicht natürlichen Personen § 35 28
– Freigabe § 35 81
– laufendes Einkommen § 35 26
– Probleme der Einbeziehung § 35 26
– Schlussverteilung § 35 27
Neuerwerb des Insolvenzschuldners § 155 296
Neugläubiger § 294 24
Neumasseschulden § 208 19
Neumasseverbindlichkeiten § 209 12
– Vollstreckung wegen § 210 9
Nicht Antragsberechtigte § 15 4
Nicht beschwerdefähige Entscheidungen § 6 27
Nicht nachrangige Insolvenzgläubiger § 217 64
Nicht oktroyierte Masseverbindlichkeiten § 90 8
– Dauerschuldverhältnisse § 90 10
– Dienstverhältnisse § 90 10
– Lieferverträge § 90 10
– Lohnforderung § 90 12
– Miet- und Pachtverhältnissen § 90 10
– Wartungsverträge § 90 10
Nicht verwertbare Gegenstände § 197 26
Nichtanmeldefähige Forderungen § 174 42
Nichterfüllungsforderung § 104 1, 82
– asymetrische Ausgestaltungen zulasten einer Vertragspartei § 104 124

– Aufwand unterbliebener Ersatzeindeckung § 104 87
– Berechnungsgrundlage für Ersatzgeschäft § 104 85
– Bestimmung § 104 113
– Bestimmung der Forderung § 104 83
– Ermittlung § 104 123
– Ersatzeindeckungsaufwand § 104 88
– rahmenvertragliche Vereinbarung § 104 93
– Rang einer dem Vertragspartner zustehenden § 104 131
– Saldierung zu einer Nettonichterfüllungsforderung § 104 12
Nichterfüllungsklauseln
– Begrenzung der Haftung § 104 127
– bonitätsbezogene Bewertungsfaktoren § 104 128
– Kündigungsrechte § 104 129
– walk away und one-way-Klauseln § 104 125
– Zuweisung einseitiger Bestimmungs- oder Berechnungsbefugnisse § 104 126
Nichtigkeitsklage § 184 10
Nichtzulassungsbeschwerde § 7 4
Normalverfahren
– Berechnung der Regelvergütung § 2 InsVV 20
– Mindestvergütung § 2 InsVV 31, 33
– Vergütungshöhe § 2 InsVV 2
Notgeschäftsführer § 14 36; § 15 6
Notgeschäftsführung § 118 5
Nutzungen § 143 28
Nutzungsentschädigung § 109 27
Nutzungsüberlassung, eigenkapitalersetzende § 110 11

O

Obliegenheiten § 286 30, 102
– Auskunft erteilen § 296 76
– des Schuldners § 295 16
– eidesstattliche Versicherung § 296 79
– Erwerb von Todes wegen § 295 92
– keine Vorausübertragung § 295 105
– künftiges Erbrecht § 295 96
– persönliches Erscheinen § 296 74
– Sondervorteile § 295 154
– Unterrichtungen § 295 120
– verfahrensbezogene § 296 70
Obliegenheitsverletzung § 294 52; § 295 157; § 296 6, 8; § 300 60; § 303 10, 17
– Ausschluss der Heilung § 296 32
– beeinträchtigte Befriedigung § 296 20
– beeinträchtigte Gläubigerbefriedigung § 296 28
– Einzelfälle § 296 16
– Heilung der beeinträchtigten Gläubigerbefriedigung § 296 30
– Kausalzusammenhang § 296 20
– konkreter Verlust § 296 26
– Maßstäbe für beeinträchtigte Gläubigerbefriedigung § 296 34
– Verletzung der Anzeigepflicht § 296 27

4135

Stichwortverzeichnis

- verschuldete § 296 12
- Wesentlichkeitsgrenze § 296 33
- Zeitraum § 296 10

Obliegenheitsverstoß § 287 218; § 295 35
Obstruktionsverbot § 217 47; § 225a 28; § 251 20
- Anwendungskriterien § 245 40
- Beurteilungsmaßstab § 245 14
- ESUG § 245 4
- gesetzliche Änderungen § 245 45
- Kriterien § 245 18
- rechtlich-systematische Anknüpfung § 245 16
- Rechtsprechung § 245 47
- Rechtsvergleichung § 245 11
- Zweck § 245 6

Oder-Konto § 116 47
Offenlegung von Jahresabschlüssen § 155 247
- Verletzung der Offenlegungspflicht § 155 247

Öffentliche Bekanntmachung
- Aufhebung des Insolvenzverfahrens § 258 20

Öffentliche Bekanntmachungen § 9 1
- Anordnung § 9 43
- Anwendungsfälle § 9 7
- Auswirkungen auf die Einzelzustellung § 9 24
- Eröffnungsbeschluss § 30 17
- im Internet § 9 28
- in Gesamtvollstreckungsverfahren § 9 6
- Inhalt § 9 27
- Internationales Insolvenzrecht § 345; Art. 28 EuInsVO
- Internet § 9 2
- Kosten § 9 44
- nach der Konkurs- und Vergleichsordnung § 9 6
- Ort der Veröffentlichung § 9 25
- Veröffentlichungsorgan § 9 2
- Wirksamkeitszeitpunkt § 9 45
- Wirkungen § 9 10
- Wirkungen, Lauf von Rechtsmittelfristen § 9 18
- Zustellungsfiktion § 9 10

Operating-Leasing-Verträge § 108 13
Opt-Out-Modell Art. 64 EuInsVO 1
Optionales schriftliches Verfahren
- Folgen § 5 55

Optionsrecht § 108 15
Ordnungsgelder § 302 123
Ordnungsgemäßer Antrag § 14 11
Organhaftung Anh. n. § 15a
Organschaftliche Vertreter
- Aufsichtsratsmitglieder § 101 6
- faktische ~ § 101 6
- Geschäftsführer § 101 6
- Komplementäre § 101 6
- Liquidatoren § 101 6
- Unterhaltszahlungen aus der Masse § 101 17
- Vorstandsmitglieder § 101 6

Österreich vor § 286 28

P

P-Konto § 22 44

Pachtverhältnisse § 108 10
- partiarische § 108 11

Parteifähigkeit § 14 22
Partikularinsolvenz § 332 34
Partikularinsolvenzverfahren § 3 59; § 11 49; § 14 113
Partikularverfahren
- Antrag § 354 11
- Antragsberechtigte § 354 12
- Insolvenzgrund § 354 15
- Verfahrenskosten § 354 16
- Wirkungen § 354 17

Partnerschaftsgesellschaft
- persönliche Haftung der Gesellschafter § 93 25
- Sondermasse § 93 25

Passivprozess § 24 33
- Absonderungsstreit § 86 11
- Anwendungsbereich des § 86 InsO § 86 3
- Aufnahme § 86 1
- Aufnahme eines ~ § 180 8
- Aufnahmebefugnis des Gegners § 86 16
- Aufnahmebefugnis des Insolvenzverwalters § 86 16
- Aussonderungsstreit § 86 6
- sofortiges Anerkenntnis des Verwalters § 86 24
- Streit um Masseverbindlichkeiten § 86 14
- Teilungsmassestreitigkeiten § 86 1
- Unterlassungsklage § 86 8

Patente § 159 16
Patronatserklärung § 17 43
- harte vor § 269a 17

Pensionskassen § 47 44
- Insolvenzsicherung BetrAVG 87

Pensionsrückstellungen § 47 38
Pensionssicherungsverein § 13 10
Pensionszusagen
- Verzicht auf ~ § 155 1362

Personalabbau § 122 5
Personen- und verhaltensbedingte Kündigung vor § 113 31
Personengesellschaften, Insolvenz von ~ § 101 1
Personengesellschaftsrecht § 304 15
Personenstandsänderungen § 129 89
Persönliche Unbilligkeit vor § 304 18
Pfandrecht
- an einer Grundschuld § 106 2
- gesetzliches § 50 49

Pfändung § 80 68; § 299 22
Pfändungs- und Überweisungsbeschlüsse § 294 48
Pfändungsbeschluss § 6 125
Pfändungsfreibetrag § 296 27
Pfändungspfandrecht § 50 31
- Absonderung im Zuge der Rückgewinnungshilfe § 50 33
- Ausschluss der Insolvenzanfechtung § 50 36
- Entstehung § 50 32
- Erlöschen § 50 46
- Gegenstand des ~ § 50 37

Stichwortverzeichnis

– Kollisionsfälle § 50 43
– Vor- und Hauptpfändung § 50 35
– Zuordnung des Verwertungserlöses § 50 48
Pfändungsschutz
– abzutretende Forderungen § 287 244
– Altersvorsorge § 36 28
– Arbeitseinkommen § 36 12
– Ausnahmen § 36 66
– Austauschpfändung § 36 10
– Begünstigte § 287 240
– bei Altverfahren § 36 59
– Belange der Gläubiger § 287 229
– Einkünfte aus selbständiger Tätigkeit § 36 21
– Einkünfte aus Vermietung und Verpachtung § 36 23
– Existenzminimum eines natürlichen Schuldners § 36 62
– Forderungen § 36 49
– Hausrat § 36 69
– Höhe der Einnahmen § 287 225
– Höhe des unpfändbaren Betrags § 287 226
– Kontopfändungsschutz § 36 33
– körperliche Gegenstände § 36 8
– Lastschriftenwiderruf § 287 236
– Pfändungsfreigrenzen § 36 15
– private Versicherungsverträge § 287 239
– Restschuldbefreiungsverfahren § 287 225
– Sonderfälle § 36 26
– unpfändbare Sachen § 36 68
– Vermögensrechte § 36 54
– Verzicht auf Pfändungsschutzbestimmungen § 36 65
– wirtschaftliche Verhältnisse des Schuldners § 287 228
– Witwenrentenabfindungsanspruch § 287 253
– Zuständigkeit des Insolvenzgerichts § 36 70
– Zuständigkeit in Altverfahren § 36 74
Pfändungsschutz, erweiterter
– besondere persönliche Bedürfnisse § 287 214
Pfändungsschutz, gesetzliche Unterhaltspflichten § 36 41
Pfändungsschutzbestimmungen
– Überblick über ~ § 36 6
Pfändungsschutzkonto (P-Konto) § 36 33; § 116 9, 21
– Basispfändungsschutz § 287 234
– Umwandlung eines Girokontos in ein ~ § 36 44
Pfändungsvorrecht § 294 26
Pflicht zur Eigenprüfung, GmbH & Co. KG § 19 47
Pflichten aus dem Rückgewährschuldverhältnis, Verletzung § 109 40
Pflichten des Insolvenzverwalters § 80 35
Physical Delivery § 104 40
Planinitiativrecht
– beratende Mitwirkung § 218 50
– derivatives § 218 27
– derivatives, des vorläufigen Sachwalters § 218 32

– originäres § 218 33
Planüberwachung
– Aktenaufbewahrungspflicht § 269 7
– Anordnung § 259 17
– Anzeigepflicht des Insolvenzverwalters § 262
– Aufhebung § 268
– Aufhebungsbeschluss § 268 7
– Aufhebungsgrund § 268 2
– Auskunftsrechte gegenüber Dritten § 262 12
– Bekanntmachung § 267 1
– Haftungsrisiken § 262 10
– Höchstdauer § 268 3
– Kontrollmaßnahmen § 262 9
– Kontrollumfang § 262 6
– Kosten § 269
– Kostenarten § 269 3
– Kostentragungspflicht § 269 1
– Löschung des Überwachungsvermerks § 268 10
– öffentliche Bekanntmachung der Aufhebung § 268 9
– Rechtsfolgen bei Verstoß gegen Zustimmungsgebot § 263 4
– Registereintragung § 267 4
– Überwachungsvermerk § 267 5
– Vermeidung von Haftungsrisiken § 262 11
– Wirkungen der Aufhebung § 268 8
– Zeitpunkt des Kostenersatzes § 269 5
– zustimmungsbedürftige Geschäfte § 263
– Zustimmungsvorbehalt § 263 4
Planung, schriftliche § 61 12
Pool § 47 15
– Insolvenzschuldner ist Miteigentümer § 47 18
Poolfinanzierungen § 108 22
Poolverwalter § 244 21
Positiverklärung § 35 44
Postsperre
– Anordnung einer ~ § 5 33
– Aufhebung § 99 34
– bei Eigenverwaltung § 99 7
– Beschluss § 99 30
– im vereinfachten Insolvenzverfahren § 99 7
– Insolvenz juristischer Personen § 99 19
– Personengesellschaften § 99 18
– Rechtsbehelf § 99 34
– sofortige Beschwerde § 99 30
Praktische Konkordanz § 286 26
Pre-Packaging § 284 4
Private Krankenversicherung § 103 58
Privilegierung der Forderung § 302 94
Prokuristen § 108 27
Prolongation § 264 6
Protesterhebung § 137 4
Protestfrist § 137 4
Provisionen Anh. zu § 113 136
Provisionsansprüche eines Handelsvertreters § 116 40
Prozessfähigkeit
– des Antragsgegners § 14 33

Stichwortverzeichnis

– des Antragstellers § 14 33
Prozessfinanzierung, gegen Erfolgsbeteiligung
§ 26 67
Prozessführungsbefugnis § 207 46
– Verlust der – § 259 26
Prozesshandlungen § 129 32
– Anerkenntnis § 129 32
– Klage- und Rechtsmittelrücknahme § 129 32
– Nichtbestreiten von Tatsachen § 129 32
– Unterlassung eines Widerspruches § 129 32
– Zuständigkeitsbegründung § 129 32
Prozesskosten § 60 19
Prozesskostenbeihilfe § 143 74
Prozesskostenhilfe vor § 4 1; § 80 57; § 146 9; § 298 6
– Ausschluss bei Massearmut § 26 56
– Bewilligung § 13 227
– Einzelheiten und Wirkung der Bewilligung § 13 238
– hinreichende Erfolgsaussicht § 310 14
– in Neuverfahren § 24 49
– Insolvenzverwalter § 13 230
– Rechtsbehelfe § 13 260
– Schuldnerantrag § 13 252
– verfahrensmäßiger Ablauf § 13 248
– Voraussetzungen bei Gläubigerantrag § 13 232
– vorläufiger Insolvenzverwalter § 13 231
Prozesskostenhilfe für den Insolvenzverwalter
§ 26 46
– Beteiligung, wirtschaftliche § 26 58
– Bewilligung § 26 51
– Erfolgsaussicht § 26 65
– für den starken vorläufigen Insolvenzverwalter § 26 49
– Haftung für nicht erfasste Kosten § 26 73
– mangelnde Aufbringung der Kosten § 26 54
– Mutwilligkeit § 26 66
– Prüfung des Insolvenzgerichts § 26 51
– Unzumutbarkeit § 26 58; § 52 1
– Unzumutbarkeit der Kostenaufbringung für die wirtschaftlich Beteiligten § 26 57
– verfahrensmäßiger Ablauf § 26 68
– Wirkungen § 26 69
Prozesskostenhilfeantrag § 26 70
– Beschwerdefrist § 6 83
Prozesskostenvorschuss § 4a 11
– Auskunft des Schuldners § 4a 53
– Ehegatte § 4a 12
– Kinder § 4a 14
– Lebenspartner § 4a 12
Prüfung nachrangiger Forderungen § 177 25
Prüfung von Jahresabschlüssen § 155 242
Prüfungstermin § 176 2; § 177 2, 19; § 187 2
– Aufgaben des Verwalters § 176 5
– Berichtstermin § 176 2
– besonderer – § 177 8
– Bestreiten § 176 9
– Bestreiten, durch Insolvenzgläubiger § 176 15

– Bevollmächtigung § 176 12
– Eigenverwalter § 176 16
– Eröffnungsbeschluss § 176 2
– Feststellung bestrittener Forderungen § 29 4
– Feststellungsverfahren § 176 11
– Gläubigerversammlung § 176 2
– Insolvenzgericht § 176 2
– Insolvenzverwalter § 176 5
– Kosten § 177 29
– Prüfung der Forderungen § 29 7; § 177 4
– Qualifizierung der Forderung § 174 33
– schriftliches Verfahren § 176 28
– Teilnahme des Schuldners § 186 1
– Teilnahmeberechtigung § 176 4
– Teilnahmepflicht § 176 4
– unerlaubte Handlung § 176 19
– unverschuldete Säumnis des Schuldners § 186 4
– Vertagung § 176 21
– Verteilungsverzeichnis § 176 3
– Vertretung § 176 5
– Vollstreckungstitel § 176 3
– vorläufiges Bestreiten § 176 21
– Widerspruch § 176 11; § 177 19
– Widerspruchsrecht § 176 9; § 177 5
– Wiedereinsetzung § 176 6
– zwangsweise Vorführung des Schuldners § 186 1
– Zweck § 176 3

Q
Quasi-streitiges Parteiverfahren § 5 2
Quotenaussicht § 182 10
Quotenschaden § 92 18

R
Rahmenvereinbarungen zwischen BA und Personal-Service-agenturen § 103 28
Rahmenvertrag
– cross product § 104 94
– vertragliches Liquidationsnetting § 104 97
– Warenfix- und Finanzleistungsgeschäfte § 104 93
Rangrücktritt
– Inhalt der Rangrücktrittserklärung § 19 31
– qualifizierter § 19 29, 30
Rechnungsabgrenzungsposten § 155 109
– Änderungen durch BilMoG § 155 112
Rechnungslegung § 21 223; § 34 69; § 292 40
– Adressat der – § 21 224
– Anwendungsbereich § 21 226
– Befreiung von der Inventarpflicht § 151 1
– funktionelle Prüfungszuständigkeit § 21 225
– Umfang § 21 235
– Verfahren § 21 241
Rechnungslegungspflichten bei Massearmut
§ 155 257
Recht auf informationelle Selbstbestimmung
§ 4 58
Rechte und Pflichten des Insolvenzverwalters
– Auskunftspflichten § 80 30

Stichwortverzeichnis

- Inbesitznahme und Sicherung der Insolvenzmasse § 80 28
- öffentlich-rechtliche § 80 41
- steuerliche § 80 40
- Strafantragsrecht § 80 43
- Verwertung der Insolvenzmasse § 80 29

Rechtlich Betreute § 286 88
Rechtliches Gehör § 4 61; § 5 58; § 297 21; § 303 39
Rechtsanwaltskosten § 13 219
- Rechtsbehelfe § 13 224

Rechtsaufsicht § 58 5
Rechtsbehelf § 3 48; § 20 46
- gegen nachträgliches Opt-In beim Gruppenkoordinationsverfahren Art. 102c § 25 EGInsO 1
- zur Einhaltung der Zusicherung Art. 102c § 21 EGInsO 1

Rechtsbeschwerde § 7 3
- Angabe der Beschwerdegründe § 7 43
- Anschlussrechtsbeschwerde § 7 35
- Ausschluss § 7 23
- Begründetheit der - § 7 49
- beschwert § 7 27
- Darlegung der Zulässigkeitsvoraussetzungen des § 574 Abs. 2 ZPO § 7 9
  - Fortbildung des Rechts § 7 14
  - grundsätzliche Bedeutung der Rechtssache § 7 13
  - Sicherung einer einheitlichen Rechtsprechung § 7 16
  - Verhältnis der Zulässigkeitsgründe untereinander § 7 12
- Form § 7 36
- Frist § 7 34
- gegen Entscheidung des Beschwerdegerichts § 6 106
- Rechtsbeschwerdeanträge § 7 41
- Statthaftigkeit § 7 6
- Tatsachenfeststellung des Beschwerdegerichts § 7 53
- Tatsachenfeststellung des Beschwerdegerichts, Verletzung sonstiger Vorschriften § 7 58
- Umfang der Bindungswirkung § 7 76
- Verfahren § 7 24
- Verfahren vor dem Rechtsbeschwerdegericht § 7 59
- Verfahren vor dem Rechtsbeschwerdegericht, Entscheidungsmöglichkeiten § 7 70
- Zulassung § 6 89; § 7 6
- Zulassungsgründe § 7 9

Rechtsgeschäft des Schuldners, anfechtbares § 132 5
Rechtsgeschäft, vorgenommenes § 132 5
Rechtsgeschäfte
- Abfindungsvereinbarungen § 129 29
- Arbeitsverträge § 129 29
- Darlehensverträge § 129 29
- rechtsgeschäftliche Verfügungen § 129 30
- schuldrechtliche Verträge § 129 29

Rechtshandlungen
- anfechtbare § 130 13
- Anfechtung § 129 21
- Aufgabe einer Firma § 129 22
- Ausschluss aus einer BGB-Gesellschaft § 129 22
- Begriff § 129 21
- Betriebsaufspaltung § 129 22
- des Schuldners § 133 7
- eines Vertreters § 129 22
- Herbeiführung einer Aufrechnungslage § 129 22
- Lastschrift § 129 31
- Scheidungsantrag § 129 22
- Übertragung des Teilnahmerechts § 129 22
- Unternehmensveräußerung § 129 31
- Zeitpunkt, der Rechtswirkung § 140 3
- Zeitpunkt, der Vornahme § 140

Rechtshilfe § 5 40
Rechtsinhaber § 174 38
Rechtskraft
- formelle § 7 78
- materielle § 7 82

Rechtskraftwirkung § 303 5
Rechtsmittel § 57 17
- Erinnerung § 4d 21
- gegen Ablehnung der Eröffnung des Insolvenzverfahrens § 34
- gegen Anzeige der Masseunzulänglichkeit § 208 31
- gegen die Eröffnung eines Sekundärinsolvenzverfahren Art. 102c § 20 EGInsO
- gegen Einstellung des Verfahrens § 216 1
- gegen Kostenentscheidung beim Gruppen-Koordinationsverfahren Art. 102c § 26 EGInsO 1
- gegen Zwangsvollstreckung § 148 32
- Gegenvorstellung § 4d 19
- Gehörsrüge § 4d 18
- Gläubiger § 57 18
- Gläubigerausschuss § 57 18
- Insolvenzplanverfahren § 253
- nach Art. 5 der Verordnung (EU) 2015/848 Art. 102c § 4 EGInsO 2
- Verfahrenskostenstundung § 4d 1
- Verfassungsbeschwerde § 4d 20

Rechtsnachfolger, Verhältnis zwischen ~ und Rechtsvorgänger § 145 24
Rechtspachtverhältnisse § 112 5
Rechtspachtverträge § 108 21
Rechtspfleger § 294 47
- Entscheidungen § 6 120
- Erinnerung, Abhilfe § 6 112
- Frist § 6 100
- Kompetenzüberschreitung § 2 55
- Rechtsbehelf § 6 94
- Richterentscheidung § 6 114

4139

Stichwortverzeichnis

- sofortige Beschwerde § 6 102
- sofortige Erinnerung § 6 111
- Zulässigkeitsvoraussetzungen § 6 94
- Zuständigkeit bei Eröffnungsbeschluss § 30 3

Rechtspflegerentscheidung
- Abhilfe § 6 121
- Abhilfeverfahren § 6 102
- außerhalb der InsO § 6 120
- Erinnerung § 6 107
- Rechtsbehelf § 6 108
- Wiedereinsetzungsantrag § 6 107

Rechtspflegererinnerung § 294 47

Rechtsschutzbedürfnis
- Restschuldbefreiungsantrag § 287 78

Rechtsstellung des Insolvenzverwalters § 80 11
- Amtstheorie § 80 14
- Organtheorie § 80 13
- Theorie vom neutralen Handeln § 80 15
- Vertretertheorie § 80 12

Rechtsstellung des Schuldners nach Verfahrenseröffnung
- Beschränkungen über die Vermögenssphäre hinaus § 80 24
- Bindungswirkung an Handlungen des Insolvenzverwalters § 80 19
- Kaufmannseigenschaft des Schuldners § 80 22
- Rechte des Schuldners § 80 20
- Verlust der Verwaltungs- und Verfügungsbefugnis § 80 16

Rechtsstellung des Verfahrenskoordinators
- Aufsicht durch Koordinationsgericht § 269f 26
- Bestellung des ~ § 269f 25
- Entlassung des ~ § 269f 27
- Haftung des ~ § 269f 28
- Haftung, Anspruchsberechtigte § 269f 29
- Haftung, Prüfungsmaßstab § 269f 30
- Vergütungsanspruch § 269f 33

Rechtsstreit über Gesellschafterhaftung
- Aufnahme § 93 55
- Finanzbehörde § 93 55
- Haftungsbescheid § 93 55
- Klageantrag § 93 55
- Titelumschreibung § 93 55
- Unterbrechung § 93 55

Redlichkeit § 290 5
Redlichkeitsvermutung § 290 9
Reederei, Haftung der Mitreeder § 93 26
Reform des Entschuldungsverfahrens § 286 43
Regelungsabreden, Kündigung und Nachwirkung § 120 6
Register für Schiffe und Luftfahrzeuge, Eintragung eines Insolvenzvermerks § 33
Registergeschäfte, Wirksamwerden § 140 12
Reisekosten § 4 InsVV 17
Reiseverträge § 103 29
Residenzpflicht § 21 388
Restitutionsklage § 178 23; § 184 10

Restschuldbefreiung § 11 7; § 155 622, 637; § 174 29; § 197 5; § 201 21; § 210 13; § 227 2; § 286 3, 131
- Absehen von ~ § 287 113
- Absonderungsrechte § 301 48
- Abtretung der pfändbaren Bezüge § 287 6
- Abtretungserklärung § 287 1, 118
- Abtretungserklärung, als besondere Prozessvoraussetzung § 287 118
- Abtretungserklärung, als Prozesshandlung § 287 132
- Abtretungsschutz § 287 179
- Abtretungsvertrag § 287 126
- abzutretende Forderungen § 287 148
- Angehörige § 286 92
- angemessene Erwerbstätigkeit § 295 25
- Anhörung § 297a 20
- Anhörung der Insolvenzgläubiger § 300 58
- Ankündigung § 290 240
- Annahmeerklärung § 287 129
- Antrag § 286 52, 109; § 300 45
- Antrag auf ~ § 26 6; § 197 30; § 305 27
- Antrag des Schuldners § 287 1
- antragsabhängiges Verfahren § 287 5
- Antragsfrist § 287 27; § 296 47
- Arbeitnehmererfindung ArbnErfG 46
- Arbeitslose § 286 85
- ausgenommene Forderungen § 302
- Auslandsbezug § 286 134
- Ausnahmetatbestand § 289 2, 4
- Ausschluss der ~ § 20 56
- Ausschluss von Rückgriffsansprüchen § 301 50
- Auszubildende § 286 85
- beeinträchtigte Gläubigerbefriedigung § 303 17
- Befriedigung sämtlicher Verbindlichkeiten § 300 19
- befristete Erinnerung § 287 243
- Bekanntmachung § 300 77
- Belehrung § 287 27
- beschränkt Geschäftsfähige § 286 88
- Bestimmung der Verbindlichkeiten § 300 31
- betroffene Verbindlichkeiten § 301 3
- bevorrechtigte Gläubiger § 286 130
- Bürge § 301 43
- Dauer der Abtretung für Altfälle § 287 264
- dingliche Sicherungsrechte § 301 46
- Einsicht in das Schuldnerverzeichnis § 303a 7
- Einstellung des Insolvenzverfahrens § 289 1
- Eintragung der Versagung in das Schuldnerverzeichnis § 303a 3
- Eintragung des Widerrufs in das Schuldnerverzeichnis § 303a 3
- Einzelkaufleute § 286 85
- Ende der Abtretungserklärung § 299 16
- Erteilung § 300 69
- fehlende Durchsetzbarkeit § 301 33
- Folgen § 301 2

Stichwortverzeichnis

- Forderungsabtretung § 287 118
- Form der Antragstellung § 287 1
- Freiberufler § 286 85
- fresh start § 286 4
- frühester Zeitpunkt § 300 10
- Gebühr § 303 46
- Geldleistungen § 287 246
- Geldstrafen § 301 17
- Geldstrafen und gleichgestellte Verbindlichkeiten § 302 1
- Geltungsgrund der Abtretung § 287 125
- Gesamtstrafenbildung § 290 53
- Geschäftsführer einer Gesellschaft § 286 85
- Geschäftsunfähige § 286 88
- Gesetz zur Verkürzung des Restschuldbefreiungsverfahrens und zur Stärkung der Gläubigerrechte § 287 4
- Gestaltungsrechte § 301 17
- Glaubhaftmachung der Versagungsgründe § 297a 18
- Glaubhaftmachung der Voraussetzungen § 300 54
- Gläubigerantrag § 287 15
- Gläubigerautonomie § 286 40
- Gläubigerbefriedigung § 286 26
- gleichgestellte Forderungen § 287 244
- Hausfrauen § 286 85
- Herausgabeanspruch § 300a 12
- Herkunftsnachweis der Mittel § 300 36
- Hinweispflicht § 287 1
- im Konkurs- und Gesamtvollstreckungsverfahren § 286 131
- Inhalts- und Schrankenbestimmung des Eigentums § 286 19
- Insolvenzantrag § 287 21
- Insolvenzeröffnungsantrag ohne Restschuldbefreiungsantrag § 287 31
- Insolvenzfähigkeit § 286 88
- Insolvenzgläubiger § 301 3
- insolvenzrechtliche Haftungs- und materielle Leistungsgrenzen § 286 81
- Insolvenzstraftaten § 290 35
- Insolvenzverfahren auf Gläubigerantrag § 287 19
- insolvenzverfahrensrechtliches Institut § 286 42
- kontradiktorisches Verfahren § 296 43
- Kosten § 290 290; § 300 78; § 300a 28
- Kostenberechnung § 300 28
- Landwirte § 286 85
- Laufzeit der Abtretungserklärung § 299 3
- Leistung trotz Restschuldbefreiung § 301 56
- Löschung der Eintragung der Versagung § 303a 8
- Massegläubiger § 286 130
- Masseunzulänglichkeit § 211 30
- Masseverbindlichkeiten § 300 27
- Massezugehörigkeit von Neuerwerb § 300a 7
- materiell- und verfahrensrechtliches Institut § 286 1
- materielle Veränderung der Schuld § 286 78
- materiellrechtliche Folge § 286 7
- materiellrechtliche Theorie der Abtretung § 287 126
- Minderjährige § 286 88; § 302 24
- Mitschuldner § 301 43
- nachträglich bekanntgewordene Insolvenzstraftat § 303 22
- nachträgliche Geltendmachung einer Insolvenzstraftat § 303 23
- nachträgliches Herausstellen von Versagungsgründen § 297a 11
- natürliche Person § 286 52, 83; § 287 23
- natürliche Personen § 286 10
- Neuerwerb nach Ende der Abtretungsfrist § 300a 1
- Neugläubiger § 286 130
- Obliegenheit zur Einleitung eines Insolvenz- und Restschuldbefreiungsverfahrens § 287 67
- Obliegenheitsverletzung § 286 73; § 303 1, 8
- Parteifähigkeit § 287 23
- Partikularinsolvenzverfahren § 20 56
- persönlich haftende Gesellschafter § 286 85
- persönliche Mithaftung § 301 42
- Pfändungsgrenzen § 287 198
- Pfändungsschutzvorschriften § 287 180
- Privilegierung § 302 16
- Rechtsfolgen vorzeitiger Versagung § 299 15
- Rechtsmittel § 300 73
- Rechtsschutzbedürfnis § 287 75
- Rentner § 286 85
- Rückausnahme bei Verwalterhandlungen § 300a 10
- Rückgriffsausschluss § 301 54
- Rücknahme des Antrags § 286 47
- Sachentscheidungsvoraussetzung § 287 15
- Sachhaftung § 301 42
- Schuldnerantrag § 287 15
- Schuldnerautonomie § 286 40
- selbständiger Schuldner § 287 121
- Sicherungsrechte § 301 17, 42
- sofortige § 300 8
- sofortige Beschwerde § 287 243
- Sozialleistungsempfänger § 286 85
- Steuerforderungen § 302 109
- Straf- oder Untersuchungshäftlinge § 286 91
- Strafgefangene § 287 165
- Studierende § 286 85
- subjektives Recht § 286 7
- subjektives Recht § 303 2
- Tod des Schuldners § 286 94
- Umfang insolvenzfreien Vermögens § 300a 8
- unerlaubte Handlung § 302 18
- Unterhaltsansprüche § 301 10
- Unterlassungsansprüche § 301 17
- unvollkommene Verbindlichkeiten § 301 22
- unzutreffende Angaben § 290 56
- Verbindlichkeiten aus vorsätzlich begangenen unerlaubten Handlungen § 302 16

4141

Stichwortverzeichnis

- verfahrensbezogene Versagungsgründe § 297a 6
- Verfahrenskosten § 300 27
- Verfahren zur Erteilung § 300 40
- Vergütung des Insolvenzverwalters § 300a 15
- Verkürzung auf drei Jahre § 300 23
- Verkürzung auf fünf Jahre § 300 39
- Verkürzung der Abtretungsfrist § 300 3
- Verletzung der Erwerbsobliegenheit § 290 197
- Verletzung von Auskunfts- und Mitwirkungspflichten § 303 28
- Verlust der Erwerbstätigkeit § 295 33
- Vermögensansprüche § 301 6
- Versagung § 299 1; § 300 59
- Versagung auf Antrag des Treuhänders § 298 7
- Versagungsantrag § 290 212; § 296 36; § 297a 16; § 298 9; § 300 1
- Versagungsgrund § 290 9, 10
- Versagungsgründe § 296 66; § 297a 5
- Versagungstatbestand § 297a 3
- Versagungsverfahren § 290 20, 207; § 297 17; § 297a 21
- Verteilungen § 300a 17
- Verzicht auf Antrag § 287 116
- Vorausabtretung § 287 152, 247
- vorzeitige § 300 2, 7
- vorzeitig erteilte § 300a 4
- vorzeitige Versagung § 299 4
- Wege zur ~ § 300 5
- Widerruf der Abtretungserklärung § 299 12
- Widerrufsentscheidung § 303 39
- Widerrufsfrist § 303 34
- Widerrufsverfahren § 303 1, 29
- Widerrufsverfahren, Zulässigkeit § 303 32
- Widerspruch gegen die Eintragung der Versagung in das Schuldnerverzeichnis § 303a 9
- Wiederaufnahmeverfahren § 303 10
- Wirkung § 301 1
- Zeitpunkt der Versagung § 297a 8
- Zeitpunkt einer Insolvenzstraftat § 303 26
- Zinsansprüche § 301 15
- Zugang der Abtretungserklärung § 287 127
- Zulässigkeit des Versagungsantrags § 297 19
- Zulassungsverfahren § 287 9
- Zuständigkeit des Insolvenzgerichts § 287 242
- Zwangsvollstreckungsverbot § 300a 14
- zweistufiges Schuldbefreiungsverfahren § 300 4

Restschuldbefreiungsantrag § 287 20, 30
- Abtretungserklärung § 287 48
- Antragsfrist § 287 27
- Belehrung § 287 43
- elektronische Übermittlungsformen § 287 23
- Erklärungslast § 287 58
- erneute Antragstellung § 287 29
- Folgen fehlender oder unzutreffender Erklärungen bzw. Versicherungen § 287 62
- Form § 287 21
- Frist zur Stellung eines ~ § 20 67
- Fristen § 287 46
- gerichtliche Hinweispflicht § 287 43
- Prozesshandlung § 287 104
- Rechtsfolgen § 287 51
- Rücknahme § 287 29, 104
- Sperrfristrechtsprechung in Altverfahren § 287 79
- Versicherungslast § 287 61
- Zeitpunkt der Belehrung § 287 45
- Zulässigkeit eines zweiten Insolvenzverfahrens § 287 97

Restschuldbefreiungstourismus § 3 36
Restschuldbefreiungsverfahren § 11 39; § 184 9; § 207 47; § 213 23
- analoge Anwendung von § 299 § 299 10
- Antragsvoraussetzungen § 287 11
- Aufrechnungsbefugnis § 294 67
- Aufrechnungsschranken § 294 79
- Ausschüttungen in der Wohlverhaltensphase § 211 34
- Beschränkung der Gläubigerrechte § 299 19
- Dauerrechtsverhältnis § 286 73
- dynamisches Verfahren § 286 70
- Erben § 286 100
- Erwerbsobliegenheit § 295 20
- Erwerbsobliegenheit des Schuldners § 287b 1
- förmliches Restschuldbefreiungsverfahren § 286 65
- Formularzwang § 305 81
- freiwillige Gerichtsbarkeit § 286 36
- Gebühren § 286 121; § 287a 93
- Gegenstandswert § 286 121; § 287a 93; § 290 290; § 297 27; § 300a 28
- gerichtliche Ankündigung der Versagung § 299 10
- gesetzliche Beendigungsgründe § 299 7
- Glaubhaftmachung der Versagung § 296 61
- Gläubigergleichbehandlung § 294 62
- Haftungsmasse § 294 62
- Haftungsverwirklichung § 295 2
- Hauptverfahren § 286 65
- Insolvenzverfahren § 286 54
- Internationales Insolvenzrecht § 355
- Kosten § 286 121; § 287a 93
- Kostenentscheidung § 299 24
- Mitwirkung des Schuldners § 295 1
- Nachlassinsolvenzverfahren § 286 98
- nachträglich bekannt gewordene Versagungsgründe § 297a 1
- Neugläubiger § 294 25
- Obliegenheiten § 286 102
- Obliegenheitsverletzung § 294 62
- Prozessfähigkeit § 287 23
- rechtliches Gehör § 287 122
- Rechtspfleger § 286 124
- Rechtsschutzbedürfnis § 287 75
- Regel-Ausnahme-Verhältnis § 295 7
- selbständiges Verfahren § 286 52
- Sonderleistungen § 294 5, 52
- Sondervorteile § 294 52, 60

Stichwortverzeichnis

- Streitgenossenschaft § 286 92, 111
- Tod des Schuldners § 299 9
- Treuhandperiode § 286 73
- Treuhandphase § 286 65; § 295 3
- Treuhandzeit § 286 65, 98
- Umbau des - § 289 3
- verfahrensbezogene Verhaltensanforderungen § 295 8
- Verfahrenskostenstundung § 286 113
- Verletzung der Obliegenheiten während der Treuhandphase § 296 3
- Versagung § 286 124
- Versagungsregeln § 295 4
- Versagungsregelung § 295 3
- Vertragshilfeverfahren § 286 38
- Vertretungsbefugnis in Altverfahren § 287 14
- Vertretungsbefugnis in Neuverfahren § 287 13
- Vollstreckungstitel § 299 20
- Vollstreckungsverbot § 294 10
- vorzeitige Beendigung des § 286 99
- vorzeitigeBeendigung § 299 1, 7
- Zugangsverfahren § 286 97
- Zulassungsverfahren § 286 56
- Zustimmungsersetzung § 290 24
- Zwangsvergleich § 286 39
- Zwangsvollstreckung § 294 12
- Zwangsvollstreckungsverbot § 294 9
- zwei Verfahrensteile § 286 56

Retention-Prämie Anh. zu § 113 161
Richter, Zuständigkeit bei Eröffnungsbeschluss § 30 3
Rom-I-VO § 337 6
Rückabwicklungsschuldverhältnisse § 103 30
Rückdeckungsversicherung § 47 43
Rückforderungen § 209 50
Rückgewähr
- Anspruch des Anfechtungsgegners § 144 4
- Umfang der - § 143 34
- Umfang der -, und Inhalt des Schadenersatzanspruchs § 143 25
- Unmöglichkeit § 143 19
- Verschlechterung § 143 19
- Verschulden bei Unmöglichkeit der - § 143 24

Rückgewähranspruch § 129 44
- als Schuldverhältnis § 143 37

Rückgewährpflicht
- Aufhebung von Rechten § 143 11
- Begründung von Rechten § 143 5
- Inhalt § 143 3
- Inhalt des Anspruchs § 143 4
- Sekundäransprüche § 143 18
- Umfang § 143 3, 16

Rückgewährschuldner § 143 53
Rückgewährschuldverhältnis § 109 39
Rückgewinnungshilfe § 50 33
Rückgriffsansprüche
- Ausschluss von- § 301 50

Rückgriffsforderung
- Widerspruch § 44 6

Rücklage nach § 7g Abs. 3 EStG § 155 1358
Rücknahme der Anmeldung § 178 24
Rückschlagsperre § 131 36; § 306 21
- Absonderungsberechtigte § 88 7
- Arrestpfandrecht § 88 17
- Aussonderungsberechtigte § 88 7
- Befriedigung durch Vollstreckungsmaßnahmen § 88 16
- betroffene Zwangsvollstreckungsmaßnahmen § 88 12
- betroffenes Vermögen § 88 9
- Dreimonatsfrist § 88 21
- Dreimonatsfrist im Verbraucherinsolvenzverfahren § 88 25
- Durchsetzung § 88 32
- Eigenverwaltung § 88 5
- Einmonatsfrist § 88 21
- einstweilige Verfügung § 88 13
- Erwerbszeitpunkt § 88 29
- freiwillig gewährte Sicherungen § 88 12
- Fristbeginn § 88 21
- Fristberechnung § 88 21
- Insolvenzgläubiger § 88 6
- materielle Frist § 88 19
- mithaftende Dritte § 88 10
- Pfändungspfandrecht § 88 17; § 306 21
- Rechtsbehelfe § 88 32
- Rechtsfolgen § 88 30
- Rückschlagsperrfrist § 88 5, 29
- Sonderinsolvenzverfahren § 88 10
- Sperrfrist § 88 20
- Stellung des Insolvenzantrags § 88 24
- unmittelbare Gläubigerbefriedigung § 88 16
- Unwirksamkeit der Sicherung § 88 30
- Verbraucherinsolvenzverfahren § 88 5
- Voraussetzungen § 88 6
- Vorpfändung § 88 29
- Wirkung auf Gläubigerforderung § 88 4
- Zugriff auf Vermögen des Schuldners § 88 10
- Zuständigkeit § 88 33
- Zustellung an den Drittschuldner § 88 29
- Zwangsdeckung § 88 18
- Zwangshypothek § 88 17

Rückstellungen § 19 22; § 155 99, 1357
Rücktrittserklärung § 107 18
Rücktrittsrecht § 109 29
- Untergang § 109 38

Rücktrittssperre § 107 19
Rückübereignungsanspruch § 106 8
Rückwirkung der Kündigungssperre § 112 14
- Zahlungsverzug § 112 14

Ruhegeld § 134 21
Ruhen des Verfahrens § 14 55
- Gläubigerantrag § 306 7
- Schuldenbereinigungsplanverfahren § 306 7
- Zulässigkeit § 306 8

4143

Stichwortverzeichnis

S

Sachverständigenvergütung, Rechtsbehelfe
§ 13 224

Sachverständiger § 56 2
- Ablehnung wegen Besorgnis der Befangenheit § 22 157
- Auskünfte über die Vermögenslage des Schuldners einholen § 22 164
- Auskunftserteilung § 22 156
- Gutachten § 22 169
- Haftung § 22 160
- isolierter ~ § 22 161
- Stellung des ~ § 22 152
- Vergütung des ~ § 22 174
- Vergütungshöhe § 11 InsVV 114

Sachwalter § 56 2; § 57 6
- Anhörung des vorläufigen Gläubigerausschusses zur Bestellung § 270c 2
- Aufhebung des Amtes § 275 37
- Aufsicht § 274 18
- Aufsicht des Insolvenzgerichts § 276a 14
- Aufsichtsinhalt § 274 19
- Auswahl des vorläufigen ~ § 270b 6
- Beginn und Ende der Pflichtenbindung § 274 57
- Begriff § 270c 6
- Bestellung § 270c 6; § 271 6, 13; § 274 8
- Entlassung aus dem Amt § 274 21
- Grundpflichten § 274 54
- Haftung § 274 25
- Haftung, bei Verletzung der Unterrichtungspflicht § 274 75
- Haftung, bei Zustimmungsanordnung § 277 13
- Kassenführungsrecht § 275 19
- Neubestellung durch Gläubigerversammlung § 274 13
- persönliche Eignung § 274 9
- Pflichten § 274 74; § 275 34
- Planüberwachung § 261 4
- Prüfung der wirtschaftlichen Lage des Schuldners § 274 58
- Rechtsfolgen der Anordnung der Sachwalterzustimmung § 277 2, 8
- Rechtsstellung § 270c 6
- Rechtsstellung § 274 1
- Rechtsstellung, des kassenführenden ~ im Außenverhältnis § 275 26
- Rechtsstellung, des kassenführenden ~ im Innenverhältnis § 275 28
- Sorgfaltsmaßstab § 274 31
- Sorgfaltsmaßstab, bei drohender Masseunzulänglichkeit § 274 35
- Sorgfaltsmaßstab, bei Einschaltung von Erfüllungsgehilfen § 274 32
- Überwachung der Geschäftsführung des Schuldners § 274 63
- Unterrichtungspflichten § 274 68
- Vergütung § 274 40
- Verjährung bei Pflichtverletzung § 274 38
- Verwertung von Sicherungsgut § 282 9
- vorläufiger § 21 260
- Widerspruchsmöglichkeit § 275 15
- Zustimmungserfordernis bei Eingehen von Verbindlichkeiten § 275 12

Sachwalterbestellung
- Unabhängigkeitsanforderung § 270b 34
- Ungeeignetheit § 270b 34

Sachwaltervergütung
- bei Einsatz besonderer Sachkunde § 274 48
- einzelfallbezogene Beurteilung § 274 46
- Geschäftsunkostenabgeltung § 274 47
- Regelsatzabweichungen § 274 45
- Regelsatzprinzip § 274 42
- Regelvergütung § 274 44
- Vorschussberechtigung § 274 50

Sachwalterzustimmung, Anordnung § 277 6

Sale-and-Lease-back § 107 13

Salvatorische Klauseln § 245 41; § 247 11

Sammelverwahrung § 116 56
- Einlösung von Schecks und Lastschriften § 116 58
- ungekündigter Kredit § 116 72
- Warnpflichten gegenüber dem Auftraggeber § 116 69

Sanierungseuphorie § 217 31

Sanierungsgewinne, ertragsteuerliche Behandlung § 155 1382

Sanierungskoordinationsplan
- GoP § 269h 33
- IDW S 6 § 269h 32
- Ziel § 269h 30

Sanierungsplanung § 220 69

Sanierungsprivileg § 225a 8

Säumniszuschläge § 155 1102

Schadenersatz
- bei insolvenzbedingter Kündigung § 109 25
- wegen Nichterfüllung § 106 5

Schadenersatzanspruch § 92 2; § 109 27; § 178 23; § 188 15
- Ausgleich von Vorteilen § 143 26
- bei unberechtigtem Insolvenzantrag § 13 303
- des Mieters bei insolvenzbedingter Kündigung § 111 12
- gegen Insolvenzverwalter § 192 8
- Gewinn § 143 25
- Massegläubiger gegen Verwalter § 206 12
- Scheckgutschrift § 143 27
- Stellung gleichwertiger Stücke § 143 25
- Wechselgeschäft § 143 27
- Werterhöhungen § 143 25
- Wertminderungen § 143 25
- Wiederbeschaffung § 143 25

Schadensersatz
- Verjährung § 62

Scheck § 104 65

Scheckzahlung § 82 49

Scheingeschäfte § 129 87

4144

Stichwortverzeichnis

Scheingewinne § 134 32
Schenkung
– gemischte § 134 15
– verdeckte § 134 14
– verschleierte § 134 14
Schiedsvertrag § 103 31, 63; § 160 18
Schlussanhörung § 290 237
Schlussbericht
– Prüfung des – § 197 2
Schlussbilanz
– des werbenden Unternehmens § 155 189
– handelsrechtliche § 155 238
Schlussrechnung § 207 21; § 211 6
– Abnahme der – § 197 1
– Erörterung der – § 197 10
Schlusstermin § 196 17
– Abnahme der Schlussrechnung § 211 15
– Bestimmung des – § 197 1
– Erörterung der Schlussrechnung § 197 5
– nicht verwertbare Gegenstände § 197 5
– Prüfung nachträglich angemeldeter Forderungen § 197 9
– Teilnahme des Insolvenzverwalters § 197 7
Schlussverteilung § 188 5; § 190 14; § 191 5; § 196 17; § 200 1; § 206 8
– anhängige Aktivprozesse § 196 7
– anteilige Herausgabe des Überschusses § 199 5
– Ausschüttung der Teilungsmasse § 196 1
– Berücksichtigung bestrittener Forderungen § 189 3
– nachträgliche Berücksichtigung § 192 1
– Nachtragsverteilung § 196 5
– Neuerwerb § 196 8
– Prüfung des Gerichts § 196 15
– Überschuss bei der – § 199 2
– unverwertbare Massegegenstände § 196 4
– Verwertung der Insolvenzmasse § 196 3
– Zustimmung des Gerichts § 196 15
– Zustimmung zur – § 197 2
Schlussverzeichnis § 196 10; § 205 3; § 211 11; § 292 15
– Einwendungen gegen – § 197 1, 15
– Einwendungen gegen –, mündliche im Schlusstermin § 197 17
– Niederlegung § 197 15
Schrankfachmietvertrag § 108 10; § 116 54
Schriftformzwang § 14 12
– Gläubigerantrag § 13 17
Schriftliches Verfahren § 5 45; § 29 10
Schuldbeitritt vor § 286 11
– Anwendbarkeit von § 93 InsO § 93 7
– Sittenwidrigkeit vor § 286 12
Schuldbuchforderungen § 104 64
Schulden, Versandhäuser vor § 286 2
Schuldenbereinigungsplan § 307 16; § 308 2; § 311 1
– Abtretung § 305 45
– als Vollstreckungstitel § 305 47

– Änderungen § 307 15
– Angemessenheit § 305 41
– Anpassung § 308 23
– Arten von – § 305 42
– außenstehende Gläubiger § 308 15
– außergerichtlicher Treuhänder § 305 45
– Ausgleichsforderungen § 305 49
– Barwertmethode § 305 42
– Bürgen § 305 46
– Bürgschaften § 305 49
– Drittbeteiligung § 308 5
– Ergänzungen § 307 15
– Erhöhung der Zahlungen § 307 18
– Eröffnungsantrag des Schuldners § 305
– Ersetzung des Zustimmung § 309
– Erstattungsausschluss § 310 6
– flexibler – § 305 42
– Fortsetzungsbeschluss § 311 2
– gerichtliche Feststellung § 308 19
– Gesamtschuldner § 308 2
– Glaubhaftmachung der Forderungen § 309 51
– Hinterlegung der Verzeichnisse § 307 7
– Inhalte § 305 50
– inhaltliche Überprüfung § 305 47
– Inhaltserfordernis § 305 48
– Inkassobüros § 307 5
– Kostenerstattungsanspruch § 310 2
– kostenrechtliche Regelungen § 310 8
– Kostenschutz § 310 5, 7
– Kostentragung § 305 45
– Laufzeit § 305 43
– Mitverpflichtungen § 305 49
– Nullplan § 305 47
– Obstruktionsverbot § 309 4
– Prozessvergleich § 308 2
– Sicherheiten § 305 48
– sittenwidrige Forderungen § 308 9
– Sittenwidrigkeit des gesamten Plans § 308 8
– Stellungnahme mit Fristsetzung § 311 3
– Streit über Höhe der Forderungen § 309 50
– Struktur der Zustimmungsersetzung § 309 5
– Titelfunktion § 308 3
– Unwirksamkeit § 308 7
– Verfahrenskosten § 310 7
– Verfallklauseln § 305 50; § 308 11
– Verteilungsquote § 305 44
– Vollstreckbarkeit § 305 47; § 308 4
– Vollstreckungsgegenklage § 308 22
– Vorlage § 305 40
– vorläufige Verteilung § 305 44
– Wegfall der Geschäftsgrundlage § 308 24
– Wirksamkeit § 305 41
– Zustellung § 307 3
– Zustellung an die Gläubiger § 307
– Zustellung an die Vertreter § 307 4
Schuldenbereinigungsplanverfahren § 4a 41; § 305 1; § 306 32; § 307 11; § 309 43
– Amtsermittlungspflicht § 306 15

4145

Stichwortverzeichnis

– Angemessenheitskontrolle § 305 7
– Begründetheitsprüfung § 305 3
– Berechnung zu zahlender Beträge § 309 26
– Durchführung § 306 12
– Einschätzung der ~ § 306 15
– Entscheidung über ~ § 306 11
– Erfolgsausichten § 306 12
– Eröffnungsantrag § 305 11
– Ersetzung der Zustimmung § 295 12
– Fiktion der Antragsrücknahme § 305 4
– Gegenvorstellung § 306 17
– Kopien § 306 32
– Mindestquote § 309 45
– Nachweis eines außergerichtlichen Einigungsversuchs § 305 12
– Nullpläne § 309 45
– öffentliche Gläubiger vor § 304 18
– öffentliche Zustellung § 307 11
– Planhoheit des Schuldners § 306 16
– Privatautonomie § 305 7
– Prognoseentscheidung § 306 15
– Ruhen § 306 1
– Schweigen als Zustimmung § 307 12
– spezifizierte Bescheinigung § 306 13
– Vergleichswürdigkeit § 305 5
– Versagungsgrund § 309 42
– Verzeichnisse § 306 31
– wirtschaftliche Schlechterstellung § 309 25
– Zulässigkeitsprüfung § 305 3
– Zustimmungsersetzungsantrag § 306 14
– Zwangsvollstreckungsmaßnahmen § 306 4

Schuldner § 5 13
– als Mieter § 109 1
– als Pächter § 109 1
– als Vermieter § 110 1
– als Verpächter § 110 1
– als Zeuge § 80 51
– Anhörung des ~ § 5 13; § 10; § 20 24; § 298 15
– Anhörungsrecht des ~ § 20 6
– Auskunfts- und Mitwirkungspflicht § 20 4
– Auskunftspflicht § 5 14
– Auskunftspflichtige § 20 19
– Durchsetzung der Auskunfts- und Mitwirkungspflichten § 20 23
– Durchsuchung der Wohn- und Geschäftsräume § 20 35
– Erklärung zur selbstständigen Tätigkeit durch Insolvenzverwalter § 35 29
– Haftung § 227 5
– Inhaftnahme des ~ § 20 27
– Inhalt der Auskunfts- und Mitwirkungspflicht § 20 8
– Mitwirkungspflicht § 20 11
– Nachhaftung des ~ § 201 5
– privatärztliches Attest § 20 29
– redlicher § 290 3
– Unterlassungspflichten des ~ § 97 40
– Vollzug eines Haftbefehls gegen den ~ § 20 29
– Vorführung des ~ § 20 27
– Widerspruch des ~ § 155 563
– Widerspruch des ~ gegen Forderung nach Verfahrensbeendigung § 201 11
– Widerspruch gegen die Tabelle § 184 1

Schuldnerantrag § 14 24; § 20 1
– Abweisung mangels Masse § 13 132
– drohende Zahlungsunfähigkeit § 14 238
– im laufenden Insolvenzverfahren § 13 167
– inhaltliche Anforderungen § 14 232
– Liquiditätsplan § 14 238
– Restschuldbefreiung § 13 134
– Rücknahme im Erstverfahren § 13 176
– vorherige Versagung der Restschuldbefreiung § 13 136
– Wohlverhaltensperiode § 13 173
– Zulässigkeitsvoraussetzungen § 14 4
– Zurückweisung eines Stundungsantrags § 13 133

Schuldnerverzeichnis
– Auskunft aus ~ § 4 88

Schuldrechtliches Vorkaufsrecht § 106 12

Schuldtitel § 179 18

Schuldübernahme § 130 27

Schuldurkunden § 178 15

Schuldverhältnisse § 103 9
– Fortbestehen bestimmter ~ § 108
– Insolvenzfestigkeit bestimmter ~ § 108 6

Schuldverträge § 103 32

Schutz der Insolvenzgläubiger
– vor einer Verzögerung der Verwertung § 169 1

Schutzbereich des § 106 InsO § 106 2

Schutzrechtsüberlassungen § 108 21

Schutzschirmverfahren § 16 5; § 17 57; § 18 5; § 21 3, 22, 95; § 55 50; § 56a 11; § 61 3; vor § 270 1; § 270b 1; vor § 304 10
– Anordnung § 270b 25
– Anordnungsvoraussetzungen § 270b 9
– Anträge § 270b 9
– Anzeigepflicht bei Eintritt der Zahlungsunfähigkeit § 270b 45
– Aufhebung auf Gläubigerantrag § 270b 53
– Aufhebung der Schutzschirmanordnung § 270b 43
– Aufhebungsanordnung § 270b 57, 58
– Aufhebungsantrag des vorläufigen Gläubigerausschusses § 270b 51
– Aufhebungsfälle § 270b 46
– Bestellung des vorläufigen Sachwalters § 270b 30
– Eigenverwaltungsantrag § 270b 10
– Inhalt des Eigenverwaltungsantrags § 270b 13
– Insolvenzantrag § 270b 10
– Masseverbindlichkeitenbegründungsrecht § 270b 39
– pre-packaged plan § 270b 27
– Schutzschirmantrag § 270b 14
– Schutzschirmantrag, Bescheinigung der Angaben § 270b 20

Stichwortverzeichnis

- Schutzschirmantrag, Inhalt § 270b 17
- Schutzschirmbeschluss § 270b 1
- Verfahrensanordnungen des Gerichts § 270b 60
- Veröffentlichung des Beschlusses § 270b 29
- Verwaltungs- und Verfügungsmacht § 270a 11
- vorläufige Sicherungsmaßnahmen § 270b 37
- vorläufiger Gläubigerausschuss § 270b 3
- Vorteile § 270b 6

Schutzschrift § 14 254
Schwacher vorläufiger Insolvenzverwalter § 22 13
- Befugnisse des - § 22 21
- Einzelermächtigung zum Abschluss bestimmter Rechtsgeschäfte § 22 22
- Haftung des - § 22 33
- Sicherung und Erhalt des Vermögens § 22 34

Schweigen als Zustimmung § 307 12
Schweigepflicht der mit Steuerangelegenheiten des Schuldners befassten Personen § 155 1198
Schweigepflicht, Entbindung von - § 80 36
Schweiz vor § 286 27
Sekundärinsolvenzverfahren § 3 59; § 16 15
- Abstimmung über die Zusicherung Art. 102c § 17 EGInsO 2
- Aussetzung der Verwertung Art. 102c § 16 EGInsO
- Entscheidung zur Eröffnung Art. 38 EuInsVO
- Insolvenzplan Art. 102c § 15 EGInsO 1
- Rechtsmittel gegen die Eröffnung Art. 102c § 20 EGInsO
- Verhinderung durch Zusicherung Art. 102c § 11 EGInsO 1
- Voraussetzungen für die Abgabe der Zusicherung Art. 102c § 11 EGInsO 1

Selbstablehnung § 4 54
Selbständige Tätigkeit § 295 168
- Definition § 295 171

Selbständige wirtschaftliche Tätigkeit § 3 4
- Beginn und Ende § 304 10
- fehlende § 304 8
- geringfügige § 304 23
- Zurechnung § 304 14

Selbstständige Tätigkeit des Schuldners
- Abführungspflicht § 35 62
- Bekanntmachung durch das Insolvenzgericht § 35 65
- Beteiligung der Gläubiger § 35 64
- Erklärungen des Insolvenzverwalters zur - § 35 29
- Informations- und Mitwirkungspflicht des Schuldners § 35 61
- zweites Insolvenzverfahren über das Vermögen aus der freigegebenen Tätigkeit § 35 60

SEPA-Lastschriften § 82 41
- Abbuchungsverfahren § 82 48
- Autorisierung § 82 42
- Wirkung im Deckungsverhältnis § 82 44
- Wirkung im Valutaverhältnis § 82 46

SEPA-Lastschriftverfahren § 22 136

SGB III § 287 249
Share Deal § 225a 37
Sicherheiten, Anfechtbarkeit § 130 34
Sicherheitenpool § 130 36
Sicherheitenverwertung § 190 20
- in der Wohlverhaltensperiode § 190 23
- Verteilungsabwehrklage § 190 23

Sicherstellung der Pflichten des Schuldners § 98 1
Sicherung
- Begriff § 131 22
- die nicht in der Art zu beanspruchen war § 131 31
- die nicht zu beanspruchen war § 131 23
- die nicht zu der Zeit zu beanspruchen war § 131 32
- durch Zwangsvollstreckung § 131 36
- fremder Verbindlichkeiten § 134 17
- steuerliche Auswirkungen § 131 34

Sicherungsabtretung § 290 193; § 299 22
Sicherungsmaßnahmen § 3 25, 29; § 5 59; § 22 38; § 306 4, 27
- absolute Unwirksamkeit § 24 4
- allgemeines Verfügungsverbot § 21 69
- Anfechtbarkeit § 21 57
- Anforderungen an den Erlass § 21 30
- Anhörung des Schuldners § 21 317
- Anordnung von - § 306 18
- Antrag auf vorläufige Eigenverwaltung § 21 81
- Anwendungsgebiet § 25 18
- Arbeitseinkommen § 306 19
- Aufhebung § 21 20
- Aufhebung der Anordnung § 21 374
- Aufhebung der - § 25
- Aufhebungsfälle § 25 3
- Aus- und Absonderungsrechte § 21 326
- Beendigung der - § 21 56
- befreiende Wirkung § 24 26
- begründeter Beschluss § 21 321
- bei Insolvenzen mit Auslandsbezug § 21 73
- bei Krankenkassen § 21 12
- bei Kreditinstituten § 21 12
- Beschlagnahme von Geschäftsunterlagen § 21 385
- Beschlussabschrift Empfänger § 25 16
- Beschwerde gegen - § 306 27, 39
- Beschwerdemöglichkeit des Schuldners § 21 25
- besonderer Zustimmungsvorbehalt § 21 377
- besonderes Verfügungsverbot § 21 377; § 24 27
- Durchsetzung gegenüber dem Schuldner § 21 7
- Durchsuchung von Wohn- und Geschäftsräumen § 21 385
- Einschränkung § 21 3
- Entgeltabtretungen § 306 30
- Existenzsicherung § 306 20
- Finanzsicherheiten § 21 391
- Gläubigerantrag § 21 36
- Grundbucheintragung § 32 28
- Haft § 21 395
- internationales Insolvenzrecht § 21 396; § 24 61; § 344

4147

Stichwortverzeichnis

– Kontensperre § 21 380
– Kontopfändung § 306 20
– Kosten § 21 66
– Lohnpfändung § 306 20
– Mitteilung § 25 17; § 26 102
– mögliche § 155 350
– Nutzungsentschädigung § 21 297
– öffentliche Bekanntmachung der Aufhebung § 25 13
– Pfändungsmaßnahmen § 306 20
– praktische Erfahrungen § 21 375
– Prioritätsprinzip § 21 68
– rechtliches Gehör § 21 45
– Rechtsfolgen eines Verstoßes § 24 19
– Rechtsmittel § 21 24, 373
– Residenzpflicht § 21 388
– Rückgriffsanspruch des Schuldners gegen den Antragsteller § 25 38
– Schließung Büro- und Geschäftsräume § 21 386
– schnelle Aufhebung der – § 25 30
– Schuldenbereinigungsplanverfahren § 306 20
– Schuldnerantrag § 21 35
– Siegelung § 21 384
– streitige Verbindlichkeiten § 25 32
– Übersicht über die wichtigsten – § 21 17, 25
– Umfang § 25 23
– Untersagung, der Zwangsvollstreckung § 21 274
– Untersagung, künftiger Vollstreckungsmaßnahmen § 306 20
– Verfahren bei Aufhebung § 25 10; 27
– verfahrensmäßiger Ablauf § 21 50; § 22 146
– Verhältnismäßigkeit § 21 39
– Vermögensauskunft § 306 22
– Verzicht auf öffentliche Bekanntmachung der Aufhebung § 25 14
– Vollstreckungstitel § 23 32
– vor Eröffnung des Insolvenzverfahrens § 155 349
– Vorführung § 21 395
– vorherige Begleichung von Verbindlichkeiten § 25 18
– vorläufige Postsperre § 21 312
– weitere – § 21 376
– wichtigste § 21 2
– Wirksamkeit nach Aufhebung § 25 12
– Wirksamkeitsvoraussetzung § 24 17
– Wirkungen gegenüber Dritten § 21 18
– Wirkungen von – § 24 1
– zeitlich begrenzte Nachrichtensperre § 21 389
– Zulassung § 21 37
– Zuständigkeit des Insolvenzgerichts § 21 33
– Zustimmungsvorbehalt § 21 75
– Zweck § 21 1; § 25 21
Sicherungsrechte § 301 42
Sicherungsübereignung § 51 4
– Anfechtbarkeit des Werthaltigmachens § 51 17
– Aufgabe der – § 51 27
– Begründung des Sicherungseigentums § 51 5
– Deckungsgrenze § 51 12

– des Leasinggegenstandes § 108 23
– Freigaberegelung § 51 12
– keine – auf gezogene Nutzungen § 51 10
– Kollisionsfälle § 51 18
– Sittenwidrigkeit § 51 16
– Wirksamkeit der – § 51 11
Sicherungsvereinbarungen § 103 33
Sicherungsvorbehalt, Bestellung eines vorläufigen Verwalters § 21 79
Siegelung § 150 1
– Rechtsmittel § 150 6
Single Agreement § 104 93
Singularzession § 51 46
– Kautionsversicherung § 51 47
– Lebensversicherung/Todesfallansprüche § 51 48
Skandinavien vor § 286 24
Sofortige Beschwerde § 6 1, 84; § 197 19, 34; § 289 25; § 290 270, 281; § 297 22; § 300 73; § 311 16
– Abhilfe durch Rechtspfleger § 6 103
– Anschlussbeschwerde § 6 45
– Anwaltszwang § 6 76
– Begründung § 6 52
– bei Einstellung des Verfahrens § 216 7
– beschwerdefähige Entscheidungen § 6 23
– Beschwerdefrist § 6 40
– Beschwerdeschrift § 6 36
– Beschwerdesumme § 6 38
– Entscheidungsmöglichkeiten § 6 63
– Kosten § 6 79
– Notfrist § 216 8
– Prozesskostenhilfeantrag § 6 83
– Prüfung der Begründetheit § 6 59
– Verfahren vor dem Beschwerdegericht § 6 64
– Wiedereinsetzung § 6 44
– Wirkungen § 6 54
– Zulässigkeitsprüfung § 6 56
– Zulässigkeitsvoraussetzungen § 6 8, 35
– zuständiges Gericht § 6 46
Sofortige Erinnerung § 6 24
Software § 108 21
Software-Lizenzverträge § 103 34
Solvency test Anh. n. § 15a 4
Sonderabkommen § 294 5, 52
– Bürgen § 294 58
– Mitschuldner § 294 58
– Obliegenheitsverletzung § 294 52
– Parteien § 294 58
– spätester Termin § 294 57
– Treuhandperiode § 294 55
– Zeitpunkt § 294 55
Sonderinsolvenz § 11 2; § 30 34
Sonderinsolvenzverfahren § 11 27
– Eröffnung § 11 48
Sonderinsolvenzverwalter § 56 59; § 62 7
– Abwahl bei Gruppeninsolvenz § 56b 63
– Anhörung des vorl. Gläubigerausschusses bei Gruppeninsolvenz § 56b 57

Stichwortverzeichnis

- Aufgaben bei Gruppeninsolvenz § 56b 54
- Auswahl bei Gruppeninsolvenz § 56b 51
- bei Gruppeninsolvenz § 56b 46
- Bestellung § 56 60; § 60 36
- Einsetzung eines – bei vorübergehender Behinderung § 59 7
- Entlassung § 56 64
- mit begrenztem Aufgabenbereich § 56 32

Sonderkonto § 149 3
Sonderkündigungsrecht des Erwerbers § 111 8, 14
Sonderkündigungsschutz § 113 35; § 126 21
- Abgeordneter § 113 83
- Auszubildender § 113 85
- für besondere Funktionsträger § 113 86
- für Wehrdienstleistende und Abgeordnete § 126 23
- Pflegezeitgesetz § 113 80
- Schutz der Betriebsratsmitglieder § 113 36
- Schwangere und Mütter § 113 71
- schwerbehinderte Arbeitnehmer § 113 60
- Wehrdienstleistende § 113 81
- Zulässigkeitserklärung § 126 22
- Zustimmungserfordernis § 126 21

Sonderleistungen § 294 5
Sondermasse § 207 28
Sonderposten mit Rücklageanteil § 155 87
Sonderrechtsnachfolger § 145 8, 24
Sondersachverständiger § 22 166
Sondersachwalter, Bestellung § 274 22
Sondervermögen § 11 46
Sondervorteile § 294 60; § 295 154, 160
- Geldstrafen § 295 164
- Zahlungsgebot § 295 155

Sozialauswahl vor § 113 14
- Altersgruppenbildung § 125 18
- Beteiligungsrechte des Betriebsrats § 125 26
- Beurteilungsspielraum § 125 14
- grob fehlerhafte § 125 12
- Kriterien § 125 14
- Leistungsträgerklausel § 125 15
- Personalstruktur § 125 17
- Prüfungsmaßstab § 125 9
- schwerbehinderte Menschen § 125 16
- Sicherung der Personalstruktur § 125 20
- Sozialauswahlfehler § 125 24
- unvollständige Auswahlkriterien § 125 21
- unvollständige Personenauswahl § 125 22

Sozialleistungen § 287 150
- Erstattung § 290 75

Sozialplan § 124 29; § 208 8
- absolute Obergrenze § 123 10
- Anfechtung wegen Ermessensfehler der Einigungsstelle § 124 18
- Ansprüche aus – § 209 15
- Ermessensrichtlinien zur Volumenbestimmung § 123 23
- insolvenzrechtliche Anfechtung § 124 17
- Kündigung § 124 23
- Obergrenze § 123 14
- Rechtsfolgen bei Überschreitung der absoluten Obergrenze § 123 14
- Rechtsfolgen des Widerrufs § 124 13
- relative Obergrenze § 123 17
- Störung der Geschäftsgrundlage § 124 30
- Volumen des – § 123 1
- vor Verfahrenseröffnung § 124 1
- Widerruf § 129 15
- Widerruf insolvenznaher – § 124 5
- Widerrufsberechtigung § 124 5
- Widerrufsrecht § 124 9
- zeitliche Grenze des Widerrufs § 124 9

Sozialplanabfindungsvolumen § 123 13
Sozialplanforderungen, Abschlagszahlungen § 123 24
Spareinlagenvertrag § 116 46
Sperrfrist § 305 74
- für späteren Schuldnerantrag § 20 70
- Restschuldbefreiungsantrag § 287 79

Sperrwirkung
- des § 93 InsO § 14 113

Staatshaftung § 60 40
Standardformulare
- Erstellung und Änderung Art. 88 EuInsVO

Starker vorläufiger Insolvenzverwalter
- Haftung des – § 22 32
- Partei kraft Amtes § 22 22
- Sicherung beweglicher Gegenstände § 22 40
- Sicherung und Erhalt des Vermögens § 22 34

Steuerberaterkosten § 26 13
Steuererklärungspflicht von Insolvenzverwaltern § 155 1109
- Berichtigung von Steuererklärungen § 155 1132
- Buchführungspflichten § 155 1109

Steuerermittlungs- und Steueraufsichtsverfahren § 155 454
Steuererstattungsanspruch
- vorinsolvenzlicher § 95 5

Steuererstattungsforderungen
- Anzeige der Abtretung bei Finanzbehörde § 82 11

Steuerfestsetzungsverfahren und Steuerfeststellungsverfahren § 155 456
Steuerforderungen § 55 1, 48; § 181 7
- Abzug von Vorsteuerbeträgen § 155 417
- Anmeldung von – § 155 444
- Begründetsein der – § 155 399
- Einkommen- und Körperschaftsteuerjahresschuld § 155 407
- Einkommensteuer § 155 579
- Einkommensteuer- und Körperschaftsteuervorauszahlungen § 155 406
- Erstattungsanspruch § 155 429
- Gewerbesteuer § 155 412, 593
- Grunderwerbsteuer § 155 425, 597
- Grundsteuer § 155 598
- Haftungsanspruch § 155 434
- Investitionszulage § 155 428, 601

4149

Stichwortverzeichnis

- Körperschaftsteuer § 155 586
- Kraftfahrzeugsteuer § 155 426, 600
- Lohnsteuer § 155 589
- Lohnsteuerforderungen § 155 410
- Masseunzulänglichkeit § 155 606
- nach Abschluss des Insolvenzverfahrens § 155 622
- nicht fällige Forderungen § 155 435
- Prüfungstermin § 155 449
- Umsatzsteuer § 155 413, 590
- während des Insolvenzverfahrens entstehende § 155 573

Steuergeheimnis § 22 195; § 155 1182
Steuergläubiger § 155 261
- als Absonderungsberechtigter § 155 311
- als Aussonderungsberechtigter § 155 309
- Antrag auf Eröffnung eines Insolvenzverfahrens § 155 261
- Aufrechnung durch den ~ § 155 313

Steuerhaftung des Abtretungsempfängers nach § 13c UStG § 155 1066
Steuern
- im Rahmen der Zwangsversteigerung § 165 35

Steuern in der Insolvenz
- Antrag des Finanzamtes auf Eröffnung des Insolvenzverfahrens § 155 261
- Auswirkungen des Verfahrens § 155 260
- Stellung des Steuergläubigers § 155 261

Steuerrechtliche Buchführungsverpflichtung § 155 33
Steuersäumniszuschläge § 302 26
Steuerschuldner, Stellung nach Eröffnung des Insolvenzverfahrens § 155 380
Steuerschuldverhältnis
- Verbindlichkeiten aus~ § 302 109

Steuerstraftat
- Anmeldung einer~ § 302 115

Stille Gesellschaft § 136 5
- Auflösung § 84 25
- Auseinandersetzungsguthaben § 84 25
- Ausschluss der Anfechtung § 136 13
- besondere Vereinbarung innerhalb Jahresfrist § 136 8
- Einlagenrückgewähr § 136 10

Stille Reserven, Versteuerung der ~ § 155 704
Stiller Gesellschafter
- Einlagenrückgewähr § 136 1
- Erlass des Verlustanteils § 136 11

Stillhalteabkommen § 17 18
Stilllegung § 158 2
- Beteiligung des Betriebsrats § 158 6
- des gesamten Betriebes § 107 30; vor § 113 9
- des gesamten Betriebes, Beschluss § 107 34
- einer Betriebsabteilung, ordentliche Kündigung § 113 49
- Versagung der ~ § 158 16
- von Teilen § 158 2

Stimmrecht § 174 60
- der Insolvenzgläubiger § 237 4

Stimmrecht der absonderungsberechtigten Gläubiger § 238
Stimmrecht der Anteilsinhaber § 238a
- Ausschluss § 238a 7
- Bestimmung des Stimmrechts bei Kapitalgesellschaften § 238a 3
- Schutz des Minderheitsgesellschafters § 238a 4
- Stimmverbot § 238a 4
- Umfang § 238a 2

Stimmrecht der Insolvenzgläubiger § 237 3
- absonderungsberechtigter § 237 9
- Kleingläubiger § 237 23
- mutmaßlicher Ausfall § 237 13
- mutmaßlicher Ausfall bei Unternehmensfortführung § 237 18
- nachrangiger § 237 7
- nicht nachrangiger § 237 4
- Stimmliste § 239
- Versagung § 237 21

Stimmrechtsfeststellung
- Bindung an ~ § 6 118

Stimmrechtsversagung § 57 2
Strafhaft § 295 32
Streckengeschäfte § 107 12, 22
Streifbandverwaltung § 116 56
Streitgenossenschaft § 286 47, 111
Streitige Forderungen
- Entscheidung des Gerichts § 256 5

Streitwert § 185 8
- für Feststellungsklagen § 182 1

Streitwertberechnung § 302 87
Streitwertfestsetzung § 182 10
Stromabnahmeverträge § 105 12
Stromsperre § 309 21
Stundung § 4c 3; § 17 17; § 110 7
- ausdrückliche Vereinbarung § 17 19
- Eigenantrag § 17 24
- Einstellung der titulierten Forderung § 17 21
- Prozesskostenhilfe § 4a 1
- Rechtsfolgen im Eröffnungsverfahren § 4a 27
- Stillhalteabkommen § 17 18
- stillschweigende § 17 19, 22
- Stundung der Verfahrenskosten § 26 6
- Verfahrenskosten § 4a 1
- Voraussetzung § 4a 6

Stundungs- und Vollstreckungsverfahren § 155 506
Stundungsantrag des Schuldners
- Sonderregelung § 6 83

Stundungsmodell § 292 14
Stundungsregelung § 209 3
Stundungsverfahren vor § 4 11
- Erstattungsanspruch gegen die Staatskasse vor § 1 InsVV 53

Subjektives Recht § 286 7
Suizidgefahr § 14 56; § 165 25
Sukzessivlieferungsverträge, Teilbarkeit von Bauleistungen § 105 10

Stichwortverzeichnis

T
Tabelle § 189 1; § 191 3; § 193 12
– Änderungen § 178 27
– Ausdruck § 175 13
– Belehrungspflicht des Insolvenzgerichts § 175 19
– Berichtigung § 175 9; § 183 5; § 184 13
– Berichtigungsvermerk § 183 7
– Einsichtsrecht der Gläubiger § 175 24
– Eintragungen § 178 7
– Ergänzungstabelle § 177 12
– Erstellen der – § 175 2
– fehlerhafte – § 178 20
– fehlerhafter Eintrag § 178 13
– Feststellungsverfahren § 175 5
– Forderungsprüfung § 175 5
– Inhalt der – § 175 1
– Masseverbindlichkeiten § 175 5
– Niederlegung der – § 175 15
– Pflege der – nach Prüfungstermin § 178 27
– Prüfungstermin § 175 9
– sofortige Beschwerde § 175 8
– Verteilungsverzeichnis § 175 1
– Vollstreckungstitel § 175 1
– Vorprüfungs- und Zurückweisungsrecht § 175 4
Tabellenauszug
– Erteilung des – § 201 14
– mit Vollstreckungsklausel § 201 14
– vollstreckbarer – § 201 15
Tankstellen- und Agenturkonten § 116 51
– Sperrkonto § 116 52
Tarifverträge § 103 64
Teilanfechtung
– Aufrechnungslage § 129 43
– einzelne Bestimmungen § 129 43
– isolierte Anfechtung § 129 43
Teilbare Leistungen § 105 1
– Abdingbarkeit § 105 26
– Dauerschuldverhältnisse § 105 5
– Differenzierungskriterien § 105 9
– Drittrechte § 105 21
– gegenseitiger Vertrag § 105 5
– höchstpersönliche Leistung § 105 9
– mangelhafte Leistung § 105 8
– Prozesskosten § 105 18
– Rechtsfolgen § 105 19
– Rücktrittsverbot § 105 25
– Sukzessivlieferungsverträge § 105 5
– Tauschgeschäfte § 105 11
– Versicherungsvertrag § 105 14
– verzinsliches Darlehen § 105 15
– Werkvertrag § 105 7, 10
Teilbarkeit von Verträgen § 105 1
Teilbesitzeinräumung § 109 32
Teilbetrag § 14 47
Teilhaftung § 43 16
Teilklagen § 146 15
Teilleistungen des Schuldners § 103 111

Teillieferungen
– gegenstandsloser Eigentumsvorbehalt § 105 4
Teilübergabe § 109 32
Teilungsmasse § 148 2; § 196 1
– Auskunftsverlangen § 148 20
– Auslandsvermögen § 148 19
– Geschäftsunterlagen § 148 28
– Verschwiegenheitspflicht § 148 20
– Verwalterwechsel § 148 21
Teilungsplan, Recht auf Widerspruch gegen – § 165 26
Telefax § 14 13
Telekommunikationsverträge § 103 35
Terminbestimmung
– Berichtstermin § 29 2
– Prüfungstermin § 29 4
– Überblick § 29 1
Termine
– Verbindung von – § 29 8
– Verbraucherinsolvenzverfahren § 29 11
– Verlegung von – § 29 9
– Vertagung von – § 29 9
Tilgungsbestimmung bei der Absonderung § 52 17
TitelergänzendeFeststellungsklage § 302 92
Titelmissbrauch § 302 92
Titulierte Forderungen § 184 10
Tod des Schuldners § 14 23; § 286 93
Transferleistungen Anh. zu § 113 255
– Transferkurzarbeitergeld Anh. zu § 113 259
Transfermaßnahmen Anh. zu § 113 258
Treuhand
– doppelnützige § 51 68
– eigennützige § 47 51
– uneigennützige § 47 46
Treuhänder § 56 2; § 57 6; § 292 7, 11, 40; § 294 28
– Abschlagsausschüttungen § 292 20
– Absonderungsrechte § 292 11
– Aufgabenbereich § 292 2
– Aufsicht § 292 42
– Aufsichtsmaßnahmen § 292 44
– Auskünfte § 292 7, 42
– Bestellung § 292 12
– Deckung der Mindestvergütung § 298 1
– doppelseitiger § 292 2
– Einziehung der Abtretungsbeträge § 292 5
– Entlassung § 292 43
– Entlassung im vereinfachten Verfahren § 59 15
– geeignete Person § 288 9
– Geschäftsbesorgungsverhältnis § 292 48
– Gläubigerstellung § 292 7
– Haftung des – § 292 45
– im Restschuldbefreiungsverfahren § 288 3
– Kontoführung § 292 20
– Kostenaufbringung § 292 12
– Kostenvorschuss § 292 11
– notwendige Auslagen § 292 7
– Partei kraft Amtes § 292 12

Stichwortverzeichnis

- Pflichten § 292 5
- Prozesskostenhilfe § 292 12
- Rechnungslegung § 292 40
- Rechtsmittel gegen Übertragung der Überwachung § 292 55
- Rechtsstellung § 292 2
- Rechtsverfolgungskosten § 292 7
- Sachstandsberichte § 292 42
- Stundung der Vergütung § 298 6
- Überwachung § 292 7
- Umfang der Pfändbarkeit § 292 9
- Unterrichtungspflichten § 292 6
- Versagungsantrag des ~ § 298 17
- Verteilung der Beträge § 292 13
- Verzicht auf Verteilung § 292 21
- Voraussetzungen für die Bestellung § 288 7
- Vorschlagsrecht § 288 2
- Vorschlagsrecht des Schuldners § 288 5

Treuhandkontenmodelle § 47 56
Treuhandkonto § 22 125
Treuhandperiode § 286 65; § 292 14
- Ausschüttungszeitpunkt § 292 14
- Quote § 292 16
- Rechtsanwaltskosten § 292 14
- Veränderung der Forderungsanteile § 292 16
- Verfahrenskosten § 292 14
- Verteilungsschlüssel § 292 15

Treuhandphase § 288 5; § 294 55
- Verletzung der Obliegenheiten während der ~ § 296 3

Treuhandvereinbarung, Entstehungszeitpunkt § 140 8
Treuhandverhältnisse § 103 65
Treuhandvertrag § 116 50
- Insolvenz des Treugebers § 116 50
- Insolvenz des Treuhänders § 116 50

Treuhandzeit § 286 65, 78
- Beginn § 286 70
- Obliegenheitsverletzung § 296 9
- relativeDauer § 300 41

U

Übereignung einer beweglichen Sache § 24 15
Übergang der Verwaltungs- und Verfügungsbefugnis auf den Insolvenzverwalter § 80 27
- Rechte und Pflichten des Insolvenzverwalters § 80 28

Übergangsregelungen § 359 5
Überlange Insolvenzverfahren § 300 80
Überleitungsbeschluss § 14 31
Übernahme fremder Verbindlichkeiten § 134 17
Übernahmegesellschaft § 260 17
Überschaubare Vermögensverhältnisse
- auf die Bundesanstalt für Arbeit übergegangene Entgeltforderungen § 304 46
- Forderungen, aus Arbeitsverhältnissen § 304 39
- Forderungen, der Sozialversicherungsträger und der Finanzämter § 304 42
- komplizierte Anfechtungssachverhalte § 304 37
- tariflich normierte Forderungen § 304 41
- teleologische Reduktion § 304 36
- Zahl von Gläubigern § 304 31
- Zeitpunkt des Insolvenzantrags § 304 34

Überschuldung Anh. n. § 15a 18; § 16 4; § 18 7; § 320 14
- als Eröffnungsgrund § 320 17
- Arbeitslosigkeit vor § 286 8
- Ausweg vor § 286 8
- Bausparkassen § 19 1
- Begriff § 19 6
- Bewertung § 19 18
- Bürgschaft vor § 286 12
- Definition § 19 8; § 320 14
- drohende Zahlungsunfähigkeit § 19 7
- Energieschulden vor § 286 7
- Eröffnungsgrund § 19 1
- Familien vor § 286 8
- Folgen vor § 286 7
- Fortführungsprognose § 19 13
- Kinder vor § 286 8
- Krankenkassen § 19 1
- Kreditinstitute § 19 1
- Kündigung des Arbeitsverhältnisses vor § 286 7
- Liquiditätsplanung § 19 38
- persönlicher Anwendungsbereich § 19 5
- positive Fortführungsprognose § 19 2
- praktische Bedeutung § 19 3
- rechnerische Überschuldung § 19 16
- Schuldbeitritt vor § 286 12
- Schwarzarbeit vor § 286 7
- Überschuldungsbilanz § 19 17
- Überschuldungsbilanz, Aktivseite § 19 20
- Überschuldungsbilanz, Passiva § 19 21
- Ursachen vor § 286 4
- Verhältnis zu anderen Insolvenzauslösungsvorschriften § 19 6
- Versicherungen § 19 1
- Voraussetzungen § 14 231
- zweistufige modifizierte Überschuldungsprüfung § 19 8
- zweistufige Überschuldungsprüfung § 19 13

Überschuldungsbegriff
- Reformtendenzen § 19 50

Überschuldungsprüfung
- internationales Insolvenzrecht § 19 49

Überschuss, Verteilung des ~ § 199 5
Übertragende Sanierung § 22 102; § 128 1; Anh. n. § 173
- Anwendungsbereich der Fusionskontrolle Anh. n. § 173 6
- Begriff des Zusammenschlusses Anh. n. § 173 17
- beteiligte Unternehmen Anh. n. § 173 10
- fusionskontrollrechtlicher Unternehmensbegriff Anh. n. § 173 9
- Koordinationsplan § 269h 55
- Untersagung Anh. n. § 173 23

Übertragung von Rechten § 143 6
– abgetretene Forderungen § 143 6
– gewerbliches Unternehmen § 143 9
– Grundstücksübertragungen § 143 6
– Miteigentumsanteil § 143 6
– mittelbare Zuwendung § 143 10
– Schuldübernahme § 143 10
Übertragungsplan
– Anwendungsbereich § 220 19
– Begriff § 220 14
Überwachung der Planerfüllung § 260
– Anwendungsbereich § 260 9
– Aufgaben und Befugnisse des Insolvenzverwalters § 261
– bei Unternehmensfortführung durch Dritten § 260 13
– Erweiterung § 260 11
– Inhalt § 260 6
– Rechte der Gläubiger § 260 6
– Übernahmegesellschaft § 260 17
– Zeitpunkt § 260 7
Überwachung des Schuldners § 292 28
– Pfändbarkeit § 292 28
Überwachungsauftrag § 292 29
– Arbeitsplatz § 292 35
– Obliegenheitspflichten § 292 37
– Regress § 292 37
– Unterrichtung der Gläubiger § 292 35
Überwachungsvermerk
– Löschung § 267 8
– Registereintragung § 267 9
– Wirkung der Eintragung § 267 7
Überweisungsauftrag § 130 20
Überweisungsbeschluss § 6 125
Überweisungsverträge § 116 44
Überziehungskredit § 130 32
Umlaufvermögen § 155 147
Umsatzsteuer § 155 828; § 159 24; § 171 16; § 282 16
– Absonderungsrecht § 155 981
– Änderung der Verhältnisse § 155 931
– Begründetheit einer Umsatzsteuerforderung § 155 833
– Berichtigung des Vorsteuerabzugs § 155 908
– echte Freigabe des Sicherungsgutes an den Sicherungsnehmer § 155 1005
– Einziehung einer sicherungsübereigneten Forderung § 155 1021
– Eröffnung des Insolvenzverfahrens/laufender Voranmeldungszeitraum § 155 850
– Freigabe des Sicherungsgutes an den Sicherungsgeber § 155 1009
– Geschäftsveräußerung im Ganzen § 155 1065
– halbfertige Arbeiten, bei Werkverträgen über Bauleistungen § 155 963
– halbfertige Arbeiten, nicht vollständig erfüllte Verträge § 155 945
– Immobiliarverwertung im Rahmen einer Insolvenz § 155 1022
– Insolvenzverwalter § 155 864
– nicht (vollständig) erbrachte Leistungen § 155 908
– Organschaft § 155 922
– Schuldner § 155 864
– umsatzsteuerliche Tätigkeitsbereiche § 155 860
– Unternehmereigenschaft § 155 864
– Veräußerung des Sicherungsguts, durch den Sicherungsgeber ohne Zustimmung des Sicherungsnehmers § 155 1019
– Veräußerung des Sicherungsguts, durch starken vorläufigen Insolvenzverwalter § 155 1020
– Verwertung des Sicherungsguts § 155 981
– Verwertung des Sicherungsguts, durch den Insolvenzverwalter § 155 986
– Verwertung des Sicherungsguts, durch den Sicherungsnehmer § 155 994
– Verwertung des Sicherungsguts, durch den Sicherungsnehmer bei Besitz § 155 1008
– Verwertung des Sicherungsguts, durch den Verwalter unter Eintritt des Gläubigers § 155 991
– Verwertung des Sicherungsguts, durch den vorläufigen Insolvenzverwalter § 155 1010
– Verwertung des Sicherungsguts, durch vorläufigen Insolvenzverwalter § 155 989
– Verwertung des Sicherungsguts, im Rahmen der Eigenverwaltung § 155 988
– Vorsteuerabzug aus Rechnungen über eigene Leistungen eines Insolvenzverwalters § 155 1031
– Vorsteuerberichtigungsanspruch § 155 901, 922, 931
– Vorsteuerberichtigungsanspruch, bei unbezahlten Rechnungen § 155 902
– Vorsteuerberichtigungsanspruch, im Fall der Aussonderung § 155 925
Unaufschiebbare Handlungen § 4 47
Unbeachtlichkeit des Widerspruchs
– Voraussetzungen § 247 6
Unbegrenztes Nachforderungsrecht § 302 1
Unbeschränktes Nachforderungsrecht § 286 54; § 303 5
Und-Konto § 116 47
– Oder-Konto § 116 47
Unentgeltliche Dienstleistungen § 108 27
Unentgeltliche Leistung
– Anstandsschenkungen § 134 33
– Begriff § 134 6, 31
– Beweislast § 134 37
– Erfüllung eigener Verbindlichkeiten § 134 16
– Gebrauchsüberlassungen § 134 7
– Gelegenheitsgeschenk § 134 33
– im Rahmen von Dienstverhältnissen § 134 20
– mittelbare Zuwendungen § 134 24
– Schenkung § 134 14
– Tilgung einer fremden Schuld § 134 10
– unmittelbare Benachteiligung § 134 36

Stichwortverzeichnis

- Unterlassungen § 134 8
- Verfügungen § 134 7
- verpflichtende Rechtsgeschäfte § 134 8
- Vollstreckungshandlungen § 134 7
- Vornahmezeitraum § 134 35

Unentgeltlichkeit, Begriff § 134 9
Unerlaubte Handlung § 181 5
- des Schuldners § 174 29

Ungleichbehandlung, Eventualklausel § 309 18
Universalitätsprinzip § 3 59
Unmittelbare Benachteiligung
- außergerichtlicher Vergleich § 132 6
- benachteiligende Beraterverträge § 132 6
- Bürgschaft § 132 6
- gerichtlicher Vergleich § 132 6
- gleichgestellte Handlungen § 132 9
- Kauf zu überhöhtem Preis § 132 6
- negative Schuldanerkenntnisverträge § 132 6
- Schenkung § 132 6
- Tausch § 132 6
- unentgeltliche Verfügung § 132 6
- Vergleich § 132 6
- Verkauf unter Wert § 132 6
- Wechselschulden § 132 6

Unpfändbare Gegenstände § 24 7
Unrichtige Tabelleneintragungen § 302 92
Unterbindung des Rechtserwerbs
- Absonderungsrecht § 91 3
- Aussonderungsrecht § 91 3
- Erwerb von Rechten an Massegegenständen § 91 6

Unterbrechung durch Verfahrenseröffnung
- internationales Insolvenzrecht § 352

Unterbrechung durch Verfahrenseröffnung
- internationales Insolvenzrecht Art. 18 EuInsVO

Unterhalt
- Eigenverwaltung § 100 8
- gesetzliche Unterhaltspflicht § 302 97
- im Restschuldbefreiungsverfahren § 286 117
- juristischer Personen § 101 17
- pflichtwidrig rückständiger Unterhalt § 302 96, 98

Unterhalt aus der Insolvenzmasse § 100 1
- Art des Unterhalts § 100 14
- Ermessen der Gläubigerversammlung § 100 3
- Ermessensentscheidung § 100 23
- für die Familie § 100 26
- Geltungsbereich § 100 5
- Gewährung durch die Gläubigerversammlung § 100 18
- Gewährung durch Insolvenzverwalter § 100 9
- Rang bei Masseunzulänglichkeit § 100 27
- Rechtsmittel § 100 28
- Unterhaltsbedarf § 100 19
- Unterhaltsberechtigte § 100 17
- Zustimmung des Gläubigerausschusses § 100 4

Unterhaltsanspruch § 40, § 301 10
- Begriff § 40 3

- gesetzliche § 40 5
- Schuldner als Erbe des Verpflichteten § 40 10
- Unterhalt aus der Insolvenzmasse § 40 13
- Verbraucherinsolvenzverfahren § 40 14
- Versorgungsausgleich § 40 9

Unterhaltsgewährung § 22 62
Unterhaltsschuldner § 13 12
Unterlassungen
- materiell-rechtliche § 129 34
- prozessuale § 129 34

Unterlassungsklage § 86 8
Unterlassungspflichten des Schuldners § 97 40
Unternehmensanalyse § 22 101
Unternehmensbeteiligung § 104 71
Unternehmensfortführung § 22 65; § 60 16
- durch den Insolvenzverwalter § 113 125

Unternehmensgruppe § 3e 1
- Abgrenzung der Gruppe § 3e 12
- ausländische Unternehmensteile § 3e 21
- beherrschender Einfluss § 3e 17
- Beteiligung der öffentlichen Hand § 3e 9
- COMI im Inland § 3e 20
- Finanzpolitik § 3e 18
- Geschäftspolitik § 3e 18
- Gleichordnungskonzern § 3e 19
- GmbH & Co. KG § 3e 28
- Insolvenz einzelner Gruppenmitglieder § 3e 13
- Insolvenzfähigkeit § 3e 7
- Konzern-COMI § 3e 25
- konzernrechtlicher Unternehmensbegriff § 3e 3
- mittelbare oder unmittelbare Verbindung § 3e 16
- öffentliche Hand als Muttergesellschaft § 3e 10
- Rechte des Verwalters bei Verfahren über das Vermögen Art. 60 EuInsVO
- Tannenbaumprinzip § 3e 11
- teleologische Ausrichtung des Begriffs § 3e 5

Unternehmensinsolvenzen
- Abweisungsquote § 26 3

Unternehmenskaufverträge § 103 36
Unternehmenskonzentration
- Nutzen vor § 269a 3
- wirtschaftliche Bedeutung vor § 269a 10

Unternehmenspacht § 108 18
Unternehmensregister, Einsichtnahme § 9 3
Unternehmensveräußerung § 113 126
- Zustimmung der Gläubigerversammlung § 162 1

Unterrichtungen § 295 120
- Auskunft § 295 145
- Bezüge § 295 132
- Erwerbstätigkeit § 295 149
- Erwerbstätigkeit, nicht selbständig § 295 120
- Erwerbstätigkeit, selbständig § 295 120
- Vermögen § 295 132
- Vermögensverzeichnisse § 295 149
- Wechsel, der Beschäftigungsstelle § 295 130
- Wechsel, des Wohnsitzes § 295 125

Unterrichtungspflicht gegenüber Schuldner § 161 3

Stichwortverzeichnis

Untersagung von Rechtshandlungen § 161 8
– Sanktionen § 161 10
Unterstützungskasse, Insolvenzschutz BetrAVG 88
Unterstützungskassen § 47 44
Unterstützungspflicht des Schuldners
– Bedeutung § 97 29
Untervollmachten § 117 10
Unvollkommene Verbindlichkeit § 301 22
Unwirksamkeit abweichender Vereinbarungen
§ 119 1
– Wahl und Gestaltungsrechte des Verwalters
§ 119 3
Unwirksamkeit von Verfügungen des Schuldners
– Geltendmachung § 81 26
– Genehmigung des Insolvenzverwalters § 81 27
– Zeitmoment § 81 26
Unzutreffende Angaben § 290 57
– Steuererklärung § 290 63, 91
Urheberrecht § 159 16
Urkunden
– Einsicht in beschlagnahmte Unterlagen § 5 32
– Herausgabepflicht § 5 31
– Nachlassakten § 5 29
– Pfändungsprotokolle des Gerichtsvollziehers
§ 5 28
– Verwertung von ~ § 5 28
– Vorlagepflicht § 5 31
Urlaubsabgeltung Anh. zu § 113 33, 143
USA vor § 286 19

V

Verarbeitungsrecht
– des Verwalters § 172 11
Veräußerung
– Antragsberechtigte § 163 4
– des Mietobjekts § 111
– des Pachtobjekts § 111
– des Unternehmens § 158 3
– einer vermieteten Immobilie § 111 2
– Untersagung der ~ § 158 13
– Voraussetzungen § 111 2
Veräußerung des Warenlagers § 160 10
Veräußerungs- und Betriebsaufgabegewinne
§ 155 1200
Veräußerungsmöglichkeit, günstigere § 163 3
Veräußerungsverbote
– Anordnung § 24 53
– behördliche § 80 66
– gesetzliche relative § 80 65
– rechtsgeschäftliche § 80 67
– relative § 80 64
– richterliche § 80 66
– Unwirksamkeit von ~ § 80 64
Verbindlichkeiten § 155 154
– Darlehen § 19 29
– nachrangige ~ § 19 28
– noch nicht fällige ~ § 19 23
– streitige ~ § 19 25

– Wirksamkeit bei fehlender Zustimmung des Sachwalters § 275 18
Verbindlichkeiten aus vorsätzlich begangener unerlaubter Handlung § 302 16
– Anwaltskosten § 302 31
– Form der Anmeldung § 302 49
– zu befriedigende Verbindlichkeiten § 302 31
– Zwangsvollstreckungskosten § 302 31
Verbraucherbegriff § 304 3
– Arbeitnehmer § 304 8
– arbeitnehmerähnliche Personen § 304 9
– geringfügige selbstständige wirtschaftliche Tätigkeit § 304 23
– Gesellschaften § 304 14
– Gesellschafter-Geschäftsführer § 304 20
– personenbezogener § 304 7
– persönlich haftende Gesellschafter § 304 16
– rollenbezogener § 304 6
– vollständige Beendigung der Betriebstätigkeit § 304 13
– Vorbereitungshandlungen zur Eröffnung des Unternehmens § 304 11
Verbraucherinsolvenz
– Insolvenzplan § 308 1
– sachliche und örtliche Zuständigkeit § 14 10
– Zulässigkeitsvoraussetzungen § 14 7
Verbraucherinsolvenzverfahren § 109 3
– dreistufige Konzeption vor § 304 2
– eingeschränkter Zugang früher selbstständiger Personen § 304 22
– fehlende selbstständige wirtschaftliche Tätigkeit § 304 8
– persönlicher Anwendungsbereich § 304 5
– Schuldner § 304 5
– Unanwendbarkeit der Eigenverwaltungsvorschriften § 270 48
– Verfahrensrechtliches § 304 50
– vorbereitende Maßnahmen § 311 4
Verbraucherkredit vor § 304 27
Verbraucherverschuldung vor § 286 2
Verein § 108 30
Verfahrensablauf § 207 17
Verfahrensaufhebung
– bei Massearmut § 207 4
– Genossenschaft § 207 50
– mangels Masse § 207 1
– Nachtragsverteilung § 207 39
– öffentliche Bekanntmachung § 207 42
– Pflichten des Verwalters vor ~ § 207 32
– Voraussetzung der Geltendmachung restlicher Forderungen nach ~ § 201 3
– wegen Masseunzulänglichkeit § 207 3
– Wirkungen der ~ § 207 42
Verfahrensaufnahme
– Ablehnungserklärung § 85 49
Verfahrensbeschleunigung § 311 1
Verfahrensfehler § 4 47

4155

Stichwortverzeichnis

Verfahrensförderungspflicht
– des Schuldners § 97 1
– Zweck § 97 1
Verfahrensgrundsätze § 5
Verfahrenskoordinator
– Abweichen des Gerichts vom Beschluss des Gruppen-Gläubigerausschusses § 269e 26
– Anforderungen an Gläubigermitwirkung bei Auswahl § 269e 22
– Anforderungsprofil § 269e 1
– Aufgaben und Rechtsstellung § 269f 1
– Beschluss des Gruppen-Gläubigerausschusses § 269e 23
– Bindung des Koordinationsgerichts an Vorschlag des Gruppen-Gläubigerausschusses § 269e 17
– Eignung als Mediator § 269e 4
– Eignungsvoraussetzungen § 269e 3
– Gläubigermitwirkung bei Auswahl § 269e 21
– Mitbestimmung des Gruppen-Gläubigerausschusses bei Auswahl § 269e 14
– Mitbestimmungsrecht des Gläubigerausschusses § 269e 2
– Nachweispflicht der Unabhängigkeit § 269e 9
– Neutralitätsanspruch § 269e 4
– Unabhängigkeit von Insolvenzverwaltern und Sachwaltern § 269e 13
– Vergütung § 269f 33
– Voraussetzungen für neutrale Vermittlerrolle § 269e 7
– Vorgaben zur Unabhängigkeit § 269e 5
Verfahrenskosten § 185 8; § 207 6
– Ende der Stundung § 4b 1
– Kostenvorschuss § 207 26
– Mitteilung des Verwalters § 207 18
– Nachhaftung des Schuldners § 4b 2
– Pflichten des Verwalters § 207 32
– Prozesskostenhilfebekanntmachung § 4b 5
– Stundung § 26 6; § 207 13, 31
– zweite Stundungsstufe § 4b 1
Verfahrenskostenbegriff, normativer § 207 12
Verfahrenskostenstundung vor § 4 6; § 286 114; § 302 14; vor § 304 3
– Abänderungsverfahren § 4b 19
– Ablehnung der Beiordnung eines Rechtsanwaltes § 4d 12
– Änderung der Verhältnisse § 4b 13
– angemessene Erwerbstätigkeit § 4c 25
– Anhörung des Schuldners § 4b 21
– Antrag § 4a 52
– Aufhebung § 4c 3
– Aufhebung der Stundung § 4d 10
– Aufhebung der – § 311 17
– Aufhebungsgründe § 4c 5
– Auskunftsverlangen § 4b 20
– Beiordnung eines Rechtsanwalts § 4a 46
– *Beschluss* § 4b 22
– Beschwerde § 4d 3
– Beschwerde- und Rechtsbeschwerdeverfahren § 4a 57
– Beschwerdebefugnis der Staatskasse § 4d 16
– Beschwerdeverfahren § 4d 23
– Ermessensspielraum § 4b 23
– fehlende Voraussetzungen § 4c 17
– gesonderte Entscheidung in einzelnen Verfahrensabschnitten § 4a 31
– im eröffneten Verfahren § 4a 34
– im Schuldenbereinigungs- und Insolvenzplanverfahren § 4a 41
– in der Treuhandperiode § 4a 37
– Prozesskostenhilfe § 4a 1
– Rechtsfolgen § 4a 27
– Rechtsmittel § 4d 1
– schuldhafter Zahlungsrückstand § 4c 21
– Verfahren § 4b 18
– Verfahrenskosten § 4a 1
– Verfahrensrechtliches § 4c 34
– Verhältnisse § 4b 13
– Verletzung von Mitteilungspflichten § 4c 5
– Versagung der Restschuldbefreiung § 4c 30
– Voraussetzung § 4a 6
– weitere § 4b 5
Verfahrenskostenvorschuss § 14 29
Verfahrenspfleger § 14 36
Verfahrensrecht
– Rechtsweg § 143 60
– Zuständigkeit § 143 64
Verfahrensrüge § 7 45
Verfahrensunterbrechung
– Aufnahme des unterbrochenen Prozesses § 85 36
– ausgeschlossene § 85 23
– Beginn § 85 27
– Ende § 85 28
– Form der Wiederaufnahme § 85 40
– Fristen § 85 29
– Handlungen des Gerichts § 85 33
– Kosten bei Wiederaufnahme § 85 44
– Prozesshandlungen § 85 31
– Verzögerung der Wiederaufnahme § 85 42
– Voraussetzung § 85 17
– Wiederaufnahmebefugnis § 85 36
– Wirkung der Wiederaufnahme § 85 41
– Wirkungen § 85 29
– zivilrechtliche Erkenntnisverfahren § 85 21
Verfallklauseln vor § 304 27
Verfassungsmäßigkeit der Restschuldbefreiung § 286 13
Verfügung
– absolute Unwirksamkeit § 24 4
– Abtretung einer künftigen Forderung § 81 20
– Annahme von Zahlungen § 81 10
– Begriff § 81 3, 8
– Dritter § 81 23
– Finanzsicherheiten § 81 45
– mehraktige Verfügungen § 81 19
– nach Verfahrenseröffnung § 81 15

Stichwortverzeichnis

– rechtsgeschäftliche Handlungen § 81 9
– Unwirksamkeit § 81 5
Verfügungsbefugnis § 24 11
– des vorläufigen Insolvenzverwalters § 24 28
Verfügungsbeschränkung
– Bankverkehr § 24 14
– Beschlussausfertigung § 23 36
– Eintragungspflicht § 23 36
– Wirkungen der ~ § 24
Verfügungsverbot § 306 25
– Anordnung § 24 3
– Arbeitseinkommen des Schuldners § 81 42
– Beweislast für die Zeit der Verfügung § 81 44
– insolvenzfreies Vermögen § 81 12
– künftige Bezüge § 81 42
– relativ unwirksames ~ § 24 27
Vergleichsrechnung § 229 17
Vergleichsverhandlungen vor § 304 26
Vergleichsverträge § 103 37; vor § 304 22
Vergütung § 4a 29
– Abschläge § 3 InsVV 57; § 11 InsVV 60; § 12 InsVV 16; § 13 InsVV 12
– Abschlagskriterien § 3 InsVV 77
– Abzugsfaktoren § 11 InsVV 70
– allgemeine Geschäftskosten § 4 InsVV 4
– Änderung 2004 § 19 InsVV 3
– Änderung 2006 § 19 InsVV 6
– Anspruch nach Eintritt der Verjährung § 11 InsVV 7
– Anspruchsgrundlage vor § 1 InsVV 4
– Antrag vor § 1 InsVV 9
– Anwendung des bisherigen Rechts § 19 InsVV 2
– aufrechenbare Forderungen § 1 InsVV 37
– Ausfallhaftung der Staatskasse § 11 InsVV 109; § 12 InsVV 24; § 17 InsVV 32
– Auslagen § 4 InsVV 17; § 11 InsVV 76; § 12 InsVV 20
– Auslagenersatz § 18 InsVV 5
– Auslagenpauschale § 8 InsVV 28
– Begrenzung des Anspruchs im Stundungsverfahren § 2 InsVV 49
– Begrenzung des Feststellungskostenbeitrags § 1 InsVV 19
– bei Bearbeitung arbeitsrechtlicher Sachverhalte § 3 InsVV 44
– bei besonderer Sachkunde § 11 InsVV 75; § 12 InsVV 19
– bei fortgeschrittener Masseverwertung § 3 InsVV 64
– bei Hausverwaltung § 3 InsVV 27
– bei vorzeitiger Beendigung des Amtes des Insolvenzverwalters § 1 InsVV 13
– bei vorzeitiger Verfahrensbeendigung § 1 InsVV 10; § 3 InsVV 67
– bei Wechsel von Eigenverwaltung in Regelinsolvenz im Eröffnungsverfahren § 12 InsVV 63
– Berechnung § 293 13; § 3 InsVV 80
– Berechnung der Masse § 1 InsVV 15

– Berechnung der ~, des vorläufigen Insolvenzverwalters § 11 InsVV 10
– Berechnungsgrundlage § 1 InsVV 2; § 12 InsVV 6
– Berücksichtigung von Masseverbindlichkeiten § 1 InsVV 38
– Büroaufwand § 4 InsVV 5, 7
– Degressionsausgleich § 3 InsVV 35
– Delegation von Aufgaben § 4 InsVV 11
– der Mitglieder des Gläubigerausschusses § 17 InsVV 2
– – Abweichungen vom Regelsatz § 17 InsVV 10
– – angemessener Stundensatz § 17 InsVV 11
– – Ausschluss des Vergütungsanspruchs § 17 InsVV 16
– – bei Nichteröffnung des Verfahrens § 17 InsVV 34
– – Festsetzungsbeschluss § 17 InsVV 28
– – Festsetzungsverfahren § 17 InsVV 22
– – regelmäßige Zeitvergütung § 17 InsVV 6
– – sofortige Beschwerde § 17 InsVV 31
– – stundensatzmindernde Kriterien § 17 InsVV 12
– – unterste Grenze § 17 InsVV 13
– – Vergütungspauschale § 17 InsVV 14
– der Mitglieder des vorläufigen Gläubigerausschusses § 17 InsVV 19
– der Tätigkeit als Sachverständiger § 22 174
– des Insolvenzverwalters im Verbraucherinsolvenzverfahren § 13 InsVV 4
– des vorläufigen Sachwalters § 12 InsVV 25
– Dienst- oder Werkverträge § 4 InsVV 10
– Durchführung der Nachtragsverteilung § 6 InsVV 2
– Durchsetzung des Anspruchs § 6 InsVV 23
– Entscheidung über Vergütungsantrag § 8 InsVV 19
– Erhöhungsfaktoren § 11 InsVV 69
– Erhöhungstatbestände § 3 InsVV 51
– Erstattungsanspruch gegen Staatskasse § 14 InsVV 11
– Erstattungsanspruch in Stundungsverfahren § 11 InsVV 111
– Fälligkeit und Verjährung des Vergütungsanspruchs vor § 1 InsVV 38
– Festsetzung des Stundensatzes § 16 InsVV 6
– Festsetzung Sachwaltervergütung § 12 InsVV 23
– Festsetzungsbeschluss § 16 InsVV 22
– Festsetzungsverfahren § 8 InsVV 2; § 11 InsVV 78; § 14 InsVV 15; § 16 InsVV 2; § 17 InsVV 22; § 18 InsVV 10
– fiktive Verwaltervergütung § 11 InsVV 43
– für Überwachung der Erfüllung des Insolvenzplans § 6 InsVV 16
– Geschäftskosten § 4 InsVV 2
– Gesetz zur Verkürzung des Restschuldbefreiungsverfahrens und zur Stärkung der Gläubigerrechte § 3 InsVV 74; § 13 InsVV 4; § 19 InsVV 9
– gesonderte § 5 InsVV 7

4157

Stichwortverzeichnis

- große Masse § 3 InsVV 72
- Höhe § 15 InsVV 4
- Höhe der ~ im Normalverfahren § 2 InsVV 2
- Höhe im Restschuldbefreiungsverfahren § 14 InsVV 6
- im vereinfachten Insolvenzverfahren § 13 InsVV 2
- im vorläufigen Verfahren begründete Ausgaben § 1 InsVV 59
- Inanspruchnahme von Fremdleistungen § 4 InsVV 8
- inflationsbedingte Entwertung § 2 InsVV 6
- Insolvenzplanverfahren § 3 InsVV 47
- Mindestregelvergütung § 13 InsVV 5
- Mindestvergütung § 293 15; § 13 InsVV 13
- – des vorläufigen Insolvenzverwalters § 11 InsVV 73
- – im Regelverfahren § 2 InsVV 31
- – im Restschuldbefreiungsverfahren § 14 InsVV 8
- Musterantrag auf Festsetzung der Entschädigung des Sachverständigen nach JVEG § 11 InsVV 126
- Musterantrag auf Festsetzung der ~ eines vorläufigen Insolvenzverwalters § 11 InsVV 125
- Rechnungslegung § 4 InsVV 14
- rechtliches Gehör § 8 InsVV 13
- Regelbruchteil § 11 InsVV 44
- Regelvergütung des Sachwalters § 12 InsVV 9
- Reisekosten § 4 InsVV 17
- Rekursionsberechnung § 1 InsVV 52
- Sachwalter § 10 InsVV 2; § 12 InsVV 2
- Schuldner der ~ § 11 InsVV 108
- Steuerberater § 5 InsVV 21
- Subsidiärhaftung der Staatskasse **vor** § 1 InsVV 50
- Tabelle § 11 InsVV 71
- Tabelle, Zu- und Abschläge § 3 InsVV 84
- Treuhänder § 293 1; § 10 InsVV 2
- Treuhänder im Restschuldbefreiungsverfahren **vor** § 14 InsVV 1
- überschaubare Vermögensverhältnisse § 3 InsVV 74
- Umsatzsteuer § 7 InsVV 2; § 12 InsVV 22; § 18 InsVV 9
- unechte Einnahmen § 1 InsVV 60
- Unternehmensfortführung § 3 InsVV 27
- Vergütungsgarantie § 15 InsVV 5
- Vergütungsvereinbarung **vor** § 1 InsVV 28
- Vergütungsvereinbarungen **vor** § 1 InsVV 31
- Verjährung der Ansprüche **vor** § 1 InsVV 44; § 11 InsVV 6
- Verjährungsfrist § 8 InsVV 68
- Verzicht § 293 14
- vorläufiger Gläubigerausschuss, beschränkte nach ESUG § 19 InsVV 8
- vorläufiger Insolvenzverwalter § 10 InsVV 2; § 11 InsVV 2
- vorläufiger Insolvenzverwalter, als Sachverständiger § 11 InsVV 113
- Vorschuss § 1 InsVV 49; § 9 InsVV 2
- Vorschuss, Anspruchsvorraussetzungen § 9 InsVV 8
- Vorschuss, Berechnungsgrundlage § 9 InsVV 4
- Vorschuss, berechtigtes Interesse an Gewährung § 9 InsVV 11
- Vorschuss, Entnahmerecht § 9 InsVV 18
- Vorschuss, Erlöschen des Anspruchs § 9 InsVV 9
- Vorschuss, Ersatz des Verzögerungsschadens § 9 InsVV 20
- Vorschuss, in Planüberwachungsverfahren § 9 InsVV 5
- Vorschuss, Zustimmung des Insolvenzgerichts § 9 InsVV 17
- Vorschuss, Zustimmungserklärung des Insolvenzgerichts § 9 InsVV 20
- Vorschussantrag § 9 InsVV 8
- Vorschüsse § 15 InsVV 8; § 16 InsVV 24; § 18 InsVV 11
- Vorschusshöhe § 9 InsVV 16
- Vorschussregelung § 12 InsVV 5
- wenig Aufwand § 3 InsVV 72
- Wirtschaftsprüfer § 5 InsVV 21
- zu erwartende Einnahmen § 1 InsVV 50
- Zu- und Abschläge § 3 InsVV 2
- zusätzliche Haftpflichtversicherung § 4 InsVV 28
- Zusatzvergütung § 15 InsVV 3
- Zuschläge § 11 InsVV 48; § 12 InsVV 13; § 13 InsVV 11
- Zuschläge zur Regelvergütung § 3 InsVV 15

Vergütung des Insolvenzverwalters § 155 1137
Vergütung des Sonderverwalters vor § 1 InsVV 23
Vergütung des Treuhänders § 293 1
- Anspruchsgrundlage § 14 InsVV 2
- Auslagenerstattung § 293 23
- Beauftragung durch Gläubigerversammlung § 293 18
- Beginn der Laufzeit der Abtretung § 293 7
- bei Schuldnerüberwachung § 15 InsVV 2, 9
- Bemessung der Gebühren § 293 8
- Bemessungsgrundlage § 293 11
- Deckelung § 293 20
- Deckung der Mindestvergütung § 298 1
- Ermessensentscheidung des Gerichts § 293 4
- Fälligkeit § 14 InsVV 3
- Festsetzung § 293 1
- Festsetzung durch das Gericht § 293 30
- für Aufwendungen § 293 24
- für die Überwachung § 293 18
- für die Verwaltung § 293 11
- Höchstgrenze § 293 20
- in der Treuhandphase § 293 7
- Kostenumfang § 293 20
- Motivationsrabatt § 298 8
- Sekundäranspruch gegen die Staatskasse § 298 13
- Sekundäranspruch gegen Staatskasse § 293 28
- Staffelsätze § 293 8
- Stundensatz § 293 19
- Stundungsmodell § 293 10; § 298 6

Stichwortverzeichnis

- Überwachungsvergütung § 298 8
- Vorschuss § 293 26; § 14 InsVV 4

Vergütung des Verfahrenskoordinators § 269g 1
- Abschlag vom Regelsatz § 269g 6
- Abweichungen vom Regelsatz § 269g 10
- Berechnung § 269g 2
- Berechnung, Wert der Insolvenzmasse § 269g 3
- Berechnungsbeispiele § 269g 9
- hinter dem Regelsatz § 269g 12
- Höhe des Regelsatzes § 269g 9
- Zuschlag § 269g 11
- Zwangsbeglückung § 269g 7

Vergütung des vorläufigen Insolvenzverwalters
- bei Nichteröffnung des Verfahrens § 26a 1
- ESUG § 26a
- Kostentragung durch Schuldner § 26a 5
- Verfahren bei Nichteröffnung des Insolvenzverfahrens § 26a 13

Vergütungsanspruch des Insolvenzverwalters
  § 34 69

Vergütungsansprüche
- bei Masseunzulänglichkeit vor § 1 InsVV 48
- im nicht eröffneten Verfahren vor § 1 InsVV 51

Vergütungsvereinbarungen
- ESUG vor § 1 InsVV 31

Verhältnismäßigkeit § 14 56

Verjährung § 174 62
- Beginn und Dauer der Anspruchsverjährung § 62 3, 8
- bei Gesamtschaden § 62 7
- des Anspruchs auf Ersatz des Schadens § 62
- Gewährleistungsansprüche § 103 121
- Nachtragsverteilung § 62 9
- Planerfüllung § 62 10

Verjährungsfrist § 129 17; § 146 1
- besondere § 259b
- Hemmung § 146 2; § 200 10; § 286 48
- Unterbrechung § 146 2
- Verwalterwechsel § 146 2

Verjährungslösung vor § 286 39

Verjährungsunterbrechung, Unterlassen § 143 14

Verkäuferinsolvenz § 107 4
- Rechtsfolgen § 107 23

Verkaufsbefriedigung § 51 99

Verkürzung der Kündigungsfrist § 109 42

Verlagsverträge § 103 38

Verletzung der Obliegenheiten
- während der Treuhandphase § 296 3

Verletzung rechtlichen Gehörs § 7 45; § 286 23

Verlust der Verfügungsbefugnis
- Eintritt § 81 14
- empfangsbedürftige Willenserklärungen § 81 16

Verlustausgleich und Verlustabzug § 155 1229

Vermächtnis § 129 88
- Anfall eines § 83 15
- Annahme § 83 15
- Begriff § 83 15

Vermieterinsolvenz § 108 45

Vermieterpfandrecht § 24 9; § 108 44
- Auskunftspflicht des Insolvenzverwalters § 50 67
- Enthaftung § 50 61
- Entstehung § 50 51
- gesicherte Forderung § 50 64
- Kollisionsfälle, § 50 56
- Zuordnung des Verwertungserlöses § 50 68

Vermittlungsverfahren § 121

Vermögen, Freigabemöglichkeit § 21 258

Vermögensanlagen § 104 64

Vermögensanspruch § 38 13
- Geltendmachung § 38 21

Vermögensauskunft § 306 22

Vermögenshaftung § 286 75

Vermögensübersicht § 153 1; § 305 36
- Aktiva § 229 8
- Aufbau § 229 8
- Aufzeichnung, der Schulden § 153 4
- Aufzeichnung, der Vermögensgegenstände § 153 4
- bekannte Forderungen § 229 10
- eidesstattliche Versicherung § 153 8
- Ergebnisplan § 229 14
- Eröffnungsbilanz § 153 2
- ESUG § 229 10
- Inhalt § 153 5
- Liquiditätsplan § 229 15
- Passiva § 229 9
- unangemeldete Forderungen § 229 10
- Vergleichsrechnung § 229 17

Vermögensverhältnisse, überschaubare § 304 29

Vermögensverschwendung § 290 100

Vermögensverzeichnis § 153 3; § 307 7
- Einsichtnahme § 5 28; § 307 8
- Inhalt § 305 33
- Stellungnahme § 307 8

Vermutungswiderlegung § 171 10

Verpfändung § 103 103; § 299 22

Verrechnung § 140 10
- Bargeschäft § 130 32
- Kontokorrent § 130 32

Verrechnungsverbot § 306 26

Versagung
- Schuldbefreiung § 303 40

Versagung der Restschuldbefreiung § 294 37; § 295 7
- Gebühren § 296 91; § 297a 27
- Mindeststrafe bei Insolvenzstraftat § 297 14
- Obliegenheiten § 295 16
- sofortige Beschwerde § 296 88; § 297 24; § 297a 24

Versagungsantrag § 296 36
- besonderer Rechtsbehelf § 296 1
- Glaubhaftmachung § 286 47
- Wissensvertreter § 296 52

Versagungsgrund § 290 35; § 295 4; § 300 63
- Altersteilzeit § 295 54
- angemessene Erwerbstätigkeit § 295 20

4159

Stichwortverzeichnis

- Antrag § 290 114
- Aufhebungsvertrag § 295 51
- Auskunft § 295 145
- beeinträchtigte Befriedigung § 296 20
- Beendigung der Erwerbstätigkeit § 295 43
- begründeter § 290 266
- Bemühungen bei Beschäftigungslosigkeit § 295 62
- Beweislastumkehr § 296 14
- Bezüge verheimlichen § 295 132
- Eigenkündigung § 295 52
- Erwerb von Todes wegen § 295 92
- Erwerbsobliegenheiten § 295 14, 20, 46
- Erwerbstätigkeit § 295 149
- Frist § 290 80
- Glaubhaftmachung § 290 250, 257; § 296 14, 56
- grobe Fahrlässigkeit § 290 190
- Kausalzusammenhang § 290 110; § 295 9; § 296 20
- Kenntnis § 296 50
- Kündigung § 295 48
- Mehrarbeit § 295 54
- Mitwirkungspflicht § 290 122
- Nichtablehnung zumutbarer Tätigkeit § 295 70
- Obliegenheiten § 295 16
- schriftliche Angaben § 290 260
- selbständige Tätigkeit § 295 168
- Sondervorteile § 295 154
- Teilzeitbeschäftigung § 295 31, 61
- unangemessene Verbindlichkeiten § 290 94
- Unterrichtungen § 295 120
- unzutreffende Angabe § 290 175
- unzutreffende Verzeichnisse § 290 170
- verheimlichter erbrechtlicher Erwerb § 295 141
- Verminderung der Arbeitszeit § 295 53
- Vermögen verheimlichen § 295 132
- Vermögensverzeichnisse § 295 149
- Verringerung der Insolvenzmasse § 290 93
- verschleiertes Arbeitseinkommen § 295 36
- verschuldete Obliegenheitsverletzung § 296 12
- vorsätzlicher ~ § 290 190
- Vorwirkung § 290 24; § 295 10
- Wahl der Steuerklasse § 295 37
- Wechsel der Beschäftigungsstelle § 295 130
- Wesentlichkeit § 295 9
- Wesentlichkeitsgrenze § 290 109
- Zulässigkeit § 290 266
- zumutbare Tätigkeit § 295 20, 72
- Zumutbarkeitsregelung § 295 77

Versagungsregeln der §§ 295
- ff. § 286 54

Versagungsverfahren § 296 36, 81; § 297 17
- Anhörung § 290 247; § 296 69
- Antragsfrist § 290 230; § 296 47
- Ausgestaltung § 290 20
- Auskunft § 296 76
- Ausschlussfrist § 296 49
- besonderer Rechtsbehelf § 296 1
- eidesstattliche Versicherung § 296 79
- Enumerationsprinzip § 295 7
- Grundlagen § 290 207
- kontradiktorisches Verfahren § 296 43
- Kosten § 297 27
- persönliches Erscheinen § 296 74
- rechtliches Gehör § 297 21
- Rechtsanwaltsgebühr § 297 28
- verfahrensbezogene Obliegenheiten § 296 70
- verfahrensbezogene Verhaltensanforderungen § 295 8
- Verfahrensobliegenheiten § 296 74
- Versagungsantrag § 290 212; § 296 36
- Zulässigkeit des Versagungsantrags § 297 19

Verschleiertes Arbeitseinkommen § 287 218; § 295 35

Verschulden Anh. n. § 15a 30; § 296 12
- Beweislast § 61 11
- Geldschuld § 143 24
- haftungsauslösendes ~ § 61 10
- Mitverschulden des Insolvenzverwalters § 143 24
- zufälliger Untergang § 143 24

Verschuldung vor § 286 2

Versicherung
- für fremde Rechnung § 47 66

Versicherungsschutz § 22 49

Versicherungsverein a. G., Insolvenz eines ~ § 213 25

Versicherungsverträge § 103 40
- Absonderungsrecht aus § 157 VVG § 103 40

Verspätungszuschläge § 155 1102

Verstoß gegen Obliegenheiten § 296

Verteilung § 174 1, 60; § 187 1; § 188 14
- der Insolvenzmasse § 233 1

Verteilungsabwehrklage § 43 20

Verteilungsbericht § 200 2

Verteilungsmasse § 292 13

Verteilungsverfahren § 178 23; § 189 20

Verteilungsverzeichnis § 152 7; § 187 7; § 189 19; § 190 4; § 192 3; § 195 3; § 211 14
- Abschlagsverteilung § 188 4; § 194 2
- Änderung des ~ § 193 1
- Bekanntmachung § 188 17
- Berichtigung § 194 18
- Einwendungen § 194 1
- Einwendungsberechtigung § 194 4
- Feststellungsklage § 194 1
- Insolvenzplan § 188 23
- Niederlegung § 188 17
- Richtigkeit § 194 1
- Stattgeben von Einwendungen § 194 16
- Verteilungsabwehrklage § 52 24
- Verzeichnis der Forderungen § 188 1
- Vollständigkeit § 194 1
- Zurückweisung von Einwendungen § 194 13

Vertrag
- Ausschluss der Insolvenzanfechtung § 133 93
- entgeltlicher § 133 90

- entgeltlicher – mit nahestehenden Personen § 133 89
- gekündigter § 112 2
- mit nahestehenden Personen § 133 89
- nicht vollzogener § 109 30; § 112 3
- zugunsten Dritter § 106 11; § 130 26

Vertragliches Liquidationsnetting § 104 97
- Bestimmung der Nichterfüllungsforderung § 104 113
- nicht geregelte Klauseln § 104 116
- Schutz des Vertragsgegners § 104 107
- Sinn und Zweck § 104 100
- vorgezogene Beendigung § 104 110

Vertragserfüllung § 103 68
Vertragsfreiheit vor § 286 36
Vertragshilfeverfahren vor § 286 23
Vertragspfand
- Begründung § 50 6
- Durchsetzung § 50 25
- Erlöschen § 50 20
- Forderungsbezeichnung § 50 10
- Form der Sicherungsvereinbarung § 50 7
- Gegenstand des – § 50 13
- Kollisionsfälle § 50 22
- Publizitätsakt, Anzeige bei Forderungen § 50 18
- Publizitätsakt, Besitzverschaffung bei Sachen § 50 16
- Zuordnung Verwertungserlös § 50 30

Vertragsstrafen § 103 98; § 109 26, 43
Vertragsübernahmen § 103 42
Vertragsverhältnisse, Aufrechterhaltung bestimmter – § 108 1
Vertrauensverfahren
- Obliegenheitsverletzungen § 295 6
- Vertrauensschutzprinzip § 295 4

Vertretung, gewillkürte § 14 41
Verurteilung wegen Insolvenzstraftat § 297 1
Vervollständigung von Buchführung und Bilanz § 155 72
Verwahrungsvertrag § 103 39; § 116 55
Verwalterversteigerung § 165 14
Verwalterwechsel, Teilungsmasse § 148 21
Verwaltungs- und Verfügungsrecht
- Rechtsstellung des Insolvenzverwalters § 80 10
- Übergang auf den Insolvenzverwalter § 80

Verwaltungskosten, unausweichliche § 207 7; § 209 7
Verwandte § 138 8
Verweisungsantrag § 3 39
Verwertung § 103 99
- Abdingbarkeit § 166 25
- Betriebsveräußerung § 163 1
- beweglicher Gegenstände § 166
- der Insolvenzmasse § 233 1
- durch den Gläubiger § 190 9
- durch den Insolvenzverwalter § 190 18
- durch Pfandgläubiger § 173 2
- durch Treuhänder im vereinfachten Verfahren § 173 1
- Finanzsicherheiten § 166 26
- Fristsetzung § 173 7
- Kostenbeiträge § 171 2
- Kostenbeiträge, durch Verwalter § 173 10
- Mitteilung der Veräußerungsabsicht § 168 1
- Nachweis der laufenden – § 190 10
- Rechtsfolgen § 166 18
- Rechtsmittel § 166 24
- Rechtspflegererinnerung § 173 8
- Schutz des Gläubigers vor einer Verzögerung der Verwertung § 169 1
- Sicherungsmaßnahmen des Insolvenzgerichts § 166 22
- Umsatzsteuer § 171 16
- unbeweglicher Gegenstände § 165
- Unterrichtung des Gläubigers § 167

Verwertung der Insolvenzmasse § 159 1
- Absonderungsrechte § 166 6
- Besitznahme § 166 7
- bewegliche Gegenstände § 166 2
- der Firma § 159 14
- durch den vorläufigen Insolvenzverwalter § 159 4
- durch vorläufigen Verwalter § 159 3
- Einzelverkauf § 159 6
- Einziehung von Forderungen § 159 4
- Forderungen § 166 10
- Gesetz über den unlauteren Wettbewerb § 159 8
- öffentliche Versteigerung § 159 6
- sonstige Rechte § 166 15
- unbewegliche Gegenstände § 165 1
- Veräußerung des Unternehmens § 159 19
- Veräußerung von Gesellschaftsanteilen § 159 21
- von Grundstückszubehör § 159 18

Verwertungserlöse § 159 24
- umsatzsteuerpflichtige § 159 24
- Verwertung vor Verfahrenseröffnung § 159 24

Verwertungskostenpauschale § 171 10
Verwertungsrecht § 188 10
- Entstehung § 166 18

Verwertungsstopp § 21 347
Verwertungsvereinbarungen § 171 13
Verzeichnis der Massegegenstände § 151 1
- Niederlegung vor Berichtstermin § 154 1
- Verweigerung der Einsichtnahme § 154 7
- zur Einsichtnahme Befugte § 154 2

Verzicht § 190 6
Verzinstes Darlehen § 105 15
Verzugsfolgen § 103 98
Vollmachten
- Erlöschen von – § 117 1
- gesetzliche – § 117 4
- negatives Interesse § 117 10
- Prokura § 117 2
- Prozessvollmachten § 117 3
- Vertreter der Hauptversammlung in der AG § 117 2

4161

Stichwortverzeichnis

- Vertretungsmacht des Geschäftsführers einer GmbH § 117 4
- vollmachtslose Vertreter § 117 10

Vollstreckbare Schuldtitel § 141 2

Vollstreckbarkeitserklärung von bedingt pfändbaren Bezügen § 2 11

Vollstreckung
- aus dem Insolvenzplan § 257 1
- gegen den Dritten § 257 16
- Klage, auf Erteilung der Vollstreckungsklausel § 202 4
- Klage, gegen die Erteilung der Vollstreckungsklausel § 202 5
- Titulierung der Forderung § 257 4
- Vollstreckungsabwehrklage § 202 7
- Vollstreckungsklausel § 257 7
- Vollstreckungsverfahren § 257 13
- von Insolvenzforderungen nach Beendigung § 155 1163
- Zuständigkeit bei der ~ § 202

Vollstreckungsabwehrklage § 202 7

Vollstreckungsbefriedigung § 51 99

Vollstreckungsgegenklage § 143 70; § 178 23; § 302 92, 134

Vollstreckungshandlungen § 141 4

Vollstreckungsklausel § 302 132

Vollstreckungsmaßnahmen
- gegen den Schuldner § 90 21
- Rechtsschutz gegen vorzeitige § 90 20

Vollstreckungsschutz § 259a; § 286 51
- Änderung § 259a 2
- auf Antrag des Schuldners § 259a 3
- Aufhebung § 259a 7
- Rechte des Schuldners § 259a 6
- Voraussetzung § 259a 4
- Zuständigkeit § 259a 5

Vollstreckungsverbot § 201 8; § 209 36; § 210 1
- absonderungsberechtigte Gläubiger § 294 31
- aussonderungsberechtigte Gläubiger § 294 31
- Beginn § 210 3
- betroffene Gläubiger § 210 5
- Drittwiderspruchsklage § 89 54
- Ende des ~ § 294 35
- Erinnerung § 89 54
- Geldbuße § 89 47
- Hinterziehungszinsen § 89 47
- kein Anspruch aus vorsätzlicher unerlaubter Handlung § 89 47
- künftige Lohnansprüche § 294 26
- Laufzeit der Abtretungserklärung § 294 35
- Maßnahmen der Zwangsvollstreckung § 294 39
- nach Anzeige der Masseunzulänglichkeit § 210 1
- Neugläubiger § 294 25
- nicht erfasste Maßnahmen § 89 40
- Nutzungsentschädigungen wegen Obdachlosigkeit § 89 47
- Ordnungsgeld § 89 47
- pfändbare Vermögen § 294 20
- Schadensersatzforderungen § 89 47
- Sechs-Monate-Sperrfrist § 90 15
- Steuerhinterziehung § 89 47
- Treuhandperiode § 294 33
- Unterhaltsgläubiger § 89 47
- Unterlassungsansprüche § 294 20
- Verwaltungsvollstreckung § 89 20
- Vollstreckung von Ansprüchen auf Vornahme einer unvertretbaren Handlung § 89 25
- Zwangsgeld § 89 47
- Zwangsvollstreckungsmaßnahmen § 294 39

Vollstreckungsverbot für Insolvenzgläubiger
- absonderungsberechtigte § 89 10
- ausländische Insolvenzgläubiger § 89 18
- aussonderungsberechtigte § 89 10
- Beseitigung unzulässiger Maßnahmen § 89 49
- betroffene Gläubiger § 89 7
- betroffenes Vermögen § 89 14
- für nachrangige § 89 3
- gesondertes Insolvenzverfahren über Teilvermögen § 89 17
- in künftige Forderungen § 89 45
- künftige Forderungen § 89 5
- Massegläubiger § 89 13
- nach Verfahrenseröffnung § 89 3
- Neugläubiger § 89 11
- Privatvermögen von Gesellschaftern § 89 16
- Rechtsbehelfe § 89 54
- Umfang § 89 4
- Verstoß § 89 6
- Wirkung § 89 49
- zeitlicher Umfang § 89 53
- Zwangsvollstreckung in das Vermögen dritter Personen § 89 15
- Zweck § 89 1

Vollstreckungsverbot für Masseverbindlichkeiten
- besondere Vollstreckungsmaßnahmen § 90 13
- erfasste Masseverbindlichkeiten § 90 3
- gewillkürte Masseverbindlichkeiten § 90 5
- nicht oktroyierte Masseverbindlichkeiten § 90 8
- oktroyierte Masseverbindlichkeiten § 90 4
- Voraussetzungen § 90 11

Vollstreckungsvoraussetzungen § 6 130

Vollzogene Miet- oder Pachtverhältnisse § 109 8

Vorausabtretung von künftigen Forderungen § 129 43

Vorausverfügungen
- des Schuldners § 110 7
- des Schuldners, Unwirksamkeit § 91 1
- des Verwalters § 110 14
- persönlicher Gläubiger § 110 15

Vorauswahlliste
- Ablehnung der Aufnahme § 56 22
- Ausschlussgründe § 56 18
- Kriterien § 56 8
- Rechtsmittel gegen Ablehnung der Aufnahme § 56 25

Stichwortverzeichnis

Vorbereitung einer Sanierung, *siehe Schutzschirmverfahren*
- Eigenverwaltungsvorverfahren § 270b 5
- ESUG § 270b 1
- Schutzschirmverfahren § 270b 1

Vorenthaltungsschaden § 143 28

Vorerbschaft § 83 20
- gutgläubiger Erwerb vom Insolvenzverwalter § 83 23
- Insolvenzmasse § 83 22
- Schuldner als Vorerbe § 83 20
- Verfügungen des Insolvenzverwalters § 83 22

Vorführung § 21 395

Vorgesellschaft § 11 40

Vorgründungsgesellschaft § 11 40

Vorläufige Insolvenzverwaltung § 155 1172

Vorläufige Postsperre § 21 312
- Beschluss § 21 321
- Rechtsbehelf § 21 323
- Umfang § 21 319

Vorläufiger Gläubigerausschuss § 13 15; § 21 96, 103, 261
- Amtszeit § 22a 79
- Anhörung im Eröffnungsverfahren § 56a 9
- Aufgaben der Beteiligten § 22a 9
- Ausnahmen von der Anhörungspflicht § 56a 32
- Beschlussfassung des ~ § 22a 77
- Bestellung im Eröffnungsverfahren § 21 259
- Beteiligung bei Eigenverwaltung § 270 92
- Beteiligungsvorgaben bei Antrag auf Eigenverwaltung § 270 97
- Bewertung § 22a 86
- Einsetzung § 56a 4
- Entstehung § 22a 78
- Gründe für Nichteinsetzung § 22a 34
- Nachbesetzung § 22a 82
- Neubesetzung § 22a 81
- Sachwalterbestellung § 271 7
- sukzessive Ausschussbestellung § 22a 80

Vorläufiger Insolvenzverwalter
- Abschluss von Veräußerungsverträgen § 22 75
- Adressat der Rechnungslegung § 21 224
- allgemeiner Zustimmungsvorbehalt § 22 10
- Anfechtung der Handlungen des ~ § 129 37
- Anfechtungsrecht § 22 141
- Ansprüche des ~ § 13 106
- Aufgaben des ~ § 155 354
- Aufsicht § 21 114
- Befugnisse § 22 20
- Begleichung der Steuern § 24 55
- Begründung der Vergütung § 21 210
- Begründung von Masseverbindlichkeiten § 55 47
- Berechnung der Vergütung § 21 145
- Bestellung § 21 79, 93
- Betriebsfortführung § 22 106
- Betriebsstilllegung § 22 80
- Betriebsveräußerung § 22 86, 93, 99
- Einzelermächtigung des ~ § 22 114
- Entlassung § 21 115
- Entlastungsbeweis § 21 136
- Erfüllung von Forderungen § 22 59
- Erfüllungswahl § 103 6
- Erstellung einer Unternehmensanalyse § 22 101
- Forderungseinzug § 22 52
- Fortführungstätigkeiten § 22 70
- funktionelle Prüfungszuständigkeit § 21 225
- Gläubigerbeteiligung bei Bestellung § 21 103
- gleichzeitige Beauftragung als Sachverständiger § 21 135
- Haftung des ~ § 21 117; § 24 37
- Insolvenzgeldvorfinanzierung § 22 107
- Kündigung von Dauerschuldverhältnissen § 22 55
- Liquiditätsplanung § 22 68
- Liquiditätssicherung § 22 69
- Nichterfüllung Masseverbindlichkeiten § 21 129
- öffentliche Bekanntmachung § 21 211
- persönliche Haftung § 22 117
- Prozessführungsrecht § 24 28
- Prüfung der Fortführungschancen § 22 89
- Prüfung der Kostendeckung § 22 89
- Prüfung des Eröffnungsgrundes § 22 89
- Prüfung einer Unternehmensfortführung § 22 99
- Prüfung von Sanierungschancen § 22 91
- Rechtsstellung, bei Übergang der Verwaltungs- und Verfügungsbefugnis § 22 7
- Sicherung und Erhalt des Schuldnervermögens § 22 34
- sonstige Wirkungen des Überganges der Verwaltungs- und Verfügungsbefugnis § 22 145
- Stellvertretung § 21 99
- Stilllegungsentscheidung § 22 85
- Übergang der Verwaltungs- und Verfügungsbefugnis § 22 21
- Umfang der Haftung § 21 137
- Unterhaltsgewährung § 22 62
- Unternehmensfortführung § 22 65
- Vergütung § 21 140
- – Abschlag § 21 153
- – Anfechtbarkeit § 21 192
- – angemessener Bruchteil § 21 166
- – Auslagenpauschale § 21 176
- – Beschwerderecht § 21 212
- – Entnahmerecht § 21 217
- – Fälligkeit § 21 182
- – funktionelle Zuständigkeit § 21 197
- – sachliche Zuständigkeit § 21 196
- – Vereinbarungen über ~ § 21 191
- – Verwirkung § 21 188
- – vorläufiger Sonderverwalter § 21 178
- – Vorschuss § 21 218
- – Zahlungspflichtige § 21 193
- – Zu- und Abschläge § 21 171
- Vermögenssicherung § 22 103
- Verwertungsmaßnahmen § 22 50
- Vorschusszahlung § 21 218

4163

Stichwortverzeichnis

– Wahrung des Steuergeheimnisses § 22 195
– Zustimmung zur Begleichung von Forderungen § 22 64
Vorläufiger Sachwalter
– Auslagen § 12 InsVV 60
– Berechnungsgrundlage für die Vergütung § 12 InsVV 37
– Kriterien der Bestellung § 270b 32
– Mindestvergütung § 12 InsVV 60
– offensichtliche Ungeeignetheit § 270b 33
– Regelvergütung § 12 InsVV 31
– Schutzschirmverfahren § 270b 30
– Vergütung § 12 InsVV 25
– Vergütung, Abänderungsbefugnis § 12 InsVV 43
– Vergütung, Festsetzungsverfahren § 12 InsVV 60
– Vergütung, Umsatzsteuer § 12 InsVV 60
– Vergütung, Zu- und Abschläge § 12 InsVV 45
– Vorschlag des Schuldners § 270b 33
Vorläufiger Sonderverwalter, Vergütung § 21 178
Vorläufiger Verwalter § 159 3
– Versicherungsschutz § 22 49
Vormerkung § 106 1, 2
– Anfechtung § 106 14
– Anspruch auf Zwangs- § 106 14
– Entstehung § 106 13
– für unbekannt § 106 11
– in der Nachlassinsolvenz § 106 17
– internationales Insolvenzrecht § 349 5
– Rückübereignungsanspruch § 106 10
– Unabdingbarkeit § 106 26
– Wirkung der ~ § 106 19
– Zeitpunkt der Eintragung § 106 15
– zukünftiger Ansprüche § 106 7
Vorprüfung § 174 49
– Eröffnungsantrag § 13 2
Vorrechte im Verfahren nach der InsO § 155 568
Vorsatz § 302 18
– Ausschluss § 133 61
Vorsätzliche Benachteiligung, Beweisanzeichen § 133 42
Vorsätzliche Gläubigerbenachteiligung § 133
– Anfechtung bei Deckungshandlungen § 133 26
– Benachteiligungsvorsatz § 133 39
– Beweisanzeichen § 133 41
– durch Rechtshandlungen des Schuldners § 133 7
– Kenntnis der drohenden Zahlungsunfähigkeit § 133 56
– Kenntnis der Zahlungsunfähigkeit § 133 51
– neues Recht § 133 27
– sonstige Fälle § 133 21
– Vollstreckungsmaßnahmen § 133 11
– Zahlungen, Überweisungen, Lastschriften, Scheckzahlungen § 133 17
– Zwangsversteigerung § 133 20
Vorsätzliche Obliegenheitsverletzung § 303 16
Vorsätzliche sittenwidrige Schädigung § 301 68
Vorschlagsrecht § 288 1
– des Schuldners § 288 5

Vorschuss § 26 144
Vorstandspflichten gem. § 92 AktG Anh. n. § 15a 68
Vorsteuer nach Eröffnung des Insolvenzverfahrens § 155 891
Vorverfahren § 185 2
Vorzugsrechte, durch Arrest erlangte § 131 36

W

Wahl und Gestaltungsrechte des Insolvenzverwalters
– Unzulässigkeit der Beeinträchtigung § 119 3
Wahlrecht § 103 83
Wahlrecht des Insolvenzverwalters § 103
– Grundsatz von Treu und Glauben § 103 91
Wahlrecht, nach § 103 InsO § 209 29
Wahrung der Anfechtungsfrist
– Einrede § 146 6
– Klage § 146 6
– Widerklage § 146 6
Warenfixgeschäfte § 104 36
– Energiegroßhandel § 104 46
– Fixhandelskauf § 104 43
– Lieferung von Waren § 104 40
– Markt-, Börsenpreis § 104 44
Warenkreditversicherung § 103 41
Wechsel § 82 50; § 96 17; § 104 65; § 178 15
– akzeptierter § 130 19
– indossierter § 130 19
– Zahlung auf den ~ § 137 3
Wechsel des Forderungsinhabers § 177 41
Weihnachtsgeld Anh. zu § 113 160
Werbungskosten, nachträgliche § 155 1334
Werk- und Werklieferungsverträge § 103 44
Werkunternehmerpfandrecht § 50 70
Werkvertrag über Bauleistungen § 103 80
Werkvertrag, Aufteilung des ~ § 105 10
Wert der Teilleistungen, ersparte Aufwendungen § 103 81
Wertermittlung aussonderungsberechtigter Gegenstände § 171 3
Wertgegenstände
– Hinterlegung § 149 1
Wertpapiere § 104 62; § 178 18
Wertverlust
– Ausgleich § 172 7
– Ausschluss der Ausgleichspflicht § 172 9
– Erstattungszeitpunkt § 172 8
Wettbewerbsabreden § 103 43
Wettbewerbsverbot § 113 107
Widerruf
– Restschuldbefreiung § 294 38; § 303 6
– Widerrufsregelung § 303 6
Widerrufsgründe § 290 240
Widerrufsverfahren § 303 1, 29
– zweistufiges Verfahren § 303 30
Widerspruch § 174 33; § 178 4; § 183 1; § 302 66
– angemeldete Forderung § 87 16
– Aufnahme des anhängigen Rechtsstreits § 87 19

Stichwortverzeichnis

- Außenprüfung § 87 24
- Ausräumen § 87 16
- Ausräumung § 87 15 f.
- Begründung § 176 11
- des Schuldners § 155 563
- des Schuldners, gegen Forderung nach Beendigung des Verfahrens § 201 11
- des Schuldners, gegen titulierte Forderungen § 184 10
- erneute Forderungsanmeldung § 87 25
- Finanzbehörde § 87 24
- gegen die Tabelle § 184 1
- gegen Feststellungsbescheid § 185 4
- gegen Forderung § 189 1
- im Prüfungstermin § 176 12
- Klageantrag § 87 19
- Kläger § 87 17
- Rechtsbehelf gegen den Titel § 87 22
- Rechtskraftwirkung § 87 23
- Steuerforderung § 87 24
- Streitgenossen § 87 23
- titulierte Forderung § 87 21
- Verwaltungsakt § 87 24
- wegen Steuerforderungen, Feststellungsverfahren § 155 529
- wegen Steuerforderungen, nichttitulierte Forderung § 155 543
- wegen Steuerforderungen, titulierte Forderung § 155 550

Widerspruch des Schuldners
- Einigung § 247 19
- Unbegründetheit des ~ § 247 5
- Vergleichsrechnungen § 247 10

Wiederauflebensklausel
- Rechtsfolgen § 255 21

Wiederaufnahme des Verfahrens § 7 91; § 179 20; § 303 8

Wiedereinsetzung in den vorigen Stand § 186 4; § 301 3; § 302 60
- Frist § 186 10
- Gesuch § 186 9
- Kosten § 186 16
- Verfahren § 186 9

Wiedereinstellungseinspruch § 113 123
- gegen Betriebsübernehmer § 113 127

Wiedereinstellungszusagen § 108 47

Wiederkehrende Leistungen § 46 1

Willkür § 3 42

Wirkung der Restschuldbefreiung § 301 1

Wirkungen des Aufhebungsbeschlusses
- Anfechtungsprozesse § 259 19
- Erlöschen der Ämter § 259 4
- mit Überwachung § 259 17
- ohne Überwachung § 259 2
- Übergang des Verfügungsrechts § 259 9

Wirkungen von Sicherungsmaßnahmen
- Bankverkehr § 24 14
- Drittschuldner § 24 26

- Entscheidung des vorläufigen Insolvenzverwalters § 24 35
- gutgläubiger Erwerb § 24 8
- Neuverfahren § 24 38
- Schuldner § 24 23
- sonstige Fälle § 24 42
- Unpfändbare Gegenstände § 24 7
- Verrechnungsmöglichkeit § 24 14
- Vorausverfügungen des Schuldners § 24 10

Wirtschaftliche Tätigkeit, Mittelpunkt der ~ § 3 5
Wirtschaftliche Verhältnisse § 290 69
Wohlverhaltensperiode § 6 129; § 174 29
Wohncontainer § 108 19
Wohngeld § 287 254
Wohnmietverträge § 108 4
Wohnraumkündigung § 309 21
Wohnraummietverhältnisse § 112 6
- Freigabeerklärung § 112 7
Würdigkeitsprüfung § 290 5

Z

Zahlungen
- Begriff Anh. n. § 15a 20
- Gesellschafter als Zahlungsempfänger Anh. n. § 15a 38
- Kausalität Anh. n. § 15a 43
- privilegierte Anh. n. § 15a 39
- Zahlungsbegriff Anh. n. § 15a 37
- zulässige Anh. n. § 15a 26

Zahlungseinstellung § 17 1, 49
- Erkennbarkeit § 17 53
- Feststellung § 17 54
- nachträglicher Wegfall § 130 70
- objektives Element § 17 52

Zahlungsklage § 184 8

Zahlungspflichten § 17 9
- bestrittene Forderungen § 18 13
- einmalige § 18 12
- noch nicht begründete § 18 15
- Produkthaftungsansprüche § 18 15
- regelmäßig wiederkehrende Leistungen § 18 12
- Rückstellungen § 18 15
- Zeitpunkt der Fälligkeit § 18 18
- zukünftige § 18 23

Zahlungsstockung
- Dauer § 17 25

Zahlungsunfähigkeit Anh. n. § 15a 16, 40; § 17 1
- Anhaltspunkte für ~ § 130 48
- Art und Zeitpunkt der Feststellung § 17 45
- Ausnahmetatbestand § 17 31
- Begriff § 18 9
- Darlegungs- und Beweislast Anh. n. § 15a 45
- Dauer § 17 7
- Definition § 16 3; § 17 7
- des Schuldners § 131 40
- drohende § 15 22; § 18 1
- Elemente der ~ § 17 9
- Feststellung § 17 12

4165

Stichwortverzeichnis

– Gesellschaften ohne Rechtspersönlichkeit § 17 4
– GmbH & Co. KG § 17 5
– Indizien § 14 216
– internationales Insolvenzrecht § 17 58
– konkludente Stundung § 17 16
– Mangel an Zahlungsmitteln § 17 37
– Nachlassinsolvenz § 17 6
– nachträglicher Wegfall § 130 70
– nachträglicher Wegfall der Kenntnis § 130 71
– Prognoseerfordernis Anh. n. § 15a 44
– Prüfung Anh. n. § 15a 17
– stillschweigende Stundung § 17 14
– Verschulden Anh. n. § 15a 46
– Voraussetzungen § 14 213
– vorübergehende § 17 25
– Wesentlichkeit § 17 32
– Zahlungseinstellung § 17 49
– Zahlungsunwilligkeit § 17 44
– Zahlungszusage § 17 40
– Zeitraumilliquidität § 17 30
– Zurechnungszusammenhang zwischen Zahlung und ~ Anh. n. § 15a 42
Zahlungsunwilligkeit § 17 44
Zahlungsverbot Anh. n. § 15a 7, 10
– Darlegungs- und Beweislast Anh. n. § 15a 25
– gem. § 130a HGB Anh. n. § 15a 72
– maßgeblicher Zeitpunkt Anh. n. § 15a 24
ZEFIS, Ergebnisbericht des ~ § 155 258
Zeitlich begrenzte Nachrichtensperre § 21 389
Zeugen § 5 19
– Angestellte des Schuldners § 20 43
– Befreiung von der Verschwiegenheitspflicht § 5 21
– frühere Angestellte des Schuldners § 20 43
– Zeugnisverweigerungsrechte § 5 21
Zeugnis, Anspruch auf ~ § 113 120
Zeugnisverweigerungsrecht § 5 21
Ziel der Restschuldbefreiung § 286 30
Ziel des Insolvenzverfahrens § 286 26
Zielsetzung einer Schuldbefreiung § 286 76
Zins § 302 127
Zinsabschlag
– in der Insolvenz § 155 1288
Zinsabschlagsteuer § 155 1288
Zinsanspruch
– belastete Masse Art. 102c § 16 EGInsO 7
– Höhe Art. 102c § 16 EGInsO 5
Zinsbegriff § 302 127
Zinsen § 155 1102
Zinslose Darlehen § 302 125
Zinszahlungspflicht
– Ausschluss der ~ § 169 7
– des Verwalters § 169 1
– Höhe § 169 5
– Wertverlust durch Nutzung des Sicherungsguts § 169 8
– Zeitraum § 169 3
Zivilprozessordnung
– anwendbare Vorschriften § 4 3

– anwendbare Vorschriften des GVG § 4 23
– subsidiäre Maßgeblichkeit § 4 1
Zulässigkeitsmängel, Heilung § 14 58
Zulässigkeitsvoraussetzungen § 14 5
– Verbraucherinsolvenz § 14 7
– voller Beweis § 14 6
Zulassungsbeschwerde § 253 32
Zulassungsrechtsbeschwerde vor § 1 54
Zulassungsverfahren § 286 56
Zulassungsvoraussetzung, erschwerte § 15 45
Zurückbehaltungsrecht § 110 19
– absonderungsfähige Verwendungsersatzansprüche § 51 82
– kaufmännisches nach HGB § 51 93
– kein ~ bei fehlerhafter Mietkaution § 51 89
– keine Absonderung für allgem. ~ § 51 86
– Verwertung, bei § 51 Nr. 2 InsO § 51 90
– Verwertung, bei § 51 Nr. 3 InsO § 51 99
– wegen nützlicher Verwendungen § 51 80
Zusammenarbeit der Gerichte § 269b 1
– anhängiges Verfahren § 269b 10
– das zur Kooperation verpflichtete Insolvenzgericht § 269b 4
– erfasste Gerichte § 269b 6
– Form § 269b 36
– im eröffneten Verfahren § 269b 23
– im Eröffnungsverfahren § 269b 19
– im internationalen Bereich § 269b 2
– Insolvenzverwalterbestellung § 269b 17
– Kooperationsbereiche § 269b 11
– Mitteilung der Insolvenzmasse § 269b 27
– Mitteilung Verfahrensbeendigung § 269b 34
– Schlussrechnung § 269b 35
– Sicherungsmaßnahmen § 269b 12
– Unterstützungspflicht im Rahmen allg. Rechtshilfe § 269b 5
– Verweigerung der Zusammenarbeit § 269b 38
– Vorlage von Insolvenzplänen § 269b 30
Zusammenarbeit der Gläubigerausschüsse § 269c 1
– der vorläufigen § 269c 2
Zusammenarbeit der Insolvenzverwalter
– bei Betriebsfortführung § 269a 17
– bei Eigenverwaltung § 269a 22
– bei Konzerninsolvenz § 269a 1
– Durchsetzung der Kooperation § 269a 23
– Erfüllung von Informationsanforderungen § 269a 12
– Informationsumfang § 269a 10
– Kooperationspflichten § 269a 3, 16
– Kooperationsvertrag § 269a 7
– Kosten für Informationsübermittlung § 269a 26
– Normadressaten § 269a 20
– Pareto-Superiorität § 269a 18
– protocols § 269a 7
– Schadensersatzansprüche § 269a 25
– Unterrichtung § 269a 6
– Unterrichtungspflichten und Zusammenarbeit § 269a 5

Stichwortverzeichnis

- Vorteile abgestimmter Verfahrensführung § 269a 2
- zwingende Unterrichtung § 269a 8

Zusammenveranlagung mit dem Ehegatten des Schuldners § 155 713

Zusammmenfassung von Einzelverträgen § 104 12

Zusicherung
- Absicherung der – Art. 102c § 21 EGInsO 1

Zuständigkeit
- internationale Art. 3 EuInsVO
- Überblick über Zuständigkeitsregelungen § 2 1

Zuständigkeit des Insolvenzgerichts § 153 13

Zuständigkeit für Gruppen-Folgeverfahren
- Gerichtsstand § 3c 13
- gesetzl. Zuständigkeitszuweisung § 3c 7
- Zuständigkeitskonzentration § 3c 1
- Zuweisung des Richters § 3c 3 ff.

Zuständigkeit, funktionelle
- Rechtspfleger § 2 47
- Richter § 2 23
- Urkundsbeamter der Geschäftsstelle § 2 57

Zuständigkeit, örtliche
- Abgabe § 3 47
- Amtsprüfung § 3 27
- mehrere Wohnsitze § 3 24
- Mittelpunkt der selbstständigen wirtschaftlichen Tätigkeit § 3 4
- Verweisung § 3 39
- Zeitpunkt für die Zulässigkeitsvoraussetzungen § 3 27
- Zuständigkeit am allgemeinen Gerichtsstand § 3 20
- Zuständigkeitsbestimmung § 3 50
- Zuständigkeitserschleichung § 3 31

Zuständigkeit, sachliche
- Rechtshilfe § 2 22
- Umfang § 2 10

Zuständigkeiten der Dienststellen der Finanzämter § 155 347
- örtliche Zuständigkeit § 155 347

Zuständigkeitserschleichung § 3 17

Zuständigkeitsregelungen
- abweichende § 2 15
- Dekonzentration § 2 20
- Insolvenzsachen mit Auslandsbezug § 2 59
- Reformtendenzen § 2 60
- Überblick § 2 1
- Zuständigkeitskonzentration § 2 9

Zuständigkeitsrüge § 7 51

Zustellungen § 80 48; § 307 4
- Anwendungsbereich § 8 2
- Aufgabe zur Post § 8 8
- Auswahl der Zustellungsart § 8 14
- Beglaubigung § 307 11
- durch den Insolvenzverwalter § 8 33
- durch den Insolvenzverwalter, Auswahlkriterien der Zustellungsart § 8 35
- Einzelzustellung § 8 1

- förmliche § 8 5
- formlose Übersendung § 8 11
- Heilung von Zustellungsmängeln § 8 32
- öffentliche Zustellung § 8 29
- Personalkosten § 8 37
- Sachkosten § 8 37
- Sachwalter § 8 38
- Treuhänder § 8 38
- Übertragung der – § 21 92
- unbekannte Person § 8 28
- unbekannter Aufenthalt § 8 28
- Verbraucherinsolvenzverfahren § 8 3, 40; § 307 11
- vorläufiger Verwalter § 8 39
- Zustellung im Ausland § 8 46
- Zustellungsadressat § 8 24

Zustimmung aller Gläubiger zur Einstellung des Verfahrens § 213 8

Zustimmung der Anteilsinhaber
- Insolvenzplan § 246a

Zustimmung nachrangiger Insolvenzgläubiger § 246
- ESUG § 246 6
- mehrere Insolvenzpläne § 246 3
- Nachlassinsolvenzverfahren § 246 4
- Voraussetzungen § 246 4

Zustimmungsbedürftigkeit bestimmter Rechtsgeschäfte § 263 2

Zustimmungserfordernis bei besonders bedeutsamen Rechtshandlungen § 160
- Darlehensaufnahme § 160 13
- Einleitung von Rechtsstreitigkeiten § 160 15
- Genehmigungsfiktion § 160 6
- Grundsatz § 160 3
- Rechtsfolgen § 160 27
- Schiedsvertrag § 160 18
- Unternehmensveräußerung § 160 10
- Veräußerung von Beteiligungen § 160 12
- Verfahren § 160 20
- Vergleiche § 160 17
- Verwertung von Immobilien § 160 7
- Zustimmungspflicht § 160 4

Zustimmungsersetzung § 309 1, 28
- Absonderungsberechtigte § 309 12
- Angemessenheit § 309 12
- Anpassungsklausel § 309 28
- Beurteilungsspielraum § 309 7
- deliktische Haftung § 309 36
- Einkommenserhöhungen § 309 28
- Einmalzahlungen § 309 30
- Entgeltabtretungsklauseln § 309 13
- Erbschaftsklausel § 309 31
- Finanzämter § 309 4
- Glaubhaftmachung § 309 49
- Inkassounternehmen § 309 8
- Kopfmehrheit § 309 8
- Kosten § 309 39
- mehrere Forderungen § 309 8

4167

Stichwortverzeichnis

- Minderheitenschutz § 309 5
- Mindestanforderungen § 309 6
- Pfändungsfreigrenzen § 309 28
- Schlechterstellung § 309 29
- Sicherheiten § 309 13
- Stichtag § 309 12
- Stimmberechtigung § 309 9
- Summenmehrheit § 309 9
- Teilerlassklausel § 309 30
- unangemessene Beteiligung § 309 11
- unerlaubte Handlung § 309 49
- Ungleichbehandlung § 309 12
- Unwirksamkeit § 309 8
- Verfallklausel § 309 30
- Verzicht auf Forderung § 309 8
- Zulässigkeit § 309 49
- Zustimmung unter Vorbehalt § 309 8

Zustimmungserteilung, Verfahren § 158 8

Zustimmungspflicht
- Betriebsveräußerung § 163 1
- fehlende Zustimmung § 164 2
- Insidergeschäft § 162 3

Zustimmungsvorbehalt
- Inhalt des Beschlusses § 21 78
- Sicherungsmaßnahmen § 21 75
- sonstige Anordnungen § 21 87

Zuwendungen
- an Ehegatten § 134 22
- an Familienangehörige § 134 22
- unbenannte § 134 22

Zwangsgeld § 58 12; § 302 123
- Zwangsgeldfestsetzungsbeschluss § 58 14

Zwangsmaßnahmen § 148 22
- gegen entlassenen Insolvenzverwalter § 58 21

Zwangsmittel
- Adressaten § 98 30
- Eingriffsintensität § 98 14
- Haft § 98 14
- Haftbefehl § 98 14
- Kosten § 98 37
- Verhältnismäßigkeitsgebot § 98 14
- Vorführung § 98 14
- Vorführungsanordnung § 98 14

Zwangsvergleich § 217 39; § 301 24

Zwangsversteigerung
- Absonderungsberechtigter § 165 16
- Anordnungsbeschluss § 165 3
- Antrag auf Einstellung des Verfahrens bei Massegrundstück § 165 23
- auf Antrag des Verwalters § 165 2
- auf Gläubigerantrag § 165 12
- Auflagen bei einstweiliger Einstellung § 165 23
- einstweilige Einstellung § 165 17
- – durch vorläufigen Insolvenzverwalter § 165 22
- Steuern § 165 35
- Verwalterversteigerung § 165 14

Zwangsverwaltung
- Antrag auf - § 165 3
- Einkommensteuer § 49 53
- Einstellung der - § 165 27
- Erlösüberschuss bei vorbehaltsloser Aufhebung § 49 50
- MoMiG § 49 51
- und Kapitalersatz § 49 51

Zwangsvollstreckung
- Begriff § 89 20
- einstweilige Einstellung § 259a 3
- Erinnerung gegen Art und Weise § 6 123
- Erzwingungshaft § 89 28
- Geldstrafe § 89 28
- Leistung zur Vermeidung der - § 131 37
- Maßnahmen § 89 20
- Untersagung § 259a 3
- Vollstreckung in Sachleistungsansprüchen § 131 36
- Vollzug eines Arrestes § 89 27
- Zuständigkeit § 6 124

Zwangsvollstreckungsmaßnahmen § 21 274; § 294 39
- Arbeitseinkommen § 21 286
- Aufhebung § 21 304
- bei Verbraucherinsolvenz § 21 279
- betroffene Gegenstände § 21 283
- erste Vollstreckungshandlung § 294 39
- gesamtes Schuldnervermögen § 21 284
- in bewegliches Vermögen § 21 279
- in unbewegliches Vermögen § 21 299
- Klauselerteilungsverfahren § 294 39
- persönlicher Gläubiger § 110 15
- Rechtsbehelfe § 21 305
- vollstreckbare Ausfertigung der Tabelle § 294 39
- Wirkungen § 21 288
- Zuständigkeit für Rechtsbehelfe § 21 309

Zwangsvollstreckungsverbot § 184 9; § 303 43
- Vermögen des Schuldners § 294 32

Zwangsvormerkung § 131 36

Zweigniederlassung § 3 7

Zweitinsolvenzverfahren § 13 113
- Antrag auf Eröffnung § 14 15

Zweitschuldnerhaftung § 26 96